LE ROBERT
micro
poche

le Robert micro *poche*

dictionnaire d'apprentissage du français

rédaction dirigée par

Alain Rey

le Robert

Édition enrichie pour 2013.

25, avenue Pierre-de-Coubertin, 75013 PARIS

ISBN 978-2-32100-644-2

PRINCIPAUX COLLABORATEURS

ÉDITION ENRICHIE POUR 2013

Édition : Édouard Trouillez

Rédaction : Édouard Trouillez avec Annick Dehais

Annexes : Bérengère Baucher, Marie-José Brochard

Direction prépresse et informatique éditoriale : Karol Goskrzynski avec Monique Hébrard, Sébastien Pettoello et Claude Sellin

Lecture-correction : Élisabeth Huault avec Anne-Marie Lentaigne, Méryem Puill-Châtillon et Muriel Zarka-Richard

Conception technique et maquette : Maud Dubourg avec Nadine Noyelle

PRÉCÉDENTES ÉDITIONS

Direction éditoriale : Alain Rey ; Danièle Morvan

Première édition : Alain Rey, Josette Rey-Debove, Henri Cottez

Deuxième édition : Marc Arabyan, Joël Chapron, Françoise Gérardin, Danièle Morvan

Troisième édition : Marie-Hélène Drivaud, Danièle Morvan avec le concours de Bruno de Bessé
Édition enrichie pour 2006 : Danièle Morvan

Quatrième édition : Marie-José Brochard avec Annick Dehais

PRÉFACE

par Alain REY

Ce dictionnaire a déjà une histoire. Il a été conçu en 1970 sous le nom de *Micro-Robert* comme une adaptation du *Petit Robert* aux besoins de l'apprentissage et de la classe de français. Son succès durable a montré que la conception d'un *Robert* se bornant à un français « primordial » – selon le terme employé par Paul Robert pour la première édition – répondait à un véritable besoin social.

Ce besoin est celui d'une description simple, précise et concise portant sur une sélection de près de 40 000 mots. Le bon usage du français dépend en effet de la maîtrise de ce vocabulaire, nécessaire aux élèves des classes francophones, aux non-francophones étudiants de français et aux adultes désireux de compléter leur connaissance de la langue. L'évolution même de cette langue, celle des réalités à désigner, nous a conduits à élaborer une édition encore enrichie de cet ouvrage.

Le présent dictionnaire est essentiellement *fonctionnel* ; son objet est le français d'aujourd'hui et ce qu'il faut encore connaître du français classique ne serait-ce que pour comprendre Molière ou La Fontaine. Cependant, il consacre au fonctionnement actuel de la langue le maximum de place et, sans jamais rompre l'ordre alphabétique, il procède à des regroupements de mots par familles.

Tout en conservant les objectifs de la première édition, nous avons cherché à les atteindre de manière plus efficace et, s'il se pouvait, plus élégante. On peut le constater en examinant les différents aspects du dictionnaire.

NOMENCLATURE

Entre les 15 000 entrées d'un dictionnaire pour débutants et les 60 000 entrées du dictionnaire pour adultes, le besoin d'une nomenclature moyenne se fait sentir. Cette nomenclature, qui avoisine 40 000 entrées, est comparable à celle de l'Académie française. La sélection correspondante retient tous les mots usuels de la langue contemporaine, ainsi que les mots didactiques jugés indispensables pour la pédagogie. Cette nouvelle édition diffère de la précédente par l'addition de nombreux mots et sens apparus récemment dans la langue (ex. : *biotechnologie*, *blog*, *profileur*, *texto*). Enfin des emplois nouveaux enrichissent les valeurs de sens de nombreux mots (ex. : *clavier* qui s'applique non seulement à la machine à écrire, mais à l'ordinateur ou, dans le registre familier, *retoquer*).

Dans cette édition, un effort particulier a porté sur trois catégories d'ajouts. D'abord, faire en sorte que l'image donnée par le dictionnaire coïncide avec les dernières évolutions de la langue française, non seulement sur le plan des mots, de *addiction* jusqu'à Z.E.P. *(altermondialiste, aquaculture, bandana, covoiturage, hip-hop...)* mais aussi des expressions *(charger la barque, les chaises musicales, développement durable...)*. Ensuite, combler des lacunes quant aux mots et notions utiles à l'enseignement, mais souvent absents des dictionnaires généraux *(homophone, lithosphère, polysémie, S.V.T...)*. Enfin, une sélection de mots de la francophonie (Québec, Belgique, Suisse, Afrique, Antilles, océan Indien, Océanie) élargit la description *(caldoche, carabistouille, cheni, chorba...)*. Les usages des provinces françaises ne sont pas oubliés (*escagasser, kouign-amann, flammekueche*...).

Caractères propres de la nomenclature

Deux particularités sont à signaler : 1) de même que les homonymes d'origine différente, des mots de même origine, mais sentis de nos jours comme entièrement distincts par le sens ont été traités séparément. Ainsi, il ne fait guère de doute que le français actuel connaît trois mots distincts sous la forme ACTE : 1 **acte** « écrit », comme dans *acte de vente* ; 2 **acte** « action » ; 3 **acte** « division d'une pièce de théâtre ». De même, si l'*action d'un film* ou *d'un roman* conserve un lien sensible avec l'*action accomplie* par un être humain, on ne saurait en dire autant des *actions en Bourse* (où ***action*** désigne un objet concret dans l'espace, et non un processus occupant une durée) ; d'où 1 **action** et 2 **action,** qui a pour dérivé *actionnaire*. 2) Des expressions figées au point de former de véritables mots composés (tels *accusé de réception*, ou *point de vue*, etc., qui n'attendent plus que leurs traits d'union) sont traitées ici en entrée, comme de véritables mots, ce qui peut correspondre – notamment pour les non-francophones – à une consultation plus aisée et reflète mieux la réalité vécue de la langue.

L'arrangement des entrées

Une nomenclature suppose un arrangement, pour lequel l'ordre alphabétique, le plus commode qui soit, est en général utilisé. Cependant, le lexique du français manifeste des régularités de forme et de sens, qu'il est utile de décrire si l'on veut aider l'apprenant à enrichir son vocabulaire ; or, dans ce domaine, on est toujours en situation d'apprentissage. La solution choisie dans ce dictionnaire est essentiellement pratique. Lorsque l'ordre alphabétique, indispensable à la recherche et à une consultation commode, le permet, les mots de la même famille sont regroupés ; lorsque ces mots se trouvent alphabétiquement disjoints, ils sont présentés séparément. Regrouper tous les mots d'une même famille aurait un inconvénient pratique : obliger le lecteur à courir de renvoi en renvoi. En outre, la notion de « famille de mots » est très ambiguë : la série étymologique est une réalité philologique et historique, mais non pas fonctionnelle et actuelle ; la communauté de sens, difficile à établir, est inégalement perçue ; la communauté de forme elle-même est souvent relative : *fable* a un radical identique à celui de *fabliau*, mais *fabulation, fabuleux* et *fabuliste* ont un radical un peu différent, avec une communauté partielle de sens. Les interférences de la morphologie latine avec la nôtre sont telles que peu de familles de mots sont formellement homogènes.

Les études portant sur la consultation permettent de conclure à la possibilité d'enfreindre l'ordre alphabétique, à partir de la 4e ou 5e lettre des mots, parfois même de la 3e, sans aucun dommage pour l'utilisateur : ainsi les tests psychopédagogiques montrent que *faiblard* est trouvé aussi facilement après *faible* (ordre logique) qu'avant lui (ordre alphabétique strict) ; de même pour *lessivage* après *lessiver*. Si le mot légèrement déplacé dans l'ordre alphabétique devenait difficile à trouver, ou si les mots regroupés, par la longueur des articles concernés, rendaient la consultation délicate, l'ordre alphabétique strict a été préféré et l'on a renoncé à certains regroupements. On a fait de même lorsque la communauté de sens était trop partielle (ex. : la série de *bouillir*, regroupant *bouillant*, *bouilleur*, *bouillie*, *bouilloire*, *bouillotte*, ne comprend pas *bouillon*, traité séparément parce qu'il est en partie détaché par le sens et qu'il a lui-même ses dérivés regroupés, *bouillonner* et *bouillonnement*).

On a cherché à compenser l'arbitraire de l'ordre alphabétique en complétant les regroupements dont il vient d'être question par des renvois : ainsi, sous le verbe *faire*, subdivisé en deux (le verbe à sens fort et le semi-auxiliaire) et qui regroupe *faire-part* et *faire-valoir*, de nombreux dérivés et composés, allant alphabétiquement de *affaire* à *surfait*, sont présentés en liste. Ces listes morphologiques reconstituent la famille complète. Le bon sens et le souci de rendre service dans l'apprentissage ont été nos critères ; les regroupements concernent des mots apparentés par la forme et par le sens : « apparenté » ne signifie pas identique, et des formes voisines ont été groupées, à condition que leur valeur de sens reste homogène. Ainsi *traduire* renvoie à *intraduisible* (où *traduis-* est une forme du verbe) et à *traduction*, ce dernier entraînant *traducteur*. Mais *chauve* ne renvoie à *calvitie* que pour le sens, la forme de ces deux mots, de même origine latine, étant devenue différente ; de même, *cheval*, regroupé avec *chevalier*, *chevaleresque*, *chevalerie*, *chevalin*, *chevaucher* – déjà une variante –, renvoie à *chevalement* et à *chevalet*, distincts par le sens et traités à part à cause de cette distinction sémantique. Ce procédé de groupement en familles lexicales coexiste avec le « dégroupement » de mots séparés par le sens, alors qu'ils ont la même origine. De là les nombreux numéros présentant des homographes (ex. : 1 **traduire,** de l'exemple précédent, et 2 **traduire** [en justice] ; ou 1 **treillis,** regroupé avec *treille* et *treillage*, et 2 **treillis** « toile de chanvre » et « tenue militaire »).

Les problèmes de la morphologie sont aussi abordés dans les annexes ; parmi celles-ci, on mentionnera surtout le petit ***dictionnaire des suffixes,*** dont les exemples sont destinés à illustrer pour le lecteur les procédés de formation des dérivés. Certains de ces suffixes, combinés avec des noms propres de lieux, fournissent des ***adjectifs et noms désignant des habitants.*** On trouvera ces mots, constituant une nomenclature supplémentaire, dans une liste où l'adjectif dérivé renvoie à sa source.

INFORMATIONS QUI SUIVENT L'ENTRÉE

La **prononciation** de tous les mots, sauf les dérivés et composés réguliers ne posant aucun problème de prononciation, est donnée en alphabet phonétique international. Les élèves francophones s'habituent à cette notation, qui leur est indispensable pour l'étude des langues étrangères. Pour les étrangers qui apprennent le français, il n'existe pas d'autre moyen rationnel de transcrire phonétiquement cette langue. Même si un mot paraît à un francophone enfantinement simple à prononcer, il est bon d'attirer l'attention sur des phénomènes comme l'ouverture des voyelles, sur le fait qu'on ne doit pas prononcer la plupart des lettres doubles (ex. : *abandonner*), etc.

Les prononciations correspondent à la norme contemporaine du français urbain cultivé, sans effet de substrat (alors que cet effet joue pour de nombreuses régions) ni de contact de langues. Cette option a l'avantage de proposer une norme et une seule.

La **catégorie grammaticale** des entrées est toujours précisée (v. tr. = verbe transitif ; v. intr. = verbe intransitif ; adj. et n. m. = adjectif et nom masculin, etc.). On a distingué dans ce dictionnaire les verbes transitifs directs, les transitifs indirects (dont le complément d'objet est introduit par une préposition telle que *de* ou *à*) et les verbes intransitifs. La fonction grammaticale des locutions est signalée le cas échéant (loc. adv., loc. prép., etc.).

Dans les articles concernant les verbes *transitifs directs* (v. tr.), notons que la forme pronominale et le participe passé, toujours possibles, n'ont été signalés que lorsqu'il s'agissait d'un emploi courant ou d'une valeur de sens particulière. L'abréviation v. pron. qualifie surtout les verbes « essentiellement pronominaux ». En ce qui concerne les verbes transitifs, pronominalement signale les emplois pronominaux occasionnels, mais normaux et relativement fréquents. Ces emplois pronominaux sont éventuellement répartis en réfléchis (ex. : *il se lave*), réciproques (ex. : *ils se battent*) et passifs (ex. : *ce tissu se nettoie facilement* = est nettoyé facilement). Il faut encore noter l'existence de « faux pronominaux », où le pronom personnel est complément direct du verbe (ex. : *il se lave les mains* = il lave ses mains). Les verbes *intransitifs* sont ceux qui n'ont pas de complément d'objet, dans tous leurs emplois ou dans certains d'entre eux (emplois intransitifs d'un verbe transitif). Quand les verbes transitifs sont employés sans le complément d'objet attendu, ces emplois sont dits « sans complément » (sans compl.) ou « absolus ».

Le chiffre précédé de « conjug. » (conjugaison) après chaque *verbe* correspond au type de **conjugaison**, et renvoie aux tableaux placés en annexe. Le chiffre 1, le plus fréquent, correspond à la conjugaison régulière la plus simple du premier groupe (type *arriver*) ; 2 correspond au type régulier *finir*, et les chiffres suivants à des irrégularités croissantes, depuis les petites variations orthographiques de *céder* ou *geler* jusqu'aux verbes les plus irréguliers et complexes (*aller*, 9, *avoir*, 34, *faire*, 60 et *être*, 61) : ils sont repris, comme les types réguliers, dans un tableau détaillé. Ce classement tient compte des difficultés orthographiques ainsi que du nombre des radicaux.

TRAITEMENT DES ARTICLES

Ce dictionnaire bénéficie d'une analyse hiérarchique des sens et des emplois articulée en « arbre », utilisant des numéros à plusieurs niveaux : **I**·... **II**·..., eux-mêmes subdivisés en **1**·... **2**·..., etc.

Le système de **division de l'article** est en général à deux niveaux : **I**·, **II**·, etc., correspondent aux grandes valeurs fonctionnelles ou de sens ; et **1**·, **2**·, **3**·, à une simple différence de sens. À l'intérieur de ces numéros, on a eu recours à un tiret (–) pour séparer des emplois particuliers, des constructions ou des locutions. On a commencé par les emplois les plus simples (par ex. : le transitif avant son emploi pronominal) et par les sens les plus courants : ce qui est décrit ici, à part quelques exceptions de nature pédagogique, c'est l'usage contemporain. Ce type d'analyse « en arbre » est logiquement très supérieur à la numérotation linéaire.

Les **définitions** ont été simplifiées et précisées. Elles comportent une partie centrale, qui constitue une expression quasi synonyme susceptible de remplacer le mot défini dans une phrase, mais aussi, quand il le faut, les types de mots qui doivent être employés avec celui qui est défini. Souvent, la nature du complément d'un verbe (ou celle de son sujet, ou celle du complément d'un nom, etc.) est déterminée par des contraintes : il doit s'agir de « choses », de « personnes » ; parfois ces contraintes sont très strictes : le verbe *hennir* exige pour sujet un mot désignant un cheval ou ce qui produit un son comparable. Ces contraintes sont signalées (a) soit par un élément mis entre parenthèses dans la définition : ainsi, certains verbes sont suivis de (qqn) – quelqu'un – ou de (qqch.) – quelque chose – et d'autres d'un type de complément plus précis, comme dans *bâtir* **3.** : assembler provisoirement (les pièces d'un vêtement) ; *commettre* : accomplir, faire (une action blâmable ou regrettable) ; (b) soit par un mot générique, le plus souvent Choses, Personnes, lui aussi placé entre parenthèses, et indiquant la nature du sujet d'un verbe. En cas d'ambiguïté, on a précisé Suj. chose, Suj. personne qui signifie « le sujet désigne une (des) chose(s), une (des) personne(s) »).

Les **exemples** sont aussi nombreux que possible. Ils consistent en phrases complètes ou en modèles de phrases (verbe à l'infinitif, suivi de son complément), ou en syntagmes simplifiés (verbe + adverbe ; [déterminant] + nom + adjectif, etc.). On a voulu donner à ces exemples, soit un caractère de généralité, illustrant les relations les plus courantes des mots dans le discours (sujet-verbe-complément ; nom-adjectif, etc.), soit un caractère démonstratif quant aux constructions.

Ces exemples sont assez nombreux pour rendre compte des emplois – et des difficultés d'emploi : constructions de verbes, place des adjectifs, etc. On notera que les exemples ayant un sujet au féminin sont beaucoup plus nombreux que dans les dictionnaires du passé ; ce qui correspond à une féminisation générale des contenus (formes de mots désignant des personnes ; formulation de définitions).

On trouvera, après les définitions et après certains exemples, des **renvois** imprimés en gras qui sont présentés après une flèche (→) qui signifie « voir, consulter »... Ce sont le plus souvent des synonymes partiels, que l'on peut substituer dans certains cas au mot traité, et qui impliquent presque toujours une variation de sens, d'usage, d'effet. La consultation du mot renvoyé, avec ses définitions et ses exemples, éclairera le lecteur sur les ressemblances et les différences, dont la maîtrise peut seule garantir la richesse et l'exactitude langagières. On ajoutera à ces renvois les mots-clés fournis par la définition, qui correspondent aux termes « hyperonymes » désignant les catégories logiques dont dépend le mot.

La plupart des renvois sont des mots de même catégorie grammaticale, pouvant, dans un énoncé, être substitués au mot de départ. Les autres renvois correspondent à une relation de sens, ou de sens et de forme, entre verbe et nom, nom et adjectif, etc. (ex. : *tomber* renvoie à **chute** ; *comprendre* « avoir une idée nette de... », renvoie à **compréhension** et à **compréhensible**, qui sont apparentés aussi par la forme). La même flèche, suivie de caractères maigres, renvoie à des expressions, à consulter au mot principal.

De véritables « faux amis », mots de forme voisine (paronymes), ou phonétiquement identiques mais d'orthographe différente, ou enfin de sens voisin, mais nettement distinct, sont présentés par le signe « différent de » (≠) qui doit être interprété comme « Attention ! ne pas confondre ». Exemple : *compréhensif ≠ compréhensible* ; *cessation ≠ cession* ; *chaos ≠ cahot*. Ce signe peut aussi s'appliquer à des mots proches par le sens (et sans rapport de forme) mais qu'il convient de ne pas confondre ; ex. : *apprivoiser ≠ dresser* (un animal).

Parmi les relations de sens, les **contraires** apportent une information essentielle. Ils sont précédés de « contr. » et encadrés par deux barres obliques qui symbolisent l'opposition de sens. Ex. : ① **bas, basse... 1·**.../contr. haut, élevé/, **5·**.../contr. aigu/, **7·**.../contr. noble/. Ces contraires (ou antonymes) doivent être distingués de mots exprimant des réalités complémentaires, exclusives, présentées par l'expression opposé à. Exemple : *militant de base*, à *base* (opposé à l'*appareil*, aux *dirigeants*), les termes ici « opposés » n'étant évidemment pas des « contraires », mais des relatifs en rapport d'exclusion.

Enfin, les mots complétant la famille morphologique de l'entrée ou de l'ensemble des entrées regroupées (voir ci-dessus) sont placés en fin d'article, précédés d'un triangle orienté (▷...).

Phraséologie et emplois spéciaux

Outre le mot isolé, signe dont la ou les valeurs font l'objet de définitions (une par sens ou nuance) et sont illustrées par des exemples, la langue propose des unités complexes, qu'il est aussi nécessaire d'apprendre et de comprendre que les mots eux-mêmes. Selon la tradition des dictionnaires français, ces unités, syntagmes courants ou terminologiques, locutions, proverbes, sont mentionnées et traitées (définies, parfois exemplifiées) à l'intérieur de l'article concernant le mot principal. Cependant, dans des cas, au demeurant assez rares, où le produit, syntagme, locution, est à la fois détaché de sa source et par lui-même important *(chemin de fer, repris de justice)* il est traité en véritable « mot » et à son ordre alphabétique. Dans les autres cas, infiniment plus nombreux, l'unité complexe est présentée : (a) soit en italique, comme un exemple – mais le fait qu'elle soit définie ou commentée la différencie alors de l'exemple libre ; (b) soit en italique gras, ceci pour la distinguer plus nettement. (Exemple : *Avoir un bras* ***en écharpe,*** l'expression *en écharpe* pouvant aussi s'employer adverbialement.)

Cette présentation en italique gras sert aussi pour des emplois particuliers comme le verbe pronominal quand il a des valeurs propres par rapport au transitif simple, ou certains participes. Cependant, de nombreux emplois de participes ne méritent pas une mise en vedette par un numéro ou par des majuscules. C'est le cas pour *abandonné* dans *un village abandonné,* qui provient sans modification de forme ni de sens d'un emploi passif du verbe. Ex. : à *abandonner*... **III·** ***(être) abandonné, ée*** (passif). *Ce chien est abandonné*. – Au p. p. adj. *Un village abandonné* (par ses habitants).

Jugements sociaux et marques d'usage

La très grande majorité des mots traités appartient à la langue courante. Cependant, le dictionnaire contient des termes techniques et scientifiques, signalés comme tels par le texte même de la définition ou par une remarque préalable (« en médecine », « en sciences », etc.). Quelques mots de la langue didactique, qui ne sont pas spécialisés dans un domaine précis, sont signalés par l'abréviation didact. Les abréviations les plus fréquentes dans ce domaine des *valeurs d'emploi* sont : fam. (langue familière, surtout parlée) ; vulg. (vulgaire) ; littér. (langue littéraire, écrite ou soutenue). Vx (vieux) et vieilli s'appliquent à des mots qui ne s'emploient plus, ou fort peu, mais qui se trouvent dans les textes anciens ou peuvent être utilisés comme archaïsmes (ces mots, par exemple *binocle* ou *clystère*, sont assez rares dans cet ouvrage). Anciennt (anciennement) concerne des réalités du passé, et non pas l'usage du mot (c'est le cas de *tromblon*). Les mots didactiques ou littéraires sont signalés comme tels (didact. ; littér.) lorsque leur définition ne les situe pas sans ambiguïté dans ce registre : on a surtout pensé au lecteur étranger, qui pourrait, à tort, les croire courants. Dans certains cas, la marque de didactisme est intégrée à la définition (ex. : *échinodermes* : Nom zoologique d'animaux marins...). Enfin, certains emprunts à l'anglais ne sont pas admis sans discussion ; on les a présentés avec la marque anglic. (anglicisme) (ex. : *jingle, snowboard, tuner*...).

Quelques emplois, indispensables à la compréhension du français d'aujourd'hui, ont été signalés comme critiqués (par ex. : *se rappeler de quelque chose*, employé au lieu de *se rappeler quelque chose*); *achalandé* est traité dans son sens actuel, mais le sens « correct » et ancien est rappelé dans une remarque avec un renvoi à **chaland.** Un purisme trop exigeant irait à l'encontre des buts qu'il se propose, en creusant le fossé qui existe entre la langue réelle et celle que l'on souhaite enseigner. Mais inversement, une description objective de l'usage, souhaitable dans un dictionnaire scientifique de la langue, correspondrait dans ce type d'ouvrage à un laxisme incompatible avec la pédagogie. Nous avons donc insisté sur la norme au détriment de la description trop complaisante des usages fautifs, qui n'est pas à mettre entre toutes les mains.

Il est toutefois nécessaire de signaler et de définir certains mots à éviter, notamment des emplois grossiers, violents, injurieux. Les mots péjoratifs employés pour désigner les paysans ont ainsi été dénoncés (au mot *paysan*) ; les termes injurieux de nature raciste, lorsque malheureusement ils étaient courants (les autres ont été éliminés) ont été qualifiés comme ils le méritaient (ex. : *bicot*... Péj. Terme d'injure raciste). On distinguera ces termes des mots simplement péjoratifs, comme *birbe* dans *un vieux birbe* ou *bique* dans *une vieille bique*, *une grande bique* qui ne posent qu'un problème de contenu. Il en va de même pour les termes vulgaires (vulg.), souvent en même temps familiers (fam.) ou argotiques (arg.).

DICTIONNAIRE ET GRAMMAIRE

Par les très nombreuses remarques et par les exemples illustrant une difficulté orthographique (accord de participes, par exemple), morphologique (choix de l'auxiliaire d'un verbe, formes conjuguées), phonétique (problèmes de liaison), syntactique (constructions), ce dictionnaire constitue une petite grammaire d'usage par l'exemple, bien qu'il soit avant tout un guide du vocabulaire et du sens des mots.

La variété des informations, portant sur l'orthographe, la prononciation, la morphologie, la syntaxe, les valeurs et nuances sémantiques, les synonymes, contraires et opposés, les locutions, etc., informations présentées sous une forme « économique » et le plus clairement possible font de cet ouvrage le plus complet et, nous l'espérons, le plus efficace des dictionnaires de sa catégorie. Un instrument de contrôle, mais aussi d'apprentissage pour un bon usage moderne, en un temps où le français est malmené par ceux et celles qui l'utilisent de manière imparfaite et dégradée. Aussi sélectif soit-il, ce dictionnaire démontre que la langue française contemporaine reste un outil d'expression et de communication d'une richesse et d'une clarté admirables.

Alain Rey

MODE D'EMPLOI

prononciation en alphabet phonétique international

catégorie grammaticale

renvoi au tableau où l'on trouvera les formes conjuguées du verbe

entrée dans un caractère proche de l'écriture manuelle

craindre [kʀɛ̃dʀ] v. tr. < conjug. 52 > **1·** Envisager (qqn, qqch.) comme dangereux, nuisible, et en avoir peur. → **redouter.** *Craindre le danger.* / contr. braver / *Il ne viendra pas, je le crains. Ne craignez rien. Il sait se faire craindre.* **2·** ***Craindre que*** (+ subjonctif). Avec la négation complète : *Je crains qu'il ne parte pas,* qu'il reste. **– REM.** Lorsque les verbes des deux propositions sont à l'affirmatif, le *ne* explétif est facultatif. *Je crains qu'il (ne) parte,* je crains son départ. Après l'emploi négatif ou interrogatif de *craindre,* on ne met pas le *ne*. *Je ne crains pas qu'il parte. Craignez-vous qu'il parte ?* **3·** ***Craindre de*** (+ infinitif). *Il craint d'être découvert. Je ne crains pas d'affirmer,* je n'hésite pas à affirmer. **4·** (Plantes, choses) Être sensible à. *Ces arbres craignent le froid.* **5·** Fam. Impers. *Ça craint,* c'est désagréable, minable. ▷ **crainte**

renvoi à un quasi-synonyme

renvoi à un contraire

constructions du verbe précisées

remarque sur un problème de grammaire

usage familier récent

mot de la même famille, sous lequel on trouvera ses dérivés : ***craintif*** et ***craintivement***

décade [dekad] n. f. Période de dix jours. # décennie.

▶ **décennie** n. f. Période de dix ans. # décade.

les « faux amis » (mots à ne pas confondre) distingués par les définitions. # signifie « différent de »

doux, douce [du, dus] adj. et adv. **I·** Adj. **1·** Qui a un goût faible ou sucré (opposé à *acide, amer, fort, piquant, salé,* etc.). → péj. **douceâtre.** *Amandes, oranges, pommes douces. Vin doux,* sucré. – *Eau douce,* eau des lacs et des rivières, non salée. **2·** Agréable au toucher par son caractère lisse, souple (opposé à *dur*). *Peau douce. Lit, matelas très doux.* → **moelleux. 3·** Qui épargne les sensations violentes, désagréables. *Cette année, l'hiver a été doux.* → **clément.** *Doux murmures.* → **léger.** *Lumière douce.* → **tamisé. 4·** Qui procure une jouissance calme et délicate. → **agréable.** *Un espoir bien doux. Avoir la vie douce.* → **facile. 5·** Qui n'a rien d'extrême, d'excessif. → **faible.** *Pente douce. Cuire à feu doux. Châtiment trop doux.* – ***Médecines douces*** *(homéopathie, acupuncture, etc.).* **6·** (Personnes) Qui ne heurte, ne blesse personne, n'impose rien, ne se met pas en colère. → **bienveillant, gentil, indulgent, patient.** / contr. agressif, brutal, violent / *Une jeune fille douce. Elle est douce avec ses enfants. Doux comme un agneau, comme un mouton.* → **inoffensif.** – N. *C'est un doux,* un homme doux. **7·** Qui exprime des sentiments tendres, amoureux. – Loc. *Faire les yeux doux,* regarder amoureusement. *Un billet doux,* galant. **II·** Adv. **1·** Loc. fam. ***Filer doux*** : obéir humblement sans opposer de résistance. **2·** Fam. ***En douce*** : sans bruit, avec discrétion. *Partir en douce. En douce, il a réussi mieux que tout le monde,* sans en avoir l'air. ▷ **adoucir, aigre-doux, douceâtre, doucement, douceur, radoucir, redoux, taille-douce**

les mots en opposition dans un domaine sont distingués des contraires

les synonymes partiels (dans un type d'emploi) sont présentés par un exemple

▶ **clément, ente** adj. (...) *Un hiver clément,* peu rigoureux. → **doux.** ▷ **inclément**

expressions récentes

catégorie des noms employés avec l'adjectif, dans ce sens

synonymes et contraires

brutal, ale, aux [bʀytal, o] adj. **1·** (Personnes) Qui use volontiers de violence, du fait de son tempérament rude et grossier. / contr. doux / *Un gardien brutal.* (...)

mots de la même famille, à consulter

alpin, ine [alpɛ̃, in] adj. **1·** Des Alpes. *La chaîne alpine.* – *Chasseurs alpins,* troupes spécialisées dans la guerre de montagne. **2·** D'alpinisme. *Club alpin.* ▶ **alpinisme** n. m. Sport des ascensions en montagne. ▶ **alpiniste** n. *Cordée d'alpinistes.*

mots de la même famille, regroupés à la suite du mot-entrée

LISTE DES SIGNES CONVENTIONNELS, CONVENTIONS ET ABRÉVIATIONS

* astérisque signalant un mot auquel on pourra se reporter avec profit.

→ suivi d'un mot en gras, renvoie à un ou plusieurs mots de sens voisin.
suivi de caractères maigres, renvoie à une expression de sens voisin.

▷ introduit, par ordre alphabétique, les mots de la même famille que le mot-entrée.

≠ *ne pas confondre avec.* Précède un ou plusieurs mots dont l'orthographe, la prononciation ou le sens peuvent prêter à confusion avec le mot défini.

+ obligatoirement suivi de (ex. : + subjonctif).

abrév. *abréviation.*

absolt *absolument* (en construction absolue : sans le complément attendu).

abstrait qualifie un sens (s'oppose à *concret*).

abusivt *abusivement* (emploi très critiquable, parfois faux sens ou solécisme).

adj. 1. *adjectif* ;
2. *adjectivement* (emploi adjectif d'un mot qui ne l'est pas normalement).

adv. 1. *adverbe* ;
2. *adverbial* (dans loc. adv., voir loc.);
3. *adverbialement* (emploi comme adverbe d'un mot qui ne l'est pas normalement).

altér. *altération* (modification anormale d'une forme ancienne ou étrangère).

anal. *analogie* (par anal. : par analogie).

anciennt *anciennement* (présente un mot ou un sens courant qui désigne une chose du passé disparue). [Ne pas confondre avec *vieux.*]

anglic. mot anglais employé en français et critiqué comme emprunt abusif ou inutile (les mots anglais employés depuis longtemps et normalement, en français, ne sont pas précédés de cette rubrique.

antiphrase par antiphrase : en exprimant par l'ironie l'opposé de ce que l'on veut dire ; voir iron.

appos. *apposition* (en appos. : en apposition). Se dit d'un nom qui en suit un autre et le détermine, sans mot grammatical entre eux.

arg. mot d'*argot*, emploi *argotique* limité à un milieu particulier, surtout professionnel, mais inconnu du grand public. Pour les mots d'argot passés dans le langage courant, voir pop.

auxil. *auxiliaire.*

cathol. *catholique.*

(Choses) présente un sens, un emploi où le mot (adjectif, verbe) ne peut s'employer qu'avec des noms de *choses* (s'oppose à *êtres vivants* ou *personnes*). Voir suj. chose.

compl. *complément.*

concret qualifie un sens (s'oppose à *abstrait*).

conj. *conjonction ; conjonctif, ive.*

conjug. *conjugaison.* Le numéro qui suit renvoie au tableau de conjugaison correspondant situé en annexe.

/ contr. / *contraire.*

cour. *courant ; couramment.*

dém. *démonstratif.*

dét. *déterminant.*

didact. *didactique* : mot ou emploi qui n'existe que dans la langue savante (livres d'étude, etc.) et non dans la langue parlée ordinaire.

dimin. *diminutif.*

dir. *direct* (ex. : v. tr. dir. : verbe transitif direct).

ellipt *elliptiquement :* présente une expression où un terme attendu n'est pas exprimé.

enfant. *enfantin* (lang. enfant. : mot, expression du langage des jeunes enfants, mais que les adultes peuvent employer aussi, en leur parlant).

ex. *exemple* (par ex. : par exemple).

exagér. *exagération* (par exagér. : par exagération, présente un sens, une expression emphatique).

f. *féminin.*

fam. *familier* (usage parlé et même écrit de la langue quotidienne : conversation, etc. ; mais ne pas dans les circonstances solennelles).

fém. *féminin.*

fig. *figuré :* sens issu d'une image (valeur abstraite correspondant à un sens concret).

impér. *impératif* (mode du verbe).

impers. 1. v. impers. : verbe impersonnel. 2. *impersonnellement* (emploi impersonnel d'un verbe personnel).

indic. *indicatif* (mode du verbe).

ind. ou indir. *indirect* (v. tr. ind. : verbe transitif indirect, dont l'objet est introduit par une préposition ; compl. ind. : complément indirect, introduit par une préposition).

indéf. *indéfini.*

inf. *infinitif.*

interj. *interjection.*

intr. *intransitif* (v. intr. : verbe intransitif, qui n'a jamais de complément d'objet dans le sens envisagé [ne pas confondre avec *absolt*]).

intransitivement passage d'un verbe transitif à un emploi intransitif.

invar. *invariable* (ex. : n. m. invar. : nom masculin invariable).

iron. *ironique, ironiquement,* pour se moquer (souvent par *antiphrase*).

irrég. *irrégulier.*

lang. *langage.*

littér. *littéraire :* désigne un mot qui n'est pas d'usage familier, qui s'emploie surtout dans la langue écrite élégante. Ce mot a généralement des synonymes d'emploi plus courant.

loc. *locution* (groupe de mots formant une unité et ne pouvant pas être modifié à volonté ; certaines locutions ont la valeur d'un mot grammatical). Loc. adv. : locution adverbiale, à valeur d'adverbe ; loc. conj. : locution conjonctive, à valeur de conjonction ; loc. prép. : locution prépositive, à valeur de préposition ; loc. adj. : locution adjective, à valeur d'adjectif ; loc. fig. : locution(s) figurée(s).

m. *masculin* (n. m. : nom masculin ; adj. m. : adjectif masculin). Le nom masculin s'emploie aussi à propos d'une femme si le mot est défini par *Personne qui...* Autrement, le mot est défini par *Celui qui...*

masc. *masculin* (au masc. : au masculin).

métaph. *métaphore* (par métaph. : comparaison implicite intermédiaire entre le propre et le figuré).

n. *nom,* substantif (n. m. : nom masculin ; n. f. : nom féminin ; n. m. pl. : nom masculin pluriel).

num. *numéral.*

opposé à introduit le mot de sens opposé qui sert à éclairer le sens du mot défini. Les mots *opposés* sont en général complémentaires, et non pas antonymes ou contraires (voir / contr. /).

p. *participe* (p. prés. : participe présent). Voir p. p.

pass. forme *passive* (d'un verbe) ; sens *passif* (d'un verbe pronominal).

péj. *péjoratif ; péjorativement* (avec mépris, en mauvaise part).

pers. *personne ; personnel* (pronom pers. : pronom personnel).

(Personnes) présente un sens, un emploi où le mot (adjectif, verbe) ne peut s'employer qu'avec des noms de personnes (s'oppose à *choses*). Voir suj. personne.

pl. ou plur *pluriel* (ex. : n. m. pl. ; au plur.).

plaisant. *plaisanterie* (par plaisant. : emploi qui vise à être drôle, à amuser).

poét. mot de la langue littéraire utilisé seulement ou surtout en *poésie.*

pop. *populaire :* qualifie un mot ou un sens courant dans la langue parlée des milieux populaires (souvent argot ancien répandu), qui ne s'emploierait pas normalement dans un milieu social élevé.

poss. *possessif* (dét. poss. : déterminant possessif).

p. p. *participe passé.* ■ REM. Les participes passés adjectifs les plus importants sont traités à l'ordre alphabétique. Les autres sont mentionnés au verbe. – p. p. adj. : participe passé adjectif ; p. p. ou au p. p. : participe passé (certains sont donnés en exemple sans mention particulière).

prép.	*préposition* (loc. prép. : locution prépositive).
prés.	*présent* (temps du verbe).
pron.	*pronominal* (v. pron. : verbe pronominal).
pronominalement	emploi pronominal isolé d'un verbe.
Prov.	*proverbe.*
qqch.	*quelque chose.*
qqn	*quelqu'un.*
rare	mot qui, dans son usage particulier (il peut être didactique, technique, etc.), n'est employé qu'exceptionnellement.
récipr.	*réciproque* (v. pron. récipr. : verbe pronominal réciproque).
réfl.	*réfléchi* (v. pron. réfl. : verbe pronominal réfléchi).
région.	*régional* (mot ou emploi particulier au français parlé dans une ou plusieurs régions, mais qui n'est pas d'usage général ou qui est senti comme propre à une région).
relig.	terme didactique de *religion.*
REM.	*remarque.*
s.	*siècle.*
scol.	*scolaire* (arg. scol. : argot scolaire).
sing.	*singulier.*
spécialt	*spécialement.*
subj.	*subjonctif* (mode du verbe).
suj.	*sujet* (suj. chose : le sujet est un nom désignant des choses ; suj. personne : le sujet est un nom désignant des personnes).
symb.	*symbole.*
syn.	*synonyme.*
tr.	*transitif* (v. tr. : verbe transitif, qui a un complément d'objet [exprimé ou non] ; tr. dir. : transitif direct [voir dir.]; tr. indir. : transitif indirect [voir ind.]).
transitivement	passage d'un verbe intransitif à un emploi transitif.
v.	*verbe.*
vieilli	mot, sens ou expression encore compréhensible de nos jours, mais qui ne s'emploie plus dans la langue parlée courante.
vulg.	*vulgaire* : mot, sens ou emploi choquant (souvent familier [fam.] ou populaire [pop.], qu'on ne peut employer entre personnes bien élevées, quelle que soit leur classe sociale).
vx	*vieux* (mot, sens ou emploi de l'ancienne langue, incompréhensible ou peu compréhensible de nos jours et jamais employé, sauf par effet de style : archaïsme). [Ne pas confondre avec *anciennement.*]

aA

a [ɑ] n. m. invar. Première lettre, première voyelle de l'alphabet. – Loc. *De A à Z, depuis A jusqu'à Z,* du commencement à la fin. *Prouver qqch. par A + B,* de façon certaine, indiscutable. ▷ **abc**

a-, an- Élément exprimant la négation («pas»), ou la privation («sans»). → **anormal, apolitique.**

à [a] prép. Contraction de *(à le)* en *au,* de *(à les)* en *aux.* **I·** Introduisant un objet (complément) indirect. – (D'un verbe) *Se décider à partir. Le tabac nuit à la santé.* – (D'un nom) *Le recours à la force.* – (D'un adjectif) *Fidèle à sa parole.* – ***À ce que,*** pour ***que*** (+ subjonctif). *Je consens à ce que vous partiez,* ou *que vous partiez.* **II·** Marquant des rapports de direction. **1·** Lieu de destination. *Aller à Paris ; je pense y* aller. À la porte ! Son voyage à Paris.* – ***De... à...*** *Du Nord au Sud.* **2·** *(De... à...)* Progression dans une série. *Du premier au dernier.* – (Temps) *J'irai de 4 à 6 heures.* – (Entre deux numéraux non successifs, marque l'approximation) → **environ.** *Des groupes de quatre à dix personnes.* **3·** Aboutissement à un point extrême. → **jusqu'**à. *Il court à perdre haleine,* au point* de... **4·** Destination, but. → **pour.** *Donner une lettre à poster. Une fille à marier. Un verre à liqueur. Il n'est bon à rien.* – (Devant un infinitif) *Nous avons à manger,* quelque chose à manger. → **de quoi.** *Ce travail laisse à désirer.* **5·** Destination de personnes, attribution. *Donner des étrennes aux éboueurs. Salut à tous !* – (En dédicace) *À mes amis.* **III·** Marquant des rapports de position. **1·** Position dans un lieu. → **dans, en.** *Il vit à Paris. S'installer aux Antilles. Un séjour à la mer.* **2·** Position dans une situation. *Se mettre au travail. Il est toujours à travailler.* → en **train** de. – *Être le premier à faire qqch.,* le premier qui fait qqch. – ***À*** (+ infinitif). *À vous priver ainsi, vous tomberez malade,* en vous privant ainsi... **3·** Position dans le temps. *Je m'en irai à cinq heures. À ces mots, il se fâcha. Emprisonnement à perpétuité.* **4·** Appartenance. *Ceci est à moi. À qui sont ces gants ?* – *À nous la liberté ! Bien à vous.* – ***C'est à... de*** (+ infinitif) : il appartient à... de. *C'est à moi de l'aider,* c'est mon devoir, ou c'est mon tour de l'aider. – ***C'est*** (+ adj.) ***à...*** *C'est gentil à vous d'accepter,* vous êtes gentil d'accepter. **IV·** Marquant la manière d'être ou d'agir. **1·** Moyen, instrument. → **avec, par.** *Aller à pied. Bateau à moteur.* **2·** Manière. *Il vit à l'aise. Acheter à crédit. Tissu à fleurs.* – ***À la...*** (+ adj., nom, loc.). *Parler à la légère,* légèrement. *Victoire à la Pyrrhus.* **3·** Prix. *Je vous le vends à cinq euros.* → **pour.** *Une confiserie à un euro.* → **de. 4·** Accompagnement. → **avec.** *Un pain aux raisins. L'homme au chapeau rond.* **5·** Association numérique. *Ils sont venus à dix, à plusieurs,* en étant dix, plusieurs à la fois. – *Deux à deux,* deux à la fois. → **par.** ▷ **à-côté, à-coup, adieu, à-Dieu-va(t), afin de, ajouré, alentour, alors, amont, aparté, à-peu-près, à-pic, aplomb, à-propos, au-delà, auparavant, auprès de, autant, ⓘ autour, ⓘ aval, avenir, averse, c'est-à-dire, fier-à-bras, goutte-à-goutte, mort-aux-rats, porte(-)à(-)faux**

abaisser [abese] v. tr. < conjug. 1 > **I· 1·** Faire descendre à un niveau plus bas. → **baisser.** *Abaisser une vitre.* / contr. **relever** / *Abaisser une perpendiculaire* (d'un point à une droite). **2·** Diminuer la quantité, faire baisser. *Abaisser les prix, la température d'une pièce.* → **diminuer. 3·** *Abaisser qqn,* l'humilier. → **rabaisser.** *La misère abaisse l'homme.* → **dégrader.** / contr. exalter, glorifier / **II·** *S'abaisser* v. pron. **1·** Descendre à un niveau plus bas. *Le terrain s'abaisse vers la rivière.* → **descendre. 2·** Perdre sa dignité, sa fierté. *Il s'abaisse à le supplier, à des compromissions.* → **s'avilir.** ▶ **abaissement** n. m. **1·** Action de diminuer (une grandeur). → **diminution.** *L'abaissement de la température, d'un prix.* / contr. élévation, relèvement / **2·** Vieilli. État d'une personne qui a perdu sa dignité. → **avilissement, dégradation.** ▷ **rabaisser**

abandonner [abɑ̃dɔne] v. tr. < conjug. 1 > **I· 1·** Ne plus vouloir (d'un bien, d'un droit). → **renoncer** à. *Abandonner ses biens, le pouvoir. Abandonner sa fortune à qqn.* → **donner, léguer.** *Abandonner à qqn le soin de faire qqch.* **2·** Laisser au pouvoir (de qqch.). *Vous m'abandonnez à mon triste sort.* **3·** Quitter, laisser définitivement (qqn dont on doit s'occuper, envers qui on est lié). *Abandonner ses enfants, sa femme, ses amis.* → **délaisser, plaquer,** laisser **tomber. 4·** Quitter définitivement un lieu. *Les jeunes abandonnent la campagne.* → **déserter. 5·** Renoncer à (une action difficile, pénible). *Abandonner la lutte.* → **capituler, flancher.** *Abandonner un travail.* – Sans compl. *J'abandonne !* → **démissionner.** *Athlète qui abandonne* (en cours d'épreuve, de compétition). **6·** Cesser d'employer. *Abandonner une hypothèse, un procédé.* **II·** ***S'abandonner*** v. pron. réfl. **1·** Se laisser aller à (un état, un sentiment). *S'abandonner à la rêverie.* **2·** Se détendre, se laisser aller physiquement. **3·** Se livrer avec confiance. → s'**épancher. III·** ***(Être) abandonné, ée*** (passif). *Ce chien est abandonné.* – Au p. p. adj. *Un village abandonné* (par ses habitants). ▶ **abandon** n. m. **1·** Action d'abandonner, de renoncer à (qqch.) ou de laisser (qqch., qqn). *L'abandon d'un bien par qqn.* → **cession, don.** *Abandon d'un enfant. Abandon d'un projet.* / contr. maintien / – ***À l'abandon*** loc. adv. : dans un état d'abandon, sans soin. *Le jardin est à l'abandon.* **2·** Action de se laisser aller, de se détendre. *Renversée dans son fauteuil, avec abandon.* → **nonchalance.** – Calme confiant. *S'épancher avec abandon.* → **confiance.** / contr. raideur ; méfiance /

abaque [abak] n. m. **1·** Boulier-compteur. **2·** Graphique donnant la solution d'un calcul mathématique.

abasourdir [abazuʀdiʀ] v. tr. < conjug. 2 > **1·** Assourdir, étourdir par un grand bruit. **2·** Étourdir par la surprise. → **hébéter, sidérer, stupéfier.** *Cette nouvelle m'a abasourdi.* – Au p. p. adj. *Je suis tout abasourdi.* → **ahuri.** ▶ **abasourdissant, ante** adj. Qui abasourdit.

abat-jour [abaʒuʀ] n. m. invar. Réflecteur qui rabat la lumière d'une lampe. *Lampe à abat-jour de soie. Des abat-jour.*

abats [aba] n. m. pl. Parties accessoires d'animaux tués pour la consommation. *Abats d'animaux de boucherie* (cœur, foie, mou, rognons, tripes, langue...). *Abats de volailles.* → **abattis.** *Manger des abats.* → **triperie.**

1 **abattage** [abataʒ] n. m. Action d'abattre, de tuer (un animal de boucherie). *L'abattage d'un bœuf au merlin.*

2 **abattage** n. m. ***Avoir de l'abattage*** : avoir du brio, de l'entrain, tenir le public en haleine. *Actrice, animateur qui a de l'abattage.*

1 **abattement** [abatmɑ̃] n. m. Diminution d'une somme à payer, d'un impôt. → **déduction.**

2 **abattement** n. m. **1·** Grande diminution des forces physiques. → **épuisement, faiblesse, fatigue. 2·** Dépression morale, désespoir calme. → **découragement, désespoir.** *Être dans un profond abattement.*

abattis [abati] n. m. pl. **1·** Abats de volaille (tête, cou, ailerons, pattes, foie, gésier). **2·** Fam. Bras et jambes. – Loc. fam. (Menace de bagarre) *Tu peux numéroter tes abattis !*

abattoir [abatwaʀ] n. m. **1·** Lieu où l'on tue les animaux de boucherie. → 1 **abattage. 2·** Fig. *Envoyer des soldats à l'abattoir,* au massacre.

abattre [abatʀ] v. tr. < conjug. 41 > **I·** Faire tomber. **1·** Faire tomber (ce qui est vertical), jeter à bas. *Abattre un arbre,* en le coupant à la base. *Abattre un mur, une maison.* → **démolir. 2·** Faire tomber (un être vivant) en donnant un coup mortel. → **tuer.** *Abattre un cheval blessé. Abattre qqn,* l'assassiner avec une arme à feu. → fam. **descendre, flinguer, zigouiller.** *Ils l'ont abattu d'une balle dans la tempe.* **3·** Détruire en vol (un avion). **4·** ***Abattre son jeu*** : déposer, étaler ses cartes avant la fin du jeu. – Abstrait. Dévoiler ses intentions et passer à l'action. **5·** *Abattre de la besogne,* en faire beaucoup ; travailler beaucoup et efficacement. **6·** Rendre faible, ôter les forces de (qqn). *Cette grosse fièvre l'a abattu.* → **épuiser, fatiguer. 7·** Ôter l'énergie, l'espoir, la joie à (qqn). → **décourager, démoraliser, déprimer.** *La fatigue l'abattait complètement. Se laisser abattre.* **II·** ***S'abattre (sur)*** v. pron. réfl. **1·** Tomber tout d'un coup. → s'**affaisser,** s'**écrouler,** s'**effondrer.** *Le grand mât s'abattit sur le pont.* **2·** Se laisser tomber (sur), en volant. *Les sauterelles s'abattent sur les récoltes.* – Abstrait. Se jeter sur (pour piller). ▶ **abattu, ue** adj. **1·** Qui n'a plus de force, est très fatigué. → **faible.** *Le convalescent est encore très abattu.* **2·** Triste et découragé. *Depuis la mort de son frère, il est abattu.* ▷ **abat-jour, abats,** 1 **abattage,** 2 **abattement, abattis, abattoir, rabat,** 1 **rabattre**

abbatial, ale, aux [abasjal, o] adj. Qui appartient à l'abbaye, ou à l'abbé. *Église abbatiale.*

abbaye [abei] n. f. Couvent, monastère dirigé par un abbé ou une abbesse. *Des abbayes gothiques.*

abbé [abe] n. m. **1·** Supérieur d'un monastère d'hommes érigé en abbaye. **2·** Titre donné à un prêtre séculier. *Bonjour, monsieur l'abbé. L'abbé X.* ▷ **abbatial, abbaye, abbesse**

abbesse [abɛs] n. f. Supérieure d'un couvent de religieuses érigé en abbaye.

abc [abese] n. m. invar. **1·** Petit livre pour apprendre l'alphabet. → **abécédaire. 2·** Ce qu'il faut au moins savoir (d'un métier, d'un art). *C'est l'abc du métier.*

abcès [apsɛ] n. m. invar. **1·** Amas de pus dans une cavité du corps. *Il faut inciser cet abcès. Abcès artificiel* ou *de fixation*, provoqué pour localiser une infection générale. **2·** Fig. *Crever, vider l'abcès*, extirper un mal, une cause de discorde.

abdiquer [abdike] v. tr. < conjug. 1 > **1·** Renoncer à (une chose). *Le président a abdiqué son autorité, le pouvoir.* **2·** Sans compl. Renoncer à agir, se déclarer vaincu. → **abandonner, céder, démissionner.** *J'abdique, c'est trop difficile !* **3·** Sans compl. Renoncer au pouvoir suprême. *Le roi abdiqua en faveur de son fils.* ▶ **abdication** n. f. Action de renoncer au pouvoir suprême, à la couronne.

abdomen [abdɔmɛn] n. m. Cavité qui renferme les organes de la digestion, les viscères, à la partie inférieure du tronc. → **ventre.** *De gros abdomens.* ▶ **abdominal, ale, aux** adj. De l'abdomen. *Muscles abdominaux* ou, n. m. pl., *les abdominaux.* – N. m. pl. Exercices visant à développer les muscles abdominaux. *Faire des abdominaux.*

abécédaire [abesedɛʀ] n. m. Livre pour apprendre les lettres de l'alphabet. → **abc.**

abeille [abɛj] n. f. Insecte (hyménoptère) vivant en colonie et produisant la cire et le miel. *Un essaim d'abeilles. Il a été piqué par une abeille. Élevage d'abeilles.* → **apiculture.** *Les abeilles sont dans la ruche*.*

aber [abɛʀ] n. m. Estuaire profond d'une rivière, en Bretagne. *Les abers.*

aberrant, ante [abɛʀɑ̃, ɑ̃t] adj. **1·** Qui s'écarte du type normal. *Forme aberrante.* / contr. normal / **2·** Qui s'écarte de la règle, est contraire à la raison. *Une idée, une conduite aberrante.* → **absurde, insensé.** *C'est aberrant d'agir comme ça !* ▶ **aberration** n. f. **1·** Déviation du jugement, du bon sens. → **égarement, folie.** *Dans un moment d'aberration, il lui reprocha sa gentillesse.* **2·** Idée, conduite aberrante. *C'est une aberration !*

abêtir [abetiʀ] v. tr. < conjug. 2 > Rendre bête, stupide. → **abrutir.** *Ces lectures idiotes l'abêtissent.* – Pronominalement (réfl.). *Il s'abêtit dans ce milieu.* ▶ **abêtissant, ante** adj. → **abrutissant, crétinisant.** *Des travaux abêtissants.* ▶ **abêtissement** n. m.

abhorrer [abɔʀe] v. tr. < conjug. 1 > Littér. Avoir en horreur (qqn, qqch.). → **exécrer, haïr.**

abîme [abim] n. m. **1·** Concret. Gouffre très profond, sans fond. → **précipice. 2·** Abstrait. *Abîme entre... :* grande séparation, grande différence. *Entre un croyant et un athée, il y a un abîme.* **3·** Dans des expressions. Situation morale ou matérielle très mauvaise, dangereuse. → **perte, ruine.** *Être au bord de l'abîme, toucher le fond de l'abîme. Course à l'abîme.*

abîmer [abime] v. tr. < conjug. 1 > **1·** *Abîmer qqch.*, mettre en mauvais état. → **casser, détériorer, endommager, esquinter, salir.** *Abîmer un meuble, un livre, un vêtement.* – Au p. p. adj. *Un livre tout abîmé, déchiré et sali.* **2·** Fam. *Abîmer qqn*, le meurtrir, le blesser par des coups. → **arranger** ; fam. **amocher.** *Un boxeur qui abîme son adversaire.* **3·** *S'abîmer* v. pron. : se détériorer, se salir. *Range ces photos, elles vont s'abîmer.*

abject, ecte [abʒɛkt] adj. Qui mérite le mépris, donne un dégoût moral. → **ignoble, infâme, infect, répugnant, vil.** *Un procédé, un chantage abject. Il a été abject envers elle.* ▶ **abjection** [abʒɛksjɔ̃] n. f. Caractère de ce qui est abject, ignoble. → **abaissement, avilissement, indignité, infamie.** *Vivre dans l'abjection.*

abjurer [abʒyʀe] v. intr. < conjug. 1 > Renoncer solennellement à sa religion. *Le 25 juillet 1593, Henri IV abjura en l'église Saint-Denis.* ≠ adjurer. ▶ **abjuration** n. f. Action d'abjurer. ≠ adjuration.

ablatif [ablatif] n. m. Cas de la déclinaison latine, indiquant qu'un substantif sert de point de départ ou d'instrument à l'action.

ablation [ablɑsjɔ̃] n. f. Action d'enlever (une partie du corps) par la chirurgie. *Pratiquer l'ablation d'un rein.*

-able Élément qu'on joint à un verbe pour faire un adjectif et qui signifie « qui peut être » (ex. : *récupérable*).

ablette [ablɛt] n. f. Petit poisson à écailles claires, qui vit en troupes dans les eaux douces.

ablutions [ablysjɔ̃] n. f. pl. **1·** Lavage du corps, comme purification religieuse. **2·** *Faire ses, des ablutions*, se laver.

abnégation [abnegɑsjɔ̃] n. f. Sacrifice volontaire de soi-même, de son propre intérêt. → **désintéressement, dévouement, sacrifice.** *Un acte d'abnégation.* / contr. égoïsme /

aboiement [abwamɑ̃] n. m. Action d'aboyer, cri du chien.

aux **abois** [ozabwa] loc. adj. **1·** Concret. Se dit d'une bête chassée entourée par les chiens. *Un cerf aux abois.* **2·** Abstrait. Dans une situation désespérée. *Un criminel aux abois.*

abolir [abɔliʀ] v. tr. < conjug. 2 > Annuler, supprimer (ce qui a un effet juridique). *Abolir une loi* → **abroger,** *une peine* → **annuler.** *Pétition pour abolir une loi injuste.* – Au p. p. adj. *Loi abolie.*

▶ **abolition** n. f. Action d'abolir. → **suppression.** *Abolition de l'esclavage. Abolition d'une loi, d'une peine.* → **abrogation, annulation.** ▶ **abolitionnisme** n. m. Opinion, action des personnes qui veulent abolir qqch. ▶ **abolitionniste** n. et adj. *Un abolitionniste. – Une campagne abolitionniste.*

abominable [abɔminabl] adj. **1·** Qui donne de l'horreur. → **affreux, atroce, horrible, monstrueux.** *Un crime abominable.* **2·** Très mauvais. → **affreux, détestable, exécrable, infect.** *Un temps abominable. – Il a été abominable avec nous : il nous a insultés et mis à la porte.* ▶ **abominablement** adv. ▶ **abomination** n. f. **1·** *Avoir qqch. en abomination,* en horreur. **2·** *Une abomination,* ce qui inspire de l'horreur. *Ce chantage est une abomination.*

abondance [abɔ̃dɑ̃s] n. f. **1·** Grande quantité, quantité supérieure aux besoins. → **profusion.** / contr. rareté / *L'abondance des légumes sur le marché.* PROV. *Abondance de biens ne nuit pas. – Corne d'abondance,* d'où s'échappent des fruits, des fleurs (emblème de l'abondance). – ***En abondance*** loc. adv. : abondamment. → **à foison.** *Prenez des fruits, il y en a en abondance.* **2·** Ressources supérieures aux besoins. *Vivre dans l'abondance.* → **aisance, opulence.** ▶ **abondant, ante** adj. Qui abonde, est en grande quantité. *Une abondante nourriture.* → **copieux.** *D'abondantes lectures.* → **nombreux.** / contr. rare ; insuffisant / ▶ **abondamment** adv. En grande quantité. *Saler abondamment.* → **beaucoup.** *Servez-vous abondamment.* → **largement.**

abonder [abɔ̃de] v. intr. < conjug. 1 > **1·** Être en grande quantité. *Les marchandises abondent,* sont en abondance, sont abondantes. *Les fautes abondent dans ce texte.* → **foisonner. 2·** ***Abonder en*** : avoir ou produire (qqch.) en abondance. *Ce texte abonde en citations.* **3·** (Personnes) *Abonder dans le sens de qqn,* être tout à fait de son avis. ▷ **abondance**

abonner [abɔne] v. tr. < conjug. 1 > Prendre un abonnement pour (qqn). *Abonner un ami à un journal.* – Pronominalement (réfl.). *S'abonner à un théâtre.* ▶ **abonné, ée** p. p. et adj. **1·** Qui a pris un abonnement. *Lecteurs abonnés.* – N. *Liste des abonnés du téléphone.* **2·** Fam. ***Être abonné à*** : être coutumier de. *Il a subi de nouveaux échecs ; il y est abonné !* ▶ **abonnement** n. m. Fait de payer en une fois pour recevoir qqch. régulièrement ou utiliser un service (transports, etc.) pendant un certain temps. *Prendre, souscrire un abonnement à un journal. Abonnement de train. Tarif, carte d'abonnement.* ▷ **désabonner, réabonner**

abord [abɔʀ] n. m. Action d'aborder qqn, de venir le trouver (dans des expressions). *Être d'un abord facile, agréable.* → **accessible.** – ***Au premier abord, de prime abord*** : dès la première rencontre ; à première vue, tout de suite. *Au premier abord, je le trouve assez timide.* ▶ **d'abord** adv. En premier lieu dans le temps, avant (autre chose). *Demandons-lui d'abord son avis, nous déciderons ensuite. Tout d'abord,* avant toute chose. *Et puis d'abord...* – Avant toute chose, pour l'importance. *L'homme est d'abord un animal.* / contr. après, ensuite /

aborder [abɔʀde] v. < conjug. 1 > **I·** V. intr. Arriver au rivage, sur le bord. *Aborder dans une île ; au port.* **II·** V. tr. **1·** Heurter (un navire). → **abordage. 2·** Arriver à (un lieu inconnu ou qui présente des difficultés). *Le pilote aborde avec prudence le virage.* **3·** *Aborder qqn,* aller à qqn (qu'on ne connaît pas, ou avec qui l'on n'est pas familier) pour lui adresser la parole. → **accoster.** *Il fut abordé par un inconnu.* **4·** En venir à..., pour en parler, en débattre. → **entamer.** *Aborder un sujet, une question, un problème.* → **attaquer.** ▶ **abordable** adj. **1·** (Prix) Modéré, pas trop cher. – D'un prix raisonnable. *C'est abordable.* / contr. cher, inabordable / **2·** (Personnes) Qu'on peut aborder (II, 3). ▶ **abordage** n. m. **1·** Assaut donné à un navire ennemi en s'amarrant bord à bord avec lui (par des crochets, des grappins). *À l'abordage !* **2·** Collision de deux navires. ▷ **abord, abords, inabordable**

abords [abɔʀ] n. m. pl. *Les abords d'un lieu,* ce qui y donne accès, l'entoure immédiatement. → **alentours, environs.** *Les abords de cette ville sont verdoyants.*

aborigène [abɔʀiʒɛn] n. m. et adj. REM. Ne pas prononcer [aʀbɔʀiʒɛn]. Personne originaire du pays où elle vit, autochtone d'un pays au moment de sa découverte. → **indigène.** – Adj. *Population aborigène ; plante, animal aborigène d'Australie, d'Amérique.*

abortif, ive [abɔʀtif, iv] adj. Qui fait avorter. *Pilule abortive.*

s'aboucher [abuʃe] v. pron. < conjug. 1 > ***S'aboucher avec qqn*** : se mettre en rapport avec lui (généralement dans une affaire suspecte, une intrigue).

abouler [abule] v. tr. < conjug. 1 > Arg. Donner. *Aboule le fric !*

aboulique [abulik] adj. et n. Qui est pathologiquement privé de volonté. – N. *Un, une aboulique.*

aboutir [abutiʀ] v. intr. < conjug. 2 > **I·** ***Aboutir à, dans, sur, sous...*** **1·** Concret. Arriver par un bout ; se terminer dans. *Le couloir aboutit dans une chambre.* **2·** Abstrait. ***Aboutir à*** : conduire à..., en s'achevant dans. → **mener à.** *Tes projets n'abou-*

tiront à rien. **II·** ***Aboutir*** *:* avoir finalement un résultat. → **réussir.** *Les recherches ont abouti. L'enquête n'a pas abouti,* a échoué. / contr. échouer / ▶ **abouti, ie** adj. *Un projet abouti,* mené à bien. / contr. inabouti / ▶ **aboutissants** n. m. pl. *Les tenants et les aboutissants* (d'une affaire), tout ce à quoi elle tient et se rapporte. ▶ **aboutissement** n. m. **1·** Le fait d'aboutir (II), d'avoir un résultat. *L'aboutissement de ses efforts.* **2·** Ce à quoi une chose aboutit. → **résultat.** *L'aboutissement de plusieurs années de privations.*

aboyer [abwaje] v. intr. < conjug. 8 > **1·** Pousser un aboiement. *Le chien aboie quand un visiteur arrive.* – Prov. *Les chiens aboient, la caravane* passe.* **2·** (Suj. personne) Crier (contre qqn). *Aboyer contre, après qqn.* ▷ **aboiement,** aux **abois**

abracadabrant, ante [abʀakadabʀɑ̃, ɑ̃t] adj. Extraordinaire et incohérent. *Une histoire invraisemblable, abracadabrante.* ▶ **abracadabrantesque** adj.

abrasif, ive [abʀazif, iv] n. m. et adj. Matière qui use, nettoie, polit (une surface dure). *Les poudres à récurer sont des abrasifs.* – Adj. *Une matière abrasive.* ▶ **abrasion** [abʀazjɔ̃] n. f. Action d'user par frottement.

abréger [abʀeʒe] v. tr. < conjug. 3 et 6 > **1·** Diminuer la durée de. *Il a abrégé son voyage.* → **écourter.** *Abréger sa vie, ses jours* (par la fatigue, les excès, le souci). **2·** Diminuer la matière de (un discours, un écrit). → **raccourcir, résumer, tronquer.** *Abrégez ce texte.* / contr. allonger / *Abrégeons ! au fait !* **3·** *Abréger un mot,* supprimer une partie des lettres. **4·** *(Être) abrégé, ée* (au passif). *Mes vacances ont été abrégées.* – Au p. p. adj. *Mot abrégé.* → **abréviation.** ▶ **abrégé** n. m. Discours ou écrit réduit aux points essentiels. → **résumé.** *L'abrégé d'une conférence, d'un livre.* – ***En abrégé*** loc. adv. : en résumé, en passant sur les détails. / contr. détail / ▶ **abrégement** [abʀɛʒmɑ̃] n. m. *L'abrégement d'un texte.* → **abréviation.** / contr. allongement /

abreuver [abʀœve] v. tr. < conjug. 1 > **1·** Faire boire abondamment (un animal). *Abreuver un troupeau.* – Pronominalement (réfl.). *Le bétail qui vient s'abreuver.* **2·** (Suj. personne) *S'abreuver,* boire abondamment. **3·** Donner beaucoup (de qqch.) à (qqn). *Elle l'abreuvait de caresses, de compliments.* → **combler.** *Il l'a abreuvé d'injures.* → **accabler.** ▶ **abreuvoir** n. m. **1·** Lieu aménagé pour faire boire les animaux. **2·** Au Canada Fontaine à eau.

abréviation [abʀevjasjɔ̃] n. f. Action d'abréger. → **abrégement.** – Mot abrégé. *Liste des abréviations employées dans un ouvrage.* ▶ **abréviatif, ive** adj. Qui sert à abréger. *Signes abréviatifs.*

abri [abʀi] n. m. **1·** Endroit où l'on est protégé (du mauvais temps, du danger). *Chercher un abri sous un arbre.* **2·** Construction rudimentaire destinée à protéger le voyageur à la campagne, en montagne → **refuge,** aux arrêts de train, d'autobus → **abribus.** **3·** ***À l'abri*** loc. adv. : à couvert des intempéries, des dangers. *Se mettre à l'abri,* s'abriter. *Les papiers sont à l'abri,* en lieu sûr. **4·** ***À l'abri de*** loc. prép. : à couvert contre (qqch.). *Se mettre à l'abri du vent.* – Abstrait. *Être à l'abri du besoin. Il est à l'abri de tout soupçon.* – Protégé par (qqch.). *Se mettre à l'abri du feuillage.* ▶ **abribus** [abʀibys] n. m. invar. Arrêt d'autobus, d'autocar équipé d'un abri pour les usagers. ▷ **abriter, sans-abri**

abricot [abʀiko] n. m. Fruit comestible à noyau, à chair et peau jaune orangé. *Tarte aux abricots.* ▶ **abricotier** n. m. Arbre fruitier qui produit l'abricot.

abrier [abʀije] v. tr. < conjug. 1 > Au Canada Couvrir, recouvrir, mettre à l'abri.

abriter [abʀite] v. tr. < conjug. 1 > **I· 1·** (Suj. personne) Mettre à l'abri. *Abriter qqn sous son parapluie.* **2·** (Abri) Protéger. *Un grand parasol qui abrite du soleil.* → **garantir.** **3·** (Lieu couvert) Recevoir (des occupants). → **héberger.** *Hôtel qui peut abriter deux cents personnes.* **II·** ***S'abriter*** v. pron. réfl. **1·** Se mettre à l'abri (des intempéries, du danger). → se **garantir,** se **préserver,** se **protéger.** **2·** Abstrait. *S'abriter derrière qqn,* faire assumer par une personne plus puissante une responsabilité, une initiative, qu'elle a partagée. ▶ **abrité, ée** adj. Qui est à l'abri du vent. *Une terrasse bien abritée.*

abroger [abʀɔʒe] v. tr. < conjug. 3 > Déclarer nul (ce qui avait été établi, institué). → **abolir, annuler.** *Abroger une loi.* ▶ **abrogation** [abʀɔgasjɔ̃] n. f. Action d'abroger.

abrupt, upte [abʀypt] adj. et n. m. **1·** Dont la pente est presque verticale. → **escarpé,** à **pic.** *Un sentier abrupt.* → **raide.** – N. m. Paroi abrupte. → **à-pic.** **2·** (Personnes) Qui est brusque, très direct. *Il a été un peu abrupt avec nous.* ▶ **abruptement** adv. *Il m'a répondu abruptement.*

abrutir [abʀytiʀ] v. tr. < conjug. 2 > **1·** Rendre stupide. → **abêtir.** *Une propagande qui abrutit les gens.* **2·** Fatiguer l'esprit de (qqn), rendre stupide. – (Suj. personne) *Abrutir un enfant de travail.* – (Suj. chose) *Ce vacarme m'abrutit.* → **surmener.** → **assourdir, étourdir.** ▶ **abruti, ie** adj. et n. Fam. Sans intelligence. *Cet individu est complètement abruti.* → **idiot, stupide.** – N. Personne stupide. *Espèce d'abruti !* ▶ **abrutissant, ante** adj. Qui abrutit (2). → **fatigant.** *Un vacarme, un travail abrutissant.* ▶ **abrutissement** n. m. Action d'abrutir, de rendre stupide.

abscisse [apsis] n. f. Coordonnée horizontale qui sert avec l'*ordonnée* à définir la position d'un point dans un plan.

abscons, onse [apskɔ̃, ɔ̃s] adj. Difficile à comprendre. *Un langage abscons, abstrait et théorique.*

absence [apsɑ̃s] n. f. **I· 1·** Le fait de n'être pas dans un lieu où l'on pourrait, où l'on devrait être. *Nous avons regretté votre absence. Son absence a duré longtemps.* – Loc. *Briller par son absence,* se dit ironiquement d'une absence remarquée. **2·** Le fait de manquer à une séance, un cours. *Les absences d'un élève.* **3·** Le fait pour une chose de ne pas se trouver là où on s'attend à la trouver. → **manque.** *L'absence de feuilles aux arbres.* **4·** Le fait de ne pas exister. → **défaut, manque ;** préf. **a-, dés-, in-, non-.** *L'absence de fautes dans une dictée.* **5·** *En l'absence de :* lorsque (qqn) est absent. *Il est plus expansif en l'absence de ses parents.* – À défaut (de qqn qui est absent). *En l'absence du directeur, voyez son adjoint.* / contr. présence / **II·** *(Une, des absences)* Le fait de ne plus se rappeler (qqch.). → **trou** de mémoire. *J'ai eu une absence : je ne me rappelais plus son nom.* ▶ **absent, ente** adj. **I· 1·** *Absent de... :* qui n'est pas (dans le lieu où il, elle pourrait, devrait être). *Il est absent de son bureau, de Paris, de chez lui.* **2·** Qui n'est pas là où on s'attendrait à le trouver. *Le médecin est absent aujourd'hui.* – N. *Dire du mal des absents.* Prov. *Les absents ont toujours tort.* **3·** (Choses) *Être absent quelque part, dans un endroit, de qqch.* → **manquer.** *Un texte où la ponctuation est absente.* / contr. présent / **II·** (Personnes) Qui n'a pas l'esprit à ce qu'il devrait faire. → **distrait.** *Il était un peu absent.* – *Un air absent.* → **rêveur.** / contr. attentif / ▶ **absentéisme** n. m. Comportement d'une personne (*absentéiste*) qui est souvent absente. ▶ **s'absenter** v. pron. < conjug. 1 > S'éloigner momentanément (du lieu où l'on doit être, où les autres pensent vous trouver). *Elle s'est absentée quelques instants.*

abside [apsid] n. f. Extrémité d'une église derrière le chœur → **chevet,** lorsqu'elle est en demicercle.

absinthe [apsɛ̃t] n. f. Liqueur alcoolique verte, nocive, en vogue à la fin du XIXe s.

absolu, ue [apsɔly] adj. et n. **I·** Adj. **1·** Qui ne comporte aucune restriction ni réserve. → **intégral, total.** *J'ai en lui une confiance absolue. Impossibilité absolue.* → **complet.** *Pouvoir absolu.* → **despotique, totalitaire ; absolutisme.** *Monarchie absolue, roi absolu,* qui a le pouvoir absolu. **2·** (Personnes) Qui ne supporte ni la critique ni la contradiction. → **autoritaire, entier.** / contr. conciliant / **3·** (Opposé à *relatif*) *Majorité absolue.* **II·** N. m. **1·** Ce qui existe indépendamment de toute condition ou de tout rapport avec autre chose. *L'absolu, s'il existe, ne peut pas être connu.* **2·** *Dans l'absolu :* sans comparer, sans tenir compte des conditions, des circonstances. *On ne peut juger de cela dans l'absolu.* ▶ **absolument** adv. **1·** D'une manière absolue. *Il veut absolument vous voir.* → à tout **prix. 2·** (Avec un adj.) Tout à fait. → **totalement.** *C'est absolument faux.* ▶ **absolutisme** n. m. Système de gouvernement où le pouvoir du souverain est absolu. → **autocratie, despotisme, dictature, tyrannie.** ▶ **absolutiste** adj.

absolution [apsɔlysjɔ̃] n. f. Effacement d'une faute par le pardon. *Donner l'absolution à un pécheur.* → **absoudre.**

absorber [apsɔʀbe] v. tr. < conjug. 1 > **1·** Laisser pénétrer et retenir (un liquide, un gaz) dans sa substance. *Le buvard absorbe l'encre.* → **boire. 2·** (Êtres vivants) Boire, manger. *Il n'a rien absorbé depuis hier.* → **prendre. 3·** Faire disparaître en soi (surtout passif). *Toutes mes économies sont absorbées par cette dépense.* → **engloutir. 4·** Occuper (qqn) complètement. *Ce travail l'absorbe beaucoup.* – Pronominalement (réfl.). *S'absorber. S'absorber dans son travail.* – *Être absorbé dans sa lecture.* ▶ **absorbant, ante** adj. **1·** Qui absorbe les liquides, les gaz. *Le buvard est un papier absorbant. Un tissu absorbant.* **2·** Abstrait. Qui occupe (qqn) tout entier. *C'est un travail très absorbant.* ▶ **absorption** [apsɔʀpsjɔ̃] n. f. **1·** Action d'absorber. *L'absorption de l'eau par les terrains perméables.* **2·** Action de boire, de manger, d'avaler, de respirer (qqch. d'inhabituel ou de nuisible). *Suicide par absorption d'un poison.* → **ingestion. 3·** Fusion de sociétés, d'entreprises au bénéfice d'une seule.

absoudre [apsudʀ] v. tr. < conjug. 51 > **1·** Remettre les péchés de (un catholique). *Absoudre un pénitent.* → **absolution. 2·** Plaisant. Pardonner à (qqn). *Je vous absous !* / contr. condamner / – (Passif) *Tu es absous. Elle est absoute.* ▷ **absolution**

s'abstenir [apstəniʀ] v. pron. < conjug. 22 > **1·** *S'abstenir de faire qqch.,* ne pas faire, volontairement. → **s'empêcher, éviter,** se **garder.** *Il s'est abstenu de me questionner.* **2·** Sans compl. *S'abstenir,* ne pas agir, ne rien faire. Prov. *Dans le doute, abstiens-toi.* – Ne pas voter. → **abstention.** *De nombreux électeurs se sont abstenus.* **3·** *S'abstenir d'une chose,* s'en passer volontairement ou ne pas la faire. *S'abstenir de vin.* → **renoncer** à. *Les journaux s'abstiennent de tout commentaire.* ▶ **abstention** [apstɑ̃sjɔ̃] n. f. Absence de vote d'un électeur. *La motion a été adoptée par vingt voix pour, cinq contre et deux abstentions.* ▶ **abstentionnisme** n. m. Attitude de ceux qui ne votent pas. ▶ **abstentionniste** n. Personne qui ne vote pas. / contr. votant /

abstinence [apstinɑ̃s] n. f. **1·** Privation de certaines nourritures, boissons (pour des raisons religieuses ou pour sa santé). *Faire abstinence.* **2·** Chasteté.

abstraction [apstʀaksjɔ̃] n. f. **1·** Fait de considérer à part dans son esprit une qualité, une relation, indépendamment de l'objet, des objets qu'on perçoit ou qu'on imagine. *L'être humain est capable d'abstraction et de généralisation.* – Qualité ou relation isolée par l'esprit. → **notion.** *La couleur, la forme sont des abstractions.* **2·** Idée (opposée à la réalité vécue). *La vieillesse est encore pour elle une abstraction.* **3·** *Faire abstraction de qqch.* : écarter par la pensée, ne pas tenir compte de. *Je fais abstraction des difficultés. Abstraction faite de son âge,* compte non tenu de son âge. **4·** Art abstrait (4). *Abstraction lyrique.* ▶ **abstraire** [apstʀɛʀ] v. tr. < conjug. 50 > **1·** Isoler par la pensée (un objet, une personne) ; considérer par abstraction. *Abstraire une qualité d'un objet.* **2·** *S'abstraire* v. pron. : s'isoler mentalement du milieu extérieur pour mieux réfléchir. *Il arrive à s'abstraire complètement au milieu de cette agitation. S'abstraire de l'agitation, du bruit autour de soi.* ▶ **abstrait, aite** adj. et n. m. **1·** Considéré par abstraction. *La blancheur est une idée abstraite.* / contr. concret / **2·** Qui utilise l'abstraction, n'opère pas sur la réalité. *Pensée abstraite. Les mathématiques sont une science abstraite.* **3·** Qui est difficile à comprendre à cause des abstractions. *Un texte, un auteur très abstrait.* **4·** *Art abstrait* : qui ne représente pas le monde visible, sensible (réel ou imaginaire) ; qui utilise la matière, la ligne, la couleur pour elles-mêmes. *Peinture, toile abstraite. Un peintre abstrait.* – N. *Les abstraits.* / contr. figuratif / **5·** N. m. *Dans l'abstrait* : sans référence à la réalité concrète. → **abstraitement.** *Tout cela est bien joli dans l'abstrait !* ▶ **abstraitement** adv. D'une manière abstraite. *S'exprimer trop abstraitement.* – Dans l'abstrait.

absurde [apsyʀd] adj. et n. m. **1·** (Choses) Contraire à la raison, au bon sens, à la logique. → **déraisonnable, inepte, insensé.** *Il a agi de façon absurde. Réponse absurde.* / contr. sensé / – Bête, stupide. **2·** (Personnes) *Vous êtes absurde !,* vous dites des absurdités. **3·** N. m. Ce qui est absurde. *Raisonnement, démonstration par l'absurde.* – *Philosophie de l'absurde,* qui montre l'absurdité de la condition humaine. ▶ **absurdement** adv. De manière absurde. ▶ **absurdité** n. f. **1·** Caractère absurde. *Je vais vous montrer l'absurdité de ces accusations.* **2·** (Une, des absurdités) Chose absurde. → **ineptie, sottise, stupidité.** *Ce refus est une absurdité. Dire des absurdités.*

abus [aby] n. m. invar. **1·** Action d'abuser d'une chose ; usage mauvais, excessif ou injuste. *L'abus d'alcool est dangereux pour la santé.* → **excès.** – Fam. *(Il) y a de l'abus,* de l'exagération ; les choses vont trop loin. **2·** *Abus de confiance* : délit par lequel on abuse de la confiance de qqn. **3·** Coutume mauvaise. *Dénoncer les abus d'un régime.* → **injustice.** ▶ **abuser** v. tr. < conjug. 1 > **1·** *Abuser de...* : user mal, avec excès. *N'abusez pas des somnifères.* **2·** Littér. *Abuser qqn* : tromper (qqn). → **duper, leurrer, mystifier.** *Il a été abusé par cet escroc.* **3·** *S'abuser* v. pron. réfl. : se tromper, se méprendre. *C'est, si je ne m'abuse, la première fois.* ▶ **abusif, ive** adj. Qui constitue un abus. *L'usage abusif d'un médicament.* → **excessif, mauvais.** ▶ **abusivement** adv.

abysse [abis] n. m. Surtout au plur. Fosse sous-marine très profonde. – Gouffre. → **abîme.** *Un abysse.* ▶ **abyssal, ale, aux** adj. Très profond. → **insondable.**

acabit [akabi] n. m. Péj. *De cet acabit, du même acabit,* de cette nature, de même nature. *Ces deux livres sont du même acabit, aussi mauvais l'un que l'autre.*

acacia [akasja] n. m. **1·** Arbre à branches épineuses, à fleurs blanches ou jaunes en grappes pendantes. *Une avenue bordée d'acacias.* **2·** En sciences. Mimosa.

académie [akademi] n. f. **1·** Société de gens de lettres, savants, artistes. *Académie de musique, de médecine. L'Académie des sciences de Berlin.* – *L'Académie* : l'Académie française fondée en 1635 par Richelieu. **2·** Circonscription universitaire. *Les Facultés de l'Académie de Strasbourg.* ▶ **académicien, ienne** n. Membre d'une Académie (spécialt *de l'Académie française*). *Les académiciens ont un habit vert et une épée.* ▶ **académique** adj. Qui suit étroitement les règles conventionnelles, avec froideur ou prétention. → **conventionnel.** *Un style académique.* ▶ **académisme** n. m. Observation étroite des traditions académiques ; classicisme étroit. *On a parfois accusé Ingres d'académisme.*

acadien, ienne [akadjɛ̃, jɛn] adj. et n. De l'Acadie. – N. m. *L'acadien,* variante du français du Canada parlée en Acadie (Nouveau-Brunswick) et en Louisiane (→ **cajun**).

acajou [akaʒu] n. m. et adj. invar. Arbre d'Amérique à bois rougeâtre, très dur, facile à polir ; ce bois. *Un mobilier en acajou.* – Adj. invar. D'une couleur brun rougeâtre. *Des cheveux acajou.*

acanthe [akɑ̃t] n. f. Plante à feuilles très découpées. – ***Feuille d'acanthe*** : ornement d'architecture représentant une feuille très découpée.

a cappella [akape(ɛl)la] loc. adv. et adj. *Chanter a cappella*, sans accompagnement instrumental. *Chœur a cappella.*

acariâtre [akaʀjɑtʀ] adj. D'un caractère désagréable, difficile. → **grincheux, hargneux.** *Il est misanthrope et acariâtre.*

acarien [akaʀjɛ̃] n. m. Petit arachnide, souvent parasite et pathogène.

accabler [akɑble] v. tr. < conjug. 1 > **1·** Faire supporter à (qqn) une chose pénible. *Il nous accable de travail.* → **surcharger.** – Abstrait. *Cette triste nouvelle nous accable.* **2·** Combler. *Accabler qqn de bienfaits, de cadeaux.* **3·** Attaquer par la parole. *Accabler qqn d'injures, de reproches.* → **abreuver.** **4·** *(Être) accablé de travail, de soucis, de dettes.* ▶ **accablant, ante** adj. Qui accable, fatigue. *Charge, chaleur accablante.* → **écrasant.** *Un témoignage accablant.* → **accusateur.** *Une nouvelle accablante.* → **triste.** ▶ **accablement** n. m. État d'une personne qui supporte une situation très pénible. → **abattement.**

accalmie [akalmi] n. f. Calme, après l'agitation. → **apaisement.** *Un moment d'accalmie dans les luttes politiques.* / contr. crise, tempête /

accaparer [akapaʀe] v. tr. < conjug. 1 > **1·** Prendre, retenir en entier. *Accaparer le pouvoir. N'accapare pas la salle de bains ! Le travail l'accapare tout entier.* → **occuper.** **2·** *Accaparer qqn*, le retenir. *Cet invité a accaparé la maîtresse de maison.* ▶ **accaparement** n. m. *L'accaparement des richesses.* ▶ **accapareur, euse** n. et adj.

accéder [aksede] v. tr. ind. < conjug. 6 > ***Accéder à.*** **1·** Pouvoir entrer, pénétrer ; avoir accès. *On accède à la terrasse par un escalier intérieur.* **2·** Abstrait. Parvenir (à une fonction supérieure). *Un concours permet d'accéder à ce poste.* **3·** Donner satisfaction à. → **acquiescer, consentir, souscrire.** *Accéder aux désirs de qqn.* ▷ **accessible, accession**

accélérer [akseleʀe] v. tr. < conjug. 6 > **1·** Rendre plus rapide. *Accélérer l'allure, le mouvement.* → **hâter, presser.** / contr. ralentir / **2·** Rendre plus prompt. → **activer, avancer.** *Il faut accélérer les travaux, l'exécution de ce plan.* / contr. retarder / – Au p. p. adj. *Formation accélérée.* **3·** Intransitivement. Augmenter la vitesse d'une voiture, la vitesse du moteur (même à l'arrêt) avec l'accélérateur. *Accélérez doucement et changez de vitesse.* / contr. freiner / ▶ **accélérateur** n. m. **1·** Organe qui commande l'admission du mélange gazeux au moteur (l'admission accrue augmente la vitesse). *Appuyer sur l'accélérateur*, sur la pédale d'accélérateur. → fam. **champignon.** – Loc. *Donner un coup d'accélérateur*, accélérer le mouvement. **2·** *Accélérateur de particules*, appareil qui communique à des particules élémentaires (électrons, etc.) des vitesses très élevées. → **cyclotron.** ▶ **accéléré** n. m. Au cinéma. Procédé qui accélère les mouvements. *Poursuite et bagarre en accéléré.* ▶ **accélération** n. f. Augmentation de vitesse. *L'accélération d'un mouvement, d'un véhicule.* / contr. ralentissement / *Cette voiture a des accélérations foudroyantes.*

accent [aksɑ̃] n. m. **1·** Élévation ou augmentation d'intensité de la voix mettant en relief une syllabe dans le discours. *Accent d'insistance.* **2·** Signe graphique qui sert à noter des différences dans la prononciation des voyelles. *E accent aigu* (é), *grave* (è), *circonflexe* (ê). – Signe graphique qui permet de distinguer deux mots (ex. : *a* et *à*, *ou* et *où*). **3·** Inflexions de la voix (timbre, intensité) exprimant un sentiment. → **inflexion, intonation.** *Un accent plaintif. Un accent de sincérité.* **4·** Ensemble des caractères phonétiques distinctifs d'une communauté linguistique considérés comme un écart par rapport à la norme (dans une langue donnée). *L'accent marseillais* (en français). *Avoir l'accent anglais* (en français), *l'accent français* (en espagnol). **5·** ***Mettre l'accent sur*** : insister. *Le ministre a mis l'accent sur les problèmes sociaux.* ▶ **accentuer** v. tr. < conjug. 1 > **1·** Élever ou intensifier la voix sur (tel son). *On accentue la voyelle finale, en français.* **2·** Mettre un accent (2) sur (une lettre). *Accentuer un a. Il ne sait pas accentuer correctement.* **3·** Augmenter, intensifier (qqch.). *Accentuer l'opposition des couleurs. Accentuer son effort, son action.* – Pronominalement. ***S'accentuer*** : devenir plus net. *L'amélioration s'accentue.* / contr. diminuer / ▶ **accentuation** n. f. **1·** Le fait, la manière de placer les signes appelés accents. *Fautes d'accentuation.* **2·** Le fait d'augmenter, de s'accentuer. *L'accentuation de cette évolution.* ▷ **inaccentué**

accepter [aksɛpte] v. tr. < conjug. 1 > **I·** ***Accepter qqn, qqch.*** **1·** Recevoir, prendre volontiers (ce qui est offert, proposé). *Accepter un cadeau, une invitation.* – Acquiescer à. *Il accepte tout. Accepter le combat*, se montrer prêt à se battre. / contr. refuser / **2·** Donner son accord à. *Accepter un contrat.* **3·** *Accepter qqn*, l'admettre auprès de soi ou dans tel rôle. *Accepter qqn pour époux.* – Pronominalement (réfl.). ***S'accepter*** : s'accommoder de ses défauts comme de ses qualités. *Il s'accepte tel* *qu'il est.* **4·** Se soumettre à une épreuve ; ne pas refuser. → se **résigner, subir, supporter.** *Il ne peut pas accepter son échec. Accepter la vieillesse, la mort.* **II· 1·** ***Accepter de*** (+ infinitif) : bien vouloir. *Il a accepté de venir, de nous aider.* **2·** ***Accepter que*** (+ subjonctif) : supporter. *Je n'accepte pas qu'il soit en retard.* ▶ **acceptable** adj. **1·** Qui mérite d'être accepté. *Il a fait une offre acceptable.* **2·** Assez bon, qui peut convenir. *Le salaire est acceptable, mais il y a trop de travail.* ▶ **acceptation** n. f. Le fait d'accepter (une chose abstraite). → **consentement.** *Il faut obtenir l'acceptation de tous les membres du comité.* / contr. refus / ≠ acception. ▷ **inacceptable**

acception [aksɛpsjɔ̃] n. f. Sens particulier d'un mot. → **signification.** *Dans quelle acception le mot est-il employé ?* / contr. acceptation /

1 **accès** [aksɛ] n. m. invar. **1·** Possibilité d'aller dans (un lieu). → **entrée.** *L'accès de ce parc est interdit. Une voie d'accès.* **2·** Voie qui permet d'entrer. *Les accès de Paris sont insuffisants.* **3·** Possibilité d'approcher (qqn). *Avoir accès auprès de qqn. Il est d'un accès difficile.* **4·** ***Donner accès à*** : permettre d'obtenir. *Diplôme qui donne accès à un emploi.* → **accéder.** ▷ **accessible**

2 **accès** n. m. invar. **1·** Arrivée ou retour d'un phénomène pathologique. *Accès de fièvre.* → **poussée.** *Accès de folie.* → **crise.** **2·** Émotion vive et passagère. *Des accès de colère, de tristesse.*

accessible [aksesibl] adj. **1·** Où l'on peut accéder, arriver, entrer. *Cette région est difficilement accessible.* **2·** Qu'on peut payer, acheter. *Des prix accessibles.* → **abordable.** – ***Accessible à qqn*** : qui peut être compris par. → **compréhensible.** *Science, domaine accessible aux initiés.* **3·** (Personnes) Que l'on peut approcher, voir, rencontrer. *Il est peu accessible.* **4·** Sensible à (qqch.). *Il n'est pas accessible à la flatterie.* / contr. inaccessible / ▶ **accessibilité** n. f. Possibilité d'accéder, d'arriver à. *Accessibilité pour tous dans les transports en commun. L'accessibilité à un emploi.* ▶ **accession** n. f. Le fait d'accéder à une dignité, une fonction supérieure, une situation meilleure. *Accession d'un prince au trône. Accession d'un État à l'indépendance. Accession (des locataires) à la propriété.* ▶ **accessit** [aksesit] n. m. Distinction, récompense accordée à ceux qui, sans avoir obtenu de prix, s'en sont approchés. *Un premier accessit de musique. Des accessits.*

1 **accessoire** [akseswaʀ] adj. Qui vient avec ou après ce qui est principal, essentiel. → **annexe, secondaire.** *Une idée, une question accessoire. C'est tout à fait accessoire.* → **négligeable.** – N. m. *L'accessoire,* ce qui est accessoire. ▶ **accessoirement** adv. D'une manière accessoire ; en plus d'un motif principal.

2 **accessoire** n. m. **1·** Petit objet nécessaire à une représentation théâtrale, un déguisement. *Les décors, les costumes et les accessoires.* **2·** Pièce non indispensable d'une machine, d'un instrument, etc. *Pièces et accessoires d'automobile.* ▶ **accessoiriste** n. Personne qui dispose les accessoires au théâtre, au cinéma, à la télévision.

accident [aksidɑ̃] n. m. **1·** Littér. Événement non prévu, non essentiel. *Les accidents de la vie.* – Loc. ***Par accident*** : par hasard. **2·** Événement fâcheux, malheureux. → **contretemps, ennui, mésaventure.** *Il a cassé un verre : c'est un petit accident.* **3·** Événement imprévu et soudain qui entraîne des dégâts, met en danger. *Accident de voiture, d'avion. Il a eu un accident, sa voiture est en miettes. Accident du travail,* qui a lieu pendant le travail, est dû au travail. – En médecine *Accident vasculaire cérébral (A. V. C.).* **4·** *Accidents de terrain,* inégalités du terrain. ▶ **accidenté, ée** adj. **1·** Qui présente des inégalités. *Terrain accidenté. Région accidentée,* montagneuse. / contr. plat / **2·** Fam. Qui a subi un accident. *Voiture accidentée.* – N. *Les accidentés de la route.* ▶ **accidentel, elle** adj. **1·** Qui est dû au hasard. → **fortuit, imprévu.** *Cette erreur est accidentelle.* / contr. normal / **2·** *Mort accidentelle,* du fait d'un accident. ▶ **accidentellement** adv. *Cela est arrivé accidentellement.* → **par hasard.** – *Il est mort accidentellement,* par un accident (3). ▶ **accidentogène** adj. Susceptible de provoquer des accidents de la circulation. *Croisement accidentogène.* ▶ **accidentologie** n. f. Étude des accidents de la circulation.

accise [aksiz] n. f. En Belgique, au Canada. Impôt indirect sur certains produits de consommation, notamment les boissons alcoolisées (au plur. en français de Belgique).

acclamer [aklame] v. tr. < conjug. 1 > Saluer par des cris de joie, des manifestations publiques d'enthousiasme. *L'orateur s'est fait acclamer.* / contr. huer / ▶ **acclamation** n. f. Surtout au plur. Cri collectif d'enthousiasme pour saluer (qqn) ou approuver (qqch.). → **applaudissement, hourra.** *Être accueilli par des acclamations.*

acclimater [aklimate] v. tr. < conjug. 1 > **1·** Habituer (un animal, une plante) à un milieu géographique différent. *Acclimater une plante tropicale en pays tempéré.* **2·** V. pron. réfl. (Personnes) *S'acclimater,* s'habituer à un nouveau pays, milieu (au physique et au moral). **3·** Introduire quelque part (une idée, un usage). ▶ **acclimatation** n. f. **1·** Action d'acclimater (un animal, une plante). **2·** ***Jardin d'acclimatation*** : jardin zoologique et botanique où vivent des espèces de toutes les régions. ▶ **acclimatement** n. m. Le fait de s'habituer à un autre milieu. → **accommodation** (2). *L'acclimatement d'une espèce animale.*

accointances [akwɛ̃tɑ̃s] n. f. pl. *Avoir des accointances* (dans un milieu), avoir des relations, des amis. *Il a des accointances dans la police.*

accolade [akɔlad] n. f. **1·** Le fait de mettre les bras autour du cou. → **embrassade.** *Donner, recevoir l'accolade.* **2·** Signe à double courbure ({), qui sert à réunir plusieurs lignes.

accolé, ée [akɔle] adj. L'un contre l'autre, l'un à côté de l'autre. *Maisons accolées.*

accommoder [akɔmɔde] v. tr. < conjug. 1 > **1·** *Accommoder qqch. à qqch.* : disposer ou modifier de manière à faire convenir à. → **adapter, ajuster.** *Il faut accommoder votre projet aux circonstances.* **2·** Préparer (des aliments) pour la consommation. → **apprêter, assaisonner, cuisiner.** *Accommoder du poisson à la sauce Béchamel.* **3·** V. pron. réfl. *S'accommoder à* : s'adapter à (choses abstraites ; personnes). *Nous nous accommodons à notre nouvelle vie.* **4·** V. pron. *S'accommoder de* : accepter comme pouvant convenir. *Il s'accommode de tout.* → **accommodant.** *Si vous n'avez qu'une petite chambre, je m'en accommoderai.* → **se contenter.** ▶ **accommodant, ante** adj. Qui s'accommode facilement des personnes, des circonstances. → **conciliant, sociable.** *Il est très accommodant, d'une humeur accommodante.* ▶ **accommodation** n. f. **1·** Mise au point faite par l'œil, dans la fonction visuelle. **2·** Changement par adaptation au milieu. → **acclimatement.** ▶ **accommodement** n. m. Accord ou compromis à l'amiable. → **conciliation.** *Obtenir un accommodement.*

accompagner [akɔ̃paɲe] v. tr. < conjug. 1 > **1·** Se joindre à (qqn) pour aller où il va en même temps que lui. *Il veut qu'elle l'accompagne partout. Accompagnez-moi jusqu'à la gare.* **2·** (Choses) S'ajouter à, aller avec. *Les haricots accompagnent bien le gigot.* – Au p. p. adj. *Un homard accompagné de champagne.* **3·** Jouer avec (un musicien, un chanteur) une partie pour soutenir sa mélodie. → **accompagnement.** *Accompagner un violoniste au piano.* **4·** (Suj. chose) *S'accompagner de* : se produire en même temps que ; avoir pour effet, pour corollaire. *Un échec s'accompagne parfois de compensations.* ▶ **accompagnant, ante** n. Personne qui en accompagne une autre. *Assister à un congrès en tant qu'accompagnant.* ▶ **accompagnateur, trice** n. **1·** Personne qui accompagne la partie principale d'une exécution musicale. *Cette pianiste est l'accompagnatrice d'un violoniste.* **2·** Personne qui accompagne et guide un groupe. → **guide.** *Nous voyagerons avec un accompagnateur.* ▶ **accompagnement** n. m. **1·** Ce qui est servi avec une viande, un poisson. *Servir une viande avec un accompagnement de...* **2·** Action de jouer une partie musicale de soutien à la partie principale ; cette partie. *Accompagnement de piano. Chanter sans accompagnement.*

accompli, ie [akɔ̃pli] adj. **1·** Qui est parfait en son genre. → **consommé, incomparable, parfait.** *Une hôtesse accomplie.* **2·** Terminé. – *Le fait accompli* : ce qui est fait, sur quoi on ne peut revenir. *Il a dû s'incliner, céder devant le fait accompli. Mettre qqn devant le fait accompli.*

accomplir [akɔ̃pliʀ] v. tr. < conjug. 2 > **1·** Faire effectivement (ce qui était préparé, projeté). → **effectuer, exécuter, réaliser.** *Rien ne peut l'empêcher d'accomplir ce qu'il a résolu.* **2·** Faire (ce qui est demandé, ordonné, proposé). → **remplir, satisfaire** à. *Accomplir un souhait. Accomplir son devoir, un ordre.* → **observer.** **3·** Pronominalement (passif). *S'accomplir* : se réaliser, avoir lieu. → **arriver.** *Son souhait s'est accompli.* ▶ **accomplissement** n. m. Le fait d'accomplir, de s'accomplir. → **exécution, réalisation.** *Jusqu'à l'accomplissement de votre tâche. L'accomplissement de ses désirs.* ▷ **accompli**

① **accord** [akɔʀ] n. m. **1·** État qui résulte d'une communauté ou d'une conformité de pensées, de sentiments. → **entente.** *L'accord est unanime, général. D'un commun accord. Ils vivent en parfait accord.* / contr. désaccord, mésentente / **2·** *D'accord. Être d'accord,* avoir la même opinion, le même avis ou la même intention. → **s'entendre.** *Ils sont toujours d'accord. Elles se sont mises d'accord. Je suis d'accord avec vous. D'accord,* j'y consens. « *Viendrez-vous demain ? – D'accord.* » → **oui ;** fam. **O. K.** **3·** *Un accord* : arrangement entre ceux qui se mettent d'accord. → **compromis, convention, pacte, traité.** *Négocier, conclure un accord. Après plusieurs heures de discussions, nous sommes arrivés à un accord. Un accord de principe,* qui ne mentionne pas les détails d'application. **4·** *Donner son accord* : accepter, autoriser, permettre. → **autorisation, permission.** **5·** (Choses) *En accord avec* : adapté à, qui correspond à. *Ses opinions ne sont pas en accord avec ses actes.* → **cadrer.** ▷ **désaccord**

② **accord** n. m. **1·** Association de plusieurs sons (au moins trois) simultanés ayant des rapports de fréquence codifiés par les lois de l'harmonie. *Accord parfait* (tonique, médiante, dominante) ; *accord de tierce. Frapper, plaquer un accord au piano.* **2·** Action d'accorder ③ un instrument. – État d'un récepteur accordé sur une fréquence d'émission. **3·** Correspondance entre des formes du discours dont l'une est subordonnée à l'autre. *Accord du verbe avec le sujet. Accord des participes. Faute d'accord.*

accordéon [akɔʀdeɔ̃] n. m. **1·** Instrument de musique à soufflet et à anches métalliques. **2·** ***En accordéon*** : qui forme des plis nombreux. *Chaussettes en accordéon.* ▶ **accordéoniste** n. Personne qui joue de l'accordéon. *Une excellente accordéoniste.*

[1] **accorder** [akɔʀde] v. tr. < conjug. 1 > **1·** Consentir à donner, à laisser ou à permettre. *Accorder un crédit, un délai.* → **allouer.** *Accorder une faveur.* → **satisfaire.** / contr. refuser / **2·** Attribuer. *Vous accordez trop d'importance à cet échec.* → **attacher.** **3·** *S'accorder qqch.* : se donner. *S'accorder un peu de répit.*

[2] **s'accorder** v. pron. < conjug. 1 > (Personnes) S'entendre, être assortis. *Ces deux frères ne s'accordent pas entre eux.* – (Choses) *Ces couleurs s'accordent bien.* / contr. détonner, jurer / – *S'accorder pour* (+ infinitif), être d'accord pour. *Ils s'accordent pour adopter cette solution.* ▷ [1] **accord**

[3] **accorder** v. tr. < conjug. 1 > **1·** Mettre (un ou plusieurs instruments) au même diapason. *Accorder un piano, un violon.* → [2] **accord, accordeur.** – Abstrait. *Accordez vos violons,* mettez-vous d'accord. – Régler un récepteur sur une fréquence. **2·** Donner à (un élément du discours) un aspect formel en rapport avec sa fonction ou avec la forme d'un élément dominant. *Accorder le verbe avec le sujet de la phrase.* – Pronominalement (passif). *Le verbe s'accorde avec son sujet.* ▶ **accordeur, euse** n. Professionnel(le) qui accorde les pianos, les orgues, etc. *Elle est accordeur, accordeuse.* ▷ [2] **accord, accordéon, désaccordé**

accorte [akɔʀt] adj. f. Littér. *Une accorte servante,* gracieuse et vive.

accoster [akɔste] v. < conjug. 1 > **1·** V. tr. Aborder (qqn) de façon cavalière. *Il a été accosté par un inconnu.* **2·** V. tr. (Bateau) Se mettre bord à bord avec (le quai, un autre bateau). *Le navire accoste le quai.* – Sans compl. *Le navire vient d'accoster.* ▶ **accostage** n. m. Le fait d'accoster. – Opération précédant l'amarrage de deux engins lors d'un rendez-vous spatial.

s'accoter [akɔte] v. pron. < conjug. 1 > S'appuyer d'un côté. *Il y avait un client qui s'accotait au comptoir.* ▶ **accotement** n. m. Espace aménagé entre la chaussée et le fossé. *Stationner sur l'accotement.* → **bas-côté.** ▶ **accotoir** n. m. Saillie d'un dossier où l'on peut appuyer sa tête.

accoucher [akuʃe] v. tr. < conjug. 1 > **1·** Sans compl. Donner naissance à un enfant. → **enfanter.** *Elle accouchera dans un mois. Accoucher avant terme.* – REM. Ne se dit pas des animaux. → mettre **bas.** – V. tr. ind. ***Accoucher de*** : mettre au monde. → **engendrer.** *Elle a accouché d'un garçon.* **2·** V. tr. dir. Aider (une femme) à mettre un enfant au monde. *Le médecin l'a accouchée.* **3·** V. tr. ind. Péj. Élaborer difficilement. *Il a accouché d'un roman peu lisible.* – Sans compl. Fam. S'expliquer, parler. *Alors, tu accouches ?*, ça sort, ça vient ? ▶ **accouchée** n. f. Femme qui vient d'accoucher. → **mère.** ▶ **accouchement** n. m. **1·** Le fait d'accoucher ; sortie de l'enfant du corps de sa mère. → **couches, enfantement.** *Elle a eu un accouchement facile.* **2·** Opération médicale par laquelle on assiste la femme qui accouche (→ **obstétrique**). *Ce médecin a fait des centaines d'accouchements.* – Loc. *Accouchement sans douleur,* entraînement pour diminuer les douleurs de l'accouchement. ▶ **accoucheur, euse** n. Personne qui fait des accouchements. → **gynécologue, maïeuticien, obstétricien, sage-femme.**

s'accouder [akude] v. pron. < conjug. 1 > S'appuyer sur le(s) coude(s). *Elle s'accoude à sa fenêtre.* ▶ **accoudoir** n. m. Appui pour s'accouder. *L'accoudoir d'une portière d'automobile, d'un fauteuil.* → **bras.**

accoupler [akuple] v. tr. < conjug. 1 > **1·** Joindre, réunir par deux. *Accoupler des générateurs électriques.* – Au p. p. adj. *Bobines accouplées.* **2·** Réunir (deux choses qui jurent entre elles). *Accoupler deux mots, deux idées disparates.* **3·** Procéder à l'accouplement d'animaux. → **apparier.** – (Animaux) ***S'accoupler*** v. pron. : s'unir sexuellement. *Le bélier s'accouple à la brebis.* ▶ **accouplement** n. m. **1·** Le fait d'accoupler. *Barre, bielle d'accouplement.* – Abstrait. *Un étrange accouplement de mots.* → **assemblage, réunion.** **2·** Conjonction du mâle et de la femelle d'une espèce animale pour la reproduction.

accourir [akuʀiʀ] v. intr. < conjug. 11 > Venir en courant, en se pressant. *Quand il a crié, elle est vite accourue* (ou vieilli *elle a vite accouru*).

s'accoutrer [akutʀe] v. pron. < conjug. 1 > S'habiller ridiculement. → **s'affubler.** – Au p. p. adj. *Elle est venue bizarrement accoutrée.* ▶ **accoutrement** n. m. Habillement étrange, ridicule. → **affublement.** *Il est arrivé chez nous dans un accoutrement un peu bizarre.*

accoutumer [akutyme] v. tr. < conjug. 1 > **1·** Faire prendre l'habitude de. → **habituer.** *On ne l'a pas accoutumé à travailler.* **2·** *Être accoutumé à,* avoir pris l'habitude de. *Je suis accoutumé à ce genre de remarque, à supporter ses caprices.* **3·** *S'accoutumer à,* s'habituer à. *On s'accoutume au bruit.* ▶ **accoutumé, ée** adj. **1·** Ordinaire, habituel. *À l'heure accoutumée.* **2·** ***Comme à l'accoutumée*** loc.

adv. : comme d'ordinaire. *Il est passé à 8 heures, comme à l'accoutumée.* ▶ **accoutumance** n. f. **1·** Le fait de s'habituer, de se familiariser. *L'accoutumance au luxe.* → **adaptation, habitude. 2·** Processus par lequel un organisme tolère de mieux en mieux un agent extérieur ; son résultat. → **immunité.** *L'accoutumance progressive à un poison.* – État dû à l'usage prolongé d'une drogue (désir de continuer, etc.). → **dépendance.**

accréditer [akʀedite] v. tr. < conjug. 1 > **1·** *Accréditer qqn*, lui donner l'autorité nécessaire pour agir en qualité de. *Accréditer un ambassadeur auprès d'un chef d'État.* **2·** *Accréditer qqch.*, rendre croyable, plausible. *Cette nouvelle est accréditée dans de nombreux journaux.* ▶ **accréditation** n. f. Action d'accréditer (un agent diplomatique, un journaliste).

accrocher [akʀɔʃe] v. < conjug. 1 > **I·** V. tr. **1·** Retenir, arrêter par un crochet, une chose pointue. *Être accroché par un buisson épineux. Accrocher sa veste à un clou.* – Abstrait. Fam. *Tu peux te l'accrocher !*, n'y compte pas, tu n'auras pas ce que tu demandes. **2·** Heurter (un véhicule). *Le camion a accroché mon pare-chocs.* **3·** Suspendre à un crochet. *Accrocher son manteau.* → **pendre.** / contr. décrocher / *Accrocher une pancarte au mur.* – Loc. *Avoir le cœur bien accroché*, ne pas être sujet aux maux de cœur. – Abstrait. Avoir du courage. **4·** Retenir l'attention de (qqn). *Ce film accroche le spectateur du début à la fin.* – Sans compl. *Voilà une affiche qui accroche.* **II·** V. intr. **1·** Présenter des difficultés de fonctionnement. *La négociation a accroché sur plusieurs points.* **2·** (Contact) S'établir. *Ça a bien accroché avec lui.* **III·** ***S'accrocher*** v. pron. réfl. **1·** Se tenir avec force. → se **cramponner.** *Accrochez-vous à la rampe.* **2·** Abstrait. *S'accrocher à son passé, à ses illusions. S'accrocher*, ne pas céder. → **tenir.** *Ils s'accrochaient avec l'énergie du désespoir.* – Fam. *S'accrocher à qqn*, l'importuner. **3·** *S'accrocher (avec qqn)*, se heurter par la parole. → se **disputer.** ▶ **accro** [akʀo] adj. et n. Fam. **1·** Dépendant (d'une drogue). *Elle est accro à l'héroïne.* **2·** Passionné (par qqch.) → **fana.** *Les accros de la musique baroque.* ≠ accroc. ▶ **accroc** [akʀo] n. m. **1·** Déchirure faite par ce qui accroche. *Faire un accroc à son pantalon.* **2·** Difficulté qui arrête. → **anicroche, contretemps, obstacle.** *L'opération s'est déroulée sans le moindre accroc. Des accrocs.* ≠ accro. ▶ **accrochage** n. m. **1·** Action d'accrocher. *L'accrochage d'un tableau.* **2·** Petit accident d'automobile, léger choc entre deux voitures. **3·** Bref combat. *Accrochage entre deux patrouilles.* **4·** Fam. Moment de désaccord. *Ils ont eu un accrochage verbal.* → **dispute.** ▶ **accroche** n. f. Ce qui, dans un message publicitaire, est destiné à attirer l'attention. ▶ **accroche-cœur** n. m. Mèche de cheveux en croc, collée sur la tempe. *Des accroche-cœurs.* ▶ **accrocheur, euse** adj. et n. **1·** (Personnes) Très tenace. *C'est un bon vendeur, très accrocheur ; c'est un accrocheur.* **2·** Qui retient l'attention (d'une manière grossière). *Une publicité accrocheuse.*

faire **accroire** [akʀwaʀ] v. tr. REM. Seulement infinitif. ***En faire accroire à*** *qqn* : le tromper, lui mentir. *Il nous en fait accroire !* → **abuser.**

accroître [akʀwɑtʀ] v. tr. < conjug. 55 > Rendre plus grand, plus important. → **augmenter, développer, étendre.** *Accroître ses biens, sa production.* – Pronominalement (réfl.). *Sa colère s'accroissait. Mon amitié pour lui s'est accrue.* / contr. diminuer / ▶ **accroissement** n. m. Le fait de croître, d'augmenter. → **augmentation.** *L'accroissement des richesses, de la production.*

s'**accroupir** [akʀupiʀ] v. pron. < conjug. 2 > S'asseoir les jambes repliées, sur ses talons. *S'accroupir derrière un buisson pour se cacher. Elle s'est accroupie.* – Au p. p. adj. *Un enfant accroupi. En position accroupie.* ▶ **accroupissement** n. m. Position d'une personne accroupie. – Action de s'accroupir.

accueillir [akœjiʀ] v. tr. < conjug. 12 > **1·** Se comporter d'une certaine manière avec (une personne qui se présente). *Il a été froidement, aimablement accueilli.* **2·** (Choses) Recevoir bien ou mal. *Ce projet a été bien accueilli, a été accueilli par des applaudissements.* **3·** Donner l'hospitalité à. *Il nous a accueillis chez lui.* ▶ **accueil** [akœj] n. m. **1·** Manière de recevoir qqn, de se comporter avec lui quand on le reçoit ou quand il arrive. *Je vous remercie de votre aimable accueil. Faire bon, mauvais accueil à qqn.* **2·** Manière dont qqn accepte (une idée, une œuvre). *Le public a fait un accueil enthousiaste à ce film.* **3·** ***D'accueil*** : organisé pour accueillir. *Centre d'accueil*, chargé de recevoir des voyageurs, des réfugiés, etc. *Hôtesse d'accueil.* ▶ **accueillant, ante** adj. **1·** Qui fait bon accueil. → **hospitalier.** *Un hôte accueillant. Un esprit accueillant*, ouvert. **2·** (Choses) D'un abord agréable ; où l'on est bien accueilli. *Auberge, maison accueillante.*

acculer [akyle] v. tr. < conjug. 1 > **1·** Pousser dans un endroit où tout recul est impossible. *Acculer son adversaire dans un coin.* **2·** Abstrait. *Acculer qqn à une chose, à faire qqch.*, le contraindre. *Être acculé à la faillite.*

acculturation [akyltyʀasjɔ̃] n. f. Processus par lequel un groupe humain assimile une culture étrangère à la sienne.

accumuler [akymyle] v. tr. < conjug. 1 > **1·** Mettre ensemble en grand nombre. → **amasser, entasser.** *Accumuler des bouteilles dans sa cave. Accu-*

muler des notes. **2·** Abstrait. Réunir en grand nombre. *Accumuler des preuves.* ▶ **accumulateur** n. m. Appareil qui emmagasine l'énergie électrique fournie par une réaction chimique et la restitue sous forme de courant. – Fam. *Les accus. Recharger ses accus,* reconstituer ses forces. ▶ **accumulation** n. f. **1·** Action d'accumuler ; le fait d'être accumulé. *L'accumulation des stocks. Une accumulation de preuves accablantes.* → **quantité. 2·** Emmagasinage d'énergie électrique. *Radiateur à accumulation.*

accus [aky] n. m. pl. Abréviation familière de *accumulateurs*.*

accusateur, trice [akyzatœʀ, tʀis] n. et adj. **1·** N. Personne qui accuse. **2·** Adj. Qui constitue ou dénote une accusation. *Documents accusateurs. Un regard accusateur.*

accusatif [akyzatif] n. m. Cas de la déclinaison qui indique que l'élément qui le porte est celui qui subit l'action (complément d'objet). *Accusatif latin, allemand. Mettre un nom à l'accusatif.*

1 **accuser** [akyze] v. tr. < conjug. 1 > **1·** Signaler ou présenter (qqn) comme coupable. → **attaquer, charger, incriminer ; accusation, accusé.** *Ne l'accusez pas sans preuves.* – *Accuser qqn de... On l'accuse d'un crime, d'avoir tué sa femme.* – Pronominalement (réfl.). *S'accuser,* s'avouer coupable. **2·** (Choses) *Accuser le sort, les événements,* les rendre responsables (d'un mal). ▶ **accusation** n. f. **1·** Action de signaler comme coupable (personnes) ou comme répréhensible (choses). *Porter une accusation. Des accusations malveillantes, fausses.* **2·** Action en justice par laquelle on désigne comme coupable, devant un tribunal. → **plainte, poursuite.** *Les principaux chefs (sujets) d'accusation.* ▶ **accusé, ée** n. Personne à qui on impute un délit. → **inculpé, prévenu.** *L'accusé a été interrogé par le juge d'instruction.* ▷ **accusateur**

2 **accuser** v. tr. < conjug. 1 > **1·** Faire ressortir, faire sentir avec force. → **accentuer, marquer.** *C'est un vêtement qui accuse les lignes du corps.* – Au p. p. adj. *Des traits accusés.* – Loc. fam. *Accuser le coup,* montrer par ses réactions qu'on est affecté, moralement et physiquement. **2·** *Accuser réception de :* donner avis qu'on a reçu. *J'accuse réception de votre lettre du 12.* ▶ **accusé de réception** n. m. Avis informant qu'une chose a été reçue. *Des accusés de réception.*

acerbe [asɛʀb] adj. Qui cherche à blesser ; qui critique avec méchanceté. → **caustique, sarcastique.** *Des critiques acerbes. Un ton acerbe.* ▷ **exacerber**

acéré, ée [aseʀe] adj. Dur, tranchant et pointu. *Griffes acérées.* – Abstrait. Intentionnellement blessant. → **acerbe.**

acériculture [aseʀikyltyʀ] n. f. Culture et exploitation de l'érable à sucre, au Canada.

acétate [asetat] n. m. Sel ou ester de l'acide acétique. ▶ **acétique** adj. *Acide acétique,* acide du vinaigre, liquide corrosif, incolore, d'odeur suffocante. ≠ ascétique. ▶ **acétone** n. f. Liquide incolore, volatil, inflammable, d'odeur pénétrante, utilisé comme solvant. ▶ **acétylène** n. m. Gaz incolore, inflammable et toxique, produit par action de l'eau sur le carbure de calcium, utilisé dans les *lampes* et *chalumeaux à acétylène* et pour de très nombreuses synthèses organiques. *Soudure à l'acétylène.*

achalandé, ée [aʃalɑ̃de] adj. Emploi critiqué. Fourni, approvisionné en marchandises, en produits assortis. *Une épicerie bien achalandée.* – REM. Ce mot signifiait autrefois « qui a beaucoup de clients (→ 2 **chaland**) ».

s'acharner [aʃaʀne] v. pron. < conjug. 1 > Combattre ou poursuivre avec fureur. *Il s'acharne contre, après, sur sa victime.* – *S'acharner à* (+ infinitif), lutter avec ténacité, persévérer. *Elle s'acharnait à le convaincre.* ▶ **acharné, ée** adj. Qui fait preuve d'acharnement. → **enragé.** *Un adversaire, un joueur acharné. Un travailleur acharné. Des ennemis acharnés à se détruire.* – (Choses) *Combats acharnés.* → **furieux.** ▶ **acharnement** n. m. Ardeur furieuse et opiniâtre dans la lutte, la poursuite, l'effort. → **opiniâtreté.** *Il travaillait avec acharnement.*

achat [aʃa] n. m. **1·** Action d'acheter. → **acquisition.** *Faire l'achat de,* acheter. *Achat au comptant, à crédit.* **2·** Ce qu'on a acheté. *Montrez-moi un peu vos achats.*

acheminer [aʃmine] v. tr. < conjug. 1 > **1·** Diriger vers un lieu déterminé. *Acheminer la correspondance.* **2·** V. pron. réfl. *S'acheminer :* se diriger, avancer. *Nous nous acheminons vers la ville.* ▶ **acheminement** n. m. Action d'acheminer en vue d'un transport déterminé. *L'acheminement du courrier, des colis.*

acheter [aʃte] v. tr. < conjug. 5 > **1·** Acquérir (un bien, un droit) contre paiement. / contr. vendre / *Acheter une maison. Acheter qqch. très cher, bon marché. Je lui ai acheté un jouet,* je l'ai acheté et je lui ai donné. – Sans compl. *Elle adore acheter.* – Pronominalement (passif). *Cela s'achète dans une charcuterie,* peut être acheté. **2·** Péj. Obtenir à prix d'argent (qqch. qui ne doit pas se vendre). *Acheter la complicité de qqn.* – Corrompre (qqn). *Acheter un fonctionnaire.* **3·** Obtenir (un avantage) au prix d'un sacrifice. *Vous achetez bien cher votre tranquillité.* → **payer.** ▶ **acheteur, euse** n. **1·** Personne qui achète. → **acquéreur, client.** *Je suis acheteur,* je me propose d'acheter.

2· Agent chargé d'effectuer les achats pour le compte d'un employeur. *Les acheteurs d'un grand magasin.* ▷ **achat,** ① **racheter,** ② **racheter**

achever [aʃve] v. tr. <conjug. 5> **1·** Finir en menant à bonne fin. → **finaliser, terminer.** *Il est mort sans avoir achevé son roman. Achever ses jours, sa vie en prison.* – Dire pour finir. *En achevant ces mots, il se leva.* **2·** *Achever de* (+ infinitif). *J'ai achevé de ranger mes papiers.* – (Suj. chose) Apporter le dernier élément nécessaire pour que se réalise pleinement un état. *Ses critiques achevèrent de nous décourager.* **3·** Porter le coup de grâce à (qqn). *Achever un animal blessé.* → **tuer.** – Ruiner définitivement la santé, la fortune, le moral de (qqn). *Ce deuil l'a achevé, il ne s'en relèvera pas.* – Iron. Fatiguer excessivement. *Il a fallu l'écouter deux heures, ça m'a achevé.* ▶ **achevé, ée** adj. Littér. Parfait en son genre. → **accompli.** *Un modèle achevé.* / contr. inabouti, inachevé / ▶ **achèvement** n. m. Action d'achever (un ouvrage) ; fin. *La station sera fermée jusqu'à l'achèvement des travaux.* ▷ **inachevé, parachever**

achigan [aʃigɑ̃] n. m. Au Canada. Perche noire.

achopper [aʃɔpe] v. intr. <conjug. 1> Se trouver arrêté par une difficulté. *Achopper à un problème.* ▶ **achoppement** n. m. Loc. Abstrait. *Pierre d'achoppement,* obstacle, écueil.

① **acide** [asid] n. m. **1·** Tout corps capable de libérer des ions hydrogène (H+), qui donne un sel avec une base et, en solution aqueuse, colore en rouge le papier de tournesol (pH inférieur à 7). *Acide acétique, chlorhydrique. Le calcaire est attaqué par les acides.* – Corps possédant une ou plusieurs fois dans sa molécule le radical COOH. *Acides gras. Acides aromatiques. Acides nucléiques.* → **A. D. N., A. R. N. 2·** Arg. Drogue hallucinogène. → **L. S. D.** ▶ ② **acide** adj. **1·** Qui est piquant au goût. → **aigre.** *Fruit encore vert et acide.* **2·** Acerbe, désagréable. *Des propos, des réflexions acides.* **3·** Qui possède les propriétés des acides, est propre aux acides. *Solution, milieu acide* (opposé à *basique*). → **pH.** ▶ **acidifier** v. tr. <conjug. 7> Rendre acide, transformer en acide. ▶ **acidité** n. f. **1·** Saveur acide. *L'acidité du citron.* **2·** Caractère mordant, causticité. *L'acidité de sa remarque.* **3·** Qualité acide (②, 3) d'un corps. ▶ **acidulé, ée** adj. Légèrement acide. *Bonbons acidulés.*

acier [asje] n. m. **1·** Alliage de fer et de carbone, auquel on donne, par traitement mécanique ou thermique, des propriétés variées (malléabilité, résistance). *Couteaux en acier inoxydable.* **2·** *L'acier :* l'industrie, le commerce de l'acier. *Un roi de l'acier.* **3·** Par comparaison. *Bleu acier, gris acier. Des jupes bleu acier.* – *D'acier.* Des muscles d'acier, durs et solides. *Avoir un moral d'acier,* à toute épreuve. ▶ **aciérie** n. f. Usine où l'on fabrique l'acier. ▶ **aciériste** n. Spécialiste de la fabrication de l'acier.

acné [akne] n. f. Maladie de la peau due à une inflammation des glandes sébacées. *Acné juvénile,* acné des adolescents, boutons apparaissant à la puberté. ≠ haquenée.

acolyte [akɔlit] n. m. Péj. Compagnon, complice qu'une personne traîne toujours à sa suite. *Le gangster et ses acolytes.*

acompte [akɔ̃t] n. m. **1·** Paiement partiel à valoir sur le montant d'une somme due. → **arrhes, avance, provision. 2·** Fam. Petit avantage, petit plaisir qu'on reçoit ou prend en attendant mieux.

aconit [akɔnit] n. m. Plante vénéneuse à fleurs en forme de casque.

a contrario [akɔ̃tʀaʀjo] loc. adj. et adv. *Raisonnement a contrario,* qui part d'hypothèses opposées et aboutit à des conséquences opposées. – Loc. adv. Dans l'hypothèse du contraire.

s'acoquiner [akɔkine] v. pron. <conjug. 1> Se lier (à une personne peu recommandable). *Il s'acoquine avec le premier venu.*

à-côté [akote] n. m. **1·** Point, problème accessoire. *Ce n'est qu'un à-côté de la question.* **2·** Gain d'appoint. *Il gagne 2 000 euros par mois, sans compter les à-côtés.*

à-coup [aku] n. m. **1·** Discontinuité de mouvement provoquant des secousses. → **saccade.** *Il y a des à-coups dans le moteur.* **2·** *Par à-coups :* de façon irrégulière, intermittente. *Travailler par à-coups.*

acoustique [akustik] adj. et n. f. **I·** Adj. **1·** Qui sert à la perception des sons. *Nerf acoustique* (ou *auditif*). **2·** Relatif au son, du domaine de l'acoustique. → **sonore.** *Les phénomènes acoustiques.* **II·** N. f. **1·** Partie de la physique qui traite des sons et ondes sonores. **2·** Qualité d'un local (théâtre, salle de concert) au point de vue de la propagation du son. *Bonne, mauvaise acoustique d'une salle.* ▶ **acousticien, ienne** n. Spécialiste de l'acoustique.

acquérir [akeʀiʀ] v. tr. <conjug. 21> **1·** Devenir propriétaire de (un bien, un droit), par achat, échange, succession → **acquisition.** *Acquérir un immeuble.* → **acheter.** – Prov. *Bien mal acquis ne profite jamais.* **2·** Arriver à posséder (un avantage). → **gagner, obtenir.** *Il veut acquérir de la notoriété. Acquérir des qualités, des connaissances.* – Au p. p. adj. *L'expérience acquise.* – (Suj. chose) Arriver à avoir (une qualité). → **prendre.** *Ces tableaux ont acquis beaucoup de valeur.* / contr. perdre / **3·** (Suj. chose) Procurer la possession, la disposition de. → **valoir.** *L'aisance que ses efforts lui ont acquise.* ▶ **acquéreur** n. m. Personne qui acquiert (un bien). → **acheteur.** *Ce tableau n'a pas trouvé acquéreur. Elle est acquéreur.* – **REM.** Le fém. *acquéreuse* est rare. ▷ **acquis, acquisition**

acquiescer [akjese] v. tr. ind. < conjug. 3 > Donner son entier consentement (à). → **accepter.** *Nous acquiesçons à votre demande.* – Sans compl. Marquer son approbation (par la parole, un geste). → **approuver.** *Elle acquiesce d'un signe de tête.* – (En incise) *Oui, acquiesça-t-elle.* / contr. refuser / ▶ **acquiescement** n. m. Action d'acquiescer, par la parole ou autrement. → **acceptation, consentement.** *Un signe d'acquiescement. Elle a pris notre silence pour un acquiescement.* / contr. refus /

acquis, ise [aki, iz] adj. et n. m. invar. **I**· Adj. **1**· Qui a été acquis par l'individu (opposé à *ce qui lui est naturel* ou *lui a été transmis*). *Ses qualités tant acquises que naturelles. Caractères acquis,* caractères biologiques non héréditaires. **2**· *Acquis à qqn,* dont il peut disposer de façon définitive et sûre. *Mon soutien vous est acquis.* – (Personnes) *Je vous suis tout acquis,* entièrement dévoué. **3**· Reconnu sans contestation. *Nous pouvons considérer comme acquis ce premier point. C'est un **fait acquis** :* cela est incontestable. **4**· (Personnes) *Acquis à* (une idée, un parti), définitivement partisan de. *Il est maintenant acquis à notre projet.* **II**· N. m. invar. Savoir acquis, expérience acquise, constituant une sorte de capital. ≠ acquit.

acquisition [akizisjɔ̃] n. f. **1**· Action d'acquérir. *Faire l'acquisition d'un terrain.* → **achat.** / contr. cession, vente / **2**· Bien acquis. *Voici ma dernière acquisition.* **3**· Fait d'arriver à posséder. *Le temps nécessaire à l'acquisition de ces connaissances.*

acquit [aki] n. m. **1**· Reconnaissance écrite d'un paiement. → **acquitter.** – ***Pour acquit*** : mention portée sur document, qui atteste du paiement. **2**· ***Par acquit de conscience*** : pour se garantir de tout risque d'avoir qqch. à se reprocher. ≠ acquis.

1 **acquitter** [akite] v. tr. < conjug. 1 > **1**· Libérer (d'une obligation, d'une dette). *Ce dernier versement m'acquitte envers vous.* **2**· Payer (ce qu'on doit). → **régler.** *Acquitter des droits, ses impôts.* **3**· Revêtir de la mention « pour acquit » et de sa signature. *N'oubliez pas d'acquitter la facture.* **4**· Pronominalement (réfl.). Se libérer (d'une obligation juridique ou morale). *S'acquitter d'une promesse.* → **remplir.** ▶ 1 **acquittement** n. m. Action d'acquitter qqch. → **paiement** (plus cour.). ▷ **acquit**

2 **acquitter** v. tr. < conjug. 1 > *Acquitter qqn,* déclarer (par jugement) un accusé non coupable. *Son avocat l'a fait acquitter.* / contr. condamner / ▶ 2 **acquittement** n. m. Action d'acquitter un accusé. *Un verdict d'acquittement.*

acre [akʀ] n. f. Ancienne mesure agraire qui valait en moyenne 52 ares.

âcre [ɑkʀ] adj. Qui est très irritant au goût ou à l'odorat. *L'odeur âcre du cigare éteint. La saveur âcre des prunelles.* → **âpre.** ▶ **âcreté** [ɑkʀəte] n. f. **1**· Qualité de ce qui est âcre. *L'âcreté de la fumée.* **2**· Abstrait. Acrimonie, amertume. *L'âcreté de son ironie.*

acrimonie [akʀimɔni] n. f. Mauvaise humeur qui s'exprime par des propos acerbes ou hargneux. → **aigreur.** *Il répondit sans acrimonie à ses adversaires.*

acrobate [akʀɔbat] n. **1**· Artiste de cirque, de music-hall, exécutant des exercices d'équilibre et de gymnastique plus ou moins périlleux. → **équilibriste, funambule, trapéziste. 2**· Péj. Personne très adroite qui cherche à étonner par son adresse à résoudre les difficultés. ▶ **acrobatie** [akʀɔbasi] n. f. **1**· Exercice, tour d'acrobate (saut périlleux, voltige, etc.). *Faire des acrobaties.* – *Acrobatie aérienne,* manœuvres d'adresse exécutées en avion. **2**· Virtuosité qui se déploie dans la difficulté. *Ce n'est plus du piano, c'est de l'acrobatie.* ▶ **acrobatique** adj. Qui appartient à l'acrobatie, tient de l'acrobatie. *Exercice acrobatique.* ▷ **acrosport**

acropole [akʀɔpɔl] n. f. Ville haute des anciennes cités grecques. *L'Acropole d'Athènes.*

acrosport [akʀospɔʀ] n. m. Gymnastique acrobatique pratiquée à deux ou plusieurs partenaires et accompagnée de musique.

acrostiche [akʀɔstiʃ] n. m. Poème ou strophe où les initiales de chaque vers, lues dans le sens vertical, composent un nom ou un mot clé. *Les envois* (II) *de plusieurs ballades de Villon sont des acrostiches.*

acrylique [akʀilik] adj. *Fibre acrylique,* fibre textile synthétique fabriquée à partir de l'*acide acrylique* (acide de l'éthylène). – N. m. *Un pull en acrylique.*

1 **acte** [akt] n. m. **1**· Pièce écrite qui constate un fait, une convention, une obligation. *Dresser, établir un acte de vente.* – ***Prendre acte** d'une chose* : la faire constater légalement et aussi en prendre bonne note (en vue d'une utilisation ultérieure). *Je prends acte de votre promesse.* **2**· Au plur. ***Les actes*** : recueil de procès-verbaux. ▶ **acter** v. tr. < conjug. 1 > Prendre acte, noter. *Acter un accord.*

2 **acte** n. m. **1**· Action humaine considérée dans son aspect objectif plutôt que subjectif ; le fait d'agir*. → **action.** *Vous êtes responsable de vos*

actes. Un acte de courage, inspiré par le courage. *Passer aux actes,* agir. – En psychologie *Passage* à l'acte.* **2· *Faire acte de* :** manifester, donner une preuve de. *Faire acte d'autorité, de bonne volonté. Faire acte de présence*.*

③ **acte** n. m. **1·** Chacune des grandes divisions d'une pièce de théâtre (subdivisées en scènes). *Tragédie classique en cinq actes. L'acte III.* **2·** Moment, époque d'une vie considérée comme dramatique. *Le dernier acte risque d'être sanglant.*

acteur, trice [aktœʀ, tʀis] n. **1·** Artiste dont la profession est de jouer un rôle à la scène ou à l'écran. → **comédien, interprète.** *Actrice célèbre.* → ② **étoile, star, vedette. 2·** Personne qui prend une part active, joue un rôle important. → **protagoniste.** *Les acteurs et les témoins de ce drame. Les principaux acteurs économiques.*

① **actif, ive** [aktif, iv] adj. **1·** Qui agit (personnes), implique une activité (choses). *Armée active,* ou n. f., *l'active* (opposé à *la réserve*). *Méthode active,* méthode d'enseignement faisant appel à l'activité et à l'initiative de l'élève. *Population active,* partie de la population d'un pays qui est capable de travailler. *Mener une vie active.* **2·** Qui agit avec force. → **énergique.** *Un remède, un poison actif.* **3·** Qui aime à agir, à se dépenser en travaux, en entreprises. → **dynamique, entreprenant, travailleur.** *Un employé actif et dévoué.* / contr. inactif / ▷ **activement, activer, activisme, activité, inactif, interactif, proactif, radioactif, rétroactif**

② **actif** n. m. **1·** L'ensemble des biens ou droits constituant un patrimoine. / contr. passif / *L'actif d'une succession, de la communauté. Sommes portées à l'actif d'un bilan.* **2· *Avoir à son actif* :** compter au nombre des choses qu'on a réalisées avec succès. – Par plaisant. *Un individu qui a plusieurs vols à son actif.*

① **action** [aksjɔ̃] n. f. **I· 1·** Ce que fait qqn et par quoi il réalise une intention ou une impulsion. → **acte, fait.** *Vos actions sont irréfléchies. Faire une bonne action.* → **b. a.** *Commettre une mauvaise action. Action d'éclat,* exploit. **2·** Fait de produire un effet, manière d'agir sur qqn ou qqch. *Changement politique dû à l'action personnelle d'un ministre.* → **influence.** *Chercher des moyens d'action. L'action du remède se fait sentir. Le mur s'est détérioré sous l'action de l'humidité. En action,* en train d'agir, de produire son effet. **3·** Exercice de la faculté d'agir (opposé à la *pensée,* aux *paroles*). → **activité, effort, travail.** / contr. inaction / *Il est temps de passer à l'action. Un homme, une femme d'action.* – *Mettre en action,* faire agir. **4·** Combat, lutte. *Engager l'action. Dans le feu de l'action. L'action politique, revendicative.* **II·** Exercice d'un droit en justice. → **demande, poursuite, recours.** *Intenter une action en diffamation.* **III· 1·** Suite de faits et d'actes constituant le sujet d'une œuvre dramatique ou narrative. → **intrigue.** *Épisodes, dénouement d'une action tragique. L'action du film se passe en Italie.* **2·** Animation tenant aux faits et aux actes représentés ou racontés. *Film d'action.* ▶ **actionner** v. tr. < conjug. 1 > Mettre en mouvement, faire fonctionner (un mécanisme). *Actionner le dispositif de départ d'un moteur. Actionner le levier.* ▷ **interaction, réaction, transaction**

② **action** n. f. **1·** Titre cessible et négociable représentant une fraction du capital social (dans une société anonyme en commandite par actions). ≠ obligation. *Acheter des actions. Cote des actions en Bourse. La hausse, la baisse d'une action.* **2·** Fam. *Ses actions montent, baissent,* il a plus, moins de crédit, de chances de réussir. ▶ **actionnaire** n. Propriétaire d'une ou plusieurs actions. *Les actionnaires touchent des dividendes. L'assemblée des actionnaires. L'actionnaire principal.* ▶ **actionnariat** n. m. Ensemble des actionnaires. *L'actionnariat d'un groupe financier.*

activement [aktivmɑ̃] adv. En déployant une grande activité, avec beaucoup d'ardeur. *Il s'en occupe activement.* / contr. mollement /

activer [aktive] v. tr. < conjug. 1 > **1·** Rendre plus prompt (en augmentant l'activité). → **accélérer.** *Activer les travaux.* – Sans compl. Fam. *Allons, activons !,* pressons ! **2·** Rendre plus vif, plus agissant. *Le vent activait l'incendie.* **3· *S'activer*** v. pron. réfl. : déployer une grande activité, s'affairer. *Le cuisinier s'active à préparer le repas.* ▷ **réactiver**

activisme [aktivism] n. m. En politique. Doctrine qui préconise l'action violente. → **extrémisme.** ▶ **activiste** n. Partisan de l'activisme.

activité [aktivite] n. f. **1·** Qualité d'une personne active. → **dynamisme, énergie.** *Cet enfant déploie une grande activité. Une activité fébrile.* / contr. inactivité / **2·** Ensemble des actes coordonnés et des travaux de l'être humain ; fraction spéciale de cet ensemble. *Activité intellectuelle. J'ignore tout de ses activités.* → **occupation.** – Dans le monde inorganique. *Volcan en activité* (opposé à *éteint*). *Activité solaire.* **3·** Situation d'une personne (spécialt d'un militaire) qui exerce son emploi. *Le passage de l'activité à la retraite.* **4· *En activité* :** se dit d'un fonctionnaire en service (opposé à *en retraite*), d'une industrie ou d'un commerce en fonctionnement (opposé à *en sommeil*). *Industrie, affaires en pleine activité.* ▷ **inactivité, radioactivité, suractivité**

actuaire [aktɥɛʀ] n. Spécialiste de la statistique et du calcul des probabilités appliqués aux problèmes d'assurances, de prévoyance, d'amortissement. ▷ **actuariel.**

actualiser [aktɥalize] v. tr. < conjug. 1 > Faire passer de l'état virtuel à l'état réel. Moderniser. *Actualiser ses méthodes de travail. Actualiser un atlas,* le mettre à jour. ▶ **actualisation** n. f. *L'actualisation des souvenirs. L'actualisation d'une encyclopédie.*

actualité [aktɥalite] n. f. **1·** Caractère de ce qui se rapporte à l'époque actuelle. *Souligner l'actualité d'un problème. Ce livre n'est plus **d'actualité** :* il est dépassé. **2·** Ensemble des événements actuels, des faits tout récents. *S'intéresser à l'actualité politique, sportive.* **3·** *Les **actualités** :* informations, nouvelles du moment (dans la presse et surtout en images). *Actualités télévisées.* → **journal.**

actuariel, elle [aktɥaʀjɛl] adj. Relatif aux méthodes mathématiques des actuaires. *Taux actuariel,* taux de rendement d'un capital lorsque le remboursement et le paiement des intérêts sont assurés par des versements échelonnés dans le temps.

actuel, elle [aktɥɛl] adj. **1·** Qui existe, se passe au moment où l'on parle. → **présent.** *À l'époque, à l'heure actuelle. Le monde actuel.* → **contemporain.** *L'actuel Premier ministre.* **2·** Qui intéresse notre époque, se trouve au goût du jour. *Une grande œuvre toujours actuelle.* / contr. **démodé** / ▶ **actuellement** adv. Dans les circonstances actuelles, à l'heure actuelle. → **maintenant, à présent.** *Il est difficile actuellement de vous satisfaire.* ▷ **actualiser, actualité, inactuel**

acuité [akɥite] n. f. **1·** Caractère aigu, intense. → **intensité.** *Les oppositions sociales gardent leur acuité. – L'acuité d'un son.* **2·** Degré de sensibilité (d'un sens). *Mesure de l'acuité visuelle.* **3·** Abstrait. Finesse des facultés de l'esprit. *L'acuité d'une observation.*

acupuncture ou **acuponcture** [akypɔ̃ktyʀ] n. f. Thérapeutique consistant dans l'introduction d'aiguilles très fines en des points précis des tissus ou des organes où elles demeurent pendant un temps variable. ▶ **acupuncteur, trice** ou **acuponcteur, trice** n. Spécialiste de l'acupuncture.

adage [adaʒ] n. m. Maxime pratique ou juridique, ancienne et populaire. *« Bien mal acquis ne profite jamais » est un adage ancien.*

adagio [adadʒjo ; adaʒjo] adv. et n. m. Indication de mouvement lent, en musique. – N. m. *Un adagio,* morceau ou pièce musicale à exécuter dans ce tempo. *Des adagios.*

adapter [adapte] v. tr. < conjug. 1 > **1·** *Adapter qqch. à qqch.,* réunir, appliquer après ajustement. *Adapter des roulettes aux pieds d'une table.* **2·** *Adapter (qqn, qqch.) à (qqn, qqch.),* approprier, mettre en harmonie avec. *Adaptez vos dépenses à votre situation.* → **accorder.** **3·** *S'adapter* v. pron. : se mettre en harmonie avec (les circonstances, le milieu), réaliser son adaptation biologique. → **s'acclimater, s'habituer.** *L'organisme s'adapte aux microbes. Il faut savoir s'adapter,* être souple, s'accommoder des circonstances. **4·** Faire l'adaptation de. *Adapter un roman pour le théâtre, pour la télévision, à l'écran.* ▶ **adaptable** adj. Qui peut s'adapter, qu'on peut adapter (1). *Embout adaptable à un tuyau.* ▶ **adaptateur, trice** n. **1·** Auteur d'une adaptation (au théâtre, au cinéma). **2·** N. m. Dispositif permettant d'adapter un appareil à un usage autre que celui qui était prévu initialement. ▶ **adaptation** n. f. **1·** Action d'adapter ou de s'adapter, modification qui en résulte. *Adaptation d'un enseignement à l'âge des élèves. Un effort d'adaptation.* **2·** Appropriation d'un organisme aux conditions internes et externes de l'existence, permettant à cet organisme de durer et de se reproduire. → **acclimatation.** **3·** Traduction très libre d'une pièce de théâtre, comportant des modifications nombreuses qui la mettent au goût du jour. – Transposition à la scène ou à l'écran d'une œuvre narrative. *« Les Possédés », roman de Dostoïevski, adaptation de A. Camus.* – Arrangement ou transcription musicale. ▷ **inadaptation, inadapté, réadapter**

addenda [adɛ̃da] n. m. invar. Ensemble de notes additionnelles à la fin d'un ouvrage. *Un, des addenda.*

addict [adikt] adj. Anglic. **1·** Dépendant d'une drogue. **2·** Qui ne peut se passer (d'une activité). *Être addict aux jeux vidéo.* ▶ **addictif, ive** adj. *Comportement addictif.*

addiction n. f. Anglic. Dépendance extrême, entraînant une conduite répétitive que l'on ne peut contrôler. *Addiction à une drogue.* ▶ **addictologie** n. f. Étude des addictions. ▶ **addictologue** n.

additif [aditif] n. m. **1·** Supplément, article additionnel. *Un additif au budget.* **2·** Substance ajoutée à un produit (pour l'améliorer, le conserver...). *Additifs alimentaires. Garanti sans additifs.*

addition [adisjɔ̃] n. f. **1·** Action d'ajouter en incorporant. → **adjonction.** *Addition d'un sirop à une eau-de-vie.* **2·** Écrit ajouté. → **addenda, annexe.** *Les notes et additions d'un livre.* **3·** Opération consistant à réunir en un seul nombre toutes les unités ou fractions d'unité de plusieurs autres. → **somme.** *Faire une addition.* / contr. **soustraction** / **4·** Note présentant le total des dépenses effectuées au restaurant, au café.

→ **note.** *Garçon, l'addition ! Régler l'addition.* ▶ **additionnel, elle** adj. Qui s'ajoute ou doit s'ajouter. *Voter un article additionnel à une loi.* → **additif.** ▶ **additionner** v. tr. < conjug. 1 > **1·** Modifier, enrichir par addition d'un élément. *Les anciens additionnaient toujours d'eau le vin.* – Au p. p. adj. *Jus de fruits additionné de sucre.* **2·** Faire l'addition de. *Additionner trois nombres.* **3·** *S'additionner* v. pron. : s'ajouter. *Les charges s'additionnent au loyer.*

adduction [adyksjɔ̃] n. f. Action de dériver les eaux d'un lieu pour les amener dans un autre. *Travaux d'adduction d'eau entrepris par les communes rurales.* ▶ **adducteur** adj. m. *Canal adducteur* ou, n. m., *un adducteur,* canal d'adduction des eaux.

adepte [adɛpt] n. Fidèle (d'une religion), partisan (d'une doctrine). *Faire des adeptes,* rallier des personnes à son point de vue.

adéquat, ate [adekwa, at] adj. Exactement proportionné à son objet, ajusté à son but. → **approprié, convenable, juste.** *C'est la réponse adéquate. Nous avons trouvé l'endroit adéquat.* / contr. inadéquat / ▶ **adéquation** n. f. Rapport de convenance parfaite. → **équivalence.** *Il y a une parfaite adéquation entre ses paroles et ses actes.* ▷ **inadéquat**

① **adhérer** [adeʀe] v. tr. ind. < conjug. 6 > Tenir fortement par un contact étroit de la totalité ou de la plus grande partie de la surface. → **coller.** *L'écorce adhère au bois.* ▶ **adhérence** n. f. **1·** État d'une chose qui adhère, tient fortement à une autre. *L'adhérence des pneus au sol.* ≠ adhésion. **2·** Union accidentelle de tissus contigus, dans l'organisme. *Adhérence pleurale. Avoir des adhérences.* ▶ ① **adhérent, ente** adj. Qui adhère, tient fortement à autre chose. *Des coquillages adhérents au rocher.* ▷ **adhésif**

② **adhérer** v. tr. ind. < conjug. 6 > **1·** Se déclarer d'accord avec, partisan de. *J'adhère à votre point de vue.* **2·** S'inscrire (à une association, un parti dont on partage les vues). → **adhésion.** ▶ ② **adhérent, ente** n. Personne qui adhère (à une association, etc.). → **membre.** *Recruter des adhérents. Carte d'adhérent.* ▷ **adhésion**

adhésif, ive [adezif, iv] adj. Qui reste adhérent, collé après application. → **collant.** *Ruban adhésif,* enduit d'un produit qui le fait adhérer sans mouillage. → **scotch.** – N. m. *Un adhésif,* substance permettant de coller des surfaces. *Appliquer un adhésif sur une plaie.*

adhésion [adezjɔ̃] n. f. **1·** Approbation réfléchie. → **accord, assentiment.** *Je lui apporte mon adhésion complète.* **2·** Action d'adhérer ②, de s'inscrire (à une association, un parti). *Le parti a enregistré des adhésions massives* (→ ② **adhérent**). ≠ adhérence.

ad hoc [adɔk] loc. adj. invar. Destiné expressément à l'usage qu'on veut en faire. *Il faut un instrument ad hoc.*

adieu [adjø] interj. et n. m. **1·** Interj. Formule dont on se sert en prenant congé de qqn qu'on ne doit pas revoir de quelque temps (opposé à *au revoir*) ou même qu'on ne doit plus revoir. *Adieu, les amis ! Dire adieu à qqn,* prendre congé de lui. – **REM.** Dans le sud de la France, *adieu* s'emploie souvent pour *bonjour* ou *au revoir.* **2·** (En parlant d'une chose perdue) *Adieu, la belle vie ! – Vous pouvez* ***dire adieu*** *à votre tranquillité,* y renoncer. **3·** N. m. Fait de prendre congé, de se séparer de qqn. *Le moment des adieux. Faire ses adieux à qqn.*

à-Dieu-va(t) [adjøva, vat] loc. interj. À la grâce de Dieu ! Advienne que pourra !

adipeux, euse [adipø, øz] adj. **1·** Fait de graisse, dans le corps de l'homme, des animaux. *Tissu adipeux.* **2·** Gras. *Des cuisses adipeuses.*

adjacent, ente [adʒasɑ̃, ɑ̃t] adj. **1·** Qui se trouve dans le voisinage immédiat. → **contigu, voisin.** *Pré adjacent à un bois. Les rues adjacentes.* **2·** *Angles adjacents,* qui ont même sommet, un côté commun et sont situés de part et d'autre de ce côté.

adjectif [adʒɛktif] n. m. et adj. **1·** Mot susceptible d'accompagner un substantif avec lequel il s'accorde en genre et en nombre, et qui n'est pas un article. *Adjectif qualificatif* (ci-dessous, 2). *Adjectifs numéraux ordinaux. Adjectifs possessifs, démonstratifs, indéfinis.* → **déterminant.** **2·** *Adjectif qualificatif* ou, ellipt, *adjectif,* qui exprime une qualité de ce qui est désigné par le nom (ex. : *sincère* dans *un homme sincère*). *L'adjectif peut être épithète* (ex. : *un homme sincère*) *ou attribut* (ex. : *cet homme est sincère*). – *Adjectif verbal,* participe présent devenu adjectif. **3·** Adj. ***Adjectif, ive.*** Qui a une valeur d'adjectif. *Locution adjective.* ▶ **adjectivement** adv. En fonction d'adjectif.

adjoindre [adʒwɛ̃dʀ] v. tr. < conjug. 49 > **1·** Associer (une personne à une autre) pour aider, contrôler. *Elle s'est adjoint deux collaborateurs.* **2·** Joindre, ajouter (une chose) à une autre. *Les anciens adjoignaient souvent un surnom à leur nom patronymique.* ▶ **adjoint, ointe** [adʒwɛ̃, wɛ̃t] n. Personne associée à une autre pour l'aider dans ses fonctions. → **aide, assistant.** *Adressez-vous à mon adjoint.* – En appos. *Directeur adjoint.* ▶ **adjonction** [adʒɔ̃ksjɔ̃] n. f. **1·** Action d'adjoindre (une personne, une chose). *L'adjonction de deux nouveaux membres au comité directeur.* **2·** Chose adjointe, addition.

adjudant, ante [adʒydɑ̃, ɑ̃t] n. **1·** Sous-officier qui, dans la hiérarchie des grades, vient au-dessus du sergent-major. (Fam. **le juteux.**) **2·** Péj. *Un adjudant,* une personne autoritaire et revêche.

adjudication [adʒydikɑsjɔ̃] n. f. Acte juridique par lequel on met des acquéreurs ou des entrepreneurs en libre concurrence. *Vente par adjudication,* aux enchères. → **adjuger** (3). *Adjudication de travaux.* ▶ **adjudicataire** n. Bénéficiaire d'une adjudication. → **acquéreur.**

adjuger [adʒyʒe] v. tr. < conjug. 3 > **1·** Décerner. *Adjuger un prix, une récompense.* **2·** Fam. *S'adjuger qqch.* : s'attribuer, s'emparer de. *Comme toujours, elle s'est adjugé la meilleure part.* **3·** Attribuer par adjudication*. – Au p. p. *Une fois, deux fois, trois fois, adjugé !* (vendu !).

adjurer [adʒyʀe] v. tr. < conjug. 1 > Commander ou demander à (qqn) en adressant une adjuration. *Je vous adjure de dire la vérité.* → **implorer, supplier.** ≠ abjurer. ▶ **adjuration** n. f. Prière instante, supplication. *Il s'entêtait, malgré les adjurations de sa famille.* ≠ abjuration.

adjuvant [adʒyvɑ̃] n. m. Médicament, produit, traitement auxiliaire, destiné à renforcer ou compléter la médication principale.

ad libitum [adlibitɔm] loc. adv. À volonté, au choix. *On peut en inventer ad libitum.*

admettre [admɛtʀ] v. tr. < conjug. 56 > **1·** Accepter de recevoir (une personne, un animal domestique). → **accueillir, agréer.** *Admettre qqn à sa table. Il a été admis à l'Académie. Admettre qqn à siéger,* lui en reconnaître le droit. → **autoriser.** *Les chiens ne sont pas admis dans cet hôtel.* **2·** Considérer comme acceptable par l'esprit (par un jugement de réalité ou de valeur). *Je n'admets pas votre point de vue. Je l'admets volontiers.* – ***Admettre que*** (+ subjonctif ou indicatif). *J'admets que tu as (ou tu aies) raison.* – ***Admettons, admettez, en admettant que*** (+ subjonctif) : accepter à titre de simple hypothèse qu'on retient provisoirement. → **supposer.** *En admettant que cela soit vrai.* **3·** (Surtout en phrase négative) Accepter, permettre. *Il n'admet pas la discussion.* → **tolérer.** – ***Admettre que*** (+ subjonctif). *Il n'admet pas que vous vous opposiez à lui.* – (Suj. chose) Autoriser, permettre. → **souffrir.** *Cette règle n'admet aucune exception.* **4·** Laisser entrer. *Les gaz sont admis dans le cylindre.* ▷ **admissible, admission**

1 **administrer** [administʀe] v. tr. < conjug. 1 > **1·** Gérer en faisant valoir, en défendant les intérêts. *Il administre les biens de la communauté.* **2·** Assurer l'administration de (un pays, une circonscription). *Le maire administre la commune.* ▶ **administrateur, trice** n. **1·** Personne chargée de l'administration d'un bien, d'un patrimoine ; membre d'un conseil d'administration. **2·** Personne qui a les qualités requises par les tâches d'administration. *Un bon, un médiocre administrateur.* ▶ **administratif, ive** adj. **1·** Relatif à l'Administration. *Les autorités administratives.* **2·** Chargé de tâches d'administration. *Directeur administratif.* ▶ **administrativement** adv. *L'affaire sera réglée administrativement.* ▶ **administration** n. f. **1·** Action de gérer un bien, un ensemble de biens. → **gestion.** *Administration d'une société* (par un *conseil d'administration*). **2·** Fonction consistant à assurer l'application des lois et la marche des services publics conformément aux directives gouvernementales. *L'administration des départements est confiée aux préfets.* – Ensemble des services et agents chargés de cette fonction (l'*Administration*). *Entrer dans l'Administration.* → **service** public. *École nationale d'administration* (E. N. A.). **3·** ***Une administration*** : service public, ensemble des fonctionnaires qui en sont chargés. *L'administration des Douanes.* ▶ **administré, ée** n. Personne soumise à une autorité administrative.

2 **administrer** v. tr. < conjug. 1 > **1·** Faire prendre (un remède). *Le médecin lui administra un antidote.* **2·** Fam. Donner, flanquer (des coups).

admirer [admiʀe] v. tr. < conjug. 1 > Considérer avec plaisir ce qu'on juge supérieur ; avoir de l'admiration pour (ce qui est beau, grand). *Elle admire beaucoup son père.* / contr. mépriser / *Admirez sa persévérance.* – Iron. *J'admire votre confiance,* je ne suis pas si confiant. ▶ **admirable** adj. Digne d'admiration. *Un portrait admirable. Des yeux admirables.* → **beau, merveilleux.** *Un homme admirable.* → **remarquable.** ▶ **admirablement** adv. D'une manière admirable, merveilleuse. → **merveilleusement.** *Il joue admirablement de la guitare.* ▶ **admirateur, trice** n. Personne qui admire (un être, une œuvre). *C'est une de vos admiratrices.* ▶ **admiratif, ive** adj. Qui est en admiration (devant qqn, un spectacle). *Les touristes s'arrêtaient, admiratifs.* – *Regard admiratif.* ▶ **admirativement** adv. Avec un air admiratif. ▶ **admiration** n. f. Sentiment de joie et d'épanouissement devant ce qu'on juge supérieurement beau ou grand. → **émerveillement, ravissement.** *Être saisi, transporté d'admiration. Un cri d'admiration. Son courage fait l'admiration de tout le monde. Il était en admiration devant ce tableau.*

admissible [admisibl] adj. **1·** (Surtout négatif) Tolérable, supportable. *Cela n'est pas admissible.* **2·** Qui peut être admis (à un emploi). *Tous les citoyens sont également admissibles à toutes dignités, places et emplois publics.* **3·** Admis à subir les épreuves définitives, l'oral d'un examen. *Candidat admissible.* ▶ **admissibilité** n. f. Fait d'être admissible. *Admissibilité après l'épreuve écrite.* ▷ **inadmissible**

admission [admisjɔ̃] n. f. **1·** Action d'admettre (qqn), fait d'être admis. *Son admission à l'école.* **2·** Fait de laisser entrer (un gaz). *Régler l'admission de la vapeur.*

admonester [admɔnɛste] v. tr. < conjug. 1 > Littér. Réprimander sévèrement en avertissant de ne pas recommencer. *Le juge s'est contenté d'admonester le prévenu.* ▶ **admonestation** n. f. Avertissement sévère. → **réprimande, remontrance.** *Faire une admonestation à qqn.*

A. D. N. ou **ADN** [ɑdeɛn] n. m. invar. Acide nucléique qui assure la transmission des caractères génétiques (abrév. de *acide désoxyribonucléique*).

adobe [adɔb] n. m. Brique de terre crue comprimée et séchée au soleil ; l'ensemble de ces briques mises en œuvre dans une construction. → **pisé.** *Maisons en adobe du Pérou, de Bolivie.*

adolescence [adɔlesɑ̃s] n. f. Âge qui suit la puberté et précède l'âge adulte (environ de 12 à 18 ans chez les filles, 14 à 20 ans chez les garçons). *Un amour d'adolescence.* ▶ **adolescent, ente** n. Jeune garçon, jeune fille à l'âge de l'adolescence. – Abrév. fam. **ado.** *Une ado. Les ados.*

adonis [adɔnis] n. m. invar. Jeune homme d'une grande beauté. *Il se prend pour un adonis.*

S'**adonner** [adɔne] v. pron. < conjug. 1 > S'appliquer avec constance (à une activité, une pratique). *Elle s'adonne entièrement à l'étude.* – Au p. p. adj. *Un individu adonné à la boisson.*

adopter [adɔpte] v. tr. < conjug. 1 > **1·** Prendre légalement pour fils ou pour fille. *C'est une enfant qu'ils ont adoptée.* **2·** Traiter comme qqn de la famille. *Les enfants ont vite adopté leur nourrice.* **3·** Faire sien en choisissant, en décidant de suivre. → **embrasser.** *Adopter un projet, une opinion, une mode.* **4·** Approuver par un vote. *L'Assemblée a adopté le projet de loi.* / contr. rejeter / ▶ **adoption** [adɔpsjɔ̃] n. f. **1·** Action d'adopter (qqn), acte juridique établissant entre deux personnes (l'*adoptant* et l'*adopté*) des relations de droit analogues à celles qui résultent de la filiation. **2·** *D'adoption* : qu'on a adopté, qu'on reconnaît pour sien. *La France est devenue sa patrie d'adoption.* **3·** Action d'adopter (qqch. qu'on approuve, qu'on choisit de suivre). *Adoption d'un projet de loi. L'adoption de nouvelles techniques.* ▶ **adoptif, ive** adj. **1·** Qui est par adoption, résulte d'une adoption. *Père, fils adoptif.* **2·** D'adoption. *C'est sa patrie adoptive.*

adorer [adɔʀe] v. tr. < conjug. 1 > **1·** Rendre un culte à (un dieu). – Loc. *Brûler ce qu'on a adoré,* renier son attachement (à une personne, une chose) et mépriser. **2·** Aimer d'un amour ou d'une affection passionnée. *Il adore sa fille.* → **aduler.** – Fam. Avoir un goût très vif pour (qqch.). *Il adore la musique. J'adore les fraises.* / contr. détester / ▶ **adorable** adj. **1·** (Personnes, animaux) Extrêmement joli, touchant, gracieux. → **charmant, exquis.** *Une adorable petite fille.* Fam. *Vous êtes adorable.* **2·** (Choses) Très joli. *Un bibelot adorable.* ▶ **adorablement** adv. D'une manière adorable, exquise. ▶ **adorateur, trice** n. **1·** Personne qui adore, rend un culte à (une divinité). *Les Incas étaient des adorateurs du Soleil.* **2·** Amoureux empressé. ▶ **adoration** n. f. Culte rendu à un dieu, à des choses sacrées. *L'adoration des reliques.* – Amour fervent, culte passionné. *Il est en adoration devant elle.*

adosser [adose] v. tr. < conjug. 1 > Appuyer en mettant le dos, la face postérieure contre. *Adossez le piano au mur.* – *S'adosser* v. pron. réfl. : s'appuyer en mettant le dos contre. *Elle s'est adossée à la porte.* ▶ **adossé, ée** adj. *Adossé à,* appuyé contre. *Personne adossée à un arbre. Garage adossé au bâtiment principal.*

adouber [adube] v. tr. < conjug. 1 > Au Moyen Âge. Armer chevalier. ▶ **adoubement** n. m. Cérémonie au cours de laquelle un jeune noble était fait chevalier.

adoucir [adusiʀ] v. tr. < conjug. 2 > **1·** Rendre plus doux, plus agréable aux sens. *Produits pour adoucir la peau. Elle essaie d'adoucir sa voix. Adoucir l'eau,* la rendre moins calcaire. – Pronominalement. *Le temps s'adoucit.* → se **radoucir.** **2·** Abstrait. Rendre moins rude, moins violent. *Adoucir un chagrin. La musique adoucit les mœurs.* ▶ **adoucissant, ante** adj. et n. m. Qui diminue la douleur, l'irritation. *Crème adoucissante.* ▶ **adoucissement** n. m. **1·** Action d'adoucir, fait de s'adoucir. *Adoucissement de l'eau. On s'attend à un adoucissement de la température.* **2·** Abstrait. Soulagement, atténuation. *Ce sera un adoucissement à vos peines.* ▷ **radoucir**

adrénaline [adʀenalin] n. f. Hormone sécrétée par la partie centrale des glandes surrénales. – *Poussée d'adrénaline,* tension nerveuse, énervement, crise de colère.

1 **adresse** [adʀɛs] n. f. **1·** Indication du domicile d'une personne. *J'ai oublié de mettre l'adresse sur l'enveloppe. Partir sans laisser d'adresse.* – *Il m'a donné une bonne adresse,* l'adresse d'un bon restaurant, d'un bon fournisseur, etc. – Loc. *Vous vous trompez d'adresse,* ce n'est pas la personne qui convient. – *Adresse électronique,* indication permettant d'identifier un utilisateur du courrier électronique, et de lui faire parvenir des messages. → **e-mail. 2·** *À l'adresse de* : à l'intention de. *Une remarque à l'adresse de son père.* **3·** Signe (mot, formule) sous lequel est classée une information. – En informatique. Expression (nombre, lettre) représentant un emplacement de mémoire dans un ordinateur, sur Internet. → **URL. 4·** Expression des vœux et des sentiments d'une assemblée politique, adressée au souverain.

2 **adresse** n. f. **1·** Qualité physique d'une personne qui fait les mouvements les mieux adaptés à la réussite de l'opération (jeu, travail, exercice). → **dextérité, habileté ; adroit.** / contr. maladresse / *Il a beaucoup d'adresse. Jeux d'adresse.* **2·** Qualité d'une personne qui sait s'y prendre, manœuvrer comme il faut pour obtenir un résultat. → **diplomatie, doigté, finesse, ruse.** *Faites-le lui comprendre avec adresse.* ▷ **maladresse**

adresser [adʀese] v. tr. < conjug. 1 > **1·** Émettre (des paroles) en direction de qqn. *Adresser un compliment, une critique, une question à qqn. Je refuse de lui adresser la parole,* de lui parler. **2·** Faire parvenir à l'adresse de qqn. *La dernière lettre que vous m'avez adressée.* **3·** Diriger (qqn) vers la personne qui convient. *Le médecin m'a adressé à un spécialiste.* **4·** V. pron. *S'adresser à qqn* : lui parler ; aller le trouver, avoir recours à lui. *Je ne peux pas vous renseigner ; adressez-vous à la gardienne.* – (Suj. chose) Être destiné. *Le public auquel ce livre s'adresse.* ▷ 1 **adresse**

adroit, oite [adʀwa, wat] adj. **1·** Qui a de l'adresse dans ses activités physiques. *Tireur adroit. Être adroit de ses mains.* / contr. gauche / **2·** Qui se conduit, manœuvre avec adresse. → **rusé.** *Un négociateur adroit.* ▶ **adroitement** adv. Avec adresse 2 (dans les deux sens). ▷ **maladroit**

ADSL [adeɛsɛl] n. m. Anglic. Protocole de transmission numérique à haut débit utilisant le réseau téléphonique. – En appos. *Une connexion ADSL.*

aduler [adyle] v. tr. < conjug. 1 > Littér. Combler de louanges, de témoignages d'admiration. → **choyer, fêter.** *Aduler ses enfants. Il est recherché, adulé par la société la plus choisie.* → **adorer.** – Au p. p. adj. *Un acteur adulé.* ▶ **adulation** n. f. Littér. Louange, admiration excessive.

adulte [adylt] adj. et n. **1·** (Être vivant) Qui est parvenu au terme de sa croissance. *Animal, plante adulte.* – *Âge adulte,* chez l'être humain, de la fin de l'adolescence au commencement de la vieillesse. → **mûr.** – *Être adulte,* avoir la maturité psychologique d'un adulte. / contr. infantile / **2·** N. Homme, femme adulte. *Les préoccupations des adultes. C'est une adulte à présent.* / contr. adolescent, enfant /

adultère [adyltɛʀ] n. m. et adj. **1·** N. m. Fait, pour une personne mariée, d'avoir volontairement des rapports sexuels avec une personne autre que son conjoint. → **infidélité.** *Demander le divorce pour cause d'adultère.* **2·** Adj. Qui commet un adultère. → **infidèle.** *Un époux adultère.* ▶ **adultérin, ine** adj. Né d'un adultère. *Enfants adultérins.*

adultérer [adyltεʀe] v. tr. < conjug. 6 > Rare. Altérer la pureté de (qqch.). *Adultérer des monnaies.* → **falsifier.**

advenir [advəniʀ] v. intr. impers. < conjug. 22 > Arriver, survenir. *Si cela doit advenir, tant pis. Quoi qu'il advienne, elle partira.* – Loc. prov. *Advienne que pourra,* j'en accepte toutes les conséquences.

adventice [advɑ̃tis] adj. **1·** En botanique. *Plantes adventices,* mauvaises herbes. ≠ adventif. **2·** Fig. Qui ne fait pas naturellement partie de la chose, qui s'ajoute accessoirement. *Ce sont des problèmes adventices.*

adventif, ive [advɑ̃tif, iv] adj. En botanique. *Racines adventives,* qui apparaissent dans une position particulière par rapport au processus normal de ramification. *Les racines adventives des banians.* ≠ adventice.

adverbe [advɛʀb] n. m. Mot invariable ajoutant une détermination à un verbe (ex. : marcher *lentement*), un adjectif (ex. : *très* agréable), un adverbe (ex. : *trop* rapidement) ou à une phrase entière (ex. : *évidemment,* il ne se presse pas). *Adverbes de lieu, de négation.* ▶ **adverbial, ale, aux** adj. Qui a fonction d'adverbe. *Locution adverbiale* (ex. : *côte à côte*).

adversaire [advɛʀsɛʀ] n. **1·** Personne qui est opposée à une autre dans un combat, un conflit, une compétition. → **ennemi, rival.** *Le boxeur est envoyé au tapis par son adversaire.* **2·** Personne hostile à (une doctrine, une pratique). *Les adversaires d'une politique, de la religion.* / contr. partisan /

adverse [advɛʀs] adj. Littér. Opposé, contraire. *Le pays est divisé en deux blocs adverses.* / contr.

allié / ▶ **adversité** n. f. Littér. Sort contraire ; situation malheureuse de celui qui a éprouvé des revers. → **malheur.** *Il a gardé sa bonne humeur dans l'adversité.* ▷ **adversaire**

ad vitam æternam [advitametɛʀnam] loc. adv. Fam. À jamais, pour toujours. → **éternellement.** *On ne va pas l'attendre ad vitam æternam !*

aède [aɛd] n. m. Poète épique et récitant, dans la Grèce ancienne.

aérer [aeʀe] v. tr. < conjug. 6 > **1**· Faire entrer de l'air dans (un lieu clos), mettre à l'air. *Aérez la chambre.* – Au p. p. adj. *Pièce bien aérée. Aérer la literie,* l'exposer à l'air. **2**· Abstrait. Rendre moins dense. *Aérer un exposé.* **3**· Fam. *S'aérer* v. pron. réfl. : prendre l'air. *Il faut vous aérer un peu.* ▶ **aérateur** n. m. Appareil servant à l'aération. → **ventilateur.** ▶ **aération** n. f. Action d'aérer (une pièce) ; son résultat. *Conduit d'aération.*

aérien, ienne [aeʀjɛ̃, jɛn] adj. **1**· De l'air, de l'atmosphère. *La navigation aérienne.* **2**· Relatif, propre à l'aviation, assuré par l'aviation. *Transports aériens. Lignes aériennes. Forces aériennes,* aviation militaire. *Attaque aérienne.* **3**· Léger comme l'air. → **immatériel.** *Elle a une grâce aérienne.* ▷ **antiaérien**

aéro- Élément savant qui signifie « air », désignant soit l'atmosphère, soit la navigation aérienne, l'aviation. ▶ **aérobie** [aeʀɔbi] adj. (Micro-organisme) Qui ne peut se développer qu'en présence d'air ou d'oxygène. *Bactéries aérobies.* / contr. anaérobie / ▶ **aérobiologie** n. f. Étude des micro-organismes en suspension dans l'air. ▶ **aérodrome** [aeʀɔdʀom] n. m. Terrain aménagé pour le décollage et l'atterrissage des avions. ▶ **aérodynamique** n. f. et adj. **1**· N. f. Partie de la physique qui étudie les phénomènes accompagnant tout mouvement relatif entre un corps et l'air où il baigne. **2**· Adj. Conforme aux lois de l'aérodynamique. *Profil aérodynamique d'un véhicule,* conçu pour réduire le plus possible la résistance de l'air. ▶ **aérogare** n. f. Ensemble des bâtiments d'un aéroport réservés aux voyageurs et aux marchandises. – Dans une grande ville. Gare desservant un aéroport. ▶ **aéroglisseur** n. m. Véhicule qui avance sur l'eau au moyen d'un coussin d'air (équivalent français de l'anglicisme *hovercraft*). ≠ hydroglisseur. ▶ **aérolithe** [aeʀɔlit] n. m. Météorite formé de roches. *Chute d'aérolithes sur la Terre.* ▶ **aéronautique** adj. et n. f. **1**· Adj. Relatif à la navigation aérienne. *Constructions aéronautiques.* **2**· N. f. Science de la navigation aérienne, technique de la construction des appareils de locomotion aérienne. → **aviation.** *École nationale supérieure de l'aéronautique.* ▶ **aéronaval, ale, als** adj. et n. f. **1**· Adj. Qui appartient à la fois à l'aviation et à la marine. *Forces aéronavales.* **2**· N. f. Ensemble des formations et installations aériennes de la marine militaire française. ▶ **aérophagie** [aeʀɔfaʒi] n. f. Trouble caractérisé par la pénétration d'air dans l'œsophage et l'estomac. ▶ **aéroplane** n. m. Vx. Avion. ▶ **aéroport** n. m. Ensemble d'installations (aérodrome, aérogare, ateliers) nécessaires au trafic aérien intéressant une ville ou une région. *L'aéroport de Roissy.* ▶ **aéroporté, ée** adj. Transporté par voie aérienne. *Troupes aéroportées.* ▶ **aérosol** [aeʀɔsɔl] n. m. Dispersion en fines particules d'un liquide ou d'une solution dans un gaz. *Le brouillard, les nuages sont des aérosols.* – Appareil à aérosol. *Bombe de laque en aérosol.* – Par ext. *Un aérosol.* ▶ **aérospatial, ale, aux** adj. Qui concerne à la fois les techniques de l'aviation et des voyages dans l'espace extra-terrestre. *Véhicules aérospatiaux.* ▶ **aérostat** [aeʀɔsta] n. m. Appareil dont la sustentation dans l'air est due à l'emploi d'un gaz plus léger que l'air. → **ballon, dirigeable.** ▶ **aérotrain** n. m. Véhicule sur rail unique, circulant sur un coussin d'air comprimé. ▷ **anaérobie**

affable [afabl] adj. Qui accueille et écoute de bonne grâce ceux qui s'adressent à lui (elle). → **accueillant, aimable.** *Le ministre a été très affable au cours de l'audience. Des paroles affables.* ▶ **affabilité** n. f. *Elle nous reçut avec beaucoup d'affabilité.* – *L'affabilité des propos.* ▶ **affablement** adv. *Traiter qqn affablement.* – *Sourire affablement.*

affabulation [afabylasjɔ̃] n. f. **1**· Arrangement de faits constituant la trame d'un roman, d'une œuvre d'imagination. **2**· *(Une, des affabulations)* Récit inventé d'un menteur. → **fabulation.** *Il s'embrouillait dans ses affabulations.* ▶ **affabulateur, trice** adj. et n. ▶ **affabuler** v. intr. → **fabuler**

affadir [afadiʀ] v. tr. < conjug. 2 > Rendre fade. *Affadir une sauce.* / contr. relever / – Abstrait. En art. Priver de saveur, de force. *La sensiblerie des personnages affadit le sujet.* ▶ **affadissement** n. m. Perte de saveur, de force.

affaiblir [afebliʀ] v. tr. < conjug. 2 > **1**· Rendre faible, moins fort. *La maladie l'a affaibli.* – Pronominalement (réfl.). *Il s'affaiblit de jour en jour.* → **décliner, dépérir.** *Le dollar s'est légèrement affaibli.* → **baisser. 2**· Priver de son efficacité, d'une partie de sa valeur expressive. → **atténuer, édulcorer.** – Pronominalement (réfl.). *Le sens de cette expression s'est affaibli.* ▶ **affaiblissant, ante** adj. Littér. Qui affaiblit (1). → **débilitant.** *Un régime affaiblissant.* ▶ **affaiblissement** n. m. Perte de force, d'intensité. *Il s'inquiète de l'affaiblissement de sa vue.* → **baisse.** *L'affaiblissement de l'autorité.* → **dépérissement.** *L'affaiblissement de la mémoire.* → **déclin.**

affaire [afɛʀ] n. f. **1·** Ce que qqn a à faire, ce qui l'occupe ou le concerne. *C'est mon affaire et non la vôtre. Occupez-vous de vos affaires. J'en fais mon affaire,* je m'en charge. – Ce qui intéresse particulièrement qqn, lui convient. *J'ai là votre affaire, vous en serez satisfait. Cela doit faire l'affaire,* cela doit convenir, aller. **2·** Fam. *Faire son affaire à qqn,* le tuer ; le punir. *Je vais lui faire son affaire.* **3·** *Affaire de...,* affaire où (qqch.) est en jeu. → **question.** *Une affaire de cœur, de gros sous. C'est (une) affaire de goût,* qui ne relève que du goût de chacun. – *L'affaire,* la chose en question. *Le temps ne fait rien à l'affaire. C'est une autre affaire,* c'est un problème tout différent, où d'autres facteurs interviennent. **4·** Ce qui occupe de façon embarrassante. → **difficulté, ennui.** *C'est toute une affaire,* c'est très difficile et compliqué. *Ce n'est pas une affaire. C'est l'affaire d'une seconde,* ce sera fait très vite. *Une sale affaire,* un embêtement, un gros ennui. – *Se tirer d'affaire,* du danger. **5·** Ensemble de faits créant une situation compliquée, où diverses personnes, divers intérêts sont aux prises. *C'est une affaire délicate. On a voulu étouffer l'affaire.* → **scandale.** – Événement, crime posant une énigme policière. *L'Affaire de la rue de Lourcine,* pièce de Labiche. **6·** Procès, objet d'un débat judiciaire. *Instruire, juger, plaider une affaire.* **7·** Marché conclu ou à conclure avec qqn. *Vous avez fait une bonne affaire, une mauvaise affaire. Faire affaire avec qqn.* → **traiter. 8·** Bonne affaire. *Achetez-le, vous ferez une affaire.* **9·** Entreprise commerciale ou industrielle. *Être à la tête d'une grosse affaire.* → **affaires** (3). **10·** *Avoir affaire. J'ai eu affaire avec lui,* j'ai eu à traiter, à discuter avec lui. – *Vous aurez affaire à moi* (menace). ▶ **s'affairer** [afeʀe] v. pron. < conjug. 1 > Se montrer actif, empressé, s'occuper activement. → **s'agiter.** *Le portier s'affairait autour des clients qui descendaient de voiture.* ▶ **affairé, ée** adj. Qui est ou paraît très occupé. *La cuisinière était très affairée. Un air affairé.* ▶ **affairement** n. m. État, comportement d'une personne affairée. ▶ **affaires** n. f. pl. **1·** Ensemble des occupations et activités d'intérêt public. *Les affaires publiques. Le ministère des Affaires étrangères.* **2·** Situation matérielle d'un particulier. *Mettre de l'ordre dans ses affaires.* – Fam. État dans le développement d'une intrigue, d'une aventure amoureuse. *Où en sont tes affaires ? Cela fera avancer mes affaires.* **3·** Activités économiques (commerciales et financières). → **affaire** (9). *Il est dans les affaires, c'est un homme, une femme d'affaires. Un voyage d'affaires.* – (Bateau, avion) *Classe affaires,* au confort supérieur (opposé à *classe touriste*). – *Les affaires sont les affaires,* il ne faut pas faire de sentiment. **4·** Objets ou effets personnels. *Il ne range jamais ses affaires.* ▶ **affairiste** n. Homme d'affaires peu scrupuleux, avant tout préoccupé du profit. → **spéculateur.**

s'affaisser [afese] v. pron. < conjug. 1 > **1·** Plier, baisser de niveau sous un poids ou une pression. *Le sol s'est affaissé par endroits.* → **s'effondrer. 2·** Tomber en pliant sur les jambes. *Elle perdit connaissance et s'affaissa.* → **s'abattre, s'écrouler.** / contr. se redresser / – Au p. p. adj. *Épaules affaissées,* tombantes. ▶ **affaissement** n. m. Fait de s'affaisser, état de ce qui est affaissé. → **dépression, tassement.** *Affaissement de terrain.*

s'affaler [afale] v. pron. < conjug. 1 > Se laisser tomber. *Il s'affale sur le divan.* → **s'avachir,** se **vautrer.** – Au p. p. adj. *Il était affalé dans un fauteuil.*

affamer [afame] v. tr. < conjug. 1 > Faire souffrir de la faim en privant de vivres ou d'argent. *Les assiégeants pensaient affamer la population.* ▶ **affamé, ée** adj. **1·** Qui a très faim. *Je suis affamé.* – N. *Des affamés.* **2·** Abstrait. Avide, passionné (de). → **assoiffé.** *Il est affamé de gloire.* / contr. comblé / ▶ **affameur** n. m. Celui qui affame le peuple.

affect [afɛkt] n. m. En psychologie. État affectif élémentaire. → **émotion, sentiment.** ▷ **affectif,** 1 **affection, affectueux**

1 **affecter** [afɛkte] v. tr. < conjug. 1 > **1·** Prendre, adopter (une manière d'être, un comportement) de façon ostentatoire, sans que l'intérieur réponde à l'extérieur. → **feindre, simuler.** *Quoique très inquiet, il affecta la plus grande gaieté. Il affecte de l'ignorer.* **2·** (Choses) Revêtir volontiers, habituellement (une forme). *Cette maladie affecte des formes bizarres.* ▶ **affecté, ée** adj. Qui manque de sincérité ou de naturel. → **étudié, feint.** *Des manières affectées. Il est trop affecté.* → **maniéré.** / contr. naturel, simple / ▶ 1 **affectation** n. f. **1·** Action d'affecter (un comportement). → **comédie, simulation.** *Une affectation de désintéressement.* **2·** Manque de sincérité et de naturel. → **afféterie, pose, recherche** ; fam. **frime.** *Un style plein d'affectation. Faire qqch. avec, sans affectation.*

2 **affecter** v. tr. < conjug. 1 > **1·** Destiner, réserver à un usage ou à un usager déterminé. *Les crédits que le Budget a affectés à l'Éducation nationale.* **2·** Procéder à l'affectation de (qqn). → **désigner, nommer.** *Il s'est fait affecter à notre bureau.* ▶ 2 **affectation** n. f. **1·** Destination (d'une chose) à un usage déterminé. *L'affectation d'une somme à une réparation.* **2·** Désignation (de qqn) à une unité militaire, à un poste, à une fonction ; ce lieu. *Il a rejoint sa nouvelle affectation.*

③ **affecter** v. tr. < conjug. 1 > **1·** Toucher en faisant une impression pénible. → **émouvoir, frapper.** *Son échec l'a beaucoup affecté.* – Pronominalement. S'affliger, souffrir. *Il s'affecte de votre silence.* **2·** Concerner ; atteindre, toucher. *Les pluies affecteront l'ensemble du pays.*

affectif, ive [afɛktif, iv] adj. Qui concerne les affects, les sentiments. *États affectifs. La vie affective,* les sentiments, les plaisirs et les douleurs d'ordre moral. ▷ **affectivité**

① **affection** [afɛksjɔ̃] n. f. Sentiment tendre qui attache à qqn. → **attachement, tendresse.** *J'ai de l'affection pour elle. Montrer de l'affection.* → **affectueux.** *Il m'a pris en affection,* il a de l'affection pour moi. / contr. aversion / *Affection maternelle, fraternelle.* ≠ affectation. ▶ **affectionner** v. tr. < conjug. 1 > **1·** Être attaché à, aimer (qqn). → **chérir.** *Il affectionne beaucoup sa grand-mère.* **2·** Avoir une prédilection pour (qqch.). *Elle affectionne ce genre de robe.* / contr. détester / ▶ **affectionné, ée** adj. Dans une lettre. Attaché par l'affection, dévoué. *Votre affectionné, votre fille affectionnée.* – Plein d'affection. *Un homme affectionné.* ▷ **désaffection**

② **affection** n. f. Maladie considérée dans ses manifestations actuelles. *Affection aiguë.*

affectivité [afɛktivite] n. f. **1·** Ensemble des phénomènes de la vie affective, des affects*. → **sensibilité. 2·** Aptitude à être affecté de plaisir ou de douleur. *Il est d'une affectivité excessive.*

affectueux, euse [afɛktɥø, øz] adj. Qui montre de l'affection. → **tendre.** *Un enfant très affectueux. Paroles affectueuses.* / contr. froid / ▶ **affectueusement** adv. *Elle l'embrassa affectueusement.* → **tendrement.** – Dans une lettre. *Affectueusement vôtre.*

afférent, ente [aferɑ̃, ɑ̃t] adj. **1·** Vx. Qui se rapporte à. *Renseignements afférents à une affaire.* **2·** En droit. Qui revient à. *La part afférente à cet héritier.*

affermir [afɛrmir] v. tr. < conjug. 2 > **1·** Concret. Rendre plus ferme. → **raffermir.** *Un traitement qui affermit les chairs.* **2·** Abstrait. Rendre plus assuré, plus fort. → **consolider, fortifier, renforcer.** *Affermir son pouvoir, son autorité. Cela n'a fait que l'affermir dans sa résolution.* / contr. affaiblir / Pronominalement (réfl.). *Sa santé commence à s'affermir.* ▶ **affermissement** n. m. *L'affermissement de la voix. L'affermissement du pouvoir.* ▷ **raffermir**

afféterie [afetri] n. f. Littér. Affectation dans l'attitude ou le langage. → **préciosité.** / contr. naturel, simplicité /

affiche [afiʃ] n. f. Feuille imprimée destinée à porter qqch. à la connaissance du public et placardée sur les murs ou des emplacements réservés. *Affiches publicitaires. Affiche de théâtre. Coller, placarder une affiche.* – *Mettre une pièce à l'affiche,* l'annoncer. *Spectacle qui reste à l'affiche,* qu'on continue de jouer. ▶ **affichette** n. f. Petite affiche.

afficher [afiʃe] v. tr. < conjug. 1 > **1·** Faire connaître par voie d'affiches. *Afficher une vente aux enchères.* **2·** Poser des affiches. *Défense d'afficher.* **3·** Montrer publiquement et avec affectation, ostentation, faire étalage de. → **affecter.** *Il affiche son mépris pour l'argent.* **4·** V. pron. réfl. ***S'afficher avec*** *qqn* : se montrer en public accompagné de qqn (avec qui on est lié). *Il s'affiche avec sa maîtresse.* ▶ **affichage** n. m. Action d'afficher, de poser des affiches. *Panneaux d'affichage.* – En informatique. Présentation de données, de résultats. ▶ **afficheur** n. m. Personne qui colle, pose des affiches. ▶ **affichiste** n. Dessinateur(trice) publicitaire spécialisé(e) dans la création des affiches.

affidé, ée [afide] n. Littér. Péj. *Un de ses affidés,* un de ses agents ou complices, prêts à tout. → **acolyte.**

d'**affilée** [dafile] loc. adv. À la file, sans interruption. → **de suite.** *Il a débité plusieurs histoires d'affilée.*

affiler [afile] v. tr. < conjug. 1 > **1·** Rendre parfaitement tranchant (un instrument). → **affûter, aiguiser.** – Au p. p. adj. *Un couteau bien affilé.* ≠ effilé. **2·** Au p. p. adj. Loc. *Avoir la langue bien affilée,* être bavard et médisant.

s'**affilier** [afilje] v. pron. < conjug. 7 > Adhérer, s'inscrire (à une association). *À quel parti s'est-il affilié ?* ▶ **affilié, ée** n. Personne qui appartient à une organisation. → **adhérent, membre.** ▶ **affiliation** n. f. *Le club local a demandé son affiliation à la fédération.*

affiner [afine] v. tr. < conjug. 1 > **1·** Purifier, procéder à l'affinage de (un métal, le verre). **2·** *Affiner les fromages,* en achever la maturation. **3·** Rendre plus fin, plus délicat. *La lecture a affiné son esprit.* – Pronominalement. *Son goût s'est affiné.* ▶ **affinage** n. m. Action d'affiner (1, 2). *L'affinage des métaux. Une cave d'affinage.* ▶ **affinement** n. m. Fait de s'affiner (3).

affinité [afinite] n. f. **1·** Rapport de conformité, de ressemblance ; lien plus ou moins sensible. *Il y a entre eux des affinités de goût.* **2·** En chimie. Action physique responsable de la combinaison des corps entre eux.

affirmer [afirme] v. tr. < conjug. 1 > **1·** Donner une chose pour vraie, énoncer un jugement comme vrai. → **assurer, avancer, certifier, sou-**

tenir. / contr. nier / *On ne peut rien affirmer.* – (Avec *que* + indicatif) *J'affirme que les choses se sont passées ainsi.* – (+ infinitif) *J'affirme l'avoir rencontré ce jour-là.* **2·** Manifester de façon indiscutable. *Laissez-le affirmer sa personnalité.* – Pronominalement. *Son talent s'affirme.* ▶ **affirmatif, ive** adj. **1·** (Personnes) Qui affirme, ne laisse planer aucun doute. → **net.** *Il a été très affirmatif, elle ne viendra pas.* **2·** (Choses) Qui constitue, exprime une affirmation dans la forme. *Proposition affirmative* (ni négative, ni interrogative). **3·** N. f. *Répondre par l'affirmative,* répondre oui. / contr. négative / **4·** Adv. Dans les transmissions. Se dit pour *oui.* « *M'entendez-vous ? – Affirmatif.* » ▶ **affirmativement** adv. Par l'affirmative, en disant oui. *Il a répondu affirmativement.* / contr. négativement / ▶ **affirmation** n. f. **1·** Action d'affirmer, de donner pour vrai un jugement (qu'il soit, dans la forme, affirmatif ou négatif) ; le jugement ainsi énoncé. → **assertion.** « *Il viendra demain* », « *il ne viendra pas demain* » *sont des affirmations. En dépit de vos affirmations, je n'en crois rien.* **2·** Action, manière d'affirmer, de manifester de façon indiscutable (une qualité). → **expression, manifestation.** *Avec ce nouveau livre, on assiste à l'affirmation de sa personnalité.*

affixe [afiks] n. m. Élément susceptible d'être incorporé à un mot, avant, dans ou après le radical, pour en modifier le sens ou la fonction. → **préfixe, suffixe.**

affleurer [aflœʀe] v. intr. < conjug. 1 > **1·** Apparaître à la surface du sol. *Roc qui affleure.* **2·** Abstrait. *Son mépris affleurait parfois dans leurs relations.* ≠ effleurer. ▶ **affleurement** n. m. Fait d'affleurer, d'apparaître à la surface du sol. *Affleurement d'un filon.*

afflictif, ive [afliktif, iv] adj. (Peine) Qui frappe un criminel dans son corps, sa vie. ▶ **affliction** [afliksjɔ̃] n. f. Littér. Peine profonde, abattement à la suite d'un grave revers. → **détresse.** *Être dans l'affliction.*

affliger [afliʒe] v. tr. < conjug. 3 > **1·** Attrister profondément. → **chagriner, peiner.** *Cette nouvelle m'afflige.* – Au p. p. *Je suis affligée.* – N. *Consoler les affligés.* – ***S'affliger*** v. pron. réfl. : être triste à cause de. / contr. se réjouir / *Ne vous affligez pas de son départ.* **2·** ***Être affligé de*** *qqch., qqn* : devoir le (la) supporter. *Être affligé d'une bronchite chronique. Il est affligé d'un frère stupide.* ▶ **affligeant, ante** adj. **1·** Qui afflige, frappe douloureusement. → **désolant.** *Il est dans une situation affligeante.* **2·** Pénible en raison de sa faible valeur. → **lamentable.** *Un film affligeant.* ▷ **afflictif**

affluer [aflye] v. intr. < conjug. 1 > **1·** (Liquide organique) Couler en abondance vers. *Le sang afflue. La colère fait affluer le sang au visage.* **2·** Se porter en foule vers, arriver en grand nombre. *Les curieux affluent à l'exposition.* ▶ **affluence** [aflyɑ̃s] n. f. Réunion d'une foule de personnes qui vont au même endroit. *L'affluence des clients. Évitez de prendre le métro aux heures d'affluence.* ▶ **affluent** n. m. Cours d'eau qui se jette dans un autre. *Les affluents de la Seine, du Rhône.* ≠ effluent. ▶ **afflux** [afly] n. m. invar. **1·** Fait d'affluer (1). *Afflux de sang à la face.* **2·** Arrivée massive. → **affluence.** *Il y a eu un afflux de visiteurs.*

affoler [afɔle] v. tr. < conjug. 1 > **1·** Rendre comme fou, sous l'effet d'une émotion violente. → **bouleverser.** *Ce genre de beauté l'affole.* **2·** Rendre fou d'inquiétude, plonger dans l'affolement. → **effrayer.** / contr. calmer, rassurer / *L'absence de nouvelles finissait par l'affoler.* – ***S'affoler*** : perdre la tête par affolement. *Ne vous affolez pas.* ▶ **affolant, ante** adj. Fam. Très inquiétant, effrayant. *La vie augmente tous les jours, c'est affolant.* ▶ **affolé, ée** adj. Qui perd son calme, son sang-froid. → **effaré, épouvanté.** *La foule affolée se mit à courir.* / contr. calme / ▶ **affolement** n. m. État d'une personne affolée ; inquiétude, peur. *J'ai eu une minute d'affolement.*

1 **affranchir** [afʀɑ̃ʃiʀ] v. tr. < conjug. 2 > **1·** Rendre libre (un esclave, un serf). / contr. asservir / **2·** ***S'affranchir de*** v. pron. réfl. : se délivrer (de tout ce qui gêne). *Peuple qui s'affranchit des traditions.* → s'**émanciper,** se **libérer.** **3·** Fam. Éclairer, mettre au courant (en fournissant des renseignements). *Il a affranchi son copain.* ▶ **affranchi, ie** n. et adj. **1·** N. Dans l'Antiquité. Esclave affranchi. **2·** Adj. Qui s'est intellectuellement libéré des préjugés, des traditions. *Une femme affranchie,* émancipée. **3·** N. Fam. *Un, une affranchi(e),* une personne qui mène une vie libre, hors de la morale courante. *Il joue aux affranchis.* ▶ 1 **affranchissement** n. m. **1·** Action d'affranchir (un esclave, un serf). **2·** Délivrance, libération.

2 **affranchir** v. tr. < conjug. 2 > Mettre les timbres nécessaires sur (une lettre, un envoi). *Affranchir un colis.* – Au p. p. adj. *Lettre insuffisamment affranchie.* ▶ 2 **affranchissement** n. m. Action d'affranchir une lettre, un envoi.

affres [afʀ] n. f. pl. Littér. Angoisse accompagnant la peur, la douleur. → **tourment.** *Les affres de la mort, de la faim.* ▷ **affreux**

affréter [afʀete] v. tr. < conjug. 6 > Prendre (un navire, un avion) en location pour transporter des marchandises, des passagers. → **noliser.** ▶ **affrètement** n. m. Location d'un navire, d'un avion.

affreux, euse [afʀø, øz] adj. **1·** Qui provoque une réaction d'effroi et de dégoût. → **abominable, atroce, effrayant, horrible, monstrueux.**

Un affreux cauchemar. – *Douleur affreuse,* qui fait beaucoup souffrir. **2·** Qui est extrêmement laid. → **hideux, repoussant.** *Son chien est un affreux bâtard.* – Déplaisant à voir. *Elle est affreuse avec ce chapeau.* **3·** Tout à fait désagréable. → **détestable.** *Il fait un temps affreux. C'est un affreux malentendu.* ▶ **affreusement** adv. **1·** D'une manière affreuse, particulièrement effrayante ou révoltante. → **horriblement.** *Il a été affreusement torturé.* **2·** Extrêmement, terriblement. *Je suis affreusement en retard.*

affriolant, ante [afʀijɔlɑ̃, ɑ̃t] adj. Qui plaît vivement, excite l'intérêt, le désir. → **excitant, séduisant.** *Un déshabillé affriolant. Le programme n'a rien d'affriolant.*

affront [afʀɔ̃] n. m. Offense faite publiquement avec la volonté de marquer son mépris et de déshonorer ou humilier. → **outrage.** *Faire un affront à qqn.*

affronter [afʀɔ̃te] v. tr. < conjug. 1 > **1·** Aller hardiment au-devant de (un adversaire, un danger). → **braver.** *Il n'hésite pas à affronter ses contradicteurs. Affronter une difficulté. Affronter le froid.* **2·** V. pron. récipr. ***S'affronter*** : se heurter dans un combat. – Abstrait. S'opposer. *Deux thèses s'affrontaient.* ▶ **affrontement** n. m. Action d'affronter, fait de s'affronter. *L'affrontement de deux grandes puissances.*

affubler [afyble] v. tr. < conjug. 1 > Habiller bizarrement, ridiculement comme si on déguisait. *On m'avait affublé d'un chapeau ridicule.* – Pronominalement (réfl.). *Il faut voir comment elle s'affuble.* → **s'accoutrer.**

1 **affût** [afy] n. m. Bâti servant à supporter, pointer et déplacer un canon.

2 **affût** n. m. **1·** Endroit où l'on s'embusque pour attendre le gibier ; l'attente elle-même. *Être, se mettre à l'affût.* **2·** Abstrait. *Être **à l'affût de*** : guetter l'occasion de saisir ou de faire. *Il est à l'affût d'une affaire intéressante.*

affûter [afyte] v. tr. < conjug. 1 > Aiguiser (un outil tranchant). *Affûter des couteaux. Une meule à affûter.* / contr. émousser / ▶ **affûtage** n. m. *L'affûtage d'une scie.*

afin de [afɛ̃d(ə)] loc. prép., **afin que** [afɛ̃k(ə)] loc. conj. Marquent l'intention, le but. → **pour.** – ***Afin de*** (+ infinitif). *Il prit son carnet afin d'y noter une adresse.* – ***Afin que*** (+ subjonctif). *Écrivez-lui afin qu'elle soit au courant.*

a fortiori [afɔʀsjɔʀi] loc. adv. À plus forte raison.

africain, aine [afʀikɛ̃, ɛn] adj. De l'Afrique et, spécialt, de l'Afrique noire. *Le continent africain.* – N. *Les Africains,* les Noirs d'Afrique. ▶ **africaniste** n. Spécialiste des langues et civilisations africaines. ▶ **afro-américain, aine** [afʀɔameʀikɛ̃, ɛn] adj. et n. Qui est relatif aux Noirs des États-Unis. ▶ **afro-asiatique** [afʀɔazjatik] adj. Commun à l'Afrique et à l'Asie, notamment du point de vue politique.

agacer [agase] v. tr. < conjug. 3 > Mettre dans un état d'agacement. → **énerver.** *Ce bruit m'agace ! Vous m'agacez avec vos bavardages.* ▶ **agaçant, ante** [agasɑ̃, ɑ̃t] adj. Qui agace, énerve. → **énervant, irritant.** *Vos remarques sont agaçantes.* ▶ **agacement** n. m. Énervement mêlé d'impatience. *Il eut un geste d'agacement.* ▶ **agaceries** n. f. pl. Littér. Mines ou paroles inspirées par une coquetterie légèrement provocante. → **avance, minauderie.** *Elle m'a fait des agaceries.* → **aguicher.**

agapes [agap] n. f. pl. Plaisant. Festin. *Faire des agapes.*

agate [agat] n. f. Pierre semi-précieuse dont on fait des camées. – *Bille d'agate,* en verre marbré, diversement coloré.

agave [agav] n. m. Plante d'origine mexicaine, très décorative, dont le suc donne une boisson fermentée (la tequila) et les feuilles des fibres textiles.

âge [ɑʒ] n. m. **1·** Temps écoulé depuis qu'une personne est en vie. *Napoléon Ier est mort à l'âge de cinquante et un ans. Ils ont le même âge. Il ne paraît pas son âge. Il fait plus jeune que son âge. Une personne d'un certain âge,* qui n'est plus toute jeune. *En raison de son grand âge. J'ai passé l'âge de m'occuper de cela.* **2·** (Êtres vivants) *L'âge d'un animal, d'un arbre.* – (Choses naturelles) *L'âge d'un vin. L'âge des roches.* **3·** Période de la vie : enfance, adolescence, jeunesse, maturité, vieillesse. *Chaque âge a ses plaisirs. Un enfant encore en bas âge,* un bébé. *Le bel âge,* la jeunesse. *L'âge mûr,* la maturité. *Une personne entre deux âges,* ni jeune ni vieille. *Le **troisième âge*** : l'âge d'entrée dans la vieillesse. *Le **quatrième âge*** : celui des plus de 75 ans. – *L'âge de la retraite.* **4·** Grande période de l'histoire. *Un objet d'un autre âge. L'âge des cathédrales,* le Moyen Âge. *Il faut être de son âge,* de son temps. – Grande division de la préhistoire. *L'âge de la pierre taillée* → **paléolithique,** *de la pierre polie* → **néolithique.** *L'âge du bronze, du fer.* **5·** ***L'âge d'or*** : époque prospère, favorable. *C'était l'âge d'or du cinéma.* ▶ **âgé, ée** adj. **1·** Qui est d'un âge avancé. – REM. *Âgé* est plus courtois que *vieux. Les personnes âgées,* les vieillards. **2·** Qui a tel ou tel âge. *Le moins âgé des deux enfants. Âgé de trente ans,* qui a trente ans. ▷ **Moyen Âge**

agence [aʒɑ̃s] n. f. **1·** Établissement commercial servant essentiellement d'intermédiaire. *Agence de placement.* → **bureau.** *Agence de voyages.*

Agence immobilière. **2·** Succursale (d'une banque). **3·** Organisme qui recueille et centralise des informations. *Agence de presse.*

agencer [aʒɑ̃se] v. tr. < conjug. 3 > Disposer en combinant (des éléments), organiser (un ensemble) par une combinaison d'éléments. → **arranger, ordonner.** *L'art d'agencer les scènes d'une pièce.* ▶ **agencement** n. m. Action, manière d'agencer ; arrangement résultant d'une combinaison. → **aménagement, disposition, organisation.** *L'agencement de cet appartement est remarquable.* – *L'agencement d'un récit.*

agenda [aʒɛ̃da] n. m. Carnet contenant une page pour chaque jour, où l'on inscrit ce qu'on doit faire, ses rendez-vous, ses dépenses, etc. *Des agendas. Consulter son agenda.*

s'agenouiller [aʒ(ə)nuje] v. pron. < conjug. 1 > Se mettre à genoux. *Il l'aida à fermer une valise trop pleine et dut s'agenouiller dessus. Elle s'est agenouillée pour prier.* ▶ **agenouillement** n. m. Action de s'agenouiller.

1 **agent** [aʒɑ̃] n. m. **1·** Celui qui agit (opposé au *patient* qui subit l'action). *Complément d'agent*, complément d'un verbe passif, introduit par *par* ou *de*, désignant l'auteur de l'action (ex. : *directeur* dans *il a été reçu par le directeur*). **2·** Force, corps, substance intervenant dans la production de certains phénomènes. → **cause, facteur, principe.** *Les agents atmosphériques.*

2 **agent, e** n. **1·** Surtout péj. Personne chargée des affaires et des intérêts d'un individu, d'un groupe ou d'un pays, pour le compte desquels elle agit. → **émissaire, représentant.** – *Agent secret*, des services d'espionnage. → **espion.** *Agent dormant*.* **2·** Appellation de très nombreux employés de services publics ou d'entreprises privées, généralement appelés à servir d'intermédiaires. → **commis, courtier, employé, gérant, mandataire.** *Agents de change, d'assurances. Agent immobilier. Agent de liaison, de transmission.* **3·** ***Agent de police,*** ou ellipt, ***agent.*** → **gardien** de la paix ; fam. **flic.** *Deux agents l'ont emmené au commissariat.* ▷ **agence**

agglomérer [aglɔmeʀe] v. tr. < conjug. 6 > Unir en un bloc cohérent (diverses matières à l'état de fragments ou de poudre → **agglutiner**), en utilisant un liant. ▶ **agglomérat** n. m. **1·** Ensemble naturel d'éléments minéraux agglomérés. → **agrégat, conglomérat. 2·** Ensemble hétéroclite (de personnes ou d'objets). ▶ **agglomération** n. f. **1·** Action d'agglomérer (diverses matières) à l'aide d'un liant. **2·** Union, association intime. *Ce pays est une agglomération de peuples d'origines différentes.* **3·** Concentration d'habitations, ville ou village. *L'agglomération lilloise,* Lille et sa banlieue. *Ralentir en abordant une agglomération.* ▶ **aggloméré** n. m. Produit, matériau obtenu par un mélange de matières diverses agglomérées. *Panneau d'aggloméré.*

agglutiner [aglytine] v. tr. < conjug. 1 > Coller ensemble, réunir de manière à former une masse compacte. → **agglomérer.** – Pronominalement (réfl.). *Les passants s'agglutinaient devant la vitrine.* ▶ **agglutinant, ante** adj. **1·** Propre à agglutiner, à recoller. *Substances agglutinantes.* → **adhésif. 2·** *Langues agglutinantes,* où des affixes s'ajoutent aux mots bases, exprimant les rapports grammaticaux. *Le hongrois est une langue agglutinante.* ▶ **agglutination** n. f. Action d'agglutiner, fait de s'agglutiner.

aggraver [agʀave] v. tr. < conjug. 1 > **1·** Rendre plus grave, plus condamnable. *Il a aggravé son cas.* **2·** Rendre plus douloureux, plus dangereux. *Cette imprudence a contribué à aggraver le mal.* – Pronominalement (réfl.). *L'état du malade s'est aggravé dans la nuit.* → **empirer. 3·** Rendre plus violent, plus profond. → **redoubler.** *Ces mesures ont aggravé le mécontentement.* ▶ **aggravant, ante** adj. Qui ajoute à la gravité de la faute. *Circonstance aggravante.* / contr. atténuant / ▶ **aggravation** n. f. Fait de s'aggraver, d'empirer. *L'aggravation du mal.* → **recrudescence, redoublement.** *Une aggravation de la situation financière.* / contr. amélioration /

agile [aʒil] adj. **1·** Qui a de la facilité et de la rapidité dans l'exécution de ses mouvements. → **leste, vif.** *Un enfant agile. Les doigts agiles du pianiste.* **2·** Abstrait. Prompt dans les opérations intellectuelles. *Un esprit agile.* → **vif.** ▶ **agilement** adv. *Grimper agilement.* ▶ **agilité** n. f. Qualité de ce qui est agile. → **souplesse, vivacité.** *Il grimpe avec agilité.* – Abstrait. *Agilité d'esprit.*

agios [aʒjo] n. m. pl. Intérêt, commission et change. *Vous paierez mille euros, sans les agios.* ▶ **agioteur** n. m. Vx. Spéculateur qui manœuvre pour faire varier les cours de la Bourse.

1 **agir** [aʒiʀ] v. intr. < conjug. 2 > **1·** Faire qqch., avoir une activité qui transforme plus ou moins ce qui est. « *Nous sommes nés pour agir* », phrase de Montaigne. *Le moment est venu d'agir ; il faut agir. Elle n'a pas agi à temps.* **2·** Se comporter dans l'action de telle ou telle manière. *Vous avez agi à la légère. Il a bien, mal agi envers eux. Agir au nom de l'État, d'un parti. Il n'a pas agi en ami.* **3·** (Choses) Produire un effet sensible, exercer une action, une influence réelle. → **influer, opérer.** *Le remède n'agit plus.* ▶ **agissant, ante** adj. Littér. Qui agit effectivement, se manifeste par des effets tangibles. → **effectif, efficace.** *Une*

amitié agissante. ▶ **agissements** n. m. pl. Suite de procédés et de manœuvres condamnables. → **machination, manigance.** ▷ **réagir**

2 **s'agir** v. pron. impers. < conjug. 2 > **1·** ***Il s'agit de*** (suivi d'un nom ou d'un pronom) : la chose, la personne, l'événement qui est en question, en cause, abordé ou intéressé en l'occurrence. → **il est question.** *Il s'agit dans ce livre des origines de la Révolution. C'est de vous qu'il s'agit. De quoi s'agit-il ? Il ne s'agit pas de ça,* ce n'est pas là notre sujet. *S'agissant de...,* à propos de... – (+ infinitif) *Quand il s'agit de se mettre à table, il est toujours le premier.* **2·** ***Il s'agit de*** (+ infinitif) : voilà ce qui est désormais le point important, le devoir à suivre. → **il importe.** *Il s'agit maintenant d'être sérieux. Il ne s'agit plus de discourir, il faut agir.*

agiter [aʒite] v. tr. < conjug. 1 > **1·** Remuer vivement en divers sens, en déterminant des mouvements irréguliers. *Pas un souffle de vent n'agitait les arbres.* **2·** Remuer pour mélanger un liquide. *Agiter un flacon avant l'emploi.* **3·** Troubler (qqn) en déterminant un état d'agitation. → **émouvoir, exciter, inquiéter, tourmenter.** *La perspective de cette rencontre l'agite beaucoup.* **4·** Examiner et débattre (à plusieurs). *Nous avons longuement agité la question.* → **discuter.** **5·** ***S'agiter*** v. pron. : se mouvoir, aller et venir en tous sens. → **se démener.** *Le restaurant était plein, les garçons s'agitaient.* → **s'affairer.** – Se dépenser inutilement. *Il s'agite continuellement.* ▶ **agitateur, trice** n. Personne qui crée ou entretient l'agitation politique ou sociale. → **factieux, meneur.** *La police a fait expulser les agitateurs.* ▶ **agitation** n. f. **1·** État de ce qui est agité, parcouru de mouvements irréguliers en divers sens. *L'agitation de la rue, de la ville.* → **animation, grouillement, remue-ménage.** / contr. calme / **2·** État d'une personne en proie à des émotions et à des impulsions diverses et qui ne peut rester en repos. → **fièvre, nervosité.** *Il est dans un état d'agitation indescriptible.* **3·** Mécontentement d'ordre politique ou social se traduisant par des manifestations, des revendications, des troubles. *L'agitation étudiante inquiète le gouvernement. Faire de l'agitation.* ▶ **agité, ée** adj. En proie à une agitation ; remué, troublé. → **agiter.** *Une mer agitée.* → **houleux.** *Son sommeil est agité.* → **inquiet.** *Une vie agitée.* → **mouvementé.** *Le malade est très agité. Les esprits étaient agités,* en effervescence. / contr. calme / – N. *Un, une agité(e).*

agneau [aɲo] n. m. **1·** Petit de la brebis (→ **mouton**). *Des agneaux.* – *Il est doux comme un agneau, c'est un agneau,* c'est un homme d'un caractère très doux, très pacifique. **2·** Viande d'agneau. *Côtelettes d'agneau.* **3·** Fourrure d'agneau. *Manteau d'agneau.* **4·** Relig. *L'agneau de Dieu.* → **Agnus dei.** **5·** Loc. *Mes agneaux,* terme d'affection. ▶ **agnelle** n. f. Agneau femelle.

agnostique [agnɔstik] n. Personne qui professe que ce qui est métaphysique n'est pas accessible à la connaissance humaine. *L'agnostique n'a pas d'opinion sur la religion.* ≠ athée.

Agnus Dei [agnusdei] n. m. invar. Prière de la messe, commençant par ces mots (signifiant « agneau de Dieu »).

-agogue, -agogie Éléments savants signifiant « action de transporter, de conduire ».

agonie [agɔni] n. f. **1·** Moments, heures précédant immédiatement la mort. *Une agonie douloureuse, paisible. Être à l'agonie.* **2·** Littér. Déclin précédant la fin. *L'agonie d'un règne.* ▶ **agoniser** v. intr. < conjug. 1 > **1·** (Personnes) Être à l'agonie. → **s'éteindre.** *Un accidenté agonise sous nos yeux.* **2·** (Choses) Être près de sa fin. → **décliner, s'effondrer.** *L'Empire romain agonisait.* ≠ agonir. ▶ **agonisant, ante** adj. **1·** (Personnes) Qui agonise. – N. Moribond. *Le prêtre commence la prière des agonisants.* **2·** (Choses) Qui s'éteint, qui meurt. *Un feu agonisant. Cette coutume est agonisante.*

agonir [agɔniʀ] v. tr. < conjug. 2 > Injurier, insulter. *Elle s'est fait agonir. Elle m'a agoni d'injures.* ≠ agoniser.

agora [agɔʀa] n. f. Dans la Grèce antique. Grande place publique (comme le *forum* des Romains). ▶ **agoraphobie** [agɔʀafɔbi] n. f. Peur maladive des espaces libres et des lieux publics. ▶ **agoraphobe** adj. et n.

agrafe [agʀaf] n. f. **1·** Attache formée d'un crochet qu'on passe dans un anneau, une bride. *Une jupe fermée à la ceinture par des agrafes.* **2·** Fil ou lamelle métallique recourbé(e) servant à assembler des papiers, surtout quand il (elle) est plié(e) au moment de l'utilisation. → **agrafeuse.** ≠ trombone. **3·** Petite lame servant à fermer une plaie ou une incision. *On lui a mis trois agrafes.* ▶ **agrafer** v. tr. < conjug. 1 > **1·** Attacher avec des agrafes ; assembler, fixer en posant des agrafes. *Elle n'arrive pas à agrafer son soutien-gorge.* / contr. dégrafer / **2·** Fam. Prendre au collet, arrêter. *Il s'est fait agrafer par les flics.* ▶ **agrafeuse** n. f. Instrument servant à fixer des agrafes (2) pour joindre des feuilles de papier.

agraire [agʀɛʀ] adj. Qui concerne la surface, le partage, la propriété des terres. *Réforme agraire. Mesures agraires.* ≠ agricole.

agrandir [agʀɑ̃diʀ] v. tr. < conjug. 2 > **1·** Rendre plus grand, plus spacieux, en augmentant les dimensions. → **allonger, élargir, étendre, grossir.** *Agrandir une ouverture.* / contr. réduire / – Faire paraître plus grand. *Les miroirs agrandissaient la pièce.* / contr. rapetisser / – Pronominalement (réfl.). *S'agrandir. La ville s'est agrandie depuis la guerre. Le propriétaire veut s'agrandir,* agrandir son domaine, sa maison. **2·** Rendre plus important, plus considérable. → **développer.** *Agrandir son entreprise.* ▶ **agrandissement** n. m. **1·** Action d'agrandir, fait de s'agrandir. → **élargissement, extension.** *L'agrandissement continuel de Paris.* **2·** Opération photographique qui consiste à tirer d'un cliché une reproduction agrandie. – La reproduction ainsi obtenue. *L'agrandissement d'un document photocopié.*

agréable [agʀeabl] adj. **1·** *Agréable à qqn* : qui fait plaisir (à qqn). *Il me serait agréable de vous rencontrer.* **2·** Qui plaît aux sens, qu'on voit, entend, sent avec plaisir. → **plaisant.** / contr. désagréable / *Une musique agréable. Une maison bien agréable. Un physique agréable. C'est agréable de ne rien faire.* – *Ce sont des gens agréables.* → **gentil, sympathique.** *Une soirée agréable. Caractère agréable.* → ② **agrément.** – N. m. *Joindre l'utile à l'agréable.* ▶ **agréablement** adv. D'une manière agréable. *J'en ai été agréablement surpris.* / contr. désagréablement /

agréer [agʀee] v. tr. < conjug. 1 > **1·** Littér. *Agréer à qqn* : être au gré de. → **convenir, plaire.** *Si cela vous agrée,* vous est agréable (1). **2·** Accueillir avec faveur. *Il se charge de faire agréer sa demande. Veuillez agréer mes salutations distinguées.* **3·** Admettre (qqn) en donnant son agrément. – Au p. p. adj. *Fournisseur agréé.* – En France. *Médecin agréé* (par la Sécurité sociale), qui peut effectuer une expertise, des examens médicaux d'un fonctionnaire ou d'un salarié. ▷ **agréable,** ① **agrément,** ② **agrément**

agrégat [agʀega] n. m. Assemblage hétérogène de substances ou éléments qui adhèrent solidement entre eux. → **agglomérat.** *Les roches sont des agrégats de minéraux.*

agrégation [agʀegɑsjɔ̃] n. f. Admission sur concours au titre d'agrégé ; ce concours, ce titre lui-même. *Se présenter à l'agrégation de russe. Il a l'agrégation, son agrégation.* ▶ **agrégatif, ive** n. Étudiant(e) préparant l'agrégation. ▶ **agrégé, ée** n. et adj. Personne déclarée apte, après avoir passé le concours de l'agrégation, à être titulaire d'un poste de professeur de lycée ou de certaines facultés. *Une agrégée de mathématiques.* – Adj. *Un professeur agrégé.*

agréger [agʀeʒe] v. tr. < conjug. 3 et 6 > **1·** Surtout pronominalement et au p. p. adj. Unir en un tout (des particules solides). **2·** Adjoindre, rattacher (qqn à une compagnie, une société). → **admettre, incorporer.** ▷ **agrégat, agrégation**

① **agrément** [agʀemɑ̃] n. m. Action d'agréer ; permission, approbation émanant d'une autorité. → **consentement.** *Sous-louer avec l'agrément du propriétaire.*

② **agrément** n. m. **1·** Qualité d'une chose, d'un être, qui les rend agréables. → **attrait, charme, grâce.** *L'agrément d'une maison de campagne. Un voyage sans agrément.* **2·** Dans certaines expressions. Plaisir. *Jardin d'agrément* (opposé à *potager*), *voyage d'agrément* (opposé à *d'affaires*). ▶ **agrémenter** v. tr. < conjug. 1 > Rendre agréable, moins monotone par l'addition d'ornements ou d'éléments de variété. → **orner.** *Agrémenter un exposé de petites anecdotes.* – Au p. p. adj. *Une nappe agrémentée de broderies.*

agrès [agʀɛ] n. m. pl. Appareils utilisés pour divers exercices de gymnastique (barre fixe, barres parallèles, anneaux, corde, poutre, etc.). *Faire des exercices aux agrès.*

agresser [agʀese] v. tr. < conjug. 1 > Commettre une agression sur. → **assaillir.** *Deux individus l'ont agressé la nuit dernière pour le voler.* – (Agression morale) *Elle s'est sentie agressée.* ▶ **agresseur, euse** n. **1·** N. m. Personne, groupe qui attaque le premier. *On ne sait, dans ce conflit, qui a été l'agresseur.* **2·** N. Personne qui commet une agression sur qqn. *L'agresseur était une femme. Les deux agresseuses ont été appréhendées.* ▶ **agressif, ive** adj. **1·** Qui a tendance à attaquer (surtout en paroles). *Un garçon agressif.* N. *C'est un agressif.* – *Attitude agressive. Il lui posa la question sur un ton agressif.* → **menaçant.** / contr. doux / **2·** Qui constitue une agression des sens, de la sensibilité. *Une couleur agressive.* → **violent.** ▶ **agressivement** adv. *Répondre agressivement.* ▶ **agressivité** n. f. Caractère agressif. *Son agressivité ne rend pas nos relations faciles.* / contr. douceur / ▶ **agression** n. f. **1·** Attaque non provoquée, injustifiée, généralement soudaine et brutale. *L'agression hitlérienne contre la Pologne.* **2·** Attaque violente contre une personne. *Agression nocturne. Passant victime d'une agression.* **3·** Attaque morale contre qqn. **4·** Action brutale (du milieu, etc.).

agreste [agʀɛst] adj. Littér. Champêtre. *Un site agreste.*

agricole [agʀikɔl] adj. **1·** (Pays, peuple) Qui se livre à l'agriculture. *La Chine est un pays agricole.* **2·** Relatif, propre à l'agriculture. → **rural.** ≠ agraire. *Produits agricoles. Ouvrier agricole. Travaux agricoles.* ▶ **agriculteur, trice** n. Personne exerçant une des activités de l'agriculture. → **cultivateur** (et aussi **éleveur, fermier, paysan, planteur ; horticulteur, maraîcher, viticulteur**). ▶ **agriculture** n. f. Culture du sol et, d'une manière générale, ensemble des travaux transformant le milieu naturel pour la production des végétaux et des animaux utiles à l'homme. → **culture, élevage.** *Le ministère de l'Agriculture.*

agripper [agʀipe] v. tr. < conjug. 1 > Saisir en serrant (pour s'accrocher). *Il agrippait la barrière pour ne pas tomber. Agripper qqn par la main.* – Pronominalement (réfl.). S'accrocher en serrant les doigts. *Il s'agrippe aux herbes du talus.* / contr. lâcher /

agro- Élément savant qui signifie « champ », utilisé pour ce qui concerne l'agriculture. ▶ **agro-alimentaire** adj. Relatif à la transformation par l'industrie des produits agricoles destinés à l'alimentation. – N. m. *L'agro-alimentaire* : l'industrie agro-alimentaire. ▶ **agrocarburant** n. m. Carburant produit à partir de matériaux organiques renouvelables. ▶ **agrochimie** n. f. Chimie agronomique. ▶ **agronomie** [agʀɔnɔmi] n. f. Étude scientifique des problèmes (physiques, chimiques, biologiques) que pose la pratique de l'agriculture. *Préparer l'École d'agronomie* (fam. *l'agro*). ▶ **agronomique** adj. *Études agronomiques.* ▶ **agronome** n. Spécialiste en agronomie. – Appos. *Des ingénieurs agronomes.* ▶ **agrotourisme** n. m. Tourisme en zone rurale. ▷ **agraire, agreste, agricole**

agrumes [agʀym] n. m. pl. Nom collectif des oranges, citrons, mandarines et autres fruits du même genre.

aguerrir [ageʀiʀ] v. tr. < conjug. 2 > **1·** Habituer aux dangers de la guerre. *Aguerrir des troupes.* – Au p. p. adj. *Il disposait de troupes aguerries.* **2·** Habituer à des choses pénibles, difficiles. – Pronominalement (réfl.). S'endurcir. *S'aguerrir au froid.*

aux **aguets** [ozagɛ] loc. adv. En position de guetteur, d'observateur en éveil et sur ses gardes. → à l'**affût**, aux **écoutes.** *Il pensait qu'on le dénoncerait et était aux aguets. Rester l'oreille aux aguets.*

aguicher [agiʃe] v. tr. < conjug. 1 > (Sujet le plus souv. féminin) Exciter, attirer par diverses agaceries et manières provocantes. ▶ **aguichant, ante** adj. Qui aguiche. → **provocant.** ▶ **aguicheur, euse** adj. et n. Aguichant. *Une petite aguicheuse.* → **allumeuse.**

* **ah** ['a] interj. **1·** Marquant un sentiment vif (plaisir, douleur, admiration, impatience, etc.). **2·** Interjection d'insistance, de renforcement. *Ah ! j'y pense, pouvez-vous venir demain ? Ah bon !,* très bien, je comprends. *Ah ! mais !,* je vais me fâcher. *Ah oui ?,* vraiment ? *Ah non alors !,* certainement pas.

ahurir [ayʀiʀ] v. tr. < conjug. 2 > Déconcerter complètement en étonnant ou en faisant perdre la tête. *Votre question m'ahurit. Il est ahuri par vos reproches.* ▶ **ahuri, ie** adj. et n. **1·** Surpris au point de paraître stupide. *Il a l'air tout ahuri. Une mine ahurie.* → **stupéfait. 2·** N. *Une espèce d'ahuri qui traverse la rue sans regarder.* → **abruti.** ▶ **ahurissant, ante** adj. **1·** Qui ahurit. → **étonnant, stupéfiant.** *Une nouvelle ahurissante.* **2·** Scandaleux, excessif. *Il a un culot ahurissant.* ▶ **ahurissement** n. m. État d'une personne ahurie.

aï [ai] n. m. Mammifère voisin du singe, dépourvu de dents, qui vit dans les arbres des forêts d'Amérique du Sud (appelé aussi *paresseux à trois doigts*).

Aïd [aid] n. m. Fête religieuse musulmane, en particulier celle qui commémore le sacrifice d'Abraham.

aider [ede] v. tr. < conjug. 1 > **1·** V. tr. dir. Appuyer (qqn) en apportant son aide. → **assister, seconder, secourir, soulager, soutenir.** *Je lui tendis la main pour l'aider à se relever. Sa femme l'a aidé dans ses travaux.* – (Suj. chose) *Je suis patient, cela m'a beaucoup aidé.* → **servir.** / contr. nuire / – *La fatigue aidant, je ne pus dormir,* la fatigue y concourant aussi. *Aider qqn financièrement,* lui donner, lui prêter de l'argent. **2·** *Aider à* (+ compl. chose) : faciliter, contribuer à. *Ces mesures pourront aider au rétablissement de l'économie.* → **contribuer. 3·** *S'aider de* v. pron. : se servir de (qqch. qui n'est pas à proprement parler un instrument). *J'ai dû m'aider deux ou trois fois du dictionnaire pour traduire ce texte.* **4·** *S'aider* v. pron. : s'entraider. *Ils s'aident mutuellement.* ▶ 1 **aide** [ɛd] n. f. **1·** Action d'intervenir en faveur d'une personne en joignant ses efforts aux siens. → **appui, assistance, collaboration, concours, coopération, secours, soutien.** *J'ai besoin de votre aide. J'ai réussi avec l'aide de mon frère. Venir en aide aux plus défavorisés en leur donnant de l'argent. Demander, recevoir de l'aide.* – *À l'aide !,* au secours ! **2·** *À l'aide de* loc. prép. : en se servant de, au moyen de. *Coupez les tiges à l'aide de ciseaux.* → **avec.** ▶ 2 **aide** n. Personne qui en aide une autre dans une opération et travaille sous ses ordres. → **adjoint, assistant, auxiliaire, second.** *Un, une aide de laboratoire. Un aide de camp,* autrefois, officier d'ordonnance d'un chef militaire. – Devant un nom. *Aide-comptable. Des aides-comptables.* ▶ **aide-mémoire** n. m. invar. Abrégé destiné à soulager la mémoire en ne présentant que l'essentiel des connaissances à assimiler. ▷ **s'entraider**

aïe [aj] interj. Exclamation exprimant la douleur. → **ouille.**

aïeul, aïeule [ajœl] n. **1·** (Plur. **aïeuls, aïeules**) Vx. Grand-père, grand-mère. **2·** (Plur. **aïeux** [ajø]) Littér. Ancêtres. – Fam. *Mes aïeux !*, s'emploie comme si l'on prenait ses ancêtres à témoin d'une chose remarquable. *Celui-là, mes aïeux, il n'est pas malin !* ▷ **bisaïeul, trisaïeul**

aigle [ɛgl] n. **I·** N. m. **1·** Grand oiseau de proie diurne, au bec crochu, aux serres puissantes, qui construit son nid → **aire** (2) sur les hautes montagnes. – (Personnes) *Des yeux d'aigle*, particulièrement perçants. **2·** Fam. *Ce n'est pas un aigle*, il n'a rien d'un esprit supérieur, il n'est pas très intelligent. **II·** N. f. **1·** Femelle de l'aigle. *Une aigle et ses aiglons.* **2·** Figure héraldique. – Enseigne militaire en forme d'aigle. *Les aigles romaines. L'aigle impériale* (des armées napoléoniennes). ▶ **aiglon** n. m. Petit de l'aigle.

aiglefin n. m. → **églefin.**

aigre [ɛgʀ] adj. **1·** Qui est d'une acidité désagréable au goût ou à l'odorat. → **acide.** *Saveur, odeur aigre. Vin aigre.* ≠ vinaigre. **2·** *Vent aigre*, froid et piquant. – *Une voix aigre*, criarde, perçante. **3·** Plein d'aigreur. → **acerbe, mordant.** *Des paroles un peu aigres.* – N. m. *La discussion tourne à l'aigre*, s'envenime, dégénère en propos blessants. ▶ **aigre-doux, -douce** adj. **1·** Dont la saveur est à la fois acide et sucrée. *Sauce aigre-douce.* **2·** Où l'aigreur perce sous la douceur. *Un échange de propos aigres-doux.* ▶ **aigrelet, ette** adj. Légèrement aigre. *Un petit vin blanc aigrelet.* ▶ **aigrement** adv. *Il leur reprochait aigrement leur négligence.* ▶ **aigreur** n. f. **1·** Saveur aigre. → **acidité.** *L'aigreur du lait qui a tourné.* **2·** Au plur. ***Des aigreurs*** *:* sensation d'acidité. *Avoir des aigreurs (d'estomac).* **3·** Mauvaise humeur se traduisant par des remarques désobligeantes ou fielleuses. → **acrimonie, amertume, animosité.** *Répliquer avec aigreur.* / contr. douceur / *L'aigreur d'un caractère.* ▶ **aigrir** [egʀiʀ] v. < conjug. 2 > **1·** *S'aigrir* v. pron. : devenir aigre. *Le vin s'aigrit si la bouteille reste débouchée.* **2·** V. tr. Remplir d'aigreur. *Les malheurs l'ont aigri. Il est aigri*, irritable, malveillant. ▷ **vinaigre**

aigrefin [ɛgʀəfɛ̃] n. m. Homme qui vit d'escroqueries, de procédés indélicats. → **escroc, filou.** ≠ aiglefin, églefin.

aigrette [ɛgʀɛt] n. f. **1·** Sorte de héron blanc, remarquable par ses plumes effilées. **2·** Faisceau de plumes surmontant la tête de certains oiseaux. *L'aigrette du paon.* **3·** Ornement fait d'un bouquet de plumes, ou d'un faisceau similaire. → **plumet.** *Turban à aigrette.*

aigu, uë [egy] adj. **1·** Terminé en pointe ou en tranchant. → **acéré, coupant, pointu.** *Oiseau au bec aigu.* – *Angle aigu*, plus petit que l'angle droit (opposé à *obtus*). **2·** D'une fréquence élevée, en haut de l'échelle des sons. *Une note aiguë. Des voix aiguës.* → **perçant.** / contr. grave / **3·** *Douleur aiguë*, intense et pénétrante. → **vif, violent.** **4·** *Maladie aiguë*, à apparition brusque et évolution rapide (opposé à *chronique*). **5·** Vif et pénétrant, dans le domaine de l'esprit. → **incisif, perçant, subtil.** *Une intelligence aiguë. Il a un sens aigu des réalités.* ▷ **aiguille, aiguillon, aiguiser, suraigu**

aigue-marine [ɛgmaʀin] n. f. Pierre semi-précieuse, transparente et bleue (*aigue* veut dire « eau »). *Des aigues-marines.*

aiguière [ɛgjɛʀ] n. f. Ancien vase à eau, muni d'une anse et d'un bec.

aiguille [egɥij] n. f. **1·** Fine tige d'acier pointue à une extrémité et percée à l'autre d'un trou → **chas** où passe le fil. *Enfiler une aiguille. Aiguille à coudre, à repriser.* – Loc. *Chercher une aiguille dans une botte de foin*, chercher une chose impossible à trouver. ***De fil en aiguille*** *:* en passant d'un sujet de conversation à l'autre. **2·** *Aiguille à tricoter*, tige de métal ou de matière plastique pour faire du tricot. **3·** Tige métallique effilée des chirurgiens servant aux injections, aux sutures. **4·** Tige métallique terminée en pointe qui sert à indiquer une mesure, etc. *Les aiguilles d'une pendule. L'aiguille aimantée d'une boussole.* **5·** Portion de rail mobile servant à opérer les changements de voie. → **aiguillage ; aiguiller.** **6·** Sommet effilé d'une montagne. → **dent, pic.** *L'aiguille Verte du massif du Mont-Blanc.* **7·** Feuille des conifères. *Aiguilles de pin.* ▶ 1 **aiguillette** [egɥijɛt] n. f. Ornement militaire fait de cordons tressés. ▶ 2 **aiguillette** n. f. Partie du romsteck. ▷ **aiguiller, aiguillon**

aiguiller [egɥije] v. tr. < conjug. 1 > **1·** Diriger (un train) d'une voie sur une autre par un système d'aiguillage. **2·** Diriger, orienter dans une voie (démarche, carrière). *Ce n'est pas moi qu'il faut voir, on vous a mal aiguillé.* ▶ **aiguillage** [egɥijaʒ] n. m. **1·** Manœuvre des aiguilles (5) des voies ferrées. *Poste, cabine d'aiguillage.* **2·** Appareil permettant les changements de voie. **3·** Abstrait. Orientation d'une voie qu'on suit. *Il ne fallait pas l'envoyer dans cette école, c'est une erreur d'aiguillage.* ▶ **aiguilleur, euse** n. Agent chargé du service et de l'entretien d'un poste d'aiguillage. – *Aiguilleur du ciel*, contrôleur de la navigation aérienne.

aiguillon [egɥijɔ̃] n. m. **1·** Long bâton muni d'une pointe de fer servant à piquer les bœufs pour les faire avancer. **2·** Dard à venin de certains insectes. *Aiguillon de la guêpe.* → **dard.** **3·** Abstrait. Ce qui incite à agir. → **stimulant.** *Le* *besoin de célébrité est l'aiguillon de ses activités.* ▶ **aiguillonner** [egɥijɔne] v. tr. < conjug. 1 > Stimuler. *Aiguillonner qqn pour le faire agir.*

aiguiser [egize] v. tr. < conjug. 1 > REM. Ne pas dire [egɥi-]. **1·** Rendre tranchant ou pointu. → **affiler, affûter.** *Aiguiser un couteau.* / contr. émousser / **2·** Rendre plus vif, plus pénétrant. *Aiguiser l'appétit, la douleur.* **3·** Littér. Affiner, polir. *Il aiguise de subtiles pensées.*

ail [aj] n. m. Plante dont le bulbe *(tête d'ail)* à odeur forte et saveur piquante est utilisé comme condiment. *Gousse d'ail. Mettre de l'ail dans un gigot.* → **ailler.** *Des aulx* [o], *des ails* [aj]. ▷ **ailler, ailloli**

1 **aile** [ɛl] n. f. **1·** Chacun des organes du vol chez les oiseaux, les chauves-souris, les insectes. *L'oiseau bat des ailes.* – Loc. *Avoir des ailes,* courir très vite. *Avoir du plomb dans l'aile,* être dans une mauvaise situation (personnes), être compromis (choses). *Avoir un coup dans l'aile,* être en mauvaise posture, perdre de sa force ; être ivre. – *Battre de l'aile,* ne pas bien marcher (choses abstraites). – *Voler de ses propres ailes,* être indépendant, se passer de l'aide d'autrui. *Se sentir pousser des ailes,* être plein d'ambition, d'allant. **2·** Partie charnue d'une volaille comprenant tout le membre qui porte l'aile. *Il dîna d'une aile de poulet.* **3·** Chacun des plans de sustentation d'un avion. *Les ailes en delta des avions modernes.* **4·** Chacun des châssis garnis de toile d'un moulin à vent. ▶ **ailé, ée** [ele] adj. Pourvu d'ailes. *Les fourmis mâles sont généralement ailées.* ▶ **aileron** [ɛlʀɔ̃] n. m. **1·** Extrémité de l'aile d'un oiseau. **2·** *Ailerons de requin,* ses nageoires. **3·** Volet articulé placé à l'arrière de l'aile d'un avion, commandé par le manche à balai, servant à virer. ▶ **ailette** n. f. Lame métallique pour équilibrer un projectile, pour modifier l'écoulement des turbines, etc. ▷ à **tire-d'aile**

2 **aile** n. f. **1·** Partie latérale (côté) d'un bâtiment. *L'aile droite d'un château.* **2·** Partie latérale d'une armée en ordre de bataille. → **flanc.** – Gauche et droite de l'attaque d'une équipe (opposé au *centre*). **3·** Partie de la carrosserie enveloppant les roues d'une automobile. *Il a embouti son aile avant droite.* **4·** *Ailes du nez,* moitiés inférieures des faces latérales du nez. ▶ **ailier** [elje] n. m. Football. Chacun des deux avants situés à l'extrême droite et à l'extrême gauche.

-aille Élément de noms, collectif à valeur péjorative (ex. : *mangeaille*).

ailler [aje] v. tr. < conjug. 1 > Piquer d'ail (un gigot), frotter d'ail (du pain). – Au p. p. adj. *Croûton aillé.*

-ailler Élément de verbes, fréquentatif et péjoratif (ex. : *criailler*).

ailleurs [ajœʀ] adv. **1·** Dans un autre lieu (que celui où l'on est ou dont on parle). *Allons ailleurs, nous sommes mal ici. Vous ne trouverez cela nulle part ailleurs,* en aucun autre endroit. *Des émigrants venus d'ailleurs,* d'un autre pays. **2·** ***D'ailleurs*** loc. adv. : marquant que l'esprit envisage un autre aspect des choses, introduisant une restriction ou une nuance nouvelle. → d'autre **part,** du **reste.** *Tu as assez regardé la télévision, d'ailleurs il est l'heure de te coucher.* – ***Par ailleurs*** loc. adv. : à un autre point de vue. *Je la trouve jolie ; elle m'est par ailleurs indifférente.* **3·** Abstrait. *Être ailleurs,* penser à autre chose, être distrait. → **absent.**

ailloli ou **aïoli** [ajɔli] n. m. Mayonnaise à l'ail. *Morue à l'ailloli.*

aimable [ɛmabl] adj. Qui cherche à faire plaisir (par la parole, le sourire). → **affable, gentil, sociable.** *Il est aimable avec tout le monde. Je vous remercie, vous êtes très aimable.* – Loc. *Il est aimable comme une porte de prison,* très désagréable. – *Un mot aimable.* / contr. désagréable / ▶ **aimablement** adv. *Il m'a répondu très aimablement.*

1 **aimant, ante** [ɛmɑ̃, ɑ̃t] adj. Naturellement porté à aimer. → **affectueux, tendre.** *Une personne aimante.*

2 **aimant** n. m. Corps ou substance qui a reçu la propriété d'attirer le fer. ▶ **aimantation** n. f. Action d'aimanter ; état de ce qui est aimanté. ▶ **aimanter** v. tr. < conjug. 1 > Communiquer à un métal la propriété de l'aimant. *Aiguille aimantée de la boussole,* dont une des pointes, par suite de son aimantation, s'oriente vers le nord. ▷ **électroaimant**

aimer [eme] v. tr. < conjug. 1 > **I· 1·** (Généralement avec un adv.) Éprouver de l'affection, de l'amitié*, de la tendresse, de la sympathie pour (qqn). *Un vieil ami que j'aime beaucoup.* / contr. détester / **2·** Éprouver de l'amour*, de la passion pour (qqn). *Elle a aimé deux hommes dans sa vie.* **II· 1·** Avoir du goût pour (qqch.). → **goûter, s'intéresser** à. *Aimer la musique, le sport. Aimer la vitesse.* – Trouver bon au goût, être friand de. *Il aime beaucoup les fruits de mer.* **2·** (+ infinitif) Trouver agréable, être content de, se plaire à. *J'aimais sortir avec mon père.* – Littér. ***Aimer à.*** *J'aime à croire que,* je veux croire, espérer que. – ***Aimer que*** (+ subjonctif). *J'aimerais que vous me jouiez quelque chose,* je désire, je souhaite que. **3·** ***Aimer mieux*** : préférer. *J'aime mieux son premier livre. Il aime mieux jouer que travailler. J'aime mieux ne pas y penser.* **III·** ***S'aimer*** v. pron. **1·** (Réfl.) Se plaire, se trouver bien. *Je ne m'aime pas dans* *cette robe.* **2·** (Récipr.) Être mutuellement attachés par l'affection, l'amour. *Nous nous aimons beaucoup, ma sœur et moi.* **3·** Littér. Faire l'amour. *Ils se sont aimés toute la nuit.* ▷ **aimable,** [1] **aimant, bien-aimé, mal-aimé**

aine [ɛn] n. f. Partie du corps entre le haut de la cuisse et le bas-ventre.

aîné, ée [ene] adj. **1·** Qui est né le premier (par rapport aux enfants, aux frères et sœurs). *Leur fils aîné est architecte.* – N. *C'est moi l'aîné. L'aîné et le cadet.* **2·** *Aîné, ée de qqn :* personne plus âgée que telle autre. *Elle est mon aînée de deux ans.* ▶ **aînesse** [ɛnɛs] n. f. *Droit d'aînesse :* ancien droit avantageant considérablement l'aîné dans une succession.

ainsi [ɛ̃si] adv. **1·** (Manière) De cette façon (comme il a été dit ou comme on va dire). *Vous auriez tort d'agir ainsi. C'est ainsi qu'il faut agir. Ainsi soit-il,* formule terminant une prière. *S'il en est ainsi,* si les choses sont comme cela. *Pour ainsi dire,* formule servant à préparer, à atténuer l'expression qu'on va employer. **2·** (Conclusion) Comme vous venez de le voir, de le dire. *Ainsi rien n'a changé depuis mon départ.* **3·** (Comparaison) De même. *Ainsi qu'il a été dit plus haut.* → **comme.** – *Les garçons, ainsi que les filles,* tout comme. → **et.**

aïoli n. f. → **ailloli.**

[1] **air** [ɛʀ] n. m. **1·** Fluide gazeux constituant l'atmosphère, que respirent les êtres vivants, constitué essentiellement d'oxygène et d'azote. *De l'air.* → **aérien.** *L'air de la mer, de la campagne. On manque d'air ici.* Loc. *Un courant d'air. J'ai besoin de prendre l'air,* de sortir de chez moi, d'aller me promener. *Le médecin lui a recommandé de changer d'air.* → **climat.** – Loc. fig. *Il ne manque pas d'air !,* il a du culot. **2·** *Air conditionné :* air qui, dans les maisons, etc., est amené à une température et à un degré hygrométrique déterminés. – Installation qui fournit cet air. *Nous avons l'air conditionné.* → **climatisation. 3·** Ce fluide en mouvement. → **vent.** *Il y a, il fait de l'air aujourd'hui.* Loc. *En plein air :* dans le vent, au-dehors. *Le plein air,* activités qui se pratiquent dehors. *Jeux de plein air.* – *Libre comme l'air :* libre de ses mouvements, de faire ce qu'on veut. **4·** Espace rempli par ce fluide au-dessus de la terre. → **ciel.** *S'élever dans l'air, dans les airs. Regarder en l'air.* → en **haut.** *Transports par air,* par voie aérienne. *Armée de l'air,* forces aériennes militaires. **5·** *En l'air* Loc. adv. *Parler en l'air,* de façon peu fondée. *Paroles, promesses en l'air,* pas sérieuses. *C'est une tête en l'air,* un étourdi. *Je vais envoyer, flanquer tout ça en l'air,* jeter tout ça, m'en débarrasser. *Il a mis toute la pièce en l'air,* sens dessus dessous. **6·** Atmosphère, ambiance. *Prendre l'air de* (un lieu), s'informer de l'état d'esprit qui y règne. *Ces idées étaient dans l'air,* appartenaient à l'atmosphère intellectuelle de l'époque, du milieu. *Il y a de l'orage dans l'air,* l'atmosphère est menaçante, les esprits sont excités.

[2] **air** n. m. **1·** Apparence générale habituelle à une personne. → **allure.** *Un air pensif, attentif. Avoir l'air comme il faut,* convenable. *Il a un drôle d'air,* inquiétant. *Il y a entre eux un air de famille,* ils se ressemblent. *Un faux air de,* une ressemblance illusoire avec. **2·** Apparence expressive plus ou moins durable, manifestée par le visage, la voix, les gestes, etc. → **expression, mine.** *Il a un air pincé. Un petit air de doute.* **3·** *Avoir l'air :* présenter telle apparence, physique ou morale. *Il a l'air d'une fille.* – Loc. verb. (entraînant ou non l'accord de l'attribut). → **paraître.** *Elle a l'air sérieux, sérieuse. Leur vitesse n'avait pas l'air excessive.* – (Avec *de* + infinitif) → **sembler.** *Il a l'air de me détester. Ça n'a pas l'air d'aller.* – *N'avoir l'air de rien :* avoir l'air insignifiant, sans valeur, facile (mais être réellement tout autre chose). *C'est un travail qui n'a l'air de rien.* – (Personnes) *Sans avoir l'air de rien,* sans avoir l'air d'y toucher, discrètement.

[3] **air** n. m. Mélodie d'une chanson, d'un morceau de musique. *Fredonner, siffler un air à la mode.*

airain [ɛʀɛ̃] n. m. Vx. Bronze.

airbag [ɛʀbag] n. m. Coussin qui se gonfle en cas de choc afin de protéger les passagers à l'avant d'un véhicule automobile. *Des airbags.*

[1] **aire** [ɛʀ] n. f. **1·** Surface plane. *Aire d'atterrissage.* **2·** Portion limitée de surface, nombre qui la mesure. → **superficie. 3·** Région plus ou moins étendue occupée par certains êtres, lieu de certaines activités, certains phénomènes. → **domaine, zone.** *Aire linguistique. Aire de répartition d'une espèce animale* (aire spécifique).

[2] **aire** n. f. Nid d'un rapace. *L'aire d'un aigle.*

airelle [ɛʀɛl] n. f. Baie rouge comestible d'un petit arbrisseau des montagnes. → **myrtille.** – *Airelle des marais.* → **canneberge.** *La confiture d'airelles accompagne bien le gibier.*

aisance [ɛzɑ̃s] n. f. **1·** Situation de fortune qui assure une vie facile. *Vivre dans l'aisance sans être vraiment riche.* → **aisé** (1). **2·** Facilité naturelle qui ne donne aucune impression d'effort. → **grâce, naturel.** *Il s'exprime avec aisance.* **3·** Au plur. *Cabinets, lieux d'aisances :* vx, cabinets, toilettes.

[1] **aise** [ɛz] adj. Littér. *Bien aise, tout aise :* content. *Je suis bien aise de vous rencontrer.*

2 **aise** n. f. **1·** ***Être à l'aise*** : être bien, confortablement installé. *Je suis à l'aise (à mon aise) dans ce costume. Mettez-vous à l'aise,* débarrassez-vous des vêtements, des objets qui vous gênent. – Être content, détendu. *Il est à l'aise en toute circonstance. Je suis mal à mon aise dans cette conversation. Mettre qqn à l'aise, à son aise,* lui donner toute facilité de s'exprimer, d'agir, lui épargner toute gêne, toute timidité. *Vous en prenez à votre aise avec les règlements,* vous ne vous gênez pas avec les règlements. *Vous en parlez à votre aise,* sans connaître les difficultés que d'autres éprouvent. *À votre aise !,* comme vous voudrez. – Dans l'aisance. *Ne vous plaignez pas, vous vivez à l'aise.* – Fam. *À l'aise,* facilement, sans effort. *Il a tout fini à l'aise.* **2·** Au plur. ***Ses aises*** : son bien-être. *Il aime ses aises. Il prend ses aises,* il ne se gêne pas. ▶ **aisé, ée** [eze] adj. **1·** Qui vit dans l'aisance. *Une famille aisée.* **2·** Littér. Qui se fait sans peine. → **facile.** *C'est un travail aisé.* – Prov. *La critique est aisée et l'art est difficile.* / contr. difficile, malaisé / ▶ **aisément** adv. Facilement. *Il peut aisément réussir.* ▷ **aisance, malaise**

aisselle [ɛsɛl] n. f. Cavité qui se trouve au-dessous de la jonction du bras avec l'épaule. *Les poils des aisselles.*

ajonc [aʒɔ̃] n. m. Arbrisseau épineux des landes atlantiques, à fleurs jaunes. *Les ajoncs et les genêts.*

ajouré, ée [aʒuʀe] adj. Percé, orné de jours 3. *Draps ajourés.*

ajourner [aʒuʀne] v. tr. < conjug. 1 > Renvoyer à un autre jour ou à une date indéterminée. → **différer, remettre.** *On a ajourné les élections.* – Au p. p. adj. *Une décision ajournée.* ▶ **ajournement** n. m. Renvoi à une date ultérieure ou indéterminée. *Le ministre a demandé l'ajournement du débat.*

ajouter [aʒute] v. < conjug. 1 > **I·** V. tr. **1·** Mettre en plus ou à côté. → **joindre** (par addition ou jonction). *Ajoutez quelques petits oignons à la sauce. Sans rien ajouter ni retrancher.* – Dire en plus. *Permettez-moi d'ajouter un mot. J'ajoute que c'est bien naturel.* **2·** Littér. ***Ajouter foi à*** : croire. *Elle n'ajoutait aucune foi à ces abominations.* **II·** V. tr. ind. Augmenter, accroître. *En intervenant, il ne fait qu'ajouter à la pagaille.* **III·** ***S'ajouter*** : se joindre, en grossissant, en aggravant. *Au salaire s'ajoutent, viennent s'ajouter diverses primes.* ▶ **ajout** [aʒu] n. m. **1·** Action d'ajouter. *Produit garanti sans ajout de conservateurs.* **2·** Élément ajouté à l'original. → **addition.** *Épreuves surchargées d'ajouts.* ▷ **rajouter**

ajuster [aʒyste] v. tr. < conjug. 1 > **1·** Mettre aux dimensions convenables, rendre conforme à un étalon. *Ajuster une pièce mécanique.* **2·** Viser. *L'archer ajuste la cible.* **3·** ***Ajuster à*** : mettre en état d'être joint à (par adaptation, par ajustage). *Ajuster un manche à un outil. Ajuster un vêtement aux mesures de qqn.* – Pronominalement (réfl.). *Couvercle qui s'ajuste mal au récipient.* **4·** Mettre en conformité, adapter. *Il veut ajuster les faits à sa théorie.* ▶ **ajusté, ée** adj. (Vêtements) Qui serre le corps de près. *Veste ajustée.* / contr. ample, lâche / ▶ **ajustement** n. m. **1·** Action d'ajuster ; degré de serrage ou de jeu entre deux pièces assemblées. **2·** Adaptation, mise en rapport. *Le choix et l'ajustement des termes.* **3·** Vx. Toilette, tenue. ▶ **ajusteur, euse** n. Ouvrier(ère) capable de tracer et de façonner des métaux d'après un plan, de réaliser des pièces mécaniques.

alaise ou **alèse** [alɛz] n. f. Drap imperméable dont on se sert pour protéger le drap de dessous du lit d'un enfant, d'un malade.

alambic [alɑ̃bik] n. m. Appareil servant à la distillation. *Des alambics.* ▷ **alambiqué**

alambiqué, ée [alɑ̃bike] adj. Exagérément compliqué et contourné. *Un esprit alambiqué.*

alanguir [alɑ̃giʀ] v. tr. < conjug. 2 > Rendre languissant. *La chaleur l'alanguissait.* – Pronominalement (réfl.). *S'alanguir,* tomber dans un état de langueur. ▶ **alangui, ie** adj. Languissant, langoureux. *Un air alangui. Des regards alanguis.* ▶ **alanguissement** n. m. État d'une personne qui s'alanguit.

alarme [alaʀm] n. f. **1·** Signal pour annoncer l'approche de l'ennemi, pour avertir d'un danger. → **alerte.** *Le chien a donné l'alarme. Signal d'alarme,* qui provoque l'arrêt du train. *Tirer le signal d'alarme,* au fig., donner l'alarme. *Tirer la sonnette d'alarme,* prévenir d'un danger. – *Donner, sonner l'alarme,* lancer des avertissements signalant des dangers menaçants. – Dispositif sonore qui permet de signaler une intrusion. *Voiture équipée d'une alarme.* **2·** Vive inquiétude en présence d'une chose alarmante. ▶ **alarmer** v. tr. < conjug. 1 > **1·** Inquiéter en faisant pressentir un danger. *Il a eu une rechute qui a alarmé son entourage. Alarmer l'opinion.* / contr. rassurer / **2·** ***S'alarmer*** v. pron. : s'inquiéter vivement. *C'est une mère poule, elle s'alarme pour un rien.* → **s'effrayer.** ▶ **alarmant, ante** adj. Qui alarme, est de nature à alarmer. → **inquiétant.** / contr. rassurant / *Des nouvelles alarmantes. Son état de santé est alarmant.* ▶ **alarmiste** n. et adj. Personne qui répand intentionnellement des bruits alarmants. → **défaitiste, pessimiste.** – Adj. (Personnes, choses) *Article alarmiste.* ▷ **téléalarme**

albâtre [albɑtʀ] n. m. Minéral utilisé pour les objets d'art, souvent blanc. *Des vases d'albâtre.* – Poét. *D'albâtre,* d'une blancheur éclatante.

albatros [albatʀos] n. m. invar. Grand oiseau de mer, au plumage blanc et gris, au bec crochu.

albinos [albinos] adj. invar. et n. invar. Qui est dépourvu de pigment (peau, yeux, système pileux). *Un enfant albinos. Des lapins albinos.* – N. *Un, une albinos.*

album [albɔm] n. m. **1·** Cahier ou classeur personnel destiné à recevoir des dessins, des photos, des autographes, des collections diverses. *Un album de timbres. Des albums de cartes postales. Album de photos.* **2·** Livre où prédominent les illustrations. *Un album de bandes dessinées.* **3·** Ensemble de disques vendus ensemble. – Disque.

albumine [albymin] n. f. **1·** Protéine naturelle. **2·** *Avoir de l'albumine,* présenter de l'albumine dans ses urines (médecine : *albuminurie,* n. f.). *Avoir de l'albumine est anormal.*

alcali [alkali] n. m. **1·** Nom générique des bases et des sels basiques que donnent avec l'oxygène certains métaux dits alcalins (potassium, sodium, etc.). *Des alcalis.* **2·** Dans le commerce. Ammoniaque. ▶ **alcalin, ine** adj. Qui appartient, a rapport aux alcalis. *Solution alcaline.* ▶ **alcaloïde** [alkalɔid] n. m. Substance organique d'origine végétale (rarement animale), contenant au moins un atome d'azote dans la molécule. *Les alcaloïdes ont une puissante action toxique ou thérapeutique* (caféine, morphine, quinine, etc.).

alchimie [alʃimi] n. f. Science occulte en vogue au Moyen Âge, née de la fusion de techniques chimiques gardées secrètes et de spéculations mystiques. → **hermétisme.** ▶ **alchimiste** n. Praticien(ienne) de l'alchimie.

alcool [alkɔl] n. m. **1·** Liquide incolore et inflammable obtenu par distillation du vin et des boissons et jus fermentés (appell. chim. : *alcool éthylique*). *Alcool à 60, à 95 degrés. Alcool à brûler,* utilisé comme combustible. – *Lampes, réchauds à alcool.* **2·** *Un alcool* : eau-de-vie, spiritueux. *Un alcool de fruit.* – *Boire trop d'alcool.* **3·** Nom générique (suff. *-ol*) des corps de mêmes propriétés chimiques que l'alcool. ▶ **alcoolémie** [alkɔlemi] n. f. Taux d'alcool dans le sang. ▶ **alcoolique** adj. **1·** Qui contient naturellement de l'alcool. *Les boissons alcooliques.* **2·** Qui boit trop d'alcool. *Il est alcoolique.* – N. Personne atteinte d'alcoolisme chronique. *Désintoxiquer un, une alcoolique.* ▶ **alcooliser** v. tr. < conjug. 1 > **1·** Additionner d'alcool. *Alcooliser un vin.* – Au p. p. adj. *Boisson alcoolisée,* contenant de l'alcool. **2·** *S'alcooliser* v. pron. : abuser des boissons alcooliques, s'enivrer. ▶ **alcoolisme** n. m. Abus des boissons alcooliques, déterminant un ensemble de troubles morbides ; ces troubles eux-mêmes. *La lutte contre l'alcoolisme.* ▶ **alcoolodépendance** n. f. Dépendance à l'alcool. ▶ **alcoolodépendant, ante** adj. et n. ▶ **alcoologie** n. f. Étude des causes et des effets de la consommation d'alcool par l'être humain. ▶ **alcoologue** n. ▶ **alcootest** ou **alcotest** [alkɔtɛst] n. m. Épreuve permettant d'estimer la présence d'alcool dans l'air expiré par une personne. *Mesurer l'alcoolémie par un alcootest. Faire subir une épreuve d'alcootest à un automobiliste.* – Appareil servant à mesurer le taux d'alcool. ▷ **antialcoolique**

alcôve [alkov] n. f. **1·** Enfoncement ménagé dans une chambre pour un ou plusieurs lits, qu'on peut fermer dans la journée. **2·** Abstrait. Lieu des rapports amoureux. *Les secrets d'alcôve. Des histoires d'alcôve.*

aldéhyde [aldeid] n. m. Corps chimique formé en enlevant l'hydrogène d'un alcool.

aléa [alea] n. m. Littér. Surtout au plur. Événement imprévisible, tour imprévisible que peuvent prendre les événements. → **hasard.** *Il faut compter avec les aléas de l'examen.* ▶ **aléatoire** [aleatwaʀ] adj. Que rend incertain, dans l'avenir, l'intervention du hasard. → **problématique.** *Son succès est bien aléatoire.* / contr. certain /

alène ou (vx) **alêne** [alɛn] n. f. Poinçon servant à percer le cuir. *Alène de cordonnier.* ≠ haleine.

alentour [alɑ̃tuʀ] adv. Littér. Dans l'espace environnant, tout autour. *Je ne voyais rien alentour.* ▶ **alentours** n. m. pl. Lieux voisins, environs. *Les alentours de la ville. Il n'y a personne aux alentours.* – *Aux alentours de* (pour marquer l'approximation). *Je viendrai aux alentours du 1er juin.* → **vers.**

1 **alerte** [alɛʀt] adj. Vif et leste (malgré l'âge, l'embonpoint, etc.). *Un octogénaire alerte et gai.* – Abstrait. Éveillé, vif. *Avoir l'esprit alerte.*

2 **alerte** n. f. **1·** Signal prévenant d'un danger et appelant à prendre toutes mesures de sécurité utiles. *Donner l'alerte.* → **alarme.** *En cas d'alerte, dirigez-vous vers la sortie. Troupes en état d'alerte,* prêtes à intervenir. **2·** Situation grave et inquiétante. *L'alerte sera peut-être chaude. Une fausse alerte,* qui ne correspond à aucun danger réel. ▶ **alerter** v. tr. < conjug. 1 > Avertir en cas de danger, dans le cas d'une difficulté quelconque pour que des mesures soient prises. *Il faut alerter la police.*

alèse n. f. → **alaise.**

aléser [aleze] v. tr. < conjug. 6 > Procéder à l'alésage de (qqch.). ▶ **alésage** n. m. 1· Opération consistant à parachever, en calibrant exactement les dimensions, les trous qui traversent une pièce mécanique. 2· Diamètre d'un cylindre automobile. *L'alésage et la course.* ▶ **aléseur, euse** n. Ouvrier(ère) spécialiste de l'alésage. ▶ **aléseuse** n. f. Machine-outil servant à l'alésage.

alevin [alvɛ̃] n. m. Jeune poisson destiné au peuplement des rivières et des étangs. ▶ **aleviner** [alvine] v. tr. < conjug. 1 > Peupler d'alevins. *Aleviner des étangs.*

alexandrin [alɛksɑ̃dʀɛ̃] n. m. Vers français de douze syllabes. *L'alexandrin classique a une césure à l'hémistiche.*

alezan, ane [alzɑ̃, an] adj. (Cheval, mulet) Dont la robe est brun rougeâtre. *Jument alezane.* – N. *Un alezan.*

alfa [alfa] n. m. 1· Plante herbacée d'Afrique du Nord et d'Espagne, dont les feuilles servent de matière première à la fabrication de la vannerie et de certains papiers. *Tapis, panier d'alfa.* 2· Papier d'alfa. *Exemplaire numéroté sur alfa.*

algarade [algaʀad] n. f. Réprimande. *Il se moque des algarades de son père.* – *Avoir une algarade avec qqn,* une dispute.

algèbre [alʒɛbʀ] n. f. 1· Théorie des opérations portant sur des nombres réels (positifs, négatifs) ou complexes, et résolution des équations, avec substitution de lettres aux valeurs numériques et de la formule générale au calcul numérique particulier. *L'algèbre fait partie des mathématiques*.* – Ouvrage traitant de cette science. 2· Chose difficile à comprendre, domaine inaccessible à l'esprit. *C'est de l'algèbre pour moi.* → **chinois, hébreu.** ▶ **algébrique** adj. Qui appartient à l'algèbre. *Calcul numérique et calcul algébrique.* ▶ **algébriquement** adv.

algérien, enne [alʒeʀjɛ̃, ɛn] adj. D'Algérie. *Le Sahara algérien.* – N. *Les Algériens. L'algérien,* l'arabe parlé en Algérie.

-algie Élément savant signifiant « douleur ». ▶ **algologie** [algɔlɔʒi] n. f. Étude de la douleur et de son traitement. ▶ **algologue** n. ▷ **cruralgie, névralgie, sciatalgie**

algorithme [algɔʀitm] n. m. Ensemble des règles opératoires propres à un calcul.

algue [alg] n. f. Plante aquatique à chlorophylle des eaux douces ou salées. *Algues vertes, brunes* → **varech,** *rouges. Les rochers étaient couverts d'algues glissantes. Algues alimentaires.*

alias [aljas] adv. Autrement appelé (de tel ou tel nom). *Jacques Collin, alias Vautrin.*

alibi [alibi] n. m. 1· Moyen de défense tiré du fait qu'on se trouvait, au moment d'une infraction, dans un lieu autre que celui où elle a été commise. *Il a un alibi excellent : il était à l'hôpital quand le crime a eu lieu.* 2· Circonstance, activité permettant de se disculper, de faire diversion. → **justification, prétexte.** *Ses contacts avec ce parti ne sont qu'un alibi.*

1 **aliénation** [aljenɑsjɔ̃] n. f. 1· Transmission qu'une personne fait d'une propriété ou d'un droit. 2· Fait de céder ou de perdre (un droit, un bien naturel). *Ce serait une aliénation de ma liberté.* – Pour les marxistes. État de l'individu qui, par suite des conditions extérieures (économiques, politiques, religieuses), cesse de s'appartenir, devient esclave des choses. ▶ 1 **aliéné, ée** adj.

2 **aliénation** n. f. Trouble mental grave. → **démence, folie.** ▶ 2 **aliéné, ée** n. Vieilli. Personne atteinte d'aliénation mentale, dont l'état nécessite l'internement dans un hôpital psychiatrique. ▶ **aliéniste** n. Vieilli. Médecin spécialisé dans le traitement des aliénés. → **psychiatre.**

aliéner [aljene] v. tr. < conjug. 6 > 1· Céder par aliénation 1. *Aliéner un bien à fonds perdu,* moyennant une rente viagère. 2· Perdre (un droit naturel). *Aliéner sa liberté.* 3· (Suj. chose ; compl. second introduit par *à*) Éloigner, rendre hostile. *Ses médisances lui ont aliéné ses amis.* – ***S'aliéner*** *qqn* : agir de sorte qu'il devienne hostile. *Par cette mesure, les pouvoirs publics se sont aliéné les syndicats.* ▷ 1 **aliénation**

aligner [aliɲe] v. tr. < conjug. 1 > I· 1· Ranger sur une ligne droite. *Aligner des chaises.* 2· Inscrire ou prononcer à la suite. *Aligner des chiffres, des phrases.* 3· Abstrait. ***Aligner*** *sa politique, sa conduite* ***sur*** *une autre,* la calquer sur elle. II· ***S'aligner*** v. pron. 1· Se mettre sur la même ligne. *Alignez-vous !* 2· Abstrait. *S'aligner sur...,* se conformer fidèlement (à la « ligne » politique d'un autre). – Loc. fam. *Tu peux toujours t'aligner,* tu n'es pas de taille, tu seras battu. ▶ **aligné, ée** adj. Rendu droit. *Des rues alignées.* – Au plur. Rangé en ligne droite. *Des chaises alignées contre un mur.* – *Les pays non alignés.* → **non-aligné.** ▶ **alignement** n. m. 1· Fait d'aligner, d'être aligné au moyen de repères, selon un tracé. *L'alignement des maisons dans une rue. Soldat qui se met à l'alignement, sort de l'alignement.* – Rangée (de choses alignées). 2· Limite de la voie publique et des propriétés des riverains fixée par l'Administration. 3· Abstrait. Fait de s'aligner, d'aligner (sa politique, sa conduite). *L'alignement d'un parti sur la politique d'un État.* ▷ **non-aligné**

aligot [aligo] n. m. Plat de purée travaillée avec du fromage. *Un aligot auvergnat.*

aliment [alimɑ̃] n. m. **1·** Toute substance susceptible d'être digérée, de servir à la nutrition de l'être vivant (surtout, des humains). → **denrée, nourriture, vivres.** *Les œufs sont un aliment très riche. Cuisiner, conserver des aliments. Aliments surgelés.* **2·** Abstrait. Ce qui nourrit, entretient. *Ce scandale fournit un aliment à la curiosité du public.* ▶ **alimentaire** adj. **1·** Qui peut servir d'aliment. *Denrées, produits alimentaires* (→ **diététique**). **2·** Relatif à l'alimentation. *Régime alimentaire. Une intoxication alimentaire.* **3·** Qui n'a d'autre rôle que de fournir de quoi vivre. *Une besogne alimentaire.* ▶ **alimentation** n. f. **1·** Action ou manière d'alimenter, de s'alimenter. *Alimentation des troupes.* → **ravitaillement.** *Il faut varier votre alimentation.* **2·** Commerce des denrées alimentaires. *Magasin d'alimentation.* **3·** Action d'approvisionner (en fournitures nécessaires au fonctionnement). *Alimentation d'une chaudière (en eau), d'un moteur (en combustible).* ▶ **alimenter** v. tr. < conjug. 1 > **1·** Fournir une certaine alimentation à. → **nourrir.** *Vous pouvez alimenter légèrement le malade.* – Pronominalement (réfl.). *Il recommence à s'alimenter.* **2·** Apporter à (qqch.) les éléments indispensables à son fonctionnement, à son entretien. → **approvisionner.** *Alimenter une chaudière. Alimenter une ville en eau potable. Le Nil alimente ce réservoir.* **3·** Entretenir, nourrir. *Ce sujet a suffi à alimenter la conversation.* ▷ **agro-alimentaire, sous-alimenté, suralimenter**

alinéa [alinea] n. m. Renfoncement de la première ligne du texte d'un paragraphe. – Passage compris entre deux de ces lignes en retrait. → **paragraphe.** *Les troisième et quatrième alinéas.*

aliquote [alikɔt] adj. f. Sciences. *Partie aliquote,* qui est contenue un nombre exact de fois dans un tout.

aliter [alite] v. tr. < conjug. 1 > Faire prendre le lit à (un malade). – Pronominalement (réfl.). *Il a dû s'aliter hier.* – Au p. p. adj. *Malade alité,* qui est au lit, ne peut se lever.

alizé [alize] n. m. Vent régulier soufflant toute l'année de l'est, sur la partie orientale du Pacifique et de l'Atlantique comprise entre les parallèles 30° N et 30° S. *Les alizés.*

allaiter [alete] v. tr. < conjug. 1 > Nourrir de son lait (un nourrisson, un petit) ; donner le sein à. *Elle allaite son enfant.* ▶ **allaitante** adj. f. *Femme, femelle allaitante.* ▶ **allaitement** n. m. *Allaitement et sevrage. Allaitement mixte,* au sein et au biberon.

allant [alɑ̃] n. m. Ardeur de celui qui va de l'avant, ose entreprendre. → **entrain.** *Il est plein d'allant.*

allécher [a(l)leʃe] v. tr. < conjug. 6 > Attirer par la promesse d'un plaisir. → **appâter.** *Il a choisi ce titre pour allécher les lecteurs.* ▶ **alléchant, ante** adj. Qui allèche, fait espérer un plaisir. *Une odeur alléchante.* → **appétissant.** *Une proposition alléchante,* séduisante, tentante.

allée [ale] n. f. Chemin bordé d'arbres, de massifs, de verdure. *Tracer des allées dans un parc.* – Dans un édifice. Espace pour le passage. *Les allées d'un cinéma.*

allée et venue n. f. Mouvement de gens qui vont et viennent. *C'était une allée et venue continuelle.* – Au plur. Démarches et déplacements divers. → **course.** *Perdre son temps en allées et venues.*

allégation [a(l)legasjɔ̃] n. f. Affirmation ; ce qu'on allègue*. *Il faudra prouver vos allégations.*

allégeance [a(l)leʒɑ̃s] n. f. Soumission fidèle. *Serment d'allégeance. Faire allégeance à qqn.*

alléger [a(l)leʒe] v. tr. < conjug. 6 et 3 > **1·** Rendre moins lourd, plus léger*. *Alléger un chargement.* / contr. alourdir / **2·** Rendre moins pénible (une charge). *Alléger les impôts.* ▶ **allégement** n. m. Fait ou moyen d'alléger (ce qui constitue une charge trop lourde à supporter). *Demander l'allégement des programmes scolaires.*

allégorie [a(l)legɔʀi] n. f. **1·** Suite d'éléments descriptifs ou narratifs concrets dont chacun correspond aux divers détails de l'idée abstraite qu'ils prétendent exprimer, symboliser. *Les allégories du « Roman de la rose ».* **2·** Peinture, sculpture dont chaque élément évoque minutieusement les aspects d'une idée. *Peindre des allégories.* ▶ **allégorique** adj. *Roman, peinture allégorique.*

allègre [a(l)lɛgʀ] adj. Plein d'entrain, vif. *Marcher d'un pas allègre.* → ① **alerte.** ▶ **allégrement** [a(l)lɛgʀəmɑ̃] adv. **1·** D'une manière allègre, avec entrain. → **vivement.** *Il part allégrement au travail.* **2·** Iron. Avec un entrain qui suppose une certaine légèreté ou inconscience. *Il les a allégrement escroqués.* ▶ **allégresse** n. f. Joie très vive qui d'ordinaire se manifeste publiquement. → **enthousiasme, liesse.** / contr. tristesse / *Au milieu de l'allégresse générale.*

allegro [a(l)legʀo] n. m. et adv. Morceau de musique exécuté dans un tempo assez rapide. *Des allegros.* – Adv. *Jouer allegro.*

alléguer [a(l)lege] v. tr. < conjug. 6 > **1·** Citer comme autorité, pour sa justification. *Alléguer un texte de loi, un auteur.* **2·** Mettre en avant, invoquer pour se justifier, s'excuser. → **invoquer, prétexter.** *Il allégua une excuse de santé pour ne pas venir à la réunion.*

alléluia [a(l)leluja] interj. et n. m. **1·** Interj. Cri de louange et d'allégresse fréquent dans les psaumes. **2·** N. m. Chant liturgique chrétien d'allégresse. *Chanter des alléluias.* – Court verset précédé et suivi de ce mot, chanté à l'église.

allemand, ande [almɑ̃, ɑ̃d] adj. et n. **1·** De l'Allemagne, d'Allemagne. → **germanique.** *Le peuple allemand.* – N. *Les Allemands.* **2·** *L'allemand*, la langue allemande.

1 **aller** [ale] v. intr. < conjug. 9 > **I·** (Marquant le mouvement, la locomotion) **1·** (Êtres vivants, véhicules) Se déplacer. *Allons à pied.* → **marcher.** *Ce train va vite.* → **filer.** *Il se mit à aller et venir dans la chambre*, à faire les cent pas, à marcher de long en large. *Laissons-le aller.* → **partir.** – (Objets, messages) *Les nouvelles vont vite.* → se **propager.** **2·** (Avec un compl. de lieu) → **se rendre.** *Je pense aller à Paris la semaine prochaine. Nous y allons aussi. L'avion qui va à Rome. Il faut que j'aille chez le coiffeur. Aller au cinéma. Allez devant, je vous rejoindrai. J'irai à sa rencontre. Où allez-vous ?* **3·** (Avec un compl. de but) *Je vais à mon travail, à la chasse, aux nouvelles.* – (+ infinitif) *Je suis allé me promener. Allez le voir.* **II·** (Sans déplacement) **1·** (Marquant une progression dans l'action) *J'ai fait la moitié du travail, mais je vais très lentement. Nous irons jusqu'au bout. Ce garçon ira loin.* → **réussir.** *Vous allez trop loin !* → **exagérer.** – *Les choses vont trop vite.* **2·** *Y aller* (en parlant d'un comportement). *Vous y allez fort !*, vous exagérez. *Il n'y va pas par quatre chemins*, il va droit au but, il tranche brutalement. *Vas-y !*, cri d'encouragement. – *Y aller de son histoire*, la raconter pour contribuer (à la fête, etc.). **3·** (Auxiliaire de temps, marquant un futur prochain ; + infinitif) Être sur le point de. *Il va arriver d'un moment à l'autre. Je vais y aller. Ça va faire des histoires. Nous allions commencer sans toi*, nous étions sur le point de commencer sans toi. – (Marquant une éventualité, avec une valeur affective) *Si elle allait ne pas venir !* **4·** Interj. ***Allons ! allez !*** : sert à exhorter, à rappeler à l'ordre (une ou plusieurs personnes). *Allons, dépêche-toi ! Allez, un peu de courage ! Allons, allons, vous dites des bêtises !* – ***Va ! allez !*** : sert à marquer une évidence mêlée de résignation. *Je te connais bien, va ! Allez, ça ne vaut pas la peine de pleurer.* **III·** (Marquant une évolution ou un fonctionnement) **1·** (Êtres vivants) Être dans tel ou tel état de santé. → se **porter.** *Comment allez-vous ? Je vais bien, mieux. Ça va,* je vais bien. *Ça pourrait aller mieux.* **2·** (Choses) Se trouver amené à tel ou tel état d'une évolution. *Les affaires vont bien. Cela va de soi*, c'est évident. – Impers. *Il n'en va pas de même pour moi*, le cas n'est pas le même. *Il y va de notre vie*, ce qui est en jeu, c'est notre vie. – *Laisser aller*, laisser évoluer sans intervenir. *Se laisser aller*, renoncer à diriger sa vie, se décourager ; ne plus prendre soin de son apparence physique. **3·** (Mécanismes, appareils) Fonctionner. → **marcher.** *Sept heures ! Vous croyez que votre montre va bien ?* **4·** Être adapté, convenir à (qqn, qqch.). *Ce costume lui va bien. Ils vont bien ensemble*, ils forment un couple bien assorti. *Deux idées qui ne vont guère ensemble*, qui ne s'accordent guère. **5·** Convenir. *Ça me va*, ça me convient. *Est-ce que ça va ?*, est-ce satisfaisant ? *Ça va comme ça*, cela suffit. **6·** (Auxiliaire d'aspect, marquant la progression, suivi d'un part. prés.) *L'inquiétude allait croissant. Son mal va en empirant.* **IV·** ***S'en aller*** v. pron. **1·** Partir du lieu où l'on est. → **partir.** *Je m'en vais. Va-t'en. Il veut s'en aller. Elle s'en est allée toute triste.* – Par euphém. Quitter le monde. → **mourir.** *Elle s'en est allée.* – (Avec un compl. de destination) *Je m'en vais au marché, à la pêche.* **2·** (Choses) Disparaître. *Les taches d'encre s'en vont avec ce produit.* **3·** (+ infinitif) Aller (en partant). *Va-t'en voir un peu ce que fait ma fille.* **4·** (Auxiliaire de temps, futur ; seulement à la 1re pers. du prés.) *Je m'en vais tout vous raconter.* ▶ 2 **aller** n. m. **1·** Trajet fait en allant à un endroit déterminé (opposé à *retour*). *J'ai pris à l'aller le train du matin.* **2·** Billet de chemin de fer valable pour l'aller. *Je voudrais deux allers* (ou *deux aller*) *pour Marseille. Un aller (et) retour*, billet double comportant un coupon de retour. **3·** Fam. *Prendre un aller et retour*, une paire de gifles. – *Match aller et match retour**. **4·** *Pis aller.* → 2 **pis.** ▷ **allant, allée, allée et venue, allure, contre-allée, envahir, s'évader, évasif, évasion, invasion, laisser-aller, pis-aller,** à **tout-va, va-et-vient, va-nu-pieds, va-tout**

allergie [alɛʀʒi] n. f. Modification des réactions d'un organisme à un agent pathogène lorsque cet organisme a été l'objet d'une atteinte antérieure par le même agent. *Allergie aux pollens*, provoquée par les pollens. ▶ **allergique** adj. **1·** Propre à l'allergie. **2·** Qui réagit en manifestant une allergie (à une substance). *Être allergique au blanc d'œuf, aux crustacés.* **3·** Abstrait. *Il est allergique à la grande musique*, il ne peut pas la supporter. ▶ **allergologie** n. f. Partie de la médecine qui étudie les allergies. ▶ **allergologue** n. Spécialiste d'allergologie.

allier [alje] v. tr. < conjug. 7 > **1·** Associer (des éléments dissemblables). *Il allie une avarice presque sordide avec le plus grand mépris pour l'argent.* **2·** ***S'allier*** : s'unir par alliance. *Ces deux pays se sont alliés pour exploiter des ressources naturelles.* – (Choses) Se combiner. ▶ **allié, ée** adj. et n. **1·** Uni par un traité d'alliance. *Les pays alliés.* – N. *Sou-*

tenir ses alliés. / contr. ennemi / – Spécialt. *Les Alliés,* les pays alliés contre l'Allemagne au cours des guerres mondiales de 1914-1918 et 1939-1945. **2·** Personne qui apporte à une autre son appui, prend son parti. → **ami.** *J'ai trouvé en lui un allié.* **3·** *Les alliés,* les personnes unies par alliance. *Les parents et alliés.* ▶ **alliage** n. m. Produit métallique obtenu en incorporant à un métal un ou plusieurs éléments. *L'acier est un alliage.* ▶ **alliance** n. f. **1·** Union contractée par engagement mutuel. *Une alliance avec lui est difficile.* **2·** Union de puissances qui s'engagent par un traité à se porter mutuellement secours en cas de guerre. → **coalition, entente, ligue, pacte.** *Alliance défensive. Nouer, rompre une alliance.* **3·** Lien juridique établi par le mariage entre le parent d'un conjoint et l'autre conjoint (et entre les familles de l'un et de l'autre). → **parenté.** *Neveu par alliance.* **4·** Anneau nuptial que les époux portent au doigt, à l'annulaire. *Une alliance en or.* **5·** Combinaison d'éléments divers. *Une alliance de couleurs.* ▷ **rallier**

alligator [aligatɔʀ] n. m. Reptile de l'Amérique, voisin du crocodile, au museau large et court. *Des alligators.*

allitération [a(l)liteʀasjɔ̃] n. f. Répétition des consonnes dans une suite de mots rapprochés. « Le valet voulut voler la valise » *est un exemple d'allitération.*

allô [alo] interj. Terme conventionnel d'appel, en France, dans les communications téléphoniques.

allocation [a(l)lɔkasjɔ̃] n. f. Fait d'allouer ; somme allouée. *Allocations familiales. Allocation de chômage.* ≠ allocution.

allocution [a(l)lɔkysjɔ̃] n. f. Discours familier et bref adressé par une personnalité. *Prononcer, faire une allocution. Une allocution télévisée du chef de l'État.* ≠ allocation.

allogène [a(l)lɔʒɛn] adj. D'une origine différente de celle de la population autochtone. / contr. indigène / ≠ halogène.

allonger [alɔ̃ʒe] v. < conjug. 3 > **I·** V. tr. **1·** Rendre plus long. → **rallonger.** *Allonger une jupe de quelques centimètres.* **2·** *Allonger une sauce,* la rendre plus liquide. – Fam. *Allonger la sauce,* délayer (un texte, un discours). **3·** Étendre (un membre). *Allonger le bras.* – *Allonger le pas,* presser la marche en faisant des pas plus longs. **4·** Étendre qqn (sur un lit, etc.). *On allongea le blessé.* **5·** Fam. Donner (un coup) en étendant la main, la jambe. *Je vais t'allonger une gifle.* → **envoyer.** **6·** Tendre, verser (de l'argent). *Il lui a allongé mille euros.* **II·** V. intr. Devenir plus long (dans le temps). *Les jours commencent à allonger.* → **rallonger.** **III·** *S'allonger* v. pron. **1·** Devenir plus long (dans l'espace ou dans le temps). **2·** S'étendre de tout son long. *Je vais m'allonger un peu* (sur le lit, le divan, etc.). → se **coucher.** ▶ **allongé, ée** adj. Étendu en longueur. *Un crâne allongé* (opposé à *aplati*). – Étendu de tout son long. *Rester allongé.* ▶ **allongement** n. m. Fait d'allonger, de s'allonger. *L'allongement des vacances.* / contr. raccourcissement / ▷ **rallonger**

allopathie [a(l)lɔpati] n. f. La médecine classique (opposé à *homéopathie*).

allouer [alwe] v. tr. < conjug. 1 > **1·** Attribuer (une somme d'argent, une indemnité). *Allouer un crédit à qqn.* **2·** Accorder (un temps déterminé pour un travail).

allumer [alyme] v. tr. < conjug. 1 > **1·** Enflammer ; mettre le feu à. *Allumer une cigarette. Allumer le poêle, une pipe.* – *Allumer le feu,* le faire. / contr. éteindre / **2·** Exciter, éveiller de façon soudaine. *Allumer le désir de qqn.* **3·** Rendre lumineux en enflammant ou par un autre moyen. → **éclairer.** *Allumer les bougies. Allumer une lampe.* Fam. *Allumer l'électricité, la radio.* – Fam. *La cuisine est allumée,* il y a de la lumière. **4·** *S'allumer* v. pron. : s'enflammer. *Ce bois un peu humide s'allume mal.* – Devenir lumineux, briller. *Les fenêtres s'allumaient. Ses yeux s'allument.* ▶ **allumage** n. m. **1·** Inflammation du mélange gazeux provenant du carburateur d'un moteur. *Bougies d'allumage. Allumage électronique.* **2·** Action d'allumer (une source lumineuse). *L'allumage des phares.* / contr. extinction / ▶ **allumé, ée** adj. **1·** *Une lampe allumée.* – *Le visage allumé,* rouge et luisant. **2·** Fam. Excité. *Il est un peu allumé.* N. *C'est un allumé.* ▶ **allume-cigare** n. m. Briquet à incandescence équipant certains tableaux de bord d'automobiles. *Des allume-cigares.* ▶ **allume-gaz** n. m. invar. Instrument pour allumer une cuisinière à gaz. ▶ **allumette** n. f. **1·** Brin de bois, de carton, de cire, imprégné à une extrémité d'un produit susceptible de s'enflammer par friction. *Gratter, frotter, allumer une allumette. Boîte d'allumettes.* – Fam. *Des jambes comme des allumettes,* longues et maigres. **2·** En appos. *Pommes allumettes,* frites coupées très finement. ▶ **allumeur** n. m. Boîtier rassemblant les dispositifs d'avance à l'allumage, de rupture et de distribution du courant aux bougies dans un moteur. ▶ **allumeuse** n. f. Femme qui allume le désir des hommes sans vouloir le satisfaire. ▷ **rallumer**

allure [alyʀ] n. f. **1·** Vitesse de déplacement. *La moto roulait à vive allure, à toute allure. Accélérer, ralentir l'allure.* **2·** Manière de se déplacer, de se tenir, de se comporter. *Il a une allure toujours jeune. Une allure digne, grave. Avoir de l'allure,* de la distinction, de la noblesse dans le maintien. **3·** Fam. Apparence générale d'une chose. *Elle a une drôle d'allure, cette maison. Votre bouquet a beaucoup d'allure. Ça a de l'allure.*

allusion [a(l)lyzjɔ̃] n. f. Manière d'éveiller l'idée d'une personne ou d'une chose sans en faire expressément mention. → **sous-entendu.** *Une allusion transparente. Il a fait allusion à nos querelles passées. Comprendre, saisir une allusion.* ▶ **allusif, ive** adj. Qui contient une allusion, procède par allusions. *Une intervention trop allusive.* ▶ **allusivement** adv. *S'exprimer allusivement,* par allusions.

alluvions [a(l)lyvjɔ̃] n. f. pl. Dépôts (cailloux, graviers, sables, boues) provenant d'un transport par les eaux courantes. *Les deltas sont formés par les alluvions des fleuves.* ▶ **alluvial, ale, aux** adj. Fait d'alluvions. *Plaine alluviale.*

almanach [almana] n. m. Nom de divers annuaires ou publications ayant vaguement pour base le calendrier.

aloès [alɔɛs] n. m. invar. Plante grasse, aux feuilles charnues et très pointues, contenant un suc amer.

aloi [alwa] n. m. **1·** *De bon, de mauvais aloi* : de bonne, de mauvaise qualité ; qui mérite, ne mérite pas l'estime. *Un succès de bon aloi.* **2·** Didact. Titre légal (d'une monnaie).

alors [alɔʀ] adv. **1·** À ce moment-là ; à cette époque-là. *La France était alors en guerre contre l'Angleterre. Les hommes d'alors,* de ce temps. *Jusqu'alors,* jusqu'à cette époque. **2·** Dans ce cas, en conséquence. *Alors, n'en parlons plus. Tu es allé chez lui ? Alors, tu connais ses parents !* – (Pour réfuter une objection) *Et alors ?* → **et puis.** – *Il était très en retard, alors il a dû prendre un taxi.* **3·** (Pour renforcer une exclamation, une interrogation) *Alors, qu'en penses-tu ? Alors ça, c'est bien fait !* – Fam. *Chouette alors ! – Non, mais alors !,* exprime l'indignation. ▶ **alors que** loc. conj. **REM.** Se construit avec l'indicatif. À un moment où au contraire..., tandis que, au lieu que. *Il fait bon chez vous, alors que chez moi on gèle. Elle n'est pas intervenue, alors qu'elle avait promis de le faire.* → **bien** que.

alose [aloz] n. f. Poisson marin voisin du hareng, comestible.

alouette [alwɛt] n. f. Petit passereau des champs, au plumage grisâtre et brunâtre. *Chasse aux alouettes.* – Loc. *Il attend que les alouettes lui tombent toutes rôties dans le bec,* il ne veut pas se donner la moindre peine.

alourdir [aluʀdiʀ] v. tr. < conjug. 2 > **1·** Rendre lourd, plus lourd. / contr. alléger / *Les bagages alourdissaient la voiture.* – Rendre moins alerte. *La chaleur excessive m'alourdissait.* – Fig. *Alourdir les impôts.* **2·** Donner un caractère pesant, embarrassé. *Cette tournure alourdit la phrase.* ▶ **alourdissement** n. m. *Il avait une sensation d'alourdissement après le repas trop copieux.*

aloyau [alwajo] n. m. Morceau de viande de bœuf, renfermant le filet, le romsteck et le contre-filet. *Un morceau dans l'aloyau.*

alpaga [alpaga] n. m. Tissu de soie et de laine. *Veste en alpaga.*

alpage [alpaʒ] n. m. Pâturage de haute montagne.

alpestre [alpɛstʀ] adj. Propre aux Alpes (en ce qui concerne la nature visible). *Les paysages alpestres.* → **alpin.**

alpha [alfa] n. m. **1·** Première lettre (α) de l'alphabet grec. – *L'alpha et l'oméga,* le commencement et la fin. **2·** Adj. invar. *Particule alpha* (α), noyau atomique d'hélium. ▶ **alphabet** [alfabɛ] n. m. **1·** Système des signes graphiques (lettres) servant à la transcription des sons (consonnes, voyelles) d'une langue. *Les Phéniciens ont établi le premier modèle d'alphabet. Alphabet arabe, grec, latin.* – *Alphabet phonétique,* système de signes conventionnels servant à noter d'une manière uniforme les phonèmes des diverses langues. **2·** Livre à l'usage des enfants contenant les premiers éléments de la lecture (lettres, syllabes, mots). → **abc.** ▶ **alphabétique** adj. **1·** Qui concerne l'alphabet. *Écriture alphabétique.* **2·** Qui est dans l'ordre des lettres de l'alphabet. *Table alphabétique des matières.* ▶ **alphabétiquement** adv. ▶ **alphabétiser** v. tr. < conjug. 1 > Apprendre à lire et à écrire à (un groupe qui ignore une écriture). ▶ **alphabétisation** n. f. *L'alphabétisation des immigrés.* ▶ **alphanumérique** adj. Qui utilise à la fois des lettres et des chiffres. *Code alphanumérique.*

alpin, ine [alpɛ̃, in] adj. **1·** Des Alpes. *La chaîne alpine.* – *Chasseurs alpins,* troupes spécialisées dans la guerre de montagne. **2·** D'alpinisme. *Club alpin.* ▶ **alpinisme** n. m. Sport des ascensions en montagne. ▶ **alpiniste** n. *Cordée d'alpinistes.*

alsacien, ienne [alzasjɛ̃, jɛn] adj. et n. De l'Alsace. *La plaine alsacienne.* – N. *Une Alsacienne.* – N. m. Dialecte allemand parlé en Alsace.

altération [alteʀasjɔ̃] n. f. **1·** Changement en mal par rapport à l'état normal. → **dégradation, détérioration ;** ▢ **altérer.** *Ce texte ancien a subi de nombreuses altérations. L'altération de sa santé.* **2·** Signe de musique modifiant la hauteur de la note. *Les dièses, les bémols et les bécarres sont des altérations.*

altercation [altɛʀkɑsjɔ̃] n. f. Échange bref et brutal de propos vifs, de répliques désobligeantes. → **dispute, prise** de bec. *Il a eu une altercation avec son frère. Une légère, une vive altercation.*

alter ego [altɛʀego] n. m. invar. Personne de confiance, qui est comme soi-même. *Voici mon collaborateur et mon alter ego.* → **bras** droit.

1 **altérer** [alteʀe] v. tr. <conjug. 6> **1·** Changer en mal. → **détériorer, gâter.** *La chaleur altère les denrées périssables. Rien ne peut altérer notre amitié.* – Pronominalement (réfl.). *Les couleurs se sont altérées.* – Au p. p. *Elle m'a remercié d'une voix altérée,* émue. **2·** Falsifier, fausser. *Altérer un récit.* → **estropier, tronquer.** *Altérer la vérité,* mentir. ▷ **altération**

2 **altérer** v. tr. <conjug. 6> **1·** Exciter la soif de. *La promenade, l'émotion m'a altéré.* **2·** Littér. *Altéré de...,* avide. ▷ **désaltérer**

altérité [alteʀite] n. f. Caractère de ce qui est autre.

altermondialiste [altɛʀmɔ̃djalist] adj. Qui s'oppose à la mondialisation libérale, et promeut des échanges plus justes entre les peuples, les sociétés. ▶ **altermondialisme** n. m. ou **altermondialisation** n. f. → **antimondialisation**

alternance [altɛʀnɑ̃s] n. f. **1·** Succession répétée, dans l'espace ou dans le temps, qui fait réapparaître tour à tour, dans un ordre régulier, les éléments d'une série. *L'alternance des saisons. Alternance des cultures. – Formation en alternance,* à l'école et en entreprise. **2·** Variation subie par un phonème ou un groupe de phonèmes dans un système morphologique donné. *Alternance vocalique* (ex. : je m*eu*rs, nous m*ou*rons). **3·** Succession au pouvoir d'une majorité et d'une opposition (devenue majoritaire), dans un système parlementaire. ▶ **alternatif, ive** adj. Qui présente une alternance. → **périodique.** *Mouvement alternatif,* mouvement régulier qui a lieu dans un sens puis dans l'autre (piston, pendule, etc.). *Courant alternatif,* dont l'intensité varie selon une sinusoïde (opposé à *continu*). ▶ **alternative** n. f. **1·** Au plur. Phénomènes ou états opposés se succédant régulièrement. *Des alternatives d'exaltation et d'abattement.* **2·** Situation dans laquelle il n'existe que deux possibilités de choix. *Dans cette alternative, il faut choisir. Laisser, proposer une alternative à qqn,* deux solutions au choix. **3·** (critiqué) Solution de remplacement. *Il n'y a pas d'autre alternative.* ▶ **alternativement** adv. En alternant ; tour à tour. → **successivement.** *Il est alternativement sévère et bienveillant.* ▷ **alterner**

alterner [altɛʀne] v. intr. <conjug. 1> Se succéder en alternance. *Les beaux jours ont alterné avec les jours de pluie. Faire alterner deux spectacles.* ▶ **alternant, ante** adj. Qui alterne. *Cultures alternantes.* ▶ **alterné, ée** adj. En alternance. – Au plur. *Vers alternés,* distiques. *Rimes alternées,* croisées. – Au sing. *Circulation alternée.* ▷ **alternance**

altesse [altɛs] n. f. **1·** Titre d'honneur donné aux princes et princesses du sang. *Son Altesse Royale le prince de...* **2·** Personne portant ce titre. *Une altesse.*

altier, ière [altje, jɛʀ] adj. Qui a ou marque la hauteur, l'orgueil du noble. → **hautain.**

altimètre [altimɛtʀ] n. m. Appareil indiquant l'altitude du lieu où l'on se trouve. *L'altimètre d'un avion.*

altitude [altityd] n. f. **1·** Élévation verticale (d'un point, d'un lieu) par rapport au niveau de la mer. *L'altitude d'une plaine. Paris a une faible altitude.* **2·** Grande altitude. *En altitude,* en montagne, à une altitude élevée.

alto [alto] n. m. Instrument de la famille des violons, d'une quinte plus grave et un peu plus grand. *Des altos.* ▶ **altiste** n. Joueur d'alto. ▷ **contralto**

altruisme [altʀɥism] n. m. Disposition à s'intéresser et à se dévouer à autrui. / contr. égoïsme / *Il agit par altruisme, non pour son intérêt.* ▶ **altruiste** adj. *Des sentiments altruistes.* / contr. égoïste /

aluminium [alyminjɔm] n. m. Métal blanc, léger, malléable, bon conducteur de l'électricité. *Des casseroles en aluminium.* – En appos. *Papier aluminium.* – Abrév. cour. **alu** [aly] n. m. ▶ **alumineux, euse** adj. Qui contient de l'aluminium. ▶ **aluminier** n. m. Professionnel qui installe des structures en aluminium (fenêtres, vérandas...).

alun [alœ̃] n. m. *Pierre d'alun,* minéral contenant du potassium et de l'aluminium, utilisé en médecine comme hémostatique, en cosmétique comme teinture.

alunir [alyniʀ] v. intr. <conjug. 2> Aborder sur la Lune. *Les astronautes ont aluni en 1969.* ▶ **alunissage** n. m. Action d'alunir.

alvéole [alveɔl] n. m. ou f. **1·** Cellule de cire que fait l'abeille. **2·** *Alvéoles dentaires,* cavités au bord des maxillaires où sont implantées les racines des dents. *Alvéoles pulmonaires,* culs-de-sac terminaux des ramifications des bronches. **3·** Cavité ayant la forme d'une alvéole (1). *Plateau à alvéoles pour emballer les œufs.*

amabilité [amabilite] n. f. Qualité d'une personne aimable, manifestation de cette qualité.

→ **affabilité, gentillesse, obligeance.** *Veuillez avoir l'amabilité de le prévenir de ma part. L'amabilité d'une invitation.* – (Une, des amabilités) *Dire des amabilités à qqn.*

amadou [amadu] n. m. Substance végétale spongieuse préparée pour être inflammable.

amadouer [amadwe] v. tr. < conjug. 1 > Amener à ses fins ou apaiser (qqn qui était hostile ou réservé) par de petites flatteries, des attentions adroites. *Je vais essayer de l'amadouer.*

amaigrir [amegʀiʀ] v. tr. < conjug. 2 > Rendre maigre, plus maigre. *Sa maladie l'a beaucoup amaigri.* – Pronominalement. *Elle s'est amaigrie.* ▶ **amaigri, ie** adj. Qui est devenu maigre. *Un visage amaigri.* ▶ **amaigrissant, ante** adj. Qui fait maigrir. *Elle suit un régime amaigrissant.* ▶ **amaigrissement** n. m. Fait de maigrir, d'avoir maigri. *Son amaigrissement m'inquiète.*

amalgame [amalgam] n. m. **1·** Mélange d'éléments différents qui ne s'accordent guère. → **assemblage.** **2·** Alliage d'argent et d'étain utilisé pour obturer les dents. **3·** Méthode consistant à englober artificiellement, en exploitant un point commun, des formations ou idées politiques, pour les discréditer. ▶ **amalgamer** v. tr. < conjug. 1 > **1·** Concret. Unir dans un mélange. → **mélanger.** *Amalgamer les œufs et la farine, à la farine.* **2·** Abstrait. Mêler (des éléments différents). **3·** Pronominalement. *S'amalgamer (à ou avec)*, se combiner, s'associer à. *Le beurre s'amalgamait à la pâte.* – Fam. Se réunir. → s'**agglutiner.**

amande [amɑ̃d] n. f. **1·** Fruit de l'amandier, dont la graine comestible est riche en huile. *Pâte d'amandes. Amandes salées,* pour l'apéritif. **2·** *En amande,* en forme d'amande, oblong. *Des yeux en amande.* **3·** Graine d'un fruit à noyau. *L'amande de la cerise, de l'abricot.* **4·** En appos. Invar. *Vert amande,* vert clair. *Des robes vert amande.* ▶ **amandier** n. m. Arbre dont le fruit est l'amande.

amanite [amanit] n. f. Champignon dont certaines espèces sont vénéneuses. *L'amanite phalloïde contient un poison mortel.*

amant, ante [amɑ̃, ɑ̃t] n. **1·** Vx. N. m. et f. Personne qui aime d'amour et qui est aimée. → **amoureux, soupirant.** **2·** N. m. Homme qui a des relations sexuelles avec une femme à laquelle il n'est pas marié (→ **maîtresse**). *Elle a pris un amant.* – Au plur. *Les amants,* l'amant et sa maîtresse. *Ils sont amants depuis longtemps.*

amarante [amaʀɑ̃t] n. f. **1·** Plante ornementale, aux nombreuses fleurs rouges en grappes ; fleur de cette plante. **2·** Adj. invar. Rouge pourpre. *Des étoffes amarante.*

amarrer [amaʀe] v. tr. < conjug. 1 > **1·** Maintenir, retenir avec des amarres (s'oppose, en marine, à *démarrer*). *Amarrer une barque près de la berge.* **2·** Fixer, attacher avec un cordage, une chaîne. *Amarrer des caisses sur un camion.* ▶ **amarrage** n. m. Action, manière d'amarrer un bâtiment dans un port, une rade, ou un ballon dirigeable à un mât. *Bitte d'amarrage.* ▶ **amarre** n. f. Câble, cordage servant à retenir un navire, un ballon en l'attachant à un point fixe. *Larguer les amarres.*

amasser [amɑse] v. tr. < conjug. 1 > Réunir en quantité considérable, par additions successives. → **accumuler, amonceler, entasser.** *Amasser des provisions. Amasser des richesses, de l'argent.* → **capitaliser.** – *Amasser des documents, des preuves.* → **réunir.** – *S'amasser* v. pron. : s'entasser, se rassembler en grand nombre. *La foule s'est amassée devant l'immeuble.* / contr. se disperser / ▶ **amas** [amɑ] n. m. invar. Réunion d'objets venus de divers côtés, généralement par apports successifs. → **amoncellement, entassement, tas.** *Un amas de paperasses.* ▷ **ramasser**

amateur [amatœʀ] n. m. **1·** Personne qui aime, cultive, recherche (certaines choses). *Un amateur de musique. La collection d'un amateur.* **2·** Fam. *Je ne suis pas amateur,* je ne suis pas preneur. *Cette belle pièce n'a pas trouvé d'amateur.* – Loc. fam. *Avis aux amateurs,* que ceux qui en veulent en profitent. *Il reste des gâteaux, avis aux amateurs !* **3·** Personne qui cultive un art, une science pour son seul plaisir (et non par profession). *Je ne suis qu'un amateur, mais j'adore peindre.* – En appos. *Des peintres amateurs. Une musicienne amateur.* **4·** Athlète, joueur qui pratique un sport sans recevoir de rémunération directe (opposé à *professionnel*). – Péj. Personne qui exerce une activité de façon négligente ou fantaisiste. → **dilettante.** *Travailler en amateur.* ▶ **amateurisme** n. m. **1·** Condition de l'amateur, en sport. **2·** Péj. Caractère d'un travail d'amateur (négligé, non fini, incomplet, etc.). *C'est de l'amateurisme !*

amazone [amazon] n. f. Femme qui monte à cheval. – Loc. ***En amazone*** : les deux jambes du même côté de la selle. *Elle monte en amazone.*

sans **ambages** [sɑ̃zɑ̃baʒ] n. f. pl. Sans détours, sans s'embarrasser de circonlocutions. *Laissez-moi vous parler sans ambages.*

ambassade [ɑ̃basad] n. f. **1·** Représentation permanente d'un État auprès d'un État étranger ; fonction d'ambassadeur. *Attaché, secrétaire d'ambassade.* – Ensemble du personnel assurant cette mission ; résidence de l'ambassadeur et de ses services. *S'adresser, aller à l'ambassade.* **2·** Mission délicate auprès d'un particulier. *Ils sont allés en ambassade chez le directeur.*

▶ **ambassadeur, drice** n. **1·** Représentant(e) permanent(e) d'un État auprès d'un État étranger, le plus élevé dans la hiérarchie diplomatique. (*Ambassadrice* se dit aussi de l'épouse d'un ambassadeur.) **2·** Personne qui est chargée d'une mission, qui représente à l'étranger une activité de son pays. *Soyez mon ambassadeur auprès de lui. Les ambassadrices de la mode française.*

ambi- Élément savant signifiant « tous les deux ».

ambiance [ɑ̃bjɑ̃s] n. f. **1·** Atmosphère matérielle ou morale qui environne une personne, une réunion de personnes. → **climat, milieu.** *Il avait l'impression d'une ambiance hostile.* – *Musique d'ambiance,* discrète et agréable. **2·** Fam. *Il y a de l'ambiance ici,* une atmosphère gaie, pleine d'entrain. ▶ **ambianceur, euse** n. En Afrique. Personne qui aime faire la fête, qui met de l'animation dans une fête.

ambiant, ante [ɑ̃bjɑ̃, ɑ̃t] adj. Qui entoure de tous côtés, constitue le milieu où on se trouve. *L'air ambiant. La température ambiante.* ▷ **ambiance**

ambidextre [ɑ̃bidɛkstʀ] adj. et n. Qui utilise avec la même aisance sa main droite ou sa main gauche. *Un champion de tennis ambidextre* : à la fois droitier et gaucher.

ambigu, uë [ɑ̃bigy] adj. Qui présente deux ou plusieurs sens possibles, dont l'interprétation est incertaine. → **ambivalent,** ① **équivoque.** *Elle s'est contentée d'une réponse ambiguë.* – (Personnes) Dont la nature, les intentions peuvent s'interpréter différemment. *Un geste, un sourire ambigu.* ▶ **ambiguïté** [ɑ̃biɡɥite] n. f. **1·** Caractère de ce qui est ambigu. → **ambivalence,** ② **équivoque.** *L'ambiguïté d'une phrase* → **amphibologie,** *d'une situation. Lever une ambiguïté.* **2·** (Une, des ambiguïtés) Expression ambiguë. ▶ **ambigument** adv. Littér. De manière ambiguë.

ambitieux, euse [ɑ̃bisjø, øz] adj. **1·** Qui a de l'ambition, désire passionnément réussir. *Une femme ambitieuse.* – N. *L'ambitieux n'est jamais satisfait.* **2·** (Choses) Qui marque trop d'ambition. → **présomptueux, prétentieux.** *Il faut renoncer à cet ambitieux projet.* ▶ **ambitieusement** adv. Avec ambition.

ambition [ɑ̃bisjɔ̃] n. f. **1·** Désir ardent d'obtenir les biens qui peuvent flatter l'amour-propre : pouvoir, honneurs, réussite. *Avoir de l'ambition. Il manque d'ambition.* – (Avec *de* + infinitif) *Il a l'ambition de réussir.* **2·** Désir, souhait quant à l'avenir personnel. *Toute mon ambition est maintenant de me retirer à la campagne.* → **désir.** ▶ **ambitionner** v. tr. < conjug. 1 > Rechercher par ambition. *Il ambitionnait la première place.* → **briguer.** – (Avec *de* + infinitif) Souhaiter vivement. *J'ambitionne de vous faire plaisir.* ▷ **ambitieux**

ambivalence [ɑ̃bivalɑ̃s] n. f. Caractère de ce qui comporte deux composantes de sens contraire ou de ce qui se présente sous deux aspects. *L'ambivalence de ses sentiments pour lui.* ▶ **ambivalent, ente** adj. Qui présente une ambivalence. → **ambigu.**

ambre [ɑ̃bʀ] n. m. Résine fossilisée, dure, jaune, transparente. *Collier d'ambre. Fume-cigarette à bout d'ambre.* ▶ **ambré, ée** adj. Qui a un reflet jaune. *Tons ambrés.*

ambroisie [ɑ̃bʀwazi] n. f. Nourriture des dieux de l'Olympe, source d'immortalité. → **nectar.**

ambulance [ɑ̃bylɑ̃s] n. f. Véhicule automobile aménagé pour le transport des malades ou des blessés dans les hôpitaux. *Être transporté en ambulance à l'hôpital.* ▶ **ambulancier, ière** n. Conducteur(trice) d'une ambulance.

ambulant, ante [ɑ̃bylɑ̃, ɑ̃t] adj. Qui se déplace pour exercer à divers endroits son activité professionnelle. *Comédiens, musiciens ambulants. Marchand de glaces ambulant.* ▷ **déambuler**

① **âme** [ɑm] n. f. **1·** Principe spirituel de l'être humain, conçu dans la religion comme séparable du corps, immortel et jugé par Dieu. *Sauver, perdre son âme. Dieu ait son âme !* – *Les âmes des morts. Attribuer une âme aux choses.* → **animisme.** **2·** Ensemble de la sensibilité et de la pensée (opposé au *corps*). *Se donner corps et âme,* tout entier. *De toute son âme.* → **cœur.** *Rendre l'âme,* mourir. **3·** Conscience morale. *La paix de l'âme. Grandeur d'âme.* **4·** Psychisme, esprit. *État d'âme* : scrupule. – Loc. *Sans états d'âme,* sereinement, froidement. **5·** Être vivant, personne. *Je n'ai pas rencontré âme qui vive,* je n'ai rencontré personne. *Avoir charge* d'âme. Une ville de plus de dix mille âmes.* **6·** Personne qui anime une entreprise collective. *Il était l'âme de la conjuration.* **7·** *Âme damnée,* personne dévouée à une autre jusqu'à se perdre, se damner.

② **âme** n. f. Évidement intérieur (d'une bouche à feu,...). *L'âme d'un canon, d'un fusil.* – *L'âme d'un violon.*

améliorer [ameljɔʀe] v. tr. < conjug. 1 > Rendre meilleur, plus satisfaisant, changer en mieux. → **perfectionner.** *Il veut améliorer sa situation. Améliorer un texte, une traduction.* – ***S'améliorer*** v. pron. : devenir meilleur. *Ce vin s'améliore avec l'âge.* → se **bonifier.** *Leurs relations se sont améliorées.* / contr. se détériorer / ▶ **amélioration** n. f. Action de rendre meilleur, de changer en mieux ; fait de devenir meilleur, plus satisfaisant. → **progrès.** *L'amélioration de sa situation, de son sort, de son état de santé. Aucune amélioration du temps en perspective. Il s'est produit une amélioration dans les relations de ces deux pays.* / contr. aggravation, détérioration /

amen [amɛn] interj. *Dire amen à :* acquiescer sans discuter. *Il dit amen à tout ce qu'elle dit, à tout ce qu'elle fait.* – REM. Les prières chrétiennes se terminent par *Amen,* mot qui signifie «oui, ainsi soit-il».

aménager [amenaʒe] v. tr. <conjug. 3> **1·** Disposer et préparer méthodiquement en vue d'un usage déterminé. → **agencer, arranger.** *Le rez-de-chaussée avait été aménagé en laboratoires.* **2·** Adapter pour rendre plus efficace. *Aménager l'enseignement, un projet.* ▶ **aménagement** n. m. **1·** Action, manière d'aménager (1). → **agencement, arrangement, disposition, distribution, organisation.** *L'aménagement d'un paquebot, d'une usine, d'un quartier à urbaniser.* **2·** Action d'aménager (2). *L'aménagement des horaires de travail.* → **modification, transformation.**

amende [amɑ̃d] n. f. **1·** Peine pécuniaire prononcée en matière civile, pénale, ou fiscale. → **contravention.** *Payer une amende. Infliger une amende à qqn.* – Fam. *Vous serez mis à l'amende,* se dit pour menacer d'une punition légère ou fictive. **2·** *Faire amende honorable,* reconnaître ses torts, demander pardon. ≠ amande.

1 **amender** [amɑ̃de] v. tr. <conjug. 1> **1·** Rendre plus fertile (une terre). **2·** Modifier par amendement (2). *Amender un projet.* ▶ **amendement** n. m. **1·** Opération visant à améliorer les propriétés physiques d'un sol ; substance incorporée au sol à cet effet. → **engrais, fumure.** **2·** Modification proposée à un texte soumis à une assemblée délibérante. *Voter un amendement.*

2 **s'amender** v. pron. <conjug. 1> Se corriger de ses fautes. *Elle s'est amendée en vieillissant.*

amène [amɛn] adj. Littér. Plein d'aménité. → **aimable.** *Des propos amènes.* ▷ **aménité**

amener [amne] v. tr. <conjug. 5> **1·** Mener (qqn) à un endroit ou auprès d'une personne. *Amener qqn à, chez qqn. Il reçoit tous les gens que je lui amène. Amenez votre sœur. Qu'est-ce qui vous amène ici ?,* vous fait venir. – Loc. *Mandat d'amener,* ordre de comparaître devant un juge. **2·** *Amener qqn à* (+ infinitif). Conduire, entraîner petit à petit (à quelque acte ou état). *Je l'amènerai à partager notre point de vue.* **3·** Abstrait. Diriger, conduire. *N'amenons pas la conversation sur ce sujet.* – *Savoir amener un dénouement.* → **ménager, préparer.** *C'est bien amené.* **4·** (Suj. chose) Avoir pour suite assez proche (sans qu'il s'agisse d'une conséquence nécessaire). → **occasionner.** *Cela pourrait t'amener des ennuis.* **5·** Fam. *S'amener* v. pron. : venir, arriver. *Amène-toi ici !* **6·** Tirer à soi. *Pêcheur qui amène son filet. Amener les voiles,* les abaisser. ▶ **amenée** n. f. Action d'amener l'eau (surtout dans *canal, tuyaux d'amenée*). ▷ **ramener**

aménité [amenite] n. f. Amabilité pleine de charme d'une personne amène*. *Être plein d'aménité. Traiter qqn sans aménité,* durement.

aménorrhée [amenɔʀe] n. f. Absence de règles chez une femme en âge d'être réglée.

amenuiser [amənɥize] v. tr. <conjug. 1> **1·** Littér. Rendre plus mince, plus fin. → **amincir.** *Ses cheveux longs amenuisaient son visage.* **2·** *S'amenuiser* v. pron. : devenir plus petit. → **diminuer.** *Ses ressources s'amenuisent.* ▶ **amenuisement** n. m. *L'amenuisement du niveau de vie.*

amer, ère [amɛʀ] adj. **1·** Qui produit au goût une sensation âpre, désagréable (ex. : *la bile*) ou stimulante. *Saveur amère. Confiture d'oranges amères. Apéritif amer* (un *amer,* n. m.). **2·** Abstrait. Qui engendre, marque l'amertume. → **douloureux, pénible, triste.** *Ce fut une amère déception. Il m'a fait d'amers reproches. Il est très amer,* ses paroles sont amères. ▶ **amèrement** adv. *Il se plaint amèrement de votre silence.* ▷ **amertume**

américain, aine [ameʀikɛ̃, ɛn] adj. **1·** De l'Amérique. *Le continent américain.* **2·** Des États-Unis d'Amérique. *La politique américaine.* – N. *Les Américains.* – N. m. *L'américain,* la langue anglaise des États-Unis. ▶ **américaniser** v. tr. <conjug. 1> Revêtir, marquer d'un caractère américain (2). – Pronominalement (réfl.). *Un monde qui s'américanise.* ▶ **américanisation** n. f. Action d'américaniser, fait de s'américaniser. ▶ **américanisme** n. m. Locution, manière de s'exprimer propre à l'anglais d'Amérique du Nord, et spécialt des États-Unis. – Emprunt à l'américain. ▷ **anglo-américain**

amérindien, ienne [ameʀɛ̃djɛ̃, jɛn] adj. et n. Des Indiens d'Amérique. *Les langues amérindiennes.* – N. *Les Amérindiens.*

amerrir [ameʀiʀ] v. intr. <conjug. 2> (Hydravion, cabine spatiale) Se poser à la surface de l'eau. ▶ **amerrissage** n. m. *L'amerrissage d'un hydravion.*

amertume [amɛʀtym] n. f. **1·** Saveur amère. → **âpreté.** *La légère amertume des endives.* **2·** Sentiment durable de tristesse mêlée de rancœur, lié à une humiliation, une déception, une injustice du sort. → **découragement, dégoût, mélancolie.** *Il pensait avec amertume à toutes ces belles années perdues.*

améthyste [ametist] n. f. Pierre précieuse violette, variété de quartz.

ameublement [amœbləmɑ̃] n. m. Ensemble des meubles d'un logement, considéré dans son agencement. → **décoration, mobilier.** *L'ameublement du salon est original. Tissus d'ameublement.*

ameublir [amœbliʀ] v. tr. < conjug. 2 > Rendre meuble (le sol). *Ameublir la terre avant de la cultiver.* ▶ **ameublissement** n. m. *L'ameublissement d'une terre avec une charrue.*

ameuter [amøte] v. tr. < conjug. 1 > Alerter, inquiéter (un groupe de personnes) par un comportement inhabituel. *Ses cris ont ameuté tout le quartier.* – *Ameuter la foule contre qqn,* la soulever. – Pronominalement. *S'ameuter* : s'attrouper (dans une intention hostile). ▷ **rameuter**

1 **ami, ie** [ami] n. 1· Personne avec laquelle on est lié d'amitié (→ **aimer**). *C'est ma meilleure amie. Nous étions entre amis. Un ami d'enfance. Il lui a parlé en ami.* – *Faire ami-ami avec qqn,* des démonstrations d'amitié. – *Prix d'ami,* avantageux. – *Mon cher ami, ma chère amie,* termes d'affection ou de politesse. 2· Par euphém. Amant, maîtresse. *Il est venu avec son amie.* – *Un petit ami, une petite amie,* un flirt ; un amant, une maîtresse. 3· Personne qui est bien disposée, a de la sympathie envers une autre ou une collectivité. *Je viens en ami et non en ennemi. Ce sont des amis de la France,* des francophiles. – (Compl. chose) *Les amis du livre,* les bibliophiles. ▷ 2 **ami, à l'amiable, amical, amitié**

2 **ami, ie** adj. 1· Lié d'amitié. *Il est très ami avec elle.* – *Les pays amis,* alliés. *Être ami de l'ordre,* y être attaché. 2· D'un ami ; digne d'amis. → **amical.** *Une main amie. Une maison amie.* → **accueillant.**

à l'amiable [alamjabl] loc. adv. Par voie de conciliation. *Un arrangement à l'amiable serait préférable à un procès.*

amiante [amjɑ̃t] n. m. Variété fibreuse d'un minéral du groupe des silicates ; fibres extraites de ce minéral, insensibles à l'action d'un foyer ordinaire, ne fondant qu'au chalumeau. *Grille-pain en amiante. L'amiante est cancérigène.* ▷ **désamianter**

amibe [amib] n. f. Protiste des eaux douces et salées, qui se déplace à l'aide de pseudopodes, pourvu d'un noyau et se reproduisant par division indirecte. *Certaines amibes sont parasites de l'homme.*

amical, ale, aux [amikal, o] adj. Qui manifeste, traduit de l'amitié. *Il a été amical avec moi. Nos relations sont amicales. Un geste amical. Un regard, un air amical.* / contr. hostile, inamical / – *Une réunion amicale,* d'amis. ▶ **amicalement** adv. *Nous avons causé amicalement.* ▶ **amicale** n. f. Association de personnes ayant une même profession, une activité. *Amicale des anciens élèves de l'école.* ▷ **inamical**

amidon [amidɔ̃] n. m. Glucide emmagasiné par les organes de réserve des végétaux, sous forme de granulés qui, broyés avec de l'eau chaude, fournissent un empois. *Empeser une chemise à l'amidon.* ▶ **amidonner** v. tr. < conjug. 1 > Empeser à l'amidon. – Au p. p. adj. *Col amidonné.* ▶ **amidonnage** n. m. *L'amidonnage d'un col de chemise.*

amincir [amɛ̃siʀ] v. < conjug. 2 > 1· V. tr. Faire paraître plus mince. *Sa robe noire l'amincissait.* / contr. épaissir / 2· V. intr. Devenir mince. *Elle a beaucoup aminci.* → **mincir.** ▶ **amincissement** n. m. Fait de paraître, d'être plus mince.

aminé, ée [amine] adj. *Acide aminé,* constituant essentiel de la matière vivante.

amiral, ale, aux [amiʀal, o] n. Personne ayant le grade le plus élevé dans la marine. – Adj. *Vaisseau amiral,* ayant à son bord un amiral, le chef d'une formation navale. ▶ **amirauté** n. f. Corps des amiraux ; haut commandement de la marine ; siège de ce commandement. ▷ **contre-amiral, vice-amiral**

amitié [amitje] n. f. 1· Sentiment réciproque d'affection ou de sympathie qui ne se fonde ni sur les liens du sang, ni sur l'attrait sexuel (→ **ami**). *Se lier d'amitié avec qqn. J'ai de l'amitié pour lui.* – Relations amicales. *L'amitié entre deux pays.* → **entente.** 2· Marque d'affection, témoignage de bienveillance. *J'espère que vous nous ferez l'amitié de venir.* – Au plur. *Faites-lui toutes mes amitiés,* dites-lui de ma part bien des choses affectueuses.

ammoniac [amɔnjak] n. m. Combinaison gazeuse d'azote et d'hydrogène, gaz à odeur piquante. ▶ **ammoniaque** [amɔnjak] n. f. Solution aqueuse d'ammoniac employée notamment pour le dégraissage des étoffes et dans les détergents. → **alcali.**

amnésie [amnezi] n. f. Perte totale ou partielle de la mémoire. ▶ **amnésique** adj. Atteint d'amnésie. – N. *Un amnésique.*

amnios [amnjos] n. m. Annexe embryonnaire qui tapisse la cavité où se trouve l'embryon (mammifères, oiseaux, reptiles). ▶ **amniotique** [amnjɔtik] adj. Didact. *Liquide amniotique,* dans lequel baigne le fœtus à l'intérieur de l'utérus maternel (cour. *les eaux*).

amnistie [amnisti] n. f. Acte du pouvoir législatif prescrivant l'oubli officiel d'une ou plusieurs catégories d'infractions et annulant leurs conséquences pénales. → **grâce.** *Loi d'amnistie.* ▶ **amnistier** v. tr. <conjug. 7> Faire bénéficier d'une amnistie (des délinquants ou des délits).

amocher [amɔʃe] v. tr. <conjug. 1> Fam. Abîmer, blesser. *Se faire amocher.* – Pronominalement (réfl.). *Elle s'est bien amochée,* elle a enlaidi ; elle s'est blessée.

amoindrir [amwɛ̃dʀiʀ] v. tr. <conjug. 2> Diminuer la force, la valeur, l'importance de (qqch.). → **réduire.** *Je ne cherche pas à amoindrir son mérite.* / contr. augmenter / – *S'amoindrir* v. pron. : décroître, diminuer. *Ses forces s'amoindrissent.* ▶ **amoindrissement** n. m. Diminution, réduction.

amollir [amɔliʀ] v. tr. <conjug. 2> Rendre mou, moins ferme. – Au passif. *L'asphalte était amolli par la chaleur.* → **ramollir.** / contr. durcir / – Sans compl. (Personnes) *La paresse amollit.* – Pronominalement. *S'amollir. La cire s'amollit à la chaleur.* – (Personnes) *Il s'amollit dans l'oisiveté.* ▶ **amollissant, ante** adj. Qui ôte l'énergie. → **affaiblissant.** *Cette vie facile est trop amollissante.* ▶ **amollissement** n. m. Action d'amollir, état de ce qui est amolli. ▷ **ramollir**

amonceler [amɔ̃sle] v. tr. <conjug. 4> **1·** Réunir en monceau, en tas. → **entasser.** *Amonceler des feuilles mortes.* – Pronominalement (réfl.). *Les nuages s'amoncelaient au couchant.* → s'**amasser.** **2·** Accumuler. *Il amoncelle des documents.* ▶ **amoncellement** n. m. Entassement, accumulation. *Un amoncellement de rochers, de lettres.*

amont [amɔ̃] n. m. Partie d'un cours d'eau comprise entre un point considéré et sa source. *En allant vers l'amont. **En amont** de* : au-dessus de (tel point d'un cours d'eau). / contr. aval / Fig. Ce qui vient avant (dans une chaîne d'opérations). *Les décisions, les produits d'amont, qui sont en amont.*

amoral, ale, aux [amɔʀal, o] adj. Qui est étranger au domaine de la moralité. *Les lois de la nature sont amorales.* ≠ immoral.

amorce [amɔʀs] n. f. **1·** Produit jeté dans l'eau pour amorcer le poisson. *Le blé, le pain, le sang, les vers de terre servent d'amorces.* **2·** Petite masse de matière détonante servant à provoquer l'explosion d'une charge de poudre ou d'explosif ; dispositif de mise à feu. → **détonateur.** **3·** Abstrait. Manière d'entamer, de commencer. → **commencement, début, ébauche.** *Cette rencontre pourrait être l'amorce d'une négociation véritable.* ▶ **amorcer** v. tr. <conjug. 3> **1·** Garnir d'un appât. *Amorcer l'hameçon, la ligne.* – Attirer (le poisson) en répandant des amorces (1). **2·** Garnir d'une amorce (une charge explosive). *Amorcer un pistolet.* **3·** *Amorcer une pompe,* la mettre en état de fonctionner en remplissant d'eau le corps. **4·** Commencer à percer (un trou, une ouverture). **5·** Commencer à effectuer (qqch.), mettre en train. *Amorcer un virage. Impossible d'amorcer aucune conversation. Amorcer des négociations.* ▶ **amorçage** n. m. Action ou manière d'amorcer. ▷ **désamorcer**

amorphe [amɔʀf] adj. **1·** Qui n'a pas de forme cristallisée propre. *Les roches volcaniques dites vitreuses sont amorphes.* – Qui n'est pas structuré. **2·** (Personnes) Sans réaction, sans énergie. / contr. dynamique / *Elle est amorphe. L'opinion publique est amorphe.* → **inerte.**

amortir [amɔʀtiʀ] v. tr. <conjug. 2> **1·** Rendre moins violent, atténuer l'effet de. → **affaiblir.** *Tampons destinés à amortir un choc.* – Au p. p. *Les bruits me parvenaient amortis par l'humidité.* **2·** Éteindre (une dette) par amortissement (financier). *Il ne peut amortir ses dettes.* **3·** Reconstituer le capital employé à l'achat d'un bien grâce aux bénéfices tirés de ce bien. *Amortir un outillage.* ▶ **amortissement** n. m. **1·** Action d'amortir (1). *L'amortissement d'un choc.* **2·** *Amortissement financier,* extinction graduelle d'une dette. **3·** Action d'amortir (3). *L'amortissement d'une voiture, d'un réfrigérateur.* ▶ **amortisseur** n. m. Dispositif destiné à amortir la violence d'un choc, la trépidation d'une machine. *Les amortisseurs d'une automobile.*

amour [amuʀ] n. m. **1·** Inclination envers une personne, le plus souvent à caractère passionnel, fondée sur l'instinct sexuel, mais entraînant des comportements variés (→ **aimer**). *L'amour qu'il a pour elle. Chagrin d'amour. Un mariage d'amour. Vivre un grand amour.* → **passion.** – Au plur. Liaison, aventure amoureuse. *Comment vont tes amours ? À vos amours !* (formule de souhait). *De brèves amours.* → **amourette, aventure, passade.** **2·** *Faire l'amour* : avoir des relations sexuelles. → vulg. **baiser.** *Elle ne voulait plus faire l'amour avec lui.* **3·** Personne aimée. *Mon amour, écris-moi.* – Fam. *Vous seriez un amour si,* vous seriez très gentil de. **4·** Personnification mythologique de l'amour. *Peindre des amours. Elle est jolie comme un amour.* – Fam. *Un amour de petit chapeau,* un très joli petit chapeau. **5·** Disposition à vouloir le bien d'un autre que soi et à se dévouer à lui. *L'amour du prochain.* → **altruisme, philanthropie.** *L'amour de Dieu.* / contr. haine / **6·** Affection entre les membres d'une famille. *L'amour maternel, paternel, filial, fraternel,* de la mère, du père (envers les enfants), des enfants (envers les parents), des frères (envers les frères et sœurs). **7·** Attachement désintéressé et profond à une valeur. *L'amour de la vérité. Avoir l'amour de son métier.*

– *Faire une chose avec amour,* avec le soin, le souci de perfection de qui aime son travail. **8·** Goût très vif (pour une chose, une activité qui procure du plaisir). → **passion.** *L'amour de la nature. L'amour du gain, des voyages.* / contr. aversion / **9·** *Cote d'amour.* → **cote.** ▶ **s'amouracher** v. pron. < conjug. 1 > Péj. Tomber amoureux. → se **toquer.** *Elle s'est amourachée de son voisin.* ▶ **amourette** n. f. Amour passager, sans conséquence. → **béguin.** *Ce n'est qu'une amourette.* ▶ **amoureux, euse** adj. **1·** Qui éprouve de l'amour, qui aime. *Il est amoureux d'elle.* → **épris.** – N. *C'est mon amoureux. Les deux amoureux se prenaient par la main.* **2·** Propre à l'amour, qui marque de l'amour. *La vie amoureuse de Casanova. Des regards amoureux.* **3·** Qui a un goût très vif pour (qqch.). → **fervent, fou, passionné.** *Tu deviens amoureux de la nature.* ▶ **amoureusement** adv. **1·** Avec amour, tendrement. *Il lui parlait amoureusement.* **2·** Avec amour, avec un soin tout particulier. *Il avait amoureusement classé ses timbres.* ▶ **amour-propre** n. m. Sentiment vif de la dignité et de la valeur personnelle, qui fait qu'un être souffre d'être mésestimé et désire s'imposer à l'estime d'autrui. → **fierté.** *Des blessures, des satisfactions d'amour-propre. Il a trop d'amour-propre* (→ **susceptible**). *Ménager, froisser l'amour-propre de qqn.* ▷ **mamours**

amovible [amɔvibl] adj. **1·** (Fonctionnaire, magistrat) Qui peut être déplacé, changé d'emploi, révoqué. / contr. inamovible / **2·** Qu'on peut enlever ou remettre à volonté. *Housses amovibles pour sièges de voitures.*

ampère [ɑ̃pɛʀ] n. m. Unité d'intensité des courants électriques (symb. *A*). ▶ **ampérage** n. m. Intensité de courant électrique. *Une lampe de faible ampérage.* ≠ voltage.

amphétamine [ɑ̃fetamin] n. f. Médicament employé comme excitant du système nerveux central. *Dopage aux amphétamines.*

amph(i)- Élément signifiant « des deux côtés, en double », ou « autour ». (Voir ci-dessous.)

amphi n. m. → **amphithéâtre.**

amphibie [ɑ̃fibi] adj. **1·** Capable de vivre à l'air ou dans l'eau, entièrement émergé ou immergé. *La grenouille est amphibie.* – N. m. Animal amphibie. **2·** Qui peut être utilisé sur terre ou dans l'eau. *Voiture, char amphibie.*

amphibologie [ɑ̃fibɔlɔʒi] n. f. Double sens présenté par une proposition (ex. : *louer un appartement*). → **ambiguïté, équivoque.**

amphigourique [ɑ̃figuʀik] adj. (Discours) Confus, peu compréhensible. → **embrouillé, incompréhensible.**

amphithéâtre [ɑ̃fiteɑtʀ] n. m. **1·** Vaste édifice circulaire antique, à gradins étagés, occupé au centre par une arène. – *En amphithéâtre,* se dit de ce qui s'étage sur une pente. *Ville en amphithéâtre.* **2·** Salle de cours en gradins dans une université. – Abrév. fam. **amphi,** n. m. *Des amphis.*

amphitryon [ɑ̃fitʀijɔ̃] n. m. Littér. Hôte qui offre à dîner. *Des amphitryons.*

amphore [ɑ̃fɔʀ] n. f. Vase antique à deux anses, à pied étroit.

ample [ɑ̃pl] adj. **1·** Qui est plus large qu'il n'est nécessaire. → **large.** *Manteau ample* (opposé à *cintré, ajusté*). **2·** D'une amplitude (2) considérable. *Une ample oscillation.* **3·** Abondant, qui se développe largement. *C'est un sujet, une matière très ample.* / contr. étroit, restreint / ▶ **amplement** adv. D'une manière large, plus que suffisante. → **largement.** *Je lui ai amplement rendu ce que je lui devais.* ▶ **ampleur** n. f. **1·** Largeur étendue au-delà du nécessaire. *Donner de l'ampleur à une jupe.* **2·** Amplitude. *L'ampleur lente de ses mouvements.* **3·** Caractère de ce qui est abondant, qui a une grande extension ou importance. *Le mouvement, la manifestation a pris de l'ampleur. Devant l'ampleur du désastre.* ▷ **amplifier, amplitude**

amplifier [ɑ̃plifje] v. tr. < conjug. 7 > **1·** Augmenter les dimensions, l'intensité de. *Amplifier un son.* – ***S'amplifier*** v. pron. : prendre plus d'amplitude, d'ampleur. *Les oscillations s'amplifièrent. La musique s'amplifiait.* **2·** Développer en ajoutant des détails. *Amplifier une idée.* – Péj. Embellir, exagérer. *Il amplifie tout ce qu'il dit.* ▶ **amplification** n. f. *L'amplification d'un son. L'amplification d'un scandale.* ▶ **amplificateur** n. m. **1·** Appareil destiné à augmenter l'amplitude d'un phénomène (oscillations électriques en particulier). **2·** Élément d'une chaîne acoustique qui précède les haut-parleurs. – Abrév. fam. **ampli.** *Un ampli de 100 watts. Des amplis.*

amplitude [ɑ̃plityd] n. f. **1·** Distance entre les points extrêmes d'un arc, d'une courbe. **2·** Éloignement maximum, par rapport à sa valeur d'équilibre, d'une quantité qui varie de façon oscillatoire autour de cette valeur. *L'amplitude d'une onde.*

ampoule [ɑ̃pul] n. f. **I· 1·** Tube de verre effilé et fermé destiné à la conservation d'une dose déterminée de médicament liquide ; son contenu. *Prendre une ampoule de fortifiant matin et soir.* **2·** Globe de verre contenant le filament des lampes à incandescence, les électrodes des tubes électroniques. *Ampoule électrique. L'ampoule est grillée, il faut la changer. Ampoule à vis, à baïonnette.* – *Ampoule basse consomma-*

*tion**. *Ampoules LED.* **II·** Cloque de la peau formée par une accumulation de sérosité. *Avoir des ampoules aux mains, aux pieds.*

ampoulé, ée [ɑ̃pule] adj. (Style, expression) Emphatique, boursouflé. / contr. simple / *Un discours ampoulé.*

amputer [ɑ̃pyte] v. tr. < conjug. 1 > **1·** Faire l'amputation de (un membre, etc.). → **couper.** – *Amputer qqn,* lui enlever un membre. *On l'a amputé d'un bras.* **2·** Couper, retrancher ; priver par suppression, retranchement. → **diminuer, mutiler.** *La pièce a été amputée de plusieurs scènes.* ▶ **amputation** n. f. **1·** Opération chirurgicale consistant à couper un membre, un segment de membre, une partie saillante. *Procéder à l'amputation d'un bras.* **2·** Retranchement, perte d'une certaine importance. *Ce serait une amputation de son capital.* ▶ **amputé, ée** adj. et n. *Blessé amputé.* – N. Personne qui a subi une amputation. *Un amputé.*

amulette [amylɛt] n. f. Petit objet qu'on porte sur soi comme porte-bonheur. → **fétiche.**

amuse-gueule [amyzgœl] n. m. invar. Fam. Petit sandwich, biscuit salé, etc., servi avec l'apéritif. *Servir des amuse-gueule.*

amuser [amyze] v. tr. < conjug. 1 > **I· 1·** Distraire agréablement. → **divertir.** *Un rien l'amuse.* **2·** Retenir l'attention pour empêcher de surveiller. *Tu amuseras le caissier pendant qu'on ouvrira le coffre.* **II·** *S'amuser* v. pron. réfl. **1·** Se distraire agréablement. → **se divertir, jouer.** *Les enfants s'amusent bien.* / contr. s'ennuyer / *Il s'amuse avec son chien. Il s'amuse à découper des photos. S'amuser à faire qqch.,* le faire par jeu. **2·** Perdre son temps à des riens. *L'étape est longue, il ne faudra pas s'amuser en route.* ▶ **amusant, ante** adj. Qui amuse, est propre à amuser. → **divertissant, drôle, réjouissant ;** fam. **marrant, rigolo.** *Jeu amusant. Vous riez ? Cela n'a rien d'amusant. Il n'est pas amusant,* il est sérieux, triste. / contr. ennuyeux, triste / ▶ **amusé, ée** adj. Qui traduit un état de gaieté mêlée d'ironie. *Un regard, un ton amusé.* ▶ **amusement** n. m. **1·** Caractère de ce qui amuse. *Faire qqch. par amusement.* **2·** Distraction agréable, divertissement. *Les amusements des enfants.* ▶ **amusette** n. f. Passe-temps qu'on ne prend pas au sérieux. ▶ **amuseur, euse** n. Personne qui amuse, distrait (une société, un public). ▷ **amuse-gueule**

amygdale [amidal] n. f. Chacun des deux organes (glandes) formés de tissus producteurs de lymphocytes et situés sur la paroi latérale du pharynx. *Elle s'est fait opérer des amygdales et des végétations.*

an [ɑ̃] n. m. **1·** (Précédé d'un adjectif numéral cardinal) Période de douze mois qui se succèdent à partir de n'importe quel moment. *Il a vécu (pendant) cinq ans à Paris. Je reviendrai dans un an. Je ne l'ai pas vu depuis deux ans. Il y a un an que... Un an avant, après, plus tard. Un contrat de cinq ans.* **2·** (Précédé d'un adjectif numéral cardinal) Sert à mesurer l'âge, à partir de la naissance. *Il a quarante ans. Un homme de trente ans, âgé de trente ans. Il a dans les soixante ans.* – REM. L'expression *dans les* ne s'emploie que pour un âge assez avancé. – *Il va sur ses vingt ans. Sa voiture a cinq ans.* **3·** (Avec l'article et suivi d'un numéral cardinal) Sert à indiquer une date dans un calendrier. *L'an mille. En l'an 300 avant Jésus-Christ.* – Loc. fam. *S'en moquer comme de l'an quarante,* complètement. **4·** (Avec l'article, sans numéral) Période de douze mois commençant le 1er janvier. *Le Jour de l'An, le premier de l'an,* le 1er janvier. *Tous les ans,* chaque année. **5·** (Sans article) ***Par an*** *:* chaque espace de douze mois. *Il gagne tant par an.* **6·** ***Bon an, mal an*** loc. adv. : en faisant la moyenne des bonnes et des mauvaises années. ▷ **annales, année, anniversaire, annuaire, annuel, annuité,** d'**antan, bisannuel, suranné**

an- → **a-.**

anabolisant, ante [anabɔlizɑ̃, ɑ̃t] adj. et n. m. (Médicament) qui favorise le développement des systèmes musculaire et osseux. *Substance anabolisante.* – N. m. *Les anabolisants.*

anachorète [anakɔʀɛt] n. Religieux(se) contemplatif(ve) qui se retire dans la solitude. → **ermite.** *Mener une vie d'anachorète,* vivre en solitaire.

anachronisme [anakʀɔnism] n. m. **1·** Confusion de dates, entre ce qui appartient à une époque et ce qui appartient à une autre. *Anachronismes dans le décor et les costumes de théâtre.* **2·** Caractère de ce qui est anachronique, d'un autre âge ; chose, usage, institution anachronique. → **survivance.** ▶ **anachronique** adj. **1·** Entaché d'anachronisme. **2·** Qui est déplacé à son époque, qui est d'un autre âge. *Cette façon d'élever les enfants est anachronique.* → **désuet, périmé.**

anacoluthe [anakɔlyt] n. f. Didact. Rupture ou discontinuité dans la construction d'une phrase.

anaconda [anakɔ̃da] n. m. Grand serpent d'Amérique du Sud, voisin du boa (nom zoologique *eunecte,* n. m.). *Des anacondas.*

anaérobie [anaeʀɔbi] adj. **1·** Qui peut vivre dans un milieu privé d'air (micro-organisme). / contr. aérobie / **2·** Capable de fonctionner sans air (propulseur).

anagramme [anagʀam] n. f. Mot obtenu par transposition des lettres d'un autre mot (ex. : Marie-aimer).

anal, ale, aux [anal, o] adj. Qui appartient, est relatif à l'anus. → **rectal.** – *Stade anal,* stade de la libido antérieur au stade génital, selon Freud.

analgésique [analʒezik] adj. Qui supprime ou atténue la sensibilité à la douleur. → **antalgique.** – N. m. *La morphine est un analgésique.*

analogie [analɔʒi] n. f. **1·** Ressemblance établie par l'imagination entre deux ou plusieurs objets de pensée essentiellement différents. → **association, rapport.** *Il y a une analogie entre ces deux situations. Raisonnement par analogie,* qui conclut d'une ressemblance à une autre ressemblance. **2·** Langage. Action assimilatrice qui fait que certaines formes changent sous l'influence d'autres formes auxquelles elles sont associées dans l'esprit et qui détermine des créations conformes à des modèles préexistants. *« Vous disez » (incorrect) est formé par analogie avec « vous lisez ».* ▶ **analogique** adj. *Rapport analogique entre deux choses.* ▶ **analogue** adj. et n. m. **1·** Adj. Qui présente une analogie. → **comparable, semblable.** *J'ai eu une idée analogue (à la vôtre).* **2·** N. m. Être ou objet analogue à un autre. → **correspondant, équivalent.** *Ce terme n'a pas d'analogue en français.*

analphabète [analfabɛt] adj. et n. Qui ne sait ni lire ni écrire. → **illettré.** – N. *Un, une analphabète.* ▶ **analphabétisme** n. m. État d'analphabète ; ensemble des analphabètes d'un pays. ≠ **illettrisme.**

analyse [analiz] n. f. **1·** Opération intellectuelle consistant à décomposer une œuvre, un texte en ses éléments essentiels, afin d'en saisir les rapports et de donner un schéma de l'ensemble. → **abrégé, sommaire.** – Division d'une proposition en mots *(analyse grammaticale),* ou d'une phrase en propositions *(analyse logique),* dont on détermine la nature et la fonction. **2·** En sciences. Action de décomposer un mélange dont on sépare les constituants, ou une combinaison dont on recherche ou dose les éléments. /contr. synthèse/ *Analyse du sang, des urines.* **3·** Méthode ou étude comportant un examen discursif en vue de discerner les éléments. *L'analyse de la situation politique. Analyse des sentiments.* – Loc. *En dernière analyse,* au terme de l'analyse, au fond. **4·** Psychanalyse. *Être en cours d'analyse.* **5·** Calcul infinitésimal (différentiel et intégral). **6·** Opération de logique consistant à remonter d'une proposition à d'autres propositions reconnues pour vraies d'où on puisse ensuite la déduire. → méthode, raisonnement **analytique.** ▶ **analysable** adj. Qui peut être analysé. *Cette sensation était trop vive pour être analysable.* ▶ **analyser** v. tr. <conjug. 1> **1·** Faire l'analyse de. *Il est difficile d'analyser la situation politique. Analyser l'eau d'une source. Il analyse tout ce qu'il éprouve.* → **disséquer, étudier, examiner.** – Pronominalement (réfl.). ***S'analyser*** : analyser ses sentiments. *Il s'analyse trop.* **2·** Psychanalyser. ▶ **analyste** n. **1·** Mathématicien versé dans l'analyse. **2·** Personne habile en matière d'analyse (3). *Cet écrivain est un excellent analyste des sentiments et des situations.* **3·** Psychanalyste. ▶ **analytique** adj. **1·** Qui appartient à l'analyse mathématique. *Géométrie analytique,* application de l'algèbre à la géométrie. **2·** Qui procède par analyse. *Esprit analytique,* qui considère les choses dans leurs éléments plutôt que dans leur ensemble. /contr. synthétique/ **3·** Qui constitue une analyse, un sommaire. *Table analytique.* **4·** Psychanalytique. ▷ **psychanalyse**

anamorphose [anamɔʀfoz] n. f. Image déformée (d'un objet) que donne un miroir courbe. – Représentation picturale volontairement déformée, que seul un miroir courbe permet de rétablir.

ananas [anana(s)] n. m. invar. Gros fruit oblong, écailleux, brun-rouge, qui porte une touffe de feuilles à son sommet, et dont la pulpe est sucrée et très parfumée ; la plante qui le porte. *Ananas en tranches. Jus d'ananas.*

anaphore [anafɔʀ] n. f. Répétition d'un mot en tête de plusieurs membres de phrase, pour obtenir un effet de renforcement ou de symétrie.

anarchie [anaʀʃi] n. f. **1·** Désordre résultant d'une absence ou d'une carence d'autorité, et d'une absence de règles ou d'ordres précis. *Le pays est dans l'anarchie. Quelle anarchie dans ce service !* **2·** Anarchisme. ▶ **anarchique** adj. *Une gestion anarchique.* ▶ **anarchiquement** adv. *Les pavillons se sont développés anarchiquement.* ▶ **anarchisme** n. m. Conception politique qui tend à supprimer l'État, à éliminer de la société tout pouvoir disposant d'un droit de contrainte sur l'individu. *L'anarchisme de Proudhon.* ▶ **anarchiste** n. et adj. **1·** Partisan de l'anarchisme ; membre d'un parti se réclamant de cette doctrine (abrév. fam. ***anar.*** *Les **anars***). → **libertaire.** **2·** Personne qui rejette toute autorité, toute règle. **3·** Adj. *Des opinions anarchistes.*

anastomose [anastɔmoz] n. f. Communication entre deux vaisseaux, deux conduits de même nature ou deux nerfs.

anathème [anatɛm] n. m. **1·** Excommunication majeure prononcée contre les hérétiques ou les ennemis de la foi catholique. – Personne frappée de cette excommunication. **2·** Littér. *Jeter l'anathème sur...*, condamner. *Ils jettent l'anathème sur les gouvernements.* ▶ **anathématiser** v. tr. < conjug. 1 > **1·** Frapper d'anathème (1). → **excommunier.** **2·** Littér. Condamner avec force, maudire.

anatomie [anatɔmi] n. f. **1·** Étude scientifique, par la dissection ou d'autres méthodes, de la structure et de la forme des êtres organisés ainsi que des rapports entre leurs différents organes. → **morphologie.** *Anatomie humaine, animale, végétale. Un cours d'anatomie. Anatomie artistique,* étude des formes extérieures du corps en vue de la représentation par l'art. **2·** Structure de l'organisme étudié par l'anatomie (1). *Caractères généraux de l'anatomie d'un crustacé.* **3·** Fam. Les formes extérieures (de qqn). *Il a une belle anatomie.* ▶ **anatomique** adj. Relatif à l'anatomie. *Planche anatomique du cœur.*

ancêtre [ɑ̃sɛtʀ] n. m. **1·** Au sing. Personne qui est à l'origine d'une famille, dont qqn descend. – Au plur. *Les ancêtres,* les ascendants au-delà du grand-père. **2·** Initiateur lointain, devancier. → **précurseur.** *Considérer Lautréamont comme un ancêtre du surréalisme.* **3·** Au plur. Ceux qui ont vécu avant nous, les hommes des siècles passés. *Nos ancêtres les Gaulois.* ▶ **ancestral, ale, aux** [ɑ̃sɛstʀal, o] adj. Qui a appartenu aux ancêtres, qu'on tient des ancêtres. *Des traditions, des croyances ancestrales.*

anche [ɑ̃ʃ] n. f. Languette mobile dont les vibrations produisent le son dans les instruments dits *à anche* (clarinette, saxophone, etc.). ≠ hanche.

anchois [ɑ̃ʃwa] n. m. invar. Petit poisson de mer commun en Méditerranée, qu'on consomme surtout mariné et salé. *Filets d'anchois à l'huile.*

ancien, ienne [ɑ̃sjɛ̃, jɛn] adj. **1·** Qui existe depuis longtemps, qui date d'une époque bien antérieure. → **vieux.** *Une coutume très ancienne.* / contr. récent / *Acheter un meuble ancien chez un antiquaire.* / contr. moderne / – N. *Aimer l'ancien,* les objets anciens. – *Un ancien, une ancienne,* personne âgée. *Le foyer des anciens.* **2·** (Personnes) Qui a de l'ancienneté (2). *Il est plus ancien que moi dans le métier.* **3·** (Devant le nom) Qui a été autrefois tel et ne l'est plus. → ② **ex-.** / contr. nouveau / *L'ancien préfet des Hauts-de-Seine. Une ancienne maîtresse.* **4·** Qui a existé il y a longtemps et n'existe plus. → **antique, passé.** / contr. actuel / *Un ancien modèle. L'Ancien Régime,* la monarchie avant la révolution de 1789. *Les peuples anciens,* de l'Antiquité. *L'histoire ancienne,* l'histoire de ces peuples. Loc. fam. *C'est de l'histoire ancienne,* c'est du passé. – N. *Les anciens,* les peuples anciens, les auteurs anciens. ▶ **anciennement** adv. Dans les temps anciens, autrefois. / contr. actuellement, aujourd'hui / ▶ **ancienneté** n. f. **1·** Caractère de ce qui existe depuis longtemps. *L'ancienneté d'un bâtiment, d'une coutume.* **2·** Temps passé dans une fonction ou un grade, à compter de la date de la nomination. *Avancement à l'ancienneté.*

ancillaire [ɑ̃si(l)lɛʀ] adj. Littér. Se dit d'amours, de liaisons avec des servantes.

ancolie [ɑ̃kɔli] n. f. Plante ornementale, dont les fleurs bleues, blanches ou roses ont des pétales terminés en éperon.

ancre [ɑ̃kʀ] n. f. Forte pièce d'acier suspendue à une chaîne, que l'on jette au fond de l'eau pour qu'elle s'y fixe et retienne le navire. *Jeter, lever l'ancre.* – Loc. fam. *Lever l'ancre,* s'en aller. ≠ encre. ▶ **ancrer** v. tr. < conjug. 1 > **1·** Fixer solidement. **2·** Fig. Enraciner. – Au p. p. adj. *Des préjugés ancrés dans l'esprit.* – Pronominalement (réfl.). *Il ne faut pas laisser s'ancrer dans l'opinion l'idée qu'une guerre nous menace.* ≠ encrer. ▶ **ancrage** n. m. Action, manière d'ancrer, d'attacher à un point fixe. → **fixation.** – Fig. *L'ancrage d'un parti dans une société.* ≠ encrage.

andante [ɑ̃dɑ̃t ; ɑndɑnte] n. m. Mouvement musical modéré, le second d'une sonate. *De beaux andantes.*

andouille [ɑ̃duj] n. f. **1·** Charcuterie à base de boyaux de porc ou de veau, coupés en lanières et enserrés dans une partie du gros intestin, qui se mange froide, en hors-d'œuvre. *Andouille fumée.* **2·** Fam. Niais, imbécile. *Quelle andouille, ce garçon ! Cesse de faire l'andouille.* ▶ **andouillette** n. f. Petite andouille fraîche qui se mange grillée.

andouiller [ɑ̃duje] n. m. Ramification des bois du cerf et des animaux de la même famille (permettant de déterminer l'âge de l'animal).

andro-, -andre, -andrie Éléments savants signifiant « homme, mâle ». ▶ **androgyne** [ɑ̃dʀɔʒin] adj. et n. m. Individu qui présente certains des caractères sexuels du sexe opposé. → **hermaphrodite.** ▶ **androgynie** n. f. Caractère d'un individu androgyne. ▶ **androïde** adj. et n. Qui ressemble à un homme. *Robot androïde.* – N. *Un androïde.* ▷ **polyandre, scaphandre**

âne [ɑn] n. m. **1·** Mammifère domestique, plus petit que le cheval, à grosse tête et longues oreilles, à robe généralement grise. → **baudet, bourricot.** *L'âne brait.* – Loc. *Têtu comme un âne.* **2·** *Dos d'âne,* bosse sur une route. **3·** Individu à l'esprit borné, incapable de rien comprendre. → **bête, ignorant.** *C'est un âne.* **4·** *Bonnet d'âne,* bonnet de papier figurant une tête d'âne dont on affublait les cancres pour les humilier. ▷ **ânerie, ânesse, ânon, coq-à-l'âne**

anéantir [aneɑ̃tiʀ] v. tr. < conjug. 2 > **1**· Détruire au point qu'il ne reste rien. → **exterminer, ruiner.** *Anéantir des troupes.* **2**· Plonger dans un abattement total. → **abattre.** *L'émotion l'a anéanti.* – Par exagér. Au p. p. *Je suis anéanti,* à la fois stupéfait et consterné. **3**· *S'anéantir* v. pron. : disparaître complètement. → **s'écrouler, sombrer.** *Ce projet s'est anéanti dans l'oubli.* ▶ **anéantissement** n. m. **1**· Destruction complète. *L'anéantissement de l'ennemi.* **2**· Abattement total. → **accablement, prostration.**

anecdote [anɛkdɔt] n. f. **1**· Petite histoire curieuse ou amusante à propos d'une chose accessoire. *Son récit était plein d'anecdotes.* **2**· *L'anecdote,* le détail ou l'aspect secondaire, sans généralisation et sans portée. *Ce peintre ne s'élève pas au-dessus de l'anecdote.* ▶ **anecdotier, ière** n. Littér. Historien(ne) qui aime les anecdotes. ▶ **anecdotique** adj. **1**· Qui contient des anecdotes. *Histoire anecdotique.* **2**· Péj. Qui constitue une anecdote, ne présente pas d'intérêt général. *Détail anecdotique. Peinture anecdotique.*

anémie [anemi] n. f. **1**· Appauvrissement du sang, caractérisé par la diminution notable des globules rouges et provoquant un état de faiblesse et d'abattement. **2**· Fig. Dépérissement, crise. *L'anémie de la production.* ▶ **anémier** v. tr. < conjug. 7 > **1**· Rendre anémique. → **affaiblir, épuiser.** *Ce régime l'a beaucoup anémiée.* **2**· Fig. Surtout au p. p. *Un pays anémié par le ralentissement de l'activité économique.* ▶ **anémiant, ante** adj. Qui anémie. ▶ **anémique** adj. **1**· Atteint d'anémie. *Elle était pâle et anémique.* **2**· Dépourvu de fermeté, de force. *Un style anémique.*

anémone [anemɔn] n. f. Plante herbacée à fleurs rouges, roses, violettes. *Anémone des jardins.*

ânerie [ɑnʀi] n. f. Propos ou acte stupide. → **bêtise, sottise.** *Vous dites une ânerie. Faire des âneries.*

ânesse [ɑnɛs] n. f. Femelle de l'âne.

anesthésie [anɛstezi] n. f. Suppression de la sensibilité et, spécialt, de la sensibilité à la douleur, obtenue par l'emploi des anesthésiques. → **insensibilisation.** *Anesthésie générale, locale.* ▶ **anesthésier** v. tr. < conjug. 7 > **1**· Provoquer l'anesthésie de (un organisme, un organe), en soumettant à l'action d'un anesthésique. → **endormir, insensibiliser.** **2**· Littér. Apaiser, endormir. ▶ **anesthésique** adj. et n. m. Se dit d'une substance médicamenteuse employée pour obtenir une anesthésie générale ou locale. – *Un anesthésique* (cocaïne, éther, protoxyde d'azote, etc.). ▶ **anesthésiste** n. Médecin ou infirmier(ière) qui pratique l'anesthésie. – En appos. *Elle est médecin anesthésiste.*

aneth [anɛt] n. m. Plante aromatique proche du fenouil. *Saumon à l'aneth.*

anévrisme [anevʀism] n. m. Poche résultant de l'altération de la paroi d'une artère. *La rupture d'un anévrisme. Une rupture d'anévrisme.*

anfractuosité [ɑ̃fʀaktɥozite] n. f. Surtout au plur. Cavités profondes et irrégulières. → **creux, enfoncement.** *Les anfractuosités d'une côte rocheuse.*

ange [ɑ̃ʒ] n. m. **1**· Dans la religion chrétienne. Être spirituel, intermédiaire entre Dieu et l'homme, ministre et messager des volontés divines. *Anges gardiens,* appelés à protéger chacun des humains. **2**· Loc. *C'est son ange gardien,* la personne qui veille sur lui, le guide et le protège en tout. – Spécialt. *Les anges gardiens d'un chef d'État* (policiers en civil → **gorille**). – *Le bon, le mauvais ange de qqn,* la personne qui exerce une bonne, une mauvaise influence sur qqn. *Une patience d'ange,* exemplaire, infinie. *Être aux anges,* dans le ravissement. *Un ange passe,* se dit quand il se produit dans une conversation un silence gêné et prolongé. **3**· Personne parfaite. *Sa femme est un ange. Mon ange,* terme d'affection. ▶ [1] **angélique** adj. **1**· Propre aux anges. **2**· Digne d'un ange, qui évoque la perfection, l'innocence de l'ange. → **céleste, parfait, séraphique.** *Une douceur, un sourire angélique.* / contr. diabolique / ▶ **angelot** n. m. Petit ange représenté dans l'art religieux. ▷ **archange**

[2] **angélique** n. f. Tige confite d'une plante ombellifère, qu'on met dans la pâtisserie.

angélus [ɑ̃ʒelys] n. m. invar. Prière qui se dit le matin, à midi et le soir ; son de la cloche qui l'annonce aux fidèles. *Sonner l'angélus. Des angélus.*

angine [ɑ̃ʒin] n. f. **1**· Inflammation de la gorge. **2**· *Angine de poitrine,* douleurs dans la région du cœur, accompagnées d'angoisse, dues à une insuffisance coronarienne.

angio- Élément de mots savants, signifiant « vaisseau, veine ou artère ». ▶ **angiome** [ɑ̃ʒjom] n. m. Malformation, lésion bénigne des vaisseaux sanguins ou lymphatiques. ▶ **angioscopie** [ɑ̃ʒjɔskɔpi] n. f. Exploration des vaisseaux sanguins à l'aide d'un endoscope. ▶ **angiospermes** [ɑ̃ʒjɔspɛʀm] n. f. pl. Sous-embranchement des plantes à organes de reproduction apparents, comprenant les plantes à ovules enclos et à graines enfermées dans des fruits.

anglais, aise [ɑ̃glɛ, ɛz] adj. et n. **1·** De l'Angleterre (au sens étendu de Grande-Bretagne). → **britannique.** *Le peuple anglais.* – N. *Les Anglais.* **2·** N. m. Langue du groupe germanique, parlée principalement en Grande-Bretagne, aux États-Unis → **américain,** et dans tout l'ancien Empire anglais. **3·** *À l'anglaise. Filer à l'anglaise,* sans prendre congé et sans être aperçu. → en **douce.** – *Pommes* (de terre) *à l'anglaise,* cuites à la vapeur. **4·** N. f. pl. *Anglaises :* longues boucles de cheveux verticales roulées en spirale. ▷ **anglic-, franglais**

angle [ɑ̃gl] n. m. **1·** Saillant ou rentrant formé par deux lignes ou deux surfaces qui se coupent. → **arête, coin, encoignure.** *Les angles d'un meuble. À l'angle de la maison, de la rue.* **2·** Figure formée par deux lignes ou deux surfaces qui se coupent, mesurée en degrés (→ **-gone**). *Le sommet et les côtés d'un angle. Angle droit, aigu, obtus.* **3·** *Sous un (certain) angle,* d'un certain point de vue. → **aspect.** *Si l'on étudie l'histoire sous cet angle.* ▷ **angulaire, anguleux, rectangle, triangle**

anglic-, anglo- Éléments initiaux de mots qui signifient « anglais ». ▶ **anglicanisme** [ɑ̃glikanism] n. m. Religion officielle de l'Angleterre, établie à la suite de la rupture d'Henri VIII avec Rome au XVIᵉ s., sorte de compromis entre le catholicisme et le calvinisme. ▶ **anglican, ane** adj. *Église anglicane.* – N. *Un anglican,* un adepte de l'anglicanisme. ▶ **angliche** [ɑ̃gliʃ] adj. et n. Fam. Anglais, anglaise. ▶ **angliciser** [ɑ̃glisize] v. tr. < conjug. 1 > Rendre anglais d'aspect. – *S'angliciser* v. pron. : prendre un air, un caractère anglais. *La mode s'anglicise.* ▶ **anglicisme** n. m. **1·** Locution propre à la langue anglaise. **2·** Emprunt à la langue anglaise. ▶ **angliciste** n. Spécialiste de la langue, la littérature et la civilisation anglaises. ▶ **anglo-américain** adj. et n. Relatif à la fois à l'Angleterre (ou à la Grande-Bretagne) et aux États-Unis. – N. m. La langue anglaise parlée aux États-Unis. ▶ **anglomanie** n. f. Goût incontrôlé pour tout ce qui est anglais. ▶ **anglo-normand, ande** adj. **1·** Qui réunit des éléments anglais et normands. *Les îles anglo-normandes,* l'archipel britannique de la Manche. **2·** N. m. Dialecte français *(langue d'oïl)* qui était parlé des deux côtés de la Manche au Moyen Âge. ▶ **anglophile** adj. Spécialt en politique. Qui a ou marque de la sympathie pour les Anglais, les Britanniques. / contr. anglophobe / *Dispositions anglophiles.* ▶ **anglophilie** n. f. ▶ **anglophobe** adj. Qui déteste les Anglais. / contr. anglophile / *Des sentiments anglophobes.* ▶ **anglophobie** n. f. *Un courant d'anglophobie.* ▶ **anglophone** adj. et n. Qui est de langue anglaise. *L'Afrique anglophone.* – N. *Un, une anglophone.* ▶ **anglo-saxon, onne** adj. et n. Relatif aux peuples de civilisation britannique. *Le monde anglo-saxon.* – N. *Les Anglo-Saxons.*

angoisse [ɑ̃gwas] n. f. Malaise psychique et physique, né du sentiment de l'imminence d'un danger. → **anxiété, inquiétude, peur.** *L'angoisse de la mort. Des frissons d'angoisse. Demander qqch. avec angoisse.* ▶ **angoisser** v. tr. < conjug. 1 > Inquiéter au point de faire naître l'angoisse. / contr. apaiser / ▶ **angoissant, ante** adj. Qui cause de l'angoisse. *La situation est angoissante.* ▶ **angoissé, ée** adj. Qui éprouve ou exprime de l'angoisse. *Être angoissé par une épreuve avant un examen. Un regard angoissé.* – N. *Un, une angoissé(e).* → **anxieux.**

angora [ɑ̃gɔʀa] adj. et n. **1·** Se dit de races d'animaux (chèvres, chats, lapins) aux poils longs et soyeux. *Des chattes angoras.* – *Un, une angora.* **2·** *Laine angora,* textile fait de ces poils. – N. m. *De l'angora. Pull-over en angora.*

angström ou **angstrœm** [ɑ̃gstʀøm] n. m. Unité de longueur employée en microphysique (1/10 000 de micromètre). *Des angströms.*

anguille [ɑ̃gij] n. f. **1·** Poisson d'eau douce qui se reproduit dans la mer, de forme très allongée, à peau visqueuse et glissante. **2·** Loc. *Il y a anguille sous roche,* il y a une chose qu'on nous cache et que nous soupçonnons.

angulaire [ɑ̃gylɛʀ] adj. **1·** Qui forme un angle. *Forme angulaire.* **2·** Loc. fig. *Pierre angulaire,* élément fondamental.

anguleux, euse [ɑ̃gylø, øz] adj. Qui présente des angles, des arêtes vives. *Il a une figure anguleuse.*

anhydride [anidʀid] n. m. *Anhydride d'un acide,* corps qui, une fois combiné avec l'eau, donne cet acide.

anicroche [anikʀɔʃ] n. f. Petite difficulté qui accroche, arrête. → **incident.** *Tout s'est bien passé, à part quelques petites anicroches.*

1 **animal, aux** [animal, o] n. m. **1·** Être vivant organisé, doué de sensibilité et qui peut se mouvoir (opposé aux *végétaux*). *L'homme, les bêtes sont des animaux.* → **bête.** *Animaux sauvages, domestiques. Étude des animaux.* → **zoologie.** *Société protectrice des animaux* (S. P. A.). **2·** Injure faible. Personne grossière, stupide. *Rien à faire avec cet animal-là !* ▶ **animalcule** n. m. Vx. Animal microscopique. ▶ **animalier** n. m. Peintre, sculpteur d'animaux. – En appos. *Un peintre animalier.*

2 **animal, ale, aux** adj. **1·** Qui a rapport à l'animal (opposé au *végétal*). *Règne animal. Chaleur animale.* **2·** Qui, en l'homme, est propre à l'animal. → **physique.** *L'instinct sexuel est animal.* Spécialt. Bestial. **3·** Qui est propre à l'animal (à l'exclusion de l'homme). *La communication animale.* ▶ **animalité** n. f. La partie animale de l'homme. → **bestialité.**

animateur, trice [animatœʀ, tʀis] n. **1·** Personne qui anime une entreprise, une société par son ardeur et son allant. *L'animateur d'une équipe sportive.* **2·** Personne qui présente et commente un spectacle ou une émission (radio, télévision). **3·** Technicien responsable de l'animation (1) d'un film. **4·** Personne qui dirige certaines activités culturelles. *L'animateur d'un centre de loisirs.*

animation [animasjɔ̃] n. f. **1·** Méthode permettant de donner, par une suite d'images (dessins, personnages en pâte à modeler, etc., pris image par image), l'impression du mouvement. *Cinéma, film d'animation* (→ dessins* animés). **2·** Caractère de ce qui est animé (4). *Discuter avec animation.* → **chaleur, vivacité.** *Il y a beaucoup d'animation dans ce quartier.* → **mouvement.** *Mettre de l'animation dans une réunion.* → **entrain.** **3·** Méthodes de conduite d'un groupe qui favorisent la participation de ses membres à la vie collective. *S'occuper de l'animation dans un lycée.* → **animateur** (4). ▷ **réanimation**

animer [anime] v. tr. < conjug. 1 > **1·** Douer (qqch., un lieu) de vie ou de mouvement. – Pronominalement. *La rue s'anime.* **2·** Donner l'impulsion à (une entreprise), être à l'origine de l'activité. → **diriger.** *Animer une entreprise, un spectacle.* **3·** (Suj. chose) Donner de l'éclat, de la vivacité à. → **aviver.** *La joie animait son regard.* – Pronominalement (réfl.). *La conversation s'anime.* **4·** (Sentiments) Inspirer, mener (qqn). *L'espérance qui l'anime.* – Au passif et p. p. adj. *Il est animé des meilleures intentions.* ▶ **animé, ée** adj. **1·** Doué de vie. → **vivant.** / contr. inanimé / *Les êtres animés.* **2·** Qui donne l'impression de la vie, est plein de mouvement. → **agité.** *Des rues très animées. Un quartier peu animé.* **3·** Doté de mouvement. *Dessins animés.* → **dessin.** **4·** Qui est plein de vivacité, d'éclat. *Une conversation animée.* ▷ **inanimé, ranimer, réanimer**

animisme [animism] n. m. Attitude consistant à attribuer aux choses une âme analogue à l'âme humaine. ▶ **animiste** n. et adj. *Sociétés, religions animistes.* – N. *Un, une animiste.*

animosité [animozite] n. f. Sentiment persistant de malveillance qui porte à nuire à qqn, à lui adresser des paroles acerbes. *Je le dis sans animosité. Avoir de l'animosité contre, envers qqn.* / contr. bienveillance /

anis [ani(s)] n. m. invar. **1·** Plante ombellifère cultivée pour ses propriétés aromatiques et médicinales. **2·** Boisson alcoolisée à l'anis (dite boisson *anisée*). **3·** Bonbon à l'anis. *Une boîte d'anis.* ▶ **anisette** n. f. Liqueur préparée avec des graines d'anis.

ankylose [ɑ̃kiloz] n. f. Diminution ou impossibilité absolue des mouvements d'une articulation naturellement mobile. / contr. souplesse / ▶ **s'ankyloser** v. pron. < conjug. 1 > Être atteint d'ankylose. – Perdre de sa rapidité de réaction, de mouvement, par suite d'une immobilité, d'une inaction prolongée. ▶ **ankylosé, ée** adj. Atteint d'ankylose. → **raide.** *J'ai les jambes ankylosées d'être resté accroupi.*

annales [anal] n. f. pl. **1·** Ouvrage rapportant les événements dans l'ordre chronologique, année par année. → **chronique.** **2·** Histoire. *Cet assassin est célèbre dans les annales du crime.* **3·** Titre de revues, de recueils périodiques. *Annales de géographie.*

anneau [ano] n. m. **1·** Cercle de matière dure qui sert à attacher ou retenir. → **boucle.** *Anneaux de rideau. L'anneau d'un porte-clefs. Anneau gastrique,* posé chirurgicalement autour d'une partie de l'estomac pour réduire l'absorption d'aliments. **2·** *Les anneaux,* cercles métalliques fixés à l'extrémité de deux cordes suspendues au portique. → **agrès.** *Mouvements, exercices aux anneaux.* **3·** Petit cercle d'or, d'argent, de platine qu'on met au doigt (à l'*annulaire*). *Anneau de mariage.* → **alliance, bague.** **4·** Surface comprise entre deux cercles concentriques. *Anneau sphérique,* volume engendré par la rotation d'un segment de cercle autour d'un diamètre de ce cercle. ▷ **annelé, annulaire**

année [ane] n. f. **1·** Temps d'une révolution de la Terre autour du Soleil (365 jours 1/4). **2·** (Précédé d'un adj. numéral cardinal, d'un article, d'un indéfini) Période de douze mois qui se succèdent à partir de n'importe quel moment. *Pendant une année. Il est resté quelques années, plusieurs années. D'une année à l'autre. Il revient chaque année. Des années d'attente.* – Temps correspondant à douze mois. *Il faut bien une année pour achever la construction.* **3·** (Avec l'article et suivi d'un numéral cardinal à valeur ordinale) Sert à indiquer une date. *L'année 1900. Les années 20, 30,* entre 1920 et 1929, 1930 et 1939. **4·** Période de douze mois qui commence le 1er janvier (appelée *année civile,* opposée à *année scolaire*). *L'année en cours. L'année précédente, prochaine. En quelle année ? L'année dernière. Souhaiter à qqn la (une) bonne année le*

1er *janvier.* **5·** Période d'activité, d'une durée inférieure à une année, mais considérée d'année en année. *Année scolaire, théâtrale.* **6·** (Précédé d'un ordinal) Sert à indiquer l'âge. (Précédé d'un possessif) *Notre fils est dans sa dixième année,* il va avoir dix ans. – Sert à indiquer la durée d'une occupation, d'un état. *C'est la troisième année que je le connais. Elle est en première année de droit.* ▶ **année-lumière** n. f. Unité astronomique de distance ; distance parcourue par la lumière en une année. *Trois années-lumière.*

annelé, ée [anle] adj. Disposé en anneaux. – En zoologie. *Vers annelés* (ou *annélides*).

annexe [anɛks] adj. et n. f. **I·** Qui est rattaché à qqch. de plus important, à l'objet principal. → **accessoire, secondaire.** / contr. essentiel / *Les pièces annexes d'un dossier.* **II·** N. f. **1·** Bâtiment annexe. *Loger à l'annexe de l'hôtel.* **2·** Pièce, document annexe. *Les annexes d'un dossier.* ▶ **annexer** v. tr. < conjug. 1 > **1·** Joindre à un objet principal une chose qui en devient la dépendance. → **incorporer, rattacher.** *Annexer des pièces à un dossier.* **2·** Faire passer sous sa souveraineté (l'ensemble ou une partie d'un État). *L'Autriche annexa la Bosnie-Herzégovine.* **3·** *S'annexer qqch.*, s'attribuer, s'approprier qqch. *Elle s'est annexé le meilleur morceau.* ▶ **annexion** n. f. *L'annexion de la Savoie à la France.* → **rattachement.**

annihiler [aniile] v. tr. < conjug. 1 > **1·** Réduire à rien, rendre sans effet. → **anéantir, annuler, détruire.** *Une difficulté inattendue a annihilé ses efforts.* **2·** Briser, paralyser la volonté de (qqn). *L'émotion l'annihile.* ▶ **annihilation** n. f. *L'annihilation de ses efforts.*

anniversaire [anivɛʀsɛʀ] n. m. Jour qui ramène le souvenir d'un événement arrivé à pareil jour une ou plusieurs années auparavant (donnant lieu généralement à une fête). *Aujourd'hui, c'est mon anniversaire* (de naissance). *Offrir un cadeau d'anniversaire. Le cinquantième anniversaire de leur mariage. Célébrer le centième anniversaire d'un événement.* – REM. On ne dit pas *commémorer un anniversaire.* – Adj. *Jour anniversaire.*

annoncer [anɔ̃se] v. tr. < conjug. 3 > **1·** Faire savoir, porter à la connaissance. → **apprendre, communiquer, publier.** *Annoncer une bonne, une mauvaise nouvelle. Il lui annonça que Jacques était parti.* **2·** Signaler (qqn) comme arrivant, se présentant. *L'hôtesse d'accueil annonce les visiteurs.* **3·** Prédire. *Les prophètes annonçaient la venue du Messie.* **4·** (Suj. chose) Indiquer comme devant prochainement arriver ou se produire. *Cette petite fleur annonce le printemps. Ce début n'annonce rien de bon.* **5·** *S'annoncer* v. pron. : apparaître comme devant prochainement se produire. *La crise s'annonce de toutes parts.* – Se présenter comme un bon ou mauvais début. *Ça s'annonce plutôt mal !* ▶ **annonce** n. f. **1·** Avis par lequel on fait savoir qqch. au public, verbalement ou par écrit. → **communication, nouvelle.** *L'annonce de leur mariage a surpris tout le monde.* – *Effet d'annonce,* effet produit sur l'opinion par l'annonce d'une mesure. → **impact. 2·** Texte, publication qui donne cet avis. *Insérer une annonce.* – *Les petites annonces,* textes brefs, regroupés dans un journal, pour faire connaître des offres et des demandes (d'emploi, d'appartement, etc.). **3·** Ce qui annonce une chose. → **indice, présage, signe.** *Ce ciel noir est l'annonce de la pluie.* ▶ **annonceur, euse** n. **1·** N. m. Personne qui paie l'insertion d'une annonce dans un journal ou fait faire une émission publicitaire. **2·** *Annonceur, euse* : nom proposé pour remplacer *speaker, speakerine.* ▶ **annonciateur, trice** adj. Qui fait prévoir (qqch.). *Un signe annonciateur d'un changement politique.* ▶ **Annonciation** n. f. Fête religieuse catholique commémorant l'annonce faite à la Vierge Marie de sa conception miraculeuse.

annoter [anɔte] v. tr. < conjug. 1 > Accompagner (un texte) de notes critiques ; mettre sur (un livre) des notes personnelles. *Annoter une copie.* – Au p. p. *Exemplaire annoté par l'auteur.* ▶ **annotation** n. f. Surtout au plur. Note critique ou explicative qu'on inscrit sur un texte, un livre.

annuaire [anɥɛʀ] n. m. Recueil publié annuellement et qui contient des renseignements variables d'une année à l'autre. *L'annuaire du téléphone.* → **bottin.**

annuel, elle [anɥɛl] adj. **1·** Qui a lieu, revient chaque année. *Fête annuelle.* **2·** Qui dure un an seulement. *Plantes annuelles* (opposé à *plantes vivaces*). ▶ **annuellement** adv. Par an, chaque année.

annuité [anɥite] n. f. Plus souvent au plur. Paiement fait chaque année (capital emprunté et paiement des intérêts). *Rembourser par annuités.*

annulaire [anylɛʀ] n. m. Doigt auquel on met souvent un anneau, le quatrième à partir du pouce.

annuler [anyle] v. tr. < conjug. 1 > **1·** Déclarer ou rendre nul, sans effet. *Son mariage a été annulé. La cour a annulé le premier jugement. Annuler une commande, un rendez-vous.* **2·** *S'annuler* v. pron. récipr. : produire un résultat nul en s'opposant (comme un positif et un négatif). *Ces deux forces s'annulent.* → se **neutraliser.** ▶ **annulation** n. f. Décision par laquelle on annule un acte comme entaché de nullité ou inopportun. *Annulation* *d'un contrat.* → **abrogation, invalidation, révocation.** / contr. validation / *L'annulation d'une commande.*

anoblir [anɔbliʀ] v. tr. < conjug. 2 > Faire noble, en conférant un titre de noblesse. ≠ ennoblir. ▶ **anoblissement** n. m. Action d'anoblir.

anode [anɔd] n. f. Électrode positive (opposé à *cathode*).

anodin, ine [anɔdɛ̃, in] adj. **1**· (Choses) Inoffensif, sans danger. *Une blessure tout à fait anodine.* / contr. grave / **2**· Sans importance, insignifiant. *Un personnage bien anodin. Des propos anodins.*

anomal, ale, aux [anɔmal, o] adj. En sciences. Irrégulier. ≠ anormal. ▶ **anomalie** n. f. **1**· Déviation du type normal. → **difformité, monstruosité.** **2**· Écart par rapport à la normale ou à la valeur théorique (correspond à *anomal*). **3**· Bizarrerie, singularité ; exception à la règle (correspond à *anormal*). *L'anomalie d'un comportement.*

ânon [ɑnɔ̃] n. m. Petit de l'âne, petit âne.

ânonner [ɑnɔne] v. intr. < conjug. 1 > Lire, parler, réciter d'une manière pénible et hésitante. → **bredouiller.** – Transitivement. *Il ânonne un poème.*

anonyme [anɔnim] adj. **1**· (Personnes) Qui ne fait pas connaître son nom. *Le maître anonyme qui a peint ce tableau.* **2**· (Choses) Où l'auteur n'a pas laissé son nom, l'a caché. *Des lettres anonymes.* – *Société anonyme,* société par actions qui n'est désignée par le nom d'aucun des associés. **3**· Impersonnel, neutre. *Ses vêtements anonymes s'adaptaient à tous les décors.* ▶ **anonymat** n. m. État de la personne ou de la chose qui est anonyme. *Le généreux donateur a voulu garder l'anonymat.* ▶ **anonymement** adv. En gardant l'anonymat. ▶ **anonymiser** v. tr. < conjug. 1 > Rendre anonyme pour empêcher l'identification. – Au p. p. adj. *Des données anonymisées.*

anorak [anɔʀak] n. m. Veste courte à capuchon, imperméable. *Des anoraks* → **doudoune.**

anorexie [anɔʀɛksi] n. f. Diminution ou arrêt de l'alimentation par manque d'appétit ou refus de se nourrir. ▶ **anorexique** adj. et n. Qui souffre d'anorexie. *Jeune fille anorexique.*

anormal, ale, aux [anɔʀmal, o] adj. **1**· Qui n'est pas normal, conforme aux règles ou aux lois reconnues ; qui ne se produit pas habituellement. → **irrégulier ; bizarre, étrange, extraordinaire.** ≠ anomal. *L'évolution de la maladie est anormale. Vous auriez dû recevoir ma lettre, c'est anormal. Des bruits anormaux.* **2**· *Enfants anormaux* (arriérés, etc.). – N. Fam. *Un anormal,* un déséquilibré. ▶ **anormalement** adv. *Il est anormalement gai, aujourd'hui.*

anse [ɑ̃s] n. f. **1**· Partie recourbée et saillante de certains ustensiles, permettant de les saisir, de les porter. *L'anse d'un panier, d'une tasse.* **2**· Petite baie ⓘ peu profonde. → **crique.** ≠ hanse.

antagonisme [ɑ̃tagɔnism] n. m. État d'opposition de deux forces, de deux principes. → **conflit, opposition, rivalité.** *Antagonisme entre deux personnes. Un antagonisme d'intérêts.* ▶ **antagonique** adj. Qui est en antagonisme. *Intérêts antagoniques.* ▶ **antagoniste** adj. et n. Littér. Opposé, rival. *Des partis antagonistes.* – N. Adversaire, concurrent.

antalgique [ɑ̃talʒik] adj. et n. m. Qui calme la douleur. → **analgésique.**

d'**antan** [dɑ̃tɑ̃] loc. adj. invar. Littér. D'autrefois, du temps passé. *Les veillées d'antan.*

antarctique [ɑ̃taʀktik] adj. Se dit du pôle Sud et des régions qui l'environnent (opposé à *arctique*). – N. *L'Antarctique,* le continent antarctique.

anté- Élément savant signifiant « avant » et indiquant l'antériorité. ▷ **antécédent, antédiluvien, antépénultième, antéposer, antérieur, anticiper, antidater**

antécédent [ɑ̃tesedɑ̃] n. m. **1**· Mot représenté par le pronom qui le reprend. *Antécédent du relatif,* auquel se rapporte le relatif (ex. : *le train* que je prends). **2**· Souvent au plur. Faits antérieurs à une maladie, concernant la santé du sujet examiné, de sa famille. **3**· Généralt au plur. Chacun des actes, des faits appartenant au passé de qqn, en relation avec un aspect de sa vie actuelle. *Les mauvais antécédents de l'accusé.*

antéchrist [ɑ̃tekʀist] n. m. Ennemi du Christ qui, selon l'Apocalypse, viendra prêcher une religion hostile à la sienne un peu avant la fin du monde. *On considérait ce philosophe comme l'antéchrist.*

antédiluvien, ienne [ɑ̃tedilyvjɛ̃, jɛn] adj. **1**· Antérieur au Déluge. **2**· Fam. Très ancien, tout à fait démodé. *Une voiture antédiluvienne.*

antenne [ɑ̃tɛn] n. f. **1**· Appendice sensoriel à l'avant de la tête de certains arthropodes. *Antennes de papillon, de langouste.* – Loc. (Personnes) *Avoir des antennes,* une sensibilité très aiguë, de l'intuition. – *Avoir une antenne, des antennes quelque part,* une source, des sources de renseignements. **2**· Conducteur aérien destiné à rayonner ou à capter les ondes électromagnétiques. *Antenne de télévision. Antenne parabolique* (→ **parabole**). *Antenne-relais. Antenne satellite.* – Émission par ondes. *Vous êtes, à l'antenne. Garder, rendre l'antenne. Temps d'antenne* (d'une émission).

antépénultième [ɑ̃tepenyltjɛm] adj. Qui précède le pénultième ou avant-dernier.

antéposer [ɑ̃tepoze] v. tr. < conjug. 1 > Placer devant, à gauche de (un autre élément de la phrase). *Antéposer l'épithète.* – P. p. *Épithète antéposée.* / contr. postposer / ▶ **antéposition** n. f. Action d'antéposer.

antérieur, eure [ɑ̃teʀjœʀ] adj. **1·** Qui est avant, qui précède dans le temps. → **précédent.** *Rétablir l'état de choses antérieur.* / contr. ultérieur / – En grammaire. *Passé, futur antérieur.* **2·** Qui est placé en avant, devant (opposé à *postérieur*, ou en corrélation avec *inférieur* et *supérieur*). *La face antérieure de l'omoplate. Les membres antérieurs du cheval.* / contr. postérieur / ▶ **antérieurement** adv. *Antérieurement à ces faits.* / contr. postérieurement / ▶ **antériorité** n. f. Caractère de ce qui est antérieur (dans le temps).

anthère [ɑ̃tɛʀ] n. f. Botanique. Partie supérieure de l'étamine [2].

anthologie [ɑ̃tɔlɔʒi] n. f. Recueil de morceaux choisis en prose ou en vers. *Anthologie des poètes du XIXe siècle.* – *Morceau d'anthologie,* page brillante digne de figurer dans une anthologie.

anthracite [ɑ̃tʀasit] n. m. Charbon (houille) à combustion lente qui dégage beaucoup de chaleur. – Adj. invar. De la couleur gris foncé de l'anthracite. *Des pantalons anthracite.*

anthrax [ɑ̃tʀaks] n. m. invar. Tumeur inflammatoire, due à un staphylocoque, et qui affecte le tissu sous-cutané. *Des anthrax.*

-anthrope, anthropo- Éléments savants signifiant « homme ». ▶ **anthropocentrique** [ɑ̃tʀɔpɔsɑ̃tʀik] adj. Qui fait de l'homme le centre du monde. ▶ **anthropocentrisme** n. m. Philosophie anthropocentrique. ▶ **anthropoïde** [ɑ̃tʀɔpɔid] adj. et n. m. Qui ressemble à l'homme. *Singe anthropoïde.* – ***Un anthropoïde*** n. m. : singe de grande taille, le plus proche de l'homme. *Le gorille est un anthropoïde. Les anthropoïdes.* ▶ **anthropologie** n. f. Ensemble des sciences qui étudient l'homme en société. ▶ **anthropologique** adj. *La science anthropologique.* ▶ **anthropologue** n. Spécialiste de l'anthropologie. ▶ **anthropométrie** n. f. Technique de mensuration du corps humain et de ses diverses parties. ▶ **anthropométrique** adj. *Fiche, signalement anthropométrique.* ▶ **anthropomorphe** [ɑ̃tʀɔpɔmɔʀf] adj. En art. Qui représente un dieu, un animal, sous la forme d'un être humain. / contr. zoomorphe / ▶ **anthropomorphisme** n. m. Tendance à concevoir la divinité à l'image de l'homme, et à attribuer aux êtres et aux choses des réactions humaines. ▶ **anthropophage** [ɑ̃tʀɔpɔfaʒ] adj. et n. (Êtres humains) Qui mange de la chair humaine. *Tribu anthropophage.* – N. *Un, une anthropophage.* → **cannibale.** ▶ **anthropophagie** n. f. ▷ **misanthrope, philanthrope, pithécanthrope, sinanthrope**

anti- Élément savant exprimant l'opposition. (Voir ci-dessous les mots en *anti-*, sauf quelques-uns : *anticiper, antidater, antillais, antilope, antimoine, antiphonaire, antique.*)

antiaérien, ienne [ɑ̃tiaeʀjɛ̃, jɛn] adj. Qui s'oppose aux attaques aériennes. *Défense antiaérienne.* → **D. C. A.**

antialcoolique adj. Qui combat l'alcoolisme. *Ligue antialcoolique.*

antiatomique adj. Qui s'oppose aux effets nocifs des radiations atomiques. *Abri antiatomique.*

antiavortement [ɑ̃tiavɔʀtəmɑ̃] adj. invar. Qui s'oppose à l'avortement.

antibiorésistant, ante [ɑ̃tibjɔʀezistɑ̃, ɑ̃t] adj. (Bactérie) Qui résiste aux antibiotiques.

antibiotique [ɑ̃tibjɔtik] adj. et n. m. Qui s'oppose à la vie de certains micro-organismes. *Propriétés antibiotiques de la pénicilline.* – N. m. Médicament pour lutter contre les infections microbiennes. *La pénicilline est un antibiotique. Être sous antibiotiques. Résistant aux antibiotiques* (antibiorésistant).

antibrouillard adj. invar. *Phare antibrouillard,* qui éclaire par temps de brouillard. *Des phares antibrouillard.* – N. m. *Un antibrouillard. Des antibrouillard(s).*

anticancéreux, euse adj. Qui combat le cancer. / contr. cancérigène /

anticernes [ɑ̃tisɛʀn] n. m. Fard destiné à estomper les cernes sous les yeux.

antichambre n. f. Pièce d'attente placée à l'entrée d'un grand appartement, d'un bureau ministériel. → **vestibule.** *L'huissier le fit attendre dans l'antichambre.* – Loc. *Faire antichambre,* attendre d'être reçu.

antichar adj. Qui s'oppose à l'action des blindés. *Canons antichars.*

antichoc adj. invar. Qui protège des chocs. *Casques antichoc.*

anticiper [ɑ̃tisipe] v. < conjug. 1 > REM. *Anti-* veut dire « avant » ; → anté-. **1·** V. tr. Exécuter avant le temps déterminé. *Anticiper un paiement.* **2·** V. intr. *Anticiper sur,* empiéter sur, en entamant à l'avance. *Je ne veux pas anticiper sur le récit que j'écrirai plus tard.* – Sans compl. *N'anticipons pas,* respectons l'ordre de succession des faits. ▶ **anticipation** n. f. **1·** Exécution anticipée d'un acte. *Régler une dette par anticipation.* → **d'avance.** **2·** Mouvement de la pensée qui imagine ou vit d'avance un événement. → **prévision.** – *Littérature, roman, film d'anticipation,* dont le fantastique est emprunté aux réalités supposées de l'avenir. → **science-fiction.** ▶ **anticipé, ée** adj. Qui se fait avant la date prévue ou sans attendre l'événement. *Remboursement anticipé. Avec mes remerciements anticipés.*

anticlérical, ale, aux adj. Opposé à l'influence et à l'intervention du clergé dans la vie publique. ≠ antireligieux. – N. *C'est un anticlérical farouche.* ▶ **anticléricalisme** n. m. Attitude, politique anticléricale.

anticlinal, ale, aux [ɑ̃tiklinal, o] n. m. et adj. **1·** N. m. Pli convexe vers le haut (opposé à *synclinal*). **2·** Adj. D'un anticlinal. *Voûte anticlinale.*

anticolonialisme n. m. Opposition au colonialisme. ▶ **anticolonialiste** adj. et n. Hostile au colonialisme.

anticommunisme n. m. Hostilité, opposition au communisme. ▶ **anticommuniste** adj. et n. *Une campagne anticommuniste.*

anticonceptionnel, elle adj. et n. m. **1·** Qui concerne les moyens propres à empêcher la conception des enfants. *Propagande anticonceptionnelle.* **2·** N. m. Vx. → **contraceptif.**

anticonformisme n. m. Attitude opposée au conformisme. → **non-conformisme.** ▶ **anticonformiste** adj. et n. *Un, une anticonformiste.*

anticonstitutionnel, elle adj. Contraire à la Constitution. *Mesure anticonstitutionnelle.*

anticorps n. m. invar. Substance spécifique et défensive engendrée dans l'organisme par l'introduction d'un antigène, avec lequel elle se combine pour en neutraliser l'effet toxique. → **antitoxine.**

anticyclone n. m. Centre de hautes pressions atmosphériques (opposé à *cyclone*). *L'anticyclone des Açores.*

antidater v. tr. <conjug. 1> REM. *Anti-* veut dire «avant». Affecter d'une date antérieure à la date réelle. *Antidater une lettre.* / contr. postdater /

antidémocratique adj. Opposé à la démocratie ou à l'esprit démocratique.

antidépresseur n. m. Médicament utilisé dans le traitement de la dépression nerveuse. *Antidépresseurs et anxiolytiques.*

antidérapant, ante adj. Propre à empêcher le dérapage des véhicules. *Pneus antidérapants.*

antidiphtérique [ɑ̃tidifteʀik] adj. Propre à combattre la diphtérie.

antidote [ɑ̃tidɔt] n. m. **1·** Contrepoison. **2·** Abstrait. Remède contre un mal moral. *Un bon spectacle est un antidote contre l'ennui.*

antidrogue adj. invar. Qui est destiné à lutter contre le trafic et l'usage de la drogue. *Des mesures antidrogue.*

antienne [ɑ̃tjɛn] n. f. **1·** Refrain liturgique repris par le chœur entre chaque verset d'un psaume. **2·** Vieilli. Chose que l'on répète. → **refrain.** – Loc. *Chanter toujours la même antienne,* rabâcher, répéter. → **rengaine.**

antiesclavagiste [ɑ̃tiɛsklavaʒist] adj. Opposé à l'esclavage, aux esclavagistes.

antifasciste [ɑ̃tifaʃist] adj. Opposé au fascisme. *Déclarations antifascistes.* – N. *Les antifascistes.*

antigel n. m. Produit qui abaisse le point de congélation de l'eau. *Antigel pour radiateurs d'automobiles.*

antigène n. m. Toute substance qui peut engendrer des anticorps. *Antigènes microbiens.*

antigouvernemental, ale, aux adj. Qui est contre le gouvernement, dans l'opposition.

antigrippe adj. invar. Destiné à lutter contre la grippe. *Vaccin antigrippe.*

antillais, aise [ɑ̃tijɛ, ɛz] adj. et n. Relatif aux Antilles, aux habitants des Antilles. *Le créole antillais.* – N. *Une Antillaise.*

antilope [ɑ̃tilɔp] n. f. Mammifère ruminant, au corps svelte, aux hautes pattes grêles, à cornes en spirale (chez le mâle).

antimatière n. f. Matière supposée constituée d'*antiparticules* (particules qui annihilent celles de la matière).

antimilitarisme n. m. Opposition au militarisme. ▶ **antimilitariste** adj. et n. *Manifestation antimilitariste.*

antimite adj. Qui protège (les lainages, les fourrures) contre les mites. *Des produits antimites.* – N. m. *Un antimite.*

antimoine [ɑ̃timwan] n. m. Corps simple intermédiaire entre les métaux et les métalloïdes, cassant, argenté.

antimondialisation [ɑ̃timɔ̃djalizasjɔ̃] n. f. Mouvement d'opinion qui s'oppose au type de mondialisation de l'économie pratiqué par le capitalisme international. ≠ altermondialisme. ▶ **antimondialiste** adj. et n. ≠ altermondialiste.

antinomie [ɑ̃tinɔmi] n. f. Contradiction, opposition totale. *Il y a antinomie entre ces deux façons de voir.* / contr. accord / ▶ **antinomique** adj. *Deux principes antinomiques.* → **contradictoire, contraire.**

antipape n. m. Pape élu irrégulièrement, et non reconnu par l'Église romaine.

antiparasite adj. invar. Qui s'oppose à la production et la propagation des parasites. *Munir une automobile d'un dispositif antiparasite.*

antiparlementarisme n. m. Opposition au régime parlementaire.

antipathie [ɑ̃tipati] n. f. Aversion instinctive, irraisonnée. → **éloignement, prévention.** *J'ai de l'antipathie pour ce genre de personnes. Vaincre son antipathie pour qqn.* / contr. sympathie / ▶ **antipathique** adj. Qui inspire de l'antipathie. → **désagréable ; déplaisant.** *Elle m'est antipathique.* / contr. sympathique /

antipatriotique adj. Contraire au patriotisme, aux intérêts de la patrie.

antipersonnel [ɑ̃tipɛʀsɔnɛl] adj. invar. *Mines antipersonnel,* dirigées contre les hommes et non contre le matériel.

antiphonaire [ɑ̃tifɔnɛʀ] n. m. Grand recueil de chants d'église (messes et offices), placé sur un lutrin pour être suivi à distance par les chanteurs.

antiphrase [ɑ̃tifʀɑz] n. f. Manière d'employer un mot, une locution dans un sens contraire au sens véritable, par ironie ou euphémisme (ex. : *C'est vraiment un ami !,* lorsque la personne se comporte de façon inamicale).

antipode [ɑ̃tipɔd] n. m. **1·** Lieu de la Terre diamétralement opposé à un autre. *La Nouvelle-Zélande est l'antipode de la France, est aux antipodes de la France.* – Loc. *Aux antipodes,* très loin. **2·** Abstrait. Littér. Chose exactement opposée. *À l'antipode, aux antipodes de,* à l'opposé de.

antipollution adj. invar. Opposé à la pollution de l'environnement. *Des produits antipollution.*

antipyrétique adj. et n. En médecine. Qui combat la fièvre. → **fébrifuge.** – N. m. *Un antipyrétique.*

antique [ɑ̃tik] adj. **1·** Vx. Qui appartient à une époque reculée, à un lointain passé. → **ancien, archaïque.** *Une antique tradition.* / contr. moderne / – Très vieux. *Une antique guimbarde.* **2·** Qui appartient à l'Antiquité. *Les civilisations antiques. La Grèce, l'Italie antique. Monuments antiques.* – N. m. *L'antique,* l'art, les œuvres d'art antiques. *Imiter l'antique.* ▶ **antiquaille** n. f. Antiquité ou objet ancien sans valeur. → **vieillerie.** ▶ **antiquaire** n. Marchand d'objets d'art, d'ameublement et de décoration anciens. ▶ **antiquité** n. f. **1·** Littér. Temps très ancien, très reculé. *Cela remonte à la plus haute antiquité.* **2·** Les plus anciennes civilisations. *L'antiquité égyptienne, grecque, romaine, orientale.* **3·** (Avec une majuscule) L'antiquité gréco-romaine. *Les écrivains du XVIIᵉ s. s'inspirent de l'Antiquité.* **4·** Au plur. *Les antiquités :* les monuments, les œuvres d'art qui nous restent de l'Antiquité. – Objets d'art, meubles anciens. *Marchand d'antiquités.* → **antiquaire.**

antirabique [ɑ̃tiʀabik] adj. Employé contre la rage. *Vaccination antirabique.*

antiraciste adj. Opposé au racisme. *Une campagne antiraciste.* ▶ **antiracisme** n. m.

antireligieux, euse adj. Opposé à la religion. ≠ anticlérical.

antirétroviral, ale, aux [ɑ̃tiʀetʀoviʀal, o] adj. et n. En médecine. Qui agit contre les rétrovirus. – N. m. *Les antirétroviraux sont prescrits dans le traitement du sida.*

antirides [ɑ̃tiʀid] adj. invar. Qui prévient ou combat les rides. *Crème antirides.*

antirouille adj. invar. Qui protège contre la rouille, ôte les taches de rouille. *Peinture antirouille.* → **minium.**

antiscientifique adj. Contraire à l'esprit scientifique. *Une explication antiscientifique.*

antiségrégationniste adj. Qui s'oppose à la ségrégation raciale.

antisémite [ɑ̃tisemit] n. Raciste animé par l'antisémitisme. – Adj. *Propagande antisémite.* ▶ **antisémitisme** n. m. Racisme dirigé contre les juifs.

antisepsie [ɑ̃tisɛpsi] n. f. Ensemble des méthodes destinées à prévenir ou à combattre l'infection en détruisant des microbes qui existent à la surface ou à l'intérieur des organismes vivants. ▶ **antiseptique** [ɑ̃tisɛptik] adj. Propre à l'antisepsie, qui emploie l'antisepsie. *Remède, pansement antiseptique.* – N. m. *L'eau oxygénée est un antiseptique.*

antisionisme [ɑ̃tisjɔnism] n. m. Hostilité contre l'État d'Israël. ▶ **antisioniste** adj. et n. Qui manifeste de l'antisionisme. *Des propos antisionistes.* – N. *Un, une antisioniste.*

antislash [ɑ̃tislaʃ] n. m. Barre oblique de séparation, inverse du slash (\).

antisocial, ale, aux [ɑ̃tisɔsjal, o] adj. **1·** Contraire à la société, à l'ordre social. *Principes antisociaux.* **2·** Qui va contre les intérêts des travailleurs. *Mesure antisociale.*

anti-sous-marin, ine [ɑ̃tisumaʀɛ̃, in] adj. Qui sert à combattre les sous-marins. *Grenades anti-sous-marines.*

antispasmodique adj. (Médicament) Destiné à empêcher les spasmes, les convulsions.

antisportif, ive adj. Hostile au sport ; contraire à l'esprit du sport.

antitache ou **antitaches** [ɑ̃titaʃ] adj. Se dit d'un traitement qui, appliqué sur un tissu, empêche la formation des taches ou facilite leur élimination.

antiterroriste adj. Qui lutte contre le terrorisme, est relatif à cette lutte. *Des mesures antiterroristes.*

antitétanique adj. Qui agit contre le tétanos. *Sérum antitétanique.*

antithèse [ɑ̃titɛz] n. f. **1·** Opposition de deux pensées, de deux expressions que l'on rapproche dans le discours pour en faire mieux ressortir le contraste. **2·** Chose ou personne entièrement opposée à une autre ; contraste entre deux aspects. *Elle ne ressemble pas à sa sœur, c'en est même l'antithèse.* ▶ **antithétique** [ɑ̃titetik] adj. Qui emploie l'antithèse. *Style antithétique.* – Opposé, contraire. *Les aspects antithétiques d'un caractère.*

antitoxine n. f. Anticorps élaboré par l'organisme qui réagit contre les toxines.

antituberculeux, euse adj. Propre à combattre la tuberculose. *Vaccin antituberculeux.*

antivol n. m. Dispositif de sécurité destiné à empêcher le vol (des véhicules).

antonyme [ɑ̃tɔnim] n. m. Mot qui, par le sens, s'oppose directement à un autre. → **contraire.** *« Chaud » et « froid » sont des antonymes.* / contr. synonyme /

antre [ɑ̃tʀ] n. m. **1·** Littér. Caverne, grotte (spécialt servant de repaire à un grand fauve, à un monstre). *L'antre d'un dragon. L'antre du lion,* lieu d'où l'on ne peut espérer sortir (allusion à une fable de La Fontaine). **2·** Lieu inquiétant et mystérieux.

anus [anys] n. m. invar. Orifice du rectum qui donne passage aux matières fécales. → **fondement** ; fam. **trou** du cul. ▷ **anal**

anxiété [ɑ̃ksjete] n. f. État d'angoisse (considéré surtout dans son aspect psychique). *Le candidat est en proie à une vive anxiété. Il attend dans l'anxiété.* / contr. calme, confiance, sérénité /

anxieux, euse [ɑ̃ksjø, øz] adj. **1·** Qui s'accompagne d'anxiété, marque de l'anxiété. *Une attente anxieuse. Regard anxieux.* **2·** Qui éprouve de l'anxiété. → **angoissé, inquiet, tourmenté.** *Il est anxieux.* – N. *C'est un anxieux,* un homme à qui l'anxiété est habituelle. – ***Anxieux de.*** *Je suis anxieux du résultat, de ce qui va arriver.* – Impatient de. *Il est anxieux de réussir.* / contr. calme, confiant, serein / ▶ **anxieusement** adv. *Attendre anxieusement des nouvelles de qqn.* ▶ **anxiolytique** n. m. et adj. Médicament utilisé dans le traitement de l'anxiété. ▷ **anxiété**

aorte [aɔʀt] n. f. Artère qui prend naissance à la base du ventricule gauche du cœur. ▶ **aortique** adj. *Ventricule aortique,* le ventricule gauche.

août [u(t)] n. m. Le huitième mois de l'année. *Il part en vacances en août. Fin août. Le 15 Août.* → **Assomption.** ▶ **aoûtat** [auta] n. m. Larve d'un acarien, parasite pouvant provoquer de vives démangeaisons, à la fin de l'été. ▶ **aoûtien, ienne** [ausjɛ̃, jɛn] n. **1·** Personne qui prend ses vacances en août. **2·** Personne qui reste à Paris, dans une grande ville, en août.

apache [apaʃ] n. m. Vx. Malfaiteur, voyou de grande ville (vers 1900).

apaiser [apeze] v. tr. < conjug. 1 > **1·** Amener (qqn) à des dispositions plus paisibles, plus favorables. → **calmer.** *Apaiser les esprits.* / contr. exciter, inquiéter / **2·** Rendre (qqch.) moins violent. → **adoucir, assoupir, endormir.** *Apaiser sa faim. Apaiser les rancœurs.* / contr. exciter ; déchaîner / Pronominalement (réfl.). *Sa douleur s'apaise.* ▶ **apaisant, ante** adj. Qui apporte l'apaisement, donne des apaisements. *Prononcer des paroles apaisantes.* → **lénifiant.** *Une déclaration apaisante,* rassurante. ▶ **apaisement** [apɛzmɑ̃] n. m. **1·** Retour à la paix, au calme. *Pendant l'apaisement qui suivit leur dispute.* **2·** Surtout au plur. Déclaration ou promesse destinée à rassurer. *Donner des apaisements à qqn.*

apanage [apanaʒ] n. m. **1·** Histoire. Partie du domaine royal accordée à un prince qui renonçait au pouvoir. **2·** Ce qui est le propre de qqn ou de qqch. ; bien exclusif, privilège. → **lot.** *La spontanéité est l'apanage de la jeunesse.*

aparté [apaʀte] n. m. **1·** Mot ou parole que l'acteur dit à part soi (et que le spectateur seul est censé entendre). *Des apartés.* **2·** Entretien particulier, dans une réunion. *Faire des apartés avec qqn. Il me l'a dit en aparté.*

apartheid [apaʀtɛd] n. m. Régime de ségrégation systématique des populations, basé sur la couleur de la peau, en Afrique du Sud. → **ségrégation.** *L'apartheid fut officiellement supprimé en 1990.*

apathie [apati] n. f. Incapacité d'être ému ou de réagir (par mollesse, indifférence, état dépressif, etc.). → **indolence, inertie, paresse, résignation.** *Secouer son apathie. Une apathie profonde, durable.* – *L'apathie d'une société.* ▶ **apathique** adj.

et n. Sans ressort, sans activité. *Il est complètement apathique.* / contr. énergique / – N. *Un, une apathique.*

apatride [apatʀid] n. Personne dépourvue de nationalité légale, qu'aucun État ne considère comme son ressortissant. *Un réfugié apatride.*

apercevoir [apɛʀsəvwaʀ] v. tr. < conjug. 28 > **I**· V. tr. **1**· Voir, en un acte de vision généralement bref (qqch. qui apparaît), qu'il y ait eu attention ou non. → **discerner, remarquer.** *On apercevait au loin le village. Je n'ai fait que l'apercevoir.* → **entrevoir. 2**· Saisir par l'esprit. *J'aperçois bien ses intentions.* → **comprendre. II**· *S'apercevoir* v. pron. **1**· Prendre conscience, se rendre compte (d'un état ou d'un processus complexe). → **remarquer.** *Je m'apercevais bien de leur manège. Elle ne s'en est pas aperçue. Je m'aperçois que je suis en retard.* **2**· (Récipr.) Se voir mutuellement. *Elles se sont aperçues de loin.* – (Passif) Être aperçu, pouvoir être aperçu. *Un détail qui s'aperçoit à peine.* ▶ **aperçu** n. m. **1**· Première idée que l'on peut avoir d'une chose vue rapidement. → **coup** d'œil. *Donner un aperçu de la situation,* en faire un exposé sommaire. **2**· Remarque, observation non développée mais qui jette un jour nouveau. *Des aperçus d'une grande sagacité.*

apéritif, ive [apeʀitif, iv] adj. et n. m. **1**· Adj. Littér. Qui ouvre, stimule l'appétit. *Une promenade apéritive. Boisson apéritive.* **2**· N. m. Boisson à base de vin (quinquina, vermouth) ou d'alcool (gentiane, anis), supposée apéritive, que l'on prend avant le repas. *Offrir, prendre l'apéritif.* – Abrév. fam. **apéro,** n. m. *Des apéros.*

apesanteur [apəzɑ̃tœʀ] n. f. Absence de pesanteur (dans l'espace, par exemple). *Astronautes en état d'apesanteur.*

à-peu-près [apøpʀɛ] n. m. invar. Approximation grossière, donnée imprécise. *Vous faites vos calculs sur des à-peu-près.* – REM. *À peu près,* loc. adv. → **près** (II, 1).

apeurer [apœʀe] v. tr. < conjug. 1 > Effrayer. – (Surtout usité au p. p. adj.) *Un animal apeuré. Des regards apeurés.*

aphasie [afazi] n. f. Perte totale ou partielle de la capacité de parler ou de comprendre le langage parlé (*surdité verbale*) ou écrit (*cécité verbale*), due à une lésion cérébrale. ▶ **aphasique** adj. *Un vieillard aphasique.* – N. *Un, une aphasique.*

aphérèse [afeʀɛz] n. f. Chute d'un phonème ou d'un groupe de phonèmes au début d'un mot (opposé à *apocope*). « *Car* » *se dit pour* « *autocar* » *par aphérèse.*

aphone [afɔn] adj. Qui n'a plus de voix. *L'orateur, enrhumé, était aphone.*

aphorisme [afɔʀism] n. m. Énoncé très court résumant un point de science, de morale. → **adage, maxime, précepte, sentence.**

aphrodisiaque [afʀɔdizjak] adj. Propre (ou supposé tel) à exciter le désir sexuel. *Une boisson aphrodisiaque.* – N. m. *Un aphrodisiaque,* une substance aphrodisiaque.

aphte [aft] n. m. Petite ulcération qui se développe sur la muqueuse de la bouche ou du pharynx. ▶ **aphteuse** adj. f. *Fièvre aphteuse,* maladie éruptive, épidémique et contagieuse, atteignant surtout les bovidés.

à-pic [apik] n. m. Escarpement vertical. *L'à-pic d'un ravin. Des à-pics.*

apiculture [apikyltyʀ] n. f. Art d'élever et de soigner les abeilles en vue d'obtenir le miel et la cire. ▶ **apiculteur, trice** n. Éleveur (euse) d'abeilles.

apitoyer [apitwaje] v. tr. < conjug. 8 > Toucher de pitié. → **attendrir.** *Il cherche à m'apitoyer.* – *S'apitoyer* v. pron. réfl. : être touché de pitié. → **compatir.** *Il s'apitoie sur son sort.* ▶ **apitoiement** [apitwamɑ̃] n. m. Fait de s'apitoyer. → **pitié.**

aplanir [aplaniʀ] v. tr. < conjug. 2 > **1**· Rendre plan ou uni (en faisant disparaître les inégalités, les aspérités). → **égaliser, niveler.** *Aplanir un chemin.* **2**· Abstrait. Faciliter (un chemin), lever (une difficulté). *Les difficultés, les obstacles sont maintenant aplanis.*

aplatir [aplatiʀ] v. tr. < conjug. 2 > **1**· Rendre plat. *Aplatir une tôle à coups de marteau, au laminoir. Aplatir de la pâte avec un rouleau.* **2**· *S'aplatir* v. pron. réfl. : tomber à plat ventre. → **s'étaler.** *S'aplatir de tout son long.* – S'écraser. *Sa voiture s'est aplatie contre un arbre.* – Abstrait. *S'aplatir devant qqn,* s'humilier, ramper. ▶ **aplati, ie** adj. **1**· Dont la courbure ou la saillie est moins accentuée que dans l'état premier ou habituel. *La Terre est aplatie aux pôles.* **2**· Fam. Abattu, épuisé. *Je me sens tout aplati.* ▶ **aplatissement** n. m. État de ce qui est aplati.

aplomb [aplɔ̃] n. m. **1**· État d'équilibre d'un corps, d'un objet vertical. / contr. déséquilibre / *Le mur a perdu son aplomb.* **2**· Confiance en soi. *Retrouver son aplomb.* → **sang-froid.** – Péj. Assurance qui va jusqu'à l'audace effrontée. → **culot, toupet.** *Vous en avez, de l'aplomb !* / contr. timidité / **3**· *D'aplomb* loc. adv. : en équilibre stable. *Bien d'aplomb sur ses jambes, il s'immobilisa.* – Abstrait. En bon état physique et moral. *Ce mois de détente me remit d'aplomb.*

apnée [apne] n. f. Arrêt temporaire de la respiration. *Plonger en apnée.* ▶ **apnéiste** n. Personne qui pratique la plongée en apnée.

apocalypse [apɔkalips] n. f. Fin du monde. *Une vision d'apocalypse.* ▶ **apocalyptique** adj. Qui évoque la fin du monde, de terribles catastrophes. *Un paysage apocalyptique.*

apocope [apɔkɔp] n. f. Chute d'un ou plusieurs phonèmes à la fin d'un mot (opposé à *aphérèse*). *On dit «télé» pour «télévision» par apocope.*

apocryphe [apɔkʀif] adj. Dont l'authenticité est au moins douteuse. → **controuvé, faux, inauthentique.** *Une lettre apocryphe de Napoléon.* / contr. authentique /

apogée [apɔʒe] n. m. Le point le plus élevé, le plus haut degré. → **comble, faîte, sommet, zénith.** *Il était à l'apogée de sa gloire. La crise a atteint son apogée.*

apolitique adj. Qui se tient en dehors de la lutte politique. *Le syndicat se déclare apolitique.* / contr. politisé /

apollon [apɔlɔ̃] n. m. Fam. Homme d'une grande beauté. → **adonis, éphèbe.** *Ce n'est pas un apollon !*

apologie [apɔlɔʒi] n. f. Discours, écrit visant à défendre, à justifier une personne, une doctrine. – Discours flatteur. *Le directeur a fait l'apologie de son prédécesseur.* / contr. condamnation, critique / ▶ **apologétique** n. f. Partie de la théologie ayant pour objet d'établir, par des arguments historiques et rationnels, le fait de la révélation chrétienne.

apologue [apɔlɔg] n. m. Petit récit visant essentiellement à illustrer une leçon morale.

aponévrose [apɔnevʀoz] n. f. Membrane fibreuse qui enveloppe un muscle.

apophtegme [apɔftɛgm] n. m. Didact. Parole mémorable ayant une valeur de maxime.

apophyse [apɔfiz] n. f. Éminence à la surface d'un os. *Les vertèbres cervicales ont des apophyses aiguës.*

apoplexie [apɔplɛksi] n. f. Arrêt brusque et plus ou moins complet des fonctions cérébrales, avec perte de la connaissance et du mouvement volontaire et sans que la respiration et la circulation soient suspendues. → **hémorragie** cérébrale. *Être frappé d'apoplexie.* ▶ **apoplectique** adj. Qui a, annonce une prédisposition à l'apoplexie. *Un teint apoplectique.* → **congestionné.**

apostat [apɔsta] n. m. Celui qui a renié sa foi. *Julien l'Apostat.* ▶ **apostasie** n. f. Reniement de la foi chrétienne.

a posteriori [apɔsteʀjɔʀi] loc. adv. Postérieurement à l'expérience. *Il a reconnu a posteriori ses torts.* / contr. a priori / – Adj. *Notion a posteriori,* acquise grâce à l'expérience.

apostolat [apɔstɔla] n. m. 1· Prédication, propagation de la foi. 2· Mission qui requiert les qualités d'un apôtre, de l'énergie et du désintéressement. *L'enseignement est un apostolat.*

apostolique [apɔstɔlik] adj. 1· Qui vient des apôtres, est conforme à leur mission. *L'Église catholique, apostolique et romaine.* 2· Qui émane ou dépend du Saint-Siège. *Nonce apostolique.*

1 **apostrophe** [apɔstʀɔf] n. f. 1· Figure de rhétorique par laquelle un orateur interpelle tout à coup une personne ou même une chose qu'il personnifie. 2· Interpellation brusque, sans politesse. *Les apostrophes des automobilistes.* 3· *Mot (mis) en apostrophe,* dont la fonction grammaticale est de désigner la personne à qui l'on s'adresse. *Le nom «Jean» est en apostrophe dans «Jean, tais-toi !».* ▶ **apostropher** v. tr. <conjug. 1> Adresser brusquement la parole à (qqn), sans politesse. *Elle l'a apostrophé dans la rue pour lui dire son fait.* – Pronominalement (récipr.). *Chauffeurs qui s'apostrophent et s'injurient.*

2 **apostrophe** n. f. Signe (') qui marque l'élision d'une voyelle (ex. : *l'amour*).

apothéose [apɔteoz] n. f. 1· Dans l'Antiquité. Déification des empereurs romains, des héros après leur mort. 2· Honneurs extraordinaires rendus à qqn. 3· Épanouissement sublime. *Pour les hommes de génie, la vieillesse est une apothéose.* – La partie la plus brillante d'une manifestation. *Cette pièce a été l'apothéose du festival.*

apothicaire [apɔtikɛʀ] n. m. 1· Vx. Pharmacien. 2· *Compte d'apothicaire :* très long et compliqué.

apôtre [apotʀ] n. m. 1· Chacun des douze disciples que Jésus-Christ choisit pour prêcher l'Évangile. 2· Celui qui propage la foi chrétienne → **prédicateur,** fait des conversions. 3· Personne qui propage, défend une doctrine, une opinion. *Elle s'est faite l'apôtre de cette cause.* ▷ **apostolat, apostolique**

apparaître [apaʀɛtʀ] v. intr. <conjug. 57> 1· Devenir visible, distinct ; se montrer tout à coup aux yeux. → se **manifester,** se **montrer, paraître,** se **présenter, surgir.** *Elle apparut en chemise de nuit.* 2· Commencer d'exister, se faire jour. *Ces espèces sont apparues sur la Terre pendant l'ère tertiaire. Les difficultés n'apparaissent qu'à l'exécution.* – Abstrait. Se révéler à l'esprit par une manifestation apparente. *Tôt ou tard, la vérité apparaît.* → se **dévoiler, jaillir.** 3· *Apparaître* *à qqn* : se présenter à l'esprit sous tel ou tel aspect. *Tout cela m'apparaît comme une plaisanterie.* – (Suivi d'un adj. attribut) Avoir tel ou tel aspect. → **paraître, sembler.** *Cela apparaît très difficile.* **4·** Impers. *il apparaît que* (+ indicatif) : il ressort de ces constatations que ; il est clair, manifeste que. *Il apparaît, à la lecture des textes, que la loi est pour vous.* ▷ **apparence, apparent, appariteur, apparition,** il **appert, réapparaître**

1 **apparat** [apaʀa] n. m. Éclat pompeux, solennel (d'une cérémonie). *Le monument fut inauguré en grand apparat. Une réception sans apparat.* – ***D'apparat*** : de cérémonie. *Costume, discours d'apparat.*

2 **apparat** n. m. ***Apparat critique*** : notes et variantes d'un texte.

appareil [apaʀɛj] n. m. **I· 1·** Littér. Ensemble d'arrangements pris pour le déroulement d'une cérémonie. *Un magnifique appareil.* – Loc. *Dans le plus simple appareil,* peu habillé, en négligé ; tout nu. **2·** Ensemble d'éléments qui concourent au même but en formant un tout. *L'appareil des lois, législatif,* l'ensemble de leurs dispositions. – *L'appareil d'un parti,* l'ensemble de ses organismes administratifs permanents. *L'appareil policier d'un gouvernement.* **3·** Ensemble des organes remplissant une même fonction physiologique. → **système.** *Appareil digestif.* **II· 1·** Assemblage de pièces ou d'organes réunis en un tout pour exécuter un travail, observer un phénomène, prendre des mesures. → **machine ; instrument ; engin.** *Appareils ménagers. Appareil photographique. Appareils de prothèse.* **2·** (Sans compl.) ***Appareil*** : téléphone. *Allô ! Qui est à l'appareil ?* – Avion. *L'appareil décolle.* – Dentier ; tiges métalliques pour corriger la dentition. *Porter un appareil.* ▶ 1 **appareillage** n. m. Ensemble d'appareils (II) et d'accessoires divers disposés pour un certain usage. *Appareillage électrique.* ▷ 3 **appareiller**

1 **appareiller** [apaʀeje] v. intr. < conjug. 1 > (Bateaux) Se disposer au départ, quitter le mouillage, le port. → **lever** l'ancre. / contr. mouiller / *Le yacht a appareillé ce matin.* ▶ 2 **appareillage** n. m. Action d'appareiller, de quitter le port. → **départ.** / contr. mouillage /

2 **appareiller** v. tr. < conjug. 1 > Réunir des choses semblables (pareilles*) ou qui s'accordent. → **assortir.** / contr. dépareiller / *Appareiller des rideaux.* – Au p. p. (Personnes) *Ils sont bien (mal) appareillés,* ils vont bien (mal) ensemble.

3 **appareiller** v. tr. < conjug. 1 > Munir d'une prothèse. *Il est appareillé,* il porte une prothèse (auditive).

apparemment [apaʀamɑ̃] adv. Selon toute apparence. *Apparemment, il n'a pas changé.*

apparence [apaʀɑ̃s] n. f. **1·** Aspect qui nous apparaît de qqch., ce qu'on voit d'une personne ou d'une chose, la manière dont elle se présente à nos yeux. → **air, mine, tournure.** *On a repeint la maison pour lui donner une belle apparence. Un garçon d'apparence maladive.* **2·** L'aspect, l'extérieur d'une chose considérés comme différents de cette chose (réalité). → **dehors, façade.** *On ne doit pas juger sur les apparences, se fier aux apparences. Un caractère indomptable sous une apparence de douceur.* – Au plur. *Garder, ménager, sauver les apparences,* ne laisser rien apercevoir de ce qui pourrait nuire à sa propre réputation ou à celle de qqn. → **bienséance, convenance.** – ***En apparence*** loc. adv. : extérieurement, autant qu'on peut en juger d'après ce qu'on voit. *La situation ne s'améliore qu'en apparence.* – ***Contre toute apparence*** loc. adv. : en dépit de ce qui paraît. *Contre toute apparence, le suspect était innocent.*

apparent, ente [apaʀɑ̃, ɑ̃t] adj. **1·** Qui apparaît, se montre clairement aux yeux. → **visible, ostensible.** *Porter un insigne d'une manière apparente. Des défauts très apparents.* / contr. invisible / **2·** Abstrait. Évident, manifeste. *Sans cause apparente.* / contr. caché / **3·** Qui n'est pas tel qu'il paraît être ; qui n'est qu'une apparence. *Le mouvement apparent du Soleil autour de la Terre. Contradictions apparentes.* / contr. réel / ▷ **apparemment**

apparenté, ée [apaʀɑ̃te] adj. **1·** Dans des rapports de parenté. *Il est apparenté à mon mari,* de la même famille. *Ils sont apparentés.* **2·** Allié par l'apparentement électoral. *Listes apparentées.* **3·** Qui ressemble à, est en rapport avec. *Deux styles apparentés.* ▶ **apparentement** n. m. Alliance électorale entre deux listes de candidats qui ont la faculté de grouper leurs voix. ▶ s'**apparenter** v. pron. < conjug. 1 > **REM.** S'emploie avec la prép. *à.* **1·** Rare. S'allier par le mariage. *S'apparenter à une famille.* **2·** S'allier par l'apparentement électoral. **3·** (Choses) Avoir une ressemblance avec, être de même nature. *Le goût de l'orange s'apparente à celui de la mandarine.*

appariteur, trice [apaʀitœʀ, tʀis] n. Huissier ; spécialt, huissier de faculté. *Les appariteurs de la Sorbonne.*

apparition [apaʀisjɔ̃] n. f. **1·** Action d'apparaître, de se montrer aux yeux. → **manifestation.** *La soudaine apparition de boutons sur la peau.* / contr. disparition / – (Personnes) Le fait d'arriver, d'apparaître dans une compagnie. *Ne faire qu'une courte apparition.* **2·** Venue à l'existence (d'une chose nouvelle). *L'apparition d'une technique, de l'aviation.* – Abstrait. *L'apparition d'idées nouvelles.* **3·** Manifestation d'un être invisible qui se montre tout à coup sous une forme visible. *Apparition de Jésus-Christ aux apôtres.* **4·** Vision de cette forme visible. *Avoir des apparitions.* → **vision.** – Être imaginaire que l'on croit apercevoir. → **fantôme, revenant, spectre.** *L'apparition s'enfuit.*

appartement [apaʀtəmɑ̃] n. m. Partie d'une maison composée de plusieurs pièces qui servent d'habitation. → **logement.** *Il y a deux appartements par étage dans cet immeuble. Louer un appartement.* – Au plur. Suite de pièces dans une demeure luxueuse.

appartenir [apaʀtəniʀ] v. intr. <conjug. 22> *Appartenir à.* **1·** Être à qqn en vertu d'un droit, d'un titre. → **être** à. *Il est en possession d'un bien qui ne lui appartient pas.* **2·** (Personnes) *Appartenir à qqn,* être le bien, la chose de qqn. *Il lui appartenait corps et âme.* – Se donner physiquement. *Elle ne vous appartiendra jamais.* **3·** ***S'appartenir*** v. pron. réfl. : être libre, ne dépendre que de soi-même. *Avec tous ces invités, je ne m'appartiens plus.* **4·** Impers. Convenir, être l'apanage de. *Il appartient aux parents d'élever leurs enfants,* c'est leur rôle, leur devoir. *Il vous appartient de,* c'est à vous de. **5·** Faire partie de (qqch.). *Appartenir à une vieille famille du pays.* – *Cette question appartient à la philosophie,* en relève. ▶ **appartenance** n. f. **1·** Le fait d'appartenir. *L'appartenance* (de qqn) *à un groupe, une communauté. Son appartenance à un syndicat.* **2·** Mathématiques. Propriété d'être un élément d'un ensemble ($a \in P$ = *a appartient à l'ensemble* P).

appas [apɑ] n. m. pl. Vx. Attraits, charmes. *Les appas de la gloire.* ≠ appât.

appât [apɑ] n. m. **1·** Produit, en général comestible, qui sert à attirer des animaux pour les prendre. → **amorce.** ≠ appeau. *Mettre des appâts aux hameçons. Poisson qui mord à l'appât.* **2·** Ce qui attire, pousse à faire qqch. *L'appât du gain lui ferait faire n'importe quoi.* ≠ appas. ▶ **appâter** v. tr. <conjug. 1> **1·** Garnir d'un appât. *Appâter l'hameçon.* → **amorcer.** **2·** Attirer (qqn) par l'appât d'un gain, d'une récompense. → **séduire.** *Appâter qqn par de belles promesses.*

appauvrir [apovʀiʀ] v. tr. <conjug. 2> **1·** Rendre pauvre. *La crise a appauvri les travailleurs, les paysans.* /contr. enrichir/ **2·** Faire perdre sa richesse à (qqch.). *Ces cultures appauvrissent le sol. Appauvrir le sang.* → **anémier.** – Pronominalement (réfl.). *La langue risque de s'appauvrir.* ▶ **appauvrissement** n. m. *L'appauvrissement d'une famille. L'appauvrissement d'un gisement.* /contr. enrichissement/

appeau [apo] n. m. Instrument avec lequel on imite le cri des oiseaux pour les attirer au piège ; oiseau dressé à appeler les autres et à les attirer dans les filets. *Des appeaux.* ≠ appât.

appel [apɛl] n. m. **1·** Action d'appeler pour faire venir à soi, pour obtenir une réponse. *Crions plus fort, ils n'ont pas entendu notre appel. Répondre, accourir à un appel. Un appel au secours.* – *Appel téléphonique,* par lequel le correspondant est appelé. **2·** Action d'appeler à haute voix des personnes par leur nom afin de s'assurer de leur présence. *Faire l'appel. Être présent, répondre à l'appel. Être absent, manquer à l'appel.* **3·** Anciennt Action d'appeler sous les drapeaux. *L'appel du contingent, de la classe.* → **recrutement ; incorporation.** – *Devancer l'appel,* s'engager dans l'armée avant l'âge légal de l'appel. – Loc. *Appel aux armes.* → **mobilisation.** **4·** *Faire un* ***appel de fonds*** : demander un nouveau versement de fonds à des actionnaires, des associés, des souscripteurs. **5·** Discours ou écrit dans lequel on s'adresse au public pour l'exhorter. → **exhortation, proclamation.** *Appel à l'insurrection. L'appel du général de Gaulle* (18 juin 1940). **6·** ***Faire appel à*** : demander, requérir comme une aide. *Faire appel à qqn, à la générosité de qqn. Faire appel à ses souvenirs,* les évoquer. – Loc. *Appel du pied,* paroles, allusion constituant une demande. **7·** En droit. ***Faire appel*** : recourir à une juridiction supérieure en vue d'obtenir la réformation d'un jugement. *Faire appel d'un jugement de première instance.* – *Cour d'appel. Une décision sans appel,* sans possibilité de recours. **8·** ***Sans appel*** : irrémédiablement. *Cet animal est voué sans appel à la disparition.* **9·** ***Appel d'air*** : tirage qui facilite la combustion dans un foyer. ▷ **appeau, rappel**

1 **appeler** [aple] v. tr. <conjug. 4> **1·** Inviter (qqn) à venir, à répondre, en prononçant son nom ou par un mot, un cri, un bruit. → **interpeller ; apostropher.** *Appelez le garçon. Appeler qqn à son aide, à son secours.* **2·** Joindre qqn par téléphone. *Je vous appellerai tous les jours pour prendre de vos nouvelles.* **3·** Inviter (qqn) à venir. → **convoquer, demander.** *Appeler le médecin.* **4·** *Appeler qqn à une charge, une fonction, un poste,* le choisir, le désigner pour. **5·** (Choses) Demander, exiger, entraîner. → **réclamer.** *Ce grave sujet appelle toute votre attention. Cette conduite appelle votre sévérité.* **6·** *Appeler l'attention de qqn sur qqch.,* faire remarquer. **7·** ***En appeler à*** : s'en remettre à. *J'en appelle à votre bon cœur.* ▶ **appelé, ée** adj. et n. m. **1·** Qui est appelé. *Une carrière où il y a beaucoup d'appelés et peu d'élus,* qui est recherchée mais où il est difficile de réussir. **2·** ***Appelé à*** (+ infinitif) : désigné pour, dans la nécessité de. *Si nous étions appelés à partir.*

3· N. m. Anciennt Jeune homme incorporé dans l'armée pour faire son service militaire. *Les appelés de cette année.* → **conscrit.** ▷ **appel, rappeler**

[2] **appeler** v. tr. < conjug. 4 > **1·** Donner un nom à (qqn) ou (qqch.). *Si c'est une fille, ils l'appelleront Manon.* → **nommer.** *Appeler un médecin « docteur ». C'est ce qu'on appelle une idiotie !* Loc. *Appeler les choses par leur nom, appeler un chat un chat,* ne pas affaiblir par des mots ce que certaines vérités peuvent avoir de dur ou de choquant. **2·** *S'appeler* v. pron. : avoir pour nom. *Je m'appelle Paul. Comment s'appelle cette fleur ?* – Fam. *Cela s'appelle parler, voilà ce qui s'appelle parler,* voilà un langage ferme et franc. ▶ **appellatif** n. m. Mot permettant d'appeler la personne à qui l'on s'adresse (ex. : *maman, docteur*). ▶ **appellation** [ape(ɛl)lɑsjɔ̃] n. f. **1·** Action, façon d'appeler une chose. → **dénomination, désignation.** *L'appellation d'une chose nouvelle.* **2·** Nom qu'on donne à une chose. → **nom.** *Objet qui a plusieurs appellations.* – *Appellation d'origine,* désignation d'un produit par le nom du lieu où il a été récolté ou fabriqué. *Appellation d'origine contrôlée,* label qui garantit l'origine d'un produit (spécialt d'un vin).

appendice [apɛ̃dis] n. m. **1·** Partie qui prolonge une partie principale, semble ajoutée à elle. **2·** Petite cavité en doigt de gant qui prolonge le cæcum. *Inflammation de l'appendice.* → **appendicite. 3·** Supplément placé à la fin d'un livre et qui contient des notes, des documents. ▶ **appendicite** n. f. Inflammation de l'appendice (2). *Crise d'appendicite.*

appentis [apɑ̃ti] n. m. invar. Petit bâtiment à toit en auvent à une seule pente, adossé à un mur et soutenu par des poteaux ou des piliers. *Ranger sa bicyclette sous l'appentis.*

il appert [ilapɛʀ] v. impers. REM. Ne s'emploie qu'au présent. En droit. *Il appert que* (+ indicatif), il est évident (il apparaît) que.

s'appesantir [apəzɑ̃tiʀ] v. pron. < conjug. 2 > **1·** Devenir plus pesant, moins agile. *Ses yeux s'appesantissaient de sommeil.* **2·** *S'appesantir sur un sujet, sur des détails,* s'y arrêter, en parler trop longuement. → **insister.** / contr. glisser / – Sans compl. *Inutile de s'appesantir.* ▶ **appesantissement** n. m. État d'une personne rendue moins agile.

appétence [apetɑ̃s] n. f. Littér. Tendance qui porte l'être vers ce qui peut satisfaire ses penchants naturels. → **appétit, envie.** *Les adolescents ont une appétence pour le risque.*

appétit [apeti] n. m. **1·** Désir de nourriture, plaisir que l'on trouve à manger. *Avoir de l'appétit. Un bon appétit. Manger sans appétit. Il a perdu l'appétit. Bon appétit !* – Abstrait. PROV. *L'appétit vient en mangeant,* plus on a, plus on veut avoir. **2·** *Appétit de,* désir pressant de (qqch.). → **soif.** *Un appétit insatiable de bonheur.* **3·** Au plur. Mouvement qui porte à rechercher ce qui peut satisfaire un besoin organique, un instinct. *Appétits naturels. Appétits sexuels.* ▶ **appétissant, ante** adj. **1·** Dont l'aspect, l'odeur met en appétit ; qu'on a envie de manger. *Un pâté appétissant.* **2·** Qui met en goût, plaît. → **affriolant, attirant, engageant.** / contr. repoussant /

applaudir [aplodiʀ] v. < conjug. 2 > **I·** V. intr. Battre des mains en signe d'approbation, d'admiration ou d'enthousiasme. *Le public applaudit.* – Loc. *Applaudir des deux mains (à qqch.),* approuver totalement. **II·** Littér. *Applaudir à qqch.* : donner son complet assentiment à. *J'applaudis à votre initiative.* → **approuver. III·** V. tr. *Applaudir qqn, qqch.* **1·** Accueillir, saluer par des applaudissements. *Applaudir un acteur.* → **acclamer.** *Son discours a été chaleureusement applaudi.* / contr. huer / **2·** *S'applaudir de qqch.* : être content, heureux de qqch. → se **féliciter.** ▶ **applaudissement** n. m. Battement des mains en signe d'approbation, d'admiration ou d'enthousiasme. → **bravo.** *Ce discours soulève des applaudissements. Les applaudissements éclatent, retentissent.* / contr. huée /

[1] **appliquer** [aplike] v. tr. < conjug. 1 > **I· 1·** Mettre (une chose) sur une autre de manière qu'elle la recouvre et y adhère, ou y laisse une empreinte. *Appliquer une couche de peinture sur un mur.* → **étendre.** – Faire subir, supporter à ; faire porter sur. *Appliquer à qqn un traitement. Appliquer une punition.* – *Il lui appliqua un baiser sur la joue.* **2·** Faire servir (pour telle ou telle chose, cas). → **employer, utiliser.** *Appliquer un traitement à une maladie. Appliquer une recette.* **3·** Rapporter (à un objet ce qui était dit d'un autre). *Appliquer un nom, un cas, un exemple à qqn.* → **attribuer, donner. 4·** Mettre en pratique. *Appliquer une peine. Il faut appliquer le règlement.* **II·** *S'appliquer* v. pron. **1·** Se placer, être appliqué. *Le pansement s'applique exactement sur la blessure.* → **recouvrir. 2·** Être adapté, applicable à. → **convenir.** *Cette remarque s'applique à tout le monde.* → **concerner, intéresser, viser.** ▶ **applicable** adj. Qu'on peut appliquer (à qqch., qqn). *Cette loi n'est pas applicable aux étrangers.* / contr. inapplicable / ▶ [1] **application** n. f. **1·** Action de mettre une chose sur une autre de manière qu'elle la recouvre et y adhère. *L'application d'un papier sur un mur. Application d'une pommade sur une blessure.* **2·** Action de faire porter sur qqch. *Point d'application d'une force.* **3·** Utilisation pour, en. *L'application des sciences à l'industrie. Application d'une loi (à une catégorie de gens...).* **4·** Souvent au plur. Utilisation possible, cas d'utili-

sation. → **destination.** *Les applications d'un remède,* les cas dans lesquels il est applicable. *Les applications d'une découverte scientifique.* **5·** Mise en pratique. *Mettre une idée, une théorie en application. L'application des règles.* ▶ **applicateur** adj. et n. m. Qui sert à appliquer un produit. *Tampon, pinceau applicateur.* – N. m. *Un applicateur.* ▶ **applique** n. f. **1·** Tout ce qui est appliqué, fixé, plaqué sur un objet pour l'orner ou le rendre solide. **2·** Appareil d'éclairage fixé au mur. ▶ 1 **appliqué, ée** adj. Mis en pratique. *Les sciences appliquées,* qui utilisent les résultats théoriques de la science. *Les arts appliqués* (décoration, mobilier). ▷ **inapplicable**

2 s'**appliquer** v. pron. < conjug. 1 > Apporter une attention soutenue (à qqch.), prendre soin de faire (qqch.). *S'appliquer à une étude, un travail.* – Sans compl. Travailler avec zèle, application. *Cet élève s'applique.* ▶ 2 **application** n. f. Action d'appliquer son esprit, de s'appliquer ; qualité d'une personne appliquée. → **attention.** *Il travaille avec application.* / contr. négligence / *Manquer d'application.* ▶ 2 **appliqué, ée** adj. **1·** Qui s'applique. *Un stagiaire appliqué.* → **travailleur.** **2·** (Choses) Qui prouve l'application. *Une écriture appliquée.*

appoint [apwɛ̃] n. m. **1·** Complément d'une somme en petite monnaie. *Faire l'appoint,* ajouter le complément en petite monnaie. **2·** Ce qu'on ajoute à qqch. pour compléter. → **complément, supplément.** *Ressources, salaire d'appoint. Chauffage d'appoint.*

appointer [apwɛ̃te] v. tr. < conjug. 1 > Donner des appointements. → **rétribuer.** ▶ **appointements** n. m. pl. Rétribution fixe, mensuelle ou annuelle, qui est attachée à une place, à un emploi régulier (surtout pour les employés). → **salaire.** *Recevoir des appointements.*

appontement [apɔ̃tmɑ̃] n. m. Plateforme avec tablier et pont sur pilotis le long de laquelle un navire vient s'amarrer. ≠ quai.

apporter [apɔʀte] v. tr. < conjug. 1 > **I·** Concret. **1·** *Apporter qqch. à qqn,* porter (qqch.) au lieu où est qqn. *Allez me chercher ce livre et apportez-le-moi.* – *Apporter une chose quelque part,* la porter avec soi en venant. *Quand vous viendrez, apportez vos outils.* **2·** Fournir pour sa part. *Apporter des capitaux.* **II·** Abstrait. **1·** Manifester, montrer (auprès de qqn, quelque part, pour faire qqch.). *Apporter du soin à qqch., à faire qqch.* → **employer, mettre.** **2·** Donner, fournir (à qqn) un élément de connaissance. *Je viens vous apporter de mauvaises nouvelles.* → **apprendre.** *Son intervention n'apporte rien. Apporter des explications.* → **donner, fournir.** **3·** Fournir à qqn (ce qu'on a produit, ce qu'on a fait naître). *Il a apporté un soulagement à ma détresse.* **4·** (Choses) Être la cause de (qqch.). *Les changements que l'informatique a apportés dans la vie quotidienne.* → **amener, entraîner, produire.** ▶ **apport** n. m. **1·** Action d'apporter. *Un apport d'argent.* **2·** Bien apporté. *Apports en société,* biens apportés par l'actionnaire. **3·** Contribution. *Sa collaboration constitue un apport non négligeable.* ▷ **rapport, rapporter**

apposer [apoze] v. tr. < conjug. 1 > Droit. Mettre sur qqch. *Apposer sa signature,* signer. *Apposer les scellés.*

apposition [apozisjɔ̃] n. f. Procédé par lequel deux termes, simples (noms, pronoms) ou complexes (propositions), sont juxtaposés, sans lien (ex. : *la Lune, satellite de la Terre*). *Mot en apposition.*

apprécier [apʀesje] v. tr. < conjug. 7 > **1·** Déterminer le prix, la valeur de (qqch.). → **estimer, évaluer.** *L'expert a apprécié le mobilier à tel prix.* **2·** Déterminer approximativement, par les sens. *Apprécier une distance, une vitesse.* → **estimer, juger.** **3·** Abstrait. Sentir, percevoir les qualités de (qqch.). *Il faut avoir l'esprit subtil pour apprécier une telle nuance.* → **discerner, saisir, sentir.** **4·** Porter un jugement favorable sur ; aimer, goûter. *Apprécier la musique. Apprécier un plat. Je n'apprécie pas beaucoup son procédé.* – *Apprécier qqn.* → **estimer, priser.** / contr. mépriser / ▶ **appréciable** adj. **1·** Qui peut être apprécié, évalué. *La différence est à peine appréciable.* → **sensible, visible.** – Assez considérable. → **important, notable.** *Un changement appréciable.* **2·** Qui a une valeur, de l'agrément. → **intéressant, précieux.** *Un jardin en ville, c'est appréciable.* ▶ **appréciation** n. f. **1·** Action d'apprécier, de déterminer le prix, la valeur de qqch. → **estimation, évaluation.** **2·** Le fait de juger. → **jugement.** *Laisser, soumettre une décision à l'appréciation de qqn.* **3·** Opinion. *Il a noté ses appréciations en marge du texte.* → **annotation, note, observation.** *Une appréciation favorable.* ▷ **inappréciable**

1 **appréhender** [apʀeɑ̃de] v. tr. < conjug. 1 > **1·** Arrêter (qqn). *La police a appréhendé le suspect.* / contr. relâcher / **2·** En philosophie. Saisir par l'esprit.

2 **appréhender** v. tr. < conjug. 1 > Envisager (qqch.) avec crainte, s'en inquiéter par avance. → **craindre.** *Il appréhende cet examen.* ▶ **appréhension** [apʀeɑ̃sjɔ̃] n. f. Action d'envisager qqch. avec crainte ; crainte vague, mal définie. → **anxiété, pressentiment.** *Il a un peu d'appréhension avant son examen.* / contr. confiance /

apprenant, ante [apʀənɑ̃, ɑ̃t] n. Personne qui apprend, suit un enseignement. *Dictionnaire pour apprenants* (d'une langue).

apprendre [apʀɑ̃dʀ] v. tr. < conjug. 58 > **I·** (Sens subjectif) **1·** Être avisé, informé de (qqch.). *Apprendre une nouvelle par la radio. J'ai appris que vous étiez rentré de voyage.* **2·** Chercher à acquérir un ensemble de connaissances par un travail intellectuel ou par l'expérience. *Apprendre l'allemand. Apprendre sa leçon. Apprendre un texte par cœur. Il a appris le métier.* – Sans compl. S'instruire, acquérir des connaissances. *Le désir, le goût d'apprendre.* **3·** *Apprendre à* : chercher à devenir capable de. *Apprendre à lire, à écrire. Il apprend à conduire. Apprendre à supporter la douleur.* → **s'habituer.** – Sans compl. *Il apprend facilement.* **II·** (Sens objectif) **1·** Porter à la connaissance de qqn. → **avertir** de. *Je viens vous apprendre son arrivée, qu'il est arrivé.* **2·** Donner la connaissance, le savoir, la pratique de (qqch.). *Le professeur apprend aux élèves les verbes irréguliers anglais.* → **enseigner, expliquer.** *Il m'apprend à faire du ski, à jouer aux cartes. Cette lecture m'a beaucoup appris.* **3·** Loc. *Cela lui apprendra à vivre,* cela lui servira de leçon. – *Je lui apprendrai,* je le corrigerai, je le punirai. ▷ **apprenant, apprenti**

apprenti, ie [apʀɑ̃ti] n. **1·** Personne qui est en apprentissage. **2·** Personne qui a peu de connaissances, d'expérience (dans un domaine). *Pour les affaires, je ne suis qu'un apprenti.* **3·** (Avec un nom en appos.) *Un apprenti maçon.* – Loc. *L'apprenti sorcier* : celui qui déchaîne des événements dont il n'est pas capable d'arrêter le cours. ▶ **apprentissage** n. m. **1·** Le fait d'apprendre un métier manuel ou technique dans une école ou chez un particulier. *Mettre un garçon en apprentissage chez un pâtissier. Centre d'apprentissage.* **2·** *Faire l'apprentissage de qqch.,* en commencer la pratique, s'y initier. *Les jeunes nations qui font l'apprentissage de l'indépendance.*

1 **apprêter** [apʀete] v. tr. < conjug. 1 > **1·** Vieilli. Préparer (la nourriture). *Apprêter un repas. L'art d'apprêter les mets.* → **accommoder.** **2·** Technique. Soumettre à un apprêt. *Apprêter des étoffes, des cuirs, des peaux, du papier,* pour leur donner l'apparence, la consistance voulue. ▶ **apprêt** [apʀɛ] n. m. **1·** Opération que l'on fait subir aux matières premières (cuirs, textiles) avant de les travailler ou de les présenter. – Empesage d'une étoffe. **2·** Substance qui sert à apprêter (colle, empois, gomme). – Enduit que l'on étend sur une surface à peindre. **3·** Manière affectée d'agir ou de s'exprimer. → **affectation.** *Sans apprêt,* naturellement. ▶ **apprêté, ée** adj. Qui est trop étudié, peu naturel. → **affecté.** *Une lettre apprêtée.*

2 **s'apprêter** v. pron. < conjug. 1 > **1·** Se préparer (à). *S'apprêter au départ.* → se **disposer.** *Je m'apprêtais justement à vous rendre visite.* **2·** Se préparer, s'habiller. *Elle s'est apprêtée pour sortir.*

apprivoiser [apʀivwaze] v. tr. < conjug. 1 > **1·** Rendre moins craintif ou moins dangereux (un animal). *Apprivoiser un oiseau de proie.* ≠ dresser. – Au p. p. adj. *Une panthère apprivoisée.* **2·** Rendre (une personne) plus docile, plus sociable. → **adoucir, amadouer.** *Il faut apprivoiser cet enfant.* **3·** *S'apprivoiser* v. pron. : (animaux) devenir moins sauvage ; (personnes) devenir moins farouche, plus sociable, plus familier. – Littér. *S'apprivoiser à qqch.,* s'y accoutumer. → se **familiariser.** *Je commence à m'apprivoiser à cette idée.* ▶ **apprivoisable** adj. *Un animal peu apprivoisable.* ▶ **apprivoisement** n. m. *L'apprivoisement d'un ours.* ≠ dressage. – *L'apprivoisement d'un enfant farouche.*

approbateur, trice ou **approbatif, ive** adj. Qui approuve, est signe qu'on approuve. *Geste, sourire approbateur.* → **favorable.** *Un silence approbateur.* → **consentant.** *Un signe de tête approbatif.* / contr. désapprobateur, réprobateur / ▶ **approbation** n. f. **1·** Le fait d'approuver ; accord que l'on donne. *Le préfet a donné son approbation à la délibération du conseil.* → **acceptation, acquiescement, adhésion, agrément, assentiment, autorisation, consentement.** / contr. refus / **2·** Jugement favorable ; témoignage d'estime ou de satisfaction. *Sa conduite est digne d'approbation. Manifester son approbation.* / contr. blâme, critique, réprobation / ▷ **désapprobation**

approcher [apʀɔʃe] v. < conjug. 1 > **I·** V. tr. dir. **1·** Mettre près, plus près. *Approchez ce fauteuil de la table.* / contr. éloigner / **2·** Venir près, s'avancer auprès de (qqn). *Ne m'approchez pas !* **3·** Avoir libre accès auprès de qqn, le voir habituellement. → **côtoyer, fréquenter.** *C'est un homme qu'on ne peut approcher,* un homme dont l'accès ou la fréquentation est difficile. **II·** V. tr. ind. et intr. **1·** Venir près, plus près (de qqn, qqch.). *Approchez que je vous regarde. N'approchez pas du feu. L'avion approchait du sol.* **2·** Être près, sur le point d'atteindre. → **toucher** à. *Approcher du but, du résultat. Approcher de la cinquantaine.* → **friser.** – *La nuit approche.* → **venir.** **3·** Abstrait. Être proche de, presque identique à. *Approcher de la perfection.* **III·** *S'approcher (de)* v. pron. réfl. **1·** Venir près, aller se mettre auprès de (qqn, qqch.). *Le navire s'approche de la terre. Approchez-vous (de moi).* / contr. s'éloigner / **2·** Abstrait. *Il veut s'approcher le plus près possible de la perfection.* ▶ **approchable** adj. Dont on peut approcher (à la négative). *Il est de très mauvaise humeur : il n'est pas approchable.* ▶ **approchant, ante** adj. Qui se rapproche de. → **proche, voisin** de. – Qui a du rapport, de la ressemblance avec. → **semblable.** *Ce n'est qu'une image de la situation plus ou moins approchante. Ça vaut dans les cent euros ou quelque chose d'approchant.* ▶ **approche** n. f. **1·** *À* (*l', cette, son...*) *approche* : en approchant de. *Je presse le pas à l'approche de ma maison. Le chat ne fuyait pas à mon approche.* **2·** *D'approche* : pour s'approcher. Loc. *Travaux d'approche,* démarches intéressées, manœuvres pour arriver à un but. *Lunette d'approche,* qui fait paraître les objets plus proches. **3·** Au plur. Ce qui est près de. → **abord.** *Les approches d'une ville.* **4·** (Choses) Le fait d'approcher, d'être sur le point de se produire. *L'approche de la nuit, de l'hiver.* → **venue.** *À l'approche, aux approches de la trentaine.* **5·** Abstrait. Manière d'aborder l'étude d'une question. *L'approche sociologique des faits linguistiques.* ▶ **approché, ée** adj. Approximatif. *Résultat approché.*

approfondir [apʀɔfɔ̃diʀ] v. tr. < conjug. 2 > **1·** Rendre plus profond, creuser plus avant. *Approfondir un canal, un trou.* / contr. combler / **2·** Pénétrer plus avant dans une connaissance ; étudier à fond. → **creuser, fouiller.** *Approfondir une science, une question.* – Au p. p. adj. *La connaissance approfondie d'une langue.* ▶ **approfondissement** n. m. **1·** Action d'approfondir (1). *Travaux d'approfondissement d'un port.* **2·** Le fait de devenir, de rendre plus profond. *L'approfondissement d'un sujet, d'un problème.* → **analyse, examen.** – *L'approfondissement d'une pensée, d'un sentiment.*

approprier [apʀɔpʀije] v. tr. < conjug. 7 > **1·** Rendre propre, convenable à un usage, à une destination. *Approprier son discours au public.* → **adapter.** – Au p. p. adj. *Rangez cet objet à la place appropriée.* → **convenable.** **2·** *S'approprier* v. pron. : faire sien ; s'attribuer la propriété de (ce qui appartient à un autre). *S'approprier le bien d'autrui.* → **s'emparer, usurper.** *Elle s'est approprié les livres qu'on lui avait prêtés.* ▶ **appropriation** n. f. Action de s'approprier une chose (surtout sans en avoir le droit).

approuver [apʀuve] v. tr. < conjug. 1 > **1·** Donner son accord à (qqch.). *Le conseil a approuvé l'ordre du jour.* → **accepter, admettre, entériner, ratifier ; approbation.** / contr. repousser / – Au p. p. adj. *Lu et approuvé* (formule au bas d'un acte). **2·** *Approuver qqch.* : juger bon, trouver louable. *Il approuve sa détermination et l'engage à persévérer.* → **apprécier, louer.** – (Avec *que* + subjonctif) *Je n'approuve pas qu'il ait cette attitude.* – *Approuver qqn* : être de son opinion ; le louer. *Nous l'approuvons dans sa décision, d'en avoir décidé ainsi.* / contr. blâmer / ▷ **approbateur, désapprouver**

approvisionner [apʀɔvizjɔne] v. tr. < conjug. 1 > **1·** Fournir de provisions. → **ravitailler.** *Le Moyen-Orient approvisionne la France en pétrole.* – *Approvisionner un compte en banque,* y déposer de l'argent. – Au p. p. adj. *Un magasin bien approvisionné,* qui offre un large choix de marchandises. → **achalandé.** **2·** *S'approvisionner* v. pron. : se munir de provisions. *Ils se sont approvisionnés de bois pour l'hiver.* – Sans compl. *S'approvisionner chez l'épicier du quartier.* → se **fournir.** ▶ **approvisionnement** n. m. **1·** Action d'approvisionner. → **ravitaillement.** **2·** Ensemble des provisions rassemblées.

approximatif, ive [apʀɔksimatif, iv] adj. **1·** Qui est fait par approximation. *Calcul, nombre approximatif.* → **approché.** / contr. exact / **2·** Imprécis, vague. *S'exprimer en termes approximatifs.* ▶ **approximativement** adv. *Cela fait approximativement 5 %.* → **environ,** à peu **près.** / contr. exactement / ▶ **approximation** n. f. **1·** Détermination approchée. *On calcule par approximation les racines des équations.* **2·** Estimation par à peu près. → **évaluation.** **3·** Valeur approchée. *Ce n'est qu'une approximation.*

appuyer [apɥije] v. < conjug. 8 > **I·** V. tr. **1·** Soutenir ou faire soutenir, supporter. *Appuyer* (une chose) *contre, à,* la placer contre une autre qui lui serve d'appui. *Appuyer une échelle contre un mur, une maison à un coteau.* → **adosser.** *Appuyer qqch. sur...* → **mettre, poser.** *Appuyer ses coudes sur la table.* **2·** Abstrait. Soutenir, rendre plus ferme, plus sûr. *Il appuie ses dires sur des motifs valables.* **3·** Fournir un moyen d'action, une protection, un soutien à (qqn, qqch.). *Appuyer qqn.* → **aider, encourager, patronner, protéger, recommander ;** fam. **pistonner.** *Appuyer un candidat à une élection.* → **soutenir.** – *Appuyer la demande de qqn.* **4·** Appliquer, presser (une chose sur, contre une autre). *Appuyer le pied sur la pédale.* **II·** V. intr. *Appuyer (sur).* **1·** Être soutenu ; être posé sur. *La voûte appuie sur les arcs-boutants.* → **reposer.** **2·** Peser plus ou moins fortement sur. → **peser, presser.** *Appuyez sur le levier.* **3·** Émettre avec force (un élément par rapport à l'entourage). *Appuyer sur un mot en parlant.* **4·** Insister avec force. *Il a appuyé sur le caractère primordial de cette question.* / contr. glisser / – Sans compl. *N'appuyez pas trop !* → **insister.** – Au p. p. adj. *Un compliment trop appuyé.* / contr. discret / **5·** Prendre une direction. *Appuyez à droite, sur la droite,* allez à droite. → se **diriger.** **III·** *S'appuyer* v. pron. **1·** S'aider, se servir comme d'un appui, d'un soutien. *Appuyez-vous sur mon bras. Elle s'est appuyée contre moi.* **2·** Se reposer sur qqn, sur qqch. *Vous pouvez vous appuyer entièrement sur lui.* → **compter.** *Il s'appuie sur des observations récentes.* → se **référer.** **3·** Fam.

S'appuyer une corvée, faire qqch. par obligation, contre son gré. – *S'appuyer qqn,* être obligé de le supporter. *Elle se l'est appuyé toute la journée.* ▶ **appui** [apɥi] n. m. **I**· **1**· Action d'appuyer, de s'appuyer sur qqch. ***Prendre appui*** *sur qqch.* : s'appuyer sur qqch. – ***Hauteur d'appui*** : hauteur suffisante pour s'appuyer sur le coude. *Une fenêtre à hauteur d'appui.* – ***Point d'appui*** : point sur lequel une chose s'appuie. *Le point d'appui d'une poutre.* – Abstrait. *Chercher un point d'appui,* un soutien, un moyen d'action. **2**· ***À l'appui de*** loc. prép. : pour appuyer, soutenir (une assertion, une opinion). *À l'appui de cette remarque, il cite plusieurs philosophes. Avec preuves à l'appui.* **II**· **1**· Ce qui sert à soutenir. → **soutien, support.** *Appui pour le coude* → **accoudoir,** *la tête* → **appui-tête.** *Appui d'une fenêtre, d'un balcon,* tablette où l'on peut s'appuyer. **2**· Abstrait. Soutien moral ou aide matérielle. *Demander l'appui de qqn.* → **aide, assistance, protection.** *Avoir un appui, de puissants appuis.* ▶ **appui-tête** n. m., ou **appuie-tête** [apɥitɛt] n. m. invar. Dispositif destiné à soutenir la tête. *L'appui-tête réglable d'un fauteuil de dentiste. Des appuis-tête ; des appuie-tête.*

âpre [ɑpʀ] adj. **1**· Littér. Qui a une rudesse désagréable. *Froid, vent âpre.* → **rude.** – Cour. *Goût âpre,* qui racle la gorge. *Un fruit âpre.* **2**· Littér. Dur, pénible. *Une lutte âpre.* **3**· ***Être âpre au gain*** : avide. ▶ **âprement** adv. Littér. Avec une énergie dure. *Une victoire âprement disputée.* → **farouchement.** ▷ **âpreté, aspérité**

après [apʀɛ] prép. et adv. **I**· Prép. **1**· (Postériorité dans le temps) *Le printemps vient après l'hiver.* / contr. avant / *Ces événements sont arrivés les uns après les autres,* à la suite, en se succédant. *Ils président l'un après l'autre,* alternativement, tour à tour. *Après vous, je vous en prie,* formule de politesse. *Après ce que j'ai fait pour lui, me traiter de la sorte ! Nous allons déjeuner, après quoi nous nous mettrons en route.* – ***Après que*** (+ indicatif) loc. conj. *Il est arrivé après que je suis parti* (*après que je sois...* est fautif). – ***Après*** (+ infinitif passé). *Après avoir mangé, nous sommes sortis. Après être monté, il est redescendu.* – ***Après coup*** loc. adv. : après l'événement. → **a posteriori.** *Je n'ai compris qu'après coup.* – ***L'après*** (+ nom de personne) n. m. : période qui suit. *L'après-Mitterrand.* **2**· (Postériorité dans l'espace) Plus loin. *Au bas de la côte, après le pont.* **3**· Derrière (qqn qui se déplace). *Passez après moi.* **4**· Indiquant un mouvement de poursuite, de recherche. *Courir après qqn,* pour le rejoindre, le rattraper. *Courir après son argent.* – ***Être après qqn*** : être toujours derrière lui, le suivre partout. → **importuner ; harceler.** **5**· Plus bas, en étant subordonné, dans un ordre, une hiérarchie. *Après le lieutenant vient le sous-lieutenant.* → **sous.** **6**· ***Après tout*** loc. adv. : après avoir tout considéré, envisagé. *Après tout, cela m'est égal.* → **en définitive, au fond.** **7**· ***D'après*** loc. prép. : en se conformant à, à l'imitation de. → **selon, suivant.** *Juger d'après l'expérience. D'après (ce que disent) les journaux, il se serait enfui.* **II**· Adv. *Vingt ans après.* → **plus tard.** / contr. avant / *Les événements qui survinrent après.* → **ensuite.** *Aussitôt après. Peu de temps, longtemps après.* – *La page d'après.* – ***Ci-après*** loc. adv. : plus loin dans un texte. → **infra.** – (Pour engager qqn à poursuivre) *Et après ? Et puis après ?* – (Pour marquer l'indifférence) *Il ne viendra pas ? et après ?,* quelle importance ? ▶ **après-demain** adv. Au jour qui suivra demain. *L'affaire a été renvoyée à après-demain* (→ **surlendemain**). ▶ **après-guerre** n. m. Période qui suit une guerre. *Des après-guerres.* ▶ **après-midi** n. m. ou f. invar. Partie de la journée de midi jusqu'au soir. *Nous nous reverrons cet après-midi.* → **tantôt.** *Des après-midi ensoleillées.* ▶ **après-rasage** n. m. invar. Lotion rafraîchissante que les hommes appliquent sur leur visage après s'être rasés. ▶ **après-ski** n. m. Bottillon souple, chaud, que l'on chausse lorsqu'on ne skie pas, aux sports d'hiver. *Des après-ski(s).* ▶ **après-vente** adj. invar. *Service après-vente,* ensemble des services d'entretien assuré par un commerçant, une firme, après la vente d'un appareil. *Des services après-vente.*

âpreté [ɑpʀəte] n. f. **1**· Littér. Rudesse désagréable de ce qui est âpre*. / contr. douceur / *L'âpreté de l'hiver dans les montagnes. L'âpreté d'un vin.* **2**· Abstrait. Caractère dur, pénible, rude ou violent. *L'âpreté d'une lutte. L'âpreté de ses reproches.*

a priori [apʀijɔʀi] loc. adv. **1**· En partant de données antérieures à l'expérience. – Adj. *Argument a priori,* non fondé sur les faits. / contr. a posteriori / **2**· Adv. Au premier abord, avant toute expérience. *A priori, c'est une bonne idée.* **3**· N. m. invar. *Ce n'est pas convaincant, vous vous fondez sur des a priori.* ▶ **apriorisme** n. m. Idée a priori.

à-propos [apʀɔpo] n. m. invar. Ce qui vient à propos, est dit ou fait opportunément. *Esprit d'à-propos,* présence d'esprit. *Faire des digressions sans le moindre à-propos.*

apte [apt] adj. Qui a des dispositions pour (faire qqch.). *Il est apte à faire de bonnes études.* → **capable.** / contr. incapable / *Apte au travail.* / contr. inapte / ▶ **aptitude** n. f. **1**· Disposition naturelle. → **penchant, prédisposition.** *Avoir une grande aptitude à (ou pour) faire qqch.* **2**· Capacité acquise. *Un salaire en rapport avec ses aptitudes.* → **capacité.** *Certificat d'aptitude professionnelle* (C. A. P.). ▷ **adapter, inapte**

aptère [aptɛʀ] adj. Qui est dépourvu d'ailes. *Insecte aptère.*

apurer [apyʀe] v. tr. < conjug. 1 > Finances. Reconnaître (un compte) exact.

aqua- Élément signifiant « eau ». ▶ **aquaculture** [akwakyltyʀ] n. f. Élevage d'animaux aquatiques. ▶ **aquagym** n. f. Gymnastique pratiquée dans l'eau.

aquarelle [akwaʀɛl] n. f. Peinture légère sur papier avec des couleurs transparentes délayées dans de l'eau. *Faire de l'aquarelle. Une aquarelle de Dufy.* ▶ **aquarelliste** n. Peintre à l'aquarelle.

aquarium [akwaʀjɔm] n. m. Réservoir à parois de verre dans lequel on entretient des plantes et des animaux aquatiques (poissons, etc.). *Des aquariums.* ▶ **aquariophilie** n. f. Élevage en aquarium de poissons d'ornement. ▶ **aquariophile** n.

aquatinte [akwatɛ̃t] n. f. Gravure à l'eau-forte imitant le lavis.

aquatique [akwatik] adj. Qui croît, vit dans l'eau ou au bord de l'eau. *Plantes, animaux aquatiques.* ≠ aqueux.

aqueduc [akdyk] n. m. Canal (surtout à l'air libre et surélevé) destiné à capter et à conduire l'eau d'un lieu à un autre. *L'aqueduc du pont du Gard. Des aqueducs.*

aqueux, euse [akø, øz] adj. En sciences. Qui est de la nature de l'eau. ≠ aquatique.

aquilin [akilɛ̃] adj. m. *Nez aquilin,* busqué et assez fin.

aquilon [akilɔ̃] n. m. Littér. Vent du nord, froid et violent.

ara [aʀa] n. m. Grand perroquet grimpeur, vivant en Amérique centrale. *Des aras.*

arabe [aʀab] adj. et n. **1·** De l'Arabie ; des peuples originaires de l'Arabie qui se sont répandus avec l'islam autour du bassin méditerranéen. – N. *Les Arabes,* le peuple sémite originaire d'Arabie et, plus couramment, les populations arabisées du Proche-Orient et du nord de l'Afrique. – *L'arabe,* une des langues sémitiques. **2·** *Chiffres arabes* (opposé à *romains*), ceux de notre numérotation. « *Quinze* » *en chiffres arabes* (15), *en chiffres romains* (XV). ▶ **arabique** adj. D'Arabie. *La péninsule arabique.* ▶ **arabisant, ante** n. Spécialiste de la langue, de la littérature arabes. ▶ **arabiser** v. tr. < conjug. 1 > Donner un caractère social, culturel arabe à. ▶ **arabisation** n. f. *L'arabisation de l'enseignement au Maghreb.* ▷ **arabesque, panarabe**

arabesque [aʀabɛsk] n. f. **1·** Ornement formé de lettres, de lignes, de feuillages entrelacés (d'abord propre à l'art *arabe*). **2·** Ligne sinueuse, chose dont la forme rappelle l'arabesque. *La fumée décrivait des arabesques.*

arable [aʀabl] adj. Qui peut être labouré. *Terres arables.* → **labourable.** ≠ aratoire.

arachide [aʀaʃid] n. f. Graine d'une plante tropicale ; cette plante. *Huile d'arachide. Arachides torréfiées.* → **cacahouète.**

arachnéen, enne [aʀakneɛ̃, ɛn] adj. Littér. Qui a la légèreté de la toile d'araignée. *Une dentelle arachnéenne.*

arachnides [aʀaknid] n. m. pl. Classe d'animaux arthropodes, comprenant les araignées, les scorpions... ▶ **arachnophobie** [aʀaknɔfɔbi] n. f. Peur maladive des araignées.

araignée [aʀeɲe] n. f. **1·** Animal arthropode (arachnides*) caractérisé par des crochets inoculateurs de venin, des filières ventrales. *L'araignée tisse sa toile.* – ***Toile d'araignée.*** **2·** Loc. fam. *Avoir une araignée dans le (au) plafond,* avoir l'esprit quelque peu dérangé. **3·** ***Araignée de mer*** : grand crabe à longues pattes.

araméen, enne [aʀameɛ̃, ɛn] n. et adj. **1·** N. m. pl. En histoire. Peuple sémite installé dans le nord de la Mésopotamie. – Adj. *La langue araméenne.* **2·** N. m. *L'araméen,* ensemble de dialectes sémitiques parlés entre le IXe s. avant J.-C. et le VIe s. après J.-C. *Quelques passages de la Bible ont été écrits en araméen.*

aratoire [aʀatwaʀ] adj. Qui sert à travailler la terre (→ **arable**). *Instruments aratoires.*

arbalète [aʀbalɛt] n. f. Ancienne arme de trait, arc d'acier monté sur un fût et dont la corde se tendait avec un ressort.

arbitrage [aʀbitʀaʒ] n. m. **1·** Règlement d'un différend par une ou plusieurs personnes → **arbitre,** auxquelles les parties ont décidé, d'un commun accord, de s'en remettre. *Soumettre un différend à l'arbitrage.* **2·** Fonction d'arbitre ; exercice de ces fonctions. *Une erreur d'arbitrage.*

arbitraire [aʀbitʀɛʀ] adj. **1·** Qui dépend de la seule volonté → **libre arbitre,** n'est pas lié par l'observation de règles. *Choix arbitraire.* / contr. motivé / – Péj. *Une interprétation arbitraire,* qui ne tient pas compte de la réalité. – N. m. *L'arbitraire de sa classification.* **2·** Qui dépend du bon plaisir, du caprice de qqn. → **injuste.** *Décision arbitraire. Détention arbitraire.* → **illégal.** / contr. légal / – N. m. *Lutter contre l'arbitraire.* → **despotisme, injustice.** ▶ **arbitrairement** adv. *Décider arbitrairement qqch.*

1 **arbitre** [aʀbitʀ] n. **1·** Droit. Personne désignée par les parties pour trancher un différend juri-

dique. **2·** Personne qui est prise pour juge dans un débat, une dispute. *Je vous fais notre arbitre, vous nous jugerez.* – Loc. *Jouer le rôle d'arbitre,* arbitrer ; imposer son autorité dans une négociation, une discussion. **3·** Personne qui est capable de juger de qqch. *Elle est l'arbitre des élégances.* **4·** Personne désignée pour veiller à la régularité d'une compétition, d'une épreuve de sports. *L'arbitre a sifflé un arrêt de jeu.* ▶ **arbitrer** v. tr. < conjug. 1 > **1·** Intervenir, juger en qualité d'arbitre. *Arbitrer un différend, un litige.* → **juger.** **2·** Contrôler la régularité de (une compétition, une épreuve sportive). *Arbitrer un combat de boxe, un match de football.* ▷ **arbitrage**

[2] **arbitre** n. m. Vx. Volonté. ▷ **arbitraire, libre arbitre**

arborer [aʀbɔʀe] v. tr. < conjug. 1 > Porter ostensiblement de manière à ce que ce soit vu. *Arborer une décoration à sa boutonnière.*

arbor(i)- Élément savant signifiant « arbre ». ▶ **arborescent, ente** [aʀbɔʀesɑ̃, ɑ̃t] adj. Qui prend la forme ramifiée, l'apparence d'un arbre. *Fougères arborescentes.* ▶ **arborescence** n. f. Partie arborescente d'une plante ; forme ramifiée. ▶ **arboricole** adj. **1·** Qui vit sur les arbres. *Singe arboricole.* **2·** De l'arboriculture. ▶ **arboriculture** n. f. Culture des arbres. *Arboriculture forestière, fruitière.* ▶ **arboriculteur, trice** n. Personne qui se livre à l'arboriculture. ▶ **arborisation** n. f. Dessin naturel ressemblant à des végétations, à des ramifications. *Les arborisations du givre sur les vitres.*

arbre [aʀbʀ] n. m. **1·** Grand végétal ligneux (formé de bois) dont la tige ne porte de branches qu'à partir d'une certaine hauteur au-dessus du sol. *Le tronc, le feuillage d'un arbre. Arbres fruitiers* (→ **verger**). *Arbres forestiers* (→ **bois, forêt**). *Une avenue plantée d'arbres.* – *Monter dans un arbre ; grimper aux arbres.* **2·** *arbre de Noël :* sapin ou branche de sapin, décoré et auquel on suspend des décorations, le jour de Noël. **3·** Axe qui reçoit ou transmet un mouvement de rotation. *Arbre moteur. Arbre à cames* (d'un moteur à explosion). *Arbre de transmission.* **4·** *Arbre généalogique :* figure représentant un arbre dont les ramifications montrent la filiation des diverses branches d'une même famille. – Représentation, schéma avec des lignes et des subdivisions pour figurer les relations entre des choses, des idées. → **arborescence.** ▶ **arbrisseau** n. m. Petit arbre dont la tige se ramifie dès la base. *Des arbrisseaux.* ▶ **arbuste** n. m. Petit arbrisseau. *Des bosquets d'arbustes.* ▷ **arbor(i)-**

arc [aʀk] n. m. **1·** Arme formée d'une tige souple (de bois, de métal) que l'on courbe au moyen d'une corde attachée aux deux extrémités pour lancer des flèches. *Bander, tendre un arc. Tirer des flèches avec un arc.* – Abstrait. Loc. *Avoir plus d'une corde, plusieurs cordes à son arc,* avoir plus d'une ressource pour réussir, pour atteindre son but. **2·** Portion définie d'une courbe. *Arc de cercle. Arc de 45°.* – *En arc de cercle,* courbe, arqué, cintré. **3·** Ce qui a la forme d'un arc. → **courbe.** *L'arc des sourcils.* **4·** Courbe lumineuse qui jaillit entre deux charbons parcourus par un courant électrique. *Lampe à arc.* **5·** Courbe décrite par une voûte et qui est formée par un ou plusieurs arcs de cercle. → [2] **arche.** *L'arc et les montants d'une voûte. Arc en plein cintre,* demi-cercle régulier. *Arc en ogive.* → **ogive.** **6·** *Arc de triomphe :* arcade monumentale sous laquelle passait le général romain triomphateur ; monument élevé sur ce modèle pour célébrer la victoire d'une armée. *L'arc de triomphe de l'Étoile, à Paris.* ▶ **arcade** n. f. **1·** Ouverture en arc ; ensemble formé d'un arc et de ses montants ou points d'appui (souvent au plur.). *Les arcades d'un cloître. Se promener sous les arcades.* **2·** *Arcade sourcilière :* proéminence au-dessus de chaque orbite, où poussent les sourcils. ▷ **s'arc-bouter, arceau, arc-en-ciel,** [2] **arche, archer, archet, arçon, arquer**

arcanes [aʀkan] n. m. pl. Littér. *Les arcanes de (la science, la politique, etc.),* les secrets qu'elles présentent. → **mystère.**

s'arc-bouter [aʀkbute] v. pron. < conjug. 1 > Prendre appui sur une partie du corps pour exercer une poussée, un effort de résistance. ▶ **arc-boutant** [aʀkbutɑ̃] n. m. Maçonnerie en forme d'arc qui soutient de l'extérieur une voûte, un mur. *Les arcs-boutants d'une cathédrale gothique.*

arceau [aʀso] n. m. Partie cintrée, ce qui a la forme d'un arc. *Arceaux du jeu de croquet,* sous lesquels passe la boule. *Les arceaux d'une tonnelle.*

arc-en-ciel [aʀkɑ̃sjɛl] n. m. Phénomène météorologique lumineux en forme d'arc, offrant toutes les couleurs du prisme et produit par la réfraction des rayons du soleil dans les gouttes de pluie. *Des arcs-en-ciel.* – REM. Le pluriel se prononce comme le singulier.

archaïque [aʀkaik] adj. **1·** (Mot, expression, coutume...) Qui est très ancien. – Qui est périmé. → **désuet, vieillot.** *Des idées archaïques.* **2·** Antérieur aux époques classiques, à l'épanouissement d'un style artistique. *La période archaïque de l'art grec.* → **primitif.** ▶ **archaïsme** [aʀkaism] n. m. Mot, expression, tour ancien qu'on emploie alors qu'il n'est plus en usage. « *Partir* » *au sens de* « *partager* » *est un archaïsme.* ▶ **archaïsant, ante** [aʀkaizɑ̃, ɑ̃t] adj. et n. Qui fait usage d'archaïsmes. *Écrivain archaïsant.*

archange [aʀkɑ̃ʒ] n. m. Dans la religion catholique. Ange* d'un ordre supérieur. *Les archanges Gabriel, Michel, Raphaël.*

1 **arche** [aʀʃ] n. f. Navire fermé qui permit à Noé d'échapper aux eaux du Déluge. *Les animaux de l'arche de Noé.*

2 **arche** n. f. Voûte en forme d'arc qui s'appuie sur les culées ou les piles d'un pont. *Les arches d'un pont.*

archelle [aʀʃɛl] n. f. En Belgique. Étagère de salle à manger munie de crochets pour ustensiles à anses.

archéo- Élément savant signifiant « ancien ». → **archéologie, archétype.**

archéologie [aʀkeɔlɔʒi] n. f. Science des civilisations anciennes à partir des arts et monuments antiques. ▶ **archéologique** adj. *Fouilles archéologiques.* ▶ **archéologue** n. Spécialiste d'archéologie.

archer [aʀʃe] n. m. 1· Soldat armé de l'arc. 2· Nom des agents de police, sous l'Ancien Régime. 3· Tireur à l'arc. ≠ archet.

archet [aʀʃɛ] n. m. Baguette sur laquelle sont tendus des crins qui servent à faire vibrer les cordes de divers instruments de musique. *Archet de violon.* ≠ archer.

archétype [aʀketip] n. m. Didact. Type primitif ou idéal ; original qui sert de modèle. → **modèle, prototype.**

archevêque [aʀʃəvɛk] n. m. Évêque placé à la tête d'une province ecclésiastique. *Le palais de l'archevêque.* → **archiépiscopal.** ▶ **archevêché** [aʀʃəveʃe] n. m. 1· Territoire sous la juridiction d'un archevêque. 2· Le siège, le palais archiépiscopal.

archi- [aʀʃi] Élément savant qui exprime le degré extrême ou l'excès, et qui s'emploie librement pour former des adjectifs. → **extrêmement, très.** *L'autobus est archiplein. Un mot archivieux. Une histoire archiconnue. C'est archifaux.*

archiduc [aʀʃidyk] n. m. Titre des princes de l'ancienne maison d'Autriche (fém. : *archiduchesse*).

-archie, -arque Éléments savants qui servent à former des mots désignant des gouvernements, des gouvernants.

archiépiscopal, ale, aux [aʀʃiepiskɔpal, o] adj. Qui appartient à l'archevêque. *Dignité archiépiscopale.*

archipel [aʀʃipɛl] n. m. Groupe d'îles. *Les archipels grecs.*

architecte [aʀʃitɛkt] n. 1· Personne dont le métier est de tracer le plan d'un édifice et d'en diriger l'exécution. *Elle est architecte. Architecte diplômé par le gouvernement (architecte D. P. L. G.).* 2· Littér. Personne ou entité qui élabore qqch. → **créateur.** *Cette réforme dont il fut l'architecte.* ▶ **architectonique** [aʀʃitɛktɔnik] adj. et n. f. Qui est conforme à la technique de l'architecture. – N. f. L'art, la technique de la construction. ▶ **architecture** [aʀʃitɛktyʀ] n. f. 1· L'art de construire les édifices. *Ce château est une merveille d'architecture.* 2· Disposition, caractère architectural. *L'architecture simple d'une église.* 3· Forme, structure. *L'architecture du corps, d'une symphonie.* ▶ **architectural, ale, aux** adj. Qui a rapport à l'architecture, qui en a le caractère. *Motif architectural. Formes architecturales.* ▶ **architecturer** v. tr. < conjug. 1 > Construire avec rigueur, comme on construit un bâtiment. → **structurer.** – Au p. p. adj. (Plus cour.) *Roman bien architecturé.*

architrave [aʀʃitʀav] n. f. Partie inférieure de l'entablement qui porte directement sur le chapiteau de colonnes.

archives [aʀʃiv] n. f. pl. 1· Collection de pièces, titres, documents, dossiers anciens. *Archives départementales.* 2· Lieu où les archives sont conservées. *Les archives d'un journal.* ▶ **archiver** v. tr. < conjug. 1 > Classer (un document) dans les archives. – *Des dossiers archivés.* ▶ **archivage** n. m. Action d'archiver. ▶ **archiviste** n. Spécialiste préposé à la garde, à la conservation des archives.

arçon [aʀsɔ̃] n. m. L'une des deux pièces ou arcades qui forment le corps de la selle. *Pistolets d'arçon.* – *Cheval d'arçon.* → **cheval.** ▷ **désarçonner**

arctique [aʀktik] adj. Des régions polaires du nord. *Pôle arctique. Cercle arctique.* / contr. antarctique /

ardent, ente [aʀdɑ̃, ɑ̃t] adj. 1· Littér. Qui est en feu, en combustion ; qui brûle. *Des charbons ardents.* → **incandescent.** – Loc. fig. *Être sur des charbons ardents*, brûler, griller d'impatience, se consumer d'inquiétude. 2· *Chapelle ardente* : où de nombreux cierges brûlent autour d'un cercueil. 3· Littér. Qui dégage une forte chaleur. *Le soleil est ardent.* → **brûlant.** 4· (Personnes) Qui a de l'ardeur dans les sentiments, est prompt à s'enflammer. *Il a une nature ardente.* → **bouillant, enflammé, enthousiaste, exalté, fervent, fougueux, passionné.** / contr. indifférent / *Tempérament ardent*, porté à l'amour. → **amoureux.** 5· (Sentiments) Qui est très vif. *Une ardente conviction.* → **profond.** ▶ **ardemment** [aʀdamɑ̃] adv. Avec ardeur (2). *Je souhaite (désire) ardemment son* *retour.* ▶ **ardeur** n. f. **1·** Littér. Chaleur vive. *L'ardeur du soleil.* **2·** Énergie pleine de vivacité dans l'action ou dans le sentiment. *Son ardeur à travailler.* → **cœur, courage, énergie, entrain, fougue.** *Soutenir une opinion avec ardeur.* → **exaltation, ferveur.** – Au plur. Fam. Comportements trop passionnels. *Modérez vos ardeurs !* / contr. indifférence, indolence, tiédeur /

ardillon [aʀdijɔ̃] n. m. Pointe de métal qui fait partie d'une boucle et s'engage dans un trou de courroie, de ceinture.

ardoise [aʀdwaz] n. f. **1·** Pierre tendre et feuilletée d'un gris bleuâtre (schiste argileux), qui sert principalement à la couverture des maisons ; plaque de cette pierre. *Toit d'ardoises.* **2·** Plaque d'ardoise dans un cadre en bois, sur laquelle on écrit avec un crayon spécial, une craie. **3·** Compte de marchandises, de consommations prises à crédit. *Il est très endetté, il a des ardoises partout.* → **dette.**

ardu, ue [aʀdy] adj. Qui présente de grandes difficultés. → **difficile.** *Ce travail est ardu. Entreprise ardue.* / contr. facile /

are [aʀ] n. m. Mesure agraire de superficie valant cent mètres carrés. ▷ **hectare**

areligieux, euse [aʀəliʒjø, øz] adj. Qui n'a aucune religion → **athée, irréligieux,** repousse ce qui concerne la religion.

arène [aʀɛn] n. f. **1·** Aire sablée d'un amphithéâtre où les gladiateurs combattaient ; où ont lieu les courses de taureaux. **2·** Loc. ***Descendre dans l'arène*** : accepter un défi, s'engager dans un combat, une lutte. – *L'arène politique*, la politique considérée comme le lieu de luttes. **3·** Au plur. ***Arènes*** : amphithéâtre romain. *Les arènes de Nîmes.* – Amphithéâtre où se déroulent des courses de taureaux.

aréopage [aʀeɔpaʒ] n. m. Didact. Assemblée de juges, de savants, d'hommes de lettres très compétents (du nom du conseil politique d'Athènes, dans l'Antiquité). ≠ aéro-.

arête [aʀɛt] n. f. **1·** Tige du squelette des poissons osseux. *Elle s'est étranglée avec une arête.* **2·** Ligne d'intersection de deux plans. *Les arêtes d'un cube. L'arête du nez. L'arête d'une chaîne de montagnes*, entre les deux versants.

argan [aʀgɑ̃] n. m. *Huile d'argan* : huile extraite du fruit d'un arbuste épineux (l'*arganier*) qui croît au Maroc.

① **argent** [aʀʒɑ̃] n. m. **1·** Métal blanc, très ductile et malléable (symb. : *Ag*). *Bijoux en or et en argent. Vaisselle d'argent.* **2·** Vx. ***Vif-argent*** : mercure. → **vif-argent.** **3·** ***D'argent*** : de la couleur, de la blancheur, de l'éclat de l'argent. *Cheveux d'argent.* ▶ ① **argenté, ée** adj. **1·** Qui est recouvert d'une couche d'argent. *Métal argenté.* **2·** Qui a la couleur, l'éclat de l'argent. *Cheveux argentés.* ▶ **argenterie** n. f. Vaisselle, couverts, ustensiles d'argent. *Les voleurs ont emporté l'argenterie.* ▶ **argentique** adj. Relatif à la photographie sur pellicule utilisant des sels d'argent (opposé à *numérique*). *Appareil (photo) argentique* ou *un argentique* n. m. ▷ ① **argentin, vif-argent**

② **argent** n. m. **1·** Monnaie métallique, papier-monnaie et ce qui représente cette monnaie. → **capital, fonds, fortune, richesse.** (Fam. **blé, fric, galette, oseille, pépète, pèse, pognon, thune** ; VX **braise, flouss, picaillon**). *Il gagne beaucoup d'argent. Payer en argent* (opposé à *en nature*). *Déposer son argent en banque. Argent liquide**. *Payer en argent liquide ou par carte de crédit.* **2·** Loc. *Jeter l'argent par les fenêtres*, dépenser en gaspillant. *L'argent lui fond dans les mains*, il est très dépensier. *En vouloir pour son argent ; en avoir pour son argent*, en proportion de ce qu'on a donné (en argent ou autrement). *Prendre qqch. pour argent comptant*, croire naïvement ce qui est dit ou promis. – Prov. *L'argent n'a pas d'odeur*, ne garde pas la marque de sa provenance (malhonnête). – *Le temps c'est de l'argent*, il ne faut pas perdre de temps. *L'argent ne fait pas le bonheur.* ▶ ② **argenté, ée** adj. Fam. Qui a de l'argent. ▶ **argentier** n. m. Fam. *Le Grand Argentier*, le ministre des Finances. – Fam. Trésorier. ▷ **désargenté**

① **argentin, ine** [aʀʒɑ̃tɛ̃, in] adj. Qui résonne clair comme l'argent. *Le son argentin d'une clochette.*

② **argentin, ine** adj. et n. De l'Argentine, pays d'Amérique du Sud. *Le tango argentin.* – N. *Les Argentins.*

argile [aʀʒil] n. f. Terre composée de silicate d'aluminium hydraté, avide d'eau, imperméable et plastique, dite *terre glaise. Argile rouge, jaune.* ▶ **argileux, euse** adj. *Le terrain est argileux et glissant.*

argon [aʀgɔ̃] n. m. Gaz incolore et inodore de l'air (symb. : *Ar*). *Laser à argon.*

argot [aʀgo] n. m. Langue familière et originale inventée par un milieu fermé, dont de nombreux mots passent dans la langue commune. *L'argot du milieu*, des malfaiteurs. *Argot militaire. L'argot des écoles. Parler argot. Mot d'argot.* ▶ **argotique** adj. D'argot. *Termes argotiques.*

arguer [aʀgɥe] v. < conjug. 1 > REM. Le *u* est prononcé comme dans la conjug. de *tuer.* **1·** V. tr. dir. Littér. Tirer argument, tirer (une conséquence) de quelque fait. *Il argue* [aʀgy] *de ce fait que.* → **conclure, inférer.** **2·** V. tr. ind. *Arguer de qqch.*, mettre qqch. en avant, en tirer argument ou prétexte. → **alléguer.** *Il arguait de sa bonne foi.* ▷ **argument**

argument [aʀgymɑ̃] n. m. **1·** Preuve à l'appui ou à l'encontre d'une proposition. *Appuyer une affirmation sur de bons arguments. Opposer ses arguments à ceux de l'adversaire.* Loc. *Argument massue,* décisif. *Être à court d'arguments. Tirer argument de,* se servir comme d'une preuve, d'une raison. → **arguer.** – *Arguments publicitaires, de vente.* **2·** Exposé sommaire du sujet que l'on va développer (au théâtre, en littérature). *L'argument d'un récit.* ▶ **argumentaire** n. m. Série d'arguments tendant à convaincre. ▶ **argumentation** n. f. Ensemble d'arguments tendant à une même conclusion. *Son argumentation est convaincante. Une argumentation rigoureuse, fragile.* ▶ **argumenter** v. intr. < conjug. 1 > Présenter des arguments ; prouver par arguments. *Argumenter sur qqch., avec qqn, contre qqn.* – Au p. p. adj. *Un article solidement argumenté.*

argus [aʀgys] n. m. invar. **1·** Littér. Surveillant, espion vigilant. **2·** (Avec une majuscule) Publication qui fournit des renseignements spécialisés. *L'Argus de l'automobile. Vendre sa voiture au prix de l'Argus.*

argutie [aʀgysi] n. f. Souvent au plur. Raisonnement pointilleux, subtilité de langage. *Se perdre en arguties.*

aride [aʀid] adj. **1·** Qui ne porte aucun végétal, faute d'humidité. → **stérile.** *Une région, une terre aride.* **2·** Abstrait. Qui est dépourvu d'intérêt, d'agrément, d'attrait. *Sujet, matière aride.* → **ingrat, rébarbatif, sévère.** / contr. attrayant / ▶ **aridité** n. f. **1·** *L'aridité du sol.* → **stérilité. 2·** Abstrait. *Aridité d'un sujet.* → **sévérité.**

ariette [aʀjɛt] n. f. Dans la musique classique. Air (aussi appelé ***aria***) de caractère léger.

aristocrate [aʀistɔkʀat] n. **1·** Partisan de l'aristocratie (1). – Péj. À la Révolution. Partisan de l'aristocratie (1), des privilèges de la noblesse. *Les aristocrates à la lanterne !* (pour être pendus). **2·** Membre de l'aristocratie (2). → **noble.** *Avoir des manières d'aristocrate.* ▶ **aristocratie** [aʀistɔkʀasi] n. f. **1·** Forme de gouvernement où le pouvoir souverain appartient à un petit nombre de personnes et particulièrement à une classe héréditaire. **2·** La noblesse. **3·** Littér. Petit nombre de personnes qui détiennent une prééminence en quelque domaine. → **élite.** *Une aristocratie d'écrivains.* ▶ **aristocratique** adj. Qui est digne d'un aristocrate. → **élégant ; distingué, raffiné.** *Manières aristocratiques.*

arithmétique [aʀitmetik] adj. et n. f. **I·** Adj. Relatif à l'arithmétique (II), fondé sur la science des nombres rationnels. *Progression arithmétique* (opposé à *progression géométrique*), celle où la différence entre les termes consécutifs est constante (2, 4, 6, 8, 10, etc.). **II·** N. f. **1·** Partie des mathématiques qui étudie les propriétés élémentaires des nombres rationnels. → **calcul. 2·** Livre d'arithmétique.

arlequin, ine [aʀləkɛ̃, in] n. Personnage bouffon de la comédie italienne, qui porte un costume fait de pièces triangulaires de toutes couleurs et un masque noir. *Des arlequins.*

armada [aʀmada] n. f. **1·** Hist. *L'invincible Armada,* la flotte de Philippe II d'Espagne. **2·** Fig. Grande quantité. *Une armada de journalistes attendait le ministre.*

armagnac [aʀmaɲak] n. m. Eau-de-vie de raisin que l'on fabrique en Armagnac. *Des armagnacs.*

armateur, trice [aʀmatœʀ, tʀis] n. Personne qui s'occupe de l'exploitation commerciale d'un navire. *Armateur propriétaire, locataire. Elle est armateur, armatrice.*

armature [aʀmatyʀ] n. f. **1·** Assemblage de pièces de bois ou de métal qui servent à maintenir les diverses parties d'un ouvrage, qui consolide une matière fragile ou souple. → **charpente ; carcasse.** *L'armature d'un vitrail.* – *Soutien-gorge à armature.* **2·** Ce qui sert à maintenir, à soutenir. *L'armature économique d'un pays.* → **charpente. 3·** Ensemble des dièses et des bémols placés à la clef pour indiquer la tonalité d'un morceau de musique.

arme [aʀm] n. f. **1·** Instrument ou dispositif servant à tuer, blesser ou à mettre l'ennemi dans l'impossibilité de se défendre. *Armes blanches* (couteaux, épées...), *armes à feu* (pistolets, fusils, carabines...). *Braquer, diriger une arme vers qqn. L'arme du crime est un couteau.* **2·** Dispositif ou ensemble de moyens offensifs pour faire la guerre. *Vendre des armes. Les armes atomiques* ou *nucléaires.* **3·** Au plur. Loc. *Prendre les armes,* s'apprêter au combat. *Un peuple en armes,* prêt à combattre. *Déposer, rendre les armes,* se rendre. *Passer un prisonnier par les armes,* le fusiller. **4·** *Les armes,* l'épée, le fleuret ou le sabre. → **escrime.** *Salle d'armes. Maître d'armes.* **5·** Un des corps de l'armée. *L'arme de l'infanterie, de l'artillerie. Dans quelle arme sert-il ?* **6·** Littér. ***Armes*** : le métier militaire. *La carrière, le métier des armes. Compagnons, frères d'armes.* – Combat, guerre. *Régler un différend par les armes.* – *Faire ses premières armes,* sa première campagne ; fig. débuter dans une carrière. **7·** *(Une, des armes)* Ce qui peut agir contre un adversaire. → **argument, moyen** d'action. *La patience est une arme. Donner des armes contre soi-même. Une arme à double tranchant,* un argument, un moyen qui peut avoir deux effets opposés, se retourner contre soi. ▶ **armé, ée** adj. **1·** Muni d'armes. *Troupes armées. Armé jusqu'aux dents,* très bien armé. *Vol, attaque à main armée,* commis(e) par un ou plusieurs assaillants armés. **2·** Qui se fait avec des armes. *Conflit armé.* → **guerre. 3·** *Armé de :* garni, pourvu de (ce qui est comparé à une arme). *Plante armée de piquants.* **4·** (Personnes) Pourvu de moyens de défense. *Il est bien armé dans la lutte pour la vie.* ▶ **armée** n. f. **1·** Réunion importante de troupes assemblées pour combattre. *Lever une armée. Armée d'occupation, de libération.* **2·** Ensemble des forces militaires d'un État. → **défense** nationale. *Armée de terre. Armée de l'air. Armée active ; de réserve. Être dans l'armée* (→ **militaire**). **3·** Grande unité réunissant plusieurs divisions formées de régiments et éventuellement réunies en *corps d'armée. La Ve armée.* **4·** Grande quantité (avec une idée d'ordre ou de combat). → **multitude, troupe.** *Une armée d'admirateurs.* → **armada.** *Une armée de sauterelles.* ▶ 1 **armer** v. tr. < conjug. 1 > **I· 1·** Pourvoir d'armes. *Armer les recrues.* **2·** *Armer qqn de,* lui donner comme arme, comme moyen d'attaque ou de défense. **II·** *S'armer* v. pron. **1·** Se munir (d'armes). *S'armer d'un fusil.* **2·** Loc. *S'armer de courage, de patience :* rassembler son courage, sa patience. ▶ 1 **armement** n. m. **1·** Action d'armer, de pourvoir d'armes. *L'armement des rebelles par une puissance étrangère.* **2·** Ensemble des moyens d'attaque ou de défense dont sont pourvus un soldat, une troupe. *L'armement individuel.* **3·** Au plur. Préparatifs de guerre, ensemble des moyens offensifs ou défensifs d'un pays. *La course aux armements. Le contrôle des armements.* ▷ **armes, armistice,** 1 **armure, désarmer,** 1 **gendarme, interarmes,** 1 **réarmer**

2 **armer** v. tr. < conjug. 1 > **1·** Garnir d'une sorte d'armure ou d'armature. *Armer le béton.* – Au p. p. adj. *Béton armé.* **2·** *Armer un navire,* l'équiper, le pourvoir de tout ce qu'il faut pour prendre la mer (→ **armateur**). **3·** Rendre (une arme à feu) prête à tirer. **4·** Tendre le ressort d'un mécanisme de déclenchement. *Armer un appareil photo* (l'obturateur). ▶ 2 **armement** n. m. **1·** Action d'armer un navire. **2·** Action d'armer un appareil. ▷ **armateur, armature,** 2 **réarmer**

armes [aʀm] n. f. pl. Signes héraldiques (d'abord *armes,* drapeaux...). → **blason.** *Vaisselle aux armes d'un prince.* ▷ **armoiries**

armistice [aʀmistis] n. m. Convention conclue entre les belligérants afin de suspendre les hostilités. *Souvent, l'armistice précède la conclusion d'une paix définitive. Signer un armistice.*

armoire [aʀmwaʀ] n. f. **1·** Meuble haut et fermé par des battants, servant à ranger le linge, les vêtements, les provisions, etc. *Armoire à linge. Armoire à pharmacie.* **2·** *Armoire à glace,* dont la porte est un miroir. – Fam. Personne de carrure impressionnante.

armoiries [aʀmwaʀi] n. f. pl. Ensemble des emblèmes symboliques qui distinguent une famille noble ou une collectivité. → **armes, blason.** *L'héraldique est la science des armoiries.* ▶ **armorié, ée** [aʀmɔʀje] adj. Orné d'armoiries. *Porte armoriée.*

1 **armure** [aʀmyʀ] n. f. **1·** Assemblage de plaques que revêtait l'homme d'armes pour se protéger. → **harnais.** *L'armure des chevaliers.* **2·** Ce qui couvre, défend, protège. → **défense, protection.** ▶ **armurier, ière** n. Personne qui vend ou fabrique des armes (et pas des armures). ▶ **armurerie** [aʀmyʀʀi] n. f. Profession d'armurier. – Fabrication, commerce, dépôt d'armes.

2 **armure** n. f. Mode d'entrecroisement des fils de chaîne et de trame d'un tissu.

A. R. N. ou **ARN** [ɑɛʀɛn] n. m. invar. Acide nucléique qui utilise l'information génétique de l'A. D. N. pour synthétiser les protéines.

arnaquer [aʀnake] v. tr. < conjug. 1 > **1·** Fam. Escroquer, voler. **2·** Fam. Arrêter, prendre. *Ils se sont fait arnaquer.* ▶ **arnaque** n. f. Fam. Escroquerie, vol, tromperie. ▶ **arnaqueur, euse** n. Fam. Personne qui pratique l'arnaque.

arnica [aʀnika] n. f. Plante des montagnes, à fleurs jaunes, utilisée pour ses propriétés médicinales (soins des contusions, des entorses).

arobase [aʀɔbɑz] n. f. ou m. Caractère spécial (@), utilisé dans les adresses électroniques. – REM. On écrit aussi *arobas, arrobas, arrobase.*

arôme [aʀom] n. m. Odeur agréable de certaines essences naturelles de végétaux, d'essences chimiques, ou d'acides volatils. → **odeur, parfum.** *Un délicieux arôme de café. L'arôme d'un vin vieux.* ▶ **aromathérapie** n. f. Didact. Utilisation médicale des huiles* essentielles. ▶ **aromathérapeute** n. ▶ **aromate** [aʀɔmat] n. m. Substance végétale odoriférante ; épice, condiment. *Le thym, le poivre, le cumin sont des aromates.* ▶ **aromatique** adj. *Plante, herbe, essence aromatique.* ▶ **aromatiser** v. tr. < conjug. 1 > Parfumer avec une substance aromatique.

arpège [aʀpɛʒ] n. m. Accord dont on égrène rapidement les notes au lieu de les faire entendre toutes à la fois. *Faire des arpèges au piano.*

arpent [aʀpɑ̃] n. m. Ancienne mesure agraire qui valait de 20 à 50 ares. ▶ **arpenter** v. tr.

< conjug. 1 > **1·** Mesurer la superficie d'un terrain. **2·** Parcourir à grands pas, à grandes enjambées (un lieu délimité). *Il arpentait le salon en jurant.* ▶ **arpentage** n. m. **1·** Mesure de la superficie d'un terrain. **2·** Ensemble des techniques de l'arpenteur. → **géodésie.** ▶ **arpenteur, euse** n. Professionnel(le) des techniques de calcul et mesure des surfaces et des relèvements de terrains. *Chaîne d'arpenteur.*

arpion [aʀpjɔ̃] n. m. Fam. Pied. *Marcher sur les arpions de qqn.*

arquebuse [aʀkəbyz] n. f. Ancienne arme à feu qu'on faisait partir au moyen d'une mèche. ▶ **arquebusier** n. m. Soldat armé d'une arquebuse.

arquer [aʀke] v. < conjug. 1 > **1·** V. tr. Courber en arc. **2·** Fam. V. intr. *Ne plus pouvoir arquer,* ne plus pouvoir marcher, avancer. ▶ **arqué, ée** adj. Courbé en arc. *Il a les jambes arquées.*

arracher [aʀaʃe] v. tr. < conjug. 1 > **I·** V. tr. **1·** Enlever de terre (une plante qui y tient par ses racines). → **déraciner.** *Arracher les mauvaises herbes.* → **désherber.** *Arracher les pommes de terre* (avec une machine appelée *arracheuse*). **2·** Détacher avec un effort plus ou moins grand (une chose qui tient ou adhère à une autre). → **enlever, extirper.** *Arracher un clou avec des tenailles. La machine lui a arraché le bras.* **3·** *S'arracher les cheveux,* au fig. être désespéré. **4·** Enlever de force à une personne ou à une bête, lui faire lâcher (ce qu'elle retient). → **prendre, ravir.** *Arracher une arme des mains de qqn, un os à un chien.* **5·** Obtenir (qqch.) de qqn avec peine, après quelque résistance. → **extorquer.** *Arracher de l'argent à un avare.* → **soutirer.** *Arracher des aveux, un secret, une promesse, un consentement.* **6·** *Arracher qqn de...,* faire quitter un lieu à qqn par force, violence, malgré lui. → **chasser, tirer.** *Arracher qqn de sa maison.* **7·** *Arracher qqn à un état, à une situation,* l'en faire sortir malgré les difficultés ou malgré sa résistance. *Arracher qqn au sommeil, à un rêve ; à ses habitudes. Arracher qqn à la misère.* → **tirer** de. **II·** *S'arracher* v. pron. **1·** Arracher l'un à l'autre. *Ils s'arrachaient leurs vêtements.* – Fam. Fig. *S'arracher les yeux,* se dit de deux personnes qui se disputent violemment. **2·** Se disputer une chose pour se l'approprier. *On s'est arraché les dernières places pour voir le match.* – *S'arracher qqn,* se disputer sa présence. *On se l'arrache.* **3·** *S'arracher de, s'arracher à :* se détacher, se soustraire avec effort, difficulté, peine ou regret. *S'arracher des bras d'une personne. Je ne pouvais pas m'arracher à ce souvenir.* **4·** Fam. Absolt Partir. *Allez, viens, on s'arrache.* – Accomplir un effort. ▶ **arrachage** n. m. **1·** Action d'arracher une plante. *L'arrachage des pommes de terre.* **2·** *L'arrachage d'une dent.* → **extraction.** ▶ **arraché** ou fam. **arrache** loc. adv. *À l'arraché* [aʀaʃe] ou fam. *à l'arrache* [aʀaʃ] : par un effort violent. *Gagner une course à l'arraché. J'ai terminé ce travail à l'arrache.* ▶ **arrachement** n. m. **1·** Action d'arracher. **2·** Affliction, peine que cause une séparation, un sacrifice. → **déchirement.** *L'arrachement des adieux.* ▶ **d'arrache-pied** [daʀaʃpje] loc. adv. Sans désemparer, en soutenant un effort pénible. *Nous luttons d'arrache-pied.* ▶ **arracheur** n. m. Loc. *Mentir comme un arracheur de dents,* mentir effrontément (comme les anciens dentistes, qui promettaient de ne pas faire souffrir).

arraisonner [aʀɛzɔne] v. tr. < conjug. 1 > *Arraisonner un navire, un avion,* procéder à un interrogatoire ou à une visite pour vérifier son chargement, sa destination, etc. ▶ **arraisonnement** n. m. *L'arraisonnement d'un bateau par la douane.*

arranger [aʀɑ̃ʒe] v. tr. < conjug. 3 > **I·** V. tr. **1·** Disposer de la manière correcte ou préférée. *Arranger des fleurs dans un vase.* / contr. déranger / **2·** Mettre sur pied, organiser. → **combiner, organiser, préparer.** *Arranger un voyage, une entrevue.* **3·** Surtout au p. p. adj. Fam. Donner mauvaise apparence à (qqn). → **accoutrer.** *Le voilà bien arrangé ! – Ne va pas dans ce magasin, on s'y fait arranger,* voler. **4·** Maltraiter (qqn), en dire du mal. *Il l'a bien arrangé dans la description qu'il en a faite.* **5·** Remettre en état. → **réparer.** *Donner sa voiture à arranger.* **6·** Régler par un accord mutuel. *Arranger une affaire. On va arranger tout cela.* **7·** Être utile, pratique pour (qqn). → **convenir.** *Venez plutôt après dîner, cela m'arrange.* **II·** *S'arranger* v. pron. **1·** Ajuster sa toilette. *Elle est allée s'arranger.* – Fam. *Il ne s'est pas arrangé,* il a enlaidi ; ses défauts ont empiré. **2·** Au passif. (Choses) Être remis en état. → **se réparer.** – Aller mieux. *Les choses se sont arrangées à la fin. Ça ne s'arrange pas. Tout s'arrange !* **3·** Prendre ses dispositions, ses mesures (en vue d'un résultat). *Arrangez-vous comme vous l'entendez.* → **faire.** *S'arranger pour,* faire en sorte de. *Arrange-toi pour rester avec nous.* **4·** Se mettre d'accord. → **s'entendre.** *Avec elle, je m'arrangerai toujours.* **5·** *S'arranger de qqch.* → **s'accommoder.** *Ne vous inquiétez pas, je m'en arrangerai.* ▶ **arrangeant, ante** [aʀɑ̃ʒɑ̃, ɑ̃t] adj. Qui est disposé à aplanir toute difficulté. → **accommodant, conciliant.** *Il a été assez arrangeant.* ▶ **arrangement** n. m. **1·** Action de disposer les choses dans un certain ordre. → **disposition.** *L'arrangement d'une maison, d'un mobilier.* → **installation.** **2·** Adaptation d'une composition à d'autres instruments ; la composition ainsi adaptée. *Un arrangement pour piano.* **3·** Convention entre particuliers ou collectivités tendant à régler une situation juridique. → **accord, compromis.** *Un arrangement a mis fin à leur différend.* ▶ **arrangeur, euse** n. Personne qui arrange une composition pour d'autres instruments ou qui écrit de la musique pour orchestre d'après un thème (jazz, rock, variétés).

arrérages [aʀeʀaʒ] n. m. pl. Somme d'argent versée périodiquement à un créancier en exécution d'une obligation. → ② **arriéré.** ≠ arrhes.

arrestation [aʀɛstasjɔ̃] n. f. Action d'arrêter une personne pour l'emprisonner ; état d'une personne arrêtée. *Arrestation préventive, provisoire. Vous êtes en état d'arrestation.*

arrêt [aʀɛ] n. m. **1·** Action de s'arrêter (dans sa marche, son mouvement) ; état de ce qui n'est plus en mouvement. *Attendez l'arrêt du train pour descendre. Faire plusieurs arrêts.* → **halte.** *Voitures à l'arrêt.* → en **stationnement. 2·** Fin d'un fonctionnement, d'une activité. *Arrêt d'un moteur. Arrêt du cœur,* syncope. *Arrêt du travail. Arrêt des hostilités.* → **cessation.** *Arrêt de travail* (pour cause médicale). *Un arrêt de travail de quinze jours.* **3·** *Sans arrêt :* sans interruption. → **cesse.** *Il pleut sans arrêt depuis deux jours.* **4·** Endroit où doit s'arrêter un véhicule. *Attendre à l'arrêt d'autobus. Je descends au prochain arrêt.* **5·** *Mandat d'arrêt,* ordre d'incarcération délivré par le juge d'instruction. – *Maison d'arrêt,* prison. **6·** Décision d'une cour souveraine ou d'une haute juridiction. → **jugement.** *Un arrêt du Conseil d'État.* – Vx ou littér. *Les arrêts du destin.* → **décret.**

① **arrêté** [aʀete] n. m. **1·** Règlement définitif (qu'on arrête*). *Arrêté de compte.* **2·** Décision écrite d'une autorité administrative. *Des arrêtés préfectoraux.*

② **arrêté, ée** adj. **1·** Convenu, décidé. *C'est une chose arrêtée.* **2·** (Idées, projets) Inébranlable, irrévocable. → **ferme.** *Il a la volonté bien arrêtée de refuser.*

arrêter [aʀete] v. < conjug. 1 > **I·** V. tr. **1·** Empêcher (qqn ou qqch.) d'avancer, d'aller plus loin ; faire rester sur place. → **immobiliser, retenir.** *Arrêter un passant pour lui parler. Arrêter sa voiture. Arrêter une machine.* **2·** Interrompre ou faire finir (une activité, un processus). *Arrêter le cours de qqch.* → **intercepter.** *L'accident arrête le trafic.* **3·** Empêcher (qqn) d'agir ou de poursuivre une action. → **entraver.** *Rien ne l'arrête quand il a choisi. Ici, je vous arrête* (dans la conversation). **4·** Faire prisonnier. → **appréhender.** *Arrêter qqn.* Fam. *Il vient de se faire arrêter* (fam. se faire agrafer, coffrer, cueillir, emballer, embarquer, épingler, pincer). **5·** Fixer par un choix. *Arrêter le lieu, le jour d'un rendez-vous.* → **fixer, régler.** *Arrêter un marché.* → **conclure. 6·** Prendre un arrêté. *Le ministre arrête que...* **II·** V. intr. **1·** Cesser d'avancer, faire halte. *Dites au chauffeur d'arrêter.* **2·** Cesser de parler ou d'agir. / contr. continuer / *Il travaille sans cesse, il n'arrête pas. Arrête donc de gesticuler.* – Sans compl. *Maintenant, arrête ! je vais me fâcher.* **III·** *S'arrêter* v. pron. **1·** Suspendre sa marche, ne pas aller plus loin. *Passer sans s'arrêter. S'arrêter pour se reposer.* → faire **halte. 2·** (Mécanisme) Ne plus fonctionner. *Ma montre s'est arrêtée.* **3·** (Processus, action) S'interrompre ou finir. *Le bruit s'arrête. L'hémorragie s'est arrêtée.* – (Personnes) Cesser d'agir, d'exercer une action. → **cesser.** *S'arrêter de faire qqch.* **4·** *S'arrêter à :* fixer son attention sur, faire attention à. *Il ne faut pas s'arrêter aux apparences. Vous vous arrêtez à bien peu de chose.* ▷ **arrestation, arrêt,** ① **arrêté,** ② **arrêté**

arrhes [aʀ] n. f. pl. Somme d'argent que l'on donne au moment de la conclusion d'un contrat, d'un marché. *Il a versé des arrhes pour réserver la chambre d'hôtel.* ≠ arrérages.

arriération [aʀjeʀasjɔ̃] n. f. *Arriération mentale,* état d'un sujet dont l'âge mental est inférieur à l'âge réel, physique.

① **en arrière** [ɑ̃naʀjɛʀ] loc. adv. **1·** Vers le lieu, le côté qui est derrière. / contr. en avant / *Marcher en arrière,* à reculons. *Renverser la tête en arrière. Cheveux tirés en arrière. Faire machine, marche en arrière* (vx, on dit, ellipt, *faire machine, marche arrière*), faire aller en arrière ; fig. revenir sur ses pas, sur ses dires. → se **rétracter. 2·** À une certaine distance derrière. *Rester en arrière.* **3·** *En arrière de* loc. prép. *Se tenir en arrière de qqn ou de qqch.,* derrière. ▷ ② **arrière, arriéré, arrière-**

② **arrière** [aʀjɛʀ] n. m. et adj. invar. **I·** N. m. **1·** La partie postérieure (d'une chose). → **derrière, dos.** *L'avant et l'arrière d'une voiture. Vous serez mieux à l'arrière.* / contr. devant / *À l'arrière du train.* → **queue. 2·** *L'arrière :* territoire ou population qui se trouve en dehors de la zone des opérations militaires. *Il est à l'arrière.* **3·** Au plur. *Les arrières d'une armée,* les lignes de communication. *Protéger ses arrières.* – Loc. *Assurer ses arrières,* avoir une solution de rechange en cas de difficulté. **4·** Joueur qui est placé derrière tous les autres (rugby) ou derrière la ligne des demis (football). **II·** Adj. invar. Qui est à l'arrière. *Les feux arrière d'une auto. Les sièges arrière et les sièges avant.*

① **arriéré, ée** [aʀjeʀe] adj. **1·** Péj. Qui appartient au temps passé, n'est pas moderne. → **rétrograde.** *Un homme aux idées arriérées. Ils sont un peu arriérés dans ce pays,* en retard. **2·** Qui est en retard dans son développement mental. → **attardé.** *Un enfant arriéré.* – N. *Un arriéré.* ▷ **arriération**

2 **arriéré** n. m. Dette échue et qui reste due. *L'arriéré d'une pension.* → **arrérages.**

arrière- Élément de noms, signifiant « qui est derrière » (ex. : *arrière-cuisine, arrière-fond, arrière-gorge, arrière-salle*) ou « qui est plus loin dans le temps » (ex. : *arrière-grand-père*). ▶ **arrière-boutique** n. f. Pièce de plain-pied située en arrière d'une boutique. *Des arrière-boutiques.* ▶ **arrière-garde** n. f. 1· Partie d'un corps d'armée qui ferme la marche. *Des arrière-gardes. De durs combats d'arrière-garde.* / contr. avant-garde / 2· Ce qui est en arrière, en retard. *Les professeurs d'arrière-garde.* ▶ **arrière-gorge** n. f. Fond de la gorge. *Des arrière-gorges.* ▶ **arrière-goût** n. m. 1· Goût qui reste dans la bouche après l'absorption. *Un arrière-goût désagréable. Des arrière-goûts.* 2· État affectif qui subsiste après le fait qui l'a provoqué (opposé à *avant-goût*). → **souvenir.** *Un arrière-goût de tristesse.* ▶ **arrière-grand-mère** n. f., **arrière-grand-père** n. m. La mère, le père du grand-père ou de la grand-mère. → **bisaïeul.** (On dit aussi *arrière-grands-parents.*) *Des arrière-grand-mères. Des arrière-grands-pères.* ▶ **arrière-pays** n. m. invar. Région située en arrière d'une région côtière. *Résider dans l'arrière-pays. L'arrière-pays niçois.* ▶ **arrière-pensée** n. f. Pensée, intention que l'on dissimule. → **réserve, réticence.** *Elle lui attribue des arrière-pensées malveillantes. Je vous le dis sans arrière-pensée.* ▶ **arrière-petit-fils** n. m., **arrière-petite-fille** n. f. Le fils, la fille du petit-fils, de la petite-fille. *Des arrière-petits-fils. Des arrière-petites-filles* (on dit aussi *arrière-petits-enfants*). ▶ **arrière-plan** n. m. 1· Le plan le plus éloigné de l'œil du spectateur (opposé à *premier plan*). *Des arrière-plans.* 2· *Être, rester à l'arrière-plan,* dans une position secondaire. ▶ **arrière-saison** n. f. La dernière saison de l'année, l'automne, la fin de l'automne. *Une arrière-saison ensoleillée. Des arrière-saisons.* ▶ **arrière-train** n. m. 1· Partie postérieure du corps d'un quadrupède. *Des arrière-trains.* 2· Fam. Fesses (d'une personne). → **postérieur.**

arrimer [aʀime] v. tr. < conjug. 1 > Caler, fixer avec des cordes (un chargement, des colis). – Au p. p. adj. *Chargement solidement arrimé.* – Fixer deux choses l'une à l'autre (dont l'une ou toutes deux sont mobiles). *Arrimer deux engins dans l'espace.* ▶ **arrimage** n. m. *L'arrimage d'une cargaison. L'arrimage d'un bateau au quai.*

arrivage [aʀivaʒ] n. m. Arrivée de marchandises par mer ou par une autre voie ; ces marchandises. *Un grand arrivage de fruits aux halles.* – Plaisant. *Un arrivage de touristes.* → **arrivée.**

arrivant, ante [aʀivɑ̃, ɑ̃t] n. Personne qui arrive quelque part. *Les arrivants et les partants.*

arrivé, ée [aʀive] n. et adj. 1· N. *Premier, dernier arrivé,* personne qui est arrivée la première, la dernière. 2· Adj. Qui a réussi (socialement, professionnellement). *Un homme arrivé.*

arrivée [aʀive] n. f. 1· Action d'arriver. *Il annonce son arrivée pour demain. Heure d'arrivée du courrier. Ligne d'arrivée* (d'une course). – Moment où l'on arrive. *Je vous verrai à mon arrivée.* 2· Passage (d'un fluide) qui arrive quelque part. *Arrivée d'essence.* / contr. sortie / 3· *L'arrivée du printemps, des froids.* → **apparition, début.** 4· Lieu où arrivent des voyageurs, des coureurs. *Où est l'arrivée ?* / contr. départ /

arriver [aʀive] v. intr. < conjug. 1 > I· 1· Toucher au terme de son voyage, de son trajet ; parvenir au lieu où l'on voulait aller. *Nous arriverons à Lyon à midi. On y arrive par une rue étroite. Nous voici, nous voilà arrivés. Le train qui arrive de Londres.* → **venir** de. *Arriver par le train, en auto. Arriver le premier, le dernier.* Loc. *Arriver comme un chien dans un jeu de quilles,* de façon inattendue et inopportune. – Impers. *Il est arrivé une visiteuse inattendue.* 2· Approcher, venir vers qqn. *Le voici qui arrive.* → fam. s'**amener, rappliquer.** *Il arrive à grands pas, en courant.* 3· Atteindre à une certaine taille. *Cet enfant grandit beaucoup, il m'arrive déjà à l'épaule.* 4· ***Arriver à*** (suivi d'un nom) : atteindre, parvenir à (un état). *Arriver à un certain âge. Arriver au terme de son existence.* → **atteindre, parvenir, toucher.** *Arriver à ses fins.* – ***Arriver à*** (+ infinitif) : réussir à ; finir par. *J'arrive à faire des économies.* 5· Réussir (dans la société). *Un individu qui veut à tout prix arriver.* → **arriviste.** 6· Aborder (un sujet). *Arriver à la conclusion de son discours. Quant à cette question, j'y arrive.* 7· ***En arriver à*** : en venir à ; être sur le point de, après une évolution (et souvent malgré soi). *J'en arrive à me demander s'il a vraiment du cœur. Il faudra bien en arriver là.* II· (Choses) 1· Parvenir à destination. *Un colis est arrivé pour vous.* – Impers. *Il est arrivé une lettre.* 2· Arriver jusqu'à (qqn). *Le bruit est arrivé jusqu'à ses oreilles.* 3· Atteindre un certain niveau. → **atteindre,** s'**élever, monter.** *L'eau lui arrive à la ceinture.* 4· Venir, être sur le point d'être. *Le jour, la nuit arrive,* se lève ; tombe. *Un jour arrivera où...* → **venir.** 5· (En parlant d'un fait, d'un événement, d'un accident) → **advenir,** avoir **lieu,** se **passer,** se **produire, survenir.** *Un malheur est vite arrivé.* – *Cela ne m'est jamais arrivé. Cela peut* *arriver à tout le monde,* tout le monde est exposé à pareil accident. *Cela ne m'arrivera plus, je vous le promets,* c'est une chose que je ne recommencerai plus. *Qu'est-ce qui t'arrive ?,* qu'est-ce que tu as ? – *Il arrive* impers. *Il est arrivé un accident. Quoi qu'il arrive,* en tout cas. *Il arrive que nous sortions après dîner. Il lui arrive souvent de mentir.* ▶ **arriviste** n. Personne dénuée de scrupules qui veut arriver, réussir par n'importe quel moyen. ▶ **arrivisme** n. m. Caractère ou comportement de l'arriviste. ▷ **arrivage, arrivant, arrivé, arrivée**

arrobas(e) → **arobase.**

arrogant, ante [aʀɔgɑ̃, ɑ̃t] adj. Qui manifeste une insolence méprisante. *Une personne arrogante. Air, ton arrogant.* → **orgueilleux ; impudent, insolent, suffisant.** / contr. déférent, humble / ▶ **arrogance** n. f. *Répondre avec arrogance.* → **hauteur, morgue.** / contr. déférence, humilité /

s'arroger [aʀɔʒe] v. pron. < conjug. 3 > S'attribuer (un droit, une qualité) sans y avoir droit. → **s'approprier, s'attribuer, usurper.** *Elle s'est arrogé des titres qui ne lui appartiennent pas. Les droits qu'il s'est arrogés.*

arrondir [aʀɔ̃diʀ] v. tr. < conjug. 2 > **1·** Rendre rond. *Arrondir les lèvres.* – Donner une forme courbe à. *Arrondir le bras.* **2·** Abstrait. Loc. *Arrondir les angles, les arêtes,* atténuer les oppositions, les dissentiments. **3·** Rendre plus complet. *Arrondir sa fortune.* → **augmenter.** – *Arrondir un total, un chiffre,* lui substituer le chiffre rond inférieur ou supérieur. **4·** *S'arrondir* v. pron. : devenir rond. *Son ventre s'arrondit.* ▶ **arrondi, ie** adj. **1·** À peu près rond. *Un visage arrondi.* **2·** N. m. *L'arrondi,* le contour arrondi. → **courbe.** *L'arrondi d'une jupe* (en bas).

arrondissement [aʀɔ̃dismɑ̃] n. m. Circonscription administrative. *Le département français est divisé en un certain nombre d'arrondissements. Chef-lieu d'arrondissement.* → **sous-préfecture.** – Subdivision administrative dans certaines grandes villes (Paris, Lyon, Marseille). *Le Ve, le XVIe arrondissement.*

arroser [aʀoze] v. tr. < conjug. 1 > **1·** Mouiller en versant un liquide, de l'eau sur. *Arroser des plantes.* – Fam. *Se faire arroser,* se faire mouiller par la pluie. – Littér. Par exagér. *Arroser de larmes,* pleurer abondamment. **2·** Couler à travers. → **traverser.** *La Seine arrose le Bassin parisien, la Garonne, le Bassin aquitain.* **3·** *Arroser son repas d'un bon vin,* l'accompagner d'un bon vin en mangeant. *Arroser son café,* y verser de l'alcool. **4·** Fam. Fêter (un événement) en buvant. *Il faut arroser ça ! Arroser son succès, sa promotion.* – Pronominalt *Une naissance, ça s'arrose !* **5·** Fam. *Arroser qqn,* lui donner de l'argent (pour obtenir un avantage). → **soudoyer. 6·** Diffuser, émettre sur (un secteur). *Cette radio arrose toute la région.* → **couvrir.** ▶ **arrosage** n. m. Action d'arroser. *L'arrosage d'un jardin. Tuyau d'arrosage.* ▶ **arrosé, ée** adj. **1·** Qui reçoit des précipitations. *Une région bien arrosée.* – À travers quoi coule un cours d'eau. **2·** *Un repas bien arrosé,* où l'on a beaucoup bu. *Un café arrosé,* dans lequel on a versé de l'alcool. ▶ **arroseur, euse** n. Personne qui arrose (qqch., qqn). *L'arroseur arrosé,* fig. personne qui subit un inconvénient, un mal qu'elle destinait à autrui. ▶ **arroseuse** n. f. Véhicule muni d'un réservoir d'eau et destiné à l'arrosage des voies publiques. ▶ **arrosoir** n. m. Ustensile destiné à l'arrosage, récipient muni d'une anse et d'un long col terminé par une plaque percée de petits trous (*pomme d'arrosoir*).

arsenal, aux [aʀsənal, o] n. m. **1·** Établissement où se trouve réuni tout ce qui est nécessaire à la construction, la réparation et l'armement des navires de guerre. **2·** Dépôt d'armes et de munitions. **3·** Fam. Matériel compliqué. *Il emporte tout son arsenal de médicaments.* **4·** Ensemble de moyens d'actions. *Tout un arsenal de mesures.*

arsenic [aʀsənik] n. m. Corps simple, substance cassante de couleur gris acier qui est un poison violent.

arsouille [aʀsuj] n. **1·** Vieilli. Voyou. *Un, une arsouille.* – Adj. *Il a un genre un peu arsouille, un air arsouille,* vulgaire et canaille. **2·** Fam. Ivrogne. ▶ **s'arsouiller** v. pron. réfléchi S'enivrer.

art [aʀ] n. m. **I·** Vx ou en loc. **1·** Moyen d'obtenir un résultat (par l'effet d'aptitudes naturelles) ; ces aptitudes (adresse, habileté). *L'art de faire qqch.* → **façon, manière.** *Elle a l'art de me plaire.* Plaisant. *Il a l'art d'ennuyer tout le monde.* – *Faire qqch. avec art.* → **adresse, habileté, savoir-faire.** *Avoir l'art et la manière.* – Loc. *Le grand art,* l'habileté suprême. *Sa façon de nous escroquer, c'est du grand art.* **2·** Ensemble de connaissances et de règles d'action, dans un domaine particulier. → **technique ; artisan.** *L'art militaire. Les arts ménagers. École des arts et métiers, des arts et manufactures. Les arts martiaux*.* – *Les règles de l'art,* la manière correcte de procéder. *Il a réparé l'installation dans toutes les règles de l'art.* – (Avec *de* + infinitif) *L'art d'aimer, l'art de vivre.* **II· 1·** Expression, par les œuvres de l'homme, d'un idéal esthétique ; ensemble des activités humaines créatrices visant à cette expression (→ **artiste**). *Œuvre d'art, objet d'art. Critique d'art. Livre d'art,* contenant des reproductions d'œuvres d'art. *Histoire de l'art.* **2·** Chacun des modes d'expression de la beauté. *Les arts plastiques. Les arts premiers** (I, 4). *Le septième art,* le cinéma. *Les arts* *décoratifs.* **3·** Création des œuvres d'art ; ensemble des œuvres (à une époque ; dans un lieu particulier). *Étudier l'art égyptien. Musée national d'Art moderne.* – En peinture, en sculpture. *Art abstrait.* ▷ **artifice, artisan, artiste, beaux-arts**

artère [aʀtɛʀ] n. f. **1·** Un des vaisseaux à ramifications divergentes qui, partant des ventricules du cœur, distribuent le sang à tout le corps (opposé à *veine*). *Les artères communiquent avec les veines par les capillaires.* **2·** Rue importante (d'une ville). *Évitez les grandes artères qui sont embouteillées.* ▶ **artériel, ielle** adj. Qui a rapport aux artères (opposé à *veineux*). *Tension artérielle.* ▶ **artériosclérose** [aʀteʀjɔskleʀoz] n. f. Durcissement progressif des artères. ▷ **trachée-artère**

artésien, ienne [aʀtezjɛ̃, jɛn] adj. **1·** De l'Artois. **2·** *Puits artésien* : trou foré jusqu'à une nappe d'eau souterraine.

arthrite [aʀtʀit] n. f. Affection articulaire d'origine inflammatoire. ≠ arthrose. ▶ **arthritique** adj. et n. De l'arthrite. – N. Qui a de l'arthrite. *Un, une arthritique.* ▶ **arthritisme** n. m. Arthrite accompagnée de divers troubles.

arthropodes [aʀtʀɔpɔd] n. m. pl. Zoologie. Embranchement d'invertébrés. *Les crustacés, les insectes sont des arthropodes.* – Sing. *Un arthropode.*

arthrose [aʀtʀoz] n. f. Inflammation chronique des articulations. ≠ arthrite.

artichaut [aʀtiʃo] n. m. **1·** Plante potagère cultivée pour ses capitules comestibles (*tête d'artichaut*). *Fond d'artichaut,* le réceptacle central, charnu, qui porte les « feuilles » d'artichaut (en réalité, des bractées). *Cœur d'artichaut,* les feuilles du cœur de petits artichauts dont le haut est coupé. *Artichaut à la vinaigrette.* **2·** Fam. *Avoir un cœur d'artichaut,* un cœur volage.

1 **article** [aʀtikl] n. m. **1·** Partie (numérotée ou non) qui forme une division d'un texte officiel. *Article de loi.* – *Article de foi,* point formel de croyance dans une religion. → **dogme.** – Fig. *Prendre qqch. pour article de foi,* y croire fermement. **2·** Partie d'un écrit. → **point.** *Sur cet article,* sur ce point, sur ce chapitre. → **chapitre, sujet.** **3·** *À l'article de la mort* loc. : sur le point de mourir. *Il est à l'article de la mort.* **4·** Écrit formant un tout distinct, mais faisant partie d'une publication. *Les articles d'un dictionnaire. Article de journal.*

2 **article** n. m. **1·** Objet de commerce. *Nous n'avons pas cet article en magasin. Articles de voyage.* **2·** *Faire l'article* loc. : vanter sa marchandise pour la vendre. – Fig. Faire valoir (qqch., qqn) d'une manière commerciale.

3 **article** n. m. Mot qui, placé devant un nom, sert à le déterminer plus ou moins précisément, tout en marquant le genre et le nombre. *Article défini* (le, la, l', les), *indéfini* (un, une, des, de, d'), *partitif* (de, du, de la, de l', des).

1 **articuler** [aʀtikyle] v. tr. < conjug. 1 > Émettre, faire entendre les sons vocaux à l'aide de mouvements des lèvres et de la langue. → **prononcer.** – Sans compl. *Bien articuler,* détacher les syllabes, les mots. ▶ 1 **articulation** n. f. Action de prononcer distinctement les différents sons d'une langue à l'aide des mouvements des lèvres et de la langue. → **prononciation.** *Son articulation est peu nette.* ▶ 1 **articulé, ée** adj. Formé de sons différents reconnaissables. *Langage articulé* (opposé à *inarticulé*). ▷ **inarticulé**

2 **s'articuler** v. pron. < conjug. 1 > **1·** (Os) Former une articulation 2. – (Mécanisme) *L'organe de transmission s'articule sur l'arbre.* **2·** Se succéder comme éléments distincts d'un tout. *Les chapitres de ce livre s'articulent bien.* ▶ **articulaire** adj. Qui a rapport aux articulations. *Rhumatisme articulaire chronique.* → **arthrose.** ▶ 2 **articulation** n. f. **1·** Ensemble des parties molles et dures par lesquelles s'unissent deux ou plusieurs os voisins. *L'articulation du coude, du genou.* **2·** Assemblage de plusieurs pièces mobiles les unes sur les autres. ▶ 2 **articulé, ée** adj. Construit de manière à s'articuler. *Poupée articulée,* dont on peut bouger la tête, plier les membres. ▷ se **désarticuler**

1 **artifice** [aʀtifis] n. m. **1·** Moyen habile, ingénieux (→ **art,** I). *J'ai résolu ce problème par un artifice de calcul.* **2·** Moyen trompeur et habile pour déguiser la vérité. → **ruse, subterfuge, tromperie.** *Tromper qqn par des artifices.* ▶ **artificiel, elle** adj. **1·** Qui est le produit de l'habileté humaine et non celui de la nature. → **factice ; fabriqué, faux, imité, postiche.** *Lac artificiel. Jambe artificielle* (prothèse), *anus artificiel. Fleurs artificielles.* / contr. naturel / **2·** Qui est le produit des relations, des habitudes dans une société. *Des plaisirs, des besoins artificiels.* **3·** Qui ne tient pas compte des caractères naturels, des faits réels. *Classification artificielle.* → **arbitraire.** **4·** Qui manque de naturel. → **affecté, feint.** *Une gaieté artificielle,* forcée. ▶ **artificiellement** adv. D'une manière artificielle. ▶ **artificieux, euse** adj. Littér. Qui est plein d'artifices, de ruse. *Un diplomate artificieux.* → **rusé, retors.** *Paroles artificieuses.* / contr. sincère /

2 **feu d'artifice** [fødaʀtifis] n. m. Ensemble de fusées et autres explosifs à effet lumineux qu'on fait brûler pour un divertissement. *Les feux d'artifice du 14 Juillet.* – Abstrait. Ce qui éblouit par le nombre et la rapidité des images ou des

traits brillants. *Son discours est un vrai feu d'artifice.* ▶ **artificier, ière** n. Personne qui fabrique, organise ou tire des feux d'artifice.

artillerie [aʀtijʀi] n. f. **1·** Matériel de guerre comprenant les canons, obusiers, etc. *Artillerie légère, lourde. Tir d'artillerie.* **2·** Dans l'armée. L'arme qui est chargée du service de ce matériel. ▶ **artilleur** n. m. Militaire appartenant à l'artillerie.

mât d'artimon [mɑdaʀtimɔ̃] n. m. Mât à l'arrière d'un navire à plusieurs mâts.

artisan, ane [aʀtizɑ̃, an] n. REM. Le féminin *artisane* est rare. **1·** Personne qui fait un travail manuel, qui exerce une technique traditionnelle → **art** (I) à son propre compte, aidée souvent de sa famille et d'apprentis. *Le cordonnier est un artisan.* – *Artisan d'art,* qui crée des objets d'art. **2·** Auteur, cause d'une chose. *Elle a été l'artisan, l'artisane de sa fortune.* ▶ **artisanal, ale, aux** adj. Qui est relatif à l'artisan. *Métier artisanal. Cette entreprise est restée au stade artisanal. Techniques artisanales.* / contr. industriel / ▶ **artisanalement** adv. ▶ **artisanat** n. m. **1·** Métier, condition d'artisan. **2·** Ensemble des artisans.

artiste [aʀtist] n. **1·** Personne qui se voue à l'expression du beau, pratique les beaux-arts, l'art (II). *L'inspiration d'un artiste.* **2·** Créateur(trice) d'une œuvre d'art, surtout d'une œuvre plastique. *La signature de l'artiste.* **3·** Personne qui interprète une œuvre musicale ou théâtrale (opposé à *auteur, compositeur, écrivain*). → **acteur, comédien, interprète, musicien.** *Cette pianiste est une grande artiste. Entrée des artistes.* ▶ **artistement** adv. Avec goût ; avec sens esthétique. *Des fleurs artistement disposées.* ▶ **artistique** adj. **1·** Qui a rapport à l'art ou aux productions de l'art. *Les richesses artistiques d'un pays.* **2·** Qui est fait, présenté avec art. *L'arrangement de cette vitrine est très artistique.* ▶ **artistiquement** adv. Avec art. → **artistement.**

arum [aʀɔm] n. m. Plante à fleurs blanches en long cornet. *Des arums.*

aruspice [aʀyspis] n. m. Devin qui, à Rome, examinait les entrailles des victimes pour en tirer des présages.

aryen, yenne [aʀjɛ̃, jɛn] n. Type de la race blanche, selon les racistes. – Adj. *Race aryenne.*

as [as] n. m. invar. **1·** Côté du dé à jouer (ou moitié de domino) marqué d'un seul point ou signe. **2·** Carte à jouer, marquée d'un seul point ou signe, qui est carte maîtresse dans de nombreux jeux. *As de trèfle.* **3·** Loc. fam. *Être ficelé, fichu comme l'as de pique,* être mal habillé ou mal fait. – Fam. *Être plein aux as,* avoir beaucoup d'argent. – Fam. *Passer qqch. à l'as,* l'escamoter. **4·** Personne qui réussit excellemment dans une activité. *Un as de l'aviation.* → **champion.** *C'est un as,* il (ou elle) est très fort(e).

1 **ascendant, ante** [asɑ̃dɑ̃, ɑ̃t] adj. Qui va en montant. *Mouvement ascendant.* → **ascension** (3). / contr. descendant /

2 **ascendant** n. m. **1·** Influence dominante. → **autorité, empire, influence, pouvoir.** *Avoir, exercer de l'ascendant sur qqn. Subir l'ascendant de qqn.* → **charme, séduction. 2·** Parent dont on descend. *Un ascendant en ligne directe. Des ascendants normands.* / contr. descendant / ▶ **ascendance** n. f. Ligne généalogique par laquelle on remonte de l'enfant aux parents, aux grands-parents ; ensemble des générations de personnes d'où est issu qqn. *Ascendance paternelle, maternelle. Il est d'ascendance bretonne.* → **famille.** / contr. descendance /

ascenseur [asɑ̃sœʀ] n. m. Appareil qui sert à monter verticalement des personnes aux différents étages d'un immeuble et le plus souvent aussi à les descendre. *Cage de l'ascenseur. Appeler, prendre l'ascenseur.* – Loc. fig. *Renvoyer l'ascenseur,* rendre la pareille à qqn (après un service rendu, etc.). ▷ **ascensoriste**

ascension [asɑ̃sjɔ̃] n. f. **1·** (Avec une majuscule) Dans la religion chrétienne. Élévation miraculeuse de Jésus-Christ dans le ciel ; fête commémorant ce miracle. *Le jeudi de l'Ascension.* **2·** Action de gravir une montagne. *La première ascension du mont Blanc eut lieu en 1786. Faire des ascensions.* **3·** Action de s'élever dans les airs. *L'ascension d'une fusée.* **4·** Montée vers un idéal ou une réussite sociale. → **montée, progrès.** *L'ascension de Bonaparte.* / contr. chute / ▶ **ascensionner** [asɑ̃sjɔne] v. tr. < conjug. 1 > Faire l'ascension (2) de (un sommet), gravir. ▶ **ascensionniste** n. Personne qui fait une ascension en montagne. → **alpiniste.**

ascensoriste [asɑ̃sɔʀist] n. Professionnel(le) chargé(e) d'installer et de réparer les ascenseurs.

ascèse [asɛz] n. f. **1·** Ensemble d'exercices physiques et moraux qui tendent à l'affranchissement de l'esprit par le mépris du corps. **2·** Privation voulue et héroïque. *Renoncer à cet argent ? C'est une ascèse !* ▶ **ascète** [asɛt] n. **1·** Personne qui pratique l'ascétisme, s'impose, par piété, des exercices de pénitence, des privations, des mortifications. **2·** Personne qui mène une vie austère. / contr. jouisseur / ▶ **ascétique** [asetik] adj. Qui pratique les privations ; fait de privations. *Une vie ascétique.* ≠ acétique.

▶ **ascétisme** [asetism] n. m. **1·** Genre de vie religieuse des ascètes. **2·** Vie austère, continente, frugale, rigoriste. *Se priver par ascétisme.*

-ase Élément tiré de *diastase* et servant à désigner certains ferments (enzymes). – N. f. pl. *Les ases* [az], *les enzymes.*

asepsie [asɛpsi] n. f. Méthode préventive, qui s'oppose aux maladies infectieuses, en empêchant l'introduction de microbes dans l'organisme. → **antisepsie, désinfection, pasteurisation, prophylaxie, stérilisation.** ▶ **aseptique** [asɛptik] adj. Exempt de tout germe infectieux. *Pansement aseptique.* ▶ **aseptiser** v. tr. < conjug. 1 > Rendre aseptique. *Aseptiser une plaie.* ▶ **aseptisé, ée** adj. Abstrait. Débarrassé de toute impureté. *Un confort aseptisé,* privé de toute chaleur humaine.

asexué, ée [asɛksɥe] adj. **1·** Qui n'a pas de sexe. *Multiplication asexuée,* végétative. **2·** Qui ne semble pas appartenir à un sexe déterminé. *Une voix asexuée.* – Fam. (Personnes) Qui n'a pas de besoins sexuels, ou semble ne pas en avoir.

asiatique [azjatik] adj. et n. Qui appartient à l'Asie ou qui en est originaire. – N. *Les Asiatiques.* ▷ **afro-asiatique**

asile [azil] n. m. **1·** Lieu où l'on se met à l'abri, en sûreté contre un danger. → **abri, refuge.** *Chercher, trouver asile, un asile. Un asile sûr.* **2·** Lieu où l'on trouve la paix, le calme, la sérénité. → **retraite.** *Un asile de paix.* **3·** Vx. Établissement d'assistance publique ou privée. *Un asile de vieillards.* → **hospice.** *Asile d'aliénés,* ou ellipt. *asile,* hôpital psychiatrique. – Fam. *Il mérite l'asile, il est bon pour l'asile,* il est fou.

asocial, ale, aux [asɔsjal, o] adj. Qui n'est pas adapté à la vie sociale, s'y oppose violemment. *Un enfant asocial.* – N. *Des asociaux.* → **marginal.**

aspect [aspɛ] n. m. **I· 1·** Vx ou littér. Le fait de s'offrir aux yeux, à la vue. → **spectacle, vue.** *L'aspect du sang le rend malade.* – *À l'aspect de :* à la vue de, en voyant. *Il se trouve mal à l'aspect du sang.* – *Au premier aspect,* au premier coup d'œil. **2·** Manière dont qqn, qqch. se présente aux yeux. → **apparence ; air, allure.** *Des fruits de bel aspect. Un homme d'aspect autoritaire. Donner, prendre l'aspect de...* **3·** Chacune des faces sous lesquelles une chose peut être vue. → **angle, côté, face.** *Vous ne considérez qu'un seul aspect de la question, il faut l'envisager sous tous ses aspects.* **II·** Linguistique. Manière dont l'action exprimée par le verbe est envisagée dans son développement : action terminée (perfectif) ou en cours (imperfectif). Ex. : *il a mangé ; il mangeait.*

asperge [aspɛʀʒ] n. f. **1·** Plante à tige souterraine d'où naissent chaque année des bourgeons qui s'allongent en tiges charnues comestibles ; cette tige. *Une botte d'asperges. Potage aux pointes d'asperges. Asperges blanches, vertes, violettes.* **2·** Fam. Personne grande et maigre. *Quelle asperge !*

asperger [aspɛʀʒe] v. tr. < conjug. 3 > **1·** Projeter un liquide en forme de pluie sur. *Asperger une plante.* – Pronominalement (réfl.). *Il s'asperge d'eau froide pour tonifier l'épiderme.* **2·** Fam. Mouiller accidentellement par la projection d'un jet d'eau. *Une voiture, en passant dans une flaque, nous a aspergés d'eau sale.* ▶ **aspersion** [aspɛʀsjɔ̃] n. f. Action d'asperger. *Baptême par aspersion* (opposé à *par immersion*).

aspérité [aspeʀite] n. f. Partie saillante d'une surface inégale (« âpre »). → **rugosité, saillie.** *Les aspérités du sol.*

asphalte [asfalt] n. m. **1·** Mélange noirâtre naturel de calcaire, de silice et de bitume se ramollissant entre 50 et 100°. **2·** Préparation destinée au revêtement des chaussées, à base de brai de pétrole. → **bitume.** ▶ **asphalter** v. tr. < conjug. 1 > Revêtir d'asphalte. – Au p. p. adj. *Chaussée asphaltée.*

asphyxie [asfiksi] n. f. **1·** État pathologique déterminé par le ralentissement ou l'arrêt de la respiration. *Il est mort par asphyxie.* **2·** Abstrait. Étouffement de facultés intellectuelles, morales, dû à la contrainte. *Asphyxie morale.* → **oppression.** – Arrêt du développement. *L'asphyxie d'une industrie.* ▶ **asphyxier** [asfiksje] v. tr. < conjug. 7 > **1·** Causer l'asphyxie de. – *S'asphyxier* v. pron. réfl. : causer son asphyxie, se donner la mort par asphyxie. *Elle s'est asphyxiée au gaz.* **2·** Étouffer par une contrainte ou la suppression d'une chose vitale. ▶ **asphyxiant, ante** [asfiksjɑ̃, ɑ̃t] adj. **1·** Qui asphyxie. *Fumée asphyxiante. Gaz asphyxiant,* gaz toxique (employé pendant la guerre de 1914-1918). **2·** Se dit d'une atmosphère morale où l'on étouffe, où l'on s'étiole. → **étouffant.** ▶ **asphyxié, ée** adj. et n. **1·** Qu'on a, qui s'est asphyxié. – N. *Soins à donner aux asphyxiés.* **2·** Qui est étouffé par une contrainte. *Une industrie asphyxiée. Des libertés asphyxiées.*

① **aspic** [aspik] n. m. Variété de vipère. *Des aspics.*

② **aspic** [aspik] n. m. Plat froid en gelée. *Des aspics de foie gras.*

① **aspirant** [aspiʀɑ̃] n. m. Titre des élèves-officiers qui prennent rang entre l'adjudant-chef et le sous-lieutenant (arg. *aspi*).

aspirer [aspiʀe] v. tr. < conjug. 1 > **I· 1·** Attirer (l'air) dans ses poumons. → **inspirer.** *Pour respirer, on aspire puis on expire l'air.* **2·** Attirer (un fluide) dans le nez, la bouche. → **avaler, humer, renifler.** *Aspirer une boisson avec une paille. Il ouvrait les narines pour aspirer les bonnes odeurs de la campagne.* **3·** Attirer les fluides en faisant le vide. → **pomper.** / contr. refouler / **II·** V. tr. ind. *Aspirer à* : porter ses désirs vers un objet. *Aspirer à un titre.* → **souhaiter ; prétendre** à. *Je n'aspire plus qu'à me reposer.* ▶ 2 **aspirant, ante** adj. Qui aspire (I). – Loc. *Pompe aspirante,* qui aspire de l'eau, l'élève en faisant le vide. ▶ **aspirateur** n. m. Appareil qui aspire l'air, les liquides, et spécialt, les poussières. *Passer des tapis à l'aspirateur. Passer l'aspirateur.* ▶ **aspiration** n. f. **I· 1·** Action d'attirer l'air dans ses poumons. → **inspiration.** *L'aspiration et l'expiration.* **2·** Action d'aspirer des gaz, des liquides, des poussières, etc. *Tuyau d'aspiration d'un corps de pompe.* **II·** Action de porter ses désirs vers (un idéal). *Avoir de nobles aspirations.* → **désir, souhait.** ▶ **aspiré, ée** adj. **1·** *H aspiré,* émis en soufflant de l'air (ex. : le *h* anglais). **2·** Se dit parfois (à tort) du *h* français qui ne permet pas la liaison (ex. : *des haricots* [deaʀiko]). / contr. muet /

aspirine [aspiʀin] n. f. Acide acétylsalicylique, remède contre la douleur et la fièvre. *Comprimé d'aspirine.* – Loc. fam. *Être blanc comme un cachet d'aspirine* (opposé à *bronzé, hâlé*). – Ce comprimé. *Prendre deux aspirines.*

assagir [asaʒiʀ] v. tr. < conjug. 2 > **1·** (Suj. chose) Rendre plus sage, plus calme. *L'école a assagi cet enfant. Le temps assagit les passions.* → **calmer, modérer. 2·** *S'assagir* v. pron. : devenir sage. *Elle s'est assagie depuis son entrée au lycée.* → **se ranger.** – (Choses) *Le style de ce peintre s'est assagi.* ▶ **assagissement** n. m. Action d'assagir, de s'assagir.

assaillir [asajiʀ] v. tr. < conjug. 13 > **1·** Surtout au passif. Se jeter sur (qqn) pour l'attaquer. → **fondre** sur. *Assaillir un camp. Être assailli par des malfaiteurs. Action d'assaillir.* → **assaut. 2·** Se jeter sur (qqn). *Le ministre était assailli par des journalistes.* – *Assaillir qqn de qqch.,* harceler, accabler. *Je l'ai assailli de questions.* **3·** (Suj. chose) Attaquer brusquement. → **tourmenter.** *Les difficultés qui l'assaillent de toutes parts.* ▶ **assaillant, ante** adj. et n. **1·** Qui assaille. *L'armée assaillante.* **2·** N. m. Personne qui assaille, attaque. → **attaquant.** *Il se défendit contre ses assaillants.*

assainir [aseniʀ] v. tr. < conjug. 2 > **1·** Rendre sain ou plus sain. *Assainir une région marécageuse.* **2·** *Assainir une monnaie,* la rendre plus stable. ▶ **assainissement** n. m. *Travaux d'assainissement.* – *L'assainissement d'une monnaie, d'un marché.*

assaisonner [asɛzɔne] v. tr. < conjug. 1 > **1·** Accommoder (un mets) avec des ingrédients qui en relèvent le goût. *Assaisonner la salade.* **2·** Littér. Ajouter de l'agrément, du piquant à (son discours, ses écrits, ses actes). → **agrémenter, pimenter, rehausser, relever.** – Au p. p. *Une sincérité assaisonnée de malveillance.* **3·** Fam. Réprimander (qqn). *Il s'est fait drôlement assaisonner par son père.* ▶ **assaisonnement** n. m. **1·** Action, manière d'assaisonner (1). **2·** Ce qui sert à assaisonner (1) ; ingrédient utilisé en cuisine pour relever le goût des aliments, à l'exception du sucre. *Le sel, le citron, le piment, le vinaigre sont des assaisonnements.*

assassin [asasɛ̃] n. m. **1·** Personne qui commet un meurtre avec préméditation ou guet-apens. → **meurtrier ; homicide.** *L'assassin s'est servi d'un revolver.* **2·** Personne qui est l'artisan de la mort de qqn. *Ce médecin est un assassin.* **3·** Adj. Plaisant. *Œillade assassine,* provocante. ▶ **assassinat** n. m. Meurtre commis avec préméditation, guet-apens. *L'assassinat du président Kennedy.* – Exécution d'un innocent. *L'assassinat du duc d'Enghien.* ▶ **assassiner** v. tr. < conjug. 1 > **1·** Tuer par assassinat. – Au p. p. *Il est mort assassiné.* – Tuer légalement (un innocent). **2·** Fig. Interpréter mal (un morceau de musique, une composition). → fam. **massacrer. 3·** Fam. Demander à (qqn) des sommes fabuleuses en paiement de qqch. *Je suis raisonnable, je ne veux pas vous assassiner.*

assaut [aso] n. m. **1·** Action d'assaillir, d'attaquer de vive force. → **attaque, offensive.** *L'assaut d'une position ennemie. Char d'assaut. Aller, monter à l'assaut. Prendre d'assaut. Repousser un assaut.* **2·** Attaque brutale, impérieuse. *Les microbes donnent l'assaut à notre organisme.* – Loc. *Prendre d'assaut* (un lieu), s'y précipiter nombreux. *Les pâtisseries étaient prises d'assaut.* **3·** Littér. ***Assaut de*** : lutte d'émulation. *Elles font assaut d'amabilité. Quel assaut de zèle !*

-asse Élément servant à former des noms et des adjectifs à valeur péjorative (ex. : *vinasse, blondasse*).

assécher [aseʃe] v. tr. < conjug. 6 > **1·** Enlever l'eau, l'humidité de (un sol). *Assécher un terrain marécageux.* → **assainir, drainer. 2·** Mettre à sec (un réservoir). *Assécher une citerne.* → **vider.** ▶ **assèchement** [asɛʃmɑ̃] n. m. *L'assèchement d'un cours d'eau.*

assembler [asɑ̃ble] v. tr. < conjug. 1 > **1·** Mettre (des choses) ensemble. *Je ne peux plus assembler* *deux idées.* → **réunir.** 2· Faire tenir ensemble. *Assembler les feuilles d'un livre, les pièces d'une charpente.* 3· *S'assembler* v. pron. : se réunir (en parlant d'un groupe). *La foule s'assemble sur la place pour voir le feu d'artifice.* → **se rassembler.** / contr. se séparer / ▶ **assemblage** n. m. 1· Action d'assembler (des éléments) pour former un tout, un objet. *L'assemblage des parties d'une robe ; des pièces d'une machine.* – *Assemblage par emboîtement.* 2· Réunion de choses assemblées. *Un cahier est un assemblage de feuilles.* → **ensemble, réunion.** ▶ **assemblée** n. f. 1· Personnes réunies en un même lieu pour un motif commun. *En présence d'une nombreuse assemblée.* → **assistance, auditoire.** *Une brillante assemblée de gens célèbres.* 2· Réunion des membres d'un corps constitué ou d'un groupe de personnes, régulièrement convoqués pour délibérer en commun d'affaires déterminées. *L'association a tenu son assemblée plénière.* 3· Les membres de ce corps. *Convoquer une assemblée. Les délibérations d'une assemblée.* – (Avec une majuscule) *L'Assemblée (nationale) et le Sénat constituent le Parlement français.* ▶ **assembleur** n. m. Informatique. Programme écrit pour un ordinateur, destiné à traduire les instructions d'un langage de programmation en langage binaire. ▷ **rassembler**

assener [asene] v. tr. < conjug. 5 > REM. Le *e* sans accent se prononce [e] à la différence de *amener.* 1· Donner (un coup violent, bien appliqué). *Il lui a assené un coup sur la tête.* 2· Dire, avec brutalité (qqch. à qqn). *Assener une réplique, une vérité.*

assentiment [asɑ̃timɑ̃] n. m. Acte par lequel on acquiesce (expressément ou tacitement) à une opinion, une proposition. → **accord, approbation, consentement.** *Obtenir l'assentiment de qqn. Refuser son assentiment à une décision.* / contr. désapprobation /

asseoir [aswaʀ] v. tr. < conjug. 26 > 1· Mettre (qqn) dans la posture d'appui sur le derrière (sur un siège, etc.). *Asseoir un enfant sur une chaise.* – Fam. Déconcerter. *Sa réponse m'a assis.* 2· *S'asseoir* v. pron. : se mettre sur son séant, sur un siège, etc. *S'asseoir sur une chaise. Asseyez-vous. S'asseoir à une table,* s'attabler. *Faire asseoir (qqn),* le faire s'asseoir. / contr. se lever / – Loc. fam. *Ton opinion, je m'assois dessus,* je n'en fais aucun cas. 3· Fonder sur une base solide ; rendre plus assuré, plus stable. → **affermir.** *Asseoir son autorité.* ▷ ① **assiette, assis, assise, rasseoir**

assermenté, ée [asɛʀmɑ̃te] adj. 1· Qui a prêté serment avant d'exercer une fonction publique, une profession. *Fonctionnaire, traducteur assermenté.* 2· Qui a prêté serment devant le tribunal. *Témoin assermenté.*

assertion [asɛʀsjɔ̃] n. f. Proposition que l'on avance et qu'on soutient comme vraie. → **affirmation.** *Les faits ont vérifié ses assertions.* ≠ insertion.

asservir [asɛʀviʀ] v. tr. < conjug. 2 > 1· Réduire à la servitude, à l'esclavage. → **assujettir.** *Asservir des hommes, un pays.* / contr. affranchir / 2· Maîtriser. *Asservir les forces de la nature.* ▶ **asservissement** n. m. Action d'asservir ou état de ce qui est asservi. *Tenir des hommes dans l'asservissement.* → **servitude.** *L'asservissement des esclaves à leur maître.* / contr. affranchissement, émancipation, libération /

assesseur, e [asesœʀ] n. Personne qui assiste qqn dans ses fonctions. *Assesseur du bureau de vote.* – Adjoint à un juge, à un magistrat.

assez [ase] adv. 1· En suffisance. → **suffisamment.** *La maison n'est pas assez grande. Je suis resté assez longtemps. Il va assez bien. Il a assez travaillé. J'ai assez bien compris. Je l'ai assez vu.* – *En voilà assez ! C'en est assez ! Assez !,* arrêtez-vous, nous n'en supporterons pas plus. 2· *Assez de* (suivi d'un nom) : suffisamment. *Il y a assez de provisions pour aujourd'hui.* ***Avoir assez de*** *qqch. Avez-vous assez d'argent ? J'en ai assez. J'aurai assez de deux couvertures,* cela me suffira. – *Avoir assez d'une chose,* en être fatigué. *J'en ai assez de ce roman* (→ fam. J'en ai marre, ras le bol.) 3· D'une manière faible, relative. → **passablement, plutôt.** *Elle est assez jolie. Cela paraît assez vraisemblable.* / contr. guère /

assidu, ue [asidy] adj. 1· Qui est régulièrement présent là où il (ou elle) doit être. *Employé assidu à son bureau.* → **exact, ponctuel, régulier.** 2· Qui est continuellement, fréquemment auprès de qqn. *Un médecin assidu auprès d'un malade.* 3· (Choses) Soutenu, régulier. *Travail assidu. Soins assidus.* / contr. relâché / ▶ **assidûment** adv. *Fréquenter assidûment une personne, un lieu.* → **régulièrement.** ▶ **assiduité** n. f. 1· Présence régulière en un lieu où l'on s'acquitte de ses obligations. *L'assiduité d'un élève.* 2· Présence continuelle, fréquente auprès de qqn. *Fréquenter qqn, sa maison avec assiduité.* 3· Au plur. Vieilli *Assiduités* : manifestation d'empressement exagéré, spécialt auprès d'une femme (souvent fam.). *Il la poursuit de ses assiduités.*

assiéger [asjeʒe] v. tr. < conjug. 3 et 6 > 1· Mettre le siège devant. *Assiéger une ville.* → **encercler, investir.** 2· Entourer ; tenir enfermé dans. → **encercler.** *Les flammes les assiégeaient de toutes parts.* → **assaillir.** – (D'une masse de gens) Entourer ; essayer de pénétrer dans. *Des clients assiégeaient les guichets.* **3·** Littér. *Assiéger qqn*, le fatiguer de ses assiduités, de ses sollicitations. – Au passif. *Être assiégé par des créanciers.* – (Choses) Assaillir, obséder. *Les malheurs, les souvenirs qui m'assiègent.* ▶ **assiégé, ée** n. Personne qui subit un siège. *Les assiégés ne veulent pas se rendre.* / contr. assiégeant / ▶ **assiégeant, ante** n. Personne qui assiège. *Repousser les assiégeants.* / contr. assiégé /

1 **assiette** [asjɛt] n. f. **1·** Équilibre, tenue du cavalier assis sur sa selle (surtout dans ***avoir une bonne assiette***, bien monter). **2·** *Ne pas être **dans son assiette*** : ne pas se sentir bien (physiquement). **3·** Base sur laquelle porte un droit. *Assiette d'un impôt*, matière assujettie à l'impôt, déterminée en quantité et qualité.

2 **assiette** n. f. **1·** Pièce de vaisselle individuelle servant à contenir des aliments. *Assiette plate. Assiette creuse, à soupe. Assiette à dessert*, plus petite (plus grande que la *soucoupe*). **2·** Contenu d'une assiette. → **assiettée.** *Une assiette de potage.* **3·** ***Assiette anglaise*** : assortiment de viandes froides, de charcuteries. ▶ **assiettée** [asjete] n. f. Ce que contient ou peut contenir une assiette. ▷ **pique-assiette**

assignat [asiɲa] n. m. Ancien papier-monnaie émis en France sous la Révolution.

assigner [asiɲe] v. tr. < conjug. 1 > **1·** *Assigner qqch. **à** qqn* : attribuer (un bien) à qqn pour sa part ; destiner ou donner à qqn. *Assigner un but, une tâche, un emploi à qqn.* → **affecter.** **2·** *Assigner qqch. **à** qqch.* : déterminer, fixer. *Assigner un terme à une durée, des limites à une activité.* – Abstrait. *Assigner une origine commune à deux faits.* **3·** *Assigner qqn* : appeler (qqn) à comparaître en justice. *Assigner qqn à résidence*, l'obliger à résider en un lieu déterminé. ▶ **assignation** n. f. Action d'assigner à comparaître. *Assignation d'une personne comme témoin.* → **citation.**

assimiler [asimile] v. tr. < conjug. 1 > **I· 1·** *Assimiler qqch., qqn **à*** : considérer comme semblable à. *On ne peut assimiler la réalité à l'apparence.* → **confondre.** **2·** Transformer, convertir en sa propre substance. *Il assimile mal le calcium.* **3·** Abstrait. Faire sien, intégrer des éléments acquis à sa vie intellectuelle. *Assimiler ce qu'on apprend.* **4·** Rendre semblable (des personnes) au reste de la communauté. *Assimiler des étrangers, des immigrants.* → **intégrer.** **II·** *S'assimiler* v. pron. réfl. **1·** Devenir semblable ; se considérer comme semblable. **2·** Être assimilé, devenir semblable aux citoyens d'un pays. *Aux États-Unis, de nombreux immigrants se sont assimilés.* ▶ **assimilable** adj. **1·** Qu'on peut assimiler à qqch., traiter comme semblable. → **comparable, semblable.** *Votre situation n'est pas assimilable à la mienne.* **2·** (Choses) Susceptible d'assimilation. *Nourriture assimilable.* – Abstrait. *Des connaissances assimilables.* **3·** (Personnes) Qui peut s'assimiler. *Des immigrants facilement assimilables.* / contr. inassimilable / ▶ **assimilation** n. f. **1·** Acte de l'esprit qui considère (une chose) comme semblable (à une autre). → **identification ; comparaison.** / contr. distinction / **2·** Processus par lequel les êtres organisés transforment en leur propre substance les matières qu'ils absorbent. *Assimilation des aliments.* **3·** Acte de l'esprit qui s'approprie les connaissances qu'il acquiert. *L'assimilation des mathématiques.* **4·** Action d'assimiler des hommes, des peuples ; processus par lequel ces hommes, ces peuples s'assimilent. *L'assimilation progressive des immigrants.* → **intégration.** ▶ **assimilé, ée** adj. Considéré comme semblable. *Les farines et les produits assimilés.* ▷ **inassimilable**

assis, ise [asi, iz] adj. (→ **asseoir**) **1·** Appuyé sur son séant. *Être assis sur une chaise, dans une voiture. Être assis sur ses talons.* → **accroupi.** – Fam. *Il en est resté assis*, déconcerté. **2·** *Place assise*, où l'on peut s'asseoir. **3·** Abstrait. Assuré, stable. *Une coutume bien assise.*

assise [asiz] n. f. **1·** Rangée de pierres qu'on pose horizontalement pour construire une muraille. **2·** Abstrait. Souvent au plur. Base. *Les assises d'une doctrine.* → **fondation, fondement.**

assises [asiz] n. f. pl. **1·** Session de la juridiction appelée *cour d'assises*, qui juge les crimes et certains délits ; cette cour. *Président d'assises.* – *Être envoyé aux assises*, jugé pour un crime. **2·** Réunion d'un parti politique, d'un syndicat. → **congrès.** *Le parti a tenu ses assises à Paris.*

1 **assister** [asiste] v. tr. ind. < conjug. 1 > *Assister **à** qqch.* : être présent pour voir, entendre. *Assister à une conférence, à un match de tennis. Assister à une dispute*, en être témoin. ▶ 1 **assistance** n. f. Personnes réunies pour assister à qqch. *Sa conférence a charmé l'assistance.* → **auditoire, public.** ▶ 1 **assistant, ante** n. REM. S'emploie le plus souvent au masc. plur. Personne qui assiste à qqch. → **auditeur, spectateur, témoin.** *L'un des assistants posa une question.*

2 **assister** v. tr. < conjug. 1 > REM. Compl. personne. **1·** Se tenir auprès de (qqn) pour le seconder. *Assister qqn dans son travail.* **2·** Vx. Aider, secourir. *Dieu vous assiste !* **3·** Être aux côtés de (un grand malade, un mourant). *Je n'ai pas pu l'assister dans ses derniers moments.* ▶ **assistanat** n. m. **1·** Fonction d'assistant dans l'enseignement supérieur. **2·** Fait d'être assisté, aidé, secouru. ▶ 2 **assistance** n. f. **1·** Secours donné ou reçu. *Il a promis son assistance. Demander assistance auprès de qqn.* **2·** Institution ou administration qui est chargée de l'aide sociale. *Œuvres d'assis-*

tance aux indigents. – *Assistance technique,* aide technique apportée à un pays en voie de développement. ▶ 2 **assistant, ante** n. Personne qui assiste qqn pour le seconder. → **adjoint, aide, auxiliaire.** *L'assistant du metteur en scène. Fonction d'assistant.* → **assistanat.** – ***Assistante sociale*** : chargée de remplir un rôle social (aide matérielle, médicale et morale). – À l'Université. Enseignant(e) chargé(e) d'assurer les travaux pratiques et les travaux dirigés. – Dans l'enseignement secondaire. Enseignant(e), étudiant(e) de nationalité étrangère qui assiste un professeur de langue vivante. ▶ **assisté, ée** adj. et n. 1· (Personnes) Qui reçoit une aide. *Des populations assistées.* – N. *Refuser le statut d'assisté.* 2· (Choses) Qui est pourvu d'un système pour amplifier ou répartir l'effort exercé par l'utilisateur. *Freins assistés. Voiture à direction assistée.* 3· Qui bénéficie de l'aide d'une technique (notamment l'informatique). – ***Assisté par ordinateur.*** *Enseignement assisté par ordinateur (E. A. O.). Traduction assistée par ordinateur (T. A. O.). Conception assistée par ordinateur (C. A. O.). Publication assistée par ordinateur (P. A. O.).* ▷ **non-assistance**

associer [asɔsje] v. tr. < conjug. 7 > I· V. tr. 1· Mettre ensemble. *Associer (en esprit) des mots, des noms. Deux êtres qui associent leurs destinées.* 2· Réunir (des personnes) par une communauté de travail, d'intérêt, de sentiment. *Associer des ouvriers en un syndicat.* 3· ***Associer*** *qqn* ***à*** *qqch.* : le faire participer à (une activité commune, un bien commun). *Associer qqn à ses affaires, à ses travaux.* → s'**adjoindre.** 4· ***Associer*** *(une chose)* ***à*** *(une autre).* → **allier, unir.** *Il associait le courage à la prudence,* il était à la fois courageux et prudent. II· ***S'associer*** v. pron. 1· *S'associer à qqn, avec qqn pour une opération, une entreprise.* → s'**allier.** 2· Participer à ; faire sien. *Je m'associe à ses revendications.* → **adhérer.** 3· Former société. *Plusieurs États se sont associés pour conquérir l'espace.* 4· (Choses) S'allier à, avec. → s'**accorder,** se **marier.** *Ces couleurs s'associent bien.* ▶ **associatif, ive** adj. Qui procède par association. *Mémoire associative.* – Qui concerne les associations (3). *La vie associative.* ▶ **associé, ée** n. Personne qui est unie à une ou plusieurs autres par communauté d'intérêt → **collaborateur, partenaire,** et notamment qui a apporté de l'argent dans une entreprise. *Sa sœur est son associée.* ▶ **association** n. f. 1· Action d'associer qqn à qqch. → **participation.** *L'association des travailleurs à l'entreprise.* 2· Réunion durable, surtout dans les affaires. *Leur association est ancienne.* → **alliance.** 3· Groupement de personnes qui s'unissent en vue d'un but déterminé. *Former une association. Association à but non lucratif. Une association politique, professionnelle, sportive. Association d'États.* 4· Fait psychologique par lequel les représentations et les concepts sont susceptibles de s'évoquer mutuellement. *L'association des idées, des images.* → **enchaînement ; analogie, rapport.** 5· ***Une association d'idées*** : un ensemble d'idées, de représentations évoquées en même temps par une personne.

assoiffé, ée [aswafe] adj. et n. 1· Qui a soif. *Les enfants sont assoiffés.* – Littér. *Assoiffé de sang.* → **altéré.** 2· Abstrait. *Être assoiffé d'argent, de plaisirs.* → **affamé, avide.** 3· N. *Les assoiffés auront de quoi boire.*

assolement [asɔlmɑ̃] n. m. Procédé de culture par succession et alternance sur un même terrain pour conserver la fertilité du sol.

assombrir [asɔ̃bʀiʀ] v. tr. < conjug. 2 > 1· Rendre sombre. / contr. éclaircir / – Pronominalement (réfl.). *Le ciel s'assombrit, il va pleuvoir.* 2· Abstrait. Rendre triste, soucieux. *Cette nouvelle a assombri les assistants.* – Pronominalement (réfl.). *Son visage s'assombrit.* → se **rembrunir.** / contr. s'éclairer / ▶ **assombrissement** n. m. *L'assombrissement du ciel. L'assombrissement de son caractère.*

assommer [asɔme] v. tr. < conjug. 1 > 1· Tuer à l'aide d'un coup violent sur la tête. *Assommer un bœuf avec un merlin.* – Frapper sur (qqn) de manière à étourdir. *Le voleur a assommé le gardien de nuit.* 2· Accabler sous le poids de l'ennui. → **ennuyer, fatiguer, raser.** *Il m'assomme avec ses histoires.* ▶ **assommant, ante** adj. Fam. Qui ennuie. *Un discours assommant. Elle m'exaspère, elle est assommante.* → **ennuyeux ;** fam. **casse-pieds.**

Assomption [asɔ̃psjɔ̃] n. f. Dans la religion catholique. Enlèvement miraculeux de la Sainte Vierge au ciel par les anges, célébré le 15 août.

assonance [asɔnɑ̃s] n. f. Répétition de la voyelle accentuée à la fin de chaque vers (ex. : *belle* et *rêve*). *L'assonance n'est pas une rime.* ▶ **assonancé, ée** adj. *Vers assonancés.*

assortir [asɔʀtiʀ] v. tr. < conjug. 2 > 1· Mettre ensemble (des choses qui se conviennent). → **harmoniser.** *Assortir diverses nuances.* – *Assortir* (une chose) *à d'autres,* faire qu'elle aille avec. *Assortir une cravate à un costume.* 2· Vx. ***S'assortir*** v. pron. : s'accompagner ; se compléter harmonieusement ; être orné, enrichi. *Le texte s'assortit de belles enluminures.* ▶ **assorti, ie** adj. 1· Qui est en harmonie, qui va bien avec autre chose. *Pochette et cravate assorties.* – (Personnes) *Ils sont bien assortis.* 2· *Magasin, rayon bien assorti,* bien pourvu de marchandises. 3· Au plur. (Aliments) Variés. *Fromages assortis.* ▶ **assortiment** n. m. 1· Manière dont sont assemblées des choses qui produisent un effet d'ensemble. *Un heureux assortiment de couleurs.* **2·** Assemblage complet de choses qui vont ordinairement ensemble. *Assortiment de vaisselle, de linge de table.* → **service.** **3·** Collection de marchandises de même sorte. *Assortiment de dentelles.* – Plat composé d'aliments variés de même sorte. *Un assortiment de charcuterie.* ▷ **désassorti, réassortir**

assoupir [asupiʀ] v. tr. < conjug. 2 > **1·** Porter à un demi-sommeil. → **endormir.** *La chaleur l'assoupissait.* – (Compl. chose abstraite) Affaiblir ou suspendre momentanément. → **engourdir.** *Assoupir les sens, une douleur, un remords.* **2·** *S'assoupir* v. pron. réfl. : se laisser aller doucement au sommeil, s'endormir à demi. → **somnoler.** *Elle s'est assoupie quelques instants après le repas.* – Abstrait. *Sa douleur s'est assoupie.* → se **calmer.** ▶ **assoupissement** n. m. Le fait de s'assoupir ; état voisin du sommeil. → **somnolence.**

assouplir [asupliʀ] v. tr. < conjug. 2 > **1·** Rendre souple, plus souple. *Assouplir du cuir. Les exercices de gymnastique assouplissent le corps.* **2·** Rendre plus malléable, maniable. *Assouplir le caractère d'un enfant têtu.* → **adoucir.** *Assouplir des règles trop strictes.* **3·** *S'assouplir* v. pron. *Le cuir s'assouplit. Son caractère s'est assoupli.* ▶ **assouplissement** n. m. *Exercices d'assouplissement* (du corps). → **gymnastique.** – *L'assouplissement d'un règlement trop rigide.*

assourdir [asuʀdiʀ] v. tr. < conjug. 2 > **1·** Causer une surdité passagère ; rendre comme sourd. *Ne criez pas si fort, vous m'assourdissez !* → fam. **casser** les oreilles. **2·** Fatiguer par trop de bruit, de paroles. *Ils nous assourdissent avec leurs bavardages.* **3·** Rendre moins sonore. → **amortir.** *Un tapis assourdit les pas.* – Au p. p. adj. *Les sons me parviennent assourdis.* ▶ **assourdissant, ante** adj. Qui assourdit. *Bruit, vacarme assourdissant,* très intense. ▶ **assourdissement** n. m. Action d'assourdir ; état d'une personne assourdie.

assouvir [asuviʀ] v. tr. < conjug. 2 > **1·** Littér. Calmer complètement (un violent appétit). → **apaiser, satisfaire.** *De quoi étancher sa soif et assouvir sa faim.* **2·** Satisfaire pleinement (un désir, une passion). *Assouvir sa curiosité, sa haine.* – Au p. p. adj. *Passions assouvies.* / contr. insatisfait / – Pronominalement (réfl.). Littér. *Sa passion, sa colère s'est assouvie.* ▶ **assouvissement** n. m. *L'assouvissement d'un désir, d'un besoin.* ▷ **inassouvi**

assujettir [asyʒetiʀ] v. tr. < conjug. 2 > **1·** Vx. Maintenir (qqn) dans l'obéissance. → **asservir, soumettre.** / contr. affranchir / *Les peuples que les Romains avaient assujettis.* **2·** *Assujettir à* : soumettre à. *Assujettir qqn à des règles.* – Au passif. *Être assujetti à l'impôt.* – Pronominalement (réfl.). *S'assujettir à une règle.* → se **soumettre.** **3·** Rendre (qqch.) fixe, immobile, stable. → **assurer** (II, 2), **attacher, fixer, maintenir.** *Assujettir un cordage.* ▶ **assujettissant, ante** adj. (Travail) Qui assujettit, exige beaucoup d'assiduité. ▶ **assujettissement** n. m. *L'assujettissement d'une personne à l'impôt.* – Littér. *Suivre la mode peut être un assujettissement.*

assumer [asyme] v. tr. < conjug. 1 > **1·** Prendre à son compte ; se charger de. *Assumer une fonction, un rôle, une responsabilité.* **2·** Accepter consciemment (une situation, un état psychique et leurs conséquences). *Assumer une situation difficile.* / contr. refuser / Absolt *Il, elle assume* : il, elle répond à la situation (difficile). → **assurer** (II, 5). – *S'assumer* v. pron. : se prendre en charge. *Elle s'assume pleinement.*

assurer [asyʀe] v. tr. < conjug. 1 > **I· 1·** *Assurer à qqn que* : lui affirmer, lui garantir que. *Il m'a assuré qu'il m'écrirait à ce sujet.* – Sans compl. dir. *C'est vrai, je vous assure.* **2·** *Assurer qqn de qqch.* : le prier de n'en pas douter. *Je puis vous assurer de sa bonne foi.* – (Choses) Permettre à (qqn) de croire. *Cet accueil l'assurait des bonnes dispositions du public.* **II· 1·** Rendre sûr ; mettre à l'abri des accidents, des risques. *La prévoyance assure l'avenir. Assurer son pouvoir.* – *Assurer qqch. à qqn. L'État lui assure une pension.* **2·** Mettre (une chose) dans une position stable, empêcher de bouger. → **assujettir, fixer, immobiliser.** *Assurer un volet.* **3·** Faire qu'une chose fonctionne, ne s'arrête pas. *Assurer un service.* **4·** Garantir par un contrat d'assurance. *C'est telle compagnie qui assure cet immeuble contre l'incendie. Assurer qqn,* garantir ses biens, sa vie, etc. **5·** Fam. Répondre efficacement à une situation. → Être à la hauteur*. *Cette fille-là, elle assure.* **III·** *S'assurer* v. pron. réfl. **1·** *S'assurer de, que, si* : devenir sûr (de, que). → **vérifier, voir.** *Assurez-vous de l'exactitude de cette nouvelle. Je vais m'en assurer. Assurez-vous si (que) la porte est bien fermée.* **2·** *S'assurer contre* : contracter une assurance. *Ils se sont assurés contre les accidents.* **3·** Faux pronominal. *S'assurer qqn, qqch.* : faire en sorte d'en avoir et d'en garder l'usage, la possession ou la maîtrise. *S'assurer la protection, la faveur de qqn. Ils se sont assuré les faveurs du ministre.* ▶ **assurance** n. f. **1·** Confiance en soi-même. → **aisance, aplomb, audace.** / contr. timidité / *Parler avec assurance. Perdre son assurance,* se démonter. **2·** Promesse ou garantie qui rend certain de qqch. *Il m'a donné des assurances sur ce point. Veuillez agréer l'assurance de ma considération distinguée* (formule épistolaire). **3·** Contrat par lequel un assureur garantit à l'assuré, moyennant une prime ou une cotisation, le paiement d'une somme convenue en cas de réalisation d'un risque déterminé.

Police d'assurances. Assurance contre les accidents, l'incendie, le vol. Assurance sur la vie. – *Les **assurances*** : organisme qui assure les personnes et les biens. – *Assurances sociales.* → **Sécurité sociale.** ▶ **assuré, ée** adj. et n. **1**· (Choses) Qui est certain. → **évident, indubitable, infaillible, sûr.** *Tenez pour assuré qu'il viendra. Succès assuré.* **2**· (Personnes) Qui a de l'assurance. *Un air assuré.* → **sûr** de soi. / contr. hésitant / **3**· Qui est ferme, stable. *Une démarche assurée.* **4**· N. *L'assuré* : la personne garantie par un contrat d'assurance. – Abusivt. *Les assurés sociaux,* les assurés affiliés à la Sécurité sociale. ▶ **assurément** adv. D'une manière certaine. → **certainement, sûrement.** « *Viendrez-vous ? – Assurément* », oui, certainement. ▶ **assureur** n. m. Personne qui assure par contrat d'assurance. *L'assureur et l'assuré* (4). *Elle est assureur* ou (rare) *assureuse.*

astérisque [asteʀisk] n. m. Signe en forme d'étoile (*) qui indique un renvoi, ou auquel on attribue un sens convenu.

astéroïde [asteʀɔid] n. m. Petite planète (invisible à l'œil nu) ou petit météore.

asthénie [asteni] n. f. Manque de force, état de dépression, de faiblesse (pour des raisons neuropsychiques). → **neurasthénie.** ▶ **asthénique** adj. et n. Qui est atteint d'asthénie. ▷ **neurasthénie**

asthme [asm] n. m. Affection caractérisée par une gêne respiratoire et une suffocation intermittente. *Une crise d'asthme.* ▶ **asthmatique** adj. et n. Qui a de l'asthme. – N. *Un asthmatique.*

asti [asti] n. m. Vin blanc mousseux d'Italie.

asticot [astiko] n. m. Larve de la mouche à viande utilisée comme appât pour la pêche. → **ver** blanc.

asticoter [astikɔte] v. tr. < conjug. 1 > Fam. Agacer, harceler (qqn) pour de petites choses.

astigmate [astigmat] adj. et n. Qui souffre d'un trouble de la vision (dit *astigmatisme,* n. m.) dû à un défaut de la courbure de l'œil.

astiquer [astike] v. tr. < conjug. 1 > Faire briller en frottant. *Astiquer les cuivres.* → **frotter, polir.** – Au p. p. adj. *Un parquet bien astiqué.* ▶ **astiquage** n. m. *L'astiquage d'un meuble.*

astragale [astʀagal] n. m. **I**· Os du pied, de la rangée postérieure du tarse. **II**· Ornement à formes arrondies. *Festons et astragales.*

astrakan [astʀakɑ̃] n. m. Fourrure à poils bouclés d'une variété d'agneau d'Asie centrale tué très jeune. *Bonnet d'astrakan.*

astre [astʀ] n. m. **1**· Tout corps céleste naturel visible à l'œil nu ou dans un instrument. → **étoile, planète.** *Les astres brillent, scintillent.* – Poét. *L'astre du jour,* le soleil. – Loc. *Il est beau comme un astre,* resplendissant, superbe (souvent iron.). **2**· Corps céleste considéré par rapport à son influence sur les êtres humains (→ **astrologie**). *Consulter les astres. Être né sous un astre favorable.* ▶ **astral, ale, aux** adj. Astrologie. Des astres. *Influences astrales.* ▷ **astro-**

astreindre [astʀɛ̃dʀ] v. tr. < conjug. 52 > Obliger strictement (qqn à qqch.). → **contraindre, forcer, obliger.** *Astreindre qqn à une discipline, à un régime sans sel.* – Pronominalement (réfl.). *S'astreindre à se lever tôt.* ▶ **astreignant, ante** [astʀɛɲɑ̃, ɑ̃t] adj. Qui astreint. *Une tâche astreignante.* → **assujettissant.** ▶ **astreinte** n. f. **1**· Obligation, contrainte. **2**· Obligation de payer une certaine somme pour chaque jour de retard dans l'exécution d'un contrat.

astringent, ente [astʀɛ̃ʒɑ̃, ɑ̃t] adj. et n. m. Qui exerce sur les tissus vivants un resserrement. *Lotion astringente.* – N. m. *Un astringent pour les soins de la peau.*

astro- Élément savant signifiant « astre ». (Voir les mots ci-dessous.)

astrolabe [astʀolab] n. m. Ancien instrument de navigation dont on se servait pour mesurer la hauteur des astres au-dessus de l'horizon.

astrologie [astʀɔlɔʒi] n. f. Art de déterminer le caractère et de prévoir le destin des hommes par l'étude des influences supposées des astres. → **horoscope.** ▶ **astrologique** adj. *Prédictions astrologiques.* ▶ **astrologue** n. *Consulter un, une astrologue.*

astronaute [astʀɔnot] n. Personne qui se déplace dans un véhicule spatial, hors de l'atmosphère terrestre. → **cosmonaute.** *Une astronaute.* ▶ **astronautique** n. f. Science qui a pour objet l'étude de la navigation spatiale.

astronomie [astʀɔnɔmi] n. f. Science des astres, des corps célestes (y compris la Terre) et de la structure de l'univers. *Astronomie physique.* → **astrophysique.** ▶ **astronome** n. Personne qui s'occupe d'astronomie. ▶ **astronomique** adj. **1**· De l'astronomie. *Observations astronomiques. Lunette astronomique.* **2**· *Chiffres, nombres astronomiques,* très élevés, très grands. *Prix astronomique.*

astrophysique [astʀɔfizik] n. f. Partie de l'astronomie qui étudie les astres, les milieux spatiaux du point de vue physique. – Adj. *Études astrophysiques.* ▶ **astrophysicien, ienne** n. Spécialiste de l'astrophysique.

astuce [astys] n. f. **1**· Vx. Ruse. **2**· Petite invention qui suppose de l'ingéniosité. → **artifice, ficelle, finesse.** *Les astuces du métier.* – Qualité d'une personne habile et inventive. *Elle a beaucoup d'astuce.* **3·** Fam. Vieilli Plaisanterie. *Il fait des astuces.* ▶ **astucieux, ieuse** adj. **1·** Vx. Rusé et perfide. *L'astucieux Mazarin.* **2·** Qui a ou dénote une habileté fine. → **adroit, malin.** *Réponse astucieuse.* ▶ **astucieusement** adv. *Agir astucieusement.*

asymétrie [asimetʀi] n. f. Absence de symétrie. *L'asymétrie d'un bâtiment.* ▶ **asymétrique** adj. *Les traits asymétriques* (d'un visage).

asymptote [asɛ̃ptɔt] n. f. Droite dont une courbe s'approche de plus en plus, sans jamais l'atteindre. ▶ **asymptotique** adj.

atavisme [atavism] n. m. **1·** Forme d'hérédité dans laquelle l'individu hérite de caractères ancestraux qui ne se manifestaient pas chez ses parents immédiats. **2·** Hérédité des caractères psychologiques ou des idées. *Son atavisme protestant.* ▶ **atavique** adj. *Caractères ataviques.* → **héréditaire.**

atchoum [atʃum] interj. et n. m. Onomatopée servant à transcrire le bruit d'un éternuement. – N. m. *Des atchoums sonores.*

atelier [atəlje] n. m. **1·** Lieu où des artisans, des ouvriers travaillent en commun. *L'atelier d'un menuisier.* **2·** Section d'une usine où des ouvriers travaillent à un même ouvrage ; l'ensemble des ouvriers qui travaillent dans un atelier. *Atelier de réparations. Chef d'atelier.* – Groupe de travail. *Un atelier de théâtre. Les ateliers d'un congrès, d'un colloque.* **3·** Lieu où travaille un artiste (peintre, sculpteur), seul ou avec des aides ; l'ensemble des artistes qui travaillent en atelier sous la direction d'un maître.

atermoyer [atɛʀmwaje] v. intr. < conjug. 8 > Littér. Différer de délai en délai, chercher à gagner du temps par des faux-fuyants. *Il n'y a plus à atermoyer, il faut agir.* → **attendre, tergiverser.** / contr. se décider / ▶ **atermoiement** [atɛʀmwamɑ̃] n. m. Action d'atermoyer, de remettre à un autre temps. → **ajournement, délai.** *Après bien des atermoiements, il a fini par accepter.*

-ateur, -atrice Élément servant à former des noms d'agent et des adjectifs (ex. : *calomniateur, salvatrice*).

athée [ate] n. et adj. Personne qui ne croit pas en Dieu. → **incroyant.** ≠ agnostique, irréligieux. *Les athées et les croyants.* – Adj. *Il est athée.* ▶ **athéisme** [ateism] n. m. Attitude ou doctrine de l'athée. / contr. déisme, théisme /

athénée [atene] n. m. En Belgique. Établissement d'enseignement secondaire (→ **lycée**).

athérome [ateʀom] n. m. Dépôt de lipides sur la paroi interne des artères. *Plaque d'athérome.*

athlète [atlɛt] n. **1·** Personne qui pratique l'athlétisme. *Les athlètes françaises. Un corps d'athlète.* **2·** *C'est un athlète,* un homme fort, bien musclé. ▶ **athlétique** [atletik] adj. Fort et musclé. *Un corps athlétique. Il est athlétique.* ▶ **athlétisme** n. m. Ensemble des exercices physiques individuels auxquels se livrent les athlètes : course, gymnastique, lancer (du disque, du poids, du javelot), saut. *Épreuves d'athlétisme* → **décathlon, pentathlon.**

atlantique [atlɑ̃tik] adj. et n. m. **1·** *L'océan Atlantique* et, n. m., *l'Atlantique,* l'océan qui sépare l'Europe et l'Afrique de l'Amérique. **2·** Qui a rapport à l'océan Atlantique, aux pays qui le bordent. *La côte atlantique de la France. Les nations atlantiques.* ▷ **transatlantique**

atlas [atlɑs] n. m. invar. Recueil de cartes géographiques.

atmosphère [atmɔsfɛʀ] n. f. **1·** Couche d'air qui entoure le globe terrestre. **2·** Partie de l'atmosphère terrestre la plus proche du sol où apparaissent les nuages, la pluie, la neige. *Étude de l'atmosphère.* → **météorologie.** *Un orage avait un peu rafraîchi l'atmosphère.* **3·** Vx. Abstrait. *L'atmosphère d'une personne, d'une chose,* ce qui émane d'elle. *Vivre dans l'atmosphère de qqn,* auprès de lui. **4·** Le milieu, au regard des impressions qu'il produit sur nous, de l'influence qu'il exerce. → **ambiance, climat.** *Une atmosphère de travail, de vacances.* Fam. *Changer d'atmosphère.* **5·** Unité de mesure de la pression des gaz. *Une pression de dix atmosphères.* ▶ **atmosphérique** [atmɔsferik] adj. Qui a rapport à l'atmosphère. *La pression atmosphérique est donnée par le baromètre. Conditions, perturbations atmosphériques* (→ **météorologie, temps**).

atoca [atɔka] n. m. Au Canada. Baie rouge de saveur acidulée. *Poulet, dinde à l'atoca.*

atoll [atɔl] n. m. Île en forme d'anneau entourant une lagune. *Des atolls.*

atome [atom] n. m. **1·** Particule d'un élément chimique qui forme la plus petite quantité susceptible de se combiner. *La molécule d'eau* (H_2O) *contient deux atomes d'hydrogène. L'atome est formé d'un noyau et d'électrons. Fission du noyau de l'atome. L'énergie de l'atome, de son noyau* (→ **atomique, nucléaire**). **2·** Chose d'une extrême petitesse. – Loc. *Il n'a pas un atome de bon sens, de raison,* il en est tout à fait dépourvu. → **brin, grain, once.** – Plaisant. *Avoir des atomes crochus avec qqn,* une sympathie réciproque, des affinités. ▶ **atomique** [atɔmik] adj. **1·** Qui a rapport aux atomes. *Poids ou masse atomique d'une substance.* **2·** Qui concerne le noyau de l'atome et sa désintégration. → **nucléaire.** *Énergie ato-*

mique, libérée par la fission des noyaux. *Bombe atomique. – La physique atomique.* **3·** Qui utilise les engins atomiques. *La guerre atomique. L'ère atomique.* ▷ 1 **atomiser, atomisme, atomiste**

1 **atomiser** [atɔmize] v. tr. < conjug. 1 > Détruire par un engin atomique.

2 **atomiser** v. tr. < conjug. 1 > Réduire (un corps) en particules extrêmement ténues, en fines gouttelettes. → **pulvériser, vaporiser.** ▶ **atomiseur** n. m. Petit flacon, petit bidon qui atomise le liquide qu'il contient lorsqu'on presse sur le bouchon. *Atomiseur à parfum.* → **vaporisateur.**

atomisme [atɔmism] n. m. Didact. Doctrine philosophique des Grecs qui considère l'univers comme formé d'atomes associés en combinaisons fortuites.

atomiste [atɔmist] n. Savant qui s'occupe de physique atomique (ou nucléaire).

atone [atɔn] adj. **1·** (Tissus vivants) Qui manque de tonicité. *Un intestin atone.* → **paresseux. 2·** Qui manque de vie, de vigueur, de vitalité, d'énergie. *Un être atone.* → **amorphe, éteint.** / contr. dynamique / **3·** Qui n'est pas accentué. *Voyelle, syllabe atone.* / contr. tonique / ▶ **atonie** n. f. *Atonie du corps. Tomber dans l'atonie.*

atours [atuʀ] n. m. pl. Vx ou plaisant. Tout ce qui sert à la parure des femmes. *Parée de ses plus beaux atours.*

atout [atu] n. m. **1·** Aux cartes. Couleur choisie ou retournée qui l'emporte sur les autres ; carte de cette couleur. *Jouer atout. Atout trèfle.* **2·** Moyen de réussir. → **chance.** *Mettre, avoir tous les atouts dans son jeu. Il a des atouts.*

atrabilaire [atʀabilɛʀ] adj. et n. Vx. Coléreux, bilieux. *Caractère, humeur atrabilaire.*

âtre [ɑtʀ] n. m. Partie dallée de la cheminée où l'on fait le feu ; la cheminée elle-même. → **foyer.**

-âtre Élément qui marque un caractère approchant (ex. : *blanchâtre*) ou exprime une idée péjorative (ex. : *bellâtre, marâtre*).

atrium [atʀijɔm] n. m. Cour intérieure de la maison romaine antique, généralement entourée d'un portique couvert. *Des atriums.*

atroce [atʀɔs] adj. **1·** Qui est horrible, d'une grande cruauté. → **abominable, affreux, effroyable, épouvantable, monstrueux.** *Crime, vengeance atroce.* **2·** Insupportable. *Souffrances atroces. Peur atroce.* **3·** Fam. Très désagréable. *Un temps atroce.* → **mauvais.** *Une laideur atroce. Ce film est atroce,* très mauvais. ▶ **atrocement** adv. *Il souffre atrocement. Ce livre est atrocement ennuyeux.* ▶ **atrocité** n. f. **1·** Caractère de ce qui est atroce. *L'atrocité d'une action, d'un crime.* → **cruauté. 2·** Action atroce, affreusement cruelle. → **crime, torture.** *Les atrocités commises dans les camps nazis.* **3·** Propos blessant, accusation calomnieuse. → **horreur.** *Les atrocités que mes ennemis répandent sur mon compte.*

atrophie [atʀɔfi] n. f. Défaut de nutrition d'un organe ou d'un tissu, qui se manifeste par une diminution notable de son volume ou de son poids normal. *Atrophie musculaire.* / contr. hypertrophie / ▶ **s'atrophier** [atʀɔfje] v. pron. < conjug. 7 > **1·** Dépérir par atrophie. *Les membres immobilisés s'atrophient.* **2·** S'arrêter dans son développement, diminuer. *Cette qualité s'est atrophiée chez lui.* → se **dégrader.** ▶ **atrophié, ée** adj. Dont le volume est anormalement petit par atrophie. *Membre atrophié.*

s'attabler [atable] v. pron. < conjug. 1 > S'asseoir à table pour manger, boire ou jouer. *S'attabler devant une bonne bouteille.* – *(Être) attablé. Ils sont restés attablés toute la soirée.*

attachant, ante [ataʃɑ̃, ɑ̃t] adj. Qui attache, retient en touchant la sensibilité. *Un roman attachant. Il a une personnalité attachante.*

attache [ataʃ] n. f. **1·** Action d'attacher, de retenir par un lien, seulement dans les expressions : *à l'attache, d'attache. Point d'attache d'un muscle. Chien à l'attache. Le port d'attache d'un bateau,* où il est immatriculé. **2·** *(Une, des attaches)* Objet servant à attacher. → **agrafe, épingle, trombone.** *Réunir deux lettres par une attache.* **3·** Au plur. *Les attaches :* le poignet et la cheville. *Avoir des attaches fines.* **4·** Abstrait. *Attaches :* se dit des rapports affectifs ou des relations d'habitude qui attachent une personne à qqn ou à qqch. *Conserver des attaches avec son pays natal.* → **lien.** *Avoir des attaches au ministère.* → **relation.**

1 **attaché, ée** [ataʃe] adj. **1·** Fixé, lié. *Prisonnier attaché.* **2·** Qui est fermé par une attache. *Porter une veste attachée ou ouverte.* **3·** (Choses) *Attaché à :* qui fait corps avec, associé, joint à. → **inhérent.** *Les avantages attachés à cette situation.* **4·** (Personnes) *Attaché à :* lié par un sentiment d'amitié, une habitude, un besoin, un goût. *Elle lui est très attachée.* → **dévoué, fidèle.** *Je suis très attaché à mes habitudes.*

2 **attaché, ée** n. Personne attachée à un service. *Attaché d'ambassade. Attaché militaire. C'est une excellente attachée de presse.* ▷ **attaché-case**

attaché-case [ataʃekɛz] n. m. Anglic. Mallette rectangulaire plate qui sert de porte-documents. *Des attachés-cases.*

attachement [ataʃmɑ̃] n. m. Sentiment d'affection durable qui unit aux personnes ou aux choses. → **affection, amitié, amour, lien.** *Montrer de l'attachement pour qqn. Une preuve d'attachement.*

attacher [ataʃe] v. tr. < conjug. 1 > **I·** V. tr. **1·** Faire tenir (à une chose) au moyen d'une attache, d'un lien. → **fixer, lier, maintenir.** *Attacher une chèvre à un arbre avec une chaîne.* **2·** Joindre ou fermer par une attache. → **assembler, réunir.** *Attacher les mains d'un prisonnier. Attacher son collier. Attacher sa veste.* → **boutonner. 3·** Intransitivement. Fam. Coller au fond de la casserole, du plat. *Le ragoût a attaché.* **4·** Faire tenir, joindre ou fermer (en parlant de l'attache). *La ficelle qui attache le paquet.* **5·** Se dit d'un lien (volonté, sentiment, obligation) qui unit à qqn, à qqch. → **lier.** *De vieilles habitudes l'attachent à sa maison.* **6·** *S'attacher qqn,* s'en faire aimer. *Ce professeur a su s'attacher ses élèves. Elle s'est attaché ses petits camarades.* **7·** Mettre (une personne) au service d'une autre. → **prendre.** *Attacher deux adjoints à son service.* **8·** Adjoindre par l'esprit. *Attacher un sens à un mot.* → **associer. 9·** Attribuer (une qualité à qqch.). *Attacher du prix, de la valeur à qqch.* → **accorder.** *Il ne faut pas y attacher trop d'importance.* **II·** ***S'attacher*** v. pron. **1·** Se fixer, être fixé (à qqch. ou qqn). *Le lierre s'attachait au mur.* – Se fermer, s'ajuster (d'une certaine manière). *Jupe qui s'attache avec des agrafes.* **2·** (Choses) Être uni à, accompagner. *Les avantages qui s'attachent à ce poste.* **3·** Prendre de l'attachement pour (qqn, qqch.). *Je me suis beaucoup attaché à ce pays.* / contr. se **détacher** / **4·** S'appliquer avec constance (à une chose). *S'attacher à son travail. S'attacher à rendre qqn heureux.* → s'**appliquer, chercher** à, s'**efforcer.** ▷ **attachant, attache,** 1 **attaché,** 2 **attaché, attachement, détacher, rattacher**

attaquant, ante [atakɑ̃, ɑ̃t] n. Personne qui attaque, engage le combat. → **agresseur, assaillant.** / contr. **défenseur** / *Les attaquants furent repoussés.*

attaque [atak] n. f. **1·** Action d'attaquer, de commencer le combat. → **offensive.** *Déclencher, repousser une attaque. Passer à l'attaque.* **2·** Les joueurs d'équipe qui attaquent. *L'attaque et la défense.* **3·** Acte de violence contre une ou plusieurs personnes. *Attaque nocturne. Attaque à main armée.* → **agression, attentat. 4·** Surtout au plur. Paroles qui critiquent durement. → **accusation, critique, insulte.** *Les attaques de l'opposition contre le gouvernement.* **5·** Accès subit, brutal de certaines maladies. → **crise.** *Avoir une attaque d'apoplexie, d'épilepsie* ou, absolt, *une attaque.* **6·** ***D'attaque*** loc. adv. fam. *Être d'attaque,* prêt à affronter les fatigues (→ en pleine forme). ▷ **contre-attaque**

attaquer [atake] v. tr. < conjug. 1 > **I· 1·** Porter les premiers coups à (l'adversaire), commencer le combat. *L'ennemi attaqua l'armée à l'aube.* **2·** S'élancer, tomber sur (qqn) pour le battre, le voler ou le tuer. → **assaillir.** *Attaquer qqn à main armée.* – Au p. p. *Passant attaqué par un malfaiteur.* **3·** En sport. Faire une attaque. **4·** Intenter une action judiciaire contre. *Attaquer qqn en justice.* **5·** Émettre des jugements qui nuisent à (qqn ou qqch.). → **accuser, combattre, critiquer, dénigrer.** *Attaquer la réputation de qqn.* – (Choses) *Dans un article qui attaque le ministre.* **6·** S'adresser avec vivacité à (qqn) pour obtenir une réponse. *Attaquer qqn sur un sujet.* **II·** Détruire la substance de (une matière). → **entamer, ronger.** *Substance corrosive qui attaque le cuivre.* **III·** Commencer. **1·** Aborder sans hésitation. *Attaquer un sujet, un chapitre, un discours.* → **commencer ; aborder, entamer. 2·** Fam. Commencer à manger. *Attaquer le pâté.* → **entamer. 3·** *Attaquer un morceau de musique,* en commencer l'exécution ; *une note,* en commencer l'émission. **IV·** ***S'attaquer à*** **1·** Diriger une attaque contre qqn (matériellement ou moralement). → **combattre, critiquer.** *Il est dangereux de s'attaquer à lui.* – *S'attaquer à une politique, à un projet,* s'en prendre à, critiquer. **2·** Chercher à résoudre. *Les plus grands scientifiques se sont attaqués à ce problème.* ▷ **attaquant, attaque, contre-attaquer, inattaquable**

s'attarder [ataʀde] v. pron. < conjug. 1 > **1·** Se mettre en retard. → se **retarder.** *Ne nous attardons pas. S'attarder chez qqn,* y rester plus que prévu. *S'attarder à parler avec qqn.* **2·** Abstrait. Ne pas avancer, ne pas progresser normalement. *S'attarder sur un sujet.* → s'**appesantir,** s'**arrêter,** s'**étendre, insister.** ▶ **attardé, ée** adj. **1·** Qui est en retard. *Quelques passants attardés* (hors de chez eux, le soir, la nuit). **2·** Qui est en retard dans sa croissance, son développement, son évolution. *Un enfant attardé.* → **arriéré.** – N. *Un attardé.* **3·** Qui est en retard sur son époque. *Des conceptions attardées.* – N. *Il n'est plus de son temps, c'est un attardé.*

atteindre [atɛ̃dʀ] v. tr. < conjug. 49 > **I·** Parvenir au niveau de. **1·** Parvenir à (un lieu). → **arriver** à, **gagner.** *Nous atteindrons Paris avant la nuit.* – *Atteindre qqn par téléphone,* réussir à communiquer avec lui. → **joindre. 2·** Parvenir à toucher, à prendre (qqch.). *Pouvez-vous atteindre ce livre sans vous déranger ?* **3·** Abstrait. Parvenir à (un état, une situation). *Atteindre un but. Ils ont atteint l'objectif qu'ils s'étaient assigné. Atteindre 90 ans.* **4·** (Choses) Parvenir à (un lieu, une hauteur, une grandeur). *Ce sommet atteint 1 000 mètres.* → s'**élever** à. *Atteindre une limite, un maximum.* **II·** Parvenir à frapper. **1·** Toucher, blesser (qqn) au moyen d'une arme, d'un projectile. *Il l'a atteint au front d'un coup de pierre.* – (Compl. chose) *Atteindre l'objectif.* – (En parlant du projectile) *Les éclats d'obus l'atteignirent à la jambe droite. La flèche a atteint son but.* / contr. manquer, rater / **2·** Faire du mal à (qqn). → **attaquer, toucher.** *Le malheur qui l'a atteint. Rien ne l'atteint,* il est indifférent. → **émouvoir, troubler.** *Vos méchancetés ne l'atteignent pas.* ▶ **atteint, einte** adj. Touché par un mal. *Le poumon est atteint.* – Fam. *Il est bien atteint,* il est un peu fou (→ malade). ▶ **atteinte** n. f. **1·** (Après **hors de**) Possibilité d'atteindre. *Les fuyards sont hors de votre atteinte.* → **portée.** *Sa réputation est hors d'atteinte.* → **inattaquable. 2·** Dommage matériel ou moral. *C'est une atteinte à la vie privée, à la réputation.* → **injure, outrage.** *Porter atteinte à l'honneur de qqn.* En droit. *Atteinte à la pudeur,* délit de nature sexuelle. → autrefois **attentat, outrage. 3·** Au plur. Effets d'une maladie. → **accès, attaque.** *Il sent les premières atteintes de son mal.*

atteler [atle] v. tr. < conjug. 4 > **1·** Attacher (une ou plusieurs bêtes) à une voiture, une charrue. *Atteler des bœufs à une charrette.* / contr. dételer / – *Atteler une remorque à une voiture.* / contr. détacher / **2·** *Atteler une voiture,* y atteler le cheval. **3·** ***S'atteler à*** (un travail) : s'y mettre sérieusement. *La tâche à laquelle il s'attelle, s'est attelé.* ▶ **attelage** n. m. **1·** Action ou manière d'atteler. **2·** Bêtes attelées ensemble. *Un attelage de chevaux.*

attelle [atɛl] n. f. Planchette utilisée pour immobiliser une articulation ou un membre fracturé.

attenant, ante [atnɑ̃, ɑ̃t] adj. Qui tient, touche à (un autre terrain, une autre construction, etc.). *La maison et le hangar attenant.* → **contigu.**

attendre [atɑ̃dʀ] v. tr. < conjug. 41 > **I·** V. tr. **1·** *Attendre qqn, qqch.,* se tenir en un lieu où qqn doit venir, une chose arriver ou se produire et y rester jusqu'à cet événement. *Je vous attendrai chez moi jusqu'à midi. Attendre le train. Attendre sous un abri la fin de l'orage. Faire la queue en attendant son tour. Attendre qqn de pied ferme,* en étant prêt à l'affronter. *On n'attend plus que vous pour partir.* **2·** *Attendre qqch.,* rester dans la même attitude, ne rien faire avant que cette chose ne se produise, n'arrive. *Attendre le moment d'agir. Attendre l'occasion favorable. Qu'attendez-vous pour accepter ?* – ***Attendre que*** (+ subjonctif). *J'attends que ça soit fini.* – ***Attendre de*** (+ infinitif). *Attendez d'être informé avant de décider.* **3·** (Femmes) *Attendre un enfant,* être enceinte. **4·** Sans compl. ***Attendre*** : rester dans un lieu pour attendre (1) qqn ou qqch. *Je suis resté deux heures à attendre ; j'ai attendu (pendant) deux heures. Je ne puis attendre plus longtemps.* – (Suj. personne) *Faire attendre qqn, se faire attendre,* tarder à venir, être en retard. – Interj. *Attends ! Attendez ! Attendez un peu, je n'ai pas fini.* – (Menace) *Attendez un peu, que je vous y reprenne !* **5·** (Choses) Être prêt pour qqn. *Le dîner, la voiture vous attend.* → **prêt ; préparé.** *Le sort qui nous attend,* qui nous est réservé. **6·** Compter sur (qqn ou qqch. dont on souhaite ou redoute la venue) ; prévoir (un événement). → **escompter, prévoir.** *On attend un invité d'honneur. Vous êtes en retard : on ne vous attendait plus,* on ne comptait plus sur vous. *C'est le contraire de ce qu'on attendait.* – ***Attendre*** *qqch.* ***de*** *qqn.* → **compter, espérer.** *Qu'attendez-vous de moi ?* **7·** Transitivement ind. *Attendre après qqn,* l'attendre avec impatience. – *Attendre après qqch.,* en avoir besoin. *Je n'attends pas après votre aide.* **II·** ***En attendant*** loc. adv. : jusqu'au moment attendu. *Ils ont manqué leur train, en attendant nous pouvons visiter la ville.* – Loc. conj. *En attendant que* (+ subjonctif), jusqu'à ce que. *Racontez-moi tout en attendant qu'il revienne.* – Loc. prép. *En attendant de* (+ infinitif), jusqu'à ce que vienne le moment de. *Restons dans le jardin en attendant de passer à table.* **III·** V. pron. ***S'attendre à*** *qqch.* (avec un pronom pour compl.) : penser que cette chose arrivera. → **escompter, prévoir.** *De sa part, il faut s'attendre à tout. Au moment où il s'y attend le moins.* – ***S'attendre à*** (+ infinitif). *Je m'attendais un peu à vous voir.* – ***S'attendre à ce que*** (+ subjonctif). *On s'attend à ce qu'il soit élu au premier tour.*
▷ **attendu, attente, attentisme, inattendu**

attendrir [atɑ̃dʀiʀ] v. tr. < conjug. 2 > **1·** Rendre plus tendre, moins dur. *Faire mariner une viande pour l'attendrir.* **2·** Rendre (qqn) plus sensible, plus accessible aux sentiments de compassion, de pitié. → **émouvoir, toucher.** *Elle m'attendrit, ses larmes m'attendrissent.* – Pronominalement (réfl.). *S'attendrir sur le sort des exclus.* → **s'apitoyer.** *S'attendrir sur soi-même.* – Au p. p. adj. *Un air attendri.* → **ému.** ▶ **attendrissant, ante** adj. Qui porte à une indulgence attendrie. *Une naïveté attendrissante.* ▶ **attendrissement** n. m. Fait de s'attendrir, état d'une personne attendrie. → **émotion ; compassion, trouble.** *Larmes d'attendrissement. Allons ! Pas d'attendrissement !* ▶ **attendrisseur** n. m. Appareil de boucherie pour attendrir (1) la viande.

1 **attendu, ue** [atɑ̃dy] adj. et prép. **1·** Adj. Qu'on attend, qu'on a attendu. *Une nouvelle attendue.* **2·** Prép. Invar. Étant donné ; étant considéré. → **vu.** *Attendu ses mœurs solitaires, il était à peine connu.* **3·** ***Attendu que*** loc. conj. : étant donné que. → **comme, parce que, puisque.** *Attendu que vous n'êtes pas venus...* ▶ 2 **attendu** n. m. En droit. Considération qui motive un jugement (formulée ainsi : *attendu que...*).

attentat [atɑ̃ta] n. m. **1·** Tentative criminelle contre une personne, un groupe, surtout dans un contexte politique. → **agression.** *Préparer un attentat contre un homme politique. Attentat terroriste.* **2·** Tentative criminelle contre qqch. *Attentat à la liberté.* Autrefois. *Attentat aux mœurs, à la pudeur.* → **atteinte.**

attente [atɑ̃t] n. f. **1·** (Personnes) Le fait d'attendre ; temps pendant lequel on attend. *L'attente n'a pas été longue. Dans l'attente de vous voir.* – *Salle, salon d'attente,* aménagé pour ceux qui attendent. **2·** (Choses) Le fait d'attendre. *Des dossiers en attente.* **3·** Le fait de compter sur qqch. ou sur qqn. → **désir, espoir.** *Répondre à l'attente de qqn. Contre toute attente,* contrairement à ce qu'on attendait (I, 6).

attenter [atɑ̃te] v. tr. ind. < conjug. 1 > *Attenter à :* faire une tentative criminelle contre (quel que soit le résultat de cette tentative). → **attentat.** *Attenter à la vie de qqn,* tenter de lui donner la mort. *Attenter à la sûreté de l'État, aux libertés politiques.* ▶ **attentatoire** adj. Qui attente, porte atteinte. *Mesures attentatoires à la liberté.* ▷ **attentat**

attentif, ive [atɑ̃tif, iv] adj. **1·** Qui écoute, regarde, agit avec attention. *Auditeur, spectateur, élève attentif.* / contr. distrait, inattentif / **2·** Littér. *Attentif à :* qui se préoccupe avec soin (de). *Un homme attentif à ses devoirs.* – (+ infinitif) *Être attentif à bien faire.* **3·** Qui marque de la prévenance, des attentions. *Soins attentifs.* → **assidu, zélé.** ≠ attentionné. ▷ **attentivement, inattentif**

attention [atɑ̃sjɔ̃] n. f. **1·** Au sing. Concentration de l'activité mentale sur un objet déterminé. *Faire un effort d'attention. Attention soutenue. Examiner avec attention. J'attire votre attention sur ce détail,* je vous signale ce détail. *Cet ouvrage mérite toute votre attention. Il ne prête aucune attention à mes remarques,* il n'en tient aucun compte. – *Faire attention à qqch. :* l'observer, s'en occuper ; en avoir conscience. *Faites bien attention, très attention à ma question. Attention ! vous allez tomber !* → **gare.** – *Faire attention que* (+ subjonctif). *Faites attention que personne ne vous voie.* **2·** Au plur. Soins attentifs. → **égard(s), prévenance(s).** *Elle a des attentions délicates pour son mari.* ▶ **attentionné, ée** adj. Qui est plein d'attentions (2) pour qqn. → **aimable, empressé, prévenant.** ≠ attentif. ▷ **inattention**

attentisme [atɑ̃tism] n. m. Attitude politique consistant à attendre que les événements s'annoncent pour prendre une décision. ▶ **attentiste** adj. et n. *Politique attentiste.*

attentivement adv. D'une manière attentive. *Regarder, écouter, lire attentivement.* / contr. distraitement /

atténuer [atenɥe] v. tr. < conjug. 1 > Rendre moins grave, moins vif, moins violent. → **diminuer.** *Les calmants atténuent la douleur. Cette lettre est trop brutale, il faut en atténuer les termes.* → **adoucir, modérer.** / contr. aggraver, augmenter, exacerber / – Pronominalement (réfl.). *Les désaccords se sont atténués.* ▶ **atténuant, ante** adj. *Circonstances atténuantes,* faits qui atténuent la gravité d'une infraction, d'une mauvaise action. / contr. aggravant / ▶ **atténuation** n. f. Action d'atténuer. → **diminution.**

atterrer [ateʀe] v. tr. < conjug. 1 > Jeter dans l'abattement, la consternation. → **consterner, stupéfier.** – Au passif. *Je suis atterré par cette nouvelle.* ▶ **atterrant, ante** adj. *Une nouvelle atterrante.*

atterrir [ateʀiʀ] v. intr. < conjug. 2 > **1·** (Avion, engin, passagers, pilote) Se poser à terre (opposé à *décoller, s'envoler*). *L'avion vient d'atterrir.* **2·** Fam. Arriver finalement. *Nous avons fini par atterrir dans un petit hôtel.* ▶ **atterrissage** n. m. *Terrain d'atterrissage pour les avions.*

attester [ateste] v. tr. < conjug. 1 > **1·** Rendre témoignage de (qqch.). → **certifier, garantir, témoigner.** *J'atteste la vérité de ce fait. J'atteste que cet homme est innocent.* **2·** Servir de témoignage. → **prouver, témoigner** de. *Ces documents attestent son innocence.* – Au p. p. adj. *C'est un fait attesté.* ▶ **attestation** n. f. Acte, écrit ou pièce qui atteste qqch. → **certificat.** *Une attestation de bonne conduite. Une attestation en bonne et due forme.*

attiédir [atjediʀ] v. tr. < conjug. 2 > **1·** Littér. Rendre tiède. *Attiédir une boisson.* **2·** Abstrait. Rendre moins vif. *Le temps attiédit les passions.* → **affaiblir.** – Pronominalement (réfl.). *Son ardeur s'est attiédie.* ▶ **attiédissement** n. m. *L'attiédissement d'un sentiment.*

attifer [atife] v. tr. < conjug. 1 > Fam. Habiller, parer d'une manière ridicule. → **accoutrer.** – *S'attifer* v. pron. réfl. *Tu as vu comment elle s'attife ?*

attique [atik] adj. (Esprit) Qui a rapport à l'Attique, à Athènes, aux Athéniens. *Littérature attique.*

attirail, ails [atiʀaj] n. m. Fam. Équipement compliqué, encombrant ou ridicule. *L'attirail du campeur, du photographe.* → fam. **barda, fourbi.** *Des attirails.*

attirer [atiʀe] v. tr. < conjug. 1 > **1·** Tirer, faire venir à soi par une action matérielle. *L'aimant* *attire le fer* (→ **attraction**). / contr. repousser / **2·** Inciter, inviter, déterminer (un être vivant) à venir. *La lumière attire les papillons. Attirer le poisson dans ses filets. Ce spectacle attire tout Paris.* **3·** Capter, solliciter (le regard ou l'attention). *J'attire votre attention sur ce point.* **4·** Inspirer à (qqn) un sentiment agréable qui l'incite à vouloir qqch., à se rapprocher de qqn (→ **attrait**). *De grandes affinités les attirent l'un vers l'autre. Ce projet l'attire davantage.* → **tenter.** **5·** *Attirer qqch. à, sur qqn* : lui faire avoir qqch. d'heureux ou de fâcheux. *Sa bonne humeur lui attira la sympathie du jury.* → **procurer, valoir.** *Ses procédés lui attireront des ennuis.* → **causer.** – *S'attirer qqch.* : l'attirer à soi, sur soi. *Elle s'est attiré des reproches.* → **encourir.** ▶ **attirance** n. f. Force qui attire vers qqn ou vers qqch. *Éprouver une certaine attirance pour qqn, qqch.* → **attrait.** / contr. répulsion / ▶ **attirant, ante** adj. Qui attire, exerce un attrait, une séduction. → **attachant, attrayant, séduisant.** *C'est une personne très attirante.* / contr. repoussant /

attiser [atize] v. tr. < conjug. 1 > **1·** Aviver, ranimer (un feu). **2·** Rendre plus vif. *Attiser les désirs, les haines de qqn.* → **exciter, enflammer.** / contr. étouffer / *Attiser une querelle.* → **envenimer.**

attitré, ée [atitʀe] adj. **1·** Qui est chargé par un titre de telle ou telle fonction. *Représentant attitré.* **2·** Habituel. *Mon boucher attitré,* celui chez qui j'ai l'habitude de me servir.

attitude [atityd] n. f. **1·** Manière de tenir son corps. → **contenance, maintien, port, pose, position, posture.** *Elle est gracieuse dans toutes ses attitudes. Attitude nonchalante, gauche.* **2·** Manière de se tenir, comportement qui correspond à une certaine disposition psychologique. → **air, allure, aspect, expression, manière.** *L'attitude du commandement.* – Affectation de ce qu'on n'éprouve pas. *Ce n'est qu'une attitude.* **3·** Disposition à l'égard de qqn ou qqch. ; ensemble de jugements et de tendances qui pousse à un comportement. → **disposition, position.** *Quelle est son attitude à l'égard de ce problème ? Il a changé d'attitude.*

attouchement [atuʃmɑ̃] n. m. Action de toucher avec la main, surtout pour caresser.

attraction [atʀaksjɔ̃] n. f. **I· 1·** Force qui attire. *Attraction magnétique. La loi de l'attraction universelle.* → **gravitation.** **2·** Force qui tend à attirer les êtres vers qqn ou vers qqch. → **attirance, attrait.** *Il exerce sur elle une grande attraction.* **II· 1·** Ce qui attire le public ; centre d'intérêt. *Cette église ancienne est une attraction pour les touristes.* **2·** Au plur. Spectacle de variétés au cours d'une soirée, d'un gala. *Les attractions d'un cabaret.* – Distractions mises à la disposition du public (dans une foire, etc.). *Parc d'attractions.* ▶ **attractif, ive** adj. Qui a la propriété d'attirer (1). *Force attractive de l'aimant.*

attrait [atʀɛ] n. m. **1·** Ce qui attire agréablement, charme, séduit. → **charme, séduction.** *L'attrait de la nouveauté. Qui a de l'attrait.* → **attrayant.** **2·** Au plur. Littér. *Les attraits d'une femme,* ce qui attire en elle. → **appas.** **3·** Le fait d'être attiré, de se sentir attiré. → **attirance, goût.** *Elle éprouve un vif attrait pour la peinture impressionniste.* / contr. répulsion /

attrape [atʀap] n. f. Surtout au plur. Objet destiné à surprendre (attraper, 2) qqn par amusement. *Marchand de farces et attrapes.*

attrape-nigaud [atʀapnigo] n. m. Procédé destiné à attirer et à tromper les gens simples. *Cette publicité n'est qu'un attrape-nigaud. Des attrape-nigauds.*

attraper [atʀape] v. tr. < conjug. 1 > **I· 1·** Rejoindre (qqn) et s'en saisir. *La police a fini par attraper le voleur.* → **prendre.** **2·** Tromper par une ruse. → **abuser, duper.** *Il m'a bien attrapé* (→ fam. Il m'a eu.) – Au passif et p. p. adj. *Être attrapé, bien attrapé,* avoir subi une déception (qu'on ait été trompé ou non). **3·** *Attraper qqn à* (+ infinitif), le prendre sur le fait. → **surprendre.** *Je l'ai attrapé à voler.* **4·** Faire des reproches à. → **gronder, réprimander.** *Elle s'est fait attraper par ses parents.* **II· 1·** Arriver à prendre, à saisir (une chose, un animal). *Attraper une balle à la volée.* – Fig. *J'ai attrapé quelques mots de leur conversation.* → **saisir.** **2·** *Attraper un coup.* → **recevoir.** *Attraper un rhume, une maladie.* → **contracter, gagner.** – Pronominalement (passif). *Une maladie qui s'attrape.* → **contagieux.** **3·** *Attraper le train, l'autobus,* réussir à l'atteindre. → **avoir.** **4·** Arriver à saisir par l'esprit, l'imitation. *Attraper un style, un genre.* → **imiter.** ▷ **attrapade, attrape, attrape-nigaud**

attrayant, ante [atʀɛjɑ̃, ɑ̃t] adj. (Spectacle, situation) Qui a de l'attrait. *Ce paysage, cet endroit n'a rien d'attrayant.* → **agréable, attirant, plaisant.** / contr. désagréable /

attribuer [atʀibɥe] v. tr. < conjug. 1 > **1·** Allouer (qqch. à qqn ou à qqch.). *De nombreux avantages lui ont été attribués.* → **octroyer.** **2·** Considérer comme propre à qqn. → **prêter.** *N'attribuez pas aux autres vos propres défauts.* **3·** Rapporter (qqch.) à un auteur, à une cause ; mettre sur le compte de. *À quoi attribuer ce phénomène, ce changement ? Attribuer une toile anonyme à tel peintre.* **4·** *S'attribuer qqch.* : se donner (qqch.) en partage. → s'**adjuger.** *Elle s'est attribué un titre auquel elle n'a pas droit.* → s'**approprier.** *S'attribuer tout le mérite de qqch.* ▶ **attribuable** adj. *Une erreur attribuable à la fatigue.* ▶ **attribut**

n. m. **1·** Ce qui est propre, appartient particulièrement à un être, à une chose. → **caractère, qualité.** *Le droit de grâce est un attribut du chef de l'État.* **2·** Emblème caractéristique qui accompagne une figure mythologique, une chose personnifiée, un personnage. *Le sceptre est l'attribut de la royauté.* **3·** Terme relié au sujet ou au complément d'objet par un verbe d'état (ex. : *rouge* dans *la voiture est rouge*). ▶ **attribution** n. f. **1·** Action d'attribuer. *Concours pour l'attribution d'un prix.* → **distribution, remise.** **2·** Au plur. Pouvoirs attribués au titulaire d'une fonction, à un corps ou à un service. → **pouvoir, prérogative.** *Déterminer les attributions d'un employé. Cela n'entre pas dans ses attributions.*

attrister [atʀiste] v. tr. < conjug. 1 > Rendre triste. → **chagriner, désoler.** *Son départ nous a attristés.* / contr. consoler, égayer, réjouir / – Au p. p. adj. *Un air attristé.* ▶ **attristant, ante** adj. Qui attriste. → **affligeant, désolant, navrant.** *Nouvelles attristantes. Spectacle attristant.* → **pénible, triste.**

attrouper [atʀupe] v. tr. < conjug. 1 > Assembler en troupe, spécialt de manière à troubler l'ordre public. → **ameuter, rassembler.** *Ses cris attroupèrent les passants.* – Pronominalement (réfl.). *Les manifestants commencèrent à s'attrouper.* / contr. se disperser / ▶ **attroupement** n. m. Réunion de personnes sur la voie publique, spécialt de personnes qui troublent l'ordre public. → **manifestation, rassemblement.** *Former, faire un attroupement. Le service d'ordre a dispersé l'attroupement.*

au, aux → **à** et **le.**

aubade [obad] n. f. Air chanté ou joué, à l'aube ou le matin, sous les fenêtres de qqn (opposé à *sérénade*).

aubaine [obɛn] n. f. Avantage, profit inattendu, inespéré. *Profiter de l'aubaine. Quelle (bonne) aubaine !* → **chance, occasion.**

① **aube** [ob] n. f. **1·** Première lueur du soleil levant qui commence à blanchir l'horizon ; moment de cette lueur. *L'aube précède l'aurore.* → **aurore.** **2·** Littér. Commencement. *À l'aube de la Révolution.* ▷ **aubade**

② **aube** n. f. Palette (d'une roue hydraulique, d'une turbine). *Les aubes d'une roue de moulin.*

③ **aube** n. f. Vêtement de lin blanc que le prêtre met pour célébrer la messe. – Longue robe blanche des premiers communiants.

aubépine [obepin] n. f. Arbuste épineux à fleurs odorantes blanches ou roses, à floraison précoce, utilisé pour les haies vives.

auberge [obɛʀʒ] n. f. **1·** Autrefois. Maison très simple, généralement à la campagne, où l'on trouve à loger et manger en payant. – Loc. fig. *On n'est pas sorti de l'auberge,* les difficultés augmentent, vont nous retarder, nous retenir. **2·** Moderne. *Auberge de (la) jeunesse,* centre d'accueil hébergeant les jeunes pour une somme modique. ▶ **aubergiste** n. Personne qui tenait une auberge (1).

aubergine [obɛʀʒin] n. f. **1·** Fruit oblong et violacé d'une plante potagère, consommé comme légume. *Aubergines farcies.* **2·** Adj. invar. De la couleur violet foncé de l'aubergine. *Des costumes aubergine.*

aubier [obje] n. m. Partie tendre et blanchâtre qui se forme chaque année entre le bois dur et l'écorce d'un arbre.

auburn [obœʀn] adj. invar. Se dit d'une couleur de cheveux châtain roux. *Des cheveux auburn.*

aucun, une [okœ̃, yn] dét. et pronom **I·** Dét. **1·** Littér. (Positif) Quelque ; quelque... que ce soit, qu'il soit (dans les phrases comparatives, dubitatives ou hypothétiques). *Il l'aime plus qu'aucune autre.* **2·** (Négatif et accompagné de la particule *ne* ou précédé de *sans*) → **pas** un. *Aucun physicien n'ignore que... Il n'y a plus aucun remède. « Avez-vous des nouvelles ? – Aucune. » Sans aucun doute.* – REM. *Aucun* ne prend pas le pluriel, sauf devant des noms qui n'ont pas de singulier (ex. : *sans aucuns frais*). **II·** Pronom **1·** (Positif) *Aucun de,* quiconque parmi. *Il travaille plus qu'aucun de ses amis.* – Vx ou littér. *D'aucuns* : certains, plusieurs. *D'aucuns pourront critiquer cette attitude.* **2·** (Négatif, accompagné de *ne* ou de *sans*) *Je ne connais aucun de ses amis, aucun d'eux. Il n'en est venu aucun.* – (Dans une réponse) Pas un. *« Avez-vous eu des réponses ? – Aucune. »* ▶ **aucunement** adv. En aucune façon, pas du tout. → **nullement.**

audace [odas] n. f. **1·** Disposition ou mouvement qui porte à des actions extraordinaires, au mépris des obstacles et des dangers. *La confiance en soi donne de l'audace.* → **hardiesse.** *Une folle audace.* **2·** *Une, des audaces* : procédé, détail qui brave les habitudes, les goûts dominants. → **innovation, originalité.** *Les audaces de la mode.* **3·** Hardiesse impudente. → **aplomb, culot, insolence.** *Il n'aura pas l'audace de réclamer. Quelle audace !* ▶ **audacieux, ieuse** adj. **1·** (Personnes) Qui a de l'audace (1). → **courageux, hardi.** *Trop audacieux.* → **téméraire.** / contr. peureux, timoré / **2·** (Choses) Qui dénote de l'audace (1). *Un audacieux cambriolage. Conceptions audacieuses.* → **hardi, novateur.** / contr. timide / ▶ **audacieusement** adv. Avec audace. / contr. timidement /

au-delà [odla] n. m. Le monde supraterrestre. *Dans l'au-delà. Des au-delàs.*

audible [odibl] adj. Qui est perceptible par l'oreille. / contr. inaudible / *Sons à peine audibles.*

audience [odjɑ̃s] n. f. **1·** Littér. Intérêt porté à qqch. par le public. *Cet ouvrage a l'audience des lecteurs les plus exigeants.* **2·** Réception où l'on admet qqn pour l'écouter. → **entretien.** *Demander, obtenir une audience. Donner audience à qqn.* **3·** Séance d'un tribunal. *Audience publique, à huis clos.*

audimat [odimat] n. m. invar. (Marque déposée) Appareil permettant de mesurer l'audience des chaînes de télévision. – Par ext. L'audience mesurée. *La course à l'audimat.*

audio- Élément savant signifiant « sonore ». ▶ **audio** adj. invar. Qui concerne l'enregistrement des sons (opposé à *vidéo*). *Cassette audio, livre audio.* ▶ **audiodescription** n. f. Procédé de description orale des éléments visuels d'un film, d'un spectacle, à destination des aveugles et malvoyants. *Une émission en audiodescription.* ▶ **audiogramme** [odjogʀam] n. m. Graphique représentant l'acuité auditive de chaque oreille. ▶ **audioguide** n. m. Appareil portatif sur lequel sont enregistrées les explications sur la visite d'un site, d'un musée… ▶ **audionumérique** adj. *Disque audionumérique,* sur lequel les informations permettant la reproduction des sons enregistrés sont codées de manière numérique. – REM. On emploie couramment *disque compact, CD.* ▶ **audiophone** n. m. Petit appareil acoustique servant à renforcer les sons, que les gens qui entendent mal portent près de l'oreille. ▶ **audiovisuel, elle** adj. **1·** Se dit d'une méthode pédagogique qui joint le son à l'image. **2·** Qui ajoute aux éléments du langage l'utilisation de l'image, dans la communication. *Matériel audiovisuel.* **3·** N. m. Les moyens de communication audiovisuels.

audit [odit] n. m. **1·** Procédure de contrôle de la comptabilité et de la gestion (d'une entreprise). *Procéder à des audits.* **2·** Personne, entreprise qui effectue ce contrôle.

auditeur, trice [oditœʀ, tʀis] n. Personne qui écoute. *Les auditeurs d'un conférencier.* → **auditoire.** *Les auditeurs d'une émission de radio.*

auditif, ive [oditif, iv] adj. Qui appartient à l'organe de l'ouïe. *Appareil auditif. Mémoire auditive,* des sons.

audition [odisjɔ̃] n. f. **1·** Fonction du sens de l'ouïe, perception des sons. *Troubles de l'audition.* **2·** Action d'entendre ou d'être entendu. *Procéder à l'audition des témoins.* **3·** Séance d'essai donnée par un artiste devant un directeur de théâtre, de music-hall. → **essai.** *Passer une audition.* → **auditionner. 4·** Séance musicale que donne un artiste. *La première audition mondiale d'une œuvre.* ▶ **auditionner** v. < conjug. 1 > **1·** V. intr. Donner une audition pour obtenir un engagement. **2·** V. tr. Écouter (un artiste) qui donne une audition dans l'intention de le juger.

auditoire [oditwaʀ] n. m. **1·** L'ensemble des personnes qui écoutent, des auditeurs*. → **assistance, public.** *Il a joué devant un nombreux, un grand auditoire.* **2·** En Belgique, en Suisse. Amphithéâtre, salle de cours (d'une université). → **auditorium, aula** (Suisse).

auditorium [oditɔʀjɔm] n. m. Salle spécialement aménagée pour les auditions et notamment les auditions musicales de radio-diffusion. *Des auditoriums.*

au fur et à mesure [ofyʀeam(ə)zyʀ] loc. En même temps et proportionnellement ou successivement. Loc. adv. *Regardez ces photos et passez-les-nous au fur et à mesure.* – Loc. conj. et prép. *Au fur et à mesure qu'il avance dans son travail, il voit de nouvelles difficultés.*

auge [oʒ] n. f. Bassin qui sert à donner à boire ou à manger aux animaux domestiques (surtout aux porcs).

augmenter [ɔ(o)gmɑ̃te] v. < conjug. 1 > **I·** V. tr. **1·** Rendre plus grand, plus considérable par addition d'une chose de même nature. → **accroître, agrandir.** / contr. diminuer / *Augmenter les salaires.* – Au p. p. adj. *Édition revue et augmentée.* – *Réalité* augmentée.* **2·** ***S'augmenter*** : devenir plus grand, plus considérable. *S'augmenter de qqch. L'équipe s'est augmentée de cinq personnes.* **3·** ***Augmenter*** *qqn* : augmenter son salaire. *J'ai été augmenté ce mois-ci de vingt euros.* **II·** V. intr. **1·** Devenir plus grand, plus considérable. → **croître.** *La population augmente chaque année. Aller en augmentant. Augmenter de volume.* **2·** Devenir plus cher. *Le papier a augmenté.* ▶ **augmentation** n. f. **1·** Action d'augmenter (I, II) ; son résultat. → **accroissement.** / contr. diminution / *Augmentation de volume, de longueur, de durée. Augmentation de prix.* → **hausse. 2·** Accroissement d'appointements. *Demander une augmentation.*

1 **augure** [ɔ(o)gyʀ] n. m. Prêtre de l'Antiquité chargé d'observer certains signes afin d'en tirer des présages.

2 **augure** n. m. Surtout en loc. **1·** Tout ce qui semble présager qqch. ; signe par lequel on juge de l'avenir. *Tout cela n'est pas* ***de bon augure*** : ne me dit rien de bon. *J'en accepte l'augure.* **2·** *Oiseau de bon, de mauvais augure,* personne qui annonce de bonnes, de mauvaises nouvelles. ▶ **augurer** v. tr. < conjug. 1 > Littér. *Augurer*

une chose d'une autre, en tirer une conjecture, un présage. → **présager.** *Que faut-il augurer de tout cela ?* ▷ **inaugurer**

auguste [ɔ(o)gyst] adj. Littér. ou plaisant. Qui inspire de la vénération. → **vénérable ; sacré.** *Une auguste assemblée.* / contr. bas, méprisable /

aujourd'hui [oʒuʀdɥi] adv. **1·** Ce jour même, déterminé par le moment où l'on dit ce mot. *Il part aujourd'hui, dès aujourd'hui. C'est tout pour aujourd'hui. Jusqu'aujourd'hui, jusqu'à aujourd'hui.* **2·** Le temps où nous sommes. → **maintenant,** à **présent.** *Les États-Unis d'aujourd'hui.*

aula [ola] n. f. En Suisse. Amphithéâtre d'une université ; grande salle d'un établissement scolaire. → **auditoire.**

aulne ou **aune** [on] n. m. Arbre à bois léger de la même famille que le bouleau, qui croît en Europe dans les lieux humides.

aumône [ɔ(o)mon] n. f. Don charitable fait aux pauvres. → **bienfait, charité, obole.** *La misère l'a réduit à vivre d'aumône(s). Demander l'aumône,* mendier. *Faire l'aumône à un mendiant.*

aumônier [ɔ(o)monje] n. m. Ecclésiastique chargé de l'instruction religieuse, de la direction spirituelle dans un établissement, un corps. *Aumônier militaire.*

aune [on] n. f. Ancienne mesure de longueur (1,18 m) supprimée en 1840. – Loc. *(Se) mesurer à l'aune de,* en prenant pour élément de comparaison.

auparavant [opaʀavɑ̃] adv. Avant tel événement, telle action (priorité dans le temps). → **avant.** *Vous me raconterez cela, mais auparavant asseyez-vous. Un mois auparavant.* / contr. après /

auprès de [opʀɛdə] loc. prép. **1·** Tout près de (surtout avec un nom de personne). → **à côté, près.** *Approchez-vous, venez vous asseoir auprès de moi.* / contr. loin / **2·** (Rapports que l'on a avec une personne, une collectivité) *L'ambassadeur de Sa Majesté britannique auprès de la République française.* **3·** (Point de vue) *Il passe pour un impoli auprès d'elle,* à ses yeux, dans son esprit. **4·** En comparaison de. *Ce service n'est rien auprès de ce qu'il a fait pour moi.*

auquel [okɛl] pronom relatif. → **lequel.**

aura [ɔ(o)ʀa] n. f. Littér. Atmosphère qui entoure ou semble entourer un être. → **émanation.** *Une aura de mystère. Des auras.*

auréole [ɔ(o)ʀeɔl] n. f. **1·** Cercle dont les peintres entourent la tête de Jésus-Christ, de la Vierge et des saints. → **nimbe. 2·** Degré de gloire qui distingue qqn. *L'auréole des martyrs.* → **couronne.** *Entourer, parer qqn d'une auréole.* **3·** Trace circulaire laissée sur le papier, le tissu par une tache qui a été nettoyée. *Produit qui détache sans former d'auréoles.* ▶ **auréoler** v. tr. < conjug. 1 > **1·** Entourer d'une auréole. **2·** Donner de l'éclat, du prestige. → **glorifier.** *Un grand nom que la légende auréole.* – Au p. p. *Auréolé de gloire.*

auriculaire [ɔ(o)ʀikylɛʀ] adj. et n. m. **1·** Qui a rapport à l'oreille. *Pavillon auriculaire.* **2·** N. m. *L'auriculaire,* le petit doigt de la main (sa petitesse permet de l'introduire dans l'oreille).

aurifère [ɔ(o)ʀifɛʀ] adj. Qui contient de l'or. *Rivière aurifère.*

aurige [ɔ(o)ʀiʒ] n. m. Dans l'Antiquité. Conducteur de char, dans les courses.

aurochs [ɔ(o)ʀɔk] n. m. invar. Bœuf sauvage de grande taille dont l'espèce est éteinte. *L'aurochs ressemble au bison.*

aurore [ɔ(o)ʀɔʀ] n. f. **1·** Lueur brillante et rosée qui suit l'aube et précède le lever du soleil ; moment où le soleil va se lever. *Se lever à l'aurore.* **2·** Abstrait. Aube, commencement. *L'aurore des Temps modernes.* **3·** ***Aurore boréale*** : arc lumineux (jet d'électrons solaires) qui apparaît dans les régions polaires de l'atmosphère.

ausculter [ɔ(o)skylte] v. tr. < conjug. 1 > Explorer les bruits de l'organisme par l'auscultation. *Ausculter un patient.* ▶ **auscultation** n. f. Action d'écouter les bruits qui se produisent à l'intérieur de l'organisme pour faire un diagnostic. *Auscultation à l'oreille, au stéthoscope.*

auspices [ɔ(o)spis] n. m. pl. **1·** Dans l'antiquité romaine. Présage tiré du comportement des oiseaux. *Prendre les auspices.* **2·** Circonstances permettant d'envisager l'avenir. *De favorables, d'heureux auspices.* → **influence, présage.** – ***Sous les auspices*** *de qqn* : avec son appui, en invoquant sa recommandation. → **égide, patronage.**

aussi [osi] adv. et conj. **I·** Adv. **1·** Terme de comparaison accompagnant un adjectif ou un adverbe, exprimant un rapport d'égalité. *Il est aussi grand que vous ; aussi grand que beau. Aussi vite que vous le pourrez, que possible.* – (Avec ellipse du second terme de comparaison) → **si.** *Je n'ai jamais rien vu d'aussi joli* (que cela). *Je ne pensais pas qu'il était aussi vieux.* – (Avant le verbe, au sens de *bien que*) → **pour, quelque, si.** *Aussi invraisemblable que cela paraisse. Aussi riche soit-il.* **2·** De la même façon. → **pareillement.** *C'est aussi mon avis.* → **également.** « *Dormez bien. – Vous aussi.* » → de **même.** – ***Aussi bien que*** : de même que. → **autant** que, **comme. 3·** Pareillement et de plus. → **encore,** en **outre.** *Il parle l'anglais et aussi l'allemand. Non seulement... mais aussi.* **II·** Conj. Marque un rapport de conséquence avec la proposition qui précède. *Ces perles sont belles, aussi coûtent-elles cher.* → c'est **pourquoi.** ▷ **aussitôt**

aussitôt [osito] adv. **1·** Dans le moment même, au même instant. → **immédiatement, instantanément.** *J'ai compris aussitôt ce qu'il voulait. Aussitôt après son départ.* **2·** ***Aussitôt que*** loc. conj. *Il le reconnut aussitôt qu'il le vit.* → **dès.** *Aussitôt qu'il fut parti, l'autre arriva.* → **sitôt.** *Aussitôt arrivé, il se coucha.* Loc. *Aussitôt dit, aussitôt fait,* il dit la chose et la fait aussitôt.

austère [ɔ(o)stɛʀ] adj. **1·** Qui se montre sévère pour soi, qui se prive. → **ascète, puritain.** *Une femme austère.* **2·** (Vie) Dur, rigoureux, sans plaisirs. *Il a une vie très austère. Morale, discipline austère.* **3·** (Choses) Sans ornement. → **sévère.** *Cette robe est un peu austère.* ▶ **austérité** n. f. **1·** Caractère de ce qui est austère. *L'austérité de l'ascète, de sa vie. L'austérité d'un style.* **2·** Gestion stricte de l'économie d'un pays, avec des mesures restreignant la consommation. *Une politique d'austérité.* / contr. abondance /

austral, ale, als ou **aux** [ɔ(o)stʀal, o] adj. Qui est au sud du globe terrestre (opposé à *boréal*). *Hémisphère austral. Terres australes,* avoisinant le pôle Sud.

autan [otɑ̃] n. m. Dans le midi de la France. Vent orageux qui souffle du sud. – *Vent d'autan* (du sud).

autant [otɑ̃] adv. **1·** ***Autant que*** : en même quantité, au même degré, de la même façon. *J'en souffre autant que vous. Il travaille autant qu'il peut. Rien ne plaît autant que la nouveauté.* → **comme.** Ellipt. *Autant dire la vérité,* il est aussi avantageux de. *Autant que possible,* dans la mesure du possible. *Autant que je sache,* dans la mesure où je suis au courant. **2·** ***Autant de*** (suivi d'un nom) : la même quantité, le même nombre de. *Il est né autant de garçons que de filles.* – (Avec *en*) La même chose. *Tâchez d'en faire autant. Je ne peux en dire autant.* – *Pour autant,* pour, malgré cela. *Il a fait un effort, mais il n'en est pas moins paresseux pour autant.* **3·** Une telle quantité, un tel nombre de. → **tant.** *Je ne pensais pas qu'il aurait autant de patience.* **4·** ***Autant... autant...*** *Autant il est charmant avec elle, autant il est désagréable avec nous.* **5·** ***D'autant*** loc. adv. : à proportion. *Cela augmente d'autant son profit.* – ***D'autant que*** loc. conj. : vu, attendu que. *Je n'y suis pas allé, d'autant qu'il était déjà tard.* – ***D'autant plus, moins que*** : encore plus, encore moins, pour la raison que. *La chaleur est accablante, d'autant plus que le vent est tombé. Il a peu d'argent et ose d'autant moins en emprunter qu'il est déjà endetté.* – ***D'autant mieux que*** : encore mieux pour la raison que. *Vous économiserez l'énergie d'autant mieux que vous isolerez les combles.* – ***D'autant plus*** / loc. adv. : à plus forte raison.

autarcie [otaʀsi] n. f. État d'un pays qui se suffit à lui-même ; économie fermée. *Vivre en autarcie.*

autel [ɔ(o)tɛl] n. m. **1·** Dans l'Antiquité. Tertre ou table de pierre à l'usage des sacrifices offerts aux dieux. *Autel consacré à Jupiter.* – Loc. *Sacrifier qqch. sur l'autel de...,* l'abandonner. **2·** Table où l'on célèbre la messe. *S'approcher de l'autel* (pour communier). **3·** ***L'autel*** : la religion, l'Église. *Le trône* (la royauté) *et l'autel.*

auteur [otœʀ] n., au f. **auteure, autrice** **1·** Personne qui est la première cause d'une chose, à l'origine d'une chose. → **créateur.** *L'auteur d'une découverte.* → **inventeur.** *Il nie être l'auteur du crime.* **2·** Personne qui écrit un livre, qui fait une œuvre d'art. *L'auteur d'un livre, d'un tableau, d'un film.* – *Un auteur, une auteur(e),* personne qui a fait un ou plusieurs ouvrages littéraires. → **écrivain,** homme, femme de **lettres.** *Colette est un auteur célèbre.* – Œuvre d'un auteur. *Étudier, citer un auteur.* – ***Droit d'auteur*** : droit exclusif d'exploitation qui appartient à l'auteur sur son œuvre. → **copyright.** Au plur. *Droits d'auteur,* profits pécuniaires résultant de cette exploitation. *Il touche des droits d'auteur.*

authenticité [ɔ(o)tɑ̃tisite] n. f. **1·** Qualité d'un écrit, d'un discours, d'une œuvre authentique (2). *Vérifier l'authenticité d'un document.* **2·** Qualité d'un fait qui mérite d'être cru, qui est conforme à la vérité. *L'authenticité d'un événement historique.* → **véracité. 3·** Qualité d'une personne, d'un sentiment authentique (4). → **sincérité.** *L'authenticité d'un sentiment.*

authentifier [ɔ(o)tɑ̃tifje] v. tr. < conjug. 7 > Rendre authentique. *Un sceau authentifie cette pièce.* ▶ **authentification** n. f. *L'authentification d'un tableau par un expert.*

authentique [ɔ(o)tɑ̃tik] adj. **1·** *Acte authentique* (opposé à *acte sous seing privé*), qui fait foi par lui-même en raison des formes légales dont il est revêtu. → **notarié. 2·** Qui est véritablement de l'auteur auquel on l'attribue. *Un Rembrandt authentique.* / contr. apocryphe, faux / **3·** Dont l'autorité, la réalité, la vérité ne peut être contestée. → **indéniable, réel, véridique, véritable, vrai.** *Fait, histoire authentique.* **4·** Qui exprime une vérité profonde de l'individu et non des habitudes superficielles, des conventions. → **sincère ; naturel.** *Une personnalité, un sentiment* *authentique.* / contr. conventionnel / ▶ **authentiquement** adv. D'une manière authentique. ▷ **authenticité, authentifier, inauthentique**

autisme [ɔ(o)tism] n. m. Didact. Attitude pathologique de détachement de la réalité extérieure accompagnée de repliement sur soi-même. → **égocentrisme, introversion.** ▶ **autiste** adj. Atteint d'autisme. *Un enfant autiste.* – N. *Un, une autiste.* – REM. On ne dit pas, dans ce cas, *autistique* qui signifie « relatif à l'autisme ».

auto [ɔ(o)to] n. f. Abréviation de *automobile. Une auto.* → **voiture** (plus cour.). – Voiture miniature. *Une auto à pédales.* ▷ **autoberge, autobus, autocar, autochenille, autodrome, auto-école, automitrailleuse, autoradio, autoroute, autos-couchettes, autostop**

auto- Élément savant signifiant « soi-même, lui-même ». / contr. hétéro- / – REM. Les mots commençant par *auto-* sont formés de cet élément ou avec *auto,* n. f.

auto-accusation n. f. Fait de s'accuser soi-même.

auto-allumage n. m. Allumage spontané anormal du mélange carburant dans un cylindre de moteur à explosion.

autoberge n. f. Voie sur berge pour les automobiles.

autobiographie [ɔ(o)tɔbjɔgʀafi] n. f. Biographie d'un auteur faite par lui-même. ▶ **autobiographique** adj. *Un récit autobiographique.*

autobus [ɔ(o)tɔbys] n. m. invar. Véhicule automobile pour le transport en commun des voyageurs, dans les villes. → **bus.** ≠ autocar. *Arrêt d'autobus.* → **abribus.**

autocar [ɔ(o)tɔkaʀ] n. m. Grand véhicule automobile pour le transport de plusieurs dizaines de personnes. *Autocar d'excursion.* → ② **car.** ≠ autobus.

autochenille [ɔ(o)tɔʃnij] n. f. Véhicule automobile militaire ou d'exploration monté sur chenilles.

autochtone [ɔ(o)tɔktɔn] adj. et n. Qui est issu du sol même où il habite. → **aborigène, indigène.** *Peuple, race autochtone.* – N. *Les autochtones.*

autoclave [ɔ(o)tɔklav] n. m. Appareil dont la fermeture hermétique est obtenue par la pression intérieure de la vapeur d'eau, et qui permet de soumettre à de hautes températures les objets qu'on y renferme. → **étuve.** *Désinfecter des vêtements à l'autoclave.*

autocollant, ante [otokɔlɑ̃, ɑ̃t] adj. et n. m. Qui adhère de soi-même sans avoir besoin d'être humecté. *Enveloppes autocollantes.* – REM. On dit aussi *auto-adhésif, ive* [ɔ(o)toadezif, iv]. – N. m. *Un autocollant publicitaire.*

autocrate [ɔ(o)tɔkʀat] n. m. Souverain dont la puissance n'est soumise à aucun contrôle. → **despote, dictateur, tyran.** ▶ **autocratie** [ɔ(o)tɔkʀasi] n. f. Forme de gouvernement où le souverain exerce lui-même une autorité sans limite. → **absolutisme, despotisme, dictature, tyrannie.** ▶ **autocratique** adj. *Gouvernement autocratique.*

autocritique n. f. Critique de son propre comportement. – *Faire son autocritique,* reconnaître ses torts.

autocuiseur [otokɥizœʀ] n. m. Appareil pour cuire les aliments sous pression, plus rapidement. → ② **cocotte.**

autodafé [ɔ(o)tɔdafe] n. m. Cérémonie où des hérétiques étaient condamnés au supplice du feu par l'Inquisition. *Des autodafés.* – Action de détruire par le feu. *Un autodafé de livres.*

autodéfense n. f. Défense par les moyens dont on dispose. *Groupe d'autodéfense.*

autodestruction n. f. Destruction (matérielle ou morale) de soi-même par soi-même.

autodétermination n. f. Détermination du statut politique d'un pays par ses habitants.

autodictée n. f. Exercice scolaire pour apprendre l'orthographe ; reproduction, de mémoire, d'un texte écrit appris par cœur. *Des autodictées.*

autodidacte [ɔ(o)tɔdidakt] adj. et n. Qui s'est instruit lui-même, sans maître. *Un écrivain autodidacte. Une autodidacte.*

autodiscipline n. f. Discipline que s'impose un individu ou un groupe, sans intervention extérieure.

autodrome n. m. Piste fermée pour courses ou essais d'automobiles. → **circuit.** *L'autodrome de Montlhéry.*

auto-école ou **autoécole** n. f. École de conduite des automobiles, qui prépare les candidats au permis de conduire. *Des auto(-)écoles.*

autoentrepreneur, euse [otoɑ̃tʀəpʀənœʀ, øz] n. En droit. (En France) Personne qui crée seule et pour elle-même une entreprise commerciale, artisanale ou libérale. ▶ **autoentreprise** n. f. En droit. Entreprise créée par un autoentrepreneur.

autofiction [otofiksjɔ̃] n. f. Didact. Récit mêlant la fiction et l'autobiographie.

autofinancement n. m. Financement d'une entreprise par ses propres capitaux (affectation de profits aux investissements).

autogestion n. f. Gestion d'une entreprise par le personnel (direction et conseil de gestion).

autographe [ɔ(o)tɔgʀaf] adj. et n. m. Qui est écrit de la propre main de qqn. *Lettre autographe.* – N. m. *Une collection d'autographes.*

automate [ɔ(o)tɔmat] n. m. **1**· Appareil mû par un mécanisme intérieur et imitant les mouvements d'un être vivant. **2**· Homme qui agit comme une machine, sans liberté. → **machine, pantin, robot.** *Agir comme un automate.* ▷ **automatique, automatiser, automatisme**

automation [ɔ(o)tɔmɑsjɔ̃] n. f. Fonctionnement automatique d'un ensemble productif, sous le contrôle d'un programme unique.

automatique [ɔ(o)tɔmatik] adj. et n. **I**· Adj. et n. m. **1**· Qui s'accomplit sans la participation de la volonté. *Mouvement, réflexe automatique.* → **inconscient, involontaire. 2**· Qui, une fois mis en mouvement, fonctionne de lui-même, opère par des moyens mécaniques. *Distributeur automatique. Embrayage automatique (voiture automatique). Arme automatique,* dans laquelle la pression des gaz de combustion est utilisée pour réarmer (ex. : *mitraillette*). – N. m. *Un automatique,* un pistolet automatique. **3**· Qui s'accomplit avec une régularité déterminée. *Système de relèvement automatique des salaires.* **4**· Fam. Qui doit forcément se produire. → **forcé, sûr.** *Une conséquence automatique.* **II**· N. f. Ensemble des sciences et des techniques consacrées aux dispositifs qui fonctionnent sans intervention du travail humain. → **cybernétique, informatique, robotique.** ▶ **automatiquement** adv. *La distribution se fait automatiquement.* – Fam. *Si vous l'en empêchez, automatiquement il en aura deux fois plus envie.* → **forcément.**

automatiser [ɔ(o)tɔmatize] v. tr. < conjug. 1 > Rendre automatique (2). *Automatiser la production.* ▶ **automatisation** n. f. Emploi de machines, d'automatismes.

automatisme [ɔ(o)tɔmatism] n. m. **1**· Ensemble des réactions rendues automatiques (par l'habitude), (opposé à *réflexes*). **2**· Fonctionnement automatique d'une machine. **3**· Régularité dans l'accomplissement de certains actes, le déroulement d'événements.

automitrailleuse n. f. Automobile blindée armée de mitrailleuses.

automne [ɔ(o)tɔn] n. m. Saison qui succède à l'été et précède l'hiver, caractérisée par le déclin des jours, la chute des feuilles. *Nous étions en automne. Un bel automne.* ▶ **automnal, ale, aux** [ɔ(o)tɔnal, o] adj. *Fleurs automnales.*

automobile [ɔ(o)tɔmɔbil] adj. et n. f. **1**· Adj. (Véhicule) Qui est mû par un moteur. *Voiture automobile. Canot automobile.* **2**· N. f. Véhicule à quatre roues (ou plus), progressant de lui-même à l'aide d'un moteur ; spécialt automobile de tourisme, à l'exclusion des camions et des autobus, autocars. → **auto, voiture** (plus cour.) ; fam. **bagnole.** *Conduire une automobile.* **3**· *L'automobile,* la conduite des automobiles, le sport ; les activités économiques liées à la construction, à la vente des automobiles. **4**· Adj. Relatif aux véhicules automobiles. *Construction, industrie automobile. Assurances automobiles. Coureur automobile.* ▶ **automobilisme** n. m. Tout ce qui concerne l'automobile ; le sport automobile. ▶ **automobiliste** n. Personne qui conduit une automobile. ▷ **auto**

automoteur, trice adj. Qui se déplace à l'aide d'un moteur (se dit d'un objet habituellement sans moteur). ▶ **automotrice** n. f. Autorail.

autonettoyant, ante adj. *Four autonettoyant,* qui brûle les dépôts de graisse après usage.

autonome [ɔ(o)tɔnɔm] adj. **1**· Qui s'administre lui-même. *Gouvernement autonome.* → **indépendant.** – Qui est administré par une collectivité autonome. *Budget autonome.* **2**· Qui ne dépend de personne. → **indépendant, libre.** *Il travaille pour être autonome.* **3**· Informatique. Qui est indépendant des autres éléments d'un système. *Calculateur autonome.* ▶ **autonomie** n. f. **1**· Droit de se gouverner par ses propres lois. *Autonomie partielle ; totale.* → **indépendance.** *Région, communauté qui réclame l'autonomie.* **2**· Faculté d'agir librement, indépendance. *Il tient à son autonomie.* **3**· Distance que peut franchir un véhicule, un avion, un navire sans être ravitaillé en carburant. ▶ **autonomiste** n. et adj. Partisan de l'autonomie en matière politique. → **nationaliste, séparatiste.** *Les autonomistes corses.* – Adj. *Un mouvement autonomiste.*

autopompe n. f. Camion automobile équipé d'une pompe à incendie actionnée par le moteur.

autoportrait n. m. Portrait d'un peintre exécuté par lui-même. *Un autoportrait de Van Gogh.*

s'autoproclamer [ɔ(o)tɔpʀɔklame] v. pron. < conjug. 1 > Se décerner un titre, une fonction, un statut. – Au p. p. adj. *Un président autoproclamé.*

autopropulsé, ée adj. Qui est propulsé par ses propres moyens (se dirige sans pilote).

autopsie [ɔ(o)tɔpsi] n. f. Examen de toutes les parties d'un cadavre (notamment pour étudier les causes de la mort). *On a découvert à l'autopsie qu'il était mort empoisonné. Pratiquer une autopsie.*

autoradio [otoʀadjo] n. m. Poste de radio conçu pour être fixé sur le tableau de bord d'une automobile. *Des autoradios.*

autorail [ɔ(o)tɔʀɑj] n. m. Véhicule automoteur pour le transport sur rails. → **automotrice, micheline.** *Des autorails.*

autoriser [ɔ(o)tɔʀize] v. tr. < conjug. 1 > **1·** ***Autoriser** qqn* ***à*** : accorder à (qqn) un droit, une permission. *Le professeur l'a autorisé à sortir. Je vous autorise à ne pas y aller.* → **dispenser, exempter.** – (Suj. chose) → **permettre.** *Rien ne nous autorise à dire que...* **2·** ***Autoriser*** *qqch.* : rendre licite. *Autoriser une manifestation.* → **permettre.** / contr. défendre, interdire / ▶ **autorisation** n. f. **1·** Action d'autoriser, droit accordé par la personne qui autorise. *Autorisation de bâtir.* → **permis.** *J'ai l'autorisation de sortir.* → **permission.** / contr. défense, interdiction / *Obtenir, donner une autorisation.* **2·** Acte, écrit par lequel on autorise. *Montrer une autorisation.* → **permis.** ▶ **autorisé, ée** adj. **1·** Qui est permis. → **admis, toléré.** *Stationnement autorisé. Tournure autorisée par l'usage.* **2·** Qui a reçu autorité ou autorisation. *Association autorisée. Je me crois autorisé à dire que...* → **fondé** à. **3·** Qui fait autorité, est digne de créance. *Un critique autorisé. Les milieux autorisés démentent la nouvelle.*

autoritaire [ɔ(o)tɔʀitɛʀ] adj. **1·** Qui aime l'autorité ; qui en use ou abuse volontiers. *Un régime autoritaire.* **2·** Qui aime à être obéi. *Homme, caractère autoritaire. Air, ton autoritaire,* qui exprime le commandement, n'admet pas la contradiction. → **impératif, impérieux.** / contr. doux, libéral / ▶ **autoritairement** adv. *Il élève ses enfants autoritairement.* ▶ **autoritarisme** n. m. Caractère d'un régime politique, d'un gouvernement autoritaire. – Comportement d'une personne autoritaire.

autorité [ɔ(o)tɔʀite] n. f. **1·** Droit de commander, pouvoir (reconnu ou non) d'imposer l'obéissance. *L'autorité du supérieur sur ses subordonnés.* → **hiérarchie.** *L'autorité paternelle.* – *De sa propre autorité,* sans autorisation. – ***D'autorité*** : sans tolérer de discussion ; sans consulter personne. *Ils l'avaient classé, d'autorité, dans la catégorie des paresseux.* **2·** Les organes du pouvoir. *Les représentants de l'autorité.* – Au plur. ***Les autorités*** : les personnes qui exercent l'autorité. *Les autorités civiles, militaires.* **3·** Pouvoir de se faire obéir. *Ce professeur n'a aucune autorité sur ses élèves.* **4·** Supériorité de mérite ou de séduction qui impose l'obéissance sans contrainte, le respect, la confiance. → **ascendant, empire, influence, prestige.** *Cet homme a une grande autorité. Avoir, prendre de l'autorité sur qqn.* – ***Faire autorité*** : s'imposer auprès de tous comme incontestable, servir de règle en quelque matière. *Un savant, un ouvrage qui fait autorité.* **5·** Personne qui fait autorité. *Invoquer une autorité à l'appui de sa thèse.* ▷ **autoritaire**

autoroute [otoʀut] n. f. Large route à double chaussée réservée aux véhicules automobiles, protégée, sans croisements ni passages à niveau. *Une autoroute à quatre voies. Des autoroutes à péage.* ▶ **autoroutier, ière** adj. *Réseau autoroutier.*

autosatisfaction [otosatisfaksjɔ̃] n. f. Contentement de soi. → **suffisance, vanité.**

autos-couchettes adj. invar. *Train autos-couchettes,* train de nuit transportant à la fois des voyageurs en couchettes et leur voiture. – **REM.** On écrit aussi *autocouchettes*, adj. invar.

auto-stop n. m. Le fait d'arrêter une voiture pour demander de se faire transporter gratuitement. → **stop.** *Faire de l'auto-stop.* ▶ **auto-stoppeur, euse** n. *Il avait pris deux auto-stoppeurs.* – **REM.** On écrit aussi *autostop, autostoppeur.*

autosuggestion [otosygʒɛstjɔ̃] n. f. Action de se suggestionner soi-même, volontairement ou non.

1 **autour** [otuʀ] loc. prép. et adv. Dans l'espace qui environne qqn, qqch. – ***Autour de*** loc. prép. *Faire cercle autour de qqn, de qqch.* → **entourer.** *Les planètes gravitent autour du Soleil. Regarder tout autour de soi.* – Abstrait. *Vous tournez autour du sujet,* fam. *autour du pot. Il a autour de quarante ans,* environ, à peu près. – ***Autour*** adv. : en entourant. *Mettez du papier autour.*

2 **autour** n. m. Oiseau rapace voisin de l'épervier. ≠ vautour.

autre [otʀ] adj. et pronom **I·** Adj. (Épithète, avant le nom) **1·** Qui n'est pas le même. *Est-il plus heureux que les autres hommes ? J'ai une autre idée. Bien d'autres, beaucoup d'autres choses encore. Sans autre indication. Je ne vois aucun autre moyen.* – *Une autre fois, un autre jour. À un autre moment,* un peu plus tard. *D'autres fois,* à d'autres moments. – *L'autre fois, l'autre jour,* dans le passé. → **autrefois.** *L'autre monde,* l'au-delà. **2·** Différent par quelque supériorité. *C'est un tout autre écrivain. Il est d'une autre classe.* **3·** ***Autre chose*** (sans article) : quelque chose de différent. *C'est autre chose, c'est tout autre chose,* c'est différent. *Parlons d'autre chose.* **4·** ***Autre part*** loc. adv. : ailleurs. *J'irai autre part.* – ***D'autre part*** :

par ailleurs. **II·** Adj. (Après le nom ou le pronom) Qui est différent de ce qu'il était. *Caractère de ce qui est autre.* → **altérité.** *Il est devenu autre.* – Au plur. Fam. ou région. Pour opposer le groupe désigné au reste. *Nous autres, nous partons. C'est pour vous autres.* **III·** Pronom (nominal ou représentant un nom). **1·** Qqn, qqch. de différent. *Prendre qqn pour un autre* (une autre personne), *une chose pour une autre. De l'un à l'autre. Je n'en veux pas d'autre. Il faut penser aux autres.* → **autrui.** *C'est quelqu'un d'autre. Aucun autre, personne d'autre ne peut faire cela.* – Loc. *Il n'en fait jamais d'autres* (erreurs, bêtises). *J'en ai vu bien d'autres* (choses étonnantes). *À d'autres !*, allez dire cela à des gens plus crédules. – *Pas tout à fait comme les autres*, original. – ***Entre autres*** : parmi plusieurs (personnes, choses). *Il y avait, entre autres, deux généraux et un cardinal.* – ***Rien d'autre*** : rien de plus. *Il n'y a rien d'autre.* **2·** ***L'un... l'autre ; les uns... les autres.*** *L'un est riche, l'autre est pauvre. L'une danse, l'autre pas. L'un et l'autre*, les deux ou l'un aussi bien que l'autre. *L'un et l'autre sont venus, est venu. Les uns et les autres sont partis. C'est tout l'un ou tout l'autre*, il n'y a pas de milieu. *Elles ne sont venues ni l'une ni l'autre.* – (Réciproque) *Aimez-vous les uns les autres.* – (Avec une prép.) *Il nous a présentés l'un à l'autre. Marcher l'un à côté de l'autre, l'un derrière l'autre.* – Loc. *L'un ne va pas sans l'autre*, les deux choses sont solidaires. ▷ **autrefois, autrement, autrui**

autrefois [otʀəfwa] adv. Dans un temps passé. → **anciennement, jadis.** *Les mœurs d'autrefois. Autrefois, il en était ainsi.* / contr. aujourd'hui, désormais, dorénavant /

autrement [otʀəmɑ̃] adv. **1·** D'une façon autre, d'une manière différente. → **différemment.** *Il faut agir autrement. Je n'ai pas pu faire autrement que d'y aller. Autrement dit*, qui s'appelle aussi... **2·** Dans un autre cas, dans le cas contraire. → **sinon.** *Faites attention, autrement vous aurez affaire à moi.* **3·** ***Pas autrement*** : pas beaucoup. → **guère.** *Je ne m'en étonne pas autrement.* **4·** ***Autrement*** (comparatif de supériorité). → **plus ; beaucoup.** *Elle est autrement jolie, autrement mieux que sa sœur.*

autruche [otʀyʃ] n. f. **1·** Oiseau coureur de grande taille, à ailes rudimentaires. *Plume d'autruche.* – *Un estomac d'autruche*, qui digère tout. **2·** Loc. *Pratiquer la politique de l'autruche, faire l'autruche*, refuser de voir le danger (comme l'autruche qui se cacherait la tête pour échapper au péril).

autrui [otʀɥi] pronom Un autre, les autres hommes (en complément). → le, son **prochain.** *Agir pour le compte d'autrui. L'amour d'autrui.* → **altruisme.**

auvent [ovɑ̃] n. m. Petit toit en saillie pour garantir de la pluie.

auxiliaire [ɔ(o)ksiljɛʀ] adj. et n. **1·** Qui aide par son concours (sans être indispensable). *Moyen auxiliaire.* → **accessoire, annexe, complémentaire.** *Moteur auxiliaire*, de secours. *Le service auxiliaire de l'armée.* **2·** N. Personne qui aide en apportant son concours. → **adjoint, aide, assistant, collaborateur.** *Se servir d'auxiliaires pour la préparation de son travail.* **3·** Employé recruté à titre provisoire par l'Administration (non fonctionnaire). / contr. titulaire / **4·** *Verbe auxiliaire*, ou n. m., *un auxiliaire*, verbe qui est réduit à une fonction grammaticale : la formation des temps composés des verbes. *« Avoir » et « être » sont des auxiliaires ; « faire » peut être auxiliaire.* ▷ **semi-auxiliaire**

auxquels [okɛl] pronom relatif → **lequel.**

s'avachir [avaʃiʀ] v. pron. < conjug. 2 > **1·** Devenir mou, flasque. *Ces bottes commencent à s'avachir.* **2·** (Personnes) Se laisser aller. *S'avachir à ne rien faire.* → se **relâcher.** ▶ **avachi, ie** adj. **1·** Déformé et flasque. *Chaussures avachies.* **2·** (Personnes) Sans aucune énergie, sans fermeté. *Je l'ai trouvé complètement avachi.* ▶ **avachissement** n. m. *Il se laisse tomber dans l'avachissement.*

1 **aval** [aval] n. m. sing. **1·** Le côté vers lequel descend un cours d'eau. *La rivière est plus belle vers l'aval.* / contr. amont / – ***En aval de*** loc. prép. *En aval du pont, de la ville*, au-delà, dans la direction de la pente. **2·** Abstrait. Ce qui vient après, dans un processus. *Si la production s'arrête, cela va créer des problèmes en aval.*

2 **aval, als** n. m. Engagement de payer à la place de qqn, s'il ne peut le faire. – *Donner son aval à une politique*, son soutien. *Des avals.* ▶ **avaliser** v. tr. < conjug. 1 > Donner son aval à. *Avaliser une traite.*

avalanche [avalɑ̃ʃ] n. f. **1·** Masse de neige qui se détache d'une montagne, qui dévale en entraînant des pierres, des boues. *Alpiniste emporté dans une avalanche. Risque d'avalanche.* **2·** Grande quantité de. *Une avalanche de coups.* → **pluie.** *J'ai reçu une avalanche de lettres.*

avaler [avale] v. tr. < conjug. 1 > **1·** Faire descendre par le gosier. → **absorber, boire, ingérer, ingurgiter, manger.** *Avaler une gorgée d'eau. Avaler d'un trait, d'un seul coup, sans mâcher.* → **engloutir, gober.** *Avaler de travers*, l'épiglotte ayant laissé passer des particules alimentaires dans la trachée. **2·** Loc. *Avaler sa langue*, garder le silence. – *Il a l'air d'avoir avalé son parapluie*, il est très guindé. – *Avaler des couleuvres**, subir un affront sans réagir. – *Avaler un livre, un roman*, le lire avec avidité. **3·** Supporter ou croire. *Vous n'allez pas avaler ça sans réagir ? C'est une histoire difficile à avaler. On peut lui faire avaler n'importe quoi.* ▶ **avaleur** n. m. *Avaleur de sabres,* saltimbanque qui introduit une lame dans son tube digestif.

avance [avɑ̃s] n. f. **1**· Action d'avancer. *L'avance d'une armée.* → **marche, progression.** / contr. recul, repli / **2**· Espace qu'on a parcouru avant qqn, distance qui en sépare. *Le coureur a pris de l'avance sur les autres concurrents. Il a gardé, perdu son avance.* **3**· Anticipation sur un moment prévu. *Avoir une heure d'avance.* / contr. retard / **4**· Loc. adv. ***À l'avance*** : avant le moment fixé pour l'exécution (d'une opération, d'une combinaison). *Tout a été préparé à l'avance. Deux jours à l'avance.* – ***D'avance*** (après un verbe) : avant le temps, avant un moment quelconque. *Payer d'avance. On connaît d'avance le résultat.* – ***En avance*** (en attribut) : avant le temps fixé, l'horaire prévu. *Il est en avance, en avance d'une heure* (opposé à *en retard*). *Il est arrivé très en avance.* – Avancé dans son développement. *Il est en avance sur son temps.* – Littér. ***Par avance*** : à l'avance ; d'avance. **5**· *Une avance,* une somme (prêt ou emprunt) que l'on paye par anticipation. *Je vous donne une avance sur votre salaire.* → **acompte, provision. 6**· Au plur. ***Avances*** : premières démarches auprès d'une personne pour nouer ou renouer des relations avec elle (surtout amoureuses). *Il lui a fait des avances.*

avancé, ée [avɑ̃se] adj. **1**· Qui est en avant. *Poste avancé.* **2**· (Temps) Dont une grande partie est écoulée. *La nuit est déjà bien avancée. À une heure avancée de la nuit.* → **tardif. 3**· Qui est en avance (sur les autres), qui a fait des progrès. *Un enfant avancé pour son âge.* → **précoce.** *Opinions, idées avancées,* à l'avant-garde des idées du temps. / contr. retardataire / – Qui est favorable au progrès. *Le libéralisme avancé.* **4**· Qui se rapproche du terme, touche à sa fin. *Son ouvrage est déjà très avancé.* **5**· (Personnes) *Être avancé,* avoir obtenu des avantages, des explications. Iron. *Vous voilà bien avancé !,* ce que vous avez fait ne vous a servi à rien. **6**· Qui commence à se gâter. *Ce poisson est un peu avancé.* / contr. frais /

avancer [avɑ̃se] v. < conjug. 3 > **I**· V. tr. **1**· Pousser, porter en avant. *Avancer une chaise. Il lui tendit la main, elle avança la sienne.* / contr. reculer / **2**· Abstrait. Mettre en avant, dans le discours. *Avancer une thèse. Il faut prouver ce que vous avancez.* → **affirmer, alléguer, prétendre. 3**· (Suj. personne) Faire arriver avant le temps prévu ou normal. *Il a avancé son retour, la date de son retour.* **4**· Faire progresser qqch. *Avancer son travail, son ouvrage.* – (Suj. chose) *Ce retard n'avance pas mes affaires.* **5**· *Avancer de l'argent (à qqn),* prêter. *Ses parents ont avancé les premiers fonds.* **6**· (Suj. chose) ***Avancer*** *qqn* : lui faire gagner du temps. *Aide-moi, cela nous avancera.* – (Interrog. ou négat.) Faire progresser vers un but. *Cela ne t'avance pas d'être désagréable. Je l'ai soutenu, à quoi cela m'avance-t-il ?* **II**· V. intr. **1**· Aller, se porter en avant. / contr. reculer / *Avancer lentement, rapidement. L'armée avance.* → **progresser. 2**· Être placé en avant, faire saillie (→ **avancée**). *Ce cap avance dans la mer. La lèvre inférieure avançait légèrement.* **3**· Avoir déjà fait beaucoup. → **progresser.** *Avancer dans son travail. Il se tue au travail et n'avance pas.* **4**· (Choses) Aller vers son achèvement. *Les travaux n'avancent pas.* **5**· S'écouler, être en train de passer (temps) ; approcher de sa fin (durée). *La nuit avance, il est déjà bien tard.* **6**· (Pendules) Être en avance. *Ma montre avance* (opposé à *retarder*). **III**· ***S'avancer*** v. pron. **1**· Aller, se porter en avant. *Le voici qui s'avance vers nous.* → **approcher, venir. 2**· Prendre de l'avance. *Il s'est avancé pour partir plus tôt.* **3**· Abstrait. S'engager dans une voie, par l'action ou la parole. *Il évite toujours de s'avancer.* – ***S'avancer trop*** : aller trop loin au risque de se compromettre, de s'engager à l'excès. *On s'était trop avancé pour reculer. Ne vous avancez pas trop, vous ne pourriez tenir votre promesse.* **4**· (Temps) S'écouler. *La nuit s'avance.* ▶ **avancée** n. f. **1**· Ce qui avance, forme saillie. *L'avancée d'un toit.* **2**· Abstrait. Progrès important. *Une avancée technique décisive.* ▶ **avancement** n. m. **1**· État de ce qui avance, progresse. → **progrès.** *L'avancement des travaux. L'avancement des connaissances.* **2**· Le fait de s'élever dans la voie hiérarchique ou dans celle des honneurs. → **promotion.** *Avoir, demander de l'avancement.* ▷ **avance, avancé**

avanie [avani] n. f. Plus cour. au plur. Traitement humiliant, affront public. → **affront, humiliation, insulte.** *Faire, infliger des avanies à qqn.* ≠ avarie, avatar.

① **avant** [avɑ̃] prép. et adv. **I**· Prép. **1**· (Priorité de temps, antériorité) *Il est debout avant le lever du soleil.* / contr. après / *Il est arrivé avant moi,* plus tôt que moi. – *C'était un peu avant deux heures.* – ***Avant de*** (+ infinitif). *Réfléchissez bien avant de vous décider. Ne faites rien avant d'avoir reçu ma lettre.* – ***Avant que*** (+ subjonctif). *Ne parlez pas avant qu'il ait fini, qu'il n'ait fini.* – ***L'avant*** (+ nom propre) n. m. : période qui précède (un événement marquant). *L'avant-Maastricht.* **2**· (Antériorité dans l'espace : priorité de situation ou d'ordre) *C'est la maison juste avant le bois sur votre gauche. Faire passer qqn avant les autres.* → le **premier.** – ***Avant tout.*** *Cela doit passer avant tout.* → d'**abord.** *Avant tout, il faut éviter la guerre.* → **surtout. II**· Adv. **1**· (Temps) Plus tôt. *Quelques* *jours avant.* → **auparavant.** / contr. après / *Le jour, la nuit d'avant,* précédente. *Réfléchissez avant, vous parlerez après.* → d'**abord. 2·** (Espace ; ordre ou situation) *Lequel des deux doit-on mettre avant ?* → en **tête. 3·** Littér. ***Avant*** (précédé de *assez, bien, plus, si, trop...*) marque un éloignement du point de départ. *S'enfoncer trop avant dans la forêt.* → **loin, profondément.** *Je n'irai pas plus avant.* **III·** ***En avant.*** **1·** Vers le lieu, le côté qui est devant, devant soi. *En avant, marche ! Se pencher en avant.* / contr. en arrière / *Marcher en avant.* → en **tête.** – Abstrait. *Regarder en avant,* vers l'avenir. ***En avant de.*** *L'éclaireur marche en avant de la troupe.* → **devant. 2·** Abstrait. *Mettre qqch. en avant,* l'affirmer, s'en servir comme argument. – *Mettre qqn en avant,* s'abriter derrière son autorité. *Se mettre en avant,* se faire valoir par ses propos, son comportement. ▶ ② **avant** n. m. **1·** Partie antérieure. *L'avant d'un navire, d'une voiture. Vous serez mieux à l'avant.* / contr. arrière / *Vers l'avant du train.* **2·** *Aller de l'avant,* faire du chemin en avançant ; fig. s'engager résolument dans une affaire. **3·** Au football. Joueur placé devant les autres. *La ligne des avants.* **4·** Adj. invar. Qui est à l'avant. *Les sièges, les places avant d'une voiture. Les roues avant et les roues arrière.* ▷ **auparavant, avancer, avant-bras, avant-coureur, avant-dernier, avant-garde, avant-goût, avant-guerre, avant-hier, avant-poste, avant-première, avant-projet, avant-propos, avant-scène, avant-train, avant-veille, dorénavant**

avantage [avɑ̃taʒ] n. m. **I· 1·** Ce par quoi on est supérieur (qualité ou biens) ; supériorité. *Avantage naturel. Nos adversaires avaient l'avantage du nombre, de l'expérience.* – *À l'avantage de qqn,* de manière à lui donner une supériorité. – *Être à son avantage,* être momentanément supérieur à ce qu'on est d'habitude. **2·** Dans un combat, une lutte. *Avoir, prendre, perdre l'avantage.* → le **dessus ; succès, victoire. 3·** Point marqué au tennis par un joueur ou un camp, lorsque la marque est à 40 partout. *Avantage, jeu !* **II· 1·** Ce qui est utile, profitable. → **intérêt.** / contr. inconvénient ; désavantage / *Un avantage appréciable. Cette solution offre de grands avantages.* – *Avoir avantage à (faire qqch.). Vous auriez avantage à vous taire,* vous feriez mieux de vous taire. **2·** *À quoi dois-je l'avantage de votre visite ?,* le plaisir. ▶ **avantager** v. tr. < conjug. 3 > **1·** Accorder un avantage à (qqn) ; rendre supérieur par une qualité, un bien, un don. → **doter, douer.** *Je ne veux pas l'avantager au détriment des autres.* **2·** (Suj. chose) Faire valoir les avantages naturels. *Cette coiffure l'avantage.* ▶ **avantageux, euse** adj. **1·** Qui offre, procure un avantage. → **fructueux, profitable.** *Offre avantageuse. Prix avantageux.* **2·** Qui est à l'avantage de qqn, propre à lui faire honneur. → **favorable, flatteur.** *Il a une idée assez avantageuse de lui-même.* **3·** Prétentieux. → **fat, présomptueux.** *Un air, un ton avantageux. Prendre des poses avantageuses.* ▶ **avantageusement** adv. D'une manière avantageuse. ▷ **davantage, désavantage**

avant-bras [avɑ̃bʀa] n. m. invar. Partie du bras qui va du coude au poignet.

avant-coureur [avɑ̃kuʀœʀ] adj. m. Annonciateur, précurseur. *Les signes avant-coureurs du changement.*

avant-dernier, ière [avɑ̃dɛʀnje, jɛʀ] adj. Qui est avant le dernier. *L'avant-dernier jour.* – N. *Il est l'avant-dernier du classement.*

avant-garde [avɑ̃gaʀd] n. f. **1·** Partie d'une armée qui marche en avant du gros des troupes. *Combats d'avant-garde.* / contr. arrière-garde / **2·** Abstrait. ***À l'avant-garde de :*** devant, à la pointe de. *Être à l'avant-garde du progrès.* ***D'avant-garde :*** qui joue ou prétend jouer un rôle de précurseur, par ses audaces. *Littérature d'avant-garde.* – *Des avant-gardes.*

avant-goût [avɑ̃gu] n. m. Sensation que procure l'idée d'un bien, d'un mal futur (opposé à *arrière-goût*). *Un avant-goût des vacances. Des avant-goûts.*

avant-guerre [avɑ̃gɛʀ] n. m. ou f. Période qui a précédé une guerre. *La France d'avant-guerre.*

avant-hier [avɑ̃tjɛʀ] adv. Le jour qui a précédé hier (→ **avant-veille**). *Il est parti avant-hier. Il est venu avant-hier.*

avant-midi [avɑ̃midi] n. m. ou f. invar. (Belgique n. m. ; Canada, surtout fém.) Matin, matinée.

avant-poste [avɑ̃pɔst] n. m. Poste avancé de l'armée. *Nos troupes ont pris leurs avant-postes.*

avant-première [avɑ̃pʀəmjɛʀ] n. f. **1·** Réunion d'information pour présenter une pièce, un film, une exposition avant la présentation au public, l'ouverture. *Des avant-premières.* **2·** *En avant-première,* avant la présentation officielle, publique.

avant-projet [avɑ̃pʀɔʒɛ] n. m. Rédaction provisoire d'un projet de loi, de contrat ; maquette ou esquisse d'une construction, d'une œuvre d'art. *Des avant-projets.*

avant-propos [avɑ̃pʀɔpo] n. m. invar. Courte introduction (présentation, avis au lecteur, etc.). → **avertissement, introduction, préface.**

avant-scène [avɑ̃sɛn] n. f. Loge placée près de la scène. *Une avant-scène. De belles avant-scènes.* – *L'avant-scène,* le devant de la scène.

avant-train [avɑ̃tʀɛ̃] n. m. **1·** Avant d'une voiture à cheval (roues de devant et timon). *Des avant-trains.* **2·** Partie antérieure du corps d'un quadrupède (opposé à *arrière-train*).

avant-veille [avɑ̃vɛj] n. f. Jour qui précède la veille (→ **avant-hier**). *L'avant-veille de son arrivée. Des avant-veilles.*

avare [avaʀ] adj. et n. **1·** Qui a de l'argent et refuse de le dépenser, même utilement. → **avaricieux, chiche, pingre, radin** ; fam. **rapiat, regardant.** / contr. généreux ; dépensier / *Elle est économe sans être avare.* – Prov. *À père avare, fils prodigue.* **2·** N. *Un vieil avare. Son avare de père ne lui donne pas un sou.* **3·** Littér. ***Avare de** qqch.* : qui ne prodigue pas. *Il est assez avare de compliments. Être avare de son temps.* ▶ **avarice** n. f. Comportement de l'avare. → **pingrerie.** *Il est d'une avarice sordide.* / contr. générosité, largesse, prodigalité / ▶ **avaricieux, ieuse** adj. Vx ou plaisant. Qui se montre d'une avarice mesquine. → **avare.**

avarie [avaʀi] n. f. Dommage survenu à un navire ou aux marchandises qu'il transporte. *La cargaison a subi des avaries.* – Dommage survenu au cours d'un transport terrestre ou aérien. ≠ avanie, avatar. ▶ **avarié, ée** adj. (Choses périssables) Détérioré. *Marchandises avariées. De la viande avariée.* → **pourri.**

avatar [avataʀ] n. m. **1·** Littér. Métamorphose, transformation. **2·** Cour. Abusivt. Mésaventure, malheur. *Les avatars de la vie.*

à vau-l'eau [avolo] loc. adv. *S'en aller à vau-l'eau,* se perdre. *Voilà tous mes projets à vau-l'eau.*

A. V. C. [avese] n. m. Abréviation de *accident vasculaire cérébral.*

Ave ou **Ave Maria** [avemaʀja] n. m. invar. Prière que l'on adresse à la Sainte Vierge. *Dire des Ave.*

avec [avɛk] prép. et adv. **I· 1·** En compagnie de (qqn). *Aller se promener avec qqn. Il a toujours son chien avec lui.* – En ayant (qqch.) avec soi. *Il est sorti avec son parapluie et ses bottes.* – Abstrait. *Être d'accord avec qqn. Il s'est marié avec Mlle...* – (Conformité) *Je pense avec cet auteur que...* → **comme. 2·** (Marque des relations quelconques entre personnes) *Faire connaissance avec qqn. Comment se comporte-t-il avec vous ?* → **envers, vis-à-vis** de. *Être bien, être mal avec qqn,* en bonnes, en mauvaises relations avec lui. **3·** (Opposition) *Le match avec l'Irlande.* → **contre.** *Se battre avec son frère.* **4·** (En tête de phrase) *Avec vous, il n'y a que l'argent qui compte,* à vous entendre, selon vous. – En ce qui concerne (qqn). *Avec ce gaillard-là, on ne sait jamais à quoi s'en tenir.* **II· 1·** En même temps que. *Se lever avec le jour. Ces symptômes apparaissent avec telle maladie.* **2·** En plus. → **ainsi** que, **et.** – Fam. *Avec cela,* en plus, en outre. **3·** Malgré. *Avec tant de qualités, il n'a pas réussi.* **4·** (En tête de phrase) Étant donné la présence de. *Avec tous ces touristes, le village est bien agité.* → à **cause** de. **5·** Garni de. *Servir le poisson avec du riz. Une robe avec des dentelles.* → **à.** – *Une chambre avec vue sur la mer,* qui a vue sur la mer. **III· 1·** (Moyen) À l'aide de, grâce à, au moyen de. *Manger avec les doigts. Peindre avec un rouleau. Avec telle somme, vous pouvez l'obtenir.* → **moyennant.** *Tout s'arrange avec le temps,* grâce à lui. **2·** (Manière) *J'accepte avec plaisir. Agir avec prudence.* **IV·** Adv. Fam. (Choses) *Il a pris son manteau et il est parti avec.* / contr. sans /

aveline [avlin] n. f. Noisette oblongue.

aven [avɛn] n. m. (Géographie) Gouffre naturel (dans le sud-ouest de la France). *Des avens.*

1 **avenant, ante** [avnɑ̃, ɑ̃t] adj. Littér. Qui plaît par son bon air, sa bonne grâce. → **agréable, aimable, gracieux.** / contr. revêche / *Manières avenantes. Des maisons très avenantes.*

2 **à l'avenant** [alavnɑ̃] loc. adv. En accord, en conformité, en rapport. *Nous allons bien tous les deux et l'humeur est à l'avenant.*

avènement [avɛnmɑ̃] n. m. **1·** Accession au trône. *L'avènement de Louis XIV.* **2·** Abstrait. *L'avènement de la liberté.* / contr. fin /

avenir [avniʀ] n. m. **1·** Le temps à venir. → **futur** (opposé à *passé*). *Penser, songer à l'avenir. Calculs, projets d'avenir. Dans un avenir proche, lointain.* – ***À l'avenir*** loc. adv. : à partir de maintenant. → **désormais, dorénavant.** *À l'avenir, soyez plus prudent.* **2·** L'état, la situation future (de qqn). *L'avenir de qqn, son avenir.* → **destinée.** *Assurer son avenir et celui de ses enfants. Un jeune médecin d'avenir,* qui réussira. – (Choses) *Ce projet n'a aucun avenir.*

aventure [avɑ̃tyʀ] n. f. **1·** ***Une, des aventures*** : ce qui arrive d'imprévu, de surprenant ; ensemble d'événements qui concernent qqn. *Une fâcheuse aventure.* → **accident, affaire, mésaventure.** *Raconter les aventures d'un héros. Roman, film d'aventures.* – En amour. *Elle a eu une aventure.* → **intrigue, liaison. 2·** ***L'aventure*** : ensemble d'activités, d'expériences qui comportent du risque, de la nouveauté. *L'attrait de l'aventure. L'esprit d'aventure.* **3·** Loc. adv. ***À l'aventure*** : au hasard, sans dessein arrêté. *Je marchais à l'aventure.* – Littér. ***D'aventure, par aventure*** : par hasard. **4·** *Dire la **bonne aventure** à qqn* : lui prédire son avenir par la divination. *Diseuse de bonne aventure.* ▶ **aventurer** v. tr. et pron. <conjug. 1> **1·** Exposer avec un certain risque. → **hasarder, risquer.** *Aventurer une grosse somme dans une* *affaire.* **2·** V. pron. réfl. ***S'aventurer :*** se risquer, aller avec un certain risque. *S'aventurer la nuit sur une route peu sûre.* – *Ne vous aventurez pas à aborder un tel sujet.* ▶ **aventuré, ée** adj. (Choses) Exposé avec risque. *Des affirmations aventurées.* → **hasardeux.** / contr. sûr / ▶ **aventureux, euse** adj. **1·** Qui aime l'aventure, se lance volontiers dans les aventures. → **audacieux, hardi, téméraire.** *Homme, esprit aventureux.* / contr. prudent / **2·** Qui est plein d'aventures. *Vie, existence aventureuse.* / contr. rangé / **3·** Plein de risques. → **hasardeux, risqué.** *Un projet aventureux.* ▶ **aventureusement** adv. Littér. D'une manière aventureuse. ▶ **aventurier, ière** n. Personne qui cherche l'aventure, par curiosité et goût du risque, sans que les scrupules l'arrêtent. – Personne qui vit d'intrigues, d'expédients. → **intrigant.** *Une dangereuse aventurière.*

avenu, ue [avny] adj. Loc. ***Nul et non avenu*** [nylenɔnavny] : inexistant, sans effet, sans suite. *Je considère cette déclaration comme nulle et non avenue.*

avenue [avny] n. f. Voie plantée d'arbres qui conduit à une habitation → **allée,** ou large voie urbaine. → **boulevard, cours.** *Avenue de l'Opéra, de la Gare.*

s'avérer [aveʀe] v. pron. < conjug. 6 > Être reconnu comme vrai (affirmation). Littér. *La nouvelle s'est avérée.* – Cour. (+ adjectif) → **apparaître, se montrer, se révéler.** *Ce médicament s'avère dangereux. Ce raisonnement s'est avéré juste.* – Abusivt (*vér-* signifie « vrai »). *S'avérer faux, inexact.* ▶ **avéré, ée** adj. Reconnu vrai. → **certain.** *C'est un fait avéré. Il est avéré que...* / contr. contestable /

averse [avɛʀs] n. f. Pluie soudaine et abondante. → **grain, ondée ;** fam. **saucée.**

aversion [avɛʀsjɔ̃] n. f. Violente répulsion. → **antipathie, dégoût, haine, horreur, répugnance.** *Avoir de l'aversion pour* ou *contre qqn. Avoir qqn en aversion. Son aversion pour le mensonge.* / contr. amour, goût, sympathie /

avertir [avɛʀtiʀ] v. tr. < conjug. 2 > Informer (qqn) de (qqch.) afin qu'il y prenne garde, que son attention soit appelée sur elle. → **annoncer, apprendre, prévenir, renseigner.** *Je vous avertis de son arrivée, qu'il va arriver. Son instinct l'avertissait de se méfier.* – Par menace ou réprimande. → **avertissement.** *Je vous avertis qu'il faudra changer de conduite.* ▶ **averti, ie** adj. Qui connaît bien, qui est au courant. → **expérimenté, instruit ; avisé.** *Un public averti.* – PROV. *Un homme averti en vaut deux.* / contr. ignorant / ▶ **avertissement** n. m. **1·** Action d'avertir ; appel à l'attention, à la prudence. *Suivre, négliger un avertissement.* → **avis, conseil, recommandation.** **2·** Petite préface pour attirer l'attention du lecteur. → **introduction.** **3·** Avis adressé au contribuable, lui faisant connaître le montant de ses impôts. **4·** Réprimande. – Mesure disciplinaire. ▶ **avertisseur, euse** n. m. et adj. **I·** Appareil destiné à avertir, à donner un signal. *Avertisseur d'incendie. Avertisseur d'automobile.* → **klaxon, trompe.** **II·** Adj. Qui avertit. *Panneau avertisseur.*

aveu [avø] n. m. **I· 1·** Action d'avouer*, de reconnaître certains faits difficiles ou pénibles à révéler ; ce que l'on avoue. → **confession, déclaration.** *Un aveu franc, sincère. Faire l'aveu d'un secret. Il faut que je vous fasse un aveu : j'ai perdu vos clefs.* **2·** *Des aveux,* reconnaissance de sa culpabilité. *Arracher des aveux à un suspect. Revenir sur ses aveux.* **3·** ***De l'aveu de*** loc. : au témoignage de. **II·** *Homme, personne* ***sans aveu*** (au Moyen Âge, celui qui n'était protégé par aucun seigneur, puis : vagabond) : personne sans scrupules. ▷ **désaveu**

aveugle [avœgl] adj. et n. **I·** Adj. **1·** Qui est privé du sens de la vue. *Devenir aveugle. Être aveugle de naissance.* **2·** Dont le jugement est incapable de rien discerner. *La passion le rend aveugle aux défauts de sa fiancée.* – (Sentiments, passions) Qui trouble le jugement, ne permet ni réflexion, ni jugement. *Une obéissance, une confiance aveugle. Une colère aveugle.* → **absolu, total.** **3·** Qui ne laisse pas passer le jour. *Fenêtre aveugle.* **4·** Qui se fait sans voir. *Opération aveugle.* **II·** N. **1·** Personne privée de la vue. *Une jeune aveugle. Un aveugle-né.* / contr. voyant / – Loc. *Au royaume des aveugles, les borgnes sont rois,* les médiocres brillent lorsqu'ils se trouvent parmi les sots. **2·** ***En aveugle*** loc. adv. : sans discernement. → **aveuglément.** *Juger en aveugle.* → à l'**aveuglette.** ▶ **aveuglement** [avœgləmɑ̃] n. m. État d'une personne dont la raison est obscurcie, le discernement troublé. → **égarement, erreur, illusion.** *Dans l'aveuglement de la colère, de la passion.* / contr. clairvoyance, lucidité / *Son indulgence va jusqu'à l'aveuglement.* ▶ **aveuglément** adv. Sans réflexion. *Se lancer aveuglément dans une entreprise.* ▶ **aveugler** v. tr. < conjug. 1 > **I· 1·** Rendre aveugle. *On l'aveugla en lui crevant les yeux.* **2·** Gêner la vue, éblouir. *Le soleil m'aveugle.* **3·** Priver du jugement. *Vos préjugés vous aveuglent.* → **égarer, troubler.** – Pronominalement. *Il n'est pas bon de s'aveugler,* de se cacher la vérité. **II·** Boucher (une ouverture). *Aveugler une voie d'eau.* ▶ **aveuglant, ante** adj. Qui éblouit. *Un soleil aveuglant.* → **éblouissant.** – Abstrait. *Une vérité, une évidence aveuglante,* qui éclate avec force. ▶ **à l'aveuglette** loc. adv. **1·** Sans y voir clair. *Chercher qqch. à l'aveuglette.* → **à tâtons.** **2·** Au hasard, sans prendre de précautions. → **aveuglément.** *Se lancer, agir à l'aveuglette.*

avi- Élément signifiant « oiseau ». ▶ **aviculture** [avikyltyʀ] n. f. Élevage des oiseaux, des volailles. ▶ **aviculteur, trice** n. Éleveur(euse) d'oiseaux, de volailles. ▶ **avifaune** n. f. Didact. Ensemble des oiseaux d'un lieu ou d'une période déterminée.

aviaire [avjɛʀ] adj. En zoologie. Qui concerne les oiseaux. *Grippe aviaire.*

aviateur, trice [avjatœʀ, tʀis] n. Personne qui pilote un avion ou appartient au personnel de l'aviation. *Une combinaison d'aviateur.* → **pilote.**

aviation [avjɑsjɔ̃] n. f. **1·** Locomotion aérienne par les appareils plus lourds que l'air (à l'exclusion des fusées). → **aéronautique, air.** – Ensemble des techniques et des activités relatives au transport aérien. *Aviation civile, commerciale, de tourisme. Compagnie d'aviation. Terrain d'aviation,* aérodrome, aéroport. **2·** Avions. *Aviation de chasse, de bombardement.* ▷ **aviateur**

avide [avid] adj. **1·** Qui a un désir immodéré de nourriture. → **glouton, vorace.** – Poét. *Être avide de sang,* se plaire à répandre le sang. → **altéré, assoiffé. 2·** Qui désire (qqch.) avec violence. *Un héritier avide.* – ***Avide de.*** *Être avide d'argent, de plaisir.* – (+ infinitif) *Être avide d'apprendre.* → **anxieux, désireux. 3·** Qui exprime l'avidité. *Regards, yeux avides.* ▶ **avidement** adv. *Manger avidement. Écouter qqn avidement.* ▶ **avidité** n. f. Désir ardent, immodéré de qqch. ; vivacité avec laquelle on le satisfait. *Manger avec avidité.* → **gloutonnerie, voracité.** *Son avidité pour l'argent.*

avilir [aviliʀ] v. tr. < conjug. 2 > **1·** Rendre vil, méprisable. → **abaisser, dégrader, déshonorer, rabaisser.** / contr. élever, honorer / *On cherche à l'avilir par des calomnies.* – Pronominalement (réfl.). *Il s'avilit par sa lâcheté.* **2·** Littér. Abaisser la valeur de. → **déprécier.** *L'inflation avilit la monnaie.* / contr. valoriser / ▶ **avilissant, ante** adj. Qui avilit (1). *Une dépendance avilissante.* → **abaissant, dégradant, déshonorant.** / contr. honorable / ▶ **avilissement** n. m. Littér. **1·** Action d'avilir ; état d'une personne avilie. → **abaissement, abjection.** *Tomber dans l'avilissement.* **2·** (Valeurs, prix) Le fait de se déprécier. → **baisse.** *L'avilissement de la monnaie.* / contr. hausse /

aviné, ée [avine] adj. Qui a trop bu de vin. → **ivre.** – *Une haleine avinée,* qui sent le vin.

avion [avjɔ̃] n. m. Appareil de locomotion aérienne plus lourd que l'air, muni d'ailes et d'un organe propulseur. → **appareil ;** vx **aéroplane.** *Vieil avion.* → fam. **coucou.** *Avions à hélices. Avion à réaction.* → ② **jet.** *Avion de ligne, de transport. Avions de chasse, de bombardement.* → **bombardier, chasseur.** *Escadrille d'avions de chasse. Défense contre avions* (D. C. A.). – ***En avion*** : en vol. – ***Par avion.*** *Lettre par avion.* ▶ **avionneur** n. m. Entreprise qui construit et exploite des avions. ▷ **aviation, aviateur**

aviron [aviʀɔ̃] n. m. **1·** Dans la langue des marins. Rame (mot qui n'est pas employé en marine). *À l'aviron,* en ramant. – Rame légère, à long manche, des embarcations sportives. **2·** Sport du canotage. *Faire de l'aviron.*

avis [avi] n. m. invar. **1·** Ce que l'on pense, ce que l'on exprime sur un sujet. → **jugement, opinion, point de vue.** *Donner son avis. Être du même avis que qqn. Je suis de votre avis. Les avis sont partagés,* tout le monde n'est pas du même avis. *Changer d'avis.* – *Être d'avis de faire, qu'on fasse qqch.* – *À mon avis,* selon moi. **2·** Opinion exprimée dans une délibération. → **voix, vote.** *Tous les membres ont émis un avis. Avis du Conseil d'État.* **3·** Ce que l'on porte à la connaissance de qqn. → **information.** *Avis au public. Sauf avis contraire. Donner avis que...* → ② **aviser. 4·** Opinion donnée à qqn sur une conduite à tenir. *Demander, solliciter l'avis de qqn, d'un expert.*

① **aviser** [avize] v. tr. < conjug. 1 > **I·** V. tr. **1·** Apercevoir inopinément (qqch.) pour prendre, utiliser. *Il avise un portefeuille oublié sur un banc, il le ramasse.* **2·** Transitivement ind. ***Aviser à*** : réfléchir, songer à (qqch.). *J'aviserai à la situation, à ce qu'il faut faire ; j'y aviserai.* **II·** ***S'aviser de*** v. pron. **1·** Faire attention à qqch. que l'on n'avait pas remarqué tout d'abord. *Elle s'est brusquement avisée de cela.* → **s'apercevoir. 2·** ***S'aviser de*** (+ infinitif), être assez audacieux pour. *S'il s'avise de recommencer, il le regrettera.* → **essayer.** ▶ **avisé, ée** adj. Qui agit avec à-propos et intelligence après avoir mûrement réfléchi. *Un homme avisé. Vous avez été bien avisé de venir.*

② **aviser** v. tr. < conjug. 1 > Littér. ou terme d'administration. Avertir (qqn de qqch.) par un avis. → **avertir, informer.** *Elle avait été avisée du mariage de son frère.* ▷ **avis** (3)

aviso [avizo] n. m. Petit bâtiment de guerre employé comme escorteur. *Des avisos.*

avitaminose [avitaminoz] n. f. Maladie déterminée par la privation de vitamines.

aviver [avive] v. tr. < conjug. 1 > **I·** Rendre plus vif, plus éclatant. → **animer.** *Aviver le feu.* → **activer.** *L'émotion avivait son teint.* **II·** Fig. **1·** Rendre plus fort. → **exciter.** *Aviver des regrets.* → **augmenter.** *Aviver une dispute.* → **envenimer. 2·** Rendre plus douloureux. *Aviver une plaie, une douleur.* ▶ **avivement** n. m. Littér. Action d'aviver. ▷ **raviver**

① **avocat, ate** [avɔka, at] n. **1·** Personne régulièrement inscrite à un barreau*, qui conseille en matière juridique, assiste ou représente ses clients en justice (on dit *une avocate* ou *un avocat* pour une femme). *Consulter un avocat. Avocat d'affaires. L'Ordre des avocats.* – ***Avocat général*** : membre du ministère public qui supplée le procureur général. **2·** Personne qui défend (une cause, une personne). → **défenseur.** *Elle s'est faite l'avocat de cette cause.* – Loc. *L'avocat du diable,* personne qui défend volontairement une mauvaise cause (pour prouver qqch.).

2 **avocat** n. m. Fruit de la grosseur d'une poire, à peau verte, dont la chair a la consistance du beurre et un goût rappelant celui de l'artichaut. ▶ **avocatier** n. m. Arbre dont le fruit est l'avocat.

avoine [avwan] n. f. Plante graminée (céréale) dont le grain sert surtout à l'alimentation des chevaux et des volailles.

1 **avoir** [avwaʀ] v. tr. < conjug. 34 > **I·** (Possession) **1·** *Avoir qqch.*, posséder, disposer de. *Avoir une maison. Quelle voiture avez-vous ? Auriez-vous une cigarette, un stylo ?* (pour me l'offrir, me le prêter). *Nous avons eu du beau temps, du soleil* (en un temps et en un lieu donnés). *Avoir le temps de faire qqch.* – (Avec des choses négatives) *Il a des ennuis. Il a eu un échec.* → **subir. 2·** (Avec un nom de personne pour complément) Être parent de (qqn) ; avoir une relation stable avec (qqn). *Avoir une femme et des enfants. Il a une maîtresse. Il a encore son père,* son père est vivant. – Fam. *S'il ne l'avait pas* (pour l'aider), *je me demande ce qu'il ferait.* **3·** Entrer en possession de. → **obtenir,** se **procurer.** *J'ai eu ce livre pour presque rien.* → **acheter.** *Il a eu son bac,* il a été reçu. *Avoir son train,* l'attraper. – ***En avoir pour*** : avoir d'une chose moyennant (une somme). *Il en a eu pour vingt euros,* il a payé vingt euros. *En avoir pour son argent,* faire un marché avantageux. **4·** Mettre (un certain temps) à une action. *J'en ai pour cinq minutes.* **5·** Fam. *Avoir qqn,* le tromper, le vaincre. *On les aura ! Il nous a bien eus.* → **entuber, posséder, rouler.** *Se faire, se laisser avoir.* **II·** (Manière d'être) **1·** Présenter en soi (une partie, un aspect de soi-même). *Il, elle a de grandes jambes, des cheveux blancs. Quel âge avez-vous ? Avoir du courage.* – (Choses) *Ce mur a deux mètres de haut.* → **mesurer. 2·** Éprouver dans son corps, sa conscience. → **ressentir, sentir.** *Avoir mal à la tête. Avoir faim, soif. Avoir de la peine.* – *Avoir quelque chose,* manifester une gêne, un mécontentement inconnu d'autrui. *Qu'est-ce qu'il a, qu'est-ce qu'il a à pleurer ? Il a sûrement quelque chose.* **3·** (Présentant l'attribut, le complément ou l'adverbe qui détermine un substantif) *Avoir les yeux bleus. Il les a bleus* (les yeux). *Avoir la tête qui tourne.* **4·** ***En avoir à, après, contre qqn*** : lui en vouloir. **III·** (Verbe auxiliaire) **1·** ***Avoir à*** (+ infinitif) : être dans l'obligation de. → **devoir.** *Avoir des lettres à écrire. Je n'ai rien à faire.* – (Sans compl. direct) *J'ai à lui parler. Il n'a pas à se plaindre.* – ***N'avoir qu'à*** : avoir seulement à. *Vous n'avez qu'à tourner le bouton.* Fam. *Tu n'as qu'à, t'as qu'à* [taka] *t'en aller.* – ***N'avoir plus qu'à*** : avoir encore et seulement à. *Vous n'avez plus qu'à donner votre accord.* **2·** Auxiliaire servant à former, avec le participe passé, tous les temps composés des verbes transitifs, de la plupart des intransitifs, de *être* et de *avoir. J'ai écrit. Quand il eut terminé. Vous l'aurez voulu. Quand il a eu fini.* **IV·** ***Il y a*** [ilja] ; fam. [ja]. Expression impersonnelle servant à présenter une chose comme existant. *Il y a de l'argent dans le portefeuille. Il n'y en a pas. Où y a-t-il une pharmacie ?* – *Il y en a encore,* il en reste. *Il n'y a que cela de vrai. Il n'y a pas que lui,* il n'est pas le seul. – *Il y a... et...* s'emploie pour exprimer des différences de qualité. *Il y a champagne et champagne,* il en est de bon et de mauvais. – ***Il n'y a qu'à*** (+ infinitif) : il faut seulement, ou simplement. *Il n'y avait qu'à les ramasser.* – ***Il n'y en a que pour*** *lui* : il prend beaucoup de place, on ne s'occupe, on ne parle que de lui. – Fam. (Avec le sens de *arriver, se passer*) *Qu'est-ce qu'il y a ?*

▶ 2 **avoir** n. m. **1·** Ce que l'on possède. → **argent, fortune.** *Il dilapide son avoir. Des avoirs.* **2·** La partie d'un compte où l'on porte les sommes dues. → **actif, crédit.** / contr. débit / ▷ **ayant, naguère, ravoir**

avoisiner [avwazine] v. tr. < conjug. 1 > **1·** Être dans le voisinage, à proximité d'un lieu. *Les villages qui avoisinent la forêt.* **2·** Être proche de. *Le prix avoisinait les mille euros.* ▶ **avoisinant, ante** adj. Qui est dans le voisinage. → **attenant, contigu, proche, voisin.** *Dans les rues avoisinantes.* / contr. lointain /

avorter [avɔʀte] v. intr. < conjug. 1 > **1·** Accoucher avant terme d'un fœtus ou d'un enfant mort. *Qui fait avorter.* → **abortif. 2·** (Fruits, fleurs) Ne pas arriver à son plein développement. **3·** (Projet, entreprise) Être arrêté dans son développement, ne pas réussir. *La révolte a avorté.* → **échouer.** / contr. réussir / *Faire avorter un projet.* ▶ **avortement** n. m. **1·** Interruption provoquée d'une grossesse. *L'avortement a été légalisé en France.* **2·** Arrêt du développement d'une plante. *L'avortement des fruits.* **3·** Échec (d'une entreprise, d'un projet). ▶ **avorteur, euse** n. Personne qui provoque un avortement (1) illégal. ▶ **avorton** n. m. **1·** Être petit, chétif, mal conformé. → **nabot, nain. 2·** Tout être, animal ou végétal, qui s'est trouvé arrêté dans son évolution ou qui n'a pas atteint le développement normal dans son espèce.

avoué [avwe] n. m. En France. Anciennt. Officier ministériel chargé de représenter les parties devant un tribunal, de faire les actes de procédure (ses fonctions ont fusionné avec celles d'avocat). *Cabinet, étude d'avoué.*

avouer [avwe] v. tr. < conjug. 1 > **1·** Reconnaître qu'une chose est ou n'est pas ; reconnaître pour vrai (en général avec une certaine difficulté : honte, pudeur). → **admettre ; aveu.** *J'avoue qu'il a raison. Il faut avouer que c'est bien difficile. Je vous avoue que je l'ignore.* **2·** Faire des aveux. *L'assassin a avoué.* / contr. nier / **3·** *S'avouer* (+ adjectif) : reconnaître qu'on est. *S'avouer coupable.* → **s'accuser.** ▶ **avouable** adj. Qui peut être avoué sans honte. *Des motifs honorables et avouables.* → **honnête.** / contr. inavouable / ▷ **aveu, désavouer, inavouable, inavoué**

avril [avʀil] n. m. Le quatrième mois de l'année. *En avril. Au mois d'avril.* – *Poisson d'avril,* plaisanterie, mystification traditionnelle du 1er avril.

avunculaire [avɔ̃kylɛʀ] adj. Didact. Qui a rapport à un oncle ou à une tante.

axe [aks] n. m. **1·** Ligne idéale autour de laquelle s'effectue une rotation. *L'axe de la Terre. Tourner sur, autour d'un axe.* – Géométrie. Droite autour de laquelle tourne une figure plane pour engendrer un solide de révolution. *L'axe d'un cylindre, d'une sphère.* **2·** Droite sur laquelle un sens est défini. *Axe de symétrie. Axe des x, des y.* → **coordonnée. 3·** Pièce allongée qui sert à faire tourner un objet sur lui-même ou à assembler plusieurs pièces. → **arbre, charnière, essieu, pivot.** *L'axe d'une roue.* **4·** Ligne qui passe par le centre, dans la plus grande dimension. *L'axe du corps. L'axe d'une rue.* – Voie routière importante. *Emprunter les grands axes.* ▶ **axer** v. tr. < conjug. 1 > **1·** Diriger, orienter suivant un axe. *Axer une construction sur telle ou telle ligne.* **2·** Orienter. *Axer sa vie sur qqch. Il est axé sur,* son esprit est dirigé vers. ▶ **axial, iale, iaux** adj. Qui a rapport à l'axe, qui est dans l'axe. ▷ **axone, désaxer**

axiome [aksjom] n. m. **1·** Sciences. Proposition admise par tout le monde sans discussion, admise comme nécessaire. **2·** Adage, maxime. ▶ **axiomatique** adj. et n. f. **1·** Adj. Relatif aux axiomes ; qui sert de base à un système de déductions. **2·** N. f. Recherche et organisation des axiomes, hypothèses et déductions d'une science.

axone [aksɔn] n. m. Prolongement de la cellule nerveuse.

ayant [ɛjɑ̃] Participe présent du verbe *avoir.* ▶ **ayant cause** n. m. Droit. Personne qui a acquis d'une autre un droit ou une obligation (acheteur, donataire, héritier, légataire). *Les ayants cause.* ▶ **ayant droit** n. m. Personne qui a des droits à qqch. *Les ayants droit à une prestation.*

ayatollah [ajatɔla] n. m. Religieux musulman chiite d'un rang élevé. *Des ayatollahs.*

azalée [azale] n. f. Arbuste cultivé pour ses fleurs colorées ; ces fleurs. *Une azalée blanche.*

azimut [azimyt] n. m. **1·** Angle formé par le plan vertical d'un astre et le plan méridien du point d'observation. **2·** ***Tous azimuts*** [tuzazimyt] : dans toutes les directions. *Défense militaire tous azimuts.* – Fam. *Dans tous les azimuts,* dans toutes les directions, dans tous les sens.

azote [azɔt] n. m. Corps simple (symb. *N*), gaz incolore, inodore, qui entre dans la composition de l'atmosphère (4/5) et des tissus vivants. *L'azote est impropre à la respiration. Cycle de l'azote,* circulation des composés de l'azote dans la nature, par l'intermédiaire des organismes végétaux, animaux. *Azote liquide.* ▶ **azotate** n. m. Sel de l'acide azotique. → **nitrate.** ▶ **azoté, ée** adj. Qui contient de l'azote. *Engrais azotés.* ▶ **azotique** adj. *Acide azotique.* → **nitrique.**

A. Z. T. ou **AZT** [ɑzɛdte] n. m. invar. Médicament utilisé dans le traitement des maladies virales, actif notamment sur le V. I. H. (du sida).

aztèque [astɛk] adj. et n. Relatif à un ancien peuple du Mexique. *L'art aztèque.* – N. *Les Aztèques.*

azur [azyʀ] n. m. Littér. La couleur du ciel, des flots. *Un ciel d'azur. La Côte d'Azur,* de la Méditerranée, entre Menton et Toulon. ▶ **azuré, ée** adj. De couleur d'azur. *Une teinte azurée.*

azyme [azim] adj. *Pain azyme,* pain sans levain (dont on fait les hosties).

bB

b [be] n. m. invar. Deuxième lettre, première consonne de l'alphabet, servant à noter une labiale occlusive sonore.

b. a. [bea] n. f. invar. Abréviation de *bonne action*, dans le langage des scouts. *Faire une b. a., sa b. a.*

1 **baba** [baba] adj. invar. Fam. Frappé d'étonnement. → **ébahi, stupéfait.** *Il en est resté baba. Ils, elles étaient complètement baba.*

2 **baba** n. m. Gâteau à pâte légère imbibée d'un sirop alcoolisé. → **savarin.** *Des babas au rhum.*

3 **baba** n. Personne marginale, non violente, plus ou moins écologiste, vivant parfois en communauté. *Des babas.*

babeurre [babœʀ] n. m. Liquide blanc qui reste du lait après le barattage de la crème dans la préparation du beurre.

babil [babil] n. m. Vx ou littér. Babillage. – Bruit imitant une voix qui babille. ▶ **babiller** [babije] v. intr. <conjug. 1> Parler beaucoup d'une manière enfantine. → **bavarder.** ▶ **babillage** n. m. Action de babiller. ▶ **babillard, arde** adj. Littér. Bavard.

babines [babin] n. f. pl. Lèvres pendantes (de certains animaux). – (Personnes) Fam. Lèvres. *S'en lécher les babines*, se réjouir à la pensée d'une chose agréable à manger.

babiole [babjɔl] n. f. **1**· Petit objet de peu de valeur. → **bibelot. 2**· Chose sans importance. → **bagatelle, broutille.**

bâbord [babɔʀ] n. m. Le côté gauche d'un navire, en se tournant vers l'avant. *Une île est signalée à bâbord.* / contr. **tribord** /

babouche [babuʃ] n. f. Pantoufle de cuir laissant libre le talon du pied (dans les pays d'Islam). – Cette pantoufle avec un talon, utilisée comme chaussure ou chausson. → **mule.**

babouin [babwɛ̃] n. m. Singe à museau allongé et aux lèvres proéminentes.

baby-boom [babibum] n. m. Forte et soudaine augmentation de la natalité. *Les baby-booms de l'après-guerre.*

baby-foot [babifut] n. m. invar. Anglic. Football de table. *Jouer au baby-foot, faire une partie de baby-foot.* – La table de jeu. *Acheter un baby-foot.*

baby-sitter [ba(e)bisitœʀ] n. Anglic. Personne qui, en échange d'argent, garde de jeunes enfants en l'absence de leurs parents. *Une baby-sitter. Il fait le baby-sitter. Des baby-sitters.* ▶ **baby-sitting** [ba(e)bisitiŋ] n. m. Anglic. Garde de jeunes enfants par un, une baby-sitter. *Étudiant qui fait du baby-sitting.*

1 **bac** [bak] n. m. **I**· Bateau à fond plat servant à passer un cours d'eau, un lac. *Le passeur du bac.* **II**· Grand récipient. *Bac à laver.* → **baquet, cuve.** *Bac à légumes d'un réfrigérateur.* ▷ **baquet**

2 **bac** n. m. Baccalauréat. → fam. **bachot.** *Passer le bac.* – *Boîte à bac*, école privée qui prépare au bac.

baccalauréat [bakalɔʀea] n. m. Grade universitaire conféré à la suite d'examens qui terminent les études secondaires (en France) ; ces examens. → 2 **bac** ; fam. **bachot.**

baccara [bakaʀa] n. m. Jeu de cartes (où le dix, appelé *baccara*, équivaut à zéro), qui se joue entre un banquier et des joueurs (appelés *pontes*). → **chemin de fer.**

bacchanale [bakanal] n. f. **1**· Au plur. (Avec une majuscule) *Les Bacchanales*, fêtes que les Anciens, les Grecs célébraient en l'honneur de Bacchus, dieu du vin. **2**· Littér. Orgie.

1 **bacchante** [bakɑ̃t] n. f. Prêtresse de Bacchus, femme qui célébrait les Bacchanales.

2 **bacchante** ou **bacante** n. f. Fam. Moustache. *Il a de belles bacchantes.*

bâche [baʃ] n. f. Pièce de forte toile imperméabilisée qui sert à préserver les marchandises des intempéries. *Couvrir un étal, un camion d'une bâche, avec une bâche.* ▶ **bâcher** v. tr. < conjug. 1 > Couvrir d'une bâche. / contr. débâcher / – Au p. p. adj. *Un camion bâché.* ▶ **bâchage** n. m. Action de bâcher.

bachelier, ière [baʃəlje, jɛʀ] n. Titulaire du baccalauréat.

bachi-bouzouk [baʃibuzuk] n. m. En histoire. Cavalier mercenaire de l'armée turque. – Le mot fait partie des invectives du capitaine Haddock, dans *Tintin.*

bachique [baʃik] adj. Qui concerne Bacchus, dieu romain du Vin et de la Vigne ; qui concerne l'ivresse. *Fêtes bachiques.* → **bacchanale.**

bachot [baʃo] n. m. Fam. Vieilli Baccalauréat. → 2 **bac.** ▶ **bachoter** [baʃɔte] v. intr. < conjug. 1 > Préparer hâtivement un examen en vue du seul succès. ▶ **bachotage** n. m.

bacille [basil] n. m. Microbe du groupe des bactéries, en forme de bâtonnet. *Le bacille de Koch* (de la tuberculose). ▶ **bacillaire** [basi(l)lɛʀ] adj. (Maladie) Dont la cause est un bacille.

bâcler [bɑkle] v. tr. < conjug. 1 > Expédier (un travail) sans soin. *Ils ont bâclé ça en dix minutes.* – Au p. p. adj. *Un travail bâclé.* / contr. soigner /

bacon [bekɔn] n. m. Anglic. **1·** Lard fumé, assez maigre. *Œufs au bacon.* **2·** Filet de porc fumé et maigre.

bactérie [bakteʀi] n. f. Être vivant formé d'une seule cellule (protiste), sans noyau, à structure très simple, considéré comme ni animal, ni végétal. → **bacille.** ▶ **bactéricide** adj. Qui tue les bactéries. *Un produit bactéricide.* ▶ **bactérien, enne** adj. *Contamination bactérienne,* causée par des bactéries. ▶ **bactériologie** n. f. Partie de la microbiologie qui s'occupe des bactéries. ▶ **bactériologique** adj. Qui se rapporte à la bactériologie. *La guerre bactériologique,* où les bactéries seraient utilisées comme arme. → **biologique.** ▶ **bactériologiste** n. Spécialiste en bactériologie.

badaboum [badabum] interj. Onomatopée exprimant le bruit d'un corps qui roule avec fracas. *Badaboum ! tout a dégringolé !*

badaud, aude [bado, od] n. et adj. Rare au fém. Personne qui s'attarde à regarder le spectacle de la rue. → **curieux, flâneur.** *Les badauds s'attroupèrent autour de l'accident.*

baderne [badɛʀn] n. f. Fam. *Vieille baderne,* homme (souvent militaire) âgé et borné.

badge [badʒ] n. m. Anglic. **1·** Insigne comportant des inscriptions (humoristiques, informatives...). → **macaron.** *Vêtement orné d'un badge.* **2·** Dispositif, document codé, lisible par un appareil spécial, et permettant l'accès à des locaux. *Passez votre badge devant le lecteur.* ▶ **badger** v. intr. < conjug. 3 > *Vous devez badger avant d'entrer.*

badiane [badjan] n. f. Arbuste d'Asie dont les fruits aromatiques, appelés *anis étoilé,* ont des propriétés pharmaceutiques.

badigeon [badiʒɔ̃] n. m. Couleur en détrempe à base de lait de chaux, avec laquelle on peint les murs, l'intérieur d'un bâtiment, etc. ▶ **badigeonner** v. tr. < conjug. 1 > **1·** Enduire d'un badigeon. **2·** Enduire d'une préparation pharmaceutique. *Badigeonner une plaie avec du mercurochrome. Elle s'est badigeonné la gorge.* ▶ **badigeonnage** n. m. Action de badigeonner.

badin, ine [badɛ̃, in] adj. Littér. (Humeur, ton...) Qui plaisante, aime à rire. → **enjoué, gai.** / contr. sérieux / ▶ **badiner** v. intr. < conjug. 1 > Plaisanter avec enjouement. → s'**amuser.** *C'est un homme qui ne badine pas,* sévère. ▶ **badinage** n. m. Action de badiner. → **jeu, plaisanterie.** *Un ton de badinage.* / contr. sérieux /

badine [badin] n. f. Baguette mince et souple qu'on tient à la main.

badminton [badmintɔn] n. m. Anglic. Jeu de volant apparenté au tennis.

baffe [baf] n. f. Fam. Gifle. *Donner une baffe à qqn.* ▶ **baffer** v. tr. < conjug. 1 > Gifler.

baffle [bafl] n. m. Anglic. Boîte qui entoure un haut-parleur, améliorant la sonorité. *Les baffles d'une chaîne.*

bafouer [bafwe] v. tr. < conjug. 1 > Littér. Traiter avec un mépris outrageant. *Bafouer les droits de l'homme.* – Tourner en dérision. → se **moquer, ridiculiser.** / contr. exalter /

bafouiller [bafuje] v. intr. < conjug. 1 > Parler d'une façon embarrassée, incohérente. ▶ **bafouillage** n. m. Action de bafouiller. – Propos incohérents. ▶ **bafouilleur, euse** n. et adj. Personne qui bafouille.

bâfrer [bɑfʀe] v. intr. < conjug. 1 > Fam. Manger gloutonnement et avec excès. → s'**empiffrer.**

bagage [bagaʒ] n. m. **1·** Effets, objets que l'on emporte en déplacement, en voyage. *Elle avait pour tout bagage un sac à dos.* Loc. *Plier bagage,* partir. – Plus cour. Au plur. *Les bagages,* les malles, valises, sacs... que l'on emporte en voyage. *Bagages à main,* qu'on peut porter facilement, que l'on garde avec soi (dans un avion...). *Faire* *enregistrer ses bagages. Mettre ses bagages à la consigne.* **2·** Ensemble des connaissances acquises. *Son bagage scientifique est insuffisant.* ▶ **bagagiste** [bagaʒist] n. m. Employé chargé de la manutention des bagages dans un hôtel, une gare ou un aéroport. *Donner un pourboire au bagagiste.* ▷ **porte-bagages**

bagarre [bagaʀ] n. f. **1·** Mêlée de gens qui se battent. → **rixe.** *Je me suis trouvé pris dans la bagarre.* – Échange de coups. **2·** *La bagarre,* le fait de se battre. → **bataille, querelle.** *Aimer, chercher la bagarre. – Il va y avoir de la bagarre.* ▶ **bagarrer** v. < conjug. 1 > **1·** V. pron. récipr. Se battre, se quereller. *Ils se sont bagarrés.* **2·** V. intr. Fam. Lutter (pour). *Il va falloir bagarrer pour l'obtenir.* ▶ **bagarreur, euse** n. et adj. Personne qui aime la bagarre. → **batailleur.**

bagatelle [bagatɛl] n. f. **1·** Somme d'argent peu importante. – Iron. *Il a dépensé en un soir la bagatelle de mille euros.* **2·** Chose sans importance. → **babiole, futilité, rien.** *Perdre son temps à des bagatelles.* **3·** Plaisant. *La bagatelle,* l'amour physique. *Je ne suis pas porté sur la bagatelle.*

bagel [bagɛl] n. m. Petit pain en forme d'anneau, à la mie très dense.

baggy [bagi] n. m. Anglic. Pantalon à coupe large, porté bas sur les hanches. *Des baggys* ou *des baggies.*

bagne [baɲ] n. m. **1·** Établissement pénitentiaire où étaient internés les forçats après la suppression des galères ; lieu où se purgeait la peine des travaux forcés. *Le bagne de Cayenne.* **2·** Séjour où l'on est astreint à un travail pénible. → **enfer.** – Fam. *Quel bagne !* → fam. **galère.** ▶ **bagnard** [baɲaʀ] n. m. Forçat interné dans un bagne.

bagnole [baɲɔl] n. f. Fam. Automobile. → **voiture** ; fam. **tacot, tire.** *Une vieille bagnole. Il aime bien les belles bagnoles.*

bagou ou **bagout** [bagu] n. m. Disposition à parler beaucoup, souvent en essayant de faire illusion ou de tromper. *Avoir du bagou.*

bague [bag] n. f. **1·** Anneau que l'on met au doigt. → **chevalière.** *Bague de fiançailles.* – Loc. *Avoir la bague au doigt,* être marié. **2·** Objet de forme annulaire (anneau de papier qui entoure un cigare, cercle métallique servant à accoupler deux pièces d'une machine...). → **collier, manchon.** ▶ **baguer** v. tr. < conjug. 1 > **1·** Garnir d'une bague, de bagues. *On bague les pigeons voyageurs.* – Au p. p. adj. *Mains baguées.* **2·** Inciser (un arbre) en enlevant un anneau d'écorce.

baguenauder [bagnode] v. intr. < conjug. 1 > Se promener en flânant. → se **balader.** – *Se baguenauder.*

baguette [bagɛt] n. f. **1·** Petit bâton mince et flexible. → **badine.** – Loc. *Commander, mener les gens à la baguette,* avec autorité et rigueur. – *Baguette magique,* servant aux fées, enchanteurs et magiciens pour accomplir leurs prodiges. *D'un coup de baguette magique,* comme par enchantement. – *Baguette (de chef d'orchestre),* bâton mince avec lequel il dirige. – ***Baguettes de tambour*** : les deux petits bâtons avec lesquels on bat la caisse. Fig. Cheveux très raides. – L'un des deux petits bâtons servant à manger les cuisines chinoise et japonaise. *Manger du riz avec des baguettes.* **2·** Petite moulure arrondie ou plate. *Poser des baguettes sur une porte, un mur.* **3·** Ligne verticale sur les côtés d'un bas, d'une chaussette. **4·** Pain long et mince. *Une demi-baguette pas trop cuite. Petite baguette.* → **flûte.**

bah [ba] interj. Exclamation exprimant l'insouciance, l'indifférence. *Bah ! j'en ai vu bien d'autres.*

bahut [bay] n. m. **1·** Buffet rustique large et bas. **2·** Fam. Lycée, collège. → fam. **boîte** (4). ▷ **transbahuter**

bai, baie [bɛ] adj. D'un brun rouge, en parlant de la robe d'un cheval. *Une jument baie, des étalons bais.*

1 **baie** [bɛ] n. f. Échancrure d'une côte, dont l'entrée est resserrée. – Petit golfe. → **anse, calanque, crique.**

2 **baie** n. f. Ouverture pratiquée dans un mur, dans un assemblage de charpente pour faire une porte, une fenêtre. *Une large baie, une baie vitrée.*

3 **baie** n. f. Petit fruit charnu qui renferme des graines ou pépins. *Ces oiseaux se nourrissent de baies.*

baigner [beɲe] v. < conjug. 1 > **I·** V. tr. **1·** Mettre et maintenir (un corps, un objet) dans l'eau ou un autre liquide pour laver, imbiber. → **plonger, tremper.** *Il baigne ses pieds dans l'eau.* – Faire prendre un bain à (qqn) pour le laver. *Baigner un enfant.* **2·** (Mer) Entourer, toucher. *La mer qui baigne cette côte.* – Littér. Envelopper complètement. *La lumière baignait son visage.* **3·** Mouiller. → **inonder.** *Il était baigné de sueur.* **II·** V. intr. **1·** Être plongé entièrement dans un liquide. – Loc. *Baigner dans son sang,* perdre beaucoup de sang, en être couvert. **2·** Fam. *Ça baigne (dans l'huile),* ça marche, ça va bien, sans difficultés. **III·** ***Se baigner*** v. pron. réfl. Plus cour. **1·** Prendre un bain dans une baignoire. **2·** Prendre un bain pour le plaisir, pour nager (dans la mer, dans une piscine...). *L'été dernier, nous nous baignions tous les* *jours. Quand vous êtes-vous baignés ?* ▶ **baignade** n. f. **1·** Action de se baigner (2). → **bain.** **2·** Endroit d'un cours d'eau, d'un lac où l'on peut se baigner. ▶ **baigneur, euse** n. **1·** Personne qui se baigne (2). **2·** N. m. Petite poupée figurant un bébé. ▶ ① **baignoire** [bɛɲwaʀ] n. f. Grand récipient allongé, recevant l'eau courante, où une personne peut se baigner (1). *Baignoire encastrée. Baignoire sabot,* baignoire courte où l'on se baigne assis. *Salle de bains avec baignoire et douche.*

② **baignoire** n. f. Loge de rez-de-chaussée, dans une salle de spectacle. *Louer deux places dans une baignoire.*

bail, plur. **baux** [baj, bo] n. m. **1·** Contrat par lequel une personne → **bailleur** laisse à une autre → **locataire, preneur,** le droit de se servir d'une chose pendant un certain temps moyennant un certain prix → **loyer.** *Le bail d'une maison. Au terme, à l'expiration du bail. Résilier un bail, des baux. Donner* ou *prendre* ***à bail*** : donner ou prendre en location. **2·** Loc. fam. *Ça fait un bail,* voilà bien longtemps. ▶ **bailleur, bailleresse** [bajœʀ, bajʀɛs] n. **1·** Didact. Personne qui donne une chose à bail. *Le bailleur et le preneur.* **2·** ***Bailleur de fonds*** : personne qui fournit des fonds pour une entreprise déterminée. → **commanditaire.**

bailler [baje] v. tr. < conjug. 1 > Vx (Langue ancienne) Donner. – Loc. *Vous me la baillez belle,* vous vous moquez de moi. ≠ bâiller.

bâiller [bɑje] v. intr. < conjug. 1 > **1·** Ouvrir involontairement la bouche en aspirant. *Bâiller de sommeil, de faim. Bâiller aux corneilles.* → **bayer.** *Bâiller à se décrocher la mâchoire. Un spectacle qui fait bâiller,* qui ennuie, endort. **2·** (Choses) Être entrouvert, mal fermé. *Son col bâille.* ▶ **bâillement** n. m. **1·** Action de bâiller (1). *Un bâillement d'ennui.* **2·** Le fait de bâiller (2). ▷ **bâillon, entrebâiller**

bailli [baji] n. m. Histoire. Officier qui rendait la justice (dans son *bailliage*) au nom du roi ou d'un seigneur. *Les baillis et les sénéchaux.*

bâillon [bɑjɔ̃] n. m. Ce qu'on met contre la bouche de qqn pour l'empêcher de parler, de crier. ▶ **bâillonner** v. tr. < conjug. 1 > **1·** Mettre un bâillon à (une personne). **2·** Empêcher la liberté d'expression, réduire au silence. *Le gouvernement veut bâillonner l'opposition, la presse.* → **museler.**

bain [bɛ̃] n. m. **I· 1·** Action de plonger le corps ou une partie du corps dans l'eau ou un autre liquide (pour se laver, se soigner). *Prendre un bain,* se baigner. *Bain de pieds,* pour les pieds. *Bain de vapeur,* avec de la vapeur. *Peignoir, serviette de bain.* – ***Salle de bains*** : pièce d'un logement où sont installés la baignoire, le lavabo, les appareils sanitaires. **2·** L'eau, le liquide dans lequel on se baigne. *Faire couler un bain.* – Loc. ***Être dans le bain*** : participer à une affaire, être compromis, ou être pleinement engagé dans une entreprise et bien au courant. *Mon frère et moi étions dans le même bain,* dans la même situation (fâcheuse). **II· 1·** Action d'entrer dans l'eau pour le plaisir, pour nager. → **baignade.** *Prendre un bain. Bain de mer. Bain en piscine. Petit bain,* partie de la piscine où l'on a pied. *Maillot, slip de bain.* **2·** ***Bain de soleil*** : exposition volontaire au soleil, pour bronzer, pour se soigner (héliothérapie). **3·** Baignoire. *Remplir, vider le bain.* **III·** Action de se plonger dans. *Bain de foule,* le fait de se mêler à la foule. **IV·** Au plur. ***Bains*** : établissement public où l'on prend des bains. → **hammam, thermes.** – *Aller aux bains de mer* (→ **balnéaire**). **V·** Préparation liquide dans laquelle on plonge un corps, une pellicule photographique... ▶ **bain-marie** n. m. Liquide chaud dans lequel on met un récipient contenant ce qu'on veut faire chauffer. *Faire fondre du chocolat au bain-marie.* – Ce récipient. *Des bains-marie.* ▷ **chauffe-bain**

baïonnette [bajɔnɛt] n. f. **1·** Arme pointue qui s'ajuste au canon du fusil. *Une sentinelle, baïonnette au canon.* **2·** ***À baïonnette*** : dont le mode de fixation rappelle celui de la baïonnette. *Douille à baïonnette d'une ampoule électrique.*

① **baiser** [beze] v. tr. < conjug. 1 > **1·** Littér. et vx. Donner un baiser à... → **embrasser.** **2·** Fam. Faire l'amour à (qqn). *Il ne baise plus sa femme.* – Sans compl. *Elle baise bien.* **3·** Fam. Duper, attraper. → **avoir, posséder.** *Elle s'est fait baiser.* **4·** Arg. des écoles. Vieilli. Comprendre. → fam. **piger.** *On n'y baise rien.* ▶ **baise** [bɛz] n. f. Vulg. Action de baiser (2). *Il ne s'intéresse qu'à la baise.* ▶ **baisemain** [bɛzmɛ̃] n. m. Geste de politesse qui consiste pour un homme à baiser la main d'une dame. *Faire le baisemain.* ▶ ② **baiser** n. m. Action de poser sa bouche sur une personne, une chose, en signe d'affection, de respect. → fam. **bécot, bise, bisou.** *Petit, gros baiser. Donner un baiser à qqn sur les deux joues. Baiser d'adieu.* – *Baiser de paix,* de réconciliation. – *Baiser de Judas,* perfide.

baisse [bɛs] n. f. **1·** Le fait de baisser de niveau, de descendre à un niveau plus bas. → **diminution.** *Baisse de température.* / contr. augmentation, montée / – Abstrait. Affaiblissement. **2·** Diminution de prix, de valeur. *La baisse des actions.* → **chute, effondrement.** – *Jouer à la baisse,* spéculer sur la baisse des marchandises ou des valeurs. – ***En baisse*** : en train de baisser. *Le cours de l'or est en baisse.* ***À la baisse.*** *Corriger, réviser, revoir à la* *baisse*, diminuer. / contr. hausse / ▶ **baisser** [bese] v. < conjug. 1 > **I**· V. tr. **1**· Mettre plus bas ; diminuer la hauteur de. → **descendre.** *Il faut baisser les stores.* / contr. lever, monter / **2**· Incliner vers la terre (une partie du corps). *Baisser la tête.* → **courber, pencher.** – *Baisser le nez*, être confus, honteux. – *Baisser les yeux*, les diriger vers la terre. – *Baisser les bras*, s'avouer battu, dans un match ; ne plus lutter. **3**· Diminuer la force, l'intensité de. *Baisser la voix. Baisser la radio*, diminuer l'intensité du son. – *Baisser le ton*, être moins arrogant. **4**· Diminuer (un prix). *Les commerçants ont baissé leurs prix.* **II**· V. intr. **1**· Diminuer de hauteur. → **descendre.** *Le niveau de l'eau a baissé. La mer baisse.* – Abstrait. *Il a baissé dans mon estime*, je le juge moins bien. **2**· Diminuer d'intensité. *Le jour baisse*, il fait plus sombre. *Sa vue baisse*, il y voit moins bien. **3**· (Personnes) Perdre sa vigueur et ses moyens intellectuels. *Il a beaucoup baissé depuis cinq ans.* → 2 **décliner.** **4**· Diminuer de valeur, de prix. *Le vin a baissé.* / contr. augmenter / **III**· *Se baisser* v. pron. réfl. → se **courber**, s'**incliner**, se **pencher.** *Il faut se baisser pour passer sous cette voûte.* – Loc. *Les champignons, il n'y a qu'à se baisser pour les ramasser*, il y en a en grande quantité. ▷ **abaisser, rabaisser, surbaisser**

bajoue [baʒu] n. f. **1**· Partie latérale inférieure de la tête (de certains animaux), de l'œil à la mâchoire. *Les bajoues du porc.* **2**· Joue pendante.

bakchich [bakʃiʃ] n. m. Pourboire, pot-de-vin, dans les pays arabes. *Des bakchichs.*

bakélite [bakelit] n. f. Matière plastique obtenue en traitant le formol par le phénol (nom déposé).

baklava [baklava] n. m. Gâteau oriental à pâte feuilletée avec du miel et des amandes. *Des baklavas.*

bal, plur. **bals** [bal] n. m. **1**· Réunion où l'on danse (de nos jours, réunion de grand apparat, ou au contraire populaire). *Ils vont au bal. Donner un grand bal. Ouvrir le bal*, y danser le premier ; commencer. *Les bals du 14 Juillet. Les bals des pompiers*, les bals donnés dans les casernes de sapeurs-pompiers pour le 14 Juillet. *Bal masqué, costumé. Robe de bal.* **2**· Lieu où se donnent des bals. *Un petit bal musette de Montmartre.* → **boîte, dancing, guinguette** ; fam. **bastringue.**

balade [balad] n. f. Action de se promener. *Aimer la balade. Être en balade.* → **promenade.** – Excursion, sortie, voyage. *Une belle balade. Faire une balade.* ≠ ballade. ▶ **balader** v. tr. < conjug. 1 > **1**· Fam. Promener sans but précis. – Emmener avec soi. *Une radio qu'il balade partout.* **2**· *Se balader* v. pron. réfl. : se promener sans but. → **baguenauder, errer, flâner.** – Excursionner, voir du pays. ▶ 1 **baladeur, euse** adj. *Avoir l'humeur baladeuse*, aimer se promener. ▶ 2 **baladeur** n. m. Petit appareil portatif constitué d'un lecteur de documents sonores ou d'un récepteur radio et d'écouteurs. → **walkman.** ▶ **baladeuse** n. f. **1**· Voiture accrochée à la motrice d'un tramway. → **remorque.** **2**· Lampe électrique entourée d'un grillage et munie d'un long fil qui permet de la déplacer. *À la lumière d'une baladeuse.*

baladin [baladɛ̃] n. m. Vx. Comédien ambulant. → **bouffon, saltimbanque.**

balafon [balafɔ̃] n. m. Instrument de musique (xylophone) africain.

balafre [bala(ɑ)fʀ] n. f. Longue entaille faite par une arme tranchante, particulièrement au visage. → **coupure, estafilade.** – Cicatrice de cette blessure. ▶ **balafrer** v. tr. < conjug. 1 > Blesser par une balafre. – Au p. p. *Être tout balafré. Un visage balafré.* – N. *Henri le Balafré.*

1 **balai** [balɛ] n. m. **1**· Ustensile composé d'un long manche (*manche à balai*) auquel est fixé un faisceau de pailles, de crins ou une brosse et qui sert à enlever la poussière, à pousser des ordures. *Passer le balai, donner un coup de balai*, balayer. – Loc. *Coup de balai* : licenciement du personnel d'une maison, d'une administration. – *Manche à balai* : le bâton par lequel on tient le balai. Fig. Personne maigre. *C'est un vrai manche à balai.* **2**· *Balai mécanique*, appareil à brosses roulantes, monté sur un petit chariot. **3**· Frottoir en charbon établissant le contact dans une dynamo. **4**· *Voiture balai*, dans une course à pied ou cycliste, véhicule chargé de fermer le cortège (2). *Des voitures balais.* ▶ **balai-brosse** n. m. Brosse de chiendent montée sur un manche à balai, pour frotter le sol. *Des balais-brosses.* ▷ **balayer**

2 **balai** n. m. Fam. An (dans un âge). *Il a cinquante balais.*

balalaïka [balalaika] n. f. Instrument de musique russe à cordes pincées, comprenant un manche et une caisse triangulaire. *Jouer de la balalaïka. Des balalaïkas.*

balance [balɑ̃s] n. f. **I**· **1**· Instrument qui sert à peser, formé d'une tige mobile (*fléau*) à laquelle sont suspendus des plateaux dont l'un porte la chose à peser, l'autre les poids marqués. *Balance de précision. Balance automatique à un plateau*, dont l'aiguille indique le poids et le prix sur un cadran. *Balance à bascule.* → **bascule.** *Balance romaine* ou *romaine*, n. f., à poids constant et qui est mobile par rapport au point de suspension. **2**· Petit filet en forme de poche pour la pêche aux écrevisses. **3·** (Avec une majuscule) Septième signe du zodiaque (23 septembre-22 octobre). *Être du signe de la Balance.* – Ellipt. Invar. *Ils sont Balance.* **II·** Abstrait. **1·** *Mettre dans la balance,* examiner en comparant. *Mettre en balance* (deux choses), opposer le pour et le contre. → **peser.** – *Faire pencher la balance,* favoriser qqn, un parti. *Il fait pencher la balance de son côté.* **2·** État d'équilibre. *La balance des forces. La balance de l'actif et du passif d'un compte.* → **bilan.** – *La balance du commerce,* la comparaison entre les importations et les exportations d'un pays. *La balance est favorable, en excédent,* les exportations l'emportent. ▶ **balancer** [balɑ̃se] v. < conjug. 3 > **I·** V. tr. **1·** Mouvoir lentement (qqch.) tantôt d'un côté, tantôt d'un autre. *Il balance les bras en marchant. L'enfant de chœur balance l'encensoir.* **2·** Fam. Jeter (avec un mouvement de bascule). *Balancez ça par la fenêtre.* → **envoyer.** – Se débarrasser de (qqch., qqn). → **jeter.** *Il a balancé ses vieux jouets. Il veut balancer son employé.* → **renvoyer.** – Fam. Trahir, dénoncer (à la police). *Il a balancé son copain.* **3·** Équilibrer. *Balancer ses phrases,* en soigner la symétrie, le rythme. **4·** Littér. Comparer, peser. *Balancer le pour et le contre.* **II·** V. intr. Littér. et vx. Être incertain. *Sans balancer,* sans hésiter. **III·** ***Se balancer*** v. pron. réfl. **1·** Se mouvoir alternativement d'un côté et de l'autre. *Ne te balance pas sur ta chaise. Un navire qui se balance sur ses ancres.* → **flotter, osciller.** – Être sur une balançoire en marche. **2·** Fam. *S'en balancer,* s'en moquer. → fam. s'en **ficher,** s'en **foutre.** ▶ **balancé, ée** adj. Fam. (Personnes) Bâti. *Une fille bien balancée.* ▶ **balancement** n. m. **1·** Mouvement alternatif et lent d'un corps, de part et d'autre de son centre d'équilibre. → **oscillation.** *Un balancement continuel de la tête.* **2·** Abstrait. État d'équilibre. – Disposition symétrique. ▶ **balancelle** n. f. Fauteuil balançoire à plusieurs places, avec un toit en tissu, dans un jardin. ▶ **balancier** n. m. **1·** Pièce dont les oscillations régularisent le mouvement d'une machine. *Le balancier d'une horloge.* **2·** Long bâton dont se servent les danseurs de corde pour maintenir leur équilibre. ▶ **balançoire** [balɑ̃swaʀ] n. f. **1·** Sorte de bascule sur laquelle deux personnes peuvent se balancer. **2·** Siège ou compartiment suspendu entre deux cordes et sur lequel on se balance. *Faire de la balançoire.* → **escarpolette.** ▷ **contrebalancer**

balayer [baleje] v. tr. < conjug. 8 > **I·** **1·** Pousser, enlever avec un balai (la poussière, les ordures...). – Loc. fig. *Balayer devant sa porte,* mettre de l'ordre dans ses affaires avant de se mêler de celles des autres. **2·** Entraîner avec soi (comme le fait un balai). *Le vent balaye les nuages.* → **chasser.** *Le torrent balayait tout sur son passage.* → **emporter.** **3·** Faire disparaître. → **rejeter, repousser, supprimer.** *Balayer les objections. Balayer ses soucis.* **II·** **1·** Nettoyer avec un balai (un lieu). *Balayer le trottoir.* **2·** Passer sur (comme le fait un balai). *Son manteau balaie le sol. Les faisceaux lumineux des projecteurs balayaient la piste.* **3·** Parcourir (un espace). *Les sauveteurs ont balayé toute la zone pour retrouver les disparus.* ▶ **balayage** n. m. **1·** Action de balayer. → **nettoyage.** *Le balayage d'une chambre.* **2·** Action de parcourir une étendue donnée avec un faisceau. ▶ **balayette** n. f. Petit balai à manche court. ▶ **balayeur, euse** n. **1·** Personne qui balaie. – Spécialt. Employé qui balaye les rues, les lieux publics. **2·** N. f. Véhicule destiné au balayage des voies publiques. ▶ **balayures** n. f. pl. Ce que l'on enlève avec un balai. → **ordure ; détritus.**

balbutier [balbysje] v. < conjug. 7 > **1·** V. intr. Articuler d'une manière hésitante et imparfaite les mots que l'on veut prononcer. → **bafouiller, bégayer, bredouiller.** *Un enfant qui balbutie et commence à parler. Il balbutie par timidité.* **2·** V. tr. Dire en balbutiant. *Il a balbutié quelques excuses.* ▶ **balbutiement** n. m. **1·** Action de balbutier, manière de parler de celui qui balbutie. *Le balbutiement d'une personne émue.* **2·** Surtout au plur. Première tentative maladroite dans un art, une activité. *Les balbutiements du cinéma, de l'aviation.*

balbuzard [balbyzaʀ] n. m. Oiseau rapace diurne qui vit au bord de l'eau.

balcon [balkɔ̃] n. m. **1·** Plate-forme en saillie sur la façade d'un bâtiment et qui communique avec les appartements. *Sortir sur le balcon pour prendre l'air.* **2·** Balustrade (2) d'un balcon. *Un balcon en fer forgé.* **3·** Galerie d'une salle de spectacle s'étendant d'une avant-scène à l'autre. *Fauteuils de balcon. La mezzanine et le balcon.*

baldaquin [baldakɛ̃] n. m. Ouvrage de tapisserie fixé ou soutenu de manière qu'il s'étende au-dessus d'un lit, d'un trône. *Lit à baldaquin.*

baleine [balɛn] n. f. **I·** Mammifère cétacé de très grande taille (jusqu'à 20 m de long), dont la bouche est garnie de lames cornées (*fanons*). *La pêche à la baleine est réglementée.* **II·** Fanon dont on se servait pour la garniture des corsets. – *Baleines d'acier, de matière plastique,* etc., lames flexibles. *Baleines de parapluie.* ▶ **baleiné, ée** adj. Maintenu par des baleines (II). *Soutien-gorge, col baleiné.* ▶ **baleineau** n. m. Petit de la baleine. ▶ **baleinier** n. m. Navire équipé pour la pêche à la baleine. ▶ **baleinière** n. f. Embarcation longue et légère pour la pêche à la baleine. – Canot de bord, de forme identique.

balèze ou **balès** [balɛz, balɛs] adj. et n. Fam. **1·** Grand et fort. – N. m. *Un gros balèze.* **2·** Qui a de grandes connaissances dans un domaine. *Jean est balèze en maths.*

balise [baliz] n. f. **1·** Objet, dispositif destiné à guider un navigateur, un pilote. → **bouée, feu, signal. 2·** Émetteur radioélectrique permettant au pilote d'un navire ou d'un avion de se diriger (*radiobalise*, n. f.). ▶ 1 **baliser** v. tr. < conjug. 1 > Garnir, jalonner (un endroit) de balises. ▶ **balisage** n. m. Action de poser des balises, des signaux pour indiquer les dangers à éviter ou la route à suivre ; ensemble de ces signaux. *Le balisage d'un port, d'un aérodrome.* – Ensemble de signaux placés dans l'axe du tracé d'une route, d'une voie de chemin de fer, etc.

2 **baliser** [balize] v. intr. < conjug. 1 > Fam. Avoir peur.

baliste [balist] n. f. Histoire. Ancienne machine de guerre qui servait à lancer des projectiles. ▶ **balistique** adj. et n. f. **1·** Qui est relatif aux projectiles. *Engin balistique,* fusée. **2·** N. f. Science du mouvement des projectiles.

baliveau [balivo] n. m. Arbre réservé dans la coupe des taillis pour qu'il puisse croître en futaie. *Des baliveaux.*

baliverne [balivɛʀn] n. f. Propos sans intérêt, sans vérité. → **calembredaine, faribole, sornette.** *Débiter, dire des balivernes.*

balkanique [balkanik] adj. Relatif aux Balkans. *La péninsule balkanique,* la Grèce, la Yougoslavie, l'Albanie, la Bulgarie et une petite enclave turque. ▶ **balkanisation** n. f. Morcellement politique d'un État, d'un pays. ▶ **balkaniser** v. tr.

ballade [balad] n. f. **1·** Petit poème de forme régulière, composé de trois couplets ou plus, avec un refrain et un envoi. « *La Ballade des pendus* » *de François Villon.* **2·** Poème de forme libre, d'un genre familier ou légendaire. *Les ballades de Schiller.* **3·** Pièce musicale qui illustre le texte d'une ballade. *Les ballades de Chopin.* ≠ balade.

ballant, ante [balɑ̃, ɑ̃t] adj. et n. m. **1·** Qui remue, se balance (faute d'être appuyé, fixé). *Il restait (les) bras ballants.* **2·** N. m. Mouvement d'oscillation. *Une voiture chargée en hauteur a du ballant.*

ballast [balast] n. m. **1·** Réservoir d'eau de mer sur un navire. – Réservoir de plongée d'un sousmarin. → **water-ballast. 2·** Pierres concassées que l'on tasse sous les traverses d'une voie ferrée.

1 **balle** [bal] n. f. **I· 1·** Petite sphère, boule élastique (de matière plastique, de cuir...) dont on se sert pour divers jeux (plus petit que le ballon). → **ballon.** *Balle de ping-pong, de tennis. Jouer à la balle.* **2·** Le fait de lancer une balle. – Loc. *Faire des balles, faire quelques balles,* échanger quelques balles sans compter les points (tennis). *Couper une balle, balle coupée. Balle de set, de match,* le coup qui décide du set, du match. **3·** Loc. *Prendre, saisir la balle au bond,* saisir avec à-propos une occasion favorable. – *Renvoyer la balle,* répliquer. – *Se renvoyer la balle,* se renvoyer une difficulté. – *La balle est dans votre camp,* c'est à vous d'agir, de « jouer ». – *Enfant de la balle,* comédien, artiste élevé dans le métier. **II·** Petit projectile métallique dont on charge les armes à feu, certaines pièces d'artillerie. *Balle de revolver, de mitrailleuse. Balle explosive. Balle traçante. Son corps était criblé de balles. Tirer à balles réelles.* ▷ 1 **ballon, pare-balles**

2 **balle** n. f. Gros paquet de marchandises. → 1 **ballot.** *Une balle de coton.* ▷ 1 **ballot, baluchon, déballer,** 1 **emballer, remballer**

3 **balle** ou **bale** n. f. Enveloppe des graines (de céréales). *La balle d'avoine était employée pour faire des paillasses.*

ballerine [balʀin] n. f. **1·** Danseuse de ballet. *Les ballerines de l'Opéra.* **2·** Chaussure de femme rappelant un chausson de danse.

balles [bal] n. f. pl. Fam. Francs. *J'en ai eu pour deux cents balles.*

ballet [balɛ] n. m. Danse classique exécutée par plusieurs personnes. *Le corps de ballet de l'Opéra,* l'ensemble des danseurs de ballets. *Un maître de ballet.* – Ce spectacle de danse ; musique de cette danse.

1 **ballon** [balɔ̃] n. m. **I· 1·** Grosse balle dont on se sert pour jouer. → **balle.** *Jouer au ballon.* – Spécialt. Sports. *Le ballon rond du football, ovale du rugby.* **2·** Sphère plus légère que l'air, formée d'une pellicule très mince gonflée de gaz et qui sert de jouet aux enfants. *Marchand de ballons. Un lâcher de ballons.* – En appos. *Manches ballon,* gonflantes. **II·** Aérostat gonflé d'un gaz plus léger que l'air. *Les premières ascensions en ballon.* → **montgolfière.** « *Cinq semaines en ballon* » *de Jules Verne.* – ***Ballon d'essai*** : petit ballon qu'on lance pour connaître la direction du vent. Abstrait. Expérience que l'on tente pour sonder les dispositions des gens, tâter l'opinion. – ***Ballon captif*** : retenu à terre par des cordes. – ***Ballon-sonde*** : pour l'étude de la haute atmosphère. *Des ballons-sondes.* **III·** Fig. **1·** Vase de laboratoire en verre de forme sphérique. – Verre à boire de forme sphérique. *Un ballon de (vin) rouge.* En

appos. *Des verres ballon.* **2·** *Ballon d'oxygène,* vessie ou bouteille remplie d'oxygène, munie d'un tube d'aspiration, pour faire respirer et ranimer qqn. – *Ballon d'alcootest,* destiné au contrôle du taux d'alcool dans le sang. Ellipt. *Les policiers l'ont fait souffler dans le ballon.* ▶ **ballonné, ée** adj. Gonflé comme un ballon. *Jupe ballonnée.* – (Intestin) Distendu par les gaz. *Avoir le ventre ballonné. Être, se sentir ballonné.* ▶ **ballonnement** n. m. Gonflement de l'abdomen dû à l'accumulation des gaz intestinaux.

② **ballon** n. m. Nom donné aux montagnes des Vosges. *Le ballon d'Alsace.*

① **ballot** [balo] n. m. Petite balle ② de marchandises. – Paquet.

② **ballot** n. m. Fam. Imbécile, idiot. *Pauvre ballot ! tu n'as rien compris.*

ballottage [balɔtaʒ] n. m. Dans une élection au scrutin majoritaire. Résultat négatif d'un premier tour, aucun des candidats n'ayant recueilli le nombre de voix nécessaire pour être élu. *Il y a ballottage.* – Par ext. Situation des deux candidats les mieux placés au premier tour. *Être en ballottage.*

ballotter [balɔte] v. < conjug. 1 > **1·** V. tr. Faire aller alternativement dans un sens et dans l'autre. → **agiter, balancer, remuer, secouer.** *Nous avons été bien ballottés dans cette vieille voiture.* **2·** *Être ballotté entre des sentiments contraires,* tiraillé. **3·** V. intr. Être agité, secoué en tous sens. *Poitrine qui ballotte.* ▶ **ballottement** n. m. Mouvement d'un corps qui ballotte.

ballottine [balɔtin] n. f. Préparation de viande désossée et roulée. → **galantine.**

ball-trap [baltʀap] n. m. Anglic. Appareil à ressort qui lance une cible (généralement un plateau d'argile), simulant un oiseau en plein vol, et que le chasseur doit toucher. *S'exercer au ball-trap. Des ball-traps.*

balnéaire [balneɛʀ] adj. Relatif aux bains de mer. *Station balnéaire.* ▶ **balnéothérapie** n. f. Traitement médical par les bains.

balourd, ourde [baluʀ, uʀd] adj. et n. Maladroit et sans délicatesse. → **lourdaud.** *Il est un peu balourd. Quel balourd !* / contr. adroit, délicat / ▶ **balourdise** n. f. Propos ou action du balourd. → **gaffe, maladresse, stupidité.** – Caractère balourd. *Il est d'une balourdise étonnante.* / contr. délicatesse /

balsa [balza] n. m. Bois très léger utilisé pour les maquettes.

balsamique [balzamik] adj. Qui a des propriétés comparables à celles du baume. – *Vinaigre balsamique,* vieilli longuement dans une série de fûts.

balte [balt] adj. et n. Se dit des pays que baigne la mer Baltique. *Les pays baltes,* la Lituanie, la Lettonie et l'Estonie.

baluchon ou **balluchon** [balyʃɔ̃] n. m. Petit paquet d'effets ③ maintenus dans un carré d'étoffe noué aux quatre coins. – *Faire son baluchon,* partir.

balustre [balystʀ] n. m. **1·** Petite colonne renflée supportant un appui. **2·** Colonnette ornant le dos d'un siège. ▶ **balustrade** n. f. **1·** Rangée de balustres portant une tablette d'appui. *La balustrade d'une terrasse.* **2·** Clôture à hauteur d'appui et à jour. *La balustrade d'un pont.* → **garde-fou, parapet.**

balzane [balzan] n. f. Tache blanche aux pieds d'un cheval. *Un cheval bai avec des balzanes.*

bambin [bɑ̃bɛ̃] n. m. Petit garçon. → **enfant.**

bambocher [bɑ̃bɔʃe] v. intr. < conjug. 1 > Vx. Faire la noce, faire la fête. ▶ **bambocheur, euse** n. Noceur, fêtard.

bambou [bɑ̃bu] n. m. **1·** Plante à tige cylindrique ligneuse avec nœuds cloisonnants. *Une canne de bambou. Des pousses de bambou,* les bourgeons comestibles. **2·** Fam. *Attraper un coup de bambou,* dans les pays chauds, une insolation. – Fam. *Avoir le coup de bambou,* devenir fou ; être très fatigué. → fam. coup de **pompe.** – Fam. *C'est le coup de bambou,* c'est très cher.

ban [bɑ̃] n. m. **1·** Proclamation solennelle d'un futur mariage à l'église ou à la mairie. *On a publié les bans.* **2·** Roulement de tambour précédant la proclamation d'un ordre, la remise d'une décoration. *Ouvrir, fermer le ban.* – Fam. Applaudissements rythmés. *Un ban pour le vainqueur !* **3·** Le corps de la noblesse féodale convoqué par le suzerain. – Loc. *Le ban et l'arrière-ban,* tout le monde. **4·** Loc. *Être en rupture de ban,* affranchi des contraintes de son état. – *Mettre qqn* ***au ban de*** *la société, un pays* ***au ban des nations*** : le rejeter, le déclarer indigne, le dénoncer au mépris public. ≠ banc. ▷ **arrière-ban, bannir**

banal, ale, als [banal] adj. Qui est extrêmement commun, sans originalité. → **ordinaire, courant.** *Un cas assez banal. Propos banals.* / contr. curieux, original / ▶ **banalement** adv. De manière banale. ▶ **banaliser** v. tr. < conjug. 1 > Rendre banal, ordinaire. – Au p. p. adj. *Une voiture de police banalisée,* dépourvue de signes distinctifs. – Pronominalement. *Cette comparaison a fini par se banaliser.* ▶ **banalité** n. f. **1·** Caractère de ce qui est banal. *Ses propos sont d'une affligeante banalité.* / contr. originalité / **2·** Propos, écrit banal. *Ce livre est un tissu de banalités.* → **cliché, lieu commun, poncif.**

banane [banan] n. f. **1·** Fruit oblong à pulpe farineuse, à épaisse peau jaune, que produit la grappe de fleurs du bananier. *Un régime de bananes. Glisser sur une peau de banane.* **2·** Fig. Hélicoptère allongé. – Élément de pare-chocs. – Coiffure en grosse mèche en casquette. – Sac formant ceinture. ▶ **bananier** n. m. **1·** Plante arborescente dont le fruit est la banane. **2·** Cargo équipé pour le transport des bananes. ▶ **bananière** adj. f. *République bananière* : État régi par les intérêts de compagnies commerciales (comme les républiques d'Amérique centrale par rapport aux sociétés fruitières des États-Unis).

1 **banc** [bɑ̃] n. m. Long siège, avec ou sans dossier, sur lequel plusieurs personnes peuvent s'asseoir à la fois. *Banc de pierre, de bois. Banc de jardin.* – Ce siège, réservé, dans une assemblée. *Le banc des ministres à l'Assemblée nationale. Le banc des accusés au tribunal.* – Loc. *Être au banc des accusés,* dans une situation d'accusation. ≠ ban. ▷ **banquette**

2 **banc** n. m. Assemblage de montants et de traverses. → **bâti.** *Un banc de tourneur.* – ***Banc d'essai*** : bâti sur lequel on monte les moteurs pour les éprouver, les tester ; ce par quoi on éprouve (une personne, une chose) ; concours pour des débutants. ≠ ban.

3 **banc** n. m. **1·** Amas de matières formant une couche plus ou moins horizontale. *Banc de sable. Banc de coraux.* → **récif. 2·** *Banc de poissons,* grande quantité de poissons réunis par espèce. *Un banc de harengs.* ≠ ban. ▷ **banquise**

bancaire [bɑ̃kɛʀ] adj. Qui a rapport aux banques, aux opérations de banque. *Un chèque bancaire.* ▶ **bancassurance** n. f. Distribution de produits d'assurance par les banques.

bancal, ale, als [bɑ̃kal] adj. **1·** (Personnes) Qui a une jambe ou les jambes torses et dont la marche est inégale. → **boiteux. 2·** (Meuble) Qui a des pieds inégaux, et qui n'est pas d'aplomb. *Une table bancale.*

banco [bɑ̃ko] n. m. Au baccara. *Faire banco,* tenir seul l'enjeu contre la banque. *Un banco de 5 000 euros. Des bancos.* – Fam. *Banco !* formule par laquelle on relève un défi.

bandage [bɑ̃daʒ] n. m. **1·** Bandes de tissu appliquées sur une partie du corps, pour un pansement, pour maintenir un organe... → **bande, écharpe.** *Bandage herniaire. Enrouler, serrer, défaire un bandage.* **2·** Bande de métal ou de caoutchouc qui entoure la jante d'une roue.

bandana [bɑ̃dana] n. m. Petit foulard carré de coton imprimé.

1 **bande** [bɑ̃d] n. f. **1·** Morceau d'étoffe, de cuir, de papier, de métal, etc., plus long que large, qui sert à lier, maintenir, recouvrir, border ou orner qqch. → **lanière, lien, ruban.** *Bande Velpeau,* pour servir de bandage, faire des pansements. – *Bande molletière,* dont les soldats entouraient leurs mollets. – *Bande de journal,* dont on entoure un journal plié, pour l'expédier. *Journal sous bande.* – Film de cinéma qui a cette forme. → **pellicule.** *La bande a sauté à la projection.* – *Bande magnétique d'un magnétophone, d'un ordinateur,* etc. *Enregistrer deux bandes. La bande son d'un film.* **2·** Partie étroite et allongée de qqch. *Chaussée à trois bandes* (limitées par une ligne). → **voie.** – Large rayure. *Les bandes d'un drapeau.* – *Bande de fréquence,* ensemble des fréquences comprises entre deux limites. – ***Bande dessinée*** : suite de dessins qui racontent une même histoire, et où les paroles et les pensées des personnages sont données dans des bulles. → **b. d. 3·** Rebord élastique qui entoure le tapis d'un billard. – Loc. *Faire qqch.* ***Par la bande*** : de biais, par des moyens indirects. ▶ **bandeau** n. m. **1·** Bande qui sert à entourer le front, la tête. → **serre-tête, turban.** *Le joueur de tennis met son bandeau avant le match. Des bandeaux.* **2·** Cheveux qui serrent le front, les tempes, dans une coiffure féminine à cheveux longs. **3·** Morceau d'étoffe qu'on met sur les yeux de qqn pour l'empêcher de voir. – Loc. *Avoir un bandeau sur les yeux,* ne pas voir, ne pas comprendre qqch. de visible, de clair. ▶ **bandelette** [bɑ̃dlɛt] n. f. Petite bande de tissu. *Les bandelettes des momies égyptiennes.* ▷ **bandage, bander, banderille, banderole, plate-bande**

2 **bande** n. f. **1·** Groupe de personnes (notamment de rebelles) qui combattent ensemble sous un même chef. *Des bandes armées.* → **troupe.** – Groupe de malfaiteurs sous la direction d'un chef. *Bande de voleurs.* → **gang.** – Groupe associé dans un même but ou par quelque affinité. *Je ne suis pas de leur bande.* → **clan, clique, coterie. 2·** Groupe (de personnes, d'animaux). *Une bande de jeunes.* – Loc. *Faire* ***bande à part*** : se mettre à l'écart d'un groupe (en parlant de plusieurs personnes). – Terme d'insulte collective. *Bande d'idiots !* → **tas.** ▷ **débandade**

3 **bande** n. f. (Navire) *Donner de la bande,* pencher sur un bord.

bander [bɑ̃de] v. < conjug. 1 > **I**· V. tr. **1**· Entourer d'une bande que l'on serre. *Bander le bras d'un blessé.* **2**· Couvrir (les yeux) d'un bandeau. **3**· Tendre avec effort. *Le tireur bande son arc.* / contr. détendre / **II**· V. intr. Fam. Être en érection. ▶ **bandé, ée** adj. **1**· Couvert d'un bandeau. *Les yeux bandés.* **2**· Entouré d'un bandage. *Main bandée.* ▷ **débander**

banderille [bɑ̃dʀij] n. f. Pique ornée de bandes multicolores que les toreros plantent sur le cou du taureau pendant la corrida.

banderole [bɑ̃dʀɔl] n. f. Petite bannière. – Bande de toile couverte d'une inscription, que l'on porte dans les défilés, les manifestations.

bandit [bɑ̃di] n. m. **1**· Malfaiteur vivant hors la loi. → **brigand, gangster, voleur.** **2**· Homme avide et sans scrupules. *Ce commerçant est un bandit.* → **filou, forban, pirate.** ▶ **banditisme** n. m. Mœurs des bandits. *Acte de banditisme. Le grand banditisme,* les personnes, les organisations criminelles qui commettent des crimes graves (braquage de fourgon blindé, réseau de drogue, de prostitution...).

bandonéon [bɑ̃dɔneɔ̃] n. m. Petit accordéon octogonal, employé notamment dans les orchestres de tango.

bandoulière [bɑ̃duljɛʀ] n. f. Courroie qui passe d'une épaule au côté opposé du corps pour soutenir qqch. *La bandoulière d'un fusil.* – *Porter son sac en bandoulière.*

bang [bɑ̃g] interj. et n. m. Bruit d'explosion. → **boum.** – N. m. *Les bangs des avions à réaction.*

banian [banjɑ̃] n. m. Figuier de l'Inde, à longues racines aériennes.

banjo [bɑ̃dʒo] n. m. Instrument de musique à cordes grattées, rond, dont la caisse de résonance est formée d'une membrane tendue sur un cercle de bois. *Jouer du banjo dans un orchestre de jazz traditionnel. Des banjos.*

banlieue [bɑ̃ljø] n. f. Ensemble des agglomérations qui entourent une grande ville. → **environs.** *La banlieue de Paris. La grande banlieue,* la banlieue la plus éloignée. *Trains de banlieue. J'habite en banlieue, dans la banlieue de Lyon.* ▶ **banlieusard, arde** n. Habitant de la banlieue.

bannière [banjɛʀ] n. f. **1**· Enseigne guerrière des anciens seigneurs féodaux. – Loc. *Combattre, marcher, se ranger sous la bannière de qqn,* avec lui, dans son parti. **2**· Étendard que l'on porte aux processions. **3**· *Voile en bannière,* voile dont les coins inférieurs ne sont pas fixés et qui flotte au vent. **4**· Fam. Pan de chemise, chemise. *Il se baladait en bannière.*

bannir [baniʀ] v. tr. < conjug. 2 > Littér. **1**· Condamner (qqn) à quitter un pays, avec interdiction d'y rentrer. → **exiler, expulser, proscrire, refouler.** – Éloigner. *Je l'ai banni de ma maison.* **2**· (Compl. chose) Écarter, supprimer. *C'est une idée qu'il faut bannir de votre esprit.* → **chasser, rejeter.** ▶ **banni, ie** adj. et n. Qui est banni de son pays. → **exilé.** – N. *Rappeler les bannis.* ▶ **bannissement** n. m. Peine criminelle qui consiste à interdire à qqn le séjour dans son pays.

banon [banɔ̃] n. m. Fromage de chèvre enveloppé dans une feuille de châtaignier, spécialité de Provence.

banque [bɑ̃k] n. f. **1**· Commerce de l'argent et des titres, effets de commerce et valeurs de bourse. *Les opérations de banque.* **2**· Établissement où se fait ce commerce. *Avoir un compte en banque. Employé de banque.* **3**· Jeu. Somme que l'un des joueurs tient devant lui pour payer ceux qui gagnent. *Faire sauter la banque,* gagner tout l'argent en jeu. **4**· *Banque du sang, d'organes,* service médical qui recueille du sang, etc., pour les transfusions, les greffes. – *Banque de données,* ensemble d'informations sur un sujet, centralisées et traitées par ordinateur. *Notre terminal est relié à la banque de données.* ▶ **banquer** v. intr. Fam. Payer. ▷ **bancaire, banquier**

banqueroute [bɑ̃kʀut] n. f. Faillite accompagnée d'infractions à la loi. → **krach.** *Faire banqueroute.* ▶ **banqueroutier, ière** n. Personne qui a fait banqueroute.

banquet [bɑ̃kɛ] n. m. Grand repas, repas officiel où sont conviées de nombreuses personnes. *Donner un banquet en l'honneur de qqn.* ▶ **banqueter** v. intr. < conjug. 4 > Participer à un banquet. – Bien manger à plusieurs. → **festoyer.**

banquette [bɑ̃kɛt] n. f. **1**· Banc rembourré ou canné avec ou sans dossier. *Les banquettes du métro.* **2**· Plate-forme située derrière un parapet, derrière le revers d'une tranchée.

banquier, ière [bɑ̃kje, jɛʀ] n. **1**· Personne qui fait le commerce de la banque, dirige une banque. → **financier.** – Personne qui fournit de l'argent. *Je ne peux pas toujours être votre banquier.* **2**· Personne qui tient la banque à certains jeux.

banquise [bɑ̃kiz] n. f. Banc de glace formé à la surface de la mer gelée.

banyuls [banjyls] n. m. invar. Vin de liqueur provenant des Pyrénées orientales, servi généralement en apéritif.

baobab [baɔbab] n. m. Arbre d'Afrique tropicale, à tronc énorme. *Des baobabs.*

baptême [batɛm] n. m. **1·** Sacrement destiné à laver le péché originel et à faire chrétienne la personne qui le reçoit. *Donner, recevoir le baptême. Extrait de baptême. Nom de baptême,* le prénom que l'on donne à celui qui est baptisé. **2·** Bénédiction (d'un navire, d'une cloche...). – *Baptême du feu,* premier combat. *Baptême de l'air,* premier vol en avion. *J'ai reçu mon baptême de l'air cette année.* ▶ **baptiser** [batize] v. tr. < conjug. 1 > **1·** Administrer le baptême à (qqn). *Je te baptise au nom du Père, du Fils et du Saint-Esprit.* **2·** *Baptiser une cloche, un navire,* les bénir en leur donnant un nom. **3·** *Baptiser du vin, du lait,* y mettre de l'eau. **4·** Donner un surnom à (qqn), une appellation à (qqch.). → **appeler.** – Au p. p. adj. *Une modeste pièce baptisée salon.* ▶ **baptismal, ale, aux** adj. Littér. Qui a rapport au baptême. *L'eau baptismale. Les fonts baptismaux.* ▶ **baptistère** n. m. Endroit où l'on administre le baptême. ▷ **débaptiser, rebaptiser**

baquet [bakɛ] n. m. **1·** Récipient de bois, à bords bas, servant à divers usages domestiques. → **cuve. 2·** Siège bas et très emboîtant des voitures de sport et de course. *Des baquets,* ou en appos. *des sièges baquets.*

1 **bar** [baʀ] n. m. Débit de boissons où l'on consomme debout, ou assis sur de hauts tabourets, devant un long comptoir. *Je ne vais jamais au bar.* – Ce comptoir. *Avoir un bar dans son salon.* ▷ **barman**

2 **bar** n. m. Poisson marin appelé aussi *loup,* à chair très estimée.

3 **bar** n. m. Unité de pression atmosphérique valant 10^5 pascals. *Le millibar est le millième du bar.* ▷ **millibar**

baragouin [baʀagwɛ̃] n. m. Langage incorrect et inintelligible ; langue que l'on ne comprend pas et qui paraît barbare. → **jargon ; charabia.** ▶ **baragouiner** v. tr. < conjug. 1 > Parler mal (une langue). *Il baragouine le grec.*

baraka [baʀaka] n. f. Fam. Chance. *Il a vraiment la baraka.*

baraque [baʀak] n. f. **1·** Construction provisoire en planches. → **cabane.** *Des baraques de forains.* **2·** Maison mal bâtie, peu solide. → **bicoque, masure. 3·** Fig. Fam. Maison, établissement où l'on ne se trouve pas bien. → fam. **boîte, boutique.** *On gèle dans cette baraque.* **4·** Fam. *Casser la baraque,* remporter un succès fracassant ; faire échouer une entreprise. ▶ **baraquement** n. m. Ensemble de baraques.

baraqué, ée [baʀake] adj. Fam. (Personnes) Bien fait, bien bâti. → fam. **balèze.** *Il est bien baraqué,* grand et fort.

baratin [baʀatɛ̃] n. m. Discours abondant qui tend à tromper, à séduire. → **boniment.** *Assez de baratin ! Ne me faites pas de baratin !* ▶ **baratiner** v. tr. < conjug. 1 > Essayer d'abuser (qqn) par un baratin. *Ce vendeur baratine le client.* ▶ **baratineur, euse** n. et adj. Personne qui baratine, a du bagou.

baratte [baʀat] n. f. Instrument ou machine à battre le lait. *Baratte électrique.* ▶ **baratter** v. tr. < conjug. 1 > Battre (la crème) dans une baratte pour obtenir le beurre. ▶ **barattage** n. m. Action de baratter (la crème).

barbacane [baʀbakan] n. f. Au Moyen Âge. Ouvrage avancé percé de meurtrières. – Meurtrière pratiquée dans le mur d'une forteresse. – Ouverture longue et étroite pratiquée dans un mur, un balcon... pour l'écoulement des eaux.

barbant, ante [baʀbɑ̃, ɑ̃t] adj. Fam. Qui barbe, ennuie. → fam. 1 **rasant.**

barbaque [baʀbak] n. f. Fam. Viande. → fam. **bidoche.**

barbare [baʀbaʀ] adj. et n. **1·** Étranger, pour les Grecs et les Romains et, plus tard, pour la chrétienté. *Les invasions barbares, des barbares.* **2·** N. Homme qui n'est pas civilisé. → **primitif, sauvage.** *Nous paraîtrons nous-mêmes des barbares à nos descendants. C'est un barbare,* un être sans culture. **3·** (Choses) Qui choque, qui est contraire aux règles, au goût, à l'usage. → **grossier.** *C'est une musique barbare !* **4·** (Choses) Cruel, sauvage. *Un crime barbare.* ▶ **barbarie** n. f. **1·** Littér. État d'un peuple non civilisé. / contr. civilisation / **2·** Absence de goût, grossièreté de barbare. / contr. raffinement / **3·** Cruauté sauvage. → **sauvagerie.** *Commettre des actes de barbarie.* / contr. bonté / ▶ **barbarisme** [baʀbaʀism] n. m. Faute grossière de langage, emploi de mots déformés, utilisation d'un mot dans un sens qu'il n'a pas. → **incorrection, solécisme.** *Le professeur dit que « solutionner » (pour « résoudre ») est un barbarisme.* ▶ **barbaresque** adj. et n. Qui a rapport aux pays autrefois désignés sous le nom de *Barbarie* (Afrique du Nord). *Les pirates barbaresques.*

barbe [baʀb] n. f. **1·** Poils qu'on laisse pousser sur le menton (ou le menton et les joues). → **barbiche, bouc, collier.** *Barbe en éventail, en pointe. Porter la barbe et la moustache.* **2·** Moins cour. Poils du menton, des joues et de la lèvre supérieure (moustache). *Avoir la barbe dure. Visage sans barbe.* → **glabre, imberbe.** – Loc. *Se faire faire la barbe,* se faire raser. *Une barbe de huit jours,* pas rasée depuis huit jours. – Loc. fig. *Rire dans sa barbe,* en se cachant. – *À la barbe de qqn,* devant lui, malgré sa présence. **3·** *Une **vieille barbe** :* un vieil homme qui n'est pas à la page. → **birbe.** **4·** *De la barbe à papa* : confiserie formée de filaments de sucre. **5·** *La barbe !*, assez, cela suffit. *Quelle barbe !*, quel ennui ! (→ **barbant, barber**). **6·** Longs poils que certains animaux ont à la mâchoire, au museau. *Barbe de chèvre.* – Cartilages servant de nageoires aux poissons plats (ex. : *la limande, la barbue*). **7·** Pointe effilée de certains épis (ex : *l'orge*), des plumes d'oiseau. ▷ **barbant, barbelé, barber, barbet, barbiche, barbier, barbillon, barbon, barbouze, barbu, barbue, ébarber, rébarbatif**

barbeau [baʀbo] n. m. Poisson d'eau douce, à barbillons. *Des barbeaux.*

barbecue [baʀbəkju(ky)] n. m. Appareil au charbon de bois, pour faire des grillades en plein air. *Faire cuire des côtelettes au barbecue. Des barbecues.*

barbelé, ée [baʀbəle] adj. et n. m. Garni de dents et de pointes. *Fil de fer barbelé*, utilisé pour les clôtures. – N. m. Au plur. *Des barbelés*, clôture de fil de fer barbelé. *Terrain entouré de barbelés.*

barber [baʀbe] v. tr. < conjug. 1 > Fam. Ennuyer. → **assommer** ; fam. **raser.** *Vous le barbez avec vos histoires.* – V. pron. réfl. *Se barber*, s'ennuyer. *On se barbe, ici !* ▷ **barbant**

barbet [baʀbɛ] n. m. **1·** Espèce d'épagneul (chien) à poil long et frisé. **2·** Variété de rouget (poisson). *Un rouget barbet.*

barbiche [baʀbiʃ] n. f. Petite barbe qu'on laisse pousser au menton. ▶ **barbichette** n. f. Petite barbiche. *Je te tiens, tu me tiens par la barbichette...*, chanson enfantine. ▶ **barbichu, ue** adj. Qui porte une barbiche. – N. m. *Un petit barbichu.*

barbier [baʀbje] n. m. Vx. Coiffeur qui faisait la barbe au rasoir à main.

barbillon [baʀbijɔ̃] n. m. Filament charnu aux bords de la bouche de certains poissons (ex. : chez le *barbeau*).

barbiturique [baʀbityʀik] adj. et n. m. (Acide) Dont les dérivés sont utilisés comme calmants, somnifères (véronal, gardénal, etc.). – N. m. Ces calmants. *Prendre des barbituriques.*

barbon [baʀbɔ̃] n. m. Vx ou plaisant. Homme d'âge plus que mûr. → **birbe.**

① **barboter** [baʀbɔte] v. intr. < conjug. 1 > **1·** S'agiter, remuer dans l'eau, la boue. *Les canards barbotent dans la mare.* → **patauger.** **2·** (Gaz) Traverser un liquide. ▶ **barbotage** n. m. **1·** Action de barboter dans l'eau. **2·** Passage d'un gaz dans un liquide. ▶ **barboteur** n. m. Appareil où barbote un gaz traversant un liquide. ▶ **barboteuse** n. f. Vêtement de jeune enfant, qui laisse nus les bras et les jambes.

② **barboter** v. tr. < conjug. 1 > Fam. Voler. → fam. **chiper, piquer.** *On lui a barboté son portefeuille.*

barbouiller [baʀbuje] v. tr. < conjug. 1 > **1·** Couvrir d'une substance salissante. → **salir, tacher.** – Au p. p. *Le visage barbouillé de confiture.* **2·** Étaler grossièrement une couleur sur (un mur, une toile...). – Peindre grossièrement. *Un amateur qui barbouille des toiles le dimanche.* → **peinturlurer.** **3·** Couvrir de gribouillages. *Barbouiller du papier.* **4·** Fam. *Barbouiller l'estomac, le cœur*, donner la nausée. – Au p. p. *Avoir l'estomac barbouillé.* **5·** Au passif et au p. p. adj. *(Être) barbouillé*, ressentir la nausée. *Il est revenu du réveillon tout barbouillé.* ▶ **barbouillage** n. m. Action de barbouiller ; son résultat. → **gribouillage ; gribouillis.** – Mauvaise peinture. ▶ **barbouilleur, euse** n. Mauvais peintre. ▷ **débarbouiller**

barbouze [baʀbuz] n. f. Fam. **1·** Barbe. **2·** N. m. ou f. Agent secret (police, espionnage). *Les barbouzes l'ont rattrapé à la frontière.*

barbu, ue [baʀby] adj. et n. Qui a de la barbe, porte la barbe. – N. Fam. Intégriste musulman (qui porte rituellement la barbe). / contr. **glabre, imberbe** /

barbue [baʀby] n. f. Poisson de mer plat du même genre que le turbot.

barcarolle [baʀkaʀɔl] n. f. Chanson des gondoliers vénitiens. – Air, musique sur un rythme berceur à trois temps.

barda [baʀda] n. m. Fam. L'équipement du soldat. – Bagage, chargement. *Prenez tout votre barda.* → **attirail.**

bardane [baʀdan] n. f. Plante dont les capitules s'accrochent aux vêtements et dont la racine a des vertus thérapeutiques. *Infusion de bardane.*

① **barde** [baʀd] n. m. Poète celtique qui célébrait les héros et leurs exploits.

② **barde** n. f. Fine tranche de lard dont on entoure les viandes à rôtir (→ ① **barder, 2**).

bardeau [baʀdo] n. m. Petite planche clouée sur volige, employée dans la construction, dans la couverture des maisons. *Un toit de bardeaux.*

① **barder** [baʀde] v. tr. < conjug. 1 > **1·** Couvrir d'une armure. – Au p. p. *Un chevalier bardé de fer*, recouvert d'une armure. → **cuirassé.** – *Être bardé de décorations*, en être couvert. **2·** Entourer de fines tranches de lard [→ ② **barde**] (un rôti, une volaille).

2 **barder** v. intr. impers. < conjug. 1 > Fam. Prendre une tournure violente. *S'il se met en colère, ça va barder !* → fam. **chauffer.**

barème [baʀɛm] n. m. Tableaux numériques donnant le résultat de certains calculs. *Le barème des cotisations, de l'impôt, des salaires.*

1 **barge** [baʀʒ] n. f. Bateau à fond plat. – Grande péniche plate.

2 **barge** [baʀʒ] adj. (Abrév. de *barjo*). Fou. *Elle est complètement barge.* – N. *Des barges.*

barguigner [baʀgiɲe] v. intr. < conjug. 1 > Vx. *Sans barguigner,* sans hésiter.

barigoule [baʀigul] n. f. *Artichauts **à la barigoule,*** farcis et cuits dans l'huile d'olive.

baril [baʀil] n. m. Petit tonneau, petite barrique. → **tonnelet.** *Des barils de poudre.* ▶ **barillet** [baʀijɛ] n. m. 1· Petit baril. 2· Dispositif de forme cylindrique. *Barillet d'une pendule,* boîte qui renferme le ressort moteur. *Barillet d'un revolver,* cylindre tournant où sont logées les cartouches.

bariolé, ée [baʀjɔle] adj. Coloré de tons vifs et variés. → **multicolore.** *Une étoffe bariolée.* ▶ **bariolage** n. m. Bigarrure, assemblage de diverses couleurs.

barjo [baʀʒo] adj. et n. Fam. Fou. *Elles sont complètement barjos.* ▷ **barge**

barman [baʀman] n. m. Anglic. Serveur d'un bar. → **garçon** de café. *Des barmen* [-mœn] ou *des barmans.* ▶ **barmaid** [baʀmɛd] n. f. Serveuse d'un bar. *Des barmaids.*

bar-mitsva ou **bar-mitzvah** [baʀmitsva] n. f. invar. Cérémonie fêtant l'accès d'un jeune homme juif au statut d'adulte.

barnache n. f. → **bernache.**

baromètre [baʀɔmɛtʀ] n. m. Instrument qui sert à mesurer la pression atmosphérique. *Le baromètre est à la pluie.* – Ce qui est sensible à des variations et permet de les apprécier. *La Bourse des valeurs, baromètre de la confiance publique.* ▶ **barométrique** adj. *Hauteur barométrique,* hauteur de la colonne de mercure.

baron, onne [ba(ɑ)ʀɔ̃, ɔn] n. 1· N. m. Grand seigneur féodal, possesseur d'une *baronnie.* 2· Possesseur du titre de noblesse entre celui de chevalier et celui de vicomte. 3· Personnage important. *Les barons du gaullisme, de la presse.* ▶ **baronnie** n. f. En histoire. Seigneurie et terre d'un baron.

baron n. m. *Baron d'agneau,* les deux gigots et les lombes.

baroque [baʀɔk] adj. et n. m. 1· Qui est d'une irrégularité bizarre. → **biscornu, étrange, excentrique.** *Quelle idée baroque !* 2· Se dit d'un style architectural qui s'est développé du XVIe au XVIIIe s. (d'abord en Italie), caractérisé par la liberté des formes et la profusion des ornements. *Les églises baroques de Bavière, d'Autriche.* → **jésuite, rococo.** – N. m. *Le baroque,* ce style. – Qui est à l'opposé du classicisme, laisse libre cours à la sensibilité, la fantaisie. / contr. **classique ; classicisme** /

baroud [baʀud] n. m. Arg. milit. Combat. – Loc. fam. *Un baroud d'honneur,* un dernier combat, pour l'honneur (avant de se rendre). ▶ **baroudeur, euse** n. 1· N. m. Celui qui aime le baroud. 2· Grand reporter.

barouf [baʀuf] n. m. Fam. Grand bruit. → **tapage** ; fam. **boucan.** *Ils font du barouf.*

barque [baʀk] n. f. Petit bateau qui n'a pas de pont (on en voit le fond). → **embarcation.** *Barque à rames, à voiles. Barque de pêcheur.* – *Mener, conduire la barque,* diriger, être le maître. *Bien mener sa barque,* bien conduire son entreprise. *Charger la barque,* être trop ambitieux, surestimer ses possibilités dans un projet. ▶ **barquette** n. f. 1· Tartelette de forme allongée (comme un petit bateau). *Barquette aux fraises.* 2· Petit récipient rigide et léger utilisé pour certains produits alimentaires. *Une barquette de fraises.* ▷ **débarcadère, débarquer, embarcadère, embarcation, embarquer**

barracuda [baʀakuda] n. m. Gros poisson carnivore des mers chaudes.

barrage [ba(ɑ)ʀaʒ] n. m. 1· Action de barrer (un passage) ; ce qui barre (un passage). → **barrière.** *Établir un barrage à l'entrée d'une rue. Un barrage de police. Faire barrage à qqn, qqch.,* barrer la route à qqn, qqch. ; empêcher d'agir. → **obstacle.** 2· Ouvrage hydraulique qui a pour objet de relever le plan d'eau, d'accumuler ou de dériver l'eau d'une rivière. *Construire un barrage de retenue. Barrage d'une usine hydro-électrique.*

barre [ba(ɑ)ʀ] n. f. 1· Pièce de bois, de métal, etc., longue et rigide. *Casser une vitrine à coups de barre de fer.* – Loc. fam. *Avoir le coup de barre,* être comme assommé (épuisé, etc.). – *Une barre de chocolat, de céréales. Une barre d'or.* → **lingot.** – Loc. *C'est de l'or en barre,* une valeur, un placement sûr. 2· *Barre d'appui,* qui sert d'appui à une fenêtre. – Traverse horizontale scellée au mur et qui sert d'appui aux danseurs pour leurs exercices. *Exercices à la barre.* – ***Barre fixe*** : traverse horizontale sur deux montants. ***Barres parallèles*** : appareil composé de deux barres de bois fixées parallèlement sur des montants verticaux. – *La barre,* le seuil. *L'euro a passé la barre des deux dollars.* – Loc. *Placer la barre trop haut, trop bas,* exiger trop, trop peu. **3·** *Barre du gouvernail,* le levier qui actionne le gouvernail. *Être à la barre.* → **barrer.** *L'homme de barre.* → **barreur.** – Loc. fig. *Prendre, tenir la barre,* prendre, avoir la direction. → **diriger, gouverner.** *Donner un coup de barre,* changer de direction, d'orientation. *Redresser la barre,* rétablir une situation compromise. **4·** *La barre du tribunal,* lieu où comparaissent les témoins, où plaident les avocats à l'audience. **5·** Amas de sable qui barre l'entrée d'un port ou l'embouchure d'un fleuve. – Déferlement violent de la houle sur les hauts-fonds. → **mascaret. 6·** Trait allongé. *La barre d'une soustraction, du t.* – *Barre de mesure,* trait vertical qui sépare les mesures musicales. – *Code-barres.* → **code. 7·** Inform. Bande réunissant des informations ou des commandes, sous forme d'icônes, etc. *Barre d'outils.* **8·** ***Barres*** : jeu de course entre deux camps limités chacun par une barre tracée sur le sol. *Ils jouent aux barres.* **9·** Loc. ***Avoir barre*** (ou *barres*) ***sur*** *qqn* : avoir l'avantage sur lui, être en situation de force. ▶ **barreau** n. m. **1·** Barre servant de clôture ou de support. *Les barreaux d'une cage, d'une échelle, d'une fenêtre. Le prisonnier a scié les barreaux et s'est enfui.* – *Les barreaux d'une chaise,* les bâtons qui servent à maintenir les montants. **2·** Espace, autrefois fermé par une barrière, qui est réservé au banc des avocats dans les salles d'audience. – Profession, ordre des avocats. *Être inscrit au barreau.* ▶ **barrer** v. < conjug. 1 > **I·** V. tr. **1·** Fermer (une voie) au moyen d'une barre, d'un obstacle. → **boucher, couper, obstruer.** / contr. ouvrir / *Barrer une rue.* – Au p. p. adj. *Une rue barrée.* – *Des rochers nous barraient la route.* **2·** *Barrer le passage, la route à qqn,* l'empêcher de passer, d'avancer ; lui faire obstacle. → faire **barrage. 3·** Tenir la barre du gouvernail, gouverner (une embarcation). *Barrer un voilier.* **4·** Marquer d'une ou plusieurs barres. *Barrer un chèque.* – Au p. p. adj. *Chèque barré.* **5·** Annuler au moyen d'une barre. → **biffer, rayer.** *Barrer une phrase.* **II·** V. pron. réfl. Fam. ***Se barrer*** : partir, s'enfuir. *Barre-toi !* → **filer** ; fam. se **casser,** se **tailler,** se **tirer.** – *Être mal barré,* être mal parti, commencer mal. ▶ **barreur, euse** n. Personne qui tient la barre du gouvernail, en particulier dans une embarcation sportive. → **skipper.** *Un quatre sans barreur, avec barreur.* ▶ 1 **barrette** [baʀɛt] n. f. **1·** Ornement en forme de petite barre. *La barrette de la Légion d'honneur.* **2·** Pince à cheveux. *Elle porte des barrettes dans les cheveux.* ▷ **barrage, barrière, rembarrer**

2 **barrette** n. f. Toque carrée des ecclésiastiques. – Calotte de cardinal.

barricade [baʀikad] n. f. Obstacle fait de l'amoncellement d'objets divers (d'abord, des barriques) pour se protéger dans un combat de rues, une émeute... *Dresser, élever des barricades.* – Loc. fig. *Être de l'autre côté de la barricade,* dans le camp opposé. ▶ **barricader** v. tr. < conjug. 1 > **1·** Fermer solidement. *Une vieille porte qu'il faut barricader.* **2·** V. pron. réfl. ***Se barricader*** : s'enfermer soigneusement (quelque part). – S'enfermer pour ne voir personne. *Les deux forcenés s'étaient barricadés chez eux.*

barrière [ba(ɑ)ʀjɛʀ] n. f. **1·** Assemblage de pièces de bois, de métal qui ferme un passage, sert de clôture. → **palissade.** *Les barrières d'un passage à niveau. Barrière de dégel. Barrière naturelle,* obstacle naturel qui s'oppose au passage. **2·** Abstrait. Ce qui sépare, fait obstacle. *Les barrières douanières,* les droits qui s'opposent au libre-échange des marchandises. *La barrière de la langue.* ▷ **garde-barrière**

barrique [baʀik] n. f. Tonneau d'environ 200 litres. → **fût.** *Mettre du vin en barrique. Le baril est plus petit que la barrique.* – Loc. fam. *Être plein comme une barrique,* pour avoir trop mangé, trop bu. ▷ **barricade**

barrir [baʀiʀ] v. intr. < conjug. 2 > (Éléphant) Pousser un cri (*barrissement* n. m.). *Les éléphants barrissent.*

bary- Élément signifiant « poids, pression ».

baryton [baʀitɔ̃] n. m. Voix d'homme qui tient le milieu entre le ténor et la basse. – Celui qui a une telle voix. *Un baryton de l'Opéra.*

baryum [baʀjɔm] n. m. Métal d'un blanc argenté, qui décompose l'eau à la température ordinaire.

1 **bas, basse** [ba, bas] adj., n. m. et adv. **I· 1·** Qui a peu de hauteur. / contr. haut ; élevé / *Un mur bas. Un appartement bas de plafond,* dont le plafond n'est pas très haut. *Être bas sur pattes,* avoir les pattes, les jambes courtes. **2·** Qui se trouve à une faible hauteur. *Les branches basses d'un arbre. Les nuages sont bas.* – *Coup bas,* coup porté au-dessous de la limite permise. **3·** Dont le niveau, l'altitude est faible. *Les basses eaux.* → **étiage.** *Marée basse. Le bas Rhin,* la région où le Rhin coule à faible altitude. *La partie basse d'une ville, les bas quartiers.* **4·** Baissé. *Marcher la tête basse.* – Loc. *Faire **main basse** sur qqch.* : s'en emparer. *Avoir la vue basse,* une vue courte, de myope. **5·** Peu élevé dans l'échelle des sons. → **grave.** / contr. aigu / *Les notes basses.* → **basse** (1). **6·** Avant le nom. Peu élevé dans un compte, une évaluation ; petit, faible ; inférieur. *Enfant en bas âge,* très jeune. *À bas prix.* → **vil.** – *Au bas mot,* en

faisant l'évaluation la plus faible. – *Bas morceaux,* en boucherie, les morceaux de qualité inférieure, de prix moindre. – Dans le rang, la hiérarchie. → **inférieur, subalterne.** *Le bas clergé sous l'Ancien Régime. Une personne de basse condition.* **7·** Littér. Moralement méprisable. → **abject, ignoble, infâme, vil.** / contr. noble / *Une âme basse. Une basse vengeance.* **II·** Histoire. De la partie d'une période historique qui est la plus proche de nous. *Le Bas-Empire,* l'Empire romain après Constantin. **III·** N. m. ***Le bas :*** la partie inférieure. *Le bas du visage. Le bas d'une page. Aller de bas en haut.* – ***Au bas de*** loc. prép. *Il signa au bas de la page.* **IV·** Adv. *Bas.* **1·** À faible hauteur, à un niveau inférieur. *Les hirondelles volent bas. Mettre plus bas.* → **baisser.** *Il habite deux étages plus bas.* → au-**dessous.** – Fig. *Mettre qqn plus bas que terre,* le rabaisser en en disant beaucoup de mal. – ***Être bas :*** en mauvais état physique ou moral. *Ce malade est bien bas. Son moral est très bas.* – *Tomber très bas, bien bas.* **2·** ***Mettre bas*** vx : poser à terre. *Mettre bas les armes,* les déposer, s'avouer vaincu. – Sans compl. (Animaux) *Mettre bas,* accoucher. **3·** *Plus bas,* plus loin, dans un écrit. → **ci-dessous. 4·** En dessous, dans l'échelle des sons. – À voix basse. *Parler tout bas.* → **murmurer. 5·** ***À bas*** loc. adv. Vx. *Jeter à bas.* → **abattre, détruire.** – Exclamation hostile. *À bas le fascisme !, les fascistes !* / contr. vive / **6·** ***En bas :*** vers le bas, vers la terre. *La tête en bas.* – Au-dessous, en dessous. *Il loge en bas.* – ***En bas de*** loc. prép. *En bas de la côte.* ▷ **bajoue, bas-côté, bas-fond, bas-relief, basse, basse-cour, bassement, bassesse, basset, basson, bas-ventre, branle-bas,** en **contrebas, contrebasse, cul-de-basse-fosse, soubassement**

2 **bas** n. m. invar. **1·** Vêtement souple qui sert à couvrir le pied et la jambe. *Bas de laine. Bas court.* → **chaussette, mi-bas.** – Vêtement féminin qui couvre le pied et la jambe jusqu'au haut des cuisses. *Bas de nylon. Bas sans couture. Mettre, porter des bas.* ≠ collant. **2·** *Bas de laine,* argent économisé (d'après la coutume de garder ses économies dans un bas de laine). ≠ bât. ▷ **mi-bas**

basalte [bazalt] n. m. Roche volcanique dont la pâte compacte et noire est formée de cristaux. *Une coulée de basalte.* ▶ **basaltique** adj. Formé de basalte.

basane [bazan] n. f. Peau de mouton tannée. *Livre relié en basane.* – Peau très souple garnissant un pantalon de cavalier.

basané, ée [bazane] adj. Se dit d'une peau brunie. → **bistré, bronzé, hâlé, tanné.** *Un visage basané, une peau basanée.*

bas-bleu [bablø] n. m. Femme à prétentions littéraires. → **pédante.** *Des bas-bleus.*

bas-côté [bakote] n. m. **1·** Côté d'une voie où les piétons peuvent marcher. *Les bas-côtés de la voie ferrée, de la route.* **2·** Nef latérale d'une église dont la voûte est moins élevée que la nef principale.

bascule [baskyl] n. f. **1·** Pièce ou machine mobile sur un pivot dont une extrémité se lève quand on abaisse l'autre. – *Jeu de bascule,* jeu où deux personnes, assises chacune sur le bout d'une pièce de bois en équilibre sur un pivot, s'amusent à se balancer. → **balançoire.** – Fig. *Jouer à la bascule ; politique de bascule.* **2·** *Balance à bascule,* ou ellipt. *bascule,* appareil à plate-forme qui sert à peser les objets lourds, les personnes. **3·** En informatique. Dispositif permettant de choisir entre deux fonctions (trad. de l'anglais *switch*). ▶ **basculer** v. < conjug. 1 > **1·** V. intr. Faire un mouvement de bascule. → **culbuter.** *Une benne qui peut basculer* (benne *basculante*). **2·** V. tr. Faire faire un mouvement de bascule à (qqn, qqch.). **3·** V. intr. Passer brusquement dans. *Basculer dans l'opposition.*

base [baz] n. f. **I· 1·** Partie inférieure d'un corps sur laquelle il porte, il repose. → **assise, fondation, fondement.** *La base d'un édifice, d'une colonne.* – *La base d'une montagne.* → **bas, pied.** / contr. haut, sommet / – En anatomie. Partie inférieure (de certains organes). *Base du cœur.* **2·** Droite ou plan à partir duquel on mesure perpendiculairement la hauteur d'un corps ou d'une figure plane. *La base d'une pyramide. La base d'un triangle,* le côté opposé au sommet. **3·** Ligne sur laquelle s'appuie une armée en campagne, point d'appui, de ravitaillement. *Base d'opérations. Base navale, aérienne.* **4·** Ce qui entre comme principal ingrédient dans un mélange, surtout dans ***à base de.*** *Une sauce à base de champignons.* **II·** En sciences. **1·** Nombre qui sert à définir un système de numération, de logarithmes, etc. *La base du système décimal est dix.* **2·** Oxyde ou hydroxyde des métaux qui colore en bleu le papier de tournesol. *La base forme un sel en se combinant avec un acide.* **3·** *Base de données,* ensemble de données accessibles au moyen d'un logiciel. **III·** Abstrait. Principe fondamental sur lequel repose un raisonnement, un système, une institution. → **centre, clé** de voûte, **fond, source.** *Les bases d'une science. Donnée qui sert de base à un calcul. Être à la base de qqch.,* à l'origine, à la source. – *Salaire de base,* le plus bas, qui sert de référence. – *Les militants de base,* ceux qui n'ont pas de responsabilités dans un parti ou un syndicat (opposé à l'*appareil,* aux *dirigeants*). *La base,* l'ensemble de ces militants. ▶ **baser** v. tr. < conjug. 1 > **I·** Abstrait. Faire reposer sur telle ou telle base. *Les faits sur lesquels il base sa théorie.*

→ **fonder.** – *Se baser sur* : s'appuyer sur. *Sur quoi vous basez-vous pour affirmer cela ?* **II**· *Être basé quelque part,* avoir pour base (militaire). ▶ **basique** adj. **I**· De base. *La farine, le lait, les œufs sont des produits basiques.* **II**· Anglic. *Anglais, français basique,* fondamental. ≠ basic

base-ball [bɛzbol] n. m. Jeu de balle dérivé du cricket, pratiqué aux États-Unis. *Il est membre d'une équipe de base-ball.*

bas-fond [bafɔ̃] n. m. **1**· Partie du fond de la mer, d'un fleuve, où l'eau est peu profonde. / contr. haut-fond / **2**· Terrain bas et enfoncé. *Un bas-fond marécageux.* **3**· Au plur. Couches misérables de la société ; quartiers où vit cette population. *Les bas-fonds d'une grande ville.*

basic [bazik] n. m. Anglic. Langage informatique, bien adapté au mode de conversation et facilement manipulable. *Travailler, programmer, écrire en basic.* ≠ basique

① **basilic** [bazilik] n. m. Grand lézard d'Amérique, à crête dorsale, voisin de l'iguane.

② **basilic** n. m. Plante à feuilles aromatiques employée comme condiment.

basilique [bazilik] n. f. Église chrétienne du Moyen Âge divisée en nefs parallèles. – Appellation de certains sanctuaires. *La basilique de Lourdes.*

① **basket** [baskɛt] ou **basket-ball** [baskɛtbol] n. m. Jeu entre deux équipes de cinq joueurs qui doivent lancer un ballon dans le panier du camp adverse. ▶ **basketteur, euse** n. Joueur, joueuse de basket.

② **basket** n. f. Chaussure de sport en toile moulant la cheville, à semelle et rebords de caoutchouc. → **tennis.** – Loc. fam. *Être à l'aise dans ses baskets,* être décontracté. *Lâche-moi les baskets,* laisse-moi tranquille.

basquaise [baskɛz] n. f. ***À la basquaise,*** manière d'apprêter un plat avec des tomates, des poivrons et du jambon cru. – En apposition. *Poulet basquaise.*

① **basque** [bask] n. f. Partie d'une veste qui part de la taille et descend plus ou moins bas sur les hanches. *Les basques d'une jaquette.* – Loc. *Être toujours pendu aux basques de qqn,* ne pas le quitter d'un pas.

② **basque** adj. et n. Du Pays basque (région commune à la France et à l'Espagne). *Béret basque. Pelote* basque.* – N. *Les Basques.* – N. m. *Le basque,* langue non indo-européenne parlée au Pays basque. ▷ **basquaise**

bas-relief [baʀəljɛf] n. m. Ouvrage de sculpture dont les figures ne forment qu'une faible saillie. *Des bas-reliefs.* / contr. haut-relief /

basse [bɑs] n. f. **1**· Partie faisant entendre les sons les plus graves des accords dont se compose l'harmonie. *Jouer la basse d'un quatuor. Basse continue,* qui ne s'interrompt pas pendant la durée du morceau. **2**· *Voix de basse,* ou ellipt. *basse,* voix d'homme la plus grave. – Celui qui a une voix de basse. *Une basse de l'Opéra.* **3**· Abréviation de *contrebasse.* ▷ **bassiste**

basse-cour [bɑskuʀ] n. f. **1**· Cour de ferme réservée à l'élevage de la volaille et des petits animaux domestiques. *Animaux de basse-cour. Des basses-cours.* **2**· L'ensemble des animaux de la basse-cour.

bassement adv. D'une manière basse, indigne, vile. *Un homme bassement intéressé.* / contr. noblement /

bassesse [bɑsɛs] n. f. **1**· Manque d'élévation dans les sentiments, les pensées ; absence de dignité, de fierté. → **mesquinerie, servilité.** *La bassesse de ces courtisans.* / contr. noblesse / **2**· Action basse, qui fait honte. → **lâcheté.** – Action servile. → **courbette, platitude.** *Prêt à toutes les bassesses, à faire des bassesses pour arriver.*

basset [basɛ] n. m. Chien très bas sur pattes. *Le teckel est un basset.*

bassin [basɛ̃] n. m. **1**· Récipient portatif creux, de forme généralement ronde ou ovale. → **bac, bassine, cuvette.** – *Bassin hygiénique,* ou ellipt. *bassin,* récipient émaillé dans lequel les malades alités font leurs besoins. **2**· Construction destinée à recevoir de l'eau. *Le grand bassin des Tuileries. Les bassins d'une piscine.* **3**· *Bassin d'un port,* enceinte où les navires sont à flot. *Bassin de radoub,* que l'on assèche pour réparer ou construire des navires. **4**· *Bassin d'un fleuve,* territoire arrosé par ce fleuve et ses affluents. – Vaste dépression naturelle. *Le Bassin parisien.* – Groupement de gisements houillers ou miniers. – Fig. *Bassin d'emplois,* zone géographique qui fournit du travail. **5**· Ceinture osseuse qui forme la base du tronc et sert de point d'attache aux membres inférieurs. *Elle s'est fracturé le bassin.* ▶ **bassine** n. f. Bassin (1) large et profond servant à divers usages domestiques ou industriels. ▶ **bassinoire** n. f. Bassin à couvercle percé dans lequel on met de la braise et qu'un manche permet de promener dans un lit pour le chauffer. ▶ ① **bassiner** [basine] v. tr. < conjug. 1 > Chauffer avec une bassinoire.

2 **bassiner** v. tr. < conjug. 1 > Fam. Ennuyer, importuner. *Tu nous bassines avec tes histoires.* ▶ **bassinant, ante** adj. Fam. Qui bassine, ennuie.

bassiste [basist] n. 1· Contrebassiste. 2· Joueur de guitare basse.

basson [basɔ̃] n. m. 1· Instrument à vent en bois, à anche double, formant dans l'orchestre la basse de la série des bois. 2· Musicien qui joue de cet instrument (on dit aussi *bassoniste*).

basta [basta] interj. Fam. Assez ! Ça suffit !

bastide [bastid] n. f. 1· Ancienne ville forte, notamment dans le sud-ouest de la France. 2· En Provence. Petite maison de campagne. → **mas.**

bastille [bastij] n. f. Au Moyen Âge. Ouvrage de fortification, château fort. – *La Bastille, à Paris, servit de prison d'État.*

bastingage [bastɛ̃gaʒ] n. m. Parapet sur le pont d'un navire. *S'appuyer au bastingage.*

bastion [bastjɔ̃] n. m. 1· Ouvrage de fortification faisant saillie sur l'enceinte d'une place forte. 2· Abstrait. Ce qui défend efficacement. *L'Espagne, bastion du catholicisme.*

bastonnade [bastɔnad] n. f. Volée de coups de bâton.

bastonner [bastɔne] v. tr. < conjug. 1 > Fam. Frapper, cogner. – V. pron. récipr. *Ils se sont bastonnés à la sortie du café.* ▶ **baston** n. m. ou f. Bagarre.

bastringue [bastʀɛ̃g] n. m. Fam. 1· Bal de guinguette. *Une musique de bastringue.* 2· Orchestre tapageur. – Tapage. → fam. **boucan.** 3· Appareil, attirail. *Emporter tout son bastringue.* → fam. **bazar.**

bas-ventre [bɑvɑ̃tʀ] n. m. Partie inférieure du ventre, au-dessous du nombril. *Des bas-ventres.*

bât [bɑ] n. m. Dispositif que l'on place sur le dos des bêtes de somme pour le transport de leur charge. – Loc. *C'est là que le bât le blesse,* c'est le défaut de sa cuirasse, c'est son point sensible. ≠ bas. ▷ **bâter**

bataclan [bataklɑ̃] n. m. Fam. Attirail, équipage embarrassant. → fam. **bastringue.** – Loc. *Et tout le bataclan :* et tout le reste.

bataille [bataj] n. f. 1· Combat entre deux armées. *La bataille de la Marne.* – *Livrer bataille. Gagner, perdre une bataille. Bataille rangée,* où les troupes manœuvrent en rangs ; fig. mêlée générale. – Loc. *Se mettre en ordre de bataille,* se préparer à l'affrontement. 2· Échange de coups, lutte. → **bagarre, combat, rixe.** 3· *En bataille. Porter son chapeau en bataille,* de travers, n'importe comment. *Avoir les cheveux, la barbe en bataille,* en désordre. 4· Jeu de cartes très simple. *Jouer à la bataille.* – *Bataille navale :* jeu qui se joue à deux, chaque joueur tentant de couler les navires de l'adversaire, figurés sur une grille. ▶ **batailler** v. intr. < conjug. 1 > S'efforcer de surmonter une difficulté, un obstacle. *Il m'a fallu batailler pour obtenir son accord.* → **lutter.** ▶ **batailleur, euse** adj. Qui aime à se battre ; qui recherche les querelles. → **belliqueux, querelleur.** / contr. pacifique / – N. *Un batailleur.*

bataillon [batajɔ̃] n. m. 1· Unité militaire groupant plusieurs compagnies. *Bataillon d'infanterie. Bataillon d'Afrique* (en argot, le *bat' d'Af'*), ancien bataillon disciplinaire. 2· Grand nombre (de personnes). → **troupe.**

bâtard, arde [bɑtaʀ, aʀd] adj. et n. 1· Se dit d'un enfant né hors mariage. → **naturel.** / contr. légitime / – N. *Les bâtards de Louis XIV.* 2· Qui n'est pas de race pure. → **croisé.** *Un chien bâtard.* 3· Qui tient de deux genres différents ou qui n'a pas de caractère nettement déterminé. *Une solution bâtarde.* – *Écriture bâtarde,* ou n. f., *la bâtarde,* intermédiaire entre la ronde et l'anglaise. – *Pain bâtard,* ou n. m., *un bâtard,* pain de fantaisie pesant une demi-livre (250 g). ▷ **abâtardir**

batardeau [bataʀdo] n. m. Digue, barrage provisoire établi sur un cours d'eau. *Des batardeaux.*

batavia [batavja] n. f. Variété de laitue, qu'on mange en salade.

bateau [bato] n. m. I· 1· Nom donné aux ouvrages flottants de toutes dimensions destinés à la navigation. → **barque, bâtiment, embarcation, navire, paquebot, vaisseau.** *Bateau à voiles.* → **voilier.** *Bateau à vapeur. Bateau à moteur. Des bateaux-citernes.* → **tanker.** *Bateau de pêche. Bateau de plaisance.* → **yacht.** – Loc. *Mener en bateau :* inventer une histoire pour tromper qqn. – *Bateau-mouche :* bateau transportant des passagers sur la Seine à Paris. *Des bateaux-mouches.* 2· En apposition. Invar. En forme de bateau. *Encolure bateau. Des lits bateau.* II· 1· Fam. *Monter un bateau à qqn,* inventer une plaisanterie, une histoire dans le but de le tromper. 2· En apposition. Invar. *Des sujets bateau,* banals, rebattus. ▶ **batelier, ière** [batəlje, jɛʀ] n. Personne dont le métier est de conduire un bateau sur les rivières et canaux. → **marinier.** – Passeur (1). ▶ **batellerie** [batɛlʀi] n. f. 1· Industrie du transport fluvial. 2· Ensemble des bateaux de rivière.

bateleur, euse [batlœʀ, øz] n. Vx. Personne qui faisait des tours d'acrobatie, d'escamotage, sur les places publiques, dans les foires. → **équilibriste, saltimbanque.**

bâter [bɑte] v. tr. < conjug. 1 > Mettre un bât (à une bête de somme). – *âne bâté* : ignorant, imbécile.

bat-flanc [baflɑ̃] n. m. invar. Pièce de bois qui, dans les écuries, sépare deux chevaux. *Des bat-flanc.*

bathyscaphe [batiskaf] n. m. Appareil destiné à conduire des observateurs dans les grandes profondeurs sous-marines.

① **bâti, ie** [bɑti] adj. 1· Sur lequel est construit un bâtiment. *Une propriété non bâtie est un terrain nu, sans construction.* – N. *Taxe foncière sur le bâti et le non bâti.* 2· (Personnes) Fait. *Bien, mal bâti.* → fam. **balancé, baraqué.**

② **bâti** n. m. 1· Assemblage de montants et de traverses ; charpente qui supporte les pièces d'une machine. → **châssis.** *Le bâti d'une charrue.* 2· Couture provisoire à grands points.

batifoler [batifɔle] v. intr. < conjug. 1 > Vx ou plaisant. S'amuser à des jeux folâtres. → **folâtrer.**

batik [batik] n. m. Technique (d'origine indonésienne) de décoration des tissus par application de réserves à la cire. – Tissu ainsi décoré.

bâtiment [bɑtimɑ̃] n. m. 1· Ensemble des industries et métiers qui concourent à la construction des édifices. → **construction.** *Entreprise de bâtiment. Ouvrier du bâtiment.* – Prov. *Quand le bâtiment va, tout va* (dans les affaires). 2· Construction. → **bâtisse, édifice, immeuble, maison.** *Les bâtiments d'une ferme.* 3· Gros bateau.

bâtir [bɑtiʀ] v. tr. < conjug. 2 > 1· Élever sur le sol, à l'aide de matériaux assemblés. → **construire, édifier.** / contr. démolir, détruire / *On a bâti de nouveaux immeubles, une ville nouvelle. Terrain à bâtir,* destiné à la construction. – Faire bâtir. *L'architecte qui a bâti cette maison.* 2· Abstrait. Établir, fonder. *Il a bâti rapidement son plan.* 3· Assembler provisoirement (les pièces d'un vêtement) à grands points. → ① **faufiler.** ▶ **bâtisseur, euse** n. Personne qui bâtit, fait beaucoup bâtir. → **architecte, constructeur.** *Un bâtisseur de villes.* → **fondateur.** ▶ **bâtisse** n. f. Bâtiment de grandes dimensions (parfois avec l'idée de laideur).
▷ **batardeau,** ① **bâti,** ② **bâti, rebâtir**

batiste [batist] n. f. Toile de lin très fine.

bâton [bɑtɔ̃] n. m. 1· Long morceau de bois rond que l'on peut tenir à la main (servant d'appui). *Bâton de ski,* tige d'acier sur laquelle le skieur s'appuie. – *Bâton de vieillesse,* personne qui est le soutien d'un vieillard. – (Servant à frapper) → **gourdin, trique.** *Donner, recevoir des coups de bâton.* → **bastonnade.** – *Retour de bâton,* réaction imprévue, riposte. 2· Symbole d'autorité. *Bâton de commandement.* – Loc. *Le bâton de maréchal,* le couronnement de sa carrière. 3· Loc. *Mener une vie de bâton de chaise,* une vie agitée, déréglée. 4· *Bâton blanc d'agent de police,* pour régler la circulation. 5· Loc. *Mettre des bâtons dans les roues,* susciter des difficultés, des obstacles. – *Parler à bâtons rompus,* de manière peu suivie, en changeant de sujet. 6· Morceau (d'une substance) en forme de bâton. *Bâton de craie, de rouge à lèvres.* 7· Trait vertical. *Faire des bâtons. Écriture en bâton,* en lettres capitales. – En appos. *Lettres bâton.* ▶ **bâtonnet** n. m. 1· Petit bâton. 2· *Bâtonnets de la rétine,* éléments rouges sensibles à l'intensité des rayons lumineux.

bâtonnier [bɑtɔnje] n. m. Avocat élu par ses confrères du barreau pour être le chef et le représentant de l'Ordre.

batracien [batʀasjɛ̃] n. m. Animal amphibie dont la peau est criblée de glandes à sécrétion visqueuse, dont la respiration est surtout cutanée, et qui subit une métamorphose (ex. : *le crapaud, la grenouille*). *La classe des Batraciens.*

battage [bataʒ] n. m. 1· Action de battre (le blé, etc.) pour séparer les grains de l'épi ou de la tige. *La saison des battages.* – *Battage de l'or,* pour le réduire en feuilles très minces. 2· Publicité tapageuse, exagérée, autour d'une personne ou d'une chose. → **bruit, réclame.** *On fait beaucoup de battage autour de ce livre. Battage médiatique.*

① **battant** [batɑ̃] n. m. 1· Pièce métallique suspendue à l'intérieur d'une cloche contre les parois de laquelle elle vient frapper. 2· Partie d'une porte, d'une fenêtre..., mobile sur ses gonds. → **vantail.** *Porte à deux battants.* 3· Nom de diverses pièces mobiles d'instruments ou de machines. 4· *Battant d'un pavillon de navire,* la partie qui flotte librement.

② **battant, ante** adj. Qui bat. *Se promener sous une pluie battante,* très violente. *Porte battante,* qui se referme d'elle-même. – *Le cœur battant,* avec une grande émotion. – Loc. adv. *Tambour battant,* au son du tambour ; rapidement, rondement. *Une affaire menée tambour battant.*

③ **battant, ante** n. Personne ayant un caractère combatif. *C'est un vrai battant.*

batte [bat] n. f. Instrument pour battre, fouler, tasser. → **battoir, maillet.** – *Batte de base-ball,* pour renvoyer la balle.

battement [batmɑ̃] n. m. 1· Choc ou mouvement de ce qui bat (→ **battre,** III) ; bruit qui en résulte. → **coup, heurt, martèlement.** *Le battement de la pluie contre les vitres.* – *Battement de mains.* → **applaudissement.** *Battements d'ailes.* – *Battement des cils, des paupières.* 2· Nom de mouvements des pieds (escrime), des jambes (danse), qui battent. **3·** *Le battement du cœur,* mouvement alternatif de contraction et de dilatation du cœur. *Battement du pouls.* → **pulsation.** *Avoir des battements de cœur,* sentir son cœur battre plus fort. → **palpitation. 4·** Intervalle de temps. *Nous avons un battement de vingt minutes pour changer de train.*

batterie [batʀi] n. f. **I· 1·** Réunion de pièces d'artillerie et du matériel nécessaire à leur service ; emplacement destiné à les recevoir. *Batterie de canons. Batterie côtière. Mettre **en batterie** :* en position de tir. – Unité d'un régiment d'artillerie. *Le capitaine commandant la troisième batterie.* – Loc. *Dévoiler ses batteries,* ses plans. *Changer de batteries.* **2·** ***Batterie de cuisine*** *:* ensemble des ustensiles de métal servant à faire la cuisine. **3·** Réunion d'éléments générateurs de courant électrique. *La batterie d'une automobile.* – Loc. Fam. *Recharger ses batteries,* reprendre des forces. **4·** Ensemble d'éléments formant une série. *Une batterie de projecteurs.* – *Une batterie de tests.* – *Élevage en batterie,* où les animaux sont logés en grand nombre dans des cages. *Poulets élevés en batterie. Poulets de batterie.* **II·** Ensemble des instruments à percussion d'un orchestre. – Instrument réunissant plusieurs percussions (caisse, cymbales, timbales...). *Solo de batterie. Il est à la batterie.* → **batteur** (I).

batteur [batœʀ] n. m. **I·** Celui qui tient la batterie (II) dans un orchestre. **II·** Ustensile ménager pour battre, mêler. → **fouet** électrique. *Batteur à œufs.* ▶ **batteuse** n. f. **1·** Machine qui sert au battage (des céréales). *Des moissonneuses-batteuses-lieuses.* **2·** Appareil qui bat le métal, le réduit en feuilles par pression.

battoir [batwaʀ] n. m. **1·** Instrument qui sert à battre (le linge, les tapis...). *Les lavandières se servaient d'un battoir.* **2·** Fam. Mains larges et fortes. *Tu as vu les battoirs qu'il a !*

battre [batʀ] v. < conjug. 41 > **I·** V. tr. dir. **1·** Frapper à plusieurs reprises un être vivant. → **maltraiter, rosser.** *Il l'a battu comme plâtre. Elle ne bat jamais ses enfants.* → **corriger.** *Il a été battu à mort.* → **lyncher.** – Au p. p. adj. *Il a l'air d'un chien battu.* **2·** Frapper (qqch.) avec un instrument. *Battre un tapis. Battre le blé* (→ **battage, batteuse**). *Battre le tambour,* le frapper avec des baguettes. – *Battre le rappel, la retraite,* rappeler les soldats. – *Battre monnaie,* fabriquer de la monnaie. – Prov. *Il faut battre le fer pendant qu'il est chaud,* profiter sans tarder d'une occasion favorable. – Loc. *Battre froid à qqn,* le traiter avec froideur. **3·** Frapper sur ou dans (qqch.) pour remuer, agiter. *Battre le beurre.* → **baratter.** *Battez deux blancs d'œufs* (→ **batteur,** II). – *Battre les cartes* (avant de les distribuer). → **mêler. 4·** Avoir le dessus sur (un adversaire). → **vaincre.** *Battre à plate couture.* → **écraser.** *Il a battu son adversaire au tennis. Se faire battre.* → **perdre.** *Ne pas se tenir pour battu,* ne pas admettre sa défaite. **5·** Parcourir pour rechercher, explorer. *On va battre la forêt* (→ **battue**). – Littér. et fig. *Battre la campagne,* rêver à des sujets variés. → **déraisonner, divaguer.** – *Battre le pavé,* errer par les rues. **6·** *Battre la mesure,* marquer la mesure (III, 4), indiquer le rythme. **7·** *Battre qqch. en brèche,* attaquer (une théorie, une institution...). *Il battait en brèche tous leurs arguments ; il battait tous leurs arguments en brèche.* **8·** *Battre pavillon,* naviguer sous un pavillon. *Ce navire bat pavillon libérien.* **9·** *Battre son plein,* être à son point culminant. *La fête bat son plein.* **II·** V. tr. ind. Produire des mouvements répétés. *Battre des mains.* → **applaudir, claquer. III·** V. intr. **1·** Être animé de mouvements répétés. *Son pouls bat vite. Le cœur lui bat,* l'émotion lui fait battre le cœur plus vite. **2·** *Battre contre.* → **frapper, heurter.** *La pluie bat contre la vitre. Une porte qui bat.* **3·** *Battre en retraite,* se battre en reculant. → **céder. IV·** ***Se battre*** v. pron. **1·** V. pron. récipr. Lutter, se donner des coups. *Ils se sont battus comme des chiffonniers.* → se **bagarrer** ; fam. se **tabasser.** *Se battre en duel. Les équipes se sont bien battues.* → **combattre. 2·** V. pron. réfl. Combattre contre un adversaire. *Se battre avec, contre qqn.* – Fig. *Voilà une heure qu'il se bat avec cette serrure,* qu'il s'acharne à l'ouvrir. ▷ **bataille, bataillon, bat-flanc, battage, 1 battant, 2 battant, 3 battant, batte, battement, batterie, batteur, battoir, battue, batture, combat, débat, imbattable, rebattre**

battue [baty] n. f. Action de battre les taillis, les bois pour en faire sortir le gibier. *Une battue au sanglier. Organiser une battue pour retrouver un enfant disparu.*

batture [batyʀ] n. f. Au Canada. Partie du rivage que la marée descendante laisse à découvert. → **estran.**

baudet [bodɛ] n. m. Fam. Âne. *Être chargé comme un baudet,* très chargé.

baudrier [bodʀije] n. m. **1·** Bande de cuir ou d'étoffe qui se porte en bandoulière et soutient un sabre, une épée, etc. **2·** Harnais de sécurité utilisé dans certains sports (parachutisme, escalade...).

baudroie [bodʀwa] n. f. Grand poisson de mer à grosse tête surmontée de tentacules. → **lotte.**

baudruche [bodʀyʃ] n. f. **1·** Pellicule provenant de l'intestin de bœuf ou de mouton et qui sert à recouvrir ou à fabriquer divers objets. *Un bal-*

lon de, en baudruche. **2·** Ballon de baudruche. **3·** Homme sans consistance. *C'est une baudruche.*

bauge [boʒ] n. f. Gîte boueux et sale de certains animaux. *La bauge du sanglier.*

baume [bom] n. m. **1·** Nom désignant un grand nombre de plantes odorantes (notamment les *menthes*). **2·** Résine odorante. **3·** Préparation médicamenteuse employée comme calmant. → **liniment.** – Ce qui adoucit les peines, calme la douleur, l'inquiétude. *Cette nouvelle me met du baume au cœur, dans le cœur.* ▷ ① **embaumer,** ② **embaumer**

baux → **bail.**

bauxite [boksit] n. f. Roche rougeâtre (hydrate d'alumine, de fer...), principal minerai d'aluminium.

bavard, arde [bavaʀ, aʀd] adj. et n. **1·** Qui aime à parler, parle avec abondance. → **loquace, volubile.** / contr. muet, silencieux / *Il est bavard comme une pie.* – *Un intarissable bavard.* → **pipelette.** **2·** Qui ne sait pas tenir un secret, parle quand il convient de se taire. → **cancanier, indiscret.** ▶ **bavarder** v. intr. < conjug. 1 > **1·** Parler beaucoup, causer avec qqn de choses et d'autres. *Cessez de bavarder !* → **jacasser.** *Ils ont bavardé autour d'un verre.* → **discourir** ; fam. **papoter.** **2·** Divulguer des choses qu'on devrait taire. *Quelqu'un aura bavardé.* → **jaser.** ▶ **bavardage** n. m. **1·** Action de bavarder. – À l'écrit, le fait d'être prolixe et futile. → **verbiage.** **2·** Surtout au plur. Propos de bavard. *Assez de bavardages !* → ① **cancan, jacasserie, ragot.**

bavarois [bavaʀwa] n. m. ou **bavaroise** [bavaʀwaz] n. f. Entremets froid gélifié. *Bavarois aux fraises.*

bave [bav] n. f. **1·** Salive qui s'écoule de la bouche. *Essuyer la bave d'un bébé.* – Liquide écumeux qui sort de la bouche, dans certaines maladies (l'épilepsie, la rage, etc.) → **écume.** **2·** Liquide gluant que sécrète le limaçon, l'escargot. ▶ **baver** v. intr. < conjug. 1 > **1·** Laisser couler de la bave. *Un bébé qui bave.* – Loc. *Il bavait d'admiration.* **2·** Fam. ***En baver*** : peiner, souffrir. *Qu'est-ce qu'on en a bavé pendant la guerre ! Il va vous en faire baver.* **3·** *Baver sur qqn,* le calomnier, le salir. **4·** (Encre, couleur) Déborder et s'étaler. *On ne peut rien lire, l'encre a bavé.* – Par ext. *Ce stylo bave, jette-le.* ▷ **bavard,** ① **bavette,** ② **bavette, baveux, bavoir, bavure**

① **bavette** [bavɛt] n. f. **1·** Haut d'un tablier, d'une salopette, qui couvre la poitrine. – Petite serviette pour bébé. → **bavoir.** **2·** Loc. fam. *Tailler une bavette,* bavarder.

② **bavette** n. f. Partie inférieure de l'aloyau. *Un bifteck dans la bavette. Bavette à l'échalote.*

baveux, euse [bavø, øz] adj. **1·** Qui bave (1). – *Omelette baveuse,* dont l'intérieur, peu cuit, reste liquide. **2·** Au Canada. Fam. Arrogant.

bavoir [bavwaʀ] n. m. Pièce de lingerie qui protège la poitrine des bébés. *Attacher le bavoir autour du cou.*

bavolet [bavɔlɛ] n. m. Ancienne coiffure de paysanne couvrant les côtés et le derrière de la tête.

bavure [bavyʀ] n. f. **1·** Trace, saillie que les joints d'un moule laissent sur l'objet moulé. **2·** Trace d'encre empâtant une écriture, un dessin, une épreuve d'imprimerie. **3·** Erreur pratique, abus. *Une bavure policière.* **4·** Loc. fam. ***Sans bavure*** : parfaitement exécuté ; impeccablement.

bayadère [bajadɛʀ] n. f. Danseuse sacrée de l'Inde.

bayer [baje] v. intr. < conjug. 1 > *Bayer aux corneilles,* perdre son temps en regardant en l'air niaisement. → **bâiller** (1), **rêvasser.** ≠ bailler.

bayou [baju] n. m. En Louisiane. Étendue d'eau peu profonde formée par un bras secondaire du Mississippi ou un méandre abandonné. *La faune des bayous.*

bazar [bazaʀ] n. m. **1·** Marché public en Orient. → **souk.** **2·** Lieu, magasin où l'on vend toutes sortes d'objets, d'ustensiles. **3·** Maison, pièce en désordre. *Quel bazar !* – Fam. Affaires, attirail. → fam. **bastringue, bataclan.** *Emporter tout son bazar.* ▶ **bazarder** v. tr. < conjug. 1 > Fam. Se débarrasser rapidement de (qqch.). *Je vais bazarder tout ça chez le brocanteur.*

bazooka [bazuka] n. m. Lance-roquettes antichar. *Des bazookas.*

B. C. B. G. [besebeʒe] adj. invar. Bon chic* bon genre. *Des femmes B. C. B. G.*

B. C. G. [beseʒe] n. m. invar. Vaccin antituberculeux.

b. d., B. D. ou **bédé** [bede] n. f. invar. Fam. Bande dessinée. *Je lis beaucoup de b. d., de B. D.*

bé [be] ou **bê** [bɛ] interj. Onomatopée imitant un bêlement.

beach-volley [bitʃvɔlɛ] n. m. Anglic. Volley-ball pratiqué sur une plage (angl. *beach*) opposant deux équipes de deux joueurs.

béant, ante [beɑ̃, ɑ̃t] adj. Littér. **1·** Grand ouvert. *Une plaie béante.* **2·** (Personnes) *Béant d'étonne-*

ment, d'admiration, qui ouvre grand la bouche, les yeux. ▶ **béance** n. f. Littér. Vide impossible à combler.

béarnais, aise [beaʀnɛ, ɛz] adj. et n. Du Béarn, province française. – N. *Les Béarnais.* – *Sauce béarnaise,* ou n. f., *une béarnaise,* sauce épaisse au beurre et aux œufs.

béat, ate [bea, at] adj. Exagérément satisfait et tranquille. *Un sourire béat. Un optimisme béat.* ▶ **béatement** adv. ▶ **béatifier** v. tr. < conjug. 7 > Mettre au rang des bienheureux. ▶ **béatification** n. f. Acte par lequel le pape béatifie une personne défunte. ▶ **béatitude** n. f. 1· Félicité parfaite des élus au paradis. 2· Littér. Bonheur parfait. → **euphorie, extase, kif, nirvana.** *Être plongé dans une douce béatitude.* 3· *Les Béatitudes,* les huit vertus que Jésus-Christ a exaltées dans le Sermon sur la Montagne.

① **beau** [bo] (ou **bel** [bɛl] devant un nom commençant par une voyelle ou un *h* muet et dans quelques locutions), **belle** [bɛl] adj. I· Qui fait éprouver une émotion esthétique ; qui plaît à l'œil. → **joli, magnifique, ravissant, splendide, superbe.** / contr. laid / *Un beau paysage.* – *Une très belle femme.* – Bien habillé. *Il s'est fait beau pour sortir.* → **élégant.** – *À la belle étoile,* en plein air. – Loc. *Pour les beaux yeux de qqn,* pour lui plaire. – Loc. fam. *Cela me fait une belle jambe,* cela ne m'apporte rien. II· 1· Qui fait naître un sentiment d'admiration ou de satisfaction. *Un beau talent.* → **supérieur.** *Un beau geste, une belle action.* → **bon, généreux, grand, noble, sublime.** Fam. (Langage des enfants) *Ce n'est pas beau de mentir.* 2· Qui est très satisfaisant, très réussi dans son genre. *Un beau match. Un beau voyage.* → **agréable.** *Une belle situation. Un beau coup,* bien exécuté. – Loc. *Un beau jour,* un jour quelconque. *Un beau jour, tu auras toi aussi des enfants.* – *C'est trop beau pour être vrai !* – (Temps) Clair, ensoleillé. *Quel beau temps ! Il fait beau.* – N. m. *Le baromètre est au beau. Le temps se remet au beau.* 3· Qui est grand, nombreux, important. *Il en reste un beau morceau.* → **bon, gros.** *Une belle somme.* → **considérable.** *Un beau vacarme.* → **grand.** *Il y a beau temps de cela,* il y a longtemps. 4· Iron. *Une belle bronchite.* → **bon.** *C'est du beau travail !* – N. f. *En faire, en dire de belles,* faire, dire des sottises. *J'en apprends de belles,* des choses scandaleuses. – Fam. *C'est du beau !,* se dit à un enfant qui se conduit mal. – *Un bel égoïste,* un grand égoïste. 5· ***Avoir beau*** (+ infinitif) loc. verb. : bien que, quoique... (et le verbe). *J'ai beau crier, il n'entend rien,* quoique je crie, il n'entend rien. *Nous avons beau faire,* quoi que nous fassions. *On a beau dire...* 6· Loc. adv. ***Bel et bien*** : réellement, véritablement. *Il s'est bel et bien trompé.* – ***De plus belle*** : de nouveau et encore plus fort. *Recommencer de plus belle.* ▶ ② **beau** n. m. 1· Ce qui fait éprouver une émotion esthétique, un sentiment d'admiration. → **beauté.** *Le culte du beau. Les règles du beau.* 2· Choses de belle qualité. *Elle n'aime que le beau.* 3· *Un vieux beau,* un vieil homme trop coquet, qui cherche encore à plaire. 4· *Faire le beau,* se dit d'un chien qui se tient debout sur ses pattes postérieures. ▶ **belle** n. f. I· Belle femme. *La belle ne disait pas non. Il est avec sa belle,* son amie (terme d'affection ou ironique). *Ma belle.* II· Partie qui doit départager deux joueurs à égalité. *Jouer la revanche et la belle.* III· Loc. fam. ***Se faire la belle*** : s'évader. *Le prisonnier s'est fait la belle.* ▷ **beauté, beaux-arts, bellâtre, belle, embellir**

beaucoup [boku] adv. 1· (Devant un nom : *beaucoup de*) Un grand nombre de..., une grande quantité de..., un haut degré de... *J'ai beaucoup de choses à faire.* → **bien, énormément, quantité.** / contr. peu / *Il n'y a pas beaucoup de monde. Vous avez eu beaucoup de chance.* 2· De nombreuses choses, personnes. *Il a beaucoup à faire. Beaucoup sont de mon avis. C'est déjà beaucoup,* c'est déjà un beau résultat, une chose à considérer. *C'est beaucoup dire,* c'est exagéré. 3· (Avec un verbe) *Il travaille beaucoup. Il a beaucoup changé.* → **drôlement, rudement.** 4· (Renforçant un comparatif, un adv. de quantité...) *C'est beaucoup plus rapide. Beaucoup mieux. Beaucoup trop.* – ***De beaucoup*** : avec une grande différence (en plus ou en moins). *Il l'a emporté de beaucoup sur son adversaire. Je suis de beaucoup son cadet.*

beauf [bof] n. m. Fam. 1· Beau-frère. 2· Français moyen aux idées étroites, conservateur, grossier et phallocrate. *Une bande de beaufs.*

beau-fils [bofis] n. m. 1· Pour un conjoint : Fils que l'autre conjoint a eu d'un précédent mariage. 2· Gendre. *Des beaux-fils.*

beaufort [bofɔʀ] n. m. Fromage de Savoie au lait de vache, à pâte pressée et cuite.

beau-frère [bofʀɛʀ] n. m. 1· Frère du conjoint, pour l'autre conjoint. 2· Conjoint de la sœur ou de la belle-sœur d'une personne. *Mes deux beaux-frères s'entendent bien.*

beaujolais [boʒɔlɛ] n. m. invar. Vin du Beaujolais. *Un petit beaujolais. Le beaujolais nouveau est arrivé.*

beau-père [bopɛʀ] n. m. 1· Père du conjoint, pour l'autre conjoint. 2· Pour les enfants d'un premier mariage : Le second conjoint de leur mère. *Des beaux-pères.*

beauté [bote] n. f. I· 1· Caractère de ce qui est beau. / contr. laideur / *La beauté d'un paysage, d'un* *poème.* – *De toute beauté* : remarquable par sa beauté. – Fam. *Terminer en beauté* : de façon remarquable. **2·** Qualité d'une personne belle. *Dans tout l'éclat de sa beauté. Un institut, des produits de beauté. Grain* de beauté.* – *La beauté du diable,* la beauté que donne la jeunesse à une personne qui n'a pas d'attraits réels. – *Être en beauté,* paraître plus beau, plus belle que d'habitude. – Fam. *Se faire, se refaire une beauté,* se coiffer, se farder. *Elle s'est refait une beauté avant de partir.* **3·** *Une beauté,* une femme très belle. **4·** N. f. pl. Littér. *Beautés.* Les belles choses, les beaux détails (d'un lieu, d'une œuvre...). *Les beautés du paysage.* **II·** Caractère de ce qui est moralement admirable. *Pour la beauté du geste.*

beaux-arts [bozaʀ] n. m. pl. Arts qui ont pour objet la représentation du beau et, spécialt, du beau plastique. → **architecture, gravure, peinture, sculpture.** *L'école des beaux-arts,* ou *les Beaux-Arts.*

beaux-parents [bopaʀɑ̃] n. m. pl. Le père et la mère de son conjoint. → **beau-père, belle-mère.**

bébé [bebe] n. m. **1·** Enfant en bas âge. → **nourrisson, nouveau-né, poupon.** – *Attendre un bébé,* être enceinte. – *Un bébé-éprouvette,* obtenu par fécondation in vitro (F. I. V.). – *C'est un vrai bébé, elle est restée très bébé.* → **enfant.** *Ne fais pas le bébé !* **2·** Poupée. **3·** Très jeune animal (avec le nom de l'animal en apposition). *Des bébés-lions. Des bébés-chats.* **4·** Loc. fam. *Refiler le bébé* : le problème, l'affaire délicate. – Loc. *Jeter le bébé avec l'eau du bain,* supprimer l'objet même de la préoccupation avec les difficultés qu'il entraîne ; rejeter qqch. en bloc. ▷ **pèse-bébé, porte-bébé**

bébelle [bebɛl] n. f. Au Canada. Jouet. – Chose insignifiante.

bébête [bebɛt] adj. Fam. Un peu bête ; niais. → **nigaud.**

bec [bɛk] n. m. **1·** Bouche cornée et saillante des oiseaux, démunie de dents. *Le bec crochu de l'aigle. Le héron au long bec.* – Bouche de certains animaux (tortues, céphalopodes...). **2·** Loc. fam. *Être, se retrouver le bec dans l'eau,* dans l'attente ; sans rien obtenir. – (Dans certaines locutions) Bouche de l'homme. *Un bec fin,* un gourmet. – *Il n'a pas ouvert le bec,* il n'a rien dit. – *Clouer* le bec à qqn.* – *Une prise de bec* : une altercation. → **dispute.** *Ils ont eu une prise de bec.* – *Se défendre, lutter, se battre bec et ongles,* avec acharnement. **3·** Extrémité de certains objets terminés en pointe. *Le bec d'une plume,* sa partie effilée. – Petite avancée en pointe d'un récipient, pour verser le liquide. *Le bec d'un broc, d'une casserole. Bec verseur.* – Embouchure d'un instrument à vent. *Le bec d'une clarinette.* **4·** *Un bec Bunsen* [bœ̃zɛn] (≠ benzène), brûleur à gaz employé dans les laboratoires. *Des becs Bunsen.* **5·** *Bec de gaz.* → **réverbère.** – Fam. *Tomber sur un bec,* rencontrer un obstacle imprévu, insurmontable. **6·** (Belgique, Canada, Suisse, nord de la France) Fam. Baiser. *Donner un bec.* → **bécot,** ② **bise.** ▶ **bec-de-cane** n. m. Pêne d'une serrure qui rentre lorsqu'on manœuvre le bouton, la poignée. – Cette poignée. *Des becs-de-cane.* ▶ **bec-de-lièvre** n. m. Malformation congénitale de la face, fissure de la lèvre supérieure. *Des becs-de-lièvre.* ▷ **becquée, becqueter**

bécane [bekan] n. f. Fam. **1·** Machine, en particulier, ordinateur. *Il travaille sur sa bécane.* **2·** Bicyclette ou moto. *Il va au lycée en bécane.*

bécarre [bekaʀ] n. m. Signe de musique placé devant une note haussée par un dièse ou baissée par un bémol, pour la rétablir dans un ton naturel.

bécasse [bekas] n. f. **1·** Oiseau échassier migrateur, au long bec, à chair très estimée. **2·** Fam. Femme sotte. *Quelle bécasse !* ▶ **bécassine** n. f. **1·** Oiseau échassier migrateur de petite taille, au bec long, aux pattes dénudées. **2·** Fam. Jeune fille niaise.

béchamel [beʃamɛl] n. f. Sauce blanche à base de lait. *Endives à la béchamel* ; appos. *endives béchamel.*

bêche [bɛʃ] n. f. Outil de jardinage composé d'un fer large, plat et tranchant, adapté à un manche, et qui sert à retourner la terre. ▶ **bêcher** v. tr. < conjug. 1 > Fendre, retourner (la terre) avec une bêche.

bêcheur, euse [bɛʃœʀ, øz] n. Personne prétentieuse et snob. *Une petite bêcheuse.*

bécot [beko] n. m. Fam. Baiser. ▶ **bécoter** v. tr. < conjug. 1 > Fam. Donner des bécots. – *Se bécoter* v. pron. récipr. : s'embrasser.

becquée ou **béquée** [beke] n. f. Ce qu'un oiseau prend dans son bec pour se nourrir ou nourrir ses petits. *Donner la becquée.*

becquet n. m. → **béquet.**

becqueter ou **béqueter** [bɛkte] v. tr. < conjug. 4 > **1·** Piquer avec le bec. → **picorer.** **2·** Fam. Manger. *Il n'y a rien à becqueter ici.* (Variante orthographique : **becter** < conjug. 1 >)

bedaine [bədɛn] n. f. Fam. Gros ventre. → fam. **bedon, bide.** *Il a une bonne bedaine.*

bédé n. f. → **b. d.**

bedeau [bədo] n. m. Employé laïque préposé au service matériel et à l'ordre dans une église. → **sacristain.** *Des bedeaux.*

bedon [bədɔ̃] n. m. Fam. Ventre. ▶ **bedonnant, ante** adj. Fam. Qui a un gros ventre. *Un monsieur bedonnant.*

bédouin, ine [bedwɛ̃, in] n. Arabe nomade du désert.

bée [be] adj. (Seul emploi) *Bouche bée :* la bouche ouverte d'admiration, d'étonnement. *J'en suis resté bouche bée.* → ① **baba.**

beffroi [befʀwa] n. m. Anciennement ou région. Tour, clocher. *Les beffrois de Picardie.*

bégayer [begeje] v. intr. < conjug. 8 > 1· Souffrir de bégaiement. 2· S'exprimer d'une manière maladroite, hésitante, confuse. – Transitivement. *Bégayer une excuse.* → **balbutier.** ▶ **bégaiement** [begɛmɑ̃] n. m. 1· Trouble de la parole, d'origine psychologique, qui se manifeste par la répétition saccadée d'une syllabe et l'arrêt involontaire du débit des mots. 2· Langage mal articulé de l'enfant qui commence à parler. → **balbutiement.** ▶ **bègue** [bɛg] adj. et n. Qui bégaie.

bégonia [begɔnja] n. m. Plante originaire d'Amérique tropicale, ornementale, cultivée pour ses fleurs. *Les différentes espèces de bégonias.*

bégueule [begœl] n. f. Femme prude, qui s'effarouche, se scandalise pour des choses insignifiantes. – Adj. (aussi au masc.) *Il est un peu bégueule.*

béguin [begɛ̃] n. m. Fam. Amour vif et souvent passager. *Avoir le béguin pour qqn.* – Fam. Personne qui en est l'objet. → **amoureux.** *C'est son béguin.*

béguine [begin] n. f. En Belgique et aux Pays-Bas. Femme qui vit dans une sorte de couvent sans avoir prononcé de vœux. ≠ biguine. ▶ **béguinage** n. m. Couvent de béguines.

bégum [begɔm] n. f. Dans l'Hindoustan. Titre équivalant à celui de princesse.

beige [bɛʒ] adj. De la couleur de la laine naturelle, d'un brun très clair. *Des étoffes beiges. Des tissus beige clair.*

beigne [bɛɲ] n. f. Fam. Coup, gifle. → fam. **baffe, tarte.**

beignet [bɛɲɛ] n. m. Pâte frite enveloppant un aliment. *Des beignets aux pommes.* – Pâtisserie de pâte à choux cuite à grande friture. → **pet-de-nonne.**

béké, ée [beke] n. Aux Antilles. Blanc, créole.

bel adj. et adv. → ① **beau.**

bel canto [bɛlkɑ̃to] n. m. sing. L'art du chant selon les traditions de l'opéra italien (beauté du son, virtuosité). *Il est amateur de bel canto.*

bêler [bele] v. intr. < conjug. 1 > 1· Pousser un bêlement. 2· Se plaindre sur un ton niais. ▶ **bêlement** n. m. 1· Cri du mouton, de la chèvre. 2· Plainte niaise. → **jérémiade.** ▶ **bêlant, ante** adj. Qui bêle.

belette [bəlɛt] n. f. Petit mammifère carnassier, bas sur pattes, de forme effilée, de couleur fauve.

belge [bɛlʒ] adj. et n. De Belgique. → **flamand, wallon.** *La bière belge.* – N. *Les Belges.* ▶ **belgicisme** [bɛlʒisism] n. m. Particularité du français de Belgique.

bélier [belje] n. m. I· 1· Mâle non châtré de la brebis. ≠ mouton. 2· Machine de guerre des Anciens servant à enfoncer les murailles des villes assiégées. – En appos. *Attaque à la voiture-bélier,* dans laquelle une voiture sert de bélier. 3· Machine à enfoncer les pieux. → **mouton** (II, 4). – Machine hydraulique. II· (Avec une majuscule) Premier signe du zodiaque (21 mars-20 avril). *Je suis du signe du Bélier, je suis du Bélier.* – Ellipt. Invar. *Elles sont Bélier.*

bélître [belitʀ] n. m. Vx. Mendiant ; vaurien. ≠ bellâtre.

belladone [be(ɛl)ladɔn] n. f. Plante vénéneuse à baies noires, utilisée en médecine.

bellâtre [bɛlɑtʀ] n. m. Bel homme fat et niais. ≠ bélître.

belle adj. et n. f. → ① **beau,** ② **beau.** ▶ **belle-de-jour** n. f. Nom familier du liseron dont les fleurs s'ouvrent pendant la journée. *Des belles-de-jour.* ▶ **belle-de-nuit** n. f. Plante ornementale à grandes fleurs qui s'ouvrent le soir. *Des belles-de-nuit.* ▶ **belle-famille** n. f. Famille du conjoint. *Des belles-familles.* ▶ **belle-fille** n. f. 1· Épouse d'un fils. → **bru.** *Des belles-filles.* 2· Pour un conjoint : Fille que l'autre conjoint a eue d'un précédent mariage. *Les belles-filles et les beaux-fils.* ▶ **belle-mère** n. f. 1· Pour un conjoint : Mère de l'autre conjoint (fam. et péj. *belle-doche*). *Des belles-mères.* 2· Pour les enfants d'un premier mariage : La seconde femme de leur père. ▶ **belle-sœur** n. f. 1· Sœur du conjoint, pour l'autre conjoint. 2· Femme du frère ou du beau-frère d'une personne. *Des belles-sœurs.* ▶ **belles-lettres** n. f. pl. Vieilli. *Les belles-lettres,* la littérature. *Académie des Inscriptions et Belles-Lettres.*

bellicisme [be(ɛl)lisism] n. m. Amour de la guerre ; attitude de ceux qui poussent à la guerre. ▶ **belliciste** adj. et n. Qui pousse à la guerre. / contr. pacifiste /

belligérant, ante [be(ɛl)liʒeʀɑ̃, ɑ̃t] n. et adj. (État) Qui prend part à une guerre. / contr. neutre / ▶ **belligérance** n. f. État de belligérant. / contr. neutralité /

belliqueux, euse [be(ɛl)likø, øz] adj. **1·** Qui aime la guerre, est empreint d'esprit guerrier. **2·** Agressif. *Il était d'humeur belliqueuse.* / contr. pacifique /

belon [bəlɔ̃] n. f. ou m. Variété d'huître plate et arrondie, à chair brune, très savoureuse.

belote [bəlɔt] n. f. Nom d'un jeu de cartes très populaire. *Faire une belote. Ils jouent à la belote.* ▷ **rebelote**

bélouga [beluga] n. m. Variété d'esturgeon des mers Noire et Caspienne. – Caviar de cet esturgeon.

belvédère [bɛlvedɛʀ] n. m. Construction ou terrasse établie en un lieu élevé, et d'où la vue s'étend au loin.

bémol [bemɔl] n. m. et adj. **1·** N. m. Signe musical en forme de *b* abaissant d'un demi-ton la note devant laquelle il est placé (qu'il *bémolise*). – Adj. *Un mi bémol.* **2·** Loc. Fam. *Mettre un bémol,* radoucir son ton, ses manières ; être moins arrogant, moins exigeant.

ben [bɛ̃] adv. et interj. **1·** Adv. Lang. paysan. Bien. *P'têt ben qu'oui,* peut-être bien que oui. **2·** Interj. Fam. Eh bien ! *Ben quoi ? Ben oui. Ben tiens !* (marquant l'évidence).

bendir [bɛndiʀ] n. m. Tambourin rond, en peau de mouton ou de chèvre, utilisé au Maghreb.

bénédicité [benedisite] n. m. Prière que les catholiques très pieux disent avant le repas. *Des bénédicités.*

bénédictin, ine [benediktɛ̃, in] n. Religieux, religieuse de l'ordre de Saint-Benoît. *Un travail de bénédictin,* qui exige beaucoup d'érudition, de patience et de soins. ▶ **bénédictine** n. f. Liqueur fabriquée à l'origine dans un couvent de bénédictins.

bénédiction [benediksjɔ̃] n. f. **1·** Grâce, faveur accordée par Dieu. / contr. malédiction / – Fam. *C'est une bénédiction,* une grande chance. **2·** Action du prêtre qui bénit les fidèles. *Donner, recevoir la bénédiction. Bénédiction nuptiale,* cérémonie du mariage religieux. – Consécration. *La bénédiction d'une église.* – Action d'un prêtre qui asperge d'eau bénite des objets profanes. *La bénédiction d'un bateau.* → **baptême.** **3·** Expression d'un assentiment, d'un souhait de réussite, de prospérité... *Vous avez ma bénédiction. Il y est allé avec la bénédiction de la direction.*

bénéfice [benefis] n. m. **I· 1·** Avantage. / contr. inconvénient / *Laissons-lui le bénéfice du doute. Quel bénéfice as-tu à mentir ?* – ***Au bénéfice de*** : au profit de. *Les acteurs ont donné un spectacle au bénéfice de la recherche sur le sida.* **2·** Droit, faveur, privilège que la loi accorde à (qqn). *Le bénéfice des circonstances atténuantes.* **3·** *Bénéfice ecclésiastique,* patrimoine autrefois attaché à une fonction, une dignité ecclésiastique. **II·** Gain réalisé dans une opération ou une entreprise. → **profit.** / contr. perte / (Abrév. fam. *un bénef* [benɛf], *des bénefs*). *Bénéfice net,* tous frais déduits. *Être intéressé aux bénéfices.* – Différence entre le prix de vente et le prix de revient. ▶ **bénéficiaire** n. et adj. **1·** Personne qui bénéficie d'un avantage, d'un droit, d'un privilège. *J'en suis le bénéficiaire.* **2·** Adj. Qui a rapport au bénéfice commercial. *La marge bénéficiaire du commerçant.* ▶ **bénéficier de** v. tr. indir. < conjug. 7 > Profiter (d'un avantage). / contr. pâtir / *Vous avez bénéficié d'un traitement de faveur. C'est vous qui en bénéficierez.*

bénéfique [benefik] adj. Qui fait du bien. *Ce séjour lui a été bénéfique.* → **favorable, salutaire.**

benêt [bənɛ] n. m. et adj. m. Niais. → **nigaud.** *C'est un grand benêt.* / contr. malin /

bénévole [benevɔl] adj. et n. **1·** Qui fait (qqch.) sans obligation et gratuitement. *Une infirmière bénévole. Les bénévoles des Restos du cœur.* **2·** Qui est fait gratuitement et sans obligation. *Une assistance bénévole.* → **désintéressé, gratuit.** / contr. payé / ▶ **bénévolement** adv. → **gratuitement.** *J'aide bénévolement les personnes âgées.* ▶ **bénévolat** n. m. Situation d'une personne qui accomplit un travail gratuitement, sans y être obligée.

bengali [bɛ̃gali] n. m. **1·** Petit oiseau passereau au plumage bleu et brun, originaire d'Inde. *Des bengalis.* **2·** Langue parlée au Bengale.

bénin, igne [benɛ̃, iɲ] adj. **1·** Sans conséquence grave. *Accident bénin.* / contr. grave / *Tumeur bénigne* (opposé à *tumeur maligne*). **2·** Littér. Bienveillant, indulgent. → **doux.** *Une humeur, une critique bénigne.* / contr. méchant / ▶ **bénignité** [beniɲite] n. f. Littér. **1·** Caractère de ce qui est bénin, sans gravité. *La bénignité d'une maladie.* / contr. gravité / **2·** Qualité d'une personne bienveillante et douce. → **bonté.** / contr. malignité, méchanceté /

béni-oui-oui [beniwiwi] n. m. invar. Personne toujours empressée à approuver les initiatives d'une autorité établie. *Une assemblée de béni-oui-oui.*

bénir [beniʀ] v. tr. < conjug. 2 > **I· 1·** (Dieu) Répandre sa bénédiction sur. → **protéger.** / contr. maudire / – Fam. *Dieu vous bénisse,* souhait adressé à une personne qui éternue. **2·** Appeler la bénédiction de Dieu sur les hommes. *Bénir les fidèles. Le prêtre qui a béni leur mariage.* – Fig. *Les jours, les temps bénis,* l'époque prospère, heureuse révolue. – Consacrer (un objet) par des cérémonies rituelles. **3·** Souhaiter solennellement bonheur et prospérité (en invoquant, le plus souvent, l'intervention de Dieu). **II· 1·** Glorifier, remercier (qqn, qqch.). *Je bénis le médecin qui m'a sauvé. Vous pouvez bénir ce concours de circonstances.* **2·** Loc. *Dieu soit béni !,* loué, glorifié. ▶ **bénit, ite** adj. (Choses) Qui a reçu la bénédiction du prêtre avec les cérémonies prescrites. *Eau bénite.* – Fam. *C'est pain bénit,* c'est une aubaine. ▶ **bénitier** n. m. Vasque destinée à contenir l'eau bénite. – Fam. *Grenouille de bénitier,* bigote.

benjamin, ine [bɛ̃ʒamɛ̃, in] n. Le, la plus jeune d'une famille, d'un groupe. / contr. **aîné** / ≠ **cadet**.

benjoin [bɛ̃ʒwɛ̃] n. m. Résine aromatique utilisée en parfumerie, en médecine.

benne [bɛn] n. f. **1·** Sorte de caisse servant au transport de matériaux dans les mines, les chantiers. *Benne roulante* → **berline,** *suspendue.* **2·** Partie basculante d'un camion, pour décharger des matériaux. – *Benne à ordures,* camion à ordures. – Ellipt. *Mettre à la benne,* jeter, se débarrasser de (qqch.). **3·** Caisse de chargement d'une grue. **4·** Cabine de téléférique pour passagers.

benoîtement [bənwatmɑ̃] adv. Littér. D'un air doucereux.

benthique [bɛ̃tik] adj. Didact. Relatif aux fonds des eaux ; qui vit au fond des eaux. *La faune et la flore benthiques.* ≠ **pélagique.**

benzène [bɛ̃zɛn] n. m. Carbure d'hydrogène, liquide incolore, inflammable, dissolvant les corps gras, extrait des goudrons de houille (type de la série *benzénique*). ≠ **bec Bunsen.** ▶ **benzine** n. f. Mélange d'hydrocarbures (benzol purifié) vendu dans le commerce, employé notamment comme détachant. ▶ **benzol** n. m. Mélange de carbures composé de benzène, de toluène et de xylène. ▷ **nitrobenzène**

béotien, ienne [beɔsjɛ̃, jɛn] n. et adj. Qui est lourd, peu ouvert aux lettres et aux arts, qui a des goûts grossiers. *C'est un béotien.*

béquée n. f. → **becquée.**

béquet ou **becquet** [bekɛ] n. m. Petit morceau de papier écrit qu'on ajoute à une épreuve d'imprimerie.

béqueter v. tr. < conjug. 4 > → **becqueter.**

béquille [bekij] n. f. **1·** Bâton surmonté d'une traverse sur laquelle on appuie l'aisselle ou la main pour se soutenir. *Il a la jambe plâtrée et se déplace avec des béquilles.* **2·** Nom de divers instruments ou dispositifs de soutien, de support. → **cale, étai.** *La béquille d'une moto.*

berbère [bɛʀbɛʀ] adj. et n. Relatif au peuple autochtone d'Afrique du Nord. *Un tapis berbère.* – N. *Les Kabyles sont des Berbères.* – N. m. *Le berbère* (langue sémitique). → **tamazight.**

bercail [bɛʀkaj] n. m. sing. Plaisant. Famille, foyer, pays (natal). *Rentrer au bercail.*

berceau [bɛʀso] n. m. **1·** Petit lit de bébé, qui, le plus souvent, peut être balancé. *Berceau d'osier.* – Littér. L'âge où les enfants couchent dans un berceau. *Du berceau à la tombe.* – Lieu de naissance, d'origine (d'une personne, d'une institution...). *La Grèce fut le berceau d'une brillante civilisation.* **2·** Architecture. Voûte en plein cintre. – Voûte de feuillage. → **tonnelle. 3·** Partie où s'appuie un moteur.

bercer [bɛʀse] v. tr. < conjug. 3 > **1·** Balancer dans un berceau. – Balancer, agiter doucement. *Elle berçait l'enfant dans ses bras.* **2·** Au passif, p. p. et adj. Littér. *(Être) bercé(e) de :* accompagné(e) de façon continue par qqch., imprégné(e) de qqch. *Une enfance bercée du bruit de la mer. Ma jeunesse a été bercée de cette musique.* **3·** Littér. Apaiser, consoler. *Pour bercer ma peine.* **4·** Littér. Leurrer. *On l'a bercé de vaines promesses.* → **tromper.** – V. pron. réfl. *Se bercer d'illusions.* → **s'illusionner.** ▶ **berçant, ante** adj. Au Canada. *Chaise berçante,* fauteuil à bascule. ▶ **bercement** n. m. Action de bercer, balancement. ▶ **berceuse** n. f. Chanson pour endormir un enfant. – Morceau de musique dont le rythme imite celui de ces chansons.

béret [beʀɛ] n. m. Coiffure de laine souple, ronde et plate. *Un béret basque. Un béret de chasseur alpin, de marin.*

bergamote [bɛʀgamɔt] n. f. **1·** Variété de poire fondante. **2·** Fruit du *bergamotier* (arbre du genre *citrus*). *Essence de bergamote,* utilisée en parfumerie, en confiserie. **3·** Bonbon à la bergamote.

① **berge** [bɛʀʒ] n. f. **1·** Bord relevé d'un cours d'eau, d'un canal. *La berge du fleuve.* → **rive.** ≠ **rivage. 2·** Bord relevé d'un chemin, d'un fossé. → **talus.**

② **berge** n. f. Fam. Après un chiffre. Année (d'âge). *Un type de cinquante berges.* → fam. ② **balai.**

berger, ère [bɛʀʒe, ɛʀ] n. **1·** Personne qui garde les moutons. *Chien de berger,* dressé pour garder les troupeaux. *La bergère de Domrémy,* Jeanne d'Arc. *L'étoile du berger,* la planète Vénus. – Loc. *La réponse du berger à la bergère,* la réponse qui clôt la discussion. **2·** N. m. Chien de berger. *Un berger allemand.* ▶ **bergerie** [bɛʀʒəʀi] n. f. Lieu, bâtiment où l'on abrite les moutons. → **parc.** – *Faire entrer, enfermer le loup dans la bergerie,* introduire qqn dans un lieu où il peut aisément faire du mal. – Scène avec des bergers et des bergères (littér., arts : XVIIe-XVIIIe s.).

bergère n. f. Fauteuil large et profond dont le siège est garni d'un coussin.

bergeronnette [bɛʀʒəʀɔnɛt] n. f. Oiseau passereau, à longue queue, qui vit au bord de l'eau et dans le voisinage des troupeaux.

béribéri [beʀibeʀi] n. m. Maladie due au manque de vitamine B, causée par la consommation exclusive de riz décortiqué. *Le béribéri sévit surtout en Extrême-Orient.*

berk [bɛʀk] ou **beurk** [bœʀk] interj. Interjection exprimant le dégoût.

berline [bɛʀlin] n. f. **1·** Type d'automobile, conduite intérieure à quatre portes et quatre glaces latérales. **2·** Benne roulante, chariot pour le transport de la houille dans les mines.

berlingot [bɛʀlɛ̃go] n. m. **1·** Bonbon aux fruits, à la menthe, de forme particulière. **2·** Emballage, pour le lait, qui a la forme de ce bonbon. *Acheter du lait en berlingot.*

berlue [bɛʀly] n. f. *Avoir la berlue,* avoir des visions. ▷ **éberlué**

berme [bɛʀm] n. f. Chemin laissé entre une levée et le bord d'un canal ou d'un fossé.

bermuda [bɛʀmyda] n. m. Short descendant jusqu'au genou. *Des bermudas à fleurs.*

bernache, barnache ou **bernacle** [bɛ(a)ʀnaʃ ; bɛʀnakl] n. f. **1·** Oiseau à bec court vivant dans l'extrême Nord, et sur nos côtes en hiver. **2·** Crustacé marin (appelé aussi *anatife,* n. m.).

bernard-l'hermite ou **bernard-l'ermite** [bɛʀnaʀlɛʀmit] n. m. invar. Crustacé qui loge dans des coquilles abandonnées. *Des bernard-l'(h)ermite.*

en berne [bɛʀn] loc. adj. et adv. *Pavillon en berne,* hissé à mi-mât en signe de deuil ou de détresse. – *Drapeaux mis en berne,* non déployés, roulés.

berner [bɛʀne] v. tr. < conjug. 1 > Tromper en ridiculisant. → **duper, jouer.** *Le gouvernement nous a trop longtemps bernés !*

bernicle ou **bernique** [bɛʀnikl, bɛʀnik] n. f. Autre nom de la *patelle* (mollusque).

berrichon, onne [be(ɛ)ʀiʃɔ̃,ɔn] adj. Du Berry (province française). – N. *Un Berrichon.*

béryl [beʀil] n. m. Pierre précieuse. *Le béryl vert est une émeraude, le béryl bleu une aigue-marine.*

besace [bəzas] n. f. Sac long, ouvert par le milieu et dont les extrémités forment deux poches. → **bissac.**

besant [bəzɑ̃] n. m. **1·** Ancienne monnaie byzantine. **2·** Ornement architectural, de style roman, en forme de disque saillant.

bésef ou **bézef** [bezɛf] adv. (Toujours en emploi négatif) Fam. Beaucoup. *Il n'en a pas bésef.*

besicles [be(ə)zikl] n. f. pl. Anciennes lunettes rondes.

besogne [bəzɔɲ] n. f. Travail imposé (par la profession, etc.). → **ouvrage, tâche.** *Une lourde, une rude besogne.* – *Aller vite en besogne,* travailler rapidement ; brûler les étapes, précipiter les choses. ▶ **besogneux, euse** adj. **1·** Qui fait une médiocre besogne mal rétribuée. *Un gratte-papier besogneux.* **2·** Qui doit beaucoup travailler pour arriver à un résultat médiocre. *Un élève besogneux.*

besoin [bəzwɛ̃] n. m. **I· 1·** Exigence née de la nature ou de la vie sociale. → **appétit, envie.** *La satisfaction d'un besoin. Le besoin de nourriture. Éprouver un besoin de changement, de parler. Un besoin pressant, urgent.* – Au plur. *Les besoins de qqn,* ce qu'il demande comme étant nécessaire à son existence. *Il a de grands besoins.* – *Les besoins naturels,* la nécessité d'uriner, d'aller à la selle. – Fam. *Aller faire ses (petits) besoins,* aller aux toilettes. **2·** *Le besoin de la cause,* ce qu'il est nécessaire de dire à l'appui de la cause que l'on défend. *Pour les besoins de la cause.* **3·** Loc. verb. ***Avoir besoin de*** *qqn, qqch.* : ressentir la nécessité de. → **désirer,** avoir **envie, vouloir.** *J'ai besoin de votre amitié.* – Manquer (d'une chose objectivement nécessaire). *Il a besoin de repos.* → **falloir.** *Je n'ai besoin de rien, de personne.* – (+ infinitif) Éprouver, voir la nécessité, l'utilité de. *Il a besoin de gagner sa vie. Je n'ai pas besoin d'ajouter que,* inutile d'ajouter que. – Iron. *Vous aviez bien besoin de lui en parler !* – (Avec *que* + subjonctif) *Il a besoin qu'on le conseille,* il faut que. **4·** Impers. Littér. *Point n'est besoin de,* il n'est pas nécessaire de. *Point n'est besoin de lui en parler.* – Littér. *S'il en est besoin, si besoin est,* si cela est nécessaire. **5·** ***Au besoin*** loc. adv. : en cas de nécessité, s'il le faut. *Au besoin, je vous téléphonerai.* **II·** État de privation. → **dénuement, gêne, indigence, pauvreté.** / contr. aisance / *Être dans le besoin,* manquer d'argent.

besson, onne [besɔ̃, ɔn] n. Région. Jumeau, jumelle.

① **bestiaire** [bɛstjɛʀ] n. m. Gladiateur qui combattait les bêtes féroces, à Rome.

2 **bestiaire** n. m. Recueil de fables, de textes sur les bêtes. *Les bestiaires médiévaux.*

bestial, ale, aux [bɛstjal, o] adj. Qui tient de la bête, qui fait ressembler l'homme à la bête. → **animal, brutal.** *Une fureur bestiale.* ▶ **bestialité** n. f. Caractère bestial.

bestiaux [bɛstjo] n. m. pl. Ensemble des animaux qu'on élève pour la production agricole dans une ferme (à l'exclusion des animaux de basse-cour). → **bétail.**

bestiole [bɛstjɔl] n. f. Petite bête, et, en particulier, insecte.

best of [bɛstɔf] n. m. invar. Anglic. Recueil des œuvres les plus connues d'un artiste (notamment, musique, chansons). → **compilation.**

best-seller [bɛstselœʀ] n. m. Anglic. Livre qui a obtenu un grand succès, qui s'est très bien vendu. *Les trois derniers romans de cet écrivain ont été des best-sellers.*

1 **bêta** [bɛta] n. m. invar. Deuxième lettre de l'alphabet grec (β). – *Version bêta d'un logiciel,* dernière version avant sa commercialisation. ▷ **alphabet, analphabète**

2 **bêta, asse** [bɛta, ɑs] n. et adj. Fam. Personne bête, niaise. *C'est un gros bêta.*

bétail [betaj] n. m. sing. Ensemble des animaux élevés pour la production agricole. → **bestiaux, cheptel.** *Le gros bétail,* les bovins, les chevaux. *Le petit bétail,* les ovins, les porcins. – *Traiter les hommes comme du bétail,* mal et sans respect pour la dignité humaine. ▶ **bétaillère** [betajɛʀ] n. f. Véhicule servant à transporter le bétail.

1 **bête** [bɛt] n. f. **I·** **1·** Tout être animé, à l'exception de l'homme. → **animal.** *Les bêtes à cornes. Bête de somme,* animal qui porte les fardeaux. *Bêtes féroces. Les bêtes,* les bestiaux, le bétail. *Une bête à viande,* élevée pour la boucherie. *Une bête à bon Dieu,* une coccinelle. **2·** Loc. *Regarder qqn comme une bête curieuse,* avec une insistance déplacée. – *Travailler, s'éclater comme une bête,* intensément. – *Chercher la petite bête,* être extrêmement méticuleux ou s'efforcer de découvrir une erreur, une irrégularité. – *C'est sa bête noire,* il déteste cette personne, cette chose. *Les mathématiques sont sa bête noire.* **II·** **1·** *La bête humaine,* l'homme dominé par ses instincts. *Une méchante bête.* **2·** *Faire la bête,* jouer l'ignorant, dire des bêtises. – (Emplois affectueux) *Grosse bête, grande bête !* → fam. 2 **bêta.** ▷ **bibite**

2 **bête** adj. **1·** Qui manque d'intelligence, de jugement. → **idiot, imbécile.** / contr. intelligent / *Bête comme une oie, un pied, ses pieds. Il n'est pas bête,* il est loin d'être bête. – *Pas si bête,* pas assez sot pour se laisser tromper. – *C'est bête comme chou,* facile à faire, à deviner. → **enfantin.** **2·** Qui manque d'attention, d'à-propos. *Suis-je bête ! cela m'avait échappé.* – (Choses) Stupide. *C'est bête, je ne m'en souviens pas.* ≠ bette. ▶ **bêtement** adv. D'une manière bête, stupide. *Agir bêtement.* – *Tout bêtement,* tout simplement. → **bonnement.** ▷ **abêtir, bébête,** 2 **bêta, bêtifier, bêtise, pense-bête**

bétel [betɛl] n. m. Mélange de feuilles d'un poivrier exotique, de tabac, de noix d'arec, utilisé dans les régions tropicales. *Mâcher du bétel.*

bêtifier [betifje] v. intr. <conjug. 7> Se rendre bête par des niaiseries. *Elle bêtifie avec ce chien.*

bêtise [betiz] n. f. **I·** **1·** Manque d'intelligence et de jugement. → **sottise, idiotie, imbécillité, stupidité.** / contr. intelligence / *Il est d'une rare bêtise.* **2·** Action ou parole sotte ou maladroite. *Faire, dire des bêtises.* – Action, parole, chose sans valeur ou sans importance. → **bagatelle, broutille, enfantillage.** *Il s'amuse à des bêtises. Ils se sont brouillés pour une bêtise,* pour un motif futile. **3·** Action déraisonnable, imprudente. → **folie.** *Il faut l'empêcher de faire des bêtises.* **II·** *Bêtise de Cambrai,* berlingot à la menthe. ▶ **bêtisier** n. m. Recueil plaisant de bêtises (→ **sottisier**), d'images audiovisuelles cocasses.

béton [betɔ̃] n. m. Matériau de construction issu du mélange d'un mortier 3 et de gravier. *Béton armé,* coulé autour d'une armature métallique. *Un blockhaus, un immeuble en béton.* – Fam. *En béton,* solide. *Un alibi en béton, un dossier en béton.* ▶ **bétonné, ée** adj. Construit en béton. *Un abri bétonné.* ▶ **bétonner** v. <conjug. 1> **1·** V. tr. Construire avec du béton. – Fig. Rendre solide, inattaquable. *Bétonner un dossier.* **2·** V. intr. Au football. Jouer la défense à outrance. ▶ **bétonnière** ou **bétonneuse** n. f. Machine comprenant une grande cuve tournante, pour fabriquer le béton.

bette [bɛt] ou **blette** [blɛt] n. f. Plante voisine de la betterave, dont on mange cuites les feuilles et les côtes. *Un gratin de bettes.* ≠ bête.

betterave [bɛtʀav] n. f. Plante cultivée à racine épaisse. *Betterave fourragère,* à grosse racine rouge ou jaune, cultivée pour l'alimentation du bétail. – *Betterave potagère,* à petite racine ronde, rouge et sucrée. *Salade de betteraves. Chips de betterave.* – *Betterave sucrière,* dont on extrait le sucre.

beugler [bøgle] v. intr. <conjug. 1> **1·** (Bovins) Pousser des cris, des beuglements. → **meugler.** **2·** Hurler, gueuler. *Ne beuglez pas comme ça !*

▶ **beuglement** n. m. **1·** Cri des bovins. → **meuglement. 2·** Son puissant, prolongé et désagréable. *Le beuglement des radios de l'immeuble.*

beur [bœʀ] n. et adj. Fam. Personne née en France de parents immigrés maghrébins. – Fém. **beur, beure** ou **beurette.**

beurk interj. → **berk.**

beurre [bœʀ] n. m. **1·** Substance alimentaire grasse et onctueuse qu'on obtient en battant la crème du lait. *Ma mère faisait la cuisine au beurre. Du beurre salé, pasteurisé, demi-sel.* – ***Beurre noir*** : beurre fondu qu'on a laissé noircir. *Raie au beurre noir.* – *Œil au beurre noir*, poché. – Fam. *Ça entre comme dans du beurre*, facilement. *C'est du beurre*, une entreprise facile. *Compter pour du beurre*, pour rien. *Mettre du beurre dans les épinards*, améliorer sa situation financière. – *Faire son beurre*, s'enrichir. *Ce vendeur de légumes a fait son beurre.* – *On ne peut pas avoir le beurre et l'argent du beurre*, on ne peut jouir d'un bien et du fruit de sa vente, il faut choisir. **2·** *Beurre de...*, pâte formée d'une substance écrasée dans du beurre. *Beurre d'anchois.* – Substance grasse extraite de certains végétaux. *Beurre de cacao. Beurre de karité.* ▶ **beurrée** n. f. Région. Tartine de beurre. – Au Canada. Tartine. *Une beurrée de mélasse.* ▶ **beurrer** v. tr. < conjug. 1 > Recouvrir ou enduire de beurre. *Il beurre ses biscottes.* – Au p. p. adj. Fam. Ivre, soûl. *Il est complètement beurré.* ▶ **beurrier** n. m. Récipient dans lequel on conserve, on sert le beurre. ▷ **babeurre, petit-beurre**

beuverie [bœvʀi] n. f. Réunion où l'on s'enivre. → **orgie, soûlerie.**

bévue [bevy] n. f. Méprise, erreur grossière due à l'ignorance ou à l'inadvertance. → **étourderie, gaffe, impair.** *Cet homme distrait commet beaucoup de bévues.*

bey [bɛ] n. m. Titre porté par les souverains vassaux du sultan ou par certains hauts fonctionnaires turcs. ≠ bai, baie.

bézef adv. → **bésef.**

bi- Élément signifiant « deux, deux fois ».

biais [bjɛ] n. m. invar. **1·** Ligne, direction oblique. – (Dans un tissu) Sens de la diagonale par rapport au droit fil. *Tailler dans le biais.* **2·** Abstrait. Côté, aspect. *C'est par ce biais qu'il faut considérer, prendre le problème.* – Moyen détourné. *Le biais est ingénieux !* **3·** ***De biais, en biais*** loc. adv. : obliquement, de travers. ▶ **biaiser** v. intr. < conjug. 1 > Employer des moyens détournés, artificieux. → **louvoyer.** *On y arrivera en biaisant et en rusant.*

bibelot [biblo] n. m. Petit objet curieux, décoratif. → **babiole, souvenir.** *Une étagère encombrée de bibelots.*

biberon [bibʀɔ̃] n. m. Petite bouteille munie d'une tétine, servant à l'allaitement artificiel. *Nourrir un enfant au biberon. Sa sœur lui donne le biberon.*

① **bibi** [bibi] n. m. Fam. Vieilli. Petit chapeau de femme. *Des bibis.*

② **bibi** pronom Fam. Moi. *Les corvées, c'est toujours pour bibi.*

bibine [bibin] n. f. Mauvaise boisson. – Bière de qualité inférieure.

bibite [bibit] n. f. Au Canada. Petite bête ; bestiole.

bible [bibl] n. f. **1·** (Avec une majuscule) Recueil des textes de l'Ancien et du Nouveau Testament. → **écriture.** *La sainte Bible.* **2·** Le livre lui-même. *Une bible illustrée.* **3·** Ouvrage faisant autorité. *Ce dictionnaire est la bible de tous les lycéens.* ▷ **biblique**

bibliobus [biblijobys] n. m. invar. Véhicule aménagé en bibliothèque de prêt, desservant certains quartiers ou villages.

bibliographie [biblijɔgʀafi] n. f. Liste des écrits relatifs à un sujet donné. *Cet ouvrage est accompagné d'une bibliographie.* ▶ **bibliographique** adj. *Références bibliographiques.*

bibliophile [biblijɔfil] n. Personne qui aime, recherche et conserve avec soin et goût les livres rares, précieux. ▶ **bibliophilie** n. f. Passion et science du bibliophile.

bibliothèque [biblijɔtɛk] n. f. **1·** Meuble ou assemblage de tablettes permettant de ranger et de classer des livres. *Une bibliothèque vitrée. Les rayons d'une bibliothèque.* **2·** Salle, édifice où sont classés des livres, pour la lecture ou pour le prêt. *Bibliothèque municipale.* – *Bibliothèque de gare*, librairie, kiosque (à journaux), dans une gare. **3·** Collection de livres. *Un ouvrage de sa bibliothèque.* ▶ **bibliothécaire** n. Personne préposée à une bibliothèque.

biblique [biblik] adj. Qui appartient, qui concerne la Bible. *Études bibliques.*

bicarbonate [bikaʀbɔnat] n. m. Carbonate acide. *Bicarbonate de soude* (c'est-à-dire de *sodium*), employé contre les maux d'estomac.

bicentenaire [bisɑ̃tnɛʀ] adj. et n. m. **1·** Adj. Qui a deux cents ans. *Une ville bicentenaire.* **2·** N. m. Deux centième anniversaire (d'un événement). *Le bicentenaire de la Révolution française.*

bicéphale [bisefal] adj. Didact. Qui a deux têtes. – Qui a deux chefs. *Un gouvernement bicéphale.*

biceps [bisɛps] n. m. invar. Muscle du bras qui gonfle quand on fléchit celui-ci. – Fam. *Avoir des biceps,* être musclé, fort (fam. *biscottos* n. m. pl.).

biche [biʃ] n. f. Femelle du cerf. *La biche et son faon.* ▷ **pied-de-biche**

bicher [biʃe] v. intr. < conjug. 1 > **1·** Impers. Fam. Vieilli. Aller bien. *Ça biche.* **2·** Fam. Se réjouir. *Il biche !*

bichon, onne [biʃɔ̃, ɔn] n. Petit chien d'appartement, au nez court, au poil long et soyeux. – Fam. Terme d'affection. *Mon petit bichon !*

bichonner [biʃɔne] v. < conjug. 1 > **1·** V. tr. Arranger avec soin et coquetterie. → **pomponner.** – Être aux petits soins pour. → **soigner. 2·** V. pron. réfl. *Elle passe des heures à se bichonner.*

bicolore [bikɔlɔʀ] adj. Qui présente deux couleurs. *Une écharpe bicolore.*

bicoque [bikɔk] n. f. Souvent péj. Petite maison de médiocre apparence. – Habitation mal construite ou mal entretenue. *Une vieille bicoque.* → **baraque, cabane.**

bicorne [bikɔʀn] n. m. Chapeau à deux pointes. *Un bicorne d'académicien.*

bicot [biko] n. m. Péj. et vieilli. Terme d'injure raciste. Maghrébin.

bicyclette [bisiklɛt] n. f. Véhicule à deux roues mû par un système de pédalier qui entraîne la roue arrière. *Le cadre, le guidon, la selle, le garde-boue, le porte-bagages de la bicyclette.* → **vélo** ; fam. **bécane.** *Bicyclette à moteur.* → **cyclomoteur, vélomoteur.** *Une course de bicyclettes* (→ **cyclisme**). *Aller à bicyclette,* et fam. *en bicyclette.*

bidasse [bidas] n. m. Fam. Soldat.

① **bide** [bid] n. m. Fam. Ventre.

② **bide** n. m. Fam. (Pièce de théâtre, spectacle...) Échec total. *Ça a été un bide. Faire un bide.* → ② **four.**

bidet [bidɛ] n. m. **1·** Petit cheval de selle. – Plaisant. Cheval. **2·** Cuvette oblongue et basse, sur pied, servant à la toilette intime.

bidoche [bidɔʃ] n. f. Fam. Viande. → fam. **barbaque.**

① **bidon** [bidɔ̃] n. m. **1·** Récipient portatif pour les liquides et que l'on peut fermer avec un bouchon ou un couvercle. *Un bidon de lait. Un bidon d'essence.* → **jerrycan. 2·** Fam. Ventre. → fam. **bedaine.**

② **bidon** n. m. Fam. *C'est du bidon,* du bluff, des histoires, des mensonges. *Ce n'est pas du bidon,* c'est vrai. – Adj. invar. Faux, simulé. *Des déclarations bidon. Il, elle est complètement bidon.*

se bidonner [bidɔne] v. pron. < conjug. 1 > Fam. Rire beaucoup. → fam. se **marrer,** se **poiler.** *Elles se sont bidonnées toute la soirée.*

bidonville [bidɔ̃vil] n. m. Agglomération de baraques faites de matériaux de récupération, où vit la population la plus misérable.

bidouiller [biduje] v. tr. < conjug. 1 > Fam. Faire fonctionner, arranger en bricolant. *Bidouiller un décodeur.* – Truquer. → **trafiquer.** *Un C. V. bidouillé.* ▶ **bidouillage** n. m. Fam. Action de bidouiller. *Un bidouillage électoral.* ▶ **bidouille** n. f. Fam. Astuce utilisée pour arranger du matériel. ▶ **bidouilleur, euse** n. Fam. Personne qui bidouille (qqch.).

bidule [bidyl] n. m. Fam. Objet quelconque. → fam. **machin, truc.**

bief [bjɛf] n. m. **1·** Portion d'un cours d'eau, d'un canal entre deux chutes, deux écluses. **2·** Canal de dérivation qui conduit les eaux d'un cours d'eau vers une machine hydraulique. *Le bief d'un moulin.*

bielle [bjɛl] n. f. Tige rigide, articulée à ses extrémités et destinée à la transmission du mouvement entre deux pièces mobiles. *Les bielles d'une locomotive, d'un moteur d'automobile.* – *Couler une bielle,* la faire fondre.

biélorusse [bjeloʀys] adj. et n. De Biélorussie. – *Un, une Biélorusse.* – N. m. Langue slave parlée en Biélorussie.

① **bien** [bjɛ̃] adv. et adj. (comparatif *mieux*) **I·** Adv. **1·** D'une manière satisfaisante. / contr. mal / *Elle danse bien. Il a très bien réussi.* → **admirablement.** *Un roman bien écrit. Tant bien que mal ; ni bien ni mal.* → **passablement.** *Je vais bien.* **2·** D'une manière conforme à la raison, à la morale. *Il s'est bien conduit.* → **honnêtement.** – *J'ai cru bien faire,* agir comme il fallait. *C'est bien fait ! bien fait pour lui !,* ce qui lui arrive est mérité. – *Vous feriez bien de* (+ infinitif), vous devriez. *Vous feriez bien de vous couvrir.* **3·** (Indiquant le degré, l'intensité, la quantité) → **tout** à fait, **très.** *Nous sommes bien contents. Bien souvent. Bien sûr, bien entendu,* c'est évident, cela va de soi. *Bien mieux. Il est bien jeune pour cet emploi.* → **trop.** *Nous avons bien ri.* → **beaucoup.** – ***Bien de, des*** : beaucoup de. *Vous avez bien de la chance. Depuis bien des années. Et bien d'autres encore...* **4·** Au moins. *Il y a bien une heure qu'il est sorti. Cela vaut bien le double.* → **largement. 5·** (Renforçant l'affirmation) *Nous le savons bien. C'est bien lui.* → **vraiment.** – Iron. *C'était bien* *la peine !* **6·** En fait et en dépit des difficultés (quoi qu'on dise, pense, fasse ; quoi qu'il arrive). *Attendons, nous verrons bien. Cela finira bien un jour. J'irais bien avec vous, mais...,* je pourrais, j'aimerais aller avec vous, mais... **7·** ***Eh bien !,*** interjection marquant l'interrogation, l'étonnement. → fam. **ben.** *Eh bien ! Qu'en dites-vous ?* **II·** Adj. invar. **1·** Satisfaisant. *Ce sera très bien ainsi.* → **parfait.** – Juste, moral. *Ce n'est pas bien, ce que vous faites.* – En bonne santé, en bonne forme. *Il est très bien en ce moment.* – Capable de faire ce qu'il faut. *Elle est bien dans ce rôle.* – Beau. *Il est bien, ce garçon.* – À l'aise, content. *Qu'on est bien !* – ***Être bien avec*** *qqn* : être en bons termes avec lui, être son ami. *Il était bien avec ses voisins.* **2·** Fam. Convenable, comme il faut, distingué. *Des gens bien.* – Qui a des qualités morales, de la valeur. *C'est un type bien.*

②**bien** n. m. **I· 1·** Ce qui est avantageux, agréable, utile. *Ce remède lui a fait (le plus) grand bien. Cela lui fait plus de mal que de bien. Le bien commun, public.* → **intérêt.** *C'est pour son bien. Un ami qui vous veut du bien. La santé est le plus précieux des biens.* – Iron. *Grand bien vous fasse !* – *Dire du bien de qqn, de qqch.,* en parler favorablement, en faire l'éloge. **2·** Chose matérielle que l'on peut posséder. → **capital, fortune, propriété, richesse.** *Avoir du bien. Elle dispose de ses biens.* – Prov. *Bien mal acquis ne profite jamais.* – *Biens meubles, immeubles, publics, privés.* → **propriété.** – Produits de l'économie. *Les biens de consommation.* **II·** Ce qui possède une valeur morale, ce qui est juste, honnête. *Savoir discerner le bien du mal.* – Vieilli. *Un homme de bien,* qui pratique le bien, honnête, intègre. → **devoir.** – Fam. *En tout bien tout honneur,* sans mauvaise intention. *Il la voit souvent, en tout bien tout honneur.*

③**bien que** loc. conj. → **bien que.**

bien-aimé, ée [bjɛ̃neme] adj. et n. **1·** Qui est aimé d'une affection particulière. *Un fils bien-aimé.* **2·** Littér. Personne aimée d'amour. *Ma bien-aimée. Des bien-aimé(e)s.*

bien-être [bjɛ̃nɛtʀ] n. m. invar. **1·** Sensation agréable procurée par la satisfaction de besoins physiques, l'absence de soucis. → **bonheur, plaisir.** / contr. malaise / **2·** Aisance matérielle ou financière. → **aisance, confort.** / contr. gêne / *Jouir d'un certain bien-être.*

bienfaisant, ante [bjɛ̃fəzɑ̃, ɑ̃t] adj. (Choses) Qui fait du bien, apporte un mieux, un soulagement. → **salutaire.** *L'action bienfaisante d'une cure.* / contr. pernicieux / ▶ **bienfaisance** n. f. Action de faire du bien dans un intérêt social. → **assistance.** *Association, œuvre de bienfaisance.* / contr. malfaisance /

bienfait [bjɛ̃fɛ] n. m. **1·** Littér. Acte de générosité, bien que l'on fait à qqn. → **faveur, largesse, service.** *Un bienfait n'est jamais perdu,* on est toujours récompensé du bien fait à qqn. **2·** (Choses) Avantage procuré, action bienfaisante. *Les bienfaits de la civilisation, d'un traitement médical.* / contr. méfait / ▶ **bienfaiteur, trice** n. Personne qui a fait du bien, apporté une aide généreuse. *Ils la considèrent comme leur bienfaitrice. Membre bienfaiteur d'une association.* → **donateur.**

bien-fondé [bjɛ̃fɔ̃de] n. m. sing. Conformité au droit. → **légitimité.** *Le bien-fondé d'une réclamation.* – Conformité à la raison, à une autorité quelconque. *Le bien-fondé d'une opinion.*

bienheureux, euse [bjɛ̃nœʀø, øz] adj. et n. **1·** Littér. Heureux. **2·** Personne à laquelle l'Église reconnaît un très haut degré de perfection chrétienne, sans toutefois la mettre au rang des saints (→ **béatification**).

biennal, ale, aux [bjenal] adj. et n. f. **1·** Adj. Qui dure deux ans. – Qui a lieu tous les deux ans. → **bisannuel. 2·** N. f. Manifestation, exposition qui a lieu tous les deux ans. *La Biennale de Venise.*

bien-pensant, ante [bjɛ̃pɑ̃sɑ̃, ɑ̃t] adj. et n. Dont les idées sont conformistes. – N. *Les bien-pensant(e)s.*

bien que [bjɛ̃kə] loc. conj. (marquant la concession) Quoique. – (+ subjonctif) *J'accepte, bien que je ne sois pas convaincu.* – (+ part. prés.) *Bien que sachant nager, il n'osait pas plonger.* – (Avec ellipse du verbe) *Bien que nu, il n'avait pas froid.*

bienséant, ante [bjɛ̃seɑ̃, ɑ̃t] adj. Vx. Qu'il est séant (convenable) de dire, de faire. → **correct.** / contr. malséant / ▶ **bienséance** n. f. Littér. Conduite sociale en accord avec les usages, respect de certaines formes. → **correction, savoir-vivre.** – Au plur. *Les bienséances,* les usages à respecter. → **convenance.** *Respecter les bienséances.*

bientôt [bjɛ̃to] adv. **1·** Dans peu de temps dans un proche futur. → **incessamment, prochainement.** *Nous reviendrons bientôt,* d'un moment à l'autre, sous peu. – Fam. *C'est pour bientôt,* cela arrivera dans peu de temps. – ***À bientôt*** loc. adv. : se dit en quittant une personne que l'on pense revoir bientôt. *Au revoir et à bientôt !* **2·** Dans un court espace de temps. → **rapidement, tôt, vite.** *Ce sera bientôt fait.* – Littér. *Cela est bientôt dit,* cela est plus facile à dire qu'à faire.

bienveillant, ante [bjɛ̃vɛjɑ̃, ɑ̃t] adj. Qui a ou marque de la bienveillance. → **indulgent.** *Critique bienveillante.* / contr. désobligeant, malveillant / ▶ **bienveillance** n. f. Disposition favorable envers une personne inférieure (en âge, en mérite). → **bonté, indulgence.** *Je vous remercie de votre bienveillance.* / contr. malveillance /

bienvenu, ue [bjɛ̃vny] adj. **1·** Littér. Qui arrive à propos. → **opportun.** *Une remarque bienvenue.* **2·** N. *Le bienvenu, la bienvenue,* personne, chose accueillie avec plaisir. *Vous serez toujours le bienvenu. Soyez la bienvenue. Votre offre est la bienvenue.* ▶ **bienvenue** n. f. (Dans un souhait) Heureuse arrivée de qqn. *Souhaiter la bienvenue à qqn,* lui faire bon accueil. *Bienvenue à nos invités !*

1 **bière** [bjɛʀ] n. f. Boisson alcoolique fermentée, faite avec de l'orge germée et aromatisée avec des fleurs de houblon. *Bière brune, blonde. – Garçon, une bière !* → **bock, demi.** *Bière (à la) pression,* mise sous pression en récipients, et tirée directement dans les verres, au café. *Levure de bière.*

2 **bière** n. f. Caisse oblongue où l'on enferme un mort. → **cercueil.** *Mise en bière.*

biffer [bife] v. tr. < conjug. 1 > Supprimer, rayer (ce qui est écrit). → **barrer.** *Biffer un mot.*

biffin [bifɛ̃] n. m. Vx. Fantassin.

bifide [bifid] adj. Didact. Fendu en deux. *La langue bifide des serpents.*

bifidus [bifidys] n. m. invar. Bactérie utilisée comme ferment dans l'industrie laitière.

bifteck [biftɛk] n. m. Tranche de bœuf grillée ou destinée à l'être. → **chateaubriand, steak, tournedos.** *Un bifteck bleu, saignant, à point, bien cuit.*

bifurquer [bifyʀke] v. intr. < conjug. 1 > **1·** Se diviser en deux, en forme de fourche. *La route bifurque à cet endroit.* **2·** Abandonner une voie pour en suivre une autre. *Le train a bifurqué sur une voie de garage.* – Fig. Prendre une autre orientation. *Il a abandonné ses études et a bifurqué vers la vie active.* ▶ **bifurcation** n. f. **1·** Division en deux branches. → **embranchement, fourche.** **2·** (Dans des études, des carrières...) Possibilité d'option entre plusieurs voies. *La bifurcation des études après le baccalauréat.*

bigame [bigam] adj. et n. Qui est marié à deux personnes en même temps (opposé à *monogame* et à *polygame*). – N. *Un, une bigame.* ▶ **bigamie** n. f. État d'une personne qui, étant déjà mariée, s'est mariée une seconde fois, sans que le premier mariage soit dissous. / contr. monogamie /

bigarré, ée [bigaʀe] adj. **1·** Qui a des couleurs variées. → **bariolé.** *Des tissus bigarrés.* **2·** Formé d'éléments disparates. → **hétéroclite, mêlé.** *Une société bigarrée.* ▶ **bigarrure** n. f. Aspect bigarré.

bigarreau [bigaʀo] n. m. Cerise rouge et blanche, à la chair ferme, d'un cerisier (appelé *bigarreautier*). *Des bigarreaux.*

big bang [bigbɑ̃g] n. m. sing. Anglic. **1·** Instant où une explosion de matière aurait provoqué la formation de l'univers connu (12 milliards d'années avant nous). **2·** Grand changement brusque. *Un big bang politique.*

bigler [bigle] v. < conjug. 1 > Fam. **1·** V. intr. Loucher. **2·** V. tr. Regarder du coin de l'œil. → fam. **zieuter.** ▶ **bigleux, euse** adj. et n. Fam. **1·** Qui louche. **2·** Qui voit mal.

bigophone [bigɔfɔn] n. m. Fam. Vieilli. Téléphone. *Je te donnerai un coup de bigophone avant de partir.*

bigorneau [bigɔʀno] n. m. Petit coquillage comestible à coquille grise en spirale. *Des bigorneaux.*

bigot, ote [bigo, ɔt] adj. et n. Qui manifeste une dévotion outrée et étroite. *Une vieille bigote.* → fam. grenouille de **bénitier.** ▶ **bigoterie** n. f. Dévotion étroite du bigot.

bigoudi [bigudi] n. m. Petit objet (rouleau, etc.) autour duquel on enroule une mèche de cheveux pour la friser. *Elle fait sa mise en plis en mettant des bigoudis. Une femme en bigoudis.*

bigre [bigʀ] interj. Fam. Exclamation exprimant la colère, l'étonnement. → fam. **bougre.** *Bigre ! Que c'est dur !* ▶ **bigrement** adv. Fam. Très. → fam. **bougrement.** *Il fait bigrement chaud.*

biguine [bigin] n. f. Danse originaire des Antilles, à deux temps, à la mode en France entre 1930 et 1950. ≠ béguine.

bijection [biʒɛksjɔ̃] n. f. En mathématiques. Application qui établit entre deux ensembles une relation telle que tout élément de l'un corresponde à un seul élément de l'autre.

bijou [biʒu] n. m. **1·** Petit objet ouvragé, précieux par la matière ou par le travail et servant à la parure. → **joyau.** *Bijou en or. Bijou de fantaisie. Une femme couverte de bijoux.* **2·** Tout ouvrage, relativement petit, où se révèle de l'art, de l'habileté. → **chef-d'œuvre.** *Un bijou d'architecture. Cette boîte est un vrai petit bijou.* ▶ **bijouterie** n. f. **1·** Fabrication, commerce des bijoux. *Il travaille dans la bijouterie.* – Les bijoux en tant qu'articles de vente. **2·** Lieu où l'on vend, où l'on expose des bijoux. *Elle travaille dans une bijouterie.* ▶ **bijoutier, ière** n. Personne qui fabrique, qui vend des bijoux. → **joaillier, orfèvre.**

bikini [bikini] n. m. (Nom déposé) Maillot de bain formé d'un slip très petit et d'un soutien-gorge. → **deux-pièces.** *Des bikinis.* ▷ **monokini**

bilan [bilɑ̃] n. m. **1·** Tableau résumé de l'inventaire ou de la comptabilité d'une entreprise. → **balance.** *L'actif et le passif d'un bilan.* – *Déposer son bilan*, être en faillite. **2·** Résultat chiffré. *Le bilan de la catastrophe est de quinze morts.* **3·** État, résultat global. *Le bilan des recherches est positif.* **4·** *Bilan de santé*, examen médical portant sur l'ensemble de l'organisme. → **check-up.** ▷ **écobilan**

bilatéral, ale, aux [bilateʀal, o] adj. **1·** Qui a deux côtés, qui se rapporte à deux côtés. *Le stationnement est bilatéral*, des deux côtés de la voie. **2·** Qui engage les parties contractantes l'une envers l'autre. → **réciproque.** *Contrat bilatéral.* / contr. unilatéral /

bilboquet [bilbɔkɛ] n. m. Jouet formé d'un petit bâton pointu à une extrémité, dans lequel on doit enfiler une boule percée qui lui est reliée par une cordelette.

bile [bil] n. f. **1·** Liquide visqueux et amer sécrété par le foie. → **fiel.** **2·** Loc. Vieux. *Échauffer la bile*, exciter la colère. – *Se faire de la bile*, s'inquiéter, se tourmenter. ▶ **se biler** v. pron. < conjug. 1 > Fam. Se faire de la bile. → s'en **faire.** *Ne vous bilez pas !* ▶ **bileux, euse** adj. Fam. Soucieux. *Il n'est pas bileux*, il ne se fait pas de bile. ≠ bilieux. ▶ **biliaire** adj. Qui a rapport à la bile. *La vésicule biliaire.* ▶ **bilieux, ieuse** adj. **1·** Qui abonde en bile ; qui résulte de l'abondance de bile. *Un tempérament, un teint bilieux.* **2·** Littér. Enclin à la colère, rancunier. ≠ bileux. ▷ **atrabilaire**

bilingue [bilɛ̃g] adj. Qui est en deux langues. *Édition, enseignement bilingue.* – Où l'on parle deux langues. *Une région bilingue.* – Qui parle parfaitement deux langues. *Il est totalement bilingue.* ▶ **bilinguisme** [bilɛ̃gɥism] n. m. État (d'un pays) où l'on parle deux langues. *Le bilinguisme en Belgique, au Québec.* – (Personnes) Fait de parler parfaitement deux langues. *Le bilinguisme des Catalans, des Basques.*

billard [bijaʀ] n. m. **1·** Jeu pratiqué sur une table spéciale où les joueurs font rouler des billes qu'ils poussent avec un bâton (*queue de billard*). *Faire un (petit) billard*, une partie de billard. *Billard français* (à 3 boules), *américain* (à 16 boules). – *Billard japonais, russe*, jeux où l'on pousse une bille qui doit éviter des quilles, passer sous des arceaux, se loger dans des trous. **2·** Table rectangulaire, munie de bandes (①, 3) et recouverte d'un tapis vert collé, sur laquelle on joue au billard. **3·** Fam. Table d'opération chirurgicale. *Monter, passer sur le billard*, subir une opération.

① **bille** [bij] n. f. **1·** Boule avec laquelle on joue au billard. – Loc. *Attaquer bille en tête*, frapper la bille par sa partie supérieure ; fig. y aller carrément. **2·** Petite boule de pierre, d'argile, de verre servant à des jeux d'enfants. *Une bille d'agate.* – *Les billes*, ce jeu. *Jouer aux billes.* – Loc. *Placer ses billes*, se mettre en bonne position pour obtenir qqch. *Reprendre, retirer ses billes*, se retirer d'une association. **3·** *Roulement à billes*, qui fonctionne avec de petites boules d'acier. **4·** Fam. Figure. *Bille de clown*, figure comique, ridicule.

② **bille** n. f. Pièce de bois prise dans la grosseur du tronc ou de grosses branches, destinée à être débitée en planches. *Une bille de chêne.* ▷ **billot**

billet [bijɛ] n. m. **1·** Littér. Courte lettre. → **mot.** – Loc. *Billet doux*, lettre d'amour. → vx ② **poulet.** **2·** Promesse écrite, engagement de payer une certaine somme. → **effet, traite.** *Billet au porteur*, payable au détenteur à l'échéance. *Billet à ordre*, par lequel une personne s'engage à payer une somme à qqn ou à son ordre. → **lettre** de change. **3·** *Billet de banque, billet*, papier-monnaie émis par certaines banques. → **coupure.** *Un billet de cent francs, de vingt euros.* Fam. *Le billet vert*, le dollar américain. – Fam. Somme de mille anciens francs (avant l'euro). **4·** Petit écrit, petit imprimé donnant entrée, accès quelque part. *Il est entré sans billet. Billet de théâtre, de concert. Billet d'avion, de train.* **5·** Loc. *Je vous donne, je vous fiche mon billet que...*, je vous certifie que... ▶ **billetterie** [bijɛtʀi] n. f. **1·** Distributeur de billets de banque, de train fonctionnant avec une carte magnétique. **2·** Ensemble des opérations liées à la vente de billets (4). – Lieu où l'on peut acheter des billets. *La billetterie d'un théâtre.* ▷ **porte-billets**

billevesée [bij(l)vəze] n. f. Littér. Parole vide de sens, idée creuse. → **baliverne, sornette.**

billot [bijo] n. m. **1·** Bloc de bois sur lequel on appuyait la tête d'un condamné à la décapitation. **2·** Masse de bois ou de métal à hauteur d'appui sur laquelle on fait un ouvrage. → **bloc.** *Billot de boucher.*

bimane [biman] adj. et n. Didact. Qui a deux mains. – *Un bimane*, un homme.

bimbeloterie [bɛ̃blɔtʀi] n. f. Fabrication ou commerce des bibelots ; ces bibelots en tant qu'articles de vente.

bimédia [bimedja] adj. *Journal bimédia,* publié en version papier et en version numérique sur Internet. *Presse bimédia. Des journaux bimédias.*

bimensuel, elle [bimɑ̃sɥɛl] adj. Qui a lieu, qui paraît deux fois par mois. *Revue bimensuelle.* ≠ bimestriel.

bimestriel, elle [bimɛstʀijɛl] adj. Qui a lieu, qui paraît tous les deux mois. *Une publication bimestrielle.* ≠ bimensuel.

bimoteur [bimɔtœʀ] adj. et n. m. Muni de deux moteurs.

binaire [binɛʀ] adj. Composé de deux unités, deux éléments. – En informatique. Qui ne comporte que deux éléments (0, 1). *Le langage binaire du numérique.*

biner [bine] v. tr. < conjug. 1 > Remuer (la terre) pour l'ameublir, l'aérer, enlever les mauvaises herbes, en employant un outil *(une binette),* une machine *(une bineuse).* ▶ **binage** n. m. Action de biner.

binette [binɛt] n. f. Fam. Visage. *Une drôle de binette.*

bing [biŋ] interj. Onomatopée évoquant un bruit de choc, de heurt.

biniou [binju] n. m. Sorte de cornemuse bretonne. *Des binious.*

binocle [binɔkl] n. m. Vx. Lunettes sans branches se fixant sur le nez. → **lorgnon, pince-nez.** Au plur. Fam. Lunettes. ▶ **binoclard, arde** adj. et n. Fam. Qui porte des lunettes.

binoculaire [binɔkylɛʀ] adj. et n. f. **1·** Qui se fait par les deux yeux. *Vision binoculaire.* **2·** Qui est pour deux yeux. *Microscope binoculaire.* **3·** N. f. Jumelle à prisme employée pour l'observation dans l'armée.

binôme [binom] n. m. Polynôme composé de deux termes (somme algébrique de deux monômes). *Le binôme* $5x^3 - 2x$.

bio- Élément savant signifiant «vie».

biocarburant [bjokaʀbyʀɑ̃] n. m. Carburant de substitution d'origine végétale. → **agrocarburant.**

biocénose [bjosenoz] n. f. En biologie. Ensemble des êtres vivants présents dans un même milieu (le biotope*).

biochimie [bjoʃimi] n. f. Partie de la chimie qui traite des phénomènes vitaux.

biodégradable [bjodegʀadabl] adj. Qui peut être décomposé par les micro-organismes naturels. *Emballage biodégradable.*

biodiversité [bjodivɛʀsite] n. f. En biologie. Diversité biologique, relativement aux espèces vivantes et au sein des espèces.

bioéthique [bjoetik] n. f. Discipline traitant des problèmes moraux soulevés par la recherche médicale ou biologique.

biogénétique [bjoʒenetik] n. f. Didact. Génétique qui prend en compte les données du monde du vivant (facteurs environnementaux, par ex.).

biographie [bjɔgʀafi] n. f. **1·** Ouvrage qui a pour objet l'histoire de vies particulières. *Il a écrit une biographie de Victor Hugo.* **2·** Faits qui constituent la vie d'une personne. *Une biographie riche en événements.* ▶ **biographe** n. Auteur de biographie(s). ▷ **autobiographie**

bio-industrie [bjoɛ̃dystʀi] n. f. Industrie (chimie, pharmacie, agro-alimentaire) utilisant des techniques de transformation des substances organiques par les micro-organismes.

biologie [bjɔlɔʒi] n. f. Science qui a pour objet l'étude de la matière vivante en général et des êtres vivants : des plantes → **botanique,** des animaux → **zoologie** et des hommes → **anthropologie.** *Biologie moléculaire,* qui étudie les cellules et tissus vivants au niveau des molécules. *Biologie cellulaire.* ▶ **biologique** adj. Relatif à la biologie. *Études biologiques.* – Qui a rapport à la vie, aux nécessités vitales. – *Arme biologique,* qui utilise des virus, des bactéries pour propager des maladies mortelles ou rendant inapte au combat. ▶ **biologiste** n. Spécialiste de la biologie. ▷ **aérobiologie**

biomasse [bjomas] n. f. Masse de matière vivante présente dans un milieu, rapportée à une surface ou un volume. *La biomasse végétale.*

biométrie [bjometʀi] n. f. Didact. Analyse des caractéristiques physiques d'une personne (voix, empreintes digitales, iris). ▶ **biométrique** adj. Relatif à la biométrie. *Passeport biométrique.*

bionique [bjɔnik] n. f. Discipline qui cherche à utiliser des dispositifs imités du monde vivant (notamment le fonctionnement du cerveau). → **cybernétique.**

biophysique [bjofizik] n. f. Partie de la physique qui traite des phénomènes vitaux.

biopsie [bjɔpsi] n. f. Prélèvement d'un fragment de tissu sur un être vivant en vue d'un examen.

biorythme [bjoʀitm] n. m. Rythme biologique (d'un être vivant) caractérisé par la variation périodique de phénomènes physiologiques.

biosciences [bjosjɑ̃s] n. f. plur. Ensemble des sciences de la vie.

biosphère [bjosfɛʀ] n. f. Ensemble des organismes vivants qui se développent sur la Terre.

biotechnologie [bjotɛknɔlɔʒi] n. f. Didact. Technique qui utilise des micro-organismes pour réaliser des transformations utiles à l'industrie, notamment agro-alimentaire. ▶ **biotechnologique** adj.

bioterrorisme [bjoteʀɔʀism] n. m. Utilisation d'armes biologiques à des fins terroristes. ▶ **bioterroriste** adj. *Attentat bioterroriste.*

biotope [bjɔtɔp] n. m. Milieu biologique présentant des conditions de vie stables. *Le biotope marin.* → **écosystème.**

bioxyde [biɔksid] n. m. Oxyde contenant deux fois plus d'oxygène que l'oxyde simple.

bipartite [bipaʀtit] adj. Qui est composé de deux éléments, de deux groupes. – *Un gouvernement bipartite,* composé par l'association de deux partis. *Accord bipartite,* entre deux partis.

bipède [bipɛd] adj. et n. m. Qui marche sur deux pieds. *L'homme est un bipède.* ▶ **bipédie** n. f. Didact. Fait de marcher sur deux pieds.

biplan [biplɑ̃] n. m. Avion à deux plans de sustentation (opposé à *monoplan*).

bipolaire [bipɔlɛʀ] adj. **1·** Mathématiques et physique. Qui a deux pôles. **2·** *Troubles bipolaires,* psychose maniacodépressive*. – N. *Un, une bipolaire.* ▶ **bipolarisation** n. f. Tendance au regroupement en deux blocs des diverses forces politiques d'une nation.

bique [bik] n. f. **1·** Fam. Chèvre. *Une peau de bique.* **2·** Péj. *Vieille bique,* vieille femme. *Grande bique,* grande fille. ▶ **biquet, ette** n. Petit de la bique. → **chevreau.**

birbe [biʀb] n. m. Péj. *Un vieux birbe,* un vieil homme.

biréacteur [biʀeaktœʀ] n. m. Avion à deux réacteurs.

1 **bis, bise** [bi, biz] adj. D'un gris tirant sur le brun. *Du pain bis,* renfermant du son.

2 **bis** [bis] adv., n. m. invar. et adj. **1·** Cri par lequel le public demande la répétition de ce qu'il vient de voir ou d'entendre (→ **bisser**). – Indication musicale d'avoir à répéter une phrase, un refrain. **2·** Indique la répétition du numéro. *12 bis, rue de...* ▷ **bisser**

bisaïeul, eule [bizajœl] n. Littér. Arrière-grand-père, arrière-grand-mère. *Il a encore ses bisaïeuls.*

bisannuel, elle [bizanɥɛl] adj. **1·** Qui revient tous les deux ans. → **biennal. 2·** (Plante) Qui vit deux ans.

bisbille [bisbij] n. f. Fam. Petite querelle pour un motif futile. *Il est en bisbille avec son voisin.*

biscornu, ue [biskɔʀny] adj. **1·** Qui a une forme irrégulière, présentant des saillies. **2·** Fam. Compliqué et bizarre. *Quelle idée biscornue !* → **extravagant, saugrenu.**

biscotte [biskɔt] n. f. Tranche de pain de mie séchée au four. *Un paquet de biscottes.*

1 **biscuit** [biskɥi] n. m. Gâteau sec (galette, petit-beurre, sablé, etc.). *Biscuit à la noix de coco. Biscuit à la cuiller,* très léger et absorbant. ▶ **biscuiterie** n. f. Fabrication, fabrique de gâteaux secs.

2 **biscuit** n. m. Porcelaine blanche non émaillée, cuite au four qui imite le grain du marbre. – Ouvrage fait en cette matière. *Un biscuit de Saxe.*

1 **bise** [biz] n. f. Vent sec et froid soufflant du nord ou du nord-est. ≠ brise.

2 **bise** n. f. Fam. Baiser. *Une grosse bise.* ▷ **bisou**

biseau [bizo] n. m. **1·** Bord taillé obliquement. → **biais.** *Une glace, un sifflet en biseau.* **2·** Outil acéré dont le tranchant est ainsi taillé. *Des biseaux.* ▶ **biseauter** v. tr. < conjug. 1 > **1·** Tailler en biseau. – Au p. p. adj. *Une glace biseautée.* **2·** Marquer des cartes à jouer d'un signe quelconque sur la tranche, pour tricher au jeu.

bisexué, ée [bisɛksɥe] adj. (Plantes) Qui a l'organe mâle (*étamine*) et l'organe femelle (*pistil*) réunis dans la même fleur. – (Plantes) Qui a sur le même pied des fleurs mâles et des fleurs femelles.

bisexuel, elle [bisɛksɥɛl] adj. Qui est à la fois hétérosexuel et homosexuel. – N. *Un bisexuel.*

bismuth [bismyt] n. m. **1·** Métal brillant à reflets rosés, très cassant. **2·** Nom pharmaceutique du nitrate de bismuth.

bison [bizɔ̃] n. m. Bœuf sauvage au front large, bombé et armé de cornes courtes, aux épaules plus élevées que la croupe, à la tête ornée d'une épaisse crinière. → **aurochs.** *Un troupeau de bisons.*

bisou [bizu] n. m. Fam. Bise, baiser. *Je vous fais des gros bisous.*

bisque [bisk] n. f. Potage fait avec un coulis de crustacés. *Une bisque de homard.*

bisquer [biske] v. intr. < conjug. 1 > Fam. Éprouver du dépit, de la mauvaise humeur. → **rager, râler.** *Faire bisquer qqn.*

bissac [bisak] n. m. Sac à deux poches et ouverture centrale. → **besace.**

bissectrice [bisɛktʀis] n. f. Droite qui coupe un angle en deux parties égales. *La bissectrice d'un angle.*

bisser [bise] v. tr. < conjug. 1 > Répéter (ce qu'on vient d'exécuter), à la demande du public. → 2 **bis.** – *Bisser un artiste,* obtenir qu'il répète son morceau.

bissextile [bisɛkstil] adj. fém. Se dit de l'année de 366 jours qui revient tous les quatre ans et dont le mois de février comporte 29 jours.

bistouri [bistuʀi] n. m. Instrument de chirurgie en forme de couteau, à lame courte, qui sert à faire des incisions. *Donner un coup de bistouri.*

bistre [bistʀ] n. m. Couleur d'un brun noirâtre. ▶ **bistré, ée** adj. D'un brun noirâtre. *Un teint bistré.*

bistrot ou **bistro** [bistʀo] n. m. Fam. Café 2. → fam. **troquet.** *Il va souvent au bistro. C'est un pilier de bistrot.* ▶ **bistrotier, ière** n. Personne qui tient un bistrot.

bit [bit] n. m. Anglic. En informatique. Unité élémentaire d'information pouvant prendre deux valeurs distinctes, notées 0 et 1.

bite [bit] n. f. Vulg. Pénis. ≠ bitte.

bitte [bit] n. f. *Bitte (d'amarrage)* : borne sur le pont d'un navire, sur un quai, à laquelle on amarre les cordages. ≠ bite.

bitume [bitym] n. m. Mélange de carbures d'hydrogène utilisé comme revêtement imperméable des chaussées et des trottoirs. → **asphalte, goudron.** – Le sol ainsi revêtu *(bitumé). Rouler sur le bitume.*

biture ou **bitture** [bityʀ] n. f. Fam. *Prendre une biture* (ou, v. pron. réfl., fam. *se biturer*), s'enivrer. *Il avait pris une sacrée biture.*

bivalve [bivalv] adj. Qui a deux valves. *La moule est un mollusque bivalve,* ou n. m., *un bivalve.*

bivouac [bivwak] n. m. Installation provisoire en plein air de troupes en campagne. → **campement, cantonnement.** *Nous établissions chaque soir un bivouac différent.* – Le lieu où la troupe est installée (où elle *bivouaque*). ▶ **bivouaquer** v. intr. < conjug. 1 >

bizarre [bizaʀ] adj. **1·** Qui est inhabituel, qu'on s'explique mal. → **curieux, insolite, saugrenu, singulier.** / contr. banal, normal / *Il a des idées bizarres. Il n'écrit pas, c'est bizarre.* → **anormal, étrange. 2·** (Personnes) D'un caractère difficile à comprendre, fantasque. *Il, elle est un peu bizarre.* → **excentrique, original.** ▶ **bizarrement** adv. ▶ **bizarrerie** n. f. **1·** Caractère de ce qui est bizarre, d'une personne bizarre. → **étrangeté, excentricité.** / contr. banalité / **2·** Chose, élément, action bizarre. *Les bizarreries de la langue française.* ▶ **bizarroïde** adj. Fam. Bizarre, étrange. *Un comportement bizarroïde.*

bizness n. m. → **business.**

bizut ou **bizuth** [bizy] n. m. Fam. Nom donné dans certaines grandes écoles aux élèves de première année. *On va chahuter les bizut(h)s.* → **nouveau.** / contr. ancien / ▶ **bizuter** v. tr. < conjug. 1 > ▶ **bizutage** n. m. Épreuve infligée aux bizuts, comportant des brimades.

blabla ou **blablabla** [blablabla] n. m. sing. Fam. Bavardage, verbiage sans intérêt. *C'est du blablabla.* ▶ **blablater** v. tr. < conjug. 1 >

black [blak] n. et adj. Anglic. **1·** Fam. Personne de race noire. – Adj. *La musique black.* **2·** *Travailler au black,* au noir, sans être déclaré.

blackbouler [blakbule] v. tr. < conjug. 1 > **1·** Mettre en minorité dans un vote. *Il s'est fait blackbouler aux élections.* **2·** Fam. Refuser à un examen. → **coller.** – Écarter sans ménagement.

black-out [blakaut] n. m. invar. **1·** Obscurité totale commandée par la défense passive. *Des black-out.* **2·** Silence gardé (sur une nouvelle, une décision officielle).

blafard, arde [blafaʀ, aʀd] adj. D'une teinte pâle et sans éclat. → **blême.** *Un teint blafard.* → **livide.** *Une lumière blafarde.* / contr. coloré /

1 **blague** [blag] n. f. Petit sac de poche dans lequel les fumeurs mettent leur tabac.

2 **blague** n. f. **1·** Histoire imaginée à laquelle on essaie de faire croire. → fam. **bobard.** *Tu racontes des blagues. Il prend tout à la blague,* il ne prend rien au sérieux. Fam. *Blague à part,* pour parler sérieusement. *Sans blague !,* interjection qui marque le doute, l'étonnement, l'ironie. **2·** Farce, plaisanterie. *Faire une bonne blague à qqn.* ▶ **blaguer** v. < conjug. 1 > V. intr. Fam. Dire des blagues. → **plaisanter.** *Vous blaguez !* : vous n'êtes pas sérieux (I, 2) ! ▶ **blagueur, euse** n. et adj. Fam. Qui a l'habitude de dire des blagues.

blair [blɛʀ] n. m. Fam. Nez. ▷ **blairer**

blaireau [blɛʀo] n. m. **1·** Petit mammifère carnivore, bas sur pattes, de pelage clair sur le dos, foncé sous le ventre, qui se creuse un terrier.

Des blaireaux. **2·** Brosse pour la barbe, que l'on utilise pour faire mousser le savon. **3·** Fam. Personnage borné, mesquin.

blairer [bleʀe] v. tr. < conjug. 1 > Fam. Aimer (surtout négatif). *Je ne peux pas le blairer,* je le déteste. → **sentir** ; fam. **encadrer, encaisser.**

blâmer [blɑme] v. tr. < conjug. 1 > **1·** Porter, exprimer un jugement moral défavorable (sur qqn ou qqch.). → **condamner, critiquer, désapprouver.** / contr. approuver, féliciter, louer / *Il est plus à plaindre qu'à blâmer.* **2·** Punir d'un blâme, réprimander officiellement. ▶ **blâme** n. m. **1·** Opinion défavorable, jugement de désapprobation (sur qqn ou qqch.). → **condamnation, critique, réprobation, reproche.** *S'attirer, encourir le blâme de qqn.* / contr. approbation, éloge / **2·** Sanction disciplinaire. *Cet élève mérite un blâme.* ▶ **blâmable** adj. Qui mérite le blâme. → **condamnable, répréhensible.** *Une action blâmable.* / contr. louable /

1 **blanc, blanche** [blɑ̃, blɑ̃ʃ] adj. et n. **I·** Adj. **1·** Qui est d'une couleur dont la nature offre de nombreux exemples : *blanc comme (la) neige, le lait, le lis. Fromage blanc,* lait caillé égoutté, lissé ou granuleux. *Drapeau* blanc.* **2·** D'une couleur pâle voisine du blanc. *Il a la peau blanche. Elle a des cheveux blancs. Être blanc.* → **pâle.** – Se dit de choses claires, par opposition à celles de même espèce qui sont d'une autre couleur. *Vin blanc,* fait de raisins sans la peau. *Pain blanc.* **3·** Qui n'est pas écrit. *Page blanche.* → **vierge.** *Bulletin (de vote) blanc.* **4·** Qui n'a pas tous les effets habituels. *Nuit blanche,* sans sommeil. *Vers blancs,* sans rime. *Mariage blanc,* sans relations sexuelles. *Voix blanche,* sans timbre. *Examen blanc.* **II·** N. m. et f. *Un Blanc, une Blanche :* un homme, une femme appartenant à un groupe ethnique caractérisé par une faible pigmentation de la peau (opposé à *homme, femme de couleur*). ▶ 2 **blanc** n. m. **I· 1·** Couleur blanche. *Un blanc éclatant, mat.* → **blancheur.** *Être vêtu de blanc,* de vêtements blancs. *Elle était tout en blanc.* – Loc. *Les hommes en blanc,* les chirurgiens, les médecins. **2·** Matière colorante, qui sert à peindre. *Blanc de zinc,* oxyde de zinc. **3·** *En blanc :* avec la couleur blanche. *Peint en blanc. Photo en noir et blanc* (opposé à *en couleurs*). – Sans écriture. *Il a laissé le nom en blanc. Chèque en blanc,* portant seulement une signature (sans nom de bénéficiaire ou sans montant). **4·** *À blanc :* de manière à devenir blanc. *Un métal chauffé à blanc.* – *Tirer à blanc,* avec des projectiles inoffensifs. *Balles à blanc.* **II· 1·** Se dit de la partie blanche de certaines choses. *Blanc de poulet,* la chair blanche de la poitrine. *Blanc d'œuf,* partie incolore et visqueuse formée d'albumine. Opposé à *jaune d'œuf.* – *Le blanc de l'œil,* partie blanche de l'œil entourant la pupille. *Regarder qqn dans le blanc des yeux,* bien en face. – Intervalle, espace libre qu'on laisse dans un écrit. → **interligne.** *Laissez ici un blanc.* – Bref silence dans une conversation, un programme sonore. **2·** Linge blanc. *Une exposition de blanc* (dans un magasin). **3·** Vin blanc. *Un petit blanc sec. Champagne blanc de blancs,* fait avec un seul cépage blanc (chardonnay). *Blanc de blancs,* vin blanc fait avec du raisin blanc. ▶ **blanc-bec** n. m. Jeune homme sans expérience et sûr de soi. *Des blancs-becs.* ▶ **blanchâtre** adj. D'une teinte tirant sur le blanc. ▶ **blanche** n. f. Note de musique qui vaut deux noires. *Une blanche est un ovale blanc muni d'une queue.* ≠ ronde. ▶ **blancheur** n. f. Couleur blanche ; qualité de ce qui est blanc. *Linge d'une blancheur immaculée. La blancheur du teint.* ▶ **blanchir** v. < conjug. 2 > **I·** V. tr. **1·** Rendre blanc. → **éclaircir.** / contr. noircir / **2·** Couvrir d'une couche blanche ; enduire de blanc. *La neige blanchit les sommets.* – Au p. p. *Un mur blanchi à la chaux.* **3·** Laver, nettoyer (le linge blanc). *Donner son linge à blanchir.* – Au p. p. adj. *Un pensionnaire logé, nourri et blanchi,* et dont on lave le linge. **4·** Disculper, innocenter (qqn). *Il fut blanchi lors de son procès.* **5·** Donner une existence légale à (des fonds d'origine frauduleuse ou illicite). **II·** V. intr. Devenir blanc. *Ses cheveux blanchissent.* ▶ **blanchiment** n. m. **1·** Action de blanchir (I). *Le blanchiment d'un plafond au lait de chaux.* **2·** Action de blanchir (de l'argent). *Le blanchiment de l'argent sale.* ▶ **blanchissage** n. m. Action de blanchir le linge. → **lessive.** *Envoyer du linge au blanchissage.* ▶ **blanchissement** n. m. Le fait de blanchir (II). *Le blanchissement des cheveux.* ▶ **blanchisserie** n. f. Établissement où l'on fait le blanchissage et le repassage du linge. → **laverie.** ▶ **blanchisseur, euse** n. Personne dont le métier est de blanchir le linge et de le repasser. ▷ **blanquette, fer-blanc**

blanquette [blɑ̃kɛt] n. f. **1·** Vin blanc mousseux. *Une blanquette de Limoux.* **2·** Ragoût de viande blanche, dont la sauce est liée avec un jaune d'œuf. *Une blanquette de veau.* – *Blanquette de lotte.*

blasé, ée [blɑze] adj. (Personnes) Dont les sensations, les émotions ont perdu leur vigueur et leur fraîcheur, qui n'éprouve plus de plaisir à rien. → **indifférent, insensible.** *Après tant de succès, il est blasé.* ▶ **se blaser** v. pron. réfl. < conjug. 1 > Devenir blasé. *Elle s'est blasée de ce spectacle quotidien.*

blason [blɑ(a)zɔ̃] n. m. **1·** Ensemble des signes distinctifs et emblèmes d'une famille noble, d'une collectivité. → **armes, armoiries, écu.** *Le blason d'une famille impériale. L'héraldique est* *l'étude des blasons.* – Loc. *Redorer son blason* : (aristocrate) redevenir riche par un mariage. Par ext. Rétablir son prestige par une réussite. **2·** En littérature. Poème à la mode au XVIe siècle dont le thème est le corps féminin. *Les blasons de Clément Marot.*

blasphème [blasfɛm] n. m. Parole qui outrage la divinité, la religion ou quelque chose de sacré. ▶ **blasphémer** [blasfeme] v. intr. < conjug. 6 > Dire des blasphèmes, des imprécations. ▶ **blasphématoire** adj. Qui contient ou constitue un blasphème. → **impie, sacrilège.** *Des propos blasphématoires.* / contr. **pieux** /

-blaste, blasto- Éléments de mots savants, signifiant « germe ».

blatte [blat] n. f. Insecte nocturne au corps aplati. → **cafard, cancrelat.**

blazer [blazɛʀ] n. m. Veste de sport unie. *Un blazer bleu marine.*

blé [ble] n. m. **I· 1·** Céréale dont le grain sert à l'alimentation (farine, pain). → **froment.** *Semer du blé. Un champ de blé.* Loc. *Blond, doré comme les blés,* qui a les cheveux de la couleur du blé. **2·** Le grain seul. *Moudre le blé. Un silo à blé.* **3·** *Blé noir.* → **sarrasin. II·** Argent. → fam. **fric.**

bled [blɛd] n. m. **1·** En Afrique. L'intérieur des terres, la campagne. → **brousse. 2·** Fam. Lieu, village éloigné, isolé, offrant peu de ressources. → fam. **patelin, trou.** *On s'ennuie dans ce bled.*

blême [blɛm] adj. (Visage) D'une blancheur maladive. → **blafard, livide.** *Blême de colère.* → **pâle.** – (Jour, lueur) Très pâle. *Un petit matin blême.* ▶ **blêmir** v. intr. < conjug. 2 > Devenir blême.

blesser [blese] v. tr. < conjug. 1 > **1·** Frapper d'un coup qui cause une blessure. → **contusionner, meurtrir.** *Blesser grièvement, mortellement.* – Pronominalement (réfl.). *Elle s'est blessée en tombant.* – Occasionner une blessure. *Ce clou m'a blessé.* – (Vêtements) Causer une douleur, faire mal. *Ces chaussures me blessent.* **2·** Causer une impression désagréable, pénible. *Des sons discordants qui blessent l'oreille.* → **déchirer, écorcher.** *Cette lumière vive me blesse les yeux.* **3·** Porter un coup pénible à (qqn), toucher ou impressionner désagréablement. → **offenser, ulcérer.** *Blesser qqn au vif,* douloureusement. *Blesser l'amour-propre de qqn,* le froisser, le vexer. ▶ **blessé, ée** adj. et n. **1·** Adj. Qui a reçu une blessure. *Un genou blessé. Il est grièvement blessé.* **2·** N. Personne blessée. *Un grand blessé,* une personne atteinte d'une blessure grave. *Blessés de guerre. Bilan de l'accident : un mort, deux blessés.* ▶ **blessant, ante** adj. Qui blesse, offense. → **désobligeant.** *Des paroles, des allusions blessantes.* / contr. **aimable** / ▶ **blessure** n. f. **1·** Lésion produite, involontairement ou pour nuire, sur les tissus vivants par une pression, un instrument tranchant ou contondant, une arme à feu ou la chaleur. → **plaie.** *Recevoir une blessure. Il faut soigner, panser ses blessures.* **2·** Atteinte morale. → **offense.** *Blessure d'amour-propre.*

blet, blette [blɛ, blɛt] adj. (Fruits) Qui est trop mûr, dont la chair s'est ramollie. *Une poire blette. Les nèfles se mangent blettes.*

blette n. f. → **bette.**

bleu, bleue [blø] adj. et n. m. **I· 1·** Qui est d'une couleur dont la nature offre de nombreux exemples : *bleu comme un ciel sans nuages, un bleuet, un saphir... Des yeux bleus. Une robe bleue.* – (Animaux) D'un gris bleuté. *Baleine bleue. Dogue bleu.* – *Bifteck bleu,* très saignant, à peine grillé. – *Zone bleue,* à stationnement limité, dans une grande ville. – *Carte bleue,* nom d'une carte bancaire. **2·** Se dit de la teinte de la peau après une contusion, un épanchement de sang. – *Il était bleu de froid.* – Loc. *Il en était, il en restait bleu,* stupéfait. **II·** N. m. **1·** La couleur bleue. *Bleu horizon, lavande, marine, ardoise. Des manteaux bleu-vert.* – Loc. *N'y voir que du bleu,* ne s'apercevoir de rien, n'y rien comprendre. – Matière colorante bleue. → **indigo, pastel, tournesol.** *Bleu de Prusse,* cyanure de fer. *Bleu d'outremer,* silicate double d'aluminium, de sodium, etc. – Teinture bleue. *Bleu de lessive. Passer le linge au bleu.* **2·** Jeune recrue. *L'arrivée des bleus à la caserne.* → **conscrit, nouveau.** – Nouvel élève. → fam. **bizut.** / contr. **ancien** / *Tu me prends pour un bleu !* **3·** Marque livide sur la peau résultant d'un coup. → **ecchymose, meurtrissure.** *Il est couvert de bleus. Elle s'est fait un bleu au bras.* **4·** ***Au bleu*** : façon de préparer certains poissons au court-bouillon vinaigré. *Truite au bleu.* **5·** Sorte de fromage à moisissures. *Du bleu d'Auvergne.* **6·** ***Bleu de méthylène*** : produit analgésique et antiseptique. **7·** Combinaison d'ouvrier, généralement en toile bleue. *Un bleu de mécanicien. Des bleus de travail.* ▶ **bleuâtre** adj. Qui tire sur le bleu, n'est pas franchement bleu. ▶ **bleuet** [bløɛ] ou **bluet** [blyɛ] n. m. **1·** Centaurée, à fleur bleue, commune dans les blés. **2·** Au Canada. Baie bleue de l'airelle des bois. *Une tarte aux bleuets.* → **myrtille.** ▶ **bleuir** v. < conjug. 2 > **1·** V. tr. Rendre bleu. **2·** V. intr. Devenir bleu. *Sa peau est bleuie par le froid.* ▶ **bleuté, ée** adj. Qui a une nuance bleue. – Qui est légèrement bleu. *Des reflets bleutés.*

bliaud [blijo] n. m. Au Moyen Âge. Longue tunique portée par les hommes et les femmes.

blinder [blɛ̃de] v. tr. < conjug. 1 > **1·** Protéger par un blindage. *Ils ont blindé ce wagon.* **2·** Fam. Endurcir, armer. *L'adversité l'a blindé.* ▶ **blindé, ée** adj. **1·** Qui est protégé par un blindage. *Une porte blindée. Une voiture blindée. Un train blindé. Division, régiment blindés,* composés de véhicules blindés. **2·** Fam. Endurci. → **immunisé.** *Il en a vu d'autres, il est blindé maintenant.* ▶ **blindage** n. m. Protection (d'un navire, d'un abri, d'un véhicule, d'une porte) par des plaques de métal ; ces plaques. *Le blindage d'un char.*

bling-bling [bliŋbliŋ] adj. invar. Fam. Qui affiche un luxe ostentatoire et clinquant. – N. *Le bling-bling.*

blinis [blini(s)] n. m. invar. Petite crêpe de sarrasin très épaisse, d'origine russe, souvent servie avec du saumon fumé ou du caviar.

blister [blistɛʀ] n. m. Anglic. Emballage constitué d'une coque de plastique transparent. *Piles vendues sous blister.*

blizzard [blizaʀ] n. m. Vent accompagné de tourmentes de neige, dans le Grand Nord.

1 **bloc** [blɔk] n. m. **1·** Masse solide et pesante constituée d'un seul morceau. *Un bloc de marbre, de bois. Colonne d'un seul bloc,* taillée dans un seul bloc. **2·** *Bloc de papier à lettres, bloc-notes, bloc de bureau,* ensemble de feuillets de même dimension, collés ensemble sur un seul côté et facilement détachables. *Des blocs-notes.* **3·** Fam. *Au bloc,* en prison. → fam. **trou.** **4·** Éléments groupés en une masse compacte, homogène. *Bloc moteur* : groupe formé par le moteur, l'embrayage, la boîte de vitesses d'une automobile. – Ensemble d'appareils sanitaires groupés pour occuper le moins de place possible. – *Bloc opératoire.* → **opératoire.** **5·** En histoire. Coalition politique. *Le bloc des gauches,* les gauches alliées. *La politique des blocs* (sous l'autorité, l'un des États-Unis, l'autre de l'U. R. S. S.). – Loc. *Faire bloc,* former un ensemble solide, s'unir. *Ils font bloc contre l'équipe adverse.* **6·** *En bloc* loc. adv. : en totalité, sans partage. → en **masse.** *Nier tout en bloc.* ▷ **blocus,** 1 **bloquer**

2 **à bloc** loc. adv. En forçant, coinçant. *Serrer, visser à bloc avec une clé. Pneu gonflé à bloc.* ▶ **blocage** n. m. **1·** Action de bloquer 2. *Le blocage des freins, du ballon.* – *Blocage des prix,* action de fixer les prix et d'en empêcher la hausse. / contr. déblocage / **2·** Réaction négative d'adaptation d'un être vivant confronté à une situation nouvelle. *Faire un blocage psychologique.* ▷ 2 **bloquer,** 2 **débloquer**

blockhaus [blɔkos] n. m. invar. Petit ouvrage militaire défensif, étayé de poutres ou fortifié de béton. → **fortin.** *Des blockhaus.*

blocus [blɔkys] n. m. invar. Investissement (d'une ville ou d'un port, d'un littoral, d'un pays) pour isoler, couper les communications avec l'extérieur. *Lever un blocus.* – *Blocus économique,* série de mesures destinées à isoler économiquement un pays du reste du monde.

blog [blɔg] n. m. Anglic. Journal personnel, chronique d'humeur sur Internet. ≠ forum. ▶ **bloguer** v. intr. < conjug. 1 > Tenir un journal personnel en ligne. ▶ **blogueur, euse** n. ▶ **blogosphère** n. f. Ensemble des blogs et de leurs auteurs.

blond, onde [blɔ̃, ɔ̃d] adj. et n. **I· 1·** Adj. (Poil, cheveux) De la couleur la plus claire, proche du jaune. / contr. brun / *Les cheveux blonds des Nordiques.* – Qui a les cheveux blonds. *Il est blond comme les blés.* – Loc. fam *Nos (les) chères têtes blondes,* les enfants. – N. *Un blond, une blonde,* une personne blonde. *Les brunes et les blondes.* – Au Canada. *La blonde* (d'un homme) : sa fiancée, sa petite amie. **2·** N. m. La couleur blonde. *Blond cendré, doré, vénitien. Des cheveux d'un blond filasse.* **II·** D'un jaune très doux. *Un sable blond. Un demi de bière blonde, de blonde.* – *Tabac blond. Cigarette blonde* ou n. f., *une blonde.* ▶ **blondasse** adj. D'un vilain blond. *Des cheveux blondasses.* ▶ **blondeur** n. f. Qualité de ce qui est blond. ▶ **blondinet, ette** n. Enfant blond. *Une petite blondinette.* ▶ **blondir** v. intr. < conjug. 2 > Devenir blond. *Ses cheveux blondissent au soleil.* / contr. brunir /

1 **bloquer** [blɔke] v. tr. < conjug. 1 > Réunir, mettre en bloc. → **grouper, masser.** / contr. séparer / *Bloquer deux paragraphes.*

2 **bloquer** v. tr. < conjug. 1 > **1·** Empêcher de se mouvoir. → **immobiliser.** *Freinage brutal qui bloque les roues. Un navire bloqué par les glaces. Le gardien de but n'a pas bloqué le ballon.* – *Bloquer le crédit,* suspendre les opérations de crédit. *Bloquer un compte en banque.* – *Bloquer les prix, les salaires,* en interdire l'augmentation. **2·** Boucher, obstruer. *La route est bloquée par des travaux.* / contr. débloquer /

se blottir [blɔtiʀ] v. pron. réfl. < conjug. 2 > Se ramasser sur soi-même, de manière à occuper le moins de place possible. → se **pelotonner,** se **recroqueviller,** se **tapir.** *Il s'est blotti sous ses couvertures.* – Se mettre à l'abri, en sûreté. → se **réfugier.** *L'enfant est venu se blottir entre les bras de sa mère.*

blouse [bluz] n. f. **1·** Vêtement de travail que l'on met par-dessus les autres pour les protéger. *Blouse blanche de chirurgien.* **2·** Chemisier de femme, large du bas. *Une blouse assortie à la jupe.* ▶ **blouson** n. m. Veste courte resserrée aux hanches. *Blouson militaire.* – Anciennt. ***(un) blouson noir*** : jeune voyou vêtu d'un blouson de cuir noir. ▷ [2] **blouser**

[1] **blouser** [bluze] v. tr. < conjug. 1 > Vx et fam. Tromper (qqn). *Il s'est fait blouser,* il s'est fait avoir.

[2] **blouser** v. intr. < conjug. 1 > (Vêtements) Bouffer à la taille. ▶ **blousant, ante** adj.

blue-jean [bludʒin] n. m. Anglic. Pantalon de toile solide. → **jean.** *Il ne porte que des blue-jeans délavés.*

blues [bluz] n. m. invar. **1·** Forme musicale élaborée par les Noirs des États-Unis d'Amérique, caractérisée par une formule harmonique constante, un rythme à quatre temps. *Un chanteur, un joueur de blues.* **2·** Musique de jazz lente. **3·** Fam. Cafard, mélancolie. *Un coup de blues.*

bluet n. m. → **bleuet.**

bluff [blœf] n. m. Attitude destinée à impressionner, intimider un adversaire. *C'est du bluff, ne vous y laissez pas prendre. Il nous a eus au bluff.* ▶ **bluffer** v. intr. < conjug. 1 > **1·** Pratiquer le bluff. *Il bluffe souvent au poker.* – Transitivement. Essayer de tromper (qqn) par le bluff. *Il a voulu nous bluffer.* **2·** Impressionner. *Sa performance nous a bluffés.* ▶ **bluffant, ante** adj. Qui impressionne, surprend. *Elle est bluffante dans ce rôle.* ▶ **bluffeur, euse** n. et adj. Personne qui bluffe.

bluter [blyte] v. tr. < conjug. 1 > Tamiser (la farine) pour la séparer du son (avec un tamis, un *blutoir*). ▶ **blutage** n. m. Séparation du son et de la farine.

boa [bɔa] n. m. **1·** Gros serpent de l'Amérique du Sud, non venimeux, carnassier, qui étouffe sa proie dans ses anneaux. *Boa constricteur.* **2·** Tour de cou en fourrure ou en plumes. *Elle portait toujours des boas de plumes.*

boat people [botpipœl] n. invar. Anglic. (surtout plur.) Personne fuyant son pays sur une embarcation de fortune. *Les boat people.*

bobard [bɔbaʀ] n. m. Fam. Propos, récit fantaisiste et mensonger. → **blague, boniment.** *Tu racontes des bobards. Les bobards de la presse.*

bobèche [bɔbɛʃ] n. f. Disque adapté aux chandeliers et destiné à recueillir la cire qui coule.

bobine [bɔbin] n. f. **I· 1·** Petit cylindre à rebords pour enrouler du fil, du ruban, un film... *Une bobine de fil. Les bobines d'un métier à tisser. Changer de bobine pendant une projection.* **2·** Cylindre sur lequel s'enroule un fil conducteur isolé qu'un courant électrique peut parcourir. **II·** Fam. Figure, tête. *Il fait une drôle de bobine.* ▶ **bobiner** v. tr. < conjug. 1 > Dévider (un fil) et l'enrouler sur une bobine (avec une *bobineuse,* un *bobinoir*). ▶ **bobinage** n. m. **1·** Opération de tissage qui consiste à enrouler le fil. **2·** Enroulement de fils conducteurs autour d'un noyau. *Le bobinage d'un électro-aimant.* ▶ **bobinette** n. f. Vx. Loquet cylindrique en bois. ▷ **embobiner, rembobiner**

[1] **bobo** [bobo] n. m. **1·** Lang. des enfants. Douleur physique. *Avoir bobo,* avoir mal. *J'ai bobo au genou.* **2·** Petite plaie insignifiante. *Il se plaint au moindre bobo. Des petits bobos.*

[2] **bobo** [bobo] n. Anglic. Personne d'un milieu aisé et cultivé (« bourgeois ») qui se veut attachée à des valeurs à la fois authentiques et anticonformistes (« bohème »). *Des bobos parisiennes.*

bobonne [bobɔn] n. f. Fam. et péj. (Sans déterminant). Épouse. *Il est venu avec bobonne.*

bobsleigh [bɔbslɛg] ou **bob** [bɔb] n. m. Traîneau articulé à plusieurs places muni d'un volant de direction, pour descendre à grande vitesse sur des pistes de neige aménagées.

bocage [bɔkaʒ] n. m. **1·** Type de paysage formé de prés clos par des levées de terre plantées d'arbres. *Le bocage vendéen.* **2·** Littér. Petit bois ; lieu ombragé.

bocal, aux [bɔkal, o] n. m. Récipient à col très court et à large ouverture. *Fruits conservés en bocaux.* – *Un bocal à poissons rouges.* → **aquarium.**

boche [bɔʃ] adj. et n. Péj. et vieilli. Injure xénophobe. Allemand.

bock [bɔk] n. m. Vieilli. Au café. Verre de bière (équivalant à environ la moitié d'un *demi*).

bodega [bodega] n. f. Petit café-restaurant de style espagnol.

body [bɔdi] n. m. Vêtement, sous-vêtement féminin très collant, d'une seule pièce, qui couvre le tronc. → **justaucorps.** *Des bodys* (ou *des bodies*).

bodybuilding [bɔdibildiŋ] n. m. Anglic. Musculation visant à remodeler le corps. → **culturisme.**

bœuf, bœufs [bœf, bø] n. m. **1·** Mammifère ruminant domestique *(bovins),* lorsqu'il est mâle (opposé à *vache*), castré (opposé à *taureau*) et adulte (opposé à *veau*). *Bœuf de labour. Bœuf de boucherie,* élevé pour l'alimentation. Loc. fam. *Il est fort* *comme un bœuf*, il est très fort. – Loc. *Mettre la charrue* avant les bœufs.* **2·** *Bœuf sauvage*, bison, aurochs. **3·** *Du bœuf*, viande de bœuf ou de vache. *Un rôti de bœuf. Bœuf bouilli. Bœuf à la mode* ou *bœuf-mode*, pièce de bœuf cuite à l'étouffée, assaisonnée de carottes, etc. **4·** Adj. invar. Fam. *Un effet, un succès bœuf*, très grand et étonnant. ▷ **bouvier, bouvillon**

bof [bɔf] interj. Exclamation exprimant le mépris, la lassitude, l'indifférence. *Bof ! Faire ça ou autre chose, c'est du pareil au même.*

bogie [bɔʒi] ou **boggie** [bɔgi ; bɔʒi] n. m. Chariot à deux essieux (quatre roues) sur lequel est articulé par pivot le châssis d'un wagon pour lui permettre de prendre les courbes. *Des bog(g)ies.*

① **bogue** [bɔg] n. f. Enveloppe piquante de la châtaigne, du marron.

② **bogue** n. m. Recommandation officielle pour *bug**. ▶ **boguer** v. intr. <conjug. 1> Bugger*. ▷ **déboguer**

bohème [bɔɛm] adj. (Personnes) Qui mène une vie vagabonde, sans règles ni souci du lendemain. *Il est un peu bohème.* – Par ext. *Elle a des mœurs bohèmes.* – N. *Un, une bohème*, personne qui mène cette vie. *Une vie de bohème.* – N. f. *La bohème*, ensemble des bohèmes.

bohémien, ienne [bɔemjɛ̃, jɛn] n. et adj. Membre de tribus nomades, vivant dans des roulottes, que l'on croyait originaires de Bohême. → **tsigane.** – De Bohême.

① **boire** [bwaʀ] v. tr. <conjug. 53> **1·** Avaler (un liquide). → **absorber, ingurgiter, prendre.** *Nous buvons de l'eau, du vin à table.* – Pronominalement (passif). *Un vin qui se boit au dessert*, qu'on boit. – *Boire un coup, un verre. Il leur paye un coup à boire*, il leur offre à boire (au café). – *Je bois à votre santé, à ta réussite, à votre bonheur.* – Loc. *Il y a à boire et à manger*, des choses disparates, bonnes et mauvaises. – *Boire la tasse*, en se baignant, avaler involontairement une gorgée d'eau. – *Boire du lait, du petit-lait*, se réjouir, se délecter de qqch., d'une flatterie. – Fig. *Boire les paroles de qqn*, écouter avec attention et admiration. **2·** Prendre des boissons alcoolisées avec excès. → fam. **picoler.** *Une personne qui boit* (fréquemment de l'alcool). – Prov. *Qui a bu boira*, on ne se corrige pas de ses vieux défauts. **3·** (Corps poreux, perméable) Absorber. *La terre boit l'eau d'arrosage. Ce papier boit (l'encre).* ▶ ② **boire** n. m. *Le boire et le manger*, l'action de boire et de manger. – Loc. *En perdre le boire et le manger*, être entièrement absorbé par une occupation, un souci. ▷ **boisson, boit-sans-soif, buvable, buvard, buvette, buveur, imbu, pourboire**

bois [bwa(ɑ)] n. m. invar. **I·** *Un bois* : espace de terrain couvert d'arbres. → **forêt.** *Le bois de Boulogne à Paris. Elle va se promener dans les bois.* – Loc. *Sortir du bois*, se manifester. **II·** ***Le bois, du bois*** : matière ligneuse et compacte des arbres. *Bois vert. Bois mort, sec.* – *Bois de chauffage. Feu de bois.* – Loc. (Formule de menace) *Je vais leur faire voir de quel bois je me chauffe*, quelle personne je suis. – *Bois de charpente, de menuiserie. Bois blanc*, sapin, bois léger. – ***De bois, en bois*** : dont la matière est le bois. *Cheval de bois.* Loc. *N'être pas de bois*, n'être pas indifférent à ce qui éveille le désir. Loc. fam. *Avoir la gueule de bois*, avoir mal à la tête après avoir trop bu. **III·** Choses en bois. **1·** *Bois de lit*, cadre en bois qui supporte le sommier. **2·** Gravure sur bois. *Un bois du* XVI*e* *siècle.* **3·** ***Les bois*** : les instruments à vent, munis de trous, en bois (parfois en métal). **4·** *Les bois d'un cerf*, ses cornes. ▶ **boisé, ée** adj. Couvert de bois (I). *Une région boisée.* ▶ **boisement** n. m. Action de garnir d'arbres un terrain. / contr. déboisement / ▶ **boiserie** n. f. **1·** Revêtement en bois de menuiserie. **2·** Au plur. Éléments de menuiserie d'une maison (à l'exclusion des parquets). *Boiseries peintes.* – Lambris en bois. ▷ **déboiser, hautbois, reboiser, sous-bois**

boisseau [bwaso] n. m. Ancienne mesure de capacité utilisée pour les matières sèches. – Loc. *Mettre, laisser, garder qqch. sous le boisseau*, le dissimuler, le tenir secret.

boisson [bwasɔ̃] n. f. **1·** Tout liquide qui se boit. → **breuvage.** *Boisson froide.* → **rafraîchissement.** *Boisson chaude. Boisson gazeuse. Boissons alcoolisées. Boissons énergétiques.* **2·** Boisson alcoolique. *Un débit de boissons*, un café. → ① **bar.** **3·** Habitude de boire de l'alcool. *Il s'adonne à la boisson.*

boîte [bwat] n. f. **1·** Récipient de matière rigide (carton, bois, métal, plastique), facilement transportable, généralement muni d'un couvercle. *Boîte de conserve. Boîte à*, destinée à recevoir (une chose). *Boîte à bijoux. Boîte à bonbons. Boîte à ouvrage*, pour ranger les objets de couture. *Boîte de*, contenant (qqch.). *Boîte d'allumettes. Boîte de bonbons.* – Contenu d'une boîte. *Il a mangé une boîte entière de chocolats.* – ***En boîte*** : dans une boîte. – ***Mettre qqn en boîte*** loc. fam. : se moquer de lui, le faire marcher. **2·** Loc. *Boîte à malices*, boîte à attrapes ; ensemble de moyens secrets, de ruses dont une personne dispose. – *Boîte à musique*, dont le mécanisme reproduit quelques mélodies. – *Boîte aux lettres, à lettres*, boîte sur la voie publique destinée à recevoir les lettres que l'on poste ; boîte privée d'une maison où le facteur dépose le courrier. *Servir de boîte aux lettres*, d'intermédiaire dans un échange de lettres. – *Boîte postale*, boîte aux lettres réservée à un particulier ou à une entreprise dans un bureau de poste (abrév. : *B. P.*). – *Boîte à gants*, petit compartiment, muni d'une porte, aménagé dans une voiture, où l'on range des objets. **3·** Cavité, organe creux qui protège et contient un organe, un mécanisme. *Boîte crânienne*, partie du crâne qui renferme le cerveau. – *Boîte de vitesses*, organe renfermant les engrenages des changements de vitesse. **4·** Fam. Maison, lieu de travail. *Il veut changer de boîte*. – Arg. scol. Lycée. → fam. **bahut. 5·** *Boîte (de nuit)* : petit cabaret ouvert la nuit où l'on boit, danse, et qui présente des attractions. *Elle fréquente les boîtes à la mode. Il sort souvent en boîte.* ▷ **boîtier,** 1 **déboîter, emboîter, ouvre-boîtes**

boiter [bwate] v. intr. < conjug. 1 > **1·** Marcher en inclinant le corps d'un côté plus que de l'autre, ou alternativement de l'un et de l'autre. → **boitiller.** *Elle partit en boitant,* clopin-clopant. **2·** Clocher 2. *Un raisonnement qui boite,* qui est défectueux, imparfait. Plus cour. → **boiteux.** ▶ **boitiller** v. intr. < conjug. 1 > Boiter légèrement. ▶ **boiterie** n. f. Infirmité, mouvement de celui qui boite. → **claudication.** ▶ **boiteux, euse** adj. **1·** Qui boite. – N. *Un boiteux, une boiteuse.* **2·** Par ext. (Choses) Qui n'est pas d'aplomb sur ses pieds. → **bancal, branlant.** *Une table, une chaise boiteuse.* **3·** Qui manque d'équilibre, de solidité. *Un raisonnement boiteux.* – Qui présente une irrégularité. *Vers boiteux,* qui n'a pas le nombre de syllabes voulu.

boîtier [bwatje] n. m. Boîte à compartiments destinés à recevoir différents objets. – *Boîtier de montre,* enveloppe de métal où s'emboîtent le cadran et le mécanisme d'une montre. – *Le boîtier d'une lampe de poche,* renfermant la pile électrique.

boit-sans-soif [bwasɑ̃swaf] n. Fam. Ivrogne.

1 **bol** [bɔl] n. m. Pièce de vaisselle, récipient individuel hémisphérique. *Un bol de porcelaine.* – Son contenu. *Un bol de riz. Il a bu un bol de café au lait.* – Loc. *Prendre un bol d'air,* aller au grand air. – Loc. fam. *En avoir ras le bol,* en avoir assez, en avoir plein le dos. *J'en ai vraiment ras le bol de ce chahut. Ne te casse pas le bol,* ne t'en fais pas. ▷ **bolée, ras-le-bol**

2 **bol** n. m. Fam. Chance. *Avoir du bol.* → fam. **pot** (III). *Tu as eu du bol de me trouver.*

3 **bol** n. m. *Bol alimentaire,* masse d'aliments déglutis en une seule fois.

bolchevik [bɔlʃe(ə)vik] ou **bolcheviste** [bɔlʃe(ə)vist] n. **1·** Pendant la révolution russe. Partisan du bolchevisme. **2·** Russe communiste. – Péj. Communiste. ▶ **bolchevisme** n. m. Doctrine adoptée en 1917, en Russie, par les partisans du collectivisme marxiste.

bolduc [bɔldyk] n. m. Ruban plat utilisé pour ficeler les petits paquets, les cadeaux.

bolée [bɔle] n. f. Contenu d'un bol 1. *Une bolée de cidre.*

boléro [bɔleʀo] n. m. **1·** Danse espagnole à trois temps, de rythme lent ; air sur lequel on la danse. – Composition musicale inspirée de cette danse. *« Le Boléro » de Ravel.* **2·** Petite veste de femme, courte et sans manche.

bolet [bɔlɛ] n. m. Champignon charnu, à pied central. → **cèpe.**

bolide [bɔlid] n. m. **1·** Loc. *Comme un bolide,* très vite, très brusquement. *Il est arrivé comme un bolide. Passer, filer comme un bolide.* **2·** Véhicule qui peut atteindre une grande vitesse. *Un bolide de course.*

bolognaise [bɔlɔɲɛz] n. f. *À la bolognaise* : manière d'apprêter un plat de pâtes, avec de la viande hachée, des tomates, des oignons. *Spaghettis à la bolognaise.* – En appos. *Lasagnes bolognaise.* Abrév. fam. **bolo.**

bombance [bɔ̃bɑ̃s] n. f. *Faire bombance,* faire un repas excellent et abondant. → **festoyer** ; fam. faire **ripaille.**

bombarde [bɔ̃baʀd] n. f. **1·** Au Moyen Âge. Machine de guerre qui servait à lancer de grosses pierres. **2·** Instrument à vent de la musique traditionnelle bretonne. ▷ **bombarder**

bombarder [bɔ̃baʀde] v. tr. < conjug. 1 > **1·** Attaquer, endommager en lançant des bombes, des obus. *Les avions ont bombardé la ville.* – Au p. p. adj. *Des villes bombardées.* **2·** Lancer de nombreux projectiles sur (qqn ou qqch.). *Les manifestants l'ont bombardé de tomates.* – Fam. *On le bombardait de télégrammes,* on lui envoyait sans arrêt des télégrammes. **3·** Fam. Nommer brusquement, élever avec précipitation (qqn) à un poste, un emploi, une dignité. *On l'a bombardé inspecteur général.* ▶ **bombardement** n. m. Action de bombarder, de lancer des bombes ou des obus. *Un bombardement aérien. Un bombardement atomique.* ▶ **bombardier** n. m. **1·** Avion de bombardement. **2·** Aviateur chargé du lancement des bombes.

1 **bombe** [bɔ̃b] n. f. **1·** Projectile creux rempli d'explosif, lancé autrefois par des canons, de nos jours lâché par des avions. *Bombe explosive, incendiaire, au phosphore. L'avion a largué une bombe de deux cents kilos. Lâcher, lancer des bombes sur une ville.* → **bombarder.** – *Bombe ato-*

mique, utilisant l'énergie de la transmutation nucléaire. *Bombe H*, à hydrogène. – Tout appareil explosible. *Bombe à retardement. Bombe au plastic.* – Fig. et fam. *Tomber, arriver comme une bombe*, brusquement, sans qu'on s'y attende. – Fig. *La nouvelle a éclaté comme une bombe. L'effet d'une bombe*, une grosse surprise. **2·** (Objets de même forme) *Bombe glacée*, glace en forme de pyramide. – *Bombe au cobalt*, appareil de traitement médical du cancer. – Casquette hémisphérique renforcée des cavaliers. **3·** Atomiseur de grande dimension. *Une bombe insecticide. Bombe à peinture* (→ 2 **bomber**). ▷ **bombarde, bombarder,** 2 **bomber**

2 **bombe** n. f. Fam. *Faire la bombe*, faire bombance, faire la noce. → fam. 2 **bringue, foire, java, nouba.**

1 **bomber** [bɔ̃be] v. < conjug. 1 > **1·** V. tr. Rendre convexe. / contr. creuser / *Bomber la poitrine. Bomber le torse*, faire le fier. **2·** V. intr. Devenir convexe, gonfler. *Ce mur bombe.* ▶ **bombé, ée** adj. Qui est ou qui est devenu convexe. → **renflé.** *Un front bombé. Une route bombée.* / contr. concave, creux /

2 **bomber** [bɔ̃be] v. tr. < conjug. 1 > Projeter avec une bombe à peinture. *Bomber des tags.* – *Bomber un mur.*

bombyx [bɔ̃biks] n. m. invar. Papillon dont le principal type, le *bombyx du mûrier*, a pour chenille le ver à soie.

1 **bon, bonne** [bɔ̃, bɔn] adj. et adv. **REM.** Le comparatif de *bon* est *meilleur* ; *plus... bon* peut s'employer lorsque les deux mots ne se suivent pas : *Plus ou moins bon. Plus il est bon, plus on se moque de lui.* **I· 1·** Qui a les qualités utiles qu'on en attend ; qui fonctionne bien. → **satisfaisant.** / contr. mauvais / *Avoir une bonne vue. Un bon métier. De bonnes raisons.* – En attribut. *Il est bon de* (+ infinitif), *que* (+ subjonctif), souhaitable, salutaire. *Il est bon de le savoir. Trouver bon de* (+ infinitif), *que* (+ subjonctif). *Je trouve bon qu'il soit là.* **2·** (Personnes) Qui fait bien son métier, son travail ; tient bien son rôle. *Un bon élève. C'est un bon travailleur, un bon acteur.* – ***Être bon en*** : réussir dans un domaine. *Il est bon en mathématiques.* **3·** Qui convient bien, est utile. *Est-ce que ce ticket est encore bon ?* → **valable, valide.** – ***Bon pour*** : adapté, approprié à qqch. *Un remède bon pour la gorge. Bon pour le service*, se disait d'un conscrit déclaré apte à faire son service militaire. – Fam. *Nous sommes bons pour la contravention*, nous allons l'avoir. *On est bon !*, on n'y échappera pas. – ***Bon à.*** *Une chose bonne à manger*, à être mangée ; comestible. *Toute vérité n'est pas bonne à dire. C'est bon à savoir.* – (Personnes) *Il n'est bon à rien, il n'est pas bon à grand-chose*, il ne sait rien faire. – N. *Un bon à rien, une bonne à rien* [bɔ̃aʀjɛ̃, bɔnaʀjɛ̃]. – ***À quoi bon ?*** : *à quoi cela sert-il ?* → **pourquoi.** *À quoi bon continuer ? À quoi bon tous ces efforts ?* **4·** Qui est bien fait, mérite l'estime. *C'est du bon travail.* → **excellent.** *Un bon film.* **5·** Qui répond aux exigences de la morale. → **convenable, honorable.** *Une bonne conduite.* → **vertueux.** **6·** Agréable au goût ou à l'odorat. *Un très bon plat.* → **délicieux, succulent.** – Adv. *Ça sent bon.* **7·** Qui donne du plaisir. → **agréable.** *Passer de bonnes vacances. Une bonne histoire*, qui amuse. → **drôle.** Fam. *En avoir de bonnes*, plaisanter. – (En souhait) *Bonne année !* → **heureux. 8·** ***Le bon*** (+ nom) : celui qui convient. *C'est la bonne route. À la bonne adresse.* **9·** Interj. *Bon !* Marque la satisfaction, notamment après une affaire faite, terminée. → **bien.** – Marque la surprise. *Ah, bon ?* – Marque le mécontentement. *Allons bon, voilà que ça recommence !* **10·** ***Pour de bon*** loc. adv. : réellement, véritablement. *Il est parti pour de bon.* **11·** (Température) *Il fait bon*, on est bien, c'est agréable. **12·** N. m. ***Avoir du bon*** : présenter des avantages. **II· 1·** Qui veut du bien, fait du bien à autrui. → **charitable, généreux.** / contr. méchant / *Cet homme est bon comme le pain. Le bon Dieu.* – (Juron) *Bon Dieu !* **2·** Qui entretient avec autrui des relations agréables ; qui a de la bonhomie. → **brave, gentil.** *Être bon public*, de ces gens qui, au spectacle, se laissent aller, ne font pas les difficiles. *Merci, vous êtes bien bon.* → **aimable.** – (Pour souligner la difficulté de ce qui est proposé) *Demain ? Vous êtes bon ! C'est impossible !* **3·** Qui témoigne de bonté. *Faire une bonne action. Allons, un bon mouvement !* – Fam. *Avoir qqn à la bonne*, le trouver sympathique, avoir pour lui toutes les indulgences. **III· 1·** Qui atteint largement la mesure exprimée. → **grand, gros.** *Il y a trois bons kilomètres. J'en ai fait une bonne partie.* **2·** Définitif, total. *Finissons-en une bonne fois.* ▷ **bobonne, bonasse, bonbon, bondieuserie, bon enfant, bonheur, bonhomie, bonhomme, bonification, bonifier, bonjour, bon marché, bonne, bonne femme, bonne-maman, bonnement, bon-papa, bonsoir, bonté, bon vivant, bonus, débonnaire, embonpoint,** à la bonne **franquette, sent-bon**

2 **bon** n. m. Formule écrite constatant le droit d'une personne d'exiger une prestation, de toucher une somme d'argent, etc. *Remplir un bon de souscription. Bons du Trésor*, émis par l'État.

bonapartisme [bɔnapaʀtism] n. m. **1·** Forme de gouvernement dont les principes rappellent ceux du gouvernement des Bonaparte. **2·** Attachement (des *bonapartistes*) à la dynastie des Bonaparte ou à leur système politique, l'Empire.

bonasse [bɔnas] adj. Qui est d'une bonté excessive. → **faible, mou.** / contr. énergique /

bonbon [bɔ̃bɔ̃] n. m. Petite friandise, de consistance ferme ou dure, faite de sirop aromatisé et parfois coloré. *Des bonbons fondants, acidulés, fourrés. Un bonbon à la menthe.* – *Rose* bonbon.* ▶ **bonbonnière** [bɔ̃bɔnjɛʀ] n. f. **1·** Petite boîte à bonbons en porcelaine, en argent, etc. **2·** Petit appartement luxueux.

bonbonne [bɔ̃bɔn] n. f. Gros récipient à col étroit et court. *Une bonbonne de vin.*

bond [bɔ̃] n. m. **1·** (Personnes, animaux) Action de bondir, de s'élever de terre par un mouvement brusque. → **saut.** *D'un bond, il franchit l'obstacle.* – Loc. *Ne faire qu'un bond,* se précipiter. *Au premier coup de sonnette, je n'ai fait qu'un bond.* – *Prendre la balle* au bond.* – (Choses) *Faire un bond,* progresser, augmenter subitement de façon notable. *Les prix ont fait un bond. Un bond en avant,* un progrès soudain et rapide. **2·** Loc. *Faire faux bond à qqn,* ne pas venir à un rendez-vous ; ne pas faire ce qu'on a promis à qqn. *Le plombier nous a fait faux bond.*

bonde [bɔ̃d] n. f. **1·** Ouverture de fond, destinée à vider l'eau d'un réservoir, d'une baignoire... – Le système de fermeture de la bonde. *Lâcher, lever la bonde,* l'ouvrir pour faire écouler l'eau. **2·** Trou percé dans un tonneau (pour le remplir ou le vider).

bondé, ée [bɔ̃de] adj. (Espace clos) Qui contient le maximum de personnes. → **comble, plein.** *Le métro est bondé aux heures de pointe.* / contr. vide /

bondieuserie [bɔ̃djøzʀi] n. f. Objet de piété de mauvais goût.

bondir [bɔ̃diʀ] v. intr. < conjug. 2 > **1·** S'élever brusquement en l'air par un saut. → **sauter.** *Le tigre bondit sur sa proie.* – *Cela me fait bondir* (d'indignation, de colère). **2·** S'élancer précipitamment. → **courir.** *Il bondit à la salle de bains. En bondissant, il l'a attrapé au vol.*

bon enfant [bɔnɑ̃fɑ̃] adj. invar. Qui a une gentillesse simple et naïve. *Elle est bon enfant. Des manières bon enfant.*

bonheur [bɔnœʀ] n. m. **I·** *(Le) bonheur* : chance. / contr. malchance / *Il ne connaît pas son bonheur,* il ne se rend pas compte de la chance qu'il a. – Loc. adv. *Au petit bonheur (la chance)* : au hasard. *Par bonheur* : heureusement. **II·** *(Le) bonheur.* **1·** État de pleine satisfaction. → **béatitude, félicité, plaisir.** / contr. malheur / *Le bonheur parfait. La recherche du bonheur. Le bonheur d'aimer. Il fait le bonheur de sa femme,* il la rend heureuse. Fam. *Si ce crayon peut faire votre bonheur,* vous être utile. – Prov. *L'argent ne fait pas le bonheur.* **2·** *(Un) bonheur* : ce qui rend heureux. *C'est un grand bonheur pour moi.* ▷ **porte-bonheur**

bonhomie [bɔnɔmi] n. f. Simplicité dans les manières, unie à la bonté du cœur. → **bonté, simplicité.** *Une charmante bonhomie. Une bonhomie feinte.*

bonhomme [bɔnɔm], plur. **bonshommes** [bɔ̃zɔm] n. m. **1·** Fam. Homme, monsieur. → **type.** *Un drôle de bonhomme.* **2·** Terme d'affection en parlant à ou d'un petit garçon. *Mon bonhomme. Ce petit bonhomme a déjà cinq ans.* **3·** Figure humaine dessinée ou façonnée grossièrement. *Dessiner des petits bonshommes. Des bonshommes de neige* (aussi [bɔnɔm]). **4·** Loc. *Aller son petit bonhomme de chemin,* poursuivre ses entreprises sans hâte, sans bruit, mais sûrement.

boniche ou **bonniche** [bɔniʃ] n. f. Péj. Vieilli. Bonne (à tout faire), servante. *Une petite boniche.*

bonification [bɔnifikasjɔ̃] n. f. Action de donner à titre de surplus. – La somme donnée à ce titre. → **rabais, remise.**

bonifier [bɔnifje] v. tr. < conjug. 7 > Rendre meilleur, d'un meilleur produit. *Bonifier les terres par l'assolement.* – Pronominalement (réfl.). *Se bonifier,* s'améliorer. *Le vin se bonifie en vieillissant.*

boniment [bɔnimɑ̃] n. m. **1·** Propos débité pour convaincre et attirer la clientèle. *Les boniments d'un camelot.* – Discours trompeur pour vanter une marchandise. → **baratin.** *C'est du boniment.* **2·** Fam. Tout propos mensonger. → **blague ;** fam. **bobard.** *Il raconte des boniments.* ▶ **bonimenteur** adj. et n. m.

bonjour [bɔ̃ʒuʀ] n. m. Souhait de bonne journée (adressé en arrivant, en rencontrant). → fam. **salut.** / contr. au revoir / *Il m'a dit bonjour. Bonjour, Monsieur. Souhaiter le bonjour à qqn.* – Loc. fam. *Bien le bonjour.* – Loc. fam. *C'est simple, facile comme bonjour,* très simple, très facile. – *Bonjour les dégâts !,* les dégâts, les ennuis commencent.

bon marché [bɔ̃maʀʃe] adj. invar. (comparatif : *meilleur marché*). Qui n'est pas cher. / contr. cher, coûteux / *Des articles bon marché. Tu ne trouveras pas de chaussures meilleur marché.*

bonne [bɔn] n. f. **1·** Vieilli. Servante. → **domestique.** *Bonne à tout faire. Bonne d'enfants.* → **gouvernante, nurse.** **2·** (De *bonne à tout faire*) Employée de maison qui fait le ménage, les courses, parfois la cuisine, et vit chez ses employeurs. ▷ **bobonne, boniche**

bonne femme [bɔnfam] n. f. **1·** Fam. Femme. *Je ne connais pas cette bonne femme. Il y avait des types et des bonnes femmes dans le café.* – Péj.

Épouse. *Sa bonne femme ne le quitte pas.* **2·** *Petite bonne femme,* petite fille. **3·** Vieilli. *Remèdes de bonne femme,* traditionnels et peu efficaces.

bonne-maman [bɔnmamɑ̃] n. f. Terme d'affection des enfants à leur grand-mère. → **mamie, mémé.** *Bonne-maman et bon-papa. Des bonnes-mamans.*

bonnement [bɔnmɑ̃] adv. *Tout bonnement,* franchement, simplement. *J'avoue tout bonnement que je n'en sais rien. C'est tout bonnement impossible,* vraiment impossible.

bonnet [bɔnɛ] n. m. **I· 1·** Coiffure souple sans bord. *Un bonnet de laine, de fourrure. Bonnet phrygien,* bonnet rouge des révolutionnaires (1789), de la République. *Bonnet de bain,* pour protéger les cheveux. – *Bonnet d'âne,* bonnet de papier dont on affublait les cancres. – *Bonnet de nuit,* qu'on portait pour dormir. Loc. *Quel bonnet de nuit !,* se dit d'une personne triste, ennuyeuse. – *Avoir la tête près du bonnet,* être colérique, prompt à s'emporter. *Prendre qqch. sous son bonnet,* faire qqch. de sa propre autorité, en prendre la responsabilité. – *C'est blanc bonnet et bonnet blanc,* cela revient au même. **2·** *Un gros bonnet,* un personnage éminent, influent. → fam. ② **huile.** **II·** Chacune des deux poches d'un soutien-gorge. ▶ **bonneterie** [bɔnɛtʀi] n. f. Industrie, commerce d'articles d'habillement en tissu à mailles. – Ces articles (fabriqués, vendus par le *bonnetier,* la *bonnetière*). *Les bas, les chaussettes, la lingerie sont des articles de bonneterie.* ▶ **bonnetière** n. f. Petite armoire à une porte (dans laquelle on rangeait les coiffes).

bonneteau [bɔnto] n. m. Jeu de trois cartes que le *bonneteur* mélange après les avoir retournées, le joueur devant deviner où se trouve une de ces cartes.

bonniche n. f. → **boniche.**

bonobo [bɔnɔbo] n. m. Chimpanzé de la forêt congolaise. *Les bonobos ont un comportement social très évolué.*

bon-papa [bɔ̃papa] n. m. Terme d'affection des enfants à leur grand-père. → **papi, pépé.** *Bonne-maman et bon-papa. Des bons-papas.*

bonsaï [bɔ̃(d)zaj] n. m. Arbre nain cultivé en pot. *Des bonsaïs.*

bonsoir [bɔ̃swaʀ] n. m. Souhait de bonne soirée. – Salutation du soir (qu'on emploie lorsqu'on rencontre qqn, ou, plus souvent, lorsqu'on le quitte). *Bonsoir, Madame. Dis bonsoir à papa. Souhaiter le bonsoir.* – Fam. *Bonsoir !,* se dit pour marquer que qqch. est fini, qu'on s'en désintéresse. *S'il refuse, bonsoir !*

bonté [bɔ̃te] n. f. **1·** Qualité morale qui porte à faire le bien, à être bon pour les autres. → **altruisme, bienveillance, humanité.** / contr. méchanceté / *Il est d'une grande bonté.* – Interj. *Bonté divine !* **2·** Amabilité, gentillesse. *Il a eu la bonté de m'écrire. Voulez-vous avoir la bonté de...* **3·** Au plur. Littér., vieilli. Acte de bonté, d'amabilité. *Merci des bontés que vous avez eues.*

bonus [bɔnys] n. m. **1·** Avantage consenti par un assureur au conducteur qui n'a pas d'accidents. / contr. malus / *Il a perdu son bonus après son accident.* **2·** Supplément gratuit, fourni en plus du programme (d'un DVD...).

bon vivant [bɔ̃vivɑ̃], **bonne vivante** [bɔnvivɑ̃t] adj. et n. Qui est d'humeur joviale et facile, qui aime les plaisirs. – N. *Des bons vivants.*

bonze [bɔ̃z] n. m. **1·** Prêtre de la religion bouddhique. **2·** Fam. Personnage en vue, quelque peu prétentieux. → **ponte.**

bookmaker [bukmɛkœʀ] n. m. Celui qui, dans les courses de chevaux, prend des paris et les inscrit. *Des bookmakers.* (Abrév. *un book, des books*)

booléen, enne [buleɛ̃, ɛn] adj. Relatif à l'algèbre de Boole. *Opérateurs booléens.*

boom [bum] n. m. Brusque hausse des valeurs. / contr. krach / – Prospérité soudaine et peu stable. *Un boom économique. Des booms.*

boomerang [bumʀɑ̃g] n. m. **1·** Arme de jet des indigènes australiens, formée d'une pièce de bois dur courbée, qui revient à son point de départ si le but est manqué. **2·** Acte dont les effets se retournent contre l'auteur. – En appos. *Des effets boomerangs.* – Loc. verb. *Faire boomerang. Leur tentative de lui nuire a fait boomerang.*

booster [buste] v. tr. < conjug. 1 > Anglic. Fam. Accélérer, stimuler. *Booster les ventes.*

boots [buts] n. f. pl. Anglic. Bottes courtes s'arrêtant au-dessus de la cheville. *Des boots neuves.*

boqueteau [bɔkto] n. m. Petit bois ; bouquet d'arbres. → **bosquet.** *Les boqueteaux d'un parc.*

borate n. m. → **bore.**

borborygme [bɔʀbɔʀigm] n. m. Bruit produit par le déplacement des gaz dans l'intestin ou l'estomac. → **gargouillement.**

① **bord** [bɔʀ] n. m. **1·** Contour, limite, extrémité d'une surface. → **bordure.** / contr. centre, fond / *Le bord d'une assiette, d'une table. Le bord de la mer. Le bord d'une rivière* → **berge, rive,** *d'un bois* → **lisière, orée,** *de la route* → **bas-côté.** – *Verre plein jusqu'au bord, à ras bord.* – (Vêtement) *Bord ourlé, festonné.* – ***Bord à bord*** loc. adv. : en mettant un bord contre l'autre, sans les croiser. **2·** Partie circulaire d'un chapeau, perpendiculaire à la calotte. *Chapeau à large bord, à bord relevé, roulé.* **3·** ***Être au bord de*** *qqch.* : en être tout près. *Il est au bord de la tombe,* mourant. *Nous étions au bord des larmes,* près de pleurer. – ***Sur les bords*** : légèrement, à l'occasion. *Il est un peu escroc sur les bords.* ▷ **abord, abordable, aborder, abords, border, bordure, déborder, inabordable, rebord, transborder**

2 **bord** n. m. **1·** Extrémité supérieure du revêtement qui, de chaque côté, couvre la membrure d'un navire. → **bâbord, tribord.** *Navire de haut bord,* haut sur l'eau. *Ils l'ont jeté par-dessus bord,* à la mer. **2·** Dans ***à, de, du bord*** : le navire lui-même. *Monter à bord. Journal, livre de bord,* compte rendu de la vie à bord. – *Tableau* de bord. Ordinateur de bord.* – Loc. *Les moyens du bord,* ce qu'on a sous la main. – *À bord d'une voiture, d'un avion.* **3·** *Être du bord de qqn,* de son parti. *Nous sommes du même bord.* – ***De tout bord, de tous bords*** : de toute sorte. *Parti qui rassemble des gens de tout bord.* ▶ **bordages** [bɔʀdaʒ] n. m. pl. Planches épaisses ou tôles recouvrant la membrure d'un navire. ▷ **abordage, bâbord, bordée, hors-bord, tribord**

bordeaux [bɔʀdo] n. m. invar. **I·** Vin des vignobles du département de la Gironde. *Un verre de bordeaux blanc, rouge.* **II·** N. m. et adj. invar. Couleur rouge foncé ; de cette couleur. *Des vestes bordeaux.*

bordée [bɔʀde] n. f. **1·** Ligne de canons rangés sur chaque bord d'un vaisseau. – Salve de l'artillerie du bord. *Lâcher sa bordée.* **2·** Partie de l'équipage de service à bord. **3·** Route parcourue par un navire qui louvoie sans virer de bord. *Faire, courir une bordée.* – (Marins, militaires) Loc. fam. *Courir, tirer une bordée,* courir les bars, les lieux de plaisir. *Des marins en bordée.* **4·** *Une bordée d'injures,* une suite d'injures.

bordel [bɔʀdɛl] n. m. **1·** Vulg. Maison de prostitution. **2·** Fam. Grand désordre. *Il y a un tel bordel dans sa chambre !* ▶ **bordélique** [bɔʀdelik] adj. Fam. **1·** Où il y a du désordre. **2·** (Personnes) Qui crée du désordre.

border [bɔʀde] v. tr. < conjug. 1 > **1·** Occuper le bord de (qqch.). *Les arbres qui bordent le chemin.* – Au p. p. *Une route bordée d'arbres.* **2·** Garnir (un vêtement) d'un bord, d'une bordure. *Elle a bordé son tissu d'un ourlet.* – Au p. p. *Un mouchoir bordé de dentelle.* **3·** *Border un lit,* replier le bord des draps, des couvertures sous le matelas. – *Border qqn,* border son lit quand il est couché. *Elle allait le border dans son lit.*

bordereau [bɔʀdəʀo] n. m. Relevé détaillé énumérant les divers articles ou pièces d'un compte, d'un dossier... → **état.** *Des bordereaux d'achat.*

bordure [bɔʀdyʀ] n. f. Ce qui borde en servant d'ornement. *La bordure d'un massif.* – ***En bordure*** : sur le bord, le long du bord. *Ses terres sont en bordure de la rivière.* ▶ **bordurette** n. f. Séparation délimitant, sur une chaussée, une voie de circulation réservée.

bore [bɔʀ] n. m. Corps chimique simple, métalloïde, voisin du carbone (nº at. 5). ▶ **borate** n. m. Sel de l'acide borique. ▶ **borique** adj. Formé d'hydrogène et de bore.

boréal, ale, aux [bɔʀeal, o] adj. Qui est au nord du globe terrestre. *Hémisphère boréal.* – Voisin du pôle Nord. *Aurore boréale.* → **arctique.** / contr. austral /

borgne [bɔʀɲ] adj. et n. **1·** Qui a perdu un œil ou ne voit plus que d'un œil. *Un pirate borgne.* – N. *Le bandeau noir d'un borgne.* **2·** *Fenêtre borgne,* donnant du jour, mais à travers laquelle on ne voit pas. – *Hôtel borgne,* mal famé. ▷ **éborgner**

borique adj. → **bore.**

borne [bɔʀn] n. f. **1·** Pierre ou autre marque servant à délimiter un champ, une propriété foncière, et qui sert de repère. *Borne kilométrique,* plantée à chaque kilomètre d'une route. **2·** Fam. Kilomètre. *Il a fallu faire six cents bornes dans la nuit.* **3·** Serre-fils pour brancher un fil conducteur sur un appareil électrique. *Les bornes d'une batterie de voiture.* **4·** Au plur. Frontières, limites. *La patience humaine a des bornes.* – Limite permise. *Vous dépassez les bornes !* → **mesure.** – *Sans bornes,* illimité. *Une patience sans bornes.* → **infini.** ▶ **bornage** n. m. Opération consistant à délimiter deux propriétés contiguës par la pose de bornes. ▶ **borner** v. tr. < conjug. 1 > **1·** Délimiter. *Les montagnes qui bornent l'horizon.* **2·** Abstrait. Mettre des bornes à ; renfermer, resserrer dans des bornes (4). → **limiter, réduire.** *Il faut savoir borner ses désirs.* **3·** ***Se borner à*** v. pron. : s'en tenir à. → se **contenter** de. *Les critiques se sont bornés à résumer la pièce.* – (Choses) Se limiter à. *L'examen s'est borné à deux questions.* ▶ **borné, ée** adj. **1·** (Choses) Qui a des bornes. – Qui est limité par un obstacle. *Un horizon borné.* **2·** (Personnes) Dont les capacités intellectuelles sont limitées. → **bouché, obtus.** *Esprit borné,* étroit, limité. / contr. intelligent, ouvert /

bortch ou **bortsch** [bɔʀtʃ] n. m. Soupe à la betterave et à la viande (plat ukrainien) ou aux choux (plat russe ; en russe *chtchi*). *Des bort(s)chs.*

bosco [bɔsko] n. m. Maître de manœuvre sur un navire.

bosquet [bɔskɛ] n. m. Petit bois ; groupe d'arbres plantés pour l'agrément. → **boqueteau, bouquet.**

boss [bɔs] n. m. Anglic. Fam. Patron, chef. *Le big boss* : le grand patron.

bosse [bɔs] n. f. **1·** Enflure due à un choc sur une région osseuse. *Elle s'est fait une bosse au front en se cognant.* **2·** Grosseur dorsale, difformité de la colonne vertébrale (d'un bossu). **3·** *Bosse du crâne,* protubérance du crâne considérée autrefois comme le signe d'une aptitude. – Fam. *Avoir la bosse du commerce, des mathématiques.* → **don. 4·** Protubérance naturelle sur le dos de certains animaux. *Les deux bosses d'un chameau.* **5·** Partie renflée et arrondie sur une surface plane. / contr. creux / *Un terrain qui présente des bosses.* ▶ **bosseler** [bɔsle] v. tr. < conjug. 4 > Déformer (qqch.) par des bosses. – Au p. p. adj. *Un terrain tout bosselé.* ▶ **bossu, ue** adj. et n. Qui a une ou plusieurs bosses (2) par un vice de conformation. *Elle est bossue. Un bossu.* – Loc. fam. *Rire comme un bossu,* rire sans retenue. ▶ **bossué, ée** adj. Qui présente des bosses. *Un crâne bossué.* ▷ **cabosser**

bosser [bɔse] v. < conjug. 1 > Fam. **1·** V. intr. Travailler → fam. **boulonner.** *Je bosse depuis six mois.* **2·** V. tr. *Bosser un examen, un concours,* le préparer activement. → fam. ② **bûcher.** ▶ **bosseur, euse** n. et adj. Fam. Personne qui produit un gros travail. *C'est un sacré bosseur.* – Adj. *Elle est plus bosseuse que son frère.*

boston [bɔstɔ̃] n. m. **1·** Ancien jeu de cartes. **2·** Valse lente au mouvement décomposé.

bot [bo] adj. *Pied bot,* pied difforme par rétraction de certains muscles. *Il a un pied bot.*

botanique [bɔtanik] adj. et n. f. **1·** Adj. Relatif à l'étude des végétaux. *Jardin botanique,* qui rassemble des végétaux vivants. **2·** N. f. Science qui a pour objet l'étude des végétaux. ▶ **botaniste** n. Spécialiste de botanique.

① **botte** [bɔt] n. f. Chaussure qui enferme le pied et la jambe. *Des bottes de cuir. Bottes basses, hautes,* à courte, à haute tige. *Mettre ses bottes.* – Loc. *Être à la botte de qqn,* lui obéir servilement. Fam. *En avoir plein les bottes,* en avoir assez. *Être, se tenir droit dans ses bottes,* conserver une attitude ferme et déterminée. ▶ **botter** v. tr. < conjug. 1 > **I· 1·** Chausser de bottes. – Au p. p. adj. *Des motards bottés et casqués.* **2·** Donner un coup de pied (de botte) à. *Il lui a botté les fesses.* – Aux jeux de ballon. Frapper du pied (le ballon). → **shooter.** Sans compl. Fig. *Botter en touche,* éluder un sujet fâcheux, répondre à côté. **II·** Fam. Convenir à (qqn), aller bien (comme doit aller une botte). *Ça me botte,* ça me plaît. ▶ **bottier** n. m. Artisan qui fabrique des chaussures, des bottes sur mesure. → **chausseur.** ▶ **bottillon** n. m. Chaussure montante confortable. → **boots.** ▶ **bottine** n. f. Chaussure montante qui serre la cheville.

② **botte** n. f. Réunion de tiges de végétaux attachées ensemble. *Une botte de paille, de radis, d'asperges. Fleurs livrées en bottes.* ▶ **botteler** v. tr. < conjug. 4 > Attacher en botte(s).

③ **botte** n. f. Coup d'épée, de fleuret, portée à l'adversaire selon les règles. *Une botte secrète.*

bottin [bɔtɛ̃] n. m. Annuaire* des téléphones (édité par Bottin). *Consulter le bottin. Elle n'est pas dans le bottin.*

botulisme [bɔtylism] n. m. Intoxication alimentaire causée par un microbe contenu dans la charcuterie, les conserves avariées.

boubou [bubu] n. m. Longue tunique, vêtement traditionnel africain. *Des boubous.*

bouc [buk] n. m. **1·** Mâle de la chèvre. – Loc. *Bouc émissaire* [bukemisɛʀ] : bouc que le prêtre, dans la religion hébraïque, le jour de la fête des Expiations, chargeait des péchés d'Israël ; personne sur laquelle on fait retomber les torts des autres. *Des boucs émissaires.* **2·** Barbiche. *Porter le bouc.*

① **boucan** [bukɑ̃] n. m. Fam. Grand bruit. → **tapage, vacarme.** *Arrêtez de faire tout ce boucan !*

② **boucan** n. m. Anciennement. Gril de bois sur lequel les Indiens d'Amérique fumaient la viande. ▶ **boucaner** v. tr. < conjug. 1 > Faire sécher, à la fumée (de la viande, du poisson). – Dessécher et colorer (la peau). → **tanner.** – Au p. p. adj. *Teint boucané.* ▶ **boucane** n. f. Au Canada. Fumée.

bouche [buʃ] n. f. **1·** Cavité située à la partie inférieure du visage de l'homme, bordée par les lèvres, communiquant avec l'appareil digestif et avec les voies respiratoires. → **bec** ; fam. **gueule.** *Ouvrir, fermer la bouche. Ils s'embrassent sur la bouche.* – Les lèvres et leur expression. *Une belle bouche. Il fait la fine bouche,* le difficile. *La bouche en cœur,* en minaudant. – (Servant à manger) *Avoir la bouche pleine,* en mangeant. *Garder qqch. pour la bonne bouche,* le manger en dernier pour en conserver le goût agréable ; garder pour la fin. *Avoir l'eau* (la salive) *à la bouche,* être mis en appétit, désirer. – *Une fine bouche,* un gourmet. *Une bouche inutile,* dans une famille, une collectivité, une personne que l'on doit nourrir et qui ne rapporte rien. – (Servant à parler) *Avoir toujours un mot à la bouche,* le répéter constamment. *De bouche à oreille,* en confidence. *On l'a su par le bouche à oreille. Motus et bouche cousue !,* gardez le secret. *De la bouche même de qqn,* prononcé personnellement par qqn. **2·** Cavité buccale de certains animaux. → **gueule.** *La bouche du cheval, du poisson.* **3·** Ouverture, orifice. *Une bouche de métro,* l'entrée d'une station de métro. *Une bouche d'égout. Bouche à incendie.* **4·** *La bouche d'un fleuve,* son embouchure. *Le département des Bouches-du-Rhône.* ▶ **bouche-à-bouche** [buʃabuʃ] n. m. invar. Procédé de respiration artificielle par lequel une personne insuffle avec sa bouche de l'air dans la bouche de l'asphyxié. *Pratiquer, faire le (du) bouche-à-bouche à un noyé.* ▷ **s'aboucher, bouchée,** ② **déboucher,** mal **embouché, emboucher,** ① **embouchure,** ② **embouchure**

bouché, ée adj. **1·** Fermé, obstrué. *Avoir le nez bouché* (par des mucosités). *Le temps est bouché,* couvert. *Du vin, du cidre bouché,* en bouteille bouchée (opposé à *au tonneau*). **2·** (Personnes) Borné, imbécile. *Il est bouché (à l'émeri).* → **obtus.**

bouchée [buʃe] n. f. **1·** Morceau, quantité d'aliment qu'on met dans la bouche en une seule fois. *Une bouchée de pain.* Loc. *Pour une bouchée de pain,* pour presque rien. – Loc. *Ne faire qu'une bouchée de qqn,* en triompher aisément. – *Mettre les bouchées doubles,* aller plus vite (dans un travail, etc.). **2·** ***Bouchée à la reine*** : croûte feuilletée garnie de viandes blanches en sauce. → **vol-au-vent.** – *Bouchées aux escargots, au thon.* **3·** Morceau de chocolat fin fourré.

① **boucher** [buʃe] v. tr. < conjug. 1 > **1·** Fermer (une ouverture, un trou, un récipient...). *Boucher une bouteille avec un bouchon.* / contr. déboucher, ouvrir / – *Se boucher le nez* (en le pinçant), pour ne pas sentir une odeur. *Se boucher les oreilles,* refuser d'entendre. **2·** Obstruer (un passage, une porte...). → **barrer.** *Ce mur bouche la vue.* **3·** Fam. *En boucher un coin à qqn,* l'épater, le rendre muet d'étonnement. *Ça m'en bouche un coin !* – *Boucher un trou, les trous,* combler, remplacer. *Ses économies boucheront le trou.* ▶ **bouchage** n. m. Action de boucher. ▶ **bouche-trou** n. m. Personne, objet n'ayant pas d'autre utilité que de combler une place vide. *Cet acteur n'est qu'un bouche-trou. Des bouche-trous.* ▷ **bouché,** ① **déboucher, reboucher, tire-bouchon**

② **boucher** n. m. **1·** Marchand de viande (de bœuf, de cheval, de mouton, de porc). *J'ai acheté un gigot chez le boucher.* **2·** Homme cruel et sanguinaire. **3·** *C'est un vrai boucher,* se dit d'un chirurgien maladroit, d'un général peu économe de la vie de ses hommes. ▶ **bouchère** n. f. Femme de boucher ; femme qui tient une boucherie. ▶ **boucherie** n. f. **1·** *(La) boucherie* : commerce de la viande crue de bœuf, de mouton, de porc, de cheval. **2·** *(Une) boucherie* : boutique du boucher. *Des boucheries chevalines.* **3·** *Animaux de boucherie,* élevés pour leur chair (bœuf, cheval, mouton, porc, veau). **4·** Tuerie, carnage. *Il a envoyé ses soldats à la boucherie.*

bouchon [buʃɔ̃] n. m. **1·** Pièce ordinairement cylindrique (de liège, de verre, etc.) entrant dans le goulot des bouteilles, des flacons, et qui sert à les boucher. *Bouchon de champagne,* à tête renflée, retenu par une armature. *Ce vin sent le bouchon.* – Petite pièce cylindrique qui se visse à l'ouverture d'un bidon, d'un tube. *Le bouchon du tube de dentifrice.* **2·** Petit restaurant. *Les bouchons lyonnais.* **3·** *Bouchon de paille,* poignée de paille tordue (qui sert à bouchonner). **4·** Flotteur d'une ligne de pêcheur qui permet de surveiller le fil. – Loc. fig. *Envoyer, pousser le bouchon un peu loin,* aller trop loin, exagérer. **5·** Ce qui bouche accidentellement un conduit, un passage. *Bouchon (de circulation),* encombrement de voitures qui arrête la circulation. → **embouteillage.** *Il y a un bouchon sur l'autoroute.* ▶ **bouchonner** [buʃɔne] v. < conjug. 1 > **I·** V. tr. Frotter vigoureusement, frictionner. – *Bouchonner un cheval,* frotter le poil de l'animal avec un bouchon de paille ou de foin. **II·** V. intr. Former un bouchon (4). *Ça bouchonne sur l'autoroute.*

bouchot [buʃo] n. m. Clôture en bois sur les bords de la mer, servant à la culture des moules et autres coquillages. *Moules de bouchot.*

boucle [bukl] n. f. **1·** Anneau ou rectangle métallique garni d'une ou plusieurs pointes montées sur un axe et qui sert à tendre une courroie, une ceinture. *Boucle de ceinture.* **2·** *Boucles d'oreilles,* petits bijoux qu'on fixe aux oreilles. **3·** Ligne courbe qui s'enroule, se recoupe. *Faire une boucle avec un lacet.* – *Des cheveux en boucles.* – Courbe très accentuée d'un fleuve. *Les boucles de la Seine.* → **méandre.** – *Écouter un morceau de musique en boucle,* plusieurs fois en suivant. ▶ **bouclette** n. f. Petite boucle (en particulier, de cheveux). → **frisette.** En appos. *Laine bouclette.* ▶ **boucler** v. < conjug. 1 > **I·** V. tr. **1·** Attacher, serrer au moyen d'une boucle. / contr. déboucler / *Boucler sa ceinture.* – *Boucler sa valise, sa malle,* les fermer ; s'apprêter à partir. **2·** Dans la presse, le journalisme. Finir de rassembler les articles et les tenir prêts à partir en composition. *Il faut boucler ce numéro avant le 15.* **3·** Fam. → **fermer.** *Il est l'heure de boucler le magasin.* – *La boucler,* se taire. *Je te conseille de la boucler.* – Enfermer, emprisonner (qqn). **4·** Parcourir entièrement (une boucle qu'on décrit, un circuit). *Il a bouclé le second tour en 8 minutes.* – Fig. *Boucler son budget,* le mettre en équilibre, joindre les deux bouts. **5·** Entourer complètement par des troupes ou des forces de police. → **cerner, encercler.** *La police a bouclé ce pâté de maisons.* **II·** V. intr. Avoir, prendre la forme de boucles. *Ses cheveux bouclent naturellement.* → **friser.** ▶ **bouclé, ée** adj. Disposé en boucle. *Des cheveux bouclés.* ▶ **bouclage** n. m. **1·** Mise sous clé. **2·** Opération militaire, policière par laquelle on boucle une région, un quartier. **3·** Action de boucler (I, 2). *Délai de bouclage.* ▷ **déboucler**

bouclier [buklije] n. m. **1·** Ancienne arme défensive, épaisse plaque portée au bras gauche par les gens de guerre pour se protéger. → **écu.** – Loc. *Levée de boucliers,* démonstration d'opposition. *Cette mesure fiscale a provoqué une levée de boucliers.* **2·** Plaque de blindage. *Bouclier thermique* (dans une centrale nucléaire, un engin spatial...). **3·** Moyen de défense, de protection. → **rempart.** *Faire un bouclier de son corps à qqn,* se mettre devant lui pour le protéger. **4·** Carapace de certains crustacés. **5·** Plate-forme étendue de roches primitives. *Le bouclier canadien.*

bouddhisme [budism] n. m. Doctrine religieuse fondée dans l'Inde, qui succéda au brahmanisme et se répandit en Asie. *Le bouddhisme zen* (au Japon). ▶ **bouddhique** [budik] adj. Relatif au bouddhisme. *Temple bouddhique.* ▶ **bouddhiste** n. et adj. Adepte du bouddhisme. *Prêtre bouddhiste.* → **bonze.**

bouder [bude] v. < conjug. 1 > **1·** V. intr. Montrer du mécontentement par une attitude renfrognée, maussade. *Un enfant qui boude.* **2·** V. tr. Montrer cette espèce de mécontentement à (qqn). *J'ai l'impression qu'elle me boude.* – Fam. Ne plus rechercher (qqch.). *Il boude maintenant ce genre de distractions.* → **ignorer.** ▶ **bouderie** n. f. Action de bouder ; état de celui qui boude. ▶ **boudeur, euse** adj. Qui boude fréquemment. → **grognon, maussade.** – Qui marque la bouderie. *Air, visage boudeur.*

boudin [budɛ̃] n. m. **1·** Boyau rempli de sang et de graisse de porc assaisonnés. *Boudin grillé.* – *Boudin blanc,* charcuterie de forme semblable faite avec du lait et des viandes blanches. – Loc. fam. *S'en aller en eau de boudin,* se dit d'une affaire bien commencée et qui se réduit à néant. **2·** Bourrelet. – Gros doigt rond. – Dans le nord de la France, en Belgique. Traversin. **3·** Fam. Fille mal faite, petite et grosse. ▶ **boudiner** v. tr. < conjug. 1 > Tordre (en écheveau). – Tordre en spirale (un fil métallique), mouler (une matière malléable). ▶ **boudiné, ée** adj. **1·** Serré comme un boudin (dans un vêtement étriqué). *Il est boudiné dans sa veste.* **2·** En forme de boudin. *Des doigts boudinés.*

boudoir [budwaʀ] n. m. **1·** Petit salon élégant de dame. **2·** Biscuit oblong recouvert de sucre cristallisé.

boue [bu] n. f. **1·** Terre, poussière détrempée (dans les rues, les chemins). → **gadoue.** *On pataugeait dans la boue. Bottes pleines de boue.* – Loc. *Traîner qqn dans la boue, couvrir de boue,* l'accabler de propos infamants. **2·** Limon imprégné d'éléments minéraux. *Le médecin lui a ordonné des bains de boue.* **3·** Déchets, résidus. *Des boues industrielles.* ▶ ① **boueux, euse** [buø, øz] adj. **1·** Plein de boue. *Chemin boueux.* → **bourbeux.** *Eau boueuse. Des chaussures boueuses.* **2·** Qui a la consistance, l'aspect de la boue. ▶ ② **boueux** n. m. invar. Employé chargé d'enlever les ordures ménagères des voies publiques. → **éboueur.** ▷ **éboueur, garde-boue, pare-boue**

bouée [bwe] n. f. Corps flottant qui signale l'emplacement d'un mouillage, d'un écueil, d'un obstacle ou qui délimite une passe, un chenal. → **balise, flotteur.** – *Bouée (de sauvetage),* anneau d'une matière insubmersible. *J'ai appris à nager avec une bouée.* – Fam. Bourrelet de graisse autour de la taille.

bouffant, ante adj. → ① **bouffer.**

bouffarde [bufaʀd] n. f. Fam. Grosse pipe à tuyau court.

① **bouffe** [buf] adj. *Opéra bouffe,* du genre lyrique léger. *Des opéras bouffes.* ▷ **bouffon**

② **bouffe** ou **bouffetance** [buftɑ̃s] n. f. Fam. Action de bouffer ②. – Nourriture. → fam. **boustifaille.** *Il aime bien faire la bouffe,* faire la cuisine.

bouffée [bufe] n. f. **1·** Souffle qui sort par intermittence de la bouche. *Tirer des bouffées de sa pipe.* **2·** Souffle d'air qui arrive par intermittence. *Une bouffée d'air froid, de parfum. Bouffée de chaleur,* sensation de chaleur qui monte brusquement à la face. **3·** Manifestation, mouvement subit, passager. → **accès.** *Des bouffées d'orgueil.* – *Par bouffées,* par intervalles.

① **bouffer** [bufe] v. intr. < conjug. 1 > (Matière souple, légère) Se gonfler et augmenter de volume. *Des cheveux, des manches qui bouffent.* ▶ **bouffant, ante** adj. Qui bouffe. *Pantalons bouffants. Manches bouffantes.* → ① **ballon.** ▷ **bouffarde, bouffée, bouffir**

② **bouffer** v. tr. < conjug. 1 > Fam. Manger. → fam. **becqueter, boulotter.** *Un petit restaurant où on bouffe bien. Bouffer des briques,* n'avoir rien à manger. – Loc. *Se bouffer le nez,* se disputer. – Consommer. *Une voiture qui bouffe de l'huile.* ▷ ② **bouffe**

bouffir [bufiʀ] v. tr. < conjug. 2 > Déformer par une enflure morbide, disgracieuse. → **enfler, gonfler.** *La maladie avait bouffi son visage.* ▶ **bouffi, ie** adj. **1**· Gonflé, enflé de manière disgracieuse. → **boursouflé, soufflé.** *Un visage bouffi. Des yeux bouffis,* dont les paupières sont gonflées. **2**· Péj. *Bouffi d'orgueil, de vanité,* rempli d'orgueil...

bouffon, onne [bufɔ̃, ɔn] n. m. et adj. **1**· Personnage qui était chargé de divertir un prince par ses plaisanteries. → **fou.** – Celui qui amuse. → **clown, farceur, pitre.** – Fam. Fumiste. – Terme d'insulte. Crétin. **2**· Adj. Qui excite le gros rire, a quelque chose de grotesque et d'un peu fou. → **comique, ridicule.** *Une histoire, une scène bouffonne.* ▶ **bouffonnerie** n. f. Caractère bouffon. *La bouffonnerie de la situation.* – Action ou parole bouffonne. → **farce.**

bougainvillée [bugɛ̃vile] n. f. ou **bougainvillier** [bugɛ̃vilje] n. m. Arbrisseau à feuilles persistantes, à bractées violettes ou roses.

bouge [buʒ] n. m. Café, cabaret mal famé, mal fréquenté.

bougeoir [buʒwaʀ] n. m. Petit chandelier bas pour les bougies.

bouger [buʒe] v. < conjug. 3 > **I**· V. intr. **1**· Faire un mouvement. → **remuer.** *Vous avez bougé, la photo est floue.* – Se déplacer. *Je ne bouge pas de chez moi aujourd'hui,* je ne sors pas. **2**· Fam. Changer. *Les prix n'ont pas bougé.* **3**· (Groupe de personnes) S'agiter par l'effet du mécontentement. → se **soulever.** *Le peuple commence à bouger.* **II**· V. tr. Fam. Remuer, déplacer. *Sans bouger le petit doigt,* sans rien faire pour cela. – Pronominalement (réfl.). *Bouge-toi de là,* va-t'en. ▶ **bougeotte** n. f. Fam. Manie de bouger ; de voyager. *Avoir la bougeotte.*

bougie [buʒi] n. f. **1**· Appareil d'éclairage formé d'une mèche tressée enveloppée de cire. ≠ chandelle. *S'éclairer à la bougie. Souffler les bougies d'un gâteau d'anniversaire.* – Année d'âge. *Fêter ses quarante bougies,* ses quarante ans. **2**· Appareil d'allumage des moteurs à explosion. *Les bougies de la voiture sont encrassées et doivent être changées.* ▷ **bougeoir**

bougnat [buɲa] n. m. Fam. et vieilli. Marchand de charbon.

bougnoul [buɲul] n. m. Fam. Péj. (Injure raciste). Maghrébin.

bougonner [bugɔne] v. intr. < conjug. 1 > Fam. Exprimer pour soi seul, souvent entre les dents, son mécontentement. → **grogner, grommeler ;** fam. **râler.** *Vas-tu cesser de bougonner ?* ▶ **bougon, onne** adj. et n. Fam. Qui a l'habitude de bougonner. → **grognon ;** fam. **ronchon.** *Il est gentil, mais il est un peu bougon.*

bougre, esse [bugʀ, ɛs] n. et interj. Fam. **1**· Gaillard. *Il n'a pas froid aux yeux, le bougre !* – Individu. → **type.** *Un bon bougre,* un brave type. **2**· Péj. *Bougre d'idiot !* → **espèce.** ▶ **bougrement** adv. Fam. et vieilli. Très. → fam. **bigrement, rudement.** *C'est bougrement difficile.*

boui-boui [bwibwi] n. m. Fam. Café-concert, café de dernier ordre. – Petit restaurant où l'on mange mal. *Des bouis-bouis.*

bouillabaisse [bujabɛs] n. f. Plat provençal de poissons à la tomate, fortement épicé, que l'on sert dans son bouillon avec des tranches de pain.

bouille [buj] n. f. Fam. Figure, tête. *Il a une bonne bouille.*

bouillir [bujiʀ] v. intr. < conjug. 15 > **1**· Être en ébullition, s'agiter en formant des bulles sous l'action de la chaleur. *L'eau bout à 100 degrés. Faire bouillir du lait. Attendez un peu que l'eau bouille.* – Au p. p. adj. *Eau bouillie.* **2**· Faire cuire dans un liquide qui bout (de la viande, des légumes...). – Au p. p. adj. *Bœuf bouilli.* – N. m. *Du bouilli.* → **pot-au-feu.** – Stériliser ou nettoyer dans l'eau qui bout. *Faire bouillir un biberon, du linge.* **3**· *Bouillir de colère, d'impatience,* être emporté par la colère, l'impatience. – Sans compl. *Bouillir,* s'impatienter, s'emporter. *Ça me fait bouillir,* m'indigne, m'exaspère. **4**· Transitivement. (Sujet personnes) Fam. Faire bouillir. *Bouillir le linge.* ▶ **bouillant, ante** adj. **1**· Qui bout. *Eau bouillante.* **2**· Très chaud, brûlant. *Boire son café bouillant.* / contr. glacé / **3**· Littér. Ardent, emporté. *Ce bouillant jeune homme se calmera.* ▶ **bouilleur** n. m. Distillateur. – ***Bouilleur de cru :*** propriétaire qui distille chez lui ses récoltes de fruits. ▶ **bouillie** n. f. **1**· Aliment fait de lait ou d'eau et de farines bouillis ensemble, destiné surtout aux bébés qui n'ont pas encore de dents. – *C'est de la bouillie pour les chats,* se dit d'un texte confus, incompréhensible. **2**· ***En bouillie :*** écrasé. *Réduire qqch. en bouillie.* – Par exagér. *On l'a ramassé, la figure en bouillie.* → fam. **écrabouiller.** **3**· Liquide pâteux. ▶ **bouilloire** n. f. Récipient métallique pansu, destiné à faire bouillir de l'eau. ≠ **samovar.** ▶ **bouillotte** n. f. Récipient que l'on remplit d'eau bouillante pour se chauffer (dans un lit, etc.). *Une bouillotte en caoutchouc.* ▷ **bouillabaisse, bouillon, court-bouillon, ébouillanter, tambouille**

bouillon [bujɔ̃] n. m. **1·** Se dit des bulles qui se forment au sein d'un liquide en ébullition. *Retirer au premier bouillon,* dès l'ébullition. *Bouillir à gros bouillons,* très fort. → **bouillonnement. 2·** Liquide dans lequel certaines substances ont bouilli. *Bouillon de légumes. Bouillon gras,* où a cuit de la viande. **3·** *Boire un bouillon,* avaler de l'eau en nageant → **boire** la tasse ; essuyer une perte considérable par suite d'une mauvaise spéculation. **4·** *Bouillon de culture,* liquide destiné à la culture des microbes ; milieu favorable. ▶ **bouillonner** v. intr. < conjug. 1 > **1·** (Liquides) Être agité en formant des bouillons. *La source bouillonne.* **2·** Littér. Être en effervescence, s'agiter. *Les idées bouillonnent dans sa tête.* ▶ **bouillonnement** n. m. **1·** Agitation, mouvement d'un liquide qui bouillonne. **2·** Littér. Effervescence. *Un bouillonnement d'idées nouvelles.*

boulanger, ère [bulɑ̃ʒe, ɛʀ] n. Personne qui fait et vend du pain. *Garçon boulanger.* → **mitron.** ▶ **boulange** n. f. Fam. Métier ou commerce du boulanger. *Être dans la boulange.* ▶ **boulangerie** n. f. **1·** *(La) boulangerie* : fabrication et commerce du pain. **2·** *(Une) boulangerie* : la boutique du boulanger. *Boulangerie-pâtisserie,* où l'on fait et vend aussi des gâteaux.

boule [bul] n. f. **1·** Objet de forme sphérique. *Rond comme une boule.* – *Boule de neige* : boule que l'on forme dans la main avec de la neige. *Une bataille de boules de neige.* Loc. *Faire boule de neige,* augmenter de volume en roulant ; grossir. *Des dettes qui font boule de neige.* – *Boule de gomme* : bonbon de gomme. – Loc. fam. *Mystère et boule de gomme !,* je n'en sais rien ! **2·** *En boule* : en forme de boule. *Des arbres taillés en boule. Hérisson qui se roule en boule.* – Fam. *Être, se mettre en boule,* en colère. **3·** Corps plein sphérique de métal, de bois, d'ivoire, qu'on fait rouler dans certains jeux. → **bille.** *Boule de bowling, de croquet. Jeux de boules (boule lyonnaise,* pétanque). *Le cochonnet et les boules.* **4·** Fam. *La boule,* la tête. *Perdre la boule,* devenir fou, s'affoler, déraisonner. **5·** Loc. fam. *Avoir les boules,* en avoir assez, être énervé (→ avoir les glandes). *Ça me fout les boules !* ▷ **abouler, bouler, boulet, boulette, bouleverser, boulier, bouliste, boulocher,** ② **boulot, ciboulot, débouler, roulé-boulé**

bouleau [bulo] n. m. Arbre des régions froides et tempérées, à écorce blanche, à petites feuilles. *Un bois de bouleaux.* ≠ **boulot.**

bouledogue [buldɔg] n. m. Petit dogue à mâchoires saillantes.

bouler [bule] v. intr. < conjug. 1 > **1·** Vieilli ou région. Rouler comme une boule. **2·** Fam. *Envoyer bouler qqn,* repousser sans ménagement. *Se faire bouler à un examen,* échouer.

boulet [bulɛ] n. m. **1·** Projectile sphérique de métal dont on chargeait les canons. – Loc. fam. *Arriver comme un boulet de canon,* en trombe. – *Boulet rouge,* qu'on faisait rougir au feu. – Loc. *Tirer à boulets rouges sur qqn,* l'attaquer violemment. **2·** Boule de métal qu'on attachait aux pieds de certains condamnés (bagnards, etc.). – *C'est un boulet à traîner,* une obligation pénible, une charge. *Quel boulet, ce mec !*

boulette [bulɛt] n. f. **1·** Petite boule façonnée à la main. *Boulette de pain, de papier.* – Petite boule de viande hachée, de pâte. → **croquette. 2·** Fam. *Faire une boulette,* une bévue, une gaffe.

boulevard [bulvaʀ] n. m. **1·** Rue très large, généralement plantée d'arbres. *Les Grands Boulevards,* à Paris, les boulevards entre la Madeleine et la Bastille. *Le boulevard périphérique.* **2·** *Théâtre, pièce de boulevard,* d'un comique léger, traditionnel. – *Le boulevard,* ce genre de théâtre. ▶ **boulevardier, ière** adj. Qui a les caractères du théâtre, de l'esprit de boulevard. *Un comique boulevardier.*

bouleverser [bulvɛʀse] v. tr. < conjug. 1 > **1·** Mettre en grand désordre, par une action violente. → **chambouler, déranger.** / contr. ranger / *Fouiller en bouleversant tout.* **2·** Apporter des changements brutaux dans. → **troubler.** *Cet événement a bouleversé sa vie.* **3·** Causer une émotion violente et pénible, un grand trouble à (qqn). → **émouvoir, secouer.** / contr. calmer / *Son accident a bouleversé ses amis.* – Au p. p. *Un visage bouleversé de douleur.* ▶ **bouleversant, ante** adj. Très émouvant. *Un récit bouleversant. Elle est bouleversante dans ce rôle.* ▶ **bouleversement** n. m. Action de bouleverser ; son résultat. → **chambardement, changement.** *Bouleversements politiques, économiques.* → **révolution.**

boulgour [bulguʀ] n. m. Blé dur concassé. *Boulgour cuit à la vapeur.*

boulier [bulje] n. m. Cadre portant des tringles sur lesquelles sont enfilées des boules et qui sert à compter. → **abaque.**

boulimie [bulimi] n. f. **1·** Besoin irrésistible et pathologique de manger. – Grande faim. **2·** Désir intense. *Une boulimie de lecture.* ▶ **boulimique** adj. et n.

boulingrin [bulɛ̃gʀɛ̃] n. m. Parterre de gazon, souvent entouré de bordures, de talus.

bouliste [bulist] n. Personne qui joue aux boules.

boulocher [bulɔʃe] v. intr. < conjug. 1 > (Lainage). Former de petites boules pelucheuses (des *bouloches*, n. f.).

boulon [bulɔ̃] n. m. Vis à tête ronde, carrée ou à pans, destinée à recevoir un écrou, une rondelle ; ensemble constitué par cette vis et son écrou. *Visser un boulon.* – Fig. *Resserrer les boulons,* chercher à améliorer une situation par la rigueur, la sévérité. ▶ **boulonner** v. < conjug. 1 > **1**· V. tr. Fixer au moyen de boulons. / contr. **déboulonner** / **2**· V. intr. Fam. Travailler. *Il boulonne dur.* → fam. **bosser.**

1 **boulot, otte** [bulo, ɔt] adj. et n. Gros et court. *Une femme boulotte.* – N. *Une petite boulotte.*

2 **boulot** n. m. Fam. **1**· Travail. *Au boulot ! Chercher du boulot. Métro*, boulot, dodo.* **2**· ***Boulot boulot*** loc. adj. invar. : travailleur, travailleuse. *Elles sont boulot boulot.*

boulotter [bulɔte] v. intr. < conjug. 1 > Fam. Manger. → fam. **bouffer.** – Transitivement. *Il n'y a rien à boulotter.*

boum [bum] interj. et n. **1**· Interj. Bruit de ce qui tombe, explose. → **bang.** *Ça a fait boum !* **2**· N. m. *Un grand boum !* – Loc. *En plein boum,* en pleine activité. **3**· N. f. *Une boum,* une surprise-partie. *Des boums.* → **surboum.** ▶ **boumer** v. intr. impers. < conjug. 1 > Fam. *Ça boume,* ça va bien. → fam. **bicher, gazer.** ▷ **badaboum, surboum**

1 **bouquet** [bukɛ] n. m. **1**· Groupe serré d'arbres. → **boqueteau.** **2**· Assemblage de fleurs, de feuillages coupés dont les tiges sont disposées dans le même sens. → **botte, gerbe.** *Un bouquet de violettes, de fleurs des champs.* Absolt. *Un bouquet* (de fleurs). – *Bouquet garni,* thym, laurier, persil. **3**· *Le bouquet d'un feu d'artifice,* les plus belles fusées tirées à la fin. – Iron. *C'est le bouquet,* c'est l'ennui qui vient couronner les autres. → **comble.** **4**· Parfum d'un vin, d'une liqueur. → **arôme.** *Ce vin a du bouquet.* **5**· *Bouquet de programmes,* ensemble des programmes de télévision diffusé par un même satellite ou un même réseau câblé. ▶ **bouquetière** n. f. Celle qui fait et vend des bouquets de fleurs dans les lieux publics.

2 **bouquet** n. m. Variété de grosse crevette rose qui rougit à la cuisson.

bouquetin [buktɛ̃] n. m. Mammifère ruminant à longues cornes, vivant à l'état sauvage dans les montagnes d'Europe.

bouquin [bukɛ̃] n. m. Fam. Livre, ouvrage. *Son bouquin va paraître.* ▶ **bouquiner** v. intr. < conjug. 1 > Fam. Lire un livre. *Bouquiner au lit.* ▶ **bouquiniste** n. Marchand, marchande de livres d'occasion. *Les bouquinistes des quais de la Seine, à Paris.*

bourbe [buʀb] n. f. Dépôt qui s'accumule au fond des eaux stagnantes. → **boue.** *La bourbe d'un marais.* ▶ **bourbeux, euse** adj. Qui est plein de bourbe. → **boueux.** *Eau bourbeuse* (opposé à *clair*). ▶ **bourbier** n. m. **1**· Lieu creux plein de bourbe. *Ils se sont enfoncés dans un bourbier.* **2**· Situation très embarrassante. *Comment sortir de ce bourbier ?*

bourbon [buʀbɔ̃] n. m. Whisky à base de maïs fabriqué aux États-Unis. *Elle préfère le scotch au bourbon.*

bourbonien, ienne [buʀbɔnjɛ̃, jɛn] adj. Qui a rapport à la famille des Bourbons. – *Nez bourbonien,* nez long un peu busqué.

bourdaine [buʀdɛn] n. f. Arbuste à écorce laxative. *Une tisane de bourdaine.* – Cette tisane. *Une tasse de bourdaine.*

bourde [buʀd] n. f. Faute lourde, grossière. *Faire, dire, commettre une bourde.* → **bêtise ;** fam. **gaffe.**

1 **bourdon** [buʀdɔ̃] n. m. Fam. *Avoir le bourdon,* être mélancolique, avoir le cafard.

2 **bourdon** n. m. **I**· **1**· Insecte hyménoptère au corps lourd et velu, qui butine comme l'abeille. **2**· *Faux bourdon,* mâle de l'abeille. **II**· **1**· Ton qui sert de basse continue dans certains instruments. **2**· Grosse cloche à son grave. *Le bourdon de Notre-Dame de Paris.* ▶ **bourdonner** v. intr. < conjug. 1 > **1**· Faire entendre un bourdonnement. *Une guêpe qui bourdonnait.* **2**· Émettre un son grave et continu, vibrant. – *Oreilles qui bourdonnent,* qui sont le siège d'un bourdonnement. ▶ **bourdonnement** n. m. **1**· Bruit sourd et continu que font en volant certains insectes (bourdon, mouche). *Le bourdonnement de la ruche.* **2**· Murmure sourd, confus. *Bourdonnement de voix.* – *Bourdonnement d'oreilles.*

bourg [buʀ] n. m. Gros village où se tiennent ordinairement des marchés. ▶ **bourgade** [buʀgad] n. f. Petit bourg dont les maisons sont disséminées sur un assez grand espace. ▷ **faubourg**

bourgeois, oise [buʀʒwa, waz] n. et adj. **1**· Au Moyen Âge. Citoyen d'une ville, bénéficiant d'un statut privilégié. *Les bourgeois de Calais.* **2**· Sous l'Ancien Régime. Membre du tiers état, ni noble, ni prêtre, qui ne travaille pas de ses mains et possède des biens. → **roturier.** **3**· Dans la société actuelle. Personne de la classe moyenne et dirigeante, qui ne travaille pas de ses mains. *Les bourgeois, les ouvriers et les paysans. Un grand bourgeois.* – Adj. Propre à cette classe. *D'éducation, de culture bourgeoise. Un quartier bourgeois. Les valeurs bourgeoises.* → **petit-bourgeois.** **4**· Péj. Qui a un goût excessif de la sécurité et respecte les convenances sociales. *Ce qu'il peut être bourgeois !* (Abrév. fam. *bourge.* **À bas les bourges !**). ▶ **bourgeoisement** adv. D'une manière bourgeoise, avec un esprit bourgeois. *Il vit bourgeoisement.* ▶ **bourgeoisie** n. f. **1**· Autrefois. État de bourgeois, ensemble des bourgeois (1, 2). *La noblesse et la bourgeoisie.* **2**· Classe dominante en régime capitaliste, qui possède les moyens de production. *La bourgeoisie et le prolétariat.* – Ensemble des bourgeois (3). *La petite, la moyenne et la grande bourgeoisie.* ▷ **désembourgeoiser, s'embourgeoiser, petit-bourgeois**

bourgeon [buʀʒɔ̃] n. m. Excroissance qui apparaît sur la tige ou la branche d'un arbre, et qui contient en germe les tiges, branches, feuilles, fleurs ou fruits. *Un arbre en bourgeons.* → ① **bouton, œil.** ▶ **bourgeonner** v. intr. < conjug. 1 > **1**· Pousser des bourgeons. *Les arbres bourgeonnent au printemps.* **2**· *Son visage, son nez bourgeonne,* il y vient des boutons. ▶ **bourgeonnement** n. m. Action de bourgeonner ; naissance de bourgeons.

bourgmestre [buʀgmɛstʀ] n. m. Premier magistrat des communes belges, luxembourgeoises (en français), hollandaises, allemandes. *Le bourgmestre est l'équivalent du maire.*

bourgogne [buʀgɔɲ] n. m. Vin des vignobles de Bourgogne. *Elle préfère les bourgognes aux bordeaux.*

bourguignon, onne [buʀgiɲɔ̃, ɔn] adj. et n. De la Bourgogne. – N. *Les Bourguignons.* – *Bœuf bourguignon,* et absolt, *bourguignon,* bœuf accommodé au vin rouge et aux oignons.

bourlinguer [buʀlɛ̃ge] v. intr. < conjug. 1 > **1**· (Navire) Avancer péniblement contre le vent et la mer. → **rouler.** **2**· Naviguer beaucoup. *Il a bourlingué dans toutes les mers.* – Fam. Voyager beaucoup, avoir une vie aventureuse. → **rouler sa bosse.**

bourrache [buʀaʃ] n. f. Plante à grandes fleurs bleues des lieux incultes, employée en tisane comme médicament.

bourrade n. f. → **bourrer.**

bourrage n. m. → **bourrer.**

bourrasque [buʀask] n. f. Coup de vent impétueux et de courte durée. → **tornade, tourbillon.** *Des bourrasques de neige.*

bourratif adj. → **bourrer.**

① **bourre** [buʀ] n. f. **I**· **1**· Amas de poils, détachés avant le tannage de la peau de certains animaux. **2**· Déchets du peignage ou du dévidage de matières textiles (telles que la laine, le coton, la soie, etc.) servant à emplir des coussins, des matelas... **3**· Duvet qui recouvre les bourgeons de certains arbres. **II**· *À la bourre* loc. fam : en retard. *Je suis désolé, je suis encore à la bourre.* ▷ **bourrer, bourru, débourrer, ébouriffer, rembourrer**

② **bourre** n. m. Fam. Policier. → fam. **flic.**

bourreau [buʀo] n. m. **1**· Celui qui exécute les peines corporelles ordonnées par une cour de justice, et spécialt la peine de mort. **2**· Personne qui martyrise (qqn), physiquement ou moralement. *Des bourreaux d'enfants.* – Plaisant. *Bourreau des cœurs,* homme qui a du succès auprès des femmes, don Juan. → **séducteur.** **3**· *Bourreau de travail,* personne qui abat beaucoup de travail. *Cette femme est un bourreau de travail.*

bourrée [buʀe] n. f. Danse du folklore auvergnat ; air sur lequel on l'exécute.

bourrelé, ée [buʀle] adj. *Bourrelé de remords,* tourmenté par le remords.

bourrelet [buʀlɛ] n. m. **1**· Bande que l'on fixe au bord des battants des portes et des fenêtres pour arrêter les filets d'air. **2**· Renflement allongé. – *Bourrelet (de chair, de graisse),* pli arrondi en certains endroits du corps. *Les bourrelets du ventre, du cou.*

bourrelier [buʀəlje] n. m. Celui qui fait et vend des harnais, des sacs, des courroies. → **sellier.**

bourrer [buʀe] v. tr. < conjug. 1 > **1**· Emplir de bourre. → **matelasser, rembourrer.** *Bourrer un coussin.* **2**· Remplir complètement en tassant. *J'ai dû bourrer ma valise. Bourrer une pipe.* / contr. vider / **3**· Gaver (qqn) de nourriture. – Pronominalement (réfl.). *Elle s'est bourrée de gâteaux.* → fam. se **goinfrer.** – Fam. *Un aliment qui bourre,* cale l'estomac. **4**· *Bourrer le crâne* de *qqn, à qqn,* lui raconter des histoires, essayer de lui en faire accroire. – Fam. *Bourrer le mou à qqn.* **5**· *Bourrer qqn de coups,* le frapper à coups redoublés. ▶ **bourré, ée** adj. **1**· Rempli de, plein de (qqch.). / contr. vide / *Une dictée bourrée de fautes. Il est bourré de fric.* **2**· Très plein, trop plein. *Le métro est bourré.* → **bondé.** *Ma valise est bourrée.* **3**· Fam. Ivre. *Il est complètement bourré.* ▶ **bourrade** n. f. Poussée que l'on donne à qqn, avec le poing, le coude, etc. *Une bourrade amicale.* ▶ **bourrage** n. m. **1·** Action de bourrer. – Matière dont on se sert pour bourrer. **2·** ***Bourrage de crâne*** : action insistante pour persuader. – Propagande intensive. *Je n'y crois pas, c'est du bourrage de crâne.* ▶ **bourratif, ive** adj. Fam. (Aliment) Qui bourre. *Ce gâteau est bourratif.* / contr. léger /

bourriche [buʀiʃ] n. f. Long panier sans anse. *Bourriche d'huîtres.*

bourrichon [buʀiʃɔ̃] n. m. Fam. Tête. *Se monter le bourrichon,* se faire des illusions.

bourricot ou **bourriquot** [buʀiko] n. m. Petit âne. – Loc. fam. Vieilli. *C'est kif-kif bourricot,* c'est la même chose.

bourrin [buʀɛ̃] n. m. **1·** Fam. Cheval. **2·** Personne qui est sans finesse, sans subtilité. Adj. (invar. au fém. sing.) *Elle est un peu bourrin.*

bourrique [buʀik] n. f. **1·** Âne ou ânesse. – Loc. *Faire tourner qqn en bourrique,* l'abêtir à force d'exigences, de taquineries. **2·** Fam. Personne bête et têtue. *Quelle bourrique !* ▷ **bourricot**

bourru, ue [buʀy] adj. **1·** (Choses) Qui a la rudesse, la grossièreté de la bourre. *Fil bourru.* – *Vin bourru,* vin nouveau, non fermenté. *Lait bourru,* fraîchement tiré. **2·** (Personnes) Rude, peu aimable. *Un homme bourru. Un air bourru.* → **renfrogné.**

① **bourse** [buʀs] n. f. **1·** Petit sac arrondi destiné à contenir des pièces de monnaie. → **porte-monnaie.** – Loc. *Tenir les cordons de la bourse,* disposer des finances. *Sans bourse délier,* sans qu'il en coûte rien, sans rien débourser. – L'argent. *À la portée de toutes les bourses* : d'un prix abordable. **2·** *Bourse d'études,* pension accordée à un élève, à un étudiant. *Il a obtenu une bourse.* ▷ ① **boursier**

② **Bourse** n. f. Avec majuscule. **1·** Réunion périodique de personnes qui s'assemblent pour conclure des opérations sur les valeurs mobilières ou sur des marchandises ; lieu où elles se réunissent. *Bourse des valeurs, du commerce. La Bourse (des valeurs) de Paris, de New York. Les agents de change travaillent à la Bourse.* **2·** Ensemble des opérations traitées à la Bourse (des valeurs). *Jouer à la Bourse.* → **spéculer.** *Valeurs cotées en Bourse.* – Les cours de la Bourse. *La Bourse a monté.* **3·** ***Bourse du travail*** : réunion des adhérents des divers syndicats d'une même ville ou région. ▶ **boursicoter** [buʀsikɔte] v. intr. < conjug. 1 > Faire de petites opérations en Bourse. → **spéculer.** ▶ **boursicoteur, euse** n. ▷ ② **boursier**

bourses n. f. pl. Enveloppe des testicules. → **scrotum.**

① **boursier, ière** [buʀsje, jɛʀ] n. Élève ou étudiant qui a obtenu une bourse (①, 2) d'études. – Adj. *Élève boursier.*

② **boursier, ière** n. et adj. **1·** N. Personne qui exerce sa profession à la Bourse ②. **2·** Adj. Relatif à la Bourse. *Opérations, valeurs boursières.*

boursouflé, ée [buʀsufle] adj. Qui présente des gonflements disgracieux. *Un visage boursouflé.* → **bouffi, enflé.** ▶ **boursouflure** n. f. Gonflement que présente par endroits une surface unie. *Les boursouflures d'une peinture exposée à la chaleur. Les boursouflures d'un visage.*

bousculer [buskyle] v. tr. < conjug. 1 > **1·** Pousser, heurter brutalement par inadvertance. *Les voyageurs pressés le bousculaient.* – Pronominalement (récipr.). *On se bouscule pour entrer. Les idées se bousculent dans sa tête.* **2·** Modifier avec brusquerie. *Son comportement bouscule les traditions.* **3·** Faire se dépêcher. → **presser** (II). *Il n'aime pas qu'on le bouscule. J'ai été tellement bousculé ces jours-ci,* tellement occupé à des choses urgentes. – Loc. *Bousculer le calendrier,* brusquer les choses, précipiter les événements. ▶ **bousculade** n. f. **1·** Remous de foule. → **cohue.** *Il s'est produit une bousculade à l'entrée.* **2·** Grande agitation, précipitation. *La bousculade du départ.*

bouse [buz] n. f. Fiente des bovins. *Bouse de vache.* ▶ **bouseux** n. m. Fam. et péj. Paysan. ▶ **bousier** n. m. Scarabée vivant dans les excréments de mammifères, qu'il roule en boulettes.

bousiller [buzije] v. tr. < conjug. 1 > **1·** Mal faire (qqch.). *Il bousille son travail.* – Fam. Rendre inutilisable. → **abîmer, casser, détraquer.** *Il a bousillé son moteur.* **2·** Fam. Tuer. *Il a bousillé son complice.* ▶ **bousillage** n. m. Action de bousiller. – Ouvrage fait précipitamment et mal. → **gâchis.**

boussole [busɔl] n. f. Appareil composé d'un cadran au centre duquel est fixée une aiguille aimantée mobile, dont la pointe marque la direction du nord. *Boussole de marine.* → **compas.** *S'orienter à l'aide d'une boussole.* – Fam. *Perdre la boussole,* perdre le nord ; être troublé, affolé. ▷ **déboussoler**

boustifaille [bustifaj] n. f. Fam. Nourriture, repas. → fam. ② **bouffe.**

bout [bu] n. m. **I· 1·** Partie d'un objet qui le termine dans le sens de la longueur. → **extrémité.** *Le bout d'une canne. Le bout du nez, du doigt.* – *À bout de bras,* au bout du bras tendu. *Bout à bout,* l'extrémité d'un objet touchant l'extrémité d'un autre. *Tirer à bout portant,* de très près. – Loc.

On ne sait (pas) par quel bout le prendre, il est d'une humeur difficile. *Tenir le bon bout,* être en passe de réussir. *Joindre* les deux bouts.* **2·** Extrémité (d'un espace). *Le bout de la route.* – Fig. *Aller jusqu'au bout de ses idées.* → **jusqu'au-boutisme.** *Au bout du compte,* finalement. *De bout en bout* [d(ə)butɑ̃bu], d'une extrémité à l'autre. *Tout au bout,* à l'extrême limite. *D'un bout à l'autre,* dans toute son étendue. *À tout bout de champ* [atu budʃɑ̃], à chaque instant, à tout propos. *Être au bout du rouleau*.* **3·** La fin d'une durée, de ce qui s'épuise. → **terme.** *Jusqu'au bout,* jusqu'à la fin ; complètement. *Être au bout de,* à la fin de. *Il arrive au bout de sa carrière. Au bout d'un moment, de quelques minutes, après.* – ***Être à bout de...*** : ne plus avoir de... *Être à bout de forces, d'arguments. Être à bout,* n'en pouvoir plus, être épuisé. *Il me pousse à bout,* il m'exaspère. *Ma patience est à bout. Venir à bout d'un travail,* aboutir, l'achever. *Venir à bout d'un adversaire,* le vaincre. **II· 1·** Partie, fragment. → **morceau.** *Un bout de papier. Un bout de bois.* – Loc. fam. *En connaître un bout,* être compétent. **2·** Ce qui est petit, incomplet. *Un bout de lettre,* une lettre courte, rapide. *Jouer un bout de rôle,* un rôle sans importance. *Un bout de chou,* un petit enfant. – La partie d'une étendue, d'un espace. *Faire un bout de chemin.* – La partie d'une durée. *Un bon bout de temps,* un temps long. **3·** Loc. fam. ***Mettre les bouts*** : partir. → fam. se **barrer,** se **casser,** se **tirer.** ▷ **aboutir, embout, jusqu'au-boutisme**

boutade [butad] n. f. Trait d'esprit, propos plaisant et révélateur. → **plaisanterie.**

boutargue [butaʀg] n. f. → **poutargue.**

boute-en-train [butɑ̃tʀɛ̃] n. m. invar. Personne qui met en train, en gaieté, qui incite à la joie. *Elle était le boute-en-train de la bande. Des vrais boute-en-train.*

bouteille [butɛj] n. f. **1·** Récipient à goulot étroit, destiné à contenir un liquide. *Une bouteille de vin, de bière, d'huile... Le ventre, le cul d'une bouteille. Mettre du vin en bouteilles.* – Loc. *Lancer, jeter une bouteille à la mer,* envoyer un message désespéré, sans destinataire assuré. **2·** (Opposé à *litre*) Récipient contenant à peu près 75 cl de vin. *Bouteille de bourgogne, de bordeaux, de champagne. Une bouteille vide.* → fam. **cadavre.** – Loc. (Personnes) *Prendre de la bouteille,* vieillir. **3·** Son contenu. *Une bonne bouteille. Aimer la bouteille, être porté sur la bouteille,* s'adonner à la boisson. *Il reste un fond de bouteille.* **4·** Récipient métallique destiné à contenir un gaz sous pression, de l'air liquide... *Bouteille d'air comprimé. Bouteille thermos,* isolante. ▷ **embouteiller, ouvre-bouteilles, porte-bouteilles**

bouter [bute] v. tr. < conjug. 1 > Vx. Pousser, chasser. *Jeanne d'Arc bouta l'ennemi hors de France.*
▶ **bouteur** n. m. → **bulldozer.**
▷ **s'arc-bouter, boutade, boute-en-train, boutis, boutoir, débouter, emboutir, rebouteux**

boutique [butik] n. f. **1·** Local où un commerçant, un artisan expose, vend sa marchandise. *C'est une petite boutique plutôt qu'un magasin. La devanture, la vitrine d'une boutique. Ils ont ouvert une boutique rue de Rome. Fermer boutique,* cesser son commerce. – Magasin de prêt-à-porter. **2·** Fam. Se dit d'une maison, d'un lieu de travail dont on est mécontent. → fam. **baraque, boîte.**
▶ **boutiquier, ière** n. Péj. Personne qui tient boutique. → **commerçant, marchand.** ▷ **arrière-boutique, téléboutique**

boutis [buti(s)] n. m. Technique qui consiste à broder, sur deux épaisseurs de tissu, des motifs que l'on remplit de mèches de coton pour les mettre en relief. *Un couvre-lit en boutis.* – Ouvrage ainsi réalisé. *Un boutis provençal.*

boutoir [butwaʀ] n. m. Extrémité du groin avec lequel le sanglier, le porc fouissent la terre. – Loc. *Coup de boutoir,* vive attaque, propos dur et blessant.

1 **bouton** [butɔ̃] n. m. Bourgeon, notamment bourgeon à fleur. *Un bouton de rose.* ▶ **bouton-d'or** n. m. Renoncule âcre, à fleurs jaune doré. *Des boutons-d'or.* – Adj. invar. *Des coussins bouton-d'or,* de la couleur de cette fleur.

2 **bouton** n. m. Petite tumeur à la surface de la peau. → **pustule.** *Bouton d'acné. Il a des boutons.*
▶ **boutonneux, euse** adj. Qui a des boutons sur la peau. *Un adolescent boutonneux.*

3 **bouton** n. m. **1·** Petite pièce, généralement ronde, servant à la décoration des vêtements ou à l'assemblage de leurs parties. *Bouton de chemise, de culotte. Boutons de manchettes amovibles. Un bouton et sa boutonnière. Recoudre un bouton.* – *Bouton-pression* ou *pression,* qui se fixe en pressant. *Des boutons-pression.* **2·** Petite commande (d'un mécanisme, d'un appareil). *Le bouton d'une porte.* → **poignée.** *Tourner le bouton d'un poste de radio. Appuyer sur le bouton d'une sonnette. Bouton électrique.* → **interrupteur.** ▶ **boutonner** v. tr. < conjug. 1 > Fermer, attacher (un vêtement) au moyen de boutons. *Boutonner sa veste.* / contr. déboutonner / – Pronominalement (passif). *Cette robe se boutonne par derrière.* – Pronominalement (réfl.). Fam. *Se boutonner,* boutonner ses vêtements.
▶ **boutonnage** n. m. Manière dont un vêtement se boutonne. *Un manteau à double boutonnage.*
▶ **boutonnière** n. f. **1·** Petite fente festonnée faite à un vêtement pour y passer un bouton. – *Avoir une fleur, une décoration à la boutonnière,*

à la boutonnière du revers de veste. **2·** Incision longue et étroite dans les chairs. ▷ **déboutonner, reboutonner**

bouture [butyʀ] n. f. Jeune pousse coupée d'une plante qui est mise en terre pour former une nouvelle plante. ▶ **bouturer** v. < conjug. 1 > **1·** V. tr. Reproduire (une plante) par boutures. **2·** V. intr. (Plantes) Se reproduire par boutures. ▶ **bouturage** n. m. Action de multiplier des végétaux par boutures.

bouvier, ière [buvje, jɛʀ] n. **1·** Personne qui garde et conduit les bœufs. *Les bouviers et les bergers.* **2·** N. m. *Bouvier des Flandres,* chien de berger.

bouvillon [buvijɔ̃] n. m. Jeune bœuf châtré.

bouvreuil [buvʀœj] n. m. Oiseau passereau au plumage gris et noir, rouge sur la poitrine.

bovarysme [bɔvaʀism] n. m. Didact. Tendance d'une personne insatisfaite à s'imaginer autre, à avoir un autre destin (d'après *Madame Bovary,* personnage et roman de Flaubert).

bovidés [bɔvide] n. m. pl. Famille de mammifères ongulés ruminants comprenant les bovins, les ovins (moutons), les chèvres, les antilopes, les gazelles et les chamois. ≠ **bovin.**

bovin, ine [bɔvɛ̃, in] adj. et n. **1·** Qui a rapport au bœuf (espèce). *Races bovines. L'élevage bovin.* – (Personnes) Fam. *Regard, œil bovin,* morne et sans intelligence. **2·** N. m. pl. *Les bovins,* les bœufs, les vaches, les taureaux, les veaux. ≠ **bovidés.**

bowling [bɔliŋ] ou [buliŋ] n. m. Anglic. Sorte de jeu de quilles et de boules. *Tu sais jouer au bowling ?* – Lieu où l'on y joue. *Des bowlings.*

box, plur. **boxes** [bɔks] n. m. Stalle d'écurie servant à loger un seul cheval. – Compartiment cloisonné (d'un garage, d'un dortoir, d'une salle). *Boxes à louer.* – *Le box des accusés,* au tribunal.

box [bɔks] n. m. invar. Cuir fait de peaux de veau tannées au chrome, servant à la confection de chaussures, sacs, etc. *Un sac en box noir.*

boxe [bɔks] n. f. Sport de combat opposant deux adversaires (de la même catégorie de poids) qui se frappent à coups de poing, mais en portant des gants spéciaux (*gants de boxe*). *Match, combat de boxe.* ▶ 1 **boxer** v. < conjug. 1 > **1·** V. intr. Livrer un combat de boxe, pratiquer la boxe. **2·** V. tr. Fam. Frapper (qqn) à coups de poing. ▶ **boxeur, euse** n. Personne qui pratique la boxe. → **pugiliste.** *Boxeurs amateurs, professionnels.*

2 **boxer** [bɔksɛʀ] n. m. Chien de garde, à robe fauve ou tachetée. *Des boxers.*

3 **boxer** [bɔksɛʀ] n. m. Anglic. Sous-vêtement d'homme ou de femme, sorte de short* court et moulant. → **caleçon.**

box-office [bɔksɔfis] n. m. Anglic. Dans le milieu du spectacle. Échelle de succès d'après le montant des recettes. *Il est arrivé en tête du box-office. Des box-offices.*

boy [bɔj] n. m. Jeune domestique indigène en Extrême-Orient, en Afrique, etc. *Des boys.*

boyard [bɔjaʀ] n. m. Nom des anciens nobles en Russie.

boyau [bwajo] n. m. **I· 1·** Intestin d'un animal (ou, au plur., fam. de l'homme). → **entrailles, tripe, viscère.** *Les boyaux sont utilisés en charcuterie.* – Loc. *Rendre tripes et boyaux,* vomir. **2·** Mince corde faite avec la membrane intestinale de certains animaux, servant à garnir des instruments de musique, à monter des raquettes. *Un boyau de raquette de tennis.* **II·** Fossé en zigzag reliant des tranchées, des parallèles. – Galerie de mine étroite. **III·** Pneumatique pour bicyclette utilisé sans chambre à air. ▷ **tord-boyaux**

boycott [bɔjkɔt] n. m. Interdit jeté sur un individu, un groupe, un pays, et refus des biens qu'il met en circulation. *Le boycott d'un produit. Des boycotts.* ▶ **boycotter** v. tr. < conjug. 1 > Mettre à l'index, en quarantaine. *Nous avons boycotté ce spectacle.* ▶ **boycottage** n. m. Action de boycotter (un produit).

boy-scout [bɔjskut] n. m. Vx. Scout. – Fam. Idéaliste naïf. *Une mentalité de boy-scout. Des boy-scouts.*

bracelet [bʀaslɛ] n. m. Bijou en forme d'anneau, de cercle qui se porte surtout autour du poignet. *Un bracelet en or. Le bracelet d'une montre.* – Enveloppe de cuir que certains travailleurs portent autour du poignet. *Bracelet de force.* – *Bracelet électronique,* qui permet de suivre les mouvements de condamnés laissés en liberté. ▶ **bracelet-montre** n. m. Montre montée sur un bracelet. *Des bracelets-montres.*

brachial, ale, aux [bʀakjal, o] adj. Didact. Du bras. *Nerf brachial.*

brachiosaure [bʀakjɔzɔʀ] n. m. Grand reptile de l'ère secondaire, l'un des plus grands dinosaures.

brachycéphale [bʀakisefal] adj. Qui a le crâne arrondi, presque aussi large que long. / contr. dolichocéphale /

braconner [bʀakɔne] v. intr. < conjug. 1 > Chasser (et parfois pêcher) sans permis, ou à une période, en un lieu, avec des engins interdits. ▶ **braconnage** n. m. Action de braconner, délit de chasse d'une personne qui braconne. ▶ **braconnier** n. m. Personne qui se livre au braconnage. *Le garde-chasse a surpris des braconniers.*

bractée [bʀakte] n. f. En botanique. Feuille qui accompagne la fleur (colorée, elle ressemble à une fleur).

brader [bʀade] v. tr. < conjug. 1 > **1·** Vendre en braderie. **2·** Se débarrasser de (qqch.) à n'importe quel prix. → **liquider, sacrifier.** *Il a bradé sa voiture.* – Fig. *Brader ses compétences pour trouver un emploi.* ▶ **braderie** n. f. **1·** Foire où les habitants vendent à bas prix des vêtements ou objets usagés. *La grande braderie de Lille.* **2·** Liquidation de soldes en plein air.

braguette [bʀagɛt] n. f. Ouverture sur le devant d'un pantalon, d'une culotte.

brahmane [bʀaman] n. m. Membre de la caste sacerdotale, la première des grandes castes traditionnelles de l'Inde. ▶ **brahmanisme** n. m. Système social et religieux de l'Inde, caractérisé par la suprématie des brahmanes et l'intégration de tous les actes de la vie civile aux rites et devoirs religieux, fondement principal de l'hindouisme.

braies [bʀɛ] n. f. pl. Sorte de pantalon ample qui était en usage chez les Gaulois et les peuples germaniques. ▷ **débraillé ; braguette**

braille [bʀaj] n. m. Alphabet conventionnel en points saillants (également applicable aux chiffres, à la musique et la sténo) inventé par Braille à l'usage des aveugles. *Un livre écrit en braille.*

brailler [bʀɑje] v. intr. < conjug. 1 > Fam. Crier fort, parler ou chanter de façon assourdissante et ridicule. *Ils font brailler leur radio.* – Transitivement. *Brailler une chanson.* – (Enfants) Pleurer bruyamment. *Arrête de brailler !* ▶ **braillard, arde** ou **brailleur, euse** n. et adj. Fam. Personne qui est en train de brailler, ou qui est toujours à brailler. → fam. **gueulard.**

brain-storming [bʀɛnstɔʀmiŋ] n. m. Anglic. Réunion où chacun fournit des idées sur un sujet.

braire [bʀɛʀ] v. intr. < conjug. 50 > **1·** (Âne) Pousser un cri *(braiment)*. **2·** Fam. Crier, pleurer bruyamment. *Qu'est-ce que tu as encore à braire ?* → fam. **brailler.**

braise [bʀɛz] n. f. Bois réduit en charbons ardents. – *Des yeux de braise,* ardents. ▶ **braiser** v. tr. < conjug. 1 > Faire cuire (une viande, un poisson, certains légumes) à feu doux et à l'abri de l'air. – Au p. p. adj. *Bœuf braisé.*

bramer [bʀɑme] v. intr. < conjug. 1 > **1·** (Cerf) Pousser un cri (*brame* ou *bramement*). **2·** Fam. Crier fort et sur un ton de lamentation. → fam. **brailler, braire.**

brancard [bʀɑ̃kaʀ] n. m. **1·** Bras d'une civière ; civière. *Le blessé a été transporté sur un brancard.* **2·** Chacune des deux barres de bois entre lesquelles on attache une bête de trait. ▶ **brancarder** v. tr. < conjug. 1 > Transporter sur un brancard. *Brancarder des blessés.* ▶ **brancardier, ière** n. Porteur, porteuse de brancard, de civière. *Brancardiers militaires.*

branche [bʀɑ̃ʃ] n. f. **I· 1·** Ramification latérale du tronc de l'arbre. *Branche morte.* – Ramification d'une partie quelconque de la plante. *Épinards, céleri en branches,* avec la tige complète. – Fam. *S'accrocher aux branches,* tenir bon. **2·** Chacune des ramifications ou divisions (d'un organe, d'un appareil, etc.), qui partent d'un axe ou d'un centre. *Les branches d'un arbre généalogique, d'une famille,* venant d'une souche commune. *Branches collatérales, terminales d'un nerf. Les branches d'un compas, d'une paire de lunettes.* – Portion d'une courbe géométrique non fermée (parabole, etc.). **3·** Abstrait. Division d'une œuvre ou d'un système complexe. *Les différentes branches de l'économie* → **secteur,** *de l'enseignement* → **discipline. II·** Fam. *(Ma) vieille branche :* se dit en s'adressant à un vieux camarade. *Salut, vieille branche !* ▶ **branchage** n. m. Ensemble des branches d'un arbre. → **ramure.** – Au plur. Branches coupées. *Un sol jonché de branchages.* ▷ **embranchement, embrancher**

brancher [bʀɑ̃ʃe] v. tr. < conjug. 1 > **1·** Rattacher (un circuit secondaire) à un circuit principal. → **raccorder.** *Branche la lampe sur la prise. Brancher un décodeur sur la télé. Peux-tu brancher l'aspirateur ?,* sur le réseau électrique. – Pronominalement (passif). *Cet appareil se branche sur le courant électrique.* **2·** Fig. Orienter, diriger. *Il a branché la conversation sur un autre sujet.* **3·** Fam. Mettre au courant, intéresser (qqn). *Est-ce que ce film t'a branché ? Il n'est pas branché (sur le) cinéma.* **4·** Au p. p. adj. Fam. Dans le coup, dans le vent. *Une discothèque branchée. Il est vachement branché.* ▶ **branchement** n. m. **1·** Action de brancher ; son résultat. *Réaliser le branchement d'un appareil.* **2·** Conduite, galerie, voie secondaire partant de la voie principale pour aboutir au point d'utilisation. ▷ **débrancher**

branchie [brɑ̃ʃi] n. f. Organe de respiration des poissons, des mollusques. ▶ **branchial, ale, aux** [brɑ̃ʃjal,o] ou [brɑ̃kjal,o] adj. Des branchies, relatif aux branchies. *La respiration branchiale.*

brandade [brɑ̃dad] n. f. Morue pochée émiettée finement, mélangée avec de l'huile, du lait, de l'ail et parfois des pommes de terre.

brandebourg [brɑ̃dbur] n. m. Passementerie (galon, broderie) ornant une boutonnière. *Une veste à brandebourgs.*

brandir [brɑ̃dir] v. tr. < conjug. 2 > **1·** Agiter en tenant en l'air de façon menaçante. *Brandir une arme, un drapeau, son poing.* **2·** Agiter en élevant pour attirer l'attention.

brandon [brɑ̃dɔ̃] n. m. **1·** Débris enflammé. **2·** Littér. *Brandon de discorde,* personne, chose qui est source de discorde.

brandy [brɑ̃di] n. m. Anglic. Alcool de raisin analogue au cognac.

branler [brɑ̃le] v. < conjug. 1 > **1·** V. tr. Loc. *Branler la tête,* la remuer d'avant en arrière, ou d'un côté à l'autre. → **hocher, secouer. 2·** V. intr. Vieilli. Être instable, mal fixé. → **chanceler, vaciller.** *Une chaise, une dent qui branle. Pelle qui branle dans le manche.* **3·** Pronominalement (réfl.). Vulg. *Se branler,* se masturber. **4·** V. tr. Vulg. Faire, fabriquer. *Qu'est-ce qu'ils branlent ? J'en ai rien à branler.* ▶ **branlant, ante** adj. Qui branle, est instable. *Une chaise branlante.* → **vacillant.** ▶ **branlée** n. f. Fam. Fait d'être battu, écrasé. → **défaite ;** fam. **raclée.** ▶ **en branle** loc. adv. **1·** En oscillation. *Mettre en branle une cloche.* **2·** En mouvement, en train. *Des mots d'ordre qui mettent en branle les masses. Se mettre en branle,* en mouvement, en action. ▶ **branle-bas** [brɑ̃lba] n. m. invar. *Branle-bas de combat,* ensemble des dispositions prises par un navire de guerre en vue du combat. – Préparation agitée. *Dans le branle-bas des élections. Des branle-bas.* ▶ **branlement** n. m. *Branlement de tête,* action, manière de branler la tête. ▶ **branleur, euse** n. Fam. Personne qui ne branle (4) rien, ne fait rien de son temps. ▷ **chambranler, ébranler**

branque [brɑ̃k] n. m. et adj. Fam. Sot, imbécile. → 2 **braque.** *Être un peu branque,* fou.

1 **braque** [brak] n. m. Chien de chasse à poils ras et à oreilles pendantes ; très bon chien d'arrêt.

2 **braque** adj. Fam. Un peu fou, écervelé. → fam. **branque, timbré, toqué.** *Elles sont gentilles, mais un peu braques.*

braquer [brake] v. tr. < conjug. 1 > **1·** Tourner (une arme à feu, un instrument d'optique) dans la direction de l'objectif. → **diriger, pointer.** *Il a braqué son revolver sur moi.* – Fixer (le regard, l'attention, etc.). *Son regard était braqué sur nous.* – Fam. Mettre en joue (qqn) ; attaquer à main armée. *Ils ont braqué une banque.* **2·** Sans compl. Faire tourner (un véhicule) en manœuvrant la direction. *Braquer pour se garer. Braquez à fond ! Voiture qui braque mal,* qui tourne mal, a un trop grand rayon de braquage. **3·** *Braquer qqn contre* (une personne, un projet), l'amener à s'opposer obstinément à (qqn, qqch.). → **dresser.** *Elle l'a braqué contre son ami.* – Pronominalement (réfl.). *Il s'est braqué,* il s'est buté. ▶ **braquage** n. m. **1·** Action de braquer les roues d'une voiture. *Rayon de braquage,* du cercle tracé par les roues extérieures braquées au maximum. **2·** Attaque à main armée. *Le braquage d'une banque.* ▶ **braqueur, euse** n. Personne qui commet un vol à main armée.

braquet [brakɛ] n. m. Rapport, entre le pignon et le plateau, qui commande le développement d'une bicyclette. *Le dérailleur permet de changer de braquet.* – Loc. *Changer de braquet* (pour accélérer).

bras [bra] n. m. invar. **1·** Membre supérieur de l'homme, qui s'articule à l'épaule et se termine par la main. *Du bras.* → **brachial.** *Bras droit, gauche. Porter un enfant sur ses bras, dans ses bras. Lever un poids à bras tendu, à bout de bras. Elle me serre dans ses bras. Donner le bras à qqn,* pour qu'il puisse s'y appuyer en marchant. *Elle avait pris le bras, était au bras de son mari. Ils s'en vont bras dessus, bras dessous,* en se donnant le bras. ***Bras de fer*** : jeu de force où chaque adversaire tente de faire baisser l'avant-bras à l'autre ; fig. épreuve de force. – Loc. *Les bras m'en tombent,* je suis stupéfait. *Baisser les bras,* abandonner, renoncer à agir. – *Rester les bras croisés,* sans rien faire. *Avoir le bras long,* du crédit, de l'influence. *Il peut t'aider, il a le bras long.* – *Recevoir, accueillir qqn à bras ouverts,* avec effusion, empressement. *À bras raccourcis,* en portant des coups violents. – *Avoir qqn ou qqch. sur les bras,* être obligé de s'en occuper. **2·** Segment du membre supérieur compris entre l'épaule et le coude. *Un muscle du bras.* → **biceps, triceps. 3·** *Le bras séculier,* la puissance temporelle, opposée à celle de l'Église. **4·** Personne qui agit, travaille, combat (→ **travailleur**). – *Le **bras droit** de qqn* : son principal agent d'exécution. – Fam. ***Gros bras,*** un dur, un casseur. *Il joue les gros bras,* les durs. **5·** Loc. adv. ***À bras*** : à l'aide des seuls bras (sans machine). *Il a fallu transporter tout cela à bras. Charrette à bras,* qu'on meut avec les bras. **6·** Partie du membre antérieur du cheval qui fait suite à l'épaule. – Tentacule des mollusques céphalopodes. *Les bras d'une pieuvre.* **7·** (Objets fonctionnant comme le bras) Brancard. *Les bras d'une brouette.* – Accoudoir (d'un fauteuil). – Partie mobile (d'un objet technique). *Bras de manivelle.* – *Bras de levier :* distance d'une force à son point d'appui, évaluée perpendiculairement à la direction de cette force. **8·** Division d'un cours d'eau que partagent des îles. *Un des bras du fleuve. Bras de mer,* détroit, passage. ▷ **avant-bras, bracelet,** à **bras-le-corps, brassard, brasse, brassée, brassière, embrasse, embrasser, fier-à-bras**

braser [bʀaze] v. tr. < conjug. 1 > Techn. Souder en interposant un métal, un alliage qu'on fait fondre (*brasage,* n. m. ; *brasure,* n. f.). *Braser un joint.*

brasero [bʀɑ(a)zeʀo] n. m. Bassin de métal, rempli de charbons ardents, posé sur un trépied. *Se réchauffer autour de braseros.*

brasier [bʀɑzje] n. m. **1·** Masse d'objets ou matières en complète combustion du fait d'un incendie. *Le brasier d'une maison en feu.* **2·** Fig. Foyer de passions violentes, de guerre.

à **bras-le-corps** [abʀalkɔʀ] loc. adv. Avec les bras et par le milieu du corps. *Il a saisi son adversaire à bras-le-corps.* – *Prendre un problème à bras-le-corps,* avec détermination.

brassard [bʀasaʀ] n. m. Bande d'étoffe ou ruban servant d'insigne, qu'on porte au bras. *Brassard de secouriste, d'infirmier. Un brassard de deuil.*

brasse [bʀas] n. f. **I·** Ancienne mesure de longueur égale à cinq pieds (environ 1,60 m). – Mesure marine (à peu près équivalente) de profondeur. **II·** Nage sur le ventre par mouvements simultanés et symétriques des bras, puis des jambes ; chacun des espaces successifs ainsi parcourus. *Il traverse la piscine en cinq brasses. Brasse papillon,* variété de brasse sportive où le nageur semble sauter hors de l'eau à chaque mouvement simultané des bras.

brassée [bʀase] n. f. Ce que les bras peuvent contenir, porter. *Une brassée de fleurs.*

brasser [bʀase] v. tr. < conjug. 1 > **1·** *Brasser la bière,* préparer le moût en faisant macérer le malt dans l'eau ; fabriquer la bière. **2·** Remuer en mêlant. *Brasser la salade. Brasser les cartes avant de les donner.* **3·** Manier (beaucoup d'argent), traiter (beaucoup d'affaires). *Il brasse des millions.* ▶ **brassage** n. m. **1·** Ensemble des opérations consistant à brasser la bière. **2·** Mélange. *Le brassage des populations, des cultures.* → **métissage.** ▶ **brasserie** n. f. **1·** Fabrique de bière ; industrie de fabrication de la bière. **2·** Grand café-restaurant. *Brasserie alsacienne.* ▶ **brasseur, euse** n. **1·** Personne qui fabrique de la bière ou en vend en gros. **2·** *Brasseur d'affaires :* homme qui s'occupe de nombreuses affaires. **3·** Nageur, nageuse de brasse. *Un excellent brasseur.*

brassière [bʀasjɛʀ] n. f. Petite chemise de bébé, courte, à manches longues.

brave [bʀav] adj. et n. **1·** Placé après le nom. Courageux au combat, devant un ennemi. *Un homme brave.* / contr. lâche / – N. *Faire le brave,* affecter la bravoure. **2·** Placé devant le nom. Honnête et bon avec simplicité. *Un brave homme, une brave femme. De braves gens. C'est un brave garçon. Mon brave,* appellation condescendante à l'égard d'un inférieur. – Parfois après le nom. D'une bonté ou d'une gentillesse un peu naïve et attendrissante. *Il est bien brave, mais il m'ennuie.* ▶ **braver** v. tr. < conjug. 1 > **1·** Défier orgueilleusement en montrant qu'on ne craint pas. *Braver les autorités. Personne n'osait braver ses ordres.* → s'**opposer. 2·** Se comporter sans crainte devant (qqch. de redoutable qu'on accepte d'affronter). → **mépriser.** *Braver le danger, la mort.* – Oser ne pas respecter (une règle, une tradition). *Nous bravions les convenances.* ▶ **bravache** n. m. Faux brave, fanfaron. – Adj. *Un air bravache.* ▶ **bravade** n. f. **1·** Démonstration de bravoure. *Agir, s'exposer par bravade.* **2·** Action ou attitude de défi insolent envers une autorité qu'on brave. ▶ **bravoure** n. f. **1·** Qualité de celui qui est brave. → **courage, héroïsme, vaillance.** / contr. lâcheté, poltronnerie / *Il fait preuve de beaucoup de bravoure.* **2·** *Air de bravoure,* air brillant destiné à faire valoir le chanteur. – *Morceau de bravoure,* partie d'une œuvre particulièrement brillante. ▶ **bravement** adv. **1·** Avec bravoure, courageusement. **2·** D'une manière décidée, sans hésitation. → **résolument.** *Il se mit bravement au travail.*

bravo [bʀavo] interj. et n. m. **1·** Interj. Exclamation dont on se sert pour applaudir, pour approuver. *Bravo ! c'est parfait.* → **félicitation. 2·** N. m. Applaudissement, marque d'approbation. *Les bravos éclataient dans la salle.*

① **break** [bʀɛk] n. m. Anglic. **1·** Ancienne voiture à quatre roues, ouverte, avec un siège de cocher élevé et deux banquettes longitudinales à l'arrière. **2·** Type de carrosserie automobile en forme de fourgonnette, mais à arrière vitré. – Cette voiture. *Des breaks.*

② **break** n. m. Anglic. **1·** Loc. *Faire le break,* au tennis, creuser à son avantage un écart de deux jeux dans le score en gagnant son propre service et celui de son adversaire. **2·** En jazz. Interruption du jeu de l'orchestre pendant quelques mesures, créant un effet d'attente. **3·** *Faire un break,* faire une pause.

break dance [bʀɛkdɛns] n. f. ou m. Anglic. Danse acrobatique exécutée au sol et accompagnée de musique hip-hop.

brebis [bʀəbi] n. f. invar. **1·** Femelle adulte de l'espèce ovine (opposé à *bélier, mouton, agneau*). *Lait de brebis. Les brebis bêlent.* **2·** *Brebis galeuse,* personne dangereuse et indésirable dans un groupe.

① **brèche** [bʀɛʃ] n. f. **1·** Ouverture faite à un mur, à une clôture. *On a colmaté la brèche.* – Ouverture dans une enceinte fortifiée ; percée d'une ligne fortifiée, d'un front. → **trouée.** *Faire, ouvrir une brèche.* – Loc. *S'engouffrer dans la brèche,* profiter d'un précédent créé par qqn d'autre. *Être toujours sur la brèche,* être prêt au combat ; être toujours au travail, en pleine activité. *Battre en brèche,* soutenir une attaque contre (un argument, le crédit de qqn). **2·** Petite entaille sur un objet d'où s'est détaché un éclat. *Faire une brèche à une assiette.* → **ébrécher.** – Dommage qui entame. *C'est une brèche sérieuse à sa fortune.* ▷ **ébrécher**

② **brèche** n. f. Roche formée d'éléments pointus agglomérés.

bréchet [bʀeʃɛ] n. m. Sternum saillant (des oiseaux).

bredouille [bʀəduj] adj. Qui n'a rien pris (à la chasse, la pêche), qui n'a rien obtenu (d'une entrevue, d'une démarche). *Rentrer bredouille. Elles sont revenues bredouilles.*

bredouiller [bʀəduje] v. <conjug. 1> **1·** V. intr. Parler d'une manière précipitée et peu distincte. → **bafouiller, balbutier, marmonner.** **2·** V. tr. Dire en bredouillant. *Bredouiller une excuse.* ▶ **bredouillement** n. m., **bredouillage** n. m., **bredouillis** n. m. invar. Paroles confuses. → **balbutiement.**

bref, brève [bʀɛf, bʀɛv] adj. et adv. **I·** Adj. **1·** De peu de durée. / contr. long / *Une brève rencontre.* → **court.** *À bref délai,* bientôt. **2·** De peu de durée dans l'expression, dans le discours. → **laconique.** / contr. prolixe / *Une brève allocution. Soyez bref,* ne faites pas un long discours. → **concis.** **3·** *Syllabe, voyelle brève,* qui a une durée d'émission plus courte (que les autres syllabes, voyelles). – N. f. *Une brève* (opposé à *une longue*). **II·** Adv. **1·** Pour résumer les choses en peu de mots. → **enfin, en résumé.** *Bref, il n'y a rien de changé.* **2·** Littér. ***En bref*** loc. adv. : en peu de mots. → **brièvement.** *Voilà, en bref, les raisons de mon départ.* ▷ **abréviation, brève, brièvement, brièveté**

brelan [bʀəlɑ̃] n. m. À certains jeux de cartes (dont l'ancien jeu dit *brelan*). Réunion de trois cartes de même valeur. *Avoir un brelan de rois, au poker.* – À certains jeux de dés. Coup amenant trois faces semblables.

brêle ou **brèle** [bʀɛl] n. f. Fam. Personne incompétente, nulle.

breloque [bʀəlɔk] n. f. **1·** Petit bijou de fantaisie qu'on attache à une chaîne de montre, à un bracelet. **2·** Vieilli. *Battre la breloque,* fonctionner mal, être dérangé. *Il dit que son cœur bat la breloque.*

brème [bʀɛm] n. f. Poisson d'eau douce au corps long et plat.

bretèche [bʀətɛʃ] n. f. Petite tour en saillie, utilisée autrefois comme ouvrage de défense.

bretelle [bʀətɛl] n. f. **I· 1·** Bande de cuir, d'étoffe que l'on passe sur les épaules pour porter un fardeau. *Porter l'arme à la bretelle ou en bandoulière.* **2·** Le plus souvent au plur. Bandes de tissu, de ruban, qui maintiennent aux épaules les pièces de lingerie féminine. *Une robe à bretelles.* **3·** Bandes élastiques, passant sur les épaules, servant à retenir un pantalon. *Une paire de bretelles.* **II·** Dispositif d'aiguillage permettant de passer d'une voie ferrée à une voie voisine. – Dans un système routier. Voie de raccordement. *La bretelle d'une autoroute.*

breton, onne [bʀətɔ̃, ɔn] adj. et n. **1·** De Bretagne (région française). *Les pêcheurs bretons. Une crêpe bretonne.* – N. *Les Bretons. Le breton,* langue celtique. **2·** Qui appartient aux peuples celtiques de Grande-Bretagne et de Bretagne, à leurs traditions et leur civilisation. *Les romans bretons du XIIe siècle.*

bretteur [bʀɛtœʀ] n. m. Celui qui aimait se battre en duel, à l'épée.

bretzel [bʀɛdzɛl] n. m. Pâtisserie légère, en forme de huit, salée et saupoudrée de cumin. *Des bretzels.*

breuvage [bʀœvaʒ] n. m. Boisson d'une composition spéciale ou ayant une vertu particulière. *Breuvage magique.* → **philtre.**

brève [bʀɛv] n. f. Dans le journalisme. Information brièvement annoncée. – *Brève de comptoir,* bon mot typique des conversations tenues au comptoir d'un café.

brevet [bʀəvɛ] n. m. **1·** Titre ou diplôme délivré par l'État, permettant au titulaire d'exercer certaines fonctions et certains droits. *Brevet d'invention,* titre par lequel le gouvernement confère à l'auteur d'une invention un droit exclusif d'exploitation. – *Brevet de capacité,* attestant certaines connaissances. → **diplôme.** (En France) *Brevet des collèges.* – *Brevet d'études pro-*

fessionnelles (B. E. P.). – *Brevet de technicien supérieur* ou *B. T. S.* **2·** Fig. et littér. Garantie, assurance. *C'est un brevet de moralité.* ▶ **breveter** [bʀəvte] v. tr. < conjug. 4 > Protéger par un brevet. *Faire breveter une invention.* ▶ **breveté, ée** adj. Qui a obtenu un brevet civil ou militaire. → **diplômé.** *Officier breveté.* – Garanti par un brevet. *Procédé breveté.*

bréviaire [bʀevjɛʀ] n. m. **1·** Livre de l'office divin, renfermant les formules de prières. *Le curé lisait son bréviaire.* **2·** Livre servant de modèle et contenant un enseignement indispensable.

briard, arde [bʀijaʀ, aʀd] adj. et n. m. De la Brie (région française). – *Berger briard* ou, n. m., *briard,* chien de berger à poil long.

bribes [bʀib] n. f. pl. Petits morceaux, fragments. *Il saisissait au passage des bribes de conversation. Des bribes de souvenirs.*

bric-à-brac [bʀikabʀak] n. m. invar. **1·** Amas de vieux objets hétéroclites, destinés à la revente. *Le bric-à-brac d'un brocanteur.* – Désordre. *Quel bric-à-brac dans sa chambre !* **2·** Amas de vieilleries disparates.

bricelet [bʀislɛ] n. m. En Suisse. Gaufre très mince et croustillante.

de bric et de broc [d(ə)bʀiked(ə)bʀɔk] loc. adv. En employant des morceaux de toute provenance, au hasard des occasions. *Une chambre meublée de bric et de broc.*

① **brick** [bʀik] n. m. Voilier à deux mâts gréés à voiles carrées.

② **brick** [bʀik] n. m. Beignet salé fait d'une pâte très fine renfermant généralement un œuf. *Un brick à l'œuf. Des bricks.*

bricole [bʀikɔl] n. f. **1·** Courroie du harnais qu'on applique sur la poitrine du cheval ; bretelle de porteur. **2·** Petit accessoire, menu objet. → **babiole.** *Je lui offrirai une petite bricole.* – Chose insignifiante. *On a discuté une heure sur des bricoles.*

bricoler [bʀikɔle] v. < conjug. 1 > **1·** V. intr. Gagner sa vie en faisant toutes sortes de petites besognes. – S'occuper chez soi à de petits travaux manuels (aménagements, réparations, etc.). *Il aime bien bricoler.* **2·** V. tr. Arranger, réparer tant bien que mal, de façon provisoire. *Bricoler un moteur.* ▶ **bricolage** n. m. Action, habitude de bricoler. *Le Salon du bricolage.* – Réparation faite tant bien que mal. ▶ **bricoleur, euse** n. et adj. Personne qui bricole, aime à bricoler. – Adj. *Elle n'est pas bricoleuse.*

bride [bʀid] n. f. **1·** Pièce du harnais fixée à la tête du cheval pour le diriger. *Un cheval tenu en bride,* maintenu à l'aide de la bride. – Loc. *Tenir la bride haute à un cheval,* la maintenir ferme pour freiner son allure. *Tenir la bride haute à qqn,* ne pas lui laisser la liberté d'action, ne rien lui céder. *Laisser la bride sur le cou à qqn,* le laisser libre. – *Aller à bride abattue, à toute bride,* en abandonnant toute la bride au cheval, très vite. – *Tourner bride,* rebrousser chemin ; changer d'avis, de conduite. **2·** Nom de divers liens en forme d'arceau, de collier, servant à retenir ou à joindre des objets. *Bride d'un bouton.* ▶ **brider** v. tr. < conjug. 1 > **1·** Mettre la bride à (un cheval). – Serrer avec une bride. **2·** Littér. Contenir, gêner dans son développement (un instinct, une impulsion...). / contr. libérer / *Brider les désirs de qqn.* **3·** *Brider un moteur,* en limiter la puissance ou la vitesse. / contr. débrider / ▶ **bridé, ée** adj. **1·** (Yeux) Dont les paupières sont comme étirées latéralement. **2·** (Moteur) Dont on a volontairement limité le nombre de tours par minute. ▷ **débrider**

① **bridge** [bʀidʒ] n. m. Jeu de cartes qui se joue à quatre (deux contre deux), et qui consiste, pour l'équipe qui (après les annonces) a fait la plus forte enchère, à réussir le nombre de levées correspondant. *Jouer au bridge. Table de bridge.* ▶ **bridger** v. intr. < conjug. 3 > Jouer au bridge. ▶ **bridgeur, euse** n. Joueur, joueuse de bridge.

② **bridge** n. m. Appareil de prothèse dentaire servant à maintenir une dent artificielle, en prenant appui sur des dents solides. *Un bridge en or, en porcelaine.*

brie [bʀi] n. m. Fromage fermenté à pâte molle et croûte moisie. *Du brie de Meaux.*

briefer [bʀife] v. tr. < conjug. 1 > Anglic. Communiquer des informations à qqn, un groupe. / contr. débriefer / ▶ **briefing** n. m. Anglic. Réunion d'information, réunion préparatoire. / contr. débriefing /

brièvement [bʀijɛvmɑ̃] adv. En peu de mots. → en **bref, succinctement.** / contr. longuement / *Dites-nous, brièvement, ce qui s'est passé.*

brièveté [bʀijɛvte] n. f. Littér. Caractère de ce qui est bref. / contr. longueur / *La brièveté de son exposé.*

brigade [bʀigad] n. f. **1·** Dans l'armée. Unité tactique à l'intérieur de la division. – *Brigades internationales,* formations de volontaires qui combattirent aux côtés des républicains pendant la guerre civile espagnole. **2·** Petit détachement. *Brigade de gendarmerie. La brigade antigang.* **3·** Équipe de cuisiniers. *Le chef et sa brigade.* ▶ **brigadier** n. m. **1·** Officier supérieur dans certaines armées. **2·** Celui qui a, dans la cavalerie, l'artillerie, le grade le moins élevé (correspondant à *caporal*). *Brigadier-chef.* **3·** Chef d'une brigade de gendarmes. – Gradé de police. ▷ **embrigader**

brigand [bRigɑ̃] n. m. **1·** Vieilli. Homme qui se livre au vol, au pillage. → **bandit, malfaiteur, voleur.** *Un repaire de brigands.* – *Des histoires de brigands,* des histoires invraisemblables, des mensonges. **2·** Vieilli. Homme malhonnête. – Plaisant. *Petit brigand !,* petit coquin ! → **chenapan, vaurien.** ▶ **brigandage** n. m. Vol ou pillage commis avec violence et à main armée. – Acte de grande malhonnêteté.

briguer [bRige] v. tr. < conjug. 1 > Littér. Rechercher avec ardeur. → **ambitionner, convoiter.** *Briguer un poste, une dignité. Briguer l'honneur de...*

briller [bRije] v. intr. < conjug. 1 > **1·** Émettre ou réfléchir une lumière vive. → **étinceler, luire, rayonner, resplendir, scintiller.** *Le soleil brille. Le diamant qui brille à son doigt.* – *Faire briller des chaussures, des meubles,* en les astiquant, en les cirant. *Ses yeux brillaient,* de joie, de malice... **2·** (Personnes) Se manifester, se distinguer avec éclat. *Briller en société, à un examen.* – *Il ne brille pas par le courage, par la modestie,* le courage, la modestie ne sont pas son fort. *Il brillait par son absence,* son absence ne passait pas inaperçue. ▶ [1] **brillant, ante** adj. **1·** Qui brille. → **éblouissant, éclatant, lumineux, radieux, rayonnant, resplendissant.** / contr. mat, terne / *Une soie brillante. Des cheveux, des yeux brillants.* **2·** Qui sort du commun, s'impose à la vue, à l'imagination par sa qualité. → **magnifique, splendide.** / contr. médiocre / *Faire une brillante carrière. Un brillant avenir.* – *Un esprit brillant. Une conversation brillante.* → **étincelant.** *Un brillant élève.* → **remarquable.** – *Le résultat n'est pas brillant,* est médiocre. *Ses affaires ne sont guère brillantes,* guère prospères. ▶ **brillamment** adv. D'une manière brillante, avec éclat. *Il a passé brillamment son examen.* ▶ [2] **brillant** n. m. **I·** Éclat, caractère brillant. *Le brillant de l'acier. Donner du brillant aux cheveux.* **II·** Petit diamant taillé à facettes. ▶ **brillantine** n. f. Cosmétique à base d'huile parfumée qu'on utilisait pour faire briller les cheveux.

brimborion [bRɛ̃bɔRjɔ̃] n. m. Vieilli. Petit objet de peu de valeur.

brimer [bRime] v. tr. < conjug. 1 > Tracasser (qqn) en limitant sa liberté, en lui imposant ses volontés. → **maltraiter, opprimer.** *Ses camarades de classe le briment.* – Au p. p. adj. *Il se sent brimé.* ▶ **brimade** n. f. **1·** Épreuve vexatoire, souvent aggravée de brutalité, que les anciens imposent aux nouveaux dans les régiments, les écoles. *Les brimades du bizutage.* **2·** Tracasserie, vexation infligée gratuitement. *Elle subit toutes sortes de brimades.*

brin [bRɛ̃] n. m. **1·** Filament de chanvre, de lin. *Les brins d'une corde.* **2·** Tige, jeune pousse (d'un végétal). *Un brin d'herbe, de muguet.* – Loc. *Un beau brin de fille,* une fille grande et bien faite. **3·** Petite partie (d'un corps ou objet mince et allongé). *Un brin de paille.* → **fétu.** **4·** Fig. Parcelle, quantité infime. *Faire un brin de cour à une femme,* lui faire un peu la cour. *Faire un brin de toilette.* – Loc. adv. *On va s'amuser un brin,* un petit peu.

brindille [bRɛ̃dij] n. f. Branche morte, mince et assez courte. *Il allume le feu avec des brindilles.*

[1] **bringue** [bRɛ̃g] n. f. Fam. et péj. *Une grande bringue,* une grande fille dégingandée.

[2] **bringue** n. f. Fam. *Faire la bringue,* faire la fête. *On a fait une bringue à tout casser.* → fam. [2] **bombe.**

bringuebaler [bRɛ̃gbale] ou **brinquebaler** [bRɛ̃kbale] v. intr. < conjug. 1 > Se balancer, osciller. *Le vieux tacot bringuebalait sur les pavés.* → **cahoter.**

brio [bRijo] n. m. sing. Technique aisée et brillante dans l'exécution musicale. *Il joua son morceau avec brio.* – Talent brillant, virtuosité. *Elle parle avec brio.*

brioche [bRijɔʃ] n. f. **1·** Pâtisserie légère en forme de petite boule, faite avec une pâte levée. **2·** Fam. Ventre replet. *Il a pris de la brioche.* ▶ **brioché, ée** adj. Qui a la consistance, le goût de la brioche. *Pain brioché.* – *Saucisson brioché,* cuit enveloppé dans une pâte briochée.

brique [bRik] n. f. **1·** Pierre artificielle, en forme de parallélépipède, de couleur rougeâtre, fabriquée avec de la terre argileuse et employée à la construction. *Mur de brique(s).* – Adj. invar. De la couleur de la brique. *Des rouges brique. Un teint brique.* **2·** Récipient de la forme d'une brique utilisé pour certains liquides alimentaires. *Une brique de lait.* ≠ berlingot. **3·** Fam. Liasse de billets faisant un million d'anciens francs. – Un million d'anciens francs. *Un chèque de cent briques.* **4·** Fam. *Bouffer* des briques.* ▶ **briqueterie** [bRiktRi ; -kɛtRi] n. f. Fabrique de briques. ≠ tuilerie. ▶ **briquette** n. f. Aggloméré de charbon, de lignite, en forme de brique. ▷ **imbriqué**

briquer [bRike] v. tr. < conjug. 1 > Nettoyer en frottant vigoureusement de façon à faire briller. → **astiquer.** *Elle a passé des heures à briquer ses casseroles. Briquer son appartement.*

briquet [bʀikɛ] n. m. Appareil pouvant produire du feu à répétition. *Briquet à essence, à gaz.*

briscard [bʀiskaʀ] n. m. Soldat qui avait servi très longtemps dans l'armée. – Loc. *Un vieux briscard,* un homme pourvu d'une longue expérience.

brise [bʀiz] n. f. Vent peu violent. ≠ bise. *Brise de mer, de terre,* soufflant de la mer vers la terre, de la terre vers la mer. ▷ **pare-brise**

briser [bʀize] v. tr. < conjug. 1 > **1·** Littér. Casser, mettre en pièces. – Loc. *Briser les liens, les chaînes de qqn,* le libérer d'une sujétion. *Briser le cœur,* peiner, émouvoir profondément. – Au p. p. *Une voix brisée par l'émotion,* altérée. **2·** Rendre inefficace par une intervention violente. → **anéantir, détruire.** *Briser la carrière de qqn. Le gouvernement veut briser toute résistance. Briser une grève,* la faire échouer. – *Briser le silence,* l'interrompre. **3·** Réduire la résistance, abattre l'orgueil de (qqn). *Je le briserai !* **4·** Pronominalement (réfl.). (Mer) Déferler. – Échouer. *L'assaut vint se briser sur les lignes ennemies.* ▶ **brisé, ée** adj. **1·** *Brisé de fatigue,* extrêmement fatigué. → **moulu. 2·** *Ligne brisée,* composée de droites qui se succèdent en formant des angles variables. **3·** *Pâte brisée,* pâte à gâteaux malaxée incomplètement avec des morceaux de beurre. ▶ **brisant** n. m. Rocher sur lequel la mer se brise et déferle. → **écueil.** ▶ **bris** [bʀi] n. m. invar. Droit. Destruction, rupture. *Bris de clôture, de glace, de scellés.* ▶ **brisées** n. f. pl. Branches que le veneur casse (sans les couper) pour marquer la voie de la bête. – Loc. *Aller, marcher sur les brisées de qqn,* entrer en concurrence avec lui sur un terrain qu'il s'était réservé. – Loc. littér. *Suivre les brisées de qqn,* l'imiter. ▶ **briseur, euse** n. Qui détruit. *C'est une briseuse de ménage.* – *Briseur de grève,* ouvrier qui ne fait pas la grève lorsqu'elle a été décidée → **jaune.** ▶ **brise-bise** n. m. Petit rideau garnissant le bas d'une fenêtre. *Des brise-bises* ou *des brise-bise.* ▶ **brise-fer** (vieilli) ou **brise-tout** n. m. invar. Personne qui casse tout ce qu'elle touche. *Des brise-fer. Des brise-tout.* ▶ **brise-glace** n. m. Navire à étrave renforcée, spécialement construit pour la navigation arctique. *Un brise-glace* ou *brise-glaces. Des brise-glaces.* ▶ **brise-jet** [bʀizʒɛ] n. m. invar. Petit tuyau que l'on adapte à un robinet pour atténuer la force du jet et éviter les éclaboussures. *Des brise-jet.* ▶ **brise-lames** n. m. invar. Construction élevée à l'entrée d'un port pour le protéger contre les vagues du large. → **digue.** *Un brise-lames. Des brise-lames.* ▶ **brisure** n. f. **1·** Cassure, fêlure. **2·** Fragment. *Des brisures de truffes.* ▷ **débris**

bristol [bʀistɔl] n. m. **1·** Papier fort et blanc, employé pour le dessin, les cartes de visite. **2·** Carte de visite, d'invitation. *Envoyer un bristol. Des bristols.*

britannique [bʀitanik] adj. **1·** Qui se rapporte à la Grande-Bretagne, à l'Irlande et à de petites îles proches. *Les îles Britanniques.* **2·** Qui se rapporte au Royaume-Uni. → **anglais, anglo-saxon.** *L'Empire britannique,* le Commonwealth. *Le flegme britannique.* – N. *Les Britanniques.*

broc [bʀo] n. m. Récipient à anse, à bec évasé, dont on se sert pour transvaser les liquides (surtout l'eau pour la toilette).

brocante [bʀɔkɑ̃t] n. f. Commerce du brocanteur. ▶ **brocanteur, euse** n. Personne qui *brocante,* c'est-à-dire fait commerce d'objets anciens et de curiosités qu'elle achète d'occasion pour la revente. *Les antiquaires et les brocanteurs.*

brocard [bʀɔkaʀ] n. m. Vx. Propos moqueur, raillerie. ≠ brocart. ▶ **brocarder** v. tr. < conjug. 1 > Railler, ironiser, se moquer.

brocart [bʀɔkaʀ] n. m. Riche tissu de soie rehaussé de dessins brochés en fils d'or et d'argent. ≠ brocard.

broccio [bʀɔtʃ(i)o] n. m. Fromage frais corse, au lait de chèvre ou de brebis. → 2 **brousse.**

broche [bʀɔʃ] n. f. **1·** Nom de nombreux instruments et pièces à tige pointue. – Tige de fer pointue qu'on passe au travers d'une volaille ou d'une pièce de viande à rôtir, pour la faire tourner au-dessus de la flamme. *Mettre, faire cuire à la broche.* – En filature. Tige de fer recevant la bobine. – Tige utilisée en chirurgie osseuse pour fixer un os fracturé. *Ils lui ont posé deux broches sur sa fracture.* **2·** Bijou de femme, composé d'une épingle et d'un fermoir. *Elle avait mis sa broche et ses bracelets.* ▶ **brochette** n. f. **1·** Petite broche servant à faire griller de petites pièces de viande, de crustacé, de poisson ; les morceaux ainsi embrochés. *Une brochette de rognons.* **2·** Petite broche servant à porter sur l'habit plusieurs décorations ; cette série. *Une brochette de décorations.* **3·** Fam. Personnes rangées sur la même ligne. *Former une belle brochette.* ▷ **embrocher, tournebroche**

brocher [bʀɔʃe] v. tr. < conjug. 1 > **1·** Relier sommairement, avec simple couverture de papier. – Au p. p. adj. *Fascicule, livre broché.* **2·** Tisser en entremêlant sur le fond des fils de soie, d'argent ou d'or, de manière à former des dessins en relief. – Au p. p. adj. *Tissu broché ;* n. m. *du broché.* ▶ **brochage** n. m. **1·** Action, manière de brocher (les feuilles imprimées). → **reliure. 2·** Procédé de tissage des étoffes brochées. ▶ **brocheur, euse** n. 1· Ouvrier, ouvrière dont le métier est de brocher (des tissus, des livres). 2· N. f. Machine pour le brochage des livres. ▶ **brochure** n. f. 1· Décor d'un tissu broché. 2· Petit livre broché. *Une brochure de propagande. Brochure touristique.*

brochet [bʀɔʃɛ] n. m. Poisson osseux d'eau douce, étroit, élancé, au museau plat et pointu, armé de dents aiguës. *Quenelles de brochet.*

brocoli [bʀɔkɔli] n. m. Chou-fleur, à longue tige et à fleurs vertes. *Manger des brocolis avec du veau.*

brodequin [bʀɔdkɛ̃] n. m. Chaussure montante de marche, lacée sur le cou-de-pied. → **godillot.** *Brodequins de soldat.*

broder [bʀɔde] v. < conjug. 1 > 1· V. tr. Orner (un tissu) de broderies. *Broder un napperon.* – Au p. p. adj. *Un mouchoir brodé.* – Exécuter en broderie. *Broder des initiales sur une chemise.* 2· V. intr. Amplifier ou exagérer à plaisir. *Vous brodez, vous avez trop d'imagination ! Un petit fait sur lequel l'auteur a brodé.* ▶ **broderie** n. f. Ouvrage consistant en points qui recouvrent un motif dessiné sur un tissu ou un canevas. *Un chemisier à broderies bleues.* – Art d'exécuter de tels ouvrages. – Commerce, industrie des brodeurs. ▶ **brodeur, euse** n. 1· Ouvrier, ouvrière en broderie. 2· N. f. Métier, machine à broder.

brome [bʀom] n. m. Corps chimique simple, à odeur suffocante, que l'on extrait des eaux de la mer, des gisements salins (symb. *Br*). ▶ **bromure** n. m. Composé du brome avec un autre corps simple. *Le bromure d'argent est utilisé en photographie. Bromure de potassium,* ou absolt, *bromure,* puissant sédatif.

bronca [bʀɔ̃ka] n. f. Concert de huées, tollé. *La défaite du club a déclenché une bronca chez les supporters.*

bronche [bʀɔ̃ʃ] n. f. Chacun des deux conduits cartilagineux qui naissent à la bifurcation de la trachée-artère et se ramifient dans les poumons. ▶ **bronchique** [bʀɔ̃ʃik] adj. Relatif aux bronches. *L'arbre bronchique,* formé par les bronches et leurs ramifications. ▶ **bronchite** [bʀɔ̃ʃit] n. f. Inflammation de la muqueuse des bronches. ▶ **broncho-** [bʀɔ̃ko-] Élément savant, signifiant « des bronches ». ▶ **broncho-pneumonie** n. f. Inflammation du poumon (pneumonie) et des bronches. ▶ **bronchiole** [bʀɔ̃ʃjɔl ; bʀɔ̃kjɔl] n. f. Ramification terminale des bronches. ▶ **bronchiolite** [-kjɔlit] n. f. Inflammation aiguë des bronchioles.

broncher [bʀɔ̃ʃe] v. intr. < conjug. 1 > Dans une proposition négative. Réagir. *Il n'a pas bronché. Sans broncher,* sans manifester d'opposition, sans murmurer.

brontosaure [bʀɔ̃tozɔʀ] n. m. Reptile fossile gigantesque de l'ère secondaire.

bronze [bʀɔ̃z] n. m. 1· Alliage de cuivre et d'étain. *Statue de bronze. Médaille de bronze. L'âge du bronze,* période préhistorique de diffusion de la technique du bronze (environ 2e millénaire av. J.-C.). – *Bronze d'aluminium,* alliage de cuivre et d'aluminium. 2· Objet d'art (surtout sculpté) en bronze. – Médaille, monnaie de bronze antique. 3· *De bronze,* qui a la dureté, la couleur, la patine du bronze. – Littér. Dur, insensible. ▶ **bronzier, ière** n. Artisan d'art qui fabrique des bronzes.

bronzer [bʀɔ̃ze] v. < conjug. 1 > 1· V. tr. Recouvrir de substances qui donnent l'aspect du bronze. 2· Brunir (qqn) par les rayons du soleil, les rayons ultra-violets. → **hâler.** *Une lampe à bronzer.* – Au p. p. adj. *Il est rentré de vacances tout bronzé.* 3· V. intr. S'exposer au soleil pour brunir. *Bronzer au bord de la piscine. Une crème pour bronzer.* – Pronominalement. *Se bronzer au soleil.* ▶ **bronzage** n. m. 1· Action de bronzer un métal. 2· Le fait de brunir sous l'action du soleil. *Séance de bronzage.* – Son résultat. *Un beau bronzage.* ▶ **bronzette** n. f. Fam. Action de se faire bronzer au soleil.

brosse [bʀɔs] n. f. 1· Ustensile de nettoyage, assemblage de filaments souples (poils, crins, fibres synthétiques) ajustés sur une monture. *Brosse à habits, à chaussures, à cheveux, à dents. Donner un coup de brosse à son pantalon,* le brosser. – Loc. *Manier la* ***brosse à reluire*** : être servilement flatteur. *Passer un coup de brosse à reluire.* 2· *Cheveux en brosse,* coupés court et droit comme les poils d'une brosse. *Porter la brosse,* les cheveux en brosse. 3· Pinceau de peintre. *Peindre à la brosse.* 4· Rangée de poils sur les pattes ou le torse de certains insectes (notamment pour amasser le pollen). ▶ **brosser** v. tr. < conjug. 1 > 1· Nettoyer, frotter avec une brosse. *Brosser ses dents. Elle s'est brossé les dents.* – Pronominalement. *Brosse-toi un peu avant de sortir,* brosse tes vêtements. – Loc. fam. *Tu peux toujours te brosser,* tu n'obtiendras pas ce que tu désires, tu t'en passeras. → fam. **courir.** 2· Exécuter (un tableau) à la brosse. → **peindre.** – Loc. fig., *Brosser un portrait, un tableau (de qqch.),* dépeindre, représenter. *Il nous a brossé un tableau de la situation.* 3· En sport. Frapper la balle ou le ballon par le côté. ▶ **brossage** n. m. Action de brosser.

▶ **brosserie** n. f. Fabrication, commerce des brosses et ustensiles analogues (balais, plumeaux, etc.). ▷ **balai-brosse, tapis-brosse**

brou [bʀu] n. m. Enveloppe verte de la noix (et de certains fruits à noyau). – *Brou de noix* : teinture brune, faite avec le brou de la noix, utilisée pour teinter le bois.

brouet [bʀuɛ] n. m. Vx. Bouillon, potage.

brouette [bʀuɛt] n. f. Petit véhicule à une roue, muni de deux barres, qui sert à transporter (à *brouetter*) des fardeaux à bras d'homme. *Brouette de jardinier.*

brouhaha [bʀuaa] n. m. Bruit confus qui s'élève dans une foule. *Des brouhahas.*

brouillard [bʀujaʀ] n. m. Phénomène naturel produit par des gouttes d'eau extrêmement petites qui flottent dans l'air près du sol et provoquent une diffusion intense de la lumière. → **brume.** *Brouillard épais qui rend la circulation dangereuse.* – Loc. *Être dans le brouillard,* ne pas voir clair dans une situation qui pose des problèmes. *Foncer dans le brouillard,* agir de manière déterminée, brutale, sans bien connaître la situation.

brouiller [bʀuje] v. tr. < conjug. 1 > **1·** Mêler en agitant, en dérangeant. – Au p. p. adj. *Œufs brouillés.* – *Brouiller les cartes,* battre les cartes → **brasser ;** fig. compliquer, obscurcir volontairement une affaire. *Brouiller les pistes,* faire perdre la trace, rendre les recherches difficiles. **2·** Rendre trouble. *La buée brouille les verres de mes lunettes.* – *Brouiller une émission de radio,* la troubler par brouillage. **3·** Rendre confus, embrouiller. *Vous me brouillez les idées.* – Confondre (des choses différentes). **4·** Désunir en provoquant une brouille. / contr. réconcilier / *Elle l'a brouillé avec sa famille.* – Au passif. *Ils sont brouillés.* Fam. *Il est brouillé avec les chiffres, avec la grammaire,* il n'y comprend pas grand-chose, il fait des fautes. **5·** Pronominalement. Devenir trouble, confus. *Sa vue se brouille. Le temps se brouille,* se gâte. – Cesser d'être ami. → se **fâcher.** *Elle s'est brouillée avec ses parents.* ▶ **brouille** n. f. Mésentente survenant entre personnes qui entretenaient des rapports familiers ou affectueux. → **rupture.** *Leur brouille dure toujours.* ▶ **brouillage** n. m. Trouble introduit (accidentellement ou délibérément) dans la réception des ondes de radio, de télévision, de radar. *Le brouillage des émissions clandestines.* ▶ ① **brouillon, onne** adj. Qui mêle tout, n'a pas d'ordre, de méthode. → **confus, désordonné.** *C'est un esprit brouillon. Une activité brouillonne.* / contr. méthodique, ordonné / ▶ ② **brouillon** n. m. Première rédaction d'une lettre, d'un écrit qu'on se propose de mettre au net par la suite. *Un brouillon doit être recopié.* – *Un cahier de brouillon(s),* pour les brouillons. – Loc. adv. *Au brouillon* (opposé à *au propre*). *Fais ton problème d'abord au brouillon.* ▷ **brouillard, antibrouillard, débrouillard, débrouiller, embrouiller**

broussaille [bʀusaj] n. f. **1·** Au plur. Végétation touffue des terrains incultes (composée d'arbustes et de plantes épineuses). *Des ruines envahies par les broussailles.* **2·** *Cheveux en broussaille,* emmêlés et touffus. ▶ **broussailleux, euse** adj. Couvert de broussailles. – En broussaille. *Des cheveux, des sourcils broussailleux.* ▷ **débroussailler, embroussaillé**

① **brousse** [bʀus] n. f. **1·** Région africaine éloignée des centres urbains et plus ou moins inculte. → **bled.** *Il est perdu dans la brousse.* **2·** Type de végétation arbustive dégradée des pays tropicaux. ▷ **cambrousse**

② **brousse** [bʀus] n. f. Fromage frais provençal, au lait de chèvre ou de brebis. → **broccio.**

brouter [bʀute] v. < conjug. 1 > **1·** V. tr. (Animaux) Manger en arrachant sur place (l'herbe, les pousses, les feuilles). → **paître.** – Sans compl. *La vache, le mouton broute.* **2·** V. intr. Se dit d'un outil tranchant ou d'un organe mécanique (embrayage) qui fonctionne par saccades (phénomène de *broutage*). ▶ **broutard** n. m. Jeune bovin (entre trois et dix mois) sevré, mis au pâturage.

broutille [bʀutij] n. f. Détail ou élément sans valeur, insignifiant. → **babiole, bricole.** *Ils se disputent toujours pour des broutilles.*

brownie [bʀoni] n. m. Anglic. Biscuit moelleux au chocolat et aux noix de pécan.

broyer [bʀwaje] v. tr. < conjug. 8 > **1·** Réduire en parcelles très petites, par pression ou choc. → **écraser, piler, triturer.** *Les molaires broient les aliments. Broyer des épices au mortier. Broyer les couleurs,* pulvériser les matières colorantes en les écrasant. – Loc. *Broyer du noir,* s'abandonner à des réflexions tristes, avoir le cafard. **2·** Écraser. – Au p. p. adj. *Il a eu deux doigts broyés dans la machine.* ▶ **broyage** n. m. Opération par laquelle on broie (1) qqch. ▶ **broyeur, euse** n. et adj. **1·** Ouvrier chargé du broyage. **2·** N. m. Machine à broyer. → **concasseur.** *Un broyeur d'ordures.*

brrr [bʀʀ] interj. S'emploie pour exprimer une sensation de frisson (froid, peur).

bru [bʀy] n. f. Vieilli ou région. Épouse d'un fils. → **belle-fille.** *Son gendre et sa bru. Des brus.*

bruant [bʀyɑ̃] n. m. Petit passereau de la taille du moineau, nichant à terre ou très près du sol.

brugnon [bʀyɲɔ̃] n. m. Variété de pêche à peau lisse comme la prune, à chair ferme et noyau adhérent. *Des brugnons blancs.*

bruine [bʀɥin] n. f. Petite pluie très fine et froide, qui résulte de la condensation du brouillard. → **crachin.** ▶ **bruiner** v. impers. < conjug. 1 > Tomber de la bruine. *Il commence à bruiner.*

bruire [bʀɥiʀ] v. intr. < conjug. 2 (sauf infinitif) > Littér. Rendre un son doux et confus. → **murmurer.** *Les feuilles bruissaient doucement.* ▶ **bruissement** n. m. Littér. Bruit faible, confus et continu. → **frémissement, murmure.** *Bruissement d'étoffe.* ▶ **bruit** n. m. **1**· Ce qui, dans ce qui est perçu par l'oreille, n'est pas senti comme son musical. *Le niveau de bruit se mesure en décibels. Les bruits de la rue. Bruit de fond,* bruit qui se superpose à un dialogue. – (Sens collectif) *Faire du bruit, (beaucoup) trop de bruit.* → **chahut, tapage, vacarme ;** fam. **boucan, potin.** / contr. silence / *La lutte contre le bruit. Il marchait sans bruit.* – Loc. *Faire du bruit,* avoir un grand retentissement. *Faire beaucoup de bruit pour rien.* **2**· Nouvelle répandue, propos rapportés dans le public. → **buzz, rumeur.** *Un bruit qui court.* → **on-dit.** *Il y a des bruits de négociations,* on parle de négocier. *Des bruits de couloir. Un faux bruit,* une fausse nouvelle. **3**· Sciences. Tout phénomène se superposant à un signal et limitant la transmission de l'information. *Bruits sur un écran radar.* ▶ **bruitage** n. m. Au théâtre, au cinéma, à la radio. Reconstitution artificielle des bruits naturels qui doivent accompagner l'action. ▶ **bruiteur, euse** n. Spécialiste du bruitage. ▷ **bruyant, ébruiter**

brûler [bʀyle] v. < conjug. 1 > **I**· V. tr. **1**· Détruire par le feu. → **consumer, embraser, incendier.** *Il faut brûler tous ces vieux papiers, ces mauvaises herbes. Brûler un corps.* → **incinérer.** – Consumer pour le chauffage, la cuisine ou l'éclairage. *On a brûlé beaucoup de charbon cet hiver. Un appareil qui brûle peu d'électricité.* → **consommer.** – *Brûler des calories. Un effort physique permet de brûler les graisses. Brûler un cierge à un saint, en reconnaissance.* – Loc. *Brûler les planches,* se dit d'un acteur qui joue avec une ardeur communicative. *Brûler ses dernières cartouches,* utiliser ses dernières chances. **2**· Altérer par l'action du feu, de la chaleur, d'un caustique. *La fumée me brûle les yeux. Brûler une verrue.* – Sans compl. *Attention ! Ça brûle !* **3**· Chauffer au point de donner une sensation de brûlure, d'irritation. *Le soleil brûle la peau.* **4**· Passer sans s'arrêter à (un point d'arrêt prévu). *L'autobus a brûlé la station. Il a provoqué un accident en brûlant un feu rouge.* → **griller.** – Loc. *Brûler les étapes,* aller plus vite que prévu, se développer trop vite. **II**· V. intr. **1**· Se consumer par le feu. *Un bois qui brûle lentement. Sa maison a brûlé.* – Être calciné, cuire à feu trop vif. *Le rôti brûle.* – Flamber. *Le feu brûle dans la cheminée.* – Se consumer en éclairant, être allumé. *Ne laisse pas brûler l'électricité.* **2**· Être brûlant (2). *La gorge me brûle.* – Être ardent. *Brûler d'impatience.* – ***Brûler de*** (+ infinitif) : avoir un très vif désir de. *Il brûle de lui parler.* **3**· À certains jeux ou devinettes. Être tout près de découvrir l'objet caché, la solution. *Vous brûlez.* **III**· ***Se brûler.*** **1**· V. pron. réfl. S'infliger une brûlure partielle. *Elle s'est brûlée en ouvrant le four.* **2**· Réfl. indir. ; faux pronominal. Infliger involontairement une brûlure à une partie de son corps. *Elle s'est brûlé la main avec le fer à repasser.* – Loc. *Se brûler la cervelle,* se suicider. ▶ **brûlé, ée** adj. et n. **I**· Adj. **1**· Mort par le feu. *Elles sont mortes brûlées vives.* – Qui a brûlé. → **calciné, carbonisé.** *Un pain brûlé.* – *Crème brûlée,* passée sous le gril afin de caraméliser le dessus. **2**· Loc. fig. *Une tête brûlée, un cerveau brûlé,* un individu exalté, épris d'aventures et de risques. **3**· Dont l'activité clandestine est désormais connue de l'adversaire. *Notre réseau d'espionnage est brûlé.* **4**· Qui a perdu toute autorité, tout crédit. *Un homme politique aujourd'hui brûlé.* **II**· N. **1**· N. m. Odeur, goût d'une chose qui brûle ou a brûlé. *L'omelette sent le brûlé. Ça sent le brûlé.* – Loc. fam. *Ça sent le brûlé,* l'affaire tourne mal. → **roussi. 2**· Personne atteinte de brûlures. *Un grand brûlé. Une brûlée.* ▶ **brûlant, ante** adj. **1**· Qui peut causer une brûlure, qui est excessivement chaud. *Une casserole brûlante. Il boit son thé brûlant.* → **bouillant.** *Un soleil brûlant.* **2**· Qui éprouve une sensation de chaleur intense, de fièvre. *Il a les mains brûlantes.* **3**· (Sujet, thème) Délicat, dangereux. *Un sujet d'actualité brûlant,* qui soulève les passions. **4**· (Personnes) Ardent, passionné. *Il était brûlant d'impatience, d'amour.* ▶ **brûlage** n. m. *Brûlage des terres,* opération consistant à brûler les herbes sèches, les broussailles pour cultiver les terres (culture sur *brûlis* n. m.). *Brûlage des cheveux,* traitement consistant à en flamber la pointe. ▶ **brûleur** n. m. Appareil destiné à mettre en présence un combustible et de l'air ou de l'oxygène afin de permettre et de régler la combustion à sa sortie. *Les brûleurs d'une cuisinière à gaz.* ▶ **brûlot** n. m. **1**· Petit navire chargé de matières en flammes, qu'on lançait sur les bâtiments ennemis, pour les incendier. **2**· Objet, idée susceptible de causer des dommages, des dégâts. *Ce journal est un brûlot lancé contre le gouvernement.* **3**· Eau-de-vie flambée sur un sucre. ▶ **brûlure** n. f. **1**· Lésion produite sur une partie du corps par l'action de la flamme, de la chaleur ou d'une substance corrosive. *Brûlures du premier, du deuxième, du troisième degré* (selon leur gravité). – Tache ou trou à l'endroit où une étoffe, un objet a brûlé. *Une brûlure de cigarette.* **2·** Sensation de chaleur intense, d'irritation dans l'organisme. *Des brûlures d'estomac.* → **aigreur.** ▶ **brûle-parfum** n. m. Petit réchaud ajouré dans lequel on fait brûler des parfums. *Des brûle-parfum* ou *des brûle-parfums.* ▶ **brûle-gueule** n. m. invar. Pipe à tuyau très court. *Des brûle-gueule.* ▶ **à brûle-pourpoint** [abʀylpuʀpwɛ̃] loc. adv. Après un verbe de déclaration. Sans préparation, brusquement. *Il lui dit, lui lança à brûle-pourpoint...*

brume [bʀym] n. f. Brouillard léger. *La brume du soir.* – Brouillard de mer. *Signal, corne de brume.* ▶ **brumaire** n. m. Deuxième mois du calendrier révolutionnaire (22 octobre-21 novembre). *Napoléon Bonaparte s'empara du pouvoir par le coup d'État du 18 Brumaire.* ▶ **brumeux, euse** adj. **1·** Couvert, chargé de brume. *Un temps brumeux.* **2·** Abstrait. Obscur, nébuleux. *Un raisonnement brumeux.* / contr. clair / ▶ **brumisateur** n. m. Vaporisateur pour les soins de peau. *Brumisateur d'eau minérale.*

brun, brune [bʀœ̃, bʀyn] adj. et n. **1·** Adj. De couleur sombre, entre le roux et le noir. → **bistre, marron, tabac.** *La couleur brune de la châtaigne. Du tabac brun. Une bière brune.* / contr. blond / *Des cheveux bruns.* – (Personnes) Qui a les cheveux bruns. *Elle est brune.* **2·** N. Personne qui a les cheveux bruns. *Un beau brun. Une petite brune.* → **brunette. 3·** (À cause des *chemises brunes* de leur uniforme) Fasciste, d'extrême droite. *Le vote brun.* **4·** N. m. Cette couleur. *Un brun clair. Des bottes brun foncé.* – Substance de cette couleur en peinture. **5·** N. f. *Une brune,* une cigarette brune. – Une bière brune. *Il boit surtout de la brune* (opposé à *blonde*). ▶ **brunâtre** adj. Tirant sur le brun. ▶ **brunette** n. f. Fille brune. ▶ **brunir** v. < conjug. 2 > **I·** V. tr. Rendre brun. *Le soleil brunit la peau.* → **hâler. II·** V. intr. Devenir brun, prendre une teinte brune. *Vous avez bruni.* → **bronzer.** ▷ **brunante, brune,** se **rembrunir**

brunante [bʀynɑ̃t] n. f. Au Canada. Tombée de la nuit. – Loc. *À la brunante,* au crépuscule, le soir.

brunch [bʀœnʃ] n. m. Anglic. Repas pris dans la matinée qui sert à la fois de petit déjeuner et de déjeuner. *Des brunchs* ou *des brunches.*

brune [bʀyn] n. f. Littér. *À la brune,* au crépuscule.

brushing [bʀœʃiŋ] n. m. Anglic. Mise en plis où les cheveux mouillés sont travaillés à la brosse ronde et au séchoir à main. *Des brushings. Elle s'est fait faire un brushing.*

brusque [bʀysk] adj. **1·** Qui agit avec une certaine rudesse, sans ménagements. → **brutal, rude, sec.** / contr. doux / *Vous avez été trop brusque avec lui.* **2·** Qui est soudain, que rien ne prépare, ni ne laisse prévoir. → **inattendu, subit.** *Le brusque retour du froid.* ▶ **brusquement** adv. D'une manière brusque, soudaine. *La crise a éclaté brusquement.* → **brutalement.** ▶ **brusquer** v. tr. < conjug. 1 > **1·** Traiter d'une manière brusque, sans se soucier de ne pas heurter. *Vous avez tort de brusquer cet enfant.* → **malmener. 2·** Précipiter (ce dont le cours est normalement lent, ou l'échéance éloignée). → **hâter.** *Il faut brusquer le dénouement. Ne rien brusquer.* – Au p. p. adj. *Une attaque brusquée,* décidée et exécutée soudainement. ▶ **brusquerie** n. f. Façons brusques dans le comportement envers autrui. → **rudesse.** / contr. douceur / *Il le traite avec brusquerie.*

brut, brute [bʀyt] adj. **1·** Qui est à l'état naturel, n'a pas encore été façonné ou élaboré par l'homme. → **naturel, sauvage.** *Un diamant encore brut,* non taillé, non poli. *Pétrole brut,* non raffiné. **2·** Qui résulte d'une première élaboration (avant d'autres transformations). *Toile brute.* → **écru.** *Champagne brut,* à faible teneur en sucre. – Fig. Fam. *Brut de décoffrage, brut de fonderie,* sans élaboration, tel quel. **3·** Qui n'a subi aucune élaboration intellectuelle, est à l'état de donnée immédiate. *Tel est le fait brut. À l'état brut.* **4·** Dont le montant est évalué avant déduction des taxes et frais divers. *Salaire, bénéfice brut. Produit national brut.* – *Poids brut,* poids total, y compris l'emballage ou le véhicule de transport. / contr. net /

brutal, ale, aux [bʀytal, o] adj. **1·** (Personnes) Qui use volontiers de violence, du fait de son tempérament rude et grossier. / contr. doux / *Un gardien brutal.* **2·** (Actes) Qui est sans ménagement, ne craint pas de choquer. *Une franchise brutale. Des manières brutales.* → **brusque. 3·** (Choses) Qui est brusque et violent. *Le choc a été brutal.* ▶ **brutalement** adv. **1·** D'une manière brutale, avec brutalité. *Il a agi brutalement.* **2·** Avec soudaineté, de manière imprévisible. *Il est mort brutalement.* ▶ **brutaliser** v. tr. < conjug. 1 > Traiter d'une façon brutale. → **maltraiter.** *Il se plaint qu'on l'ait brutalisé pendant son interrogatoire.* ▶ **brutalité** n. f. **1·** Caractère d'une personne brutale. / contr. douceur / *Il s'exprime avec brutalité.* **2·** Au plur. Acte brutal, violence. *Victime de brutalités physiques et morales. Brutalités policières.* → **sévices. 3·** Caractère inattendu et violent. *Étourdi par la brutalité du choc.* – Fig. *La brutalité d'une description.*

brute [bʀyt] n. f. **1·** Littér. L'animal considéré dans ce qu'il a de plus éloigné de l'homme.

→ **bête.** **2·** Homme grossier, sans esprit. *Il ne comprend rien, c'est une brute,* fam. *une brute épaisse.* **3·** Homme brutal, violent. *Sale brute ! Il frappe comme une brute.* ▷ **abrutir, brutal**

bruyant, ante [bʀɥijɑ̃, ɑ̃t] adj. **1·** Qui fait beaucoup de bruit. *Une voiture bruyante. Des enfants bruyants.* **2·** Où il y a beaucoup de bruit. *Une rue bruyante.* / contr. silencieux, tranquille / ▶ **bruyamment** adv. **1·** D'une manière bruyante. *Tu pourrais te moucher moins bruyamment.* **2·** En faisant grand bruit, bien haut. *Ils ont protesté bruyamment.*

bruyère [bʀy(ɥi)jɛʀ] n. f. **1·** Petit arbrisseau des landes à petites fleurs rouge violacé. *Nous marchions dans les bruyères.* – Racine de cette plante. *Une pipe de bruyère.* **2·** Lieu où pousse cette plante. → **lande.**

B. T. S. [beteɛs] n. m. invar. Abréviation de *brevet de technicien supérieur,* en France, diplôme préparé en deux ans après le baccalauréat.

bu, bue p. p. → **boire.**

buanderie [bɥ(y)ɑ̃dʀi] n. f. Local réservé à la lessive, aux lavages.

bubon [bybɔ̃] n. m. Inflammation et gonflement des ganglions lymphatiques, dans certaines maladies (syphilis, peste, etc.). ▶ **bubonique** adj. *Peste bubonique.*

buccal, ale, aux [bykal, o] adj. Didact. Qui appartient, a rapport à la bouche. *La cavité buccale.*

buccin [byksɛ̃] n. m. **1·** Gros mollusque gastéropode des côtes de l'Atlantique. **2·** Ancienne trompette romaine.

1 **bûche** [byʃ] n. f. Fam. Chute. → fam. **gadin, gamelle, pelle.** *Ramasser une bûche,* tomber.

2 **bûche** [byʃ] n. f. **1·** Morceau de bois de chauffage, de grosseur variable. *Mettre une bûche dans la cheminée.* **2·** *Bûche (de Noël),* pâtisserie en forme de bûche spécialement faite pour les fêtes de fin d'année. *Une bûche au café.* **3·** Personne stupide et apathique. ▶ **bûchette** n. f. Petit morceau de bois sec. ▶ 1 **bûcher** n. m. **1·** Local où l'on range le bois à brûler. **2·** Amas de bois sur lequel on brûlait les morts ou les condamnés au supplice du feu, les livres interdits. *Jeanne d'Arc périt sur le bûcher.* ▶ **bûcheron, onne** n. Personne dont le métier est d'abattre du bois, des arbres dans une forêt.

2 **bûcher** [byʃe] v. tr. < conjug. 1 > Fam. Étudier, travailler avec acharnement. *Il bûche son droit.* → fam. **bosser.** – Sans compl. *Il a bûché ferme.* ▶ **bûcheur, euse** n. Personne qui étudie, travaille avec acharnement. → **travailleur.** / contr. paresseux /

bucolique [bykɔlik] n. f. et adj. **1·** N. f. Poème pastoral, églogue, idylle. **2·** Adj. Qui concerne, évoque la poésie pastorale. *Un poète bucolique.* **3·** Adj. Qui a rapport à la vie de la campagne. *Une scène bucolique.*

budget [bydʒɛ] n. m. **1·** Acte par lequel sont prévues et autorisées les recettes et les dépenses annuelles de l'État ou des autres services assujettis aux mêmes règles. *Le budget de l'État, d'une commune. La discussion, le vote du budget. Les dépenses inscrites au budget* (ou *budgétisées*). **2·** Revenus et dépenses d'une famille, d'un groupe. *Ils n'arrivent pas à boucler leur budget. Équilibrer son budget.* ▶ **budgétaire** adj. Qui a rapport au budget. *Les prévisions budgétaires.* ▶ **budgétivore** adj. Qui grève un budget, coûteux.

buée [bɥe] n. f. Vapeur qui se dépose en fines gouttelettes formées par condensation. *Des vitres couvertes de buée.* ▷ **buanderie, embuer**

buffet [byfɛ] n. m. **1·** Meuble servant à ranger la vaisselle, l'argenterie, le linge de table, certaines provisions. → **bahut.** *Buffet de salle à manger.* **2·** Table où sont servis des plats, des pâtisseries, des rafraîchissements ; l'ensemble de ces mets et boissons. *Buffet campagnard,* avec des charcuteries et du vin. **3·** *Buffet de gare,* café-restaurant installé dans les gares importantes. → **buvette.** **4·** *Buffet d'orgue,* sa menuiserie. **5·** Fam. Ventre, estomac. *Il n'avait rien dans le buffet,* rien mangé. → fam. 1 **bide.**

buffle [byfl] n. m. Mammifère ruminant, voisin du bœuf, dont il existe plusieurs espèces en Afrique et en Asie. – Sa peau. *Sac en buffle.* ▶ **bufflonne** ou **bufflesse** n. f. Femelle du buffle. *Fromage de bufflonne.* → **mozzarella.**

bug [bœg] n. m. Anglic. En informatique. Défaut d'un logiciel entraînant des anomalies de fonctionnement. Recommandation officielle : *bogue* n. m. ▶ **bugger** [bœge] v. intr. < conjug. 1 > Anglic. Présenter des anomalies de fonctionnement (en parlant d'un logiciel). – REM. On emploie aussi *boguer* v. intr. < conjug. 1 >

bugle [bygl] n. m. Instrument à vent (cuivre), utilisé notamment dans la musique militaire.

bugne [byɲ] n. f. Région. (Lyon et région). Beignet, pâtisserie que l'on mange notamment à la Chandeleur.

building [bildiŋ] n. m. Anglic. Vaste immeuble moderne, à nombreux étages. → **gratte-ciel, tour.** *Des buildings.*

buis [bɥi] n. m. invar. Arbuste à petites feuilles persistantes vert foncé, souvent employé en bordures dans les jardins. *Buis bénit,* qu'on bénit le jour des Rameaux. – Bois jaunâtre, dense et dur de cette plante. *Un couvert à salade en buis.*

buisson [bɥisɔ̃] n. m. **1·** Bouquet d'arbrisseaux sauvages. *Un buisson de houx.* **2·** Mets arrangé en forme de pyramide hérissée d'épines. *Buisson d'écrevisses.* ▶ **buissonneux, euse** adj. Couvert de buissons, fait de buissons. ▷ **buissonnière**

buissonnière [bɥisɔnjɛʀ] adj. f. *Faire l'école buissonnière,* flâner, se promener au lieu d'aller en classe ; ne pas aller travailler.

bulbe [bylb] n. m. **1·** Organe souterrain rempli de réserves nutritives grâce auxquelles la plante reconstitue chaque année ses parties aériennes. *Les plantes à bulbes : lis, glaïeul, tulipe, etc.* → **oignon. 2·** Renflement arrondi. *Le bulbe rachidien,* à la base de l'encéphale. **3·** Coupole, dôme, en forme de bulbe végétal. *Les bulbes d'une église russe.*

bulgare [bylgaʀ] adj. et n. De Bulgarie. *Yaourt bulgare.* – N. *Les Bulgares.* – N. m. *Le bulgare est une langue slave.*

bulldozer [buldozœʀ] ou [byldɔzɛʀ] n. m. Anglic. Engin sur tracteur à chenilles très puissant, utilisé dans les travaux de terrassement. *Des bulldozers.* **REM.** On recommande d'employer *bouteur.* – Loc. fig. *C'est un vrai bulldozer,* une personne active et brutale.

1 **bulle** [byl] n. f. Lettre patente du pape, désignée par les premiers mots du texte (ex. : *bulle Unigenitus*), et contenant ordinairement une constitution générale. *Une bulle d'excommunication.*

2 **bulle** n. f. **1·** Petite sphère remplie d'air ou de gaz qui s'élève à la surface d'un liquide en mouvement, en effervescence, en ébullition. *Liquide qui fait des bulles.* → **effervescent, gazeux, pétillant.** – Loc. fam. *Coincer la bulle,* ne rien faire, se reposer. (On coince la bulle d'un niveau à eau entre deux repères.) → ci-dessous **buller.** – Sphère formée d'une pellicule de liquide remplie d'air, pouvant se tenir en suspension dans l'air. *Des bulles de savon.* **2·** Globule gazeux qui se forme dans une matière en fusion. *Les bulles du verre.* **3·** Espace, délimité par une ligne courbe fermée à côté de la bouche d'un personnage de bande dessinée, qui contient ses paroles ou ses pensées. *Les bulles d'une b. d.* **4·** Enceinte stérile dans laquelle on place dès leur naissance les enfants présentant un déficit immunitaire. En appos. *Un enfant bulle.* ▶ **buller** v. intr. < conjug. 1 > Fam. Ne rien faire ; coincer la bulle. ▷ **infobulle**

bulletin [byltɛ̃] n. m. **1·** Information émanant d'une autorité, d'une administration, et communiquée au public. → **communiqué.** *Le bulletin météorologique. Bulletin de santé,* par lequel les médecins rendent compte de l'état de santé d'un personnage important. – *Bulletin (scolaire),* rapport des professeurs et de l'administration, contenant les notes d'un élève. – Article de journal résumant et commentant des nouvelles dans un certain domaine. *Bulletin de l'étranger.* **2·** Certificat ou récépissé délivré à un usager. → 2 **reçu.** *Bulletin de bagages, de consigne. Bulletin de salaire.* **3·** *Bulletin de vote,* papier indicatif d'un vote, que l'électeur dépose dans l'urne. *Bulletin nul,* irrégulier (par modification, etc.). *Bulletin blanc,* vierge (en signe d'abstention).

bulot [bylo] n. m. Gros mollusque gastéropode comestible.

bungalow [bœ̃galo] n. m. **1·** Maison indienne basse entourée de vérandas. **2·** Petit pavillon simple, en rez-de-chaussée, pouvant servir de résidence temporaire. *Des bungalows.*

bunker [bunkɛʀ, bunkœʀ] n. m. Casemate construite par les Allemands pendant la Seconde Guerre mondiale. → **blockhaus.** – Construction souterraine très protégée. *Des bunkers.*

buraliste [byʀalist] n. Personne préposée à un bureau de recette, de timbre, de poste et qui tient aussi un bureau de tabac.

bure [byʀ] n. f. Grossière étoffe de laine brune. – Vêtement de cette étoffe.

bureau [byʀo] n. m. **I· 1·** Table sur laquelle on écrit, on travaille ; meuble à tiroirs et à tablettes où l'on peut enfermer des papiers, de l'argent. → **secrétaire.** *Bureau ministre,* grand bureau. *Être assis à, derrière son bureau.* – *Déposer un projet sur le bureau d'une assemblée,* sur le bureau devant lequel est assis le président. **2·** Pièce où est installée la table de travail, avec les meubles indispensables (bibliothèque, classeurs, etc.). → **cabinet.** *Il est convoqué dans le bureau du directeur.* **3·** Lieu de travail des employés (d'une administration, d'une entreprise). *Les bureaux d'une agence, d'une société. Employé de bureau. Aller au bureau, à son bureau.* – Établissement ouvert au public et où s'exerce un service d'intérêt collectif. *Bureau de poste.* – ***Bureau de tabac*** : où se fait la vente du tabac. – Guichet. *Bureau de location d'un théâtre.* **4·** Service (assuré dans un bureau). *Un bureau d'études. Le Deuxième*

Bureau, le service de renseignements de l'armée. *Bureau de placement.* **II· 1·** Ensemble des employés travaillant dans un bureau. **2·** Membres d'une assemblée, d'un parti, élus par leurs collègues pour diriger les travaux, mener l'action. *Élire, renouveler le bureau. Le bureau politique.* **3·** *Bureau de vote,* section du corps électoral communal ; organisme qui préside au vote dans une section. **4·** Groupe de délégués chargés d'étudier une question. → **comité, commission.** ▶ **bureaucratie** n. f. **1·** Pouvoir politique des bureaux ; influence abusive de l'administration. **2·** L'ensemble des fonctionnaires considérés du point de vue de leur pouvoir dans l'État. ▶ **bureaucratique** adj. Propre à la bureaucratie. *Une société bureaucratique.* ▶ **bureaucrate** n. Fonctionnaire qui attribue une importance exagérée à sa fonction et abuse de son pouvoir sur le public. – Péj. Employé de bureau. ▶ **bureautique** n. f. Application de l'informatique aux travaux de bureau. ▷ **buraliste**

burette [byʀɛt] n. f. **1·** Flacon destiné à contenir les saintes huiles, ou l'eau et le vin de la messe. **2·** Petit flacon à goulot. *Les burettes d'un huilier.* **3·** Récipient à tubulure pour verser un liquide. *Burette (de mécanicien),* pour verser l'huile de graissage.

burin [byʀɛ̃] n. m. **1·** Ciseau d'acier qui sert à graver. *Une gravure au burin.* – Cette gravure. **2·** Ciseau d'acier (souvent mécanique) pour couper les métaux, dégrossir les pièces. ▶ **buriner** v. tr. < conjug. 1 > Graver au burin. – Travailler les métaux au burin. ▶ **buriné, ée** adj. (Visage, traits) Marqué et énergique. *Un marin au visage buriné.*

burka [buʀka] n. f. → **burqa.**

burlat [byʀla] n. f. Grosse cerise rouge foncé, à chair ferme.

burlesque [byʀlɛsk] adj. et n. m. **1·** D'un comique extravagant et déroutant. → **bouffon.** *Un accoutrement burlesque. Film burlesque.* – Tout à fait ridicule et absurde. → **grotesque.** *Quelle idée burlesque !* **2·** *Le genre burlesque,* ou *le burlesque,* genre littéraire parodique, à la mode au XVIIe s. ; genre comique du cinéma. **3·** N. m. Striptease humoristique dans l'esprit des spectacles de cabaret. *Une troupe de burlesque.*

burnous [byʀnu(s)] n. m. invar. **1·** Grand manteau de laine à capuchon et sans manches que portent les Arabes. **2·** Manteau de bébé, très enveloppant, à capuchon et sans manches.

buron [byʀɔ̃] n. m. Région. En Auvergne. Petite cabane de berger ; petite fromagerie.

burqa ou **burka** [buʀka ; byʀka] n. f. Voile épais recouvrant intégralement le corps, ajouré au niveau de yeux, que portent certaines musulmanes. *Afghane en burqa.*

bus [bys] n. m. invar. Fam. Autobus. *Elle prend le bus tous les jours.* ▷ **bibliobus, minibus, trolleybus**

1 **buse** [byz] n. f. **1·** Oiseau rapace diurne, aux formes lourdes, qui se nourrit de rongeurs. **2·** Fam. Personne sotte et ignorante. *Triple buse !* ▶ **busard** n. m. Oiseau rapace diurne, à longues ailes et longue queue.

2 **buse** n. f. Conduit, tuyau. *Une buse de carburateur.*

business [biznɛs] ou **bizness** n. m. Anglic. Fam. **1·** Affaire embrouillée. **2·** *Faire du business,* du commerce, des affaires plus ou moins licites. ▶ **businessman** [biznɛsman] n. m., **businesswoman** [biznɛswuman] n. f. Anglic. Homme, femme d'affaires. *Des businessmen, des businesswomen.*

busqué, ée [byske] adj. (Nez) Qui présente une courbure convexe.

buste [byst] n. m. **1·** Partie supérieure du corps humain, de la tête à la ceinture. → **torse.** *Il marchait en redressant le buste.* **2·** Portrait sculpté représentant la tête et une partie des épaules, de la poitrine, souvent sans les bras. *Un buste antique.* ▶ **bustier** n. m. Soutien-gorge sans bretelles qui maintient le buste jusqu'à la taille.

but [by(t)] n. m. **1·** Point visé, objectif. → **cible.** *Atteindre, toucher le but.* – Loc. adv. *De but en blanc* [d(ə)bytɑ̃blɑ̃], directement, sans préparation, brusquement. *On lui a posé la question de but en blanc.* **2·** Point que l'on se propose d'atteindre. → **terme.** *Le but d'une expédition. Elle erre sans but.* **3·** Dans certains sports. Chacune des deux limites avant et arrière d'un terrain de jeu, encadrées par les touches ; sur cette limite, espace déterminé que doit franchir le ballon. *Gardien de but.* → **goal.** – Point marqué quand le ballon franchit cette ligne. *Il a marqué deux buts. Gagner par trois buts à un.* **4·** Abstrait. Ce que l'on se propose d'atteindre, ce à quoi l'on tente de parvenir. → **dessein, fin, intention, objectif.** *Elle s'est fixé un but. Nous avons pour but, notre but est de...* – Loc. *Toucher au but,* être près de réussir. *Aller droit au but,* sans hésiter. – Loc. prép. (critiquée) *Dans le but de,* dans le dessein, l'intention de. ≠ butte. ▷ **buteur**

butane [bytan] n. m. Hydrocarbure saturé, gazeux et liquéfiable, employé comme combustible. *Une bouteille de butane.* – En appos. *Gaz butane.*

1 **buter** [byte] v. < conjug. 1 > **I**· V. intr. **1**· Heurter le pied (contre qqch. de saillant). *Il a trébuché après avoir buté contre une pierre* ou *sur une pierre.* – Fig. Se heurter (à une difficulté). *Il a buté sur ce problème.* **2**· S'appuyer, être calé. *La poutre bute contre le mur.* **II**· V. tr. *Buter qqn,* pousser qqn à prendre une attitude obstinée. *Cesse de le taquiner, tu vas le buter.* **III**· V. pron. réfl. **1**· Se heurter à (qqn, qqch.). *Ils se sont butés aux traditions.* **2**· S'entêter, être buté. → **se braquer.** *Il se bute souvent.* ≠ butter. ▶ **buté, ée** adj. Entêté dans son opinion, dans son refus de comprendre. → **têtu.** – Qui exprime cet entêtement. *Un visage buté.* ▶ **butée** n. f. **1**· Massif de pierre destiné à supporter une poussée. – Culée d'un pont. **2**· Organe, pièce mécanique supportant un effort axial. *La butée d'une porte.* ▷ **butoir, culbuter**

2 **buter** ou **butter** v. tr. < conjug. 1 > Fam. Tuer par assassinat. *Il s'est fait buter.*

buteur [bytœʀ] n. m. Joueur de football qui sait tirer au but et marquer. – Joueur de rugby chargé de transformer l'essai en but.

butin [bytɛ̃] n. m. **1**· Ce qu'on prend aux ennemis, pendant une guerre, après la victoire. **2**· Produit d'un vol, d'un pillage. *Le voleur surpris a dû abandonner son butin. Ils se sont partagé le butin.* **3**· Produit, récolte qui résulte d'une recherche. *Notre butin est bien maigre !*

butiner [bytine] v. < conjug. 1 > **1**· V. intr. (Abeille) Visiter les fleurs pour y chercher la nourriture de la ruche. **2**· V. tr. Trouver çà et là. *Butiner des renseignements.* → **glaner.**

butoir [bytwaʀ] n. m. Pièce ou dispositif servant à arrêter. *Butoir de chemin de fer,* placé à l'extrémité d'une voie de garage. – Fig. *Date butoir,* que l'on ne peut dépasser, dernier délai.

1 **butor** [bytɔʀ] n. m. Héron au plumage fauve et tacheté, vivant dans les marais, et dont le cri rappelle un mugissement.

2 **butor** n. m. Grossier personnage, sans finesse ni délicatesse. → **goujat, malappris.**

butte [byt] n. f. **1**· Tertre naturel ou artificiel où l'on adosse la cible. *Butte de tir.* ≠ but. – ***Être en butte à*** : être exposé à (comme si l'on servait de cible). *Il est en butte à de nombreuses tracasseries.* **2**· Petite éminence de terre, petite colline. → **monticule, tertre.** *La butte Montmartre* ou *la Butte.* ▶ 1 **butter** v. tr. < conjug. 1 > Garnir (une plante) de terre qu'on élève autour du pied (opération dite *buttage*). *Butter des pommes de terre.*

2 **butter** v. tr. → 2 **buter.**

butyr(o)- Élément signifiant « beurre ».

buvable [byvabl] adj. **1**· Qui peut se boire. *Ce vin est à peine buvable.* **2**· Acceptable. → **potable.** *Un roman buvable.* ▷ **imbuvable**

buvard [byvaʀ] n. m. Papier qui boit l'encre. – Dispositif muni de ce papier, pour sécher l'encre. En appos. *Tampon buvard.*

buvette [byvɛt] n. f. Petit local ou comptoir où l'on peut boire. *La buvette d'une gare.* → **buffet.**

buveur, euse [byvœʀ, øz] n. **1**· Personne qui aime boire du vin, des boissons alcoolisées. → **alcoolique.** *Une trogne de buveur. Un grand buveur.* **2**· Personne qui est en train de boire. *Les buveurs à la terrasse d'un café.* – Personne qui a l'habitude de boire (telle ou telle boisson). *Les buveurs de bière, d'eau...*

buzz [bœz] n. m. Anglic. Rumeur médiatisée, destinée à faire parler d'un événement ou d'une personnalité. *Cette chanson a fait le buzz, cet été, a créé du buzz.*

bye-bye [bajbaj] interj. Fam. Au revoir. → 2 **salut.**

byzantin, ine [bizɑ̃tɛ̃, in] adj. **1**· De Byzance. *Empire byzantin,* empire romain d'Orient (fin IVe s.-1453). *L'art byzantin,* de l'Empire byzantin. **2**· Qui évoque, par son excès de subtilité, par son caractère formel et oiseux, les disputes théologiques de Byzance. *Des discussions, des querelles byzantines.*

C

c [se] n. m. invar. Troisième lettre, deuxième consonne de l'alphabet, servant à noter les sons [s] (*céleste, cymbale*) ou [k] (*car, court*). – REM. C cédille (ç) se prononce toujours [s] : *garçon, façade*. **ch** se prononce [ʃ] ou [k]. – C (majuscule), chiffre romain (cent). – 30 °C, 30 degrés sur l'échelle de Celsius.

ça [sa] pronom dém. **1**· Fam. Cela, ceci. *Il ne manquait plus que ça. À part ça.* – *C'est comme ça*, c'est ainsi. *Il y a de ça*, c'est assez vrai. *Comme ça, vous ne restez pas ? Ça a marché.* – (Personnes) *Les enfants, ça grandit vite.* **2**· (Pour marquer l'approbation) *C'est ça !* – (Pour marquer l'indignation, l'étonnement, la surprise) *Ah, ça, alors !*

çà [sa] adv. de lieu. *Çà et là* : de côté et d'autre. *Quelques arbres sont plantés çà et là.* ▷ en **deçà**

① **cabale** [kabal] n. f. **1**· Entente secrète de plusieurs personnes dirigée contre (qqn, qqch.). → **complot, conjuration, conspiration.** *Faire, monter une cabale contre qqn.* **2**· Ceux qui forment une cabale. → **clique, faction, ligue.**

② **cabale** ou **kabbale** [kabal] n. f. **1**· Tradition juive donnant une interprétation cachée de l'Ancien Testament. → **ésotérisme.** **2**· Science prétendant faire communiquer des êtres humains avec des êtres surnaturels. → **magie, occultisme.** ▶ **cabalistique** adj. **1**· Qui a rapport à la science occulte. → **ésotérique, magique.** *Termes cabalistiques.* **2**· Mystérieux, incompréhensible. *Des caractères, des signes cabalistiques.*

caban [kabɑ̃] n. m. Manteau court en drap de laine porté à l'origine par les marins. *Des cabans bleu marine.*

cabane [kaban] n. f. **1**· Petite habitation grossièrement construite ; abri sommaire. → **baraque, bicoque, cahute, case, hutte.** *Les enfants ont construit une cabane dans les arbres. Une cabane en planches.* **2**· *Cabane à lapins*, pour élever des lapins. → **clapier.** **3**· Fam. *Mettre qqn en cabane*, en prison. → fam. **taule.** ▶ **cabanon** n. m. **1**· Cellule où l'on enfermait les fous jugés dangereux. **2**· En Provence. Petite maison de campagne.

cabaret [kabaʀɛ] n. m. **1**· Vieilli. Établissement où l'on sert des boissons. → **bistrot, café, estaminet.** **2**· Établissement où l'on présente un spectacle et où les clients peuvent consommer des boissons, souper, danser. → **boîte.** *Cabaret chic, élégant.*

cabas [kabɑ] n. m. invar. Panier souple ou sac à provisions que l'on porte au bras. → région. **couffin.** *Faire son marché avec un cabas.*

cabestan [kabɛstɑ̃] n. m. Treuil à axe vertical sur lequel peut s'enrouler un câble, et qui sert à tirer, à monter des fardeaux.

cabillaud [kabijo] n. m. Morue fraîche.

cabine [kabin] n. f. **1**· Petite chambre, à bord d'un navire. *Retenir une cabine à bord d'un paquebot.* → **couchette.** **2**· *Cabine de pilotage*, d'un avion. → **cockpit.** – *Cabine spatiale*, partie où se trouve l'équipage d'un engin spatial. **3**· Petit réduit. *Cabine de bain*, où l'on se déshabille avant le bain, à la plage ou à la piscine. – *Cabine téléphonique. Cabine d'ascenseur, de téléphérique.* ▶ **cabinet** n. m. **I**· **1**· Petite pièce située à l'écart. → **cagibi, réduit.** *Cabinet noir*, sans fenêtres. – *Cabinet de toilette* : petite salle d'eau (avec lavabo, et parfois douche). **2**· *Cabinet de travail* : pièce où l'on se retire (pour travailler). → **bureau.** **3**· Pièce dans laquelle un médecin, un avocat travaillent et reçoivent leurs clients. *Cabinet médical. Passez donc à mon cabinet.* **4**· *Cabinet d'aisances, les cabinets.* → **toilettes, water, W.-C.** ; vulg. **chiottes.** *Aller aux cabinets.* **II**· Le gouvernement. *Le cabinet a été renversé.* – Service d'un ministère, d'une préfecture. *Le cabinet du ministre. Chef de cabinet.* ▷ **télécabine**

câble [kɑbl] n. m. **1**· Faisceau de fils tressés. → **corde.** – Gros cordage, ou forte amarre en acier. *Câble de remorque. L'ascenseur est suspendu à un câble.* **2**· *Câble électrique*, fil conducteur métallique protégé par des enveloppes isolantes. *Poser des câbles sous-marins. Câble à fibres optiques. Télévision par câble.* ▶ **câbler** v. tr. < conjug. 1 > **1**· Assembler (plusieurs fils) en (les) tordant ensemble en un seul câble. – Au p. p. adj. *Fil câblé.* **2**· Réaliser les connexions (d'un appareil électrique ou électronique). – Assurer la liaison par câble (d'une ville, d'une région). – Au p. p. *Chaînes de télévision câblées. Ville câblée.* ▶ **câblage** n. m. **1**· Action de câbler. **2**· Technique. Fils de montage d'un appareil électrique ; connexions d'un appareil électronique. ▶ **câbleur, euse** n. Personne chargée de poser et de monter les câbles électriques. ▶ **câblier** n. m. **1**· Fabricant de câbles. **2**· Navire qui transporte, pose, répare des câbles sous-marins. ▶ **câblodistribution** n. f. Procédé de diffusion d'émissions télévisées par câbles, utilisé pour des réseaux d'abonnés à domicile ou en circuit fermé. ▷ **encablure**

caboche [kabɔʃ] n. f. Fam. Tête. – Esprit, mémoire. *Il a une sacrée caboche !*, il est têtu. ▶ **cabochard, arde** adj. et n. Entêté. → **têtu.** / contr. docile /

cabochon [kabɔʃɔ̃] n. m. **1**· Pierre précieuse polie, morceau de cristal poli. *Le cabochon de cristal d'un bouchon de carafe.* **2**· Petite pièce décorative posée dans un carrelage. *Carrelage blanc à cabochons noirs.*

cabosser [kabɔse] v. tr. < conjug. 1 > Faire des bosses à. → **bosseler, déformer.** *Cabosser un chapeau. L'aile de sa voiture est un peu cabossée.* – Au p. p. adj. *Une casserole cabossée.*

① **cabot** [kabo] n. m. Fam. Chien. → fam. **clébard, clebs.** *Ce sale cabot a aboyé toute la nuit.*

② **cabot** n. m. Abréviation de *cabotin. Quel cabot !*

cabotage [kabɔtaʒ] n. m. Navigation près des côtes. ▶ **caboteur** n. m. Bateau qui fait du cabotage.

cabotin, ine [kabɔtɛ̃, in] n. **1**· Mauvais acteur. **2**· Personne qui cherche à se faire remarquer par des manières prétentieuses et peu naturelles. → ② **cabot.** – Adj. *Elle est un peu cabotine.* / contr. simple / ▶ **cabotinage** n. m. Comportement du cabotin.

caboulot [kabulo] n. m. Fam. Vieilli. Café, cabaret mal famé.

cabrer [kɑbʀe] v. < conjug. 1 > **I**· *Se cabrer* v. pron. **1**· (Animaux) Se dresser sur les pattes de derrière. *Le cheval s'est cabré.* **2**· Fig. (Personnes) Se révolter. *Elles se sont cabrées à l'idée de céder.* → se **braquer,** se **buter.** **II**· V. tr. **1**· Faire se dresser (un animal). *Cabrer son cheval.* **2**· *Cabrer un avion,* redresser l'avant. **3**· Fig. *On l'a cabré contre sa mère.*

cabri [kabʀi] n. m. **1**· Petit de la chèvre. → **biquet, chevreau.** *Bonds de cabri.* – Loc. *Sauter comme un cabri.* **2**· Chèvre naine, en Afrique noire.

cabriole [kabʀijɔl] n. f. Bonds légers, désordonnés. → **galipette, gambade.** – Culbute, pirouette. *Faire la cabriole.* ▶ **cabrioler** v. intr. < conjug. 1 > Faire la cabriole, des cabrioles.

cabriolet [kabʀijɔlɛ] n. m. **1**· Autrefois. Voiture à cheval, à deux roues, à capote mobile. – Automobile décapotable. *Un cabriolet grand sport.* **2**· Chapeau de femme dont les bords encadraient le visage. → **capote.**

caca [kaka] n. m. **1**· Fam. ou lang. enfantin. Excrément. *Un caca de chien.* → **crotte.** *Du caca. Faire caca dans sa culotte.* – Chose sale, sans valeur. → fam. **merde.** *Ce travail, c'est du caca.* **2**· *Caca d'oie :* jaune verdâtre. – Adj. invar. *Des peintures caca d'oie.*

cacahouète ou **cacahuète** [kakawɛt] n. f. Fruit de l'arachide qui se mange grillé. *Un paquet de cacahouètes salées.*

cacao [kakao] n. m. **1**· Graine du cacaoyer qui sert à fabriquer le chocolat. – *Beurre de cacao,* matière grasse extraite du cacao. **2**· Poudre de cette graine que l'on dissout pour en faire une boisson chaude. *Une tasse de cacao.* → **chocolat.** ▶ **cacaoté, ée** adj. Qui contient du cacao. ▶ **cacaoyer** [kakaɔje] ou **cacaotier** [kakaɔtje] n. m. Arbre d'Amérique du Sud dont les fruits (appelés *cabosses*) contiennent le cacao.

cacatoès [kakatɔɛs] n. m. invar. Perroquet dont la tête est ornée d'une huppe aux vives couleurs.

cacatois [kakatwa] n. m. invar. Petite voile carrée au-dessus du perroquet (autre voile).

cachalot [kaʃalo] n. m. Mammifère marin (de la famille des cétacés) de la taille de la baleine, mais qui porte des dents.

① **cache** [kaʃ] n. f. Région. Cachette. *Une bonne cache.* – Cour. *La police a découvert une cache d'armes au sous-sol.*

② **cache** n. m. **1**· Papier destiné à cacher une partie d'une surface (une partie de la pellicule à impressionner, etc.). *Utiliser un cache.* **2**· En informatique. *Mémoire cache,* dans laquelle sont stockées provisoirement les dernières données.

cache-cache [kaʃkaʃ] n. m. invar. Jeu où l'un des joueurs doit découvrir les autres, qui sont cachés. *Faire une partie de cache-cache.* – Loc. fig. *Jouer à cache-cache,* ne pas se rencontrer, alors qu'on se cherche.

cache-cœur [kaʃkœʀ] n. m. Vêtement féminin, petit gilet croisé sur la poitrine. *Des cache-cœurs.*

cache-col [kaʃkɔl] n. m. Écharpe qui entoure le cou. → **cache-nez.** *Des cache-cols en laine.*

cachectique [kaʃɛktik] adj. Didact. Relatif à la cachexie ; atteint de cachexie.

cachemire [kaʃmiʀ] n. m. **1·** Tissu ou tricot fin en poil de chèvre, mêlé de laine. *Pull-over en cachemire* (ou, anglic., en *cashmere*). **2·** *Châle de cachemire*, à dessins caractéristiques de feuilles stylisées.

cache-misère [kaʃmizɛʀ] n. m. invar. Vêtement ample servant à cacher des habits usés. *Des cache-misère.*

cache-nez [kaʃne] n. m. invar. Grosse écharpe protégeant le cou et le bas du visage. → **cache-col.** *Des cache-nez.*

cache-pot [kaʃpo] n. m. Vase orné qui sert à cacher un pot de fleurs. *Des cache-pots.*

cache-prise [kaʃpʀiz] n. m. Dispositif de sécurité en matière isolante pour les prises de courant. *Des cache-prises.*

cacher [kaʃe] v. tr. < conjug. 1 > **I·** V. tr. **1·** Soustraire (qqch.) aux regards ; empêcher (qqch.) d'être vu. → **dissimuler** ; fam. **planquer.** *Cacher un objet derrière qqch* **2·** (Choses) Empêcher de voir. *Cet arbre cache le soleil, la vue.* → **boucher, masquer.** / contr. montrer ; découvrir / **3·** Fig. *Cacher son jeu :* cacher son but ou les moyens par lesquels on cherche à l'atteindre. **4·** Empêcher (qqch.) d'être su, connu → **déguiser, dissimuler** ; ne pas exprimer. → **rentrer.** *Cacher ses inquiétudes, son émotion.* – Ne pas dire. *Elle cache son âge. Je ne vous cache pas que je suis assez mécontent*, je l'avoue, je le reconnais. / contr. dire, exprimer / **II·** *Se cacher* v. pron. **1·** V. pron. réfl. Faire en sorte de n'être pas vu, trouvé, se mettre à l'abri, en lieu sûr. *Un fuyard, un évadé qui se cache. Se cacher derrière un arbre, sous un drap.* – (Choses) *Le soleil s'est caché (derrière un nuage)*, a disparu. **2·** *Se cacher de qqn* : lui cacher ce que l'on fait ou dit. – *Se cacher de qqch.*, ne pas reconnaître qqch. *Il a peur et ne s'en cache pas.* **III·** *(Être) caché(e)* passif. *La maison est cachée par les pins.* – Au p. p. adj. *Un trésor caché. Des sentiments cachés.* ▷ ① **cache,** ② **cache, cache-cache, cache-cœur, cache-col, cache-misère, cache-prise, cache-nez, cache-pot, cache-radiateur, cache-sexe, cache-tampon, cachette, cachot, cachotterie**

cache-radiateur [kaʃʀadjatœʀ] n. m. Revêtement destiné à cacher un radiateur d'appartement. *Des cache-radiateurs.*

cache-sexe [kaʃsɛks] n. m. Petit vêtement couvrant le bas-ventre. → **slip, string.** *Des cache-sexes.*

① **cachet** [kaʃɛ] n. m. Enveloppe de pain sans levain dans laquelle on enfermait un médicament en poudre. – Comprimé. *Un cachet d'aspirine.*

② **cachet** n. m. **1·** Plaque ou cylindre d'une matière dure gravée avec laquelle on imprime une marque (sur de la cire). → **sceau.** – ***Lettre de cachet*** : lettre au cachet du roi, contenant un ordre d'emprisonnement ou d'exil sans jugement. **2·** Marque apposée à l'aide d'un cachet (d'un tampon). → **empreinte.** *Le cachet d'oblitération de la poste.* **3·** Marque, signe caractéristique, distinctif. *Ce village a du cachet*, est pittoresque. **4·** Rétribution d'un artiste, pour un engagement déterminé. *Le cachet d'un acteur* (fam. *cacheton* n. m.). *Courir le cachet* (fam. *cachetonner* v. intr. < conjug. 1 >). ▶ **cacheter** [kaʃte] v. tr. < conjug. 4 > Fermer avec un cachet (1) ; marquer d'un cachet (2). → **estampiller, sceller.** *Il cachette la lettre*, il la ferme en la collant. ▶ **cachetage** n. m. Action de cacheter. ▷ **décacheter**

cache-tampon [kaʃtɑ̃pɔ̃] n. m. invar. Jeu où l'on cache un objet que l'un des joueurs doit découvrir. *On va jouer à cache-tampon.*

cachette [kaʃɛt] n. f. **1·** *En cachette* loc. adv. : en se cachant, à la dérobée. → **discrètement,** en **secret.** *Il fume en cachette.* / contr. ouvertement / **2·** Endroit retiré, propice à cacher (qqch. ou qqn). → région. ① **cache** ; fam. **planque.**

cachexie [kaʃɛksi] n. f. Amaigrissement et fatigue généralisée très graves et dus à une maladie ou à une sous-alimentation. ▷ **cachectique**

cachot [kaʃo] n. m. **1·** Cellule obscure, dans une prison. → **geôle.** *Mettre, jeter un prisonnier dans un cachot, au cachot.* **2·** Punition (dans une prison) qui consiste à être enfermé seul dans une cellule. *Trois jours de cachot.* → arg. **mitard.**

cachotterie [kaʃɔtʀi] n. f. Le fait d'entourer de mystère des choses sans importance ; petit secret. *Tu me fais des cachotteries.* ▶ **cachottier, ière** n. Personne qui aime à faire des cachotteries. *Un petit cachottier.* – Adj. *Elle est cachottière.*

cachou [kaʃu] n. m. **1·** Extrait d'un acacia ou du fruit d'un palmier (noix d'arec). – Pastille parfumée au cachou. *Boîte de cachous.* **2·** Adj. invar. De la couleur brun rouge du cachou. *Des bas cachou.*

cacique [kasik] n. m. Autrefois. Chef indien en Amérique centrale.

caco- Élément savant qui signifie « mauvais ». ▶ **cacochyme** [kakɔʃim] adj. Vx ou plaisant. D'une constitution faible, d'une santé déficiente. → **maladif.** *Un vieillard cacochyme.* / contr. vigoureux ; valide / ▶ **cacographie** n. f. Vieilli. Écrit contenant des fautes d'orthographe. ▶ **cacophonie** n. f. **1**· Rencontre ou répétition de sons désagréable ou ridicule. **2**· Assemblage confus ou discordant de voix, de sons. → **dissonance.** ▶ **cacophonique** adj. (Son) Dissonant, laid.

cactus [kaktys] n. m. invar. **1**· Plante à tige charnue, verte, remplie d'un suc (plantes grasses), en forme de palette ou de colonne, souvent munie de piquants (famille des *cactées*, n. f.). **2**· Fam. Ennui. → fam. **hic, os.** *Y a un cactus !*

c.-à-d. Abréviation de *c'est-à-dire.*

cadastre [kadastʀ] n. m. Registre où figurent les renseignements sur la surface et la valeur des propriétés foncières. *Consulter le cadastre.* ▶ **cadastral, ale, aux** adj. Du cadastre. *Relevé cadastral.* ▶ **cadastrer** v. tr. < conjug. 1 > Mesurer, inscrire au cadastre.

cadavre [kadɑvʀ] n. m. **I**· Corps mort d'un être humain ou d'un animal. → **corps, dépouille,** ③ **mort.** *Dépôt des cadavres à la morgue.* **II**· Fam. Bouteille vidée. ▶ **cadavérique** adj. De cadavre. *Lividité, pâleur cadavérique.*

① **caddie** [kadi] n. m. Au golf. Garçon qui porte le matériel du joueur. *Des caddies.*

② **caddie** n. m. **1**· (Marque déposée) Petit chariot métallique (de gare, d'aéroport, de libre-service). *Des caddies.* **2**· Châssis à roulettes portant un sac à provisions.

cadeau [kado] n. m. **1**· Objet qu'on offre à (qqn). → **don, présent.** *Les petits cadeaux entretiennent l'amitié. Cadeau de Nouvel An.* → **étrenne.** *Faire cadeau de qqch. à qqn,* offrir. – Loc. fam. *Il ne lui a pas fait de cadeau,* il a été dur avec lui (en affaires, etc.). *Ce n'est pas (c'est pas) un cadeau,* c'est une chose déplaisante, une corvée. **2**· En appos. *Paquet-cadeau,* joliment présenté. *Des paquets-cadeaux.*

cadenas [kadna] n. m. invar. Serrure mobile en forme de petit boîtier métallique qu'on accroche à (une porte, ce qu'on veut fermer). *Fermer une porte au cadenas.* ▶ **cadenasser** v. tr. < conjug. 1 > Fermer avec un cadenas. – ***Se cadenasser*** v. pron. réfl. : s'enfermer.

cadence [kadɑ̃s] n. f. **1**· Insistance de la voix sur les syllabes accentuées, en poésie ou en musique. → **harmonie, nombre.** – Rythme. *La cadence des pas.* **2**· Terminaison d'une phrase musicale, résolution d'un accord dissonant sur un accord consonant. *Cadence parfaite,* qui aboutit à la tonique. **3**· Loc. ***En cadence*** : d'une manière rythmée, régulière. *Soldats qui marchent en cadence.* **4**· Répétition régulière de mouvements ou de sons. *La cadence du marteau-piqueur.* – Rythme du travail, de la production. *Forcer, ralentir la cadence. Une cadence infernale.* ▶ **cadencer** v. tr. < conjug. 3 > **1**· Donner de la cadence à (des phrases, des vers). → **rythmer.** **2**· Conformer (ses mouvements) à un rythme. *Cadencer son pas,* le régler. ▶ **cadencé, ée** adj. Qui est rythmé. *Les soldats qui défilent marchent à pas cadencés, au pas cadencé.*

cadet, ette [kadɛ, ɛt] n. **1**· Personne qui, par ordre de naissance, vient après l'aîné. *Le cadet, la cadette de qqn,* son frère, sa sœur plus jeune. ≠ benjamin. – Adj. *Frère cadet, sœur cadette.* **2**· Moins âgé (sans relation de parenté). *Il est mon cadet de deux ans.* **3**· Loc. ***C'est le cadet de mes soucis*** : c'est mon plus petit souci, ça m'est égal. **4**· Autrefois. Gentilhomme qui servait comme soldat pour apprendre le métier des armes. *Les cadets de Gascogne.* **5**· En sport. Joueur ou joueuse de 15 à 17 ans, entre les minimes et les juniors.

cadi [kadi] n. m. Magistrat musulman qui remplit des fonctions civiles, judiciaires et religieuses. *Des cadis.* ≠ caddie.

cadmium [kadmjɔm] n. m. Métal blanc, malléable, utilisé en alliage (protection des métaux). ▶ **cadmiage** n. m. En chimie. Revêtement d'une surface métallique par dépôt électrolytique de cadmium.

cadrage [kɑdʀaʒ] n. m. **1**· Photo, cinéma, télévision. Mise en place de l'image (→ **cadrer**). *Mauvais cadrage.* **2**· Grandes lignes fixant les orientations (d'un projet, d'une politique). *Lettre de cadrage budgétaire du Premier ministre.*

cadran [kadʀɑ̃] n. m. **1**· ***Cadran solaire*** : surface où l'heure est marquée par l'ombre d'une tige projetée par le soleil. **2**· Cercle divisé en heures (et minutes), sur lequel se déplacent les aiguilles d'une montre (horloge, pendule). – Loc. *Faire le tour du cadran,* dormir douze heures d'affilée. **3**· Surface plane, divisée et graduée, d'un appareil. *Le cadran du téléphone a été remplacé par le clavier numérique. Les cadrans du tableau de bord d'un avion.*

cadre [kɑdʀ] n. m. **I**· **1**· Bordure entourant une glace, un tableau, un panneau... → **encadrement.** *Mettre une toile dans un cadre.* → **encadrer.** – *Cadre numérique,* servant à afficher des photos numériques. **2**· Assemblage de bois destiné à contenir certains objets. *Le cadre d'une porte, d'une fenêtre.* → **châssis, chambranle.** – *Cadre de bicyclette,* tube creux qui en forme la charpente. **II**· Fig. **1**· Ce qui entoure un espace, une scène, une action. → **décor, entourage, milieu.** **2**· *Être* *dans le cadre de..., sortir du cadre de...,* des limites prévues, imposées. – *Dans le cadre de...,* dans l'ensemble organisé. *J'ai vu ce film dans le cadre d'un festival.* **3·** Ensemble des officiers et sous-officiers qui encadrent les soldats. *Le cadre de réserve.* **4·** Tableau des emplois et du personnel qui les remplit. *Figurer sur les cadres.* **5·** N. *Les cadres :* les personnes qui encadrent une équipe dans une entreprise. *La retraite, la caisse des cadres.* – Au sing. *Un cadre moyen, supérieur. Elle est passée cadre. Jeune cadre dynamique.* ▶ **cadrer** v. < conjug. 1 > **1·** V. intr. Aller bien (avec qqch.). → **s'accorder, s'assortir, concorder, convenir.** *Leurs façons de raconter l'accident ne cadrent pas ensemble. Ça ne cadre pas avec ce qu'il vient de dire.* / contr. contredire, s'opposer / **2·** V. tr. Disposer, mettre en place (les éléments de l'image photographique, cinématographique). – Projeter en bonne place (sur l'écran). – Au p. p. adj. *Image mal cadrée.* ▶ **cadreur, euse** n. Personne qui manie la caméra et s'occupe du cadrage des images. → **caméraman, opérateur.** ▷ **cadrage, encadrer, recadrer**

caduc, uque [kadyk] adj. **1·** Littér. Qui n'a plus cours. → **démodé, dépassé, périmé, vieux.** / contr. nouveau, en vigueur / *Des actes juridiques caducs.* **2·** *Arbres à feuilles caduques,* qui tombent en hiver (opposé à *persistantes*). → **décidu.** ▶ **caducité** [kadysite] n. f. Littér. État de ce qui est caduc.

caducée [kadyse] n. m. Attribut de Mercure, constitué par une baguette entourée de deux serpents entrelacés et surmontés de deux courtes ailes (symbole du corps médical et des pharmaciens). *Des caducées lumineux.*

cæcum [sekɔm] n. m. Première partie du gros intestin, fermée à sa base et communiquant avec d'autres parties de l'intestin. → **côlon, iléon.** *Appendice* du cæcum* ou *appendice cæcal* (*ale, aux,* adj.). *Des cæcums.*

1 **cafard, arde** [kafaʀ, aʀd] n. **1·** Vx. Personne qui affecte l'apparence de la dévotion. → **bigot, cagot, hypocrite. 2·** Personne qui dénonce sournoisement les autres. → **dénonciateur, espion, mouchard.** ▶ **cafarder** v. intr. < conjug. 1 > Faire le cafard (2). → **moucharder, rapporter ;** fam. **cafter.** – Transitivement. *Cafarder qqn,* le dénoncer. ▶ **cafardage** n. m. Le fait de cafarder.

2 **cafard** n. m. Insecte nocturne, de couleur noire ou brun clair, qui vit dans les maisons. → **blatte, cancrelat.**

3 **cafard** n. m. *Avoir le cafard,* des idées noires. *Ça me donne le cafard.* → fam. **blues.** ▶ **cafardeux, euse** adj. Qui a le cafard. → **triste.** – Qui donne le cafard. *Une atmosphère cafardeuse.*

1 **café** [kafe] n. m. **1·** Graine d'une plante (le *caféier*) qui, grillée (→ **torréfier**) et moulue, puis infusée, fournit une boisson excitante et tonique. *Plantation de café. Balle de café.* – *Glace, éclair au café,* parfumés au café. *Café en grains, en poudre* (moulu). **2·** Boisson ainsi obtenue. *Un café filtre. Un café express.* → 2 **express.** *Moulin à café. Cuiller à café. Café noir,* sans lait. *Café noisette,* avec quelques gouttes de lait. *Café crème,* avec de la crème ou un peu de lait. *Café au lait.* Fam. *Pause café,* interruption de travail pour prendre un café. – *Couleur café au lait.* → **brun.** – Fam. *C'est fort de café,* c'est exagéré. **3·** Le moment du repas où l'on prend le café. *Venez pour le café.* ▶ **caféier** [kafeje] n. m. Arbuste tropical, originaire d'Abyssinie, dont le fruit contient les grains de café. ▶ **caféine** [kafein] n. f. Alcaloïde contenu dans le café, le thé. ▶ **caféiné, ée** adj. Qui contient de la caféine. / contr. décaféiné / *Boisson caféinée.* ▷ 2 **café, cafétéria, cafetier, cafetière, cybercafé, décaféiner, pousse-café**

2 **café** n. m. Lieu public où l'on consomme des boissons. → **bar, bistrot, brasserie.** *Garçon de café,* chargé de servir les consommations. *À la terrasse d'un café. Café Internet.* → **cybercafé.** ▶ **café-concert** n. m. Café où les consommateurs pouvaient écouter des chansonniers, de la musique. *Des cafés-concerts.* Abrév. **caf'conc'** [kafkɔ̃s]. ▶ **café-théâtre** n. m. Petite salle où l'on peut consommer et où se donnent des spectacles non traditionnels. *Des cafés-théâtres.*

cafetan ou **caftan** [kaftɑ̃] n. m. Ancien vêtement oriental, ample et long.

cafétéria ou **cafeteria** [kafeteʀja] n. f. Lieu public où l'on sert du café, des boissons non alcoolisées, des plats très simples, etc. *Des cafétérias, des cafeterias.* Abrév. fam. **cafèt** [kafɛt].

cafetier, ière [kaftje, jɛʀ] n. Personne qui tient un café 2.

cafetière [kaftjɛʀ] n. f. **1·** Récipient permettant de préparer le café. *Cafetière électrique.* ≠ percolateur. **2·** Fam. Tête. *Recevoir un coup sur la cafetière.*

cafouiller [kafuje] v. intr. < conjug. 1 > Fam. Agir d'une façon désordonnée ; marcher mal. → fam. **merdoyer, vasouiller.** ▶ **cafouillage** n. m. Action de cafouiller. ▶ **cafouilleux, euse** adj. Désordonné, brouillon. *Des explications cafouilleuses.* ▶ **cafouillis** n. m. Grand désordre.

cafter [kafte] v. intr. < conjug. 1 > Fam. Dénoncer. → **cafarder.**

cage [kaʒ] n. f. **I· 1·** Endroit fermé (par des barreaux, du grillage) servant à tenir enfermés des animaux vivants. *Les cages d'une ménagerie, d'un cirque. Cage à oiseaux.* → **volière.** *Cage à poules. Cage à lapins.* → **clapier.** – Fig. *Cage à lapins,* logement dans un grand ensemble. – *Cage dorée* : lieu luxueux où l'on n'est pas libre. **2·** Football. Les buts. **II· 1·** Espace clos servant à enfermer, à limiter (qqch.). *Cage de Faraday,* enceinte servant à intercepter les phénomènes électrostatiques. **2·** *Cage d'escalier, d'ascenseur,* l'espace où est placé l'escalier, où fonctionne l'ascenseur. **3·** *Cage thoracique,* partie du corps humain formée par les vertèbres, les côtes et le sternum. ▶ **cageot** n. m. Emballage à claire-voie. *Des cageots de laitues, de fruits.* → **caisse.**

cagibi [kaʒibi] n. m. Fam. Pièce de dimensions étroites. → **appentis, réduit.** *Cagibi servant de débarras. Des cagibis.*

cagne n. f. → **khâgne.** ▶ [1] **cagneux, euse** n. → **khâgneux.**

[2] **cagneux, euse** [kaɲø, øz] adj. Qui a les genoux tournés en dedans. → **tordu.** *Un cheval cagneux. Des jambes cagneuses.*

cagnotte [kaɲɔt] n. f. **1·** Caisse commune (jeu, etc.). **2·** Argent d'une cagnotte. *Elle a remporté la cagnotte au Loto.*

cagot, ote [kago, ɔt] n. Littér. Faux dévot ; hypocrite. → [1] **cafard.**

cagoule [kagul] n. f. **1·** Manteau ou cape sans manches, muni d'un capuchon percé d'ouvertures à la place des yeux ; ce capuchon. *Cagoule de pénitent. Les terroristes portaient des cagoules.* **2·** Bonnet qui couvre les oreilles, la gorge, le bas du visage. → **passe-montagne.** ▷ **encagoulé**

cahier [kaje] n. m. **1·** Feuilles de papier assemblées et munies d'une couverture. → **album, calepin, carnet.** *Cahiers d'écolier. Cahier de brouillon. Cahier de textes,* agenda scolaire où l'on note les devoirs à faire, les leçons à apprendre. **2·** *Cahier des charges* : énumération des clauses et conditions pour l'exécution d'un contrat. ▷ **protège-cahier**

cahin-caha [kaɛ̃kaa] adv. Fam. Tant bien que mal, péniblement. → **clopin-clopant.** *La vie continue, cahin-caha.*

cahors [kaɔʀ] n. m. invar. Vin rouge produit dans la région de Cahors.

cahot [kao] n. m. Saut que fait une voiture en roulant sur un terrain inégal. → **heurt, secousse.** ≠ chaos. ▶ **cahoter** v. < conjug. 1 > **1·** V. tr. Secouer par des cahots. **2·** V. intr. Être secoué. *La voiture cahote sur la piste.* → **bringuebaler.** ▶ **cahotant, ante** adj. *Route, voiture cahotante.* ▶ **cahotement** n. m. ▶ **cahoteux, euse** adj. *Chemin cahoteux.*

cahute [kayt] n. f. Mauvaise hutte ; petit réduit. → **cabane, hutte.**

caïd [kaid] n. m. **1·** En Afrique du Nord. Fonctionnaire musulman qui réunit les attributions de juge, d'administrateur, de chef de police. *Caïd algérien.* **2·** Fam. Chef d'une bande de gangsters, de trafiquants. – Loc. *Jouer au caïd,* vouloir imposer ses volontés. **3·** Fam. Personnage très important dans son milieu. *Les caïds de l'industrie.* → fam. **manitou, ponte.**

caïeu ou **cayeu** [kajø] n. m. Botanique. Bourgeon qui se développe à partir du bulbe principal. *Caïeu de glaïeul. Des caïeux d'ail.* → **gousse.**

caillasse [kajas] n. f. Fam. *La caillasse,* les cailloux, la pierraille. *Marcher dans la caillasse.* ▶ **caillasser** v. tr. < conjug. 1 > Lancer des cailloux, des pierres sur (qqn, qqch.). *Ils ont caillassé le bus. Les forces de l'ordre ont été caillassées.* ▶ **caillassage** n. m.

caille [kaj] n. f. Oiseau migrateur des champs et des prés, voisin de la perdrix.

caillebotis [kajbɔti] n. m. invar. Panneau de lattes ou assemblage de rondins à claire-voie servant de passage (sur un sol boueux, friable...) ou permettant le passage de l'eau. *Caillebotis installé sur une dune. Caillebotis de salle de bains. Terrasse en caillebotis.*

caillebotte [kajbɔt] n. f. **1·** Masse de lait caillé. **2·** Fromage frais poitevin, au lait de vache.

cailler [kaje] v. < conjug. 1 > **1·** V. tr. Faire coaguler. → **figer.** *La présure caille le lait.* – Pronominalement (réfl.). *Le sang se caille.* – Au p. p. adj. *Lait caillé* ou, n. m., *caillé,* sorte de fromage blanc. *Sang caillé.* **2·** V. intr. Fam. Avoir froid. → **geler.** *L'hiver, on caille dans cette pièce.* ▶ **caillette** n. f. Quatrième compartiment de l'estomac des ruminants, qui sécrète le suc gastrique (*présure*). ▶ **caillot** n. m. Petite masse de sang coagulé. *Embolie, thrombose causée par un caillot.*

caillou [kaju] n. m. **1·** Pierre de petite ou moyenne dimension. → **gravier ; galet, rocaille.** *Des cailloux.* – *Avoir le cœur dur comme un caillou.* **2·** Fam. Pierre précieuse, diamant. **3·** Fam. → **tête.** *Il n'a pas un poil sur le caillou,* le crâne. ▶ **caillouter** v. tr. < conjug. 1 > Garnir de cailloux (1). → **empierrer.** *Caillouter une route.* – Au p. p. adj. *Allée de jardin cailloutée.* ▶ **cailloutage** n. m. Ouvrage, pavage de cailloux. ▶ **caillouteux, euse** adj. Où il y a beaucoup de cailloux. *Chemin caillouteux.* ▶ **cailloutis** n. m. invar. Amas ou ouvrage de petits cailloux concassés. *Recouvrir une route de cailloutis.* ▷ **caillasse**

caïman [kaimɑ̃] n. m. Crocodile d'Amérique (appelé aussi *alligator*) à museau large et court. *Des caïmans.*

caïque [kaik] n. m. Embarcation légère, étroite et pointue à l'avant et à l'arrière (Grèce, Égypte...).

cairn [kɛʀn] n. m. **1·** Didact. Tumulus. *Le cairn de la Table des marchands, en Bretagne.* **2·** Amas de pierres, laissé par des alpinistes, servant de repère en montagne.

caisse [kɛs] n. f. **I· 1·** Grande boîte (souvent en bois) utilisée pour l'emballage, le transport d'objets, de marchandises. *Une caisse de champagne. On a chargé les caisses dans le camion.* – *Orangers en caisse,* dans une caisse contenant de la terre. **2·** Dispositif rigide (de protection, etc.). → **caisson.** *Caisse de piano,* la boîte renfermant le mécanisme. → **buffet.** – Carrosserie d'automobile (opposé à *châssis*). Fam. Voiture. *À fond la caisse,* à toute allure. **3·** *La caisse du tympan,* la cavité du fond de l'oreille. **4·** Fam. Poitrine. **II·** Musique. Cylindre d'un instrument à percussion. → **tambour.** *Caisse claire,* tambour plat. – *Grosse caisse :* grand tambour utilisé dans les fanfares. **III· 1·** Coffre dans lequel on dépose l'argent, les valeurs. → **bourse, coffre-fort.** *Caisse enregistreuse. Tiroir-caisse.* – *Avoir cinq cents euros en caisse, dans sa caisse. Partir avec la caisse.* **2·** Bureau, guichet où se font les paiements, les versements. *Aller, passer à la caisse.* **3·** Argent en caisse. *Partir avec la caisse.* **4·** *Caisse d'épargne :* établissement où l'on dépose de l'argent pour l'économiser et en avoir des intérêts. – *Caisse de retraite :* organisme chargé d'administrer les cotisations versées pour payer les retraites. ▶ **caissette** n. f. Petite caisse (I, 1). ≠ cassette. ▶ **caissier, ière** n. Personne qui tient la caisse (III). → **comptable, trésorier.** *Les caissiers d'une banque. La caissière d'un cinéma.* ▶ **caisson** n. m. **I· 1·** Anciennt. Chariot de l'armée utilisé pour les transports militaires. *Caisson de munitions.* **2·** Caisse métallique pleine d'air permettant d'effectuer des travaux sous l'eau. → **cloche** à plongeur. *Caisson à air comprimé.* **3·** Loc. fam. *Se faire sauter le caisson,* se tirer une balle dans la tête. **II·** Architecture. Compartiment creux, orné de moulures, servant à décorer un plafond. *Une voûte à caissons.* ▷ **encaissé, encaisser, tiroir-caisse**

cajoler [kaʒɔle] v. tr. < conjug. 1 > Avoir (envers qqn) des manières, des paroles tendres et caressantes. *Cajoler un enfant.* → **câliner, choyer, dorloter.** ▶ **cajolerie** n. f. Paroles ou manières par lesquelles on cajole. → **câlinerie.** ▶ **cajoleur, euse** n. Personne qui cajole. → **enjôleur, flatteur.** – Adj. Câlin. *Une voix cajoleuse.* / contr. bourru, brusque /

cajou [kaʒu] n. m. Fruit d'un arbre exotique (l'*anacardier,* n. m.) dont l'amande se mange comme la cacahouète. *Des cajous. Noix de cajou.*

cajun [kaʒœ̃] n. et adj. (invar. en genre) Membre de la communauté francophone de Louisiane, descendant des Acadiens déportés par les anglais au milieu du XVIIIe s. *Les Cajuns.* – Adj. *La cuisine, la musique cajun.*

cake [kɛk] n. m. Gâteau rectangulaire garni de raisins secs, de fruits confits. *Une tranche de cake. Des cakes.* – *Cake aux olives et au jambon.*

cal, plur. **cals** [kal] n. m. Épaississement et durcissement de l'épiderme produits par frottement. → **callosité, durillon.** *J'ai la paume des mains pleine de cals.* ▷ **calleux, callosité**

calamar n. m. → **calmar.**

calame [kalam] n. m. Roseau taillé dont les Anciens se servaient pour écrire.

calamine [kalamin] n. f. **1·** Minéralogie. Silicate hydraté naturel de zinc. – Minerai de zinc. **2·** Résidu charbonneux de la combustion d'un carburant dans un moteur à explosion. ▶ **calaminé, ée** adj. Couvert de calamine (2). *Cylindres calaminés.* ▷ **décalaminer**

calamité [kalamite] n. f. Grand malheur public. → **catastrophe, désastre, fléau.** *Les inondations, la sécheresse, les épidémies sont des calamités.* – Chose très triste, pénible. → **désolation, infortune, malheur.** *Sa mort est une calamité pour la famille.* / contr. bénédiction, félicité / ▶ **calamiteux, euse** adj. Désastreux, catastrophique.

calandre [kalɑ̃dʀ] n. f. **1·** Machine formée de cylindres, de rouleaux, et qui sert à lisser, lustrer les étoffes, à glacer les papiers. **2·** Garniture métallique verticale sur le devant du radiateur de certaines automobiles. ▶ **calandrer** v. tr. < conjug. 1 > Faire passer (une étoffe, un papier) à la calandre (1). → **lisser, lustrer.** ▶ **calandrage** n. m.

calanque [kalɑ̃k] n. f. Crique entourée de rochers, en Méditerranée. *Se baigner dans une calanque. Les calanques corses.*

calao [kalao] n. m. Oiseau des forêts tropicales (Afrique, Asie), à gros bec surmonté d'excroissances cornées.

1 **calcaire** [kalkɛʀ] adj. **1·** Qui contient du carbonate de calcium. *Eau calcaire.* – D'où l'on peut tirer de la chaux. *Roche, pierre calcaire. Terrain, sol calcaire,* contenant plus de la moitié de calcite. **2·** Chimie. De calcium. *Sels calcaires.*

▶ [2] **calcaire** n. m. Roche composée essentiellement de carbonate de calcium. → **calcite, craie, marbre.**

calcaneum [kalkaneɔm] n. m. Os du tarse qui forme le talon.

calcédoine [kalsedwan] n. f. Pierre précieuse (silice cristallisée) d'une transparence laiteuse, légèrement teintée (agate, cornaline, jaspe, onyx...).

calcémie [kalsemi] n. f. En médecine. Teneur du sang en calcium.

calcification [kalsifikasjɔ̃] n. f. Dépôt de sels calcaires dans les tissus organiques (ossification ; dégénérescence calcaire). / contr. **décalcification** / ▶ **calcifier** v. tr. Rendre calcaire. ▶ **calcifié, ée** adj. Artères calcifiées. ▷ **calcium, décalcifier**

calciner [kalsine] v. tr. < conjug. 1 > Soumettre un corps à l'action d'une haute température. *Calciner un métal.* – Brûler, griller. (Surtout au passif et p. p. adj.) *Une forêt calcinée. Le rôti est complètement calciné.* ▶ **calcination** n. f.

calcite [kalsit] n. f. Carbonate naturel de calcium, cristallisé. → [2] **calcaire.**

calcium [kalsjɔm] n. m. Métal blanc, mou (n° at. 20), dont un oxyde est la chaux. *Carbonate de calcium.* → [2] **calcaire, calcite.** – *Prendre du calcium,* des sels de calcium comme remède. ▷ **calcémie, calcite**

[1] **calcul** [kalkyl] n. m. Petit corps dur, pierreux, formé par des matières qui sont normalement dissoutes dans l'organisme, et qui cause des troubles. *Calcul rénal, urinaire.* → vx **gravelle.**

[2] **calcul** n. m. **1·** Opérations effectuées sur des symboles, représentants de grandeurs. – Méthode pour représenter des relations logiques, les transformer, les développer, etc. → **algèbre, arithmétique, mathématique.** *Calcul numérique.* → **compte.** *Faire des calculs. Calcul exact, juste. Erreur de calcul.* – ***Calcul mental*** : effectué de tête, sans l'aide de signes écrits. – *Calcul algébrique. Calcul infinitésimal.* → **analyse.** *Calcul différentiel, calcul intégral,* étudiant les variations des fonctions pour des variations infiniment petites des variables. **2·** *Le calcul,* les opérations arithmétiques. *Cet enfant est bon en calcul.* **3·** Appréciation, évaluation, estimation. *D'après mes calculs, il arrivera demain.* **4·** Moyens que l'on combine pour arriver à un but, à une fin. → **combinaison, plan, projet, stratégie.** *Faire un mauvais calcul. Agir par calcul,* d'une manière intéressée. ▶ **calculer** v. tr. < conjug. 1 > **1·** Chercher, déterminer par le calcul. *Calculer un bénéfice.* → **chiffrer, compter.** *Machine à calculer.* → **calculateur, calculatrice.** – Sans compl. Faire des calculs, des calculs d'argent. → **compter. 2·** Apprécier (qqch.) ; déterminer la probabilité d'un événement. → **estimer, évaluer, supputer.** *Calculer ses chances. Il a calculé qu'ils ne seront pas de retour avant la nuit.* – Décider ou faire après avoir prémédité, réglé. → **combiner.** *Calculer le moindre de ses gestes.* – Au p. p. adj. *Une générosité, une bonté calculée,* intéressée. ▶ **calculable** adj. Qui peut se calculer. / contr. **incalculable** / ▶ **calculateur, trice** n. et adj. **1·** N. Personne qui sait calculer. **2·** Adj. Habile à combiner des projets, des plans. *Elle est un peu calculatrice.* / contr. **spontané** / **3·** N. m. Ordinateur pour les calculs. ▶ **calculatrice** n. f. Machine qui effectue des calculs. *Calculatrice de poche.* → **calculette.** ▶ **calculette** n. f. Petite machine à calculer de poche. ▷ **incalculable**

caldoche [kaldɔʃ] adj. et n. Qui concerne les Européens de Nouvelle-Calédonie. *La population caldoche.* – N. *Les Caldoches et les Kanaks.*

[1] **cale** [kal] n. f. **1·** Espace situé entre le pont et le fond d'un navire. *Mettre des marchandises dans la cale, à fond de cale.* **2·** Partie en pente d'un quai. *Cale de chargement.* **3·** Bassin que l'on peut mettre à sec, servant à la construction, à la réparation des navires. *Cale sèche, cale de radoub.* → **bassin.**

[2] **cale** n. f. Ce que l'on place sous un objet pour lui donner de l'aplomb, pour le mettre de niveau ou l'empêcher de bouger (→ [1] **caler**). *Mettre des cales à un meuble bancal.* ▷ [1] **caler**

calé, ée [kale] adj. Fam. **1·** (Personnes) Savant, instruit. *Il est rudement calé en physique.* → **fort. 2·** (Choses) Difficile. *C'est trop calé pour lui.* → **ardu.**

calebasse [kalbas] n. f. Fruit d'un arbre tropical *(calebassier)* qui, vidé et séché, peut servir de récipient. – Ce récipient ; son contenu. *Une calebasse de riz.*

calèche [kalɛʃ] n. f. Voiture à cheval, découverte, à quatre roues, munie d'une capote à soufflet à l'arrière, et d'un siège surélevé à l'avant.

caleçon [kalsɔ̃] n. m. **1·** Sous-vêtement masculin, culotte courte et légère. *Il préfère le caleçon au slip.* **2·** Pantalon de maille pour femmes, très collant.

calédonien, ienne [kaledɔnjɛ̃, jɛn] adj. et n. De Nouvelle-Calédonie (pour : *néo-calédonien*). – N. *Les Calédoniennes.*

calembour [kalɑ̃buʀ] n. m. Jeu de mots fondé sur des ressemblances de sons et des différences de sens.

calembredaine [kalɑ̃bʀədɛn] n. f. Surtout au plur. Vieilli. Propos extravagant ; plaisanterie cocasse. → **sornette, sottise.**

calendes [kalɑ̃d] n. f. pl. Premier jour de chaque mois chez les Romains. – Loc. *Renvoyer qqch. aux calendes grecques* : reporter à un temps qui ne viendra jamais (les Grecs n'ayant jamais eu de calendes). ▶ **calendaire** adj. *Année calendaire,* année civile, allant du 1er janvier au 31 décembre. ▷ **calendrier**

calendrier [kalɑ̃dʀije] n. m. **1·** Système de division du temps en années, en mois et en jours. → **chronologie.** *Calendrier grégorien* (de Grégoire XIII). *Calendrier républicain, révolutionnaire,* institué en France en 1793 (avec des décades au lieu des semaines, d'autres noms de mois). **2·** Emploi du temps ; programme. *Établir un calendrier de travail.* → **planning. 3·** Indication des mois, des jours, etc. (sur un tableau). – Almanach, agenda. *Calendrier de la Poste.*

cale-pied [kalpje] n. m. Pièce métallique adaptée à la pédale de la bicyclette, et qui maintient le pied. *Des cale-pieds.*

calepin [kalpɛ̃] n. m. Petit carnet de poche. *Il note ses rendez-vous sur un calepin.*

① **caler** [kale] v. tr. < conjug. 1 > **1·** Mettre d'aplomb au moyen d'une cale ②. → **assujettir, fixer.** *Caler le pied d'une table bancale.* – Rendre stable. *Caler une pile de linge contre un mur.* – Au p. p. *Avoir le dos bien calé dans un fauteuil.* **2·** Rendre fixe ou immobile (une pièce mécanique). → **fixer. 3·** Absolt, fam. *Aliment qui cale,* qui remplit l'estomac. ▷ **cale-pied, décaler**

② **caler** v. intr. < conjug. 1 > **I·** S'arrêter, s'immobiliser. *Moteur qui cale.* – Transitivement. *Caler son moteur par une fausse manœuvre.* **II·** (Personnes) Céder, reculer ; s'arrêter. *Il a calé devant la difficulté.*

caleter ou **calter** [kalte] v. intr. < conjug. 1 > Fam. S'en aller en courant. → fam. se **barrer,** se **tailler.**

calfater [kalfate] v. tr. < conjug. 1 > Garnir d'étoupe goudronnée les joints et interstices des bordages de (la coque d'un navire) pour les rendre étanches. → **caréner, radouber.** ▶ **calfatage** n. m.

calfeutrer [kalføtʀe] v. tr. < conjug. 1 > **1·** Boucher les fentes avec un bourrelet (pour empêcher l'air de pénétrer). *Calfeutrer une fenêtre.* **2·** *Se calfeutrer* v. pron. réfl. : s'enfermer. *Se calfeutrer chez soi.* ▶ **calfeutrement** n. m. ou **calfeutrage** n. m.

calibre [kalibʀ] n. m. **I· 1·** Diamètre intérieur d'un tube, du canon d'une arme. – Grosseur d'un projectile. *Obus de gros calibre.* **2·** Diamètre d'un cylindre, d'un objet sphérique. *Fruits de calibres différents.* **3·** Instrument servant à mesurer (un diamètre, une forme, etc.). → **étalon.** *Calibre d'épaisseur. Calibre pour bagues.* **II·** Fam. Importance, grosseur. *Un escroc de ce calibre.* → **acabit, classe.** ▶ **calibrer** v. tr. < conjug. 1 > **1·** Donner le calibre (I) convenable à. **2·** Mesurer le calibre de. *Calibrer une machine.* ▶ **calibrage** n. m. Action de calibrer. → **étalonnage.** ▶ **calibreur, euse** n. Appareil, machine pour calibrer.

① **calice** [kalis] n. m. **1·** Vase sacré dans lequel on verse le vin et l'eau du sacrifice lors de la messe. **2·** Loc. *Boire le calice jusqu'à la lie,* endurer jusqu'au bout qqch. de pénible, douloureux. → **coupe.**

② **calice** n. m. Enveloppe extérieure de la fleur.

calicot [kaliko] n. m. **1·** Toile de coton assez grossière. *Une chemise de calicot.* **2·** Bande de calicot portant une inscription. → **banderole.**

calife [kalif] n. m. Souverain musulman, successeur de Mahomet, qui réunissait le pouvoir spirituel et temporel. ▶ **califat** n. m. Dignité, pouvoir, règne d'un calife. *Le califat de Bagdad.*

à califourchon [akalifuʀʃɔ̃] loc. adv. Une jambe d'un côté, la deuxième de l'autre. → **à cheval.** *Se mettre, monter à califourchon.* → **enfourcher.** *Il descend sur la rampe à califourchon.*

câlin, ine [kɑlɛ̃, in] n. et adj. **I· 1·** N. Personne qui aime à être caressée, à être traitée avec une grande douceur ou qui aime câliner. **2·** Adj. *Un enfant câlin. Un air câlin.* → **caressant, doux.** / contr. dur / **II·** N. m. Échange de caresses, de baisers. *Un gros câlin.* – Loc. *Faire (un) câlin (à qqn).* ▶ **câliner** v. tr. < conjug. 1 > Traiter avec douceur, tendresse. → **cajoler, dorloter.** *Câliner un enfant.* / contr. brusquer, rudoyer / ▶ **câlinerie** n. f. Souvent au plur. Manières câlines.

calisson [kalisɔ̃] n. m. Petit gâteau d'amandes pilées, dont le dessus est glacé. *Les calissons d'Aix-en-Provence.*

calleux, euse [kalø, øz] adj. Dont la peau est durcie et épaissie par des cals. *Des mains calleuses.* / contr. doux, lisse / ▷ **callosité**

call-girl [kɔlgœʀl] n. f. Anglic. Prostituée que l'on appelle par téléphone à son domicile. *Des call-girls.*

calli- Élément savant signifiant « beauté ». ▶ **calligramme** [ka(l)ligʀam] n. m. Poème dont les vers sont disposés de manière à former un dessin en rapport avec le texte. *Les calligrammes d'Apollinaire.* ▶ **calligraphe** n. Personne qui pratique la calligraphie. ▶ **calligraphie** n. f. Art de bien former les caractères d'écriture ; écriture formée selon cet art. ▶ **calligraphier** v. tr. < conjug. 7 > Former avec beaucoup d'application, de soins (les caractères écrits). ▶ **callipyge** adj. Didact. Qui a de belles fesses, des fesses développées. *La Vénus callipyge.*

callosité [kalozite] n. f. Épaississement et durcissement de l'épiderme. → **cal, cor, durillon ; calleux.**

calmant, ante [kalmɑ̃, ɑ̃t] adj. et n. m. **1·** Qui calme la douleur, l'excitation nerveuse. *Piqûre calmante.* – Qui calme, apaise, tranquillise. *Des paroles calmantes.* → **apaisant, lénifiant.** / contr. excitant / **2·** N. m. Remède calmant. → **sédatif, tranquillisant.** *Prendre des calmants pour dormir.*

calmar [kalmaʀ] ou **calamar** [kalamaʀ] n. m. Animal marin (mollusque céphalopode) à nageoires triangulaires, voisin de la seiche. → **encornet.** *Calmars frits.*

1 **calme** [kalm] n. m. **1·** Absence d'agitation, de bruit. *Le calme de la nuit, de la campagne. Du calme, s'il vous plaît !* **2·** Immobilité de l'atmosphère, de la mer. *Calme plat,* calme absolu de la mer. *Le calme après la tempête.* → **accalmie.** – Loc. *Le calme avant la tempête,* moment de réflexion qui précède un passage à l'action virulent. **3·** État d'une personne qui n'est ni agitée ni énervée. *Le malade a un moment de calme.* → **apaisement, détente, soulagement.** *Calme de l'âme, calme intérieur.* → **paix, quiétude, sérénité, tranquillité.** *Conserver, garder son calme.* → **assurance, maîtrise** de soi, **sang-froid.** / contr. agitation, émotion, énervement, trouble / ▶ 2 **calme** adj. **1·** Qui n'est pas troublé, agité. → **tranquille.** *Air, caractère calme.* → **flegmatique, froid, impassible, tranquille.** *Être calme et résolu.* / contr. agité, énervé / **2·** Qui a une faible activité. *Les affaires sont calmes.* / contr. actif / ▶ **calmement** adv. Avec calme. → **tranquillement.** ▶ **calmer** v. tr. < conjug. 1 > **1·** Rendre calme, en apaisant, en diminuant (la douleur, les passions). *Cela calmera la douleur.* → **soulager.** *Calmer son impatience.* → **maîtriser, modérer.** / contr. agiter, exciter / **2·** Rendre (qqn) plus calme. → **apaiser.** *Calmer les mécontents.* **3·** *Se calmer* v. pron. : devenir calme. *La tempête, la mer s'est calmée.* – (Personnes) Reprendre son sang-froid. *Calmez-vous, je vous en prie. Allez, on se calme !* ▷ **accalmie, calmant**

calomnie [kalɔmni] n. f. Accusation fausse, mensonge qui attaque la réputation, l'honneur (de qqn). → **attaque, diffamation.** *Une basse calomnie.* ▶ **calomnier** v. tr. < conjug. 7 > Attaquer l'honneur, la réputation de (qqn), par des mensonges (calomnies). → **attaquer, décrier, diffamer.** ▶ **calomniateur, trice** n. Personne qui calomnie. → **accusateur, dénonciateur.** ▶ **calomnieux, euse** adj. Qui contient de la calomnie. → **diffamatoire.** *Dénonciation calomnieuse. Des propos calomnieux.*

calor- Élément signifiant « chaleur ». ▶ **calorie** [kalɔʀi] n. f. Unité employée pour évaluer les quantités de chaleur et pour mesurer la valeur énergétique des rations alimentaires. *Il faut en moyenne 2 500 calories par jour, pour un adulte.* ▶ **calorifère** n. m. Vieilli. Appareil de chauffage distribuant dans une maison, au moyen de tuyaux, la chaleur que fournit un foyer. → **chaudière.** ▶ **calorifique** adj. Qui donne de la chaleur, produit des calories. *Rayons, radiations calorifiques.* / contr. frigorifique / ▶ **calorifuge** adj. et n. m. Qui empêche la déperdition de la chaleur, qui garde la chaleur. ▶ **calorifuger** v. tr. < conjug. 1 > ▶ **calorimétrie** n. f. Partie de la physique qui s'occupe de la mesure des quantités de chaleur (dans les phénomènes d'échanges, etc.). ▶ **calorimétrique** adj. ▶ **calorique** adj. (Aliment). Qui apporte des calories. *Aliment très calorique* → **hypercalorique,** *peu calorique* → **hypocalorique.** ▷ **hypercalorique, hypocalorique**

1 **calot** [kalo] n. m. Coiffure militaire.

2 **calot** n. m. Grosse bille. *Un calot de verre coloré.*

calotin [kalɔtɛ̃] n. m. Fam. et péj. Ecclésiastique ; partisan des prêtres. → **clérical.**

1 **calotte** [kalɔt] n. f. Petit bonnet rond qui ne couvre que le sommet de la tête. – Péj. *La calotte,* le clergé, les prêtres. → **calotin.**

2 **calotte** n. f. *Calotte du crâne,* partie supérieure de la boîte crânienne. – *Calotte sphérique,* partie d'une sphère coupée par un plan autre que médian. *Les calottes glaciaires de la Terre* (pôles Nord et Sud).

3 **calotte** n. f. Fam. Tape sur la tête. → **gifle.** *Donner, flanquer une calotte.* ▶ **calotter** v. tr. < conjug. 1 > Gifler.

calque [kalk] n. m. **1·** Copie, reproduction calquée. *Papier-calque,* papier transparent pour calquer. **2·** Fig. Imitation étroite. → **plagiat.** ▶ **calquer** v. tr. < conjug. 1 > **1·** Copier les traits d'un modèle sur une surface contre laquelle il est appliqué. → **décalquer.** *Il calque une carte de géographie.* **2·** Abstrait. Imiter exactement. *Ils ont calqué leur organisation sur celle de leur concurrent.* – Au p. p. adj. *Un programme calqué sur le nôtre.* ▶ **calquage** n. m. Action de calquer. ▷ **décalcomanie, décalquer**

calter v. intr. → **caleter.**

calumet [kalymɛ] n. m. Pipe à long tuyau que les Indiens d'Amérique fumaient pendant les discussions importantes (décisions de guerre et de paix, etc.). – Loc. fig. *Offrir le calumet de la paix,* faire une offre de réconciliation.

calvados [kalvados] n. m. invar., ou abrév. fam., **calva** [kalva] n. m. Eau-de-vie de cidre. *Il vient de boire deux calvas.*

calvaire [kalvɛʀ] n. m. **1**· *(Le Calvaire)* La colline où Jésus fut crucifié. – *(Un calvaire)* Représentation de la passion du Christ. Croix qui commémore la passion. *Calvaires bretons.* **2**· Épreuve longue et douloureuse. → **croix, martyre.**

calvinisme [kalvinism] n. m. Doctrine du réformateur Calvin, qui créa le protestantisme en France. ▶ **calviniste** adj. et n. → **protestant.** *Religion calviniste.* – N. *Les calvinistes et les luthériens.*

calvitie [kalvisi] n. f. État d'une tête chauve. *Une calvitie précoce.*

camaïeu [kamajø] n. m. Peinture où l'on n'emploie qu'une couleur avec des tons différents. *Un paysage en camaïeu.* – *Un camaïeu de bleu.*

camail, ails [kamaj] n. m. **1**· Au Moyen Âge. Armure de tête en tissu de mailles. **2**· Courte pèlerine des ecclésiastiques. *Des camails.*

camarade [kamaʀad] n. **1**· Personne qui a les mêmes habitudes, les mêmes occupations qu'une autre et des liens de familiarité avec elle. → **collègue, compagnon, confrère** ; fam. **copain, pote.** *Un camarade de classe, d'enfance, de collège.* **2**· Appellation, dans les partis communistes. *Dis-moi, camarade, à quelle heure est la réunion ?* ▶ **camaraderie** n. f. Relations familières entre camarades. → **amitié.**

camard, arde [kamaʀ, aʀd] adj. Littér. Qui a le nez plat, écrasé. → **camus.** – N. f. *La camarde,* la mort (représentée avec une tête de mort).

cambiste [kɑ̃bist] n. Spécialiste des opérations de change dans une banque.

cambouis [kɑ̃bwi] n. m. invar. Graisse, huile noircie par le frottement. *Le garagiste a les mains noires de cambouis.* – Loc. *Mettre les mains dans le cambouis,* se mettre complètement à un travail ingrat.

cambrer [kɑ̃bʀe] v. tr. <conjug. 1> **1**· Courber légèrement en forme d'arc. → **arquer, infléchir.** *Cambrer une poutre.* / contr. redresser / **2**· Redresser (la taille) en se penchant légèrement en arrière. *Cambrer les reins.* – *Se cambrer* v. pron. *Elle se cambre en marchant.* ▶ **cambrage** n. m. ou **cambrement** n. m. Action de cambrer. – Fait d'être cambré. ▶ **cambré, ée** adj. Qui forme un arc. *Taille cambrée,* creusée à la courbure des reins. ▷ **cambrure**

cambrien, ienne [kɑ̃bʀijɛ̃, jɛn] n. m. et adj. Première période de l'ère primaire. *Fossiles datant du cambrien.* – Adj. *Des fossiles cambriens.*

cambrioler [kɑ̃bʀijɔle] v. tr. <conjug. 1> Dévaliser en pénétrant par effraction. *Cambrioler un appartement.* – Voler (qqn). *Ils ont été cambriolés.* ▶ **cambriolage** n. m. → **vol.** ▶ **cambrioleur, euse** n. Voleur qui cambriole. → arg. **casseur.**

cambrousse [kɑ̃bʀus] n. f. Fam. et péj. Campagne. → **bled.**

cambrure [kɑ̃bʀyʀ] n. f. **1**· État de ce qui est cambré. → **cintrage, courbure.** *La cambrure d'une pièce de bois. La cambrure des reins. La cambrure du pied,* la voûte plantaire. **2**· Partie courbée entre la semelle et le talon d'une chaussure.

cambuse [kɑ̃byz] n. f. **1**· Magasin du bord sur un bateau. **2**· Fam. Chambre, logis pauvre, mal tenu.

1 **came** [kam] n. f. Pièce (arrondie ou présentant une encoche, une saillie) destinée à transmettre et à transformer le mouvement d'un mécanisme. Loc. *Arbre à cames.*

2 **came** n. f. (Abrév. de **camelote**) Fam. Cocaïne, drogue. ▷ **se camer**

camée [kame] n. m. Pierre fine (agate, améthyste, onyx) sculptée en relief. *Un camée monté en broche.*

caméléon [kameleɔ̃] n. m. **1**· Petit reptile d'Afrique à quatre pattes, de couleur gris verdâtre. *Le caméléon a la faculté de changer de couleur selon l'endroit où il se trouve* (pour se camoufler). **2**· Personne qui change de conduite, d'opinion selon les circonstances.

camélia [kamelja] n. m. Arbrisseau à feuilles ovales, luisantes et persistantes, à fleurs larges, rappelant la rose ; sa fleur. *Des camélias.*

camelot [kamlo] n. m. Marchand ambulant qui vend des marchandises à bas prix. → **colporteur.** *Des boniments de camelot.* ▶ **camelote** n. f. **1**· Fam. Marchandise de mauvaise qualité. → **pacotille, toc.** *Vendre, acheter de la camelote.* **2**· Fam. Toute marchandise. *C'est de la bonne camelote.*

camembert [kamɑ̃bɛʀ] n. m. **1**· Fromage rond à croûte blanche, fait avec du lait de vache. *Un camembert au lait cru.* **2**· Graphique circulaire dont les parts représentent des pourcentages.

se camer [kame] v. pron. Arg. Se droguer. → 2 **came.** – Au p. p. *Elles sont toutes camées.*

caméra [kameʀa] n. f. Appareil cinématographique de prise de vues. *Des caméras. Caméra de télévision,* tube électronique de prise de vues. *Caméra numérique.* → **webcam.** ▶ **caméraman** [kameʀaman] n. m. Personne qui utilise la caméra. → **cadreur, opérateur.** *Un excellent photographe et caméraman. Des caméramans* [-man] ou *des cameramen* [-mɛn].

camérier [kameʀje] n. m. Officier de la chambre du pape ou d'un cardinal.

camériste [kameʀist] n. f. Dame qui servait une princesse (Espagne, Italie). ≠ camérier.

caméscope [kameskɔp] n. m. Appareil portatif composé d'une caméra vidéo et d'un magnétoscope. *Caméscope numérique.*

camion [kamjɔ̃] n. m. Gros véhicule automobile transportant des marchandises. → **poids** lourd. *Camion à semi-remorque.* → **semi-remorque.** – *Camion-citerne* n. m. Camion pour le transport des liquides en vrac. *Des camions-citernes.* ▶ **camionnage** n. m. Transport par camion. → **routage.** ▶ **camionnette** n. f. Véhicule utilitaire, plus petit que le camion. ▶ **camionneur, euse** n. 1· Personne qui conduit des camions. → **routier.** 2· Personne qui s'occupe de transports par camions.

camisole [kamizɔl] n. f. 1· Autrefois. Vêtement court, à manches, porté sur la chemise. – Au Canada, en Suisse. Sous-vêtement couvrant le torse. 2· *Camisole de force :* combinaison de toile à manches fermées, garnie de liens paralysant les mouvements que l'on faisait porter aux fous furieux. *Il mérite la camisole de force,* il est complètement fou. – *Camisole chimique,* tranquillisants utilisés en psychiatrie.

camomille [kamɔmij] n. f. 1· Plante odorante, dont les fleurs ont des propriétés digestives. 2· Tisane, infusion des fleurs de cette plante.

camoufler [kamufle] v. tr. < conjug. 1 > Déguiser de façon à rendre méconnaissable ou invisible. → **dissimuler, maquiller.** – Pronominalement (réfl.). *Se camoufler.* – Au p. p. *Matériel de guerre camouflé par une peinture bigarrée.* – Abstrait. *Camoufler une intention, une faute.* ▶ **camouflage** n. m. Action de camoufler. *Le camouflage des blindés. Soldats en tenue de camouflage.*

camouflet [kamuflɛ] n. m. Littér. Vexation humiliante. → **affront, offense.** *Infliger un camouflet à qqn.*

camp [kɑ̃] n. m. I· 1· Lieu, constructions où des troupes s'installent pour le repos ou la défense. → **bivouac, campement, cantonnement, quartier.** *Camp retranché, fortifié.* – *Lit de camp :* facilement transportable. 2· *Camp de prisonniers,* où sont groupés des prisonniers de guerre. *Camp de réfugiés.* – *Camp de concentration :* lieu où l'on groupe, en temps de guerre ou de troubles, les suspects, les étrangers, les nationaux ennemis ; camp nazi pendant la Seconde Guerre mondiale. – *Camps d'extermination (nazis),* où furent affamés, suppliciés et exterminés certains groupes ethniques (Juifs, tsiganes, etc.), politiques et sociaux. 3· Terrain où s'installent des campeurs. → **camping.** *Feux de camp.* 4· *Camp volant :* camp militaire provisoire. – Loc. Vieilli. *Vivre en camp volant,* d'une manière instable. 5· Loc. Abstrait. *Lever le camp,* partir. → **décamper.** Fam. *Ficher, foutre le camp* (même sens). II· Se dit de groupes qui s'opposent, se combattent. *Être dans un camp. Il est passé dans le camp opposé.* → **faction, groupe, parti.** Loc. *La balle* est dans votre camp.* ▷ 1 **camper, décamper**

1 **campagne** [kɑ̃paɲ] n. f. 1· Vx. Plaine. – *En rase campagne,* dans une plaine sans arbres. 2· *La campagne,* les terres cultivées, hors d'une ville. *Les travaux de la campagne.* → **champ(s), terre.** 3· Endroits où on cultive la terre, on élève des animaux, loin des villes. *Vivre à la campagne.* – *Maison de campagne.* → **résidence** secondaire. – *Pain de campagne.* ▶ **campagnard, arde** adj. et n. 1· Qui vit à la campagne. – *Un air, un aspect campagnard.* → **rustique.** *Buffet campagnard,* où l'on propose des charcuteries. 2· N. *Un campagnard, une campagnarde.* → **paysan.** / contr. bourgeois, citadin / ▷ **cambrousse, campagnol**

2 **campagne** n. f. 1· Les manœuvres des troupes, la guerre. *Les troupes sont en campagne.* – *Une campagne,* une opération de guerre. *Les campagnes d'Italie, d'Égypte.* – Loc. *Se mettre en campagne,* partir en voyage, ou à la découverte. – *Faire campagne pour, contre qqn,* militer pour, contre lui. 2· *Une campagne,* période d'activité, d'affaires, de prospection, de propagande. *Campagne commerciale. Campagne électorale. Campagne de presse, de publicité.*

campagnol [kɑ̃paɲɔl] n. m. Mammifère rongeur, au corps plus ramassé que le rat, à queue courte et poilue. *Le rat des champs est un campagnol.*

campanaire [kɑ̃panɛʀ] adj. Didact. Relatif aux cloches. *Tour campanaire.* → **campanile.**

campanile [kɑ̃panil] n. m. Tour isolée (clocher) souvent près d'une église.

campaniste [kɑ̃panist] n. Professionnel(le) qui conçoit, installe, entretient et restaure les cloches et les horloges d'édifices.

campanule [kɑ̃panyl] n. f. Plante herbacée, à clochettes violettes.

1 **camper** [kɑ̃pe] v. intr. < conjug. 1 > 1· S'installer, être installé dans un camp. *L'armée campait aux portes de la ville.* – Coucher sous la tente, faire du camping. *Je campais en montagne.* 2· S'installer provisoirement quelque part. *Il campe chez des amis en attendant de trouver un logement.* ▶ **campement** n. m. 1· Action de camper. → **bivouac, cantonnement.** *Matériel de cam-*

pement. **2·** Lieu, installations où l'on campe. ▶ **campeur, euse** n. Personne qui pratique le camping.

② **camper** v. tr. < conjug. 1 > **1·** Placer, poser (qqch.) avec décision, avec une certaine audace. → **installer.** *Camper son chapeau sur sa tête.* **2·** Fig. *Camper un récit,* le mettre en valeur. **3·** *Se camper* v. pron. réfl. : se tenir dans une attitude hardie ou provocante. → se **dresser,** se **planter.** *Il se campa devant moi.* **4·** Au p. p. adj. *Un enfant bien campé sur ses jambes,* solide. – Fig. *Un récit bien campé,* bien construit.

camphre [kɑ̃fʀ] n. m. Substance aromatique, blanche, transparente, d'une odeur vive, provenant du bois du camphrier. ▶ **camphré, ée** adj. Qui contient du camphre. *Alcool camphré.* ▶ **camphrier** [kɑ̃fʀije] n. m. Arbuste d'Extrême-Orient (laurier du Japon), dont le bois distillé donne le camphre.

camping [kɑ̃piŋ] n. m. **1·** Activité touristique qui consiste à vivre en plein air, sous la tente, ou dans une caravane, et à voyager avec le matériel nécessaire. *Faire du camping.* → **campeur.** *Terrain de camping.* – *Camping sauvage,* camping pratiqué dans les lieux qui ne sont pas réservés à cet effet. **2·** Terrain aménagé pour camper. *Il y a deux campings près de la mer.* ▶ **camping-car** n. m. Anglic. Camionnette aménagée pour le camping. *Des camping-cars.* ▶ **camping-gaz** n. m. invar. Petit réchaud portatif pour le camping. *Des camping-gaz.*

campos [kɑ̃po] n. m. invar. Fam. Vieilli. Congé, repos accordé aux écoliers, étudiants, etc. *Donner campos.*

campus [kɑ̃pys] n. m. invar. Ensemble des bâtiments d'une université située hors d'une ville ; espace où ils se trouvent. *Étudiant qui vit sur le campus.*

camus, use [kamy, yz] adj. Qui a le nez court et plat. → **camard.**

canada [kanada] n. f. Variété de pomme de reinette. *Des canadas.*

canadien, ienne [kanadjɛ̃, jɛn] adj. Du Canada ou qui concerne le Canada. – N. *Les Canadiens. Un Canadien français* (→ **Acadien, Québécois**). ▶ **canadianisme** n. m. Particularité du français du Canada (québécisme, acadianisme...) ▶ **canadienne** n. f. **1·** Long canot qui se manœuvre à la pagaie. **2·** Longue veste doublée de peau de mouton (ne se dit pas au Canada). **3·** Petite tente de camping.

canaille [kanɑj] n. f. et adj. **1·** *(La canaille)* Ensemble de gens méprisables. → **pègre, racaille.** **2·** *(Une, des canailles)* Personne malhonnête, nuisible. → **coquin, crapule, fripouille.** – Terme d'affection appliqué aux enfants. Fam. *Petite canaille !* → fam. **bandit.** **3·** Adj. Volontairement vulgaire, polisson. *Des manières canailles.* ▶ **canaillerie** n. f. Caractère d'une canaille ou d'une action de canaille. → **malhonnêteté.** *C'est de la canaillerie.* – *Une canaillerie,* une action malhonnête. → **crapulerie.**

canal, canaux [kanal, kano] n. m. **I· 1·** Lit ou partie d'un cours d'eau. → **bras.** – Cours d'eau artificiel. *Canal navigable ; d'irrigation. Canal maritime. Le canal de Suez.* **2·** Bras de mer. → **détroit, passe.** *Le canal de Mozambique.* **II· 1·** Conduit permettant le passage d'un liquide, d'un gaz. → **conduite, tube, tuyau ; canalisation.** **2·** Domaine de fréquence occupé par une émission de radio, de télévision. → ② **chaîne.** *Sur quel canal émettent-ils ?* **3·** Cavité allongée ou conduit de l'organisme, autre que les artères et les veines. → **vaisseau.** *Canal biliaire, rachidien.* **III·** Fig. **1·** Agent ou moyen de transmission. → **intermédiaire.** *J'ai appris cela par le canal d'un ami.* **2·** *Canal de distribution,* circuit de commercialisation d'un produit. ▶ **canaliser** v. tr. < conjug. 1 > **1·** Rendre (un cours d'eau) navigable. – Sillonner (une région) de canaux. **2·** Empêcher de se disperser, diriger dans un sens déterminé. → **centraliser, concentrer.** *Canaliser la foule, les manifestants. Canaliser son énergie.* / contr. éparpiller / ▶ **canalisation** n. f. **1·** Action de canaliser. *La canalisation du Rhône.* **2·** Ensemble des conduits (canaux) par lesquels sont distribués l'eau, le gaz de ville, etc. → **branchement, tuyauterie.** *Une canalisation de gaz, d'électricité.*

canapé [kanape] n. m. **1·** Long siège à dossier où plusieurs personnes peuvent s'asseoir ensemble et qui peut servir de lit de repos. *Canapé-lit,* qui se déplie, pour servir de lit. *Canapé convertible.* **2·** Tranche de pain sur laquelle on dispose des mets. *Œufs sur canapés. Canapés au saumon.*

canard [kanaʀ] n. m. **I· 1·** Oiseau à pattes palmées (palmipède), au bec jaune, large, aux ailes longues et pointues. *Femelle du canard* → **cane,** *petit du canard* → **caneton.** *Canard sauvage. Canard de basse-cour.* **2·** Loc. *Marcher comme un canard.* → se **dandiner.** – *Un froid de canard,* très vif. Loc. *Canard boiteux,* personne mal adaptée à son milieu ; entreprise en difficulté. **II·** Fig. **1·** Morceau de sucre trempé dans une liqueur, dans du café. **2·** Son criard, fausse note. → **couac.** **3·** Fam. Fausse nouvelle lancée dans la presse. → **bobard, bruit.** *Lancer des canards.* – Péj. Journal. *Il n'y a rien à lire, dans ce canard !*

canarder [kanaʀde] v. tr. < conjug. 1 > Tirer sur (qqn, qqch.) d'un lieu où l'on est à couvert. → **tirer.** *Se faire canarder.*

① **canari** [kanaʀi] n. m. Serin des Canaries, à la livrée jaune et brun olivâtre. *Des canaris.* – Adj. invar. *Une robe jaune canari.*

② **canari** n. m. En Afrique noire et aux Antilles. Récipient en terre.

canasson [kanasɔ̃] n. m. Fam. Cheval.

canasta [kanasta] n. f. Jeu de cartes (2 jeux de 52 et 4 jokers) qui consiste à réaliser des séries de 7 cartes de même valeur.

① **cancan** [kɑ̃kɑ̃] n. m. Bavardage où l'on dit du mal des gens. → **potin, ragot.** *Dire, colporter des cancans sur qqn.* ▶ **cancaner** v. intr. < conjug. 1 > Faire des cancans. ▶ **cancanier, ière** adj. Qui cancane.

② **cancan** n. m. Danse excentrique et tapageuse (quadrille), spectacle traditionnel du Montmartre de 1900. *French cancan.*

cancer [kɑ̃sɛʀ] n. m. **1·** (Avec une majuscule) Quatrième signe du zodiaque (du 22 juin au 22 juillet). *Être du signe du Cancer, être du Cancer.* – Ellipt. Invar. *Ils sont Cancer.* **2·** Tumeur maligne, maladie grave causée par une multiplication anarchique de cellules. *Cancer de l'estomac, du sein. Cancer du sang.* → **leucémie. 3·** Abstrait. Ce qui ronge, détruit. *Le chômage est un véritable cancer social.* ▶ **cancéreux, euse** adj. et n. **1·** De la nature du cancer. *Tumeur cancéreuse.* **2·** Qui est atteint d'un cancer. – N. *Un, des cancéreux.* ▶ **cancérigène** adj. Qui cause ou peut causer le cancer. ▶ **cancérologie** n. f. Étude du cancer. → **oncologie.** ▶ **cancérologue** n. → **oncologue.** ▶ **cancéropôle** n. m. Centre de recherches et de soins consacré à la lutte contre le cancer.

cancre [kɑ̃kʀ] n. m. Fam. Écolier paresseux et mauvais.

cancrelat [kɑ̃kʀəla] n. m. Insecte (blatte) provenant d'Amérique. → ② **cafard.**

candélabre [kɑ̃delɑbʀ] n. m. Grand chandelier à plusieurs branches. → **flambeau.**

candeur [kɑ̃dœʀ] n. f. Qualité d'une personne pure et innocente, sans défiance. → **ingénuité, innocence, naïveté.** *Une candeur d'enfant. Être plein de candeur.* → **candide.** / contr. dissimulation, fourberie, ruse /

candi [kɑ̃di] adj. m. *Sucre candi* : épuré et cristallisé.

candidat, ate [kɑ̃dida, at] n. Personne qui cherche à obtenir une place, un poste, un titre. *Il y a plusieurs candidats à ce concours.* → **concurrent.** *Se porter, être candidat à des élections.* ▶ **candidature** n. f. État de candidat. *Annoncer, poser sa candidature à un poste. Appel à candidature.*

candide [kɑ̃did] adj. Qui a de la candeur, exprime la candeur. → **ingénu, innocent, naïf, pur, simple.** *Air candide. Réponse candide.* / contr. faux, fourbe, rusé / ▶ **candidement** adv. *Répondre candidement.*

cane [kan] n. f. Femelle du canard. ≠ canne. ▷ ① **canette**

caner [kane] v. intr. < conjug. 1 > Fam. **1·** Vieilli. Reculer devant le danger ou la difficulté. → **céder, flancher. 2·** Mourir. → fam. **clamser.** ≠ canner.

caneton [kantɔ̃] n. m. Petit du canard.

① **canette** [kanɛt] n. f. Jeune cane. *Canette aux olives.*

② **canette** ou **cannette** n. f. **I·** Bobine recevant le fil de trame. **II· 1·** Petite bouteille de bière ; son contenu. **2·** Boîte cylindrique en métal contenant une boisson ; son contenu. *Boire une canette de soda.*

canevas [kanva] n. m. invar. **1·** Grosse toile claire et à jour qui sert de support aux ouvrages de tapisserie à l'aiguille. *Broderie sur canevas.* **2·** Donnée première d'un ouvrage. → **ébauche, esquisse, plan, scénario.** *Travailler sur un bon canevas.*

cangue [kɑ̃g] n. f. En Chine. Carcan dans lequel on engageait le cou et les poignets du condamné.

caniche [kaniʃ] n. m. Espèce de chien barbet à poil frisé. *Suivre qqn comme un caniche,* pas à pas, fidèlement.

canicule [kanikyl] n. f. Époque de grande chaleur (l'étoile *Sirius* ou *Canicule* se lève et se couche avec le soleil du 22 juillet au 23 août). *Il est sorti sans chapeau en pleine canicule.* / contr. froid / ▶ **caniculaire** adj. (Chaleur) Torride.

canif [kanif] n. m. Petit couteau de poche à lames qui se replient dans le manche. *Il taille son crayon avec un canif. Des canifs.* – Loc. *Donner un coup de canif dans le contrat* (de mariage), *à qqch.*, ne pas respecter ses engagements.

canin, ine [kanɛ̃, in] adj. Relatif au chien. *Race, espèce canine. Exposition canine.*

canine [kanin] n. f. Dent pointue entre les prémolaires et les incisives.

canisse [kanis] n. f. Région. Assemblage de cannes (1) fendues, formant des claies. *Terrasse ombragée par des canisses.*

caniveau [kanivo] n. m. Bordure pavée d'une rue, le long d'un trottoir, qui sert à l'écoulement des eaux. → **ruisseau.** *Des caniveaux.*

cannabis [kanabis] n. m. invar. Substance extraite du chanvre indien, utilisée comme stupéfiant. → **haschisch, marijuana.**

canne [kan] n. f. **1·** Tige droite de certaines plantes (roseau, bambou...). – *Canne à sucre :* haute plante herbacée, de laquelle on extrait du sucre. *Sucre de canne.* **2·** Bâton de bois travaillé sur lequel on appuie la main en marchant. *Se promener la canne à la main. Les aveugles portent une canne blanche.* **3·** *Canne à pêche :* gaule portant une ligne de pêche. **4·** Fam. Jambe. → fam. **guibole.** *Il ne tient pas sur ses cannes.* ≠ cane. ▷ **canner ; cannelé, cannelure**

canneberge [kanbɛʀʒ] n. f. Airelle des marais ; arbuste portant cette baie.

cannelé, ée [kanle] adj. et n. m. **1·** Adj. Qui présente des cannelures. *Colonne cannelée.* / contr. lisse / **2·** Petit gâteau moelleux, cylindrique et strié de cannelures. *Les cannelés bordelais.*

cannelle [kanɛl] n. f. Écorce aromatique du *cannelier* utilisée en cuisine. *Cannelle en poudre, en bâtons. Un gâteau à la cannelle.*

cannelloni [kane(ɛl)lɔni] n. m. Pâte alimentaire en forme de tube et garnie d'une farce. *Des cannellonis.*

cannelure [kanlyʀ] n. f. Sillon creusé verticalement dans du bois, de la pierre, du métal. → **moulure, rainure.** *Les cannelures d'une colonne, d'un vase.* – Botanique. Strie sur la tige de certaines plantes. *Les cannelures du céleri.*

canner [kane] v. tr. < conjug. 1 > Garnir le fond, le dossier de (un siège) avec des cannes de jonc, de rotin entrelacées. – Au p. p. adj. *Chaise cannée.* ≠ caner. ▶ **cannage** n. m. ▶ **canneur, euse** ou **cannier, ière** n.

cannette n. f. → ② **canette.**

cannibale [kanibal] n. m. Anthropophage. ▶ **cannibalisme** n. m.

canoë [kanɔe] n. m. Embarcation légère et portative manœuvrée à la pagaie → **kayak ;** sport de ceux qui s'en servent. *Descendre une rivière en canoë. Faire du canoë,* → **canot,** *du canoë-kayak.* ▶ **canoéiste** [kanɔeist] n. Personne qui pratique le sport du canoë. → **céiste.**

① **canon** [kanɔ̃] n. m. **1·** Arme à feu non portative (pièce d'artillerie) servant à lancer des projectiles lourds (obus). *Poudre à canon. Canon antiaérien, antichar. Canon à tube court.* → **mortier, obusier.** – Fam. *Chair à canon :* les soldats exposés à être tués. **2·** Tube (d'une arme à feu). *Le canon d'un fusil, d'un revolver. Baïonnette au canon,* fixée au bout du fusil. **3·** *Canon à neige :* appareil qui fabrique et projette de la neige. ▷ **canonner**

② **canon** n. m. Au XVIIe s. Pièce de toile ornée de dentelle, de rubans qu'on attachait au-dessous du genou.

③ **canon** n. m. **1·** Loi ecclésiastique concernant la foi et la discipline religieuse. – Adj. *Droit canon,* droit ecclésiastique. **2·** Ensemble des livres reconnus par les Églises chrétiennes comme appartenant à la Bible. *Canon de l'Ancien, du Nouveau Testament* (→ **Bible**). **3·** *Canon de la messe,* partie essentielle de la messe qui va de la Préface au Pater. **4·** Règles pour déterminer les proportions idéales. *Le canon de la beauté.* → **idéal, type.** – Adj. invar. Fam. Conforme à un idéal de beauté ; remarquable. *Des filles canon. Elle est canon, cette voiture !* → **formidable.** ▷ **canonique, canoniser**

④ **canon** n. m. Composition musicale dans laquelle les voix partent l'une après l'autre et répètent le même chant. *Canon à deux voix. Canon et fugue.*

⑤ **canon** n. m. Fam. Verre de vin. *Un canon de beaujolais. Boire un canon.*

cañon ou **canyon** [kaɲɔ̃, kanjɔn] n. m. Gorge ou ravin étroit, profond, creusé par un cours d'eau dans une chaîne de montagnes. *Les canyons du Colorado.* ▷ **canyoning**

canonique [kanɔnik] adj. **1·** Didact. Conforme aux canons (③, 1). *Livres canoniques,* qui composent le canon (2). **2·** Loc. *âge canonique :* âge de quarante ans (minimum pour être servante chez un ecclésiastique). – Fam. *Être d'un âge canonique,* très âgé. **3·** Didact. Qui pose une règle ou correspond à une règle. → **normatif.**

canoniser [kanɔnize] v. tr. < conjug. 1 > Inscrire une personne, après sa mort, sur la liste des saints ; reconnaître comme saint. ▶ **canonisation** n. f. *La canonisation est proclamée par le pape.*

canonner [kanɔne] v. tr. < conjug. 1 > Tirer au canon sur (un objectif). → **bombarder.** *Canonner une position ennemie.* ▶ **canonnade** n. f. Tir d'un ou plusieurs canons. ▶ **canonnier** n. m. Soldat qui sert un canon. ▶ **canonnière** n. f. Petit navire armé de canons.

canopée [kanope] n. f. Didact. Partie supérieure (branches, feuilles) des arbres d'une forêt. *La faune de la canopée.*

canot [kano] n. m. Petit bateau, petite embarcation sans pont (à aviron, rame, moteur, voile). → **barque, chaloupe.** – Au Québec. Canoë. – *Canot de sauvetage. Canot pneumatique,* gonflable.

Canot automobile. → **vedette.** ▶ **canoter** v. intr. < conjug. 1 > Se promener en canot, en barque. ▶ **canotage** n. m. *Faire du canotage.* ▶ **canoteur, euse** n. Personne qui fait du canot.

canotier [kanɔtje] n. m. Chapeau de paille à fond plat.

cantal, als [kɑ̃tal] n. m. Fromage au lait de vache fabriqué dans le Cantal (Auvergne). → **fourme.** *Des cantals.*

cantaloup [kɑ̃talu] n. m. Melon à côtes rugueuses.

cantate [kɑ̃tat] n. f. Poème lyrique destiné à être mis en musique ; cette musique. *Une cantate de Bach.* ≠ cantique.

cantatrice [kɑ̃tatʀis] n. f. Chanteuse professionnelle d'opéra ou de chant classique. *Une grande cantatrice.* → **diva.**

cantharide [kɑ̃taʀid] n. f. **1·** Insecte coléoptère de couleur vert doré et brillant. **2·** Poudre aphrodisiaque faite avec cet insecte.

cantilène [kɑ̃tilɛn] n. f. **1·** Autrefois. Chant profane. – Littér. Texte lyrique. → **complainte.** **2·** Chant monotone, mélancolique.

cantine [kɑ̃tin] n. f. **1·** Établissement où l'on sert à manger, à boire aux personnes d'une collectivité. → **réfectoire.** *La cantine d'une école, d'une entreprise.* **2·** Coffre de voyage, malle rudimentaire (en bois, métal). ▶ **cantinier, ière** n. **1·** Personne qui travaille dans une cantine. **2·** N. f. Autrefois. Gérante d'une cantine militaire.

cantique [kɑ̃tik] n. m. Chant religieux, consacré à la gloire de Dieu. ≠ cantate.

canton [kɑ̃tɔ̃] n. m. **1·** Chacun des États composant la Confédération helvétique (la Suisse). *Le canton de Berne.* **2·** Division territoriale en France. *L'arrondissement est divisé en plusieurs cantons.* ▶ **cantonal, ale, aux** adj. **1·** Du canton (1). *Les lois cantonales, en Suisse* (opposé à *fédéral*). **2·** En France. *Élections cantonales,* des conseillers généraux.

à la cantonade [alakɑ̃tɔnad] loc. adv. *Parler à la cantonade,* à toutes les personnes présentes sans s'adresser à qqn en particulier.

cantonais, aise [kɑ̃tɔnɛ, ɛz] adj. et n. De Canton ; relatif à ses habitants. – *Riz cantonais,* à la manière cantonaise, avec des légumes, du jambon et des lanières d'omelette. – N. *Les Cantonais.* – N. m. Variété de chinois de la région de Canton.

cantonner [kɑ̃tɔne] v. < conjug. 1 > **1·** V. tr. Établir, faire séjourner (des troupes) en un lieu déterminé. → **camper.** – *Cantonner un soldat,* l'isoler. **2·** V. intr. Camper. *Les troupes cantonnent au pied de la colline.* **3·** V. tr. Établir (qqn) d'autorité dans un lieu, dans un état. *On cantonne trop souvent les femmes dans des emplois subalternes.* **4·** ***Se cantonner*** v. pron. vieilli : se retirer dans un lieu où l'on se croit en sûreté. *Il se cantonne chez lui.* – Abstrait. *Se cantonner dans ses études, dans ses recherches.* → se **borner.** ▶ **cantonnement** n. m. Action de cantonner des troupes ; lieu où elles cantonnent. → **bivouac, campement.**

cantonnier [kɑ̃tɔnje] n. m. Ouvrier communal qui travaille à l'entretien des routes.

canular [kanylaʀ] n. m. Fam. Blague, farce ; fausse nouvelle.

canule [kanyl] n. f. Petit tuyau que l'on adapte à l'extrémité d'une seringue, d'un tube à injection.

canut, canuse [kany, kanyz] n. (rare au fém.) À Lyon. Ouvrier, ouvrière du tissage de la soie.

canyon n. m. Variante graphique de *cañon.* → **cañon.** ▶ **canyoning** ou **canyonisme** n. m. Sport associant la marche, l'escalade et la nage en eau vive, dans des torrents.

C. A. O. [seao] n. f. invar. Abréviation de *conception assistée par ordinateur.*

caoutchouc [kautʃu] n. m. **1·** Substance élastique, imperméable, provenant du latex de certaines plantes ou fabriquée artificiellement. → **gomme.** *Caoutchouc synthétique.* **2·** Vieilli. *Un caoutchouc,* un vêtement caoutchouté (→ **imperméable**) ; un élastique. – Au plur. Chaussures de caoutchouc. ▶ **caoutchouter** v. tr. < conjug. 1 > Enduire de caoutchouc. – Au p. p. adj. *Tissu caoutchouté,* imperméabilisé. ▶ **caoutchouteux, euse** adj. Qui a la consistance du caoutchouc. *Cette viande est caoutchouteuse.*

1 **cap** [kap] n. m. Loc. ***De pied en cap*** : des pieds à la tête. → **complètement.**

2 **cap** n. m. **1·** Pointe de terre qui s'avance dans la mer. → **pointe, promontoire.** *Le cap de Bonne Espérance.* **2·** Loc. fig. *Franchir, dépasser le cap de la trentaine.* **3·** Direction d'un navire. *Mettre le cap sur un endroit,* se diriger vers lui. *Maintenir le cap. Changer de cap.*

C. A. P. [seape] n. m. invar. Abréviation de *certificat d'aptitude professionnelle,* diplôme délivré aux élèves de l'enseignement technique. *Il a passé son C. A. P. (de) plomberie.*

capable [kapabl] adj. **1·** *Capable de qqch.,* qui est en état, a le pouvoir d'avoir (une qualité), de faire (qqch.). *Il est capable de sérieux. Capable de tout,* qui emploie tous les moyens pour aboutir à un résultat. **2·** ***Capable de*** (+ infinitif). → **apte** à, **propre** à, **susceptible** de. *Il est, il se sent capable* *de réussir.* **3·** Sans compl. Qui a de l'habileté, de la compétence. → **adroit, fort, habile, qualifié.** *C'est un ouvrier très capable.* / contr. incapable ; incompétent / ▷ **incapable**

capacité [kapasite] n. f. **I·** Propriété de contenir une certaine quantité de substance. → **contenance, mesure, quantité, volume.** *La capacité d'un récipient. Récipient d'une grande capacité.* **II· 1·** Puissance, pouvoir de faire (qqch.). → **aptitude, force.** *Capacité productrice d'une société. – L'usine a doublé sa capacité de production.* **2·** Qualité d'une personne qui est en état de comprendre, de faire (qqch.). → **capable ; compétence, faculté.** *Il a une grande capacité de travail, d'adaptation.* / contr. incapacité / – Au plur. Moyens, possibilités. *Capacités intellectuelles. Ce travail est au-dessus de ses capacités.* **3·** *Capacité en droit,* diplôme universitaire accessible aux étudiants non bacheliers. ▷ **incapacité**

caparaçonner [kapaʀasɔne] v. tr. < conjug. 1 > Revêtir, couvrir (un cheval) d'un *caparaçon,* armure d'ornement. – Pronominalement. ***Se caparaçonner*** *:* se protéger.

cape [kap] n. f. **1·** Vêtement de dessus, sans manches, qui enveloppe le corps et les bras. → **houppelande, pèlerine.** – Loc. *Histoire, roman* ***de cape et d'épée*** *:* dont les personnages sont des héros chevaleresques. **2·** Loc. fig. ***Rire sous cape*** *:* en cachette. → à la **dérobée.**

capeline [kaplin] n. f. Chapeau de femme à très larges bords souples.

C. A. P. E. S. [kapɛs] n. m. invar. Abréviation de *certificat d'aptitude au professorat de l'enseignement secondaire.* ▶ **capésien, ienne** [kapesjɛ̃, jɛn] adj. et n. Qui est titulaire du C. A. P. E. S. – N. *Les capésiens et les agrégés.*

C. A. P. E. T. [kapɛt] n. m. invar. Abréviation de *certificat d'aptitude au professorat de l'enseignement technique.*

capharnaüm [kafaʀnaɔm] n. m. Fam. Lieu qui renferme beaucoup d'objets en désordre. *La boutique de ce brocanteur est un capharnaüm.* → **bazar, bric-à-brac.**

① **capillaire** [kapi(l)lɛʀ] adj. **1·** Se dit des vaisseaux sanguins les plus fins (dernières ramifications). *Veines, vaisseaux capillaires.* – N. m. ***Les capillaires.*** – *Tube capillaire,* très fin. **2·** Qui concerne les cheveux, la chevelure. *Lotion capillaire.* ▶ **capillarité** n. f. **1·** État de ce qui est fin comme un cheveu. **2·** Ensemble des phénomènes qui se produisent à la surface des liquides (dans les tubes *capillaires,* notamment).

② **capillaire** n. m. Fougère à fins pétioles.

en **capilotade** [kapilɔtad] loc. adv. En piteux état, en miettes. → en **marmelade.** *J'ai le dos en capilotade.*

capitaine [kapitɛn] n. m. **1·** Littér. Chef militaire. *Les grands capitaines de l'Antiquité.* **2·** Officier qui commande une compagnie (unité de 100 à 200 hommes). *Le capitaine d'artillerie, de cavalerie. Le capitaine porte trois galons ; on lui dit : « Mon capitaine ».* – Par anal. *Capitaine de gendarmerie. Capitaine des pompiers.* **3·** Officier qui commande un navire de commerce (sur les bateaux de pêche : *patron*). *Capitaine commandant un paquebot.* → **commandant. 4·** Chef (d'une équipe sportive). *Le capitaine d'une équipe de football, de rugby.*

① **capital, ale, aux** [kapital, o] adj. **1·** Qui est le plus important, le premier. → **essentiel, fondamental, primordial, principal.** *Cela est d'un intérêt capital, c'est capital. Un événement capital.* / contr. accessoire, secondaire ; insignifiant / **2·** ***Peine capitale*** *:* peine de mort. ▷ **capitale**

② **capital, aux** n. m. **1·** Somme d'argent que l'on possède ou que l'on prête (opposé à *intérêt*). **2·** Somme que l'on confie à une entreprise et qui produit des bénéfices. *Capital en nature* (terres, bâtiments, matériel). *Capital en valeur* (argent, fonds). *Engager, investir un capital, des capitaux. Le capital d'une société.* – Fortune. *Avoir un joli capital.* **3·** Absolt. Toute richesse destinée à produire un revenu ou de nouveaux biens ; moyens de production. *Le capital provient du travail et des richesses naturelles.* – *Les* ***capitaux*** *:* les sommes en circulation. *Circulation, fuite des capitaux. Des capitaux importants ont été investis dans l'industrie.* **4·** Ensemble de ceux qui possèdent les moyens de production. → **capitaliste.** *Le capital et le prolétariat.* ▷ **capitaliser, capitalisme**

capitale [kapital] n. f. **1·** Ville qui occupe le premier rang (hiérarchique) dans un État, une province ; siège du gouvernement. *La capitale n'est pas toujours la plus grande ville d'un pays.* **2·** Grande lettre. → **majuscule.** *Les titres sont imprimés en capitales.*

capitaliser [kapitalize] v. < conjug. 1 > **1·** V. tr. Transformer en capital. *Capitaliser des intérêts.* **2·** V. intr. Amasser de l'argent. → **thésauriser.** ▶ **capitalisation** n. f.

capitalisme [kapitalism] n. m. **1·** Régime économique et social dans lequel les capitaux, source de revenu, appartiennent à des personnes privées (*capitalisme libéral*). – Par ext. *Capitalisme d'État.* → **étatisme. 2·** Ensemble des capitalistes, des pays capitalistes, libéraux. / contr. communisme, socialisme / ▶ **capitaliste** n. et adj. **1·** N. Personne qui possède des capitaux. – Fam. Personne riche. *Un gros capitaliste.* **2·** Adj. Relatif au capitalisme. *Économie capitaliste.* → **libéral.** *Société bourgeoise et capitaliste.* / contr. prolétaire, communiste /

capiteux, euse [kapitø, øz] adj. Qui monte à la tête, qui produit une certaine ivresse. → **enivrant, excitant.** *Vin, parfum capiteux.* – Fig. *Une femme aux charmes capiteux,* qui trouble les sens.

capiton [kapitɔ̃] n. m. Chacune des divisions formées par la piqûre dans un siège rembourré. ▶ **capitonnage** n. m. Action de capitonner ; rembourrage. *Un capitonnage épais, moelleux.* ▶ **capitonner** v. tr. < conjug. 1 > Rembourrer en piquant (l'étoffe) d'espace en espace. *Capitonner une porte.* – Au p. p. adj. *Fauteuil capitonné.*

capitulaire [kapitylɛʀ] adj. et n. m. **1·** Relatif aux assemblées d'un chapitre (de religieux). *La salle capitulaire d'un monastère.* **2·** N. m. Histoire. Nom donné à des règlements d'un roi ou d'un empereur franc.

capitule [kapityl] n. m. Botanique. Partie d'une plante formée de fleurs insérées les unes à côté des autres (et formant une seule *fleur* au sens courant du mot).

capituler [kapityle] v. intr. < conjug. 1 > **1·** Se rendre à un ennemi par un pacte. *Capituler avec les honneurs de la guerre.* **2·** Abandonner sa position, s'avouer vaincu. → **céder.** / contr. résister, tenir / ▶ **capitulation** n. f. Action de capituler. → **reddition.** *Capitulation sans conditions. Une capitulation infamante.* / contr. résistance /

capodastre [kapodastʀ] n. m. Accessoire en pince qui se fixe sur le manche d'une guitare et qui permet de modifier la tonalité.

capon, onne [kapɔ̃, ɔn] adj. et n. Vx. Peureux.

caporal, ale, aux [kapɔʀal, o] n. Militaire qui a le grade le moins élevé dans les armes à pied, l'aviation. → **brigadier** ; fam. ② **cabot.** *Elle est caporale.* – Loc. *Le Petit Caporal,* surnom donné par ses soldats à Napoléon Ier. – *Caporal-chef :* celui qui a le grade supérieur au caporal. *Des caporaux-chefs.*

capot [kapo] n. m. Couverture métallique protégeant un moteur. *Le capot d'une automobile. Regarder sous le capot, ouvrir le capot* (pour examiner, réparer le moteur).

capote [kapɔt] n. f. **1·** Grand manteau militaire. *Capote kaki de l'infanterie.* **2·** Couverture mobile de certains véhicules. *La capote d'une automobile décapotable.* **3·** Fam. Préservatif masculin. → **contraceptif.**

capoter [kapɔte] v. intr. < conjug. 1 > **1·** (Bateau, véhicule) Être renversé, se retourner. *Le bateau a capoté.* → **chavirer.** **2·** Fig. Échouer. *Le projet a capoté.*

cappuccino [kaputʃino] n. m. Tasse de café fort nappé de crème mousseuse.

câpre [kɑpʀ] n. f. Bouton à fleur du câprier que l'on confit dans le vinaigre pour servir d'assaisonnement. ▷ **câprier**

caprice [kapʀis] n. m. **1·** Envie subite et passagère, fondée sur la fantaisie et l'humeur. → **désir ; boutade, lubie, toquade.** *Suivre son caprice. Avoir des caprices.* – Amour passager. → **béguin, toquade.** – (Enfants) Exigence accompagnée de colère. *Il va encore faire un caprice. On passe à cet enfant tous ses caprices.* **2·** Au plur. (Choses) Changements fréquents, imprévisibles. *Les caprices de la mode.* ▶ **capricieux, ieuse** adj. et n. **1·** Qui a des caprices. → **fantasque, instable.** *Enfant capricieux.* / contr. sage / – N. *Un capricieux, une capricieuse.* **2·** (Choses) Dont la forme, le mouvement varie. → **irrégulier.** *Arabesques capricieuses.* ▶ **capricieusement** adv.

capricorne [kapʀikɔʀn] n. m. **1·** (Avec une majuscule) Dixième signe du zodiaque (du 21 décembre au 19 janvier). *Être du signe du Capricorne, être du Capricorne.* – Ellipt. Invar. *Elles sont Capricorne.* **2·** Grand insecte (coléoptère) dont la larve creuse de longues galeries.

câprier [kɑpʀije] n. m. Arbre à tige souple, dont les boutons à fleurs → **câpre** sont utilisés comme condiment.

caprin, ine [kapʀɛ̃, in] adj. Didact. Relatif à la chèvre. *Espèces caprines.*

capsule [kapsyl] n. f. **1·** Anatomie. Membrane, cavité en forme de poche, de sac. *Capsule articulaire, synoviale.* – Botanique. Fruit dont l'enveloppe est sèche et dure. *Capsule de coton.* **2·** Petite coupe de métal garnie de poudre (armes à feu). → **amorce.** *Pistolet à capsules.* **3·** Sorte de bouchon en métal qui sert à fermer une bouteille. *Capsule de bouteille de bière. Enlever la capsule.* → **décapsuler. 4·** *Capsule spatiale,* partie d'un engin spatial où prennent place les astronautes. ▶ **capsuler** v. tr. < conjug. 1 > Boucher avec une capsule. *Capsuler une bouteille.* ▷ **décapsuler**

capter [kapte] v. tr. < conjug. 1 > **1·** Chercher à obtenir par un procédé habile (une chose abstraite). *Capter l'attention.* **2·** Recueillir (une énergie, un fluide) pour l'utiliser. *Capter une source, l'eau d'une rivière,* amener l'eau à un point déterminé. → **canaliser. 3·** *Capter un message, une émission de radio,* recevoir ou intercepter. – Absolt.

Fam. *Tu captes ? tu comprends ? Il n'a rien capté.* → **imprimer, piger.** ▶ **capteur** n. m. Dispositif conçu pour détecter, capter. *Maison équipée de capteurs solaires.*

captieux, euse [kapsjø, øz] adj. Littér. Qui cherche, sous des apparences de vérité, à tromper. → **fallacieux, spécieux.** *Raisonnement, discours captieux.* / contr. correct, vrai /

captif, ive [kaptif, iv] adj. et n. **1·** Littér. (→ **captivité**) Qui a été fait prisonnier. → **prisonnier.** *Un roi captif.* – N. *Captifs réduits en esclavage.* **2·** *Ballon captif :* retenu par un câble. **3·** (Animaux) Privé de liberté. *Oiseau captif,* en cage. – Fig. (Personnes) → **asservi, esclave.** *Il est captif de ses passions.*

captiver [kaptive] v. tr. < conjug. 1 > Attirer et fixer (l'attention) ; retenir en séduisant. → **charmer, enchanter, passionner, séduire.** *Captiver l'attention, l'esprit. Ce livre me captive.* – Pronominalement. *Il s'est captivé à ce sport.* / contr. ennuyer / ▶ **captivant, ante** adj. Qui captive. *Une lecture captivante.* → **passionnant.** / contr. ennuyeux /

captivité [kaptivite] n. f. État d'une personne captive. → **emprisonnement.** *Vivre en captivité. Retour de captivité.* – *Cet animal ne se reproduit pas en captivité.* / contr. liberté /

capture [kaptyʀ] n. f. **1·** Action de capturer. → **prise, saisie.** *La capture d'un navire. Capture d'un criminel.* → **arrestation. 2·** Ce qui est pris. *Une belle capture.* ▶ **capturer** v. tr. < conjug. 1 > S'emparer de (un être vivant). → **arrêter, prendre.** *Capturer un malfaiteur. Capturer un animal féroce.* / contr. lâcher, libérer /

capuche [kapyʃ] n. f. Petit capuchon. ▶ **capuchon** n. m. **1·** Large bonnet attaché à un vêtement, et que l'on peut rabattre sur la tête. *Le capuchon d'un imperméable.* → **capuche. 2·** Couvercle de tuyau. – Bouchon de stylo. *Visser le capuchon.*

capucin, ine [kapysɛ̃, in] n. Religieux réformé de l'ordre de Saint-François. → **franciscain.** ▷ **cappuccino**

capucine [kapysin] n. f. Plante à feuilles rondes et à fleurs jaunes, orangées ou rouges ; cette fleur.

caquet [kakɛ] n. m. **1·** Gloussement, cri de la poule au moment où elle pond. **2·** Bavardage prétentieux ou ennuyeux. → **babil, jactance.** Loc. fig. *Rabattre, rabaisser le caquet à qqn, de qqn,* l'obliger à se taire. → **clouer** le bec. ▶ **caqueter** [kakte] v. intr. < conjug. 4 > **1·** Glousser au moment de pondre. *Les poules caquettent.* **2·** Fig. Bavarder d'une façon indiscrète, désagréable. → **jacasser.** ▶ **caquetage** n. m. *Les caquetages de la basse-cour.*

① **car** [kaʀ] conj. Conjonction de coordination qui introduit une explication (preuve, raison de la proposition qui précède). → **parce que, puisque.** *Il ne viendra pas aujourd'hui, car il est malade.*

② **car** n. m. Autocar. *Un car de trente places.*

carabe [kaʀab] n. m. Insecte coléoptère, à reflets métalliques. → **scarabée.**

carabin [kaʀabɛ̃] n. m. Fam. Étudiant en médecine.

carabine [kaʀabin] n. f. Fusil léger à canon court. *Tir à la carabine.* ▶ **carabinier** n. m. En Italie. Gendarme. – En Espagne. Douanier.

carabiné, ée [kaʀabine] adj. Fam. Fort, violent. *Un orage carabiné.* – *Une grippe carabinée.*

carabistouille [kaʀabistuj] n. f. En Belgique et dans le nord de la France. Fam. Surtout au plur. Baliverne. *Raconter des carabistouilles.*

caraco [kaʀako] n. m. Vx ou région. Corsage de femme, blouse droite et assez ample. *Des caracos.*

caracoler [kaʀakɔle] v. intr. < conjug. 1 > **1·** (Chevaux, cavaliers) Faire des voltes, des sauts. *Il caracolait sur son cheval.* **2·** *Caracoler en tête (du peloton, des sondages) :* être le premier (la première) sans risque d'être concurrencé(e).

① **caractère** [kaʀaktɛʀ] n. m. **I·** Marque. **1·** Signe gravé ou écrit, élément d'une écriture. → **lettre, symbole.** *Caractères hiéroglyphiques, grecs. Écrire en gros, en petits caractères.* **2·** Tige de métal portant une lettre, utilisée pour l'impression typographique ; son empreinte. *Caractères d'imprimerie. Caractères romains, italiques. Les caractères de ce livre sont très lisibles.* **II·** Abstrait. Signe ou ensemble de signes. **1·** Trait propre à une personne, à une chose, et qui permet de la distinguer d'une autre, de la juger. → **attribut, caractéristique, indice, marque, particularité.** *Caractères distinctifs, individuels, particuliers.* – *Avoir un caractère officiel,* être officiel. *Conférer, revêtir tel caractère. Sa maladie n'a, ne présente aucun caractère de gravité.* **2·** Sans compl. Air personnel, original. → **originalité, personnalité.** *Un style plat et sans caractère. Cette maison a du caractère.* → **cachet.** ▶ **caractériser** v. tr. < conjug. 1 > **1·** Montrer avec précision, mettre en relief les caractères distinctifs de (une personne, une chose). → **distinguer, marquer, préciser. 2·** Constituer le caractère ou l'une des caractéristiques de. → **définir, déterminer.** *La générosité qui vous caractérise.* – Au p. p. adj. *Une rougeole* *caractérisée.* → **net.** ▶ **caractérisation** n. f. ▶ **caractéristique** adj. et n. f. 1· Qui permet de distinguer, de reconnaître. *Différence, propriété caractéristique. Une voix caractéristique.* → **propre, spécifique, typique.** 2· N. f. Ce qui sert à caractériser. → **caractère.** *Les caractéristiques d'une machine, d'un avion.* → **particularité.**

2 **caractère** n. m. 1· Ensemble des manières habituelles de sentir et de réagir qui distinguent un individu d'un autre. → **individualité, nature, personnalité, tempérament.** *Caractère froid, exubérant, passionné. Cet enfant a un caractère difficile. Étude des caractères.* → **caractérologie.** *Il a bon, mauvais caractère.* 2· Sans compl. *Avoir du caractère.* → **énergie, fermeté, volonté.** *Manquer de caractère.* 3· Personne considérée dans son individualité, son originalité. *C'est un caractère.* → **personnalité.** 4· *Le caractère d'une nation.* → **âme, génie.** *Le caractère français.* ▶ **caractériel, ielle** adj. et n. Didact. 1· Du caractère. *Troubles caractériels.* 2· Qui présente des troubles du caractère. *Un enfant caractériel.* – N. *Une caractérielle.* ▶ **caractérologie** n. f. Étude des types de caractères.

carafe [kaʀaf] n. f. 1· Récipient à base large et col étroit. *Une carafe d'eau. Du vin en carafe.* 2· Loc. fam. *Rester **en carafe** :* être oublié, laissé de côté. 3· Fam. Tête. *Un coup sur la carafe.* ▶ **carafon** n. m. 1· Petite carafe. *Carafon de vin, de liqueur.* 2· Fam. Tête. → fam. **cafetière, carafe.**

caraïbe [kaʀaib] adj. et n. De la population autochtone des Antilles et des côtes voisines. → **antillais.**

caramboler [kaʀɑ̃bɔle] v. tr. < conjug. 1 > Bousculer, heurter. – Pronominalement (récipr.). *Plusieurs voitures se sont carambolées au carrefour.* ▶ **carambolage** n. m. 1· Coup dans lequel une bille en touche deux autres au billard. 2· Série de chocs, de chutes. *Carambolage d'automobiles sur une route encombrée.*

caramel [kaʀamɛl] n. m. 1· Produit brun noir, brillant, aromatique, obtenu en faisant fondre du sucre à une assez haute température. *Crème (au) caramel.* 2· *(Un, des caramels)* Bonbon au caramel. *Caramels mous.* 3· Adj. invar. Roux clair. ▶ **caraméliser** v. tr. < conjug. 1 > 1· Transformer (du sucre) en caramel. *Caraméliser du sucre.* – Au p. p. adj. *Sucre caramélisé.* – Pronominalement (réfl.). *Le sucre se caramélise.* 2· Mêler, enduire de caramel. *Caraméliser un moule.*

carapace [kaʀapas] n. f. 1· Organe dur, qui protège le corps de certains animaux. *La carapace des tortues.* 2· Ce qui protège. → **armure, cuirasse.** – Abstrait. *La carapace de l'égoïsme, de l'indifférence.*

se **carapater** [kaʀapate] v. pron. < conjug. 1 > Fam. S'enfuir. → **décamper.**

carat [kaʀa] n. m. 1· Unité de mesure : chaque vingt-quatrième d'or fin contenu dans une quantité d'or. *Or à dix-huit carats.* 2· Unité de poids (0,2 g) qui sert dans le commerce des pierres précieuses. *Diamant de dix carats.*

1 **caravane** [kaʀavan] n. f. 1· Groupe de voyageurs réunis pour franchir une région désertique, peu sûre (avant les moyens de transport modernes ou quand ils ne sont pas utilisables). *Caravane de nomades.* – Prov. *Les chiens aboient, la caravane passe,* il faut laisser crier les envieux, les médisants. 2· Groupe de personnes qui se déplacent. *La caravane publicitaire qui suit le Tour de France.* ▶ **caravanier** n. m. Conducteur d'une caravane 1.

2 **caravane** n. f. Anglic. Remorque d'automobile aménagée pour servir de logement (type de camping appelé *caravaning* [kaʀavaniŋ] n. m.).

caravansérail [kaʀavɑ̃seʀaj] n. m. 1· En Orient. Vaste cour, entourée de bâtiments où les caravanes font halte. 2· Lieu fréquenté par un grand nombre d'étrangers.

caravelle [kaʀavɛl] n. f. Ancien navire à voiles (XVe-XVIe s.). *Les caravelles de Christophe Colomb.*

carbone [kaʀbɔn] n. m. 1· Corps simple, non métallique, très répandu dans la nature et qui se trouve dans tous les corps vivants (→ **carbonate, carbonique**). *Carbone cristallisé* → **diamant, graphite,** *amorphe* → **charbon.** ***Oxyde de carbone*** *:* gaz incolore et inodore, nocif. *Cycle du carbone,* série de ses combinaisons dans les êtres vivants. – ***Carbone 14*** *:* isotope radioactif du carbone qui permet de dater les restes d'êtres vivants disparus (bois, etc.). 2· *Un **papier carbone*** ou *un **carbone** :* papier chargé de couleur et destiné à obtenir des doubles, en dactylographie. ▶ **carbonate** n. m. Chimie. Sel ou ester de l'acide carbonique. → **bicarbonate.** *Carbonate de calcium.* → **calcaire.** ▶ **carbonater** v. tr. < conjug. 1 > Transformer en carbonate. – Additionner de carbonate. ▶ **carbonifère** adj. et n. m. 1· Technique. Qui contient du charbon. *Terrain carbonifère.* 2· N. m. Géologie. Époque géologique de l'ère primaire. ▶ **carbonique** adj. Se dit d'un anhydride résultant de la combinaison du carbone et de l'oxygène. *L'anhydride ou gaz carbonique est un gaz incolore présent dans l'atmosphère.* – ***Neige carbonique*** *:* anhydride carbonique solide. – *Acide carbonique.* → **carbonate.** ▶ **carboniser** v. tr. < conjug. 1 > Transformer en charbon. → **brûler, calciner.** *L'incendie a carbonisé la forêt entière.* – Cuire à l'excès. *Le rôti est carbonisé.* ▶ **carbonisation** n. f. ▶ **carburant** n. m. Combustible liquide qui, mélangé à l'air → **carburation,** peut être utilisé dans un moteur dit à explosion. – Fam. *Emporter du carburant,* des boissons. ▶ **carburateur** n. m. Appareil qui, dans un moteur à explosion, sert à effectuer la carburation (2). *Flotteur, gicleur d'un carburateur. Commande du carburateur,* accélérateur. ▶ **carburation** n. f. **1·** Enrichissement en carbone d'un corps métallique. **2·** Mélange de l'air et d'un carburant. *La carburation se fait mal.* ▶ **carbure** n. m. **1·** Composé du carbone à deux éléments. *Carbures d'hydrogène* (hydrocarbures). *Carbures acycliques,* saturés (méthane, éthane, propane, butane) et non saturés (éthylène, acétylène). *Carbures cycliques* (ex. : le *benzène*). **2·** Carbure de calcium. ▶ **carburer** v. intr. < conjug. 1 > **1·** Effectuer la carburation. *Ce moteur carbure mal.* **2·** Fam. Aller (bien ou mal) ; marcher, fonctionner. *Ça carbure fort.* ▷ **agrocarburant, bicarbonate, biocarburant, hydrocarbure, supercarburant**

carcan [karkɑ̃] n. m. **1·** Collier de fer fixé à un poteau où l'on attachait par le cou un criminel. → **pilori ; cangue. 2·** Ce qui engonce, serre le cou. – Abstrait. → **assujettissement, contrainte.** *Le carcan de la discipline.*

carcasse [karkas] n. f. **1·** Ensemble des ossements décharnés du corps d'un animal. → **squelette.** – *La carcasse d'une volaille,* ce qui reste après avoir enlevé les cuisses, les ailes et les blancs. **2·** Fam. Le corps humain. *Promener sa vieille carcasse.* **3·** Charpente (d'un appareil, d'un ouvrage) ; assemblage des pièces soutenant un ensemble. → **armature, charpente.** *Une carcasse métallique. La carcasse d'un bâtiment.* – *La carcasse d'une voiture accidentée.* ▷ se **décarcasser**

carcéral, ale, aux [karseral, o] adj. De la prison, qui a rapport à la prison. *L'univers carcéral.*

cardage [kardaʒ] n. m. Opération par laquelle on carde.

cardan [kardɑ̃] n. m. Système de suspension dans lequel le corps suspendu conserve une position invariable malgré les mouvements de son support. *Joint de cardan d'une automobile.*

① **carde** [kard] n. f. Peigne ou machine à tambours servant à carder (laine ; coton).

② **carde** n. f. Côte comestible des feuilles de cardon et de bette.

carder [karde] v. tr. < conjug. 1 > Peigner, démêler (les fibres textiles). *Carder de la laine, du coton.* – Au p. p. adj. *Laine cardée,* dont les fibres sont démêlées grossièrement. *Un vêtement en laine cardée.* ▶ **cardeur, euse** n. **1·** Personne qui carde la laine. **2·** *Cardeuse* n. f. : machine qui ouvre et nettoie la laine des matelas. ▷ **cardage,** ① **carde**

cardiaque [kardjak] adj. et n. **1·** Du cœur. *Une crise, un malaise cardiaque. Le muscle cardiaque,* le cœur. **2·** Adj. et n. Atteint d'une maladie de cœur. *Un(e) cardiaque ; elle est cardiaque.*

cardigan [kardigɑ̃] n. m. Veste de laine tricotée à manches longues, et boutonnée devant. → **gilet, tricot.**

① **cardinal, aux** [kardinal, o] n. m. **I·** Dans l'Église catholique. Prélat* participant au gouvernement de l'Église (électeur et conseillerdu pape). *Réunion des cardinaux,* conclave. **II·** Oiseau passereau d'Amérique au plumage rouge foncé.

② **cardinal, ale, aux** adj. **1·** Littér. Qui sert de pivot, de centre. → **capital, essentiel, fondamental.** *Idées cardinales.* **2·** *Nombres cardinaux* (opposés à *ordinaux*), désignant une quantité (ex. : *quatre* dans *maison de quatre pièces*). – *Déterminants numéraux* cardinaux.* **3·** *Les quatre points cardinaux* (Nord, Est, Sud, Ouest). → ① **rose** des vents.

cardio- Élément signifiant « cœur ». ▶ **cardiogramme** [kardjɔgram] n. m. Enregistrement des mouvements du cœur. → **électrocardiogramme.** ▶ **cardiographie** n. f. Étude graphique des mouvements du cœur. ▶ **cardiologie** n. f. Étude du cœur et de ses affections. ▶ **cardiologue** n. Médecin spécialisé dans les maladies du cœur. ▶ **cardiovasculaire** adj. Relatif au cœur et aux vaisseaux sanguins. *Maladies cardiovasculaires.*

cardon [kardɔ̃] n. m. Plante potagère du genre de l'artichaut, dont on mange la côte médiane → **carde** des feuilles.

carême [karɛm] n. m. **1·** Période de quarante-six jours d'abstinence et de privations entre le Mardi gras et le jour de Pâques, dans la religion chrétienne. **2·** Privation de nourriture, de plaisirs pendant cette période. *Rompre le carême.* – Loc. fam. *Face de carême,* maigre ; triste. ▷ **Mi-Carême**

carence [karɑ̃s] n. f. **1·** Situation d'une personne incapable de faire face à ses responsabilités. *La carence du gouvernement.* → **impuissance, inaction. 2·** Absence ou insuffisance d'un ou de plusieurs éléments indispensables à la nutrition. *Carence en vitamine C.*

carène [karɛn] n. f. **1·** Partie immergée de la coque d'un navire. **2·** Carénage. *Mettre, abattre un navire en carène,* le coucher sur le côté pour le réparer. ▶ **caréner** v. tr. < conjug. 6 > **1·** Nettoyer, réparer la carène d'un navire. → **radouber. 2·** Donner une forme (à la carrosserie d'une auto, d'un avion, etc.) qui facilite sa progression. – Au p. p. adj. *Une locomotive carénée.* ▶ **carénage** n. m. 1· Action de caréner. 2· Lieu où l'on carène des navires. *Un navire au carénage.* → **radoub.** 3· Carrosserie carénée, aérodynamique. *Le carénage d'une moto.*

caresse [kaʀɛs] n. f. Manifestation physique de la tendresse. – Attouchement tendre. *Caresse affectueuse.* → **cajolerie, étreinte.** *Faire des caresses à qqn. Couvrir qqn de caresses.* – Littér. *La caresse du vent, du soleil.* ▶ **caresser** v. tr. < conjug. 1 > 1· Toucher en signe de tendresse. *Caresser un enfant.* → **cajoler, câliner.** *Caresser un chien.* → **flatter.** 2· Effleurer doucement, agréablement. *Le vent caresse ses cheveux.* 3· Fig. Entretenir complaisamment (une idée, un espoir). → **nourrir.** *Caresser un projet, un rêve.* ▶ **caressant, ante** adj. 1· Qui aime les caresses, qui est tendre et affectueux. → **cajoleur, câlin.** / contr. froid, insensible / *Un enfant caressant.* 2· (Gestes, manières) Doux comme une caresse. *Regard caressant.* → **tendre.** *Une voix caressante.*

car-ferry [kaʀfeʀi] n. m. Anglic. Bateau → **ferry-boat** servant au transport des voyageurs et de leur automobile. *Des car-ferries.* Abrév. **ferry.**

cargaison [kaʀgɛzɔ̃] n. f. 1· Marchandises chargées sur un navire, ou dans un camion. → **charge, chargement, fret.** *Arrimer une cargaison. Une cargaison de vin, de pétrole.* 2· Fam. → **collection, réserve.** *Il a toute une cargaison d'histoires drôles.*

cargo [kaʀgo] n. m. Navire destiné surtout au transport des marchandises. *Cargo minéralier, pétrolier. Des cargos.*

carguer [kaʀge] v. tr. < conjug. 1 > Serrer (les voiles) contre leurs vergues ou contre le mât au moyen de cordages (appelés *cargues*, n. f.).

cariatide [kaʀjatid] n. f. Statue de femme soutenant une corniche sur sa tête.

caribou [kaʀibu] n. m. Renne du Canada. *Des caribous.*

caricature [kaʀikatyʀ] n. f. 1· Dessin, peinture qui, par l'exagération de certains détails (traits du visage, proportions), tend à ridiculiser le modèle. → **charge.** – *Faire dans un roman la caricature d'une société.* → **satire.** 2· Fig. Ce qui évoque sous une forme caricaturale. *Son agitation n'est que la caricature de l'énergie.* – Reproduction déformée. → **simulacre, parodie.** *Une caricature de la vérité.* 3· Vieilli. Personne laide et habillée de façon ridicule. ▶ **caricatural, ale, aux** adj. 1· Qui tient de la caricature, qui y prête. → **burlesque, comique, grotesque.** *Un profil caricatural.* 2· Qui déforme en ridiculisant. *Description, interprétation caricaturale.* ▶ **caricaturer.** v. tr. < conjug. 1 > Faire la caricature de (qqn). – Représenter sous une forme caricaturale. → **parodier, railler, ridiculiser.** ▶ **caricaturiste** n. Artiste (spécialt dessinateur) qui fait des caricatures.

carie [kaʀi] n. f. Maladie des os et des dents qui entraîne leur destruction. – *Carie dentaire* : lésion qui détruit l'émail et l'ivoire de la dent en formant une cavité. ▶ **carier** v. tr. < conjug. 7 > Attaquer par la carie. → **gâter.** – Pronominalement. *Votre dent s'est cariée.* – Au p. p. adj. *Une dent cariée peut carier les dents voisines.*

carillon [kaʀijɔ̃] n. m. 1· Ensemble de cloches accordées de telle sorte qu'on puisse les faire vibrer ensemble. *Le carillon d'une église.* 2· *Le carillon (d'une horloge, d'une pendule),* système de sonnerie qui se déclenche automatiquement pour indiquer les heures. 3· Air exécuté par un carillon ; sonnerie de cloches vive et gaie. ▶ **carillonner** v. intr. < conjug. 1 > 1· Sonner en carillon. *Les cloches carillonnent.* 2· Fam. Sonner bruyamment la cloche d'une porte d'entrée. *Carillonner à la porte.* 3· Transitivement. Fig. Faire savoir à grand bruit. *Carillonner une nouvelle.* ▶ **carillonné, ée** adj. Vieilli. *Fête carillonnée* : grande fête catholique.

cariste [kaʀist] n. Personne qui conduit des chariots électriques. *Elle est cariste dans un entrepôt.*

caritatif, ive [kaʀitatif, iv] adj. Destiné à aider les plus défavorisés. *Association caritative.*

carlin [kaʀlɛ̃] n. m. Petit chien à poil ras, au museau noir et écrasé. → **dogue.**

carlingue [kaʀlɛ̃g] n. f. Partie habitable (d'un avion).

carmagnole [kaʀmaɲɔl] n. f. Ronde chantée et dansée par les révolutionnaires, en 1793. *Dansons la carmagnole.*

carme [kaʀm] n. m. Religieux de l'ordre de Notre-Dame du Mont-Carmel. ▶ **carmélite** n. f. Religieuse de l'ordre du Mont-Carmel.

carmin [kaʀmɛ̃] n. m. Colorant ou couleur rouge vif. → **rouge, vermillon.** – Adj. invar. *Des étoffes carmin.* → **carminé.** ▶ **carminé, ée** adj. Rouge vif. *Un vernis à ongles carminé.*

carnage [kaʀnaʒ] n. m. Action de tuer un grand nombre (d'animaux, d'hommes). → **boucherie, massacre, tuerie.** *Un affreux, un monstrueux carnage.*

carnassier, ière [kaʀnasje, jɛʀ] adj. et n. Qui se nourrit de viande, de chair crue. *Les animaux carnassiers. Le lion est un animal carnassier. La belette est carnassière.* – N. m. *Les carnassiers.*

carnassière [kaʀnasjɛʀ] n. f. Sac servant au chasseur pour porter le gibier. → **carnier, gibecière.**

carnation [kaʀnasjɔ̃] n. f. Couleur, apparence de la chair d'une personne. → **teint.** *Une jolie carnation.*

carnaval, als [kaʀnaval] n. m. **1·** Période réservée aux divertissements, qui va du jour des Rois (Épiphanie) au carême (mercredi des Cendres). → jour **gras. 2·** Divertissements publics (bals, défilés) du carnaval. *Déguisements, masques de carnaval. Le carnaval de Rio. Des carnavals.* ▶ **carnavalesque** adj. Digne du carnaval. *Un spectacle carnavalesque.*

carne [kaʀn] n. f. **1·** Fam. Viande de mauvaise qualité. **2·** Mauvais cheval.

carné, ée [kaʀne] adj. Composé de viande. *Alimentation carnée.*

carnet [kaʀnɛ] n. m. **1·** Petit cahier de poche. → **agenda, calepin, répertoire.** *Inscrire, noter sur un carnet. Carnet d'adresses. Carnet de notes,* servant à consigner les notes d'un élève. *Carnet de commandes,* total des commandes d'une entreprise. **2·** Assemblage de feuillets détachables. *Carnet à souche. Carnet de chèques.* → **chéquier. 3·** Réunion de tickets, timbres, etc., détachables. *Achète-moi deux carnets (de métro).*

carnier [kaʀnje] n. m. Petite carnassière. → **gibecière.**

carnivore [kaʀnivɔʀ] adj. et n. **1·** Adj. Qui se nourrit de chair. → **carnassier.** – *Plantes carnivores,* qui peuvent capturer de petits animaux, des insectes. **2·** N. *Les **carnivores** :* ordre de mammifères qui, grâce à leurs dents et à leur système digestif, peuvent manger beaucoup de chair crue. *Le chat est un carnivore.*

carnotset [kaʀnɔtsɛ] n. m. En Suisse. Local (souvent aménagé dans une cave) pour manger et boire entre amis.

carolingien, ienne [kaʀɔlɛ̃ʒjɛ̃, jɛn] adj. De Charlemagne, de son époque, de sa dynastie. *L'Empire carolingien. Art carolingien.*

caroncule [kaʀɔ̃kyl] n. f. Petite excroissance charnue.

carotide [kaʀɔtid] n. f. Chacune des deux grosses artères qui conduisent le sang du cœur à la tête.

carotte [kaʀɔt] n. f. **1·** Plante potagère dont la racine est sucrée et comestible. *Carottes fourragères.* – Spécialt. La racine rouge de la carotte potagère. *Manger des carottes. Carottes râpées.* – Loc. fam. *Les carottes sont cuites,* tout est fini, perdu. – *La carotte ou le bâton :* l'incitation ou la menace. **2·** En France. Enseigne des bureaux de tabac. **3·** Adj. invar. *Rouge carotte, couleur carotte.* **4·** Échantillon cylindrique tiré du sol. *Une carotte de glace.* ▶ **carotène** n. m. Matière colorante jaune ou rouge que l'on trouve dans des végétaux (carotte), chez les animaux.

carotter [kaʀɔte] v. tr. < conjug. 1 > Fam. Prendre (qqch.) par ruse. → **escroquer, soutirer, voler.** *Carotter une permission. Il a carotté dix euros à son père.* ▶ **carottage** n. m. ▶ **carotteur, euse** ou **carottier, ière** n. et adj. Personne qui carotte (qqch.), qui escroque (qqn).

caroubier [kaʀubje] n. m. Arbre méditerranéen à feuilles persistantes, à fleurs rougeâtres, qui produit un fruit sucré (appelé *caroube,* n. f.).

carpaccio [kaʀpatʃjo] n. m. Plat composé de très fines tranches de bœuf cru, servies froides avec un assaisonnement.

1 **carpe** [kaʀp] n. f. **1·** Gros poisson d'eau douce couvert de larges écailles. *Carpe de rivière, d'étang.* **2·** Loc. fig. ***Saut de carpe*** *:* saut où l'on se rétablit sur les pieds, d'une détente, étant couché sur le dos. – Loc. fam. *Bâiller comme une carpe,* bâiller en ouvrant largement la bouche. *Être, rester muet comme une carpe,* ne pas dire un mot.

2 **carpe** n. m. Anatomie. Double rangée de petits os (huit chez l'homme) qui soutiennent le poignet. ▷ **métacarpe**

carpette [kaʀpɛt] n. f. **1·** Petit tapis. → **descente** de lit. **2·** Loc. fam. *C'est une vraie carpette,* un personnage rampant, qui flatte bassement qqn.

carquois [kaʀkwa] n. m. invar. Étui destiné à contenir des flèches.

1 **carré, ée** [ka(ɑ)ʀe] adj. **1·** Qui forme une figure à quatre angles droits et à côtés égaux. → 2 **carré.** *Plan carré.* – *Mètre carré,* surface d'un carré ayant un mètre de côté (abrév. : m^2). *Cette pièce fait quinze mètres carrés.* **2·** Qui a à peu près la forme d'un carré géométrique. *Fenêtre carrée. Tour carrée.* – *Épaules carrées,* larges, robustes (→ **carrure**). **3·** Abstrait. Dont le caractère est nettement tranché, accentué. *Une réponse carrée* (→ **carrément**). **4·** *Racine carrée.* → **racine.** ▶ 2 **carré** n. m. **1·** Quadrilatère dont les quatre angles sont droits et les quatre côtés égaux. *Les carrés d'un damier, d'un papier.* → **case ; carreau, quadrillage.** – Foulard, fichu carré. *Elle portait un carré de soie imprimée.* **2·** Figure rappelant un carré. *Cultiver un carré de terre.* **3·** Troupe disposée pour faire face des quatre côtés. *Former le carré.* **4·** Chambre d'un navire servant de salon ou de salle à manger aux officiers. *Le carré des officiers.* **5·** Produit d'un nombre par lui-même. *Seize est le carré de quatre.* / contr. racine carrée /

6· *Un carré d'as,* au poker, les quatre as. 7· *Carré de l'Est* : fromage fermenté. ▶ **carrée** n. f. Fam. Chambre. → fam. **piaule.** ▶ **carreau** [ka(ɑ)ʀo] n. m. I· 1· Pavé plat, de forme carrée. → **dalle, pavé.** *Des carreaux de faïence.* 2· Sol pavé de carreaux. → **carrelage.** *Laver le carreau.* – Loc. fig. *Rester sur le carreau,* être tué ou grièvement blessé ; être abandonné. 3· Plaque de verre dont sont munies les fenêtres, les portes vitrées. → **vitre.** *Laveur de carreaux. Encore un carreau de cassé.* II· 1· Au plur. Assemblage symétrique de plusieurs carrés. *Étoffe à carreaux.* 2· Dans les cartes à jouer. Série dont la marque distincte est un carreau rouge. 3· *Se tenir à* ***carreau*** loc. fam. : être sur ses gardes. ▶ **carreauté, ée** adj. Au Canada. À carreaux. *Une nappe carreautée. Du papier carreauté* → **quadrillé.** ▷ **bécarre, carreler, carrelet, carrément, se carrer, carrure**

carrefour [kaʀfuʀ] n. m. 1· L'endroit où se croisent plusieurs voies. → **bifurcation, croisement, embranchement.** 2· Situation nouvelle où l'on doit choisir entre diverses voies. *Parvenir, se trouver à un carrefour.* – Croisement d'influences. *Un carrefour d'idées.* – En appos. *Sciences carrefours.*

carreler [ka(ɑ)ʀle] v. tr. < conjug. 4 > 1· Paver avec des carreaux. – Au p. p. adj. *Une cuisine carrelée.* 2· Tracer des carrés sur (une feuille de papier, une toile). → **quadriller.** ▶ **carrelage** n. m. Action de carreler. *Le carrelage d'une cuisine.* – Pavage fait de carreaux. → **dallage.** *Poser un carrelage.* ▶ **carreleur, euse** n. Personne qui carrelle.

carrelet [ka(ɑ)ʀlɛ] n. m. 1· Poisson de forme quadrangulaire. → **plie.** 2· Filet carré.

carrément [ka(ɑ)ʀemɑ̃] adv. D'une façon nette, décidée, sans détours. → **fermement, franchement, hardiment, nettement.** *Parler, répondre carrément,* sans ambages. *Dire carrément ce que l'on pense.* / contr. indirectement, timidement / – Fam. *Il est carrément idiot.* → **complètement.** *Il l'a giflé. Carrément !*

se carrer [ka(ɑ)ʀe] v. pron. < conjug. 1 > *Se carrer dans un fauteuil,* s'y installer confortablement ; s'y mettre à l'aise. → **s'étaler, se prélasser.**

① **carrière** [ka(ɑ)ʀjɛʀ] n. f. Lieu d'où l'on extrait des matériaux de construction (pierre, roche), surtout à ciel ouvert (opposé à *mine*). *Carrière de pierres, de marbre. Creuser, exploiter, fouiller une carrière. Les filons, les puits d'une carrière.* ▶ **carrier** n. m. Celui qui exploite une carrière comme entrepreneur ou comme ouvrier.

② **carrière** n. f. 1· Littér. Voie où l'on s'engage. *Entrer dans la carrière,* dans la vie active. 2· Métier, profession qui présente des étapes, une progression. *Le choix d'une carrière.* – *Faire* ***carrière*** *(dans)* : réussir (dans une profession). *Il a fait carrière dans le cinéma.* – *Militaire* ***de carrière*** (opposé à *appelé, mobilisé*). ▶ **carriérisme** n. m. Recherche de la réussite professionnelle, sociale à tout prix. ▶ **carriériste** n.

carriole [ka(ɑ)ʀjɔl] n. f. Petite charrette campagnarde.

carrossable [ka(ɑ)ʀɔsabl] adj. Où peuvent circuler des voitures. *Chemin carrossable.* → ① **praticable.**

carrosse [ka(ɑ)ʀɔs] n. m. Ancienne voiture à chevaux, de luxe, à quatre roues, suspendue et couverte. *Le carrosse du roi.*

carrosser [ka(ɑ)ʀɔse] v. tr. < conjug. 1 > Munir (un véhicule) d'une carrosserie. – Au p. p. adj. *Châssis carrossé.* ▶ **carrosserie** n. f. 1· Industrie, commerce des carrossiers. 2· Caisse d'une automobile (capot, toit, coffre, portes, ailes). *Carrosserie sur châssis.* ▶ **carrossier, ière** n. Tôlier spécialisé dans la construction, la réparation de carrosseries d'automobiles.

carrousel [kaʀuzɛl] n. m. 1· Parade où des cavaliers se livrent à des exercices. 2· Fig. Ensemble d'objets mobiles qui évoluent. *Un carrousel d'avions, de motos.*

carrure [ka(ɑ)ʀyʀ] n. f. 1· Largeur du dos, d'une épaule à l'autre. *Forte carrure. Veste trop étroite de carrure.* 2· Abstrait. Force, valeur (d'une personne). *Son prédécesseur était d'une autre carrure.* → **envergure, stature.**

cartable [kaʀtabl] n. m. 1· Sac, sacoche d'écolier. → **serviette.** *Il porte son cartable sur le dos, à la main.* 2· Au Canada. Classeur à anneaux.

① **carte** [kaʀt] n. f. 1· Rectangle ou carré de papier, de carton. – Loc. *Donner* ***carte blanche*** *à qqn* : le laisser libre de choisir, de décider. 2· Petit carton rectangulaire dont l'une des faces porte une illustration et qui est utilisé dans différents jeux (on dit aussi *carte à jouer*). *Un jeu de 32, de 52 cartes.* → **carreau, cœur, pique, trèfle.** *Faire une partie de cartes. Jouer aux cartes. Battre, distribuer les cartes.* – Loc. fig. ***Brouiller les cartes*** : compliquer, obscurcir volontairement une affaire. *Jouer sa* ***dernière carte*** : tenter sa dernière chance. *Jouer la carte* (et adj., et n.), parier sur une option dans laquelle on s'engage. *Jouer la carte de la franchise. Jouer* ***cartes sur table*** : agir franchement, sans rien cacher. *Redistribuer les cartes,* recommencer. 3· Liste des plats, des consommations avec leurs prix. *Carte des vins. Manger à la carte,* en choisissant librement (opposé à *prendre le menu, la formule*). – *À la carte,* au choix. 4· *Carte (de visite)* : petit carton sur lequel on fait imprimer son nom, son adresse, sa profession, etc. **5·** *Carte (postale)* : carte dont l'une des faces sert à la correspondance, l'autre portant une photographie. *J'ai reçu une carte postale du Japon.* **6·** Papier prouvant l'identité d'une personne et sur lequel sont notés certains droits dont elle bénéficie. *Carte d'identité. Carte d'électeur. Carte de chemin de fer. Carte d'étudiant. Carte de séjour,* délivrée aux étrangers qui souhaitent résider dans un pays. – En France. *Carte grise* : titre de propriété d'un véhicule automobile. – *Carte orange* : carte d'abonnement qui permettait d'utiliser librement les transports en commun à Paris et dans sa banlieue. *La carte orange a été remplacée par un badge électronique.* – *Carte de crédit* : carte permettant d'effectuer certains achats, payés sur le compte d'une banque. – *Carte bancaire,* qui permet d'effectuer des paiements et de retirer de l'argent dans les distributeurs de billets. – *Carte bleue**. **7·** *Carte perforée, mécanographique,* portant, sous forme de perforations à des emplacements déterminés, des renseignements pouvant être interprétés et utilisés en machine. → **fiche.** – *Carte électronique, magnétique. Carte à puce. Carte de téléphone.* ▷ **cartomancie,** ② **cartouche, encart, mandat-carte, multicarte, pancarte, porte-cartes, télécarte**

② **carte** n. f. Représentation à échelle réduite de la surface totale ou partielle du globe terrestre. *Carte universelle.* → **mappemonde, planisphère.** *Recueil de cartes.* → **atlas.** *Carte géologique, routière. Carte de France.* – *Carte du ciel* (→ **cosmographie**). *Carte de la Lune.* – *Carte muette,* sans indication de noms. ▷ **cartographie**

① **cartel** [kaʀtɛl] n. m. Encadrement décoratif qui entoure certaines pendules. – Cette pendule. *Un cartel Louis XV.*

② **cartel** n. m. **1·** Entente regroupant des entreprises ayant des activités proches en vue de supprimer la concurrence et de s'assurer la domination du marché. → **association, consortium, trust.** **2·** Association de groupements (politiques, syndicaux) en vue d'une action commune. *Le cartel des gauches.*

carter [kaʀtɛʀ] n. m. Enveloppe de métal servant à protéger un mécanisme. *Le carter d'une chaîne de bicyclette, d'un moteur. Des carters.*

cartésien, ienne [kaʀtezjɛ̃, jɛn] adj. **1·** Relatif à Descartes, à sa philosophie. **2·** (Raisonnement ; personnes) Clair, logique. *Un esprit cartésien.* / contr. confus, obscur /

cartilage [kaʀtilaʒ] n. m. Tissu animal résistant mais élastique et souple (squelette des vertébrés inférieurs et des embryons des vertébrés supérieurs). *Le cartilage du nez, de l'oreille.* ▶ **cartilagineux, euse.** adj. Composé de cartilage. *Tissus cartilagineux.*

cartographie [kaʀtɔgʀafi] n. f. Technique de l'établissement, du dessin et de l'édition des cartes ② et plans. ▶ **cartographe** n. Spécialiste qui fait les cartes. ▶ **cartographier** v. tr. < conjug. 7 > ▶ **cartographique** adj.

cartomancie [kaʀtɔmɑ̃si] n. f. Prédiction de l'avenir par l'interprétation des cartes (①, 2). ▶ **cartomancien, ienne** n. Tireur(euse) de cartes, voyant(e).

carton [kaʀtɔ̃] n. m. **1·** Matière assez épaisse, faite de pâte à papier (papier grossier ou ensemble de feuilles collées). *Du carton gris ; ondulé. Une feuille de carton* ou *un carton.* **2·** *En carton-pâte* : factice. *Un décor de film en carton-pâte.* – Fig. *Des personnages en carton-pâte,* faux. **3·** Boîte, réceptacle en carton fort. *Carton à chapeau, à chaussures.* – *Carton à dessin* : grand portefeuille. **4·** *Faire un carton* : tirer à la cible* ; fig. et fam. tirer (sur qqn) ; remporter un grand succès. *Faire* ***carton plein*** : réussir pleinement. **5·** *Carton jaune, carton rouge* : sanction infligée à un footballeur ; blâme. ▶ **cartonnage** n. m. **1·** Industrie de la fabrication des objets en carton. **2·** Reliure en carton avec un dos en toile. – Emballage en carton. → **emboîtage.** ▶ **cartonné, ée** adj. (Livre) Recouvert d'une reliure en carton (opposé à *broché*). ▶ **cartonner** v. intr. < conjug. 1 > Fam. **1·** Marquer des points. **2·** Faire des dégâts. ▶ **cartonnier** n. m. Fabricant, marchand de carton.

① **cartouche** [kaʀtuʃ] n. f. **1·** Enveloppe contenant la charge d'une arme à feu. *La douille, l'amorce d'une cartouche. Cartouche à blanc.* – *Les* ***dernières cartouches*** : les dernières réserves. **2·** Petit étui cylindrique. *La cartouche d'encre d'un stylo.* → **recharge.** **3·** Boîte contenant un certain nombre de paquets de cigarettes. *Une cartouche de gauloises.* ▶ **cartouchière** n. f. Sac ou boîte à cartouches.

② **cartouche** n. m. Ornement sculpté ou dessiné, en forme de carte à demi déroulée et destiné à recevoir une inscription. *Décoration en cartouche.*

caryotype [kaʀjɔtip] n. m. Carte des chromosomes d'une cellule, réunis par paires homogènes et classés par taille. *Le caryotype est caractéristique de chaque espèce.*

① **cas** [kɑ] n. m. invar. **I·** Emplois généraux. **1·** Ce qui arrive. → **circonstance, conjoncture, événement, fait, situation.** *Un cas grave, important ; cas étrange, rare. Cas imprévu. C'est un* ***cas d'espèce*** : un cas spécial. *C'est le cas de* (+ infinitif), le moment. *C'est bien le cas de le dire.* – *Dans le cas présent ; dans ce cas-là.* – (Avec *en*) *En ce cas.* → **alors.** ***En cas de*** loc. prép. : dans l'hypothèse de. *En cas d'accident, qui faut-il prévenir ? En cas de besoin,* s'il est besoin. **2·** ***Au cas où*** (+ conditionnel) loc. conj. : en admettant que, à supposer que. → **quand, si.** *Au cas où je ne serais pas à l'heure, commencez à manger. Au cas, dans le cas, pour le cas où il viendrait.* – ***En aucun cas*** (dans une proposition négative). → **jamais.** *En aucun cas je n'accepterai de partir.* – ***En tout cas*** loc. adv. : quoi qu'il arrive, de toute façon. **3·** ***Faire grand cas de*** *qqn, qqch.* : lui accorder beaucoup d'importance. ***Faire cas de.*** → **apprécier, considérer, estimer.** *Faire peu de cas, ne faire aucun cas de qqn, qqch.* **II· 1·** Situation définie par la loi pénale. → **crime, délit.** *Soumettre un cas au juge. C'est un cas de légitime défense.* **2·** ***Cas de conscience*** : difficulté sur un point de morale, de religion (→ **casuiste**). – Scrupule. **3·** État ou évolution de l'état d'une personne, du point de vue médical. *Un cas grave.* – Le malade lui-même. *Dupuis est un cas intéressant.* – Personne présentant des caractères psychologiques singuliers. *Catherine, c'est vraiment un cas.* ▷ **casuiste, en-cas,** le cas **échéant, occasion**

2 **cas** n. m. invar. Chacune des formes d'un mot qui est modifié et qui correspondent à des fonctions grammaticales précises dans la phrase. → **désinence ; déclinaison.** *Les six cas du latin. Le russe, l'allemand ont conservé des cas.*

casanier, ière [kazanje, jɛʀ] adj. Qui aime à rester chez soi. → **sédentaire ;** fam. **pantouflard.** *Il est très casanier.* / contr. **bohème** /

casaque [kazak] n. f. **1·** Anciennt. Veste. – Veste en soie des jockeys. **2·** Loc. fig. ***Tourner casaque*** : fuir ; tourner le dos à ceux de son parti, changer de parti, d'opinion (→ Retourner sa veste).

cascade [kaskad] n. f. **1·** Chute d'eau ; succession de chutes d'eau. → 1 **cataracte. 2·** Ce qui se produit de manière saccadée. *Cascade de rires, d'applaudissements.* **3·** Acrobatie des cascadeurs. ▶ **cascader** v. intr. < conjug. 1 > Tomber en cascade. *Un torrent qui cascade sur une pente.* ▶ **cascadeur, euse** n. Acrobate qui tourne les scènes dangereuses d'un film. *L'actrice était doublée par une cascadeuse.*

cascher ou **kascher** [kaʃɛʀ] adj. invar. (Aliments). Conforme aux prescriptions rituelles de la religion juive. *Viande cascher.* – *Boucherie cascher.*

1 **case** [kɑz] n. f. Habitation simple, traditionnelle, dans des pays tropicaux. *Cases africaines.* → **hutte, paillote.**

2 **case** n. f. **1·** Espace délimité par des lignes se coupant à angle droit sur une surface. *Cocher, décocher une case.* – Spécialt. Carré dessiné sur un damier, un échiquier, etc. *Les 64 cases de l'échiquier.* – Fig. *Revenir à la case départ,* à une situation que l'on croyait dépassée. *Retour à la case départ.* **2·** Compartiment d'un meuble, d'un casier. *Tiroir à plusieurs cases. L'écolier range ses affaires dans la case (de son pupitre).* **3·** Fam. *Il lui manque une case, il a une case en moins, une case (de) vide,* il est anormal, fou. ▷ **caser, casier**

caséine [kazein] n. f. Substance qui constitue l'essentiel des matières azotées du lait.

casemate [kazmat] n. f. Abri enterré, protégé contre les obus, les bombes. → **fortin, blockhaus.** *Casemates d'un fort.*

caser [kɑze] v. tr. < conjug. 1 > Fam. **1·** Mettre à la place qu'il faut ; dans une place qui suffit. → **placer ;** fam. **fourrer.** *Il a réussi à caser tous ses bagages dans le coffre de la voiture.* **2·** Établir (qqn) dans une situation. *Il a casé son neveu dans l'Administration.* – Pronominalement (réfl.). *Il cherche à se caser,* à se marier.

caserne [kazɛʀn] n. f. **1·** Bâtiment destiné au logement des militaires. → **baraquement, quartier.** *Être à la caserne,* être soldat. – Troupes logées dans une caserne. *Toute la caserne sera consignée. Plaisanteries, habitudes de caserne,* de soldat. **2·** Fam. Grand immeuble peu plaisant, divisé en nombreux appartements. **3·** Fam. Établissement où règne une discipline sévère. *Cet internat est une vraie caserne.* ▶ **casernement** n. m. Ensemble des constructions d'une caserne.

caseyeur [kazejœʀ] n. m. Bateau équipé pour pratiquer la pêche aux crustacés à l'aide de casiers.

cash [kaʃ] adv. Anglic. Fam. *Payer cash.* → **comptant.** *Cent mille euros cash.*

casier [kɑzje] n. m. **1·** Ensemble de cases, de compartiments formant meuble. *Casier à livres, à disques, à bouteilles. Casiers métalliques* (de bureau). **2·** ***Casier judiciaire*** : relevé des condamnations prononcées contre qqn. *Il a un casier judiciaire vierge,* sans condamnation. ▷ **caseyeur**

casino [kazino] n. m. Établissement de plaisir, de spectacle, où les jeux d'argent sont autorisés. *La salle de jeux, le dancing d'un casino. Des casinos.*

casoar [kazɔaʀ] n. m. **1·** Grand oiseau coureur qui porte sur le front une sorte de casque. **2·** Touffe de plumes ornant la coiffure des saint-cyriens.

casque [kask] n. m. **1·** Coiffure qui couvre et protège la tête. *Casque militaire. Casque léger,* en matière plastique. *Casque de motocycliste. Le port du casque est obligatoire sur un chantier.* – *Les*

Casques bleus, les troupes internationales de l'O. N. U. **2·** Ensemble constitué par deux écouteurs. *Un casque de baladeur.* **3·** Appareil à air chaud qui coiffe la tête et qui sert à sécher les cheveux. → **séchoir.** *Être sous le casque.* ▶ **casqué, ée** adj. Coiffé d'un casque. ▷ **casquette**

casquer [kaske] v. intr. < conjug. 1 > Fam. Donner de l'argent, payer. → **débourser.** *Faire casquer qqn.*

casquette [kaskɛt] n. f. Coiffure garnie d'une visière. *Casquette de toile. Casquette d'aviateur.* – Loc. *Avoir plusieurs casquettes,* plusieurs fonctions.

cassable [kasabl] adj. Qui risque de se casser facilement. → **cassant, fragile.** / contr. incassable /

cassant, ante [kasɑ̃, ɑ̃t] adj. **1·** Qui se casse. *Métal cassant.* **2·** Qui manifeste son autorité par des paroles dures. → **absolu, brusque, sec, tranchant.** *Un ton cassant, des paroles cassantes.* / contr. conciliant, doux /

cassate [kasat] n. f. Glace aux fruits confits.

cassation [kasasjɔ̃] n. f. Annulation (d'une décision) par une cour compétente. *Cassation d'un testament.* – *La Cour de cassation,* la juridiction suprême de l'ordre judiciaire français.

1 **casse** [kɑs] n. f. **1·** Action de casser. → **bris.** *Ces objets sont mal emballés, il y aura de la casse.* – *Il va y avoir de la casse,* de la bagarre. **2·** *Mettre une voiture à la casse,* à la ferraille. *Prime à la casse,* accordée, en France, lorsque l'on remplace un véhicule de plus de dix ans par un véhicule neuf (jusqu'en 2010).

2 **casse** n. m. Arg. Cambriolage. *Faire un casse.* ▷ 2 **casseur**

casse-cou [kasku] n. invar. et adj. invar. **1·** N. m. invar. Passage difficile, lieu où l'on risque de tomber. – *Crier casse-cou à qqn,* l'avertir d'un danger. **2·** N. invar. Fam. Personne qui s'expose, sans réflexion, à un danger. → **audacieux, imprudent, téméraire.** *Une vraie casse-cou.* – Adj. invar. *Elles sont casse-cou.*

casse-croûte n. m. invar. Repas léger pris rapidement. *Des casse-croûte.*

casse-gueule n. m. invar. et adj. invar. Fam. Endroit dangereux où l'on risque de tomber. *Cet escalier est un casse-gueule.* – Adj. invar. Dangereux, risqué. *C'est casse-gueule.*

casse-noisettes, casse-noix n. m. invar. Petit instrument composé de deux leviers et qui sert à casser des noisettes, des noix. *Des casse-noisettes, des casse-noix.*

casse-pieds n. invar. Fam. Personne insupportable, ennuyeuse. → **importun.** – Adj. invar. *Ce qu'elles sont casse-pieds !*

casse-pipe n. m. invar. Fam. Guerre. *Aller au casse-pipe.*

casser [kɑse] v. < conjug. 1 > **I·** V. tr. **1·** Mettre en morceaux, diviser (une chose rigide) d'une manière soudaine, par choc, coup, pression. → **briser, broyer, écraser, rompre.** *Casser une assiette, un verre, une vitre. Casser qqch. en (deux, ..., mille) morceaux.* / contr. réparer ; recoller / – Au p. p. adj. *Du verre cassé.* – Loc. ***Casser la croûte*** : manger (→ **casse-croûte**). ***Casser le morceau*** : avouer, dénoncer. ***Casser du sucre sur le dos*** de qqn : dire du mal de qqn en son absence. – ***Casser sa pipe*** : mourir. – ***Casser la tête de*** qqn : assourdir, fatiguer, importuner. *Il nous casse la tête avec ses discours. Ne te casse pas la tête !,* ne te fatigue pas. – Fam. *Casser la figure, la gueule à qqn,* se battre avec lui, le rosser. *Se casser la figure,* tomber ; avoir un accident. **2·** Rompre l'os (d'un membre, du nez, etc.). *Elle s'est cassé la jambe.* – Au p. p. adj. *Il a les deux bras cassés.* – ***Casser les pieds*** *à qqn* : fam. l'ennuyer, le déranger. *Il casse les pieds à tout le monde.* → **casse-pieds. 3·** Fam. Endommager de manière à empêcher le fonctionnement de (qqch.). → **détériorer.** *Il a cassé sa montre, sa bicyclette.* – Au p. p. adj. *Il faut réparer les chaises cassées. Voix cassée,* rauque, qui émet irrégulièrement les sons. – Fam. *Casser le moral,* démoraliser. **4·** Fam. ***Ça ne casse rien*** : ça n'a rien d'extraordinaire. – Fam. ***À tout casser*** : tout au plus. *Ça coûtera dix euros à tout casser.* Loc. adj. Extraordinaire. *Un film, un repas à tout casser.* – Loc. *Casser la baraque**. **5·** Abstrait. Annuler un acte, un jugement, une sentence (→ **cassation**). / contr. ratifier, valider / – *Casser les prix,* les faire diminuer brusquement. **6·** (Compl. personne) Dégrader, démettre de ses fonctions. *Casser un officier.* **II·** V. pron. **1·** (Passif) *Le verre se casse facilement.* **2·** Réfl. (Personnes) Fam. Se fatiguer. *Elle ne s'est pas cassée.* – S'en aller. *Ils viennent juste de se casser.* **III·** V. intr. Se rompre, se briser. *Le verre a cassé en tombant.* ▷ **cassable, cassant, cassation,** 1 **casse,** 2 **casse, casse-cou, casse-croûte, casse-gueule, casse-noisettes, casse-noix, casse-pieds, casse-pipe, casse-tête,** 1 **casseur,** 2 **casseur, cassure, concasser**

casserole [kasʀɔl] n. f. **1·** Ustensile de cuisine de forme cylindrique, à manche. – Loc. fam. *Passer à la casserole,* être mis à rude épreuve. **2·** Fam. Mauvais piano. **3·** Arg. cinéma. Projecteur.

casse-tête [kɑstɛt] n. m. invar. **1·** Massue grossière ; matraque. **2·** Travail compliqué qui fatigue l'esprit. *Ce problème est un casse-tête.* – Jeu de patience. *Casse-tête chinois.* – Problème très difficile à résoudre.

cassette [kasɛt] n. f. **1**· Anciennt. Petit coffre destiné à ranger de l'argent, des bijoux. → **coffret.** – Fam. *Je prendrai cette somme sur ma cassette,* mon argent. **2**· Boîtier de petite taille muni de bobines de bandes magnétiques défilant dans les deux sens que l'on utilisait avant le numérique. *Utiliser un lecteur de cassettes.* → **magnétophone, minicassette.** *Cassette pour magnétoscope.* → **vidéocassette.** – Abusivt. Bande magnétique. *Enregistrer sur disque ou sur cassette.* ▷ **radiocassette**

1 **casseur, euse** [kɑsœʀ, øz] n. **1**· Celui, celle qui casse. *Les casseurs paieront les dégâts.* – N. m. Personne qui, au cours d'une manifestation, endommage volontairement des biens publics ou privés. *Répression contre les casseurs.* **2**· N. m. Personne qui vend des pièces de voitures mises à la casse.

2 **casseur** n. m. Arg. Cambrioleur.

1 **cassis** [kasis] n. m. invar. **1**· Groseillier à baies noires, à feuilles odorantes. **2**· Fruit de cette plante. *Gelée de cassis.* **3**· Liqueur fabriquée avec ce fruit. *Un verre de cassis.* ▷ **mêlécasse**

2 **cassis** [kɑ(a)si(s)] n. m. invar. Rigole en travers d'une route. / contr. **dos d'âne** /

cassolette [kasɔlɛt] n. f. **1**· Réchaud à couvercle percé de trous dans lequel on fait brûler des parfums. → **encensoir.** **2**· Ustensile de cuisine.

cassonade [kasɔnad] n. f. Sucre roux, qui n'a été raffiné qu'une fois. *Biscuits à la cassonade.* → **spéculos.**

cassoulet [kasulɛ] n. m. Ragoût préparé avec de la viande (confit d'oie, de canard, mouton ou porc) et des haricots blancs.

cassure [kɑsyʀ] n. f. **1**· Endroit où un objet a été cassé. → **brèche, faille, fracture.** **2**· Abstrait. Coupure, rupture. *Une cassure dans une vie, une amitié.*

castagnettes [kastaɲɛt] n. f. pl. Petit instrument de musique espagnol composé de deux pièces de bois creusées, réunies par un cordon, et que l'on fait claquer l'une contre l'autre.

caste [kast] n. f. **1**· Classe sociale fermée (d'abord en Inde → **brahmane**). *La caste des prêtres ; la caste des guerriers.* **2**· Péj. Classe de la société (fermée, jalouse de ses privilèges). → **clan.** *Esprit, orgueil, préjugés de caste.*

castel [kastɛl] n. m. Petit château. ▶ **castelet** n. m. Petit théâtre de marionnettes.

casting [kastiŋ] n. m. Anglic. Sélection des acteurs, des figurants (d'un spectacle), des mannequins.

castor [kastɔʀ] n. m. **1**· Mammifère rongeur des pays froids, à large queue plate. *Certains castors construisent des barrages.* **2**· Fourrure de cet animal. *Manteau de castor.*

castrer [kastʀe] v. tr. < conjug. 1 > Pratiquer la castration sur. → **châtrer, émasculer.** ▶ **castrat** n. m. Chanteur castré qui conservait la voix de soprano. *Les castrats de la Chapelle Sixtine.* ▶ **castration** n. f. Opération par laquelle on prive un individu, mâle ou femelle, de la faculté de se reproduire. *Castration chimique,* effectuée à l'aide de médicaments.

casuiste [kɑ(a)zɥist] n. m. Théologien qui s'applique à résoudre les cas de conscience. → 1 **cas** (II, 2). ▶ **casuistique** n. f. **1**· Partie de la théologie morale qui s'occupe des cas de conscience. **2**· Péj. Subtilité complaisante (en morale).

cataclysme [kataklism] n. m. **1**· Bouleversement de la surface de la terre par une catastrophe (inondation, tremblement de terre, etc.). **2**· Terrible catastrophe. → **calamité.**

catacombe [katakɔ̃b] n. f. Cavité souterraine ayant servi de sépulture. → **cimetière.** *Les catacombes de Rome.*

catafalque [katafalk] n. m. Décoration funèbre au-dessus du cercueil.

catalan, ane [katalɑ̃, an] adj. et n. De Catalogne (française et espagnole). – N. *Les Catalans.* – N. m. *Le catalan,* langue romane parlée en Catalogne, aux Baléares.

catalepsie [katalɛpsi] n. f. Suspension complète du mouvement volontaire des muscles. → **léthargie, paralysie.** ▶ **cataleptique** adj. De la catalepsie. – N. Personne atteinte de catalepsie.

catalogue [katalɔg] n. m. **1**· Liste méthodique accompagnée de détails, d'explications. → **index, inventaire, répertoire.** *Le catalogue d'une bibliothèque. Dresser un catalogue.* **2**· Liste de marchandises, d'objets à vendre. *Un catalogue de grand magasin, de maison de vente par correspondance. Catalogue illustré.* ▶ **cataloguer** v. tr. < conjug. 1 > **1**· Classer, inscrire par ordre. **2**· Péj. Classer (qqn) en le jugeant de manière définitive. *Il t'a catalogué, pour lui tu es un paresseux.*

catalyse [kataliz] n. f. Action par laquelle une substance rend possible une réaction chimique, par sa seule présence (en augmentant la vitesse de réaction). ▶ **catalyser** v. tr. < conjug. 1 > **1**· Agir comme catalyseur. **2**· Fig. Déclencher, par sa seule présence (une réaction, un processus). *Catalyser l'enthousiasme.* ▶ **catalyseur** n. m. Ce qui catalyse. – Abstrait. *Jouer le rôle de catalyseur.* ▶ **catalytique** adj. *Pot* (d'échappement) *catalytique,* qui épure les gaz d'échappement par catalyse.

catamaran [katamaʀɑ̃] n. m. Bateau à deux flotteurs parallèles. *Les catamarans et les trimarans.*

cataphote [katafɔt] n. m. Dispositif réfléchissant la lumière et rendant visible la nuit le véhicule, l'obstacle qui le porte.

cataplasme [kataplasm] n. m. 1· Bouillie médicinale que l'on applique, entre deux linges, sur une partie du corps. *Cataplasme sinapisé.* → **sinapisme.** 2· Fam. et vieilli. Aliment épais et indigeste. → **emplâtre.**

catapulte [katapylt] n. f. 1· Machine de guerre antique qui lançait de lourds projectiles. → **baliste.** 2· Machine qui permet de lancer des avions, des fusées. ▶ **catapultage** n. m. *Le catapultage d'une fusée.* ▶ **catapulter** v. tr. < conjug. 1 > 1· Lancer par catapulte (2). 2· Lancer, projeter violemment. – Abstrait. Envoyer subitement (qqn) dans un lieu, une situation. → fam. **bombarder.**

1 **cataracte** [kataʀakt] n. f. Chute des eaux d'un grand cours d'eau (plus grande que la *cascade*). *La cataracte du Niagara.* – *Des cataractes de pluie,* des chutes violentes.

2 **cataracte** n. f. Opacité du cristallin (milieu transparent de l'œil) ou de sa membrane, qui s'oppose au passage de la lumière et entraîne des troubles de la vision. *Être opéré de la cataracte.*

catastrophe [katastʀɔf] n. f. 1· Malheur effroyable et brusque. → **calamité, cataclysme, désastre.** *Une catastrophe aérienne. Courir à la catastrophe.* – Loc. ***En catastrophe*** : d'urgence, pour éviter le pire ; très vite. *Atterrir en catastrophe. Partir en catastrophe.* 2· Fam. Événement fâcheux. → **accident, ennui.** ▶ **catastrophé, ée** adj. Fam. Abattu, comme par une catastrophe. *Il en est tout catastrophé.* ▶ **catastrophique** adj. 1· Qui a les caractères d'une catastrophe. → **affreux, désastreux, effroyable, épouvantable.** *Événement catastrophique.* 2· Fam. Qui peut provoquer une catastrophe. *Le gouvernement a pris des mesures catastrophiques.* 3· Fam. Très mauvais. *Ses résultats en classe sont catastrophiques.*

catch [katʃ] n. m. Spectacle de lutte libre. ▶ **catcher** v. intr. < conjug. 1 > Lutter au catch. ▶ **catcheur, euse** n. Personne qui pratique le catch.

catéchiser [katefize] v. tr. < conjug. 1 > Endoctriner, sermonner. ▶ **catéchisme** n. m. Enseignement élémentaire de la doctrine et de la morale chrétiennes. *Apprendre sa leçon de catéchisme.* – Lieu où l'on donne cette instruction. *Aller au catéchisme* (abrév. fam. *caté*).

catégorie [kategɔʀi] n. f. Classe dans laquelle on range des objets de même nature. → **espèce, famille, genre, groupe, ordre, série.** *Catégorie d'aliments, de marchandises. Ranger des livres par catégories.* – *Catégories grammaticales,* qui classent les mots (ex. : *verbe, nom, adverbe*). → **classe.** ▶ **catégoriser** v. tr. < conjug. 1 > Didact. Ranger par catégorie. – Au p. p. adj. *Chien catégorisé,* classé dans la catégorie 1 ou 2 selon sa dangerosité.

catégorique [kategɔʀik] adj. Qui ne permet aucun doute, ne souffre pas de discussion. → **absolu, indiscutable.** *Affirmation, réponse catégorique ; un refus catégorique.* → **formel.** *Une position catégorique.* → **clair, net.** – *Il a été catégorique sur ce point.* / contr. équivoque, évasif / ▶ **catégoriquement** adv. D'une manière catégorique. → **carrément, franchement.**

catelle [katɛl] n. f. En Suisse. Carreau de faïence vernissée.

caténaire [katenɛʀ] adj. et n. f. *Suspension caténaire* ou *une caténaire,* soutenant le fil conducteur à distance constante d'une voie de chemin de fer (électrique).

cathare [kataʀ] n. et adj. *Les Cathares,* secte chrétienne du Moyen Âge, dans le sud-ouest de la France. – Adj. *L'hérésie cathare.*

cathédrale [katedʀal] n. f. 1· Église principale d'un diocèse où se trouve le siège de l'évêque (abusivt, toute grande et belle église). *La cathédrale de Chartres, de Reims.* 2· En appos. *Verre cathédrale,* translucide.

catherinette [katʀinɛt] n. f. Jeune fille qui fête la Sainte-Catherine (fête traditionnelle des ouvrières de la mode, etc., non mariées à 25 ans).

cathéter [katetɛʀ] n. m. En médecine. Sonde cannelée destinée à ouvrir, à élargir un canal, un orifice. ▶ **cathétérisme** n. m. Sondage par cathéter.

cathode [katɔd] n. f. Électrode* de sortie du courant. / contr. anode / ▶ **cathodique** adj. 1· Qui provient de la cathode. *Rayons cathodiques.* – *Tube cathodique,* à rayons cathodiques. 2· Relatif à la télévision en tant que média.

catholicisme [katɔlisism] n. m. Religion chrétienne dans laquelle le pape exerce l'autorité en matière de dogme et de morale. → **église.** ▶ **catholique** adj. et n. 1· Relatif au catholicisme ; qui le professe. *La religion, la foi catholique.*

L'église catholique, apostolique et romaine. **2·** N. *Une bonne catholique.* → **croyant, pratiquant.** **3·** Fam. *Une chose pas (très) catholique,* louche.

en catimini [ɑ̃katimini] loc. adv. En cachette, discrètement, secrètement. → **en tapinois.** *S'approcher, faire qqch. en catimini.*

catogan [katɔgɑ̃] n. m. Nœud, ruban, élastique qui attache les cheveux sur la nuque.

cauchemar [kɔʃmaʀ] n. m. **1·** Rêve pénible dont l'élément dominant est l'angoisse. *Il a fait un affreux cauchemar.* **2·** Personne ou chose qui effraie, obsède. → **hantise, tourment.** *L'orthographe, c'est son cauchemar !* ▶ **cauchemarder** v. intr. < conjug. 1 > Faire des cauchemars. ▶ **cauchemardesque** ou **cauchemardeux, euse** adj. D'un cauchemar ; digne d'un cauchemar. *Une vision cauchemardesque.*

caudal, ale, aux [kodal, o] adj. Relatif à la queue. *Nageoire caudale.*

causal, ale [kozal] adj. (Rare au masc. plur. *-als*). Qui concerne la cause, lui appartient, ou la constitue. *Lien causal.* – En grammaire. « *Car* » *est une conjonction causale* (elle annonce la raison de ce qui a été dit). ▶ **causalité** n. f. Qualité de cause. – Rapport de la cause à l'effet.

causant, ante [kozɑ̃, ɑ̃t] adj. Fam. Qui parle volontiers ; qui aime à causer ②. → **bavard, causeur, communicatif.** *Il n'est pas très causant.*

① **cause** [koz] n. f. **1·** Ce par quoi un événement, une action humaine arrive, se fait. → **origine ; motif, raison.** *Il n'y a pas d'effet sans cause. La cause de sa réussite. Les causes de l'accident.* – *Être cause de, être cause que.* → ① **causer.** – *À cause de qqn, qqch.* loc. prép. : par l'action, l'influence de ; en raison de. *Tout est arrivé à cause de lui. Je lui pardonne à cause de son âge. L'avion n'a pu décoller à cause du mauvais temps.* – ***Pour cause de.*** *Le magasin est fermé pour cause d'inventaire.* – ***Et pour cause*** : pour une raison bien connue, qu'il est inutile de rappeler. **2·** Ce qui fait qu'une chose existe. → **fondement, origine.** *Cause première,* qui est indépendante de toute autre cause. / contr. conséquence, effet / **3·** Loc. *Pour la bonne cause,* pour des motifs honorables. ▷ **ayant cause, causal, causalité,** ① **causer**

② **cause** n. f. **1·** Affaire qui fait l'objet d'un procès. *Cause civile, criminelle. L'avocat plaide la cause de l'accusé.* – Loc. ***Plaider*** *(une, sa)* ***cause*** : défendre (soi, qqn, qqch.). *Avoir, obtenir* ***gain de cause*** : l'emporter, obtenir ce qu'on voulait. ***En tout état de cause*** : de toute manière. **2·** ***En cause.*** *Être en cause,* être l'objet du débat, de l'affaire. ***Mettre en cause*** : appeler, citer au débat une personne ; accuser, attaquer, suspecter. ***Remettre en cause*** : remettre en question. ***Mettre hors de cause*** : dégager de tout soupçon, disculper. – *En désespoir de cause,* comme dernière ressource, tout autre moyen étant impossible. – *En connaissance de cause,* en connaissant les faits. **3·** L'ensemble des intérêts à soutenir, à faire triompher. → **parti.** *La cause de la liberté. Une cause injuste. Défendre, soutenir la cause de qqn.* – Loc. ***Prendre fait et cause*** *pour qqn* : prendre son parti, le défendre, le soutenir. – ***Faire cause commune*** *avec qqn* : mettre en commun ses intérêts.

① **causer** [koze] v. tr. < conjug. 1 > Être cause de. → **amener, entraîner, motiver, occasionner, produire, provoquer, susciter.** *Causer un malheur. Causer un chagrin à qqn. L'incendie a causé des dégâts.*

② **causer** v. intr. < conjug. 1 > **1·** S'entretenir familièrement avec qqn. → **parler ; bavarder.** *Nous causons ensemble. Causer avec qqn.* **2·** Trans. indir. (incorrect). *Causer de qqch. à qqn.* Fam. *Hé, toi, je te cause !* ▶ **causerie** n. f. **1·** Entretien familier. → **conversation. 2·** Discours, conférence sans prétention. *Une causerie littéraire.* ▶ **causette** n. f. Fam. *Faire la causette, un brin de causette,* bavarder familièrement. ▶ **causeur, euse** adj. et n. **1·** Qui aime à causer. → **causant. 2·** N. Personne qui cause volontiers. *Un aimable, un insupportable causeur.* ▷ **causant**

causse [kos] n. m. Plateau calcaire, dans le centre et le sud-ouest de la France.

caustique [kostik] adj. **1·** Qui désorganise, brûle les tissus animaux et végétaux. → **acide, brûlant, corrosif.** *Substance caustique. Soude caustique.* **2·** Abstrait. Qui attaque, blesse par la moquerie et la satire. → **mordant, narquois.** *Avoir l'esprit caustique.* / contr. bienveillant / ▶ **causticité** n. f. **1·** Caractère d'une substance caustique. *Causticité d'un acide.* **2·** Abstrait. Tendance à dire, à écrire des choses caustiques, mordantes. *La causticité d'une remarque.*

cauteleux, euse [kotlø, øz] adj. Qui agit d'une manière hypocrite et habile. → **hypocrite, sournois.** *Air cauteleux, manières cauteleuses.* / contr. franc /

cautère [kɔ(o)tɛʀ] n. m. Ce qui brûle les tissus vivants, pour cicatriser et guérir. – Loc. *Un cautère sur une jambe de bois* : un remède inefficace. ▶ **cautériser** v. tr. < conjug. 1 > Brûler au cautère. *Cautériser une plaie.* ▶ **cautérisation** n. f. Action de cautériser.

caution [kosjɔ̃] n. f. **1·** Garantie d'un engagement. → **cautionnement ; assurance, gage.** *Verser une caution,* de l'argent pour servir de garantie. *Mettre en liberté sous caution.* **2·** ***Sujet à***

caution loc. adj. : sur qui ou sur quoi l'on ne peut compter, avoir confiance (→ **douteux, suspect**). **3**· La personne qui fournit une garantie, un témoignage. → **garant, témoin.** ▶ **cautionnement** n. m. Somme d'argent destinée à servir de garantie. *Déposer des valeurs en cautionnement.* → **gage, garantie.** ▶ **cautionner** v. tr. < conjug. 1 > Être la caution de (une idée, une action) en l'approuvant. → **soutenir.** *Il ne veut pas cautionner cette politique.* ▷ **précaution**

cavalcade [kavalkad] n. f. **1**· Défilé de cavaliers, de chars (3). **2**· Fam. Troupe désordonnée, bruyante. ▶ **cavalcader** v. intr. < conjug. 1 > Courir en groupe bruyamment. *Les enfants cavalcadaient dans toute la maison.*

1 **cavale** [kaval] n. f. Littér. Jument de race.

cavaler [kavale] v. intr. < conjug. 1 > Fam. Courir, fuir, filer. ▶ 2 **cavale** n. f. Fam. Action de s'enfuir de prison. *Être en cavale,* être en fuite.

cavalerie [kavalʀi] n. f. **1**· Ensemble de troupes à cheval, d'unités de cavaliers. *Cavalerie légère* (chasseurs, hussards, spahis). *Grosse cavalerie* (cuirassiers), lourdement armée. – Fig. *C'est de la grosse cavalerie,* cela manque de finesse. – Loc. *La grosse cavalerie,* les grands moyens. **2**· L'un des corps de l'armée ne comprenant, à l'origine, que des troupes à cheval. *La cavalerie moderne est motorisée.* → **blindé, char. 3**· Ensemble de chevaux. → **écurie.** *La cavalerie d'un cirque.*

1 **cavalier, ière** [kavalje, jɛʀ] n. **I**· (Personnes) **1**· Personne qui est à cheval. *Un bon cavalier,* qui monte bien à cheval. *Les cavaliers qui participent à une course de chevaux.* → **jockey. 2**· N. m. Militaire servant dans la cavalerie. **II**· N. m. (Choses) **1**· Pièce du jeu d'échec qui passe du noir au blanc, du blanc au noir, en oblique et en sautant une case. **2**· Pièce métallique courbe.

2 **cavalier, ière** n. **1**· N. m. L'homme qui accompagne une dame. *Elle donnait le bras à son cavalier.* **2**· Personne avec qui on forme un couple dans une réunion, un bal. *Vous n'avez pas vu ma cavalière ?* – Loc. Fig. *Faire cavalier seul,* agir seul, isolément ; se mettre à l'écart.

3 **cavalier, ière** adj. Qui traite les autres, sans égards, sans respect. → **brusque, hardi, insolent.** *Procédé cavalier, réponse cavalière.* → **impertinent.** / contr. respectueux / ▶ **cavalièrement** adv. D'une manière brusque et un peu insolente. *Il l'a traité cavalièrement.*

1 **cave** [kav] n. f. **1**· Local souterrain, ordinairement situé sous une habitation. *Cave voûtée. On conserve les vins dans une cave.* → **cellier.** – Loc. *De la cave au grenier,* de bas en haut, entièrement. **2**· Cave servant de cabaret, de dancing. **3**· Les vins conservés dans une cave. *La cave d'un restaurant.* ▷ **caveau, caviste**

2 **cave** adj. **1**· *Un œil cave,* enfoncé. **2**· *Veines caves,* grosses veines qui amènent au cœur tout le sang du corps par l'oreillette droite. ▷ **caverne, cavité, concave, excaver**

3 **cave** n. m. Arg. Celui qui se laisse duper ; qui n'est pas du « milieu ». – Adj. *Ce qu'elle est cave !*

caveau [kavo] n. m. **1**· Petite cave. **2**· Cabaret, théâtre de chansonniers. *Les caveaux de Montmartre.* **3**· Construction souterraine servant de sépulture. *Caveau de famille.*

caverne [kavɛʀn] n. f. **1**· Cavité naturelle creusée dans la roche. → **grotte.** – *L'âge des cavernes,* où les hommes vivaient dans des cavernes (troglodytes). – *Caverne d'Ali Baba,* accumulation hétéroclite d'objets plus ou moins précieux. **2**· Creux qui se forme après l'écoulement du pus d'un abcès (perte de substance) dans le poumon. *Cavernes pulmonaires.* ▶ **caverneux, euse** adj. (Son) Qui semble venir des profondeurs d'une caverne. *Voix caverneuse.* → **grave, sépulcral.**

caviar [kavjaʀ] n. m. Œufs d'esturgeon. *Caviar russe, iranien. Un toast au caviar.*

caviarder [kavjaʀde] v. tr. < conjug. 1 > Biffer à l'encre noire. – Supprimer (un passage) dans une publication, un manuscrit. → **censurer.** *Caviarder un article.*

caviste [kavist] n. **1**· Employé(e) chargé(e) des soins de la cave, des vins. *Le, la caviste d'un restaurant.* → **sommelier. 2**· Personne qui tient un magasin de vins et de spiritueux.

cavité [kavite] n. f. Espace vide à l'intérieur d'un corps solide. → **creux, trou, vide.** *Agrandir, boucher une cavité. Les cavités d'un rocher.* – *Les cavités du nez* → **narine,** *des yeux* → **orbite.**

C. C. P. [sesepe] n. m. invar. Abréviation de *compte chèque* postal.*

CD [sede] n. m. invar. Disque compact.

C. D. D. [sedede] n. m. invar. (En France) Sigle de *contrat à durée déterminée.*

C. D. I. [sedei] n. m. invar. (En France) Sigle de *contrat à durée indéterminée.*

CD-ROM ou **cédérom** [sedeʀɔm] n. m. invar. Anglic. Disque optique numérique à lecture seule, où sont stockées des données (texte, son, images). *Dictionnaire sur CD-ROM. Des cédéroms.*

1 **ce** [s(ə)] m. sing. ; **cette** [sɛt] f. sing. ; **ces** [se] pl. ; dét. dém. REM. *Ce* prend la forme *cet* [sɛt] devant

voyelle ou *h* muet au masculin. Devant un nom, sert à montrer la personne ou la chose désignée par le nom. *Cet arbre. Cette chose. Ces pays. Ces enfants sont bruyants.* – Sert à indiquer un temps rapproché (passé ou présent). *Ces derniers temps. Cette semaine. Ce soir.* – Renforcé par les particules adverbiales *-ci* et *-là*, après le nom. *Ce livre-ci. Cet homme-là.* ▷ **ceci, cela**

② **ce** [s(ə)] pronom dém. REM. *Ce* s'écrit *ç'* devant les formes du verbe *être* et du verbe *avoir* qui commencent par *a*, et *c'* devant celles qui commencent par *e*. Sert à désigner la chose que celui qui parle a dans l'esprit. → **ça. 1·** *C'est, ce doit (peut) être.* (Avec un adj. ou un p. p.) *C'est facile. Ce n'est pas difficile. C'est fini. Ç'avait été terrible.* – (Avec un compl. prépos.) *C'est à vous. C'est pour demain. C'est à voir,* il faut voir. – (Avec un nom ou un pronom) Met en valeur un membre de phrase. *C'était le bon temps. Ce sont de braves gens. Ce sont, c'étaient eux* (mais *c'est vous, c'est nous*). **2·** ***C'est... qui, c'est... que*** : sert à détacher en tête un élément. *C'est une bonne idée que vous avez là. C'est vous qui le dites !* *C'est que* exprime la cause (*s'il est malade, c'est qu'il a trop travaillé*), l'effet (*puisque vous m'avez appelé, c'est donc que vous voulez me parler*). **3·** ***C'est à... de...*** *C'est à lui de jouer.* **4·** ***Ce que, qui, dont..., ce à quoi, pour quoi.*** *Ce dont on parle.* – Fam. ***Ce que*** : combien, comme. *Ce que c'est beau ! Ce que tu es bête !* **5·** ***Ce,*** objet direct (sans *que, qui...*). *Ce me semble,* il me semble. *Ce disant, ce faisant. Pour ce faire.* – *Sur ce,* là-dessus. *Sur ce, je vous quitte.* ▷ **cependant, c'est-à-dire, est-ce que, n'est-ce pas, parce que**

céans [seɑ̃] adv. Vx. Ici, dedans. – Loc. *Le maître de céans,* le maître de maison.

cébette [sebɛt] n. f. En Provence et Languedoc. Oignon nouveau.

ceci [səsi] pronom dém. (Opposé à *cela*) Désigne la chose la plus proche, ce qui va suivre, ou simplement une chose opposée à une autre. *Ceci me plaît mais pas cela.*

cécité [sesite] n. f. État d'une personne aveugle. *Être frappé de cécité.*

céder [sede] v. < conjug. 6 > **I·** V. tr. **1·** Abandonner, laisser (qqch.) à qqn. → **concéder, donner, livrer, passer** ; fam. **refiler.** *Céder sa place, son tour à qqn. Céder du terrain,* reculer. / contr. garder, regagner / **2·** Transporter la propriété d'une chose à une autre personne. → **livrer, vendre ; cessible, cession. II·** V. tr. ind. **1·** ***Céder à*** : ne plus résister, se conformer à la volonté de (qqn). → **obéir,** se **soumettre.** *Céder à qqn. Il ne cède pas à ses adversaires. Céder à un enfant.* – *Céder à qqch. Céder à la tentation, au découragement.* → **succomber.** / contr. résister / **2·** Loc. *Il ne lui cède en rien,* il est son égal. **3·** Sans compl. → **capituler, renoncer.** *Céder par faiblesse, par lassitude.* / contr. tenir / **4·** (Choses) Ne plus résister à la pression, à la force. → **fléchir, plier, rompre.** *Une branche qui cède sous le poids des fruits.* ▷ ① **concéder,** ② **concéder, rétrocéder**

cédérom [sedeʀɔm] n. m. → **CD-ROM.**

cédétiste [sedetist] adj. et n. Qui concerne la Confédération française démocratique du travail (C. F. D. T.). – N. Membre de cette confédération. *Les cédétistes.*

cedex [sedɛks] n. m. invar. Système spécial de distribution de courrier aux entreprises ou organismes importants.

cédille [sedij] n. f. Petit signe que l'on place sous la lettre *c* (*ç*) suivie des voyelles *a, o, u,* pour indiquer qu'elle doit être prononcée [s]. *« Acquiesçait » s'écrit avec une cédille.*

cédrat [sedʀa] n. m. Fruit (agrume) plus gros que le citron. *Confiture de cédrats.*

cèdre [sɛdʀ] n. m. Grand arbre originaire d'Afrique et d'Asie, à branches presque horizontales en étages. *Les cèdres du Liban.*

cédulaire [sedylɛʀ] adj. Relatif à un impôt (les *cédules,* n. f.), qui atteignait une catégorie de revenus (supprimé en 1948).

cégep [seʒɛp] n. m. Au Québec. Collège d'enseignement général et professionnel, situé entre le secondaire et l'université. *Les cégeps régionaux.*

cégétiste [seʒetist] adj. et n. Qui concerne la Confédération générale du travail (C. G. T.). – N. Membre de cette confédération. *Les cégétistes défilent avec les cédétistes.*

ceindre [sɛ̃dʀ] v. tr. < conjug. 52 > Littér. Mettre autour de son corps, de sa tête (qqch.). *Il ceindra son écharpe.* – Entourer (une partie du corps). *Un bandeau rouge ceignait sa tête.* ▶ **ceinture** [sɛ̃tyʀ] n. f. **I· 1·** Bande servant à serrer la taille, à ajuster les vêtements à la taille ; partie d'un vêtement (jupe, robe, pantalon) qui l'ajuste autour de la taille. *Une ceinture de cuir, de tissu. Boucler, serrer sa ceinture. Grosse ceinture.* → **ceinturon. 2·** Loc. fam. *Se serrer la ceinture,* se priver de nourriture, se passer de qqch. – Prov. *Bonne renommée vaut mieux que ceinture dorée* (que la richesse). **3·** Bande d'étoffe qui retient le kimono (sa couleur qualifie la classe des judokas). *Être ceinture noire,* de la catégorie la plus forte. **4·** Dispositif qui entoure la taille. *Ceinture de natation, de sauvetage,* qui permet de se maintenir sur l'eau. – *Ceinture de sécurité* (dans un avion, une voiture). *Attachez vos ceintures !* **II·** Partie du corps serrée par la ceinture. → **taille.** *Entrer dans l'eau jusqu'à la ceinture.* **III·** Ce qui entoure. *Autobus, chemin de fer de ceinture,* qui entoure une ville. ▶ **ceinturer** v. tr. < conjug. 1 > 1· Entourer d'une enceinte. *Ceinturer une ville de murailles.* 2· Prendre (qqn) par la taille, en le serrant avec les bras. *Ceinturer son adversaire.* ▶ **ceinturon** n. m. Solide ceinture militaire. – Grosse ceinture. ▷ **1 enceinte, 2 enceinte**

céiste [seist] n. Canoéiste.

cela [s(ə)la] pronom dém. 1· (Opposé à *ceci*) Désigne ce qui est plus éloigné ; ce qui précède. 2· Cette chose. → **ça.** *Ne pensez pas à cela. Cela ne fait rien. Tout cela est faux.*

célèbre [selɛbʀ] adj. Très connu. → **fameux, illustre, renommé.** *Un musicien célèbre. Un lieu célèbre. Porter un nom célèbre. Se rendre célèbre,* se faire connaître. *Date tristement célèbre.* / contr. ignoré, inconnu /

célébrer [selebʀe] v. tr. < conjug. 6 > 1· Accomplir solennellement. *Le maire a célébré le mariage.* – *Célébrer la messe.* 2· Marquer (un événement) par une cérémonie, une démonstration. → **fêter.** *Célébrer un anniversaire, une victoire.* → **commémorer.** 3· Littér. Faire publiquement la louange de. → **glorifier, vanter.** *Célébrer la mémoire de qqn. Célébrer les mérites de qqn.* ▶ **célébrant** n. m. Prêtre qui célèbre la messe. ▶ **célébration** n. f. Action de célébrer une cérémonie, une fête. *La célébration d'un mariage. Célébration d'un anniversaire.* → **commémoration.** ▶ **célébrité** n. f. 1· Réputation qui s'étend au loin. → **notoriété, renom, renommée.** *La célébrité d'une personne, d'un nom, d'une œuvre.* 2· Personne célèbre, illustre. → **personnalité.** *Les célébrités du monde artistique.*

celer [s(ə)le] v. tr. < conjug. 5 > Littér. Garder, tenir secret. → **cacher, dissimuler.** ▷ **déceler, receler**

céleri [sɛlʀi] n. m. Plante aromatique cultivée pour les côtes de ses pétioles ou pour ses racines comestibles. *Salade de céleri.*

célérité [seleʀite] n. f. Grande rapidité (dans le geste, l'action). → **promptitude, vitesse.** *Il a agi avec une étonnante célérité.* / contr. lenteur /

célesta [selɛsta] n. m. Instrument de musique à percussion et à clavier. *Des célestas.*

céleste [selɛst] adj. 1· Relatif au ciel. → **aérien.** *Les espaces célestes. La voûte céleste,* le ciel. 2· Qui appartient au ciel, considéré comme le séjour de la divinité, des bienheureux. *La béatitude, le bonheur céleste.* / contr. terrestre ; humain / 3· Merveilleux, surnaturel. → **divin.** *Une beauté céleste.*

célibat [seliba] n. m. État d'une personne en âge d'être mariée et qui ne l'est pas, ne l'a jamais été. *Vivre dans le célibat.* ▶ **célibataire** adj. et n. Qui vit dans le célibat. *Elle est célibataire.* – N. *C'est un célibataire endurci.* – Loc. *Mère célibataire,* femme célibataire qui élève seule ses enfants. → **monoparental.**

celle pronom dém. f. → **celui.**

cellier [selje] n. m. Lieu aménagé pour y conserver du vin, des provisions. → **cave, chai.**

cellophane [selɔfan] n. f. Feuille transparente obtenue à partir de la cellulose et employée pour protéger des produits alimentaires. *Fromage sous cellophane,* sous emballage de cellophane. – En appos. *Papier cellophane.*

1 cellule [selyl] n. f. 1· Cavité qui isole ce qu'elle enferme. – Compartiment. 2· Élément fondamental constituant tous les organismes vivants. *Noyau, membrane d'une cellule. Cellules nerveuses* (neurones). 3· Ensemble des structures d'un avion (ailes, fuselage). 4· *Cellule photo-électrique,* transformant la lumière en courant électrique (libération d'électrons par un métal). 5· Abstrait. Élément isolable d'un ensemble. *La famille, cellule de la société.* – *La cellule familiale,* la famille. *Les cellules d'un parti politique.* → **section.** ▶ **1 cellulaire** adj. 1· De la cellule, relatif aux cellules. 2· Qui comporte des cellules, des alvéoles. *Béton cellulaire,* renfermant des bulles de gaz. 3· *Téléphone cellulaire,* téléphone mobile recevant un signal transmis par relais entre des zones (cellules) de radiocommunication. → **portable.** – Au Canada. N. m. *Un cellulaire.* ▷ **cellulite, cellulose, monocellulaire, unicellulaire**

2 cellule n. f. Petite pièce isolée où l'on est enfermé. → **cachot.** *Cellule de prisonnier. Cellule de moine.* ▶ **2 cellulaire** adj. *Système, régime cellulaire,* d'après lequel les prisonniers sont enfermés dans des cellules séparées. *Fourgon cellulaire,* voiture de police divisée en cellules. → fam. **panier** à salade.

cellulite [selylit] n. f. Gonflement du tissu conjonctif sous-cutané.

celluloïd [selylɔid] n. m. Matière plastique flexible, inflammable.

cellulose [selyloz] n. f. Matière contenue dans la membrane des cellules végétales. ▶ **cellulosique** adj. Constitué de cellulose.

celtique [sɛltik] ou **celte** [sɛlt] adj. et n. Qui a rapport aux Celtes, groupe de peuples de langue indo-européenne, dont la civilisation s'étendit sur l'Europe occidentale (XIIe au IIe s. av. J.-C.). *Les Gaulois, peuple celtique.* – N. m. *Le celtique* (langue), breton, gaélique, gaulois, irlandais.

celui [səlɥi] m. sing. ; **celle** [sɛl] f. sing. ; **ceux** [sø] m. plur. ; **celles** [sɛl] f. plur. ; pronom dém. Désigne la personne ou la chose dont il est question dans le discours. *Les paysages d'Europe sont plus variés que ceux d'Asie. Celui qui vient. Ce sont celles dont j'ai parlé.*

celui-ci [səlɥisi], **celui-là** [səlɥila], pronom dém. m. sing. (et **celle-ci, celle-là** f. sing. ; **ceux-ci, ceux-là** m. plur. ; **celles-ci, celles-là** f. pl.) Marque la même opposition que *ceci* et *cela*. *J'ai deux enfants, celui-ci est le plus jeune.*

cémentation [semɑ̃tɑsjɔ̃] n. f. Opération qui consiste à chauffer un métal, un alliage au contact d'une substance (le *cément*) qui en modifie la composition et lui fait acquérir de nouvelles propriétés.

cénacle [senakl] n. m. Réunion d'un petit nombre d'hommes, de femmes de lettres, d'artistes, de philosophes. → **cercle, club, société.**

cendre [sɑ̃dʀ] n. f. ≠ sandre. **1·** Poudre qui reste quand on a brûlé certaines matières organiques. *Cendre de bois, de papier. Les cendres d'un foyer. Cendres de cigarettes. Cuire des pommes de terre sous la cendre. Couver* sous la cendre.* **2·** Matière qui se réduit facilement en poudre. *Cendres volcaniques,* matières volcaniques analogues aux laves. **3·** Loc. *Mettre, réduire en cendres,* détruire par le feu, l'incendie. **4·** *Les cendres, la cendre de qqn,* ce qui reste de son cadavre après incinération. – *Renaître de ses cendres,* revivre, se ranimer. **5·** *Les Cendres,* symbole de la dissolution du corps → **poussière,** avec lesquelles le prêtre trace une croix sur le front des fidèles le premier jour du carême, le *mercredi des Cendres.* ▶ **cendré, ée** adj. Qui a la couleur grisâtre de la cendre. *Des cheveux gris cendré, blond cendré.* ▶ **cendreux, euse** adj. Qui contient de la cendre, a l'aspect de la cendre. *Teint cendreux.* ▶ **cendrier** [sɑ̃dʀije] n. m. Petit récipient, plateau où les fumeurs font tomber les cendres de leur cigarette, de leur pipe. *Vider les cendriers. Un cendrier rempli de mégots.*

cendrée [sɑ̃dʀe] n. f. Mélange de mâchefer et de sable utilisé comme revêtement des pistes de stade.

Cène [sɛn] n. f. Repas que Jésus-Christ prit avec ses apôtres la veille de la Passion* et au cours duquel il institua l'Eucharistie*. ≠ scène.

cénobite [senɔbit] n. m. Moine qui vivait en communauté (opposé à *anachorète*).

cénotaphe [senɔtaf] n. m. Tombeau élevé à la mémoire d'un mort et qui ne contient pas son corps. → **sépulcre.**

cens [sɑ̃s] n. m. invar. Autrefois. Montant de l'impôt que devait payer un individu pour être électeur ou éligible. *Cens électoral.* ▷ **censitaire, recenser**

censé, ée [sɑ̃se] adj. (+ infinitif) Qui est supposé, regardé comme. → **présumé, supposé.** *Il est censé être à Paris. Elle n'est pas censée le savoir.* ≠ sensé. ▶ **censément** adv. Apparemment, prétendument. *Il est censément présent.*

censeur [sɑ̃sœʀ] n. **1·** Histoire. Magistrat romain chargé du cens*, qui critiquait ses concitoyens. – Littér. Personne qui contrôle, critique les opinions, les actions des autres. *Un censeur sévère. S'ériger en censeur des actes d'autrui.* – **REM.** Le fém. *censeure* est rare. **2·** Personne qui applique la censure. **3·** Personne qui, dans un lycée, était chargée de la surveillance, de la discipline. *Madame le censeur* ou *la censeur.* ▷ **censure**

censitaire [sɑ̃sitɛʀ] adj. En histoire. *Suffrage censitaire,* réservé à ceux qui payaient le cens.

censure [sɑ̃syʀ] n. f. **1·** Vx. Action de critiquer ; condamnation d'une opinion. / contr. **approbation, éloge, louange** / **2·** Autorisation préalable donnée par un gouvernement aux publications, aux spectacles. – Service qui délivre cette autorisation. *La censure militaire a ouvert cette lettre.* ▶ **censurer** v. tr. < conjug. 1 > Interdire (une publication, un spectacle). – Au p. p. adj. *Film, scène censuré(e).*

1 **cent** [sɑ̃] dét., adj. et n. m. **I·** Dét. et adj. **1·** Dét. num. cardinal. – **REM.** 1. *Cent* prend la marque du pluriel : *trois cents,* sauf quand il est suivi d'un autre nombre : *trois cent quatre.* Il s'accorde devant *million* et *milliard* qui sont des noms : *trois cents millions deux cent mille euros.* 2. On fait la liaison avec les mots commençant par une voyelle ou un *h* muet : *cent ans* [sɑ̃tɑ̃], *deux cents hommes* [døsɑ̃zɔm], sauf devant *un, une, unième, onze, onzième.* – Dix fois dix (100). → **hecto-.** *Onze cents,* mille cent. **2·** Un grand nombre (→ **Trente-six, mille**). *Je lui ai dit cent fois. Faire les cent pas,* aller et venir. **3·** Centième. *Page trois cent.* **II·** N. m. *Le nombre cent. Le produit de cent multiplié par cent.* – Loc. *Gagner des mille et des cents,* beaucoup d'argent. – ***Pour cent*** (précédé d'un numéral) : pourcentage. *Cinquante pour cent* (50 %), la moitié. – *Il est d'accord à cent pour cent ; cent pour cent d'accord. Une chemise cent pour cent coton.* → **entièrement.** ▶ **centaine** n. f. Groupe de cent unités. *Il y avait une centaine de personnes dans la salle.* – *Par centaines.* ▷ **bicentenaire, centenaire, centésimal, centième, centime, centuple, centurion, pourcentage, quatre-cent-vingt-et-un, tricentenaire**

2 **cent** [sɛnt] n. m. Le centième du dollar. *Pièce de dix cents* [disɛnts].

3 **cent** [sɑ̃] n. m. Centième partie de l'euro. → **centime** (d'euro). *Une pièce de dix cents.*

centaure [sɑ̃tɔʀ] n. m. Être imaginaire, moitié homme et moitié cheval.

centaurée [sɑ̃tɔʀe] n. f. Bleuet (fleur).

centenaire [sɑ̃tnɛʀ] adj. et n. **1**· Adj. Qui a au moins cent ans. *Un chêne centenaire.* → **séculaire.** – N. *Un, une centenaire,* personne qui a cent ans. **2**· N. m. Centième anniversaire. *Le centenaire de la fondation d'une ville.* ▷ **bicentenaire**

centésimal, ale, aux [sɑ̃tezimal, o] adj. Dont les parties sont des centièmes ; divisé en cent.

centi- Élément signifiant « centième ». ▶ **centigrade** [sɑ̃tigʀad] adj. Divisé en cent degrés. ▶ **centigramme** n. m. Le centième du gramme (cg). ▶ **centilitre** n. m. Le centième du litre (cl).

centième [sɑ̃tjɛm] adj. et n. **1**· Adj. num. ordinal. Qui a le numéro cent pour rang. – N. *Elle est la centième sur la liste.* **2**· Se dit de chacune des parties d'un tout divisé en cent parties égales. – N. m. *Le centième de la somme.*

centime [sɑ̃tim] n. m. **1**· Centième du franc. *Une pièce de dix centimes.* **2**· *Centime d'euro.* → ③ **cent.**

centimètre [sɑ̃timɛtʀ] n. m. **1**· Le centième du mètre (cm). *Centimètre carré* (cm^2), *cube* (cm^3). **2**· Ruban gradué servant à prendre les mesures. → **mètre.**

centrage [sɑ̃tʀaʒ] n. m. Détermination du centre. *Centrage d'une pièce mécanique.*

① **central, ale, aux** [sɑ̃tʀal, o] adj. **1**· Qui est au centre, qui a rapport au centre. *Point central. L'Asie centrale. Quartier central.* / contr. périphérique / **2**· Qui constitue l'organe directeur, principal. *Pouvoir central.* – *Chauffage* central. Maison, prison centrale,* où sont envoyés des prisonniers condamnés à de longues peines. *École centrale (des arts et manufactures)* ou, n. f., *Centrale.*

② **central** n. m. *Central télégraphique, téléphonique,* lieu où aboutissent les fils d'un réseau.

centrale n. f. **1**· Usine qui produit du courant électrique. *Centrale hydraulique. Centrale atomique* ou *nucléaire.* **2**· Groupement national de syndicats. → **confédération.**

centraliser [sɑ̃tʀalize] v. tr. < conjug. 1 > Réunir dans un même centre, ramener à une direction unique. → **concentrer, rassembler, réunir.** *Centraliser les pouvoirs.* – Au p. p. adj. *Un pays centralisé.* / contr. décentraliser / ▶ **centralisateur, trice** adj. ▶ **centralisation** n. f. Action de centraliser. / contr. décentralisation /

centre [sɑ̃tʀ] n. m. **I**· **1**· Point intérieur situé à égale distance de tous les points de la circonférence d'un cercle, de la surface d'une sphère. *Le centre de la Terre.* / contr. bord, extrémité, périphérie / **2**· Milieu approximatif. *Les départements du centre de la France. Le centre de la ville.* **3**· Point intérieur doué de propriétés actives, dynamiques. – Point où s'applique la résultante de forces. *Centre de gravité d'un corps* : des forces exercées par la pesanteur sur toutes les parties de ce corps. – *Centres nerveux,* parties du système nerveux constituées de substance grise et reliées par les nerfs aux divers organes. **4**· Lieu caractérisé par l'importance de ses activités, de son influence. *La Bourse est le centre des affaires.* → **base, siège.** – *Un centre* : lieu où diverses activités sont groupées. → **agglomération, ville.** *Lyon est un grand centre industriel. Centre commercial,* ensemble de magasins. – Organisme qui coordonne plusieurs activités. *Centre national de la recherche scientifique* (C. N. R. S.). **5**· Abstrait. Point où des forces sont concentrées. *Un centre d'intérêt.* – Chose, personne principale. → **base, cœur.** *Elle se croit le centre du monde.* **6**· Parti politique, électorat dont les opinions se situent entre la droite et la gauche. *Un député du centre.* → **centriste.** **II**· En sport. Joueur placé au centre de la ligne d'attaque. ▶ **centrer** v. tr. < conjug. 1 > **1**· Ramener, disposer au centre, au milieu. *Centrer l'image* (photo). **2**· Ajuster au centre. *Centrer une roue.* → **centrage.** **3**· *Centrer sur* : donner comme centre (d'action, d'intérêt). **4**· Sans compl. Ramener le ballon vers l'axe du terrain. *L'ailier a centré près des buts.* ▷ **anthropocentrique, centrage,** ① **central,** ② **central, centrale, centraliser, centriste, concentrer, décentraliser, décentrer, déconcentrer, égocentrique, épicentre, excentrique, recentrer**

centrifuge [sɑ̃tʀifyʒ] adj. Qui tend à pousser loin du centre. *Force centrifuge.* / contr. centripète / ▶ **centrifuger** v. tr. < conjug. 3 > Séparer par un rapide mouvement de rotation deux substances de densité différente. ▶ **centrifugation** n. f. ▶ **centrifugeur, euse** n. m. et f. Appareil agissant par force centrifuge.

centripète [sɑ̃tʀipɛt] adj. Qui tend à rapprocher du centre. *Force centripète.* / contr. centrifuge /

centriste adj. et n. Qui appartient au centre politique. *Députés centristes.*

centuple [sɑ̃typl] adj. et n. m. Qui est cent fois plus grand. – N. m. *Le centuple. Être récompensé au centuple.* ▶ **centupler** v. < conjug. 1 > **1**· V. tr. Multiplier par cent. **2**· V. intr. Être porté au centuple. *La production a centuplé en cinquante ans.*

centurion [sɑ̃tyʀjɔ̃] n. m. Officier qui commandait une compagnie de cent hommes (une *centurie*), dans l'antiquité romaine.

cep [sɛp] n. m. Pied (de vigne). *Des ceps de vigne.* ≠ cèpe. ▶ **cépage** n. m. Variété de plant de vigne cultivée. *Cépage blanc, noir.*

cèpe [sɛp] n. m. Variété de gros champignon à chapeau brun (bolet comestible). *Cèpes à la bordelaise.* ≠ cep.

cependant [s(ə)pɑ̃dɑ̃] conj. et adv. Exprime une opposition, une restriction. → **néanmoins, pourtant, toutefois.** – Conj. *Personne ne l'a cru, cependant il disait la vérité.* – Adv. *Personne ne l'a cru, il disait cependant la vérité.*

céphalée [sefale] n. f. Mal de tête. → **migraine.** ▶ **céphalique** adj. Didact. De la tête. *Douleurs céphaliques,* maux de tête.

céphalopode [sefalɔpɔd] n. m. Se dit de mollusques supérieurs caractérisés par un pied à tentacules munies de ventouses. *La pieuvre est un céphalopode.*

céramique [seʀamik] n. f. 1· Technique et art du potier, de la fabrication des objets en terre cuite. *Céramique et poterie**. 2· Matière dont sont faits les objets, récipients en faïence, porcelaine, terre cuite. *Des carreaux de céramique peinte.* ▶ **céramiste** n. et adj. Artiste qui fait, décore des objets en céramique.

cerbère [sɛʀbɛʀ] n. m. 1· *Cerbère,* nom du chien qui gardait les Enfers, dans la mythologie grecque. 2· Iron. *Un cerbère,* portier, gardien sévère.

cerceau [sɛʀso] n. m. 1· Cintre, demi-cercle en bois, en fer qui sert de support. → **arceau.** 2· Cercle (de bois, métal...). *Jouer au cerceau,* avec un cercle de bois que l'on fait rouler en le poussant avec un bâton. *Cerceau de gymnastique.*

cercle [sɛʀkl] n. m. I· 1· Courbe plane fermée dont tous les points sont à égale distance d'un point fixe (le *centre*). *Diamètre, rayon d'un cercle. Longueur d'un cercle.* → **circonférence.** *Demi-cercle. Cercles concentriques.* – *Entourer d'un cercle,* cercler, encercler. – *Cercles que décrit un oiseau, un avion.* 2· (Impropre en sciences) Surface plane limitée par un cercle. → **disque ; rond.** 3· Se dit d'objets circulaires (anneau, disque, collier), d'instruments gradués. 4· Disposition en rond de personnes ou d'objets. *Un cercle de chaises. Former un cercle autour de qqn.* 5· Groupe de personnes qui ont l'habitude de se réunir. *Un petit cercle d'amis.* – Local dont disposent les membres d'une association pour se réunir. → **club.** *Cercle militaire.* II· Abstrait. 1· Ce dont on fait le tour, dont on embrasse l'étendue. → **domaine, étendue, limite.** *Étendre le cercle de ses occupations, de ses relations.* 2· *Cercle vicieux* ou *cercle :* raisonnement faux où l'on donne pour preuve la supposition d'où l'on est parti. – Situation dans laquelle on est enfermé. ▶ **cercler** v. tr. < conjug. 1 > Entourer, munir (qqch.) de cercles, de cerceaux. *Cercler un tonneau.* ▶ **cerclage** n. m. Action de cercler. *Le cerclage d'une barrique.* – *Cerclage gastrique**. ▷ **demi-cercle, encercler**

cercueil [sɛʀkœj] n. m. Longue caisse dans laquelle on enferme le corps d'un mort pour l'ensevelir. → 2 **bière, sarcophage.** *Des cercueils.*

céréale [seʀeal] n. f. Plante dont les grains servent de base à l'alimentation (avoine, blé, maïs, millet, orge, riz, sarrasin, seigle, sorgho). *Farine de céréales.* ▶ **céréalier, ière** adj. et n. De(s) céréales. *Cultures céréalières.* – N. Producteur(trice) de céréales.

cérébral, ale, aux [seʀebʀal, o] adj. 1· Qui a rapport au cerveau. *Congestion cérébrale. Les hémisphères cérébraux,* les deux moitiés du cerveau. 2· Qui concerne l'esprit, l'intelligence, la pensée. → **intellectuel.** *Travail, surmenage cérébral.* 3· (Personnes) Qui vit surtout par la pensée, par l'esprit. – N. *C'est une cérébrale.* ▶ **cérébrospinal, ale, aux** [seʀebʀospinal, o] adj. Relatif au cerveau et à la moelle épinière.

cérémonie [seʀemɔni] n. f. 1· Ensemble des règles solennelles qui accompagnent la célébration du culte religieux ; fête sacrée. *Cérémonie du baptême, du mariage.* 2· Ensemble des formes extérieures (pompe, apparat) destinées à marquer, à commémorer un événement de la vie sociale. *Les cérémonies de la fête de la victoire. Habit de cérémonie.* 3· Au plur. Manifestations excessives de politesse dans la vie privée. *Il a reçu ses invités avec beaucoup de cérémonies.* – Loc. fig. *Faire des cérémonies,* faire des manières. → **cérémonieux.** *Sans cérémonie,* avec simplicité. → **complication, façon, formalité.** ▶ **cérémonial, als** n. m. Ensemble de règles que l'on observe lors d'une cérémonie. *Cérémonial de cour.* → **étiquette.** *Le cérémonial diplomatique. Des cérémonials.* ▶ **cérémonieux, euse** adj. Qui fait trop de cérémonies, qui manque de naturel. → **affecté.** – *Un ton, un air cérémonieux.* → **solennel.** / contr. familier, simple, sans-façon / ▶ **cérémonieusement** adv. D'une manière cérémonieuse.

cerf [sɛʀ] n. m. Animal ruminant vivant en troupeaux dans les forêts ; le mâle adulte, qui porte de longues cornes ramifiées (appelées *bois*). *Femelle du cerf.* → **biche.** *Jeune cerf.* → **faon.** *Les cerfs brament.* ▷ **cerf-volant, cervidé, loup-cervier**

cerfeuil [sɛʀfœj] n. m. Plante herbacée aromatique cultivée comme condiment. *Omelette au cerfeuil.*

cerf-volant [sɛʀvɔlɑ̃] n. m. 1· Gros insecte volant (coléoptère) dont les pinces dentelées rappellent les bois du cerf. 2· Légère armature sur laquelle on tend un papier fort ou une étoffe, et qui peut s'élever en l'air lorsqu'on la tire face au vent avec une ficelle. *Lancer des cerfs-volants.* ▶ **cerf-voliste** ou **cervoliste** n. Personne qui est amateur de cerf-volant (2). → **lucaniste.**

cerise [s(ə)ʀiz] n. f. **1·** Petit fruit charnu arrondi, à noyau, à peau lisse brillante, rouge, parfois jaune pâle, produit par le cerisier. → **bigarreau, griotte.** *Cerises sauvages,* merises. *Le kirsch est une eau-de-vie de cerise.* – Loc. *C'est la cerise sur le gâteau,* ce qui couronne une entreprise. **2·** Adj. invar. *Rouge cerise,* vermeil. *Des rubans cerise.* ▶ **cerisaie** n. f. Lieu planté de cerisiers. ▶ **cerisier** n. m. Arbre fruitier à fleurs blanches en bouquet, qui produit la cerise ; bois du cerisier, employé en ébénisterie. *Une table en cerisier.*

cerne [sɛʀn] n. m. **1·** Cercle coloré qui entoure parfois les yeux, une plaie. → **bleu.** *Les cernes (des yeux) sont le signe de la fatigue ou du manque de sommeil.* **2·** Trait qui souligne un contour, dans un dessin. ▶ **cerné, ée** adj. Entouré d'une zone de couleur brune ou bleuâtre. *Avoir les yeux cernés.*

cerner [sɛʀne] v. tr. < conjug. 1 > **1·** Entourer par des troupes. → **encercler.** *Les blindés cernèrent le nid de mitrailleuses.* – Au passif. *Nous étions cernés. Tout le quartier a été cerné par la police.* **2·** Entourer par un trait. *Cerner une figure d'un trait bleu.* **3·** Fig. *Cerner un problème, une difficulté, une question,* en faire le tour. ▷ **cerne**

certain, aine [sɛʀtɛ̃, ɛn] adj. et pronom **I·** Adj. épithète après le nom. **1·** Qui ne peut manquer de se produire, qui arrivera. → **assuré, inévitable, sûr ; certitude.** *Son succès est certain, un succès certain. Il est certain que nous réussirons.* / contr. douteux, incertain / **2·** Qui ne laisse place à aucun doute, qui est considéré comme vrai. *Une bonne volonté certaine.* → **véritable.** *C'est possible, mais ce n'est pas certain.* → **confirmé, réel, vrai. 3·** (Personnes) Qui considère une chose pour vraie. → **assuré, convaincu.** *Je suis certaine d'y arriver, que j'y arriverai. J'en suis certain,* j'en ai la certitude. **II·** Adj. avant le nom. **1·** (Précédé de l'art. indéf.) Imprécis, difficile à fixer. *Il restera un certain temps. Jusqu'à un certain point. D'un certain âge,* qui n'est plus jeune. *Il lui a fallu un certain courage,* du courage. **2·** Au plur. Quelques-uns parmi d'autres. *Certaines personnes. Dans certains pays.* **III·** Pronom pl. *Certains* : certaines personnes. *Certains disent, certains prétendent. Certains de vos amis.* → **plusieurs.** ▶ **certainement** adv. **1·** D'une manière certaine. → **certes.** *Cela arrivera certainement.* → **fatalement, nécessairement, sûrement. 2·** (Renforce une affirmation) *Il est certainement le plus doué.* → **évidemment, vraiment.** « *Croyez-vous que cela vaille la peine ? – Certainement.* » ▷ **incertain**

certes [sɛʀt] adv. Littér. Certainement. *Certes, il a raison.*

certificat [sɛʀtifika] n. m. **1·** Document écrit, signé d'une personne autorisée et attestant la vérité de (qqch.). → **attestation.** *Certificat de scolarité. Certificat médical. Certificat de travail,* indiquant la nature et la durée du travail d'un salarié. **2·** Nom donné à différents diplômes et aux examens que l'on passe pour les obtenir. *Certificat d'études* (primaires). *Certificat d'aptitude professionnelle* (C. A. P.).

certifier [sɛʀtifje] v. tr. < conjug. 7 > **1·** Assurer qu'une chose est vraie. → **affirmer, garantir.** *Certifier qqch. à qqn. Je vous certifie que...* **2·** Garantir l'authenticité de (qqch.) par un écrit. *Certifier une signature.* – Au p. p. *Copie certifiée conforme,* dont la conformité avec l'original est garantie.

certitude [sɛʀtityd] n. f. **1·** Caractère d'une affirmation à laquelle on croit profondément. → **évidence, vérité ; certain.** *La certitude d'un fait. La certitude d'un témoignage.* **2·** État de l'esprit qui ne doute pas. → **conviction, croyance.** *J'ai la certitude qu'il viendra.* ▷ **incertitude**

cérumen [seʀymɛn] n. m. Substance grasse et jaune qui est sécrétée dans le conduit de l'oreille externe. *Un bouchon de cérumen l'empêchait d'entendre.*

céruse [seʀyz] n. f. Colorant blanc que l'on employait en peinture. *Blanc de céruse.*

cerveau [sɛʀvo] n. m. **I·** Concret. **1·** Masse nerveuse contenue dans le crâne de l'homme (cerveau (2), cervelet, bulbe, pédoncules cérébraux). → **encéphale.** *Tumeur au cerveau.* **2·** Partie antérieure et supérieure de l'encéphale* des vertébrés, formée des deux hémisphères cérébraux et de leurs annexes (méninges). *Lobes, circonvolutions du cerveau.* **II· 1·** Abstrait. Le siège de la pensée, du raisonnement ; les facultés mentales. → **esprit, intelligence, raison, tête ; cervelle.** *Cerveau bien organisé.* Fam. *Avoir le cerveau dérangé, fêlé,* être fou. – *Faire travailler son cerveau,* réfléchir, chercher intellectuellement. – Personne remarquablement intelligente. *C'est le cerveau de la bande. Des cerveaux.* – Loc. *Lavage* de cerveau.* **2·** Organe central de direction. → **centre. 3·** *Cerveau électronique,* tout appareil qui effectue des opérations complexes portant sur de l'information. → **calculateur, ordinateur.** ▶ **cervelet** n. m. Partie postérieure et inférieure de l'encéphale. ▶ **cervelle** n. f. **1·** Substance nerveuse constituant le cerveau. Loc. fam. *Se brûler, se faire sauter la cervelle,* se tuer d'un coup de pistolet dans la tête. **2·** Partie du cerveau d'animaux qui se mange (veau, agneau...). *Une cervelle au beurre.*

3· Facultés mentales. → **cerveau** (II), **esprit.** *Tête sans cervelle. Cervelle d'oiseau.* → **écervelé.** Loc. *Se creuser la cervelle,* faire des efforts de réflexion. ▷ **écervelé**

cervelas [sɛʀvəla] n. m. invar. Saucisson cuit, gros et court.

cervical, ale, aux [sɛʀvikal, o] adj. De la région du cou. *Vertèbre cervicale.*

cervidé [sɛʀvide] n. m. Mammifère ruminant qui porte des bois (ex. : *cerf, chevreuil*). *Les cervidés* (famille zoologique).

cervoise [sɛʀvwaz] n. f. Bière d'orge, de blé, dans l'Antiquité et au Moyen Âge.

cervoliste → **cerf-voliste.**

ces → 1 **ce.**

césarienne [sezaʀjɛn] n. f. Opération chirurgicale permettant d'extraire l'enfant du corps de la mère lorsque l'accouchement ne peut s'effectuer naturellement.

césarisme [sezaʀism] n. m. Système de gouvernement dans lequel un seul homme (comme *César*) détient tous les pouvoirs. → **despotisme, dictature.** *Le césarisme des Bonaparte.*

cessant, ante [sesɑ̃, ɑ̃t] adj. *Toute(s) chose(s), toute(s) affaire(s) cessante(s),* en interrompant tout le reste, en priorité.

cessation [sesɑsjɔ̃] n. f. Le fait de prendre fin (de cesser) ou de mettre fin à qqch. → **abandon, arrêt, fin, interruption, suspension.** *Cessation des hostilités,* armistice, trêve. → **cessez-le-feu.** *Cessation du travail. Cessation d'activité. Commerçant en cessation de paiements,* en faillite. / contr. continuation / ≠ cession.

cesse [sɛs] n. f. En loc. négatives. **1·** *N'avoir de cesse que* (+ subjonctif), ne pas s'arrêter avant que... *Il n'aura (pas) de cesse qu'il n'obtienne ce qu'il veut.* **2·** ***Sans cesse*** loc. adv. : sans discontinuer. → **constamment, continuellement, toujours.** *Il travaille sans cesse.*

cesser [sese] v. < conjug. 1 > **1·** V. intr. (suj. chose) Se terminer ou s'interrompre. → s'**arrêter, finir.** *Le vent a cessé. La fièvre a cessé.* → **disparaître, tomber.** / contr. continuer, durer, persister / – ***Faire cesser*** *qqch.* : arrêter, interrompre. *Faire cesser un scandale, des querelles.* **2·** V. tr. ind. ***Cesser de*** (+ infinitif). → **achever,** s'**arrêter.** *Cesser d'agir, de parler. Son influence, son action cesse de se faire sentir,* disparaît, passe. – ***Ne (pas) cesser de*** : continuer. *Il n'a cessé de m'importuner jusqu'à ce qu'il obtienne satisfaction.* **3·** V. tr. (suj. animé) Faire finir. → **arrêter.** *Cesser tout effort, le travail, ses fonctions.* → **abandonner.** ▶ **cessez-le-feu** [seselfø] n. m. invar. Arrêt des combats. ▷ **cessant, cessation, cesse, incessant**

cessible [sesibl] adj. Droit. Qui peut être cédé. → **négociable.** *Ces actions ne sont pas cessibles avant deux ans.*

cession [sesjɔ̃] n. f. Action de céder (un droit, un bien). *Cession de bail.* → **transmission.** *Acte de cession.* → **vente.** / contr. achat, acquisition / ≠ cessation. ▶ **cessionnaire** n. Personne à qui une cession a été faite.

c'est-à-dire [sɛ(e)tadiʀ] loc. conj. **1·** Mot qui annonce une explication, une précision ou une qualification (abrév. *c.-à-d.*). *Un radjah, c'est-à-dire un prince de l'Inde.* **2·** *C'est-à-dire que,* en conséquence. *Il n'y a plus d'eau, c'est-à-dire que nous allons mourir de soif.*

césure [sezyʀ] n. f. Repos à l'intérieur d'un vers après une syllabe accentuée. → **coupe.**

cet, cette → 1 **ce.**

cétacé [setase] n. m. Mammifère aquatique à forme de poisson, à membres (antérieurs) transformés en nageoires. → **baleine, cachalot, dauphin, marsouin.**

cétologie [setɔlɔʒi] n. f. Didact. Étude des cétacés. ▶ **cétologique** adj. ▶ **cétologiste** ou **cétologue** n.

cétone [setɔn] n. f. Nom des corps chimiques de constitution analogue à celle de l'acétone.

ceux pronom dém. Pluriel de ***Celui.***

cévenol, ole [sevnɔl] adj. Des Cévennes.

cf. [kɔ̃fɛʀ] **REM.** Il n'y a pas de prononciation de l'abréviation. Abréviation de l'impératif latin *confer* (compare). *Le signe « cf. » sert à renvoyer à un mot, une expression.*

C. G. S. [seʒeɛs] adj. *Système C. G. S.* : système d'unités physiques (centimètre, gramme, seconde).

chabrot [ʃabʀo] n. m. ***Faire chabrot*** loc. région. : mélanger du vin et du bouillon chaud.

chacal, als [ʃakal] n. m. **1·** Mammifère carnivore d'Asie et d'Afrique ressemblant au renard. *Une bande de chacals.* **2·** Homme avide et cruel. → **charognard, vautour.**

chacun, une [ʃakœ̃, yn] pronom indéf. **1·** Personne ou chose prise individuellement dans un ensemble, un tout. *Chacun de nous, chacun d'entre eux. Chacun des deux,* l'un et l'autre. *Ils ont bu chacun son verre* ou *chacun leur verre. Chacun rentra chez lui, chez soi.* **2·** Toute personne. *À chacun selon son mérite. Chacun son métier.* – Littér. *Tout un chacun,* n'importe qui.

chafouin, ine [ʃafwɛ̃, in] adj. Rusé, sournois. *Mine chafouine.*

① **chagrin, ine** [ʃagʀɛ̃, in] adj. Littér. Qui est d'un caractère ou d'une humeur triste, morose. *Une humeur chagrine.* → **maussade, mélancolique, morose.** – Qui révèle de la tristesse. *Visage chagrin. Avoir l'air chagrin.* / contr. content, gai, satisfait /

② **chagrin** n. m. *Le, du chagrin,* état moralement douloureux. → **affliction, douleur, peine.** *Avoir du chagrin, beaucoup de chagrin.* – *Un chagrin,* peine ou déplaisir causé par un événement précis. *Il en a eu un grand, un terrible chagrin. Chagrin d'amour.* – Loc. fam. *Noyer son chagrin dans le vin, dans l'alcool,* s'enivrer pour l'oublier. ▶ **chagriner** v. tr. < conjug. 1 > Rendre (qqn) triste. → **affliger, attrister, peiner.** *Son départ me chagrine,* me fait de la peine.

③ **chagrin** n. m. Cuir dont la surface présente de petits grains, fait de peau de mouton, de chèvre, d'âne, et utilisé en reliure. *Un livre relié en chagrin.* – Abstrait. *C'est une peau de chagrin,* cela ne cesse de rétrécir.

chahut [ʃay] n. m. Agitation bruyante (d'écoliers). → **tapage.** *Faire du chahut. Quel chahut !* ▶ **chahuter** v. < conjug. 1 > **1·** V. intr. Faire du chahut. *Les enfants n'ont pas cessé de chahuter.* **2·** V. tr. Manifester contre (qqn) par un chahut. ▶ **chahuteur, euse** n. et adj. → **turbulent.**

chai [ʃɛ] n. m. Magasin situé au rez-de-chaussée (≠ cave) où l'on emmagasine les alcools, les vins en fûts. → **cellier.** *Visiter les chais d'une coopérative vinicole.*

① **chaîne** [ʃɛn] n. f. **I· 1·** Succession d'anneaux de métal entrelacés → **chaînon, maille** servant de lien, d'ornement, etc. *Mettre, tenir un chien à la chaîne.* → **enchaîner.** *Chaîne d'ancre.* – *Chaîne de sûreté,* qui retient une porte entrebâillée. – En bijouterie. Attache ornementale. → **chaînette, gourmette.** *Elle porte autour du cou une fine chaîne en or.* **2·** Suite d'anneaux métalliques servant à transmettre un mouvement. *Chaîne de bicyclette.* **3·** *Chaîne d'arpenteur,* pour les mesures. **4·** Au plur. Assemblage de chaînes, qu'on met aux pneus pour éviter de glisser sur la neige, le verglas. *Il y a trop de neige, on va mettre les chaînes.* **II·** Abstrait. Ce qui attache, enchaîne, rend esclave. → **asservissement, lien.** *Briser, secouer ses chaînes,* se délivrer. ▶ **chaînette** n. f. Petite chaîne. ▶ **chaînon** n. m. **1·** Anneau d'une chaîne. → **maillon. 2·** Abstrait. Lien intermédiaire. *Il manque un chaînon dans la reconstitution des faits. Le chaînon manquant.* ▷ **déchaîner, enchaîner**

② **chaîne** n. f. **I·** Objet (concret ou abstrait) composé d'éléments successifs solidement liés. **1·** Ensemble des fils parallèles disposés dans le sens de la longueur d'un tissu, entre lesquels passe la trame*. **2·** Suite d'accidents de relief rattachés entre eux. *Chaîne de montagnes.* **3·** En chimie. Ensemble des atomes (de carbone) liés, dans les molécules organiques. – Succession de réactions chimiques. *Réaction en chaîne.* **4·** Ensemble d'appareils concourant à la transmission de signaux. *Chaîne hi-fi*.* – Ensemble d'émetteurs de télévision émettant un même programme. *Poste de télévision équipé pour recevoir toutes les chaînes.* → **canal. 5·** Installation formée de postes successifs de travail et du système conduisant des uns aux autres. *Chaîne de montage, automatisée. Travail à la chaîne.* **6·** *Chaîne (de magasins, d'hôtels...),* ensemble (de magasins, d'hôtels...) dépendant d'une même société. **II·** (Personnes) Ensemble de personnes qui se transmettent qqch. de l'une à l'autre. – Loc. *Faire la chaîne.*

① **chair** [ʃɛʀ] n. f. **1·** Substance molle du corps de l'homme (ou d'animaux), muscles ; aspect extérieur du corps, de la peau. *La chair et les os.* – Loc. ***En chair et en os*** : en personne. – *Être **bien en chair*** : avoir de l'embonpoint, avoir la chair ferme. – *Avoir la chair de poule,* la peau qui se hérisse. → **frisson.** *Donner la chair de poule,* faire peur. – *Couleur chair,* de la couleur naturelle de la peau des personnes blanches. *Des bas couleur chair.* **2·** (Au sens de viande) ***Ni chair, ni poisson*** : sans caractère ferme ; indécis. – Préparation de viande hachée. *Chair à saucisses. Hacher menu comme chair à pâté,* très fin. – (Avec un adj. qui qualifie) Partie comestible d'animaux (quand on ne peut pas dire *viande*), de fruits. *Ces volailles, ce poisson ont une chair délicate, tendre. Une pêche à chair blanche.* ≠ chaire, chère (dans *bonne chère*).

② **chair** n. f. **1·** La nature humaine, le corps (opposé à l'*esprit*, à l'*âme*). *Le Verbe s'est fait chair.* → **incarnation. 2·** Littér. Les instincts, les besoins du corps ; les sens (→ **charnel**). *Les plaisirs de la chair.*

chaire [ʃɛʀ] n. f. **1·** Tribune élevée du haut de laquelle un ecclésiastique adresse aux fidèles ses instructions et ses enseignements. *Le curé monte en chaire pour prêcher.* **2·** Tribune où s'installe un professeur de faculté pour faire son cours. **3·** Poste de professeur (dans une faculté). *La chaire de droit, d'histoire. Une chaire vient d'être créée.*

chaise [ʃɛz] n. f. **1·** Siège à dossier et sans bras. *Chaise de cuisine, de jardin.* – ***Chaise longue*** : fauteuil muni d'un appui pour les jambes ; siège de toile pliant. → **transatlantique.** – Loc. *Se trouver, être assis **entre deux chaises*** : dans une situation incertaine, instable. **2·** ***Chaise à porteurs*** : autrefois, petit abri muni d'un siège, dans lequel on se faisait porter par deux hommes. → **palanquin.** **3·** *Chaise électrique* : siège utilisé pour l'électrocution des condamnés à mort (dans certains États des États-Unis). ▶ **chaisier, ière** n. **1·** Personne qui fabrique des chaises. **2·** Personne qui loue des chaises (dans un lieu public).

1 **chaland** [ʃalɑ̃] n. m. Bateau à fond plat pour le transport des marchandises. → **péniche.** *Chaland-citerne* (pour le transport des liquides). *Train de chalands,* tirés par un remorqueur.

2 **chaland, ande** n. Vx. Acheteur, acheteuse. → **client.** ▶ **chalandise** n. f. *Zone de chalandise,* aire d'attraction créée par un magasin, un centre commercial, une ville. ▷ **achalandé**

châle [ʃɑl] n. m. Grande pièce d'étoffe que les femmes portent sur leurs épaules. → **fichu.** *Un châle de soie.*

chalet [ʃalɛ] n. m. **1·** Maison de bois des pays de montagne (habitation paysanne ; d'abord abri de berger en haute montagne). **2·** Maison de plaisance imitée des chalets suisses. *Ils se sont fait construire un chalet dans les Alpes.*

chaleur [ʃalœʀ] n. f. **I· 1·** Température plus ou moins élevée de la matière (par rapport au corps humain) ; sensation produite par un corps chaud. *La chaleur de l'eau bouillante, d'un fer rouge.* → **brûlure.** – Température de l'air qui donne à l'organisme une sensation de chaud. *Chaleur douce, modérée* → **tiédeur** ; *accablante, étouffante* → **canicule, étuve, fournaise.** *Grosse chaleur. Quelle chaleur, aujourd'hui !* / contr. froid, n. m. / **2·** En sciences. Phénomène physique qui se transmet et dont l'augmentation se traduit notamment par l'élévation de la température. *Chaleur spécifique,* qui élève de 1 °C la température de 1 g de substance. **II·** État des femelles des mammifères quand elles acceptent l'approche du mâle. → **rut.** *Chatte en chaleur.* **III·** Passion intérieure (d'une personne, de ses sentiments) ; force des sentiments. → **ardeur, exaltation, passion, vivacité ; chaleureux.** *La chaleur de ses convictions. La chaleur de son amitié.* / contr. froideur, indifférence / ▶ **chaleureux, euse** [ʃalœʀø, øz] adj. Qui montre, qui manifeste de la chaleur (II). → **ardent, enthousiaste.** *Accueil chaleureux. Ami chaleureux.* / contr. froid, tiède / ▶ **chaleureusement** adv.

châlit [ʃɑli] n. m. Cadre de lit.

challenge [ʃalɑ̃ʒ] n. m. Anglic. **1·** Épreuve sportive dans laquelle le vainqueur devient le détenteur du titre de champion. **2·** Situation où la difficulté stimule. → **défi.** ▶ **challenger** [ʃalɛn ʒœʀ] n. m. Anglic. Sportif qui cherche à enlever le titre au champion. *Des challengers.*

chaloupe [ʃalup] n. f. Embarcation non pontée. *Chaloupes de sauvetage.* → **canot.**

chaloupé, ée [ʃalupe] adj. (Démarche, danse) Qui est balancé. *Valse chaloupée.*

chalumeau [ʃalymo] n. m. Appareil qui produit et dirige un jet de flammes à une température élevée. *Des chalumeaux. Soudure au chalumeau.*

chalut [ʃaly] n. m. Filet en forme d'entonnoir, attaché à l'arrière d'un bateau. *Pêcher le hareng au chalut. Jeter, ramener le chalut.* ▶ **chalutier** n. m. Bateau de pêche armé pour la pêche au chalut.

chamade [ʃamad] n. f. (Cœur) *Battre la chamade,* battre à grands coups.

se chamailler [ʃamɑje] v. pron. < conjug. 1 > Fam. Se quereller bruyamment pour des raisons insignifiantes. *Arrêtez donc de vous chamailler !* → **se disputer,** se **quereller.** ▶ **chamaillerie** n. f. Fam. Dispute, querelle. ▶ **chamailleur, euse** adj. et n. Qui se chamaille.

chaman ou **chamane** [ʃaman] n. Être capable d'interpréter les signes et de communiquer avec les esprits, dans certaines civilisations. ▶ **chamanique** adj. *Rites chamaniques.* ▶ **chamanisme** n. m. Ensemble des croyances et des pratiques liées au pouvoir du chaman.

chamarré, ée [ʃamaʀe] adj. Rehaussé d'ornements aux couleurs éclatantes. *Des étoffes chamarrées d'or.* ▶ **chamarrure** n. f. Ornement d'une étoffe, d'un vêtement chamarré.

chambard [ʃɑ̃baʀ] n. m. Fam. Vacarme, chahut. *Faire du chambard.*

chambarder [ʃɑ̃baʀde] v. tr. < conjug. 1 > Fam. Bouleverser, mettre en désordre. *On a tout chambardé dans la maison.* → fam. **chambouler.** / contr. conserver, maintenir / ▶ **chambardement** n. m. Fam. Action de chambarder ; désordre, changement brutal.

chambellan [ʃɑ̃be(ɛl)lɑ̃] n. m. Gentilhomme de la cour chargé du service de la chambre d'un souverain (roi, empereur). *Les chambellans de la cour. Le Grand Chambellan.* ▶ **chambellanie** n. f. Dignité de chambellan. – Services du chambellan du souverain du Maroc.

chambouler [ʃɑ̃bule] v. tr. < conjug. 1 > Fam. Bouleverser, mettre sens dessus dessous. → fam. **chambarder.**

chambranle [ʃɑ̃bʀɑ̃l] n. m. Encadrement d'une porte, d'une fenêtre, d'une cheminée. → **huisserie.**

chambranler v. intr. < conjug. 1 > Au Canada. Vaciller, chanceler.

1 **chambre** [ʃɑ̃bʀ] n. f. **1·** Pièce où l'on couche. → fam. **piaule.** *Chambre à coucher. Chambre d'hôtel. Chambre d'hôpital. Chambre à deux lits. Chambre d'étudiant. Chambre de bonne.* – ***Garder la chambre*** : ne pas sortir de chez soi, par suite d'une maladie. **2·** Loc. Vieilli. ***En chambre*** : chez soi. *Travailler en chambre* (ouvrier, artisan). → à **domicile.** – ***De chambre.*** *Robe de chambre. Valet, femme de chambre,* domestiques attachés au service personnel. **3·** Pièce, compartiment à bord d'un navire. *Chambre des machines.* **4·** Pièce spécialement aménagée. *Chambre froide, frigorifique,* pièce maintenue à basse température et qui sert à conserver (des aliments, etc.). – *Chambre forte,* pièce blindée où on range des objets de valeur. – *Chambre à gaz*.* ▶ **chambrette** n. f. Petite chambre (1). ▶ **chambrée** n. f. L'ensemble de ceux qui couchent dans une même pièce ; la pièce où couchent les soldats. → **dortoir.** *Toute la chambrée sera punie. Balayer la chambrée.* ▶ **chambrer** v. tr. < conjug. 1 > **1·** Isoler (qqn) pour l'amener à céder, le convaincre. → **endoctriner.** **2·** Mettre (le vin) à la température de la pièce, le réchauffer légèrement. *On chambre les vins rouges.* – Au p. p. adj. *Vin chambré.* **3·** Fam. *Chambrer qqn,* se moquer de lui (en paroles).

2 **chambre** n. f. **1·** (Avec une majuscule) Assemblée législative. *La Chambre des députés* (ou *Assemblée nationale*) *et le Sénat forment le Parlement* (en France). *La Chambre des communes et la Chambre des lords* (en Grande-Bretagne). **2·** Section de certains tribunaux. *Première chambre, seconde chambre du tribunal correctionnel. La chambre d'accusation.* **3·** Assemblée chargée de défendre les intérêts (d'une profession, d'un métier). *Chambre de commerce,* assemblée représentative des commerçants et industriels.

3 **chambre** n. f. Cavité. **1·** ***Chambre noire*** : boîte fermée où une petite ouverture (avec ou sans lentille) fait pénétrer les rayons lumineux et qui sert à reproduire sur un écran l'image des objets. **2·** (Dans un moteur) *Chambre d'explosion d'un moteur. Chambre de combustion.* **3·** ***Chambre à air*** : enveloppe de caoutchouc gonflée d'air, partie intérieure d'un pneu. *Réparer une chambre à air.* **4·** *Chambre de Wilson* ou *chambre à brouillard,* pour l'étude des trajectoires des particules élémentaires.

chameau [ʃamo] n. m. **I·** Grand mammifère ruminant à pelage laineux, à bosses sur le dos ; chameau à deux bosses (*chameau d'Asie*), parfois opposé au dromadaire (*chameau d'Arabie*) à une bosse. *La sobriété du chameau. Transport à dos de chameau. Caravane de chameaux.* – *Poil de chameau,* tissu en poils de chameau. **II·** Fam. Personne méchante, désagréable. → fam. **cochon, garce, salaud.** *Cette femme est un vieux chameau.* – Adj. *Ce qu'il (elle) est chameau !* ▶ **chamelier** [ʃaməlje] n. m. Celui qui conduit les chameaux et en prend soin. ▶ **chamelle** [ʃamɛl] n. f. Femelle du chameau.

chamois [ʃamwa] n. m. invar. **1·** Ruminant à cornes recourbées qui vit dans les montagnes. *Chamois des Pyrénées.* → **isard.** **2·** Peau de mouton, de chèvre, préparée par chamoisage. *Gant de chamois.* – *Peau de chamois,* qui sert à nettoyer les vitres, etc. – Adj. invar. Couleur jaune clair. *Une veste chamois.* ▶ **chamoisage** n. m. Ensemble d'opérations par lesquelles on rend certaines peaux (mouton, chèvre) aussi souples que la peau de chamois véritable.

champ [ʃɑ̃] n. m. **I·** Espace ouvert et plat. → **campagne.** **1·** Étendue de terre propre à la culture. *Cultiver, labourer un champ. Champ de blé.* – *En plein champ,* au milieu de la campagne. **2·** ***Les champs*** : toute étendue cultivée, cultivable. → **campagne.** *La vie des champs. Fleurs des champs.* – *À travers champs,* hors des chemins. **3·** Terrain, espace. ***Champ de bataille*** : lieu des combats, dans une guerre. *Rester sur le champ de bataille,* y être tué. *Mourir, tomber au* ***champ d'honneur*** : à la guerre. – Terrain délimité et réservé à une activité. *Champ de manœuvre, d'exercices. Champ d'aviation.* → **terrain.** *Champ de courses.* → **hippodrome.** – *Champ clos,* où avaient lieu les tournois*. – Loc. ***Prendre du champ*** : reculer pour prendre de l'élan ; prendre du recul. **II· 1·** Domaine d'action (→ **sphère**). *Élargir le champ de ses connaissances. Donner libre champ à son imagination. Laisser le champ libre à,* donner une liberté d'action. **2·** ***Sur-le-champ*** loc. adv. → **aussitôt, immédiatement.** *Partir sur-le-champ.* – ***À tout bout de champ*** [atubudʃɑ̃] loc. adv. fam. : à tout instant. **III·** Espace limité (concret ou abstrait) réservé à certaines opérations ou doué de propriétés. **1·** *Champ (des instruments d'optique),* portion d'espace qui est vue dans l'instrument ou enregistrée (film). *Sortir du champ. Être hors champ.* **2·** ***Champ opératoire*** : zone du corps dans laquelle l'opération est pratiquée. **3·** Zone où se manifeste un phénomène magnétique ou électrique, un système de forces. *Champ magnétique.* ▷ **champêtre, contrechamp**

champagne [ʃɑ̃paɲ] n. m. Vin blanc de Champagne, rendu mousseux. *Bouteille, bouchon de champagne. Sabler le champagne. Boire une coupe de champagne.* ▶ **champagniser** v. tr. < conjug. 1 > Traiter (les crus de Champagne, un vin) pour en faire du champagne. – Au p. p. *Vins champagnisés* (dits abusivt *champagnes*).

champenois, oise [ʃɑ̃pənwa, waz] adj. De Champagne. – N. *Les Champenois.*

champêtre [ʃɑ̃pɛtʀ] adj. Littér. Qui appartient aux champs, à la campagne cultivée. → **rural, rustique.** *Vie champêtre. Repas champêtre.* – *Garde champêtre.*

champignon [ʃɑ̃piɲɔ̃] n. m. **1·** Végétal sans chlorophylle (sans feuilles) formé d'un pied surmonté d'un chapeau, à nombreuses espèces (comestibles ou vénéneuses). *Ramasser des champignons. Omelette aux champignons. Champignon de couche ; champignon de Paris.* – *Pousser comme un champignon,* grandir très vite. *Ville champignon,* qui se développe vite. **2·** Ce qui a la forme d'un champignon. *Champignon d'un portemanteau.* – Fam. Pédale d'accélérateur. *Appuyer sur le champignon,* accélérer. – *Champignon atomique,* nuage d'une explosion atomique. **3·** En botanique. Végétal inférieur (sans tige ni feuilles), dépourvu de chlorophylle (opposé à *algues, mousses*) et dont les cellules ont un noyau (opposé à *bactéries*). *Les champignons comprennent des levures, moisissures, etc.* ▶ **champignonnière** [ʃɑ̃piɲɔnjɛʀ] n. f. Lieu où l'on cultive les champignons (1) sur couche.

champion, onne [ʃɑ̃pjɔ̃, ɔn] n. **1·** Personne qui défend avec acharnement (une cause). → **défenseur, partisan.** *Elle s'était faite la championne du vote des femmes.* **2·** Vainqueur d'une épreuve sportive (championnat). *Le champion du monde de boxe. Championne d'Europe.* **3·** Fam. Personne remarquable. → **as.** – Adj. *Il est champion, c'est champion !,* remarquable. → **épatant, formidable.** ▶ **championnat** n. m. Épreuve sportive officielle à l'issue de laquelle le vainqueur obtient un titre. *Le championnat de France, du monde de boxe.*

chance [ʃɑ̃s] n. f. **1·** *Bonne, mauvaise chance,* manière favorable ou défavorable selon laquelle un événement se produit → **hasard ;** puissance qui préside au succès ou à l'insuccès → **fortune, sort.** *Souhaiter bonne chance à qqn.* **2·** *Chances :* possibilités de se produire par hasard. → **éventualité, probabilité.** *Il y a beaucoup de chances, il y a des chances,* c'est probable. *Il y a des chances qu'elle réussisse. Calculer ses chances de succès.* **3·** *La chance,* bonne chance. → **bonheur, veine.** *Avoir de la chance. Avoir la chance de* (+ infinitif). *Par chance,* par bonheur. *Donner sa chance à qqn,* lui donner la possibilité de réussir. – *Pas de chance !* (→ fam. Pas de bol, pas de pot). / contr. déveine, malchance / ▷ **chanceux, malchance**

chanceler [ʃɑ̃sle] v. intr. < conjug. 4 > **1·** Vaciller sur sa base, pencher de côté et d'autre comme si on allait tomber. → **flageoler, tituber.** *Il chancelle comme un homme ivre.* **2·** (Suj. chose) Être menacé de ruine, de chute. *Sa fortune chancelle.* – Montrer de l'hésitation. *Sa mémoire chancelle.* / contr. s'affermir / ▶ **chancelant, ante** adj. *Un pas chancelant. Santé chancelante.* → **faible.**

chancelier, ière [ʃɑ̃səlje, jɛʀ] n. **1·** Personne chargée de garder les sceaux, qui en dispose. **2·** *Le chancelier de l'échiquier,* en Angleterre, le ministre des Finances. **3·** Le Premier ministre (en Autriche, en Allemagne fédérale). ▶ **chancellerie** [ʃɑ̃sɛlʀi] n. f. Services d'un chancelier. – *La chancellerie d'une ambassade.*

chanceux, euse [ʃɑ̃sø, øz] adj. Qui a de la chance. → **veinard.** / contr. malchanceux /

chancre [ʃɑ̃kʀ] n. m. Dans certaines maladies infectieuses, perte de substance formant une plaie qui ronge la peau. *Chancre syphilitique.*

chandail, ails [ʃɑ̃daj] n. m. Gros tricot de laine. → **pull-over, tricot.** *Chandail de sport, chandail à col roulé. Des chandails.*

Chandeleur [ʃɑ̃dlœʀ] n. f. Fête de la présentation de Jésus-Christ au Temple (2 février). – Jour où l'on mange traditionnellement des crêpes. *Fête de la Chandeleur.*

chandelle [ʃɑ̃dɛl] n. f. **1·** Mèche tressée enveloppée de suif qui servait à s'éclairer. ≠ bougie. **2·** Loc. ***Devoir une (fière) chandelle** à qqn :* avoir des obligations envers une personne qui a rendu un grand service. – *Des économies de **bouts de chandelles** :* insignifiantes. – *Brûler la chandelle par les deux bouts,* dépenser trop. – *En voir trente-six chandelles,* avoir un éblouissement à la suite d'un coup sur la tête. – *Le jeu n'en vaut pas la chandelle :* le résultat de cette entreprise ne vaut pas l'investissement, l'effort nécessaire. **3·** Montée verticale (d'une balle, d'un avion). *L'avion monte en chandelle.* ▶ **chandelier** [ʃɑ̃dəlje] n. m. Support destiné à recevoir des chandelles, cierges, bougies. → **bougeoir, candélabre, flambeau, ménorah.** *Un chandelier d'argent, de cuivre.* – *Le chandelier à sept branches,* dans la religion juive, chandelier du culte.

chanfrein [ʃɑ̃fʀɛ̃] n. m. Partie de la tête du cheval comprise entre le front et les naseaux.

changer [ʃɑ̃ʒe] v. < conjug. 3 > **I·** V. tr. **1·** Céder (une chose) contre une autre. → **échanger, troquer.** *Changer une chose pour, contre une autre.* – (Sans prép.) *Changer de l'argent* (contre une autre monnaie). → **change.** **2·** Remplacer (qqch., qqn) par une chose, une personne (de même nature). *Changer sa voiture. Changer le personnel d'une administration. Changer les draps.* **3·** ***Changer** qqch., qqn **de**... :* mettre dans un autre (état, lieu). *Changer qqch. de place.* → **déplacer, transférer.** *Changer qqn de poste.* → **muter.**

4· Rendre autre ou différent (compl. abstrait ou indéfini). → **modifier.** *Changer sa manière de vivre. Changer ses plans, ses projets. Cela ne change rien à l'affaire. Vouloir tout changer.* → **bouleverser, transformer.** – Fam. *Changer les idées à qqn.* → **divertir.** – (Suj. chose) *Changer qqn. Cette nouvelle coiffure vous change,* vous fait paraître différent. **5·** ***Changer*** *qqch.* ***en.*** → **convertir, transformer.** *Changer un doute en certitude. Changer qqch. en bien, en mieux* → **améliorer,** *en mal, en pire* → **aggraver. 6·** ***Changer*** *qqch.* ***à*** : modifier un élément de. *Ne rien changer à ses habitudes.* **II·** V. tr. ind. (Suj. personne) ***Changer de.*** **1·** *Changer de place (avec qqn),* se déplacer, permuter. *Changer de direction, de côté.* **2·** *Changer de,* abandonner, quitter (une chose) pour une autre de la même espèce. *Changer de gouvernement. Elle a changé de coiffure. Il change sans cesse de sujet, d'avis.* **3·** Sens passif. Avoir, recevoir un autre caractère. *La rue a changé d'aspect, de nom.* **III·** V. intr. Devenir autre, différent, éprouver un changement. → **évoluer,** se **modifier,** se **transformer, varier.** / contr. durer, rester, subsister / *Les choses ont changé. Le temps change.* → **changeant.** *Elle n'a pas changé, elle est toujours la même.* – Iron. *Pour changer,* comme d'habitude. *Et pour changer, elle est encore en retard.* **IV· 1·** V. tr. ***Changer*** *qqn* : changer ses vêtements. *Changer un bébé* ; spécialt lui changer sa couche. **2·** ***Se changer*** v. pron. : changer de vêtements. *Vous êtes bien mouillé, changez-vous.* ▶ **change** n. m. **I· 1·** *Gagner, perdre au change,* à l'échange. → **troc. 2·** Échange de deux monnaies de pays différents. *Bureau de change. Agent de change. Contrôle des changes. Spécialiste des opérations de change.* → **cambiste.** – Prix demandé pour convertir la monnaie nationale en monnaie étrangère. → **taux.** *Cote des changes.* – ***Lettre de change.*** → **billet** à ordre, **effet. II·** Loc. *Donner le change à qqn,* lui faire prendre une chose pour une autre. → **tromper ; abuser. III·** *Change, change complet,* couche*-culotte jetable. → **lange.** ▶ **changeable** [ʃɑ̃ʒabl] adj. Qui peut être changé. → **modifiable, remplaçable.** / contr. immuable / ▶ **changeant, ante** adj. **1·** Qui peut changer, se modifier souvent. → **variable ; incertain, instable.** *Temps changeant. Humeur changeante.* → **capricieux, instable.** *Il est bien changeant dans ses opinions.* / contr. fixe, immuable, stable / **2·** Dont l'aspect, la couleur change suivant le jour sous lequel on le regarde. *Étoffe changeante.* → **chatoyant.** ▶ **changement** n. m. Le fait de changer, de se modifier, de varier. **1·** *Changement de...,* modification quant à (tel caractère). *Changement d'état, de forme.* → **altération, modification, transformation.** / contr. constance, fixité, stabilité / – (Choses) Fait de changer. *Il y a eu un brusque changement de temps. Changement de programme. Changement de décor.* **2·** (Personnes) *Changement de...,* le fait de quitter une chose pour une autre. *Changement d'adresse. Vous avez besoin d'un changement d'air.* **3·** *Le changement,* état de ce qui évolue, se modifie (choses, circonstances, états psychologiques). *Aimer, craindre le changement,* les modifications des conditions de vie. *Changement brusque, total.* → **bouleversement.** *Changement graduel, progressif.* → **évolution, gradation, progression. 4·** *Un changement,* chose, circonstance qui change, évolue. *Ç'a été un grand changement dans sa vie.* ▶ **changeur, euse** n. **1·** Personne qui effectue des opérations de change (I, 2). → **cambiste. 2·** N. m. Machine permettant d'obtenir de la petite monnaie. ▷ **échanger, libre-échange, inchangé, interchangeable,** de **rechange**

chanoine [ʃanwan] n. m. Ecclésiastique qui fait partie du conseil de l'évêque. *Chanoine titulaire, honoraire. Assemblée de chanoines.* → 2 **chapitre.**

1 **chanson** [ʃɑ̃sɔ̃] n. f. **1·** Texte mis en musique, souvent divisé en couplets et refrain, destiné à être chanté. → **chant, mélodie.** *L'air, les paroles, les couplets, le refrain d'une chanson. Une chanson d'amour. Chanter, écouter des chansons.* **2·** Chant, bruit harmonieux. *La chanson du vent dans les feuilles.* **3·** Fig. et fam. *C'est toujours la même chanson,* les mêmes propos. → **histoire, rengaine.** ▶ **chansonnette** n. f. Petite chanson sur un sujet léger.

2 **chanson** n. f. Littér. Poème épique du Moyen Âge, divisé en strophes. *Une chanson de geste. La Chanson de Roland.*

chansonnier, ière [ʃɑ̃sɔnje, jɛʀ] n. **1·** Personne qui compose ou improvise des chansons, des monologues satiriques, des sketches et qui se produit sur une scène. *Les chansonniers de Montmartre.* **2·** N. m. Recueil de chansons.

1 **chant** [ʃɑ̃] n. m. **I· 1·** Émission de sons musicaux par la voix humaine ; technique, art de la musique vocale. *Apprendre le chant. Exercices de chant.* **2·** *Un chant,* air chanté, composition musicale destinée à la voix, généralement sur des paroles. → **air, chanson, mélodie.** *Chant de joie. Chant de deuil. Chants populaires. Chants d'église.* → **cantique. 3·** Formes particulières de musique vocale. *Chant grégorien,* chant ordinaire de l'Église catholique romaine. → **plain-chant.** *Chant choral.* **4·** Bruit modulé, musique (comparée au chant). *Le chant du violon. Le chant des oiseaux.* → **ramage.** *Le chant du rossignol. Le chant des cigales. Au chant du coq,* au point du jour. – Fig. *Le chant du cygne,* la dernière et la plus belle composition d'un artiste. **II·** Poé-

sie lyrique ou épique. – Chaque division d'un poème épique ou didactique. *Les douze chants de l'« Énéide » de Virgile.*

② **de chant** [dəʃɑ̃] loc. adv. *Mettre, poser de chant* [dəʃɑ̃] *une pierre,* de sorte que sa face longue soit horizontale et en profondeur. ▷ **chantourner**

chantage [ʃɑ̃taʒ] n. m. Action d'exiger de qqn de l'argent ou un avantage en menaçant de révéler un scandale, de faire contre lui une action hostile. → **extorsion, racket ;** faire **chanter** (I, 3). *Faire du chantage.* → **maître-chanteur.**

chanter [ʃɑ̃te] v. < conjug. 1 > **I·** V. intr. **1·** Former avec la voix une suite de sons musicaux (chant). *Chanter juste, faux. Chanter fort, à tue-tête.* → **beugler, crier.** *Chanter doucement.* → **chantonner, fredonner.** *Chanter en chœur,* ensemble. **2·** (Oiseaux, certains insectes) Crier. → **gazouiller, siffler.** *L'alouette, le coq chantent.* **3·** Loc. ***Faire chanter*** *qqn* : exercer un chantage sur lui. **4·** Fam. *Si ça me (lui, vous) chante,* si ça me (lui, vous) convient, me (lui, vous) plaît. **II·** V. tr. **1·** Émettre (des sons musicaux), exécuter (un morceau de musique vocale). *Chanter un air, une chanson.* – Fam. *Qu'est-ce que tu nous chantes là ?* → **dire, raconter. 2·** Littér. *Chanter qqn, qqch.,* célébrer par le chant, la poésie. → **exalter.** *Homère a chanté les exploits d'Ulysse.* – Loc. *Chanter les louanges de qqn,* faire de grands éloges de qqn. ▶ **chantant, ante** adj. **1·** Qui chante, a un rôle mélodique. *Basse chantante.* **2·** *Voix chantante,* mélodieuse. *Accent chantant. L'accent du Midi est très chantant.* ▶ **chanteur, euse** n. **1·** Personne qui chante, qui fait métier de chanter. *Poètes et chanteurs de l'Antiquité et du Moyen Âge.* → **aède, barde, ménestrel, troubadour, trouvère.** *Chanteur amateur, professionnel. Chanteur de charme. Chanteuse d'opéra.* → **cantatrice, diva. 2·** Adj. *Oiseaux chanteurs.* ▷ ① **chant, chantage, chantonner, chantre, contre-chant, déchanter, maître-chanteur, plain-chant**

① **chanterelle** [ʃɑ̃tʀɛl] n. f. Corde la plus fine, ayant le son le plus aigu, dans un instrument à cordes. *Chanterelle de violon.*

② **chanterelle** n. f. Champignon comestible en forme de coupe jaune. → **girolle.**

chantier [ʃɑ̃tje] n. m. **1·** Lieu où se fait un vaste travail collectif sur des matériaux. *Chantier de construction. Travailler sur un chantier. Chantier naval.* **2·** Loc. *Mettre (un travail, etc.)* ***en chantier*** : commencer. **3·** Fam. *Quel chantier !* → **bazar, désordre. 4·** Projet de grande ampleur.

chantilly [ʃɑ̃tiji] n. f. invar. *Crème chantilly* ou *de la chantilly,* crème fouettée et sucrée.

chantonner [ʃɑ̃tɔne] v. intr. et tr. < conjug. 1 > Chanter à mi-voix. → **fredonner.** ▶ **chantonnement** n. m.

chantourner [ʃɑ̃tuʀne] v. tr. < conjug. 1 > Découper (une pièce de bois ou de métal) suivant un profil donné.

chantre [ʃɑ̃tʀ] n. m. **1·** Personne dont la fonction est de chanter dans un service religieux. **2·** Littér. Personne qui chante, célèbre. *Se faire le chantre des minorités.*

chanvre [ʃɑ̃vʀ] n. m. **1·** Plante à tige droite, à feuilles en palmes. *Graines de chanvre.* → **chènevis.** – *Chanvre indien,* qui produit le haschisch. **2·** Textile de la tige du chanvre. *Toile de chanvre.*

chaos [kao] n. m. invar. Confusion, désordre complet. *Ses affaires sont dans un chaos épouvantable.* ≠ cahot. ▶ **chaotique** [kaɔtik] adj. Qui a l'aspect d'un chaos, en désordre. *Un amas chaotique.*

chaparder [ʃapaʀde] v. tr. < conjug. 1 > Fam. Dérober, voler (de petites choses). → fam. **chiper.** ▶ **chapardage** n. m. ▶ **chapardeur, euse** adj. et n. Qui fait de petits larcins. *Un enfant chapardeur.*

chape [ʃap] n. f. **1·** Manteau de cérémonie que portent les évêques, les prêtres pour certains offices. *Une chape de drap d'or. La chape de l'officiant.* **2·** Objet recouvrant qqch. → **couvercle, enveloppe.** *Chape de bielle, de poulie. Une chape de plomb,* Fig. un lourd silence.

① **chapeau** [ʃapo] n. m. **1·** Coiffure de forme assez rigide (opposé à *bonnet, coiffe*). → **coiffure, couvre-chef.** *Chapeaux d'homme,* canotier, feutre, haut-de-forme, melon. *Chapeau mou. Mettre, enlever son chapeau.* – *Un coup de chapeau* (pour saluer). – *Chapeaux de femme,* bibi, capeline, toque... **2·** Loc. *Je lui tire mon chapeau,* je l'admire. – *Porter le chapeau,* être considéré comme responsable, coupable d'une erreur. – *Sorti du chapeau,* inattendu. **3·** Fam. *Chapeau !,* bravo !, c'est magnifique. ▶ **chapeauter** [ʃapɔte] v. tr. < conjug. 1 > **1·** Coiffer d'un chapeau. **2·** Fam. Exercer un contrôle sur (qqn, qqch.). ▷ **chapelier**

② **chapeau** n. m. **1·** Partie supérieure d'un champignon. **2·** ***Chapeau chinois*** : instrument de musique formé d'un disque de cuivre garni de clochettes. **3·** Partie supérieure ou latérale (qui protège). *Chapeau de roue.* → **enjoliveur.** – Fam. *Prendre un virage sur les chapeaux de roues,* très vite. **4·** Texte court qui surmonte et présente un autre texte (après le titre). *Chapeau d'un article de journal.*

chapelain [ʃaplɛ̃] n. m. Prêtre qui dessert une chapelle privée. → **aumônier.**

chapelet [ʃaplɛ] n. m. **1·** Objet de dévotion en forme de collier, composé de grains enfilés que l'on fait glisser entre ses doigts en récitant des prières ; ces prières. *Dire, réciter son chapelet.* – Fam. *Défiler, dévider son chapelet,* raconter dans le détail et à la suite. *Un chapelet d'injures.* **2·** Succession de choses identiques ou analogues. *Un chapelet de saucisses.*

chapelier, ière [ʃapəlje, jɛʀ] n. et adj. **1·** Personne qui fait ou vend des chapeaux pour hommes et pour femmes. → **modiste. 2·** Adj. *L'industrie chapelière.*

chapelle [ʃapɛl] n. f. **I· 1·** Lieu consacré au culte dans une demeure particulière. → **oratoire. 2·** Église n'ayant pas le titre de paroisse. *La Sainte Chapelle* (à Paris). **3·** Partie d'une église où se dresse un autel secondaire. *Une chapelle latérale. La chapelle de la Sainte Vierge.* **4·** ***Maître de chapelle*** : personne chargée de diriger le chant, à l'église. **II·** Groupe de personnes qui restent entre elles et refusent les idées des autres. → **coterie.** *Un esprit de clan et de chapelle.* ▷ **chapelain**

chapelure [ʃaplyʀ] n. f. Pain séché (ou biscotte), râpé ou émietté, dont on saupoudre certains mets. → **panure.**

chaperon [ʃapʀɔ̃] n. m. Personne qui accompagne une jeune fille ou une jeune femme par souci des convenances. → **duègne.** *Servir de chaperon à qqn.* ▶ **chaperonner** v. tr. < conjug. 1 > Plaisant. Accompagner (une jeune fille) en qualité de chaperon.

chapiteau [ʃapito] n. m. **I·** Partie élargie qui couronne une colonne. *Chapiteaux grecs* (corinthien, dorique, ionien). *Les chapiteaux sculptés des églises romanes, gothiques.* **II·** Tente d'un cirque. *Sous le chapiteau. Le chapiteau,* le cirque.

① **chapitre** [ʃapitʀ] n. m. **1·** Chacune des parties suivant lesquelles se divise un livre, un code. → **section, titre.** – Divisions d'un budget. *Voter le budget par chapitres.* **2·** Sujet dont on parle. → **matière, objet, question.** *Être sévère sur le chapitre de la discipline. En voilà assez sur ce chapitre.*

② **chapitre** n. m. **1·** Assemblée ou communauté de religieux, de chanoines réunis pour délibérer de leurs affaires. – Le lieu où siège le chapitre. → salle **capitulaire. 2·** Loc. *Avoir* ***voix au chapitre*** : avoir le droit de donner son avis, avoir droit à la parole. ▶ **chapitrer** v. tr. < conjug. 1 > Réprimander (qqn). *Chapitrer un mauvais élève.* → faire la **morale, sermonner.**

chapon [ʃapɔ̃] n. m. Jeune coq châtré que l'on engraisse pour la table. → **coquelet, poulet.**

chaptaliser [ʃaptalize] v. tr. < conjug. 1 > Ajouter du sucre au moût avant la fermentation (du vin). ▶ **chaptalisation** n. f.

chaque [ʃak] dét. indéf. sing. Qui fait partie d'un tout et qui est pris, considéré à part. *Chaque chose à sa place. À chaque instant. Chaque trimestre,* tous les trois mois. – (Accord du verbe) *Chaque officier et chaque soldat feront leur devoir* (le même devoir pour tous). *Chaque ouvrier et chaque ingénieur fera son travail* (chacun son travail propre). – Fam. Chacun. *Ces livres coûtent dix euros chaque.* ▷ **chacun**

char [ʃaʀ] n. m. **1·** Voiture à quatre roues, tirée par un animal, utilisée à la campagne. → **chariot, charrette.** *Char à foin. Char à bœufs. Char à bancs,* pour le transport des personnes. **2·** Au Canada. Fam. Voiture. *Un char de police.* **3·** Dans l'Antiquité. Voiture à deux roues (utilisée dans les jeux, les cérémonies publiques, les combats). *Course de chars.* **4·** Voiture décorée, portant des personnages, des masques. *Char de carnaval.* **5·** *Char (d'assaut),* automobile blindée et armée montée sur chenilles. → **tank.** *Régiment de chars.* ▷ **antichar, chariot, charrette, charrier, charroi, charron, charrue**

charabia [ʃaʀabja] n. m. Fam. Langage, style incompréhensible ou incorrect. → **baragouin, jargon.**

charade [ʃaʀad] n. f. Jeu où l'on doit deviner un mot de plusieurs syllabes décomposé en parties dont chacune forme un mot défini. → **devinette.** *Le mot de la charade s'appelle « le tout »* (mon premier, etc., mon tout).

charançon [ʃaʀɑ̃sɔ̃] n. m. Insecte coléoptère nuisible. *Charançon du blé.* ▶ **charançonné, ée.** adj. Attaqué par les charançons.

① **charbon** [ʃaʀbɔ̃] n. m. **1·** Combustible solide, noir, d'origine végétale, tiré du sol (→ **anthracite, houille, lignite**) ou obtenu par la combustion lente et incomplète du bois (*charbon de bois*). – *Exploitation du charbon.* → **charbonnages.** *Mine de charbon.* – Loc. Fam. *Aller au charbon,* devoir faire le plus gros d'un travail ; aller sur le terrain. **2·** *Un charbon,* un morceau de charbon. → **escarbille.** – Loc. *Être sur des charbons ardents,* éprouver de l'anxiété, de l'embarras, de l'impatience. **3·** Fusain. *Dessin au charbon.* ▶ **charbonnages** n. m. pl. Mines de houille. *Les charbonnages du Nord.* → **mine.** ▶ **charbonner** v. tr. < conjug. 1 > Noircir, dessiner avec du charbon. *Se charbonner le visage.* ▶ **charbonneux, euse** adj. Qui a l'aspect du charbon ou qui est noir de charbon. ▶ **charbonnier, ière** n. et adj. **1·** Personne qui vend du charbon. – Loc. *La foi du charbonnier,* la croyance naïve de l'homme simple. **2·** N. m. Cargo destiné au transport du charbon en vrac. **3·** Adj. Qui a rapport au commerce, à l'industrie du charbon. *Industrie charbonnière.* → **houiller.**

2 **charbon** n. m. **1·** Maladie infectieuse. *Ce mouton a le charbon.* **2·** Maladie des végétaux produisant une poussière noire.

charcutaille [ʃaʀkytaj] n. f. Fam. Charcuterie. *Une assiette de charcutaille. Des charcutailles.*

charcuter [ʃaʀkyte] v. tr. < conjug. 1 > Fam. Opérer maladroitement (un malade). *Un mauvais chirurgien l'a charcuté.*

charcuterie [ʃaʀkytʀi] n. f. **1·** Industrie et commerce de la viande de porc, des préparations à base de porc. **2·** Spécialités à base de viande de porc (andouille, boudin, cervelas, jambon, pâté, saucisse, saucisson...). **3·** Boutique de charcutier. *Acheter du jambon à la charcuterie.* ▶ **charcutier, ière** n. Personne qui prépare et qui vend du porc frais, de la charcuterie (et divers plats, conserves). ▷ **charcutaille**

chardon [ʃaʀdɔ̃] n. m. Plante à feuilles épineuses. *Nettoyer un champ de ses chardons.*

chardonneret [ʃaʀdɔnʀɛ] n. m. Oiseau chanteur, au plumage coloré.

1 **charge** [ʃaʀʒ] n. f. **I· 1·** Ce qui pèse sur (qqn, qqch.) ; ce que porte ou peut porter un animal, un véhicule, un bâtiment. → **fardeau, poids ;** 1 **charger.** *Porter une charge sur les épaules. Charge utile d'un véhicule. Augmenter la charge.* – ***Prendre en charge*** *un passager dans un véhicule.* **2·** Technique. Poussée. *Pilier supportant une charge.* **II·** Quantité de poudre, projectiles, que l'on met dans une arme à feu, une mine. → **cartouche, poudre.** *La charge d'un fusil. Charge d'explosifs, de dynamite.* **III· 1·** Quantité d'électricité à l'état statique. → **potentiel.** *Charge négative, positive.* **2·** Quantité d'électricité emmagasinée dans un accumulateur. *Mettre une batterie (de voiture) en charge.* **IV·** Abstrait. **1·** Ce qui met dans la nécessité de faire des frais, des dépenses. → **obligation.** *Charges de famille. Personne* ***à la charge*** *de qqn* : nourrie par lui. – *Le loyer comprend les charges* (d'entretien de l'immeuble). – Impôt, taxe. *Charges sociales,* imposées par l'État. – ***À charge de revanche*** : avec l'engagement d'en faire autant. **2·** Fonction dont on a tout le soin, responsabilité (publique). → **dignité, emploi, poste.** *Une charge de notaire. Les devoirs de sa charge. On lui a confié la charge de faire...* – Loc. *Avoir* ***charge d'âme*** : la responsabilité morale de qqn. ***Prendre en charge*** : sous sa responsabilité. Anglic. *Être en charge de (qqch.),* en être chargé, responsable. *Le ministre en charge du dossier.* **3·** Fait qui pèse sur la situation d'un accusé. → **présomption, preuve.** *Ceci constitue une charge contre le prévenu. Témoin* ***à charge*** : qui accuse. / contr. **décharge** / **4·** Littér. Ce qui exagère le caractère de qqn pour le rendre comique ou ridicule. → **caricature, imitation.**

2 **charge** n. f. Attaque rapide et violente. → **assaut.** *Charge de police. À la charge !* – Loc. *Sonner la charge,* attaquer. – Loc. *Revenir, retourner à la charge,* insister dans ses démarches, ses demandes.

chargé, ée [ʃaʀʒe] n. **1·** ***Chargé d'affaires*** : agent diplomatique, représentant son pays à l'étranger. **2·** ***Chargé(e) de cours*** : professeur délégué de l'enseignement supérieur.

chargement [ʃaʀʒəmɑ̃] n. m. **1·** Action de charger (un animal, une voiture, un navire). *Chargement d'un camion, d'un wagon.* / contr. **déchargement** / – Marchandises chargées. → **cargaison, charge.** *Chargement trop lourd, mal arrimé.* **2·** Action de charger, de garnir (un four, une arme à feu, un appareil photographique). → **remplissage.** ▷ **téléchargement**

1 **charger** [ʃaʀʒe] v. tr. < conjug. 3 > **I· 1·** Mettre sur (un homme, un animal, un véhicule, un bâtiment) un certain poids d'objets à transporter. → 1 **charge.** *On le chargea de paquets.* / contr. **décharger** / – Au p. p. *Avoir les bras chargés de paquets.* **2·** Placer, disposer pour être porté. → **mettre, placer.** *Charger une valise sur son épaule.* → **porter.** *Charger du charbon sur une péniche.* – Fam. *Taxi qui charge un client,* le fait monter. **3·** Mettre dans (une arme à feu) ce qui est nécessaire au tir. *Charger un fusil.* – Au p. p. adj. *Un fusil chargé.* – *Charger une caméra,* y mettre la pellicule. **4·** Accumuler de l'électricité dans. *Charger une batterie d'accumulateurs.* **II·** Fig. **1·** ***Charger*** *qqch., qqn* ***de*** : faire porter à. *Charger le peuple d'impôts.* → **écraser.** – *Charger sa mémoire de détails.* → **encombrer, surcharger.** – Revêtir d'une fonction, d'un office. → 1 **charge** (IV, 2). *On l'a chargé de faire le compte rendu de la séance.* – ***Se charger de*** : s'occuper de... en prenant la responsabilité. → **assumer, endosser.** *Je me charge de lui, je m'en charge.* **2·** ***Charger*** *qqn* : apporter des preuves ou des indices de sa culpabilité ; calomnier. ▷ 1 **charge, chargé, chargement, chargeur, décharger, monte-charge, recharger, surcharger, télécharger**

2 **charger** v. tr. < conjug. 3 > Attaquer avec impétuosité, par une charge 2. *Charger l'ennemi.* – Sans compl. *La cavalerie chargea. Chargez !* ▷ 2 **charge**

chargeur [ʃaʀʒœʀ] n. m. **I· 1·** Dispositif permettant d'introduire plusieurs cartouches dans le magasin d'une arme à répétition. *Chargeur de* *mitraillette.* **2·** Magasin à pellicule (d'un appareil de prises de vues). **3·** Appareil servant à charger (une batterie, etc.). *Chargeur de batterie pour téléphone mobile.* **II· 1·** Personne qui charge une arme automatique. **2·** Négociant qui possède la cargaison d'un navire.

charia ou **sharia** [ʃaʀja] n. f. Loi islamique, loi religieuse qui fixe les devoirs des croyants.

chariot [ʃaʀjo] n. m. **1·** Voiture à quatre roues pour le transport des fardeaux. *Chariot de ferme.* → **char, charrette.** *Transport par chariot.* – Appareil de manutention. → **diable.** *Chariot élévateur.* **2·** Pièce d'une machine qui transporte, déplace (une charge). *Chariot de machine à écrire, de machine-outil.*

charisme [kaʀism] n. m. Qualité d'une personnalité qui a le don de plaire, de s'imposer, dans la vie publique. ▶ **charismatique** [kaʀismatik] adj. Qui a un ascendant hors du commun. *Un leader charismatique.*

charité [ʃaʀite] n. f. **1·** Amour du prochain (vertu). → **altruisme, bienfaisance, humanité, miséricorde.** *Dévouement plein de charité.* / contr. dureté, égoïsme / – PROV. *Charité bien ordonnée commence par soi-même.* **2·** Bienfait envers les pauvres. → **secours.** *Faire la charité. Demander la charité,* une aumône. ▶ **charitable** adj. **1·** Qui a de la charité pour son prochain. / contr. dur, égoïste / *Vous n'êtes pas très charitable envers lui.* **2·** Inspiré par la charité. *Avis, conseil charitable* (souvent iron.). ▶ **charitablement** adv. *Il lui a charitablement offert de l'aider.*

charivari [ʃaʀivaʀi] n. m. Grand bruit, tumulte. → **vacarme, tapage.**

charlatan [ʃaʀlatɑ̃] n. m. **1·** Vendeur ambulant qui débitait des drogues, arrachait les dents. – Mauvais médecin, imposteur. **2·** Personne qui recherche la notoriété par des promesses, des grands discours. *Un charlatan politique.* ▶ **charlatanesque** adj. De charlatan. ▶ **charlatanisme** n. m. Caractère, comportement du charlatan. → **cabotinage.**

charleston [ʃaʀlɛstɔn] n. m. Danse rapide, née dans le sud des États-Unis, à la mode vers 1920-1925.

charlotte [ʃaʀlɔt] n. f. **I·** Entremets à base de fruits ou de crèmes aromatisées, entouré de biscuits. *Charlotte aux poires. Charlotte au chocolat.* **II· 1·** Ancienne coiffure de femme. **2·** Bonnet de douche.

charmant, ante [ʃaʀmɑ̃, ɑ̃t] adj. **1·** Qui a un grand charme, qui plaît beaucoup. → **séduisant ; charmeur.** *Le prince charmant des contes de fées.* **2·** Qui est très agréable (à regarder, à fréquenter). → **délicieux, ravissant.** *Votre robe est charmante. Un site charmant.* – (Personnes) *Une jeune fille charmante. Il a été tout à fait charmant.* – Iron. Désagréable. *Charmante soirée !*

① **charme** [ʃaʀm] n. m. Arbre à bois blanc et dur (répandu en France).

② **charme** n. m. **1·** (Dans des expressions) Enchantement ; action magique. *Exercer, jeter un charme.* → **sort.** *Mettre, tenir qqn* ***sous le charme.*** *Le charme est rompu,* l'illusion cesse. – *Se porter* ***comme un charme*** : jouir d'une bonne santé. **2·** Qualité de ce qui attire, plaît ; attirance. → **agrément, attrait, séduction.** *Charme irrésistible. Le charme de la nouveauté.* – Aspect agréable. *Cela a son charme.* **3·** *Faire du charme,* essayer de plaire. **4·** *Les charmes d'une femme,* ce qui fait sa beauté. → **appas.** ▶ **charmer** v. tr. < conjug. 1 > **1·** Attirer, plaire par son charme. → **ravir, séduire.** *Ce livre, ce spectacle nous a charmés.* → **captiver, transporter.** / contr. déplaire / **2·** ***(Être) charmé, ée*** passif, (terme de politesse) enchanté. *J'ai été charmé de vous voir, de votre visite.* ▶ **charmeur, euse** n. **1·** Personne qui plaît, qui séduit les gens. → **séducteur.** *C'est un grand charmeur* (souvent iron.). – Adj. *Elle souriait d'un air charmeur.* → **charmant. 2·** *Charmeur, charmeuse de serpents,* personne qui présente des serpents venimeux qu'elle tient « sous le charme » d'une musique. ▷ **charmant**

charmille [ʃaʀmij] n. f. Berceau de verdure. *Se promener sous une charmille.*

charnel, elle [ʃaʀnɛl] adj. **1·** Qui a trait aux choses du corps, de la chair (opposé à *spirituel*). → **corporel, matériel, sensible. 2·** Relatif à la chair (à l'instinct sexuel). → **sensuel.** *Instinct, amour charnels. Acte charnel.* → **sexuel.** / contr. platonique, pur / ▶ **charnellement** adv.

charnier [ʃaʀnje] n. m. **1·** Lieu où l'on déposait les corps (la chair), les ossements des morts. → **ossuaire. 2·** Lieu où sont entassés des cadavres. *Les charniers des camps de concentration.*

charnière [ʃaʀnjɛʀ] n. f. **1·** Assemblage composé de deux pièces métalliques réunies par un axe (autour duquel l'une des deux peut tourner). *Charnière de portes.* → **gond. 2·** Abstrait. Point de jonction. *Être à la charnière de deux époques.* – Adj. *Période charnière.*

charnu, ue [ʃaʀny] adj. Bien fourni de chair (muscles). *Lèvres charnues.* / contr. décharné / – *Fruit charnu,* à la pulpe épaisse.

charognard [ʃaʀɔɲaʀ] n. m. **1·** Animal qui se nourrit de charognes. *Le vautour, la hyène sont des charognards.* **2·** Injure. Exploiteur impitoyable des malheurs des autres. → **chacal, vautour.**

charogne [ʃaʀɔɲ] n. f. **1·** Corps de bête morte en putréfaction. **2·** Fam. Terme d'injure. → **ordure, saleté.** ▷ **charognard**

charpente [ʃaʀpɑ̃t] n. f. **1·** Assemblage de pièces de bois ou métalliques destinées à soutenir une construction. *Charpente de soutien.* → **armature, bâti, carcasse, châssis.** *Charpente provisoire.* → **échafaudage.** *Bois de charpente.* **2·** *La charpente du corps humain,* les parties osseuses qui servent au soutien du corps humain. → **carcasse, ossature.** *Avoir une solide charpente,* être bien charpenté. **3·** Plan, structure (d'un ouvrage littéraire). *La charpente d'un roman.* ▶ **charpenter** v. tr. < conjug. 1 > **1·** Tailler (des pièces de bois) pour une charpente. *Charpenter une poutre.* **2·** Organiser, construire (un discours, une œuvre littéraire). – Au p. p. adj. *Pièce bien charpentée,* bien construite. **3·** (Personnes) Passif et p. p. adj. *Être solidement charpenté.* → **bâti.** ▶ **charpentier, ière** n. Personne qui fait des travaux de charpente. → **menuisier.**

charpie [ʃaʀpi] n. f. **1·** Amas de fils tirés de vieilles toiles, qui servait à faire des pansements. **2·** Loc. *Mettre, réduire* ***en charpie*** *:* déchirer, déchiqueter. *De la viande trop cuite, réduite en charpie.* ▷ **écharper**

charrette [ʃaʀɛt] n. f. **1·** Voiture à deux roues, à ridelles, servant à transporter des fardeaux. → **carriole, char, chariot, tombereau.** *Atteler, conduire une charrette. Fabricant de charrettes.* → **charron.** – (De la charrette des condamnés à mort) Groupe de personnes licenciées. *Faire partie d'une charrette.* **2·** *Charrette à bras,* tirée par une ou deux personnes. ▶ **charretée** [ʃaʀte] n. f. Contenu d'une charrette. *Une charretée de foin.* ▶ **charretier, ière** n. Personne qui conduit une charrette. – *Jurer comme un charretier,* grossièrement.

charrier [ʃaʀje] v. tr. < conjug. 7 > **1·** Entraîner, emporter dans son cours. *La rivière charrie du sable.* **2·** Fam. *Charrier qqn,* se moquer de lui, abuser de sa crédulité. → **mystifier ;** fam. **faire marcher.** – Intransitivement. *Tu charries.* → **exagérer, plaisanter.**

charroi [ʃaʀwa(ɑ)] n. m. Transport par chariot.

charron [ʃaʀɔ̃] n. m. Celui qui fabrique des chariots, des charrettes et leurs roues.

charrue [ʃaʀy] n. f. Instrument agricole servant à labourer et dont la pièce principale est un soc tranchant. *Charrue tirée par un tracteur. Labourer à la charrue.* – Loc. *Mettre la charrue devant, avant les bœufs,* faire d'abord ce qui devrait être fait ensuite.

charte [ʃaʀt] n. f. **1·** Au Moyen Âge. Titre de propriété, de vente, de privilège accordé par un seigneur. – *L'école des chartes,* école instituée pour préparer des spécialistes des documents anciens (ou *chartistes*). **2·** En histoire. Constitution politique accordée par un souverain. – Lois et règles fondamentales d'une organisation officielle. *La charte des Nations Unies.*

charter [ʃaʀtɛʀ] n. m. Anglic. Avion affrété. *Partir en charter. Compagnie de charters,* louant des avions pour un vol. – En appos. *Vol charter.*

chartreuse [ʃaʀtʀøz] n. f. **I·** Couvent de chartreux (religieux de l'ordre de Saint-Bruno). **II·** Liqueur aux herbes (fabriquée par les chartreux).

chas [ʃa] n. m. invar. Trou (d'une aiguille). *Faire passer le fil par le chas d'une aiguille.* ≠ chat.

1 **chasse** [ʃas] n. f. **I· 1·** Action de chasser, de poursuivre les animaux (*gibier*) pour les manger ou les détruire. → **cynégétique.** *Aller à la chasse.* – ***De chasse.*** *Permis de chasse. Partie de chasse. Chiens de chasse.* – ***Chasse à courre*** : avec des chiens, sans armes à feu. → **vénerie.** – *Chasse au fusil. Chasse organisée.* → **battue.** *Chasse aux canards.* – *Chasse sous-marine,* consistant à poursuivre le poisson avec un fusil lance-harpon. → **pêche. 2·** Période où l'on a le droit de chasser. *La chasse est ouverte.* **3·** Terre réservée pour la chasse. *Cette chasse est à vendre. Une chasse gardée.* – Loc. fig. *C'est chasse gardée, ici.* **II·** Poursuite ; action de poursuivre. *Faire, donner la chasse (à...). Chasse à l'homme,* poursuite (d'un individu recherché). – Poursuite (d'un bâtiment ou d'un avion ennemi). *Prendre un bombardier en chasse.* – *Avion de chasse,* avion très rapide chargé de poursuivre et de détruire les avions ennemis. → **chasseur.**

2 **chasse** n. f. Technique. Écoulement rapide donné à une retenue d'eau (pour nettoyer un conduit, dégager un chenal). *Bassin, écluse de chasse.* – Loc. cour. ***Chasse (d'eau),*** dispositif entraînant l'écoulement de l'eau dans la cuvette des toilettes. *Actionner la chasse d'eau.*

châsse [ʃɑs] n. f. **1·** Coffre où l'on garde les reliques d'un saint. → **reliquaire.** *Une châsse de bois doré.* **2·** Arg. Œil. ▷ **châssis, enchâsser**

chassé-croisé [ʃasekʀwaze] n. m. Échange réciproque et simultané (de place, de situation...). *Des chassés-croisés.*

chasselas [ʃasla] n. m. invar. Raisin blanc de table.

chasse-mouches [ʃasmuʃ] n. m. invar. Éventail ou petit balai de crins pour écarter les mouches. *Chasse-mouches en crins de cheval.*

chasse-neige [ʃasnɛʒ] n. m. invar. **1·** Dispositif (éperon) pour enlever la neige. – Voiture qui en est munie. *Les chasse-neige ont déblayé la route.* **2·** Position du skieur. *Descendre une pente en chasse-neige.*

chasser [ʃase] v. < conjug. 1 > **I·** V. tr. **1·** Poursuivre (les animaux) pour les tuer ou les prendre. → **chasse.** *Chasser le lièvre ; les papillons.* – Sans compl. *Il aime chasser.* **2·** Mettre, pousser dehors ; faire sortir de force. → **exclure, expulser, renvoyer.** – (Personnes) *Chasser un indésirable.* → **congédier, renvoyer.** / contr. garder, retenir ; accueillir / **3·** Faire partir (qqn). *Les maçons, les peintres me chassent de chez moi.* **4·** Faire partir, éliminer (qqch.). *Chasser une mauvaise odeur. Chasser une idée de son esprit. Le vent chasse les nuages.* **II·** V. intr. Être poussé, entraîné malgré une résistance. *Le navire chasse sur son ancre,* il se déplace en entraînant son ancre. *L'ancre chasse,* elle ne tient pas le fond. *Les roues chassent sur le verglas.* → **déraper, patiner.** ▶ **chasseur, euse** n. **1·** N. Personne qui pratique la chasse (surtout au fusil). *Un bon, un mauvais chasseur. Chasseur sans permis.* → **braconnier.** *Une chasseuse.* → **chasseresse.** – En appos. En ethnographie. *Les peuples chasseurs,* ceux qui vivent de la chasse (opposé à *éleveur, pasteur*). – *Chasseur(euse) d'images,* photographe, cinéaste à la recherche d'images, de scènes originales. – Loc. *Chasseur(euse) de têtes :* personne chargée de recruter des cadres de haut niveau. – *Chasseur(euse) de primes,* personne payée pour retrouver un suspect recherché, moyennant une prime (aux États-Unis). **2·** N. m. Employé portant un uniforme, attaché à un hôtel, à un restaurant. → **groom.** *Le chasseur de chez Maxim's.* **3·** Se dit de certains corps de troupes. *Chasseurs à pied, chasseurs alpins.* **4·** Avion léger, rapide et maniable destiné aux combats aériens (avion de chasse). ▶ **chasseresse** n. f. et adj. Littér. Femme qui chasse. *Diane chasseresse,* déesse de la chasse. ▷ ① **chasse,** ② **chasse, chassé-croisé, chasse-mouches, chasse-neige, garde-chasse, pourchasser**

chassieux, euse [ʃasjø, øz] adj. Qui a une humeur* gluante (une *chassie*) aux paupières. *Yeux chassieux.*

châssis [ʃɑsi] n. m. invar. **1·** Cadre destiné à maintenir en place des planches, des vitres, du tissu, du papier. → **bâti, cadre, charpente.** **2·** Encadrement (d'une ouverture ou d'un vitrage) ; vitrage encadré. *Châssis de verre. Châssis des portes et des fenêtres.* **3·** Cadre sur lequel on fixe la toile après l'avoir tendue. *Le châssis d'un tableau.* **4·** Charpente ou bâti de machines, de véhicules. *Le châssis d'une automobile supporte la carrosserie.* – Fam. *Un beau châssis,* un beau corps de femme.

chaste [ʃast] adj. **1·** Qui s'abstient des plaisirs sexuels. → **pur.** **2·** Plein de chasteté. → **décent, modeste, pudique.** *Une chaste jeune fille. Amour chaste. Chaste baiser. Des oreilles chastes.* → **innocent.** / contr. impur, sensuel / ▶ **chastement** adv. ▶ **chasteté** n. f. *Vivre dans la chasteté.* / contr. débauche, luxure /

chasuble [ʃazybl] n. f. **1·** Manteau à deux pans, que le prêtre revêt pour célébrer la messe. *Chasuble brodée.* **2·** Vêtement sans manches qui a cette forme. – En appos. *Des robes chasubles.*

① **chat, chatte** [ʃa, ʃat] n. ≠ chas. **I· 1·** Petit mammifère familier à poil doux, aux yeux oblongs et brillants, à oreilles triangulaires, qui griffe. → **matou ;** fam. **minet.** *Chat commun, chat de gouttière. Chat angora, siamois. Le chat miaule* (→ **miaou**). *Le chat ronronne de plaisir quand on le caresse.* **2·** Loc. et prov. *La nuit tous les chats sont gris,* on confond les personnes, les choses dans l'obscurité. – *Quand le chat n'est pas là, les souris dansent,* les subordonnés prennent des libertés quand les responsables sont absents. – *Chat échaudé craint l'eau froide,* une mésaventure rend prudent à l'excès. – *À bon chat, bon rat,* la défense, la réplique vaut, vaudra l'attaque. – *Être, vivre comme chien et chat,* éprouver de l'antipathie, de la haine l'un pour l'autre ; se chamailler à tout instant. – *Appeler un chat un chat,* appeler les choses par leur nom. – *Avoir un chat dans la gorge,* être enroué, ne plus pouvoir parler. – *Il n'y a pas un chat,* il n'y a absolument personne. – *Il n'y a pas de quoi fouetter un chat,* la faute, l'affaire est insignifiante. – *Avoir d'autres chats à fouetter,* d'autres affaires en tête, plus importantes. – *Donner sa langue au chat,* s'avouer incapable de répondre à une question. **3·** Adj. *Elle est chatte,* câline. – Terme d'affection. *Mon chat, ma petite chatte.* **4·** Celui qui poursuit les autres (à un jeu) ; jeu de poursuite. *Jouer à chat perché.* – *Jouer au chat et à la souris,* à cache-cache. **5·** Mammifère carnivore dont le chat (1) est le type. *Chats sauvages.* → **chat-tigre, guépard, ocelot.** **II·** *Chat à neuf queues :* fouet à neuf lanières. ▷ **chat-huant, chatière,** ① **chaton, chattemite, chatterie, chat-tigre**

② **chat** [tʃat] n. m. Anglic. Communication en temps réel sur Internet, par échange de messages écrits. *Logiciel de chat.* – *Participer à un chat,* à une conversation de ce type. – Au Québec, on emploie *clavardage* n. m. ▶ **chatter** [tʃate] v. intr. < conjug. 1 > Participer à un chat. – On écrirait mieux *tchat* et *tchatter.*

châtaigne [ʃatɛɲ] n. f. **1·** Fruit du châtaignier, masse farineuse enveloppée d'une écorce lisse de couleur brun rougeâtre. → 1 **marron. 2·** Fam. Coup de poing. → fam. 2 **marron.** *Il lui a flanqué une châtaigne.* **3·** Fam. *Prendre une châtaigne,* recevoir un coup, une décharge électrique. ▶ **châtaigneraie** n. f. Lieu planté de châtaigniers. ▶ **châtaignier** [ʃateɲe] n. m. Arbre de grande taille, vivace, à feuilles dentées.

châtain [ʃatɛ̃] adj. (Cheveux) De couleur brun clair. *Cheveux châtains.* – *Une femme châtain,* aux cheveux châtains. – REM. Le fém. *châtaine* est rare.

château [ʃato] n. m. **1·** Demeure féodale fortifiée et défendue (par des remparts, des tours et des fossés). → **citadelle, fort, forteresse.** *Un château fort, un château féodal.* **2·** Habitation seigneuriale ou royale ; grande et belle demeure. → **palais.** *Les châteaux de la Loire. Acheter un petit château.* → **gentilhommière, manoir.** – *Mener une vie de château,* une vie oisive, pleine de confort et de luxe. **3·** Loc. *Faire, bâtir des châteaux en Espagne,* échafauder des projets impossibles à réaliser. **4·** ***Château de cartes*** : échafaudage de cartes, fragile. – Abstrait. *Son projet s'est écroulé comme un château de cartes.* **5·** ***Château d'eau*** : grand réservoir à eau. ▶ **châtelain, aine** [ʃatlɛ̃, ɛn] n. **1·** Seigneur ou dame d'un château féodal. **2·** Personne qui possède ou qui habite un château.

chateaubriand ou **châteaubriant** [ʃato bʀijɑ̃] n. m. Épaisse tranche de filet de bœuf grillé.

chat-huant [ʃaɥɑ̃] n. m. Rapace nocturne qui possède deux touffes de plumes semblables à des oreilles de chat. → **chouette, hulotte.** *Des chats-huants.*

châtier [ʃatje] v. tr. < conjug. 7 > Littér. **1·** Infliger une peine pour corriger. → **punir, réprimer.** / contr. récompenser / *Châtier un coupable.* – *Châtier l'insolence de qqn.* **2·** Rendre (le style) plus correct et plus pur. → **corriger, épurer.** – Au p. p. adj. *Style châtié.* → **pur.** ▷ **châtiment**

chatière [ʃatjɛʀ] n. f. Petite ouverture (passage pour les chats, trou d'aération).

châtiment [ʃatimɑ̃] n. m. Peine sévère. → **punition ; châtier.** *Châtiment corporel. Châtiment sévère. Infliger un châtiment. Recevoir, subir un châtiment.* / contr. récompense /

chatoiement [ʃatwamɑ̃] n. m. Reflet changeant de ce qui chatoie. → **miroitement.** *Le chatoiement d'une étoffe.*

1 **chaton** [ʃatɔ̃] n. m. Jeune chat. *Une portée de chatons.*

2 **chaton** n. m. Tête d'une bague où s'enchâsse une pierre précieuse.

3 **chaton** n. m. **1·** En botanique. Assemblage de fleurs de certains arbres, se présentant sous la forme d'un épi. *Chatons de noisetier.* **2·** Petits amas de poussière d'aspect cotonneux. → **mouton.**

chatouiller [ʃatuje] v. tr. < conjug. 1 > **1·** Produire, par des attouchements légers et répétés sur la peau, des sensations qui provoquent un rire convulsif. *Chatouiller la plante des pieds (à qqn).* – Pronominalement. *Enfants qui se chatouillent.* **2·** Faire subir un léger picotement. → **agacer, picoter.** *Ce tricot me chatouille.* **3·** Abstrait. Exciter doucement par une sensation, une émotion agréable. *Chatouiller le palais. Chatouiller la vanité de qqn.* → **flatter.** ▶ **chatouille** n. f. Fam. Action de chatouiller. *Faire des chatouilles. Il craint les chatouilles.* ▶ **chatouillement** n. m. **1·** → **chatouille. 2·** Léger picotement. *Éprouver un léger chatouillement dans la gorge.* ▶ **chatouilleux, euse** adj. **1·** Qui est sensible au chatouillement. **2·** Qui se fâche aisément ; qui réagit vivement. → **irritable, susceptible.** *Il est chatouilleux sur ce sujet. Amour-propre chatouilleux.*

chatoyer [ʃatwaje] v. intr. < conjug. 8 > Changer de couleur, avoir des reflets différents suivant le jeu de la lumière. → **miroiter.** *Des pierres précieuses, des étoffes qui chatoient.* ▶ **chatoyant, ante** adj. Qui a des reflets vifs et changeants. ▷ **chatoiement**

châtrer [ʃatʀe] v. tr. < conjug. 1 > **1·** Rendre un mâle (homme ou animal) impropre à la reproduction en mutilant les testicules. → **castrer.** *Châtrer un taureau, un chat.* – Au p. p. adj. *Homme châtré.* → **castrat, eunuque. 2·** Fig. *Châtrer un livre, un ouvrage littéraire,* le mutiler par des retranchements.

chatte n. f. → **chat.**

chattemite [ʃatmit] n. f. Loc. fam. Vieilli. *Faire la chattemite,* prendre un air doux, pour tromper.

chatterie [ʃatʀi] n. f. Vieilli. Caresse, câlinerie. *Faire des chatteries à un enfant.*

chatterton [ʃatɛʀtɔn] n. m. Ruban de toile isolant et très adhésif. *Recouvrir un fil électrique de chatterton.*

chat-tigre [ʃatigʀ] n. m. Nom de certaines espèces de chat sauvage (ex. : *ocelot*). *Des chats-tigres.*

chaud, chaude [ʃo, ʃod] adj. et n. m. **I·** Adj. **1·** (Opposé à *froid, frais*) Qui est à une température plus élevée que celle du corps ; qui donne une sensation de chaleur (→ **chaleur, chauffer**). *Eau chaude. À peine chaud* → **tiède,** *très, trop chaud*

→ **bouillant, brûlant.** *Cet enfant est chaud,* il a de la fièvre. → **fiévreux.** *Repas chaud. Climat chaud et humide.* → **tropical.** – Adv. *Servez chaud. Buvez chaud.* **2·** Qui réchauffe ou garde la chaleur. *Le soleil n'est pas très chaud. Un lainage chaud.* **3·** Qui est ardent, sensuel. *Un tempérament chaud.* → fam. 1 chaud **lapin.** **4·** Qui met de l'animation, de la passion dans ce qu'il fait. → **ardent, chaleureux, enthousiaste, fervent, passionné.** *De chauds admirateurs. Il n'est pas très chaud pour cette affaire.* – Où il y a de l'animation, de la passion. *Une chaude discussion.* → **animé, vif.** – *Banlieue chaude,* sensible. **5·** *Une voix chaude,* grave et bien timbrée. – *Couleurs chaudes* : le rouge, le jaune, l'orange. **II·** N. m. **1·** (Employé avec *le froid*) *Le chaud,* la chaleur. *Craindre le chaud autant que le froid.* – *Souffler le chaud et le froid,* imposer des conditions selon son caprice. – *Prendre un chaud et froid,* un refroidissement. **2·** ***Au chaud*** : dans des conditions telles que la chaleur ne se perde pas. *Tenir un plat au chaud. Être bien au chaud. Rester au chaud,* ne pas sortir. **3·** Nominal (après un verbe). *Avoir chaud, très, trop chaud.* – Abstrait. *J'ai eu chaud,* j'ai eu peur. – Fam. *On crève de chaud, ici !* – *Il fait chaud, très chaud. Ça me donne chaud. Un vêtement qui tient chaud,* qui protège bien du froid. – Loc. *Cela ne me fait ni chaud ni froid,* m'est indifférent. **4·** ***À chaud*** loc. adv. : en mettant au feu, en chauffant. – *Opérer à chaud,* faire une opération en pleine crise. ▶ **chaudement** adv. **1·** De manière à conserver sa chaleur. *Être vêtu chaudement.* **2·** Avec chaleur, animation. *Applaudir, féliciter chaudement.* → **chaleureusement.** ▶ **chaudière** n. f. Récipient où l'on transforme de l'eau en vapeur, pour fournir de l'énergie thermique (chauffage) ou mécanique, électrique. *Chaudière d'un chauffage central. Chaudière à charbon, à mazout.* ▶ **chaudron** n. m. Récipient métallique pour faire chauffer (bouillir, cuire) qqch. *Un chaudron de cuivre.* ▶ **chaudronnerie** n. f. Industrie, commerce des objets métalliques ; ces objets ; le lieu où ils se fabriquent, se vendent. ▶ **chaudronnier, ière** n. et adj. **1·** Personne qui fabrique et vend des ustensiles de chaudronnerie. **2·** Adj. Qui concerne la chaudronnerie. ▷ **échauder**

chauffage [ʃofaʒ] n. m. **1·** Action de chauffer ; production de chaleur. / contr. refroidissement / *Chauffage d'un appartement. Appareils de chauffage* (calorifère, chaudière, convecteur, poêle, radiateur). *Chauffage électrique, chauffage au gaz. Mettre, baisser, arrêter le chauffage.* – ***Chauffage central*** : par distribution de la chaleur provenant d'une source unique. **2·** Les installations qui chauffent. *Le chauffage est détraqué.* ▶ **chauffagiste** n. Spécialiste qui installe, entretient et répare les appareils de chauffage.

chauffant, ante [ʃofɑ̃, ɑ̃t] adj. Qui chauffe, produit de la chaleur. *Plaque chauffante. Couverture chauffante* (électrique).

chauffard [ʃofaʀ] n. m. Mauvais conducteur. → 2 **chauffeur.** *Il s'est fait renverser par un chauffard.*

chauffe [ʃof] n. f. (Chaudière) Action de chauffer. *Chambre de chauffe.* → **chaufferie.** – *Bleu de chauffe,* combinaison de chauffeur 1, de travailleur manuel.

chauffe-biberon [ʃofbibʀɔ̃] n. m. Appareil électrique servant à chauffer les biberons. *Des chauffe-biberons.*

chauffe-eau [ʃofo] n. m. invar. Appareil producteur d'eau chaude. *Des chauffe-eau.*

chauffe-plats [ʃofpla] n. m. invar. Réchaud qui tient les plats au chaud pendant le repas.

chauffer [ʃofe] v. < conjug. 1 > **I·** V. tr. Élever la température de ; rendre (plus) chaud. *Chauffer trop fort.* → **brûler, griller, surchauffer.** – Au p. p. adj. *Métal chauffé à blanc.* **II·** V. intr. **1·** Devenir chaud. *Le café chauffe.* / contr. refroidir / *Faire chauffer de l'eau.* **2·** S'échauffer à l'excès, dangereusement. *Le moteur, l'essieu, la roue chauffe.* **3·** Produire de la chaleur. *Ce four chauffe bien.* **4·** Fam. *Ça va chauffer.* → fam. **barder.** **III·** ***Se chauffer*** v. pron. **1·** S'exposer à la chaleur. *Se chauffer au soleil.* **2·** Chauffer sa maison. *Se chauffer au bois, à l'électricité.* – Loc. fig. *Montrer de quel bois on se chauffe,* de quoi on est capable (pour punir, attaquer...). **3·** (Sportifs, etc.) Se mettre en train avant un effort. → **s'échauffer.** ▶ **chaufferette** [ʃofʀɛt] n. f. Petit appareil pour se chauffer les pieds, etc. ▶ **chaufferie** n. f. Endroit d'une usine, d'un navire, où sont les chaudières. ▶ 1 **chauffeur** n. m. Celui qui est chargé d'entretenir le feu d'une chaudière. ▷ **chauffage, chauffant, chauffe, chauffe-biberon, chauffe-eau, chauffe-plats, chauffeuse, échauffer, préchauffer, réchaud, réchauffer, surchauffe**

2 **chauffeur** n. **1·** Personne dont le métier est de conduire une automobile. *Chauffeur de camion.* → **routier.** *Elle est chauffeur de taxi* (rare) *chauffeuse,* (au Canada) *chauffeure. Louer une voiture sans chauffeur.* **2·** *Chauffeur du dimanche,* mauvais conducteur. → **chauffard.** ▷ **chauffard**

chauffeuse n. f. Chaise basse très confortable. → **fauteuil.**

chauler [ʃole] v. tr. < conjug. 1 > Traiter par la chaux. *Chauler des arbres fruitiers* (pour détruire les parasites). – Blanchir à la chaux. *Chauler un mur.* ▶ **chaulage** n. m.

chaume [ʃom] n. m. **1·** Partie de la tige des céréales qui reste sur pied après la moisson.

→ **paille.** – Champ où le chaume est encore sur pied. **2·** Paille qui couvre le toit des maisons. *Un toit de chaume.* ▶ **chaumière** n. f. Petite maison couverte de chaume.

chaussée [ʃose] n. f. **1·** Partie d'une voie publique où circulent les voitures (opposé à *trottoir, bas-côté*). → **route.** *Chaussée bombée, goudronnée. Traverser la chaussée.* **2·** Talus, levée de terre (digue ou chemin). ▷ **rez-de-chaussée**

chausse-pied [ʃospje] n. m. Morceau de corne, de métal, employé pour faciliter l'entrée du pied dans la chaussure. → **corne** à chaussure. *Des chausse-pieds.*

chausser [ʃose] v. tr. < conjug. 1 > **I· 1·** Mettre (des chaussures) à ses pieds. *Chausser des pantoufles, des sandales.* – *Chausser du 40,* porter des chaussures de cette pointure. **2·** Mettre des chaussures à (qqn). *Il faut chausser cet enfant.* – Pronominalement. *Se chausser avec un chausse-pied.* / contr. **déchausser** / **II· 1·** Entourer de terre le pied (d'une plante). *Chausser un arbre.* **2·** Garnir de pneus (une voiture). ▷ **chausse-pied, chaussette, chausseur, chausson, chaussure,** ① **déchausser,** ② **se déchausser**

chausses [ʃos] n. f. pl. Autrefois. Les culottes (*hauts-de-chausses*) ou les bas. – Loc. littér. *Être, courir après les chausses de qqn, à ses chausses,* le poursuivre. ▷ **haut-de-chausse(s)**

chausse-trape [ʃostʀap] n. f. **1·** Trou recouvert, cachant un piège. **2·** Embûche. → **piège.** *Méfiez-vous des chausse-trapes dans ce problème.*

chaussette [ʃosɛt] n. f. Vêtement de maille qui couvre le pied et le bas de la jambe ou le mollet. → **mi-bas.** *Une paire de chaussettes de laine. Des chaussettes courtes.* → **socquette.** – Fam. *Jus de chaussette,* mauvais café.

chausseur n. m. Personne qui fournit qqn en chaussures. → **bottier.**

chausson [ʃosɔ̃] n. m. **1·** Chaussure (1) d'intérieur, souple, légère et chaude. → **pantoufle, savate.** – Chaussure tricotée pour nouveau-né. – Chaussure souple employée pour certains exercices. *Chausson de danse.* **2·** Pâtisserie formée d'un rond de pâte feuilletée replié contenant de la compote. *Chausson aux pommes.*

chaussure [ʃosyʀ] n. f. **1·** Partie du vêtement qui protège le pied. *Des gens qui marchent sans chaussures.* **2·** Chaussure (1) solide, basse et fermée (opposé à *chausson, sabot, sandale, botte*). → **soulier** ; fam. **godasse, grole, pompe, tatane.** *Chaussures de marche, de sport.* → **mocassin** ; ② **basket, tennis.** *Chaussures habillées.* → **escarpin.** *Faire réparer des chaussures chez le cordonnier.* – Loc. fig. *Trouver chaussure à son pied,* trouver la personne ou la chose qui convient exactement. **3·** Industrie, commerce des chaussures. *Les ouvriers de la chaussure.*

chaut (Seule forme actuelle de l'ancien verbe *chaloir*) *Peu me chaut* [pøməʃo] : peu m'importe (avec un compl. direct, ou *que* + subjonctif).

chauve [ʃov] adj. Qui n'a plus ou presque plus de cheveux. → **dégarni, déplumé ; calvitie.** *Il est chauve. Tête chauve.* – N. *Un chauve.* ▶ **chauve-souris** [ʃovsuʀi] n. f. Mammifère à ailes membraneuses, qui aime l'obscurité. → **roussette.**

chauvin, ine [ʃovɛ̃, in] adj. Qui a une admiration exagérée, partiale et exclusive pour son pays. → **xénophobe.** – N. *Un, une chauvin(e).* ▶ **chauvinisme** n. m. Nationalisme, patriotisme agressif et exclusif.

chaux [ʃo] n. f. invar. Oxyde de calcium ; substance blanche qui existe à l'état naturel dans les pierres calcaires (marbre, craie). → **calcaire.** *On obtient la chaux en faisant cuire les pierres calcaires dans des fours à chaux. Chaux vive,* qui ne contient pas d'eau. – *Le ciment est un mélange de chaux et d'argile.* ▷ **chauler**

chavirer [ʃaviʀe] v. < conjug. 1 > **I·** V. intr. **1·** (Navire) S'incliner de telle sorte que l'eau entre par les ouvertures du pont et le fait se retourner sur lui-même. → **couler, sombrer.** *La barque a chaviré.* **2·** Se renverser. *Ses yeux chavirèrent.* → **se révulser. II·** V. tr. **1·** Faire chavirer. *Chavirer un navire pour le réparer.* **2·** Au p. p. *J'en suis tout chaviré,* ému, retourné.

chéchia [ʃeʃja] n. f. Coiffure en forme de calotte que portent les Arabes. → **fez.** *Des chéchias rouges.*

check-up [tʃɛkœp] n. m. invar. Anglic. Examen systématique de l'état de santé d'une personne. → **bilan** de santé. *On lui a fait un check-up. Des check-up.*

① **chef** [ʃɛf] n. m. **1·** Personne qui est à la tête, qui dirige, commande, gouverne. → **commandant, directeur, dirigeant, maître, patron.** *Les ordres du chef. Chefs hiérarchiques. Obéir à ses chefs. Un tempérament de chef.* – Au fém. *La chef.* **2·** *Chef de...* : personne qui dirige en titre. *Le chef de l'État, un chef d'État,* monarque, président, roi, empereur. *Chef de bureau, de service. Chef d'entreprise.* → **directeur, patron.** *Chef d'équipe.* → **contremaître.** *Chef de gare.* **3·** Dans un corps hiérarchisé militaire ou paramilitaire. Personne qui commande. *Les soldats et leurs chefs.* → **officier.** – *Chef d'état-major. Chef de bataillon,* commandant. *Chef de section,* lieutenant, sous-lieutenant ou adjudant-chef. **4·** Personne qui dirige, commande effectivement (sans titre). → **leader,**

meneur. *Un chef de bande* (brigands, gangsters). – *Chef de famille* : personne sur qui repose la responsabilité de la famille. **5·** *Chef d'orchestre* : personne qui dirige l'orchestre. *Des chefs d'orchestre.* – Fig. Personne qui organise. **6·** *Chef (cuisinier). Gâteau, pâté du chef.* – (Appellatif) *Chef, deux steaks saignants !* **7·** En appos. *Adjudant-chef, médecin-chef. Gardien-chef.* **8·** Fam. Personne remarquable. → **as, champion.** *C'est un chef.* **9·** *En chef* loc. adv. : en qualité de chef ; en premier. *Ingénieur, rédacteur en chef. Général en chef.* ▶ **chefaillon, onne** n. Fam. Responsable sans envergure, imbu de ses pouvoirs. ▷ **cheftaine, sous-chef**

2 **chef** n. m. Loc. (Au sens ancien de *tête*) **1·** *De son (propre) chef* : de sa propre initiative. *Il a fait cela de son propre chef.* **2·** *Au premier chef* : essentiellement. *Il importe, au premier chef, que...* **3·** Au plur. *Les chefs d'(une) accusation*, les points principaux sur lesquels se fonde une accusation. ▶ **chef-d'œuvre** [ʃɛdœvʀ] n. m. **1·** Œuvre capitale et difficile qu'un artisan devait faire pour passer maître dans son métier. – La meilleure œuvre (d'un auteur). *C'est son chef-d'œuvre.* **2·** Œuvre, chose très remarquable, parfaite. *Cette cathédrale est un chef-d'œuvre.* → **merveille.** *Accomplir des chefs-d'œuvre d'habileté, d'intelligence.* → **prodige.** ▶ **chef-lieu** [ʃɛfljø] n. m. En France. Ville qui est le centre administratif d'une circonscription territoriale (arrondissement, canton, commune). *Chef-lieu de département.* → **préfecture.** *Des chefs-lieux d'arrondissement, de canton.* ▷ **couvre-chef, derechef**

cheftaine [ʃɛftɛn] n. f. Jeune fille, jeune femme responsable d'un groupe de jeunes scouts (louveteaux), de guides, d'éclaireuses.

cheik(h) ou **scheik** [ʃɛk] n. m. Chef de tribu chez les Arabes.

chelem ou **schelem** [ʃlɛm] n. m. **1·** Réunion, dans la même main, de toute les levées dans certains jeux de cartes (bridge). *Petit chelem*, toutes les levées moins une. *Grand chelem.* **2·** En sport. Série complète de victoires. *L'équipe de France de rugby a gagné le grand chelem.*

chemin [ʃ(ə)mɛ̃] n. m. **I· 1·** Voie qui permet d'aller d'un lieu à un autre → **route ;** bande déblayée assez étroite qui suit les accidents du terrain (opposé à *route*). → **piste, sentier.** *Le chemin qui mène à la ferme. Chemin creux*, enfoncé entre des parties plus hautes (dans les pays de bocage). *Chemin de montagne. Chemin muletier. Chemin de traverse*, qui coupe à travers la campagne. *Un chemin caillouteux. Être toujours sur les chemins* (→ Par monts et par vaux). **2·** *Chemin de ronde* : étroit couloir construit le long de la partie supérieure d'une muraille. **3·** Distance, espace à parcourir pour aller d'un lieu à un autre. → **parcours, route, trajet.** *La ligne droite est le plus court chemin d'un point à un autre. Ils ont fait la moitié du chemin ; ils sont à mi-chemin.* – Loc. *Se mettre en chemin*, partir. *Poursuivre, passer son chemin*, continuer à marcher ; ne pas s'arrêter. – *Faire du chemin*, aller loin ; (abstrait) réussir. *Chemin faisant* : pendant le trajet. – *En chemin* : en cours de route. *Ils l'ont rencontré en chemin.* **4·** Direction, voie d'accès. *Montrer, indiquer à qqn son chemin. Rebrousser chemin*, revenir sur ses pas. *Le chemin des écoliers*, le plus long. *Se frayer un chemin dans les fourrés, à travers la foule.* – *Le chemin de la croix* : suivi par Jésus portant sa croix. *Chemin de croix* : les quatorze tableaux (*stations*) qui illustrent ce chemin, dans les églises. Fig. Souffrances, suite d'épreuves pénibles. – Prov. *Tous les chemins mènent à Rome*, il y a de nombreux moyens pour obtenir un résultat. **5·** En parlant d'un corps qui se déplace. *Chemin parcouru par un projectile.* → **trajectoire. II·** Abstrait. Conduite qu'il faut suivre pour arriver à un but. → **moyen, voie.** *Il n'arrivera pas à ses fins par ce chemin, il n'en prend pas le chemin. Être en bon chemin*, en passe de réussir. – *Je n'irai pas par quatre chemins*, j'agirai franchement, sans détours (→ Aller droit au but). ▶ **chemin de fer** [ʃ(ə)mɛ̃dfɛʀ] n. m. **1·** Moyen de transport utilisant la voie ferrée ; l'exploitation de ce moyen de transport (→ **ferroutage, ferroviaire).** *Voie de chemin de fer. Prendre le chemin de fer.* → **train.** *Chemin de fer électrique. Station de chemin de fer*, gare. **2·** Entreprise qui exploite des lignes de chemin de fer. *Les chemins de fer français* (S. N. C. F.). *Employés des chemins de fer.* → **cheminot. 3·** Chemin de fer en miniature servant de jouet. **4·** Jeu d'argent, variété de baccara. ▶ **chemineau** n. m. Vx. Celui qui parcourt les chemins et qui vit de petites besognes, d'aumônes ou de larcins. → **clochard, mendiant, vagabond.** *Des chemineaux.* ≠ cheminot. ▷ **acheminer, cheminer, cheminot, à mi-chemin**

cheminée [ʃ(ə)mine] n. f. **1·** Construction comprenant un espace aménagé pour faire du feu et un tuyau qui sert à évacuer la fumée. → **âtre, foyer.** *Faire une flambée dans la cheminée. Ramoner une cheminée.* **2·** Partie inférieure de la cheminée qui sert d'encadrement au foyer. *Cheminée de marbre.* **3·** Partie supérieure du conduit qui évacue la fumée. *Les cheminées fument sur les toits.* – *Cheminée de navire.* – *Cheminée d'usine*, tuyau de maçonnerie surmontant un foyer. **4·** *Cheminée d'un volcan*, par où passent les matières volcaniques. **5·** Couloir de montagne vertical et étroit. **6·** Trou, conduit cylindrique. *Cheminée d'aération.*

cheminer [ʃ(ə)mine] v. intr. < conjug. 1 > **1·** (Personnes) Faire du chemin, et spécialt un chemin long et pénible, que l'on parcourt lentement. → **aller, marcher. 2·** (Choses) Avancer lentement. *Cette idée chemine dans son esprit.* → **progresser.** ▶ **cheminement** n. m. **1·** Action de cheminer. → **marche.** *Lent cheminement.* **2·** Avance lente, progressive. *Cheminement de la pensée.*

cheminot [ʃ(ə)mino] n. m. Employé de chemin de fer. ≠ chemineau.

① **chemise** [ʃ(ə)miz] n. f. **1·** Vêtement couvrant le torse (porté souvent sur la peau). → arg. **liquette.** *Chemise à manches longues, à manches courtes. Col, pan de chemise.* – *Être en chemise,* sans autre vêtement. – *Être en manches de chemise,* sans veste. – ***Chemise de nuit*** : long vêtement de nuit (analogue à une robe). **2·** Chemise d'uniforme de certaines formations politiques paramilitaires ; ces formations. *Chemises noires,* fascistes. **3·** Loc. *Se soucier de (une chose) comme de sa première chemise,* n'y accorder aucun intérêt. – *Changer de (qqch.) comme de chemise,* en changer souvent. *Il change d'avis comme de chemise.* – Fam. *Ils sont comme cul et chemise,* inséparables. ▶ **chemiserie** n. f. Industrie et commerce des chemises et sous-vêtements d'homme, d'accessoires vestimentaires ; magasin où l'on vend ces objets. ▶ **chemisette** n. f. Chemise, blouse ou corsage à manches courtes. ▶ ① **chemisier, ière** n. Personne qui fabrique ou vend des chemises.

② **chemise** n. f. Couverture (cartonnée, toilée) dans laquelle on insère les pièces d'un dossier. *Ranger des papiers dans une chemise.*

② **chemisier** n. m. Corsage de femme, à col, fermé par-devant. → **blouse.**

chenal, aux [ʃənal, o] n. m. Passage ouvert à la navigation entre un port, une rivière ou un étang et la mer, dans le lit d'un fleuve. → **canal, passe.**

chenapan [ʃ(ə)napɑ̃] n. m. Vx ou plaisant. → **bandit, vaurien.** – (À des enfants) *Sortez d'ici, petits chenapans !* → **coquin, galopin.**

chêne [ʃɛn] n. m. Grand arbre à fleurs en chatons, à feuilles lobées, répandu surtout en Europe. *Fruit du chêne.* → **gland.** – *Chêne vert.* → **yeuse.** – Bois de chêne. *Un parquet de chêne.* ▶ **chêne-liège** n. m. Variété de chêne à feuillage persistant, qui fournit le liège. *Des chênes-lièges.*

chéneau [ʃeno] n. m. Conduit qui longe le toit, recueille les eaux de pluie. → **gouttière.** *Des chéneaux en zinc.*

chenet [ʃ(ə)nɛ] n. m. Une des pièces métalliques jumelles qu'on place à l'intérieur d'une cheminée et sur lesquelles on dispose les bûches.

chènevis [ʃɛnvi] n. m. invar. Graine de chanvre.

cheni [ʃ(ə)ni] n. m. En Suisse. Désordre. *Quel cheni dans cette armoire !*

chenil [ʃ(ə)ni(l)] n. m. **1·** Abri pour les chiens (de chasse). **2·** Lieu où l'on garde les chiens des particuliers.

① **chenille** [ʃ(ə)nij] n. f. Larve des papillons, à corps allongé formé d'anneaux et généralement velu. *La chenille file une enveloppe où elle s'enferme* → **cocon** *et se transforme en papillon* → **chrysalide.** *Les chenilles sont nuisibles aux arbres.* ▷ **écheniller**

② **chenille** n. f. Sorte de courroie de transmission articulée isolant du sol les roues d'un véhicule pour lui permettre de se déplacer sur tous les terrains. *Véhicules à chenilles.* → **char** d'assaut, **tank, tracteur.** ▶ **chenillé, ée** adj. Muni de chenilles. *Véhicule chenillé.* ▶ **chenillette** n. f. Petit véhicule automobile sur chenilles. ▷ **autochenille**

chenu, ue [ʃəny] adj. Littér. Qui est devenu blanc de vieillesse. *Tête chenue.*

cheptel [ʃɛptɛl ; ʃ(ə)tɛl] n. m. Ensemble du bétail (d'une exploitation, d'une région). *Le cheptel ovin, porcin d'une région.*

chèque [ʃɛk] n. m. Écrit par lequel une personne (tireur) donne l'ordre de remettre, soit à son profit, soit au profit d'un tiers, une certaine somme à prélever sur son crédit (sur son compte ou celui d'un autre). *Chèque bancaire. Un carnet de chèques.* → **chéquier.** *Faire un chèque à qqn. Payer par chèque. Chèque sans provision*. Chèque de voyage,* payable en espèces dans tout établissement bancaire du pays où l'on se rend. – *Chèque en blanc,* où la somme à payer n'est pas indiquée. (Abstrait) *Donner un chèque en blanc à qqn,* lui donner carte blanche. – *Chèque postal. Compte chèque postal* (abrév. *C. C. P.*). ▶ **chéquier** n. m. Carnet de chèques.

① **cher, ère** [ʃɛʀ] adj. **1·** Surtout avant le nom. Qui est aimé ; pour qui on éprouve une vive affection. *Ses chers amis. Mon cher petit.* **2·** Avant le nom. Dans des tournures amicales, des formules de politesse. *Cher Monsieur. Mon cher, ma chère.* **3·** *Cher à* : que l'on considère comme précieux. → **estimable.** *Le thé cher aux Anglais. Son souvenir nous est cher.* / contr. indifférent / ▷ **chèrement** (1), **chérir**

② **cher, ère** adj. et adv. **I·** Adj. (Attribut ou après le nom) **1·** Qui est d'un prix élevé. → **coûteux, onéreux.** *Ces vêtements sont trop chers. Une voiture chère.* / contr. bon marché / **2·** Qui exige de grandes dépenses. → **dispendieux.** *La vie est chère à Paris*

(→ cherté). **3·** Qui fait payer un prix élevé. *Ce marchand est cher.* **II·** Adv. À haut prix. *Cela me coûte cher. Ce livre vaut cher.* Fam. *Je l'ai eu pour pas cher.* ▷ **chèrement** (2), **cherté, enchère, renchérir, surenchère**

chercher [ʃɛʀʃe] v. tr. < conjug. 1 > **1·** S'efforcer de découvrir, de trouver (qqn ou qqch.). → **rechercher.** *Chercher qqn dans la foule. Chercher un objet que l'on a perdu. Chercher un taxi.* **2·** Essayer de découvrir (la solution d'une difficulté, une idée, etc.). *Chercher la solution d'un problème. Chercher un moyen. Chercher ses mots,* en parlant. *Qu'allez-vous chercher là ?* → **imaginer, inventer.** Loc. *Chercher midi à quatorze heures,* compliquer les choses inutilement. – Sans compl. *Tu n'as pas assez cherché.* → **réfléchir. 3·** *Chercher à* (+ infinitif) : essayer de parvenir à. → **s'efforcer, tâcher, tenter, viser.** *Chercher à savoir, à comprendre. Chercher à oublier.* **4·** Essayer d'obtenir. *Chercher un emploi. Chercher un appartement.* – (Sans art. devant le nom) *Chercher fortune, querelle.* **5·** Envoyer, venir prendre (qqn ou qqch.). *Venez me chercher ce soir. Je viendrai vous chercher à la gare.* **6·** Fam. Provoquer. *Je ne suis pas méchant, mais si tu me cherches, gare à toi !* **7·** (Choses) Fam. → **atteindre.** *Ça va chercher dans les mille euros,* le prix atteindra environ mille euros. ▶ **chercheur, euse** n. et adj. **I·** (Personnes) **1·** Rare ou loc. Personne qui cherche. *Chercheur d'or.* **2·** Personne qui se consacre à la recherche scientifique. → **savant, scientifique.** *Les chercheurs du C. N. R. S.* – **REM.** On trouve aussi *chercheure* au fém. (Canada). **II·** (Choses) *Chercheur de télescope,* petite lunette adaptée à un télescope. – Adj. *Tête chercheuse d'une fusée.* ▷ **rechercher**

chère [ʃɛʀ] n. f. Littér. Nourriture. *Chère délectable, exquise.* – Loc. ***Faire bonne chère*** : bien manger. ≠ chair, chaire.

chèrement [ʃɛʀmɑ̃] adv. (→ cher) **1·** D'une manière affectueuse et tendre. → **affectueusement, tendrement.** *Aimer chèrement qqn.* **2·** En consentant de grands sacrifices. *Vendre chèrement sa vie. Il paya chèrement son succès.*

chérir [ʃeʀiʀ] v. tr. < conjug. 2 > **1·** Aimer tendrement, avoir beaucoup d'affection pour. → **affectionner, aimer.** *Chérir sa femme, ses amis. Chérir le souvenir de qqn.* → **vénérer. 2·** Littér. S'attacher, être attaché à (qqch.). *Il chérissait son pays, son pays lui était cher* (1). ▶ **chéri, ie** adj. et n. **1·** Tendrement aimé. *Sa femme chérie. Mes enfants chéris.* **2·** N. *C'est le chéri de ses parents.* – (Entre personnes très intimes) *Mon chéri, ma petite chérie. Oui, chéri.*

cherry [ʃeʀi] n. m. Liqueur de cerise. ≠ sherry.

cherté [ʃɛʀte] n. f. État de ce qui est cher [2] ; prix élevé. → **coût ; prix.** *La cherté de la vie.*

chérubin [ʃeʀybɛ̃] n. m. **1·** Ange. **2·** *Avoir une face, un teint de chérubin,* un visage rond et des joues colorées. – Bel enfant. → **ange.** *C'est un chérubin.*

chétif, ive [ʃetif, iv] adj. De faible constitution ; d'apparence fragile. → **malingre, rachitique.** / contr. robuste, vigoureux / *Enfant chétif. Un arbre chétif.*

cheval, aux [ʃ(ə)val, o] n. m. **I· 1·** Grand mammifère (*équidé*) à crinière, domestiqué par l'homme comme animal de trait et de transport. – Se dit surtout du mâle (opposé à *jument*), du mâle adulte (opposé à *poulain*). → fam. **canasson, dada.** *Cheval sauvage.* → **mustang.** *Cheval reproducteur.* → **étalon.** *Cheval pur sang,* de race pure. *Cheval de petite taille.* → **poney.** *Cheval de course. Cheval de selle.* → **monture.** *Monter, sauter sur son cheval.* → **chevaucher.** *Faire une chute de cheval.* – *Le cheval hennit. Cheval qui trotte, galope, rue, se cabre.* – *Cheval de trait.* – *Monter un cheval à califourchon, en amazone.* **2·** ***À cheval*** loc. adj. et adv. : sur un cheval. *Aller à cheval.* → [i] **chevaucher, monter ; équitation.** – À califourchon (une jambe d'un côté, et l'autre de l'autre). *Être à cheval sur une branche d'arbre.* – Une partie d'un côté, une partie de l'autre. *À cheval sur deux périodes.* → **chevaucher. 3·** Équitation. *Aimer le cheval. Faire du cheval. Costume, culotte de cheval,* de cavalier. **4·** Loc. *Fièvre de cheval,* très forte. *Remède de cheval,* puissant. – *Monter sur ses grands chevaux,* s'emporter. *Être à cheval sur les principes,* y tenir rigoureusement. **5·** Fam. *C'est un vrai cheval,* une personne infatigable et qui a une santé de fer. *C'est pas un mauvais cheval,* il n'est pas méchant. **6·** ***Cheval de retour*** : récidiviste. **7·** ***Cheval de bataille*** : argument, sujet favori, auquel on revient. → fam. [i] **dada.** *Enfourcher son cheval de bataille.* **II·** Figure représentant un cheval. ***Cheval de bois*** : jouet d'enfant à bascule ou à roulettes sur lequel on peut monter. – ***Chevaux de bois*** : manège circulaire des foires représentant des chevaux. *Faire un tour de chevaux de bois.* → **manège.** – ***Cheval d'arçons*** : appareil de gymnastique, gros cylindre rembourré sur quatre pieds, qui sert à des exercices de saut, de voltige. – *Cheval de Troie,* dans « L'Iliade », cheval de bois gigantesque dans les flancs duquel les guerriers se cachèrent pour pénétrer dans Troie ; programme informatique malveillant. – *Jeu des petits chevaux,* jeu de hasard où les pions représentent des chevaux. **III·** ***Cheval-vapeur*** (symb. *Ch*), ou simplement ***cheval*** : unité de travail équivalant à 75 kilogrammètres par seconde. *Des chevaux-vapeur. Une* *automobile de 45 chevaux. Cheval fiscal* (symb. *CV*), équivalant à 1/6 environ du litre de cylindrée. *Une quatre-chevaux*, une voiture de quatre chevaux (fiscaux). ▶ **chevalier** n. m. **1**· Au Moyen Âge. Noble admis dans l'ordre de la chevalerie (ils combattaient *à cheval*). ≠ cavalier. → **paladin, preux.** *Il a été armé chevalier. Bayard, le chevalier sans peur et sans reproche.* – Loc. *Chevalier errant*, qui allait par le monde pour redresser les torts. – Fig. *Chevalier servant*, celui qui entoure une femme d'hommages, fait tout pour lui être agréable. **2**· Membre d'un ordre militaire et religieux, au Moyen Âge. *Les chevaliers de Malte.* **3**· De nos jours. Membre d'un ordre honorifique. *Chevalier(ière) de la Légion d'honneur.* **4**· Dans la noblesse. Celui qui est au-dessous du baron. ▶ **chevaleresque** adj. Digne d'un chevalier (1). → **généreux.** *Bravoure, conduite chevaleresque.* ▶ **chevalerie** n. f. Institution militaire d'un caractère religieux, propre à la noblesse féodale. → **chevalier.** *Les règles de la chevalerie étaient la bravoure, la courtoisie, la loyauté, la protection des faibles.* – Au Moyen Âge. Un des corps de l'armée formé par les chevaliers. *Romans de chevalerie*, où sont décrits les exploits, les amours des chevaliers. ▶ **chevalière** n. f. Bague à large chaton plat sur lequel sont gravées des armoiries, des initiales. ▶ **chevalin, ine** adj. **1**· Du cheval. *Races chevalines. Boucherie chevaline*, où l'on vend de la viande de cheval. → **hippophagique.** **2**· Qui évoque le cheval. *Il a une tête chevaline.* ▶ 1 **chevaucher** v. < conjug. 1 > **1**· V. intr. Littér. Aller à cheval. **2**· V. tr. Être à cheval, à califourchon sur. *Les sorcières chevauchent des manches à balais.* ▶ **chevauchée** n. f. Promenade, course à cheval. *Une longue chevauchée.* ▶ 2 **chevaucher** v. intr. < conjug. 1 > Se recouvrir en partie, empiéter, être à cheval l'un sur l'autre. → se **recouvrir.** *Dents qui chevauchent.* – Pronominalement. *Se chevaucher* (même sens). *Tuiles qui se chevauchent.* ▶ **chevauchement** n. m. Position de choses qui chevauchent. ▷ **chevalement, chevalet**

chevalement [ʃ(ə)valmɑ̃] n. m. Assemblage de madriers et de poutres qui supportent un mur, une construction. → **étai.**

chevalet [ʃ(ə)valɛ] n. m. **1**· Support qui sert à tenir à la hauteur voulue l'objet sur lequel on travaille. *Chevalet de menuisier. Chevalet de peintre*, qui supporte le tableau, la toile. **2**· Mince pièce de bois placée d'aplomb sur la table de certains instruments à cordes pour soutenir les cordes tendues. *Le chevalet d'un violon.*

chevêche [ʃəvɛʃ] n. f. Petite chouette.

chevelu, ue [ʃəvly] adj. **1**· Garni de cheveux. *Le cuir chevelu.* → **cuir.** **2**· Qui a de longs cheveux. *Des jeunes gens chevelus.* / contr. chauve, tondu /

chevelure [ʃəvlyʀ] n. f. **1**· Ensemble des cheveux. *Une chevelure abondante. Une chevelure emmêlée.* → **tignasse.** **2**· *Chevelure d'une comète*, traînée lumineuse qui la suit.

chevesne ou **chevaine** [ʃ(ə)vɛn] n. m. Poisson d'eau douce à dos brun et ventre argenté (appelé aussi *dard, meunier*).

1 **chevet** [ʃ(ə)vɛ] n. m. **1**· Partie du lit où l'on pose sa tête. → **tête.** *Lampe, table **de chevet** :* qui sont à la tête du lit. *Livre de chevet*, livre préféré qu'on lit souvent ou avant de s'endormir. **2**· ***Au chevet** de qqn :* auprès de son lit. *Rester au chevet d'un malade*, rester auprès de lui pour le soigner.

2 **chevet** n. m. Partie d'une église qui se trouve à la tête de la nef, derrière le chœur. → **abside.** *Vue sur le chevet de Notre-Dame.*

cheveu [ʃ(ə)vø] n. m. **1**· Poil qui recouvre le crâne humain (cuir chevelu). Surtout au plur. : **les cheveux.** → fam. **tifs.** *Plantation, naissance des cheveux. Cheveux plats, raides. Cheveux souples, frisés, bouclés, crépus.* – *Cheveux noirs, bruns, châtains, roux, blonds. Cheveux gris, poivre et sel, blancs. Porter les cheveux courts, longs. Perdre ses cheveux* (→ **chauve**). *Avoir les cheveux en désordre, en bataille, hirsutes* (→ **décoiffé, dépeigné, ébouriffé, échevelé**). *Démêler, peigner ses cheveux. Se faire couper les cheveux. Se teindre les cheveux. Une coupe de cheveux* (→ **coiffeur**). – Loc. *Cheveux au vent*, cheveux libres de toute attache. **2**· Fig. Loc. *Se prendre aux cheveux*, se battre. *S'arracher les cheveux*, être furieux et désespéré. – *Faire dresser les cheveux sur la tête*, inspirer un sentiment d'horreur. – *Avoir mal aux cheveux*, avoir mal à la tête pour avoir trop bu. *Se faire des cheveux (blancs)*, se faire du souci. – *Tiré par les cheveux*, amené d'une manière forcée et peu logique. *Un raisonnement tiré par les cheveux.* – Au sing. *À un cheveu (près)*, à très peu de chose (près). *Cela a tenu à un cheveu*, cela a failli arriver, se réaliser. – Loc. *Avoir un cheveu sur la langue.* → **zézayer, zozoter.** – *Arriver, venir comme un cheveu sur la soupe*, arriver à contretemps, mal à propos. *Ne pas toucher à un cheveu d'une personne*, ne pas lui faire de mal. *Couper les cheveux en quatre*, se perdre dans un raisonnement pointilleux. → **pinailler.** ▷ **chevelu, chevelure, échevelé, sèche-cheveux**

1 **cheville** [ʃ(ə)vij] n. f. **1**· Tige de bois ou de métal dont on se sert pour boucher un trou, assembler des pièces. *Cheville d'assemblage.* → **boulon, clou, goupille, taquet.** *Enfoncer, ficher, planter une cheville.* **2**· ***Cheville ouvrière** :* grosse

cheville qui joint l'avant-train avec le corps d'une voiture ; fig. l'agent, l'instrument essentiel (d'une entreprise, d'un organisme). *Être la cheville ouvrière d'un complot, d'une association, d'une affaire,* → **centre, pivot. 3·** Pièce qui sert à tendre les cordes d'un instrument de musique. **4·** Crochet servant à suspendre la viande. **5·** Loc. fam. *Être **en cheville** avec qqn* : associé plus ou moins secrètement avec lui. ▶ **cheviller** v. tr. < conjug. 1 > Joindre, assembler (des pièces) avec des chevilles. *Cheviller une porte, une table.* – Au p. p. adj. Loc. *Avoir l'âme chevillée au corps,* avoir la vie dure. ▶ **chevillard** n. m. Boucher en gros ou en demi-gros. → **cheville** (4).

2 **cheville** n. f. Saillie des os de l'articulation du pied ; partie située entre le pied et la jambe. *Elle s'est foulé la cheville. Avoir la cheville fine. Robe qui arrive à la cheville.* – Fig. *Ne pas arriver **à la cheville de** qqn* : lui être inférieur.

3 **cheville** n. f. En versification. Terme de remplissage permettant la rime ou la mesure (inutile au sens). *Poésie bourrée de chevilles.*

cheviotte [ʃəvjɔt] n. f. Laine des moutons d'Écosse ; étoffe faite avec cette laine. *Une veste de cheviotte.*

1 **chèvre** [ʃɛvʀ] n. f. **1·** Mammifère ruminant, à cornes arquées, à pelage fourni, apte à grimper et à sauter ; se dit surtout de la femelle de cette espèce (opposé à *bouc*), de la femelle adulte (opposé à *chevreau*). → fam. **bique, biquette.** *Barbiche de chèvre. La chèvre bêle. Le chevrier garde les chèvres. Lait, fromage de chèvre.* **2·** Loc. *Faire devenir chèvre, rendre qqn chèvre,* embêter (→ faire tourner en bourrique). *Ménager la chèvre et le chou,* ne pas prendre parti ; réserver sa décision jusqu'à ce qu'un parti l'emporte. ▶ **chevreau** [ʃəvʀo] n. m. **1·** Le petit de la chèvre. → **biquet, cabri.** *Bondir comme un chevreau.* **2·** Peau de chèvre ou de chevreau qui a été tannée. *Chaussures, gants de chevreau.* ▶ **chevrette** [ʃəvʀɛt] n. f. Jeune chèvre. ▷ **chèvrefeuille, chèvreton, chevreuil, chevrier, chevroter, chevrotine**

2 **chèvre** n. f. Appareil servant à soulever des fardeaux ; poulie montée sur un trépied ou chevalet.

3 **chèvre** n. m. Fromage de chèvre. *Salade au chèvre chaud.*

chèvrefeuille [ʃɛvʀəfœj] n. m. Plante, arbrisseau grimpant, à fleurs jaunes parfumées.

chèvreton [ʃɛvʀətɔ̃] n. m. Petit fromage de chèvre fabriqué en Ardèche.

chevreuil [ʃəvʀœj] n. m. Mammifère sauvage, assez petit, à robe fauve et ventre blanchâtre. *Le chevreuil brame. – Cuissot, ragoût de chevreuil.*

chevrier, ière [ʃəvʀije, jɛʀ] n. Berger(ère) qui mène paître les chèvres.

chevron [ʃəvʀɔ̃] n. m. **1·** Pièce de bois sur laquelle on fixe des lattes qui soutiennent la toiture. → **madrier.** *Trois maisons, qui n'ont ni poutres ni chevrons* (chanson de Cadet Rousselle). **2·** Galon en V renversé porté sur les manches des uniformes et qui marque l'ancienneté de service. *Chevrons de sergent* (→ **chevronné**). – Motif décoratif en zigzag. *Tissu à chevrons.*

chevronné, ée [ʃəvʀɔne] adj. Qui est expérimenté (comme un soldat qui a des *chevrons,* des galons d'ancienneté). *Un conducteur chevronné.*

chevroter [ʃəvʀɔte] v. intr. < conjug. 1 > Parler, chanter d'une voix tremblotante (comme un bêlement de chèvre). *Vieillards dont la voix chevrote. Chanteur qui chevrote.* ▶ **chevrotant, ante** adj. *Voix chevrotante,* tremblante et cassée. ▶ **chevrotement** n. m. Tremblement (de la voix). *Le chevrotement d'un vieillard.*

chevrotine [ʃəvʀɔtin] n. f. Balle sphérique, gros plomb pour tirer le chevreuil, les bêtes fauves.

chewing-gum [ʃwiŋgɔm] n. m. Anglic. Gomme à mâcher. *Mastiquer du chewing-gum. Paquet de chewing-gum. Des chewing-gums.*

chez [ʃe] prép. **1·** Dans la demeure de, au logis de (qqn). *Venez chez moi. Il est rentré chez lui. Chacun chez soi. Je vais chez Monsieur X, chez le coiffeur, chez le dentiste.* – REM. *Aller au coiffeur, au dentiste* est incorrect. – Loc. *Être partout chez soi, se sentir chez soi,* ne pas être gêné. *Faites comme chez vous,* mettez-vous à l'aise. – (Précédé d'une autre prép.) *Je viens de chez eux. Ils passèrent par chez nous.* – Loc. adj. *Bien de chez nous,* typiquement français (souvent iron.). **2·** Dans la nation de. *Chez les Anglais. Chez les Grecs de l'Antiquité.* **3·** Dans l'esprit, dans le caractère, dans les œuvres, le discours de (qqn). *C'est une réaction courante chez lui. Cette remarque est chez Voltaire.* ▶ **chez-moi** [ʃemwa], **chez-soi** [ʃeswa], **chez-toi** [ʃetwa] n. m. invar. Domicile personnel (avec valeur affective). *Ton petit chez-toi. Des chez-soi confortables.*

chiader [ʃjade] v. tr. < conjug. 1 > Arg. vieilli. Travailler, préparer (un examen). *Chiader son bac.* ▶ **chiadé, ée** adj. Fam. **1·** Difficile. *Problème chiadé.* **2·** Très soigné. *Un langage chiadé.*

chialer [ʃjale] v. intr. < conjug. 1 > Fam. Pleurer.

chiant, chiante [ʃjɑ̃, ʃjɑ̃t] adj. Fam. Qui ennuie ou contrarie, qui fait chier. *Ce qu'il est chiant ! → **barbant, ennuyeux.** C'est chiant !* → fam. **emmerdant.**

chianti [kjɑ̃ti] n. m. Vin rouge de la province de Sienne (Italie). *Une fiasque de chianti. Des chiantis.*

chiasse [ʃjas] n. f. Fam. Colique. *Avoir la chiasse.* → **courante.**

chic [ʃik] n. m. et adj. **I·** N. m. Fam. **1·** *Avoir le chic pour* (+ infinitif) : faire (qqch.) avec facilité, aisance, élégance. – Iron. (le plus souvent). *Il a le chic pour m'énerver.* **2·** Élégance hardie, désinvolte. → **caractère, chien, originalité, tournure.** *Il a du chic. Son chapeau a du chic.* **II·** Adj. **1·** Élégant. *Une toilette chic. Elle est chic,* bien habillée. – *Les gens chics* (→ les gens bien). – *Les quartiers chics,* les beaux quartiers. **2·** (Avant le nom) Fam. et vieilli. Beau, agréable. *On a fait un chic voyage.* **3·** (Personnes ; actes) Sympathique, généreux, serviable. *C'est un chic type. Elle a été chic avec nous. C'est chic de sa part. Ce n'est pas chic.* → **gentil. 4·** Loc. *Bon chic bon genre :* d'une élégance discrète et traditionnelle. *Une jeune fille bon chic bon genre.* → **B. C. B. G. III·** Interj. fam. Marquant le plaisir, la satisfaction. → 2 **chouette.** *Chic alors !* ▷ **chiqué**

1 **chicane** [ʃikan] n. f. **1·** Difficulté, incident qu'on suscite dans un procès pour embrouiller l'affaire (→ **chicaner**). – Péj. La procédure (avec les complications dont elle s'accompagne). **2·** Querelle, contestation où l'on est de mauvaise foi. → **argutie, dispute, tracasserie.** *Chercher chicane, des chicanes à qqn. Les éternelles chicanes entre voisins.*

2 **chicane** n. f. Passage en zigzag qu'on est obligé d'emprunter. *Chicanes d'un barrage de police.*

chicaner [ʃikane] v. < conjug. 1 > **1·** V. intr. Élever des contestations mal fondées, chercher querelle sur des riens. → **ergoter, contester.** *Chicaner sur, à propos de qqch.* **2·** V. tr. Chercher querelle à (qqn). *Chicaner qqn sur, pour qqch. Je ne vous chicanerai pas là-dessus.* ▶ **chicaneur, euse** n. Personne qui chicane, qui aime à chicaner. – Adj. *Esprit chicaneur.* → **pointilleux.** / contr. arrangeant, conciliant / ▶ **chicanier, ière** adj. Qui chicane sur les moindres choses. *Il est très chicanier.* ▷ 1 **chicane**

1 **chiche** [ʃiʃ] adj. *Être chiche de* (paroles, actions), avare. *Il est assez chiche de ses compliments.* / contr. généreux / ▶ **chichement** adv. Pauvrement, comme un avare. *Vivre chichement.* → **modestement, petitement.**

2 **pois chiche** → **pois.**

3 **chiche** interj. fam. Exclamation de défi : je vous prends au mot. « *Tu n'oserais jamais. – Chiche !* » – *Être chiche de* (+ infinitif) : être capable de, oser. *Tu n'es pas chiche de plonger de là-haut.*

chiche-kebab ou **chiche-kébab** [ʃiʃkebab] n. m. Brochette de mouton. *Des chiche-kebabs, des chiche-kébabs.*

chichi [ʃiʃi] n. m. Comportement qui manque de simplicité. → **affectation, minauderie.** *Faire des chichis.* → **embarras, façon, manière, simagrée.** *Pas tant de chichis !* ▶ **chichiteux, euse** adj. et n. Fam. Qui fait des chichis, des manières.

chicon [ʃikɔ̃] n. m. En Belgique. Endive.

chicorée [ʃikɔʀe] n. f. **1·** Plante herbacée dont les feuilles se mangent en salade. *Chicorée sauvage. Chicorée frisée.* → **scarole. 2·** Racine torréfiée de la chicorée ; boisson chaude qu'on en tire, rappelant le café. *Une tasse de chicorée.*

chicot [ʃiko] n. m. Morceau qui reste d'une dent ; dent cassée, usée. *Une bouche pleine de chicots.*

chicotin [ʃikɔtɛ̃] n. m. Loc. *Amer comme (du) chicotin,* très amer.

1 **chien, chienne** [ʃjɛ̃, ʃjɛn] n. **I· 1·** Mammifère domestique dont il existe de nombreuses races élevées pour remplir certaines fonctions auprès de l'homme. → **canin, cyno-.** *Un chien, une chienne.* → fam. 1 **cabot, clébard, clebs, toutou.** *Le chien aboie, glapit, jappe, hurle. Petit du chien.* → **chiot.** *Chien en laisse. Envoyer son chien à la niche. Chien de race. Chien bâtard. Chien de chasse. Meute de chiens.* – *Chien couchant* ou *chien d'arrêt,* qui lève le gibier en plaine et le ramène quand il est abattu. *Chien courant,* qui donne de la voix quand il est sur la piste du gibier. – *Chien de garde. Attention, chien méchant. Chien policier. Chien de berger surveillant son troupeau.* – *Races de chiens,* barbet, basset, berger, bichon, bouledogue, braque, caniche, cocker, corniaud, danois, dogue, épagneul, fox, lévrier, limier, loulou, mâtin, molosse, pékinois, ratier, roquet, saint-bernard, terrier... **2·** Loc. *Garder à qqn un chien de sa chienne,* lui garder rancune et lui ménager une vengeance. – *Se regarder en chiens de faïence,* se dévisager avec hostilité. – *Recevoir qqn comme un chien dans un jeu de quilles,* très mal. – *S'entendre, vivre comme chien et chat,* en se disputant constamment. – *Cela n'est pas fait pour les chiens,* on peut, on doit s'en servir, l'utiliser. – *Entre chien et loup,* au crépuscule, quand la nuit commence à tomber. – Interj. *Nom d'un chien !* (juron familier). – Prov. *Qui veut noyer son chien l'accuse de la rage,* tout prétexte est bon quand on veut se débarrasser de qqn ou de qqch. **3·** Loc. *De chien. Avoir, éprouver un mal de chien,* rencontrer bien des difficultés. *Métier, travail de chien,* très pénible. – *Vie de chien,* difficile, misé-

rable. – *Temps de chien,* très mauvais temps. *Être d'une humeur de chien,* de très mauvaise humeur. → **massacrant.** – *Traiter qqn comme un chien,* très mal, sans égard ni pitié. *Mourir, être enterré comme un chien,* dans un total abandon. *Être malade comme un chien,* extrêmement malade. **4·** Loc. *Les **chiens écrasés** :* les faits divers sans importance, dans un journal. **II·** *Chien de mer,* petit requin (roussette). ▷ **chiendent, chien-loup, chiot**

2 **chien** n. m. **1·** Pièce d'une arme à feu qui guide le percuteur. *Le chien d'un fusil de chasse.* **2·** Loc. *Être couché **en chien de fusil** :* les genoux repliés.

3 **chien** n. m. sing. (Femmes) *Avoir du chien,* du chic, de la séduction. → **allure.**

chiendent [ʃjɛ̃dɑ̃] n. m. **1·** Herbe vivace très commune à racines développées, nuisible aux cultures. **2·** Racine de chiendent séchée. *Brosse de chiendent.*

chienlit [ʃjɑ̃li] n. f. Littér. Mascarade, déguisement grotesque ; désordre. → **pagaïe.** REM. Pour *chie-en-lit* (→ **chier**).

chien-loup n. m. Chien qui ressemble au loup (berger allemand). *Des chiens-loups.*

chier [ʃje] v. intr. < conjug. 7 > **1·** Vulg. Se décharger le ventre des excréments. → **faire** ; fam. faire **caca.** **2·** Abstrait. Fam. *Faire chier qqn,* l'embêter. *Tu me fais chier.* → fam. **emmerder,** faire **suer.** *On se fait chier ici,* on s'ennuie. → fam. s'**emmerder.** – *C'est nul à chier,* très nul. ▷ **chiant, chiasse, chienlit, chiottes, chiure**

chiffe [ʃif] n. f. **1·** Vx. Chiffon. **2·** Fam. *Chiffe molle,* personne d'un caractère faible. *C'est une chiffe molle.* ▶ **chiffon** n. m. **1·** Morceau de vieille étoffe. *Commerce des chiffons* (→ **chiffonnier**). – *Chiffon à poussière.* – ***En chiffon*** : chiffonné (vêtement, etc.). – Loc. *Agiter le chiffon rouge,* mettre en avant un sujet polémique. **2·** Au plur. Fam. *Parler chiffons,* parler de vêtements, de mode. ▶ **chiffonner** v. tr. < conjug. 1 > **1·** Froisser, mettre en chiffon. → **friper, plisser.** *Chiffonner une robe.* **2·** Abstrait. *Cela me chiffonne.* → **chagriner, intriguer, taquiner.** ▶ **chiffonnage** ou **chiffonnement** n. m. Action de chiffonner. – État de ce qui est chiffonné. ▶ **chiffonné, ée** adj. Qui est froissé. *Un papier chiffonné. Repasser un vêtement chiffonné.* – Loc. *Figure chiffonnée,* aux traits fatigués ou un peu irréguliers. ▶ **chiffonnette** n. f. Carré de matière textile pour essuyer ou nettoyer. *Passer un coup de chiffonnette sur la télé.* ▶ **chiffonnier, ière** n. **1·** Personne qui ramasse les vieux chiffons pour les vendre. **2·** Loc. *Se disputer, se battre comme des chiffonniers,* d'une manière violente et bruyante. *Vêtu comme un chiffonnier,* fripé, sale.

chiffre [ʃifʀ] n. m. **I· 1·** Chacun des caractères qui représentent les nombres. *Les chiffres arabes* (1, 2, 3, 4, 5, 6, 7, 8, 9, 0). *Les chiffres romains* (I, V, X, L, C, D, M). *Un nombre de plusieurs chiffres.* **2·** Nombre représenté par les chiffres. *Le chiffre des dépenses.* → **montant, somme, total.** *Le chiffre de la population. En chiffres ronds* (→ **arrondir**). – ***Chiffre d'affaires*** : total des ventes effectuées pendant une année. **II· 1·** Signe de convention servant à correspondre secrètement. *Le chiffre,* l'ensemble de ces signes. → **code.** *Avoir la clef du chiffre* (→ **chiffrer, déchiffrer**). *Le chiffre d'un coffre-fort.* → **combinaison.** **2·** Entrelacement de lettres initiales. → **monogramme.** *Faire graver son chiffre. Il portait une bague gravée à son chiffre.* ▶ **chiffrer** v. < conjug. 1 > **I· 1·** V. tr. Noter à l'aide de chiffres. évaluer en chiffres. *Chiffrer ses revenus à trois mille euros par mois.* **2·** V. intr. (Suj. chose) Atteindre un prix élevé. *Toutes ces dépenses finissent par chiffrer.* **II·** V. tr. Écrire en chiffres (II, 1). *Chiffrer une correspondance secrète.* → **coder.** – Au p. p. adj. *Message chiffré.* ▶ **chiffrable** adj. Qu'on peut chiffrer, qu'on peut exprimer par des chiffres. ▶ **chiffrage** ou **chiffrement** n. m. Opération par laquelle on chiffre (II). → **codage.** ▶ **chiffreur, euse** n. Employé(e) qui fait le chiffrement. ▷ **déchiffrer, indéchiffrable**

chignole [ʃiɲɔl] n. f. **I·** Fam. et vieilli. Mauvaise voiture. → fam. **guimbarde, tacot.** **II·** Perceuse à main ou électrique.

chignon [ʃiɲɔ̃] n. m. **1·** Partie de la chevelure féminine relevée et ramassée derrière la tête. *Elle s'est fait un chignon.* **2·** Loc. (Femmes) *Se crêper le chignon,* se battre, se disputer. *Elles se sont crêpé le chignon.*

chiisme [ʃiism] n. m. Doctrine des chiites. ▶ **chiite** adj. et n. Dans l'islam. Relatif à la secte des partisans d'Ali, gendre du prophète Mohammed (Mahomet), qui soutiennent que ses descendants doivent conserver le pouvoir religieux (être imam ou calife). *Des intégristes chiites.* – N. *Les chiites s'opposent aux sunnites.* – REM. On écrit aussi *shiite.*

chimère [ʃimɛʀ] n. f. **1·** Monstre imaginaire (à tête de lion et queue de dragon) qui crache des flammes. **2·** Idées sans rapport avec la réalité. → **illusion, imagination, rêve, utopie.** *Ses projets sont des chimères.* ▶ **chimérique** adj. **1·** Sans rapport avec la réalité. *Imaginations, rêves chimériques.* → **illusoire, impossible, utopique.** *Ses projets sont tout à fait chimériques.* / contr. raisonnable, réel / **2·** Littér. Qui se complaît dans les chimères. *Homme chimérique.* → **rêveur, utopiste, visionnaire.** *Un esprit chimérique.*

chimie [ʃimi] n. f. Science de la constitution des divers corps matériels, de leurs transformations et de leurs propriétés. *Chimie générale. Chimie minérale, organique. Chimie biologique.* → **biochimie.** *Chimie industrielle. La chimie du pétrole.* → **pétrochimie.** – *Cours de chimie. Professeur de chimie.* ▶ **chimique** adj. Relatif à la chimie, aux corps qu'elle étudie. *Formule, symbole chimique. Propriétés chimiques d'un corps.* – *Produits chimiques,* corps obtenus par *l'industrie chimique* (opposé à *naturel*). ▶ **chimiquement** adv. D'après les lois, les formules de la chimie. *De l'eau chimiquement pure.* ▶ **chimiothérapie** n. f. Traitement par des substances médicamenteuses chimiques. *La chimiothérapie anticancéreuse.* ▶ **chimiste** n. Personne qui s'occupe de chimie, pratique et étudie la chimie. *Expert, ingénieur chimiste. Une chimiste.* ▷ **biochimie, pétrochimie, stéréochimie**

chimpanzé [ʃɛ̃pɑ̃ze] n. m. Grand singe anthropoïde*, qui vit en Afrique. *Des chimpanzés.*

chinchilla [ʃɛ̃ʃila] n. m. **1·** Petit mammifère rongeur qui vit au Pérou et au Chili. **2·** Sa fourrure gris clair (une des plus chères). *Un manteau de chinchilla.*

chiné, ée [ʃine] adj. (Étoffe, laine) Fait de fils de couleurs alternées. *Une veste chinée noir et blanc.*

chiner [ʃine] v. tr. < conjug. 1 > Chercher (des objets) dans les brocantes, les vide-greniers. *Chiner des meubles anciens.* ▶ **chineur, euse** n. Personne qui aime chiner.

1 **chinois, oise** [ʃinwa, waz] adj. et n. **1·** De Chine → **sino-** ; qui imite un certain goût propre à la Chine. *La République chinoise. Un pavillon chinois,* petit kiosque à toit pointu et découpé. *Paravent chinois. Supplice chinois,* très cruel. – *Casse-tête chinois.* – N. *Les Chinois. Une Chinoise.* **2·** N. m. *Le chinois,* langue monosyllabique parlée et écrite (avec des caractères idéographiques) en Chine. – Fig. *C'est du chinois,* c'est incompréhensible. ▶ **chinoiserie** n. f. **1·** Bibelot dans le goût chinois. *Une étagère garnie de chinoiseries.* **2·** Complication inutile et extravagante. *Les chinoiseries administratives.* ▷ **indochinois**

2 **chinois** n. m. Passoire conique fine utilisée pour la cuisine. → **tamis.**

chiot [ʃjo] n. m. Jeune chien. *Une portée de chiots.*

chiottes [ʃjɔt] n. f. pl. Fam. Cabinets d'aisances. → **cabinet(s), toilette(s), waters, W.-C.**

chiourme [ʃjuʀm] n. f. Autrefois. Ensemble de rameurs d'une galère, de forçats. ▷ **garde-chiourme**

chiper [ʃipe] v. tr. < conjug. 1 > Fam. Dérober, voler. → fam. **barboter, faucher, piquer.** *On m'a chipé mon stylo.*

chipie [ʃipi] n. f. Femme au caractère désagréable, difficile à vivre. → **mégère, pimbêche.** *Vieille chipie !* – Fillette qui aime agacer les autres. *Petite chipie !*

chipiron [ʃipiʀɔ̃] n. m. Région. Dans le Sud-Ouest. Calmar. *Chipirons basquaise.*

chipolata [ʃipɔlata] n. f. Petite saucisse longue et mince. *Des chipolatas.*

chipoter [ʃipɔte] v. intr. < conjug. 1 > **1·** Manger par petits morceaux, sans plaisir. **2·** Marchander mesquinement ; discuter sur des vétilles. → **ergoter, pinailler.** *Il chipote sur les dépenses.* ▶ **chipoteur, euse** n. et adj. Personne qui chipote.

chips [ʃips] n. f. pl. Pommes de terre frites en minces rondelles. *Un paquet de chips.* – Adj. *Pommes chips.*

1 **chique** [ʃik] n. f. **1·** Morceau de tabac que l'on mâche. **2·** Loc. Fam. *Couper la chique à qqn* : l'interrompre brutalement (→ Couper le sifflet). **3·** Fam. Enflure de la joue. ▷ **chicot, chiquer**

2 **chique** n. f. Variété de puce dont la femelle peut s'enfoncer dans la chair de l'homme et y provoquer des abcès. ≠ tique.

chiqué [ʃike] n. m. Fam. Attitude prétentieuse qui manque de naturel. → **bluff, cinéma, esbroufe.** *C'est du chiqué ! Il fait ça au chiqué.*

chiquenaude [ʃiknod] n. f. Coup donné avec un doigt que l'on a plié contre le pouce et que l'on détend brusquement. → **pichenette.** *Projeter une boulette de pain d'une chiquenaude.* – Fig. Petite impulsion ; poussée.

chiquer [ʃike] v. tr. < conjug. 1 > Mâcher (du tabac). – *Tabac à chiquer.*

chiral, ale, aux [kiʀal, o] adj. En sciences. Se dit d'un objet qui n'est pas superposable à son image dans un miroir plan. *Les mains sont des objets chiraux.* ▶ **chiralité** n. f.

chir(o)- Élément savant signifiant « main ». ▶ **chiromancie** [kiʀɔmɑ̃si] n. f. Art de deviner l'avenir, le caractère de qqn par les lignes de sa main. ▶ **chiromancien, ienne** n. Diseur, diseuse de bonne aventure. → **voyante.** *Des chiromanciennes.* ▶ **chiropratique** [kiʀɔpʀatik] n. f. Au Québec. Traitement par manipulations de parties du corps (notamment les vertèbres). ▶ **chiropracteur** [kiʀɔpʀaktœʀ] n. m. ou **chiropracticien, ienne** n. Spécialiste de chiropratique. ▶ **chirurgie** [ʃiʀyʀʒi] n. f. Partie de la médecine qui comporte une intervention manuelle et instrumentale (surtout à l'intérieur du corps). *Chirurgie des os, du cœur. Chirurgie esthétique. Chirurgie dentaire.* ▶ **chirurgical, ale, aux** adj. Relatif à la chirurgie. *Opération, intervention chirurgicale. Instruments chirurgicaux.* ▶ **chirurgien, ienne** n. **1·** Médecin qui pratique la chirurgie. *Le chirurgien opère avec l'aide de ses assistants. Chirurgien-major,* dans l'armée. **2·** *Chirurgien dentiste.* → **dentiste.**

chistera [ʃisteʀa] n. f. ou m. Instrument d'osier en forme de gouttière recourbée, qui sert à lancer la balle à la pelote basque.

chiure [ʃjyʀ] n. f. Excrément d'insectes. *Des chiures de mouches.*

chlamyde [klamid] n. f. Manteau court et fendu, agrafé sur l'épaule, dans l'antiquité grecque.

chlore [klɔʀ] n. m. Corps simple, gaz jaune verdâtre, d'odeur suffocante. *Propriétés décolorantes, antiseptiques du chlore.* ▶ **chloré, ée** adj. Qui contient du chlore. *L'eau chlorée d'une piscine.* ▶ **chlorhydrique** [klɔʀidʀik] adj. *Acide chlorhydrique :* composé de chlore et d'hydrogène. – Solution de ce gaz dans l'eau, liquide incolore, fumant, corrosif. ▶ **chloroforme** [klɔʀɔfɔʀm] n. m. Liquide incolore, employé comme anesthésique. *Endormir qqn au chloroforme.* ▶ **chloroformer** v. tr. < conjug. 1 > Anesthésier au chloroforme. ▷ **chlorure, trichloréthylène**

chlorophylle [klɔʀɔfil] n. f. Matière colorante des parties vertes de la plante. *La lumière, facteur nécessaire à la production de la chlorophylle.* ▶ **chlorophyllien, ienne** adj. De la chlorophylle. *Fonction chlorophyllienne,* par laquelle, sous l'action de la lumière, la chlorophylle absorbe le gaz carbonique et rejette l'oxygène.

chlorure [klɔʀyʀ] n. m. **1·** Nom générique des composés binaires du chlore. *Les chlorures,* sels résultant de la combinaison de l'acide chlorhydrique avec une base. → **sel.** *Chlorure de sodium* (sel marin). **2·** *Chlorures décolorants,* mélanges industriels utilisés à des fins de blanchiment, de nettoyage, de désinfection. → eau de **Javel.**

choc [ʃɔk] n. m. **1·** Entrée en contact de deux corps qui se rencontrent violemment ; ébranlement qui en résulte. → **coup, heurt, percussion.** *Choc brusque, violent. Le choc des verres, des épées.* → **cliquetis.** *Choc violent.* → **collision.** *Résister aux chocs.* **2·** Rencontre violente (d'hommes). *Le choc de deux armées ennemies.* → **bataille, combat.** *Soutenir le choc,* résister à un assaut. *Troupes, unités **de choc** :* qui sont toujours en première ligne. → **commando. 3·** Abstrait. *Choc des opinions, des caractères, des passions, des intérêts.* → **antagonisme, conflit, opposition.** – *Donner un choc à qqn, recevoir un choc,* une émotion brutale. *Sous le choc, en état de choc,* abasourdi, décontenancé. – *Choc opératoire, traumatique, anesthésique.* → **commotion.** – ***Choc en retour :*** contrecoup d'un choc, d'un événement sur la personne qui l'a provoqué ou sur le point d'où il est parti. **4·** En appos. Invar. Qui provoque un choc psychologique (surprise, intérêt, émotion). *Un discours choc, des prix chocs, des photos chocs.* ▷ **choquer, électrochoc, entrechoquer, pare-chocs**

chocolat [ʃɔkɔla] n. m. **1·** Substance alimentaire (pâte solidifiée) faite de cacao broyé avec du sucre, de la vanille, etc. *Chocolat à croquer. Plaque, tablette de chocolat ; bouchée au chocolat. Chocolat au lait, aux noisettes.* **2·** Boisson faite de poudre de chocolat ou de cacao délayée. *Une tasse de chocolat. Un chocolat.* **3·** Brun rouge foncé. – Adj. invar. *Des robes chocolat, brun chocolat.* **4·** Adj. Fam. *Être chocolat,* être privé d'une chose sur laquelle on comptait. ▶ **chocolaté, ée** adj. Parfumé au chocolat. ▶ **chocolatier, ière** n. et adj. Personne qui fabrique, qui vend du chocolat. – Adj. *L'industrie chocolatière.* ▶ **chocolatine** n. f. Région. Dans le sud-ouest de la France et au Canada. Pain au chocolat.

1 **chœur** [kœʀ] n. m. **1·** Réunion de chanteurs → **choriste** qui exécutent un morceau d'ensemble. → **chorale.** *Un chœur d'enfants. Faire partie des chœurs de l'Opéra.* **2·** Composition musicale destinée à être chantée par plusieurs personnes (→ **choral**). **3·** Dans le théâtre de l'Antiquité. Troupe de personnes qui dansent et chantent ensemble. *Le chœur des tragédies grecques.* **4·** Ensemble des personnes qui ont une attitude commune. *Le chœur des mécontents.* **5·** ***En chœur*** : ensemble, unanimement. → faire **chorus,** agir de **concert.** *Chanter en chœur. S'ennuyer en chœur.* ▷ **choral, chorégraphie, choriste,** 1 **chorus**

2 **chœur** n. m. Partie de la nef d'une église, devant le maître-autel, où se tiennent les chantres et le clergé pendant l'office. – *Enfant* de chœur.*

choir [ʃwaʀ] v. intr. **REM.** Seulement : *je chois, tu chois, il choit ; je chus ; chu, chue* au p. p. **1·** Littér. Être entraîné de haut en bas. → **tomber. 2·** Fam. ***Laisser choir.*** → **abandonner, plaquer.** *Après de belles promesses, il nous a laissés choir.* ▷ 1 **chute,** 2 **chute, déchéance, déchoir, échéance, échoir, échu**

choisir [ʃwaziʀ] v. tr. < conjug. 2 > **1·** *Choisir qqch., qqn,* prendre de préférence, faire choix de. *Choisir une carrière. On l'a choisi pour ce poste.* → **désigner, distinguer, nommer.** *Choisir ses vêtements, ses amis. Choisir ses lectures.* → **sélectionner. 2·** Se décider entre deux ou plusieurs partis ou plusieurs solutions. → **opter,** se **prononcer, trancher.** *Décidez-vous, il faut choisir. Choisir si l'on part, si l'on reste. Il a choisi de partir.* ▶ **choisi,**

ie adj. Excellent ; pris pour sa qualité. *Œuvres, textes choisis.* → **anthologie.** *S'exprimer en termes choisis,* élégants. ▷ **choix**

choix [ʃwa] n. m. invar. **1·** Action de choisir, décision par laquelle on donne la préférence à une chose, à une possibilité en écartant les autres. *Faire un bon, un mauvais choix. Son choix est fait.* → **décision, résolution. 2·** Pouvoir, liberté de choisir (actif) ; existence de plusieurs partis entre lesquels choisir (passif). *On lui laisse le choix.* → **option.** *Choix entre deux partis.* → **alternative, dilemme.** *Vous avez le choix. À (son, votre) choix. Les petits ou les grands, au choix.* – *N'avoir que l'embarras* du choix.* – *Ne pas avoir le choix,* être obligé de faire qqch. **3·** Ensemble de choses parmi lesquelles on peut choisir. *Ce magasin offre un très grand choix d'articles.* → **assortiment, éventail. 4·** Ensemble de choses choisies pour leurs qualités. → **sélection.** *Choix de livres, de poésies.* → **anthologie, recueil.** – *De choix :* de prix, de qualité. *Un morceau de choix.*

chol(é)- Élément savant signifiant « bile ». ▶ **cholédoque** [kɔledɔk] adj. m. *Canal cholédoque,* qui conduit la bile dans le duodénum. ▶ **cholestérol** n. m. Substance du sang, de la bile, dont l'excès provoque des troubles (→ **stérol**).

choléra [kɔleʀa] n. m. **1·** Très grave maladie épidémique caractérisée par des selles fréquentes, des vomissements, des crampes, un grand abattement. – Loc. *La peste et le choléra,* deux maux également redoutables. **2·** Fam. Personne méchante, nuisible. → **peste.** *C'est un vrai choléra, cette bonne femme !* ▶ **cholérique** adj. et n. Du choléra. ≠ colérique

chômer [ʃome] v. intr. < conjug. 1 > **1·** Vx. Suspendre son travail pendant les jours fériés. – Au p. p. adj. *Jours chômés,* pendant lesquels on ne travaille pas. **2·** Cesser le travail par manque d'ouvrage. *Il chôme depuis deux mois* (plus cour. : *être en chômage*). **3·** Loc. *Ne pas chômer,* travailler beaucoup. *Il n'a pas chômé aujourd'hui !* ▶ **chômage** n. m. **1·** Interruption du travail. *Industrie exposée au chômage.* **2·** Inactivité forcée (des personnes) due au manque de travail, d'emploi. / contr. plein-emploi / *Ouvriers au chômage. Indemnité de chômage.* – *Chômage technique,* dû à un problème fonctionnel. **3·** Régime social qui fournit une indemnité aux travailleurs sans emploi. *Elle s'est inscrite au chômage. Être au chômage.* ▶ **chômeur, euse** n. Personne qui est sans travail, en chômage (2).

chope [ʃɔp] n. f. Récipient cylindrique à anse, pour boire la bière. – Son contenu. ▷ **chopine**

choper [ʃɔpe] v. tr. < conjug. 1 > Fam. **1·** Voler. → fam. **chiper, faucher.** *Choper une montre.* **2·** Arrêter, prendre (qqn). → fam. **pincer.** *Le voleur s'est fait choper.* **3·** Attraper. *J'ai chopé un bon rhume.* → fam. **ramasser.**

chopine [ʃɔpin] n. f. Fam. Bouteille (de vin).

choquer [ʃɔke] v. tr. < conjug. 1 > **1·** Contrarier ou gêner en heurtant les goûts ; notamment en agissant contre les bienséances. → **heurter, indigner, offusquer, scandaliser.** *Cette façon d'agir me choque.* **2·** Agir, aller contre, être opposé à. *Choquer la bienséance, le bon sens, la raison.* → **contrarier.** / contr. convenir, plaire à / ▶ **choquant, ante** adj. Qui heurte la délicatesse, la bienséance, le goût, le bon sens. → **déplacé, inconvenant, indécent, malséant.** *Des propos choquants. Une injustice choquante,* révoltante.

choral, ale, aux ou **als** [kɔʀal] adj. et n. m. **1·** (Plur. **choraux**) Adj. Qui a rapport aux chœurs. *Chants choraux. Musique chorale.* **2·** (Plur. **chorals**) N. m. Chant religieux. *Des chorals de Bach. Un choral de Noël.* ▶ **chorale** [kɔʀal] n. f. Société musicale qui exécute des œuvres vocales, des chœurs. → **chœur.**

chorba [ʃɔʀba] n. f. Soupe algérienne.

chorégraphie [kɔʀegʀafi] n. f. **1·** Art de composer des ballets, d'en régler les figures et les pas. → **danse. 2·** Notation d'une danse sur le papier au moyen de signes spéciaux. ▶ **chorégraphe** n. ▶ **chorégraphique** adj. *Partie chorégraphique d'un opéra.*

choriste [kɔʀist] n. Personne qui chante dans un chœur. *Les choristes de l'Opéra.*

chorizo [tʃɔʀizo] n. m. Saucisson espagnol pimenté. *Des chorizos.*

1 **chorus** [kɔʀys] n. m. invar. ***Faire chorus*** : se joindre à d'autres pour dire comme eux, être du même avis. → **approuver.**

2 **chorus** n. m. invar. En jazz. Improvisation sur le thème. *Un chorus de trompette.*

chose [ʃoz] n. f. **I· 1·** Terme le plus général par lequel on désigne tout ce qui existe et qui est concevable comme un objet unique (concret ; abstrait ; réel ; mental). → **être, événement, objet.** *Imaginer une chose. C'est une chose bien agréable que de rencontrer un ami. Avant toute chose,* premièrement. *De deux choses l'une,* de deux possibilités. **2·** *Les choses,* le réel. → **fait, phénomène, réalité.** *Regarder les choses en face. Aller au fond des choses. Appeler les choses par leur nom,* parler franchement. – (Opposé à *idée, mot*) *Le nom et la chose.* – Spécialt. Réalité matérielle non vivante ; objet concret. *Les êtres (vivants) et les choses. Un tas de choses.* **3·** Surtout au plur. Ce qui a lieu, ce qui se fait, ce qui existe. *Les choses humaines, de ce monde. La nature des choses. Par la force des* *choses. Les choses vont, tournent mal. Ne pas faire les choses à moitié. C'est la moindre des choses,* c'est le minimum. **4·** *La chose,* ce dont il s'agit. *Je vais vous expliquer la chose. Comment a-t-il pris la chose ? C'est chose faite.* **5·** (Avec *dire, répéter,* etc.) Paroles, discours. *Je vais vous dire une bonne chose. Dites-lui bien des choses de ma part,* faites-lui mes compliments. **II·** Loc. **1·** ***Autre chose.*** *C'est autre chose, tout autre chose.* → **différent.** *Je cherche autre chose d'aussi beau* (masc.). – ***La même chose.*** *Ce n'est pas la même chose.* **2·** ***Quelque chose*** loc. indéfinie, masc. (abrév. *qqch.*). *Chercher quelque chose. Il mange quelque chose de bon. Il faut faire quelque chose,* intervenir. *C'est déjà quelque chose,* c'est mieux que rien. *Il lui est arrivé quelque chose,* un accident, un ennui. **3·** ***Peu de chose :*** une chose (acte, objet) peu importante. *C'est bien peu de chose.* → **peu. III·** N. m. ou appos. Fam. Ce qu'on ne peut ou ne veut pas nommer. → **machin, truc.** – Adj. Fam. *Se sentir* ***tout chose*** *:* éprouver un malaise difficile à analyser. *Elle se sent toute chose.* ▶ **chosifier** v. tr. En philosophie. Rendre semblable à une chose. *Chosifier les êtres.* ▷ **grand-chose**

chou [ʃu] n. m. **1·** Plante à plusieurs variétés sauvages ou cultivées pour l'alimentation (surtout le *chou cabus* ou *pommé,* à gros bourgeon terminal). *Feuilles de chou. Soupe aux choux. Potée aux choux. Choux fermentés.* → **choucroute.** – (Autres espèces) *Chou rouge,* que l'on consomme cru, en salade. *Chou de Bruxelles,* à longues tiges, donnant de petits bourgeons comestibles. → aussi **brocoli, chou-fleur, chou-rave. 2·** Loc. fam. *Feuille de chou,* écrit, journal de peu de valeur. – *C'est bête comme chou,* facile à comprendre. → **enfantin.** – *Être dans les choux,* dans l'embarras. – *Entrer dans le chou (de, à qqn),* attaquer, donner des coups. – *Faire chou blanc,* ne pas réussir une affaire. – *Faire ses choux gras,* tirer profit d'une affaire avantageuse. *Aller planter ses choux,* se retirer à la campagne. **3·** *Mon chou, mon petit chou,* expressions de tendresse (fém. ***choute*** [ʃut]). → **chouchou.** *Bout de chou,* petit enfant. – Fam. Adj. invar. *Ce qu'elles sont chou !* → **gentil, joli. 4·** ***Chou à la crème :*** pâtisserie légère et soufflée. *Pâte à choux,* dont on fait les choux. ▷ **chouchou, chou-fleur, chouquette, chou-rave, coupe-choux**

chouan [ʃwɑ̃] n. m. Insurgé royaliste de l'Ouest de la France, pendant la Révolution française. ▶ **chouannerie** n. f. Mouvement des chouans.

choucas [ʃuka] n. m. invar. Oiseau noir, voisin de la corneille.

chouchou, oute [ʃuʃu, ut] n. Fam. Favori, préféré. → **chou** (3). *Le chouchou du professeur. Les chouchous et les chouchoutes.* ▶ **chouchouter** v. tr. < conjug. 1 > Dorloter, gâter.

choucroute [ʃukʀut] n. f. Mets préparé avec du chou découpé en fins rubans, fermenté dans une saumure, cuit et servi avec de la charcuterie.

① **chouette** [ʃwɛt] n. f. Oiseau rapace nocturne. ≠ hibou. *La chouette hulule. Chouette des bois.* → **hulotte.** *Chouette des clochers.* → **effraie.** *Petite chouette.* → **chevêche.**

② **chouette** adj. **1·** Fam. Agréable, beau. *Elle est chouette, ta voiture. C'est chouette,* c'est digne d'admiration, d'éloge. → **super. 2·** Interj. Fam. *Ah, chouette, alors !* → **chic.**

chou-fleur [ʃuflœʀ] n. m. Variété de chou dont on mange les fleurs qui forment une masse blanche, charnue. *Des choux-fleurs.*

chou-palmiste n. m. → **palmiste.**

chouquette [ʃukɛt] n. f. Petite pâtisserie soufflée, en pâte à choux, recouverte de sucre en grains.

choura [ʃuʀa] n. f. Au Maghreb. Conseil réunissant des personnalités religieuses ; assemblée consultative.

chou-rave [ʃuʀav] n. m. Variété de chou cultivé pour ses racines. *Des choux-raves.*

choyer [ʃwaje] v. tr. < conjug. 8 > Soigner avec tendresse, entourer de prévenances. → **cajoler, cocooner, combler, entourer, gâter.** *Elle choie ses enfants.* – Au p. p. adj. *Une enfant très choyée.*

chrême [kʀɛm] n. m. Huile consacrée, employée dans certains sacrements, certaines cérémonies des Églises catholique et orthodoxe. *Le saint chrême est formé d'huile d'olive mêlée de baume.* ≠ crème.

chrétien, ienne [kʀetjɛ̃, jɛn] adj. et n. **I·** Adj. **1·** Qui professe la foi en Jésus-Christ. *Le monde chrétien. Le roi Très Chrétien,* titre des rois de France. **2·** Du christianisme. *La religion chrétienne. L'ère chrétienne,* qui commence à la naissance de Jésus-Christ. *Civilisation chrétienne.* **II·** N. Personne qui professe le christianisme. → **catholique, orthodoxe, protestant, réformé.** *Les chrétiens arméniens, maronites...* ▶ **chrétiennement** adv. *Vivre chrétiennement.* ▶ **chrétienté** [kʀetjɛ̃te] n. f. Ensemble des peuples chrétiens, et des pays où le christianisme domine. ▷ **christianiser, christianisme, judéo-chrétien**

christ [kʀist] n. m. **1·** (Avec une majuscule) Nom donné à Jésus de Nazareth. → **Messie, Seigneur.**

Le Christ. Jésus-Christ. **2·** Figure de Jésus-Christ attaché à la croix. → **crucifix.** *Un christ d'ivoire.* ▷ **antéchrist**

christiania [kʀistjanja] n. m. Technique d'arrêt par un brusque quart de tour des skis.

christianiser [kʀistjanize] v. tr. < conjug. 1 > Rendre chrétien. → **évangéliser.** – Au p. p. adj. *Pays christianisé.* ▶ **christianisation** n. f. ▷ **déchristianiser**

christianisme [kʀistjanism] n. m. Religion fondée sur l'enseignement, la personne et la vie de Jésus-Christ. *Elle s'est convertie au christianisme.*

chromatique [kʀɔmatik] adj. **1·** Terme de musique. Qui est composé d'une suite de demi-tons (opposé à *diatonique*). **2·** Relatif aux couleurs. **3·** En biologie. Des chromosomes. *Réduction chromatique,* réduction de moitié du nombre des chromosomes contenus dans le noyau de la cellule.

chrome [kʀom] n. m. **1·** Métal gris, brillant, dur (utilisé en alliages : acier inoxydable, etc.). **2·** Pièce métallique en acier au chrome (notamment dans la carrosserie d'une automobile). *Nettoyer les chromes de sa voiture.* ▶ **chromer** v. tr. < conjug. 1 > Recouvrir (un métal) de chrome. – Au p. p. adj. *Acier chromé* (inoxydable). N. m. *Du chromé.*

chromo [kʀɔmo] n. m. Image lithographique en couleur (abrév. de *chromolithographie*). – Péj. Toute image en couleur de mauvais goût.

chromo-, -chromie, -chrome Éléments savants signifiant « couleur ». ▷ **chromatique** (2), **chromosome, mercurochrome, monochrome, polychrome**

chromosome [kʀɔmozom] n. m. Élément de la cellule vivante, de forme caractéristique et en nombre constant (23 paires chez l'homme) situé dans le noyau de la cellule. *Les chromosomes sont le support des facteurs héréditaires.* → **gène.** ▶ **chromosomique** adj. Relatif aux chromosomes. → **chromatique** (3). *Maladie chromosomique.*

① **chronique** [kʀɔnik] adj. **1·** (Maladie) Qui dure longtemps, se développe lentement et réapparaît sans cesse (opposé à *aigu*). *Bronchite chronique.* **2·** (Chose nuisible) Qui dure ou se répète. *Chômage chronique.* ▶ **chroniquement** adv. En se reproduisant souvent.

② **chronique** n. f. **1·** Recueil de faits historiques, rapportés dans l'ordre de leur succession. → **annales, histoire, mémoires, récit.** *Les chroniques de Froissart.* **2·** Au sing. L'ensemble des nouvelles qui circulent. – Loc. *Défrayer la chronique,* en être l'objet. **3·** Partie d'un journal consacrée à un sujet particulier. → **article, courrier, nouvelle.** *Une chronique artistique, littéraire.* ▶ **chroniquer** v. tr. < conjug. 1 > Écrire sous forme de chronique. ▶ **chroniqueur, euse** n. **1·** N. m. Auteur de chroniques historiques. → **historien, mémorialiste.** **2·** Rédacteur chargé d'une chronique de journal. *Chroniqueur littéraire, sportif.*

-chronique, -chronisme Éléments savants signifiant « temps ». Voir les suivants. ▷ **anachronique,** ① **chronique,** ② **chronique, synchrone**

chrono n. m. Fam. → **chronomètre.**

chrono-, -chrone Éléments savants signifiant « temps ».

chronobiologie [kʀɔnɔbjɔlɔʒi] n. f. Didact. Étude des rythmes biologiques.

chronologie [kʀɔnɔlɔʒi] n. f. **1·** Science de la fixation des dates des événements historiques. → **annales, calendrier.** **2·** Succession des événements dans le temps. ▶ **chronologique** adj. *Classer par ordre chronologique.* ▶ **chronologiquement** adv. Dans l'ordre du temps.

chronomètre [kʀɔnɔmɛtʀ] n. m. Montre de précision qui marque les secondes et parfois les dixièmes de seconde. *Chronomètre en or.* – Abrév. **chrono** [kʀɔno]. Fam. *Faire du 120* (km/h) *chrono,* mesuré au chronomètre (opposé à *au compteur*). ▶ **chronométrage** n. m. *Le chronométrage d'une épreuve sportive.* ▶ **chronométrer** v. tr. < conjug. 6 > Sports ; industrie, etc. Mesurer avec précision, à l'aide d'un chronomètre la durée de (un événement). *Chronométrer une course.* ▶ **chronométreur, euse** n. Personne qui chronomètre (une course, etc.). ▶ **chronométrique** adj. Relatif à la mesure exacte du temps. *Une exactitude, une précision chronométrique.*

chronophage [kʀɔnɔfaʒ] adj. Qui prend beaucoup de temps. *Le modélisme est un loisir chronophage.*

chrys(o)- Élément savant signifiant « or ».

chrysalide [kʀizalid] n. f. **1·** État intermédiaire par lequel passe la chenille avant de devenir papillon. → **nymphe.** *Chrysalide du ver à soie.* → **cocon.** **2·** Loc. *Sortir de sa chrysalide,* prendre son essor.

chrysanthème [kʀizɑ̃tɛm] n. m. Plante ornementale qui fleurit en automne. – Fleur composée de cette plante, en forme de grosses boules, et de couleurs variées. *Tombe fleurie de chrysanthèmes.*

C. H. U. [seaʃy] n. m. invar. Abréviation de *centre hospitalier universitaire. Des C. H. U.*

chuchoter [ʃyʃɔte] v. intr. < conjug. 1 > **1·** Parler bas, indistinctement, en remuant à peine les lèvres. → **murmurer, susurrer.** *Des élèves qui chu-*

chotent en classe. Chuchoter à l'oreille de qqn. **2**· Transitivement. Dire (qqch.) à voix basse. *Il m'a chuchoté quelques mots à l'oreille.* → **souffler.** **3**· Produire un bruit confus, indistinct. → **bruire.** ▶ **chuchotement** n. m. Action de chuchoter. → **murmure.** *Entendre un léger chuchotement.*

chuinter [ʃɥɛ̃te] v. intr. < conjug. 1 > **1**· (Choses) Produire un sifflement assourdi. *Jet de vapeur qui chuinte.* **2**· (Personnes) Prononcer les consonnes sifflantes (*s* et *z*) comme *ch* et *j*. ▶ **chuintant, ante** adj. Qui chuinte. – N. f. Se dit des sons [ʃ] : *che* et [ʒ] : *je*. *Une chuintante.* ▶ **chuintement** n. m. Bruit continu et sourd.

chut [ʃyt] interj. Se dit pour demander le silence. → **silence.** *Chut ! on nous écoute. Faire chut* (en mettant un doigt sur la bouche).

① **chute** [ʃyt] n. f. Le fait de tomber. **I**· Concret. **1**· (Personnes) *Faire une chute dans un escalier. Chute à pic. Bruit de chute.* **2**· (Choses) *Chute de pluie* (→ **pluie**), *chute de neige.* – *Lois de la chute des corps.* → **pesanteur.** ***Chute libre*** : dans laquelle l'espace parcouru est proportionnel au temps. – ***Point de chute*** : lieu où tombe un projectile ; endroit où l'on se fixe au terme d'une activité, d'un voyage. **3**· ***Chute d'eau*** : produite par la différence de niveau entre deux parties consécutives d'un cours d'eau. → **cascade, cataracte, saut.** – Absolt. Au plur. *Les chutes du Niagara.* **4**· Action de se détacher (de son support naturel). *Chute de pierres.* → **éboulement.** *La chute des cheveux. La chute des feuilles.* **II**· Abstrait. **1**· Le fait de passer dans une situation plus mauvaise, d'échouer. → **échec, faillite.** *La chute de Napoléon. Entraîner qqn dans sa chute.* – (Institutions, gouvernement) → **culbute, renversement.** *La chute d'un régime.* **2**· Action de tomber moralement. → **déchéance, faute, péché.** *La chute d'Adam par le péché.* **3**· (Choses) Diminution de valeur ou d'intensité. *Chute de pression, de température.* → **baisse.** *Chute de la monnaie.* → **dépréciation, dévaluation.** ▶ ② **chute** n. f. **1**· Partie où une chose se termine, s'arrête, cesse (surtout dans : *la chute des reins*, le bas du dos). **2**· Surtout au plur. Reste d'étoffe inutilisé (tombé en coupant qqch.). ▶ **chuter** v. intr. < conjug. 1 > **1**· (Pièce de théâtre, candidat, etc.) Subir un échec. **2**· Ne pas effectuer les levées prévues, à certains jeux de cartes. **3**· Fam. Tomber, choir. *Elle a chuté dans l'escalier.* ▷ **parachute**

chyle [ʃil] n. m. Substance blanchâtre ; produit de la digestion, destiné à passer de l'intestin grêle dans le sang.

① **ci** [si] adv. **1**· (Placé immédiatement devant un adjectif ou un participe) Ici. – ***Ci-inclus, use. ci-joint, jointe.*** *Recevez ci-joints les documents.* **REM.** *Ci-joint, ci-inclus* sont invariables s'ils sont placés en tête de phrase ou immédiatement devant le nom *(vous trouverez ci-joint copie de la lettre)* et variables s'ils sont placés devant un nom précédé lui-même d'un article ou d'un adjectif possessif ou numéral *(vous trouverez ci-jointe la copie de la lettre).* – (Après un nom précédé de *ce, cette, ces, celui, celle*) *Cet homme-ci. Ces jours-ci.* **2**· Loc. adv. ***Ci-dessus*** : plus haut, supra ; *ci-dessous* : plus bas, infra ; *ci-contre* : en regard, en face. *Voir la carte ci-contre.* – ***De-ci de-là*** : de côté et d'autre. – ***Par-ci par-là*** : en divers endroits (→ Çà et là) ; à diverses reprises, de temps à autre. **3**· ***Ci-gît*** : ici est enterré. → **gésir.**

② **ci** pronom dém. (Employé avec *ça*) *Demander ci et ça.* – Fam. *Comme ci comme ça,* tant bien que mal.

ciao [tʃao] interj. → **tchao.**

cible [sibl] n. f. But que l'on vise et contre lequel on tire. *Tirer à la cible.* – Abstrait. *Servir de cible aux railleries de qqn,* de point de mire. ▶ **cibler** v. tr. < conjug. 1 > Viser (un objectif commercial, publicitaire ; un public).

ciboire [sibwaʀ] n. m. Vase sacré en forme de coupe, où l'on conserve les hosties.

ciboulette [sibulɛt] n. f. Plante à petits bulbes réunis par les racines, dont les feuilles sont employées dans les assaisonnements.

ciboulot [sibulo] n. m. Fam. Tête. *Avoir une idée dans le ciboulot.* → fam. **caboche.**

cicatrice [sikatʀis] n. f. **1**· Marque laissée par une plaie après la guérison. *Cicatrice d'écorchure, de brûlure. Avoir une cicatrice à la face.* → **balafre.** **2**· Traces laissées par le malheur, la guerre. ▶ **cicatriser** v. tr. < conjug. 1 > **1**· Faire guérir, faire se refermer (une plaie, la partie du corps blessée). – Pronominalement. *La brûlure ne se cicatrise pas bien.* – Au p. p. adj. *Sa jambe est cicatrisée.* / contr. rouvrir / **2**· Abstrait. *Cicatriser une blessure d'amour-propre, une douleur.* → **apaiser, guérir.** / contr. aviver / ▶ **cicatrisation** n. f. Processus par lequel se réparent les plaies, les blessures. *La blessure est en voie de cicatrisation.*

cicérone [siseʀɔn] n. m. Guide. *Des cicérones.*

-cide Élément signifiant « tuer ».

cidre [sidʀ] n. m. Boisson obtenue par la fermentation alcoolique du jus de pomme. *Pommes à cidre. Cidre bouché,* gazeux et sec. *Cidre doux.*

Cie Abréviation de *compagnie* (3).

① **ciel,** plur. **cieux, ciels** [sjɛl, sjø] n. m. **I**· (Plur. *ciels* : multiplicité réelle ou d'aspects ; *cieux* : collectif à nuance affective, relig.) **1**· Espace visible en haut, et qui est limité par l'horizon. *La voûte du ciel, des cieux.* → **firmament.** *Un ciel étoilé.* – Loc. ***Sous le ciel*** : ici-bas, au monde. ***À ciel ouvert*** : en plein air. *Une piscine à ciel ouvert. Lever les yeux, les bras,* *les mains au ciel. Tomber du ciel,* arriver à l'improviste. *Remuer ciel et terre**. – (Qualifié, selon son aspect dû au temps. Plur. *Des ciels*) *Ciel bleu ; nuageux. Des ciels orageux, de plomb.* – *Bleu ciel,* bleu clair. **2·** En sciences. Apparence de l'espace extra-terrestre, vu de la Terre ; voûte où semblent se mouvoir les astres. *La carte du ciel.* → **cosmographie.** Loc. (D'après les cercles de l'astronomie antique) *Être au septième ciel,* dans le ravissement. **II·** (Plur. cieux) **1·** Séjour des dieux, des puissances surnaturelles. → **au-delà.** *Notre père qui êtes aux cieux* (prière du Pater). *Le royaume des cieux.* **2·** Séjour des bienheureux, des élus à qui est accordée la vie éternelle (opposé à *enfer*). → **paradis.** *Mériter le ciel. Il est au ciel,* il est mort. **3·** La divinité, la providence. *La justice, la clémence du ciel.* Prov. *Aide-toi, le ciel t'aidera.* – Interj. *Ciel !* (surprise désagréable). *Le ciel soit loué ! Plût au ciel que... !,* pourvu que... ! ▶ 2 **ciel,** plur. **ciels** n. m. **1·** *Ciel de lit :* baldaquin au-dessus d'un lit. → **dais.** *Des ciels de lit.* **2·** Voûte, plafond d'une excavation (mine, carrière). *Des ciels de carrière.* ▷ **arc-en-ciel, gratte-ciel**

cierge [sjɛʀʒ] n. m. **1·** Chandelle de cire, longue et effilée, en usage dans les églises. ≠ bougie. *Brûler un cierge à un saint,* en remerciement. – Loc. *Être droit comme un cierge,* très droit, raide. **2·** Plante grasse de l'Amérique tropicale qui forme de hautes colonnes verticales.

cigale [sigal] n. f. Insecte dont les quatre ailes sont membraneuses, abondant dans les régions chaudes. *Le cri, le chant des cigales* (le bruit que fait le mâle).

cigare [sigaʀ] n. m. Petit rouleau de feuilles de tabac que l'on fume. *Fumer un gros cigare. Petit cigare,* ou ***cigarillo*** (n. m.). ▶ **cigarette** n. f. Petit rouleau de tabac haché et enveloppé dans un papier fin. → fam. **clope, pipe, sèche.** *Un paquet, une cartouche de cigarettes. Cigarettes à bouts filtres. Il fume des cigarettes, la cigarette, mais pas le cigare.* ▶ **cigarettier, ière** adj. et n. **1·** Qui concerne les cigarettes, leur fabrication. *L'industrie cigarettière.* **2·** N. m. Fabricant de cigarettes. ▷ **allume-cigare, coupe-cigares, fume-cigare, porte-cigarettes**

cigogne [sigɔɲ] n. f. Grand oiseau échassier aux longues pattes, au bec rouge, long, droit. *Un nid de cigognes. Les cigognes sont des oiseaux migrateurs.*

ciguë [sigy] n. f. Plante très toxique ; poison extrait d'une variété de cette plante (*grande ciguë*). *Dans la Grèce antique, on donnait la ciguë aux condamnés à mort. Socrate fut condamné à boire la ciguë.*

cil [sil] n. m. **1·** Chacun des poils qui garnissent le bord libre des paupières et protègent le globe oculaire. *Battre des cils. Faux cils* (que l'on peut adapter au bord des paupières). **2·** Filament très fin recouvrant une partie de certaines cellules (protoplasme). *Cils vibratiles des protozoaires* (appelés *ciliés,* n. m. pl.). ▷ **ciller**

cilice [silis] n. m. Chemise, ceinture de crin ou d'étoffe rude portée par pénitence, mortification religieuse. *Porter, prendre le cilice.* ≠ silice.

ciller [sije] v. intr. < conjug. 1 > Fermer et rouvrir rapidement les yeux. → **cligner.** *Une grande lumière le faisait ciller.* – *Ne pas ciller,* ne pas broncher (par crainte).

cimaise [simɛz] n. f. **1·** Moulure qui forme la partie supérieure d'une corniche. **2·** Moulure à hauteur d'appui sur les murs d'une chambre, hauteur où l'on accroche les tableaux.

cime [sim] n. f. Extrémité pointue (d'un arbre, d'un rocher, d'une montagne). → **faîte, sommet.** *Grimper jusqu'à la cime d'un arbre. Les cimes neigeuses d'une chaîne de montagnes.* / contr. base, pied / ▷ **cimaise, cimier**

ciment [simɑ̃] n. m. Matière solide, à base de calcaire, de bauxite ou de chaux, et qui, mélangé avec un liquide, forme une pâte durcissant à l'air ou dans l'eau. ≠ mortier. *Sac de ciment. Mur, pilier en ciment.* – ***Ciment armé*** *:* dans lequel on a noyé une armature métallique (→ béton armé). ▶ **cimenter** v. tr. < conjug. 1 > **1·** Lier avec du ciment ; enduire de ciment. *Cimenter un bassin.* – Au p. p. adj. *Sol cimenté.* **2·** Abstrait. Rendre plus ferme, plus solide. → **affermir, consolider, lier, unir.** *Les difficultés ont cimenté leur amitié.* / contr. désagréger / ▶ **cimenterie** n. f. Industrie du ciment. – Usine où se fabrique le ciment. ▷ **fibrociment**

cimeterre [simtɛʀ] n. m. Sabre oriental, à lame large et recourbée. → **yatagan.**

cimetière [simtjɛʀ] n. m. **1·** Lieu où l'on enterre les morts. → **nécropole, ossuaire.** *Cimetière souterrain.* → **catacombe.** *Porter un mort au cimetière.* → **enterrement.** – *Un cimetière de voitures,* lieu où sont entassées des carcasses de voitures. → **casse** (2). **2·** Littér. Lieu où sont mortes beaucoup de personnes. *Le champ de bataille n'était plus qu'un vaste cimetière.*

cimier [simje] n. m. Ornement qui forme la partie supérieure, la cime* d'un casque.

cinabre [sinabʀ] n. m. Littér. Couleur rouge du sulfure de mercure. → **vermillon.**

ciné [sine] n. m. Fam. Cinéma. *Aller au ciné.*

ciné- Élément savant signifiant «mouvement». ▷ **cinématique, cinématographe, -cinèse, cinétique**

cinéaste [sineast] n. Personne qui exerce une activité créatrice et technique ayant rapport au cinéma (metteur en scène, opérateur, réalisateur).

ciné-club [sineklœb] n. m. Club d'amateurs de cinéma, où l'on étudie la technique, l'histoire du cinéma. *Des ciné-clubs.*

cinéma [sinema] n. m. **1·** Procédé permettant d'enregistrer photographiquement et de projeter des vues animées. *Du cinéma.* → **cinématographique.** *Cinéma sonore, parlant.* – *Salle de cinéma,* où l'on projette des films. **2·** Salle de projections. *Un grand cinéma. Cinéma d'essai,* où l'on projette des films sélectionnés. **3·** Art de composer et de réaliser des films. *Le cinéma est appelé le septième art. Plateau, studio de cinéma. Acteur, vedette, réalisateur* → **metteur** en scène, *techniciens de cinéma.* – Ensemble de films ; art, industrie cinématographique. *Le cinéma hollywoodien, russe, indien. Histoire du cinéma.* **4·** *C'est du cinéma,* c'est invraisemblable (→ du roman). *Faire son cinéma.* → **comédie** (II). ▶ **cinémascope** n. m. Procédé de cinéma sur écran large par déformation de l'image (anamorphose). *Un film en cinémascope.* ▶ **cinémathèque** n. f. Endroit où l'on conserve les films de cinéma et où, en général, on les projette. *Aller voir un film ancien à la cinémathèque.* ▷ **ciné, cinéaste, ciné-club, cinéphile, home cinéma, télécinéma**

cinématique [sinematik] n. f. Partie de la mécanique qui étudie le mouvement.

cinématographe [sinematɔgʀaf] n. m. Histoire. Appareil capable de reproduire le mouvement par une suite de photographies, inventé par les frères Lumière. – Vx ou didact. Cinéma. ▶ **cinématographique** adj. Qui se rapporte au cinéma. *Art, technique cinématographique.* ▷ **cinéma**

cinéphile [sinefil] adj. et n. Amateur et connaisseur en matière de cinéma.

cinéraire [sineʀɛʀ] adj. Littér. Qui renferme ou est destiné à renfermer les cendres d'un mort. *Vase, urne cinéraire.*

-cinèse Élément savant signifiant «mouvement». → **ciné-.**

cinétique [sinetik] adj. Qui a le mouvement pour principe. *Énergie cinétique,* moitié de la force vive d'un point matériel en mouvement ($1/2\ mv^2$).

cinghalais, aise [sɛ̃galɛ, ɛz] adj. et n. **1·** Du sud de Ceylan (aujourd'hui, Sri Lanka). – N. *Les Cinghalais.* **2·** N. m. Langue indo-européenne (indo-aryenne) parlée par les Cinghalais.

cinglant, ante [sɛ̃glɑ̃, ɑ̃t] adj. **1·** Qui cingle. *Une bise cinglante.* **2·** Fig. Plus cour. Qui blesse. → **blessant, vexant.** *Une remarque, une leçon cinglante.*

cinglé, ée [sɛ̃gle] adj. et n. Fam. Un peu fou. → fam. **dingue, toqué.** – N. *C'est un vrai cinglé.*

1 **cingler** [sɛ̃gle] v. intr. < conjug. 1 > (Navire) Faire voile dans une direction. → **naviguer.** *Le navire cingle vers Le Cap.*

2 **cingler** v. tr. < conjug. 1 > **1·** (Suj. personne) Frapper fort (qqn) avec un objet mince et flexible (baguette, corde, fouet, lanière). *Il cingla la croupe de son cheval d'un coup de cravache.* **2·** (Vent, pluie, neige) Frapper, fouetter. *Le vent violent lui cinglait la figure.* ▷ **cinglant, cinglé**

cinnamome [sinamɔm] n. m. **1·** Arbrisseau aromatique, camphrier, cannelier. **2·** Aromate tiré du cinnamome cannelier utilisé dans l'Antiquité. → **cannelle.**

cinq dét. invar., adj. invar. et n. m. invar. **I·** (Se prononce parfois [sɛ̃] devant consonne : *cinq cents* [sɛ̃sɑ̃], *cinq minutes* [sɛ̃minyt] ; [sɛ̃k]dans les autres cas) **1·** Dét. num. cardinal invar. Quatre plus un (5 ; V, chiffre romain). → **penta-, quinqu(a)-.** *Les cinq doigts de la main. Cinq fois.* → **quintuple.** – *Dans cinq minutes,* très bientôt. *Il était moins cinq,* cela allait arriver. – *Les cinq lettres,* euphémisme pour «merde». *Je lui ai dit les cinq lettres.* **2·** Adj. num. ordinal invar. → **cinquième.** *Numéro cinq. Page cinq. Il est cinq heures. Charles V* (Charles Quint). **II·** N. m. invar. [sɛ̃k]. **1·** Nombre premier (quatre plus un). *Le nombre cinq.* Loc. *Un cinq à sept* : réception entre cinq et sept heures ; rendez-vous amoureux l'après-midi. – Carte à jouer marquée de cinq points. *Le cinq de pique.* – Loc. fam. *En cinq sec* : très rapidement. **2·** Chiffre qui représente ce nombre (5). *Il fait ses cinq comme des S.* ▶ **cinquième** [sɛ̃kjɛm] adj. et n. **1·** Adj. num. ordinal. Qui vient après le quatrième. *Le cinquième étage.* – N. *Se présenter le (la) cinquième.* – N. f. En France. *La cinquième,* classe du collège qui suit la sixième. **2·** Se dit d'une fraction d'un tout divisé également en cinq. *La cinquième partie d'un héritage.* – N. m. *Consacrer un cinquième du budget au loyer.* ▶ **cinquièmement** adv. En cinquième lieu. → **cinq.** ▶ **cinquante** [sɛ̃kɑ̃t] dét., adj. et n. m. **I·** Dét. num. cardinal invar. Dix fois cinq (50 ; L, chiffre romain). *Cinquante pages.* – Adj. num. ordinal invar. Cinquantième. *La page cinquante.* **II·** N. m. Le nombre cinquante. ▶ **cinquantaine** n. f. Nombre de cinquante ou environ. *Approcher de la cinquantaine,* de cinquante ans. *Une cinquantaine d'invités.* ▶ **cinquantenaire** n. m. Cinquantième anniversaire. → **jubilé.** ▶ **cinquantième** adj. et n. 1· Adj. num. ordinal. Qui a le numéro cinquante pour rang. – N. *Il est le, elle est la cinquantième de sa promotion.* 2· Se dit d'une fraction d'un tout divisé également en cinquante. *La cinquantième partie de ses revenus.* – N. m. *Le cinquantième d'une somme.*

① **cintre** [sɛ̃tʀ] n. m. 1· Courbure de la surface intérieure (d'une voûte, d'un arc). – ***En plein cintre*** : dont la courbure est un demi-cercle. *Arc en plein cintre.* → **berceau.** 2· Échafaudage en arc de cercle sur lequel on construit les voûtes. → **coffrage.**

② **cintre** n. m. Barre courbée munie d'un crochet servant à suspendre les vêtements.

cintré, ée adj. Fam. et vieilli (C'est-à-dire «tordu») Fou. → **cinglé.**

cintrer [sɛ̃tʀe] v. tr. < conjug. 1 > 1· Bomber, courber. *Cintrer une barre.* 2· Rendre (un vêtement) ajusté à la taille. – Au p. p. adj. *Veste cintrée.* ▷ ① **cintre,** ② **cintre, cintré**

cirage [siʀaʒ] n. m. 1· Action de cirer. *Le cirage des parquets.* 2· Composition dont on se sert pour rendre les cuirs brillants. *Cirage noir.* 3· Fam. *Être dans le cirage,* ne plus rien voir ; ne plus rien comprendre.

circassien, ienne [siʀkasjɛ̃, jɛn] adj. et n. Relatif au cirque (1). *Les arts circassiens.* – N. *Les circassiens* : les gens du cirque. ≠ Circassien (de Circassie, ancien nom du pays des Tcherkesses).

circoncision [siʀkɔ̃sizjɔ̃] n. f. Excision totale ou partielle du prépuce (ablation rituelle pratiquée sur les jeunes garçons juifs et musulmans, et dans les civilisations animistes). ▶ **circoncis** adj. masc. invar. Qui a subi la circoncision. *Un enfant circoncis.* ▶ **circonciseur** n. m. Au Maghreb et en Afrique noire. Homme chargé de la circoncision.

circonférence [siʀkɔ̃feʀɑ̃s] n. f. 1· Vieilli. Courbe plane dont tous les points sont à égale distance d'un point intérieur appelé centre. → **cercle.** – Mod. Périmètre d'un cercle. *La circonférence est égale au produit du diamètre par pi.* 2· Tour d'une surface ronde. → **pourtour.** *La circonférence d'une ville.*

circonflexe [siʀkɔ̃flɛks] adj. *Accent circonflexe* : signe (ˆ) placé sur certaines voyelles longues (pâte) ou comme signe distinctif (dû-du).

circonlocution [siʀkɔ̃lɔkysjɔ̃] n. f. Manière d'exprimer sa pensée d'une façon indirecte. → **périphrase.** *Après de longues circonlocutions.* ≠ circonvolution.

circonscription [siʀkɔ̃skʀipsjɔ̃] n. f. Division d'un pays, d'un territoire. *Circonscription territoriale, administrative* (département, arrondissement, canton...). *Circonscription militaire.* → **région.**

circonscrire [siʀkɔ̃skʀiʀ] v. tr. < conjug. 39 > 1· Décrire une ligne, une circonférence qui limite autour de (un lieu). *Circonscrire un espace.* 2· Enfermer dans des limites. → **borner, limiter.** *On a réussi à circonscrire l'épidémie. Circonscrire son sujet.* → **délimiter.** / contr. étendre /

circonspect, ecte [siʀkɔ̃spɛ(kt), ɛkt] adj. Qui prend bien garde à ce qu'il ou elle dit et fait. → **attentif, avisé, prudent, réservé.** *Il n'est pas assez circonspect dans le choix de ses amis.* – *Tenir un langage circonspect.* / contr. imprudent, léger / ▶ **circonspection** [siʀkɔ̃spɛksjɔ̃] n. f. *Il a agi avec circonspection.* → **précaution.**

circonstance [siʀkɔ̃stɑ̃s] n. f. 1· Particularité qui accompagne un fait, un événement, une situation. → **condition.** *Exposer un fait jusque dans ses moindres circonstances.* → **détail.** – *Circonstances atténuantes,* qui atténuent la peine normale d'un condamné. 2· Ce qui constitue, caractérise le moment présent. → **conjoncture, situation.** *Il faut profiter de la circonstance.* – ***Les circonstances*** : la situation. *Étant donné les circonstances.* → **événement.** *Dans les circonstances actuelles, présentes. Se montrer à la hauteur des circonstances.* – ***De circonstance*** : qui est fait ou est utile pour une occasion particulière. *Un ouvrage, une repartie de circonstance. Un habit, une figure de circonstance* (grave et triste). ▶ **circonstancié, ée** adj. Qui comporte de nombreux détails. *Un rapport circonstancié,* détaillé. ▶ **circonstanciel, ielle** adj. Se dit du complément qui apporte une détermination secondaire de circonstance. *Complément circonstanciel de lieu, de temps, de manière, de cause.*

circonvenir [siʀkɔ̃vniʀ] v. tr. < conjug. 22 > Agir sur (qqn) avec ruse et artifice, pour parvenir à ses fins, obtenir ce que l'on souhaite. → **entortiller, tromper.** *Circonvenir ses juges. Il a été circonvenu.*

circonvolution [siʀkɔ̃vɔlysjɔ̃] n. f. Enroulement, sinuosité autour d'un point central. *Décrire des circonvolutions.* – Chose enroulée. *Les circonvolutions cérébrales,* replis sinueux à la surface du cerveau, en forme de bourrelets. ≠ circonlocution.

circuit [siʀkɥi] n. m. 1· Distance à parcourir pour faire le tour. *La piste a quatre kilomètres de circuit.* 2· Chemin (long et compliqué) parcouru pour atteindre un lieu. – Loc. *En circuit fermé,* en revenant à son point de départ. – Tour organisé.

Faire le circuit des châteaux de la Loire. – Itinéraire en circuit fermé de certaines courses (auto, moto...). *Le circuit du Mans.* **3·** Suite ininterrompue de conducteurs électriques. *Circuit fermé*, permettant le passage du courant. *Mettre une lampe en circuit, hors circuit.* – Loc. fig. ***Être hors circuit*** : ne pas ou ne plus être impliqué dans une affaire. *Depuis qu'elle ne travaille plus, elle est hors circuit.* **4·** Mouvement d'aller et retour (des biens, des services). *Le circuit des capitaux. Circuit de distribution. Circuit commercial.* ▷ **court-circuit**

① **circulaire** [siʀkylɛʀ] adj. **1·** Qui décrit un cercle. *Mouvement circulaire.* **2·** Qui a ou rappelle la forme d'un cercle. → **rond.** *Bassin circulaire.* **3·** *Voyage circulaire*, dont l'itinéraire ramène au point de départ. → **circuit.** ▷ **semi-circulaire**

② **circulaire** n. f. Lettre (souvent administrative) reproduite à plusieurs exemplaires et adressée à plusieurs personnes à la fois. *Circulaire polycopiée.*

circulation [siʀkylɑsjɔ̃] n. f. **1·** Le fait ou la possibilité d'aller et venir, de se déplacer en utilisant les voies de communication. → ① **trafic.** *La circulation est difficile dans les grandes villes. Accident de la circulation.* **2·** Les véhicules qui circulent. *Détourner la circulation.* **3·** Mouvement des fluides (liquides, gaz). *La circulation de l'air*, son renouvellement. *La circulation du sang. La circulation de la sève dans les plantes.* **4·** Mouvements (des biens, des produits) ; échanges. *Circulation de l'argent, des capitaux.* → **roulement.** **5·** *Mettre, mise* ***en circulation*** : répandre, action de répandre. *Mettre en circulation un nouveau billet de banque.*

circulatoire [siʀkylatwaʀ] adj. Relatif à la circulation du sang. *L'appareil circulatoire. Troubles circulatoires.*

circuler [siʀkyle] v. intr. < conjug. 1 > **1·** Aller et venir ; se déplacer sur les voies de communication. *Les passants circulent.* → **passer,** se **promener.** *Circulez !*, avancez, ne restez pas là ! **2·** (Fluides) Passer dans un circuit. *Le sang circule dans le corps.* – (Air, fumée) Se renouveler par la circulation. **3·** Passer, aller de main en main. *L'argent, les capitaux circulent.* **4·** (Information) Se propager. → **courir.** *Ce bruit circule dans la ville.* ▷ **circulation, circulatoire**

circum- Élément signifiant « autour » (ex. : *circumnavigation*, n. f.).

cire [siʀ] n. f. **1·** Matière molle, jaunâtre, produite par les abeilles. *Alvéoles en cire d'une ruche.* – *Poupée, figurine de cire.* **2·** Préparation (cire et essence de térébenthine) pour l'entretien des parquets. → **encaustique.** **3·** *Cire à cacheter*, préparation de gomme laque et de résine. *Cacheter une lettre à la cire.* ▶ **cirer** v. tr. < conjug. 1 > **1·** Enduire, frotter de cire, d'encaustique. *Cirer un parquet, des meubles* (pour les nettoyer, les faire reluire). → **encaustiquer.** **2·** Enduire de cirage. *Cire tes chaussures.* – Fam. *N'en avoir rien à cirer*, n'y accorder aucun intérêt (→ Rien à foutre). ▶ ① **ciré, ée** adj. Qu'on a passé à la cire. *Parquet ciré. Des chaussures bien cirées.* ▶ **cireur, euse** n. **1·** N. m. Personne qui s'occupe de cirer les parquets ou les chaussures. **2·** N. f. Appareil ménager qui cire les parquets. ▶ **cireux, euse** adj. Qui a la consistance, l'aspect blanc jaunâtre de la cire. *Visage, teint cireux.* → **blafard, blême, livide.** ▷ **cirage**

② **ciré** adj. et n. m. **1·** Adj. ***Toile cirée*** : enduite d'un vernis qui la rend imperméable. **2·** N. m. Vêtement imperméable de tissu plastifié. *Des cirés de marin. Elle portait un ciré jaune.*

cirque [siʀk] n. m. **1·** Sorte de théâtre circulaire (bâtiment fixe ou grande tente → **chapiteau**) où ont lieu des exercices d'équitation, de domptage, d'équilibre, des exhibitions. *Cirque forain. Mener des enfants au cirque.* – Entreprise qui organise ce genre de spectacle. *Le cirque Un tel. Il est clown dans un cirque.* **2·** Fam. Activité désordonnée. *Allons, silence ! Qu'est-ce que c'est que ce cirque ? – Faire son cirque.* → **cinéma** (4). **3·** Amphithéâtre pour les jeux publics (chez les anciens Romains). **4·** Amphithéâtre naturel de parois abruptes, d'origine glaciaire. *Le cirque de Gavarnie.* ▷ **circassien**

cirrhose [siʀoz] n. f. Maladie du foie caractérisée par des granulations. *Cirrhose alcoolique du foie.*

cirrus [si(ʀ)ʀys] n. m. invar. Nuage élevé, en flocons ou filaments. *Des cirrus.*

cisaille [sizɑj] n. f. Gros ciseaux (ou pinces coupantes) servant à couper les métaux, à élaguer les arbres. *Des cisailles de jardinier.* → **sécateur.** ▶ **cisailler** v. tr. < conjug. 1 > Couper (qqch.) avec des cisailles. *Cisailler des fils de fer barbelés.* ▶ **cisaillement** n. m. Action de cisailler.

ciseau [sizo] n. m. Outil d'acier, en biseau à l'une de ses extrémités, qui sert à tailler des matières dures. *Un ciseau de sculpteur, de graveur* → **burin**, *de maçon. Tailler au ciseau.* ▶ **ciseaux** n. m. pl. **1·** Instrument formé de deux branches d'acier, tranchantes sur une partie de leur longueur (lame), réunies et croisées en leur milieu sur un pivot, et qui sert à couper. *Des ciseaux* ou *une paire de ciseaux. Ciseaux de couturière. Ciseaux à ongles.* **2·** *Sauter en ciseaux*, en écartant et rapprochant les jambes. ▶ **ciseler** [sizle] v. tr. < conjug. 5 > Travailler avec un ciseau (des ouvrages de métal, de pierre). *Ciseler une pierre précieuse.* – Au p. p. adj. *Des pierres précieuses ciselées.* ▶ **ciseleur, euse** n. Personne qui fait un travail de ciselure. ▶ **ciselure** n. f. Ornement ciselé. *Pierre précieuse ornée de fines ciselures.*

citadelle [sitadɛl] n. f. **1·** Forteresse qui commandait une ville. → **château** fort, **fortification.** *Une citadelle imprenable. Assiéger une citadelle.* **2·** Fig. Centre, bastion. *Rome, citadelle du catholicisme.*

citadin, ine [sitadɛ̃, in] adj. et n. m. **1·** De la ville. → **urbain.** *Populations, habitudes citadines.* / contr. rural / **2·** N. m. *Un citadin,* habitant d'une grande ville. / contr. paysan /

citation [sitɑsjɔ̃] n. f. **1·** Passage cité (d'un auteur, d'un personnage célèbre). → **exemple, extrait, passage.** – Loc. *Fin de citation :* signale qu'on a fini de rapporter les paroles d'autrui (→ Fermez les guillemets). **2·** Papier qui oblige (qqn) à comparaître en justice. *Citation devant le tribunal civil.* **3·** Mention honorable d'un militaire, d'une unité, qui se sont distingués.

cité [site] n. f. **1·** Ville importante considérée spécialement sous son aspect de personne morale. *Une cité commerçante.* – Se dit parfois de la partie la plus ancienne d'une ville. *L'île de la Cité* (à Paris). *La Cité de Londres.* **2·** Loc. *Avoir* ***droit de cité*** *quelque part :* avoir un titre à y être admis, à y figurer. **3·** Groupe isolé d'immeubles ayant même destination. *Cités ouvrières. Les cités de banlieue. Les jeunes des cités. Cités universitaires,* où habitent les étudiants. *Cité dortoir,* lieu d'habitation où les gens ne sont là que pour la nuit, leurs occupations étant situées dans une ville voisine. ▷ **citadelle, citadin, citoyen**

citer [site] v. tr. < conjug. 1 > **1·** Rapporter (ce qu'a dit ou écrit quelqu'un d'autre). *Je cite ses propres paroles. Citer un passage d'un auteur ; citer un auteur.* **2·** Alléguer. *Citer un exemple à l'appui d'un fait.* **3·** Mentionner. *Citer qqn en exemple.* → **donner** en exemple. *Citer qqn pour sa bravoure.* **4·** Convoquer (qqn) pour comparaître en justice. *Il est cité comme témoin.* **5·** Décerner une citation militaire à. *Citer une unité à l'ordre de l'armée.* ▷ **citation**

citerne [sitɛʀn] n. f. **1·** Réservoir dans lequel on recueille les eaux de pluie. *Eau de citerne.* **2·** Compartiment, cuve contenant un carburant, un liquide. En appos. *Bateau-citerne.* ▷ **wagon-citerne**

cithare [sitaʀ] n. f. Instrument de musique, sans manche, composé d'une sorte de caisse sur laquelle sont tendues des cordes. ≠ guitare, sitar. ▶ **cithariste** n. Joueur de cithare.

citoyen, yenne [sitwajɛ̃, jɛn] n. **1·** Individu considéré du point de vue de ses droits politiques. – National d'un pays à régime républicain. → **ressortissant.** *Un citoyen français et un sujet britannique. Accomplir son devoir de citoyen,* voter. **2·** *Citoyen du monde,* qui met l'intérêt de l'humanité au-dessus du nationalisme. **3·** Fam. *Un drôle de citoyen,* un individu bizarre. **4·** Adj. Relatif au citoyen, à la citoyenneté. → **civique.** ▶ **citoyenneté** n. f. Qualité de citoyen. *La citoyenneté française.* ▷ **écocitoyen**

citrique [sitʀik] adj. *Acide citrique,* que l'on peut extraire du jus de citron.

citron [sitʀɔ̃] n. m. **1·** Fruit du citronnier, de couleur jaune clair et de saveur acide. *Écorce, zeste de citron. Jus de citron. Citron pressé.* – *Presser qqn comme un citron,* tirer tout le profit possible de qqn. **2·** Fam. Tête. → fam. **citrouille.** *Elle n'a rien dans le citron.* ▶ **citronnade** n. f. Boisson rafraîchissante et sucrée, parfumée au citron. ▶ **citronnelle** n. f. Plante contenant une essence à odeur de citron. ▶ **citronnier** n. m. Arbre qui produit le citron. – Son bois. *Une table en citronnier.* ▷ **citrique, presse-citron**

citrouille [sitʀuj] n. f. **1·** Espèce de courge arrondie et volumineuse d'un jaune orangé. *Soupe à la citrouille.* **2·** Fam. → **tête ;** fam. **citron.**

civet [sivɛ] n. m. Ragoût (de lièvre, lapin, gibier) cuit avec du vin, des oignons. *Manger du lapin en civet. Civet de chevreuil.*

civette [sivɛt] n. f. **1·** Petit mammifère au pelage gris, à poche contenant une matière odorante. **2·** Parfum extrait de la matière que sécrète la civette.

civière [sivjɛʀ] n. f. Brancard porté pour transporter les malades, les blessés. *On l'a transporté sur une (en) civière jusqu'à l'ambulance.*

1 **civil, ile** [sivil] adj. **1·** Relatif à l'ensemble des citoyens. ≠ civique. *Guerre civile :* entre les citoyens d'un même État. → **révolution.** – *Droits civils,* que la loi civile garantit à tous les citoyens. – *Année* civile.* **2·** Relatif aux rapports entre les individus (opposé à *criminel*). *Le Code civil.* – (En matière criminelle) *Se constituer, se porter* ***partie civile*** *:* demander des dommages-intérêts pour un préjudice, en dehors de la peine entraînée par le délit. **3·** Qui n'est pas militaire. *Les autorités civiles.* – N. *Les militaires et les civils. S'habiller en civil. Dans le civil,* dans la vie civile. **4·** Qui n'est pas religieux. *Mariage, enterrement civil.* ▶ **civilement** adv. **1·** En matière civile. *Elle est civilement responsable.* **2·** (Opposé à *religieusement*) *Se marier civilement,* à la mairie. ▷ **civiliser, civisme**

2 **civil, ile** adj. Littér. Qui observe les usages de la bonne société. → **aimable, courtois, poli ; civilité.** *Il n'a pas été civil à mon égard.* ▷ **civilité, incivil**

civiliser [sivilize] v. tr. < conjug. 1 > **1·** Faire passer une collectivité à un état social plus évolué (dans l'ordre moral, intellectuel, artistique, technique) ou considéré comme tel. → **civilisation.** *Les Grecs ont civilisé l'Occident.* – Pronominalement. *Peuple qui se civilise.* **2·** Fam. Rendre plus raffiné, plus aimable. – Pronominalement (réfl.). *Il se civilise à votre contact.* ▶ **civilisé, ée** adj. et n. Qui a une civilisation complexe et riche. / contr. barbare, primitif / ▶ **civilisateur, trice** adj. et n. Qui répand la civilisation. *Religion, philosophie civilisatrice.* ▶ **civilisation** n. f. **1·** *La civilisation,* ensemble des caractères communs aux vastes sociétés les plus évoluées ; ensemble des acquisitions des sociétés humaines (opposé à *nature, barbarie*). → **progrès.** *Les bienfaits de la civilisation.* **2·** *(Une, des civilisations)* Ensemble de phénomènes sociaux (religieux, moraux, esthétiques, scientifiques, techniques) d'une grande société ou d'un groupe de sociétés. → **culture.** *La civilisation chinoise, égyptienne.* **3·** Fait de devenir civilisé.

civilité [sivilite] n. f. **1·** Vx. Politesse. – Loc. *Formule de civilité,* de politesse. **2·** Au plur. Démonstration de politesse. *Présenter ses civilités à qqn,* ses compliments. → **hommage, salutation.**

civique [sivik] adj. Relatif au citoyen. ≠ civil. *Droits civiques. Courage, vertu civique.* → **patriotique.** – *Instruction civique,* portant sur les devoirs du citoyen. *Sens civique,* sens de ses responsabilités et de ses devoirs de citoyen. ▶ **civisme** n. m. Sens civique. → **patriotisme.** *Faire preuve de civisme.*

clabauder [klabode] v. intr. < conjug. 1 > Rare et littér. Crier sans motif. *Clabauder sur, contre qqn.* → **dénigrer, médire.** ▶ **clabaudage** n. m. ou **clabauderie** n. f. → **commérage.**

clac [klak] Interjection imitant un bruit sec, un claquement. ▷ **claquage, claquant, claque, claquement,** se **claquemurer, claquer, claquette**

clafoutis [klafuti] n. m. invar. Gâteau cuit au four, à base de lait, d'œufs et de fruits. *Un clafoutis aux cerises.*

claie [klɛ] n. f. **1·** Treillis d'osier à claire-voie. *Claie à sécher les fromages.* **2·** Treillage en bois ou en fer. *Claie métallique.* → **grille.** *Claie de parc.* → **clôture.** ▷ **clayonnage**

1 **clair, aire** [klɛʀ] adj. **I·** Concret. **1·** Qui a l'éclat du jour, reçoit beaucoup de lumière. → **clarté.** *Cette chambre est très claire. Temps clair,* sans nuage. → **lumineux.** *Il fait clair.* / contr. obscur, sombre / **2·** Qui n'est pas foncé, est faiblement coloré. *Couleur, étoffe claire. Cheveux châtain clair. Vert clair.* **3·** Peu serré, peu épais. *Les blés sont clairs.* → **clairsemé.** *Une purée, une sauce trop claire,* d'une consistance trop légère. / contr. épais, serré / **4·** Pur et transparent. *De l'eau claire.* / contr. sale / **5·** (Sons) Qui est net et pur. → **argentin.** *Son, timbre clair. D'une voix claire.* **II·** Abstrait. **1·** Aisé, facile à comprendre. → **lumineux, net.** / contr. obscur ; incompréhensible / *Des idées claires et précises. Cet auteur n'est pas clair. Rendre plus clair.* → **clarifier.** – Loc. *C'est clair comme le jour, comme de l'eau de roche.* **2·** Manifeste, sans équivoque. → **apparent, certain, évident, sûr.** / contr. douteux / *La chose est claire. Il est clair que vous vous trompez. Cette affaire n'est pas claire,* elle est suspecte. – C'est clair, c'est sûr, c'est bien vrai. ▶ **clairement** adv. **1·** D'une manière claire. → **distinctement, nettement.** *Distinguer clairement les virages de la route.* **2·** D'une manière claire à l'esprit. → **nettement, simplement.** *Expliquer clairement une histoire.* / contr. confusément, obscurément / ▶ 2 **clair** n. m. (En expressions ou au plur.) **1·** *Clair de lune :* lumière que donne la lune. – *Le clair de terre* (vu de la Lune). **2·** Au plur. Parties éclairées (*les clairs et les noirs d'un dessin*) ; parties peu serrées (*les clairs d'une étoffe*). **3·** *Au clair. Mettre sabre au clair,* le sortir du fourreau. – Loc. *Tirer au clair :* éclaircir, élucider (une affaire confuse, obscure). *Il faudrait tirer cette affaire au clair.* **4·** *Dépêche en clair :* dépêche en langage ordinaire (opposé à *chiffré*). – *En clair,* exprimé clairement. *En clair, qu'est-ce que tu veux dire ?* – *Diffusion d'une émission en clair,* non brouillée, non codée. **5·** *Le plus clair :* la plus grande partie. *Passer le plus clair de son temps à dormir.* ▶ 3 **clair** adv. **1·** D'une manière claire. → **clairement.** *Essayons d'y voir clair,* de comprendre. **2·** *Parler clair,* sans réticence, sans ménagement, sans détour. → **franchement, nettement.** ▶ **claire** n. f. Bassin d'eau de mer dans lequel se fait l'affinage des huîtres. – Ces huîtres. *Des claires* ou *des fines de claire.* ▶ **clairière** n. f. Endroit dégarni d'arbres dans un bois, une forêt. *Nous avons pique-niqué dans une petite clairière.* ▶ **claire-voie** n. f. **1·** Clôture à jour. → **barrière, grillage, treillage.** *Regarder par une claire-voie. Des claires-voies.* **2·** Loc. *À claire-voie :* qui présente des vides, des jours. *Volet, caisse à claire-voie.* ▶ **clair-obscur** n. m. **1·** Opposition des lumières et des ombres d'une peinture. *Des clairs-obscurs.* **2·** Lumière douce, tamisée. → **pénombre.** *Dans le clair-obscur d'un sous-bois.* / contr. clarté, netteté / ▷ **clairon, clairsemé, clairvoyant, clarifier, clarinette, clarté,** 1 **éclair,** 2 **éclair, éclairage, éclaircir, éclairer**

clairette [klɛʀɛt] n. f. Cépage blanc du Midi de la France ; vin mousseux qu'il produit. *De la clairette de Limoux, de Die.*

clairon [klɛʀɔ̃] n. m. **1·** Instrument à vent (cuivre), analogue à la trompette, à son clair, utilisé surtout dans l'armée. → **trompette** de cavalerie. **2·** Personne qui sonne le clairon. ▶ **claironner** v. tr. < conjug. 1 > Annoncer avec éclat, affectation. *Claironner son succès, sa victoire.* → **proclamer.** ▶ **claironnant, ante** adj. *Voix claironnante,* forte, aiguë.

clairsemé, ée [klɛʀsəme] adj. **1·** Qui est peu serré, répandu de distance en distance. → **épars.** *Des arbres clairsemés. Une tête aux cheveux clairsemés.* **2·** Fig. Peu dense. *Population clairsemée.* / contr. dense, serré /

clairvoyant, ante [klɛʀvwajɑ̃, ɑ̃t] adj. Qui voit les choses d'une façon claire et lucide. *Esprit clairvoyant.* → **pénétrant, perspicace.** ▶ **clairvoyance** n. f. *Rien n'échappe à sa clairvoyance.* → **discernement, lucidité, perspicacité.** / contr. aveuglement /

clamer [kla(ɑ)me] v. tr. < conjug. 1 > Manifester en termes violents, par des cris. → **crier, hurler.** *Clamer son indignation, son mécontentement. Clamer son innocence.* → **proclamer.** ▶ **clameur** n. f. Ensemble de cris confus. → **bruit, tumulte.** *Une immense clameur.* ▷ **acclamer, déclamer, s'exclamer, proclamer**

clamser ou **clamecer** [klamse] v. intr. < conjug. 1 et 3 > Fam. Mourir. → fam. **claquer, crever.** *Il est clamsé,* il est mort.

clan [klɑ̃] n. m. **1·** Dans certaines sociétés. Groupe composé de parents ayant à l'origine un ancêtre unique. *Les clans écossais. Chef de clan.* – Par analogie. *Clan de scouts.* **2·** Petit groupe fermé de personnes qui ont des idées, des goûts communs. → **caste, coterie.** *Esprit de clan.* → esprit de **clocher.**

clandestin, ine [klɑ̃dɛstɛ̃, in] adj. et n. (Choses) Qui se fait en cachette et qui a un caractère défendu, illicite*. → **secret.** *Journal clandestin.* / contr. autorisé, légal / – (Personnes) *Passager clandestin,* qui ne s'est pas fait connaître, n'a pas de billet. – *Travailleurs, immigrés clandestins,* qui ont passé illégalement une frontière pour trouver du travail. → **sans-papiers.** – N. *Un clandestin.* ▶ **clandestinement** adv. ▶ **clandestinité** n. f. Caractère clandestin. *Les résistants de 1943 vivaient dans la clandestinité.*

clapet [klapɛ] n. m. **1·** Soupape en forme de couvercle à charnière. *Les clapets d'une pompe.* **2·** Fam. Bouche (qui parle). *Ferme ton clapet,* tais-toi. *Quel clapet !* → **caquet.**

clapier [klapje] n. m. Cabane où l'on élève des lapins. *Litière d'un clapier. Lapin de clapier.*

clapoter [klapɔte] v. intr. < conjug. 1 > (Surface liquide) Être agité de petites vagues qui font un bruit caractéristique en s'entrechoquant. *On entendait l'eau du lac clapoter doucement.* ▶ **clapotement** n. m. ou **clapotis** [klapɔti] n. m. invar. Bruit et mouvement de l'eau qui clapote. *Le clapotis des vagues, de la marée.*

clapper [klape] v. intr. < conjug. 1 > Produire un bruit sec (un *clappement*) avec la langue en la détachant brusquement du palais. *Faire clapper sa langue.* ≠ claquer.

claquage [klakaʒ] n. m. Distension d'un ligament musculaire. *Le coureur, victime d'un claquage, a dû abandonner.*

claquant, ante [klakɑ̃, ɑ̃t] adj. Fam. Qui fatigue, éreinte, claque (II, 4). → **épuisant ;** fam. **crevant.** *Un travail claquant.*

claque [klak] n. f. **1·** Coup donné avec le plat de la main. *Donner, recevoir une claque sur la joue.* → **gifle, soufflet.** – Loc. *Tête à claques,* personne déplaisante. **2·** *La claque,* autrefois, les personnes payées pour applaudir le spectacle. **3·** Fam. ***En avoir sa claque :*** en avoir par-dessus la tête, assez (→ Plein le dos, ras le bol). *J'en ai ma claque.*

se **claquemurer** [klakmyʀe] v. pron. < conjug. 1 > Se tenir enfermé (chez soi). *Il se claquemure, il passe son temps claquemuré dans sa chambre.*

claquer [klake] v. < conjug. 1 > **I·** V. intr. **1·** Produire un bruit sec et sonore. *Faire claquer ses doigts, sa langue. Ses dents claquent.* – Par ext. (Personnes) *Claquer des dents* (de froid, de peur). → **grelotter, trembler.** – *Un volet qui claque.* → **battre.** *Faire claquer la porte,* en signe de mécontentement. **2·** Fam. *L'affaire lui a claqué dans les doigts,* lui a échappé. **3·** Fam. Mourir. → fam. **clamser, crever. II·** V. tr. **1·** Donner une claque à (qqn). → **gifler. 2·** Faire claquer. *Il a claqué la porte.* Fig. *Partir en claquant la porte,* en manifestant son désaccord, son mécontentement. **3·** Fam. (Personnes) Dépenser en gaspillant. → **dilapider.** *Il a claqué mille euros en une soirée.* **4·** Fam. Éreinter, fatiguer. → **exténuer.** *Claquer un cheval. Ce travail m'a claqué.* – Pronominalement. → **se crever.** – *Elle s'est claqué un muscle.* → **claquage.** ▶ **claquement** n. m. Le fait de claquer ; choc, bruit qui en résulte. → **coup.** *Claquement des doigts. Le claquement sec d'une portière de voiture.* ▶ **claquette** n. f. **1·** Petit instrument formé de deux planchettes réunies par une charnière, et servant à donner un signal (en claquant). *Claquette de plan de tournage d'un film.* **2·** ***Claquettes :*** lames de métal fixées aux semelles, qui permettent de danser en marquant le rythme. *Danseur à claquettes.* – Cette danse. *Faire des claquettes.* ▷ **claquant, claque,** se **claquemurer**

clarifier [klaʀifje] v. tr. < conjug. 7 > **1·** Rendre plus pur, éliminer les substances étrangères. → **décanter, filtrer, purifier.** / contr. troubler / *Clarifier un sirop, un mélange.* **2·** Abstrait. Rendre plus clair, plus facile à comprendre. → **éclaircir, élucider.** *Lisez ce livre : cela clarifiera vos idées. Clarifier une situation embrouillée.* / contr. embrouiller / ▶ **clarification** n. f. → **éclaircissement.**

clarinette [klaʀinɛt] n. f. Instrument de musique (à sons *clairs*), à anche ajustée sur un bec. ▶ **clarinettiste** n. Personne qui joue de la clarinette.

clarisse [klaʀis] n. f. Religieuse de l'ordre de Sainte-Claire.

clarté [klaʀte] n. f. **I·** Concret. **1·** Lumière ; caractère de ce qui est clair*. *Faible clarté.* → **lueur.** *La clarté intense du soleil.* → **éclat.** / contr. obscurité / **2·** Transparence, limpidité. *La clarté de l'eau était un peu troublée. La clarté du verre.* **II·** Abstrait. **1·** Qualité de ce qui est facilement intelligible, se comprend sans effort. → **netteté, précision.** *S'exprimer, parler avec clarté.* → **clairement.** *Clarté d'esprit.* **2·** Au plur. Littér. Connaissances, notions. *J'ai quelques clartés là-dessus.* → **connaissance.**

clash [klaʃ] n. m. Anglic. Conflit, désaccord violent. *Provoquer un clash. Des clashs inévitables.*

1 **classe** [klɑs] n. f. **I·** (Dans un groupe social) Ensemble des personnes qui ont en commun une fonction, un genre de vie, une idéologie et surtout une même situation économique, dans le groupe. → **caste, groupe.** *Les classes sociales. Les classes dirigeantes. Classes moyennes. La classe laborieuse,* le prolétariat. *Lutte des classes.* **II· 1·** Ensemble d'individus ou d'objets qui ont des caractères communs. → **catégorie, espèce, sorte.** *Ce livre s'adresse à toutes les classes de lecteurs. Les différentes classes de mots* (noms, verbes, adjectifs, etc.). **2·** En sciences naturelles. Grande division, après l'embranchement. *La classe des mammifères.* **3·** (Après un ordinal, etc.) Grade, rang concernant l'importance, la valeur, la qualité. *Wagon de deuxième classe. Voyager en première classe. Un soldat de deuxième classe* ; ellipt *un deuxième classe.* – *Ils n'ont pas la même classe,* la même valeur. *Avoir de la classe,* de la distinction. → **allure.** ▷ **classer, classification**

2 **classe** n. f. **1·** Ensemble d'élèves groupés selon le degré dans les études primaires et secondaires. *Classes supérieures* (opposé à *petites classes*). *Il est en classe de troisième. Camarade de classe. La rentrée des classes.* **2·** L'enseignement qui est donné en classe ; la durée de cet enseignement. → **cours, leçon.** *Une classe d'histoire. Des livres de classe. Faire la classe,* enseigner. **3·** Salle de classe. *Il y a plus de vingt classes dans l'école.* – Loc. *Aller en classe,* à l'école. ▷ **classique, interclasse**

3 **classe** n. f. Tous les jeunes qui atteignent l'âge du service militaire la même année (jusqu'en 1997). *La classe (de) 1970.*

classer [klɑse] v. tr. < conjug. 1 > **1·** Diviser en classes (1, II), en catégories. → **répartir ; diviser.** *Classer les plantes, les insectes.* **2·** Ranger (dans une catégorie). *Classer le lapin parmi les rongeurs.* – Pronominalement (réfl.). *Se classer dans, parmi,* être au rang de. *Il se classe parmi les meilleurs.* – Fam. *Classer un individu,* le juger (mal) définitivement. *Je l'ai tout de suite classé.* → **cataloguer.** **3·** Concret. Mettre dans un certain ordre, à son ordre. → **arranger, ranger, trier.** *Classer des papiers. Classer un dossier.* / contr. déclasser, mêler / – Fig. *Classer une affaire,* la considérer comme terminée, ne plus s'en occuper. *Affaire classée.* ▶ **classement** n. m. **1·** Action de ranger dans un certain ordre ; façon dont un ensemble est classé. → **arrangement, classification ; ordre.** *Classement alphabétique, chronologique, logique. Documentaliste spécialiste du classement.* / contr. désordre / **2·** Place d'une personne dans une compétition. *Il a eu un bon classement.* ▶ **classeur** n. m. **1·** Portefeuille ou meuble qui sert à classer des papiers. **2·** Reliure à feuillets mobiles. *Ranger ses notes de cours dans un classeur.* ▷ **déclasser, interclasser, reclasser, surclasser**

classicisme [klasisism] n. m. **1·** Ensemble des caractères propres aux grandes œuvres littéraires et artistiques de l'Antiquité et du XVIIe s. (en Europe occidentale). **2·** Caractère des œuvres classiques.

classification [klasifikɑsjɔ̃] n. f. Action de distribuer par classes, par catégories ; classement. ▶ **classificateur, trice** n. et adj. Qui établit des classifications.

classique [klasik] adj. et n. m. **I· 1·** Qu'on enseigne dans les classes. *Les auteurs classiques du programme.* **2·** Qui appartient à l'antiquité gréco-latine. *Langues classiques. Enseignement classique,* qui comprend le latin, et parfois le grec. **3·** Qui appartient aux grands auteurs du XVIIe s., imitateurs des auteurs de l'Antiquité (opposé à *romantique*) ; qui en a les caractères. *Théâtre classique. Style classique* (opposé à *romantique, baroque, archaïque*). **4·** *Musique classique* : musique des grands auteurs (→ grande musique) de la tradition musicale occidentale (opposé à *musique folklorique, de variétés*). *Préférer le jazz à la musique classique* → **classique** (III, 3). **II·** Qui est conforme aux usages, ne s'écarte pas des règles établies, de la mesure. *Une veste de coupe classique.* → **sobre.** – Qui est conforme aux habitudes. → **habituel, traditionnel.** Fam. *C'est le coup classique,* c'était prévu. **III·** N. m. **1·** Auteur classique (I). *Les grands classiques.* **2·** Ouvrage pour les classes. *Collection des classiques latins, français.* – Ouvrage reconnu comme excellent (dans un genre). *Ce film est devenu un classique (du genre).* **3·** Musique classique. *Aimer le classique.* ▶ **classiquement** adv. D'une manière classique, habituelle. ▷ **classicisme**

claudication [klodikasjɔ̃] n. f. Littér. Le fait de boiter. – REM. On emploie aussi le verbe **claudiquer** < conjug. 1 >

clause [kloz] n. f. Disposition particulière (d'un acte). → **convention, disposition.** *Les clauses d'un contrat, d'un testament. Respecter, violer une clause. Une clause stipule que...* – ***Clause de style*** : disposition toute formelle, sans importance.

claustral, ale, aux [klostʀal, o] adj. Relatif au cloître ou qui l'évoque. → **monacal, religieux.** *Un silence claustral.* ▶ **claustration** n. f. Littér. État de qqn qui est enfermé dans un lieu clos. → **isolement.** ▶ **claustrophobie** [klostʀɔfɔbi] n. f. Angoisse d'être enfermé ; phobie des lieux clos. ▶ **claustrophobe** adj. et n. Qui souffre de claustrophobie. Abrév. fam. **claustro.** *Elles sont claustros.*

clavarder [klavaʀde] v. intr. < conjug. 1 > Au Canada. Échanger des messages en temps réel, sur Internet. → **chatter.** ▶ **clavardage** n. m.

claveau [klavo] n. m. Pierre taillée en coin, utilisée dans la construction des voûtes, des corniches. *Les claveaux d'une arcade.* ≠ clé de voûte.

clavecin [klavsɛ̃] n. m. Instrument de musique à claviers et à cordes pincées. ≠ piano. *Jouer du clavecin.* ▶ **claveciniste** n. Personne qui joue du clavecin.

clavette [klavɛt] n. f. Petite cheville plate que l'on passe dans le trou d'un boulon, d'une cheville pour l'immobiliser. *Clavette de sûreté.*

clavicule [klavikyl] n. f. Os en forme d'S très allongé, formant la partie antérieure de l'épaule. *Fracture de la clavicule.*

clavier [klavje] n. m. **1·** Ensemble des touches de certains instruments de musique (piano, clavecin, orgue), sur lesquelles on appuie les doigts pour obtenir les sons. **2·** Ensemble des touches (d'un appareil), disposées sur plusieurs rangs. *Le clavier d'une machine à écrire, d'un ordinateur.* – Bloc compact rassemblant les touches d'un ordinateur. *Acheter un nouveau clavier.* ▶ **claviste** n. Personne qui fait la saisie (II) d'un texte à l'ordinateur.

clayonnage [klɛjɔnaʒ] n. m. Assemblage de pieux et de branches d'arbres destiné à soutenir des terres (→ **claie**).

1 **clé** ou **clef** [kle] n. f. **I·** Ce qui sert à ouvrir. **1·** Instrument de métal servant à faire fonctionner le mécanisme d'une serrure. *La clé (ou clef) d'une porte, d'une armoire, d'un cadenas. Des clefs de voiture. Trousseau de clefs.* → **porte-clefs.** *La porte est fermée à clef.* – *Clés en main,* prêt à l'usage. *Vendre une usine clés en main.* – Loc. *Mettre la clé sous la porte,* partir furtivement, disparaître, déménager. – *Mettre qqn sous clé,* le tenir enfermé (sous les verrous). – *Mettre qqch. sous clé,* dans un meuble fermé. **2·** Loc. ***La clef (clé) des champs*** : la liberté. *Prendre la clef des champs,* s'enfuir. **II· 1·** (Écrit **clé**) Outil servant à serrer ou à démonter certaines pièces (écrous, boulons). *Clé à molette. Clé anglaise* ou *à mâchoires mobiles.* **2·** ***Clef de voûte*** : pierre en forme de coin placée à la partie centrale d'une voûte et servant à maintenir en équilibre les autres pierres. – Abstrait. Point important, partie essentielle, capitale d'un système. *La clef de voûte d'une argumentation.* **III·** En appos. Ce qui commande l'accès. *Occuper une position clé.* → **stratégique.** *Industrie clé,* de laquelle dépendent beaucoup d'autres industries. *Des mots clés.* – Ce qui explique, qui permet de comprendre. → **explication, solution.** *La clef, la clé du mystère.* ▷ **porte-clefs**

2 **clé** ou **clef** [kle] n. f. Signe mis au commencement d'une portée musicale et qui, par sa forme et sa position, permet d'identifier la note placée sur cette ligne. *Clef de sol, de fa.* – Loc. ***À la clef (clé)*** : avec, à la fin de l'opération. *Il y a une récompense à la clef.*

clébard [klebaʀ] ou **clebs** [klɛps] n. m. Fam. Chien. *Quel sale clébard !*

clef → **clé.**

clématite [klematit] n. f. Plante grimpante à fleurs en bouquet. → **viorne.**

clémence [klemɑ̃s] n. f. **1·** Littér. Vertu qui consiste, de la part de qui dispose d'une autorité, à pardonner les offenses et à adoucir les châtiments. → **humanité, indulgence, magnanimité.** *Un trait, un acte de clémence. La clémence d'un juge.* / contr. rigueur, sévérité / **2·** *La clémence de la température, du temps,* la douceur. ▶ **clément, ente** adj. Qui manifeste de la clémence. → **généreux, humain, indulgent, magnanime.** – *Un hiver clément,* peu rigoureux. → **doux.** ▷ **inclément**

clémentine [klemɑ̃tin] n. f. Sorte de petite mandarine à peau fine.

clenche [klɑ̃ʃ] n. f. Petit bras de levier, dans le loquet d'une porte. ▷ **déclencher, enclencher**

cleptomane → **kleptomane.**

clerc [klɛʀ] n. m. **1·** Celui qui est entré dans l'état ecclésiastique (→ **clergé**). / contr. laïc / **2·** Anciennement. Personne instruite. → **lettré, savant. –** Loc. *Il est **grand clerc** en la matière.* → **compétent, expert.** *Pas besoin d'être grand clerc pour savoir cela.* **3·** Employé des études d'officiers publics et ministériels. *Clerc de notaire.* ▷ **clergé, clérical**

clergé [klɛʀʒe] n. m. Ensemble des ecclésiastiques. *Le clergé catholique. Clergé régulier.*

clergyman [klɛʀʒiman] n. m. Pasteur anglo-saxon. *Des clergymans* ou *des clergymen* [-mɛn].

clérical, ale, aux [kleʀikal, o] adj. **1·** Relatif au clergé. **2·** Adj. et n. Partisan des prêtres, de l'Église et de sa politique. *Parti clérical. Les cléricaux.* / contr. anticlérical / ▶ **cléricalisme** n. m. Opinion des partisans d'une intervention du clergé dans la politique. ▷ **anticlérical**

clic [klik] n. m. **I·** Bruit sec, bref. **II·** Action de presser le bouton de la souris d'un ordinateur. *Faites deux clics rapprochés.* → **double-clic.** ▷ **cliquer**

cliché [kliʃe] n. m. **1·** Image négative (d'une photo). – Photographie. **2·** Péj. Idée ou expression trop souvent utilisée. → **banalité, lieu** commun, **poncif.** *Une conversation pleine de clichés.* **3·** Plaque en relief pour la reproduction, l'impression typographique.

client, ente [klijɑ̃, ɑ̃t] n. **1·** Personne qui achète ou demande des services moyennant rétribution. *Les clients d'un médecin* (→ **patient**), *d'un notaire.* – Personne qui se sert toujours au même endroit. → **habitué ; fidèle.** *Servez-le bien, c'est un bon client.* **2·** Consommateur, importateur. *La Belgique est un très gros client de la France sur le marché automobile.* ▶ **clientèle** n. f. **1·** Ensemble de clients, d'acheteurs. *La clientèle d'un médecin.* → **patientèle.** *Avoir une grosse clientèle.* **2·** Adepte, public. *Une clientèle électorale.* **3·** Le fait d'être client, d'acheter. *Il voudrait avoir la clientèle de cette famille.*

cligner [kliɲe] v. < conjug. 1 > **1·** V. tr. Fermer à demi ou fermer et ouvrir rapidement (les yeux). → **ciller.** – V. tr. ind. ***Cligner de l'œil*** (pour faire un signe, pour aguicher). → **clin d'œil, œillade.** **2·** V. intr. (Yeux, paupières) Se fermer et s'ouvrir. *La lumière vive faisait cligner ses yeux.* ▶ **clignement** n. m. **1·** *Clignement d'yeux.* **2·** Littér. (Lumière) Le fait de briller par intermittence. → **clignotement.** ▶ **clignoter** v. < conjug. 1 > **1·** V. tr. ind. Cligner coup sur coup rapidement et involontairement. *Clignoter des yeux.* **2·** V. intr. Éclairer et s'éteindre alternativement à brefs intervalles. → **scintiller.** – Faire fonctionner un clignotant (II, 1). ▶ **clignotant, ante** adj. et n. m. **I· 1·** (Yeux) Qui clignote. **2·** (Lumière) Scintillant, intermittent. *Une lumière clignotante.* **II·** N. m. **1·** Lumière intermittente, qui sert à indiquer la direction que va prendre un véhicule. *Mettre son clignotant pour tourner à gauche.* **2·** Indice dont l'apparition signale un danger (dans un plan, un programme économique). *Les clignotants sont au rouge.* ▶ **clignotement** n. m. **1·** Le fait de clignoter. *Le clignotement des yeux.* **2·** Le fait de s'éclairer et de s'éteindre alternativement à très brefs intervalles. ▶ **clignoteur** n. m. En Belgique. Clignotant. ▷ **clin d'œil**

climat [klima] n. m. **1·** Ensemble de circonstances atmosphériques et météorologiques (humidité, pressions, températures...) propres à une région. *Climat équatorial, tropical, désertique, tempéré. Climat agréable, sain ; malsain. Climat sec, humide, pluvieux ; chaud, froid.* **2·** Atmosphère morale, conditions (de la vie, d'une situation). → **ambiance, milieu.** *Dans un climat d'hostilité. Climat empoisonné.* ▶ **climatique** adj. Qui a rapport au climat. *Conditions climatiques. Le réchauffement climatique.* ▶ **climatiser** v. tr. < conjug. 1 > **1·** Maintenir (un lieu) à une température agréable, par une installation qui permet le réchauffement et surtout le refroidissement selon les besoins. *Climatiser un appartement.* **2·** Adapter (un appareil) à l'action des climats extrêmes. ▶ **climatisé, ée** adj. *Air climatisé.* → **conditionné.** *Salle de cinéma climatisée.* ▶ **climatisation** n. f. Moyens employés pour obtenir, dans une pièce, une atmosphère constante (température, humidité), à l'aide d'appareils. *Voiture avec la climatisation* ou (abrév.) *la clim.* ▶ **climatiseur** n. m. Appareil de climatisation. ▷ **acclimater, bioclimatique, microclimat**

clin d'œil [klɛ̃dœj] n. m. **1·** Mouvement rapide de la paupière → **clignement** pour faire signe. *Des clins d'œil, d'yeux.* → **œillade.** *Faire un clin d'œil à qqn.* – Allusion pour attirer l'attention de qqn, signe de connivence. **2·** ***En un clin d'œil*** : en un temps très court. *Il disparut en un clin d'œil.*

1 **clinique** [klinik] n. f. Établissement de soins privé. ≠ hôpital. *Clinique d'accouchement.* ▷ **policlinique, polyclinique**

2 **clinique** adj. et n. f. **1·** Adj. Qui observe directement (au lit des malades) les manifestations de la maladie. *Signes cliniques* : symptômes observables. *Médecine clinique.* **2·** N. f. Enseignement médical donné au chevet des malades. ▶ **cliniquement** adv. *Le blessé est cliniquement mort.* ▶ **clinicien, ienne** n. Médecin praticien.

clinquant, ante [klɛ̃kɑ̃, ɑ̃t] n. m. et adj. 1· Mauvaise imitation de métaux, de pierreries. → **camelote, faux.** *Le mauvais goût du clinquant.* 2· Éclat trompeur, tapageur. 3· Adj. D'un éclat voyant, vulgaire. *Des bijoux clinquants.*

1 **clip** [klip] n. m. Anglic. Bijou qui se fixe par une pince (Variante abusive *un clips*).

2 **clip** [klip] n. m. Anglic. Film vidéo, assez court, réalisé pour promouvoir (une chanson, etc.). *Des clips.* – REM. On dit aussi **vidéoclip,** n. m.

clique [klik] n. f. 1· Groupe de personnes peu estimables. → **bande.** *Il est venu avec toute sa clique.* 2· Ensemble des tambours et des clairons d'une musique militaire. → **fanfare.**

cliquer [klike] v. intr. < conjug. 1 > Anglic. Actionner le bouton de la souris d'un ordinateur, pour effectuer une sélection sur l'écran. *Cliquer deux fois sur une icône.* → **double-cliquer.** ▶ **cliquable** adj. Sur lequel il est possible de cliquer afin d'activer un lien hypermédia. *Tous les hyperliens de cette page web ne sont pas cliquables.*

cliques [klik] n. f. pl. Fam. *Prendre ses cliques et ses claques* : s'en aller en emportant ce que l'on possède.

cliqueter [klikte] v. intr. < conjug. 4 > Produire un cliquetis. ▶ **cliquetis** [klikti] n. m. Série de bruits secs que produisent certains corps sonores qui se choquent. *Un cliquetis de verres et d'assiettes, de clés.* – Fig. *Cliquetis de mots,* verbiage.

clitoris [klitɔʀis] n. m. invar. Petit organe érectile de la vulve. *Ablation du clitoris.* → **excision.**

cliver [klive] v. tr. < conjug. 1 > Fendre (un corps minéral, un diamant) dans le sens naturel de ses couches. – Pronominalement. *Le mica se clive en fines lamelles* (appelées *clivures,* n. f.). ▶ **clivage** n. m. 1· Action de cliver, de se cliver. – *Plan de clivage d'une roche,* selon lequel elle se fend. 2· Fig. Séparation par plans, par niveaux. *Les clivages sociaux. Les clivages entre partis politiques.*

cloaque [klɔak] n. m. Lieu malpropre, malsain (surtout lorsqu'il y a des liquides).

clochard, arde [klɔʃaʀ, aʀd] n. Personne désocialisée, qui vit sans travail ni domicile, dans les grandes villes (fam. *clodo,* n. m.). → **sans-abri, S. D. F., vagabond.**

1 **cloche** [klɔʃ] n. f. 1· Instrument creux, évasé, en métal sonore (bronze), dont on tire des vibrations retentissantes et prolongées en en frappant les parois, à l'extérieur ou par l'intérieur, grâce à un battant*. → **bourdon, carillon.** *Cloches qui tintent pour le glas. Les cloches sonnent à toute volée. Les cloches de Pâques. Fondeur de cloches. Installateur de cloches.* → **campaniste.** – Loc. *N'entendre qu'un son de cloche,* qu'un avis. *Déménager à la cloche de bois* : en cachette. Fam. *Sonner les cloches à qqn* : le réprimander fortement. 2· Objet creux qui recouvre, protège. *Cloche à fromage.* – *Cloche à plongeur* : dispositif pour séjourner sous l'eau. 3· Loc. fam. *Se taper la cloche* (la tête) : bien manger. *Ils se sont tapé la cloche.* ▷ 1 **clocher, clochette**

2 **cloche** n. f. Fam. Personne niaise et maladroite. *Quelle cloche !* – Adj. *Ils sont un peu cloches.*

à cloche-pied [aklɔʃpje] loc. adv. En tenant un pied en l'air et en sautant sur l'autre. *Aller, sauter à cloche-pied.*

1 **clocher** [klɔʃe] n. m. 1· Bâtiment élevé d'une église dans lequel on place les cloches. → **campanile.** *La flèche, le coq, l'horloge du clocher.* 2· Loc. *Querelles, rivalités de clocher,* purement locales. *Esprit de clocher,* chauvinisme. ▷ **clocheton**

2 **clocher** [klɔʃe] v. intr. < conjug. 1 > Être défectueux ; aller de travers. *Raisonnement, combinaison qui cloche. Il y a quelque chose qui cloche,* qui ne va pas. ▷ **clochard, à cloche-pied**

clocheton [klɔʃtɔ̃] n. m. Ornement en forme de petit clocher.

clochette [klɔʃɛt] n. f. 1· Petite cloche. → **sonnette.** *Clochettes suspendues au cou du bétail.* 2· Fleur, corolle en forme de petite cloche. *Les clochettes du muguet.*

cloison [klwazɔ̃] n. f. 1· Division plus légère que le mur, qui limite les pièces d'une maison. *Écouter derrière la cloison. Abattre, percer une cloison.* 2· Séparation entre les parties intérieures (d'un navire). *Cloison étanche.* 3· Ce qui divise l'intérieur (d'une cavité), détermine des compartiments. *Cloison des fosses nasales.* 4· Abstrait. Barrière, séparation. *Abattre, faire tomber les cloisons.* ▶ **cloisonner** v. tr. < conjug. 1 > Séparer par des cloisons. → **compartimenter.** – Au p. p. adj. *Une société cloisonnée.* ▶ **cloisonnement** n. m. Manière dont une chose est cloisonnée (division, séparation).

cloître [klwatʀ] n. m. 1· Partie d'un monastère interdite aux profanes et fermée par une enceinte → **clôture** ; le monastère → **abbaye, claustral, clôture** (2), **couvent.** 2· Dans un monastère ou une église. Galerie à colonnes qui encadre une cour ou un jardin carré. *Le cloître roman de Saint-Trophime, à Arles.* ▶ **cloîtrer** v. tr. < conjug. 1 > 1· Faire entrer comme religieux, religieuse dans un monastère fermé. – Au p. p. adj. *Religieux cloîtrés.* 2· Enfermer, mettre à l'écart (qqn). – Pronominalement (réfl.). *Se cloîtrer,* vivre à l'écart du monde. → s'**enfermer,** se **retirer.** – Abstrait. *Se cloîtrer dans ses idées, ses habitudes.*

clone [klon] n. m. En biologie. Individu provenant de la reproduction d'un individu unique. – Ensemble des cellules résultant des divisions d'une cellule unique. ▶ **cloner** v. tr. < conjug. 1 > Faire dériver plusieurs organismes de (un organisme unique). ▶ **clonage** n. m. *Le clonage permet d'obtenir des individus possédant un patrimoine génétique identique.*

clope [klɔp] n. f. Fam. Cigarette. → fam. **sèche.** *Fumer une clope.* ▶ **cloper** v. intr. < conjug. 1 > Fumer une cigarette.

clopiner [klɔpine] v. intr. < conjug. 1 > Marcher avec peine, en traînant le pied. → **boiter.** ▶ **clopin-clopant** [klɔpɛ̃klɔpɑ̃] loc. adv. Fam. En clopinant. *Aller clopin-clopant.*

cloporte [klɔpɔʀt] n. m. Petit animal (arthropode) qui vit sous les pierres. – Fig. Personnage ignoble, rampant.

cloque [klɔk] n. f. Petite poche de la peau pleine de sérosité. → **ampoule.** – Loc. fam. *Être en cloque,* enceinte. ▶ **cloquer** v. intr. < conjug. 1 > Former des cloques, des boursouflures en se soulevant.

clore [klɔʀ] v. tr. < conjug. 45 > **1·** Vx. Fermer pour empêcher l'accès. → **enclore. 2·** Terminer ; déclarer terminé. *Clore un débat, une discussion, une négociation.* → **clôturer** (2). *Clore la séance d'une assemblée.* ▶ ① **clos, close** [klo, kloz] adj. **1·** Littér. Fermé. *Espace clos. Volets clos. Trouver porte close,* ne trouver personne. *Avoir les yeux clos.* – Loc. *Vivre en vase clos,* confiné. **2·** Achevé, terminé. *La séance, la session est close. L'incident est clos.* ▶ ② **clos** [klo] n. m. invar. **1·** Terrain cultivé et fermé par des haies, des murs, des fossés. *Des clos d'arbres fruitiers.* **2·** Vignoble. *Le clos Vougeot donne un bourgogne réputé.* ▶ **clôture** n. f. **1·** Ce qui sert à obstruer le passage, à enclore un espace. → **barrière, enceinte, fermeture.** *Mur, porte de clôture. Clôture métallique.* → **grille.** *La clôture d'un jardin, d'une propriété.* **2·** Enceinte où des religieux vivent cloîtrés. → **cloître. 3·** Action de terminer, de déclarer la fin (de qqch.). *Clôture d'une séance. Séance de clôture.* ▶ **clôturer** v. tr. < conjug. 1 > **1·** Fermer par une clôture. **2·** Déclarer terminé. → **achever, clore.** *Clôturer les débats, la séance.* → **lever.** ▷ **éclore, enclore**

① **clou** [klu] n. m. **I· 1·** Petite tige de métal à pointe et le plus souvent à tête, qui sert à fixer, assembler, suspendre. *Petits clous.* → **semence.** *Tête de clou. Planter des clous.* → **clouer.** – PROV. *Un clou chasse l'autre,* ce qui disparaît est remplacé par une chose (ou une personne) identique. **2·** Fam. *Les clous,* le passage (autrefois, signalé par de gros clous) que les piétons doivent emprunter pour traverser la chaussée. *Traversez dans les clous !* → passage **clouté. 3·** Loc. Fig. *Maigre comme un clou,* très maigre. Fam. *Ça ne vaut pas un clou,* cela ne vaut rien. – *Des clous !,* rien du tout. **II· 1·** *Clou de girofle,* bouton du giroflier, en forme de clou à tête, utilisé comme épice. **2·** Furoncle. ▶ **clouer** v. tr. < conjug. 1 > **1·** Fixer, assembler avec des clous. *Clouer une caisse. Clouer un tableau au mur.* / contr. déclouer / **2·** Fixer avec un objet pointu. *Il le cloua au sol d'un coup d'épée.* – Abstrait. Fixer, immobiliser. *Une maladie l'avait cloué au lit.* – Au passif. *Être, rester cloué sur place* (par la peur, l'émotion la surprise). → **paralyser. 3·** Loc. *Clouer le bec à qqn :* réduire (qqn) au silence. ▶ **clouté, ée** adj. **1·** Garni de clous. *Une ceinture cloutée. Des chaussures cloutées.* **2·** *Passage clouté :* passage de la chaussée limité par des grosses têtes de clous (actuellement remplacées par des bandes peintes). → fam. **clou** (I, 2). ▷ **déclouer**

② **clou** n. m. **1·** Fam. Mont-de-piété (où l'on accrochait les objets mis en gage). *Mettre ses bijoux au clou.* **2·** *Le clou du spectacle,* ce qui accroche l'attention des spectateurs. **3·** Mauvaise voiture ou bicyclette, motocyclette... → fam. **bagnole, guimbarde.** *Un vieux clou.*

clovisse [klɔvis] n. f. Région. Palourde.

clown [klun] n. **1·** Personnage de cirque, habillé de blanc (*clown blanc*). – (Impropre ; pour un *auguste*) Comique de cirque qui, très maquillé et grotesquement accoutré, fait des pantomimes et des scènes de farce. → **auguste.** *Des clowns.* **2·** N. m. Farceur, pitre. *Faire le clown.* → **guignol.** ▶ **clownerie** [klunʀi] n. f. Farce digne d'un clown. *Faire des clowneries.* → **pitrerie.** ▶ **clownesque** [klunɛsk] adj. Qui a rapport au clown. – Digne d'un clown. ▶ **clownesse** [klunɛs] n. f. Vx. Femme clown.

① **club** [klœb] n. m. **1·** Société constituée pour aider ses membres à exercer diverses activités désintéressées (sports, voyages). → **association.** *Le Club Alpin. Le Touring-Club.* **2·** Cercle privé où des habitués (membres) passent leurs heures de loisir. *Passer la soirée à son club. Des clubs.* **3·** Groupe politique. **4·** Petit groupe de personnes ayant un point commun entre elles. *Le club très fermé des astronautes.* ▷ **ciné-club, vidéo-club**

② **club** n. m. Large et profond fauteuil de cuir. – En appos. *Des fauteuils clubs.*

③ **club** n. m. Anglic. Crosse de golf. *Le caddie transporte les clubs du joueur au long du parcours.*

clystère [klistɛʀ] n. m. Vx. Lavement.

co- Préfixe signifiant « avec, ensemble » (ex. : *coaccusé, coacquéreur, codécider, codétenu, codirecteur* et ci-dessous, *coadjuteur, coauteur, coaxial, coexistence, cohabiter,* etc.).

CO_2 [seodø] n. m. Dioxyde* de carbone. *Émissions de CO_2 d'un véhicule* (emploi non scientifique).

coach [kotʃ] n. Anglic. **1·** Personne qui entraîne un sportif, une équipe. **2·** Professionnel qui accompagne une personne pour l'aider à améliorer ses performances, à atteindre ses objectifs. ▶ **coacher** [kotʃe] v. tr. < conjug. 1 > ▶ **coaching** n. m.

coadjuteur [kɔadʒytœʀ] n. m. Ecclésiastique adjoint à un prélat. *Le coadjuteur d'un évêque.*

coaguler [kɔagyle] v. tr. < conjug. 1 > Transformer (une substance organique liquide) en une masse solide. → **cailler, figer.** *Coaguler du sang. La présure coagule le lait.* – *Se coaguler* v. pron. réfl. → **prendre.** / contr. fondre, liquéfier / ▶ **coagulation** n. f. Fait de se coaguler. *La coagulation du sang.* / contr. liquéfaction /

coaliser [kɔalize] v. < conjug. 1 > **I·** *Se coaliser* v. pron. réfl. **1·** Former une coalition. → **s'allier, se liguer.** *Les puissances européennes se coalisèrent contre Napoléon.* – Au p. p. adj. *Les puissances coalisées.* – N. *Les coalisés.* **2·** S'unir, s'entendre (contre qqn). **II·** *Coaliser* v. tr. : faire se coaliser. → **ameuter, réunir.** *Il a coalisé tout le monde contre nous.* ▶ **coalition** [kɔalisjɔ̃] n. f. **1·** Réunion momentanée (de puissances, de partis ou de personnes) dans la poursuite d'un intérêt commun. → **alliance, association, entente, ligue.** *Coalition politique, de partis.* → **bloc, front. 2·** Union, avec un but commun et contre qqn. *Coalition d'intérêts.*

coasser [koase] v. intr. < conjug. 1 > (Grenouille, crapaud) Pousser son cri. ≠ croasser. ▶ **coassement** n. m. *On entendait le coassement des grenouilles.* ≠ croassement.

coauteur [kootœʀ] n. m. Personne qui a écrit un livre en collaboration avec une autre.

coaxial, iale, iaux [kɔaksjal, jo] adj. Qui a le même axe qu'un autre objet. *Câble coaxial* (deux conducteurs concentriques).

cobalt [kɔbalt] n. m. Métal dur, blanc gris à reflets. *Acier au cobalt. Cobalt 60, radioactif* ou, n. m., *radiocobalt. Bleu de cobalt. Bombe au cobalt* (irradiations médicales).

cobaye [kɔbaj] n. m. Petit mammifère rongeur, appelé *cochon d'Inde. On utilise les cobayes comme sujets d'expérience* (physiologie, médecine). – Loc. *Servir de cobaye,* être utilisé comme sujet d'expérience.

cobra [kɔbʀa] n. m. Serpent venimeux (*naja*), à cou dilatable orné d'un dessin rappelant des lunettes (appelé aussi *serpent à lunettes*).

coca [kɔka] n. f. Substance extraite de la feuille d'un arbrisseau d'Amérique (stimulant, aliment d'épargne). ▶ **coca-cola** n. m. invar. (Marque déposée) Boisson rafraîchissante à base de coca et de cola. *Boire des coca-cola,* ou abrév. *des coca.* ▷ **cocaïne**

cocagne [kɔkaɲ] n. f. **1·** Loc. *Pays de cocagne :* pays imaginaire où l'on a tout en abondance. **2·** Loc. *Mât de cocagne :* au sommet duquel sont suspendus des objets ou friandises qu'il faut aller détacher en grimpant.

cocaïne [kɔkain] n. f. Alcaloïde extrait du végétal qui donne la coca, utilisé en médecine pour ses propriétés analgésiques et anesthésiques. → **drogue ;** fam. **coke.** *Abus de la cocaïne.* ▶ **cocaïnomane** n. Personne qui fait un usage abusif de la cocaïne, en est intoxiquée.

cocarde [kɔkaʀd] n. f. **1·** Insigne aux couleurs nationales. *Cocarde tricolore.* **2·** Ornement en ruban, nœud décoratif. ▶ **cocardier, ière** n. et adj. **1·** Patriote exalté. **2·** Adj. Chauvin, militariste.

cocasse [kɔkas] adj. Fam. Qui est d'une étrangeté comique, qui étonne et fait rire. *Une situation cocasse.* → **burlesque.** / contr. sérieux / ▶ **cocassement** adv. *Cocassement accoutré.* ▶ **cocasserie** n. f. Bouffonnerie, drôlerie.

coccinelle [kɔksinɛl] n. f. Insecte coléoptère au corps rouge ou orangé tacheté de noir (appelé *bête à bon Dieu*).

coccyx [kɔksis] n. m. invar. Petit os situé à l'extrémité inférieure de la colonne vertébrale, articulé avec le sacrum. – Fam. *Tomber sur le coccyx ; se faire mal au coccyx,* au derrière.

coche [kɔʃ] n. m. **1·** Autrefois. Grande voiture tirée par des chevaux, qui servait au transport des voyageurs. **2·** Loc. fig. *Manquer le coche :* perdre l'occasion de faire une chose utile, profitable. ▷ ① **cocher, cochère**

cochenille [kɔʃnij] n. f. Insecte dont on tirait une teinture rouge écarlate.

① **cocher** [kɔʃe] n. m. Personne qui conduit une voiture à cheval. → **conducteur ; postillon.** *Cocher de fiacre.*

② **cocher** v. tr. < conjug. 1 > Marquer d'un trait, d'un signe. *Cocher un nom sur une liste. Cocher une case.* ▷ ② **décocher**

cochère [kɔʃɛʀ] adj. f. *Porte cochère :* dont les dimensions permettent l'entrée d'une voiture (autrefois d'un *coche*).

cochon [kɔʃɔ̃] n. m. **I· 1·** Porc élevé pour l'alimentation (mâle, opposé à *truie*). → **goret, pourceau.** *Engraisser, élever des cochons. Cochon de lait,* jeune cochon. – Loc. *Gros, sale comme un cochon. Manger, écrire comme un cochon,* malproprement. → **cochonner.** – *Ils sont copains comme cochons,* dans des rapports de familiarité excessive. – *Il a une tête de cochon,* mauvais caractère. **2·** *Cochon d'Inde :* cobaye. **3·** Chair du cochon. → **porc.** *Manger du cochon.* → **cochonnaille. II·** N. et adj. Fam. *Cochon, onne :* personne malpropre, au physique ou au moral. → **dégoûtant, sale.** *Quel cochon !* – Adj. *Histoire cochonne,* licencieuse. ▶ **cochonnaille** [kɔʃɔnaj] n. f. Fam. Charcuterie (avec l'idée d'abondance et de préparations simples, campagnardes). ▶ **cochonner** v. tr. < conjug. 1 > Fam. Faire (un travail) mal, salement. – Au p. p. adj. *C'est du travail cochonné.* ▶ **cochonnerie** n. f. Fam. Malpropreté ; chose sale ou mal faite, sans valeur. *Il ne vend que des cochonneries. C'est de la cochonnerie.* → **saleté.** Fam. **Cochonceté** n. f.

cochonnet [kɔʃɔnɛ] n. m. Petite boule servant de but aux joueurs de boules.

cocker [kɔkɛʀ] n. m. Petit chien de chasse voisin de l'épagneul, à longues oreilles tombantes. *Des cockers roux.*

cockpit [kɔkpit] n. m. Anglic. Habitacle du pilote (d'un avion).

cocktail [kɔktɛl] n. m. **1·** Mélange de boissons contenant de l'alcool. *Un cocktail au gin. Préparer un cocktail dans un shaker. Des cocktails.* – Hors-d'œuvre servi dans une coupe. *Cocktail de crevettes.* **2·** Réunion où l'on boit. *Inviter des amis à un cocktail.* **3·** Mélange. *Un cocktail de parfums embaumait la pièce.* – *Cocktail Molotov :* explosif. *Des cocktails Molotov.*

① **coco** [kɔ(o)ko] n. m. *Noix de coco :* fruit du cocotier. *Beurre, huile de coco.* ▷ **cocotier**

② **coco** n. m. Lang. enfantin. Œuf (→ Cocotte).

③ **coco** n. m. **1·** Individu, personnage bizarre, dangereux. → **type, zèbre.** *Un drôle de coco.* **2·** (fém. **cocotte**) Terme d'affection. *Mon petit coco, ma cocotte.*

cocon [kɔkɔ̃] n. m. Enveloppe formée par un long fil de soie enroulé, dont les chenilles de nombreuses espèces de papillons s'entourent. *Cocon de ver à soie.* – Loc. *S'enfermer dans son cocon,* s'isoler, se retirer.

cocooner [kɔkune] v. < conjug. 1 > V. intr. Rechercher un confort douillet. *Cocooner sous la couette.* – V. tr. *Elle s'est fait cocooner chez ses parents, ce week-end.*

cocooning [kɔkuniŋ] n. m. Anglic. Recherche du confort, de la sécurité.

cocorico [kɔkɔʀiko] ou **coquerico** [kɔk(ə)ʀiko] n. m. Chant du coq. *Des cocoricos.*

cocotier [kɔkɔtje] n. m. Palmier au tronc élancé surmonté d'un faisceau de feuilles, et qui produit la noix de coco. – Fig. *Secouer le cocotier,* bousculer les habitudes. ▶ **cocoteraie** [kɔkɔt(ə)ʀɛ] n. f. Plantation de cocotiers.

① **cocotte** [kɔkɔt] n. f. **1·** Lang. enfantin. Poule. – *Cocotte en papier :* carré de papier plié en forme d'oiseau. **2·** Fille, femme de mœurs légères. → fam. **poule.** *Une grande cocotte.* **3·** Terme d'encouragement adressé à un cheval. *Hue, cocotte !* **4·** Terme d'affection. → ③ **coco.**

② **cocotte** n. f. Marmite en fonte. *Cocotte-minute* (marque déposée), autocuiseur. *Des cocottes-minute.*

cocu, e [kɔky] n. et adj. Fam. Personne dont le conjoint est infidèle. *Elle l'a fait cocu.* → **cocufier.** – Adj. Trompé (mari, femme, amant...). – Loc. *Avoir une veine de cocu,* beaucoup de chance. ▶ **cocuage** n. m. Fam. État d'une personne qui est cocue. ▶ **cocufier** v. tr. < conjug. 7 > Fam. Faire cocu. → **tromper.**

coda [kɔda] n. f. Conclusion d'un morceau de musique. *Des codas.*

code [kɔd] n. m. **1·** Recueil de lois. – Ensemble des lois et dispositions légales relatives à une matière. *Livre, article d'un code. Le Code civil. Code de commerce. Code pénal.* – *Se tenir dans les marges du code,* de la loi. **2·** Décret ou loi de grande importance, réglant un domaine particulier. – *Code de la route.* Sans compl. *Apprendre le code pour passer le permis de conduire.* – *Phares code* ou, n. m., *les codes,* phares à puissance réduite. *Allumer ses codes.* **3·** Ensemble de règles, de préceptes, de prescriptions. → **règlement.** *Le code de l'honneur.* **4·** Système de symboles destinés à représenter et à transmettre une information. *Code secret. Déchiffrer, décrypter un code* (décoder). *Code postal. Code d'accès à un immeuble* (→ **digicode**). – *Code-barres :* fines barres parallèles imprimées, permettant l'identification d'un produit. **5·** Structure qui permet de produire des messages. *Les langues sont des codes.* ▷ **codex, codifier, décoder, digicode**

codex [kɔdɛks] n. m. invar. Recueil de formules pharmaceutiques approuvées par la Faculté. → **pharmacopée.**

codicille [kɔdisil] n. m. Acte ajouté à un testament pour le modifier.

codifier [kɔdifje] v. tr. < conjug. 7 > **1·** Réunir des dispositions légales dans un code. *Codifier le droit aérien.* **2·** Rendre rationnel ; ériger en système organisé. ▶ **codification** n. f.

coefficient [kɔefisjã] n. m. **1·** Nombre qui multiplie la valeur d'une quantité. → **facteur.** *Affecter d'un coefficient.* – Valeur relative d'une épreuve d'examen. *Les mathématiques ont un fort coefficient.* **2·** Nombre caractérisant une propriété. *Coefficient de dilatation.* **3·** Facteur, pourcentage. *Il faut prévoir un coefficient d'erreur.*

cœlacanthe [selakɑ̃t] n. m. Grand poisson marin osseux, très primitif.

cœlioscopie [seljɔskɔpi] n. f. Exploration de la cavité abdominale à l'aide d'un endoscope, à des fins d'observation et de prélèvement.

coéquipier, ière [kɔekipje, jɛʀ] n. Personne qui fait équipe avec d'autres.

coercitif, ive [kɔɛʀsitif, iv] adj. Didact. Qui exerce une contrainte. *Force coercitive. Des moyens coercitifs.* ▶ **coercition** n. f. Contrainte. *Des moyens de coercition.*

1 **cœur** [kœʀ] n. m. **1·** Organe central de l'appareil circulatoire. – Chez l'homme. Viscère musculaire conique situé entre les deux poumons (→ **cardiaque, cardio-**). *Cœur droit, cœur gauche,* moitiés du cœur divisées, chacune, en deux cavités (oreillette, ventricule). *Contraction* (systole), *dilatation* (diastole) *du cœur. Battement du cœur. Opération chirurgicale **à cœur ouvert**.* **2·** La poitrine. *Il la serra tendrement sur, contre son cœur.* **3·** *J'ai encore mon dîner **sur le cœur** :* sur l'estomac. *Avoir **mal au cœur** :* des nausées. *Avoir le cœur barbouillé. Soulever le cœur de qqn,* écœurer, dégoûter. ▷ **écœurer, haut-le-cœur**

2 **cœur** n. m. **1·** Le siège des sensations et émotions. *Serrement de cœur. Une douleur, un chagrin qui arrache, brise, fend, serre le cœur. Avoir le cœur gros* (de peine). **2·** Dans des loc. Siège du désir, de l'humeur. *Accepter, avouer, consentir **de bon cœur**, de grand cœur, de tout cœur, de gaieté de cœur :* avec plaisir. – *De tout son cœur,* de toutes ses forces. – *Si le cœur vous en dit,* si vous en avez le désir. *Avoir le cœur à...,* avoir envie de. *Je n'ai pas le cœur à rire.* – *Avoir, prendre qqch. **À cœur** :* y prendre un intérêt passionné. *Cela lui tient à cœur,* il y tient. – ***À cœur joie** :* avec grand plaisir, jusqu'à satiété. *S'en donner à cœur joie.* **3·** Le siège des sentiments, des passions. *Les sentiments que le cœur éprouve, ressent. Avoir un cœur sensible.* – Siège de l'amour. *Cœur fidèle. Affaire de cœur. Offrir, refuser son cœur.* **4·** Bonté, sentiments altruistes. *Avoir bon cœur, avoir du cœur.* → **charité, générosité, sensibilité.** *Avoir un cœur d'or. Homme, femme de cœur. **Sans cœur*** adj. et n. : dur. *Il est sans cœur. C'est une sans cœur.* – Fam. *Avoir le cœur sur la main,* être généreux. – La personne considérée dans ses sentiments, ses affections. *C'est un brave cœur.* – Terme d'affection. *Mon cœur, mon petit cœur.* **5·** Littér. Les qualités de caractère, le siège de la conscience. *Noblesse du cœur.* → **âme.** – Courage. *Le cœur lui manqua. Il n'aura pas le cœur de faire cela.* **6·** La pensée secrète, intime de (qqn). *Dans le secret de son cœur,* dans son for intérieur. *Ouvrir son cœur.* → **se confier.** Loc. *Parler à cœur ouvert.* → **se livrer.** **7·** Loc. *Je veux en avoir le **cœur net** :* être fixé là-dessus. – ***Par cœur** :* de mémoire. *Apprendre, savoir, réciter par cœur.* ▷ **accroche-cœur, à contrecœur, crève-cœur, sacré-cœur**

3 **cœur** n. m. Ce qui rappelle la forme ou la situation du cœur 1. **1·** Fam. *Faire la **bouche en cœur** :* affecter l'amabilité. → **minauder.** **2·** Aux cartes. Une des quatre couleurs, dont les points sont figurés par des cœurs. *As de cœur.* **3·** La partie centrale de qqch. → **centre, milieu.** *Le cœur d'une laitue, d'un fruit. Un fromage fait **à cœur** :* également, jusqu'en son centre. – *Cœur à la crème,* nom d'un fromage à la crème. – *Cœur de palmier,* chou-palmiste* comestible. *Des cœurs de palmier en conserve.* **4·** ***Au cœur de** l'hiver, de l'été :* au plus fort de l'hiver, de l'été. – *Le cœur du sujet, de la question,* le point essentiel, capital.

coexistence [kɔɛgzistɑ̃s] n. f. Existence simultanée. – En histoire. ***Coexistence pacifique** :* principe de tolérance réciproque de l'existence du groupe adverse de nations (entre nations socialistes et capitalistes). / contr. guerre froide / ▶ **coexister** [kɔɛgziste] v. intr. < conjug. 1 > Exister ensemble, en même temps.

coffrage [kɔfʀaʒ] n. m. Dispositif qui moule et maintient le béton que l'on coule ; sa pose. *Procéder au coffrage.*

coffre [kɔfʀ] n. m. **I· 1·** Meuble de rangement en forme de caisse qui s'ouvre en soulevant le couvercle. *Coffre à outils. Coffre à pain.* → **maie.** **2·** Caisse où l'on range de l'argent, des choses précieuses. → **coffre-fort.** *Les coffres des banques.* **3·** *Coffre (d'une voiture),* espace aménagé pour le rangement, souvent à l'arrière. → **malle.** **II·** Fam. Poitrine ; caisse. *Avoir du coffre,* du souffle, de la résistance. ▶ **coffre-fort** n. m. Coffre métallique destiné à recevoir de l'argent, des objets précieux. *Chiffre, combinaison d'un coffre-fort. Des coffres-forts.* ▶ **coffret** n. m. Petit coffre ; boîte. *Un coffret à bijoux.* ▶ **coffrer** v. tr. < conjug. 1 > Fam. → **emprisonner.** ▷ **coffrage**

cogiter [kɔʒite] v. intr. < conjug. 1 > Iron. Réfléchir. *Ne le dérange pas, il cogite.* ▶ **cogitation** n. f. → **méditation.**

cogito [kɔʒito] n. m. Argument de base de la philosophie de Descartes : « je pense » (donc je suis).

cognac [kɔɲak] n. m. Eau-de-vie de raisin réputée de la région de Cognac. *Boire un bon cognac. Des cognacs.*

cognée [kɔɲe] n. f. Grosse hache à biseau étroit. *Une cognée de bûcheron.* – Loc. *Jeter le manche après la cognée,* se décourager par lassitude, dégoût. → **abandonner, renoncer.**

cogner [kɔɲe] v. < conjug. 1 > **1·** V. tr. dir. Fam. Heurter, frapper sur (qqch.). *Cogner involontairement un meuble.* – Fam. (Compl. personne) Battre, rosser. → fam. **tabasser.** *Arrête, ou je te cogne !* **2·** V. tr. ind. Frapper fort, à coups répétés. *Cogner sur... ; cogner à, contre la porte.* → **heurter.** **3·** V. intr. Frapper ; heurter. *Il cogne dur. J'entends quelque chose qui cogne.* **4·** V. pron. *Se cogner,* se heurter. *Elle s'est cognée à un meuble.*

cognitif, ive [kɔgnitif, iv] adj. Qui concerne la connaissance rationnelle. *Processus cognitifs. Sciences cognitives* (psychologie, linguistique, informatique...). ▶ **cognitivisme** n. m. Didact. Étude de l'acquisition des connaissances par l'esprit humain. ▶ **cognitiviste** adj. et n.

cohabiter [kɔabite] v. intr. < conjug. 1 > Habiter, vivre ensemble. *La crise du logement les oblige à cohabiter.* – Fig. *Deux partis qui cohabitent au pouvoir.* ▶ **cohabitation** n. f. Le fait de cohabiter. – Fig. *La cohabitation de deux tendances politiques opposées.* – En France, Coexistence d'un Président de la République et d'un pouvoir exécutif de tendances politiques différentes.

cohérence [kɔeʀɑ̃s] n. f. Liaison, rapport étroit d'idées qui s'accordent entre elles ; absence de contradiction. *Son raisonnement manque de cohérence.* / contr. confusion, incohérence / ▶ **cohérent, ente** adj. Qui se compose de parties liées et harmonisées entre elles. → **harmonieux, logique, ordonné.** *Idées cohérentes.* / contr. incohérent /

cohésion [kɔezjɔ̃] n. f. **1·** Force qui unit les parties d'une substance matérielle (molécules). **2·** Abstrait. Caractère d'un ensemble dont les parties sont unies, harmonisées. *La cohésion d'un groupe.* → **union, unité.** / contr. confusion, désagrégation /

cohorte [kɔɔʀt] n. f. **1·** Dans l'Antiquité. Corps d'infanterie, constitué de centuries (→ **centurion**), qui formait la dixième partie de la légion romaine. **2·** Fam. Groupe. *Ils forment une joyeuse cohorte.*

cohue [kɔy] n. f. **1·** Assemblée nombreuse et tumultueuse. → **foule, multitude.** *Cohue grouillante.* **2·** Bousculade, désordre, dans une assemblée nombreuse. → **mêlée.** *Il y avait trop de cohue à ce bal.*

coi, coite [kwa, kwat] adj. Vx. Tranquille et silencieux. Loc. *Se tenir coi.* → **muet, pantois.** *Ils en sont restés cois.*

coiffe [kwaf] n. f. Coiffure féminine en tissu, encore portée dans quelques régions. *Coiffe de Bretonne, de Hollandaise. Des femmes en coiffes.*

coiffer [kwafe] v. tr. < conjug. 1 > **1·** Couvrir la tête de (qqn). *Coiffer qqn, se coiffer d'un chapeau. Le chapeau qui le coiffe.* **2·** Recouvrir (qqch.), surmonter (de qqch.). *Coiffer une lampe d'un abat-jour.* **3·** Arranger les cheveux de (qqn). → **peigner.** *Aller se faire coiffer* (chez le coiffeur). – Pronominalement (réfl.). *Elle est en train de se coiffer.* – Au p. p. *Il est toujours mal coiffé,* dépeigné. **4·** Réunir sous son autorité, être à la tête de. → **chapeauter.** *Ce directeur coiffe les services commerciaux.* ▶ **coiffeur, euse** n. Personne qui fait le métier d'arranger les cheveux. *Coiffeur pour hommes,* qui coiffe et fait la barbe. → vx **barbier.** *Coiffeur pour dames. Aller chez le coiffeur.* ▶ **coiffeuse** n. f. Petite table de toilette munie d'une glace (devant laquelle les femmes se coiffent, se fardent). *Une coiffeuse en acajou.* ▶ **coiffure** n. f. **1·** Ce qui sert à couvrir la tête ou à l'orner (béret, bonnet, chapeau, coiffe, toque ; filet, mantille, etc.). *Sortir sans coiffure.* **2·** Arrangement des cheveux. *Coiffure en brosse. Elle change souvent de coiffure.* – Métier de coiffeur. *Salon de coiffure,* atelier de coiffeur. ▷ **coiffe, décoiffer, recoiffer**

1 **coin** [kwɛ̃] n. m. **1·** Instrument en forme de prisme triangulaire (en bois, en métal) pour fendre des matériaux, serrer et assujettir certaines choses. → **cale ; coincer.** **2·** Morceau d'acier gravé en creux, poinçon. – Loc. *Une réflexion marquée au coin du bon sens.* ▷ **coincer**

2 **coin** n. m. **1·** Angle rentrant ou saillant. *Figure géométrique à quatre coins. Manger sur le coin d'une table. Signe d'écriture en forme de coin.* → **cunéiforme.** – *Les quatre coins d'une chambre.* → **encoignure.** *Punir un enfant en le mettant au coin.* – *Le coin de la rue,* l'endroit où deux rues se coupent. *Le bistrot du coin.* – *Le coin d'un bois,* l'endroit où une route coupe un bois. Loc. *Je ne voudrais pas le rencontrer au coin d'un bois,* dans un lieu isolé. – *Le coin de la bouche, des yeux. Regarder qqn, qqch. du coin de l'œil. Regard en coin,* de côté. **2·** Petit espace ; portion d'un espace. – Loc. *Cultiver un coin de terre. Se cacher dans un coin. Chercher qqch. dans tous les coins.* – Fam. *Aller au **petit coin** :* aux toilettes. **3·** Abstrait. Petite partie ou domaine peu connu. – Loc.

Connaître une question ***dans les coins*** : parfaitement. **4·** Loc. fam. *Tu m'en bouches un coin,* tu m'étonnes. ▷ **recoin**

coincer [kwɛ̃se] v. tr. < conjug. 3 > **1·** Assujettir, fixer en immobilisant. → **bloquer, caler.** *Coincer un meuble avec une cale, un coin. Elle a coincé sa fermeture éclair.* – Pronominalement (réfl.). *Ce mécanisme se coince, s'est coincé.* **2·** Fam. Mettre dans l'impossibilité de se mouvoir, d'agir. *On a coincé le voleur.* → **pincer. 3·** Fam. *Coincer qqn,* le mettre dans l'embarras, dans l'impossibilité de répondre. *Il l'a coincé sur cette question.* → **coller.** ▶ **coincement** n. m. État de ce qui est coincé. ▷ **décoincer**

coïncider [kɔɛ̃side] v. intr. < conjug. 1 > **1·** Arriver, se produire en même temps ; être synchrone. *Sa venue coïncide avec l'événement. Les deux faits coïncidèrent.* **2·** (Figures géométriques) Se recouvrir exactement sur tous les points. *Ces deux cercles de même rayon coïncident.* **3·** Correspondre exactement, s'accorder. → se **recouper.** *Les deux témoignages coïncident.* / contr. diverger / ▶ **coïncidence** n. f. Fait de coïncider. → **concordance.** – Événements qui arrivent ensemble par hasard. → **correspondance, rencontre, simultanéité.** *Coïncidence curieuse, étonnante. Quelle coïncidence !* ▶ **coïncident, ente** adj. Didact. Qui coïncide (dans l'espace ou dans le temps).

coin-coin [kwɛ̃kwɛ̃] n. m. invar. Onomatopée imitant le cri du canard. *Des coin-coin.*

coing [kwɛ̃] n. m. Fruit du *cognassier,* ayant la forme d'une poire, de couleur jaune. *Les coings ne se consomment que cuits. Confiture de coings.* – Loc. *Être jaune comme un coing,* avoir le teint très jaune.

coït [kɔit] n. m. Accouplement du mâle avec la femelle. → **copulation.**

1 **coke** [kɔk] n. m. Variété de charbon résultant de la carbonisation ou de la distillation de certaines houilles grasses. *Coke métallurgique,* servant au chauffage des hauts fourneaux. *Usage domestique du coke en agglomérés.* ▶ **cokéfaction** [kɔkefaksjɔ̃] n. f. Transformation de la houille en coke (par la chaleur). ▶ **cokéfier** v. tr. < conjug. 7 > Transformer en coke.

2 **coke** n. f. Fam. Cocaïne.

1 **col** [kɔl] n. m. **1·** Partie du vêtement qui entoure le cou. *Col de chemise. Faux col, col amovible. Col Claudine, col Danton* (formes de cols de femme). *Col Mao,* col droit semblable à celui des vestes chinoises. *Pull à col roulé.* – *Col marin.* ***Col-bleu*** fam. : marin de l'État français ; ouvrier. – *Les* ***cols blancs*** : les employés de bureaux. **2·** Loc. *Faux col d'un verre de bière* : la mousse. *Un demi sans faux col.* ▷ **collerette,** 1 **collet, se colleter**

2 **col** n. m. Vx. Cou. ▷ **accolade, accolé, cache-col, col-de-cygne,** 2 **collet, collier, colporter, décolleter, encolure, licol, torticolis**

3 **col** n. m. **1·** Partie étroite, rétrécie (d'un récipient). → **goulot.** *Le col d'un vase, d'une bouteille.* **2·** Partie rétrécie (d'une cavité de l'organisme : *col de l'utérus* ; d'un os : *col du fémur*).

4 **col** n. m. Passage entre deux sommets de montagne. → **défilé, gorge.** *Le col est enneigé et fermé aux voitures.*

cola ou **kola** [kɔla] n. m. ou f. Produit stimulant extrait de la graine d'un arbre d'Afrique (le *kolatier*) ; boisson à base de ce produit. *Croquer la cola.* ▷ **coca-cola**

colback [kɔlbak] n. m. **1·** Ancienne coiffure militaire. **2·** Fam. *Il l'a attrapé par le colback,* par le col, le collet.

colchique [kɔlʃik] n. m. Plante des prés humides, à fleurs roses apparaissant en automne, très vénéneuse.

col-de-cygne [kɔldəsiɲ] n. m. Instrument, robinet ou conduit, à double courbe (comme le cou d'un cygne). *Des cols-de-cygne.*

-cole Suffixe signifiant « qui concerne la culture, l'habitation » (ex. : *arboricole, viticole*).

coléoptère [kɔleɔptɛʀ] n. m. Insecte à quatres ailes dont deux (les *élytres*) sont cornées. *Le scarabée est un coléoptère.* – *Les coléoptères,* l'ordre qui comprend ces insectes.

colère [kɔlɛʀ] n. f. **1·** Violent mécontentement accompagné d'agressivité. → **courroux, emportement, fureur, irritation, rage, rogne.** / contr. calme, douceur / *Accès, crise, mouvement de colère. Être rouge de colère. Être dans une colère noire,* terrible. *Passer sa colère sur qqn, qqch.* – ***En colère.*** *Être, se mettre en colère,* manifester sa colère. **2·** *(Une, des colères)* Accès, crise de colère. *Avoir des colères terribles. Faire une colère* (se dit des enfants). ▶ **coléreux, euse** adj. Qui se met facilement en colère. → **agressif, emporté, irascible, violent.** *Un enfant coléreux. Caractère, tempérament coléreux.* / contr. calme, doux / ▶ **colérique** adj. Coléreux. → **irascible.** *Un homme, un caractère, un tempérament colérique.* ≠ cholérique.

colibacille [kɔlibasil] n. m. Bacille parasite de l'intestin. ▶ **colibacillose** n. f. Maladie, trouble causé par les colibacilles.

colibri [kɔlibʀi] n. m. Oiseau de très petite taille, à plumage éclatant et long bec, qui peut voler sur place par vibration des ailes. → **oiseau-mouche.** *Des colibris.*

colifichet [kɔlifiʃɛ] n. m. Petit objet de fantaisie, sans grande valeur. → **babiole, bagatelle.**

colimaçon [kɔlimasɔ̃] n. m. 1· Limaçon, escargot. 2· *En colimaçon* loc. adv. : en hélice. *Escalier en colimaçon.*

colin [kɔlɛ̃] n. m. Poisson comestible (même famille que la morue). → **merlu.**

colin-maillard [kɔlɛ̃majaʀ] n. m. Jeu où l'un des joueurs, les yeux bandés, doit chercher les autres à tâtons, en saisir un et le reconnaître. *Jouer à colin-maillard.*

colique [kɔlik] n. f. 1· Souvent au plur. Douleur ressentie au niveau des viscères abdominaux. → **colite, entérite.** *Coliques spasmodiques. Colique hépatique, néphrétique,* due à l'obstruction des canaux biliaires, des uretères par un calcul. 2· Au sing. Diarrhée. *Avoir la colique.* – Fig. et fam. *Donner la colique à qqn,* ennuyer. *Quelle colique !,* chose, personne ennuyeuse.

colis [kɔli] n. m. invar. Objet assez grand destiné à être expédié et remis à qqn. → **paquet.** *Faire ficeler un colis. Envoyer un colis. Colis postal.* ▶ **colisage** n. m. Préparation de colis avant expédition. ▶ **coliser** v. tr. < conjug. 1 >

colite [kɔlit] n. f. Inflammation du côlon (intestin) ; douleur qui en résulte. → **colique** (1). *Souffrir de colite.*

collaborer [kɔ(l)labɔʀe] v. < conjug. 1 > 1· V. tr. ind. (*À, avec*) Travailler en commun (à qqch. ; avec qqn). *Collaborer à une revue, à un journal.* → **participer** à. *Collaborer avec qqn.* 2· V. intr. Agir en tant que collaborateur (2). ▶ **collaborateur, trice** n. 1· Personne qui collabore à une œuvre commune. → **adjoint, aide, associé, collègue.** *Les collaborateurs d'une revue scientifique.* 2· Au cours de l'occupation allemande en France (1940-1944). Français partisan de l'envahisseur allemand. – Abrév. fam. **collabo.** *Une collabo. Des collabos.* ▶ **collaboratif, ive** adj. Destiné à un travail en commun, sur Internet. *Site collaboratif.* ≠ contributif. ▶ **collaboration** n. f. 1· Travail en commun, action de collaborer. *La collaboration d'un spécialiste à une revue. Livre écrit* ***en collaboration.*** → **association.** *Apporter sa collaboration à une œuvre.* → **aide, concours, participation.** 2· Mouvement, attitude des collaborateurs (2).

collage [kɔlaʒ] n. m. Action de coller. – État de ce qui est collé. – Composition artistique faite d'éléments collés. *Les collages de Picasso.*

collant, ante [kɔlɑ̃, ɑ̃t] adj. et n. m. 1· Qui adhère, qui colle. → **adhésif.** *Papier collant.* 2· Qui s'applique exactement sur une partie du corps. → **ajusté, moulant, serré.** *Robe collante.* / contr. flottant, large / – N. m. ***Un collant*** : pantalon, maillot collant. – Sous-vêtement féminin composé d'une culotte et de bas, en une seule pièce. *Enfiler son collant, ses collants.* 3· Fam. (Personnes) Ennuyeux, dont on ne peut se débarrasser. *Ce qu'il peut être collant !* → fam. **crampon, importun.** / contr. discret / ▷ **autocollant**

collatéral, ale, aux [kɔlateʀal, o] adj. 1· Didact. Qui est sur le côté. *Artère collatérale. Nef collatérale d'une église.* → **bas-côté.** 2· *Parents collatéraux,* membres d'une même famille descendant d'une même personne. *Les frères, les cousins, les oncles sont des parents collatéraux.* – N. *Les collatéraux.*

collation [kɔlɑsjɔ̃] n. f. Repas léger. → **en-cas, lunch.** *Collation de quatre heures.* → **goûter.**

collationner [kɔlɑsjɔne] v. tr. < conjug. 1 > Comparer (plusieurs versions ou copies d'un texte) pour reconnaître les concordances, les divergences. *Collationner un écrit avec l'original.* → **confronter.** ▶ **collationnement** n. m. Action de collationner.

1 **colle** [kɔl] n. f. Matière gluante adhésive. → **glu.** *Tube, pot de colle. Enduire, badigeonner qqch. de colle.* – Loc. fam. *Faites chauffer la colle !* (quand on entend un bruit de casse). *Colle forte.* ***Colle de pâte*** : colle végétale (gélose). – Fam. ***Pot de colle*** : personne dont on ne peut se débarrasser. → fam. **collant.** *Quel pot de colle, ce type !* ▷ **coller, colloïdal**

2 **colle** n. f. Arg. scol. 1· Interrogation préparatoire aux examens. *Poser une colle,* une question difficile. 2· Consigne, retenue, devoir donné en punition. *Donner une colle,* coller (I, 5). ▷ **incollable**

collecte [kɔlɛkt] n. f. 1· Action de recueillir des dons, des contributions, etc. → **quête.** *Faire une collecte pour, au profit d'une œuvre.* 2· Ramassage. *La collecte du lait dans les fermes.* ▶ **collecter** v. tr. < conjug. 1 > 1· Réunir par une collecte. *Collecter des fonds.* 2· Ramasser en se déplaçant. *Collecter le lait.* ▶ **collecteur, trice** n. et adj. 1· Personne qui recueille les cotisations, les taxes. *Collecteur d'impôts.* → **percepteur.** 2· Organe ou dispositif qui recueille ce qui était épars. *Collecteur d'ondes.* → **antenne.** – Conduite qui recueille le contenu d'autres conduites. *Collecteur d'eaux pluviales.* 3· Adj. Qui recueille. *Égout collecteur.*

collectif, ive [kɔlɛktif, iv] adj. et n. m. 1· Qui comprend ou concerne un ensemble de personnes. *Œuvre, entreprise collective. Propriété collective.*

→ **collectivisme.** / contr. individuel, particulier / **2**· Se dit d'un terme singulier et concret représentant un ensemble d'individus (ex. : *la foule*). **3**· N. m. Ensemble des dispositions d'un projet de loi de finance. *Le collectif budgétaire.* ▷ **collectivement, collectiviser, collectivité**

collection [kɔlɛksjɔ̃] n. f. **1**· Réunion d'objets (notamment d'objets précieux, intéressants). *Les collections d'un musée. Collection privée. Une belle collection de livres* → **bibliothèque,** *de timbres. Il fait collection de...* – Fam. *En voilà toute une collection* (de choses), un grand nombre. → **quantité. 2**· Recueil d'ouvrages, de publications ayant une unité. *Ouvrage publié dans une collection.* **3**· Ensemble des modèles présentés en même temps. *La sortie des collections d'été des grands couturiers.* ▶ **collectionner** v. tr. < conjug. 1 > Réunir pour faire une collection (1). – Fam. *Il collectionne les contraventions, les échecs,* il en a beaucoup. → **accumuler.** ▶ **collectionneur, euse** n. Personne qui fait des collections. → **amateur.** *Un collectionneur de timbres.* → **philatéliste.**

collectivement [kɔlɛktivmɑ̃] adv. De façon collective ; ensemble.

collectiviser [kɔlɛktivize] v. tr. < conjug. 1 > Rendre collectif, gérer collectivement. → **étatiser, nationaliser.** *Collectiviser des terres.* ▶ **collectivisation** n. f. → **nationalisation.** *La collectivisation des moyens de production.* ▶ **collectivisme** n. m. Système social dans lequel les moyens de production et d'échange sont la propriété de la collectivité (souvent, de l'État → **étatisme**). → **communisme, marxisme.** / contr. capitalisme, libéralisme / ▶ **collectiviste** adj. et n. *Une société collectiviste.*

collectivité [kɔlɛktivite] n. f. **1**· Ensemble d'individus groupés (naturellement ou pour atteindre un but commun). → **communauté, groupe, société.** *Les collectivités professionnelles.* → **association, syndicat. 2**· Circonscription administrative dotée de la personnalité morale. *Le budget des collectivités locales.*

collector [kɔlɛktɔʀ] n. m. Anglic. Objet produit en série, prétendu objet de collection. – En appos. invar. *Une figurine collector.*

1 **collège** [kɔlɛʒ] n. m. En France. Établissement d'enseignement secondaire du premier cycle. ≠ lycée. *Brevet des collèges. Collège technique.* ▶ **collégien, ienne** n. Élève d'un collège. → **écolier.**

2 **collège** n. m. **1**· *Collège électoral* : ensemble des électeurs d'une circonscription. **2**· Corps (de chanoines, d'évêques). *Le Sacré Collège* (des cardinaux). ▶ **collégial, iale, iaux** adj. Qui a rapport à un collège de chanoines. *Église collégiale* ou, n. f., *une collégiale.* ▶ **collégialement** adv.

collègue [kɔ(l)lɛg] n. Personne qui exerce une fonction par rapport à ceux qui exercent une fonction analogue. → **confrère, consœur.** *Un futur collègue. C'est ma collègue. Des collègues de bureau.*

coller [kɔle] v. < conjug. 1 > **I**· V. tr. **1**· Joindre et faire adhérer deux surfaces avec de la colle. → **agglutiner, fixer.** *Coller une affiche sur un mur, un timbre sur une enveloppe.* / contr. décoller / **2**· (Suj. chose) Faire adhérer, rendre gluant. *La sueur avait collé ses cheveux.* **3**· Coller (le corps, qqn) contre, sur, à (qqch.), l'appliquer fortement. → **appuyer.** *Coller son visage contre la vitre. Coller son oreille à une porte,* pour écouter. – Pronominalement. *Se coller à, contre* (qqch., qqn). **4**· Fam. Donner, mettre de force. *Collez ça dans un coin !* → fam. **ficher.** *Il lui a collé un zéro.* → fam. **flanquer. 5**· Fam. *Coller qqn,* lui poser une question à laquelle il ne peut répondre. – Infliger une retenue à. → **consigner, punir ;** 2 **colle.** – *Coller un candidat,* le refuser à un examen. → **ajourner, refuser.** – Au passif. *Il a été collé à son examen.* **6**· Rester obstinément avec (qqn). *Il nous a collés tout l'après-midi.* **II**· V. intr. **1**· Adhérer. *Ce papier colle.* **2**· Fam. *Ça colle* : ça convient, ça fonctionne. – *Ça ne colle pas entre eux,* ils ne s'entendent pas. **III**· V. tr. ind. *Coller à* : s'adapter étroitement. *Mot qui colle à une idée,* qui la traduit exactement. ▷ **collage, collant, colleur,** 2 **décoller, encoller, incollable, recoller**

collerette [kɔlʀɛt] n. f. Tour de cou plissé, petit collet, porté parfois par les femmes. → **fraise.** *Une collerette en dentelle.*

1 **collet** [kɔlɛ] n. m. **I**· Anciennt. Col. *Collet monté* loc. adj. invar. : qui affecte l'austérité (comme les femmes qui avaient un collet très haut). *Ils sont trop collet monté.* → **affecté, guindé.** – *Prendre qqn au collet, lui sauter au collet* : arrêter qqn, le faire prisonnier, l'attaquer. **II**· *Collet de la dent,* partie de la dent entre la couronne et la gencive. ▷ **se colleter**

2 **collet** n. m. Nœud coulant pour prendre certains animaux (au cou). → **lacet.** *Braconnier qui tend des collets à lapin.*

se colleter [kɔlte] v. pron. < conjug. 4 > Se battre ; prendre au collet*. → **s'empoigner.** *Se colleter avec qqn. Ils se sont colletés comme des voyous.* – *Se colleter avec les difficultés,* se débattre.

colleur, euse [kɔlœʀ, øz] n. Personne qui fait le métier de coller du papier de tapisserie, des affiches. *Il est colleur d'affiches.*

collier [kɔlje] n. m. **1·** Cercle en matière résistante qu'on fait porter à certains animaux pour pouvoir les attacher. *Collier de chien.* **2·** Partie du harnais qui entoure le cou des bêtes attelées (cheval, etc.). – Loc. *Prendre, reprendre le collier,* un travail dur et de longue durée. *Donner un coup de collier :* fournir un effort énergique mais momentané. **3·** Bijou, ornement qui se porte autour du cou. *Collier de perles ; de diamants* → **rivière. 4·** *Collier de barbe,* barbe courte taillée régulièrement et rejoignant les cheveux des tempes. **5·** Cercle de renfort (par ex. autour d'un tuyau). *Collier de serrage.*

collimateur [kɔlimatœʀ] n. m. Partie d'un instrument de visée qui permet d'orienter avec précision (pour le tir, etc.). *Collimateur de visée.* – Loc. *Avoir, prendre qqn dans le collimateur,* le surveiller très étroitement.

colline [kɔlin] n. f. Petite élévation de terrain de forme arrondie. → **butte, coteau, hauteur.** *Le sommet, le pied d'une colline.*

collision [kɔlizjɔ̃] n. f. **1·** Choc de deux corps qui se rencontrent. → **heurt, impact.** *Collision entre deux voitures. Entrer en collision avec...,* heurter. **2·** Abstrait. Lutte, combat ; désaccord. *La collision des idées opposées, des préjugés.* ≠ collusion.

colloïdal, ale, aux [kɔlɔidal, o] adj. Sciences. Se dit de corps (*colloïde,* n. m.) qui ressemblent à une colle, une gelée. *État colloïdal. Systèmes colloïdaux.*

colloque [kɔ(l)lɔk] n. m. Débat entre plusieurs personnes sur des questions théoriques, scientifiques. → **conférence, discussion.** – Réunion pour ce débat. *Organiser un colloque, une table ronde.*

collusion [kɔ(l)lyzjɔ̃] n. f. Entente secrète au préjudice d'un tiers. → **complicité, connivence.** ≠ collision.

collutoire [kɔ(l)lytwaʀ] n. m. Médicament destiné à agir sur les gencives et les parois de la bouche. *Collutoire en pulvérisateur.*

collyre [kɔliʀ] n. m. Médicament liquide qu'on instille dans l'œil.

colmater [kɔlmate] v. tr. < conjug. 1 > Boucher, fermer. *Colmater une fissure, une brèche avec du plâtre.* ▶ **colmatage** n. m. Action de colmater ; son résultat.

colocataire [kolɔkatɛʀ] n. **1·** Personne qui est locataire avec d'autres dans le même immeuble. **2·** Personne qui loue un logement avec un ou plusieurs autres locataires. *Il vit avec deux colocataires.* – Abrév. fam. **coloc.** ▶ **colocation** n. f. *Étudiants qui vivent en colocation.* – Abrév. **coloc.**

colombage [kɔlɔ̃baʒ] n. m. Souvent au plur. Charpente apparente en bois. *Maison normande à colombages.*

colombe [kɔlɔ̃b] n. f. **1·** Littér. Pigeon blanc, considéré comme symbole de douceur, de pureté, de paix. *La colombe de la paix.* **2·** Nom de certaines espèces du genre pigeon. → **palombe, ramier.** ▶ **colombier** n. m. Littér. Pigeonnier. ▶ **colombophile** [kɔlɔ̃bɔfil] adj. et n. Qui élève, dresse des pigeons voyageurs. *Société colombophile.* – *Les colombophiles du Nord.*

colon [kɔlɔ̃] n. m. Personne qui est allée peupler, exploiter une colonie ; habitant d'une colonie. *Les premiers colons d'Amérique.* → **pionnier.** *Les colons français d'Algérie.* ▷ **colonial**

côlon [kolɔ̃] n. m. Portion moyenne du gros intestin. *Inflammation du côlon.* → **colite.** ▷ **colique, colite**

colonel [kɔlɔnɛl] n. m. Officier supérieur qui commande un régiment, ou une formation, un service de même importance. *Les cinq galons d'un colonel* (et du *lieutenant-colonel*). – Abrév. fam. : **le colon.** ▷ **lieutenant-colonel**

colonial, ale, aux [kɔlɔnjal, o] adj. et n. **1·** Relatif aux colonies. / contr. métropolitain / *Régime colonial ; expansion coloniale* (→ **colonialisme, impérialisme**). **2·** N. m. Militaire de l'armée coloniale. *Un colonial.* – Habitant des colonies. → **colon. 3·** N. f. Autrefois. Les troupes coloniales. *Servir dans la coloniale.* ▶ **colonialisme** n. m. Système d'expansion coloniale. → **colonisation.** ▶ **colonialiste** adj. et n. Relatif au colonialisme. *Politique colonialiste.* – N. Partisan du colonialisme. ▶ **colonie** n. f. **I· 1·** Établissement fondé dans un pays moins développé par une nation appartenant à un groupe dominant ; ce pays, placé sous la dépendance du pays occupant, qui en tire profit. *Ensemble de colonies* (→ **empire**). *Les anciennes colonies françaises, britanniques. Indépendance des colonies.* → **décolonisation. 2·** Autrefois. *Colonie (pénitentiaire) :* établissement pour jeunes délinquants. – *Colonie de vacances :* groupement d'enfants que l'on réunit pour un séjour de vacances. **II· 1·** Groupe de personnes d'une colonie (I). → **colon. 2·** Ensemble des personnes originaires d'une même province, d'une même ville, qui habitent une autre région ou ville. *La colonie auvergnate, vietnamienne de Paris.* → **communauté.** – Groupe d'hommes vivant en communauté. *Une petite colonie d'artistes.* **3·** Réunion d'animaux vivant en commun. *Une colonie d'abeilles.* ▶ **coloniser** v. tr. < conjug. 1 > **1·** Peupler de colons. *Ils sont partis coloniser le Nouveau Monde.* **2·** Faire d'un pays une colonie (I, 1). *Coloniser un pays pour le mettre en valeur, en exploiter les richesses.* – Au p. p. adj. *Pays colonisés.*

– N. *Les colonisés et les colonisateurs.* **3·** (Plantes, micro-organismes). Envahir, occuper un terrain. ▶ **colonisateur, trice** adj. et n. Qui colonise. *Nation colonisatrice.* – N. *Les colonisateurs* (opposé à *colonisé*). ▶ **colonisation** n. f. **1·** Le fait de peupler de colons, de transformer en colonie. *La colonisation de l'Amérique et de l'Afrique par l'Europe.* **2·** Mise en valeur, exploitation des pays devenus colonies. → **colonialisme, impérialisme.** ▷ **anticolonialisme, décolonisation**

① **colonne** [kɔlɔn] n. f. **I· 1·** Support vertical d'un édifice, ordinairement cylindrique. → **pilastre, pilier, poteau.** *Colonne adossée, engagée,* partiellement intégrée dans un mur. *Rangée de colonnes.* → **colonnade. 2·** Monument formé d'une colonne isolée. → **obélisque, stèle.** *La colonne Vendôme.* **3·** Formation géologique dressée. *Colonnes basaltiques.* → **orgue. II·** (Objets dressés ou allongés) **1·** *Colonne d'air, d'eau, de mercure,* masse de ce fluide dans un tube vertical. – *Une colonne de fumée, de feu.* **2·** ***Colonne montante*** : groupant les canalisations d'un immeuble. – ***Colonne sèche*** : sur laquelle on peut brancher des lances d'incendie, dans un immeuble. ▶ **colonnade** n. f. File de colonnes sur une ou plusieurs rangées, formant un ensemble architectural. *La colonnade du Louvre.* ▷ **colonnette**

② **colonne** n. f. Section qui divise verticalement une page manuscrite ou imprimée. *Titres sur deux, trois colonnes.* – *Titre sur cinq colonnes (à la une*).*

③ **colonne** n. f. **1·** Corps de troupe disposé sur peu de front et beaucoup de profondeur. *Colonne d'infanterie. Défiler colonne par huit.* **2·** ***Cinquième colonne*** : les services secrets d'espionnage ennemi sur un territoire.

④ **colonne vertébrale** n. f. Tige osseuse articulée qui soutient l'ensemble du squelette des vertébrés (chez l'être humain, 33 vertèbres). → **épine** dorsale ; **rachis.** *Déviation de la colonne vertébrale.* → **scoliose.**

colonnette [kɔlɔnɛt] n. f. Petite colonne (1 colonne).

colophane [kɔlɔfan] n. f. Résine servant à frotter les crins des archets (de violons, etc.).

coloquinte [kɔlɔkɛ̃t] n. f. **1·** Plante dont les fruits ronds, amers (appelés *chicotins*) fournissent un purgatif. **2·** Fam. → **tête.** *Le soleil tape sur la coloquinte.*

colorant, ante [kɔlɔʀɑ̃, ɑ̃t] adj. et n. m. **1·** Qui colore. *Substances, matières colorantes. Shampooing colorant.* **2·** N. m. ***Un colorant*** : substance colorée qui peut se fixer à une matière pour la teindre. → **couleur, teinture.** *Les colorants alimentaires. Garanti sans colorants.* ▶ **coloration** n. f. **1·** Action de colorer ; état de ce qui est coloré. → **coloris.** *Coloration (des cheveux) faite par le coiffeur.* → **teinture.** *La coloration de la peau.* → **couleur. 2·** *Coloration de la voix,* aspect particulier.

-colore Élément signifiant « couleur » (ex. : *incolore, tricolore*). ▷ **bicolore, multicolore, tricolore**

colorer [kɔlɔʀe] v. tr. < conjug. 1 > **1·** Revêtir de couleur, donner une teinte à. → **teindre, teinter** (bleuir, jaunir, rougir, verdir, etc.). *Le soleil colore le couchant.* – Pronominalement. *Les raisins commencent à se colorer.* / contr. décolorer / **2·** Surtout pronominalement. Donner un aspect particulier, changeant. *Son étonnement se colorait d'inquiétude.* → se **teinter.** ▶ **coloré, ée** adj. **1·** Qui a de vives couleurs. *Un teint coloré.* **2·** Animé, expressif. *Une description colorée et pittoresque.* → **imagé.** ▶ **colorier** v. tr. < conjug. 7 > Appliquer des couleurs sur (une surface, notamment du papier). *Colorier un dessin. Colorier aux crayons de couleur, à l'aquarelle.* ▶ **coloriage** n. m. Action de colorier ; son résultat. *Un album de coloriages pour les enfants.* ▶ **coloris** [kɔlɔʀi] n. m. invar. **1·** Effet qui résulte du choix, du mélange et de l'emploi des couleurs dans un tableau. *Beauté, vigueur d'un coloris.* **2·** Couleur d'objets fabriqués. *Ce tissu existe dans plusieurs coloris.* ▶ **coloriste** n. Peintre qui s'exprime surtout par la couleur. *Les coloristes et les dessinateurs.* ▷ **colorant, coloriser, décolorer**

coloriser [kɔlɔʀize] v. tr. < conjug. 1 > Mettre en couleur (un film en noir et blanc) par interprétation informatique des gris. – Au p. p. adj. *Version colorisée.* ▶ **colorisation** n. f.

colossal, ale, aux [kɔlɔsal, o] adj. Qui est extrêmement grand. → **démesuré, énorme, gigantesque, immense, titanesque.** *Taille colossale. Une statue colossale.* – Fig. *Un État d'une puissance colossale. Il a une mémoire colossale. Il a hérité d'une fortune colossale.* / contr. minuscule, petit / ▶ **colossalement** adv. *Il est colossalement riche.* → **immensément.** ▶ **colosse** n. m. **1·** Statue d'une grandeur extraordinaire. *Le colosse de Rhodes.* **2·** Homme, animal de haute et forte stature, d'une grande force apparente. *Cet homme est un colosse.* → **géant, hercule. 3·** Personne ou institution considérable, très puissante.

colporter [kɔlpɔʀte] v. tr. < conjug. 1 > **1·** Transporter avec soi (des marchandises) pour vendre. *Colporter des livres.* **2·** Transmettre (une information) à de nombreuses personnes (souvent péj.). → **divulguer, propager, répandre.** *Colporter une nouvelle, une histoire scandaleuse.* ▶ **colportage** n. m. Action de colporter. – Métier de colporteur. → **porte à porte.** ▶ **colporteur, euse** n.

Marchand(e) ambulant(e) qui vend ses marchandises de porte en porte. → **camelot, démarcheur.**

colt [kɔlt] n. m. Revolver ou pistolet automatique d'une marque américaine (par ex. dans les histoires de l'Ouest américain). *Le cow-boy tira son colt. Des colts.*

coltiner [kɔltine] v. tr. < conjug. 1 > **1·** Porter (un lourd fardeau). → **transbahuter.** *Il va falloir coltiner ce sac jusqu'à la gare.* **2·** Fam. ***Se coltiner.*** → **exécuter, faire** ; fam. s'**envoyer,** se **taper.** *Je ne vais pas me coltiner seul tout ce travail. Elle s'est coltiné un sacré boulot.*

columbarium [kɔlɔ̃baʀjɔm] n. m. Édifice où l'on place les urnes cinéraires. *Des columbariums.*

colza [kɔlza] n. m. Plante à fleurs jaunes cultivée comme plante fourragère, et pour ses graines. *Huile de colza. Champ de colza.*

coma [kɔma] n. m. Perte prolongée de conscience, de sensibilité, dans de graves états pathologiques. *Entrer, être dans le coma.* ▶ **comateux, euse** adj. Qui a rapport au coma. *État comateux.* – Qui est dans le coma. – N. *Un comateux.*

combat [kɔ̃ba] n. m. **1·** Action de deux ou de plusieurs adversaires armés, de deux armées qui se battent. → **engagement, mêlée, rencontre.** *Combat offensif* → **attaque,** *défensif. Combat aérien, naval. Les combats font rage.* – ***Livrer combat*** *contre* : se battre contre. – *Être mis* ***hors de combat*** : dans l'impossibilité de poursuivre la lutte. – ***De combat*** : de guerre. *Char, gaz de combat. Tenue de combat.* **2·** Lutte organisée. *Combat de boxe.* → **match.** – (Animaux) *Combat de coqs.* **3·** Littér. Lutte, opposition. *Un combat d'esprit, de générosité.* → **assaut, émulation.** – Lutte de l'homme contre les obstacles, les difficultés. *La vie est un combat perpétuel.* ▶ **combatif, ive** adj. Qui est porté au combat, à la lutte. → **agressif, belliqueux.** *Esprit, instinct combatif. Humeur combative.* ▶ **combativité** n. f. Penchant pour le combat, la lutte. *La combativité d'une troupe.* ▶ **combattant, ante** n. **1·** Personne qui prend part à un combat, à une guerre. → **soldat** ; autrefois **guerrier.** *Une armée de cent mille combattants.* – *Les combattants d'une armée,* ceux qui se battent (opposé aux *non-combattants* : l'intendance, le service sanitaire). – ***Anciens combattants*** : combattants d'une guerre terminée, groupés en associations. – Adj. *Unité combattante.* **2·** Fam. Personne qui se bat à coups de poing. → **adversaire, antagoniste.** *Séparer les combattants.* ▶ **combattre** v. < conjug. 41 > **I·** V. tr. **1·** Se battre, lutter contre (qqn). *Combattre un adversaire, l'ennemi.* – Faire la guerre à. *Napoléon combattit l'Europe.* **2·** S'opposer à. *Combattre un argument.* → **attaquer, réfuter.** / contr. approuver, soutenir / **3·** Aller contre, s'efforcer d'arrêter (un mal, un danger). *Combattre un incendie. Combattre ses habitudes.* **II·** V. tr. ind. et intr. **1·** Livrer combat (contre, avec qqn ; pour qqch.). *Combattre contre son ennemi, avec ses alliés, pour son pays. Combattre avec courage. Combattre pour une cause.* – Faire la guerre. → se **battre.** *Ces troupes vont monter en ligne pour combattre.* **2·** Lutter (contre un obstacle, un danger, un mal). *Combattre contre la faim, la maladie.* / contr. faciliter /

combe [kɔ̃b] n. f. Région. Dépression, vallée profonde. *Les combes du Jura.*

combien [kɔ̃bjɛ̃] adv., conj. et n. m. invar. **1·** Dans quelle mesure, à quel point. → **comme.** *Si vous saviez combien je l'aime ! Combien il a changé !* → **que** ; fam. **ce** que. **2·** ***Combien de*** : quelle quantité, quel nombre. *Combien a-t-il de livres ? Depuis combien de temps êtes-vous ici ?* – Sans compl. Quelle quantité (distance, temps, prix, etc.). *Combien vous dois-je ?* Fam. *Ça fait combien ?* **3·** N. m. invar. Fam. *Le combien.* → **quantième.** *Le combien sommes-nous ?,* quel jour sommes-nous ? *« Tous les combien passe l'autobus ? – Toutes les dix minutes. »* **4·** *Ô combien !* (souvent en incise). *Un personnage équivoque, ô combien !,* très équivoque.

1 **combinaison** [kɔ̃binɛzɔ̃] n. f. **1·** Assemblage d'éléments dans un arrangement déterminé. *Combinaison de couleurs, de lignes.* → **disposition, organisation.** **2·** Union des atomes, des éléments qui entrent dans un composé. *La combinaison de deux volumes d'hydrogène et d'un volume d'oxygène donne de l'eau.* → **synthèse.** / contr. analyse, décomposition / **3·** Souvent péj. Organisation précise de moyens en vue d'assurer le succès d'une entreprise. → **arrangement, combine, manœuvre.** *Des combinaisons financières, politiques.* **4·** Système d'ouverture d'un coffre-fort. → **chiffre.** ▷ **combine, recombinaison**

2 **combinaison** n. f. **1·** Sous-vêtement féminin, comportant un haut et une partie remplaçant le jupon. *Combinaison courte* (ou *combinette* n. f.). **2·** Vêtement (surtout de travail, de sport, de combat...) d'une seule pièce (pour hommes, femmes, enfants), réunissant veste et pantalon. *Combinaison de mécanicien.* → **bleu.** *Combinaison de ski, de plongée.*

combinat [kɔ̃bina] n. m. Histoire. Groupement de plusieurs industries connexes, dans l'ex-U. R. S. S.

combinatoire [kɔ̃binatwaʀ] adj. Sciences. Relatif aux combinaisons (1, 1).

combine [kɔ̃bin] n. f. Fam. Moyen astucieux et souvent déloyal employé pour parvenir à ses fins. → **système, truc.** *Tu connais une combine pour entrer sans payer ?* → fam. **resquille.** ▶ **combinard, arde** adj. et n. Péj. Qui utilise la combine. *C'est un combinard.* → **débrouillard.**

combiner [kɔ̃bine] v. tr. < conjug. 1 > **1**· Réunir (des éléments), le plus souvent dans un arrangement déterminé. → **arranger, disposer.** *Combiner des signes, des mouvements, des sons.* / contr. isoler, séparer / **2**· Organiser en vue d'un but précis. → **agencer ; combinaison.** *Combiner un mauvais coup.* → **manigancer, tramer.** ▶ **combiné, ée** adj. et n. m. **I**· Adj. Qui forme une combinaison. *Opérations combinées,* faites par plusieurs armées. **II**· N. m. **1**· Vieilli. Partie mobile d'un téléphone fixe réunissant écouteur et microphone. *Décrocher le combiné.* – Appareil réunissant récepteur-radio, tourne-disque, etc. **2**· Épreuve sportive complexe (en ski : descente et slalom). ▷ ① **combinaison,** ② **combinaison, combinat, combinatoire**

① **comble** [kɔ̃bl] n. m. **1**· Construction surmontant un édifice et destinée à en supporter le toit. → **charpente.** *Comble métallique, comble en bois.* **2**· *Le comble* ou, au plur., *les combles,* partie la plus haute d'une construction. – ***Sous les combles*** : sous le toit. *Il loge sous les combles, dans une chambre de bonne.* **3**· Loc. ***De fond en comble*** [d(ə)fɔ̃tɑ̃kɔ̃bl] : de bas en haut (de la cave au grenier). *Détruire, fouiller de fond en comble,* complètement.

② **comble** n. m. Le plus haut degré. → **maximum, sommet.** *C'est le comble du ridicule. Être **au comble de** la joie.* – Ellipt. *C'est le comble, c'est un comble !,* il ne manquait plus que cela (se dit d'une chose désagréable).

③ **comble** adj. **1**· Rempli de monde. → **encombré, plein.** *Impossible d'entrer dans la salle, qui était comble. L'autobus est comble.* → **bondé, bourré, complet.** / contr. vide / **2**· Loc. *La mesure est comble* (pleine), on n'en supportera pas plus.

combler [kɔ̃ble] v. tr. < conjug. 1 > **1**· Remplir (un vide, un creux). → **boucher.** *Combler un fossé.* → **remblayer.** *Combler un interstice.* → **obturer.** **2**· Abstrait. *Combler une lacune. Combler un déficit. Combler les vœux de qqn,* les exaucer. **3**· ***Combler qqn de*** : lui donner (qqch.) à profusion. *On l'a comblé de cadeaux. Cela me comble de joie.* – Au p. p. adj. *Elle a été comblée d'honneur.* – *Combler qqn,* le satisfaire pleinement. ▶ **comblé, ée** adj. Qui a obtenu tout ce qu'il (elle) espérait. *Je suis comblé,* très satisfait. ▶ **comblement** n. m. **1**· Action de combler (1). *Le comblement d'un puits.* **2**· Le fait d'être comblé. ▷ ③ **comble**

comburant, ante [kɔ̃byʀɑ̃, ɑ̃t] adj. Se dit d'un corps qui, en se combinant avec un autre corps, opère la combustion de ce dernier (*le combustible*). – N. m. *L'oxygène est un comburant.*

combustible [kɔ̃bystibl] adj. et n. m. **1**· Adj. Qui a la propriété de brûler. *Matière combustible. Ce carton est très combustible.* **2**· N. m. Corps utilisé pour produire de la chaleur. ≠ comburant. *Combustibles fossiles : combustibles solides* (charbon, houille...), *combustible liquide* (pétrole), *gazeux* (gaz). – Élément qui entretient une réaction atomique en chaîne. ▶ **combustion** [kɔ̃bystjɔ̃] n. f. **1**· Le fait de brûler entièrement. *La combustion d'un gaz dans un brûleur. Moteur à combustion interne.* **2**· Chimie. Combinaison d'un corps avec l'oxygène. → **oxydation.** *Combustion vive,* avec un dégagement de lumière et de chaleur. *Combustion lente* (ex. : *la rouille*). ▷ **comburant, incombustible**

comédie [kɔmedi] n. f. **I**· **1**· Pièce de théâtre ayant pour but de divertir en représentant les ridicules des caractères et des mœurs d'une société. *Les comédies de Molière. Une courte comédie.* → **farce, sketch.** *Comédie musicale,* spectacle, film associant la musique, la danse, le chant et la parole. **2**· Le genre comique*. *Préférer la comédie à la tragédie.* **II**· Attitude fausse et théâtrale. *Allons, pas de comédie !* → **caprice.** *Jouer la comédie,* affecter, feindre (des sentiments, des pensées). *Quelle comédie !* ▶ **comédien, ienne** n. et adj. **1**· Personne qui joue des pièces de théâtre, tourne dans des films ou à la télévision. → **acteur, artiste.** *Une troupe de comédiens. Mauvais comédien.* → **cabot.** **2**· Personne qui se compose une attitude, « joue la comédie ». → **hypocrite.** *Quel comédien !* – Adj. *Elle est un peu comédienne.* → **cabotin.** **3**· (Opposé à *tragédien*) Acteur comique. *Il est meilleur comédien que tragédien.* ▷ **tragi-comédie**

comestible [kɔmɛstibl] adj. et n. m. pl. **1**· Qui peut servir d'aliment à l'homme. *Denrées comestibles.* / contr. immangeable, toxique / *Champignons comestibles.* / contr. vénéneux / **2**· N. m. pl. ***Comestibles*** : denrées alimentaires.

comète [kɔmɛt] n. f. **1**· Astre présentant un noyau brillant (tête) et une traînée gazeuse (chevelure et queue), qui décrit une orbite en forme d'ellipse autour du Soleil. *La comète de Halley.* **2**· Loc. *Tirer des **plans sur la comète*** : faire des projets chimériques (→ des châteaux en Espagne).

comice [kɔmis] n. f. Grosse poire à peau verte, à chair parfumée (de *poire des comices*).

comices [kɔmis] n. m. pl. *Comices agricoles* : réunion des cultivateurs d'une région pour le développement de l'agriculture.

comique [kɔmik] adj. et n. m. **1·** Qui appartient à la comédie. *Pièce, film comique. Le genre, le style comique. Auteur comique.* / contr. dramatique / **2·** N. Acteur, actrice habituellement chargé(e) de jouer des personnages comiques. *C'est une grande comique.* **3·** N. m. *Le comique,* le genre comique ; les éléments comiques au théâtre. *Le comique de caractère, de situation.* **4·** Qui provoque le rire. → **amusant, cocasse, drôle** ; fam. **bidonnant, marrant, poilant, rigolo, roulant, tordant.** *Il est comique avec ses grands airs.* / contr. sérieux, triste / ▶ **comiquement** adv. D'une manière risible. ▷ **opéra-comique, tragi-comique**

comité [kɔmite] n. m. **1·** Réunion de personnes prises dans un corps plus nombreux (assemblée, société) pour s'occuper de certaines affaires. → **commission.** *Élire, désigner un comité.* – *Comité d'entreprise. Comité de gestion.* **2·** ***En petit comité*** : avec peu de personnes, entre intimes. *Dîner, réception en petit comité.* ▶ **comitologie** n. f. En droit européen. Procédure selon laquelle la Commission européenne doit être assistée d'un comité lorsqu'elle exécute la législation communautaire. ▷ **sous-comité**

commandant [kɔmɑ̃dɑ̃] n. m. **1·** Personne qui a un commandement militaire. → **chef.** *Commandant en chef, en second.* **2·** Titre donné aux chefs de bataillon, d'escadron, de groupe aérien (quatre galons). *Oui, mon commandant !* **3·** Officier qui commande un navire, un avion. *Le commandant est sur la passerelle.* – *Commandant de bord.* → **pilote.**

① **commande** [kɔmɑ̃d] n. f. **1·** Ordre par lequel un client demande une marchandise ou un service à fournir dans un délai déterminé (→ **achat**). *Passer une commande au fournisseur. Il a passé commande de deux livres. Vous paierez à la commande. Bon de commande. Au restaurant, le maître d'hôtel prend les commandes.* **2·** Loc. ***Sur commande*** : à la demande. *Faire qqch. sur commande.* – ***De commande*** : qui n'est pas sincère. → **affecté, artificiel.** *Rire, sourire de commande. Enthousiasme, zèle de commande.*

② **commande** n. f. Organe capable de déclencher, arrêter, régler des mécanismes. *Moteur à commande électrique.* – ***Aux commandes.*** *Être aux commandes d'un avion.* – *Tenir les commandes,* diriger, avoir en main une affaire. → **rênes.** ▷ **servocommande**

commandement [kɔmɑ̃dmɑ̃] n. m. **1·** Ordre bref, donné à voix haute pour faire exécuter certains mouvements. *À mon commandement : garde-à-vous !* **2·** Règle de conduite édictée par l'autorité de Dieu, d'une Église. → **loi, précepte.** *Les dix commandements.* **3·** Pouvoir, droit de commander. → **autorité, direction.** *Prendre, exercer le commandement.* **4·** Autorité militaire qui détient le commandement des forces armées. *Le haut commandement des armées.* → **état-major.**

① **commander** [kɔmɑ̃de] v. < conjug. 1 > **I·** V. tr. dir. **1·** ***Commander*** *qqn* : exercer son autorité sur (qqn) en lui dictant sa conduite. *Il n'aime pas qu'on le commande.* → **conduire, diriger.** *Il commande ses employés à la baguette.* – Avoir l'autorité hiérarchique sur. *L'officier qui commande le régiment.* **2·** ***Commander*** *qqch.* : donner l'ordre de ; diriger (une action). / contr. défendre, interdire / *Commander une attaque, la retraite.* – Pronominalement (passif). ***Se commander.*** *La sympathie ne se commande pas,* elle ne dépend pas de la volonté. **3·** (Suj. chose) Rendre absolument nécessaire. *Faire ce que les circonstances commandent.* → **exiger, nécessiter. 4·** Demander à un fabricant, à un fournisseur par une commande (→ **acheter**). *Commander un meuble. Commander qqch. par lettre, par téléphone, sur catalogue, sur Internet. Commander un plat, au restaurant.* / contr. décommander / **II·** V. tr. ind. ***Commander à.*** **1·** *Commander à qqn de* (+ infinitif), lui donner ordre de. *Il commande aux auditeurs de se taire.* → **enjoindre, imposer, ordonner, prescrire. 2·** Abstrait. *Commander à. Commander à ses passions, à ses instincts,* les dominer. **III·** V. intr. Exercer son autorité ; donner des ordres et les faire exécuter. *Il ne sait pas commander. Qui est-ce qui commande ici ?* → **décider.** ▷ ① **commandant,** ② **commandant,** ① **commande, commandement, commandeur, commando, décommander**

② **commander** v. tr. < conjug. 1 > (Suj. chose) **1·** Dominer en empêchant l'accès de. *Cette position d'artillerie commande toute la plaine.* **2·** Faire fonctionner. *La pédale qui commande les freins* (→ ② **commande**). ▷ ② **commande, télécommande**

commandeur, euse [kɔmɑ̃dœʀ, øz] n. Chevalier d'un ordre (militaire, honorifique). – *Commandeur(euse) de la Légion d'honneur* (grade au-dessus de l'officier).

commandite [kɔmɑ̃dit] n. f. Société formée de deux sortes d'associés : les premiers (*commanditaires*) avancent des fonds à des associés (*commandités* ou *gérants*), seuls responsables de la gestion et répondant des dettes de la société. ▶ **commanditaire** n. m. Bailleur de fonds dans une société en commandite. ▶ **commanditer** v. tr. < conjug. 1 > **1·** Fournir des fonds à (une société en commandite). **2·** Financer (une entreprise, qqn). ▶ **commandité, ée** n. Personne commanditée pour gérer les fonds apportés par les commanditaires.

commando [kɔmɑ̃do] n. m. Groupe de combat employé pour les opérations rapides, isolées. *Un commando de parachutistes. Un raid de commandos. Un commando de terroristes.*

comme [kɔm] conj. et adv. **I·** Conj. **1·** (Comparaison) De la même manière que, au même degré que. *Il a réussi comme son frère. Il écrit comme il parle. Il agit comme s'il avait vingt ans* (condition) ; *elle faisait des signes comme pour nous appeler* (but). *Il est bavard comme une pie* (est bavarde). *Riche comme Crésus. Courir comme un lièvre. Il fait doux comme au printemps.* – ***Tout comme.*** *Ils ne sont pas divorcés mais c'est tout comme,* c'est la même chose. – Fam. ***Comme tout.*** → **extrêmement.** *Elle est jolie comme tout.* **2·** (Addition) Ainsi que ; et. *J'oublierai cela comme le reste.* **3·** (Manière) De la manière que. *Riche comme il est, il pourra vous aider. Comme il vous plaira,* selon votre désir. – *Comme de juste,* comme il est juste. *Faites votre travail comme il faut,* bien. – Fam. ***Comme il faut*** loc. adj. invar. *Une personne très comme il faut.* → **bien, distingué, respectable.** – ***Comme quoi...*** *Faites-lui un certificat comme quoi son état de santé nécessite du repos* (un certificat disant que...). *Elle a quitté la région : comme quoi tu n'as pas pu la voir aujourd'hui* (ce qui prouve que). – Ellipt. (Atténuatif) *Il était comme fou.* – ***Comme cela,*** fam. ***Comme ça.*** → **ainsi.** *Comme ça tout le monde sera content.* – *Comme ci, comme ça,* ni bien ni mal. → fam. **couci-couça.** « *Comment allez-vous ? – Comme ci, comme ça.* » **4·** Tel (telle) que. *Je n'ai jamais rencontré d'intelligence comme la sienne.* **5·** (Attribution, qualité) En tant que, pour. *Je l'ai choisie comme secrétaire. Comme directeur, il est efficace.* **II·** Conj. **1·** Cause (de préférence en tête de phrase). → **parce que, puisque.** *Comme elle arrive demain, il faut préparer une chambre.* **2·** Temps (Simultanéité) *Nous sommes arrivés comme il partait.* → **alors** que, **tandis** que. **III·** Adv. (Interrog. et exclam.) **1·** Marque l'intensité. → **combien, que.** *Comme c'est cher !* **2·** En subordonnée. → **comment.** *Tu sais comme il est. Regardez comme il court !*

commémorer [kɔ(m)memɔʀe] v. tr. < conjug. 1 > Rappeler par une cérémonie le souvenir de (une personne, un événement). → **célébrer, fêter.** *Commémorer la victoire.* ▶ **commémoratif, ive** adj. Qui rappelle le souvenir d'une personne, d'un événement. *Plaque commémorative.* ▶ **commémoration** n. f. **1·** Cérémonie destinée à rappeler le souvenir (d'une personne, d'un événement). → **anniversaire, fête.** *La commémoration d'une fête nationale, d'une bataille, d'un événement ancien de cent ans* → **centenaire,** *etc.* **2·** Mémoire, souvenir. *Garder un objet en commémoration d'un événement.*

commencer [kɔmɑ̃se] v. < conjug. 3 > **I·** V. tr. **1·** Faire la première partie de (une chose ou une série de choses) ; faire exister (ce qui est le résultat d'une activité). → **amorcer, entamer, entreprendre.** / contr. finir / *Commencer un travail, une affaire, une entreprise.* → **créer, fonder. 2·** Être au commencement de. *Le mot qui commence la phrase.* – (Durée) *Nous commençons l'année aujourd'hui. Il ne fait que commencer ses études.* **3·** V. tr. ind. (Personnes) ***Commencer de*** ou ***à*** (+ infinitif) : être aux premiers instants (de l'action indiquée par le verbe). *Commencer à faire qqch. Il commençait à dormir lorsqu'on l'éveilla.* – Fam. *Je commence à en avoir assez,* j'en ai assez. *Ça commence à bien faire !,* ça suffit ! – (Choses) *Les arbres commencent à avoir des feuilles.* – Impers. *Il commence à pleuvoir.* **4·** (Personnes) ***Commencer*** *qqch.* ***par*** *qqch. Commencer son travail par la fin.* – (Sans compl. dir.) *Par où, par quoi allez-vous commencer ? Commençons par toi.* **II·** V. intr. **1·** Entrer dans son commencement. *L'année commence au 1*[er] *janvier. Cela commence bien, mal.* → **débuter, démarrer, partir. 2·** (Choses) ***Commencer par*** *qqch.* : avoir pour début. *Le texte commence par une description.* ▶ **commençant, ante** adj. et n. Vieilli. Personne qui commence dans une activité, un domaine. → **débutant.** ▶ **commencement** n. m. Le fait de commencer ; ce qui commence. **1·** Ce qui vient d'abord (dans une durée, un processus) ; première partie. → **début.** / contr. fin / *Le commencement de l'année, du printemps.* → **arrivée.** *Le commencement des hostilités.* → **déclenchement, ouverture.** *Du commencement à la fin,* de bout en bout. – *Il y a un commencement à tout,* on ne peut réussir parfaitement qqch. dès le premier essai. **2·** Partie qui se présente, que l'on voit avant les autres (dans l'espace). *Le commencement d'une rue, d'un couloir.* → **entrée. 3·** Au plur. ***Commencements*** : les premiers développements, les débuts. *Ses commencements ont été pénibles.* ▷ **recommencer**

commensal, ale, aux [kɔmɑ̃sal, o] n. Didact. Personne qui mange habituellement à la même table avec une ou plusieurs autres. → **hôte.** *Les commensaux de qqn,* ses invités pour un repas.

commensurable [kɔ(m)mɑ̃syʀabl] adj. Se dit d'une grandeur qui a une commune mesure avec une autre. → **comparable.** *Nombres commensurables.* / contr. incommensurable / ▷ **incommensurable**

comment [kɔmɑ̃] adv., n. m. invar. et conj. **1·** Interrogation. *Comment allez-vous ? Comment cela ?,* expliquez mieux. *Comment donc est-il venu ?*

Comment (dites-vous) ?, exclamation qui invite à répéter. → **pardon** ; fam. **hein, quoi. 2**· Interrogation indirecte. *Il ne sait comment elle prendra la chose.* → **comme.** *N'importe comment,* mal. **3**· N. m. invar. Manière. *Chercher les pourquoi et les comment.* **4**· Exclamation exprimant l'étonnement, l'indignation. → **quoi.** *Comment ! c'est ainsi que tu me parles ? Comment, tu es encore ici ?* **5**· *Comment donc !*, en signe d'approbation. *Mais comment donc !* → bien **sûr, évidemment.** Fam. *Et comment !* (→ je te crois ; tu parles !).

commentaire [kɔ(m)mɑ̃tɛʀ] n. m. **1**· Ensemble des explications, des remarques que l'on fait à propos d'un texte. → **exégèse, explication, glose.** *Commentaire littéraire.* → **explication** de textes. **2**· Remarque, observation. *Commentaires de presse.* Fam. *Cela se passe de commentaires,* c'est évident. – *Sans commentaire !* loc. fam., la chose se suffit à elle-même (souvent péj.). ▶ **commenter** [kɔ(m)mɑ̃te] v. tr. < conjug. 1 > **1**· Expliquer (un texte) par un commentaire. *Commenter un poème.* **2**· Faire des remarques, des observations sur (des faits) pour expliquer, exposer. *Commenter les nouvelles. Journaliste qui commente l'actualité à la radio.* ▶ **commentateur, trice** n. **1**· N. m. Celui qui est l'auteur d'un commentaire. → **critique, exégète.** *Les commentateurs de la Bible.* **2**· N. Personne qui commente les nouvelles, les émissions (radio, télévision). → **présentateur, speaker.**

commérage [kɔmeʀaʒ] n. m. Fam. Bavardage indiscret (comme celui d'une commère). → **ragot, médisance.** *Des commérages malveillants.*

commerce [kɔmɛʀs] n. m. **I**· **1**· Opération qui a pour objet la vente d'une marchandise, d'une valeur, ou l'achat de celle-ci pour la revendre ; entreprise qui fait cette opération. *Le commerce, l'agriculture et l'industrie. Être dans le commerce, faire du commerce.* → **commerçant.** *Employé, représentant de commerce. Commerce international. Commerce sur Internet. Cela ne se trouve plus dans le commerce. Ce produit n'est pas encore dans le commerce,* n'est pas encore en vente. **2**· *Le commerce,* les commerçants. *Le petit commerce.* **3**· *Un commerce,* magasin de détail. *Ouvrir, tenir un commerce. Commerce de proximité.* **4**· Trafic (de choses morales). *Un commerce honteux.* – Loc. *Il fait commerce de son nom.* **II**· Littér. Relations que l'on entretient dans la société. → **fréquentation, rapport.** Loc. *Être d'un commerce agréable.* ▶ **commerçant, ante** [kɔmɛʀsɑ̃, ɑ̃t] n. et adj. **1**· N. Personne qui fait du commerce (notamment du commerce de détail) par profession. → **marchand, négociant.** *Un commerçant honnête. Commerçant en gros* → **grossiste,** *en détail* → **détaillant.** *Le magasin d'un commerçant.* **2**· Adj. Qui a le sens du commerce. *Elle est très commerçante.* – Où il y a de nombreux commerces. *Rue très commerçante.* ▶ **commercer** v. intr. < conjug. 3 > Faire du commerce. *Entreprise qui commerce avec un pays étranger.* ▶ **commercial, iale, iaux** adj. **1**· Qui a rapport au commerce. *Droit commercial. Société commerciale. Opérations commerciales.* **2**· Fam. Se dit d'une œuvre destinée uniquement au succès commercial. *Un film commercial* (opposé à *artistique*). ▶ **commercialement** adv. Du point de vue commercial. *C'est un produit commercialement rentable.* ▶ **commercialiser** v. tr. < conjug. 1 > Rendre (qqch.) l'objet d'un commerce. ▶ **commercialisation** n. f. *La commercialisation d'un produit.*

commère [kɔmɛʀ] n. f. Personne (souvent femme) qui colporte toutes les nouvelles. → **bavard.** *Son frère est une vraie commère. Propos de commère.* → **commérage.** ▷ **commérage**

1 **commettre** [kɔmɛtʀ] v. tr. < conjug. 56 > **1**· Accomplir, faire (une action blâmable ou regrettable). *Commettre une maladresse, une imprudence. Commettre une injustice à l'égard de qqn. Commettre un délit, un crime.* → **perpétrer.** **2**· V. pron. passif. *Se commettre.* *De nombreuses fautes se commettent par étourderie.* – Impers. *Il s'est commis beaucoup d'atrocités pendant la guerre.* **3**· Vx. Mettre (qqn) dans une charge. ▷ **commis, commissaire, commission**

2 **se commettre** v. pron. < conjug. 56 > Littér. Compromettre sa dignité, son caractère, ses intérêts. *Elle s'est commise avec des gens méprisables.*

comminatoire [kɔminatwaʀ] adj. Destiné à intimider. → **menaçant.** *Ton, lettre comminatoire.*

commis [kɔmi] n. m. invar. **1**· Vx. Agent subalterne (administration, banque, bureau, maison de commerce). → **employé.** *Les commis d'un grand magasin.* → **vendeur.** *Commis aux écritures.* **2**· *Les **grands commis** de l'État :* hauts fonctionnaires. **3**· Vx. ***Commis voyageur*** : représentant, voyageur de commerce.

commisération [kɔmizeʀasjɔ̃] n. f. Sentiment de pitié qui fait prendre part à la misère d'autrui. → **compassion, miséricorde.** *Éprouver, avoir de la commisération pour qqn.* / contr. dureté, indifférence /

commissaire [kɔmisɛʀ] n. **1**· Fonctionnaire chargé de fonctions spéciales. *Commissaire du gouvernement.* **2**· ***Commissaire aux comptes*** : agent qui vérifie les comptes des administrateurs d'une société anonyme. **3**· Personne qui vérifie qu'une épreuve sportive se déroule régulièrement. **4**· ***Commissaire (de police)*** : officier de police judiciaire (supérieur à l'*inspecteur*). *Commissaire divisionnaire, principal. Madame la commissaire.* **5·** ***Commissaire de la République*** : en France, appellation conférée aux préfets de 1982 à 1988. ▶ **commissaire-priseur, commissaire-priseuse** n. Officier ministériel chargé de l'estimation des objets mobiliers et de leur vente aux enchères. *Des commissaires-priseurs.* ▶ **commissariat** n. m. **1·** Emploi, fonction de commissaire. **2·** Bureau et services d'un commissaire de police. *Faire une déclaration de perte au commissariat.*

1 **commission** [kɔmisjɔ̃] n. f. **1·** Message oral qu'on charge qqn de transmettre. *J'ai une commission pour toi de la part de tes parents.* **2·** Action d'aller chercher ou de porter un objet pour qqn. *On l'a envoyé faire une commission.* – Au plur. *Les commissions,* les achats de provision pour l'usage quotidien. → **course, emplette. 3·** Lang. enfantin. *Faire la grosse, la petite commission,* aller à la selle, uriner. → fam. faire **caca,** faire **pipi. 4·** Droit, commerce. Charge, mandat. *Faire la commission,* acheter, placer des marchandises pour le compte d'un autre. **5·** Pourcentage qu'un intermédiaire perçoit pour sa rémunération. → **prime.** *Toucher quinze pour cent de commission.* ▶ **commissionnaire** n. **1·** Personne dont le métier est de faire les commissions du public. → **coursier, porteur. 2·** Personne qui agit pour le compte d'une autre, dans une opération commerciale.

2 **commission** n. f. Réunion de personnes déléguées pour étudier un projet, préparer ou contrôler un travail. → **bureau, comité.** *Être membre d'une commission. Commissions parlementaires. Commission d'enquête.*

commissure [kɔmisyʀ] n. f. Point de jonction (des lèvres). *Commissures des lèvres,* aux angles de la bouche.

1 **commode** [kɔmɔd] adj. **1·** Qui se prête aisément à l'usage qu'on en fait. → **pratique.** *Un habit commode. Lieu commode pour la conversation. Cet aspirateur est commode à manier.* / contr. incommode / **2·** (Action) Facile, simple. *Ce que vous me demandez là n'est pas commode.* / contr. difficile / Fam. *C'est trop commode,* c'est une solution de facilité. **3·** (Personnes ; négatif) *Il n'est pas commode,* il est sévère, exigeant. *Être peu commode à vivre.* ▶ **commodément** adv. D'une manière commode. *S'installer commodément,* à son aise. ▶ **commodité** n. f. **1·** Qualité de ce qui est commode. → **agrément.** *La commodité d'un lieu. Pour plus de commodité.* / contr. incommodité / **2·** Au plur. *Les commodités de la vie,* ce qui rend la vie plus agréable, plus confortable. → **aise. 3·** Équipement apportant le confort à un logement. *Cet appartement est pourvu de toutes les commodités.* ▷ **accommoder, incommode, incommoder, malcommode,** 1 **raccommoder**

2 **commode** n. f. Meuble de rangement, à hauteur d'appui, muni de tiroirs.

commotion [kɔmosjɔ̃] n. f. **1·** Ébranlement violent (de l'organisme ou d'une de ses parties) par un choc direct ou indirect. → **traumatisme.** *Commotion cérébrale.* **2·** Violente émotion. → **bouleversement, ébranlement.** *La mort de son fils a été une terrible commotion pour elle.* ▶ **commotionner** v. tr. < conjug. 1 > (Suj. chose) Frapper (qqn) d'une commotion. → **choquer, traumatiser.** *La décharge électrique, cette émotion l'a fortement commotionné.*

commuer [kɔmɥe] v. tr. < conjug. 1 > Changer (une peine) en une peine moindre. *La sentence de prison à perpétuité a été commuée en quinze ans de détention* (→ **commutation**). ≠ commuter.

1 **commun, une** [kɔmœ̃, yn] adj. **I· 1·** Qui appartient, qui s'applique à plusieurs personnes ou choses. *La salle commune d'un foyer d'étudiants. Avoir des intérêts communs avec qqn. Tout est commun entre eux. Un but commun. Avoir des caractères communs.* → **comparable, identique, semblable.** / contr. différent, distinct, particulier / *Le plus petit commun multiple* (abrév. *P. P. C. M.*). – ***Commun à*** [kɔmœ̃a] : propre également à (plusieurs). *Mur mitoyen, commun à deux propriétés.* **2·** Qui se fait ensemble, à plusieurs. / contr. individuel / *Œuvre commune.* → **collectif.** *Vie commune. D'un commun accord* [dœ̃kɔmœ̃nakɔʀ]. → **unanimement.** – ***En commun*** : ensemble. *Personnes qui vivent en commun. Mettre en commun,* partager. **3·** Qui appartient au plus grand nombre ou le concerne. → **général, public, universel.** / contr. particulier / *L'intérêt, le bien commun.* – ***Nom commun*** : (Grammaire) nom de tous les individus de la même espèce (opposé à *nom propre*). *« Arbre », « livre » sont des noms communs.* – Loc. N. m. *Le commun des mortels,* la majorité (opposé aux *privilégiés*). **II· 1·** Qui est ordinaire. → **banal, courant, habituel.** / contr. exceptionnel, extraordinaire / *C'est une réaction assez commune.* – ***Peu commun.*** *Il est d'une force peu commune,* très grande. – N. m. *Hors du commun,* extraordinaire. **2·** Qui se rencontre fréquemment. → **répandu.** *Une variété commune. Lieu* commun.* **3·** (Personnes, manières) Qui n'appartient pas à l'élite, n'est pas distingué. → **quelconque, vulgaire.** / contr. distingué / *Il a des manières très communes.* ▷ **communauté, communément, communier** (2), **communisme, communs, excommunier**

2 **commun(s)** → **communs.**

communal, ale, aux [kɔmynal, o] adj. Qui appartient à une commune. *École communale*, n. f., *la communale*. ▷ **intercommunal**

communard, arde [kɔmynaʀ, aʀd] n. et adj. Partisan de la Commune de Paris, socialiste et patriote, en 1871.

communauté [kɔmynote] n. f. **I**· **1**· Groupe social dont les membres vivent ensemble, ou ont des biens, des intérêts communs. → **collectivité.** *Une petite communauté d'écologistes. Vivre en communauté*, en mettant tout en commun. *Communauté nationale*, État, nation. **2**· Groupe de religieux qui vivent ensemble. → **congrégation, ordre. 3**· Groupe d'États. *La Communauté européenne. La communauté internationale.* **II**· État, caractère de ce qui est commun. *Leur communauté de goûts, de vues.* → **accord, unité.** *Une communauté d'idées, d'affections.* **III**· Régime où les biens des deux époux sont communs ; ces biens. *Être marié sous le régime de la communauté.* ▶ **communautaire** adj. Qui a rapport à la communauté, à une communauté. *Vie communautaire.* ▶ **communautariser** v. tr. < conjug. 1 > Transférer à une communauté, spécialt la Communauté européenne, une compétence qui revenait à un État. ▶ **communautarisation** n. f. ▶ **communautarisme** n. m. Tendance à s'organiser en communautés. – Tendance à favoriser sa communauté, au sein d'un ensemble plus vaste.

commune [kɔmyn] n. f. **1**· La plus petite subdivision administrative du territoire (français), administrée par un maire, des adjoints et un conseil municipal. → **municipalité. 2**· Dans l'histoire. Ville administrée par ses citoyens (indépendante du seigneur féodal). – *La Commune*, la municipalité de Paris, qui devint Gouvernement révolutionnaire (→ **communard**). **3**· *La Chambre des communes* et, ellipt, *les Communes*, la chambre élective (chambre basse), en Grande-Bretagne. ▷ **communal, communard**

communément [kɔmynemɑ̃] adv. Suivant l'usage commun, ordinaire. → **couramment, habituellement, ordinairement.** *On dit communément...* / contr. exceptionnellement, rarement /

communiant, ante [kɔmynjɑ̃, ɑ̃t] n. Personne qui communie. *Premier communiant*, qui fait sa première communion. – Fig. *Ce n'est pas un **premier communiant*** : un naïf.

communier [kɔmynje] v. intr. < conjug. 7 > **1**· Relig. catholique. Recevoir le sacrement de l'eucharistie. *Communier sous les deux espèces.* **2**· Être en union spirituelle (→ **communion**). ▶ **communion** n. f. **1**· Le fait de communier, de recevoir le sacrement de l'eucharistie. *Table de communion. La première communion. La communion privée.* Autrefois. *Communion solennelle.* → **profession** de foi. – Partie de l'office au cours de laquelle a lieu la communion. **2**· Union de ceux qui ont la même religion. *La communion des fidèles.* **3**· *Être **en communion** d'idées, de sentiments avec* : partager les mêmes idées, etc. → **accord.** ▷ **communiant, excommunier**

communiquer [kɔmynike] v. < conjug. 1 > **I**· V. tr. **1**· Faire connaître (qqch. à qqn). → **divulguer, livrer, publier.** *Communiquer une nouvelle, un renseignement à qqn.* → **révéler.** *Communiquer ses sentiments à qqn.* **2**· Faire partager. *Il nous a communiqué son enthousiasme.* **3**· (Choses) Rendre commun à ; transmettre (qqch.). *Corps qui communique son mouvement à un autre. Le Soleil communique sa lumière et sa chaleur à la Terre.* **II**· V. intr. **1**· Être, se mettre en relation. *Communiquer avec un ami. Deux personnes qui communiquent par lettres* → **correspondre**, *par téléphone, par mail, etc.* **2**· (Choses) Être en rapport avec, par un passage. *Cette chambre communique avec la salle de bains. Corridor qui fait communiquer plusieurs pièces.* → **desservir.** ▶ **communiqué** n. m. Avis qu'un service compétent communique au public. → **annonce, bulletin, note.** *Des communiqués de presse.* ▶ **communicable** adj. Qui peut, qui doit être communiqué. *Une impression difficilement communicable.* ▶ **communicant, ante** adj. Qui communique, établit une communication. *Des chambres communicantes.* – REM. Ne pas confondre avec *communiquant* (part. prés. de *communiquer*). ▶ **communicatif, ive** adj. **1**· Qui se communique facilement. *Rire communicatif.* → **contagieux. 2**· (Personnes) Qui aime à communiquer ses idées, ses sentiments. → **expansif.** *Son mari n'est pas très communicatif.* / contr. secret, taciturne / ▶ **communication** n. f. **1**· Le fait de communiquer, d'établir une relation avec (qqn, qqch.). *Communication entre deux personnes. Être **en communication** avec un ami, un correspondant.* → **correspondance, rapport.** – Toute relation dynamique qui intervient dans un fonctionnement. *Théorie des communications.* → ① **information** (II). *Étude du sens et de la communication.* → **sémiologie, sémiotique. 2**· Action de communiquer qqch. à qqn ; résultat de cette action. → ① **information** (I). *La communication d'une nouvelle à un journaliste. Demander communication d'un dossier.* – *Une communication*, message, information. *J'ai une communication très importante à vous faire.* → **message. 3**· Moyen technique par lequel des personnes communiquent ; message qu'elles se transmettent. → **transmission.** *Une communication téléphonique.* Ellipt. *Prix d'une communication.* **4**· Ce qui permet de communiquer dans l'espace ; passage d'un lieu à un autre. *Couper les communications,* les voies. – *Porte* ***de communication****. Voie, moyens de communication.* ▷ **radiocommunication, télécommunication**

communisant, ante [kɔmynizɑ̃, ɑ̃t] adj. et n. Qui sympathise avec les communistes. *Des ouvriers communisants.*

communisme [kɔmynism] n. m. **1·** Organisation politique, sociale, fondée sur la propriété collective. → **collectivisme, socialisme. 2·** Système social où les biens de production appartiennent à la communauté. *Première phase (étatique, socialiste) du communisme.* / contr. capitalisme / **3·** Politique, doctrine des partis communistes. *Le communisme russe, chinois. Communisme léniniste.* ▶ **communiste** adj. et n. **1·** Du communisme. *Doctrines communistes.* **2·** Qui cherche à faire triompher la cause de la révolution sociale. *Parti communiste.* **3·** Qui appartient aux organisations, aux États qui se réclament du marxisme. **4·** Adj. et n. Partisan du communisme. – Membre d'un parti communiste. – Abrév. fam. **coco.** *Les cocos.* ▷ **anticommunisme, communisant**

communs [kɔmœ̃] n. m. pl. Ensemble des bâtiments servant aux cuisines, aux garages, aux écuries. *Les communs d'un château.*

commuter [kɔmyte] v. intr. < conjug. 1 > Modifier en substituant un élément à un autre. *Faire commuter deux éléments, deux mots dans une phrase.* ≠ commuer. ▶ **commutateur** n. m. Appareil permettant de modifier un circuit électrique ou les connexions entre circuits. → **bouton, interrupteur.** ▶ **commutation** n. f. **1·** Substitution, remplacement. **2·** ***Commutation de peine*** : substitution d'une peine plus faible à la première peine, à la suite d'un recours en grâce (→ **commuer**).

compact, acte [kɔ̃pakt] adj. **1·** Qui est formé de parties serrées, dont les éléments constitutifs sont très cohérents. → **dense, serré.** *Neige compacte. Foule compacte.* / contr. dispersé / **2·** (Voitures, mécanismes) D'un faible encombrement relatif. – *Disque compact,* audionumérique*. *Des disques compacts.* → **C. D.** ▶ **compacité** n. f. Didact. Caractère de ce qui est compact. ▶ **compactage** n. m. Action de compacter. *Compactage de bouteilles plastique.* – *Compactage de données.* / contr. décompactage / ▶ **compacter** v. tr. < conjug. 1 > Rendre compact, moins volumineux en comprimant. *Compacter des ordures ménagères.* – En informatique. *Compacter des fichiers,* pour qu'ils soient moins lourds à transmettre ou à stocker. / contr. décompacter /

compagne [kɔ̃paɲ] n. f. **1·** Camarade (femme). *Des, ses compagnes d'école, de travail.* → fam. **copine. 2·** Littér. Épouse, concubine, maîtresse. → **ami.** ▷ **compagnon**

compagnie [kɔ̃paɲi] n. f. **1·** Présence auprès de qqn, fait d'être avec qqn. *Apprécier, rechercher la compagnie de qqn.* → **présence, société.** / contr. isolement, solitude / – Loc. *Aller* ***de compagnie*** *avec.* → **accompagner.** *Voyager de compagnie,* ensemble. – *Dame de compagnie,* qui reste auprès d'une personne âgée, malade. – *Dans la compagnie,* ***en compagnie*** *de...* : avec. – *Fausser compagnie à.* → **quitter.** *Tenir compagnie à,* rester auprès de. *Sa fille lui tient compagnie.* – *Être de bonne (mauvaise) compagnie,* bien (mal) élevé. **2·** Vx. Réunion de personnes. – Loc. fam. *Bonsoir, salut la compagnie !* **3·** Association de personnes que rassemblent des statuts communs. → **entreprise, société.** *Compagnie commerciale, financière. Compagnie d'assurances. Compagnie aérienne,* entreprise de transport aérien. – Troupe théâtrale permanente. → **théâtre.** *Les jeunes compagnies.* **4·** Unité de formation d'infanterie placée sous les ordres d'un capitaine. *Les compagnies d'un bataillon. Les sections d'une compagnie.* – *La Compagnie républicaine de sécurité.* → **C. R. S.** ▷ **accompagner**

compagnon [kɔ̃paɲɔ̃] n. m. **1·** Personne qui partage la vie, les occupations d'autres personnes, par rapport à elles. → **camarade, copain ; compagne.** *Compagnon d'études* → **condisciple,** *de travail* → **collègue,** *de voyage. Compagnon d'infortune. Le compagnon d'une femme.* → **ami** (correspond au fém. *compagne*). **2·** Celui qui n'est plus apprenti et n'est pas encore passé maître, dans certains métiers. *Les compagnons du Tour de France.* ▶ **compagnonnage** n. m. Associations de solidarité entre ouvriers, dans l'ancien système des corporations.

comparable [kɔ̃paʀabl] adj. Qui peut être comparé (avec qqn ou avec qqch.). → **analogue, approchant.** *Rien n'est comparable à cela.* / contr. incomparable /

comparaison [kɔ̃paʀɛzɔ̃] n. f. **1·** Le fait d'envisager ensemble (deux ou plusieurs objets de pensée) pour en chercher les différences ou les ressemblances. → **comparer ; rapprochement.** *Établir une comparaison entre...* , *faire la comparaison. Mettre une chose* ***en comparaison*** *avec une autre.* → en **parallèle.** *Soutenir la comparaison.* – *Adverbes de comparaison,* indiquant un rapport de supériorité, d'égalité ou d'infériorité (ex. : *plus, autant*). – *Degrés de comparaison,* positif, comparatif, superlatif. **2·** Loc. ***En comparaison de*** : par rapport à. → **auprès** de, **relativement** à. – *Par comparaison à, avec.* – *Sans comparaison,* d'une manière nette, évidente. *Ce pays est le plus riche, sans comparaison, de tout l'hémisphère Nord.* **3·** Rapport établi entre un objet et un autre terme, dans le langage. → **image, métaphore.** *« Beau comme un dieu », « gai comme un pinson » sont des comparaisons.*

comparaître [kɔ̃paʀɛtʀ] v. intr. < conjug. 57 > Se présenter par ordre. *Comparaître en jugement, en justice. Comparaître devant un juge* (→ **comparution**).

comparatif, ive [kɔ̃paʀatif, iv] adj. et n. m. **1·** Adj. Qui contient ou établit une comparaison. *Méthode, étude comparative.* **2·** N. m. *Le comparatif,* le second degré dans la signification des adjectifs. *Comparatif de supériorité* → **plus**, *d'égalité* → **aussi**, *d'infériorité* → **moins.** *Adjectifs, adverbes au comparatif. « Plus vieux », « moins longtemps » sont des comparatifs de « vieux », « longtemps ». Comparatif irrégulier* (ex. : *meilleur, pire*). ▶ **comparativement** adv. Par comparaison. *Comparativement à autre chose. Il fait froid ce mois-ci, comparativement à l'année dernière.*

comparer [kɔ̃paʀe] v. tr. < conjug. 1 > **1·** Examiner les rapports de ressemblance et de différence de..., entre... → **confronter, rapprocher ; comparaison.** *Comparer un écrivain avec un autre, à un autre. Comparer plusieurs artistes entre eux.* – Sans compl. *Comparez avant de choisir.* **2·** Rapprocher en vue d'assimiler ; mettre en parallèle. *Comparer la vie à une aventure. Ces choses ne sauraient se comparer.* ▶ **comparé, ée** adj. Qui étudie les rapports entre plusieurs objets d'étude. *Anatomie comparée. Littérature comparée,* étudiant les influences, les échanges entre littératures. ▶ **comparatisme** n. m. Étude comparée. – Littérature comparée. ▶ **comparatiste** adj. et n. Spécialiste d'une science comparée, de la littérature comparée. ▷ **comparable, comparaison, comparatif**

comparse [kɔ̃paʀs] n. Personnage dont le rôle est insignifiant.

compartiment [kɔ̃paʀtimɑ̃] n. m. **1·** Division pratiquée dans un espace pour loger des personnes ou des choses en les séparant. → **case.** *Coffre, tiroir à compartiments.* **2·** Division d'une voiture de chemin de fer (voyageurs), délimitée par des cloisons. *Tous les compartiments sont non-fumeurs.* **3·** Subdivision d'une surface (par des figures régulières). *Les compartiments d'un damier.* **4·** Abstrait. Division. ▶ **compartimenter** v. tr. < conjug. 1 > Diviser en compartiments, par classes, par catégories nettement séparées. → **cloisonner.** *Une société très compartimentée.* ▶ **compartimentage** n. m.

comparution [kɔ̃paʀysjɔ̃] n. f. Action de comparaître.

compas [kɔ̃pɑ] n. m. invar. **1·** Instrument composé de deux branches jointes par une charnière et que l'on écarte plus ou moins pour mesurer des angles, tracer des cercles. *Tracer un cercle au compas.* – Loc. *Avoir le compas dans l'œil,* juger à vue d'œil, avec une grande précision. **2·** Instrument de navigation formé d'une aiguille aimantée placée sur un pivot et portant la rose des vents. → **boussole.** *Compas gyroscopique. Naviguer au compas.*

compassé, ée [kɔ̃pa(ɑ)se] adj. Dont le comportement est affecté et guindé. *Un homme compassé.* / contr. naturel, simple / *Manières compassées.*

compassion [kɔ̃pa(ɑ)sjɔ̃] n. f. Sentiment qui porte à plaindre et à partager les maux d'autrui. → **sympathie ; commisération, miséricorde, pitié.** *Avoir de la compassion pour qqn.* → **compatir.** / contr. dureté, indifférence / ▶ **compassionnel, elle** adj. **1·** Inspiré par la compassion ; qui suscite la compassion. **2·** En médecine. *Protocole compassionnel,* qui permet à un malade de bénéficier d'un médicament qui n'est pas encore sur le marché.

compatible [kɔ̃patibl] adj. Qui peut s'accorder avec autre chose, exister en même temps. → **conciliable.** *Des caractères compatibles. La fonction de préfet n'est pas compatible avec celle de député.* / contr. incompatible / ▶ **compatibilité** n. f. *Compatibilité d'humeur.* ▷ **hémocompatible, incompatibilité**

compatir [kɔ̃patiʀ] v. tr. ind. < conjug. 2 > *Compatir à.* Avoir de la compassion pour (une souffrance). → **s'apitoyer, s'attendrir.** *Il compatit à notre douleur.* ▶ **compatissant, ante** adj. Qui prend part aux souffrances d'autrui. *Il est compatissant aux malheurs d'autrui. Un regard compatissant.* / contr. dur, insensible /

compatriote [kɔ̃patʀijɔt] n. Personne originaire du même pays qu'une autre. *Nous sommes compatriotes. Aider un compatriote.* → **citoyen, concitoyen.**

compenser [kɔ̃pɑ̃se] v. tr. < conjug. 1 > Équilibrer (un effet par un autre). → **contrebalancer, corriger, neutraliser.** *Compenser une perte par un gain.* – Sans compl. *Pour compenser, je t'emmènerai au théâtre.* – Pronominalement (récipr.). *Leurs caractères se compensent.* ▶ **compensé, ée** adj. Équilibré. *Semelle compensée,* qui forme un seul bloc avec le talon (chaussures hautes). ▶ **compensateur, trice** adj. Qui compense. *Bénéfice compensateur d'une perte.* ▶ **compensation** n. f. **1·** Avantage qui compense (un désavantage). *Compensation reçue pour des services rendus, des* *dommages.* → **indemnité ; dédommagement, réparation.** – *En compensation* : en revanche. *Si l'appartement est petit, en compensation nous avons une vue magnifique.* **2·** L'action, le fait de compenser, de rendre égal. *Compensation entre les gains et les pertes.* ▶ **compensatoire** adj. Qui compense. *Montants compensatoires,* sommes versées aux agriculteurs de l'Union européenne pour compenser la disparité des prix agricoles dans les pays membres. ▷ **récompense**

compère [kɔ̃pɛʀ] n. m. **1·** Vx. Terme d'amitié. Ami, camarade. *Compère le renard.* **2·** Celui qui, sans qu'on le sache, est de connivence avec qqn pour abuser le public ou faire une supercherie. → **acolyte.** *Le prestidigitateur avait deux compères dans la salle.*

compère-loriot [kɔ̃pɛʀlɔʀjo] n. m. Petit bouton du bord de la paupière. → **orgelet.** *Des compères-loriots.*

compétence [kɔ̃petɑ̃s] n. f. **1·** Connaissance approfondie, reconnue, qui confère le droit de juger ou de décider en certaines matières. → **capacité, qualité.** / contr. incompétence / *Avoir de la compétence, des compétences. Elle s'est occupée de cette affaire avec compétence. Cela n'entre pas dans mes compétences.* – Fam. Personne compétente. *C'est une compétence en la matière.* **2·** Aptitude légale ; aptitude d'une juridiction à instruire et juger un procès. *Cette affaire relève de la compétence du préfet.* → **attribution, domaine, ressort.** ▶ **compétent, ente** adj. **1·** Capable de bien juger d'une chose en vertu de sa connaissance approfondie en la matière. → **capable, expert, qualifié.** *Un critique compétent. Il est compétent en archéologie.* / contr. incompétent / **2·** Qui a la compétence légale, juridique. *Le tribunal compétent est la cour d'appel d'Aix.* ▷ **incompétence, incompétent**

compétitif, ive [kɔ̃petitif, iv] adj. Qui peut supporter la concurrence du marché. → **concurrentiel.** *Prix compétitifs.* ▶ **compétition** n. f. **1·** Recherche simultanée par deux ou plusieurs personnes d'un même avantage, d'un même résultat. → **concurrence, rivalité.** *Compétition entre partis politiques. Sortir vainqueur d'une compétition.* **2·** *Compétition sportive,* épreuve disputée entre plusieurs concurrents. → **match.** *Sport de compétition.* ▶ **compétitivité** n. f. Caractère compétitif (d'un tarif, d'une entreprise).

compilateur, trice [kɔ̃pilatœʀ, tʀis] n. **1·** Didact. Personne qui réunit des documents dispersés. **2·** Péj. Auteur qui emprunte aux autres. → **plagiaire.** ▶ **compilation** n. f. **1·** Rassemblement de documents. **2·** Disque, CD reprenant les chansons à succès d'un chanteur, les morceaux les plus connus d'un compositeur. → **best of.** – Abrév. **compil** n. f. – REM. On emploie aussi le verbe **compiler** < conjug. 1 >

complainte [kɔ̃plɛ̃t] n. f. Chanson populaire d'un ton plaintif. *Des complaintes de matelots.*

complaire [kɔ̃plɛʀ] v. tr. ind. < conjug. 54 > **1·** Littér. *Complaire à qqn,* lui être agréable. / contr. **déplaire** / **2·** *Se complaire (à, dans)* v. pron. réfl. : trouver son plaisir, sa satisfaction. *Se complaire dans son erreur. Elles se sont complu à faire, à dire cela.* → **aimer.** ▶ **complaisance** [kɔ̃plɛzɑ̃s] n. f. **1·** Disposition à s'accommoder aux goûts, aux sentiments d'autrui pour lui plaire. *Attendre qqch. de la complaisance de qqn. Montrer de la complaisance.* → **amabilité, empressement, serviabilité.** – Péj. *Sourire, rire* ***de complaisance*** : en vue de plaire, peu sincère. *Certificat de complaisance,* délivré à une personne qui n'y a pas droit. **2·** Sentiment dans lequel on se complaît par faiblesse, vanité. → **contentement, satisfaction.** *S'écouter, se regarder avec complaisance,* être content de soi. ▶ **complaisant, ante** adj. **1·** Qui a de la complaisance envers autrui. → **aimable, empressé, prévenant.** *Vous n'êtes pas très complaisant. Elle s'est montrée complaisante envers (pour) lui.* – *Mari complaisant, femme complaisante,* qui accepte que sa femme, son mari ait des relations avec un autre homme, une autre femme. **2·** Qui a ou témoigne de la complaisance envers soi-même. → **indulgent.** *Se regarder d'un œil complaisant.* → **satisfait.** ▶ **complaisamment** adv. Avec ou par complaisance. *Il m'a écouté complaisamment.*

complément [kɔ̃plemɑ̃] n. m. **1·** Ce qui s'ajoute ou doit s'ajouter à une chose pour qu'elle soit complète. → **achèvement.** – *Un complément d'information. Fournir le complément d'une somme d'argent.* **2·** Mot ou proposition rattaché(e) à un autre mot ou à une autre proposition, pour en compléter ou en préciser le sens. *Mot employé en fonction de complément. Complément du nom, du verbe, de l'adjectif. Nature du complément : déterminatif, explicatif ; complément d'objet, d'attribution, de circonstance, d'agent* (avec un verbe passif). *Le complément indirect est introduit par une préposition.* **3·** *Complément d'un angle,* ce qu'il faut lui ajouter pour obtenir un angle droit. ▶ **complémentaire** adj. **1·** Qui apporte un complément. *Renseignement complémentaire.* / contr. principal / **2·** (→ **complément,** 3) *Angle, nombre, arc complémentaire.* **3·** *Couleurs complémentaires,* dont la combinaison donne la lumière blanche. ▶ **complémenter** v. tr. < conjug. 1 > Rendre complet → **compléter,** par un complément.

① **complet, ète** [kɔ̃plɛ, ɛt] adj. **1·** Auquel ne manque aucun des éléments qui doivent le constituer. / contr. incomplet / *Un assortiment complet. Les œuvres complètes de Molière. Aliment complet*, qui réunit tous les éléments nécessaires à l'organisme humain. *Pain complet*, qui renferme aussi du son. **2·** Qui a un ensemble achevé de qualités, de caractères. / contr. imparfait / *Donner une idée, une image complète de qqch. Une étude complète.* → **exhaustif.** *Ruine, destruction complète.* → **total. 3·** (Sens faible : avant ou après le nom) Qui possède tous les caractères de son genre. → **accompli, achevé, parfait.** *C'est un complet idiot. Il est tombé dans un complet discrédit, dans un discrédit complet.* **4·** Tout à fait réalisé. *Dans l'obscurité complète.* → **absolu.** – Écoulé. *Dix années complètes.* → **accompli, révolu. 5·** Avec toutes les parties, tous les éléments qui le composent en fait. → **entier, total.** *Son mobilier complet se réduit à deux chaises.* – N. m. ***Au (grand) complet*** : en entier. → **intégralement.** *Le parti, au complet, a approuvé son chef.* → à l'**unanimité. 6·** Qui n'a plus de place disponible. → **bondé, bourré, plein.** *Train complet.* / contr. vide / ▶ **complètement** adv. **1·** D'une manière complète. → **entièrement.** *Lire un ouvrage complètement.* **2·** Tout à fait, vraiment. *Il est complètement fou, idiot.* ▷ **compléter**

2 **complet** n. m. Vieilli. Vêtement masculin en deux (ou trois) pièces assorties : veste, pantalon (et gilet). → **costume** ; fam. **costard.** *Des complets ou des complets-veston.*

compléter [kɔ̃plete] v. tr. < conjug. 6 > **1·** Rendre complet. *Compléter une collection, l'assortiment d'un magasin.* **2·** ***Se compléter*** v. pron. récipr. : se parfaire en s'associant. *Leurs caractères se complètent.* – (Passif) Être complété. ▶ **complétif, ive** adj. (Propositions) Qui joue le rôle d'un complément. – N. f. *Une complétive.*

1 **complexe** [kɔ̃plɛks] adj. **1·** Qui contient, qui réunit plusieurs éléments différents. *Question, problème complexe* (→ **complexité**). **2·** Difficile, à cause de sa complication. → **compliqué.** / contr. clair, simple / ▷ **complexité**

2 **complexe** n. m. Ensemble des traits personnels, acquis dans l'enfance, doués d'une puissance affective et généralement inconscients. *Complexe d'infériorité*, ensemble des conduites manifestant une lutte contre un pénible sentiment d'infériorité. Fam. *Avoir des complexes*, être timide. *Ça lui donnait des complexes.* ▶ **complexé, ée** adj. et n. Fam. Timide, inhibé. ▷ **décomplexer**

3 **complexe** n. m. Grand ensemble industriel. *Un complexe minier.* – Ensemble de bâtiments groupés en fonction de leur utilisation. *Un complexe universitaire, hôtelier.*

complexion [kɔ̃plɛksjɔ̃] n. f. Littér. Constitution, tempérament. *Être d'une complexion délicate, faible.* → **nature.**

complexité [kɔ̃plɛksite] n. f. État, caractère de ce qui est complexe. *Un problème d'une effroyable complexité.* → **complication, difficulté.** / contr. simplicité /

complication [kɔ̃plikasjɔ̃] n. f. **1·** Caractère de ce qui est compliqué. *La complication d'une machine.* → **complexité.** *La situation est d'une complication inextricable.* / contr. simplicité / **2·** Concours de circonstances capables de créer des embarras, d'augmenter une difficulté. *Éviter, fuir les complications.* **3·** Au plur. Phénomènes morbides nouveaux, au cours d'une maladie. → **aggravation.** *Le médecin craint des complications.*

complice [kɔ̃plis] adj. et n. **1·** Qui participe avec qqn à une action répréhensible. *Être complice d'un vol.* **2·** Qui favorise l'accomplissement d'une chose. *Le silence, la nuit semblaient complices.* **3·** N. *L'auteur du crime et ses complices ont été arrêtés.* → **acolyte.** ▶ **complicité** n. f. **1·** Participation à la faute, au délit ou au crime commis par un autre. *Être accusé de complicité de meurtre.* **2·** Entente profonde, spontanée entre personnes. → **accord, connivence.** *Agir en complicité avec qqn. Une complicité muette.* / contr. désaccord /

complies [kɔ̃pli] n. f. pl. Relig. catholique. La dernière heure de l'office divin (après les vêpres).

compliment [kɔ̃plimɑ̃] n. m. **1·** Paroles louangeuses que l'on adresse à qqn pour le féliciter. → **éloge, félicitation, louange.** / contr. blâme / *Faire des compliments à qqn. Tous mes compliments pour votre réussite ! Compliment sincère, hypocrite.* **2·** Paroles de politesse. *Je vous charge de mes compliments pour M. Martin.* **3·** Petit discours adressé à qqn pour lui faire honneur. *Réciter un compliment en vers.* ▶ **complimenter** v. tr. < conjug. 1 > Faire un compliment, des compliments à. → **féliciter.** *Complimenter qqn sur, pour son élégance. Complimenter un élève pour son succès à un examen.* / contr. blâmer / ▶ **complimenteur, euse** adj. et n. Qui fait trop de compliments. → **flatteur.**

compliquer [kɔ̃plike] v. tr. < conjug. 1 > **1·** Rendre complexe et difficile à comprendre. → **embrouiller.** / contr. simplifier / *Ce n'est pas la peine de compliquer cette affaire.* **2·** ***Se compliquer*** v. pron. : devenir compliqué. *La situation se complique ; ça se complique.* ▶ **compliqué, ée** adj. **1·** Qui possède de nombreux éléments difficiles à analyser. *Un mécanisme compliqué.* → **complexe.** / contr. simple / *Une histoire compliquée.* → **confus. 2·** Difficile à comprendre. / contr. facile /

Écoutez, ce n'est pas compliqué, vous prenez la première rue à droite. **3·** Qui aime la complication. *Un esprit compliqué.* – N. Fam. *Vous, vous êtes un compliqué.* ▷ **complication**

complot [kɔ̃plo] n. m. Projet concerté secrètement (contre qqn, contre une institution). *Faire, tramer un complot. Tremper dans un complot contre l'État.* → **conjuration, conspiration, machination.** ▶ **comploter** v. < conjug. 1 > **1·** V. tr. ind. ***Comploter de*** : préparer par un complot. *Comploter de tuer qqn.* **2·** V. tr. dir. Préparer secrètement et à plusieurs. → **manigancer, tramer.** *Qu'est-ce que vous complotez là ?* **3·** V. intr. Conspirer, intriguer. *Comploter contre qqn.* ▶ **comploteur, euse** n. → **conspirateur.**

componction [kɔ̃pɔ̃ksjɔ̃] n. f. Gravité recueillie et affectée. *Il a servi le vin avec componction.* → **cérémonie.** / contr. désinvolture /

comporter [kɔ̃pɔʀte] v. tr. < conjug. 1 > **1·** Permettre d'être, d'aller avec ; inclure en soi ou être la condition de. → **contenir, impliquer, inclure.** *Toute règle comporte des exceptions. Cette solution comporte de nombreux avantages.* **2·** Concret. Comprendre en soi. → **avoir.** *La maison comportait un rez-de-chaussée et un étage.* → **se composer** de. **3·** ***Se comporter*** v. pron. réfl. : se conduire, agir d'une certaine manière. → **comportement.** *Comment s'est-elle comportée devant cette nouvelle ?* → **réagir.** ▶ **comportement** n. m. **1·** Manière de se comporter. → **attitude, conduite, manière.** *Le comportement d'un auditoire. Le comportement d'un élève en classe.* **2·** Psychologie. Ensemble des réactions objectivement observables. *Psychologie du comportement.*

composer [kɔ̃poze] v. < conjug. 1 > **I·** V. tr. **1·** Former par la réunion d'éléments. → **agencer, assembler, constituer.** / contr. défaire / *Composer un bouquet de fleurs.* – *Composer un livre, un poème.* → **créer, écrire.** *Composer une sonate* (→ **compositeur**). **2·** Assembler des caractères d'imprimerie pour former (un texte). *On composait autrefois un livre au plomb.* – Au p. p. adj. *Livre composé par photocomposition* → **photocomposer.** – *Composer un numéro de téléphone.* **3·** Élaborer, adopter (une apparence, un comportement). → **affecter.** *Composer son attitude, son maintien.* **4·** (Suj. chose) Constituer en tant qu'élément. *Les pièces qui composent cet ustensile.* **II·** V. intr. **1·** S'accorder (avec qqn ou qqch.) en faisant des concessions. → **traiter, transiger.** *Composer avec l'ennemi.* **2·** Faire une composition (parfois, pour un examen). *Les élèves sont en train de composer.* **III·** **1·** ***Se composer*** v. pron. passif : être formé de. → **comporter, comprendre.** *La maison se compose de deux étages.* **2·** ***(Être) composé, ée.*** *L'assemblée est composée de douze personnes.* ▶ **composant, ante** adj. et n. **1·** Qui entre dans la composition de qqch. *Corps composant.* → **élément.** – N. m. ***Un composant*** : élément d'un corps composé. *L'hydrogène est un composant de l'eau.* – Élément qui entre dans la composition d'un circuit électronique. *L'industrie des composants.* **2·** N. f. ***Une composante*** : en mécanique, partie, force qui se combine pour produire une résultante. – Élément d'un ensemble complexe. ▶ **composé, ée** adj. et n. m. **1·** Formé de plusieurs éléments. → **complexe.** / contr. simple / *Corps (chimique) composé,* formé par la combinaison d'un corps simple avec d'autres corps. N. m. *Un composé chimique.* – *Mot composé,* formé de plusieurs mots ou précédé d'un préfixe (ex. : *antigel, chemin de fer, chou-fleur*). – N. m. *Les composés et les dérivés.* – *Temps composé,* formé de l'auxiliaire (avoir, être) et du participe passé du verbe. **2·** N. m. Ensemble formé de parties différentes. → **amalgame, mélange.** ▷ **composite, compositeur, composition, décomposer, recomposé**

composite [kɔ̃pozit] adj. Formé d'éléments très différents. *Style, mobilier composite. Une assemblée composite.* → **hétérogène.** / contr. homogène, simple /

compositeur, trice [kɔ̃pozitœʀ, tʀis] n. **I·** Personne qui compose des œuvres musicales. *Un grand, un célèbre compositeur.* → **musicien.** **II·** Personne qui compose des lignes et des pages avec des caractères d'imprimerie. → **typographe.** – Société qui assure la composition d'un texte.

composition [kɔ̃pozisjɔ̃] n. f. **I·** **1·** Action ou manière de former un tout en assemblant plusieurs éléments ; disposition des éléments. → **agencement, arrangement, organisation, structure.** / contr. analyse, décomposition / *La composition d'un mélange. La composition d'un plat.* – *La composition d'une assemblée,* ce qui la compose. **2·** Imprimerie. Action de composer un texte. *La composition de ce livre est achevée* (→ **photocomposition**). **3·** Loc. (Personnes) *Être de bonne composition,* accommodant, facile à vivre. **II·** **1·** Surtout en musique. Action de composer (une œuvre d'art) ; façon dont une œuvre est composée. *Pendant la composition de son opéra. Il nous a montré des vers de sa composition.* – *Une composition,* l'œuvre composée. **2·** *Composition (française),* exercice scolaire de français et de littérature. → **dissertation, rédaction.** **3·** Vieilli. Épreuve scolaire comptant pour un classement, en toute matière. → **contrôle.** *Composition d'histoire.* – Abrév. fam. **compo,** n. f. *Des compos.* ▷ **photocomposition**

compost [kɔ̃pɔst] n. m. Engrais végétal. ▶ **compostable** adj. Que l'on peut composter. ▶ **compostage** n. m. *Bac à compostage.*

▶ 1 **composter** v. tr. < conjug. 1 > Transformer en compost. ▶ 1 **composteur** n. m. Bac où l'on dépose les déchets organiques pour en faire du compost.

2 **composter** [kɔ̃pɔste] v. tr. < conjug. 1 > Perforer à l'aide d'un composteur. *Composter un ticket de métro, un billet de train.* – Au p. p. adj. *Billets compostés.* ▶ 2 **composteur** n. m. Appareil mécanique portant des lettres ou des chiffres et servant à marquer des billets de chemin de fer, des factures.

compote [kɔ̃pɔt] n. f. **1·** Entremets fait de fruits coupés en quartiers ou écrasés, cuits avec de l'eau et du sucre. → **marmelade.** *Une compote de pommes.* **2·** Fam. *Avoir la tête, les membres en compote,* meurtris. ▶ **compotée** n. f. Préparation culinaire qui a la consistance d'une compote. *Compotée d'oignons.* ▶ **compotier** [kɔ̃pɔtje] n. m. Plat en forme de coupe (utilisé d'abord pour servir de la compote).

compréhensible [kɔ̃pʀeɑ̃sibl] adj. **1·** Qui peut être compris. → **clair, intelligible.** *Expliquer qqch. d'une manière compréhensible.* **2·** Qui s'explique facilement. → **concevable.** *Une attitude compréhensible. C'est très compréhensible.* → **normal.** / contr. incompréhensible / ≠ compréhensif.

compréhensif, ive [kɔ̃pʀeɑ̃sif, iv] adj. (Personnes) Qui est apte à comprendre autrui. → **bienveillant, indulgent, tolérant.** *Des parents compréhensifs. C'est un homme compréhensif, il vous excusera sûrement.* / contr. borné, incompréhensif / ≠ compréhensible. ▶ **compréhension** n. f. **1·** Faculté de comprendre, de percevoir par l'esprit, par le raisonnement. *La compréhension du problème.* → **intelligence. 2·** (Choses) Possibilité d'être compris. → **clarté.** *La ponctuation est utile à la compréhension d'un texte.* **3·** Qualité par laquelle on comprend autrui. → **indulgence, tolérance.** *Être plein de compréhension à l'égard des autres.* → **compréhensif.** *Manquer de compréhension.* / contr. incompréhension, intolérance / ▷ **incompréhension**

1 **comprendre** [kɔ̃pʀɑ̃dʀ] v. tr. < conjug. 58 > **1·** (Suj. chose) Contenir en soi, être formé de (plusieurs éléments). → **comporter,** se **composer, renfermer.** *La péninsule Ibérique comprend l'Espagne et le Portugal.* **2·** (Suj. personne) Faire entrer dans un ensemble. → **intégrer.** *Le propriétaire a compris les charges dans le prix du loyer.* – ***Compris, ise*** p. p. adj. → **inclus.** *Le service est, n'est pas compris. Vingt euros, tout compris.* – Loc. invar. ***Y compris*** *qqch., qqn* : qqch., qqn étant compris dans ce qu'on désigne. *Il travaille tous les jours, y compris les dimanches, le dimanche. Tous frais payés, y compris les réparations.* – **REM.** Si le nom précède la locution, celle-ci s'accorde alors en genre et en nombre. *Tous frais payés, les réparations y comprises* (mais : *y compris les réparations*).

2 **comprendre** v. tr. < conjug. 58 > (Suj. personne) **1·** Avoir une idée nette de ; saisir le sens de. *Fait de comprendre qqch.* → **compréhension.** *Chose facile à comprendre.* → **compréhensible.** *Chercher à comprendre ce que quelqu'un dit. Comprendre une explication, une plaisanterie.* → **saisir.** – Sans compl. *Je comprends. – Tout comprendre. Comprendre quelque chose à..., comprendre un peu, en partie. Comprends-tu quelque chose aux mathématiques ? Je n'y comprends rien. Faire comprendre.* → **démontrer, montrer.** *Il parle mieux l'anglais qu'il ne le comprend.* – *Comprendre qqn,* ce qu'il dit, écrit. – Au p. p. adj. *Une leçon bien comprise.* **2·** Se faire une idée claire des causes, des motifs de (qqch.). → **saisir, sentir.** *Je comprends sa colère, ses raisons.* – ***Comprendre que*** (+ subjonctif). *Je comprends qu'il soit furieux. Je ne comprends pas qu'il puisse s'ennuyer.* → **concevoir. 3·** Se rendre compte de (qqch.). → **s'apercevoir, voir.** *Il comprenait enfin la gravité de la situation. Ah ! Je comprends !* (→ j'y suis, je vois !). ***Comprendre pourquoi, comment*** (+ indicatif). ***Comprendre que*** (+ indicatif). *Je compris qu'il s'ennuyait en ma présence.* **4·** Avoir une attitude compréhensive envers (qqch., qqn). *Comprendre la plaisanterie,* l'admettre sans se vexer. *Comprendre les choses,* avoir l'esprit large. *Je comprends ton père, il n'a pas tout à fait tort de se fâcher. Personne ne me comprend* (→ **incompris**). ▶ **comprenette** [kɔ̃pʀənɛt] n. f. Fam. Faculté de comprendre. *Il a la comprenette difficile.* ▷ **compréhensible, compréhensif, compréhension, incompris**

compresse [kɔ̃pʀɛs] n. f. Morceau de linge fin plusieurs fois replié que l'on applique sur une partie malade. → **pansement.** *Compresse stérile.*

compresser [kɔ̃pʀese] v. tr. < conjug. 1 > Serrer, presser. → **comprimer.** – Au p. p. adj. *Voitures compressées à la casse.* – En informatique. → **compacter.** *Compresser des images.*

compresseur [kɔ̃pʀesœʀ] n. m. et adj. m. **1·** Appareil qui comprime les gaz. *Le compresseur d'un moteur Diesel.* **2·** ***Rouleau compresseur*** : véhicule muni d'un gros cylindre, employé dans les travaux publics.

compressible [kɔ̃pʀesibl] adj. **1·** Qui peut être comprimé. → **condensable.** *L'air est compressible.* **2·** Fig. Qui peut être diminué, restreint. *Des dépenses compressibles.* / contr. incompressible / ▶ **compressibilité** n. f. *La compressibilité des gaz.* – Fig. *La compressibilité des effectifs, des dépenses.*

compression [kɔ̃pʀesjɔ̃] n. f. **1·** Action de comprimer ; son résultat. → **pression.** *La compression* *de l'air.* / contr. dilatation / **2·** Réduction forcée. *La compression des dépenses. Il y a eu, à l'usine, une compression de personnel.* / contr. augmentation / **3·** En informatique. Traitement informatique permettant de réduire la taille de données, de fichiers. → **compactage.** ▷ **décompression**

comprimer [kɔ̃pʀime] v. tr. < conjug. 1 > **1·** Exercer une pression sur (qqch.) et en diminuer le volume. → **presser, serrer ; compression.** *Comprimer une artère pour éviter l'hémorragie. Comprimer un objet entre deux choses.* → **coincer, écraser. 2·** Empêcher de se manifester. *Comprimer sa colère, ses larmes.* → **contenir, refouler, réprimer, retenir.** / contr. exprimer, extérioriser / **3·** *Comprimer les dépenses,* les réduire (→ **compression**). ▶ 1 **comprimé, ée** adj. Diminué de volume par pression. *Air comprimé.* ▶ 2 **comprimé** n. m. Pastille pharmaceutique faite de poudre comprimée. *Prenez deux comprimés dans un verre d'eau.* ≠ cachet.

compris → **comprendre.**

compromettre [kɔ̃pʀɔmɛtʀ] v. tr. < conjug. 56 > Mettre dans une situation dangereuse, difficile, critique (en exposant au jugement d'autrui). → **exposer, impliquer.** *Compromettre qqn en l'engageant dans des affaires malhonnêtes. Compromettre sa santé, sa réputation.* → **risquer.** *Compromettre ses chances.* → **diminuer.** – Au passif et p. p. adj. *(Être) compromis. Les associés les plus compromis.* ▶ **compromettant, ante** adj. Qui compromet ou peut compromettre. *Il a des relations compromettantes. Un document compromettant. Ce n'est pas compromettant,* cela n'engage à rien. ▶ **compromis** [kɔ̃pʀɔmi] n. m. invar. Arrangement dans lequel on se fait des concessions mutuelles. → **accord, transaction.** *En arriver, consentir à un compromis. Il a fallu d'interminables discussions pour parvenir à un compromis.* ▶ **compromission** n. f. **1·** Action par laquelle on est compromis. *Sa compromission dans cette affaire pourrait briser sa carrière politique.* **2·** Acte par lequel on fait ce qu'on désapprouve moralement. *Elle n'accepte aucune compromission.*

comptable [kɔ̃tabl] adj. et n. **1·** Adj. Littér. Qui a des comptes à rendre ; responsable. *N'être comptable à personne de ses actions.* **2·** Qui concerne la comptabilité. *Plan comptable.* **3·** N. Personne dont la profession est de tenir les comptes. *Expert-comptable. Chef comptable. Une bonne comptable.* ▶ **comptabiliser** [kɔ̃tabilize] v. tr. < conjug. 1 > Inscrire dans la comptabilité. ▶ **comptabilité** [kɔ̃tabilite] n. f. **1·** Tenue des comptes ; ensemble des comptes tenus selon les règles. *La comptabilité d'une entreprise. Livres de comptabilité.* **2·** Service chargé d'établir les comptes. *Le directeur, le chef de la comptabilité.* ▷ **expert-comptable**

compte [kɔ̃t] n. m. ≠ comte, conte. **1·** Action d'évaluer une quantité → **compter ;** cette quantité → **calcul, énumération.** *Faire un compte. Le compte exact des dépenses.* – Loc. *Compte à rebours.* → **rebours. 2·** Énumération, calcul des recettes et des dépenses. → **comptabilité.** *Les comptes d'une entreprise. Les articles d'un compte. Vérifier un compte.* – Au plur. *Faire ses comptes. Livre de comptes. Les comptes de l'État. La Cour* des comptes.* – État de l'avoir et des dettes d'une personne, dans un établissement financier. *Ouvrir un compte dans une banque. Avoir un compte en banque. Compte courant,* représentant toutes les opérations entre une personne et la banque. *Un compte chèque. Approvisionner, débiter son compte. Son compte est à découvert. Compte débiteur*, créditeur*.* – *Laisser une marchandise pour compte,* la laisser au vendeur. – Fig. *Un **laissé pour compte.*** → **laissé-pour-compte. 3·** (Argent dû) *Donner, régler son compte à un employé,* lui donner son dû ; le congédier. – Fam. ***Régler son compte** à qqn* : lui faire un mauvais parti. ***Règlement de comptes*** : explication violente ; attentat, meurtre. – *Son compte est bon,* il aura ce qu'il mérite. *Il a eu son compte,* tout ce qu'il pouvait supporter. **4·** ***À bon compte*** : à bon prix. *En être quitte, s'en tirer à bon compte,* sans trop de dommage. **5·** *Il y trouve son compte.* → **avantage, bénéfice, intérêt, profit. 6·** Loc. ***À ce compte-là*** : d'après ce raisonnement. *Au bout du compte,* tout bien considéré. ***En fin de compte*** : après tout, pour conclure. – *Être **loin du compte*** (du total) : se tromper de beaucoup. – ***Tout compte fait*** : tout bien considéré. **7·** Loc. ***Au compte de*** *(à son compte), pour le compte de qqn* : pour qqn. *Travailler à son compte,* travailler pour soi, être autonome. *Pour mon compte,* en ce qui me concerne. – *Il n'y a rien à dire sur son compte,* à son sujet. ***Mettre** qqch. **sur le compte de** qqch. On a mis son erreur sur le compte de la fatigue.* → **imputer. 8·** ***Tenir compte de*** *qqch.* : prendre en considération, accorder de l'importance à. **9·** *Demander des comptes, **rendre compte,** des comptes* : demander, faire le rapport de ce que l'on a fait, de ce que l'on a vu, pour faire savoir, expliquer ou justifier. → **explication, rapport.** *N'avoir de comptes à rendre à personne. Rendre compte de sa mission.* → **compte rendu.** – ***Se rendre compte.*** → **s'apercevoir, comprendre, découvrir, remarquer, voir.** *Se rendre compte d'une chose. Elle s'est rendu compte de son erreur. Je me rends compte que vous êtes mécontent.* ▶ **compte rendu** [kɔ̃tʀɑ̃dy] n. m. Texte par lequel on rend compte, on expose. *Faire le compte rendu d'une réunion. Des comptes rendus.* ▷ **laissé-pour-compte**

compte-gouttes [kɔ̃tgut] n. m. invar. **1·** Petite pipette en verre servant à doser des médicaments. *Des compte-gouttes.* **2·** Loc. *Au compte-gouttes,* en très petite quantité.

compter [kɔ̃te] v. < conjug. 1 > **I·** V. tr. **1·** Déterminer (une quantité) par le calcul ; établir le nombre de. → **chiffrer, dénombrer.** *Compter les spectateurs d'un théâtre. Compter une somme d'argent. Compter les points d'une partie de billard.* – Pronominalement (passif). *Ses erreurs ne se comptent plus,* sont innombrables. **2·** Mesurer avec parcimonie. *Compter l'argent que l'on dépense.* – Au p. p. adj. *Marcher à pas comptés.* **3·** Mesurer. *Compter les jours, les heures,* trouver le temps long. – Loc. *Il faut compter plusieurs heures pour faire cela,* plusieurs heures sont nécessaires. *Il faut compter cinq cents euros pour la réparation de la voiture.* – Au passif. Loc. *Ses jours sont comptés,* il lui reste peu de temps à vivre. **4·** Comprendre dans un compte, un total. → **inclure.** *Ils étaient quatre, sans compter les enfants. N'oubliez pas de me compter.* **5·** Avoir l'intention de (+ infinitif). *Il compte pouvoir partir demain.* → **espérer, penser.** – (Avec *que* + indicatif) *Je compte bien qu'il viendra. Je comptais qu'il viendrait.* → **s'attendre, croire.** **6·** ***Sans compter que*** : sans considérer que. **II·** V. intr. **1·** Calculer. *Compter sur ses doigts. Cet enfant sait lire, écrire et compter. Donner, dépenser, recevoir **sans compter*** : généreusement. **2·** ***Compter avec qqn, qqch.*** : tenir compte de. *Il faut compter avec l'opinion.* **3·** ***Compter sur*** : faire fond, s'appuyer sur. *Comptez sur moi. Y compter. J'y compte bien,* je l'espère bien. **4·** Avoir de l'importance. → **importer.** *Cela compte peu, ne compte pas.* – Fam. *Compter pour du beurre,* ne pas compter. **5·** Être (parmi). *Compter parmi, au nombre de.* → **figurer.** *Compter parmi les meilleurs,* être au nombre des meilleurs. **6·** ***À compter de*** : à partir de. *À compter d'aujourd'hui.* ▶ **comptage** [kɔ̃taʒ] n. m. Le fait de compter. *Faire un comptage rapide. Le comptage des voitures sur une route.* ▶ **comptant** [kɔ̃tɑ̃] adj. m., n. m. et adv. **1·** Adj. Que l'on compte sur-le-champ. *Argent comptant,* payé immédiatement et en espèces (opposé à *à terme*). – Loc. *Prendre qqch. pour (de l')argent comptant,* croire trop facilement ce qui est dit. **2·** Loc. *Au comptant,* en argent comptant. *Acheter, vendre au comptant* (opposé à *à crédit*). **3·** Adv. *Payer, régler comptant,* en argent comptant. ▶ **compte-tours** [kɔ̃ttuʀ] n. m. invar. Appareil comptant les tours faits par l'arbre d'un moteur, dans un temps donné. ▶ **compteur** [kɔ̃tœʀ] n. m. Appareil servant à compter, à mesurer en unités un temps (une vitesse, un volume...). *Faire du cent (kilomètres) à l'heure au compteur* (de vitesse). *Compteur Geiger,* qui compte les particules émises par un corps radioactif. *Des compteurs Geiger.* – Appareil servant à mesurer des consommations domestiques. *Compteur à gaz, à eau, d'électricité. Relever le compteur.* ▷ **acompte, comptable, compte, compte-gouttes, comptine, comptoir, décompter, recompter, volucompteur**

comptine [kɔ̃tin] n. f. Formule enfantine (chantée, parlée ou scandée) servant souvent à désigner le joueur, la joueuse à qui sera attribué un rôle particulier dans un jeu (ex. : *Am, stram, gram*).

comptoir [kɔ̃twaʀ] n. m. **1·** Table, support long et étroit, sur lequel le marchand reçoit l'argent, montre les marchandises. *Le comptoir d'un magasin. Comptoir (d'un débit de boissons),* table longue et étroite sur laquelle sont servies les consommations. → **bar, zinc.** *J'ai pris un café au comptoir.* **2·** Installation commerciale d'une entreprise dans un pays éloigné ; entente entre producteurs pour la vente de leurs produits. *Comptoir de vente en commun.* → **coopérative.**

compulser [kɔ̃pylse] v. tr. < conjug. 1 > Consulter, examiner, feuilleter. *Compulser des notes pour retrouver un renseignement.*

compulsion [kɔ̃pylsjɔ̃] n. f. En psychologie. Conduite qui pousse le sujet à accomplir des gestes répétitifs, un rituel, sous peine d'angoisse, de culpabilité. ▶ **compulsif, ive** adj. *Conduite compulsive. Trouble obsessionnel compulsif* (abrév. *T. O. C.*). – Fam. Irrépressible. *Elle vérifie tout, c'est compulsif.*

comte [kɔ̃t] n. m. Titre de noblesse qui, dans la hiérarchie nobiliaire, prend rang après le marquis et avant le vicomte. ≠ compte, conte. ▶ [1] **comté** n. m. **1·** Domaine dont le possesseur prenait le titre de comte. *Terre érigée en comté.* **2·** Circonscription administrative, en Grande-Bretagne et dans les pays anglo-saxons. ▶ **comtesse** n. f. Femme possédant le titre équivalant à celui de comte. – Femme d'un comte. ▷ **vicomte**

[2] **comté** n. m. Fromage français voisin du gruyère.

con, conne [kɔ̃, kɔn] n. et adj. Fam. et vulg. **1·** N. Imbécile, idiot. *Quelle bande de cons ! C'est une conne.* **2·** Adj. *Elle est vraiment con, conne.* – REM. L'adj. s'emploie aussi à la forme masculine avec un sujet féminin. – Impers. *C'est con,* c'est bête. *C'est con qu'il ne soit pas venu.* **3·** Loc. ***À la con*** : mal fait, inepte. → fam. à la **noix.** *Un film à la con.* ▷ **connerie**

con- (et **com-, col-, cor-**) Préfixe signifiant « avec ». → **co-.**

concasser [kɔ̃kɑse] v. tr. < conjug. 1 > Réduire (une matière solide) en petits fragments. → **broyer, écraser.** *Concasser du poivre. Concasser* *de la pierre.* ▶ **concassage** n. m. *Le concassage des pierres.* ▶ **concasseur** n. m. Appareil servant à concasser.

concave [kɔ̃kav] adj. Qui présente une surface courbe en creux. *Surface, miroir concave.* / contr. convexe / ▶ **concavité** n. f. Forme concave ; cavité, creux. *Les concavités d'un rocher.*

① **concéder** [kɔ̃sede] v. tr. < conjug. 6 > Accorder (qqch.) à qqn comme une faveur. → **céder, donner, octroyer.** *On concède un privilège. Ce droit lui a été concédé pour deux ans.* ▷ ① **concession**

② **concéder** v. tr. < conjug. 6 > Dans une discussion, céder sur (un point). → ② **concession.** *Je vous concède ce point. Concédez que j'ai raison sur ce point.* – En sport. *Concéder un but à l'équipe adverse.* / contr. contester / ▷ ② **concession**

concentrer [kɔ̃sɑ̃tʀe] v. tr. < conjug. 1 > **1·** Réunir en un point (ce qui était dispersé). *Concentrer des troupes,* rassembler, réunir. / contr. disperser / *Concentrer le tir sur un point donné.* **2·** Diminuer la quantité d'eau contenue dans (un liquide). *Concentrer un bouillon.* / contr. diluer / **3·** Appliquer avec force sur un seul objet. *Concentrer son énergie, son attention.* – ***Se concentrer*** v. pron. réfl. *Se concentrer sur un problème. Taisez-vous, je me concentre.* ▶ **concentré, ée** adj. **1·** Qui contient une faible proportion d'eau. *Du bouillon concentré. Du lait concentré.* → **condensé.** – N. m. *Du concentré de tomate.* – Fam. *C'est du concentré,* c'est très dense. **2·** Dont l'esprit est accaparé par qqch., attentif. *Avoir l'air concentré.* / contr. distrait / ▶ **concentration** n. f. **1·** Réunion en un centre, en un même lieu. *La concentration des troupes en un point du territoire.* → **rassemblement.** *Concentration économique,* réunion (d'entreprises) sous une direction commune. / contr. dispersion / – *Camp* de concentration.* **2·** Ce qui réunit des éléments assemblés. *Les grandes concentrations urbaines.* → **agglomération.** **3·** En chimie. Le fait de concentrer ou d'être concentré. *Point, degré de concentration* (rapport entre la quantité d'un corps et sa solution). **4·** Abstrait. Application de tout l'effort intellectuel sur un seul objet. *Concentration d'esprit. Ce travail exige une grande concentration.* → **attention, réflexion.** / contr. distraction / ▶ **concentrationnaire** adj. Relatif aux camps de concentration, à la répression pénitentiaire massive.

concentrique [kɔ̃sɑ̃tʀik] adj. **1·** (Courbes, cercles, sphères) Qui a un même centre. *Trois enceintes concentriques de murailles.* **2·** *Mouvement concentrique,* vers le centre.

concept [kɔ̃sɛpt] n. m. **1·** Idée générale ; représentation abstraite d'un objet ou d'un ensemble d'objets ayant des caractères communs. → ① **conception, notion.** *Le concept d'arbre, de liberté. Les concepts scientifiques, philosophiques et les notions de la vie courante. Le terme qui désigne un concept.* **2·** Idée efficace. *Un tout nouveau concept publicitaire.* ▶ **conceptuel, elle** adj. **1·** Qui procède par concepts. *La pensée conceptuelle.* **2·** *L'art conceptuel,* qui privilégie l'idée artistique (et non l'apparence).

① **conception** [kɔ̃sɛpsjɔ̃] n. f. Façon de concevoir ①, de comprendre ou d'imaginer, de prévoir (qqch.). *Il a une curieuse conception du travail en groupe. Conception artistique, technique. Conception assistée par ordinateur.* → **C. A. O.** – Chose conçue ; idée, plan. *Des conceptions hardies.* → **idée, vue.**

② **conception** n. f. Formation d'un nouvel être dans l'utérus maternel à la suite de la réunion d'un spermatozoïde et d'un ovule ; moment où un enfant (un petit) est conçu. → **fécondation, génération ;** ② **concevoir.** *L'Immaculée Conception,* la Vierge Marie, conçue exempte du péché originel. ▷ **anticonceptionnel**

concerner [kɔ̃sɛʀne] v. tr. < conjug. 1 > (Suj. chose) Avoir rapport à, s'appliquer à. → **intéresser, regarder, toucher.** *Voici une lettre qui vous concerne. Cela ne vous concerne pas,* ce n'est pas votre affaire. – ***En ce qui concerne...*** : dans le domaine de... ▶ **concernant** prép. À propos, au sujet de. → **touchant.** *Des mesures concernant la circulation des véhicules.*

concert [kɔ̃sɛʀ] n. m. **1·** Séance musicale. *Concert donné par un seul musicien.* → **audition, récital.** *Aller au concert. Salle de concerts. Un concert de rock.* **2·** *Le concert des nations,* leur bonne entente. – ***De concert*** loc. adv. : en accord. → **ensemble.** *Ils ont agi de concert.* **3·** *Des concerts de louanges, d'approbations, de bénédictions,* des louanges, etc., nombreuses et concordantes. ▶ **concertiste** n. Musicien, musicienne qui se produit en concert. ▷ **concerto**

concerter [kɔ̃sɛʀte] v. tr. < conjug. 1 > **1·** Projeter ensemble, en discutant. → **arranger, organiser.** *Concerter un projet, une décision.* – Au p. p. adj. *Un plan concerté.* – ***Se concerter*** v. pron. récipr. : s'entendre pour agir de concert. **2·** Décider après réflexion. ▶ **concertation** n. f. Fait de se concerter, de discuter ensemble.

concerto [kɔ̃sɛʀto] n. m. Composition de forme sonate, pour orchestre et un instrument soliste. *Concerto pour piano (violon) et orchestre. Des concertos.*

① **concession** [kɔ̃sesjɔ̃] n. f. **1·** Attribution par une collectivité de terrains ou des ressources du sous-sol pour les mettre en valeur. *Des concessions de mines.* → **cession.** – Contrat accordant le droit d'assurer un service public. *Concession d'électricité, de transport en commun.* **2·** Terre concédée. *Concession pétrolière, forestière.* ▶ **concessionnaire** n. **1·** Personne qui a obtenu une concession de terrain à exploiter, de travaux à exécuter. – Adj. *Société concessionnaire.* **2·** Intermédiaire qui a reçu un droit exclusif de vente dans une région. *Les concessionnaires d'une marque d'automobiles.*

② **concession** n. f. Le fait d'abandonner à son adversaire un point de discussion, de concéder ② ; ce qui est abandonné. *Faire une concession à son adversaire. Ils se sont fait des concessions mutuelles.* → **compromis.**

① **concevoir** [kɔ̃s(ə)vwaʀ] v. tr. <conjug. 28> **1·** Former (un concept). → ① **conception.** *L'esprit conçoit les idées.* **2·** Avoir une idée claire de. → **comprendre, saisir.** *Je ne conçois pas ce qu'il veut dire. Cela se conçoit facilement.* ***Concevoir que*** (+ indicatif). *Je conçois que tu es fatigué* (je me rends compte que) ; (+ subjonctif) *je conçois que tu sois fatigué* (je comprends). **3·** Créer par l'imagination. → **imaginer, inventer.** *Concevoir un projet, un dessein.* – Au passif et au p. p. adj. *Cet ouvrage est bien conçu. Un plan ainsi conçu.* **4·** Éprouver (un état affectif). *Concevoir de l'amitié pour qqn.* ▶ **concevable** [kɔ̃svabl] adj. Qu'on peut imaginer, concevoir ; que l'on peut comprendre. → **compréhensible, imaginable.** *Cela n'est pas concevable.* → **pensable.** *Il est très concevable que...* / contr. inconcevable / ▷ **inconcevable, préconçu**

② **concevoir** v. tr. <conjug. 28> Former (un enfant) dans son utérus par la conjonction d'un ovule et d'un spermatozoïde ; devenir, être enceinte. → **engendrer ;** ② **conception.** *Concevoir un enfant.* – Sans compl. *Femme qui ne peut plus concevoir.*

concierge [kɔ̃sjɛʀʒ] n. Personne qui a la garde d'un immeuble, d'une maison importante. → **gardien, portier.** *La concierge est dans l'escalier. La loge du concierge.* – **REM.** On dit aujourd'hui *gardien, ienne.* – Fam. *C'est une vraie concierge,* une personne bavarde.

concile [kɔ̃sil] n. m. Assemblée des évêques de l'Église catholique. *Les décisions, les actes d'un concile.* ▶ **conciliaire** adj. D'un concile. *Décisions conciliaires.*

conciliabule [kɔ̃siljabyl] n. m. Conversation où l'on chuchote, comme pour se confier des secrets.

concilier [kɔ̃silje] v. tr. <conjug. 7> **1·** Faire aller ensemble, rendre harmonieux (ce qui était très différent, contraire). / contr. opposer / *Concilier les opinions. Comment concilier des intérêts divergents ? – Concilier la richesse du style avec la simplicité, et la simplicité.* → **allier, réunir. 2·** Littér. Réconcilier (des personnes). / contr. diviser / **3·** ***Se concilier*** *qqn* : le disposer favorablement envers soi. – *Se concilier l'amitié de qqn. Elle s'est concilié les bonnes grâces de son professeur.* → **s'attirer, gagner.** ▶ **conciliant, ante** adj. Qui est porté à maintenir la bonne entente avec les autres, par des concessions ②. → **accommodant, coulant.** *Il est d'un caractère conciliant. Prononcer des paroles conciliantes.* → **apaisant.** ▶ **conciliateur, trice** n. Personne qui s'efforce de concilier les personnes entre elles. → **arbitre, médiateur.** *Jouer les conciliateurs.* ▶ **conciliation** n. f. **1·** Action de concilier des opinions, des intérêts ; son résultat. → **arbitrage, médiation.** – *Faire preuve d'un esprit de conciliation.* → **conciliant. 2·** Règlement amiable d'un conflit. ▷ **inconciliable, irréconciliable, réconcilier**

concis, ise [kɔ̃si, iz] adj. Qui s'exprime en peu de mots. → **bref, dense, dépouillé, laconique, sobre, succinct.** *Pensée claire et concise. Écrivain concis.* / contr. diffus, prolixe / ▶ **concision** n. f. Qualité de ce qui est concis. → **brièveté, sobriété.** *La concision du style, de la pensée.*

concitoyen, enne [kɔ̃sitwajɛ̃, ɛn] n. Citoyen du même État, d'une même ville (qu'un autre). → **compatriote.** *Mes chers concitoyens.*

conclave [kɔ̃klav] n. m. Assemblée des cardinaux pour élire un nouveau pape.

conclure [kɔ̃klyʀ] v. tr. <conjug. 35> **I·** V. tr. dir. **1·** Amener à sa fin par un accord. *Conclure qqch. avec qqn.* → **régler, résoudre.** *Conclure une affaire. Conclure un traité, la paix.* → **signer.** – Au p. p. adj. *Marché conclu.* **2·** Terminer (un discours, un ouvrage). → **conclusion.** *Il a conclu son livre par une citation.* – Sans compl. *Concluez !* / contr. commencer / **3·** ***Conclure que*** (+ indicatif) : tirer (une conclusion). *Je conclus que vous avez tort.* **II·** V. tr. ind. **1·** ***Conclure de*** : tirer (une conséquence) de prémisses données. → **démontrer.** *Conclure de qqch. à qqch. Conclure de la beauté du style à l'intérêt de l'œuvre. J'en conclus qu'il était coupable.* **2·** ***Conclure à*** : tirer (une conclusion, un enseignement). *Les enquêteurs concluent à l'assassinat.* – Décider. *Les juges conclurent à l'acquittement.* ▶ **concluant, ante** adj. Qui apporte une preuve irréfutable. *Argument concluant.* → **convaincant, décisif, probant.** *Expérience concluante.* ▶ **conclusion** n. f. **1·** Arrangement final (d'une affaire). → **règlement, solution.** *La conclusion d'une affaire, d'un traité.* – Fin. *Les événements approchent de la (de leur) conclusion.* **2·** Ce qui termine (un récit, un ouvrage). → **dénouement, épilogue, fin.** / contr. début, introduction / *La conclusion d'un discours, d'un livre.*

La conclusion d'une fable. → **morale.** **3**· Jugement qui suit un raisonnement. *Sa conclusion est fausse. Déduire, tirer une conclusion de qqch.* → **enseignement.** *Arriver à la conclusion que...* – ***En conclusion*** loc. adv. : pour conclure, en définitive. → **ainsi, donc.**

concocter [kɔ̃kɔkte] v. tr. < conjug. 1 > Plaisant. Préparer, élaborer. *Elle nous a concocté un plat extraordinaire. Il leur a concocté un beau discours.*

concombre [kɔ̃kɔ̃bʀ] n. m. Plante herbacée rampante (cucurbitacée) ; son fruit, qui se consomme comme légume ou en hors-d'œuvre (cru). *Salade de concombres. Petits concombres à la russe.* → **cornichon.**

concomitant, ante [kɔ̃kɔmitɑ̃, ɑ̃t] adj. Qui accompagne un autre fait, coïncide avec lui. → **coexistant, simultané.** *Symptômes concomitants d'une maladie.*

① **concordance** [kɔ̃kɔʀdɑ̃s] n. f. **1**· Le fait d'être semblable, de correspondre aux mêmes idées, de tendre au même résultat. → **accord, conformité ; concorder.** / contr. désaccord ; contradiction / *La concordance de deux situations.* → **ressemblance, similitude.** *La concordance de deux témoignages. Mettre ses actes **en concordance** avec ses principes.* **2**· *Concordance des temps*, règle subordonnant le choix du temps du verbe dans certaines propositions complétives à celui du temps dans la proposition complétée (ex. : *Je regrette qu'il vienne ; je regrettais qu'il vînt*).

② **concordance** n. f. Index alphabétique des mots contenus dans un texte, avec l'indication des passages où ils se trouvent (pour comparer). *Concordance de la Bible.*

concordant, ante [kɔ̃kɔʀdɑ̃, ɑ̃t] adj. REM. S'emploie surtout au plur. Qui concorde(nt). *Témoignages concordants.* / contr. discordant, opposé /

concordat [kɔ̃kɔʀda] n. m. Accord écrit à caractère de compromis. → **convention.** *Concordat entre le pape et un État souverain.*

concorder [kɔ̃kɔʀde] v. intr. < conjug. 1 > **1**· Être semblable ; correspondre au même contenu. *Les renseignements, les témoignages concordent.* → **correspondre ; concordant.** *Faire concorder des chiffres.* **2**· Pouvoir s'accorder. *Concorder avec... Ses projets concordent avec les nôtres. Leurs caractères ne concordent pas.* ▶ **concorde** n. f. Paix qui résulte de la bonne entente ; union des volontés. → **accord, entente.** *Un esprit de concorde. La concorde ne règne pas toujours entre eux.* / contr. discorde, dissension / ▷ ① **concordance,** ② **concordance, concordant, concordat**

① **concourir** [kɔ̃kuʀiʀ] v. tr. ind. < conjug. 11 > *Concourir à.* **1**· Tendre à un but commun ; contribuer avec d'autres à un même résultat. → **collaborer.** *Ces efforts concourent au même but.* **2**· (Directions) Converger. ▶ ① **concours** [kɔ̃kuʀ] n. m. invar. **I**· Le fait d'aider, de participer. *Prêter son concours à un projet.* **II**· ***Concours de circonstances*** : rencontre de circonstances, hasard (heureux ou non). → **coïncidence.**

② **concourir** v. intr. < conjug. 11 > Entrer, être en compétition pour obtenir un prix, un emploi promis aux meilleurs (→ **concours ; concurrent**). *Il concourt pour le titre mondial.* ▶ ② **concours** n. m. invar. **1**· Épreuve dans laquelle plusieurs candidats entrent en compétition pour un nombre limité de places, de récompenses. *Les candidats d'un concours. Les concours d'entrée aux grandes écoles. La mairie recrute des employés par voie de concours.* – Suite d'épreuves organisées → **jeu** et dotées de prix. *Grand concours publicitaire.* **2**· Compétition sportive. *Concours hippique.* ▷ **hors-concours**

concret, ète [kɔ̃kʀɛ, ɛt] adj. et n. m. **1**· Qui peut être perçu par les sens ou imaginé ; qui correspond à un élément de la réalité. / contr. abstrait / *Exemple concret* (portant sur un cas particulier). *Un nom concret*, qui désigne un être ou un objet (opposé à *abstrait*). *Rendre concret.* → **concrétiser.** *Tirer d'une situation des avantages concrets.* → **matériel, réel.** *Ils ont pris des mesures concrètes pour améliorer la situation.* **2**· N. m. ***Le concret*** : qualité de ce qui est concret ; ensemble des choses concrètes. → **réel.** ▶ **concrètement** adv. **1**· Relativement à ce qui est concret. **2**· En fait, en pratique. → **pratiquement.** *Concrètement, quel avantage en tirez-vous ?* ▶ **concrétiser** v. tr. < conjug. 1 > Rendre concret (ce qui était abstrait). → **matérialiser.** *Concrétiser sa pensée par des exemples. Concrétiser un projet.* – Pronominalement (passif) ***Se concrétiser*** : devenir concret, réel. *Ses espoirs se concrétisent.* → **se matérialiser, se réaliser.**

concrétion [kɔ̃kʀesjɔ̃] n. f. Réunion de parties en un corps solide ; ce corps. *Concrétion calcaire, pierreuse.*

conçu, ue → **concevoir.**

concubin, ine [kɔ̃kybɛ̃, in] n. Personne qui vit maritalement (avec qqn). *C'est son concubin.* ▶ **concubinage** n. m. État d'un homme et d'une femme qui vivent comme mari et femme sans être mariés. → **union** libre. *Certificat de concubinage* (délivré en mairie).

concupiscence [kɔ̃kypisɑ̃s] n. f. Penchant aux plaisirs des sens. *Concupiscence de la chair.*

→ **sensualité.** ▶ **concupiscent, ente** adj. et n. m. Littér. ou plaisant. Empreint de concupiscence. *Regard concupiscent.* / contr. chaste, pur /

concurrence [kɔ̃kyʀɑ̃s] n. f. **1·** Littér. Rivalité entre plusieurs personnes, plusieurs forces poursuivant un même but. → **compétition, rivalité.** *Entrer en concurrence avec qqn.* **2·** Rapport entre producteurs, commerçants qui se disputent une clientèle. *Libre concurrence. Concurrence déloyale. Des prix défiant toute concurrence,* très bas. – L'ensemble des concurrents. **3·** Loc. ***Jusqu'à concurrence de :*** jusqu'à ce qu'une somme parvienne à en égaler une autre. *Il doit rembourser jusqu'à concurrence de mille euros.* ▶ **concurrencer** v. tr. < conjug. 3 > Faire concurrence à (qqn, qqch.). *Il les concurrence dangereusement.* ▶ **concurrentiel, ielle** adj. Où la concurrence (2) s'exerce. *Marchés concurrentiels. Prix concurrentiels,* qui permettent de soutenir la concurrence. → **compétitif.** ▶ **concurrent, ente** n. et adj. **1·** Personne en concurrence avec une autre, d'autres. → **émule, rival.** *Éliminer, vaincre un concurrent. Concurrent malheureux. Les concurrents ont tous pris part au concours, à l'épreuve.* → **candidat. 2·** Fournisseur, commerçant qui fait concurrence à d'autres. *Son concurrent vend moins cher que lui.* – Adj. *Les entreprises concurrentes.* ▶ **concurremment** [kɔ̃kyʀamɑ̃] adv. Conjointement, de concert. *Agir concurremment avec qqn. Dans certains pays, on emploie concurremment deux langues.*

concussion [kɔ̃kysjɔ̃] n. f. Perception abusive d'argent par un fonctionnaire. → **escroquerie, vol.**

condamner [kɔ̃dane] v. tr. < conjug. 1 > **1·** Frapper d'une peine, faire subir une punition à (qqn), par un jugement. *Condamner un coupable à une peine. Il a été condamné pour meurtre.* / contr. acquitter / – Au p. p. adj. *Un innocent condamné.* N. *Un(e) condamné(e).* **2·** Obliger (à une chose pénible). → **forcer, obliger.** *L'état de nos finances nous condamne à l'économie. Être condamné à l'inaction. Ses fractures le condamnent à rester couché plusieurs mois.* **3·** Interdire ou empêcher formellement (qqch.). *La loi de ce pays condamne la bigamie.* **4·** Faire en sorte qu'on n'utilise pas (un lieu, un passage). *Condamner une porte, une pièce.* – Au p. p. adj. *Ouverture condamnée.* **5·** Blâmer avec rigueur. → **réprouver.** *Condamner la violence. L'Académie condamne ce mot.* → **proscrire.** / contr. recommander / ▶ **condamné, ée** adj. et n. **1·** → **condamner. 2·** Qui n'a aucune chance de guérison, va bientôt mourir. *Un malade condamné.* → **incurable, perdu.** ▶ **condamnable** adj. Qui mérite d'être condamné. → **blâmable, critiquable.** *Action, attitude, opinion condamnable.* / contr. louable / ▶ **condamnation** n. f. **1·** Décision de justice qui condamne une personne à une obligation ou à une peine. *Condamnation pour vol. Infliger une condamnation à qqn.* → **peine, sanction.** *Condamnation à la prison.* / contr. acquittement / **2·** Action de blâmer (qqn ou qqch.). → **attaque, critique.** *Ce livre est la condamnation du régime actuel.* / contr. éloge /

condenser [kɔ̃dɑ̃se] v. tr. < conjug. 1 > **1·** Rendre (un fluide) plus dense ; réduire à un plus petit volume. → **comprimer, réduire.** / contr. dilater / *Condenser un gaz par pression.* – Pronominalement. *Le brouillard se condense en gouttes.* – Au p. p. adj. *Lait condensé,* concentré. **2·** Réduire, ramasser (l'expression de la pensée). *Condenser un récit.* → **abréger, dépouiller.** – Au p. p. adj. *Texte condensé* ou, n. m., *un condensé.* → **résumé.** ▶ **condensateur** n. m. Appareil permettant d'accumuler de l'énergie électrique. → **accumulateur.** ≠ condenseur. ▶ **condensation** n. f. **1·** Phénomène par lequel un gaz, une vapeur, diminue de volume et augmente de densité. / contr. dilatation / *Condensation de l'air par pression. Condensation de la vapeur d'eau en buée, en rosée.* **2·** Accumulation d'énergie électrique sur une surface. → **condensateur.** ▶ **condenseur** n. m. Technique. Appareil où se fait une condensation (1). ≠ condensateur.

condescendre [kɔ̃desɑ̃dʀ] v. tr. ind. < conjug. 41 > ***Condescendre à :*** daigner consentir (avec hauteur). *Il ne condescendra pas à cela, à nous parler.* ▶ **condescendance** n. f. Supériorité bienveillante mêlée de mépris. → **arrogance, hauteur.** *Un air de condescendance insupportable.* ▶ **condescendant, ante** adj. Hautain, supérieur. *Un sourire, un ton condescendant.*

condiment [kɔ̃dimɑ̃] n. m. Substance de saveur forte destinée à relever le goût des aliments. → **assaisonnement, épice.** *Les câpres, la moutarde sont des condiments.*

condisciple [kɔ̃disipl] n. m. Compagnon d'études. *Ils furent condisciples au lycée.* → **camarade, collègue.**

condition [kɔ̃disjɔ̃] n. f. **I· 1·** Rang social, place dans la société. → **classe.** *L'inégalité des conditions sociales. Il est de condition modeste.* **2·** La situation où se trouve un être vivant (notamment l'être humain). *La condition humaine.* → **destinée, sort.** *La condition féminine.* **3·** État passager, relativement au but visé. ***En*** *(bonne, mauvaise)* ***condition*** *(pour)* : dans un état favorable à. *Cet élève est en bonne condition pour passer son examen,* bien préparé. *La condition physique d'un athlète.* → **forme. 4·** Loc. ***Mettre en condition :*** préparer les esprits (par la propagande). → **conditionner. II· 1·** État, situation, fait dont l'existence est indispensable pour qu'un autre état, un autre fait existe. *Remplir les conditions exigées. C'est une condition nécessaire, suffisante.* **2·** *Dicter, poser ses conditions.* → **exigence.** – *Se rendre* ***sans condition*** : sans restriction, purement et simplement. **3·** Loc. ***À condition*** *de* (+ infinitif). *Vous partirez en vacances, à condition de réussir votre examen. À (la) condition que* (+ indicatif futur ou subjonctif). *Vous pouvez faire une promenade à la condition que vous serez, que vous soyez à l'heure pour le repas.* – ***Sous condition.*** *Faire qqch. sous condition,* en respectant certaines conditions préalables. **4·** Au plur. Ensemble de faits dont dépend qqch. → **circonstance(s).** *Les conditions de vie dans un milieu donné. Les conditions atmosphériques. Dans de bonnes, de mauvaises conditions. Il travaille dans de bonnes conditions. Dans ces conditions,* dans ce cas. – *Conditions de prix. Obtenir des conditions avantageuses.* ▶ **conditionnel, elle** adj. et n. m. **1·** Qui dépend de certaines conditions, d'événements incertains. → **hypothétique.** / contr. absolu, inconditionnel / *Promesse conditionnelle. Liberté conditionnelle* (pour un détenu). **2·** *Le mode conditionnel.* – N. m. *Le conditionnel,* mode du verbe (comprenant un temps présent et deux passés) exprimant un état ou une action subordonnés à quelque condition (ex. : *J'irais* si vous le vouliez). – Se dit aussi du futur dans le passé, employé dans la concordance des temps (ex. : J'affirmais *qu'il viendrait*). ▶ **conditionnellement** adv. Sous une ou plusieurs conditions. ▷ **conditionner, inconditionnel**

conditionner [kɔ̃disjɔne] v. tr. < conjug. 1 > **1·** Préparer, traiter (des produits) selon certaines règles, avant de les présenter au public. → **emballer, présenter, traiter.** *Conditionner des produits, des articles,* pour l'expédition et la vente. **2·** (Suj. chose) Être la condition de. *Son retour conditionne mon départ,* de son retour dépend* mon départ. **3·** Influencer moralement ou intellectuellement (qqn). – Au passif. *Ils ont été conditionnés par la propagande.* ▶ **conditionné, ée** adj. **1·** Soumis à des conditions. **2·** Qui a subi un conditionnement. *Produits conditionnés.* **3·** ***Air conditionné.*** → **air.** ▶ **conditionnement** n. m. **1·** Le fait de conditionner (1). *Le conditionnement du blé.* – Emballage et présentation (d'un produit) pour la vente. *Le conditionnement d'un médicament.* **2·** *Conditionnement d'air.* → **climatisation. 3·** Le fait de conditionner (3). *Le conditionnement du public par les médias.* → **conditionner.**

condoléances [kɔ̃dɔleɑ̃s] n. f. pl. Expression de la part que l'on prend à la douleur de qqn. → **sympathie.** *Présenter, faire ses condoléances à l'occasion d'un deuil. Toutes mes condoléances. Sincères condoléances.*

condominium [kɔ̃dɔminjɔm] n. m. Souveraineté exercée par deux ou plusieurs États sur un même pays colonisé. *Les anciens condominiums franco-britanniques.*

condor [kɔ̃dɔʀ] n. m. Oiseau rapace de très grande taille, au plumage noir, frangé de blanc aux ailes. *Le condor des Andes. Des condors.*

condottiere [kɔ̃dɔttjeʀe] n. m. Au Moyen Âge. Chef de soldats mercenaires, en Italie. *Des condottieres* ou, rare, *des condottieri* [kɔ̃dɔttjeʀi]. – Fig. Aventurier.

① **conducteur, trice** [kɔ̃dyktœʀ, tʀis] n. **1·** Personne qui dirige, mène. *Un conducteur d'hommes,* chef, guide. **2·** Personne qui conduit (des animaux, un véhicule). *Un conducteur de bestiaux. Conducteur, conductrice de camions.* → **camionneur, routier.** *Conducteur d'automobile.* → **automobiliste, chauffeur.** *Conductrice de travaux.* **3·** ***Conducteur de travaux*** : contremaître.

② **conducteur** adj. m. **1·** Qui conduit. *Fil conducteur.* **2·** *Les corps conducteurs,* ceux qui laissent passer le courant électrique, la chaleur (opposé à *isolants*). *Certains corps deviennent conducteurs (de l'électricité) à très basse température* (supraconducteurs). *Le fer est un bon conducteur de l'électricité.* ▶ **conduction** [kɔ̃dyksjɔ̃] n. f. Physique. Transmission de la chaleur, de l'électricité dans un corps conducteur.

conduire [kɔ̃dɥiʀ] v. tr. < conjug. 38 > **REM.** Part. passé *conduit, ite.* **I· 1·** Mener (qqn) quelque part. → **accompagner, emmener, guider.** *Conduire qqn chez le médecin. Conduire un enfant à l'école. Elle s'est fait conduire à la gare. Se laisser conduire comme un enfant,* faire preuve d'une docilité extrême. **2·** Diriger (un animal, un véhicule). *Conduire une voiture.* – Sans compl. *Savoir conduire. Apprendre à conduire. Permis* de conduire.* **3·** (Choses) Faire passer, transmettre. *Corps qui conduisent la chaleur, l'électricité.* → ② **conducteur. 4·** (Choses) Faire aller (quelque part). *Ses traces nous ont conduits jusqu'ici.* – Sans compl. *Cette route conduit à la ville.* → **mener. 5·** Faire agir, mener en étant à la tête. → **commander, diriger.** *Conduire une entreprise.* **6·** Abstrait. Entraîner (à un sentiment, un comportement). *Conduire qqn au désespoir.* → **pousser, réduire. II·** ***Se conduire*** v. pron. réfl. : agir, se comporter. *Les façons de se conduire.* → ① **conduite.** *Se conduire mal. Ils se sont conduits comme des mufles.* ▶ **conduit** n. m. Canal étroit, tuyau par lequel s'écoule un fluide. → **tube ;** ② **conduite.** *Conduit d'eau. Conduit souterrain.* – (Dans le corps humain) *Conduit auditif, lacrymal.* ▶ ① **conduite** n. f. **I· 1·** Action de conduire qqn ou qqch. ; son résultat. → **accompagnement.** *Sous la conduite de qqn.* Fam. *Je vais vous faire* *un bout, un brin de conduite,* vous accompagner. – Action de conduire une automobile. *La conduite en ville, sur route.* **2·** Vieilli. *Une **conduite intérieure** :* une automobile entièrement couverte. **II· 1·** Action de diriger, de commander. → **commandement, direction.** *Laissez-lui la conduite de cette affaire.* **2·** Façon d'agir, manière de se comporter. → **attitude, comportement.** *Une conduite étrange. Bonne, mauvaise conduite* (→ **inconduite**). *La conduite d'un élève en classe,* sa façon d'observer la discipline scolaire. *Zéro de conduite.* ▶ 2 **conduite** n. f. Canalisation. *Conduite d'eau, de gaz.* ▷ 1 **conducteur,** 2 **conducteur, inconduite,** se **méconduire**

cône [kon] n. m. Figure géométrique à base circulaire ou elliptique, terminée en pointe (→ **conique**). – *Cône d'un volcan,* formé par les laves refroidies autour de la cheminée. ▷ **conifère, conique, tronconique**

confection [kɔ̃fɛksjɔ̃] n. f. **1·** Préparation (d'un plat, d'un mélange). *La confection d'un plat. Des gâteaux de sa confection.* **2·** *La confection,* l'industrie des vêtements qui ne sont pas faits sur mesure. *Vêtements de confection.* → **prêt-à-porter.** *Maison de confection. Être dans la confection.* ▶ **confectionner** v. tr. <conjug. 1> Faire, préparer. *Confectionner un plat.* → **cuisiner ;** plaisant. **concocter.** *Elle a confectionné des habits pour sa poupée.*

confédération [kɔ̃fedeʀasjɔ̃] n. f. **1·** Union de plusieurs États qui s'associent tout en gardant leur souveraineté. → **fédération.** *La Confédération helvétique,* la Suisse. **2·** Groupement d'associations, de fédérations. *La Confédération générale du travail* (C. G. T.). → **syndicat.** ▶ **confédéral, ale, aux** adj. De la confédération. ▶ **confédéré, ée** adj. Réuni → **fédéré** en confédération.

conférence [kɔ̃feʀɑ̃s] n. f. **1·** Assemblée de personnes discutant d'un sujet important. → **assemblée, congrès.** *Conférence diplomatique, internationale ; conférence au sommet.* – Réunion de travail (dans une entreprise). *Le directeur est en conférence avec ses collaborateurs.* → en **réunion.** *Conférence par téléphone, par vidéo.* → **téléconférence, visioconférence. 2·** Discours, causerie où l'on traite en public une question. *Faire, donner une conférence.* **3·** ***Conférence de presse*** *:* réunion où une ou plusieurs personnalités s'adressent aux journalistes. *Le président de la République a donné, a tenu une conférence de presse.* ▶ **conférencier, ière** n. Personne qui parle en public, qui fait des conférences (2). ▷ **téléconférence**

1 **conférer** [kɔ̃feʀe] v. tr. <conjug. 6> **1·** Accorder (qqch. à qqn) en vertu du pouvoir qu'on a de le faire. → **attribuer.** *Conférer un grade, un titre.* **2·** (Suj. chose) Donner. *Les privilèges que confère l'âge.*

2 **conférer** v. tr. ind. ou intr. <conjug. 6> Littér. S'entretenir sur un sujet. → **parler.** *Conférer de son affaire avec son avocat.* ▷ **conférence**

confesser [kɔ̃fese] v. tr. <conjug. 1> **I·** *Confesser qqch.* **1·** Relig. catholique. Déclarer (ses péchés) au prêtre, dans le sacrement de la pénitence. *Il a confessé ses péchés.* – Pronominalement (réfl.). *Se confesser* (à un prêtre). **2·** Déclarer spontanément, reconnaître pour vrai (qqch. qu'on a honte de [ou réticence à] confier). → **avouer, reconnaître.** *Confesser son erreur, ses torts.* **3·** Littér. Proclamer (sa croyance). **II·** *Confesser qqn.* **1·** Entendre en confession. *Le prêtre qui le confesse.* **2·** Fam. Faire parler. *Son frère se charge de le confesser.* ▶ **confesse** n. f. *À confesse. Aller à confesse,* aller se confesser. → en **confession.** ▶ **confesseur** n. m. Prêtre à qui l'on se confesse. ▶ **confession** n. f. **1·** Aveu de ses péchés à un prêtre. → **confesse, pénitence.** *Entendre qqn en confession.* – Fam. *On lui donnerait le bon Dieu sans confession,* se dit d'une personne d'apparence vertueuse (et trompeuse). **2·** Déclaration que l'on fait (d'un acte blâmable) ; action de se confier. → **aveu.** *Confession complète, entière, sans réticences. La confession d'un crime, d'une faute.* – *Confessions :* titre d'ouvrages où l'auteur expose avec franchise les fautes, les erreurs de sa vie. *« Les Confessions » de saint Augustin, de J.-J. Rousseau.* **3·** Religion, croyance. → **confessionnel.** ▶ **confessionnal, aux** n. m. Dans la religion catholique. Lieu fermé dans lequel le prêtre, séparé du pénitent par une grille, entend sa confession. *Des confessionnaux.* ▶ **confessionnel, elle** adj. Relatif à une confession (3), à une religion. *Querelles confessionnelles.* → **religieux.** ▷ **multiconfessionnel**

confetti [kɔ̃feti] n. m. Petite rondelle de papier coloré qu'on lance par poignées pendant le carnaval, les fêtes. *Des confettis.*

confiance [kɔ̃fjɑ̃s] n. f. **1·** Espérance ferme, assurance d'une personne qui se fie à qqn ou à qqch. → **foi, sécurité.** / contr. crainte, doute / *Avoir une confiance absolue en (qqch., qqn). Ile a une entière confiance en son médecin. J'ai confiance dans la loyauté de mes collaborateurs. Avoir confiance dans un remède. Il est très consciencieux, vous pouvez lui faire confiance. Donner, témoigner sa confiance. Gagner, obtenir, mériter, perdre, tromper la confiance de qqn.* / contr. méfiance / – *Homme, personne **de confiance** :* à qui l'on se fie. → **sûr.** – *Poste de confiance,* qui exige une personne sûre. – *De confiance* loc. adv., sans doute ni méfiance. *Acheter qqch. de confiance, en (toute) confiance.*

2· Sentiment de sécurité d'une personne qui compte sur elle-même. → **assurance, hardiesse.** *Manquer de confiance (en soi).* **3·** Sentiment de sécurité qui règne dans le public. *Le nouveau gouvernement a fait renaître la confiance.* **4·** *Vote de confiance,* à l'Assemblée nationale, vote favorable au gouvernement. / contr. défiance / *Voter la confiance (au gouvernement).* ▶ **confiant, ante** adj. **1·** Qui a confiance en qqn ou en qqch. *Être confiant dans le succès.* **2·** Qui a confiance en soi. *Il attend, confiant et tranquille.* **3·** Enclin à la confiance, à l'épanchement. *Caractère trop confiant.* → **crédule.** / contr. défiant, méfiant /

confidence [kɔ̃fidɑ̃s] n. f. **1·** Communication d'un secret qui concerne soi-même. → **confession.** *Faire une confidence à qqn.* → **se confier.** *Il ne m'a pas fait de confidences.* **2·** Loc. *Dans la confidence,* dans le secret. – *En confidence* loc. adv. : secrètement. ▶ **confident, ente** n. Personne qui reçoit les plus secrètes pensées de qqn. → **confesseur.** *Être le confident des projets de qqn. Un confident discret.* – Au théâtre. Personnage secondaire qui reçoit les confidences des principaux personnages. ▶ **confidentiel, ielle** adj. **1·** Qui se dit, se fait sous le sceau du secret. *Avis, entretien confidentiel.* → ① **secret. 2·** Qui s'adresse à un petit nombre de personnes. *Revue à tirage confidentiel.* – *Code confidentiel,* personnel. ▶ **confidentiellement** adv. ▶ **confidentialité** n. f. Caractère confidentiel (d'une information). *Il a insisté sur la confidentialité de l'entrevue.*

confier [kɔ̃fje] v. tr. < conjug. 7 > **1·** Remettre (qqn, qqch.) aux soins d'une personne dont on est sûr. → **abandonner, laisser.** *Confier l'un de ses enfants à un ami. Confier une mission à qqn.* **2·** Communiquer (qqch. de personnel) sous le sceau du secret. *Confier ses secrets à un ami.* – Pronominalement (réfl.). *Se confier.* → **confidence.**

configuration [kɔ̃figyʀasjɔ̃] n. f. Didact. Forme extérieure (d'une chose). *La configuration du terrain.*

confiner [kɔ̃fine] v. tr. < conjug. 1 > **1·** V. tr. ind. Toucher aux limites. → **confins.** *Les prairies qui confinent à la rivière.* – Fig. *Sa docilité confine à la bêtise.* **2·** V. tr. dir. Forcer à rester dans un espace limité. → **enfermer.** *Il voudrait confiner les femmes dans leur rôle de mères.* – *Se confiner* v. pron. réfl. *Se confiner chez soi.* → **s'isoler.** – *Se confiner dans un rôle.* → se **cantonner.** ▶ **confiné, ée** adj. **1·** → **confiner** (2). *Elle reste confinée dans sa chambre.* **2·** *Atmosphère confinée,* renfermée. ▶ **confinement** n. m. → **confiner** (2). ▷ **confins**

confins [kɔ̃fɛ̃] n. m. pl. Parties d'un territoire situées à son extrémité, à sa frontière. → **limite.** *Le Tchad, aux confins du Sahara.*

confire [kɔ̃fiʀ] v. tr. < conjug. 37 > Rare sauf à l'indicatif et au p. p. Préparer (des fruits) dans du sucre. → **confit.** ▷ **confiserie, confit, confiture**

confirmer [kɔ̃fiʀme] v. tr. < conjug. 1 > **1·** *Confirmer qqn dans* : rendre (qqn) plus ferme, plus assuré. → **affermir, encourager, fortifier.** *Nous l'avons confirmé dans sa résolution.* **2·** Rendre certain, affirmer l'exactitude, l'existence de (qqch.). → **assurer, certifier, corroborer.** *Confirmer l'exactitude d'un fait.* / contr. démentir, nier / – *Confirmer que* (+ indicatif ou conditionnel). *Je vous confirme qu'il ne viendra pas. Il nous a confirmé que le spectacle était annulé. Les résultats confirment que...* → **démontrer, prouver.** – *L'exception confirme la règle.* – Pronominalement. *La nouvelle se confirme.* **3·** Conférer le sacrement de la confirmation (2) à. ▶ **confirmation** n. f. **1·** Ce qui rend une chose plus certaine. → **affirmation, certitude.** / contr. annulation, démenti / *La confirmation d'une nouvelle, d'une promesse. Confirmation officielle. Il est absent de Paris pour quelques mois, j'en ai eu la confirmation aujourd'hui.* **2·** Sacrement de l'Église catholique destiné à confirmer le chrétien dans la grâce du baptême.

confiserie [kɔ̃fizʀi] n. f. **1·** Commerce, magasin, usine du confiseur. **2·** Produits à base de sucre, fabriqués et vendus par les confiseurs. *Déguster des confiseries, de la confiserie.* → **sucrerie ; bonbon.** ▶ **confiseur, euse** n. Personne qui fabrique et vend des sucreries.

confisquer [kɔ̃fiske] v. tr. < conjug. 1 > **1·** Prendre (ce qui appartient à qqn) par une mesure de punition. → **saisir.** *Confisquer des marchandises de contrebande. Le professeur lui a confisqué son jeu électronique.* → **confiscation. 2·** Prendre (qqch.) à son profit. → **accaparer, voler.** ▶ **confiscation** n. f. Peine par laquelle un bien est confisqué à son propriétaire.

confit, ite [kɔ̃fi, it] adj. et n. m. **I·** Adj. **1·** *Fruits confits* : trempés dans des solutions de sucre (et glacés, givrés). → **confire. 2·** *Être confit en dévotion* : très dévot. **II·** N. m. Préparation de viande cuite et mise en conserve dans sa graisse. *Un confit d'oie.*

confiture [kɔ̃fityʀ] n. f. Fruits coupés qu'on a fait cuire dans du sucre pour les conserver (au sens large, inclut les *marmelades* et *gelées*). *Faire, manger de la confiture. De la confiture de fraises. Pot de confitures. Des, les confitures.* ≠ compote (1).

conflagration [kɔ̃flagʀasjɔ̃] n. f. Bouleversement de grande portée. *La menace d'une conflagration mondiale.* → **conflit, guerre.**

conflit [kɔ̃fli] n. m. **1·** Guerre ou contestation entre États. *Les conflits internationaux. Conflit armé.* → **guerre.** / contr. accord, paix / **2·** Rencontre d'éléments, de sentiments contraires, qui s'opposent. → **antagonisme, lutte, opposition.** *Un conflit d'intérêts, de passions. Entrer en conflit avec qqn. Les conflits sociaux.* ▶ **conflictuel, elle** [kɔ̃fliktɥɛl] adj. Qui constitue une source de conflits. *Situation conflictuelle.* ▶ **conflictualité** n. f.

confluent [kɔ̃flyɑ̃] n. m. Endroit où deux cours d'eau se joignent. → **jonction, rencontre.** *Pointe de terre au confluent de deux cours d'eau.*

1 **confondre** [kɔ̃fɔ̃dʀ] v. tr. < conjug. 41 > **1·** Littér. Remplir d'un grand étonnement. → **déconcerter, étonner.** *Son insolence me confond. Il restait confondu.* **2·** Réduire (qqn) au silence, en lui prouvant publiquement son erreur, ses torts. *Confondre un menteur.* → **démasquer ; confus** (I), **confusion** (I). **3·** Pronominalement (réfl.). *Se confondre en remerciements, en excuses,* multiplier les remerciements, les excuses. ▶ **confondant, ante** adj. Très étonnant. *Une ressemblance confondante.*

2 **confondre** v. tr. < conjug. 41 > **1·** Littér. Réunir, mêler pour ne former qu'un tout. → **mêler, unir.** *Fleuves qui confondent leurs eaux.* **2·** Prendre une personne, une chose pour une autre. / contr. distinguer / *Confondre deux jumeaux. Confondre une chose et (avec) une autre. Il confond les dates.* – Sans compl. Faire une confusion (II)*. → **se tromper.** *Il est possible que je confonde.* **3·** ***Se confondre*** v. pron. réfl. : se mêler, s'unir ; être impossible à distinguer de. *Tout se confondait dans son esprit.*

conformation [kɔ̃fɔʀmɑsjɔ̃] n. f. Disposition des différentes parties (d'un corps organisé). → **constitution, forme, organisation.** *La conformation du squelette. Mauvaise conformation* (difformité, malformation). *Présenter un vice de conformation.*

conforme [kɔ̃fɔʀm] adj. **1·** Dont la forme est semblable (à celle d'un modèle). → **semblable.** / contr. différent / *Cette écriture est conforme à la vôtre. Copie conforme* (à l'original). **2·** Qui s'accorde (avec qqch.), qui convient à sa destination. → **assorti.** / contr. opposé / *Mener une vie conforme à ses goûts.* ▶ **conformément** adv. D'après, selon. *Conformément à la loi. Conformément au plan prévu.* / contr. contrairement / ▷ **conformer, conformisme, conformité**

conformer [kɔ̃fɔʀme] v. tr. < conjug. 1 > **1·** Littér. Rendre conforme, semblable (au modèle). → **adapter.** *Conformer son attitude à celle des autres.* **2·** ***Se conformer*** v. pron. réfl. : devenir conforme ; se comporter de manière à être en accord avec. *Se conformer aux façons de vivre de qqn.* → **s'accommoder.** *Conformez-vous strictement aux ordres.* → **obéir, observer.** / contr. s'opposer / ▶ **conformé, ée** adj. Qui a une conformation (bonne ou mauvaise). *Être bien, mal conformé.* ▷ **conformation**

conformisme [kɔ̃fɔʀmism] n. m. Fait de se conformer aux normes, aux usages. → **traditionalisme.** *Il refusait le conformisme de ses parents. Le conformisme bourgeois.* / contr. non-conformisme, originalité / ▶ **conformiste** adj. et n. *Esprit conformiste. Il est conformiste. – C'est un, une conformiste.* / contr. non(-)conformiste /

conformité [kɔ̃fɔʀmite] n. f. Caractère de ce qui est conforme. → **accord, concordance.** *Conformité d'une chose avec une autre, de deux choses.* / contr. opposition / – *Être* ***en conformité*** *de goûts. En conformité avec,* conformément à. *Il a agi en conformité avec ses principes.*

confort [kɔ̃fɔʀ] n. m. Tout ce qui contribue au bien-être, à la commodité de la vie matérielle. *Le confort d'un appartement.* / contr. inconfort / *Avoir tout le confort.* – *Confort intellectuel,* bien-être facile de l'esprit (conformisme, satisfaction de soi). ▶ **confortable** adj. **1·** Qui procure, présente du confort. *Maison confortable.* **2·** (Quantité) Assez important. *Il a des revenus confortables.* → **important.** *Une majorité confortable.* ▶ **confortablement** adv. *Être installé confortablement dans un fauteuil.* ▷ **inconfort, inconfortable**

conforter [kɔ̃fɔʀte] v. tr. < conjug. 1 > Renforcer (qqn) dans un comportement, une idée. *Cette expérience l'a conforté dans ses certitudes.* ▷ **réconforter**

confrère [kɔ̃fʀɛʀ] n. m. Celui qui appartient à une société, à une compagnie, considéré par rapport aux autres membres. → **collègue** (correspond au fém. *consœur*). *Mon cher confrère.* ▶ **confraternel, elle** adj. De confrère. *Salutations confraternelles.* ▶ **confrérie** n. f. Association pieuse de laïcs.

confronter [kɔ̃fʀɔ̃te] v. tr. < conjug. 1 > **1·** Mettre en présence (des personnes) pour comparer leurs affirmations. *Confronter des témoins (entre eux). onfronter un témoin avec l'accusé.* **2·** ***Être confronté à, avec*** *qqch.* : se trouver en face de. *Elle est confrontée à des difficultés insurmontables.* **3·** Comparer pour mettre en évidence des ressemblances ou des différences. *Confronter deux textes, deux opinions.* ▶ **confrontation** n. f. Action de confronter (des personnes, des choses). *Confrontation de témoins. La confrontation de deux civilisations.*

confus, use [kɔ̃fy, yz] adj. **I·** (Personnes) Qui est embarrassé par pudeur, par honte. → **honteux, troublé ; confusion** (I). *Confus d'être pris sur le fait. Je suis confus d'arriver en retard.* → **désolé.**

Je suis confus, excusez-moi. **II·** (Choses) **1·** Dont les éléments sont mêlés de façon telle qu'il est impossible de les distinguer. → **désordonné, indistinct.** *On voyait vaguement un amas, un groupe confus. Un bruit confus de voix.* → **brouhaha. 2·** Qui manque de clarté. → **embrouillé, obscur.** / contr. clair, distinct / *Souvenir confus, idées confuses. Style, langage confus. Une affaire, une situation confuse.* ▶ **confusément** adv. Indistinctement. *Comprendre confusément qqch.* → **vaguement.** / contr. clairement /

confusion [kɔ̃fyzjɔ̃] n. f. **I·** Trouble d'une personne confuse (I). → **embarras, gêne.** *Rougir de confusion. Ce compliment me remplit de confusion.* **II· 1·** État de ce qui est confus ; situation embrouillée. → **désordre, trouble.** *Une confusion indescriptible. Confusion politique.* **2·** Manque de clarté, d'ordre dans ce qui touche les opérations de l'esprit. *La confusion des idées. Jeter la confusion dans les esprits.* → **trouble. 3·** Action de confondre entre elles (des personnes, des choses). → **erreur, méprise.** *Confusion de noms, de dates. Vous faites une confusion sur la date. Une grossière confusion.*

congé [kɔ̃ʒe] n. m. **1·** Permission de s'absenter, de quitter un service, un emploi, un travail. *Congé (de) maladie, (de) maternité.* → **repos.** *Congé annuel.* → **vacances.** – Loc. *Congés payés,* auxquels les salariés ont droit annuellement. *Passer ses congés à la montagne.* **2·** *Donner son congé à qqn,* le renvoyer. *Recevoir son congé.* **3·** ***Donner, prendre congé*** : l'autorisation de partir. ▶ **congédier** v. tr. < conjug. 7 > **1·** Inviter à se retirer, à s'en aller. → **éconduire.** *Il le congédia d'un signe, après l'entrevue.* **2·** *Congédier un salarié, un employé.* → **licencier, renvoyer.** ▶ **congédiement** [kɔ̃ʒedimɑ̃] n. m.

congeler [kɔ̃ʒle] v. tr. < conjug. 5 > **1·** Faire passer à l'état solide par l'action du froid. → **geler.** – Pronominalement. *L'eau se congèle à 0 °C en augmentant de volume.* **2·** Soumettre au froid. → **surgeler.** *Congeler de la viande, des fruits.* – Au p. p. adj. *Viande congelée.* / contr. décongeler, dégeler / ▶ **congélateur** n. m. Appareil pour la congélation des aliments. ▶ **congélation** n. f. **1·** Passage de l'état liquide à l'état solide par refroidissement. *Point de congélation de l'eau,* 0 °C. **2·** Action de soumettre un produit au froid (plus vif que la réfrigération) pour le conserver. *Congélation de la viande.* ▷ **décongeler**

congénère [kɔ̃ʒenɛʀ] n. Animal qui appartient au même genre, à la même espèce. *Cet animal et ses congénères.* – Fam. (Personnes) *Vos congénères.* → **pareil, semblable.**

congénital, ale, aux [kɔ̃ʒenital, o] adj. **1·** (Opposé à *acquis*) (Caractère) Qui existe dès la naissance. **2·** *Maladie, malformation congénitale,* dont l'origine se situe avant la naissance. **3·** Fam. et fig. Inné. *Une bêtise congénitale.*

congère [kɔ̃ʒɛʀ] n. f. Amas de neige entassée par le vent.

congestif, ive [kɔ̃ʒɛstif, iv] adj. Qui a rapport à la congestion. ▶ **congestion** [kɔ̃ʒɛstjɔ̃] n. f. Afflux de sang dans une partie du corps. *Congestion cérébrale. Congestion pulmonaire.* ▶ **congestionner** v. tr. < conjug. 1 > **1·** Produire une congestion dans. – Surtout au passif et p. p. adj. *Avoir le visage congestionné, être congestionné.* → **rouge. 2·** Encombrer. *Congestionner une rue, une route.* → **embouteiller.** ▷ **décongestionner**

conglomérat [kɔ̃glɔmeʀa] n. m. **1·** Roche formée par des fragments agglomérés. **2·** Assemblage informe (de choses). *Un conglomérat d'objets hétéroclites.*

congolais, aise [kɔ̃gɔlɛ, ɛz] adj. et n. **1·** Du Congo. – N. *Les Congolais.* **2·** N. m. invar. Gâteau à la noix de coco.

congratuler [kɔ̃gʀatyle] v. tr. < conjug. 1 > Plaisant. Faire un compliment, des félicitations. → **féliciter.** *On se bousculait pour congratuler le champion.* – ***Se congratuler*** v. pron. récipr. : échanger des compliments. *Ils se sont longuement congratulés.* ▶ **congratulation** n. f. Compliment, félicitation.

congre [kɔ̃gʀ] n. m. Poisson de mer au corps cylindrique, sans écailles (anguille de mer).

congrégation [kɔ̃gʀegɑsjɔ̃] n. f. Compagnie de prêtres, de religieux, de religieuses. → **communauté, ordre.**

congrès [kɔ̃gʀɛ] n. m. invar. **1·** Réunion diplomatique. *Le congrès de Vienne.* **2·** (Avec une majuscule) Corps législatif des États-Unis d'Amérique. **3·** Réunion de personnes qui se rassemblent pour échanger leurs idées ou se communiquer leurs études. *Congrès et colloques. Congrès international de médecine.* ▶ **congressiste** n. Personne qui prend part à un congrès.

congru, ue [kɔ̃gʀy] adj. ***Portion congrue*** : revenu, ressources à peine suffisant(es) pour subsister. *Réduire qqn à la portion congrue.* ▷ **incongru**

conifère [kɔnifɛʀ] n. m. Arbre dont les organes reproducteurs sont en forme de cônes (pomme de pin) et qui porte des aiguilles persistantes (ex. : *cèdre, if, pin, sapin...*). *Forêt de conifères. Les conifères sont des résineux.*

conique [kɔnik] adj. et n. f. Qui a la forme d'un cône. *Engrenage, pignon conique.* – N. f. Courbe qui résulte de la section d'un cône par un plan.

conjecture [kɔ̃ʒɛktyʀ] n. f. Opinion fondée sur des probabilités. → **hypothèse, supposition.** *En être réduit aux conjectures. Se perdre en conjectures,* envisager de nombreuses hypothèses, être perplexe. ≠ conjoncture. ▶ **conjectural, ale, aux** adj. Fondé sur des suppositions. ▶ **conjecturer** v. tr. < conjug. 1 > Littér. Croire, juger par conjecture. → **présumer, supposer.** *Il conjecturait son départ, qu'il allait partir.*

① **conjoint, ointe** [kɔ̃ʒwɛ̃, wɛ̃t] adj. Joint avec ; uni. *Problèmes conjoints. Note conjointe.* ▶ **conjointement** adv. Ensemble.

② **conjoint, ointe** n. Personne jointe (à une autre) par les liens du mariage. → **époux.** *Le conjoint de..., son conjoint. Les futurs conjoints,* les fiancés.

conjonctif, ive [kɔ̃ʒɔ̃ktif, iv] adj. **1·** *Tissu conjonctif,* qui occupe les intervalles entre les organes. **2·** *Locutions conjonctives,* jouant le rôle de conjonctions (ex. : *bien que, après que, de telle sorte que*).

conjonction [kɔ̃ʒɔ̃ksjɔ̃] n. f. **I·** Action de joindre. *La conjonction de la science et de l'imagination. Conjonction des planètes* (terme d'astrologie). / contr. opposition / **II·** Mot qui sert à joindre deux mots ou groupes de mots. *Conjonctions de coordination,* union (*et*), opposition (*mais, pourtant*), alternative ou négation (*ni, ou*), conséquence (*donc*), conclusion (*ainsi, enfin*). *Conjonctions de subordination,* qui établissent une dépendance entre les éléments qu'elles unissent (*comme, quand, que*).

conjonctive [kɔ̃ʒɔ̃ktiv] n. f. Membrane muqueuse qui joint le globe de l'œil aux paupières. ▶ **conjonctivite** n. f. Inflammation de la conjonctive.

conjoncture [kɔ̃ʒɔ̃ktyʀ] n. f. Situation qui résulte d'une rencontre de circonstances. *Une conjoncture favorable, difficile. Profiter de la conjoncture. Étude de conjoncture,* étude d'une situation économique occasionnelle (opposé à *structure*) en vue d'une prévision. ≠ conjecture. ▶ **conjoncturel, elle** adj. Relatif à la conjoncture économique. *Politique conjoncturelle.*

conjugal, ale, aux [kɔ̃ʒygal, o] adj. Relatif à l'union entre le mari et la femme. → **matrimonial.** *Amour conjugal. Les liens conjugaux.* ▷ **extraconjugal**

conjuguer [kɔ̃ʒyge] v. tr. < conjug. 1 > **I·** Littér. Joindre ensemble. → **combiner, unir.** *Ils ont conjugué leurs efforts.* **II·** Réciter ou écrire la conjugaison de (un verbe). – Pronominalement (passif). *Le verbe « manger » se conjugue avec l'auxiliaire « avoir ».* ▶ **conjugaison** n. f. **1·** Ensemble des formes verbales ; tableau ordonné de toutes les formes d'un verbe suivant les voix, les modes, les temps, les personnes, les nombres. *Apprendre la conjugaison d'un verbe.* **2·** Didact. *Cartilage de conjugaison,* qui permet la croissance des os longs.

conjuration [kɔ̃ʒyʀɑsjɔ̃] n. f. Action préparée secrètement par un groupe de personnes (contre qqn ou qqch.). → **complot, conspiration.** *Une vaste conjuration se préparait contre le gouvernement. La conjuration des mécontents. C'est une conjuration !* ▶ **conjuré, ée** n. Membre d'une conjuration. *Les conjurés ont préparé un attentat contre le chef de l'État.* ▶ ① **conjurer** v. tr. < conjug. 1 > Littér. Préparer par un complot (la perte de qqn). → **comploter, conspirer.** *Conjurer la mort d'un tyran.*

② **conjurer** v. tr. < conjug. 1 > **I·** Détourner, dissiper (une menace), écarter (un danger). *Conjurer un péril, le mauvais sort.* **II·** Littér. Adjurer, implorer. *Je vous conjure de me croire ; je vous en conjure.*

connaissance [kɔnɛsɑ̃s] n. f. **I· 1·** Le fait ou la manière de connaître. → **conscience ; compréhension.** / contr. ignorance / *Connaissance intuitive. Connaissance abstraite, expérimentale. La connaissance d'une langue étrangère (par qqn).* **2·** Loc. *Avoir connaissance de,* connaître, savoir. *Je n'ai pas eu connaissance de ce dossier.* – *À ma connaissance,* autant que je sache. – *Prendre connaissance* (d'un texte, etc.). – *En connaissance de cause,* avec raison et justesse, à bon escient. *Parler, agir en (toute) connaissance de cause.* **3·** Dans des loc. Le fait de sentir, de percevoir. → **conscience, sentiment.** *Avoir toute sa connaissance.* → **lucidité.** *Perdre connaissance.* → **s'évanouir ;** fam. tomber dans les **pommes.** *Être sans connaissance,* évanoui. **4·** *Les connaissances* (sens objectif), ce que l'on sait, pour l'avoir appris. → **culture, éducation, savoir.** *Connaissances acquises. Approfondir, enrichir ses connaissances. Il a de grandes connaissances en électronique.* **II· 1·** *Faire connaissance :* connaître (qqn) pour la première fois. *J'ai fait connaissance avec lui, j'ai fait sa connaissance. Nous avons fait connaissance. Faire plus ample connaissance avec qqn.* – *Lier connaissance avec qqn.* – ***De connaissance*** : connu. *Une personne, un visage de connaissance.* **2·** ***Une connaissance*** : une personne que l'on connaît. → **relation.** *Ce n'est pas un ami, c'est une simple connaissance.* ▶ **connaisseur** n. m. Personne compétente. → **amateur.** *Être connaisseur en vins. La critique d'art examinait les tableaux en connaisseur.* – Adj. invar. en genre *Il, elle est très connaisseur* ou (rare) *elle est connaisseuse.*

connaître [kɔnɛtʀ] v. tr. < conjug. 57 > Avoir présent à l'esprit ; être capable de former l'idée, le concept, l'image de. **I·** ***Connaître*** *qqch.* **1·** Se faire une idée de. *Connaître un fait.* → **savoir.** / contr. ignorer / *Faire connaître une chose, une idée,* apprendre. – Au p. p. *C'est bien connu.* Loc. *Ni vu ni connu,* personne n'en saura rien. – N. m. *Le connu et l'inconnu.* **2·** *Connaître qqch.*, en avoir l'expérience. *Connaître un pays, une ville. Je connais un bon restaurant chinois. Il connaît bien son métier.* **3·** Avoir présent à l'esprit ; pouvoir utiliser. *Connaître un texte, une œuvre à fond. Il ne connaît pas grand-chose à l'aviation. Il n'y connaît rien. Il connaît plusieurs langues étrangères,* il sait, il parle... – ***Se connaître à*** *qqch.* ; ***s'y connaître*** *en qqch.* : être très compétent. *S'y connaître en musique.* **4·** Éprouver, ressentir. *Connaître la faim, les privations.* **5·** *Il ne connaît que le règlement,* rien d'autre ne l'influence. **6·** (Suj. chose) Avoir. *Ce nouveau modèle connaît un grand succès.* → **rencontrer.** *Sa gentillesse ne connaît pas de bornes,* n'a pas de bornes. **II·** ***Connaître*** *qqn.* **1·** Être conscient de l'existence de (qqn). *Connaître qqn de nom.* – Être capable de reconnaître. *Je vous connaissais de vue avant qu'on ne nous présente.* – Au p. p. *Il est très connu,* célèbre. **2·** Avoir des relations sociales avec. *Chercher à connaître un homme en vue.* – Pronominalement (récipr.). *Ils se sont connus en Italie.* **3·** Se faire une idée de la personnalité de (qqn). → **apprécier, comprendre, juger.** *Vous apprendrez à le connaître.* – Pronominalement (réfl.). *Il se connaît mal.* – *Ne plus se connaître,* perdre son sang-froid. ▷ **connaissance, inconnu, méconnaître, reconnaître**

connecter [kɔnɛkte] v. tr. < conjug. 1 > Unir par une connexion ; mettre en liaison (plusieurs appareils électriques). – Pronominalement. *Se connecter à un serveur, à Internet.* ▶ **connectable** adj. Qui peut être connecté (à un réseau, à un autre appareil). *Portable connectable à Internet.* ▶ **connecteur** n. m. Mot (conjonction, adverbe ou préposition) servant à argumenter ou à relier entre elles deux propositions. ▷ **déconnecter, interconnecter**

connerie [kɔnʀi] n. f. Fam. et vulg. Imbécillité, absurdité. – Action, parole inepte. *Il dit des conneries.* → fam. **déconner.**

connétable [kɔnetabl] n. m. Histoire. Sous l'Ancien Régime. Grand officier de la Couronne, chef suprême de l'armée.

connexe [kɔnɛks] adj. Qui a des rapports étroits avec autre chose. → **analogue, uni, voisin.** *Affaires, matières, idées, sciences connexes.* / contr. indépendant, séparé / ▶ **connexion** [kɔnɛksjɔ̃] n. f. **1·** Le fait d'être connexe. → **affinité, analogie.** *La connexion des faits entre eux.* **2·** Liaison d'un appareil à un circuit électrique (→ **connecter**). – Liaison d'un ordinateur avec un réseau. *Connexion à Internet.* ▷ **déconnexion, interconnexion**

connivence [kɔnivɑ̃s] n. f. Entente secrète. – Accord tacite. → **entente, intelligence.** *Échanger un sourire **de connivence**. Agir, être de connivence avec qqn.* → être de **mèche** ③.

connotation [kɔnɔtasjɔ̃] n. f. **1·** Sens particulier ou effet de sens d'un mot, d'un énoncé qui vient s'ajouter au sens ordinaire selon la situation ou le contexte. *Une connotation péjorative.* **2·** Valeur que prend une chose, une action en plus de sa signification première. *Un discours à connotation raciste.*

connu, ue adj. → **connaître.**

conque [kɔ̃k] n. f. Tout mollusque de grande taille dont la coquille est en deux parties ; sa coquille.

conquérir [kɔ̃keʀiʀ] v. tr. < conjug. 21 > **1·** Acquérir par les armes, soumettre par la force. *Conquérir un pays.* → **soumettre, vaincre.** – Obtenir en luttant. *Conquérir le pouvoir. Conquérir un marché.* / contr. perdre / **2·** Acquérir une forte influence sur (qqn). → **envoûter, séduire, subjuguer.** *Conquérir les cœurs. Conquérir l'estime de ses proches.* – Au passif. *Elle est conquise par lui.* ▶ **conquérant, ante** n. et adj. **1·** Personne qui fait des conquêtes par les armes. → **guerrier, vainqueur.** *Guillaume le Conquérant.* – Adj. *Les nations conquérantes.* **2·** Personne qui séduit les cœurs, les esprits. **3·** Adj. Fam. *Un air conquérant,* prétentieux, un peu fat. ▶ **conquête** [kɔ̃kɛt] n. f. **1·** Action de conquérir. → **domination, prise, soumission.** / contr. abandon, perte / *Faire la conquête d'un pays. La conquête de l'espace.* – Au plur. Ce qui est conquis. *Les conquêtes sociales. Les conquêtes de la science.* – Territoire conquis. *Les conquêtes romaines. Conserver, étendre ses conquêtes.* **2·** Action de séduire (qqn) ; pouvoir sur ceux que l'on a conquis. *Il a fait sa conquête,* il lui a plu. **3·** Fam. Personne séduite, conquise. *Vous avez vu sa dernière conquête ?* ▷ **reconquérir**

conquistador [kɔ̃kistadɔʀ] n. m. Histoire. Conquérant espagnol ou portugais de l'Amérique, au XVIe siècle. *Des conquistadores* ou *des conquistadors.*

consacrer [kɔ̃sakʀe] v. tr. < conjug. 1 > **I·** Rendre sacré en dédiant à Dieu (→ **consécration**). *Consacrer une église.* **II·** ***Consacrer*** *qqch.* ***à*** : destiner (qqch.) à un usage. → **donner.** *Consacrer sa jeunesse à l'étude. Combien de temps pouvez-vous me consacrer ?* → **accorder.** – Pronominalement (réfl.). *Elle s'est consacrée à son travail, à ses enfants. Se consacrer à une œuvre.* ▶ **consacré, ée**

adj. **1·** *Hostie consacrée.* **2·** Qui est de règle, normal dans une circonstance. *Expression consacrée.* → **habituel.** ▷ **consécration**

consanguin, ine [kɔ̃sɑ̃gɛ̃, in] adj. **1·** Qui est parent du côté du père (opposé à *utérin*). *Des cousins consanguins.* **2·** *Mariage consanguin,* entre des personnes ayant un ascendant commun.

consciemment [kɔ̃sjamɑ̃] adv. D'une façon consciente. / contr. inconsciemment /

conscience [kɔ̃sjɑ̃s] n. f. Faculté qu'a l'être humain de connaître sa propre réalité et de la juger. **I·** *(Conscience psychologique)* **1·** Connaissance immédiate de sa propre activité psychique. / contr. inconscience / *Avoir la conscience de soi, de soi-même. Conscience d'exister, de vivre.* **2·** *Avoir, prendre conscience de qqch.,* une connaissance immédiate, spontanée. *Il a conscience de sa force, de son talent. Cet enfant n'a aucune conscience du danger. J'en ai pris conscience récemment.* → **s'apercevoir.** **II·** *(Conscience morale)* **1·** Connaissance intérieure que chacun a de ce qui est bien et mal et qui pousse à porter un jugement de valeur morale sur ses propres actes. *Une conscience droite, pure. Avoir une conscience élastique,* peu exigeante. *Agir selon sa conscience. Avoir la conscience tranquille. Vous aurez cela* ***sur la conscience*** : vous en serez responsable, coupable. – ***En conscience*** : en toute franchise, honnêtement. *En mon âme et conscience* (formule de serment). **2·** ***Bonne conscience*** : état de la personne qui estime (souvent à tort) n'avoir rien à se reprocher. – *Avoir* ***mauvaise conscience*** : sentiment pénible d'avoir mal agi. **3·** ***Conscience professionnelle*** : l'honnêteté que l'on apporte à l'exécution de son travail. ▶ **consciencieux, ieuse** adj. **1·** Qui obéit à la conscience morale, qui accomplit ses devoirs avec conscience. → **honnête.** *Employé consciencieux.* **2·** Qui est fait avec conscience. *Examen, travail consciencieux.* / contr. bâclé / ▶ **consciencieusement** adv. ▶ **conscient, ente** adj. et n. m. **1·** (Personnes) Qui a conscience (I) de ce qu'il fait ou éprouve. *L'homme est un être conscient. Elle est consciente de ses responsabilités, de la situation.* **2·** (Choses) Dont on a conscience (I). *États conscients.* – N. m. *Le conscient et l'inconscient.* ▶ **conscientiser** v. tr. < conjug. 1 > Didact. Faire prendre conscience à (qqn). *Conscientiser les parents d'élèves sur l'absentéisme.* – Donner une conscience politique à (qqn, un groupe). ▶ **conscientisation** n. f. ▷ **consciemment, inconscient, subconscient**

conscription [kɔ̃skʀipsjɔ̃] n. f. Inscription pour le service militaire (suspendue en France en 1997). → **recrutement.** ▶ **conscrit** n. m. Personne inscrite pour accomplir son service militaire. – Soldat nouvellement recruté. → **recrue ;** fam. **bleu.**

consécration [kɔ̃sekʀasjɔ̃] n. f. **I·** Action de consacrer à la divinité. – Action par laquelle le prêtre consacre le pain et le vin, à la messe. *L'élévation suit la consécration.* **II·** Action de sanctionner, de rendre durable (→ **consacré**). *Recevoir la consécration du temps* (par le temps). *La consécration d'une œuvre par le succès.*

consécutif, ive [kɔ̃sekytif, iv] adj. **1·** Au plur. Qui se suit dans le temps. *Pendant six jours consécutifs.* **2·** ***Consécutif à*** : qui suit, résulte de. *La fatigue consécutive à un effort violent.* **3·** En grammaire. *Proposition consécutive,* qui exprime une conséquence. ▶ **consécutivement** adv. → **successivement.**

1 **conseil** [kɔ̃sɛj] n. m. **1·** Opinion donnée à qqn sur ce qu'il doit faire. → **avis, recommandation.** *Le, les conseils donnés à qqn par qqn. Conseil prudent. Je vous donne le conseil d'attendre.* → 2 **conseiller.** *Dangereux, mauvais conseil. Demander conseil à qqn. Suivre un conseil. Un bon conseil : refusez.* – *Un homme de bon conseil,* sage, avisé. **2·** Incitation qui résulte de qqch. *Les conseils de la colère.* – PROV. *La nuit porte conseil.* **3·** *Avocat-conseil, ingénieur-conseil* (qui donnent des avis). *Des avocats-conseils.* – *Conseil juridique,* personne dont la profession est d'assister les particuliers et les entreprises en matière de droit.

2 **conseil** n. m. Réunion de personnes qui délibèrent, donnent leur avis sur des affaires publiques ou privées. → **assemblée, réunion.** *Les membres, le président d'un conseil. Le conseil délibère.* – Institutions françaises. *Le Conseil d'État,* faisant fonction d'assemblée consultative auprès du gouvernement, de tribunal administratif central. *Le Conseil des ministres,* réunion des ministres sous la présidence du chef de l'État. – *Conseils généraux,* assemblées délibérantes dans chaque département. *Conseils municipaux,* chargés de régler les affaires de la commune. – Institutions internationales. *Le Conseil de sécurité* (de l'Organisation des Nations unies). *Le Conseil de l'Europe.* – ***Conseil d'administration*** : dans une société anonyme, réunion d'actionnaires pour gérer les affaires (abrév. *C. A.*). – ***Le conseil de l'ordre*** *des avocats, des médecins.* – *Conseil de discipline.* – *Conseil de classe,* dans l'enseignement secondaire français, réunion des professeurs, des parents d'élèves et des délégués d'une classe. ▶ 1 **conseiller, ère** n. Membre d'un conseil. *Conseiller à la Cour de cassation*

(juge). *Elle est conseillère à la Cour des comptes* (le masc. *conseiller* s'emploie parfois, en parlant d'une femme).

2 **conseiller** [kɔ̃seje] v. tr. < conjug. 1 > **1·** Indiquer à qqn (ce qu'il doit faire ou ne pas faire). *Conseiller qqch. à qqn.* → **inspirer, recommander, suggérer.** / contr. déconseiller / *Je vous conseille la prudence.* – V. tr. ind. *Conseiller (à qqn) de faire qqch.* **2·** Guider (qqn) en lui indiquant ce qu'il doit faire. *Conseiller un ami dans l'embarras.* – Au passif. *Vous avez été mal conseillé.* ▶ 3 **conseiller, ère** n. Personne qui donne des conseils. *Un bon conseiller.* – *La colère est mauvaise conseillère.* – *Conseiller, conseillère d'orientation (scolaire, professionnelle).* ▷ **conseil, déconseiller**

consensus [kɔ̃sɛ̃sys] n. m. invar. Accord entre personnes. *Le consensus social. Des consensus.* ▶ **consensuel, elle** [kɔ̃sɑ̃sɥɛl] adj. Fondé sur un consensus. *Une décision consensuelle.*

consentir [kɔ̃sɑ̃tiʀ] v. tr. < conjug. 16 > **I·** V. tr. ind. ***Consentir à*** : accepter qu'une chose se fasse. → **acquiescer.** *La banque a consenti au prêt. J'y consens avec plaisir. Je consens à ce qu'il y aille.* – (+ infinitif) *Il consent à lui payer cette somme.* – Prov. *Qui ne dit mot consent*, celui qui se tait ne s'oppose pas. **II·** V. tr. dir. **1·** *Consentir que* (+ subjonctif). → **admettre, permettre.** *Je consens qu'il y aille.* / contr. interdire / **2·** Accorder (un avantage) à qqn. *Consentir un prêt à un ami.* / contr. refuser / ▶ **consentement** n. m. Acquiescement donné à un projet ; décision de ne pas s'y opposer. → **accord, assentiment, permission.** *Accorder, refuser son consentement. Divorce par consentement mutuel.* / contr. interdiction, opposition /

conséquence [kɔ̃sekɑ̃s] n. f. **1·** Suite qu'une action, un fait entraîne. → **effet, résultat, suite.** *La cause et les conséquences. Conséquences sérieuses, graves. Avoir (qqch.) pour conséquence. Les inondations ont eu pour conséquence une flambée des prix agricoles. Cela ne tire pas à conséquence*, c'est sans inconvénient. *Sans conséquence*, sans suite fâcheuse ; qui ne mérite pas l'attention. **2·** ***En conséquence*** loc. adv. : conformément à ce qui précède. *Nous agirons en conséquence.*

conséquent, ente [kɔ̃sekɑ̃, ɑ̃t] adj. **1·** Qui agit ou raisonne avec esprit de suite. → **logique.** *Être conséquent avec ses principes, avec soi-même.* **2·** ***Par conséquent*** loc. adv. : comme suite logique. *Il pleut, par conséquent nous ne sortirons pas.* → **ainsi, donc.** **3·** Fam. (Emploi critiqué) Important. *C'est une affaire conséquente.* ▷ **conséquence**

conserver [kɔ̃sɛʀve] v. tr. < conjug. 1 > **1·** Maintenir en bon état, préserver de l'altération, de la destruction. → **entretenir, garder.** *C'est un ancien danseur, et il a conservé toute sa souplesse. Conserver des denrées alimentaires.* → **conserve.** **2·** Ne pas laisser disparaître ; faire durer. → **garder.** *Conserver un souvenir. Conserver une tradition.* **3·** Ne pas perdre, garder (avec soi). *Conserver un, son emploi. Conserver son calme. Conserver un espoir.* / contr. perdre / **4·** Ne pas jeter. *Conserver des lettres.* – Au passif et p. p. adj. *(Être) conservé, ée. Des manuscrits conservés dans une bibliothèque. Harengs conservés dans le sel. Un monument bien conservé.* Fam. *Être bien conservé*, paraître moins que son âge. ▶ **conservateur, trice** n. et adj. **I·** N. m. Ce qui sert à la conservation (des aliments). **II·** N. Personne qui a la charge de conserver des choses précieuses. *Le conservateur du musée, des archives. Elle est conservatrice* ou *conservateur.* **III·** Adj. et n. Fig. En politique. Qui veut conserver, préserver ce qui existe. *Un parti conservateur*, défenseur de l'ordre social, des idées et des institutions du passé. – N. *Les conservateurs*, la droite. / contr. progressiste, révolutionnaire / ▶ **conservatisme** n. m. État d'esprit des conservateurs. → **conformisme, traditionalisme.** / contr. progressisme / ▶ **conservation** n. f. **1·** Action de conserver, de maintenir intact ou dans le même état. → **entretien, garde, sauvegarde.** *Être chargé de la conservation d'un monument. Instinct de conservation* (de soi-même, de sa propre vie). – *La conservation des aliments par le froid.* → **congélation.** *Agent de conservation* ou *conservateur.* **2·** État de ce qui est conservé. ▶ **conservatoire** n. m. École qui forme des musiciens, des comédiens. *Un premier prix du Conservatoire* (de Paris). ▶ 1 **conserve** n. f. **1·** Substance alimentaire conservée dans un récipient hermétiquement fermé. *Acheter, faire des conserves de légumes. Des boîtes de conserve.* **2·** ***En conserve*** : en boîte (opposé à *frais*). *Des petits pois en conserve.* – Plaisant. *La musique en conserve*, enregistrée. – ***De conserve***, ensemble. *Agir de conserve.* → **de concert.** ▶ **conserverie** n. f. Usine de conserves alimentaires. *Une conserverie de sardines.* ▷ **semi-conserve**

2 **de conserve** [dəkɔ̃sɛʀv] loc. adv. Ensemble. *Naviguer, aller de conserve*, en compagnie. *Agir de conserve*, d'accord avec qqn. → **de concert.**

considérable [kɔ̃sideʀabl] adj. (Grandeur, quantité) Très important. → **grand.** *Dépense considérable. Des sommes considérables.* / contr. faible, petit / ▶ **considérablement** adv. En grande quantité ; beaucoup. → **énormément.**

considérer [kɔ̃sideʀe] v. tr. < conjug. 6 > **1·** *Considérer qqch.*, envisager par un examen attentif, critique. → **examiner, observer.** *Considérer une chose sous tous ses aspects. C'est un point à considérer.* **2·** *Considérer qqn*, faire cas de (qqn).

→ **estimer.** *Un homme que l'on considère beaucoup.* / contr. mépriser / – *Considérer qqn, qqch. comme.* → **juger, tenir** pour. *Je le considère comme un ami.* – Pronominalement (réfl.). *Il se considère comme un personnage important.* **3·** *Considérer que* (+ indicatif). → **estimer, penser.** *Je considère qu'il a raison, qu'il a eu raison.* **4·** Au passif et p. p. adj. *(Être) considéré, ée :* regardé(e) comme. *Il est considéré comme le meilleur journaliste français. Il est très considéré dans la ville,* très estimé. *Tout bien considéré :* tout étant examiné. ▶ **considération** n. f. **1·** Motif, raison que l'on considère pour agir. *Diverses considérations l'ont porté à cette démarche. Je ne peux pas entrer dans ces considérations.* **2·** *Digne de considération,* d'attention. **3·** *Prendre en considération :* tenir compte de, considérer comme important. – *En considération de* loc. prép. : en tenant compte de, par égard pour. **4·** Estime que l'on porte à qqn. → **déférence, égard.** / contr. mépris / *Avoir la considération de ses chefs.* ▷ **considérable, déconsidérer, inconsidéré, reconsidérer**

① **consigner** [kɔ̃siɲe] v. tr. < conjug. 1 > Mentionner, rapporter par écrit. → **enregistrer.** *Consigner un détail au procès-verbal. Consigner une réflexion, une pensée sur un carnet.* → **noter.**

② **consigner** v. tr. < conjug. 1 > **I·** *(Consigner qqn)* Empêcher (qqn) de sortir par mesure d'ordre, par punition. → **retenir.** *Consigner un soldat au quartier. Consigner un élève indiscipliné.* → fam. **coller ; consigne. II·** *(Consigner qqch.)* **1·** Interdire l'accès de. *La police a consigné la salle.* **2·** Mettre à la consigne. *Consigner ses bagages.* **3·** Facturer (un emballage) en s'engageant à reprendre et à rembourser. *Bouteilles consignées.* ▶ **consignation** n. f. **1·** Fait de consigner (II) ; consigne. **2·** *Caisse des dépôts et consignations* (dépôt de valeurs dues à un créancier). ▶ **consigne** n. f. **I· 1·** Instruction stricte. *Donner, transmettre la consigne. Suivre les consignes.* – Loc. *Manger la consigne,* l'oublier. **2·** Défense de sortir par punition. → **retenue** ; fam. **colle. II· 1·** Service chargé de la garde des bagages ; lieu où les bagages sont déposés. *La consigne d'une gare, d'un aéroport. Mettre sa valise à la consigne automatique.* **2·** Somme remboursable versée à la personne qui consigne un emballage. *Dix centimes de consigne.* → **consignation.**

consister [kɔ̃siste] v. tr. ind. < conjug. 1 > **1·** *Consister en, dans :* se composer de. *Ce bâtiment consiste en trente appartements.* → **comporter, comprendre.** *En quoi consiste votre projet ?* **2·** *Consister à* (+ infinitif). *La sagesse consiste maintenant à patienter,* est de... ▶ **consistance** n. f. **1·** Degré plus ou moins grand de solidité ou d'épaisseur (d'un corps). → **dureté, fermeté, solidité.** *La consistance de la boue. La consistance dure, molle, visqueuse d'une substance.* – *Prendre consistance,* durcir. **2·** Abstrait. État de ce qui est ferme, solide. → **solidité.** *Caractère, esprit sans consistance.* ▶ **consistant, ante** adj. **1·** Qui est ferme, épais. *Une sauce trop consistante.* → **épais. 2·** Qui a de la consistance (2). / contr. inconsistant /

consistoire [kɔ̃sistwaʀ] n. m. Assemblée de cardinaux. – Assemblée de ministres protestants.

consœur [kɔ̃sœʀ] n. f. Femme qui appartient à une société, à une compagnie, considérée par rapport aux autres membres (et notamment aux autres femmes). *Ses consœurs et ses confrères.*

consolant, ante [kɔ̃sɔlɑ̃, ɑ̃t] adj. Propre à consoler. → **consolateur, réconfortant.** *Pensée, parole consolante.* / contr. attristant /

consolateur, trice [kɔ̃sɔlatœʀ, tʀis] adj. et n. (Personnes ; actes) Qui console. *Des paroles consolatrices.* → **consolant.** – N. *Un consolateur.* ▶ **consolation** n. f. Soulagement apporté à la douleur, à la peine de qqn. → **réconfort.** *Paroles de consolation. Il aura la consolation de savoir que...* – *Prix, lot de consolation.*

console [kɔ̃sɔl] n. f. **1·** Moulure saillante en forme de S, qui sert de support. *La console d'une corniche.* **2·** Table adossée contre un mur et dont les pieds ont la forme d'une console. *Console Empire, Directoire.* **3·** *Console d'orgue,* le meuble qui porte les claviers, etc. **4·** Élément périphérique ou terminal (d'un ordinateur), permettant la communication avec l'unité centrale. – *Console de jeux vidéo. Console vidéo.* – Pupitre d'enregistrement sonore. *La console d'un studio d'enregistrement.*

consoler [kɔ̃sɔle] v. tr. < conjug. 1 > **1·** Soulager (qqn) dans son chagrin, dans sa douleur. → **apaiser, soulager.** / contr. accabler, désoler / *On ne peut le consoler de sa peine.* **2·** V. pron. réfl. *Se consoler de qqch. :* trouver en soi une consolation. *Il ne se console pas de la mort de sa femme.* → **inconsolable. 3·** (Choses) Apporter un réconfort, une compensation à. *Ce souvenir le console de bien des regrets.* ▷ **consolant, consolateur, consolation, inconsolable, inconsolé**

consolider [kɔ̃sɔlide] v. tr. < conjug. 1 > **1·** Rendre (qqch.) plus solide, plus stable. → **renforcer, soutenir.** *Consolider un édifice, une charpente.* – Abstrait. Rendre solide, durable. *Ils ont consolidé leur alliance par un traité.* → **confirmer.** *Consolider sa fortune. Consolider sa position.* **2·** *Consolider une rente, un emprunt,* le garantir. – Au p. p. adj. *Fonds consolidés,* garantis. ▶ **consolidation** n. f. *La consolidation d'un mur.*

[1] **consommé, ée** [kɔ̃sɔme] adj. (→ [2] consommer) Parvenu à un degré élevé de perfection. → **accompli, achevé, parfait.** *Diplomate consommé. Habileté consommée.*

[2] **consommé** n. m. Bouillon de viande concentré. *Un consommé de poulet.*

[1] **consommer** [kɔ̃sɔme] v. tr. < conjug. 1 > **1·** Amener (une chose) à destruction en utilisant sa substance, en faire un usage qui la rend ensuite inutilisable ou la fait disparaître. → **user de, utiliser.** *Consommer ses provisions. Consommer des aliments,* boire, manger. – Pronominalement (passif). *Ce plat se consomme froid.* – *Consommer de l'électricité.* **2·** Intransitivement. Prendre une consommation au café. *Consommer à la terrasse, au comptoir.* **3·** (Choses) User (du combustible, etc.). *Cette voiture consomme trop (d'essence).* ▶ **consommateur, trice** n. **1·** Personne qui consomme (des marchandises, des richesses). *Produit qui passe directement du producteur au consommateur.* → **acheteur.** **2·** Personne qui prend une consommation ([1], 2) dans un café. ▶ [1] **consommation** n. f. **1·** Usage. *Faire une grande consommation de papier. Consommation (d'énergie). Ampoule basse consommation,* qui utilise moins d'énergie que l'ampoule à incandescence. *La production et la consommation. Biens de consommation. Crédit à la consommation,* pour des biens de consommation. *Société de consommation,* dont l'équilibre économique repose sur l'importance de la consommation. **2·** Ce qu'un client consomme au café. *Payer les consommations.* ▷ **inconsommable**

[2] **consommer** v. tr. < conjug. 1 > Littér. **1·** Mener (une chose) au terme de son accomplissement. *Consommer son œuvre.* **2·** *Consommer un forfait, un crime.* → **accomplir, commettre.** ▶ [2] **consommation** n. f. Achèvement, fin. *Jusqu'à la consommation des siècles.* ▷ [1] **consommé**

consomption [kɔ̃sɔ̃psjɔ̃] n. f. Vieilli. Amaigrissement et dépérissement, dans une maladie grave et prolongée. *Mourir de consomption.*

consonance [kɔ̃sɔnɑ̃s] n. f. **1·** Ensemble de sons (accord) considéré traditionnellement dans la musique occidentale comme plus agréable à l'oreille (opposé à *dissonance*). **2·** Uniformité ou ressemblance du son final de deux ou plusieurs mots. → **assonance, rime.** **3·** Succession, ensemble de sons. *Un nom aux consonances harmonieuses, bizarres.* ▶ **consonant, ante** adj. Qui produit une consonance ; est formé de consonances (1, 2). / contr. dissonant /

consonne [kɔ̃sɔn] n. f. **1·** Phonème (bruit : *consonnes sourdes* ; ou son et bruit : *consonnes sonores*) produit par le passage de l'air à travers la gorge, la bouche, formant obstacles. *Les consonnes et les voyelles. Les consonnes labiales* [b, p] *se prononcent avec les lèvres.* **2·** Lettre représentant une consonne. ▶ **consonantique** adj. Relatif aux consonnes (opposé à *vocalique*).

consort [kɔ̃sɔʀ] n. m. et adj. m. **1·** N. m. pl. *Un tel* ***et consorts*** : et ceux qui agissent avec lui ; et les gens de même espèce (souvent péj.). **2·** Adj. m. ***Prince consort*** : époux d'une reine, quand il ne règne pas lui-même.

consortium [kɔ̃sɔʀsjɔm] n. m. Groupement d'entreprises. *Des consortiums d'achat* (→ **comptoir**).

[1] **conspirer** [kɔ̃spiʀe] v. intr. < conjug. 1 > S'entendre secrètement pour renverser le pouvoir ou contre qqn, qqch. *Conspirer pour renverser le gouvernement.* ▶ **conspirateur, trice** n. Personne qui conspire. → **comploteur.** *Prendre un air de conspirateur,* un air mystérieux. ▶ **conspiration** n. f. **1·** Accord secret entre deux ou plusieurs personnes en vue de renverser le pouvoir établi. → **complot, conjuration.** *Le chef d'une conspiration. Démasquer une conspiration contre le gouvernement.* **2·** Entente dirigée contre qqn ou qqch. *C'est la conspiration du silence.*

[2] **conspirer** v. tr. ind. < conjug. 1 > ***Conspirer à*** : contribuer au même effet. → **concourir.** *Tout conspire à son succès, à le faire réussir.*

conspuer [kɔ̃spɥe] v. tr. < conjug. 1 > Manifester bruyamment et en groupe contre (qqn). → **huer.** *Conspuer un orateur. Elle s'est fait conspuer.* / contr. acclamer, applaudir /

constance [kɔ̃stɑ̃s] n. f. **1·** Persévérance dans ce que l'on entreprend. *La constance d'un amour ; la constance en amour.* → **fidélité.** / contr. inconstance / – Patience. *Vous avez de la constance de l'attendre si longtemps.* **2·** Qualité de ce qui ne cesse d'être le même. → **continuité, permanence, persistance.** *La constance d'un phénomène. La constance de la pluie en cette saison.* / contr. instabilité / ▶ **constant, ante** adj. **1·** (Personnes ; actes) Littér. Persévérant. *Être constant dans la poursuite d'un but.* **2·** (Choses) Qui persiste dans l'état où il (elle) se trouve ; qui ne s'interrompt pas. → **continuel, permanent, persistant.** / contr. changeant / *Manifester un intérêt constant. Quantité constante.* – N. f. *Une* ***constante*** : un élément qui ne varie pas (dans un calcul). / contr. variable / ▶ **constamment** adv. D'une manière continuelle. → **toujours.** *Il est constamment malade.* ▷ **inconstance, inconstant**

constater [kɔ̃state] v. tr. < conjug. 1 > Établir par expérience directe la vérité, la réalité de. → **observer, reconnaître.** *Constater un fait, la réalité d'un fait. Constater une erreur. Je constate qu'il* *est en retard. Vous pouvez constater (par) vous-même qu'il n'est pas venu.* ▶ **constat** n. m. **1·** Procès-verbal dressé pour décrire un état de fait. *Constat d'huissier. Les deux automobilistes ont établi un constat à l'amiable après l'accident.* **2·** *Constat de...*, ce par quoi on constate (qqch.). *Dresser un constat d'échec.* ▶ **constatation** n. f. Action de constater pour attester ; fait constaté. → **observation.** *La constatation d'un fait. Procéder aux constatations d'usage. Je suis arrivée à la constatation suivante...*

constellation [kɔ̃ste(ɛl)lɑsjɔ̃] n. f. Groupe apparent d'étoiles qui présente un aspect reconnaissable. *La constellation de la Grande Ourse.*

constellé, ée [kɔ̃ste(ɛl)le] adj. Parsemé d'objets brillants. *Robe constellée de paillettes.*

consterner [kɔ̃stɛʀne] v. tr. < conjug. 1 > **1·** Jeter brusquement (qqn) dans un abattement profond. → **abattre, accabler, atterrer, désoler, navrer.** *Cette nouvelle m'a consterné. Il nous a consternés par sa nullité.* **2·** Au passif et p. p. adj. *(Être) consterné, ée. Je suis consterné par son attitude. Un air, un visage consterné.* → **atterré, abattu.** / contr. heureux, réjoui / ▶ **consternant, ante** adj. ▶ **consternation** n. f. Abattement, accablement. *La nouvelle a jeté la consternation dans l'assistance.*

constipation [kɔ̃stipɑsjɔ̃] n. f. Difficulté dans l'évacuation des selles ; état d'une personne qui éprouve cette difficulté. *Laxatif contre la constipation.* / contr. diarrhée / ▶ **constiper** v. tr. < conjug. 1 > **1·** Causer la constipation de (qqn). – Sans compl. *Le riz constipe.* – Au p. p. *Il est constipé.* **2·** Fam. ***Constipé, ée*** : anxieux, contraint, embarrassé.

constituant, ante → **constituer ; 2 constitution.**

constituer [kɔ̃stitɥe] v. tr. < conjug. 1 > **1·** (Choses) Concourir, avec d'autres éléments, à former (un tout). → **composer.** *Parties qui constituent un tout. Les articles qui constituent un traité.* **2·** Être. *Cette action constitue un délit. Cela constitue un progrès.* **3·** (Personnes) Organiser, créer (une chose complexe). *Constituer une société commerciale. Elle s'est constitué une belle collection.* / contr. défaire / **4·** V. pron. réfl. *Se constituer prisonnier*, se livrer. → **se rendre.** *Ils se sont constitués prisonniers.* **5·** *Être bien constitué*, avoir une bonne constitution 1. ▶ 1 **constituant, ante** adj. ou **constitutif, ive** adj. Qui entre dans la composition de. *Les éléments constitutifs, constituants de l'eau.* ▷ 1 **constitution, reconstituer**

1 **constitution** [kɔ̃stitysjɔ̃] n. f. **1·** Manière dont une chose est composée. → **arrangement, disposition, forme, organisation.** *La constitution d'une substance.* **2·** Action de constituer (un ensemble) ; son résultat. → **composition, création, élaboration.** *La constitution d'une société, d'un club sportif.* **3·** Ensemble des caractères congénitaux (d'un individu). → **conformation.** *Forte, robuste constitution.* ▶ 1 **constitutionnel, elle** adj. De la constitution (3). *Faiblesse constitutionnelle (de qqch.).*

2 **constitution** n. f. Charte, textes fondamentaux qui déterminent la forme du gouvernement d'un pays. *Voter une constitution. Réviser, réformer la Constitution. La Constitution française. Loi conforme à la Constitution.* → **constitutionnel.** ▶ 2 **constituant, ante** adj. et n. f. Qui est chargé de faire une constitution. *Assemblée constituante.* – N. f. *La Constituante*, l'Assemblée française de 1789. ▶ 2 **constitutionnel, elle** adj. **1·** Relatif (ou conforme, soumis) à une constitution. *Monarchie constitutionnelle. Cette loi n'est pas constitutionnelle.* / contr. anticonstitutionnel / **2·** *Droit constitutionnel*, qui étudie la structure et le fonctionnement du pouvoir politique (branche du droit public). ▶ **constitutionnellement** adv. D'une manière conforme à la Constitution. ▷ **anticonstitutionnel, inconstitutionnel**

constricteur [kɔ̃stʀiktœʀ] adj. m. Anatomie. Qui resserre. *Muscles constricteurs.* – Zoologie. *Boa constricteur* ou ***constrictor*** : qui étreint sa proie dans ses anneaux.

construire [kɔ̃stʀɥiʀ] v. tr. < conjug. 38 > **REM.** Part. passé : *construit, ite.* **1·** Bâtir, suivant un plan déterminé. → **édifier.** / contr. détruire / *Construire une maison, un pont sur une rivière. Construire un navire, des automobiles.* **2·** Abstrait. Faire exister (un système complexe) en organisant des éléments mentaux. *Construire une intrigue.* → **composer.** *Construire un système, une théorie.* – Tracer (une figure géométrique) selon un schéma. *Construisez un triangle isocèle. Construire une phrase* (→ **construction**). ▶ **constructeur, trice** [kɔ̃stʀyktœʀ, tʀis] adj. et n. **1·** Personne qui bâtit, construit. *Une époque de grands constructeurs. Les constructeurs de cathédrales.* → **architecte, bâtisseur.** *Constructeur d'automobiles, d'avions.* **2·** Fig. *Un constructeur d'empire.* → **bâtisseur.** / contr. destructeur / ▶ **constructif, ive** adj. **1·** Capable de construire, d'élaborer, de créer. → **créateur.** *Un esprit constructif.* **2·** Positif. *Une proposition, une critique constructive.* ▶ **construction** [kɔ̃stʀyksjɔ̃] n. f. **1·** Action de construire. → **assemblage, édification.** / contr. destruction / *La construction d'une maison, d'un mur.* – ***En construction*** : en train d'être construit. *Une maison en construction.* – *La construction d'une automobile.* → **fabrication.** – *Matériaux de construction*, servant à la construction. – Industrie qui construit certains objets. *Les constructions aéronautiques.* **2·** Ce qui est construit, bâti. → **bâtiment, édifice, immeuble.** *Une belle construction en pierres de taille. Plans, devis d'une construction.* **3·** Action de composer, d'élaborer une chose abstraite ; cette chose. → **composition.** *C'est une simple construction de l'esprit. Construction géométrique,* figure. – Place relative des mots dans la phrase (→ **syntaxe**). *Construction grammaticale.* ▷ **inconstructible, reconstruction, reconstruire**

consubstantiel, ielle [kɔ̃sypstɑ̃sjɛl] adj. Qui est unique par la substance ; inséparable. ▶ **consubstantialité** n. f. Unité et identité de substance des personnes de la Trinité (qui sont consubstantielles). *La consubstantialité du Père et du Fils.*

consul [kɔ̃syl] n. m. **I·** En histoire. **1·** Nom donné aux deux magistrats qui exerçaient l'autorité suprême, sous la République romaine. **2·** Nom des trois magistrats auxquels la Constitution de l'an VIII avait confié le gouvernement de la République française. *Bonaparte, premier consul.* **II·** Agent chargé par un gouvernement de la défense des intérêts de ses nationaux et de fonctions administratives dans un pays étranger. *Être consul de France. Madame le consul* ou *la consule.* ▶ **consulaire** adj. D'un consul. ▶ **consulat** n. m. **1·** Charge de consul. **2·** Bureaux, services dirigés par un consul (II). *Aller au consulat pour obtenir un visa.* ▷ **proconsul**

consulter [kɔ̃sylte] v. <conjug. 1> **I·** V. tr. **1·** Demander avis, conseil à (qqn). *Consulter un ami. Consulter un médecin, un expert. Consulter qqn sur, au sujet de qqch.* **2·** Regarder (qqch.) pour y chercher des explications, des renseignements. *Consulter un manuel. Consulter un dictionnaire. Ouvrage à consulter. Consulter sa montre. Consulter l'horaire des cars.* **II·** V. intr. (Médecin) Donner des consultations (3). *Le docteur consulte tous les matins.* ▶ **consultant, ante** n. et adj. Personne qui donne des consultations. → **conseil.** *Avocat, médecin consultant.* – N. *Un consultant en informatique.* ▶ **consultatif, ive** adj. Qui est constitué pour donner des avis mais non pour décider. *Comité consultatif.* / contr. **délibératif, souverain** / *À titre consultatif,* pour simple avis. ▶ **consultation** n. f. **1·** Action de prendre avis. *La, une consultation de l'opinion.* → **enquête.** *Consultation électorale.* → **vote.** *La consultation d'un ouvrage, d'un document.* → **examen.** **2·** (Savant, avocat, médecin) Action de donner avis. *Les consultations que donne un expert.* **3·** Le fait de recevoir les malades. *Cabinet, heures de consultation.* – Moment, service de consultation. *La consultation d'un hôpital.*

consumer [kɔ̃syme] v. tr. <conjug. 1> **1·** Littér. (Suj. nom abstrait) Épuiser complètement les forces de (qqn). → **abattre, user.** *La passion, le chagrin le consume. La maladie qui le consumait.* – ***Se consumer*** v. pron. réfl. *Se consumer,* épuiser sa santé, ses forces. *Il se consume d'amour, d'ennui. Elle se consumait en efforts inutiles.* → **s'épuiser.** **2·** Détruire par le feu. → **brûler, calciner, embraser.** *Le feu a consumé tout un quartier.* → **incendier.** – Au p. p. adj. *Bois à demi consumé.*

contact [kɔ̃takt] n. m. **1·** Position, état relatif (de corps qui se touchent). *Le contact de deux choses, entre deux choses, d'une chose et d'une autre. Point de contact. Être, entrer* ***en contact,*** se joindre, se toucher. *Au contact de l'air.* – *Lentilles, verres* ***de contact*** : verres correcteurs de la vue qui s'appliquent sur l'œil (verres cornéens). **2·** *Contact électrique,* entre conducteurs, permettant le passage du courant. – Dispositif permettant l'allumage d'un moteur à explosion. *Clef de contact. Couper le contact.* **3·** Relation entre personnes. *Les contacts humains.* – ***En contact*** *avec* : en relation. *Entrer, se mettre en contact avec qqn.* – *Au contact de qqn,* sous son influence. *Il devient plus humain à votre contact.* – *Prendre contact avec qqn.* ▶ **contacter** v. tr. <conjug. 1> REM. Ce terme est critiqué par les puristes. Prendre contact avec (qqn). → **rencontrer, toucher.** *Contacter qqn par téléphone.*

contagieux, euse [kɔ̃taʒjø, øz] adj. **1·** Qui se communique par la contagion. *Maladie, fièvre contagieuse.* **2·** Agent de contagion. *Cet homme est contagieux.* – N. *Un contagieux.* **3·** Abstrait. Qui se communique facilement. *Rire, enthousiasme contagieux.* → **communicatif.**

contagion [kɔ̃taʒjɔ̃] n. f. **1·** Transmission d'une maladie à une personne bien portante, par contact (direct ou indirect). → **contamination, infection.** *S'exposer à la contagion. Pendant la contagion,* la maladie contagieuse. **2·** Imitation involontaire. → **propagation, transmission.** *La contagion du bâillement.* ▷ **contagieux**

container [kɔ̃tɛnɛʀ] n. m. Anglic. → **conteneur.**

contaminer [kɔ̃tamine] v. tr. <conjug. 1> Transmettre une infection à. → **infecter.** – Rendre dangereux (par la radioactivité, une infection, etc.). – Au p. p. adj. Infecté ; capable de transmettre la contagion. *Eau contaminée. Une région contaminée,* rendue dangereuse (par la radioactivité, une infection, etc.). ▶ **contamination** n. f. Infection causée par des germes. → **contagion.** – Action de contaminer par la radioactivité. *La contamination de l'eau d'une rivière.* ▷ **décontaminer**

conte [kɔ̃t] n. m. Récit de faits, d'aventures imaginaires, destiné à distraire. → **histoire, récit ; conter.** *Les Contes de Perrault.* – ***Conte de fées*** : récit merveilleux ; fig. aventure, fait étonnant et charmant. *Leur rencontre est un vrai conte de fées.* ≠ comte, compte.

contempler [kɔ̃tɑ̃ple] v. tr. < conjug. 1 > Considérer attentivement ; s'absorber dans l'observation de. *Contempler un paysage. Il la contemple avec admiration.* ▶ **contemplatif, ive** adj. **1·** Qui aime la contemplation, la méditation. *Esprit contemplatif.* **2·** *Ordre contemplatif,* ordre religieux voué à la méditation. *Religieux contemplatif.* – N. *Un contemplatif.* ▶ **contemplation** n. f. **1·** Le fait de s'absorber dans l'observation attentive (de qqn, qqch.). *La contemplation du ciel. En contemplation. Rester en contemplation devant une œuvre d'art.* **2·** Concentration de l'esprit sur des sujets intellectuels ou religieux. → **méditation ; contemplatif.** *Être plongé, s'abîmer dans la contemplation. Elles ont toutes deux le goût de la solitude et de la contemplation.*

contemporain, aine [kɔ̃tɑ̃pɔʀɛ̃, ɛn] adj. **1·** ***Contemporain de*** : qui est du même temps que. *Jeanne d'Arc était contemporaine de Charles VII.* – N. *Les contemporains de Voltaire.* – *Des événements contemporains,* qui se sont produits à la même époque. **2·** Qui est de notre temps. → **actuel, moderne.** *Étudier les auteurs contemporains, la littérature contemporaine.* / contr. ancien /

contempteur, trice [kɔ̃tɑ̃ptœʀ, tʀis] n. Littér. Personne qui méprise, dénigre (qqn, qqch.). *Les contempteurs de la morale.*

1 **contenance** [kɔ̃tnɑ̃s] n. f. Manière de se tenir, de se présenter. → **air, allure, attitude, mine.** *Contenance assurée, modeste, embarrassée. Il a fait bonne contenance quand il a appris la mauvaise nouvelle,* il a gardé son sang-froid, il a montré du courage. – Loc. *Se donner, prendre une contenance,* déguiser son embarras. *Perdre contenance,* être subitement déconcerté (→ **décontenancé).** ▷ **décontenancé**

2 **contenance** n. f. Quantité de ce qu'un récipient peut contenir. → **capacité, contenu.** *La contenance d'une bouteille, d'un réservoir.* ▶ **contenant** [kɔ̃tnɑ̃] n. m. Ce qui contient qqch. → **récipient.** *Le contenant et le contenu.* ▶ **conteneur** [kɔ̃tənœʀ] n. m. Grande caisse métallique pour le transport des marchandises. → **cadre.** *Décharger des conteneurs.* – REM. Éviter l'anglic. *container.* ▷ **porte-conteneurs**

contenir [kɔ̃tniʀ] v. tr. < conjug. 22 > **1·** Avoir, comprendre en soi, dans sa capacité, son étendue, sa substance. → **renfermer.** *Ce minerai contient une forte proportion de métal. Une grande enveloppe contenant le courrier.* – *Ce livre contient des erreurs.* **2·** Avoir une capacité de. → **tenir.** *Ce stade peut contenir deux mille spectateurs.* **3·** Empêcher (des personnes, des groupes) d'avancer, de s'étendre. → **limiter, maintenir, retenir.** *Contenir la foule, les manifestants.* **4·** Empêcher (un sentiment) de se manifester, de s'exprimer. *Contenir ses larmes.* → **refouler.** *Contenir son émotion, sa colère.* / contr. exprimer / **5·** V. pron. réfl. Ne pas exprimer un sentiment fort. → se **dominer,** se **maîtriser,** se **retenir ;** 1 **contenu.** *Essayez de vous contenir. Elle s'est contenue malgré sa colère.* ▷ 2 **contenance,** 1 **contenu,** 2 **contenu**

content, ente [kɔ̃tɑ̃, ɑ̃t] adj. Satisfait. **1·** *Content de qqch.* → **enchanté, ravi.** *Je suis assez content de mon acquisition,* elle me plaît assez. – ***Non content*** *d'être endetté, il emprunte à tous ses amis* : il ne lui suffit pas de. → **non** seulement. **2·** *Être content que* (+ subjonctif). *Je serais content que vous veniez me voir.* **3·** *Content de qqn,* satisfait de son comportement. *Je suis content de vous.* – *Content de soi,* vaniteux. **4·** Sans compl. Gai, joyeux. *Il a l'air tout content.* / contr. ennuyé, insatisfait, mécontent, triste / ▶ **contenter** v. tr. < conjug. 1 > **1·** Rendre (qqn) content en lui donnant ce qu'il désire. → **combler, satisfaire.** / contr. mécontenter / *On ne peut pas contenter tout le monde.* → **plaire** à. *Un rien le contente.* – *Contenter son envie, sa curiosité.* → **assouvir.** **2·** ***Se contenter de*** v. pron. réfl. : être satisfait (de qqch.), ne rien demander de plus. → s'**accommoder,** s'**arranger.** *Se contenter d'un repas par jour.* – *Pour réponse, elle s'est contentée de sourire.* ▶ **contentement** n. m. Satisfaction. *Son contentement fait plaisir à voir. Contentement de soi.* / contr. mécontentement / ▷ **mécontenter**

contentieux [kɔ̃tɑ̃sjø] n. m. invar. Ensemble des litiges ; service qui s'occupe des affaires litigieuses (dans une entreprise). *Chef du contentieux. Le contentieux de la Sécurité sociale.*

1 **contenu, ue** [kɔ̃tny] adj. Que l'on se retient d'exprimer, que l'on contient (→ **contenir,** 4). *Une émotion contenue.* / contr. exprimé, violent /

2 **contenu** n. m. **1·** Ce qui est dans un contenant. *Le contenu d'un récipient. L'étiquette indique la nature du contenu.* **2·** Substance, teneur. *Le contenu d'une lettre, d'un livre.*

conter [kɔ̃te] v. tr. < conjug. 1 > **1·** Dire (une histoire imaginaire, un conte) pour distraire. → plus cour. **raconter.** – Loc. *Conter fleurette** (à qqn). **2·** Vieilli. Dire (une chose inventée) pour tromper. *Que me contez-vous là ?* – Loc. ***En conter*** *à qqn* : abuser, tromper. *Il ne s'en laisse pas conter, il ne faut pas lui en conter.* ≠ compter. ▶ **conteur, euse** n. Personne qui compose, dit ou écrit des contes. *Les poètes conteurs* (aèdes, troubadours...). *Les conteurs africains* → **griot,** *créoles.* ≠ compteur. ▷ **conte, raconter**

contester [kɔ̃tɛste] v. tr. < conjug. 1 > **1·** Mettre en discussion (le droit, les prétentions de qqn). → **discuter.** / contr. admettre, reconnaître / *Contester le titre, la succession de qqn.* – Sans compl. *Les jeunes aiment contester* (→ **contestataire, contestation**). **2·** Mettre en doute. → **nier.** / contr. croire / *Contester un fait. Contester que* (+ subjonctif). *Je conteste qu'il l'ait dit.* (Avec la négation) *Je ne conteste pas qu'il l'a (qu'il l'ait) dit. Je ne conteste pas qu'il réussisse, qu'il réussira.* – Au p. p. *Cette théorie est très contestée. Un peintre contesté.* ▶ **contestable** adj. Qui peut être contesté. → **discutable.** *Vous avez sur la question des idées contestables. Une hypothèse contestable.* ▶ **contestataire** adj. et n. Qui conteste. *Les étudiants contestataires.* ▶ **contestation** n. f. **1·** Le fait de contester qqch. ; discussion sur un point contesté. → **controverse, débat.** *Élever une contestation sur un point. La contestation d'un droit.* **2·** Vive opposition. *Entrer en contestation avec qqn.* → **dispute, opposition, querelle.** – Fait de contester l'ordre établi. ▶ **sans conteste** [sɑ̃kɔ̃tɛst] loc. adv. Sans contredit, sans discussion possible. → **assurément, incontestablement.** *Shakespeare est, sans conteste, le plus grand dramaturge anglais.* ▷ **incontestable, incontesté**

contexte [kɔ̃tɛkst] n. m. **1·** Ensemble du texte qui entoure un élément de la langue (un mot, une phrase...). *Vous comprendrez mieux en regardant le contexte.* **2·** Ensemble des circonstances dans lesquelles se produit un fait. *Le contexte politique. Dans un contexte particulier.* ▶ **contextualiser** v. tr. < conjug. 1 > Didact. Replacer dans le contexte. ▶ **contextuel, elle** adj. Du contexte.

contexture [kɔ̃tɛkstyʀ] n. f. Manière dont les éléments d'un tout organique complexe se présentent. → ① **constitution, organisation, structure.** *La contexture des os, des muscles.*

contigu, uë [kɔ̃tigy] adj. Qui touche (à autre chose). → **attenant, avoisinant.** *Deux jardins contigus. Chambre contiguë à une autre.* / contr. éloigné, séparé / ▶ **contiguïté** [kɔ̃tigɥite] n. f. → **mitoyenneté, proximité.**

continence [kɔ̃tinɑ̃s] n. f. État d'une personne qui s'abstient de tout plaisir charnel. → **chasteté, pureté.** ▶ ① **continent, ente** adj. Vx. Qui pratique la continence. → **chaste.** ▷ **incontinence**

② **continent** [kɔ̃tinɑ̃] n. m. Grande étendue de terre limitée par un ou plusieurs océans. *L'Ancien Continent,* l'Europe, l'Asie, l'Afrique. *Le Nouveau Continent,* les deux Amériques. ▶ **continental, ale, aux** adj. Relatif à un continent. *Climat continental,* des régions éloignées des mers. ▷ **intercontinental, transcontinental**

contingences [kɔ̃tɛ̃ʒɑ̃s] n. f. pl. Les choses qui peuvent changer, qui n'ont pas une importance capitale. *Les contingences de la vie quotidienne,* les événements terre à terre. ▶ ① **contingent, ente** adj. Qui peut se produire ou non. → **accidentel, éventuel, occasionnel.** / contr. nécessaire / *Événement contingent,* soumis au hasard.

② **contingent** n. m. **1·** Ensemble des jeunes gens appelés au service militaire → **classe,** de soldats affectés à une mission donnée. **2·** Part que chacun apporte ou reçoit. *Apporter son contingent à une œuvre.* → **contribution.** ▶ **contingenter** v. tr. < conjug. 1 > Fixer un contingent (2) limité, précis à. → **limiter.** *Contingenter une production, une importation.* ▶ **contingentement** n. m. *Le contingentement des produits importés.*

continu, ue [kɔ̃tiny] adj. **1·** Qui n'est pas interrompu dans le temps. → **continuel, incessant, ininterrompu.** / contr. discontinu, intermittent / *Mouvement continu. Un bruit continu. Fournir un travail, un effort continu.* → **assidu.** *Courant continu.* / contr. alternatif, discontinu / – *Journée continue,* horaire de travail ne comportant qu'une brève interruption pour le repas. **2·** Composé de parties non séparées. *Ligne, alignement continu.* ▶ **continuel, elle** adj. Qui dure sans interruption ou se répète à intervalles rapprochés. → **continu, perpétuel.** *Nous avons eu des pluies continuelles pendant un mois. Faire des efforts continuels.* / contr. interrompu, momentané / ▶ **continuellement** adv. D'une manière continuelle, sans arrêt. *Travailler continuellement. Nous avons continuellement des réclamations.* → **constamment,** sans **relâche.** ▶ **continuité** n. f. Caractère de ce qui est continu. → **persistance.** *La continuité d'une action. Assurer la continuité d'une tradition.* / contr. discontinuité, interruption / ▶ **continûment** adv. D'une manière continue (plus actif que *continuellement*). *La langue évolue continûment.* ▷ **discontinu**

continuer [kɔ̃tinɥe] v. < conjug. 1 > **I·** V. tr. **1·** Faire ou maintenir encore, plus longtemps ; ne pas interrompre (ce qui est commencé). / contr. interrompre / *Continuer ses études. Continuer une œuvre jusqu'à son achèvement. Continuer son chemin.* – Transitivement ind. ***Continuer à, continuer de*** (+ infinitif). *Continuer à parler, de parler.* – Sans compl. *Vous pouvez continuer. Continuez !* **2·** Prolonger (qqch.) dans l'espace. *Continuer une ligne, une route.* **II·** V. intr. (Suj. chose) **1·** Ne pas s'arrêter. → **durer.** *La fête, le spectacle continue.* **2·** S'étendre plus loin. → se **prolonger.** *Cette route continue jusqu'à Paris.* → **aller.** ▶ **continuateur, trice** n. Personne qui continue ce qu'une autre a commencé. → **successeur.** *Les continuateurs de Darwin.* ▶ **continuation** n. f. Action de continuer (qqch.) ; le fait d'être continué. *La continuation de la guerre.* / contr. interruption / *Se charger de la continuation d'une œuvre.* – Fam. *Bonne continuation !*, souhait adressé à qqn qui semble se plaire à ce qu'il fait. ▷ **discontinuer**

contondant, ante [kɔ̃tɔ̃dɑ̃, ɑ̃t] adj. Didact. *Instrument contondant, arme contondante,* qui blesse, meurtrit sans couper ni percer (bâton, gourdin...).

contorsion [kɔ̃tɔʀsjɔ̃] n. f. **1·** Attitude anormale par torsion des membres, du corps. **2·** Attitude outrée, gestes affectés. → **agitation, grimace.** *Inutile de faire toutes ces contorsions.* ▶ **se contorsionner** v. pron. réfl. < conjug. 1 > Faire des contorsions. ▶ **contorsionniste** n. Acrobate spécialisé(e) dans les contorsions.

contour [kɔ̃tuʀ] n. m. **1·** Limite extérieure (d'un objet, d'un corps). → **bord, tour.** *Le contour d'une table, d'un vase ; d'un personnage* → **silhouette.** *Contour précis, net, imprécis. Tracer les contours d'une figure. Les contours du corps humain.* → **courbe, forme, galbe, ligne. 2·** Forme sinueuse. *Les contours d'une route de montagne.* → **détour, lacet.** ▶ **contourné, ée** adj. **1·** Qui présente des courbes, a un contour compliqué. **2·** Affecté et compliqué. *Style, raisonnement contourné.* → **tarabiscoté.** ▶ **contourner** v. tr. < conjug. 1 > Faire le tour de, passer autour. *La rocade qui contourne la ville. Contourner un obstacle.* → **éviter.** – Fig. *Contourner la loi.* ▷ **incontournable**

contra- Élément signifiant « contre ; en sens contraire ». → **contre-.** ▶ **contraception** [kɔ̃tʀasɛpsjɔ̃] n. f. Ensemble des moyens employés pour rendre les rapports sexuels inféconds (empêcher d'avoir un enfant), chez la femme ou chez l'homme. ▶ **contraceptif, ive** adj. Qui empêche les rapports sexuels d'aboutir à la conception d'un enfant. → **contragestif.** *Pilule contraceptive.* → **pilule.** – N. m. *Un contraceptif.* ▷ **contradicteur, contragestif, contravention**

1 **contracter** [kɔ̃tʀakte] v. tr. < conjug. 1 > S'engager par un contrat à satisfaire (une obligation), à respecter (des clauses). *Contracter un mariage, une assurance, des dettes.* ▶ **contractant, ante** adj. Qui s'engage par contrat.

2 **contracter** v. tr. < conjug. 1 > **1·** Prendre (une habitude, un sentiment, de qqn, de qqch.). → **former, prendre.** *Contracter une habitude. Il a contracté cette manie de sa mère.* **2·** Attraper (une maladie).

3 **contracter** v. tr. < conjug. 1 > Réduire dans sa longueur, son volume. → **raccourcir, resserrer.** *Le froid contracte les corps.* – *Contracter les muscles.* → **raidir, tendre.** – ***Se contracter*** v. pron. réfl. *Le cœur se contracte et se dilate alternativement* (→ **contraction**). ▶ **contracté, ée** p. p. adj. *Muscles contractés. Son visage était un peu contracté.* – (Personnes) Inquiet, tendu. / contr. décontracté / ▶ **contraction** [kɔ̃tʀaksjɔ̃] n. f. Réaction du muscle qui se raccourcit et se gonfle. *Contraction violente.* → **crampe, spasme.** *Contractions des muscles du visage.* → **crispation.** / contr. décontraction, relâchement / *Les contractions d'une femme qui accouche.* → **douleur(s).** ▶ **contracture** n. f. Contraction musculaire prolongée. ▷ **décontraction, décontracté**

contractuel, elle [kɔ̃tʀaktɥɛl] adj. et n. **1·** Stipulé par contrat. *Obligation contractuelle.* **2·** En France. *Agent contractuel,* agent non fonctionnaire coopérant à un service public. – N. *Un contractuel,* auxiliaire de police chargé de faire respecter les règles de stationnement. *Une contractuelle nous a mis une contravention.*

contradicteur [kɔ̃tʀadiktœʀ] n. m. Personne qui contredit. → **adversaire, opposant.** *Un contradicteur courtois ; acharné. Cette députée, cette journaliste est un contradicteur redoutable.*

contradiction [kɔ̃tʀadiksjɔ̃] n. f. **1·** Action de contredire qqn ; échange d'idées entre ceux qui se contredisent. → **objection, opposition.** / contr. approbation / *Il ne supporte pas la contradiction. Porter la contradiction dans un débat.* – *Esprit de contradiction,* disposition à contredire, à s'opposer constamment. **2·** Relation entre deux termes, deux propositions qui affirment et nient. *Il y a contradiction entre « A est vrai » et « A n'est pas vrai ».* – Absurdité, invraisemblance. *Un tissu de contradictions.* **3·** Action de se contredire. *Être en proie à des contradictions. Les contradictions internes d'un système.* / contr. concordance / ▶ **contradictoire** adj. **1·** Qui contredit une affirmation. → **contraire.** *Affirmation contradictoire à une autre, d'une autre.* / contr. compatible / **2·** Où il y a contradiction, discussion. *Débat, examen contradictoire.* **3·** Qui implique contradiction, incompatibilité. → **incompatible.** *Tendances, influences contradictoires.* / contr. concordant / ▶ **contradictoirement** adv.

contragestif, ive adj. Qui s'oppose à l'implantation de l'embryon. *Pilule contragestive.* – N. *Un contragestif.* ≠ contraceptif. ▶ **contragestion** n. f.

contraindre [kɔ̃tʀɛ̃dʀ] v. tr. < conjug. 52 > **1·** *Contraindre qqn à faire qqch.,* lui imposer de faire qqch. contre sa volonté. → **forcer, obliger.** *Les circonstances l'ont contraint à agir ainsi.* → **entraîner, pousser.** *Décidez librement, je ne veux pas vous contraindre.* **2·** ***Se contraindre*** v. pron. réfl. *Se contraindre à faire qqch.,* se forcer. **3·** ***Être contraint de*** (+ infinitif). *Elle a été contrainte d'accep-*

ter. ▶ **contraignant, ante** [kɔ̃tʀɛɲɑ̃, ɑ̃t] adj. Qui contraint, gêne et oblige. *Une obligation, une nécessité contraignante.* → **astreignant, pénible.** ▶ **contraint, ainte** adj. 1· Qui est gêné, mal à l'aise. *Avoir un air contraint, une mine contrainte.* → **embarrassé, emprunté.** 2· Loc. *Contraint et forcé,* sous la contrainte. ▶ **contrainte** n. f. 1· Violence exercée contre qqn ; entrave à la liberté d'action. *Empêcher d'agir par la contrainte.* – Loc. *Agir sous la contrainte.* 2· Gêne, retenue (surtout dans *sans contrainte*). *Il parla sans aucune contrainte.*

contraire [kɔ̃tʀɛʀ] adj. et n. m. I· Adj. 1· Qui présente la plus grande différence possible (en parlant de deux choses du même genre) ; qui s'oppose (à qqch.). → **contradictoire, incompatible, inverse, opposé.** / contr. pareil, semblable / *Deux opinions contraires. Son attitude est contraire à la raison.* 2· Qui, en s'opposant, gêne le cours d'une chose. → **défavorable.** *Vents contraires. La chance lui est contraire.* / contr. favorable / II· N. m. 1· Ce qui est opposé (logiquement). *Le contraire de qqch. Faire le contraire de ce que l'on dit. C'est tout le contraire. Dire une chose et son contraire,* se contredire. *Il dit toujours le contraire* (→ **contradiction ; contredire**). 2· Mot de sens opposé à un autre. → **antonyme.** *Les synonymes et les contraires.* 3· ***Au contraire*** loc. adv. : d'une manière opposée. → **contrairement,** par **contre.** *Il ne pense pas qu'à lui ; au contraire, il est très dévoué. Tout au contraire.* – ***Au contraire de*** loc. prép. : d'une manière opposée à. ▶ **contrairement** adv. *Il fait beau contrairement aux prévisions.*

contralto [kɔ̃tʀalto] n. m. La plus grave des voix de femme. – Celle qui a cette voix. *Des contraltos.* ≠ alto.

contrarier [kɔ̃tʀaʀje] v. tr. < conjug. 7 > 1· Avoir une action contraire, aller contre, s'opposer à (qqch.). → **combattre, contrecarrer, gêner, résister** à. *Contrarier les projets de qqn.* / contr. aider, favoriser / 2· Causer du dépit, du mécontentement à (qqn) en s'opposant à lui. → **chagriner, fâcher, mécontenter.** *Il cherche à vous contrarier.* 3· (Suj. chose) Rendre inquiet, mal à l'aise. *Cette histoire me contrarie un peu.* / contr. contenter, réjouir / – Au p. p. adj. *Il a l'air très contrarié.* ▶ **contrariant, ante** adj. 1· Qui est porté à contrarier (1). *Un esprit contrariant.* 2· Qui contrarie (3). *Comme c'est contrariant !* → **ennuyeux.** ▶ **contrariété** n. f. Déplaisir causé par ce qui contrarie (3). → **mécontentement.** *Éprouver une vive contrariété.*

contraste [kɔ̃tʀast] n. m. 1· Opposition de deux choses dont l'une fait ressortir l'autre. → **antithèse, opposition.** *Contraste entre deux choses, de deux choses. Un contraste de couleurs. Contrastes d'idées.* – *Par contraste,* par l'opposition avec son contraire. → **comparaison.** 2· *Contraste d'une image,* variation de l'ombre et de la lumière à l'intérieur de cette image. *Régler le contraste de la télévision.* ▶ **contrasté, ée** adj. Qui présente des contrastes. *Couleurs contrastées.* ▶ **contraster** v. intr. < conjug. 1 > *Contraster avec qqn, qqch.,* être en contraste (avec) ; s'opposer d'une façon frappante. *Des couleurs, des expressions qui contrastent entre elles. La beauté de la vieille ville contraste avec la laideur des grands ensembles.*

contrat [kɔ̃tʀa] n. m. 1· Convention par laquelle une ou plusieurs personnes s'obligent à donner, à faire ou à ne pas faire qqch. vis-à-vis de qqn. → **convention, pacte.** *Un contrat d'échange, de location, de vente, de prêt. Contrat de travail. Contrat de mariage. Stipuler par contrat.* 2· Acte qui enregistre cette convention. *Rédiger un contrat en bonne et due forme. Signer un contrat avec qqn.* ▷ ① **contracter, contractuel**

contravention [kɔ̃tʀavɑ̃sjɔ̃] n. f. 1· Infraction que les lois punissent d'une amende ; cette amende. *Attraper une contravention pour infraction au code de la route.* → fam. ② **contredanse.** – Procès-verbal de cette infraction. *Trouver une contravention sur son pare-brise.* 2· ***En contravention*** : en infraction à un règlement, etc. *Être, se mettre en contravention.*

① **contre** [kɔ̃tʀ] prép. et adv. I· (Proximité, contact) → **auprès de, près de, sur.** *Pousser le lit contre le mur. Se serrer contre qqn. Joue contre joue.* – Adv. *Appuyez-vous contre.* II· (Opposition) 1· À l'opposé de, dans le sens contraire à. *Nager contre le courant. Contre toute attente,* contrairement à ce qu'on attendait. – ***Par contre*** loc. adv. : au contraire, en compensation. → **en revanche.** *Le magasin est assez exigu, par contre il est bien situé.* 2· En dépit de. → **malgré, nonobstant.** *Contre toute apparence, c'est lui qui a raison. Envers et contre tout,* en dépit de tout. 3· En opposition à, dans la lutte avec (surtout après les verbes *combattre, lutter,* etc.). → **avec.** *Se battre, être en colère contre qqn. Être contre qqch., qqn,* s'opposer, combattre. – Adv. *Voter pour ou contre.* – *Avoir qqch. contre (qqch., qqn),* ne pas approuver entièrement, ne pas aimer. *Je n'ai rien contre lui.* – Adv. *Je n'ai rien contre.* 4· Pour se défendre de. *S'abriter contre la pluie. S'assurer contre l'incendie.* 5· En échange de. *Je te donne mon briquet contre ton couteau de poche. Envoi contre remboursement.* ▶ ② **contre** n. m. 1· ***Le pour et le contre.*** *Peser le pour et le contre,* les avantages et les inconvénients. 2· À certains jeux, exercices. Coup contre l'adversaire. – Action de contrer (2), aux cartes. ▷ **contraire, contrarier, contraste, contrer,** à l'**encontre, malencontreux, rencontrer**

contre- Élément qui signifie « opposé, contraire » (invar. au plur. : *des contre-attaques*). – REM. Dans les composés, on prononce le *e* devant consonne : [kɔ̃tʀəʃɑ̃], [kɔ̃tʀədɑ̃s], etc.

contre-allée [kɔ̃tʀale] n. f. Allée latérale, parallèle à la voie principale. *Garer sa voiture dans la contre-allée. Des contre-allées.*

contre-amiral, aux n. m. Officier général de la marine, immédiatement au-dessous du vice-amiral. *Des contre-amiraux.*

contre-attaque n. f. Brusque mouvement offensif d'une troupe attaquée. → **contre-offensive.** *Des contre-attaques.* ▶ **contre-attaquer** v. tr. et intr. < conjug. 1 > Faire une contre-attaque (contre...). *L'ennemi contre-attaqua immédiatement.*

contrebalancer [kɔ̃tʀəbalɑ̃se] v. tr. < conjug. 3 > **1·** Compenser en étant égal à. *Les avantages contrebalancent les inconvénients.* **2·** Fam. ***Se contrebalancer de*** v. pron. réfl. : se moquer de. → fam. se **balancer** de. *Elle s'en est toujours contrebalancée. Ton histoire, je m'en contrebalance.* → fam. se **contrefiche,** se **contrefoutre.**

contrebande [kɔ̃tʀəbɑ̃d] n. f. Introduction clandestine, dans un pays, de marchandises prohibées ; ces marchandises. *Marchandises de contrebande. Faire la contrebande du tabac.* ▶ **contrebandier, ière** n. Personne qui fait de la contrebande.

en contrebas [ɑ̃kɔ̃tʀəbɑ] loc. adv. À un niveau inférieur. *La route passe en contrebas.* – Loc. prép. *La maison se trouve en contrebas du chemin.*

contrebasse [kɔ̃tʀəbɑs] n. f. **1·** Le plus grand et le plus grave des instruments à cordes et à archet. **2·** Musicien qui joue de la contrebasse. *Il est contrebasse dans un orchestre.* → **contrebassiste.** ▶ **contrebassiste** n. Musicien qui joue de la contrebasse. → **bassiste.**

contrecarrer v. tr. < conjug. 1 > S'opposer directement à. → **gêner.** *Contrecarrer les projets de qqn.*

contrechamp n. m. Cinéma. Prise de vues dans le sens opposé à celui d'une autre prise (*champ*) ; plan ainsi filmé. *Champ et contrechamp.* ≠ contre-chant.

contre-chant n. m. Phrase mélodique sur les harmonies du thème, et jouée en même temps que lui. *Des contre-chants.* ≠ contrechamp.

à contrecœur loc. adv. Malgré soi, avec répugnance. *Faire une chose à contrecœur.* / contr. de bon cœur /

contrecoup n. m. Événement qui se produit en conséquence indirecte d'un autre. → **réaction.** *Subir le contrecoup d'un désastre. Par contrecoup.*

à contre-courant loc. adv. En remontant le courant ; en sens contraire des autres.

1 **contredanse** n. f. Danse ancienne où les couples de danseurs se faisaient vis-à-vis et exécutaient des figures ; son air.

2 **contredanse** n. f. Fam. Contravention. → **amende.**

contredire [kɔ̃tʀədiʀ] v. tr. < conjug. 37 > REM. 2e pers. du plur. *vous contredisez.* **1·** S'opposer à (qqn) en disant le contraire de ce qu'il dit. → **démentir ; contradiction.** / contr. approuver / *Contredire qqn. Vous le contredisez sans cesse. Contredire le témoignage de qqn.* – (Choses) *Son témoignage contredit ce que vous prétendez.* **2·** *Se contredire,* dire des choses contradictoires successivement. **3·** (Choses) Aller à l'encontre de. *Les événements ont contredit ses prédictions, ses espérances.* ▶ **sans contredit** loc. adv. Sans qu'il soit possible d'affirmer le contraire. → **assurément, certainement.** *Il est, sans contredit, le meilleur.* → sans **conteste.**

contrée [kɔ̃tʀe] n. f. Littér. ou région. Étendue de pays. → **région.** *Une contrée riche, fertile.*

contre-espionnage n. m. Organisation chargée de la surveillance des espions ; cette surveillance. *Faire du contre-espionnage.*

contre-exemple n. m. Exemple qui contredit une affirmation, une thèse. *Les contre-exemples sont nombreux.*

contre-expertise n. f. Expertise destinée à en contrôler une autre. *Des contre-expertises.*

contrefaçon n. f. Action d'imiter (*contrefaire*) une œuvre littéraire, artistique, industrielle au préjudice de son auteur ; cette imitation. → **copie, plagiat.** *La contrefaçon d'un livre, d'un produit. Délit de contrefaçon de billets.*

contrefaire v. tr. < conjug. 60 > **1·** Imiter pour tourner en dérision. → **caricaturer.** *Contrefaire la voix, la démarche de qqn.* **2·** Imiter frauduleusement. → **contrefaçon.** *Contrefaire une monnaie, une signature.* **3·** Changer, modifier l'apparence de (qqch.) pour tromper. → **déguiser.** *Contrefaire son écriture.* ▶ **contrefait, aite** adj. (Personnes) Difforme. *Le pauvre est tout contrefait.*

se contrefiche ou **se contrefoutre** v. pron. réfl. < conjug. *fiche, foutre.* > Fam. Se moquer complètement (de). → fam. se **contrebalancer.** *Je m'en contrefiche.*

contre-filet n. m. Morceau de bœuf correspondant aux lombes (côtés du dos) de l'animal. → **faux-filet.** *Des contre-filets.*

contrefort n. m. **1·** Pilier, mur servant d'appui à un autre mur. *Les contreforts d'une terrasse, d'une voûte.* **2·** Chaîne de montagnes latérales. *Les contreforts des Alpes.*

contre-indiqué, ée adj. Qui ne convient pas, est dangereux (dans un cas déterminé). → **déconseillé.** *Ces médicaments sont contre-indiqués pour les enfants.* ▶ **contre-indication** n. f. En médecine. Circonstance où il serait dangereux d'employer un traitement, un médicament. *Des contre-indications.*

à contre-jour loc. adv. En tournant le dos à la lumière, en étant éclairé par-derrière.

contremaître, contremaîtresse n. Celui, celle qui est responsable d'une équipe d'ouvriers(ières).

contre-manifestation n. f. Manifestation organisée pour faire échec à une autre. *Organiser deux contre-manifestations.*

contremarche n. f. Partie verticale de chaque marche d'un escalier.

contremarque n. f. Ticket délivré à ceux qui s'absentent pendant une représentation, afin qu'ils aient le droit de rentrer (à l'entracte, par ex.).

contre-offensive n. f. Contre-attaque en vue d'enlever à l'ennemi l'initiative des opérations. *Des contre-offensives.*

contre-ordre → **contrordre.**

contrepartie n. f. **1·** Sentiment, avis contraire. *Soutenir la contrepartie d'une opinion.* **2·** Chose qui s'oppose à une autre en la complétant ou en l'équilibrant. *Obtenir une contrepartie financière.* → **compensation.** *Obtenir de l'argent en contrepartie.* – Loc. adv. *En contrepartie.* → par **contre,** en **revanche.** *Vous aurez moins de lumière au rez-de-chaussée, mais en contrepartie vous disposerez d'un jardin.*

contre-pente n. f. Pente opposée à une autre pente. *À contre-pente. Des contre-pentes.*

contre-performance n. f. Mauvaise performance, résultat anormalement faible de qqn qui réussit bien d'habitude. – *La contre-performance d'un homme politique.*

contrepèterie [kɔ̃tʀəpɛtʀi] n. f. Interversion des lettres ou des syllabes d'un ensemble de mots produisant un sens burlesque, souvent obscène (ex. : *femme folle à la messe* et *femme molle à la fesse*).

contre-pied n. m. **1·** Ce qui est diamétralement opposé à (une opinion, un comportement). → **contrepartie.** *Vos opinions sont le contre-pied des siennes. Prendre le contre-pied de qqch.*, faire exactement le contraire pour s'opposer. **2·** En sport. *Être* ***à contre-pied*** : sur le mauvais pied (pour une action). *La balle l'a surpris à contre-pied.*

contre-plaqué n. m. Bois formé de plaques minces collées, à fibres opposées. *Des contre-plaqués.*

contre-plongée n. f. Cinéma, télévision. Prise de vues (cinéma, télévision) faite de bas en haut (à l'inverse de la plongée). *Séquence filmée en contre-plongée. Des contre-plongées.*

contrepoids n. m. invar. **1·** Poids qui fait équilibre à un autre poids. *Les contrepoids d'une horloge.* **2·** Ce qui équilibre, neutralise. → **contrepartie, équilibre.** *Servir de contrepoids, faire contrepoids à qqch.* → **contrebalancer.**

contrepoint n. m. **1·** Art de composer de la musique en superposant des dessins mélodiques. *Apprendre l'harmonie et le contrepoint. Le contrepoint s'applique au canon et à la fugue.* **2·** Motif secondaire qui se superpose à qqch. *La musique doit fournir un contrepoint aux images d'un film.* – Loc. adv. *En contrepoint,* en même temps.

contrepoison n. m. Substance destinée à combattre, à neutraliser l'effet d'un poison. → **antidote.** *Administrer un contrepoison.*

contre-pouvoir n. m. Pouvoir qui s'oppose ou fait équilibre à l'autorité établie. *Des contre-pouvoirs.*

contreproposition n. f. Proposition qu'on fait pour l'opposer à une autre.

contre-publicité n. f. **1·** Publicité destinée à lutter contre une autre. **2·** Publicité qui n'atteint pas son but et nuit à ce qu'elle veut vanter.

contrer v. <conjug. 1> **1·** V. tr. Fam. S'opposer avec succès à (qqn). *Se faire contrer.* **2·** V. intr. Aux cartes. S'opposer à la demande d'un joueur. → 2 **contre** (2).

Contre-Réforme n. f. Mouvement catholique qui succéda à la Réforme (des protestants) pour s'y opposer.

contre-révolution n. f. Mouvement politique, social, destiné à combattre une révolution. *Des contre-révolutions.* ▶ **contre-révolutionnaire** adj. et n.

1 **contresens** [kɔ̃tʀəsɑ̃s] n. m. invar. **1·** Interprétation contraire à la signification véritable. *Faire un contresens et des faux sens dans une traduction.* **2·** Erreur dans une interprétation. *Un contresens historique.* **3·** ***À contresens*** loc. adv. : dans un sens contraire au sens normal. → à l'**envers,** à **rebours.** *Interpréter une phrase à contresens.*

2 **à contresens** loc. adv. Dans le mauvais sens. *Emprunter une rue à contresens,* en sens interdit.

contresigner v. tr. < conjug. 1 > Apposer une deuxième signature à. *Décret contresigné par un ministre.*

contretemps n. m. invar. **1·** Événement, circonstance qui s'oppose à ce que l'on attendait. → **difficulté, empêchement, ennui.** *Un fâcheux contretemps.* – ***À contretemps*** loc. adv. : au mauvais moment. *Arriver à contretemps.* **2·** En musique. Action d'attaquer un son sur un temps faible.

contre-terrorisme n. m. Lutte violente contre le terrorisme, par les mêmes méthodes. *Les terrorismes et les contre-terrorismes.* ▶ **contre-terroriste** n. et adj. *Des contre-terroristes.*

contre-torpilleur n. m. Navire de guerre rapide, de tonnage réduit, fortement armé. *Des contre-torpilleurs.*

contretype n. m. Cliché négatif inversé. – Copie d'une épreuve ou d'un cliché photographique.

contre-valeur n. f. Valeur échangée contre une autre.

contrevenir [kɔ̃tʀəv(ə)niʀ] v. tr. ind. < conjug. 22 > *Contrevenir à :* agir contrairement (à une prescription, à une obligation). → **enfreindre, transgresser.** *Il a contrevenu à la loi, au règlement* (→ **contravention**). ▶ **contrevenant, ante** adj. et n. Qui contrevient à un règlement. – N. *Les contrevenants sont passibles d'une amende.*

contrevent n. m. Volet extérieur d'une fenêtre. → **jalousie, persienne.** *Ouvrir, fermer les contrevents.*

contrevérité ou **contre-vérité** n. f. Affirmation visiblement contraire à la vérité. → **mensonge.** *Des contrevérités.*

contre-visite n. f. Nouvelle visite destinée à contrôler les résultats d'une première inspection. *Des contre-visites.*

à contre-voie loc. adv. Du côté du train où n'est pas le quai. *Descendre à contre-voie.*

contribuable [kɔ̃tʀibɥabl] n. Personne qui paye des impôts. *Répartition de l'impôt entre les contribuables.*

contribuer [kɔ̃tʀibɥe] v. tr. ind. < conjug. 1 > *Contribuer à :* aider à l'exécution d'une œuvre commune ; avoir part (à un résultat). → **concourir, coopérer.** *Contribuer au succès d'une entreprise.* ▶ **contributif, ive** adj. À quoi chacun peut contribuer. ≠ collaboratif. *Encyclopédie contributive en ligne.* ▶ **contribution** n. f. **1·** Part que chacun donne pour une charge, une dépense commune. → **part, quote-part.** *Voilà ma contribution.* **2·** Au plur. Impôt. *Payer des contributions.* → **contribuable.** *Contributions indirectes,* établies sur les objets de consommation. – Administration chargée de la répartition et du recouvrement des impôts. *Fonctionnaires des contributions.* **3·** Collaboration à une œuvre commune. → **concours.** *Apporter sa contribution à une science.* – ***Mettre*** *qqn, qqch.* ***à contribution*** : utiliser les services de (qqn, qqch.). ▷ **contribuable**

contrister [kɔ̃tʀiste] v. tr. < conjug. 1 > Littér. Causer de la tristesse à (qqn). → **attrister.** *Cette nouvelle l'a beaucoup contristé.*

contrit, ite [kɔ̃tʀi, it] adj. Qui marque le repentir. *Air contrit.* → **chagrin, penaud.** *Contenance, mine contrite.* ▶ **contrition** [kɔ̃tʀisjɔ̃] n. f. **1·** Douleur vive et sincère d'avoir offensé Dieu. → **pénitence.** *Acte de contrition.* **2·** Littér. Remords, repentir.

contrôle [kɔ̃tʀol] n. m. **1·** Vérification (d'actes, de droits, de documents). → **inspection.** *Le contrôle d'une comptabilité. Le contrôle des billets de train. Contrôle d'identité,* des pièces d'identité par la police. *Le contrôle des passeports à la frontière, à l'aéroport.* – *Contrôle (des connaissances),* devoir fait en classe. *Je dois réviser car demain j'ai un contrôle de maths.* ≠ examen. **2·** Tout examen, pour surveiller ou vérifier. *Exercer un contrôle sur qqn, qqch.* **3·** Le fait de maîtriser. *Perdre le contrôle de sa voiture.* – Anglic. *Sous contrôle,* maîtrisé. – *Le contrôle de soi-même.* → **maîtrise. 4·** *Contrôle des naissances,* libre choix d'avoir ou non des enfants (par ex. grâce aux méthodes contraceptives). ▶ **contrôler** v. tr. < conjug. 1 > **1·** Soumettre à un contrôle. → **examiner, inspecter, vérifier. 2·** Maîtriser ; dominer. *Contrôler ses réactions.* – ***Se contrôler*** v. pron. réfl. : rester maître de soi. → **se maîtriser. 3·** Avoir sous sa domination, sa surveillance. *Armée, puissance qui contrôle une région stratégique.* ▶ **contrôleur, euse** n. **1·** Personne qui exerce un contrôle, une vérification. → **inspecteur.** *Un contrôleur des contributions. Contrôleur d'autobus.* – *Contrôleur, contrôleuse de gestion.* **2·** Appareil de réglage, de contrôle. *Contrôleur de marche, de vitesse.* ▶ **contrôlable** adj. Qui peut être contrôlé. *Une affirmation contrôlable.* /contr. **incontrôlable**/

contrordre n. m. Ordre qui annule un ordre précédent. *Il y a contrordre. Partez, sauf contrordre.*

controuvé, ée [kɔ̃tʀuve] adj. Inventé ; qui n'est pas exact. → **apocryphe, mensonger.** *Nouvelle controuvée,* inventée de toutes pièces. /contr. authentique, vrai/

controverse [kɔ̃tʀɔvɛʀs] n. f. Discussion sur une question, une opinion. → **polémique.** *Soulever, provoquer une vive controverse.* ▶ **controversé, ée** adj. Qui fait l'objet d'une controverse. → **contesté, discuté.** *Une théorie très controversée.*

par **contumace** [paʀkɔ̃tymas] loc. adv. *Être condamné par contumace,* sans être présent, après avoir refusé de comparaître. → par **défaut.** ▶ **contumax** [kɔ̃tymaks] adj. invar. Se dit de l'accusé en état de contumace. *Un accusé, des accusés contumax.*

contusion [kɔ̃tyzjɔ̃] n. f. Meurtrissure produite par un choc sans qu'il y ait déchirure de la peau. → **bleu, bosse, ecchymose.** *Légère contusion.* ▶ **contusionner** v. tr. < conjug. 1 > Blesser par contusion. → **meurtrir.** – Au p. p. adj. *Jambe, bras contusionné.*

conurbation [kɔnyʀbasjɔ̃] n. f. Grand ensemble urbain formé par plusieurs villes rapprochées (quand elle est immense, on parle de *mégalopole*).

convaincre [kɔ̃vɛ̃kʀ] v. tr. < conjug. 42 > **1·** Amener (qqn) à reconnaître la vérité d'une proposition ou d'un fait. → **persuader.** *Convaincre qqn de qqch. Nous l'avons convaincu de la nécessité de recommencer. Nous l'avons convaincu de nous laisser partir. Réussir à convaincre qqn.* **2·** *Convaincre (qqn) de (qqch.),* donner des preuves de (sa faute, sa culpabilité). *Convaincre qqn d'imposture, de trahison. Il a été convaincu de mensonge.* ▶ **convaincant, ante** adj. Qui est propre à convaincre. *Démonstration, preuve convaincante. Ce n'est pas très convaincant.* – **REM.** Participe : *convainquant* ; adjectif : *convaincant.* ▶ **convaincu, ue** adj. Qui possède, qui exprime la certitude de. → **certain, persuadé, sûr.** / contr. sceptique / *Il est convaincu de ne pas se tromper.* – Sans compl. Sûr de son opinion. *Parler d'un ton convaincu.* → **assuré.**

convalescence [kɔ̃valesɑ̃s] n. f. Période de transition entre la fin d'une maladie et le retour à la santé. *Sa convalescence a été longue, rapide.* – *Être, entrer en convalescence,* aller mieux. *Maison de convalescence.* → **repos.** ▶ **convalescent, ente** adj. Qui est en convalescence. *Il est encore convalescent.* → **faible.** – N. *Un convalescent, une convalescente.*

convection ou **convexion** [kɔ̃vɛksjɔ̃] n. f. Transport d'une grandeur physique dans un fluide par un déplacement de ses molécules. *Courant électrique de convection.* ▶ **convectif, ive** adj.

1 **convenir** [kɔ̃vniʀ] v. tr. ind. < conjug. 22 > **1·** *Convenir à qqch.* : être approprié à (qqch.). *Les vêtements qui conviennent à la circonstance.* – Sans compl. *Cela pourra convenir.* → **aller.** **2·** *Convenir à qqn* : être agréable ou utile (à qqn) ; être conforme à son goût. → **agréer, plaire.** *Cela me convient parfaitement. J'irai si ça me convient* (→ fam. si ça me chante). **3·** Impers. *Il convient* (avec *de* + infinitif) : il est conforme aux usages, aux nécessités, aux besoins. → être à **propos.** *Il convenait de se taire.* – *Il convient que* (+ subjonctif). *Il convient que vous y alliez,* vous devez y aller. **4·** *Se convenir* v. pron. récipr. : être approprié l'un à l'autre ; se plaire mutuellement. ▶ **convenable** adj. **1·** Qui convient, est approprié. *Convenable à, pour (l'occasion, les circonstances...). hoisir le moment convenable.* → **favorable, opportun.** **2·** Suffisant, acceptable. *Un salaire convenable, à peine convenable.* → **correct.** **3·** Conforme aux règles, aux conventions de la bienséance. → **correct, honnête.** / contr. inconvenant, incorrect / *Des manières convenables. Une tenue convenable.* ▶ **convenablement** adv. D'une manière convenable. *Il est payé convenablement.* – Correctement. *Un homme pauvre, mais convenablement vêtu.* ▶ **convenance** n. f. **1·** Littér. Caractère de ce qui convient. → **conformité, harmonie.** *Convenance d'humeur, de caractère.* **2·** Ce qui convient à qqn. → **goût.** *Consulter les convenances de qqn. Prendre un congé pour des raisons de convenance personnelle.* → **utilité.** – *À ma, ta, sa convenance* : quand cela me, te, lui conviendra. *Choisissez une heure à votre convenance.* **3·** *Les convenances,* ce qui est en accord avec les usages, les bienséances. *Observer, respecter les convenances.* ▷ **inconvenance, inconvénient**

2 **convenir** v. tr. ind. < conjug. 22 > *Convenir de.* **1·** (Suj. sing.) Reconnaître la vérité de ; tomber d'accord sur. → **avouer, reconnaître.** *Vous devriez en convenir.* – *Convenir que* (+ indicatif, conditionnel). *Je conviens que c'est, que ce serait imprudent. Il faut convenir qu'il a raison.* → **admettre.** **2·** (Suj. plur.) Faire un accord, s'accorder sur. → s'**entendre** ; **convention.** *Ils ont convenu d'une date pour la prochaine réunion.* – (+ infinitif) *Ils conviennent de partir ensemble.* → **décider.** *Ils ont convenu* (ou littér. : *ils sont convenus*) *d'y aller.* – Passif. *Il a été convenu que,* on a décidé que. – Au p. p. Loc. *Comme convenu* : comme il a été décidé. *Nous vous rejoindrons demain, comme convenu.* → comme **prévu.** ▷ **convenu, déconvenue, disconvenir**

1 **convention** [kɔ̃vɑ̃sjɔ̃] n. f. **1·** Accord de deux ou plusieurs personnes portant sur un fait précis. → **arrangement, contrat, entente, traité** ; 2 **convenir** (2). *Conventions diplomatiques, commerciales.* → **accord, traité.** *Convention collective* : accord entre salariés et employeurs réglant les conditions de travail. **2·** *Les conventions,* ce qu'il est convenu de penser, de faire, dans une société ; ce qui est admis sans critique. *Les*

conventions sociales. → **convenance(s).** *Les conventions du théâtre, du roman.* → **procédé.** **3·** *De convention* loc. adv. : qui est admis par convention. → **conventionnel.** ▶ **conventionné, ée** adj. En France. Lié par une convention, un accord avec la Sécurité sociale. *Un médecin conventionné. Clinique conventionnée.* ▶ 1 **conventionnel, elle** adj. **1·** Qui résulte d'une convention. *Acte, clause conventionnels.* **2·** Qui résulte d'une décision, n'est pas imposé par la nature. *Signe, caractère conventionnel.* → **arbitraire.** **3·** Conforme aux conventions sociales ; peu naturel, peu sincère. *Il a des idées très conventionnelles.* **4·** Anglic. *Armement conventionnel,* non atomique, classique. ▶ **conventionnellement** adv.

2 **convention** n. f. Assemblée exceptionnelle réunie pour établir ou modifier la Constitution d'un État. – En France. *La Convention* (1792-1795). ▶ 2 **conventionnel** n. m. Histoire. Membre de la Convention.

3 **convention** n. f. Anglic. Aux États-Unis. Congrès d'un parti pour désigner son candidat à la présidence.

conventuel, elle [kɔ̃vɑ̃tɥɛl] adj. Qui appartient à une communauté religieuse (un couvent). *La vie conventuelle.*

convenu, ue [kɔ̃vny] adj. Qui est le résultat d'un accord. *Chose convenue.* → **décidé.** *Nous nous verrons à l'heure convenue.*

converger [kɔ̃vɛʀʒe] v. intr. < conjug. 3 > **1·** Se diriger (vers un point commun). → **se concentrer.** *Point où convergent plusieurs routes.* → **carrefour.** *Les regards convergèrent sur lui,* se dirigèrent tous sur lui. **2·** Abstrait. Tendre au même résultat ; aller en se rapprochant. *Leurs théories convergent.* / contr. diverger / ▶ **convergence** n. f. **1·** Le fait de converger. *La convergence de deux lignes.* **2·** Action d'aboutir au même résultat, de tendre vers un but commun. → **concours.** *La convergence des efforts, des volontés.* / contr. divergence / ▶ **convergent, ente** adj. REM. Participe : *convergeant ;* adj. : *convergent.* **1·** Qui converge. *Lignes convergentes.* **2·** Qui tend au même résultat, se rapproche des autres. *Des efforts convergents.* / contr. divergent /

conversation [kɔ̃vɛʀsasjɔ̃] n. f. **1·** Échange spontané de propos ; ce qui se dit dans un tel échange. → **bavardage, entretien.** *Engager, détourner la conversation. Sujet de conversation. Faire la conversation avec qqn ;* fam. *À qqn. Avoir une conversation téléphonique avec qqn.* → **communication.** **2·** *La conversation de qqn,* sa manière de parler ; ce qu'il (elle) dit dans la conversation. – Fam. *Avoir de la conversation,* parler avec aisance. ▶ **conversationnel, elle** adj. Anglic. *Mode conversationnel* (d'utilisation d'un ordinateur), qui permet de dialoguer avec la machine. ▶ **converser** v. intr. < conjug. 1 > Parler avec (une ou plusieurs personnes) d'une manière spontanée. → **bavarder, causer.** *Nous avons conversé un moment.*

conversion [kɔ̃vɛʀsjɔ̃] n. f. (→ **convertir**) **1·** Le fait de passer d'une croyance considérée comme fausse à la vérité présumée. *La conversion d'un athée. – Conversion au libéralisme, au communisme.* **2·** Le fait de transformer (qqch. en autre chose). *Conversion des poids et mesures* (en unités nouvelles). *La conversion d'une somme d'argent liquide en valeurs.*

convertible [kɔ̃vɛʀtibl] adj. **1·** Qui peut être l'objet d'une conversion (2). *Rente convertible* (ou *convertissable*). *Billet convertible en or.* **2·** *Canapé convertible* ou *un convertible* n. m., qu'on peut transformer en lit. ▶ **convertibilité** n. f. *La convertibilité d'une rente.* ▷ **inconvertible**

convertir [kɔ̃vɛʀtiʀ] v. tr. < conjug. 2 > **1·** Amener (qqn) à croire, à adopter une croyance, une religion (considérée comme vraie). *Convertir des Africains au christianisme, à l'islam ; des Européens au bouddhisme. Convertir un sceptique à la foi.* → **conversion.** – Faire adhérer (à une opinion). → **rallier.** – *Se convertir* v. pron. réfl. *Il s'est converti à l'islam, au judaïsme. Elle s'est convertie à votre avis.* **2·** (Compl. chose) Transformer. *Convertir sa fortune, ses biens en espèces.* → **réaliser.** *Convertir une rente, un titre. Convertir une fraction en nombre décimal.* ▶ **converti, ie** adj. et n. Qui a passé d'une croyance (religion) à une autre (considérée comme vraie). *Des chrétiens convertis au judaïsme, à l'islam.* – Sans compl. *Des juifs convertis* (au catholicisme). – N. *Un converti.* Loc. *Prêcher un converti,* vouloir convaincre qqn qui l'est déjà. ▶ **convertisseur** n. m. **1·** Se dit d'appareils qui transforment. *Convertisseurs Bessemer* (où l'on transforme la fonte en acier). **2·** *Convertisseur de devises,* dispositif (calculette, tableau, logiciel...) qui permet de convertir une monnaie en une autre (cf. Change). ▷ **conversion, reconvertir**

convexe [kɔ̃vɛks] adj. Courbé, arrondi en dehors. → **bombé, renflé.** *Lentille, miroir convexe.* / contr. concave / ▶ **convexité** n. f. État d'un corps convexe. → **courbure.** *La convexité de la colonne vertébrale.* / contr. concavité /

conviction [kɔ̃viksjɔ̃] n. f. (→ **convaincre**) **1·** Certitude fondée sur des preuves évidentes. *Parler avec conviction et chaleur. J'en ai la conviction,* j'en suis convaincu. – Fam. Sérieux. *Jouer son rôle avec beaucoup de conviction. – Une conviction :* une opinion ferme. → **croyance.** *Il agit selon ses* *convictions personnelles.* / contr. doute, scepticisme / 2· *Pièce à conviction* : objet dont se sert la justice comme élément de preuve dans un procès pénal.

convier [kɔ̃vje] v. tr. < conjug. 7 > 1· Inviter (qqn) à un repas, une réunion. *Convier qqn à une réception.* 2· Inviter, engager (qqn) à (une activité). *Convier qqn à faire qqch. Le soleil nous convie à la promenade.*

convive [kɔ̃viv] n. Personne invitée à un repas en même temps que d'autres. *Un, une agréable convive.* → **hôte.** *De nombreux convives.* ▶ **convivial, iale, iaux** adj. 1· Qui exprime la convivialité. *Repas conviviaux.* 2· Se dit d'un matériel ou programme informatique facilement utilisable par un public non spécialisé. ▶ **convivialité** n. f. 1· Rapports positifs entre les membres d'un groupe. 2· Facilité d'utilisation (d'un système informatique).

convocation [kɔ̃vɔkasjɔ̃] n. f. 1· Action de convoquer (qqn, un ensemble de personnes). *Se rendre, répondre à une convocation.* 2· Feuille de convocation. *Recevoir une convocation.*

convoi [kɔ̃vwa] n. m. 1· Ensemble de voitures militaires, de navires faisant route sous la protection d'une escorte (→ **convoyer**). 2· Groupe de véhicules, de personnes qui font route ensemble. *Des convois de camions. Attention ! convoi exceptionnel.* 3· Train. *Ajouter une rame au convoi.* 4· *Convoi funéraire,* cortège funèbre. → **enterrement.**

convoiter [kɔ̃vwate] v. tr. < conjug. 1 > Désirer avec avidité (une chose disputée ou qui appartient à un autre). *Convoiter le bien d'autrui, la première place.* ▶ **convoitise** n. f. Désir extrême et sans scrupule de posséder une chose. → **avidité, envie.**

convoler [kɔ̃vɔle] v. intr. < conjug. 1 > Plaisant. *Convoler (en justes noces),* se marier. *Ils viennent de convoler.*

convoquer [kɔ̃vɔke] v. tr. < conjug. 1 > 1· Appeler (plusieurs personnes) à se réunir. *Convoquer une assemblée, le conseil de discipline. On les a convoqués par lettre, par téléphone, par mail.* 2· Faire venir (une seule personne) auprès de soi. *Le directeur m'a convoqué dans son bureau.* ▷ **convocation**

convoyer [kɔ̃vwaje] v. tr. < conjug. 8 > Accompagner pour protéger. → **escorter.** *Blindés, avions qui convoient un transport de troupes, de munitions* (→ **convoi**). ▶ **convoyeur, euse** n. 1· Personne qui convoie qqch. *Convoyeur de fonds.* 2· N. m. Transporteur automatique. *Tapis roulant servant de convoyeur (de marchandises).*

convulser [kɔ̃vylse] v. tr. < conjug. 1 > Agiter, tordre par des convulsions. → **contracter, crisper.** *La peur convulsait ses traits.* – Au p. p. *Un visage convulsé par la douleur.* → **convulsionné.** ▶ **convulsif, ive** adj. 1· Caractérisé par des convulsions. *Maladies convulsives.* 2· Qui a le caractère mécanique, involontaire et violent des convulsions. → **spasmodique ; nerveux.** *Effort, rire convulsif.* ▶ **convulsivement** adv. *S'agiter convulsivement.* ▶ **convulsion** n. f. 1· Contraction violente, involontaire des muscles. → **spasme.** *Se tordre dans les convulsions.* 2· Agitation violente ; trouble soudain. → **secousse.** *Des convulsions politiques.* ▶ **convulsionner** v. tr. < conjug. 1 > Donner des convulsions à. – Au p. p. adj. *Visage convulsionné.* → **convulsé.**

1 **cookie** [kuki] n. m. Anglic. Biscuit rond dont la pâte comporte des éclats de chocolat, des fruits secs. *Une boîte de cookies.*

2 **cookie** [kuki] n. m. Anglic. Petit fichier déposé à son insu sur l'ordinateur d'un internaute, lors d'une connexion. *Des cookies.*

cool [kul] adj. Anglic. Calme et détendu ; décontracté. *Ses parents sont très cools.*

coolie [kuli] n. m. En Inde, en Chine. Travailleur, porteur. *Des coolies.* ≠ coulis.

coopérer [kɔɔpeʀe] v. intr. < conjug. 6 > Opérer conjointement (avec qqn). → **collaborer.** – Transitivement ind. *Coopérer à une entreprise.* ▶ **coopérant, ante** n. Spécialiste envoyé au titre de la coopération (2) dans un pays étranger. ▶ **coopératif, ive** adj. 1· Qui est fondé sur la coopération (1), la solidarité. *Système coopératif.* 2· Anglic. (Personnes) Qui apporte volontairement son aide. *Il ne s'est pas montré très coopératif.* ▶ **coopérative** n. f. Entreprise où les droits de chaque associé (appelé *coopérateur*) à la gestion sont égaux et où le profit est réparti entre eux. → **association, mutuelle.** *Coopérative d'achat, de vente, de production. Coopérative agricole, vinicole.* ▶ **coopération** n. f. 1· Action de participer à une œuvre commune. → **collaboration.** *Apporter sa coopération à une entreprise.* → **aide, concours.** 2· Politique d'entente et d'échange culturels, économiques, politiques ou scientifiques entre États de niveau de développement comparable. *Coopération culturelle franco-suédoise.* – Politique par laquelle un pays apporte sa contribution au développement de nations moins développées. *Coopération agricole, industrielle. Il fait son service militaire dans la coopération, comme expert agricole.* → **coopérant.**

coopter [kɔɔpte] v. tr. < conjug. 1 > Nommer, admettre dans une assemblée (le sujet désigne ceux qui en font déjà partie). *Coopter un nouveau membre.* ▶ **cooptation** n. f. *Être choisi, nommé par cooptation.*

coordination [kɔɔʀdinasjɔ̃] n. f. **1·** Mise en ordre des parties d'un tout en vue d'obtenir un résultat. → **organisation ; coordonner.** *La coordination d'un travail d'équipe.* **2·** *Conjonction de coordination,* liant des mots ou des propositions de même nature ou fonction (*et, ou, donc, or, ni, mais, car*). ▶ **coordinateur, trice** adj. et n. Qui coordonne. *Bureau coordinateur.* – N. *Un coordinateur harmonise leurs activités.*

coordonnée [kɔɔʀdɔne] n. f. **1·** Un des éléments qui déterminent la position d'un point par rapport à un système de référence, sur un plan (abscisse, ordonnée) ou dans l'espace (abscisse, ordonnée, cote). – Latitude et longitude. **2·** Au plur. Fam. Renseignements sur le moment et le lieu où l'on peut trouver qqn. *Donnez-moi vos coordonnées,* votre adresse, etc. **3·** Proposition liée à une autre par une conjonction de coordination. ▷ **coordination, coordonnée**

coordonner [kɔɔʀdɔne] v. tr. <conjug. 1> **1·** Organiser les différentes parties d'un ensemble selon certains rapports et pour former un tout. → **agencer, combiner, ordonner, organiser.** *Coordonner une chose à une autre, avec une autre. Elle coordonne les travaux des différentes équipes.* / contr. **désorganiser** / **2·** Relier (des mots, des propositions) par une conjonction de coordination.

copain, copine [kɔpɛ̃, kɔpin] n. Fam. Camarade (de classe, de travail...). *Ce sont de bons copains.* – *C'est sa copine,* sa petite amie. ▷ **copiner**

copeau [kɔpo] n. m. Éclat, mince morceau détaché (d'une pièce de bois, etc.) par un instrument tranchant. *Brûler des copeaux.* – *Copeaux d'acier, de cuivre.*

copiage [kɔpjaʒ] n. m. Le fait de copier (dans un examen) ou d'imiter servilement.

copie [kɔpi] n. f. **I· 1·** Reproduction d'un écrit. → **double, duplicata, photocopie.** *Copie exacte, fidèle. Ce document est une copie, nous n'avons pas l'original.* **2·** Écrit sur lequel l'imprimeur compose. → **manuscrit.** *Copie manuscrite, saisie.* – Fam. *Journaliste en mal de copie,* qui manque de sujet d'article. **3·** Feuille de papier utilisée pour la rédaction des devoirs scolaires. *Un paquet de copies doubles.* – Le devoir lui-même. *Des copies à corriger.* – Loc. *Revoir sa (la) copie,* revoir, modifier un projet (en politique). **II· 1·** Reproduction (d'une œuvre d'art originale). → **imitation.** *La copie d'un tableau.* **2·** Imitation (d'une œuvre). *Ce livre n'est qu'une pâle copie.* → **plagiat.** **III·** Exemplaire (d'un film de cinéma). *Faire tirer vingt copies.* – Double (d'un enregistrement). En informatique. *Copie de sauvegarde.* ▶ **copier** v. tr. <conjug. 7> **1·** Reproduire (un écrit). → **calquer, reproduire.** *Copier fidèlement un passage.* **2·** Imiter frauduleusement. *Il a copié l'encyclopédie sur Internet.* – Intransitivement. *Il a copié* (sur le voisin). **3·** Reproduire (une œuvre d'art). → **imiter.** *Copier un tableau de maître.* **4·** Imiter (qqn, ses manières). *Il copie les Américains qu'il fréquente.* **5·** Effectuer une copie informatique de. *Copier un fichier.* ▶ **copieur, euse** n. Élève qui copie. ▷ **copiage, copier-coller, copiste, photocopie, polycopie, recopier**

copier-coller [kɔpjekɔle] v. tr. (à l'inf.) et n. m. invar. Inform. Copier puis insérer (des données) à un autre endroit. – N. m. *Faire un copier-coller.*

copieux, euse [kɔpjø, øz] adj. Abondant. *Repas copieux.* / contr. **frugal** / *Un copieux pourboire.* → **généreux.** / contr. **mesquin, pauvre** / ▶ **copieusement** adv. Beaucoup ; abondamment. *Manger, boire copieusement. Il s'est copieusement ennuyé à la campagne.*

copilote [kopilɔt] n. Pilote qui seconde le premier pilote.

copine n. f. → **copain.**

copiner [kɔpine] v. intr. <conjug. 1> Fam. Avoir des relations de camaraderie. *Copiner avec une bande de jeunes.* ▶ **copinage** n. m. Fam. Favoritisme (dans le monde politique, des affaires, etc.). ▶ **copinerie** n. f. Fam. Relations de copains ; ensemble de copains.

copiste [kɔpist] n. Personne dont le travail est de copier des manuscrits, de la musique. *Faute de copiste.*

coprah [kɔpʀa] n. m. Amande du fruit du cocotier (noix de coco) décortiqué, produisant de l'huile.

coproduction [kopʀɔdyksjɔ̃] n. f. Production (d'un film) par plusieurs producteurs (appelés *coproducteurs*) ; ce film. *Une coproduction franco-italienne.*

copropriété [kopʀɔpʀijete] n. f. Propriété de plusieurs personnes sur un seul bien. *Immeuble en copropriété. Copropriété indivise.* ▶ **copropriétaire** n.

copte [kɔpt] adj. et n. Des chrétiens d'Égypte.

copulation [kɔpylasjɔ̃] n. f. Accouplement du mâle avec la femelle.

copule [kɔpyl] n. f. Ce qui lie le « sujet » à l'« attribut ». *Le verbe « être » est une copule.*

copyright [kɔpiʀajt] n. m. Droit exclusif que détient un auteur ou son représentant à exploiter une œuvre (symb. ©).

① **coq** [kɔk] n. m. **I· 1·** Oiseau de basse-cour, mâle de la poule. *Les coqs et les poules. Crête de coq. Le chant du coq.* → **cocorico.** *Manger du coq au vin.* **2·** Iron. *Le coq du village,* le garçon le plus admiré des femmes. **3·** *Être comme un **coq en pâte** :* être soigné, dorloté. **4·** *Poids coq,* catégorie de boxeurs (50,800 kg – 53,520 kg). – *Des poids coqs.* **5·** Loc. *Passer, sauter du coq à l'âne.* → **coq-à-l'âne. II·** Mâle d'une autre espèce de gallinacés. *Coq de bruyère,* grouse, tétras. *Coq de roche.* ▷ ② **coco, cocorico,** ① **cocotte, coq-à-l'âne, coquelet, coquet**

② **coq** n. m. Cuisinier à bord d'un navire. *Maître coq,* le cuisinier en chef. *Des maîtres coqs.*

coq-à-l'âne [kɔkalɑn] n. m. invar. Passage sans transition et sans motif d'un sujet à un autre. *Des coq-à-l'âne.*

① **coque** [kɔk] n. f. **1·** Enveloppe rigide (de certains fruits). *Coque d'amande, de noisette, de noix.* → **coquille. 2·** Coquillage comestible (mollusque bivalve). **3·** ***Œuf à la coque*** *:* cuit dans sa coquille et encore mou. *Cuire ses œufs à la coque trois minutes.* ▷ **coquetier**

② **coque** n. f. **1·** Ensemble de la membrure et du revêtement extérieur (d'un navire). **2·** Bâti rigide qui remplace le châssis et la carrosserie. *Coque d'automobile.* ▷ **monocoque, multicoque**

-coque Élément savant signifiant « grain ». ▷ **diplocoque, gonocoque, pneumocoque, staphylocoque, streptocoque**

coquelet [kɔklɛ] n. m. Jeune coq (en cuisine). *Coquelet au vin blanc.* ≠ poulet.

coquelicot [kɔkliko] n. m. Petit pavot sauvage à fleur d'un rouge vif qui croît dans les champs. – Loc. *Rouge comme un coquelicot,* rouge de confusion, de timidité.

coqueluche [kɔklyʃ] n. f. **I·** Maladie contagieuse, caractérisée par une toux convulsive. *Enfant atteint de coqueluche.* **II·** *Être **la coqueluche de** :* être aimé, admiré de. ▶ **coquelucheux, euse** adj. De la coqueluche (I). – Adj. et n. Qui a la coqueluche.

coquerico n. m. → **cocorico.**

coquet, ette [kɔkɛ, ɛt] adj. **I· 1·** Qui cherche à plaire aux personnes du sexe opposé. *Se montrer coquet, empressé auprès des femmes. Femme coquette.* → **aguicheur.** – N. f. *Une coquette.* **2·** Qui veut plaire par sa mise, qui a le goût de la toilette. *Une petite fille coquette.* **3·** Qui a un aspect plaisant, soigné. *Logement, mobilier coquet.* **II·** Fam. D'une importance assez considérable. *Un héritage (assez, plutôt) coquet. Il m'en a coûté la coquette somme de...* ▶ **coquettement** adv. D'une manière coquette (I). *Béret coquettement posé sur l'oreille. Maison coquettement meublée.* ▷ **coquetterie**

coquetier [kɔktje] n. m. Petite coupe dans laquelle on met un œuf pour le manger à la coque. → ① **coque** (3).

coquetterie [kɔkɛtʀi] n. f. (→ **coquet**) **1·** Souci de plaire en attirant l'attention ; comportement qui en résulte. – Loc. fam. *Avoir une coquetterie dans l'œil,* loucher légèrement. **2·** Goût de la toilette. *Il est d'une coquetterie exagérée.* → **élégance. 3·** Légère affectation. *Son refus, c'est de la coquetterie.*

coquillage [kɔkijaʒ] n. m. **1·** Mollusque marin pourvu d'une coquille. *Manger des coquillages.* → **fruit** de mer. **2·** La coquille elle-même. *Collier de coquillages.*

① **coquille** [kɔkij] n. f. **I· 1·** Enveloppe calcaire qui recouvre le corps de la plupart des mollusques et d'autres animaux aquatiques. → **carapace, coque, coquillage.** *Coquille bivalve. Coquille enroulée du limaçon.* – Loc. *Rentrer dans sa coquille* (comme l'escargot), se replier sur soi. *Sortir de sa coquille.* – ***Coquille Saint-Jacques*** *:* coquille d'un mollusque (que les pèlerins de Saint-Jacques-de-Compostelle fixaient à leur manteau et à leur chapeau) ; ce mollusque comestible. → ② **peigne. 2·** Objet creux représentant une coquille. *Coquille à hors-d'œuvre.* – *Une coquille vide,* un projet qui manque de substance. **II· 1·** Enveloppe dure (des noix, noisettes, etc.) ; enveloppe calcaire (des œufs d'oiseaux). *La coquille de cet œuf est fêlée.* **2·** ***Coquille de noix*** *:* petit bateau, barque. ▶ **coquillettes** n. f. pl. Pâtes alimentaires en forme de petites coquilles. ▷ **coquillage**

② **coquille** n. f. Faute typographique, lettre substituée à une autre. *Épreuve pleine de coquilles. Corriger une coquille.*

coquin, ine [kɔkɛ̃, in] n. et adj. **1·** Vx. Personne vile, capable d'actions blâmables. → **bandit, canaille.** *Un infâme coquin.* **2·** Personne, surtout enfant, qui a de la malice, de l'espièglerie. *Petit coquin !* → **garnement.** – Adj. (Enfants) *Cette petite fille est bien coquine.* → **espiègle.** ▶ **coquinerie** n. f. Vx ou littér. Canaillerie. ▷ **s'acoquiner**

① **cor** [kɔʀ] n. m. **1·** Autrefois. Corne, trompe. *Le cor de Roland.* → **olifant. 2·** Instrument à vent en métal, contourné en spirale et terminé par une partie évasée. *Cor de chasse* (les chasseurs disent *trompe*). *Cor d'harmonie,* instrument d'orchestre. *Cor à piston* ou *cor chromatique.* – ***Cor anglais*** *:* hautbois alto. **3·** Loc. ***À cor et à cri*** *:* en insistant bruyamment. *Réclamer qqch., qqn à cor et à cri.* ≠ corps.

2 **cor** n. m. Petite tumeur dure bénigne, siégeant en général au-dessus des articulations des phalanges des orteils. → **cal, callosité.** *Avoir des cors au pied.* ▷ **coricide**

3 **cor(s)** → **cors.**

1 **corail, aux** [kɔʀaj, o] n. m. **1·** Animal marin des mers chaudes, qui sécrète un squelette calcaire → **polypier,** de couleur rouge ou blanche. → **madrépore.** *Les coraux groupés en colonies peuvent former des récifs* (atoll). **2·** La matière calcaire qui forme les coraux, appréciée en bijouterie. – En appos. *Couleur corail,* celle du corail rouge. ▶ **corallien, ienne** [kɔʀaljɛ̃, jɛn] adj. Formé de coraux. *Récifs coralliens.*

2 **corail** adj. invar. En France. *Voitures corail,* type de voitures de la S. N. C. F., sans compartiments, à couloir central. *Train corail,* train composé de voitures corail.

coran [kɔʀɑ̃] n. m. (Avec majuscule). Livre sacré des musulmans contenant la doctrine islamique. *Verset du Coran.* → **sourate.** – (Avec minuscule). Exemplaire du Coran. *Un coran enluminé.* ▶ **coranique** adj. Qui a rapport au Coran. *École coranique,* école musulmane traditionnelle. → **médersa.**

corbeau [kɔʀbo] n. m. Oiseau à plumage noir ou gris (*grand corbeau et corneille*). *Le corbeau croasse. Corbeau freux. Noir comme un corbeau,* très noir, très brun. «*Le Corbeau et le Renard*», *fable de La Fontaine.* ▷ **bec-de-corbeau**

corbeille [kɔʀbɛj] n. f. **I· 1·** Panier léger. *Corbeille de jonc.* Loc. *Corbeille à ouvrage,* où l'on range un ouvrage de broderie, de couture en cours. *Corbeille à pain,* pour présenter le pain sur la table. – *Corbeille à papier,* ustensile de bureau où l'on jette les papiers. – En informatique. Icone représentant une corbeille à papier dans laquelle on place les fichiers à détruire. – Contenu d'une corbeille. *Une magnifique corbeille de fruits.* **2·** Vieilli. *Corbeille de mariage,* cadeaux offerts aux nouveaux mariés. **II· 1·** Espace circulaire entouré d'une balustrade et réservé aux agents de change, à la Bourse. → **parquet. 2·** Balcon situé immédiatement au-dessus de l'orchestre d'une salle de spectacle. → **mezzanine.**

corbillard [kɔʀbijaʀ] n. m. Voiture servant à transporter les morts jusqu'à leur sépulture. → **fourgon** mortuaire. *Draperies noires d'un corbillard. Mettre un cercueil dans le corbillard.*

cordage [kɔʀdaʒ] n. m. Lien servant au gréement d'un navire et à la manœuvre d'une machine. → **corde.** *Attacher, tirer, hisser avec un cordage.* → **filin.**

corde [kɔʀd] n. f. **I· 1·** (Sens général) Réunion de brins d'une matière textile tordus ensemble. → **câble, cordage, ficelle.** *Une corde en crin. Une corde très résistante. Des semelles de corde. Alpinistes reliés par une corde.* → **cordée.** *Échelle de corde.* – (Autres matières) *Une corde en matière plastique.* Loc. ***Corde à linge*** : fil sur lequel on met le linge à sécher. → **étendoir. 2·** Loc. *Avoir plus d'une corde, plusieurs cordes à son arc,* plusieurs moyens pour parvenir à ses fins. – *Tirer sur la corde,* abuser d'un avantage, de la patience d'une personne. **3·** Segment d'une ligne droite coupant une circonférence ou un cercle. **4·** Lien que l'on passe autour du cou de qqn pour le pendre. – Loc. fig. *Se mettre la corde au cou,* se mettre dans une situation pénible de dépendance ; se marier. *Parler de corde dans la maison d'un pendu,* faire une allusion maladroite et désobligeante ; gaffer. **5·** Trame d'une étoffe devenue visible par l'usure. *Vêtement qui montre la corde, usé jusqu'à la corde.* **6·** Corde qui, dans les hippodromes, limite intérieurement la piste. *Tenir la corde,* rester près de cette corde. – *Prendre un virage à la corde,* en serrant de très près le bord intérieur du virage. **7·** Fil sur lequel les acrobates font des exercices. *Danseur de corde.* – Loc. ***Être sur la corde raide*** : dans une situation délicate. **8·** ***Corde à sauter*** : corde munie de poignées que l'on fait tourner. *Saut à la corde.* **9·** ***Corde lisse, corde à nœuds*** : servant à grimper. **10·** *Les cordes du ring,* qui le limitent. *Être envoyé dans les cordes.* **11·** Loc. fig. *Il pleut des cordes,* très fort (→ à verse). **II· 1·** Boyau, crin, fil métallique tendu qui produit les sons sur certains instruments. *Instruments à cordes et instruments à vent. Quatuor à cordes.* – *Les cordes, dans un orchestre* (violons, altos, violoncelles, contrebasses). **2·** Loc. *Faire vibrer, toucher la corde sensible,* parler à une personne de ce qui la touche le plus. **III· 1·** ***Cordes vocales*** : replis musculo-membraneux du larynx, entre lesquels se trouve la glotte, et qui vibrent pour rendre les sons. **2·** *Ce n'est pas **dans mes cordes*** : ce n'est pas de ma compétence. ▶ **cordeau** n. m. **1·** Petite corde que l'on tend entre deux points pour obtenir une ligne droite. *Le jardinier plante au cordeau. Tracer une rue au cordeau.* – Loc. fig. ***Au cordeau*** : de façon nette et régulière. *Ici, tout semble être tiré au cordeau.* **2·** Mèche d'une mine. *Cordeau Bickford.* ▶ **cordée** n. f. Groupe d'alpinistes attachés pour faire une ascension. *Premier de cordée,* celui qui mène la caravane. *Se mettre en cordée.* → **s'encorder.** ▶ **cordelette** n. f. Corde fine. ▶ **cordelière** n. f. Corde à plusieurs nœuds servant de ceinture ; cordon. *La cordelière de son sac.* ▶ **corder** v. tr. <conjug. 1> **1·** Lier avec une corde. *Corder une* *malle.* → **cercler.** **2·** Garnir de cordes (une raquette de tennis). ▷ **cordage, cordier, cordon, cordonnet, s'encorder, monocorde**

cordi- Élément savant qui signifie « cœur ». → **cardio-.** ▷ **cordial**

[1] **cordial, iaux** [kɔʀdjal, jo] n. m. Médicament qui améliore le fonctionnement du cœur, qui stimule. *Administrer un cordial à un malade. Prendre un cordial.*

[2] **cordial, iale, iaux** adj. **1·** Qui vient du cœur. → **affectueux, bienveillant, chaleureux.** / contr. froid, indifférent ; hostile / *Accueil cordial. Sentiments cordiaux. Un homme affectueux et cordial.* **2·** Fam. *Il lui voue une antipathie, une haine cordiale,* très vive. ▶ **cordialement** adv. D'une manière cordiale, spontanée. *Il lui a parlé cordialement. Cordialement vôtre ; cordialement* (formule d'amitié, en fin de lettre). ▶ **cordialité** n. f. Affection, bienveillance qui se manifeste avec simplicité. → **chaleur, sympathie.** *La cordialité d'une personne. Manquer de cordialité. Il lui parle avec cordialité.*

cordillère [kɔʀdijɛʀ] n. f. Chaîne de montagnes. *La cordillère des Andes.*

cordon [kɔʀdɔ̃] n. m. **I· 1·** Petite corde (attache, ornement, tirage). → **cordelière, cordonnet, frange, lacet, lien.** *Attacher, nouer (qqch.) avec un cordon, des cordons. Cordon de sonnette, de rideaux. Les cordons d'un tablier.* – Loc. *Tenir les cordons de la bourse,* régler les dépenses. *Cordons de souliers.* → **lacet.** **2·** *Cordon Bickford.* → **cordeau.** **II·** Ruban qui sert d'insigne aux membres d'un ordre honorifique. *Grand cordon de la Légion d'honneur,* écharpe de grand-croix. **III·** (Parties allongées) **1·** *Cordon ombilical,* qui rattache l'embryon au placenta. *Couper le cordon* (fig. devenir autonome, indépendant). **2·** Tendon saillant. **IV· 1·** Série (de plusieurs choses ou personnes alignées). → **file, ligne, rangée.** *Un cordon d'agents de police formait barrage. Cordon de troupes. Cordon sanitaire,* ligne de postes de surveillance dans une région où règne une épidémie. **2·** *Cordon littoral,* bande de terre qui émerge à peu de distance d'une côte. ▶ **cordonnet** n. m. Petit cordon (I). ▷ **cordon-bleu**

cordon-bleu [kɔʀdɔ̃blø] n. m. **1·** Personne qui fait très bien la cuisine. *Sa femme, son frère est un véritable cordon-bleu. Des cordons-bleus.* **2·** Escalope panée garnie de jambon et de fromage fondu.

cordonnier, ière [kɔʀdɔnje, jɛʀ] n. Artisan qui répare, entretient les chaussures. *Le cordonnier ressemelle les chaussures.* ≠ bottier. – Prov. *Les cordonniers sont toujours les plus mal chaussés.* ▶ **cordonnerie** [kɔʀdɔnʀi] n. f. Commerce, boutique, atelier du cordonnier. *Faire ressemeler ses chaussures à la cordonnerie.*

cordophone [kɔʀdofɔn] n. m. Didact. Tout instrument de musique à cordes. *La guitare, le violon sont des cordophones.*

coreligionnaire [kɔʀəliʒjɔnɛʀ] n. Personne qui professe la même religion qu'une autre. *Les coreligionnaires de qqn.*

coriace [kɔʀjas] adj. et n. **1·** (Viande) Très dur ; qui ne se laisse pas couper, mâcher, etc. / contr. tendre / *Viande coriace.* **2·** (Personnes) Qui ne cède pas. → **dur.** *Il est coriace en affaires.* – N. *C'est un coriace.* → **dur.**

coriandre [kɔʀjɑ̃dʀ] n. f. Plante annuelle dont les feuilles fraîches ou le fruit séché, aromatiques, sont employés comme assaisonnement. *Parfumer un curry à la coriandre.*

coricide [kɔʀisid] n. m. Préparation qu'on applique sur les cors aux pieds, pour les détruire.

corindon [kɔʀɛ̃dɔ̃] n. m. Pierre précieuse très dure, diversement colorée (aigue-marine, améthyste, rubis, saphir, topaze).

corinthien, ienne [kɔʀɛ̃tjɛ̃, jɛn] adj. et n. Se dit de l'ordre d'architecture grecque, caractérisé par des colonnes élancées, aux chapiteaux ornés de feuilles d'acanthe. *Style corinthien. Chapiteau corinthien.* ≠ dorique, ionique.

cormoran [kɔʀmɔʀɑ̃] n. m. Oiseau palmipède au plumage sombre, bon plongeur.

cornac [kɔʀnak] n. m. **1·** Celui qui est chargé des soins et de la conduite d'un éléphant domestiqué (surtout en Inde). **2·** Fam. Personne qui introduit, guide (qqn, un personnage officiel, etc.). ▶ **cornaquer** v. tr. < conjug. 1 > Fam. Servir de guide à (qqn). → **guider, piloter.**

cornaline [kɔʀnalin] n. f. Variété d'agate translucide, rouge. → **calcédoine.**

corne [kɔʀn] n. f. **I· 1·** Excroissance épidermique, dure et pointue, sur la tête de certains animaux. *Les cornes des ruminants. Cornes ramifiées et massives du cerf.* → **andouiller, bois.** *Transpercer à coups de corne.* → **encorner.** – *Bêtes à cornes :* bœufs, vaches, chèvres. – Loc. *Prendre le taureau par les cornes,* prendre de front les difficultés. **2·** Appendice comparé à une corne. *Les cornes* (pédicules oculaires) *d'un escargot.* **3·** Loc. fam. *Avoir, porter des cornes,* être trompé (mari, femme). **4·** Angle saillant, coin. *À la corne du bois. Faire une corne à la page d'un livre.* → [2] **corner.** **II· 1·** *La corne,* substance compacte qui constitue les productions dures de l'épiderme (ongles, cornes, sabots, griffes, bec des oiseaux, fanons de baleine, écailles de tortue). *Peigne de corne.* – *Corne à chaussures* : chausse-pied (fait de corne, à l'origine). **2·** Couches mortes de l'épiderme qui forment des callosités. **III· 1·** Instrument sonore fait d'une corne (1) creuse. → **cor, cornet, trompe.** *Une corne de berger.* **2·** Vx. Avertisseur sonore (→ ① **corner**). ▶ **corné, ée** adj. Qui a la consistance dure de la corne (II). ▷ **bicorne, biscornu, Capricorne,** ① **corner,** ② **corner, cornet, cornette, cornier, cornu, cornue, écorner, encorner, licorne, racornir, tricorne**

corned-beef [kɔʀn(ə)bif] n. m. invar. Viande de bœuf en conserve. → **singe** (4).

cornée [kɔʀne] n. f. Enveloppe antérieure et transparente de l'œil. ▶ **cornéen, enne** [kɔʀneɛ̃, ɛn] adj. De la cornée. *Lentilles cornéennes,* verres optiques de contact.

corneille [kɔʀnɛj] n. f. Oiseau du genre corbeau, plus petit que le grand corbeau, à queue arrondie et plumage foncé. *Corneille grise. Corneille noire* ou *corbeau corneille.* – REM. On appelle couramment les corneilles *corbeaux.*

cornélien, ienne [kɔʀneljɛ̃, jɛn] adj. **1·** Qui appartient à Pierre Corneille, évoque ses héros, ses tragédies. *Un héros cornélien,* qui fait passer son devoir au-dessus de tout. **2·** *Un choix cornélien,* caractérisé par un conflit entre le sentiment et le devoir. *Une situation cornélienne. C'est cornélien !*

cornemuse [kɔʀnəmyz] n. f. Instrument de musique à vent composé d'un sac de cuir et de deux ou trois tuyaux percés de trous. → **musette.** *Cornemuse bretonne, auvergnate* (cabrette), *écossaise* (pibrock). → **biniou.**

① **corner** [kɔʀne] v. intr. <conjug. 1> Vx. Faire fonctionner une corne (III), une trompe. *L'automobiliste corne.* → **klaxonner.** – Fam. *Corner aux oreilles de qqn,* lui ressasser qqch.

② **corner** v. tr. <conjug. 1> Plier en forme de corne (I, 4), relever un coin de. *Corner les pages d'un livre.* – Au p. p. adj. *Feuille cornée.* ▷ **décorner**

③ **corner** [kɔʀnɛʀ] n. m. Anglic. Faute commise par un joueur de football qui a envoyé le ballon derrière la ligne de but de son équipe. *Le ballon sort en corner.* – Coup accordé à l'équipe adverse à la suite de cette faute. *Le corner est tiré d'un angle du terrain.*

① **cornet** [kɔʀnɛ] n. m. *Cornet à pistons* : instrument à vent, cuivre analogue à la trompette, mais plus court. *Jouer du cornet.* ▶ **cornettiste** n. Joueur(euse) de cornet. *Le cornettiste d'un orchestre de jazz traditionnel.*

② **cornet** n. m. **1·** Objet en forme de corne ; récipient conique. *Une glace en cornet. Cornet de papier,* papier roulé en corne et susceptible de contenir qqch. – *Un cornet de frites.* – *Cornet à dés,* godet qui sert à agiter et à jeter les dés. **2·** Loc. fam. *Se mettre qqch. dans le cornet,* manger. ▷ **encornet**

cornette [kɔʀnɛt] n. f. Coiffure de certaines religieuses.

corn-flakes [kɔʀnflɛks] n. m. pl. Anglic. Flocons de maïs grillés. – REM. On écrit aussi *corn flakes* ou *cornflakes.*

corniaud [kɔʀnjo] n. m. et adj. m. **1·** Chien bâtard. **2·** Fam. Imbécile. – Adj. *Ce qu'il peut être corniaud !*

corniche [kɔʀniʃ] n. f. **1·** Partie saillante qui couronne un édifice. – Ornement en saillie sur un mur, un meuble, autour d'un plafond. *Corniche de plâtre. La corniche d'une armoire.* **2·** Saillie naturelle surplombant un escarpement. *Route en corniche* qui domine un à-pic, surplombe un lac, la mer. – Cette route. *Suivre la corniche.*

cornichon [kɔʀniʃɔ̃] n. m. **1·** Petit concombre* cueilli avant sa maturité et conservé dans du vinaigre. *Bocal de cornichons.* **2·** Niais, naïf inintelligent. → **imbécile** ; fam. **corniaud.** *Quel cornichon !*

cornier, ière [kɔʀnje, jɛʀ] adj. Qui est au coin, à l'angle. *Les poteaux corniers d'une charpente.* ▶ **cornière** n. f. Pièce cornière, en équerre.

cornouiller [kɔʀnuje] n. m. Arbre commun dans les haies, les bois.

cornu, ue [kɔʀny] adj. **1·** Qui a des cornes. *Animal cornu. Diable cornu.* **2·** Qui a la forme d'une corne, présente des saillies en forme de corne. *Blé cornu,* ergoté.

cornue [kɔʀny] n. f. Récipient à col étroit, long et courbé, qui sert à distiller. → **alambic.** *Le col d'une cornue.*

corollaire [kɔʀɔlɛʀ] n. m. Proposition dérivant immédiatement d'une autre. – Conséquence, suite naturelle.

corolle [kɔʀɔl] n. f. Ensemble des pétales d'une fleur. – *En corolle,* en forme de corolle de fleur.

coron [kɔʀɔ̃] n. m. Dans le nord de la France, dans les pays miniers. Ensemble d'habitations identiques, disposées régulièrement et construites pour les mineurs. *Habiter un coron.*

coronaire [kɔʀɔnɛʀ] adj. (Anatomie) Disposé en couronne. *Artères coronaires.* ▶ **coronarien, ienne** adj. Des artères coronaires. *Spasmes coronariens* (dans l'angine de poitrine). *Pontage coronarien.*

corozo [kɔrozo] n. m. Matière blanche tirée de la noix d'un palmier et dite *ivoire végétal. Boutons de corozo.*

corporal, aux [kɔrpɔral, o] n. m. Linge consacré qui se met sur l'autel au commencement de la messe pour y déposer le calice.

corporation [kɔrpɔrasjɔ̃] n. f. **1·** Autrefois. Association d'artisans, groupés en vue de réglementer leur profession et de défendre leurs intérêts. *Maîtres, apprentis, compagnons d'une corporation.* → **communauté.** *Une corporation d'artisans, de marchands.* **2·** Ensemble des personnes qui exercent le même métier, la même profession. *La corporation des notaires.* ▶ **corporatif, ive** adj. Des corporations. *Problèmes corporatifs. – Esprit corporatif,* esprit de corps. ▶ **corporatisme** n. m. Doctrine qui préconise les groupements professionnels du type des corporations. ▷ **incorporer**

corporel, elle [kɔrpɔrɛl] adj. Relatif au corps. → **physique.** *Hygiène corporelle. Châtiment corporel.*

① **corps** [kɔr] n. m. invar. Partie matérielle des êtres animés. **1·** L'organisme humain (opposé à *esprit,* à *âme*). *Étude du corps humain,* anatomie, physiologie. *Les parties du corps : membres* (bras, jambe, main, pied), *tête* (crâne, cou, visage), *tronc* (épaule, buste, poitrine, sein, dos, hanche, ceinture), *bassin, ventre, parties génitales. Un corps sain et vigoureux. Un corps bien formé, bien proportionné. Un petit corps d'enfant. Les attitudes, les gestes, les mouvements du corps. Trembler, frissonner* ***de tout son corps*** *:* tout entier. – ***Corps à corps*** [kɔrakɔr] loc. adv. : en serrant le corps d'un autre contre le sien (dans la lutte). *Combattre, lutter corps à corps.* – N. m. *Un corps à corps,* lutte corps à corps. – Loc. ***Corps et âme*** [kɔrzeɑm] : tout entier, sans restriction. **2·** Cadavre. *La levée du corps aura lieu à 11 h. Porter un corps en terre.* **3·** Le tronc (opposé à *membres*). *Une grosse tête sur un petit corps. Entrer dans l'eau jusqu'au milieu du corps.* → **mi-corps. 4·** Individu, être humain (dans des loc.). *Garde du corps.* – Loc. *À son corps défendant,* malgré soi, à contrecœur. – *Se jeter* ***à corps perdu*** *dans une entreprise :* avec fougue, impétuosité. ▷ à **bras-le-corps, corporel, corpulent, garde-corps, haut-le-corps, justaucorps,** à **mi-corps**

② **corps** n. m. invar. **I· 1·** Partie principale. *Le corps d'un bâtiment* (opposé à *aile, avant-corps*). – *Le corps d'une lettre, d'un article,* le texte même, sans les indications secondaires. **2·** Loc. *Navire perdu* ***corps et biens*** [kɔrzebjɛ̃] : le navire lui-même et ses marchandises. **II·** Objet matériel. **1·** *Corps céleste.* → **astre, satellite. 2·** Objet matériel caractérisé par ses propriétés physiques. *Volume, masse d'un corps. La chute des corps.* → **pesanteur.** *Corps solides, liquides, gazeux. – Corps simple :* constitué par un seul élément chimique. – Loc. *Corps noir :* corps absorbant toutes les radiations qu'il reçoit. **3·** Élément anatomique qui peut être étudié isolément (organe, etc.). *Corps calleux, jaune, strié. – Introduction d'un corps étranger dans l'organisme.* **III· 1·** Épaisseur, consistance. *Ce papier a du corps.* **2·** Force (d'un vin). → **corsé. IV·** Loc. ***Prendre corps*** *:* devenir réel ; commencer à s'organiser. ***Faire corps avec*** *:* adhérer, ne faire qu'un. ▷ **anticorps**

③ **corps** n. m. invar. **1·** Groupe formant un ensemble organisé sur le plan des institutions. → **association, communauté.** *Le corps politique. Le corps électoral,* l'ensemble des électeurs. *Les corps constitués,* les organes de l'Administration et les tribunaux. **2·** Se dit de compagnies, ordres, administrations. *Corps diplomatique. Le corps enseignant. Le corps médical. – Avoir l'****esprit de corps*** *:* se sentir solidaire du groupe auquel on appartient. **3·** Unité militaire administrativement indépendante (bataillon, régiment). *Rejoindre son corps. – Corps d'armée,* formé de plusieurs divisions. **4·** *Corps de ballet.* → **ballet.**

corpulence [kɔrpylɑ̃s] n. f. Ampleur du corps humain (taille, grosseur). *Il est de forte corpulence.* → **embonpoint.** ▶ **corpulent, ente** adj. Qui est d'une forte corpulence. → **gras, gros.**

corpus [kɔrpys] n. m. invar. Didact. Ensemble limité de textes fournissant de l'information.

corpuscule [kɔrpyskyl] n. m. **1·** Petite parcelle de matière (atome, molécule) ; petit élément anatomique. **2·** En physique. Élément constituant observable séparément (ex. : *électron*). ▶ **corpusculaire** adj. En physique. Des corpuscules. *La théorie corpusculaire de la lumière. Physique corpusculaire.* → **atomique, nucléaire.**

corral, als [kɔral] n. m. Enclos où l'on parque le bétail, dans certains pays. *Des corrals.*

correct, ecte [kɔrɛkt] adj. **1·** Qui respecte les règles, dans un domaine déterminé. / contr. **faux, incorrect** / *Phrase grammaticalement correcte.* **2·** Conforme aux usages, aux mœurs. → **bienséant, convenable.** *Cela n'est pas correct venant d'un subalterne. Une tenue correcte est de rigueur. Ce n'est pas très correct de répondre comme cela à ta grand-mère.* **3·** Conforme à la morale. *Il n'a pas été correct avec lui. Correct en affaires.* → **honnête, régulier. 4·** Loc. Anglic. *Politiquement correct :* qui respecte une idée de société moralisée, élimine les stéréotypes de pensée et de langage. *Les euphémismes du discours politiquement correct.* **5·** Fam. Qui, sans présenter de graves fautes, n'est pas remarquable par sa qualité. → **moyen, passable.** *Votre devoir est tout juste correct. Un hôtel modeste, mais correct.* → **convenable.** ▶ **cor-**

rectement adv. **1·** Sans faute, d'une manière correcte. *Tiens-toi correctement !* → **convenablement. 2·** Assez bien. *Elle gagne correctement sa vie.* ▷ **incorrect**

correcteur, trice [kɔʀɛktœʀ, tʀis] n. **1·** Personne qui corrige en relevant les fautes et en jugeant. *Le jury des correcteurs du baccalauréat.* → **examinateur. 2·** Personne qui corrige les épreuves d'imprimerie. *Elle est correctrice dans une maison d'édition.* **3·** N. m. En informatique. *Correcteur d'orthographe* ou *orthographique*, logiciel qui vérifie l'orthographe du texte saisi.

correctif, ive [kɔʀɛktif, iv] adj. et n. m. **I·** Adj. Qui a le pouvoir de corriger. *Gymnastique corrective.* **II·** N. m. Antidote, contrepartie qui atténue. *Il faudrait trouver un correctif à cette mesure trop sévère.*

correction [kɔʀɛksjɔ̃] n. f. **I·** Action de corriger. **1·** Changement que l'on fait à un ouvrage pour l'améliorer. → **rectification, remaniement, reprise, retouche.** *Corrections de forme, de fond.* – *Correction des épreuves d'imprimerie*, indication des erreurs ; exécution matérielle des changements indiqués sur épreuve. – Action de corriger des devoirs, les épreuves d'un examen. *La correction de l'écrit n'est pas terminée.* **2·** Opération qui rend exact. *La correction d'une observation. Correction de tir.* **3·** Châtiment corporel ; coups donnés à qqn. → **châtiment, punition.** *Si tu n'es pas sage, tu vas recevoir une correction !* **4·** ***Maison de correction*** : autrefois, lieu où les mineurs délinquants étaient tenus. **II· 1·** Qualité de ce qui est correct. *La correction d'une traduction, du langage.* → **exactitude. 2·** Comportement correct (2 ou 3). *Être d'une parfaite correction.* → **politesse.** / contr. incorrection / ▷ **correctionnel, incorrection**

correctionnel, elle [kɔʀɛksjɔnɛl] adj. et n. f. Qui a rapport aux actes qualifiés de délits par la loi. *Peine correctionnelle. Tribunal correctionnel.* – N. f. Fam. ***La correctionnelle*** : le tribunal correctionnel. *Passer en correctionnelle.*

corrélatif, ive [kɔʀelatif, iv] adj. Qui est en corrélation, qui présente une relation logique avec autre chose. → **correspondant, relatif.** / contr. autonome, indépendant / ▶ **corrélativement** adv. ▶ **corrélation** n. f. Lien, rapport réciproque. *Il n'y a aucune corrélation entre ces événements.* → **correspondance, interdépendance.** *Mettre en corrélation deux choses.* / contr. autonomie /

① **correspondre** [kɔʀɛspɔ̃dʀ] v. tr. ind. < conjug. 41 > ***Correspondre à.*** Être en rapport de conformité (avec qqch.), être conforme, se rapporter (à). → **s'accorder, aller.** *L'an I de l'hégire correspond à l'an 622 de l'ère chrétienne. Ce récit ne correspond pas à la réalité.* ▶ ① **correspondance** [kɔʀɛspɔ̃dɑ̃s] n. f. **1·** Rapport logique entre un terme donné et un ou plusieurs autres termes → **conséquent**, déterminés par le premier ; rapport de conformité. → **accord, analogie.** *Correspondance d'idées, de sentiments entre deux personnes.* → **affinité.** – Grammaire. *Correspondance des temps*, qui règle le temps de la subordonnée par rapport au temps du verbe principal. → **concordance. 2·** Relation entre deux moyens de transport. → **changement.** *Un autocar assurera la correspondance à la gare. Station de métro avec correspondance.* – Le moyen de transport qui assure la correspondance (chemin de fer, autocar). *Attendre la correspondance.* ▶ ① **correspondant, ante** adj. Qui a un rapport avec qqch. ; qui y correspond. → **relatif.** *Les éléments correspondants de deux séries.*

② **correspondre** v. intr. < conjug. 41 > **1·** Avoir des relations par lettres, par téléphone, par Internet (avec qqn). *Nous avons cessé de correspondre.* → **s'écrire.** *Correspondre avec qqn.* **2·** (Suj. chose) Être en communication. → **communiquer.** *Ces deux pièces correspondent.* ▶ ② **correspondance** n. f. Relation par écrit entre deux personnes ; échange de lettres. *Une correspondance amicale, une correspondance commerciale.* → **courrier.** *Avoir, entretenir une correspondance avec qqn.* – *Carnet de correspondance*, où sont indiquées les notes d'un élève, et qui doit être transmis aux parents. *Cours par correspondance. Vente par correspondance* (abrév. *V. P. C.*). – Les lettres qui constituent la correspondance. *La correspondance de Madame de Sévigné.* ▶ ② **correspondant, ante** n. **1·** Personne avec qui l'on entretient des relations épistolaires. *Avoir des correspondants dans plusieurs pays.* – Personne à qui on téléphone. *Le numéro de votre correspondant a changé.* **2·** Personne employée par un journal, une agence d'informations pour envoyer des nouvelles d'un lieu éloigné. → **envoyé.** *Correspondant de guerre. Le correspondant permanent à Londres.* ≠ envoyé. **3·** Personne qui communique des informations secrètes (à un gouvernement). → **espion.** *Un honorable correspondant de l'Intelligence Service.* ▶ **correspondancier, ière** n. Employé(e) chargé(e) de la correspondance, dans une entreprise commerciale. → **rédacteur.**

corrida [kɔʀida] n. f. **1·** Course de taureaux. *Des corridas.* **2·** Fam. Dispute, agitation. *Quelle corrida !*

corridor [kɔʀidɔʀ] n. m. Passage couvert mettant en communication plusieurs pièces d'un même étage. → **couloir, passage.** *Au fond du corridor, à droite. Des corridors.*

corrigé [kɔʀiʒe] n. m. Devoir donné comme modèle. → **modèle, solution.** *Le livre du maître contient les corrigés. Dicter le corrigé d'un devoir.*

corriger [kɔʀiʒe] v. tr. < conjug. 3 > **1·** Ramener à la règle (ce qui s'en écarte ou la personne qui s'en écarte). → **amender, reprendre.** *Corriger un enfant. Corriger les défauts de qqn.* – Pronominalement (réfl.). *Se corriger de son mauvais caractère.* **2·** Supprimer (les fautes, les erreurs). *Corriger complètement une œuvre, un travail.* → **remanier, reprendre, revoir.** – *Corriger des épreuves d'imprimerie.* → **correction ; correcteur.** **3·** Relever les fautes de (qqch.) en vue de donner une appréciation, une note. *Corriger des devoirs, des copies, un examen.* **4·** Rendre exact ou plus exact. → **rectifier.** *Corriger une observation. Corriger une estimation à la baisse, à la hausse.* **5·** Ramener à la mesure (qqch. d'excessif) par une action contraire. → **adoucir, atténuer, compenser.** *Corriger l'effet d'une parole trop dure.* **6·** Infliger un châtiment corporel, donner des coups. → **battre.** *Il s'est fait corriger.* ▷ **corrigé, incorrigible**

corroborer [kɔʀɔbɔʀe] v. tr. < conjug. 1 > Donner appui, ajouter de la force à (une idée, une opinion). → **confirmer, renforcer.** *Plusieurs indices corroborent les soupçons.* / contr. démentir / *Cette nouvelle corrobore tout ce qu'il avait supposé.*

corroder [kɔʀɔde] v. tr. < conjug. 1 > Détruire lentement, progressivement, par une action chimique. → **attaquer, ronger.** *Les acides corrodent les métaux* (→ **corrosif**). ▷ **corrosif, corrosion**

corrompre [kɔʀɔ̃pʀ] v. tr. < conjug. 41, sauf *il corrompt* [-ʀɔ̃]. > **I·** Altérer en décomposant. *La chaleur corrompt la viande.* → **gâter. II·** Fig. **1·** Littér. Altérer, gâter (ce qui était pur, bon). *L'usage corrompt certains mots.* → **abâtardir, déformer.** / contr. améliorer / **2·** Altérer ce qui est sain, honnête, dans l'âme. → **avilir, dépraver, pervertir.** *Corrompre la jeunesse.* **3·** (Compl. personne) Engager (qqn) par des dons, des promesses ou par la persuasion, à agir contre sa conscience, son devoir. → **acheter, soudoyer.** *Corrompre un témoin.* ▶ **corrompu, ue** adj. **1·** Altéré, en décomposition. → **avarié.** / contr. frais / **2·** *Goût, jugement corrompu.* → **faux, mauvais.** – (Moral) *Une jeunesse corrompue.* → **dépravé.** / contr. pur, vertueux / **3·** Qu'on a corrompu, qu'on peut corrompre. *Juge corrompu.* → **vénal.** ▷ **corrupteur**

corrosif, ive [kɔʀozif, iv] adj. **1·** Qui corrode ; qui a la propriété de corroder. → **caustique.** *Les acides sont corrosifs.* **2·** Qui ronge, détruit. → **destructif.** *Une œuvre, une ironie corrosive.*

corrosion [kɔʀozjɔ̃] n. f. Action de corroder ; son résultat. *Corrosion par un acide.*

corroyer [kɔʀwaje] v. tr. < conjug. 8 > Apprêter (le cuir), l'assouplir après le tannage. – Au p. p. adj. *Peaux corroyées.* ▶ **corroyage** n. m. *Le corroyage des peaux.* ▶ **corroyeur** n. m. Ouvrier qui corroie les cuirs. – REM. Le fém. *corroyeuse* est rare.

corrupteur, trice [kɔʀyptœʀ, tʀis] n. et adj. **1·** N. Personne qui soudoie, achète qqn. *Le corrupteur et les témoins corrompus ont été punis.* **2·** Adj. Littér. Qui corrompt moralement. → **malfaisant, nuisible.** *Des spectacles corrupteurs.* ▶ **corruption** [kɔʀypsjɔ̃] n. f. **1·** Altération (de la substance) par décomposition. → **infection, pourriture, putréfaction.** **2·** Littér. Altération (du jugement, du goût, du langage). → **corrompre** (II, 1). **3·** Le fait de corrompre moralement ; état de ce qui est corrompu. → **avilissement, perversion.** *La corruption des mœurs.* **4·** Moyens que l'on emploie pour faire agir qqn contre son devoir, sa conscience ; fait de se laisser corrompre. *Corruption de fonctionnaire. Corruption électorale.* ▷ **incorruptible**

cors [kɔʀ] n. m. pl. Ramifications des bois du cerf. – En appos. *Un cerf dix cors, un dix cors.* ≠ cor, corps.

corsage [kɔʀsaʒ] n. m. Vêtement féminin qui recouvre le buste. → **blouse, chemisier.** *Corsage montant, décolleté.* ≠ corselet.

corsaire [kɔʀsɛʀ] n. m. **1·** Autrefois. Navire armé par des particuliers, avec l'autorisation du gouvernement (lettres de course*, II, 1) d'attaquer les navires d'autres pays (ennemis). ≠ pirate. – Le capitaine qui commandait ce navire. *Jean Bart, Surcouf sont de célèbres corsaires.* **2·** Aventurier, pirate. **3·** *Pantalon corsaire,* pantalon moulant, s'arrêtant au haut du mollet. – *Un corsaire.*

corse [kɔʀs] adj. et n. De la Corse (île de la Méditerranée ; département français). *Le maquis corse. Fromage, vin corse.* – N. *Les Corses.* – N. m. *Le corse est un dialecte italien et une des langues régionales de France.*

corselet [kɔʀsəlɛ] n. m. **1·** Vêtement féminin (costumes folkloriques) qui serre la taille et se lace sur le corsage. ≠ corsage, corset (1). **2·** Partie antérieure du thorax, chez certains insectes, comme les coléoptères. *Le corselet d'une abeille.*

corser [kɔʀse] v. tr. < conjug. 1 > **1·** Rendre plus forte (une substance comestible). *Corser une sauce.* **2·** *Corser l'action d'une pièce, l'intrigue d'un roman,* accroître l'intérêt. – Pronominalement (réfl.). *L'affaire se corse,* elle se complique. ▶ **corsé, ée** adj. **1·** Qui est fort (au goût). *Un café corsé.* – *Un vin corsé,* qui a du corps. *Un assaisonnement corsé.* → **relevé.** **2·** Fort. *Une facture corsée.* – *Une histoire corsée,* scabreuse.

corset [kɔʀsɛ] n. m. 1· Gaine baleinée et lacée, en tissu résistant, qui serrait la taille et le ventre des femmes. → **gaine.** 2· Corselet (1). ▷ **corselet, corseté**

corseté, ée [kɔʀsəte] adj. Raide, guindé (comme quelqu'un qui porte un corset).

cortège [kɔʀtɛʒ] n. m. 1· Suite de personnes qui en accompagnent une autre. → **suite.** *Le cortège d'un haut personnage. Se former en cortège.* 2· Groupe organisé qui avance. → **défilé, procession.** *Le cortège des manifestants partira de la place de la République.* – *Un cortège funèbre.* – Fig. *La gloire et son cortège d'honneurs.*

cortex [kɔʀtɛks] n. m. invar. Partie externe (écorce) du cerveau (terme savant). *Le cortex cérébral.* ▶ **cortical, ale, aux** adj. Relatif au cortex. *Les aires corticales.*

cortisone [kɔʀtizɔn] n. f. Hormone employée en thérapeutique.

corvée [kɔʀve] n. f. 1· Histoire. Travail gratuit que les serfs, les roturiers devaient au seigneur. *Corvée seigneuriale.* 2· Obligation ou travail pénible et inévitable. *Quelle corvée !* 3· Travail que font à tour de rôle les hommes d'un corps de troupe, les membres d'une communauté. *Être de corvée. Corvée de patates* (épluchage des pommes de terre). ▶ **corvéable** adj. Assujetti à la corvée (1). *Serfs taillables* et corvéables.* Loc. *Taillable et corvéable à merci* : exploitable.

corvette [kɔʀvɛt] n. f. Ancien navire d'escorte. – *Capitaine de corvette,* grade équivalant à celui de commandant dans l'armée de terre.

coryphée [kɔʀife] n. m. 1· Chef de chœur, dans le théâtre grec de l'Antiquité. 2· Littér. Celui qui tient le premier rang dans un parti, une secte, une société. → **chef.**

coryza [kɔʀiza] n. m. Inflammation de la muqueuse des fosses nasales (rhume* de cerveau). *Des coryzas.*

cosaque [kɔzak] n. m. Cavalier de l'armée russe.

cosinus [kɔsinys] n. m. invar. En mathématiques. Sinus* du complément d'un angle. *Des cosinus.*

-cosme Élément savant signifiant «monde» (ex. : *microcosme*).

cosmétique [kɔsmetik] adj. et n. m. 1· (Produits) Qui concerne les soins de beauté. – N. *Des cosmétiques pour le visage.* 2· Qui n'améliore que les apparences, superficiel. *Une mesure purement cosmétique.*

cosm(o)- Élément savant signifiant «univers». ▶ **cosmique** [kɔsmik] adj. 1· Du monde extra-terrestre (*cosmos*). *Les corps cosmiques.* → **astral, céleste.** *Vaisseau cosmique.* → **spatial.** 2· Loc. *Rayons cosmiques* : rayonnement de grande énergie, d'origine cosmique, que l'on peut étudier sur Terre par ses effets sur l'atmosphère (ionisation). ▶ **cosmogonie** n. f. Théorie expliquant la formation de l'univers, de certains objets célestes. ▶ **cosmogonique** adj. ▶ **cosmographie** n. f. Astronomie descriptive (notamment, du système solaire). ▶ **cosmographique** adj. ▶ **cosmologie** n. f. Science des lois physiques de l'univers, de sa formation. ▶ **cosmonaute** n. Voyageur de l'espace. → **astronaute.** ▶ **cosmopolite** adj. Qui s'accommode de tous les pays, de mœurs nationales variées. *Une existence cosmopolite.* – Qui comprend des personnes de tous les pays, subit des influences de nombreux pays. *Ville cosmopolite.* ▶ **cosmopolitisme** n. m. Caractère cosmopolite. *Le cosmopolitisme d'un milieu.* ▶ **cosmos** n. m. invar. 1· L'univers considéré comme un système bien ordonné. 2· Espace extra-terrestre. *Envoyer une fusée dans le cosmos* (→ **cosmonaute**). ▷ **macrocosme, microcosme**

cossard, arde [kɔsaʀ, aʀd] n. et adj. Fam. Paresseux. → **flemmard.**

cosse n. f. Enveloppe qui renferme les graines de certaines légumineuses. *Des cosses de petits pois.* ▷ **écosser**

cossu, ue [kɔsy] adj. Qui a une large aisance. → **riche.** *Des marchands cossus.* – Qui dénote l'aisance. *Maison cossue.*

costal, ale, aux [kɔstal, o] adj. Qui appartient aux côtes. *Muscles, nerfs costaux. Vertèbres costales.* ▷ **intercostal**

costard [kɔstaʀ] n. m. Fam. Costume* d'homme. *Un chouette costard.*

costaud [kɔsto] adj. et n. m. 1· Fam. Fort, robuste. *Il est drôlement costaud. Il nous faut un type costaud pour monter cette machine au cinquième étage. Cet enfant n'est pas très costaud, il est souvent malade.* – (Au moral) *Il faut être costaud pour résister à cette proposition.* – Au fém. *Elle est costaud* ou *costaude* [kɔstod]. 2· (Choses) Solide.

costume [kɔstym] n. m. 1· Pièces d'habillement qui constituent un ensemble. → **vêtement ; tenue.** *Le décor et les costumes sont très réussis.* 2· Vêtement d'homme composé d'une veste, d'un pantalon et parfois d'un gilet. → **complet ;** fam. **costard.** *Costume de confection.* ▶ **costumer** v. tr. <conjug. 1> Revêtir d'un déguisement. *On l'a costumé en cosmonaute.* – Pronominalement (réfl.). *Il se costume en pierrot.* – Au p. p. *Il est costumé,* déguisé. *Bal costumé.* ▶ **costumier, ière** n. Personne qui fait, vend ou loue des costumes de théâtre. ▷ **costard**

cotangente [kɔtɑ̃ʒɑ̃t] n. f. En mathématiques. Rapport du cosinus au sinus (d'un angle) ; tangente du complément (de cet angle, cet arc).

cotation [kɔtasjɔ̃] n. f. Action de coter. *Cotation des titres en Bourse.* → **cours.**

cot cot [kɔtkɔt] interj. Onomatopée imitant le gloussement, le caquètement de la poule. *Cot cot codet ! Cot cot codec !* – N. invar. *Les cot cot des poules.*

cote [kɔt] n. f. **1·** Montant d'une cotisation, d'un impôt. *Cote mobilière.* – Loc. ***Cote mal taillée*** : répartition approximative ; compromis, transaction. **2·** Constatation officielle des cours (d'une valeur, d'une monnaie), par ex. en Bourse. *Actions inscrites à la cote.* **3·** (Appréciation) *La cote d'un cheval,* estimation à sa valeur, de ses chances de victoire. – ***Cote d'amour*** : appréciation d'un candidat, basée sur une estimation de sa valeur morale, sociale. – *Cote de popularité d'un homme politique.* – Fam. *Avoir la cote,* être apprécié, estimé. **4·** Chiffre indiquant une dimension, un niveau. – ***Cote d'alerte*** : niveau d'un cours d'eau au-delà duquel commence l'inondation. – Fig. Point critique. *La pollution a atteint la cote d'alerte.* ≠ côte, cotte. ▶ **coté, ée** adj. Qui a une cote (2, 3). → **coter.** *Un cheval bien coté.* ▷ **cotation, coter, cotiser, décote**

① **côte** [kot] n. f. **I· 1·** Os plat du thorax, de forme courbe, qui s'articule sur la colonne vertébrale et le sternum. *Les douze paires de côtes,* délimitant la cage thoracique humaine. – Fam. ***Se tenir les côtes*** : rire démesurément. – *Côte de bœuf, de veau, d'agneau.* → **côtelette ; entrecôte. 2·** ***Côte à côte*** : l'un, l'une à côté de l'autre. *Ils marchaient côte à côte.* **II· 1·** Partie saillante. *Côte de melon, de salade. Côtes de bettes.* **2·** Rayure saillante (d'un tissu, d'un tricot). *Étoffe, velours à côtes.* → **côtelé.** ▷ **côté, côtelé, côtelette, entrecôte**

② **côte** n. f. **1·** Pente qui forme l'un des côtés d'une colline. → **coteau.** *Les côtes du Rhône sont plantées de vignobles.* → **côtes-du-rhône. 2·** Route en pente. → **montée, pente.** *Monter la côte. Le cycliste peinait en grimpant la côte.* – *Être à mi-côte,* au milieu d'une côte. ▷ **coteau, côtes-du-rhône**

③ **côte** n. f. **1·** Rivage de la mer. → **bord, littoral, rivage.** *Côte sablonneuse, basse. La Côte d'Azur ;* sans compl. *la Côte. Nous passerons nos vacances sur la Côte.* – Régions de la côte. *Les côtes françaises. Le département des Côtes-d'Armor, en Bretagne.* **2·** Loc. *Être à la côte,* être sans ressources, sans argent (comme un navire échoué à la côte). ≠ cote. ▷ **côtier, garde-côte**

côté [kote] n. m. **1·** Région des côtes (de l'aisselle à la hanche). → **flanc ;** ① **côte.** *Recevoir un coup dans le côté.* – Loc. ***Point de côté*** : douleur aiguë au-dessous des côtes. – La partie droite ou gauche de tout le corps. *Se coucher sur le côté. À mes (vos, ses) côtés,* près de moi (vous, lui). **2·** (Choses) Partie qui est à droite ou à gauche. *Monter dans une voiture par le côté gauche. Les côtés de la route.* → **bas-côté.** – *Mettez-vous de ce côté, de l'autre côté.* **3·** Ligne ou surface qui constitue la limite (d'une chose). *Les quatre côtés d'un carré. Les deux côtés d'une feuille de papier,* recto, verso. **4·** Abstrait. *Les bons et les mauvais côtés d'une entreprise. Ne voir que le mauvais côté des choses.* → **aspect.** *Les bons côtés de qqn.* → **qualité. 5·** (Après **de**) → **endroit, partie, point.** *De ce côté-ci ; de ce côté-là,* par ici, par là. *De tous côtés,* partout. – Abstrait. *De ce côté-là je n'ai pas à me plaindre.* – Ellipt et fam. *Côté finance, ça peut aller.* – ***Du côté de*** : dans la direction de (avec mouvement) ou aux environs de (sans mouvement). *Du côté de la fenêtre. Il habite du côté de l'église. Il est parti du côté opposé au vôtre.* – *De mon côté,* en ce qui me concerne. *De mon côté, j'essaierai de vous aider.* – ***De côté*** loc. adv. *Marcher de côté,* de travers. *Se jeter de côté,* faire un écart. *Laisser de côté,* à l'écart. *Mettre de côté,* en réserve (économiser). **6·** ***À côté*** loc. adv. : à une distance proche. *Il demeure à côté,* tout près. *Passons à côté,* dans la pièce voisine. *Les gens d'à côté.* – ***À côté de*** loc. prép. → **auprès** de, **contre.** *Se placer, marcher à côté de qqn.* Abstrait. *Vos ennuis ne sont pas graves à côté des miens.* → en **comparaison.** – *Être, passer à côté de la question.* ▷ s'**accoter, à-côté, bas-côté, côtoyer**

coteau [kɔto] n. m. Petite colline ; son versant. *Au pied du coteau, à flanc de coteau.* → ② **côte.**

côtelé, ée [kotle] adj. Qui est couvert de côtes (①, II, 2). *Étoffe, velours côtelé.*

côtelette [kotlɛt] n. f. Côte (①, I, 1) des animaux de taille moyenne (mouton, porc). *Des côtelettes d'agneau, de mouton, de porc.*

coter [kɔte] v. tr. < conjug. 1 > **1·** Marquer d'une cote, de cotes. → **numéroter. 2·** Indiquer le cours de (une valeur, une marchandise). → **estimer, évaluer.** – Au p. p. adj. *Valeur cotée en Bourse.* ▷ **cotation**

coterie [kɔtʀi] n. f. Littér. Réunion de personnes soutenant ensemble leurs intérêts. → **caste, chapelle.** *Une coterie politique.*

côtes-du-rhône [kotdyʀon] n. m. invar. Vin rouge des côtes du Rhône. *Un côtes-du-rhône.* – Abrév. fam. *Un petit verre de côtes.*

cothurne [kɔtyʀn] n. m. Chaussure montante à semelle très épaisse portée par les acteurs tragiques, dans l'Antiquité, pour paraître très grands.

côtier, ière [kotje, jɛʀ] adj. Qui est relatif aux côtes ③, au bord de la mer. *Navigation côtière. Région côtière. Fleuve côtier,* dont la source est proche de la côte.

① **cotillon** [kɔtijɔ̃] n. m. Loc. *Aimer, courir le cotillon* (→ **jupon**), *rechercher la compagnie des femmes.*

② **cotillon** n. m. Réunion accompagnée de danses et de jeux, le plus souvent à l'occasion d'une fête. *Objets pour bals et cotillons* (serpentins de papier, etc.).

cotiser [kɔtize] v. < conjug. 1 > **1·** *Se cotiser* v. pron. : contribuer, chacun pour sa part, à réunir une certaine somme en vue d'une dépense commune. *Se cotiser pour offrir un cadeau d'anniversaire à qqn.* **2·** V. intr. (même sens). *As-tu cotisé pour le cadeau ?* – Verser une cotisation (2). *Cotiser à la Sécurité sociale.* ▶ **cotisant, ante** adj. et n. Qui cotise. ▶ **cotisation** n. f. **1·** Imposition ou collecte d'argent. *Souscrire à une cotisation.* **2·** Somme à verser par les membres d'une association, en vue des dépenses communes. *Cotisation syndicale. Payer, verser, envoyer sa cotisation.* → **quote-part.**

coton [kɔtɔ̃] n. m. **1·** Filaments soyeux qui entourent les graines du cotonnier. *Balle de coton. Tissu de coton.* – Fil de coton. *Coton à broder, à repriser.* **2·** *Coton hydrophile,* dont on a éliminé les substances grasses et résineuses. → **ouate.** – Loc. *Élever un enfant dans du coton,* en l'entourant de soins excessifs. **3·** Loc. *Filer un mauvais coton,* être dans une situation dangereuse. – *Avoir les jambes, les bras en coton,* être très faible. **4·** Fam. *C'est coton, ce problème,* ce problème est difficile. ▶ **cotonnade** n. f. Étoffe fabriquée avec du coton. *De la cotonnade.* ▶ **cotonneux, euse** adj. **1·** Couvert d'un duvet ressemblant au coton. *Feuille cotonneuse.* **2·** Semblable à de la ouate. *Ciel cotonneux. Brume cotonneuse.* ▶ **cotonnier** n. m. Arbrisseau aux fleurs jaunes ou pourpres, aux graines entourées de poils soyeux (→ **coton**). ▶ **cotonnier, ière** adj. Qui a rapport au coton. *Industrie cotonnière.*

côtoyer [kotwaje] v. tr. < conjug. 8 > **1·** Aller le long de. → **border, longer.** *Côtoyer la rivière.* **2·** *Côtoyer qqn. Dans son métier, il côtoie beaucoup d'artistes.* **3·** Abstrait. Se rapprocher de. → **frôler.** *Cela côtoie le ridicule.*

cottage [kɔtɛdʒ ; kɔtaʒ] n. m. Anglic. Petite maison de campagne élégante de style rustique. *Des cottages.*

cotte [kɔt] n. f. **1·** Autrefois. *Cotte de mailles :* armure défensive à mailles métalliques. → **haubert. 2·** Vêtement de travail, pantalon et devant montant sur la poitrine. → **bleu, combinaison, salopette.** ≠ cote.

cotylédon [kɔtiledɔ̃] n. m. Feuille ou lobe qui naît sur l'axe de l'embryon d'une plante (réserve nutritive). *Plantes à un, deux cotylédons.* ▷ **monocotylédone, dicotylédone**

cou [ku] n. m. **1·** Partie du corps (de certains vertébrés) qui unit la tête au tronc. *Le long cou du héron, de la girafe.* – (Des personnes) → **gorge, nuque.** *Avoir un long cou. Un cou de taureau,* large, puissant. *Partie du vêtement qui entoure le cou.* → **col, collerette, encolure.** *Robe qui dégage le cou.* → **décolleté.** *Porter un bijou autour du cou.* – Loc. *Sauter, se jeter, se pendre au cou de qqn,* l'embrasser avec effusion. *Serrer le cou,* étrangler. *Tordre le cou (à qqn),* donner la mort par strangulation ; *(à qqch.),* supprimer. *Couper le cou (de, à qqn),* trancher la tête. *Se rompre, se casser le cou,* se blesser. *Prendre ses jambes à son cou,* se sauver en courant. – *Jusqu'au cou,* complètement. *Il est endetté jusqu'au cou.* **2·** *Le cou* ou *le col d'une bouteille,* le goulot. ▷ **casse-cou, col, collet, cou-de-pied, licou**

couac [kwak] n. m. Son faux et discordant. → **canard.** *Trompette qui fait un couac. Des couacs.*

couard, arde [kwaʀ, aʀd] adj. et n. Littér. Qui est lâchement peureux. → **lâche, poltron.** / contr. courageux / ▶ **couardise** n. f. Littér. Poltronnerie.

couchage [kuʃaʒ] n. m. **1·** Action de coucher, de se coucher. *Le couchage des troupes.* **2·** Ensemble des objets qui servent au coucher. *Le couchage des campeurs. Matériel, sac de couchage.*

couchant, ante [kuʃɑ̃, ɑ̃t] adj. et n. m. **1·** *Chien couchant.* → **chien. 2·** *Soleil couchant,* près de disparaître sous l'horizon. **3·** N. m. Le côté de l'horizon où le soleil se couche (→ **occident, ouest** [opposé à *levant*]) ; son aspect.

① **couche** [kuʃ] n. f. **1·** Substance étalée sur une surface. → **enduit.** *Une couche de plâtre. Couche de peinture, de vernis. Étaler une couche de beurre sur une tartine.* – *Avoir, en tenir une couche* loc. fam., faire preuve d'une grande sottise. **2·** *Champignons de couche,* qui poussent sur une couche d'engrais. **3·** Disposition d'éléments en zones superposées. *Couches géologiques. Couches horizontales,* bancs, strates. – Région, sphère. *Les couches de l'atmosphère.* **4·** Catégorie, classe. *Les couches sociales.*

② **couche** n. f. Vx. Lit. *Partager la couche de qqn. Couche nuptiale.*

③ **couche** n. f. Linge ou garniture jetable dont on enveloppe les bébés au-dessous de la ceinture. → **lange.** *Changer la couche, les couches d'un bébé.* – *Des couches-culottes.* → **change** (III).

④ **couche(s)** n. f. pl. → **couches.**

1 **coucher** [kuʃe] v. < conjug. 1 > **I·** V. tr. Mettre (qqn) au lit. *Coucher un enfant.* **II·** V. intr. **1·** S'étendre pour prendre du repos. *Coucher tout habillé.* – Loc. *Chambre à coucher.* → **chambre.** – *Allez, va coucher,* se dit à un chien que l'on veut éloigner. **2·** Loger, passer la nuit. → **dormir, gîter.** *Coucher chez des amis, à l'hôtel. Coucher sous la tente, dans le foin. Coucher sous les ponts.* – Loc. fam. *Un nom* ***à coucher dehors*** *:* difficile à prononcer et à retenir. **3·** Fam. *Coucher avec qqn,* avoir des relations sexuelles avec (→ faire l'amour avec). **III·** ***Se coucher*** v. pron. réfl. **1·** Se mettre au lit (pour se reposer, dormir). → s'**allonger,** s'**étendre ;** fam. aller au **dodo, se pieuter.** *Se coucher tôt. Se coucher sur le dos, le ventre. C'est l'heure de se coucher.* – Au p. p. *Être, rester couché,* au lit. – PROV. *Comme on fait son lit on se couche,* il faut subir les conséquences de ses actes. **2·** S'étendre. *Se coucher dans l'herbe.* – Se courber (sur qqch.). *Les rameurs se couchent sur les avirons.* ▷ **couchage, couchant,** 2 **couche,** 2 **coucher,** 3 **coucher, couche-tôt, couchette, coucheur, découcher, recoucher**

2 **coucher** v. tr. < conjug. 1 > **I· 1·** Rapprocher de l'horizontale (ce qui est naturellement vertical). → **courber, incliner, pencher.** *Coucher une échelle le long d'un mur.* **2·** ***Coucher*** *un fusil* ***en joue*** *:* l'ajuster à l'épaule et contre la joue pour tirer. → **épauler.** *Coucher qqn en joue,* le viser. **3·** Mettre par écrit. → **consigner, inscrire, porter.** *Coucher un article dans un acte, un contrat.* **II·** V. pron. réfl. (Soleil, astres) Descendre vers l'horizon. → **couchant.** *Le soleil va bientôt se coucher.* **III·** Au passif et p. p. adj. ***(Être) couché, ée.*** *Les blés étaient couchés par le vent. Écriture couchée,* très penchée. *Voilier couché sur l'eau.*

3 **coucher** n. m. **I·** Action de se coucher. *C'est l'heure du coucher.* **II·** Moment où un astre (spécialt, le Soleil) descend et se cache sous l'horizon. *Au coucher du soleil.* → **crépuscule ; couchant.** *Un coucher de soleil.*

couches [kuʃ] n. f. pl. État de la femme qui accouche ; enfantement. → **accoucher.** *Être en couches.* ▷ **accouchée, accoucher, fausse-couche**

couche-tôt [kuʃto] n. invar. Fam. Personne qui a pour habitude de se coucher tôt.

couchette [kuʃɛt] n. f. **1·** Petit lit. **2·** Lit sommaire (navire, train). *Compartiment à couchettes.* ≠ wagon-lit. *Réserver une couchette de seconde classe.* ▷ **autos-couchettes**

coucheur, euse [kuʃœʀ, øz] n. ***Mauvais coucheur*** *:* personne de caractère difficile. → **hargneux, querelleur.**

couci-couça [kusikusa] loc. adv. Fam. À peu près, ni bien ni mal. « *Comment allez-vous ? – Couci-couça.* »

1 **coucou** [kuku] n. m. **I· 1·** Oiseau grimpeur, de la taille d'un pigeon, au plumage gris cendré barré de noir. *Un nid de coucous.* **2·** Pendule qui imite le cri du coucou (en guise de sonnerie). **II·** Avion d'un modèle ancien. *Les coucous de la guerre de 14.*

2 **coucou** n. m. Primevère sauvage, à fleurs jaunes. *Un bouquet de coucous.*

3 **coucou** exclam. et n. m. **1·** Cri des enfants qui jouent à cache-cache. *Coucou, me voilà !* **2·** *Passe me faire un petit coucou,* une courte visite.

coude [kud] n. m. **I· 1·** Partie extérieure du bras à l'endroit où il se plie. *Le coude et la saignée du bras. S'appuyer sur le coude.* → s'**accouder.** *Donner un coup de coude à qqn, pousser qqn du coude pour l'avertir.* – Loc. *Lever le coude,* boire beaucoup. – *L'huile de coude,* l'énergie. *Travailler coude à coude,* côte à côte. *Jouer des coudes,* pour se frayer un passage à travers une foule. *Se tenir, se serrer les coudes,* s'entraider. **2·** Partie de la manche d'un vêtement, qui recouvre le coude. *Veste trouée aux coudes.* **II·** Angle saillant. *Les coudes d'une rivière, d'un chemin.* → **détour.** *Le tuyau du poêle fait deux coudes.* ▶ **coudé, ée** adj. Qui présente un coude (II). *Tuyau, levier coudé.* ▶ **coudée** n. f. **1·** Ancienne mesure de longueur (50 cm). **2·** *Avoir ses* ***coudées franches*** *:* la liberté d'agir. ▶ **coudoyer** [kudwaje] v. tr. < conjug. 8 > **1·** Passer tout près de. *Coudoyer des gens dans la foule.* **2·** Abstrait. Être en contact avec. *Il coudoie des gens très variés.* → **côtoyer.** ▶ **coudoiement** n. m. Le fait de coudoyer (qqn, qqch.). ▷ s'**accouder**

cou-de-pied [kudpje] n. m. Le dessus du pied. *Il a le cou-de-pied cambré, le cou-de-pied très fort. Des cous-de-pied.* – Partie de la chaussure qui y correspond. ≠ coup de pied.

coudre [kudʀ] v. tr. < conjug. 48 > Assembler au moyen d'un fil passé dans une aiguille (→ **cousu**). *Coudre un bouton à un vêtement. Coudre une robe, un vêtement,* assembler, coudre ses éléments. → **couture.** – Sans compl. *Savoir coudre. Machine à coudre. Coudre à la main, à la machine.* ▷ **cousu**

coudrier [kudʀije] n. m. Noisetier. *Bois de coudrier.*

couenne [kwan] n. f. Peau de porc, flambée et raclée. *La couenne et le lard.*

1 **couette** [kwɛt] n. f. Édredon que l'on met dans une housse amovible.

2 **couette** n. f. Fam. Mèche ou touffe de cheveux retenue par une barrette, un lien.

couffin [kufɛ̃] n. m. **1·** Grand cabas. **2·** Corbeille souple de paille, d'osier servant de berceau. → **moïse.**

couguar [kug(w)aʀ] ou **cougouar** [kugwaʀ] n. m. Puma.

couic [kwik] interj. Onomatopée imitant un petit cri, un cri étranglé.

couille [kuj] n. f. Souvent au plur. Vulg. Testicule. ▶ **couillon** [kujɔ̃] n. m. et adj. Très fam. Imbécile. ▶ **couillonner** v. tr. <conjug. 1> Fam. Tromper. ▶ **couillonnade** n. f. Fam. Bêtise. → fam. **connerie.** ▶ **couillu, ue** adj. Très fam. Viril. – Courageux (personnes, actions).

couiner [kwine] v. intr. <conjug. 1> Fam. Pousser de petits cris ; pleurer. → **piailler.** – (Choses) Grincer.

coulage [kulaʒ] n. m. Action de couler (①, II). *Le coulage d'un métal en fusion dans un moule.*

① **coulant, ante** [kulɑ̃, ɑ̃t] adj. **1·** *Nœud coulant* : formant une boucle qui se resserre quand on tire. **2·** Qui semble se faire aisément, sans effort. → **aisé, facile.** *Style coulant.* **3·** Fam. (Personnes) Accommodant, facile. *Le patron est assez coulant.* → anglic. **cool, indulgent.**

② **coulant** n. m. Pièce qui glisse le long de qqch. → **anneau.** *Le coulant d'une ceinture.*

à la coule [alakul] loc. adv. Fam. Vieilli. *Être à la coule*, au courant, averti. *Un type à la coule.*

coulée [kule] n. f. **1·** (Métal, lave) Fusion et écoulement. *La coulée des laves d'un volcan.* **2·** Masse de matière en fusion que l'on verse dans un moule. *Trou de coulée.*

① **couler** [kule] v. <conjug. 1> **I·** V. intr. **1·** (Liquides) Se déplacer, se mouvoir naturellement. → **s'écouler.** *Eau qui coule d'une source.* → **jaillir.** *Couler fort, à flots.* → **ruisseler.** *La lave coule.* → **coulée.** *Couler goutte à goutte.* – *Laisser couler ses larmes. Le sang coulait de la blessure. Le sang a coulé*, il y a eu des blessés ou des morts. – Loc. *Cette histoire a fait couler beaucoup d'encre*, on en a beaucoup parlé. **2·** S'en aller rapidement. → **s'écouler.** *L'argent lui coule des doigts. Le temps coule.* – Loc. *Couler de source*, être évident, être la conséquence logique ou naturelle de ce qui précède. → **découler.** **3·** Laisser échapper un liquide. → **fuir.** *Le robinet coule. Stylo qui coule*, qui laisse échapper l'encre. *Avoir le nez qui coule.* **II·** V. tr. **1·** Faire passer (un liquide) d'un lieu à un autre. → **verser.** *Couler un liquide à travers un linge*, passer. → **coulage.** – Mouler. *Couler de la cire, du bronze.* – *Couler du béton.* **2·** Faire passer, transmettre discrètement. → **glisser.** *Il lui a coulé un regard complice.* **3·** *Couler une vie heureuse, des jours heureux.* → **passer.** – Fam. *Se la couler douce*, mener une vie heureuse, sans complication (→ ne pas s'en faire). **III·** *Se couler* v. pron. réfl. : (personne ; animal) passer d'un lieu à un autre, sans faire de bruit. → se **glisser.** *Se couler dans son lit. Se couler adroitement dans la foule.* ▷ **coulage, coulant, coulée, coulis,** ① **coulisse, découler, écouler**

② **couler** v. <conjug. 1> **1·** V. intr. S'enfoncer dans l'eau. *Le navire a coulé à pic.* → **sombrer.** **2·** V. tr. Faire sombrer. *Le sous-marin a coulé plusieurs navires en les torpillant.* – Discréditer, ruiner (qqn ; une entreprise). – Pronominalement. *Elle s'est coulée en publiant ce livre.*

couleur [kulœʀ] n. f. **I· 1·** Qualité de la lumière renvoyée par la surface des objets, perçue par le sens de la vue et permettant de distinguer des surfaces indépendamment des formes (*une couleur, les couleurs*) ; propriété que l'on attribue à la lumière, aux objets de produire une telle impression (*la couleur*). → **coloris, nuance, teinte, ton.** *Couleur claire ; foncée. Les couleurs du spectre* (violet, indigo, bleu, vert, jaune, orangé, rouge). *Couleurs fondamentales*, jaune, rouge et bleu. – Adj. *Des bas couleur chair. Un ciel couleur de feu.* Loc. *En voir, en faire voir à qqn **de toutes les couleurs*** : subir, faire subir des choses désagréables. **2·** Au plur. Les zones colorées d'un drapeau. *Les couleurs nationales. Envoyer les couleurs.* → **drapeau, pavillon.** **3·** Chacune des quatre marques, aux cartes (carreau, cœur, pique, trèfle). – Atout. Loc. *Annoncer la couleur*, proposer aux joueurs une couleur qui servira d'atout. Fig. Dire ce qu'on a à dire. **4·** Teinte naturelle (de la peau humaine). *La couleur de la peau. Une jolie couleur de peau.* → **carnation.** – *Avoir des couleurs*, avoir bonne mine. *Reprendre des couleurs. Prendre des couleurs*, un léger hâle. – Loc. ***Haut en couleur*** : qui a un teint très coloré ; fig. très pittoresque. *Une personne haute en couleur.* – *Changer de couleur*, par émotion, colère. *Homme, femme **de couleur*** : qui n'est pas blanc (se dit surtout des Noirs). **5·** Teintes, coloris d'un tableau. *Le fondu des couleurs. La vérité de la couleur. La science de la couleur.* **6·** Loc. ***Couleur locale*** : en peinture, couleur propre à chaque objet, indépendamment des lumières et des ombres. – Fig. Ensemble des traits extérieurs caractérisant les personnes et les choses dans un lieu, un temps donné. *L'abus de la couleur locale, du pittoresque.* – Adj. invar. *Des scènes de rue très couleur locale.* **II·** Toute couleur autre que blanc, noir ou gris ; couleur vive. *Vêtements noirs ou de couleur. Film **en couleur(s)*** (opposé à *en noir et blanc*). – Spécialt. Tissu, linge de couleur. *Le blanc et la couleur.* **III·** Substance colorante. → **colorant, pigment ; peinture, teinture.** *Couleurs délavées, à l'huile.* Région. À Paris. *Marchand de couleurs.* → **droguiste.** *Tube, crayon de couleur.* **IV· 1·** Apparence, aspect particulier que prennent les choses suivant la présentation, les circonstances. *Brusquement, le récit prend une couleur tragique. La couleur politique d'un journal.* → **tendance.** **2·** *Sous couleur de* loc. prép. : avec l'apparence de, sous le prétexte de. *Attaquer sous couleur de se défendre.* **3·** Fam. *On n'en voit pas la couleur*, l'apparence. *L'argent qu'il te doit, tu n'en verras jamais la couleur.* ▷ **color-**

couleuvre [kulœvʀ] n. f. **1·** Serpent non venimeux commun en Europe. **2·** Loc. *Avaler des couleuvres* : subir des affronts sans protester ; croire n'importe quoi.

1 **coulis** [kuli] adj. m. invar. Loc. *Vent coulis* : air qui se glisse par les ouvertures ; courant d'air.

2 **coulis** n. m. invar. Produit résultant de la cuisson concentrée de substances alimentaires passées au tamis. *Un coulis de tomates, de framboises. Coulis d'écrevisses.* → **bisque.** ≠ coolie.

1 **coulisse** [kulis] n. f. **1·** Support ayant une rainure le long de laquelle une pièce mobile peut glisser ; cette pièce. → **glissière.** *Fenêtre, porte, placard à coulisse.* → **coulissant.** *Trombone à coulisse.* **2·** Ourlet qu'on fait à un vêtement, une étoffe, pour y passer un cordon, un lacet de serrage. **3·** *Un regard en coulisse* : oblique. → **en coin.** ▶ **coulissant, ante** adj. Qui glisse sur des coulisses. *Porte coulissante* (ou *à coulisse*). ▶ **coulisser** v. < conjug. 1 > **1·** V. intr. Glisser sur des coulisses. *Porte qui coulisse.* **2·** V. tr. Garnir (un vêtement) de coulisses (2). *Coulisser des rideaux.*

2 **coulisse** n. f. REM. Ce mot s'emploie surtout au plur. **1·** Partie d'un théâtre située sur les côtés et en arrière de la scène, derrière les décors et qui est cachée aux spectateurs. *Le machiniste, l'électricien sont dans les coulisses.* **2·** Le côté caché, secret. *Se tenir dans la coulisse*, se tenir caché tout en participant à une action. *Les coulisses de la politique.* → **dessous.** **3·** À la Bourse. Au sing. Le marché des valeurs non cotées.

couloir [kulwaʀ] n. m. **1·** Passage étroit et long, pour aller d'une pièce à l'autre. → **corridor, galerie, passage.** *Le couloir d'un appartement. Les couloirs du métro.* **2·** Passage étroit. *Couloir d'autobus*, partie de la chaussée réservée à la circulation des autobus et des taxis. *Couloir aérien*, itinéraire que doivent suivre les avions. **3·** Une des deux bandes situées de part et d'autre du rectangle formant la partie médiane du court de tennis. *Les couloirs ne sont utilisés que dans le double.*

coulpe [kulp] n. f. Loc. *Battre sa coulpe* : témoigner son repentir ; s'avouer coupable. ▷ **culpabilité**

coup [ku] n. m. **I· 1·** Mouvement par lequel un corps matériel vient en heurter un autre ; impression produite par ce qui heurte. → **choc, heurt, tamponnement.** *Coup sec, violent. Donner un coup de poing sur la table. Elle s'est donné un coup contre un meuble.* → se **cogner.** – Choc brutal que l'on fait subir à qqn pour faire mal. *Donner un coup, des coups à qqn.* → **battre, frapper.** *Rendre coup pour coup. Rouer de coups. Coup de poing. coup de pied*. Coup bas*, donné plus bas que la ceinture ; fig., procédé déloyal. – (Coups donnés par les animaux) *Coup de bec, de corne, de sabot, de griffe.* – Choc donné à qqn avec un objet, une arme blanche. *Coup de bâton, de fouet. Coup d'épée, de couteau.* **2·** Décharge (d'une arme à feu) ; ses effets (action du projectile). *Coup de feu. Coups de canon, de fusil. Le coup est parti.* – *Coup double* : coup qui tue deux pièces de gibier. *Faire coup double*, obtenir un double résultat par un seul effort. **3·** Fig. Acte, action qui attaque, frappe qqn. *Frapper, porter un grand coup.* Fam. *Tenir le coup* : résister, supporter. *Il a pris un coup de vieux*, il a vieilli subitement. – Fam. *Coup dur* : accident, ennui grave, pénible. – *Sous le coup de* : sous la menace, l'action, l'effet de. *Être sous le coup d'une condamnation. Être sous le coup d'une émotion.* **II·** (Souvent **coup de...**) **1·** Mouvement (d'une partie du corps de l'homme ou d'un animal). *Coup d'aile.* → **battement.** *Coup de reins.* – *Coup d'œil*, regard bref. – *Coup de main* : aide, appui. *On te donnera un coup de main pour déménager ta bibliothèque.* – *Coup de main* : attaque exécutée à l'improviste, avec hardiesse et promptitude. → **attaque.** **2·** Mouvement (d'un objet, d'un instrument). *Coup de balai, de brosse, de torchon*, nettoyage rapide. *Coup de peigne. Coup de crayon. Coup de pioche, de marteau. Coup de frein. Coup de chapeau*, salut. *Coup de fil, coup de téléphone.* – Fam. *En mettre, en ficher un coup*, travailler dur. – Loc. *À coups de* : à l'aide de. *Traduire à coups de dictionnaire.* **3·** Fonctionnement, bruit (d'un appareil sonore). *Coup de gong, de sifflet, de sonnette. Les douze coups de midi.* – *Sur le coup de midi*, à midi juste. **4·** Action brusque, soudaine ou violente (d'un élément, du temps) ; impression qu'elle produit. *Coup de chaleur, de froid, de foudre, de soleil, de vent.* **5·** Le fait de lancer (les dés) ; action d'un joueur (jeux de hasard, puis d'adresse). *Un coup de dés. Coup adroit, bien joué.* – *Coup droit* : au tennis, le fait de frapper la balle avec la face de la raquette, après rebond (opposé à *volée*, *revers*). – *Coup franc*. oup d'envoi.* **6·** Quantité absorbée en une fois. *Boire un coup de trop.* Fam. *Je te paye un coup, le coup* (de vin). **III· 1·** Action subite et hasardeuse. *Coup de chance*, action réussie par hasard ; hasard heureux. *Réussir, manquer son coup. Mauvais coup. Manigancer, préparer son coup. Je vais t'expliquer le coup,* l'affaire. *Discuter* le coup. Un coup monté,* préparé à l'avance. – Spécialt. *Coup de force. Coup d'État,* révolution, putsch. **2·** Loc. fam. *Être, mettre* ***dans le coup*** : participer, faire participer à une affaire. *Être hors du coup.* – *Être* ***aux cents coups*** : très inquiet. – *Faire les quatre cents coups,* commettre des actes dangereux, se livrer à des excès. **3·** Au sens de *fois* (dans des loc.). *Du premier coup.* ***Du coup*** : de ce fait. *À tous les coups,* chaque fois. *Du même coup,* par la même action, occasion. *Ce coup-ci, c'est le bon.* **4·** Loc. Action rapide, faite en une fois. *Coup sur coup,* sans interruption, l'un après l'autre. – *Sur le coup,* immédiatement. – *Après coup,* plus tard, après. – *À coup sûr,* sûrement, infailliblement. – *Tout d'un coup, tout à coup,* brusquement, soudain. ▷ **à-coup, contrecoup, coup-de-poing**

coupable [kupabl] adj. et n. **1·** Qui a commis une faute. → **fautif ; culpabilité.** *Être coupable d'un délit* → **délinquant,** *d'un crime* → **criminel.** *Plaidez-vous coupable, ou non coupable ?* – N. *Rechercher, trouver les coupables.* **2·** (Choses) Blâmable, condamnable. *Commettre une action coupable. Un amour coupable.* → **illicite.**

coupage [kupaʒ] n. m. Action de mélanger des liquides différents. *Le coupage d'un vin par un autre. Vins de coupage.*

coupant, ante [kupɑ̃, ɑ̃t] adj. **1·** Qui coupe. → **aigu.** *Attention, le bord est très coupant, coupant comme une lame de rasoir. Pince coupante.* **2·** Autoritaire. *Ton coupant.* → **bref, tranchant.**

coup-de-poing [kudpwɛ̃] n. m. **1·** Arme de main, masse métallique percée pour le passage des doigts. *Des coups-de-poing.* **2·** En appos. *Une opération coup-de-poing,* une opération de police énergique et brusque.

① **coupe** [kup] n. f. **1·** Verre à boire, plus large que profond, et reposant sur un pied. *Coupe de cristal. Une coupe à champagne.* ≠ flûte. – Prov. *Il y a loin de la coupe aux lèvres,* les projets, les promesses et les réalisations sont deux choses bien différentes. – *La coupe est pleine,* cela suffit, c'est assez ; c'est trop. **2·** Prix qui récompense le vainqueur d'une compétition sportive, d'un championnat. *Gagner la coupe.* – La compétition. *La coupe Davis* (tennis). *La coupe du monde de football.* ▷ **coupole, soucoupe**

② **coupe** n. f. **I·** Action de couper. **1·** Abattage des arbres en forêt ; étendue de forêt à abattre. *Coupe sombre* (où on laisse une partie des arbres), *coupe claire* (où on ne laisse que des arbres clairsemés). *Coupe réglée,* soumise à certaines règles. *Choix des arbres à conserver dans une coupe.* – Loc. fig. ***Coupe sombre*** : suppression importante. *On a fait une coupe sombre dans le personnel. Mettre en* ***coupe réglée*** : exploiter systématiquement (une personne, une population), lui imposer des sacrifices onéreux. **2·** Manière dont on taille l'étoffe, le cuir, pour en assembler les pièces. *Suivre des cours de coupe.* **3·** *Coupe de cheveux.* **II· 1·** Contour, forme de ce qui est coupé ; endroit où une chose a été coupée. *La coupe d'un tronc d'arbre scié.* **2·** Dessin d'un objet qu'on suppose coupé par un plan. *La coupe d'un navire, d'une maison. Plan en coupe.* **3·** En versification. Légère pause. **III· 1·** Division d'un jeu de cartes en deux paquets. **2·** Loc. *Être, se trouver* ***sous la coupe*** *de qqn* : être dans la dépendance de qqn.

coupé [kupe] n. m. Automobile fermée à deux portes (deux places principales). *Des coupés.*

coupe-choux [kupʃu] n. m. invar. Fam. Sabre court.

coupe-cigare [kupsigaʀ] n. m. Instrument pour couper les bouts des cigares. *Des coupe-cigares.*

coupe-circuit [kupsiʀkɥi] n. m. Appareil qui interrompt un circuit électrique par la fusion d'un de ses éléments → **fusible,** lorsque le courant est trop important, en cas de court-circuit. → **disjoncteur, plomb(s).** *Des coupe-circuits.*

coupe-coupe [kupkup] n. m. invar. Sabre pour couper les branches, ouvrir une voie dans la forêt vierge. → **machette.** *Des coupe-coupe.*

coupée [kupe] n. f. Ouverture dans la muraille d'un navire, qui permet l'entrée ou la sortie du bord. *Échelle de coupée.*

coupe-faim [kupfɛ̃] n. m. Substance médicamenteuse destinée à diminuer l'appétit. *Des coupe-faim* ou *des coupe-faims.*

coupe-feu [kupfø] n. m. Espace libre ou obstacle disposé de manière à interrompre la propagation d'un incendie. *Des coupe-feu* ou *des coupe-feux.* – Adj. *Porte coupe-feu.*

coupe-file [kupfil] n. m. Carte officielle de passage, de priorité. *Les coupe-files d'un journaliste.* – En appos. *Des billets coupe-files.*

coupe-gorge [kupgɔʀʒ] n. m. Lieu, passage dangereux, fréquenté par des malfaiteurs. *La nuit, les ruelles de ce quartier sont de vrais coupe-gorge* ou *coupe-gorges.*

coupe-ongle ou **coupe-ongles** [kupɔ̃gl] n. m. Petite pince servant à couper les ongles. *Des coupe-ongles.*

coupe-papier [kuppapje] n. m. invar. Instrument (lame de bois, d'os...) servant à couper le papier. *Couper les pages d'un livre avec un coupe-papier. Des coupe-papier.*

1 **couper** [kupe] v. tr. < conjug. 1 > **I·** Concret. **1·** Diviser (un corps solide) avec un instrument tranchant ; séparer en tranchant. *Couper du pain avec un couteau, du papier avec des ciseaux. Couper du bois. Couper une tranche de jambon. Couper du pain en tranches. Couper un morceau de pain. Couper en six morceaux.* → **partager.** – Préparer des morceaux de tissu à assembler pour en faire un vêtement. *Couper une jupe.* → **tailler.** – Au p. p. adj. *Veste bien coupée.* → 2 **coupe. 2·** Enlever une partie de (qqch.) avec un instrument tranchant. *Couper les branches inutiles d'un arbre. Couper de l'herbe. Couper les cheveux, les ongles (de, à qqn).* → **tailler.** *Couper la tête.* → **décapiter.** – Loc. *Couper bras et jambes à qqn,* lui ôter tout moyen d'agir. – *Un brouillard à couper au couteau,* très épais. **3·** Intransitivement. Être tranchant. *Les éclats de verre coupent,* sont coupants. *Ce couteau ne coupe plus.* **4·** Blesser en faisant une entaille. *Elle s'est coupé le doigt. Cet enfant a coupé son frère à la main.* – ***Se couper*** v. pron. réfl. *Il s'est coupé en se rasant. Elle s'est coupée au doigt.* **II· 1·** Diviser en plusieurs parties. → **fractionner, partager, scinder.** *Couper une pièce par une cloison.* **2·** Passer au milieu, au travers de (qqch.). → **traverser.** *Ce chemin en coupe un autre.* → **croiser.** – Pronominalement. *Les deux routes se coupent à angle droit.* – Sans compl. *Couper à travers champs, couper par le plus court,* passer par le plus court chemin. **3·** Enlever (une partie d'un texte, une scène de film...). *Couper un passage dans un discours.* **4·** Interrompre (une action, un discours). *Couper sa journée par une sieste,* en faisant la sieste. → **entrecouper.** *Couper une communication téléphonique.* → **interrompre.** *Ne coupez pas ! Je vous coupe la parole. Couper l'appétit à qqn.* **5·** Arrêter, barrer. *Couper le chemin à qqn,* passer devant lui. *Couper les voies ferrées, les ponts,* les rendre impraticables. Fig. *Couper le crédit, les vivres à qqn,* lui refuser de l'argent. **6·** Interrompre le passage de. *Couper le contact. Couper l'eau, le courant. Coupez !,* arrêtez la prise de vues, la prise de son. **III· 1·** Mélanger à un autre liquide. → **coupage.** *Couper son vin,* l'additionner d'eau. **2·** *Couper une balle de tennis,* frapper de telle sorte qu'elle rebondisse anormalement. – Au p. p. adj. *Balle coupée.* **3·** *C'est à vous de couper,* de diviser le jeu de cartes en deux. – Prendre avec l'atout. *Je coupe le carreau ;* ellipt *je coupe.* **IV·** ***Se couper*** v. pron. réfl. : se contredire par inadvertance, laisser échapper la vérité. → se **trahir.**
▷ **coupage, coupant,** 2 **coupe, coupé, coupe-choux, coupe-cigare, coupe-circuit, coupe-coupe, coupée, coupe-faim, coupe-feu, coupe-file, coupe-gorge, coupe-ongle, coupe-papier, couperet, coupeur, coupe-vent, coupon, coupure, découper, entrecouper, recoupement, recouper, surcouper**

2 **couper** v. tr. ind. < conjug. 1 > **1·** Fam. ***Couper à*** → **éviter.** *Couper à une corvée,* y échapper. *Il n'y coupera pas.* **2·** ***Couper court à*** : faire cesser, suspendre. *Couper court à une discussion.*

couperet [kupʀɛ] n. m. **1·** Couteau à large lame pour trancher ou hacher la viande. → **hachoir. 2·** *Le couperet de la guillotine,* la lame tranchante de la guillotine.

couperose [kupʀoz] n. f. Inflammation chronique de la peau du visage, caractérisée par des taches rougeâtres. ▶ **couperosé, ée** adj. Atteint de couperose. – Qui a des plaques rouges sur le visage. *Teint, visage couperosé.*

coupeur, euse [kupœʀ, øz] n. **1·** Personne dont la profession est de couper les vêtements. → **tailleur. 2·** *Coupeur de,* personne qui coupe (qqch.). – Loc. fig. *C'est un coupeur de cheveux en quatre.* → **chicaneur.**

coupe-vent [kupvɑ̃] n. m. invar. **1·** Dispositif en angle aigu, pour réduire la résistance de l'air. **2·** Blouson léger qui protège contre le vent.

couple [kupl] n. m. **1·** Un homme et une femme réunis. *Former un beau couple. Un couple de jeunes mariés. Couple mal assorti. Vivre en couple. Couple mixte*.* – Deux personnes vivant ensemble, mariées ou non. *Un couple homosexuel.* – (Animaux) *Un couple de pigeons,* le mâle et la femelle. **2·** Lien entre deux personnes, deux pays. *Le couple franco-allemand.* **3·** Région. *Un couple d'heures,* deux heures. – Vx ou région. Au fém. *Une couple.* **4·** En sciences. Ensemble de deux forces parallèles égales entre elles, de sens contraire. ▶ **coupler** v. tr. < conjug. 1 > Assembler deux à deux. *Coupler des roues de wagon.* – Au p. p. adj. *Roues couplées.* ▶ **couplage** n. m. Fait de coupler ; assemblage (de pièces mécaniques, d'éléments électriques).
▷ **accoupler, couplet, découpler**

couplet [kuplɛ] n. m. **1·** Chacune des parties d'une chanson comprenant généralement un même nombre de vers, et séparées par le refrain. → **stance, strophe. 2·** Fam. Propos répété souvent. → **refrain.** *Il nous fatigue avec son éternel couplet sur la faillite des parents.*

coupole [kupɔl] n. f. Voûte hémisphérique d'un dôme. *La coupole des Invalides, du Panthéon* (à Paris). *Être reçu sous la Coupole* (de l'Institut), à l'Académie française.

coupon [kupɔ̃] n. m. **1·** Pièce d'étoffe roulée. **2·** Feuillet que l'on détache d'un titre financier. *Coupon d'action.* – *Coupon de réduction à valoir* *sur un produit.* **3·** Élément détachable correspondant à l'acquittement d'un droit. *Coupon mensuel d'une carte de transport.* → **ticket.** **4·** *Coupon-réponse :* petit carré imprimé sur une annonce publicitaire, qu'on découpe et renvoie à l'annonceur. *Des coupons-réponses.*

coupure [kupyʀ] n. f. **1·** Blessure faite par un instrument tranchant. → **entaille.** *Coupure au visage.* → **balafre, estafilade.** *Elle s'est fait une coupure.* → se **couper.** **2·** Séparation nette, brutale. → **cassure, fossé.** *Il y a une coupure entre ces deux périodes de sa vie.* / contr. unité, continuité / **3·** Suppression d'une partie (d'un ouvrage, d'une pièce de théâtre, d'un film). / contr. addition / **4·** *Coupures de journaux,* articles découpés. **5·** Billet de banque de moindre valeur que le billet type. *Il veut la somme en petites coupures.* **6·** Interruption (du courant électrique, du gaz, de l'eau). *Il y aura une coupure de quatre heures à cinq heures.*

① **cour** [kuʀ] n. f. Espace découvert, clos de murs ou de bâtiments et dépendant d'une habitation. *Cour d'honneur,* située devant l'entrée principale d'un bâtiment. *Au fond de la cour. Chambre sur cour,* donnant sur la cour. *Cour d'école, cour de récréation.* – Loc. *Jouer, passer dans la cour des grands,* accéder à un niveau supérieur ; être admis dans un domaine réservé. – *Cour de ferme.* → **basse-cour.**

② **cour** n. f. **I· 1·** Résidence du souverain et de son entourage. *Vivre à la cour. La noblesse de cour.* **2·** L'entourage du souverain. → **courtisan(s).** *Toute la cour assistait à la cérémonie.* – Le souverain et ses ministres. – Loc. ***En cour.*** *Être bien en cour,* être bien introduit (auprès de qqn d'important). **3·** Cercle de personnes empressées autour d'une autre en vue d'obtenir ses faveurs. *La cour d'un banquier, d'un auteur célèbre. Elle a une cour d'admirateurs.* Loc. ***Faire la cour** à une femme :* chercher à obtenir ses faveurs. → **courtiser.** **II·** Tribunal. – ***Cour d'appel*** *:* juridiction permanente du second degré, chargée de juger les appels. *Une cour d'assises. La Cour de cassation.* – ***La Cour des comptes*** *:* chargée de contrôler les dépenses de l'État, et en particulier de vérifier si ces dépenses font l'objet d'un crédit inscrit au budget qui a été voté. – *La Haute Cour de justice* ou *Haute Cour* (autrefois), ***Cour de justice de la République*** *:* tribunal chargé de juger le président de la République et les ministres en cas de faute très grave.

courage [kuʀaʒ] n. m. **1·** Le fait d'agir malgré les difficultés, énergie dans l'action, dans une entreprise. *Avoir du courage pour le travail, au travail. Je n'ai pas le courage de continuer : c'est trop dur. Entreprendre, faire qqch. avec courage.* / contr. paresse / – Loc. *S'armer de courage. Perdre courage,* se préparer à abandonner, à céder. – *Bon courage !,* formule d'encouragement. **2·** Le fait de ne pas avoir peur ; force devant le danger ou la souffrance. → **bravoure.** / contr. lâcheté / *Combattre, se battre avec courage.* → **héroïsme, vaillance.** *Un courage allant jusqu'à la témérité.* → **audace, témérité.** – Loc. *Prendre son courage à deux mains,* se décider malgré la difficulté, la peur, la timidité. **3·** *Le courage de faire qqch.,* la volonté plus ou moins cruelle. *Je n'ai pas le courage de lui refuser cette aide. Il a eu le courage de dire la vérité.* ▶ **courageux, euse** adj. **1·** Qui a du courage ; agit malgré le danger ou la peur. → **brave, vaillant ; héroïque, intrépide, téméraire.** *Un soldat courageux.* / contr. lâche, peureux / – Énergique. *Il n'est pas très courageux pour l'étude.* / contr. paresseux / **2·** Qui manifeste du courage. *Attitude, réponse courageuse.* ▶ **courageusement** adv. Avec courage. *Travailler, se battre courageusement.* ▷ **décourager, encourager**

① **courant, ante** [kuʀɑ̃, ɑ̃t] adj. **I· 1·** ***Chien courant :*** qui court. **2·** ***Eau courante :*** distribuée par tuyaux. **3·** (Temps, action) Qui est présent, s'écoule, se fait au moment où l'on parle. → **en cours ; actuel.** *L'année courante. Le dix courant,* le dix de ce mois. *Les affaires courantes* (opposé à *affaires extraordinaires*). – N. m. *Dans le courant de la semaine,* pendant. **II·** Qui a cours d'une manière habituelle. → **commun, habituel, normal, ordinaire.** *Le langage courant. C'est une réaction courante chez les timides. Mot courant,* fréquent, usuel (abrégé *cour.* dans ce dictionnaire). / contr. extraordinaire, rare / ▶ **couramment** [kuʀamɑ̃] adv. **1·** Sans difficulté, avec aisance. *Parler couramment une langue étrangère.* / contr. difficilement, mal / **2·** D'une façon habituelle, ordinaire. → **communément, habituellement, ordinairement.** *Cela se fait, se dit couramment.* / contr. rarement /

② **courant** n. m. **1·** Mouvement de l'eau, d'un liquide. → **cours.** *Le courant de la rivière. Un courant rapide, impétueux. Suivre, remonter le courant. Les courants marins,* déplacement de masses d'eau dans les océans. **2·** ***Courant d'air*** *:* passage d'air froid. *Craindre les courants d'air. Un courant d'air a violemment ouvert la porte.* **3·** ***Courant*** *(électrique) :* déplacement d'électricité dans un conducteur. *Courant continu. Courant alternatif. Fréquence, intensité d'un courant. Couper le courant.* **4·** Déplacement orienté. *Les courants de populations* (émigration, immigration). – Abstrait. *Les courants de l'opinion.* → **mouvement.** **5·** ***Au courant*** *:* informé. *Mettre, tenir qqn au courant de qqch.,* avertir. *Se mettre au courant. Cette revue est bien au courant,* elle est au fait de l'actualité.

courante [kuʀɑ̃t] n. f. Fam. Diarrhée. → **colique** ; fam. **chiasse.** *Avoir la courante.*

courbatu, ue [kuʀbaty] adj. Littér. Qui ressent une lassitude extrême dans tout le corps. → **courbaturé, moulu.** ▶ **courbature** n. f. Sensation de fatigue douloureuse due à un effort musculaire prolongé ou à un état fébrile. → **lassitude.** *Ressentir une courbature dans les membres.* ▶ **courbaturer** v. tr. < conjug. 1 > Donner une courbature à (qqn). *Il manquait d'exercice, la séance de gymnastique l'a courbaturé.* ▶ **courbaturé, ée** adj. Qui a des courbatures. → **courbatu.** *Elle s'est réveillée toute courbaturée.*

1 **courbe** [kuʀb] adj. Qui change de direction sans former d'angles ; qui n'est pas droit (surtout des figures géométriques). → **arrondi, bombé, cintré, incurvé, recourbé.** *Surface, ligne courbe. Une planche courbe.* / contr. **droit** /

2 **courbe** n. f. **1·** Ligne courbe. *La courbe des sourcils. La route fait une courbe.* → **tournant.** – En géométrie. Lieu des positions successives d'un point qui se meut d'après une loi déterminée. *Courbes fermées* (cercle, ellipse). **2·** Ligne représentant la loi, l'évolution d'un phénomène (→ **graphique**). *Une courbe de température. Les courbes de la production, des prix.*

courber [kuʀbe] v. tr. < conjug. 1 > **1·** Rendre courbe (ce qui est droit). → **arrondir, cintrer, fléchir, incurver.** *Courber une branche.* **2·** Pencher en abaissant. *Courber le front, la tête sur un livre.* → **incliner.** – Au p. p. adj. *Un vieillard tout courbé.* – *Courber la tête, le front,* obéir. *Refuser de courber la tête devant une autorité.* **3·** Intransitivement. Devenir courbe. → **ployer.** *Courber sous le poids.* **4·** *Se courber* v. pron. réfl. *La branche se courbe sous le poids des fruits.* → **ployer.** – (Personnes) Se baisser. *On devait se courber pour entrer, tant la porte était basse.* ▶ **courbette** n. f. Surtout au plur. Action de s'incliner exagérément, avec une politesse obséquieuse. → **révérence, salut.** – Loc. *Faire des courbettes à, devant qqn,* être plat, servile avec lui. ▶ **courbure** n. f. Forme de ce qui est courbe. *Courbure rentrante* (concavité), *sortante* (convexité). ▷ **courbe, recourber**

coureur, euse [kuʀœʀ, øz] n. et adj. **I·** (Rare au fém.) **1·** Personne qui court. *Un coureur rapide, infatigable.* – *Oiseaux coureurs* (autruche, casoar, émeu). **2·** Athlète qui participe à une course sportive (avec un compl. ou un adj.). *Coureur à pied. Coureur de 110 mètres haies. Coureur cycliste sur route, sur piste* (pistard, routier). *Coureur automobile.* **II·** N. et adj. Homme, femme constamment à la recherche d'aventures amoureuses. *Un vieux coureur. Un coureur de jupons.* – Adj. *Elle est un peu coureuse. Il est très coureur.*

courge [kuʀʒ] n. f. **1·** Plante potagère, cultivée pour ses fruits appelés *courges, citrouilles, potirons.* **2·** Le fruit d'une variété de courge. **3·** Fam. Imbécile. → **gourde.** ▶ **courgette** n. f. Variété de courge, le plus souvent verte et de forme oblongue. *Courgettes farcies.*

courir [kuʀiʀ] v. < conjug. 11 > **I·** V. intr. (Êtres animés) **1·** Se déplacer par une suite d'élans, en reposant alternativement le corps sur l'une puis l'autre jambe, et d'une allure généralement plus rapide que la marche. → **course ; filer, trotter ;** fam. se **carapater, cavaler, foncer.** *Les enfants courent dans le square. Courir à toutes jambes, à perdre haleine, à fond de train,* très vite. – Prov. *Rien ne sert de courir, il faut partir à point.* – *Courir après qqn,* pour le rattraper. – *Courir* (+ infinitif), aller en courant (faire qqch.). *La petite fille courut embrasser sa maman.* **2·** Aller vite, sans précisément courir. → se **dépêcher, précipiter.** *Ce n'est pas la peine de courir, nous avons le temps. Je prends ma voiture et je cours vers vous ; j'y cours. Les gens courent à ce spectacle,* ils y vont avec empressement. – Fig. *Courir à sa perte, à sa ruine, à un échec.* – Fam. *Courir après qqn,* le rechercher avec assiduité. *Courir après une femme.* → **coureur.** *Courir après qqch.,* essayer de l'obtenir. *Courir après la richesse, le succès.* – Fam. *Tu peux toujours courir !,* attendre (se dit d'un souhait qui ne se réalisera pas, ou pour refuser qqch.). **3·** (Choses) Se mouvoir avec rapidité. *L'ombre des nuages courait sur la plaine. L'eau qui court.* → **couler ; courant, cours.** *Laisser courir sa plume sur le papier.* **4·** Être répandu, passer de l'un à l'autre. → **circuler,** se **propager,** se **répandre.** *Faire courir une nouvelle. Le bruit court que...,* on dit que... **5·** (Temps) Suivre son cours, passer. *L'année, le mois qui court.* → 1 **courant,** en **cours.** – Loc. *Par les temps qui courent,* dans l'époque où nous sommes. – *L'intérêt de cette rente court à partir de tel jour,* sera compté à partir de ce jour. – Fam. *Laisser courir,* laisser faire, laisser aller (→ laisser tomber). **II·** V. tr. **1·** Vx ou loc. Poursuivre à la course, chercher à attraper. *Il ne faut pas courir deux lièvres à la fois,* poursuivre deux buts en même temps. **2·** Participer à (une épreuve de course). *Courir le 100 mètres. Ce cheval a couru le grand prix.* **3·** Rechercher, aller au-devant de. *Courir les aventures.* – *Courir un danger,* y être exposé. *Courir un risque. Courir sa chance.* → **essayer, tenter.** **4·** Parcourir. *Courir les rues, la campagne.* – Loc. *Cette histoire court les rues,* est connue partout. **5·** Fréquenter assidûment. → **hanter.** *Courir les théâtres, les concerts, les magasins. Courir les filles.* → **coureur** (II). **6·** Fam. *Courir qqn,* l'ennuyer. *Tu nous cours avec tes* *histoires.* ▷ **accourir, concourir, ① courant, ② courant, courante, coureur, à courre, courrier, cours, course, couru, discourir, encourir, parcourir**

courlis [kuʀli] n. m. invar. Oiseau échassier migrateur, à long bec courbe, qui vit près de l'eau.

① **couronne** [kuʀɔn] n. f. **I·** **1·** Cercle qu'on met autour de la tête comme parure ou marque d'honneur. *Une couronne de fleurs, de laurier. Tresser des couronnes. La couronne d'épines,* que l'on mit par dérision à Jésus-Christ, en l'appelant roi des Juifs. **2·** Cercle de métal qu'on met autour de la tête comme insigne d'autorité, de dignité. → **diadème.** *Couronne de prince, de roi.* **3·** Royauté, souveraineté. *Donner la couronne à qqn.* → **couronner.** *Héritier de la couronne.* **II·** (Forme circulaire) **1·** ***En couronne*** : en cercle. *Greffe en couronne.* **2·** Objet circulaire ; ensemble de choses disposées en cercle, en anneau. *Couronne funéraire. Ni fleurs ni couronnes* (se dit d'un enterrement très simple). – Pain en forme d'anneau. – Partie visible de la dent (opposé à la *racine*). Capsule de métal, de porcelaine, dont on entoure une dent. *Il faut vous poser une couronne.* ≠ bridge. – Cercle lumineux. → **auréole, halo.** *La couronne d'une aurore boréale. Couronne solaire.* ▶ **couronner** v. tr. < conjug. 1 > **I·** **1·** Coiffer (qqn) d'une couronne. – Décerner un prix, une récompense à (qqn, qqch.). *Couronner le lauréat. Couronner un livre.* **2·** Proclamer (qqn) souverain en ceignant d'une couronne. *Couronner un roi.* → **sacrer.** **II·** **1·** Littér. Orner, entourer (la tête, le sommet) comme fait une couronne. *Un diadème couronnait son front. La neige qui couronne les cimes.* **2·** Blesser (le genou) en faisant une écorchure ronde (→ IV, 2). **III·** Littér. Achever en complétant, en rendant parfait. → **accomplir.** – Iron. *Et pour couronner le tout, il arrive en retard.* **IV·** Au passif et p. p. adj. ***(Être) couronné, ée.*** **1·** *Il a été couronné empereur.* – Loc. *Les* ***têtes couronnées*** : les souverains. – *Un vainqueur couronné de lauriers. Un ouvrage couronné par l'Académie française.* **2·** *Genou couronné,* qui porte les traces d'une chute. ▶ **couronnement** n. m. **I·** Cérémonie dans laquelle on couronne un souverain. → **sacre.** *Le couronnement d'un roi.* **II·** **1·** Ce qui termine et orne le sommet (d'un édifice, d'un meuble). *Le couronnement d'un édifice, d'une colonne.* **2·** Ce qui achève, rend complet. *Ce concert fut le couronnement de sa carrière.*

② **couronne** n. f. Unité monétaire de la République tchèque, du Danemark, de l'Islande, de la Norvège et de la Suède.

à courre [akuʀ] loc. adj. et adv. ***Chasse à courre*** : avec les chiens courants et à cheval. *Chasser à courre.*

courriel [kuʀjɛl] n. m. Courrier* électronique ; document, message transmis par courrier électronique.

① **courrier** [kuʀje] n. m. **1·** Transport des dépêches, des lettres, des journaux. → **poste.** *Courrier maritime, aérien. Je vous réponds par retour du courrier.* **2·** Ensemble des lettres, dépêches, journaux envoyés ou à envoyer. *Le courrier est arrivé. Faire, lire son courrier. Envoyer, poster le courrier.* – *Courrier électronique,* échange de messages par l'intermédiaire d'un réseau informatique, télématique. → **courriel, e-mail.** **3·** Article, chronique d'un journal. *Courrier mondain, littéraire.* – ***Le courrier du cœur*** : où les lecteurs font part de leurs problèmes sentimentaux et demandent des conseils. ▶ **courriériste** n. Journaliste qui fait une chronique. → **chroniqueur.** *Elle est courriériste théâtrale.*

② **courrier** n. m. Autrefois. Celui qui précédait les voitures de poste, ou portait les lettres à cheval. *L'affaire du courrier de Lyon.*

courroie [kuʀwɑ(a)] n. f. Bande étroite d'une matière souple et résistante servant à lier, à attacher. *Courroie de cuir. Les courroies du harnais.* – *Courroie de transmission,* qui transmet le mouvement d'une poulie à une autre. *Courroie de ventilateur* (auto).

courroucer [kuʀuse] v. tr. < conjug. 3 > Littér. Mettre en colère, irriter. – Au p. p. adj. *Un air courroucé.* ▶ **courroux** [kuʀu] n. m. invar. Littér. Irritation véhémente contre qqn. → **colère.**

① **cours** [kuʀ] n. m. invar. **I·** Écoulement continu (de l'eau des fleuves, rivières, ruisseaux). → **courant.** *Cours rapide. Descendre le cours du fleuve.* – ***Cours d'eau.*** → **fleuve, rivière, ruisseau, torrent.** *Cours d'eau qui traverse, arrose une région. Des cours d'eau navigables.* **II·** Loc. ***Donner libre cours à*** *sa douleur, sa joie* : ne plus la contenir. → **manifester.** **III·** Suite continue dans le temps. → **déroulement, succession.** *Le cours des saisons. Le cours de la vie.* → **durée.** *Le cours des événements. Suivre son cours,* évoluer normalement. – ***Au, en cours (de).*** → **durant, pendant.** *Au cours de sa carrière. En cours de carrière. L'année en cours. Le vieux quartier est en cours de rénovation. Les travaux sont en cours. Affaires en cours.* – ***En cours de route*** : pendant. **IV·** **1·** Prix auquel sont négociées des marchandises, des valeurs (qui circulent normalement). → **cote, taux.** *Le cours du yen. Acheter, vendre au cours du marché, de la Bourse. Au cours du jour* et, sans compl, *au cours.* **2·** ***Avoir cours*** : avoir valeur légale. – Être reconnu, utilisé. *Ces usages n'ont plus cours.* ▷ **encours,** au long ④ **cours, parcours**

② **cours** n. m. invar. **1·** Enseignement suivi sur une matière déterminée. *Faire un cours* (professeur). *Suivre un cours. Cours de chimie. Prendre des cours de musique, de danse.* → **conférence, leçon.** *J'ai un cours de physique ce matin. Cours du soir,* enseignement postscolaire. – Notes prises par un élève et reproduisant un cours. *Un cours polycopié.* **2·** Degré des études suivies. *Cours élémentaire.* **3·** Établissement scolaire, généralement privé. *Cours de jeunes filles.*

③ **cours** n. m. invar. Avenue servant de promenade (dans quelques villes). *Le cours Mirabeau, à Aix-en-Provence.*

④ **au long cours** [olɔ̃kuʀ] loc. adj. *Voyage au long cours,* longue traversée. *Capitaine au long cours.* → **long-courrier.**

course [kuʀs] n. f. **I· 1·** Action de courir, d'aller plus vite qu'à la marche, en courant. *Une course folle,* très rapide. *Rattraper qqn à la course.* – Loc. *Au pas de course,* en marchant très vite. – Loc. fig. ***À bout de course*** : épuisé. **2·** Épreuve de vitesse. *Course à pied. Course de vitesse, de fond. Course de chevaux. Course de trot. Course cycliste.* – Au plur. Courses de chevaux. *Champ de courses,* hippodrome. *Aller, jouer aux courses.* – Loc. fam. *Être dans la course,* être au courant, savoir ce qu'il faut faire. → fam. dans le **coup. 3·** ***Course de taureaux.*** → **corrida. II· 1·** Action de parcourir un espace. → **parcours, trajet.** *Faire une longue course en montagne.* → **excursion, randonnée.** – Trajet payé (en taxi). *Le prix de la course.* – Histoire. ***Lettre de course*** : autorisation donnée par le roi de poursuivre et piller les navires de l'ennemi. *Faire la course,* être corsaire*. **2·** Au plur. Déplacements pour porter, aller chercher qqch. ***Garçon de course.*** → ② **coursier.** – Achats. *Faire des courses dans plusieurs magasins.* → **commission. 3·** (Choses) Littér. Mouvement plus ou moins rapide. → **cours, mouvement.** *La course d'un projectile. La course du temps.* → **fuite, succession.** ▶ **courser** v. tr. < conjug. 1 > Fam. Poursuivre en courant. *La police a coursé les malfaiteurs.* ▶ ① **coursier** [kuʀsje] n. m. Littér. Grand et beau cheval de bataille, de tournoi (palefroi). ≠ destrier. ▶ ② **coursier, ière** n. Personne chargée de faire les courses dans une entreprise, une administration, un hôtel. → **chasseur, commissionnaire.** ▷ **à mi-course**

coursive [kuʀsiv] n. f. Couloir étroit à l'intérieur d'un navire.

① **court, courte** [kuʀ, kuʀt] adj. et adv. **I·** Adj. **1·** Qui a peu de longueur d'une extrémité à l'autre (relativement à la taille normale ou par comparaison avec une autre chose). / contr. long / *Rendre (plus) court,* raccourcir, écourter. *Robe courte. Jambes courtes. Cheveux courts,* coupés court. – *La ligne droite est le plus court chemin d'un point à un autre.* – Loc. *Avoir la vue courte,* ne pas voir de loin ; n'avoir pas assez de prévoyance. **2·** Qui a peu de durée. → **bref, éphémère, fugitif, passager.** / contr. durable, long / *Trouver le temps court. Les jours d'hiver sont courts. Un court moment. Livre, récit, roman très court.* → **bref.** – (Suj. personne) *Être court,* bref dans la parole. *Rester court,* manquer d'idées. Loc. ***À court terme*** : pour un avenir rapproché. **3·** *Avoir la mémoire courte,* oublier vite. – *Avoir l'haleine, la respiration courte, le souffle court,* s'essouffler facilement et très vite. **4·** Fam. *Cent francs, c'est un peu court,* insuffisant. **II·** Adv. **1·** De manière à rendre court. *Il lui coupa les cheveux court.* **2·** Loc. fig. ***Couper court à*** *un entretien* : l'interrompre au plus vite. – ***Tourner court*** : ne pas aboutir. **3·** ***Tout court*** : sans rien d'autre. *La vérité tout court.* **4·** ***De court.*** *Prendre qqn de court,* à l'improviste ; ne pas lui laisser de temps pour agir. **5·** ***À court (de).*** *Être à court d'argent,* en manquer. *À court d'arguments, d'idées.* ▷ **court-bouillon, court-circuit, court-vêtu, écourter, pantacourt, raccourcir**

② **court** n. m. Terrain aménagé pour le tennis. *Sur les courts,* au tennis.

courtage [kuʀtaʒ] n. m. **1·** Profession du courtier. *Faire du courtage en librairie.* → **démarchage. 2·** Commission du courtier.

court-bouillon [kuʀbujɔ̃] n. m. Bouillon dans lequel on fait cuire du poisson, des crustacés. *Plonger des crabes dans le court-bouillon. Des courts-bouillons.*

court-circuit [kuʀsiʀkɥi] n. m. Interruption du courant par fusion des « plombs ». *Des courts-circuits.* ▶ **court-circuiter** v. tr. < conjug. 1 > **1·** Mettre en court-circuit. **2·** Fam. Laisser de côté (un intermédiaire normal) en passant par une voie plus rapide. *Il s'est fait court-circuiter par son concurrent.*

courtepointe [kuʀtəpwɛ̃t] n. f. Couverture de lit ouatée et piquée. → **couvre-pied.**

courtier, ière [kuʀtje, jɛʀ] n. Agent qui met en rapport vendeurs et acheteurs pour des opérations de Bourse ou de commerce. *Courtiers libres.* → **agent, commissionnaire, représentant.** *Courtier en vins.* ▷ **courtage**

courtine [kuʀtin] n. f. **1·** Autrefois. Rideau de lit. **2·** Tenture de porte.

courtisan [kuʀtizɑ̃] n. m. **1·** Personne qui est attachée à la cour, qui fréquente la cour d'un souverain. **2·** Fig. Personne qui cherche à plaire aux gens influents en leur faisant la cour. → **flatteur.** – Adj. *Poète courtisan.*

courtisane [kuʀtizan] n. f. Vieilli. Femme entretenue, d'un rang social assez élevé.

courtiser [kuʀtize] v. tr. < conjug. 1 > Faire la cour à (qqn), chercher à plaire. *Courtiser une femme.*

courtois, oise [kuʀtwa, waz] adj. **1·** Qui est très poli, avec raffinement. → **aimable.** *Un homme courtois.* – Qui manifeste de la courtoisie. *Un refus courtois.* / contr. discourtois, impoli / **2·** *Poésie courtoise* (du Moyen Âge), qui exalte l'amour d'une manière raffinée. ▶ **courtoisement** adv. ▶ **courtoisie** n. f. **1·** Politesse raffinée. → **civilité.** *Visite de courtoisie,* faite par politesse. **2·** *Miroir* de courtoisie.*

court-vêtu, ue [kuʀvety] adj. Dont le vêtement est court. *Des femmes court-vêtues.*

couru, ue [kuʀy] adj. **1·** Recherché. *C'est un spectacle très couru.* **2·** Fam. *C'était couru,* prévu. → **certain, sûr.**

couscous [kuskus] n. m. invar. Semoule roulée en grains servie avec de la viande, des légumes et du bouillon ; ce plat. *Couscous au poulet.*

1 **cousin, ine** [kuzɛ̃, in] n. Se dit des enfants et des descendants de personnes qui sont frères et sœurs. *Cousins germains,* ayant un grand-père (ou une grand-mère) commun(e). *Des cousins éloignés.* – Loc. prov. *Le roi n'est pas son cousin,* il est très prétentieux.

2 **cousin** n. m. Moustique.

coussin [kusɛ̃] n. m. **1·** Pièce d'une matière souple, cousue et remplie d'un rembourrage, servant à supporter une partie du corps. → **oreiller.** *Des coussins bourrés de laine. Les coussins d'un fauteuil, d'un siège de voiture. S'asseoir sur des coussins.* **2·** *Coussin d'air,* zone d'air comprimé qui sert de support. *Véhicule sur coussin d'air* (aéroglisseur, etc.). **3·** *Coussin de sécurité.* → **airbag.** ▶ **coussinet** n. m. **1·** Petit coussin. **2·** Mécanique. Pièce soutenant une extrémité d'un arbre de transmission. *Coussinet de rail,* pièce de fonte qui supporte un rail. **3·** Partie charnue de la patte (d'un chat).

cousu, ue [kuzy] adj. **1·** Joint par une couture. *Feuillets cousus.* – Loc. *Être (tout) cousu d'or :* très riche. **2·** Fam. *Cousu main :* à la main. – Fam. *C'est du cousu main,* de première qualité.

coût [ku] n. m. Somme que coûte une chose. → **prix, montant.** *Le coût d'une marchandise. Le coût de la vie augmente.* ▶ **coûtant** [kutɑ̃] adj. m. Loc. *Prix coûtant :* prix qu'une chose a coûté. *Revendre qqch. au prix coûtant,* sans bénéfice. ▷ **surcoût**

couteau [kuto] n. m. **1·** Instrument tranchant servant à couper, composé d'une lame et d'un manche. *Couper qqch. avec un couteau. La pointe, le tranchant d'un couteau,* de sa lame. *Affûter, aiguiser les couteaux. Couteau de poche, couteau pliant,* dont la lame rentre dans le manche. → **canif.** *Couteau suisse,* couteau de poche à plusieurs lames et outils (tire-bouchon, ouvre-bouteille...). *Couteau de cuisine. Couteau de table. Couteau à découper. Couteau électrique.* – (Arme) → **coutelas, poignard.** *Couteau à cran d'arrêt.* – Loc. *Être à couteaux tirés,* en guerre ouverte. *Jouer du couteau,* se battre au couteau. *Coup de couteau. Mettre le couteau sur (sous) la gorge de (qqn),* contraindre par la menace. – Personnage armé d'un couteau. Loc. *Second couteau,* comparse, personnage de second plan. **2·** Nom d'outils et instruments tranchants. *Couteau à papier.* → **coupe-papier.** *Couteau de vitrier.* – Petite truelle de peintre. *Peindre au couteau.* **3·** *Couteau de balance,* arête du prisme triangulaire qui porte le fléau. **4·** Coquillage qui ressemble à un manche de couteau. ▶ **couteau-scie** n. m. Couteau dont la lame porte des dents, et qu'on utilise pour couper le pain, les aliments. *Des couteaux-scies.* ▶ **coutelas** [kutlɑ] n. m. invar. Grand couteau à lame large et tranchante, utilisé en cuisine ou comme arme. ▶ **coutellerie** [kutɛlʀi] n. f. Industrie, fabrication des instruments tranchants ; produits de cette industrie. *Coutellerie ordinaire, de table. Coutellerie fine.* – *Travailler dans une coutellerie.* ▷ **porte-couteau**

coûter [kute] v. < conjug. 1 > **I·** V. intr. et tr. ind. *Coûter à qqn.* **1·** Nécessiter le paiement d'une somme pour être obtenu. → **revenir, valoir.** *Somme que coûte une chose.* → **coût, montant, prix.** *Combien cela coûte-t-il ? Coûter cher. Les vingt euros que ce livre m'a coûté.* – **REM.** Le participe est invariable ; le complément circonstanciel de prix (combien ?) n'étant pas complément d'objet. **2·** *Coûter cher :* causer, entraîner des frais, des dépenses. *Cette habitude lui coûte cher. Cela pourrait vous coûter cher,* vous attirer des ennuis. **II· 1·** V. tr. Causer (une peine, un effort à qqn). *Ce départ lui a coûté bien des larmes. Les efforts que ce travail lui a coûtés.* – Causer (une perte). *Coûter la vie,* faire mourir. *Cela lui coûte sa tranquillité.* **2·** V. intr. et tr. ind. *Coûter à.* Être pénible, difficile. *Cet effort lui a coûté.* Loc. *Il n'y a que le premier pas qui coûte.* – Impers. *Il m'en coûte de vous l'avouer.* **3·** *Coûte que coûte* loc. adv. : à tout prix, quels que soient les efforts à faire, les peines à supporter. ▶ **coûteux, euse** adj. Qui coûte cher ; cause de grandes dépenses. → **cher, dispendieux, ruineux.** *Les voyages sont coûteux.* / contr. économique, gratuit / ▶ **coûteusement** adv. D'une manière coûteuse. *Ils sont logés trop coûteusement pour leurs moyens.* / contr. économiquement / ▷ **coût**

coutil [kuti] n. m. Toile croisée et serrée, en fil ou coton. *Pantalon de coutil.* – Plur. *Coutils* [kuti].

coutume [kutym] n. f. **1·** Manière à laquelle la plupart se conforment, dans un groupe social. *Vieille, ancienne coutume.* → **tradition, usage.** *Les coutumes d'un peuple.* → **mœurs. 2·** Loc. *Une fois n'est pas coutume,* pour une fois, on peut faire une exception. *Je travaillerai dimanche, une fois n'est pas coutume.* – ***Avoir coutume de*** *:* être accoutumé à, avoir l'habitude de. *Ils ont coutume de passer Noël chez leur grand-mère.* – Loc. adv. ***De coutume*** (surtout employé dans les comparatifs) : d'habitude, d'ordinaire. *Il est moins aimable que de coutume.* ▶ **coutumier, ière** adj. **1·** Littér. Que l'on fait d'ordinaire. → **habituel.** *Les travaux coutumiers.* **2·** *Droit coutumier,* ensemble de règles juridiques que constituent les coutumes. **3·** *Il est (n'est pas)* ***coutumier du fait*** *:* il le fait (ne le fait pas) souvent. ▷ **accoutumer, désaccoutumer, inaccoutumé, réaccoutumer**

couture [kutyʀ] n. f. **I· 1·** Action de coudre. *Faire de la couture.* **2·** Profession de ceux qui confectionnent des vêtements. *Travailler, être dans la couture.* – Profession de couturier. *Une maison de couture.* – *La* ***haute couture*** *:* la conception et la fabrication des vêtements féminins qui créent la mode. **II· 1·** Assemblage par une suite de points exécutés avec du fil et une aiguille. *Les coutures d'un vêtement, d'une chaussure. Bas sans coutures.* **2·** Loc. *Examiner* ***sous toutes les coutures*** *:* dans tous les sens, très attentivement. – ***Battre à plate couture*** *:* complètement. **3·** Cicatrice laissée par des points chirurgicaux (→ **couturé**). ▶ **couturier** n. m. Personne qui dirige une maison de couture, crée des modèles ; cette maison. *Collection d'un grand couturier. La griffe d'un couturier.* ▶ **couturière** n. f. Celle qui coud, qui exécute, à son propre compte, des vêtements de femme. ▶ **couturé, ée** adj. Marqué de cicatrices. → **balafré.** *Visage couturé.*

couvain [kuvɛ̃] n. m. Amas d'œufs (d'abeilles, d'insectes).

couvée n. f. **1·** Ensemble des œufs couvés par un oiseau. *Ces poussins sont de la même couvée.* **2·** Les petits qui viennent d'éclore. → **nichée.** *Toute la couvée piaillait.*

couvent [kuvɑ̃] n. m. **1·** Maison dans laquelle des religieux ou des religieuses vivent en commun ; ces religieux. → **communauté, monastère ; conventuel.** *Un couvent de carmélites, de chartreux. Cloître, chapelle d'un couvent.* – *Entrer au couvent,* dans les ordres ; prendre le voile (femmes). **2·** Pensionnat de jeunes filles dirigé par des religieuses. *Élever une jeune fille au couvent.*

① **couver** [kuve] v. tr. < conjug. 1 > **I· 1·** (Oiseaux) Se tenir pendant un certain temps sur des œufs pour les faire éclore. *La poule couve ses œufs* (→ **couvée, couveuse**). **2·** *Couver qqn,* l'entourer de soins attentifs. *Cette mère couve ses enfants.* → **protéger.** – ***Couver des yeux*** *:* regarder (qqn, qqch.) avec convoitise. **II· 1·** Entretenir, nourrir, préparer mystérieusement. *Couver des projets de vengeance.* → **tramer. 2·** *Couver une maladie,* porter en soi les germes (→ **incubation**). ▷ **couvain, couvée, couveuse**

② **couver** v. intr. < conjug. 1 > Être entretenu sourdement jusqu'au moment de se découvrir, de paraître. *Le feu couve sous la cendre.* – Fig. *La révolte couvait depuis longtemps.* → **se préparer.**

couvercle [kuvɛʀkl] n. m. Pièce mobile qui s'adapte à l'ouverture (d'un récipient) pour le fermer. *Le couvercle d'une boîte, d'un coffre. Mettre, soulever le couvercle d'une marmite.*

① **couvert** [kuvɛʀ] n. m. **1·** Ce qu'on met sur la table pour le repas. *Mettre le couvert.* **2·** Ustensiles de table pour une personne. *Une table de six couverts. Votre couvert est mis chez nous.* **3·** Cuiller et fourchette. *Des couverts en argent.*

② **couvert** n. m. **1·** *Donner le vivre* (la nourriture) *et le couvert* (le logement) *à qqn.* **2·** Loc. ***À couvert de*** loc. prép. ; ***à couvert*** loc. adv. : dans un lieu où l'on est couvert, protégé. *À couvert de la pluie. Se mettre à couvert,* se protéger. **3·** ***Sous (le) couvert de*** *:* en étant abrité ; sous la responsabilité ou la garantie de (qqn) ; sous l'apparence, le prétexte de (qqch.). *Sous (le) couvert de la franchise, il nous a dit des choses très désagréables.*

③ **couvert, erte** adj. **I· 1·** Qui a un vêtement. *Bien couvert ; chaudement couvert.* – *Restez couvert,* gardez votre chapeau. **2·** Qui a sur lui, au-dessus de lui (qqch.). *Il est couvert de boue.* – *Ciel couvert (de nuages),* nuageux. *Piscine couverte.* **3·** ***À mots couverts*** *:* en termes obscurs, voilés. **II·** Protégé par qqn (→ **couvrir,** II, 2). *Quoi qu'il fasse, il est toujours couvert par le directeur.* – Protégé par qqch., par une situation. *De toutes les façons, vous êtes couvert.*

couverture [kuvɛʀtyʀ] n. f. **I·** Concret. **1·** Pièce de toile, de drap pour recouvrir. *Couverture de voyage.* → **plaid.** – Pièce de tissu (souvent de laine) qu'on place sur les draps, qu'on borde sous le matelas, et qui recouvre le lit. – Loc. fig. *Amener, tirer la couverture à soi,* s'approprier la meilleure ou la plus grosse part d'une chose. **2·** Ce qui couvre, recouvre un livre, un cahier. *Couverture cartonnée.* – Enveloppe dont on recouvre un livre pour le protéger. → **couvre-livre, jaquette.** *Couverture de cahier en matière plastique.* → **protège-cahier. 3·** Toit. *Le couvreur* *répare la couverture.* **II·** Abstrait. **1·** Ce qui sert à couvrir (II), à protéger. *Troupes de couverture* : chargées de couvrir, de défendre une zone. – Fig. Affaire servant à dissimuler une activité secrète. *Son commerce est une couverture.* **2·** Garantie donnée pour assurer le paiement d'une dette. → **provision. 3·** Le fait de couvrir (II, 4) un événement, pour un journaliste. *La couverture des Jeux olympiques.*

couveuse [kuvøz] n. f. **1·** Poule qui couve. *Une bonne couveuse.* **2·** *Couveuse (artificielle),* étuve où l'on fait éclore les œufs. – Appareil à température constante pour élever les nouveau-nés prématurés fragiles. *Mettre un prématuré en couveuse.*

couvre- Élément invariable de noms composés, tiré du verbe *couvrir (des couvre-...).* ▶ **couvre-chef** [kuvʀəʃɛf] n. m. Par plaisant. Ce qui couvre la tête. → **chapeau, coiffure.** *Des couvre-chefs.* ▶ **couvre-feu** n. m. **1·** Signal qui indique l'heure de rentrer chez soi. *Des couvre-feux.* **2·** Interdiction de sortir après une heure fixée (mesure de police). ▶ **couvre-lit** n. m. Couverture légère servant de dessus de lit. *Des couvre-lits.* ▶ **couvre-livre** n. m. Protection souple recouvrant un livre. → **couverture.** *Des couvre-livres.* ▶ **couvre-pied** n. m., ou **couvre-pieds** n. m. invar. Couverture qui recouvre une partie du lit, à partir des pieds. *Des couvre-pieds douillets.* → **édredon.**

couvreur, euse [kuvʀœʀ, øz] n. Personne qui fait ou répare les toitures des maisons. *Couvreur zingueur.*

couvrir [kuvʀiʀ] v. tr. < conjug. 18 > Revêtir d'une chose, d'une matière pour cacher, fermer, orner, protéger. **I· 1·** Garnir (un objet) en disposant qqch. dessus. → **recouvrir.** *Couvrir un plat avec un couvercle. Couvrir un objet d'un enduit. Couvrir un sol d'une moquette.* – (Suj. chose) Être disposé sur. *La housse qui couvre ce fauteuil. Moquette qui couvre le sol.* **2·** ***Se couvrir*** v. pron. réfl. : se mettre des vêtements chauds. *Couvrez-vous bien.* – Mettre un chapeau. / contr. découvrir / **3·** Parsemer (qqch., qqn) d'une grande quantité de. *Couvrir une tombe de fleurs. Couvrir de boue un passant,* l'éclabousser. – ***Couvrir** qqn **de*** : lui donner beaucoup de. *Couvrir qqn de caresses, de baisers. On l'a couvert de cadeaux.* → **combler.** *On l'a couvert d'injures.* → **accabler.** *Couvrir qqn de honte. Couvrir qqn de compliments.* – Pronominalement (réfl.). *Elle s'est couverte de ridicule.* – (Choses) Être éparpillé, répandu sur. *Les feuilles couvrent le sol.* → **joncher.** – Pronominalement (passif). *Le ciel, le temps se couvre* (de nuages). → ③ **couvert** (I, 2). **4·** Cacher en mettant qqch. par-dessus, autour. *Cela couvre un mystère, une énigme.* → **receler.** *Couvrir la voix de qqn.* → **dominer, étouffer. II· 1·** Interposer (qqch.) comme défense, protection. → **garantir, protéger.** *Couvrir qqn de son corps.* **2·** Abriter (qqn) par son autorité, sa protection. *Ce chef couvre toujours ses subordonnés, ses aides.* – Pronominalement (réfl.). *Se couvrir,* se protéger. – Passif **(être couvert par)** et p. p. adj. → ③ **couvert** (II). **3·** Donner une garantie, la somme d'argent nécessaire à (qqch.). → **garantir, approvisionner.** *Couvrir les dépenses.* – *Couvrir un emprunt, une souscription,* souscrire la somme demandée. **4·** Assurer l'information sur (un événement). *Événement couvert par les médias.* **III·** Parcourir (une distance). *Les concurrents ont couvert les cent premiers kilomètres en deux heures.* ▷ **couvercle, couvert, couverture, couvre-, découvrir, recouvrir**

cover-girl [kɔvœʀgœʀl] n. f. Anglic. Vieilli. Jeune fille, jeune femme qui pose pour les photographies de mode des magazines. *Des cover-girls.* → **modèle.**

covoiturage [kɔvwatyʀaʒ] n. m. Transport, dans le même véhicule, de plusieurs personnes effectuant un trajet similaire.

cow-boy [kaobɔj ; kobɔj] n. m. Anglic. Gardien de troupeaux dans l'ouest des États-Unis, personnage essentiel de la légende de l'Ouest américain. *Film de cow-boys.* → **western.** *Les cow-boys et les Indiens.*

coxalgie [kɔksalʒi] n. f. Médecine. Douleur de la hanche.

coyote [kɔjɔt] n. m. Mammifère carnivore d'Amérique, voisin du chacal.

C. Q. F. D. [sekyɛfde] Abréviation de *ce qu'il fallait démontrer,* formule finale d'une démonstration.

crabe [kʀab] n. m. Nom courant de plusieurs crustacés à corps arrondi, dont les pattes sont disposées autour du corps (araignées de mer, tourteaux, etc.). *Les pinces du crabe. La carapace du crabe.* – Loc. *Marcher en crabe,* de côté. – Loc. ***Panier de crabes*** : groupe d'individus intriguant les uns contre les autres.

crac [kʀak] interj. Mot imitant un bruit sec (choc, rupture), ou évoquant une chose brusque. *Crac, la planche cède !* ≠ crack, craque, krach. ▷ **craqueler, craquer, craqueter**

cracher [kʀaʃe] v. < conjug. 1 > **I·** V. intr. **1·** Projeter de la salive, des mucosités de la bouche. *Cracher par terre. Défense de cracher.* **2·** Fam. *Cracher sur qqch., qqn,* exprimer un violent mépris. – *Il ne crache pas sur l'alcool,* il l'aime bien. **3·** *Cette plume, ce stylo crache,* l'encre en jaillit. → **couler.** **4·** Émettre des crépitements. *Haut-parleur, radio* *qui crache.* → **crachoter.** **II·** V. tr. **1·** Lancer (qqch.) de la bouche. *Cracher un bonbon.* → **rejeter** – Loc. fam. *Cracher ses poumons,* tousser violemment. **2·** *Cracher des injures.* → **proférer.** – Loc. fam. *Cracher le morceau,* avouer. **3·** Fam. Donner (de l'argent) ; payer. → fam. **casquer.** **4·** Émettre en lançant. *Cracher de la fumée, des flammes. Volcan qui crache de la lave.* ▶ **crachat** n. m. Matière crachée, rejetée par la bouche (salive, mucosité). ▶ **craché, ée** adj. ***Tout craché*** (après unn. m., un pronom) : très ressemblant. *C'est son père tout craché.* ▶ **crachement** n. m. **1·** Action de cracher. – Ce qu'on crache. *Un crachement de sang.* **2·** Projection (de gaz, de vapeurs, de flammes). **3·** Crépitement. *Les crachements des haut-parleurs.* ▶ **crachoir** n. m. Petit récipient muni d'un couvercle dans lequel on peut cracher. *Crachoir pour dégustation de vins.* – Fam. ***Tenir le crachoir à qqn*** : lui parler sans arrêt. ▶ **crachoter** v. intr. < conjug. 1 > **1·** Cracher un peu. **2·** Émettre des crépitements → **cracher** (I, 4). *Une vieille radio qui crachote.* ▶ **crachotement** n. m. Action de crachoter. – Bruit de ce qui crachote. ▷ **crachin, recracher**

crachin [kʀaʃɛ̃] n. m. Pluie fine et serrée. → **bruine.** ▶ **crachiner** v. impers < conjug. 1 > Faire du crachin. → **bruiner, pleuvoter.**

1 **crack** [kʀak] n. m. **1·** Poulain préféré, dans une écurie de course. – Cheval qui gagne les courses. **2·** Fam. *C'est un crack,* un sujet remarquable. → **as.** *Des cracks.* ≠ crac, craque, krach.

2 **crack** n. m. Anglic. Arg. Dérivé de la cocaïne qui peut se fumer. ≠ crac, craque, krach. *Le crack est une drogue extrêmement toxique. Pipe à crack.*

1 **cracker** [kʀakœʀ ; kʀakɛʀ] n. m. Anglic. Petit biscuit salé et croustillant.

2 **cracker** n. Anglic. Personne qui force le système de sécurité d'un réseau informatique. → **hacker.**

cracking [kʀakiŋ] n. m. Anglic. Craquage (du pétrole).

craie [kʀɛ] n. f. **1·** Calcaire naturel. *Craie blanche. Falaise de craie.* → **crayeux.** **2·** Calcaire réduit en poudre et moulé (en bâtons) pour écrire, tracer des signes. *Un morceau de craie. Écrire au tableau noir avec de la craie, à la craie.* – *(Une, des craies)* Bâtonnet de craie pour écrire. ▷ **crayeux**

craindre [kʀɛ̃dʀ] v. tr. < conjug. 52 > **1·** Envisager (qqn, qqch.) comme dangereux, nuisible, et en avoir peur. → **redouter.** *Craindre le danger.* / contr. braver / *Il ne viendra pas, je le crains. Ne craignez rien. Il sait se faire craindre.* **2·** ***Craindre que*** (+ subjonctif). Avec la négation complète : *Je crains qu'il ne parte pas,* qu'il reste. – REM. Lorsque les verbes des deux propositions sont à l'affirmatif, le *ne* explétif est facultatif. *Je crains qu'il (ne) parte,* je crains son départ. Après l'emploi négatif ou interrogatif de *craindre,* on ne met pas le *ne. Je ne crains pas qu'il parte. Craignez-vous qu'il parte ?* **3·** ***Craindre de*** (+ infinitif). *Il craint d'être découvert. Je ne crains pas d'affirmer,* je n'hésite pas à affirmer. **4·** (Plantes, choses) Être sensible à. *Ces arbres craignent le froid.* **5·** Fam. Impers. *Ça craint,* c'est désagréable, minable. ▷ **crainte**

crainte [kʀɛ̃t] n. f. **1·** Sentiment par lequel on craint (qqn ou qqch.) ; appréhension inquiète. → **angoisse, anxiété, frayeur ;** plus cour. **peur.** *L'espoir et la crainte de l'avenir. Avoir une grande crainte que...* → **craindre.** *Soyez sans crainte à ce sujet. N'ayez crainte, il viendra.* **2·** ***Dans la crainte de ; de crainte de ; par crainte de*** : loc. prép. (devant un nom de chose ou un infinitif). *Dans la crainte de son départ. Dans la crainte d'échouer, par crainte d'échouer.* – ***De crainte que*** loc. conj. (+ subjonctif, avec *ne* explétif). *De crainte qu'on ne vous entende.* ▶ **craintif, ive.** adj. Qui est sujet à la crainte (occasionnellement ou, surtout, habituellement). → **inquiet, peureux.** *C'est un enfant craintif. Caractère, naturel craintif.* / contr. audacieux, brave, courageux / ▶ **craintivement** adv.

cramer [kʀame] v. < conjug. 1 > **1·** V. tr. Brûler légèrement. *Cramer un rôti.* – Intransitivement. *Les nouilles ont cramé.* **2·** V. intr. Fam. Brûler, se consumer. → **flamber.** *Toute la bicoque a cramé.*

cramoisi, ie [kʀamwazi] adj. **1·** D'une couleur rouge foncé, tirant sur le violet. *Soie cramoisie.* **2·** (Teint, peau) Très rouge. *Il est devenu cramoisi.*

crampe [kʀɑ̃p] n. f. Contraction douloureuse, involontaire et passagère des muscles. *Avoir une crampe au mollet.* – *Crampe d'estomac,* douleur gastrique.

crampon [kʀɑ̃pɔ̃] n. m. **I·** **1·** Pièce de métal servant à attacher, assembler deux éléments (agrafe, crochet). **2·** *Chaussures à crampons,* munies de clous, de petits cylindres de cuir, caoutchouc, etc., destinés à empêcher de glisser. **3·** Racines de fixation qui apparaissent le long de la tige (d'une plante grimpante). *Les crampons du lierre.* **II·** Fam. Personne importune et tenace. *Quel crampon !* – Adj. invar. *Ils sont crampon.* ▷ **cramponner**

cramponner [kʀɑ̃pɔne] v. tr. < conjug. 1 > **1·** Fam. Agir comme un crampon (II) avec qqn. *Cramponner qqn.* → **importuner ;** fam. **coller.** **2·** ***Se cramponner*** v. pron. réfl. : s'accrocher, s'attacher ; se tenir fermement. → **s'agripper,** se **retenir.** / contr. lâcher, laisser / *Se cramponner au bras, au cou de qqn. Se cramponner à une idée, à un espoir.*

1 **cran** [kRɑ̃] n. m. **I· 1·** Entaille faite à un corps dur et destinée à accrocher, à arrêter qqch. → **encoche.** *Hausser d'un cran une étagère. Les crans d'une crémaillère. Entailler par des crans.* → **créneler** (2). **2·** *Monter, hausser ; baisser d'un cran,* passer à qqch. de supérieur, d'inférieur (→ **augmenter, diminuer**). **3·** Entaille où s'engage une pièce mobile (tête de gâchette d'une arme à feu, etc.). *Couteau à cran d'arrêt.* **4·** Entaille servant de repère. **5·** Trou servant d'arrêt dans une sangle, une courroie. *Serrer sa ceinture de deux crans.* **II·** Forme ondulée donnée aux cheveux. *Le coiffeur lui a fait un cran.* ▶ **cranter** v. tr. < conjug. 1 > Faire des crans (I) à (qqch.). – Au p. p. adj. *Pignon cranté.*

2 **cran** n. m. **1·** Fam. Audace, courage. *Il a du cran. Il a eu le cran de refuser.* **2·** *Être **à cran** :* prêt à se mettre en colère (→ à bout de nerfs). → **exaspéré.** *Il l'a mis à cran.*

1 **crâne** [kRɑn] n. m. **1·** Boîte osseuse renfermant le cerveau. *Les os du crâne et ceux de la face forment la tête. Fracture du crâne. Crâne de bœuf.* **2·** Tête, sommet de la tête. *Avoir le crâne chauve. Avoir mal au crâne.* – Cerveau. *Bourrer le crâne.* ▶ **crânien, ienne** adj. Du crâne. *Boîte crânienne. Os crâniens.*

2 **crâne** adj. Vx. Courageux, décidé. ▶ **crâner** v. intr. < conjug. 1 > Fam. **1·** Affecter la bravoure, le courage, la décision. → **fanfaronner.** – Faire le malin. *Ce n'est pas le moment de crâner.* **2·** Prendre un air vaniteux. → fam. **frimer.** ▶ **crâneur, euse** n. et adj. Fam. → **prétentieux.** *Faire le crâneur.* – Adj. *Elle est un peu crâneuse.* / contr. modeste /

1 **crapaud** [kRapo] n. m. Batracien à tête large, au corps trapu recouvert d'une peau verruqueuse. ≠ grenouille.

2 **crapaud** n. m. **I·** Défaut dans un diamant, une pierre précieuse. **II·** Le plus petit des pianos à queue.

crapule [kRapyl] n. f. Individu très malhonnête. → **bandit, canaille.** *C'est une crapule.* – Adj. *Il, elle est un peu crapule.* ▶ **crapulerie** n. f. Caractère, action de crapule. ▶ **crapuleux, euse** adj. Très malhonnête et sordide. → **infâme.** (Surtout dans : *crime, assassinat... crapuleux,* accompli pour voler) *Mener une vie crapuleuse,* de débauche sordide. ▶ **crapuleusement** adv.

craquage [kRakaʒ] n. m. Procédé de raffinage du pétrole. → anglic. **cracking.**

craque [kRak] n. f. Fam. Mensonge par exagération. *Il nous a raconté des craques.* → **blague.** ≠ crac, crack, krach.

craqueler [kRakle] v. tr. < conjug. 4 > Fendiller (une surface polie). *Craqueler de la porcelaine.* Pronominalement (réfl.). *La terre se craquelle sous l'effet de la sécheresse.* – Au p. p. adj. *Émail craquelé.* ▶ **craquelage** n. m. ▶ **craquelure** n. f. Fendillement du vernis, de l'émail, etc.

craquer [kRake] v. **I·** V. intr. < conjug. 1 > **1·** Produire un bruit sec. *On entend le parquet craquer. Faire craquer ses doigts en tirant sur les articulations.* **2·** Se déchirer brusquement. *Les coutures ont craqué.* – Se casser. **3·** Loc. fig. ***Plein(e) à craquer*** : complètement plein. *La salle était pleine à craquer.* **4·** Abstrait. *Ses nerfs ont craqué, il n'a pas pu se dominer.* – (Suj. personne). Céder à une pression psychologique, s'effondrer. *Tu te surmènes, tu vas craquer.* – Céder à la tentation. *Je craque !* **5·** Fig. Être ébranlé, menacer ruine. *Le ministère craque. Ses projets ont craqué.* → **échouer ;** fam. **capoter.** **II·** V. tr. *Craquer une allumette,* l'allumer en la frottant. ▶ **craquement** n. m. Bruit sec (d'une chose qui se rompt, éclate, etc.). *On entend des craquements sinistres. Le craquement des feuilles sèches.* ▶ **craqueter** [kRakte] v. intr. < conjug. 4 > Produire des craquements répétés. ▷ **craqueler**

crash [kRaʃ] n. m. Anglic. Écrasement au sol (d'un avion). *Des crashs ou des crashes.* ≠ krach. ▶ **se crasher** v. pron. < conjug. 1 > Anglic. S'écraser au sol (avion).

1 **crasse** [kRas] adj. f. *Ignorance* (bêtise...) *crasse* : totale et grossière. *Tu es d'une ignorance crasse.*

2 **crasse** n. f. **1·** Couche de saleté. *Mains couvertes de crasse. Enlever la crasse,* décrasser. **2·** *Une crasse,* une méchanceté, une indélicatesse. → **saleté, vacherie.** *Faire une crasse à qqn.* ▶ **crasseux, euse** adj. Qui est couvert de crasse, très sale. *Une chemise crasseuse. Un escalier crasseux et puant* (Syn. fam. : *cracra, crado, craspec*). ▶ **crassier** n. m. Amoncellement des scories de hauts fourneaux. → **terril.** ▷ **décrasser, encrasser**

-crate, -cratie, -cratique Éléments savants signifiant « force, pouvoir ». ▷ **aristocrate, autocrate, bureaucrate, démocrate, eurocrate, gérontocratie, médiocratie, phallocrate, ploutocrate, technocrate, théocratie**

cratère [kRatɛR] n. m. Dépression d'un volcan, par laquelle s'échappent des matières en fusion (laves, cendres). – Vaste trou laissé par une éruption, une explosion. *Cratère de bombe.*

cravache [kRavaʃ] n. f. **1·** Baguette mince et flexible dont se servent les cavaliers. → **badine, jonc.** *Coup de cravache.* **2·** Loc. *À la cravache,* brutalement. *Mener qqn à la cravache.* ▶ **cravacher** v. tr. < conjug. 1 > **1·** Frapper à coups de cravache. *Cravacher un cheval.* – *Il a fini la course en cravachant.* **2·** Fam. Aller vite. *Il a dû cravacher pour finir à temps.*

cravate [kRavat] n. f. **1**· Bande d'étoffe que l'on noue autour du cou (surtout cravate d'homme qui se passe sous le col de chemise et se noue par-devant). *Cette cravate va bien avec son costume. Il aime mieux les nœuds papillon que les cravates. Faire un nœud de cravate.* **2**· Bande d'étoffe, insigne de haute décoration. *Cravate de commandeur de la Légion d'honneur.* **3**· Loc. fam. *S'en jeter un* (un verre) ***derrière la cravate.*** → **boire.** ▷ **cravater**

cravater [kRavate] v. tr. < conjug. 1 > **1**· Attaquer (qqn) en le prenant et en le serrant par le cou. **2**· Fam. Prendre, attraper (qqn). *Le voleur s'est fait cravater.*

crawl [kRol] n. m. Nage rapide qui consiste en un battement continu des jambes et un tirage alternatif des bras. *Nager le crawl.* ▶ **crawler** [kRole] v. intr. < conjug. 1 > Nager le crawl. – (Trans.) Au p. p. adj. *Dos crawlé,* crawl nagé sur le dos.

crayeux, euse [kRɛjø, øz] adj. **1**· De la nature de la craie. *Terrain, sol crayeux.* **2**· De la couleur de la craie. → **blanchâtre.** *Il a un teint crayeux.*

crayon [kRɛjɔ̃] n. m. **1**· Petite baguette, généralement en bois, servant de gaine à une longue mine. *Écrire, dessiner au crayon. Boîte de crayons de couleur. Crayon feutre*.* **2**· Bâtonnet. *Crayon de rouge à lèvres.* → **bâton, tube. 3**· Dessin au crayon. *Les crayons de cet artiste sont très recherchés.* ▶ **crayonner** v. tr. < conjug. 1 > Dessiner, écrire au crayon, de façon sommaire. *Crayonner des notes, un croquis.* ▶ **crayonnage** n. m. Action de crayonner. – Griffonnage au crayon.

créance [kReɑ̃s] n. f. Droit en vertu duquel une personne → **créancier** peut exiger qqch., une somme d'argent de qqn. / contr. dette / *Avoir une créance sur qqn.* REM. *Créance* et *crédit* viennent de mots latins signifiant « croire ». – *Recouvrer une créance.* – Le titre établissant la créance. ▶ **créancier, ière** n. Titulaire d'une créance ; personne à qui il est dû de l'argent. *Être poursuivi par ses créanciers. Payer, rembourser ses créanciers.* / contr. débiteur /

créateur, trice [kReatœR, tRis] n. et adj. **I**· N. **1**· Personne qui crée, qui tire qqch. du néant. *Le créateur du ciel et de la terre,* Dieu. – Sans compl. *Adorer le Créateur.* **2**· L'auteur (d'une chose nouvelle). *Le créateur d'un genre littéraire, d'une théorie scientifique.* → **inventeur.** – Absolt. *C'est un créateur.* / contr. imitateur / – *Le créateur, la créatrice d'un rôle,* le premier, la première interprète. **3**· *Le créateur d'un produit.* → **producteur.** *La maison X est la créatrice exclusive de ce modèle. Les créateurs de mode.* **II**· Adj. Qui crée ou invente. *Une activité créatrice d'emplois. Esprit, cerveau créateur. L'imagination créatrice.* ▶ **créatif, ive** adj. Qui est d'esprit inventif, qui favorise la création. *Un esprit créatif.* – N. *Les créatifs,* dans une entreprise de publicité, ceux qui inventent (opposés à ceux qui administrent, gèrent). – *Loisirs créatifs,* activités manuelles, petit bricolage pour créer des objets de décoration, des bijoux, des accessoires. ▶ **création** [kReɑsjɔ̃] n. f. **I**· *(La création)* **1**· Action de donner l'existence, de tirer du néant. *La création du monde.* → **genèse. 2**· L'ensemble des choses créées ; le monde créé. → **monde, nature, univers.** *Les merveilles de la création.* – Loc. *Toutes les plantes **de la création** :* toutes les plantes qui existent. **II**· *(Une création, la création de...)* **1**· Action de faire, d'organiser (une chose qui n'existait pas encore). → **élaboration, invention.** / contr. abolition, destruction / *La création d'une zone pavillonnaire. Création d'une société.* → **fondation.** *Ils font partie de l'entreprise depuis sa création.* → **commencement, début.** *Création d'idées nouvelles.* → **apparition, naissance.** – Le fait de créer une œuvre. / contr. imitation / **2**· Ce qui est créé. *Les plus belles créations de l'homme.* → **œuvre.** – Nouvelle fabrication ; modèle inédit. *Les dernières créations des grands couturiers.* ▶ **créativité** n. f. Pouvoir de création, d'invention. *Stimuler la créativité des enfants.* ▶ **créature** n. f. **1**· Être qui a été créé, tiré du néant (opposé à *créateur*). **2**· *Créature humaine.* → **femme, homme, humain.** *Une créature,* un être humain. → **personne. 3**· Femme. *Une superbe créature.* **4**· *La créature de qqn,* personne qui tient sa fortune, sa position de qqn à qui elle est dévouée. → **favori, protégé.**

crécelle [kResɛl] n. f. **1**· Moulinet de bois formé d'une planchette mobile qui tourne bruyamment autour d'un axe. *Bruit de crécelle,* sec et aigu. *Jouer avec une petite crécelle en bois.* **2**· *Voix de crécelle,* aiguë, désagréable.

crèche [kRɛʃ] n. f. **I**· La mangeoire où Jésus fut placé à sa naissance, dans l'étable de Bethléem, selon la tradition de Noël ; petit édifice représentant l'étable de Bethléem ou une grotte. *Installer une crèche dans l'église.* **II**· Établissement destiné à recevoir dans la journée les enfants de moins de trois ans. → **garderie, pouponnière.** ▶ **crécher** v. intr. < conjug. 6 > Fam. Habiter, loger. *Il crèche chez un copain.*

crédence [kRedɑ̃s] n. f. Buffet dont les tablettes superposées servent à poser les plats, la verrerie. → **desserte.**

crédible [kRedibl] adj. Qui peut être cru. – Qui est vraisemblable, qui peut réussir. *Une politique crédible.* ▶ **crédibilité** n. f. Caractère de ce qui est croyable. → **vraisemblance.** *La crédibilité d'un témoignage. Son histoire manque de crédibilité.*

crédit [kredi] n. m. **I·** Influence dont jouit une personne ou une chose auprès de qqn, par la confiance qu'elle inspire. → **autorité, influence, pouvoir.** REM. *Crédit,* comme *créance,* est rattaché par son origine à *croire.* – *Jouir d'un grand crédit auprès de qqn.* – Loc. ***En crédit.*** *Être en crédit auprès de qqn.* → **faveur.** *Il n'a plus aucun crédit. Cette opinion acquiert du crédit dans tel milieu.* **II·** Situation d'une personne autorisée à ne pas payer immédiatement, à emprunter. **1·** Loc. ***À crédit*** : sans exiger de paiement immédiat (opposé à *au comptant*). *Vendre, vente à crédit.* – ***Faire crédit à qqn*** : ne pas exiger un paiement immédiat. **2·** Opération par laquelle une personne met une somme d'argent à la disposition d'une autre ; cette somme. → **prêt ; avance.** *Établissement de crédit. Accorder, obtenir un crédit. Un crédit bancaire.* – Nom d'établissements de crédit. *Le Crédit Mutuel.* **3·** Au plur. Sommes allouées sur un budget pour un usage déterminé. *Crédits budgétaires. Vote des crédits.* **4·** Partie d'un compte où sont inscrites les sommes remises ou payées à la personne qui tient le compte. → **avoir.** *Balance du crédit et du débit.* ▶ **créditer** v. tr. < conjug. 1 > Porter au crédit de (qqn, son compte). *Créditer un compte de cinq cents euros.* / contr. débiter / ▶ **créditeur, trice** n. Personne qui a des sommes portées à son crédit. – Adj. *Compte, solde créditeur.* / contr. débiteur / ▷ **accréditer, discrédit**

credo [kredo] n. m. invar. **1·** (Avec une majuscule) Formule contenant les articles fondamentaux d'une foi religieuse. *Credo catholique,* symbole des Apôtres. – REM. *Credo* signifie « je crois » en latin. **2·** Principes sur lesquels on fonde son opinion, sa conduite. → **règle.** *Il nous a exposé son credo politique. Des credo.*

crédule [kredyl] adj. Qui a une confiance aveugle en ce qu'il entend ou lit. → **naïf, simple ;** fam. **gogo, jobard.** *Vous êtes trop crédule.* / contr. incrédule, sceptique / ▶ **crédulité** n. f. Grande facilité à croire. → **candeur, confiance, naïveté.** *Un charlatan qui abuse de la crédulité du public.*

créer [kree] v. tr. < conjug. 1 > **1·** Donner l'existence, l'être à ; tirer du néant. *Dieu créa le ciel et la terre.* / contr. anéantir / **2·** Faire, réaliser (qqch. qui n'existait pas encore). → **concevoir, élaborer, inventer, produire.** / contr. détruire / *Créer une science, un genre littéraire.* – Sans compl. *L'artiste, le poète créent.* – Établir ou organiser. *Créer une ville, des emplois.* **3·** *Créer un rôle,* en être le premier interprète. *Créer un spectacle,* le mettre en scène. **4·** Fabriquer ou mettre en vente (un produit nouveau). *La maison X a créé et lancé ce produit.* **5·** (Suj. chose) Être la cause de. → **causer, produire, provoquer.** *La fonction crée l'organe. La publicité crée des besoins nouveaux.* – (Suj. personne) *Sa famille lui crée des ennuis.* – (Suivi d'un article défini et d'un nom exprimant un sentiment) *Créer l'angoisse, la gêne, la sensation, le désir, l'envie, l'espoir. Les attentats ont créé la panique.* **6·** ***Se créer qqch.*** : susciter pour soi-même. → **imaginer.** *Se créer des illusions, des besoins. Elle s'est créé des habitudes.* ▷ **créateur, création, procréer, recréer**

crémaillère [kremajɛr] n. f. **1·** Autrefois. Tige de fer à crans qu'on suspendait dans une cheminée pour y accrocher une marmite. – Loc. ***Pendre la crémaillère*** : célébrer, par un repas, une fête, son installation dans un nouveau logement. **2·** Pièce munie de crans. *Une étagère à crémaillère.* – Rail denté. *Automobile avec direction à crémaillère. Chemin de fer, funiculaire à crémaillère.*

crémation [kremɑsjɔ̃] n. f. Littér. Action de brûler le corps des morts. → **incinération.** ▶ **crématoire** adj. ***Four crématoire*** : où l'on réduit les corps en cendres. – N. m. *La fumée des crématoires. Les crématoires et les chambres à gaz des camps d'extermination nazis.* ▶ **crématorium** ou **crematorium** [krematɔrjɔm] n. m. Lieu où l'on incinère les morts, dans un cimetière.

crème [krɛm] n. f. **I· 1·** Matière grasse du lait, dont on fait le beurre. *Crème fraîche. Fromage à la crème. Crème fouettée, crème chantilly,* fortement émulsionnée (pour la pâtisserie, etc.). – En appos. Invar. ***Café crème*** : avec de la crème ou du lait. *Des cafés crème.* – N. m. *Un crème,* un café crème. *Des grands crème(s).* **2·** Fam. *C'est la crème des hommes,* le meilleur des hommes. **3·** Entremets composé ordinairement de lait et d'œufs. *Crème pâtissière. Crème renversée.* **4·** Liqueur épaisse (en général sucrée). *De la crème de cassis.* **5·** Préparation utilisée dans la toilette et les soins de la peau. *Crème à raser. Crème solaire.* ≠ chrème. **II·** Adj. invar. D'une couleur blanche légèrement teintée de jaune. *Des gants crème.* ▶ **crémeux, euse** adj. Qui contient beaucoup de crème (I). *Du lait bien crémeux.* – Qui a la consistance, l'aspect de la crème. ▶ **crémerie** [krɛmri] n. f. **1·** Magasin où l'on vend les produits laitiers. → **laiterie. 2·** Loc. fam. *Changer de crémerie,* aller ailleurs. ▶ **crémier, ière** n. Commerçant qui vend des produits laitiers, des œufs, etc. ▷ **écrémer**

crémone [kremɔn] n. f. Espagnolette servant à fermer les fenêtres, composée d'une tige de fer qu'on hausse ou qu'on baisse en faisant tourner une poignée.

créneau [kreno] n. m. **1·** Ouverture pratiquée au sommet d'un rempart et qui servait à la défense. → **meurtrière.** *Des créneaux.* – Loc. fig. *Monter au créneau,* s'engager personnellement dans une lutte. **2·** Espace disponible entre deux véhicules en stationnement. – *Faire un créneau,* se garer. **3**· Place disponible sur un marché ; domaine de commercialisation. *C'est un bon, un nouveau créneau.* **4**· Intervalle de temps disponible. *J'ai un créneau vers quinze heures.* ▶ **créneler** [kʀɛ(e)nle] v. tr. < conjug. 4 > **1**· Munir de créneaux. *Créneler une muraille.* – *Muraille, tour crénelée.* **2**· Entailler en disposant des crans. → **denteler.** *Créneler une pièce de monnaie.*

créole [kʀeɔl] n. et adj. Personne d'ascendance européenne née dans les colonies intertropicales (Antilles). → **béké.** *Un, une créole.* – Toute personne née dans ces anciennes colonies. – Adj. et n. m. *Parlers créoles, les créoles,* langues provenant du contact du français, de l'espagnol, du portugais avec des langues indigènes ou importées (africaines). *Les créoles français des Caraïbes, de l'océan Indien. Le créole haïtien. Chansons, contes créoles.* ▶ **créolisé, ée** adj. *Langue créolisée,* qui a pris certaines caractéristiques d'un créole.

crêpage [kʀɛpaʒ] n. m. Action de crêper (les cheveux). Fam. *Un* ***crêpage de chignon*** *:* violente dispute.

1 **crêpe** [kʀɛp] n. f. Fine galette faite d'une pâte liquide composée de lait, de farine et d'œufs, frite et saisie à la poêle. *Crêpe de sarrasin* → **galette,** *de froment. Crêpes salées, sucrées. Crêpes bretonnes. Marchand de crêpes* (CRÊPIER, IÈRE n.). – Loc. fam. *Retourner qqn comme une crêpe,* le faire complètement changer d'avis. ▶ **crêperie** n. f. Lieu où l'on vend, où l'on consomme des crêpes. *Crêperie bretonne.*

2 **crêpe** n. m. **I**· Tissu léger de soie, de laine fine, ayant un aspect granuleux. *Crêpe de Chine.* – Morceau de crêpe noir, porté en signe de deuil. → 2 **voile. II**· Caoutchouc laminé en feuilles. *Chaussures à semelles de crêpe,* ou en appos. invar., *à semelles crêpe.* ▶ **crépon** n. m. Crêpe (I) épais.

crêper [kʀepe] v. tr. < conjug. 1 > **1**· Rebrousser (les cheveux) de manière à les faire gonfler. – Au p. p. adj. *Des cheveux crêpés.* **2**· Loc. fam. ***Se crêper le chignon*** *:* se battre, se prendre aux cheveux. ▷ **crêpage, crépu**

crépi [kʀepi] n. m. Couche de plâtre, de ciment d'aspect raboteux, dont on revêt une muraille. *Refaire le crépi d'une maison.* ▶ **crépir** v. tr. < conjug. 2 > Garnir (une muraille) d'un crépi. *Crépir un mur.* – Au p. p. adj. *Des murs crépis.* ▶ **crépissage** n. m. Action de crépir (un mur). *Crépissage à la truelle.* – État d'une surface crépie. ▷ **décrépir**

crépiter [kʀepite] v. intr. < conjug. 1 > Faire entendre une succession de bruits secs. *Le feu crépite.* → **grésiller, pétiller.** *Les applaudissements crépitaient.* ▶ **crépitation** n. f., ou **crépitement** n. m. Le fait de crépiter. *Le crépitement d'une mitrailleuse.*

crépu, ue [kʀepy] adj. *Cheveux crépus,* dont la frisure est très serrée.

crépuscule [kʀepyskyl] n. m. Lumière incertaine qui succède immédiatement au coucher du soleil. *Au crépuscule, à l'heure du crépuscule,* à la nuit tombante. → **tombée** du jour. ▶ **crépusculaire** adj. Du crépuscule. *Une lumière crépusculaire.*

crescendo [kʀeʃɛndo] adv. et n. m. **1**· Adv. En augmentant progressivement l'intensité sonore. *Jouer crescendo.* – *Aller crescendo,* aller en augmentant. *Sa nervosité allait crescendo.* / contr. decrescendo / **2**· N. m. Son d'intensité croissante ; amplification (d'un son). *Des crescendos.*

cresson [kʀesɔ̃] n. m. Plante herbacée à tige rampante et à petites feuilles rondes ; ces feuilles comestibles. *Cresson de fontaine. Salade de cresson.* ▶ **cressonnière** n. f. Lieu baigné d'eau où l'on cultive le cresson.

crésus [kʀezys] n. m. invar. Homme extrêmement riche. *C'est un crésus* (plus souvent *il est riche comme Crésus*).

crésyl [kʀezil] n. m. (Marque déposée) Désinfectant formé par le mélange de phénols. ≠ **grésil.**

crétacé, ée [kʀetase] adj. et n. m. Qui correspond à une période géologique de la fin du secondaire, au cours de laquelle se sont formés (notamment) les terrains à craie.

crête [kʀɛt] n. f. **1**· Excroissance charnue, rouge, dentelée, sur la tête de certains oiseaux gallinacés. *Crête de coq.* **2**· Ligne de faîte (d'une montagne, d'un mur, etc.). *La crête d'une montagne* → **cime,** *d'un toit.* **3**· Arête supérieure (d'une vague). *Des vagues aux crêtes frangées d'écume.*

crétin, ine [kʀetɛ̃, in] n. **1**· Personne atteinte de débilité mentale (crétinisme). **2**· Personne stupide. → **idiot, imbécile.** *Bande de crétins !* – Adj. *Il est vraiment crétin.* ▶ **crétinerie** n. f. Action de crétin. → **bêtise, sottise.** ▶ **crétiniser** v. tr. < conjug. 1 > Rendre crétin. → **abêtir, abrutir.** *Cette émission télévisée crétinise les spectateurs.* ▶ **crétinisme** n. m. **1**· Arriération mentale avec retard du développement physique et affectif. **2**· Grande bêtise. → **idiotie, imbécillité.**

cretonne [kʀətɔn] n. f. Toile de coton très forte. *Des rideaux de cretonne.*

creuser [kʀøze] v. < conjug. 1 > **I**· V. tr. **1**· Rendre creux en enlevant de la matière ; faire un, des trous dans (qqch.). → **évider, trouer.** *Creuser la terre.* – *L'exercice creuse l'estomac, m'a creusé* (donné faim). – ***Se creuser** la tête, la cervelle* : faire un grand effort de réflexion, de mémoire. Sans compl. *Si tu te creuses un peu, tu trouveras la solution.* **2·** Donner une forme concave à. *La maladie lui a creusé les joues, les yeux.* – Au p. p. *Visage creusé de rides.* **3·** Abstrait. Approfondir. *Creuser une idée, une question, un sujet.* **II·** V. tr. **1·** Faire (qqch.) en enlevant de la matière. *Creuser un trou, une fosse, un tunnel, un puits.* **2·** Fig. Rendre plus important, accentuer. *Creuser l'écart avec ses concurrents* (en les dépassant). **III·** *Se creuser* v. pron. réfl. **1·** Devenir creux, prendre une forme creuse. *Ses joues se creusent.* **2·** (Trou) Se former. *Des excavations se sont creusées pendant le tremblement de terre.* – Fig. *Un fossé s'est creusé entre eux.* **IV·** V. intr. Faire, approfondir un trou. *Creuser dans la terre. Les sauveteurs ont creusé toute la nuit.*

creuset [kʀøzɛ] n. m. **1·** Récipient qui sert à faire fondre ou calciner certaines substances. – Partie inférieure d'un haut fourneau où se trouve le métal en fusion. **2·** Littér. Lieu où diverses choses se mêlent, où une chose s'épure. *Le creuset du temps, de la souffrance.*

creux, creuse [kʀø, kʀøz] adj. et n. **I·** Adj. **1·** Qui est vide à l'intérieur. *Tige creuse, arbre creux. Ventre, estomac creux,* vide. / contr. plein / **2·** *Son creux,* celui d'un objet creux sur lequel on frappe. – Adv. *Sonner creux.* **3·** Vide de sens. *Paroles creuses. Jugement, raisonnement creux,* peu solide. → **vain.** **4·** *Heures creuses,* pendant lesquelles les activités sont ralenties. **5·** Qui présente une courbe rentrante, une concavité. *Assiette creuse,* qui peut contenir des liquides. / contr. plat / *Pli creux,* qui forme un creux en s'ouvrant. – *Chemin creux,* en contrebas, entre des haies, des talus. – *Visage creux, joues creuses.* → **maigre.** **II·** N. m. **1·** Vide intérieur dans un corps. → **cavité, enfoncement, trou.** **2·** Partie concave. *Présenter des creux et des bosses. Dans le creux de la main,* la paume. – *Avoir un creux à (dans) l'estomac,* avoir faim. – *Le creux d'une vague* (opposé à crête). Loc. *Être dans le creux de la vague,* au plus bas (du succès, de la réussite). ▷ **creuser, creuset**

crevaison [kʀəvɛzɔ̃] n. f. Action de crever (objet gonflé : ballon, pneu) ; son résultat. *La crevaison d'un pneu. Réparer une crevaison.*

crevant, ante [kʀəvɑ̃, ɑ̃t] adj. **1·** Fam. Qui crève (II, 3), exténue. → **épuisant, fatigant.** *C'est un travail crevant.* **2·** Fam. Qui fait crever de rire. → **amusant, drôle.** *Il est crevant avec ce chapeau-là.*

crevasse [kʀəvas] n. f. **1·** Fente profonde à la surface (d'une chose). *Crevasse d'un mur.* → **fissure, lézarde.** *Crevasse dans le sol.* – Cassure étroite et profonde dans la glace. **2·** Au plur. Petites fentes de la peau, généralement provoquées par le froid. → **engelure, gerçure.** *Avoir des crevasses aux mains.* ▶ **crevasser** v. tr. < conjug. 1 > Faire des crevasses sur, à (qqch.). *Le froid lui a crevassé les mains.* → **craqueler, fissurer.** – Au p. p. adj. *Sol crevassé.*

crever [kʀəve] v. < conjug. 5 > **I·** V. intr. **1·** S'ouvrir en éclatant, par excès de tension. *Nuage qui crève. Sac trop plein qui risque de crever.* → **craquer.** *Le pneu de sa bicyclette, de sa voiture a crevé.* → **éclater ; crevaison.** **2·** (Personnes) Être trop gros, trop rempli de. – *Crever d'orgueil, de jalousie, de dépit. C'est à crever de rire,* à éclater de rire. → **crevant** (2). **3·** (Animaux, plantes) Mourir. *Arrosez cette plante, ou elle va crever.* – (Personnes) Fam. *Il va crever.* → fam. **claquer.** – Fam. *Il fait une chaleur à crever. Crever de froid, de faim,* avoir très froid, faim. **II·** V. tr. **1·** Faire éclater (une chose gonflée ou tendue). *Crever un ballon.* – Au p. p. adj. *Pneu crevé.* **2·** (Choses) Loc. *Crever les yeux,* être bien en vue ; être évident. → **sauter** aux yeux. *Crever le plafond,* dépasser la limite supérieure. **3·** Exténuer par un effort excessif. *Crever un cheval.* – (Personnes) Fam. *Ce travail nous crève. Ce voyage l'a complètement crevé.* → **épuiser, fatiguer** ; fam. **claquer.** – Pronominalement (réfl.). *Se crever au travail.* ▶ **crève** [kʀɛv] n. f. Fam. *Attraper, avoir la crève,* attraper du mal, attraper froid. → **crever** (I, 3). ▶ **crevé, ée** adj. **1·** (Animaux) Mort. *Un chien crevé.* **2·** Fam. (Personnes) Épuisé, très fatigué. → fam. **claqué.** ▶ **crève-cœur** [kʀɛvkœʀ] n. m. invar. Grand déplaisir mêlé de dépit. ▶ **crève-la-faim** [kʀɛvlafɛ̃] n. invar. Fam. Miséreux qui ne mange pas à sa faim. ▷ **crevaison, crevant, crevasse, increvable**

crevette [kʀəvɛt] n. f. Petit crustacé marin, ou d'eau douce, dont certaines espèces sont comestibles : *crevette rose* (bouquet), *grise.*

cri [kʀi] n. m. **1·** Son perçant émis par la voix. *Jeter, pousser des cris.* → **crier.** *Un long cri. Cri aigu, strident* → **hurlement,** *étouffé. Un cri de surprise, de joie, de douleur.* – *Pousser son premier cri,* naître, voir le jour. **2·** Parole(s) prononcée(s) très fort, sur un ton aigu. *Cri d'alarme, d'appel. Cris de protestation.* → **clameur.** *Cris d'approbation* (acclamation, hourra). Loc. *Jeter les hauts cris,* protester. – Fam. *Le dernier cri* (de la mode), sa toute dernière nouveauté. **3·** Opinion manifestée hautement. **4·** Mouvement intérieur (de la conscience). *C'est le cri du cœur,* l'expression non maîtrisée d'un sentiment sincère. **5·** Son émis par les animaux. *Le cri du chat est le miaulement. Cris d'oiseaux.* ▶ **criailler** [kʀi(j)aje] v. intr. < conjug. 1 > Crier sans cesse, se plaindre fréquemment. ▶ **criaillement** [kʀijajmɑ̃] n. m. Action de criailler ; cri désagréable. ▶ **criaille-**

rie n. f. Surtout au plur. Plainte répétée sur des sujets anodins. → **jérémiade.** ▶ **criant, criante** adj. Qui fait protester. *Injustice criante.* → **choquant, révoltant.** – Très manifeste. → **évident.** *Une preuve criante. Une explication criante de mauvaise foi.* ▶ **criard, criarde** adj. **1·** Qui crie désagréablement. *Un enfant criard.* **2·** Aigu et désagréable. *Sons criards. Voix criarde.* → **aigu, perçant.** / contr. harmonieux / **3·** Qui choque la vue. *Couleur criarde,* trop vive. → **hurlant.** / contr. discret /

crible [kʀibl] n. m. **1·** Instrument percé d'un grand nombre de trous, et qui sert à trier des objets de grosseur inégale (passoire, tamis). **2·** *Passer une idée, une opinion* ***au crible*** *:* l'examiner avec soin, pour distinguer le vrai du faux, le bon du mauvais. ▶ **cribler** v. tr. < conjug. 1 > **1·** Trier avec un crible. → **tamiser.** **2·** Percer de trous, comme un crible. *Cribler une cible de flèches.* – Au p. p. *Des corps criblés de blessures.* – Loc. *Être criblé de dettes,* en avoir beaucoup. → **accablé.**

cric [kʀik] n. m. Appareil à crémaillère et à manivelle permettant de soulever à une faible hauteur certains fardeaux très lourds. → **vérin.** *Cric d'automobile.*

cricket [kʀikɛt] n. m. Sport britannique, qui se pratique avec des battes de bois et une balle. *Le base-ball américain dérive du cricket.* ≠ criquet.

crier [kʀije] v. < conjug. 7 > **I·** V. intr. **1·** Jeter un ou plusieurs cris. → **beugler, brailler, gueuler, hurler.** *Enfant qui crie.* → **pleurer.** *Crier comme un putois, comme un sourd,* crier fort. *Crier à tue-tête.* – (Animaux, et spécialt, oiseaux) Pousser son cri. **2·** Parler fort, élever la voix. *Il ne sait pas parler sans crier.* – *Crier contre qqn, après qqn,* lui manifester de la colère sur un ton élevé. – *Crier à qqch. :* dénoncer (*crier à la trahison, à l'injustice, au scandale*) ou proclamer (*crier au miracle*). **3·** (Choses) Produire un bruit aigre, désagréable. → **grincer.** *Les gonds de la porte, les essieux crient.* **II·** V. tr. **1·** Dire à qqn d'une voix forte. *Il lui criait de se taire, qu'il se taise. Crier des injures à qqn.* – Faire hautement connaître. *Crier son innocence.* → **affirmer, clamer, proclamer.** *N'allez pas le crier sur les toits.* **2·** Loc. *Crier famine, crier misère,* se plaindre de la faim, de la misère. *Crier vengeance.* ▶ **criée** [kʀije] n. f. *Vente à la criée,* ou *la criée,* vente publique aux enchères. ▶ **crieur, euse** n. Marchand ambulant qui annonce en criant ce qu'il vend. – *Crieur de journaux. Crieur public,* personne qui annonçait à haute voix des proclamations publiques. ▷ **cri, décrié,** s'**écrier,** se **récrier**

crime [kʀim] n. m. **1·** Infraction grave, que les lois punissent d'une peine de réclusion ou de détention de dix ans au moins (opposé à *contravention* ou à *délit*). *Les crimes sont jugés par la cour d'assises.* – *Crime de guerre. Crime contre l'humanité.* **2·** Assassinat, meurtre. → **homicide.** *Commettre un crime. Un crime horrible. Crime passionnel. Ce n'est pas un accident, c'est un crime. L'arme du crime. Un crime parfait,* impossible à élucider. – Prov. *Le crime ne paie pas,* on ne profite jamais d'un crime. **3·** Action blâmable que l'on grossit. *C'est un crime d'avoir abattu de si beaux arbres.* – Loc. *Ce n'est pas un crime,* ce n'est pas interdit. *Ce n'est pas un crime de se tromper.* ▶ **criminel, elle** adj. et n. **I·** N. **1·** En droit. Personne coupable d'un crime (1). → **malfaiteur, voleur.** *Le criminel et ses complices. Criminel de guerre,* qui commet des atrocités au cours d'une guerre. **2·** Assassin, meurtrier. **II·** Adj. **1·** Relatif à un crime. *Un acte criminel. Un incendie criminel. Une intention criminelle,* de commettre un crime. **2·** Relatif aux actes délictueux et à leur répression (→ **pénal**). *Droit criminel.* **3·** Fam. (Acte, geste) Très regrettable. *C'est criminel de laisser perdre ces fruits !* ▶ **criminalité** n. f. Ensemble des actes criminels. *Augmentation de la criminalité.* ▶ **criminellement** adv. **1·** D'une manière criminelle. **2·** Devant une juridiction criminelle. *Poursuivre qqn criminellement.* ▶ **criminologie** n. f. Science de la criminalité. ▶ **criminologue** n. Spécialiste de criminologie. ▷ **incriminer, récriminer**

crin [kʀɛ̃] n. m. **1·** Poil long et rude qui pousse au cou (crinière) et à la queue de certains animaux (chevaux, etc.). **2·** Ce poil utilisé à divers usages. *Crin de ligne pour pêcher. Rembourrage de crin.* **3·** *Crin végétal,* fibres préparées pour remplacer le crin animal. **4·** Loc. *À* ***tous crins*** (du cheval qui a tous ses crins) : complet, ardent, énergique. *Révolutionnaire à tous crins* ou *à tout crin.* **5·** Fam. Vieilli. *Être comme un crin,* de mauvaise humeur. ▶ **crinière** n. f. **1·** Ensemble des crins qui garnissent le cou (de certains animaux). *Crinière du lion, du cheval.* **2·** Fam. Chevelure abondante. ▷ **crincrin, crinoline**

crincrin [kʀɛ̃kʀɛ̃] n. m. Fam. Mauvais violon.

crinoline [kʀinɔlin] n. f. Jupe de dessous, garnie de crins, de baleines et de cercles d'acier flexibles, que les femmes portaient pour faire bouffer les robes. → **panier.** *Robe à crinoline.*

crique [kʀik] n. f. Enfoncement du rivage où les petits bâtiments peuvent se mettre à l'abri. → **anse, baie, calanque.**

criquet [kʀikɛ] n. m. Insecte volant et sauteur, de couleur grise ou brune, très vorace, appelé abusivement *sauterelle* (les « nuages de sauterelles » sont formés de *criquets pèlerins*). *Les criquets dévorent les récoltes.* ≠ cricket.

crise [kʀiz] n. f. **1·** Accident qui atteint une personne en bonne santé apparente, ou aggravation brusque d'un état chronique. → **accès, attaque ;** [1] **critique.** *Être pris d'une crise. Crise d'appendicite, d'asthme.* **2·** Manifestation soudaine et violente (d'émotions). *Piquer une crise de colère* (fam. *criser* v. intr. < conjug. 1 >). *Crise de désespoir.* – Loc. *Une crise de nerfs,* état de grande agitation, de fureur. – Par ext. *Une crise d'indépendance.* **3·** Phase grave dans une évolution (événements, idées). *Période de crise. Le pays est en crise. Crise économique, politique. La crise du logement. La crise monétaire. Crise ministérielle,* période pendant laquelle le ministère démissionnaire n'est pas remplacé par un nouveau.

crisper [kʀispe] v. tr. < conjug. 1 > **1·** Contracter les muscles, la peau de. *Angoisse, douleur qui crispe le visage.* – *Se crisper. Sa figure se crispe. Ne vous crispez pas, détendez-vous.* – (Mains) Se refermer, s'agripper convulsivement. *Sa main se crispa sur la poignée de la porte.* / contr. décontracter, détendre / **2·** Fam. *Crisper qqn,* lui causer une vive impatience. → **agacer, impatienter, irriter.** *Il a le don de me crisper. Sa nonchalance me crispe.* **3·** Au passif et p. p. adj. *(Être) crispé.* ▶ **crispant, ante** adj. (Personnes, actes) Qui crispe (2), agace. *Une attente crispante.* ▶ **crispation** n. f. **1·** Contraction involontaire et brusque des muscles. **2·** Mouvement d'agacement, d'impatience. ▷ **décrisper**

crisser [kʀise] v. intr. < conjug. 1 > (Objets durs et lisses) Produire un bruit de frottement. → **grincer.** *Gravier qui crisse sous les pas.* ▶ **crissement** n. m. Fait de crisser ; bruit de ce qui crisse. *Le crissement des pneus dans les virages.*

cristal, aux [kʀistal, o] n. m. **I· 1·** Minéral naturel transparent et dur. *Un morceau de cristal de roche. Le cristal, symbole de pureté.* **2·** Variété de verre (verre au plomb) plus transparent et plus lourd que le verre ordinaire. → **cristallerie.** *Cristal de Bohême, de Baccarat. Des verres, des coupes en cristal.* **II·** Forme géométrique définie → [1] **cristallin** (2), prise par certaines substances minérales ou solidifiées. *Cristaux de glace, de givre. Cristaux à facettes.* ▶ **cristallerie** n. f. **1·** Fabrication, fabrique d'objets en cristal (I, 2). → **verrerie. 2·** Ensemble d'objets en cristal. *Cristallerie de Baccarat, d'Arques, de Bohême.* ▶ [1] **cristallin, ine** adj. **1·** Clair, transparent comme le cristal. → **limpide, pur.** *Eaux cristallines.* – *Son cristallin,* pur et clair. **2·** Relatif à un état solide où la disposition des atomes produit des formes géométriques définies (opposé à *amorphe*). → **cristal** (II). *Réseau cristallin. Roche cristalline,* formée de cristaux. ▶ [2] **cristallin** n. m. Partie transparente de l'œil, en arrière de la pupille, en forme de lentille à deux faces convexes. *La courbure du cristallin détermine la myopie, la presbytie, etc.* ▶ **cristalliser** v. < conjug. 1 > **I· 1·** V. tr. Faire passer (un corps) à l'état de cristaux (II). *Cristalliser un sel par dissolution.* – Au p. p. adj. *Sucre cristallisé,* en petits cristaux. **2·** V. intr. Passer à l'état cristallin. *Substance qui cristallise lentement.* **II·** Abstrait. Littér. **1·** V. tr. Rassembler des éléments épars en un tout cohérent ; rendre fixe, stable. → **fixer, stabiliser.** *Les événements ont brusquement cristallisé la menace de grève. Cristalliser des énergies, des sentiments.* **2·** V. intr. (Sentiments, idées) Se fixer. ▶ **cristallisation** n. f. **1·** Phénomène par lequel un corps passe à l'état de cristaux. **2·** Concrétion de cristaux. *De belles cristallisations.* **3·** Littér. (Sentiments, idées) Action de se cristalliser. *Cristallisation des souvenirs.* ▶ **cristallisoir** n. m. Récipient en verre, à bords bas, utilisé dans les laboratoires. ▶ **cristallo-** Élément savant signifiant « cristal ». ▶ **cristallographie** n. f. Science qui étudie les formes cristallines (minéralogie). ▶ **cristallophyllien, ienne** [kʀistalɔfiljɛ̃, jɛn] adj. Géologie. Relatif aux terrains transformés par métamorphisme général. ▶ **cristaux** [kʀisto] n. m. pl. Carbonate de sodium en cristaux (→ **cristal,** II), utilisé pour nettoyer.

critère [kʀitɛʀ] n. m. **1·** Caractère, signe qui permet de distinguer une chose, une notion ; de porter sur un objet un jugement d'appréciation. **2·** Ce qui sert de base à un jugement. *Son seul critère est l'avis de son père. Ce n'est pas un critère,* une raison ou une preuve. ▶ **critérium** [kʀiteʀjɔm] n. m. Épreuve sportive servant à classer, à éliminer les concurrents. *Critérium cycliste. Des critériums.*

critiquable [kʀitikabl] adj. Qui mérite d'être critiqué. → **discutable.** *Son attitude est plus que critiquable, elle est condamnable.* / contr. irréprochable, louable /

[1] **critique** [kʀitik] adj. **1·** Qui a rapport à une crise (1) ; qui décide de l'issue d'une maladie. *La période critique de l'épidémie est maintenant passée.* **2·** (Situation difficile) Qui fait prévoir des suites fâcheuses ou très importantes. → **décisif ; crucial.** *Se trouver dans une situation critique.* → **dangereux, grave. 3·** En sciences. *Point critique,* état limite entre l'état liquide et l'état gazeux. *Pression, température, volume critique. Vitesse critique.*

[2] **critique** n. et adj. **I·** N. f. Examen en vue de porter un jugement. **1·** Art de juger les ouvrages de l'esprit, les œuvres littéraires, artistiques ; jugement sur une œuvre. *La critique dramatique, artistique. Faire la critique d'une pièce de théâtre.* → **analyse, examen. 2·** Jugement intellectuel, moral. *Critique de la connaissance, de la vérité. Faire sa propre critique.* → **autocritique. 3·** Tendance de l'esprit à émettre des jugements

sévères, défavorables. / contr. approbation, éloge / *La critique et la louange. Ne pas admettre, ne pas supporter les critiques.* – *Une, des critiques*, un, des jugement(s) défavorable(s). *Elle ne tolère aucune critique.* **II· 1·** N. Personne qui fait profession de juger, de commenter les ouvrages de l'esprit, les œuvres d'art (à la radio, dans la presse). → **commentateur.** *Critique littéraire, critique d'art.* **2·** N. f. Ensemble des critiques. *La critique a bien accueilli son livre.* **III·** Adj. **1·** Qui décide de la valeur, des qualités et des défauts des ouvrages de l'esprit, des œuvres d'art. *Considérations, jugements critiques.* **2·** Qui examine la valeur logique d'une assertion, l'authenticité d'un texte. *Examen critique. Remarques critiques. Édition critique*, établie soigneusement après critique des textes originaux. – ***Esprit critique*** : qui n'accepte aucune assertion sans s'interroger d'abord sur sa valeur. *Manquer d'esprit critique.* – ***D'un œil critique.*** → **curieux, soupçonneux.** / contr. crédule, naïf / **3·** Qui critique (I, 2). → **négatif.** / contr. constructif / *Elle s'est montrée très critique.* ▶ **critiquer** v. tr. < conjug. 1 > **1·** Examiner (les ouvrages d'art ou d'esprit) pour en faire ressortir les qualités et les défauts. → **analyser, étudier, examiner, juger.** **2·** Émettre un jugement faisant ressortir les défauts (de qqn, qqch.). → **blâmer, condamner** ; fam. **arranger, éreinter, taper** sur. *Critiquer avec violence, injustement. Il a peur de se faire critiquer.* / contr. admirer, approuver, louer / ▷ **autocritique, critiquable**

croasser [kʀɔase] v. intr. < conjug. 1 > (Corbeau, corneille) Pousser son cri. ≠ coasser. ▶ **croassement** n. m. Cri du corbeau.

croc [kʀo] n. m. **1·** Dent pointue de certains animaux (→ **canine**). *Les crocs d'un chien.* **2·** Loc. Fam. *Avoir les crocs*, très faim (→ Avoir la dent). – Fig. *Montrer les crocs*, prendre une attitude menaçante. **3·** *Moustaches en crocs*, moustaches recourbées. ▷ **accrocher, croc-en-jambe, crochet, crochu, décrocher**, par **raccroc, raccrocher**

croc-en-jambe [kʀɔkɑ̃ʒɑ̃b] n. m. Manière de faire tomber qqn en lui tirant une jambe avec le pied. → **croche-pied.** *Des crocs-en-jambe.*

croche [kʀɔʃ] n. f. Note de musique dont la queue porte un crochet et qui vaut la moitié d'une noire. *Double, triple, quadruple croche*, croche portant deux, trois, quatre crochets et valant la moitié, le quart, le huitième de la croche.

croche-pied [kʀɔʃpje] n. m. Le fait d'accrocher au passage la jambe de qqn avec le pied, pour le faire tomber. → **croc-en-jambe.** *Il lui a fait des croche-pieds.*

1 **crochet** [kʀɔʃɛ] n. m. **I· 1·** Pièce de métal recourbée, pour prendre ou retenir qqch. *Crochet de boucherie*, servant à suspendre la viande. **2·** Attache mobile servant à fixer qqch. *Pendre un tableau à un crochet.* **3·** Instrument présentant une extrémité recourbée. *Crochet de serrurier.* **4·** Loc. *Être, vivre **aux crochets** de qqn* : à ses dépens, à ses frais. **II·** Tige dont l'extrémité recourbée retient le fil qui doit passer dans la maille. *Travail au crochet.* – Ouvrage fait avec cet instrument. *Faire du crochet.* ▶ **crocheter** v. tr. < conjug. 5 > **1·** Ouvrir (une serrure) avec un crochet (I, 3). **2·** Faire au crochet (II). *Crocheter un napperon.* ▶ **crochetage** n. m. Action de crocheter. ▶ **crocheteur, euse** n. **I·** N. m. Autrefois. Celui qui portait des fardeaux en s'aidant d'un crochet. **II·** Personne qui crochète les serrures.

2 **crochet** n. m. Signe graphique, parenthèse à extrémité en angle droit : [...]. *Mettre un mot entre crochets.*

3 **crochet** n. m. Détour brusque. *La route fait un crochet.* – Détour. *Je ferai un crochet par chez vous en allant au bureau.*

4 **crochet** n. m. Boxe. Coup de poing où le bras frappe vers l'intérieur, en se pliant. *Envoyer un crochet du droit.*

crochu, ue [kʀɔʃy] adj. **1·** Qui est recourbé. *Il a un grand nez crochu. Des doigts, des ongles crochus.* **2·** Loc. fam. *Ils ont des **atomes crochus*** : des affinités, des sympathies.

crocodile [kʀɔkɔdil] n. m. **1·** Grand reptile à fortes mâchoires, à quatre courtes pattes, qui vit dans les fleuves des régions chaudes. *Les crocodiles du Nil.* – Loc. ***Larmes de crocodile*** : larmes hypocrites. **2·** Peau de crocodile traitée (fam. *Croco*, n. m.). *Sac en crocodile. Un portefeuille en croco.*

crocus [kʀɔkys] n. m. invar. Plante à bulbe dont une espèce est le safran. – Fleur printanière de cette plante. *Des crocus jaunes.*

croire [kʀwaʀ] v. < conjug. 44 > **I·** V. tr. dir. **1·** Penser que (qqch.) est véritable, donner une adhésion de principe à. → **accepter, admettre, penser.** / contr. douter, nier / *Croire une histoire. Je crois ce que vous dites. Il ne croit que ce qu'il voit. Faire croire qqch. à qqn*, convaincre, persuader. **2·** *Croire qqn*, penser que ce qu'il dit est vrai. *Vous pouvez croire cet homme. Croire qqn sur parole*, sans vérifier. – Fam. *Je vous crois !, je te crois !*, je pense ainsi, et aussi c'est évident ! **3·** ***En croire*** : s'en rapporter à (qqn). *Si vous m'en croyez, vous ne lui prêterez pas ce livre. Si j'en crois ce qu'on raconte.* – Loc. *Ne pas en croire ses yeux, ses oreilles*, s'étonner de ce qu'on voit, entend. **4·** ***Croire que*** (+ indicatif) : considérer comme vraisemblable ou probable (sans être sûr). → **estimer, juger, penser.** *Je crois qu'il viendra ; je ne crois pas qu'il viendra. Je croyais qu'il viendrait. Je crois que c'est vrai. Je crois que oui. Nous lui avons fait croire que nous serions absents.* – *On croirait qu'il dort* (mais il ne dort pas). *On croirait qu'il est mort* (→ On dirait que). *Je vous prie de croire que je ne dirai rien,* vous pouvez être sûr que... – REM. Si *croire que* est à la forme négative ou interrogative, on peut employer le subjonctif pour indiquer un doute plus grand. *Croyez-vous qu'il vienne ? Je ne crois pas qu'il vienne. Je ne crois pas que ce soit facile.* **5·** ***Croire*** (+ infinitif) : sentir, éprouver comme vrai (ce qui ne l'est pas absolument). *J'ai cru, j'ai bien cru réussir. Je croyais arriver plus tôt.* **6·** ***Croire*** (suivi d'un attribut) → **estimer, supposer.** *On l'a cru mort. On croit ce pays au bord de la faillite.* – ***Se croire*** v. pron. réfl. (suivi d'un attribut). *Il se croit plus fort, plus malin qu'il n'est. Tu te crois intelligent ? Il se croit qqch. ; il se croit un grand homme,* il se prend pour. *Elle s'est crue invincible.* **II·** V. tr. ind. ***Croire à, en.*** **1·** *Croire à une chose,* la tenir pour réelle, vraisemblable ou possible. *Croire aux promesses de qqn.* → **compter** sur. *Ne plus croire à rien. Il y croit dur comme fer. Croire en qqch.,* avoir confiance en qqch. *Croire en l'avenir. Il pensait que j'aurais cru en sa parole.* **2·** *Croire en qqn* : avoir confiance en lui. → **compter** sur, se **fier** à. *Il croit en ses amis.* **3·** (Avec *à*) Être persuadé de l'existence et de la valeur de (tel dogme, tel être religieux). *Croire à l'Évangile. Croire à l'astrologie.* – Loc. fam. *Il croit au père Noël,* il est naïf. – ***Croire en Dieu*** : avoir la foi religieuse. **4·** ***Croire à qqch.*** : considérer comme probable, comme très possible. *Il croit de plus en plus au danger atomique. Je ne crois plus au succès.* **III·** V. intr. (Sens fort) **1·** Avoir une attitude d'adhésion intellectuelle. *Il croit sans comprendre.* **2·** Avoir la foi religieuse (→ **croyant**). *Le besoin de croire.* ▷ **accroire, croyable, croyance, incroyable**

croisade [kʀwazad] n. f. **1·** Expédition entreprise par les chrétiens coalisés pour délivrer les lieux saints qu'occupaient les musulmans. **2·** Tentative pour diriger l'opinion dans une lutte. → **campagne.** *Une croisade contre l'alcoolisme.* – Loc. *Partir en croisade contre,* partir en campagne, en guerre contre. ▶ ① **croisé** n. m. Celui qui partait en croisade. *L'armée des croisés.*

② **croisé, ée** [kʀwaze] adj. **1·** Disposé en croix, qui se croisent. *Bâtons croisés.* – *Rester les bras croisés* (fig., rester à ne rien faire). – (Vêtements) Dont les bords croisent. *Veste croisée* (opposé à *veste droite*). **2·** *Rimes croisées,* rimes qui alternent (en *a, b, a, b ; b, c, b, c*). *Mots croisés.* → **mot.** **3·** (Animal, plante). Qui est le résultat d'un croisement, n'est pas de race pure. *Race croisée.* → **hybride.** ▷ **chassé-croisé**

croisée [kʀwaze] n. f. **1·** *La croisée des chemins,* l'endroit où ils se coupent. → **croisement.** **2·** Châssis vitré qui ferme une fenêtre ; la fenêtre. *Ouvrir, fermer la croisée.*

① **croiser** [kʀwaze] v. < conjug. 1 > **I·** V. tr. **1·** Disposer (deux choses) l'une sur l'autre, en forme de croix. *Croiser les jambes. Se croiser les bras,* rester dans l'inaction. **2·** Loc. ***Croiser le fer*** : se battre à l'épée ; fig. s'affronter. **3·** Passer au travers de (une ligne, une route). → **couper, traverser.** *La voie ferrée croise la route.* – Passer à côté de, en allant en sens contraire. *Croiser qqn dans la rue. Train qui en croise un autre sur une double voie.* **II·** V. intr. **1·** (Bords d'un vêtement) Passer l'un sur l'autre. *Faire croiser un vêtement* (→ ② **croisé**). **2·** (Navire) Aller et venir dans un même parage. *La flotte croise dans la Manche, sur les côtes* (→ **croisière, croiseur**). **III·** ***Se croiser*** v. pron. récipr. **1·** Être ou se mettre en travers l'un sur l'autre. *Les deux chemins se croisent à angle droit.* **2·** (Personnes, véhicules) Passer l'un près de l'autre en allant dans une direction différente ou opposée. → se **rencontrer.** *Ils se sont croisés dans l'escalier.* – *Leurs regards se sont croisés,* se sont rencontrés rapidement. *Nos lettres se sont croisées,* ont été envoyées en même temps. ▶ ① **croisement** n. m. **1·** Action de disposer en croix, de faire se croiser ; disposition croisée. *Croisement des jambes. Le croisement de deux voitures sur une route.* **2·** Point où se coupent deux ou plusieurs voies. → **croisée, intersection.** *Vous vous arrêterez au croisement.* → **carrefour.** *Un croisement dangereux.* ▷ ② **croisé, croisée, décroiser, entrecroiser**

② **croiser** v. tr. < conjug. 1 > Procéder au croisement de (deux animaux, deux plantes d'espèces différentes). → **métisser.** *Croiser deux races de chevaux.* ▶ ② **croisement** n. m. Hybridation, métissage. *Améliorer une race de bovins par des croisements.*

croiseur [kʀwazœʀ] n. m. Navire de guerre rapide, armé de canons. *Croiseur léger, lourd.* ≠ **torpilleur.**

croisière [kʀwazjɛʀ] n. f. Voyage effectué par un paquebot, un navire de plaisance (→ ① **croiser,** II, 2). *Croisière en Grèce. Partir en croisière.* – Loc. ***Vitesse de croisière*** : (Bateau, avion) la meilleure allure moyenne sur une longue distance. Fig. *Le programme de recherche a atteint sa vitesse de croisière.*

croisillon [kʀwazijɔ̃] n. m. **1·** Traverse d'une croix. – Moitié du transept (d'une église). **2·** Barre qui partage une baie, un châssis de fenêtre. *Fenêtre à croisillons.*

croissance [kʀwasɑ̃s] n. f. **1·** (Organisme) Le fait de croître, de grandir. → **développement.** *La croissance d'une plante, d'un animal. Enfant arrêté dans sa croissance. Hormone de croissance.* **2·** (Choses) → **accroissement, augmentation, développement, progression.** *La croissance d'une ville. Croissance économique,* développement de la production. *Assurer la croissance. Croissance rapide, ralentie.* → **développement.**

1 **croissant** [kʀwasɑ̃] n. m. **1·** Forme échancrée de la partie éclairée de la Lune (pendant qu'elle croît et décroît). *Croissant de lune.* **2·** La forme du croissant de lune. – *Le Croissant-Rouge,* équivalent islamique de la Croix-Rouge (→ **croix, 4**). **3·** Petite pâtisserie feuilletée, en forme de croissant. *Prendre un café et un croissant au petit déjeuner.*

2 **croissant, ante** adj. Qui croît, s'accroît, augmente. *Un nombre croissant. Avec une colère croissante.* → **grandissant.** / contr. décroissant /

croître [kʀwatʀ] v. intr. < conjug. 55 > **REM.** Au p. p., seul le masculin singulier s'écrit avec l'accent circonflexe : *crû* ; mais *crue, crus.* Ne pas confondre avec les formes de *croire.* **1·** (Êtres organisés) Grandir progressivement jusqu'au terme du développement normal. → **se développer, grandir, pousser ; croissance.** *Les végétaux croissent lentement.* – Littér. (Personnes) → **grandir.** *Il croissait en sagesse, en beauté,* devenait plus sage, plus beau, en grandissant. Loc. *Ne faire que croître et embellir,* se dit d'une chose qui augmente en bien, et iron. en mal. **2·** (Choses) Devenir plus grand, plus nombreux. → **augmenter, se développer.** *La chaleur ne cesse de croître. Croître en nombre, en volume.* / contr. décroître / ▷ **accroître, croissance,** 2 **croissant,** 1 **cru, décroître, décrue, excroissance, recrue, surcroît**

croix [kʀwa] n. f. invar. **1·** Poteau muni d'une traverse et sur lequel on attachait des condamnés pour les faire mourir (spécialt celui où Jésus fut cloué et mis à mort). *Le supplice de la croix* (→ **crucifier**). – (Dans le christianisme) *Chemin de croix.* → **chemin.** – *Porter sa croix,* supporter ses épreuves avec résignation. – *Le signe de la croix,* signe que l'on fait en portant la main droite au front, à la poitrine, puis successivement aux deux épaules. **2·** Représentation symbolique de la croix de Jésus-Christ. *Croix érigée sur un chemin, placée sur un mur.* → **calvaire, crucifix.** – Loc. fam. *C'est la croix et la bannière,* c'est toute une histoire (comme dans une procession). – (Autres symboles) *Croix de Lorraine,* à double croisillon. *Croix grecque,* à branches égales. *Croix de Saint-André,* en X. *Croix gammée**. – Bijou en forme de croix. **3·** Décoration d'ordres de chevalerie. *La croix de Malte.* – En France. *La croix de la Légion d'honneur.* ***Croix de guerre*** : médaille conférée aux soldats qui se sont distingués au cours d'une guerre. **4·** ***Croix-Rouge*** : organisme d'entraide et de secours. *Le comité international de la Croix-Rouge.* **5·** Marque formée de deux traits croisés. *Faire une croix au bas d'un acte* (en guise de signature). – Loc. fig. *Faire une croix sur qqch.,* y renoncer définitivement. **6·** ***En croix*** : à angle droit ou presque droit. *Avoir, mettre les bras en croix.* ▷ **chassé-croisé, croisade,** 1 **croisé,** 1 **croiser, croisillon, grand-croix**

1 **croquant** [kʀɔkɑ̃] n. m. Paysan révolté, sous Henri IV et Louis XIII. – Péj. Paysan.

2 **croquant, ante** adj. Qui croque sous la dent. *Cornichons croquants. Pâtisserie croquante.* → **croustillant.**

à la croque au sel [alakʀɔkosɛl] loc. adv. Cru, avec du sel. *Radis à la croque au sel.*

croque-madame [kʀɔkmadam] n. m. invar. Croque-monsieur* surmonté d'un œuf au plat. *Des croque-madame.*

croquemitaine [kʀɔkmitɛn] n. m. Personnage imaginaire qu'on évoque pour effrayer les enfants. – Personne qui fait peur. *Il veut jouer les croquemitaines.*

croque-monsieur [kʀɔkməsjø] n. m. invar. Sandwich chaud fait de pain de mie grillé, au jambon et au fromage. *Des croque-monsieur.* → **croque-madame.** – Abrév. fam. **un croque.**

croque-mort [kʀɔkmɔʀ] n. m. Fam. Employé des pompes funèbres chargé du transport des morts au cimetière. *Des croque-morts.*

croquenot [kʀɔkno] n. m. Fam. Gros soulier. → **godillot.**

1 **croquer** [kʀɔke] v. < conjug. 1 > **I·** V. intr. Faire un bruit sec (en parlant des choses que l'on broie avec les dents). → **craquer.** *Salade, fruit vert qui croque.* **II·** V. tr. **1·** Broyer sous la dent (ce qui fait un bruit sec). *Croquer un bonbon ou le sucer. Chocolat à croquer* (opposé à *chocolat à cuire*). – Intransitivement. *Croquer dans une pomme,* mordre. **2·** *Croquer de l'argent,* dépenser beaucoup. → **claquer.** *Croquer un héritage.* → **dilapider.** ▷ 2 **croquant, à la croque au sel, croque-mitaine, croque-monsieur, croque-mort, croquette, croqueuse**

2 **croquer** v. tr. < conjug. 1 > **1·** Prendre rapidement sur le vif en quelques coups de crayon, de pinceau. → **ébaucher, esquisser ; croquis.** *Croquer une silhouette.* **2·** Fam. *Jolie, mignonne **à croquer*** : très jolie. *Elle est à croquer, avec ce manteau-là.* ▷ **croquis**

croquet [kʀɔkɛ] n. m. Jeu qui consiste à faire passer des boules de bois sous des arceaux au moyen d'un maillet, selon un trajet déterminé par des règles. *Faire une partie de croquet.*

croquette [kʀɔkɛt] n. f. **1·** Boulette de pâte, de hachis, frite dans l'huile. *Croquettes de pommes de terre.* **2·** Petit disque de chocolat. **3·** Au plur. Préparation industrielle alimentaire pour animaux, déshydratée, en forme de petites boulettes. *Boîte de croquettes. Des croquettes de poisson,* au poisson.

croqueuse [kʀɔkøz] n. f. Fam. *Une **croqueuse de diamants** :* femme entretenue qui dilapide l'argent, les bijoux.

croquis [kʀɔki] n. m. invar. **1·** Dessin, esquisse rapide. → **ébauche.** *Il nous a fait un croquis pour montrer comment sont disposées les pièces de l'appartement.* **2·** *Croquis coté.* → **épure.**

cross [kʀɔs] ou vieilli **cross-country** [kʀɔskuntʀi] n. m. invar. Course à pied en terrain varié, avec des obstacles. *Faire du cross. Champion de cross.* ▷ **cyclo-cross, moto-cross**

1 **crosse** [kʀɔs] n. f. **1·** Bâton pastoral (d'évêque ou d'abbé) dont l'extrémité supérieure se recourbe en volute. **2·** Bâton recourbé utilisé dans certains jeux pour pousser la balle. *Crosse de cricket, de hockey.* **3·** Extrémité recourbée. *La crosse de l'aorte. Les crosses des fougères.*

2 **crosse** n. f. Partie postérieure (d'une arme à feu portative). *Appuyer la crosse du fusil contre l'épaule pour tirer* (→ Mettre en joue). – Loc. *Mettre la crosse en l'air,* refuser de combattre.

crosses n. f. pl. Fam. *Chercher des crosses à qqn,* lui chercher querelle.

crotale [kʀɔtal] n. m. Serpent très venimeux, qui porte au bout de la queue une succession de cônes creux produisant un bruit de crécelle (*serpent à sonnettes*).

crotte [kʀɔt] n. f. **1·** Excrément solide en petites boules (de certains animaux). *Crottes de chèvre, de lapin.* – ***Crotte de bique** :* chose sans valeur. *C'est de la crotte de bique.* – Excrément solide (animal ou humain). *Des crottes de chien.* **2·** Fam. *Crotte !,* interjection de dépit. → fam. **flûte, zut ;** vulg. **merde. 3·** *Crotte de chocolat,* bonbon de chocolat. ▶ **crottin** n. m. **1·** Excrément du cheval. **2·** Petit fromage de chèvre. *Des crottins de Chavignol.*

crotté, ée [kʀɔte] adj. Vx. Couvert de boue. → **boueux. – REM.** *Crotte* a signifié « boue ». ▷ **décrotter, indécrottable**

crouler [kʀule] v. intr. < conjug. 1 > **1·** (Construction, édifice) Tomber en s'affaissant, ou menacer de tomber. → **s'écrouler, s'effondrer.** *Cette maison menace de crouler. Le cerisier croulait sous le poids des fruits.* – Fig. *La salle croule sous les applaudissements.* **2·** S'effondrer. *Tous ses projets ont croulé.* ▶ **croulant, ante** adj. et n. **1·** Qui menace ruine. *Des murs croulants.* **2·** N. Fam. Personne âgée ou d'âge mûr (dans le lang. des jeunes). ▷ **s'écrouler**

croup [kʀup] n. m. Vieilli. Laryngite diphtérique très grave.

croupe [kʀup] n. f. **1·** Partie postérieure arrondie qui s'étend des hanches à l'origine de la queue de certains animaux (cheval, par ex.). → **derrière, fesse.** – ***En croupe** :* à cheval et sur la croupe, derrière la personne en selle. *Prendre qqn en croupe.* **2·** Sommet arrondi (d'une colline, d'une montagne). ▶ **à croupetons** [akʀuptɔ̃] loc. adv. Dans une position accroupie. *Se mettre, être à croupetons.* ▶ **croupion** n. m. Extrémité postérieure du corps (de l'oiseau), supportant les plumes de la queue. *Un croupion de volaille.* ▷ **s'accroupir**

croupier, ière [kʀupje, jɛʀ] n. Employé(e) d'une maison de jeu qui tient le jeu, paie et ramasse l'argent pour le compte de l'établissement.

croupière [kʀupjɛʀ] n. f. Loc. Vieilli. *Tailler des croupières à qqn,* lui créer des difficultés, faire obstacle à ses projets.

croupir [kʀupiʀ] v. intr. < conjug. 2 > **1·** Rester sans couler et se corrompre (liquide) ; demeurer dans l'eau stagnante. → **pourrir.** *Eau qui croupit au fond d'une mare. Des fleurs fanées croupissaient dans un vase.* – Au p. p. adj. *Eau croupie.* **2·** (Personnes) Demeurer (dans un état mauvais, pénible) sans pouvoir en sortir. → **moisir.** *Ils croupissent dans l'ignorance.* ▶ **croupissant, ante** adj. *Eaux croupissantes.* → **stagnant.**

croustillant, ante [kʀustijɑ̃, ɑ̃t] adj. **1·** Qui craque sous la dent comme une croûte de pain frais. → 2 **croquant.** *Pain, biscuit croustillant.* **2·** Amusant, léger, grivois. *Des détails assez croustillants.* ▶ **croustilles** n. f. plur. Au Canada. Chips. ▶ **croustiller** v. intr. < conjug. 1 > Croquer sous la dent (sans résister autant que ce qui croque). *Des biscuits qui croustillent.*

croûte [kʀut] n. f. **I· 1·** Partie extérieure du pain, durcie par la cuisson. *Manger la croûte et laisser la mie. Des croûtes de pain,* des restes de pain sec. → **croûton. 2·** Loc. fam. *Casser la croûte,* manger. *Gagner sa croûte,* sa nourriture, sa vie. **3·** Pâte cuite qui enveloppe un pâté, un vol-au-vent. *Pâté en croûte.* **4·** Partie superficielle du fromage (qui ne se mange pas). **II·** Partie superficielle durcie (du sol, etc.). *La croûte terrestre,* la partie superficielle du globe terrestre. → **écorce.** – Plaque qui se forme sur une plaie. → **escarre.** *Faire* *tomber la croûte d'une plaie.* **III·** Fam. Mauvais tableau. *Ce peintre ne fait que des croûtes.* **IV·** Fam. Personne bornée, encroûtée dans la routine. *C'est une vieille croûte.* → **croûton.** *Quelle croûte !* → **imbécile.** ▶ **croûter** v. intr. <conjug. 1> Fam. Manger (→ casser la croûte). ▶ **croûton** n. m. **1·** Extrémité d'un pain long. *Manger le croûton.* – Petite croûte ou morceau de pain frit utilisé en cuisine. **2·** Personne arriérée, d'esprit borné. → fam. **croûte.** *Un vieux croûton.* ▷ **casse-croûte, encroûter**

croyable [kʀwajabl] adj. (Choses) Qui peut ou doit être cru. *C'est à peine croyable, ce n'est pas croyable.* → **imaginable, pensable, possible, vraisemblable.** / contr. incroyable /

croyance [kʀwajɑ̃s] n. f. **1·** L'action, le fait de croire une chose vraie, vraisemblable ou possible. → **certitude, conviction, foi.** / contr. défiance / *La croyance à la grandeur de l'homme. Croyance dans, en qqch.* **2·** Ce que l'on croit (surtout en matière religieuse). / contr. incroyance / *Croyances religieuses.* → **conviction.** *Respecter toutes les croyances.* → **dogme.** ▶ **croyant, ante** adj. et n. **1·** Adj. Qui a une foi religieuse. → **pieux, religieux.** / contr. athée, incroyant / *Il n'est plus croyant,* il a perdu la foi. **2·** N. *Un croyant.* → **fidèle.** ▷ **incroyant**

C. R. S. [seɛʀɛs] n. m. invar. Agent des *Compagnies républicaines de sécurité. Les C. R. S. ont dispersé les derniers manifestants.*

1 **cru** [kʀy] n. m. **I·** Vignoble. *Les grands crus de France.* – *Un grand cru.* → **vin.** – Loc. ***Du cru.*** *Un vin du cru,* du terroir. *Les auteurs du cru,* du pays où l'on se trouve. **II·** Loc. ***De son cru,*** *de son propre cru* : de son invention propre. *Raconter une histoire de son cru.*

2 **cru, crue** adj. **1·** (Aliment) Qui n'est pas cuit. *Légumes qui se mangent crus.* → **crudité.** *Bifteck presque cru.* → **bleu.** – N. m. *Le cru et le cuit.* **2·** (Couleur, lumière) Que rien n'atténue. → **brutal.** *Lumière crue. Couleur crue,* qui tranche violemment sur le reste. **3·** Région. (Temps). Froid et humide. *Il fait un peu cru, ce matin.* **4·** Exprimé sans ménagement. *Dire la chose toute crue. Faire une description crue.* – Adv. → **crûment.** *Je vous le dis tout cru.* **5·** ***À cru.*** *Monter à cru,* monter à cheval sans selle. ▷ **crudité, crûment**

cruauté [kʀyote] n. f. **1·** Tendance à faire souffrir. → **férocité, méchanceté, sadisme.** *Traiter qqn avec cruauté.* – *La cruauté d'un geste, d'un acte.* **2·** (Choses) Caractère de ce qui est très nuisible. → **dureté, rigueur.** *La cruauté du sort.* **3·** *(Une, des cruautés)* Action cruelle. → **atrocité.** *C'est une injustice et une cruauté inutile.*

cruche [kʀyʃ] n. f. **1·** Récipient, souvent de grès ou de terre, à col étroit, à large panse. *Cruche vernissée. Cruche à eau.* – Loc. prov. *Tant va la cruche à l'eau (qu'à la fin elle casse),* à s'exposer à un danger, on finit par le subir. **2·** Fam. Personne niaise, bête et ignorante. → fam. **gourde.** *Quelle cruche !,* quel imbécile ! ▶ **cruchon** n. m. Petite cruche. → **pichet.** *Un cruchon de vin.*

cruci- Élément savant signifiant «croix». ▶ **crucifère** adj. Botanique. Dont les fleurs ont des pétales en croix. – N. f. pl. *Les crucifères* (famille de plantes). *La giroflée est une crucifère.* ▶ **cruciforme** adj. En forme de croix. *Tournevis cruciforme,* dont l'extrémité s'adapte aux têtes de vis munies de deux fentes perpendiculaires *(vis cruciforme).* ▶ **cruciverbiste** [kʀysivɛʀbist] n. Amateur de mots-croisés. → **mots-croisiste.**

crucial, ale, aux [kʀysjal, o] adj. Fondamental, très important («marqué d'une croix»). → **capital, décisif.** *Année, question cruciale. Point crucial.*

crucifier [kʀysifje] v. tr. <conjug. 7> Attacher (un condamné) sur la croix pour l'y faire mourir. *Jésus fut crucifié sur le Calvaire.* – N. *Un crucifié.* ▶ **crucifiement** n. m. Supplice de la croix. → **crucifixion.** *Le crucifiement de saint Pierre.* ▶ **crucifix** [kʀysifi] n. m. invar. Croix sur laquelle est représenté Jésus crucifié. *Un crucifix d'ivoire.* ▶ **crucifixion** n. f. Crucifiement du Christ. – Sa représentation en peinture, en sculpture.

crudité [kʀydite] n. f. **I·** Surtout au plur. Légumes, fruits consommés crus. → **verdure.** *Assiette de crudités.* **II· 1·** Brutalité (d'une sensation). *La crudité des couleurs, de la lumière.* **2·** Caractère cru (3). *La crudité d'une description.* → **réalisme.** *Parler avec crudité.*

crue [kʀy] n. f. Élévation du niveau dans un cours d'eau, un lac ; niveau maximal (d'un cours d'eau). *La crue des eaux.* → **montée.** / contr. baisse, étiage / *Rivière en crue.*

cruel, elle [kʀyɛl] adj. **1·** Qui prend plaisir à faire, à voir souffrir. → **féroce, inhumain, sadique.** / contr. bon, humain / *Personne cruelle.* → **bourreau, monstre.** *Être cruel avec les animaux. Être cruel envers, pour qqn, à l'égard de qqn.* **2·** Qui dénote, témoigne de cruauté. *Action, parole cruelle. Joie cruelle.* → **mauvais.** *Ironie cruelle.* → **féroce.** – *Guerre cruelle.* → **sanglant.** **3·** (Choses) Qui fait souffrir. *Destin cruel.* → **implacable, inexorable.** *Une peine, une perte cruelle.* → **douloureux, pénible.** *C'est une cruelle épreuve pour lui. Ma demande l'a plongé dans un cruel embarras.* ▶ **cruellement** adv. **1·** Avec cruauté. → **férocement, méchamment.** *Traiter qqn cruellement.*

2· D'une façon douloureuse, pénible. *Souffrir cruellement.* → **affreusement, atrocement.** *Les médicaments faisaient cruellement défaut.* ▷ **cruauté**

crumble [kʀœmbœl] n. m. Anglic. Préparation à base de fruits recouverts d'une pâte sucrée émiettée. *Un crumble aux pommes.* – Préparation analogue, salée.

crûment [kʀymɑ̃] adv. **1·** D'une manière crue (3), sèche et dure, sans ménagement. → **brutalement, durement.** *Il lui a dit (tout) crûment qu'il le méprisait.* **2·** *Éclairer un lieu crûment,* d'une lumière crue.

crural, ale, aux [kʀyʀal, o] adj. En médecine. De la cuisse. *Nerf crural.* ▶ **cruralgie** n. f. Douleur due à l'inflammation du nerf crural.

crustacé [kʀystase] n. m. **1·** En zoologie. Animal arthropode, au corps formé de segments munis chacun d'une paire d'appendices, à carapace. *La daphnie, le cloporte sont des crustacés.* **2·** Ces animaux, lorsqu'ils vivent dans l'eau et sont comestibles (crabe, crevette, écrevisse, homard, langouste, langoustine).

cryo- Élément savant signifiant « froid ». ▶ **cryogénie** n. f. Production de très basses températures. ▶ **cryogéniser** v. tr. < conjug. 1 > Conserver à très basse température. *Cryogéniser des tissus vivants.* – Au p. p. adj. *Corps cryogénisé.* ▶ **cryogénisation** n. f. ▶ **cryothérapie** [kʀijoteʀapi] n. f. Traitement local utilisant le froid.

crypte [kʀipt] n. f. Caveau souterrain servant de sépulcre (dans certaines églises). *La crypte de la basilique de Saint-Denis.* – Chapelle souterraine.

crypter [kʀipte] v. tr. < conjug. 1 > Coder (un message) pour le rendre incompréhensible. – Au p. p. adj. *Chaîne de télévision cryptée,* nécessitant un décodeur* pour être reçue en clair.

crypto- Élément savant signifiant « caché ». ▶ **cryptocommuniste** [kʀiptokɔmynist] n. et adj. Partisan du communisme qui dissimule ses convictions. ▶ **cryptogame** adj. et n. m. (Plantes) Qui a les organes de la fructification peu apparents. *Les champignons sont des plantes cryptogames.* – N. m. *Les cryptogames* (algues, champignons...). ▶ **cryptogamique** adj. *Maladies cryptogamiques,* maladies des végétaux provoquées par les champignons. ▶ **cryptogramme** n. m. Ce qui est écrit en caractères secrets, en langage chiffré. ▶ **cryptographie** n. f. Code secret déchiffrable par l'émetteur et le destinataire seulement. ▶ **cryptographique** adj. *Message cryptographique.* ▷ **décrypter**

cubain, aine [kybɛ̃, ɛn] adj. et n. De Cuba. *Les cigares cubains.* – N. *Les Cubains.*

cube [kyb] n. m. **1·** Solide à six faces carrées égales (hexaèdre régulier), ou objet cubique. *Des cubes de bois. Ces maisons sont des cubes de béton.* – *Jeu de cubes,* cubes en bois avec lesquels les enfants font des constructions, reconstituent une image. **2·** Se dit d'une mesure qui exprime le volume d'un corps. *Mètre cube* (m^3), *centimètre cube* (cm^3). *Trois mètres cubes de sable.* – *Cube d'un nombre,* produit de trois facteurs égaux à ce nombre. → **puissance.** *Le cube de* 2 *est* 8 ; a^3 *est le cube de a.* ▶ **cuber** v. < conjug. 1 > **1·** V. tr. Évaluer (un volume) en unités cubiques. *Cuber des bois de construction.* – Élever au cube. *Cuber un nombre.* **2·** V. intr. Fam. Vieilli. Atteindre un chiffre élevé. *Si vous évaluez les frais, vous verrez que ça cube.* → **chiffrer.** ▶ **cubage** n. m. Évaluation d'un volume ; volume évalué. *Le cubage d'air de cette pièce est insuffisant pour trois personnes.* ▶ **cubique** adj. **1·** Du cube. *La forme cubique d'une caisse. Une maison cubique.* **2·** *Racine cubique* d'un nombre : nombre qui, élevé au cube (à la puissance 3), donne ce nombre. ▶ **cubisme** n. m. École d'art, qui se proposait de représenter les objets décomposés en éléments géométriques simples. ▶ **cubiste** adj. et n. *Peintre cubiste. Les cubistes.*

cubitus [kybitys] n. m. invar. Le plus gros des deux os de l'avant-bras, articulé avec l'humérus (coude).

cucul [kyky] adj. invar. Fam. Niais, un peu ridicule. *Elles sont un peu cucul.*

cucurbitacée [kykyʀbitase] n. f. Plante appartenant à la famille comprenant le concombre, la courge (citrouille, potiron), le melon, etc.

cueillir [kœjiʀ] v. tr. < conjug. 12 > **1·** Détacher (une partie d'un végétal) de la tige. *Cueillir des fleurs, des fruits.* **2·** Littér. Prendre. *Cueillir un baiser.* **3·** Fam. *Cueillir qqn,* le prendre aisément au passage. *Cueillir un voleur.* → fam. **pincer.** – Loc. *Être cueilli à froid,* être pris par surprise. ▶ **cueillette** [kœjɛt] n. f. **1·** Action de cueillir. *La cueillette des pommes, des olives.* → **récolte. 2·** Les fleurs ou les fruits cueillis. *Une belle cueillette.* **3·** Ramassage des produits végétaux comestibles (dans les groupes humains qui ignorent la culture). *Ils vivent de chasse et de cueillette.* ▶ **cueilleur, euse** n. Personne qui cueille. *Cueilleur de champignons. Cueilleuse de thé.* – En appos. En ethnographie. *Les peuples cueilleurs et les peuples chasseurs* (opposé à *agriculteur, pasteur*). ▷ **accueillir, recueillir**

cuiller ou **cuillère** [kɥijɛʀ] n. f. **1·** Ustensile formé d'un manche et d'une partie creuse, qui sert à transvaser ou à porter à la bouche les aliments liquides ou peu consistants. *Cuiller et fourchette assorties.* → **couvert.** *Cuiller à soupe, à dessert, à café* ou *petite cuiller. Le manche d'une* *cuiller, un manche de cuiller.* **2·** Ustensile de forme analogue. *Pêcher à la cuiller,* avec une sorte de petite cuiller (sans manche) garnie d'hameçons. – Pièce qui maintient la goupille d'une grenade. **3·** Loc. fam. *Serrer la cuiller de (qqn),* lui serrer la main. → fam. **louche, pince.** – *Faire une chose en deux coups de cuiller à pot,* très vite. – *Être à ramasser à la petite cuiller,* être en piteux état. – *Ne pas y aller avec le dos de la cuiller,* agir sans modération. ▶ **cuillerée** [kɥijʀe ; kɥijeʀe] n. f. La quantité contenue dans une cuiller. *Prenez une cuillerée à café de sirop matin et soir.*

1 **cuir** [kɥiʀ] n. m. **1·** Peau des animaux séparée de la chair, tannée et préparée. *Cuir souple. Cuir de bœuf, de veau* → **vélin,** *de chèvre* → **maroquin,** *de mouton* → **basane,** 3 **chagrin.** *Semelles de cuir. Les premières cuirasses étaient en cuir.* **2·** *Le **cuir chevelu** :* la peau du crâne. **3·** (Animaux ; humains) Peau épaisse et dure. *Le cuir du rhinocéros.* ▷ **rond-de-cuir**

2 **cuir** n. m. Fam. Faute de langage qui consiste à lier les mots de façon incorrecte (ex. : *les chemins de fer [z] anglais*).

cuirasse [kɥiʀas] n. f. **1·** Arme défensive, souvent en métal, qui recouvre le buste. → **armure.** – *Le **défaut de la cuirasse** :* l'intervalle entre le bord de la cuirasse et les pièces qui s'y joignent ; fig. l'endroit faible, le côté sensible. *Chercher, trouver le défaut de la cuirasse.* **2·** Revêtement d'acier qui protège les navires. → **blindage.** **3·** Défense, protection. *Il a une cuirasse d'indifférence.* → **carapace.** ▶ 1 **cuirassé, ée** adj. Protégé, endurci. *Il est cuirassé contre les désillusions.* → **blindé.** ▶ 2 **cuirassé** n. m. Grand navire de guerre blindé et armé d'artillerie lourde. *Le cuirassé Potemkine.* ≠ cuirassier. ▶ **cuirasser** v. tr. < conjug. 1 > **1·** Armer, revêtir d'une cuirasse. → **blinder.** **2·** *Se cuirasser contre qqch. :* se protéger contre (qqch.), se rendre insensible à (qqch.). → s'**aguerrir,** s'**endurcir.** *Se cuirasser contre la douleur.* ▶ **cuirassier** n. m. Soldat d'un régiment de grosse cavalerie. – *Le cinquième cuirassier* (régiment de cuirassiers). ≠ cuirassé.

cuire [kɥiʀ] v. < conjug. 38 > **REM.** Passé simple inusité ; part. passé *cuit(e).* **I· 1·** V. tr. Rendre propre à l'alimentation par le feu, la chaleur. → **cuisson.** *Cuire de la viande, des légumes. Cuire un morceau de viande au four, à la broche* → **griller, rôtir,** *avec une matière grasse* → **frire.** *Cuire qqch. à feu doux, à feu vif.* – Transformer par l'action du feu. *Cuire la porcelaine.* **2·** Loc. fam. *Être **dur à cuire** :* opposer une grande résistance. – N. *Un dur à cuire.* **3·** (Source de chaleur) Opérer la cuisson de (qqch.). *Le four électrique cuit bien la pâtisserie.* **II·** V. intr. **1·** Devenir propre à l'alimentation par l'action du feu. *Les pâtes doivent cuire dans beaucoup d'eau. La soupe cuit doucement, cuit à feu doux.* → **mijoter.** **2·** Fam. (Suj. personne) *Cuire dans son jus. Cuire,* avoir très chaud. *Ouvrez les fenêtres, on cuit là-dedans !* → **étouffer.** **3·** *(Cuire à qqn)* Produire une sensation d'échauffement, de brûlure. → **brûler.** *Les mains lui cuisent. Les yeux me cuisent.* → **piquer.** – Loc. *Il vous en cuira,* vous vous en repentirez, vous en souffrirez par votre faute. ▶ **cuisant, ante** [kɥizɑ̃, ɑ̃t] adj. Qui provoque une douleur, une peine très vive. *Une déception, une blessure cuisante.* → **aigu, douloureux, vif.** *Remarque, réflexion cuisante.* → **blessant, cinglant.** ▷ **autocuiseur, biscuit, cuisson, cuisine, cuit, cuite, recuire**

cuisine [kɥizin] n. f. **1·** Pièce d'une habitation, dans laquelle on prépare et fait cuire des aliments. *Table, chaises, éléments de cuisine. Ustensiles de cuisine* (casseroles, poêles, etc.). *Batterie de cuisine.* – Ensemble des meubles et appareils destinés à équiper une cuisine (→ **cuisiniste**). **2·** Préparation des aliments ; art de préparer les aliments. → art **culinaire.** *Faire la cuisine. Les recettes de la cuisine chinoise.* **3·** Fam. Manœuvre, intrigue louche. → fam. **magouille.** *La cuisine électorale, parlementaire.* **4·** Aliments préparés qu'on sert aux repas. → fam. **bouffe, cuistance, popote, tambouille.** *Être amateur de bonne cuisine,* gourmet. ▶ **cuisiné, ée** adj. Préparé selon les règles de la cuisine. *Des crudités et des plats cuisinés.* ▶ **cuisiner** v. < conjug. 1 > **1·** V. intr. Faire la cuisine. *Elle cuisine bien.* **2·** V. tr. Préparer, accommoder. *Cuisiner de bons petits plats.* **3·** V. tr. Fig. Fam. *Cuisiner qqn,* l'interroger, chercher à obtenir de lui des aveux par tous les moyens. ▶ **cuisinette** n. f. Partie de pièce utilisée comme cuisine (remplace *kitchenette,* anglic.). ▶ **cuisinier, ière** n. Personne qui a pour fonction de faire la cuisine. → **chef ;** fam. **cuistot.** *Aide-cuisinier.* → **marmiton.** – Personne qui sait faire la cuisine. *Elle est très bonne cuisinière.* → **cordon-bleu.** ▶ **cuisinière** n. f. Fourneau de cuisine servant à chauffer, à cuire les aliments. *Cuisinière à gaz. Cuisinière électrique.* ▶ **cuisiniste** n. Personne qui fabrique et monte les meubles et appareils de cuisine. ▷ **cuistance, cuistot**

cuissage [kɥisaʒ] n. m. ***Droit de cuissage* :** droit qu'avait le seigneur féodal de passer la première nuit des noces avec la nouvelle mariée.

cuisse [kɥis] n. f. **1·** Partie du membre inférieur qui s'articule à la hanche et va jusqu'au genou. *Short qui s'arrête à mi-cuisse, en haut des cuisses. De la cuisse* → **crural.** – (Animaux) *Manger une cuisse de poulet.* → **pilon.** *Cuisse du mouton* → **gigot,** *du cochon* → **jambon,** *du chevreuil* → **cuissot, gigue.** **2·** Loc. fam. *Se croire sorti de la* *cuisse de Jupiter,* être très orgueilleux. ▶ **cuissard, arde** n. et adj. **1·** N. m. Garniture de protection de la cuisse. **2·** Adj. *Bottes cuissardes,* qui montent jusqu'au milieu des cuisses. – N. f. pl. *Des cuissardes.* ▷ **cuissage, cuissot**

cuisson [kɥisɔ̃] n. f. **1·** Action de cuire ; préparation des aliments par le feu, la chaleur. *Cette viande demande une cuisson prolongée. Temps de cuisson.* **2·** Préparation par le feu. *Cuisson industrielle de la porcelaine.* **3·** Sensation analogue à une brûlure ; douleur cuisante (→ **cuire,** II, 3). *La cuisson d'une piqûre de guêpe.*

cuissot [kɥiso] n. m. Cuisse (du gros gibier). *Cuissot de chevreuil, de sanglier.*

cuistance [kɥistɑ̃s] n. f. Fam. Cuisine (2 ou 4). → fam. **tambouille.**

cuistot [kɥisto] n. m. Fam. Cuisinier professionnel (surtout dans une communauté).

cuistre [kɥistʀ] n. m. Littér. Pédant vaniteux et ridicule. – Adj. *Il est un peu cuistre.* ▶ **cuistrerie** n. f. Pédantisme, procédé de cuistre.

cuit, cuite [kɥi, kɥit] adj. **1·** Qui a subi la cuisson afin d'être consommé (opposé à *cru*). *Aliment cuit à point, bien cuit. Légumes cuits à l'eau, à la vapeur. Filet de bœuf bien cuit.* / contr. **bleu, saignant** / – N. m. *Le cru et le cuit.* **2·** Qui a subi la cuisson pour un usage particulier. *Terre cuite.* **3·** *Être cuit,* pris, vaincu. → fam. **fait, fichu, refait.** – *C'est du tout cuit,* c'est réussi d'avance. ▷ **cuit-vapeur**

cuite [kɥit] n. f. Fam. *Prendre une cuite, une bonne cuite,* s'enivrer (fam. *se cuiter,* < conjug. 1 >). *Il a sa cuite.*

cuit-vapeur [kɥivapœʀ] n. m. Ustensile de cuisine permettant de cuire des aliments à la vapeur.

cuivre [kɥivʀ] n. m. **I·** Métal rouge, très malléable, bon conducteur électrique. *Mine de cuivre. Alliages de cuivre,* airain, bronze, laiton. – *Casseroles en cuivre.* **II·** Au plur. Objets en cuivre. **1·** *Les cuivres :* ensemble d'instruments de cuisine, d'objets d'ornement en cuivre, en laiton. *Faire les cuivres,* les nettoyer. **2·** Ensemble des instruments à vent en cuivre employés dans l'orchestre. *Les cuivres d'une fanfare.* ▶ **cuivré, ée** adj. **1·** Qui a la couleur rougeâtre du cuivre. *Reflets cuivrés. Avoir la peau cuivrée.* → **bronzé, hâlé.** **2·** Qui a un timbre éclatant (comme un instrument de cuivre). *Voix cuivrée et chaude.*

cul [ky] n. m. **1·** Fam. Derrière, postérieur humain. *Tomber sur le cul. Il a un gros cul. Donner un coup de pied au cul à qqn.* – Loc. fig. *Il en est resté sur le cul,* très étonné. *Être comme cul et chemise,* inséparables. – Vulg. *En avoir plein le cul,* en avoir assez. **2·** Fam. Injure. → **crétin, idiot, imbécile.** *Quel cul !* – Adj. *Ce qu'il (elle) est cul !* → fam. **cucul.** **3·** Par anal. (emploi non vulgaire). Fond de certains objets. *Cul de bouteille.* → **cul-de-...** – *Faire cul sec en buvant :* vider le verre d'un trait. ▷ **acculer, cucul, culasse, culbute, cul-de-..., culot, culotte, culterreux, éculé, gratte-cul, lèche-cul, peigne-cul, reculer, tape-cul, tire-au-cul, tutu**

culasse [kylas] n. f. **1·** Extrémité postérieure du canon (d'une arme à feu). *Charger un canon par la culasse. Culasse mobile,* pièce d'acier contenant le percuteur. **2·** Partie supérieure du cylindre (d'un moteur à combustion ou à explosion), dans laquelle les gaz sont comprimés. *Joint de culasse.*

culbute [kylbyt] n. f. **1·** Tour qu'on fait en mettant la tête en bas et les jambes en haut, de façon à retomber de l'autre côté. → **cabriole, galipette, roulade.** **2·** Chute où l'on tombe brusquement à la renverse. → **dégringolade.** *Il a fait une culbute dans l'escalier.* – Fam. *Faire la culbute,* faire faillite, être ruiné. **3·** Loc. Commerce. *Faire la culbute,* revendre qqch. au double du prix d'achat. ▶ **culbuter** v. < conjug. 1 > **I·** V. intr. Faire une culbute (2), tomber à la renverse. → **dégringoler.** *La voiture a culbuté dans le fossé.* → **verser.** **II·** V. tr. **1·** Faire tomber brusquement (qqn). → **renverser.** *Pousser qqn pour le culbuter.* **2·** Bousculer, pousser. *Culbuter l'ennemi.* → **enfoncer, repousser.** *Culbuter tous les obstacles.* ▶ **culbuteur** n. m. **1·** Appareil qui sert à faire basculer un récipient, un wagon pour le vider de son contenu. **2·** Dans un moteur à explosion. Levier oscillant placé au-dessus des cylindres et servant à ouvrir et à fermer les soupapes.

cul-de- [kyd(ə)] Élément de composés (où *cul* veut dire « fond »). ▶ **cul-de-basse-fosse** n. m. Cachot souterrain. *Des culs-de-basse-fosse.* ▶ **cul-de-four** n. m. Voûte formée d'une demi-coupole (quart de sphère). *Des culs-de-four.* ▶ **cul-de-jatte** adj. et n. Infirme qui n'a plus de jambes. *Des culs-de-jatte.* ▶ **cul-de-lampe** n. m. Ornement, dans un texte, un livre, à la fin d'un chapitre (la forme de certains rappelle le dessous d'une lampe d'église). *Des culs-de-lampe.* ▶ **en cul-de-poule** [ɑ̃kydpul] loc. adv. *Bouche en cul-de-poule,* qui s'arrondit et se resserre en faisant une petite moue. ▶ **cul-de-sac** n. m. **1·** Rue sans issue. → **impasse.** *Des culs-de-sac.* **2·** Carrière, entreprise sans issue, qui ne mène à rien. *Cette situation est un cul-de-sac.*

culée [kyle] n. f. Massif de maçonnerie destiné à contenir la poussée d'un arc, d'une arche, d'une voûte.

culinaire [kylinɛʀ] adj. Qui a rapport à la cuisine (2). → **gastronomique.** *Art culinaire.*

culminer [kylmine] v. intr. < conjug. 1 > Atteindre la plus grande hauteur. *Montagne, pic qui culmine au-dessus des sommets voisins.* → **dominer.** ▶ **culminant, ante** adj. **1·** Qui atteint sa plus grande hauteur. – *Point culminant. Le point culminant d'une chaîne de montagnes.* Abstrait. *Le point culminant d'une évolution* → **apogée,** *d'une crise* → **comble, maximum,** *d'une histoire* → **sommet. 2·** Littér. Qui domine. *Il est au point culminant de son talent.*

① **culot** [kylo] n. m. **1·** Partie inférieure (de certains objets). → **fond.** – Fond métallique. *Un culot d'obus.* **2·** Résidu métallique au fond d'un creuset. – Résidu qui se forme au fond d'une pipe. ▶ ① **culotté, ée** adj. **1·** *Pipe culottée,* dont le fourneau est couvert d'un dépôt noir (culot). **2·** Noirci par un dépôt. *Cuir culotté.* ▶ ① **culotter** v. tr. < conjug. 1 > Fumer (une pipe) jusqu'à ce qu'elle soit culottée.

② **culot** n. m. Aplomb, audace. *Quel culot !* → **toupet.** *Il a du culot, un sacré culot.* ▶ ② **culotté, ée** adj. Qui a du culot. *Tu es culotté de me faire venir pour rien.* → fam. **gonflé.**

culotte [kylɔt] n. f. **1·** Vêtement masculin de dessus qui couvre de la ceinture aux genoux (d'abord serré aux genoux, et opposé à *pantalon*) et dont la partie inférieure est divisée en deux éléments habillant chacun une jambe. *La culotte* ou *les culottes. Culottes courtes.* → **short.** *Culottes longues.* → **pantalon.** *User ses fonds de culotte sur les bancs de l'école.* Fam. *Trembler, faire dans sa culotte,* avoir très peur. – *Dans ce ménage, c'est la femme qui porte la culotte,* c'est elle qui commande. **2·** Vêtement féminin de dessous qui couvre le bas du ventre, avec deux ouvertures pour les jambes. → **slip.** – *Culotte d'enfant, de bébé.* ▶ ② **culotter** v. tr. < conjug. 1 > Mettre une culotte à (qqn). – Au passif et p. p. adj. *Être culotté(e),* avoir une culotte. ▷ **déculotter, jupe-culotte, reculotter, sans-culotte**

culpabilité [kylpabilite] n. f. État d'une personne qui est coupable. *Nier sa culpabilité. Sa culpabilité n'est pas établie, n'est pas certaine.* / contr. innocence / – *Sentiment de culpabilité,* sentiment par lequel on se sent coupable. ▶ **culpabiliser** v. tr. < conjug. 1 > Donner un sentiment de culpabilité à (qqn). / contr. déculpabiliser / ▷ **déculpabiliser**

culte [kylt] n. m. **1·** Hommage religieux rendu à la divinité ou à un saint personnage. *Rendre un culte à un saint.* **2·** Pratiques réglées par une religion, pour rendre hommage à la divinité. → **liturgie.** *Ministre du culte,* prêtre. **3·** Service religieux protestant. *Assister au culte.* **4·** Admiration mêlée de vénération (pour qqn ou qqch.). → **adoration, amour.** *Rendre, vouer un culte à qqn. Avoir un culte pour ses parents. Avoir le culte de la justice.* **5·** En appos. Qui fait l'objet d'une très grande admiration. *Un auteur culte. Des films cultes.* → **monument** (3).

cul-terreux [kytɛʀø] n. m. Péj. Terme injurieux. Paysan. *Des culs-terreux.*

-culteur, trice Élément savant signifiant « qui cultive » (ex : *agriculteur*).

① **cultiver** [kyltive] v. tr. < conjug. 1 > **1·** Travailler (la terre) pour lui faire produire des végétaux utiles aux besoins de l'homme. → **défricher, labourer ; agriculture,** ① **culture.** *Cultiver un champ, un coin de terre, son jardin* (→ **cultivateur, culture**). – Pronominalement (passif). *Cette terre se cultive facilement.* – Au p. p. adj. *Terre cultivée.* / contr. inculte / **2·** Soumettre (une plante) à divers soins en vue de favoriser sa venue ; faire pousser, venir. *Cultiver la vigne, des céréales.* – Au p. p. adj. *Plante cultivée.* / contr. sauvage / ▶ **cultivable** adj. Qui peut être cultivé. *Coteau cultivable.* ▶ **cultivateur, trice** n. **1·** Personne qui cultive la terre, exploite une terre. → **agriculteur, paysan. 2·** N. m. Machine qui fait un labourage superficiel. → **charrue.**

② **cultiver** v. tr. < conjug. 1 > **1·** Former par l'éducation, l'instruction. → **éduquer, former, perfectionner ;** ② **culture.** *Cultiver l'intelligence, les bonnes dispositions d'un enfant.* **2·** S'intéresser à (qqch.), consacrer son temps, ses soins à. → **s'adonner, s'intéresser.** *Cultiver un art. Cultiver le paradoxe.* **3·** Entretenir des relations amicales avec (qqn). *Cultiver ses relations.* → **soigner.** *C'est un homme à cultiver.* **4·** ***Se cultiver*** v. pron. réfl. : cultiver (1) son esprit, son intelligence. *Avoir le souci de se cultiver.* ▶ **cultivé, ée** p. p. adj. Qui a de la culture (2). / contr. inculte / *Esprit cultivé. Il est peu cultivé, mais intelligent.*

① **culture** [kyltyʀ] n. f. **1·** Action de cultiver (1) la terre. → **agriculture.** *La culture d'un champ, d'un verger. Pays de petite, de grande culture.* **2·** Terres cultivées. *L'étendue des cultures.* → **plantation. 3·** Action de cultiver (un végétal). *Culture de la vigne* → **viticulture,** *culture fruitière* → **arboriculture.** *Cultures tropicales.* **4·** Méthode consistant à faire vivre et proliférer des organismes vivants (bactéries), des cellules en milieu approprié. *Culture microbienne. Bouillon de culture.* → **bouillon.** ▷ **agriculture, apiculture, aquaculture, arboriculture, aviculture, horticulture, monoculture, mytiliculture, ostréiculture, pisciculture, polyculture, puériculture, viticulture**

② **culture** n. f. **1·** Développement de certaines facultés de l'esprit par des exercices intellectuels appropriés ; ensemble des connaissances acquises. → **éducation, formation.** *Culture philosophique, scientifique. Culture générale,* dans les domaines considérés comme nécessaires à tous (en dehors des spécialités, des métiers). *Culture de masse,* diffusée par les grands médias. *Avoir de la culture.* → **cultivé.** **2·** Ensemble des aspects intellectuels d'une civilisation. *La culture occidentale, orientale.* – Civilisation ; aspects particuliers de la vie en société (souvent opposé à *nature*). **3·** *Culture physique* : développement méthodique du corps par des exercices appropriés et gradués. → **éducation** physique, **gymnastique.** *Séances de culture physique.* ▶ **culturel, elle** adj. Qui est relatif à la culture, à la civilisation. *Relations culturelles. Centre culturel,* lieu public destiné à accueillir des *activités culturelles* (arts, musique, spectacles). ▶ **culturellement** adv. ▷ **acculturation, culturisme, inculture**

culturisme [kyltyʀism] n. m. Culture physique visant à développer certains groupes musculaires. → **bodybuilding, musculation.** ▶ **culturiste** n. Personne qui pratique le culturisme.

cumin [kymɛ̃] n. m. Plante à graines aromatiques ; ces graines utilisées comme assaisonnement. *Fromage de Munster au cumin. Liqueur au cumin.* → **kummel.**

cumuler [kymyle] v. tr. < conjug. 1 > Réunir en sa personne (plusieurs choses différentes). *Cumuler des droits, deux fonctions.* ▶ **cumul** n. m. Action de cumuler. *Cumul de fonctions, de charges,* réunion en une même personne de plusieurs fonctions publiques ou mandats électifs. ▶ **cumulatif, ive** adj. Qui s'ajoute à, qui ajoute. *Un effet cumulatif.* ▷ **accumuler**

cumulus [kymylys] n. m. invar. Gros nuage arrondi présentant des parties éclairées. *Des cumulus et des nimbus.*

cunéiforme [kyneifɔʀm] adj. Qui a la forme d'un coin. *Écriture cunéiforme* (des Assyriens, des Mèdes, des Perses), constituée de signes en forme de clous, de coins.

cupide [kypid] adj. Littér. Qui est avide d'argent. → **rapace.** *Un homme d'affaires cupide.* / contr. désintéressé, généreux / ▶ **cupidité** n. f. Désir immodéré de l'argent, des richesses. → **âpreté, avidité.** / contr. désintéressement /

cupule [kypyl] n. f. Partie d'un végétal formant une petite coupe couverte d'écailles. *La cupule d'un gland.*

curable [kyʀabl] adj. Qui peut être guéri (→ **cure**). → **guérissable.** *Malade, maladie curable.* / contr. incurable /

curaçao [kyʀaso] n. m. Liqueur faite avec de l'eau-de-vie, de l'écorce d'oranges amères et du sucre. *Curaçao bleu.*

curare [kyʀaʀ] n. m. Poison végétal paralysant, utilisé à l'origine par certains Indiens d'Amérique du Sud tropicale pour empoisonner leurs flèches.

curateur, trice [kyʀatœʀ, tʀis] n. Personne qui a la charge d'assister, de veiller aux intérêts d'une autre personne (mineur, aliéné).

curatif, ive [kyʀatif, iv] adj. Relatif à la cure d'une maladie. *Traitement curatif.*

1 **cure** [kyʀ] n. f. **I· 1·** Traitement médical d'une certaine durée ; méthode thérapeutique particulière. – Traitement dans une station thermale (→ **saison**). *Faire une cure.* → **curiste.** **2·** Usage abondant (de qqch.) par hygiène ou pour se soigner. → **régime.** *Faire une cure de raisin. Cure d'air, de repos, de sommeil.* **II·** Loc. ***N'avoir cure de qqch.*** : ne pas s'en soucier. *Il n'en a cure. Je n'ai cure, nous n'avons cure de vos protestations.* ▷ **curatif, curiste, incurable, manucure, pédicure**

2 **cure** n. f. **1·** Fonction de curé. Paroisse. *Une cure de village.* **2·** Résidence du curé. → **presbytère.** ▶ **curé** [kyʀe] n. m. **1·** Prêtre placé à la tête d'une paroisse. *L'abbé X, curé de telle paroisse. Monsieur le curé et son vicaire.* **2·** Fam. (Souvent péj.) Prêtre catholique. → **abbé.** *Les curés,* le clergé.

curée [kyʀe] n. f. **1·** Portion de la bête tuée que l'on donne aux chiens de chasse. **2·** Ruée vers les places, le butin. *La curée des places.*

curer [kyʀe] v. tr. < conjug. 1 > Nettoyer (qqch.) en raclant. → **racler.** *Curer un fossé, une citerne. Se curer les dents, les oreilles.* ▶ **cure-dent** [kyʀdɑ̃] n. m. Petit instrument pour se curer les dents. *Des cure-dents.* ▶ **cure-oreille** [kyʀɔʀɛj] n. m. Instrument, petite spatule, pour se nettoyer l'intérieur de l'oreille. *Des cure-oreilles.* ▶ **cure-pipe** [kyʀpip] n. m. Instrument servant à nettoyer le fourneau d'une pipe. *Des cure-pipes.* ▶ **curette** n. f. **1·** Outil muni d'une partie tranchante, pour racler. → **racloir.** **2·** En médecine. Petite cuiller à long manche destinée à être introduite dans les cavités du corps pour en extraire des corps étrangers. ▶ **curetage** [kyʀtaʒ] n. m. Opération qui consiste à nettoyer avec une curette une cavité naturelle (utérus, articulation) ou accidentelle (abcès). ▷ **récurer**

1 **Curie** [kyʀi] n. f. Ensemble des administrations qui constituent la Cour de Rome, le gouvernement pontifical.

2 **curie** n. m. Unité de mesure de l'activité d'une substance radioactive (du nom de Marie Curie). *Le becquerel a remplacé le curie en 1975.*

curieux, euse [kyʀjø, øz] adj. et n. **I· 1·** Qui est désireux (de voir, de savoir). *Curieux de connaître, d'apprendre. Il est curieux de botanique.*

/ contr. indifférent / *Esprit curieux*, qui ne néglige aucune occasion de s'instruire. **2·** Sans compl. Qui cherche à connaître ce qui ne le regarde pas. → **indiscret.** / contr. discret / *Vous êtes trop curieux. Elle est curieuse, elle veut savoir ce que font ses voisins.* – N. *Petite curieuse !* **3·** N. Personne qui s'intéresse à qqch. par simple curiosité. *Un attroupement de curieux.* → **badaud.** – Amateur, collectionneur. **II·** (Avant ou après le nom) Qui donne de la curiosité ; qui attire et retient l'attention. → **bizarre, drôle, étonnant, étrange, singulier.** / contr. banal, ordinaire / *Une curieuse habitude. Une curieuse coïncidence. C'est une chose curieuse. Ce qui est curieux, c'est que...* Loc. *Ne me regardez pas comme une bête curieuse.* ▶ **curieusement** adv. Bizarrement, étrangement. *Curieusement, il n'a pas réagi à la nouvelle.* ▶ **curiosité** n. f. **I· 1·** Tendance qui porte à apprendre, à connaître des choses nouvelles. / contr. indifférence / *Contenter, satisfaire la curiosité de qqn en lui racontant ce qui s'est passé.* **2·** Désir de savoir les secrets, les affaires d'autrui. → **indiscrétion.** / contr. discrétion / *La curiosité est un vilain défaut. Il a été puni de sa curiosité.* **II·** *(Une, des curiosités)* Chose curieuse (II) ; notamment, objet recherché par les curieux, les amateurs. → **nouveauté, rareté.** *Magasin de curiosités. Visiter les curiosités d'une ville.*

curiste [kyʀist] n. Personne qui fait une cure thermale.

curling [kœʀliŋ] n. m. Anglic. Sport d'hiver qui consiste à faire glisser un palet sur la glace.

curriculum vitæ [kyʀikylɔmvite] n. m. invar. Ensemble des indications relatives à l'état civil, aux diplômes et aux activités (de qqn). *Envoyer son curriculum vitæ à un employeur éventuel.* – Abrév. **Un curriculum, un C. V.** [seve].

curry [kyʀi] n. m. Assaisonnement indien composé de piment et d'autres épices pulvérisées. *Riz au curry.* – *Un curry de volaille*, une volaille au curry.

curseur [kyʀsœʀ] n. m. **1·** Petit index qui glisse dans une coulisse pratiquée sur une règle, un compas, etc. **2·** Repère mobile, sur un écran d'ordinateur, qui matérialise le point d'insertion des données.

cursif, ive [kyʀsif, iv] adj. Bref, rapide. *Style cursif. Écriture cursive*, manuscrite.

cursus [kyʀsys] n. m. invar. Ensemble des études à poursuivre dans une matière donnée. *Des cursus universitaires.*

curule [kyʀyl] adj. *Chaise curule* : siège d'ivoire réservé aux premiers magistrats de Rome, dans l'Antiquité.

curv(i)- Élément savant signifiant « courbe ». ▶ **curviligne** adj. Didact. Formé par des lignes courbes. ▷ **incurver**

customiser [kystɔmize, kœstɔmize] v. tr. < conjug. 1 > Anglic. Personnaliser (un objet). – Au p. p. adj. *Voiture customisée. Jean customisé.* ▶ **customisation** n. f.

cutané, ée [kytane] adj. Qui appartient à la peau. → **épidermique.** *Infection cutanée.* ▷ **cuti-réaction, percutané, sous-cutané**

cuti-réaction [kytiʀeaksjɔ̃] n. f. Test médical pour déceler certaines maladies (tuberculose). *Des cuti-réactions.* ▶ **cuti** n. f. (Même sens) *Cuti positive. Des cutis.* – Loc. *Virer sa cuti*, réagir positivement pour la première fois ; fig. changer radicalement ; spécialt changer d'orientation sexuelle.

cutter [kœtœʀ ; kytɛʀ] n. m. Anglic. Instrument tranchant à lame coulissante pour couper le papier, le carton.

cuve [kyv] n. f. **1·** Grand récipient utilisé pour la fermentation du raisin. **2·** Grand récipient (dans quelques techniques). *Cuve de teinturier, de blanchisseur.* → **baquet, cuvier.** ▶ **cuvée** n. f. **1·** Quantité de vin qui se fait à la fois dans une cuve. *Vin de la première cuvée.* **2·** Produit de toute une vigne. *La cuvée exceptionnelle de 1947. Cuvée (de) 1947.* – Fig. Fam. *Les résultats du bac cuvée 97.* ▷ **cuvelage, cuver, cuvette, cuvier**

cuvelage [kyvlaʒ] n. m. Technique. Revêtement destiné à consolider un puits (de mine, de pétrole, etc.).

cuver [kyve] v. < conjug. 1 > **I·** V. intr. Séjourner dans la cuve pendant la fermentation. *Faire cuver le vin.* **II·** V. tr. Cour. *Cuver son vin*, dissiper son ivresse en dormant, en se reposant. → **digérer.** – *On le laissa cuver sa colère*, on a attendu qu'elle passe.

cuvette [kyvɛt] n. f. **1·** Récipient portatif large, peu profond, qui sert principalement à la toilette. – Partie d'un lavabo où coule l'eau. – *La cuvette des toilettes.* **2·** Renflement de la partie inférieure du tube (d'un baromètre). **3·** Dépression de terrain fermée de tous côtés. → **bassin, entonnoir.** *Grenoble est une ville construite dans une cuvette.* ▶ **cuvier** n. m. Autrefois. Cuve pour faire la lessive.

C. V. [seve] n. m. invar. Curriculum vitæ. *Envoyer des C. V.*

cyan(o)- Élément savant signifiant « bleu sombre ». ▶ **cyanhydrique** [sjanidʀik] adj. *Acide cyanhydrique* (composé d'hydrogène et du *cyanogène*, gaz toxique), poison violent. ▶ **cyanose**

n. f. Coloration bleue ou noirâtre de la peau due à une maladie. ▶ **cyanure** n. m. Sel de l'acide cyanhydrique. *Les cyanures sont toxiques.*

cyber- Élément servant à former des mots concernant les multimédias, et notamment le réseau Internet (ex. : *cyberespace* n. m. « espace de communication créé par l'interconnexion mondiale des ordinateurs » ; *cybermonde* n. m. ; *cybercriminalité* n. f. ; *cybernaute* n. ; *cyberdépendance* n. f.). ▶ **cybercafé** n. m. Café qui met à la disposition de ses clients des ordinateurs connectés à Internet.

cybernétique [sibɛʀnetik] n. f. Science des communications et de la régulation dans l'être vivant et la machine. *La cybernétique est à l'origine de l'informatique.* – Adj. De la cybernétique. ▶ **cybernéticien, ienne** n.

cyclable [siklabl] adj. Réservé aux cycles ② : bicyclettes et vélomoteurs. *Piste cyclable.*

cyclamen [siklamɛn] n. m. Plante dont les fleurs rouges ou blanches très décoratives sont portées par un pédoncule recourbé en crosse. *Des cyclamens.*

① **cycle** [sikl] n. m. 1· Suite de phénomènes se renouvelant sans arrêt dans un ordre immuable. *Le cycle des saisons, des heures. Le cycle de l'eau dans la nature.* – En sciences. Série de changements subis par un système, qui le ramène à son état primitif. *La fréquence d'un courant alternatif se mesure en cycles par seconde. Cycle (d'un moteur à explosion) à quatre temps, à deux temps.* – *Cycle (menstruel)*, déroulement régulier et continuel des phénomènes physiologiques chez la femme et le mammifère femelle. → **menstrues, règles.** 2· Dans certaines littératures. Série de poèmes se déroulant autour d'un même sujet et où l'on retrouve les mêmes personnages. → ② **geste.** 3· *Cycle d'études. Premier cycle* (6e, 5e, 4e, 3e), *second cycle* (jusqu'au baccalauréat), dans l'enseignement secondaire. ▶ **cyclique** adj. I· Relatif à un cycle ; qui se produit selon un cycle (1). II· En chimie. *Composés cycliques* : dont la molécule forme une chaîne fermée. ▷ **cyclotron, encyclopédie, hémicycle, recycler**

② **cycle** n. m. Véhicule à deux roues, sans moteur → **bicyclette** ou avec un petit moteur → **cyclomoteur.** *Piste pour les cycles.* → **cyclable.** ▶ **cyclisme** n. m. Pratique ou sport de la bicyclette. → **vélo.** ▶ **cycliste** adj. et n. 1· Adj. Qui concerne le cyclisme. *Courses, coureurs, champions cyclistes.* 2· N. Personne qui va à bicyclette. *La voiture a renversé un cycliste.* ▶ **cyclo-cross** [siklokʀɔs] n. m. invar. Épreuve de cyclisme en terrain accidenté. *Participer à des cyclo-cross.* ▶ **cyclomoteur** n. m. Bicyclette à moteur (moins de 50 cm^3). → **vélomoteur.** ▶ **cyclomotoriste** n. Personne qui roule en cyclomoteur. ▷ **bicyclette, cyclable, cyclotourisme, motocyclette, tricycle**

cyclone [siklon] n. m. 1· Bourrasque, tempête violente caractérisée par des vents tourbillonnants. → **ouragan, tornade, typhon.** – Zone de basse pression (opposé à *anticyclone*). 2· *Cette personne est un cyclone,* elle bouleverse tout. *Arriver comme un cyclone,* en trombe. ▷ **anticyclone**

cyclopéen, éenne [siklɔpeɛ̃, eɛn] adj. Énorme, gigantesque (comme les travaux des *Cyclopes* de la mythologie grecque). → **colossal, titanesque.** *Travail cyclopéen.*

cyclotourisme [siklotuʀism] n. m. Tourisme à bicyclette. ▶ **cyclotouriste** n. et adj. Personne qui pratique le cyclotourisme.

cyclotron [siklɔtʀɔ̃] n. m. Accélérateur circulaire de particules (neutrons, protons). ▷ **synchrotron**

cygne [siɲ] n. m. 1· Grand oiseau palmipède, à plumage blanc (rarement noir), à long cou flexible. *Une blancheur de cygne,* éclatante. – *Un cou de cygne,* long et flexible. 2· Loc. *Le chant du cygne* (d'après la légende du chant merveilleux du cygne mourant : le dernier chef-d'œuvre). 3· Duvet de cygne. *Manteau garni de cygne.* 4· *Bec de cygne* : robinet dont la forme évoque un bec de cygne. ▷ **col-de-cygne**

cylindre [silɛ̃dʀ] n. m. 1· Solide engendré par une droite mobile tournant autour d'un axe auquel elle est parallèle. *Un tuyau, un tube sont des cylindres. Diamètre, calibre du cylindre.* 2· Rouleau exerçant une pression uniforme. *Cylindre de laminoir.* 3· Enveloppe cylindrique, dans laquelle se meut le piston d'une machine, d'un moteur. *Une six cylindres,* une automobile, une moto à six cylindres. ▶ **cylindrée** n. f. Volume des cylindres (d'un moteur). *Voiture de 1 500 cm^3 de cylindrée. Une grosse cylindrée,* moto ou voiture de grosse cylindrée. ▶ **cylindrer** v. tr. <conjug. 1> Faire passer (qqch.) sous un rouleau ou donner la forme d'un cylindre à. ▶ **cylindrique** adj. Qui a la forme d'un cylindre (bobine, tambour, tube, etc.). → **tubulaire.** *Colonne cylindrique.*

cymbale [sɛ̃bal] n. f. Chacun des deux disques de cuivre ou de bronze, légèrement coniques au centre, qui composent un instrument de musique à percussion. *Donner un coup de cymbales.*

cynégétique [sineʒetik] adj. Didact. Qui se rapporte à la chasse.

cynique [sinik] adj. et n. 1· Qui appartient à l'école philosophique de l'Antiquité qui cherchait le retour à la nature en méprisant les conventions sociales, l'opinion publique et la morale commune. **2·** Qui exprime sans ménagement des sentiments, des opinions contraires à la morale reçue. → **impudent.** *Un individu cynique. Elle est un peu cynique. Attitude cynique.* – N. *Un, une cynique.* ▶ **cyniquement** adv. D'une manière cynique (2). ▶ **cynisme** n. m. **1·** Doctrine des philosophes cyniques. **2·** Attitude cynique.

cyn(o)- Élément savant signifiant « chien ». ▶ **cynocéphale** [sinɔsefal] n. m. Singe à museau allongé comme celui d'un chien. → **babouin.** ▷ **cynégétique**

cyprès [sipʀɛ] n. m. invar. Arbre (conifère) à feuillage vert sombre, à forme droite et élancée. *Rangée, allée de cyprès.*

cyprin [sipʀɛ̃] n. m. *Cyprin doré,* poisson rouge.

cyrillique [siʀi(l)lik] adj. *Alphabet cyrillique,* l'alphabet slave, attribué à saint Cyrille de Salonique. *Le russe s'écrit en caractères cyrilliques.*

cyst(i)-, cysto- Éléments savants signifiant « vessie » ou « sac ». ▶ **cystite** n. f. Inflammation de la vessie. *Avoir de la cystite, une cystite.*

cytise [sitiz] n. m. Arbrisseau vivace aux fleurs jaunes en grappes.

cyt(o)-, -cyte Préfixe et suffixe signifiant « cavité, cellule ». ▶ **cytobactériologique** adj. En médecine. *Analyse cytobactériologique,* destinée à rechercher, dans les urines, des éléments anormaux et des bactéries (sigle E. C. B. U.). ▶ **cytokines** n. f. plur. En biologie. Substances élaborées par le système immunitaire, réglant la prolifération des cellules. ▶ **cytologie** [sitɔlɔʒi] n. f. Partie de la biologie qui étudie la cellule vivante. → **histologie.** ▶ **cytoplasme** n. m. Partie de la substance vivante de la cellule qui entoure le noyau, les vacuoles. ▷ **leucocyte, lymphocyte, ovocyte, phagocyte**

czardas [ksaʀdas] n. m. invar. Danse hongroise formée d'une partie lente et d'une partie rapide ; sa musique. – REM. On écrit parfois **csardas.**

dD

d [de] n. m. **1·** Quatrième lettre, troisième consonne de l'alphabet, notant la dentale sonore [d], qui s'assourdit en liaison en [t] : *un grand homme* [œ̃gʀɑ̃tɔm]. **2·** Fam. *Système D*, système des gens *débrouillards*. **3·** *D*, chiffre romain, représentant le nombre cinq cents.

d' prép. élidée ou art. élidé. → **de.**

d'abord loc. adv. → **abord.**

① **dactylo** [daktilo] n. (Abréviation de *dactylographe*). Personne dont la profession est d'écrire ou de transcrire des textes, en se servant de la machine à écrire, de l'ordinateur. → **claviste.**

dactylo-, -dactyle Éléments savants signifiant «doigt». ▶ **dactylographie** ou ② **dactylo** n. f. Technique de la machine à écrire, du clavier d'ordinateur. → **saisie.** ▶ **dactylographier** v. tr. <conjug. 7> Écrire (un texte) en dactylographie. → **taper.** – Au p. p. adj. *Texte dactylographié.* → **tapuscrit.** ▷ **sténodactylo**

① **dada** [dada] n. m. **1·** Lang. enfantin. Cheval. *À dada. Des dadas.* **2·** Fam. Idée à laquelle on revient sans cesse. → **marotte.** *C'est son dada.*

② **dada** n. m. Dénomination adoptée par un mouvement artistique et littéraire révolutionnaire, en 1916. – Adj. *Le mouvement dada* (ou *dadaïsme*, n. m.).

dadais [dadɛ] n. m. invar. Garçon niais et de maintien gauche. → **nigaud, sot.** *Espèce de grand dadais !*

dague [dag] n. f. Autrefois. Épée courte ou long poignard.

dahlia [dalja] n. m. Plante ornementale à tubercules, dont les fleurs ont des couleurs riches et variées ; cette fleur. *Des dahlias orange.*

dahu [day] n. m. Animal imaginaire à l'affût duquel on poste une personne crédule. *Ils l'ont envoyé à la chasse au dahu.*

daigner [deɲe] v. tr. <conjug. 1> Consentir à (faire qqch.) soit en faveur d'une personne qui n'en paraît pas indigne, soit parce qu'on ne juge pas cette chose indigne de soi. → **condescendre** à. *Il a daigné lui parler. Il n'a pas daigné répondre.* ▷ **dédaigner**

daim [dɛ̃] n. m. **1·** Mammifère ruminant aux andouillers supérieurs larges et aplatis et à la robe tachetée. **2·** Cuir traité comme la peau de daim (suédé). *Chaussures, veste de daim.*

dais [dɛ] n. m. invar. **1·** Ouvrage (de bois, de tissu) qui s'étend au-dessus d'un autel, d'une chaire ou d'un lit. → **baldaquin, ciel** de lit. **2·** Pièce d'étoffe tendue, soutenue par de petits montants.

dalaï-lama n. m. → ② **lama.**

① **dalle** [dal] n. f. Plaque de pierre dure, ou d'une matière similaire (béton, etc.), destinée au pavement du sol, au revêtement. ▷ **daller**

② **que dalle** [kədal] pronom indéf. Arg. Rien. *On n'y comprend que dalle.*

daller [dale] v. tr. <conjug. 1> Revêtir de dalles. *Daller une salle.* – Au p. p. adj. *Cuisine dallée.* ▶ **dallage** n. m. Action de daller ; ensemble de dalles. *Dallage de marbre.*

dalmatien [dalmasjɛ̃] n. m. Chien à poil ras, de taille moyenne, à robe blanche tachetée de noir ou de brun.

daltonien, ienne [daltɔnjɛ̃, jɛn] adj. et n. Qui ne perçoit pas certaines couleurs ou confond les couleurs (surtout rouge et vert). ▶ **daltonisme** n. m.

dam [dɑ̃ ; dam] n. m. Littér. *Au grand dam de qqn* : à son préjudice. ▷ **damner**

damas [dama] n. m. invar. Tissu dont les dessins brillants sur fond mat à l'endroit se retrouvent mats sur fond brillant à l'envers. *Linge de table en damas.* ▶ **damassé, ée** adj. Tissé comme le damas. *Nappe damassée.*

damasquiné, ée [damaskine] adj. Qui porte des incrustations de métal. *Poignard damasquiné.*

1 **dame** [dam] n. f. **I· 1·** Autrefois. Suzeraine. *La dame de l'île de Sercq.* **2·** Femme de haute naissance. *Une grande dame,* une femme d'esprit noble, élevé. – Femme de la haute société. *C'est une dame, une vraie dame.* – Loc. *Dame patronnesse,* qui se consacre à des œuvres de bienfaisance. *Dame de compagnie,* appointée pour tenir compagnie à une personne âgée. **3·** Femme mariée. *Est-ce une dame ou une jeune fille ?* – Fam. *Ma petite dame, ma bonne dame.* → **madame. 4·** Femme. *Qui est cette dame ?* **5·** Sport. Plur. (en appos. à un n. désignant une épreuve sportive, pour indiquer qu'elle est réservée aux femmes) *La finale dames* (opposé à *messieurs*). **II·** Une des pièces maîtresses, dans certains jeux. – *Jeu de dames,* qui se joue à deux avec des pions sur un damier. *Jouer aux dames et aux échecs.* – *Dame :* pion doublé sur la dernière rangée, qui peut prendre les autres pions en tous sens. *Aller à dame.* – Cartes. Chacune des quatre cartes où est figurée une reine. *Dame de pique.* ▷ **dame-jeanne, damer, damier, madame, notre-dame**

2 **dame** interj. Fam. et région. (Ancien mot signifiant « seigneur ») Assurément !, bien sûr ! → **ma foi, pardi.** « *Ils sont partis ? – Dame oui !* »

dame-jeanne [damʒan] n. f. Bonbonne. *Des dames-jeannes.*

damer [dame] v. tr. < conjug. 1 > **I·** Loc. ***Damer le pion à qqn*** : l'emporter sur lui (→ **dame, II**). **II·** Tasser le sol (pavés, neige) à l'aide d'un outil (une *dame*) ou d'un engin. ▶ **dameuse** n. f. Engin qui sert à damer la neige et à entretenir les pistes de ski.

damier [damje] n. m. Surface divisée en cent carreaux alternativement blancs et noirs (jeu de dames). → **échiquier.** – *Tissu en damier,* à carreaux.

damner [dane] v. tr. < conjug. 1 > **1·** Dans une religion. Condamner aux peines de l'enfer. **2·** Conduire à la damnation. *Damner son âme.* – Pronominalement. *Elle s'est damnée.* / contr. sauver / **3·** Pronom. Fam. *Se damner pour,* être prêt à tout pour. *Elle se damnerait pour du chocolat.* ▶ **damnation** [danasjɔ̃] n. f. Condamnation aux peines de l'enfer ; ces peines. → **châtiment, supplice.** / contr. salut / *Enfer et damnation !* ▶ **damné, ée** adj. et n. **1·** (Attribut ou après le nom) Condamné aux peines de l'enfer. – N. *Les damnés,* les réprouvés. / contr. élu / *Souffrir comme un damné,* d'une manière abominable. **2·** Adj. (Avant le nom) Fam. Qui cause de l'humeur. → **maudit, sale, satané.** *Cette damnée histoire. Cette damnée porte grince toujours.*

dan [dan] n. m. Judo. Chacun des dix grades supérieurs des judokas titulaires de la ceinture noire. – En appos. *Il, elle est troisième dan.*

dancing [dɑ̃siŋ] n. m. Vieilli. Établissement public où l'on danse. *Des dancings.*

se dandiner [dɑ̃dine] v. pron. < conjug. 1 > Se balancer gauchement, se déhancher. ▶ **dandinement** n. m.

dandy [dɑ̃di] n. m. Homme qui se pique d'une suprême élégance dans sa mise et ses manières. *Des dandys.* ▶ **dandysme** n. m. Raffinement du dandy (au XIXe s.).

danger [dɑ̃ʒe] n. m. Ce qui menace la sûreté, l'existence d'une personne ou d'une chose. → **péril.** *Danger de mort. Il est hors de danger,* sauvé. – *Danger public* (personnes). *Cet automobiliste est un danger public.* – *Ses jours sont en danger.* – *Courir un danger.* → **risque.** – *Il n'y a pas de danger,* ça n'arrivera sûrement pas. – Fam. *Pas de danger qu'il arrive en avance.* ▶ **dangereux, euse** [dɑ̃ʒʀø, øz] adj. **1·** Qui constitue ou présente un danger. *Maladie dangereuse.* → **grave.** *Un produit dangereux. Un virage dangereux. Un sport dangereux. S'engager sur un terrain dangereux. Entreprise dangereuse.* → **hasardeux, périlleux, téméraire.** *Dangereux pour qqn.* **2·** (Personnes) Qui est capable de nuire. *Un fou dangereux. Un dangereux malfaiteur.* – (Animaux) Qui s'attaque à l'homme (piqûre, morsure). *La vipère est dangereuse.* → **nuisible.** / contr. inoffensif / ▶ **dangereusement** adv. *Il conduit dangereusement.* ▶ **dangerosité** n. f. Didact. Caractère dangereux. *La dangerosité d'un produit chimique.*

danois, oise [danwa, waz] adj. et n. **1·** Du Danemark. *Les îles danoises.* – N. *Les Danois.* – N. m. *Le danois,* langue germanique parlée au Danemark. **2·** N. m. Chien de très grande taille, à poil court.

dans [dɑ̃] prép. Préposition indiquant la situation d'une personne, d'une chose par rapport à ce qui la contient (→ **inter-, intra-**). **1·** (Lieu) *Se promener dans un bois, dans une ville. Être dans sa chambre,* à l'intérieur de. *Les clefs sont dans ma poche. Lire qqch. dans un livre, dans un journal* (mais *sur une affiche*). *Être assis dans un fauteuil* (mais *sur une chaise*). *Dans la rue* (mais *sur un boulevard*). *Monter dans une voiture.* → **en.** *Apercevoir qqn dans la foule.* → **au milieu.** / contr. hors de / – *C'est dans ses projets.* → **faire partie.** *Cette idée est dans Descartes.* → **chez.** – *Il travaille dans la métallurgie. Il est dans les affaires, dans l'édition.*

2· (Manière) *Être dans une mauvaise position. Agir dans les règles.* → **selon.** *Dans l'attente, l'espoir de.* **3·** (Temps) Pendant. *Cela lui arriva dans son enfance.* – (Futur). → **d'ici.** « *Quand partez-vous ? – Dans quinze jours.* » *Dans un instant,* bientôt. **4·** ***Dans les*** *:* un chiffre voisin de. *Cela coûte dans les cent euros.* → **environ.** ▷ **dedans**

danse [dɑ̃s] n. f. **1·** Suite de mouvements rythmés du corps, exécutés au son d'une musique (*une danse*) ; technique qui règle ces mouvements (*la danse*). *Pas, figure de danse. Danses anciennes, folkloriques. Danse classique.* → **chorégraphie.** *Chaussons de danse,* permettant de faire les pointes. – *Danses modernes. Réunions de danse.* → **bal, sauterie, surprise-party.** *Piste, orchestre de danse.* **2·** Musique sur laquelle on danse. **3·** Fam. *Entrer dans la danse,* agir, participer à qqch. → **scène.** – Péj. ***Mener la danse*** *:* diriger une action collective. **4·** *Danse de Saint-Guy,* affection neurologique caractérisée par des mouvements involontaires, brusques et brefs. ▶ **danser** v. < conjug. 1 > **I·** V. intr. Exécuter une danse. *Apprendre à danser. Faire danser qqn,* danser avec lui. *Aller danser dans une boîte de nuit, un dancing. Un ours qui danse au son du tambourin.* – Loc. fam. *Ne pas savoir sur quel pied danser,* ne savoir que faire, hésiter. **II·** V. tr. Exécuter (une danse). *Danser une valse.* – Pronominalement. *Le menuet ne se danse plus.* ▶ **dansant, ante** adj. **1·** Qui danse. *Chœur dansant.* – Fig. *Des reflets dansants.* **2·** Qui est propre à faire danser. *Musique dansante.* **3·** Pendant lequel on danse. *Thé dansant. Soirée dansante.* ▶ **danseur, euse** n. **1·** Personne dont la profession est la danse. *Une danseuse de ballet.* → **ballerine.** *Danseuse étoile et première danseuse. Danseur mondain,* qui avait les mêmes fonctions que l'entraîneuse. – *Danseur, danseuse de corde.* → **funambule.** **2·** Cyclisme. ***En danseuse*** *:* en pédalant debout, le corps balancé à droite et à gauche. **3·** Personne qui danse avec un ou une partenaire. → ② **cavalier.** *Des couples de danseurs.* ▷ **contredanse**

dantesque [dɑ̃tɛsk] adj. *Spectacle, vision dantesque,* qui évoque l'enfer (tel que Dante l'a décrit). → **apocalyptique.**

dard [daʀ] n. m. **1·** Organe pointu et creux de certains animaux, servant à piquer, à inoculer un venin. → **aiguillon.** *Dard d'abeille, de scorpion.* **2·** Ancienne arme de jet. → **javelot.** ▶ **darder** [daʀde] v. tr. < conjug. 1 > Lancer (ce qui est assimilé à un dard, une flèche). → **jeter.** *Le soleil darde ses rayons. Darder sur qqn des regards furibonds.*

dare-dare [daʀdaʀ] loc. adv. Fam. Promptement. → en toute **hâte, précipitamment, vite.** *Accourir dare-dare.*

darne [daʀn] n. f. Tranche (de gros poisson). *Une darne de colin.*

dartre [daʀtʀ] n. f. Maladie de la peau qui durcit, se dessèche et se détache. → **impétigo.** ≠ tartre.

datcha [datʃa] n. f. Maison de campagne, en Russie. *Des datchas.*

date [dat] n. f. **1·** Indication du jour, du mois et de l'année où s'est produit un fait. *Date de naissance. Date historique* (d'un événement historique). *À quelle date ?,* quel jour ? *En date du..., à la date du... Prendre date,* fixer avec qqn la date d'un rendez-vous. **2·** L'époque où un événement s'est produit. → **an, année.** *Une amitié de vieille date,* ancienne. *Ils se connaissent de longue date,* depuis longtemps. *De fraîche date,* depuis peu (de temps). – *Faire date,* marquer un moment important. ▶ **datation** n. f. Action de dater, de mettre la date (sur une pièce). *Datation et signature d'un acte de vente.* – Action d'attribuer une date (à qqch.). *La datation d'une œuvre d'art. Datation au carbone 14.* ▶ **dater** v. < conjug. 1 > **1·** V. tr. Mettre la date sur (un écrit, un acte). *Dater une lettre.* **2·** Déterminer la date de. *Dater une pièce archéologique.* **3·** V. intr. ***Dater de*** *:* avoir commencé d'exister (à telle époque). *Le dernier versement date du mois de janvier. Un pont qui date du temps des Romains.* → **remonter** à. *Cela ne date pas d'hier,* c'est ancien. – Loc. prép. *À dater de,* à partir de. → **à compter.** *À dater d'aujourd'hui.* **4·** V. intr. Sans compl. Faire date. *Cet événement date dans sa vie.* → **marquer.** – Être démodé. *Costume qui date.* ▶ **dateur, euse** adj. Qui sert à dater. *Timbre dateur.* ▷ **antidater, horodateur, postdater**

datif [datif] n. m. Cas du nom, de l'adjectif, marquant le complément d'attribution, dans les langues à déclinaisons.

datte [dat] n. f. Fruit comestible du dattier. *Régime de dattes. Datte sèche.* ▶ **dattier** n. m. Palmier qui donne des dattes. – En appos. *Des palmiers dattiers.*

daube [dob] n. f. Manière de faire cuire certaines viandes à l'étouffée dans un récipient fermé. *Bœuf en daube.*

① **dauphin** [dofɛ̃] n. m. Mammifère marin dont la tête se prolonge en forme de bec pourvu de dents.

② **dauphin** n. m. **1·** (Avec une majuscule) Fils aîné des rois de France. *Le Dauphin.* **2·** Successeur choisi par un chef d'État, une personnalité importante. *Le dauphin du président.* ▶ **Dauphine** n. f. Autrefois. La femme du Dauphin. *Madame la Dauphine.*

dauphinois, oise [dofinwa, waz] adj. et n. Du Dauphiné, province française. *Gratin dauphinois.* – N. *Les Dauphinois.*

daurade ou **dorade** [dɔʀad] n. f. Poisson comestible à reflets dorés ou argentés, des mers chaudes ou tempérées.

davantage [davɑ̃taʒ] adv. **1·** (Modifiant un verbe) Plus. *En vouloir davantage. Bien davantage.* – *Son frère est intelligent, mais lui l'est davantage.* **2·** Plus longtemps. *Ne restez pas davantage. Inutile d'attendre davantage.* **3·** ***Davantage que*** : plus que. *La qualité importe bien davantage que la quantité.* / contr. moins /

davier [davje] n. m. Chirurgie. Pince à longs bras de leviers et à mors très courts. *Extraire une dent avec un davier.*

dazibao [da(d)zibao] n. m. En Chine. Journal mural affiché dans les lieux publics. *Des dazibaos.*

D. C. A. [desea] n. f. invar. Abréviation de *défense contre avions.*

D. D. T. [dedete] n. m. invar. Nom d'un insecticide organique. *Le D. D. T. a été interdit dans les années 1970.*

1 **de** [d(ə)], **du** [dy] (pour *de le*), **des** [de] (pour *de les*) prép. REM. *De* s'élide en *d'* devant une voyelle ou un *h* muet. **I·** (Après un verbe ou un nom) Origine concrète ou abstraite. **1·** (Lieu, provenance) *Sortir de chez soi. Porcelaine de Chine.* – Abstrait. *Se tirer d'embarras.* – Particule nobiliaire. *Jean de La Fontaine. Duc de Talleyrand.* **2·** (Temps) À partir de (tel moment). *Du 15 mars au 15 mai.* – Pendant. *Travailler de nuit. De nos jours,* à l'époque actuelle. *Il n'a rien fait de la journée.* **3·** (Cause) *Être puni de ses fautes.* → **pour.** *Fou de rage. Mort de fatigue. Mourir de faim. Trembler de peur. Sauter de joie. Être contrarié de ce qu'il pleut.* → **parce que.** *Être heureux de sortir.* **4·** (Moyen) → **avec.** *Être armé d'un bâton. Jouer du violon.* **5·** (Manière) *Citer de mémoire. De l'avis de tous.* → **selon. 6·** (Mesure) *Avancer d'un pas. Retarder de cinq minutes. Une montagne haute de 3 000 mètres. Une tour de vingt-cinq étages. Gagner dix euros de l'heure.* – ***De... en.*** Marque l'intervalle. *De place en place. D'heure en heure. De loin en loin.* – ***De... à,*** marque l'imminence, l'approximation. *D'une minute à l'autre. Il sera là d'ici à une heure.* **7·** (Agent, auteur) Par. *Les œuvres de Bossuet. Être aimé de tous.* → **par. II·** Relations (entre deux noms ou un adj. et un nom). **1·** (Appartenance) *Le fils d'Henri. Le style de Flaubert.* **2·** (Qualité, détermination) *La couleur du ciel. La valeur d'une idée.* **3·** (Matière) *Sac de papier.* → **en.** *Tas de sable.* **4·** (Genre, espèce) *Robe de bal. Regard de pitié. Une bibliothèque de médecine.* **5·** (Contenu) *Verre d'eau. Paquet de cigarettes. Troupeau de moutons. Collection de timbres.* **6·** Totalité ou partie d'un ensemble. *Les moutons d'un troupeau. L'un de nous.* → **entre, parmi.** *Le plus travailleur des deux. Le meilleur de tous.* – (Entre deux noms répétés pour marquer l'excellence) *L'as des as. Le fin du fin.* – (Après un adj.) En ce qui concerne. *Être rouge de figure, large d'épaules.* **III·** Fonctions grammaticales. **1·** Complément (objet d'une action). – Après les v. tr. indir. (**se souvenir de qqn**), ou employés indirectement (**penser du mal de qqn**). – (Après le nom) *La pensée de la mort. Un abus de confiance.* – (Après l'adj.) *Être avide de richesses.* – (Après l'adv.) *Il agit indépendamment de moi.* **2·** Apposition (après le nom). *La ville de Paris.* **3·** Attribut (avec les v. *traiter, qualifier*). *Qualifier un journal de tendancieux. Traiter qqn de menteur.* – (Emphatique) *C'est d'un chic !, d'un mauvais goût !* **4·** (Devant un infinitif) – (Sujet) *C'est à nous d'y aller. Il leur est pénible de devoir partir.* – (Compl. d'objet d'un v. tr.) *Cesser de parler.* – (À valeur active de narration) Littér. *Et les enfants de sauter et de crier,* se mirent à sauter et crier. **5·** Devant un adj., pronom, part. passé, adv. – (Facultatif) *Avoir trois jours (de) libres.* – (Obligatoire) *Cinq minutes de plus. Quoi de neuf ? Rien de nouveau.* – Avec **en.** *Il y en a deux d'abîmés.* ▷ **au-delà,** en **deçà, dedans, dehors, delà, depuis, derechef, derrière, dessous,** 1 et 2 **dessus, dorénavant, pardessus**

2 **de, du** (pour *de le*), **de la, des** (*de les*) art. partitif Article précédant les noms de choses qu'on ne peut compter. **1·** Devant un nom concret. *Boire du vin, un peu d'eau.* – (Devant un pluriel qui n'a pas de singulier) *Manger des rillettes.* **2·** Devant un nom concret nombrable qui a la valeur d'une espèce. *Manger du lapin.* **3·** Devant un nom abstrait. *Éprouver de la répulsion. Jouer de la musique.* – (Nom propre) *Jouer du Mozart.*

3 **de** art. indéfini → **des.** *Il a de bonnes idées.* – (Élidé) *Il m'a fait d'amers reproches.*

1 **dé** [de] n. m. Petit cube dont chaque face est marquée de un à six. *Cornet à dés.* – *Coup de dés,* affaire qu'on laisse au hasard. – *Les dés sont jetés,* la résolution est prise quoi qu'il advienne.

2 **dé** n. m. Petit étui cylindrique, à surface piquetée, destiné à protéger le doigt qui pousse l'aiguille. *Des dés à coudre. Un dé en argent.* – Fam. ***Dé à coudre*** : verre à boire très petit.

1 **dealer** [dilœʀ] n. m. ou **dealeur, euse** [dilœʀ, øz] n. Anglic. Personne qui revend de la drogue. ▶ 2 **dealer** [dile] v. tr. < conjug. 1 > Anglic. Revendre de la drogue. *Il deale de la coke dans la rue.*

déambuler [deɑ̃byle] v. intr. < conjug. 1 > Marcher sans but précis, selon sa fantaisie. → **se promener.** *Elle déambulait dans la maison, de pièce* *en pièce. Des touristes déambulaient dans les rues.* ▶ **déambulateur** n. m. Cadre léger qui sert d'appui aux personnes ayant des difficultés à marcher. ▶ **déambulation** n. f. Action de déambuler. ▶ **déambulatoire** n. m. Galerie en demi-cercle qui entoure le chœur d'une église. *Le déambulatoire d'une église romane.*

1 **débâcle** [debɑkl] n. f. **1·** Fuite soudaine. *Retraite qui s'achève en débâcle.* → **débandade, déroute.** **2·** Effondrement soudain. *C'est la débâcle pour son entreprise.* → **faillite, ruine.**

2 **débâcle** n. f. Rupture de la couche de glace (d'un cours d'eau) au moment du dégel.

déballer [debale] v. tr. < conjug. 1 > **1·** Sortir et étaler (ce qui était dans un contenant : caisse, paquet, colis). *Déballer la marchandise. Déballer ses affaires.* / contr. emballer / **2·** Fam. Exposer sans retenue (ce qui était caché). *Déballer ses petits secrets.* ▶ **déballage** n. m. *Le déballage d'une caisse.*

débandade [debɑ̃dad] n. f. **1·** Le fait de se disperser rapidement et en tous sens. → **débâcle, déroute, fuite.** *La police chargea les manifestants ; ce fut la débandade.* **2·** ***À la débandade*** loc. adv. : dans la confusion. *Tout va à la débandade.*

débander [debɑ̃de] v. tr. < conjug. 1 > Ôter la bande de. *On lui débanda les yeux.*

débaptiser [debatize] v. tr. < conjug. 1 > Changer le nom de (un lieu). *Débaptiser une rue.* – Au p. p. adj. *Rue débaptisée.*

débarbouiller [debaʀbuje] v. tr. < conjug. 1 > Débarrasser la figure de ce qui l'a salie, barbouillée. → **laver, nettoyer.** *Débarbouiller un enfant.* – Pronominalement (réfl.). *Va te débarbouiller !* ▶ **débarbouillette** n. f. Au Canada. Petite serviette carrée en tissu éponge, pour se laver.

débarcadère [debaʀkadɛʀ] n. m. Lieu aménagé pour l'embarquement et le débarquement. → **appontement, embarcadère, quai.** *Les marchandises sont sur le débarcadère.*

débardeur, euse [debaʀdœʀ, øz] n. **1·** Personne qui décharge et charge un navire, un véhicule de transport. → **docker.** **2·** N. m. Tricot court, sans col ni manches et très échancré.

débarquer [debaʀke] v. < conjug. 1 > **I·** V. tr. Faire sortir d'un navire. / contr. embarquer / *Débarquer des marchandises.* → **décharger.** **II·** V. intr. **1·** (Personnes) Quitter un navire. *Tous les passagers ont débarqué.* → **descendre** à terre. – Descendre (d'un véhicule collectif). *Débarquer d'un autocar, d'un avion.* – *L'ennemi n'a pas pu débarquer,* n'a pu prendre pied. → **débarquement** (3). **2·** Fam. *Débarquer chez qqn,* arriver à l'improviste. **3·** Fam. *Il débarque,* il n'est pas au courant, il est naïf. ▶ **débarquement** n. m. **1·** Action de débarquer (des personnes, des marchandises). *Passerelle de débarquement.* / contr. embarquement / **2·** Action d'une personne qui débarque. *Le débarquement des astronautes sur la lune.* **3·** Opération militaire consistant à débarquer un corps expéditionnaire en territoire ennemi. → **descente.** *Troupes de débarquement. Le débarquement allié en Normandie.*

débarrasser [debaʀase] v. tr. < conjug. 1 > Enlever ce qui embarrasse. *Débarrasser une pièce. Débarrasser un bureau des paperasses qui le couvrent. Vous pouvez débarrasser (la table),* enlever le couvert. *Débarrasser qqn de son manteau.* – *Débarrasser qqn d'un mal.* → **soulager.** – ***Se débarrasser*** v. pron. *Se débarrasser d'un objet inutile* → **jeter** ; fam. **balancer, bazarder,** *d'une affaire* → **liquider, vendre.** *Se débarrasser de qqn,* l'éloigner, et par euphém., le faire mourir. – *Débarrassez-vous.* → se **défaire,** se **déshabiller.** ▶ **débarras** [debaʀa] n. m. invar. **1·** Fam. Délivrance de ce qui embarrassait. *Ouf, quel débarras ! Il est parti,* ***bon débarras*** / **2·** Endroit où l'on remise les objets qui encombrent. → **grenier, remise.**

débat [deba] n. m. **1·** Action de débattre une question. *Éclaircir le débat. Soulever un débat. Ouvrir le débat.* – Discussion organisée et dirigée. *Débat télévisé.* **2·** Au plur. Discussion des assemblées politiques. *Débats parlementaires.* – Phase d'un procès. *La clôture des débats.*

1 **débattre** [debatʀ] v. tr. < conjug. 41 > Examiner contradictoirement avec un ou plusieurs interlocuteurs. → **discuter.** *Débattre un prix. Prix à débattre.* → **marchander.** *Débattre les conditions d'un accord.* → **négocier.** ▷ **débat**

2 se **débattre** v. pron. < conjug. 41 > Lutter, en faisant beaucoup d'efforts pour se défendre. → se **démener.** *Se débattre comme un beau diable, comme un forcené. Se débattre contre l'injustice.*

débauche [deboʃ] n. f. **1·** Excès dans la jouissance des plaisirs sensuels. → **dépravation, dévergondage, luxure.** *Vivre dans la débauche. Inciter des mineurs à la débauche.* → **prostitution.** **2·** Usage déréglé de qqch. → **abus, excès.** *Une débauche de couleurs.* ▶ **débauché, ée** adj. et n. Qui vit dans la débauche. – N. *Un, une débauché(e).* → **coureur, libertin, noceur.**

débaucher [deboʃe] v. tr. < conjug. 1 > **I·** Renvoyer (du personnel) faute de travail. → **congédier, licencier.** *Ils ont débauché vingt ouvriers.* / contr. embaucher / **II·** Fam. Détourner (qqn) de ses occupations, pour se divertir. *Se faire débaucher par un camarade.* ▷ **débauche**

débile [debil] adj. et n. **I· 1·** Adj. Qui manque de force physique. *Un enfant débile.* → **frêle, malingre.** **2·** N. *Un débile (mental),* personne atteinte de débilité (âge mental entre 7 et 10 ans). **II·** Adj. et n. Fam. Imbécile, idiot. *Il est complètement débile.* → fam. **demeuré.** *Un raisonnement débile.* → **inepte.** ▶ **débilité** n. f. Faiblesse permanente du corps ou de l'esprit. / contr. force, vigueur / *Débilité mentale,* faiblesse native des facultés intellectuelles. → **arriération.** ▶ **débiliter** v. tr. < conjug. 1 > Rendre débile. → **affaiblir.** *La chaleur l'a débilité.* – Démoraliser. ▶ **débilitant, ante** adj. Qui affaiblit *(climat débilitant),* démoralise *(atmosphère débilitante).*

[1] **débiner** [debine] v. tr. < conjug. 1 > Fam. *Débiner qqn,* en dire du mal. → **dénigrer, médire** de. *Débiner ses supérieurs.*

[2] **se débiner** v. pron. < conjug. 1 > Fam. Se sauver, s'enfuir.

[1] **débit** [debi] n. m. **1·** Écoulement continu des marchandises par la vente au détail. *Article de bon débit.* **2·** *Débit de tabac, de boissons...* : endroit où l'on vend du tabac, etc. **3·** Manière d'énoncer, de réciter. → **élocution.** *Avoir un débit lent, rapide.* **4·** Quantité de fluide, de liquide qui s'écoule en un temps donné. *La rivière a un débit rapide.* **5·** Quantité fournie, produite, transportée par unité de temps. *Le débit d'une voie de circulation.* – *Réseau* (informatique) *à haut débit.* ▶ [1] **débiter** v. tr. < conjug. 1 > **1·** Écouler (une marchandise) par la vente au détail (→ **débit**). **2·** Dire à la suite (des choses sans intérêt). → fam. **dégoiser.** *Débiter des fadaises.* – Dire en public avec monotonie (un texte étudié). *Il débitait son discours sans conviction.* **3·** Faire circuler (une quantité dans un temps donné). *Courant débité par une dynamo.* ▶ **débitant, ante** n. Personne qui tient un débit (2). *Débitant de boissons.*

[2] **débit** n. m. Compte des sommes dues par une personne à une autre. *Nous mettons l'argent que vous avez retiré à votre débit.* – Partie d'une comptabilité où figurent ces sommes. *Inscrire, porter une somme au débit* (d'un compte). / contr. crédit ; avoir / ▶ [2] **débiter** v. tr. < conjug. 1 > Rendre débiteur. *Débiter qqn d'une somme.* – *Débiter un compte de telle somme.* – Passif. *Votre chèque n'a pas encore été débité.* / contr. créditer / ▶ **débiteur, trice** n. **1·** Personne qui doit (de l'argent) à qqn. → **emprunteur.** / contr. créancier, créditeur / – Adj. *Compte débiteur,* où les débits excèdent le crédit. *Solde débiteur d'un compte, d'un bilan.* **2·** Personne qui a une dette morale. *Je reste votre débiteur.*

[3] **débiter** v. tr. < conjug. 1 > Découper (une matière) en morceaux utilisables. *Débiter (à la scie) un arbre en planches. Débiter un bœuf.*

déblatérer [deblateʀe] v. intr. < conjug. 6 > Parler longtemps et avec violence (contre qqn, qqch.). → **médire** de, **vitupérer.** *Déblatérer contre qqn, sur qqn, sur qqch. Elle déblatérait contre ses voisins.*

déblayer [debleje] v. tr. < conjug. 8 > **1·** Débarrasser (un endroit) de ce qui encombre, obstrue. → **dégager.** *Déblayer l'entrée.* **2·** Loc. *Déblayer le terrain,* faire disparaître les premiers obstacles avant d'entreprendre. → **aplanir, préparer.** **3·** Enlever (ce qui encombre, gêne). *Déblayer la neige devant la porte.* ▶ **déblaiement** ou **déblayage** n. m. Opération par laquelle on déblaie (un lieu, un passage). ▶ **déblais** n. m. pl. Terres, décombres enlevés en déblayant. *Enlever les déblais.*

[1] **débloquer** [deblɔke] v. tr. < conjug. 1 > Remettre (une chose bloquée) en marche. – Remettre en circulation, en vente. *Débloquer des marchandises. Débloquer des crédits. Débloquer un compte en banque.* / contr. bloquer / ▶ **déblocage** n. m. *Le déblocage des prix.*

[2] **débloquer** v. intr. < conjug. 1 > Fam. Divaguer, déraisonner.

déboguer [debɔge] v. tr. < conjug. 1 > Informatique. Corriger (un programme) en enlevant les bogues*.

déboire [debwaʀ] n. m. Surtout au plur. Impression pénible laissée par un événement dont on avait espéré mieux. → **déception, déconvenue, désillusion.** *Éprouver, essuyer des déboires. Il a eu de nombreux déboires dans ses affaires.* → **échec, ennui.**

déboiser [debwaze] v. tr. < conjug. 1 > Dégarnir (un terrain) des bois qui le recouvrent. / contr. boiser, reboiser / ▶ **déboisement** n. m.

[1] **déboîter** [debwate] v. tr. < conjug. 1 > **1·** Faire sortir de ce qui emboîte. *Déboîter une porte. Déboîter des tuyaux.* → **disjoindre.** **2·** Sortir (un os) de l'articulation. → **démettre, désarticuler, luxer.** *Elle s'est déboîté l'épaule.* ▶ **déboîtement** n. m.

[2] **déboîter** v. intr. < conjug. 1 > (Véhicule) Sortir d'une file. *L'auto a déboîté pour doubler. Il a déboîté sans prévenir.* / contr. se rabattre /

se débonder [debɔ̃de] v. pron. < conjug. 1 > Littér. Donner libre cours à des sentiments longtemps contenus. → **s'épancher**

débonnaire [debɔnɛʀ] adj. Doux, pacifique. *Il est calme et débonnaire.* – Inoffensif. *Air, aspect débonnaire.* / contr. dur, sévère /

déborder [debɔʀde] v. < conjug. 1 > **I·** V. intr. **1·** Répandre une partie de son contenu liquide par-dessus bord. *Fleuve qui déborde. Verre plein à déborder.* – Loc. *C'est la goutte d'eau qui fait déborder le vase,* la petite chose pénible qui s'ajoute à tout le reste et fait que l'ensemble devient insupportable (→ l'étincelle qui met le feu aux poudres). 2· (En parlant du contenu) Se répandre par-dessus bord. → **couler, s'échapper.** *Le lait a débordé* (de la casserole). 3· Se répandre, se manifester avec force. *Son enthousiasme déborde.* → **débordant.** II· V. tr. ind. *Déborder de :* être plein (d'un sentiment, d'un principe qui s'exprime avec force). → **éclater** de. *Déborder de santé.* III· V. tr. 1· Dépasser (le bord) ; être en saillie. *Cette maison déborde (les autres).* – Fig. Aller plus loin que. *Cette question déborde le cadre du débat.* 2· *Déborder un lit,* tirer les draps, les couvertures qui étaient engagés sous les bords du matelas. – *Déborder qqn,* son lit. – Pronominalement. *Se déborder.* – Au passif. *Être débordé.* ▶ **débordant, ante** adj. Qui déborde (I, 3). *Joie débordante.* → **exubérant.** *Être débordant de vie, de santé,* déborder (II) de... → **pétulant.** *Activité débordante.* ▶ **débordé, ée** adj. Submergé. *Être débordé (de travail).* ▶ **débordement** n. m. Le fait de se répandre en abondance. *Un débordement de paroles, d'injures.* → **déluge, flot, torrent.** *Débordement de joie* → **effusion, explosion,** *de vie* → **exubérance.**

1 **déboucher** [debuʃe] v. tr. < conjug. 1 > 1· Débarrasser de ce qui bouche. *Déboucher un lavabo.* 2· Débarrasser de son bouchon. → **ouvrir.** *Déboucher une bouteille.* / contr. 1 boucher / ▶ **débouchage** n. m. *Le débouchage d'un évier.*

2 **déboucher** v. intr. < conjug. 1 > 1· Passer d'un lieu resserré dans un lieu plus ouvert. *Déboucher d'une petite rue sur le boulevard.* 2· (Voie, passage) Aboutir à un lieu ouvert, une artère plus large. → **donner** sur. *Rue qui débouche sur une place.* 3· Abstrait. *Déboucher sur,* aboutir, mener à. *Les discussions ont débouché sur un compromis.* ▶ **débouché** n. m. 1· Moyen d'assurer la vente d'un produit. *Ne pas trouver de débouchés.* – Lieu de cette vente. → **marché.** *Ouvrir des débouchés à une production.* 2· Perspective de situation. *Les débouchés offerts à un ingénieur.*

déboucler [debukle] v. tr. < conjug. 1 > Ouvrir en détachant une boucle. → **dégrafer.** *Déboucler sa ceinture.*

débouler [debule] v. intr. < conjug. 1 > Fam. 1· Tomber en roulant. *Le landau a déboulé dans l'escalier.* → **dégringoler, dévaler.** 2· (Personnes) Faire irruption. *Il a déboulé chez eux en pleine nuit.* → **débarquer.**

déboulonner [debulɔne] v. tr. < conjug. 1 > 1· Démonter (ce qui était boulonné). *Déboulonner une pièce mécanique.* / contr. boulonner / 2· Fam. Déposséder (qqn) de sa place, de son influence. → **destituer, évincer.** ▷ **indéboulonnable**

débourser [debuʀse] v. tr. < conjug. 1 > Tirer de sa bourse, de son portefeuille (une certaine somme). → **dépenser, payer.** *Sans rien débourser, sans débourser un sou,* gratuitement.

déboussoler [debusɔle] v. tr. < conjug. 1 > Fam. Désorienter (qqn), faire qu'il ne sache plus où il en est. – Au p. p. *Il est complètement déboussolé depuis son échec.* → **désemparé.**

debout [dəbu] adv. 1· (Choses) Verticalement ; sur l'un des bouts. *Mettre un meuble debout.* 2· (Personnes) Sur ses pieds (opposé à *assis, couché*). *Se tenir debout. Se mettre debout.* → se **lever.** – Interj. *Debout !,* levez-vous ! – Levé. *Être debout dès l'aube. Il va mieux, il est déjà debout,* guéri, rétabli. 3· *Être (encore) debout,* être en bon état (mur, construction). *Après le tremblement de terre, il restait peu de maisons debout.* – Résister à la destruction. *Cette vieille institution tient encore debout.* – *Tenir debout* (souv. négatif), être solide. *Il ne tient pas (plus) debout,* il est très fatigué. – Abstrait. *Théorie qui ne tient pas debout,* insoutenable. *Ton histoire ne tient pas debout,* elle est incohérente, invraisemblable.

débouter [debute] v. tr. < conjug. 1 > Droit. Rejeter par jugement, par arrêt, la prétention de (qqn). *Le tribunal l'a débouté de sa demande.*

déboutonner [debutɔne] v. tr. < conjug. 1 > 1· Ouvrir en dégageant les boutons de la boutonnière. → **défaire.** *Déboutonner son gilet.* 2· *Se déboutonner* v. pron. réfl. : déboutonner ses vêtements. / contr. se boutonner / – Se confier sans pudeur, sans retenue.

débraillé, ée [debʀɑje] adj. et n. m. 1· Dont les vêtements sont en désordre, ouverts. *Tenue débraillée.* – *Un air, une allure débraillée.* → **négligé.** – N. m. *Le débraillé de sa tenue.* → **laisser-aller.** 2· Fig. *Une conversation débraillée,* sans retenue, très libre.

débrancher [debʀɑ̃ʃe] v. tr. < conjug. 1 > Arrêter (un appareil électrique) en supprimant son branchement. *Débrancher un fer à repasser.* → **éteindre.** / contr. brancher /

débrayer [debʀeje] v. < conjug. 8 > 1· V. tr. Interrompre la liaison entre le moteur et les roues. / contr. embrayer / *Débrayer, passer les vitesses et embrayer.* 2· V. intr. *Les ouvriers ont débrayé ce matin,* ils ont cessé le travail, se sont mis en grève. ▶ **débrayage** n. m. 1· Le fait de débrayer. / contr. embrayage / 2· Cessation du travail ; mouvement de grève.

débridé, ée [debʀide] adj. Sans retenue. → **déchaîné, effréné.** *Imagination débridée.*

débrider [debʀide] v. tr. < conjug. 1 > Dégager (qqch.) de ce qui serre comme une bride. *Débrider un abcès.* → **inciser, ouvrir.**

débriefer [debʀife] v. tr. < conjug. 1 > Anglic. Échanger des informations à l'issue d'une réunion, d'une mission avec (les participants). / contr. briefer / ▶ **débriefing** [debʀifiŋ] n. m. Anglic. Réunion pour faire le point sur une opération collective effectuée. / contr. briefing /

débris [debʀi] n. m. invar. 1· Rare au sing. Reste (d'un objet brisé, d'une chose en partie détruite). → **fragment, morceau.** *Les débris d'un vase. Débris de bouteille.* → **tesson.** 2· Au plur. Littér. → **reste.** *Les débris d'une armée,* ce qui en reste après la défaite. 3· Fam. et péj. *Un vieux débris,* une personne décrépite.

débrouiller [debʀuje] v. tr. < conjug. 1 > I· 1· Démêler (ce qui est embrouillé). *Débrouiller les fils d'un écheveau.* 2· Tirer de la confusion. → **démêler, éclaircir.** *Débrouiller une affaire. Les contradictions ont été débrouillées.* II· ***Se débrouiller*** v. pron. : se tirer habilement d'affaire. *Se débrouiller avec ce qu'on a.* → **s'arranger.** *Se débrouiller tout seul. Je ne suis pas fort aux échecs, mais je me débrouille.* → fam. se **démerder.** ▶ **débrouillard, arde** adj. Fam. Qui sait se débrouiller. → **habile, malin.** *C'est un garçon débrouillard,* et n., *un débrouillard, une débrouillarde.* ▶ **débrouillardise** n. f. Qualité d'une personne débrouillarde. ▶ **débrouille** n. f. Fam. Art de se tirer habilement d'affaire. Appos. *Le système débrouille* (→ Système D).

débroussailler [debʀusɑje] v. tr. < conjug. 1 > 1· Débarrasser (un terrain) des broussailles. → **défricher.** 2· Abstrait. Rendre plus clair, moins touffu. *Débroussailler un texte, un problème.* ▶ **débroussailleuse** n. f. Appareil servant à débroussailler. *Passer la débroussailleuse dans les ronces.*

débusquer [debyske] v. tr. < conjug. 1 > 1· Chasser (le gibier) du bois. *Débusquer un lièvre.* 2· Faire sortir de sa position, de son refuge. → **chasser, déloger.** *Débusquer l'ennemi. On l'a débusqué de sa cachette.*

début [deby] n. m. 1· Commencement. *Le début d'un livre. Appointements de début.* → **initial.** – *Le début du jour, de la semaine, de l'année. Du début à la fin. Au début, tout au début, au tout début.* / contr. fin / 2· *Les débuts de qqn,* sa première apparition (à la scène, dans le monde, etc.). *Cet acteur a fait ses débuts au café-théâtre.* ▶ **débuter** v. intr. < conjug. 1 > 1· (Personnes) Faire ses premiers pas dans une carrière. *Débuter comme dactylo.* – Commencer à paraître sur la scène, l'écran, etc. *Un comédien qui débute.* 2· (Choses) Commencer. *Histoire qui débute mal.* / contr. finir, terminer / ▶ **débutant, ante** adj. et n. Personne qui débute. → **apprenti, novice.** *Cours pour débutants.* – N. f. Jeune fille qui sort pour la première fois dans la haute société. *Le bal des débutantes.*

déca [deka] n. m. Fam. Café décaféiné. *Deux décas et un (café) normal.*

déca- Élément savant signifiant « dix » (ex. : *décalitre, décamètre*). ≠ déci-.

en deçà [ɑ̃d(ə)sa] loc. adv. et prép. ***En deçà*** loc. adv. : de ce côté-ci, sans franchir un point donné. *Ne passez pas le fleuve, restez en deçà.* – ***En deçà de*** loc. prép. *Rester en deçà de la vérité,* ne pas l'atteindre. / contr. au-delà de /

décacheter [dekaʃte] v. tr. < conjug. 4 > Ouvrir (ce qui est cacheté). *Il décachette une lettre.* / contr. cacheter /

décade [dekad] n. f. Période de dix jours. ≠ décennie.

décadence [dekadɑ̃s] n. f. Acheminement vers la ruine. → **affaiblissement, chute, déclin.** *Grandeur et décadence. Civilisation en décadence. La décadence des mœurs. Tomber en décadence.* – Les derniers siècles de l'Empire romain. *Les poètes de la décadence.* ▶ **décadent, ente** adj. Qui est en décadence, marque un déclin. *Peuple décadent. Art décadent.*

décaféiner [dekafeine] v. tr. < conjug. 1 > Traiter (le café) pour enlever la caféine. – Au p. p. adj. *Café décaféiné. Soda décaféiné.* / contr. caféiné / – N. m. *Du décaféiné. Deux décaféinés.* → fam. **déca.**

décalage [dekalaʒ] n. m. 1· Le fait de décaler dans l'espace, le temps ; écart temporel ou spatial. *Décalage horaire entre deux pays. Souffrir du décalage (horaire) après un voyage en avion.* 2· Manque de correspondance entre deux choses, deux faits. → **écart ; désaccord.** *Le décalage entre le rêve et la réalité. Il est en décalage avec son époque.*

décalaminer [dekalamine] v. tr. < conjug. 1 > Enlever la calamine de. *Décalaminer un pot d'échappement.*

décalcifier [dekalsifje] v. tr. < conjug. 7 > Priver d'une partie de son calcium. – Pronominalement (réfl.). *Organisme qui se décalcifie.* ▶ **décalcifiant, ante** adj. ▶ **décalcification** n. f. *La décalcification des os.*

décalcomanie [dekalkɔmani] n. f. Procédé par lequel on décalque des images peintes sur du papier ; ces images. *Faire des décalcomanies.*

décaler [dekale] v. tr. < conjug. 1 > Déplacer un peu de la position normale. → **avancer, reculer ; changer.** *Décaler une table. Décaler qqch. en avant, en arrière.* – (Temps) *Décaler un rendez-vous.* ▶ **décalé, ée** adj. Qui n'est pas conforme aux attentes, au contexte. *Un rôle décalé. Humour décalé.* ▷ **décalage**

décalitre [dekalitʀ] n. m. Mesure de capacité qui vaut dix litres (abrév. *dal*). ≠ décilitre.

décalogue [dekalɔg] n. m. Les dix commandements que Moïse, dans la Bible, reçoit de Dieu sur le Sinaï.

décalquer [dekalke] v. tr. < conjug. 1 > Reporter le calque de (qqch., dessin, tableau) sur un support (papier, toile, étoffe, etc.). → **imprimer.** *Décalquer une carte de géographie.* ▶ **décalquage** n. m. Action de décalquer. *Le décalquage d'un dessin.* ▶ **décalque** n. m. Reproduction par décalquage. ▷ **décalcomanie**

décamper [dekɑ̃pe] v. intr. < conjug. 1 > S'en aller précipitamment. → **déguerpir, s'enfuir, fuir,** se **sauver.**

décan [dekɑ̃] n. m. Chacune des trois dizaines de degrés comptées par chaque signe du zodiaque. *Le premier décan du Scorpion.*

décaniller [dekanije] v. intr. < conjug. 1 > Fam. Décamper, partir vite. *Décanillons avant que l'orage éclate !* → **filer.**

décanter [dekɑ̃te] v. tr. < conjug. 1 > Débarrasser (un liquide) des matières qu'il contient en suspension. → **clarifier, épurer.** – Pronominalement (réfl.). *Laisser le vin se décanter.* – *Décanter ses idées,* se donner un temps de réflexion pour mieux comprendre. → **éclaircir.** Pronominalement (réfl.). *La situation se décante et tout paraît plus clair.*

décaper [dekape] v. tr. < conjug. 1 > Nettoyer (une surface métallique) des dépôts qui la recouvrent. → **poncer.** *Décaper du cuivre.* – Débarrasser (une surface) de la crasse ou d'un enduit. *Décaper des parquets sales.* ▶ **décapage** n. m. ▶ **décapant, ante** adj. et n. m. **1·** Qui décape. – N. m. Produit servant à décaper. **2·** Qui remet en cause les idées reçues ; caustique. *Un humour décapant.*

décapiter [dekapite] v. tr. < conjug. 1 > **1·** Trancher la tête de (qqn). → **couper** la tête, **guillotiner.** – Au p. p. adj. *Une statue décapitée.* **2·** *Décapiter un arbre,* en enlever la partie supérieure. → **étêter.** **3·** Supprimer ce qui est à la tête de (un mouvement). *Décapiter un parti politique en exilant ses chefs.* ▶ **décapitation** n. f. *La décapitation d'un réseau terroriste.*

décapoter [dekapɔte] v. tr. < conjug. 1 > Enlever la capote, le toit mobile de. *Décapoter sa voiture.* → **découvrir.** ▶ **décapotable** adj. Qui peut être décapoté. *Voiture décapotable* et, n. f., *une décapotable.* → **cabriolet.**

décapsuler [dekapsyle] v. tr. < conjug. 1 > Enlever la capsule de. → **ouvrir.** *Décapsuler une bouteille.* ▶ **décapsuleur** n. m. Ustensile servant à enlever les capsules de bouteilles. → **ouvre-bouteilles.**

se **décarcasser** [dekaʀkase] v. pron. < conjug. 1 > Fam. Se donner beaucoup de peine pour parvenir à un résultat. → se **démener.**

décathlon [dekatlɔ̃] n. m. Compétition masculine d'athlétisme comprenant dix épreuves (→ aussi **heptathlon, pentathlon**).

décatir [dekatiʀ] v. tr. < conjug. 2 > **1·** Débarrasser (une étoffe) du lustre que lui ont donné les apprêts. **2·** Pronominalement (réfl.). *Se décatir,* perdre toute fraîcheur. *Comme elle s'est décatie !* – Au p. p. adj. *Un acteur décati.*

décavé, ée [dekave] adj. et n. **1·** Fam. Ruiné. *Être complètement décavé.* **2·** Épuisé. *Il a un de ces airs décavés !*

décéder [desede] v. intr. < conjug. 6 > (Personnes) Mourir. *Il est décédé depuis peu.* → ③ **feu, mort.** – REM. Se conjugue avec l'auxiliaire *être.* ▷ **décès**

déceler [desle] v. tr. < conjug. 5 > **1·** Découvrir (ce qui était celé, caché). *Déceler un secret, une intrigue. Déceler une fuite de gaz.* → **détecter.** **2·** (Choses) Être l'indice de. → **révéler, trahir.** *Son ton décèle une certaine inquiétude.* → **dénoter.** ▶ **décelable** adj. Qui peut être décelé. *Une amélioration à peine décelable.* ≠ desceller.

décélération [deseleʀasjɔ̃] n. f. Réduction de la vitesse. → **ralentissement.** *La décélération d'une fusée. Décélération de l'avion avant l'atterrissage.* / contr. accélération /

décembre [desɑ̃bʀ] n. m. Le douzième et dernier mois de l'année. *Le 25 décembre.* → **Noël.**

décence [desɑ̃s] n. f. Respect de ce qui touche les bonnes mœurs, les convenances. → **bienséance, pudeur.** *Garder une certaine décence.* – Tact. *Ayez donc la décence de vous taire !* / contr. indécence / ▶ **décent, ente** adj. **1·** Qui est conforme à la décence. → **bienséant, convenable.** *Il aurait été plus décent de te taire. Tenue décente.* → **modeste, réservé.** / contr. indécent / **2·** Acceptable. *Il a une situation décente. Elle joue du piano d'une manière décente.* → **correct.**

▶ **décemment** [desamɑ̃] adv. **1·** D'une manière décente. → **convenablement.** *Elle était habillée très décemment.* → **correctement. 2·** Raisonnablement. *Décemment, il ne pouvait pas s'abstenir.* ▷ **indécence**

décennal, ale, aux [desenal, o] adj. **1·** Qui dure dix ans. *Garantie décennale.* **2·** Qui a lieu tous les dix ans. ▶ **décennie** n. f. Période de dix ans. ≠ décade.

décentraliser [desɑ̃tʀalize] v. tr. < conjug. 1 > Rendre plus autonome (ce qui est centralisé). *Décentraliser l'Administration.* – Au p. p. adj. *Un service décentralisé.* ▶ **décentralisation** n. f. Action de décentraliser ; son résultat. *Décentralisation politique, administrative.* → **régionalisation.**

décentrer [desɑ̃tʀe] v. tr. < conjug. 1 > Déplacer le centre de, ce qui était au centre. *Décentrer légèrement l'axe d'un rouage, un rouage.*

déception [desɛpsjɔ̃] n. f. Le fait d'être déçu. → **déconvenue, désappointement, désillusion ; décevoir.** *Causer, éprouver une déception.* – Ce qui déçoit. *C'est une cruelle déception pour nous.*

décerner [desɛʀne] v. tr. < conjug. 1 > **1·** En droit. Ordonner juridiquement. *Décerner un mandat d'arrêt, d'amener contre qqn.* **2·** Accorder à qqn (une récompense, une distinction). → **attribuer, donner.** *Décerner un prix littéraire.*

décès [desɛ] n. m. invar. Mort d'une personne (→ **décéder**). *Acte de décès. Depuis son décès,* depuis qu'il est décédé. – *Magasin fermé pour cause de décès.* → **deuil.** – Loc. *Signer l'acte de décès de qqch.,* mettre fin à qqch. – REM. S'emploie surtout dans le langage administratif ou par euphémisme.

décevoir [dɛs(ə)vwaʀ] v. tr. < conjug. 28 > Tromper (qqn) dans ses espoirs, son attente. *Cet élève m'a déçu.* ▶ **décevant, ante** adj. Qui déçoit, ne répond pas à ce qu'on espérait. *Un voyage décevant.* ▷ **déception, déçu**

déchaîner [deʃene] v. tr. < conjug. 1 > **1·** Donner libre cours à (une force). *Déchaîner les passions.* → **provoquer, soulever.** *Déchaîner l'hilarité générale. Déchaîner l'opinion contre qqn.* → **ameuter. 2·** *Se déchaîner* v. pron. : se déclencher avec violence. *La tempête s'était déchaînée.* – (Personnes) Se mettre en colère, s'emporter (contre qqn, qqch.). *Il s'est déchaîné contre cet abus.* ▶ **déchaîné, ée** adj. **1·** Déclenché dans toute sa violence. *Une mer déchaînée.* → **démonté. 2·** (Personnes) Très excité, qu'on ne peut arrêter. *Cet enfant est déchaîné.* ▶ **déchaînement** n. m. Action de déchaîner, de se déchaîner ; son résultat. *Le déchaînement des éléments.* → **fureur.** – (Sentiments, passions) → **explosion, transport.** *Un déchaînement de colère, de violence, de haine.* → **flambée.**

déchanter [deʃɑ̃te] v. intr. < conjug. 1 > Fam. Changer de ton ; rabattre de ses prétentions, de ses espérances, perdre ses illusions. *Il commence à déchanter.*

① **décharge** [deʃaʀʒ] n. f. **1·** Lieu où l'on jette (les ordures, etc.). *Décharge publique.* **2·** *De décharge,* par où l'on jette (tuyau, etc.). *Tuyau de décharge.*

② **décharge** n. f. **1·** Libération d'une obligation, d'une dette ; acte qui atteste cette libération (→ **reçu**). *Signer une décharge.* **2·** *À... décharge* : en levant les charges qui pèsent sur un accusé. *Témoin à décharge,* qui dépose à l'appui de la défense. / contr. à charge / *Il faut dire, à sa décharge...,* pour l'excuser.

③ **décharge** → ③ **décharger.**

① **décharger** [deʃaʀʒe] v. tr. < conjug. 3 > **1·** Débarrasser de sa charge (une personne, un navire, un véhicule, etc.). **2·** Enlever (un chargement). → **débarquer.** *Décharger des marchandises, des passagers.* **3·** *Décharger une arme,* en enlever la charge. – Au p. p. adj. *Pistolet déchargé.* / contr. charger / ▶ **déchargement** n. m. *Le déchargement d'un camion, d'un navire.* / contr. chargement / ▷ ① **décharge**

② **décharger** v. tr. < conjug. 3 > **1·** Débarrasser ou libérer (qqn) d'une charge, d'une obligation, d'une responsabilité. → **dispenser.** *Être déchargé d'une corvée.* – Pronominalement (réfl.). *Elle s'est déchargée de certains travaux sur ses collaborateurs.* **2·** Libérer d'une accusation. *Décharger un accusé.* → **disculper, innocenter. 3·** *Décharger sa conscience* (en avouant). → **soulager.** / contr. charger / ▷ ② **décharge**

③ **décharger** v. tr. < conjug. 3 > **1·** Faire partir (une arme à feu) sur (qqn) ou dans (qqch.). → **tirer.** *Il a déchargé son pistolet sur sa victime.* **2·** *Se décharger* v. pron. : perdre son potentiel électrique. *La pile s'est déchargée.* – Au passif et p. p. adj. *La pile est déchargée.* ▶ ③ **décharge** n. f. **1·** Le fait de décharger une ou des armes à feu. → **fusillade, salve. 2·** Brusque diminution d'un potentiel électrique. *La décharge d'une batterie.* – *Décharge électrique,* passage d'une charge électrique d'un conducteur à un autre. → fam. **châtaigne.** *Recevoir une décharge électrique.*

décharné, ée [deʃaʀne] adj. Amaigri à l'extrême. *Visage décharné.* → **émacié, maigre.**

① **déchausser** [deʃose] v. tr. < conjug. 1 > Enlever les chaussures de (qqn). *Déchausser un enfant.*

– Pronominalement (réfl.). *Se déchausser.* – Par ext. *Déchausser des skis,* les ôter des pieds. Sans compl. *J'ai déchaussé,* j'ai enlevé mes skis ; mes skis se sont détachés. / contr. se chausser /

2 **se déchausser** v. pron. < conjug. 1 > *Dent qui se déchausse,* qui n'est plus bien maintenue par la gencive dans l'alvéole dentaire et finit par tomber. – Au p. p. adj. *Dent déchaussée.*

dèche [dɛʃ] n. f. Fam. Manque d'argent, grande gêne. → **misère, pauvreté.** *Être dans la dèche* (→ sans le sou). *C'est la dèche !*

déchéance [deʃeɑ̃s] n. f. **1·** Le fait de déchoir ; état d'une personne déchue. → **chute, disgrâce.** *La déchéance d'un souverain.* – *Déchéance physique* → **décrépitude,** *morale, intellectuelle* → **avilissement, dégradation. 2·** Perte (d'un droit). *Déchéance de l'autorité parentale.*

déchet [deʃɛ] n. m. **1·** Partie d'une matière rejetée comme inutilisable ou inconsommable. → **débris, détritus, résidu.** *Déchets de viande. Déchets radioactifs, toxiques* (agents de pollution). – *Il y a du déchet,* de la perte. **2·** Personne déchue, méprisable. *C'est un déchet de l'humanité, un pauvre déchet.* ▶ **déchetterie** n. f. Lieu aménagé pour recevoir et traiter des déchets. – REM. On écrit aussi *déchèterie.*

déchiffrer [deʃifʀe] v. tr. < conjug. 1 > **1·** Lire (ce qui est écrit en chiffres ou dans une écriture inconnue). *Déchiffrer un message. Déchiffrer des hiéroglyphes.* – Lire (une écriture peu lisible). *Le pharmacien n'a pas pu déchiffrer l'ordonnance.* **2·** *Déchiffrer de la musique,* la lire à première vue. ▶ **déchiffrable** adj. Qui peut être déchiffré. → **lisible.** *Une inscription déchiffrable.* / contr. indéchiffrable / ▶ **déchiffrage** n. m. Action de déchiffrer (de la musique). ▷ **indéchiffrable**

déchiqueter [deʃikte] v. tr. < conjug. 4 > **1·** Déchirer irrégulièrement en petits morceaux. → **déchirer.** *Déchiqueter de la viande à belles dents.* **2·** Mettre en pièces, en lambeaux. – Au p. p. *Avoir la main déchiquetée par une machine.*

déchirer [deʃiʀe] v. tr. < conjug. 1 > **I· 1·** Mettre en morceaux. *Déchirer une lettre. Déchirer qqch. en petits morceaux. Il a déchiré les brouillons.* – Partager en deux (une étoffe) en la tirant des deux côtés à la fois, ou y faire un accroc. *Elle a déchiré sa robe.* – Au p. p. adj. *Chemise déchirée.* – *Se déchirer un muscle,* se rompre des fibres musculaires. – Fig. *Un cri perçant déchira le silence.* → **rompre, traverser. 2·** Causer une vive douleur physique ou morale à. *Toux qui déchire la poitrine. Déchirer le cœur de, à qqn.* → **fendre. 3·** Troubler par de tragiques divisions. → **diviser.** *La guerre civile déchire le pays.* – Au p. p. adj. *Pays déchiré.* **II·** *Se déchirer* v. pron. **1·** Devenir déchiré, se fendre. *Sa robe s'est déchirée en s'accrochant.* **2·** Se faire réciproquement du mal, de la peine avec violence. *Des amants qui se déchirent.* ▶ **déchirant, ante** adj. Qui déchire le cœur, émeut fortement. *Spectacle déchirant.* → **navrant.** *Des cris déchirants.* ▶ **déchirement** n. m. **1·** Rare. Action de déchirer ; son résultat. **2·** Grande douleur morale avec impression de rupture intérieure. *Le déchirement des séparations.* ▶ **déchirure** n. f. **1·** Fente faite en déchirant. → **accroc.** – Rupture ou ouverture irrégulière dans les tissus, les chairs. *Une déchirure musculaire.* **2·** Déchirement moral.

déchoir [deʃwaʀ] v. < conjug. 25 > REM. Pas d'imparfait ni de p. prés. **1·** V. intr. Tomber dans un état inférieur à celui où l'on était. → **s'abaisser.** *Vous pouvez accepter sans déchoir.* **2·** V. tr. *Déchoir qqn de* (un droit...), l'en priver à titre de sanction. – Au p. p. *Être déchu de ses droits civiques.* ▶ **déchu, ue** adj. Qui n'a plus (une position supérieure, un avantage). *Un prince déchu.* → **déchéance.** – Privé de l'état de grâce. *Ange déchu.*

déchristianiser [dekʀistjanize] v. intr. < conjug. 1 > Faire cesser (un pays, un groupe humain) d'être chrétien. ▶ **déchristianisation** n. f.

déci- Élément savant signifiant « dixième partie » (ex : *décigramme, décilitre, décimètre*) ≠ déca-. ▷ **décimer**

décibel [desibɛl] n. m. Unité de puissance sonore (symb. *dB*).

décider [deside] v. tr. < conjug. 1 > **I·** V. tr. dir. **1·** Prendre la décision (2) de. *Décider une opération.* Sans compl. *C'est moi qui décide.* – (+ infinitif, ou *que* + indicatif) *Il décide de ne pas aller travailler, qu'il n'ira pas travailler.* **2·** Amener (qqn à agir). *Décider qqn à faire qqch. Je l'ai décidé à rester.* → **convaincre, persuader, pousser. II·** V. tr. ind. *Décider de qqch.* (Personnes) Disposer en maître par son action ou son jugement. *Décider de l'éducation de ses enfants. Il décidera des mesures à prendre au moment opportun.* – (Choses) Déterminer, être la cause principale. *Ce concours décidera de son avenir.* **III·** *Se décider* v. pron. **1·** (Passif) Être tranché, résolu. *Ça s'est décidé très vite.* **2·** (Réfl.) *Se décider à,* prendre la décision de. → **se résoudre.** *Se décider à une opération. Il faut qu'il se décide à travailler.* – *Décidez-vous donc !,* prenez donc une décision ! / contr. hésiter / **3·** (Réfl.) *Se décider pour,* donner la préférence à. → **choisir, opter, se prononcer.** *Ils se sont finalement décidés pour un voyage en Grèce.* **IV·** Au passif. *Être décidé à :* avoir pris la décision de. → **déterminé, résolu.** *J'y suis décidé. Il est décidé à acheter cette maison.*

▶ **décidé, ée** adj. 1· Qui n'hésite pas pour prendre un parti. → **résolu.** *Un homme décidé.* – *Un air décidé, une allure décidée.* 2· Arrêté par décision. *C'est une chose décidée.* → **réglé, résolu.** ▶ **décidément** adv. de phrase D'une manière décisive, définitive. *Décidément, je n'ai pas de chance !* → **manifestement.** ▶ **décideur, euse** n. Personne physique ou morale ayant le pouvoir de décision. → **décisionnaire.** ▷ **décisif, décision**

décidu, ue [desidy] adj. En botanique. *Feuilles décidues,* qui se détachent et tombent selon un rythme saisonnier. → **caduc.**

décigramme [desigʀam] n. m. Dixième partie du gramme (abrév. *dg*). ▶ **décilitre** n. m. Dixième partie d'un litre (abrév. *dl*). ≠ décalitre. ▶ **décimètre** n. m. Dixième partie du mètre (abrév. *dm*). ≠ décamètre.

décimal, ale, aux [desimal, o] adj. et n. f. Qui procède par dix ; qui a pour base le nombre dix. *Nombre décimal,* composé d'une partie entière et d'une partie constituée par une fraction décimale. *3,25 est un nombre décimal.* – N. f. Chacun des chiffres placés après la virgule, dans un nombre décimal. *3,25 a deux décimales.*

décimer [desime] v. tr. < conjug. 1 > Faire périr une grande proportion (d'un ensemble de personnes ou d'animaux). – REM. D'abord, faire mourir un sur **dix.** *Épidémie qui décime une population, une ville, un troupeau.*

décisif, ive [desizif, iv] adj. 1· (Choses) Qui décide. → **capital, prépondérant.** *La pièce décisive d'un procès.* – Qui résout une difficulté, tranche un débat. → **concluant, péremptoire.** *Un argument décisif.* – Qui conduit à un résultat définitif, capital. *Moment décisif.* 2· (Personnes) Qui annonce la décision. *Prendre un ton décisif.* → **péremptoire, tranchant.**

décision [desizjɔ̃] n. f. 1· Jugement qui apporte une solution. → **arrêt, décret, sentence, verdict.** *Décision judiciaire, administrative.* 2· Fin de la délibération dans l'acte volontaire de faire ou ne pas faire (une chose). → **détermination, résolution.** *Prendre une décision.* → **décider.** *Il a pris la décision de démissionner.* → **parti.** *Sa décision est prise. Obliger qqn à prendre une décision. Revenir sur sa décision,* l'annuler. 3· Qualité qui consiste à ne pas atermoyer ou changer sans motif ce qu'on a décidé. → **caractère, fermeté, volonté.** *Esprit de décision. Agir avec décision, beaucoup de décision.* / contr. hésitation / ▶ **décisionnaire** n. et adj. 1· N. → **décideur.** 2· Adj. Qui concerne la prise de décision. *Comité consultatif et comité décisionnaire.* ▷ **indécision**

déclamer [deklame] v. tr. < conjug. 1 > Dire en rythmant fortement ou avec emphase. *Déclamer un texte, un poème.* ▶ **déclamation** n. f. Action de déclamer. – Péj. Emploi de phrases emphatiques ; ces phrases. ▶ **déclamatoire** adj. Emphatique. *Ton, style déclamatoire.*

déclarer [deklaʀe] v. tr. < conjug. 1 > 1· Faire connaître (un sentiment, une volonté...) d'une façon claire. → **proclamer.** *Déclarer ses intentions.* – *Déclarer la guerre à un pays,* ouvrir les hostilités contre lui. – (Avec attribut) *On l'a déclaré coupable.* – ***Déclarer que*** (+ indicatif). → **assurer, prétendre.** *Il a déclaré que c'était faux.* 2· Faire connaître (à une autorité) l'existence de (une chose, une personne, un fait). *N'avez-vous rien à déclarer* (à la douane) ? *Déclarer ses revenus.* → **déclaration.** 3· ***Se déclarer*** v. pron. : donner son avis. *Il ne veut pas se déclarer sur ce point.* → **se prononcer.** *Se déclarer pour, contre.* – (Avec attribut) Se dire (tel). *Elle se déclare lésée dans cette affaire.* – Faire une déclaration (d'amour). *Ne pas oser se déclarer.* – (Phénomène dangereux) Se manifester. *La fièvre s'est déclarée brusquement.* → **apparaître, commencer.** ▶ **déclaré, ée** adj. *Être l'ennemi déclaré de qqn.* → 1 **juré.** ▶ **déclaratif, ive** adj. Qui donne déclaration de qqch. – En grammaire. *Verbe déclaratif,* qui exprime une communication (ex. : *affirmer, annoncer, dire*...). ▶ **déclaration** n. f. 1· Action de déclarer ; discours ou écrit par lequel on déclare. *Déclaration des droits de l'homme. Le témoin a confirmé ses déclarations. Déclaration officielle. Faire une déclaration solennelle. Faire une déclaration à la presse.* 2· Aveu qu'on fait à une personne de l'amour qu'on éprouve pour elle (souvent iron.). *Déclaration d'amour. Faire sa déclaration à qqn.* 3· Action de déclarer l'existence d'une situation de fait ou de droit. *Déclarations d'état civil* (décès, naissance). *Faire sa déclaration d'impôts,* des revenus imposables. 4· *Déclaration de guerre,* action de déclarer la guerre. ▷ **télédéclarer**

1 **déclasser** [deklase] v. tr. < conjug. 1 > Déranger (des objets classés). *Déclasser des papiers, des livres.*

2 **déclasser** v. tr. < conjug. 1 > 1· Faire passer dans une classe, une catégorie inférieure. *Déclasser un hôtel. Il se plaint d'être déclassé dans son nouvel emploi.* – Au p. p. adj. *Voiture de première déclassée.* 2· Rétrograder (un concurrent). *Il est arrivé premier, mais on l'a déclassé.*

déclencher [deklɑ̃ʃe] v. tr. < conjug. 1 > 1· Déterminer la production de (un phénomène) par un mécanisme. *Déclencher la sonnerie d'un réveil. L'ouverture de cette porte déclenche une sonnerie d'alarme.* 2· Déterminer brusquement (une action, un phénomène). → **provoquer.** *Déclen-*

cher une révolte, une crise. Déclencher la panique. – Pronominalement (réfl.). *Le processus se déclenche.* → **commencer.** ▶ **déclenchant, ante** adj. *Les facteurs déclenchants d'une maladie.* ▶ **déclenchement** n. m. *Le déclenchement des hostilités.*

déclic [deklik] n. m. **1·** Mécanisme qui déclenche. *Faire jouer un déclic.* **2·** Bruit sec produit par ce qui se déclenche. *Le déclic d'un appareil de photo. Des déclics répétés.* **3·** Fam. Déclenchement soudain (d'un processus).

① **décliner** [dekline] v. tr. < conjug. 1 > **1·** Repousser (ce qui est proposé, attribué). *Décliner une invitation, un honneur.* → **refuser.** – *Décliner toute responsabilité.* → **rejeter.** **2·** Appliquer le système des déclinaisons, en grammaire. *Décliner « rosa », « dominus ».* – Pronominalement. *Adjectif qui se décline.* **3·** Commerce. Donner plusieurs formes à (un produit). *Décliner un tissu en plusieurs couleurs.* **4·** *Décliner ses nom, prénoms, titres et qualités.* → **dire, énoncer.** ▶ **déclinable** adj. Susceptible d'être décliné (2). *Mot déclinable.* ▶ **déclinaison** n. f. Ensemble des formes → **désinence** que prennent les noms, pronoms et adjectifs des langues à flexion, suivant les nombres, les genres et les cas. *Les cinq déclinaisons latines. La déclinaison allemande, hongroise.*

② **décliner** v. intr. < conjug. 1 > Être dans son déclin. → **baisser, diminuer, tomber.** *Le jour commence à décliner.* – *Sa santé décline.* → **s'affaiblir, décroître.** ▶ **déclin** [deklɛ̃] n. m. État de ce qui diminue, commence à régresser. *Le déclin de popularité d'un chanteur. Être sur son déclin. Le déclin du jour.* → **crépuscule.** – *Le déclin de la vie, de l'âge.* → **vieillesse.** – *Une civilisation en déclin.* → **décadence.** ▶ **déclinant, ante** adj. Qui est sur son déclin. *Forces déclinantes.*

déclivité [deklivite] n. f. État de ce qui est en pente. *La déclivité d'un terrain.* → **inclinaison.**

déclouer [deklue] v. tr. < conjug. 1 > Défaire (ce qui est cloué). *Déclouer une caisse.*

① **décocher** [dekɔʃe] v. tr. < conjug. 1 > **1·** Lancer par une brusque détente. *Décocher un coup à qqn.* – Loc. métaph. *Décocher une flèche,* attaquer plus ou moins directement avec ironie. **2·** Envoyer comme une flèche. *Décocher une remarque.*

② **décocher** [dekɔʃe] v. tr. < conjug. 1 > *Décocher une case,* enlever le signe qui y figure. *Décochez la case assurance si vous ne souhaitez pas en bénéficier.*

décoction [dekɔksjɔ̃] n. f. Action de faire bouillir dans un liquide une substance pour en extraire les principes solubles ; liquide ainsi obtenu. → **infusion, tisane.** *Préparer une décoction de plantes, de racines.*

décoder [dekɔde] v. tr. < conjug. 1 > Analyser le contenu d'un message (selon un code). → **décrypter.** ▶ **décodeur** n. m. Appareil permettant de restituer en clair un signal (de télévision) crypté à l'émission.

décoiffer [dekwafe] v. tr. < conjug. 1 > **1·** Déranger la coiffure, l'ordonnance des cheveux de (qqn). → **dépeigner.** *Le vent l'a décoiffé.* Au p. p. *Être décoiffé.* / contr. coiffer, recoiffer / **2·** Fam. (sans compl.) Causer une grande surprise, surprendre en excitant. *Une pub qui décoiffe.*

décoincer [dekwɛ̃se] v. tr. < conjug. 3 > Dégager (ce qui est coincé, bloqué). *Décoincer un tiroir bloqué.* → **débloquer.**

décolérer [dekɔleʀe] v. intr. < conjug. 6 > (Emploi négatif) *Ne pas décolérer,* ne pas cesser d'être en colère.

① **décoller** [dekɔle] v. < conjug. 1 > **1·** Détacher ce qui est collé. *Décoller un timbre.* – Pronominalement. *Affiche qui se décolle.* **2·** Au p. p. adj. *Oreilles décollées,* qui s'écartent de la tête. ▶ **décollement** n. m. Action de décoller. – Séparation d'un organe, ou d'une partie d'organe, des régions anatomiques qui lui sont normalement adhérentes. *Un décollement de la rétine.*

② **décoller** v. intr. < conjug. 1 > (Appareils de locomotion aérienne) Quitter le sol (la mer, etc.), opposé à *amerrir, atterrir.* → **s'envoler.** *Attachez vos ceintures, l'avion va décoller.* → **partir.** ▶ **décollage** n. m. *Les passagers doivent attacher leur ceinture avant le décollage.* / contr. atterrissage /

③ **décoller** v. intr. < conjug. 1 > Fam. Maigrir. *Décoller à vue d'œil.*

décolleter [dekɔlte] v. tr. < conjug. 4 > **1·** Couper (un vêtement) de sorte qu'il dégage le cou. → **échancrer.** *Décolleter un corsage.* – Au p. p. adj. *Robe décolletée,* qui laisse voir le cou et une partie de la gorge. **2·** Pronominalement. *Se décolleter,* porter un vêtement décolleté. – Au passif. *Elle était très décolletée.* ▶ **décolleté** n. m. **1·** Bords d'un vêtement décolleté. *Un décolleté en pointe.* **2·** Partie de la gorge laissée nue par le décolleté. *Elle a un beau décolleté.*

décoloniser [dekɔlɔnize] v. tr. < conjug. 1 > (État) Rendre l'indépendance à (un pays annexé) → **colonie** (I, 1) ou à (un peuple). / contr. coloniser / ▶ **décolonisation** n. f. Cessation, pour un pays, de l'état de colonie ; processus par lequel une colonie devient indépendante. → **indépendance.** / contr. colonisation /

décolorer [dekɔlɔʀe] v. tr. < conjug. 1 > **1·** Altérer, effacer la couleur de. *L'eau oxygénée décolore les cheveux.* – *Elle s'est décoloré les cheveux.* **2·** *Se décolorer* v. pron. : perdre sa couleur. → **se faner,** [1] **passer** (III, 3). *Les affiches se sont décolorées au soleil.* ▶ **décolorant, ante** adj. et n. m. Qui décolore. *Produit décolorant.* – N. m. *L'eau de Javel est un décolorant.* ▶ **décoloration** n. f. *Décoloration des cheveux.* ▶ **décoloré, ée** adj. Qui a perdu sa couleur. *Étoffe décolorée.* → **délavé, passé.** *Cheveux décolorés,* rendus plus clairs.

décombres [dekɔ̃bʀ] n. m. pl. Amas de matériaux provenant d'un édifice détruit. → **déblais, gravats, ruine.** *Être enfoui sous les décombres.*

décommander [dekɔmɑ̃de] v. tr. < conjug. 1 > Annuler la commande de (une marchandise). *Décommander une robe.* – Annuler une invitation. *Décommander un repas.* – Pronominalement. *Se décommander,* annuler un rendez-vous.

décompacter [dekɔ̃pakte] v. tr. < conjug. 1 > En informatique. Rendre sa taille normale à (un fichier). → **décompresser** (2). ▶ **décompactage** n. m.

[1] **décomposer** [dekɔ̃poze] v. tr. < conjug. 1 > Diviser, séparer en éléments constitutifs. → **désagréger, dissocier.** *Décomposer la lumière solaire* (au moyen d'un prisme). – *Décomposer une phrase en propositions. Décomposer un nombre en facteurs premiers.* – Effectuer, en séparant les éléments. *Décomposer un pas de danse.* ▶ **décomposable** adj. Qui peut être décomposé. *Ce texte est décomposable en trois parties.* ▶ [1] **décomposition** n. f. Action de décomposer. *La décomposition de l'eau en hydrogène et oxygène.* → **analyse.**

[2] **décomposer** v. tr. < conjug. 1 > **1·** Altérer chimiquement (une substance organique). → **putréfier.** – Pronominalement. *Poisson qui commence à se décomposer.* → **pourrir. 2·** Altérer passagèrement (les traits du visage). *Il est décomposé,* pâle et défait. – Au p. p. adj. *Avoir une mine décomposée.* ▶ [2] **décomposition** n. f. Altération (d'une substance organique, chimique) suivie de putréfaction. → **pourriture.** *Cadavre en décomposition.* – Fig. *La décomposition d'une société,* sa désorganisation.

décompresser [dekɔ̃pʀese] v. intr. < conjug. 1 > **1·** Relâcher sa tension nerveuse, à la suite d'un effort intense. *Il a besoin de décompresser après son examen.* **2·** En informatique. → **décompacter.** / contr. compresser /

décompression [dekɔ̃pʀɛsjɔ̃] n. f. Cessation ou diminution de la compression, de la pression d'un gaz. → **détente, dilatation.**

décompte [dekɔ̃t] n. m. **1·** Ce qu'il y a à déduire sur une somme qu'on paie. → **réduction. 2·** Décomposition d'une somme en ses éléments. *Faire le décompte d'un salaire.* ▶ **décompter** v. tr. < conjug. 1 > Déduire, retrancher. *Il faut décompter les frais de port.* → **défalquer.**

déconcerter [dekɔ̃sɛʀte] v. tr. < conjug. 1 > Faire perdre contenance à (qqn) ; jeter dans l'incertitude de ce qu'il faut faire, dire ou penser. → **démonter, désorienter, embarrasser.** *Se laisser facilement déconcerter.* ▶ **déconcertant, ante** adj. Qui déconcerte. → **déroutant.** *Attitude déconcertante.*

déconfit, ite [dekɔ̃fi, it] adj. Penaud, dépité. *Air déconfit, mine déconfite.*

déconfiture [dekɔ̃fityʀ] n. f. **1·** Fam. Échec, défaite morale. *La déconfiture d'un parti politique.* **2·** Fam. Ruine financière. → **banqueroute, faillite.** *L'entreprise est en pleine déconfiture.*

décongeler [dekɔ̃ʒle] v. tr. < conjug. 5 > Ramener (ce qui est congelé) à une température supérieure à 0 ° C. ▶ **décongélation** n. f. *La décongélation des surgelés.*

décongestionner [dekɔ̃ʒɛstjɔne] v. tr. < conjug. 1 > **1·** Faire cesser la congestion de. *Décongestionner les poumons.* **2·** Dégager. *Décongestionner le centre de la capitale.*

déconnecter [dekɔnɛkte] v. tr. < conjug. 1 > Supprimer les connexions de (un circuit électrique, un réseau informatique). → **débrancher.**

déconner [dekɔne] v. intr. Fam. Dire des absurdités, des conneries. *Arrête de déconner !* – Faire des conneries. *Il passe son temps à déconner.*

déconnexion [dekɔnɛksjɔ̃] n. f. Action de déconnecter, de se déconnecter ; son résultat.

déconseiller [dekɔ̃seje] v. tr. < conjug. 1 > Conseiller de ne pas faire. → **dissuader.** *Déconseiller à qqn qqch., de faire qqch. Je vous déconseille de partir seul, de rouler de nuit. Je vous déconseille cette voiture, elle est trop fragile.* – Au p. p. adj. *C'est tout à fait déconseillé,* contre-indiqué.

déconsidérer [dekɔ̃sideʀe] v. tr. < conjug. 6 > Priver (qqn) de la considération, de l'estime d'autrui. *Ses erreurs l'ont déconsidéré auprès de ses collègues.* – *Se déconsidérer* v. pron. : se discréditer, perdre l'estime dont on jouissait. *Elle s'est déconsidérée aux yeux du public.*

décontaminer [dekɔ̃tamine] v. tr. < conjug. 1 > Supprimer ou réduire les effets d'une contamination sur (qqn, qqch.). *Décontaminer une rivière polluée par le mercure.* → **dépolluer.** ▶ **décontamination** n. f. *La décontamination de victimes irradiées.*

décontenancer [dekɔ̃tnɑ̃se] v. tr. < conjug. 3 > Faire perdre contenance à. – Pronominalement. *Il se décontenance facilement.* → se **démonter.** – Au p. p. *Il était tout décontenancé,* déconcerté.

décontracter [dekɔ̃tʀakte] v. tr. < conjug. 1 > 1· Faire cesser la contraction musculaire de. → **relâcher.** *Décontracter ses muscles.* 2· *Se décontracter* v. pron. : se détendre. → se **relaxer.** / contr. contracter / ▶ **décontracté, ée** adj. 1· (Muscle) Relâché. – Détendu. 2· Fam. Insouciant, sans crainte ni angoisse. *Il est très décontracté. Allure, ton décontracté.* / contr. contracté / ▶ **décontraction** [dekɔ̃tʀaksjɔ̃] n. f. 1· Relâchement des muscles. / contr. contraction / 2· Détente du corps. / contr. raideur / – Absence d'angoisse, de stress. / contr. angoisse, anxiété /

déconvenue [dekɔ̃vny] n. f. Désappointement causé par un insuccès, une mésaventure, une erreur. → **déception.** *Éprouver une grande déconvenue.*

décor [dekɔʀ] n. m. 1· Ensemble servant à décorer (un intérieur), ou naturellement décoratif. → **ambiance, atmosphère, cadre.** *Vivre dans un décor somptueux. Un décor de verdure.* 2· Représentation figurée du lieu où se passe l'action (théâtre, cinéma, télévision). – Loc. fig. *Changement de décor* : modification brusque d'une situation. 3· Fam. (Véhicules) *Foncer, partir **dans le décor*** : quitter accidentellement la route. ▶ 1 **décorer** v. tr. < conjug. 1 > Pourvoir d'accessoires destinés à embellir. → **orner.** *Décorer un appartement. Décorer un sapin de Noël avec des guirlandes.* ▶ **décorateur, trice** n. Personne qui fait des travaux de décoration ou qui exécute des décors. *Décorateur d'appartements. Décorateur de théâtre.* ▶ **décoratif, ive** adj. Qui sert à décorer. *Plantes décoratives. Peinture décorative.* → **ornemental.** *Le musée des Arts décoratifs.* ▶ 1 **décoration** n. f. Action de décorer ; ce qui décore. *La décoration d'un appartement.*

2 **décorer** v. tr. < conjug. 1 > Remettre à (qqn) une décoration (insigne). *Décorer un soldat. Il va être décoré* (*de la Légion d'honneur,* etc.). ▶ 2 **décoration** n. f. Insigne d'un ordre honorifique. → **cordon, croix, médaille, palme, rosette, ruban.** *Procéder à une remise de décorations. Poitrine couverte de décorations.*

décortiquer [dekɔʀtike] v. tr. < conjug. 1 > 1· Dépouiller de son enveloppe. *Décortiquer des châtaignes, du riz, des écrevisses.* – Au p. p. adj. *Amandes décortiquées.* → **écorcer.** *Acheter des crevettes décortiquées.* 2· Fig. *Décortiquer un texte,* l'étudier dans ses moindres détails. → **éplucher.** ▶ **décorticage** n. m. *Le décorticage du grain.*

décorum [dekɔʀɔm] n. m. sing. Ensemble des règles à observer pour tenir son rang dans la haute société. → **bienséance, protocole.** *Observer le décorum. Les règles du décorum. Décorum royal.*

décote [dekɔt] n. f. 1· Abattement d'impôt. 2· Baisse du cours, de la valeur (d'un titre, d'une monnaie). ▶ **décoter** v. tr.

découcher [dekuʃe] v. intr. < conjug. 1 > Coucher hors de chez soi.

découdre [dekudʀ] v. tr. < conjug. 48 > 1· Défaire (ce qui est cousu). *Découdre une doublure, un bouton.* – Pronominalement. *Le sac s'est décousu.* 2· *En découdre* : se battre. *Il va falloir en découdre.* ▷ **décousu**

découler [dekule] v. intr. < conjug. 1 > S'ensuivre par développement naturel. → **procéder, provenir, résulter.** *Les conséquences qui découlent de son acte. Les résultats qui en découlent.*

découper [dekupe] v. tr. < conjug. 1 > 1· Diviser en morceaux, en coupant ou en détachant (une pièce de viande qu'on sert à table). *Découper un gigot.* – Sans compl. *Couteau à découper.* 2· Couper régulièrement suivant un contour, un tracé. *Découper une pièce de bois. Découper un article de presse.* 3· *Se découper sur* v. pron. : se détacher avec des contours nets. *Montagnes qui se découpent sur le ciel.* 4· *Découpé, ée* p. p. adj. : qui a été découpé ; qui présente des entailles. *Côte découpée. Feuille de chêne découpée.* ▶ **découpage** n. m. 1· Action de découper. *Le découpage de tôles au chalumeau. Découpage d'images en carton.* 2· Image à découper ou découpée. *Faire des découpages.* ▶ **découpure** n. f. 1· Papier découpé. *Une découpure de journal.* → **coupure.** 2· Bord découpé. *Les découpures d'une dentelle, d'une côte rocheuse.*

bien découplé, ée [bjɛ̃dekuple] adj. (Personnes) Bien bâti.

décourager [dekuʀaʒe] v. tr. < conjug. 3 > 1· (Suj. personne ou chose) Rendre (qqn) sans courage, sans énergie, ni envie d'action. *Cette mauvaise nouvelle l'a découragé. Je ne voudrais pas vous décourager. Les médecins ne se laissaient pas décourager par le nombre de blessés.* → **abattre, accabler, démoraliser.** / contr. encourager / – Pronominalement. *Se décourager. Il se décourage à la première difficulté.* – Au p. p. *Être découragé,* abattu, triste. 2· (Suj. personne) Empêcher d'agir, de persévérer (avec *de* + infinitif). *Il m'a découragé de partir.* → **dissuader.** ▶ **décourageant, ante** adj. Propre à découragé, à rebuter. *Nouvelle décourageante.* – (Personnes) *Vous êtes décourageant !* ▶ **découragement** n. m. État d'une personne découragée. *Se laisser aller au découragement.* / contr. courage /

décousu, ue [dekuzy] adj. **1**· Dont la couture a été défaite (→ **découdre**). *Ourlet découscu.* / contr. cousu / **2**· Qui est sans suite, sans liaison. → **incohérent.** *Conversation décousue.* / contr. suivi (2) /

découvrir [dekuvʀiʀ] v. tr. < conjug. 18 > **I**· Concret. **1**· Dégarnir de ce qui couvre. *Découvrir un plat.* – Ne pas couvrir, dégager. *Robe qui découvre le dos.* → **dénuder. 2**· Priver de ce qui protège. → **exposer.** – Aux échecs. *Découvrir son roi.* **II**· **1**· Apercevoir. *Du haut de la colline, on découvre la mer.* – *Découvrir un ami dans la foule.* **2**· Faire connaître (ce qui est caché). → **divulguer, révéler.** *Découvrir ses projets. Découvrir son jeu,* laisser connaître ses intentions. **3**· Arriver à connaître (ce qui était resté caché ou ignoré). → **trouver.** *Découvrir un trésor. Découvrir une belle région inconnue des touristes. Découvrir la cause d'une maladie.* → **déceler.** *Découvrir un virus* (→ **découverte**). ***Découvrir que*** (+ indicatif). → **comprendre.** *J'ai découvert qu'il était très compétent.* **4**· Parvenir à connaître (ce qui était délibérément caché ou qqn qui se cachait). *Découvrir un secret, un complot. Craindre d'être découvert.* → **surprendre. III**· ***Se découvrir*** v. pron. **1**· Ôter ce dont on est couvert. *Il s'agite et se découvre en dormant.* **2**· Ôter son chapeau, sa coiffure. *Se découvrir par respect.* **3**· (Temps) Devenir moins couvert. *Le ciel se découvre.* → **se dégager, s'éclaircir. 4**· (Personnes) Apprendre à se connaître. ▶ ① **découvert, erte** adj. Qui n'est pas couvert. *Avoir la tête découverte.* – Loc. *À visage découvert,* sans masque ; sans détour. – *Terrain découvert.* ▶ ② **découvert** n. m. Ensemble des avances consenties par une banque. *Le découvert d'une caisse, d'un compte.* ▶ **à découvert** loc. adv. **1**· Dans une position qui n'est pas couverte, protégée. *Se trouver à découvert dans la campagne.* **2**· (Compte en banque) Où il n'y a pas (plus) assez d'argent. *Ton compte est à découvert, il faut verser de l'argent.* **3**· → **franchement, ouvertement.** *Agir à découvert,* sans rien cacher. ▶ **découverte** n. f. **1**· Action de découvrir ce qui était ignoré, inconnu. *Découverte d'un trésor, d'un secret.* – *La découverte scientifique. Une grande découverte.* – ***À la découverte*** loc. adv. : afin d'explorer, de découvrir. *Aller, partir à la découverte,* à l'aventure. **2**· Ce qu'on a découvert. *Montrez-moi votre découverte.* → **trouvaille.** ▶ **découvreur, euse** n. Personne qui découvre, a découvert (qqch., un lieu). *Découvreur de trésor.* → **inventeur.**

décrasser [dekʀase] v. tr. < conjug. 1 > Débarrasser de la crasse. → **laver, nettoyer.** *Décrasser du linge. Elle s'est décrassé la figure.* ▶ **décrassage** n. m. *Le décrassage d'un poêle.*

décrépir [dekʀepiʀ] v. tr. < conjug. 2 > Dégarnir du crépi. *Décrépir un mur.* – Au p. p. adj. *Façade décrépie.* ≠ décrépit.

décrépit, ite [dekʀepi, it] adj. Qui est dans une extrême déchéance physique. → **usé, vieux.** *Une vieille femme décrépite.* ≠ décrépi. ▶ **décrépitude** n. f. *La décrépitude d'une civilisation. Tomber en décrépitude.*

décret [dekʀɛ] n. m. **1**· Décision écrite émanant du pouvoir exécutif. → **arrêté, ordonnance.** *Décret publié au Journal officiel. Décret-loi.* **2**· Littér. Décision, volonté d'une puissance supérieure. *Les décrets de la Providence.* → **arrêt.** ▶ **décréter** [dekʀete] v. tr. < conjug. 6 > **1**· Ordonner par un décret, régler. *Décréter l'interdiction de fumer dans les lieux publics.* **2**· Décider avec autorité. *Décréter que* (+ indicatif). *Elle décrète qu'on voyagera de nuit. Il a décrété qu'il resterait.*

décrié, ée [dekʀije] adj. Littér. Attaqué dans sa réputation, dénigré. *Un personnage décrié.*

décrire [dekʀiʀ] v. tr. < conjug. 39 > **1**· Représenter dans son ensemble, par écrit ou oralement. → **dépeindre ; description.** *Décrire une plante, un animal. Décrire en détail.* → **détailler. 2**· Tracer ou suivre (une ligne courbe). *La route décrit une courbe.* ▷ **audiodescription, descriptif, description**

décrisper [dekʀispe] v. tr. < conjug. 1 > Rendre moins crispé, moins tendu. – Pronominalement. *L'atmosphère se décrispe.* ▶ **décrispation** n. f. Fait de détendre ; détente (rapports politiques et sociaux). / contr. crispation /

décrocher [dekʀɔʃe] v. tr. < conjug. 1 > **1**· Détacher une chose qui était accrochée. *Décrocher un tableau.* → **dépendre.** *Décrocher sa veste du portemanteau.* / contr. accrocher / – *Décrocher le téléphone.* Sans compl. *Le téléphone sonne, décroche !* / contr. raccrocher / **2**· Fam. Atteindre, obtenir. → **dénicher.** *Décrocher un diplôme.* **3**· Intransitivement. Rompre le contact avec un ennemi, se replier. – Renoncer à suivre ou à rattraper. *Les deux premiers couraient trop vite : j'ai décroché.* – Fig. Renoncer à suivre, à comprendre. *Le cours est trop difficile : la moitié des élèves a décroché.* **4**· Se détacher de, soit en renonçant à suivre, soit en allant plus vite. *Il a décroché le peloton dans une échappée.* ▶ **décrochage** n. m. *Décrochage scolaire.*

décroiser [dekʀwaze] v. tr. < conjug. 1 > Faire cesser d'être croisé. *Décroiser les bras, les jambes. Décroiser les fils d'un métier à tisser.*

décroître [dekʀwatʀ] v. intr. < conjug. 55, sauf p. p. : *décru*, sans accent circonflexe. > Diminuer progressivement. → **baisser, diminuer.** *Les eaux ont décru, sont décrues. Ses forces décroissent chaque jour.* → **s'affaiblir.** *La fièvre décroît.* → **tomber.** / contr. s'accroître, croître / ▶ **décroissance** n. f. État de ce qui décroît. → **déclin, diminution.** *La décroissance de la natalité.* ▶ **décroissant, ante** adj. Qui décroît. *Aller en nombre décroissant.* ▶ **décrue** n. f. Baisse du niveau (d'un fleuve en crue). / contr. crue / → **étiage.**

décrotter [dekʀɔte] v. tr. < conjug. 1 > Nettoyer en ôtant la boue. *Décrotter ses bottes.* ▶ **décrottoir** n. m. Lame de fer servant à décrotter les chaussures.

décrypter [dekʀipte] v. tr. < conjug. 1 > Traduire (des messages chiffrés dont on ne possède pas la clef). → **déchiffrer, décoder.** *Décrypter un texte.*

déçu, ue [desy] adj. (→ **décevoir**) 1· (Espoir) Qui n'est pas réalisé. *Une attente déçue.* 2· (Personnes) Qui éprouve, qui a éprouvé une déception. *Être déçu par qqn, qqch. Un enfant déçu. Clients, spectateurs déçus.* / contr. comblé, content /

déculotter [dekylɔte] v. tr. < conjug. 1 > Enlever la culotte, le pantalon de (qqn). *Déculotter un enfant.* – ***Se déculotter*** v. pron. : enlever sa culotte, son pantalon. Fig. Avoir une attitude servile.

déculpabiliser [dekylpabilize] v. tr. < conjug. 1 > 1· Libérer (qqn) d'un sentiment de culpabilité. 2· Ôter à (qqch.) son caractère de faute. *Déculpabiliser l'échec scolaire.* ▶ **déculpabilisation** n. f.

décupler [dekyple] v. tr. < conjug. 1 > 1· Augmenter d'au moins dix fois. *Décupler sa fortune.* – Abstrait *La colère décuplait ses forces.* 2· Intransitivement. Devenir dix fois plus grand. *Le prix du terrain a décuplé.*

dédaigner [dedeɲe] v. tr. < conjug. 1 > 1· V. tr. dir. Considérer avec dédain, mépris. *Dédaigner les honneurs.* – Négliger. *Ce n'est pas à dédaigner. Dédaigner les insultes,* n'en pas tenir compte. 2· V. tr. ind. ***Dédaigner de*** (+ infinitif). *Il dédaigne de répondre.* / contr. daigner / ▶ **dédaignable** adj. (En tournure négative) *Cet avantage n'est pas dédaignable,* n'est pas à dédaigner. ▶ **dédaigneux, euse** adj. Qui a ou exprime du dédain. → **fier, hautain, méprisant.** *C'est un homme dédaigneux. Air dédaigneux. Il a pris un ton méprisant et dédaigneux pour me répondre.* → **supérieur.** – N. *Faire le dédaigneux,* ne pas faire cas de (qqch.). ▶ **dédaigneusement** adv. *Regarder dédaigneusement qqch.* ▶ **dédain** [dedɛ̃] n. m. Le fait de dédaigner. → **arrogance, mépris.** *Considérer avec dédain. Sourire de dédain.* – *Le dédain de l'argent. Avoir le plus complet dédain, n'avoir que du dédain pour qqn, qqch.*

dédale [dedal] n. m. 1· Lieu où l'on risque de s'égarer à cause de la complication des détours. → **labyrinthe.** *Un dédale inextricable de rues.* 2· Abstrait. Ensemble de choses compliquées, embrouillées. *On se perd dans le dédale de ses raisonnements. Le dédale d'une intrigue politique, policière.*

1 **dedans** [d(ə)dɑ̃] adv. 1· À l'intérieur. *Vous attendrai-je dehors ou dedans ? « Avez-vous mis le chèque dans l'enveloppe ? – Oui, il est dedans. »* – *Rentrer dedans* (dans qqch., qqn), heurter violemment. *Attention au poteau, vous allez rentrer dedans.* Fam. Attaquer violemment (qqn). *Il va lui rentrer dedans.* – Fam. *Ficher, foutre qqn dedans,* le tromper. *Je me suis fichu dedans.* 2· Loc. ***Là-dedans*** : à l'intérieur de ce lieu, en cet endroit. *Il est caché là-dedans.* → **là.** – ***De dedans, par-dedans*** : de, par l'intérieur. *Le froid saisit en venant de dedans. Il est passé par-dedans.* – ***En dedans*** : vers l'intérieur. *Une fleur blanche en dehors et jaune en dedans.* – Vers le côté intérieur. *Marcher les pieds en dedans.* ▷ **rentre-dedans**

2 **dedans** n. m. invar. 1· *Le dedans.* → **intérieur.** *Le dedans d'une maison. Ce bruit vient du dedans.* 2· ***Au-dedans*** loc. adv. : à l'intérieur, dedans. *Assurer la paix au-dedans.* – Loc. prép. *Au-dedans de,* à l'intérieur de. *Au-dedans de nous,* dans notre for* intérieur.

dédicace [dedikas] n. f. Hommage qu'un auteur fait de son œuvre à qqn, par une inscription imprimée en tête de l'ouvrage. → **dédier.** – Formule manuscrite sur un livre, une photographie pour en faire hommage à qqn. *Une belle, une aimable dédicace.* → **envoi.** ▶ **dédicacer** v. tr. < conjug. 3 > Mettre une dédicace sur. – Au p. p. adj. *Livre dédicacé à un ami.*

dédier [dedje] v. tr. < conjug. 7 > 1· Mettre (un ouvrage) sous le patronage de qqn, par une inscription imprimée ou gravée en tête de l'œuvre. → **dédicacer.** *Elle a dédié son premier roman à sa mère.* 2· Littér. Consacrer, vouer. *Dédier ses efforts à l'intérêt public.* ▷ **dédicace**

se **dédire** [dediʀ] v. pron. < conjug. 37 > REM. Se conjugue comme *dire* sauf 2e pers. plur. indicatif : *vous vous dédisez,* et impératif : *dédisez-vous.* Ne pas tenir sa parole. *Se dédire d'une promesse, d'un engagement.* → **manquer** à, se **rétracter.** ▶ **dédit** n. m. Faculté de ne pas exécuter ou d'interrompre un engagement (en abandonnant une certaine somme). *En cas de dédit.* – Le montant de l'indemnité. *Payer un dédit.*

dédommager [dedɔmaʒe] v. tr. < conjug. 3 > **1·** Indemniser (qqn) d'un dommage subi. → **payer.** *Dédommager qqn d'une perte.* **2·** Donner une compensation à (qqn). *On vous dédommagera de vos efforts. Comment pourrai-je jamais vous dédommager ?* ▶ **dédommagement** n. m. **1·** Réparation d'un dommage. → **indemnité.** *Obtenir une somme d'argent en dédommagement de, à titre de dédommagement.* **2·** Ce qui compense un dommage. → **consolation.** *C'est un dédommagement à ses peines.*

dédouaner [dedwane] v. tr. < conjug. 1 > **1·** Faire sortir (qqch.) de la garde de la douane. *Dédouaner des marchandises.* – Au p. p. adj. *Voiture dédouanée.* **2·** *Dédouaner qqn,* le relever du discrédit dans lequel il était tombé. *Ses amis, ses actes récents l'ont dédouané.* → **blanchir, disculper.** – Pronominalement. *Il cherche à se dédouaner.*

dédoubler [deduble] v. tr. < conjug. 1 > Partager en deux. → **diviser.** *Dédoubler un fil de laine. Dédoubler une classe,* dans une école. – *Dédoubler un train,* faire partir deux trains au lieu d'un. – ***Se dédoubler*** v. pron. : être dédoublé ; se séparer en deux. – Fig. *Je ne peux pourtant pas me dédoubler,* être à deux endroits à la fois. ▶ **dédoublement** n. m. **1·** Action de dédoubler ; son résultat. **2·** *Dédoublement de la personnalité,* état d'un sujet qui présente deux types de comportement : l'un normal, l'autre pathologique.

dédramatiser [dedʀamatize] v. tr. < conjug. 1 > Ôter à (qqch.) son caractère dramatique. *Dédramatiser le divorce.*

1 **déduire** [dedɥiʀ] v. tr. < conjug. 38 > Retrancher (une certaine somme) d'un total à payer. → **défalquer, retenir.** *Déduire d'un compte les sommes déjà versées.* ▶ **déductible** adj. Qui peut être admis en déduction (d'un revenu, d'un bénéfice). *Charges déductibles.* ▶ 1 **déduction** n. f. Le fait de déduire. → **décompte.** *Déduction faite des acomptes, il vous reste cinq cents euros à verser.*

2 **déduire** v. tr. < conjug. 38 > Conclure, décider ou trouver (qqch.) par un raisonnement, à titre de conséquence. *De ce que vous exposez, on peut déduire que l'issue est proche,* il ressort, il résulte que... – Pronominalement. *La solution se déduit naturellement de l'hypothèse.* → **découler.** ▶ 2 **déduction** n. f. Raisonnement par lequel on déduit ; ce qui est déduit.

déesse [deɛs] n. f. **1·** Divinité féminine. *Vénus, déesse de l'amour. Les dieux* et les déesses.* **2·** Loc. *Une allure de déesse,* d'une grâce souveraine. – *Un corps de déesse,* aux lignes parfaites.

de facto [defakto] loc. adv. En droit. De fait. *Le contrat sera annulé de facto* (s'oppose à *de jure*).

défaillir [defajiʀ] v. intr. < conjug. 13 > Tomber en défaillance. → se trouver **mal.** *Être sur le point de défaillir. Elle soutenait le malade qu'elle sentait défaillir. Il défaille de faim.* ▶ **défaillance** [defajɑ̃s] n. f. **1·** Diminution importante et momentanée des forces physiques. → **évanouissement, faiblesse.** *Avoir une défaillance.* **2·** (Choses) Faiblesse, incapacité. *Devant la défaillance des pouvoirs publics.* → **carence.** **3·** *Sans défaillance,* sans défaut, qui agit ou fonctionne sans faiblesse. *Une mémoire sans défaillance.* ▶ **défaillant, ante** adj. (Forces physiques ou morales) Qui s'affaiblit, décline, vient à manquer. → **chancelant, faible.** *Mémoire défaillante.*

défaire [defɛʀ] v. tr. < conjug. 60 > **I· 1·** Réduire (ce qui était construit, assemblé) à l'état d'éléments. *Défaire une installation. Défaire un tricot. Défaire un nœud.* **2·** Supprimer l'ordre, l'arrangement de (qqch.). *Défaire sa valise,* en défaire le contenu. *Défaire son lit.* – Spécialt. Ouvrir en détachant, en dénouant. *Défaire un paquet.* **3·** Détacher, dénouer (les pièces d'un vêtement). *Défaire sa cravate, sa ceinture.* **4·** Mettre en déroute. *Défaire une armée.* → **vaincre ; défaite. II·** ***Se défaire*** v. pron. **1·** Cesser d'être fait, arrangé. *Couture, nœud qui se défait.* – *Les carrières se font et se défont.* **2·** Se débarrasser (de qqn ou qqch.). *Se défaire d'un employé.* → **congédier, renvoyer.** *Se défaire de mauvaises habitudes.* → **perdre.** – Se débarrasser (de qqch.) en vendant. *Se défaire d'un vieux meuble. Je ne veux pas m'en défaire.* ▶ **défait, aite** adj. **1·** Qui n'est plus fait, arrangé. *Lit défait.* → en **désordre.** **2·** Qui semble épuisé. *Visage défait. Mine défaite.* **3·** *Armée défaite,* battue, vaincue. ▶ **défaite** n. f. **1·** Perte d'une bataille. *Essuyer une défaite.* – Perte d'une guerre. *La défaite française de 1871.* **2·** Échec. *Défaite électorale.* / contr. victoire / ▶ **défaitisme** n. m. Attitude de ceux qui ne croient pas à une victoire (et préconisent la cessation des hostilités, l'abandon). – Pessimisme. ▶ **défaitiste** adj. et n. *Des propos défaitistes.* – N. *La guerre s'éternisait et le nombre des défaitistes augmentait.* – Pessimiste.

défalquer [defalke] v. tr. < conjug. 1 > Retrancher d'une somme, d'une quantité. → **déduire.** *Défalquer des frais d'une somme à payer.* ▶ **défalcation** n. f.

1 **défaut** [defo] n. m. **1·** Absence de ce qui serait nécessaire ou désirable. → **manque.** *Défaut d'organisation. Défaut d'attention.* – ***Faire défaut*** : manquer. *Le temps nous fait défaut.* – *Jugement par défaut,* rendu par le tribunal contre une personne qui ne se présente pas, qui fait défaut.

→ par **contumace.** **2·** ***En défaut*** *:* en faute. *Prendre, trouver qqn en défaut. Être, se mettre en défaut,* ne pas respecter une règle, un engagement. **3·** ***À défaut de*** loc. prép. → **faute** de. *À défaut d'un deux-pièces, je prendrai un studio.* – Loc. adv. *À défaut,* s'il n'y a pas mieux.

2 **défaut** n. m. **1·** Imperfection physique. → **anomalie.** *Défaut de prononciation. Défaut de fabrication.* **2·** Partie imparfaite, anormale dans une matière. *Les défauts d'une étoffe. Ce diamant a un léger défaut.* → **défectueux.** **3·** Imperfection morale. / contr. qualité / *Gros et petits défauts.* **4·** Ce qui est imparfait, insuffisant dans une œuvre, une activité. *Les défauts d'une peinture.* – *Les défauts d'une théorie, d'un système, d'une méthode.* → **inconvénient, insuffisance.**

défaveur [defavœʀ] n. f. Perte de la faveur, de l'estime. → **discrédit.** *S'attirer la défaveur du public. Être en défaveur auprès de qqn,* en disgrâce. ▷ **défavorable, défavoriser**

défavorable [defavɔʀabl] adj. Qui n'est pas favorable. *Circonstances défavorables.* → **contraire, désavantageux.** *Le directeur s'est montré défavorable au projet. La situation nous est défavorable. Avis, opinion défavorable.* ▶ **défavorablement** adv.

défavoriser [defavɔʀize] v. tr. < conjug. 1 > **1·** Priver (qqn) d'un avantage (consenti à un autre). *Des mesures qui défavorisent les petits commerçants.* → **désavantager, frustrer.** **2·** Au passif et p. p. adj. ***(Être) défavorisé, ée.*** *Être défavorisé par le sort. Candidat défavorisé. Classe sociale défavorisée* (les *défavorisés,* n.). *Pays défavorisé.* → **déshérité, pauvre, sous-développé.** / contr. favorisé, privilégié /

défectif, ive [defɛktif, iv] adj. (Verbe) Qui ne possède pas toutes les formes du type de conjugaison auquel il appartient (ex : *choir, clore, quérir*).

défection [defɛksjɔ̃] n. f. **1·** Abandon d'une cause, d'un parti auquel on appartient. *Faire défection.* **2·** Fait de ne pas venir là où l'on était attendu. *Malgré la défection de plusieurs exposants, la foire aura lieu.*

défectueux, euse [defɛktɥø, øz] adj. Qui présente des imperfections, des défauts. → **imparfait, insuffisant, mauvais.** *Article défectueux. Installation défectueuse.* – *Raisonnement défectueux.* → **incorrect.** ▶ **défectuosité** n. f. État de ce qui est défectueux. – Partie défectueuse. *Les défectuosités d'un mécanisme.*

1 **défendre** [defɑ̃dʀ] v. tr. < conjug. 41 > **I·** **1·** Protéger (qqn ou qqch.) contre une attaque en se battant. *Défendre qqn au péril de sa vie. Défendre une frontière.* – *Défendre chèrement sa vie.* **2·** Loc. ***À son corps défendant*** *:* à contrecœur. *Il a accepté à son corps défendant.* **3·** Soutenir (qqn, qqch.) contre les accusations, les attaques. *L'avocat défend son client.* → **plaider** pour. *Défendre une opinion, un point de vue.* → **soutenir.** **4·** (Choses) Protéger contre les attaques. *Vêtement qui défend bien du froid.* → **garantir, préserver.** **II·** ***Se défendre*** v. pron. **1·** Résister à une attaque. → **lutter.** *Se défendre comme un lion.* → se **battre.** – Fam. Être apte à faire qqch. *Il se défend bien,* il se débrouille. **2·** Se justifier. *Il n'a pas pu se défendre contre cette accusation.* – Refuser d'admettre. *Il se défend d'être privilégié.* → **nier.** **3·** ***Se défendre de, contre*** *:* se protéger, se préserver. *Se défendre du froid, de la pluie. Se défendre contre le découragement.* – *Se défendre d'un sentiment de pitié.* → se **retenir.** – (+ infinitif). → s'**interdire.** *Il se défend de conclure. Il se défend d'intervenir.* → se **garder.** **4·** Au passif. Être défendable. *Votre position se défend.* ▶ **défendable** adj. Qui peut être défendu. *Cette position n'est pas défendable.* → **indéfendable.** – *C'est défendable,* ça se défend, c'est raisonnable, explicable, etc. ▶ **défendeur, défenderesse** n. Droit. Personne contre laquelle est intentée une action en justice (opposé à *demandeur*). ≠ défenseur. ▶ **défendu, ue** p. p. adj. *Un lieu stratégique bien défendu.* ▶ 1 **défense** [defɑ̃s] n. f. **1·** Action de défendre (un lieu) contre des ennemis. / contr. attaque / *La défense du pays. Ligne, position de défense. Ouvrage de défense,* abri, fortification. *Défense contre avions.* → **D. C. A.** – ***Défense nationale*** *:* ensemble des moyens visant à assurer l'intégrité matérielle d'un territoire contre les attaques de l'étranger. *Le ministère de la Défense (nationale).* – *Défense passive,* moyens de protection contre les bombardements aériens. **2·** Action de défendre, de protéger, de soutenir (qqn, qqch.). *Prendre la défense d'un enfant. La défense d'un idéal.* **3·** Le fait de se défendre, de résister (au moral et au physique). *Moyens de défense. L'instinct de défense. Ne pas opposer de défense.* – *Légitime défense,* par laquelle un acte interdit par la loi pénale est permis en cas d'agression. – *La défense de l'organisme contre les microbes, l'infection. Défenses immunitaires.* **4·** Action de défendre qqn ou de se défendre contre une accusation. *N'avoir rien à dire pour sa défense.* – Le fait de défendre (qqn qui doit être jugé). *Un avocat assurera la défense de l'accusé.* → **défenseur.** *La parole est à la défense* (opposé à *accusation*). ▶ **défenseur** n. ou, au fém., **défenseure** ou **défenseuse** ≠ défendeur. **1·** Personne qui défend qqn ou qqch. contre ceux qui l'attaquent. → **champion, protecteur.** *Un défenseur des libertés. Elle s'est faite le défenseur ou la défenseure des droits de l'homme.* **2·** Personne qui soutient une cause, une doctrine. → **avocat, champion.**

Les défenseurs du libéralisme, du socialisme. **3·** Personne chargée de soutenir les intérêts d'une partie, devant le tribunal. → **avocat.** *C'est une avocate célèbre qui sera son défenseur.* ▶ **défensif, ive** adj. Qui est fait pour la défense. *Armes défensives. Alliance défensive et offensive.* ▶ **défensive** n. f. Disposition à se défendre sans attaquer. *Être, se tenir sur la défensive,* prêt à se défendre contre l'attaque. / contr. offensive /

② **défendre** v. tr. < conjug. 41 > ***Défendre** qqch.* ***à** qqn ;* ***défendre à** qqn* ***de*** (+ infinitif) : ordonner de ne pas avoir, de ne pas faire. → **interdire.** *Le médecin lui défend l'alcool, de boire de l'alcool. La loi défend cela.* – *Défendre que* (+ subjonctif). *Il défend qu'on sorte.* – Au passif et p. p. adj. *Le tabac lui est défendu. Il est strictement défendu de fumer ; c'est défendu.* → **défense** de. ▶ ② **défense** n. f. Le fait de défendre, d'interdire. → **interdiction.** *Une défense absolue, stricte.* – *Défense de* (+ infinitif). *Défense d'afficher.* – Loc. littér. ***Faire défense de*** : interdire. / contr. autorisation, permission /

défenestrer [defənestʀe] v. tr. < conjug. 1 > Faire tomber, jeter (qqn) par une fenêtre.

① et ② **défense** → ① et ② **défendre.**

③ **défense** n. f. Dent très saillante (chez quelques animaux), qui leur sert de moyen de défense. *Les défenses d'un sanglier, d'un éléphant.* – Spécialt. Défense d'éléphant. *L'ivoire des défenses.*

déféquer [defeke] v. intr. < conjug. 6 > Didact. Expulser les matières fécales. → fam. faire **caca ;** vulg. **chier.**

① **déférer** [defeʀe] v. tr. < conjug. 6 > Traduire (un prévenu) devant l'autorité judiciaire compétente. *Déférer un présumé coupable à la justice.* ▶ **déférement** n. m. *Déférement d'un prévenu au parquet.*

② **déférer** v. tr. indir. < conjug. 6 > Céder (à qqn) par respect. *Déférer au désir de qqn.* → s'en **rapporter,** s'en **remettre.** ≠ ① déférer, déferrer. ▶ **déférence** n. f. Considération très respectueuse que l'on témoigne à qqn. *Traiter qqn avec déférence. Faire qqch. par déférence.* → **égard.** ▶ **déférent, ente** adj. *Se montrer déférent envers une personne âgée. Parler sur un ton déférent.*

déferler [defɛʀle] v. intr. < conjug. 1 > Se dit des vagues qui se brisent en écume en roulant sur elles-mêmes. – Se précipiter à la manière d'une vague. *Les manifestants déferlèrent sur la place.* ▶ **déferlant, ante** adj. Qui déferle. *Vague déferlante,* et n. f., *une déferlante.* ▶ **déferlement** n. m. *Le déferlement des vagues.* → **ressac.** – Abstrait. *Un déferlement d'enthousiasme.*

déferrer [defeʀe] v. tr. < conjug. 1 > *Déferrer un cheval,* lui retirer le ou les fers qu'il a aux sabots. ≠ déférer. *Le maréchal-ferrant ferre et déferre les chevaux.*

défi [defi] n. m. **1·** Déclaration agressive par laquelle on exprime à qqn qu'il ou elle est incapable de faire une chose. *Lancer un défi. Mettre qqn* ***au défi*** *de faire qqch.* → **défier.** *Je vous mets au défi de faire mieux que moi. Relever le défi,* prendre au mot. **2·** ***Défi à*** : refus de s'incliner devant (qqn ou qqch.). *Un défi au bon sens.* → **insulte. 3·** Anglic. Obstacle, difficulté à surmonter (dans la société, dans l'activité économique). → anglic. **challenge.**

défiance [defjɑ̃s] n. f. Sentiment d'une personne qui se défie. → **méfiance, suspicion.** *Un air de défiance. Inspirer, éveiller la défiance ; mettre en défiance.* / contr. confiance / ▶ **défiant, ante** adj. *Un air défiant.* → **méfiant.** / contr. confiant /

défibrillateur [defibʀilatœʀ] n. m. Appareil électrique servant à rétablir le rythme cardiaque d'un patient victime de fibrillation*.

déficient, ente [defisjɑ̃, ɑ̃t] adj. et n. Qui présente une insuffisance organique ou mentale. *Organisme déficient. Intelligence déficiente. Cet enfant est déficient.* → **débile.** – N. *Une déficiente légère.* ▶ **déficience** n. f. *Déficience cardiaque ; mentale.* ▷ **immunodéficience**

déficit [defisit] n. m. Ce qui manque pour équilibrer les recettes avec les dépenses. *Déficit budgétaire. Combler un déficit.* / contr. bénéfice / ▶ **déficitaire** adj. Qui se solde par un déficit. *Budget, entreprise déficitaire.* / contr. bénéficiaire / – Insuffisant. *Récolte déficitaire.* / contr. excédentaire /

① **défier** [defje] v. tr. < conjug. 7 > **1·** Mettre (qqn) au défi de faire qqch. – Vieilli. *Défier qqn,* le provoquer par un défi. – Mod. ***Défier*** *qqn* ***de*** (+ infinitif) : mettre au défi. *Je vous défie de faire mieux.* – Jeux. *Défier un adversaire. Défier qqn aux échecs,* lui proposer de jouer, pour le battre. **2·** (Choses) N'être aucunement menacé par. *Des prix qui défient toute concurrence.* **3·** Refuser de se soumettre à. → **affronter, braver.** *Défier la mort.* ▷ **défi**

② **se défier** v. pron. < conjug. 7 > Littér. Avoir peu de confiance en ; être, se mettre en garde contre. → se **méfier.** *Je me défie de ses promesses. Se défier de soi-même,* avoir peu de confiance en soi, en ses capacités. → **douter.** / contr. se fier / ▷ **défiance**

défigurer [defigyʀe] v. tr. < conjug. 1 > **1·** Abîmer le visage de. *Des brûlures au visage l'ont défiguré.* – Au passif. *Être défiguré par des brûlures.* ≠ dévisager. **2·** Donner une reproduction ou une description fausse de. → **dénaturer.** *Défigurer les faits.* → **déformer, travestir.** *Défigurer les intentions de qqn.*

1 **défiler** [defile] v. intr. < conjug. 1 > **1·** Marcher en file, en colonne. *Défiler deux par deux. Des manifestants défilaient.* **2·** Se succéder sans interruption. *Les visiteurs ont défilé toute la journée. Images qui défilent devant les yeux. Mille pensées défilaient dans sa tête.* ▶ 1 **défilé** n. m. Couloir naturel si resserré qu'on n'y peut passer qu'à la file. → **couloir, passage.** *Défilé entre deux montagnes.* ▶ 2 **défilé** n. m. Manœuvre des troupes qui défilent. *Assister au défilé du 14 Juillet.* – Marche de personnes, de voitures disposées en colonne, en file. *Défilé de manifestants. Un défilé de mode.* – Succession. *Un défilé de visiteurs, de témoins.*

2 se **défiler** v. pron. < conjug. 1 > Fam. Se cacher ou se récuser au moment critique. → se **dérober.** *Je comptais sur eux, ils se sont tous défilés.*

définir [definiʀ] v. tr. < conjug. 2 > **1·** Déterminer par une formule précise l'ensemble des caractères qui appartiennent à un concept, à une idée générale (et correspondent à une classe de choses). *On définit un concept et on décrit un objet. Définir un mot,* donner ses significations (→ **définition**). **2·** Caractériser (une chose, une personne particulière). *Une sensation difficile à définir.* → **indéfinissable. 3·** Préciser l'idée de. → **déterminer.** *Conditions qui restent à définir.* ▶ **défini, ie** adj. **1·** Qui est défini. *Mot bien défini.* **2·** Qui est déterminé, précis. *Avoir une tâche définie à remplir. Dans des proportions définies.* / contr. indéfini, indéterminé / **3·** *Article défini* : qui se rapporte (en principe) à un objet particulier, déterminé (masc. *le*, fém. *la*, plur. *les*). ▶ **définissable** adj. Que l'on peut définir. *Une impression difficilement définissable.* ▶ **définition** n. f. **1·** Opération par laquelle on définit un concept (en énumérant ses caractères ou tous les objets auxquels il renvoie). – Phrase qui définit un élément du lexique (mot, expression). *La définition d'un mot. Les définitions du dictionnaire.* **2·** Caractérisation → **description** ou action de préciser.
▷ **définitif, indéfini, indéfinissable, redéfinir**

définitif, ive [definitif, iv] adj. **1·** Qui est défini, fixé de manière qu'il n'y ait plus à revenir sur la chose. → **irrémédiable, irrévocable.** / contr. provisoire / *Les résultats définitifs d'une élection. Sa résolution est définitive.* **2·** ***En définitive*** loc. adv. : après tout, tout bien considéré, en dernière analyse. → **finalement.** *En définitive, ils ont opté pour la solution la plus simple.* ▶ **définitivement** adv. *C'est une affaire définitivement réglée.* / contr. passagèrement, provisoirement, temporairement /

défiscaliser [defiskalize] v. tr. < conjug. 1 > Ne pas, ne plus soumettre à l'impôt. → **détaxer, exonérer.** ▶ **défiscalisation** n. f.

déflagration [deflagʀɑsjɔ̃] n. f. Explosion. *La déflagration a fait sauter toutes les vitres de l'immeuble.*

déflation [deflɑsjɔ̃] n. f. Diminution progressive ou suppression de l'inflation (souvent par réduction des échanges, des revenus, du pouvoir d'achat). / contr. inflation /

déflecteur [deflɛktœʀ] n. m. Petit volet orientable d'une vitre de portière d'automobile, servant à aérer.

défloquer [deflɔke] v. tr. < conjug. 1 > Débarrasser des substances fibreuses (amiante, par ex.) appliquées par flocage. *Défloquer un bâtiment.* ▶ **déflocage** n. m.

déflorer [deflɔʀe] v. tr. < conjug. 1 > **1·** Faire perdre la virginité à (une fille). → **dépuceler. 2·** Abstrait. Faire perdre sa nouveauté, sa fraîcheur à. *Je ne veux pas déflorer le sujet.*

défoliant, ante [defɔljɑ̃, ɑ̃t] adj. Qui provoque la destruction massive de la végétation. *Produit chimique défoliant* ou, n. m., *un défoliant.*

défoncer [defɔ̃se] v. tr. < conjug. 3 > **1·** Briser, abîmer par enfoncement. *Défoncer une porte.* → **enfoncer.** *Défoncer un siège, un sommier.* → **éventrer. 2·** Labourer profondément. *Défoncer un terrain en friche pour le préparer à la culture.* ▶ **défoncé, ée** adj. **1·** Brisé, abîmé par enfoncement. *Un vieux fauteuil défoncé.* **2·** Qui présente de grandes inégalités, de larges trous. *Route, chaussée défoncée.*

déforestation [defɔʀɛstɑsjɔ̃] n. f. Destruction massive de la forêt. *La déforestation de l'Amazonie.* / contr. reforestation /

déformer [defɔʀme] v. tr. < conjug. 1 > **1·** Altérer la forme de. *Il a déformé son pantalon. L'usage a déformé ses chaussures.* – Pronominalement. *Se déformer,* perdre sa forme. *Cette étagère se déforme sous le poids des livres.* – Au p. p. adj. *Une veste toute déformée.* → **avachi, fatigué. 2·** Altérer en changeant. *Vous déformez ma pensée.* → **dénaturer, travestir.** ▶ **déformant, ante** adj. Qui déforme. *Glaces déformantes.* ▶ **déformation** n. f. Action de déformer, de se déformer. – Altération de la forme. – Abstrait. *Déformation de l'esprit.* – ***Déformation professionnelle*** : manières de penser, d'agir prises dans l'exercice d'une profession, et abusivement appliquées à la vie courante.

défouler [defule] v. tr. < conjug. 1 > **1·** Fam. (Suj. chose). Permettre, favoriser l'extériorisation des pulsions. *Viens danser ! Ça va te défouler.*

2· V. pron. réfl. *Se défouler* : libérer, extérioriser ses instincts, son agressivité. *Pendant le carnaval, la ville se défoule.* ▶ **défoulement** n. m. Fait de se défouler. *Un défoulement général.* / contr. refoulement /

défragmenter [defʀagmɑ̃te] v. tr. < conjug. 1 > En informatique. Réorganiser les fichiers dispersés pour optimiser l'exploitation du support. *Défragmenter le disque dur.* ▶ **défragmentation** n. f.

se défraîchir [defʀeʃiʀ] v. pron. < conjug. 2 > (Couleur, étoffe, vêtement) Perdre sa fraîcheur. – Au p. p. adj. *Une robe défraîchie.*

défraiement [defʀɛmɑ̃] n. m. Action de défrayer (1).

défrayer [defʀeje] v. tr. < conjug. 8 > 1· Décharger (qqn) de ses frais (en payant, en le remboursant). *Sa société ne l'a pas défrayé.* – Au passif. *Être défrayé de tout.* 2· *Défrayer la chronique,* en être l'objet, le sujet essentiel. ▷ **défraiement**

défricher [defʀiʃe] v. tr. < conjug. 1 > Rendre propre à la culture (une terre en friche). *Défricher une terre.* – Loc. *Défricher le terrain.* → **déblayer.** *Défricher un domaine scientifique,* en faire une première étude. ▶ **défrichage** ou **défrichement** n. m.

défriser [defʀize] v. tr. < conjug. 1 > 1· Défaire la frisure de. *Défriser une chevelure crépue.* – Au p. p. *Cheveux défrisés par la pluie.* / contr. friser / 2· Fam. (Compl. personne) Déplaire, contrarier (en parlant d'un fait). *Son insolence me défrise.*

défroisser [defʀwase] v. tr. < conjug. 1 > Remettre en état (ce qui est froissé). *Défroisser un billet.*

défroque [defʀɔk] n. f. Vieux vêtements démodés et bizarres. → **frusque, hardes.** *Qu'est-ce que c'est que cette défroque ?*

défroqué, ée [defʀɔke] adj. Qui a abandonné l'état de moine ou de prêtre. *Un prêtre défroqué,* qui a abandonné le froc [2]. – N. *Un défroqué.*

défunt, unte [defœ̃, œ̃t] adj. et n. 1· Littér. Qui est mort. *Sa défunte mère.* – N. *Les enfants de la défunte.* 2· Littér. → **passé, révolu.** *Les amours défunt(e)s.*

dégager [degaʒe] v. tr. < conjug. 3 > I· 1· Cesser d'engager, libérer d'un engagement. *Dégager sa parole, sa responsabilité.* 2· Libérer (de ce qui enveloppe, retient). *Dégager un blessé des décombres. Dégager sa main.* – (Vêtements) Rendre plus libre. *Encolure qui dégage les épaules.* 3· Laisser échapper (un fluide, une émanation). → **exhaler, répandre.** *Les plantes dégagent du gaz carbonique.* 4· Isoler (un élément, un aspect) d'un ensemble. → **extraire, tirer.** *Dégager la morale des faits,* la mettre en évidence. *Dégager l'idée principale.* II· Débarrasser, libérer (de ce qui encombre). *Dégager la voie publique.* – Fam. (Personnes) *Allons, dégagez !,* partez, circulez. III· *Se dégager* v. pron. 1· Libérer son corps de ce qui l'enveloppe, le retient. *Faire des efforts pour se dégager.* 2· Se libérer (d'une obligation, d'une contrainte). *Je me suis dégagé à temps de cette affaire.* 3· Devenir libre de ce qui encombre. *La rue se dégage peu à peu. Le ciel se dégage.* → **s'éclaircir.** *Mon nez se dégage.* → se **déboucher.** 4· Sortir (d'un corps). → **émaner,** s'**exhaler.** *Odeur qui se dégage.* 5· Se faire jour. *La vérité se dégage peu à peu.* → se **manifester.** *Il se dégage de cela que...* → **ressortir, résulter.** ▶ **dégagé, ée** adj. 1· Qui n'est pas recouvert, encombré. *Ciel dégagé,* sans nuages. *Nuque dégagée, cou dégagé,* que les cheveux, les vêtements découvrent. *Vue dégagée,* large et libre. → **imprenable.** 2· Qui a de la liberté, de l'aisance. *Démarche dégagée. – Un air, un ton dégagé.* → **cavalier, désinvolte.** ▶ **dégagement** n. m. 1· Rare. Action de dégager, de libérer (de ce qui retient, obstrue). 2· Action de sortir, de se dégager. → **émanation.** *Un dégagement de vapeur, de chaleur.* 3· Passage ; espace libre. *Cette maison manque de dégagements.*

dégaine [degɛn] n. f. Fam. (Personnes) Aspect extérieur ridicule, bizarre. → **allure.** *Quelle dégaine !*

dégainer [degene] v. tr. < conjug. 1 > Tirer (une arme) de son étui. *Dégainer son revolver.* ⌐ Sans compl. Sortir une arme pour se battre. *Il dégaina le premier.* / contr. rengainer /

se déganter [degɑ̃te] v. pron. < conjug. 1 > Ôter ses gants.

dégarnir [degaʀniʀ] v. tr. < conjug. 2 > 1· Dépouiller de ce qui garnit. → **vider.** *Dégarnir une vitrine.* 2· *Se dégarnir* v. pron. : perdre une partie de ce qui garnit. *Ses tempes se dégarnissent,* ses cheveux tombent. *Il se dégarnit,* il perd ses cheveux. – Au p. p. adj. *Un front dégarni.*

dégât [degɑ] n. m. (→ **gâter**) Dommage résultant d'une cause violente. *La grêle a causé de graves dégâts. Constater les dégâts. Dégât des eaux,* occasionné par une fuite d'eau. *Dégâts matériels.* – Fam. *Il y a du dégât. – Limiter les dégâts,* éviter le pire.

dégazer [degɑze] v. intr. < conjug. 1 > (Pétrolier) Débarrasser les citernes, les soutes des résidus d'hydrocarbures. ▶ **dégazage** n. m. *Le dégazage en mer est interdit.*

dégeler [deʒle] v. < conjug. 5 > I· V. tr. 1· Faire fondre (ce qui était gelé). 2· Fam. *Dégeler qqn,* lui faire perdre sa froideur, sa réserve. → **dérider.**

Dégeler l'atmosphère, la détendre. – Pronominalement. *Il commence à se dégeler.* **3·** Débloquer. *Dégeler des crédits, un compte.* **II·** V. intr. Cesser d'être gelé. *La rivière a dégelé.* ▶ **dégel** n. m. Fonte naturelle de la glace et de la neige, lorsque la température s'élève. *C'est le dégel.*

dégénérer [deʒeneʀe] v. intr. < conjug. 6 > **1·** Littér. Perdre les qualités héréditaires. → s'**abâtardir.** *Races qui dégénèrent.* – Perdre ses qualités. → s'**avilir,** se **dégrader,** se **pervertir.** *Le goût dégénère.* / contr. se régénérer / **2·** ***Dégénérer (en)*** : se transformer (en ce qui est pis). → **tourner.** *Dispute qui dégénère. Rhume qui dégénère en bronchite.* ▶ **dégénéré, ée** adj. Qui a perdu les qualités de sa race, de son espèce. *Un arbre, une plante dégénéré(e),* rabougri(e). – N. Fam. *Espèce de dégénéré !* → fam. **taré.** ▶ **dégénérescence** n. f. **1·** Le fait de dégénérer (1). **2·** Détérioration (d'un tissu vivant, d'un organe). *La dégénérescence d'un tissu.* ▶ **dégénératif, ive** adj. *Maladie dégénérative,* maladie évolutive caractérisée par une dégénérescence (2).

dégingandé, ée [deʒɛ̃gɑ̃de] adj. **REM.** Ne pas prononcer [degɛ̃gɑ̃de] Fam. Qui a quelque chose de disproportionné dans sa haute taille et de disloqué dans la démarche.

dégivrer [deʒivʀe] v. tr. < conjug. 1 > Enlever le givre de. *Dégivrer un réfrigérateur.* ▶ **dégivrage** n. m. *Le dégivrage de la vitre arrière d'une voiture.* ▶ **dégivreur** n. m. Appareil pour enlever le givre.

déglinguer [deglɛ̃ge] v. tr. < conjug. 1 > Fam. Disloquer. → **démolir, désarticuler.** *Déglinguer un réveil.* – Au p. p. adj. *Une bicyclette toute déglinguée.*

déglutir [deglytiʀ] v. tr. et intr. < conjug. 2 > Avaler (la salive, les aliments). ▶ **déglutition** n. f.

dégobiller [degɔbije] v. < conjug. 1 > Fam. Vomir. → vulg. **dégueuler.**

dégoiser [degwaze] v. < conjug. 1 > Fam. Parler ; dire (de manière déplaisante). *Dégoiser des insanités.*

dégommer [degɔme] v. tr. < conjug. 1 > Fam. Destituer (qqn) d'un emploi ; faire perdre une place. → **limoger** ; fam. **vider.** *Il s'est fait dégommer.*

dégonfler [degɔ̃fle] v. tr. < conjug. 1 > **1·** Faire cesser d'être gonflé. *Dégonfler un ballon.* – Pronominalement. *Pneu qui se dégonfle.* – Au p. p. adj. *Un pneu dégonflé.* **2·** Fam. (Suj. personne) ***Se dégonfler*** v. pron. : manquer de courage, d'énergie au moment d'agir. → avoir **peur** ; fam. **flancher.** *Il y avait quelques risques, alors il s'est dégonflé.* – Au p. p. substantivé. *Passer pour un dégonflé.* ▶ **dégonflage** n. m. (sens 1 et 2) ▶ **dégonflement** n. m. (sens 1)

dégorger [degɔʀʒe] v. intr. < conjug. 3 > **1·** Déborder, déverser son contenu liquide (dans). *L'égout dégorge dans le collecteur.* **2·** (Dans une préparation culinaire) Rendre un liquide (eau, sang). *Faire dégorger des escargots, des concombres.* ▶ **dégorgement** n. m.

dégoter ou **dégotter** [degɔte] v. tr. < conjug. 1 > Fam. → **découvrir, dénicher, trouver.** *Où avez-vous dégoté ce bouquin ?*

dégouliner [deguline] v. intr. < conjug. 1 > Couler lentement, goutte à goutte ou en filet. *La pluie dégouline du toit.* → **ruisseler.** *La sauce dégouline sur ton chemisier.* ▶ **dégoulinade** n. f. Trace de liquide qui a coulé.

dégoupiller [degupije] v. tr. < conjug. 1 > Enlever la goupille de. *Dégoupiller une grenade.* – Au p. p. adj. *Une grenade dégoupillée.*

dégourdir [deguʀdiʀ] v. tr. < conjug. 2 > **1·** Faire sortir de l'engourdissement. *Elle s'est dégourdi les jambes.* – Pronominalement. *Avoir envie de se dégourdir.* **2·** Débarrasser (qqn) de sa timidité, de sa gêne. → **dessaler.** ▶ **dégourdi, ie** adj. Qui n'est pas gêné pour agir ; qui est habile et actif. → **débrouillard, malin.** *Il n'est pas très dégourdi.* – N. *C'est un dégourdi, une petite dégourdie.*

dégoût [degu] n. m. **1·** Manque de goût (pour la nourriture). → **répugnance, répulsion.** *Le dégoût de la viande. Ressentir du dégoût pour...* **2·** Aversion éprouvée pour qqch., qqn. *Le dégoût du travail. Ce spectacle inspire le dégoût.* **3·** Fait de se désintéresser par lassitude. *Avoir le dégoût de tout.* → **écœurement. 4·** *Un dégoût,* sentiment de répugnance, de lassitude. ▶ **dégoûter** v. tr. < conjug. 1 > ≠ dégoutter. **1·** Inspirer du dégoût, une répugnance (physique, morale). *Le lait me dégoûte. Tout me dégoûte.* → **déplaire.** *Leurs procédés me dégoûtent.* **2·** ***Dégoûter de*** : ôter l'envie de. *C'est à vous dégoûter d'être généreux.* – Loc. plaisante. *Si vous n'aimez pas ça, n'en dégoûtez pas les autres !* **3·** ***Se dégoûter*** v. pron. : prendre en dégoût. *Se dégoûter d'un plat, de qqn.* → se **lasser.** – *Je me dégoûte.* – Au passif. *Être dégoûté de.* → **dégoûté.** ▶ **dégoûtant, ante** adj. **1·** Qui inspire du dégoût, de la répugnance (au physique et au moral). *C'est dégoûtant ici !* → **sale.** Fam. *Tu es sale, dégoûtant.* **2·** Moral. *C'est un type dégoûtant.* → **abject, ignoble.** – Fam. Grossier, obscène. *Raconter des histoires dégoûtantes.* → **cochon, sale.** – N. *Vous êtes un vieux dégoûtant.* ▶ **dégoûtation** n. f. Fam. Chose qui dégoûte. ▶ **dégoûté, ée** adj. **1·** Qui éprouve facilement du dégoût (en particulier pour la nourriture). → **délicat, difficile.**

– *Dégoûté de vivre.* → **las.** – N. *Faire le dégoûté,* se montrer difficile (sans raison). – *Il n'est pas dégoûté,* il se contente de n'importe quoi. **2·** ***Dégoûté de*** : qui n'a pas ou plus de goût pour. → **las, lassé.** *Être dégoûté de vivre, de tout.*

dégoutter [degute] v. intr. < conjug. 1 > **1·** Couler goutte à goutte. *La sueur lui dégoutte du front.* **2·** Laisser tomber goutte à goutte. *Cheveux qui dégouttent de pluie.* ≠ dégoûter.

dégradé, ée [degʀade] adj. et n. m. (Lumière, couleur) Dont l'intensité s'affaiblit progressivement. *Des tons dégradés.* – N. m. *Des effets de dégradé. Le dégradé d'une couleur.*

dégrader [degʀade] v. tr. < conjug. 1 > **1·** Destituer (un militaire) de son grade. **2·** Littér. Faire perdre sa dignité, son honneur à (qqn). → **abaisser, avilir.** *La compromission dégrade l'homme.* – Pronominalement. *Il se dégrade en faisant cela.* **3·** Détériorer (un édifice, un objet). *Dégrader des monuments.* – Pronominalement. *Propriété qui se dégrade.* Fig. *Son état de santé se dégrade. La situation sociale se dégrade.* → **se détériorer.** ▶ **dégradant, ante** adj. Qui abaisse moralement. → **avilissant.** *La trahison est dégradante. Il vit dans une misère dégradante.* ▶ **dégradation** n. f. **1·** Destitution infamante d'un grade, d'une dignité. *Dégradation militaire.* **2·** Le fait de dégrader (2). **3·** Détérioration d'un édifice, d'une propriété. → **déprédation.** – Fig. *La dégradation d'une situation. La dégradation des conditions de travail.* → **détérioration.** ▷ **biodégradable**

dégrafer [degʀafe] v. tr. < conjug. 1 > Défaire, détacher ce qui est agrafé. *Dégrafer sa jupe.* – ***Se dégrafer*** v. pron. : se défaire. *Sa robe s'est dégrafée.* / contr. **agrafer** /

dégraisser [degʀese] v. tr. < conjug. 1 > **1·** Débarrasser (qqch.) de la couche de graisse qui recouvre. *Dégraisser un bouillon, une sauce ; de la viande.* **2·** Nettoyer de ses taches de graisse. **3·** Fam. Alléger les frais de, effectuer des économies sur (notamment en licenciant du personnel). *Dégraisser les effectifs d'une entreprise.* ▶ **dégraissage** n. m. **1·** Action de dégraisser ; son résultat. **2·** Allégement des frais (d'une entreprise), notamment par le licenciement du personnel.

① **degré** [dəgʀe] n. m. Littér. Marche d'un escalier. *Les degrés d'un escalier.* – Au plur. Littér. Escalier. *Les degrés d'un temple.*

② **degré** n. m. **I·** **1·** Niveau, position dans un ensemble hiérarchisé. → **échelon.** *Les degrés de l'échelle sociale. Le degré de perfection, d'automatisme d'une machine. Le plus bas, le plus haut degré* → **sommet** *de la hiérarchie.* **2·** État de développement dans une évolution. → **stade.** *Le premier, le dernier degré. Brûlure du second degré.* – Loc. À, *jusqu'à un certain degré.* ***Au plus haut degré.*** → **point.** *Il est ambitieux au plus haut degré.* – ***Par degré(s)*** loc. adv. → **graduellement, progressivement ;** par **échelon,** par **étape,** par **palier.** *S'avancer par degrés.* **3·** État intermédiaire. → **gradation.** *Il y a des degrés entre... Il y a des degrés dans le malheur.* **II·** Dans un système organisé, et sans idée de hiérarchie, de valeur. **1·** Proximité relative dans la parenté. *Le père et le fils sont parents au premier degré. Cousins au premier, au second degré.* **2·** *Degrés de comparaison* (de l'adjectif qualificatif, de l'adverbe). « *Aussi... que* », « *plus... que* », « *le plus* », « *le moins* », « *très* » *sont des formes adverbiales qui marquent le degré de comparaison ou d'intensité de l'adjectif qualificatif.* **3·** *Équation du premier, du second degré,* dont l'inconnue est à la première, à la seconde puissance. **4·** Loc. ***Au second degré.*** *Plaisanterie, humour au second degré,* qui présente **un autre** niveau d'interprétation. – *C'est du second degré,* de l'humour au second degré. – On parle aussi de *troisième..., nième degré.*

③ **degré** n. m. **1·** La 360e partie de la circonférence, unité de mesure des angles. *Angle de 90 degrés* ou *angle droit.* **2·** Division d'une échelle de température. *Degré Fahrenheit. Degré centigrade* ou *Celsius* (symb. *°C*), centième de la différence entre la température de la glace fondante (0°) et celle de l'eau bouillante (100°). *La température a baissé d'un degré. Il fait trente degrés à l'ombre.* – *Degré de concentration d'un alcool,* nombre de cm^3 d'alcool pur par 100 cm^3 de mélange. *Alcool à 90 degrés. Vin de 11, 12 degrés.*

dégressif, ive [degʀesif, iv] adj. Qui va en diminuant. *Tarif, taux dégressif.* – *Impôt dégressif,* dont le taux diminue à mesure que le revenu imposé augmente. / contr. **progressif** /

dégrever [degʀəve] v. tr. < conjug. 5 > Alléger, atténuer la charge fiscale. *Dégrever un contribuable.* ▶ **dégrèvement** n. m. *Accorder un dégrèvement d'impôt.* → **réduction.**

dégriffer [degʀife] v. tr. < conjug. 1 > Enlever à (un vêtement, etc.) la griffe d'origine. – Au p. p. adj. *Vêtements dégriffés* (vendus moins chers).

dégringoler [degʀɛ̃gɔle] v. < conjug. 1 > **1·** V. intr. Descendre précipitamment. → **tomber.** *Le couvreur a dégringolé du toit. Les livres ont dégringolé de l'étagère. Elle a dégringolé dans l'escalier.* – Fam. Abstrait. *Un chiffre d'affaires qui dégringole.* **2·** V. tr. Descendre très rapidement. *Dégringoler l'escalier. Il a dégringolé la pente à toute vitesse.* → **déva-**

ler. ▶ **dégringolade** n. f. Fam. Action de dégringoler ; son résultat. *La dégringolade des cours de la Bourse.* → **chute.**

dégriser [degʀize] v. tr. < conjug. 1 > **1·** Tirer (qqn) de l'état d'ivresse. → fam. **dessoûler.** *L'air frais l'a dégrisé.* **2·** Détruire les illusions, l'enthousiasme, l'exaltation de (qqn). → **désillusionner.** / contr. griser /

dégrossir [degʀosiʀ] v. tr. < conjug. 2 > **1·** Travailler (qqch.) dans une matière brute de manière à donner une première forme encore imparfaite, avant la forme définitive. *Dégrossir un bloc de marbre.* **2·** Fam. *Dégrossir qqn,* lui donner des rudiments de formation, de savoir-vivre. *Son séjour à Paris l'a dégrossi.* – Pronominalement. *Il se dégrossit.* → se **civiliser.** – Au p. p. adj. Loc. *Mal dégrossi,* grossier. ▶ **dégrossissage** n. m. Action de dégrossir (1). *Le dégrossissage d'une pièce de bois.*

déguenillé, ée [degənije] adj. Qui est vêtu de guenilles. → **dépenaillé, loqueteux.**

déguerpir [degɛʀpiʀ] v. intr. < conjug. 2 > Abandonner précipitamment la place. → **décamper,** s'**enfuir,** se **sauver.** *Faire déguerpir qqn.* → **chasser.**

dégueulasse [degœ(ø)las] adj. Fam. et vulg. Sale, répugnant (au physique ou au moral). → **dégoûtant, infect.** *Un travail dégueulasse,* très mauvais. *Un temps dégueulasse.* – N. *Quel dégueulasse !* → **salaud.** – *C'est pas dégueulasse, c'est pas dégueu* [degø], c'est très bon.

dégueuler [degœle] v. < conjug. 1 > Fam. et vulg. Vomir. → **dégobiller, rendre** (II, 1). ▶ **dégueulis** n. m. invar. Vulg. Ce qui est vomi. → **vomissure.** ▷ **dégueulasse**

déguiser [degize] v. tr. < conjug. 1 > **I·** Modifier pour tromper. *Déguiser son visage, sa voix. Déguiser son écriture.* → **contrefaire.** – Abstrait. Littér. Cacher sous des apparences trompeuses. *Déguiser sa pensée.* → **dissimuler.** *Déguiser la vérité.* → **masquer.** **II·** *Se déguiser* v. pron. : s'habiller de manière à être méconnaissable. *Se déguiser en arlequin.* → se **travestir.** – *(Être) déguisé(e). Il est déguisé en Indien. Enfants déguisés.* ▶ **déguisement** n. m. Vêtement qui déguise. *Un déguisement de carnaval.*

déguster [degyste] v. tr. < conjug. 1 > **1·** Boire ou manger avec grand plaisir. – Apprécier (une boisson, un aliment). → **savourer.** *Déguster un bon plat, un vieil alcool.* **2·** Goûter (un vin) pour apprécier la qualité. **3·** Fam. Sans compl. Subir un mauvais traitement. *Qu'est-ce que j'ai dégusté !* ▶ **dégustateur, trice** n. Professionnel(le) qui goûte les vins. ▶ **dégustation** n. f. Action, fait de déguster (1, 2).

se **déhancher** [deɑ̃ʃe] v. pron. < conjug. 1 > Se balancer sur ses hanches, en marchant. → se **dandiner,** se **tortiller.** ▶ **déhanchement** n. m. **1·** Mouvement d'une personne qui se déhanche. **2·** Position du corps lorsque son poids repose sur une hanche. *Le déhanchement d'une statue.*

1 **dehors** [dəɔʀ] adv. **1·** À l'extérieur. *Aller dehors,* sortir. *Je serai dehors toute la journée,* hors de chez moi. – *Mettre, jeter qqn dehors,* chasser, congédier, renvoyer. **2·** *De dehors, par-dehors* loc. adv. : de, par l'extérieur. *Il appelle de (du) dehors. Il est passé par-dehors.* – ***En dehors*** loc. adv. : vers l'extérieur. *Marcher les pieds en dehors. La porte s'ouvre en dehors. Se pencher en dehors.* → 2 **au-dehors.** – ***En dehors de*** loc. prép. : hors de, à l'extérieur de. *Il habite en dehors de la ville. C'est en dehors de la question.* → à **côté.** *En dehors de vous, personne n'est au courant.* → **excepté, hormis.** / contr. dans, dedans /

2 **dehors** n. m. invar. **1·** *Le dehors.* → **extérieur.** *Le dehors d'une boîte. Ce bruit vient du dehors. Les ennemis du dehors et du dedans.* **2·** ***Les dehors*** : l'aspect, l'apparence extérieure. → **enveloppe, masque.** *Des dehors trompeurs. Sous des dehors plaisants.* **3·** ***Au-dehors*** loc. adv. : à l'extérieur. *La rumeur se répand au-dehors. Se pencher au-dehors.* → 1 en **dehors.** – ***Du dehors*** : de l'extérieur. *Les bruits du dehors.* – ***Au-dehors de*** loc. prép. *Au-dehors du pays.*

déifier [deifje] v. tr. < conjug. 7 > Considérer (qqn, qqch.) comme un dieu. → **diviniser.** *Déifier l'homme, la liberté, l'argent.*

déisme [deism] n. m. Position philosophique de ceux qui admettent l'existence d'une divinité, d'un dieu, sans accepter de religion. / contr. athéisme / ▶ **déiste** n. Personne qui professe le déisme. – Adj. *Philosophe déiste.* / contr. athée /

déjà [deʒa] adv. de temps **1·** Dès maintenant. *Il a déjà fini son travail. Il est déjà quatre heures.* – Dès ce moment-là. *Quand il arriva, son ami était déjà parti.* – Loc. adv. ***D'ores et déjà*** : à partir de maintenant. **2·** Auparavant, avant. *Je l'ai déjà rencontré ce matin.* **3·** Fam. (Renforçant une constatation). *C'est déjà bien beau. Ce n'est déjà pas si mal.* – (En fin de phrase, pour réitérer une question) *Comment vous appelez-vous, déjà ?*

déjection [deʒɛksjɔ̃] n. f. Évacuation d'excréments ; excréments.

déjeté, ée [deʒte] adj. (Personnes) Déformé, en mauvais état physique. *Une petite vieille toute déjetée.*

1 **déjeuner** [deʒœne] v. intr. < conjug. 1 > **1·** Prendre le petit déjeuner. *Il est parti travailler sans déjeuner. Il déjeune d'un café noir.* **2·** Prendre

le repas du milieu de la journée (repas de midi). *Nous avons déjeuné au restaurant.* ▶ 2 **déjeuner** n. m. **1·** Repas du milieu de la journée. *À l'heure du déjeuner.* – REM. Ce repas est appelé *dîner* au Canada. **2·** Les mets qui composent ce repas. *Faire un bon déjeuner.* **3·** ***Petit déjeuner*** : repas léger du matin. *Elle prend du thé au petit déjeuner. Petit déjeuner anglais.* → **breakfast.** *Petit déjeuner continental* (français, etc.). – Abrév. fam. **petit déj.** [ptidɛʒ] **4·** ***Déjeuner de soleil*** : ce qui ne dure pas longtemps (objet, sentiment, résolution, entreprise).

déjouer [deʒwe] v. tr. < conjug. 1 > Faire échouer (les manœuvres de qqn). *Déjouer une intrigue, un complot.* – *Déjouer la surveillance.* → **tromper** (3).

se déjuger [deʒyʒe] v. pron. < conjug. 3 > Revenir sur un jugement exprimé, un parti pris. → **changer** d'avis, **se dédire.** *Il peut difficilement se déjuger.*

de jure [deʒyʀe] loc. adv. En droit. De manière juridique (s'oppose à *de facto*).

delà [dəla] prép. et adv. de lieu **1·** ***Par-delà*** loc. prép. : plus loin que, de l'autre côté de. *Par-delà les mers.* – *Par-delà les apparences.* **2·** Adv. ***Au-delà*** : plus loin. *La maison est un peu au-delà.* – ***Au-delà de*** loc. prép. : plus loin de, que. *C'est au-delà de tout ce que vous pouvez imaginer.* / contr. en deçà / **3·** N. m. ***L'au-delà.*** → **au-delà.** ▷ **au-delà**

délabrer [delɑbʀe] v. tr. < conjug. 1 > **1·** Mettre en mauvais état. → **endommager, ruiner.** *Délabrer sa santé par des excès.* **2·** ***Se délabrer*** v. pron. : devenir en mauvais état. → se **dégrader.** *La maison se délabre. Sa santé se délabre.* – Au p. p. adj. *Un vieux château tout délabré. Santé délabrée.* ▶ **délabrement** n. m. → **ruine.** *Le vieux manoir était dans un état de délabrement avancé.*

délacer [delase] v. tr. < conjug. 3 > Desserrer ou retirer (une chose lacée). *Délacer ses chaussures.* / contr. lacer / ≠ délasser.

délai [delɛ] n. m. **1·** Temps accordé pour faire qqch. *Travail exécuté dans le délai fixé. Marchandise livrée dans les délais. Agir dans les délais,* en temps utile. **2·** Prolongation de temps accordée pour faire qqch. *Réclamer un délai. Accorder un délai d'un mois à qqn, pour qqch.* – ***Sans délai*** : sur-le-champ. *Immédiatement et sans délai.* **3·** Temps à l'expiration duquel on sera tenu de faire une certaine chose. → **terme.** – *Délai de préavis,* qui met fin à un contrat de travail. – *Nous prendrons une décision* ***dans les plus brefs délais,*** bientôt, très prochainement.

délaisser [delese] v. tr. < conjug. 1 > **1·** Laisser (qqn) sans secours ou sans affection. → **abandonner.** *Il délaisse sa famille, ses amis.* **2·** Abandonner (une activité). *Délaisser son travail.* → **négliger.** ▶ **délaissé, ée** adj. **1·** (Personnes) Laissé sans affection, sans aide ni secours. *Une épouse délaissée.* **2·** (Choses) Abandonné. *La recherche fondamentale est trop délaissée.* ▶ **délaissement** n. m. Littér. État de ce qui est délaissé.

délasser [delɑse] v. tr. < conjug. 1 > Tirer de l'état de lassitude, de fatigue. → **détendre, reposer.** *Écouter de la musique délasse (l'esprit).* – ***Se délasser*** v. pron. : se reposer en se distrayant. *Aller au cinéma pour se délasser.* / contr. fatiguer, lasser / ≠ délacer. ▶ **délassant, ante** adj. Reposant. ▶ **délassement** n. m. **1·** Le fait de se délasser (physiquement ou intellectuellement). → **détente, loisir.** *Avoir besoin de délassement.* **2·** Ce qui délasse. → **amusement, distraction.** *La lecture est un délassement.*

délateur, trice [delatœʀ, tʀis] n. Personne qui dénonce pour des motifs méprisables. → **dénonciateur.** ▶ **délation** n. f. Dénonciation de caractère méprisable. *Faire une délation. Une méprisable délation.*

délavé, ée [delave] adj. Dont la couleur est, ou semble trop étendue d'eau. → **décoloré, pâle.** *Le ciel est d'un bleu délavé.* – Décoloré (par l'action de l'eau ou d'un produit détersif). *Un jean délavé.*

délayer [deleje] v. tr. < conjug. 8 > **1·** Mélanger (une substance) à un liquide. → **diluer, dissoudre.** *Délayer de la farine dans de l'eau. Délayer de la colle.* **2·** *Délayer une pensée, une idée, un discours,* l'exposer trop longuement, de manière diffuse. – Au p. p. *Son article est trop long, un peu délayé.* ▶ **délayage** [delejaʒ] n. m. Action de délayer (1 et 2). – Ce qui est délayé.

delco [dɛlko] n. m. (Marque déposée) Système d'allumage d'un moteur à explosion (bobine).

se délecter [delɛkte] v. pron. < conjug. 1 > Prendre un très grand plaisir (à qqch.). → se **régaler, savourer.** *Je me suis délecté à l'écouter parler.* ▶ **délectable** adj. Littér. Qui est très agréable. *Mets délectable.* → **savoureux.** ▶ **délectation** n. f. Plaisir que l'on savoure. → **délice.** *Déguster un bon plat avec délectation. Écouter avec délectation.* → **ravissement.**

déléguer [delege] v. tr. < conjug. 6 > **1·** Charger (qqn) d'une mission, en transmettant son pouvoir. *Déléguer un représentant à une assemblée.* **2·** Transmettre, confier (une autorité, un pouvoir) pour un objet déterminé. *Déléguer son autorité, ses pouvoirs à qqn.* ▶ **délégation** n. f. **1·** Acte par lequel on délègue ; attribution, transmission pour un objet déterminé. *Délégation de pouvoir (à qqn).* **2·** Ensemble des personnes déléguées. *Faire partie d'une délégation.*

Envoyer, recevoir une délégation. ▶ **délégué, ée** n. et adj. Personne qui a été chargée d'une fonction, d'un pouvoir. → **émissaire, mandataire, représentant.** *Nommer un délégué. Délégué du personnel. Délégué syndical.*

délester [delɛste] v. tr. < conjug. 1 > **1·** Décharger de son lest. → **alléger.** *Délester un navire.* – Pronominalement. *Le navire, l'avion se déleste d'une charge, de son carburant.* **2·** Iron. *On l'a délesté de son portefeuille,* on le lui a volé (→ On l'a soulagé de...). **3·** Décongestionner (une voie, le trafic routier), par des déviations. ▶ **délestage** n. m. Action de délester (1, 3). *Itinéraire de délestage.*

délétère [deletɛʀ] adj. *Gaz délétère,* qui met la santé, la vie en danger. → **nocif, toxique.**

délibérer [delibeʀe] v. intr. et tr. ind. < conjug. 6 > **1·** Discuter avec d'autres personnes en vue d'une décision à prendre. → se **consulter.** *Le jury délibère.* – *Délibérer de, sur qqch. On n'a pas encore délibéré de l'affaire.* **2·** Littér. Réfléchir sur une décision à prendre, peser le pour et le contre. → **réfléchir.** *Il délibère sur la conduite à tenir.* ▶ **délibérant, ante** adj. Qui délibère (opposé à *consultatif*). *Assemblée délibérante.* ▶ **délibératif, ive** adj. Qui a qualité pour voter, décider dans une délibération (opposé à *consultatif*). *Avoir voix délibérative dans une assemblée.* ▶ **délibération** n. f. **1·** Action de délibérer avec d'autres personnes. → **débat, discussion, examen.** *Mettre (une question) en délibération.* **2·** Examen réfléchi. *Décision prise après mûre délibération.* → **réflexion.** ▶ **délibéré, ée** adj. **1·** Qui a été délibéré, discuté et décidé. → **intentionnel, réfléchi, voulu.** *Par volonté délibérée.* – ***De propos délibéré*** : exprès, volontairement. **2·** Assuré, décidé. *D'un air délibéré.* ▶ **délibérément** adv. De manière délibérée. / contr. à la légère, inconsidérément /

délicat, ate [delika, at] adj. **1·** Littér. Qui plaît par la qualité, la finesse. *Parfum délicat.* → **subtil.** *Nourriture délicate.* → **raffiné.** – Qui plaît par la finesse de l'exécution. *La touche délicate d'un peintre.* → **léger ; élégant.** *Travail délicat,* fini avec soin. **2·** Que sa finesse rend sensible aux moindres influences extérieures. → **fragile.** *Peau, fleur délicate.* – *Un enfant délicat,* facilement malade. / contr. robuste / **3·** Dont la subtilité, la complexité rend la compréhension ou l'exécution difficile. → **embarrassant, malaisé.** *Problème, question délicat(e).* → **complexe.** *Une situation délicate.* → **périlleux. 4·** (Personnes) Qui est doué d'une grande sensibilité. *Esprit délicat.* → **raffiné, subtil.** *Oreille délicate.* – (Au moral) *Il est peu délicat en affaires.* → **scrupuleux.** – *Attention, pensée délicate,* pleine de sensibilité, de tact. **5·** Que sa grande sensibilité rend difficile à contenter. → **exigeant.** *Il ne faut pas être si délicat.* – N. *Il fait le délicat,* le difficile (6). ▶ **délicatement** adv. Finement (*dentelles délicatement ouvragées*) ; légèrement (*prendre délicatement qqch.*) ; élégamment (*agir délicatement*). ▶ **délicatesse** n. f. **1·** Littér. Qualité de ce qui est fin, délicat. *La délicatesse d'un coloris. La délicatesse des traits d'un visage.* → **joliesse. 2·** Finesse et précision dans l'exécution, le toucher. *Faire, prendre qqch. avec délicatesse.* → **délicatement. 3·** Caractère de ce qui est fragile par suite de sa finesse. *La délicatesse et la blancheur de sa peau.* **4·** Aptitude à sentir, à juger, à exprimer finement. → **sensibilité.** *Délicatesse de goût, de jugement. Délicatesse du langage, du style.* **5·** Sensibilité morale dans les relations avec autrui. → **discrétion, tact.** *Elle s'est tue par délicatesse. Manquer de délicatesse. La délicatesse de ses procédés.* ▷ **indélicat**

délice [delis] n. **I·** *Délices* n. f. pl. : plaisir qui ravit, transporte. *Les délices infinies de l'amour. Lieu de délices* (→ **paradis**). – Loc. *Faire ses délices de qqch.,* y prendre un grand plaisir. **II·** N. m. Plaisir vif et délicat. → **félicité, joie.** *Quel délice, de vivre ici ! C'est un délice, un vrai délice de l'écouter chanter.* – *Ce rôti est un délice.* → **régal.** ▶ **délicieux, ieuse** adj. Qui procure un vif plaisir, est extrêmement agréable. → **exquis.** *Sensation délicieuse.* → **divin.** *Femme délicieuse.* → **charmant.** *Fruits délicieux.* → **délectable.** ▶ **délicieusement** adv. *Il fait délicieusement bon.*

délictueux, euse [deliktɥø, øz] adj. Qui a le caractère d'un délit. → **répréhensible.**

délié, ée [delje] adj. et n. m. **1·** Littér. Fin, mince. *Une taille déliée.* → **élancé.** – N. m. *Un délié,* la partie fine, déliée d'une lettre (opposé à *plein*). *Les pleins et les déliés d'une écriture à la plume.* **2·** *Un esprit délié,* qui a beaucoup de pénétration. → **fin, pénétrant, subtil.**

délier [delje] v. tr. < conjug. 7 > **I· 1·** Dégager (qqch., qqn) de ce qui lie. → **détacher.** *Délier les mains d'un prisonnier.* → **libérer.** – Défaire le nœud de. → **dénouer.** *Délier une corde.* **2·** Loc. *Sans bourse délier,* sans rien payer, gratis. – Loc. fig. *Délier la langue de qqn,* le faire parler. – Pronominalement. *Les langues se délient,* on parle. – Au p. p. adj. *Avoir la langue déliée,* être bavard. **II·** Libérer (qqn) d'un engagement, d'une obligation. → **affranchir, dégager.** *Délier qqn d'une promesse.*

délimiter [delimite] v. tr. < conjug. 1 > Déterminer les limites de. *Délimiter la frontière entre deux États.* → **borner, limiter.** – Former la limite de. *Clôtures qui délimitent une propriété.* – Abstrait. *Délimiter les attributions de qqn.* → **définir, fixer.**

Délimiter son sujet. → **circonscrire.** ▶ **délimitation** n. f. *La délimitation d'un champ.* → **bornage.** *Délimitation de frontières.* → **démarcation.**

délinquant, ante [delɛ̃kɑ̃, ɑ̃t] n. et adj. Personne qui commet un délit. *Les jeunes délinquants.* – Adj. *L'enfance délinquante.* ▶ **délinquance** n. f. Ensemble des crimes et des délits considérés sur le plan social. → **criminalité.** *Délinquance juvénile.*

déliquescence [delikesɑ̃s] n. f. Décadence complète ; perte de la force, de la cohésion. → **décomposition, ruine.** *Tomber en déliquescence. Société en déliquescence.* ▶ **déliquescent, ente** adj. En état de déliquescence.

délire [deliʀ] n. m. **1**· Forme de confusion mentale due à certaines fièvres ou intoxications. *Le malade est en plein délire. Les délires de la fièvre.* **2**· Maladie mentale caractérisée par un désordre de la personnalité qui se manifeste par des idées et des perceptions anormales. *Délire paranoïaque, verbal, de persécution.* – *C'est du délire !,* c'est de la folie. **3**· Exaltation, enthousiasme exubérant. *Foule en délire. Quand il apparut, ce fut du délire.* ▶ **délirer** v. intr. < conjug. 1 > **1**· Avoir le délire. → **divaguer.** *Le malade délire.* – *Il délire !* → **déraisonner** ; fam. 2 **dérailler.** **2**· Être en proie à une émotion qui trouble l'esprit. *Délirer de joie, de colère, d'enthousiasme.* ▶ **délirant, ante** adj. Qui manque de mesure, exubérant. *Une imagination délirante.* → **effrénée, extravagant.** *Joie délirante.* – Totalement déraisonnable. *C'est délirant !* → **démentiel, fou.**

delirium tremens [deliʀjɔmtʀemɛs] n. m. invar. (Mots latins signifiant « délire troublant ») Délire (1) aigu accompagné d'agitation et de tremblement, particulier aux alcooliques sevrés ou en état de manque.

délit [deli] n. m. **1**· (Sens large) *Délit (pénal),* toute infraction à la loi, punie par elle. → **contravention, crime.** *Coupable de délit.* → **délinquant.** – *Le corps du délit :* le fait matériel qui constitue le délit, indépendamment des circonstances. – *Flagrant délit :* infraction qui est en train ou qui vient de se commettre. *Un flagrant délit d'adultère.* – Fig. *Je vous prends en flagrant délit de mensonge !* **2**· (Sens restreint) *Délit (correctionnel),* infraction punie de peines correctionnelles (opposé à *contravention* ou à *crime*). → **délictueux.** ▷ **délictueux**

1 **délivrer** [delivʀe] v. tr. < conjug. 1 > **1**· Rendre libre. → **libérer.** *Délivrer un prisonnier enchaîné.* **2**· *Délivrer qqn de,* rendre libre en écartant, en supprimant. → **débarrasser, libérer.** *Délivrer qqn d'un importun, d'un rival. Délivrer qqn d'un mal, d'une crainte.* **3**· *Se délivrer* v. pron. : se libérer, se dégager de. → **s'affranchir.** *Se délivrer d'un fardeau. Se délivrer d'une obsession.* **4**· Au p. p. *Cette obsession dont je ne me sens pas délivré.* ▶ 1 **délivrance** n. f. **1**· Action de libérer (qqn) d'une gêne, d'un mal, d'un tourment ; impression agréable qui en résulte. → **soulagement.** « *Ouf ! ils sont partis. Quelle délivrance !* » **2**· Littér. Accouchement.

2 **délivrer** v. tr. < conjug. 1 > Remettre (qqch.) à qqn. *On lui a délivré un certificat, un reçu. Le médecin délivre une ordonnance.* ▶ 2 **délivrance** n. f. *La délivrance d'un passeport à qqn.*

délocaliser [delɔkalize] v. tr. < conjug. 1 > Changer l'emplacement, le lieu d'implantation de (une activité). – Implanter (une unité de production) à l'étranger. – Au p. p. adj. *Une usine délocalisée.* ▶ **délocalisation** n. f.

déloger [delɔʒe] v. tr. < conjug. 3 > Faire sortir (qqn) du lieu qu'il, elle occupe. → **chasser, expulser** ; fam. **vider.** *Déloger un locataire. Déloger l'ennemi de ses positions.*

déloyal, ale, aux [delwajal, o] adj. Qui n'est pas loyal. → **faux, trompeur.** *Être déloyal envers qqn.* – *C'était déloyal de nous prendre par surprise.* – *Procédé, concurrence déloyal(e).* ▶ **déloyauté** [delwajote] n. f. Manque de loyauté. → **fausseté, malhonnêteté, perfidie.** *Faire acte de déloyauté.* – *La déloyauté d'un procédé.*

delta [dɛlta] n. m. **1**· N. m. invar. Quatrième lettre de l'alphabet grec (Δ). *Des delta majuscules.* **2**· Dépôt d'alluvions émergeant à l'embouchure d'un fleuve et la divisant en bras de plus en plus ramifiés. *Le delta du Rhône. Des deltas immenses.* **3**· *Ailes d'avion en delta,* en triangle. – En appos. Invar. *Avions à ailes delta.* ▶ **deltaplane** n. m. Aile volante, planeur très léger supportant une personne. REM. On dit aussi *aile delta, aile libre.* – Ce sport. *Faire du deltaplane.* ▷ **deltoïde**

deltoïde [dɛltɔid] adj. et n. m. Anatomie. Du muscle triangulaire de l'épaule. – *Le deltoïde.*

déluge [dɛlyʒ] n. m. **1**· (Avec majuscule). *Le Déluge,* envahissement de la terre par les eaux, selon la Bible. *L'arche de Noé échappa au Déluge.* – Loc. *Remonter au déluge,* très loin dans le passé. *Après moi (nous) le déluge !,* profitons du présent sans souci des catastrophes à venir. **2**· Pluie très abondante, torrentielle. → **trombe, cataracte ; diluvien.** *La pluie redouble, quel déluge !* – *Déluge de larmes.* → **torrent.** *Un véritable déluge de paroles.*

déluré, ée [delyʀe] adj. Qui a l'esprit vif et avisé, qui est habile à se tirer d'embarras. → **dégourdi, espiègle, malin.** *Une enfant délurée.*

– *Air déluré.* → **éveillé, vif.** – Péj. D'une hardiesse excessive, provocante. → **effronté.** *C'est une fille bien délurée.*

démagnétiser [demaɲetize] v. tr. < conjug. 1 > Supprimer le caractère magnétique, l'aimantation de. – Au p. p. adj. *Carte de crédit démagnétisée.*

démagogie [demagɔʒi] n. f. Politique par laquelle on flatte les passions populaires pour mieux les exploiter. *Il fait de la démagogie pour se faire élire.* → **démagogue.** ▶ **démagogique** adj. *Discours démagogiques.* ▶ **démagogue** n. Personne qui fait de la démagogie. *Le démagogue est le pire ennemi de la démocratie. C'est une démagogue.* – Adj. *Politicien démagogue.*

se démailler [demɑje] v. pron. < conjug. 1 > Avoir les mailles qui se défont. *Son collant s'est démaillé.* → **filer.**

démailloter [demajɔte] v. tr. < conjug. 1 > Débarrasser (un bébé) du maillot. / contr. emmailloter /

demain [d(ə)mɛ̃] adv. et n. m. **I·** Le jour suivant celui où s'exprime la personne qui parle. *Je viendrai demain ; aujourd'hui, je n'ai pas le temps.* **1·** Adv. *Demain dans la matinée, demain matin.* – Loc. *Demain il fera jour,* rien ne presse d'agir aujourd'hui. *Ce n'est pas pour demain ;* fam. *c'est pas demain la veille,* ce n'est pas pour bientôt. **2·** N. m. *Vous avez tout demain pour réfléchir.* – Après une prép. ***À demain*** : nous nous reverrons demain. *Au revoir, et à demain !* – Prov. *Il ne faut pas remettre à demain, au lendemain ce qu'on peut faire le jour même.* – *À partir de demain. C'est pour demain. Demain en huit,* dans huit jours à dater de demain. **II·** Dans un avenir plus ou moins proche. **1·** Adv. Plus tard. *Aujourd'hui c'est ainsi, mais demain ?* **2·** N. m. L'avenir. *Le monde de demain.* → **futur.** ▷ **après-demain, lendemain**

se démancher [demɑ̃ʃe] v. pron. < conjug. 1 > **1·** Se séparer de son manche. *Mon marteau se démanche.* – Au p. p. adj. *Un couteau démanché.* **2·** Fam. Se démettre. *Elle s'est démanché le bras.*

demande [d(ə)mɑ̃d] n. f. **I· 1·** Action de demander (I). → **désir, souhait.** *Demande faite avec insistance.* → **réclamation, revendication.** *Demande d'emploi,* candidature. – *Faire une demande ; adresser, formuler, présenter une demande. Répondre favorablement à une demande. Faire qqch. sur la demande, à la demande de qqn. À la demande générale.* **2·** *Demande en mariage,* démarche par laquelle on demande une jeune fille en mariage à ses parents. – Absolt. Vieilli. *Faire sa demande.* **3·** Quantité de produits ou de services que des acheteurs sont disposés à prendre à un prix donné. *La loi de l'offre et de la demande.* **4·** Action intentée en justice pour faire reconnaître un droit. *Former une demande en divorce.* **5·** Annonce par laquelle on s'engage à réaliser un contrat, aux cartes (bridge). **II·** Vx. Question. *Livre, catéchisme par demandes et réponses.* ▶ **demander** v. tr. < conjug. 1 > **I· 1·** Faire connaître à qqn (ce qu'on désire obtenir de lui). *Demander qqch. à qqn. Il lui a demandé son stylo. Demander un renseignement. Demander à qqn son avis, un conseil. Demander une faveur.* → **solliciter.** *Demander la permission de faire qqch. Demander son dû.* → **réclamer, revendiquer.** *Demander aide, assistance, secours. Demander l'aumône,* mendier. *Demander pardon,* s'excuser. – Loc. *S'enfuir sans demander son reste,* précipitamment. – Indiquer (ce que l'on veut gagner). *Demander vingt euros de l'heure.* – ***Demander à*** (+ infinitif ; les deux verbes ont le même sujet). *Demander à s'asseoir. Il demande à venir avec nous. Il a demandé au surveillant à sortir* (→ **permission**). – ***Demander de*** (+ infinitif ; les deux verbes n'ont pas le même sujet). → **ordonner, prier, sommer, supplier.** *Je vous demande de me répondre, de m'écouter. Je vous demande de partir,* je demande que vous partiez. *Elle m'a demandé de lui répondre rapidement. Elle m'a demandé d'emmener son fils à l'hôpital. Je te demande d'être à l'heure. Je ne t'ai pas demandé de venir.* – ***Demander que*** (+ subjonctif ; le sujet de la complétive est différent de celui du verbe *demander*). *J'ai demandé que le docteur vienne.* **2·** Réclamer par une demande (4) en justice. → **requérir.** *Ils ont demandé des dommages-intérêts. Demander le divorce.* **3·** Fam. Vouloir, avoir envie de. → **désirer, souhaiter.** *Ne demander qu'à se laisser convaincre, qu'à croire. Voilà tout ce que je demande.* – Loc. ***Ne pas demander mieux que*** : consentir volontiers. *Je ne demande pas mieux que d'y aller.* – Fam. ***Il*** (elle...) ***ne demande que ça*** : il (elle...) en a envie. **4·** Prier de donner, d'apporter (qqch.). → **réclamer.** *Demander l'addition à un serveur. Demander un taxi par téléphone.* **5·** Faire venir, faire chercher (qqn). *Demander qqn* (fam. *après qqn*). *On vous demande au téléphone. Descendez, on vous demande. On demande un médecin.* – Rechercher pour un travail. *On demande un livreur.* **6·** *Demander qqn en mariage.* – Loc. *Demander la main (d'une jeune fille),* déclarer qu'on souhaite l'épouser. **7·** Faire connaître (ce qu'on attend de qqn). → **attendre** de, **compter** sur. *Demander beaucoup (d'efforts) à qqn.* → **exiger.** Fam. *Il ne faut pas trop lui en demander.* – (Compl. chose) *Demander beaucoup de (à) la vie.* **8·** (Choses) Avoir pour condition de succès, de réalisation. → **exiger, nécessiter, réclamer, requérir.** *Votre proposition demande réflexion. C'est un travail qui demande beaucoup de patience. Le trajet demande trois heures.* → **prendre.** – ***Demander à*** (+ infinitif). *Cette toile demande à être examinée de près.*

II· Interroger. **1·** Essayer de savoir (en interrogeant qqn). *Demander son chemin, son nom à qqn. Demander le prix de qqch. Demander quand, pourquoi, comment...* Fam. *Je ne te demande pas l'heure qu'il est,* mêle-toi de ce qui te regarde. – Fam. *Je vous (le) demande ; je vous demande un peu !,* marque l'étonnement, la réprobation. – Sans compl. *Vous pouvez demander.* → **questionner.** **2·** *Se demander* v. pron. : se poser une question à soi-même. *Je me demande ce qu'il va faire. Elle s'est demandé pourquoi il avait agi ainsi.* → **ignorer.** *Je me demande s'il va pleuvoir.* ▶ **demandé, ée** p. p. adj. Qui est ou fait l'objet de demandes. *Personne très demandée,* dont on sollicite beaucoup les services. *Article demandé,* en vogue. ▶ **demandeur** n. **1·** N. *Demandeur, demanderesse.* Droit. Personne qui intente une action en justice contre qqn (opposé à *défendeur*). **2·** N. *Demandeur, demandeuse d'emploi,* personne qui cherche du travail. → **chômeur.** ▷ **redemander**

démanger [demɑ̃ʒe] v. intr. < conjug. 3 > **1·** Faire ressentir une démangeaison (à qqn). *Le bras, la jambe lui démange.* **2·** *Ça me (le...) démange de* (+ infinitif), j'ai (il a) extrêmement envie de... *Ça me démange de lui dire son fait.* Loc. *La main lui démange,* il a envie de frapper, de se battre. *La langue lui démange,* il a grande envie de parler. ▶ **démangeaison** n. f. Picotement ou irritation de la peau, sensation qui donne envie de se gratter. – Fig. et fam. *Avoir une démangeaison de,* avoir envie de.

démanteler [demɑ̃tle] v. tr. < conjug. 5 > **1·** Démolir (des fortifications). *Démanteler une place forte.* → **raser.** **2·** Fig. Abattre, détruire. *Démanteler un empire, une institution.* → **abolir, désorganiser.** ▶ **démantèlement** n. m. *Le démantèlement d'un réseau d'espionnage.*

démantibuler [demɑ̃tibyle] v. tr. < conjug. 1 > Fam. Démolir, défaire de manière à rendre inutilisable ; mettre en pièces. → **déglinguer, démonter, disloquer.** *Démantibuler un meuble.* – Au p. p. adj. *Appareil tout démantibulé.*

démaquiller [demakije] v. tr. < conjug. 1 > Enlever le maquillage, le fard de. *Démaquiller un acteur. Démaquiller ses yeux.* – Pronominalement (réfl.). *Se démaquiller.* ▶ **démaquillage** n. m. ▶ **démaquillant, ante** adj. et n. m. Qui sert à démaquiller. *Lait démaquillant, crème démaquillante.* – N. m. *Un démaquillant.*

démarcation [demarkasjɔ̃] n. f. **1·** Action de limiter ; ce qui limite. → **délimitation, frontière, séparation.** *Démarcation entre la terre et l'eau. Ligne de démarcation,* frontière. **2·** Ce qui sépare nettement deux choses. → **limite.** *La démarcation des partis politiques.*

1 **démarche** [demarʃ] n. f. **1·** Manière de marcher. → **allure, marche, pas.** *Démarche aisée, assurée, digne, énergique, majestueuse.* **2·** Manière de progresser dans un raisonnement, une façon de penser. *La démarche de la pensée.* → **cheminement.**

2 **démarche** n. f. Tentative auprès de qqn, d'une administration, pour réussir une entreprise. → **requête, sollicitation.** *Faire des démarches. Il faut effectuer bien des démarches pour trouver du travail. Tenter une démarche auprès de qqn ; en faveur de qqn, pour aider qqn.* ▶ **démarcher** v. tr. < conjug. 1 > Faire du démarchage pour un produit auprès de (qqn). ▶ **démarchage** n. m. Activité commerciale qui consiste à solliciter la clientèle à son domicile. → **courtage,** 1 **porte** à porte. *Faire du démarchage téléphonique.* ▶ **démarcheur, euse** n. Vendeur(euse) qui pratique le démarchage. → **représentant(e).**

1 **démarquer** [demarke] v. tr. < conjug. 1 > **1·** Priver de sa, de ses marques. *Démarquer du linge,* en découdre la marque. **2·** Copier en apportant quelques modifications. → **imiter, plagier.** *Démarquer une œuvre littéraire.* **3·** Baisser le prix de (un article) en changeant la marque. *Démarquer des articles pour les solder.* → **dégriffer.** ▶ **démarquage** n. m. Fait de démarquer (2).

2 **se démarquer** v. pron. < conjug. 1 > **1·** Dans certains sports. Se libérer du marquage. – Au p. p. adj. *Un joueur démarqué.* **2·** *Se démarquer de qqn :* prendre ses distances par rapport à qqn de manière à ne pas être confondu avec lui. *Il tient à se démarquer de son prédécesseur.*

démarrer [demare] v. intr. < conjug. 1 > **1·** Commencer à rouler, à partir. *La voiture démarra brusquement.* **2·** Se mettre à marcher, à réussir. *Son affaire commence à démarrer, démarre lentement.* → **partir.** – REM. L'emploi transitif est incorrect. → **commencer.** ▶ **démarrage** n. m. *Faire un démarrage en trombe.* – *Le démarrage d'une entreprise, d'une carrière, d'une campagne électorale.* → **départ.** ▶ **démarreur** n. m. Appareil servant à mettre en marche un moteur. *Le démarreur d'une voiture.* ▷ **redémarrer**

démasquer [demaske] v. tr. < conjug. 1 > Faire connaître (qqn, un comportement) pour ce qu'il est, sous des apparences trompeuses. → **confondre.** *Démasquer un hypocrite, un coupable ; un complot.*

démâter [demate] v. < conjug. 1 > **1·** V. tr. Priver (un navire) de ses mâts. *La tempête a démâté le voilier.* **2·** V. intr. Perdre ses mâts. *Le trimaran a démâté.* ▶ **démâtage** n. m.

dématérialiser [dematerjalize] v. tr. < conjug. 1 > **1·** Rendre immatériel. **2·** Priver (une valeur) de support matériel tangible. ▶ **dématérialisation** n. f. *La dématérialisation de la monnaie, des titres.*

① **démêler** [demele] v. tr. < conjug. 1 > Séparer (ce qui était emmêlé). *Démêler ses cheveux.* → **coiffer, peigner.** ▶ **démêlage** n. m. ▶ **démêloir** n. m. Peigne à grosses dents servant à démêler les cheveux. ▶ **démêlure** n. f. Petite touffe de cheveux enlevée par le peigne. ▷ ② **démêler**

② **démêler** v. tr. < conjug. 1 > **1·** Débrouiller, éclaircir (une chose compliquée). *Démêler une affaire délicate,* la tirer au clair. **2·** Littér. *Avoir qqch. à démêler avec qqn,* à discuter, à débattre (→ **démêlé**). ▶ **démêlé** n. m. **1·** Au sing. Affaire compliquée dans laquelle chacun veut avoir raison. → **litige.** *Ils ont eu un démêlé à propos de l'héritage.* **2·** Au plur. Difficulté due à des oppositions, des opinions opposées. – Spécialt. *Avoir des démêlés avec la justice.* → **ennui.**

démembrer [demɑ̃bʀe] v. tr. < conjug. 1 > Diviser en parties (ce qui forme un tout, devrait rester entier). → **découper, morceler, partager.** *Démembrer un domaine, un empire.* ▶ **démembrement** n. m. *Le démembrement des grands domaines.* → **morcellement.** / contr. remembrement /

déménager [demenaʒe] v. < conjug. 3 > **1·** V. tr. Transporter (des objets) d'un logement dans un autre. *Déménager ses meubles, ses livres.* **2·** V. intr. Changer de logement ; quitter le logement qu'on occupe pour emménager ailleurs. *Nous déménageons à la fin de l'année.* **3·** Fam. → **déraisonner.** *Tu déménages !* ▶ **déménagement** n. m. Action de déménager ; transport d'objets d'un logement à un autre. *Faire son déménagement. Entreprise, camion de déménagement.* / contr. emménagement / ▶ **déménageur, euse** n. Personne (en général, homme) dont le métier est de faire des déménagements.

démence [demɑ̃s] n. f. **1·** Ensemble des troubles mentaux graves. → **aliénation, folie.** *Sombrer dans la démence.* **2·** Conduite extravagante. *C'est de la démence, de la pure démence d'agir ainsi.* → **folie, inconscience.** ▶ **dément, ente** adj. et n. **1·** Qui est atteint de démence. *Un dément dangereux.* → **fou.** – *Acte dément.* → **démentiel.** **2·** Fam. *C'est dément !,* absurde, démesuré. – Extraordinaire. → fam. **dingue.** ▶ **démentiel, ielle** [demɑ̃sjɛl] adj. **1·** De la démence. *État démentiel.* **2·** Absurde, fou. *C'est un projet absolument démentiel.* / contr. raisonnable /

se démener [demne] v. pron. < conjug. 5 > **1·** S'agiter violemment. → se **débattre,** se **remuer.** Loc. *Se démener comme un beau diable.* **2·** Se donner beaucoup de peine (pour arriver à un résultat). → s'**agiter,** se **dépenser.** *Il faut se démener pour réussir. Se démener pour achever un travail à la date promise.* → se donner du **mal.** *Elle s'est beaucoup démenée pour avoir son examen.*

démentir [demɑ̃tiʀ] v. tr. < conjug. 16 > **1·** Contredire (qqn) en prétendant qu'il n'a pas dit la vérité. → **désavouer.** *Je n'ai pas osé le démentir.* **2·** Prétendre (qqch.) contraire à la vérité. → **nier.** *Démentir formellement un bruit, une nouvelle. Elle dément l'avoir dit.* – *Démentir que* (+ indicatif ou subjonctif). *Le porte-parole a démenti que l'entrevue ait eu lieu. On n'a pas démenti que l'entrevue a eu lieu.* → **démenti.** / contr. confirmer / **3·** (Choses) Aller à l'encontre de. → **contredire, infirmer.** *Les résultats démentent les pronostics.* **4·** ***Se démentir*** v. pron. : cesser de se manifester (surtout au négatif). *Son courage ne s'est jamais démenti,* est resté aussi grand, sans défaillance. ▶ **démenti** n. m. Action de démentir ; ce qui dément qqch. → **dénégation, désaveu.** *Opposer un démenti formel à une nouvelle. Sa présence est un démenti aux accusations portées.*

se démerder [demɛʀde] v. pron. < conjug. 1 > Fam. et vulg. Se débrouiller. *Il s'est bien démerdé.* → s'en **sortir.** ▶ **démerde** adj. et n. f. Qui se démerde (on dit aussi *démerdard, arde*). – N. f. *La démerde,* l'habileté à se débrouiller.

démériter [demeʀite] v. intr. < conjug. 1 > Agir de manière à encourir le blâme, la désapprobation (de qqn). *Démériter aux yeux de qqn. En quoi a-t-il démérité ?*

démesure [deməzyʀ] n. f. Manque de mesure dans les sentiments, les attitudes. *Il tombe dans l'exagération et la démesure.* → **excès, outrance.** ▶ **démesuré, ée** adj. **1·** Qui dépasse la mesure ordinaire. → **colossal, gigantesque, immense.** *Un empire démesuré.* **2·** D'une très grande importance, intensité. → **énorme, excessif, immense.** *Un orgueil démesuré. Son ambition est démesurée. Il a des prétentions démesurées.* ▶ **démesurément** adv. → **énormément, immensément.** *Un nez démesurément long.*

① **démettre** [demɛtʀ] v. tr. < conjug. 56 > Déplacer (un os, une articulation). → **disloquer, luxer.** *Il lui a démis le poignet. Elle s'est démis le genou en faisant du ski* (→ **démis**). ▷ **démis**

② **démettre** v. tr. < conjug. 56 > **1·** Retirer (qqn) d'un emploi, d'un poste, etc. → **casser, destituer, relever.** *On l'a démise, elle a été démise de ses fonctions.* **2·** V. pron. réfl. ***Se démettre de*** : quitter (ses fonctions) volontairement ou sous une contrainte. → **abdiquer, démissionner, partir.** *Se démettre d'une charge.* ▷ **démission**

au demeurant [odəmœʀɑ̃] loc. adv. Littér. Pour ce qui reste (à dire) ; en ce qui concerne le reste. → d'**ailleurs,** au **reste.** *Au demeurant, je ne suis pas concerné.*

① **demeure** [dəmœʀ] n. f. (Le fait de rester, situation) **1**· Loc. *Mise* ***en demeure*** *:* sommation. → **ultimatum.** – Loc. *Mettre qqn en demeure* (de faire une chose), sommer. **2**· *Il y a (il n'y a pas)* ***péril en la demeure*** *:* le moindre retard entraînerait (n'entraînerait pas) d'inconvénient. REM. Ne pas confondre avec ② *demeure* (habitation). → **demeurer.**

demeuré, ée [dəmœʀe] adj. et n. Fam. Qui a une intelligence faible, peu développée. → **arriéré, débile.** *Il est un peu demeuré.* – N. *Des demeurés.*

demeurer [dəmœʀe] v. intr. < conjug. 1 > **I**· Auxiliaire *être.* **1**· (Personnes) Rester. *Il ne peut pas demeurer en place.* → **tenir.** – Continuer à être (dans une situation). *Il est demeuré ferme, calme. Il est toujours demeuré dans une passivité absolue. Elle en demeure encore étonnée. Demeurer muet, silencieux.* – Loc. ***En demeurer là*** *:* en rester* là, ne pas continuer. **2**· (Choses) Continuer d'exister. *Les souvenirs qui demeurent, qui demeurent en nous.* – Continuer d'être (dans un état, une situation). *Ses intentions demeurent obscures. Ce qui est arrivé m'est demeuré incompréhensible.* **II**· Auxiliaire *avoir.* Habiter, résider. *Nous avons demeuré à Paris pendant cinq ans,* nous sommes restés, nous avons vécu à Paris. *Demeurer dans une rue, sur une place.* – REM. *Habiter* est plus courant.
▶ ② **demeure** n. f. **1**· Vieilli. → **habitation. 2**· Maison (belle ou importante, souvent ancienne). *Une superbe demeure du* XVII*e siècle.* **3**· Loc. fig. *La* ***dernière demeure*** *:* la tombe. *Accompagner qqn à sa dernière demeure.* ▷ au **demeurant,** ① **demeure, demeuré**

① **demi, ie** [d(ə)mi] adj. et adv. **I**· Adj. REM. *Demi* reste invariable et se rattache au nom qu'il qualifie par un trait d'union. – Divisé par deux ; qui est la moitié d'un, d'une. *Un demi-kilomètre. Trois demi-cuillerées. Un demi-verre de vin.* – Qui n'est pas entier, complet, parfait. *Une demi-conscience. Dans la demi-obscurité.* → **semi-.** / contr. plein, total / **II**· Adj. ***Et demi(e).*** Et la moitié d'un, d'une. – REM. *Demi* s'accorde en genre seulement. *Cinq heures et demie* (→ la demie de cinq heures). *Une douzaine, une livre et demie. Dix centimètres et demi.* **III**· Adv. À moitié, pas entièrement. *Une boîte demi-pleine. Des enfants demi-nus.* **IV**· ***À demi*** loc. adv. : à moitié. → **partiellement,** à **moitié.** – Avec un verbe. *Il l'a à demi rassurée ; il ne l'a rassurée qu'à demi. Ouvrir un tiroir à demi. Je ne l'estime qu'à demi. Faire qqch. à demi.* → **imparfaitement.** – Avec un adjectif ou un p. p. *Elles étaient à demi nues. Ils étaient à demi morts de faim.* → **presque.**

② **demi, ie** n. **I**· N. m. **1**· ***Un demi*** *:* la moitié d'une unité. *Un demi ou 0,5 ou 1/2.* – *Un demi,* verre de bière (qui contenait à l'origine un demi-litre). *Garçon, un demi pression ! Il a bu trois demis.* **2**· Sports d'équipe. Joueur placé entre les avants et les arrières. – *Demi de mêlée,* qui lance le ballon dans la mêlée (au rugby). **II**· N. f. ***La demie*** *:* la fin de la demi-heure (qui suit une heure quelconque). *La demie de cinq heures,* (ou *cinq heures et demie*), 5 h 30 ou 17 h 30. *Nous sortirons à la demie.*

demi- Élément de l'adjectif *demi,* qui désigne la division par deux (*demi-douzaine*) ou le caractère incomplet, imparfait (*demi-jour*). → **semi-.** – Voir ci-dessous.

demi-bouteille [d(ə)mibutɛj] n. f. Petite bouteille contenant environ 37 cl. *Deux demi-bouteilles de bourgogne.* – Abrév. **une demie.**

demi-cercle [d(ə)misɛʀkl] n. m. Moitié d'un cercle limitée par le diamètre (180 degrés). *Table en demi-cercle. Des demi-cercles.* – *Se tenir en demi-cercle.*

demi-douzaine [d(ə)miduzɛn] n. f. Moitié d'une douzaine ou six unités. *Trois demi-douzaines d'huîtres,* une douzaine et demie. – Approximativement six. *Une demi-douzaine d'amis.*

demi-droite [d(ə)midʀwat] n. f. Portion de droite limitée par un point (appelé *origine*). *Deux demi-droites.* ≠ segment.

demi-finale [d(ə)mifinal] n. f. Avant-dernière épreuve d'une coupe, d'une compétition. *Notre équipe a remporté la demi-finale. Les demi-finales européennes.* ▶ **demi-finaliste** n. Personne, équipe qui participe à une demi-finale. *Les demi-finalistes.*

demi-fond [d(ə)mifɔ̃] n. m. sing. Sports. *Course de demi-fond,* de moyenne distance.

demi-frère [d(ə)mifʀɛʀ] n. m. Frère par le père ou la mère seulement. *Elle a deux demi-frères.*

demi-jour [d(ə)miʒuʀ] n. m. Clarté faible comme celle de l'aube ou du crépuscule. *Un demi-jour blafard. Des demi-jours.*

démilitariser [demilitaʀize] v. tr. < conjug. 1 > Priver (une zone, un pays) de sa force militaire.
▶ **démilitarisation** n. f. *La démilitarisation de l'Allemagne au lendemain de la Seconde Guerre mondiale.*

demi-longueur [d(ə)milɔ̃gœʀ] n. f. *Gagner d'une demi-longueur,* de la moitié de la longueur (du cheval, du bateau), dans une course. *Deux demi-longueurs.*

demi-mal [d(ə)mimal] n. m. sing. Inconvénient moins grave que celui qu'on prévoyait. *C'est un demi-mal.* Loc. *Il n'y a que demi-mal.*

demi-mesure [d(ə)mim(ə)zyʀ] n. f. **1·** Moyen insuffisant et provisoire. → **compromis.** *Avoir horreur des demi-mesures. Ce n'est pas avec des demi-mesures que l'on va enrayer l'épidémie.* **2·** Confection de vêtements d'après les principales mesures (→ sur **mesure**).

demi-mondaine [d(ə)mimɔ̃dɛn] n. f. Autrefois. Femme légère qui fréquentait les milieux mondains. → **courtisane.** *Des demi-mondaines.*

à **demi-mot** [ad(ə)mimo] loc. adv. Sans qu'il soit nécessaire de tout exprimer. *Comprendre à demi-mot.*

déminer [demine] v. tr. < conjug. 1 > Débarrasser (un lieu) des mines qui en rendent l'accès dangereux. ▶ **déminage** n. m. ▶ **démineur, euse** n. Technicien(ienne) du déminage.

demi-pension [d(ə)mipɑ̃sjɔ̃] n. f. **1·** Pension partielle, dans laquelle on ne prend qu'un repas. *Des demi-pensions. Prendre la demi-pension dans un hôtel.* **2·** *Demi-pension dans un établissement scolaire,* qui ne comporte que le repas de midi (opposé à *externat, internat*). ▶ **demi-pensionnaire** n. Élève qui suit le régime de la demi-pension. *Ils, elles sont demi-pensionnaires au lycée.*

demi-place [d(ə)miplas] n. f. Vieilli. Place à demi-tarif (transports, spectacles) dont bénéficient certaines catégories de personnes. *Deux demi-places et une place entière.* → **demi-tarif.**

demi-plan [d(ə)miplɑ̃] n. m. Portion de plan limitée par une droite de ce plan. *Les deux demi-plans.*

demi-portion [d(ə)mipɔʀsjɔ̃] n. f. Fam. et péj. Personne petite, insignifiante (qui n'aurait droit qu'à la moitié d'une portion ou d'un repas). *C'est cette demi-portion qui te fait peur ? Des demi-portions.*

démis, ise [demi, iz] adj. (Os, articulation) Déplacé, luxé. → **démettre.** *Un poignet démis.*

demi-saison [d(ə)misɛzɔ̃] n. f. L'automne ou le printemps. *Vêtement de demi-saison,* ni trop léger, ni trop chaud. *Pendant les demi-saisons.*

demi-sel [d(ə)misɛl] adj. invar. et n. m. invar. **1·** Adj. invar. Qui n'est que légèrement salé. *Du beurre demi-sel. – Fromage demi-sel.* **2·** N. m. invar. Fromage gras et frais légèrement salé. *Des demi-sel.*

demi-sœur [d(ə)misœʀ] n. f. Sœur par le père ou la mère seulement. *Les deux demi-sœurs.*

demi-solde [d(ə)misɔld] n. m. invar. Militaire non actif qui touchait une solde réduite (s'est dit notamment des soldats de l'Empire, sous la Restauration).

demi-sommeil [d(ə)misɔmɛj] n. m. État intermédiaire entre le sommeil et l'état de veille. → **somnolence.** *J'étais dans un demi-sommeil quand le téléphone a sonné. Des demi-sommeils interrompus.*

demi-soupir [d(ə)misupiʀ] n. m. Musique. Silence dont la durée est égale à la moitié d'un soupir. *Des demi-soupirs.*

démission [demisjɔ̃] n. f. **1·** Acte par lequel on se démet d'une fonction, d'une charge. *Donner sa démission. Accepter la démission de qqn.* **2·** Action de qqn qui renonce à poursuivre son effort. *La démission d'un étudiant après un échec à un examen.* → **abandon, abdication.** *La démission de l'esprit.* ▶ **démissionner** v. intr. < conjug. 1 > Donner sa démission. ▶ **démissionnaire** adj. Qui vient de donner sa démission. *Le ministre démissionnaire.*

demi-tarif [d(ə)mitaʀif] n. m. Tarif réduit de moitié. *Place à demi-tarif. Des demi-tarifs.* – Adj. invar. *Billets demi-tarif.* / contr. plein tarif /

demi-teinte [d(ə)mitɛ̃t] n. f. **1·** Teinte qui n'est ni claire ni foncée. *Peinture en demi-teintes.* **2·** Sonorité adoucie. *Chanter en demi-teinte.*

demi-ton [d(ə)mitɔ̃] n. m. Musique. Le plus petit intervalle entre deux degrés successifs de l'échelle musicale. *Deux demi-tons. Il y a un demi-ton entre mi et fa, si et do.*

demi-tour [d(ə)mituʀ] n. m. **1·** Moitié d'un tour que l'on fait sur soi-même. *Des demi-tours.* **2·** Loc. *Faire demi-tour,* retourner sur ses pas.

démiurge [demjyʀʒ] n. m. Littér. Créateur, organisateur (d'un univers). – Fig. *Le romancier est un démiurge.*

démo [demo] n. f. Abréviation de *démonstration* (2).

démobiliser [demɔbilize] v. tr. < conjug. 1 > **1·** Rendre à la vie civile (des troupes mobilisées). – Au p. p. adj. *Soldats démobilisés.* / contr. mobiliser / **2·** Faire tomber la combativité de (militants, etc.). *L'impasse dans la négociation risque de démobiliser les grévistes.* → **démotiver.** ▶ **démobilisation** n. f. Action de démobiliser. *La démobilisation des militants.*

démocratie [demɔkʀasi] n. f. Forme de gouvernement dans laquelle la souveraineté appartient au peuple ; État ainsi gouverné. *Être en démocratie. Démocratie libérale. Démocratie directe ; parlementaire. – Démocratie populaire,* régime socialiste, à parti unique (communiste). ▶ **démocrate** n. et adj. Partisan de la démocratie. *Une démocrate sincère.* ▶ **démocratique** adj. **1**· Qui appartient à la démocratie. *Institution, régime démocratique.* **2**· Libéral. *Esprit démocratique.* – Qui laisse à tous la liberté d'opinions, d'expression. *Une loi démocratique.* / contr. totalitaire / ▶ **démocratiquement** adv. *Élire démocratiquement des représentants.* ▶ **démocratiser** v. tr. <conjug. 1> Rendre démocratique, populaire. ▶ **démocratisation** n. f. *La démocratisation de l'enseignement.* ▷ **antidémocratique, social-démocrate**

démodé, ée [demɔde] adj. Qui n'est plus à la mode. *Vêtement, prénom démodé.* → **suranné, vieillot.** – *Théories, procédés démodés.* → **dépassé, désuet, périmé.** / contr. moderne / ▶ se **démoder** v. pron. <conjug. 1> Passer de mode, n'être plus à la mode. ▷ **indémodable**

démographie [demɔgʀafi] n. f. Étude statistique des populations humaines. ▶ **démographique** adj. Qui appartient à la démographie. *Phénomène démographique.* – De la population (du point de vue du nombre). *Poussée démographique.*

1 **demoiselle** [d(ə)mwazɛl] n. f. **1**· Courtois ou iron. Jeune fille. *Quand ces demoiselles voudront bien m'écouter.* **2**· *Demoiselle d'honneur* : jeune fille qui accompagne la mariée. *Les demoiselles et les garçons d'honneur.* ▷ **mademoiselle**

2 **demoiselle** n. f. Insecte proche de la libellule.

démolir [demɔliʀ] v. tr. <conjug. 2> **I**· *Démolir qqch.* (opposé à *construire*). **1**· Défaire (une construction) en abattant pièce à pièce. → **abattre, détruire, raser.** *Démolir un mur, un vieux quartier.* – Au p. p. *Ville démolie par un bombardement.* **2**· Abstrait. Détruire entièrement. → **anéantir, ruiner.** *Démolir une doctrine. Démolir l'autorité de qqn.* **3**· Mettre (qqch.) en pièces. → **casser** ; fam. **bousiller, déglinguer.** *Démolir une voiture. Cet enfant démolit tous ses jouets.* – Mettre en mauvais état. → **abîmer** ; fam. **esquinter.** *Ces médicaments m'ont démoli l'estomac !* **II**· *Démolir qqn.* **1**· Fam. Mettre hors de combat, en frappant. → **battre, massacrer.** *Si tu m'énerves, je vais te démolir ! Il s'est fait démolir par un gros costaud.* – Fatiguer. *La chaleur me démolit.* **2**· Ruiner le crédit, la réputation, l'influence de (qqn). *Démolir un concurrent.* ▶ **démolisseur, euse** n. Personne qui démolit un bâtiment. *Une équipe de démolisseurs.* ▶ **démolition** n. f. **1**· Action de démolir une construction. *La démolition d'un bâtiment. Un vieux quartier en démolition. Chantier de démolition.* **2**· Au plur. Matériaux des constructions démolies. → **décombres, ruine(s).** *Fouiller sous les démolitions.*

démon [demɔ̃] n. m. **1**· Ange révolté contre Dieu, rejeté par lui (déchu), qui pousse les hommes à faire le mal. *Les démons.* → **diable.** – ***Le démon*** : Satan, prince des démons. *Le démon appelé Lucifer. Être possédé du démon.* **2**· Personne méchante, malfaisante. – *C'est un vrai petit démon,* un enfant très espiègle, très turbulent. → **diable.** **3**· ***Le démon de*** : personnification d'une mauvaise tentation, d'un défaut. *Le démon du jeu ; de la curiosité.* – *Le **démon de midi*** : tentation de nature affective et sexuelle qui s'empare des humains vers le milieu de leur vie. **4**· Loc. fig. *Les vieux démons,* les tentations qu'on croyait disparues, les anciens sujets de discorde, de scandale, de peur. *Réveiller les vieux démons.* ▶ **démoniaque** [demɔnjak] adj. Digne du démon, pervers. → **diabolique, satanique.** *Rire, sourire démoniaque. Fureur démoniaque.* ▷ **pandémonium**

démonétiser [demɔnetize] v. tr. <conjug. 1> Retirer (une monnaie) de la circulation. – Au p. p. adj. *Pièces démonétisées.*

démonstrateur, trice [demɔ̃stʀatœʀ, tʀis] n. Dans un grand magasin. Personne qui présente un article (appareil ménager, etc.) en expliquant son fonctionnement, pour le vendre. ≠ **représentant.**

1 **démonstratif** [demɔ̃stʀatif] adj. m. *Déterminant démonstratif,* qui sert à montrer la personne ou la chose désignée par le nom auquel il est joint. → **ce.** – *Pronom démonstratif,* qui désigne un être, un objet, représente un nom, une idée. → **ce ; celui ; ceci, cela ; ça.**

2 **démonstratif, ive** adj. (Personnes) Qui manifeste vivement ses sentiments (éprouvés ou simulés). → **expansif.** *Les Méridionaux sont souvent démonstratifs. Cet enfant est peu démonstratif.*

démonstration [demɔ̃stʀasjɔ̃] n. f. **1**· Opération mentale, raisonnement qui établit une vérité. *La démonstration d'un théorème.* **2**· Action de montrer par des expériences les données d'une science, le fonctionnement d'un appareil. *La démonstration d'un professeur. Il a fait une démonstration de chimie.* – *Démonstration faite par un vendeur* (→ **démonstrateur**). Abrév. **démo.** **3**· Signes extérieurs volontaires qui manifestent les intentions, les sentiments. → **marque.** *Démonstrations de joie, d'amitié. Démonstration de force.*

1 **démonter** [demɔ̃te] v. tr. < conjug. 1 > Étonner au point de faire perdre l'assurance. → **déconcerter, interloquer.** *Son aplomb me démonte.* – Pronominalement. *Elle ne s'est pas démontée pour si peu.*

2 **démonter** v. tr. < conjug. 1 > Défaire (un tout, un assemblage) en séparant les éléments. *Démonter un échafaudage, une machine, une pendule.* – Pronominalement. *Ce vélo, ce lit se démonte.* ▶ **démontable** adj. Qui peut être démonté. *Jouet démontable.* ▶ **démontage** n. m. *Le démontage d'une roue de secours.* ▶ **démonté, ée** adj. 1· Dont on a démonté les éléments. *Un moteur démonté.* 2· *Mer démontée,* bouleversée par la tempête. → **agité, houleux.** *L'océan était démonté.* / contr. calme /

démontrer [demɔ̃tʀe] v. tr. < conjug. 1 > 1· (Suj. personne) Établir la vérité de (qqch.) d'une manière évidente et rigoureuse. → **établir, prouver.** *Démontrer un théorème.* – Loc. *Démontrer qqch. par A plus B,* rigoureusement. *Ceci n'est plus à démontrer,* c'est évident. *Ce qu'il fallait démontrer.* → **C. Q. F. D.** 2· (Suj. chose) Fournir une preuve de. → **établir, indiquer.** *Ces faits démontrent la nécessité d'une réforme.* → **justifier.** ▶ **démontrable** adj. Qui peut être démontré. ▷ **démonstrateur, démonstratif, démonstration, indémontrable**

démoraliser [demɔʀalize] v. tr. < conjug. 1 > Affaiblir le moral, le courage de (qqn). → **abattre, décourager, déprimer.** *Ce nouvel échec l'a complètement démoralisé.* – Pronominalement. Se décourager. ▶ **démoralisant, ante** adj. Qui démoralise, qui est de nature à décourager. *Un échec démoralisant.* → **déprimant.** ▶ **démoralisation** n. f. *La démoralisation des chômeurs.*

démordre [demɔʀdʀ] v. tr. indir. < conjug. 41 > *Démordre de* (surtout nég.) : renoncer à. → **abandonner, renoncer.** *Il ne démordra pas de son opinion, il n'en démordra pas. Rien ne peut l'en faire démordre,* il est très entêté.

démotiver [demɔtive] v. tr. < conjug. 1 > Affaiblir ou anéantir la motivation, la volonté d'agir de (qqn). → **démobiliser.** – Au p. p. adj. *Ils sont complètement démotivés.*

démouler [demule] v. tr. < conjug. 1 > Retirer (qqch.) du moule. *Démouler une statue. Démouler un gâteau.* ▶ **démoulage** n. m. *Le démoulage d'une tarte.*

1 **démultiplier** [demyltiplije] v. tr. < conjug. 7 > Réduire la vitesse de (dans la transmission d'un mouvement). – Au p. p. adj. *Vitesse démultipliée.* Par ext. *Pignons démultipliés.* ▶ **démultiplication** n. f. Rapport de réduction de vitesse.

2 **démultiplier** v. tr. < conjug. 7 > Augmenter l'effet de (qqch.) en multipliant les moyens employés.

démunir [demyniʀ] v. tr. < conjug. 2 (Surtout infinitif et passif) > Dépouiller (d'une chose essentielle) ; priver. *Être démuni de tout. Se laisser démunir.* – Pronominalement. *Se démunir (de son argent).* → se **dessaisir.** – Sans compl. *J'étais complètement démuni,* à court d'argent. → fam. **fauché.**

démystifier [demistifje] v. tr. < conjug. 7 > 1· Détromper (les victimes) d'une duperie collective. *Démystifier un public trop crédule.* / contr. abuser, berner, mystifier / 2· Dissiper par des explications claires le caractère mystérieux de (qqch.) ; montrer sous son vrai jour. ≠ démythifier. ▶ **démystification** n. f.

démythifier [demitifje] v. tr. < conjug. 7 > Faire cesser le caractère mythique, imaginaire, irréel, idéalisé de (qqn, qqch.). *Il faut démythifier Napoléon.* – *Démythifier une notion.* / contr. mythifier / ≠ démystifier.

dénatalité [denatalite] n. f. Diminution des naissances. *Enrayer la dénatalité.*

dénationaliser [denasjɔnalize] v. tr. < conjug. 1 > Restituer à la propriété privée (une entreprise nationalisée). → **privatiser.** / contr. nationaliser / ▶ **dénationalisation** n. f. → **privatisation.**

dénaturer [denatyʀe] v. tr. < conjug. 1 > 1· (Suj. personne) Changer la nature de. → **altérer, corrompre.** *Dénaturer du vin.* – Abstrait. Donner une fausse apparence à. *Dénaturer un fait, un événement.* → **déformer.** *Dénaturer la pensée, les paroles de qqn,* par une fausse interprétation. → **défigurer, déformer, travestir.** *Dénaturer un texte,* lui donner une signification qu'il n'a pas. 2· (Suj. chose) *Ce qui peut dénaturer le goût, l'odeur de qqch.,* les modifier en mal. ▶ **dénaturé, ée** adj. Altéré jusqu'à perdre les caractères considérés comme naturels, chez l'homme. *Goûts dénaturés.* → **dépravé, pervers.** *Mœurs dénaturées.* – *Parents dénaturés,* qui négligent de remplir leurs devoirs à l'égard de leurs enfants.

dendrite [dɑ̃dʀit ; dɛ̃dʀit] n. f. Prolongement ramifié du neurone.

dénégation [denegɑsjɔ̃] n. f. 1· Action de nier (qqch.). → **contestation, démenti, désaveu.** *Malgré ses dénégations, on le crut coupable. Un geste de dénégation.* 2· Psychologie. *La dénégation,* paroles, attitudes qui révèlent une tendance, un sentiment en le niant, en le refusant consciemment.

déneiger [deneʒe] v. tr. < conjug. 3 > Débarrasser (un lieu, une voie) de la neige. ▶ **déneigement** n. m. ▶ **déneigeuse** n. f. Engin motorisé qui retire la neige des routes. → **chasse-neige.**

déni [deni] n. m. *Déni (de justice),* refus de rendre justice à qqn, d'être juste, équitable envers lui. → **injustice.**

déniaiser [denjeze] v. tr. < conjug. 1 > Rendre (qqn) moins niais, moins gauche. → **dégourdir.**

dénicher [deniʃe] v. tr. < conjug. 1 > **1**· Enlever (un oiseau) du nid. **2**· Faire sortir de sa cachette. *On finira bien par dénicher le voleur.* **3**· Découvrir à force de recherches. → **trouver.** *Dénicher un appartement, une situation.*

denier [dənje] n. m. **1**· Ancienne monnaie romaine d'argent. *Les trente deniers de Judas.* **2**· Ancienne monnaie française, valant la deux cent quarantième partie de la livre. – *Denier du culte,* somme d'argent versée chaque année par les catholiques pour subvenir aux besoins du culte. **3**· Au plur. Loc. ***De mes (tes, ses) deniers*** : avec mon (ton, son) propre argent. *Je l'ai payé de mes deniers.* – *Les **deniers publics*** : les revenus de l'État.

dénier [denje] v. tr. < conjug. 7 > Refuser injustement d'accorder. *Dénier qqch. à qqn.* → **déni.** *Je dénie à ce livre toute originalité.* ≠ daigner. ▷ **déni, indéniable**

dénigrer [denigʀe] v. tr. < conjug. 1 > S'efforcer de faire mépriser (qqn, qqch.) en disant du mal, en niant les qualités. → **critiquer, décrier, noircir, rabaisser** ; fam. **débiner.** *Dénigrer ses collègues. On a beaucoup dénigré cet ouvrage, cette méthode.* – Sans compl. *Il ne sait que dénigrer et critiquer.* ▶ **dénigrement** n. m. Action de dénigrer. *Paroles, esprit de dénigrement.* – ***Par dénigrement.*** *Ce mot ne s'emploie plus que par dénigrement,* péjorativement.

dénivelée n. f. ou **dénivelé** n. m. [denivle] Différence de niveau, d'altitude. → **dénivellation.** *Il y a 1 000 mètres de dénivelée entre le village et l'arrivée du télésiège.*

dénivellation [denivɛ(l)lasjɔ̃] n. f. Différence de niveau. *Les dénivellations d'une région montagneuse.* → **inégalité.**

dénombrer [denɔ̃bʀe] v. tr. < conjug. 1 > Faire le compte de ; énoncer (chaque élément) en comptant. → **recenser.** *Dénombrer les habitants d'une ville.* ▶ **dénombrement** n. m. Action de dénombrer (des personnes, des choses). → **comptage, énumération, recensement.**

dénominateur [denɔminatœʀ] n. m. Celui des deux termes (d'une fraction) qui indique en combien de parties l'unité a été divisée. *Numérateur et dénominateur.* – ***Dénominateur commun*** : celui que l'on obtient en réduisant plusieurs fractions au même dénominateur. Fig. Caractère, point commun (à des choses ou des personnes).

dénominatif, ive [denɔminatif, iv] adj. Qui sert à nommer, à désigner. *Terme dénominatif.* – N. m. *Les dénominatifs.* ▶ **dénomination** n. f. Nom affecté (à une chose, une notion). → **appellation.** *Donner une dénomination nouvelle à qqch.* → **dénommer.**

dénommer [denɔme] v. tr. < conjug. 1 > Donner un nom à (une personne, une chose). → **appeler, désigner, nommer.** *Comment dénomme-t-on cet instrument, ce genre de travail ?* ▶ **dénommé, ée** n. (Suivi d'un nom propre) Celui, celle qui est appelé(e). *Le dénommé Un tel,* le sieur Un tel. *Un dénommé Dupont,* un certain Dupont.

dénoncer [denɔ̃se] v. tr. < conjug. 3 > **1**· Annoncer la rupture de. → **annuler.** *Dénoncer un traité, un contrat.* **2**· Faire connaître (une mauvaise action). *Dénoncer des abus.* – Signaler (qqn) comme coupable. *Dénoncer qqn à la police.* → **donner** (II, 8), **livrer.** *Dénoncer ses complices.* – Pronominalement (réfl.). *Il s'est dénoncé à la police.* ▶ **dénonciateur, trice** n. Personne qui dénonce qqn à la justice. → **indicateur, mouchard.** – Adj. *Lettre dénonciatrice.* ▶ **dénonciation** n. f. *La dénonciation d'un accord.* → **annulation, rupture.** *La dénonciation d'un coupable, d'un crime par qqn. Ses dénonciations l'ont fait rejeter par le milieu.* → **délation, trahison.**

dénoter [denɔte] v. tr. < conjug. 1 > Désigner par une caractéristique. → **indiquer, marquer, signifier.** *Les symptômes qui dénotent une maladie. Cette remarque dénote une certaine naïveté.*

dénouer [denwe] v. tr. < conjug. 1 > **I**· Défaire (une chose nouée). → **détacher.** *Dénouer une corde, un ruban.* – Abstrait. *Dénouer une intrigue.* → **démêler, résoudre. II**· V. pron. ***Se dénouer.*** **1**· Se défaire. *Lacets qui se dénouent.* – Se délier. *Les langues se dénouent,* on parle. **2**· (Difficulté) S'éclaircir, se résoudre. *La crise se dénoue enfin.* ▶ **dénouement** n. m. **1**· Manière dont se dénoue une action au théâtre. *Le dénouement inattendu de la pièce.* **2**· Manière dont se dénoue une affaire difficile. → **issue.** *Un heureux dénouement. Brusquer le dénouement. Le dénouement d'une affaire.*

dénoyauter [denwajote] v. tr. < conjug. 1 > Séparer (un fruit) de son noyau. *Dénoyauter des prunes.* – Au p. p. adj. *Fruits dénoyautés.*

denrée [dɑ̃ʀe] n. f. **1**· Produit comestible servant à l'alimentation de l'homme *(denrées ali-*

mentaires) ou du bétail. → **aliment ; provision.** *Denrées périssables.* **2·** *Une denrée rare*, une chose rare.

dense [dɑ̃s] adj. **1·** Qui est compact, épais. *Brouillard dense.* → **impénétrable.** *Feuillage dense.* → **touffu.** – *Une foule dense*, nombreuse et rassemblée. *La circulation était devenue moins dense*, moins importante. **2·** Abstrait. (Paroles, écrits) Qui renferme beaucoup d'éléments en peu de place. *Un livre dense. Style dense.* → **concis, ramassé.** **3·** Qui a une certaine densité (2). *L'eau est plus dense que l'air.* ▶ **densité** [dɑ̃site] n. f. **1·** Qualité de ce qui est (plus ou moins) dense. *Densité de population*, nombre moyen d'habitants au km². **2·** Rapport qui existe entre la masse d'un certain volume d'un corps homogène et celle d'un même volume d'eau (ou d'air, pour les gaz). *La densité des roches, des minéraux.* **3·** Abstrait. Caractère de ce qui est riche par rapport à l'expression. *La densité d'un style* (→ **dense,** 2). ▷ **condenser, tomodensitomètre**

dent [dɑ̃] n. f. **I· 1·** Chacun des organes annexes de la bouche, durs et calcaires, implantés sur le bord libre des deux maxillaires. *Les 32 dents de l'homme.* → **canine, incisive, molaire, prémolaire.** *On mord, on mâche avec les dents. Enfant qui fait ses dents*, dont les dents percent. *Les dents du haut, du bas. Dents de lait*, premières dents destinées à tomber vers l'âge de sept ans. *Dents de sagesse*, les quatre troisièmes molaires qui poussent généralement après dix-neuf ans. *Des petites dents.* → **quenotte.** *Se laver, se curer les dents. Brosse à dents. Des dents gâtées. Une dent creuse. Mal, rage de dents. Se faire soigner les dents, arracher une dent chez le dentiste.* – Animaux. *Les dents d'un chien.* → **croc.** *Dents de requins.* **2·** Loc. *Serrer les dents* (de douleur, de colère). *Claquer des dents* (de froid, de peur, de fièvre). *Grincer des dents* (de rage contenue). – *Ne pas desserrer les dents*, se taire obstinément. *Parler entre ses dents*, peu distinctement. *Montrer les dents* (comme pour mordre), menacer. *Avoir, garder une dent contre qqn*, de l'animosité, du ressentiment. *Avoir la dent dure*, être sévère dans la critique. *Coup de dent*, critique méchante, blessante. *Mordre, déchirer à belles dents*, critiquer violemment. *Avoir les dents longues*, de grandes prétentions. *Se casser les dents*, échouer. *Être armé jusqu'aux dents. Être sur les dents*, très occupé. *Quand les poules auront des dents*, jamais. – *Manger du bout des dents*, sans appétit. *N'avoir rien à se mettre sous la dent*, n'avoir rien à manger. – Loc. fam. *Avoir la dent*, avoir faim. **II·** Chacun des éléments allongés et pointus (d'un instrument, d'un mécanisme, d'un objet). *Les dents d'un peigne, d'un rateau, d'une fourche.* – *Les dents d'une scie, d'une roue d'engrenage* (→ **denté**). – Loc. *En dents de scie*, en présentant des pointes aiguës et des creux. ▶ **dentaire** adj. Relatif aux dents. *Abcès dentaire. Plaque dentaire*, pellicule acide qui attaque l'émail des dents, causant parfois la *carie dentaire.* – *Chirurgie dentaire.* → **dentisterie.** *Les soins dentaires. Prothèse dentaire.* → **appareil, bridge, couronne.** *École dentaire*, où l'on forme les dentistes. ▶ **dental, ale, aux** adj. (Consonnes) Qui se prononcent en appliquant la langue sur les dents. – N. f. *Les consonnes d* [d] *et t* [t] *sont des dentales.* ▶ **denté, ée** adj. Dont le bord présente des saillies pointues, aiguës (dent, II). *Roue dentée.* ▷ **chiendent, cure-dent, dentelé, dentelle, dentier, édenté, trident**

dentelé, ée [dɑ̃tle] adj. Qui présente des pointes et des creux aigus. *Côte dentelée.* – *Feuille dentelée* (ou *dentée*). ▶ **dentelure** n. f. Découpure de ce qui est dentelé.

dentelle [dɑ̃tɛl] n. f. **1·** Tissu très ajouré, orné de dessins, et qui présente généralement un bord dentelé. *Col, robe de dentelle. Dentelle au fuseau, à la machine.* – Loc. fam. *Ne pas faire dans la dentelle*, travailler, agir, sans délicatesse, brutalement. **2·** En appos. Invar. *Crêpes dentelle*, très fines. ▶ **dentellière** [dɑ̃təljɛʀ] n. f. Ouvrière, machine qui fabrique de la dentelle. « *La Dentellière* », *tableau de Vermeer.* ▷ **dentelé**

dentier [dɑ̃tje] n. m. Appareil amovible formé d'une série de dents artificielles que l'on porte dans la bouche. → **râtelier.** ▶ **dentifrice** n. m. Préparation propre à nettoyer et à blanchir les dents. *Tube de dentifrice.* – Adj. *Pâte, eau dentifrice.* ▶ **dentiste** n. Spécialiste des soins dentaires. *Diplôme de chirurgien dentiste. Aller chez son, sa dentiste. Cabinet de dentiste.* ▶ **dentisterie** n. f. Étude et pratique des soins dentaires. → **odontologie, orthodontie, stomatologie.** ▶ **dentition** n. f. Ensemble des dents. – Didact. Formation et apparition des dents. *Première dentition.* ▶ **denture** n. f. Littér. Ensemble des dents (d'une personne, d'un animal). → **dentition.** *Avoir une belle denture.*

dénuder [denyde] v. tr. <conjug. 1> Mettre à nu ; dépouiller (qqch.) de ce qui recouvre. → **découvrir.** *Une robe qui dénude le dos.* – *Dénuder un fil électrique*, enlever la gaine isolante qui le recouvre. – Pronominalement. *Les gens qui se dénudent sur les plages*, qui se mettent presque nus. – *Cet arbre se dénude*, perd ses feuilles. ▶ **dénudé, ée** adj. **1·** Mis à nu. *Bras dénudés.* **2·** Dégarni. *Crâne dénudé*, chauve. *Sol dénudé*, sans végétation.

dénué, ée [denɥe] p. p. et adj. ***Dénué de*** : démuni, dépourvu de. *Être dénué de tout.* → **manquer.**

– Abstrait. *Il est dénué d'imagination.* → **sans.** *Ce livre est dénué d'intérêt. Des accusations, des rumeurs, dénuées de tout fondement.* ▶ **dénuement** [denymɑ̃] n. m. État d'une personne qui est dénuée du nécessaire. → **indigence, misère, pauvreté.** *Être dans un grand dénuement.*

dénutrition [denytʀisjɔ̃] n. f. Trouble caractérisé par une nutrition ou une assimilation insuffisante. *Maladies de la dénutrition.*

déodorant [deɔdɔʀɑ̃] n. m. et adj. Anglic. Produit destiné à supprimer les odeurs corporelles. *Déodorant en vaporisateur.* – Adj. *Des savons déodorants.* ≠ désodorisant.

déontologie [deɔ̃tɔlɔʒi] n. f. Didact. Ensemble des règles et des devoirs régissant une profession. *Déontologie médicale,* ensemble des règles et des devoirs professionnels du médecin. ▶ **déontologique** adj. *Règles déontologiques.*

dépanner [depane] v. tr. < conjug. 1 > **1·** Réparer (un mécanisme en panne). *Dépanner une voiture.* – *Un mécanicien est venu nous dépanner.* **2·** Fam. Tirer (qqn) d'embarras en rendant service, en prêtant de l'argent. *Si vous avez des ennuis d'argent, je vous dépannerai.* ▶ **dépannage** n. m. **1·** Réparation de ce qui était en panne. *Voiture de dépannage.* **2·** Action de tirer d'embarras. ▶ 1 **dépanneur, euse** n. Professionnel(le) chargé(e) de dépanner un engin mécanique, un appareil électrique. ▶ 2 **dépanneur** n. m. Au Québec. Magasin, épicerie ouvert(e) tard le soir (pour *dépanner* les clients). ▶ **dépanneuse** n. f. Voiture utilisée pour remorquer les automobiles en panne.

dépareiller [depaʀeje] v. tr. < conjug. 1 > Rendre incomplet (un ensemble de choses assorties ou semblables). *Dépareiller un service de table.* ▶ **dépareillé, ée** adj. (Collection, série) Qui n'est pas complet ; qui est composé d'éléments qui ne sont pas assortis. *Serviettes de table dépareillées.*

déparer [depaʀe] v. tr. < conjug. 1 > Nuire à la beauté, au bon effet de. → **enlaidir.** *Cette construction dépare le quartier.* – *C'est un faux ; il dépare sa collection.*

1 **départ** [depaʀ] n. m. **1·** Action de partir. *Départ en voyage. Le jour, l'heure du départ. Préparatifs de départ. Être* ***sur le départ*** : prêt à partir. *Le départ du courrier.* → **levée.** – En sports. *Ligne de départ. Signal de départ. Donner, prendre le départ. Les chevaux vont prendre le départ.* / contr. arrivée / – Abstrait. *Prendre un bon, un mauvais départ,* bien, mal commencer. **2·** Le lieu d'où l'on part. *Quai de départ. Rendez-vous au départ.* – Loc. *Retour à la case* départ.* **3·** Le fait de quitter un lieu, une situation. *Exiger le départ d'un employé.* → **démission, licenciement, renvoi.** **4·** Commencement d'une action, d'une série, d'un mouvement. *Nous n'avions pas prévu cela* ***au départ*** : au début. *L'idée de départ,* initiale. – *Le point de départ d'une intrigue, d'un complot.*

2 **départ** n. m. Loc. Littér. ***Faire le départ*** *entre deux choses (abstraites)* : les séparer, les distinguer nettement. → **départager.**

départager [depaʀtaʒe] v. tr. < conjug. 3 > **1·** Faire cesser d'être à égalité. *Question pour départager les gagnants d'un concours.* **2·** Choisir entre (deux opinions, deux camps). *Venez nous départager.*

département [depaʀtəmɑ̃] n. m. **1·** Division administrative du territoire français placée sous l'autorité d'un préfet et administrée par un conseil général. *Le département de la Charente. Chef-lieu de département.* → **préfecture.** *Les cantons d'un département ; les départements d'une région.* **2·** Secteur administratif dont s'occupe un ministre. *Le département de l'Intérieur, des Affaires étrangères.* – Branche spécialisée d'une administration. *Le département des antiquités grecques et romaines d'un musée. Le département d'histoire d'une université.* ▶ **départemental, ale, aux** adj. Qui appartient au département (1) ; qui est du ressort du département. *Commission départementale.* – *Route départementale* ou, n. f., *une départementale.*

1 **départir** [depaʀtiʀ] v. tr. < conjug. 16 > REM. Ne s'emploie qu'à l'infinitif, au part. passé *(départi)* et aux temps composés. Attribuer en partage (surtout au passif). *Les tâches qui leur ont été départies.* → **impartir.**

2 **se départir** v. pron. < conjug. 16 > ***Se départir de.*** Se séparer (de), abandonner (une attitude). *Sans se départir de son impassibilité, de son calme.* → **sortir** de. *Il ne se départ pas de ses bonnes manières. Elle s'est départie de sa nonchalance.*

dépasser [depɑse] v. tr. < conjug. 1 > **1·** Aller plus loin que (qqn, qqch.) en allant plus vite. *Il nous a dépassés à mi-côte.* → **distancer.** *Dépasser une voiture.* → **doubler.** – Pronominalement (récipr.). *Les coureurs cherchent à se dépasser* (les uns les autres). **2·** Aller plus loin que (qqch.). *Dépasser la ligne d'arrivée.* **3·** Aller plus loin en quantité, dimensions, importance. *Dépasser qqn de la tête,* être plus grand d'une tête. *Un entretien qui dépasse dix minutes.* → **excéder.** *Les résultats dépassent mes prévisions. Cela dépasse mes possibilités.* – Sans compl. direct. *Sa jupe dépasse de son manteau ; elle dépasse,* elle est plus longue. **4·** Aller plus loin (qu'un autre) dans un domaine. *Dépasser qqn en violence, en cruauté.* → **surpasser.** **5·** Aller au-delà de (certaines limites). → **outre-**

passer. *Dépasser la mesure, les bornes, les limites,* exagérer. – *Les mots ont dépassé sa pensée. Cela dépasse mes forces. Cela le dépasse,* c'est trop difficile pour lui ; ou bien il ne peut l'imaginer, l'admettre. **6·** ***Se dépasser*** v. pron. réfl. : faire effort pour être supérieur à ce qu'on est. *Cette fois, il va tâcher de se dépasser.* **7·** Au passif et p. p. adj. ***Être dépassé(e)*** : battu, vaincu. *Être dépassé par les événements. Il est complètement dépassé !* ▶ **dépassé, ée** adj. (Choses) Abandonné, remplacé par quelque chose de nouveau, de mieux. *Des théories, des idées dépassées.* → **désuet, périmé.** ▶ **dépassement** n. m. **1·** Action de dépasser. *Un dépassement dangereux* (en voiture). **2·** Fait de dépasser (un budget). **3·** Littér. Action de se dépasser soi-même.

dépassionner [depɑ(a)sjɔne] v. tr. < conjug. 1 > Rendre moins passionné, plus objectif. *Dépassionner le débat.*

se **dépatouiller** [depatuje] v. pron. < conjug. 1 > Fam. Se tirer d'une situation difficile, d'un mauvais pas. *Laissez-le se dépatouiller tout seul.* → se **débrouiller.**

dépaver [depave] v. tr. < conjug. 1 > Dégarnir de pavés. *Dépaver une rue.* / contr. paver / ▶ **dépavage** n. m. *Le dépavage d'une place.*

dépayser [depeize] v. tr. < conjug. 1 > **1·** Mettre mal à l'aise par changement de décor, de milieu, d'habitudes. → **dérouter, désorienter.** *Ce voyage nous a complètement dépaysés.* **2·** ***(Être) dépaysé, ée.*** *Étranger dépaysé dans une ville inconnue. Elle se sent dépaysée dans sa nouvelle école.* → **perdu.** ▶ **dépaysement** n. m. État d'une personne dépaysée. – Changement agréable d'habitudes. *Rechercher le dépaysement.*

dépecer [depəse] v. tr. < conjug. 5 > **REM.** Attention à la cédille devant *a* et *o*. Mettre en pièces, en morceaux (un animal). → **débiter, découper.** *Dépecer un chevreuil.* ▶ **dépeçage** n. m. *Le dépeçage d'un bœuf.*

1 **dépêcher** [depeʃe] v. tr. < conjug. 1 > Envoyer (qqn) en hâte pour porter un message. *Il m'a dépêché auprès de vous pour connaître votre réponse. Dépêcher un émissaire.* ▶ **dépêche** [depɛʃ] n. f. Communication transmise par voie rapide. → **télégramme.** *Recevoir une dépêche.*

2 se **dépêcher** v. pron. < conjug. 1 > Se hâter, faire vite. → se **presser.** *Elle s'est dépêchée de finir. Dépêchez-vous.* – (Sans le pron.) *Allons, dépêchons !*

dépeigner [depeɲe] v. tr. < conjug. 1 > Décoiffer, déranger l'arrangement des cheveux de (qqn). – Au p. p. adj. *Elle est toute dépeignée.*

dépeindre [depɛ̃dʀ] v. tr. < conjug. 52 > Décrire et représenter par le discours. *Il est bien tel qu'on me l'a dépeint. On s'est trompé en le dépeignant ainsi.*

dépenaillé, ée [dep(ə)nɑje] adj. Dont les vêtements sont détachés, mal attachés. → **débraillé.** *Il est tout dépenaillé.*

dépénaliser [depenalize] v. tr. < conjug. 1 > Soustraire (une action, une infraction) à la sanction du droit pénal. ▶ **dépénalisation** n. f. *Tentatives de dépénalisation de l'euthanasie.*

1 **dépendre** [depɑ̃dʀ] v. tr. ind. < conjug. 41 > ***Dépendre de.*** **1·** Ne pouvoir se réaliser sans l'action ou l'intervention (d'une personne, d'une chose). → **résulter.** *L'effet dépend de la cause. Si cela ne dépendait que de moi !* → **tenir** à. *Cela dépend des circonstances, des conditions. « Est-ce que tu viendras ? – Ça dépend »,* peut-être. – Impers. *Il dépend de qqn de* (+ infinitif). *Il dépend de vous de réussir. Il dépend de qqn que* (+ subjonctif). *Il ne dépend pas de moi qu'il vienne.* **2·** Faire partie de qqch. → **appartenir** à. *Ce parc dépend de la propriété. Dépendre d'une juridiction.* → **relever.** **3·** Être sous l'autorité de. *Ne dépendre de personne, ne dépendre que de soi.* ▶ **dépendance** [depɑ̃dɑ̃s] n. f. **1·** Rapport qui fait qu'une chose dépend d'une autre. → **corrélation.** *Dépendance entre des faits.* **2·** Le fait pour une personne de dépendre de qqn ou de qqch. → **assujettissement, servitude, sujétion.** *Être dans, sous la dépendance de qqn.* → **coupe, joug.** / contr. indépendance / – Asservissement à une drogue. → **addiction, toxicodépendance.** *Dépendance à l'alcool.* → **alcoolodépendance.** **3·** État d'une personne qui n'est pas ou n'est plus autonome dans la vie quotidienne. ▶ **dépendant, ante** adj. Qui dépend de qqn ou de qqch. *Ces deux choses sont dépendantes l'une de l'autre. Être dépendant de qqn, qqch.,* sous sa dépendance. → **subordonné, tributaire.** *Être dépendant d'une drogue* → **toxicodépendant,** *de l'alcool* → **alcoolodépendant.** / contr. indépendant / ▶ **dépendances** n. f. pl. Terre, bâtiment dépendant d'un domaine, d'un immeuble. *La propriété a, possède de nombreuses dépendances.* ▷ **indépendant, interdépendant**

2 **dépendre** v. tr. < conjug. 41 > Retirer (ce qui est pendu). → **décrocher, détacher.** *Dépendre un tableau.*

dépens [depɑ̃] n. m. pl. **I·** Frais judiciaires à la charge de la personne condamnée. *Être condamné aux dépens, à payer les dépens.* **II·** ***Aux dépens de*** loc. prép. **1·** En faisant supporter la dépense par. *Il vit à mes dépens.* → à la **charge,** aux **crochets** de. **2·** En causant du dommage (à qqn ou qqch.). → au **détriment.** *S'amuser, rire aux dépens de qqn. Apprendre qqch. à ses dépens,* par une expérience désagréable.

dépense [depɑ̃s] n. f. **1**· Action de dépenser. *Le montant d'une dépense. S'engager dans des dépenses.* → ② **frais.** *Dépense imprévue. Argent de poche pour les petites dépenses. Faire de grosses, de grandes dépenses.* – Loc. *Faire face à la dépense.* → **payer.** *Regarder à la dépense,* être économe. *Pousser à la dépense.* **2**· (La, les dépenses de qqn) Somme dépensée ; compte sur lequel est portée la dépense. *Colonne des dépenses.* → **débit.** – *Dépenses publiques,* faites par les personnes publiques dans un but d'utilité publique. → **finance ; budget. 3**· Usage, emploi (de qqch.). *Dépense de temps. Dépense physique ; dépense de forces ; dépense nerveuse.* – Quantité d'une matière consommée. → **consommation.** *Dépense d'essence, de chaleur.* ▶ **dépenser** v. tr. < conjug. 1 > **I**· Employer de l'argent (pour acheter qqch.). *Dépenser une somme importante. Ne pas dépenser un sou.* → **débourser.** – Sans compl. *Dépenser sans compter.* / contr. économiser ; gagner / **II**· **1**· Employer (son temps, ses efforts). *Dépenser beaucoup d'énergie pour rien.* → **prodiguer. 2**· *Se dépenser* v. pron. : faire des efforts. → se **démener.** *Se dépenser physiquement,* se donner beaucoup de mouvement. *Il se dépense sans compter,* il se donne beaucoup de mal. ▶ **dépensier, ière** adj. Qui aime dépenser (I), qui dépense excessivement. *Il est très dépensier.* / contr. économe / ▷ **dépens**

déperdition [depɛʀdisjɔ̃] n. f. Diminution, perte. *Déperdition de chaleur, de lumière.*

dépérir [depeʀiʀ] v. intr. < conjug. 2 > **1**· S'affaiblir progressivement. *Ce malade dépérit faute de soins. Plante qui dépérit.* → **s'étioler.** – *Santé, forces qui dépérissent.* → se **délabrer,** se **détériorer. 2**· (Suj. chose) S'acheminer vers la ruine, la destruction. *Affaire qui dépérit.* → **péricliter.** ▶ **dépérissement** n. m. Fait de dépérir (1, 2).

se dépêtrer [depetʀe] v. pron. < conjug. 1 > Se tirer (d'une situation). *Il ne peut pas se dépêtrer de ses difficultés.* – Se dégager (de quelqu'un). *Je ne peux pas m'en dépêtrer.* / contr. s'empêtrer /

dépeupler [depœple] v. tr. < conjug. 1 > Dégarnir d'habitants (une région, une agglomération). *L'exode rural a peu à peu dépeuplé les campagnes.* – Pronominalement. *Région qui se dépeuple.* / contr. repeupler / ▶ **dépeuplé, ée** adj. Qui a perdu ses habitants. *Village dépeuplé.* → **abandonné, désert.** ▶ **dépeuplement** n. m. *Le dépeuplement des campagnes.*

déphasé, ée [defɑze] adj. Qui n'est pas en accord, en harmonie avec la réalité présente. *Je me sens complètement déphasé.*

dépiauter [depjote] v. tr. < conjug. 1 > Fam. **1**· Dépouiller (un animal) de sa peau. → **écorcher.** *Dépiauter un lapin.* **2**· Débarrasser de ce qui recouvre comme une peau. → **peler.** *Dépiauter des amandes.*

dépilatoire [depilatwaʀ] adj. Qui fait tomber, supprime les poils. → **épilatoire.** *Crème dépilatoire.*

dépister [depiste] v. tr. < conjug. 1 > **1**· Retrouver (qqn) en suivant sa trace, sa piste. *Dépister un criminel.* **2**· Découvrir (ce qui est peu apparent, ce qu'on dissimule). → **déceler.** *Dépister une maladie.* ▶ **dépistage** n. m. (Surtout sens 2) *Le dépistage du sida, du cancer.*

① **dépit** [depi] n. m. Chagrin mêlé de colère, dû à une déception, à un froissement d'amour-propre. → **amertume, rancœur.** *Éprouver du dépit. La réussite de son jeune frère lui cause du dépit. Il a réagi par dépit, avec dépit.* ▶ **dépiter** v. tr. < conjug. 1 > Causer du dépit à (qqn). *Ce refus l'a dépité.* → **vexer.** ▶ **dépité, ée** p. p. et adj. Qui éprouve du dépit. *Il est tout dépité.* – *Un air, un sourire dépité.*

② **en dépit de** [ɑ̃depid(ə)] loc. prép. Sans tenir compte de. → **malgré.** *Il a agi en dépit de mes conseils. Il n'arrive à rien en dépit de ses efforts.* – Loc. *En dépit du bon sens,* très mal. *Cette affaire est dirigée en dépit du bon sens.*

déplacer [deplase] v. tr. < conjug. 3 > **I**· V. tr. **1**· Changer (une chose) de place. *Déplacer des objets, des meubles.* → **bouger, déménager.** – Abstrait. *Déplacer la question, le problème,* changer le point sur lequel porte la difficulté. **2**· Faire changer (qqn) de poste. *Déplacer un fonctionnaire.* → **muter. II**· *Se déplacer* v. pron. **1**· (Choses) Changer de place. *Les masses d'air qui se déplacent.* **2**· (Êtres vivants) Quitter sa place. → **bouger, circuler.** *Sans se déplacer,* en restant sur place. – Changer de place, de lieu. → **avancer, marcher,** se **mouvoir.** *Avoir de la difficulté à se déplacer.* – Faire un déplacement, voyager. *Il ne se déplace qu'en avion.* ▶ **déplacé, ée** adj. **1**· Qui n'est pas à sa place, qui est dérangé. *Meubles déplacés.* **2**· Qui n'est pas dans le lieu, la situation appropriée. *Sa présence est déplacée.* **3**· Qui manque aux convenances, est de mauvais goût. → **incongru, inconvenant.** *Tenir des propos déplacés. Question déplacée.* **4**· *Personne déplacée :* qui a dû quitter son pays lors d'une guerre, d'un changement de régime politique. ▶ **déplacement** n. m. **1**· Action de déplacer, de se déplacer. *Le déplacement d'un meuble. Déplacement de population.*

Moyens de déplacement. → **locomotion.** **2·** Voyage auquel oblige un métier, une charge. *Il est continuellement en déplacement. Frais, indemnités de déplacement.*

déplafonner [deplafɔne] v. tr. < conjug. 1 > Supprimer le plafond, la limite supérieure de (un crédit, une cotisation). ▶ **déplafonnement** n. m.

déplaire [deplɛʀ] v. tr. ind. < conjug. 54 > ***Déplaire à.*** **1·** Ne pas plaire ; causer du dégoût, de l'aversion. *Cette personne me déplaît (souverainement),* m'est antipathique. *Ce genre de travail déplaît à tout le monde.* → **rebuter.** / contr. plaire / – (+ *de* et l'infinitif ou *que* et le subjonctif) Être désagréable. *Cela me déplaît de jouer les surveillants. Cela me déplaît que tu partes déjà.* – Impers. *Il me déplaît d'agir ainsi,* il m'est désagréable, pénible. → **coûter.** **2·** Causer une irritation passagère. → **fâcher, indisposer.** *Votre attitude a déplu au directeur.* – Loc. *Ne vous en déplaise,* que cela vous plaise ou non. **3·** V. pron. Ne pas se trouver bien (là où l'on est). → s'**ennuyer.** *Elle s'est toujours déplu à Paris.* / contr. se plaire / ▶ **déplaisant, ante** adj. **1·** Qui ne plaît pas. *Personne déplaisante.* → **antipathique.** / contr. plaisant / **2·** Qui contrarie, agace. → **désagréable.** *Un bruit déplaisant. Un visage déplaisant. Une réflexion déplaisante.* → **désobligeant.** *Il est tout à fait déplaisant d'être mêlé à cette affaire.* ▶ **déplaisir** n. m. Impression désagréable. → **contrariété, mécontentement.** *C'est avec déplaisir que j'ai appris votre mutation. Faire un travail sans déplaisir,* avec (un certain) plaisir. / contr. plaisir /

déplanter [deplɑ̃te] v. tr. < conjug. 1 > Ôter de terre pour planter ailleurs. *Déplanter un arbre.* / contr. planter, replanter /

déplâtrer [deplɑtʀe] v. tr. < conjug. 1 > Libérer (une partie du corps) du plâtre qui la soutenait. *On a déplâtré sa jambe.* – Retirer le plâtre de (qqn). *Ils l'ont déplâtré.* ▶ **déplâtrage** n. m.

déplier [deplije] v. tr. < conjug. 7 > **1·** Étendre ce qui était plié. *Déplier une serviette. Déplier une carte routière.* → **déployer.** **2·** Pronominalement (passif). *Ça se déplie,* ça peut être déplié. – S'étendre. *Parachute qui se déplie pendant le saut.* → s'**ouvrir.** ▶ **dépliage** n. m. ▶ **dépliant, ante** n. m. et adj. **1·** N. m. Feuille insérée dans un livre, ou prospectus qu'on déplie pour le consulter. *Un dépliant publicitaire.* ≠ brochure. **2·** Adj. Qui se déplie. → **pliant.** *Fauteuil dépliant.*

déplisser [deplise] v. tr. < conjug. 1 > Défaire les plis de (une étoffe, un vêtement). – Pronominalement. *Cette jupe se déplisse facilement.* ▶ **déplissage** n. m.

déplorer [deplɔʀe] v. tr. < conjug. 1 > **1·** Pleurer sur (qqch.). *Déplorer les malheurs de qqn.* → **compatir** à. *Déplorer la perte d'un ami.* **2·** Regretter beaucoup. *Déplorer un événement. Nous avons déploré votre absence.* – (+ *que* et le subjonctif) *Je déplore qu'il ne puisse pas venir.* ▶ **déplorable** adj. **1·** Qui mérite d'être déploré. → **attristant, navrant.** *Situation déplorable. Il est dans un état déplorable.* → **lamentable.** **2·** Très regrettable. → **fâcheux.** *Un choix, une erreur déplorable. Incident déplorable. Il est déplorable de* (+ infinitif). *Il est déplorable que* (+ subjonctif). **3·** Très mauvais. → **détestable, exécrable.** *Goût, exemple, tenue déplorable. Des notes déplorables. Il fait un temps déplorable.*

déployer [deplwaje] v. tr. < conjug. 8 > **1·** Développer dans toute son extension (une chose qui était pliée). *L'oiseau déploie ses ailes.* → **étendre.** *Déployer une carte, une étoffe.* → **déplier.** / contr. plier / – *Drapeau qui se déploie au vent.* – Loc. ***Rire à gorge déployée*** : rire aux éclats, d'un rire qui gonfle la gorge. **2·** Disposer sur une plus grande étendue. *Déployer des objets en éventail.* – Déployer une armée. – Pronominalement. *Troupes qui se déploient pour combattre.* → **déploiement.** **3·** Montrer dans toute son étendue. *Déployer un luxe provocant.* → **exhiber.** *Déployer un grand courage, toute son énergie, des trésors d'ingéniosité.* → **manifester, prodiguer.** ▶ **déploiement** [deplwamɑ̃] n. m. Action de déployer ; étalage, démonstration. *Le déploiement des forces de police.*

se déplumer [deplyme] v. pron. < conjug. 1 > Perdre ses plumes naturellement. – Fam. Perdre ses cheveux. *Il commence à se déplumer.* – Au p. p. adj. *Il est tout déplumé.*

dépoitraillé, ée [depwatʀaje] adj. Fam. Qui porte un vêtement largement ouvert sur la poitrine. → **débraillé.**

dépoli, ie [depɔli] adj. Qui a perdu son poli, son éclat. *Glace dépolie.* → **terni.** – ***Verre dépoli*** : qui laisse passer la lumière mais non les images. *Vitres en verre dépoli.*

dépolitiser [depɔlitize] v. tr. < conjug. 1 > Ôter tout caractère politique à. *Dépolitiser un débat.* / contr. politiser / ▶ **dépolitisation** n. f. *La dépolitisation d'un syndicat.*

dépolluer [depɔlɥe] v. tr. < conjug. 1 > Réduire ou supprimer la pollution de (un lieu, un milieu). ▶ **dépolluant, ante** adj. et n. m. *Agents dépolluants.* – N. *Un dépolluant.* ▶ **dépollution** n. f. *La dépollution des mers.*

déponent, ente [depɔnɑ̃, ɑ̃t] adj. Se dit d'un verbe latin à forme passive et sens actif.

① **déporter** [depɔʀte] v. tr. < conjug. 1 > 1· Infliger la peine de déportation à. 2· Envoyer dans un camp de concentration. ▶ **déportation** n. f. 1· Exil définitif d'un condamné politique. 2· Internement dans un camp de concentration. *La déportation des juifs par les nazis. Résistants morts en déportation.* ▶ **déporté, ée** n. Personne internée dans un camp de concentration. *Camp de déportés. Ancien déporté et prisonnier de guerre.*

② **déporter** v. tr. < conjug. 1 > (Suj. chose) Dévier de sa direction, entraîner hors de sa route, de sa trajectoire. *Un vent violent a déporté la voiture sur le bas-côté de la route.* – Au passif. *Être déporté par le vent.*

① **déposer** [depoze] v. tr. < conjug. 1 > I· (Suj. personne) 1· Poser (une chose que l'on portait). *Déposer un fardeau ; une gerbe sur une tombe.* – *Déposer les armes,* cesser le combat. 2· Laisser (qqn quelque part, lorsqu'on est en voiture). *Déposez-moi ici.* 3· Mettre en lieu sûr, en dépôt. *Déposer ses bagages à la consigne. Déposer de l'argent à la banque.* → **verser.** *Il vient déposer de l'argent.* / contr. retirer / 4· *Déposer une plainte en justice.* → **plainte.** – *Déposer une marque.* → **enregistrer ; déposé.** 5· *Déposer un roi, un empereur,* destituer. II· (Suj. chose) Se dit des liquides qui laissent un dépôt. *Eaux qui déposent du limon.* – Intransitivement. *Ce liquide dépose.* → se **décanter.** – Pronominalement. *La poussière se dépose (sur les meubles).* ▶ **déposé, ée** adj. (Modèle, objet fabriqué) Qu'on a fait enregistrer afin d'éviter les contrefaçons. *Marque déposée. Nom déposé.* ▶ **dépositaire** n. 1· Personne à qui l'on confie un dépôt. *Le, la dépositaire d'une lettre.* – Commerçant qui a des marchandises en dépôt. *Être le seul dépositaire d'une marque.* → **concessionnaire.** 2· Littér. Personne qui reçoit (une confidence, une mission). *La dépositaire d'un secret.* ▷ **dépôt**

② **déposer** v. intr. < conjug. 1 > Faire une déposition. → **témoigner.** *Déposer contre, en faveur de qqn.* ▶ **déposition** n. f. Déclaration que fait sous la foi du serment la personne qui témoigne en justice. → **témoignage.** *Faire, signer sa déposition. Recueillir une déposition.*

déposséder [depɔsede] v. tr. < conjug. 6 > Priver (qqn) de la possession (d'une chose). → **dépouiller.** *Déposséder qqn de ses biens.* ▶ **dépossession** n. f. *La dépossession d'un héritier par des créanciers.*

dépôt [depo] n. m. 1· Action de déposer ①, de placer en lieu sûr. *Le dépôt d'un testament chez un notaire.* / contr. retrait / 2· Ce qui est confié au dépositaire pour être gardé et restitué ultérieurement. *Confier un dépôt à qqn. Dépôts bancaires,* les fonds déposés en banque. 3· Lieu où l'on dépose certaines choses, où l'on gare du matériel. *Dépôt de marchandises.* → **entrepôt, magasin.** *Autobus au dépôt, qui quitte le dépôt.* – Prison où sont gardés les prisonniers de passage. *Conduire un prévenu au dépôt.* 4· Particules solides qui se déposent au fond d'un liquide composé au repos. *Dépôt des vins.* → **lie.** *Il y a du dépôt.* ▶ **dépotoir** [depɔtwaʀ] n. m. Fam. Endroit où l'on met des objets de rebut. *Cette pièce sert de dépotoir.* → **débarras.**

dépoter [depɔte] v. tr. < conjug. 1 > 1· Enlever (une plante) d'un pot de fleurs. 2· Intransitivement. Fam. Aller vite. *Ça dépote !*

① **dépouiller** [depuje] v. tr. < conjug. 1 > I· 1· Littér. Dégarnir de ce qui couvre. *L'automne dépouille les arbres (de leurs feuilles).* 2· Déposséder (qqn) en lui enlevant ce qu'il a. *Des voleurs l'ont dépouillé.* → **dévaliser.** *Dépouiller qqn,* le priver de ses biens, de ses revenus. → **spolier.** – (Compl. chose) *Dépouiller un pays de ses richesses.* II· Littér. 1· Dégarnir de ce qui couvre. → **enlever, quitter, retirer.** *Dépouiller qqn de ses vêtements,* les lui enlever. 2· *Dépouiller tout orgueil,* y renoncer. – *Dépouiller son style,* le priver de tout ornement. III· *Se dépouiller* v. pron. 1· Ôter. *Se dépouiller de ses vêtements.* – Perdre. *Les arbres se dépouillent de leurs feuilles.* 2· Se défaire (de), abandonner. *Se dépouiller de ses biens en faveur de qqn.* ▶ **dépouillé, ée** adj. *Arbre, branche dépouillé(e).* → **dénudé.** – *Style dépouillé,* sans ornement. → **sobre.** ▶ **dépouille** n. f. 1· Littér. *Dépouille (mortelle),* le corps humain après la mort. → **cadavre.** 2· Peau enlevée à un animal sauvage. *La dépouille d'un ours.* ▶ ① **dépouillement** n. m. 1· Action de dépouiller, de se dépouiller (de qqch.). *Le dépouillement injuste des héritiers.* → **spoliation.** 2· Privation, pauvreté volontaire. – Fig. *Le dépouillement du style,* grande sobriété.

② **dépouiller** v. tr. < conjug. 1 > Analyser, examiner minutieusement (un document). *Dépouiller son courrier. Dépouiller un livre.* – *Dépouiller un scrutin,* faire le compte des suffrages après le vote. ▶ ② **dépouillement** n. m. *Le dépouillement d'un dossier, d'une correspondance.* – *Procéder au dépouillement (des votes, d'un scrutin).*

① **dépourvu, ue** [depuʀvy] adj. ***Dépourvu(ue) de*** : qui manque de, n'a plus ou n'a pas (qqch.). *Être dépourvu de qualités, d'argent,* être sans qualités → **dénué,** sans argent → **démuni.** *Un livre dépourvu d'intérêt. Un vêtement dépourvu de fantaisie.*

② **au dépourvu** [odepuʀvy] loc. adv. Surtout dans ***Prendre au dépourvu.*** Sans que l'on soit préparé, averti. → à l'**improviste.** *Votre question me prend au dépourvu.*

dépoussiérer [depusjeʀe] v. tr. < conjug. 6 > **1·** Débarrasser de sa poussière (un lieu, une chose) par des moyens mécaniques. *Dépoussiérer un tapis.* **2·** Rajeunir, rénover. *Dépoussiérer un service, une administration.* ▶ **dépoussiérage** n. m.

dépraver [depʀave] v. tr. < conjug. 1 > Amener (qqn) à désirer le mal, à s'y complaire. → **corrompre, pervertir.** *Dépraver un adolescent.* ▶ **dépravé, ée** adj. Corrompu moralement. *Mœurs dépravées. Personne dépravée,* et n., *un, une dépravée,* personne qui a des goûts dépravés. → **pervers, vicieux.** ▶ **dépravation** n. f. **1·** Attitude dénuée de sens moral et de sensibilité morale ; état d'une personne dépravée, de ce qui est dépravé. – *La dépravation des mœurs.* – Débauche. **2·** Goût dépravé. *C'est de la dépravation !* → **vice.**

déprécier [depʀesje] v. tr. < conjug. 7 > **I·** V. tr. *Déprécier qqch., qqn* (suj. personne) : ne pas apprécier à sa valeur réelle ; chercher à déconsidérer. → **critiquer, décrier, dénigrer, rabaisser.** *Il cherche à vous déprécier par jalousie, par rivalité.* **II·** *Se déprécier* v. pron. (suj. chose) : perdre de sa valeur. *Monnaie qui se déprécie,* dont le pouvoir d'achat baisse (→ se **dévaloriser**). ▶ **dépréciation** n. f. Action de déprécier ; état de ce qui est déprécié. *Dépréciation des marchandises, de la monnaie.* → **dévalorisation.**

déprédation [depʀedɑsjɔ̃] n. f. Administration. Dommage matériel causé aux biens d'autrui, aux biens publics. → **dégradation, détérioration.** *Les déprédations causées par des vandales. Les émeutiers se sont livrés à des déprédations.*

① **dépression** [depʀesjɔ̃] n. f. **I·** Enfoncement, concavité dans le relief. → **creux.** *Dépression de terrain.* **II·** *Dépression atmosphérique,* baisse de la pression atmosphérique (temps pluvieux, froid).

② **dépression** n. f. **I·** État mental pathologique caractérisé par de la lassitude, du découragement, de la faiblesse, de l'anxiété. → **mélancolie, neurasthénie** ; fam. **déprime.** *Avoir des moments de dépression,* être déprimé. – *Dépression nerveuse,* crise d'abattement, d'anxiété. **II·** Anglic. Crise économique. ▶ **dépressif, ive** adj. **1·** Relatif à la dépression. *États dépressifs.* **2·** Sujet à la dépression. – N. *Une dépressive.* ▷ **antidépresseur, maniacodépressif**

déprimer [depʀime] v. tr. < conjug. 1 > **1·** Affaiblir physiquement ou moralement. → **abattre, décourager, démoraliser ;** ② **dépression.** *Son licenciement l'a beaucoup déprimé.* **2·** *(Être) déprimé, ée. Se sentir déprimé. Je l'ai trouvée très déprimée.* ▶ **déprimant, ante** adj. Qui déprime. *Climat déprimant.* → **débilitant.** – *Occupation morne et déprimante.* → **démoralisant.** ▶ **déprime** n. f. Fam. Le fait d'être déprimé. → ② **dépression.**

déprogrammer [depʀɔgʀame] v. tr. < conjug. 1 > Supprimer d'un programme. *Déprogrammer une émission de télévision.* ▶ **déprogrammation** n. f.

dépuceler [depysle] v. tr. < conjug. 4 > Fam. Faire perdre sa pucelage à (une fille, un garçon). → **déflorer.**

depuis [d(ə)pɥi] prép. À partir de. **I·** (Temps) **1·** À partir de (un moment passé). → **dès.** *Depuis le 15 mars,* à partir de cette date. *Depuis le matin jusqu'au soir,* du matin au soir. *Depuis quand ?* (quel moment). – Adv. *Nous ne l'avons plus vu depuis. Depuis, nous sommes inquiets.* – À partir de (une époque passée). *Depuis sa mort.* – *Depuis Platon, Aristote.* – ***Depuis que*** loc. conj. (+ indicatif). *Depuis qu'il est parti.* **2·** Pendant la durée passée qui sépare du moment dont on parle. *On vous cherche depuis dix minutes,* il y a dix minutes que... → **voilà.** « *Vous ne l'avez pas vu depuis combien de temps ? – Depuis quelques jours.* » *Depuis longtemps. Depuis peu,* récemment. *Depuis le temps que...,* il y a si longtemps. *Depuis le temps que je lui dis d'être prudent !* **II·** (Espace) **1·** ***Depuis... jusqu'à*** : de cet endroit à tel autre. → **de.** *Depuis Paris jusqu'à Strasbourg.* **2·** ***Depuis*** employé seul, marque la provenance avec une idée de continuité. *Depuis Tours, il pleut. On l'entend depuis le perron,* du perron. – Abusivt. *Transmis depuis Marseille,* de Marseille. **III·** ***Depuis... jusqu'à*** : exprime une succession ininterrompue dans une série. *Depuis le début jusqu'à la fin ; depuis A jusqu'à Z. Depuis le haut jusqu'en bas.*

dépurer [depyʀe] v. tr. < conjug. 1 > Didact. Rendre plus pur. → **épurer, purifier.** *Dépurer le sang.* ▶ **dépuratif, ive** adj. et n. m. Qui purifie l'organisme, en favorisant l'élimination des toxines, des poisons. *Plante dépurative.* – N. m. *Prendre un dépuratif.*

député, e [depyte] n. Personne élue pour faire partie d'une assemblée délibérante. → **représentant.** *Les députés du tiers état sous l'Ancien Régime.* – En France. Représentant élu pour faire partie de la chambre législative. → **élu,** n., **parlementaire.** *Une députée de l'opposition. Être élu député. Madame la députée. La Chambre des députés* ou *Assemblée nationale.* ▶ **députation** n. f. Fonction de député. *Candidat à la députation.*

déraciner [deʀasine] v. tr. < conjug. 1 > **1·** Arracher (ce qui tient au sol par des racines). → **extirper.** *L'orage a déraciné plusieurs arbres.*

/ contr. enraciner / **2·** *Déraciner qqn,* l'arracher de son pays, de son milieu. – N. *Un déraciné.* ▶ **déracinement** n. m.

① **dérailler** [deʀɑje] v. intr. < conjug. 1 > (Wagons, trains) Sortir des rails. *Faire dérailler un train.* ▶ **déraillement** n. m. ▶ **dérailleur** n. m. Sur une bicyclette, changement de vitesse (qui fait que la chaîne « déraille » et change de pignon).

② **dérailler** v. intr. < conjug. 1 > Fonctionner anormalement. *Voix qui déraille.* – Fam. S'écarter du bon sens. → **déraisonner, divaguer.** *Elle déraille drôlement !*

déraison [deʀɛzɔ̃] n. f. Littér. Manque de raison dans les paroles ou la conduite. *C'est le comble de la déraison !* ▶ **déraisonnable** adj. Qui n'est pas raisonnable. → **absurde, insensé.** *Conduite déraisonnable.* ▶ **déraisonner** v. intr. < conjug. 1 > Littér. Tenir des propos dépourvus de raison, de bon sens. → **divaguer** ; fam. ② **dérailler, déménager** (3). *Vous déraisonnez !*

① **déranger** [deʀɑ̃ʒe] v. tr. < conjug. 3 > **1·** Déplacer de son emplacement assigné ; mettre en désordre (ce qui était rangé). → **bouleverser, chambarder, déplacer.** *Déranger des papiers. Ne dérangez pas mes affaires.* **2·** Troubler le fonctionnement, l'action normale de (qqch.). → **dérégler, détraquer.** *L'orage a dérangé le temps.* ▶ **dérangé, ée** adj. Détraqué. *Il a le cerveau, l'esprit un peu dérangé.* → **malade.** ▶ ① **dérangement** n. m. **1·** Mise en désordre. **2·** Dérèglement (dans le fonctionnement). *La ligne* (téléphonique) *est en dérangement.*

② **déranger** v. tr. < conjug. 3 > Gêner (qqn) dans son travail, ses occupations. → **importuner.** *Excusez-moi de vous déranger. J'ai demandé à la secrétaire de ne me déranger sous aucun prétexte.* – ***Se déranger*** v. pron. : quitter ses occupations, son travail. *Ne vous dérangez pas pour moi.* ▶ **dérangeant, ante** adj. Qui dérange, provoque un malaise moral, une remise en question. *Un film dérangeant.* ▶ ② **dérangement** n. m. → **gêne, trouble.** *Causer du dérangement à qqn. Pour vous éviter du dérangement.*

déraper [deʀape] v. intr. < conjug. 1 > (Voitures, bicyclettes, etc.) Glisser sur le sol. – Fig. S'écarter d'une ligne, de manière incontrôlée. → **dériver.** ▶ **dérapage** n. m. Le fait de déraper. *Un dérapage dangereux.* – Fig. Changement non contrôlé. *Le dérapage des prix.* → **dérive.** – Propos incontrôlés. *Un dérapage médiatique.* ▷ **antidérapant**

dératé [deʀate] n. m. Loc. *Courir **comme un dératé*** : très vite.

dératiser [deʀatize] v. tr. < conjug. 1 > Débarrasser (un lieu) des rats. ▶ **dératisation** n. f. Action de dératiser.

derby [dɛʀbi] n. m. **1·** Grande course de chevaux qui a lieu chaque année à Epsom, en Angleterre. *Le derby d'Epsom.* **2·** Sports. Rencontre entre deux équipes de la même région. *Le derby Bayonne-Biarritz.*

derechef [dəʀəʃɛf] adv. Littér. Une seconde fois ; encore une fois. *Il attira derechef mon attention.*

déréglementer [deʀɛgləmɑ̃te] v. tr. < conjug. 1 > Soustraire à la réglementation en vigueur. ▶ **déréglementation** n. f. *La déréglementation des transports aériens.*

dérégler [deʀegle] v. tr. < conjug. 6 > **1·** Faire qu'une chose ne soit plus réglée ; mettre en désordre. → **bouleverser, déranger, détraquer, troubler.** *L'orage a déréglé le temps. Dérégler un mécanisme délicat.* **2·** Troubler l'ordre moral, la discipline de. *Cette liaison a déréglé sa vie.* ▶ **déréglé, ée** adj. **1·** Dont l'ordre, le fonctionnement a été troublé. *Appétit, estomac déréglé. Pendule déréglée.* **2·** Qui est hors de la règle, de l'équilibre (intellectuel, moral, etc.). *Vie déréglée.* → **désordonné.** – Excessif, démesuré. *Imagination déréglée.* ▶ **dérèglement** n. m. *Le dérèglement du temps, des saisons.*

dérembourser [deʀɑ̃buʀse] v. tr. < conjug. 1 > Cesser le remboursement de (un médicament, un soin). ▶ **déremboursement** n. m.

dérider [deʀide] v. tr. < conjug. 1 > Rendre moins soucieux, moins triste (comme si on enlevait les rides du front). *Rien ne le déride.* → **égayer.** – ***Se dérider*** v. pron. : sourire ; rire. *Il ne s'est pas déridé de la soirée.*

dérision [deʀizjɔ̃] n. f. **1·** Mépris qui incite à rire, à se moquer de (qqn, qqch.). → **dédain, ironie.** *Dire qqch. par dérision,* moquerie. *Être un objet de dérision.* → **risée.** – ***Tourner en dérision*** : se moquer d'une manière méprisante de (qqn, qqch.). **2·** Chose insignifiante, dérisoire. *Un euro : c'est une dérision !,* c'est trop peu. ▶ **dérisoire** adj. Qui est si insuffisant que cela semble une moquerie. → **insignifiant, ridicule.** *Un salaire dérisoire. Une proposition, une offre dérisoire.*

① **dériver** [deʀive] v. < conjug. 1 > **I·** V. tr. **1·** Détourner (des eaux) de leur cours pour leur donner une nouvelle direction. *Dériver l'eau d'un lac. Dériver un cours d'eau.* **2·** Faire dévier. *Dériver l'attention, les préoccupations de qqn.* **II·** V. intr. **1·** S'écarter de sa direction, sous l'effet des vents, des courants. *Le bateau a dérivé. L'avion risque de dériver vers l'Est.* **2·** Fig. Changer de direction, de cours, de manière incontrôlée. → **déraper.** ▶ **dérivatif** n. m. Ce qui permet de détourner l'esprit de ses préoccupations. → **distraction, divertissement.** *Chercher un dérivatif à ses ennuis.* ▶ 1 **dérivation** n. f. **1·** Action de dériver (les eaux). *Canal de dérivation.* **2·** Communication entre deux points d'un circuit, au moyen d'un second conducteur. ▶ **dérive** n. f. **I· 1·** Déviation d'un navire, d'un avion, sous l'effet des vents ou des courants. **2·** Le fait de se laisser entraîner, de s'écarter (d'un objectif, de sa voie). *Il y a une dérive dangereuse dans son projet.* – Déviation incontrôlée. *La dérive du budget.* → **dérapage. 3·** Loc. *À la dérive :* en dérivant (navire). – Fig. *Entreprise qui va à la dérive.* → **à vau-l'eau. II·** Dispositif qui empêche un navire de dériver. *Une dérive immergée.* ▶ **dériveur** n. m. Bateau muni d'une dérive (II).

2 **dériver** v. tr. ind. < conjug. 1 > *Dériver de :* découler, provenir, venir de. *Mot qui dérive du grec, du latin. Les malheurs qui dérivent de la guerre.* ▶ 2 **dérivation** n. f. Formation de mots à partir d'une racine et d'affixes (suffixes, préfixes). *« Saison » donne « saisonnier » par dérivation. Dérivation et composition.* → **dérivé.** ▶ **dérivé** n. m. **1·** Mot qui dérive d'un autre mot, d'une racine. *Les dérivés d'un verbe, d'un nom.* – Adj. *Mots dérivés et mots composés.* **2·** Produit dérivé. *Les dérivés du pétrole.* ▶ **dérivée** n. f. En mathématiques. *Dérivée d'une fonction d'une variable,* limite vers laquelle tend le rapport de l'accroissement de cette fonction à l'accroissement de la variable lorsque celui-ci tend vers zéro.

dermato-, derm(o)-, -derme Éléments savants signifiant « peau ». ▶ **dermatologie** [dɛʀmatɔlɔʒi] n. f. Partie de la médecine qui étudie et soigne les maladies de la peau. ▶ **dermatologique** adj. **1·** Relatif à la dermatologie. **2·** Relatif à la peau, aux soins de la peau. *Produit dermatologique.* ▶ **dermatologue** n. Spécialiste de la dermatologie. Abrév. **un, une dermato.** ▶ **dermatose** n. f. Maladie de la peau. *L'acné est une dermatose.*

derme [dɛʀm] n. m. Couche profonde de la peau, située sous l'épiderme. *Le derme et l'épiderme.* ▶ **dermique** adj. Du derme. *Tissu dermique.* ▷ **dermato-, échinoderme, épiderme, hypodermique, intradermique, pachyderme, taxidermie**

dernier, ière [dɛʀnje, jɛʀ] adj. et n. **I· 1·** Adj. (Avant le nom) Qui vient après tous les autres, après lequel il n'y en a pas d'autre. / contr. premier / *Le dernier mois de l'année. Prendre le dernier train. Les derniers préparatifs. À la dernière minute. Aux dernières nouvelles. Être à sa dernière heure.* – *Ce n'est pas la première fois ni la dernière. Dépenser jusqu'à son dernier sou. Faire un dernier effort.* → **suprême, ultime.** *Il veut toujours avoir le dernier mot,* l'emporter dans une discussion. *En dernier lieu.* – (Après le nom) *Jugement* dernier.* – (Attribut) *Il est dernier, bon dernier,* classé nettement derrière les autres. **2·** N. *Le dernier de la classe. La dernière des guerres* (fam. *La der des ders*). **3·** *En dernier* loc. adv. : à la fin, après tous les autres. *Cela vient en dernier. J'irai le voir en dernier,* pour terminer. **II·** Extrême. **1·** Le plus haut, le plus grand. *Au dernier point, au dernier degré. Il me déplaît au dernier point. Protester avec la dernière énergie.* **2·** Le plus bas, le pire, le moindre. *Une marchandise de dernière qualité, de dernier choix, de dernier ordre. C'est le dernier de mes soucis.* → **cadet.** – N. *Être traitée comme la dernière des dernières.* **III·** Qui est le plus proche du moment présent. *L'an dernier.* → **passé.** *La dernière guerre. Être habillé à la dernière mode.* – N. *Le petit dernier.* → **benjamin.** – *Oui, répondit ce dernier,* celui dont on vient de parler. ▶ **dernièrement** adv. Ces derniers temps. → **récemment.** *Il est venu nous voir tout dernièrement.* ▶ **dernier-né, dernière-née** n. Enfant qui, dans une famille, est né le dernier (opposé à *premier-né*). *Les derniers-nés.* ▷ **avant-dernier**

dérober [deʀɔbe] v. tr. < conjug. 1 > **I·** V. tr. **1·** Littér. Prendre furtivement (ce qui appartient à autrui). → **subtiliser, voler.** *Dérober une montre.* **2·** Obtenir (qqch.) par des moyens peu honnêtes. *Dérober un secret.* → **surprendre.** – *Dérober un baiser,* embrasser par surprise. **3·** (Suj. chose) Masquer. *Un rideau d'arbres qui dérobe le village aux regards. Une haie touffue nous dérobait la vue.* **4·** Cacher, dissimuler. *Dérober son regard.* **II·** *Se dérober* v. pron. **1·** *Se dérober à :* éviter d'être vu, pris par (qqn). → **échapper,** se **soustraire.** *Se dérober aux regards. Se dérober à la surveillance de qqn.* – *Se dérober à ses obligations.* → **manquer** à. **2·** Éviter de répondre, d'agir. *Il cherche à se dérober.* **3·** S'éloigner, s'écarter de qqn. *Il lui prit le bras ; elle ne se déroba pas.* **4·** (Choses) *Se dérober sous.* → **manquer.** *Le sol se dérobe sous ses pas.* ▶ **dérobade** n. f. Action de fuir devant une obligation, un engagement. *Répondez-moi, pas de dérobade.* → **fuite.** ▶ **dérobé, ée** adj. **1·** Pris, volé. *On a retrouvé chez un receleur les bijoux dérobés.* **2·** (Passage, lieu clos) Caché, secret. *Escalier dérobé. S'enfuir par une porte dérobée,* qui permet de sortir d'une maison ou d'y entrer sans être vu. → 1 **secret.** ▶ **à la dérobée** loc. adv. En cachette (*faire qqch. à la dérobée*) ; furtivement (*regarder qqn à la dérobée*).

1 **déroger** [deʀɔʒe] v. tr. indir. < conjug. 3 > *Déroger à :* manquer à l'observation d'une loi, à

l'application d'une règle. *Déroger à la loi.* → **enfreindre.** *Déroger à ses habitudes.* ▶ **dérogation** n. f. *Une dérogation à une loi.* → **infraction.** – *Obtenir, demander une dérogation.* → **dispense.**

② **déroger** v. intr. < conjug. 3 > Littér. Faire une chose indigne de sa position, de ses principes, etc. → s'**abaisser.** *Il croirait déroger en faisant ce métier.*

① **dérouiller** [deʀuje] v. < conjug. 1 > Fam. **1·** V. intr. Être battu. *Qu'est-ce qu'il a dérouillé !* **2·** V. tr. Battre. *Il l'a drôlement dérouillé. Il s'est fait dérouiller.* ▶ **dérouillée** n. f. Fam. *Recevoir une dérouillée,* des coups, une volée.

② **dérouiller** v. tr. < conjug. 1 > Fam. Redonner de l'exercice à (ce qui était « rouillé »). *Se dérouiller les jambes,* les dégourdir en marchant. → se **dégourdir.** *Elle s'est dérouillé les jambes.*

dérouler [deʀule] v. tr. < conjug. 1 > **1·** Défaire, étendre (ce qui était roulé). → **déployer, développer.** *Dérouler une pièce d'étoffe, une bobine de fil.* → **dévider.** – Au p. prés. adj. En informatique. *Menu déroulant,* qui fait apparaître les différentes options sous forme de liste. **2·** Montrer, développer successivement. *Dérouler ses souvenirs dans sa mémoire.* – *Se dérouler* : prendre place dans le temps, en parlant d'une suite ininterrompue d'événements, de pensées. → s'**écouler,** se **passer.** *La cérémonie s'est bien déroulée.* – *Le lieu où se déroule l'action.* ▶ **déroulement** n. m. **1·** *Le déroulement d'un câble.* **2·** *Le déroulement de l'action dans une pièce de théâtre, un film.*

déroute [deʀut] n. f. Fuite désordonnée de troupes battues ou prises de panique. → **débâcle, débandade.** *C'est la déroute. Mettre l'ennemi en déroute. L'armée en déroute,* battue.

dérouter [deʀute] v. tr. < conjug. 1 > **I·** *Dérouter un navire, un avion,* le faire changer d'itinéraire, de destination. *En raison du brouillard, on a dérouté l'avion vers (sur) un autre aéroport.* → **détourner. II·** Rendre (qqn) incapable de réagir, de se conduire comme il faudrait. → **déconcerter.** *Dérouter un candidat par des questions inattendues.* → **embarrasser.** – Au passif et p. p. adj. *Je me sens dérouté,* désorienté. ▶ **déroutant, ante** adj. Qui déroute. → **déconcertant.** *Une attitude déroutante.* ▷ **déroute**

derrick [dɛ(e)ʀik] n. m. Anglic. Bâti métallique supportant l'appareillage servant à forer les puits de pétrole. *Des derricks.*

① **derrière** [dɛʀjɛʀ] prép. et adv. Du côté opposé au visage, à la face, au côté visible (d'une chose). **I·** Prép. **1·** En arrière, au dos de. /contr. devant/ *Derrière le mur. Se cacher derrière qqn.* – Fig. *Derrière les apparences...,* au-delà, sous. *Il faut oublier et laisser derrière vous les rancunes.* – ***De derrière, par-derrière*** loc. prép. *Il sortit de derrière la haie. Passez par-derrière la maison,* derrière, par le derrière (de). – Abstrait. *Idée de derrière la tête,* arrière-pensée. **2·** À la suite de. *Marcher l'un derrière l'autre.* → **après.** – *Laisser qqn loin derrière soi,* dépasser, surpasser. *Il faut être toujours derrière lui,* le surveiller. **II·** Adv. **1·** Du côté opposé à la face, à l'endroit ; en arrière. *Vêtement qui se boutonne derrière. Il est resté derrière, loin derrière.* **2·** *Par-derrière* loc. adv. *Attaquer qqn par-derrière* (dans le dos). – *Il dit du mal de lui par-derrière* (derrière son dos, en son absence). ▶ ② **derrière** n. m. **1·** Le côté opposé au *devant,* la partie postérieure. *Il est logé sur le derrière (de l'immeuble). Porte de derrière.* **2·** Partie du corps de l'homme et de certains animaux qui comprend les fesses et le fondement. → **arrière-train, postérieur ;** fam. **cul.** *S'asseoir, tomber sur le derrière.*

derviche [dɛʀviʃ] n. m. Religieux musulman appartenant à une confrérie. *Les derviches tourneurs,* qui pratiquent une danse rituelle où ils tournent rapidement sur eux-mêmes.

① **des** → ① et ② **de.**

② **des** [de] art. indéf., plur. de **un, une. 1·** Devant un nom commun. *Un livre, des livres.* – REM. *Des* est remplacé par *de* devant un adjectif *(il a de bonnes idées)* sauf si l'adjectif fait corps avec le nom *(il mange des petits fours).* **2·** Fam. Devant un nom de nombre, avec une valeur emphatique. *Il soulève des cinquante kilos comme un rien. Se coucher à des une heure du matin.*

dès [dɛ] prép. **I·** (Temps) **1·** À partir de. → **depuis.** *Dès cette époque.* → **déjà.** *Se lever dès l'aube. Dès à présent.* → **désormais.** *Vous viendrez me voir dès mon retour.* → **sitôt.** *Vous commencerez votre travail dès demain. Dès demain vous pourrez partir.* **2·** ***Dès lors*** loc. adv. : dès ce moment, aussitôt. *Dès lors, il décida de partir.* – En conséquence. *Il a fourni un alibi, dès lors il est hors de cause.* – ***Dès lors que*** loc. conj. : dès l'instant où ; étant donné que, puisque. **3·** ***Dès que*** (+ indicatif) loc. conj. : dès l'instant où. *Dès qu'il sera là. Dès que je fus parti.* → **aussitôt** que, **sitôt** que. **II·** (Lieu) À partir de. *Dès l'entrée, dès la porte.* ▷ **déjà, désormais**

désabonner [dezabɔne] v. tr. < conjug. 1 > Faire cesser d'être abonné. *Veuillez me désabonner à la revue.*

désabusé, ée [dezabyze] adj. Qui a perdu ses illusions. *Il est désabusé.* – *Sourire désabusé.* → **désenchanté.**

désaccord [dezakɔʀ] n. m. **1·** (Personnes) Le fait de n'être pas d'accord ; état de personnes qui s'opposent. → **désunion, différend, mésentente.**

Un léger désaccord. Être, se trouver ***en désaccord*** *avec qqn sur qqch.* **2·** (Choses) Le fait de ne pas s'accorder, de ne pas aller ensemble. → **discordance, incompatibilité, opposition.** *Il y a désaccord entre ses opinions et sa conduite.*

désaccordé, ée [dezakɔʀde] adj. (Instruments de musique) Qui n'est plus accordé. *Le piano est désaccordé.* → ⓘ **faux.**

désaccoutumer [dezakutyme] v. tr. < conjug. 1 > Littér. Faire perdre une habitude à (qqn). → **déshabituer.** / contr. accoutumer / – Pronominalement. *Je me suis désaccoutumé du bruit. Elle s'est désaccoutumée de fumer.*

désaffecté, ée [dezafɛkte] adj. Qui n'est plus affecté à sa destination première. *Église, école désaffectée.*

désaffection [dezafɛksjɔ̃] n. f. Perte de l'attachement qu'on éprouvait (pour qqn, qqch.). → **détachement.** *La désaffection croissante des citoyens à l'égard des institutions. Désaffection pour une coutume.*

désagréable [dezagʀeabl] adj. **1·** (Choses) Qui déplaît, donne du déplaisir. → **déplaisant, pénible.** / contr. agréable / *Odeur, impression désagréable. Chose désagréable à voir, à entendre. Il est désagréable de* (+ infinitif). *Ce goût n'est pas désagréable,* il est assez agréable. – *Être désagréable à qqn. Cela lui est désagréable.* **2·** (Personnes) Qui se conduit de manière à choquer, blesser. *Il est très désagréable. Il est désagréable avec tout le monde.* → **insupportable, odieux.** / contr. agréable / ▶ **désagréablement** adv. *Être désagréablement surpris.* → **péniblement.**

désagréger [dezagʀeʒe] v. tr. < conjug. 3 et 6 > **1·** Décomposer (qqch.) en séparant les parties liées, agrégées. → **dissocier, dissoudre.** *La pluie désagrège les roches calcaires.* **2·** Décomposer en détruisant l'unité. – Pronominalement. *Tout son système de défense s'est désagrégé.* → **s'écrouler.** ▶ **désagrégation** n. f. *La désagrégation d'une pierre friable.*

désagrément [dezagʀemɑ̃] n. m. Chose désagréable ; sujet de contrariété. → **difficulté, ennui, souci.** *Je vous cause bien des désagréments. S'attirer des désagréments. La situation présente certains désagréments.* → **inconvénient.** *Supporter les désagréments d'un déménagement.* / contr. agrément, plaisir /

désaltérer [dezalteʀe] v. tr. < conjug. 6 > Apaiser la soif de (qqn). – *Boisson qui désaltère.* – Pronominalement. *Se désaltérer,* boire. *Se désaltérer à une source.* ▶ **désaltérant, ante** adj. Qui désaltère. *Le thé est très désaltérant.*

désamianter [dezamjɑ̃te] v. tr. < conjug. 1 > Débarrasser (un bâtiment) des fibres d'amiante qu'il contient. ▶ **désamiantage** n. m.

désamorcer [dezamɔʀse] v. tr. < conjug. 3 > **1·** Enlever l'amorce de. *Désamorcer un pistolet.* **2·** Interrompre le fonctionnement de (ce qui devait être amorcé). – Au passif. *La pompe est désamorcée.* / contr. amorcer / – Abstrait. Empêcher le déclenchement de. *Désamorcer un conflit.* ▶ **désamorçage** n. m.

désappointer [dezapwɛ̃te] v. tr. < conjug. 1 > Décevoir (qqn) en trompant son attente. *Vous me désappointez.* ▶ **désappointé, ée** p. p. et adj. Qui n'a pas obtenu ce qu'il attendait et en est déçu. *Être tout désappointé. Avoir un air désappointé.* → **dépité.** *Je suis désappointé de ce refus.* ▶ **désappointement** n. m. État, sensation d'une personne désappointée. → **déception, déconvenue.** *Cacher son désappointement. Éprouver un léger désappointement.*

désapprobateur, trice [dezapʀɔbatœʀ, tʀis] adj. Qui désapprouve, marque la désapprobation. *Air, ton désapprobateur. Sa mère lui lança un regard désapprobateur.* / contr. approbateur / ▶ **désapprobation** n. f. Action de désapprouver. / contr. approbation / *Un murmure de désapprobation s'éleva dans la salle.* → **réprobation.**

désapprouver [dezapʀuve] v. tr. < conjug. 1 > Juger d'une manière défavorable ; trouver mauvais. → **condamner, critiquer, réprouver.** *Désapprouver un projet, la conduite de qqn. Je le désapprouve d'avoir répliqué. Désapprouver que* (+ subjonctif). *Il (ne) désapprouve (pas) que vous soyez présent.* / contr. approuver /

désarçonner [dezaʀsɔne] v. tr. < conjug. 1 > **1·** Mettre (qqn) hors des arçons, jeter à bas de la selle. *Le cheval a désarçonné son cavalier.* → **démonter.** **2·** Confondre (qqn) dans une discussion, mettre à bout d'arguments. → **déconcerter, démonter.** *Cela me désarçonne.* – Au p. p. *Être désarçonné.*

désargenté, ée [dezaʀʒɑ̃te] adj. Fam. Qui est démuni d'argent. *Je suis plutôt désargenté en ce moment.*

ⓘ **désarmer** [dezaʀme] v. tr. < conjug. 1 > **1·** Enlever (par la force) ses armes à (qqn). *Désarmer un malfaiteur.* **2·** Limiter ou supprimer les armements militaires de. *Désarmer un pays.* – Intransitivement. *Les grandes puissances ont décidé de désarmer.* **3·** *Désarmer un navire,* en retirer le matériel et l'équipage. ▶ **désarmement** [dezaʀməmɑ̃] n. m. **1·** Action de désarmer (un soldat, une garnison). **2·** Réduction ou suppression des armements. *Le désarmement progressif des* *grandes puissances. Conférences du désarmement.* / contr. armement / **3·** *Le désarmement d'un navire* (→ **désarmer,** 3).

② **désarmer** v. tr. < conjug. 1 > **1·** Laisser sans défense ; rendre moins sévère. *Son rire, son inconscience me désarme.* – Au passif. *Être désarmé, ée. Il est désarmé devant les difficultés.* **2·** Intransitivement. (Sentiment hostile, violent) Céder, cesser. *Son hostilité ne désarme pas.* ▶ **désarmant, ante** adj. Qui enlève toute sévérité ou laisse sans défense. *Une modestie désarmante. Une naïveté désarmante.* → **touchant.**

désarroi [dezaʀwa(ɑ)] n. m. Trouble moral qui entraîne l'indécision. → **égarement.** *Être en plein désarroi, en grand désarroi.* → **affolement, détresse.**

se désarticuler [dezaʀtikyle] v. pron. < conjug. 1 > Plier ses membres en tous sens. → **se contorsionner.** *Clown qui se désarticule.* – Au p. p. adj. *Pantin désarticulé.*

désassorti, ie [dezasɔʀti] adj. Incomplet, dépareillé. *Service de table désassorti.*

désastre [dezastʀ] n. m. **1·** Malheur très grave, ruine qui en résulte. → **calamité, cataclysme, catastrophe.** *Un désastre irréparable. Mesurer l'étendue du désastre. Désastre qui frappe une famille, un pays. Cette défaite fut un désastre.* – Par exagér. *Ce temps, c'est un vrai désastre !* **2·** Échec entraînant de graves conséquences. *Désastre financier, commercial.* → **banqueroute, déconfiture, faillite.** *Nous courons au désastre.* ▶ **désastreux, euse** adj. Très fâcheux. *Un temps désastreux. Les effets désastreux des mesures prises.*

désavantage [dezavɑ̃taʒ] n. m. Condition d'infériorité. → **handicap, inconvénient.** *Cette situation présente des désavantages.* → **désagrément.** – *Se montrer à son désavantage,* sous un jour défavorable. *Tourner au désavantage de qqn.* → **détriment, préjudice.** ▶ **désavantager** v. tr. < conjug. 3 > Faire subir un désavantage à (qqn), mettre en désavantage. *Désavantager un héritier au profit d'un autre.* → **frustrer, léser.** / contr. avantager / ▶ **désavantageux, euse** adj. Qui cause ou peut causer un désavantage. → **défavorable.** *Position désavantageuse. Un accord désavantageux pour nous.* / contr. avantageux /

désavouer [dezavwe] v. tr. < conjug. 1 > **1·** Refuser de reconnaître pour sien. *Il a désavoué ses premiers livres.* → **renier.** **2·** Déclarer qu'on n'est pas d'accord avec (qqn, les actes de qqn qu'on approuvait). → **condamner, désapprouver.** *Désavouer la conduite de qqn. Désavouer un procédé déloyal.* – Au p. p. *Homme politique désavoué par son parti.* ▶ **désaveu** n. m. Action de désavouer. *C'est un désaveu de la politique de son prédécesseur. En agissant ainsi, il encourt le désaveu de ses supérieurs.*

désaxer [dezakse] v. tr. < conjug. 1 > Faire sortir (qqn) de l'état normal, habituel. → **déséquilibrer.** *Cette vie l'a désaxé.* ▶ **désaxé, ée** p. p. et adj. Déséquilibré. *Il est un peu désaxé,* et n., *c'est un désaxé,* un déséquilibré.

desceller [desele] v. tr. < conjug. 1 > Arracher, détacher (ce qui est fixé dans la pierre). *Desceller une grille.* / contr. sceller / ≠ déceler, desseller.

① **descendre** [desɑ̃dʀ] v. < conjug. 41 > **I·** V. intr. (Auxiliaire *être*) **1·** Aller du haut vers le bas → **tomber,** en gardant le contrôle du mouvement. *Action, fait de descendre.* → **descente, chute.** / contr. monter / – *Descendre d'un arbre. Descendre* (d'un étage) *par l'ascenseur, par l'escalier. Il est descendu en courant. Descendre en parachute.* – *Descendre dans la rue,* aller manifester. *Descendre en ville,* aller en ville. **2·** Aller vers le sud. *Nous descendons jusqu'à Arles.* **3·** Loger, au cours d'un voyage. *Descendre chez des amis, à l'hôtel.* **4·** Cesser d'être monté (sur, dans). *Descendre de cheval, de train, de voiture.* – *Descendre à terre* (d'un navire). → **débarquer.** **5·** Faire irruption (→ **descente,** I, 2). *La police est descendue dans cet hôtel.* **6·** Aller vers ce qui est considéré comme plus bas. *Il est descendu dans mon estime.* → **baisser.** *Il est descendu bien bas !* → **tomber.** *Descendre de haut.* → **déchoir.** **7·** *Descendre jusqu'au (moindre) détail,* examiner successivement des choses de moins en moins importantes. **II·** (Choses) **1·** Aller de haut en bas. *Les impuretés du liquide descendent au fond (du récipient).* → se **déposer.** *Les cours d'eau descendent vers la mer.* → **couler.** *Le soleil descend sur l'horizon.* → se **coucher.** – Sans compl. *L'avion commence à descendre.* **2·** S'étendre de haut en bas. *Ce pardessus lui descend aux chevilles.* **3·** Aller en pente. *La colline descend en pente douce.* **4·** Diminuer de niveau. → **baisser.** *La marée descend. Le thermomètre est descendu d'un degré.* – *Les prix descendent.* → **diminuer.** **III·** V. tr. (Auxiliaire *avoir*) **1·** Aller en bas, vers le bas de. *Il a descendu l'escalier quatre à quatre. Ils ont descendu la colline, la rivière* (en bateau). **2·** Porter de haut en bas. *Descendre des meubles d'un camion. Tu peux descendre les valises.* **3·** Fam. Faire tomber ; abattre. *La D. C. A. a descendu un avion.* – Fam. *Descendre un malfaiteur.* → **tuer.** ▶ ① **descendant, ante** adj. Qui descend. *Chemin descendant.* / contr. montant / ▶ **descendeur, euse** n. Cycliste, skieur spécialiste des descentes rapides. *C'est un bon descendeur.* ▶ **descente** [desɑ̃t] n. f. **I· 1·** Action de descendre, d'aller d'un lieu élevé dans un autre plus bas. *Faire, effectuer une descente dans un puits, une* *mine. Descente en parachute.* – *À la descente,* en descendant. *Il nous attendait à la, à notre descente de (du) train.* **2·** Irruption soudaine (en vue d'un contrôle, d'une perquisition). *Descente de police.* – Fam. *Faire une descente dans une boîte de nuit.* – Sports. Vive attaque dans le camp adverse. **3·** (Choses) *L'avion commence, amorce sa descente* (en vue d'atterrir). – Déplacement de haut en bas, spécialt *descente d'un organe.* → **prolapsus, ptose.** *Souffrir d'une descente d'estomac.* **II·** Action de déposer (une chose), de porter en bas. *La descente d'une pièce de vin à la cave.* – ***Descente de croix*** : représentation de Jésus-Christ qu'on détache de la croix. **III·** Ce qui descend, va vers le bas. **1·** Chemin, pente par laquelle on descend. *Descente rapide, douce. Freiner dans les descentes. Au bas de la descente.* / contr. montée / **2·** ***Descente de lit*** : petit tapis sur lequel on pose les pieds en descendant du lit. → **carpette.** **3·** Fam. *Avoir une bonne descente* (de gosier), boire ou manger beaucoup.

2 **descendre** v. tr. < conjug. 41 > Tenir son origine, être issu de. → **venir** de. *Descendre d'une vieille famille, d'une famille modeste.* ▶ **descendance** n. f. Ensemble des descendants. → **postérité, progéniture.** *Il a une nombreuse descendance.* / contr. ascendance / ▶ 2 **descendant, ante** n. Personne qui est issue d'un ancêtre (enfants, petits-enfants, arrière-petits-enfants...). → **descendance.**

déscolarisé, ée [deskɔlaʀize] adj. Qui a interrompu sa scolarité au cours de la période obligatoire ; qui est en rupture scolaire. *Adolescentes déscolarisées.*

description [dɛskʀipsjɔ̃] n. f. **1·** Action de décrire, énumération des caractères de (qqch., qqn). *La description d'un objet, d'un animal, d'une plante.* **2·** Dans une œuvre littéraire. Peinture de choses concrètes. *Description vivante, pittoresque.* ▶ **descriptif, ive** [dɛskʀiptif, iv] adj. Qui décrit, s'attache à décrire. *Les passages descriptifs d'un roman.* – *Géométrie descriptive,* technique de représentation plane des figures de l'espace.

désemparé, ée [dezɑ̃paʀe] adj. Qui ne sait plus où il en est, qui ne sait plus que dire, que faire. → **déconcerté, décontenancé.** *Se sentir tout désemparé.*

désemparer [dezɑ̃paʀe] v. intr. < conjug. 1 > Loc. littér. ***Sans désemparer*** : sans s'interrompre. *Travailler sans désemparer.*

désemplir [dezɑ̃pliʀ] v. intr. < conjug. 2 > (Forme négative) *Ne pas désemplir,* être constamment plein (lieu). *Sa boutique ne désemplit pas.*

désenchanté, ée [dezɑ̃ʃɑ̃te] adj. Qui a perdu son enthousiasme, ses illusions. → **blasé, déçu.** / contr. satisfait / *Il est revenu désenchanté. Sourire désenchanté.* ▶ **désenchantement** n. m. *Le désenchantement de ceux qui se heurtent à la réalité.* → **désillusion.**

désencombrer [dezɑ̃kɔ̃bʀe] v. tr. < conjug. 1 > Faire cesser d'être encombré. *Désencombrer la voie publique.* / contr. encombrer /

désenfler [dezɑ̃fle] v. < conjug. 1 > Cesser d'être enflé. → **dégonfler.** *La joue a désenflé* (intransitivement) ; *s'est désenflée* (pronominalement) ; *est désenflée* (passif).

désennuyer [dezɑ̃nɥije] v. tr. < conjug. 8 > Délasser, distraire (qqn) qui s'ennuie. *Je vais regarder la télé pour me désennuyer.*

désensibiliser [desɑ̃sibilize] v. tr. < conjug. 1 > En médecine. Diminuer la sensibilité à l'égard de certaines substances. – *Désensibiliser une dent,* détruire le nerf. → **dévitaliser.** ▶ **désensibilisation** n. f. *Désensibilisation à une allergie aux pollens.*

désépaissir [dezepesiʀ] v. tr. < conjug. 2 > Rendre moins épais. *Désépaissir les cheveux.*

déséquilibre [dezekilibʀ] n. m. **1·** Absence d'équilibre. → **instabilité.** *Être en position de déséquilibre.* – Abstrait. *Le déséquilibre des forces. Il y a déséquilibre entre l'offre et la demande.* → **disproportion, inégalité.** **2·** (Personnes) État psychique qui se manifeste par des difficultés d'adaptation, des changements d'attitude immotivés, des réactions asociales. ▶ **déséquilibrer** v. tr. < conjug. 1 > **1·** Faire perdre l'équilibre à (qqch., qqn). *Attitude qui déséquilibre (le corps).* **2·** Causer un déséquilibre mental chez (qqn). *Cette dernière épreuve l'a complètement déséquilibré.* ▶ **déséquilibré, ée** adj. Qui n'a pas ou n'a plus son équilibre. – (Personnes) *Il est un peu déséquilibré* (mentalement). – N. *C'est un déséquilibré.* → **désaxé.**

1 **désert, erte** [dezɛʀ, ɛʀt] adj. **1·** Sans habitants. *Île déserte.* → **inhabité.** – Peu fréquenté. *Quartier retiré et désert.* **2·** Privé provisoirement de ses occupants. → **vide.** *Maison déserte. Un stade désert.* / contr. occupé /

2 **désert** n. m. Zone très sèche, aride et inhabitée. *Déserts froids. Le désert du Sahara, de Gobi. Désert de sable, de pierres.* – Loc. *Prêcher dans le désert,* ne pas être entendu. ▶ **désertique** adj. **1·** Qui appartient au désert. *Des plantes désertiques. Climat désertique.* **2·** Qui a certains caractères du désert. → **aride, inculte.** *Région désertique.* ▷ **désertification**

déserter [dezɛʀte] v. < conjug. 1 > **1·** V. tr. Abandonner (un lieu où l'on devrait rester). → **abandonner, quitter.** *Déserter son poste.* – *Les jeunes désertent les campagnes pour travailler en ville.* – Abstrait. *Déserter une cause, un parti.* **2·** V. intr. Abandonner l'armée sans permission. *Une bonne partie de l'armée a déserté.* ▶ **déserteur** n. m. Soldat qui déserte ou qui a déserté. ▶ **désertion** n. f. Action de déserter, de quitter l'armée sans autorisation. *Un soldat coupable de désertion.*

désertification [dezɛʀtifikɑsjɔ̃] n. f. **1·** Transformation (d'une région) en désert sous l'action de facteurs climatiques ou humains. **2·** Disparition de toute activité humaine dans une région désertée. *La désertification des campagnes.*

désespérer [dezɛspeʀe] v. < conjug. 6 > **I· 1·** V. tr. ind. (Avec *de*) Perdre l'espoir à propos de, en ce qui concerne. *Désespérer d'une chose, d'une personne. On commençait à désespérer du succès. J'ai désespéré de lui. Désespérer de faire qqch. Il ne désespère pas de réussir un jour.* – Littér. *Désespérer que* (+ subjonctif). *Je ne désespère pas qu'il réussisse, qu'il ne réussisse.* **2·** V. intr. Cesser d'espérer. *Il ne faut pas désespérer, tout s'arrangera.* **II·** V. tr. **1·** Affliger, décevoir profondément ; décourager. *Cet enfant me désespère.* → **désoler. 2·** *Se désespérer* v. pron. : s'abandonner au désespoir. → se **désoler.** *Ne vous désespérez pas, nous avons encore beaucoup d'espoir de la retrouver.* ▶ **désespérance** n. f. Littér. État d'une personne qui n'a aucune espérance, qui a perdu foi, confiance. → **désespoir.** / contr. espérance / ▶ **désespérant, ante** adj. Qui fait perdre espoir, qui lasse. → **décourageant.** *Il est d'une lenteur désespérante. Il fait un temps désespérant,* dont on n'espère pas qu'il s'améliore. *Cet enfant est désespérant, nous n'en ferons jamais rien.* ▶ **désespéré, ée** adj. **1·** Qui est réduit au désespoir. *C'est un homme désespéré.* N. *Un désespéré.* – Par exagér. Désolé, navré. *Je suis désespéré de vous avoir fait attendre.* **2·** Qui exprime le désespoir. → **triste.** *Regard désespéré.* **3·** Extrême ; dicté par le danger. *C'est un effort désespéré, une tentative désespérée.* **4·** Qui ne laisse aucune espérance. *La situation est désespérée.* – *Le malade est dans un état désespéré.* ▶ **désespérément** adv. **1·** Avec désespoir. *Il se sentait désespérément seul.* – *La salle restait désespérément vide,* il n'y avait plus d'espoir qu'elle se remplisse. **2·** Avec acharnement. *Il cherchait désespérément à se faire comprendre. Lutter désespérément.* ▷ **désespoir**

désespoir [dezɛspwaʀ] n. m. **1·** Perte de tout espoir (→ **désespérance).** / contr. espoir / – Peine, tristesse extrême et sans remède. → **détresse.** *Sombrer dans le désespoir. S'abandonner au désespoir. Lutter contre le désespoir.* **2·** Par exagér. Ce qui cause une grande contrariété. *Elle fait le désespoir de ses parents.* – *Être **au désespoir** :* regretter vivement. *Je suis au désespoir de n'avoir pu vous rendre service.* **3·** Loc. adv. *En désespoir de cause,* comme dernière tentative et sans grand espoir de succès.

déshabiller [dezabije] v. tr. < conjug. 1 > **1·** Dépouiller (qqn) de ses vêtements. → **dévêtir.** / contr. habiller, rhabiller / *Déshabiller un enfant pour le mettre au lit.* **2·** ***Se déshabiller*** v. pron. : enlever ses habits. *Se déshabiller pour se coucher.* – Ôter les vêtements destinés à être portés au-dehors (chapeau, manteau, gants, etc.). *Déshabillez-vous.* ▶ **déshabillage** n. m. ▶ **déshabillé** n. m. Vêtement féminin d'étoffe légère, plus luxueux que le peignoir ou la robe de chambre. *Elle s'est mise en déshabillé.*

déshabituer [dezabitɥe] v. tr. < conjug. 1 > Faire perdre une habitude à (qqn). → **désaccoutumer.** *Déshabituer qqn de l'alcool.* → **désintoxiquer.** – ***Se déshabituer*** v. pron. : se défaire d'une habitude. *Se déshabituer de fumer.*

désherber [dezɛʀbe] v. tr. < conjug. 1 > Enlever les mauvaises herbes de. → **sarcler.** *Désherber les allées d'un parc.* ▶ **désherbage** n. m. ▶ **désherbant** n. m. Produit qui détruit les mauvaises herbes.

déshériter [dezeʀite] v. tr. < conjug. 1 > **1·** Priver (qqn) de l'héritage auquel il a droit. *Menacer un parent de le déshériter.* **2·** Priver (qqn) des avantages naturels. → **désavantager.** *La nature l'a bien déshérité.* ▶ **déshérité, ée** adj. et n. **1·** Privé d'héritage. *Un enfant déshérité.* **2·** Fig. Privé d'avantages naturels, financiers. → **défavorisé.** *Les populations les plus déshéritées.* – N. Personne désavantagée par la nature, par les circonstances. *Les déshérités.*

déshonnête [dezɔnɛt] adj. Littér. Contraire à la pudeur, aux bienséances. → **inconvenant, indécent.** *Tenue, parole déshonnête.* / contr. correct, décent /

déshonneur [dezɔnœʀ] n. m. **1·** Perte de l'honneur. *Ne pas survivre au déshonneur. Il n'y a pas de déshonneur à...,* il n'y a pas de honte à... **2·** Celui, celle qui cause le déshonneur. *Être le déshonneur de la famille.* → **honte.** / contr. honneur / ▶ **déshonorer** [dezɔnɔʀe] v. tr. < conjug. 1 > **1·** Porter atteinte à l'honneur de (qqn). → **flétrir, salir.** *Déshonorer qqn par des calomnies. Cette action l'a déshonoré. Il se croirait déshonoré de travailler de ses mains.* **2·** Vieilli. *Déshonorer une femme, une jeune fille,* la séduire, abuser d'elle (en général sans violence ≠ violer). **3·** ***Se déshonorer*** v. pron. : perdre son honneur. ▶ **déshonorant, ante** adj. Qui déshonore. *Conduite déshonorante.* → **avilissant.**

déshumaniser [dezymanize] v. tr. < conjug. 1 > Faire perdre le caractère humain à (qqn, un milieu). *Ces tours ont déshumanisé le quartier.*

déshydrater [dezidrate] v. tr. < conjug. 1 > **1**· Enlever l'eau qui entre dans la composition de (un corps). → **dessécher.** *Déshydrater des aliments (fruits, légumes) pour les conserver.* **2**· (Suj. personne) ***Se déshydrater*** v. pron. : perdre l'eau nécessaire à l'organisme. *Il s'est déshydraté lors de sa maladie.* ▶ **déshydraté, ée** adj. **1**· Privé de son eau ou d'une partie de son eau. *Purée déshydratée en flocons.* → **lyophilisé.** – *Organisme déshydraté.* **2**· Fam. Assoiffé. *Je suis complètement déshydraté.* ▶ **déshydratation** n. f. Action de priver (un corps) de son eau.

desiderata [dezideʀata] n. m. pl. Ce qu'on désire. *Veuillez nous faire connaître vos desiderata,* ce dont vous regrettez le défaut, l'absence. → **revendication, souhait.**

design [dizajn] n. m. Anglic. Esthétique industrielle appliquée à la recherche de formes nouvelles et adaptées à leur fonction (pour les objets utilitaires, les meubles, l'habitat en général). – Adj. invar. *Des meubles design.* – **REM.** Terme critiqué. ▶ **designer** [dizajnœʀ] n. Anglic. Spécialiste du design.

désigner [deziɲe] v. tr. < conjug. 1 > **1**· Indiquer de manière à faire distinguer de tous les autres (par un geste, une marque, un signe). *Désigner une personne, un objet. Désigner qqn, qqch. du doigt.* → **montrer.** *Désigner qqn par son nom.* → **appeler, nommer.** *Il a été désigné pour entreprendre les recherches. Le professeur a désigné un élève pour surveiller la classe.* **2**· (Suj. chose) → **destiner à, qualifier.** *Ses qualités le désignent pour ce rôle.* – *Il est tout désigné pour...* ▶ **désignation** n. f. **1**· Action de désigner, de choisir. *La désignation d'un délégué, d'un candidat.* **2**· Ce qui désigne (mot, signe). → **dénomination.** *Cet objet a plusieurs désignations.* → **nom ; terme.**

désillusion [dezi(l)lyzjɔ̃] n. f. Perte d'une illusion. *Éprouver des désillusions. Quelle désillusion !,* quelle déception. ▶ **désillusionner** v. tr. < conjug. 1 > Faire perdre ses illusions à. → **décevoir.** *Une expérience malheureuse l'a désillusionné.*

désincarcérer [dezɛ̃kaʀseʀe] v. tr. < conjug. 6 > Dégager (des personnes prisonnières d'un véhicule, d'un ascenseur). ▶ **désincarcération** n. f.

désincarné, ée [dezɛ̃kaʀne] adj. Qui néglige ou méprise les choses matérielles (souvent iron.). *Il a un air désincarné.*

désinence [dezinɑ̃s] n. f. Élément variable qui s'ajoute au radical d'un mot pour produire les formes des conjugaisons, des déclinaisons. → **flexion.** *En latin, les cas des mots se distinguent par leur désinence. Désinences verbales marquant la personne, le nombre, le temps.*

désinfecter [dezɛ̃fɛkte] v. tr. < conjug. 1 > Débarrasser des germes d'infection. → **assainir, purifier.** *Désinfecter la chambre d'un malade. Désinfecter une plaie.* ▶ **désinfectant, ante** adj. et n. m. Qui sert à désinfecter. *Produit désinfectant.* – N. m. *Un désinfectant.* ▶ **désinfection** n. f. Opération hygiénique qui a pour but de désinfecter. → **antisepsie, asepsie, stérilisation.** *La désinfection d'un champ opératoire.* / contr. infection / *La désinfection d'une salle d'hôpital, de vêtements.*

désinformer [dezɛ̃fɔʀme] v. tr. < conjug. 1 > Informer de manière à cacher certains faits ou à les falsifier. ▶ **désinformation** n. f. Utilisation des techniques de l'information pour induire le public en erreur, cacher les faits.

se désinscrire [dezɛ̃skʀiʀ] v. pron. < conjug. 39 > *Se désinscrire de,* résilier son abonnement, son inscription à (une activité). ▶ **désinscription** n. f.

désinsertion [dezɛ̃sɛʀsjɔ̃] n. f. Fait de cesser d'être inséré, intégré dans un groupe. *Désinsertion sociale, professionnelle.*

désintégrer [dezɛ̃tegʀe] v. tr. < conjug. 6 > Transformer (la matière) en énergie en détruisant sa structure d'atomes. *Désintégrer complètement.* → **annihiler.** – Pronominalement. *Se désintégrer,* se détruire complètement. ▶ **désintégration** n. f. Transformation des atomes d'un élément par rupture de leurs noyaux. → **transmutation.** *Désintégration de la matière, spontanée ou provoquée.* – Fig. Destruction complète.

désintéressé, ée [dezɛ̃teʀese] adj. **1**· (Personnes) Qui n'agit pas par intérêt personnel, qui ne recherche pas le profit, l'argent. → **altruiste, généreux.** / contr. intéressé / *C'est un homme parfaitement désintéressé.* **2**· Bénévole. *Attitude, conduite désintéressée. Donner un conseil désintéressé.* **3**· Qui n'obéit pas à des considérations utilitaires. *Recherche désintéressée.* **4**· Objectif, impartial. *Un jugement désintéressé.* ▶ **désintéressement** n. m. Détachement de tout intérêt personnel. → **altruisme.** *Agir avec désintéressement.* ≠ désintérêt.

se désintéresser [dezɛ̃teʀese] v. pron. < conjug. 1 > Ne plus porter intérêt (à). *Se désintéresser de son travail.* → **négliger.** – *Il s'est complètement désintéressé de son fils.* / contr. s'intéresser / ▶ **désintérêt** n. m. Absence d'intérêt (pour qqch.). *Son désintérêt pour la politique est total,* la politique ne l'intéresse pas du tout. ≠ désintéressement.

désintoxiquer [dezɛ̃tɔksike] v. tr. < conjug. 1 > **1·** Guérir (qqn) d'une intoxication. *Désintoxiquer un alcoolique.* **2·** Fam. ***Se désintoxiquer*** v. pron. : se débarrasser de ses toxines. *Sentir le besoin de se désintoxiquer.* ▶ **désintoxication** n. f. Traitement qui a pour but de guérir une intoxication par substances toxiques. *Cure de désintoxication,* appliquée à un alcoolique ou à un toxicomane.

désinvolte [dezɛ̃vɔlt] adj. Qui fait montre d'une liberté un peu insolente, d'une légèreté excessive. *Manières désinvoltes.* → ③ **cavalier.** *Il est un peu trop désinvolte.* → **sans-gêne.** ▶ **désinvolture** n. f. Attitude, tenue, tournure désinvolte. → **laisser-aller, légèreté.** *Répondre avec désinvolture.*

désir [deziʀ] n. m. **1·** *(Un, des désirs)* Envie d'obtenir qqch. pour en avoir du plaisir. → **aspiration, envie.** *Exprimer, formuler un désir.* → **souhait, vœu.** *Vos désirs sont (pour nous) des ordres. On cherche à satisfaire tous ses désirs, ses moindres désirs. Prendre ses désirs pour des réalités,* s'imaginer que la réalité est conforme à ce qu'on souhaite. – ***Désir de*** : action de désirer qqch. *Le désir de changement, d'évasion.* – (+ infinitif) *Le désir de réussir* (ambition, volonté), *de savoir* (curiosité). **2·** *(Le, du désir)* Envie du plaisir sexuel suscitée par qqn. *Éprouver du désir pour qqn.* ▶ **désirer** v. tr. < conjug. 1 > **1·** Tendre consciemment vers (ce que l'on aimerait posséder), éprouver le désir de. → **ambitionner, aspirer** à, **convoiter, souhaiter, vouloir.** *Désirer qqch. Si vous le désirez,* si vous voulez. – Loc. *N'avoir plus rien à désirer,* être comblé. **2·** ***Désirer que*** (+ subjonctif). *Elle désire qu'il vienne la voir.* – ***Désirer*** (+ infinitif). *Je désire m'entretenir avec vous.* → **vouloir. 3·** ***Laisser à désirer*** : être incomplet, imparfait. *Ce travail laisse à désirer. Ses manières laissent à désirer.* **4·** ***Se faire désirer*** : se montrer peu pressé de satisfaire le désir qu'on a de nous voir (souv. iron.). **5·** (Par courtoisie) Vouloir (un objet, un service). *Je désirerais cette veste,* je voudrais l'acheter. **6·** Éprouver du désir (2) pour (qqn). *Elle ne désire plus son mari.* ▶ **désirable** adj. **1·** Qui mérite d'être désiré ; qui excite le désir. → **enviable, souhaitable, tentant.** *Présenter toutes les qualités désirables.* / contr. indésirable / **2·** Qui inspire ou peut inspirer un désir sexuel. *Il, elle est encore désirable.* ▶ **désireux, euse** adj. *Désireux de* (+ infinitif), qui veut, a envie de. *Être désireux de mieux faire.* ▷ **indésirable**

se désister [deziste] v. pron. < conjug. 1 > Renoncer à un mandat lorsqu'on n'a pas été élu au premier tour de scrutin. → **se retirer.** *Se désister en faveur de qqn. Il a refusé de se désister.* ▶ **désistement** n. m. *Les deux partis alliés feront des désistements réciproques.*

désobéir [dezɔbeiʀ] v. tr. ind. < conjug. 2 > *Désobéir à.* **1·** Ne pas obéir (à qqn), en refusant de faire ce qu'il (elle) commande ou en faisant ce qu'il (elle) défend. → s'**opposer.** / contr. obéir / *Désobéir à ses parents.* – *Ces enfants ont désobéi.* **2·** *Désobéir à un ordre, à la loi.* → **contrevenir ; enfreindre, transgresser.** ▶ **désobéissance** n. f. Action de désobéir. *Désobéissance civile,* refus de se soumettre à une loi que l'on trouve injuste. – Ce qu'on fait en désobéissant. ▶ **désobéissant, ante** adj. Qui désobéit (ne se dit guère que des enfants). → **indiscipliné, indocile, insubordonné.** / contr. obéissant /

désobliger [dezɔbliʒe] v. tr. < conjug. 3 > Littér. Indisposer (qqn) par des actions ou des paroles qui froissent l'amour-propre. → **froisser, peiner, vexer.** *Vous me désobligeriez beaucoup en refusant.* ▶ **désobligeant, ante** adj. Qui désoblige ; qui est peu aimable. → **désagréable.** *Une réponse, une remarque désobligeante.* / contr. aimable /

désocialiser [desɔsjalize] v. tr. < conjug. 1 > Réduire ou supprimer les relations sociales de (qqn). – Pronominalement. *Des chômeurs qui se désocialisent.* – Au p. p. adj. *Des jeunes désocialisés.* ▶ **désocialisation** n. f.

désodoriser [dezɔdɔʀize] v. tr. < conjug. 1 > Débarrasser (un lieu) d'une odeur au moyen d'un traitement approprié (substance chimique, produit parfumé). *Désodoriser une pièce.* ▶ **désodorisant, ante** adj. Qui désodorise. *Produit désodorisant.* – N. m. *Un désodorisant.* ≠ déodorant.

désœuvré, ée [dezœvʀe] adj. Qui ne fait rien et ne cherche pas à s'occuper. → **inactif, oisif.** *Un enfant désœuvré.* – N. *C'est un désœuvré.* ▶ **désœuvrement** n. m. État d'une personne désœuvrée. *Faire qqch. par désœuvrement,* pour passer le temps.

désoler [dezɔle] v. tr. < conjug. 1 > Causer une affliction extrême à (qqn). → **affliger, attrister, consterner, navrer.** *Cet échec me désole.* – Pronominalement. *Elle se désole de ne pouvoir vous aider.* – Contrarier. *Ce contretemps me désole.* ▶ **désolation** n. f. **1·** Peine extrême. *La nouvelle de sa mort a plongé sa famille dans la désolation.* **2·** État de ce qui est désolé (1). ▶ **désolant, ante** adj. Qui contrarie. → **contrariant, ennuyeux.** *C'est vraiment désolant !* ▶ **désolé, ée** adj. **1·** Désert et triste. *Un endroit désolé.* **2·** Affligé, éploré. *Avoir l'air désolé.* **3·** Par exagér. *Être désolé,* regretter. *Je suis désolé de vous déranger si tôt. Désolé, je ne puis vous renseigner,* excusez-moi.

se désolidariser [desɔlidaʀize] v. pron. < conjug. 1 > Cesser d'être solidaire. *Se désolidariser de, d'avec qqch., qqn.* → **abandonner.**

désopilant, ante [dezɔpilɑ̃, ɑ̃t] adj. Qui fait rire de bon cœur ; très drôle. *Histoire désopilante.* → **tordant.** – *Cet acteur est désopilant.*

désordonné, ée [dezɔʀdɔne] adj. **1·** Littér. Qui n'est pas conforme à la règle, au bon ordre. *Conduite, vie désordonnée.* → **déréglé, dissolu.** **2·** (Personnes) Qui manque d'ordre, ne range pas ses affaires. **3·** *Mouvements désordonnés,* qui manquent de coordination. / contr. ordonné /

désordre [dezɔʀdʀ] n. m. **1·** Absence d'ordre ; abondance d'objets mal ou non rangés. *Mettre qqch. en désordre, du désordre quelque part.* → **bouleverser, chambarder, déranger.** *Pièce en désordre. Quel désordre !* → **fouillis, pagaïe.** – Loc. fam. (en attribut) *C'est désordre ; ça fait désordre,* ce n'est pas conforme aux normes, aux convenances. – *Désordre dans les affaires publiques, dans l'administration.* → **gabegie. 2·** Trouble fonctionnel (de l'organisme, etc.). → **perturbation. 3·** Absence d'ordre ou rupture de l'ordre dans un groupe, une communauté. → **anarchie.** *Semer le désordre.* – Au plur. Trouble qui interrompt la tranquillité publique, l'ordre social. → **agitation, bagarre, émeute.** *De graves désordres ont éclaté.*

désorganiser [dezɔʀganize] v. tr. < conjug. 1 > Détruire l'organisation de. → **déranger, troubler.** *Désorganiser les plans de qqn.* – Au p. p. *Le parti est désorganisé.* ▶ **désorganisation** n. f. Le fait de désorganiser. – État de ce qui est désorganisé.

désorienter [dezɔʀjɑ̃te] v. tr. < conjug. 1 > **1·** Faire perdre la bonne direction à. *Le brouillard m'a désorienté et j'ai perdu mon chemin.* **2·** Rendre (qqn) hésitant sur ce qu'il faut faire, sur le comportement à avoir. → **déconcerter, embarrasser, troubler.** *Il désoriente ses lecteurs par ses changements d'opinion.* – Au p. p. *Il est tout désorienté.* → **dépaysé, indécis, perdu.**

désormais [dezɔʀmɛ] adv. À partir du moment actuel. → à l'**avenir, dorénavant.** *Désormais, je ne l'écouterai plus. Le magasin sera désormais ouvert le dimanche.*

désosser [dezɔse] v. tr. < conjug. 1 > Ôter l'os, les os de. *Désosser une épaule de mouton.* – Au p. p. adj. *Viande désossée.*

désoxyribonucléique [dezɔksiʀibonykleik] adj. *Acide désoxyribonucléique* : A. D. N.

despote [dɛspɔt] n. m. **1·** Souverain qui gouverne avec une autorité arbitraire et absolue. → **tyran.** *La volonté du despote.* **2·** Personne qui exerce une autorité tyrannique. *Cet enfant est un despote qui tyrannise ses parents.* – Adj. *Un mari despote,* despotique. ▶ **despotique** adj. Tyrannique. *Un souverain, un patron despotique. Parents despotiques.* ▶ **despotisme** n. m. **1·** Pouvoir absolu du despote. – Forme de gouvernement dans lequel tous les pouvoirs sont réunis dans les mains d'un seul. → **dictature, tyrannie.** *Combattre le despotisme.* **2·** Littér. Autorité tyrannique. *Le despotisme de certains parents.*

se desquamer [dɛskwame] v. pron. < conjug. 1 > Se détacher par petites lamelles. *La peau se desquame après la scarlatine.* → **peler.** ▶ **desquamation** n. f. Élimination des couches superficielles de l'épiderme sous forme de petites lamelles. → **squame.**

desquels, desquelles [dekɛl] pronom relatif. → **lequel.**

dessaisir [desezir] v. tr. < conjug. 2 > **1·** Enlever à (qqn) ce dont il est saisi. *Dessaisir un tribunal d'une affaire.* **2·** V. pron. *Se dessaisir de...,* renoncer à la possession de, se déposséder de. *Se dessaisir d'un titre de propriété. Je ne peux, je ne veux pas m'en dessaisir.* / contr. garder /

dessaler [desale] v. tr. < conjug. 1 > **1·** Rendre moins salé ou faire cesser d'être salé. / contr. saler / *Dessaler de la morue en la faisant tremper.* – Intransitivement. *Mettre des harengs à dessaler.* **2·** Fam. (Compl. personne) Rendre moins niais, plus déluré. → **déniaiser.** – Pronominalement. *Il commence à se dessaler.* → se **dévergonder.** – Au p. p. *Elle est bien dessalée.*

dessécher [deseʃe] v. tr. < conjug. 6 > **I· 1·** Rendre sec (ce qui contient naturellement de l'eau). → **sécher.** *Chaleur qui dessèche le sol.* → **brûler.** *Le froid dessèche la peau. Le froid dessèche les lèvres et les fait gercer.* – Au p. p. adj. *Fruits desséchés.* → **déshydraté.** – Pronominalement. *La peau se dessèche au soleil.* **2·** Rendre maigre. *La maladie l'a desséché.* – Au p. p. adj. *Vieillard desséché.* → **décharné.** – Pronominalement. Fig. *Se dessécher de chagrin.* → **languir. II·** Rendre insensible, faire perdre à (qqn) la faculté de s'émouvoir. → **endurcir.** *Dessécher le cœur.* ▶ **desséchant, ante** adj. Qui dessèche. *Vent desséchant.* ▶ **dessèchement** n. m. → **dessiccation.** *Le dessèchement de la peau.*

dessein [desɛ̃] n. m. **1·** Littér. Idée d'exécuter qqch. → **but, intention.** *Avoir des desseins secrets. Former le dessein de retourner dans son pays,* le désir, le projet. – ***Dans le dessein de*** : dans l'intention de ; en vue de. *Il a fait cela dans le dessein de vous nuire.* – *Nourrir de grands desseins.* **2·** ***À dessein*** loc. adv. : avec intention, de propos délibéré. → **exprès.** *Il l'a fait à dessein. C'est à dessein qu'il ne vous a pas prévenu.* ≠ dessin.

desseller [desele] v. tr. < conjug. 1 > Ôter la selle de. *Desseller un cheval.* / contr. seller / ≠ déceler, desceller.

desserrer [deseʀe] v. tr. < conjug. 1 > **1·** Relâcher (ce qui était serré). → **défaire.** / contr. serrer, resserrer / *Desserrer sa ceinture d'un cran. Il ouvrit sa veste et desserra son écharpe. Desserrer une vis, un écrou.* – *Desserrer son étreinte.* – Pronominalement. Devenir moins serré. *L'écrou s'est desserré.* **2·** *Desserrer les dents,* ouvrir la bouche. – Loc. *Ne pas desserrer les dents,* ne rien dire. ▶ **desserrage** n. m. Action de desserrer. *Le desserrage d'une vis.*

dessert [desɛʀ] n. m. Mets sucré, fruits, pâtisserie servis après le fromage (notamment en France). *Enfant privé de dessert.* – Moment du dessert. *Ils en sont au dessert.*

1 **desserte** [desɛʀt] n. f. (Transports) Le fait de desservir une localité. → **service.** *La desserte d'un port par voie ferrée.*

2 **desserte** n. f. Meuble où l'on pose les plats quand on dessert la table. → **buffet.** *Desserte roulante.*

1 **desservir** [desɛʀviʀ] v. tr. < conjug. 14 > **1·** Faire le service de (une cure, une chapelle...). *Desservir une paroisse.* **2·** Faire le service de (un lieu). → 1 **desserte.** *Aucun train ne dessert cette ville.* → **passer** par. – Au p. p. adj. *Un quartier bien desservi,* relié aux autres par de nombreux moyens de transport. **3·** Donner dans, faire communiquer. *L'entrée dessert plusieurs pièces.* ▶ **desservant** n. m. Ecclésiastique qui desservait une cure, une chapelle, une paroisse. → **curé.** ▷ 1 **desserte**

2 **desservir** v. tr. < conjug. 14 > Débarrasser (une table) des plats qui ont été servis. *Desservir la table.* – Sans compl. *Nous avons fini, on peut desservir.* ▷ 2 **desserte**

3 **desservir** v. tr. < conjug. 14 > Rendre un mauvais service à (qqn). → **nuire.** *Desservir qqn auprès de ses amis. Son air bourru l'a desservi.* / contr. aider / – Pronominalement. *Elle s'est desservie par sa franchise.*

dessiccation [desikasjɔ̃] n. f. Opération par laquelle on prive (des gaz, des solides) de l'humidité qu'ils renferment. → **déshydratation, lyophilisation ; dessécher.**

dessiller [desije] v. tr. < conjug. 1 > *Dessiller les yeux de, à qqn,* l'amener à voir, à connaître ce qu'il ignorait ou voulait ignorer. → **ouvrir** les yeux.

dessin [desɛ̃] n. m. **1·** Représentation ou suggestion graphique des objets sur une surface ; œuvre (d'art) qui en découle. *Faire un dessin. Dessins d'enfants. Dessin humoristique, publicitaire.* Loc. fam. *Inutile de faire un dessin,* la chose est parfaitement claire. – ***Dessin animé*** : film composé d'une suite de dessins (film d'animation). **2·** L'art, la technique du dessin. *École, professeur de dessin. Carton à dessin.* **3·** Représentation de la forme des objets par des lignes, dans un but scientifique, industriel. *Dessin géométrique.* – *Dessin industriel.* → **épure.** **4·** Traits qui semblent tracés sur les formes naturelles. → **contour, ligne.** *Le dessin d'un visage.* ▶ **dessiner** v. tr. < conjug. 1 > **1·** (Suj. personne) Représenter ou suggérer par le dessin. *Dessiner qqch. sur le vif.* → **croquer.** *« Dessine-moi un mouton », disait le Petit Prince. Dessiner des personnages au crayon, à la plume.* – (Sans compl. direct) *Il dessine bien. Mal dessiner.* → **gribouiller.** **2·** (Suj. chose) Faire ressortir les contours, le dessin de. *Vêtement qui dessine les formes (du corps).* – Au p. p. adj. *Bouche bien dessinée,* d'une jolie forme. – ***Se dessiner*** v. pron. : paraître avec un contour net. *Une montagne se dessine au loin.* → se **profiler.** *Un sourire se dessina sur ses lèvres.* – Abstrait. *Son projet commence à se dessiner.* → se **préciser,** prendre **tournure.** ▶ **dessiné, ée** adj. **1·** Représenté par le dessin. *Une fleur dessinée.* **2·** Loc. *Bande* dessinée.* → **b. d.** *Album, journal de bandes dessinées.* ▶ **dessinateur, trice** n. Personne qui pratique l'art du dessin (artistique, décoratif, industriel...). *Dessinateur humoristique.* → **caricaturiste.** *Dessinatrice de mode.* → **modéliste.**

dessouder [desude] v. tr. < conjug. 1 > Ôter la soudure de. *Dessouder des tuyaux.* – Pronominalement. ***Se dessouder*** : se défaire, en parlant de ce qui était soudé.

dessoûler [desule] v. < conjug. 1 > Fam. **1·** V. tr. Tirer (qqn) de l'ivresse. *Le grand air l'a dessoûlé.* → **dégriser.** **2·** V. intr. Cesser d'être soûl. *Il ne dessoûle pas,* il est toujours ivre. – **REM.** On écrit aussi *dessaouler.*

1 **dessous** [d(ə)su] adv. Mot indiquant la position d'une chose sous une autre (opposé à *dessus*). **1·** À la face inférieure, dans la partie inférieure. *Le prix du vase est marqué dessous.* **2·** Loc. ***Par-dessous.*** *Baissez-vous et passez par-dessous.* – ***En dessous*** : contre la face inférieure. *Soulevez ce livre, la lettre est en dessous,* sous le livre. – *Rire en dessous,* en dissimulant son rire. → sous **cape.** *Regarder en dessous,* sournoisement. *Agir en dessous,* hypocritement. – ***Ci-dessous*** : sous ce qu'on vient d'écrire, plus bas. → **infra.** – ***Là-dessous*** : sous cet objet, cette chose. *Le chat s'est caché là-dessous.* – *Il y a qqch. là-dessous,* cela cache, dissimule qqch. **3·** ***Par-dessous*** loc. prép. *Le chat est passé par-dessous le grillage.* – ***De dessous.*** *Il a tiré un livre de dessous la pile.*

② **dessous** n. m. invar. **1·** (Opposé à *dessus*) Face inférieure (de qqch.) ; ce qui est sous, ou plus bas (que qqch.). / contr. ② dessus / *Le dessous des pieds, des bras. Le dessous d'une assiette.* → **envers.** *L'étage du dessous.* → **inférieur.** *Les gens du dessous.* → d'en **bas.** *Vêtements de dessous,* sous-vêtements. **2·** *(Dessous-de-...)* Nom de certains objets qui se placent sous qqch. (pour isoler, protéger). *Un, des dessous-de-bouteille. Un, des dessous-de-plat.* **3·** Ce qui est caché. *Les dessous de la politique.* → **secret.** – ***Un, des dessous-de-table*** : argent donné secrètement pour obtenir un avantage (en affaires). → **pot-de-vin. 4·** Au plur. ***Les dessous*** : vêtements de dessous féminins. → **sous-vêtement** (1). **5·** Loc. *Être dans le trente-sixième dessous,* dans une très mauvaise situation. – *Avoir le dessous,* être dans un état d'infériorité (lutte, discussion). **6·** ***Au-dessous*** loc. adv. : en bas. *Il n'y a personne au-dessous.* **7·** ***Au-dessous de*** loc. prép. : plus bas que, inférieur à. → **sous.** *Jupe au-dessous du genou. Cinq degrés au-dessous de zéro.* → **moins.** *Être au-dessous de sa tâche,* n'être pas capable de l'assumer. *Être au-dessous de tout,* n'être capable de rien (personne, œuvre). → **nul.** ▷ **dessous-de-bouteille,** etc. (Voir ci-dessus)

① **dessus** [d(ə)sy] adv. Mot indiquant la position d'une chose sur une autre (opposé à *dessous*). **1·** À la face supérieure (opposé à *dessous*), extérieure (opposé à *dedans*). *Prenez l'enveloppe, l'adresse est dessus. Ce siège est solide, asseyez-vous dessus.* **2·** (Idée de contact) → **sur** (et compl.). *Relever sa robe pour ne pas marcher dessus.* Fam. *Sauter, taper, tirer, tomber dessus.* – Fig. Tout contre. *Vous avez le nez dessus. Mettre le doigt dessus,* deviner. *Mettre la main dessus.* → **saisir ; trouver. 3·** Loc. ***Par-dessus.*** *La barrière n'est pas haute, vous pouvez sauter par-dessus. Placez ces caisses les unes par-dessus les autres.* – ***Ci-dessus*** : au-dessus de ce qu'on vient d'écrire, plus haut. → **supra.** – ***Là-dessus*** : sur cela. *Écrivez là-dessus.* – Abstrait. *Comptez là-dessus !,* iron., n'y comptez pas. *Là-dessus, il nous quitta,* sur ce. – À ce sujet. *Je connais beaucoup de choses là-dessus.* **4·** ***Par-dessus*** loc. prép. *Sauter par-dessus le mur.* – *Par-dessus tout,* principalement. → **surtout.** *Soyez prudent par-dessus tout.* – Loc. *Avoir par-dessus la tête de (qqch.),* avoir assez de. *J'en ai par-dessus la tête de vos histoires.* – *Par-dessus le marché,* en plus.

② **dessus** n. m. invar. **1·** Face, partie supérieure (de qqch.). / contr. ② dessous / *Le dessus de la main, d'une table. L'étage du dessus ; les voisins du dessus.* → d'en **haut.** – Loc. *Le dessus du panier,* ce qu'il y a de meilleur. **2·** ***Dessus-de-*** : nom de certains objets qui se placent sur qqch. (pour protéger, garnir). *Un, des dessus-de-cheminée.* – ***Un, des dessus-de-lit*** : pièce d'étoffe qui recouvre la literie. → **couvre-lit. 3·** *Avoir le dessus.* → **avantage, supériorité.** *Avoir le dessus dans un combat, une discussion.* → **gagner.** – *Prendre, reprendre le dessus,* réagir, surmonter un état pénible, physique ou moral. → se **relever,** se **remettre. 4·** ***Au-dessus*** loc. adv. : en haut, supérieur. *Les chambres sont au-dessus.* – Fig. *Il n'y a rien au-dessus,* de mieux. **5·** ***Au-dessus de*** loc. prép. : plus haut que, supérieur à. → **sur.** *L'avion est au-dessus de la mer. Enfants au-dessus de quinze ans.* – *Le colonel est au-dessus du capitaine* (en grade). *Être au-dessus de (qqch.),* dominer une situation, mépriser. *Ces critiques ne le gênent pas, il est au-dessus de ça.* ▷ **pardessus ; dessus-de-lit,** etc. (Voir ci-dessus)

déstabiliser [destabilize] v. tr. < conjug. 1 > Enlever à (un pays, une économie, etc.) la stabilité ; rendre (une situation politique) moins stable ou instable. ▶ **déstabilisation** n. f. *La déstabilisation du régime.*

destin [dɛstɛ̃] n. m. **1·** Puissance qui, selon certaines croyances, fixerait de façon irrévocable le cours des événements. → **destinée, fatalité.** *Pour les chrétiens, la notion de providence* a remplacé celle de destin. Le sentiment dramatique du destin.* **2·** Ensemble des événements soumis au hasard ou à la fatalité, à la nécessité, et qui composent la vie d'un être humain, considérés comme résultant de causes distinctes de sa volonté. → **destinée, sort.** *Il a eu un destin tragique.* **3·** Ce qu'il adviendra (de qqch.). → **avenir, fortune.** *Le destin d'un ouvrage littéraire. Le destin d'une civilisation.* ▶ **destinée** n. f. **1·** Littér. Destin (1). **2·** Destin particulier (d'un être). *Tenir entre ses mains la destinée de qqn. La destinée d'un peuple.* **3·** Avenir, sort (de qqch.). *La destinée qui était réservée à cette œuvre.* → **avenir. 4·** Littér. Vie, existence. *Finir sa destinée,* mourir. *Unir sa destinée à qqn,* l'épouser. ▷ **prédestiner**

destiner [dɛstine] v. tr. < conjug. 1 > *Destiner à.* **1·** Fixer d'avance (pour être donné à qqn). → **assigner, attribuer, réserver.** *Je vous destine ce poste. Être destiné à... Il était destiné au succès, à réussir. Cette remarque vous était destinée,* était pour vous, vous concernait. **2·** Fixer d'avance pour être employé (à un usage). → **affecter.** *Je destine cette somme à l'achat d'une voiture.* **3·** Préparer (qqn) à un emploi, à une occupation, à un état. *Son père le destine à la magistrature.* – Pronominalement. *Il se destine à la diplomatie.* ▶ **destinataire** n. Personne à qui s'adresse un envoi, un message. *Le destinataire d'une lettre.* / contr. expéditeur / ▶ **destination** n. f. **1·** Ce pour quoi une personne ou une chose est faite, ce à quoi elle est destinée. *Cet appareil n'a pas d'autre destination.* → **usage, utilisation.** *La destination d'une* *somme d'argent.* **2·** Lieu où l'on doit se rendre ; lieu où une chose est adressée. → **but.** *Contrôler la destination d'un envoi, d'un paquet. Partir pour une destination lointaine. Destination inconnue.* – *À destination. Arriver à destination. Avion à destination de Marseille.* → **pour.**

destituer [dɛstitɥe] v. tr. < conjug. 1 > Priver (un personnage important, un fonctionnaire) de sa charge, de sa fonction, de son emploi. → **licencier, limoger, renvoyer, révoquer.** *Destituer un fonctionnaire.* – Au p. p. adj. *Magistrat destitué (de ses fonctions).* ▶ **destitution** n. f. Révocation disciplinaire ou pénale. → **déposition, renvoi.** *La destitution d'un officier.*

destrier [dɛstʀije] n. m. Cheval de bataille, au Moyen Âge (opposé à *palefroi*, cheval de cérémonie).

destructeur, trice [dɛstʀyktœʀ, tʀis] n. et adj. **1·** Personne qui détruit. *Les Romains furent les destructeurs de Carthage.* **2·** Adj. Qui détruit. *Guerre destructrice.* → **meurtrier.** – Abstrait. *Idée, philosophie destructrice.* → **subversif.** / contr. constructif, créateur / ▶ **destructif, ive** adj. Qui a le pouvoir de détruire. → **destructeur.** *Le pouvoir destructif d'un explosif.*

destruction [dɛstʀyksjɔ̃] n. f. Action de détruire. **1·** Action de jeter bas, de faire disparaître (une construction). *Un quartier voué à la destruction.* → **démolition.** *Destruction d'une ville par un incendie, par les bombardements.* → **dévastation.** **2·** Action d'altérer profondément (une substance). *Destruction des tissus organiques par certains acides.* **3·** Action de tuer (des êtres vivants). *Destruction d'une armée* → **extermination,** *d'un peuple* → **génocide, holocauste, massacre.** *Destruction des insectes.* **4·** Action de faire disparaître, de démolir, de mettre au rebut, etc. *Procéder à la destruction de papiers compromettants.* **5·** Le fait de se dégrader jusqu'à disparaître. → **dégradation.** *La destruction d'une civilisation.*

désuet, ète [desɥɛ, ɛt ; dezɥɛ, ɛt] adj. Qui a le caractère d'une époque ancienne. → **archaïque, démodé, suranné, vieillot.** *Le charme romantique et désuet d'une gravure.* / contr. moderne / ▶ **désuétude** n. f. ***Tomber en désuétude*** : être abandonné, hors d'usage. *Loi tombée en désuétude. Cette expression est tombée en désuétude,* est sortie de l'usage.

désunir [dezyniʀ] v. tr. < conjug. 2 > Faire cesser l'union morale, jeter le désaccord entre. *Désunir une famille, un ménage.* → **brouiller.** ▶ **désuni, ie** adj. Séparé par un désaccord. *Famille désunie. Couple désuni.* ▶ **désunion** n. f. Désaccord entre personnes qui devraient être unies. *La désunion entre eux. Amener, faire régner la désunion entre une personne et une autre.*

1 **détacher** [detaʃe] v. tr. < conjug. 1 > **I· 1·** Dégager (qqn, qqch.) de ce qui attachait ou de ce qui était attaché avec. *Détacher un chien. Détacher des vêtements.* → **déboutonner, défaire, dégrafer.** / contr. attacher / **2·** Enlever (un élément) d'un ensemble. *Détacher une remorque, un wagon d'un convoi. Détacher un timbre en suivant le pointillé.* **3·** Loc. *Ne pouvoir détacher ses regards, ses pensées, son attention de...* → **détourner, distraire.** *Elle ne pouvait détacher ses yeux du spectacle.* **4·** Faire partir (qqn) loin d'autres personnes pour faire qqch. *Détacher qqn au-devant d'un hôte.* → **dépêcher, envoyer.** **5·** Affecter provisoirement (un fonctionnaire) à un autre service. *Faites-vous détacher à Paris.* **6·** Ne pas lier. *Détacher ses lettres en écrivant. Parler en détachant bien les mots. Détacher nettement les syllabes.* → **articuler.** – Au p. p. adj. *Notes détachées.* **II·** ***Se détacher*** v. pron. **1·** (Concret) Cesser d'être attaché. *Le chien s'est détaché.* **2·** Se séparer. *Fruits qui se détachent de l'arbre. Coureur qui se détache du peloton* (en allant plus vite). **3·** Apparaître nettement comme en sortant d'un fond. → se **découper, ressortir.** *Le portrait se détache sur un fond sombre.* **4·** (Personnes) Ne plus être attaché par le sentiment, l'intelligence, à (qqn, qqch.). *Ils se détachent l'un de l'autre,* ils s'aiment de moins en moins. *Se détacher des plaisirs,* y renoncer. → se **désintéresser.** / contr. s'attacher / ▶ **détachable** adj. Qu'on peut détacher. *Coupons détachables.* ▶ **détaché, ée** adj. **I· 1·** Qui n'est plus attaché ; qui n'attache plus. *Lien détaché.* / contr. attaché / **2·** Séparé d'un tout. – ***Pièces détachées*** : servant au remplacement des pièces usagées d'un mécanisme. **3·** *Fonctionnaire détaché,* affecté à d'autres fonctions que les siennes. **II·** Qui a ou qui exprime du détachement (I, 1). *Un ton froid et détaché.* ▶ **détachement** n. m. **I· 1·** État d'une personne qui s'est détachée de qqch. → **désintérêt, indifférence, insensibilité.** *Répondre, parler avec détachement, en affectant le détachement.* → **désinvolture, insouciance.** / contr. attachement / **2·** Situation d'un fonctionnaire provisoirement affecté à d'autres fonctions. *Être en détachement. Son détachement est fini.* **II·** Petit groupe (de soldats, policiers, etc.) séparés (détachés) pour un service spécial. *Envoyer un détachement militaire en reconnaissance, un détachement blindé en renfort.*

2 **détacher** v. tr. < conjug. 1 > Débarrasser des taches. → **dégraisser, nettoyer.** *Donner au teinturier un costume à détacher.* ▶ **détachage** n. m. Action d'enlever les taches. → **nettoyage.** ▶ **détachant** n. m. Produit qui enlève les taches. ▶ **détacheur, euse** n. **1·** Personne qui nettoie les vêtements. → **teinturier.** **2·** N. m. En appos. *Flacon détacheur,* contenant un détachant.

détail, ails [detaj] n. m. **1·** *(De détail, au détail)* Le fait de livrer, de vendre ou d'acheter par petites quantités ce qu'on a acheté en gros. *Commerce de détail. Vendre au détail.* → **détaillant.** *Prix de détail.* **2·** ***Le détail de...*** : action de considérer un ensemble dans ses éléments, un événement dans ses particularités. *Relation d'un fait avec le détail des circonstances.* → **énumération.** *Faire le détail d'un inventaire.* – Les éléments détachés d'un ensemble. *Entrer, se perdre dans le détail. Ne pas s'occuper du détail.* – ***En détail*** : dans toutes ses parties, toutes ses particularités. *Racontez-nous cela en détail.* – ***De détail.*** *C'est une question de détail.* **3·** ***Un, des détail(s)*** : élément non essentiel d'un ensemble ; circonstance particulière. *Je connais tous les détails. Donnez-moi des détails sur leur rencontre. Travailler, soigner les détails* (dans une œuvre), fignoler. – *C'est un détail*, c'est une chose sans importance ou secondaire (par rapport à l'essentiel). ▶ **détailler** [detaje] v. tr. < conjug. 1 > **1·** Vendre (une marchandise) par petites quantités, au détail. *Nous ne détaillons pas ce produit.* **2·** Littér. Considérer, exposer (qqch.) avec toutes ses particularités. *Détailler un plan.* – Examiner (qqn) en détail. *Il la détaillait des pieds à la tête.* – Au p. p. adj. *Exposé détaillé et complet sur une question*, minutieux, précis. ▶ **détaillant, ante** n. Vendeur au détail. *Le grossiste approvisionne le détaillant.*

détaler [detale] v. intr. < conjug. 1 > Fam. Partir subitement en courant, généralement pour s'enfuir. → **décamper, filer.** *Les enfants surpris ont détalé.*

détartrer [detartʀe] v. tr. < conjug. 1 > Débarrasser du tartre. *Détartrer une chaudière. Se faire détartrer les dents par le dentiste.* ▶ **détartrage** n. m. Élimination du tartre (d'un radiateur, d'un conduit). – Action de détartrer les dents. ▶ **détartrant** ou **détartreur** n. m. Produit empêchant ou diminuant la formation de tartre dans les conduits.

détaxer [detakse] v. tr. < conjug. 1 > Réduire ou supprimer la taxe sur. *Détaxer une denrée.* – Au p. p. adj. *Acheter un parfum détaxé dans un aéroport.* ▶ **détaxe** n. f. / contr. surtaxe /

détecter [detɛkte] v. tr. < conjug. 1 > Déceler l'existence de (un objet, un phénomène caché). *Détecter une fuite de gaz.* ▶ **détecteur, trice** n. m. et adj. **1·** Appareil servant à détecter. *Détecteur d'ondes. Détecteur de fumée.* **2·** Adj. *Lampe détectrice.* ▶ **détection** n. f. Action de détecter. *Détection électromagnétique par radar.* ▷ **télédétection**

détective [detɛktiv] n. m. **1·** En Angleterre. Policier chargé des enquêtes, des investigations. **2·** ***Détective (privé)*** : personne chargée d'enquêtes policières privées. – **REM.** On dit aussi *un privé.*

déteindre [detɛ̃dʀ] v. intr. < conjug. 52 > **1·** Perdre sa couleur. → se **décolorer.** *Cette étoffe déteint facilement. Ce rideau a déteint au soleil. Déteindre au lavage.* **2·** ***Déteindre sur*** : communiquer une partie de sa couleur, de sa teinture à. *Cette gravure a déteint sur la page suivante.* – Fig. Avoir de l'influence sur. → **influencer, marquer.** *Elle a complètement déteint sur lui.*

dételer [detle] v. < conjug. 4 > **1·** V. tr. Détacher (une bête attelée ou l'attelage). *Le cocher dételle son cheval. Dételer les bœufs d'une charrue. Dételer une charrue.* / contr. atteler / **2·** V. intr. Cesser de faire qqch. → s'**arrêter.** *Il a travaillé toute la journée sans dételer.*

détendre [detɑ̃dʀ] v. tr. < conjug. 41 > **I·** Relâcher (ce qui était tendu, contracté). *Détendre la jambe.* / contr. tendre / – Pronominalement. *Un ressort qui se détend brusquement.* **II· 1·** Délasser, faire cesser la tension de (qqn, qqch.). *Sortons un peu, ça nous détendra.* – Pronominalement. *Détendez-vous !*, laissez-vous aller. → se **décontracter.** **2·** Au p. p. ***Détendu, ue.*** Qui ne manifeste aucune tension. *Il était détendu*, très calme. *Une atmosphère très détendue.* → **décontracté.** ▷ **détente**

détenir [detniʀ] v. tr. < conjug. 22 > **1·** Garder, tenir en sa possession. → **posséder ; détenteur.** *Détenir un objet volé.* → **receler.** **2·** Fig. Avoir, posséder. *Il détient la clé du mystère. Détenir un secret. Détenir le pouvoir. Détenir le record du monde. Détenir un monopole.* **3·** Garder, retenir (qqn) en captivité. → **détenu.** *Détenir un délinquant en prison.* ▶ **détenteur, trice** [detɑ̃tœʀ, tʀis] n. Personne qui détient qqch. *Le détenteur d'un objet volé.* → **receleur.** *Les détenteurs du pouvoir. Détenteur d'armes. La détentrice d'un prix, du record.* ▶ **détention** n. f. **1·** Le fait de détenir qqch., de l'avoir à sa disposition. *Détention d'armes.* **2·** Action de détenir qqn ; état d'une personne détenue. → **captivité, emprisonnement.** *Arrestation et détention d'un criminel. Détention arbitraire. Être en détention*, détenu. ▶ **détenu, ue** [detny] n. Personne qui est maintenue en captivité. → **prisonnier.** *Détenu politique ; de droit commun.*

détente [detɑ̃t] n. f. **1·** Relâchement (de ce qui est tendu). *La détente d'un ressort.* **2·** Sports. Capacité pour un athlète d'effectuer un mouvement rapide, instantané (au moment du saut, d'un lancer, etc.). *Il a une belle détente.* **3·** Armes à feu. Pièce qui sert à faire partir le coup. *Appuyer sur la détente.* – **REM.** On emploie abusivement *gâchette.* **4·** Loc. fam. *Il est* ***dur à la détente*** : il est difficile d'obtenir qqch. de lui ; il ne comprend pas vite.

5· Expansion d'un gaz précédemment soumis à une pression. *La détente d'un gaz, des gaz.* / contr. compression / **6·** Relâchement d'une tension intellectuelle, morale, nerveuse ; état agréable qui en résulte. *Il n'a pas un moment de détente.* → **délassement, répit, repos.** *Ces enfants ont besoin d'une détente.* → **distraction, récréation.** **7·** Diminution de la tension internationale. *Politique de coexistence et de détente.* / contr. tension /

détergent, ente [detɛʀʒɑ̃, ɑ̃t] adj. Qui nettoie en entraînant par dissolution les impuretés. → **détersif.** – N. m. *Un détergent.* ▶ **déterger** v. tr. < conjug. 3 > Terme technique. Nettoyer avec un détergent.

détériorer [deteʀjɔʀe] v. tr. < conjug. 1 > **1·** Mettre (une chose) en mauvais état, de sorte qu'elle ne puisse plus servir. → **abîmer, casser, démolir, dégrader, endommager** ; fam. **déglinguer, esquinter.** *Détériorer un appareil, une machine. L'humidité détériore les tentures.* – Pronominalement. *Se détériorer,* s'altérer. – Au p. p. adj. *Du vieux matériel détérioré.* → **usé. 2·** Fig. *Détériorer sa santé par des excès.* → **délabrer.** – Pronominalement. *Les relations entre les deux pays se sont détériorées.* → se **gâter.** ▶ **détérioration** n. f. Action de détériorer, de mettre en mauvais état ; son résultat. → **dégradation, déprédation.** *La détérioration d'un appareil, d'une machine. Détérioration de marchandises.* – Fig. *La détérioration des conditions de vie.*

déterminer [detɛʀmine] v. tr. < conjug. 1 > **1·** Indiquer, délimiter avec précision. → **définir, délimiter, évaluer, fixer, préciser, spécifier.** *Déterminer le sens d'un mot. Cette distance est difficile à déterminer.* → **estimer.** *Déterminer la date, le lieu d'un événement.* **2·** Entraîner la décision de (qqn). → **décider ; conduire, inciter.** *Ses amis, ces difficultés l'ont déterminé à partir.* – ***Se déterminer à*** v. pron. : prendre la détermination, la décision de. → se **décider,** se **résoudre.** *Ils se sont déterminés à accepter.* **3·** (Choses) Être la cause de ; être à l'origine de (un phénomène, un effet). → **causer, provoquer.** *Les événements qui ont déterminé la chute du régime. Les conditions qui déterminent l'action humaine.* → **déterminisme.** ▶ **déterminant, ante** adj. et n. m. **1·** Adj. Qui détermine qqn dans sa conduite. *Cette raison a été déterminante.* – *Participer à qqch. de manière déterminante.* → **décisif, essentiel. 2·** N. m. Mot qui en détermine un autre. *Les articles sont des déterminants du substantif* (ex. : *la* dans *la maison*). *Les déterminants possessifs, démonstratifs, indéfinis* (autrefois appelés *adjectifs*). ▶ **déterminatif, ive** adj. Qui détermine, précise le sens d'un mot. *Complément déterminatif* (ex. : *hiver* dans *un manteau d'hiver*). ▶ **détermination** n. f. **1·** Action de déterminer, de délimiter avec précision ; état de ce qui est déterminé. → **caractérisation, définition, délimitation.** *La détermination de la latitude d'un lieu. La détermination d'un nom par un article.* **2·** Relation entre deux éléments de connaissance, de telle façon que, de la connaissance du premier, il est possible de déterminer le second. *La détermination d'un phénomène* (soumis au *déterminisme*). **3·** Résultat psychologique de la décision. → **résolution.** *Sa détermination était bien arrêtée.* **4·** Attitude d'une personne qui agit sans hésitation, selon les décisions qu'elle a prises. → **décision, fermeté.** / contr. irrésolution / *Agir avec détermination. Faire preuve de détermination.* ▶ **déterminé, ée** adj. **1·** Qui a été précisé, défini. → **arrêté, certain, précis.** / contr. indéterminé / *Une quantité déterminée d'énergie.* **2·** Qui se détermine, se décide. → **décidé, résolu.** *C'est un homme déterminé.* / contr. irrésolu / **3·** Soumis au déterminisme. *Phénomènes entièrement déterminés.* ▶ **déterminisme** n. m. **1·** Ordre des faits suivant lequel les conditions d'existence d'un phénomène sont fixées, déterminées absolument (ces conditions étant posées, le phénomène ne peut pas ne pas se produire). *Déterminisme historique.* / contr. hasard / **2·** Doctrine philosophique suivant laquelle tous les événements sont liés et déterminés. ▶ **déterministe** adj. et n. *Philosophie déterministe.* ▷ **indéterminé, prédétermination**

déterrer [deteʀe] v. tr. < conjug. 1 > **1·** Retirer de terre (ce qui s'y trouvait enfoui). / contr. enfouir, enterrer / *Déterrer un mort.* → **exhumer.** – Au p. p. adj. *Cadavre déterré.* – N. *Il a une mine de déterré,* pâle, cadavérique. **2·** Découvrir (ce qui était caché). → **dénicher.**

détersif, ive [detɛʀsif, iv] adj. et n. Qui nettoie, en dissolvant les impuretés (→ **déterger**). *Produit détersif* (savon, lessive, etc.). – N. m. *Un détersif.* → **détergent.**

détester [detɛste] v. tr. < conjug. 1 > **1·** Avoir de l'aversion pour (qqn). → **haïr.** / contr. aimer, adorer / *Il déteste son beau-père. Va-t'en, je te déteste !* – Pronominalement (récipr.). *Ils se détestent.* **2·** Ne pas pouvoir supporter (qqch.). *Il déteste le bruit. Elle déteste l'ail. Je déteste attendre. Détester que* (+ subjonctif). *Je déteste qu'on me fasse attendre. Ne pas détester qqch.,* aimer assez. *Il ne déteste pas le bon vin.* ▶ **détestable** adj. Très désagréable ou très mauvais. *Quel temps détestable !* → **affreux, vilain.** *Être d'une humeur détestable.* → **exécrable.** *Une détestable habitude.* ▶ **détestablement** adv. *Il joue détestablement,* très mal.

détoner [detɔne] v. intr. < conjug. 1 > **REM.** Ne prend qu'un *n.* ≠ détonner. Exploser avec bruit (par combustion rapide, réaction chimique violente, détente d'un gaz) et avec une grande vitesse de décomposition. *Faire détoner un explosif.*

▶ **détonant, ante** adj. Qui est susceptible de détoner. *Mélange détonant,* mélange de gaz capables de s'enflammer et de détoner. ▶ **détonateur** n. m. **1·** Amorce (capsule ou autre) qui fait détoner un explosif. *Détonateur de bombe.* **2·** Fig. Fait, événement qui déclenche une action (violente). ▶ **détonation** n. f. Bruit soudain et violent de ce qui détone. → **déflagration, explosion.** *J'ai entendu une forte détonation.*

détonner [detɔne] v. intr. < conjug. 1 > **1·** Sortir du ton, en musique ; chanter faux. *Un chanteur qui détonne.* **2·** Ne pas être dans le ton, ne pas être en harmonie avec le reste. *Ce fauteuil Empire détonne dans un salon moderne.* ≠ détoner.

détour [detuʀ] n. m. **1·** Tracé qui s'écarte du chemin direct (voie, cours d'eau). → **lacet, méandre.** *La route fait des détours. Au détour du chemin,* à l'endroit où il tourne. → **tournant. 2·** Action de parcourir un chemin plus long que le chemin direct ; ce chemin. *J'ai fait un détour pour vous dire bonjour.* → **crochet.** / contr. raccourci / *Détour obligatoire pour cause de travaux.* → **déviation. 3·** Moyen indirect de faire ou d'éluder qqch. → **biais, faux-fuyant, ruse, subterfuge.** *Pas tant de détours, au fait ! – Sans détour,* simplement, sans ambages. ▶ **détourné, ée** adj. **1·** Qui n'est pas direct, qui fait un détour. *Chemin détourné.* **2·** (Moyen) Indirect. *Prendre des moyens détournés pour parvenir à ses fins.* → **détour.** *Un reproche, un compliment détourné.* ▶ **détournement** n. m. **1·** Action de changer le cours, la direction. *Le détournement d'un cours d'eau.* → **dérivation.** – *Détournement (d'avion),* action de contraindre l'équipage d'un avion à changer de direction. **2·** Action de soustraire à son profit. *Un détournement de fonds, d'argent confié.* → **vol. 3·** ***Détournement de mineur*** *:* séduction d'une mineure, d'un mineur par une personne majeure (punie par la loi). ▶ **détourner** v. tr. < conjug. 1 > **I· 1·** Changer la direction de (qqch.). *Détourner un cours d'eau,* changer son tracé initial. → **dériver.** *Détourner un convoi.* → **dérouter.** *Détourner un avion* (spécialt le contraindre à changer de destination). **2·** Changer le cours de. *Il détourna la conversation. Détourner l'attention de qqn. Détourner les soupçons sur une autre personne.* **3·** Écarter (qqn du chemin à suivre). *Détourner qqn de sa route.* – Abstrait. *Détourner qqn du droit chemin, du devoir.* → **dévoyer.** *Détourner qqn d'un projet, d'une résolution,* l'y faire renoncer. → **dissuader. II·** Tourner d'un autre côté, pour éviter qqch. *Détourner la tête, les yeux, ses regards.* – Pronominalement. ***Se détourner*** (pour ne pas voir ou pour ne pas être vu). *Elle se détourna d'un air dédaigneux.* **III·** Soustraire (qqch.) à son profit. *Détourner des fonds.* → **voler.**

détracteur, trice [detʀaktœʀ, tʀis] n. Personne qui cherche à rabaisser le mérite de qqn, la valeur de qqch. → **accusateur, critique.** *Les détracteurs d'un homme politique, d'une doctrine.* / contr. admirateur /

détraquer [detʀake] v. tr. < conjug. 1 > **1·** Déranger dans son mécanisme, dans son fonctionnement. → **dérégler, détériorer** ; fam. **déglinguer.** *Il a détraqué son réveil.* **2·** Fam. Déranger. *Se détraquer l'estomac, les nerfs.* – Pronominalement. *Un mécanisme qui se détraque. Le temps se détraque,* se gâte. ▶ **détraqué, ée** adj. et n. **1·** Dérangé dans son fonctionnement. *Horloge détraquée.* – Fam. *Santé détraquée.* **2·** *Avoir le cerveau détraqué.* → **dérangé.** – N. *C'est un détraqué.* → **déséquilibré.** ▶ **détraquement** n. m. *Le détraquement d'un mécanisme.* → **dérèglement.**

détrempe [detʀɑ̃p] n. f. Couleur délayée dans de l'eau additionnée d'un agglutinant (gomme, colle, œuf). *Peindre en, à la détrempe. Décors de théâtre peints à la détrempe.* – Tableau fait avec cette couleur.

détremper [detʀɑ̃pe] v. tr. < conjug. 1 > Amollir ou délayer en mélangeant avec un liquide. → **délayer.** *Détremper des couleurs. – La pluie avait détrempé la piste.* – Au p. p. adj. *Détrempé,* très mouillé et amolli. *Voile détrempée (par les vagues).*

détresse [detʀɛs] n. f. **1·** Sentiment d'abandon, de solitude, d'impuissance que l'on éprouve dans une situation difficile (besoin, danger, souffrance). → **désarroi.** *Une âme en détresse.* **2·** Situation difficile et très pénible. – Manque dramatique de moyens matériels. → **malheur, misère.** *La détresse des populations sinistrées. Il vit dans la détresse, dans une détresse totale.* **3·** Situation périlleuse (d'un navire, d'un avion). → **perdition.** *Signal de détresse.* → **S. O. S.** *En détresse,* en perdition. *Avion, navire en détresse.*

détriment [detʀimɑ̃] n. m. *À (mon, son...)* ***détriment, au détriment de*** *:* au désavantage, au préjudice de. *Cet arrangement s'est conclu à mon détriment. Il a avantagé son fils aîné dans sa succession au détriment des autres enfants.* / contr. avantage /

détritus [detʀity(s)] n. m. invar. Matériaux réduits à l'état de débris inutilisables ; ordures. *Les détritus tombés des poubelles.* ▶ **détritivore** adj. et n. m. Didact. Qui se nourrit de détritus, de déchets organiques. *Poisson détritivore.*

détroit [detʀwa] n. m. Bras de mer entre deux terres rapprochées et qui fait communiquer deux mers. → **bras.** *Le pas de Calais, détroit entre la France et la Grande-Bretagne.*

détromper [detʀɔ̃pe] v. tr. < conjug. 1 > Tirer (qqn) d'erreur. → **désabuser.** *Je veux vous en détromper, vous détromper sur ce point.* – ***Se détromper*** v. pron. : revenir de son erreur. *Détrompez-vous,* n'en croyez rien.

détrôner [detʀone] v. tr. < conjug. 1 > **1·** Déposséder (qqn) de la souveraineté, du trône. *Détrôner un roi.* → **déposer, destituer. 2·** Faire cesser la prééminence, le pouvoir de (qqn, qqch.). → **éclipser, supplanter.** *Elle a détrôné sa concurrente.* ▷ **indétrônable**

détrousser [detʀuse] v. tr. < conjug. 1 > Vx ou plaisant. Dépouiller (qqn) de ce qu'il porte, en usant de la violence. → **dévaliser, voler.** *Détrousser un voyageur.*

détruire [detʀɥiʀ] v. tr. < conjug. 38 > **1·** Défaire entièrement, jeter bas (une construction). → **abattre, démolir, raser ; destruction.** / contr. bâtir, construire / *Détruire un édifice.* – Au p. p. *Une ville détruite par un séisme.* **2·** Altérer jusqu'à faire disparaître. → **anéantir, supprimer.** *Détruire par le feu,* brûler. *Le feu a tout détruit. Les pluies torrentielles ont détruit les récoltes. Détruire une lettre, un document.* / contr. conserver / **3·** Supprimer (un ou plusieurs êtres vivants) en ôtant la vie. → **tuer.** *L'épidémie a détruit le bétail.* → **exterminer.** *Ce produit détruit tous les insectes.* → **tuer.** *Détruire les mauvaises herbes.* – Pronominalement. *Il a tenté de se détruire.* → se **suicider. 4·** Fig. Défaire entièrement (ce qui est établi, organisé, élaboré). → **anéantir, supprimer.** / contr. édifier, fonder / *Détruire un usage, une institution, une théorie. Cette mésaventure détruisit tous ses espoirs.* → **dissiper. 5·** ***Se détruire*** v. pron. récipr. : s'annuler, avoir une action contraire. *Effets qui se détruisent.*

dette [dɛt] n. f. **1·** Argent qu'une personne → **débiteur** doit à une autre. / contr. créance / *Faire des dettes.* → s'**endetter.** *Être en dette avec qqn. Être accablé, criblé de dettes. Payer, rembourser une dette.* – Prov. *Qui paye ses dettes s'enrichit.* – ***Dette publique*** : ensemble des dettes contractées par un État et qu'il doit rembourser. → **emprunt. 2·** Devoir que l'on doit accomplir en échange d'un service rendu. → **engagement, obligation.** *Acquitter une dette de reconnaissance envers qqn, à l'égard de qqn. Avoir une dette envers la société.* Loc. *Payer sa dette à la justice,* purger sa peine. ▷ **endetter**

deuil [dœj] n. m. **1·** Douleur, affliction que l'on éprouve de la mort de qqn. *Sa mort fut un deuil cruel. Jour de deuil.* **2·** Mort d'un proche. → **perte.** *Il vient d'avoir plusieurs deuils dans sa famille.* **3·** Signes extérieurs de la mort d'un parent, d'un proche, consacrés par l'usage. *Vêtements de deuil* (noirs dans la chrétienté, blancs chez les bouddhistes,...). Loc. *Porter le deuil. Être **en deuil**.* – Fam. *Avoir les ongles en deuil,* noirs, sales. **4·** Fam. ***Faire son deuil*** *d'une chose* : se résigner à en être privé. *Tu peux faire ton deuil de ce projet !* ▷ **endeuiller**

deus ex machina [deysɛksmakina] n. m. invar. Personnage, événement dont l'intervention peu vraisemblable apporte un dénouement inespéré à une situation sans issue ou tragique (d'abord au théâtre : un dieu est amené sur scène à l'aide d'une machine). *Des deus ex machina.*

deux [dø] dét. invar., adj. invar. et n. m. invar. **I·** Dét. num. cardinal invar. **1·** Un plus un (2, II). *Les deux yeux* [ledøzjø]. *Les deux côtés de la rue. Les deux bouts d'un bâton. Deux cents. Ils sont venus tous (les) deux. Deux fois plus.* → **double.** *Deux personnes.* → **couple, duo.** *Deux choses.* Loc. *De deux choses l'une,* il n'y a que deux possibilités. **2·** *Un ou deux...,* quelques. Loc. *Deux poids deux mesures,* deux façons de juger, différentes selon les objets. – (Opposé à *le même*) Loc. *Cela, ça **fait deux*** : ce sont des choses bien distinctes. *L'amour et l'amitié, ça fait deux.* – (Pour indiquer un petit nombre, opposé à *beaucoup de, nombreux*) *C'est à deux pas,* tout près. *Vous y serez en deux minutes.* **3·** Adj. num. ordinal invar. → **deuxième, second.** *Numéro deux. Tome deux.* **II·** N. m. invar. **1·** Nombre premier succédant à 1 (un). *Le nombre deux. Un et un font deux. Cent cinquante-deux* (152). *Un virgule deux* (1,2). Loc. *Deux à deux ; deux par deux. Couper qqch. en deux.* – Loc. *C'est clair comme deux et deux font quatre,* c'est évident. – ***Le deux, un deux*** : carte à jouer (*un deux de trèfle*), dé marqué de deux points. – Deuxième jour du mois. *Nous sommes le deux.* – Numéro deux (d'une rue, etc.). *Elle habite au deux.* **2·** Loc. fam. *En moins de deux,* très vite. – *Ne faire ni une ni deux,* se décider rapidement, sans tergiverser. – *Entre les deux,* ni ceci ni cela ; à moitié. « *Fait-il chaud ou froid ? – Entre les deux.* » – Prov. *Jamais deux sans trois,* ce qui arrive deux fois a toute chance d'arriver une troisième fois. **3·** Chiffre qui représente ce nombre. *Le deux romain* (II). *Le deux arabe* (2). *Effacez ce deux.* ▶ **deuxième** [døzjɛm] adj. et n. Adj. num. ordinal. Qui succède au premier. → **second.** *Le deuxième chapitre d'un livre. Le deuxième étage,* et ellipt *habiter au deuxième.* – N. *Il est deuxième sur la liste.* ▶ **deuxièmement** adv. En deuxième lieu (fam. deuzio). → **secundo.** ▶ **deux-pièces** n. m. invar. **I· 1·** Ensemble comprenant une jupe ou un pantalon et une veste du même tissu. → **tailleur.** En appos. *Costume deux-pièces.* **2·** Maillot de bain formé d'un slip et d'un soutien-gorge. → **bikini. II·** Appartement de deux pièces principales. ▶ **deux-roues** [døʀu] n. m. invar. Véhicule à deux roues (bicyclette, cyclomoteur, moto). ▶ **deux-**

temps [døtɑ̃] n. m. invar. Moteur à deux temps ; véhicule ayant ce moteur (voiture, deux-roues). ▷ **entre-deux, entre-deux-guerres,** à la **six-quatre-deux**

dévaler [devale] v. < conjug. 1 > **1·** V. intr. Aller vers le bas, brutalement ou très rapidement. → **descendre, tomber.** *Rochers qui dévalent de la montagne.* **2·** V. tr. Descendre rapidement (qqch.). → **dégringoler.** *Il dévalait l'escalier quatre à quatre.*

dévaliser [devalize] v. tr. < conjug. 1 > **1·** Voler à (qqn) ce qu'il a sur lui, avec lui. *Des cambrioleurs l'ont dévalisé.* **2·** Vider (un lieu) des biens qui s'y trouvent. → **cambrioler.** *Des cambrioleurs ont dévalisé son appartement.* – Fig. *Dévaliser un magasin,* y faire des achats importants.

dévaloriser [devalɔʀize] v. tr. < conjug. 1 > **1·** Diminuer la valeur (spécialt de la monnaie). → **déprécier, dévaluer.** – Pronominalement. *Monnaie qui se dévalorise.* – Au p. p. adj. *Marchandise dévalorisée,* qui a perdu de sa valeur. **2·** Déprécier, faire mal juger (qqn, qqch.). *Il cherche à le dévaloriser auprès de ses amis. Dévaloriser le travail de qqn.* – Pronominalement. *Il se dévalorise en faisant cela.* ▶ **dévalorisant, ante** adj. Qui dévalorise, qui déprécie. ▶ **dévalorisation** n. f. *L'inflation entraîne la dévalorisation de la monnaie.* ≠ dévaluation.

dévaluer [devalɥe] v. tr. < conjug. 1 > Abaisser la valeur légale de (une monnaie). *Dévaluer l'euro.* ▶ **dévaluation** n. f. Abaissement de la valeur légale d'une monnaie. *Dévaluation de l'euro, de la livre.*

devancer [d(ə)vɑ̃se] v. tr. < conjug. 3 > **1·** Être devant (d'autres qui avancent), laisser derrière soi. → **dépasser, distancer.** *Un coureur cycliste qui devance le peloton.* **2·** Être avant, quant au rang, au mérite, dans la recherche commune du même but. → **surpasser.** *Devancer tous ses rivaux.* **3·** Arriver avant (qqn) dans le temps. → **précéder.** *Nous vous avons devancés au rendez-vous.* **4·** Aller au-devant de. *Devancer les désirs de qqn.* → **prévenir.** *Il a devancé toutes les objections.* **5·** Faire (qqch.) en avance. – En France. *Devancer l'appel,* s'engager dans l'armée avant d'avoir l'âge d'y être appelé (avant 1997). ▶ **devancier, ière** n. Personne qui en a précédé une autre dans ce qu'elle fait. → **prédécesseur.** *Marcher sur les traces de ses devanciers.* / contr. successeur /

① **devant** [d(ə)vɑ̃] prép. et adv. **I·** Prép. **1·** Du même côté que le visage d'une personne, que le côté visible ou accessible d'une chose. → en **avant,** en **face, vis-à-vis.** / contr. derrière / *Il a arrêté sa voiture devant le magasin. Ne vous mettez pas devant moi, je ne vois rien. Ôtez-vous de devant moi.* **2·** En présence de (qqn, qqch.). *Ne dites pas cela devant lui. Pleurer devant tout le monde. Tous les hommes sont égaux devant la loi.* → à l'**égard** de. *Reculer devant le danger.* **3·** Dans la direction qui est en face d'une personne, d'une chose ; à l'avant de. *Aller droit devant soi.* – Abstrait. *Avoir du temps, de l'argent devant soi,* en réserve. **II·** Adv. Du côté du visage d'une personne, de la face d'une chose ; en avant. *Passez devant puisque vous êtes pressé. Vêtement qui se ferme devant.* – ***Par-devant*** : du côté qui est devant. *Voiture endommagée par-devant. Passez par-devant.* ▷ **devancer,** ② **devant, devanture**

② **devant** n. m. **1·** La partie qui est placée devant. *Chambres sur le devant.* / contr. arrière / *Les pattes de devant* (d'un animal). → **antérieur.** **2·** *Prendre **les devants*** : devancer qqn ou qqch. pour agir avant ou l'empêcher d'agir. **3·** ***Au-devant de*** loc. prép. : à la rencontre de. *Nous irons au-devant de vous.* Fig. *Aller au-devant du danger,* s'exposer témérairement. *Aller au-devant des désirs de qqn,* les combler avant qu'il les exprime. → **prévenir.**

devanture [d(ə)vɑ̃tyʀ] n. f. **1·** Façade, revêtement du devant d'une boutique. *Faire refaire la devanture d'un magasin.* **2·** Étalage des marchandises, soit à la vitrine, soit dehors. *Flâner en regardant les devantures des magasins* (→ faire du lèche-vitrines).

dévaster [devaste] v. tr. < conjug. 1 > Ruiner (un pays) en détruisant totalement les richesses. → **ravager.** *Les guerres ont dévasté cette région. Les criquets ont dévasté les récoltes.* → **détruire.** ▶ **dévastateur, trice** adj. Qui dévaste, détruit tout. *Torrent dévastateur. Une guerre dévastatrice.* ▶ **dévastation** n. f. Action de dévaster ; son résultat. → **ravage.** *Les dévastations du cyclone,* causées par le cyclone.

déveine [devɛn] n. f. Fam. Malchance. *Quelle déveine !* → **guigne, poisse.**

développement [devlɔpmɑ̃] n. m. **I·** Concret. **1·** Action de développer (une pellicule photographique). *Le développement et le tirage d'une pellicule.* **2·** Distance correspondant à un tour de pédale de bicyclette. **II· 1·** (Organisme, organe) Action de se développer. → **croissance.** *Le développement des bourgeons, d'une tige. Être arrêté, gêné dans son développement. Le développement de l'intelligence, de l'esprit (par la culture).* **2·** Progrès, en extension ou en qualité. *Le développement du commerce, d'une affaire. Affaire prospère, en plein développement.* → **essor, extension.** – Loc. *Pays **en voie de développement*** (tend à remplacer l'expression *pays sous-développé*). – ***Développement durable*** :

développement économique qui tend au respect de l'environnement naturel, et ne compromet pas les développements futurs. **3·** *Les développements d'un incident,* ses prolongements. **4·** Exposition détaillée d'un sujet. → **exposé, détail.** *Entrer dans des développements superflus.* ▷ **sous-développement**

développer [devlɔpe] v. tr. < conjug. 1 > **I· 1·** Rare. Étendre (ce qui était plié) ; donner toute son étendue à. → **déployer, étendre. 2·** *Développer un cliché, une pellicule,* faire apparaître les images fixées sur la pellicule, au moyen de procédés chimiques. **3·** Faire croître ; donner de l'ampleur à. *Les exercices physiques développent la musculature. Développer son savoir, ses connaissances.* → **enrichir. 4·** Exposer en détail, étendre en donnant plus de détails. → **expliquer.** / contr. résumer / *Développer un argument, un chapitre.* **II·** *Se développer* v. pron. **1·** (Êtres vivants) Croître, s'épanouir. *Adolescent qui se développe rapidement.* – Au p. p. adj. *La vue est le sens le plus développé chez les oiseaux.* **2·** Abstrait. Prendre de l'extension, de l'importance. *L'affaire s'est développée.* ▶ **développeur, euse** n. **1·** Personne qui développe une affaire. **2·** En informatique. Personne qui écrit des logiciels. ▷ **développement, sous-développé**

① **devenir** [dəvniʀ] v. intr. < conjug. 22 > **1·** Passer d'un état à (un autre), commencer à être (ce qu'on n'était pas). *Devenir plus grand, plus gros. Il est devenu fou. Elle est devenue riche et célèbre. Devenir ministre. Elle est devenue sa femme.* – (Suj. chose) *Le temps devient froid. La situation devenait difficile.* – Se transformer. *L'ogre devint une souris et le chat la croqua. Devenir une source de désagrément.* **2·** Être dans un état, avoir un sort, un résultat nouveau (dans les phrases interrogatives ou dubitatives). *Qu'allons-nous devenir ? Que sont devenues vos belles résolutions ? Qu'est devenu mon chapeau ?,* où est-il ? – Fam. *Qu'est-ce que vous devenez ?,* se dit pour demander des nouvelles d'une personne qu'on n'a pas vue depuis quelque temps. ▶ ② **devenir** n. m. Didact. Le passage d'un état à un autre ; la suite des changements. → **changement.** *Le devenir du monde.* → **futur.** *La conscience est en perpétuel devenir.* → **évolution.** ▷ **redevenir**

dévergondé, ée [devɛʀgɔ̃de] adj. Qui ne respecte pas les règles de la morale ni les normes sociales reconnues. *Des jeunes gens dévergondés. Une allure dévergondée.* → **débauché.** – N. Surtout au fém. Personne jeune dont la conduite est trop libre. *Une petite dévergondée.* ▶ **se dévergonder** v. pron. < conjug. 1 > Devenir dévergondé.

déverrouiller [devɛʀuje] v. tr. < conjug. 1 > Ouvrir en tirant le verrou. *Déverrouiller une porte.*

par-devers [paʀdəvɛʀ] loc. prép. En la possession de. → **avec.** *Je garde ces papiers par-devers moi.*

déverser [devɛʀse] v. tr. < conjug. 1 > **1·** V. pron. *Se déverser :* couler d'un lieu dans un autre. *L'eau se déverse dans le bassin. Les eaux usées des usines se déversent dans la rivière.* → **s'écouler, se jeter,** se **vider. 2·** Déposer, laisser tomber en versant. *Les camions ont déversé des tonnes de sable.* **3·** Laisser sortir, répandre en grandes quantités. *Chaque train déverse des flots de voyageurs.* – Abstrait. *Déverser sa rancune.* ▶ **déversement** n. m. Action de déverser. ▶ **déversoir** n. m. Orifice par lequel s'écoule le trop-plein d'un canal, d'un réservoir. → **vanne.** *Le déversoir d'un barrage.*

dévêtir [devetiʀ] v. tr. < conjug. 20 > Littér. **1·** Dépouiller (qqn) de ses vêtements. → **déshabiller.** *Dévêtir un blessé.* **2·** V. pron. *Se dévêtir :* enlever ses vêtements, certains vêtements.

dévider [devide] v. tr. < conjug. 1 > **1·** Dérouler. *Dévider une bobine de fil.* **2·** *Dévider un chapelet,* le faire passer entre ses doigts. – Abstrait. Fam. *Dévider son chapelet, son écheveau,* raconter, débiter tout ce qu'on a à dire.

dévier [devje] v. < conjug. 7 > **1·** V. intr. Se détourner, être détourné de sa direction, de sa voie. *La balle a dévié.* – *Dévier de qqch. :* s'écarter de. *Dévier de son chemin.* – Abstrait. *Dévier de ses principes. Dévier du droit chemin.* → **sortir. 2·** V. tr. Écarter de la direction normale. *Dévier la circulation.* ▶ **déviance** n. f. Caractère de ce qui s'écarte de la règle commune, de la norme sociale admise. ▶ **déviant, ante** adj. Qui dévie. *Position déviante de la colonne vertébrale.* – Fig. Qui présente une déviance. *Comportement déviant.* ▶ **déviation** n. f. **I· 1·** Action de sortir de la direction normale ; son résultat. *La déviation d'un avion par rapport à sa route.* **2·** Changement anormal de position dans le corps. *Une déviation de la colonne vertébrale.* → **déformation, scoliose. 3·** Fig. Changement (considéré comme mauvais). → **aberration, écart. II· 1·** Action de dévier (un projectile, un véhicule). *Déviation des véhicules pour cause de travaux.* **2·** Chemin que doivent prendre les véhicules déviés. → **détour.** *Emprunter une déviation.* ▶ **déviationnisme** n. m. Attitude qui s'écarte de la doctrine, chez les membres d'un parti politique. / contr. orthodoxie / ▶ **déviationniste** n. et adj. *Les déviationnistes de droite, de gauche.*

devin, devineresse [dəvɛ̃, dəvinʀɛs] n. Vieilli. Personne qui prétend découvrir ce qui est caché, prédire l'avenir par des moyens qui ne relèvent pas d'une connaissance naturelle ou ordinaire. → **prophète, voyant.** *Les devins baby-*

loniens, grecs, romains, sibériens, africains... – Loc. *Je ne suis pas devin,* je ne puis savoir, deviner, prévoir cela. ▶ **deviner** v. tr. < conjug. 1 > **1·** Parvenir à connaître par conjecture, supposition, intuition. → **découvrir, entrevoir, pressentir, trouver.** *Deviner un secret. Deviner les intentions de qqn. Je devine où il veut en venir.* → **voir. 2·** Trouver la solution de (une énigme). *Deviner une charade.* ▶ **devinette** n. f. Question posée sous une forme bizarre ou plaisante, et dont il faut deviner la réponse. → **énigme.** *Poser une devinette.* – Au plur. Jeu où l'on pose des questions. *Les enfants jouent aux devinettes.*

devis [d(ə)vi] n. m. invar. État détaillé des travaux à exécuter avec l'estimation des prix. *Demander, établir un devis pour une réparation. Le devis d'un peintre, d'un imprimeur.* ▷ 2 **deviser**

dévisager [devizaʒe] v. tr. < conjug. 3 > Regarder (qqn) avec attention, avec insistance. → **fixer.** *Les élèves dévisageaient le nouveau avec curiosité.* ≠ défigurer.

1 **devise** [d(ə)viz] n. f. **1·** Formule qui accompagne l'écu dans les armoiries. *Devise des chevaliers.* **2·** Paroles exprimant une pensée, un sentiment, un mot d'ordre. *« Liberté, égalité, Fraternité », devise de la République française.* **3·** Règle de vie, d'action. *Ne pas m'en faire, voilà ma devise.*

2 **devise** n. f. Valeur étrangère négociable dans un pays. – Monnaie étrangère. *Prix des devises étrangères.* → **change.** *Le cours officiel des devises.*

1 **deviser** [dəvize] v. intr. < conjug. 1 > Littér. S'entretenir familièrement. → **converser, parler.** *Nous devisions gaiement. Deviser de choses et d'autres.*

2 **deviser** v. tr. < conjug. 1 > Établir le devis de. – Au p. p. adj. *Prestations devisées.*

dévisser [devise] v. < conjug. 1 > **1·** V. tr. Défaire (ce qui est vissé). *Dévisser le bouchon d'un tube, un tube.* – Fig. *Dévisser qqn de sa place,* l'en sortir. **2·** V. intr. Alpinisme. Lâcher prise et tomber, en montagne. ▶ **dévissage** n. m. *Le dévissage d'un bocal.*

de visu [devizy] loc. adv. Après l'avoir vu, pour l'avoir vu. *Se rendre compte de qqch. de visu.*

dévitaliser [devitalize] v. tr. < conjug. 1 > Priver (une dent) de son tissu vital (pulpe et nerfs). – Au p. p. adj. *Une molaire dévitalisée.*

dévoiler [devwale] v. tr. < conjug. 1 > **1·** Enlever le voile de (qqn), ce qui cache (qqch.). → **découvrir.** *Dévoiler une statue que l'on inaugure.* – Pronominalement. *Musulmane qui se dévoile.* **2·** Découvrir (ce qui était secret). → **révéler.** *Dévoiler un secret, un complot. Il ne veut pas dévoiler ses intentions. Dévoiler ses batteries*.* – Pronominalement. Se montrer, se manifester, devenir connu. → **apparaître.** *Le mystère se dévoile peu à peu.* / contr. cacher, taire / ▶ **dévoilement** n. m. Action de dévoiler, de se dévoiler.

1 **devoir** [d(ə)vwaʀ] v. tr. < conjug. 28 > REM. Part. passé masc. sing. *dû,* fém. *due,* plur. *du(e)s.* **I·** *Devoir à.* **1·** Avoir à payer (une somme d'argent), à fournir (qqch. en nature) à qqn. *Il me doit dix mille euros. Payer ce que l'on doit* (→ **dette**). – Au passif. *L'argent qui m'est dû.* **2·** Être redevable (à qqn ou à qqch.) de ce qu'on possède. → **tenir** de. *Il ne veut rien devoir à personne. Devoir la vie à qqn,* avoir été sauvé par lui. – (Avec *de* + infinitif) *Je lui dois d'être en vie. Je lui dois d'avoir réussi.* – *Être dû à,* avoir pour cause. *Sa réussite est due au hasard.* **3·** Être tenu à (qqch., par rapport à qqn) par la loi, les convenances, la morale. *Je vous dois des excuses. On lui doit le respect. Je lui dois bien cela,* il le mérite pour les services qu'il m'a rendus. – Pronominalement. ***Se devoir de.*** *Je me dois de le prévenir,* c'est un devoir pour moi. **II·** (+ infinitif) **1·** Être dans l'obligation de (faire qqch.). → **avoir** à. *Il doit terminer ce travail ce soir. Vous auriez dû me prévenir. – Tu as agi comme tu devais* (faire). – (Au conditionnel) *Tu devrais aller la voir à l'hôpital,* ce serait bien si... – *Il a dû s'arrêter tellement il était fatigué.* **2·** (Exprimant la nécessité) *Cela devait arriver ; il devait en être ainsi. Il devait mourir deux jours plus tard,* il est mort deux jours après le jour dont je parle. **3·** Avoir l'intention de. → **penser.** *Nous devions l'emmener avec nous, mais il est tombé malade.* **4·** (Exprimant la vraisemblance, la probabilité, l'hypothèse) *On doit avoir froid dans un tel pays. Vous devez vous tromper,* vous vous trompez, selon moi. *Il ne devait pas être bien tard quand il est parti.* **III·** ***Se devoir*** v. pron. **1·** (Réfl.) Être obligé de se consacrer à. *Se devoir à ses enfants.* **2·** (Passif impers.) *Comme il se doit,* comme il le faut, ou fam. comme c'était prévu. ▶ 2 **devoir** n. m. **1·** *Le devoir,* obligation morale générale. *Agir par devoir. Un homme de devoir,* qui respecte l'obligation morale. **2·** *(Un, des devoirs)* Ce que l'on doit faire, défini par le système moral que l'on accepte, par la loi, les convenances, les circonstances. → **charge, obligation, responsabilité, tâche.** *Accomplir, faire, remplir, suivre son devoir. Droits et devoirs. Assumer tous les devoirs d'un rôle, d'une charge.* – Loc. *Il est de mon devoir de* (+ infinitif). *Manquer à son devoir, à tous ses devoirs. – Devoir professionnel,* attaché à une profession. *Faire son devoir de citoyen,* voter. **3·** Au plur. Loc. *Rendre à qqn **les derniers devoirs** :* aller à son enterrement. **4·** Exercice scolaire qu'un professeur fait faire à ses élèves. *Corriger des devoirs.* ▷ **dû, indu, redevable**

dévolu, ue [devɔly] adj. et n. m. **1·** Acquis, échu par droit. *Succession dévolue à l'État, faute d'héritiers.* **2·** N. m. Loc. ***Jeter son dévolu** sur une personne, sur une chose* : fixer son choix sur elle, manifester la prétention de l'obtenir.

dévorer [devɔʀe] v. tr. < conjug. 1 > **1·** Manger en déchirant avec les dents. *Le tigre dévore sa proie.* – Par exagér. Passif. *Être dévoré par les moustiques.* **2·** (Personnes) Manger avidement, gloutonnement (qqch.). → **engloutir, engouffrer.** – Absolt. *Cet enfant ne mange pas, il dévore.* **3·** Lire avec avidité. *Il dévore des romans.* **4·** *Dévorer qqn, qqch. des yeux*, regarder avec avidité (ce qu'on désire, ce qui intéresse passionnément). **5·** Faire disparaître rapidement. *Les flammes dévoraient l'édifice.* → **brûler, consumer.** *Cela dévore tout mon temps.* → **absorber.** **6·** Faire éprouver une sensation pénible, un trouble violent à (qqn). → **tourmenter.** *La soif, le mal qui le dévore. L'impatience me dévorait.* – Au passif. *Être dévoré de remords.* ▶ **dévorant, ante** adj. **1·** *Une faim dévorante*, qui pousse à manger beaucoup. → **avide.** **2·** Qui consume, détruit. *Un feu dévorant.* – Fig. *Une passion dévorante.* → **ardent, brûlant, dévastateur.**

dévot, ote [devo, ɔt] adj. et n. **1·** Qui est sincèrement attaché à la religion et à ses pratiques. → **pieux.** *Les personnes dévotes.* **2·** N. ***Faux dévot*** : personne qui affecte hypocritement une dévotion outrée. → **tartufe.** ▶ **dévotion** n. f. **1·** Attachement sincère et fervent à la religion et à ses pratiques. → **piété.** *Être rempli de dévotion. Objets de dévotion* (ex. : *chapelet, croix*, etc.). – Péj. *Être confit en dévotion.* **2·** Au plur. Pratique de dévotion. *Faire ses dévotions.* **3·** Culte que l'on rend (à un saint, etc.). *La dévotion à la Vierge.* – REM. *Dévotion*, comme *dévot*, se dit surtout de la religion chrétienne. **4·** Fig. Attachement, dévouement. *Il a une véritable dévotion pour cet auteur.* → **adoration, vénération.** – *Être **à la dévotion de** qqn* : lui être tout dévoué.

se dévouer [devwe] v. pron. < conjug. 1 > **1·** Faire une chose pénible (effort, privation) au profit d'une personne, d'une cause. → se **sacrifier.** *Il est toujours prêt à se dévouer. Elle s'est dévouée pour le soigner.* **2·** Au passif. *Être dévoué à qqn*, être prêt à le servir, lui être acquis. *Il lui est tout dévoué.* ▶ **dévoué, ée** adj. Qui consacre tous ses efforts à servir qqn, à lui être agréable. *C'est l'ami le plus dévoué.* → **fidèle, serviable.** *Veuillez croire à mes sentiments dévoués*, (formule par laquelle on termine une lettre). ▶ **dévouement** [devumɑ̃] n. m. **1·** Action de sacrifier sa vie, ses intérêts (à une personne, à une communauté, à une cause). → **abnégation, sacrifice.** *Dévouement d'un savant à son œuvre.* **2·** Disposition à servir, à se dévouer pour qqn. → **bonté.** *Soigner qqn avec beaucoup de dévouement.*

dévoyé, ée [devwaje] adj. et n. Qui est sorti du droit chemin en agissant contre la morale. *Un jeune homme dévoyé.* → **dévergondé.** – N. *Un(e) jeune dévoyé(e)*, qui a commis des actes répréhensibles. → **délinquant.**

dextérité [dɛksteʀite] n. f. **1·** Adresse des mains ; délicatesse, aisance dans l'exécution de qqch. → **adresse, agilité, légèreté.** *Manier le pinceau avec dextérité.* / contr. gaucherie / **2·** Adresse d'esprit pour mener une affaire à bien. → **art, habileté.** *Il a négocié l'affaire avec dextérité.*

dextre [dɛkstʀ] n. f. Vx ou plaisant. Main droite. ▷ **ambidextre**

dézinguer [dezɛ̃ge] v. tr. < conjug. 1 > Fam. **1·** Démolir. *Des voyous ont dézingué l'alarme.* **2·** Critiquer sévèrement. **3·** Tuer (qqn).

di- Élément signifiant « deux fois ; deux ». → **bi-.**

à dia [adja] loc. adv. À gauche. *Tirer à hue et à dia*, en sens contraire ; en employant des moyens qui se contrarient.

diabète [djabɛt] n. m. Maladie liée à un trouble de l'assimilation des glucides (sucres) et se traduisant par la présence de sucre dans l'urine. *Avoir du diabète.* ▶ **diabétique** adj. **1·** Relatif au diabète. *Coma diabétique.* **2·** Qui est atteint de diabète. *Il est diabétique.* – N. *Un(e) diabétique. Régime sans sucre pour diabétiques.*

1 **diable** [djɑbl] n. m. **I·** **1·** Démon, personnage représentant le mal, dans la tradition populaire. *Un diable à queue fourchue.* **2·** *Le diable*, le prince des démons. → **démon.** – Loc. *Ne craindre ni Dieu ni diable. Donner, vendre son âme au diable. Avoir **le diable au corps*** : avoir de l'énergie pour faire le mal ; avoir une vitalité incontrôlable. *S'agiter comme un diable, **comme un beau diable*** : se démener. – *Tirer le diable par la queue*, avoir peine à vivre avec de maigres ressources. *C'est bien le diable si...*, ce serait bien étonnant, extraordinaire. – *Ce n'est pas le diable*, ce n'est pas difficile. **3·** ***Au diable*** : très loin. *Habiter au diable*, ou fam. *au diable vauvert. Envoyer qqn au diable*, le renvoyer avec colère ou impatience. → fam. **rembarrer.** *Allez au diable !* – ***À la diable*** : sans soin, de façon désordonnée. *Travail fait à la diable.* – ***Du diable*** : extrême, excessif. *Il fait un froid, un vent du diable. Un vacarme du diable. Une peur **de tous les diables.*** – ***En diable*** : très, terriblement. *Il est paresseux en diable.* **4·** Interj. (Exprimant la surprise, l'étonnement admiratif ou indigné) → vx **diantre.** *Diable ! C'est un peu cher. Où diable est-il caché ?* **II·** (Personnes) **1·** Enfant vif, emporté, turbulent, insup-

portable. *Cet enfant est un vrai diable.* – Adj. *Il est bien diable.* → **turbulent.** 2· *Un* ***pauvre diable*** : homme malheureux, pauvre, pitoyable. *Un bon diable,* brave homme (bon bougre). 3· ***Diable de*** (valeur d'adj.) : bizarre, singulier ou mauvais. → **drôle.** *Un diable d'homme. Des diables d'affaires.* ▶ **diablement** adv. Fam. Très. → **rudement, terriblement.** *Il est diablement fort sur ce sujet.* ▶ **diablerie** n. f. 1· Parole, action pleine de turbulence, de malice. *Ces enfants ne cessent d'inventer des diableries pour se distraire.* → **espièglerie.** 2· Au Moyen Âge. Mystère ② dans lequel des diables étaient en scène. ▶ **diablesse** n. f. Diable femelle. – Femme très active, remuante. ▶ **diablotin** n. m. Petit diable. – Jeune enfant très espiègle. ▶ **diabolique** adj. 1· Qui tient du diable. *Pouvoir diabolique.* → **démoniaque.** 2· Extrêmement méchant. *Un sourire diabolique. Invention, machination diabolique,* pleine de ruse et de méchanceté. → **infernal, satanique.** ▶ **diaboliquement** adv. ▶ **diaboliser** v. tr. < conjug. 1 > Faire passer pour diabolique, présenter sous un jour défavorable. *Diaboliser un parti politique.* ▷ **endiablé**

② **diable** n. m. Petit chariot à deux roues qui sert à transporter des caisses, des sacs, etc.

diabolo [djabolo] n. m. Boisson faite de limonade et d'un sirop. *Des diabolos menthe.*

diacre [djakʀ] n. m. Homme faisant partie du clergé catholique, qui a reçu le second des ordres majeurs (dit *diaconal, ale, aux* [djakɔnal, o], adj.), à titre permanent ou transitoire (avant la prêtrise). ▷ **sous-diacre**

diacritique [djakʀitik] adj. En grammaire. Se dit des signes d'écriture (points, accents) qui permettent de distinguer deux mots. *Dans « à », « dû », « où », les accents sont des signes diacritiques.*

diadème [djadɛm] n. m. 1· Bandeau qui, dans l'Antiquité, était l'insigne du pouvoir monarchique. 2· Bijou féminin en forme de couronne, que l'on pose sur les cheveux.

diagnostic [djagnɔstik] n. m. 1· Action de déterminer une maladie d'après ses symptômes. *Erreur de diagnostic.* 2· Prévision, hypothèse tirée de signes. *Faire le diagnostic d'une crise économique. Un diagnostic de crise.* ▶ **diagnostiquer** [djagnɔstike] v. tr. < conjug. 1 > Reconnaître (une maladie) en faisant le diagnostic. *Diagnostiquer une leucémie.* – Déceler, prévoir, d'après des indices. *Les experts hésitent à diagnostiquer une crise économique.* ▷ **sérodiagnostic**

diagonale [djagɔnal] n. f. 1· Droite qui joint deux sommets non consécutifs (opposés) d'un polygone. *Les deux diagonales d'un rectangle.* 2· ***En diagonale.*** *Traverser une rue en diagonale,* en biais, obliquement. – Fam. *Lire le journal, un article en diagonale,* très rapidement.

diagramme [djagʀam] n. m. 1· Tracé géométrique sommaire des parties d'un ensemble et de leur disposition les unes par rapport aux autres. *Le diagramme d'une fleur.* 2· Tracé destiné à présenter sous une forme graphique le déroulement et les variations (d'un phénomène). → **courbe, graphique.** *Diagramme de natalité. Le diagramme des exportations.*

dialecte [djalɛkt] n. m. Forme nettement distincte, régionale, d'une langue. *Dialecte rural.* → **patois.** *Le wallon, dialecte français de Belgique* (différent du français régional de Belgique). ▶ **dialectal, ale, aux** adj. D'un dialecte. ▶ **dialectologie** n. f. Étude des dialectes.

dialectique [djalɛktik] n. f. et adj. 1· Ensemble des moyens mis en œuvre dans la discussion en vue de démontrer, réfuter. *Une dialectique savante.* – Recherche de la vérité par la discussion, le dialogue. 2· Méthode de pensée qui procède par l'opposition des contraires (thèse, antithèse) et s'efforce ensuite de résoudre ces oppositions dans une synthèse. *La dialectique marxiste.* 3· Adj. Qui opère par la dialectique (2). *Le matérialisme historique et dialectique de Marx.* ▶ **dialecticien, ienne** n. Personne qui emploie les procédés de la dialectique dans ses raisonnements.

dialogue [djalɔg] n. m. 1· Entretien entre deux personnes. → **conversation.** *Les deux interlocuteurs ont eu un long dialogue. Entamer, poursuivre un dialogue avec qqn.* – Contact, discussions entre deux groupes. *Le gouvernement veut renouer le dialogue avec les syndicats.* → **négociation, pourparlers.** 2· Ensemble des paroles qu'échangent les personnages (d'une pièce de théâtre, d'un film, d'un récit). *Prévert est l'auteur du dialogue, des dialogues de ce film.* 3· Ouvrage littéraire, philosophique, en forme de conversation. *Les dialogues de Platon.* ▶ **dialoguer** v. < conjug. 1 > 1· V. intr. Avoir un dialogue (avec qqn). → **s'entretenir.** *Les deux ministres ont dialogué.* – *Dialoguer avec un ordinateur,* l'exploiter en mode conversationnel. 2· V. tr. Mettre en dialogue. *Dialoguer un roman pour le porter à l'écran.* ▶ **dialoguiste** n. Auteur du dialogue d'un film.

dialyse [djaliz] n. f. 1· Séparation de substances chimiques en dissolution. 2· Méthode d'épuration du sang, en cas d'insuffisance rénale. ▶ **dialyser** v. tr. < conjug. 1 > Soumettre (un malade) à la dialyse (2).

diamant [djamɑ̃] n. m. **1·** Pierre précieuse, la plus brillante et la plus dure de toutes. *Bague sertie de diamants. Diamant taillé. Diamant monté seul.* → **solitaire.** *Parure, rivière de diamants.* **2·** Instrument au bout duquel est enchâssée une pointe de diamant et qui sert à couper le verre, les glaces. *Diamant de vitrier.* **3·** Pointe de lecture d'un électrophone. *Saphirs et diamants.* ▶ **diamantaire** n. Personne qui taille ou vend des diamants. → **joaillier.** ▶ **diamanté, ée** adj. Garni de diamants. ▶ **diamantifère** adj. Qui contient du diamant. *Sable diamantifère.*

diamètre [djamɛtʀ] n. m. **1·** Ligne droite qui passe par le centre d'un cercle, d'une sphère. **2·** La plus grande largeur ou grosseur d'un objet cylindrique ou arrondi. *Le diamètre d'un tube.* → **calibre.** *Un tronc de deux mètres de diamètre.* ▶ **diamétralement** adv. Loc. *S'opposer diamétralement.* → **absolument, entièrement.** *Opinions, intérêts diamétralement opposés.*

diantre [djɑ̃tʀ] interj. Vx. Juron qui marquait l'étonnement, la perplexité ou l'admiration. → Ⅰ **diable.**

diapason [djapazɔ̃] n. m. **1·** Petit instrument d'acier en forme de fourche, qui donne le la lorsqu'on le fait vibrer. **2·** *Au diapason :* en harmonie avec les idées, les dispositions (de qqn, d'un groupe). *Être, se mettre au diapason de qqn.*

diaphane [djafan] adj. **1·** Qui laisse passer à travers soi les rayons lumineux sans laisser distinguer la forme des objets. → **translucide.** *Le verre dépoli est diaphane.* / contr. opaque / **2·** Littér. Très pâle et qui donne une impression de fragilité. *Teint, peau diaphane. Des mains diaphanes,* blanches et à la peau fine.

diaphragme [djafʀagm] n. m. **1·** Muscle large et mince qui sépare la poitrine de l'abdomen. **2·** Membrane vibrante de certains appareils acoustiques. *Diaphragme de haut-parleur, de microphone.* **3·** Disque opaque percé d'une ouverture réglable, pour faire entrer plus ou moins de lumière dans un appareil de photo. *Régler l'ouverture du diaphragme.* **4·** Préservatif pour les femmes.

diapositive [djapozitiv] ou **diapo** [djapo] n. f. Photo exécutée sur un support transparent et destinée à la projection. *Elle nous a montré ses diapos de Grèce. Passer des diapositives en couleurs.* ▶ **diaporama** [djapɔʀama] n. m. **1·** Projection de diapositives. **2·** Diffusion d'images numérisées sur un écran. *Cliquez pour lancer le diaporama.*

diapré, ée [djapʀe] adj. Littér. De couleur variée et changeante. *Papillon diapré. Étoffe diaprée.* → **chatoyant.** *Une prairie diaprée de fleurs.* ▶ **diaprure** n. f. Aspect de ce qui est diapré. *La diaprure des ailes d'un papillon.*

diarrhée [djaʀe] n. f. Évacuation fréquente d'excréments liquides. → **colique ;** fam. **chiasse, courante.** *Avoir la diarrhée.* / contr. constipation /

diaspora [djaspɔʀa] n. f. **1·** Histoire. Dispersion des Juifs exilés de leur pays. – Dispersion d'un peuple. *La diaspora palestinienne.* **2·** Population ainsi dispersée. *La diaspora arménienne de France.*

diastole [djastɔl] n. f. Mouvement de dilatation du cœur (qui alterne avec la systole). *Le sang pénètre dans le cœur par la diastole.*

diatomée [djatɔme] n. f. Algue brune microscopique, formée d'une seule cellule.

diatonique [djatɔnik] adj. Qui procède par tons et demi-tons consécutifs (opposé à *chromatique*). *Gamme diatonique.*

diatribe [djatʀib] n. f. Critique violente. *Se lancer dans une longue diatribe contre qqn, qqch. Il a écrit une diatribe contre le gouvernement.* → **pamphlet.**

dichotomie [dikɔtɔmi] n. f. Didact. Division, opposition (entre deux éléments, deux idées).

dico [diko] n. m. Fam. Dictionnaire. *Des vieux dicos. Regarde dans le dico.*

dicotylédone [dikɔtiledɔn] adj. et n. f. (Plante) Dont la graine a deux cotylédons*. – *Les dicotylédones,* n. f. pl. (classe de végétaux).

dictaphone [diktafɔn] n. m. Magnétophone servant à enregistrer des textes à transcrire (courrier, rapport...).

dictateur [diktatœʀ] n. m. Personne qui, après s'être emparé du pouvoir, l'exerce sans contrôle. → **despote, tyran.** *Un dictateur fasciste. Dictateurs militaires.* ▶ **dictatorial, iale, iaux** adj. *Des pouvoirs dictatoriaux.* ▶ **dictature** n. f. **1·** Histoire. Magistrature extraordinaire, la plus élevée de toutes, chez les Romains. **2·** Concentration de tous les pouvoirs (entre les mains d'un individu, d'une assemblée, d'un parti, d'une classe). *La dictature de Cromwell, de la Convention. Dictature militaire. La dictature fasciste.* – *Dictature du prolétariat* (dans les régimes socialistes). **3·** Pouvoir absolu, suprême dans un domaine quelconque. *Exercer une dictature scientifique, littéraire.*

dictée [dikte] n. f. **1·** Action de dicter. *Écrire une lettre sous la dictée.* – Abstrait. *Parler, agir sous la dictée des circonstances, des événements.* **2·** Exercice consistant en un texte lu qui doit être transcrit selon les règles de l'orthographe. *Faire trois fautes dans sa dictée.* ▶ **dicter** v. tr. <conjug. 1>

1· Dire (qqch.) à haute voix en détachant les mots ou les membres de phrases, pour qu'une autre personne les écrive. *Dicter une lettre à son secrétaire. Dicter ses instructions. Dicter aux élèves l'énoncé d'un problème.* 2· Indiquer en secret, à l'avance, à qqn (ce qu'il doit dire ou faire). *Dicter à qqn sa conduite. Son attitude, ses réponses ont été dictées,* on lui a fait la leçon. – (Suj. chose) *L'attitude de nos adversaires dictera la nôtre.* → **commander.** 3· Stipuler et imposer. *Dicter ses conditions.* → **diktat.** ▷ **autodictée**

diction [diksjɔ̃] n. f. Manière de dire, de réciter un texte, des vers, etc. → **élocution.** *Professeur de diction. Il avait une diction très nette.*

dictionnaire [diksjɔnɛʀ] n. m. 1· Recueil de mots, d'expressions d'une langue, présentés dans un ordre convenu et destiné à apporter une information. → fam. **dico.** *Dictionnaire alphabétique, dictionnaire chinois par clés, dictionnaire idéologique, analogique. Chercher un mot dans un dictionnaire, consulter un dictionnaire. Entrée, article de dictionnaire. Dictionnaire bilingue,* qui donne la traduction des mots, expressions d'une langue dans une autre selon les sens et les emplois. *Dictionnaire de langue,* donnant les mots de la langue, leur usage. *Dictionnaire encyclopédique,* donnant des informations sur les choses désignées par les mots, et traitant les noms propres. *Dictionnaires spécialisés, terminologiques. Dictionnaire de synonymes.* 2· Ensemble des mots différents contenus dans un texte (un livre, une œuvre, etc.). → **lexique, répertoire.** 3· Fam. Personne qui sait tout. *C'est un vrai dictionnaire, un dictionnaire vivant !* → **encyclopédie.**

dicton [diktɔ̃] n. m. Phrase exprimant une idée générale sous une forme proverbiale. *Un vieux dicton.* → **proverbe.** ≠ adage, maxime.

-didacte Élément savant, signifiant «qui enseigne, apprend» (ex. : *autodidacte*).

didacticiel [didaktisjɛl] n. m. Informatique. Logiciel à fonction pédagogique.

didactique [didaktik] adj. et n. 1· Qui vise à instruire, qui a rapport à l'enseignement. *Ouvrages didactiques.* – N. f. *La didactique.* 2· Qui appartient à la langue des sciences et des techniques. *Terme didactique.* ▶ **didacticien, ienne** n. Qui enseigne la didactique.

dièdre [djɛdʀ] adj. et n. m. Géométrie. Qui est déterminé par la rencontre de deux plans. – N. m. *Un dièdre.*

dièse [djɛz] n. m. Musique. Signe d'altération accidentelle élevant d'un demi-ton chromatique la note devant laquelle il est placé (♯) ; s'oppose à *bémol.* – Adj. invar. *Un do dièse.* ▶ **diéser** v. tr. < conjug. 6 > Placer un dièse devant une note pour la hausser. – Au p. p. adj. *Note diésée.*

diesel [djezɛl] n. m. Moteur à combustion interne, dans lequel l'allumage est obtenu par compression. – En appos. *Un moteur Diesel.* – *Un diesel,* un véhicule à moteur Diesel. *Des diesels.*

diester [diɛstɛʀ] n. m. Biocarburant élaboré à partir d'huile végétale.

1 **diète** [djɛt] n. f. 1· Régime alimentaire particulier. 2· Cour. Privation totale ou partielle de nourriture pour raison médicale ou hygiénique. → **régime.** *Se mettre à la diète.* ▶ **diététique** adj. et n. f. 1· Adj. Relatif au régime d'alimentation. 2· N. f. Règles à suivre pour une alimentation équilibrée. – Science de l'alimentation, qui étudie la valeur nutritive, calorifique, etc., des aliments. ▶ **diététicien, ienne** n. Spécialiste de la diététique. → **nutritionniste.**

2 **diète** n. f. Histoire. Assemblée politique (en Allemagne, Suède, Pologne, Suisse, Hongrie). *Luther comparut devant la diète de Worms.*

dieu [djø] n. m. Principe d'explication de l'existence du monde et des êtres humains, représenté par un être supérieur, tout-puissant (dont les attributs et caractères varient selon les religions) ; cet être, considéré comme devant être seul ou non. *Croire en un dieu, en Dieu, en des dieux* (→ **déiste**). *Les athées pensent qu'il n'y a pas de dieu(x).* I· 1· (Avec une majuscule, *Dieu,* et l'article) Être suprême unique (dans une religion monothéiste). *Le Dieu des chrétiens, des musulmans* (Allah), *des juifs* (Jéhovah, Yahvé). – Loc. (Chez les chrétiens) *Le **bon Dieu**. Remercier le bon Dieu.* Loc. *On lui donnerait le bon Dieu sans confession,* iron. il (elle) semble d'une parfaite innocence. – Juron. *Bon Dieu de bon Dieu !* 2· (*Dieu,* sans article, avec une majuscule) L'être éternel, créateur de l'univers (en particulier selon la religion chrétienne). *Le fils de Dieu,* Jésus, le Christ. *La mère de Dieu,* la Vierge Marie. *Dieu le père, le fils et le Saint-Esprit ; Dieu en trois personnes.* → **trinité.** – Loc. *Recommander son âme à Dieu,* se préparer chrétiennement (ou religieusement) à la mort. – Prov. *L'homme propose, Dieu dispose,* les projets sont souvent contrariés par les circonstances. 3· Dans des locutions. ***Dieu sait...*** (Pour appuyer une affirmation ou une négation) *Dieu sait si je dis la vérité.* – (Pour exprimer l'incertitude) *Dieu sait ce que nous ferons demain. Dieu seul le sait ! – À la grâce de Dieu. Dieu vous bénisse ! Dieu merci ! Dieu soit loué !,* fam. *C'est pas Dieu possible !,* c'est incroyable. 4· Interjection marquant un sentiment vif ; apostrophe. *Ah, mon Dieu ! Grand Dieu !* – Jurons. *Nom de Dieu ! Tonnerre de Dieu !* II· (Dans le polythéisme)

Un dieu, les dieux. **1·** Être supérieur doué d'un pouvoir sur l'homme et d'attributs particuliers. → **divinité ; idole.** *Les dieux égyptiens, assyriens. Les dieux, les déesses, et les demi-dieux de la Grèce. Les dieux et les génies de l'animisme.* **2·** Loc. *Il est beau comme un dieu (grec),* très beau. *Jurer ses grands dieux,* jurer solennellement. **3·** Personne (ou chose) divinisée. *C'est son dieu,* il a un culte pour lui. → **idole.** ▷ **adieu, à-Dieu-va(t), bondieuserie, demi-dieu, hôtel-Dieu, pardieu, prie-Dieu**

diffamer [difame] v. tr. < conjug. 1 > Chercher à porter atteinte à la réputation, à l'honneur de (qqn). → **décrier, discréditer, médire** de. *Diffamer un adversaire. Diffamer injustement un honnête homme.* → **calomnier.** / contr. louer / ▶ **diffamateur, trice** n. Personne qui diffame. → **calomniateur.** ▶ **diffamation** n. f. **1·** Action de diffamer. → **calomnie, médisance. 2·** Écrit, parole qui diffame. *Les diffamations d'un pamphlétaire.* ▶ **diffamatoire** adj. Qui a pour but la diffamation. *Article diffamatoire.*

différemment, différence, différent... → [2] **différer.**

[1] **différer** [difeʀe] v. tr. < conjug. 6 > Remettre à un autre temps ; éloigner la réalisation de (qqch.). → **remettre, repousser, retarder.** *Différer un paiement, une réponse.* – Littér. *Partez sans différer.* → **attendre, tarder.** ▶ **différé, ée** adj. Qui est fait ou qui est renvoyé à un moment ultérieur. *Crédit différé.* – *Émission différée de télévision,* donnée après avoir été faite et non en même temps. – N. m. *Émission en différé* (opposé à *en direct*).

[2] **différer** v. intr. < conjug. 6 > **1·** Être différent, dissemblable. → se **différencier,** se **distinguer.** *Ils diffèrent en un point, par ce trait. Mon opinion diffère sensiblement de la sienne.* **2·** Varier, avoir des aspects dissemblables. *Les prix diffèrent selon les magasins.* ▶ **différend** n. m. Désaccord résultant d'une opposition d'opinions, d'intérêts entre des personnes. → **démêlé, désaccord, dispute.** *Avoir un différend avec qqn. Il essaye de résoudre les différends entre eux.* / contr. accord / ≠ différent. ▶ **différence** [difeʀɑ̃s] n. f. **1·** Caractère (*une différence*) ou ensemble des caractères (*la différence*) qui distingue une chose d'une autre, un être d'un autre. → **dissemblance.** / contr. identité / *Une légère différence. Il y a entre eux une grande différence d'âge. Différence d'opinions.* → **divergence.** – *Faire la différence entre deux choses,* la percevoir, la sentir. → **distinction.** *Différence de prix.* – Absolt. Le fait d'être différent, à l'intérieur d'un groupe. *Être rejeté à cause de sa différence. Cultiver, affirmer sa différence.* – *Faire la différence,* l'emporter sur les concurrents, se démarquer des autres. – *À la différence de :* se dit pour opposer des personnes, des choses différentes. *À la différence de son frère, il n'aime pas la campagne.* / contr. comme, à l'instar de / **2·** *Différence spécifique :* caractère qui distingue une espèce des autres espèces du même genre. **3·** Quantité qui, ajoutée à une quantité, donne une somme égale à une autre. *La différence entre deux grandeurs. Voilà déjà mille euros, vous paierez la différence.* → **complément.** ▶ **différencier** v. tr. < conjug. 7 > **I· 1·** Marquer ou apercevoir une différence entre. *Différencier deux espèces auparavant confondues.* → **distinguer, séparer. 2·** (Suj. chose) *Son mauvais caractère le différencie de son frère.* **II·** *Se différencier* v. pron. **1·** Être caractérisé par telle ou telle différence. → se **distinguer ; différer.** *Ils se différencient par leurs activités.* **2·** Devenir différent, de plus en plus différent. → se **distinguer.** *Les cellules se différencient.* **3·** Se rendre différent. *Les joueurs de l'équipe A ont revêtu un maillot rouge pour se différencier de leurs adversaires.* ▶ **différenciateur, trice** adj. Qui différencie. ▶ **différenciation** n. f. **1·** Action de se différencier. *La différenciation des cellules produit les différents tissus de l'organisme, pendant la croissance de l'embryon.* – *La différenciation des fonctions.* **2·** Action de différencier. → **distinction.** *On ne fait pas la différenciation entre eux ; la différenciation est difficile.* ▶ **différent, ente** adj. **1·** Qui diffère, qui présente une différence (par rapport à une autre personne, une autre chose). → **autre, dissemblable, distinct.** / contr. identique, semblable / *La route offre des aspects différents à l'aller et au retour. Opinions différentes.* → **divergent.** *Deux versions complètement différentes. Des conceptions tout à fait différentes. Votre méthode de travail est bien différente de celle de votre collègue. Les deux frères sont très différents* (par le caractère). **2·** Au plur. (Avant le nom) Distincts. *Différentes personnes me l'ont dit.* → **divers, plusieurs.** ≠ différend. ▶ **différemment** [difeʀamɑ̃] adv. D'une manière autre, différente → **autrement.** *Je pense différemment de vous.* ▶ **différentiel, elle** [difeʀɑ̃sjɛl] adj. et n. m. **I·** Adj. **1·** *Calcul différentiel,* partie des mathématiques qui a pour objet l'étude des variations infiniment petites des fonctions. **2·** *Psychologie différentielle,* qui étudie des différences psychologiques entre les individus. **II·** N. m. **1·** Engrenage réunissant les deux moitiés d'essieu d'un véhicule automobile. **2·** Pourcentage exprimant l'écart entre deux grandeurs. *Différentiel d'inflation.* ▷ **indifférence**

difficile [difisil] adj. **1·** Qui ne se fait qu'avec effort, avec peine. → **ardu, compliqué, dur, malaisé, pénible.** / contr. facile / *Entreprise, opération, travail difficile. C'est difficile à faire. C'est difficile à dire. Un nom difficile à prononcer. L'incendie était difficile à éteindre, car le vent soufflait. Il est difficile, il m'est difficile d'en parler.*

2· Qui demande un effort intellectuel, des capacités (pour être compris, résolu). *Texte difficile. Problème difficile.* → **compliqué.** *Morceau de musique difficile* (à jouer). – PROV. *La critique est aisée, et l'art est difficile.* **3·** (Accès, passage) Qui présente un danger, une incommodité. → **périlleux.** *Route difficile.* **4·** Qui donne du souci, du mal. *Position, situation difficile. Avoir des débuts difficiles. Le plus difficile reste à faire.* **5·** (Personnes) Avec qui les relations ne sont pas aisées. *Enfant difficile. Il est difficile à vivre.* **6·** (Personnes) Qui n'est pas facilement satisfait. → **exigeant.** *Être, se montrer difficile sur la nourriture. Faire le (la) difficile.* ▶ **difficilement** adv. D'une manière difficile ; avec peine. *Écriture difficilement lisible. Le blessé respirait difficilement. Un spectacle difficilement supportable.* / contr. facilement / ▷ **difficulté**

difficulté [difikylte] n. f. **1·** Caractère de ce qui est difficile ; ce qui rend qqch. difficile. *La difficulté d'une entreprise, d'un travail. Un problème d'une certaine difficulté. Aimer la difficulté. Le malade marchait avec une extrême difficulté.* / contr. facilité / *Réussir sans difficulté,* sans peine. **2·** *Difficulté à* (+ infinitif). → **peine.** *Difficulté à s'exprimer. Il a de la difficulté à comprendre cela,* du mal. **3·** *Une, des difficultés* : ce qu'il y a de difficile en qqch. ; chose difficile. → **embarras, empêchement, ennui ;** fam. **accroc, os.** *Difficultés matérielles, financières, sentimentales. Vaincre les difficultés. Cela ne fait aucune difficulté,* c'est facile. *Il a des difficultés avec son associé,* il est en désaccord avec lui. **4·** Raison alléguée, opposition soulevée contre qqch. → **objection.** *Il n'a pas fait de difficultés pour venir.* **5·** *En difficulté* : dans une situation difficile. *Alpinistes en difficulté. Notre équipe est mise en difficulté.*

difforme [difɔʀm] adj. Qui n'a pas la forme et les proportions naturelles (se dit surtout du corps humain). → **contrefait, déformé.** *Depuis qu'il a grossi, il est devenu difforme. Un monstre difforme.* ▶ **difformité** n. f. Défaut grave de la forme physique, anomalie dans les proportions. → **déformation.** *Une difformité congénitale.* → **malformation.**

diffraction [difʀaksjɔ̃] n. f. Phénomène (production de franges) qui se produit lorsqu'un faisceau lumineux passe près d'un corps opaque ou par une fente.

diffus, use [dify, yz] adj. **1·** Qui est répandu dans toutes les directions. *Douleur diffuse. Lumière diffuse* (due à une réflexion irrégulière). **2·** Abstrait. Littér. Qui délaye sa pensée. → **verbeux.** *Un style diffus. Écrivain diffus.* / contr. concis /

diffuser [difyze] v. tr. < conjug. 1 > **1·** Répandre. *Diffuser la lumière, la chaleur.* **2·** Émettre, transmettre par ondes hertziennes → **radiodiffusion.** – Au p. p. adj. *Discours, concert diffusé en direct.* **3·** Répandre dans le public. *Diffuser une nouvelle. Diffuser des idées, des sentiments.* **4·** Distribuer (un ouvrage de librairie). *L'éditeur s'est entendu avec les messageries pour diffuser cette collection.* – Au p. p. adj. *Un livre mal diffusé.* ▶ **diffuseur, euse** n. Personne, société qui diffuse (un ouvrage). *Cet éditeur est le diffuseur de nos ouvrages.* ▶ **diffusion** n. f. **1·** Action de diffuser des ondes sonores. *Émetteur de radio qui assure la diffusion d'un programme.* → **émission, transmission, radiodiffusion.** **2·** Le fait de se répandre. → **expansion, propagation.** *La diffusion d'une nouvelle. La diffusion des connaissances humaines, de l'instruction.* → **vulgarisation.** **3·** Distribution (d'un ouvrage). *La diffusion de cette revue est mauvaise.* ▷ **diffus, radiodiffusion, rediffusion**

digérer [diʒeʀe] v. tr. < conjug. 6 > **1·** Faire la digestion de (un aliment, un repas). *Il digère mal le lait.* **2·** Mûrir par la réflexion, par un travail intellectuel comparé à la digestion. → **assimiler.** *Digérer une lecture.* – Au p. p. adj. *Connaissances mal digérées.* **3·** Fam. Supporter patiemment (qqch. de fâcheux). → **avaler.** *C'est dur à digérer,* c'est difficile à supporter, à oublier. *Digérer un affront, une injure. Je ne peux pas digérer ce procédé.* ▶ **digestible** ou **digeste** adj. Qui peut être facilement digéré. *Aliment très digestible.* → **léger.** / contr. indigeste / ▶ **digestif, ive** adj. et n. m. **1·** Qui contribue à la digestion. *L'appareil digestif* (bouche, gosier, œsophage, estomac, intestin). **2·** Relatif à la digestion. *Trouble digestif.* **3·** N. m. *Un digestif,* un alcool, une liqueur, pris après le repas. ▶ **digestion** [diʒɛstjɔ̃] n. f. Ensemble des transformations que subissent les aliments dans le tube digestif avant d'être assimilés. *Digestion difficile, lente. Ne vous baignez pas pendant la digestion.* ▷ **indigestion**

digicode [diʒikɔd] n. m. Appareil sur lequel on tape un code alphanumérique pour déclencher l'ouverture d'une porte. Syn. cour. : **code.**

1 **digital, ale, aux** [diʒital, o] adj. Qui appartient aux doigts. *Empreintes digitales.* ▶ **digitale** n. f. Plante herbacée vénéneuse portant une longue grappe de fleurs pendantes à corolle en forme de doigtier. ▶ **digitaline** n. f. Substance toxique (poison) extraite de la digitale, utilisée comme tonique cardiaque. ▶ **digit(o)-** Élément savant signifiant « doigt ». ▶ **digitigrade** adj. et n. m. Zoologie. (Animaux) Qui marche en appuyant les doigts (et non pas la plante du pied) sur le sol (ex. : *chat, chien* ; opposé à *plantigrade*). – *Les digitigrades,* n. m. pl. ▷ **prestidigitateur**

2 **digital, ale, aux** adj. Anglic. **1·** *Calcul, code digital,* utilisant un système binaire (1, 0).

2· Relatif aux quantités mesurées sous forme discrète, discontinue, numérique (→ [2] **discret**). *Affichage digital. Montre digitale.* ▶ **digitaliser** v. tr. < conjug. 1 > Codifier, convertir (des informations continues) en numérique, en discontinu. ▶ **digitalisation** n. f. *La digitalisation d'une photo.*

digne [diɲ] adj. **I·** *Digne de...* **1·** Qui mérite (qqch.). *Être digne d'admiration. Un objet digne d'intérêt. Un témoin digne de foi.* **2·** Qui est en accord, en conformité (avec qqn ou qqch.). *Ce roman est digne d'un grand écrivain. Avoir un adversaire digne de soi.* **II·** Qui a de la dignité. *Il sut rester digne en cette circonstance.* → **grave, respectable.** *Un maintien très digne. Un air très digne.* ▶ **dignement** adv. Avec dignité. *Se comporter dignement.* ▶ [1] **dignité** [diɲite] n. f. Fonction, titre ou charge qui donne à qqn un rang éminent. *Les plus hautes dignités. La dignité de comte, d'évêque.* ▶ **dignitaire** n. m. Personne revêtue d'une dignité. *Un dignitaire de l'Église. Les hauts dignitaires de l'État.* ▶ [2] **dignité** n. f. **1·** Respect que mérite qqn, qqch. → **grandeur, noblesse.** *Principe de la dignité de la personne humaine. Il a trop de dignité pour s'abaisser ainsi.* **2·** Respect de soi. → **amour-propre, fierté, honneur.** *Il manque cruellement de dignité. Il a perdu toute dignité.* ▷ **indigne, indigner**

digression [digʀesjɔ̃] n. f. Développement oral ou écrit qui s'écarte du sujet. *Le conférencier fit une longue digression pour mieux expliquer un point important.*

digue [dig] n. f. Longue construction destinée à contenir les eaux. → **chaussée, jetée, môle.** *Digue fluviale. Les digues des polders aux Pays-Bas.*

diktat [diktat] n. m. Chose imposée, en politique internationale. *Les diktats des grandes puissances.*

dilapider [dilapide] v. tr. < conjug. 1 > Dépenser (des biens) de manière excessive et désordonnée. *Dilapider sa fortune.* → **gaspiller** ; fam. **croquer.** / contr. épargner / ▶ **dilapidateur, trice** adj. et n. → **dissipateur.** *Un dilapidateur des finances publiques.* ▶ **dilapidation** n. f. Action de dilapider. *La dilapidation d'un héritage. Une politique de dilapidation. La dilapidation des richesses naturelles d'un pays.* → **gaspillage.** / contr. économie /

dilater [dilate] v. tr. < conjug. 1 > **1·** Augmenter le volume de (qqch.). / contr. contracter / *La chaleur dilate les corps.* – Au p. p. adj. *Les pupilles dilatées,* agrandies. – *Dilater ses narines.* → **gonfler.** – Abstrait. *Joie qui dilate le cœur.* **2·** *Se dilater* v. pron. : augmenter de volume. → **gonfler.** *Métal qui se dilate à la chaleur. Son cœur se dilate de joie.* ▶ **dilatable** adj. Qui peut se dilater. *Corps dilatable.* → **expansible.** ▶ **dilatation** n. f. Action de dilater, fait de se dilater. *La dilatation de la pupille. Dilatation d'un solide sous l'effet de la chaleur.* / contr. contraction /

dilatoire [dilatwaʀ] adj. Droit. Qui tend à retarder par des délais, à prolonger un procès. *Se servir de moyens, de manœuvres dilatoires.* – *Une réponse dilatoire,* qui vise à gagner du temps.

dilemme [dilɛm] n. m. REM. S'écrit avec *mm.* Obligation dans laquelle se trouve une personne de choisir entre deux propositions contraires ou contradictoires qui présentent chacune des désavantages. → **alternative.** *Comment sortir de ce dilemme ?*

dilettante [diletɑ̃t] n. Personne qui s'occupe d'une chose avec plaisir et goût, mais sans y mettre beaucoup d'assiduité. *Pratiquer un art, un sport en dilettante.* → en **amateur.** *Faire son travail en dilettante.* ▶ **dilettantisme** n. m. Amateurisme. *Faire qqch. par dilettantisme. Le dilettantisme en art, en musique.*

[1] **diligence** [diliʒɑ̃s] n. f. Voiture à chevaux qui servait à transporter des voyageurs. *Le conducteur de diligence était le postillon. L'attaque de la diligence par les Indiens est un des thèmes du western.*

diligent, ente [diliʒɑ̃, ɑ̃t] adj. Littér. Qui montre une activité empressée dans l'exécution d'une chose. *Une secrétaire diligente.* / contr. lent, négligent / ▶ [2] **diligence** n. f. Vx ou littér. Activité empressée, dans l'exécution d'une chose. → **célérité, empressement, zèle.** *Sa diligence à nous épargner tout désagrément.* – Loc. *Faire diligence,* se dépêcher. ▶ **diligemment** [diliʒamɑ̃] adv.

diluer [dilɥe] v. tr. < conjug. 1 > Délayer, étendre (une substance) dans un liquide. *Diluer du sirop avec de l'eau, dans de l'eau.* – Au p. p. adj. *Alcool dilué,* étendu d'eau. / contr. condenser / ▶ **dilution** n. f. Action de diluer. – Substance diluée.

diluvien, enne [dilyvjɛ̃, ɛn] adj. *Pluie diluvienne,* très abondante. → **déluge.** ▷ **antédiluvien**

dimanche [dimɑ̃ʃ] n. m. Jour consacré à Dieu, au repos, dans les civilisations chrétiennes (→ **dominical**). *Le dimanche de Pâques. Passer ses dimanches en famille.* – Loc. ***Du dimanche.*** *Peintre du dimanche,* peintre amateur. *Un chauffeur du dimanche,* dont la conduite peu assurée dénote un manque de pratique. ▷ s'**endimancher**

dîme [dim] n. f. Ancien impôt sur les récoltes, prélevé par l'Église.

dimension [dimɑ̃sjɔ̃] n. f. **I·** Grandeur mesurable ou calculable. **1·** Grandeur réelle, mesurable, qui détermine la portion d'espace occupée par un corps. *Des objets de toutes les dimensions.* → **taille.** *Une ville de dimensions modestes.* **2·** Grandeur qui mesure un corps dans une direction. → **mesure ; largeur, longueur ; épaisseur, hauteur, profondeur.** *Noter, prendre les dimensions de qqch. Les dimensions d'un livre.* → **format.** **3·** Grandeur réelle qui détermine la position d'un point. *Espace à une dimension* (ligne droite), *à deux dimensions* (plan), *à trois dimensions* (géométrie dans l'espace). *La troisième dimension*, perspective d'un tableau. *La quatrième dimension*, d'après la théorie de la relativité, le temps. **II· 1·** Importance, valeur. → **calibre, taille.** *Comment a-t-il pu commettre une faute de cette dimension ?* **2·** Aspect significatif d'une chose. *Ce problème a des dimensions politiques.* ▷ **surdimensionné**

diminuer [diminɥe] v. < conjug. 1 > **I·** V. tr. **1·** Rendre plus petit (une grandeur). → **réduire.** / contr. augmenter / *Diminuer la longueur d'une jupe. Diminuer la hauteur d'une clôture. Diminuer le prix d'un objet.* → **baisser.** *Diminuer les impôts.* **2·** (De ce qui n'est pas mesurable) Rendre moins grand, moins fort. *La maladie a diminué ses forces.* → **affaiblir.** *On débroussaille dans les forêts pour diminuer les risques d'incendie. Diminuer la joie, l'enthousiasme de qqn. Rien ne pourra diminuer sa peine.* **3·** Réduire les mérites, la valeur de (qqn). *Prendre plaisir à diminuer les autres.* → **déprécier, rabaisser. II·** V. intr. Devenir moins grand, moins considérable. → **baisser, décroître.** / contr. augmenter, croître / *La chaleur a diminué aujourd'hui. Les réserves diminuent. La vente va en diminuant. Les jours diminuent.* → **raccourcir.** – *Les fraises ont diminué*, leur prix a baissé. ▶ **diminué, ée** adj. **1·** Rendu moins grand. *Intervalle (musical) diminué.* – *Tricot diminué.* → **diminution** (2). **2·** (Personnes) Amoindri, affaibli. *Je l'ai trouvé bien diminué depuis sa maladie.* ▶ **diminutif, ive** adj. et n. m. **1·** Qui ajoute une idée de petitesse. *« -et, -ette » sont des suffixes diminutifs.* **2·** N. m. *Un diminutif*, mot formé d'une racine et d'un suffixe diminutif. *« Jardinet » est le diminutif de « jardin », « Pierrot » le diminutif de « Pierre ».* ▶ **diminution** n. f. **1·** Action de diminuer ; son résultat. → **baisse, réduction.** *La diminution du nombre des décès. La diminution des prix, des impôts, des salaires. Le nombre des mariages est en constante diminution. Diminution brutale.* → **chute.** *Diminution des forces, de l'énergie.* → **affaiblissement.** / contr. augmentation / **2·** Action de diminuer le nombre de mailles (au crochet, au tricot). *Faire des diminutions aux emmanchures.*

dinanderie [dinɑ̃dʀi] n. f. Ustensiles de cuivre jaune ; leur fabrication. → **chaudronnerie.**

dinar [dinaʀ] n. m. Unité monétaire de la Tunisie, de l'Algérie, de la Jordanie, de l'Irak, de la Libye, de la Serbie, etc. *Cent dinars.*

dinde [dɛ̃d] n. f. **1·** Femelle du dindon. *À Noël, on sert la dinde aux marrons.* **2·** Femme stupide. *Quelle dinde !* → **bécasse.**

dindon [dɛ̃dɔ̃] n. m. **1·** Grand oiseau mâle de basse-cour, dont la tête et le cou sont recouverts d'une membrane granuleuse, rouge violacé. *Le dindon glougloute.* **2·** Loc. *Être le dindon de la farce*, la victime de la plaisanterie. ▶ **dindonneau** n. m. Petit du dindon. *Des dindonneaux. Rôti de dindonneau.*

1 **dîner** [dine] v. intr. < conjug. 1 > **1·** Prendre le repas du soir. *Nous dînons à huit heures. Inviter qqn à dîner.* Prov. *Qui dort dîne*, le sommeil fait oublier la faim. **2·** Région. Prendre le repas de midi (dans ce cas on dit *souper* pour le soir). ▶ 2 **dîner** n. m. **1·** Repas du soir. *L'heure du dîner.* – *Un dîner-débat*, accompagné d'un débat. **2·** Les mets qui composent le dîner. *Un dîner copieux.* **3·** Région. Repas de midi (celui du soir est alors nommé *souper*). → **déjeuner.**

dînette [dinɛt] n. f. **1·** Petit repas, vrai ou simulé. *Les enfants jouent à la dînette.* **2·** *Dînette de poupée*, service de table servant de jouet aux enfants.

ding → **dring.**

dinghy [diŋgi] n. m. Anglic. Canot pneumatique de sauvetage. *Des dinghys* ou *des dinghies.*

dingo [dɛ̃go] adj. et n. Fam. et vieilli. Fou. → **cinglé, dingue.** *Elles sont complètement dingos !* – N. *De vrais dingos.*

dingue [dɛ̃g] adj. et n. Fam. Fou. → **dingo.** *Vous êtes dingue ! Il mène une vie de dingue.* – Au sens positif. Extraordinaire → **super.** *Une fête complètement dingue.*

dinguer [dɛ̃ge] v. intr. < conjug. 1 > Fam. **1·** (Après un verbe) Tomber, être projeté. → **valdinguer, valser.** **2·** *Envoyer dinguer* : repousser violemment, éconduire sans ménagement. → **paître.** ▷ **valdinguer**

dinosaure [dinozɔʀ] n. m. Énorme animal fossile (reptile) quadrupède de l'ère secondaire. – Fig. Personne, chose importante et archaïque. *Les dinosaures de la politique.*

diocèse [djɔsɛz] n. m. Circonscription ecclésiastique placée sous la juridiction d'un évêque ou d'un archevêque. *Les 87 diocèses de France.* ▶ **diocésain, aine** adj. et n. Relatif à un diocèse. *L'administration diocésaine.* – N. Personne qui fait partie d'un diocèse.

diode [djɔd] n. f. Dispositif électronique à deux électrodes. *Diode électroluminescente**. → **LED.**

dionysiaque [djɔnizjak] adj. **1·** Relatif à Dionysos (Bacchus), dieu du vin. *Le culte dionysiaque, dans l'Antiquité grecque.* **2·** Caractérisé par l'inspiration, et non par l'ordre, la mesure.

dioxine [diɔksin] n. f. Sous-produit très toxique de la fabrication d'un dérivé chloré du phénol.

dioxyde [diɔksid] n. m. Oxyde contenant deux atomes d'oxygène. *Dioxyde de carbone,* gaz carbonique.

dioxygène [diɔksiʒɛn] n. m. En chimie. Oxygène dont la molécule est formée de deux atomes (O_2).

diphtérie [difteʀi] n. f. Maladie microbienne, contagieuse, caractérisée par la formation de pseudo-membranes sur le larynx, le pharynx, provoquant des étouffements. ▶ **diphtérique** adj. et n. **1·** Relatif à la diphtérie. *Angine diphtérique.* → **croup.** **2·** Atteint de la diphtérie. – N. *Un(e) diphtérique.* ▷ **antidiphtérique**

diphtongue [diftɔ̃g] n. f. Voyelle dont la tenue comporte un changement d'articulation produisant une variation de timbre. *Les diphtongues de l'anglais* (ex. : la voyelle dans *take,* prononcée [tejk]).

dipl-, diplo- Éléments savants signifiant « double ».

diplodocus [diplɔdɔkys] n. m. invar. Grand reptile herbivore de l'ère secondaire. *Les diplodocus et les dinosaures.*

① **diplomate** [diplɔmat] n. **1·** N. m. Personne qui est chargée par un gouvernement de fonctions diplomatiques, de négociations avec un gouvernement étranger. *L'ambassadeur est un diplomate. Cette femme est un grand diplomate* (ou *une grande diplomate,* n. f.). **2·** N. et adj. Personne qui sait mener une affaire avec tact. → **habile.** *Elle n'est pas assez diplomate pour les réconcilier.* ▶ **diplomatie** [diplɔmasi] n. f. **1·** Branche de la politique qui concerne les relations entre les États : représentation des intérêts d'un gouvernement à l'étranger, affaires internationales... *Les moyens de la diplomatie. Faire appel à la diplomatie pour régler un différend.* **2·** Carrière diplomatique ; ensemble des diplomates. *Entrer dans la diplomatie.* **3·** Habileté, tact dans la conduite d'une affaire. → **doigté.** *Il faut de la diplomatie pour lui faire cette offre.* ▶ **diplomatique** adj. **1·** Relatif à la diplomatie. *Relations diplomatiques. Incidents diplomatiques. Rompre les relations diplomatiques avec un État. Corps diplomatique et corps consulaire.* – *Maladie diplomatique,* prétendue maladie qui sert de prétexte à une absence, etc. **2·** (Des actions, des manières) → **adroit, habile.** *Ce n'est pas diplomatique.* ▶ **diplomatiquement** adv. *Le litige a été résolu diplomatiquement,* par la diplomatie. – *Il a répondu diplomatiquement à notre offre,* avec habileté.

② **diplomate** n. m. Gâteau fait de biscuits à la cuiller, de fruits confits, et d'une crème parfumée au rhum, au kirsch.

diplôme [diplom] n. m. **1·** Acte qui confère et atteste un titre, un grade. *Décerner, obtenir un diplôme. Diplôme de bachelier, de licencié. Examen, concours pour l'obtention du diplôme.* **2·** Examen pour obtenir un diplôme. *Passer un diplôme.* **3·** Écrit attestant un diplôme. *Photocopie d'un diplôme.* ▶ **diplômé, ée** adj. Qui a obtenu un diplôme. *Infirmière diplômée.* – N. *Les diplômés d'une grande école. Une diplômée.*

diptère [diptɛʀ] n. m. Nom des insectes à métamorphoses complètes (œuf, larve, nymphe, insecte), à deux ailes, dont la tête porte une trompe. *La mouche, le moustique sont des diptères.* – Adj. *Insecte diptère.*

diptyque [diptik] n. m. **1·** Tableau pliant formé de deux volets pouvant se rabattre l'un sur l'autre. ≠ triptyque. **2·** Œuvre littéraire, artistique en deux parties symétriques.

① **dire** [diʀ] v. tr. <conjug. 37> **I·** (Suj. personne) *Dire* (+ nom ou pronom) ; *dire* (+ infinitif) ; *dire que* (+ indicatif ou conditionnel). Exprimer (la pensée, les sentiments, les intentions) par la parole. **1·** Exprimer, communiquer (à qqn). *Dites-moi vos projets. Dire des bêtises. Elle dit l'avoir déjà rencontré. Il dit être malade, qu'il est malade. Dites-moi qui vous êtes, où vous allez. J'ai quelque chose à vous dire. Je vous l'ai dit cent fois.* → **répéter.** *Il ne sait plus que dire, plus quoi dire. Dire ce qu'on pense. Dire la vérité, des mensonges.* – Loc. *À ce qu'il dit,* selon ses paroles. → ② **dire.** – *Il sait ce qu'il dit,* il parle en connaissance de cause. *Il ne sait pas ce qu'il dit,* il dit n'importe quoi. – Loc. *Dire son fait, ses quatre vérités à qqn,* lui faire savoir ce qu'on pense réellement de lui. *À vrai dire,* véritablement. – *C'est beaucoup dire,* c'est exagéré. – *C'est tout dire,* il n'y a rien à ajouter. – *Pour tout dire,* en somme, en résumé. – *Ce n'est pas une chose à dire,* il vaudrait mieux ne pas en parler. – *Cela va sans dire,* la chose est évidente. – *C'est vous qui le dites,* je ne suis pas de votre avis. – *Ce disant,* en disant cela. *Cela dit,* ces mots ayant été dits. *Cela dit, revenons à notre histoire.* (On dit aussi *ceci dit*) *Ceci dit, il s'en alla.* – *Entre nous soit dit,* confidentiellement. – *Je vous l'avais dit, je l'avais bien dit,* je l'avais prévu. – *À* *qui le dis-tu, le dites-vous !*, exprime que la personne qui parle connaît, a éprouvé ce dont il s'agit aussi bien que son interlocuteur. – *Je ne vous le fais pas dire*, vous l'avez dit spontanément. – Fam. (langue parlée) *Disons ; je veux dire* (en incise). *Les bêtises qu'il a pu faire, je te dis pas !*, il en a tellement fait que je ne peux pas en parler. *Il est fou, je vais te dire !* **2**· Pronominalement. ***Se dire (que)*** : dire à soi-même, penser. *Je me disais bien que c'était impossible.* **3**· Affirmer. *Je dis ce que j'ai à dire. Il a dit : je serai là. Il a dit qu'il serait là. Ça va mal tourner, c'est moi qui vous le dis*, j'en suis sûr. **4**· Révéler. *Il ne veut pas dire la vérité. Personne ne m'a rien dit. Je vais tout vous dire.* → **avouer.** – *Dire la bonne aventure.* → **prédire.** **5**· Décider, convenir de (qqch.). *Venez cette semaine, disons jeudi.* – Au p. p. Loc. ***À l'heure dite*** : à l'heure fixée, convenue. *Il est arrivé à l'heure dite.* – *Tenez-vous le pour dit*, considérez que c'est un ordre. – *Aussitôt dit, aussitôt fait*, la chose a été réalisée sans délai. – *Tout est dit*, la chose est réglée. **6**· Exprimer et avoir (une opinion). *Dire du bien de qqch. Il en a dit du mal.* → **médire.** *Que vont en dire les gens ?* → **qu'en-dira-t-on.** *Avoir son mot à dire sur qqch. Dites-moi ce que vous pensez de cette affaire. Que diriez-vous d'une promenade ? Il ne sera pas dit que je l'ai abandonné*, je ne l'abandonnerai pas. – ***Dire que*** (en tête de phrase) : exprime l'étonnement, l'indignation, la surprise. *Dire qu'il n'a pas encore vingt ans !* – ***On dirait*** *que* (+ indicatif) : on penserait, on croirait. *On dirait qu'il vient chez nous* (→ il semble). – (Suivi d'un nom) *À le voir jouer, on dirait un enfant. Ce poisson ressemble à de la viande, on dirait de la viande.* – Pronominalement. *On se dirait en France*, on se croirait. **7**· Raconter (un fait, une nouvelle). *Je vais vous dire la nouvelle. Je vais vous dire comment cela s'est passé, pourquoi nous sommes en retard. Je vais le dire à ma mère !* → **rapporter.** – *Je me suis laissé dire que*, j'ai entendu dire, mais sans y ajouter entièrement foi, que. – *Qu'on se le dise*, formule invitant à répandre une nouvelle ou formule d'avertissement. – *On dit qu'il est parti*, le bruit court que. **8**· ***Dire que*** (+ subjonctif) ; ***dire de*** (+ infinitif) : exprimer (une volonté, un ordre). → **commander, ordonner.** *Allez lui dire de venir, qu'il vienne. Je vous avais dit d'agir autrement, je vous l'avais bien dit.* → **recommander.** *Ne pas se le faire dire deux fois*, faire qqch. avec empressement. **9**· Dans des loc. Énoncer une objection. → **objecter.** *Qu'avez-vous à dire à cela ? Il y aurait beaucoup à dire là-dessus. Je n'ai rien à dire contre (ceci, cette personne).* → **redire.** *Vous avez beau dire, c'est lui qui a raison.* Prov. *Bien faire et laisser dire*, il faut faire ce qu'on croit bien sans se soucier des critiques. **II**· Employer (une forme de langue) en parlant. **1**· *Dire une phrase, un mot.* → **énoncer.** *Il a dit quelques mots.* – Loc. *Il ne dit mot*, il se tait. *Avoir son mot à dire*, son opinion à donner. **2**· Reproduire (un énoncé) en le lisant, en le récitant. *Dire ses prières. Cet acteur a très bien dit cette réplique.* **3**· Avec une forme citée. *Dire bonjour, dire oui, non. Dire ouf !* – Le compl. est un énoncé (discours direct). *Il a dit : « Je reviens tout de suite ». Vous venez ? dit-il. Il faut dire « infarctus » et non pas « infractus ». Il est, comme on dit, fauché comme les blés.* **4**· ***Se dire*** : s'employer, en parlant d'un mot, d'une phrase. *Cela ne se dit plus. « Chien » se dit « dog » en anglais*, lui correspond pour le sens. **III**· Exprimer par le langage (écrit ou oral). **1**· Exprimer par écrit. → **écrire.** *Je vous ai dit dans ma lettre que... Je ne sais ce que dit Marx à ce sujet.* – *La loi dit que.* → **stipuler.** **2**· (Avec un adv. ou une expression adverbiale) Rendre plus ou moins bien la pensée ; faire entendre plus ou moins clairement qqch. (par la parole ou l'écrit). → **exprimer.** *Dire qqch. en peu de mots ; dire clairement ; dire carrément, crûment qqch.* – Loc. *Il ne croit pas si bien dire*, il ne sait pas que ce qu'il dit correspond tout à fait à la réalité. – *Pour ainsi dire* ; fam. *comme qui dirait*, approximativement, à peu près. – *Autrement dit*, en d'autres termes. **3**· (Auteur) Exprimer, révéler (qqch. de nouveau, de personnel). *Cet écrivain n'a rien à dire.* **IV**· (Suj. chose) **1**· Faire connaître, exprimer par un signe, une manifestation quelconque. → **exprimer, manifester, marquer, montrer.** *Son silence en dit long.* **2**· Fam. Avoir tel aspect. *Qu'est-ce que ça dit ?*, quelle allure, quelle valeur cela a-t-il ? **3**· ***Cela me dit, ne me dit rien*** : me tente, ne me tente pas. *Cela ne me dit rien de bon. Si cela vous disait, nous irions nous promener.* – Loc. *Si le cœur vous en dit*, si vous en avez envie. **4**· ***Vouloir dire*** : – (Suj. personne) Avoir l'intention d'exprimer. *Que veux-tu dire par là ?* – (Suj. chose) Signifier. *Que veut dire cette phrase latine ? Ces deux mots veulent dire la même chose. Que veut dire son retard ? Cela veut dire qu'il ne viendra pas.* – Loc. ***C'est dire*** : cela montre. *Elle est partie, c'est dire qu'elle en avait assez.* **V**· Loc. (à l'impératif) ***Dis, dites (donc) !*** : sert à attirer l'attention de l'interlocuteur (comme *écoutez !, vous !, toi !*, etc.). *Dis, tu viens ? Dis donc (dites donc), fais (faites) attention !* ▶ 2 **dire** n. m. **1**· Au plur. ***Les dires*** : ce qu'une personne déclare, rapporte (souvent péj.). *Selon les dires des voisins.* **2**· ***Au dire de*** : d'après ce que qqn déclare. *Au dire de sa femme, il aurait tous les torts.* ▷ **c'est-à-dire, contredire,** se **dédire, diseur, dit, édit, lieu-dit, non-dit, on-dit, ouï-dire, prédire, qu'en-dira-t-on, redire, soi-disant**

direct, ecte [dirɛkt] adj. et n. m. **I**· Adj. **1**· Qui est en ligne droite, sans détour. / contr. indirect / *C'est le chemin le plus direct pour arriver à la ville.* **2**· Fig.

Sans détour. *Attaque directe. Faire une allusion directe.* **3·** Qui se fait sans intermédiaire. *Prendre une part directe dans une affaire. La cause directe d'un phénomène.* – *Complément direct,* construit sans préposition. *Les verbes transitifs directs sont suivis d'un complément d'objet direct.* – *Discours, style direct,* pour rapporter des paroles dites. *Les verbes de parole* (dire, raconter...) *introduisent le style direct.* **4·** Qui ne s'arrête pas (ou peu). *Train direct,* ou n. m., *un direct. Vol direct pour Tokyo,* sans escale. **II·** N. m. **1·** Boxe. Coup droit. *Un direct du gauche.* **2·** ***En direct*** (radio, télévision) : transmis sans enregistrement, au moment même (opposé à *en différé*). *Émission en direct.* ▶ **directement** adv. **1·** En droite ligne, sans détour. *Vous rentrez directement chez vous, ou vous faites des courses ?* **2·** Sans intermédiaire. → **immédiatement.** *Directement du producteur au consommateur. Elle a été directement mise en cause.* / contr. **indirectement** / ▷ **indirect**

directeur, trice [diʀɛktœʀ, tʀis] n. et adj. **1·** Personne qui dirige, est à la tête (d'une entreprise, d'un établissement, d'une administration). → **chef, patron, président.** *Le directeur général d'une société. Président-directeur général* → **P.-D. G.** *Directeur de journal. Madame la Directrice. Directeur d'école.* **2·** *Directeur de conscience,* prêtre qui dirige qqn en matière de morale et de religion. → **confesseur.** **3·** Adj. Qui dirige. → **dirigeant.** *Comité directeur. L'idée directrice d'un ouvrage. Ligne directrice.* ▷ **directoire, directorial**

directif, ive [diʀɛktif, iv] adj. Qui impose une orientation précise. *Méthode directive. Il est très directif avec ses élèves.* → **autoritaire.** *Développer une pédagogie moins directive.* ▶ **directive** n. f. Surtout au plur. Ensemble des indications sur la façon de procéder que donne une autorité aux personnes chargées d'une entreprise, d'une mission. *Donner des directives à qqn.* → **instruction, ordre.** *Recevoir des directives de ses chefs.*

direction [diʀɛksjɔ̃] n. f. **I· 1·** Action de diriger (I), de conduire. *On lui a confié la direction de l'entreprise.* → **gestion.** *Je travaille sous sa direction.* → **autorité.** **2·** Fonction, poste de directeur. *Être nommé à la direction du personnel.* – Le directeur, les directeurs d'une entreprise. *Demander à rencontrer la direction. La direction lui offre un poste intéressant à l'étranger.* – Bâtiments, bureaux des directeurs. *Aller à la direction.* **II· 1·** Ligne suivant laquelle un corps se meut, une force s'exerce. *La direction, le sens, l'intensité d'une force.* – Caractère commun à toutes les droites, à tous les plans parallèles. *Chaque direction comprend deux sens opposés.* **2·** Orientation ; voie à suivre pour aller à un endroit. *La girouette sert à connaître la direction du vent. Quelle direction a-t-il prise ? Changer de direction,* tourner. – Loc. prép. *Dans la direction de... En direction de...* → **vers.** *Train en direction de Bruxelles. Nous partons en direction de l'Ouest.* **3·** Abstrait. *Faire des expériences dans une direction nouvelle.* **4·** Ensemble des mécanismes qui permettent de guider les roues d'une voiture (dont le volant). *Direction à vis, à crémaillère. Direction assistée.*

directoire [diʀɛktwaʀ] n. m. **1·** Groupe de personnes (*directeurs*) qui commandent politiquement. – En histoire de France. (Avec une majuscule) *Le Directoire,* dans la Constitution de l'an III, conseil de cinq membres chargé du pouvoir exécutif ; le régime politique durant cette période. – *Le style Directoire,* le style de cette époque (fin XVIIIe s.). **2·** Groupe des directeurs (dans certaines sociétés financières, économiques).

directorial, iale, iaux [diʀɛktɔʀjal, jo] adj. D'un directeur. *Les bureaux directoriaux. Les fonctions directoriales.*

dirham [diʀam] n. m. Unité monétaire du Maroc. *Vingt dirhams.*

diriger [diʀiʒe] v. tr. < conjug. 3 > **I· 1·** Conduire, mener (une entreprise, une opération, des affaires) comme maître ou chef responsable. → **administrer, gérer, organiser.** *Diriger une usine. Diriger un théâtre. Diriger une revue. Diriger un pays.* → **dirigeant.** *Personne qui dirige.* → **directeur.** – *Diriger une discussion, un débat.* – Au p. p. adj. *Économie dirigée,* dirigisme. **2·** Conduire l'activité de (qqn). *Diriger des collaborateurs, une équipe.* **II· 1·** Guider (qqch.) dans une certaine direction (avec une idée de déplacement, de mouvement). *Diriger une voiture.* **2·** ***Diriger sur, vers*** : envoyer. *Diriger un colis sur Paris. Diriger un convoi vers telle ville.* → **acheminer.** *Diriger qqn sur une administration.* – ***Diriger*** *qqch.* ***contre*** : destiner agressivement, orienter de façon hostile. *Diriger une arme contre qqn.* Au passif. *Cet article est dirigé contre vous.* **3·** Orienter de manière à envoyer. *Diriger une lumière,* par ext. *une lampe de poche sur, vers qqn, qqch.* → **braquer.** *Diriger son regard vers qqch.* **4·** ***Se diriger*** v. pron. *Il se dirige vers la porte pour sortir.* ▶ **dirigeable** [diʀiʒabl] adj. et n. m. ***Ballon dirigeable*** : qu'on peut diriger (opposé à *libre*). – N. m. *Un dirigeable. Les zeppelins étaient de grands dirigeables.* ▶ **dirigeant, ante** adj. et n. **1·** Qui dirige. *Les classes dirigeantes.* **2·** N. Personne qui dirige. *Les dirigeants d'une entreprise.* → **directeur.** *Les dirigeants d'un mouvement, d'un parti.* → **chef.** *Le pays et ses dirigeants.* → **gouvernant.** ▶ **dirigisme** n. m. Système dans lequel l'État assume la direction des mécanismes économiques, en conservant les cadres de la société capitaliste. / contr. libéralisme / ▶ **dirigiste** adj. Partisan du dirigisme. ▷ **directeur, direction, directif, directoire**

di(s)- Élément savant indiquant la séparation (ex. : *digression, disjoindre*), ou le défaut (ex. : *disharmonie, dissemblable*).

discerner [disɛʀne] v. tr. < conjug. 1 > **1·** Percevoir (un objet) par rapport à ce qui l'entoure. → **distinguer, identifier, reconnaître.** *Discerner la présence de qqn dans l'ombre. Discerner un bruit lointain.* **2·** Se rendre compte de la nature, de la valeur de (qqch.) ; faire la distinction entre (deux choses mêlées, confondues). → **différencier.** *Discerner le vrai du faux, d'avec le faux.* → **démêler.** *Discerner une nuance subtile dans un texte.* → **saisir, sentir.** / contr. confondre / ▶ **discernable** adj. Qui peut être discerné, perçu, senti. *Un accent nettement discernable.* ▶ **discernement** n. m. Capacité de l'esprit à juger clairement et sainement des choses. → **jugement, bon sens.** *Manquer de discernement. Agir sans discernement.* ▷ **indiscernable**

disciple [disipl] n. Personne qui reçoit l'enseignement d'un maître à penser (morale, religion, philosophie). *Aristote, disciple de Platon. Les disciples de Jésus-Christ. Elle a été une de ses disciples.* / contr. maître, professeur / ▷ **condisciple,** ① **discipline**

① **discipline** [disiplin] n. f. Branche de la connaissance, en tant que sujet d'études. *Il enseigne deux disciplines, le français et l'histoire. Les disciplines scientifiques.* ▷ **interdisciplinaire**

② **discipline** n. f. **1·** Règle de conduite que l'on s'impose. *S'astreindre à une discipline sévère.* – Vx. Fouet dont on se frappait par mortification et discipline religieuse. **2·** Règle de conduite commune aux membres d'un corps, d'une collectivité et destinée à y faire régner le bon ordre ; obéissance à cette règle. *Ce professeur fait régner la discipline dans sa classe. Discipline militaire.* – *Conseil de discipline* (d'un établissement d'enseignement ; d'un corps de magistrats, etc.), chargé de sanctionner les infractions à la discipline. ▶ **disciplinaire** adj. Qui se rapporte à la discipline, et spécialt aux sanctions. *Mesures disciplinaires. Les locaux disciplinaires d'une caserne.* ▶ **discipliné, ée** adj. Qui observe la discipline. → **obéissant, soumis.** *Les Français ne sont guère disciplinés.* ▷ **indiscipline, indiscipliné**

disc-jockey [diskʒɔkɛ] n. Anglic. Personne chargée de la présentation des disques (4) de variétés à la radio, dans les discothèques. *Des disc-jockeys.* → **D. J.**

disco [disko] n. m. et adj. Musique de danse inspirée du jazz et du rock.

discobole [diskɔbɔl] n. m. Athlète lanceur de disque (1).

discographie [diskɔgʀafi] n. f. Répertoire des enregistrements sur disques (4). *La discographie de Mozart, du jazz.* ▶ **discographique** adj.

discontinu, ue [diskɔ̃tiny] adj. et n. m. **1·** Qui n'est pas continu, qui offre des solutions de continuité. *Ligne discontinue.* → ② **discret.** – N. m. *Le discontinu.* **2·** Qui n'est pas continuel. → **intermittent, momentané, temporaire.** *Effort, mouvement, bruit discontinu.* ▶ **discontinuer** v. intr. < conjug. 1 > Loc. ***Sans discontinuer*** : sans arrêt. → sans **cesse,** sans **trêve.** *Il pleut sans discontinuer depuis hier. Il a parlé deux heures sans discontinuer.* ▶ **discontinuité** n. f. Absence de continuité.

disconvenir [diskɔ̃vniʀ] v. tr. indir. < conjug. 22 > Littér. ***Ne pas disconvenir de*** *qqch.* : l'admettre, être d'accord. *Qu'il soit sérieux, je n'en disconviens pas,* je ne le nie pas. / contr. convenir /

discophile [diskɔfil] adj. et n. Amateur de musique enregistrée ; collectionneur de disques (4).

discordant, ante [diskɔʀdɑ̃, ɑ̃t] adj. Qui manque d'harmonie, qui ne s'accorde pas. → **incompatible, opposé.** *Voix discordantes. Caractères discordants. Couleurs discordantes.* ▶ **discordance** n. f. Défaut d'accord, d'harmonie. → **dissonance.**

discorde [diskɔʀd] n. f. Littér. Opposition d'idées, d'opinions pouvant conduire à des affrontements. → **désaccord.** / contr. concorde, entente / *Entretenir, semer la discorde dans une famille, entre des personnes.* – Loc. *Pomme de discorde,* sujet de discussion et de division.

discothèque [diskɔtɛk] n. f. **1·** Collection de disques (4). **2·** Lieu de réunion → **club** où l'on peut danser au son d'une musique enregistrée. → **boîte.**

discount [diskunt ; diskaunt] n. m. Anglic. **1·** Rabais consenti sur un prix. *Discount exceptionnel.* **2·** Magasin qui pratique des prix cassés.

discourir [diskuʀiʀ] v. intr. < conjug. 11 > Péj. Parler sur un sujet en le développant inutilement. → **disserter, pérorer.** *Agissez au lieu de discourir !* ▶ **discoureur, euse** n. Personne qui aime à discourir. → **phraseur.** ▷ **discours**

discours [diskuʀ] n. m. invar. **1·** Propos que l'on tient. *Le discours qu'il m'a tenu.* **2·** Péj. (Opposé à l'*action*) *Cela aura plus d'effet que tous les discours. Assez de discours, des actes !* → **bavardage.** **3·** Développement oratoire fait devant une réunion de personnes. → **allocution, harangue** ; fam. **laïus, speech.** *Prononcer un discours. Un discours politique. Discours d'ouverture, de clôture.*

4· Expression verbale de la pensée. → **parole ; langage.** *Les parties du discours,* les catégories grammaticales traditionnelles (nom, article, adjectif, verbe, etc.). **5·** Titre d'écrits littéraires didactiques développant un sujet. *Le « Discours de la méthode » de Descartes.* **6·** En linguistique. Ensemble des énoncés, des messages parlés ou écrits (opposé à *langue, système*). – *Le discours direct*, indirect*. Discours rapporté.*

discourtois, oise [diskuʀtwa, waz] adj. Qui n'est pas courtois. → **impoli, indélicat.** / contr. courtois / *Il s'est montré discourtois envers la vieille dame. Des paroles discourtoises.*

discrédit [diskʀedi] n. m. Diminution de la confiance, de l'estime (*crédit*) dont jouissait une personne, une idée. → **déconsidération, défaveur.** *Jeter le discrédit sur qqn. Être, tomber en discrédit auprès de qqn.* / contr. crédit, faveur / *Cette théorie est tombée dans le discrédit.* ▶ **discréditer** v. tr. < conjug. 1 > Faire perdre à (qqn, qqch.) l'estime dont il ou elle jouissait. → **déconsidérer.** *Chercher à discréditer un rival.* – *Se discréditer* v. pron. *Il s'est discrédité dans l'esprit de ses collègues.*

1 **discret, ète** [diskʀɛ, ɛt] adj. **1·** (Personnes) Qui témoigne de retenue, se manifeste peu dans les relations sociales, n'intervient pas dans les affaires d'autrui. → **réservé.** / contr. indiscret, sans-gêne / *Il est trop discret pour vous poser des questions, pour abuser de votre hospitalité.* **2·** (Choses) Qui n'attire pas l'attention, ne se fait guère remarquer. *Une allusion discrète. Faire une cour discrète à qqn. Vêtements, bijoux discrets.* → **distingué, sobre.** / contr. voyant ; tapageur / **3·** Qui garde les secrets qu'on lui confie. *Je vous en prie, soyez discret là-dessus.* ▶ **discrètement** adv. D'une manière discrète, qui n'attire pas l'attention. *Nous sommes partis discrètement, sur la pointe des pieds. Faire discrètement allusion à qqch.* / contr. ostensiblement / *S'habiller discrètement.* → **sobrement.** ▶ 1 **discrétion** [diskʀesjɔ̃] n. f. **1·** Qualité d'une personne discrète. → **délicatesse, réserve, tact.** *Il a trop de discrétion pour vous rendre visite sans prévenir.* **2·** Qualité consistant à savoir garder les secrets. *Vous pouvez compter sur sa discrétion. Discrétion assurée.* ▷ **indiscret, indiscrétion**

2 **discret, ète** adj. Didact. *Quantité discrète,* composée d'éléments séparés (opposé à *quantité continue*). → **discontinu.** *Les nombres sont des quantités discrètes.*

2 **à (la) discrétion** loc. adv. et prép. **1·** Loc. adv. *À discrétion :* comme on le veut, autant qu'on veut. → **à volonté.** *Il y aura du vin à discrétion.* → fam. **à gogo. 2·** Loc. prép. *À la discrétion de qqn :* en dépendant entièrement de lui. *La décision est à son entière discrétion. Tout est à sa discrétion.* → **à la merci de.** ▶ **discrétionnaire** adj. Qui est laissé à la discrétion de qqn, qui confère à qqn le pouvoir de décider.

discrimination [diskʀiminasjɔ̃] n. f. **1·** Littér. Action de discerner, de distinguer les choses les unes des autres avec précision. → **différenciation, distinction.** *Ne pas faire la discrimination entre l'essentiel et le superflu.* **2·** Le fait de séparer un groupe social des autres en le traitant plus mal. *Cette loi s'applique à tous sans discrimination,* de façon égalitaire. *Discrimination raciale.* → **ségrégation.** ▶ **discriminatoire** adj. Qui tend à distinguer un groupe humain des autres, à son détriment. *Mesures discriminatoires.* ▶ **discriminer** v. tr. < conjug. 1 > Littér. Faire la discrimination entre.

disculper [diskylpe] v. tr. < conjug. 1 > **1·** Prouver l'innocence de (qqn). *Disculper un ami des accusations dirigées contre lui.* → **innocenter, justifier.** / contr. inculper / *Ce document disculpe l'accusé et prouve que le magistrat l'a inculpé à tort.* **2·** *Se disculper* v. pron. : se justifier, s'excuser. *Se disculper auprès de qqn, aux yeux de qqn. Je ne cherche pas à me disculper.* ▶ **disculpation** n. f. Fait de disculper (qqn).

discursif, ive [diskyʀsif, iv] adj. Littér. Qui procède par une série de raisonnements successifs (opposé à *intuitif*). *Méthode discursive. Intelligence discursive.*

discussion [diskysjɔ̃] n. f. **1·** Action de discuter, d'examiner (qqch.), seul ou avec d'autres. → **examen.** *La discussion d'un projet de loi, du budget à l'Assemblée.* **2·** Le fait de discuter (une décision), de s'y opposer par des arguments. *Obéissez, et pas de discussion !* **3·** Échange d'arguments, de vues contradictoires. → **débat, échange** de vues. *Il y a eu une longue discussion au sujet de l'augmentation des salaires. Prendre part à la discussion. Toute discussion avec lui est impossible.* **4·** Vive contestation. → **altercation, dispute.** *Ils ont eu ensemble une violente discussion.*

discuter [diskyte] v. < conjug. 1 > **1·** V. tr. Examiner (qqch.) par un débat, en étudiant le pour et le contre. → **débattre ; critiquer.** *Discuter un point litigieux.* **2·** Mettre en question, considérer comme peu certain, peu fondé. *Discuter l'existence, la vérité de qqch.* → **contester.** *Une autorité que personne ne discute.* **3·** Spécialt. Opposer des arguments à (une décision), refuser d'exécuter. *Vous n'avez pas à discuter mes ordres.* **4·** V. intr. Parler avec d'autres en échangeant des idées, des arguments sur un sujet. *Discuter sur un point avec qqn. Nous avons discuté (de) politique.* – Transitivement. Fam. *Discuter le coup, le bout de gras.*

→ **bavarder.** **5·** *Se discuter* v. pron. (Suj. chose) *La chose se discute. Cela peut se discuter,* être mis en question. ▶ **discutable** adj. **1·** Qu'on peut discuter, dont la valeur n'est pas certaine. → **contestable.** *Affirmation discutable. C'est fort discutable.* / contr. indiscutable / **2·** Plutôt mauvais. → **douteux.** *C'est d'un goût discutable.* ▶ **discuté, ée** adj. Qui soulève des discussions, qui ne fait pas l'unanimité. → **controversé, critiqué.** / contr. incontesté / *Théorie discutée. Un homme très discuté,* dont la valeur est mise en cause. ▷ **discussion, indiscutable**

disert, erte [dizɛʀ, ɛʀt] adj. Littér. Qui parle avec facilité et élégance. → **éloquent.** *Un orateur disert. Elle a été assez diserte sur ce sujet.*

disette [dizɛt] n. f. Manque de vivres. → **famine.** *Année de disette.* / contr. abondance /

diseur, euse [dizœʀ, øz] n. Dans des loc. Personne qui dit. *Diseur de bons mots,* qui dit des bons mots en toute occasion. – *Diseuse de bonne aventure,* femme qui prédit l'avenir. → **voyante.**

disgrâce [disgʀɑs] n. f. **1·** Perte des bonnes grâces, de la faveur d'une personne dont on dépend. → **défaveur.** *La disgrâce d'un courtisan, d'un favori. Tomber, être en disgrâce. Subir sa disgrâce avec résignation.* **2·** Vx. Événement malheureux. → **infortune, malheur.** *Pour comble de disgrâce.* ▶ **disgracié, iée** adj. et n. **1·** Qui n'est plus en faveur, est tombé en disgrâce. *Un ministre disgracié.* **2·** Peu favorisé, mal partagé. → **défavorisé.** *Être disgracié (de la nature, par la nature),* laid, malade ou infirme. ▶ **disgracier** v. tr. < conjug. 7 > Priver (qqn) de la faveur qu'on lui accordait. *Les rois absolus pouvaient disgracier leurs ministres.* – *Être disgracié,* en disgrâce.

disgracieux, euse [disgʀasjø, øz] adj. Qui n'a aucune grâce. *Maintien, geste disgracieux.* → **inélégant.** *Un visage disgracieux.*

disjoindre [disʒwɛ̃dʀ] v. tr. < conjug. 49 > **1·** Écarter les unes des autres (des parties jointes entre elles). → **désunir, séparer.** *Disjoindre les planches d'une table.* – Pronominalement. *Les planches commencent à se disjoindre.* **2·** Abstrait. Séparer. *Disjoindre deux questions, deux accusations,* les traiter comme distinctes. → **isoler.** / contr. joindre ; rapprocher / ▶ **disjoint, ointe** adj. **1·** Qui n'est plus joint. *Planches disjointes.* **2·** Abstrait. Séparé. *Questions disjointes,* qui n'ont rien à voir ensemble. → **différent, distinct.** / contr. conjoint, lié / ▷ **disjoncteur, disjonction**

disjoncteur [disʒɔ̃ktœʀ] n. m. Interrupteur automatique de courant électrique. → **coupe-circuit.** ▶ **disjoncter** v. intr. < conjug. 1 > Fam. **1·** Se mettre en position d'interruption du courant. *Le compteur a disjoncté.* **2·** Perdre le contact avec la réalité. *Il disjoncte depuis son licenciement.*

disjonction [disʒɔ̃ksjɔ̃] n. f. Action de disjoindre (deux questions, des idées) ; son résultat. → **séparation.** *La disjonction de deux questions.* / contr. conjonction /

disloquer [dislɔke] v. tr. < conjug. 1 > **1·** Déplacer violemment (les parties d'une articulation). → **démettre, désarticuler.** *Le coup, l'accident lui a disloqué l'épaule. Elle s'est disloqué une articulation.* **2·** Séparer violemment, sortir de leur place normale (les parties d'un ensemble) ; séparer les éléments de. *Disloquer les rouages d'une machine. Disloquer une machine.* → **casser, démolir.** – Pronominalement. *Cortège qui se disloque.* → se **disperser,** se **séparer.** Au passif et p. p. adj. *(Être) disloqué(e). La chaise est disloquée. Une voiture toute disloquée.* → **déglingué.** ▶ **dislocation** n. f. **1·** (Articulation) Le fait de se disloquer. *La dislocation d'un membre.* → **déboîtement, déplacement.** **2·** Séparation violente. – *La dislocation d'un empire.* → **démembrement.** **3·** (Personnes en groupe) Action de se séparer. *La dislocation du cortège s'opéra au rond-point.* → **dispersion.**

disparaître [dispaʀɛtʀ] v. intr. < conjug. 57 > **I·** Ne plus être vu ou visible. **1·** Cesser de paraître, d'être visible. → s'en **aller,** s'**évanouir.** *Le soleil disparaît derrière un nuage. Il a disparu dans la foule. Le village disparut au tournant de la route. Nous regardions le bateau s'éloigner jusqu'au moment où il disparut à nos yeux.* **2·** S'en aller. → **fuir, partir.** *Il a disparu sans laisser de traces.* → **disparu.** – Partir à la dérobée. → s'**éclipser,** s'**esquiver.** – (En parlant d'objets qu'on ne peut retrouver) *Mes gants ont disparu,* je les ai perdus. **3·** *Faire disparaître qqn, qqch.* : le soustraire à la vue ; enlever, cacher. *Faire disparaître un document compromettant.* **II· 1·** Cesser d'être, d'exister. *Le grand écrivain qui vient de disparaître,* de mourir. *Le brouillard a disparu vers dix heures.* → se **dissiper.** *La rougeur de son visage commence à disparaître.* → s'**effacer.** **2·** Abstrait. *Ses craintes, ses soucis ont disparu en un clin d'œil.* → s'**évanouir.** *Cette coutume commence à disparaître.* → se **perdre.** **3·** *Faire disparaître qqch.* → **détruire, effacer.** *Le temps a fait disparaître cette inscription. Médicament qui fait disparaître la fièvre.* → **chasser.** ▶ **disparition** [dispaʀisjɔ̃] n. f. **1·** Le fait de n'être plus visible. *La disparition du soleil à l'horizon.* / contr. apparition, réapparition / **2·** Action de partir d'un lieu, de ne plus se manifester → **départ ;** surtout, absence inexplicable. *La disparition de l'enfant remonte à huit jours. Constater la disparition d'une grosse somme d'argent.* **3·** Action de disparaître en cessant d'exister. → **mort ; fin.** *La* *disparition d'une espèce animale, végétale. La disparition d'une civilisation.* ▶ **disparu, ue** adj. et n. **1·** Qui a cessé d'être visible. *Chercher à l'horizon un navire disparu.* **2·** Qui a cessé d'exister. *Retrouver les traces d'une civilisation disparue.* **3·** (Personnes) Qu'on ne retrouve pas ; considéré comme perdu, mort. *Marin disparu en mer.* – N. *La catastrophe minière a fait deux morts et trois disparus.* – *Être porté disparu,* considéré comme mort. *Un soldat porté disparu.* **4·** N. Littér. Mort, défunt. *Notre chère disparue.*

disparate [disparat] adj. et n. f. **1·** Qui n'est pas en accord, en harmonie avec ce qui l'entoure ; dont la diversité est choquante. → **discordant, hétéroclite, hétérogène.** *Des ornements disparates.* **2·** Dont les éléments sont mal accordés. *Un mobilier disparate.* **3·** N. f. Vx. Disparité. ▶ **disparité** n. f. Absence d'harmonie entre les éléments ; caractère disparate. → **dissemblance ; disproportion.** *Il y a entre eux une grande disparité d'âge.*

dispendieux, ieuse [dispɑ̃djø, jøz] adj. Littér. Qui exige une grande dépense. → **coûteux, onéreux.** *Il a des goûts dispendieux.*

① **dispenser** [dispɑ̃se] v. tr. < conjug. 1 > Littér. (Suj. personnes, puissances supérieures) Distribuer avec générosité, abondance. → **accorder, donner, prodiguer, répandre.** *La divinité dispense ses bienfaits. Dispenser des compliments à tout le monde. Dispenser des soins.* – *Le Soleil dispense sa chaleur à la Terre.* ▶ **dispensaire** n. m. Centre médical où l'on donne, où l'on *dispense* gratuitement des consultations, des soins. *Se faire soigner dans un dispensaire, au dispensaire.*

② **dispenser** v. tr. < conjug. 1 > – ***Dispenser** qqn **de** qqch.,* ***de** faire qqch.* **1·** Autoriser (qqn) à ne pas (remplir une obligation) ; permettre à (qqn) de ne pas faire. *On l'a dispensé d'assister à la réunion. Dispensez-moi de cette corvée. Dispenser qqn d'une taxe.* → **exonérer.** – (Suj. chose) *Sa réponse nous dispense des démarches prévues, d'envoyer une lettre.* **2·** *Je vous dispense de,* je vous le défends, ceci me déplaît. *Je vous dispense à l'avenir de vos visites.* – *Dispensez-moi de vos réflexions.* → **épargner.** **3·** ***Se dispenser*** v. pron. : se permettre de ne pas faire (qqch.). *Se dispenser de travailler. On ne peut pas se dispenser de les aider.* **4·** Au passif et p. p. adj. ***(Être) dispensé, ée de.*** *Cette élève est dispensée de gymnastique. Être dispensé du service militaire.* → **exempt.** ▶ **dispense** n. f. Autorisation spéciale, donnée par une autorité, de faire ce qui est défendu ou de ne pas faire ce qui est prescrit. *Avoir, obtenir une dispense. Dispense d'âge.* → **dérogation.** *Dispense du service militaire.* → **exemption.** *Dispense de droits, d'impôts.* → **exonération.** ▷ **indispensable**

disperser [dispɛʀse] v. tr. < conjug. 1 > **1·** Jeter, répandre çà et là. → **disséminer, éparpiller, répandre.** *Disperser au vent les morceaux d'une lettre déchirée.* **2·** Répartir çà et là, en divers endroits, de divers côtés. *Disperser le tir*. Disperser un attroupement, des manifestants.* – Pronominalement. *La foule se dispersa après le spectacle.* – Abstrait. *Disperser ses efforts, ses forces, son attention,* les faire porter sur plusieurs points, ne pas les concentrer. **3·** Pronominalement. ***Se disperser*** : s'occuper à des activités trop diverses. *Il se disperse et ne sera jamais un spécialiste.* **4·** Au passif et p. p. adj. ***(Être) dispersé, ée.*** *Quelques arbres fruitiers étaient dispersés dans le jardin. Une documentation dispersée. Un habitat dispersé.* → **clairsemé, disséminé.** ▶ **dispersion** n. f. **1·** Action de (se) disperser ; état de ce qui est dispersé. *La dispersion d'un peuple* (→ **diaspora**). *Donner l'ordre de dispersion à la fin d'une manifestation. La dispersion des élèves à la sortie de l'école.* – *Dispersion de la lumière,* décomposition d'une lumière formée de radiations de différentes longueurs d'onde. **2·** Abstrait. Péj. Application de l'esprit (qui *se disperse*) à des sujets trop différents. → **éparpillement.** / contr. concentration /

disponible [dispɔnibl] adj. **1·** (Choses) Dont on peut disposer. → **libre.** *Nous avons deux places disponibles. Appartement disponible.* **2·** (Personnes) *Officier, fonctionnaire disponible,* qui n'est pas en activité, mais demeure à la disposition de l'armée, de l'administration. **3·** (Personnes) Qui n'est lié ou engagé par rien. → **libre.** *Nous sommes disponibles pour cette affaire. Si vous êtes disponible samedi prochain, venez nous rendre visite.* ▶ **disponibilité** n. f. **1·** (Personnes) Situation des fonctionnaires disponibles (2). *Être en disponibilité.* **2·** État de ce qui est disponible (3). *Disponibilité d'esprit.* **3·** Au plur. *Les disponibilités,* les sommes d'actif dont on peut immédiatement disposer (opposé à *immobilisations*). → **espèces.** ▷ **indisponibilité, indisponible**

dispos, ose [dispo, oz] adj. Qui est en bonne disposition pour agir. → en **forme, gaillard.** *Je ne me sens pas très dispos.* Loc. *Il est **frais et dispos** :* reposé, en bonne forme. *Elle est fraîche et dispose.* / contr. fatigué /

① **disposer** [dispoze] v. tr. < conjug. 1 > Arranger, placer (plusieurs choses, personnes) dans un certain ordre. *Disposer les assiettes et les verres sur la table en mettant le couvert. Disposer des choses en ligne, en cercle.* – Pronominalement. *Se disposer en rangs, à la file.* → se **mettre.** ▶ ① **disposé, ée** adj. *Objets disposés symétriquement.* ▶ ① **disposition** n. f. Action de disposer, de mettre dans un certain ordre ; son résultat. *Une disposition régulière d'objets. La disposition des pièces d'un appartement* → **distribution**, *des meubles dans une pièce.*

② **disposer** v. tr. ind. et intr. < conjug. 1 > **I·** **1·** ***Disposer** qqn **à** qqch., **à** faire qqch.* : préparer psychologiquement (qqn à qqch.). *Disposer qqn à une mauvaise nouvelle.* – Engager (qqn à faire qqch.). → **inciter.** *Nous l'avons disposé à vous recevoir.* **2·** ***Se disposer (à)*** v. pron. : se mettre en état, en mesure de ; être sur le point de. *Je me disposais à partir quand il est arrivé.* → se **préparer.** **II·** V. tr. ind. ***Disposer de.*** **1·** Avoir à sa disposition, avoir la possession, l'usage de. → **avoir.** *Il dispose d'une voiture. Nous ne disposons pas du confort. Vous pouvez en disposer, je n'en ai plus besoin.* → **prendre.** *Je ne dispose que de quelques minutes. Les renseignements dont nous disposons.* **2·** *Disposer de qqn,* l'employer, le traiter comme on le veut. *Je suis à votre service, disposez de moi. Le droit des peuples à disposer d'eux-mêmes.* **3·** Sans compl. *Disposer,* disposer de soi (dans la construction *pouvoir disposer*). *Vous pouvez disposer,* vous pouvez vous en aller (c'est un supérieur qui parle) (→ Je ne vous retiens* pas). **III·** V. intr. Décider ; organiser de manière obligatoire. PROV. *L'homme propose, Dieu dispose.* ▶ ② **disposé, ée** adj. **1·** *Être disposé à,* être préparé à, avoir l'intention de. → **prêt** à. *Nous sommes tout disposés à vous rendre service.* **2·** *Être bien, mal disposé envers qqn,* lui vouloir du bien, du mal. ▶ ② **disposition** n. f. **I·** **1·** ***Disposition à*** : tendance à. *Une disposition à attraper des rhumes.* → **prédisposition.** – Aptitude à faire qqch. (en bien ou en mal). → **aptitude, don, inclination, penchant, prédisposition, tendance, vocation.** *Avoir des dispositions pour l'étude.* **2·** (Correspond à *se disposer à, être disposé à*) Au plur. Intentions (envers qqn). *Être dans de bonnes dispositions à l'égard de qqn.* **II·** Le fait de pouvoir se servir de qqch., dans **à**... ***disposition***. *Il a mis sa voiture à notre disposition. Je suis à votre entière disposition pour vous faire visiter la ville. Les moyens, le personnel mis à votre disposition.* **III·** **1·** Au plur. Moyens, précautions par lesquels on se prépare à qqch. → **mesure.** *Prendre ses dispositions pour partir en voyage. J'ai pris toutes les dispositions nécessaires.* → **précaution.** **2·** Clause d'un acte juridique (contrat, testament, donation). *Dispositions entre vifs*.* **3·** Point fixé, réglé par une loi, un arrêté, un jugement... *Les dispositions que renferme cet article. Le testament contenait une disposition particulière.* ▷ **dispositif, indisposer, prédisposer**

dispositif [dispozitif] n. m. **1·** Manière dont sont disposés les pièces, les organes d'un appareil ; mécanisme. *Dispositif de sûreté. Dispositif de commande.* **2·** Ensemble de moyens militaires disposés conformément à un plan. *Un dispositif d'attaque, de défense.*

disproportion [dispʀɔpɔʀsjɔ̃] n. f. Défaut de proportion, trop grande différence (entre deux ou plusieurs choses). → **disparité, inégalité.** *La disproportion d'âge, de fortune entre deux personnes. La disproportion d'une chose avec une autre, entre une chose et une autre. La disproportion d'une punition avec la faute.* ▶ **disproportionné, ée** adj. Qui manque de proportion. → **inégal.** *Récompense disproportionnée au mérite. Réaction disproportionnée.* → **excessif.** *Une tête disproportionnée,* trop grosse ou trop petite par rapport au corps.

① **disputer** [dispyte] v. tr. < conjug. 1 > **1·** Fam. Réprimander (qqn). *Disputer qqn.* → **attraper, gronder.** *Elle s'est fait disputer par sa mère.* **2·** V. pron. ***Se disputer*** : avoir une querelle, un échange violent de paroles. → se **chamailler,** se **quereller.** *Se disputer avec un collègue.* – (Récipr.) *Ils n'arrêtent pas de se disputer.* ▶ **dispute** n. f. Échange violent de paroles (arguments, reproches, insultes) entre personnes qui s'opposent. → **altercation, discussion, querelle.** *Une dispute d'amoureux. Dispute qui s'élève, éclate entre plusieurs personnes. Sujet de dispute.*

② **disputer** v. < conjug. 1 > **I·** V. tr. **1·** Lutter pour la possession ou la conservation d'une chose à laquelle un autre prétend. *Disputer un poste, la victoire à des rivaux.* – Pronominalement. *Animaux qui se disputent une proie.* – *Disputer le terrain,* le défendre avec acharnement. **2·** *Disputer un match, un combat, un concours,* le faire en vue de remporter la victoire, le succès. – Pronominalement (passif). *Le match s'est disputé hier à Paris.* **II·** V. tr. ind. **1·** Vx ou littér. Discuter. *Disputer d'une question.* → **débattre.** **2·** Littér. Rivaliser. *Les deux rivaux disputent de zèle.*

disqualifier [diskalifje] v. tr. < conjug. 7 > **1·** Exclure d'une épreuve, en raison d'une infraction au règlement. *Disqualifier un boxeur pour coup bas.* **2·** ***Se disqualifier*** v. pron. : perdre le droit à une position en faisant preuve d'indignité, d'incapacité. *Il s'est disqualifié en tenant de pareils propos.* **3·** Au passif et p. p. adj. *(Être) disqualifié.* ▶ **disqualification** n. f. *La disqualification d'un concurrent.*

disque [disk] n. m. **1·** Plaque circulaire de matière dure que les athlètes (*discoboles*) lancent en pivotant sur eux-mêmes. *Lancer le disque.* **2·** Surface visible (de certains grands astres). *Le disque du Soleil, de la Lune.* **3·** Objet de forme ronde et plate (cercle, cylindre de peu de hauteur). – *Disque d'embrayage,* qui met en rapport le volant du moteur et l'arbre d'embrayage. **4·** Plaque circulaire sur laquelle sont enregistrés des sons en minces sillons spiralés. *Disque microsillon* (*disque 33 tours, 45 tours*, ou *un 33, 45 tours*). *Disque noir, disque vinyle.* – *Mettre un disque*, le faire jouer. – Loc. fam. *Changer de disque*, parler d'autre chose. **5·** *Disque optique* : disque de petite taille sur lequel les informations sont enregistrées sous forme de microcavités, et peuvent être lues par un système optique (rayon laser). – *Disque compact* : disque optique destiné au grand public, permettant la reproduction de sons. On emploie aussi **CD** et l'anglic. **compact-disc** (marque déposée). – *Disque compact vidéo.* → **vidéodisque.** *Disque optique compact* (sigle D. O. C.). → **CD-ROM.** – *Disque numérique à usages multiples.* → **DVD.** **6·** En informatique. Support (circulaire) d'information. *Bandes et disques magnétiques. Disque dur.* **7·** En mathématique. Portion de plan limitée par un cercle. *Disque fermé* (comprenant sa frontière), *ouvert.* ▶ **disquaire** n. Marchand(e) de disques de musique. *Un, une disquaire.* ▶ **disquette** n. f. Petit disque (6) qui était utilisé pour la mise en mémoire de données. ▷ **disc-jockey, disco, discobole, discographie, discophile, discothèque, tourne-disque, vidéodisque**

dissection [disɛksjɔ̃] n. f. Action de disséquer un corps organisé. *La dissection d'un cobaye.*

dissemblable [disɑ̃blabl] adj. Se dit de deux ou plusieurs personnes ou choses qui ne sont pas semblables, bien qu'ayant des caractères communs. → **différent, disparate.** *Ils sont trop dissemblables pour s'entendre.* ▶ **dissemblance** n. f. Manque de ressemblance entre des êtres, des choses. → **différence, disparité.** *La tortue et le serpent appartiennent à la classe des reptiles malgré leurs dissemblances.*

disséminer [disemine] v. tr. < conjug. 1 > **1·** Répandre en de nombreux points assez écartés. → **disperser, éparpiller, semer.** *Le vent dissémine les graines de certains végétaux.* **2·** Disperser. *Disséminer les troupes.* – Pronominalement. *Les hommes se sont disséminés.* – Au p. p. adj. *Informations disséminées.* ▶ **dissémination** n. f. **1·** Dispersion (des graines). **2·** Éparpillement, dispersion. *La dissémination des habitants en pays de montagne.* – Abstrait. *La dissémination des idées.* → **diffusion, propagation.**

dissension [disɑ̃sjɔ̃] n. f. Littér. Division profonde de sentiments, d'intérêts, de convictions. → **désaccord, discorde, dissentiment, divorce.** *Dissensions familiales, civiles. On a mis fin aux dissensions.* / contr. concorde, harmonie /

dissentiment [disɑ̃timɑ̃] n. m. Différence dans la manière de juger, de voir, qui crée des heurts. → **conflit, désaccord.** *Il y a dissentiment entre nous sur ce point.*

disséquer [diseke] v. tr. < conjug. 6 > **1·** Diviser méthodiquement les parties de (une plante, un organisme) en vue d'en étudier la structure. *Disséquer le pistil d'une fleur. Disséquer un animal* (→ **dissection**). **2·** Analyser minutieusement et méthodiquement. → **éplucher.** *Disséquer un ouvrage ; un auteur.* ▷ **dissection**

disserter [disɛʀte] v. intr. < conjug. 1 > Faire un développement écrit, ou le plus souvent oral, sur une question, un sujet. → **discourir, traiter de.** *Disserter sur la politique, de politique.* ▶ **dissertation** n. f. **1·** Texte où l'on disserte. → **discours, traité.** **2·** Exercice écrit que doivent rédiger les élèves des grandes classes des lycées, les étudiants, sur des sujets littéraires, philosophiques, historiques. *Corriger des dissertations.* Abrév. fam. **dissert(e)** [disɛʀt].

dissidence [disidɑ̃s] n. f. Action ou état de ceux qui se séparent d'une communauté religieuse, politique, sociale. → **révolte, scission, sécession, séparation.** *Entrer, être en dissidence.* – Groupe de dissidents. *Rejoindre la dissidence.* ▶ **dissident, ente** adj. Qui est en dissidence, qui fait partie d'une dissidence. *Église, province dissidente.* → **séparatiste.** – N. Personne qui manifeste son opposition (dans un parti, un pays). *Les dissidents soviétiques.*

dissimuler [disimyle] v. tr. < conjug. 1 > **1·** Ne pas laisser paraître (ce qu'on pense, ce qu'on éprouve, ce qu'on sait) → **cacher, taire,** ou chercher à en donner une idée fausse → **déguiser.** *Dissimuler sa jalousie, sa joie, ses véritables intentions.* – *Se dissimuler les dangers d'une entreprise*, refuser de les voir. – (Avec *que* + indicatif) *Je ne vous dissimulerai pas que cette solution ne me convient guère.* **2·** Empêcher de voir (une chose concrète). → **masquer, voiler.** – (Suj. personne) *Il dissimule le paquet derrière son dos.* – (Suj. chose) *Une tenture dissimule la porte.* **3·** Ne pas déclarer, par fraude. *Dissimuler une partie de ses bénéfices.* **4·** ***Se dissimuler*** v. pron. : cacher sa présence ou la rendre très discrète. *Se dissimuler derrière un pilier.* ▶ **dissimulateur, trice** adj. et n. Qui dissimule. *Un caractère dissimulateur.* – N. Personne qui dissimule. *C'est une dissimulatrice.* → **hypocrite.** ▶ **dissimulation** n. f. **1·** Action de dissimuler ; comportement d'une personne qui dissimule. *Agir avec dissimulation.* → **duplicité, hypocrisie, sournoiserie.** / contr. franchise / **2·** Action de dissimuler (de l'argent). *Dissimulation de bénéfices, de revenus dans une déclaration au fisc.* ▶ **dissimulé, ée** adj. **1·** Caché. *Sentiment* *dissimulé. Défaut bien dissimulé.* **2·** Qui dissimule. → **cachottier, dissimulateur, sournois.** *Cet enfant est très dissimulé. Une personne de tempérament faible et dissimulé.*

dissiper [disipe] v. tr. < conjug. 1 > **I· 1·** Faire cesser en dispersant. *Le soleil dissipe les brouillards.* → **chasser.** – Pronominalement. *La brume se dissipe.* → **disparaître.** – Abstrait. *Dissiper un trouble, un malaise.* → **anéantir, supprimer.** *Dissiper un malentendu.* → **éclaircir.** *Dissiper les craintes, les soupçons, les illusions de qqn.* **2·** Dépenser follement. → **gaspiller.** *Dissiper son patrimoine, une fortune.* → **dilapider. II·** *Se dissiper* v. pron. (Suj. personne) Devenir dissipé. *Les élèves se dissipent en fin de journée.* ▶ **dissipation** n. f. **I· 1·** Fait de se dissiper (1). *La dissipation de la brume.* **2·** Action de dissiper en dépensant avec prodigalité. → **dilapidation, gaspillage. II·** Mauvaise conduite d'une personne (surtout, d'un élève) soumise à une discipline collective. → **indiscipline.** ▶ **dissipé, ée** adj. **1·** Qui s'amuse quand il faudrait écouter ou travailler. *Enfant, élève dissipé.* → **dissipation** (II). / contr. appliqué, sage / **2·** Littér. Frivole, déréglé. *Mener une vie dissipée.* → **dissolu.** / contr. rangé /

dissocier [disɔsje] v. tr. < conjug. 7 > **1·** Séparer (des éléments qui étaient associés). *Dissocier les molécules d'un corps, dissocier un corps.* → **désagréger, désintégrer.** – Pronominalement. *Éléments qui se dissocient.* **2·** Abstrait. *Dissocier deux questions.* → **disjoindre.** / contr. associer / ▶ **dissociable** adj. Qui peut être dissocié. *Les deux problèmes ne sont pas dissociables.* ▶ **dissociation** n. f. Action de dissocier ; son résultat. *La dissociation d'un composé chimique en ses éléments.* – Séparation. *La dissociation de deux problèmes.* ▷ **indissociable**

dissolu, ue [disɔly] adj. *Vie dissolue, mœurs dissolues,* corrompues, débauchées. → **dépravé, déréglé.** / contr. rangé /

dissolution [disɔlysjɔ̃] n. f. **1·** Décomposition (d'un agrégat, d'un organisme) par la séparation des éléments constituants. *Dissolution des matières animales, végétales.* **2·** Action de mettre fin légalement. *Dissolution du mariage,* divorce. *Prononcer la dissolution d'une assemblée.* → **dissoudre** (2). **3·** Le fait, pour un corps chimique, de passer à l'état de solution. *Dissolution du sel dans l'eau.* **4·** Liquide résultant de la dissolution. → **solution.** – Colle au caoutchouc, utilisée pour la réparation des chambres à air. ▶ **dissolvant, ante** adj. et n. m. **1·** Qui dissout (1), forme une solution avec un corps. **2·** N. m. Liquide qui dissout (un corps). → **solvant.** – Produit pour ôter le vernis à ongles.

dissonance [disɔnɑ̃s] n. f. **1·** Réunion de sons dont la simultanéité ou la succession est désagréable. / contr. euphonie / **2·** Intervalle musical ou accord qui appelle une consonance*. **3·** Abstrait. *Dissonance entre les principes et la conduite.* → **désaccord.** / contr. harmonie / ▶ **dissonant, ante** adj. Qui fait dissonance. *Sons dissonants.*

dissoudre [disudʀ] v. tr. < conjug. 51 > **1·** Désagréger (un corps solide ou gazeux) au moyen d'un liquide dans lequel ses molécules se dispersent (→ **dissolution, dissolvant**). *On peut dissoudre le sucre dans l'eau ; l'eau dissout le sucre* (→ le sucre est *soluble* dans l'eau). – Pronominalement. *Le savon se dissout dans l'eau. Se dissoudre en. La neige se dissout en eau.* **2·** Mettre légalement fin à (une association). *Dissoudre un parti.* – Au p. p. adj. *Assemblée dissoute. Comité dissous.* ▷ **dissolution**

dissuader [disɥade] v. tr. < conjug. 1 > *Dissuader qqn de :* amener (qqn) à renoncer (à faire qqch.). → **détourner.** *Il m'a dissuadé d'accepter.* ▶ **dissuasif, ive** [disɥazif, iv] adj. Propre à dissuader l'ennemi d'attaquer. *Stratégie dissuasive. L'action dissuasive des armes nucléaires.* ▶ **dissuasion** [disɥazjɔ̃] n. f. Action de dissuader ; son résultat. *Forces de dissuasion,* destinées à dissuader l'adversaire d'attaquer. → **dissuasif.**

dissyllabique [disi(l)labik] adj. et n. m. (Mot, vers) Qui est composé de deux syllabes. *Le mot « amour » est dissyllabique.* (On dit aussi *c'est un dissyllabe.*)

dissymétrie [disimetʀi] n. f. Défaut de symétrie. → **asymétrie.** *La dissymétrie d'un visage.* ▶ **dissymétrique** adj. *Façade dissymétrique d'un palais.*

distance [distɑ̃s] n. f. **1·** Longueur, espace linéaire qui sépare une chose d'une autre. → **écart, éloignement, espace, étendue, intervalle.** *Les oiseaux migrateurs parcourent d'énormes distances. La distance entre deux lieux. Distance de la Terre à la Lune. Distance parcourue par qqn.* → **chemin, trajet.** – *À... distance. À grande, à petite distance de... Arbres plantés à égale distance les uns des autres. Influence exercée à distance,* de loin. **2·** Espace qui sépare deux personnes. – Loc. *Prendre ses distances,* s'aligner en étendant le bras horizontalement. – *Tenir qqn à distance respectueuse,* l'empêcher d'approcher. Fig. *Tenir à distance,* tenir à l'écart. *Garder ses distances,* repousser la familiarité en se tenant dans la réserve. **3·** Écart entre deux moments du temps. → **intervalle.** *Ces deux livres ont été publiés à deux ans de distance.* **4·** Différence notable de rang, de condition, de valeur (séparant des personnes ou des choses). → **abîme.** *La distance qui nous* *sépare. La distance entre le désir et la réalité.* ▶ **distancer** v. tr. <conjug. 3> Dépasser (ce qui avance) d'une certaine distance. → **devancer ;** fam. **semer.** *Le champion les a tous distancés.* – Abstrait. *Se laisser distancer par un concurrent.* → **surpasser.** ▶ **se distancier** v. pron. <conjug. 7> Prendre du recul, de la distance par rapport à qqn, qqch. ▶ **distanciation** n. f. Recul, détachement pris par rapport à qqn, qqch., notamment (au théâtre) par rapport à la situation représentée. ▶ **distant, ante** adj. **1·** Qui est à une certaine distance. → **éloigné, loin.** *Ces deux villes sont distantes (l'une de l'autre) d'environ vingt kilomètres.* **2·** (Personnes) Qui garde ses distances, reste sur la réserve. → **froid, réservé.** *Il s'est montré distant envers nous.* – *Un air distant.* / contr. familier /

distendre [distɑ̃dʀ] v. tr. <conjug. 41> **I·** Allonger, étirer en soumettant à une forte tension. *Distendre un ressort.* → **tendre.** **II·** *Se distendre* v. pron. **1·** Se tendre, s'étirer. *La peau se distend.* **2·** (Liens) Se relâcher, être moins serré. *Leurs liens d'amitié se sont distendus.*

distiller [distile] v. <conjug. 1> **I·** V. tr. **1·** Laisser couler goutte à goutte. → **sécréter.** *Le pin distille la résine.* – Fig. *Distiller son venin,* répandre, laisser se répandre des méchancetés. – *Son discours distillait l'ennui.* **2·** Soumettre (qqch.) à la distillation. *Distiller un mélange dans un alambic. Purifier de l'eau en la distillant. Alcool obtenu en distillant des fruits.* – Au p. p. adj. *De l'eau distillée,* absolument pure. **3·** Littér. Fabriquer lentement (une chose précieuse, un suc,...). *L'abeille distille le miel.* **II·** V. intr. Se séparer (d'un mélange) par distillation. *Le gas-oil commence à distiller vers 230 ° C.* ▶ **distillateur, trice** [distilatœʀ, tʀis] n. Personne qui fabrique et vend les produits obtenus par la distillation. – Fabricant d'eau-de-vie. *Un distillateur de cognac, d'armagnac.* ▶ **distillation** [distilasjɔ̃] n. f. Procédé qui consiste à convertir en vapeur un liquide mêlé à un corps non volatil, ou des liquides mêlés, afin de les séparer. *Distillation des fruits, des grains pour obtenir de l'eau-de-vie. La distillation des plantes aromatiques. La distillation fractionnée des produits pétroliers.* ▶ **distillerie** [distilʀi] n. f. Lieu où l'on fabrique les produits de la distillation. *Des distilleries de cognac. Les alambics d'une distillerie.*

distinct, incte [distɛ̃, ɛ̃kt] adj. **1·** Qui ne se confond pas avec qqch. d'analogue, de voisin. → **différent, indépendant, séparé.** *Problèmes, domaines distincts. La tête du serpent n'est pas toujours distincte du tronc.* **2·** Qui se perçoit nettement. *Parler d'une voix distincte.* → **clair, net.** / contr. confus / ▶ **distinctement** [distɛ̃ktəmɑ̃] adv. *Voir, entendre distinctement.* → **clairement, nettement.** *Parler distinctement,* en articulant bien. ▷ **indistinct**

distinctif, ive [distɛ̃ktif, iv] adj. Qui permet de distinguer. → **caractéristique, typique.** *Les caractères distinctifs d'une espèce. Attribut, signe, trait distinctif.* ▶ **distinction** [distɛ̃ksjɔ̃] n. f. **1·** Action de distinguer, de reconnaître pour autre, différent. → **différenciation, discrimination, séparation.** *Faire la distinction entre deux choses.* → **départ.** – *Sans distinction.* *Recevoir tout le monde sans distinction.* → **indistinctement.** *Sans distinction d'âge. Sans distinction de race, de religion.* **2·** Le fait d'être distinct, séparé. *Les distinctions sociales.* **3·** Supériorité qui place au-dessus du commun. *La distinction de sa naissance.* → **noblesse.** **4·** *(Une, des distinctions)* Marque d'estime, honneur qui récompense le mérite. → **décoration, dignité.** *Obtenir une haute distinction.* **5·** *(La distinction)* Élégance, délicatesse et réserve dans la tenue et les manières. *Avoir de la distinction.* → **distingué.** / contr. vulgarité /

distingué, ée [distɛ̃ge] adj. **1·** Littér. Remarquable par son rang, son mérite. → **éminent, supérieur.** *C'est l'un des peintres les plus distingués du siècle.* **2·** Politesse. *Recevez l'assurance de mes sentiments distingués.* **3·** Qui a de la distinction (5). *Votre amie est très distinguée. Air distingué.* / contr. vulgaire /

distinguer [distɛ̃ge] v. tr. <conjug. 1> **I· 1·** (Le suj. désigne une différence, un trait caractéristique) Permettre de reconnaître (une personne ou une chose d'une autre). → **différencier.** *La raison, le langage distingue l'homme des animaux.* **2·** Reconnaître (une personne ou une chose) pour distincte (d'une autre). → **différencier, isoler, séparer.** / contr. confondre / *On ne peut distinguer ces jumeaux l'un de l'autre. Distinguer le vrai du faux.* → **démêler, discerner.** *Distinguer les divers sens d'un mot.* **3·** Mettre (qqn) à part des autres, en le remarquant comme supérieur. *Je l'ai tout de suite distingué.* → **remarquer.** **4·** Percevoir d'une manière distincte, sans confusion. *On commence à distinguer les montagnes. Le brouillard est si épais qu'on peut à peine distinguer sa main devant soi. On distingua le bruit d'une voiture qui ralentissait.* → **discerner, voir.** *Distinguer qqn au milieu d'une foule. Une douceur où l'on distingue de l'amertume.* **II·** *Se distinguer* v. pron. **1·** Être ou se rendre distinct, différent de. → **différer.** *Ces espèces se distinguent par leur couleur.* **2·** S'élever au-dessus des autres, se faire remarquer. → **s'illustrer, se signaler.** *Elle se distingue par son talent. Il se distingue de son frère par son cou-*

rage. Il se distingua pendant la guerre. Quel bon gâteau ! La cuisinière s'est distinguée. ▷ **distinctif, distinction, distingué, distinguo**

distinguo [distɛ̃go] n. m. Distinction subtile, complexe. *Faire des distinguos.*

distique [distik] n. m. Groupe de deux vers renfermant un énoncé complet.

distorsion [distɔʀsjɔ̃] n. f. **1·** État d'une partie du corps qui se tourne d'un seul côté. **2·** Déformation de l'image d'un objet, du son (dans un appareil sonore). **3·** Déséquilibre (entre plusieurs facteurs), entraînant une tension. *Distorsion entre l'offre et la demande d'un produit. Distorsion entre le but et les moyens.*

1 **distraire** [distʀɛʀ] v. tr. < conjug. 50 > **1·** Détourner (qqn) de l'objet auquel il s'applique, de ce dont il est occupé. *Distraire qqn de ses travaux, de ses occupations. Ne le distrayez pas de son travail.* → **déranger.** *Ne vous laissez pas distraire. Il faut le distraire de ses ennuis, de son chagrin.* **2·** Faire passer le temps agréablement. → **amuser, désennuyer, divertir, égayer ; distraction** (2). *Comment distraire nos hôtes ?* / contr. ennuyer / – Pronominalement. *Il a besoin de se distraire.* → s'**amuser,** se **détendre.** ▶ 1 **distraction** [distʀaksjɔ̃] n. f. **1·** Manque d'attention habituel ou momentané aux choses dont on devrait normalement s'occuper, l'esprit étant absorbé par un autre objet. → **inattention ; distrait.** *Son travail se ressent de sa distraction.* – *Une distraction :* action qui procède de la distraction. *Avoir des distractions.* → **absence.** *Les distractions des savants.* → **étourderie.** *Il a mis du sel dans son café par distraction.* **2·** Diversion apportée par une occupation propre à délasser l'esprit. *Il faut à cet enfant un peu de distraction.* → **détente.** – *Une distraction :* occupation qui apporte la distraction. → **divertissement.** *Le jeu, la promenade sont ses distractions quotidiennes.* ▶ **distrait, aite** adj. **1·** Absorbé par autre chose. *Il m'a paru distrait.* → **absent.** *Écouter d'une oreille distraite.* **2·** Qui est ordinairement occupé d'autre chose que de ce qu'il fait, ou de ce qu'on lui dit. *Il est si distrait qu'il ne sait jamais où il a mis ses affaires.* → **étourdi.** / contr. attentif / ▶ **distraitement** adv. De façon distraite. *Dans la salle d'attente, je feuilletais distraitement une revue.* ▶ **distrayant, ante** [distʀɛjɑ̃, ɑ̃t] adj. Avec quoi l'on peut se distraire, se détendre l'esprit. → **amusant, délassant, divertissant.** *Film distrayant.* / contr. ennuyeux /

2 **distraire** v. tr. < conjug. 50 > Littér. Séparer d'un ensemble. *Distraire de l'argent, une somme de son emploi normal.* → **détourner.** ▶ 2 **distraction** n. f. Rare. *La distraction d'une somme.* → **détournement.**

distribuer [distʀibɥe] v. tr. < conjug. 1 > **1·** Donner à plusieurs personnes prises séparément (une partie d'une chose ou d'un ensemble de choses). → **donner, partager, répartir.** *Distribuer des uniformes aux soldats. Distribuer des tracts. Distribuer son travail, du travail à chacun.* **2·** Donner un grand nombre, au hasard. → **dispenser, prodiguer.** *Distribuer des saluts, des sourires, des coups.* **3·** (Suj. chose) Répartir dans plusieurs endroits. → **amener, conduire.** *Les conduites qui distribuent l'eau dans une ville.* **4·** Répartir (plusieurs choses) d'une manière particulière, selon un certain ordre. → **ordonner, organiser.** *Distribuer un film* (aux exploitants), en assurer la distribution (→ **distributeur**). *Distribuer des tâches. Distribuer des rôles à des acteurs.* – Au p. p. adj. *Appartement bien distribué,* où la disposition des pièces est rationnelle, agréable. ▶ **distributeur, trice** n. et adj. **1·** Personne qui distribue. *Distributeur de films,* personne dont le métier est de distribuer les copies des films aux cinémas. – Professionnel de la grande distribution. *Marques de distributeurs.* **2·** N. m. Appareil servant à distribuer. – Automobiles. Mécanisme qui répartit entre les cylindres les étincelles fournies par l'allumage. – Appareil qui distribue qqch. au public. *Retirer de l'argent au distributeur avec sa carte bleue.* → **billetterie.** *Distributeur d'essence.* → **pompe.** *Distributeur automatique,* appareil public qui distribue des objets en échange d'une ou plusieurs pièces de monnaie glissées dans une fente. – Adj. *Appareil distributeur de billets de banque.* **3·** Personne qui distribue (qqch.). *Un distributeur, une distributrice de tracts à la sortie du métro.* ▶ **distribution** n. f. **1·** Répartition à des personnes. *Distribution de prix. La distribution du courrier par le facteur. La distribution de vivres aux populations sinistrées.* – *La grande distribution,* la vente en grandes surfaces. **2·** *La distribution d'une pièce, d'un film,* l'ensemble des acteurs qui l'interprètent (→ **interprétation ; casting**). *Une bonne distribution.* **3·** Répartition à des endroits différents. *Distribution des eaux,* ensemble des moyens permettant d'approvisionner une ville en eau potable. **4·** Arrangement (de choses) selon un certain ordre. *La distribution des chapitres dans un livre.* → **ordonnance, ordre. 5·** Spécialt (logement). Division en pièces distinctes et différentes. → **agencement.** *La distribution de cet appartement est peu pratique.* ▶ **distributif, ive** adj. **1·** Droit. *Justice distributive,* qui donne à chacun la part qui lui revient ; fig., fam. qui sanctionne ou récompense de façon équitable. **2·** Grammaire. Qui sert à désigner en particulier (opposé à *collectif*). « *Chaque* » est un *adjectif distributif.* **3·** Mathématiques. *La multipli-*

cation est distributive par rapport à l'addition : a×(b+c)=(a×b)+(a×c). ▷ **câblodistribution, redistribuer, redistribution, télédistribution**

district [distʀikt] n. m. Subdivision territoriale. *Ce territoire est divisé en plusieurs districts. Certains pays fédéraux ont un district fédéral.*

dit, dite [di, dit] adj. **1·** Surnommé. *Louis XV, dit le Bien-Aimé.* **2·** Joint à l'article défini (*ledit, ladite,* etc.) il sert à désigner, en droit, ce dont on vient de parler. *Ledit acheteur. Ladite maison. Lesdits plaignants.*

dithyrambe [ditiʀɑ̃b] n. m. Littér. Éloge enthousiaste, emphatique. → **panégyrique.** ▶ **dithyrambique** adj. *Il a parlé de vous en termes dithyrambiques.*

diurétique [djyʀetik] adj. et n. m. Qui augmente l'excrétion d'urine, qui fait uriner. – N. m. *Le fenouil est un diurétique.*

diurne [djyʀn] adj. Qui se montre le jour. *Rapaces, papillons diurnes. Fleur diurne,* qui se ferme pendant la nuit. – Qui a lieu le jour. *Températures diurnes. Les activités diurnes.* / contr. nocturne /

diva [diva] n. f. Cantatrice de grande réputation. *Des divas.*

divaguer [divage] v. intr. < conjug. 1 > Dire n'importe quoi, ne pas raisonner correctement. → **déraisonner** ; fam. **débloquer, dérailler.** *Qu'est-ce que tu dis ? Tu divagues complètement.* ▶ **divagation** n. f. Le fait de déraisonner. *Les divagations d'un malade.* → **délire.**

divan [divɑ̃] n. m. Long siège sans dossier ni bras qui peut servir de lit (le *canapé* a un dossier). *Il couche sur un divan.*

divergence [divɛʀʒɑ̃s] n. f. **1·** État de ce qui diverge, de ce qui va en s'écartant. → **dispersion.** / contr. convergence / *La divergence de deux droites.* → **écartement. 2·** Grande différence. *Divergence d'idées, d'opinions, de vues.* → **désaccord, différence.** / contr. accord / ▶ **divergent, ente** adj. **1·** Qui diverge, qui va en s'écartant. *Rayons divergents. Droites divergentes.* / contr. convergent / **2·** Qui ne s'accorde pas. → **différent.** *Idées, opinions divergentes.* / contr. concordant / ≠ divergeant (part. prés. de *diverger*). ▶ **diverger** v. intr. < conjug. 3 > **1·** Aller en s'écartant de plus en plus (en parlant d'éléments rapprochés à leur point de départ). *Les côtés d'un angle divergent. Ici, les deux routes divergent.* / contr. converger / – Abstrait. S'écarter de plus en plus (d'une orgine commune, d'un type commun). *Ces deux partis, les politiques de ces deux pays ont divergé.* **2·** Être en désaccord. → **s'opposer.** *Leurs interprétations divergent sur ce point.*

divers, erse [divɛʀ, ɛʀs] adj. et dét. **1·** Littér. Au sing. Changeant ou varié. *C'est un esprit, un talent très divers.* → **varié. 2·** Au plur. Qui présentent des différences intrinsèques et qualitatives (en parlant de choses que l'on compare). → **différent, dissemblable, varié.** *Les peuples divers du pourtour de la Méditerranée. Les divers sens d'un mot. Parler sur les sujets les plus divers.* – *Frais divers,* qui ne sont pas classés dans une rubrique précise. **3·** *Faits divers :* rubrique sous laquelle on groupe les incidents du jour (accidents, crimes, etc.). – Au sing. *Un fait divers.* **4·** Au plur. (Devant un substantif) Dét. indéfini. → **plusieurs, quelques.** *Diverses personnes m'en ont parlé. En diverses occasions. Je l'ai rencontré à diverses reprises.* ▶ **diversement** adv. D'une manière diverse, de plusieurs manières différentes. → **différemment.** *Un fait diversement interprété par les commentateurs. Ils ont réagi diversement à sa proposition.* ▶ **diversifier** v. tr. < conjug. 7 > Rendre divers. → **varier.** *Il faut diversifier l'enseignement.* – Pronominalement. *Les sciences se sont peu à peu diversifiées.* ▶ **diversification** n. f. *La diversification de la production d'une entreprise.* ▶ **diversité** n. f. Caractère, état de ce qui est divers (1, 2). → **variété.** *La diversité de la vie. La diversité des goûts, des opinions. La diversité (culturelle),* l'existence de différentes cultures au sein d'une société. / contr. monotonie, uniformité / ▷ **biodiversité**

diversion [divɛʀsjɔ̃] n. f. Littér. Action qui détourne qqn de ce qui le préoccupe, le chagrine, l'ennuie. → **dérivatif.** *Un travail régulier sera une diversion à son ennui.* – *Faire diversion à,* détourner, distraire de. *Son arrivée fit diversion.*

divertir [divɛʀtiʀ] v. tr. < conjug. 2 > Distraire en délassant. → **amuser, égayer.** / contr. ennuyer / *Le spectacle nous a bien divertis. Il faut instruire en divertissant.* – *Se divertir* v. pron. : se distraire. *Vous devriez vous divertir un peu. Se divertir à jouer aux échecs.* – Vieilli. *Se divertir de qqn, qqch.,* s'en moquer. ▶ **divertissant, ante** adj. → **distrayant, drôle, réjouissant.** *Spectacle divertissant.* / contr. ennuyeux / ▶ **divertissement** n. m. Action de divertir ; moyen de se divertir. → **amusement, délassement, distraction, plaisir.** *Il se livre à ce travail pour son divertissement personnel. La musique, la cuisine, la pêche sont ses divertissements favoris.*

dividende [dividɑ̃d] n. m. **1·** Nombre à diviser par un autre (appelé *diviseur*). **2·** Part des bénéfices versée périodiquement (à des actionnaires, des cotisants, des associés). *Toucher des dividendes.*

divin, ine [divɛ̃, in] adj. **1·** Qui appartient à Dieu, aux dieux. *Bonté, justice divine. La divine Providence. Droit divin*, considéré comme révélé par Dieu aux hommes. *Une monarchie de droit divin. Le divin enfant* [lədivinɑ̃fɑ̃], l'enfant Jésus. **2·** Qui est dû à Dieu, à un dieu. *Le culte divin.* **3·** Excellent, parfait. → **céleste, sublime, suprême.** *Une poésie, une musique divine.* – (Personnes, choses) Très agréable. *Il fait un temps divin.* → **délicieux.** ▶ **divinement** adv. D'une manière divine (3), parfaite. → **parfaitement, souverainement, suprêmement.** *Elle chante divinement. Il fait divinement beau.* ▶ **diviniser** v. tr. < conjug. 1 > **1·** Mettre au rang des dieux. → **déifier.** *Les Romains divinisaient leurs empereurs.* **2·** Donner une valeur sacrée ou une grande valeur à (qqn, qqch.). → **exalter, glorifier.** *Diviniser l'amour.* ▶ **divinisation** n. f. *La divinisation d'un pharaon, d'un héros.* ▶ **divinité** n. f. **1·** Nature de Dieu. *La divinité de Jésus-Christ.* **2·** ***Une divinité*** : être divin. → **déesse, dieu.** *Les divinités mythologiques. Les divinités grecques. Les divinités de la terre, de la mer.* **3·** Personne ou chose qu'on adore, que l'on considère comme une puissance surnaturelle.

divination [divinɑsjɔ̃] n. f. **1·** Art de découvrir ce qui est caché par des moyens qui ne relèvent pas d'une connaissance naturelle. → **devin** ; suff. **-mancie.** *La divination antique était fondée sur l'interprétation de signes, présages et prodiges* (→ augures, auspices...). *La divination de l'avenir par une voyante.* **2·** Faculté, action de deviner, de prévoir. → **intuition, prévision, sagacité.** *Comment pouvait-il être au courant ? C'est de la divination.* ▶ **divinatoire** adj. Relatif à la divination. *Art, science divinatoire.* → **prophétique.**

diviser [divize] v. tr. < conjug. 1 > **1·** Séparer (une chose ou un ensemble de choses) en plusieurs parties. → **fractionner, fragmenter ; morceler, partager.** *Diviser une somme. Diviser un terrain, un domaine.* **2·** ***Diviser*** *qqch.* ***en*** : partager (une quantité) en quantités égales plus petites. *Divisez-le en cinq. L'année est divisée en mois.* – *Diviser un ouvrage littéraire en chapitres.* → **subdiviser.** – *Diviser entre. Il veut diviser son domaine entre ses enfants.* **3·** ***Diviser par*** : chercher, calculer combien de fois une quantité est contenue dans une autre. *Diviser un nombre par quatre* (opposé à *multiplier*). **4·** ***Se diviser*** v. pron. : se séparer ou être séparé en parties. *L'œuf se divise en cellules. Route qui se divise à un carrefour.* → **bifurquer,** se **ramifier.** *Son discours se divise en trois parties.* **5·** Semer la discorde, la désunion entre (des personnes, des groupes). → **brouiller, désunir, opposer.** / contr. rapprocher / *Oppositions qui divisent les esprits. Leurs opinions les divisent. Une question qui divise le pays. L'affaire Dreyfus divisa la France.* – Au p. p. adj. *Une opinion publique divisée.* – Loc. prov. *Diviser pour régner*, opposer les autres entre eux pour garder le pouvoir, l'influence. ▶ **diviseur** n. m. Nombre par lequel on en divise un autre (appelé *dividende*). ▶ **divisible** adj. Qui peut être divisé. *Les nombres pairs sont divisibles par* 2. ▶ **divisibilité** n. f. *Divisibilité d'un nombre. Divisibilité par deux.* / contr. indivisibilité / ▶ **division** n. f. **1·** Action de diviser ; état de ce qui est divisé (rare en emploi concret). → **fragmentation, morcellement.** *La division d'une propriété en parts.* → **partage.** **2·** Opération, calcul ayant pour but, connaissant le produit de deux facteurs → **dividende** et l'un d'eux → **diviseur,** de trouver le facteur inconnu → **quotient.** *Le reste d'une division.* **3·** ***Division du travail*** : organisation économique consistant dans la décomposition et la répartition des tâches. **4·** Séparation d'un objet de pensée en ses éléments. *La division d'un livre en chapitres. Division en classes.* → **classification, subdivision.** **5·** Le fait de se diviser (en...). *La division d'un fleuve en plusieurs bras.* – En biologie. *Division cellulaire* (mode de reproduction des cellules). → **méiose, mitose.** **6·** Trait qui divise. *Tracer des divisions sur un thermomètre.* → **graduation.** – En typographie. → **tiret.** *Grande division, petite division.* **7·** Partie d'un tout divisé. *Divisions administratives d'un territoire. Les grandes divisions du règne animal. Divisions et subdivisions.* – Réunion de plusieurs services (dans une administration). *Chef de division.* – *Première, deuxième division*, dans laquelle un club est admis pour disputer un championnat. *Tomber en deuxième division.* **8·** Grande unité militaire réunissant des corps de troupes (régiments) d'armes différentes et des services. *Division blindée. Général de division* (ou *divisionnaire*, adj. et n. m.). **9·** Séparation, opposition d'intérêts, de sentiments entre plusieurs personnes. → **désaccord, rupture.** *Mettre, semer la division dans une famille, dans les esprits.* / contr. union / ▷ **indivis, indivisible, subdiviser**

divorce [divɔʀs] n. m. **1·** Séparation d'intérêts, de sentiments, etc. → **désaccord, rupture, séparation.** *Il y a divorce entre la théorie et la pratique, entre les intentions et les résultats.* **2·** Rupture légale du mariage civil, du vivant des époux. *Demander le divorce. Elle est, ils sont en instance de divorce. Son divorce d'avec Françoise.* ▶ **divorcer** v. intr. < conjug. 3 > Se séparer par le divorce (de l'autre époux). *Elle a divorcé avec (d'avec, de) lui. Ils ont divorcé.* – Sans compl. *Elle a décidé de divorcer.* – Au passif et p. p. *Il est divorcé depuis deux ans.* ▶ **divorcé, ée** adj. et n. Séparé par le divorce. *Parents divorcés.* – N. *Il a épousé une divorcée.*

divulguer [divylge] v. tr. < conjug. 1 > Porter à la connaissance du public. → **dévoiler, ébruiter, proclamer, publier, répandre.** *Divulguer un secret, une nouvelle. Les journaux ont divulgué l'entretien.* / contr. cacher / ▶ **divulgation** n. f. Action de divulguer (qqch.) ; son résultat. → **propagation, révélation.** *Divulgation de secrets d'État.*

dix [dis] dét. invar., adj. invar. et n. m. invar. **1·** Adj. num. cardinal invar. ([di] devant un nom commençant par une consonne, [diz] devant un nom commençant par une voyelle, [dis] dans les autres cas). Nombre égal à deux fois cinq, à neuf plus un (10). *Dix euros. Les dix doigts des deux mains. Dix mille* (10 000). – *Répéter, recommencer dix fois la même chose,* un grand nombre de fois. – Sans nom. *Ils étaient dix* [dis]. Loc. *Neuf fois sur dix,* presque toujours. **2·** Adj. num. ordinal invar. → **dixième.** *Le roi Charles X* (Charles dix). *Page dix. Il est dix heures.* **3·** N. m. [dis] Le nombre 10. *Dix et dix font vingt. Soixante-dix* (70) ; *quatre-vingt-dix* (90). *Noter sur dix. Dix sur dix. Le dix,* spécialt, le dixième jour *(le dix du mois),* le numéro dix *(elle habite au dix).* – Carte, dé, domino... marqué de dix signes. *Dix de carreau. Amener un dix.* ▶ **dixième** [dizjɛm] adj. et n. **1·** Adj. num. ordinal. Qui succède au neuvième. *Elle habite au dixième (étage).* – N. *Il est le dixième du classement.* **2·** Se dit de chaque partie d'un tout également divisé en dix. – N. m. *Les neuf dixièmes.* ▶ **dixièmement** adv. En dixième lieu. ▶ **dix-huit** [dizɥit] dét. invar., adj. invar. et n. m. invar. **1·** Dét. num. cardinal invar. Dix plus huit (18). *Il a dix-huit ans. Dix-huit cents* (1 800) ou *mille huit cents.* – Adj. num. ordinal invar. Dix-huitième. *Louis XVIII* (Louis dix-huit). **2·** N. m. invar. Nombre formé de dix plus huit. ▶ **dix-huitième** adj. et n. *Les grands écrivains du dix-huitième siècle. L'esprit des Lumières au dix-huitième* (siècle). ▶ **dix-neuf** [diznœf] dét. invar., adj. invar. et n. m. invar. **1·** Dét. num. cardinal invar. Dix plus neuf (19). *Dix-neuf ans* [diznœvɑ̃]. – Adj. num. ordinal invar. *Page dix-neuf.* **2·** N. m. invar. *Dix-neuf est un nombre premier.* ▶ **dix-neuvième** adj. et n. *Il habite au dix-neuvième étage d'une tour. Le dix-neuvième arrondissement* (à Paris). ▶ **dix-sept** [dis sɛt] dét. invar., adj. invar. et n. invar. **1·** Dét. num. cardinal invar. Dix plus sept (17). *Dix-sept cents* (1 700). – Adj. num. ordinal invar. *Le numéro dix-sept.* **2·** N. m. invar. Nombre formé de dix plus sept. ▶ **dix-septième** adj. et n. *Le XVII*[e] *(siècle). Il est le dix-septième de sa classe.* ▷ **dizaine, quatre-vingt-dix, soixante-dix**

dixit [diksit] mot invar. S'emploie devant ou après un nom de personne pour signaler que l'on rapporte ses paroles.

dizaine [dizɛn] n. f. **1·** Groupe de dix unités (nombre). *Une dizaine de mille. Le chiffre des dizaines.* **2·** Réunion de dix personnes, de dix choses (ou environ) de même nature. *Une dizaine de livres. Il y a une dizaine d'années.* **3·** *Une dizaine de chapelet,* série de dix grains ; série de dix prières qui y correspond.

D. J. [didʒi ; didʒɛ] n. invar. Anglic. **1·** Disc-jockey. **2·** Personne qui crée de la musique, des effets musicaux en manipulant des disques (de vinyle) en cours de lecture. *Elle est D. J.*

djaïnisme [dʒainism] n. m. → **jaïnisme.**

djebel [dʒebɛl] n. m. Montagne, zone montagneuse, en Afrique du Nord.

djellaba(h) [dʒelaba] n. f. Longue robe à manches longues et à capuchon, portée par les hommes et les femmes, en Afrique du Nord. *Des djellaba(h)s bleues.*

djembé [dʒɛmbe] n. m. Tambour d'Afrique de l'Ouest, creusé dans une bille de bois et tendu d'une peau de chèvre.

djihad [dʒiad] n. m. Guerre sainte menée pour propager ou défendre l'islam. ▶ **djihadiste** n. Partisan, combattant du djihad.

djinn [dʒin] n. m. Génie (bon ou mauvais) des légendes arabes. *Les djinns.* ≠ gin, jean.

do [do] n. m. invar. Premier son de la gamme naturelle. → **ut.** *Do dièse, do bémol. Dans la notation allemande, anglaise, do est désigné par C.*

doberman [dɔbɛʀman] n. m. Chien de garde appartenant à une race d'origine allemande, svelte, à poils ras. *Des dobermans.*

docile [dɔsil] adj. Qui obéit facilement. → **obéissant.** *Docile à, avec, envers (qqn, qqch.). Caractère docile.* → **facile, maniable.** – *Animal docile.* / contr. indocile / – *Cheveux dociles,* qui se coiffent aisément. ▶ **docilement** adv. *Il me suivit docilement.* ▶ **docilité** n. f. Comportement soumis ; tendance à obéir. → **obéissance.** *Il se résigna avec docilité.* ▷ **indocile**

dock [dɔk] n. m. **1·** Vaste bassin entouré de quais et destiné au chargement et au déchargement des navires. **2·** Hangars, magasins situés en bordure de ce bassin. *Dock à blé. Aller se promener aux docks.* ▶ **docker** [dɔkɛʀ] n. m. Ouvrier qui travaille au chargement et au déchargement des navires. → **débardeur.**

docte [dɔkt] adj. Vieilli. Érudit, savant. – Péj. *Un docte personnage.* → **pédant.** ▶ **doctement** adv. *Parler doctement.* → **savamment.** ▷ 1 **docteur**

1 **docteur** [dɔktœʀ] n. m. REM. S'emploie le plus souvent avec un compl. **1·** *Les docteurs de l'Église :* les théologiens qui ont enseigné les dogmes du christianisme. **2·** *Docteur* ou au fém. *docteure,* per-

sonne qui est promue au plus haut grade universitaire dans une faculté. → **doctorat.** *Docteur en droit, en médecine. Docteur ès lettres. Elle est docteur* ou *docteure ès sciences.* – REM. *Docteur ès* doit être suivi d'un nom au pluriel sans article (*ès* veut dire « dans les »). ▶ **doctoral, ale, aux** [dɔktɔʀal, o] adj. Péj. *Air, ton doctoral,* l'air, le ton grave, solennel d'une personne qui pontifie. → **docte, doctrinaire, pédantesque.** ▶ **doctorant, ante** n. Personne qui prépare un doctorat. ▶ **doctorat** n. m. Grade de docteur. *Avoir un doctorat ès lettres, en médecine. Thèse de doctorat.* ▷ ② **docteur**

② **docteur** n. m. Personne qui possède le titre de docteur en médecine et qui exerce la médecine ou la chirurgie (abrév. *Dr* ou *Dr*). → **médecin ;** fam. **toubib.** *Il, elle est docteur. Appeler, faire venir le docteur. Allez chez le docteur. Le* ou *la docteur Marie Dupont.* → **doctoresse.** – (Appellatif) *Bonjour, docteur* (aussi à une femme). ▶ **doctoresse** n. f. Vieilli. Femme médecin.

doctrine [dɔktʀin] n. f. **1·** Ensemble de principes, de croyances, de règles qu'on affirme être vrais et par lesquels on prétend fournir une interprétation des faits, orienter ou diriger l'action. → **dogme, système, théorie.** *La doctrine de Hegel. Les adeptes d'une doctrine. Doctrines politiques, religieuses.* **2·** Ensemble des travaux juridiques destinés à exposer ou à interpréter le droit (opposé à *législation* et à *jurisprudence*). ▶ **doctrinaire** n. et adj. **1·** Personne qui se montre étroitement attachée à une doctrine, à une opinion. → **dogmatique. 2·** Adj. Doctoral, sentencieux. *Il parla d'un ton doctrinaire.* ▶ **doctrinal, ale, aux** adj. Qui se rapporte à une doctrine, aux systèmes de doctrine. *Querelles doctrinales.* ▷ **endoctriner**

docudrame [dɔkydʀam] n. m. Anglic. Téléfilm dont le scénario intègre des faits réels dans une trame romanesque.

document [dɔkymɑ̃] n. m. **1·** Écrit qui sert de preuve ou de renseignement. *Documents scientifiques. Les archives sont l'ensemble des documents.* **2·** Objet ou texte servant de preuve, de témoignage. → **pièce** à conviction. *C'est un document précieux pour l'enquête.* **3·** Pièce qui permet d'identifier une marchandise en cours de transport. **4·** Fichier informatique créé à partir d'un logiciel. *Ouvrir, enregistrer un document.* ▶ **documentaliste** n. Personne dont le métier est de réunir, classer, conserver et utiliser des documents. ▶ ① **documentaire** adj. **1·** Qui a le caractère d'un document, repose sur des documents. *Ce livre présente un réel intérêt documentaire.* – Loc. *À titre documentaire,* à titre de renseignement. **2·** Qui concerne l'information des documents. *L'analyse documentaire.* ▶ ② **documentaire** n. m. Film instructif destiné à montrer des faits enregistrés et non élaborés pour l'occasion (opposé à *film de fiction*). ▶ **documenter** v. tr. < conjug. 1 > **1·** Fournir des documents à (qqn). → **informer.** *Documenter qqn sur une question.* – Pronominalement. *Elle s'est documentée sur ce sujet.* – Au passif et p. p. adj. *(Être) documenté, ée. Elle est très bien documentée sur...* **2·** Appuyer, étayer sur des documents (surtout au p. p.). *Thèse solidement documentée.* ▶ **documentation** n. f. **1·** Recherche de documents. *Travail, fiches de documentation.* **2·** Ensemble de documents sur un sujet. *Réunir une documentation. Une riche documentation.* – Abrév. fam. **la doc. 3·** Connaissances, travail de documentaliste. ▷ **porte-documents**

dodéca- Élément savant signifiant « douze ». ▶ **dodécaphonique** [dɔdekafɔnik] adj. (Musique) Qui utilise la série de douze sons. → **sériel.** *La musique dodécaphonique abandonne les modes* (musique modale) *et les tons, la gamme* (musique tonale). ▶ **dodécaphonisme** n. m. ▶ **dodécaphoniste** adj. ▶ **dodécasyllabe** [dɔdekasi(l)lab] adj. et n. m. Qui a douze syllabes. *Vers dodécasyllabe.* → **alexandrin.** – N. m. *Un dodécasyllabe.*

dodeliner [dɔdline] v. intr. < conjug. 1 > Se balancer doucement. *Il s'endormait en dodelinant de la tête.*

dodo [dodo] n. m. Lang. enfantin. **1·** Sommeil. *Faire dodo,* dormir. *De gros dodos.* **2·** Lit. *Aller au dodo.*

dodu, ue [dɔdy] adj. Bien en chair. → **gras.** *Une poularde dodue. Des bras dodus.* → **potelé.** / contr. maigre /

doge [dɔʒ] n. m. Chef élu de l'ancienne république de Venise (ou de Gênes). *Le palais des Doges.*

dogme [dɔgm] n. m. **1·** Point de doctrine établi ou regardé comme une vérité fondamentale, incontestable (dans une religion, une école philosophique). *Les dogmes du christianisme. Le dogme de la Trinité. Admettre comme un dogme que...* → **loi ; dogmatique. 2·** *Le dogme* : l'ensemble des dogmes d'une religion (spécialt de la religion chrétienne). *Enseigner le dogme.* ▶ **dogmatique** adj. **1·** Didact. Relatif au dogme. *Théologie dogmatique. Querelles dogmatiques.* – Qui admet certaines vérités ; qui affirme des principes (opposé à *sceptique*). *Philosophie dogmatique.* **2·** Qui exprime ses opinions d'une manière péremptoire. → **doctrinaire, systématique.** *Il est très dogmatique. Un marxiste, un libéral dogmatique. Ton dogmatique.* → **doctoral, sentencieux.** ▶ **dogmatiser** v. intr. < conjug. 1 > Exprimer son opinion d'une manière absolue, sentencieuse, tranchante. ▶ **dogmatisme** n. m. Caractère de ce qui est dogmatique (3). *Le dogmatisme de qqn, de ses idées.*

dogue [dɔg] n. m. Chien de garde trapu, à grosse tête, à fortes mâchoires, au museau écrasé. → **bouledogue.**

doigt [dwa] n. m. **I· 1·** Chacun des cinq prolongements qui terminent la main de l'homme. *Les cinq doigts de la main.* → **pouce, index, majeur** (ou **médius), annulaire, auriculaire** (ou petit doigt). *Empreinte du doigt* (→ ◻ **digital**). – *Avoir des doigts longs et fins ; épais et courts comme des boudins. Ne mange pas avec les doigts. Lever le doigt* (pour demander la parole, etc.). – Loc. *On peut les compter sur les doigts,* il y en a peu (au plus dix). *Vous avez mis le doigt sur la difficulté,* vous l'avez trouvée. *Faire toucher une chose du doigt,* convaincre qqn par des preuves palpables. – *Montrer qqn du doigt,* le désigner, l'accuser, lui faire honte. – *Se mordre les doigts,* regretter, se repentir. *Se faire taper sur les doigts,* se faire réprimander. – *Ne rien faire de ses dix doigts,* être paresseux, incapable. *Ils sont comme les deux doigts de la main,* très unis. – *Le petit doigt,* l'auriculaire. *Ne pas lever le petit doigt,* ne pas intervenir, ne pas faire le moindre effort. *Sans bouger le petit doigt,* sans rien faire pour cela. – Loc. *Mon petit doigt me l'a dit,* je l'ai appris. – *Savoir qqch. sur le bout des doigts,* parfaitement. – *Se mettre, se fourrer le doigt dans l'œil,* se tromper grossièrement. – *Être obéi, servi au doigt et à l'œil,* exactement, ponctuellement. – Fam. *Les doigts dans le nez**. **2·** Extrémité articulée des pieds, des pattes de certains animaux (et de la main du singe). *Doigts munis de griffes.* **3·** *Les doigts d'un gant,* parties qui recouvrent les doigts. **II·** Mesure approximative, équivalant à un travers de doigt. *Sa jupe est trop courte de trois doigts. Boire un doigt de porto,* une très petite quantité. → **goutte.** – *À un doigt de,* très près. *La balle est passée à un doigt du cœur. Être à deux doigts de la mort,* tout près. ▶ **doigtier** [dwatje] n. m. Fourreau pour protéger un doigt. ▶ **doigté** [dwate] n. m. **1·** Choix et jeu des doigts dans l'exécution d'un morceau de musique. *Ce pianiste a un bon doigté. Doigtés de guitare.* **2·** Délicatesse dans l'habileté. → **diplomatie, savoir-faire, tact.** *Ce genre d'affaire demande du doigté.* ▷ **rince-doigts**

dojo [doʒo] n. m. Salle où l'on pratique les arts martiaux. *Des dojos.*

dol [dɔl] n. m. Droit. Manœuvres frauduleuses (dites *dolosives*) pour tromper.

doléances [dɔleɑ̃s] n. f. pl. Plaintes pour réclamer au sujet d'un grief ou pour déplorer des malheurs personnels. → **plainte, réclamation.** *Présenter ses doléances. Les cahiers de doléances des États généraux de 1789.* ▷ **condoléances**

dolent, ente [dɔlɑ̃, ɑ̃t] adj. Qui se sent malheureux et cherche à se faire plaindre. *Il est toujours dolent. Un ton dolent.* → **plaintif.**

dolichocéphale [dɔlikɔsefal] adj. et n. (Êtres humains) Qui a le crâne long. / contr. brachycéphale /

dollar [dɔlaʀ] n. m. Unité monétaire des États-Unis d'Amérique et de quelques pays, divisée en 100 cents. *Dollar canadien* (souvent appelé en français du Canada *piastre*), *libérien.* ▷ **eurodollar, pétrodollars**

dolmen [dɔlmɛn] n. m. Monument mégalithique ; grosses pierres agencées en forme de table gigantesque. *Des dolmens.* ≠ menhir.

dom [dɔ̃] n. m. invar. **1·** Titre donné à certains religieux (bénédictins, chartreux, trappistes). **2·** Ancien titre donné à certains nobles espagnols et portugais. → **don.** *Le « Dom Juan » de Molière.*

D. O. M. [dɔm] n. m. invar. *Département* français *d'outre-mer. Les D. O. M.-T. O. M.,* les départements et territoires d'outre-mer.

domaine [dɔmɛn] n. m. **1·** Grande propriété (terres, bâtiments...). → **propriété, terre.** *Bois, chasses, prairies, fermes composant un domaine. Il a hérité d'un vaste domaine en Normandie. Domaine vinicole.* – En France. *Le domaine public,* ne pouvant appartenir aux particuliers (cours d'eau, rivages, forêts, routes, voies ferrées, casernes). → **domanial. 2·** Loc. *Tomber dans le **domaine public*** : se dit des œuvres littéraires, musicales, artistiques qui, après un temps déterminé par les lois (50 ans, plus les années de guerre) cessent d'être la propriété des auteurs ou de leurs héritiers. **3·** Lieu où qqn se considère comme chez lui. *Sa chambre, c'est son domaine.* – (Êtres vivants) *La forêt tropicale, domaine des singes, des serpents, des lianes.* **4·** Ce qu'embrasse un art, une science, un sujet, une idée. → **monde, univers.** *Ce domaine est encore fermé aux savants.* → **sphère.** *Dans tous les domaines,* en toutes matières, dans tous les ordres d'idée. – ***Le domaine de qqn*** : ce qu'il connaît plus particulièrement. *L'art médiéval est son domaine.* → **spécialité.** ▶ **domanial, iale, iaux** [dɔmanjal, jo] adj. Qui appartient au domaine public. *Forêts domaniales.*

dôme [dom] n. m. **1·** Sommet arrondi de certains grands édifices. *Dôme hémisphérique.* → **coupole.** *Le dôme du Panthéon.* **2·** Littér. *Un dôme de feuillages, de verdure.* → **voûte.**

domestique [dɔmɛstik] adj. et n. **I·** Adj. **1·** (Vx, sauf dans des expressions) Qui concerne la vie à la maison, en famille. *Travaux domestiques. Querelles domestiques.* → **familial.** *Les dieux domestiques chez les anciens Romains,* ceux du foyer (→ **lare, pénate**). **2·** (Animaux) Qui vit auprès de l'homme pour l'aider ou le distraire. → **apprivoisé ; domestiquer.** / contr. sauvage / *Le chien, le chat, le cheval sont des animaux domestiques. Le chat domestique* (opposé à *chat sauvage*). **II·** N. Personne chargée du service personnel, chez un employeur. → **bonne, femme** de chambre, de ménage ; **cuisinier ; valet** de chambre. – REM. On dit plutôt *employé(e) de maison, gens de maison.* – Péj. *Il nous traite comme des domestiques. Je ne suis pas son domestique.* → **esclave, larbin, valet.** ▶ **domesticité** n. f. Ensemble des domestiques. *La domesticité d'un château.* → **personnel.** ▷ **domestiquer**

domestiquer [dɔmɛstike] v. tr. < conjug. 1 > **1·** Rendre domestique (une espèce animale sauvage). → **apprivoiser.** *En Asie, on domestique l'éléphant.* **2·** Littér. Amener à une soumission totale, mettre dans la dépendance. → **asservir, assujettir.** *Le gouvernement a domestiqué l'opposition.* **3·** Rendre utilisable (une force). *Domestiquer la force des torrents* (pour produire de l'énergie électrique). ▶ **domestication** n. f. Action de domestiquer ; son résultat. → **apprivoisement, asservissement.** *La domestication de l'énergie des marées.*

domicile [dɔmisil] n. m. Lieu ordinaire d'habitation, demeure légale et habituelle. → **logement, résidence.** *Il a élu domicile 9, place de la Libération,* il a pris pour domicile. *Personne **sans domicile*** : nomade, vagabond. → **S. D. F.** *Abandonner le domicile conjugal* (en parlant d'un des conjoints). – ***À domicile*** loc. adv. : dans la demeure même de qqn. *Livrer un colis à domicile. Le facteur porte les lettres à domicile. Travailler à domicile,* chez soi. ▶ **domiciliaire** adj. *Visite, perquisition domiciliaire,* faite dans le domicile de qqn par autorité de justice. ▶ **domicilié, ée** adj. Qui a un domicile (quelque part). *Il est domicilié à Lyon.*

dominer [dɔmine] v. < conjug. 1 > **I·** V. tr. **1·** Avoir, tenir sous sa suprématie, sous sa domination. *Les Romains dominèrent tout le bassin méditerranéen et une partie de l'Europe.* → **régir, soumettre.** – Être plus fort que. *Il a dominé tous ses concurrents, tous ses adversaires* (→ ci-dessous II, 1). **2·** Avoir une influence décisive sur. *Ce problème, cette question domine toute l'affaire.* **3·** Maîtriser. *Dominer sa colère, son trouble. Se laisser dominer par ses passions.* – ***Se dominer*** v. pron. : être ou se rendre maître de soi, de ses réactions. *Ne pleurez pas, dominez-vous !* **4·** Avoir au-dessous de soi (dans l'espace environnant). → **surplomber.** *Monument qui domine une ville. Du haut de cette tour, on domine toute la ville. Il domine ses voisins de la tête.* → **dépasser. 5·** Abstrait. *Écrivain qui domine son sujet,* qui est capable de le voir, de l'embrasser dans son ensemble. **II·** V. intr. **1·** (Personnes) Être le plus fort. *Il cherche à dominer.* → **commander.** – *Notre équipe a dominé pendant la première mi-temps.* → **mener. 2·** Être le plus apparent, le plus important, parmi plusieurs éléments. → **l'emporter, prédominer.** *Les femmes dominent dans cette assemblée,* il y a surtout des femmes. *Un imprimé où le rouge domine.* ▶ **dominant, ante** adj. **1·** Qui exerce l'autorité sur d'autres. *Nation dominante.* **2·** Qui est le plus important, l'emporte parmi d'autres. → **prépondérant, principal.** *Trait dominant. Les couleurs dominantes du tableau. Les idées dominantes d'un ouvrage. Vents dominants,* ceux d'une direction donnée les plus fréquents. **3·** Qui domine, surplombe, surmonte. → **culminant, élevé.** *Le château est dans une position dominante.* – Abstrait. *Il occupe une place dominante dans l'entreprise.* → **éminent.** / contr. inférieur / ▶ **dominante** n. f. **1·** Ce qui est dominant (2), essentiel, caractéristique parmi plusieurs choses. *La dominante de son œuvre est l'ironie.* **2·** Cinquième degré de la gamme diatonique ascendante. *Le sol est la dominante dans la gamme de do.* ▶ **dominateur, trice** n. et adj. **1·** N. Littér. Personne ou puissance qui exerce l'autorité sur d'autres. *L'Angleterre fut la dominatrice des mers.* **2·** Adj. Qui aime à dominer (1) les autres. *Il a un air dominateur.* → **autoritaire.** ▶ **domination** n. f. **1·** Action, fait de dominer ; autorité souveraine. → **empire, suprématie.** *L'Asie, l'Afrique ont rejeté la domination de l'Europe. Vivre sous une domination étrangère. En 1965, le Tibet est passé sous la domination de la Chine.* **2·** Le fait d'exercer une influence déterminante. *Il exerce sur tous une domination irrésistible.* → **ascendant, emprise.** ▷ **prédominer**

① **dominicain, aine** [dɔminikɛ̃, ɛn] n. Religieux, religieuse de l'ordre des *frères prêcheurs,* fondé par saint Dominique au XIIIe siècle. *Un couvent de dominicains.* – Adj. *Le costume dominicain.*

② **dominicain, aine** adj. et n. De l'île de Saint-Domingue (*République dominicaine*).

dominical, ale, aux [dɔminikal, o] adj. Littér. Qui a rapport au dimanche. *Repos dominical. Promenade dominicale.* – *L'oraison, la prière dominicale.*

dominion [dɔminjɔn] n. m. Chacun des États, aujourd'hui indépendants, qui composaient l'Union britannique.

domino [dɔmino] n. m. **1·** Ancien costume de bal masqué, robe flottante à capuchon. *Porter un domino.* **2·** Petite plaque dont le dessus est divisé en deux parties portant de zéro à six points noirs. *Un domino marqué d'un seul point.* – Au plur. ***Les dominos*** : jeu qui se joue avec ces plaques. *Jouer aux dominos. Faire une partie de dominos.*

dommage [dɔmaʒ] n. m. **1·** Préjudice subi par qqn. → **détriment, tort.** *Dommage matériel, moral. Subir un dommage.* – ***Dommages-intérêts*** (ou *dommages et intérêts*) : indemnité due par l'auteur d'un délit en réparation du préjudice causé. *Réclamer des dommages-intérêts. Il a été condamné à verser un euro de dommages-intérêts.* **2·** Dégât matériel causé aux choses. *L'inondation a provoqué de grands dommages.* ***Dommages de guerre*** : dus pour les destructions causées par la guerre. **3·** *C'est dommage, c'est bien dommage,* c'est une chose fâcheuse, regrettable. *C'est dommage de, quel dommage de* (+ infinitif). *Ce serait dommage de l'abîmer. Quel dommage d'abattre de si beaux arbres ! C'est dommage que, quel dommage que, il est dommage que* (+ subjonctif). *C'est dommage qu'il soit parti si tôt.* – *Dommage que vous ne puissiez l'attendre !* ▶ **dommageable** adj. Qui cause du dommage. → **fâcheux, nuisible, préjudiciable.** *Ces erreurs sont dommageables à la nation entière.* / contr. profitable, utile / ▷ **dédommager, endommager**

domotique [dɔmɔtik] n. f. Gestion automatisée de l'habitation (confort, sécurité, communication).

dompter [dɔ̃te] (mieux que [dɔ̃pte]) v. tr. < conjug. 1 > **1·** Réduire à l'obéissance (un animal sauvage, dangereux). → **dresser.** *Dompter des fauves.* **2·** Soumettre à son autorité (qqn, un groupe de personnes). → **maîtriser, mater, soumettre.** *Dompter des rebelles, des insoumis.* – *Dompter ses passions.* ▶ **dompteur, euse** [dɔ̃tœʀ] (mieux que [dɔ̃ptœʀ]) n. Personne qui dompte. *Un dompteur de tigres. Les dompteurs d'un cirque.* ▷ **indomptable**

1 **don** [dɔ̃] n. m. **1·** Action d'abandonner gratuitement (→ **donner**) à qqn la propriété ou la jouissance de qqch. ***Faire don de** qqch. **à** qqn.* – *Le don de soi.* → **dévouement, sacrifice.** **2·** Ce qu'on abandonne à qqn sans rien recevoir de lui en retour. → **cadeau, donation, présent.** *Ce tableau est un don d'un célèbre collectionneur. Faire un don à une association humanitaire.* **3·** Qualité, avantage psychologique, intellectuel, etc., considérés comme donnés (par la nature, le sort, Dieu). → **aptitude, génie, talent.** *Avoir le don de la parole, de l'éloquence, de l'à-propos,* être doué pour. → **doué.** *Un don pour les sciences, les langues, le commerce.* – Iron. *Il a le don de m'agacer.*

2 **don** [dɔ̃] n. m. invar., **doña** [dɔnja] n. f. invar. Titre d'honneur des nobles d'Espagne, qui se place ordinairement devant le prénom. → **dom.** ▷ **don Juan, don Quichotte**

donateur, trice [dɔnatœʀ, tʀis] n. **1·** Personne qui fait un don, des dons à une œuvre. *Un généreux donateur.* **2·** Personne qui fait une donation. ▶ **donation** n. f. Contrat par lequel le *donateur* abandonne un bien en faveur du *donataire* qui l'accepte. → **don, libéralité.** *Faire une donation par acte notarié. Il a reçu une donation de cent mille euros.* ▶ **donataire** n. Personne à qui une donation est faite.

donc [dɔ̃k] conj. **1·** Conjonction qui sert à amener la conséquence, la conclusion de ce qui précède. → par **conséquent.** *Il était là tout à l'heure : il n'est donc pas bien loin. J'ai refusé ; donc, inutile d'insister.* – Transition pour revenir à un sujet, après une digression. *Je disais donc que...* **2·** S'emploie pour exprimer la surprise causée par ce qui précède ou ce que l'on constate. → **ainsi.** *Il voulait donc venir ici ? Vous habitez donc là ? Allons donc !* – Exprime le doute. *Qui donc ?* – Pour renforcer une injonction. *Taisez-vous donc ! Venez donc par ici !* Fam. *Dites donc, vous là-bas !*

dondon [dɔ̃dɔ̃] n. f. Fam. et péj. Grosse femme. *Une grosse dondon.*

donjon [dɔ̃ʒɔ̃] n. m. Tour principale qui dominait le château fort.

don Juan [dɔ̃ʒɥɑ̃] n. m. Séducteur sans scrupule (souvent iron.). *Méfiez-vous, c'est un don Juan ! Des don Juans.* ▶ **donjuanisme** n. m. Caractère, comportement d'un don Juan.

donne [dɔn] n. f. Action de distribuer (*donner,* II, 2) les cartes au jeu. *À vous la donne. Mauvaise donne.* → **maldonne.** – Fig. Distribution, répartition (des chances, des forces). *Une nouvelle donne politique.*

donné, ée [dɔne] adj. et n. m. **1·** Connu, déterminé. *Nombres donnés dans l'énoncé d'un problème.* → **donnée.** *À une distance donnée.* – Loc. *À un moment donné,* tout à coup. **2·** Loc. prép. ***Étant donné.*** → **vu.** *Étant donné les circonstances présentes, il faut agir vite.* – ***Étant donné que*** (+ indicatif) : en considérant que, puisque. *Étant donné qu'il ne vient pas, nous pouvons partir.*

donnée [dɔne] n. f. **1·** Ce qui est donné, connu, déterminé dans l'énoncé d'un problème, et qui sert à découvrir ce qui est inconnu. *Les données du problème.* **2·** Ce qui est admis, connu ou reconnu, et qui sert de base à un raisonnement, de point de départ pour une recherche. *Les données d'une science, d'une recherche expérimentale.*

Données statistiques. – En informatique. Représentation conventionnelle d'une information. *Banque, base de données. Traitement des données.*

donner [dɔne] v. <conjug. 1> **I·** V. tr. Mettre (qqch.) en la possession de qqn (DONNER *qqch.* À *qqn*). **1·** Abandonner à qqn sans rien demander en retour (une chose que l'on possède ou dont on jouit). → **offrir.** *Donner qqch. par testament. Donner de l'argent, un pourboire, des étrennes à qqn.* – Sans compl. *Il aime mieux donner que recevoir.* – Au p. p. adj. Spécialt. *Ce manteau est donné,* très bon marché. *Cinq cents euros ! ce n'est pas donné,* c'est cher. **2·** Abstrait. Faire don de (qqch. à qqn). *Il lui a donné son amitié. Donner sa vie, son sang pour la patrie,* faire le sacrifice de sa vie. **3·** ***Donner*** *qqch.* ***pour, contre*** *qqch.* : céder (qqch.) en échange d'autre chose. → **céder, fournir.** *Donner qqch. contre, pour de l'argent. Elle m'a donné deux billes contre une image.* → **échanger.** – Par ext. *Donnez-moi un kilo de pommes.* → **vendre.** – Loc. adv. ***Donnant, donnant*** : en ne donnant qu'à la condition de recevoir en échange. – ***Donner*** *(une somme)* ***de*** *qqch.* : payer qqch. *Je vous en donne quinze euros* (d'une marchandise). → **offrir.** – Payer (une certaine somme à qqn). *Combien donne-t-il à ses ouvriers ? On lui donne X euros (de) l'heure.* – *Donner qqch. pour* (+ infinitif). *Je donnerais beaucoup pour savoir la vérité.* **4·** Confier (une chose) à qqn, pour un service. → **remettre.** *Donner ses chaussures au cordonnier, son passeport à un douanier.* **II·** V. tr. Mettre à la disposition de (qqn), DONNER À. **1·** Mettre à la disposition, à la portée de. → **fournir, offrir, procurer.** *Voulez-vous donner des sièges aux invités ? Donner du travail à un chômeur. Donner la main à qqn,* le tenir par la main. *Donner à* (+ infinitif) *à qqn. Donnez-lui à manger.* **2·** Distribuer des cartes aux joueurs. *Il est en train de donner les cartes.* – Sans compl. *C'est à vous de donner.* **3·** Organiser et offrir à des invités, à des spectateurs. *Donner un bal, une réception. Qu'est-ce qu'on donne cette semaine au cinéma ?* → **jouer.** **4·** Communiquer, exposer (qqch.) à qqn. *Donnez-moi votre adresse. Donner de ses nouvelles à qqn. Je vais vous donner tous les détails sur cette question. Donner son avis. Donner un renseignement, des explications, un conseil à qqn. Professeur qui donne des cours.* **5·** Transmettre par contagion. *Il lui a donné son rhume.* → **passer ;** fam. **refiler.** **6·** Accepter de mettre (qqch.) à la disposition, à la portée de qqn. → **accorder, concéder, octroyer.** *Donnez-moi un peu de temps, de répit.* → **laisser.** *Donner son accord. Donner sa parole (d'honneur),* jurer, promettre. *Donner sa chance à qqn.* – (Sans article) *Donner libre cours à sa colère.* ***Donner prise*** : mériter ou recevoir sans pouvoir réagir (une critique). → Prêter le flanc. *Il donne prise à toutes les calomnies.* **7·** (Avec deux compl. de personne) *Donner sa fille (en mariage) à un jeune homme. Elle a donné deux fils à son mari.* **8·** Dénoncer à la police. *Son copain l'a donné.* → **livrer ; donneur** (3). **9·** Assigner à qqn, à qqch. (une marque, un signe, etc.). → **assigner, fixer, imposer.** *Donner un nom à un enfant. Donner un titre à un ouvrage.* – ***Donner*** *qqch.* ***à*** (+ infinitif). *Donner un livre à relier, des chaussures à réparer. On m'a donné ce travail à faire.* **10·** Impers. passif. ***Être donné à*** *qqn* : être en son pouvoir, être une chose possible pour lui. *Il ne lui a pas été donné de vivre assez longtemps pour finir son livre. Il n'est pas donné à tout le monde d'avoir ce courage,* tout le monde n'a pas... **III·** V. tr. Être l'auteur, la cause de. **1·** Produire (une œuvre). *Cet écrivain donne un roman par an.* → **publier.** **2·** (Suj. personne, chose) Être la cause de (le compl. exprime un sentiment, un fait psychologique). → **causer, susciter.** *Cet enfant me donne bien du souci. Cela me donne une idée. Cela vous donnera l'occasion de...* → **fournir, procurer.** – *Cela me donne envie de dormir. Ce travail me donne chaud, soif. La marche donne de l'appétit.* – Loc. *Donner lieu, matière, occasion, sujet.* → **causer, provoquer.** – ***Donner à*** *rire, à penser,* etc. : faire rire, penser, etc. **3·** (Choses concrètes) Sans compl. indir. Produire. *Les fleurs, les fruits que donne un arbre. Cette vigne donne trente hectolitres de vin à l'hectare.* → **rapporter, rendre.** – Fam. Avoir pour conséquence, pour résultat. *Je me demande ce que ça va donner. Les recherches n'ont rien donné.* **4·** Faire sentir à (qqn, un animal) l'effet d'une action physique. *Donner un baiser, une gifle à qqn ; un coup à un chien.* – *Donner un coup de pied à une porte, dans la porte.* → fam. **ficher, flanquer, foutre.** – Effectuer sur une chose (une opération qui en modifie l'état). *Donner un coup de peigne, de balai. Donner une couche de peinture à un banc.* **5·** Conférer (un caractère nouveau) à une personne ou à une chose par une opération, une action qui la modifie. *Donner de la solidité à... Cet argument donne de la valeur à sa thèse.* – Loc. *Donner le jour, la vie à un enfant,* engendrer. *Donner la mort,* mettre à mort, tuer. **6·** Abstrait. Considérer (une qualité, un caractère) comme propre à qqn, à qqch. → **accorder, attribuer, prêter, supposer.** *Quel âge lui donnez-vous ? Donner de la valeur, du prix, de l'importance.* → **attacher.** **7·** ***Donner pour*** : présenter comme étant. *Je vous le donne pour ce qu'il vaut. Donner une chose pour vraie.* – Pronominalement. *Se donner pour un progressiste,* se faire passer pour. **IV·** V. intr. **1·** Porter un coup (contre, sur). → **cogner, frapper, heurter.** *Le navire alla donner sur les écueils. Il alla donner de la tête contre le mur.* → se **taper.** Loc. *Ne plus savoir où donner de la tête,* être affolé, surmené. **2·** Se porter (dans, vers). → s'**engager,** se **jeter, tomber.** *Donner dans un piège.* – Se laisser aller à. *Donner dans un défaut, dans le ridicule.* **3·** Attaquer, charger, combattre. *L'état-major a fait donner les blindés.* **4·** ***Donner sur*** : être exposé, situé ; avoir vue, accès sur. *Porte qui donne sur la rue, sur un jardin.* **V·** ***Se donner*** v. pron. **1·** (Réfl.) Faire don de soi-même. → se **consacrer,** se **vouer.** *Elle se donne à ses enfants. Se donner à l'étude.* → s'**adonner.** – Vieilli. Se dit d'une femme qui accepte de faire l'amour. **2·** (Faux pron.) Donner à soi-même. *La république s'est donné un nouveau président.* – *Se donner du mal, de la peine. Donnez-vous la peine d'entrer.* – *Ils s'en sont donné à cœur joie,* ils ont fait cela avec enthousiasme. **3·** (Récipr.) → **échanger.** *Ils se donnèrent des coups, des baisers.* – Loc. ***Se donner le mot.*** *Ils se donnèrent le mot pour arriver en même temps.* → s'**entendre.** – *Se donner la main.* ▶ **donneur, euse** n. **1·** Personne qui donne (qqch. d'abstrait). *Une donneuse de leçons, de conseils.* **2·** Personne qui donne (un tissu vivant, un organe, etc.). *Un donneur, une donneuse de sang* (pour les transfusions). *Il est donneur universel. Donneur de sperme* (pour l'insémination artificielle). *Le donneur et le receveur* (dans une transplantation d'organes). **3·** Personne qui donne (II, 8), dénonce qqn à la police. → **dénonciateur, indicateur, mouchard.** ▷ s'**adonner,** ⓘ **don, donataire, donateur, donation, donne, donné, donnée, maldonne, redonner**

don Quichotte [dɔ̃kiʃɔt] n. m. Homme généreux, naïf et exalté (comme le héros de Cervantès) qui s'attaque sans efficacité aux injustices. *Il joue les don Quichottes.* – Adj. *Il, elle est un peu don Quichotte.*

dont [dɔ̃] ([dɔ̃t] devant voyelle) pronom Pronom relatif de forme invariable qui peut remplacer le nom de personnes, d'animaux ou de choses. Il représente dans la surbordonnée un terme de la principale (appelé *antécédent*). Les antécédents peuvent être féminins ou masculins, singuliers ou pluriels : *la maison* (antécédent) *dont je rêve. Dont* introduit une proposition relative, à l'intérieur de laquelle il joue le rôle d'un complément introduit par la préposition *de.* Il peut être remplacé par *de qui* (personnes) ou *duquel, de laquelle, de quoi* (choses). *La personne dont (de qui) vous parlez. La maison dont (de laquelle) vous êtes propriétaire.* **I·** Exprimant le complément (de lieu, moyen, etc.) du verbe. **1·** Avec le sens adverbial de *d'où. La chambre dont je sors.* – Il marque aussi la provenance, la descendance. *La famille dont il est issu.* **2·** (Moyen, instrument, agent, manière) *La manière dont elle est habillée.* – Au sujet de qui, de quoi. *Cet homme dont je sais qu'il a été marié. La personne dont on me disait qu'elle conviendrait.* **II·** Exprimant l'objet. **1·** (Objet du verbe) *L'homme dont on parle. La maison dont je rêve. Voilà ce dont il faut vous occuper.* **2·** (Compl. de l'adjectif) *Le malheur dont vous êtes responsable. C'est ce dont je suis fier.* **III·** Exprimant le compl. de nom. **1·** Possession, qualité, matière (compl. d'un nom ou d'un pronom). *Cette plante dont les fleurs sont bleues.* – **REM.** On ne doit pas dire *la personne dont le cartable de son fils a été perdu* mais *dont le fils a perdu son cartable ;* ni *l'homme dont je compte sur l'aide,* mais *sur l'aide de qui je compte.* **2·** Partie d'un tout (compl. d'une expression partitive). *Des livres dont trois sont reliés ; dont j'ai gardé une dizaine.* – Amenant une proposition sans verbe. *C'est un long texte dont voici l'essentiel. Quelques-uns étaient là, dont votre père,* parmi lesquels.

donzelle [dɔ̃zɛl] n. f. Jeune fille ou femme prétentieuse et ridicule.

dopamine [dopamin] n. f. En biochimie. Messager chimique entre certains neurones → **neurotransmetteur,** indispensable à l'activité normale du cerveau.

doper [dɔpe] v. tr. < conjug. 1 > Administrer un stimulant à. *Doper un cheval de course, un sportif.* – Pronominalement. *Se doper avant un examen,* prendre un excitant. ▶ **dopage** n. m. Emploi de certains excitants ; ces excitants eux-mêmes. *Le dopage est dangereux et interdit. Ce cycliste a été suspendu pour dopage.*

dorade n. f. → **daurade.**

dorénavant [dɔRenavɑ̃] adv. À partir du moment présent, à l'avenir. → **désormais.** *Dorénavant, il viendra tous les dimanches.*

dorer [dɔRe] v. tr. < conjug. 1 > **1·** Revêtir (un objet, une surface) d'une mince couche d'or. *Dorer un cadre de miroir.* **2·** Loc. fam. ***Dorer la pilule à qqn*** : lui faire accepter une chose désagréable au moyen de paroles aimables, flatteuses. → **tromper. 3·** Donner une teinte dorée à. *Faire dorer des pommes de terre.* – Pronominalement. *Se dorer au soleil,* bronzer. ▶ **doré, ée** adj. **1·** Qui est recouvert d'une mince couche d'or ou d'une substance imitant l'or. *Boutons dorés d'un uniforme. Livre* ***doré sur tranche.*** *Argent doré,* vermeil. **2·** Qui a l'éclat, la couleur jaune cuivré de l'or. *Cheveux dorés.* **3·** *La* ***jeunesse dorée*** : jeunes gens riches, élégants et oisifs. ▶ **doreur, euse** n. Personne dont le métier est de dorer. *Doreur sur bois. Doreur-relieur.* ▷ **dorure, redorer**

d'ores et déjà [dɔRzedeʒa] loc. adv. → **ores.**

dorique [dɔRik] adj. et n. m. *L'ordre dorique,* ou n. m., *le dorique,* le premier et le plus simple des trois ordres d'architecture grecque. *Colonne dorique.* ≠ corinthien, ionique.

dorloter [dɔʀlɔte] v. tr. < conjug. 1 > Entourer de soins, de tendresse ; traiter délicatement (qqn). → **cajoler, cocooner.** *Dorloter son enfant. Il se fait dorloter par sa femme.*

dormir [dɔʀmiʀ] v. intr. < conjug. 16 > **1·** Être dans l'état de sommeil. → fam. **pioncer, roupiller.** *Il dort encore. Dormir dans un lit, sur un divan, par terre. Le bébé dort dans les bras de sa maman. Il dort profondément. Dormir très tard,* se lever tard. Loc. *Dormir à poings fermés, comme un loir,* profondément. – *Dormir d'un sommeil léger.* → **sommeiller.** Loc. *Ne dormir que d'un œil,* légèrement. – *J'ai mal dormi. Avoir envie de dormir.* – *Dormir debout,* avoir sommeil. *Conte à dormir debout,* extravagant. – *Vous pouvez dormir tranquille,* loc. *dormir sur vos deux oreilles,* soyez rassuré. – Loc. *Il n'en dort pas,* cela l'empêche de dormir (en parlant d'une préoccupation). **2·** Se dit de la nature, d'un lieu pendant la nuit ou aux moments de moindre activité. *Tout dort dans la maison.* **3·** Être dans l'inactivité. *Dormir sur son travail,* le faire lentement, sans courage. → **traîner.** *Ce n'est pas le moment de dormir.* **4·** (Suj. chose) Ne pas produire, ne pas avoir d'effets. *Laisser dormir qqch.,* ne pas s'en occuper. *Des capitaux qui dorment,* ne rapportent pas d'intérêt. **5·** (Eau) Stagner. *L'eau qui dort.* → ① **dormant** (2). ▶ ① **dormant, ante** adj. **1·** Vx. Qui dort. – Loc. *La Belle au bois dormant* (qui dort dans le bois). **2·** (Eau) Qui n'est agité par aucun courant. → **immobile, stagnant.** *Une eau dormante.* **3·** Terme technique. Qui ne bouge pas. → **fixe** ; ② **dormant.** – Qui ne s'ouvre pas. *Vitrage dormant.* / contr. ouvrant / *Ligne* (de pêche) *dormante,* qui reste fixée à la rive, ou au bateau, sans que le pêcheur la tienne. *Manœuvres dormantes* (sur un bateau), qui ne sont pas déplacées. **4·** *Agent dormant,* personne infiltrée dans un milieu et attendant un ordre pour passer à l'action. *Agent dormant d'un groupe terroriste.* ▶ ② **dormant** n. m. Partie fixe (d'une fenêtre, d'une baie). → **huisserie.** ▶ **dormeur, euse** n. **1·** Personne en train de dormir. *Dormeur, dormeuse qui ronfle, qui rêve.* **2·** Personne qui dort beaucoup, aime à dormir. *C'est un gros dormeur, c'est une dormeuse.* ▷ **dortoir, endormir,** se **rendormir**

dorsal, ale, aux [dɔʀsal, o] adj. Qui appartient au dos ; du dos (d'une personne, d'un animal). *L'épine* dorsale. Nageoires dorsales et nageoires ventrales.*

dortoir [dɔʀtwaʀ] n. m. Grande salle commune où dorment les membres d'une communauté. *Le dortoir d'un collège.* – ***Cité-dortoir, ville-dortoir*** : où la population passe la nuit, le lieu de travail étant différent. *Des villes-dortoirs.*

dorure [dɔʀyʀ] n. f. **1·** Mince couche d'or décorative. *La dorure d'un cadre de tableau.* **2·** Ornements dorés. *Uniforme couvert de dorures.* **3·** Action de recouvrir d'une couche d'or. *Spécialiste de la dorure sur bois.* → **doreur.** *La dorure de la porcelaine.*

doryphore [dɔʀifɔʀ] n. m. Insecte aux élytres rayés de noir, parasite des plants de pommes de terre dont il dévore les feuilles.

dos [do] n. m. invar. **I· 1·** Partie du corps de l'homme qui s'étend des épaules jusqu'aux reins, de chaque côté de la colonne vertébrale. *Relatif au dos.* → **dorsal.** *Il a un dos large. Le dos voûté d'un vieillard.* – Loc. ***Avoir bon dos*** : se dit d'une personne ou d'une chose que l'on charge d'une responsabilité pour s'en décharger soi-même. *Son travail a bon dos,* est un mauvais prétexte. – Fam. *En avoir* ***plein le dos*** : être excédé de qqn, qqch., en avoir assez. – ***Au dos*** : dans le dos, sur le dos. *Mettez les mains au dos. Sac au dos.* – ***Dans le dos.*** *Robe décolletée dans le dos. Cacher qqn dans son dos,* derrière son dos. *Passer la main dans le dos de qqn,* le flatter. *Faire froid dans le dos,* effrayer. *Tirer dans le dos de qqn,* parderrière. – Loc. fig. *Agir dans le dos de qqn,* parderrière, sans qu'il le sache. – ***De dos*** : du côté du dos (opposé à *de face*). *C'est elle, vue de dos,* montrant le dos. *Cette coiffure est mieux de dos.* – ***Derrière le dos.*** *Cacher qqch. derrière le, son dos.* – Loc. fig. *Faire qqch. derrière le dos de qqn,* sans qu'il en soit averti, sans son consentement. – ***Dos à dos*** [do(z)ado]. *Placer deux personnes dos à dos,* chacune tournant le dos à l'autre. *Renvoyer deux personnes, deux parties dos à dos,* sans donner raison à personne. – ***Sur le dos.*** *Se coucher, s'allonger sur le dos. Avoir un sac sur le dos. N'avoir rien à se mettre sur le dos,* n'avoir rien pour s'habiller. – Loc. fig. *Mettre qqch. sur le dos de qqn,* l'en accuser, l'en rendre responsable. *Cela vous retombera sur le dos,* vous en supporterez les conséquences. – *Être toujours sur (derrière) le dos de qqn,* surveiller ce qu'il fait. *Avoir qqn sur le dos.* **2·** ***Tourner le dos*** *à qqch., à qqn* : se présenter de dos. *Le dos tourné à la porte,* le dos contre la porte. *Dès qu'il a le dos tourné,* dès qu'il s'absente un instant. – *Tourner le dos à qqn,* cesser de le fréquenter, en signe de réprobation, de dédain, de mépris. – Marcher dans une direction opposée à celle que l'on veut ou que l'on doit prendre. *Le village n'est pas dans cette direction, vous lui tournez le dos.* **3·** Face supérieure du corps (des animaux). *Faire le gros dos,* bomber le dos en raidissant les pattes postérieures (chat). *Monter sur le dos d'un cheval* (→ sur un cheval). – ***À dos de.*** *Transport à dos de chameau, de mulet.* **II· 1·** Partie (d'un vêtement) qui couvre le dos. *Le dos d'une robe.* **2·** Dossier. *Le dos d'une chaise.* **3·** Partie supérieure et convexe. *Dos et paume de la main.* → **revers.** *Dos et plante du pied.* – (Choses) *Le dos d'une fourchette.* **4·** Côté opposé au tranchant. *Le dos d'une lame, d'un couteau.* **5·** Partie d'un livre qui unit les deux plats (opposé à *tranche*). *Titre au dos d'un livre.* **6·** Envers (d'un papier écrit). → **verso.** *L'endroit et le dos de la feuille. Signer au dos d'un chèque.* ▷ **adosser, dos d'âne, dossard, 1 dossier, endosser**

dos d'âne [dodɑn] n. m. invar. Bombement transversal (d'une chaussée). *Ralentir avant le dos d'âne.*

dose [doz] n. f. **1·** Quantité (d'un médicament) qui doit être administrée en une fois. *À haute, à faible dose. Diminuer, augmenter, forcer la dose. Ne pas dépasser la dose prescrite.* **2·** Quantité. *Deux doses d'eau pour une dose de riz.* – *Avoir une bonne dose de sottise.* → **couche.** ▶ **doser** v. tr. < conjug. 1 > **1·** Déterminer la dose de (un médicament). *Compte-gouttes pour doser un remède.* **2·** Déterminer la proportion des éléments qui entrent dans un mélange. *Doser les ingrédients pour faire une sauce.* → **mesurer, proportionner, régler.** – Abstrait. *Il faut savoir doser l'ironie.* ▶ **dosage** n. m. Action de doser ; son résultat. *Faire un dosage.* ▶ **dosette** n. f. Conditionnement contenant la quantité (d'un produit) nécessaire à une unique utilisation. *Café en dosettes.* ▶ **doseur** n. m. *Bouchon doseur d'un flacon,* qui donne la mesure d'une dose. ▷ **minidosé, surdose**

dossard [dosaʀ] n. m. Carré d'étoffe que les coureurs ou les joueurs d'une équipe portent sur le dos et qui indique leur numéro d'ordre.

1 **dossier** [dosje] n. m. Partie (d'un siège) sur laquelle on met le dos. *Le dossier d'une chaise.*

2 **dossier** n. m. **1·** Ensemble des pièces relatives à une affaire et placées dans une chemise, un carton. *Constituer, établir un dossier. Un dossier d'inscription.* **2·** En informatique. Élément permettant d'organiser et de hiérarchiser des fichiers.

dot [dɔt] n. f. Bien qu'une femme apporte en se mariant. *Elle a une grosse dot.* ▶ **dotal, ale, aux** adj. Droit. Qui a rapport à la dot. *Se marier sous le régime dotal,* régime matrimonial dans lequel seuls *les biens dotaux* (apportés par la femme en dot) sont confiés à l'administration du mari. ▶ **doter** v. tr. < conjug. 1 > **1·** Pourvoir d'une dot. *Doter richement sa fille.* **2·** Fournir en équipement, en matériel (surtout au p. p.). *École dotée de matériel informatique.* → **équiper. 3·** Pourvoir de certains avantages. → **favoriser.** *La nature a doté son esprit de brillantes qualités.* ▶ **dotation** n. f. **1·** Action d'attribuer un revenu ; ce revenu. *La dotation d'un hôpital.* **2·** Action de doter d'un équipement, de matériel. *La dotation d'un service en véhicules.*

douairière [dwɛʀjɛʀ] n. f. Vieille dame de la haute société. *Une douairière du faubourg Saint-Germain.*

douane [dwan] n. f. **1·** Branche de l'Administration publique chargée d'établir et de percevoir les droits imposés sur les marchandises, à la sortie ou à l'entrée d'un pays. *Payer des droits de douane.* **2·** Lieu où est établie l'Administration des douanes. *Passer à la douane, passer la douane. La douane d'un poste frontière.* **3·** Droit de douane. *Marchandise exemptée de douane.* ▶ 1 **douanier, ière** n. Membre du service actif de l'Administration des douanes. *Douanier qui fouille une valise. Elle est douanière.* ▶ 2 **douanier, ière** adj. Relatif à la douane, à la réglementation des importations et exportations. *Barrière douanière. Tarif douanier.* ▷ **dédouaner**

double [dubl] adj. et n. **I·** Adj. **1·** Qui est répété deux fois, qui vaut deux fois (la chose désignée), ou qui est formé de deux choses identiques. *Consonne double* (ex. : *nn*). *Des doubles rideaux. Un double menton. Fermer une porte à double tour* (de clé). *En double exemplaire.* – (Avec *de* et un compl.) *Une surface double d'une autre.* **2·** (Personnes ; actes) Qui a deux aspects dont un seul est révélé. → **duplicité.** *Il est double, son attitude est double. Jouer un double jeu*. Mener une* ***double vie*** : mener, en marge de sa vie normale, habituelle, une existence que l'on tient cachée. **II·** N. m. **1·** Quantité qui équivaut à deux fois une autre. *Dix est le double de cinq. Il gagne le double, plus du double.* **2·** Chose semblable à une autre. *Le double d'une facture, d'un acte.* → **copie, duplicata, reproduction.** – ***En double*** loc. adv. : en deux exemplaires. *Les timbres que j'ai en double.* **3·** Partie de tennis, de ping-pong, entre deux équipes de deux joueurs. *Un double messieurs. Les championnats de double.* ▶ 1 **doublement** adv. De deux manières, pour une double raison. *Elle est doublement fautive.* ▶ **doublet** [dublɛ] n. m. Mot de même étymologie, mais de forme et de signification différentes. *« Hôpital » et « hôtel » sont des doublets.* ▷ **double-clic, doubler**

double-clic [dubləklik] n. m. Anglic. Succession très rapprochée de deux clics (sur la souris d'un ordinateur). *Des doubles-clics.* ▶ **double-cliquer** v. intr. < conjug. 1 >

doubler [duble] v. < conjug. 1 > **I·** V. tr. **1·** Rendre double. *Il a doublé sa fortune. Il faut doubler la dose. Doubler le pas,* marcher deux fois plus vite ; augmenter son allure. → **accélérer. 2·** Mettre qqch. en double, unir deux à deux. / contr. dédoubler / *Doubler des fils de tissage.* **3·** Garnir intérieurement de qqch. qui recouvre, augmente l'épaisseur. *Doubler un vêtement de fourrure.* – Au p. p. adj. *Veste doublée.* → **doublure.** **4·** V. pron. ***Se doubler de.*** → s'**accompagner.** *Des compliments qui se doublent d'une moquerie.* **5·** Se dit d'un véhicule qui en dépasse un autre sur la voie qu'il suit. *Voiture qui double un camion.* – Sans compl. *Défense de doubler en côte. Doubler sans prévenir.* **6·** Remplacer (qqn) qui ne peut jouer. *Personne qui double un acteur dans une pièce.* → **doublure** (2). **7·** Faire le doublage de (un film, un acteur). – Au p. p. adj. *Film doublé* (opposé à *en version originale, sous-titré*). **II·** V. intr. Devenir double. *Le chiffre des importations a doublé.* ▶ **doublage** n. m. **1·** Remplacement d'un acteur par un autre, au théâtre. **2·** Remplacement de la bande sonore originale d'un film par l'enregistrement d'autres voix, en une langue différente. *Le doublage d'un film italien en français.* ▶ 2 **doublement** n. m. Action de rendre double. *Le doublement des effectifs.* ▶ **doublure** n. f. **1·** Matière (étoffe, etc.) qui sert à garnir la surface intérieure de qqch. *Un manteau à doublure de fourrure.* **2·** Acteur, actrice qui remplace, en cas de besoin, celui, celle qui devait jouer. *La doublure d'une vedette de cinéma.* ▷ **dédoubler, redoubler**

en douce loc. adv. → **doux.**

douceâtre [dusɑtʀ] adj. Qui est d'une douceur fade. *Un goût douceâtre. Un air, un sourire douceâtre.* → **doucereux.**

doucement [dusmɑ̃] adv. **1·** Sans employer une grande énergie, sans hâte, sans violence. / contr. fort, rapidement / *On frappa doucement à la porte.* → **légèrement.** *Voiture qui roule doucement.* → **lentement.** *Travailler doucement,* sans se hâter. → **mollement.** *Éclairer doucement.* → **faiblement.** *Parler doucement,* à voix basse. **2·** Sans heurter, sans faire de peine. *Reprendre qqn doucement,* sans sévérité. **3·** Médiocrement ; assez mal. → **couci-couça.** « *Comment va le malade ? – Tout doucement.* » **4·** Interjection pour inviter au calme, à la modération. *Doucement, ne nous fâchons pas !* ▶ **doucettement** [dusɛtmɑ̃] adv. Fam. Très doucement.

douceur [dusœʀ] n. f. **1·** Qualité de ce qui procure aux sens un plaisir délicat. *La douceur d'une musique, d'un parfum. La douceur d'une peau fine. La douceur de la température.* **2·** Qualité d'un mouvement progressif et aisé, de ce qui fonctionne sans heurt ni bruit. *La douceur d'un mécanisme.* – ***En douceur*** loc. adv. *Voiture qui démarre en douceur.* **3·** Impression douce, plaisir modéré et calme. → **joie, satisfaction.** *La douceur de vivre.* → **bien-être, bonheur.** **4·** Qualité morale qui porte à ne pas heurter autrui de front, à être patient, conciliant, affectueux. → **bienveillance, bonté, gentillesse, indulgence.** *Douceur de caractère.* – *Faire qqch. avec douceur. Il lui parla avec une grande douceur. Prendre qqn par la douceur,* l'amener à faire ce qu'on veut sans le brusquer. / contr. brutalité, dureté / **5·** Au plur. ***Des douceurs*** : des friandises, des sucreries. ▶ **doucereux, euse** [dusʀø, øz] adj. D'une douceur affectée. → **mielleux, sucré.** *Un air, un ton doucereux.* – N. *Faire le doucereux.*

douche [duʃ] n. f. **1·** Projection d'eau en jet ou en pluie qui arrose le corps. *Prendre une douche froide. Passer, être sous la douche.* Fam. *Il a besoin d'une douche,* d'être calmé. **2·** ***Douche écossaise*** : chaude, puis froide ; paroles, événements très désagréables qui suivent immédiatement une parole, un événement très agréable. **3·** Système pour prendre une douche. *Cabinet de toilette avec douche. La douche est cassée.* – Au plur. Ensemble des installations permettant de prendre des douches. *Les douches d'un gymnase.* **4·** Averse ; liquide qui asperge une personne. *L'orage l'a surpris, il a pris une bonne douche.* **5·** Ce qui détruit un espoir, une illusion → **déception, désappointement,** rabat les prétentions, ramène au sens des réalités. *Il ne s'attendait pas à un pareil échec, quelle douche pour lui !* ▶ **doucher** v. tr. < conjug. 1 > **1·** Arroser au moyen d'une douche. *Doucher un enfant.* – Pronominalement. *Se doucher,* prendre une douche. **2·** *Nous avons été douchés par l'orage.* → **mouiller, tremper.** **3·** Fam. Réprimander ou décevoir de façon brutale. *Il s'est fait doucher par son père* (→ laver la tête, passer un savon). *Cet accueil l'a douché.*

1 **doudou** [dudu] n. f. Aux Antilles. Jeune femme ; compagne (d'un homme).

2 **doudou** [dudu] n. m. Objet souple et doux (tissu, etc.) qu'un enfant choisit pour « compagnon » (pour dormir, pour jouer).

doudoune [dudun] n. f. Fam. Veste en duvet. *Mettre sa doudoune pour faire du ski.*

doué, ée [dwe] adj. **1·** ***Doué(ée) de*** : qui possède naturellement. *Elle est douée d'une bonne mémoire.* **2·** ***Doué(ée) pour*** : qui a un don, des dons. *Un étudiant doué pour les mathématiques.* → **bon.** *Il est très doué pour la musique.* – Sans compl. *Un enfant très doué,* qui a des dons naturels. – Fam. *T'es pas doué, toi,* tu es maladroit, incapable. ▶ **douer** v. tr. < conjug. 1 > (Dieu, la nature, etc.) Pourvoir de qualités, d'avantages. → **doter.** *La nature l'a doué de beaucoup de patience.*

douille [duj] n. f. **1·** Pièce de métal cylindrique qui sert à adapter un instrument à un manche. *La douille d'une bêche.* – Pièce métallique dans laquelle on fixe le culot d'une ampoule électrique. *Douille à vis, douille à baïonnette.* **2·** Cylindre qui contient l'amorce et la charge de la cartouche. *Douille d'obus, de fusil.*

douillet, ette [dujɛ, ɛt] adj. **1·** Qui est délicatement moelleux. → **confortable, doux.** *Lit douillet. Vêtement douillet,* moelleux et chaud. *Un intérieur douillet,* confortable. **2·** (Personnes) Exagérément sensible aux petites douleurs physiques. *Il ne faut pas être si douillet.* / contr. courageux, endurant / – N. *Faire le douillet.* ▶ **douillette** n. f. Manteau, vêtement ouaté (spécialt, d'ecclésiastique). ▶ **douillettement** adv. *Élever un enfant trop douillettement.*

douleur [dulœʀ] n. f. **1·** Sensation physique pénible. / contr. plaisir / *Ressentir une douleur dans l'épaule* (→ **souffrir**). *Cri de douleur. Un blessé qui se tord de douleur. Douleur aiguë, lancinante, sourde. Remède qui calme la douleur.* → **antalgique.** *Traitement de la douleur.* → **algologie. 2·** Sentiment ou émotion pénible résultant d'un manque, d'une peine, d'un événement malheureux. → **chagrin, peine, souffrance.** / contr. bonheur / *J'ai eu la douleur de perdre ma mère. Confier sa douleur à qqn.* PROV. *Les grandes douleurs sont muettes,* on ne peut pas les exprimer. ▶ **douloureux, euse** adj. **1·** Qui cause une douleur, s'accompagne de douleur physique. *Sensation douloureuse. Maladie douloureuse.* / contr. indolore / **2·** Qui est le siège d'une douleur physique. *Avoir les pieds douloureux.* → **endolori. 3·** Qui cause une douleur morale. *Séparation douloureuse. Un moment douloureux,* rempli de douleurs. → **pénible, triste.** / contr. agréable, plaisant / ▶ **douloureuse** n. f. Fam. La note à payer. *J'ai reçu la douloureuse.* ▶ **douloureusement** adv. *Ils ont été douloureusement éprouvés par la mort de leur mère.* ▷ **endolori, indolore, souffre-douleur**

doute [dut] n. m. **1·** État de l'esprit qui est incertain de la réalité d'un fait, de la vérité de paroles, de la conduite à adopter dans une circonstance. → **hésitation, incertitude, perplexité.** *Être dans le doute au sujet de qqch.* PROV. *Dans le doute, abstiens-toi.* – ***Hors de doute.*** *Cela est hors de doute,* certain, incontestable. – ***Mettre en doute.*** *Je mets en doute sa sincérité.* **2·** Position philosophique qui consiste à ne rien affirmer d'aucune chose. → **scepticisme.** *Le doute cartésien.* **3·** ***Un doute*** : jugement par lequel on doute de qqch. *Avoir un doute (des doutes) sur l'authenticité d'un document. Il n'y a pas de doute, pas l'ombre d'un doute,* la chose est certaine. *Cela ne fait aucun doute.* – *Il n'y a pas de doute que... ; nul doute que...* (avec *ne* + subjonctif). *Nul doute qu'il ne vienne.* (+ indicatif) *Il n'y a pas de doute qu'il viendra.* **4·** ***Sans doute*** loc. adv. : selon toutes les apparences. – REM. L'expression *sans doute* implique aujourd'hui, qu'il y a au contraire un doute. → **apparemment, peut-être, probablement, vraisemblablement.** *Il a sans doute oublié. Sans doute arrivera-t-elle demain.* – Marquant une concession. *C'est sans doute vrai, mais...* – ***Sans nul (aucun) doute*** : certainement, assurément. « *Vous viendrez ? – Sans aucun doute.* » ▶ 1 **douter** v. tr. ind. et dir. < conjug. 1 > **1·** Être dans l'incertitude de (la réalité d'un fait, la vérité d'une assertion). ***Douter de.*** *Je doute de son succès. « Il acceptera ? – J'en doute fort. » N'en doutez pas,* soyez-en certain. – ***Douter que*** (+ subjonctif). *Je doute fort qu'il vous reçoive. Je ne doute pas que vous remplissiez dignement votre mission.* **2·** Mettre en doute (des croyances fondamentales considérées comme des vérités). *Les sceptiques doutent de tout.* **3·** ***Ne douter de rien*** : aller de l'avant sans s'inquiéter des difficultés. **4·** Ne pas avoir confiance en (qqn, qqch.). → se **défier,** se **méfier.** *Douter de qqn, de sa parole.* ▶ 2 **se douter** v. pron. < conjug. 1 > ***Se douter de*** : considérer, se représenter comme tout à fait probable (ce dont on n'a pas connaissance). → **croire, deviner, imaginer, pressentir, soupçonner.** *Vous doutiez-vous de cela ? Je ne me doutais de rien. Il est très mécontent, je m'en doute ; je ne m'en serais jamais douté.* – ***Se douter que*** (+ indicatif) → **supposer.** *Je me doute que c'est difficile. Nous nous doutions bien qu'il ne viendrait pas.* ▶ **douteux, euse** adj. **1·** Dont l'existence ou la réalisation n'est pas certaine, dont on peut douter. → **incertain.** / contr. assuré / *Un fait douteux. Son succès est douteux.* → **problématique.** – ***Il est douteux que*** (+ subjonctif). *Il est douteux qu'il vienne ce soir.* (Négatif, + indicatif ou subjonctif) *Il n'est pas douteux qu'il va venir, qu'il vienne.* **2·** Dont la nature n'est pas certaine, sur quoi on s'interroge. *Sens douteux d'une phrase, d'une proposition.* → **ambigu. 3·** Qui n'a pas ou ne semble pas avoir les qualités qu'on en attend. *Un jour douteux,* une clarté faible. *Viande douteuse* (peut-être avariée), *champignon douteux* (peut-être vénéneux). *Décoration d'un goût douteux,* plutôt mauvais. **4·** Qui n'est guère propre. *Verres, vêtements douteux.*

1 **douve** [duv] n. f. Fossé, originellement rempli d'eau, autour d'un château. *Les douves d'une forteresse.*

2 **douve** n. f. Planche servant à la fabrication des tonneaux.

doux, douce [du, dus] adj. et adv. **I·** Adj. **1·** Qui a un goût faible ou sucré (opposé à *acide, amer, fort, piquant, salé,* etc.). → péj. **douceâtre.** *Amandes, oranges, pommes douces. Vin doux,* sucré. – *Eau douce,* eau des lacs et des rivières, non salée. **2·** Agréable au toucher par son caractère lisse, souple (opposé à *dur*). *Peau douce. Lit,* *matelas très doux.* → **moelleux.** 3· Qui épargne les sensations violentes, désagréables. *Cette année, l'hiver a été doux.* → **clément.** *Doux murmures.* → **léger.** *Lumière douce.* → **tamisé.** 4· Qui procure une jouissance calme et délicate. → **agréable.** *Un espoir bien doux. Avoir la vie douce.* → **facile.** 5· Qui n'a rien d'extrême, d'excessif. → **faible.** *Pente douce. Cuire à feu doux. Châtiment trop doux.* – ***Médecines douces*** (*homéopathie, acupuncture,* etc.). 6· (Personnes) Qui ne heurte, ne blesse personne, n'impose rien, ne se met pas en colère. → **bienveillant, gentil, indulgent, patient.** / contr. agressif, brutal, violent / *Une jeune fille douce. Elle est douce avec ses enfants. Doux comme un agneau, comme un mouton.* → **inoffensif.** – N. *C'est un doux,* un homme doux. 7· Qui exprime des sentiments tendres, amoureux. – Loc. *Faire les yeux doux,* regarder amoureusement. *Un billet doux,* galant. **II·** Adv. 1· Loc. fam. ***Filer doux*** : obéir humblement sans opposer de résistance. 2· Fam. ***En douce*** : sans bruit, avec discrétion. *Partir en douce. En douce, il a réussi mieux que tout le monde,* sans en avoir l'air. ▷ **adoucir, aigre-doux, douceâtre, doucement, douceur, radoucir, redoux, taille-douce**

douze [duz] dét. invar., adj. invar. et n. invar. 1· Dét. num. cardinal invar. Nombre correspondant à dix plus deux (12). *Les douze mois de l'année. Soixante-douze* (72). *Douze cents* ou *mille deux cents* (1 200). 2· Adj. num. ordinal invar. → **douzième.** *Numéro douze. Douze heures trente,* ou plus cour. *midi et demi. Le douze mai.* 3· N. m. invar. Le nombre douze. *Trois fois quatre font douze. Le douze* (numéro). ▶ **douzaine** n. f. 1· Réunion de douze choses de même nature. *Une douzaine d'œufs, d'huîtres.* 2· Quantité indéterminée se rapprochant de douze. *Un garçon d'une douzaine d'années.* – Loc. fam. *À la douzaine,* en quantité. ▶ **douzième** adj. et n. 1· Adj. num. ordinal. Qui vient après le onzième. *Le douzième et dernier mois de l'année.* – N. *Arriver le, la douzième.* 2· Se dit d'une fraction d'un tout divisé également en douze. – N. m. *Un douzième des candidats a été reçu.* ▶ **douzièmement** adv. En douzième lieu. ▷ **demi-douzaine, in-douze**

doyen, enne [dwajɛ̃, ɛn] n. 1· Titre de la première dignité dans les facultés d'une université. *Le doyen de la faculté des lettres.* 2· Personne qui est le plus ancien des membres d'un corps, par ordre de réception. *Le doyen de l'Académie française.* 3· Personne la plus âgée (on dit aussi *doyen d'âge*). *La doyenne du village est centenaire.*

drachme [dʀakm] n. f. Dans la Grèce antique. Monnaie d'argent divisée en six oboles. – Unité monétaire de la Grèce moderne (avant l'euro).

draconien, ienne [dʀakɔnjɛ̃, jɛn] adj. D'une excessive sévérité. → **rigoureux.** *Le gouvernement a pris des mesures draconiennes.*

dragage [dʀagaʒ] n. m. Action de draguer. *Le dragage d'une rivière.*

dragée [dʀaʒe] n. f. 1· Confiserie, amande ou praline recouverte de sucre durci. *Un cornet de dragées. Dragées de baptême, roses* (filles), *bleues* (garçons). 2· Préparation pharmaceutique à sucer, formée d'un médicament recouvert de sucre. 3· Loc. ***Tenir la dragée haute*** *à qqn,* lui faire sentir son pouvoir, lui tenir tête.

dragon [dʀagɔ̃] n. m. **I·** 1· Animal fabuleux qu'on représente généralement avec des ailes, des griffes et une queue de serpent. *Un dragon gardait les pommes d'or du jardin des Hespérides.* 2· Dans l'iconographie chrétienne. Figure du démon (→ **serpent**). *Saint Michel terrassant le dragon.* 3· Plaisant. Loc. *Un* ***dragon de vertu*** : une femme affectant une vertu farouche. **II·** 1· Autrefois. Soldat de cavalerie. *Expédition des dragons contre les huguenots* (protestants), *sous Louis XIV* (appelée *dragonnade,* n. f.). 2· Soldat de certaines unités de blindés.

dragonne [dʀagɔn] n. f. Cordon, galon qui garnit la poignée d'un sabre, d'une épée, d'un bâton de ski...

1 **drague** [dʀag] n. f. 1· Filet de pêche en forme de poche et dont la partie inférieure racle le fond. *Drague à huîtres, à moules. Pêcheur à la drague.* 2· Engin mécanique installé sur un navire et destiné à curer les fonds des fleuves, canaux, estuaires, à creuser les bassins et chenaux des ports. *Drague à godets. Drague suceuse.* ▶ 1 **draguer** v. tr. < conjug. 1 > Curer, nettoyer (le fond d'une rivière, d'un port) à la drague. *Draguer un bassin.* ▶ 1 **dragueur** n. m. Bateau muni d'une drague. – Navire destiné à la recherche et à l'enlèvement des mines sous-marines. *Dragueur de mines.* ▷ **dragage**

2 **draguer** v. tr. < conjug. 1 > Fam. Chercher à racoler (qqn). *Draguer les filles.* – Sans compl. *Il drague en boîte.* ▶ 2 **drague** n. f. Fam. Le fait de draguer. ▶ 2 **dragueur, euse** n. Fam. Personne qui recherche une, des aventures amoureuses.

drain [dʀɛ̃] n. m. 1· Tube percé de trous et destiné à favoriser l'écoulement des liquides (pus, etc.) dans l'organisme. *Placer un drain dans une plaie.* 2· Tuyau servant à faire écouler l'eau des sols trop humides. *Mettre des drains dans un terrain.* ▶ **drainer** [dʀene] v. tr. < conjug. 1 > 1· Débarrasser (un terrain) de l'excès d'eau par le drainage. → **assécher.** / contr. irriguer / *Drainer un marais.* – Au p. p. adj. *Prairie drainée.* – *Drainer* *une plaie,* favoriser l'écoulement des liquides (pus, etc.) en plaçant un drain. **2·** Faire affluer en attirant à soi (pour conserver ou pour dériver). *Drainer les capitaux étrangers.* ▶ **drainage** n. m. Écoulement de l'eau retenue en excès dans les terres. *Le drainage d'un marais.*

draisienne [dʀɛzjɛn] n. f. Ancêtre de la bicyclette, véhicule à deux roues reliées par une pièce de bois sur laquelle on montait à califourchon.

drakkar [dʀakaʀ] n. m. Ancien navire à voile carrée et à rames des pirates normands (Vikings). *Les drakkars normands.*

dramatique [dʀamatik] adj. et n. f. **1·** (Ouvrage littéraire) Destiné au théâtre ; relatif aux ouvrages de théâtre. *Art dramatique,* l'ensemble des activités théâtrales. *Musique dramatique,* la musique composée pour la scène. → **opéra.** – *Émission dramatique,* de théâtre. → **théâtral.** N. f. *Une dramatique.* **2·** Qui s'occupe de théâtre. *Auteur, poète dramatique.* → **dramaturge.** **3·** Qui est susceptible d'émouvoir vivement le spectateur, au théâtre. → **émouvant, poignant.** *Situation, dénouement dramatique.* **4·** (Événements réels) Très grave et dangereux ou pénible. → **terrible, tragique.** *La situation est dramatique. Cela n'a rien de dramatique,* ce n'est pas bien grave. ▶ **dramatiquement** adv. D'une manière dramatique, tragique. *L'affaire se termina dramatiquement.* → **tragiquement.** ▶ **dramatiser** v. tr. < conjug. 1 > Accorder une importance exagérée à. → **exagérer.** *Il ne faut rien dramatiser, la situation n'est pas perdue.* ▶ **dramaturge** n. Auteur d'ouvrages destinés au théâtre. *Un dramaturge de talent.* ▶ **dramaturgie** n. f. Art de la composition dramatique. ▶ **dramaturgique** adj. ▷ **dédramatiser, mélodramatique**

drame [dʀam] n. m. **1·** En histoire littéraire. Genre théâtral comportant des pièces dont l'action généralement tragique s'accompagne d'éléments réalistes, familiers, comiques. *Le drame bourgeois* (genre du XVIIIe siècle), *le drame romantique* (XIXe siècle). **2·** Toute pièce d'un caractère grave, pathétique (opposé à *comédie*). *« Les Mouches », drame de J.-P. Sartre.* **3·** Événement ou suite d'événements tragiques, terribles. → **catastrophe, tragédie.** *Un drame affreux, sanglant. Il ne faut pas en faire un drame,* dramatiser. *Un drame passionnel.* ▷ **dramatique, mélodrame, psychodrame**

drap [dʀa] n. m. **1·** Tissu de laine dont les fibres sont feutrées par le foulage. *Drap fin, gros drap. Costume de drap.* **2·** ***Drap de lit*** ou ***drap*** : pièce de toile rectangulaire, qui sert à isoler le corps soit du matelas (*drap de dessous*), soit des couvertures (*drap de dessus*). Une paire de draps. – *Drap-housse,* drap de dessous dont les coins sont cousus de manière à emboîter le matelas. *Des draps-housses.* **3·** Loc. fig. ***Dans de beaux draps*** : dans une situation critique. *Nous voilà dans de beaux draps !* ▶ **draper** v. tr. < conjug. 1 > **1·** Habiller (qqn) de vêtements amples, formant des plis harmonieux. *Draper un mannequin dans une soierie.* – Pronominalement. *Se draper dans une cape.* **2·** (Étoffe) Recouvrir en formant des plis. **3·** Disposer (une étoffe) de manière qu'elle forme des plis harmonieux. *Couturier qui drape une étoffe sur un mannequin.* – Au p. p. adj. *Étoffe drapée.* – N. m. *Un beau drapé.* **4·** Loc. *Se draper dans sa dignité,* affecter une attitude de dignité offensée, orgueilleuse. ▶ **draperie** [dʀapʀi] n. f. **1·** Tissu de laine, dans le commerce. → **lainage.** **2·** Étoffe, vêtement ample et formant de grands plis. *Les draperies d'une sculpture.* → **drapé.** **3·** Étoffe de tenture drapée. *Les draperies d'une fenêtre.* ▶ **drapier, ière** n. Fabricant, marchand(e) de drap (1). – En appos. *Des marchands drapiers.*

drapeau [dʀapo] n. m. **1·** Étoffe attachée à une hampe et portant les couleurs, les emblèmes d'une nation, d'un groupement, d'un chef, pour servir de signe de ralliement, de symbole. → **étendard, pavillon.** *Le drapeau bleu blanc rouge de la France, le drapeau à fleur de lis du Québec. Hisser un drapeau. Garnir un édifice de drapeaux.* → **pavoiser.** *Drapeau rouge,* emblème révolutionnaire. *Drapeau blanc,* drapeau qui, en temps de guerre, indique à l'ennemi qu'on veut parlementer ou se rendre. *Drapeau noir,* des pirates, des anarchistes. **2·** Drapeau servant de signal. *Drapeau rouge de chef de gare.* **3·** Symbole de l'armée, de la patrie. *Le respect du drapeau.* – Loc. *Être **sous les drapeaux*** : être en activité de service dans l'armée. **4·** Fam. *Planter un drapeau,* partir sans payer, faire une dette. ▷ **porte-drapeau**

drastique [dʀastik] adj. Anglic. Énergique, draconien. *Une réforme drastique.*

drave [dʀav] n. f. Anglic. Au Canada. Flottage du bois. ▶ **draver** v. tr. < conjug. 1 > Diriger le flottage du bois. ▶ **draveur** n. m. Ouvrier travaillant au flottage du bois.

dravidien, ienne [dʀavidjɛ̃, jɛn] adj. Relatif à certains peuples du sud de l'Inde (par ex. les Tamouls). *Les langues dravidiennes ne font pas partie de la famille indo-européenne.*

① **dresser** [dʀese] v. tr. < conjug. 1 > **I·** V. tr. **1·** Tenir droit et verticalement. → **lever.** *Chien, cheval qui dresse les oreilles.* – Loc. *Dresser l'oreille,* écouter attentivement, diriger son attention. **2·** Faire tenir droit. → **élever, ériger.** *Dresser un* *monument, une statue. Dresser un lit, une tente.* → **monter. 3·** Disposer comme il le faut. → **installer, préparer.** – Vx. *Dresser la table, le couvert,* mettre. *Dresser un plat,* le présenter. **4·** Faire, établir avec soin ou dans la forme prescrite. *Dresser une carte, un plan. Dresser un inventaire. Je vais dresser la liste des cadeaux de Noël. Dresser un procès-verbal.* **5·** Abstrait. *Dresser une personne contre une autre,* mettre en opposition. → **braquer, monter. II·** ***Se dresser*** v. pron. **1·** (Êtres vivants) Se mettre droit. *Se dresser sur la pointe des pieds pour mieux voir.* **2·** (Suj. chose) Être droit. *Montagne qui se dresse à l'horizon.* → s'**élever.** *Les obstacles qui se dressent sur la route.* **3·** Abstrait. *Se dresser contre qqn.* → s'**opposer** à. *Le peuple, le pays s'est dressé contre l'envahisseur, l'oppresseur.* ▷ **dressoir, redresser**

② **dresser** v. tr. < conjug. 1 > **1·** Habituer (un animal) à faire docilement et régulièrement qqch. *Dresser un chien à rapporter le gibier. Dresser des animaux de cirque, des fauves.* → **dompter.** – Au p. p. adj. *Des animaux dressés.* **2·** Fam. Faire céder, plier (qqn). → **mater.** *Je vais te dresser. Ça le dressera.* ▶ **dressage** n. m. **1·** Action de dresser un animal. *Dressage savant des animaux de cirque.* **2·** Fam. Éducation très sévère. ▶ **dresseur, euse** n. Personne qui dresse des animaux. *Dresseur de chiens.*

dressoir [dʀɛswaʀ] n. m. Étagère, buffet anciens où sont disposés des objets faisant partie du service de la table (vaisselle, récipients).

dreyfusard, arde [dʀɛfyzaʀ, aʀd] adj. et n. Partisan du capitaine Dreyfus, accusé et condamné injustement (pendant *l'affaire Dreyfus*).

dribbler [dʀible] v. < conjug. 1 > **1·** V. intr. Courir en poussant devant soi la balle à petits coups de pied sans en perdre le contrôle. *Le joueur arrive en dribblant.* **2·** V. tr. *Dribbler un adversaire,* le passer en dribblant. ▶ **dribble** [dʀibl] n. m. Action de dribbler. *Trois dribbles successifs.*

drille [dʀij] n. m. *Un* ***joyeux drille*** : un joyeux compagnon, un homme jovial. → **luron.**

dring [dʀiŋ] ou **ding** [diŋ] interj. et n. m. Onomatopée évoquant le bruit d'une sonnette. – Répété : *Dring, dring !*

drive [dʀajv] n. m. Anglic. Coup droit, au tennis. *Des drives.*

drogue [dʀɔg] n. f. **1·** Médicament dont on conteste l'utilité, l'efficacité ou dont on condamne l'usage. *Toutes les drogues que lui ordonne son médecin lui font plus de mal que de bien.* **2·** ***La drogue*** : toxiques, stupéfiants (cocaïne, morphine, L. S. D., etc.). *Trafic de drogue.* ▶ **drogué, ée** adj. et n. (Personne) Qui se drogue. → **toxicomane.** *Un jeune lycéen drogué.* – N. *Une droguée.* ▶ **droguer** v. tr. < conjug. 1 > **1·** Faire prendre à (un malade) beaucoup de drogues. – Pronominalement. *Il se détruira la santé à force de se droguer.* **2·** Faire prendre de la drogue, des stupéfiants à. *On l'a drogué.* – Pronominalement. *Il se drogue depuis des années.*

droguerie [dʀɔgʀi] n. f. Commerce et magasin de produits chimiques et pharmaceutiques les plus courants, des produits de toilette, d'hygiène, de ménage, d'entretien. ▶ **droguiste** n. Personne qui tient une droguerie. → **marchand** de couleurs.

① **droit, droite** [dʀwa, dʀwat] adj. et adv. **I·** Adj. **1·** Qui est sans déviation, d'un bout à l'autre. / contr. courbe / *Barre droite. Se tenir droit. Être droit comme un I, un piquet,* très droit. *Ligne droite,* dont la direction est constante ; qui va d'un point à un autre par le chemin le plus court. *Il y a deux kilomètres en ligne droite. La route est droite.* **2·** Vertical. / contr. oblique / *Tenez la soupière bien droite. Remettre droit ce qui est tombé.* → **debout.** *Écriture droite* (opposé à *penché*). *Angle droit,* de 90°. *Ces deux rues se coupent à angle droit.* **3·** Dont les formes sont verticales. *Veston droit,* bord à bord (opposé à *croisé*). *Jupe droite.* **4·** Abstrait. (Personnes) Qui ne s'écarte pas d'une règle (morale). → **droiture.** *Un homme simple et droit.* → **honnête, juste, loyal, sincère. II·** Adv. En ligne droite. *Marcher droit. Viser droit. C'est droit devant vous, tout droit. Aller droit devant soi.* – Abstrait. ***Aller droit*** : par la voie la plus rapide. → **directement.** *Aller droit au but. Allez droit au fait. Cette intention me va droit au cœur.* – ***Marcher droit*** : bien se conduire, être obéissant. *Il va falloir marcher droit !* ▷ **droite, droiture**

② **droit, droite** adj. et n. m. **I·** Adj. Qui est du côté opposé à celui du cœur de l'observateur (opposé à *gauche*). *Le côté droit* (→ **droite**). *La main droite. La rive droite d'une rivière* (dans le sens du courant). **II·** N. m. Le poing droit du boxeur. *Direct, crochet du droit.* ▷ **droitier**

③ **droit** n. m. **I·** ***Un droit, des droits.*** **1·** Ce que chacun peut exiger, ce qui est permis, selon une règle morale, sociale. *Les droits naturels. Priver qqn de ses droits. Les Droits de l'homme. Le droit des peuples à disposer d'eux-mêmes.* – ***Avoir le droit de*** (+ infinitif). *Il n'a pas le droit de me juger. Elles n'ont pas le droit de sortir le soir.* → **permission.** – ***Avoir droit à*** (+ substantif). *Vous avez droit à des excuses.* – ***Être en droit de*** : avoir le droit de. *Vous êtes en droit de réclamer un dédommagement. Être dans son (bon) droit.* **2·** Ce qui est exigible ou permis par conformité à une règle précise (loi, règlement). → **faculté, prérogative, privilège.** *Droits civiques, droits du citoyen, droits politiques,* électorat, éligibilité. – *Droits civils, privés. Défendre ses droits devant la justice. Droit de chasse, de stationnement. Droits d'auteur* (→ **auteur**). **3**· Ce qui donne une autorité morale considérée comme légitime. *Les droits de l'amitié. Avoir des droits à la reconnaissance de qqn.* **4**· Somme d'argent, redevance exigée. → **contribution, impôt, taxe.** *Droits d'inscription à l'Université. Droits de douane.* **II**· *Le droit.* **1**· Ce qui constitue le fondement des droits de l'homme vivant en société. → **légalité, justice, morale.** *Du droit.* → **juridique.** *Opposer le droit au fait.* PROV. *La force prime le droit.* – LOC. *Faire droit.* *Faire droit à une demande,* la satisfaire. – ***À bon droit*** loc. adv. : d'une façon juste et légitime. *Il peut à bon droit se plaindre.* – ***Droit divin*** : doctrine du XVIIe s., d'après laquelle le roi est directement investi par Dieu. *Monarchie de droit divin.* **2**· Règles juridiques en vigueur dans un État. *Droit français. Droit romain. Droit commun,* règles générales, lorsqu'il n'y a aucune dérogation particulière. *Les prisonniers de droit commun* (opposé à *prisonniers politiques*). – Loc. adv. ***De droit*** : légal, prévu par les textes juridiques. – ***De plein droit*** : sans qu'il soit nécessaire de manifester de volonté, d'accomplir de formalité. – ***Qui de droit*** : personne ayant un droit sur..., personne compétente. *Adressez-vous à qui de droit.* – ***En droit.*** → **juridiquement.** *Être responsable en droit* (s'oppose à *en fait*). – *Droit public et droit privé. Droit civil,* traitant des personnes (capacité, famille, mariage), des biens, des successions, des obligations... *Droit constitutionnel,* partie du droit public relative à l'organisation de l'État (pouvoir ; souveraineté ; constitution, régime). – *Droit pénal* ou *criminel,* qui a trait aux infractions et aux peines, à la procédure criminelle. **3**· La science juridique. *Étudiant en droit. Faire son droit.* ▷ **ayant droit, passe-droit**

① **droite** [dʀwat] n. f. / contr. gauche / **1**· Le côté droit, la partie droite. *Il ne sait pas distinguer sa droite de sa gauche. Se diriger vers la droite. C'est à votre droite, sur votre droite.* **2**· Le côté droit d'un chemin, d'une route. *Tenir, garder sa droite.* **3**· *La droite d'une assemblée politique,* les députés des partis conservateurs (qui siègent à droite du président). – Fraction de l'opinion publique conservatrice ou réactionnaire. *Toute la droite a voté pour lui. Journal d'extrême droite.* **4**· Loc. adv. ***À droite*** : du côté droit. *Tourner à droite. De droite et de gauche,* de tous côtés. – Sur la partie droite de la chaussée. *Roulez à droite !* – Fam. Avec les gens de droite, en politique. *Voter à droite.* – Adj. *Elle est très à droite.*

② **droite** n. f. Ligne dont l'image est celle d'un fil parfaitement tendu et qui, en géométrie euclidienne, est le chemin le plus court d'un point à un autre. / contr. courbe / *Par deux points on peut faire passer une droite et une seule. Droites parallèles.*

droitier, ière [dʀwatje, jɛʀ] adj. Qui se sert mieux de la main droite que de la main gauche. – N. *Un droitier.* / contr. gaucher /

droiture [dʀwatyʀ] n. f. Qualité d'une personne droite (①, I, 4), dont la conduite est conforme aux lois de la morale, du devoir. → **franchise, honnêteté, loyauté.**

① **drôle** [dʀol] adj. **I**· Comique. **1**· Qui prête à rire, fait rire. → **amusant, comique, plaisant** ; fam. **marrant, rigolo.** *Il est drôle avec ce petit chapeau. Une histoire drôle. La situation actuelle n'est pas drôle,* elle est triste. **2**· (Personnes) Qui sait faire rire. → **amusant, gai.** *Ce fantaisiste est drôle.* **II**· Bizarre. **1**· Qui est anormal, étonnant. → **bizarre, curieux, étonnant, étrange, singulier.** / contr. normal / *La porte était restée ouverte, ça m'a semblé drôle.* (Avec *que* + subjonctif) *Nous trouvons drôle qu'il ait oublié de nous prévenir.* – (Personnes) *Vous êtes drôle ! Qu'auriez-vous fait à ma place ? Se sentir tout drôle,* ne pas se sentir comme d'habitude. **2**· ***Drôle de...*** *Un drôle d'instrument. Il porte une drôle de casquette. Faire une drôle de tête. Un drôle de type, de coco,* qui étonne, ou dont il convient de se méfier. **3**· Fam. (Intensif) Rude. → **sacré.** *Cet homme a une drôle de poigne,* une forte poigne. *Il faut une drôle de patience pour supporter cela,* il en faut beaucoup. ▶ **drolatique** [dʀɔlatik] adj. Littér. Qui a de la drôlerie, qui est récréatif et pittoresque. → **cocasse.** *Un personnage drolatique.* ▶ **drôlement** adv. **1**· Bizarrement. *Elle est drôlement accoutrée. Vous vous comportez drôlement.* **2**· Fam. De manière extraordinaire. → **bien, rudement.** *Les prix ont drôlement augmenté. Elle est drôlement jolie, drôlement bien.* → **très.** ▶ **drôlerie** [dʀolʀi] n. f. **1**· Parole ou action drôle et pittoresque. → **bouffonnerie.** *Dire des drôleries.* **2**· Caractère de ce qui est drôle. *Situation pleine de drôlerie.*

② **drôle, drôlesse** n. **1**· Vx. Coquin(e). **2**· Région. (Sud de la France) Gamin, gamine.

dromadaire [dʀɔmadɛʀ] n. m. Mammifère voisin du chameau, à une seule bosse. – REM. On appelle souvent les dromadaires *chameaux* (par confusion).

-drome, -dromie Éléments savants, signifiant « course » ou « piste » (ex. : *hippodrome*).

dru, drue [dʀy] adj. **1**· Qui pousse vigoureusement. → **épais, touffu.** *Herbe haute et drue. Une barbe drue et noire.* / contr. clairsemé / **2**· Adv. *La pluie, la neige tombe dru.*

drugstore [dʀœgstɔʀ] n. m. Anglic. Magasin sur le modèle américain où l'on vend divers produits (alimentation, hygiène, pharmacie). *Des drugstores.*

druide [dʀɥid] n. m. Prêtre gaulois ou celte. *Chaque année, les druides cueillaient le gui sacré sur les chênes.* ▶ **druidique** adj. *Monuments druidiques.*

druze [dʀyz] adj. et n. Qui appartient à une population musulmane arabophone de Syrie, du Liban et de Palestine, dont la religion est dérivée de l'ismaïlisme. *Les populations druzes du Liban.* – N. *Une Druze.*

dry [dʀaj] adj. invar. et n. m. invar. Anglic. *Champagne dry,* sec ; *extra-dry,* très sec.

dryade [dʀijad] n. f. Nymphe protectrice des forêts.

du [dy] art. **1·** Article défini contracté. *Venir du Portugal.* → 1 **de** et **le. 2·** Article partitif. *Manger du pain.* → 2 **de.**

dû, due [dy] adj. et n. m. **1·** Que l'on doit. *Somme due.* → **impayé.** *Les frais dus.* Loc. prov. *Chose promise, chose due.* – *Colis expédié en port dû.* **2·** ***Dû à*** : qui est causé par. *Ces troubles sont dus à votre accident.* **3·** *Acte en* ***bonne et due forme*** : rédigé conformément à la loi et revêtu des formalités nécessaires. **4·** N. m. Ce qui est dû. *Réclamer son dû.* ▷ **dûment**

dualisme [dɥalism] n. m. **1·** Doctrine ou système qui admet la coexistence de deux principes irréductibles. **2·** Coexistence de deux éléments différents. → **dualité.** ▶ **dualiste** adj. *Philosophie, religion dualiste.* ▶ **dualité** n. f. Caractère ou état de ce qui est double en soi ; coexistence de deux éléments de nature différente. / contr. **unité** /

dubitatif, ive [dybitatif, iv] adj. Qui exprime le doute. *Réponse dubitative.* / contr. **affirmatif** / ▶ **dubitativement** adv. *Hocher la tête dubitativement.*

duc [dyk], **duchesse** [dyʃɛs] n. Personne qui porte le titre de noblesse le plus élevé après celui de prince. *Le duc de Guise. La duchesse de Langeais.* ▶ **ducal, ale, aux** adj. Qui appartient à un duc, à une duchesse. *Couronne ducale. Palais ducal.* ▷ **archiduc, duché,** 1 **grand-duc**

ducasse [dykas] n. f. Fête publique, en Belgique et dans le Nord de la France. → **kermesse.**

ducat [dyka] n. m. Ancienne monnaie d'or.

duce [dutʃe] n. m. *Le Duce,* titre pris par Mussolini, chef de l'Italie fasciste (mot italien signifiant « guide »).

duché [dyʃe] n. m. Seigneurie, principauté à laquelle le titre de duc était attaché. ▶ **duchesse** n. f. **I·** → **duc. II·** Nom d'une variété de poire fondante.

ductile [dyktil] adj. Qui peut être allongé, étendu, étiré sans se rompre. *Métaux ductiles.*

duègne [dɥɛɲ] n. f. Vx. Femme âgée chargée de veiller sur la conduite d'une jeune fille ou d'une jeune femme. → **chaperon.**

1 **duel** [dɥɛl] n. m. **1·** Combat entre deux personnes dont l'une exige de l'autre la réparation d'une offense par les armes. *Se battre en duel.* **2·** ***Duel oratoire*** : échange de répliques entre deux orateurs. → **joute.** ▶ **duelliste** n. Personne qui se bat en duel.

2 **duel** n. m. En grammaire. Nombre distinct du pluriel qui s'emploie dans certaines langues (comme le grec ancien) pour désigner deux personnes, deux choses. *Singulier, duel et pluriel.*

duettiste [dɥetist] n. Personne qui joue ou qui chante une partie dans un duo.

duffel-coat [dœfœlkot] n. m. Anglic. Manteau trois-quarts avec capuchon, en gros tissu de laine. *Des duffel-coats.*

dulcinée [dylsine] n. f. Plaisant. (Nom de la femme aimée de don Quichotte) Femme inspirant une passion romanesque. *Il soupire auprès de sa dulcinée.* → **bien-aimée.**

dûment [dymɑ̃] adv. Selon les formes prescrites en droit. *Un fait dûment constaté.* / contr. **indûment** /

dumping [dœmpiŋ] n. m. Anglic. Pratique économique qui consiste à vendre sur les marchés extérieurs à des prix inférieurs à ceux du marché national, ou même inférieurs au prix de revient.

dune [dyn] n. f. Butte, colline de sable fin formée par le vent sur le bord des mers ou dans l'intérieur des déserts.

dunette [dynɛt] n. f. Superstructure élevée sur le pont arrière d'un navire et s'étendant sur toute sa largeur. *Le capitaine est sur la dunette.*

duo [dɥo] n. m. **1·** Composition musicale pour deux voix ou deux instruments. *Chanter en duo. Des duos.* **2·** Fam. *Duo d'injures,* échange d'injures. **3·** Plaisant. Couple ; deux personnes. *Ils font un curieux duo.* → **paire.** ▷ **duettiste**

duodécimal, ale, aux [dɥɔdesimal, o] adj. Qui a pour base le nombre douze. *Numération duodécimale.* ≠ décimal.

duodénum [dɥɔdenɔm] n. m. Partie de l'intestin grêle qui s'étend du pylore au côté gauche de la deuxième vertèbre lombaire. ▶ **duodénal, ale, aux** adj. Du duodénum.

dupe [dyp] n. f. et adj. 1· Personne que l'on trompe sans qu'elle en ait le moindre soupçon. → **pigeon.** *Être la dupe de qqn. C'est un marché de dupes,* où l'on est abusé. 2· Adj. (Seulement attribut) *Il me ment, mais je ne suis pas dupe,* je le sais. – (Compl. chose) *Les hommes sont facilement dupes de ce qui flatte leur orgueil. Je ne suis pas dupe de ses grands airs,* je ne m'y laisse pas prendre. ▶ **duper** v. tr. < conjug. 1 > Littér. Prendre pour dupe. → **tromper ;** fam. **avoir, posséder, rouler.** *Il est facile à duper. On nous a dupés,* on s'est moqué de nous. ▶ **duperie** n. f. Littér. Action de duper (qqn), tromperie.

duplex [dyplɛks] n. m. invar. 1· Système de télécommunications qui permet d'assurer simultanément l'envoi et la réception de messages. *Émission en duplex.* 2· Appartement sur deux étages.

duplicata [dyplikata] n. m. Second exemplaire (d'une pièce ou d'un acte qui doit porter cette mention). *Le duplicata d'une carte d'étudiant.* → **double.** *Des duplicatas ou des duplicata.*

duplicateur [dyplikatœʀ] n. m. Appareil, machine servant à reproduire un document à un grand nombre d'exemplaires.

duplicité [dyplisite] n. f. Caractère d'une personne qui a deux attitudes, joue deux rôles. → **fausseté, hypocrisie.** *Il y a beaucoup de duplicité dans son attitude. Cette duplicité va le perdre.*

duquel pronom relatif. → **lequel.**

dur, dure [dyʀ] adj., adv. et n. I· Adj. 1· Qui résiste à la pression, au toucher ; qui ne se laisse pas entamer facilement. → **résistant, rigide, solide ; dureté.** *Le fer, l'acier sont des métaux durs. Lit dur. Roches dures et roches tendres. Viande dure,* qu'on mâche avec peine. → **coriace.** *Du pain dur,* sec. → **rassis.** / contr. frais / *Œuf dur,* cuit dans sa coque assez longtemps pour être durci. *Col dur.* → **empesé.** *Crayon dur,* à mine dure. / contr. mou, tendre / 2· Qui résiste à l'effort, à une action. *Cette porte est dure,* résiste quand on l'ouvre ou la ferme. – *Être* ***dur d'oreille*** (et fam. *dur de la feuille*) : être un peu sourd. *Avoir la tête dure,* ne rien comprendre. *Avoir la vie dure,* résister longtemps à la mort. Abstrait. *Des préjugés qui ont la vie dure.* → **tenace.** – ***Dur à*** *qqch.* : (personnes) résistant. *Être dur à la tâche.* → **courageux, endurant.** – Loc. *Il est dur à la détente,* il ne comprend pas vite. – *Dur à...* (+ infinitif). → **difficile.** *Instrument dur à manier. Aliment dur à digérer* (et abstrait *cet affront est dur à digérer, à avaler*). 3· Difficile. *Ce problème est dur. C'est trop dur pour moi.* / contr. facile / 4· Pénible à supporter. *Vous êtes docker ? Ça doit être dur. Un climat très dur.* → **rigoureux.** *Une dure leçon.* → **sévère.** *Ce fut une dure épreuve.* → **rude.** *De durs combats.* → **acharné.** *Être à dure école.* – *Un coup dur* (→ **coup**). *Mener, rendre la vie dure à qqn,* le rendre malheureux. 5· Désagréable (à voir, à entendre), par un caractère brutal. *Avoir les traits* (du visage) *durs,* accusés et sans grâce. / contr. doux / 6· Qui manque de cœur, d'humanité ou d'indulgence. *Une personne dure.* → **inflexible, inhumain, sévère.** / contr. doux, tendre / *Être dur pour qqn, envers qqn. La critique a été dure. Répondre sur un ton dur. Un air dur.* 7· Brutal et répressif ; sans concession. *Une politique dure.* → **musclé.** II· Adv. Fam. Avec violence ou intensité. *Frapper, cogner dur.* → **fort.** / contr. doucement / *Travailler dur.* Fam. *Dur, dur !,* c'est pénible ! III· N. 1· N. m. Ce qui est dur. – Loc. ***En dur*** : construit en matériau dur (opposé à *préfabriqué*). *Bâtiment en dur.* 2· Fam. N. m. Train. *Prendre le dur.* 3· ***Dure*** n. f. *Coucher sur la dure,* par terre, sur la terre nue. – *Élevé à la dure,* de manière rude. – *En voir de dures,* subir des épreuves pénibles. 4· N. Fam. Personne qui n'a peur de rien, ne recule devant rien. *Jouer les durs. C'est une dure.* Loc. *Un dur de dur.* – *Un dur, une dure à cuire,* une personne qui ne se laisse ni émouvoir ni mener. ▷ **durcir, durement, dureté, durillon, endurcir, endurer, induration**

durable [dyʀabl] adj. De nature à durer longtemps. *Une construction durable. Amour durable.* / contr. passager / *Un souvenir durable.* / contr. éphémère / ▶ **durablement** adv. De manière à durer ; pendant longtemps.

duralumin [dyʀalymɛ̃] n. m. Alliage léger d'aluminium, de cuivre, de magnésium et de manganèse.

durant [dyʀɑ̃] prép. 1· (Avant le nom) Pendant la durée de. → **pendant.** *Durant la nuit. Durant l'été. Durant tout le* XVIIe *siècle.* 2· (Après le nom, dans quelques loc.) *Parler une heure durant,* complète, entière. *Vous toucherez cette rente votre vie durant.*

durcir [dyʀsiʀ] v. < conjug. 2 > I· V. tr. 1· Rendre dur, ferme. *La sécheresse durcit le sol.* / contr. amollir / 2· Rendre plus ferme, plus intransigeant. *Ils ont durci leur attitude depuis cette réunion.* – Pronominalement. *Leur position s'est durcie.* 3· Faire paraître dur, plus dur. *Cette coiffure lui durcit les traits, le visage.* / contr. adoucir / II· V. intr. Devenir dur, ferme. *Ce pain durcit rapidement.* → **rassir, sécher.** ▶ **durcissement** n. m. 1· Le fait de durcir ; son résultat. *Durcissement de l'argile, du ciment.* **2·** Le fait de devenir plus intransigeant. *Durcissement d'une attitude politique.* ▷ **endurcir**

durée [dyʀe] n. f. **1·** Espace de temps qui s'écoule entre le début et la fin (d'un phénomène, d'une action). → **temps.** *La durée d'un spectacle, d'un voyage. Pendant une durée de quinze jours. De longue durée* (→ **durable**). *Un bonheur de courte durée,* éphémère, momentané. **2·** Sentiment du temps qui passe, temps vécu. → **temps.**

durement [dyʀmɑ̃] adv. **1·** D'une manière brutale, pénible à supporter. *Il l'a frappé durement. Il a été durement éprouvé par cette perte. Il a été élevé durement.* → à la **dure. 2·** Sans bonté, sans humanité. *Parler, répondre durement.* / contr. doucement, gentiment /

dure-mère [dyʀmɛʀ] n. f. Enveloppe épaisse et fibreuse qui constitue le feuillet le plus externe des méninges. *Des dures-mères.* ▷ **péridural**

durer [dyʀe] v. intr. < conjug. 1 > **I·** (Choses) **1·** Avoir une durée de. *Le spectacle a duré deux heures. Leur conversation dure encore, dure depuis midi. Cela a assez duré. Ça durera ce que ça durera,* tant pis si ça ne dure pas plus longtemps. **2·** Sans compl. ***Durer*** : durer longtemps. *Le beau temps dure.* → se **maintenir.** *Faire durer,* prolonger, entretenir. *Faire durer le plaisir.* **3·** Résister contre les causes de destruction, d'usure. → se **conserver, tenir.** *La pierre dure plus que le bois. Ce costume a duré deux ans. – Cette ration devra vous durer huit jours.* **II·** (Personnes) Région. (à la forme négative) *Je ne peux pas durer dans cette ville,* rester. ▷ **durée, endurer**

dureté [dyʀte] n. f. **1·** Propriété de ce qui est dur (1). *La dureté du marbre, du diamant.* **2·** Défaut d'harmonie, de douceur. *La dureté des traits du visage. La dureté d'un dessin.* **3·** Caractère de ce qui est pénible à supporter. *La dureté d'une condition. L'excessive dureté d'un châtiment.* → **sévérité. 4·** (Personnes) Manque de sensibilité, de cœur. → **insensibilité, rudesse.** *Traiter qqn avec dureté. – Dureté d'âme. Dureté du regard.* / contr. douceur /

durillon [dyʀijɔ̃] n. m. Callosité qui se forme sur la plante des pieds et la paume des mains par épaississement de l'épiderme. → **cal, cor.**

durit ou **durite** [dyʀit] n. f. Tuyau, conduite en caoutchouc traité pour les raccords de canalisations des moteurs à explosion. *Changer une durit.*

D. U. T. [deyte] n. m. Abréviation de *Diplôme universitaire de technologie,* en France, diplôme de technicien supérieur obtenu dans un I. U. T.

duvet [dyvɛ] n. m. **I· 1·** Petites plumes molles et très légères qui poussent les premières sur le corps des oisillons et qu'on trouve sur le ventre et le dessous des ailes chez les oiseaux adultes. *Le duvet des poussins. Duvet de cygne. Couette de duvet.* **2·** Sac de couchage bourré de duvet ou d'une matière analogue. *Le duvet d'un campeur.* **II· 1·** Poils fins et doux (chez certains animaux et certaines plantes). *Feuilles couvertes d'un léger duvet.* **2·** Poils très fins (de certaines parties du corps humain). *Le duvet de ses joues.* ▶ **duveté, ée** [dyvte] adj. Couvert de duvet. *Pêche duvetée. Lèvre duvetée.* ▶ **se duveter** v. pron. < conjug. 5 > Se couvrir de duvet. ▶ **duveteux, euse** adj. Qui a beaucoup de duvet.

D. V. D. ou **DVD** [devede] n. m. invar. Anglic. Disque optique numérique de très grande capacité, adapté au multimédia et à la vidéo numérique (films, spectacles...).

dynamique [dinamik] adj. et n. f. **I· 1·** Relatif aux forces, à la notion de force. *Électricité dynamique,* le courant électrique. / contr. statique / **2·** Qui considère les choses dans leur mouvement, leur transformation. / contr. statique / **3·** (Personnes, actes) Qui manifeste une grande vitalité, de la décision et de l'entrain. *Elle est très dynamique.* / contr. mou / **II·** N. f. **1·** *La dynamique,* partie de la mécanique qui étudie le mouvement considéré dans ses rapports avec les forces qui en sont les causes. **2·** Ensemble des forces qui s'exercent dans un phénomène. *La dynamique sociale.* **3·** Force orientée vers un progrès, un développement. *Déclencher une dynamique révolutionnaire.* ▶ **dynamiser** v. tr. < conjug. 1 > Donner, communiquer du dynamisme à. *Dynamiser une entreprise.* ▶ **dynamisme** n. m. **1·** Doctrine qui pose le mouvement ou le devenir comme primitif (opposé à *statisme*). *Le dynamisme philosophique de Bergson.* **2·** → **énergie, vitalité.** *Il manque de dynamisme.* ▷ **aérodynamique, électrodynamique, hydrodynamique, thermodynamique**

dynamite [dinamit] n. f. Substance explosive, composée d'un mélange de nitroglycérine et de matières solides. *Attentat à la dynamite.* – Fam. *C'est de la dynamite, ce bonhomme,* il est remuant, explosif. *Ces documents, cette révélation, c'est de la dynamite,* cela va faire du bruit, avoir un effet « explosif ». ▶ **dynamiter** v. tr. < conjug. 1 > Faire sauter à la dynamite. *Dynamiter un pont.* ▶ **dynamitage** n. m. ▶ **dynamiteur, euse** n. Auteur d'attentats à la dynamite.

dynamo [dinamo] n. f. (Abréviation de *machine dynamo-électrique*) Machine transformant l'énergie mécanique en énergie électrique. *La dynamo d'une automobile charge les accumulateurs. Des dynamos.*

dynam(o)- Élément savant signifiant « force ». ▶ **dynamomètre** [dinamɔmɛtʀ] n. m. Instrument servant à mesurer l'intensité des forces. ▷ **dynamique, dynamite, dyne**

dynastie [dinasti] n. f. **1·** Succession des souverains d'une même famille. *La dynastie capétienne.* **2·** Succession d'hommes célèbres, dans une même famille. *La dynastie des Bach. Une dynastie de financiers.* ▶ **dynastique** adj. D'une dynastie.

dyne [din] n. f. Unité principale de force dans le système C. G. S. : force qui, appliquée à une masse de 1 gramme, lui communique une accélération de 1 cm par seconde.

dys- [dis] Élément savant signifiant « difficulté, trouble » (ex. : *dysménorrhée* [dismenɔʀe], n. f. « règles douloureuses »). ▶ **dysfonctionnement** n. m. Trouble dans le fonctionnement. *Dysfonctionnement rénal.* ▶ **dyslexie** [dislɛksi] n. f. Trouble de la capacité de lire, ou difficulté à reconnaître et à reproduire le langage écrit (en l'absence de déficience organique ou intellectuelle). ▶ **dyslexique** adj. et n. ▶ **dysorthographie** [dizɔʀtɔgʀafi] n. f. Trouble dans l'acquisition et la maîtrise des règles de l'orthographe.

dysenterie [disɑ̃tʀi] n. f. Maladie infectieuse caractérisée par une inflammation ulcéreuse du gros intestin.

dyspepsie [dispɛpsi] n. f. Digestion difficile. *Souffrir de dyspepsie.*

dystrophie [distʀɔfi] n. f. Trouble de la nutrition ou du développement (d'un organe, d'une partie du corps). *Dystrophie musculaire,* myopathie.

eE

e [ə] n. m. Cinquième lettre, deuxième voyelle de l'alphabet. – REM. Le *e* est ouvert [ɛ] dans *mer, près, bête* ; fermé [e] dans *et, chanter, assez* ; muet (ou caduc) [ə] dans *petit. Le e appelé muet est souvent prononcé dans le sud de la France.* – En physique, *e*, symbole de l'électron.

e- Anglic. Élément (emprunté à l'anglais, de *electronic*) qui sert à former des composés désignant des activités, des produits liés à Internet. ▷ **e-book, e-commerce, e-mail**

E. A. O. [əao] Abréviation de *enseignement* assisté par ordinateur.*

eau [o] n. f. **I· 1·** Liquide naturel, inodore, incolore et transparent quand il est pur. *L'eau est formée d'hydrogène et d'oxygène. La formule chimique de l'eau est* H_2O. *Eau de pluie. Eau de source. Nappe d'eau souterraine. L'eau gèle à 0 °C* → **glace,** *s'évapore à 100 °C* → **vapeur.** *Boire de l'eau en mangeant. Pommes de terre (cuites) à l'eau. Robinet d'eau froide, d'eau chaude. Laver qqch. à grande eau,* en faisant couler l'eau. *Une bouteille d'eau minérale.* – Loc. *Mettre de l'eau dans son vin,* le couper ; fig. modérer ses prétentions. **2·** Loc. *Prendre l'eau :* (Vêtement) être perméable. *Faire eau :* (Bateau) laisser entrer l'eau par une brèche. **3·** Au plur. *Les eaux :* les eaux minérales d'une station thermale. *Aller aux eaux, prendre les eaux,* faire une cure thermale. *Une ville d'eaux.* **4·** Étendue ou masse plus ou moins considérable de ce liquide. *La surface, le fond de l'eau. Traverser l'eau,* aller d'une rive ou d'une côte à une autre. *Aller sur l'eau.* → **naviguer.** *Mettre un navire à l'eau,* le lancer. *Il est tombé à l'eau et s'est noyé.* – Loc. fig. *Tomber à l'eau,* être oublié, échouer. – *Se jeter à l'eau,* prendre soudainement une décision audacieuse. – Au plur. *Basses eaux,* niveau le plus bas d'un fleuve. *Les grandes eaux,* jets d'eau et cascades d'un parc. *Eaux territoriales,* zone de mer s'étendant des côtes d'un pays jusqu'à une ligne considérée comme sa frontière maritime. **5·** Solution où il entre de l'eau. *Eau de Seltz,* eau gazeuse. *Eau oxygénée. Eau de Cologne, eau de toilette,* préparation alcoolisée parfumée avec des essences de fleurs, etc. *Eau de lavande.* → **lotion, parfum. 6·** *Eau lourde :* composé d'hydrogène lourd et d'oxygène. **7·** *Les Eaux et Forêts,* ancienne administration française chargée de la délimitation, de la plantation, de la conservation des forêts de l'État. **II·** Dans des expressions. Sécrétion liquide incolore du corps humain. *J'étais tout en eau,* en sueur. *Avoir l'eau à la bouche,* saliver devant un mets appétissant ; être particulièrement attiré, tenté par qqch. de désirable. *La description de ce repas me mettait l'eau à la bouche.* **III·** Transparence, pureté (des pierres précieuses). *Un diamant de la plus belle eau.* – Iron. *Un escroc, un imbécile de la plus belle eau,* ce qu'on peut trouver de mieux en fait d'escroc, d'imbécile. ▶ **eau-de-vie** [odvi] n. f. Liquide alcoolique provenant de la distillation du jus fermenté des fruits (*eau-de-vie naturelle*) ou de la distillation de céréales, fruits, tubercules. → **alcool** ; fam. **gnôle.** *Cerises, prunes à l'eau-de-vie. Des eaux-de-vie.* ▶ **eau-forte** n. f. **1·** Acide dont les graveurs se servent pour attaquer le cuivre, là où le vernis a été enlevé par la pointe. *Graveur à l'eau-forte.* **2·** Gravure utilisant ce procédé. *Livre illustré d'eaux-fortes originales.* ▷ **chauffe-eau,** eau de **Javel, tirant** d'eau, à **vau-l'eau, Verseau**

ébahir [ebaiʀ] v. tr. < conjug. 2 > Frapper d'un grand étonnement. → **abasourdir, stupéfier.** *Voilà une nouvelle qui m'ébahit.* – Au p. p. adj. *J'en suis tout ébahi. Un air ébahi.* → **ahuri, stupéfait ;** fam. **épaté.** ▶ **ébahissement** n. m. Étonnement extrême. → **stupéfaction, surprise.**

ébarber [ebaʀbe] v. tr. < conjug. 1 > **1·** Débarrasser des aspérités, bavures (une surface ou une pièce mécanique, des feuilles de papier, etc.). → **limer. 2·** Couper les nageoires de (un poisson) avant la cuisson.

s'ébattre [ebatʀ] v. pron. < conjug. 41 > Littér. Se donner du mouvement pour s'amuser. *Les enfants s'ébattent dans le jardin.* → **folâtrer, jouer.**

▶ **ébats** [eba] n. m. pl. (Personne, animal) Littér. ou plaisant. Jeux, mouvements d'un être qui s'ébat. – *Ébats amoureux*, activités érotiques.

ébaucher [eboʃe] v. tr. < conjug. 1 > **1·** Donner la première forme à (une matière). → **dégrossir.** *Ébaucher un diamant*, commencer à le tailler. **2·** Donner la première forme à (un ouvrage). → **esquisser.** *Il commençait à ébaucher son tableau.* – Concevoir, préparer dans les grandes lignes (une idée, un projet). **3·** Commencer sans exécuter jusqu'au bout. → **esquisser.** *J'ai ébauché un geste.* – Pronominalement. *Un rapprochement s'ébauche entre les deux pays.* / contr. achever / ▶ **ébauche** n. f. **1·** Première forme, encore imparfaite, que l'on donne à une œuvre. → **esquisse.** *Un tableau, une sculpture à l'état d'ébauche.* **2·** Première manifestation, commencement. *L'ébauche d'un sourire.* ▶ **ébauchoir** n. m. Outil pour ébaucher (1).

ébène [ebɛn] n. f. Bois de l'arbre dit *ébénier*, très noir, d'un grain uni et d'une grande dureté. *Un coffret d'ébène.* – Loc. *Noir comme l'ébène.* ▶ **ébéniste** n. Artisan spécialisé dans la fabrication des meubles de luxe. ▶ **ébénisterie** n. f. Fabrication des meubles de luxe, ou décoratifs. *L'acajou, le palissandre sont des bois d'ébénisterie.*

éberlué, ée [ebɛʀlɥe] adj. Ébahi, stupéfait. *La foule éberluée restait muette.*

éblouir [ebluiʀ] v. tr. < conjug. 2 > **1·** Troubler (la vue, ou une personne dans sa vision) par un éclat qui fait mal aux yeux. → **aveugler.** *Ses phares nous éblouissaient.* – Au passif. *Nous étions éblouis par le soleil.* **2·** Frapper d'admiration. → **émerveiller.** *Nous étions éblouis par ce spectacle.* – Impressionner, séduire. *Il veut nous éblouir.* ▶ **éblouissant, ante** adj. **1·** Qui éblouit. *Une lumière éblouissante.* → **aveuglant, éclatant.** *Une blancheur éblouissante.* **2·** D'une beauté merveilleuse, d'une qualité brillante. → **fascinant.** *Une interprétation éblouissante.* / contr. terne / ▶ **éblouissement** n. m. **1·** Trouble de la vue provoqué par une cause interne (faiblesse, congestion), ou extérieure (lumière trop forte, choc), et généralement accompagné de vertige. *Avoir un, des éblouissements.* **2·** Émerveillement, enchantement. *Ce spectacle était un éblouissement.*

ébonite [ebɔnit] n. f. Matière plastique dure et noire, isolante, obtenue par la vulcanisation du caoutchouc. *Téléphone en ébonite.*

e-book [ibuk] n. m. Anglic. Livre numérique.

éborgner [ebɔʀɲe] v. tr. < conjug. 1 > Rendre borgne. – Pronominalement. *J'ai failli m'éborgner*, me crever un œil.

éboueur, euse [ebuœʀ, øz] n. Personne qui vide les ordures. → **boueux.**

ébouillanter [ebujɑ̃te] v. tr. < conjug. 1 > Passer à l'eau bouillante. *Ébouillanter des légumes.* → **blanchir.** – Pronominalement. ***S'ébouillanter*** : se brûler avec de l'eau bouillante. *Elles se sont ébouillantées en renversant la théière.*

s'ébouler [ebule] v. pron. < conjug. 1 > Tomber par morceaux, en s'affaissant. *Le tas de bois s'est éboulé.* → **crouler, s'effondrer.** ▶ **éboulement** n. m. Chute de terre, de rochers, matériaux, constructions qui s'éboulent. *Des mineurs victimes d'un éboulement.* → **affaissement, effondrement.** ▶ **éboulis** n. m. invar. Amas lentement constitué de matériaux éboulés. *Marcher à travers des éboulis de roches.*

ébouriffer [ebuʀife] v. tr. < conjug. 1 > **1·** Mettre (les cheveux) en désordre. – Au p. p. adj. *Il était tout ébouriffé*, échevelé. **2·** Fam. Surprendre au point de choquer. *Sa façon de raconter les choses m'ébouriffe.* ▶ **ébouriffant, ante** adj. Fam. Qui ébouriffe (2). *Une histoire ébouriffante.* → **renversant.**

ébrancher [ebʀɑ̃ʃe] v. tr. < conjug. 1 > Dépouiller (un arbre) de ses branches. *Ébrancher des platanes.* → **élaguer, émonder, tailler.**

ébranler [ebʀɑ̃le] v. tr. < conjug. 1 > **1·** Faire trembler, vibrer par un choc. → **secouer.** *La détonation a ébranlé les vitres.* **2·** Abstrait. Mettre en danger de crise ou de ruine. → **compromettre.** / contr. consolider / *Les événements ont ébranlé le régime, la confiance.* **3·** Rendre peu ferme, incertain (les opinions, le moral de qqn). *Cet accident a ébranlé sa santé.* → **affaiblir.** – (Compl. personne) Troubler, faire chanceler dans ses convictions. *Rien ne pouvait l'ébranler. Vos objections ne l'ont pas ébranlé.* → **troubler. 4·** ***S'ébranler*** v. pron. réfl. : se mettre en branle, en marche. *Le cortège s'ébranle lentement.* ▶ **ébranlement** n. m. **1·** Oscillation ou vibration produite par un choc ou une secousse. → **commotion.** *L'ébranlement des vitres, du sol.* → **tremblement. 2·** Abstrait. Fait d'ébranler (un régime, des institutions).

ébrécher [ebʀeʃe] v. tr. < conjug. 6 > **1·** Endommager en entamant le bord de. *Ébrécher un plat, un couteau.* – Au p. p. adj. *Des assiettes ébréchées.* **2·** Fam. Abstrait. Diminuer, entamer. *Il a bien ébréché son héritage.* → **écorner.**

ébriété [ebʀijete] n. f. (Surtout style admin.) Ivresse. *Un individu en état d'ébriété*, ivre.

s'ébrouer [ebʀue] v. pron. < conjug. 1 > **1·** (Cheval) Souffler bruyamment en secouant la tête. **2·** Souffler en s'agitant. *Le plongeur s'ébroue en sortant de l'eau.*

ébruiter [ebʀɥite] v. tr. < conjug. 1 > Faire circuler (une nouvelle qui aurait dû rester secrète). → **divulguer.** *Il ne faut pas ébruiter nos projets.* – Pronominalement. *Toute l'affaire s'est ébruitée.* → se **répandre.**

ébullition [ebylisjɔ̃] n. f. **1·** État d'un liquide soumis à l'action de la chaleur, et dans lequel se forment des bulles de vapeur qui viennent crever à la surface (→ **bouillir**). *Attendre l'ébullition avant de jeter les pâtes dans la casserole. Point d'ébullition,* température où un liquide se met à bouillir et passe à l'état gazeux. **2·** Fig. *En ébullition :* dans un état de vive agitation, de surexcitation. → **effervescence.** *Tout le quartier était en ébullition.*

écaille [ekaj] n. f. **1·** Petite plaque qui recouvre la peau (de certains poissons, de reptiles). *Les écailles du serpent.* – Petite lame coriace imbriquée enveloppant certains organes de végétaux (bourgeons, bulbes). ≠ écale. **2·** Matière qui recouvre la carapace des tortues de mer. *Lunettes à monture d'écaille.* – Résine synthétique imitant cette matière. ▶ 1 **écailler** v. tr. < conjug. 1 > **1·** Enlever, racler les écailles de (un poisson). *Écailler une carpe.* **2·** Ouvrir (une huître). → 2 **écailler. 3·** Faire tomber en écailles (un enduit). – Pronominalement. *La peinture s'était écaillée.* ▶ 2 **écailler, ère** n. Personne qui ouvre et vend des huîtres. ▶ **écailleux, euse** adj. **1·** Qui a des écailles. *La peau écailleuse du lézard.* **2·** Qui se détache par écailles. *Peinture écailleuse.*

écale [ekal] n. f. Enveloppe recouvrant la coque des noix, noisettes, amandes, châtaignes. ≠ écaille. ▶ **écaler** v. tr. < conjug. 1 > Enlever l'écale de (noix, amandes...). → **décortiquer.**

écarlate [ekaʀlat] n. f. et adj. **1·** N. f. Couleur d'un rouge éclatant tirée de la cochenille. – Étoffe teinte de cette couleur. **2·** Adj. Très rouge. *À ces mots, il est devenu écarlate* (de honte, de confusion). → **cramoisi.**

écarquiller [ekaʀkije] v. tr. < conjug. 1 > Ouvrir démesurément (les yeux). *Il écarquille les yeux.* – Au p. p. *Des yeux écarquillés d'étonnement.*

écart [ekaʀ] n. m. **1·** Distance qui sépare deux choses qu'on écarte ou qui s'écartent. → **écartement.** – *Grand écart* [gʀɑ̃tekaʀ] : écart des jambes d'avant en arrière de telle façon qu'elles soient à l'horizontale. *Faire le grand écart.* **2·** Différence entre deux grandeurs ou valeurs (dont l'une, en particulier, est une moyenne ou une grandeur de référence). *L'écart entre le prix de revient et le prix de vente.* → **variation. 3·** Action de s'écarter, de s'éloigner d'une direction ou d'une position. *Son cheval a fait un écart sur le côté, en arrière.* **4·** *Un écart, des écarts de conduite, de langage.* → **erreur, faute. 5·** Loc. adv. *À l'écart :* dans un endroit écarté, à une certaine distance (de la foule, d'un groupe). *Elle se tenait à l'écart.* – Abstrait. *Tenir qqn à l'écart,* ne pas le faire participer à une activité. *On le tient à l'écart.* – Loc. prép. *À l'écart de. La maison était un peu à l'écart de la route. Se tenir à l'écart d'une affaire de famille,* ne pas s'en mêler.

écarteler [ekaʀtəle] v. tr. < conjug. 5 > **1·** Déchirer en quatre (un condamné) en faisant tirer ses membres par quatre chevaux (ancien supplice). **2·** Abstrait. Tirailler. – Au passif. *Il est écartelé entre ses sentiments et ses intérêts.* → **partagé.** ▶ **écartèlement** n. m. **1·** Supplice consistant à écarteler. **2·** Abstrait. État d'une personne écartelée (2), tiraillée.

1 **écarter** [ekaʀte] v. tr. < conjug. 1 > **1·** Mettre (plusieurs choses ou plusieurs parties d'une chose) à quelque distance les unes des autres. → **séparer.** / contr. rapprocher / *Écarter les doigts, les jambes.* **2·** Mettre à une certaine distance (d'une chose, d'une personne). → **éloigner.** *Il faut écarter la table du mur.* – Repousser (qqch., qqn qui barre le passage). *Il écarta son frère pour passer.* Abstrait. *Tous les obstacles étaient enfin écartés.* → **lever.** – Éloigner de soi. *Écarter toute idée préconçue.* – Exclure. *On l'a écarté de l'équipe.* **3·** Éloigner d'une direction. *Écarter une rivière de son lit.* → **détourner. 4·** *S'écarter* v. pron. : se disperser. *Les nuages s'écartent. Ses doigts s'écartent.* → s'**ouvrir.** – S'éloigner (d'un lieu, d'une direction). *Écartez-vous de là. Nous nous écartons de la bonne route.* – Se détourner de, ne pas suivre (une ligne). *L'artiste s'écarte de la nature, de son modèle...* / contr. rapprocher / ▶ 1 **écarté, ée** adj. **1·** Assez éloigné des centres, des lieux de passage. → **isolé.** *Un chemin, un endroit écarté.* **2·** Au plur. *Les bras écartés,* éloignés l'un de l'autre. ▶ **écartement** n. m. Espace qui sépare une chose d'une ou plusieurs autres. → **écart, distance.** *L'écartement des essieux.* ▷ **écart**

2 **écarter** v. tr. < conjug. 1 > Dans les jeux de cartes. Rejeter de son jeu (une ou plusieurs cartes). ▶ 2 **écarté** n. m. Jeu de cartes où chaque joueur peut, si l'adversaire l'accorde, écarter les cartes qui ne lui conviennent pas et en recevoir de nouvelles.

ecchymose [ekimoz] n. f. Tache (noire, jaunâtre) produite par l'épanchement du sang sous la peau. → **hématome ;** plus cour. **bleu.**

ecclésiastique [eklezjastik] adj. et n. m. **1·** Relatif à une Église, à son clergé. / contr. laïque / *L'état, la vie ecclésiastique.* **2·** N. m. Membre d'un clergé. → **ministre, pasteur, prêtre, religieux.**

écervelé, ée [esɛʀvəle] adj. et n. Qui est sans cervelle, sans jugement. → **étourdi, fou.** *Une petite écervelée.*

échafaud [eʃafo] n. m. Plate-forme en charpente destinée à l'exécution des condamnés. *Il finira sur l'échafaud.* – Autrefois. Peine de mort par décapitation. *Les assassins risquaient l'échafaud.*

échafauder [eʃafode] v. < conjug. 1 > **1·** V. intr. Construire un échafaudage. *Échafauder pour bâtir un mur.* **2·** V. tr. Former par des combinaisons hâtives et fragiles. *Échafauder des hypothèses.* – Élaborer progressivement. *Il échafaude des projets.* ▶ **échafaudage** n. m. **1·** Construction temporaire, passerelles, plates-formes soutenues par une charpente (sur la façade d'un bâtiment à édifier ou à réparer). *Un échafaudage en tubes métalliques. Dresser un échafaudage pour réparer un toit.* **2·** Assemblage de choses posées les unes sur les autres. → **pyramide.** *Un échafaudage de livres.* – Assemblage complexe et peu solide (de faits, de preuves, d'arguments...). *Un échafaudage de mensonges.* – Élaboration progressive. *L'échafaudage d'un système.*

échalas [eʃala] n. m. invar. Pieu en bois que l'on enfonce dans le sol au pied d'un arbuste, d'un cep de vigne pour le soutenir. – Loc. *Il est sec, raide comme un échalas.* – *Un grand échalas,* une personne grande et maigre. → **perche.**

échalote [eʃalɔt] n. f. Variété d'ail à bulbe plus petit et au goût moins fort. *Sauce à l'échalote, aux échalotes.*

échancrer [eʃɑ̃kʀe] v. tr. < conjug. 1 > Creuser ou découper en creux (arrondi ou angle). *Il faut échancrer l'encolure.* ▶ **échancré, ée** adj. *Un corsage échancré. La côte est profondément échancrée,* découpée. ▶ **échancrure** n. f. Partie échancrée. *L'échancrure d'une robe.* → **décolleté.** *L'échancrure d'un rivage.* → **baie, golfe.**

échanger [eʃɑ̃ʒe] v. tr. < conjug. 3 > **1·** Laisser (qqch.) à qqn en recevant une autre chose en contrepartie. *Échanger une marchandise contre une autre, contre de l'argent.* – (Sujet au plur.) Donner et recevoir (des choses équivalentes). *Ils échangent des timbres.* **2·** Adresser et recevoir en retour. *Il a échangé avec elle un léger sourire.* – (Sujet au plur.) Se faire des envois, des communications réciproques de (choses du même genre). *Ils ont échangé des lettres. Les spectateurs échangeaient leurs impressions.* ▶ **échange** n. m. **1·** Opération par laquelle on échange (des biens, des personnes). *Proposer un échange à un collectionneur. Discuter d'un échange de prisonniers.* – Contrat par lequel on donne une chose contre une autre. *Un échange d'appartements.* **2·** Au plur. Commerce, opération commerciale. *Le volume des échanges. Les échanges internationaux.* **3·** *Échange de* : communication réciproque (de documents, renseignements, etc.). *Un échange de lettres, de politesses. Un échange de vues.* **4·** Passage de substances entre la cellule et le milieu extérieur. *Échanges gazeux.* **5·** *En échange* loc. adv. : de manière qu'il y ait échange. → **en contrepartie, en retour.** – *En échange de* loc. prép. : pour compenser, remplacer, payer. ▶ **échangeur** n. m. **1·** Appareil destiné à réchauffer ou refroidir un liquide, un gaz au moyen d'un autre fluide à une température différente. **2·** Intersection routière à plusieurs niveaux. *Un échangeur d'autoroutes.* → **trèfle.**

échanson [eʃɑ̃sɔ̃] n. m. Officier d'une cour, dont la fonction était de servir à boire à la table du prince.

échantillon [eʃɑ̃tijɔ̃] n. m. **1·** Petite quantité (d'une marchandise) qu'on montre pour donner une idée de l'ensemble. *Boîte, cahier d'échantillons d'étoffes.* **2·** Spécimen remarquable (d'une espèce, d'un genre). → **exemple, représentant.** *Il a rapporté du Brésil plusieurs échantillons de papillons très rares.* **3·** Fraction représentative d'une population, choisie en vue d'un sondage. *Un échantillon de mille personnes.* ▶ **échantillonner** v. tr. < conjug. 1 > **1·** Prélever, choisir des échantillons de (tissus, produits, etc.). **2·** Choisir comme échantillon en vue d'un sondage. ▶ **échantillonnage** n. m. Action d'échantillonner. – Collection d'échantillons. *Un bon échantillonnage.*

échapper [eʃape] v. < conjug. 1 > **I·** V. tr. ind. *Échapper à.* **1·** Cesser d'être prisonnier de (un lieu, une personne). *Ils ont échappé à leur gardien.* – Se tirer (d'un danger). *Il a échappé à l'accident.* **2·** Cesser de subir l'influence de, ne plus pouvoir être retenu. *Le gourou sentait ses adeptes lui échapper.* – *Son nom m'échappe,* je ne peux pas m'en souvenir. **3·** Être prononcé contre la volonté du sujet. *Je regrette les paroles qui m'ont échappé.* **4·** Éviter (qqn, qqch. de menaçant). *Il s'est caché pour échapper à la police. Vous ne pourrez pas y échapper.* → **couper.** – (Choses) N'être pas touché, contrôlé, compris par. *Rien ne lui échappe,* il remarque tout. *Le sens de cette phrase m'échappe.* **II·** V. tr. ind. *Échapper de.* (Choses) Cesser d'être tenu, retenu. *La tasse lui a échappé des mains.* → **glisser, tomber.** **III·** V. tr. Loc. *L'échapper belle* : échapper de justesse à un danger. **IV·** V. pron. *S'échapper (de).* **1·** S'enfuir, se sauver. *Les prisonniers se sont échappés.* – S'en aller, partir discrètement. *Il s'est échappé de la réunion.* → **s'esquiver.** **2·** (Choses) Sortir. *Le gaz s'échappe du tuyau.* → **échappement** (2). *L'eau s'échappe* *par les fissures.* → **suinter.** ▶ **échappatoire** n. f. Moyen détourné par lequel on cherche à se tirer d'embarras. → **dérobade, faux-fuyant.** *Il essaya de s'en tirer par une échappatoire. Aucune échappatoire n'est possible.* → **subterfuge.** ▶ **échappée** n. f. **1·** Action menée par un ou plusieurs coureurs cyclistes qui lâchent le peloton. *Prendre la tête d'une échappée.* **2·** Espace libre mais resserré (ouvert à la vue, à la lumière). *Avoir une échappée sur la campagne.* – *Par échappées,* à de rares et brefs moments. ▶ **échappement** n. m. **1·** Mécanisme d'horlogerie qui règle le mouvement. **2·** Dernière phase de la distribution et de la circulation de la vapeur dans les cylindres. – Dernier temps du cycle d'un moteur pendant lequel les gaz brûlés sont évacués. / contr. admission / *Échappement libre,* par lequel les gaz sortent directement du moteur. *Le pot d'échappement d'un véhicule automobile. Échappement silencieux.* → **silencieux.** ▷ **réchapper**

écharde [eʃaʀd] n. f. Petit fragment pointu de bois ou épine qui a pénétré sous la peau par accident. *Avoir une écharde dans le doigt.*

écharpe [eʃaʀp] n. f. **1·** Large bande d'étoffe servant d'insigne. *L'écharpe tricolore des maires.* – *Avoir un bras* ***en écharpe,*** soutenu par un bandage passé par-dessus une épaule. – ***En écharpe*** loc. adv. : en bandoulière ; en oblique. *Le camion a été pris en écharpe,* accroché sur le côté. **2·** Longue bande de tissu, de tricot qu'on porte autour du cou. → **cache-col, cache-nez, foulard.**

écharper [eʃaʀpe] v. tr. < conjug. 1 > Déchiqueter, massacrer. *L'assassin a failli se faire écharper par la foule.* → **lyncher.**

échasse [eʃɑs] n. f. Chacun des deux longs bâtons munis d'un étrier pour le pied, permettant de se déplacer dans des terrains difficiles. *Les bergers des Landes étaient montés sur des échasses.* ▶ **échassier** n. m. Oiseau des marais auquel ses longues pattes permettent de marcher sur des fonds vaseux.

échauder [eʃode] v. tr. < conjug. 1 > **1·** Passer, laver à l'eau chaude. – Tremper dans l'eau bouillante (des légumes, des fruits pour les peler). *Échauder des tomates.* → **ébouillanter.** **2·** (Personnes) *Se faire échauder, être échaudé,* être victime d'une mésaventure, éprouver un dommage, une déception. – Au p. p. PROV. *Chat échaudé craint l'eau froide.*

échauffer [eʃofe] v. tr. < conjug. 1 > **1·** Rare. Rendre chaud par degrés. *Le soleil échauffe le sol.* → **chauffer.** / contr. refroidir / – Loc. *Échauffer la bile,* exciter la colère. *Il commence à nous échauffer les oreilles,* à nous énerver. **2·** Déterminer l'échauffement, l'altération de. **3·** ***S'échauffer*** v. pron. : entraîner ses muscles avant un match, une épreuve. *L'athlète court un peu pour s'échauffer.* – S'animer, se passionner en parlant. *Il s'échauffait dès qu'on abordait son sujet favori.* ▶ **échauffement** n. m. **1·** Fait de s'échauffer. / contr. refroidissement / *L'échauffement du sol. L'échauffement d'une pièce mécanique.* **2·** Action d'échauffer le corps (par des mouvements appropriés). *Les sportifs font des exercices d'échauffement.*

échauffourée [eʃofuʀe] n. f. Courte bataille. → **accrochage, bagarre.**

échauguette [eʃogɛt] n. f. Guérite en pierre dépassant les murs, aux angles des châteaux forts, des bastions, pour surveiller. → **poivrière.**

èche ou **esche** [ɛʃ] n. f. Appât fixé à l'hameçon.

échéance [eʃeɑ̃s] n. f. **1·** Date à laquelle expire un délai, à laquelle on doit payer, faire qqch. → **expiration, terme ; échoir.** *L'échéance d'un loyer.* – Obligations, paiement dont l'échéance tombe à une date donnée. *Faire face à une lourde échéance.* – Date à laquelle une chose doit arriver. *L'échéance électorale.* **2·** ***À longue, à brève échéance*** loc. adv. : à long, à court terme. *Obtenir des résultats à brève échéance,* rapidement. ▶ **échéancier** n. m. Ensemble des délais à respecter. *Établir l'échéancier de travaux.* → **calendrier, planning.**

échéant Loc. adv. ***Le cas échéant*** [ləkazeʃeɑ̃] : si l'occasion se présente.

1 **échec** [eʃɛk] n. m. **1·** Le fait de ne pas réussir, de ne pas obtenir qqch. → 2 **échouer ; revers.** / contr. succès / *L'échec à un examen. Subir, essuyer un échec.* – Insuccès, faillite (d'un projet, d'une entreprise). *Tentative vouée à l'échec.* **2·** ***En échec*** loc. adv. *Tenir qqn en échec,* l'empêcher de réussir, d'avoir l'avantage, le mettre en difficulté.

2 **échec** n. m. **I·** ***Les échecs*** : jeu dans lequel deux joueurs font manœuvrer l'une contre l'autre deux séries de 16 pièces diverses (pion, fou, cavalier, tour, roi, reine), sur une tablette divisée en 64 cases (→ **échiquier**). *Un jeu d'échecs. Partie, problème d'échecs.* **II·** Au sing. Situation du roi ou de la reine qui se trouve sur une case battue par une pièce de l'adversaire. – Adj. *Vous êtes échec et mat,* vous avez perdu la partie. ▷ **échiquier**

échelle [eʃɛl] n. f. **1·** Objet formé de deux montants réunis de distance en distance par des barreaux transversaux (→ **échelon**) servant de marches. *Monter sur une échelle, à l'échelle. Échelle simple,* qu'on appuie sur un mur. *Échelle pliante, double. Échelle d'incendie.* – *Échelle de corde,* dont les montants sont en corde. – (Bateau) *Échelle de coupée,* servant à monter à bord. – Loc. *Faire la* *courte échelle à qqn* : l'aider à s'élever en lui offrant comme points d'appui les mains puis les épaules. *L'aider à réussir.* – *Il n'y a plus qu'à tirer l'échelle,* ce n'est plus la peine de continuer, d'insister. **2·** Suite continue ou progressive. → **hiérarchie, série.** *Échelle (sociale),* hiérarchie des conditions, des situations dans un groupe. *Être en haut, en bas de l'échelle. Échelle des valeurs.* – *L'échelle des sons.* → **gamme.** – *L'échelle des salaires, des traitements. Échelle mobile,* système où le prix ou le salaire doit suivre les variations du coût de la vie. **3·** Rapport existant entre une longueur et sa représentation sur la carte ; proportion (d'un modèle réduit, d'un plan). *1 mm représente 100 m à l'échelle de 1/100 000. L'échelle d'une maquette, d'un modèle réduit. Carte à grande échelle,* représentant sur une grande surface un terrain peu étendu. *Faire qqch. sur une grande échelle,* en grand, largement. **4·** Série de divisions (sur un instrument de mesure, un tableau, etc.). → **graduation.** *L'échelle d'un thermomètre. Échelle de Beaufort,* graduation de 0 à 12 donnant la force du vent, en météorologie. *Échelle de Richter,* graduation de 0 à 8 donnant l'intensité d'un tremblement de terre. – ***À l'échelle (de)*** loc. prép. : selon un ordre de grandeur, à la mesure de. *Ce problème se pose à l'échelle mondiale, à l'échelle d'un pays.* ▶ **échelon** [eʃlɔ̃] n. m. **1·** Traverse d'une échelle. *Les échelons sont en bois, en métal.* → **barreau, degré. 2·** Ce par quoi on monte, on descend d'un rang à un autre. *S'élever par échelons,* graduellement. – Position d'un fonctionnaire à l'intérieur d'un grade, d'une classe. *Avancer d'un échelon.* **3·** ***À l'échelon (de)*** loc. prép. : selon le niveau (d'une administration, etc.). *À l'échelon communal, départemental.* **4·** Militaire. Élément d'une troupe fractionnée en profondeur. *Échelon d'attaque.* ▶ **échelonner** v. tr. < conjug. 1 > **1·** Disposer (plusieurs choses) à une certaine distance les unes des autres, ou par degrés. → **graduer. 2·** Distribuer dans le temps, exécuter à intervalles réguliers. *On a prévu d'échelonner les paiements.* → **étaler.** – Pronominalement. *Les maisons s'échelonnent sur la colline,* s'étagent. *Les travaux s'échelonneront sur un an.* → **se répartir.** ▶ **échelonnement** n. m. *L'échelonnement des paiements.* ▷ **rééchelonnement**

écheniller [eʃnije] v. tr. < conjug. 1 > Débarrasser (un arbre, une haie) des chenilles qui s'y trouvent. *Écheniller une haie.* ▶ **échenillage** n. m.

écheveau [eʃvo] n. m. **1·** Assemblage de fils repliés et réunis par un fil qui les lie. *Un écheveau de laine à mettre en pelote. Défaire un écheveau.* **2·** Loc. fig. *Démêler l'écheveau d'un récit, d'une situation,* éclaircir ce qui est embrouillé, compliqué.

échevelé, ée [eʃəvle] adj. **1·** Dont les cheveux sont en désordre. → **décoiffé, ébouriffé. 2·** Désordonné. *Une danse échevelée. Une histoire échevelée.*

échevin [eʃvɛ̃] n. m. **1·** Magistrat municipal (jusqu'à la Révolution). **2·** *Échevin, ine,* magistrat(e) adjoint(e) au bourgmestre, aux Pays-Bas et en Belgique. ▶ **échevinal, ale, aux** adj. (Sens 2).

échine [eʃin] n. f. **1·** Colonne vertébrale de l'homme et de certains animaux ; région correspondante du dos. – Loc. *Courber, plier l'échine,* se soumettre. *Avoir l'échine souple,* être prêt à faire des courbettes. **2·** Viande de porc correspondant à une partie de la longe. *Acheter une côte de porc dans l'échine.* ▶ **s'échiner** [eʃine] v. pron. < conjug. 1 > Se donner beaucoup de peine, s'éreinter. *Elle s'est échinée au travail.*

échinodermes [ekinɔdɛʀm] n. m. pl. Nom zoologique d'animaux marins à symétrie en rayons autour d'un centre (étoiles de mers, oursins, etc.). – Au sing. *Un échinoderme.*

échiquier [eʃikje] n. m. **1·** Tableau divisé en soixante-quatre cases alternativement blanches et noires et sur lequel on joue aux échecs. – Damier, quadrillage. *En échiquier,* se dit d'objets disposés en une série de carrés comme sur un échiquier. **2·** Lieu où se joue une partie serrée, où s'opposent plusieurs intérêts. *La place d'un pays sur l'échiquier européen.* **3·** Au Royaume-Uni. Administration financière centrale. *Le chancelier de l'échiquier* (ministre des Finances).

écho [eko] n. m. ≠ écot. **1·** Réflexion du son par un obstacle qui le répercute ; le son ainsi répété. *Entendre un écho.* **2·** Ce qui est répété par qqn. → **bruit, nouvelle.** *J'ai eu un écho, des échos de leurs discussions.* – *Les échos d'un journal,* rubrique consacrée aux petites nouvelles mondaines ou locales. → **échotier. 3·** *Se faire l'écho de certains bruits,* les répandre. *Elle s'est fait l'écho de racontars.* **4·** Accueil et réaction favorable. → **réponse.** *Sa protestation est restée sans écho.* ▶ **échographie** [ekɔgʀafi] n. f. Méthode utilisée en médecine pour explorer, au moyen d'ultrasons, divers organes du corps. *Échographie du foie. Elle a passé, elle a fait trois échographies pendant sa grossesse.* ▶ **échographiste** n. ▷ **échotier**

échoir [eʃwaʀ] v. intr. < conjug. Défectif : *il échoit, ils échoient ; il échut ; il échoira ; il échoirait ; échéant ; échu.* > Littér. Être dévolu par le sort ou par un hasard. *Le rôle, le sort qui m'échoit, qui m'est échu.* ▷ **échéance, échéant, échu**

échoppe [eʃɔp] n. f. **1·** Petite boutique. *Une échoppe de cordonnier. Des échoppes d'artisans.*

2· Région. Dans le sud-ouest de la France, Petite maison de plain-pied qui servait autrefois de boutique aux artisans. *Les échoppes bordelaises.*

échotier, ière [ekɔtje, jɛʀ] n. Personne qui rédige les échos dans un journal.

① **échouer** [eʃwe] v. intr. < conjug. 1 > **1·** (Navire) Toucher le fond par accident et se trouver arrêté dans sa marche. – Être poussé, jeté sur la côte. *Le navire a échoué, est échoué.* – Plus cour. *S'échouer* v. pron. *Le cargo s'est échoué.* **2·** S'arrêter par lassitude, ou comme poussé par le hasard. *Ils avaient échoué dans un restaurant bondé.* ▶ **échouage** n. m. Le fait d'échouer (1), de s'échouer. *L'échouage d'une barque.*

② **échouer** v. intr. < conjug. 1 > Ne pas réussir (dans une entreprise, un examen...). → ① **échec.** *Il a échoué dans ses projets, au concours.* – (Choses) → **manquer, rater.** *Toutes ses tentatives avaient échoué. Faire échouer un plan.*

échu, ue [eʃy] adj. (→ **échoir**) Arrivé à échéance. *Terme échu. Délai échu,* expiré.

éclabousser [eklabuse] v. tr. < conjug. 1 > **1·** Couvrir d'un liquide salissant qu'on a fait rejaillir. → **arroser, asperger.** *La voiture a éclaboussé les passants.* **2·** Abstrait. Salir par contrecoup. *Ce scandale a éclaboussé beaucoup de personnalités.* – (Suj. personne) Humilier par l'étalage de son luxe. *Depuis qu'il est riche, il veut éclabousser tout le monde.* → **écraser.** ▶ **éclaboussure** n. f. **1·** Goutte d'un liquide salissant qui a rejailli. → **tache.** – Souvent au plur. *Un pantalon couvert d'éclaboussures.* **2·** Littér. Au plur. Tache (à la réputation, etc.). *En cas de scandale, vous recevrez des éclaboussures.*

① **éclair** [eklɛʀ] n. m. **1·** Lumière intense et brève, formant une ligne sinueuse et ramifiée, provoquée par une décharge électrique pendant un orage. *Le ciel était sillonné d'éclairs. La lueur des éclairs.* – Loc. Au sing. *Avec la rapidité de l'éclair, comme un éclair, comme l'éclair,* très rapidement. *Il est parti comme un éclair.* → **flèche.** – En appos. Très rapide. *Il m'a fait une visite éclair. Des voyages éclair(s).* → **bref. 2·** Lumière vive, decourte durée. *Un éclair de magnésium.* – Lueur dans le regard. *Un éclair de malice.* **3·** Manifestation soudaine et passagère ; bref moment. *Un éclair de génie, de lucidité, de bon sens.*

② **éclair** n. m. Petit gâteau allongé, fourré d'une crème cuite (au café, au chocolat) et glacé par-dessus.

éclairage [eklɛʀaʒ] n. m. **1·** Action, manière d'éclairer la voie publique, les locaux par une lumière artificielle. *Éclairage électrique. L'éclairage d'une vitrine. Un éclairage éblouissant, faible.* – *Éclairage indirect,* qui éclaire par réflexion sur les parois, sur le plafond. **2·** Distribution de la lumière (naturelle ou artificielle). *Le mauvais éclairage de ce rez-de-chaussée.* – Manière, propre à un peintre, d'éclairer une scène. **3·** Manière de décrire, d'envisager ; point de vue. *Sous cet éclairage, votre démarche est justifiée.* → **angle, aspect.** ▶ **éclairagiste** n. (Théâtre, cinéma) Personne qui s'occupe de l'éclairage.

éclaircir [eklɛʀsiʀ] v. tr. < conjug. 2 > **1·** Rendre plus clair, moins sombre. / contr. **assombrir** / *Éclaircir une couleur, une teinte. Elle a demandé au coiffeur de lui éclaircir les cheveux.* – Pronominalement. Devenir plus clair. *Le ciel, le temps s'est éclairci.* – *S'éclaircir la voix, la gorge,* se racler la gorge pour que la voix soit plus nette. **2·** Rendre moins épais, moins dense. *Éclaircir un semis.* **3·** Rendre clair pour l'esprit. → **débrouiller, élucider.** *Un mystère, une énigme qu'on n'a pas éclaircis.* ▶ **éclaircie** n. f. Endroit clair qui apparaît dans un ciel nuageux, brève interruption du temps pluvieux. → **embellie.** *Profiter d'une éclaircie pour sortir.* ▶ **éclaircissement** n. m. Explication (d'une chose obscure ou douteuse), note explicative, renseignement. *L'éclaircissement d'un passage obscur.* – Explication tendant à une mise au point, à une justification. *Obtenir des éclaircissements. Il a donné des éclaircissements sur son projet.* → **renseignement.** *Sans éclaircissement, sans un mot d'éclaircissement,* sans explication.

éclairer [ekleʀe] v. tr. < conjug. 1 > **I· 1·** Répandre de la lumière sur (qqch. ou qqn). / contr. **obscurcir** / *La lampe éclaire la chambre.* – Pourvoir de la lumière nécessaire. *Éclairer un bureau au néon.* – Commander l'éclairage de (un lieu). *Une minuterie éclaire l'escalier.* – Pronominalement. *Prendre une lampe de poche pour s'éclairer dans la cave. Aujourd'hui, on s'éclaire à l'électricité.* **2·** Répandre une espèce de lumière sur (le visage) ; rendre plus clair. → **illuminer.** *Un sourire éclaira son visage.* **3·** Intransitivement. *Cette lampe n'éclaire plus, éclaire mal.* **II·** Abstrait. **1·** Mettre (qqn) en état de voir clair, de discerner le vrai du faux. → **instruire.** *Éclairez-nous sur ce sujet.* → **informer. 2·** Rendre clair, intelligible. → **expliquer.** / contr. **embrouiller** / *Ce commentaire éclaire la pensée de l'auteur.* – Pronominalement. *Maintenant, tout s'éclaire,* s'explique. ▶ **éclairé, ée** adj. Qui a de l'instruction, de l'esprit critique. *Un public éclairé,* capable d'apprécier ce qu'on lui présente. ▶ **éclairement** n. m. Durée ou intensité de la lumière ; rapport de cette intensité à la surface éclairée. ▷ **éclairage**

éclaireur, euse [eklɛʀœʀ, øz] n. 1· N. m. Soldat envoyé en reconnaissance. *Un détachement d'éclaireurs.* 2· Membre de certaines associations du scoutisme français.

éclat [ekla] n. m. I· 1· Petit morceau, fragment d'un corps qui éclate, qu'on brise. *Éclat de verre. Il a été blessé par un éclat d'obus.* Loc. ***En éclats.*** *La vitre vole en éclats,* se brise. 2· Bruit violent et soudain. *Des éclats de voix.* → **cri.** *Il partit d'un grand éclat de rire.* 3· Loc. ***Faire un éclat*** : provoquer un scandale en manifestant son opinion. *S'il est mécontent, il est capable de faire un éclat.* II· 1· Lumière vive. *L'éclat de la neige était insoutenable. L'éclat de son regard.* 2· (Couleur) Vivacité et fraîcheur. *L'éclat des coloris. L'éclat du teint.* 3· Caractère de ce qui est brillant, magnifique. *Dans tout l'éclat de sa réussite.* – ***D'éclat*** : remarquable, éclatant. *Action, coup d'éclat.*

éclater [eklate] v. < conjug. 1 > I· V. intr. 1· Se rompre avec violence et généralement avec bruit, en projetant des fragments, ou en s'ouvrant. → **exploser, sauter.** *L'obus a éclaté. Le pneu arrière droit a éclaté.* → **crever.** 2· Retentir avec un bruit violent et soudain. *Des applaudissements éclatent.* – Loc. (Personnes) *Éclater de rire. L'enfant éclata en sanglots.* 3· (Choses) Se manifester tout à coup en un début brutal. → **commencer,** se **déclarer.** *L'incendie, la guerre a éclaté.* 4· Littér. Apparaître de façon manifeste, évidente. *La vérité éclate.* II· ***S'éclater*** v. pron. Fam. Éprouver un très grand plaisir (dans une activité). *Il s'éclate vraiment dans son boulot.* ▶ **éclatant, ante** adj. 1· Qui fait un grand bruit. *Le son éclatant de la trompette.* 2· Qui brille avec éclat, dont la couleur a de l'éclat. / contr. terne / → **brillant, éblouissant.** *Linge d'une blancheur éclatante. Être éclatant de santé,* rayonnant. 3· Qui se manifeste de la façon la plus frappante. → **remarquable.** *Un mérite, des dons éclatants. Une éclatante revanche. Une mauvaise foi éclatante,* évidente. ▶ **éclate** n. f. Fam. Fait de s'éclater. *Cette soirée, c'était l'éclate !* ▶ **éclatement** n. m. 1· Fait d'éclater. *L'éclatement d'une bombe.* → **explosion.** *L'éclatement d'un pneu.* → **crevaison.** 2· *L'éclatement d'un parti,* sa division brutale en groupes nouveaux. → **scission.** ▷ **éclat**

éclectique [eklɛktik] adj. 1· Philosophie. Qui emprunte des éléments à plusieurs systèmes. 2· (Personnes) Qui n'a pas de goût exclusif, ne se limite pas à une catégorie d'objets. *Il est éclectique en amour, dans ses lectures.* – *Esprit, attitude éclectique.* ▶ **éclectisme** n. m. 1· Philosophie éclectique. 2· Disposition d'esprit éclectique. *Faire preuve d'éclectisme dans ses relations.*

éclipse [eklips] n. f. 1· Disparition passagère d'un astre, quand un autre corps céleste passe entre cet astre et la source de lumière ou entre cet astre et le point d'observation. *Une éclipse de Soleil, de Lune. Éclipse totale, partielle.* – (Lumière artificielle) Arrêt momentané. 2· Période de fléchissement, de défaillance. *Avoir des éclipses de mémoire.* – ***À éclipses*** : qui apparaît et disparaît de façon intermittente. *Une activité à éclipses. Phare à éclipses.* ▶ **éclipser** v. tr. < conjug. 1 > 1· Provoquer l'éclipse de (un autre astre). – Rendre momentanément invisible. → **voiler.** *Un nuage éclipse le soleil.* → **cacher.** 2· Empêcher de paraître, de plaire, en brillant soi-même davantage. → **surpasser.** *Elle a éclipsé tous les concurrents.* 3· ***S'éclipser*** v. pron. : s'en aller à la dérobée. → s'**esquiver.** *Je me suis éclipsé avant la fin* (→ filer à l'anglaise).

écliptique [ekliptik] n. m. Grand cercle d'intersection du plan de l'orbite terrestre avec la sphère céleste ; ce plan.

éclisse [eklis] n. f. 1· Plaque de bois mince qui maintient les os d'un membre fracturé. 2· Pièce d'acier reliant les rails de chemin de fer. *Jonction par éclisse.*

éclopé, ée [eklɔpe] adj. Qui marche péniblement en raison d'un accident ou d'une blessure. → **boiteux, estropié.** – N. *Un éclopé.*

éclore [eklɔʀ] v. intr. < conjug. 45 > 1· (Œuf) S'ouvrir. *Les œufs éclosent, ont éclos, viennent d'éclore.* 2· Se dit d'une fleur en bouton qui s'ouvre. – Au p. p. adj. *Une fleur à peine éclose.* 3· Fig. *Des lectures qui font éclore une vocation,* naître, paraître. ▶ **éclosion** n. f. 1· (Œuf) Fait d'éclore. *La poule couve les œufs jusqu'à l'éclosion.* 2· (Fleur) Épanouissement. 3· Littér. Naissance, apparition. *L'éclosion d'un projet, de nouveaux talents.*

écluse [eklyz] n. f. Dans une voie d'eau, un canal, espace limité par des portes munies de vannes, et destiné à retenir ou à lâcher l'eau. *Les écluses d'un canal* (destinées à faire passer les bateaux aux changements de niveau). *Ouvrir, fermer les écluses,* les portes de l'écluse. ▶ **écluser** v. tr. < conjug. 1 > 1· Faire passer (un bateau) par une écluse. *Écluser une péniche.* 2· Fam. Boire. ▶ **éclusier, ière** n. Personne chargée de la manœuvre d'une écluse.

éco- Élément tiré de *écologie, écologique.* ▶ **écobilan** [ekobilɑ̃] n. m. Bilan réalisé afin de mesurer les conséquences sur l'environnement de la fabrication, de l'utilisation et de l'élimination d'un produit industriel. ▷ **écocitoyen, écogeste, éco-industrie, écolabel, écoparticipation, écoproduit, écorecharge, écosystème, écotoxique**

écobuer [ekɔbɥe] v. tr. < conjug. 1 > Fertiliser (une terre) en arrachant et en brûlant les mottes. ▶ **écobuage** n. m.

écocitoyen, ienne [ekositwajɛ̃, jɛn] adj. et n. Inspiré par le respect de l'environnement. *Trier ses déchets est un geste écocitoyen.* – N. *Les écocitoyennes.* ▶ **écocitoyenneté** n. f.

écœurer [ekœʀe] v. tr. < conjug. 1 > **1**· Dégoûter au point de donner envie de vomir. *Les odeurs de cuisine l'écœuraient.* **2**· Dégoûter, en inspirant l'indignation ou le mépris. *Toutes ces intrigues l'écœuraient.* **3**· Décourager, démoraliser profondément. *Ses échecs répétés l'ont écœuré.* ▶ **écœurant, ante** adj. **1**· Qui écœure, soulève le cœur. → **dégoûtant.** / contr. appétissant / *Des odeurs écœurantes.* – Fade, trop gras ou trop sucré. *Un gâteau écœurant.* **2**· Moralement répugnant, révoltant. *Une écœurante servilité.* **3**· Qui crée une espèce de malaise, de découragement. → **décourageant, démoralisant.** *Il a une facilité ! C'en est écœurant.* ▶ **écœurement** n. m. **1**· État d'une personne qui est écœurée. → **nausée. 2**· Dégoût profond, répugnance. *On est pris d'écœurement à le voir agir si malhonnêtement.* **3**· Découragement. *L'écœurement provoqué par de mauvais résultats.*

écogeste [ekoʒɛst] n. m. Geste quotidien respectant l'environnement.

éco-industrie [ekoɛ̃dystʀi] n. f. Industrie liée à la protection de l'environnement (assainissement, dépollution, gestion des déchets...)

écolabel [ekolabɛl] n. m. Label européen attribué aux produits qui respectent l'environnement. → **écoproduit.**

école [ekɔl] n. f. **1**· Établissement dans lequel est donné un enseignement collectif (général ou spécialisé). *École primaire. École maternelle. École de danse, de dessin.* → **cours.** *Les élèves d'une école.* → **écolier.** *Les grandes écoles,* appartenant à l'enseignement supérieur (les élèves sont des *étudiants*). – (En France) *L'école normale supérieure. L'école nationale d'administration* (E. N. A. [ena]). – Loc. *Renvoyer qqn à l'école, lui conseiller de retourner à l'école,* lui montrer qu'il ne connaît pas la question. – Établissement d'enseignement primaire. *École publique, laïque. École privée, confessionnelle. Elle va bientôt aller à l'école.* – L'ensemble des élèves et des enseignants d'une école. *L'école aura congé à telle date.* **2**· Instruction, exercice militaire. *L'école du soldat.* – Loc. *Haute école,* équitation savante. **3**· Ce qui est propre à instruire et à former ; source d'enseignement. *Une école de courage.* – Loc. (avec *à*). *Avec vous, il est à bonne école,* vous saurez le former. *À l'école de...,* en recevant l'enseignement qu'apporte... *À l'école de la vie. Il a été à rude école,* le malheur, les difficultés l'ont instruit. **4**· Groupe ou suite de personnes, d'écrivains, d'artistes qui se réclament d'un maître ou professent les mêmes doctrines. → **mouvement.** *L'école classique, romantique. L'école de Rubens. Le manifeste d'une école.* – Ensemble de peintres qu'on peut rapprocher par leur origine et leur style. *L'école flamande. L'école de Paris* (XXe s.). – Loc. *Faire école :* avoir des disciples, des adeptes. ▶ **écolage** n. m. En Suisse. Frais de scolarité (notamment dans une école privée). ▶ **écolier, ière** n. Enfant qui fréquente l'école primaire, suit les petites classes d'un collège. → **élève.** *Une bande d'écoliers.* ▷ **auto-école**

écologie [ekɔlɔʒi] n. f. Étude des milieux où vivent les êtres vivants, ainsi que des rapports de ces êtres avec le milieu. ▶ **écologique** adj. Relatif à l'écologie. *Les problèmes écologiques dans la société industrielle.* ▶ **écologiste** n. **1**· Spécialiste de l'écologie. → **écologue. 2**· Partisan de la défense de la nature, de la qualité de l'environnement. – Abrév. fam. **écolo** [ekɔlo] adj. et n. *Elles sont écolos.* ▶ **écologue** n. Scientifique spécialiste d'écologie.

e-commerce [ikɔmɛʀs] n. m. Anglic. Commerce pratiqué sur le réseau Internet.

écomusée [ekomyze] n. m. Musée présentant une collectivité, une activité humaine dans son contexte géographique, social et culturel.

éconduire [ekɔ̃dɥiʀ] v. tr. < conjug. 38 > **1**· Repousser (un solliciteur), ne pas accéder à la demande de (qqn). → **refuser.** *Un des soupirants qu'elle a éconduits.* **2**· Congédier, renvoyer. *Il a éconduit l'importun.* / contr. accueillir, recevoir /

1 **économe** [ekɔnɔm] n. Personne chargée de l'administration matérielle, des recettes et dépenses dans une communauté religieuse, un établissement hospitalier, un collège. → **intendant.** ▶ **économat** n. m. Fonction ; bureaux d'un économe.

2 **économe** adj. Qui dépense avec mesure, sait éviter toute dépense inutile. *Il est trop économe.* / contr. dépensier / *Être économe de ses louanges, de son temps,* ne pas donner ses louanges, son temps sans compter. ▷ 2 **économie**

1 **économie** [ekɔnɔmi] n. f. **1**· Vx. Bonne administration (d'une maison, d'un État). **2**· *Économie politique :* science des phénomènes concernant la production, la distribution et la consommation des richesses, des biens matériels, dans un groupe humain. *Étudier l'économie politique.* – On dit aussi, dans ce sens, **l'économie. 3**· Activité, vie économique. *L'économie française,* agriculture, industrie, commerce, etc. *Économie libérale, dirigée, socialiste.* ▶ **économétrie** n. f. Étude statistique des données économiques. ▶ 1 **économique** adj. Qui concerne la production, la distribution, la consommation des

richesses, leur étude (économie politique). *La vie économique et sociale.* ▶ 1 **économiquement** adv. Par rapport à la vie ou à la science économique. – Loc. *Les économiquement faibles,* ceux qui ont des ressources insuffisantes. → **pauvre.** ▶ **économiste** n. Spécialiste de l'économie politique.

2 **économie** n. f. **1·** Littér. *L'économie :* gestion où l'on évite toute dépense inutile. *Pratiquer l'économie,* être économe 2. → **épargne.** / contr. gaspillage / **2·** *Une, des économie(s) :* ce qu'on épargne, ce qu'on évite de dépenser. *Une sérieuse économie. Faire des économies d'énergie.* – Loc. *Des économies de bouts de chandelle,* insignifiantes. – *Une économie de temps, de fatigue.* → **gain.** – *Faire l'économie de,* éviter. *Il a fait l'économie d'une explication difficile.* **3·** *Des économies :* somme d'argent conservée, économisée. *Faire, avoir des économies, de petites économies.* ▶ 2 **économique** adj. Qui réduit la dépense, les frais. / contr. coûteux / *Trouver une façon plus économique de se loger. Une voiture économique,* qui consomme peu. ▶ 2 **économiquement** adv. En dépensant peu. ▶ **économiser** v. tr. < conjug. 1 > **1·** Dépenser, utiliser avec mesure. – *Savoir économiser ses forces, son temps.* → **ménager.** *Économiser l'électricité.* / contr. gâcher, gaspiller / **2·** Mettre de côté en épargnant. *Il arrive à économiser un peu d'argent tous les mois.* ▶ **économiseur** n. m. Dispositif qui économise (l'énergie). En informatique. *Économiseur d'écran,* programme qui modifie l'affichage à l'écran (ordinateur, portable) en cas d'inactivité prolongée.

3 **économie** n. f. Littér. Organisation des éléments (d'un ensemble) ; manière dont sont distribuées les parties. *L'économie du récit, de l'œuvre.*

écoparticipation [ekopaʀtisipasjɔ̃] n. f. Taxe à la charge de l'acheteur de tout produit électrique ou électronique, utilisée pour en financer le recyclage.

écoper [ekɔpe] v. tr. < conjug. 1 > **1·** Vider (un bateau) avec une pelle (appelée *écope,* n. f.). – Sans compl. *Il va falloir écoper.* **2·** V. tr. ind. Fam. Recevoir (une punition). *Il a écopé de deux mois de prison.*

écoproduit [ekopʀodɥi] n. m. Produit dont le cycle de vie (production, consommation, élimination) se déroule dans le respect de l'environnement.

écorce [ekɔʀs] n. f. **1·** Enveloppe d'un tronc d'arbre et de ses branches, qu'on peut détacher du bois. *L'écorce argentée des peupliers.* **2·** Enveloppe coriace (de certains fruits : melon, orange...). → **peau, pelure, zeste.** **3·** *Écorce terrestre,* partie superficielle du globe. → **croûte.** ▶ **écorcer** v. tr. < conjug. 3 > Dépouiller de son écorce (un arbre, les fruits). *Écorcer un pamplemousse.* → **peler.**

écorcher [ekɔʀʃe] v. tr. < conjug. 1 > **1·** Dépouiller de sa peau (un corps). *Écorcher un lapin.* **2·** Blesser en entamant superficiellement la peau. *Des ronces lui ont écorché les mains.* → **égratigner, griffer.** – Pronominalement. *Elle s'est écorchée.* – Par exagér. *Ces hurlements écorchent les oreilles. Ça t'écorcherait la bouche de dire merci ?* **3·** Déformer, prononcer de travers. → **estropier.** *Il écorche tous les noms propres.* ▶ **écorché, ée** n. **1·** Personne écorchée. *Écorché vif, écorchée vive,* personne qui a une sensibilité excessive, se sent facilement blessée. – Loc. *Crier, hurler comme un écorché vif.* **2·** N. m. Statue d'homme, d'animal représenté comme dépouillé de sa peau. *Les étudiants des Beaux-Arts dessinent d'après un écorché.* ▶ **écorchure** n. f. Déchirure légère de la peau. → **égratignure, griffure.** *Ses écorchures au genou sont sans gravité.*

écorecharge [ekoʀəʃaʀʒ] n. f. Recharge (d'un produit ménager ou d'hygiène) vendue en emballage réduit. *Écorecharge de produit pour la douche.*

écorner [ekɔʀne] v. tr. < conjug. 1 > **1·** Casser, endommager un angle de. – Au p. p. *Des livres tout écornés par l'usage.* **2·** Abstrait. Entamer, réduire. *Il a bien écorné sa fortune.* → **ébrécher.**

écossais, aise [ekɔsɛ, ɛz] adj. et n. De l'Écosse. *Les lacs écossais.* → **loch.** – N. *Les Écossais. Le kilt des Écossais.* – *Tissu écossais,* ou n. m., *écossais,* tissu de fils de laine peignée disposés par bandes de couleurs différentes se croisant à angle droit. *Cravate, jupe écossaise,* en tissu écossais. / contr. uni / – N. m. Langue celtique d'Écosse. Dialecte anglais de l'Écosse.

écosser [ekɔse] v. tr. < conjug. 1 > Dépouiller (des pois, des haricots) de la cosse. *Des haricots à écosser,* à manger en grains (opposé à *haricots verts*).

écosystème [ekosistɛm] n. m. Unité écologique de base formée par le milieu et les organismes qui y vivent. *La forêt est un écosystème.*

écot [eko] n. m. Loc. *Payer son écot,* sa quote-part pour un repas à frais communs. ≠ écho.

écotoxique [ekotɔksik] adj. Toxique pour l'environnement. *Engrais, pesticides écotoxiques.* ▶ **écotoxicité** n. f. ▶ **écotoxicologie** n. f. Étude des substances toxiques et de leurs effets sur l'environnement et les humains. ▶ **écotoxicologue** n.

écotype [ekotip] n. m. Type héréditaire à l'intérieur d'une espèce.

écouler [ekule] v. pron. et tr. < conjug. 1 > **1·** V. pron. Couler hors d'un endroit. → se **déverser.** *L'eau s'écoule par le trop-plein.* – (Personnes) Se retirer en groupe. *La foule s'écoulait lentement.* **2·** (Temps) Se passer. *La semaine s'est écoulée bien vite.* – Au p. p. adj. *Les années écoulées,* qui se sont écoulées. **3·** V. tr. Vendre de façon continue jusqu'à épuisement. *Des produits faciles à écouler.* – *Écouler de faux billets,* les faire passer dans la circulation. ▶ **écoulement** n. m. **1·** Fait de s'écouler, mouvement d'un liquide qui s'écoule. → **déversement.** *Chéneau servant à l'écoulement des eaux d'un toit.* → **évacuation.** *Canal, conduit, fossé d'écoulement.* **2·** Mouvement de personnes, de véhicules qui se retirent d'un lieu. *Faciliter l'écoulement de la foule.* **3·** Possibilité d'écouler (des marchandises). → **débit.** *L'écoulement des récoltes, des marchandises sur le marché.*

écourter [ekuʀte] v. tr. < conjug. 1 > **1·** Vx. Rendre plus court en longueur. → **raccourcir.** *Écourter un manteau.* **2·** Rendre plus court en durée. *J'ai dû écourter mon séjour.* **3·** Rendre anormalement court. → **tronquer.** *Fausser la pensée d'un auteur en écourtant les citations.* – Au p. p. adj. *Un dénouement écourté.*

écouter [ekute] v. tr. < conjug. 1 > **1·** S'appliquer à entendre, prêter son attention à (des bruits, des paroles). *Vous n'avez pas écouté ce que je disais. Il entendait la conversation mais ne l'écoutait pas. Écouter un disque. Il l'écoutait chanter. Écoute s'il pleut.* – Au p. p. adj. *Un des orateurs les plus écoutés à l'Assemblée.* – Sans compl. Prêter une oreille attentive. *Allô, j'écoute ! S'instruire en écoutant. N'écouter que d'une oreille,* distraitement. *Écouter aux portes,* écouter indiscrètement derrière une porte. *Écoute, écoutez !,* s'emploie pour attirer l'attention de l'interlocuteur sur ce qu'on va dire. **2·** Recevoir, accepter. *Il n'a jamais voulu écouter nos conseils.* → **suivre.** *Ces enfants n'écoutent pas leurs parents.* → **obéir.** – *N'écouter que son courage, son devoir,* se laisser uniquement guider par lui. **3·** V. pron. *S'écouter. Il s'écoute parler,* il parle lentement et avec complaisance, en s'admirant. – Suivre son inspiration. *Si je m'écoutais, je n'irais pas.* – Prêter une trop grande attention à sa santé. → s'**observer.** *Ne vous écoutez pas tant, vous irez mieux.* ▶ **écoute** n. f. **1·** *Être **aux écoutes*** (à un endroit où on peut guetter, écouter) : être aux aguets, très attentif. *Journaliste aux écoutes de l'actualité.* **2·** Détection par le son. *Appareil d'écoute sous-marine,* servant à repérer des sous-marins. *Poste d'écoute.* **3·** Action d'écouter une communication téléphonique, une émission radiophonique. *Les heures de grande écoute. Restez à l'écoute. Prenez l'écoute,* commencez à écouter. *Table d'écoute,* permettant d'intercepter les communications téléphoniques. **4·** Action d'écouter qqn, de prêter attention à ce qu'il dit. *Relations reposant sur l'écoute et la confiance.* Loc. *Être à l'écoute de qqn,* prêter attention à ce qu'il dit, à son comportement. *Parents à l'écoute de leurs enfants.* ▶ **écouteur** n. m. **1·** Partie du récepteur téléphonique qu'on applique sur l'oreille pour écouter. *Prendre l'écouteur.* **2·** Oreillette (3) d'un casque de baladeur, d'un téléphone portable... *Enlève tes écouteurs, il faut que je te parle.*

écoutille [ekutij] n. f. Ouverture rectangulaire pratiquée dans le pont d'un navire et qui permet l'accès aux étages inférieurs. *Fermer les écoutilles.*

écouvillon [ekuvijɔ̃] n. m. Brosse cylindrique pour nettoyer un objet creux. *Nettoyer une bouteille avec un écouvillon.* → **goupillon.**

écrabouiller [ekʀabuje] v. tr. < conjug. 1 > Fam. Écraser, réduire en bouillie (un être vivant, un membre, une chose). → **broyer.** *Regarde où tu marches, tu écrabouilles les fleurs.* → **écraser.**

écran [ekʀɑ̃] n. m. **1·** Panneau, enveloppe ou paroi destinée à protéger de la chaleur, d'un rayonnement, des actions électriques ou magnétiques. *Écran métallique.* **2·** Objet interposé qui dissimule ou protège. *Un écran de fumée.* → **rideau.** *Faire écran de (avec) sa main.* **3·** Surface sur laquelle se reproduit l'image d'un objet. *Écran de projection* ou *écran,* surface blanche sur laquelle sont projetées des images photographiques ou cinématographiques. *Écran de cinéma.* → fam. **toile** (I, 3). – Loc. Cinéma. *Crever l'écran,* avoir beaucoup de présence. *Ce jeune acteur crève l'écran.* – Surface fluorescente sur laquelle se forme l'image. *L'écran d'un ordinateur* → **moniteur,** *d'un récepteur de télévision,* à tube cathodique. *Écran L. C. D., écran plasma. Écran plat. Il a un nouvel écran plat,* un nouveau téléviseur à écran plat. **4·** *L'écran,* l'art cinématographique. *Porter un roman à l'écran,* en tirer un film. – *Le **petit écran*** : la télévision. *Une vedette du petit écran.*

écraser [ekʀɑze] v. tr. < conjug. 1 > **1·** Aplatir et déformer (un corps) par une forte compression, par un choc violent. *Écraser une limace sous son pied.* → fam. **écrabouiller.** *La porte en se refermant lui a écrasé le doigt. Écraser du poivre, de l'ail.* → **piler.** – Pronominalement. *L'avion s'est écrasé au sol.* → se **crasher.** **2·** Renverser et passer sur le corps de. *Il s'est fait écraser* (par une automobile). – Au p. p. adj. *La rubrique des chiens écrasés,* dans un journal, les faits divers sans intérêt. **3·** Fam. Appuyer fortement sur. *Il a écrasé la pédale de frein.* – Pronominalement. Se serrer à l'extrême, s'entasser. *La foule s'écrasait dans le métro.* **4**· Dominer par sa masse, faire paraître bas ou petit. *Les grands immeubles écrasaient les pavillons.* – (Personnes) Dominer, humilier. *Il nous écrase de son luxe.* **5**· *Écraser qqn de...* → **accabler, surcharger.** – Au passif. *Le peuple était écrasé d'impôts.* **6**· Vaincre, réduire totalement (un ennemi, une résistance). → **anéantir.** *L'armée a écrasé l'insurrection. Notre équipe a été écrasée,* a subi une lourde défaite. **7**· Fam. ***En écraser*** : dormir profondément. – Fam. *Écrase !,* n'insiste pas, laisse tomber ! **8**· ***S'écraser*** v. pron. : se faire petit. *Je m'écrasais contre le mur pour le laisser passer.* – Fam. *S'écraser devant qqn,* ne pas protester, ne rien dire. *Tu ferais mieux de t'écraser.* ▶ **écrasé, ée** adj. Très aplati, court et ramassé. *Un nez écrasé.* ▶ **écrasant, ante** adj. **1**· Extrêmement lourd. *Un poids écrasant. Une responsabilité écrasante. Des dettes écrasantes. Il faisait une chaleur écrasante.* → **accablant.** **2**· Qui entraîne l'écrasement de l'adversaire. *Il a fait preuve d'une supériorité écrasante.* ▶ **écrasement** n. m. **1**· Action d'écraser, fait d'être écrasé. *L'écrasement du raisin dans la cuve.* **2**· Destruction complète (des forces d'un adversaire). → **anéantissement.** *L'écrasement des forces ennemies, d'une révolte.* ▶ **écraseur, euse** n. Conducteur dangereux. → **chauffard.** ▷ **écrabouiller**

écrémer [ekReme] v. tr. < conjug. 6 > **1**· Dépouiller (le lait) de la crème, de la matière grasse. – Au p. p. adj. *Lait écrémé, demi-écrémé.* → **maigre.** **2**· Dépouiller des meilleurs éléments (un ensemble, un groupe). *Sa collection a déjà été écrémée,* les pièces rares n'y sont plus. ▶ **écrémage** n. m. Action d'écrémer (1). *L'écrémage du lait pour faire le beurre.* ▶ **écrémeuse** n. f. Machine à écrémer le lait.

écrevisse [ekRəvis] n. f. Crustacé d'eau douce, de taille moyenne, aux pattes antérieures armées de fortes pinces. *Préparer des écrevisses au court-bouillon.* – Loc. *Marcher, aller comme une écrevisse,* à reculons. – *Rouge comme une écrevisse* (comme les écrevisses après la cuisson).

s'**écrier** [ekRije] v. pron. < conjug. 7 > Dire d'une voix forte et émue. *Elle s'écria que c'était injuste. « Dépêchez-vous ! » s'écria-t-il.*

écrin [ekRɛ̃] n. m. Boîte ou coffret où l'on range des bijoux, des objets précieux. *Ranger l'argenterie dans les écrins.*

écrire [ekRiR] v. tr. < conjug. 39 > **I**· **1**· Tracer (des signes d'écriture, un ensemble organisé de ces signes). *Effacez ce que vous avez écrit. Écrire un paragraphe. Écrire quelques mots sur (dans) un cahier.* – Sans compl. *Apprendre à écrire. Il ne sait ni lire, ni écrire. Écrire mal, comme un chat. Écrire gros, fin. Écrire en majuscules. Écrire lisiblement. Écrire au brouillon, au propre.* – Orthographier. *Je ne sais pas écrire son nom.* Pronominalement. *« Appeler » s'écrit avec deux p.* **2**· Consigner, noter par écrit. → **inscrire, marquer.** *J'ai dû écrire son adresse quelque part.* **3**· Rédiger (un message destiné à être envoyé à qqn). *Il écrivait une longue lettre à sa mère.* Pronominalement. *Ils ne s'écrivent plus.* – Sans compl. Faire de la correspondance. *Il n'aime pas écrire.* **4**· Annoncer par lettre. *Je lui ai écrit que j'étais malade.* **II**· **1**· Composer (un ouvrage scientifique, littéraire). *Il a commencé à écrire ses mémoires. Il n'a rien écrit cette année.* → **publier.** – Sans compl. Composer un texte pour la publication. *Écrire en prose, en vers. Il écrit dans un grand journal.* – Sans compl. Être écrivain et produire. **2**· Exprimer sa pensée par le langage écrit. *Il écrit comme il parle. Il écrit bien, mal. L'art d'écrire,* de bien écrire. **3**· Exposer (une idée) dans un ouvrage. *On lui a reproché d'avoir écrit que...* ▶ 1 **écrit** n. m. **1**· Document écrit. *Un écrit anonyme.* **2**· Ouvrage de l'esprit, composition littéraire, scientifique. → **livre, œuvre.** *Les écrits de Pasteur.* **3**· Épreuves écrites d'un examen ou d'un concours. *Il attend les résultats de l'écrit. L'écrit et l'oral.* **4**· ***Par écrit*** loc. adv. : par un document écrit. *Je veux que vous m'en donniez l'ordre par écrit.* ▶ 2 **écrit, ite** adj. **1**· Tracé par l'écriture. *Des notes très mal écrites.* – Couvert de signes d'écriture. *Deux pages écrites et une page blanche.* **2**· Exprimé par l'écriture, par des textes. / contr. oral, parlé / *La langue écrite.* **3**· Qui est voulu par la Providence ou le destin, fixé et arrêté d'avance. *C'était écrit.* → **fatal.** *Il est écrit qu'on n'y arrivera jamais.* ▶ **écriteau** n. m. Surface plane portant une inscription en grosses lettres, destinée à faire connaître qqch. au public. → **pancarte.** *Un écriteau annonçait que la maison était à vendre. Des écriteaux.* ▶ **écritoire** n. f. Anciennement. Petit coffret contenant tout ce qu'il faut pour écrire. *Une écritoire portative.* ▶ **écriture** n. f. **1**· Système de signes visibles, tracés, représentant le langage parlé. *Écriture idéographique* (ex. : *hiéroglyphes*), *alphabétique.* **2**· Type de caractères adopté dans un tel système. *Écriture gothique, romaine, arabe, russe (cyrillique).* **3**· Manière personnelle dont on trace les caractères en écrivant ; ces caractères. → **graphologie.** *Avoir une belle écriture, une écriture illisible. J'ai reconnu votre écriture.* **4**· Littér. Manière d'écrire (II) d'une personne (style), d'une époque, etc. *L'écriture automatique,* technique des surréalistes visant à traduire la pensée spontanée. – Acte d'écrire. **5**· Droit. Écrit. *Faux en écriture.* – Au plur. Actes de procédure nécessaires à la soutenance d'un procès. – Inscription d'une opération comptable. *Passer une écriture. Tenir les écritures,* la comptabilité. **6**· (Avec une majuscule) *L'Écriture, les Écritures,* les livres saints. → **Bible.** ▶ **écrivain** n. m. **1·** Personne qui compose, écrit des ouvrages littéraires. → **auteur.** *Les grands écrivains. Le style d'un écrivain. Elle est écrivain* (ou *écrivaine* n. f.). *Un écrivain traduit en plusieurs langues.* **2·** ***Écrivain public*** : celui qui écrit (des lettres, etc.) pour ceux qui ne savent pas ou savent mal écrire. ▶ **écrivailleur, euse** [ekʀivajœʀ, øz] ou **écrivaillon** [ekʀivajɔ̃] n. Péj. Homme ou femme de lettres médiocre (qui ne fait qu'*écrivailler* ou *écrivasser*). ▷ **récrire**

① **écrou** [ekʀu] n. m. Procès-verbal constatant qu'un individu a été remis à un directeur de prison, et mentionnant la date et la cause de l'emprisonnement. *Registre d'écrou. Levée d'écrou,* constatation de la remise en liberté d'un détenu. ▶ **écrouer** v. tr. < conjug. 1 > Inscrire sur le registre d'écrou, emprisonner. *Il a été écroué à la prison de la Santé.* → **incarcérer.** / contr. élargir, libérer /

② **écrou** n. m. Pièce de métal, de bois, etc., percée d'un trou fileté pour le logement d'une vis ou d'un boulon. *Serrer, desserrer des écrous.*

écrouelles [ekʀuɛl] n. f. pl. Abcès ganglionnaires d'origine tuberculeuse. → **scrofuleux.**

s'écrouler [ekʀule] v. pron. < conjug. 1 > **1·** Tomber soudainement de toute sa masse. → **s'abattre, s'affaisser, crouler, s'ébouler, s'effondrer.** *Des pans de murs s'écroulaient dans les flammes.* – Au p. p. adj. *Une maison écroulée.* **2·** Abstrait. Subir une destruction, une fin brutale. → **sombrer.** *Sa fortune, son autorité s'est écroulée. Tous ses projets s'écroulent.* **3·** Fam. (Personnes) Se laisser tomber lourdement. → **s'affaler.** *Il s'écroula dans un fauteuil.* **4·** Fig. Être accablé de. *Le soir, il s'écroulait de fatigue.* – Fam. *S'écrouler (de rire),* n'en plus pouvoir à force de rire. Au p. p. adj. *Rien qu'à le voir, on était tous écroulés.* ▶ **écroulement** n. m. **1·** Fait de s'écrouler, chute soudaine. → **effondrement, ruine.** *L'écroulement d'un mur.* **2·** Fig. Destruction soudaine et complète. → **anéantissement.** *Après l'écroulement de l'Empire.* **3·** Fait de s'écrouler physiquement, de s'effondrer.

écru, ue [ekʀy] adj. Qui n'est pas blanchi, lessivé (chanvre, soie...). *Toile écrue.*

ecstasy [ɛkstazi] n. f. Anglic. Stupéfiant hallucinogène dérivé de l'amphétamine, qui lève certaines inhibitions. – Abrév. fam. **ecsta** n. f. ou **x.**

-ectomie Élément savant signifiant « ablation ». → **-tomie.**

ectoplasme [ektɔplasm] n. m. Émanation visible du corps du médium ②. – Par plaisanterie. Personne faible, molle, silencieuse qu'on ne remarque pas. → **zombie.**

① **écu** [eky] n. m. **1·** Bouclier des hommes d'armes au Moyen Âge. **2·** Champ en forme de bouclier où figurent les pièces des armoiries ; ces armoiries. → **écusson. 3·** Ancienne monnaie française. *Un écu d'or.* – Ancienne pièce de cinq francs en argent. ▷ **écusson**

② **écu** ou **E. C. U.** [eky] n. m. invar. Ancienne unité monétaire européenne (unité de compte). → aussi **euro.** ≠ ① écu (3).

écubier [ekybje] n. m. Ouverture ménagée à l'avant d'un navire, sur le côté de l'étrave, pour le passage des câbles ou des chaînes.

écueil [ekœj] n. m. **1·** Rocher, banc de sable à fleur d'eau contre lequel un navire risque de se briser ou de s'échouer. → **brisant, récif.** *Heurter un écueil. Se briser sur, contre un écueil.* **2·** Obstacle dangereux, cause d'échec. → **danger.** *La vie est pleine d'écueils. C'est là l'écueil.*

écuelle [ekɥɛl] n. f. Assiette large et creuse sans rebord, taillée autrefois dans du bois ; son contenu. *Le chien a fini son écuelle.* → **gamelle.**

éculé, ée [ekyle] adj. **1·** Dont le talon est usé, déformé. *Des savates éculées.* **2·** Usé, qui a perdu toute fraîcheur, à force d'avoir servi. *Ces plaisanteries éculées ne font plus rire.* → **rebattu.**

écumant, ante → **écumer.**

① **écume** [ekym] n. f. **1·** Mousse blanchâtre qui se forme à la surface des liquides agités, chauffés ou en fermentation. *L'écume d'un bouillon. L'écume d'un torrent, de la mer.* **2·** Bave mousseuse de certains animaux. *Mufle couvert d'écume.* – Bave mousseuse qui vient aux lèvres d'une personne en colère ou en proie à une attaque (épilepsie, etc.). – Sueur blanchâtre qui s'amasse sur le corps d'un cheval, d'un taureau. **3·** Impuretés qui flottent à la surface des métaux en fusion. ▶ **écumeux, euse** adj. Qui forme de l'écume, se couvre d'écume. → **écumant.** *Cascade écumeuse.* ▷ **écumer**

② **écume** n. f. Silicate naturel de magnésium. (On dit aussi *écume de mer.*) *Pipe en écume.*

écumer [ekyme] v. < conjug. 1 > **I·** V. intr. **1·** (Mer) Se couvrir d'écume. → **moutonner. 2·** (Animaux) Baver. *Le cheval écumait.* – (Personnes) *Écumer (de rage),* être au dernier degré de la fureur. **II·** V. tr. **1·** Débarrasser (qqch.) de son écume, des impuretés. → **écumoire.** *Il faut écumer les confitures. Écumer un pot-au-feu.* **2·** Fig. *Écumer les mers, les côtes,* y exercer la piraterie. – Prendre ce qui est le plus profitable ou intéressant dans... *Les antiquaires ont écumé la région.* ▶ **écumant, ante** adj. Qui écume (I). *Une mer écumante.* → **écumeux.** – *Chien écumant.* – (Personnes) *Être écumant de rage.* ▶ **écumoire** n. f. Ustensile de cuisine composé d'un disque aplati, percé de trous, monté sur un manche, servant à écumer le bouillon, le sirop, etc. – Loc. *Comme une écumoire, en écumoire,* criblé, percé de nombreux trous. → **passoire.**

écureuil [ekyʀœj] n. m. Petit mammifère rongeur au pelage généralement roux, à la queue longue et en panache. – Fourrure de cet animal. *Une veste en écureuil.* – Loc. *Être vif, souple, agile comme un écureuil.*

écurie [ekyʀi] n. f. **1·** Bâtiment destiné à loger des chevaux, ânes, mulets. *Écurie de ferme. Garçon d'écurie.* → **lad, palefrenier.** – Loc. *C'est une vraie écurie,* se dit d'un local très sale. – *Entrer quelque part comme dans une écurie,* sans saluer, d'une façon impolie. **2·** Ensemble des bêtes logées dans une écurie. – ***Écurie (de courses)*** : ensemble des chevaux qu'un propriétaire fait courir ; chevaux appartenant à un même propriétaire et s'alignant dans la même course. – Voitures de course, coureurs, cyclistes courant pour une même marque.

écusson [ekysɔ̃] n. m. **1·** Petit écu (2). **2·** Plaque armoriée servant d'enseigne, de panonceau. – Petit morceau d'étoffe cousu sur un uniforme, qui indique l'arme, l'unité ou le service. ▶ **écussonner** v. tr. < conjug. 1 > Orner d'un écusson.

écuyer, yère [ekɥije, jɛʀ] n. **1·** N. m. Gentilhomme qui était au service d'un chevalier, d'un prince. – Personne qui était préposée aux écuries d'un prince. **2·** Personne sachant bien monter à cheval. → **amazone, cavalier.** *Une bonne écuyère. Bottes d'écuyère.* – Personne qui fait des exercices d'équitation dans un cirque.

eczéma [ɛgzema] n. m. Maladie de la peau, caractérisée par des vésicules, des rougeurs et des plaques qui se détachent. *L'eczéma provoque des démangeaisons.* ▶ **eczémateux, euse** adj. **1·** De l'eczéma. **2·** Adj. et n. Qui a de l'eczéma.

édam [edam] n. m. Fromage de Hollande à pâte cuite et à croûte rouge.

edelweiss [edɛlvajs ; -vɛs] n. m. invar. Plante alpine, couverte d'un duvet blanc et laineux. *Des edelweiss.*

éden [edɛn] n. m. Littér. *L'éden,* le Paradis. – (Avec *un, des*) *Cette région est un véritable éden,* un lieu très agréable. *Des édens.*

édenter [edɑ̃te] v. tr. < conjug. 1 > Casser les dents de (un objet). *Édenter un engrenage, un peigne.* ▶ **édenté, ée** adj. et n. **1·** Qui a perdu une partie ou la totalité de ses dents. *Un vieillard édenté.* **2·** ***Les édentés*** n. m. pl. : ordre de mammifères sans incisives ou pourvus d'une seule sorte de dents (paresseux, fourmiliers, etc.). – Au sing. *Un édenté.*

édicter [edikte] v. tr. < conjug. 1 > Établir, prescrire par une loi, par un règlement. → **décréter, promulguer.** *Édicter une loi.*

édicule [edikyl] n. m. **1·** Chapelle ou dépendance d'un édifice religieux. **2·** Petite construction édifiée sur la voie publique (kiosque, toilettes).

① **édifier** [edifje] v. tr. < conjug. 7 > **1·** Bâtir (un édifice, un ensemble architectural). → **construire.** / contr. détruire / **2·** Abstrait. Établir, créer (un vaste ensemble). *Édifier une théorie.* – Au p. p. *Le savoir édifié par l'humanité.* ▶ ① **édification** n. f. **1·** Action d'édifier, de construire (un édifice). *L'édification d'une ville nouvelle.* → **construction.** / contr. destruction / **2·** Abstrait. Création (de ce qui se construit). *L'édification d'une œuvre, d'une théorie, d'une science.* ▶ **édifice** n. m. **1·** Bâtiment important. → **construction, monument.** *Bâtir, élever, détruire un édifice. Les édifices publics.* **2·** Abstrait. Ensemble vaste et organisé. *L'édifice de la civilisation.* – Loc. *Apporter sa pierre à l'édifice,* contribuer à une entreprise.

② **édifier** v. tr. < conjug. 7 > **1·** Porter à la vertu, à la piété, par l'exemple ou par le discours. / contr. scandaliser / **2·** Iron. Mettre à même d'apprécier, de juger sans illusion. *Après son dernier discours, nous voilà édifiés !* ▶ **édifiant, ante** adj. **1·** Qui édifie, porte à la vertu, à la piété. *Une vie édifiante.* **2·** Iron. Particulièrement instructif. *Voilà un témoignage édifiant sur les mœurs de l'époque.* ▶ ② **édification** n. f. Action de porter à la vertu, à la piété. *Pour l'édification des fidèles.* – Action d'instruire. *Je vous le dis pour votre édification.*

édile [edil] n. m. **1·** Magistrat romain qui était chargé de l'inspection des édifices, de l'approvisionnement de la ville. **2·** Magistrat municipal qui s'occupe des constructions, de l'urbanisme (en style officiel ou de journalisme). ≠ architecte, urbaniste.

édit [edi] n. m. **1·** Acte législatif émanant des anciens rois de France. *L'édit de Nantes* (en 1598). **2·** Règlement publié par un magistrat romain. – Constitution impériale, à Rome. *L'édit de Dioclétien* (contre les chrétiens).

éditer [edite] v. tr. < conjug. 1 > **1·** Publier et mettre en vente (un livre). *Éditer des romans, des ouvrages techniques.* → **publier.** – *Éditer un auteur,* éditer ses ouvrages. **2·** Littér. Faire paraître (un texte qu'on présente, annote, etc.). *Éditer une pièce classique avec des notes critiques. Ce professeur édite des textes du Moyen Âge.* ▶ **éditeur, trice** n. **1·** Personne (ou société) qui assure la publication et la mise en vente des ouvrages d'un auteur, d'un musicien, etc. *Libraire éditeur.*

– Adj. *Société éditrice de films, de logiciels.* **2·** Littér. Érudit qui établit et fait paraître un texte. ▶ **édition** n. f. **I· 1·** Reproduction et diffusion d'une œuvre intellectuelle ou artistique par un éditeur (1). → **publication.** *Maison, société d'édition. Édition papier et édition électronique, numérique.* **2·** Ensemble des exemplaires d'un ouvrage publié ; série des exemplaires édités en une fois. → **tirage.** *La nouvelle édition d'un livre.* → **réédition.** *Édition originale,* première édition en librairie d'un texte inédit. *Édition revue et corrigée. Édition de poche. Édition reliée, brochée.* – Ensemble des exemplaires d'un journal imprimés en une fois. *Dernière édition. Édition spéciale.* **3·** Métier, activité de l'éditeur. *Travailler dans l'édition.* **II·** Action d'éditer (un texte qu'on présente, annote, etc.). – Texte ainsi édité. *Édition critique,* établie soigneusement après critique des textes originaux. ▶ 1 **éditorial, ale, aux** [editɔʀjal, o] adj. Qui concerne l'activité d'édition. *Équipe éditoriale.* ▷ 2 **éditorial, inédit, rééditer**

2 **éditorial, aux** n. m. Article qui provient de la direction d'un journal, d'une revue et qui correspond à une orientation générale. *Lire l'éditorial en première page.* ▶ **éditorialiste** n. Personne qui écrit l'éditorial d'un journal, d'une revue.

édredon [edʀədɔ̃] n. m. Couvre-pied de duvet (d'eider, d'oie, etc.), de plume ou de fibres synthétiques. → **couette.**

éducateur, trice [edykatœʀ, tʀis] n. et adj. **1·** N. Personne qui s'occupe d'éducation, qui donne l'éducation. *Les parents sont les premiers éducateurs.* – *Éducateur (spécialisé),* qui a reçu une formation pour prendre en charge certains groupes spécifiques (jeunes, déficients...). *Éducateur de rue.* **2·** Adj. Éducatif.

éducatif, ive [edykatif, iv] adj. Qui a l'éducation pour but ; qui éduque, forme efficacement. *Des jeux éducatifs. Des méthodes éducatives.*

éducation [edykasjɔ̃] n. f. **1·** Façon d'assurer la formation et le développement d'un être humain ; les moyens pour y parvenir. *Recevoir une bonne éducation.* → **formation.** *Faire l'éducation d'un enfant. Le ministère de l'Éducation nationale.* → **pédagogie.** – ***Éducation physique et sportive*** (E. P. S.) : ensemble des exercices physiques, des sports propres à favoriser le développement harmonieux du corps. → **gymnastique, sport.** *Éducation sexuelle,* destinée à informer sur la vie sexuelle. *Éducation civique,* destinée à former le citoyen. → **instruction.** **2·** Développement méthodique (d'une faculté, d'un organe). → **exercice.** *L'éducation de la volonté, de la mémoire, du goût.* **3·** Connaissance et pratique des usages de la société. → **politesse, savoir-vivre.** *Cet homme a beaucoup d'éducation. Il manque d'éducation.*

édulcorer [edylkɔʀe] v. tr. < conjug. 1 > **1·** Adoucir par addition de sucre, de sirop. **2·** Rendre plus faible dans son expression. → **adoucir, atténuer.** *Rapporter des propos violents en les édulcorant.* ▶ **édulcorant, ante** adj. et n. m. Se dit d'une substance qui donne une saveur douce. – N. m. Produit édulcorant. *Édulcorant de synthèse.*

éduquer [edyke] v. tr. < conjug. 1 > Former par l'éducation. → **élever.** *Elle a bien éduqué ses enfants.* ▷ **éducateur, éducatif, éducation**

effacer [efase] v. tr. < conjug. 3 > **I·** V. tr. **1·** Faire disparaître sans laisser de trace (ce qui était marqué). → **gommer, gratter.** *Efface ce qui est écrit au tableau. Le voleur a effacé ses empreintes.* – (Choses) Rendre moins net, moins visible. *Le temps a effacé l'inscription.* **2·** Faire disparaître, faire oublier. *Effaçons le passé.* **3·** Empêcher de paraître, de briller (en brillant davantage). → **éclipser.** *Sa réussite efface toutes les autres.* **4·** Tenir de côté ou en retrait, de manière à présenter le moins de surface ou de saillie. *Alignez-vous, effacez l'épaule droite.* **II·** ***S'effacer*** v. pron. **1·** (Choses) Disparaître plus ou moins. → **s'estomper.** *Ce crayon s'efface facilement. Des lignes qui s'effacent dans la brume.* – Abstrait. *Son souvenir ne s'effacera jamais.* **2·** (Personnes) Se tenir de façon à paraître ou à gêner le moins possible. *Il s'efface pour laisser passer ses invités.* – *Elle s'est effacée devant son adversaire. Il s'efface par timidité.* ▶ **effacé, ée** adj. **1·** Qui a disparu ou presque disparu. *Une inscription effacée.* **2·** Qui a peu d'éclat, qui a passé. *Des teintes effacées.* **3·** Qui ne se fait pas voir, reste dans l'ombre. → **modeste.** *Un collaborateur effacé. Jouer un rôle effacé.* ▶ **effacement** n. m. **1·** Action d'effacer ; son résultat. **2·** Attitude effacée, modeste. *Vivre dans l'effacement.* ▷ **ineffaçable**

effarer [efaʀe] v. tr. < conjug. 1 > Troubler en provoquant un effroi mêlé de stupeur. → **affoler, effrayer, stupéfier.** *L'audace de ses plans nous a effarés.* ▶ **effaré, ée** adj. Qui éprouve un effroi mêlé de surprise. → **effrayé, égaré.** *Un air, un regard effaré.* ▶ **effarant, ante** adj. Qui effare ou étonne en indignant. *Il est d'une inconscience effarante.* – Par exagér. *Il roule toujours à une vitesse effarante. Mais c'est effarant !,* incroyable. ▶ **effarement** n. m. État d'une personne effarée. → **effroi, stupeur, trouble.** *Il y eut dans la salle un moment d'effarement.*

effaroucher [efaʀuʃe] v. tr. < conjug. 1 > **1·** Effrayer (un animal) de sorte qu'on le fait fuir. *Attention, vous allez effaroucher le gibier.* **2·** Mettre (qqn) dans un état de crainte ou de défiance.

/ contr. rassurer / *Un rien suffit à l'effaroucher,* à le choquer, à l'offusquer. – Au p. p. adj. *Un cheval effarouché. Une enfant tout effarouchée.* ▶ **effarouchement** n. m. État d'une personne effarouchée.

① **effectif, ive** [efɛktif, iv] adj. Qui se traduit par un effet, par des actes réels. → **concret, positif, réel, tangible.** *Apporter une aide effective.* ▶ **effectivement** adv. **1·** D'une manière effective. → **réellement.** *Pourrons-nous nous y opposer effectivement ?* **2·** Adv. de phrase. S'emploie pour confirmer une affirmation. → en **effet.** *Effectivement, il s'est trompé. Effectivement, il aurait mieux fait de rester chez lui.*

② **effectif** n. m. **1·** Nombre réglementaire des hommes qui constituent une formation militaire. *L'effectif d'un bataillon.* – Au plur. *Nous avons augmenté nos effectifs,* nos troupes. **2·** Nombre des membres (d'un groupe). *L'effectif d'une classe. Les effectifs d'une entreprise.* ▷ **sous-effectif, sureffectif**

effectuer [efɛktɥe] v. tr. < conjug. 1 > Faire, exécuter (une opération complexe ou délicate, technique). *Il faut effectuer les réformes indispensables. Effectuer une dépense.* – Pronominalement. *Un mouvement qui s'effectue en deux temps.*

efféminé, ée [efemine] adj. Qui a les caractères physiques et moraux qu'on prête traditionnellement aux femmes. *Des manières efféminées.* → **féminin.** / contr. mâle, viril /

effervescence [efɛʀvesɑ̃s] n. f. **1·** Bouillonnement produit par un dégagement de gaz lorsque certaines substances entrent en contact. *La chaux vive est en effervescence au contact de l'eau.* **2·** Agitation, émotion vive mais passagère. → **fermentation, mouvement.** *Une effervescence révolutionnaire. Cet événement a mis tout le pays en effervescence.* → **agitation, émoi.** ▶ **effervescent, ente** adj. En effervescence. *Boisson effervescente,* gazeuse. *Des comprimés effervescents.* – *Une foule effervescente.* → **tumultueux.**

① **effet** [efɛ] n. m. **1·** Ce qui est produit par une cause. → **conséquence, résultat, suite.** / contr. cause / *Rapport de cause à effet. Un effet du hasard. Les mesures sont restées sans effet. Il ressent les effets de la fatigue.* – Puissance transmise (par une force, une machine). *Machine à double effet.* **2·** Phénomène particulier (acoustique, électrique, etc.) apparaissant dans certaines conditions. **3·** (Exécution) Loc. *Loi qui prend effet à telle date,* qui devient applicable, exécutoire à cette date. – ***En effet*** loc. adv. : s'emploie pour introduire un argument, une explication. → **car.** *En effet, je lui ai demandé de venir.* → **effectivement.** – ***À cet effet*** : en vue de cela, pour cet usage. **4·** Impression produite (sur qqn). *Un effet de surprise. Son intervention a fait très mauvais effet sur l'auditoire.* – ***Faire effet, faire de l'effet*** : produire une vive impression. → faire **sensation.** – ***Faire l'effet de*** : donner l'impression de, avoir l'air de. *Il nous fait l'effet d'un revenant. Cela m'a fait l'effet d'un reproche.* **5·** Impression esthétique recherchée par l'emploi de certaines techniques. *Manquer, rater son effet.* – Sans compl. (Surtout péj.) *Des phrases à effet,* prétentieuses. – Au plur. Impression recherchée par des gestes, des attitudes. *Faire des effets de jambes, de voix.*

② **effet** n. m. ***Effet (de commerce)*** : titre donnant droit au paiement d'une somme d'argent à une échéance (billet, chèque, traite). *Payer, encaisser un effet.* – *Effets publics,* rentes, obligations, bons du Trésor, émis et garantis par l'État, les départements, les établissements publics.

effets n. m. pl. Le linge et les vêtements. → **vêtement.** *Ranger ses effets dans une valise.*

effeuiller [efœje] v. tr. < conjug. 1 > **1·** Dépouiller de ses feuilles. *Effeuiller une branche. Effeuiller des artichauts.* – Au p. p. adj. *Un arbre effeuillé.* **2·** Dépouiller de ses pétales. – (Par jeu ou par superstition) *Effeuiller la marguerite,* pour savoir si on est aimé, en disant, à chaque pétale qu'on enlève : « il (ou elle) m'aime, un peu, beaucoup, passionnément, à la folie, pas du tout ».

efficace [efikas] adj. **1·** (Choses) Qui produit l'effet qu'on en attend. → **actif, puissant, souverain.** *Un remède, un traitement efficace. Il m'a apporté une aide efficace.* **2·** (Personnes) Dont la volonté, l'activité produisent leur effet. *Un collaborateur efficace.* / contr. inefficace / ▶ **efficacement** adv. D'une manière efficace. *Il a su intervenir efficacement.* ▶ **efficacité** n. f. **1·** Caractère de ce qui est efficace. → **action. 2·** Capacité de produire le maximum de résultats avec le minimum d'effort, de dépense. → **rendement.** *Il recherche l'efficacité. Il travaille correctement, mais il manque d'efficacité.*

effigie [efiʒi] n. f. **1·** (Peinture, sculpture) Représentation d'une personne. → **image, portrait.** – Loc. *Pendre, brûler, exécuter qqn en effigie,* pendre, brûler, exécuter un mannequin le représentant. **2·** Représentation du visage (d'une personne), sur une monnaie, une médaille... *Timbre-poste français à l'effigie de Marianne.*

① **effiler** [efile] v. tr. < conjug. 1 > Défaire (un tissu) fil à fil. → **effilocher.** *Effiler un tissu. Effiler des haricots verts,* en enlever les fils. – Pronominalement. *Le bord de son écharpe s'effile.* ▶ ① **effilé** n. m. Frange d'une étoffe, formée en effilant la chaîne du tissu. *Les effilés d'un châle.* ▶ **effilocher** v. tr. < conjug. 1 > Effiler (des tissus, des chiffons) pour réduire en bourre, en ouate. – Au p. p. adj. Qui laisse échapper des fils. *Un pull tout effiloché aux poignets.* – Pronominalement. (Tissu) *S'effilocher,* devenir effiloché.

2 **effiler** v. tr. < conjug. 1 > Rendre allongé et fin ou pointu. → **allonger, amincir.** *Il effile la pointe de son crayon.* – *Effiler les cheveux,* en amincissant les mèches à leur extrémité. ▶ 2 **effilé, ée** adj. Qui va en s'amincissant ; mince et allongé. *Un crayon bien effilé. Des doigts effilés.* / contr. épais, large / – *Amandes effilées,* coupées en fines lamelles.

efflanqué, ée [eflɑ̃ke] adj. (Surtout du cheval) Trop maigre. *Un vieux cheval efflanqué.* → **maigre, squelettique.** – (Personnes) *Il paraissait tout efflanqué dans cet uniforme.*

effleurer [eflœʀe] v. tr. < conjug. 1 > 1· Toucher légèrement, du bout des doigts, des lèvres. → **frôler.** *Il effleura mon bras.* 2· Abstrait. Toucher à peine à (un sujet), examiner superficiellement. *Il n'a fait qu'effleurer le problème.* – (Choses) Faire une impression légère et fugitive sur (qqn). *Cette idée ne m'avait jamais effleuré.* ▶ **effleurement** n. m. Caresse ou atteinte légère. → **frôlement.**

efflorescence [eflɔʀesɑ̃s] n. f. Littér. Floraison, épanouissement (d'un art, d'idées...). ▶ **efflorescent, ente** adj. Littér. En pleine floraison. *Une végétation efflorescente.* → **luxuriant.**

effluent [eflyɑ̃] n. m. 1· Cours d'eau issu d'un lac, d'un glacier. ≠ affluent. 2· *Effluent urbain,* eaux évacuées par les égouts. – *Effluents radioactifs,* résidus radioactifs de la production d'énergie nucléaire.

effluve [eflyv] n. m. 1· Littér. (Surtout au plur.) Émanation qui se dégage d'un corps vivant, ou de certaines substances. → **exhalaison.** *Les effluves légers des tilleuls en fleur.* 2· *Effluve électrique,* décharge électrique à faible luminescence. *L'air est chargé d'effluves avant un orage.*

s'**effondrer** [efɔ̃dʀe] v. pron. < conjug. 1 > 1· Crouler sous le poids ou faute d'appui. → s'**affaisser,** s'**écrouler.** *La galerie s'est effondrée sur les mineurs.* 2· Fig. S'écrouler, ne plus tenir. *Toute son histoire s'effondre.* 3· (Personnes) Tomber comme une masse. *Il s'est effondré dans le fauteuil.* Spécialt. *Les hommes s'effondraient par dizaines,* tombaient morts ou blessés. – Céder brusquement. *Interrogé pendant des heures, le suspect a fini par s'effondrer.* → **craquer.** ▶ **effondré, ée** adj. *Un toit effondré.* – (Personnes) Très abattu, sans réaction (après un malheur, un échec). *Après l'accident, il est resté complètement effondré.* ▶ **effondrement** n. m. 1· Fait de s'effondrer. → **éboulement, écroulement.** *L'effondrement d'un mur, d'un toit.* 2· Fig. Chute, fin brutale. → **ruine.** *L'effondrement de l'Empire romain. L'effondrement du prix des matières premières.* 3· (Personnes) État d'abattement extrême. *Il est dans un état d'effondrement complet.* – Écroulement physique. *L'effondrement d'un sportif après des efforts trop violents.*

s'**efforcer** [efɔʀse] v. pron. < conjug. 3 > 1· *S'efforcer de* (+ infinitif) : faire tous ses efforts, employer toute sa force, son adresse, son intelligence en vue de (faire, comprendre, etc.). *Je m'efforce de rester calme. Il s'efforce de m'entraîner, de me convaincre.* → s'**appliquer,** s'**évertuer, tâcher.** 2· Littér. *S'efforcer à* (+ nom) : faire des efforts pour atteindre un but. *Il s'efforçait à un travail soigneux.* ▶ **effort** [efɔʀ] n. m. 1· Activité d'un être conscient qui emploie toutes ses forces pour agir, vaincre une résistance (extérieure ou intérieure). *Effort physique* (caractérisé par les contractions musculaires). *Effort intellectuel,* tension de l'esprit. *Un effort de mémoire, d'imagination. Un effort soutenu, constant. Faire un effort, des efforts pour...* → s'**efforcer.** *Faire tous ses efforts,* tout son possible. *Continuez vos efforts.* – Loc. *Je veux bien faire un effort,* envisager une aide financière. → **sacrifice.** *Allons, faites un petit effort !,* manifestez votre bonne volonté. – *Un partisan du moindre effort,* un paresseux. *Il ne fait aucun effort,* il ne travaille pas. – Loc. adv. *Il le fait sans effort,* facilement. 2· En sciences, technique. Force exercée. *Effort de traction, de torsion.* – Force de résistance aux forces extérieures. *L'effort des arches d'un pont.*

effraction [efʀaksjɔ̃] n. f. Bris de clôture ou de serrures. *Vol avec effraction* (circonstance aggravante). *Pénétrer dans une maison par effraction.*

effraie [efʀɛ] n. f. Chouette au plumage clair, destructrice de rongeurs.

effranger [efʀɑ̃ʒe] v. tr. < conjug. 3 > Effiler sur les bords de manière que les fils pendent. – Plus cour. Pronominalement. *Le pantalon commence à s'effranger au talon.* → s'**effilocher.**

effrayer [efʀeje] v. tr. < conjug. 8 > Frapper de frayeur, faire peur à. → **épouvanter, terrifier.** / contr. rassurer / *Les coups de tonnerre l'effrayaient. Il est facile à effrayer.* – Au p. p. *Ils se sauvaient, effrayés par les flammes.* – Pronominalement. Avoir peur. *Il s'effraie pour rien.* → s'**affoler.** ▶ **effrayant, ante** [efʀɛjɑ̃, ɑ̃t] adj. 1· Qui inspire ou peut inspirer de la frayeur. → **effroyable, épouvantable, terrible.** / contr. rassurant / *J'ai fait un cauchemar effrayant.* 2· Fam. Extraordinaire, extrême. → **formidable.** *Il fait une chaleur effrayante. Ça coûte un prix effrayant.*

effréné, ée [efʀene] adj. Littér. Qui est sans retenue, sans mesure. *Une course effrénée.* – Abstrait. *Une jalousie effrénée.* → **démesuré, immodéré.**

effriter [efʀite] v. tr. < conjug. 1 > **1·** Rendre friable, réduire en poussière. *Effriter un croûton de pain.* – ***S'effriter*** v. pron. : se désagréger progressivement, tomber en poussière. *Le bois vermoulu s'effritait.* **2·** Fig. ***S'effriter*** v. pron. : s'affaiblir en perdant des éléments. → **s'amenuiser.** *Ce parti s'effrite à chaque vote.* ▶ **effritement** n. m. Fait de s'effriter, état de ce qui est effrité. → **désagrégation.**

effroi [efʀwɑ(a)] n. m. Littér. Grande frayeur, souvent mêlée d'horreur. → **épouvante, terreur.** *Un cri d'effroi.* ▷ **effroyable**

effronté, ée [efʀɔ̃te] adj. et n. Qui est d'une grande insolence, qui n'a honte de rien. *Voilà un garçon bien effronté !* / contr. timide / – N. *Taisez-vous, petit effronté !* → **insolent.** ▶ **effrontément** adv. D'une manière effrontée. *Il mentait effrontément.* ▶ **effronterie** n. f. Caractère, attitude d'une personne effrontée. → **impudence, insolence.** / contr. timidité / *Le gamin la regardait avec effronterie.*

effroyable [efʀwajabl] adj. **1·** Très effrayant. *Une effroyable catastrophe.* → **effrayant, terrible.** *Le tremblement de terre fut effroyable. Il vivait dans une misère effroyable.* **2·** Fig. Énorme. *C'est effroyable, le temps que l'on peut perdre.* → **effrayant** (2). ▶ **effroyablement** adv. Fam. Extrêmement, terriblement. *Une affaire effroyablement compliquée.*

effusif, ive [efyzif, iv] adj. En géologie. *Volcan effusif,* qui rejette surtout des coulées de lave.

effusion [efyzjɔ̃] n. f. **1·** *Effusion de sang,* action de faire couler le sang (dans une action violente). *L'ordre a été rétabli sans effusion de sang.* **2·** Littér. Manifestation sincère d'un sentiment. *Il nous a remerciés avec effusion.* / contr. froideur / *Je n'aime guère toutes ces embrassades et effusions.*

s'égailler [egaje] v. pron. < conjug. 1 > Se disperser, s'éparpiller. *Le jeu commençant, les enfants s'égaillèrent dans le bois pour s'y cacher.* ≠ égayer (qui se prononce autrement).

égal, ale, aux [egal, o] adj. et n. **1·** (Personnes, choses) Qui est de même quantité, dimension, nature, qualité ou valeur. → **identique, même ; équivalent.** / contr. inégal ; différent / *Elle a découpé la tarte en parts égales. Deux quantités égales à une même troisième sont égales entre elles. Ils sont de force égale.* – Loc. *Toutes choses égales d'ailleurs,* en supposant que tous les autres éléments de la situation restent les mêmes. – *N'avoir d'égal que...,* n'être égalé que par. *Sa sottise n'a d'égale que sa méchanceté.* **2·** Qui met à égalité. *La partie n'est pas égale.* – Loc. *Faire jeu égal,* se dit d'adversaires qui se montrent de force égale. **3·** (Personnes) Qui est sur le même rang ; qui a les mêmes droits ou charges. → **pareil.** *Tous les citoyens sont égaux devant la loi. Être, rester égal à soi-même,* garder le même caractère. – N. Personne égale par le mérite ou par la condition. *La femme est l'égale de l'homme. Il a trouvé son égal.* Loc. *Traiter d'égal à égal avec qqn,* sur un pied d'égalité. – *Sans égal(e),* qui n'a pas son pareil, inégalable. *Il est d'une gentillesse sans égal(e).* Invar. au masc. plur. *Des élans sans égal.* – *À l'égal de,* autant que. **4·** Qui est toujours le même ; qui ne varie pas. → **constant, régulier.** / contr. irrégulier / *Un pouls égal. Il parlait d'une voix égale. Une humeur toujours égale.* **5·** Loc. *Ça m'est (bien, complètement, parfaitement, tout à fait) égal,* ça ne m'intéresse pas. *Faites ce que vous voulez, ça m'est bien égal.* – *C'est égal,* quoi qu'il en soit, malgré tout. *C'est égal, je préfère ne pas le voir.* ▶ **également** adv. **1·** D'une manière égale. *Sa fortune doit être également partagée entre ses deux enfants.* **2·** De même, aussi. *Je lui ai parlé, mais je tiens à vous en parler également.* ▶ **égaler** v. tr. < conjug. 1 > **1·** Être égal à. *Une œuvre que rien n'égale en beauté.* – Avoir la même qualité, le même intérêt que. *La réalité égale et souvent dépasse la fiction.* **2·** Être égal en quantité à. *Deux plus trois égalent cinq* (2 + 3 5). – REM. Le verbe peut rester au singulier. *Deux plus trois égale cinq.* **3·** *Égaler un record,* réussir le même temps, le même nombre de points. ▶ **égaliser** v. tr. < conjug. 1 > **1·** Rendre égal quant à la quantité ou aux dimensions. *Le jardinier égalise les rameaux d'une haie. Se faire égaliser les cheveux.* – Aplanir, niveler (un terrain, une surface...). **2·** Intransitivement. Obtenir le même nombre de points, de buts que l'adversaire. *À la mi-temps, l'équipe adverse avait égalisé.* ▶ **égalisation** n. f. Action d'égaliser. *L'égalisation des salaires de diverses zones. Notre équipe a obtenu l'égalisation,* a réussi à égaliser. ▶ **égalité** n. f. **1·** Caractère de ce qui est égal. *L'égalité des forces en présence. Les joueurs sont à égalité (de points).* → **ex æquo.** *Comparatif d'égalité (aussi, autant... que).* **2·** Rapport entre individus égaux. *L'égalité devant la loi. Égalité civile, politique. L'égalité des chances.* **3·** Rapport entre des grandeurs égales ; formule qui exprime ce rapport. *L'égalité de deux nombres.* **4·** Qualité de ce qui est constant, régulier. *J'admire l'égalité de son humeur.* ▶ **égalitaire** adj. Qui vise à l'égalité (2) entre les hommes. *La répartition égalitaire des richesses.* ▷ **inégal**

égard [egaʀ] n. m. **1·** Loc. ***Avoir égard à*** : considérer (une personne ou une chose) avec une particulière attention. *Il faut avoir égard aux* *circonstances.* – ***Eu égard à*** loc. prép. : en considération de, en tenant compte de. *Il ne participe plus aux compétitions eu égard à son âge.* – ***À l'égard de*** loc. prép. : pour ce qui concerne (qqn). → **envers.** *Votre indifférence à mon égard, à l'égard de ma famille.* – ***À cet égard*** loc. adv. : sous ce rapport, de ce point de vue. *Ne craignez rien à cet égard.* – ***À tous égards*** loc. adv. : sous tous les rapports. *Un appartement agréable à tous égards.* **2·** Considération d'ordre moral, déférence, respect. *Si je l'ai fait, c'est par égard pour votre père. Vous agissez sans égard pour lui.* – Au plur. Marques de considération, d'estime. *Il a été reçu avec les égards dus à son rang. Avoir des égards pour qqn.* → **gentillesse.**

égarer [egaʀe] v. tr. < conjug. 1 > **1·** Mettre hors du bon chemin. → **fourvoyer.** *Le guide nous a égarés.* – Mettre (une chose) à une place qu'on oublie ; perdre momentanément. *J'ai égaré mes clefs.* → **perdre. 2·** (Compl. personne) Mettre hors du droit chemin, écarter de la vérité, du bien. → **tromper.** *La passion, la colère vous égare.* **3·** V. pron. ***S'égarer*** : (Choses, personnes) se perdre. *La lettre a dû s'égarer. Il s'est égaré dans la forêt.* – Fig. Faire fausse route, sortir du sujet. *La discussion s'égare.* – (Personnes) Sortir du bon sens. *Sa raison s'égarait.* ▶ **égaré, ée** adj. **1·** Qui a perdu son chemin. *Un voyageur égaré.* – Qui a été égaré. *Un objet égaré.* **2·** Qui est comme fou ; trahit le désordre mental. *Un regard égaré.* ▶ **égarement** n. m. Littér. État d'une personne qui s'écarte du bon sens. → **dérèglement, désordre.** *Dans un moment d'égarement, il l'a appelée «Monsieur».*

égayer [egeje] v. tr. < conjug. 8 > **1·** Littér. Rendre gai, amuser. → **divertir, réjouir.** *Il savait nous égayer par ses plaisanteries.* – (Choses) Rendre agréable, colorer d'une certaine gaieté. *Des bibelots, des rideaux qui égaient une pièce. Cet intermède a égayé la séance.* **2·** ***S'égayer*** v. pron. : s'amuser. *S'égayer aux dépens de qqn,* en se moquant. ≠ s'égailler (qui se prononce autrement).

égérie [eʒeʀi] n. f. Conseillère, inspiratrice (d'un homme politique, d'un artiste).

égide [eʒid] n. f. Littér. Loc. ***Sous l'égide de*** : sous la protection de (une autorité, une loi). *Prendre qqn sous son égide.*

églantier [eglɑ̃tje] n. m. Rosier sauvage. ▶ **églantine** n. f. Fleur de l'églantier.

églefin [egləfɛ̃] n. m. Poisson de mer, proche de la morue. *Églefin fumé.* → **haddock.** – REM. On dit aussi *aiglefin* [ɛgləfɛ̃], n. m. ≠ aigrefin.

église [egliz] n. f. **I·** (Avec une majuscule) *L'Église.* **1·** Ensemble des personnes qui ont la foi en Jésus-Christ. → **chrétienté. 2·** Ensemble de fidèles unis, au sein du christianisme, dans une communion particulière. → **confession, religion.** *L'Église catholique, orthodoxe. Les Églises réformées ou protestantes.* **3·** L'Église catholique. *Les prières, les cérémonies, les chants de l'Église. L'Église et l'État.* **4·** L'état ecclésiastique, l'ensemble des ecclésiastiques. → **clergé.** *Un homme d'Église. L'Église, l'Épée, la Robe,* les trois états (Église, noblesse, magistrature), sous l'Ancien Régime. **II·** *(Une, des églises)* Édifice consacré au culte de la religion chrétienne, surtout catholique (on dit *temple* pour le culte protestant). → **basilique, cathédrale, chapelle ; abbatiale.** *Église paroissiale. Église romane, gothique. Aller à l'église,* dans une église particulière ou en général dans les églises. *Elle ne va plus à l'église,* elle ne pratique plus la religion.

églogue [eglɔg] n. f. Petit poème pastoral ou champêtre. → **bucolique, idylle, pastorale.**

égo [ego] n. m. Le moi*. – *Cet artiste a un égo surdimensionné,* est exagérément centré sur lui-même.

égocentrique [egosɑ̃tʀik] adj. Qui rapporte tout à soi. ▶ **égocentrisme** n. m. Tendance à tout rapporter à soi, à ne s'intéresser vraiment qu'à soi.

égoïne [egɔin] n. f. Petite scie à main, composée d'une lame terminée par une poignée (on s'en sert seul). – En appos. *Une scie égoïne.*

égoïsme [egɔism] n. m. Attachement excessif à soi-même qui fait que l'on recherche exclusivement son plaisir et son intérêt personnels. / contr. altruisme / – Tendance, chez les membres d'un groupe, à tout subordonner à leur intérêt. *Un égoïsme de classe.* ▶ **égoïste** adj. et n. Qui fait preuve d'égoïsme, est caractérisé par l'égoïsme. *Une attitude égoïste.* – N. *Il se conduit en égoïste.* / contr. altruiste / ▶ **égoïstement** adv. D'une manière égoïste. *Il profite égoïstement de la situation.* ▷ **égocentrique**

égorger [egɔʀʒe] v. tr. < conjug. 3 > Tuer (un animal, un être humain) en lui coupant la gorge. *Égorger un cochon.* → **saigner.** *La victime a été égorgée à coups de rasoir.* ▶ **égorgeur, euse** n. Assassin qui égorge ses victimes.

s'égosiller [egozije] v. pron. < conjug. 1 > **1·** Se fatiguer la gorge à force de parler, de crier. → **s'époumoner.** *Il s'égosillait à lui expliquer comment s'y prendre.* **2·** (Surtout en parlant des oiseaux) Chanter longtemps le plus fort possible.

égout [egu] n. m. Canalisation, généralement souterraine, servant à l'écoulement et à l'évacuation des eaux ménagères et industrielles des villes. *Les eaux d'égout. Le réseau des égouts de*

Paris. – ***Bouche d'égout*** : orifice sur le bord d'une chaussée pour l'écoulement des eaux. ▶ **égoutier, ière** [egutje, jɛʀ] n. Personne qui travaille à l'entretien des égouts.

égoutter [egute] v. tr. < conjug. 1 > Débarrasser (une chose) d'un liquide qu'on fait écouler goutte à goutte. *Égoutter des légumes. Fromages frais qu'on n'a pas encore égouttés.* – Pronominalement. Perdre son eau goutte à goutte. *Laisser la vaisselle s'égoutter.* ▶ **égouttoir** n. m. Appareil qui sert à faire égoutter qqch. *Égouttoir à vaisselle, à fromages.*

égrapper [egʀape] v. tr. < conjug. 1 > Détacher (les fruits) de la grappe. *Égrapper des raisins, des groseilles.* – Au p. p. *Marc égrappé,* de raisins *égrappés.*

égratigner [egʀatiɲe] v. tr. < conjug. 1 > **1·** Écorcher, en déchirant superficiellement la peau. → **érafler, griffer.** *Le chat lui a égratigné la main.* – Pronominalement. *Elle s'est égratignée en cueillant des mûres.* – Entamer superficiellement (une matière quelconque). → **érailler.** *Le vernis du meuble a été égratigné.* – Au p. p. adj. *Une reliure égratignée.* **2·** Abstrait. Blesser légèrement par un mot, un trait ironique. *Les critiques l'ont un peu égratigné.* ▶ **égratignure** n. f. Blessure superficielle et sans gravité. → **écorchure, éraflure.** *Il s'est tiré de l'accident sans une égratignure,* sans la moindre blessure.

égrener [egʀəne] v. tr. < conjug. 5 > **1·** Dégarnir de ses grains (un épi, une cosse, une grappe). *Égrener du blé.* **2·** *Égrener un chapelet,* en faire passer chaque grain successivement entre ses doigts à chaque prière. **3·** Faire entendre un à un, de façon détachée. *L'horloge égrène les heures.* **4·** ***S'égrener*** v. pron. : s'allonger en file en se divisant en éléments successifs. *La bande commença à s'égrener.* ▶ **égrenage** n. m. Action d'égrener. *L'égrenage du maïs.*

égrillard, arde [egʀijaʀ, aʀd] adj. Qui se complaît dans des propos ou des sous-entendus licencieux. / contr. pudibond, réservé / *À la fin du repas, il devenait égrillard. Une chanson égrillarde.* → **osé, salé.**

égyptien, ienne [eʒipsjɛ̃, jɛn] adj. et n. De l'Égypte (ancienne ou moderne). *Le delta égyptien.* – N. *Les Égyptiens.* – N. m. *L'égyptien ancien,* la langue des anciens Égyptiens (→ **hiéroglyphe**). *L'égyptien moderne,* l'arabe d'Égypte. ▶ **égyptologie** n. f. Connaissance de l'ancienne Égypte, de son histoire, de sa langue, de sa civilisation. ▶ **égyptologue** n. Spécialiste d'égyptologie ; archéologue qui s'occupe des antiquités égyptiennes.

***eh** ['e] interj. Exclamation, variante de *hé ! Eh ! Fais attention !* – Renforce le mot suivant. *Eh oui ! c'est comme ça !*

éhonté, ée [eɔ̃te] adj. Qui n'a pas honte en commettant des actes répréhensibles. → **cynique, impudent.** *Un tricheur éhonté.* – *C'est un mensonge éhonté.*

eider [edɛʀ] n. m. Genre de grand canard des pays du Nord, fournissant un duvet apprécié. *Des eiders.*

éjaculer [eʒakyle] v. intr. < conjug. 1 > Émettre le sperme. ▶ **éjaculation** n. f. Émission du sperme par la verge en érection.

éjecter [eʒɛkte] v. tr. < conjug. 1 > **1·** Rejeter en dehors. *La douille est éjectée quand le tireur réarme.* **2·** Fam. (Compl. personne) Expulser, renvoyer. *Il s'est fait éjecter avec perte et fracas.* ▶ **éjectable** adj. *Siège, cabine éjectable,* qui peut être éjecté(e) hors de l'avion, avec son occupant, en cas de perdition. Fig. Situation, poste particulièrement précaire. ▶ **éjecteur** n. m. Appareil, mécanisme servant à éjecter une pièce, à évacuer un fluide. *L'éjecteur d'un fusil.* ▶ **éjection** n. f. Action d'éjecter, fait d'être éjecté (1 et 2). *L'éjection d'une douille.* – Fam. *L'éjection d'un contestataire, lors d'une réunion.*

élaborer [elabɔʀe] v. tr. < conjug. 1 > **1·** Préparer mûrement, par un lent travail de l'esprit. → **combiner, former.** *Nous avons soigneusement élaboré ce plan.* **2·** Produire (une substance organique) par une transformation physiologique. *Les globules blancs élaborent des antitoxines.* ▶ **élaboration** n. f. **1·** Action d'élaborer par un travail intellectuel. *L'élaboration d'un projet, d'un ouvrage.* **2·** Production (d'une substance organique) par une transformation physiologique. *L'élaboration de la bile par le foie.*

élaguer [elage] v. tr. < conjug. 1 > **1·** Dépouiller (un arbre) des branches superflues. → **ébrancher, tailler.** *Élaguer des branches mortes.* **2·** Fig. Débarrasser des détails ou développements inutiles. *Il faut élaguer votre exposé.* – Retrancher. *Il y a beaucoup à élaguer dans cet article.* ▶ **élagage** n. m. Action d'élaguer. *L'élagage d'un arbre.* ▶ **élagueur, euse** n.

1 **élan** [elɑ̃] n. m. **1·** Mouvement par lequel on s'élance. *Il a mal calculé son élan.* – Mouvement progressif préparant l'exécution d'un saut, d'un exercice. *Le sauteur prend son élan.* – Mouvement d'une chose lancée. *Un camion emporté par son élan.* **2·** Fig. Mouvement ardent, subit, qu'un vif sentiment inspire. → **transport.** *Il ne sait pas contenir ses élans. Un élan d'enthousiasme.* – Mouvement affectueux, moment d'expansion. *Il n'a jamais un élan vers elle.*

2 **élan** n. m. Grand cerf des pays du Nord, à grosse tête, aux bois aplatis en éventail. *Élan du Canada.* → **orignal.**

élancé, ée [elɑ̃se] adj. Mince et svelte. *Une jeune fille élancée.*

1 **élancer** [elɑ̃se] v. intr. < conjug. 3 > Causer des élancements. *Son doigt (lui) élance. Ça m'élance.* ▶ **élancement** n. m. Douleur brusque, aiguë, lancinante.

2 **s'élancer** v. pron. < conjug. 3 > Se lancer en avant avec force et vitesse. → **se précipiter, se ruer ;** 1 **élan.** *Les passants s'élancèrent à sa poursuite.*

1 **élargir** [elaʀʒiʀ] v. tr. < conjug. 2 > **1·** Rendre plus large. / contr. **rétrécir** / *On a élargi la route.* → **agrandir.** *Elle a dû élargir sa jupe.* – Pronominalement. Devenir plus large. *Le sentier s'élargissait.* – Au p. p. adj. *Des pantoufles élargies par l'usage.* – Faire paraître plus large. *Cette veste lui élargit les épaules.* **2·** Abstrait. Rendre plus ample, plus général. → **étendre.** / contr. **limiter** / *Il faut élargir le débat.* – Au p. p. adj. *Le gouvernement s'appuiera sur une majorité élargie.* **3·** Intransitivement. Fam. *Il a élargi,* il a pris de la carrure. → **forcir.** ▶ 1 **élargissement** n. m. **1·** Action d'élargir, fait de s'élargir. *Les travaux d'élargissement d'une rue.* **2·** Abstrait. Action de rendre plus ample. → **développement, extension.** *L'élargissement d'une influence.*

2 **élargir** v. tr. < conjug. 2 > Mettre en liberté (un détenu). → **libérer, relâcher.** / contr. **emprisonner, incarcérer** / ▶ 2 **élargissement** n. m. Mise en liberté (d'un détenu). / contr. **emprisonnement, incarcération** / *Les avocats ont obtenu son élargissement.*

élasticité [elastisite] n. f. **1·** Propriété qu'ont certains corps de reprendre (au moins partiellement) leur forme et leur volume primitifs quand la force qui s'exerçait sur eux cesse d'agir. *L'élasticité du caoutchouc, des gaz.* **2·** Souplesse (de l'allure, des mouvements). *L'élasticité de la démarche du chat.* **3·** Abstrait. Possibilité de s'interpréter, de s'appliquer de façons diverses. / contr. **rigidité** / *Profiter de l'élasticité d'un règlement.* – Faculté d'adaptation d'un phénomène à des influences extérieures. *L'élasticité de l'offre et de la demande.* ▶ **élastique** adj. et n. m. **I·** Adj. **1·** Qui a de l'élasticité. → **compressible, extensible, flexible.** *Les gaz sont très élastiques.* – Fait d'une matière douée d'élasticité. *Bretelles élastiques.* **2·** Souple. *Une foulée élastique.* **3·** Abstrait. Dont on peut étendre le sens, l'application. / contr. **rigide, rigoureux** / *Une notion assez élastique.* – Péj. *Une conscience, une morale élastique,* sans rigueur, très accommodante. **II·** N. m. Tissu souple contenant des fils de caoutchouc. *Des bretelles en élastique.* – Ruban d'une matière élastique. → **caoutchouc.** *Mettre un élastique à la taille d'un pantalon.* ▶ **élastomère** n. m. Caoutchouc synthétique. *Semelles en élastomère.*

eldorado [ɛldɔʀado] n. m. Pays merveilleux d'abondance et de délices (→ **pays de cocagne**). *Des eldorados.*

électeur, trice [elɛktœʀ, tʀis] n. **1·** Personne qui a le droit de vote dans une élection. *L'inscription d'un électeur sur une liste électorale. Le candidat sollicite le suffrage des électeurs.* **2·** Histoire. Prince, évêque de l'Empire germanique ayant le droit d'élire l'empereur. *L'électeur de Saxe.* ▶ **élection** [elɛksjɔ̃] n. f. **1·** Choix, désignation d'une ou plusieurs personnes par un vote. *Procéder à l'élection du président.* – *Les (élections) législatives,* des députés. *L'élection présidentielle,* d'un président. *Les (élections) municipales,* des conseillers municipaux. *Les (élections) cantonales,* des conseillers généraux. *Fixer la date des élections.* **2·** Loc. ***D'élection*** : qu'on a choisi. *C'est sa patrie d'élection.* ▶ **électif, ive** [elɛktif, iv] adj. Nommé ou conféré par élection. *Le pape est électif. Une charge élective.* ▶ **électoral, ale, aux** adj. Relatif aux élections. *Loi électorale. Réunion électorale. Liste électorale,* des électeurs. ▶ **électoralisme** n. m. Attitude d'un parti politique qui subordonne son action à la recherche de succès électoraux. ▶ **électoraliste** adj. et n. ▶ **électorat** n. m. **1·** Qualité d'électeur, usage du droit d'électeur. *En France, les femmes ont obtenu l'électorat en 1946.* **2·** Ensemble des électeurs. *L'électorat français. L'électorat féminin, l'électorat de gauche.* ▷ **pré-électoral, réélection**

électricité [elɛktʀisite] n. f. Une des formes de l'énergie, mise en évidence par la structure de la matière ; ensemble des phénomènes causés par une charge électrique. *Électricité et magnétisme.* → **électromagnétisme.** *Électricité statique,* en équilibre (phénomènes d'électrisation par frottement, par contact). → **électrostatique.** *Électricité dynamique,* courant électrique. → **électrodynamique.** – Loc. fig. *Il y a de l'électricité dans l'air,* les gens sont nerveux, excités. – Cette énergie dans son usage domestique. *Se chauffer à l'électricité. Payer une note d'électricité. Une panne, une coupure d'électricité.* Fam. *Allumer, éteindre l'électricité,* l'éclairage électrique. ▶ **électricien, ienne** n. Technicien(ienne) ou ouvrier(ère) spécialisé(e) dans le matériel et les installations électriques. ▶ **électrifier** v. tr. < conjug. 7 > **1·** Faire fonctionner en utilisant l'énergie électrique. *Électrifier une ligne de chemin de fer.* – Au p. p. adj. *Une ligne électrifiée.* **2·** Pourvoir d'énergie électrique. *Électrifier un village.*

▶ **électrification** n. f. Action d'électrifier. *L'électrification du réseau ferroviaire.* ▶ **électrique** adj. 1· Propre ou relatif à l'électricité. *L'énergie électrique. Charge, courant électrique. L'équipement électrique d'un pays.* – Qui utilise l'électricité. *L'éclairage électrique.* 2· Qui marche à l'électricité. *Fer à repasser, four, rasoir électrique. Il joue au train électrique.* – *La chaise* électrique.* 3· *Bleu électrique,* très vif. ▶ **électriquement** adv. Par l'énergie électrique. *Horloge mue électriquement.* ▷ **électriser, électro-, électrocuter, électrode, électron, hydro-électrique, photoélectrique, piézoélectricité, radioélectrique, thermo-électrique, tribo-électricité**

électriser [elɛktʀize] v. tr. <conjug. 1> 1· Communiquer à (un corps) des propriétés, des charges électriques. – Au p. p. *Corps électrisé par frottement.* 2· Fig. Animer, pousser à l'action, en produisant une impression vive, exaltante. → **enflammer, galvaniser, transporter.** *L'orateur avait électrisé la foule.* ▶ **électrisation** n. f. Action d'électriser, fait d'être électrisé.

électro- Élément signifiant « électrique ». ▷ **électroacoustique, électroaimant, électrocardiogramme, électrochimie, électrochoc, électrodynamique, électroencéphalogramme, électrogène, électroluminescence, électrolyse, électromagnétisme, électroménager, électromyogramme, électrophone, électrosensible, électrostatique, électrotechnique**

électroacoustique [elɛktʀoakustik] adj. et n. f. Technique de production, d'enregistrement et de reproduction des sons. – Adj. *Musique électroacoustique.*

électroaimant [elɛktʀoɛmɑ̃] n. m. Dispositif produisant un champ magnétique grâce à deux bobines parcourues par un courant électrique et reliées par un barreau de fer doux.

électrocardiogramme [elɛktʀokaʀdjɔgʀam] n. m. Tracé obtenu par enregistrement des phénomènes électriques du cœur vivant (ou *électrocardiographie,* n. f.).

électrochimie [elɛktʀoʃimi] n. f. Étude et technique des applications industrielles de l'électricité. *Une usine d'électrochimie.* ▶ **électrochimique** adj.

électrochoc [elɛktʀoʃɔk] n. m. 1· Procédé de traitement psychiatrique consistant à provoquer une perte de conscience, suivie de convulsions, par le passage d'un courant alternatif à travers la boîte crânienne. *On lui a fait des électrochocs.* 2· Violente secousse psychologique.

électrocuter [elɛktʀokyte] v. tr. <conjug. 1> Tuer par une décharge électrique. *Dans certains États des États-Unis, on électrocute les condamnés à mort.* – Pronominalement. *Il a failli s'électrocuter en touchant le fil.* ▶ **électrocution** n. f. Action d'électrocuter, de s'électrocuter. *Électrocution produite par une ligne à haute tension. L'électrocution d'un condamné.*

électrode [elɛktʀɔd] n. f. Conducteur par lequel le courant arrive ou sort. → **anode, cathode.** – Chacune des tiges (de graphite, de métal) entre lesquelles on fait jaillir un arc électrique.

électrodynamique [elɛktʀodinamik] n. f. et adj. 1· N. f. Partie de la physique qui traite de l'électricité dynamique (courants électriques). 2· Adj. Qui appartient au domaine de cette science.

électroencéphalogramme [elɛktʀoɑ̃sefalɔgʀam] n. m. Tracé obtenu par enregistrement de l'activité électrique du cerveau. *Un électroencéphalogramme plat signale la mort clinique.* – Abrév. **E. E. G.**

électrogène [elɛktʀɔʒɛn] adj. *Groupe électrogène,* formé par un moteur et un système dynamo-électrique.

électroluminescence [elɛktʀolyminesɑ̃s] n. f. Propriété qu'ont certains corps d'émettre de la lumière sous l'action d'un champ électrique. ▶ **électroluminescent, ente** adj. *Diode électroluminescente,* qui émet un rayonnement visible ou infrarouge quand elle est parcourue par un courant. → **L. E. D.**

électrolyse [elɛktʀɔliz] n. f. Décomposition chimique (de substances en fusion ou en solution) obtenue par le passage d'un courant électrique. ▶ **électrolyte** n. m. Corps qui peut être décomposé par électrolyse *(électrolysé).* ▶ **électrolytique** adj. Relatif à l'électrolyse. *Dépôt électrolytique.*

électromagnétisme [elɛktʀomaɲetism] n. m. Partie de la physique qui étudie les interactions entre courants électriques et champs magnétiques. ▶ **électromagnétique** adj. *Phénomènes électromagnétiques. Ondes électromagnétiques.*

électroménager [elɛktʀomenaʒe] adj. m. (Appareils ménagers) Qui utilise l'énergie électrique (fers, aspirateurs, réfrigérateurs, etc.). *L'appareillage électroménager.* – N. m. *Une exposition d'électroménager.*

électromoteur, trice [elɛktʀomɔtœʀ, tʀis] adj. Qui développe de l'électricité sous l'action d'un agent mécanique ou chimique. – *Force électromotrice* (abrév. : *f. é. m.*), quotient de la puissance électrique dirigée dans un circuit, par l'intensité du courant qui le traverse. → **volt.**

électromyogramme [elɛktʀomjɔgʀam] n. m. Tracé obtenu par l'enregistrement de l'activité électrique des muscles. – Abrév. **E. M. G.**

électron [elɛktʀɔ̃] n. m. Particule élémentaire extrêmement légère, gravitant normalement autour du noyau atomique, et chargée d'électricité négative. *Les électrons sont l'un des constituants de la matière.* ▶ 1 **électronique** adj. **1**· Propre ou relatif aux électrons. *Émission, flux électronique.* **2**· Qui appartient à l'électronique 2, fonctionne suivant les lois de l'électronique. *Microscope électronique. Calculateur électronique. Montre électronique.* → **quartz.** – Qui est fait par des procédés électroniques. *Annuaire électronique. Écouter de la musique électronique.* ▶ 2 **électronique** n. f. Partie de la physique étudiant les phénomènes où sont mis en jeu des électrons à l'état libre ; technique dérivant de cette science (utilisation des tubes électroniques, des transistors). ▶ **électronicien, ienne** n. Spécialiste de l'électronique. *Une bonne électronicienne.* ▶ **électronvolt** n. m. Unité de mesure d'énergie, utilisée en physique des particules et en électronique.

électrophone [elɛktʀɔfɔn] n. m. Appareil de reproduction sonore des enregistrements sur disque vinyle. → **pick-up, platine.**

électrosensible [elɛktʀosɑ̃sibl] adj. Qui souffre d'électrosensibilité. ▶ **électrosensibilité** n. f. Forte sensibilité aux ondes électromagnétiques, à l'exposition à des champs magnétiques, engendrant des troubles physiologiques.

électrostatique [elɛktʀostatik] adj. et n. f. **1**· Adj. Propre ou relatif à l'électricité statique. *Machines électrostatiques.* **2**· N. f. Partie de la physique traitant des phénomènes d'électricité statique.

électrotechnique [elɛktʀotɛknik] adj. et n. f. **1**· Adj. Relatif aux applications techniques de l'électricité. **2**· N. f. Étude de ces applications. ▶ **électrotechnicien, ienne** n. Spécialiste d'électrotechnique. *Obtenir le brevet supérieur d'électrotechnicien.*

élégant, ante [elegɑ̃, ɑ̃t] adj. **1**· Qui a de la grâce et de la simplicité (formes naturelles ou créées par l'homme). → **gracieux.** *La forme élégante d'une colonnade. Porter un costume très élégant.* **2**· (Personnes, lieux fréquentés) Qui a de l'élégance, du chic. → **chic, distingué.** / contr. vulgaire / *Une femme élégante. Un restaurant élégant,* fréquenté par une clientèle élégante. **3**· Qui a de la pureté dans l'expression. *Un style élégant. Il dit des choses désagréables d'un ton élégant.* **4**· Qui a de l'élégance morale, intellectuelle. *Un procédé peu élégant. C'est la solution la plus élégante.* ▶ **élégamment** adv. Avec élégance. *Il est toujours élégamment vêtu. Parler élégamment. Il n'a pas agi très élégamment.* ▶ **élégance** n. f. **1**· Qualité esthétique de ce qui est élégant. *Un meuble remarquable par l'élégance de ses formes, de ses proportions.* **2**· Choix heureux des expressions, style harmonieux. *Il s'exprime avec élégance. Une phrase d'une grande élégance.* – Surtout au plur. *Une, des élégance(s),* tournure, expression élégante (souvent péj.). → **ornement. 3**· Bon goût manifestant un style personnel dans l'habillement, la parure, les manières. → **chic, distinction.** / contr. vulgarité / *L'élégance de sa toilette. Il est toujours vêtu avec une grande élégance, avec une élégance raffinée.* **4**· Bon goût, distinction morale ou intellectuelle accompagnés d'aisance. *Ses façons de faire manquent d'élégance.* → **délicatesse.** *L'élégance d'une démonstration, d'une solution.* ▷ **inélégant**

élégie [eleʒi] n. f. Poème lyrique exprimant une plainte douloureuse, des sentiments mélancoliques. *Les élégies de Ronsard, de Chénier.* ▶ **élégiaque** adj. et n. Propre à l'élégie. *Des poésies élégiaques.* – N. *Les élégiaques latins.*

élément [elemɑ̃] n. m. **I**· **1**· Chacune des choses dont la combinaison, la réunion forme une autre chose, un tout. → **composant(e), morceau, partie.** / contr. ensemble / *Les éléments d'un assemblage. Vous avez là tous les éléments du problème.* – Un des « objets » qui constituent un ensemble mathématique, logique. « *L'élément a appartient à l'ensemble A* » s'écrit « $a \in A$ ». **2**· Partie (d'un mécanisme, d'un appareil) composée de séries semblables. *Les éléments d'un radiateur, d'un accumulateur. Éléments préfabriqués* (construction). **3**· Au plur. Premiers principes sur lesquels on fonde une science, une technique. *Apprendre les éléments de la physique.* → **rudiment. 4**· Personne appartenant à un groupe. *Il nous faut recruter de nouveaux éléments. Les bons éléments d'une classe.* – Sing. collectif. *L'élément féminin y était fortement représenté.* **5**· Formation militaire appartenant à un ensemble plus important. *Des éléments blindés, motorisés.* **II**· **1**· Vx. Principe constitutif des corps matériels. *On distinguait quatre éléments* (terre, eau, air, feu). **2**· *Les éléments :* l'ensemble des forces naturelles qui agitent la terre, la mer, l'atmosphère. *Lutter contre les éléments déchaînés.* **3**· *L'élément de qqn,* milieu, entourage habituel ou favorable où il est à l'aise. *Quand on discute politique, il est dans son élément.* **4**· Corps chimique simple. *Les éléments hydrogène* (H) *et oxygène* (O) *de l'eau* (H_2O). *Des éléments radioactifs.* ▶ **élémentaire** adj. **I**· **1**· Didact. Qui concerne les éléments (I, 1). **2**· Qui contient, qui concerne les premiers éléments d'une science, d'un art. *Traité de géométrie élémentaire.*

– *Les classes élémentaires d'un lycée. Cours élémentaires*, entre le cours préparatoire et le cours moyen, dans les écoles primaires. **3**· Très simple, réduit à l'essentiel, au minimum. → **rudimentaire.** *La plus élémentaire des politesses voulait que vous lui répondiez. Ce sont des précautions élémentaires. C'est élémentaire*, c'est évident ; c'est le minimum. **II**· D'un élément (II, 4) chimique. ▷ **oligoélément, radioélément**

éléphant [elefɑ̃] n. m. **1**· Très grand mammifère herbivore, à corps massif, à peau rugueuse, à grandes oreilles plates, à nez allongé en trompe et à défenses. *Éléphant mâle, femelle* (parfois *une éléphante*, n. f.). *Des défenses d'éléphant. L'éléphant barrit.* – Fam. Péj. Se dit d'une personne très grosse, à la démarche pesante. Loc. *C'est un éléphant dans un magasin de porcelaine*, un lourdaud qui intervient dans une affaire délicate. *Il a une mémoire d'éléphant*, une mémoire exceptionnelle, plus spécialt, il n'oublie jamais le mal qu'on lui a fait, il est rancunier. **2**· ***Éléphant de mer*** : phoque à trompe, de grande taille. **3**· Fig. Fam. Personnage important, puissant (d'un parti politique), représentant la tradition. ▶ **éléphanteau** n. m. Très jeune éléphant. *Des éléphanteaux.*

élève [elɛv] n. **1**· Personne qui reçoit ou suit l'enseignement d'un maître (dans un art, une science) ou d'un précepteur. → **disciple.** *Ce tableau est d'un élève de Léonard de Vinci.* **2**· Enfant, adolescent qui reçoit l'enseignement donné dans un établissement d'enseignement. → **collégien, écolier, lycéen.** (**REM.** Pour les universités, on dit *étudiant*.) *C'est une excellente élève. Un mauvais élève.* → **cancre.** *Élève interne, externe.* – *Association de parents d'élèves.* **3**· Candidat à un grade militaire. *Élève officier d'active* (E. O. A.), *de réserve* (E. O. R.).

① **élever** [elve] v. tr. < conjug. 5 > **I**· **1**· Mettre ou porter plus haut. → **hisser, lever, soulever.** / contr. baisser / – Tenir haut, dresser. *Il élève les bras au-dessus de sa tête.* **2**· Faire monter à un niveau supérieur. → **hausser.** *Les pluies ont élevé le niveau de la rivière. Élever la maison d'un étage.* – Construire (en hauteur). *Élever un mur, un bâtiment.* → **bâtir.** *On lui a élevé une statue.* → **dresser, ériger.** **3**· Abstrait. Soulever, susciter. *Ils ont élevé plusieurs objections.* **II**· Fig. **1**· Porter à un rang supérieur. *Il a été élevé au grade supérieur.* → **promouvoir.** **2**· Porter à un degré supérieur. → **augmenter, relever.** *La Banque de France a élevé le taux de l'escompte.* – *Élever le ton, la voix*, parler plus haut ; parler avec autorité. *Il a élevé la voix en sa faveur*, il l'a fortement défendu. *Élever la voix contre qqn*, l'accuser. *Il n'ose plus élever la voix*, parler. **3**· Rendre moralement ou intellectuellement supérieur. *Cette lecture élève l'esprit.* **III**· ***S'élever*** v. pron. **1**· Aller plus haut, prendre de la hauteur. *Le cerf-volant s'élève dans le ciel.* **2**· (Hauteur, édifice) Aller jusqu'à une certaine hauteur. *Les falaises s'élevaient à cent mètres au-dessus de la mer.* **3**· Fig. *Le ton de la discussion s'élevait*, devenait plus fort. **4**· (Personnes) ***S'élever contre*** : intervenir (comme en se dressant) pour combattre. *Je m'élève contre cette décision.* **5**· (Personnes) Arriver à un rang supérieur. *Il s'est élevé par son seul travail.* → **réussir.** **6**· (Choses mesurables) Augmenter, devenir plus haut. *La température s'élève.* – *Le prix s'élève à cinq cents euros. Les réparations s'élèvent à quinze mille euros.* ▶ **élévateur, trice** adj. et n. **1**· Adj. Se dit de muscles qui élèvent, relèvent (certaines parties du corps). *Le muscle élévateur de la paupière.* **2**· *Appareil élévateur*, ou n. m., *un élévateur*, appareil capable d'élever qqch. à un niveau supérieur. *Chariot élévateur.* ▶ **élévation** n. f. **1**· Action de lever, d'élever ; position élevée. *Mouvement d'élévation du bras.* **2**· Moment de la messe où le prêtre élève l'hostie. **3**· Fait de s'élever. → **montée.** *L'élévation du niveau des eaux.* – Fig. *Une forte élévation de température.* → **augmentation, hausse.** / contr. baisse / *L'élévation de la voix*, son passage à un ton plus haut. **4**· *(Une, des élévations)* Terrain élevé. → **éminence, hauteur.** *Une élévation nous cachait la vue.* **5**· Fig. Action d'élever, de s'élever (à un rang éminent, supérieur). *Son élévation au grade d'officier de la Légion d'honneur.* → **accession.** **6**· Caractère noble, élevé (de l'esprit). → **noblesse.** *Une grande élévation d'idées, de sentiments.* ▶ ① **élevé, ée** adj. **1**· Situé à une certaine hauteur. → **haut.** / contr. bas / *Une colline peu élevée. Le point le plus élevé.* **2**· Qui atteint une grande importance. *Une température élevée.* **3**· Littér. Supérieur moralement ou intellectuellement. → **noble.** *Il a un sentiment très élevé de son devoir.*

② **élever** v. tr. < conjug. 5 > **1**· Amener (un enfant) à son plein développement physique et moral. → **entretenir, nourrir, soigner.** *Ils ont eu beaucoup de mal à élever cet enfant.* **2**· Faire l'éducation de (un être humain). → **éduquer ; élève.** *On l'a élevé en lui donnant de bons principes.* **3**· Faire l'élevage de (un animal). *Élever des lapins.* ▶ **élevage** n. m. Action d'élever (les animaux domestiques ou utiles), art de les faire naître, de veiller à leur développement, leur entretien, leur reproduction. *L'élevage du bétail. L'élevage des abeilles, des vers à soie.* → **culture.** – Sans compl. Élevage du bétail. *Un pays d'élevage, d'élevage extensif.* ▶ ② **élevé, ée** adj. ***Bien, mal élevé, ée*** : qui a reçu une bonne, une mauvaise éducation, est poli, impoli. – *Il est mieux élevé, moins bien élevé que son frère.* – N. ***Mal élevé, ée.*** → **impoli, grossier.** *Il* *s'est conduit comme un mal élevé. Une mal élevée.* – Fam. *C'est très mal élevé de dire, de faire ça,* c'est une preuve de mauvaise éducation, d'impolitesse. → **impoli, incorrect.** ▶ **éleveur, euse** n. Personne qui pratique l'élevage. *Propriétaire et éleveur de chevaux de course.*

elfe [ɛlf] n. m. Génie de l'air, dans la mythologie scandinave. → **sylphe.**

élider [elide] v. tr. < conjug. 1 > Effacer (une voyelle) par l'élision. – Au p. p. adj. *Article élidé* (ex. : *l'* pour *le, la*).

éligible [eliʒibl] adj. Qui est dans les conditions requises pour pouvoir être élu (député, etc.). *Elle est éligible.* ▶ **éligibilité** n. f. Capacité à être candidat aux élections. ▷ **inéligible, rééligible**

élimer [elime] v. tr. < conjug. 1 > User (une étoffe) par le frottement, à force de s'en servir. *Élimer sa veste aux coudes.* – Au p. p. adj. *Chemise élimée aux poignets.*

éliminer [elimine] v. tr. < conjug. 1 > **1·** Écarter à la suite d'un choix, d'une sélection. → **exclure, rejeter.** *Le jury a éliminé la moitié des candidats.* – *(Être) éliminé, ée* (passif). *À la troisième étape, il était éliminé.* – Au p. p. adj. *Les équipes éliminées de la Coupe.* **2·** Supprimer par un moyen quelconque. *Éliminer les difficultés. Éliminer les inconnues d'une équation.* – Pronominalement. *Ces taches peuvent s'éliminer facilement.* **3·** Faire disparaître en supprimant l'existence. *La dictature a éliminé les opposants.* → **tuer** ; fam. **liquider. 4·** Évacuer (les déchets, toxines, etc.). – Sans compl. *Il élimine mal.* ▶ **élimination** n. f. **1·** Action d'éliminer, fait d'être éliminé. *L'élimination de notre équipe au second tour.* – *Procéder par élimination,* écarter toutes les hypothèses que le raisonnement ou l'expérience empêchent d'admettre. **2·** Évacuation des substances nuisibles et inutiles, de déchets résultant du métabolisme. → **excrétion.** ▶ **éliminatoire** adj. et n. f. **1·** Adj. Qui sert à éliminer (1). *Cette mauvaise note n'est pas éliminatoire.* **2·** N. f. Épreuve sportive dont l'objet est de sélectionner les sujets les plus qualifiés en éliminant les autres. *Les éliminatoires de la coupe du monde.*

élire [eliʀ] v. tr. < conjug. 43 > **1·** Nommer (qqn) à une dignité, à une fonction par voie de suffrages. → **élection.** *Élire un candidat à l'unanimité. Il est élu pour cinq ans.* **2·** Loc. *Élire domicile,* se fixer (dans un lieu) pour y habiter. ▷ **éligible, élu, réélire**

élision [elizjɔ̃] n. f. Effacement d'une voyelle finale devant une voyelle initiale ou un h muet. *Élision du a de « la » devant « amie » : l'amie ; du e de « le » devant « homme » : l'homme.*

élite [elit] n. f. **1·** Ensemble des personnes les plus remarquables (d'un groupe, d'une communauté). *L'élite de l'armée, de l'université.* – *D'élite :* qui appartient à l'élite ; éminent, supérieur. *Un sujet d'élite. Un tireur d'élite.* **2·** *Les élites :* les personnes qui, par leur valeur, occupent le premier rang. ▶ **élitisme** n. m. Le fait de favoriser une élite. *L'élitisme d'un enseignement.* ▶ **élitiste** adj. Qui favorise l'élite sans se soucier du niveau moyen. *Un enseignement scientifique élitiste.*

élixir [eliksiʀ] n. m. Préparation pharmaceutique, mélange de sirops, d'alcool et de substances aromatiques. *Un élixir pour calmer la toux.*

elle, elles [ɛl] pronom pers. f. Pronom personnel féminin sujet (→ **il**) ou complément de la troisième personne. *Elle arrive. Je l'ai vue, elle. Adressez-vous à elles. Dites-lui, à elle.* (REM. *Parlez-lui,* et non *parlez à elle.*) *C'est pour elle. Elle-même l'a dit,* elle en personne. *Elles-mêmes.*

ellébore [e(ɛl)lebɔʀ] n. m. Herbe dont la racine a des propriétés purgatives, vermifuges, et qui passait autrefois pour guérir la folie.

1 **ellipse** [elips] n. f. Omission de un ou plusieurs mots dans une phrase qui reste cependant compréhensible. *Ellipse du verbe, du nom. « Chacun pour soi » pour « chacun agit pour soi » est une ellipse.* ▶ 1 **elliptique** adj. Qui présente une ellipse, des ellipses. *Une proposition elliptique.* – Qui ne développe pas toute sa pensée. *C'est une façon de s'exprimer un peu trop elliptique.* ▶ **elliptiquement** adv. *Répondre elliptiquement.*

2 **ellipse** n. f. Courbe plane fermée dont chaque point est tel que la somme de ses distances à deux points fixes (appelés *foyers*) est constante. *Les ellipses que décrivent les planètes.* ▶ **ellipsoïde** [elipsɔid] n. m. et adj. **1·** N. m. *Ellipsoïde de révolution,* solide engendré par une ellipse tournant autour d'un de ses axes. **2·** Adj. Qui a la forme d'une ellipse. ▶ 2 **elliptique** adj. Qui appartient à l'ellipse, est en ellipse. *Orbite elliptique.*

élocution [elɔkysjɔ̃] n. f. Manière de s'exprimer oralement, d'articuler et d'enchaîner les phrases. → **articulation.** *Il a une grande facilité d'élocution. Un défaut d'élocution.*

éloge [elɔʒ] n. m. **1·** Discours pour célébrer qqn ou qqch. *Les éloges académiques. Un éloge funèbre,* où l'on expose les mérites d'un défunt. **2·** Jugement favorable (qu'on exprime au sujet de qqn). → **compliment, félicitation, louange.** / contr. blâme, critique / *Il a été couvert, comblé d'éloges. On ne parle de lui qu'avec éloge.* – *Faire l'éloge de qqn,* le louer. *C'est tout à son éloge,* à son honneur. ▶ **élogieux, ieuse** adj. Qui renferme un éloge, des éloges. → **flatteur, louangeur.** *Parler de qqn* *en termes élogieux. Des paroles élogieuses.* ▶ **élogieusement** adv. D'une manière élogieuse. *Il a parlé élogieusement de ce film.*

éloigner [elwaɲe] v. tr. < conjug. 1 > **1·** Mettre ou faire aller à une certaine distance, loin. → **écarter, reculer, repousser.** *Éloignez les enfants du feu. Cet incident éloigne la date de mon départ.* → **retarder.** **2·** Fig. Écarter, détourner qqn. *Cette révélation l'a éloigné de la politique.* **3·** *S'éloigner* v. pron. → s'en **aller, partir.** *Ne t'éloigne pas d'ici.* – Sans compl. *Il s'éloignait lentement.* – Abstrait. *Elle s'éloigne de lui,* elle l'aime moins, s'en détache. *Nous nous éloignons du sujet.* ▶ **éloigné, ée** adj. **1·** Qui est à une certaine distance, à une assez grande distance (dans l'espace ou dans le temps). / contr. proche / *Un pays éloigné. Un passé peu éloigné.* – *Éloigné, ée de. Il vit éloigné de sa famille. C'est une maison éloignée de la ville.* **2·** Abstrait. Qui a des liens de parenté indirects avec (qqn). / contr. proche / *Un cousin éloigné.* **3·** Littér. *Je ne suis pas éloigné de croire (de penser) que,* je le crois (pense) presque. ▶ **éloignement** n. m. **1·** Mesure par laquelle on éloigne (qqn). **2·** Fait d'être éloigné dans l'espace. / contr. proximité / – (Personnes) *Son éloignement a été de courte durée.* → **absence.** (Choses) *L'éloignement de deux villes.* **3·** Fait d'être éloigné dans le temps. *Avec l'éloignement, les faits prennent un autre sens.* → **recul.** **4·** Littér. Fait de se tenir à l'écart ; aversion.

élongation [elɔ̃gasjɔ̃] n. f. Lésion produite par un étirement ou une rupture d'un muscle, d'un tendon.

éloquence [elɔkɑ̃s] n. f. **1·** Don de la parole, facilité pour bien s'exprimer. → **verve ;** péj. **bagou, faconde.** *J'ai eu besoin de toute mon éloquence pour le décider. Parler avec éloquence.* **2·** Art de toucher et de persuader par le discours. → **rhétorique.** *L'éloquence politique, religieuse.* **3·** Qualité de ce qui, sans parole, est expressif, éloquent. *L'éloquence d'une mimique.* – Caractère probant. *L'éloquence des chiffres.*

éloquent, ente [elɔkɑ̃, ɑ̃t] adj. **1·** Qui a de la facilité pour s'exprimer par la parole. *Un avocat éloquent.* – Qui est dit ou écrit avec éloquence. *S'exprimer en termes éloquents.* **2·** Qui parle volontiers (sur un sujet). *Vous n'êtes pas très éloquent sur ce problème.* **3·** Qui, sans discours, est expressif, révélateur. *Un geste éloquent.* – Qui est probant, parle de lui-même. *Ces chiffres sont éloquents.* ▶ **éloquemment** [elɔkamɑ̃] adv. Avec éloquence. *Parler, plaider éloquemment.* ▷ **éloquence**

élu, ue [ely] adj. et n. **I·** Désigné par élection. → **élire.** – N. *Les élus.* **II· 1·** Choisi par Dieu. – N. *Les élus de Dieu,* destinés à la vie éternelle. – Loc. *Il y a beaucoup d'appelés mais peu d'élus,* les chances de réussir sont faibles. **2·** N. Personne que le cœur choisit. *« Il va se marier. – Quelle est l'heureuse élue ? »*

élucider [elyside] v. tr. < conjug. 1 > Rendre clair (ce qui présente à l'esprit des difficultés). → **clarifier, éclaircir, expliquer.** *L'enquête n'a pas encore permis d'élucider l'affaire.* ≠ éluder. ▶ **élucidation** n. f. Action d'élucider. → **éclaircissement, explication.** *L'élucidation d'une question.*

élucubration [elykybʀasjɔ̃] n. f. Surtout au plur. Péj. Œuvre ou théorie laborieusement édifiée et peu sensée, peu réaliste. *Je ne vais pas continuer à écouter ces élucubrations.*

éluder [elyde] v. tr. < conjug. 1 > Éviter avec adresse, par un artifice, un faux-fuyant. → **escamoter, tourner.** *Il essaie d'éluder le problème, la difficulté.* ≠ élucider.

élyséen, enne [elizeɛ̃, ɛn] adj. Fam. En France. De l'Élysée, résidence du président de la République. *Le personnel élyséen.*

élytre [elitʀ] n. m. Aile dure et cornée (des insectes coléoptères) qui recouvre l'aile inférieure à la façon d'un étui. *Les élytres du hanneton, du scarabée.*

émacié, ée [emasje] adj. Qui est très amaigri, marqué par un amaigrissement extrême. → **maigre.** *Un visage émacié.*

e-mail [imɛl] n. m. Anglic. Courrier* électronique. *Envoyer un document par e-mail.* – *Recevoir des e-mails,* des messages électroniques.

émail, aux [emaj, o] n. m. **1·** Vernis constitué par un produit vitreux, coloré, fondu, puis solidifié. *De l'émail.* **2·** Au plur. *Émaux* : ouvrage d'orfèvrerie émaillé. *Des émaux peints.* **3·** Tôle, fonte émaillée. *Cocotte en émail.* **4·** Substance transparente extrêmement dure, qui recouvre l'ivoire de la couronne des dents. ▶ **émailler** v. tr. < conjug. 1 > **1·** Recouvrir d'émail (opération dite *émaillage*). *Émailler une porcelaine.* – Au p. p. adj. *De la fonte émaillée.* **2·** Littér. (Suj. chose) Orner de points de couleur vive. *Les fleurs qui émaillent les prés.* **3·** Fig. Semer (un ouvrage) d'ornements divers. → **enrichir.** *Émailler un texte de citations.* – Fig. Iron. *Lettre émaillée de fautes.* ▶ **émailleur, euse** n. Personne qui fabrique des émaux ; ouvrier spécialisé dans l'émaillage des métaux.

émanciper [emɑ̃sipe] v. tr. < conjug. 1 > **1·** Affranchir (un mineur) de la puissance parentale ou de la tutelle. **2·** Affranchir (qqn) de la tutelle d'une autorité supérieure. → **libérer.** / contr. asservir / *Émanciper les femmes.* **3·** *S'émanciper* v. pron. réfl. : s'affranchir (d'une tutelle, d'une sujétion, de servitudes). *Il s'est émancipé de la tutelle familiale.* – Fam. Prendre des libertés, rompre avec les contraintes morales et sociales. *Elle m'a l'air de s'être drôlement émancipée.* → **affranchi.** ▶ **émancipation** n. f. **1**· Acte par lequel un mineur est affranchi de la puissance parentale ou de la tutelle. **2**· Action d'affranchir ou de s'affranchir d'une autorité, de servitudes ou de préjugés. → **libération.** / contr. asservissement / *Mouvement d'émancipation des colonies.* → **décolonisation.**

émaner [emane] v. intr. < conjug. 1 > **1**· Provenir comme de sa source naturelle. → **découler, dériver.** *Ce décret émane du gouvernement.* **2**· Provenir (d'une source physique). *La lumière émane du soleil.* – (Gaz, radiations) S'échapper d'un corps. **3**· Provenir comme par rayonnement. *Un charme particulier émanait de cette femme.* ▶ **émanation** n. f. **1**· Ce qui émane, procède d'autre chose. → **expression.** *Le pouvoir, dans une démocratie, est une émanation de la volonté populaire.* **2**· Émission ou exhalaison de particules impalpables, de corpuscules. *Des émanations gazeuses. Émanations volcaniques. Les émanations d'un égout,* mauvaises odeurs. → **miasme. 3**· Gaz radioactif produit par la désagrégation du radium, du thorium et de l'actinium.

émarger [emaʀʒe] v. tr. < conjug. 3 > Signer à la marge (un compte, un état). – Sans compl. Toucher le traitement affecté à un emploi. ▶ **émargement** n. m. Action d'émarger. *Feuille d'émargement,* feuille de présence.

émasculer [emaskyle] v. tr. < conjug. 1 > **1**· Priver (un mâle) des organes de la reproduction. → **castrer, châtrer. 2**· Fig. Dépouiller de sa force originelle. *Le traducteur a émasculé la phrase.* ▶ **émasculation** n. f. → **castration.**

émaux → **émail.**

1 **emballer** [ɑ̃bale] v. tr. < conjug. 1 > **1**· Mettre (un objet, une marchandise) dans une enveloppe qui protège, sert au transport, à la présentation. → **empaqueter, envelopper.** *Emballer soigneusement des verres.* **2**· Fam. Arrêter (qqn). *La police l'a emballé.* ▶ **emballage** n. m. Action d'emballer. → **conditionnement.** *L'emballage des fruits. Les frais d'emballage sont à votre charge.* – Ce qui sert à emballer. *Papier d'emballage. Emballage consigné.* ▶ **emballeur, euse** n. Personne spécialisée dans l'emballage.

2 **emballer** v. tr. **I**· V. tr. **1**· *Emballer un moteur,* le faire tourner trop vite. **2**· Fam. Enchanter, enthousiasmer. *Ça ne m'emballe pas d'aller au cinéma.* **II**· *S'emballer* v. pron. **1**· (Cheval) Prendre le mors aux dents, échapper à la main du cavalier. – *Le moteur s'emballe,* prend un régime de marche trop rapide. **2**· (Personnes) Se laisser emporter par un mouvement irréfléchi, céder à l'impatience ou à l'enthousiasme. *Ne nous emballons pas !* → se **précipiter.** *Calme-toi, tu t'emballes pour rien.* → s'**emporter.** ▶ **emballement** n. m. Fait de s'emballer ; enthousiasme irréfléchi. *Méfiez-vous des emballements.*

embarcadère [ɑ̃baʀkadɛʀ] n. m. Emplacement aménagé (dans un port, sur une rivière) pour permettre l'embarquement des voyageurs et des marchandises. → **appontement, débarcadère.**

embarcation [ɑ̃baʀkasjɔ̃] n. f. Bateau de petite dimension, ou canot. → **barque.** *Mettre une embarcation à la mer.*

embardée [ɑ̃baʀde] n. f. **1**· Brusque changement de direction (d'un bateau, sous l'effet du vent, du courant ou d'un coup de barre involontaire). **2**· Écart brusque et dangereux. *La voiture a fait une embardée pour éviter le piéton.*

embargo [ɑ̃baʀgo] n. m. **1**· Interdiction faite par un gouvernement de laisser partir les navires étrangers mouillés dans ses ports. *Mettre, lever l'embargo.* **2**· Mesure de contrainte prise à l'encontre d'un pays, interdisant l'exportation de certaines marchandises. *Un embargo pétrolier.*

embarquer [ɑ̃baʀke] v. < conjug. 1 > **I**· V. tr. **1**· Mettre, faire monter dans un navire. *Embarquer des passagers à l'escale.* / contr. débarquer / *Embarquer des marchandises, du matériel.* → **charger.** – Recevoir par-dessus bord (un paquet de mer). **2**· Charger (dans un véhicule). *On embarquait les marchandises dans le camion.* → **charger.** – Fam. *Nous l'avons embarqué dans le train,* nous l'avons accompagné et installé. *Des agents l'ont embarqué,* arrêté. **3**· Engager, dans une affaire difficile dont on ne peut sortir de sitôt. *Je me suis laissé embarquer dans une drôle d'histoire.* **II**· V. intr. **1**· Monter à bord d'un bateau pour un voyage. *C'est l'heure d'embarquer.* **2**· Passer et se répandre par-dessus bord. *La mer embarque.* **III**· *S'embarquer* v. pron. **1**· Monter à bord d'un bateau. *Nous nous embarquerons à Marseille.* **2**· Fig. S'engager, s'aventurer (dans une affaire qui comporte des risques). → s'**embringuer.** *Elle s'est embarquée dans cette affaire sans réfléchir.* ▶ **embarquement** n. m. Action d'embarquer, de s'embarquer. / contr. débarquement / *L'embarquement du matériel.* → **chargement.** *Les formalités d'embarquement. L'embarquement des passagers.*

embarras [ɑ̃baʀa] n. m. invar. **I**· **1**· Position gênante, situation difficile et ennuyeuse. *Être dans l'embarras. Il m'a mis dans l'embarras.* → **pétrin.** *Un embarras pécuniaire. Aider un ami dans l'embarras.* **2**· ***Un embarras*** : un obstacle, une gêne. *Susciter des embarras à qqn.* → **difficulté. 3**· Incertitude de l'esprit, perplexité. *Votre offre me met dans l'embarras. Vous n'avez que* *l'embarras du choix* : la seule difficulté est de choisir. **4·** État d'une personne qui éprouve un malaise pour agir ou parler. → **confusion, gêne, trouble.** *Il ne pouvait dissimuler son embarras. Il baissait les yeux avec embarras.* **5·** Loc. *Faire de l'embarras, des embarras,* faire des manières, manquer de naturel. → **façon, histoire. II· 1·** Vx. Encombrement, embouteillage. *Les embarras de Paris.* **2·** *Embarras gastrique* : troubles de l'estomac et de l'intestin provoqués par une infection, une intoxication.

embarrasser [ɑ̃baʀase] v. tr. < conjug. 1 > **I· 1·** Gêner dans les mouvements. / contr. **débarrasser** / *Posez donc votre manteau, il vous embarrasse.* **2·** Encombrer (qqn) de sa présence. → **déranger, importuner.** *Je m'en vais, je vois bien que je vous embarrasse.* **3·** Mettre dans une position difficile. → **gêner.** *Cette initiative va embarrasser le gouvernement.* – Rendre hésitant, perplexe. → **déconcerter, troubler.** *Sa question m'embarrasse.* **II·** V. pron. **1·** S'encombrer. *Je me suis embarrassé inutilement d'un parapluie.* – Se soucier, tenir compte exagérément. → **s'inquiéter, se préoccuper.** *Il ne s'embarrasse pas de scrupules.* **2·** Fig. *S'embarrasser dans* : s'empêtrer. *Il finit par s'embarrasser dans ses mensonges.* → **s'embrouiller.** ▶ **embarrassant, ante** adj. **1·** Qui met dans l'embarras. → **difficile, gênant.** *C'est une situation, une question embarrassante. Une objection embarrassante,* à laquelle on a du mal à répondre. **2·** Qui encombre. → **encombrant.** *Enlevez donc ces paquets embarrassants.* ▶ **embarrassé, ée** adj. **1·** Gêné dans ses mouvements. *Avoir les mains embarrassées.* – *Avoir l'estomac embarrassé,* avoir une digestion difficile. **2·** Qui éprouve de l'embarras. → **indécis, perplexe.** *Il était embarrassé, ne savait que répondre.* – Qui montre de la gêne. → **gauche, timide.** *Un air embarrassé.* **3·** Qui est compliqué, manque d'aisance ou de clarté. → **confus, obscur.** *Il s'est lancé dans des explications embarrassées.* ▷ **débarrasser, embarras**

embaucher [ɑ̃boʃe] v. tr. < conjug. 1 > Engager (une personne) en vue d'un travail. / contr. **débaucher** / *On l'a embauché dans un garage.* Sans compl. *Ici, on embauche.* – Entraîner (qqn) dans une activité. *Il m'a embauché pour son déménagement.* ▶ **embauche** n. f. ou **embauchage** n. m. Action d'embaucher. *Une offre d'embauche.* ▷ **réembaucher**

embaumer [ɑ̃bome] v. tr. < conjug. 1 > **1·** Remplir (un cadavre) de substances qui permettent de le dessécher et de le conserver. *Les anciens Égyptiens embaumaient les morts.* **2·** Remplir d'une odeur agréable. → **parfumer.** *Des roses embaumaient la chambre.* / contr. **empester, puer** / – Sans compl. Répandre une odeur très agréable. Fam. (Négatif) *Ça n'embaume pas (la rose,* etc.), ça sent mauvais. ▶ **embaumement** n. m. Action d'embaumer (un cadavre). ▶ **embaumeur, euse** n. Personne dont le métier est d'embaumer les morts. → **thanatopracteur.**

embellie [ɑ̃beli] n. f. Accalmie (sur mer). – Brève amélioration du temps. → **éclaircie.**

embellir [ɑ̃beliʀ] v. < conjug. 2 > **I·** V. tr. **1·** Rendre beau ou plus beau (une personne, un visage). / contr. **enlaidir** / *Cette coiffure l'embellit.* → **flatter.** Sans compl. *L'amour embellit.* – Rendre plus agréable à l'œil, orner (un lieu, une maison...). *Ils ont embelli leur maison. Les cyprès embellissaient le parc.* **2·** Faire apparaître sous un plus bel aspect. *L'imagination embellit la réalité.* → **idéaliser, poétiser.** *L'auteur a embelli l'histoire, les personnages.* – Rendre trop beau. *Vous embellissez la situation.* **II·** V. intr. Devenir beau, plus beau. *Cet enfant embellit tous les jours.* ▶ **embellissement** n. m. Action ou manière d'embellir, de rendre plus agréable à l'œil (une ville, une maison). / contr. **enlaidissement** / *Les récents embellissements de notre ville.* – Modification tendant à embellir la réalité. *Il y a des embellissements dans votre histoire.* → **enjolivement.** ▷ **embellie**

emberlificoter [ɑ̃bɛʀlifikɔte] v. tr. < conjug. 1 > Entortiller, embrouiller (qqn, pour le tromper). → **embobiner.** *Vous n'arriverez pas à l'emberlificoter.* – Pronominalement. *Il s'emberlificotait dans ses explications.* – Au p. p. adj. *Une lettre emberlificotée,* embarrassée.

embêter [ɑ̃bete] v. tr. < conjug. 1 > **1·** Ennuyer fortement. *Ce spectacle m'embête.* → **raser ;** fam. **emmerder. 2·** Contrarier fortement. *Ça m'embête d'être en retard. Ne l'embête donc pas !* → **importuner. 3·** *S'embêter* v. pron. réfl. : s'ennuyer. *On s'est rudement embêtés à cette soirée. Il ne s'embête pas,* il n'est pas à plaindre. ▶ **embêtant, ante** adj. Qui embête. → **ennuyeux.** *Qu'est-ce qu'il peut être embêtant !* → **importun.** *C'est une histoire bien embêtante.* → **contrariant.** ▶ **embêtement** n. m. *(Un, des embêtements)* Chose qui donne du souci. → **contrariété, ennui.** *J'ai assez d'embêtements comme ça.*

emblaver [ɑ̃blave] v. tr. < conjug. 1 > Ensemencer (une terre) en blé, ou toute autre céréale.

d'emblée [dɑ̃ble] loc. adv. Du premier coup, au premier effort fait. → **aussitôt.** *Le projet a été adopté d'emblée. L'équipe marqua d'emblée un but.*

emblème [ɑ̃blɛm] n. m. **1·** Figure symbolique généralement accompagnée d'une devise. **2·** Figure, attribut destinés à représenter une autorité, un métier, un parti. → **insigne.** *La femme au bonnet phrygien est l'emblème de la République française.* – *Hercule a pour emblème la massue.*

→ **attribut.** ▶ **emblématique** adj. Qui présente un emblème, se rapporte à un emblème. → **allégorique, symbolique.** *La colombe est la figure emblématique de la paix.*

embobiner [ɑ̃bɔbine] v. tr. < conjug. 1 > Fam. Tromper en embrouillant. → **emberlificoter, entortiller.** *Elle s'est fait facilement embobiner.*

emboîter [ɑ̃bwate] v. tr. < conjug. 1 > **1·** Faire entrer (une chose dans une autre ; plusieurs choses l'une dans l'autre). → **ajuster, encastrer, enchâsser.** *Emboîter des tuyaux. Emboîter un outil dans un manche.* – Pronominalement. *Les deux pièces s'emboîtent exactement.* **2·** Envelopper exactement comme une boîte. *Ces chaussures emboîtent bien le pied.* **3·** Loc. ***Emboîter le pas** à qqn* : marcher juste derrière lui (comme si on mettait le pied juste à l'endroit où il a marché), le suivre pas à pas. – Abstrait. Suivre docilement, imiter. *Dès qu'il proposait quelque chose, ses camarades lui emboîtaient le pas.* ▶ **emboîtage** n. m. **1·** Enveloppe d'un livre de luxe (chemise et étui). **2·** Au plur. Jeu pour enfants, constitué d'objets qui s'emboîtent. ▶ **emboîtement** n. m. Assemblage de deux pièces qui s'emboîtent l'une dans l'autre. *L'emboîtement d'un os dans un autre.*

embolie [ɑ̃bɔli] n. f. Obstruction brusque d'un vaisseau par un corps étranger. *Mourir d'une embolie.*

embonpoint [ɑ̃bɔ̃pwɛ̃] n. m. État d'un corps bien en chair, un peu gras. → **corpulence.** *Il a tendance à l'embonpoint. Prendre de l'embonpoint,* engraisser.

mal **embouché, ée** [malɑ̃buʃe] adj. Qui dit des grossièretés. *Elle est assez mal embouchée.*

emboucher [ɑ̃buʃe] v. tr. < conjug. 1 > Mettre à sa bouche (un instrument à vent). *Il emboucha son saxophone et attaqua le morceau.* ▶ [1] **embouchure** n. f. Bout (d'un instrument à vent), qu'on met contre les lèvres pour jouer. *L'embouchure d'un clairon. Changer d'embouchure.*

[2] **embouchure** n. f. Ouverture par laquelle un cours d'eau se jette dans une mer ou un lac. → **bouche, delta, estuaire.** *Ville bâtie à l'embouchure d'un fleuve.*

embourber [ɑ̃buʀbe] v. tr. < conjug. 1 > Enfoncer dans un bourbier. → **enliser.** – Au passif. *Notre voiture était embourbée,* ou pronominalement, *s'était embourbée.* – Au p. p. adj. *Des roues embourbées.*

s'**embourgeoiser** [ɑ̃buʀʒwaze] v. pron. < conjug. 1 > Prendre les habitudes, l'esprit de la classe bourgeoise (goût de l'ordre, du confort, respect des conventions). *Il a perdu le goût de l'aventure : il s'embourgeoise.* ▶ **embourgeoisement** n. m. Fait de s'embourgeoiser.

embout [ɑ̃bu] n. m. Garniture qui se place au bout (d'une canne, d'un parapluie, etc.). → **bout.** *Un embout en caoutchouc.*

embouteiller [ɑ̃buteje] v. tr. < conjug. 1 > Obstruer (une voie de communication) en provoquant un encombrement. *Le camion en panne embouteillait la rue.* ▶ **embouteillage** n. m. Encombrement qui arrête la circulation. → **bouchon.** *Je suis resté bloqué dans un embouteillage.*

emboutir [ɑ̃butiʀ] v. tr. < conjug. 2 > **1·** Travailler (un métal) avec un instrument (marteau, repoussoir), pour y former le relief d'une empreinte ; travailler (une plaque de métal) pour la courber, l'arrondir. **2·** Enfoncer en heurtant violemment. *Un camion a embouti l'arrière de ma voiture.*

embranchement [ɑ̃bʀɑ̃ʃmɑ̃] n. m. **1·** Division en branches ou rameaux secondaires (d'une voie, d'une canalisation...) ; voie, direction ayant son origine sur la voie ou direction principale. → **ramification.** **2·** Point de jonction de ces voies. → **carrefour, croisement.** *À l'embranchement des deux routes.* **3·** Chacune des grandes divisions du monde animal ou végétal. *L'embranchement des vertébrés.* ≠ classe, règne. ▶ **embrancher** v. tr. < conjug. 1 > Raccorder (une voie, une canalisation) à une ligne déjà existante. *Embrancher une voie ferrée à la ligne principale.* → **brancher.**

embraser [ɑ̃bʀaze] v. tr. < conjug. 1 > Littér. **1·** Enflammer, incendier. *Le feu embrase la forêt.* **2·** Éclairer vivement, illuminer. *Le soleil couchant embrasait le ciel.* **3·** Fig. Emplir d'une passion ardente. *L'amour embrasait son cœur.* → **enflammer.** ▶ **embrasement** n. m. Le fait d'embraser, d'être embrasé. *L'embrasement de l'horizon par le soleil couchant.*

embrasser [ɑ̃bʀase] v. tr. < conjug. 1 > **1·** Prendre et serrer entre ses bras, en particulier pour marquer son amour ou son affection. **2·** Donner un baiser, des baisers à (qqn). REM. En ce sens, on ne dit plus *baiser,* v. *Avant de partir, il l'embrassa sur les deux joues.* – (À la fin d'une lettre) *Embrasse toute la famille pour moi.* – Pronominalement (récipr.). *Ils s'embrassaient sur la bouche. Ils se sont embrassés.* **3·** Littér. et fig. Adopter (une opinion, un parti). *Embrasser la cause de la paix.* Choisir (une carrière). *Embrasser la profession de médecin.* Prov. *Qui trop embrasse mal étreint,* qui veut trop entreprendre risque de ne rien réussir. **4·** Fig. Saisir par la vue dans toute son étendue. *De là, il embrassait d'un coup d'œil toute la vallée.* – Appréhender par la pensée de façon globale (un ensemble de faits, de problèmes). *Un auteur, un ouvrage qui embrasse toutes ces questions.* ▶ **embrassade** n. f. Action de deux personnes qui s'embrassent (1, 2) amicalement. → **accolade.** *Quand ils se retrouvèrent, ce furent des embrassades.* ▶ **embrasse** n. f. Cordelière ou pièce d'étoffe servant à retenir un rideau. *Des rideaux à embrasses.*

embrasure [ɑ̃bʀazyʀ] n. f. **1·** Ouverture pratiquée dans l'épaisseur d'un mur pour recevoir une porte, une fenêtre. **2·** Espace vide compris entre les parois du mur. *Il se tenait dans l'embrasure de la porte.*

embrayer [ɑ̃bʀeje] v. < conjug. 8 > **1·** V. tr. Mettre en communication (une pièce mobile) avec l'arbre moteur. *Embrayer une courroie.* – Sans compl. Établir la communication entre un moteur et la machine qu'il entraîne. / contr. débrayer / *Débrayer, changer de vitesse et embrayer.* **2·** V. intr. (Suj. personne, groupe de personnes) ***Embrayer sur*** *qqch., qqn* : avoir une action, de l'influence sur. *Le gouvernement n'embrayait plus sur les événements.* – Fig. et fam. Commencer à discourir. *Quand il embraye sur ses voyages, on ne peut plus l'arrêter.* ▶ **embrayage** n. m. Mécanisme permettant d'établir la communication entre un moteur et une machine ou de les désaccoupler sans arrêter le moteur. *La pédale d'embrayage. Faire patiner l'embrayage.* ▷ **débrayer**

embrigader [ɑ̃bʀigade] v. tr. < conjug. 1 > Rassembler, réunir sous une même autorité et en vue d'une action commune. → **enrégimenter, enrôler.** *Il ne veut pas se laisser embrigader.* ▶ **embrigadement** n. m. Action d'embrigader. → **recrutement.**

embringuer [ɑ̃bʀɛ̃ge] v. tr. < conjug. 1 > Fam. Engager de façon fâcheuse, embarrassante. → **embarquer.** *On l'a embringué dans une histoire un peu louche.* – Pronominalement (réfl.). *Il s'est embringué dans une sale affaire.*

embrocation [ɑ̃bʀɔkasjɔ̃] n. f. Application d'un liquide huileux et calmant produisant de la chaleur. – Ce liquide. *Les embrocations utilisées pour les massages.*

embrocher [ɑ̃bʀɔʃe] v. tr. < conjug. 1 > **1·** Enfiler (une viande, des morceaux de viande) sur une broche, sur des brochettes. *Embrocher une volaille.* **2·** Fam. Transpercer (qqn) d'un coup d'épée.

embrouiller [ɑ̃bʀuje] v. tr. < conjug. 1 > **1·** Emmêler (des fils). → **enchevêtrer.** / contr. débrouiller, démêler / *Embrouiller un écheveau, une pelote de laine.* **2·** Abstrait. Compliquer, rendre obscur (qqch.). → **brouiller.** *Vous embrouillez la situation au lieu de l'éclaircir.* **3·** Fig. Troubler (qqn), lui faire perdre le fil de ses idées. *Vous m'avez embrouillé.* – Pronominalement (réfl.). Se perdre (dans qqch.). *Il s'embrouille dans ses explications.* → **s'embarrasser.** ▶ **embrouillamini** n. m. Fam. Désordre ou confusion extrême. → **imbroglio.** ▶ **embrouillé, ée** adj. Extrêmement compliqué et confus. *Des explications embrouillées. Il a l'esprit embrouillé.* → **brouillon.** ▶ **embrouillement** n. m. Fait d'être embrouillé. → **complication.**

embroussaillé, ée [ɑ̃bʀusaje] adj. **1·** Couvert de broussailles, en broussailles. **2·** Fig. *Des cheveux embroussaillés,* emmêlés.

embrumer [ɑ̃bʀyme] v. tr. < conjug. 1 > **1·** Couvrir de brume. – Au p. p. adj. *Un horizon embrumé.* **2·** Abstrait. *Embrumer les idées, le cerveau,* y mettre de la confusion.

embrun [ɑ̃bʀœ̃] n. m. Surtout au plur. Poussière de gouttelettes formée par les vagues qui se brisent, et emportée par le vent. *Des embruns glacés.* ≠ bruine, brume.

embryo- Élément savant, signifiant « embryon ». ▶ **embryologie** [ɑ̃bʀijɔlɔʒi] n. f. Science qui traite de l'embryon et de son développement.

embryon [ɑ̃bʀijɔ̃] n. m. **1·** Organisme en voie de développement dans l'œuf des ovipares, et chez l'animal vivipare ou l'être humain, avant d'être un fœtus. – Ensemble de cellules donnant naissance à la « plantule » (la jeune tige) d'une graine. **2·** Fig. et littér. Ce qui commence d'être, mais qui n'est pas achevé. → **commencement, germe.** *Un embryon d'organisation.* ▶ **embryonnaire** adj. **1·** Relatif ou propre à l'embryon. *Période embryonnaire et période fœtale.* **2·** Fig. Qui n'est qu'en germe, à l'état rudimentaire. *Un plan à l'état embryonnaire,* d'ébauche. ▷ **embryo-**

embûches [ɑ̃byʃ] n. f. pl. Difficultés se présentant comme un piège, un traquenard. *Un sujet plein d'embûches. Il a triomphé de toutes les embûches.*

embuer [ɑ̃bɥe] v. tr. < conjug. 1 > Couvrir d'une buée, d'une sorte de buée. *Les larmes embuaient ses yeux.* – Pronominalement. *Les vitres s'embuent.* – Au p. p. adj. *Des pare-brise embués.*

embuscade [ɑ̃byskad] n. f. Manœuvre par laquelle on dissimule une troupe en un endroit propice, pour surprendre et attaquer l'ennemi. *Dresser, préparer une embuscade. Se mettre, se tenir, être* ***en embuscade.*** *Tomber dans une embuscade.*

embusquer [ɑ̃byske] v. tr. < conjug. 1 > **1·** Mettre en embuscade, poster en vue d'une agression.

Il embusqua les soldats derrière les rochers. – Pronominalement (réfl.). *La troupe s'était embusquée derrière le bois.* **2·** Affecter par faveur (un mobilisé) à un poste non exposé, à une unité de l'arrière. *Il a réussi à se faire embusquer, à s'embusquer.* → **se planquer.** ▶ **embusqué, ée** adj. et n. Adj. *Des hommes embusqués dans un fourré.* – ***Un, une embusqué, ée*** : une personne qui s'est fait embusquer (2). ▷ **embuscade**

éméché, ée [emeʃe] adj. Fam. Un peu ivre. → **gai** ; fam. **pompette.**

émeraude [emʀod] n. f. **1·** Pierre précieuse verte, variété de béryl (ou de corindon). *Un collier d'émeraudes.* **2·** Adj. invar. D'un vert qui rappelle celui de l'émeraude. *Des rayures émeraude.*

émerger [emɛʀʒe] v. intr. < conjug. 3 > **1·** Sortir d'un milieu liquide de manière à apparaître à la surface. *L'îlot émerge à marée basse.* – Sortir d'un milieu quelconque. → **apparaître.** *Une silhouette émergeant de l'ombre.* **2·** Fig. Se manifester, apparaître plus clairement. → **se dégager, se faire jour.** *La vérité finira par émerger.* – Fam. Devenir actif, attentif. *Le matin, il a du mal à émerger,* à être bien réveillé. ▶ **émergence** n. f. **1·** Sortie (d'un rayon, d'un fluide, d'un nerf). **2·** Apparition d'un organe biologique nouveau ou de propriétés nouvelles d'ordre supérieur. **3·** Abstrait. Apparition soudaine (dans une suite d'événements, d'idées). *L'émergence d'un nouveau parti.* ▶ **émergent, ente** adj. *Pays émergent,* dont l'économie prend une importance internationale, qui sort du sous-développement. ≠ émergeant (p. prés. de *émerger*).

émeri [emʀi] n. m. Abrasif fait d'une roche (corindon) réduite en poudre. *Papier, toile (d')émeri,* enduits de colle forte et saupoudrés de *poudre d'émeri.* – Fam. *Bouché à l'émeri,* complètement borné. *Il ne comprend jamais rien, il est bouché à l'émeri.*

émérite [emeʀit] adj. Qui, par une longue pratique, a acquis une compétence, une habileté remarquable. → **éminent.** / contr. novice / *C'est une cavalière émérite.*

émerveiller [emɛʀveje] v. tr. < conjug. 1 > Frapper d'étonnement et d'admiration. → **éblouir.** *Ce film nous a émerveillés.* ***S'émerveiller (de)*** v. pron. réfl. : éprouver un étonnement agréable (devant qqch. d'inattendu qu'on juge merveilleux). *L'enfant s'émerveillait de voir les avions décoller. Il s'émerveille devant la mer.* – Au p. p. adj. *Un regard émerveillé.* ▶ **émerveillement** n. m. Fait d'être émerveillé. → **enchantement.**

émétique [emetik] adj. et n. m. Vomitif. *Une préparation émétique.* – N. m. *Prendre un émétique.*

émettre [emɛtʀ] v. tr. < conjug. 56 > **1·** Mettre en circulation, offrir au public (des billets, des chèques, des emprunts...). *La Banque de France a émis une nouvelle pièce de monnaie.* – Au p. p. *Emprunt émis par l'État.* **2·** Exprimer (un vœu, une opinion...). *Personne n'a émis un avis autorisé. Émettre un doute, des réserves.* **3·** Projeter spontanément hors de soi, par rayonnement (des radiations, des ondes). *Les étoiles émettent des radiations.* – Au p. p. *Les particules émises par le noyau d'un corps radioactif.* – Envoyer (des signaux, des images) sur ondes électromagnétiques. – Sans compl. Faire des émissions. ▶ **émetteur, trice** n. et adj. **1·** Personne, organisme qui émet (des billets, des effets). *L'émetteur d'un chèque. Une banque émettrice d'un emprunt.* **2·** *Poste émetteur* ou, n. m., *un émetteur,* ensemble des dispositifs et appareils destinés à produire des ondes électromagnétiques capables de transmettre des sons et des images. *Émetteurs radiophoniques, de télévision.* – Station qui effectue des émissions radiophoniques (opposé à *récepteur*). ▷ **émission**

émeu [emø] n. m. Grand oiseau coureur d'Australie (qui ressemble un peu à l'autruche). *Des émeus.*

émeute [emøt] n. f. Soulèvement populaire, généralement spontané et non organisé. → **agitation.** ≠ révolte, révolution. ▶ **émeutier, ière** n. Personne qui excite à une émeute ou qui y prend part. *En 1848, les émeutiers dressèrent des barricades.*

-émie Élément final de mots médicaux signifiant « sang ». → **anémie, leucémie.**

émietter [emjete] v. tr. < conjug. 1 > **1·** Réduire en miettes, désagréger en petits morceaux. *Il émiette du pain pour les oiseaux.* – Au p. p. *Une roche émiettée par l'érosion.* **2·** Fig. Morceler à l'excès. *Émietter une propriété en parcelles.* – Éparpiller, disperser (une activité, un effort...). ▶ **émiettement** n. m. Fait d'être émietté, morcelé à l'excès. *L'émiettement de la propriété rurale.*

émigrer [emigʀe] v. intr. < conjug. 1 > **1·** Quitter son pays pour aller s'établir dans un autre, momentanément ou définitivement. → **s'expatrier.** / contr. immigrer / *Beaucoup de gens émigrent pour des raisons économiques.* **2·** (Animaux) Quitter périodiquement et par troupes une contrée pour séjourner ailleurs. → **migration.** *Les hirondelles émigrent à l'automne vers le sud.* ▶ **émigrant, ante** n. Personne qui émigre. ≠ immigrant. ▶ **émigration** n. f. Action d'émigrer. / contr. immigration / *Pays à forte émigration.* ▶ **émigré, ée** n. Personne qui s'est expatriée (pour des raisons politiques, économiques, etc.). ≠ immigré. *Les travailleurs émigrés. Un émi-*

gré politique. – *Les émigrés,* en histoire, partisans de l'Ancien Régime réfugiés à l'étranger pendant la Révolution française.

émincer [emɛ̃se] v. tr. < conjug. 3 > Couper en tranches minces (une viande, du lard, des oignons...). ▶ **émincé, ée** adj. et n. m. **1**· Adj. *Des champignons émincés,* coupés en tranches minces. **2**· N. m. Fine tranche de viande. *Des émincés de gigot.* – Plat à base d'aliments émincés. *Un émincé de volaille.*

① **éminence** [eminɑ̃s] n. f. Élévation de terrain relativement isolée. → **hauteur, monticule, tertre.** *Un observatoire a été établi sur cette éminence.*

② **éminence** n. f. Titre d'honneur qu'on donne aux cardinaux. *La mitre de son éminence.* – *L'éminence grise,* le père Joseph, confident de Richelieu et son ministre occulte. *L'éminence grise d'un chef politique, d'un parti,* le conseiller intime et secret. ▶ **éminent, ente** adj. **1**· Qui est au-dessus du niveau commun, d'ordre supérieur. / contr. médiocre / *Il a rendu d'éminents services.* **2**· (Personnes) Très distingué, remarquable. *Un éminent spécialiste.* ▶ **éminemment** [eminamɑ̃] adv. Au plus haut degré. *J'en suis éminemment convaincu.*

émir [emiʀ] n. m. Titre honorifique donné autrefois au chef du monde musulman, aux descendants du Prophète, puis à des princes, des gouverneurs, des chefs militaires de l'Islam. ▶ **émirat** n. m. Territoire musulman gouverné par un émir. *L'émirat de Koweït.*

① **émissaire** [emisɛʀ] n. m. Agent chargé d'une mission secrète. *Envoyer un émissaire.*

② **émissaire** adj. m. → **bouc** émissaire.

émission [emisjɔ̃] n. f. **1**· Fait d'émettre*, de projeter au-dehors (un liquide physiologique, un gaz sous pression). *Émission d'urine, de vapeur.* **2**· Production (de sons vocaux). *Lire une phrase d'une seule émission de voix.* **3**· Production en un point donné et rayonnement dans l'espace (d'ondes électromagnétiques, de particules élémentaires, de vibrations, etc.). *Émission de chaleur. Émission lumineuse.* – Transmission à l'aide d'ondes électromagnétiques, de signaux, de sons et d'images. → **émettre** (3) ; **radiodiffusion, télévision.** – Cour. Ce qui est ainsi transmis. *Le programme des émissions de la soirée. Nos émissions sont terminées. Hier, j'ai regardé une bonne émission.* **4**· Mise en circulation (de monnaies, titres, effets, etc.). – Action d'offrir au public (des emprunts, des actions).

emmagasiner [ɑ̃magazine] v. tr. < conjug. 1 > **1**· Mettre en magasin, entreposer (des marchandises). → **stocker.** *Emmagasiner de l'outillage dans un entrepôt.* **2**· Fig. Garder dans l'esprit, dans la mémoire. *Toutes les connaissances qu'il a emmagasinées.* ▶ **emmagasinage** n. m. Action d'emmagasiner.

emmailloter [ɑ̃majɔte] v. tr. < conjug. 1 > Envelopper complètement (un corps, un membre, un objet). *On a emmailloté sa main blessée. Elle s'est emmailloté les pieds dans une couverture.* – Au p. p. *Être emmailloté de couvertures.*

emmancher [ɑ̃mɑ̃ʃe] v. tr. < conjug. 1 > **1**· Ajuster sur un manche, engager et fixer dans un support. *Essayez de mieux emmancher ce balai.* **2**· Fig. et fam. Engager, mettre en train (une activité, un processus). – Surtout au p. p. adj. *Une affaire mal emmanchée.*

emmanchure [ɑ̃mɑ̃ʃyʀ] n. f. Chacune des ouvertures d'un vêtement, faites pour adapter une manche ou laisser passer le bras. *Un veston étroit aux emmanchures.* → **entournure.**

emmêler [ɑ̃mele] v. tr. < conjug. 1 > Mêler l'un à l'autre, d'une manière désordonnée. → **embrouiller, enchevêtrer.** *Emmêler les fils d'un écheveau.* – Pronominalement. *Tous les fils se sont emmêlés.* – Au p. p. adj. *Cheveux emmêlés. Une intrigue très emmêlée,* embrouillée. – Fam. *Il s'emmêle les pieds, les pédales, les pinceaux,* il s'embrouille (dans une explication). / contr. démêler / ▶ **emmêlement** n. m. Action d'emmêler ; fait d'être emmêlé. → **enchevêtrement, fouillis.**

emménager [ɑ̃menaʒe] v. intr. < conjug. 3 > S'installer dans un nouveau logement. / contr. déménager / *Ils ont emménagé dans un grand appartement.* ▶ **emménagement** n. m. Action d'emménager. → **installation.** / contr. déménagement /

emmener [ɑ̃mne] v. tr. < conjug. 5 > **1**· Mener avec soi (qqn, un animal) en allant d'un lieu à un autre. *Si tu veux, j'emmène les enfants.* – REM. Avec un compl. désignant un objet, on emploie *emporter. Emporte toutes les valises et n'oublie pas d'emmener le chat.* – Mener avec soi en allant quelque part. *Je vous emmène à Paris.* – REM. *Emmener* suppose que l'accompagnateur reste avec l'accompagné (*Je vous emmène à la piscine,* j'y vais avec vous ; *je vous amène à la piscine,* jusqu'à la piscine.). *Je t'emmène chez mon frère. Emmène-moi ailleurs.* – (+ infinitif) *Il nous a emmenés dîner dans un restaurant japonais.* **2**· Conduire, entraîner en avant avec élan (des soldats, les membres d'une équipe...). *Les avants étaient bien emmenés par le capitaine.* **3**· (Suj. chose) Conduire, transporter au loin. *L'avion les emmène en Afrique.*

emmental ou **emmenthal** [emɛ̃tal] n. m. Fromage de gruyère, à croûte jaune, présentant de grands trous. → **gruyère.** *Des emmentals.*

emmerder [ɑ̃mɛʀde] v. tr. < conjug. 1 > **1·** Fam. (Suj. personne) Causer des ennuis à (qqn) ; (suj. chose) représenter des ennuis pour (qqn). → **agacer, embêter, empoisonner, ennuyer, importuner.** *Arrête de m'emmerder avec tes histoires.* – Au p. p. *Il est bien emmerdé maintenant.* – Pronominalement. Se donner du mal. *Ne t'emmerde pas à le réparer.* **2·** Fam. Faire naître l'ennui. *Ce genre de film m'emmerde.* **3·** Tenir pour négligeable (par défi). *Les voisins ? Je les emmerde.* ▶ **emmerdant, ante** adj. Fam. Qui contrarie, dérange fortement. *C'est bien emmerdant, ça !* – Qui fait naître l'ennui. → **ennuyeux.** *C'est un bouquin plutôt emmerdant.* ▶ **emmerdement** n. m. Fam. Gros ennui. → **difficulté, embêtement.** *Il a toujours des emmerdements. Ah ! Quel emmerdement !* → **guigne, pépin, tuile.** ▶ **emmerdeur, euse** n. Fam. Personne particulièrement embêtante, soit ennuyeuse, soit agaçante et tatillonne. → **gêneur, importun.** *Ne l'invite pas, c'est une emmerdeuse.*

emmitoufler [ɑ̃mitufle] v. tr. < conjug. 1 > Fam. Envelopper dans des fourrures, des vêtements chauds et moelleux. – Pronominalement (réfl.). Se couvrir chaudement des pieds à la tête. *S'emmitoufler dans un gros manteau.*

emmurer [ɑ̃myʀe] v. tr. < conjug. 1 > Enfermer (qqn) dans un cachot muré. – *L'éboulement les a emmurés.* → **emprisonner.** – Abstrait. *S'emmurer, être emmuré dans le silence,* se couper, être coupé des autres.

émoi [emwa] n. m. Littér. **1·** Agitation, effervescence. – ***En émoi.*** *Tout le quartier était en émoi.* **2·** Trouble qui naît de l'appréhension, ou d'une émotion sensuelle. *L'émoi du jeune homme était visible.*

émoluments [emɔlymɑ̃] n. m. pl. Rétribution représentant un traitement fixe ou variable. → **appointements, rémunération.**

émonder [emɔ̃de] v. tr. < conjug. 1 > Débarrasser (un arbre) des branches mortes ou inutiles, nuisibles, des plantes parasites. → **élaguer, tailler.** ▶ **émondage** n. m. Action d'émonder.

émotif, ive [emɔtif, iv] adj. **1·** Relatif à l'émotion. → **émotionnel.** *Avoir un comportement émotif.* **2·** (Personnes) Qui réagit par des émotions fortes ; qui est facilement ému (→ **émouvoir**). → **impressionnable, sensible.** *Soyez patient avec lui, il a un caractère très émotif.* – N. *Un émotif, une émotive.* ▶ **émotivité** n. f. Caractère d'une personne émotive. *Un enfant d'une grande émotivité.* / contr. **flegme** /

émotion [emosjɔ̃] n. f. État affectif intense, caractérisé par des troubles divers (pâleur, accélération du pouls, tremblements, etc.). *L'émotion l'étouffait, le paralysait. Sa voix se brisa d'émotion. Causer l'émotion, une émotion.* → **émouvoir.** – État affectif, plaisir ou douleur nettement prononcé. → **sentiment.** *Il évoquait ses souvenirs avec émotion.* / contr. **froideur** / Fam. *Tu nous as donné des émotions,* tu nous a fait peur. ▶ **émotionnel, elle** adj. Propre à l'émotion, qui a le caractère de l'émotion. *Les états émotionnels.* ▶ **émotionner** v. tr. < conjug. 1 > Fam. Toucher par une émotion. → **émouvoir.**

émouchet [emuʃɛ] n. m. Petit rapace diurne.

frais émoulu, ue [fʀɛemuly] adj. Récemment sorti (d'une école). Fém. : **frais** ou **fraîche émoulue.** *Elles sont frais émoulues ou fraîches émoulues du lycée.*

émousser [emuse] v. tr. < conjug. 1 > **1·** Rendre moins coupant, moins aigu. / contr. **aiguiser** / *Émousser la pointe d'un outil.* **2·** Littér. Rendre moins vif, moins pénétrant, moins incisif. → **affaiblir, amortir.** *Les images violentes de la télévision émoussent la sensibilité.* – Pronominalement. *Son chagrin s'est émoussé avec le temps.* ▶ **émoussé, ée** adj. **1·** Rendu moins aigu, moins tranchant. *Couteau émoussé.* **2·** Littér. Rendu moins vif. *Sentiments émoussés* (par l'habitude).

émoustiller [emustije] v. tr. < conjug. 1 > Fam. Mettre de bonne humeur en excitant. *Le champagne avait l'air de les émoustiller.* → **égayer.** ▶ **émoustillant, ante** adj.

émouvoir [emuvwaʀ] v. tr. < conjug. 27 > **1·** Agiter (qqn) par une émotion. → **émotionner, remuer.** *Cette lettre, cette nouvelle m'a beaucoup ému.* – Pronominalement. Se troubler. *Il s'émeut à l'idée de partir. Sans s'émouvoir,* sans s'inquiéter. **2·** Toucher (qqn, un groupe) en éveillant un intérêt puissant. *Ce roman a ému toute une génération. Il n'est pas facile à émouvoir.* ▶ **émouvant, ante** adj. Qui émeut, qui fait naître une émotion désintéressée (compassion, admiration). → **pathétique, poignant, touchant.** *Une cérémonie émouvante.* ▷ **émotif, émotion**

empailler [ɑ̃paje] v. tr. < conjug. 1 > **1·** Bourrer de paille (la peau d'animaux morts qu'on veut conserver). → **naturaliser.** – Au p. p. adj. *Un oiseau empaillé.* Loc. fam. *Il a l'air empaillé,* peu dégourdi. → **empoté,** ② **gauche. 2·** Mettre de la paille autour de (qqch.) pour protéger. *Empailler de jeunes arbres. Empailler des bouteilles.* ▶ **empaillage** n. m. Action d'empailler. *L'empaillage des oiseaux.* ▶ **empailleur, euse** n. → **taxidermiste.**

empaler [ɑ̃pale] v. tr. < conjug. 1 > **1·** Soumettre au supplice du pal. **2·** ***S'empaler*** v. pron. réfl. : tomber sur un objet pointu qui s'enfonce à travers le corps. *Il est venu s'empaler sur une fourche.*

empan [ɑ̃pɑ̃] n. m. Intervalle compris entre l'extrémité du pouce et celle du petit doigt, lorsque la main est grande ouverte. *L'empan a servi d'unité de mesure.*

empanaché, ée [ɑ̃panaʃe] adj. Orné d'un panache. *Un casque empanaché.*

empaqueter [ɑ̃pakte] v. tr. < conjug. 4 > Faire un paquet de (linge, marchandises, etc.). → **emballer.** *Il empaquette ses livres.* ▶ **empaquetage** n. m. Action d'empaqueter.

s'emparer [ɑ̃paʀe] v. pron. < conjug. 1 > **1·** Prendre violemment ou indûment possession (de). → **conquérir, enlever,** se **saisir.** / contr. restituer / *Les pillards se sont emparés de la ville. Les terroristes se sont emparés de plusieurs otages. L'armée s'est emparée du pouvoir.* **2·** Se rendre maître (d'un esprit, d'une personne) au point de dominer. – (Suj. chose) Envahir la conscience (de qqn). *La rêverie, l'émotion qui s'emparait de moi. Le sommeil s'empara de lui.* **3·** Se saisir (de qqch.), parvenir à prendre. *Le gardien de but réussit à s'emparer du ballon.*

empâter [ɑ̃pɑte] v. tr. < conjug. 1 > Rendre épais, pâteux. *Le manque de sommeil lui empâte la langue.* – Pronominalement (réfl.). Épaissir, grossir. *Ses joues s'empâtaient.* ▶ **empâté, ée** adj. Devenu épais. → **bouffi.** / contr. émacié / *Des traits empâtés.* ▶ **empâtement** n. m. Épaississement produisant un effacement des traits. *L'empâtement du menton.* ≠ empattement.

empathie [ɑ̃pati] n. f. Capacité de s'identifier à autrui, de ressentir ce qu'il ressent.

empattement [ɑ̃patmɑ̃] n. m. **1·** Maçonnerie en saillie à la base d'un mur. **2·** Distance séparant les essieux d'une voiture. ≠ empâtement.

empêcher [ɑ̃peʃe] v. tr. < conjug. 1 > **1·** *Empêcher qqch.*, faire en sorte que ne se produise pas qqch. ; rendre impossible en s'opposant. → **interdire.** / contr. permettre / *J'ai tout fait pour empêcher ce mariage. L'inondation empêche la circulation. Vous n'empêcherez pas que la vérité (ne) soit connue.* – Loc. *(Il)* ***n'empêche*** *que...*, *cela n'empêche pas que* : cependant, malgré cela. *N'empêche que j'ai raison,* j'ai quand même raison. Fam. *N'empêche,* ce n'est pas une raison. **2·** *Empêcher qqn de faire qqch.*, faire en sorte qu'il ne puisse pas. *Tu empêches les autres de travailler.* – (Suj. chose) *Rien ne m'empêchera de faire ce que j'ai décidé. Qu'est-ce qui vous en empêche ?* **3·** Pronominalement. (Souvent négatif) Se défendre, se retenir de. *Il ne pouvait s'empêcher de rire.* **4·** *Être empêché,* retenu par des occupations. *Vous l'excuserez, il a été empêché.* ▶ **empêchement** n. m. Ce qui empêche d'agir, de faire ce qu'on voudrait. → **contretemps, difficulté, obstacle.** *Il n'y a pas d'empêchement. En cas d'absence ou d'empêchement. J'ai eu un empêchement de dernière minute.* ▶ **empêcheur, euse** n. Loc. *Empêcheur de danser en rond,* ennemi de la gaieté. → **rabat-joie, trouble-fête.**

empeigne [ɑ̃pɛɲ] n. f. Dessus (d'une chaussure), du cou-de-pied jusqu'à la pointe.

empenner [ɑ̃pene] v. tr. < conjug. 1 > Garnir (une flèche) de plumes ou d'ailerons stabilisateurs. ▶ **empennage** [ɑ̃penaʒ] n. m. Surfaces placées à l'arrière des ailes ou de la queue d'un avion, et destinées à lui donner de la stabilité.

empereur [ɑ̃pʀœʀ] n. m. **I· 1·** Chef souverain de certains États (appelés *empire*). → **mikado, tsar.** *L'empereur et l'impératrice.* – En France. *L'Empereur,* Napoléon Ier, puis Napoléon III. **2·** En histoire. Détenteur du pouvoir suprême, dans l'Empire romain, le Saint Empire germanique, etc. *Les empereurs romains. L'empereur d'Autriche.* **II·** Manchot de grande taille. – En appos. *Des manchots empereurs.*

emperler [ɑ̃pɛʀle] v. tr. < conjug. 1 > Littér. Couvrir de gouttelettes. *La sueur emperlait son front.* – Au p. p. *Des prés emperlés de rosée.*

empeser [ɑ̃pəze] v. tr. < conjug. 5 > Apprêter (un tissu) en amidonnant (avec de l'*empois*). → **amidonner.** *Empeser un col de chemise.* ▶ **empesé, ée** adj. **1·** Qu'on a empesé. *Col empesé.* → **dur. 2·** Abstrait. Apprêté, dépourvu de naturel. *Il a encore son air empesé.* → **guindé.** *Un style empesé,* qui manque de naturel.

empester [ɑ̃pɛste] v. < conjug. 1 > **1·** V. tr. Infester de mauvaises odeurs. → **empuantir, puer.** / contr. embaumer / *Vous nous empestez avec votre fumée.* **2·** V. intr. Sentir très mauvais. *Ça empeste, ici !*

empêtrer [ɑ̃petʀe] v. tr. < conjug. 1 > **1·** Entraver, engager (qqn ou les pieds, les jambes) dans qqch. qui retient ou embarrasse. – Pronominalement (réfl.). *Il s'empêtrait dans ses bagages.* **2·** Fig. Engager dans une situation difficile, embarrassante. → **embringuer.** Surtout passif et pron. *Il est encore empêtré dans des difficultés financières.* – Pronominalement (réfl.). *Il s'empêtrait dans ses explications.* → s'**embrouiller.**

emphase [ɑ̃fɑz] n. f. Ton, style déclamatoire abusif ou déplacé. → **déclamation, grandiloquence.** *Il parle avec emphase pour dire les choses les plus banales.* / contr. simplicité / ▶ **emphatique** [ɑ̃fatik] adj. Plein d'emphase. → **déclamatoire, grandiloquent, pompeux.** / contr. simple /

emphysème [ɑ̃fizɛm] n. m. En médecine. Gonflement produit par une infiltration gazeuse dans le tissu cellulaire (notamment du poumon).

empiècement [ɑ̃pjɛsmɑ̃] n. m. Partie supérieure (d'une robe ou d'une jupe) qui maintient la partie ample du bas. *Robe à empiècement.*

empierrer [ɑ̃pjeʀe] v. tr. < conjug. 1 > Couvrir d'une couche de pierres, de caillasse. *Les cantonniers sont en train d'empierrer la route.* – Au p. p. adj. *Chemin empierré.* ▶ **empierrement** n. m. Action d'empierrer ; couche de pierres cassées.

empiéter [ɑ̃pjete] v. intr. < conjug. 6 > **1·** ***Empiéter sur*** (une propriété, un droit...) : prendre indûment et par une lente progression un peu de (cette propriété, ce droit). *Empiéter sur le terrain du voisin.* **2·** (Choses) Déborder sur. *La terrasse de ce café empiète sur le trottoir.* ▶ **empiétement** ou **empiètement** n. m. Action d'empiéter.

s'empiffrer [ɑ̃pifʀe] v. pron. < conjug. 1 > Manger gloutonnement. → se **bourrer**, se **gaver**. *Il attend le moment du dessert pour s'empiffrer de gâteaux.*

empiler [ɑ̃pile] v. tr. < conjug. 1 > **1·** Mettre en pile. *Il empile ses livres, faute de place. Empiler du bois.* **2·** Entasser (des êtres vivants) dans un petit espace. – Pronominalement (réfl.). *Les voyageurs s'empilaient dans le métro.* **3·** Fam. Tromper (qqn) en le volant. → **rouler.** ▶ **empilement** n. m. Action d'empiler (des choses) ; choses empilées.

empire [ɑ̃piʀ] n. m. **1·** Autorité, domination absolue. *Les États qui se sont disputé l'empire du monde.* – Fig. *Être **sous l'empire** de* : sous l'influence, la domination. *Il est sous l'empire de la drogue.* **2·** Autorité souveraine d'un chef d'État qui porte le titre d'empereur ; État ou ensemble d'États soumis à cette autorité. *L'Empire romain.* – *L'Empire,* période où la France fut un État gouverné par un empereur. *Le Premier Empire* (Napoléon Ier). *Le Second Empire* (Napoléon III). – *Style, meuble Empire,* du Premier Empire. **3·** Ensemble de territoires colonisés par une puissance. *L'empire colonial.* **4·** Loc. *Pas pour un empire !,* pour rien au monde. *Je ne viendrais pas pour un empire.*

empirer [ɑ̃piʀe] v. < conjug. 1 > **1·** V. intr. (Situation, état) Devenir pire. *Son mal a empiré depuis hier. La situation économique empire rapidement.* **2·** V. tr. Littér. Rendre pire (une situation, les choses). *Votre intervention n'a fait qu'empirer les choses.* → **aggraver.** / contr. améliorer /

empirique [ɑ̃piʀik] adj. Qui ne s'appuie que sur l'expérience, qui reste au niveau de l'expérience spontanée ou commune, n'a rien de rationnel ni de systématique. *C'est moins une méthode qu'un procédé empirique.* → **pragmatique.** ▶ **empiriquement** adv. De façon empirique. ▶ **empirisme** n. m. **1·** Esprit, caractère empirique. *L'empirisme d'une méthode de travail.* **2·** Théorie philosophique (des *empiristes*), d'après laquelle toutes nos connaissances viennent de l'expérience.

emplacement [ɑ̃plasmɑ̃] n. m. Place choisie et aménagée par l'homme (pour une construction, une installation). → **endroit.** *Le commerçant a choisi un bon emplacement. Déterminer l'emplacement d'une usine.* – Lieu de stationnement. *Emplacement réservé aux livraisons.*

emplâtre [ɑ̃plɑtʀ] n. m. **1·** Médicament externe se ramollissant légèrement à la chaleur et devenant alors adhérent. **2·** Aliment lourd et bourratif. **3·** Fam. Individu sans énergie, bon à rien. *Quel emplâtre !* → **empoté.**

emplette [ɑ̃plɛt] n. f. **1·** Vieilli. Achat (de marchandises courantes mais non quotidiennes). → **course(s).** *Faire l'emplette d'un chapeau.* **2·** Au plur. *Faire ses, des emplettes,* ses achats. – Objets que l'on a achetés. *Montrez-moi vos emplettes.*

emplir [ɑ̃pliʀ] v. tr. < conjug. 2 > **1·** Littér. Remplir. *Emplir une valise.* – Au p. p. adj. *Verre empli jusqu'au bord.* → **plein.** – Pronominalement. *La barque s'emplissait d'eau.* **2·** Occuper par soi-même (la capacité d'un réceptacle, une place vide). *La foule emplissait les rues.* ▷ **désemplir, remplir**

emploi [ɑ̃plwa] n. m. **1·** Action ou manière d'employer une chose ; ce à quoi elle est employée. → **usage, utilisation.** *Faire un bon, un mauvais emploi de son temps, de son argent. Mot susceptible de divers emplois.* – ***Mode d'emploi*** : notice expliquant la manière de se servir d'un objet. – ***Emploi du temps*** : répartition dans le temps de tâches à effectuer ; règlement, tableau établissant cette répartition. → **programme.** *Avoir un emploi du temps très chargé,* être très occupé. – Loc. *Cela fait **double emploi*** : c'est inutile, cela répond à un besoin déjà satisfait par autre chose. **2·** Ce à quoi s'applique l'activité rétribuée (d'un employé, d'un salarié). → **place, situation.** *Avoir, exercer un emploi. Il, elle est sans emploi,* au chômage. *Il cherche de l'emploi,* du travail. *Offres, demandes d'emploi* (par petites annonces). *S'inscrire comme demandeur d'emploi.* – *(L'emploi)* Somme du travail humain effectivement employé et rémunéré, dans un système économique. *Le marché de l'emploi.* **3·** Genre de rôle dont est chargé un acteur. *Avoir, tenir l'emploi du jeune premier.* – Loc. *Avoir le physique (la tête) de l'emploi,* avoir l'air de ce qu'on fait. ▷ **plein-emploi, sans-emploi, sous-emploi**

employer [ɑ̃plwaje] v. tr. < conjug. 8 > **1·** Faire servir à une fin (un instrument, un moyen, une force...). *Vous avez bien employé votre temps, votre argent. Il emploie un terme impropre.* → se **servir, utiliser.** *Il ne sait pas employer son temps.*

– Au p. p. adj. *Une somme d'argent bien employée.* – Pronominalement. *Cette expression ne s'emploie plus.* **2·** Faire travailler (qqn) pour son compte en échange d'une rémunération. *Cette entreprise emploie plusieurs milliers d'ouvriers.* **3·** ***S'employer à*** v. pron. : s'occuper avec ardeur et constance. *Il s'emploie à trouver une solution convenable. Il s'y emploie.* → se **consacrer.** ▶ **employé, ée** n. Salarié (généralement payé au mois) qui est employé (2) à un travail non manuel (opposé à *ouvrier*). → **agent, commis.** *Les employés d'un ministère. Employé de banque. Une employée de mairie.* ▶ **employeur, euse** n. Personne employant du personnel salarié. → **patron.** ▷ **emploi, inemployé, réemployer**

emplumé, ée [ɑ̃plyme] adj. Couvert, orné de plumes.

empocher [ɑ̃pɔʃe] v. tr. < conjug. 1 > Toucher, recevoir (de l'argent). *Il essaiera d'empocher tous les bénéfices.*

empoigner [ɑ̃pwaɲe] v. tr. < conjug. 1 > **1·** Prendre en serrant dans la main. *Empoigner un manche de pioche. Il a empoigné le gamin par le bras.* – Pronominalement (récipr.). Se saisir l'un de l'autre pour se battre. → se **colleter.** Fig. Se quereller. *Ils se sont empoignés en public.* **2·** Fig. Émouvoir profondément. *La fin tragique du film empoigna les spectateurs.* ▶ **empoignade** n. f. Altercation, discussion violente. ▶ **empoigne** n. f. Loc. ***Foire d'empoigne*** : mêlée, affrontement d'intérêts et de spéculations malhonnêtes.

empois [ɑ̃pwa] n. m. invar. Colle à base d'amidon employée à l'apprêt du linge (→ **empeser**).

empoisonner [ɑ̃pwazɔne] v. tr. < conjug. 1 > **1·** (Suj. personne) Faire mourir, ou mettre en danger de mort, en faisant absorber du poison. *On a empoisonné notre chien. S'empoisonner,* se tuer en absorbant du poison. **2·** Surtout au p. p. adj. Mêler, infecter de poison. *Des flèches empoisonnées au curare.* – Littér. *Des propos empoisonnés,* particulièrement venimeux. **3·** Remplir d'une odeur infecte. → **empester, empuantir.** *Les odeurs de l'égout empoisonnaient tout le quartier.* **4·** Altérer dans sa qualité, son agrément. → **gâter.** *Des soucis, des regrets qui empoisonnent la vie.* **5·** Fam. Rendre la vie impossible à (qqn). → **embêter.** *Il m'a empoisonné pendant des heures.* ▶ **empoisonnant, ante** adj. Fam. Très ennuyeux, embêtant. *Tais-toi un peu ! Tu es empoisonnant.* ▶ **empoisonnement** n. m. **1·** Introduction dans l'organisme d'une substance toxique, capable d'altérer la santé ou d'entraîner la mort. → **intoxication.** *Empoisonnement dû à des champignons vénéneux.* – Meurtre par le poison. **2·** Souvent au plur. Fam. Ennui, embêtement. *J'ai eu assez d'empoisonnements comme ça.* ▶ **empoisonneur, euse** n. **1·** Criminel(le) qui use du poison. **2·** Fam. Personne qui ennuie tout le monde. → fam. **poison.**

empoissonner [ɑ̃pwasɔne] v. tr. < conjug. 1 > Peupler de poissons. → **aleviner.** *Empoissonner un lac.* ▶ **empoissonnement** n. m. Action d'empoissonner.

emporter [ɑ̃pɔʀte] v. tr. < conjug. 1 > **1·** Prendre avec soi et porter hors d'un lieu (qqch. ou qqn qui ne se déplace pas par soi-même). *Partir en voyage en emportant une valise. Vous pouvez emporter ces livres. Elle emporte le bébé dans ses bras.* – Fig. *Il a emporté son secret dans la tombe.* – Loc. *Vous ne l'emporterez pas au (en) paradis,* vous ne jouirez pas longtemps du bien, du succès actuel ; je me vengerai tôt ou tard. **2·** (Suj. chose) Enlever avec rapidité, violence. → **arracher, balayer.** *Le cyclone a tout emporté sur son passage.* Loc. *Autant en emporte le vent,* se dit à propos d'une chose dont on pense qu'il ne restera rien. – (Maladie soudaine) Faire mourir. → **tuer.** *La maladie l'a emporté en quelques mois.* **3·** S'emparer de (qqch.) par la force. → **enlever.** *Les troupes ont emporté la position.* – Loc. *Emporter le morceau,* réussir une affaire. **4·** (Suj. chose abstraite) Entraîner, pousser avec force. *La passion vous emporte.* **5·** ***L'emporter*** : avoir le dessus, se montrer supérieur. → **triompher.** *Notre équipe l'a emporté par trois buts à un. La raison a fini par l'emporter sur le fanatisme.* **6·** ***S'emporter*** v. pron. : se laisser aller à des mouvements de colère, à des actes de violence. *Essaie de discuter sans t'emporter.* ▶ **emporté, ée** adj. Qui s'emporte facilement. → **coléreux, irritable, violent.** / contr. calme, paisible / ▶ **emportement** n. m. **1·** Littér. Élan, ardeur. → **fougue.** *Il se jeta avec emportement dans ses études.* **2·** Violent mouvement de colère. *Dans des moments d'emportement, il devient grossier.* ▶ **emporte-pièce** n. m. invar. **1·** Outil servant à découper et à enlever d'un seul coup des pièces de forme déterminée dans des feuilles de métal, de cuir, etc. **2·** ***À l'emporte-pièce*** loc. adj. : (paroles) mordant, incisif. *Des phrases à l'emporte-pièce.* ▷ **remporter**

empoté, ée [ɑ̃pɔte] adj. Fam. Maladroit et lent. – N. *Quel empoté !*

empourprer [ɑ̃puʀpʀe] v. tr. < conjug. 1 > Littér. Colorer de pourpre, de rouge, par l'effet de phénomènes naturels. – Pronominalement. *Son visage s'empourpra,* rougit (de colère, de honte…). – Au p. p. adj. *Des joues empourprées.* → **cramoisi.**

empreint, einte [ɑ̃pʀɛ̃, ɛ̃t] adj. Littér. Marqué profondément. *Un poème empreint de sincérité.*

empreinte [ɑ̃pʀɛ̃t] n. f. **1·** Marque en creux ou en relief laissée par un corps qu'on presse sur une surface. → **impression.** *L'empreinte d'un cachet sur la cire. Prendre l'empreinte d'une serrure, d'une clé.* → **moulage.** – Trace naturelle. *Reconnaître les empreintes d'un animal sur le sol.* – ***Empreintes (digitales)*** : traces laissées par les doigts et qui permettent d'identifier qqn. *Mettre ses empreintes sur une carte d'identité.* – ***Empreinte écologique*** : indicateur chiffré mesurant l'impact des activités humaines sur l'environnement, dans un lieu. **2·** Abstrait. Marque profonde, durable. *Il garde l'empreinte de son milieu familial. Marquer qqn, qqch. de son empreinte.*

s'empresser [ɑ̃pʀese] v. pron. < conjug. 1 > **1·** Mettre de l'ardeur, du zèle à servir qqn ou à lui plaire. *On le voit toujours s'empresser auprès des jolies femmes.* **2·** ***S'empresser de*** (+ infinitif) : se hâter. *Il s'empressa de prendre la parole. Je m'empresse d'ajouter que...* ▶ **empressé, ée** adj. Qui est plein d'un zèle et d'un dévouement un peu trop visibles. *Des employés empressés auprès des clients. Il ne s'est pas montré très empressé pour nous aider.* ▶ **empressement** n. m. **1·** Action de s'empresser auprès de qqn. *Il s'étonnait d'être reçu avec tant d'empressement.* **2·** Hâte qu'inspire le zèle. → **ardeur.** *Obéir avec empressement. Son empressement à s'accuser paraissait suspect aux policiers.*

emprise [ɑ̃pʀiz] n. f. Domination intellectuelle ou morale. → **influence.** *Se dégager de l'emprise exercée par le milieu. Je n'ai aucune emprise sur lui.*

emprisonner [ɑ̃pʀizɔne] v. tr. < conjug. 1 > **1·** Mettre en prison. → **incarcérer.** *On a condamné et emprisonné le coupable.* / contr. ② élargir, libérer / **2·** Tenir à l'étroit, serrer. – Au p. p. *Avoir la jambe emprisonnée dans un plâtre.* ▶ **emprisonnement** n. m. Action d'emprisonner, état de celui qui est emprisonné. → **détention, incarcération.** / contr. ② élargissement, libération /

emprunt [ɑ̃pʀœ̃] n. m. **1·** Action d'obtenir une somme d'argent, à titre de prêt ; cet argent. *Faire, contracter un emprunt.* → **emprunter.** – *Emprunt (public)*, par lequel l'État ou une collectivité publique demande les fonds nécessaires pour financer des dépenses publiques. *Émettre, lancer un emprunt. Souscrire à un emprunt.* **2·** Action d'utiliser pour une œuvre un thème, des expressions d'un auteur ; thème, expression ainsi utilisés. *Les emprunts que Molière a faits à Plaute.* **3·** Processus par lequel une langue accueille un élément d'une autre langue ; élément (mot, tour) ainsi incorporé. *Emprunts à l'anglais,* anglicismes. **4·** ***D'emprunt*** loc. adj. : qui n'appartient pas en propre au sujet, vient d'ailleurs. *Il voyageait sous un nom d'emprunt,* un faux nom. → **pseudonyme.**

emprunté, ée [ɑ̃pʀœ̃te] adj. Qui manque d'aisance ou de naturel. → **embarrassé, gauche.** *Avoir un air emprunté.*

emprunter [ɑ̃pʀœ̃te] v. tr. < conjug. 1 > **1·** Obtenir (de l'argent, un objet...) à titre de prêt ou pour un usage momentané. → **emprunt.** *Emprunter de l'argent à une banque. Je voudrais t'emprunter ce livre.* **2·** Fig. Prendre ailleurs et faire sien (un bien d'ordre intellectuel, esthétique...). – Au p. p. *Un mot emprunté à l'anglais.* → **emprunt** (3). **3·** Prendre (une voie). *Le conducteur ne peut emprunter la moitié gauche de la chaussée.* ▶ **emprunteur, euse** n. Personne qui emprunte (1) de l'argent. → **débiteur.** ▷ **emprunt**

empuantir [ɑ̃pɥɑ̃tiʀ] v. tr. < conjug. 2 > Remplir (un lieu), gêner (qqn) par une odeur infecte. → **empester.** / contr. embaumer /

empyrée [ɑ̃piʀe] n. m. Littér. Ciel, monde supraterrestre.

ému, ue [emy] adj. (→ **émouvoir**) **1·** En proie à une émotion plus ou moins vive. *On le sentait très ému.* **2·** Qui est marqué d'une émotion. *J'en ai gardé un souvenir ému.*

émulation [emylasjɔ̃] n. f. Sentiment qui porte à égaler ou à surpasser (qqn) en mérite, en savoir, en travail. *Il y a une grande émulation entre les élèves de cette classe.* ▶ **émule** n. Littér. Personne qui cherche à égaler ou à surpasser qqn en qqch. de louable. → **concurrent.** *Un, une émule.*

émulsifiant [emylsifjɑ̃] n. m. Substance qui favorise la formation et la stabilité d'une émulsion.

émulsion [emylsjɔ̃] n. f. **1·** Préparation constituée d'un liquide tenant en suspension une substance huileuse ou résineuse. *La mayonnaise est une émulsion.* **2·** En sciences. Milieu hétérogène constitué par la dispersion, à l'état de particules très fines, d'un liquide dans un autre liquide. **3·** *Émulsion photographique,* couche sensible à la lumière (sur la plaque ou le film). *La sensibilité d'une émulsion.* ▶ **émulsionner** v. tr. < conjug. 1 > **1·** Mettre à l'état d'émulsion (2) (une substance dans un milieu où elle n'est pas soluble). **2·** Couvrir (le support photographique) de l'émulsion (3). ▷ **émulsifiant**

① **en** [ɑ̃] prép. **REM.** Se prononce [ɑ̃n] en liaison : *en avant* [ɑ̃navɑ̃] **I·** (Devant un nom sans déterminant, ou avec un art. indéfini *[un]*, un démonstratif, un possessif, etc.) Préposition marquant en général la position à l'intérieur d'un espace, d'un temps, d'un état. **1·** Dans. *On l'a mis en prison. Monter en voiture. Il passe ses vacances en Bretagne.* → **à** (au Pays basque). *En un lieu, en cet endroit.* – (Lieu abstrait) *Avoir en mémoire, en tête. Docteur en droit. C'est bien beau en théorie.* **2·** Sur. *Mettez un genou en terre.* **3·** (Matière) *Un buste en marbre. Un pantalon en velours. Un sac en papier.* → **de.** – Abstrait. *Écrire en anglais. Être fort en chimie.* **4·** Pendant (un temps). → **à, dans.** *Il est venu en février, en semaine. On laboure en automne. En été, en hiver* (mais *au printemps*). *En quelle année ? En son temps.* – (Espace de temps) *J'ai fait ma lettre en dix minutes. En quelques heures, en un tournemain.* **5·** (État, manière) *Ne vous mettez pas en colère. Il n'est plus en danger. Les arbres sont en fleur.* – *Il part en voiture. Répondez en quelques mots.* – (Introduisant un nom qui fait fonction d'attribut) → **comme.** *Il parle en connaisseur.* **6·** *De... en...* (marque la progression). *Son état empirait d'heure en heure. Être de plus en plus pauvre.* – (Périodicité) *De deux heures en deux heures,* toutes les deux heures. **II·** (Formant des locutions adverbiales) *En général,* généralement. *C'est vrai en gros. En avant ou en arrière.* **III·** (Devant le verbe au part. prés.) *C'est en forgeant qu'on devient forgeron. L'appétit vient en mangeant. Il est parti en courant.* ▷ **arc-en-ciel, boute-en-train, chienlit, croc-en-jambe, dorénavant, embonpoint, en-cas,** à l'**encontre,** ① **endroit,** ② **endroit, enfin, enjeu, ensuite, en-tête, entrain,** ① **envers,** ② **envers, lendemain, malencontreux, pissenlit, rencontre, surlendemain**

② **en** pronom et adv. **REM.** Se prononce [ɑ̃n] en liaison. De ce(s)..., de cette..., de cela (représente une chose, un énoncé, et quelquefois une personne). **I·** (Compl. d'un verbe) **1·** Indique le lieu d'où l'on vient, la provenance, l'origine. *J'en viens,* je viens de cet endroit. *Il en tirera un joli bénéfice. Qu'est-ce qu'on en fera, de cet argent ?* – (Cause, agent) *J'ai trop de soucis, je n'en dors plus,* je ne dors plus à cause de... **2·** (Compl. d'un verbe construit avec *de*) *Je m'en souviendrai ! S'il reste des gâteaux, j'en reprendrai. Donne m'en un peu.* **3·** (Dans diverses locutions verbales) *On n'en finit pas. On s'en va. Je m'en tiens là.* **II·** (Compl. de nom, ou servant d'appui à des quantitatifs et des indéfinis) *J'en connais tous les avantages,* les avantages « de cela ». *Tenez, en voilà un. Il y en a plusieurs,* quelques-uns. *Je n'en sais rien !* **III·** (Compl. d'adjectif) *Il en est bien capable. Elle n'en est pas peu fière.* ▷ **je-m'en-fichisme, je-m'en-foutisme, qu'en-dira-t-on**

en- ou **em-** (devant *b, m, p*) Élément servant à former des verbes à partir d'un substantif (ex. *emboîter, enterrer*).

énarque [enaʀk] n. Ancien(ne) élève de l'école nationale d'administration (E. N. A.).

encablure [ɑ̃kablyʀ] n. f. Ancienne mesure marine de longueur (environ 200 m).

encadrer [ɑ̃kɑdʀe] v. tr. < conjug. 1 > **1·** Mettre dans un cadre, entourer d'un cadre. *Faire encadrer une gravure.* – Fam. *C'est, il est à encadrer,* cela (il) mérite d'être montré en exemple de ridicule. Loc. fam. *Ne pas pouvoir encadrer qqn,* le détester. → **encaisser** (3), **sentir. 2·** Entourer à la manière d'un cadre qui orne ou limite. *De longs cheveux encadrent son visage.* – (Suj. personne) Se tenir de part et d'autre de (qqn, qqch.). – Au p. p. adj. *Le prisonnier arriva, encadré par deux gardiens.* – Pronominalement. Apparaître comme dans un cadre. *Sa silhouette s'encadrait dans la porte.* **3·** Pourvoir de cadres (une troupe, un personnel...). *Il faut encadrer vos collaborateurs.* – Au p. p. adj. *Des employés bien encadrés.* ▶ **encadrement** n. m. **1·** Action d'entourer d'un cadre ; ornement servant de cadre. *Préparer l'encadrement d'un tableau.* **2·** Action d'encadrer (des troupes, un personnel). *Le personnel d'encadrement.* – Personnes qui encadrent. → **cadre.** ▶ **encadreur, euse** n. Artisan qui exécute et pose des cadres (de tableaux, gravures, photos, etc.).

encagoulé, ée [ɑ̃kagule] adj. Dont le visage est masqué par une cagoule.

encaissé, ée [ɑ̃kese] adj. Resserré entre deux pentes. *Rivière, vallée encaissée,* profonde et étroite. ▶ ① **encaissement** n. m. État de ce qui est encaissé. *L'encaissement d'une rivière.*

encaisser [ɑ̃kese] v. tr. < conjug. 1 > **1·** Recevoir, toucher (de l'argent, le montant d'une facture). / contr. payer / *Il a encaissé une grosse somme.* **2·** Fam. Recevoir (des coups). *Encaisser un direct.* – Sans compl. *Boxeur qui encaisse bien,* qui supporte bien les coups. **3·** (Surtout dans un contexte négatif) Recevoir sans sourciller, supporter. *Ils n'ont jamais encaissé cette critique.* – Supporter (qqn). *Il ne peut pas encaisser son collègue.* → fam. **encadrer** (1), **sentir.** ▶ **encaisse** n. f. Sommes, valeurs qui sont dans la caisse ou en portefeuille. *L'encaisse métallique,* les valeurs en or et en argent qui, dans les banques d'émission, servent de garantie aux billets. ▶ ② **encaissement** n. m. Action d'encaisser (de l'argent, des valeurs). *Remettre un chèque à l'encaissement.* ▶ **encaisseur** n. m. Employé qui va à domicile encaisser des sommes, recouvrer des effets.

à l'**encan** [alɑ̃kɑ̃] loc. adv. Vieilli ou au Canada. En vente aux enchères publiques. *Vendre à l'encan.* – Fig. *La justice était à l'encan,* au plus offrant. ▶ **encanter** v. tr. < conjug. 1 > Au Canada. Mettre aux enchères. *Encanter un tableau.*

s'encanailler [ɑ̃kanaje] v. pron. < conjug. 1 > Fréquenter un lieu, un milieu pour s'amuser, éprouver des sensations fortes. *Elles se sont encanaillées.*

encapuchonner [ɑ̃kapyʃɔne] v. tr. < conjug. 1 > Couvrir d'un capuchon, comme d'un capuchon. – Au p. p. *Tête encapuchonnée.*

encart [ɑ̃kaʀ] n. m. Feuille volante ou petit cahier que l'on insère dans une brochure. *Un encart publicitaire.* ▶ **encarter** v. tr. < conjug. 1 > **1·** Insérer (un dépliant, un prospectus) dans une revue, un livre. **2·** Fixer sur des cartons. *Encarter des boutons.*

en-cas [ɑ̃ka] n. m. invar. Repas léger tenu prêt à toute heure. → **casse-croûte.** *Emportez un en-cas, le voyage sera long. Des en-cas.*

encastrer [ɑ̃kastʀe] v. tr. < conjug. 1 > Insérer, loger (dans une surface ou dans un objet exactement taillés ou creusés à cet effet). → **emboîter, enchâsser.** *Encastrer des éléments de cuisine.* – Au p. p. adj. *Une baignoire encastrée.* ▶ **encastrable** adj. Qu'on peut encastrer. *Un réfrigérateur encastrable.*

encaustique [ɑ̃kostik] n. f. Préparation à base de cire et d'essence qu'on utilise pour entretenir et faire reluire les meubles, les parquets. ▶ **encaustiquer** v. tr. < conjug. 1 > Passer à l'encaustique. → **cirer.** *Encaustiquer un meuble.* – Au p. p. adj. *Parquet encaustiqué.*

1 **enceinte** [ɑ̃sɛ̃t] n. f. **1·** Ce qui entoure un espace à la manière d'une clôture et en défend l'accès. *Le mur d'enceinte d'une place forte. Les enceintes de l'ancien Paris.* **2·** L'espace ainsi entouré. *Pénétrer dans l'enceinte du tribunal. Enceinte réservée.* **3·** *Enceinte acoustique* ou, ellipt, *enceinte,* dans une chaîne haute-fidélité, ensemble de plusieurs haut-parleurs et d'un filtre. → **baffle.**

2 **enceinte** adj. f. (Femme) Qui est en état de grossesse. *Elle est enceinte de trois mois.* ▶ **enceinter** v. tr. < conjug. 1 > En Afrique. Rendre enceinte.

encens [ɑ̃sɑ̃] n. m. invar. Substance résineuse aromatique, qui brûle en répandant une odeur pénétrante. *La chapelle sentait l'encens.* ▶ **encenser** v. tr. < conjug. 1 > **1·** Honorer en brûlant de l'encens, en agitant l'encensoir. *Le prêtre encense le cercueil.* **2·** Fig. Honorer d'hommages excessifs, combler de louanges et de flatteries. → **flatter.** *Encenser une personne influente.* ▶ **encensoir** n. m. Sorte de cassolette suspendue à des chaînettes dans laquelle on brûle l'encens. – Fam. *Manier l'encensoir, donner des coups d'encensoir,* louer, flatter avec excès. → **encenser** (2).

encéphale [ɑ̃sefal] n. m. Ensemble des centres nerveux contenus dans le crâne (le cerveau et ses annexes). ▶ **encéphalite** n. f. Inflammation de l'encéphale. ▶ **encéphalo-** Élément savant signifiant « cerveau » (→ **électro-encéphalogramme**). ▶ **encéphalopathie** n. f. Affection du cerveau, d'origine toxique ou liée à une dégénérescence.

encercler [ɑ̃sɛʀkle] v. tr. < conjug. 1 > Entourer d'un cercle d'alliances (un pays qui se juge menacé). – Entourer de toutes parts de façon menaçante. *Les policiers ont encerclé la maison.* → **cerner.** – Au p. p. adj. *Des troupes encerclées.* ▶ **encerclement** n. m. Action d'encercler. *Manœuvre d'encerclement.*

enchaîner [ɑ̃ʃene] v. < conjug. 1 > **I·** V. tr. **1·** Attacher avec une chaîne. *Enchaîner un chien.* **2·** Littér. Mettre sous une dépendance. → **asservir, assujettir.** *Le dictateur veut enchaîner la presse. Enchaîner qqn à sa promesse.* **3·** Unir par l'effet d'une succession naturelle ou le rapport de liens logiques. → **coordonner, lier.** *Vous enchaînez correctement vos idées.* – Pronominalement. *Le raisonnement s'enchaîne bien. Tout s'enchaîne.* **II·** V. intr. **1·** Reprendre la suite des répliques au théâtre après une interruption. **2·** Passer d'une séquence à une autre, au cinéma. *Enchaîner sur une scène de poursuite.* **3·** Dans une narration, un discours. Continuer. ▶ **enchaînement** n. m. **1·** Série de choses qui sont entre elles dans un rapport de dépendance. *Un fatal enchaînement de circonstances.* **2·** Caractère lié, rapport entre les éléments. → **liaison, suite.** *L'enchaînement des idées dans un exposé.* **3·** Action d'enchaîner (II).

enchanter [ɑ̃ʃɑ̃te] v. tr. < conjug. 1 > **1·** Soumettre à une action surnaturelle par l'effet d'une opération magique. → **ensorceler, envoûter.** **2·** Remplir d'un vif plaisir, satisfaire au plus haut point. → **ravir.** *Cette histoire m'enchante. Cela ne m'enchante pas beaucoup de les voir.* ▶ **enchanté, ée** adj. **1·** Qui détient un pouvoir d'enchantement. *Une bague enchantée.* – Soumis à un enchantement. → **magique.** *Le monde enchanté des contes de fées.* **2·** (Personnes) Très content, ravi. *Enchanté de faire votre connaissance. Je suis enchanté de votre venue, que vous veniez.* ▶ **enchantement** n. m. **1·** Opération magique consistant à enchanter ; son effet. → **ensorcellement, incantation, magie.** *Jeter, rompre un enchantement.* – ***Comme par enchantement*** : d'une manière inattendue et soudaine. *La douleur a disparu comme par enchantement.* **2·** (L'enchantement) État d'une personne qui est enchantée, joie extrêmement vive. → **ravissement.** *Il est dans l'enchantement.* **3·** Sujet de joie, chose qui fait un immense plaisir. *Ce spectacle* *est un enchantement.* ▶ **enchanteur, teresse** n. et adj. **1·** N. Personne qui pratique des enchantements. → **magicien, sorcier.** *L'histoire de Merlin l'Enchanteur.* – Au fém. Littér. *L'enchanteresse Circé.* – Fig. Personne douée d'un charme irrésistible. → **charmeur. 2·** Adj. Qui enchante, est extrêmement séduisant. → **charmant, ravissant.** *Un spectacle enchanteur. Un sourire enchanteur.* → **séduisant.** ▷ **désenchanté**

enchâsser [ɑ̃ʃɑse] v. tr. < conjug. 1 > **1·** Mettre (une pierre précieuse) dans une monture. → **monter, sertir.** – Encastrer, fixer (dans une entaille, un châssis). *Enchâsser les panneaux d'une porte.* **2·** Abstrait. Insérer dans un texte. *Enchâsser une citation dans un texte.* ▶ **enchâssement** n. m. Action d'enchâsser. *L'enchâssement d'un diamant dans le chaton d'une bague.*

enchère [ɑ̃ʃɛʀ] n. f. **1·** Offre d'une somme supérieure à la mise à prix ou aux offres précédentes, dans une vente au plus offrant. → à l'**encan.** *Faire une enchère. Couvrir une enchère,* mettre une enchère supérieure. – ***Aux enchères.*** *Sa collection a été vendue aux enchères. Mettre des lots aux enchères.* – Loc. fig. *Faire monter les enchères,* demander plus pour être sûr d'obtenir ce que l'on veut. **2·** À certains jeux de cartes. Demande supérieure à celle de l'adversaire. *Le système des enchères au bridge.* ▶ **enchérir** v. intr. < conjug. 2 > **1·** Mettre une enchère. *Enchérir sur qqn,* faire une enchère plus élevée. **2·** Fig. et littér. Aller au-delà de ce qu'un autre a dit, fait. → **renchérir.** ▶ **enchérisseur, euse** n. Personne qui fait une enchère. *Le dernier enchérisseur.* ▷ **renchérir**

enchevêtrer [ɑ̃ʃ(ə)vetʀe] v. tr. < conjug. 1 > Engager l'une dans l'autre (diverses choses) de façon désordonnée, ou particulièrement complexe. *Enchevêtrer des fils.* → **embrouiller.** / contr. démêler / – Pronominalement. *Les branches s'enchevêtraient.* – Abstrait. *Toutes ces idées s'enchevêtraient dans sa cervelle.* – Au p. p. adj. *Des affaires enchevêtrées.* ▶ **enchevêtrement** n. m. Disposition ou amas de choses enchevêtrées. *On se perd dans l'enchevêtrement de ses mensonges.* → **embrouillement.** – Extrême complication, désordre. *Un enchevêtrement de ruelles.*

enchifrené, ée [ɑ̃ʃifʀəne] adj. Qui a le nez embarrassé par un rhume de cerveau.

enclaver [ɑ̃klave] v. tr. < conjug. 1 > **1·** Contenir, entourer en formant une enclave (1). – Surtout au passif. *Ce jardin est enclavé dans sa propriété.* **2·** Engager (une pièce dans une autre pièce). *Le prestidigitateur a enclavé ses deux anneaux.* ▶ **enclave** n. f. **1·** Terrain, territoire enfermé dans d'autres propriétés, dans un autre territoire. **2·** Élément englobé dans une masse.

enclencher [ɑ̃klɑ̃ʃe] v. tr. < conjug. 1 > Faire fonctionner (un mécanisme) en rendant plusieurs pièces solidaires. *Une vitesse difficile à enclencher,* à passer. – Fig. *L'affaire est enclenchée,* bien engagée. ▶ **enclenchement** n. m. Dispositif (mécanique, électrique) destiné à rendre solidaires diverses pièces d'un mécanisme ou divers appareils.

enclin, ine [ɑ̃klɛ̃, in] adj. Littér. Porté, par un penchant naturel et permanent, à. *Il est enclin à la méfiance. Ils sont enclins à la bienveillance. Elle est encline à se fâcher.*

enclore [ɑ̃klɔʀ] v. tr. < conjug. 45 > REM. Surtout au présent de l'indic. et au p. p. Littér. **1·** Entourer d'une clôture. → **clôturer.** *Il enclot son jardin d'une haie.* – Au p. p. *Un champ enclos. Une ville enclose de murailles.* **2·** (Choses) Entourer comme une clôture continue. ▶ **enclos** n. m. invar. **1·** Espace de terrain entouré d'une clôture. *Les vaches paissent dans un vaste enclos.* **2·** Clôture. *Fermer l'enclos des poules.*

enclume [ɑ̃klym] n. f. Masse métallique montée sur un socle et sur laquelle on forge les métaux. *Frapper, battre l'enclume.* – Outil ou pièce d'un instrument destiné à recevoir des chocs. *Enclume de cordonnier.* – Loc. *Être entre l'enclume et le marteau,* pris entre deux partis opposés et exposé à recevoir des coups des deux côtés.

encoche [ɑ̃kɔʃ] n. f. Petite entaille ou découpure. *Faire une encoche sur, dans un morceau de bois.* – Entaille servant de marque. *Les encoches d'un répertoire.* ▶ **encocher** v. tr. < conjug. 1 > Faire une encoche à (une pièce métallique, une clé, etc.).

encoder [ɑ̃kɔde] v. tr. < conjug. 1 > En informatique. Coder* (une information). – Spécialt. Coder avant d'introduire dans l'ordinateur. / contr. décoder /

encoignure [ɑ̃kɔ(wa)ɲyʀ] n. f. Angle intérieur formé par la rencontre de deux pans de mur. → **coin.** *Elle s'était cachée dans une encoignure.*

encoller [ɑ̃kɔle] v. tr. < conjug. 1 > Enduire (du papier, des tissus, du bois) de colle, de gomme, d'apprêt. *On encolle le dos d'un livre pour le relier.* ▶ **encollage** n. m. Action d'encoller ; son résultat. *L'encollage d'un mur.*

encolure [ɑ̃kɔlyʀ] n. f. **1·** Partie du corps du cheval (et de certains animaux) qui s'étend entre la tête et les épaules ou le poitrail. – Longueur de cette partie du corps du cheval. *Il a gagné d'une encolure.* **2·** Largeur donnée au col d'un vêtement. *Une chemise d'encolure 39.* **3·** Partie du vêtement par où passe la tête. *L'encolure d'une chemise. Une encolure échancrée.* → **décolleté.**

encombrer [ɑ̃kɔ̃bʀe] v. tr. < conjug. 1 > **1·** (Suj. chose) Remplir en s'entassant, en faisant obstacle à la circulation, au libre usage des choses. → **gêner, obstruer.** *Un amas de paperasses encombrait la table. Les voitures encombrent l'entrée de la ville.* → **embouteiller.** – (Suj. personne) *La foule encombrait les trottoirs. Elle encombre le couloir avec ses valises.* – Pronominalement. Être encombré. *Ne t'encombre pas de bagages inutiles.* – Au p. p. adj. *Une rue encombrée.* **2·** Fig. Remplir ou occuper à l'excès, en gênant. *Trop de gens mal formés viennent encombrer cette profession. N'encombrez pas votre mémoire de détails inutiles.* → **surcharger.** – ***S'encombrer*** v. pron. *Elle ne s'est pas encombrée de scrupules. Pour ce travail, je ne peux pas m'encombrer d'un maladroit.* → **s'embarrasser.** – Au p. p. adj. *C'est une carrière, une profession très encombrée,* où les offres d'emploi sont rares. ▶ **encombrant, ante** adj. Qui encombre. *Ce paquet n'est pas lourd, mais encombrant.* – Fig. *Ces gens sont vraiment encombrants.* → **importun.** ▶ **sans encombre** [sɑ̃zɑ̃kɔ̃bʀ] loc. adv. Sans rencontrer d'obstacle, sans ennui, sans incident. *Nous sommes arrivés sans encombre.* ▶ **encombrement** n. m. **1·** État de ce qui est encombré ou rempli à l'excès. *L'encombrement d'un magasin. L'encombrement du marché automobile.* → **surproduction. 2·** Amas de choses qui encombrent. *Comment s'y retrouvait-il dans l'encombrement de ses papiers ?* → **amas. 3·** Voitures qui encombrent une voie. → **bouchon, embouteillage.** *Je n'ai pas pu éviter l'encombrement. Il y a des encombrements à la sortie de Paris.* **4·** Dimensions qui font qu'un objet encombre plus ou moins. *L'encombrement d'un meuble,* son volume par rapport à une place disponible.

à l'encontre [alɑ̃kɔ̃tʀ] loc. Littér. **1·** Loc. adv. Contre cela, en s'opposant à la chose. *Je n'irai pas à l'encontre.* **2·** Loc. prép. *À l'encontre de,* contre, à l'opposé de. *Votre demande ira à l'encontre du but recherché.*

encorbellement [ɑ̃kɔʀbɛlmɑ̃] n. m. Position d'une construction (balcon, corniche, tourelle) en saillie sur un mur ; cette construction. *Perron, escalier en encorbellement.* → **saillie.**

s'encorder [ɑ̃kɔʀde] v. pron. < conjug. 1 > En alpinisme. S'attacher avec une même corde pour constituer une cordée*. *Les alpinistes se sont encordés.*

encore [ɑ̃kɔʀ] adv. **1·** Adverbe de temps, marquant la persistance d'une action ou d'un état au moment considéré. *Vous êtes encore là ?* → **toujours.** *C'est encore l'été. Il est encore souple.* – ***Pas encore*** : indique que ce qui doit se produire ne s'est pas, pour le moment, produit. *Il n'a pas encore déjeuné. Il ne fait pas encore jour.* **2·** Adverbe marquant une idée de répétition ou de supplément. → **re-.** *Il est encore en colère ? Tu as encore manqué la cible. Vous prendrez bien encore un verre. Encore un peu ?* – *Mais encore ?*, se dit pour demander des précisions supplémentaires. – (Avec un mot marquant l'accroissement ou la diminution) *La vie a encore augmenté. Ses affaires vont encore plus mal.* **3·** Introduisant une restriction. *Encore faut-il avoir le temps. Si encore il faisait un effort, on lui pardonnerait.* → **si seulement.** *Et encore !*, se dit pour restreindre ce qui vient d'être dit, comme dépassant la réalité. *On vous en donnera dix euros, et encore !*, tout au plus dix euros. **4·** Loc. conj. Littér. ***Encore que*** (+ subjonctif, indicatif ou conditionnel) : quoique. *Nous l'aiderons, encore qu'il ne le mérite pas.*

encorner [ɑ̃kɔʀne] v. tr. < conjug. 1 > Frapper, blesser à coups de cornes. *Le matador a été encorné.*

encornet [ɑ̃kɔʀnɛ] n. m. Calmar (comestible).

encourager [ɑ̃kuʀaʒe] v. tr. < conjug. 3 > **1·** Donner du courage, de l'assurance à (qqn). → **réconforter, stimuler.** / contr. décourager / *Il faut encourager cet élève. Les spectateurs encourageaient l'équipe de la voix.* – (Avec *à* + infinitif) *Il abandonnera si on ne l'encourage pas à persévérer.* **2·** Aider ou favoriser par une protection spéciale, par des récompenses, des subventions. *L'État doit encourager les artistes, les talents.* – *Encourager un projet,* l'approuver et l'aider à se réaliser. ▶ **encourageant, ante** adj. Qui encourage, est propre à encourager. *Les premiers résultats sont encourageants. Des nouvelles encourageantes.* / contr. décourageant / ▶ **encouragement** n. m. **1·** Action d'encourager. *Les cris d'encouragement stimulaient l'équipe.* **2·** *(Un, des encouragements)* Acte, parole qui encourage. → **appui, soutien.** *Il a reçu peu d'encouragements.*

encourir [ɑ̃kuʀiʀ] v. tr. < conjug. 11 > Littér. Se mettre dans le cas de subir (une peine, un reproche, qqch. de fâcheux). → **s'exposer à, mériter.** *Vous allez encourir des reproches.* – Au p. p. adj. *Les peines encourues.*

encrage [ɑ̃kʀaʒ] n. m. Opération consistant à encrer (un rouleau de presse, une planche gravée) dans une machine d'impression. ≠ ancrage.

encrasser [ɑ̃kʀase] v. tr. < conjug. 1 > Couvrir d'un dépôt (suie, rouille, saletés diverses) qui empêche le bon fonctionnement. *La poussière encrasse les vêtements. Une mauvaise hygiène qui encrasse l'organisme.* – Pronominalement (réfl.). *La chaudière s'est encrassée. Décrasser ce qui était* *encrassé.* – Au p. p. adj. *Des bougies encrassées.* ▶ **encrassement** n. m. Action d'encrasser, de s'encrasser. *L'encrassement d'un piston.*

encre [ɑ̃kʀ] n. f. Liquide, noir ou diversement coloré, utilisé pour écrire. *Encre bleue, violette, rouge. Écrire à l'encre. Encre d'imprimerie. Encre sympathique,* dont la trace invisible apparaît sous l'action d'un réactif. *Encre de Chine,* très noire, employée pour les dessins au pinceau, à la plume. *Cartouche d'encre pour imprimante.* → anglic. **toner.** – Loc. *Une nuit d'encre,* très noire. *Se faire un sang d'encre,* du souci. ≠ ancre. ▶ **encrer** v. tr. < conjug. 1 > Enduire d'encre (typographique, lithographique). → **encrage.** *Encrer un rouleau.* ≠ ancrer. ▶ **encreur, euse** adj. Qui sert à encrer. *Rouleau, tampon encreur.* ▶ **encrier** n. m. Petit récipient où l'on met de l'encre. *Tremper la plume dans l'encrier.* ▷ **encrage**

encroûter [ɑ̃kʀute] v. tr. < conjug. 1 > Surtout pronominalement et p. p. Enfermer (qqn) dans des habitudes qui suppriment la spontanéité, empêchent de changer, de faire des progrès. *Sa paresse l'encroûte. Il est encroûté dans ses habitudes.* – Pronominalement. *Elle s'est encroûtée dans la routine.*

encyclique [ɑ̃siklik] n. f. Lettre envoyée par le pape à tous les évêques à propos d'un problème d'actualité.

encyclopédie [ɑ̃siklɔpedi] n. f. **1·** Ouvrage qui fait le tour des connaissances dans tous les domaines, par articles rangés dans un ordre alphabétique → **dictionnaire** ou méthodique. – Ouvrage analogue qui traite d'un domaine précis (science, art, etc.). *Une encyclopédie de l'architecture.* **2·** Fig. *Une encyclopédie vivante,* une personne aux connaissances extrêmement étendues et variées. ▶ **encyclopédique** adj. Qui embrasse l'ensemble des connaissances. *Un dictionnaire encyclopédique* (opposé à *dictionnaire de langue*). – Qui présente un caractère d'encyclopédie. *Il a des connaissances encyclopédiques.* ▶ **encyclopédiste** n. Auteur d'une encyclopédie. *Les encyclopédistes du* XVIIIe *s.*

endémie [ɑ̃demi] n. f. Présence habituelle d'une maladie particulière à une région. ▶ **endémique** adj. Qui a un caractère d'endémie. *Une fièvre endémique.* – Fig. Qui sévit constamment dans un pays, un milieu. *Un chômage endémique.*

endetter [ɑ̃dete] v. tr. < conjug. 1 > Engager dans des dettes. *L'achat de son appartement l'a endetté.* – Pronominalement. Contracter des dettes. *Il s'endette en achetant à crédit.* – Au p. p. *Être endetté de mille euros. Elle est très endettée.* ▶ **endettement** n. m. Fait de s'endetter, d'être endetté. *Il a un endettement trop important.* / contr. crédit / ▷ **surendettement**

endeuiller [ɑ̃dœje] v. tr. < conjug. 1 > Plonger dans le deuil, remplir de tristesse. *Cette catastrophe a endeuillé tout le pays.*

endiablé, ée [ɑ̃djɑble] adj. D'une vivacité extrême. → **fougueux, impétueux.** *Se lancer dans une danse endiablée. Une verve endiablée. Ces gosses sont endiablés.* → **diable** (II, 1).

endiguer [ɑ̃dige] v. tr. < conjug. 1 > **1·** Contenir au moyen de digues. *Endiguer un fleuve.* **2·** Retenir, contenir ; canaliser. *Les agents s'efforçaient d'endiguer le flot des manifestants.* – Abstrait. *Endiguer le progrès.*

s'endimancher [ɑ̃dimɑ̃ʃe] v. pron. < conjug. 1 > Revêtir des habits du dimanche, mettre une toilette plus soignée que d'habitude et que l'on porte avec gêne. *Ils se sont endimanchés pour aller au mariage de leur filleul.* – Au p. p. adj. *Il a l'air endimanché dans ses beaux habits,* gêné, mal à l'aise.

endive [ɑ̃div] n. f. Pousse blanche comestible d'une variété de chicorée. → **chicon.** *Endives braisées, en salade.*

endo- Élément de mots savants, signifiant « en dedans ». / contr. exo- / ▶ **endocarde** [ɑ̃dɔkaʀd] n. m. Tunique interne du cœur. ▶ **endocarpe** n. m. Partie interne du fruit la plus proche de la graine. ▶ **endocrine** adj. f. Se dit des glandes à sécrétion interne, dont les produits sont déversés directement dans le sang (ex. : *l'hypophyse, la thyroïde*). ▶ **endocrinien, ienne** adj. Relatif aux glandes endocrines. *Le système endocrinien.* ▶ **endocrinologie** n. f. Science qui étudie les glandes endocrines, les hormones et leur pathologie. ▶ **endocrinologue** n. ▷ **endogamie, endogène, endoscope**

endoctriner [ɑ̃dɔktʀine] v. tr. < conjug. 1 > Péj. Faire la leçon à (qqn) pour convaincre, faire adhérer à une doctrine, à un point de vue. *N'essayez pas de nous endoctriner.* ▶ **endoctrinement** n. m. Action d'endoctriner.

endogamie [ɑ̃dɔgami] n. f. Obligation, pour les membres de certains groupes sociaux, de choisir un conjoint dans ce groupe (opposé à *exogamie*).

endogène [ɑ̃dɔʒɛn] adj. Qui prend naissance à l'intérieur, est dû à une cause interne (opposé à *exogène*). *Intoxication endogène.*

endolori, ie [ɑ̃dɔlɔʀi] p. p. adj. Envahi par une douleur diffuse. *Être tout endolori. Le lendemain du match, il avait les membres endoloris.*

endommager [ɑ̃dɔmaʒe] v. tr. < conjug. 3 > Causer du dommage, des dégâts à (qqch.), mettre en mauvais état. → **abîmer, détériorer.** *La grêle a endommagé les récoltes. La toiture a été endommagée par la tempête.* ▶ **endommagé, ée** adj. Qui a subi un dommage. / contr. intact / *Une voiture endommagée.*

endormir [ɑ̃dɔʀmiʀ] v. tr. < conjug. 16 > **1·** Faire dormir, amener au sommeil. *Bercer un bébé pour l'endormir.* – (Sommeil artificiel) *Endormir un malade avant de l'opérer.* → **anesthésier. 2·** Donner envie de dormir à force d'ennui. → **assommer, ennuyer.** *Il endort son auditoire.* **3·** Fig. et littér. Atténuer jusqu'à faire disparaître (une sensation, un sentiment pénible). *Il prend des comprimés pour endormir la douleur.* → **calmer.** – Rendre moins vif, moins agissant (un sentiment, une disposition d'esprit). *Il espère ainsi endormir les soupçons.* – Littér. *Endormir qqn,* le tromper. *On ne l'endort pas avec de belles paroles. Des discours destinés à endormir l'opinion publique.* **4·** ***S'endormir*** v. pron. réfl. : commencer à dormir, glisser dans le sommeil. → s'**assoupir.** *Elle s'est endormie tard.* – Fig. et littér. Perdre de sa vivacité, de sa force. *Ses remords s'étaient endormis à la longue.* / contr. se réveiller / ▶ **endormant, ante** adj. Qui donne envie de dormir à force d'ennui. → **ennuyeux, soporifique.** *Un conférencier, un discours endormant.* ▶ **endormi, ie** adj. **1·** Qui est en train de dormir. / contr. éveillé / *Il est encore tout endormi.* – Où chacun dort, où tout semble en sommeil. *Il se promenait à travers la ville endormie.* **2·** Fig. Dont l'activité est en sommeil. **3·** Fam. Indolent, inerte. *Intelligence endormie.* – N. *Quel endormi !* / contr. actif, remuant / ▶ **endormissement** n. m. Fait de s'endormir ; début du sommeil. *Troubles de l'endormissement.* / contr. réveil /

endoscope [ɑ̃dɔskɔp] n. m. Instrument servant à examiner les cavités profondes du corps en les éclairant. ▶ **endoscopie** n. f. Examen à l'endoscope.

1 **endosser** [ɑ̃dose] v. tr. < conjug. 1 > **1·** Mettre sur son dos (un vêtement). → **revêtir.** *Il endosse son blouson avant de sortir.* **2·** Prendre ou accepter la responsabilité de. → **assumer.** *Je suis prêt à endosser les conséquences. Endosser la paternité d'un enfant,* s'en reconnaître le père.

2 **endosser** v. tr. < conjug. 1 > Apposer sa signature au dos de (un chèque, une traite libellés à son nom). *Elle a endossé ce chèque, il sera crédité sur son compte.*

1 **endroit** [ɑ̃dʀwa] n. m. **1·** Partie déterminée d'un espace. → **lieu, place.** *Il leur fallait un endroit où se réunir. Je vais vous montrer l'endroit précis. À quel endroit ?* → **où.** – Fam. *Le **petit endroit** :* les toilettes (→ petit coin). **2·** Localité. → **coin.** *Les gens de l'endroit sont accueillants. Un endroit perdu.* → fam. **bled. 3·** Place déterminée, partie localisée (d'une chose, du corps). *À quel endroit faut-il signer ? Montre l'endroit où tu as mal.* – Abstrait. Partie de la personne morale. *Trouver l'endroit sensible.* → **point.** *Il se montre par ses meilleurs endroits,* sous son meilleur côté. **4·** Passage déterminé (d'un ouvrage). *Cet endroit n'est pas très clair. Rire au bon endroit.* **5·** ***Par endroits*** loc. adv. : à différents endroits dispersés, çà et là. *On avait planté par endroits des rosiers.* – Littér. ***À l'endroit de** qqn* loc. prép. : envers cette personne. *Son attitude à mon, à votre endroit est désagréable.*

2 **endroit** n. m. Côté destiné à être vu, dans un objet à deux faces (tissu, feuillet...). → **recto.** / contr. envers / *L'endroit d'un tapis.* – ***À l'endroit*** loc. adv. : du bon côté. *Remettez vos chaussettes à l'endroit.*

enduire [ɑ̃dɥiʀ] v. tr. < conjug. 38 > Recouvrir (une surface) d'une matière plus ou moins molle qui l'imprègne. *Il enduit de crème ses mains gercées. Enduire un mur de plâtre.* – Pronominalement (réfl.). Enduire son corps. *Elle s'est enduite de crème solaire.* ▶ **enduit** n. m. Préparation molle ou fluide qu'on applique à la surface de certains objets pour les protéger, les garnir. → **revêtement.** *Enduit à la chaux.* – Préparation destinée à isoler le support d'un tableau de la couche de peinture.

endurance [ɑ̃dyʀɑ̃s] n. f. Aptitude à résister à la fatigue, à la souffrance. *Il manque d'endurance. L'endurance d'un coureur de fond.* – *L'endurance d'un moteur. Épreuve automobile d'endurance,* compétition sur longue distance. ▶ **endurant, ante** adj. Qui a de l'endurance. → **résistant.** / contr. fragile / *Il est très endurant.* ▶ **enduro** n. m. Épreuve d'endurance et de régularité tout-terrain, en moto. *L'enduro et le trial.*

endurcir [ɑ̃dyʀsiʀ] v. tr. < conjug. 2 > **1·** Rendre (qqn) plus dur au mal, rendre résistant. → **aguerrir.** *Ce climat l'a endurci au froid.* **2·** Rendre moins sensible moralement. *Les malheurs l'ont endurci, ont endurci son cœur, lui ont endurci le cœur.* / contr. attendrir / – Pronominalement (réfl.). *Elle s'est endurcie à son contact.* ▶ **endurci, ie** adj. Devenu résistant par l'habitude. *Être endurci au travail, au froid.* – Qui avec le temps s'est fortifié, figé dans son opinion, son occupation. → **invétéré.** *Un criminel endurci. Un célibataire endurci.* ▶ **endurcissement** n. m. Le fait de s'endurcir (2). → **insensibilité.** *L'endurcissement au malheur. L'endurcissement du cœur.*

endurer [ɑ̃dyʀe] v. tr. < conjug. 1 > Supporter avec patience (ce qui est dur, pénible). → **subir.**

Il endure tout sans se plaindre. Quand je pense aux épreuves qu'il a dû endurer ! Je n'en endurerai pas plus. → **supporter, tolérer.**

énergétique [enɛʀʒetik] adj. et n. f. **1·** Adj. En physique et physiologie. Relatif à l'énergie. *Les ressources énergétiques d'un pays.* **2·** N. f. Science des manifestations de l'énergie. **3·** Qui donne de l'énergie (II, 2). *Besoins énergétiques journaliers (de qqn). Des aliments énergétiques.*

énergie [enɛʀʒi] n. f. **I·** Force et fermeté dans l'action, qui rend capable de grands effets. → **volonté.** *Il poursuit son but avec beaucoup d'énergie. Je proteste avec énergie. Un style plein d'énergie,* de vigueur. – Vitalité physique. *Se sentir plein d'énergie.* **II·** En sciences. **1·** Caractère d'un système matériel capable de produire du travail. *Les différentes formes de l'énergie : énergie mécanique, électrique, thermique, chimique, atomique. Les énergies renouvelables,* provenant de sources naturelles non épuisables (soleil, vent, marée...). *Énergies nouvelles* (éolienne, solaire...). *Les énergies fossiles* (charbon, pétrole, gaz naturel). *L'énergie verte,* produite à partir de sources d'énergies naturelles. *Énergie nucléaire. Utilisation, transport de l'énergie.* **2·** Énergie chimique potentielle fournie par les aliments et transformée par l'organisme vivant. *Une dépense d'énergie.* ▶ **énergique** adj. **1·** Actif, efficace. *Un remède énergique.* – Plein d'énergie (dans l'expression). → **vigoureux. 2·** (Personnes ; actions) Qui a ou marque de l'énergie, de la volonté. → **ferme, résolu.** *Un homme énergique. Une intervention énergique des autorités.* – Fort (dans l'ordre physique). *La poussée énergique des avants dans la mêlée.* / contr. faible / ▶ **énergiquement** adv. Avec énergie. → **fermement.** *Il faut lui parler énergiquement.* ▶ **énergisant, ante** [enɛʀʒizɑ̃, ɑ̃t] adj. Qui donne de l'énergie (I), qui stimule. *Il a pris une boisson énergisante.* ▶ **énergivore** [enɛʀʒivɔʀ] adj. Qui consomme beaucoup d'énergie. *Une usine énergivore.* ▷ **énergétique**

énergumène [enɛʀgymɛn] n. Personne exaltée qui se livre à des cris, à des gestes excessifs dans l'enthousiasme ou la fureur. → **agité, fanatique, forcené.**

énerver [enɛʀve] v. tr. < conjug. 1 > Agacer, exciter, en provoquant de la nervosité. / contr. calmer / *Ses manies nous énervent. Ça m'énerve de le voir faire !* → **agacer.** – Pronominalement (réfl.). Devenir de plus en plus nerveux, agité. *Du calme ! Ne nous énervons pas !* ▶ **énervant, ante** adj. Qui excite désagréablement. → **agaçant, irritant.** *Il est énervant avec ses allusions. Un bruit énervant.* ▶ **énervé, ée** adj. Qui se trouve dans un état de nervosité inhabituel. / contr. calme / *Laissez-le, il est un peu énervé ! Une réponse énervée.* ▶ **énervement** n. m. État d'une personne énervée. → **agacement, nervosité.** *Elle était dans un grand état d'énervement.*

① **enfant** [ɑ̃fɑ̃] n. **1·** *(Un, des enfants)* Être humain dans l'âge de l'enfance, de la naissance à l'adolescence. → **bambin, bébé, fille, garçon, petit ;** fam. **gosse, mioche, môme.** *Un enfant au berceau. Un enfant calme, câlin, capricieux, turbulent. Livres d'enfants, pour enfants. Lit, voiture d'enfant. Les maladies des enfants.* → **infantile.** *Maltraiter un enfant.* – Loc. *Il n'y a plus d'enfants,* se dit quand un enfant fait ou dit des choses qui ne sont pas de son âge. *C'est un jeu d'enfant,* c'est très facile. *Il me prend pour un enfant,* pour un naïf. *Ne faites pas l'enfant,* soyez sérieux. *L'enfant terrible d'un parti, d'un groupe,* un membre qui aime à manifester son indépendance d'esprit. *Un enfant gâté,* une personne qui a l'habitude de voir satisfaire tous ses caprices. **2·** ***Enfant de chœur :*** enfant qui se tient dans le chœur pendant les offices pour servir le prêtre. – *Il nous prend pour des enfants de chœur,* des naïfs. **3·** Personne qui a conservé dans l'âge adulte des sentiments, des traits propres à l'enfance. *Il sera toute sa vie un enfant.* – Adj. *Elles sont restées très enfants.* → **enfantin, puéril.** / contr. mûr / ▶ **enfance** n. f. **1·** Première période de la vie humaine, de la naissance à l'adolescence. *Il a eu une enfance heureuse. Souvenirs d'enfance. Un camarade d'enfance.* **2·** (Sing. collectif) Les enfants. *S'occuper de l'enfance délinquante, malheureuse.* **3·** *Retomber en enfance, dans l'enfance,* se dit d'un vieillard dont les facultés mentales s'affaiblissent. *Être en enfance* (→ **gâteux**). **4·** Fig. Première période d'existence (d'une chose). → **commencement.** *L'enfance de l'humanité. Une science encore dans l'enfance.* – *C'est **l'enfance de l'art*** loc. fam. : c'est élémentaire (comme les premières choses que l'on apprend dans un art, un métier). ▶ **enfantillage** n. m. Manière d'agir, de s'exprimer, peu sérieuse, qui ne convient qu'à un enfant. → **puérilité.** *Vous dites des enfantillages.* ▶ **enfantin, ine** adj. **1·** Qui est propre à l'enfant, a le caractère de l'enfance. *Le langage enfantin.* **2·** Péj. Qui ne convient guère qu'à un enfant. → **puéril.** *Des remarques enfantines.* **3·** (Choses à faire) Très simple, très facile. *Un problème enfantin.* → **élémentaire.** ▷ **bon enfant**

② **enfant** n. **1·** Être humain à l'égard de sa filiation, fils ou fille (opposé à *parents*). *Ils veulent deux enfants. Elle attend un enfant* (ou *un bébé*), elle est enceinte. *Un enfant unique. Un enfant adoptif. Ils sont venus avec leurs enfants. Un enfant naturel,* né hors mariage. *Un enfant trouvé,* qu'on a trouvé abandonné par ses parents. – *L'enfant prodigue,* l'enfant que l'on accueille avec joie à son retour au foyer qu'il avait depuis longtemps abandonné. **2·** *Mon (cher) enfant, mes enfants,* se dit à des êtres plus jeunes. **3·** Descendant. *Tous les enfants de la vieille dame étaient là pour son anniversaire.* – Personne originaire de (un pays, un milieu). *Un enfant de Paris. Un enfant du peuple.* – ***Enfant de troupe*** : nom donné autrefois à un fils de militaire élevé dans une école militaire. ▶ **enfanter** v. tr. < conjug. 1 > Vx. (Femmes) Mettre au monde (un enfant). – Abstrait. Littér. Créer, produire (une œuvre). ▶ **enfantement** n. m. (Femmes) Fait d'enfanter. – Loc. *Les douleurs de l'enfantement.* – Abstrait. Littér. *L'enfantement d'une œuvre.* ▷ **petits-enfants**

enfariné, ée [ɑ̃faʀine] adj. Couvert de farine, de poudre blanche. *La figure enfarinée d'un clown.* – Fig. et fam. *Venir la gueule enfarinée, le bec enfariné,* avec la naïve confiance d'obtenir ce qu'on demande.

enfer [ɑ̃fɛʀ] n. m. **I· 1·** Au sing. Dans la religion chrétienne. Lieu destiné au supplice des damnés. / contr. paradis / *Les démons, les diables de l'enfer.* → **infernal.** – Prov. *L'enfer est pavé de bonnes intentions,* beaucoup de bonnes résolutions n'aboutissent qu'à un résultat déplorable ou nul. – ***D'enfer*** loc. adj. : qui évoque l'enfer. *C'était une vision d'enfer.* – Très intense. → **infernal.** *Un appétit d'enfer. Il joue un jeu d'enfer,* un très gros jeu. *Aller, rouler à un train d'enfer,* très vite. – Fam. *D'enfer,* extraordinaire, fabuleux. **2·** Lieu, occasion de cruelles souffrances. *Son foyer est devenu un enfer.* **II·** ***Les enfers*** : lieu souterrain habité par les morts, séjour des ombres, des morts (dans plusieurs religions).

enfermer [ɑ̃fɛʀme] v. tr. < conjug. 1 > **1·** Mettre en un lieu d'où il est impossible de sortir. *On l'a puni et enfermé dans sa chambre. On enfermait les fous dans des asiles.* – Loc. *Il faut l'enfermer, il, elle est à enfermer* : il est fou, elle est folle. – ***S'enfermer*** v. pron. *Elle s'était enfermée dans son bureau.* → se **barricader.** – Fig. *Il s'enferme dans le silence, dans son rôle, dans cette attitude...,* il ne veut pas en sortir. **2·** Mettre (qqch.) dans un lieu clos. *Enfermer des provisions dans un buffet.* **3·** Entourer complètement (un terrain, un espace). *Enfermer un jardin de haies.* → **enclore.** **4·** Dans une course. Serrer (un concurrent) à la corde, ou à l'intérieur du peloton, de façon à briser son élan. *Elle s'est laissé enfermer au moment du sprint.* ▶ **enfermement** n. m. Fait d'enfermer qqn ou d'être enfermé. → **emprisonnement, internement.** ▷ **renfermer**

s'enferrer [ɑ̃feʀe] v. pron. < conjug. 1 > Abstrait. Être victime, par maladresse, de sa propre défense, de ses propres arguments. *Il voulut se justifier mais s'enferra dans ses mensonges.* → s'**embrouiller.**

enfiévrer [ɑ̃fjevʀe] v. tr. < conjug. 6 > Littér. Animer d'une sorte de fièvre, d'une vive ardeur. → **surexciter.** *Cette lecture avait enfiévré son imagination.* – Au p. p. adj. *Une voix, une foule enfiévrée.*

enfilade [ɑ̃filad] n. f. **1·** Suite de choses à la file l'une de l'autre. *Toute une enfilade de chambres. Des chambres en enfilade.* **2·** *Tir d'enfilade,* dirigé dans le sens de la plus grande dimension de l'objectif. *Prendre en enfilade* (une troupe), soumettre à un tir d'enfilade.

enfiler [ɑ̃file] v. tr. < conjug. 1 > **1·** Passer un fil, un lien, etc., à l'intérieur de (un objet percé). *Une aiguille fine qu'on enfile difficilement. Enfiler des morceaux de viande sur une brochette. Enfiler des perles.* – *Nous ne sommes pas là pour* ***enfiler des perles*** loc. fam. : pour perdre notre temps à des futilités. **2·** Mettre, passer (un vêtement). *Enfiler sa veste.* **3·** S'engager tout droit dans (un chemin, un passage plutôt étroit). *Il a tourné et enfilé la ruelle.* → **prendre.** **4·** Fam. ***S'enfiler*** *qqch.* : avaler. → fam. s'**envoyer.** *Elle s'est enfilé un bon repas, toute la bouteille.* – Avoir à supporter (une corvée). *Je me suis enfilé tout le nettoyage.* ▷ **enfilade, renfiler**

enfin [ɑ̃fɛ̃] adv. **1·** Sert à marquer le terme d'une longue attente. *Je vous ai enfin retrouvé. Enfin seuls !* **2·** Sert à introduire le dernier élément d'une série. (Dans le temps) *On vit arriver un coureur, puis le peloton, enfin quelques isolés.* – (Dans le discours) En dernier lieu. *Je vous dirai enfin ce que vous aurez à faire.* **3·** Sert à conclure. *Il est plein d'énergie, ambitieux, enfin capable de réussir. Enfin, ils sont arrivés, c'est le principal. Enfin bref.* – (Conclusion résignée) *Enfin, puisque c'est comme ça ! Enfin, on verra bien !* **4·** Sert à marquer l'impatience. *Rends-moi ça, enfin !* **5·** Sert à corriger ce que l'on vient de dire. *Elle est blonde, enfin plutôt rousse.*

enflammer [ɑ̃fl(a)ɑme] v. tr. < conjug. 1 > **1·** Mettre en flamme. → **allumer.** *Le bois est humide, je n'arrive pas à l'enflammer.* – Pronominalement. *L'essence s'enflamme brusquement.* – Fig. Colorer vivement. *Une rougeur enflammait ses pommettes.* **2·** Mettre dans un état inflammatoire. → **irriter.** *Enflammer une piqûre d'insecte en se grattant.* **3·** Remplir (qqn) d'ardeur, de passion. → **électriser, embraser.** *La colère l'enflammait.* – Pronominalement (réfl.). S'enthousiasmer, s'exalter. *Il s'enflamme facilement.* ▶ **enflammé, ée** adj. **1·** Qui est en flamme. *Une torche enflammée.* **2·** Qui est dans un état inflammatoire. *Des amygdales très enflammées.* **3·** Rempli d'ardeur, de passion. → **ardent, passionné.** *C'est une nature enflammée. Il lui avait envoyé une déclaration enflammée.*

enfler [ɑ̃fle] v. < conjug. 1 > **I·** V. tr. **1·** Provoquer l'enflure de (une partie du corps). *Son allergie a enflé son visage.* **2·** Augmenter la force de (la voix, un son...). *L'orateur essaie d'enfler sa voix.* **II·** V. intr. Augmenter anormalement de volume par suite d'une enflure. *Sa cheville a enflé.* ▶ **enflé, ée** adj. **1·** Atteint d'enflure. *Il a un abcès, la joue est très enflée.* **2·** N. Fam. Gros lourdaud, imbécile. *Quel enflé !* → **enflure.** ▶ **enflure** n. f. **1·** État d'un organe, d'une partie du corps qui subit une augmentation anormale de volume par suite d'une maladie, d'un coup, d'un accident musculaire, etc. → **ballonnement, bouffissure, gonflement, tuméfaction. 2·** Imbécile. → **enflé,** 2. ▷ **désenfler, renfler**

enfoncer [ɑ̃fɔ̃se] v. < conjug. 3 > **I·** V. tr. **1·** Faire aller vers le fond, faire pénétrer profondément. → **planter.** *Il enfonce les pieux de la clôture. Il m'enfonçait ses coudes dans les côtes. Il enfonça les mains dans ses poches.* – Loc. *Enfoncer le clou,* recommencer inlassablement une explication afin de se faire bien comprendre. *J'essaie de lui enfoncer ça dans la tête, dans le crâne,* de le lui faire comprendre. – Mettre (un chapeau) de telle façon que la tête y entre profondément. **2·** Fig. Entraîner, pousser (dans une situation comparable à un fond, un abîme). *Enfoncer qqn dans l'erreur.* **3·** Briser, faire plier (une porte, une barrière) en poussant, en pesant. → **défoncer, forcer.** *Le camion a enfoncé le mur.* – Loc. *Enfoncer une porte ouverte,* démontrer une chose évidente ou admise depuis longtemps. **4·** Forcer (une troupe) à plier sur toute la ligne. – Fam. Battre, surpasser en faisant preuve d'une très grande supériorité. *Les avants ont enfoncé la défense.* – Au p. p. *Enfoncés, les champions !* **II·** V. intr. Aller vers le fond, pénétrer jusqu'au fond. *On enfonce jusqu'aux genoux. Les roues enfonçaient dans le sable.* **III·** *S'enfoncer* v. pron. **1·** Aller vers le fond, vers le bas. *Le navire s'enfonçait lentement.* → **couler, sombrer. 2·** Pénétrer profondément. *Le pieu s'enfonce dans le sol.* **3·** S'installer tout au fond. *Elle s'est enfoncée dans son fauteuil.* **4·** Abstrait. Être entraîné de plus en plus bas. *Il s'enfonce dans ses préjugés.* – Se ruiner. *Son commerce s'est enfoncé avec la crise.* **5·** Pénétrer, s'engager bien avant dans. *Les chasseurs s'enfoncent dans le bois.* – Abstrait. S'abandonner à (qqch. qui absorbe entièrement). → se **plonger.** *Il s'enfonçait dans sa rêverie.* ▶ **enfoncé, ée** adj. **1·** Qui pénètre dans (qqch.). *Une épine enfoncée dans le doigt.* **2·** Occupé complètement. *Il est enfoncé dans sa lecture.* → **absorbé. 3·** Qui rentre dans le visage, dans le corps. *Avoir les yeux enfoncés.* → **creux. 4·** Brisé. *Une porte enfoncée.* ▶ **enfoncement** n. m. **1·** Action d'enfoncer ; fait de s'enfoncer. **2·** Partie reculée, située vers le fond de qqch. → **creux.** *Une maison située dans un enfoncement.* – Partie en retrait. → **renfoncement.** *Un enfoncement du mur.* ▷ **renfoncer, renfoncement**

enfouir [ɑ̃fwiʀ] v. tr. < conjug. 2 > **1·** Mettre en terre, sous terre, après avoir creusé le sol. → **enterrer.** *On n'a pas retrouvé le trésor qu'ils avaient enfoui.* – Au p. p. adj. *Des graines enfouies dans le sol.* **2·** *Enfouir sous, dans qqch.* : mettre. *Elle a enfoui tous les papiers dans la malle.* – Au p. p. adj. *Des braises enfouies sous la cendre.* – Pronominalement (réfl.). *S'enfouir sous ses draps.* Fig. *S'enfouir dans son travail.* ▶ **enfouissement** n. m. Action d'enfouir (1).

enfourcher [ɑ̃fuʀʃe] v. tr. < conjug. 1 > Se mettre à califourchon sur (un cheval, une bicyclette). – Abstrait. Fam. *Enfourcher son dada,* reprendre son sujet favori.

enfourner [ɑ̃fuʀne] v. tr. < conjug. 1 > **1·** Mettre dans un four (du pain, un aliment, des poteries). **2·** Fam. Avaler rapidement (qqch.). *Il a enfourné une plaque de chocolat.* – Introduire (qqn) en poussant. *Il l'enfourna dans un taxi.* – Pronominalement. *S'enfourner dans le métro.*

enfreindre [ɑ̃fʀɛ̃dʀ] v. tr. < conjug. 52 > Littér. Ne pas respecter (un engagement, une loi). → **transgresser, violer.** *Vous avez enfreint votre promesse. Enfreindre un règlement.*

s'enfuir [ɑ̃fɥiʀ] v. pron. < conjug. 17 > **1·** S'éloigner en fuyant, ou en hâte. → s'en **aller, déguerpir, s'échapper, filer, fuir,** se **sauver.** *Elle s'est enfuie à toutes jambes. S'enfuir par la fenêtre.* **2·** Poét. S'écouler rapidement. → **disparaître.** *L'été s'est enfui. Le temps s'enfuit.* → **passer.**

enfumer [ɑ̃fyme] v. tr. < conjug. 1 > Incommoder (qqn) par la fumée (spécialt du tabac). *Vous nous enfumez avec votre pipe.* – Remplir ou environner de fumée. *Enfumer une ruche, des abeilles* (pour les neutraliser).

engager [ɑ̃gaʒe] v. tr. < conjug. 3 > **I· 1·** Mettre, donner (qqch.) en gage. *Elle a dû engager ses bijoux.* **2·** Lier (qqn) par une promesse ou une convention. *Il ne veut rien dire qui puisse l'engager.* – Sans compl. direct. *Cela n'engage à rien,* on peut le faire en restant libre de ses décisions. – *Vous engagez votre responsabilité.* **3·** Recruter (qqn) par engagement. – Attacher à son service. *L'hôtel a engagé un nouveau cuisinier.* **II· 1·** Faire entrer (dans qqch. qui retient, dans un lieu resserré). → **introduire, mettre.** / contr. dégager, retirer / *Engagez bien la clef dans la serrure. Il a mal engagé sa voiture.* **2·** Mettre en train, commencer (une partie, une bataille, une discussion...). *On engagea des négociations. Engager la conversation.* → **entamer. 3·** Faire entrer (dans une entreprise ou une situation qui ne laisse pas libre). *Il a* *engagé de gros capitaux dans cette affaire.* **4·** Mettre (qqn) dans une situation qui crée des responsabilités et implique certains choix. *Il estime que ses écrits l'engagent.* – Au p. p. adj. *Un écrivain, un chanteur engagé,* au service d'une cause. **5·** ***Engager** qqn **à** :* tenter d'amener (à quelque décision ou action). → **exhorter, inciter.** *Il nous engage à résister, à la résistance.* **III·** *S'engager* v. pron. **1·** Se lier par une promesse, une convention. *Vous ne savez pas à quoi vous vous engagez.* **2·** Contracter un engagement dans l'armée. – Entrer au service de qqn. *Il s'est engagé comme chauffeur.* **3·** Entrer ou commencer à entrer (dans qqch. qui retient, contraint). – Avancer en pénétrant. *Il s'engagea sur une petite route.* **4·** (Choses) Commencer. *La discussion s'est mal engagée. La partie d'échecs s'engagea.* **5·** Se lancer (dans). *Il le voyait s'engager dans des entreprises hasardeuses.* → s'**aventurer.** **6·** Se mettre au service d'une cause politique, sociale. *Cet écrivain ne craint pas de s'engager.* ▶ **engageant, ante** adj. Qui est attirant, séduisant. *Ce sont des paroles engageantes. Un sourire engageant. Ce restaurant n'est pas bien engageant.* ▶ **engagement** n. m. **1·** Action de se lier par une promesse ou une convention. *Il a respecté ses engagements envers nous. Il a pris l'engagement de venir.* **2·** Contrat par lequel un individu s'engage à servir dans l'armée. *Un engagement de deux ans.* – Contrat par lequel certaines personnes louent leurs services. *Un engagement à l'essai. Un acteur qui se trouve sans engagement.* **3·** État d'une chose engagée dans une autre. *L'engagement d'une roue dentée dans un pignon.* **4·** Introduction d'une unité dans la bataille ; combat localisé et de courte durée. *Il a été blessé au cours d'un engagement de patrouilles.* **5·** Coup d'envoi d'un match. *Le premier but a été marqué juste après l'engagement.* **6·** Acte ou attitude d'un écrivain, d'un artiste qui s'engage. ▷ **rengager**

engeance [ɑ̃ʒɑ̃s] n. f. Péj. Catégorie de personnes (méprisables ou détestables). *Quelle maudite engeance !*

engelure [ɑ̃ʒlyʀ] n. f. Enflure douloureuse des mains et des pieds, due au froid. *Attraper des engelures.*

engendrer [ɑ̃ʒɑ̃dʀe] v. tr. < conjug. 1 > **1·** Littér. (Suj. être humain) Faire naître. *Il, elle a engendré trois enfants.* **2·** Faire naître, avoir pour effet (qqch.). → **causer, produire.** *L'oisiveté engendre l'ennui.* Fam. *Il n'engendre pas la mélancolie,* il est gai, il répand la bonne humeur autour de lui. **3·** Géométrie. Décrire ou produire (une figure géométrique) en se déplaçant. ▶ **engendrement** n. m. Action d'engendrer.

engin [ɑ̃ʒɛ̃] n. m. **1·** Nom donné à divers outils, instruments, appareils ou machines. – (Armes) *Engins militaires. Engins à tir courbe* (mortiers, obusiers). *Engins sol-sol, sol-air...,* projectiles autopropulsés, nommés d'après leur point de départ et leur objectif. – (Véhicules) *Engins blindés.* – (Instruments) *Engins de pêche, de chasse,* destinés à prendre le poisson ou le gibier. – *Engins de levage, de manutention.* **2·** Fam. Objet fabriqué qu'on ne peut pas ou qu'on ne veut pas désigner. → fam. **machin.** *C'est un drôle d'engin.*

englober [ɑ̃glɔbe] v. tr. < conjug. 1 > **1·** ***Englober dans*** *:* faire entrer dans un ensemble déjà existant. *Englober des terrains dans un domaine.* **2·** Réunir en un tout (plusieurs choses ou personnes considérées comme du même ordre). / contr. séparer / *La classe des mammifères englobe des animaux terrestres, aériens et aquatiques.*

engloutir [ɑ̃glutiʀ] v. tr. < conjug. 2 > **1·** Avaler gloutonnement. → **dévorer, engouffrer.** *Engloutir un kilo de viande.* → fam. s'**enfiler,** s'**envoyer.** **2·** Fig. Dépenser rapidement. → **dissiper.** *Il a englouti beaucoup d'argent dans son affaire.* – (Suj. chose) Absorber, épuiser (une fortune, des biens). *Les réparations de la maison ont englouti ses économies.* **3·** (Suj. chose) Faire disparaître brusquement en noyant ou en submergeant. *Le chalutier a été englouti dans, par la tempête.* ▶ **engloutissement** n. m. Action d'engloutir ; fait d'être englouti.

engluer [ɑ̃glye] v. tr. < conjug. 1 > **1·** Prendre à la glu (un oiseau). – Prendre, retenir dans une matière gluante. – Au p. p. adj. *Chaussures engluées dans la boue.* **2·** Enduire de glu, d'une matière gluante.

engoncer [ɑ̃gɔ̃se] v. tr. < conjug. 3 > (Vêtement) Habiller d'une façon disgracieuse, en faisant paraître le cou enfoncé dans les épaules. *Ce manteau l'engonce.* – Faire paraître à l'étroit. – Au p. p. *Être engoncé dans son uniforme.* Fig. *Avoir l'air engoncé,* gauche, guindé.

engorger [ɑ̃gɔʀʒe] v. tr. < conjug. 3 > Obstruer (un conduit, un passage) par l'accumulation de matières solides. → **boucher.** / contr. dégorger / *La boue engorge le canal.* – Pronominalement. *L'égout s'est engorgé.* – Obstruer une voie de communication. *Les voitures engorgent la rue.* ▶ **engorgement** n. m. État d'un conduit, d'une voie engorgé(e). *Un engorgement à l'entrée d'une grande ville.* ▷ se **rengorger**

s'engouer [ɑ̃gwe] v. pron. < conjug. 1 > Se prendre d'une passion ou d'une admiration excessive et passagère (pour qqn ou qqch.). *Le public s'était engoué de ce chanteur.* → s'**emballer,** s'**enticher.** / contr. se dégoûter / – Au p. p. *Être engoué d'une* *musique à la mode.* ▶ **engouement** [ɑ̃gumɑ̃] n. m. Fait de s'engouer. → **emballement, toquade.** *Cette nouveauté est l'objet d'un engouement extraordinaire.*

engouffrer [ɑ̃gufʀe] v. tr. < conjug. 1 > **1·** Fam. Manger avidement et en grande quantité. → **engloutir. 2·** Engloutir (une fortune). *Il a engouffré son héritage.* **3·** *S'engouffrer* v. pron. : se précipiter avec violence dans une ouverture, un passage. *Le vent s'engouffrait dans la ruelle. Les manifestants poursuivis se sont engouffrés dans le métro.*

engoulevent [ɑ̃gulvɑ̃] n. m. Oiseau passereau brun-roux, au bec largement fendu.

engourdir [ɑ̃guʀdiʀ] v. tr. < conjug. 2 > **1·** Priver en grande partie (un membre, le corps) de mobilité et de sensibilité. → **paralyser.** *Le froid engourdit ses mains.* / contr. dégourdir / – Au p. p. adj. *En descendant de voiture, il se sentait les jambes engourdies.* **2·** Mettre dans un état général de ralentissement des fonctions vitales, de moindre réaction. *La chaleur excessive nous engourdissait.* – Fig. *La paresse engourdit l'esprit.* – Pronominalement (réfl.). *L'hiver, la nature s'engourdit.* → **s'endormir.** – Au p. p. *L'esprit engourdi par la routine.* → **rouillé.** ▶ **engourdissement** n. m. État de ce qui est engourdi (corps, facultés...). → **léthargie, torpeur.** *L'engourdissement du corps, d'un bras. Il faut le tirer de son engourdissement.*

1 **engraisser** [ɑ̃gʀese] v. < conjug. 1 > **1·** V. tr. Rendre gras, faire grossir (des animaux). *Engraisser des volailles, du bétail.* **2·** Fig. Rendre prospère. *Les contribuables craignent d'engraisser l'État.* – Pronominalement (réfl.). Devenir prospère. **3·** V. intr. Devenir gras, prendre de l'embonpoint. *Il a engraissé depuis l'année dernière.* → **forcir, grossir.** / contr. maigrir / ▶ 1 **à l'engrais** loc. adj. et adv. (Animaux) De manière à engraisser. *Mettre des oies, des bestiaux à l'engrais.* ▶ **engraissement** n. m. Action d'engraisser (les animaux) ; son résultat.

2 **engraisser** v. tr. < conjug. 1 > Enrichir (une terre) au moyen d'engrais. → **fertiliser,** 4 **fumer.** ▶ 2 **engrais** n. m. invar. Substance que l'on mêle au sol pour le fertiliser. *Engrais végétaux, organiques, chimiques.*

engranger [ɑ̃gʀɑ̃ʒe] v. tr. < conjug. 3 > Mettre en grange (une récolte). – Fig. et littér. Mettre en réserve. *Engranger des souvenirs, des informations.* → **emmagasiner.** ▶ **engrangement** n. m. Action d'engranger.

engrenage [ɑ̃gʀənaʒ] n. m. **1·** Système de roues dentées qui entrent les unes dans les autres de manière à transmettre un mouvement ; disposition, entraînement des roues de ce système. *L'engrenage de direction d'une automobile.* **2·** Fig. Enchaînement de circonstances ou d'actes, qui prend un caractère mécanique. *Il est pris dans l'engrenage du jeu, de la violence.* ▶ **s'engrener** v. pron. < conjug. 5 > (Pièces d'un engrenage) Entrer les uns dans les autres. *Les pignons s'engrènent.*

engrosser [ɑ̃gʀose] v. tr. < conjug. 1 > Fam. Rendre (une femme) grosse, enceinte.

engueuler [ɑ̃gœle] v. tr. < conjug. 1 > Fam. **1·** Invectiver grossièrement et bruyamment pour exprimer son mécontentement. *Engueuler qqn comme du poisson pourri,* violemment. – Pronominalement (récipr.). *Ils se sont engueulés dans la rue.* **2·** Réprimander. → **attraper, enguirlander** (II). *J'en ai assez de me faire engueuler.* ▶ **engueulade** n. f. Fam. Action d'engueuler, de s'engueuler. *Il a reçu une bonne engueulade.* → **réprimande, savon.**

enguirlander [ɑ̃giʀlɑ̃de] v. tr. < conjug. 1 > **I·** Orner de guirlandes. *On enguirlanda toute la maison pour le mariage.* **II·** Fam. Engueuler, attraper (qqn). *Si je rentre en retard, je vais me faire enguirlander.*

enhardir [ɑ̃aʀdiʀ] v. tr. < conjug. 2 > Rendre hardi, plus hardi. → **encourager.** / contr. intimider / *Son succès l'enhardissait.* – Pronominalement (réfl.). Devenir plus hardi, prendre de l'assurance. *Il s'enhardit jusqu'à refuser d'obéir.*

énième [enjɛm] ou **nième** [ɛnjɛm] adj. D'ordre indéterminé (ordinal du nombre *n*). *Je vous le répète pour la énième fois, pour la nième fois.*

énigme [enigm] n. f. **1·** Chose à deviner d'après une définition ou une description faite en termes obscurs. → **devinette.** *Poser, trouver une énigme. L'énigme proposée à œdipe par le Sphinx.* – *Parler par énigmes,* d'une manière obscure et allusive. *C'est le mot de l'énigme,* l'explication de ce que l'on ne comprenait pas. **2·** Chose difficile à comprendre, à expliquer, à connaître. → **mystère, problème.** *Cette disparition reste une énigme.* ▶ **énigmatique** adj. Qui renferme une énigme, tient de l'énigme par son caractère ambigu ou peu clair. → **équivoque, mystérieux, obscur.** *Une réponse, un sourire énigmatique. Il a prononcé des paroles énigmatiques.* – (Personnes) Dont le comportement, le caractère est mystérieux. → **étrange, inexplicable.**

enivrer [ɑ̃nivʀe] v. tr. < conjug. 1 > **1·** Littér. Rendre ivre. → **griser, soûler.** *Ces vins m'ont enivré.* – Pronominalement (réfl.). Se mettre en état d'ivresse. → fam. se **cuiter. 2·** Fig. Remplir d'une sorte d'ivresse des sens, d'une excitation ou d'une émotion très vive. → **exciter, transporter, troubler.** *Sa beauté m'enivrait.* – Au p. p. *Être enivré de* *joie.* – Rendre ivre d'orgueil. *Ses succès l'enivrent.* ▶ **enivrant, ante** adj. Qui remplit d'une sorte d'ivresse. → **grisant.** *Un parfum, un air enivrant. Des louanges enivrantes.* ▶ **enivrement** n. m. Littér. Exaltation agréable, voluptueuse. → **griserie, transport.** *Il était encore dans l'enivrement de son succès.*

enjambée [ɑ̃ʒɑ̃be] n. f. Grand pas. *Il les a rejoints en quelques enjambées.* – *D'une enjambée,* en enjambant en une seule fois. ▶ **enjamber** v. tr. < conjug. 1 > Franchir (un obstacle) en étendant la jambe. *Enjamber le ruisseau.* ▷ **enjambement**

enjambement [ɑ̃ʒɑ̃bmɑ̃] n. m. Procédé rythmique consistant à reporter sur le vers suivant un ou plusieurs mots nécessaires au sens du vers précédent. → **rejet.**

enjeu [ɑ̃ʒø] n. m. **1·** Argent que l'on met en jeu en commençant une partie et qui doit revenir au gagnant. → **mise.** *Les enjeux sont importants dans ce casino. Les enjeux sont sur la table* (→ les jeux sont faits). **2·** Ce que l'on peut gagner ou perdre, dans une compétition, une entreprise. *Voilà l'enjeu du conflit.*

enjoindre [ɑ̃ʒwɛ̃dʀ] v. tr. < conjug. 49 > Littér. *Enjoindre à qqn de* (+ infinitif), ordonner expressément. → **prescrire.** *Je vous enjoins solennellement d'obéir.*

enjôler [ɑ̃ʒole] v. tr. < conjug. 1 > Littér. Duper, abuser par de belles paroles, des cajoleries, des flatteries. → **attraper, séduire.** *Vous vous êtes laissé enjôler par ses discours.* ▶ **enjôleur, euse** n. et adj. N. Personne habile à enjôler les autres. – Adj. Charmeur, séduisant. *Un sourire enjôleur.*

enjoliver [ɑ̃ʒɔlive] v. tr. < conjug. 1 > **1·** Orner de façon à rendre plus joli, plus agréable. *Un grand bouquet de fleurs enjolivait la table.* → **embellir.** **2·** Agrémenter, embellir de détails ajoutés plus ou moins exacts. *Il a enjolivé son récit.* → **broder.** ▶ **enjolivement** n. m. ou **enjolivure** n. f. Ornement destiné à enjoliver. – Addition destinée à enjoliver. *Il raconte le match avec des enjolivures.* ▶ **enjoliveur** n. m. Garniture métallique pour enjoliver des roues d'automobile.

enjoué, ée [ɑ̃ʒwe] adj. Qui a ou marque de l'enjouement. → **aimable, gai.** / contr. triste / *C'est une femme très enjouée. Une voix enjouée.* ▶ **enjouement** n. m. Littér. Disposition à la bonne humeur, à une gaieté aimable et souriante. → **entrain.** / contr. tristesse /

enlacer [ɑ̃lase] v. tr. < conjug. 3 > **1·** Entourer plusieurs fois en serrant. *Un lierre enlace ce chêne.* **2·** Serrer (qqn) dans ses bras, ou en passant un bras autour de la taille. → **étreindre.** *Le danseur enlace sa cavalière.* – Pronominalement (récipr.). *Les amoureux s'enlaçaient.* – Au p. p. adj. *Des corps enlacés.* ▶ **enlacement** n. m. Littér. Étreinte de personnes qui s'enlacent.

enlaidir [ɑ̃lediʀ] v. < conjug. 2 > **1·** V. tr. Rendre ou faire paraître laid. / contr. embellir / *Cette coiffure l'enlaidissait. Le nouvel immeuble enlaidit le vieux quartier.* **2·** V. intr. Devenir laid. *Il a enlaidi avec l'âge.* ▶ **enlaidissement** n. m. Action d'enlaidir. – Ce qui enlaidit.

enlevé, ée [ɑ̃lve] adj. Exécuté, développé avec brio. *Une scène magistralement enlevée.*

enlever [ɑ̃lve] v. tr. < conjug. 5 > **I· 1·** Littér. Porter vers le haut. → **lever, soulever.** *L'avion les enlevait à dix mille mètres.* **2·** Faire bondir ou partir à toute allure (un cheval). *Il enleva le cheval d'un coup de fouet.* **3·** Fig. *Enlever un morceau de musique,* l'exécuter brillamment avec aisance et rapidité (→ **enlevé**). **II· 1·** Faire qu'une chose ne soit plus là où elle était (en déplaçant, en séparant, en supprimant). → **ôter.** *Enlevez cette table de l'entrée. Il a enlevé ses gants.* → **retirer.** *On lui a enlevé les amygdales. Ce produit enlève les taches. Enlevez cette phrase de votre texte.* → **supprimer.** – Pronominalement (passif). *La housse s'enlève facilement. Les taches de goudron ne s'enlèvent pas.* → **partir.** **2·** Abstrait. Priver (qqn) de (qqch. d'ordre moral). *Vous m'enlevez tout espoir. Cela m'a enlevé l'envie de recommencer.* **III· 1·** Prendre avec soi. → **emporter.** *Les déménageurs viennent enlever les meubles.* – Emporter (une marchandise qui se vend facilement et rapidement). *Les soldes furent enlevés en quelques heures.* – Pronominalement (passif). *Ça s'enlève comme des petits pains.* **2·** Prendre d'assaut. *L'armée a enlevé la place forte.* – *Enlever une course,* la gagner. **3·** Soustraire (une personne) à l'autorité de ceux qui en ont la garde. *Les ravisseurs exigent une rançon pour l'enfant qu'ils ont enlevé.* → **kidnapper.** – Fam. *Je vous enlève pour la soirée,* je vous emmène avec moi. – Emmener dans une fugue amoureuse. **4·** Littér. (Suj. mort, maladie, etc.) *La mort l'a enlevé,* emporté de ce monde. – Au p. p. *Une personne enlevée par une pneumonie.* ▶ **enlèvement** n. m. **1·** Action d'enlever (une personne). → **kidnapping, rapt.** **2·** Action d'enlever (une position militaire). **3·** Action d'enlever (des objets). *L'enlèvement des ordures ménagères.* ▷ **enlevé**

enliser [ɑ̃lize] v. tr. < conjug. 1 > **1·** Enfoncer (qqn, qqch.) dans du sable mouvant, en terrain marécageux. **2·** *S'enliser* v. pron. : s'enfoncer dans le sable, la vase et s'immobiliser. → **s'embourber.** *La voiture s'est enlisée.* – Abstrait. Ne plus pouvoir progresser. *Les petits travaux quotidiens où s'enlise notre vie.* ▶ **enlisement** n. m. Fait de s'enliser.

enluminer [ɑ̃lymine] v. tr. < conjug. 1 > **1·** Orner d'enluminures. *Enluminer un manuscrit.* **2·** Littér. Colorer vivement. → **enflammer.** – Au p. p. adj. *Visage enluminé par la fièvre.* ▶ **enlumineur, euse** n. Artiste spécialisé dans l'enluminure. → **miniaturiste.** ▶ **enluminure** n. f. Lettre peinte ou miniature ornant d'anciens manuscrits, des livres religieux. – Art des enlumineurs. *Les moines qui pratiquaient l'enluminure.*

enneigé, ée [ɑ̃neʒe] adj. Couvert de neige. *Un col enneigé fermé en hiver.* ▶ **enneigement** n. m. État d'une surface enneigée ; hauteur de la neige sur un terrain. *Un enneigement d'un mètre. Bulletin d'enneigement,* publié dans les stations de sports d'hiver.

ennemi, ie [ɛnmi] n. et adj. **I· 1·** Personne qui déteste qqn, est hostile et cherche à nuire. / contr. ami / *C'est son ennemi mortel. Elle s'est fait des ennemis. Les ennemis du régime,* l'opposition. → **adversaire.** – Adj. *Des familles ennemies.* **2·** Personne qui a de l'aversion, de l'éloignement (pour qqch.). *Les ennemis du progrès technique.* / contr. partisan / – Adj. *Des clans ennemis.* **3·** Ce qu'un homme ou un groupe juge contraire à son bien. *Le bruit est notre ennemi.* – Chose qui s'oppose à une autre et lui nuit. Prov. *Le mieux est l'ennemi du bien.* **II·** (Au plur. ou sing. collectif) Ceux contre lesquels on est en guerre, leur nation ou leur armée. *Attaquer, charger l'ennemi.* / contr. allié / *Tomber entre les mains de l'ennemi,* être fait prisonnier. – Adj. *L'armée ennemie.*

ennoblir [ɑ̃nɔbliʀ] v. tr. < conjug. 2 > Donner de la noblesse, de la grandeur morale à (qqn, qqch.). *Cette action courageuse vous ennoblit.* / contr. abaisser, avilir / ≠ anoblir.

ennui [ɑ̃nɥi] n. m. **1·** Vx (par ex., dans le théâtre classique). Tristesse profonde. **2·** *(Un, des ennuis)* Peine qu'on éprouve d'une contrariété ; cette contrariété. → **désagrément, souci, tracas ;** fam. **embêtement.** *Des ennuis d'argent, de voiture. Tu te prépares bien des ennuis ! Tu ne crains pas qu'on te fasse des ennuis ? Je ne vais pas vous raconter mes ennuis.* → **problème.** *J'ai eu un gros ennui. L'ennui, c'est que...,* ce qu'il y a d'ennuyeux. – Mauvais fonctionnement. *Des ennuis mécaniques.* **3·** Au sing. Impression de vide, de lassitude causée par le désœuvrement, par une occupation monotone ou sans intérêt. *Quelle soirée ! On a failli mourir d'ennui ! Il donnait des signes d'ennui. Je ne connais jamais l'ennui.* **4·** Littér. Mélancolie vague, lassitude morale qui fait qu'on ne prend d'intérêt, de plaisir à rien. → **cafard, neurasthénie, spleen.** *Son ennui vient du mal du pays.*

ennuyer [ɑ̃nɥije] v. tr. < conjug. 8 > **1·** (Suj. chose) Causer du souci, de la contrariété à (qqn). → **contrarier, préoccuper.** *Ça m'ennuie, cette petite fièvre. Cela m'ennuierait d'arriver en retard.* **2·** (Suj. personne) Importuner. → **agacer, assommer, embêter.** *Tu nous ennuies avec tes histoires !* **3·** Remplir d'ennui, lasser l'intérêt de (qqn). → fam. **barber, raser.** / contr. distraire / *Ce professeur ennuie ses élèves.* **4·** *S'ennuyer* v. pron. réfl. : éprouver de l'ennui. → **s'embêter.** *Je ne m'ennuie jamais avec vous.* ▶ **ennuyé, ée** adj. Préoccupé, contrarié. *Il a l'air ennuyé. Je suis très ennuyé de sa visite.* ▶ **ennuyeux, euse** adj. **1·** Qui cause de la contrariété, du souci ou, simplement, de la gêne ou du désagrément. → **contrariant, désagréable, embêtant.** *Je n'ai pas de réponse, c'est très ennuyeux ! C'est une chose ennuyeuse à dire.* **2·** Qui ennuie (3). → **assommant, embêtant, fastidieux, monotone ;** fam. **barbant, emmerdant, rasant.** / contr. intéressant / *Un film ennuyeux.* Loc. *Ces soirées étaient ennuyeuses comme la pluie.* – (Personnes) *Un conférencier mortellement ennuyeux.* ▷ **désennuyer, ennui**

énoncer [enɔ̃se] v. tr. < conjug. 3 > Exprimer en termes nets, sous une forme précise (ce qu'on veut dire). → **exposer, formuler.** *Il vous suffit d'énoncer les faits. Énoncer les données d'un problème. Le traité énonce un certain nombre de conditions.* – Pronominalement (réfl.). S'exprimer, parler. *Énoncez-vous plus clairement.* ▶ **énoncé** n. m. **1·** Ensemble de formules exprimant (qqch.) de façon précise. *L'énoncé d'un problème.* → **texte.** **2·** Suite d'éléments du langage qui a un sens complet. → **parole(s), texte ; discours** (terme de linguistique). ▶ **énonciation** n. f. Action, manière d'énoncer. *L'énonciation des faits. En linguistique, on oppose l'énonciation* (acte) *à l'énoncé.*

enorgueillir [ɑ̃nɔʀgœjiʀ] v. tr. < conjug. 2 > **1·** Littér. Rendre orgueilleux, flatter (qqn) dans sa vanité. *Vos diplômes ne doivent pas vous enorgueillir.* **2·** *S'enorgueillir* v. pron. réfl. : devenir orgueilleux, tirer vanité (de qqch.). → **se glorifier.** *Il s'enorgueillit d'un résultat qui n'est dû qu'au hasard.*

énorme [enɔʀm] adj. **1·** Dont les dimensions sont considérables. → **colossal, gigantesque, immense.** / contr. petit / *Les murs énormes de la forteresse. Une différence, une perte énorme. Il y avait une foule énorme,* beaucoup de monde. *Ce n'est pas énorme,* c'est peu. *Un homme énorme,* très gros. **2·** Qui dépasse ce que l'on a l'habitude d'observer et de juger. → **anormal, démesuré, monstrueux.** / contr. normal / *Une énorme injustice. Il a dit ça ? c'est énorme !* – Fam. (Personnes) *Un type énorme,* remarquable. ▶ **énormément** adv. Sert de superlatif à beaucoup. *Il a dépensé énormément d'argent. Il a énormément à faire,* beaucoup de choses. ▶ **énormité** n. f. **1·** Dimension anormale ou simplement considérable. *L'énormité de ses prétentions. On est surpris de l'énormité du travail.* **2·** *(Une, des énormités)* Une très grosse faute, une maladresse. *Vous avez commis une énormité. Dire des énormités,* d'énormes sottises.

s'enquérir [ɑ̃keʀiʀ] v. pron. < conjug. 21 > Littér. Chercher à savoir (en examinant, en interrogeant), à se renseigner. → **s'informer.** *Elle s'est enquise de votre santé. Il faudra vous enquérir du prix du voyage.* ▷ **enquête**

enquête [ɑ̃kɛt] n. f. **1·** Recherche de la vérité par l'audition de témoins et l'accumulation d'informations. *Faire, ouvrir une enquête.* – Phase de l'instruction criminelle comportant les interrogatoires. *L'inspecteur X conduit l'enquête.* **2·** Recherche méthodique reposant sur des questions et des témoignages. → **examen, investigation.** *Je ferai ma petite enquête sur place.* – Étude d'une question sociale, économique, politique... par le rassemblement des avis, des témoignages des intéressés. *La revue a mené une enquête auprès de ses lecteurs.* → **sondage.** ▶ **enquêter** v. intr. < conjug. 1 > Faire, conduire une enquête. *La police enquête sur une affaire embrouillée.* ▶ **enquêteur, euse** (ou **enquêtrice**) adj. et n. Personne qui mène une enquête (policière, sociologique).

enquiquiner [ɑ̃kikine] v. tr. < conjug. 1 > Fam. Embêter, ennuyer. → fam. **emmerder.** *Tu commences vraiment à nous enquiquiner !* ▶ **enquiquinant, ante** adj. Fam. Qui enquiquine. *Faire un travail enquiquinant.* → fam. **emmerdant.** ▶ **enquiquineur, euse** n. Fam. Personne qui enquiquine. → fam. **casse-pieds, emmerdeur.**

enraciner [ɑ̃ʀasine] v. tr. < conjug. 1 > **1·** Faire prendre racine à (un arbre, une plante). / contr. déraciner / – Pronominalement. Prendre racine. *Les arbustes s'enracinaient profondément.* **2·** Fig. Fixer profondément, solidement (dans l'esprit, le cœur) ; établir de façon durable (dans les mœurs). → **ancrer, implanter.** *La littérature populaire a fini par enraciner cette légende.* ▶ **enraciné, ée** adj. Fixé profondément. *Un arbuste enraciné dans la muraille.* – Fig. *Des préjugés bien enracinés. Un homme enraciné dans ses habitudes.* ▶ **enracinement** n. m. Fait d'enraciner ou de s'enraciner. *L'enracinement d'un arbre.* – *L'enracinement d'un souvenir.* → **ancrage.**

enrager [ɑ̃ʀaʒe] v. intr. < conjug. 3 > Éprouver un violent dépit. → **rager.** *J'enrage de ne pas pouvoir lui dire ce que je pense.* – *Faire enrager qqn,* l'exaspérer en le taquinant. ▶ **enragé, ée** adj. et n. **1·** Furieux, fou de colère. – Passionné au plus haut point. *Un joueur enragé. Être enragé de musique.* – N. *C'est une enragée de rock. Un enragé du football.* → **fanatique.** **2·** Atteint de la rage. *Renard enragé.* – *Manger de la vache enragée* loc. fam. : mener une vie de privations. ▶ **enrageant, ante** adj. Qui fait enrager. *C'est enrageant.*

enrayer [ɑ̃ʀeje] v. tr. < conjug. 8 > **1·** Empêcher accidentellement de fonctionner (une arme à feu, un mécanisme). → **bloquer.** – Pronominalement. *Sa carabine s'est enrayée.* → se **coincer,** se **gripper.** **2·** Arrêter dans son cours (une progression dangereuse, un mal). → **juguler.** *Les mesures prises pour enrayer l'épidémie.*

enrégimenter [ɑ̃ʀeʒimɑ̃te] v. tr. < conjug. 1 > Faire entrer (qqn) dans un parti qui exige une obéissance militaire. → **embrigader.**

enregistrer [ɑ̃ʀ(ə)ʒistʀe] v. tr. < conjug. 1 > **1·** Inscrire sur un registre public ou privé. *Enregistrer un record. Faire enregistrer un contrat.* **2·** Inscrire (les bagages à transporter qui ne restent pas avec le voyageur). *Va faire enregistrer ta valise, mais garde ton sac.* **3·** Consigner par écrit, noter. *Enregistrer un mot dans un dictionnaire.* – Constater avec l'intention de se rappeler. *J'enregistre vos déclarations.* **4·** Transcrire et fixer sur un support matériel, à l'aide de techniques et appareils divers (un phénomène, une information). *Enregistrer les battements du cœur. L'émission a été enregistrée pour être transmise en différé.* – Au p. p. adj. *Un programme enregistré* (opposé à *en direct*). **5·** Produire (de la musique, un discours) pour les faire enregistrer. *Cette vedette a enregistré plusieurs chansons.* – Produire (un disque). ▶ **enregistrement** n. m. **1·** Transcription ou mention sur registre public, moyennant le paiement d'un droit fiscal, d'actes ou de déclarations. *Droits d'enregistrement.* – En France. *L'Enregistrement,* l'administration publique chargée de ce service. **2·** *Enregistrement des bagages,* opération par laquelle un transporteur enregistre les bagages dont les voyageurs ne conservent pas la garde. **3·** Action de consigner par écrit, de noter comme réel ou authentique. **4·** Action ou manière d'enregistrer (des informations, signaux et phénomènes divers). *L'enregistrement des images, du son* (permettant de les conserver et de les reproduire). *Enregistrement sur bande magnétique, sur cassette, sur D. V. D. Un studio d'enregistrement.* – Support sur lequel a été effectué un enregistrement (disque, bande magnétique). ▶ **enregistreur, euse** adj. et n. m. Se dit d'un appareil destiné à enregistrer un phénomène. → **-graphe.** *Thermomètre enregistreur. Caisse enregistreuse.* – N. m. Appareil enregistreur. *Un enregistreur de pression.*

enrhumer [ɑ̃ʀyme] v. tr. < conjug. 1 > Causer le rhume de (qqn). – Au p. p. adj. *Il est enrhumé, très enrhumé.* – ***S'enrhumer*** v. pron. réfl. : attraper un rhume. *Elle s'est enrhumée au marché.*

enrichir [ɑ̃ʀiʃiʀ] v. tr. < conjug. 2 > **1·** Rendre riche. *L'industrie du pétrole a enrichi la région.* / contr. appauvrir / – Pronominalement (réfl.). Devenir riche. *Il s'est enrichi dans le commerce.* – PROV. *Qui paie ses dettes s'enrichit.* **2·** Fig. Rendre plus riche ou plus précieux en ajoutant un ornement ou un élément de valeur. *Il a enrichi sa collection de deux pièces rares. Des lectures qui enrichissent l'esprit.* **3·** Traiter (une substance) en augmentant l'un de ses constituants ou sa teneur. *Enrichir une terre par des engrais.* ▶ **enrichi, ie** adj. **1·** Qui s'est enrichi. *Un commerçant enrichi.* **2·** (Substance) Dont l'un des composants a été augmenté. ▶ **enrichissant, ante** adj. Qui enrichit l'esprit. *Une expérience enrichissante.* ▶ **enrichissement** n. m. **1·** Fait d'augmenter ses biens, de faire fortune. / contr. appauvrissement / *L'enrichissement de la bourgeoisie au* XIX*e* *siècle.* **2·** Action, manière d'enrichir (une collection, un ouvrage, l'esprit, etc.). *L'enrichissement d'un musée par de nouvelles acquisitions.*

enrober [ɑ̃ʀɔbe] v. tr. < conjug. 1 > **1·** Entourer (une marchandise, un produit) d'une enveloppe ou d'une couche protectrice. *Enrober des pilules.* – Au p. p. *Glace à la vanille enrobée de chocolat.* **2·** Fig. Envelopper de manière à masquer ou adoucir. *Il a enrobé son refus de quelques compliments.* ▶ **enrobé, ée** adj. *Il, elle est enrobé(e),* il, elle a un léger embonpoint. → **enveloppé.**

enrôler [ɑ̃ʀole] v. tr. < conjug. 1 > **1·** Inscrire sur les rôles (II, 1) de l'armée. → **recruter.** – Pronominalement (réfl.). S'engager. *Il s'est enrôlé dans l'aviation.* **2·** Fig. Amener à entrer dans un groupe, un parti. → **embrigader.** ▶ **enrôlement** n. m.

s'**enrouer** [ɑ̃ʀwe] v. pron. < conjug. 1 > Devenir enroué. *Il s'est enroué à force de crier.* ▶ **enroué, ée** adj. Devenu rauque. *Voix enrouée.* – Atteint d'enrouement. *Il est très enroué, on ne l'entend plus.* ▶ **enrouement** [ɑ̃ʀumɑ̃] n. m. Altération de la voix due à une inflammation ou à une atteinte du larynx.

enrouler [ɑ̃ʀule] v. tr. < conjug. 1 > **1·** Rouler (une chose) sur elle-même. *Enrouler du papier d'emballage, un cordage.* **2·** Rouler (une chose) sur, autour de qqch. / contr. dérouler / *On a enroulé un pansement autour de son poignet.* – Au p. p. adj. *Du fil enroulé sur une bobine.* – Pronominalement (réfl.). S'envelopper dans (qqch. qui entoure). *Elle s'est enroulée dans sa couverture pour dormir.* ▶ **enroulement** n. m. **1·** Ornement en spirale, objet présentant des spires. **2·** Disposition de ce qui est enroulé sur soi-même ou autour de qqch.

enrubanner [ɑ̃ʀybane] v. tr. < conjug. 1 > Garnir, orner de rubans. *Enrubanner une boîte de friandises.*

s'**ensabler** [ɑ̃sɑble] v. pron. < conjug. 1 > **1·** S'enfoncer, s'échouer dans le sable. → **s'enliser.** *La barque s'est ensablée.* **2·** Se remplir de sable. *L'estuaire s'ensable lentement.* – Au p. p. adj. *Un port ensablé.* ▶ **ensablement** n. m. Dépôt de sable formé par l'eau ou par le vent ; état d'un lieu ensablé. *L'ensablement de la baie du Mont-Saint-Michel.*

ensacher [ɑ̃saʃe] v. tr. < conjug. 1 > Mettre en sac, en sachet. *Ensacher du grain.* ▶ **ensachage** n. m. Action d'ensacher.

ensanglanter [ɑ̃sɑ̃glɑ̃te] v. tr. < conjug. 1 > **1·** Tacher de sang. – Au p. p. adj. *Un linge ensanglanté.* **2·** (Suj. meurtre, guerre, etc.) Couvrir, souiller de sang qu'on fait couler. *Des troubles ont ensanglanté le pays.*

enseignant, ante [ɑ̃sɛɲɑ̃, ɑ̃t] adj. et n. Qui enseigne, est chargé de l'enseignement. *Le corps enseignant,* l'ensemble des professeurs et instituteurs. – N. Souvent au plur. *Les enseignants,* les membres du corps enseignant.

① **enseigne** [ɑ̃sɛɲ] n. f. **1·** Symbole de commandement qui servait de signe de ralliement pour les troupes. **2·** Panneau portant un emblème ou une inscription, ou un objet symbolique qui signale un établissement. *L'enseigne lumineuse d'une pharmacie.* – Loc. *Être logé **à la même enseigne** que qqn* : être dans la même situation désagréable.

② **enseigne** n. *Enseigne de vaisseau,* officier de la marine de guerre, d'un grade correspondant à sous-lieutenant et lieutenant.

③ à telle **enseigne** [atɛlɑ̃sɛɲ] loc. adv. Littér. ***À telle enseigne que*** : d'une manière telle, si vraie que… → **tellement.**

enseignement [ɑ̃sɛɲmɑ̃] n. m. **1·** Action, art d'enseigner, de transmettre des connaissances à un élève. → **éducation, instruction, pédagogie.** *L'enseignement des langues vivantes. Méthodes d'enseignement. Enseignement assisté par ordinateur.* → **E. A. O.** *Enseignement public* (organisé par l'État), *privé* (dans les écoles privées). *Enseignement primaire, secondaire, supérieur. Enseignement technique.* – Profession, carrière des enseignants. *Entrer dans l'enseignement.* **2·** Surtout au plur. Littér. Précepte, leçon. *Les enseignements de l'expérience.*

enseigner [ɑ̃seɲe] v. tr. < conjug. 1 > **1·** Transmettre à un élève de façon qu'il comprenne et assimile (des connaissances, des techniques). → **apprendre.** *Il enseigne les mathématiques aux élèves de seconde. Elle enseigne le dessin.* **2·** Apprendre à qqn, par une sorte de leçon ou par l'exemple. *Il nous a enseigné la persévérance, la modestie...* – *Enseigner à qqn à faire qqch., lui enseigner qu'il faut...* – (Suj. chose) *L'histoire, l'expérience nous a enseigné qu'il fallait prévoir l'avenir.* ▷ **enseignant, enseignement**

1 **ensemble** [ɑ̃sɑ̃bl] adv. **1·** L'un avec l'autre, les uns avec les autres. → **collectivement.** *Ils ne peuvent plus vivre ensemble. On fera cela ensemble.* → en **commun.** *Elles ne sont pas très bien ensemble,* elles ne s'entendent pas bien. **2·** L'un avec l'autre et en même temps. → **simultanément.** *Venez ensemble. Ne parlez pas tous ensemble.*

2 **ensemble** n. m. **1·** Unité tenant au synchronisme des mouvements, à la collaboration des divers éléments. *Les gymnastes ont évolué avec un ensemble impressionnant.* Iron. *Ils mentent avec un ensemble touchant.* **2·** Totalité d'éléments réunis. *Étudier les détails sans perdre de vue l'ensemble. Cela s'adresse à l'ensemble des habitants. J'ai lu l'ensemble de son œuvre.* – Loc. *Une vue d'ensemble, une idée d'ensemble,* globale. – ***Dans l'ensemble*** loc. adv. : en considérant plutôt l'ensemble que les composants. → en **gros.** *Le voyage, dans l'ensemble, a été intéressant.* **3·** Groupe de plusieurs personnes ou choses réunies en un tout. *Ensemble vocal, instrumental,* ensemble de chanteurs, de musiciens. *Réunir un ensemble de conditions.* **4·** Groupe d'habitations ou de monuments. ***Grand ensemble*** : quartier d'habitations neuves conçues ensemble. **5·** Pièces d'habillement assorties, faites pour être portées ensemble. *Un ensemble de plage.* **6·** En mathématiques. Collection d'éléments, en nombre fini ou infini, susceptibles de posséder certaines propriétés, et d'avoir entre eux, ou avec des éléments d'autres ensembles, certaines relations. *La théorie des ensembles.* ▶ **ensemblier, ière** n. Professionnel qui crée des ensembles décoratifs. ▷ **sous-ensemble**

ensemencer [ɑ̃smɑ̃se] v. tr. < conjug. 3 > **1·** Pourvoir de semences (une terre). → **semer.** **2·** *Ensemencer une rivière, un étang, etc.,* y placer du petit poisson. → **aleviner.** – Introduire des germes, des bactéries dans (un bouillon de culture, un milieu). ▶ **ensemencement** n. m. Action d'ensemencer. *L'ensemencement d'un champ.*

enserrer [ɑ̃sere] v. tr. < conjug. 1 > Littér. (Choses) Entourer en serrant étroitement, de près. *La rivière enserre la ville.* – Au p. p. *Le poignet enserré d'un bracelet.*

ensevelir [ɑ̃səvliʀ] v. tr. < conjug. 2 > **1·** Littér. Mettre (un mort) au tombeau. → **enterrer.** *Il a été enseveli dans le caveau de famille.* – Envelopper dans un linceul. **2·** (Suj. chose) Faire disparaître sous un amoncellement. *L'avalanche avait enseveli plusieurs villages.* **3·** Abstrait. Littér. Enfouir en cachant. *La solitude, le silence les a ensevelis.* Pronominalement (réfl.). *Il s'ensevelit dans ses pensées, dans la solitude.* – Au p. p. *Être enseveli dans son chagrin.* ▶ **ensevelissement** n. m. **1·** Littér. Action d'ensevelir dans une tombe. → **enterrement.** **2·** Fait d'être enfoui, caché.

ensiler [ɑ̃sile] v. tr. < conjug. 1 > Mettre (des produits agricoles) en silo pour les conserver. ▶ **ensilage** n. m. *L'ensilage du maïs.*

ensoleiller [ɑ̃sɔleje] v. tr. < conjug. 1 > Remplir de la lumière du soleil. / contr. **ombrager** / – Au p. p. adj. *Une façade ensoleillée,* exposée au soleil. ▶ **ensoleillement** n. m. État d'un lieu ensoleillé. *L'ensoleillement d'une rue.* – Temps pendant lequel un lieu est ensoleillé. *L'ensoleillement annuel d'une station balnéaire.*

ensommeillé, ée [ɑ̃sɔmeje] adj. Qui reste sous l'influence du sommeil, est mal réveillé. *Avant sa douche, il est tout ensommeillé.* → **somnolent.**

ensorceler [ɑ̃sɔʀsəle] v. tr. < conjug. 4 > **1·** Soumettre (qqn) à l'action d'un sortilège, jeter un sort sur (qqn). → **envoûter.** **2·** Captiver entièrement, comme par un sortilège irrésistible. → **charmer, fasciner, séduire.** ▶ **ensorcelant, ante** adj. Qui ensorcelle, séduit irrésistiblement. → **fascinant, séduisant.** *Un sourire ensorcelant.* ▶ **ensorcellement** n. m. **1·** Pratique de sorcellerie ; état d'un être ensorcelé. → **enchantement, envoûtement, sortilège.** **2·** Fig. Séduction irrésistible. → **fascination.** *L'ensorcellement de la musique.* ▶ **ensorceleur, euse** adj. et n. Littér. Qui ensorcelle.

ensuite [ɑ̃sɥit] adv. **1·** Après cela, plus tard. → **puis.** / contr. d'abord, avant / *Termine ton travail, tu pourras sortir ensuite.* **2·** Derrière en suivant. *Arrivait ensuite le peloton.* – En second lieu. *D'abord, je ne veux pas ; ensuite, je ne peux pas.*

s'**ensuivre** [ɑ̃sɥivʀ] v. pron. < conjug. 40 > REM. Infinitif et 3es pers. seulement. **1·** En loc. *Et tout ce qui s'ensuit,* et tout ce qui vient après, accompagne la chose. **2·** Survenir en tant qu'effet naturel ou conséquence logique. *Certains résultats s'ensuivent nécessairement.* – Impers. *Il s'ensuit que,* il en résulte que. *Il s'ensuit que vous devez l'aider.*

entablement [ɑ̃tabləmɑ̃] n. m. **1·** Saillie au sommet des murs, qui supporte la charpente de la toiture. **2·** Partie qui surmonte une colonnade et comprend l'architrave, la frise et la corniche.

entacher [ɑ̃taʃe] v. tr. < conjug. 1 > **1·** Littér. Marquer d'une tache morale. → **souiller, ternir.** *Cette condamnation entache son honneur.* **2·** (Choses) *(Être) entaché, ée de...* : gâté par (un défaut). *Un acte entaché de nullité.*

entaille [ɑ̃taj] n. f. **1·** Coupure qui enlève une partie, laisse une marque allongée ; cette marque. → **encoche, fente.** *L'entaille d'une greffe* (sur un arbre). **2·** Incision profonde faite dans les chairs. → **balafre, coupure, estafilade.** *Elle s'est fait une entaille dans la main.* ▶ **entailler** v. tr. < conjug. 1 > Couper en faisant une entaille. *Entailler une pièce de bois.* – *Elle s'est entaillé le pouce en coupant un morceau de pain.*

entamer [ɑ̃tame] v. tr. < conjug. 1 > **I· 1·** Enlever en coupant une partie à (qqch. dont on n'a encore rien pris). *Allons, entamons ce pâté !* **2·** Diminuer (un tout dont on n'a encore rien pris) en utilisant une partie. *Il a dû entamer son capital.* – Au p. p. *La journée est déjà bien entamée.* **3·** (Suj. chose) Couper, pénétrer (la matière). *La rouille entame le fer. Les blindés ont entamé la première ligne de résistance.* → **percer.** – Abstrait. *Rien ne peut entamer sa réputation.* **II·** Commencer à faire (qqch.). → **commencer, entreprendre.** / contr. achever / *Ils entamèrent la conversation. Les deux pays vont entamer des négociations.* → **engager.** ▶ **entame** n. f. Premier morceau coupé (d'une chose à manger). → **bout.** *L'entame d'un jambon.*

entartrer [ɑ̃taʀtʀe] v. tr. < conjug. 1 > Recouvrir de tartre incrusté. *L'eau calcaire entartre les tuyaux.* – Au p. p. adj. *Une canalisation entartrée.* ▶ **entartrage** n. m. État de ce qui est entartré.

entasser [ɑ̃tɑse] v. tr. < conjug. 1 > **1·** Mettre (des choses) en tas, généralement sans ordre. → **amonceler, empiler.** / contr. éparpiller / *Il avait entassé tous ses vieux vêtements dans une malle.* – Pronominalement. *Son courrier s'entasse dans un tiroir.* **2·** Réunir (des personnes) dans un espace trop étroit. → **serrer, tasser.** – Pronominalement (réfl.). *Les spectateurs s'entassaient dans la salle.* **3·** Accumuler. *L'auteur entasse les citations, les références.* – Amasser de l'argent. → **économiser.** / contr. dépenser / *Elle entassait ses économies.* ▶ **entassement** n. m. Action d'entasser ou de s'entasser. – Choses entassées. → **amas, tas.** *Un entassement de livres.*

1 **entendre** [ɑ̃tɑ̃dʀ] v. tr. < conjug. 41 > **1·** Percevoir par le sens de l'ouïe. → **ouïr.** *Avez-vous entendu ce qu'il a dit ?* – (+ infinitif) *J'ai entendu la voiture arriver, je l'ai entendue arriver. Je connaissais la chanson que nous avons entendu chanter.* – Loc. *Il ne l'entend pas de cette oreille,* il n'est pas d'accord. – *Entendre parler de qqch., qqn* : apprendre qqch. à ce sujet. *Je n'ai pas entendu parler de cette histoire. Ne pas vouloir entendre parler d'une chose,* la rejeter sans examen. *Je ne veux pas entendre parler de vos excuses.* – *J'ai entendu dire que...,* j'ai appris. *J'ai entendu dire qu'elle était satisfaite. Faire entendre,* émettre (un son, une parole). **2·** Sans compl. Percevoir (plus ou moins bien) par l'ouïe. *Parlez plus fort, il entend mal.* **3·** Littér. Écouter, prêter attention à. *On l'a condamné sans l'entendre. Il ne veut rien entendre,* rien de ce qu'on peut lui dire ne l'influencera. *Il ne veut pas entendre raison,* se ranger aux avis raisonnables qu'on lui donne. **4·** Écouter. *Aller entendre un concert, un artiste.* – Loc. *À l'entendre,* si on l'en croit, si on l'écoute. *À l'entendre, il sait tout faire.* **5·** Pronominalement (passif). *S'entendre* : être entendu. *Le choc s'entendit de loin. Cette expression s'entend encore,* est encore employée, se dit encore. ▷ **malentendant, réentendre**

2 **entendre** v. tr. < conjug. 41 > **I·** Littér. *Entendre que* (+ subjonctif), *entendre* (+ infinitif) : avoir l'intention, le dessein de. → **vouloir.** *J'entends qu'on m'obéisse ; j'entends être obéi.* – *Faites comme vous l'entendez. Chacun fera comme il l'entend.* → **désirer.** **II· 1·** Littér. Percevoir, saisir par l'intelligence. → **comprendre.** *Comment entendez-vous cette phrase ? J'entends bien,* je comprends bien ce que vous voulez dire. – Loc. *Laisser entendre, donner à entendre,* laisser deviner. → **insinuer.** *Il a laissé entendre qu'il partirait sans nous.* **2·** (Personnes) Vouloir dire. *Qu'entendez-vous par ce mot ?,* quel sens lui donnez-vous ? **3·** Pronominalement (passif). Être compris. *Ce mot peut s'entendre de diverses manières.* – *Cela s'entend* et, ellipt, *s'entend,* c'est évident. *Nous réglerons ces difficultés bientôt ; entre nous, cela s'entend.* **4·** *S'y entendre* : être expert en la matière. → s'y **connaître.** *Je te laisse préparer la pâte, je ne m'y entends pas.* ▶ **entendement** n. m. Littér. Faculté de comprendre. *La démarche de l'entendement.* – Ensemble des facultés intellectuelles. → **intelligence, raison.** Loc. *Cela dépasse l'entendement,* c'est incompréhensible. ▶ **entendeur** n. m. Loc. *À bon entendeur, salut* : que la personne qui comprend bien en fasse son profit (souligne une menace). *Je vous ai prévenu ! à bon entendeur, salut !* ▶ **entendu, ue** adj. **1·** Vx. *Un homme entendu (à qqch., à faire qqch.),* habile, compétent. – *Un air, un sourire entendu,* malin, complice. **2·** Accepté ou décidé après accord. → **convenu.** *C'est une affaire entendue. C'est entendu.* Ellipt. *Entendu !* → d'**accord.** – *Bien entendu* [bjɛ̃nɑ̃tɑ̃dy] loc. adv. : la chose est évidente, naturelle. → **évidemment, naturellement.** « *Vous nous accompagnez ? – Bien entendu !* » Fam. *Comme de bien entendu.* **3·** Littér. *Bien (mal) entendu, ue* : bien, mal compris, mis en œuvre. *Zèle mal entendu. Son intérêt bien*

entendu. ▶ 1 **entente** n. f. Loc. *Une phrase **à double entente** :* qui a deux significations. → **ambigu.** ▷ **malentendu, sous-entendre**

3 s'**entendre** v. pron. < conjug. 41 > **1·** Se mettre d'accord. *Ils n'ont pas réussi à s'entendre sur le plan à suivre. Entendons-nous bien !,* mettons-nous bien d'accord ! **2·** Avoir des rapports (bons ou mauvais). *Les deux sœurs se sont toujours bien entendues. Ils s'entendent comme chien et chat,* très mal. ▶ 2 **entente** n. f. **1·** Le fait de s'entendre, de s'accorder ; état qui en résulte. → **accord.** *Parvenir à une entente.* – *Entente entre producteurs, entre entreprises.* → **cartel, trust.** – Collaboration politique entre États. → **alliance. 2·** *Entente, bonne entente,* relations amicales, bonne intelligence entre plusieurs personnes. → **amitié, union.** *Il règne entre eux une entente parfaite.* – *L'entente,* l'accord entre plusieurs personnes. *Maintenant, l'entente règne.* ▷ **mésentente**

enter [ɑ̃te] v. tr. < conjug. 1 > Greffer. *Enter une vigne.* ≠ hanter.

entériner [ɑ̃teʀine] v. tr. < conjug. 1 > **1·** Rendre définitif, valide (un acte) en l'approuvant juridiquement. → **homologuer, ratifier, valider.** *Le tribunal a entériné les rapports d'experts.* **2·** Admettre ou consacrer. → **approuver.** *Nous n'entérinerons pas le fait accompli.*

entérite [ɑ̃teʀit] n. f. Inflammation de la muqueuse intestinale, généralement accompagnée de colique, de diarrhée. ▶ **entéro-** Élément de mots savants, signifiant « intestin » (ex. : *entérologie,* n. f. « médecine de l'intestin »). ▷ **dysenterie, mésentère**

enterrer [ɑ̃teʀe] v. tr. < conjug. 1 > **I· 1·** Déposer le corps de (qqn) dans la terre, dans une sépulture. → **ensevelir, inhumer.** *On l'a enterré dans le caveau de famille.* **2·** Loc. *Il est mort et enterré,* il est mort depuis longtemps. *Vous nous enterrerez tous,* vous vivrez plus longtemps que nous. – *Enterrer sa vie de garçon,* passer avec ses amis une dernière et joyeuse soirée de célibataire. **3·** Abandonner ou faire disparaître (comme une chose finie, morte). Surtout au passif. *Le scandale a été enterré.* – Au p. p. adj. *C'est une histoire enterrée,* oubliée. **II· 1·** Enfouir dans la terre. / contr. déterrer / *Enterrer profondément une canalisation.* **2·** Surtout au p. p. Recouvrir d'un amoncellement. → **ensevelir.** *Il est resté deux heures enterré sous les décombres.* **3·** Pronominalement. Se retirer. *S'enterrer à la campagne, dans un village isolé.* ▶ **enterrement** n. m. **1·** Action d'enterrer un mort, de lui donner la sépulture. → **inhumation.** *L'enterrement aura lieu au cimetière du village.* – Cérémonies qui s'y rattachent. → **funérailles, obsèques.** *Aller à un enterrement. Enterrement religieux, civil.* – Loc. *Avoir une tête, une mine d'enterrement,* triste. **2·** Cortège funèbre. → **convoi, obsèques.** *Les gens se découvraient au passage de l'enterrement.* **3·** Fig. Abandon (de qqch. qu'on considère comme mort). *Ce vote, c'était l'enterrement de leur projet.* Loc. *Un enterrement de première classe.*

en-tête [ɑ̃tɛt] n. m. **1·** Inscription en tête d'un papier officiel, de commerce. *Papier à lettre à en-tête. Des en-têtes commerciaux.* **2·** Informatique. Partie initiale d'un message, contenant des informations extérieures au texte.

1 **entêter** [ɑ̃tete] v. tr. < conjug. 1 > Littér. Incommoder par des vapeurs, des émanations qui montent à la tête. *Ce parfum m'entête.*

2 s'**entêter** v. pron. < conjug. 1 > *S'entêter **à** faire qqch., **dans*** (une opinion, etc.) : persister dans une volonté, sans céder, avec obstination. *Il s'entêtait à leur écrire, à les relancer. Elle s'entête dans son refus.* – Sans compl. *Plus vous insisterez, plus il s'entêtera.* ▶ **entêté, ée** adj. Qui s'entête. *Il est très entêté.* → **obstiné, têtu.** – N. *Mais quel entêté !* ▶ **entêtement** n. m. Le fait de persister dans un comportement volontaire sans tenir compte des circonstances. → **obstination, opiniâtreté.** *Son entêtement finira par lui coûter cher.* – Caractère d'une personne têtue.

enthousiasme [ɑ̃tuzjasm] n. m. **1·** Littér. Dans l'Antiquité. Délire sacré, inspiration divine ou extraordinaire. *L'enthousiasme des prophètes.* **2·** Émotion vive portant à admirer. / contr. indifférence / *Cette victoire a déchaîné l'enthousiasme de la foule. Il a parlé du film avec enthousiasme.* **3·** Émotion se traduisant par une excitation joyeuse. → **allégresse, joie.** *J'accepte avec enthousiasme,* avec une grande joie. ▶ **enthousiasmer** v. tr. < conjug. 1 > Remplir d'enthousiasme. *Son interprétation a enthousiasmé l'auditoire.* – Au passif. *Être enthousiasmé,* ravi, transporté (de joie, etc.). – Au p. p. adj. *Un regard enthousiasmé.* – Pronominalement (réfl.). *S'enthousiasmer pour qqn, qqch.* → s'**emballer,** s'**enflammer.** ▶ **enthousiasmant, ante** adj. Qui enthousiasme. *Une rencontre enthousiasmante. Tout cela n'est pas très enthousiasmant.* ▶ **enthousiaste** adj. Qui ressent de l'enthousiasme, marque de l'enthousiasme. / contr. froid, glacial / *L'acteur fut applaudi par une salle enthousiaste. Un partisan enthousiaste.* → **fervent.** *Un accueil enthousiaste.* → **chaleureux.**

s'**enticher** [ɑ̃tiʃe] v. pron. < conjug. 1 > Prendre un goût extrême et irraisonné pour. → s'**engouer,** se **toquer.** *Il s'est entiché de cette jeune femme.* → s'**amouracher.** – Au p. p. *Elle est entichée de yoga.*

1 **entier, ière** [ɑ̃tje, jɛʀ] adj. et n. m. **1·** Dans toute son étendue. → **tout.** *Dans le monde entier,* partout. *Une heure entière. Payer place entière,* sans

réduction. – *Tout entier* : absolument entier. REM. *Tout* reste invariable. *La ville tout entière. Se donner tout entier à*, consacrer tout son temps à, se dévouer à. – N. m. *En, dans son (leur) entier* : dans sa totalité. *En entier* : complètement, entièrement. *Je n'ai pas vu le film en entier.* **2·** À quoi il ne manque rien. → **complet, intact.** *La liasse est entière*, on n'en a retiré aucun billet. – *Nombre entier*, composé d'une ou plusieurs unités (opposé à *nombre fractionnaire*). N. m. *Un entier.* **3·** (Chose abstraite) Qui n'a subi aucune altération. → **absolu, parfait, total.** *Je lui parlais avec une entière liberté. Ma confiance reste entière.* → **intact.** *La question reste entière*, le problème n'a pas reçu un commencement de solution. ▶ **entièrement** adv. D'une manière entière. → **complètement, totalement.** / contr. partiellement / *La maison a été entièrement détruite. Ils sont entièrement d'accord.* → **parfaitement.**

2 **entier, ière** adj. (Personnes et actions) Littér. Qui n'admet aucune restriction, aucune demi-mesure. *Un caractère entier et obstiné. Il est assez entier dans ses opinions.*

entité [ɑ̃tite] n. f. Idée générale, abstraction que l'on considère comme une réalité.

entoiler [ɑ̃twale] v. tr. < conjug. 1 > Fixer sur une toile. – Au p. p. *Ces cartes sont vendues entoilées.* – Renforcer d'une toile fine. *Entoiler un livre.* ▶ **entoilage** n. m. Action d'entoiler. – Toile dont on s'est servi pour entoiler.

entôler [ɑ̃tole] v. tr. < conjug. 1 > Fam. Voler en trompant. *Il s'est fait complètement entôler.*

entomologie [ɑ̃tɔmɔlɔʒi] n. f. Partie de la zoologie qui traite des insectes. ▶ **entomologique** adj. Relatif à l'entomologie. ▶ **entomologiste** n. Spécialiste de l'entomologie.

entonner [ɑ̃tɔne] v. tr. < conjug. 1 > **1·** Commencer à chanter (un air). *La foule entonna la Marseillaise.* **2·** Fig. *Entonner la louange de qqn*, faire son éloge.

entonnoir [ɑ̃tɔnwaʀ] n. m. **1·** Instrument de forme conique, terminé par un tube et servant à verser un liquide dans un récipient de petite ouverture. – *En entonnoir*, en forme d'entonnoir. **2·** Cavité naturelle qui va en se rétrécissant. *Les eaux du torrent se perdaient au fond d'un entonnoir.* – Excavation produite par une explosion, un obus (trou d'obus), une bombe.

entorse [ɑ̃tɔʀs] n. f. **1·** Lésion douloureuse d'une articulation, provenant d'une distension violente avec arrachement des ligaments. → **foulure, luxation.** *Elle s'est fait une entorse au poignet.* **2·** Abstrait. *Faire une entorse à...*, ne pas respecter (la vérité, la légalité...). *Une sérieuse entorse au règlement.* → **infraction.**

entortiller [ɑ̃tɔʀtije] v. tr. < conjug. 1 > **1·** Envelopper (un objet) dans qqch. que l'on tortille ; tortiller (qqch.), notamment autour d'un objet. *Entortiller un bonbon dans du papier. Entortiller du papier autour de qqch. Entortiller son mouchoir.* – Pronominalement (réfl.). *Il s'entortille dans ses draps.* **2·** Fig. Persuader (qqn) en le trompant. → **circonvenir** ; fam. **rouler.** *Tu t'es laissé entortiller par ses promesses.* **3·** Fig. Compliquer (des phrases, des propos) par des circonlocutions et des obscurités. → **embrouiller.** – Au p. p. adj. *Des excuses entortillées.*

entourer [ɑ̃tuʀe] v. tr. < conjug. 1 > **1·** Garnir de qqch. qu'on met tout autour ; mettre autour de. *Il a entouré de murs sa propriété. La mère entourait l'enfant de ses bras.* – Abstrait. *Pourquoi entourer de mystère votre voyage ?* **2·** (Choses) Être autour de (qqch., qqn) de manière à enfermer. *Une clôture entoure le jardin.* – Au p. p. *Un jardin entouré de haies.* **3·** (Personnes) Se tenir tout autour de. *Les troupes entourent la ville.* → **cerner, encercler.** **4·** (Personnes ou choses) Être habituellement ou momentanément autour de (qqn). *Les gens qui nous entourent, ce qui nous entoure.* → **entourage, milieu.** – Pronominalement. *S'entourer de...*, mettre ou réunir autour de soi. *Les ministres se sont entourés de conseillers.* **5·** S'occuper de (qqn), aider ou soutenir par sa présence, ses attentions. / contr. délaisser / *Ses amis l'entourent beaucoup, depuis son deuil.* – Au passif. *Être entouré d'amis.* – Sans compl. *Elle est très entourée.* ▶ **entourage** n. m. **1·** Personnes qui entourent habituellement qqn, et vivent dans sa familiarité. → **compagnie.** *Ce n'est pas lui qu'on accuse, mais son entourage, une personne de son entourage.* **2·** Ornement disposé autour (de certains objets). *L'entourage d'un massif.*

entourloupe [ɑ̃tuʀlup] n. f. Fam. Mauvais tour joué à qqn. *Il lui a fait une entourloupe.* ▶ **entourloupette** [ɑ̃tuʀlupɛt] n. f. Vieilli (même sens).

entournure [ɑ̃tuʀnyʀ] n. f. **1·** Partie du vêtement qui fait le tour du bras, là où s'ajuste la manche. → **emmanchure.** *Entournures trop larges.* **2·** Loc. *Être gêné aux entournures*, être mal à l'aise, en difficulté.

entracte [ɑ̃tʀakt] n. m. **1·** Intervalle entre les parties d'un spectacle. *Concert sans entracte.* **2·** Fig. Temps d'arrêt, de repos, au cours d'une action. → **interruption.**

s'entraider [ɑ̃tʀede] v. pron. < conjug. 1 > S'aider mutuellement. → **s'aider.** *Ils se sont entraidés.* ▶ **entraide** n. f. Aide mutuelle. *Un comité d'entraide.* → **solidarité.**

entrailles [ɑ̃tʀaj] n. f. pl. **1·** Ensemble des organes enfermés dans l'abdomen (homme, animaux). → **boyau, intestin, tripe, viscère. 2·** Littér. Les organes de la femme qui portent l'enfant. → **sein.** « *Vous êtes bénie entre toutes les femmes, et le fruit de vos entrailles est béni* » (prière du *Je vous salue, Marie*). **3·** Littér. La partie profonde, essentielle (d'une chose, de l'être sensible). *Les entrailles de la terre, d'un navire. Cela nous a remués jusqu'au fond des entrailles. Un homme sans entrailles,* insensible.

entrain [ɑ̃tʀɛ̃] n. m. **1·** Vivacité et bonne humeur communicatives. → **ardeur, enthousiasme, fougue, vivacité ; boute-en-train.** *Avoir de l'entrain ; être plein d'entrain. Il fait tout avec entrain.* **2·** (Actes, paroles) Animation gaie. *La conversation manque d'entrain.* / contr. apathie, calme /

① **entraîner** [ɑ̃tʀene] v. tr. < conjug. 1 > **1·** Emmener de force avec soi. *Le courant entraîne le navire vers la côte.* – Communiquer son mouvement à. *Le moteur entraîne la machine.* **2·** Conduire, mener (qqn) avec soi. → **emmener, mener.** *Il l'entraîna vers le buffet.* – Conduire (qqn) en exerçant une pression morale. *Il se laisse entraîner par de mauvais camarades.* **3·** (Suj. chose) Pousser (qqn) par un enchaînement psychologique ou matériel. *Son enthousiasme l'entraîne trop loin. Il l'a entraîné dans sa ruine.* → **emporter, pousser.** *Entraîner à* (+ infinitif). *Vos préjugés, vos difficultés vous entraînent à être injuste.* → **conduire. 4·** (Suj. chose) Avoir pour conséquence nécessaire, inévitable. → **amener, produire, provoquer.** *Cette imprudence risque d'entraîner de graves conséquences.* → **déclencher.** *Toutes ces discussions entraînent des retards.* ▶ **entraînant, ante** adj. Qui entraîne (3) à la gaieté, donne de l'entrain. *Un refrain entraînant.* ▶ ① **entraînement** n. m. **1·** Mouvement par lequel une personne se trouve déterminée à agir, indépendamment de sa volonté. *L'entraînement des passions, des habitudes. Céder à ses entraînements.* → **impulsion. 2·** Communication d'un mouvement. *Un entraînement par courroies, par engrenages.* ▶ **entraîneuse** n. f. Jeune femme employée dans les bars, les boîtes de nuit pour inciter les clients à consommer.

② **entraîner** v. tr. < conjug. 1 > **1·** Préparer (un animal, une personne, une équipe) à une performance sportive, au moyen d'exercices appropriés. → **exercer.** *Entraîner un cheval, un athlète, une équipe.* – Pronominalement (réfl.). *Ils s'entraînent pour le championnat.* – Au p. p. adj. *Un athlète bien, mal entraîné.* **2·** Faire l'apprentissage de (qqn). *Entraîner qqn à un exercice.* → **endurcir, former.** – Pronominalement (réfl.). *S'entraîner à prendre la parole en public.* ▶ ② **entraînement** n. m. **1·** Action d'entraîner, de s'entraîner en vue d'une compétition sportive. *Terrain d'entraînement. À l'entraînement,* pendant les séances d'entraînement. **2·** Préparation méthodique, apprentissage par l'habitude. *Vous y parviendrez avec un peu d'entraînement.* ▶ **entraîneur, euse** n. **1·** Personne qui entraîne les chevaux pour la course. **2·** Personne qui entraîne des sportifs. → **manager.** *L'entraîneur d'un boxeur. Elle est l'entraîneur, l'entraîneuse de notre championne.*

① **entraver** [ɑ̃tʀave] v. tr. < conjug. 1 > **1·** Retenir, attacher (un animal) au moyen d'une entrave. *Entraver un cheval pour le ferrer.* **2·** Fig. Empêcher de se faire, de se développer. → **enrayer, freiner, gêner.** *Entraver une évolution. Des rivaux ont entravé sa carrière. La foule entravait la circulation.* ▶ **entrave** n. f. **1·** Ce qu'on met aux jambes de certains animaux pour gêner leur marche. *Mettre des entraves à un cheval pour l'empêcher de ruer.* **2·** Fig. Ce qui retient, gêne. *Cette loi est une entrave à la liberté de la presse.* → **empêchement, obstacle.** ▶ **entravé, ée** adj. **1·** Qui a des entraves. *Un animal entravé.* **2·** *Jupe entravée,* très resserrée dans le bas.

② **entraver** v. tr. < conjug. 1 > Fam. Comprendre. *J'y entrave que dalle,* je n'y comprends rien.

entre [ɑ̃tʀ] prép. **I· 1·** Dans l'espace qui sépare (des choses, des personnes). *Les Pyrénées s'étendent entre la France et l'Espagne. Distance, écart compris entre deux points.* → **intervalle.** *Des mots entre parenthèses, entre guillemets.* – (Dans une série, une suite) *C est entre B et D ; 8 entre 7 et 9.* **2·** Dans le temps qui sépare (deux dates, deux époques, deux faits). *Nous passerons chez vous entre 10 et 11 heures.* Loc. *Personne entre deux âges,* ni jeune ni vieille. **3·** Abstrait. À égale distance, dans l'espace qui sépare (deux choses, deux éléments). *Hésiter entre deux choix, deux solutions. Le blessé est entre la vie et la mort.* **II·** Au milieu de. **1·** (En tirant d'un ensemble) *Choisir entre plusieurs solutions.* → **parmi.** – ***Entre autres.*** *Il y avait, entre autres meubles, un vieux buffet.* – Sans nom. *Il a reçu, entre autres, un ballon de football.* **2·** (Suivi d'un pronom pers. ou d'un nom de pers. au plur. sans article) En ne sortant pas d'un groupe (de personnes) ; en formant un cercle fermé. *Ils veulent rester entre eux. Soit dit entre nous* ou, ellipt, *entre nous,* dans le secret. **III·** Exprimant un rapport entre personnes ou choses. **1·** L'un l'autre, l'un à l'autre, avec l'autre. *Les loups se dévorent entre eux. Match entre deux équipes.* – *Ils ont entre eux* *des disputes*, les uns avec, contre les autres. **2·** (Comparaison) *Voir le rapport de deux choses entre elles. Il n'y a rien de commun entre lui et moi.*

entr(e)- Élément servant à former des noms et des verbes (avec ou sans trait d'union, parfois avec apostrophe), pour désigner l'intervalle (ex. : *entracte, entrefilet*), une action mutuelle (ex. : *entraide, entrevue*) ; pour indiquer qu'une action est réciproque (ex. : *s'entraider, s'entre-déchirer, s'entre-détruire*, etc.), qu'une action ne se fait qu'à demi (ex. : *entrouvrir*) ou par intervalles (ex. : *entrecouper*). – Voir ci-dessous à l'ordre alphabétique.

entrebâiller [ɑ̃tʀəbɑje] v. tr. < conjug. 1 > Ouvrir très peu (une porte, une fenêtre). → **entrouvrir.** – Au p. p. adj. *Une porte entrebâillée.* ▶ **entrebâillement** n. m. Intervalle formé par ce qui est entrebâillé. *Il apparut dans l'entrebâillement de la porte.*

entrechat [ɑ̃tʀəʃa] n. m. **1·** Dans la danse classique. Saut pendant lequel les pieds battent rapidement l'un contre l'autre. *Faire un entrechat.* **2·** Saut, gambade. *Faire des entrechats*, gambader.

entrechoquer [ɑ̃tʀəʃɔke] v. tr. < conjug. 1 > Choquer, heurter l'un contre l'autre. *Ils entrechoquent des cailloux pour faire du feu.* – Pronominalement. *Verres qui s'entrechoquent.*

entrecôte [ɑ̃tʀəkot] n. f. Morceau de viande de bœuf coupé entre les côtes.

entrecouper [ɑ̃tʀəkupe] v. tr. < conjug. 1 > Interrompre par intervalles. *Entrecouper un récit de rires, de commentaires.* → **entremêler.** – Au p. p. adj. *Des paroles entrecoupées*, interrompues. / contr. continu /

entrecroiser [ɑ̃tʀəkʀwaze] v. tr. < conjug. 1 > Croiser ensemble, à plusieurs reprises. → **entrelacer.** *Entrecroiser des fils, des rubans.* – Au p. p. adj. *Des lignes entrecroisées.* ▶ **entrecroisement** n. m. État de ce qui est entrecroisé. *Un entrecroisement de lignes.*

entre-deux [ɑ̃tʀədø] n. m. invar. **1·** Espace, état entre deux choses, deux extrêmes. *Être dans l'entre-deux.* **2·** Bande (de dentelle, broderie) qui coupe un tissu.

entre-deux-guerres [ɑ̃tʀədøgɛʀ] n. m. invar. Période entre deux guerres (spécialt, en France, entre 1918 et 1939). *La génération de l'entre-deux-guerres.*

① **entrée** [ɑ̃tʀe] n. f. **I· 1·** Passage de l'extérieur à l'intérieur. / contr. sortie / *L'entrée d'un visiteur dans le salon. À son entrée, le silence se fit.* → **arrivée.** *Entrée soudaine, en trombe.* → **irruption.** *L'entrée d'un train en gare.* – *Acteur qui fait son entrée* (en scène). – Abstrait. ***Entrée dans, à.*** *Faire son entrée dans le monde. L'entrée d'un enfant à l'école.* – ***Entrée en.*** *Entrée en fonctions, en charge. Entrée en action.* **2·** Informatique. Passage d'une information de l'extérieur à l'intérieur d'un ordinateur. **3·** Possibilité d'entrer, de pénétrer dans un lieu. → **accès.** *Une porte d'entrée. Refuser l'entrée à quelqu'un. Entrée interdite. Passer un examen d'entrée.* – Accès (à un spectacle, une manifestation, une réunion). *Carte, billet d'entrée. Entrée gratuite.* – Le titre pour entrer. *Je n'ai pu obtenir que deux entrées.* → **billet, place.** – Loc. ***Avoir ses entrées*** *chez qqn, dans la maison de qqn* : y être reçu. **4·** *Les entrées*, l'argent qui entre dans un avoir. **II· 1·** Ce qui donne accès dans un lieu ; endroit par où l'on entre. *Les entrées d'une maison, d'une cour.* → **porte.** *Entrée de service. L'entrée d'un tunnel.* → **orifice, ouverture. 2·** Pièce à l'entrée d'un appartement. → **hall, vestibule.** *Attendez-moi dans l'entrée.* **3·** ***Entrée de*** : ce qui donne accès à. *Entrée d'air*, cheminée, puits d'aération. **III·** (Temporel) Loc. ***À l'entrée de*** : au début. *À l'entrée de la vie. À l'entrée de l'hiver.* – ***D'entrée de jeu*** loc. adv. : dès le commencement, dès l'abord. ▷ **rentrée**

② **entrée** n. f. Plat qui est servi entre les hors-d'œuvre et le plat principal. *Servir un soufflé, une terrine en entrée. Des entrées chaudes.*

sur ces entrefaites [syʀsezɑ̃tʀəfɛt] loc. adv. À ce moment. → **alors.** *Il est parti, arrivé sur ces entrefaites.*

entrefilet [ɑ̃tʀəfilɛ] n. m. Court article inséré dans un journal. *Un entrefilet annonçait la maladie de l'acteur.*

entregent [ɑ̃tʀəʒɑ̃] n. m. Adresse à se conduire en société, à lier d'utiles relations. → **habileté, savoir-faire.** *Il a beaucoup d'entregent.*

entrejambe [ɑ̃tʀəʒɑ̃b] n. m. Partie d'un pantalon, d'une culotte, entre les jambes. *Slip à entrejambe en coton.* – REM. On écrit aussi *entre-jambes* (au sing.).

entrelacer [ɑ̃tʀəlɑse] v. tr. < conjug. 3 > Enlacer l'un dans l'autre. *Entrelacer des fils, des rubans.* → **entrecroiser, tisser, tresser.** / contr. délier / – ***S'entrelacer*** v. pron. récipr. *Les plantes grimpantes s'entrelaçaient.* → **s'enchevêtrer, s'entremêler.** – Au p. p. adj. *Branches entrelacées. Mains entrelacées.* ▶ **entrelacement** n. m. Action d'entrelacer ; choses entrelacées. *Un entrelacement de fils, de lignes.* → **entrecroisement, entrelacs.** ▶ **entrelacs** [ɑ̃tʀəlɑ] n. m. invar. Ornement composé de motifs entrelacés, dont les lignes s'entrecroisent. *Les entrelacs de l'art arabe.* → **arabesque.**

entrelarder [ɑ̃tʀəlaʀde] v. tr. < conjug. 1 > **1·** Piquer (une viande) de lardons. → **larder.** *Entrelarder une volaille.* **2·** Abstrait. *Entrelarder son discours de citations.* → **farcir, truffer.**

entremêler [ɑ̃tʀəmele] v. tr. < conjug. 1 > **1·** Mêler (des choses différentes) les unes aux autres. *Entremêler des fleurs rouges à des fleurs blanches.* **2·** Mélanger, mêler. *Entremêler des banalités et des traits d'esprit.* **3·** ***Entremêler de*** : insérer dans (une chose, une durée) plusieurs éléments hétérogènes. *Il entremêle son discours de citations latines.* – Au p. p. *Paroles entremêlées de sanglots.* → **entrecoupé.**

entremets [ɑ̃tʀəmɛ] n. m. invar. Plat sucré cuisiné (que l'on sert entre le fromage et le dessert, ou comme dessert). *On servit deux entremets au dessert, une compote et un sorbet.*

entremetteur, euse [ɑ̃tʀəmɛtœʀ, øz] n. Surtout au fém. Péj. Personne qui sert d'intermédiaire dans les intrigues amoureuses.

s'entremettre [ɑ̃tʀəmɛtʀ] v. pron. < conjug. 56 > Intervenir entre deux ou plusieurs personnes pour les rapprocher, pour faciliter la conclusion d'une affaire. → s'**interposer.** *S'entremettre dans une querelle.* ▶ **entremise** n. f. Action d'une personne qui s'entremet. *Offrir son entremise dans une affaire.* → **arbitrage, intervention.** *Par, grâce à l'entremise de.* → **canal, intermédiaire, moyen.** *Il a appris la nouvelle par l'entremise de son oncle.* ▷ **entremetteur**

entrepont [ɑ̃tʀəpɔ̃] n. m. Espace, étage compris entre deux ponts d'un navire (surtout entre le faux pont et le premier pont). *Voyager dans l'entrepont.*

entreposer [ɑ̃tʀəpoze] v. tr. < conjug. 1 > **1·** Déposer dans un entrepôt. *Entreposer des marchandises.* **2·** Déposer, laisser en garde. *Entreposer des meubles chez un ami.* ▶ **entreposage** n. m. Action d'entreposer. *L'entreposage de viande dans un magasin frigorifique.* ▶ **entrepôt** n. m. Bâtiment, emplacement servant d'abri, de lieu de dépôt pour les marchandises. → **dock, magasin.** *Marchandises en entrepôt.*

entreprendre [ɑ̃tʀəpʀɑ̃dʀ] v. tr. < conjug. 58 > **I·** Se mettre à faire (qqch.). → **commencer.** *Entreprendre une affaire, une étude. Entreprendre un procès contre qqn.* – *Entreprendre de faire qqch.* → **essayer, tenter.** Sans compl. PROV. *Il n'est pas nécessaire d'espérer pour entreprendre.* **II·** Tâcher de convaincre, de séduire (qqn). *Entreprendre une femme,* tenter de la conquérir. – *Entreprendre qqn sur un sujet,* commencer à l'entretenir de ce sujet. *Quand il vous entreprend sur son voyage au Kenya, on ne peut pas l'arrêter.* ▶ **entreprenant, ante** adj. **1·** Qui entreprend avec audace, hardiesse. → **audacieux, hardi.** / contr. hésitant / *Il est trop entreprenant et se lance à la légère.* → **téméraire.** *Caractère, esprit entreprenant.* **2·** Hardi auprès des femmes. / contr. timide / *C'est un jeune homme entreprenant.* ▶ **entrepreneur, euse** n. (fém. rare) **1·** Personne qui se charge de l'exécution d'un travail (*contrat d'entreprise*). *Entrepreneur de menuiserie, de transports.* **2·** Sans compl. Personne, société qui est chargée d'exécuter des travaux de construction. *Prendre un rendez-vous de chantier avec l'entrepreneur. Elle est entrepreneur en maçonnerie.* **3·** Personne qui dirige une entreprise pour son compte. → **patron(onne).** *Un petit entrepreneur. Un important entrepreneur.* ▶ **entreprise** n. f. **I· 1·** Ce qu'on se propose d'entreprendre → **dessein, projet** ; mise à exécution d'un projet → **affaire, opération.** *Organiser, préparer une entreprise. Réalisation, exécution d'une entreprise. Il est venu à bout de son entreprise.* **2·** En droit. Le fait, pour un entrepreneur, de s'engager à fournir son travail pour un ouvrage, dans des conditions données. *Contrat d'entreprise.* **3·** Organisation de production de biens ou de services à caractère commercial. → **affaire, commerce, établissement, exploitation, industrie.** *Entreprise agricole, industrielle. Entreprise privée, publique. Les petites et moyennes entreprises (P. M. E.).* – ***Chef d'entreprise.*** → **entrepreneur** (3). **II· 1·** Littér. Action par laquelle on attaque qqn, on tente de porter atteinte à ses droits, à sa liberté. *C'est une entreprise contre le droit des gens.* **2·** Au plur. Tentatives de séduction. *Résister, succomber aux entreprises de qqn.* ▷ **autoentrepreneur, autoentreprise**

entrer [ɑ̃tʀe] v. intr. < conjug. 1 > **REM.** Dans la plupart de ses emplois, *entrer* est couramment remplacé (à tort) par *rentrer,* surtout dans l'usage parlé. **I·** (Avec l'auxiliaire **être**) **1·** Passer du dehors au dedans. (Avec *chez, dans, à l'intérieur de*) *Entrer dans un lieu, dans une maison.* → **aller, pénétrer.** / contr. sortir / *Entrer chez un commerçant. Entrer dans une voiture.* → **monter.** – (Avec *à*) *Entrer au cinéma.* – Loc. *Entrer en scène.* **2·** Commencer à être dans (un lieu), à (un endroit). *Entrer dans un village, dans une région.* – Fam. (D'un véhicule ou de ses occupants) *Entrer dans un obstacle, dans un arbre.* → **percuter, tamponner.** – (Avec *dedans*) Fam. *Une voiture lui est entrée dedans.* **3·** Sans compl. Passer à l'intérieur, dedans. *Entrer par la porte, par la fenêtre. Entrez ! Défense d'entrer. Il a salué en entrant.* **4·** (Choses) Aller à l'intérieur. → **pénétrer.** *L'eau entre de toutes parts. Cela entre comme dans du beurre,* facilement. *Cette valise n'entre pas dans le coffre de ma voiture. Le vent entre par la fenêtre.* → s'**engouffrer.** – Abstrait. *Sentiments, passions qui entrent dans le cœur, dans l'âme.* → s'**insinuer, pénétrer.** *Le soupçon, le doute est entré dans son esprit.* **5·** Commencer à faire partie de (un groupe, un ensemble). *Entrer au lycée. Entrer dans l'armée.* → **s'engager.** *Entrer dans un parti politique.* → **adhérer.** **6·** Commencer à prendre part à. → **participer.** *Entrer dans une affaire. Entrer dans une danse, dans le jeu.* **7·** (Temporel) Aborder (une période), commencer à être (dans une période). *Entrer dans sa dixième année. On entre dans les mauvais jours de l'hiver.* **8·** ***Entrer en*** : commencer à être dans (un état). *Entrer en convalescence. Eau qui entre en ébullition. Entrer en action,* se mettre à agir. *Ce pays est entré en guerre.* **9·** ***Entrer dans*** : comprendre, saisir (ce que l'esprit pénètre). *Entrer dans les sentiments de qqn,* le comprendre, se mettre à sa place. → **partager.** – *Entrer dans les idées de qqn,* les partager. **II·** (Avec l'auxiliaire **être**) **1·** Être compris dans. *Entrer dans une catégorie, dans un total. Faire entrer en (ligne de) compte,* prendre en considération. *Cela entre, n'entre pas dans ses intentions.* **2·** Être pour qqch., être un élément de. *De la colère entre dans sa décision.* **3·** (Suj. chose) Être employé dans la composition ou dans la fabrication de qqch. *Les éléments qui entrent dans un mélange.* **III·** Transitivement. (Avec l'auxiliaire **avoir**) **1·** Faire entrer. → **introduire.** *Entrer un meuble par la fenêtre. Il a entré sa voiture au garage.* **2·** Enfoncer. *Il lui entrait ses ongles dans la main.* ▷ ① **entrée,** ② **entrée, rentrer**

entresol [ɑ̃tʀəsɔl] n. m. Espace d'un bâtiment entre le rez-de-chaussée et le premier étage. *Habiter un entresol. Troisième étage au-dessus de l'entresol.*

entre-temps [ɑ̃tʀətɑ̃] adv. Dans cet intervalle de temps. *Ils sont partis en vacances, entre-temps leur maison a été cambriolée.*

① **entretenir** [ɑ̃tʀətniʀ] v. tr. < conjug. 22 > **1·** Faire durer, faire persévérer. → **maintenir, prolonger.** *Entretenir un feu.* → **alimenter.** *L'été, les ombrages entretiennent la fraîcheur. Il entretient de bons rapports avec son voisin.* – Prov. *Les petits cadeaux entretiennent l'amitié.* **2·** ***Entretenir*** *qqn* ***dans*** (un état affectif ou psychologique). *Entretenir qqn dans une idée, dans l'erreur.* **3·** Maintenir en bon état en prenant toutes les mesures appropriées. → **conserver.** *Entretenir une route, ses vêtements. Entretenir sa mémoire.* – Pronominalement (réfl.). *Il marche un peu tous les jours pour s'entretenir.* – Au p. p. adj. *Une voiture bien entretenue.* **4·** Fournir ce qui est nécessaire à la dépense, à la subsistance de (qqn). → **se charger de, nourrir.** *Entretenir une famille, un enfant.* → **élever.** – Au p. p. adj. *Femme entretenue.* ▶ ① **entretien** [ɑ̃tʀətjɛ̃] n. m. **1·** Soins, réparations, dépenses qu'exige le maintien en bon état. *Il ne suffit pas d'acheter une voiture, il faut prévoir son entretien. L'entretien des routes. Une notice d'entretien. Des produits d'entretien.* **2·** Vieilli Ce qui est nécessaire à l'existence matérielle (d'un individu, d'une collectivité). *Pendant ses études, ses parents assurent son entretien.*

② **entretenir** v. tr. < conjug. 22 > ***Entretenir*** *qqn* ***de*** *qqch.* : lui en parler. *Je voudrais vous entretenir de cette affaire.* – Pronominalement. Converser (avec qqn). → **causer, parler.** *S'entretenir avec qqn de vive voix.* ▶ ② **entretien** n. m. Action d'échanger des paroles avec une ou plusieurs personnes ; sujet dont on s'entretient. → **conversation, discussion.** *Avoir un entretien avec qqn. Demander, accorder un entretien.* → **audience, entrevue.** *Engager, prolonger un entretien.*

entretoise [ɑ̃tʀətwaz] n. f. Pièce qui sert à relier dans un écartement fixe des poutres, des pièces de machine. *Les entretoises d'un fuselage.*

s'entre-tuer [ɑ̃tʀətɥe] v. pron. < conjug. 1 > Se tuer mutuellement ; se battre jusqu'à la mort. *Les malfaiteurs se sont entre-tués.*

entrevoir [ɑ̃tʀəvwaʀ] v. tr. < conjug. 30 > **1·** Voir à demi (indistinctement ou trop rapidement). → **apercevoir.** *Il passait en voiture, je ne l'ai qu'entrevu.* → **distinguer.** **2·** Avoir une idée imprécise, une lueur soudaine de (qqch. d'actuel ou de futur). → **deviner, soupçonner.** *On finit par entrevoir une solution. Entrevoir les difficultés d'une entreprise.* → **pressentir.** ▷ **entrevue**

entrevue [ɑ̃tʀəvy] n. f. Rencontre concertée entre personnes qui ont à parler, à traiter une affaire. *Avoir une entrevue avec qqn.* → **entretien.** *Une entrevue d'hommes d'État. Il demanda une entrevue au directeur.*

entropie [ɑ̃tʀɔpi] n. f. Fonction mathématique exprimant le principe de la dégradation de l'énergie. – Cette dégradation, qui se traduit par un état de désordre toujours croissant de la matière. *L'entropie du monde tend vers un maximum.*

entrouvrir [ɑ̃tʀuvʀiʀ] v. tr. < conjug. 18 > Ouvrir à demi, très peu. *Entrouvrir une porte, une fenêtre.* → **entrebâiller.** *Entrouvrir les yeux.* – Pronominalement. *La porte s'entrouvrit doucement.* – Au p. p. adj. *Porte entrouverte. Il reste la bouche entrouverte.*

entuber [ɑ̃tybe] v. tr. < conjug. 1 > Fam. Duper, escroquer. ≠ intuber.

énumérer [enymeʀe] v. tr. < conjug. 6 > Énoncer une à une (les parties d'un tout). → **compter, détailler.** *énumérer des possibilités. Il énumérait tous les avantages de l'opération.* ▶ **énumératif, ive** adj. Qui énumère. *Liste énumérative.* ▶ **énumération** n. f. Action d'énumérer. → **compte, dénombrement, recensement.** *L'énumération des* *objets d'une collection.* → **inventaire, liste, répertoire.** *La locution « à savoir » introduit une énumération.*

énurésie [enyʀezi] n. f. Émission d'urine involontaire et inconsciente.

envahir [ɑ̃vaiʀ] v. tr. < conjug. 2 > **1·** Occuper (un territoire) brusquement et par la force. → **conquérir, prendre.** *La France a souvent été envahie.* **2·** Occuper, s'étendre dans (un espace) d'une manière abusive, ou excessive, intense. (Suj. personne) *La foule envahit les rues.* – (Suj. animal, plante) *Les sauterelles envahissent la plaine.* → **infester.** *Le chiendent envahit le jardin.* – (Suj. chose) → **empiéter,** se **répandre.** *Les produits étrangers envahissent le marché.* **3·** (Suj. sentiment, idée, etc.) Occuper en entier. → **couvrir, remplir.** *Le sommeil l'envahissait doucement.* → **gagner.** *La joie l'envahit.* ▶ **envahissant, ante** adj. **1·** Qui a tendance à envahir. *Un soupçon envahissant. De mauvaises herbes envahissantes.* **2·** (Personnes) *Nous avons des voisins envahissants,* qui s'introduisent dans notre intimité. → **importun, indiscret.** ▶ **envahissement** n. m. **1·** Action d'envahir ; son résultat. *L'envahissement d'un pays.* → **invasion, occupation. 2·** Le fait d'envahir (2, 3). ▶ **envahisseur** n. m. Ennemi qui envahit. *Repousser, chasser les envahisseurs* (ou *l'envahisseur*). ▶ **envahisseur, euse** adj. *Des termites envahisseuses.*

s'**envaser** [ɑ̃vaze] v. tr. < conjug. 1 > **1·** Se remplir de vase. *Le port s'est envasé.* **2·** S'enfoncer dans la vase. → s'**embourber,** s'**enliser.** *L'embarcation s'est envasée.* – Au p. p. adj. *Barque envasée.* ▶ **envasement** n. m. *L'envasement d'un canal.*

enveloppant, ante [ɑ̃vlɔpɑ̃, ɑ̃t] adj. **1·** Qui enveloppe. *La cornée, membrane enveloppante de l'œil.* **2·** Abstrait. Qui séduit progressivement. → **captivant, enjôleur, séduisant.** *Des manières douces et enveloppantes.*

enveloppe [ɑ̃vlɔp] n. f. **I· 1·** Chose souple qui enveloppe, entoure. – Étui, gaine. *Enveloppe protectrice, isolante.* **2·** Feuille de papier pliée et collée en forme de poche. → **pli.** *Mettre une lettre sous enveloppe. Adresse écrite sur l'enveloppe. Enveloppe autocollante. Cacheter, décacheter une enveloppe.* **II·** Littér. Ce qui constitue l'apparence extérieure d'une chose. *L'enveloppe mortelle,* le corps. – Air, apparence, aspect extérieur. *Cacher son agressivité sous une enveloppe de douceur.* → **dehors.**

envelopper [ɑ̃vlɔpe] v. tr. < conjug. 1 > **1·** Entourer d'une chose souple qui couvre de tous côtés. → **entourer, recouvrir.** *Envelopper un objet dans un papier, une étoffe.* → **emballer, empaqueter.** *Envelopper un blessé dans une couverture.* – Constituer l'enveloppe de. *Emballages qui enveloppent les marchandises.* – Au p. p. *Fromage enveloppé de papier.* **2·** Littér. Entourer complètement. *Les ténèbres enveloppent la terre.* **3·** V. pron. ***S'envelopper*** *dans son manteau.* – Abstrait. *S'envelopper dans sa dignité.* → se **draper.** *S'envelopper dans une certaine réserve.* **4·** Littér. ***Envelopper de*** : entourer de qqch. qui cache. → **cacher, dissimuler.** *Envelopper la vérité sous des formes agréables.* – Au p. p. *Naissance enveloppée de mystère.* ▶ **enveloppé, ée** adj. (Personnes) Qui a un peu d'embonpoint, qui est bien en chair. *Sans être gros, il est cependant un peu enveloppé.* ▶ **enveloppement** n. m. **1·** Action d'envelopper ; état de ce qui est enveloppé. **2·** Mouvement stratégique destiné à encercler l'ennemi. *Manœuvre d'enveloppement.* ▷ **enveloppant, enveloppe**

envenimer [ɑ̃vənime] v. tr. < conjug. 1 > **1·** Infecter (une blessure), rendre plus difficile à guérir. → **enflammer, infecter, irriter.** *Il a envenimé cette écorchure en la grattant.* – Pronominalement (réfl.). *La blessure s'est envenimée.* **2·** Rendre plus virulent, plus pénible. *Envenimer une querelle.* → **aggraver, attiser, aviver.** / contr. apaiser, calmer / – Pronominalement (réfl.). *La situation s'est envenimée.* – Au p. p. adj. *Des propos envenimés,* pleins de malveillance.

envergure [ɑ̃vɛʀgyʀ] n. f. **1·** *L'envergure d'un oiseau,* l'étendue des ailes déployées. – La plus grande largeur d'un avion. **2·** Abstrait. (Personnes) Ampleur, ouverture (de l'intelligence). *Son prédécesseur était d'une autre envergure.* → **calibre, classe, valeur.** *Un esprit de grande, de large envergure,* apte à comprendre beaucoup de choses. → **ouverture.** – (Choses) Étendue. *Elle s'est lancée dans une entreprise d'une grande envergure.*

1 **envers** [ɑ̃vɛʀ] prép. **1·** À l'égard de (qqn) (après un mot désignant un sentiment, une action). *Il est bien disposé envers vous. Elle est pleine d'indulgence envers les enfants.* → **pour.** – À l'égard de (une chose morale). *Traître envers la patrie.* **2·** Loc. ***Envers et contre tous*** : en dépit de l'opposition générale. *Je soutiendrai cette opinion envers et contre tous.* – ***Envers et contre tout*** : en dépit de tout, malgré tout.

2 **envers** n. m. invar. **I· 1·** Le côté (d'une chose) opposé à celui qui doit être vu ou qui est vu d'ordinaire. → **derrière.** *L'envers et l'endroit. L'envers d'une médaille.* → **revers.** Loc. *L'envers du décor,* les inconvénients cachés. **2·** Aspect opposé, mais inséparable. → **contraire, inverse.** *Les défauts sont l'envers des qualités.* **II·** ***À l'envers*** loc. adv. **1·** Du mauvais côté, du côté qui n'est pas fait pour être vu. *Mettre un chandail à l'envers.* **2·** Sens dessus dessous. *Mes locataires ont laissé ma maison à l'envers !* → en **désordre,** en **pagaille.**

Avoir la tête, la cervelle à l'envers, l'esprit agité. **3·** Dans un sens inhabituel, dans le mauvais sens. *Lire un texte à l'envers. Vous comprenez tout à l'envers. Le monde va à l'envers,* mal. *C'est le monde à l'envers !,* c'est contraire au bon sens, au bon ordre des choses ! *C'est toi qui me dis ça ? c'est le monde à l'envers !* ▷ **à la renverse, renverser**

à l'envi [alɑ̃vi] loc. adv. Littér. À qui mieux mieux ; en rivalisant. *Ils l'imitaient tous à l'envi.* ≠ **envie.**

envie [ɑ̃vi] n. f. **1·** Sentiment de tristesse, d'irritation et de haine contre ceux qui possèdent un bien. → **jalousie.** *Éprouver de l'envie pour un rival heureux. C'est l'envie qui le rend si désagréable.* **2·** Désir de jouir d'un avantage, d'un plaisir égal à celui d'autrui. *Digne d'envie.* → **enviable.** *Exciter, attirer l'envie de ses voisins. Regarder qqch. avec un œil, avec des regards d'envie.* → **convoitise.** **3·** ***Envie de*** : désir (d'avoir, de posséder, de faire qqch.). → **besoin, désir, goût.** *Éprouver, ressentir l'envie, une grande envie de faire qqch. Cela ne me donne guère envie de rire.* – Besoin organique. *Envie de manger* (faim), *de boire* (soif), *de dormir* (sommeil). *Il a envie de rire.* – Fam. *Il a envie* (d'uriner, d'aller à la selle). **4·** ***Avoir envie de*** : convoiter, vouloir. – (+ substantif) *J'ai envie de cette voiture.* – (+ infinitif) *Elle a envie de voyager.* – *Avoir envie que* (+ subjonctif). → **souhaiter, vouloir.** *Il a envie que vous restiez ici.* – Fam. *J'en ai très envie. J'irai quand j'en aurai envie,* quand je voudrai. – Loc. *Il en meurt, il en crève d'envie.* – ***Faire envie*** : exciter le désir. → **tenter.** *Ce voyage me fait envie. Je vais vous en faire passer l'envie,* vous en ôter le désir. → **dégoûter.** ▶ **enviable** adj. Qui est digne d'envie ; que l'on peut envier. → **désirable, souhaitable, tentant.** / contr. **détestable** / *Une situation, une position enviable. Un sort peu enviable.* ▶ **envier** v. tr. < conjug. 7 > **1·** Éprouver envers (qqn) un sentiment d'envie (1, 2), soit qu'on désire ses biens, soit qu'on souhaite être à sa place. → **jalouser.** *Tout le monde l'envie. Je vous envie d'être si peu frileux !* **2·** Éprouver un sentiment d'envie envers (qqch.). → **convoiter, désirer.** *Envier qqch. à qqn,* désirer posséder ce qu'il possède. *Je vous envie votre situation.* – Loc. *N'avoir rien à envier à personne,* n'avoir rien à désirer. ▶ **envieux, euse** adj. et n. **1·** Qui éprouve de l'envie. → **jaloux.** *Esprit, caractère envieux. Être envieux du bien d'autrui.* → **avide, cupide.** **2·** N. *C'est un jaloux et un envieux.* – Loc. *Faire des envieux,* provoquer l'envie des autres (par sa réussite, son bonheur...). **3·** Qui a le caractère de l'envie. *Des regards envieux.*

envies [ɑ̃vi] n. f. pl. Petits filets de peau autour des ongles.

environ [ɑ̃viʀɔ̃] adv. À peu près ; un peu plus, un peu moins (devant un nom de nombre). → **approximativement.** / contr. **exactement** / *Il y a environ deux ans ; il y a deux ans environ. Un homme d'environ cinquante ans.* – *Sa propriété vaut environ cent mille euros.* → **dans** les.

environner [ɑ̃viʀɔne] v. tr. < conjug. 1 > **1·** Être autour de, dans les environs de. *Des montagnes environnent la ville.* **2·** ***S'environner*** v. pron. et passif. (Personnes) *Il s'environne d'amis ; il est environné d'amis.* ▶ **environnant, ante** adj. Qui environne, qui est dans les environs. → **proche, voisin.** *Les bois environnants.* / contr. **éloigné, lointain** / ▶ **environnement** n. m. **1·** Entourage habituel (de qqn). *L'environnement familial.* **2·** Ensemble des conditions naturelles et culturelles qui peuvent agir sur les organismes vivants et les activités humaines. *Des mesures contre la pollution prises pour protéger l'environnement.* ▶ **environnemental, ale, aux** adj.

environs n. m. pl. Les alentours (d'un lieu). *La ville est sans intérêt, mais les environs sont très pittoresques. Aux environs,* à proximité, dans le voisinage. – (Emploi courant mais critiqué) *Aux environs de Noël,* un peu avant ou après. ▷ **environner**

envisager [ɑ̃vizaʒe] v. tr. < conjug. 3 > **1·** Considérer sous un certain aspect. → **regarder, voir.** *L'aspect, l'angle sous lequel il faut envisager la question,* le point de vue. *Envisager la situation.* **2·** Prendre en considération. → **considérer.** *C'est une hypothèse à envisager. Il n'envisage que l'intérêt général.* → **penser à.** **3·** Prévoir, imaginer comme possible. *Envisager le pire. Il n'a pas envisagé les conséquences de ses actes. Dans ces conditions, il devient difficile d'envisager cette construction.* **4·** ***Envisager de*** (+ infinitif) : faire le projet de. → **penser, projeter.** *Il envisage de déménager.* ▶ **envisageable** adj. Qu'on peut envisager, imaginer. *Cette solution n'est pas envisageable.* → **possible.**

envoi [ɑ̃vwa] n. m. **I· 1·** Action d'envoyer. *L'envoi d'une lettre, d'un message par la poste.* → **expédition.** *Envoi de fleurs.* – Au football. ***Coup d'envoi*** : envoi du ballon par l'avant qui ouvre le jeu ; fig. début, déclenchement d'une opération. **2·** Ce qui a été envoyé. *J'ai reçu votre envoi hier.* **II·** Dans la ballade. Dernière strophe de quatre vers qui dédie le poème à qqn.

s'envoler [ɑ̃vɔle] v. pron. < conjug. 1 > **1·** Prendre son vol ; partir en volant. *Les oiseaux se sont envolés. S'envoler à tire-d'aile.* / contr. **se poser** / *L'avion s'envola, malgré le brouillard.* → **décoller, partir.** / contr. **atterrir** / *Il s'est envolé pour le Japon,* est parti par avion. **2·** Fam. Disparaître subitement. → **partir.** *Personne ! Ils se sont envolés ! Je ne trouve pas ma montre, elle ne s'est pourtant pas* *envolée !* **3·** Être emporté par le vent, par un souffle. *La fumée s'envole. Son chapeau s'est envolé.* **4·** (Bruit) S'élever, monter. **5·** (Temps, sentiments) Passer rapidement, disparaître. → s'**enfuir, partir, passer.** *Le temps s'envole. Tous ses espoirs se sont envolés.* ▶ **envol** [ɑ̃vɔl] n. m. **1·** Action de s'envoler, de prendre son vol. *L'envol d'un oiseau.* – Loc. fig. *Prendre son envol,* débuter, se lancer. **2·** (Avion, etc.) Le fait de quitter le sol. → **décollage.** *Une piste d'envol. À l'envol.* ▶ **envolée** [ɑ̃vɔle] n. f. **1·** Action de s'envoler. *Une envolée de moineaux.* – Au Québec. Vol (d'un avion). **2·** Élan dans l'inspiration (en poésie et dans le discours). *De belles envolées lyriques.*

envoûter [ɑ̃vute] v. tr. < conjug. 1 > **1·** Représenter (une personne) par une figure (statuette, etc.) pour lui faire subir l'effet magique de ce que l'on fait à cette figure (incantations, violences...). **2·** Abstrait. Exercer sur (qqn) un attrait, une domination irrésistible. → **captiver, ensorceler, fasciner.** *Cette femme l'a envoûté. Envoûter son auditoire.* ▶ **envoûtant, ante** adj. Qui envoûte, séduit irrésistiblement. → **captivant, ensorcelant.** *Un charme envoûtant.* ▶ **envoûtement** n. m. **1·** Action d'envoûter ; son résultat. *Formules d'envoûtement.* → **sortilège. 2·** Abstrait. Fascination, séduction. *La puissance d'envoûtement d'un poème.*

envoyer [ɑ̃vwaje] v. tr. < conjug. 8, sauf au futur : *j'enverrai, nous enverrons,* et au conditionnel : *j'enverrais, nous enverrions.* > **I·** *Envoyer qqn.* **1·** Faire aller, partir (qqn quelque part). *Envoyer un enfant à la montagne, à l'école, en classe. Envoyer une délégation auprès de qqn.* – Loc. *Envoyer qqn dans l'autre monde,* le faire mourir. – *Envoyer qqn à qqn* (pour le rencontrer). *Envoyez-moi les gens que cela intéresse.* **2·** Faire aller (qqn) quelque part (afin de faire qqch.). *Envoyer une personne en excursion.* – (+ infinitif) *Envoyer un enfant faire des courses. Je l'enverrai chercher du pain.* Loc. fam. *Il l'a envoyé balader, promener, paître,* il l'a repoussé, il s'en est débarrassé. **3·** Pousser, jeter (qqn quelque part). *Le boxeur a envoyé son adversaire au tapis.* **II·** *Envoyer qqch.* **1·** Faire partir, faire parvenir (qqch. à qqn) par l'intermédiaire d'une personne ou d'un transporteur. → **adresser, expédier.** *Envoyer un télégramme, une lettre, un colis.* **2·** Faire parvenir (qqch.) à, jusqu'à (qqn ou qqch.), par une impulsion matérielle. *Envoyer une balle à un joueur.* → **jeter, lancer.** *Envoyer des pierres dans une vitre.* – Au p. p. adj. *Balle bien envoyée.* – *Envoyer une gifle, un coup à qqn.* → **allonger, donner, flanquer.** *Envoyer un coup de fusil.* → **tirer.** – Adresser à distance (à une personne). *Il nous envoie des baisers, un sourire.* – Au p. p. *Sa réponse était (bien) envoyée,* elle portait. – (+ infinitif) *Envoyer dinguer, promener, valser qqch.,* rejeter, abandonner complètement. **3·** (Suj. chose) Faire aller jusqu'à. *Le cœur envoie le sang dans les artères.* **4·** Fam. ***S'envoyer*** *qqch.* : prendre pour soi. → s'**enfiler,** se **farcir,** se **taper.** *Elle s'est envoyé tout le travail, tout le chemin à pied,* elle l'a fait péniblement, de mauvais gré. *S'envoyer un verre de vin, un bon repas,* le boire, le manger. ▶ **envoyé, ée** n. Personne qu'on a envoyée quelque part pour accomplir une mission. *L'envoyée spéciale d'un journal,* journaliste envoyée spécialement pour un événement précis. ≠ correspondant. *Envoyé chargé de représenter un parti, un pays.* ▶ **envoyeur, euse** n. Personne qui envoie. *Retour à l'envoyeur.* → **expéditeur.** / contr. destinataire / ▷ **renvoyer**

enzyme [ɑ̃zim] n. f. ou m. Substance organique produite par des cellules vivantes, qui agit comme catalyseur dans les changements chimiques. → **ferment.** *Les enzymes favorisent les réactions chimiques de la digestion.*

éolien, ienne [eɔljɛ̃, jɛn] adj. et n. f. **1·** Qui fonctionne par la force du vent *(pompe éolienne),* provient de l'action du vent. **2·** N. f. ***Une éolienne*** : roue métallique qui capte l'énergie du vent.

éosine [eozin] n. f. Matière colorante rouge, utilisée comme colorant ou comme désinfectant. *Éosine aqueuse.*

épagneul, eule [epaɲœl] n. Chien, chienne de chasse, à longs poils soyeux et à oreilles pendantes. *Le cocker, le setter sont des variétés d'épagneul. Une épagneule.*

épais, aisse [epɛ, ɛs] adj. **1·** Qui est de grande dimension, en épaisseur (2). / contr. mince ; fin / *Un mur épais. Une épaisse tranche de pain. Papier épais.* → **fort.** – Qui mesure (telle dimension), en épaisseur. *Une couche épaisse d'un centimètre.* **2·** Dont la grosseur rend les formes lourdes. / contr. fin, svelte / *Avoir des doigts épais, des mains épaisses. Taille épaisse.* – Fam. *Il n'est pas épais,* il est mince. **3·** Qui manque de finesse (au moral). *Un esprit épais.* → **grossier.** / contr. délicat / *Une plaisanterie épaisse.* → **lourd. 4·** Dont les constituants sont nombreux et serrés. → **fourni.** / contr. clairsemé / *Feuillage épais. Chevelure épaisse.* – N. m. *Au plus épais de la foule,* à l'endroit le plus dense. – (Liquide) Qui a de la consistance. → **consistant, pâteux, visqueux.** / contr. clair / *Une huile épaisse.* **5·** (Gaz, vapeur) Dense. / contr. léger, transparent / *Un brouillard épais. Une épaisse fumée.* – Obscur. *Ombre épaisse.* → **profond. 6·** Adv. D'une manière serrée. *Semer épais.* – Fam. Beaucoup. *Il n'y en a pas épais !* → **lourd.** ▶ **épaisseur** n. f. **1·** Caractère de ce qui est épais (1), gros. *L'épaisseur de la peau de l'éléphant.* / contr. finesse, minceur / **2·** Troisième dimension (d'un corps solide), les deux autres étant la longueur et la largeur, ou la hauteur et la largeur ; dimension (d'un corps) formant l'écart entre ses deux surfaces parallèles. *Creuser une niche dans l'épaisseur d'un mur. L'épaisseur d'une armoire.* – Fam. *Il s'en est fallu de l'épaisseur d'un cheveu, d'un fil,* il s'en est fallu de peu. – Mesure de cette dimension. *L'épaisseur d'un livre.* → **grosseur.** *Une épaisseur de deux centimètres.* – (Avec un numéral) *Quatre épaisseurs de tissu. Papier en double épaisseur,* replié, en double. **3·** Caractère de ce qui est épais (4), serré. *L'épaisseur d'une chevelure.* **4·** Caractère de ce qui est consistant, dense. *L'épaisseur d'une crème.* → **consistance.** / contr. fluidité / *L'épaisseur du brouillard nous cachait le paysage.* → **densité.** / contr. légèreté, transparence / **5·** Abstrait. Consistance, profondeur, richesse (on ne dit pas *épais,* dans ce sens). *Ce roman a beaucoup d'épaisseur. Ce personnage manque d'épaisseur.* ▶ **épaissir** v. < conjug. 2 > **I·** V. intr. **1·** Devenir épais, consistant, dense. *Dès que la crème épaissit, ôtez-la du feu.* – Au p. p. adj. *Une sauce épaissie.* **2·** Perdre sa minceur, sa sveltesse. → **grossir.** *Sa taille a épaissi. – Il épaissit en vieillissant.* / contr. maigrir / **II·** V. tr. **1·** Rendre plus épais, plus consistant. *Épaissir un sirop, une sauce.* **2·** Abstrait. Rendre plus important, plus solide. *Épaissir un dossier.* **III·** ***S'épaissir*** v. pron. : devenir plus serré, plus compact, plus dense, plus consistant. *Sa chevelure s'épaissit. Le brouillard s'est épaissi.* – Abstrait. *Le mystère s'épaissit autour de cette affaire.* / contr. s'éclaircir / ▶ **épaississement** n. m. Le fait de devenir plus épais. **1·** (En consistance, densité) *L'épaississement du brouillard, des nuages.* **2·** (En dimension) Perte de la minceur. *Épaississement de la taille.*

[1] **épanchement** [epɑ̃ʃmɑ̃] n. m. Écoulement anormal, accumulation dans les tissus ou dans une cavité, d'un liquide ou d'un gaz organique. → **écoulement, infiltration.** *Épanchement de synovie.*

épancher [epɑ̃ʃe] v. tr. < conjug. 1 > **I·** Littér. Communiquer librement, avec confiance et sincérité. → **confier, livrer.** *Épancher son amour, ses secrets.* **II·** ***S'épancher*** v. pron. **1·** Communiquer librement, avec abandon, ses sentiments, ses opinions, ce que l'on cachait. → **s'abandonner, se confier.** *Il a besoin de s'épancher. S'épancher dans un journal intime.* **2·** Littér. Se répandre. *Son amour s'épanchait.* ▶ [2] **épanchement** n. m. Communication libre et confiante de sentiments, de pensées intimes. → **abandon, effusion, expansion.** *Doux, tendres épanchements. Arrêter ses épanchements.*

épandre [epɑ̃dʀ] v. tr. < conjug. 41 > **1·** Étendre en étalant. *Épandre de l'engrais dans un champ.* **2·** Littér. Donner en abondance. → **répandre, verser.** *Il épandait sa bonté sur tous. Sa bonté s'épandait.* ▶ **épandage** n. m. Action de répandre (l'engrais, le fumier) sur un sol. *Champ d'épandage,* où l'on verse les ordures. → **décharge.** ▷ **répandre**

épanouir [epanwiʀ] v. tr. < conjug. 2 > **1·** Ouvrir, faire ouvrir (une fleur) en déployant les pétales. *La plante épanouit ses fleurs au printemps.* → **déployer, étaler, étendre.** – Pronominalement (réfl.). *La corolle s'épanouit.* → **éclore.** – Au p. p. adj. *Fleur épanouie.* / contr. fermé / **2·** Détendre, en rendant joyeux. *La joie, un bon mot épanouit leurs visages.* → **dérider, réjouir.** / contr. assombrir, attrister / – Au p. p. adj. *Visage, sourire épanoui.* → **joyeux, radieux.** – ***S'épanouir*** v. pron. *Son visage s'épanouit de joie.* – (Personnes) Devenir joyeux, radieux. *À cette nouvelle, il s'est épanoui.* **3·** ***S'épanouir*** v. pron. : se développer librement dans toutes ses possibilités. *Sa beauté, ses charmes commencent à s'épanouir.* – Au p. p. adj. *Un corps épanoui.* ▶ **épanouissement** n. m. **1·** Déploiement de la corolle. *L'épanouissement des roses.* → **éclosion.** – *Un épanouissement d'étincelles.* → **gerbe.** **2·** Le fait de s'épanouir (2). *L'épanouissement du visage.* **3·** Entier développement. *L'épanouissement d'un talent. Être dans tout l'épanouissement de sa beauté.* → **éclat, plénitude.**

[1] **épargner** [epaʀɲe] v. tr. < conjug. 1 > (Compl. chose) **1·** (Surtout en emploi négatif) Consommer, dépenser avec mesure, de façon à garder une réserve. → **économiser, ménager.** / contr. utiliser / *On n'a pas épargné le beurre dans ce plat,* on en a mis beaucoup. **2·** Conserver, accumuler par épargne. *Épargner une somme d'argent.* → **économiser.** / contr. dépenser / **3·** Employer avec mesure. → **compter, ménager.** *Épargner ses pas, sa peine, ses forces. Je n'épargnerai rien pour vous donner satisfaction.* → **négliger.** *Il n'épargne rien pour arriver à ses fins,* il emploie tous les moyens. **4·** ***Épargner une chose à qqn*** : ne pas la lui imposer, faire en sorte qu'il ne la subisse pas. → **éviter.** *Épargner un travail, une peine à qqn. Épargnez-moi vos explications. Vous vous seriez épargné bien des ennuis, en restant chez vous.* ▶ **épargnant, ante** n. Personne qui épargne (1), met de l'argent de côté. *Les épargnants et les consommateurs. – Grand, petit épargnant.* ▶ **épargne** n. f. **1·** Le fait de dépenser moins que ce qu'on gagne. → **économie.** *Rembourser une dette par l'épargne.* – Loc. ***Caisse d'épargne*** : établissement qui reçoit en dépôt les économies des particuliers et leur sert un intérêt. *Un livret de caisse d'épargne. Déposer de l'argent à la caisse d'épargne.* **2·** Ensemble des sommes mises en réserve ou employées à créer du capital. *Rémunération de l'épargne.* → **intérêt.** *La petite épargne,* les éco-

nomies de petits épargnants. **3·** Abstrait. Action de ménager, d'utiliser (une chose) avec modération. → **économie.** *L'épargne du temps, des forces.*

[2] **épargner** v. tr. < conjug. 1 > (Compl. personne) **1·** Traiter avec ménagement, indulgence. *Épargner un adversaire.* – *Épargner l'amour-propre de qqn.* → **ménager, respecter.** – (Suj. chose) *La guerre a épargné ces populations.* / contr. accabler, frapper / – Ménager en paroles, dans un écrit (surtout en emploi négatif). *Il n'a épargné personne dans sa critique.* **2·** Laisser vivre. *Épargner un condamné.* → **gracier.** *La mort n'épargne personne.*

éparpiller [epaʀpije] v. tr. < conjug. 1 > **1·** Jeter, laisser tomber çà et là (plusieurs choses légères ou plusieurs parties d'une chose légère). → **disperser, disséminer, répandre, semer.** / contr. rassembler / *Éparpiller de la paille, du foin sur le sol.* – Au p. p. adj. *Papiers éparpillés.* → **épars. 2·** Disposer, distribuer irrégulièrement. *Des amis que la vie a éparpillés aux quatre coins du monde.* → **disperser, séparer.** / contr. réunir / – Pronominalement. *La foule s'éparpilla en petits groupes.* **3·** *Éparpiller ses forces, ses efforts, son attention,* les diriger sur plusieurs objets à la fois, les disperser inefficacement. – ***S'éparpiller*** v. pron. : passer d'une idée à l'autre, d'une occupation à l'autre. / contr. se concentrer / *Il s'éparpille trop pour réussir.* ▶ **éparpillement** n. m. Action d'éparpiller, fait de s'éparpiller. *L'éparpillement des efforts.* / contr. concentration /

épars, arse [epaʀ, aʀs] adj. Au plur. Placés dans des lieux, des positions séparées et au hasard. → **dispersé, éparpillé.** *Maisons éparses autour d'un village. Cheveux épars,* en désordre, décoiffés. / contr. rassemblé, réuni / – Abstrait. *Rassembler des idées éparses.* – Au sing. *Chevelure éparse. Une végétation éparse.* ▷ **éparpiller**

épatant, ante [epatɑ̃, ɑ̃t] adj. Fam. Qui provoque l'admiration, donne un grand plaisir. → **merveilleux, sensationnel ;** fam. **chouette, formidable.** *Il fait un temps épatant. Il n'est pas épatant, votre fromage,* il est quelconque. *C'est un type épatant.* ▶ **épatamment** [epatamɑ̃] adv. Fam. D'une manière épatante, très bien. → **admirablement, merveilleusement.** *Ce costume vous va épatamment.*

[1] **épaté, ée** [epate] adj. Élargi à la base. *Nez épaté,* court et large. → **aplati, camus.** ▶ **épatement** n. m. Forme de ce qui est épaté. *L'épatement du nez.*

épater [epate] v. tr. < conjug. 1 > Fam. Provoquer un étonnement admiratif chez (qqn). → **ébahir, stupéfier.** *Il veut épater la galerie. Rien ne l'épate.* ▶ **épate** n. f. Fam. Action d'épater. → **bluff ;** fam. **chiqué.** *Il fait de l'épate, un peu d'épate.* ▶ [2] **épaté, ée** adj. Fam. Ébahi, très surpris. *Il a pris un air très épaté.* ▷ **épatant**

épaulard [epolaʀ] n. m. Mammifère marin carnivore, à la peau noire et blanche. → **orque.**

épaule [epol] n. f. **1·** Partie supérieure du bras à l'endroit où il s'attache au tronc. *Largeur d'épaules,* d'une épaule à l'autre. → **carrure.** – Loc. *Hausser, lever les épaules,* pour manifester son indifférence, son mécontentement. – *Baisser les épaules,* accepter avec soumission. – *Avoir la tête sur les épaules,* être sensé, savoir ce qu'on fait. **2·** La partie de la jambe de devant qui se rattache au corps (d'un quadrupède). – Cette partie découpée pour la consommation. *Une épaule désossée. Une épaule de mouton. Rôti de veau dans l'épaule.* ▶ **épauler** v. tr. < conjug. 1 > **I·** *Épauler qqn,* l'aider dans sa réussite. → **assister, soutenir.** *Je vous épaulerai auprès du ministre.* – Pronominalement. S'entraider. *Ils se sont épaulés mutuellement.* **II·** *Épauler qqch.* **1·** (Suj. personne) Appuyer contre l'épaule. *Épauler un fusil,* pour viser et tirer (mettre en joue). **2·** (Suj. chose) Amortir la poussée de (un mur, une voûte...) par une maçonnerie pleine. *Mur de soutènement qui épaule un remblai.* ▶ **épaulé-jeté** n. m. Aux poids et haltères. Mouvement en deux temps consistant à amener la barre au niveau des épaules (*épaulé*), puis à la soulever rapidement à bout de bras (*jeté*). *Des épaulés-jetés.* ▶ **épaulement** n. m. Mur de soutènement ou escarpement naturel. ▶ **épaulette** n. f. **1·** Ornement militaire fait d'une patte placée sur l'épaule. *Galons fixés sur l'épaulette.* – Spécialt. *Épaulettes d'officier.* **2·** Vieilli. Ruban étroit qui passe sur l'épaule pour soutenir un vêtement féminin. → **bretelle.** *Les épaulettes d'une combinaison.* **3·** Rembourrage en demi-cercle cousu à l'épaule d'un vêtement. *Les épaulettes d'un veston.* ▷ **épaulard**

épave [epav] n. f. **1·** Coque d'un navire naufragé ; objet abandonné en mer ou rejeté sur le rivage. *Rivage couvert d'épaves après une tempête. Le plongeur a découvert une épave engloutie.* **2·** Personne désemparée qui ne trouve plus sa place dans la société. *C'est une triste épave, presque un clochard.*

épée [epe] n. f. Arme faite d'une lame aiguë et droite, emmanchée dans une poignée munie d'une garde. → **fleuret, rapière.** *La pointe d'une épée. Dégainer, tirer l'épée. Le choc, le cliquetis des épées. Se battre à l'épée ; duel, escrime à l'épée.* – Loc. *Passer qqn au fil de l'épée,* le tuer à l'arme blanche. – *Un coup d'épée dans l'eau,* un effort inutile, vain. – *Mettre à qqn l'épée dans les reins,* le harceler, le presser sans répit. – *Épée de Damoclès,* danger qui peut s'abattre sur qqn d'un moment à l'autre. ▶ **épéiste** n. Personne qui pratique l'escrime à l'épée.

épeiche [epɛʃ] n. f. Variété de pic (oiseau).

épeler [eple] v. tr. < conjug. 4 > **1·** Nommer successivement chacune des lettres de (un mot). *Voulez-vous épeler votre nom ?* **2·** Lire lentement, avec difficulté. → **ânonner.** *J'épelle le russe, mais je ne le lis pas bien.*

éperdu, ue [epɛʀdy] adj. **1·** Qui a l'esprit profondément troublé par une émotion violente. → **affolé, agité.** *Éperdu de bonheur, de joie,* fou de. **2·** (Sentiments) Très violent. → **passionné.** *Un besoin éperdu de bonheur. Des regards éperdus,* désespérés. – Extrêmement rapide. *Une fuite éperdue.* ▶ **éperdument** adv. D'une manière éperdue. *Être éperdument amoureux.* → **follement.** *Je m'en moque éperdument,* complètement.

éperlan [epɛʀlɑ̃] n. m. Petit poisson marin. *Une friture d'éperlans.*

éperon [epʀɔ̃] n. m. **1·** Pièce de métal, fixée au talon du cavalier et terminée par une roue à pointes, pour piquer les flancs du cheval. *Presser son cheval de l'éperon.* **2·** Pointe de la proue (d'un navire). **3·** Avancée en pointe. *Éperon rocheux.* ▶ **éperonner** [epʀɔne] v. tr. < conjug. 1 > **1·** Piquer avec les éperons (1). *Éperonner son cheval.* **2·** Abstrait. Aiguillonner, stimuler. *La peur, la colère l'éperonnait.* – Au passif. *Être éperonné par l'ambition.*

1 **épervier** [epɛʀvje] n. m. Oiseau rapace diurne de la taille d'un pigeon.

2 **épervier** n. m. Filet de pêche conique, garni de plomb. *Lancer l'épervier. Pêche à l'épervier.*

éphèbe [efɛb] n. m. Dans la Grèce antique. Jeune garçon arrivé à l'âge de la puberté. *Statue d'un éphèbe.* – Iron. Très beau jeune homme. → **adonis.**

éphélides [efelid] n. f. pl. Synonyme savant de « taches de rousseur ».

1 **éphémère** [efemɛʀ] adj. Qui est de courte durée, cesse vite. → **momentané, passager, temporaire.** *Gloire, succès éphémère. Un plaisir, un bonheur éphémère.* → **fragile, précaire.** / contr. durable / ▶ 2 **éphémère** n. m. Insecte ressemblant à une petite libellule, dont l'adulte vit quelques heures.

éphéméride [efemeʀid] n. f. **1·** Calendrier dont on détache chaque jour une feuille. **2·** Liste groupant les événements qui se sont produits le même jour de l'année à différentes époques. *L'éphéméride du 5 mars.* **3·** Ouvrage indiquant pour l'année à venir les faits astronomiques ou météorologiques. **4·** N. f. pl. Tables astronomiques donnant pour chaque jour la position des astres.

épi [epi] n. m. **I· 1·** Partie terminale de la tige de certaines graminées (graines serrées). *Un épi de blé, d'orge. Les blés sont en épis. Égrener des épis.* – Fleurs disposées le long d'un axe allongé. *Épi simple, composé, ramifié.* **2·** Mèche de cheveux dont la direction est contraire à celle des autres. *Avoir un épi.* **II· 1·** Ornement décorant la crête d'un toit. *L'épi d'un faîtage.* **2·** Ouvrage perpendiculaire, ramification latérale. *Épi d'une voie ferrée, d'une jetée.* **3·** ***En épi*** : selon une disposition oblique. *Voitures garées en épi,* obliquement par rapport à la voie.

épice [epis] n. f. Substance végétale, aromatique ou piquante, servant à l'assaisonnement des mets. → **aromate.** *La cannelle, le cumin, la noix muscade, le paprika, le poivre sont des épices.* ▶ 1 **épicé, ée** adj. Assaisonné d'épices. *Il n'aime pas la cuisine trop épicée.* → **fort, relevé.** / contr. fade / ▶ **épicer** v. tr. < conjug. 3 > Assaisonner avec des épices. *Ce cuisinier épice trop ses sauces.* → **relever.** ▷ **épicerie, épices**

2 **épicé, ée** adj. Qui contient des détails grivois. *Récit un peu épicé.* → **salé.**

épicéa [episea] n. m. Arbre voisin du sapin. *Des épicéas.*

épicentre [episɑ̃tʀ] n. m. Foyer apparent des ébranlements au cours d'un tremblement de terre (opposé au *foyer réel* ou *souterrain*). *Épicentre sismique.* → **séisme.**

épicerie [episʀi] n. f. **1·** (**REM.** D'abord, commerce des *épices*.) Vente de nombreux produits de consommation courante (alimentation générale) ; magasin où se fait cette vente. **2·** Produits d'alimentation qui se conservent. *Mettre l'épicerie dans un placard.* ▶ **épicier, ière** n. Personne qui tient une épicerie, un commerce d'épicerie. – En appos. *Marchand, garçon épicier.* – Fam. et péj. Homme à l'esprit étroit, terre à terre. *Une mentalité, des idées d'épicier.*

épices n. f. pl. Sous l'Ancien Régime. Cadeau offert au juge, taxe payée dans un procès.

épicurien, ienne [epikyʀjɛ̃, jɛn] adj. et n. **1·** Qui ne songe qu'au plaisir. → **sensuel.** *Un joyeux épicurien.* **2·** En philosophie. De la doctrine d'épicure (ou *épicurisme,* n. m.). *Morale épicurienne.*

épidémie [epidemi] n. f. **1·** Maladie infectieuse qui frappe en même temps et au même endroit un grand nombre de personnes ou d'animaux (*épizootie*). *Épidémie de choléra, de grippe. Une épidémie mondiale.* → **pandémie.** *L'épidémie se propage par contagion.* ≠ endémie. **2·** Abstrait. Ce qui touche un grand nombre de personnes en se propageant. → **contagion, mode.** *Une véritable épidémie de peur.* ▶ **épidémique** adj. **1·** Qui a les caractères de l'épidémie. *Maladie épidémique.* **2·** Qui touche en même temps un grand nombre d'individus par entraînement. → **contagieux.** ▶ **épidémiologie** n. f. Étude des facteurs qui interviennent dans l'apparition des maladies, leur fréquence, leur répartition et leur évolution.

épiderme [epidɛʀm] n. m. Couche superficielle de la peau. *Le derme et l'épiderme. Une brûlure du premier degré n'atteint que l'épiderme.* – Abstrait. Loc. *Avoir l'épiderme sensible,* être susceptible. ▶ **épidermique** adj. **1·** De l'épiderme. → **cutané.** *Tissu épidermique.* **2·** Abstrait. (Sentiments, réactions) Superficiel. *C'est une réaction, une attitude épidermique.* / contr. profond /

épier [epje] v. tr. < conjug. 7 > **1·** Observer attentivement et secrètement (qqn, un animal). *Épier une personne suspecte.* → **espionner.** *Animal qui épie sa proie.* → **guetter.** **2·** Observer attentivement, essayer de découvrir (qqch.). *Épier les réactions de qqn sur son visage.* – Attendre avec espoir ou angoisse (un moment). *Il épiait l'occasion favorable pour s'emparer de l'argent.*

épieu [epjø] n. m. Gros et long bâton terminé par un fer plat, large et pointu. *Des épieux.*

épigastre [epigastʀ] n. m. Creux de l'estomac. *Douleur de l'épigastre.*

épigénétique [epiʒenetik] n. f. et adj. Domaine de la biologie qui étudie l'influence de l'environnement et de l'histoire de l'individu sur l'expression des gènes. – Adj. *Processus épigénétiques.*

épiglotte [epiglɔt] n. f. Lame cartilagineuse qui ferme le larynx au moment de la déglutition.

épigone [epigɔn] n. m. Littér. Successeur, imitateur. *Les épigones du naturalisme.*

épigramme [epigʀam] n. f. **1·** Petit poème satirique. *Faire une épigramme contre qqn.* **2·** Trait satirique, mot spirituel contre qqn. → **raillerie.** / contr. compliment /

épigraphe [epigʀaf] n. f. **1·** Inscription placée sur un édifice pour en indiquer la date, la destination. **2·** Courte citation en tête d'un livre, d'un chapitre. *Mettre une maxime en épigraphe.* ▶ **épigraphie** n. f. Étude scientifique des inscriptions. ▶ **épigraphique** adj. Qui se rapporte aux inscriptions. *Études épigraphiques.* ▶ **épigraphiste** n.

épiler [epile] v. tr. < conjug. 1 > Arracher les poils de (une partie du corps). → **épilation.** *Elle s'est fait épiler les jambes. Pince à épiler.* – Au p. p. adj. *Des sourcils épilés.* ▶ **épilation** n. f. Action d'épiler. *Épilation avec une crème. Épilation électrique.* ▶ **épilatoire** adj. Qui sert à épiler. → **dépilatoire.** *Une crème épilatoire.*

épilepsie [epilɛpsi] n. f. Maladie nerveuse caractérisée par de brusques attaques convulsives avec perte de connaissance. *Crise d'épilepsie.* ▶ **épileptique** [epilɛptik] adj. **1·** Relatif à l'épilepsie. *Convulsions épileptiques.* **2·** Atteint d'épilepsie. – N. *Un, une épileptique.*

épilogue [epilɔg] n. m. **1·** Résumé à la fin d'un discours, d'un poème (opposé à *prologue*). → **conclusion.** – Partie qui termine (un ouvrage littéraire). *L'épilogue d'un roman, d'une pièce de théâtre.* **2·** Abstrait. Dénouement (d'une affaire longue, embrouillée). *Le long procès trouva son épilogue.* ▶ **épiloguer** v. tr. ind. < conjug. 1 > *Épiloguer sur :* faire de longs commentaires sur. *Il ne sert à rien d'épiloguer sur ce qui vient de vous arriver.*

épinard [epinaʀ] n. m. Plante aux feuilles épaisses et molles d'un vert soutenu. *Des graines d'épinard.* – Au plur. Feuilles comestibles de cette plante. *Des épinards en branches. Veau aux épinards.* – En appos. Invar. *Vert épinard,* sombre et soutenu.

épine [epin] n. f. **1·** Vx. Arbre ou arbrisseau aux branches armées de piquants (aubépine, prunellier, etc.). *La couronne d'épines* (faite de branches épineuses) *du Christ.* **2·** Piquant (d'une plante). → **aiguille.** *Les épines du rosier.* – Loc. *Enlever, ôter à qqn une épine du pied,* le tirer d'embarras. – *Il n'y a pas de rose sans épines,* tout plaisir comporte un désagrément. **3·** Partie piquante de certains animaux. *Les épines du hérisson.* ▷ **aubépine, épineux, épine-vinette, épinoche**

épine dorsale [epindɔʀsal] n. f. **1·** Saillie longitudinale que déterminent les vertèbres au milieu du dos. – Colonne vertébrale (→ **spinal**). **2·** Chaîne centrale d'un système montagneux. ▷ **épinière**

1 **épinette** [epinɛt] n. f. Ancien instrument de musique à clavier et à cordes pincées, plus petit qu'un clavecin.

2 **épinette** n. f. Au Canada. Épicéa.

épineux, euse [epinø, øz] adj. **1·** Qui est hérissé d'épines ou de piquants. *Arbuste épineux.* – N. m. *Un, des épineux.* **2·** Abstrait. Qui est plein de difficultés. → **délicat, difficile, embarrassant.** *Affaire épineuse. Question épineuse.*

épine-vinette [epinvinɛt] n. f. Arbrisseau à fleurs jaunes en grappes pendantes, dont les fruits sont des baies rouges et comestibles. *Une baie d'épine-vinette. Des épines-vinettes.*

épingle [epɛ̃gl] n. f. **1**· Petite tige de métal, pointue d'un bout, garnie d'une boule (tête) de l'autre, dont on se sert pour attacher, fixer des choses souples (tissu, papier, etc.). *Une pelote à épingles. Piqûre d'épingle.* – Loc. *Être tiré à quatre épingles,* être vêtu avec un soin méticuleux. – *Tirer son épingle du jeu,* se dégager adroitement d'une situation délicate. – *Pointe d'épingle,* chose extrêmement fine, fragile. **2**· Objet généralement pointu, servant à attacher, à fixer. *Épingle à chapeau, épingle de cravate.* – Loc. *Monter en épingle,* mettre en évidence, en relief. – ***Épingle à cheveux :*** à deux branches, pour maintenir les chignons. *Virage en épingle à cheveux,* très serré. – *Épingle de sûreté* ou *de nourrice,* munie d'une fermeture. – *Épingle à linge* (en bois, en matière plastique). → **pince.** ▶ **épingler** v. tr. < conjug. 1 > **1**· Attacher, fixer avec des épingles. *Épingler des billets ensemble. Épingler un papillon sur un support, un œillet à sa boutonnière.* **2**· Fam. *Épingler qqn,* l'arrêter, le faire prisonnier. *Se faire épingler,* se faire prendre. → fam. **pincer.** ▶ **épinglette** n. f. → **pin's.**

épinière [epinjɛʀ] adj. f. *Moelle épinière.* → **moelle.**

épinoche [epinɔʃ] n. f. Poisson qui porte de deux à quatre aiguillons indépendants. *Épinoche d'eau douce.*

Épiphanie [epifani] n. f. Fête catholique qui commémore l'adoration des Rois mages (*jour des Rois*). *On mange la galette des Rois le jour de l'Épiphanie.*

épiphénomène [epifenɔmɛn] n. m. Phénomène qui accompagne un phénomène essentiel, sans prendre part à son apparition.

épiphyse [epifiz] n. f. Extrémité renflée (d'un os long).

épiploon [epiplɔɔ̃] n. m. Terme d'anatomie. Repli du péritoine.

épique [epik] adj. **1**· Qui raconte en vers une action héroïque (→ **épopée**). «*L'Iliade*», «*La Chanson de Roland*», «*Le Paradis perdu*» *de John Milton sont des poèmes épiques.* – Relatif à l'épopée. *Style épique. Vers épiques,* employés par l'épopée. **2**· Digne de figurer dans une épopée. *Les dernières heures du rallye furent épiques.* – Iron. *Il y eut des scènes, des discussions épiques.*

épiscopal, ale, aux [episkɔpal, o] adj. D'un évêque. *Les ornements épiscopaux.* ▶ **épiscopat** n. m. **1**· Dignité, fonction d'évêque ; sa durée. **2**· Ensemble des évêques. *L'épiscopat français.* ▷ **archiépiscopal**

épisiotomie [epizjɔtɔmi] n. f. Incision du périnée pratiquée lors de certains accouchements pour faciliter l'expulsion du fœtus.

épisode [epizɔd] n. m. **1**· Fait accessoire qui se rattache à un ensemble. → **circonstance.** *Ce n'est qu'un épisode dans sa vie.* → **péripétie. 2**· Action secondaire (dans une œuvre d'imagination, pièce, roman, film). *Un épisode comique dans une histoire tragique.* **3**· Division (d'un roman, d'un film...). *Émission de télévision, feuilleton à épisodes.* ▶ **épisodique** adj. **1**· Littér. Qui a un caractère secondaire. *C'est un événement épisodique. Une action épisodique.* **2**· Qui se produit de temps en temps, irrégulièrement. → **intermittent.** *On ne le voit que de façon épisodique.* ▶ **épisodiquement** adv. D'une manière épisodique. *Il est venu épisodiquement ces derniers mois.*

épissure [episyʀ] n. f. Jonction, nœud de deux cordages (câbles, fils électriques, etc.), dont on entrelace les éléments.

épistémologie [epistemɔlɔʒi] n. f. Étude critique des sciences, destinée à déterminer leur origine logique, leur valeur et leur portée (théorie de la connaissance). ▶ **épistémologue** ou **épistémologiste** n. Spécialiste de l'épistémologie.

épistolaire [epistɔlɛʀ] adj. Qui a rapport à la correspondance par lettres. *Être en relations épistolaires avec qqn. La littérature épistolaire.*

épitaphe [epitaf] n. f. Inscription funéraire. *L'épitaphe commence souvent par les mots «ci-gît».*

épithalame [epitalam] n. m. Littér. Poème composé à l'occasion d'un mariage.

épithélium [epiteljɔm] n. m. En biologie. Tissu formé de cellules juxtaposées qui recouvre la surface du corps ou qui tapisse l'intérieur de tous les organes creux. *Épithélium simple, stratifié.* ▶ **épithélial, ale, aux** adj. De l'épithélium. *Cellules épithéliales.*

épithète [epitɛt] n. f. et adj. **1**· Ce qu'on adjoint à un nom, à un pronom pour le qualifier (adjectif qualificatif, nom, expression en apposition). – En grammaire. Se dit d'un adjectif qualificatif qui n'est pas relié au nom par un verbe (opposé à *attribut*). *Dans «une grande maison», «grande» est épithète de «maison».* **2**· Qualification (louangeuse ou injurieuse) donnée à qqn. *Il s'est fait traiter d'idiot, ce n'est pas une épithète qui lui convient.*

épitoge [epitɔʒ] n. f. **1**· Dans l'antiquité romaine. Vêtement porté sur la toge. **2**· Bande d'étoffe garnie d'hermine, fixée à l'épaule de la robe de cérémonie des magistrats, de certains professeurs.

épître [epitʀ] n. f. **1·** Dans la liturgie catholique. Partie de la messe généralement tirée des épîtres (lettres) des Apôtres. *La messe en est à l'épître.* **2·** Littér. Lettre en vers. *Les épîtres de Boileau.* – Iron. Longue lettre. *Il m'a envoyé une interminable épître.*

épizootie [epizɔɔti] n. f. Didact. Épidémie qui frappe les animaux. *Épizootie de fièvre aphteuse.*

éploré, ée [eplɔʀe] adj. Littér. Qui est tout en pleurs. *Elle s'est enfuie tout éplorée.* – *Air, visage éploré.* → **désolé, triste.**

éployer [eplwaje] v. tr. < conjug. 8 > Littér. *Éployer ses ailes.* → **déployer.**

éplucher [eplyʃe] v. tr. < conjug. 1 > **1·** Nettoyer en enlevant les parties inutiles ou mauvaises, en coupant, grattant. → **décortiquer, peler.** *Éplucher de la salade, des radis, des pois* (écosser). – Enlever la peau de. → **peler.** *Éplucher des pommes de terre, une pêche.* **2·** Abstrait. Examiner avec un soin minutieux afin de découvrir ce qu'il peut y avoir à critiquer, à reprendre en qqch. *Il épluchera votre livre* (pour découvrir toutes les erreurs). *Éplucher un compte.* ▶ **épluchage** n. m. **1·** Action d'éplucher (un fruit, un légume). **2·** Examen détaillé. *L'épluchage des comptes.* ▶ **épluchette** n. f. Au Canada. Réunion, fête au cours de laquelle on épluche des épis de maïs. ▶ **éplucheur, euse** n. Personne ou instrument qui épluche. *Un éplucheur électrique.* – En appos. *Couteau éplucheur.* ▶ **épluchure** n. f. Ce qu'on enlève à une chose en l'épluchant. *Des épluchures de pommes de terre. Épluchures d'oranges.* → **pelure.** ▷ **pluches**

épode [epɔd] n. f. Troisième partie d'une ode. *Une ode se divise en strophe, antistrophe et épode.*

épointer [epwɛ̃te] v. tr. < conjug. 1 > Émousser en ôtant, en cassant ou en usant la pointe. *Épointer une aiguille.*

éponge [epɔ̃ʒ] n. f. **I· 1·** Substance légère et poreuse (d'abord faite d'une *éponge*, II), qui peut absorber les liquides et les rejeter à la pression ; objet fait de cette substance (→ **spongieux**). *Éponge de toilette. Éponge végétale, synthétique. Nettoyer le fond d'une poêle avec une éponge métallique.* **2·** Loc. *Presser l'éponge,* soutirer de qqn tout ce que l'on peut. – *Passer l'éponge sur une faute,* la pardonner, n'en plus parler. *Jeter l'éponge,* abandonner un combat (d'abord, boxe), une lutte. **3·** En appos. *Tissu-éponge,* dont les fils dressés absorbent l'eau. *Des tissus-éponges. Serviette-éponge,* en un tel tissu. *Des serviettes-éponges.* **II·** Animal marin, fixé, de forme irrégulière et dont le squelette léger et poreux fournit la matière appelée *éponge* (I). *Pêcheur d'éponges.* ▶ **éponger** v. tr. < conjug. 3 > **1·** Étancher (un liquide) avec une éponge, un chiffon, etc. *Épongez vite cette encre.* **2·** Essuyer, sécher. *Éponger son front, s'éponger le front avec un mouchoir.* – (Suj. chose) *Cette serviette éponge bien.* **3·** Abstrait Résorber (un excédent financier) ; absorber (ce qui est en trop). *Éponger une dette.* → **supprimer.**

éponyme [epɔnim] adj. Didact. Qui donne son nom à (qqn, qqch.). *Athéna, déesse éponyme d'Athènes.*

épopée [epɔpe] n. f. **1·** Long poème ou récit de style élevé où la légende se mêle à l'histoire pour célébrer un héros ou un grand fait (→ **épique**). *« L'Iliade », « l'Odyssée » sont des épopées. « La Chanson de Roland », une des épopées du Moyen Âge* (→ Chanson de geste). **2·** Suite d'événements historiques de caractère héroïque et sublime. *L'épopée napoléonienne.*

époque [epɔk] n. f. **1·** Période historique déterminée par des événements importants ou caractérisée par un état de choses. *L'époque des grandes invasions.* → **période.** *L'époque d'Henri IV* → **règne,** *de la Régence. Nous vivons une drôle d'époque ! Ah ! Quelle époque ! Les modes d'une époque. Il n'est pas reconnu par son époque,* par ses contemporains. *La Belle époque,* les premières années du XXe s. (considérées comme l'époque d'une vie agréable et légère). – Loc. *Faire époque,* marquer une date importante, laisser un souvenir durable. **2·** Période caractérisée par un style artistique. *Le théâtre de l'époque classique.* – ***D'époque*** : vraiment ancien. *Une commode Louis XVI d'époque,* authentique. **3·** Période marquée par un fait déterminé. *Cela s'est passé à l'époque où j'étais jeune. L'époque d'une rencontre.* → **date, moment.** *L'époque des semailles,* saison. – *À la même, à pareille époque* (moment de l'année). **4·** Division d'une période géologique. *L'époque carbonifère.*

épouiller [epuje] v. tr. < conjug. 1 > Débarrasser (un être vivant) de ses poux. – Pronominalement (réfl. et récipr.). *Singes qui s'épouillent.* ▶ **épouillage** n. m. Action d'épouiller.

s'**époumoner** [epumɔne] v. pron. < conjug. 1 > Parler, crier très fort. *Cesse donc de t'époumoner !* → **hurler.** – Se fatiguer (en parlant). → **s'essouffler.** *Il s'époumonait à nous convaincre.*

épousailles [epuzɑj] n. f. pl. Vx ou plaisant. Célébration d'un mariage. → **noce.**

épouse n. f. → **époux.**

épouser [epuze] v. tr. < conjug. 1 > **1·** Prendre pour époux, pour épouse ; se marier avec. *Épou-*

ser qqn par amour, par intérêt, pour sa fortune. Le prince épousa la bergère. – Pronominalement (récipr.). *Ils se sont épousés l'année dernière.* **2·** Abstrait. S'attacher de propos délibéré et avec ardeur à (qqch.). *Épouser les idées, les opinions d'un ami.* → **partager.** *Il épouse nos intérêts.* → **soutenir.** *Épouser son époque, son temps,* s'y adapter. **3·** S'adapter exactement à (une forme, un mouvement). *Cette robe épouse les formes du corps.* → **mouler.** ▷ **épousailles, époux**

épousseter [epuste] v. tr. < conjug. 4 > Nettoyer, en ôtant la poussière avec un chiffon, un plumeau, etc. *Épousseter des meubles, des bibelots.* ▶ **époussetage** n. m. Action d'épousseter.

époustoufler [epustufle] v. tr. < conjug. 1 > Fam. Jeter (qqn) dans l'étonnement, la surprise admirative. → **épater, étonner.** *Votre histoire m'a époustouflé.* ▶ **époustouflant, ante** adj. Fam. Extraordinaire, prodigieux. *Une réussite époustouflante.*

épouvantable [epuvɑ̃tabl] adj. **1·** Qui cause ou est de nature à causer de l'épouvante. *Des cris épouvantables.* → **effroyable, horrible, terrifiant.** *Crime épouvantable.* → **monstrueux.** *Ce fut un supplice, une mort épouvantable.* → **affreux, atroce. 2·** Inquiétant, très mauvais. *Il a une mine épouvantable.* – Très désagréable. *Il fait un temps épouvantable.* → **affreux.** – Fam. *Cet enfant est épouvantable,* insupportable. **3·** Excessif. *Un bruit, un fracas épouvantable.* → **violent.** *Il entra dans une colère épouvantable.* ▶ **épouvantablement** adv. D'une manière épouvantable. *Il a été épouvantablement torturé. Il est épouvantablement laid.* → **terriblement.**

épouvantail, ails [epuvɑ̃taj] n. m. **1·** Objet (mannequin vêtu de haillons, etc.) qu'on met dans les champs, les jardins, les arbres pour effrayer (*épouvanter*) les oiseaux. *Des épouvantails à moineaux. Il est habillé comme un épouvantail.* **2·** Abstrait. Chose, personne qui inspire d'excessives terreurs. → **croque-mitaine.**

épouvanter [epuvɑ̃te] v. tr. < conjug. 1 > **1·** Remplir d'épouvante. → **effrayer, terrifier.** *Les armes atomiques épouvantent le monde.* – Au p. p. adj. *Il s'enfuit, épouvanté.* **2·** Causer de vives appréhensions à. → **effrayer, inquiéter.** *L'idée de partir en avion l'épouvante.* ▶ **épouvante** n. f. **1·** Peur violente et soudaine causée par qqch. d'extraordinaire, de menaçant. → **effroi, frayeur, horreur, terreur.** *Rester cloué, glacé d'épouvante. La vue de ce massacre l'a frappé, saisi d'épouvante. Roman, film d'épouvante.* **2·** Vive inquiétude. → **appréhension, crainte.** *Je vois venir avec épouvante le moment de payer les factures.* ▷ **épouvantable, épouvantail**

époux, ouse [epu, uz] n. **1·** Personne unie à une autre par le mariage. *Prendre qqn pour époux, pour épouse.* → **femme, mari** (mots plus courants). *Les époux,* les conjoints. – Fam. *Et comment va votre époux, votre épouse ?* (Usage courant : *votre mari, votre femme ;* usage soutenu : *Monsieur X, Madame X*). **2·** Au fém. (quand *femme* serait ambigu). *Elle est plus mère qu'épouse.*

époxy [epɔksi] adj. invar. *Résine époxy,* résine synthétique utilisée pour assurer l'étanchéité (rebouchage, collage...). *Des résines époxy.*

s'éprendre [epʀɑ̃dʀ] v. pron. < conjug. 58 > **1·** Littér. Être saisi, entraîné (par un sentiment, une passion). *S'éprendre d'une grande passion pour la musique.* **2·** ***S'éprendre de qqn*** : devenir amoureux (→ **épris**). *Ils se sont épris l'un de l'autre.* – *S'éprendre de qqch.,* commencer à aimer. → **se passionner.** *S'éprendre de son travail.* ▷ **épris**

1 **épreuve** [epʀœv] n. f. **I· 1·** Souffrance, malheur, danger qui atteint durement qqn (→ **éprouver**). *Vie pleine d'épreuves, remplie d'épreuves.* → **malheur, peine.** *Il a supporté une pénible, une rude épreuve.* – *Il a été fortifié par l'épreuve,* le malheur. **2·** Ce qui permet de juger la valeur d'une idée, d'une qualité intellectuelle ou morale, d'une œuvre, d'une personne. → **critère, pierre** de touche, **test.** *Le danger, épreuve du courage. Cet exercice est une épreuve d'intelligence.* **3·** ***À l'épreuve.*** *Mettre à l'épreuve,* éprouver (1). *Mettre la patience de qqn à rude épreuve,* abuser de sa patience. – ***À toute épreuve*** : inébranlable, résistant. *Une patience, une santé à toute épreuve.* **4·** Essai qui permet de juger les qualités de qqch. *Épreuve de résistance.* – ***À l'épreuve de*** : capable de résister à. *Vêtement à l'épreuve des balles* → **pare-balles,** *du feu.* **II· 1·** Acte imposé à qqn et destiné à lui conférer une qualité, une dignité, à le classer. *Épreuves d'initiation. Les épreuves d'un examen, d'un concours,* les diverses parties qui le composent. *Épreuves écrites* (composition, devoir), *orales* (interrogation, oral). *Épreuves éliminatoires.* **2·** Compétition sportive. *Les épreuves d'un championnat, des jeux Olympiques. Épreuve contre la montre.*

2 **épreuve** n. f. **1·** Texte imprimé d'un manuscrit tel qu'il sort de la composition. *Corriger des fautes, les coquilles sur une épreuve, corriger les épreuves.* **2·** Exemplaire d'une estampe. *Une épreuve numérotée.* – Photographie. *Épreuve négative.* → **négatif.**

épris, ise [epʀi, iz] adj. (→ **s'éprendre**) **1·** *Épris de qqch.,* pris de passion pour (qqch.). *Être épris de justice. Il est épris de son métier.* **2·** *Épris de qqn,* amoureux de qqn. *Il est très épris de cette femme.* → **s'éprendre.** – Sans compl. *Elle paraît très éprise.*

éprouver [epʀuve] v. tr. < conjug. 1 > **1·** Essayer (qqch.) pour vérifier la valeur, la qualité. → **expérimenter.** *Éprouver différentes façons de procéder. Éprouver les connaissances de qqn en l'interrogeant. Éprouver la valeur de qqn, de qqch.*, mettre à l'épreuve. – Au p. p. adj. *Des qualités éprouvées*, certaines. **2·** (Suj. chose) Faire subir une épreuve (▢, I, 1) ; des souffrances à (qqn). *La perte de son père l'a bien éprouvé.* → **frapper.** *La sécheresse a durement éprouvé ce pays.* – Au p. p. adj. *C'est un homme (très) éprouvé*, il a souffert. **3·** Apprécier, connaître par une expérience personnelle. → **constater, reconnaître.** *Il éprouva à ses dépens qu'on ne pouvait se fier à eux.* **4·** Avoir, ressentir (une sensation, un sentiment). *Éprouver un besoin, un désir, une impression. Éprouver de la gêne, de la joie. Éprouver de la tendresse pour qqn. Dites au médecin ce que vous éprouvez.* → **sentir, ressentir. 5·** Subir. *Il a éprouvé des difficultés. Éprouver des pertes.* ▶ **éprouvant, ante** adj. Difficile à supporter. *Un climat éprouvant. Une journée très éprouvante*, épuisante. ▷ **épreuve, éprouvette**

éprouvette [epʀuvɛt] n. f. **1·** Tube allongé fermé à un bout, employé dans les expériences de physique et de chimie pour recueillir ou manipuler les gaz et les liquides. → **tube** à essai. **2·** En technique. Échantillon d'un métal dont on éprouve les qualités.

épuiser [epɥize] v. tr. < conjug. 1 > **I· 1·** Utiliser (qqch.) jusqu'à ce qu'il ne reste plus rien. → **consommer, dépenser, user.** *Épuiser les réserves, les munitions. La mine, la terre est épuisée*, ne peut plus rien donner. *Épuiser un stock* (en le vendant). → **écouler. 2·** Abstrait. User jusqu'au bout. *Épuiser la patience de qqn.* → **lasser.** *Ce travail a épuisé toute son énergie.* – *Épuiser un sujet*, le traiter à fond. **II·** Réduire à un affaiblissement complet (qqn, ses forces, sa santé). → **affaiblir, exténuer, fatiguer, user** ; fam. **vider.** *Cette maladie l'épuise. Épuiser ses forces.* – Excéder, lasser. *Son bavardage m'épuise.* – ***S'épuiser*** v. pron. : perdre ses forces. *S'épuiser à faire qqch.* → **s'éreinter.** *Il s'épuise au travail, sur un travail.* → se **tuer.** *S'épuiser à force de crier, à crier, en efforts inutiles.* Par exagér. *Je m'épuise à vous le répéter.* → **s'évertuer.** ▶ **épuisant, ante** adj. Qui fatigue beaucoup. *Régime, climat épuisant.* → **éprouvant, éreintant.** ▶ **épuisé, ée** adj. **1·** Qui n'est pas disponible pour la vente. *Livre épuisé.* **2·** À bout de forces. → **exténué, harassé.** *Un nageur épuisé. Tomber épuisé.* ▶ **épuisement** n. m. **1·** Action d'épuiser (I) ; état de ce qui est épuisé. *L'épuisement du sol.* → **appauvrissement.** *L'épuisement des provisions.* **2·** Absence de forces, grande faiblesse (physique ou morale). → **abattement, fatigue, faiblesse.** *Tomber dans l'épuisement. Il est dans un état d'épuisement extrême.* ▷ **inépuisable**

épuisette [epɥizɛt] n. f. Petit filet de pêche en forme de poche monté sur un cerceau et fixé à un long manche. *Sortir un poisson de l'eau avec une épuisette.*

épuration [epyʀasjɔ̃] n. f. **1·** Action d'épurer. → **purification.** *L'épuration des eaux usées. Une station d'épuration.* **2·** Abstrait. Assainissement, purification. *Épuration de la langue.* **3·** Élimination (des membres qu'on juge indésirables) dans un groupe. → **exclusion, purge.** *L'épuration des collaborateurs à la Libération* (1944). – *Épuration ethnique**.

épure [epyʀ] n. f. Dessin au trait qui donne l'élévation, le plan et le profil d'une figure (projetée avec les cotes précisant ses dimensions). → **plan.** *L'épure d'une voûte, d'une charpente.*

épurer [epyʀe] v. tr. < conjug. 1 > **1·** Rendre pur, plus pur, en éliminant les éléments étrangers. → **purifier ; épuration.** *Épurer de l'eau* (clarifier, distiller, filtrer). *Épurer un minerai.* **2·** Abstrait. Rendre meilleur, plus correct ou plus fin. → **améliorer, perfectionner.** *Épurer le goût, les mœurs.* – Au p. p. adj. *Une langue épurée*, châtiée. **3·** Éliminer certains éléments de (un groupe, une société). *Épurer une assemblée, une administration.* ▶ **épurateur** n. m. Appareil pour épurer (les liquides, gaz). ▷ **épuration**

équanimité [ekwanimite] n. f. Littér. Égalité d'âme, d'humeur. → **indifférence, sérénité.** *Il a supporté ces critiques avec équanimité.*

équarrir [ekaʀiʀ] v. tr. < conjug. 2 > **I·** Tailler pour rendre carré, régulier. *Équarrir une poutre. Équarrir un tronc d'arbre pour en tirer des planches.* – Au p. p. adj. *Une pièce de bois équarrie.* Abstrait. *Mal équarri*, grossier. **II·** Couper en quartiers, dépecer (un animal mort). *Équarrir un cheval.* ▶ **équarrissage** n. m. **1·** Action d'équarrir. *L'équarrissage d'une poutre.* **2·** Abattage et dépeçage d'animaux impropres à la consommation alimentaire (chevaux, etc.). ▶ **équarrisseur, euse** n. Personne dont le métier est d'équarrir les animaux.

équateur [ekwatœʀ] n. m. **1·** Grand cercle de la sphère terrestre, perpendiculaire à son axe de rotation. *L'équateur est situé à égale distance des pôles. Cercles parallèles à l'équateur*, parallèles. *Demi-cercles perpendiculaires à l'équateur*, méridiens. **2·** Les régions comprises dans la zone équatoriale. **3·** *Équateur céleste*, grand cercle de la sphère céleste (dans le même plan que l'équateur terrestre). ▷ **équatorial**

équation [ekwasjɔ̃] n. f. **1·** Relation conditionnelle existant entre deux quantités et dépendant de certaines variables (ou inconnues). *Résoudre une équation,* trouver les valeurs des inconnues (*racines* ou *solutions de l'équation*) qui la vérifient. *Équation à une, à deux, à plusieurs inconnues.* **2·** Formule d'égalité ou formule rendant deux quantités égales. *Équation chimique.*

équatorial, iale, iaux [ekwatɔʀjal, jo] adj. et n. m. **I·** Adj. **1·** Relatif à l'équateur terrestre. *La zone équatoriale,* comprise entre les deux tropiques. **2·** De l'équateur céleste. *Coordonnées équatoriales d'un astre* (ascension droite et déclinaison). **II·** N. m. Astronomie. Appareil qui sert à mesurer la position d'une étoile.

équerre [ekɛʀ] n. f. **1·** Instrument destiné à tracer des angles droits ou à élever des perpendiculaires. *Équerre à dessiner,* en forme de triangle rectangle. *Fausse équerre,* à branches mobiles, pour prendre la mesure d'un angle quelconque. **2·** ***À l'équerre, en équerre*** : à angle droit. *Athlète qui monte à la corde lisse, les jambes en équerre* (faisant un angle droit avec le tronc). – ***D'équerre*** loc. adv. : à angle droit. *Mettre d'équerre une pièce de bois.*

équestre [ekɛstʀ] adj. **1·** *Statue équestre,* qui représente une personne à cheval. *Une statue équestre de Jeanne d'Arc.* **2·** Relatif à l'équitation. *Exercices équestres.*

équeuter [ekøte] v. tr. < conjug. 1 > Enlever la queue de (un fruit). *Équeuter des cerises.*

équi- Préfixe savant signifiant « égal ». ▶ **équidistant, ante** [ekɥidistɑ̃, ɑ̃t] adj. Qui est à distance égale ou constante de points (de droites, de plans) déterminés. *Tous les points d'une circonférence sont équidistants du centre.* ▶ **équilatéral, ale, aux** [ekɥilateʀal, o] adj. Dont les côtés sont égaux entre eux. *Triangle équilatéral.* ▷ **équateur, équation, équilibre, équinoxe, équité, équivaloir, équivoque**

équidés [eki(kɥi)de] n. m. pl. Famille de mammifères à pattes terminées par un seul doigt. *Le cheval, l'âne sont des équidés.* – Au sing. *Un équidé.*

équilibre [ekilibʀ] n. m. **I·** État de ce qui est soumis à des forces opposées égales. / contr. **déséquilibre** / **1·** État d'un système matériel soumis à l'action de forces lorsqu'il demeure dans le même état (repos ou mouvement). *Équilibre des forces.* → **statique.** *Équilibre stable,* où le système matériel revient à sa position initiale. *Équilibre instable,* dans lequel le corps, écarté de sa position, se met en équilibre dans une position différente. – *Équilibre chimique. Équilibre radioactif,* d'une substance dont la désintégration donne un nouveau produit radioactif. **2·** Attitude ou position verticale stable. *L'équilibre du corps.* → **aplomb.** *Garder, perdre l'équilibre. Faire un exercice d'équilibre* (→ **équilibriste**). – ***En équilibre.*** *Être, mettre en équilibre.* → **équilibrer.** *Marcher en équilibre sur une poutre.* **II· 1·** Juste proportion entre des choses opposées ; état de stabilité ou d'harmonie qui en résulte. → **harmonie.** *Faire, rétablir l'équilibre,* rendre les choses égales. *L'équilibre des pouvoirs dans la Constitution. Équilibre budgétaire.* **2·** Harmonie entre les tendances psychiques qui se traduit par une activité, une adaptation normales. *C'est un homme très intelligent, mais il manque d'équilibre.* **3·** Répartition des lignes, des masses, des pleins et des vides ; agencement harmonieux. → **proportion, symétrie.** *L'équilibre des volumes dans un groupe sculpté.* ▶ **équilibrage** n. m. Action d'équilibrer ; son résultat. *L'équilibrage des roues d'une voiture.* ▶ **équilibré, ée** adj. **1·** En équilibre. → **stable.** *Balance équilibrée.* **2·** *Esprit, caractère (bien) équilibré,* dont les qualités sont dans un rapport harmonieux. *Il n'est pas très équilibré.* → **déséquilibré.** ▶ **équilibrer** v. tr. < conjug. 1 > **1·** Opposer une force à (une autre), de manière à créer l'équilibre. → **compenser.** *Équilibrer un poids par un contrepoids.* **2·** Mettre en équilibre ; rendre stable. *Équilibrer une balançoire.* → **stabiliser.** / contr. **déséquilibrer** / *Équilibrer les masses, les volumes,* dans une composition, un tableau. *Équilibrer son budget.* **3·** ***S'équilibrer*** v. pron. *Ses qualités et ses défauts s'équilibrent.* ▶ **équilibriste** n. Personne dont le métier est de faire des tours d'adresse, d'équilibre. → **acrobate.** *Elle est équilibriste dans un cirque.* ▷ **déséquilibre, rééquilibrer**

équille [ekij] n. f. Poisson long et mince qui s'enfouit dans le sable.

équinoxe [ekinɔks] n. m. L'une des deux périodes de l'année où le jour a une durée égale à celle de la nuit (parce que le Soleil passe par l'équateur [3]). *Équinoxe de printemps* (21 mars), *d'automne* (23 septembre). *Tempêtes d'équinoxe. Marées d'équinoxe,* les plus hautes de l'année.

1 **équipage** [ekipaʒ] n. m. **1·** Personnel navigant assurant la manœuvre et le service sur un navire (→ **marin**). *Homme d'équipage.* **2·** Ensemble des personnes qui assurent la manœuvre d'un avion (et personnel attaché au service dans les avions de transport). *L'équipage d'un avion long-courrier.* – *L'équipage d'un vaisseau spatial.*

2 **équipage** n. m. **1·** Autrefois. Voitures, chevaux et le personnel qui en a la charge. *L'équipage d'un prince.* **2·** Loc. ***Train des équipages*** : organisation militaire qui s'occupe du matériel, de son transport. → **équipement.** **3·** Loc. Vx. *Être en mauvais, triste, piteux équipage,* dans un triste état. → **situation.**

équipe [ekip] n. f. **1·** Groupe de personnes unies dans une tâche commune. *Une équipe de travail très unie, soudée. Travailler en équipe. Faire équipe avec qqn. Chef d'équipe.* – ***Esprit d'équipe*** *:* animant une équipe dont les membres collaborent en parfait accord. *Il n'a pas l'esprit d'équipe.* **2·** Groupe de personnes qui agissent, se distraient ensemble. *C'est une bonne équipe de copains.* **3·** Groupe de joueurs pratiquant un même sport. *Jouer en équipe, par équipe* (→ **équipier**). *Sport d'équipe. Équipe de football. Équipe de coureurs cyclistes.* ▷ **équipier**

équipée [ekipe] n. f. **1·** Sortie, promenade en toute liberté. *Ils sont sortis le soir pour une petite équipée dans la ville.* **2·** Action entreprise à la légère. → **aventure.** *Son équipée en mer faillit avoir des conséquences fâcheuses.*

équipement [ekipmɑ̃] n. m. **1·** Objets nécessaires à l'armement, à l'entretien (d'une armée, d'un soldat). → **matériel.** *Équipement complet du fantassin.* **2·** Tout ce qui sert à équiper une personne, un animal, une chose en vue d'une activité déterminée (objets, vêtements, appareils, accessoires). *Équipement de chasse, de pêche, de ski. L'équipement d'une usine.* → **matériel, outillage.** *Moderniser l'équipement industriel d'une région.* ▶ **équimentier** n. m. Fabricant d'équipements, spécialt d'équipements électriques, électroniques pour l'industrie (aéronautique, automobile...).

équiper [ekipe] v. tr. < conjug. 1 > Pourvoir des choses nécessaires à une activité. *Équiper une armée, un navire.* → **armer, fréter.** – *Équiper une voiture d'une boîte de vitesses automatique.* → **munir.** – *Équiper un local,* pour une destination. → **aménager, installer.** – Pronominalement (réfl.). *Elle s'est bien équipée pour son voyage.* – Au p. p. adj. *Être bien équipé pour la voile. Une cuisine tout équipée.* ▷ **équipage, équipement**

équipier, ière [ekipje, jɛʀ] n. Membre d'une équipe (sportive). → **coéquipier.** *Le capitaine donne ses instructions aux équipiers.* → **joueur.** *Équipier en titre* (opposé à *remplaçant*). ▷ **coéquipier**

équitable [ekitabl] adj. **1·** Littér. Qui a de l'équité. *Un arbitre équitable.* → **impartial, intègre.** **2·** (Choses) Conforme à l'équité. *Un partage équitable.* / contr. inique, injuste, partial / – *Commerce équitable,* basé sur la juste rémunération du travail et le refus de l'exploitation des pays pauvres. ▶ **équitablement** adv. D'une manière équitable. *Juger équitablement des torts de chacun.* → **impartialement.**

équitation [ekitasjɔ̃] n. f. Action et art de monter à cheval. *De l'équitation.* → **équestre** (2). *École d'équitation. Équitation de cirque.* → **voltige ;** haute **école.** *Équitation de compétition.* → **hippisme.**

équité [ekite] n. f. **1·** Vertu qui consiste à régler sa conduite sur le sentiment naturel du juste et de l'injuste ; justice impartiale. / contr. iniquité, injustice, partialité / *En toute équité, je reconnais qu'il a raison.* → **impartialité.** *Conforme à l'équité,* équitable. **2·** Justice spontanée, qui n'est pas inspirée par les règles du droit en vigueur (opposé à *droit positif, loi*). *Juger selon l'équité, sans s'occuper de la loi.* ▷ **équitable**

① **équivalent, ente** [ekivalɑ̃, ɑ̃t] adj. REM. Ne pas confondre avec le part. prés. du v. équivaloir : *équivalant.* **1·** Dont la quantité a la même valeur. → **égal.** *Ces deux sommes sont équivalentes.* / contr. différent / **2·** Qui a la même valeur ou fonction. *Ces diplômes sont équivalents.* → **comparable, semblable.** *Ces deux expressions sont équivalentes, l'une est équivalente à l'autre.* → **synonyme.** ▶ **équivalence** n. f. Qualité de ce qui est équivalent. → **égalité, identité.** *L'équivalence des fortunes.* – Assimilation d'un titre, d'un diplôme à un autre. *Accorder une équivalence à qqn.* ▶ ② **équivalent** n. m. Ce qui équivaut, la chose équivalente (en quantité ou en qualité). *On lui a proposé des équivalents. Chercher un équivalent à un mot, l'équivalent d'un mot,* un mot équivalent. *Une qualité sans équivalent,* unique. – *Équivalent mécanique de la chaleur* (rapport constant entre le travail et la quantité de chaleur).

équivaloir [ekivalwaʀ] v. tr. ind. < conjug. 29 > ***Équivaloir à.*** Valoir autant, être de même valeur. → **égaler.** **1·** Avoir la même valeur en quantité que. *En valeur nutritive, deux œufs équivalent à cent grammes de viande.* **2·** Avoir la même valeur ou fonction que. *Cette réponse équivaut à un refus.* ▷ **équivalent**

① **équivoque** [ekivɔk] adj. **1·** Qui peut s'interpréter de plusieurs manières, et n'est pas clair. → **ambigu.** *Phrase, réponse équivoque. Il lui a répondu de façon non équivoque,* claire. / contr. catégorique, net / **2·** Dont la signification n'est pas certaine, qui peut s'expliquer de diverses façons. *Faits équivoques,* difficiles à expliquer. / contr. clair / **3·** Qui n'inspire pas confiance. *Passé, réputation équivoque.* → **douteux, louche.** *Regards, allures équivoques.* → **inquiétant.** / contr. franc / ▶ ② **équivoque** n. f. **1·** Caractère de ce qui prête à des interprétations diverses. → **ambiguïté.** *Cette équivoque entretient la confusion. Une déclaration sans équivoque.* **2·** Incertitude laissant le jugement hésitant. *Il n'y a aucune équivoque entre nous.* → **malentendu.**

érable [eʀabl] n. m. Grand arbre dont le fruit est muni d'une longue aile membraneuse. *Érable* *faux platane* (appelé improprement *sycomore*). *Érable du Canada* ou *érable à sucre. Du sirop, du sucre d'érable. – Une table en érable,* en bois d'érable.

éradication [eʀadikasjɔ̃] n. f. Didact. Action d'arracher, d'extirper, de supprimer totalement. *L'éradication de la variole.* ▶ **éradiquer** v. tr. < conjug. 1 > **1·** Extirper, supprimer. **2·** Faire disparaître totalement. *Les solutions proposées pour éradiquer le chômage.*

érafler [eʀafle] v. tr. < conjug. 1 > **1·** Entamer légèrement la peau de (qqn, une partie du corps). *La branche l'a éraflée. – Elle s'est éraflé la main avec un clou. S'érafler les genoux.* → **écorcher, égratigner. 2·** *Érafler le plâtre d'un mur, le bois d'un meuble.* → **rayer.** ▶ **éraflure** n. f. Entaille superficielle, écorchure légère. *Les ronces lui ont fait des éraflures aux jambes.* → **égratignure.**

érailler [eʀɑje] v. tr. < conjug. 1 > **1·** Déchirer superficiellement. → **érafler, rayer.** *Érailler du bois, du cuir. Érailler un tissu.* **2·** Rendre rauque (la voix). *Le tabac éraille la voix. – S'érailler la voix à crier.* ▶ **éraillé, ée** adj. **1·** Qui présente des rayures, des déchirures superficielles. *Un tissu éraillé par l'usure.* **2·** *Une voix éraillée,* rauque. **3·** *Des yeux éraillés,* injectés de sang. ▶ **éraillement** n. m. Fait de s'érailler, d'être éraillé. *L'éraillement de sa voix.* ▶ **éraillure** n. f. Marque, rayure sur ce qui est éraillé. → **éraflure.**

ère [ɛʀ] n. f. **1·** Espace de temps de longue durée, qui commence à un point fixe et déterminé. *L'ère chrétienne débute avec la naissance du Christ, l'ère musulmane avec l'hégire. Avant notre ère,* avant l'ère chrétienne. **2·** Époque qui commence avec un nouvel ordre de choses. → **âge, époque, période.** *L'ère industrielle, atomique.* **3·** La plus grande division des temps géologiques. *Ère primaire, secondaire, tertiaire, quaternaire.*

érection [eʀɛksjɔ̃] n. f. **1·** Littér. Action d'ériger, d'élever (un monument). → **construction ; ériger.** *L'érection d'une chapelle, d'une statue.* **2·** Le fait, pour certains tissus ou organes (spécialt le pénis), de se redresser en devenant raides, durs et gonflés. *Avoir une érection. Être en érection* (hommes). → fam. **bander.** *L'érection du clitoris.* ▶ **érectile** [eʀɛktil] adj. Capable de se dresser. *Poils érectiles.*

éreinter [eʀɛ̃te] v. tr. < conjug. 1 > **1·** Accabler de fatigue. → **claquer, crever, épuiser, esquinter, harasser.** *Cette longue promenade m'a éreinté.* **– *S'éreinter*** v. pron. *Il s'est éreinté à préparer le concours.* – Au p. p. adj. *Je l'ai trouvé éreinté.* → **flapi, fourbu, moulu. 2·** Fig. Critiquer de manière à détruire la réputation de (qqn, qqch.). → **démolir, maltraiter.** *Éreinter un adversaire politique. Ce film a été éreinté par les critiques.* ▶ **éreintant, ante** adj. Qui éreinte (1). → **fatigant.** *Une marche éreintante.* ▶ **éreintage** n. m. ou **éreintement** n. m. Critique très sévère et malveillante.

érémiste [eʀemist] n. Bénéficiaire du R. M. I. – REM. On écrit aussi *RMiste, RMIste.*

érésipèle ou **érysipèle** [eʀe-, eʀizipɛl] n. m. Maladie infectieuse et contagieuse où la peau est enflammée, gonflée.

1 **erg** [ɛʀg] n. m. Région du Sahara couverte de dunes. *Des ergs.*

2 **erg** n. m. Unité C. G. S. qui correspond au travail produit par une dyne dont le point d'application se déplace de 1 centimètre dans la direction de la force.

ergonomie [ɛʀgɔnɔmi] n. f. Étude scientifique des conditions de travail et des relations entre l'homme et la machine. ▶ **ergonomique** adj. *Siège ergonomique.*

ergot [ɛʀgo] n. m. **I·** Chez les gallinacés mâles. Pointe recourbée du tarse (talon) servant d'arme offensive. *Les ergots du coq.* – Loc. fig. *Monter, se dresser sur ses ergots,* prendre une attitude agressive, menaçante. **II·** Petit corps oblong et vénéneux formé par un champignon parasite (des céréales). *L'ergot du blé, du seigle.*

ergoter [ɛʀgɔte] v. intr. < conjug. 1 > Trouver à redire sur des points de détail, des choses insignifiantes. → **chicaner, discuter, pinailler.** *Vous n'allez pas ergoter pour quatre-vingts centimes !* ▶ **ergoteur, euse** n. et adj. Personne qui aime à ergoter. → **chicanier.** – Adj. *Il est ergoteur.*

ergothérapie [ɛʀgoteʀapi] n. f. Traitement de rééducation des infirmes, des invalides, des malades mentaux, par un travail physique, manuel, adapté à leurs possibilités et leur permettant de se réinsérer dans la vie sociale. ▶ **ergothérapeute** n. Spécialiste qui pratique l'ergothérapie.

ériger [eʀiʒe] v. tr. < conjug. 3 > **1·** Placer (un monument) en station verticale. → **dresser ; érection** (1). *On érigea l'obélisque place de la Concorde.* – Construire avec solennité. → **élever.** *Ériger un temple, une statue.* **2·** ***Ériger*** *qqn, qqch.* ***en*** : donner le caractère de ; faire passer à (une condition plus élevée, plus importante). *Ériger ses caprices en règle morale.* **– *S'ériger en*** v. pron. : s'attribuer la personnalité, le rôle de. → **se poser** en. *S'ériger en moraliste, en maître à penser.* ▷ **érection**

ermite [ɛʀmit] n. m. Religieux retiré dans un lieu désert. → **anachorète** (opposé à *cénobite, moine*). *Vie d'ermite. – Vivre comme un ermite,* seul. ▶ **ermitage** n. m. Lieu écarté, solitaire. *Vivre dans un ermitage.* ▷ **bernard-l'ermite**

éroder [eʀɔde] v. tr. < conjug. 1 > Didact. User, détruire par une action lente. *L'eau érode le lit des rivières.* – Au p. p. *Vallée érodée par les eaux.* ▷ **érosion**

érogène [eʀɔʒɛn] adj. Susceptible de provoquer une excitation sexuelle (→ **érotique**). *Les zones érogènes.*

érosion [eʀozjɔ̃] n. f. Usure et transformation que les eaux et les actions atmosphériques font subir à l'écorce terrestre (→ **éroder**). *Érosion glaciaire, marine, éolienne.*

érotique [eʀɔtik] adj. **1·** Didact. Qui a rapport à l'amour. *Poésie érotique.* **2·** Qui a rapport à l'amour physique. *Des désirs, des souvenirs érotiques. Un film érotique.* – Qui provoque le désir amoureux, le plaisir sexuel. *Un comportement, une pose érotique.* ▶ **érotiquement** adv. D'une manière érotique. ▶ **érotiser** v. tr. < conjug. 1 > Donner un caractère érotique à. *Beaucoup de publicités érotisent les produits à vendre.* ▶ **érotisme** n. m. **1·** Caractère érotique (d'une situation, d'une personne). **2·** Caractère de ce qui a l'amour physique pour thème. *L'érotisme d'un film. L'érotisme dans l'œuvre de Verlaine.*

errance [ɛʀɑ̃s] n. f. Littér. Action d'errer çà et là. → **vagabondage.**

errant, ante [ɛʀɑ̃, ɑ̃t] adj. **1·** Qui va de côté et d'autre, qui n'est pas fixé. → **vagabond.** *Chien errant.* → **perdu.** *La vie errante des peuples nomades.* **2·** *Un chevalier errant,* qui voyageait sans cesse. *Le Juif errant* (légende). **3·** Littér. (Expression, sourire, regard, etc.) Flottant, incertain. *Regard errant. Une imagination errante.* → **vagabond.** / contr. fixe /

errata [ɛʀata] n. m. invar. et **erratum** [ɛʀatɔm] n. m. sing. **1·** *Errata :* liste des fautes d'impression d'un ouvrage. *Placer l'errata à la fin d'un volume. Des errata.* **2·** *Erratum :* faute signalée dans un ouvrage imprimé.

erratique [ɛʀatik] adj. Didact. Qui n'est pas fixe. *Fièvre erratique.* – *Blocs, roches erratiques,* qui ont été transportés par les glaciers.

sur son erre [syʀsɔ̃nɛʀ] loc. adv. (Navire) Sur sa lancée, par la vitesse acquise. *Continuer sur son erre.*

errements [ɛʀmɑ̃] n. m. pl. Littér. et péj. Habitude invétérée et mauvaise ; manière d'agir blâmable. ≠ erreur. *Persévérer, retomber dans ses anciens errements.*

errer [ɛʀe] v. intr. < conjug. 1 > **1·** Aller au hasard, à l'aventure. → **errance.** *Mendiant, rôdeur, vagabond qui erre sur les chemins.* → **rôder, vagabonder.** *Ils ont longtemps erré sans pouvoir s'orienter. Il errait dans la maison sans s'y retrouver.* → se **perdre.** **2·** (Choses) Se manifester çà et là, ou fugitivement. → **flotter, passer.** *Un sourire errait sur ses lèvres. Laisser errer sa pensée.* → **vagabonder.** ▷ **aberrant, errance, errant, erratique**

erreur [ɛʀœʀ] n. f. **I· 1·** Acte de l'esprit qui tient pour vrai ce qui est faux et inversement. *Une erreur choquante, grossière, commise par ignorance.* → **ânerie, bêtise.** *Erreur des sens.* → **illusion ; confusion, méprise.** *Faire, commettre une erreur,* se tromper. *C'est une erreur de croire, que de croire cela.* – *Faire erreur.* → se **méprendre,** se **tromper.** – *Il y a erreur. Il y a erreur sur la personne.* → **confusion, malentendu.** – Fam. *Il n'y a pas d'erreur, pas d'erreur,* c'est bien cela. – *Sauf erreur :* excepté si l'on se trompe. *Sauf erreur de ma part, vous venez bien ce soir ?* **2·** État d'une personne qui se trompe. / contr. justesse, vérité / *Être, tomber dans l'erreur. Induire qqn en erreur.* → **tromper. 3·** Assertion, opinion fausse. *Il est revenu de bien des erreurs. Il reconnaît ses erreurs.* **4·** Action regrettable, maladroite, déraisonnable. → **faute.** *Il a commis une grossière erreur en négligeant de l'inviter.* → **gaffe, maladresse.** – Écart de conduite ; action jugée blâmable par la personne qui l'a commise. *Des erreurs de jeunesse.* ≠ errements. **II·** (Sens objectif) **1·** Chose fausse, par rapport à une norme (différence par rapport à un modèle ou au réel). → **faute, inexactitude.** / contr. certitude, réalité / *Trouver, relever une erreur dans un texte. Corriger une erreur d'impression.* → **coquille.** *Raccrochez, c'est une erreur !* (au téléphone). **2·** Chose fausse (→ **erronée**), élément inexact, dans une opération. *Erreur dans un compte.* → **mécompte.** *Erreur de calcul, de mesure.* – *Erreur judiciaire,* erreur de fait commise par le juge et entraînant la condamnation d'un innocent. ▷ **erroné**

erroné, ée [ɛʀɔne] adj. Qui contient des erreurs ; qui constitue une erreur. → **faux, inexact.** *Affirmation, assertion erronée. Citation erronée.* → **fautif.** *Vos conclusions sont erronées.* / contr. exact, réel, vrai / ▶ **erronément** adv. Faussement, à tort. *On a prétendu erronément que vous étiez partis.*

ersatz [ɛʀzats] n. m. invar. Produit alimentaire qui en remplace un autre de qualité supérieure, devenu rare. → **succédané.** *Un, des ersatz de café.* – Abstrait. Ce qui remplace (qqch., qqn) sans le valoir. *Un ersatz de littérature.*

éructer [eʀykte] v. < conjug. 1 > **1·** V. intr. Littér. Renvoyer par la bouche les gaz contenus dans l'estomac. → **roter. 2·** V. tr. Fig. Littér. Manifester grossièrement (des idées, des sentiments). *Éructer des injures.* → **lancer.** ▶ **éructation** n. f. Littér. Renvoi. → **rot.**

érudit, ite [eʀydi, it] adj. et n. **1·** Adj. Qui a de l'érudition. → **savant.** *Un historien érudit.* – (Choses) Qui demande de l'érudition. *Il poursuit des recherches érudites.* – Qui est produit par l'érudition. *Ouvrage érudit.* **2·** N. Personne érudite. *Un érudit, une érudite.* ▶ **érudition** n. f. Savoir approfondi fondé sur l'étude des sources historiques, des documents, des textes. *Ouvrages, travaux d'érudition.*

éruption [eʀypsjɔ̃] n. f. **1·** Apparition soudaine (de taches, de boutons, etc.) sur la peau. *Une éruption de furoncles.* **2·** Jaillissement des matières volcaniques ; état d'un volcan qui émet ces matières. *Les éruptions du volcan. Volcan en éruption.* **3·** Fig. Production soudaine et abondante. *Éruption de joie, de colère.* → **explosion, jaillissement.** ≠ irruption. ▶ **éruptif, ive** [eʀyptif, iv] adj. **1·** Accompagné d'une éruption (1). *Maladie éruptive.* **2·** Qui a rapport aux éruptions (2). *Roches éruptives,* provenant du refroidissement du magma volcanique.

érysipèle → **érésipèle.**

érythème [eʀitɛm] n. m. Maladie de peau caractérisée par une rougeur superficielle. *Érythème solaire.* ▶ **érythémateux, euse** adj.

érythro- Élément de mots savants, signifiant « rouge ».

ès [ɛs] prép. (Devant un nom pluriel) *Docteur ès lettres,* dans les lettres, de lettres. *Licence ès sciences.* REM. On dit couramment *docteur en lettres ; licence en sciences, licence de sciences.*

esbroufe [ɛsbʀuf] n. f. Fam. Étalage de manières prétentieuses et insolentes. → **bluff, chiqué, embarras.** *Faire de l'esbroufe. Il a eu ce qu'il voulait à l'esbroufe,* par le bluff. / contr. naturel, simplicité / ▶ **esbroufer** v. tr. < conjug. 1 > Fam. En imposer à (qqn) en faisant de l'esbroufe. *Il cherche à nous esbroufer.* → **bluffer, épater.** ▶ **esbroufeur, euse** n. Fam. Personne qui fait de l'esbroufe.

escabeau [ɛskabo] n. m. **1·** Siège peu élevé, sans bras, ni dossier, pour une personne. → **tabouret.** *Escabeau à trois, à quatre pieds. Des escabeaux.* **2·** Marchepied à quelques degrés. *Monter sur un escabeau.*

escabèche [ɛskabɛʃ] n. f. Marinade aromatisée (de petits poissons : sardines, anchois...). *Sardines à l'escabèche, en escabèche.*

escadre [ɛskadʀ] n. f. **1·** Force navale importante. **2·** *Escadre aérienne,* division d'avions de l'armée de l'air. → **escadrille** (plus cour.). ▶ **escadrille** n. f. Groupe d'avions de combat. *Escadrille de chasse, de bombardement.* ▶ **escadron** n. m. **1·** Unité (de cavalerie, de blindés, du train des équipages, de gendarmerie) composée de quatre pelotons. *Escadron motorisé.* **2·** *Escadron de la mort,* groupe armé, milice privée qui assassine les dissidents politiques. **3·** Plaisant. Groupe important. → **bataillon, troupe.** *Un escadron de jolies filles.*

escagasser [ɛskagase] v. tr. < conjug. 1 > Région. Provence, Languedoc. **1·** Démolir, détruire. *Ma voiture est tout escagassée.* **2·** Ennuyer, agacer. *Va-t'en, tu m'escagasses.* **3·** Pronom. ***S'escagasser à*** (faire qqch.) : s'évertuer (à faire qqch.).

escalade [ɛskalad] n. f. **1·** Action de passer par-dessus (une clôture) pour pénétrer. *L'escalade d'une grille, d'un portail.* **2·** Ascension, montée. *L'escalade d'une montagne.* **3·** Abstrait. Stratégie qui consiste à gravir les « échelons » de mesures militaires de plus en plus graves. *L'escalade américaine au Viêt-Nam.* – Montée brutale. *L'escalade de la violence.* ▶ **escalader** v. tr. < conjug. 1 > **1·** Passer par-dessus (une clôture). → **enjamber, franchir.** *Les voleurs ont escaladé le mur du jardin.* **2·** Faire l'ascension de. → **gravir, monter.** *Cordée d'alpinistes qui escaladent une montagne. Escalader un arbre.* **3·** (Choses) Être disposé sur une pente raide. *Les maisons qui escaladent la colline.*

escalator [ɛskalatɔʀ] n. m. Escalier mécanique. *Les escalators d'un grand magasin.*

escale [ɛskal] n. f. **1·** ***Faire escale*** : s'arrêter pour se ravitailler, pour embarquer ou débarquer des passagers, du fret. → **halte, relâche.** *L'avion fait escale à Londres.* – Durée de l'arrêt. *Visiter une ville pendant l'escale.* – *Un vol sans escale,* direct. **2·** Lieu offrant la possibilité de relâcher. *Arriver à l'escale.*

escalier [ɛskalje] n. m. **1·** Suite de degrés qui servent à monter et à descendre. *Marches, paliers, rampe d'un escalier. Escalier de service,* à l'usage des domestiques, des livreurs. *Monter, descendre l'escalier, les escaliers.* – ***L'esprit (d') de l'escalier*** loc. fig. : un esprit de repartie qui se manifeste à retardement. **2·** *Escalier roulant, mécanique,* escalier articulé et mobile, qui transporte l'usager. → **escalator.** **3·** ***En escalier*** : par degrés successifs.

escalope [ɛskalɔp] n. f. Tranche mince de viande blanche (surtout veau). *Escalope panée, à la crème.*

escamoter [ɛskamɔte] v. tr. < conjug. 1 > **1·** Faire disparaître (qqch.) par un tour de main qui échappe à la vue des spectateurs. *Le prestidigitateur a escamoté une carte.* **2·** Faire disparaître habilement ; s'emparer de (qqch.) sans être vu. → **dérober, subtiliser.** *Un voleur lui a escamoté son portefeuille.* **3·** Rentrer (l'organe saillant d'une machine, le train d'atterrissage d'un avion). **4·** Abstrait. Éviter habilement, de façon peu honnête. → **éluder, esquiver.** *Escamoter une objection, une difficulté.* **5·** *Escamoter un mot,* le prononcer très vite ou très bas. → **sauter.** *Escamoter une note au piano,* ne pas la jouer. ▶ **escamotable** adj. Qui peut être escamoté (3). *Train d'atterrissage, antenne escamotable.* ▶ **escamotage** n. m. Action d'escamoter. *Tour d'escamotage d'un prestidigitateur.* → **passe-passe.** *L'escamotage des difficultés.* ▶ **escamoteur, euse** n. Personne qui escamote (1, 2), qqch. → **illusionniste, prestidigitateur.** *Une adresse d'escamoteur.*

escampette [ɛskɑ̃pɛt] n. f. *Prendre la* ***poudre d'escampette*** : s'enfuir. → **décamper, déguerpir.**

escapade [ɛskapad] n. f. Le fait d'échapper aux obligations, aux habitudes de la vie quotidienne (fuite, absence physique ou écart de conduite). *Faire une escapade.* → **équipée, fredaine, fugue.**

escarbille [ɛskaʀbij] n. f. Fragment de houille incomplètement brûlé que l'on retrouve dans les cendres ou qui s'échappe de la cheminée d'une machine à vapeur. *Recevoir une escarbille dans l'œil.*

escarboucle [ɛskaʀbukl] n. f. Vx. Variété de grenat (pierre précieuse) rouge foncé. *Ses yeux brillaient comme des escarboucles.*

escarcelle [ɛskaʀsɛl] n. f. Autrefois. Grande bourse que l'on portait suspendue à la ceinture. – Plaisant. Bourse, portefeuille. *L'argent rentre dans son escarcelle.* – Loc. *Rentrer, tomber dans l'escarcelle de,* être perçu, touché par ; revenir à.

escargot [ɛskaʀgo] n. m. Mollusque gastéropode terrestre, à coquille arrondie en spirale. → **colimaçon, limaçon.** *Les « cornes » de l'escargot portent les yeux. Manger des escargots.* – *Aller, avancer comme un escargot,* très lentement (→ Comme une tortue).

escarmouche [ɛskaʀmuʃ] n. f. **1·** Petit combat entre des soldats isolés ou des détachements de deux armées. → **accrochage, échauffourée.** *Guerre d'escarmouches.* **2·** Fig. Petite lutte, engagement préliminaire. *Escarmouches parlementaires.*

escarpe [ɛskaʀp] n. m. Autrefois. Assassin ; voleur dangereux.

escarpé, ée [ɛskaʀpe] adj. Qui est en pente raide. → **abrupt ; à pic.** *Rives escarpées.* – *Chemin escarpé.* → **montant, raide.** / contr. facile / ▶ **escarpement** n. m. Versant en pente raide. *L'escarpement d'un talus, d'une falaise.*

escarpin [ɛskaʀpɛ̃] n. m. Chaussure très fine, qui laisse le cou-de-pied découvert. *Escarpins vernis.*

escarpolette [ɛskaʀpɔlɛt] n. f. Siège suspendu par des cordes et sur lequel on se place pour être balancé. → **balançoire.**

escarre [ɛskaʀ] n. f. Croûte noirâtre qui se forme sur la peau morte, après une brûlure, un frottement prolongé, etc.

esche → **èche.**

escient [esjɑ̃] n. m. sing. ***À bon escient*** loc. adv. : avec discernement, à raison. *Agir, parler à bon escient.* – ***À mauvais escient*** : à tort.

s'**esclaffer** [ɛsklafe] v. pron. < conjug. 1 > Éclater de rire bruyamment. → **pouffer.** *Les grimaces du clown les faisaient s'esclaffer.*

esclandre [ɛsklɑ̃dʀ] n. m. Manifestation orale, bruyante et scandaleuse, contre qqn ou qqch. → **éclat, scandale.** *Causer, faire de l'esclandre. Faire un esclandre à qqn.* → **scène.**

esclavage [ɛsklavaʒ] n. m. **1·** Surtout avec un compl. plur. État, condition d'esclave. → **servitude ; captivité.** *L'esclavage des Noirs.* **2·** État de ceux qui sont soumis à une autorité tyrannique. → **asservissement, dépendance, oppression, servitude.** / contr. indépendance, liberté / *Tenir un peuple dans l'esclavage.* **3·** Chose, activité, sentiment qui impose une contrainte ; cette contrainte. *L'esclavage de la drogue.* ▶ **esclavagiste** adj. et n. Partisan de l'esclavage (spécialt de l'esclavage des Noirs). *Les esclavagistes des États du Sud* (pendant la guerre de Sécession aux États-Unis). ▷ **antiesclavagiste**

esclave [ɛsklav] n. **1·** Personne qui n'est pas de condition libre, qui est sous la puissance absolue d'un maître. → **captif ; serf.** / contr. libre / *Le commerce des esclaves. Le maître et l'esclave.* (Se dit surtout des esclaves de l'Antiquité grecque, latine ou des Noirs avant le XIXe s.) *Esclave affranchi.* **2·** Personne qui se soumet complètement (à qqn). *Un peuple d'esclaves.* / contr. révolté / *Elle est l'esclave de ses enfants. Il est devenu l'esclave de cette femme.* **3·** Personne soumise (à qqch.). *Il est l'esclave de ses habitudes.* – Adj. Qui se laisse dominer, asservir (par qqch. ou qqn). → **dépendant.** *Il est esclave de ses besoins, de sa profession. Être esclave du tabac, de l'alcool.* ▷ **esclavage**

escogriffe [ɛskɔgʀif] n. m. Homme de grande taille et d'allure dégingandée (surtout dans : *un grand escogriffe*). → **échalas.**

escompte [ɛskɔ̃t] n. m. Diminution d'un prix, d'une somme à payer, quand l'effet acheté, la dette remboursée n'est pas arrivée à son échéance (→ **prime, remise**). *Accorder, faire un escompte de tant. Taux d'escompte.* ▶ ① **escompter** v. tr. < conjug. 1 > Payer (un effet de commerce) avant l'échéance, moyennant une retenue (→ **agio, commission, escompte**). *Escompter une lettre de change.*

2 **escompter** v. tr. < conjug. 1 > S'attendre à (qqch.), et généralement se comporter, agir en conséquence. → **attendre, compter** sur, **espérer, prévoir.** *Il n'en escomptait pas tant. J'escompte leur succès, qu'ils réussiront.* – Au p. p. adj. *Obtenir le résultat escompté.*

escopette [ɛskɔpɛt] n. f. Ancienne arme à feu portative à bouche évasée. → **tromblon.**

escorte [ɛskɔʀt] n. f. **1**· Troupe chargée d'accompagner qqn ou qqch., de veiller à sa sûreté, de surveiller. *Quelques policiers lui servaient d'escorte. Convoi de prisonniers placé sous bonne escorte,* sous bonne garde. – *Faire escorte à qqn.* → **escorter.** *Navire d'escorte,* chargé de protéger des navires de transport. → **escorteur.** **2**· Cortège qui accompagne une personne pour l'honorer. *Une brillante escorte. L'escorte du président, présidentielle.* ▶ **escorter** v. tr. < conjug. 1 > **1**· Accompagner pour guider, surveiller, protéger ou honorer pendant la marche. *Escorter un convoi. Des motards escortaient les voitures officielles.* **2**· Accompagner en groupe (ou même seul). *Ils ont escorté leur camarade jusqu'à la gare.* ▶ **escorteur** n. m. Petit navire de guerre destiné à l'escorte de navires marchands.

escouade [ɛskwad] n. f. Petite troupe, groupe de quelques hommes.

escrime [ɛskʀim] n. f. Exercice par lequel on apprend l'art de manier l'arme blanche (épée, fleuret, sabre). *Faire de l'escrime.* → **tirer.** *Salle d'escrime* (salle d'armes). *Moniteur d'escrime* (maître, prévôt d'armes). ▶ **escrimeur, euse** n. Personne qui fait de l'escrime.

s'escrimer [ɛskʀime] v. pron. < conjug. 1 > **1**· *S'escrimer à* (+ infinitif) : faire (qqch.) avec de grands efforts. → s'**évertuer.** *S'escrimer à faire des vers, à jouer du violon.* – *S'escrimer sur qqch.* : s'efforcer de faire. *Il s'escrime sur sa version depuis deux heures.* **2**· *S'escrimer contre qqn. S'escrimer des pieds et des poings,* se démener en se battant.

escroc [ɛskʀo] n. m. Personne qui escroque, qui a l'habitude d'escroquer. → **filou.** *Être victime d'un escroc.* ▶ **escroquer** [ɛskʀɔke] v. tr. < conjug. 1 > **1**· Obtenir (qqch. de qqn) en trompant, par des manœuvres frauduleuses. → s'**approprier, extorquer, soutirer.** *Il leur a escroqué de l'argent en leur promettant des bénéfices fabuleux. Escroquer une signature à qqn.* **2**· *Escroquer qqn,* obtenir qqch. de lui en le trompant. → fam. **arnaquer, estamper, filouter.** *Il escroque tout le monde.* ▶ **escroquerie** n. f. Action d'escroquer. → **fraude.** *Délit d'escroquerie. Vendre une voiture d'occasion à ce prix, c'est une escroquerie.* → fam. **arnaque.**

escudo [ɛskudo] n. m. Unité monétaire portugaise (avant l'euro). *Cent escudos.*

esgourde [ɛsguʀd] n. f. Arg. fam. Oreille. *Ouvre bien tes esgourdes.*

eskimo → **esquimau.**

ésotérique [ezɔteʀik] adj. **1**· (Doctrine, connaissance) Qui se transmet seulement à des adeptes qualifiés. → **occulte.** **2**· Obscur, incompréhensible pour qui n'appartient pas au petit groupe des initiés. *Une poésie ésotérique.* ▶ **ésotérisme** n. m. Doctrine ésotérique. – Caractère d'une œuvre impénétrable, énigmatique.

1 **espace** [ɛspas] n. m. **I**· Milieu concret où peut se situer qqch. ; partie quelconque de ce milieu. **1**· *L'espace* : étendue qui ne fait pas obstacle au mouvement. *L'espace qui nous environne. Regarder dans l'espace,* dans le vague. *Il a besoin de beaucoup d'espace,* d'air, de mouvement. *La peur de l'espace* → **agoraphobie,** *du manque d'espace* → **claustrophobie.** **2**· *(Un, des espaces)* Portion de ce milieu. *L'espace occupé par un meuble.* → **emplacement, place.** *Un espace libre. Un espace vide* (opposé à *plein*). → **creux, interstice, trou, vide.** **3**· Milieu géographique où vit l'espèce humaine. *La conquête des espaces vierges. Aménager l'espace urbain.* – *Espace vert* : espace planté d'arbres, entre les espaces construits. *On a multiplié les espaces verts dans la ville nouvelle.* – *Espace vital* : espace revendiqué par un pays (pour des raisons économiques, démographiques). **4**· Étendue des airs. → **air, ciel.** *L'espace aérien d'un pays,* la zone de circulation aérienne qu'il contrôle. – Seulement au sing. Le milieu extra-terrestre. *La conquête de l'espace. Des voyageurs de l'espace.* → **astronaute, cosmonaute.** – Au plur. *Les espaces interstellaires, intersidéraux.* **II**· Milieu abstrait. étendue mathématique ; partie de cette étendue. **1**· Système de référence d'une géométrie. *L'espace à trois dimensions de la géométrie euclidienne. Géométrie dans l'espace* (opposé à *géométrie plane*). – *Espace à n dimensions des géométries non euclidiennes. Espace courbe.* – Dans la théorie de la relativité. *Espace-temps* : milieu à quatre dimensions (les trois de l'espace euclidien, et le temps) où quatre variables sont nécessaires pour déterminer totalement un phénomène. **2**· Distance qui sépare deux points, deux lignes, deux objets. → **espacement, intervalle.** *Espaces égaux entre les arbres d'une allée. Espace parcouru.* → **chemin, distance.** *Espace parcouru par unité de temps.* → **vitesse.** **3**· (Temps) *Un espace de* (suivi d'un adj. numéral ou indéfini et d'un nom de durée) : une durée de. *En l'espace de trois*

mois, de quelques minutes. → **en.** *Cela a duré l'espace d'un éclair,* un très bref instant. **III·** Milieu dans lequel l'être humain localise ses perceptions. *Nous situons les corps et les déplacements dans l'espace. L'espace visuel, tactile. S'orienter dans l'espace.* ▶ **espacer** v. tr. < conjug. 3 > **1·** Ranger (des choses) en laissant entre elles un intervalle. *Espacer deux jalons.* / contr. rapprocher / – Pronominalement. *Plus on montait, plus les arbres s'espaçaient.* – Au p. p. adj. *Arbres régulièrement espacés.* **2·** Séparer par un intervalle de temps. → **échelonner.** *Espacer ses visites, ses paiements.* – Pronominalement (réfl.). *Peu à peu les bruits s'espaçaient.* – Au p. p. adj. *On ne recevait que des lettres espacées.* / contr. fréquent / ▶ **espacement** n. m. **1·** Disposition de choses espacées. **2·** Distance entre deux choses qu'on a espacées. *Réduire l'espacement entre deux pylônes.* ▷ **monospace**

[2] **espace** n. f. En imprimerie. Petite tige de plomb qui sert à espacer les mots d'une ligne. *Mettre une espace forte entre deux mots.* – Blanc qui sépare deux mots.

espadon [ɛspadɔ̃] n. m. Grand poisson dont la mâchoire supérieure se prolonge en forme d'épée. *La pêche à l'espadon.*

espadrille [ɛspadʀij] n. f. Chaussure dont l'empeigne est de toile et la semelle de corde. *Une paire d'espadrilles.*

espagnol, ole [ɛspaɲɔl] adj. et n. De l'Espagne. → **hispanique, ibérique.** *La cuisine espagnole.* – N. *Les Espagnols.* – N. m. Langue romane parlée en Espagne. *Les Espagnols parlent l'espagnol* (ou *castillan*), *le catalan, le basque, le galicien.*

espagnolette [ɛspaɲɔlɛt] n. f. Ferrure à poignée tournante servant à fermer et à ouvrir les châssis d'une fenêtre. → **crémone.** – *Fenêtre fermée à l'espagnolette,* laissée entrouverte, l'espagnolette maintenant seulement les deux châssis l'un contre l'autre.

espalier [ɛspalje] n. m. **1·** Mur le long duquel on plante des arbres fruitiers. *Un espalier bien exposé.* – ***En espalier*** : appuyé contre un espalier. *Culture en espalier(s). Des pommiers en espalier.* – Rangée d'arbres fruitiers plantée contre un mur. *Un espalier d'abricotiers.* **2·** Sports. Au plur. *Les espaliers,* appareil formé d'une large échelle fixée à un mur, dont les barreaux servent de support pour des exercices.

espar [ɛspaʀ] n. m. Longue pièce de bois, sur un navire (mât, vergue...). *Des espars.*

espèce [ɛspɛs] n. f. **I· 1·** Nature propre à plusieurs personnes ou choses, qui permet de les considérer comme appartenant à une catégorie distincte. → **genre, qualité, sorte.** *Les différentes espèces de verres, d'assiettes d'un service de table. Plusieurs espèces de fruits* (concret, au plur.), *de plaisir* (abstrait, au sing.). *De la même espèce,* comparable, semblable. → **nature, ordre.** *De toute espèce* (ou *de toutes espèces*), variés, très différents. *Je ne discute pas avec des gens de votre espèce,* comme vous. – Loc. *Cela n'a aucune espèce d'importance,* aucune importance. **2·** ***Une espèce de*** : personne ou chose qu'on ne peut définir précisément et qu'on assimile à une autre par approximation. → **sorte ; manière.** *Une espèce de chapeau de gendarme.* – (Personnes, pour renforcer un terme péjoratif) *Une espèce d'idiot. Espèces d'imbéciles !* **REM.** L'emploi de *un espèce de* avec un nom masculin est une faute courante (*un espèce d'imbécile* au lieu de *une espèce d'imbécile*). **3·** Loc. *C'est un **cas d'espèce*** : qui ne rentre pas dans la règle générale, qui doit être étudié spécialement. → **particulier.** – *En l'espèce,* en ce cas particulier. **II· 1·** Dans une classification. Division du genre. *Les caractères d'une espèce.* → **spécifique. 2·** Ensemble des êtres vivants d'un même genre ayant en commun des caractères distinctifs et pouvant se reproduire. *Espèces animales, végétales. Une bonne espèce de fruits. L'espèce canine.* **3·** ***Espèce humaine*** : notre espèce, les êtres humains (→ **femme, homme**). *La sauvegarde de l'espèce* (humaine). ▶ **espèces** n. f. pl. **I· 1·** Le pain et le vin du sacrement de l'Eucharistie, représentant le corps et le sang du Christ. *Communier sous les deux espèces.* **2·** Loc. ***Sous les espèces de*** : sous la forme de. **II· 1·** Autrefois. Monnaie métallique (opposé à *billet*). **2·** ***Payer en espèces*** : en argent liquide (opposé à *en nature, par chèque, par carte de crédit*). *Vous me verserez une partie de la somme en espèces.*

espérance [ɛspeʀɑ̃s] n. f. **1·** *L'espérance,* sentiment qui fait entrevoir comme probable la réalisation de ce que l'on désire. → **confiance, croyance ; espoir** (plus cour.). / contr. désespérance / *Le vert, couleur de l'espérance.* **2·** *Une espérance, l'espérance de (qqch.),* ce sentiment appliqué à un objet déterminé. *Entretenir, former des espérances. Avoir une espérance de guérir, de guérison. Il a l'espérance que tout ira bien.* – *Contre toute espérance,* alors qu'il semblait impossible d'espérer. → **attente. 3·** *Espérance de vie,* durée moyenne de la vie humaine, dans une société donnée, établie statistiquement. **4·** Au plur. Vx ***Espérances*** : biens qu'on attend d'un héritage. *Ils ont des espérances.*

espéranto [ɛspeʀɑ̃to] n. m. Langue internationale conventionnelle, fondée vers 1887.

espérer [ɛspeʀe] v. tr. < conjug. 6 > **1·** Considérer (ce qu'on désire) comme devant se réaliser. → **compter** sur, **escompter ; espérance, espoir.**

/contr. désespérer, craindre/ *Espérer une récompense. Il n'espère plus rien. Qu'espérait-il de plus ?* → **souhaiter.** « *Croyez-vous qu'il viendra ? – Je l'espère bien ; je l'espère pour lui* » (il a intérêt à venir). *Je n'en espérais pas tant.* – Sans compl. *Il viendra, j'espère, dès qu'il aura terminé.* **2·** ***Espérer** qqn* : espérer sa venue, sa présence. *Enfin vous voilà ! Je ne vous espérais plus.* **3·** (Sens 1) – ***Espérer*** (+ infinitif, quand les deux verbes ont le même sujet). → **compter, penser.** *J'espère réussir,* que je réussirai. *Il espérait vous voir.* – (Appliqué au passé) Aimer à croire, à penser. *J'espère avoir fait ce qu'il fallait.* – ***Espérer que.*** *J'espère qu'il viendra. J'espérais qu'il viendrait. Je n'espère pas qu'il vienne. Espérait-il qu'il viendrait ?* – (Formule de souhait) *Espérer que* (+ v. au prés. ou au passé), aimer à croire, à penser que. *J'espère que tu vas bien. Espérons qu'il n'a rien entendu.* – Sans compl. Avoir confiance. *Il espère encore.* – ***Espérer en*** : mettre sa confiance en (qqch.). *Il espère en des temps meilleurs.* ▷ **désespérer, espérance, inespéré**

espiègle [ɛspjɛgl] adj. et n. (Enfant) Vif et malicieux, sans méchanceté. → **coquin, turbulent.** *Une enfant espiègle.* → **diablotin, polisson.** – *Humeur, gaieté espiègle. Une réflexion espiègle,* malicieuse. – N. *C'est une petite espiègle.* ▶ **espièglerie** n. f. **1·** Caractère espiègle. **2·** Tour d'espiègle. *C'est une espièglerie d'enfant.* → **farce.** *Faire des espiègleries.*

espion, onne [ɛspjɔ̃, ɔn] n. **1·** Personne chargée de recueillir clandestinement des documents, des renseignements secrets sur une puissance étrangère. → **agent** secret ; fam. **barbouze ; espionnage.** *Fausse identité d'un espion.* – En appos. ; toujours masc. *Avion espion, satellite espion. Des navires espions.* **2·** Personne payée par la police pour apporter des renseignements. → **indicateur.** ▶ **espion(n)ite** n. f. Manie de voir des espions (1) partout. ▶ **espionnage** n. m. Au sing. Activité des espions. Hist. (en France) *Le Deuxième Bureau, service d'espionnage français. Romans d'espionnage.* – *Espionnage industriel,* moyens utilisés pour connaître les secrets de fabrication d'un produit. ▶ **espionner** v. tr. < conjug. 1 > Surveiller secrètement, pour faire un rapport ou par malveillance. *Mari qui fait espionner sa femme.* → **surveiller.** *Espionner ses voisins.* – Sans compl. *Vous restez là pour espionner ?* – Faire de l'espionnage contre un pays. *Espionner un pays au profit d'un autre.*

esplanade [ɛsplanad] n. f. Terrain plat, aménagé en vue de dégager les abords d'un édifice, de ménager une perspective. *Une esplanade bordée d'arbres.*

espoir [ɛspwaʀ] n. m. **1·** *L'espoir de..., un espoir,* le fait d'espérer, d'attendre (qqch.) avec confiance. → **espérance.** *J'ai le ferme espoir, j'ai bon espoir qu'il réussira.* → **certitude, conviction.** *J'étais venu dans, avec l'espoir de vous voir. Je mets tout mon espoir, mes espoirs en vous. C'est sans espoir,* c'est désespéré. – Personne sur laquelle on fonde un espoir. *Vous êtes notre seul espoir. C'est un espoir du ski,* on espère qu'il deviendra un champion. **2·** *L'espoir,* sentiment qui porte à espérer. *Être plein d'espoir. Aimer sans espoir.* /contr. désespoir ; appréhension, crainte/ ▷ **désespoir**

① **esprit** [ɛspʀi] n. m. **I·** Au sing. **1·** Le principe pensant en général (opposé à *l'objet de pensée,* à *la matière*). → **pensée.** *L'esprit humain. Doctrines philosophiques sur l'esprit et la matière,* idéalisme, spiritualisme, matérialisme. – (Opposé à *la réalité*) *Vue de l'esprit,* position abstraite, théorique. *Jeu de l'esprit.* **2·** Principe de la vie psychique, affective et intellectuelle (chez une personne). → **âme, conscience, moi.** *L'esprit et le corps d'un enfant, d'une femme, d'un homme. Ce problème occupe mon esprit. Disposition d'esprit, état d'esprit* (→ ① **état**). Loc. *Avoir l'esprit ailleurs,* être distrait. *En esprit,* par la pensée. – *Perdre l'esprit,* devenir fou. – Littér. *Rendre l'esprit,* mourir. **3·** Ensemble des dispositions, des façons d'agir habituelles. → **caractère.** *Avoir l'esprit changeant, étroit, enjoué, souple.* – ***Avoir bon, mauvais esprit*** : être bienveillant, confiant ; être malveillant, rebelle, méfiant. – ***Avoir l'esprit à*** : l'humeur. *Je n'ai pas l'esprit au jeu, l'esprit à rire en ce moment.* **4·** Principe de la vie intellectuelle (opposé à *la sensibilité*). → **entendement, pensée, raison.** *Clarté, vivacité d'esprit. Elle a un esprit logique. Vous avez l'esprit mal tourné. Lenteur, paresse d'esprit. La lecture ouvre l'esprit. Une idée me vient à l'esprit. Cela m'est sorti de l'esprit,* je l'ai oublié. *Dans mon esprit,* selon moi. *Présence d'esprit,* aptitude à faire ou à dire sans hésitation ce qui est à propos. **5·** Aptitude de l'intelligence. *Il a l'esprit de synthèse, d'observation,* il est doué pour... *Esprit d'à-propos.* **II·** *Un, les esprit(s),* une, les personnes caractérisées par une psychologie, une intelligence. *C'est un esprit romanesque. Influencer, calmer les esprits.* Prov. *Les grands esprits se rencontrent,* se dit lorsque deux personnes ont la même idée en même temps. **III·** Au plur. (Précédé d'un possessif) *Perdre ses esprits,* perdre connaissance ou perdre la raison. *Il a repris ses esprits.* **IV·** *L'esprit* (sans compl.) : vivacité, ingéniosité dans la façon de concevoir et d'exposer qqch. (→ **finesse, humour**). *Avoir de l'esprit, beaucoup d'esprit.* → **spirituel.** *Homme d'esprit. Faire de l'esprit* (péj.), faire étalage d'esprit. *Repartie pleine d'esprit. Mot d'esprit.* **V·** ***Esprit de...*** **1·** Attitude, idée qui détermine (un comportement, une action). → **intention, volonté.** *Esprit de révolte. Il* *a eu le bon esprit de ne pas intervenir*, la bonne idée. – ***Dans l'esprit de, dans cet esprit*** : dans cette intention ou de ce point de vue. *Il a parlé dans un esprit d'apaisement. C'est dans cet esprit qu'il faut agir.* **2·** Fonds d'idées, de sentiments (qui oriente l'action d'une collectivité). *L'esprit d'une société, d'une époque.* → **génie.** – Loc. ***Esprit de corps*** : d'attachement et de dévouement au groupe auquel on appartient. → **solidarité.** ***Esprit d'équipe**** **3·** Le sens profond (d'un texte). *L'esprit d'une constitution. L'esprit et la lettre.*

2 **esprit** n. m. **1·** Être vivant sans apparence perceptible. *Dieu est un pur esprit. L'esprit du mal*, le démon. – Dans la religion catholique. ***Le Saint-Esprit, l'Esprit saint*** : Dieu, comme troisième personne de la Trinité. **2·** *Un, les esprit(s)*, êtres actifs dans les mythes, les légendes (elfes, fées, génies, lutins). **3·** Âme d'un mort. → **fantôme, revenant ; spiritisme.** *Il croit aux esprits* (→ **animisme**). *Esprit, es-tu là ?*

3 **esprit** n. m. Dans des loc. Émanation volatile d'un corps. ***Esprit-de-sel*** : acide chlorhydrique étendu d'eau. ***Esprit-de-vin*** : alcool éthylique.

-esque Élément qu'on joint à des noms propres avec le sens de « à la façon de » (ex. : *dantesque, ubuesque*).

esquif [ɛskif] n. m. Littér. Petite embarcation légère. *Un frêle esquif.*

esquille [ɛskij] n. f. Petit fragment qui se détache d'un os fracturé ou carié. *Extraire les esquilles.*

1 **esquimau, aude** [ɛskimo, od] ou **eskimo** [ɛskimo] n. et adj. Habitant des terres arctiques de l'Amérique et du Groenland. *Les Esquimaux.* – Adj. Relatif à ces habitants. *Chien esquimau.* – REM. On emploie parfois *eskimo, esquimau* comme adj. invar. *Une femme esquimau, esquimaude* ou *eskimo.* – REM. Il vaut mieux dire *inuit.*

2 **esquimau** n. m. Glace enrobée de chocolat qu'on tient (comme les sucettes) par un bâtonnet plat. *Des esquimaux.*

esquinter [ɛskɛ̃te] v. tr. < conjug. 1 > **1·** Fam. Abîmer (qqch.) ; blesser (qqn). *Esquinter sa voiture.* → **abîmer.** *Il s'est fait esquinter.* → **amocher.** – Au p. p. adj. *Une voiture esquintée.* – Fig. Critiquer très sévèrement. *Esquinter un auteur, un film.* → **éreinter. 2·** Fatiguer extrêmement. → **épuiser, éreinter** ; fam. **claquer, crever.** *La marche l'a esquinté.* – Pronominalement (réfl.). *Je ne vais pas m'esquinter pour rien.* – Au p. p. adj. *Il est esquinté.*

esquisse [ɛskis] n. f. **1·** Première forme (d'un dessin, d'une statue, d'une œuvre d'architecture), qui sert de guide à l'artiste quand il passe à l'exécution. → **croquis, ébauche, maquette.** *Une esquisse au crayon, à la plume. Ce n'est qu'une esquisse.* **2·** Plan sommaire, notes indiquant l'essentiel (d'un travail, d'une œuvre). → **canevas, idée, plan, projet.** *Esquisse d'un roman.* **3·** Action d'esquisser (3). → **ébauche.** *L'esquisse d'un sourire.* ▶ **esquisser** v. tr. < conjug. 1 > **1·** Représenter, faire en esquisse. → **ébaucher.** *Esquisser un portrait, un paysage.* **2·** Fixer le plan, les grands traits de (une œuvre littéraire). – Décrire à grands traits. *Esquisser l'action d'une comédie.* **3·** Commencer à faire. → **amorcer, ébaucher.** *Esquisser un geste, un mouvement de recul.*

esquiver [ɛskive] v. tr. < conjug. 1 > **1·** Éviter adroitement. → **échapper** à. *Esquiver un coup de poing. Esquiver une difficulté.* → **éluder. 2·** ***S'esquiver*** v. pron. : se retirer, s'en aller en évitant d'être vu (→ Brûler la politesse, filer à l'anglaise). *Quand ils l'ont vu, ils se sont esquivés.* ▶ **esquive** n. f. Action d'esquiver un coup. *Jeu d'esquive d'un boxeur, d'un escrimeur.*

essai [esɛ] n. m. **I· 1·** Opération par laquelle on s'assure des qualités, des propriétés (d'une chose) ou de la manière d'utiliser (une chose). *Faire l'essai d'un produit.* → **essayer.** *Essai des monnaies.* → **vérification.** *Essais en laboratoire. Banc d'essai.* → 2 **banc.** *Vol, pilote **d'essai*** : pour essayer les prototypes d'avions. – *Cinéma d'essai*, qui projette des films hors du réseau commercial normal. – ***À l'essai*** : aux fins d'essai. *Prendre, engager à l'essai un employé. Mettre à l'essai*, éprouver. **2·** Action faite sans être sûr du résultat. *Un essai de conciliation. Un timide essai.* – Première tentative. *Il a fait ses premiers essais au cinéma. Un essai malheureux. Un coup d'essai.* **3·** Chacune des tentatives d'un athlète, dont on retient la meilleure. *Premier, second essai.* **4·** Au rugby. Avantage obtenu quand un joueur parvient à poser ou à toucher le ballon le premier derrière la ligne de but du camp adverse. *Transformer un essai* (en but). **II· 1·** Résultat d'un essai, premières productions. *Ce ne sont que de modestes essais.* **2·** Ouvrage littéraire en prose, de facture libre, traitant d'un sujet qu'il n'épuise pas ou réunissant des articles (→ **essayiste**). *Essai historique, politique.* **3·** *Bout d'essai*, bout de film tourné spécialement pour juger un acteur, avant de l'engager.

essaim [esɛ̃] n. m. **1·** Groupe d'abeilles, d'insectes en vol ou posés. *Un essaim de moucherons.* **2·** Fig. Groupe nombreux qui se déplace. *Un essaim d'écoliers.* ▶ **essaimer** [eseme] v. intr. < conjug. 1 > **1·** (Abeilles) Quitter la ruche en essaim pour aller s'établir ailleurs. *Les abeilles n'ont pas encore essaimé.* **2·** Se dit d'une collectivité dont se détachent certains éléments. *Ces* *immigrants ont essaimé dans tout le pays.* → se **disperser.** *Cette société a essaimé sur tout le territoire,* y a établi des succursales.

essayer [eseje] v. tr. < conjug. 8 > **1·** Soumettre (une chose) à une ou des opérations pour voir si elle répond aux caractères qu'elle doit avoir. → **contrôler, examiner, tester ; essai.** *Ce modèle a été essayé à l'usine. Essayer un moteur.* – *Essayer sa force.* **2·** Mettre (un vêtement, etc.) pour voir s'il va. *Essayer une robe dans un magasin.* → **essayage.** *J'ai essayé un manteau.* **3·** Employer, utiliser (une chose) pour la première fois, pour voir si elle convient et si on peut l'adopter. *Essayer un vin.* → **goûter.** *Avez-vous essayé la cuisine indonésienne ?* – (Avec le partitif) *Essayer d'un vin.* **4·** Employer (qqch.) pour atteindre un but particulier, sans être sûr du résultat. *Essayer un moyen, une méthode.* → **expérimenter.** *Essayer la persuasion. J'ai tout essayé, sans résultat.* – ***Essayer de*** (+ infinitif) : faire des efforts dans le dessein de. → **s'efforcer, tenter de.** *J'ai essayé de comprendre. Essayer de dormir.* – Sans compl. *Cela ne vous coûte rien d'essayer.* – *Essaie un peu* (de faire qqch.), tu verras ce qu'il t'en coûtera. **5·** ***S'essayer à*** v. pron. : faire l'essai de ses capacités pour ; s'exercer à (sans bien savoir). *S'essayer à la course.* – (+ infinitif) Faire une tentative en vue de. *S'essayer à parler en public.* ▶ **essayage** n. m. Action d'essayer (2) (un vêtement). *Salon d'essayage d'une maison de couture, d'un magasin. Cabine d'essayage.* ▶ **essayeur, euse** n. Personne qui essaie les vêtements aux clients. – Personne qui essaie un matériel, qui contrôle la qualité de produits commerciaux. ▶ **essayiste** n. Auteur d'essais (II, 2) littéraires. ▷ **essai**

① **essence** [esɑ̃s] n. f. **1·** Fond de l'être, nature des choses. → **nature, substance.** – (Opposé à *existence*) *Platon pense que l'essence précède l'existence.* **2·** Ce qui fait qu'une chose est ce qu'elle est ; ensemble des caractères constitutifs et invariables (→ **essentiel**). *L'essence de l'être humain réside en la pensée.* – ***Par essence*** loc. adv. littér. : par sa nature même. → par **définition.** ▷ **essentiel**

② **essence** n. f. **1·** Produit liquide, volatil, inflammable, de la distillation du pétrole. *Pompe à essence, poste d'essence ; faire le plein (d'essence). Essence ordinaire* (opposé à *super*), *essence sans plomb. L'indice d'octane de l'essence.* **2·** Liquide volatil très odorant qu'on extrait des végétaux, utilisé en parfumerie, en confiserie. *Essence de lavande, de violette. Essences synthétiques.* **3·** Extrait concentré (d'aliments). *Essence de café.* ▶ **essencerie** n. f. En Afrique. Poste d'essence. *Faire le plein à l'essencerie.* ▷ **quintessence**

③ **essence** n. f. Espèce (d'un arbre). *Une forêt peuplée d'essences variées.*

essentiel, elle [esɑ̃sjɛl] adj. et n. m. **I·** Adj. **1·** Littér. Qui est ce qu'il est par son essence (→ ① **essence**) et non par accident (opposé à *accidentel, relatif*). → **absolu.** – Qui appartient à l'essence (①, 1). *Un caractère essentiel.* → **fondamental. 2·** ***Essentiel à..., pour*** : qui est absolument nécessaire (opposé à *inutile*). → **indispensable, nécessaire.** *Cette formalité est essentielle pour votre mariage. La nutrition est essentielle à la vie.* **3·** Le plus important, très important (opposé à *secondaire*). → **principal.** *Nous arrivons au point, au fait essentiel.* → **capital.** *C'est un livre essentiel, que vous devez avoir lu.* → **incontournable.** *Il est essentiel de lui en parler.* **II·** N. m. **1·** Le point le plus important. *Vous oubliez l'essentiel !* → **principal.** *Allez à l'essentiel ! L'essentiel est de réussir. Nous sommes d'accord sur l'essentiel.* **2·** *L'essentiel de...,* ce qu'il y a de plus important. *Je vous résume l'essentiel de son discours.* ▶ **essentiellement** adv. **1·** Par essence. **2·** Avant tout, au plus haut point. *Nous tenons essentiellement à cette garantie.* → **absolument.**

esseulé, ée [esœle] adj. Littér. Qu'on laisse seul, sans compagnie. → **délaissé, isolé, solitaire.** *Il ne connaissait personne et resta esseulé toute la soirée.* → **seul.**

essieu [esjø] n. m. Pièce transversale d'un véhicule, dont les extrémités entrent dans les moyeux des roues. *Les essieux porteurs d'une locomotive. L'essieu avant* → **train**, *arrière* → **pont** *d'une automobile. Distance entre les essieux d'une voiture.* → **empattement.**

essor [esɔʀ] n. m. (Rare au plur.) **1·** Élan d'un oiseau qui s'envole. → **envol, envolée.** *L'aigle prend son essor.* **2·** Littér. Élan, impulsion. *L'essor de son imagination.* **3·** Développement hardi et fécond. / contr. déclin, stagnation / *L'essor d'une entreprise.* → **croissance.** *Industrie en plein essor, qui prend un grand essor.*

essorer [esɔʀe] v. tr. < conjug. 1 > Débarrasser par pression (une chose mouillée) d'une grande partie de l'eau qu'elle contient. *Essorer du linge.* – Au p. p. adj. *Linge essoré.* ▶ **essorage** n. m. Action d'essorer (le linge). ▶ **essoreuse** n. f. Machine destinée à enlever l'eau qui imprègne le linge. *Passer son linge à l'essoreuse.*

essouffler [esufle] v. tr. < conjug. 1 > **1·** Mettre presque hors d'haleine, à bout de souffle. *La montée m'a essoufflé. Le coureur a fini par essouffler ses concurrents,* ils se sont essoufflés à le suivre. – Pronominalement (réfl.). *Il s'essouffle facilement. S'essouffler à force de crier, d'appeler.* → **s'époumoner.** – Au p. p. adj. *Il est essoufflé, tout essoufflé.*

2· Abstrait. *S'essouffler* v. pron. : perdre l'inspiration. *Ce cinéaste s'essouffle, son dernier film est décevant.* – Ne plus pouvoir suivre le rythme de croissance. *L'industrie textile s'essouffle.* ▶ **essoufflement** n. m. État d'une personne qui est essoufflée ; respiration courte et gênée. → **suffocation.** *Je n'en pouvais plus d'essoufflement.* – Abstrait. *L'essoufflement de l'économie.*

essuie- Élément tiré du verbe « essuyer ». ▶ **essuie-glace** [esɥiglas] n. m. Tige de métal articulée, munie d'une lame souple (balai) qui essuie automatiquement le pare-brise d'une automobile. *Des essuie-glaces.* ▶ **essuie-mains** n. m. invar. Serviette à mains. ▶ **essuie-tout** n. m. invar. Papier absorbant assez résistant, à usages multiples (surtout domestiques).

1 **essuyer** [esɥije] v. tr. < conjug. 8 > **1·** Sécher (ce qui est mouillé) en frottant avec un linge sec, sur une chose sèche. *Laver et essuyer la vaisselle. Essuyer la bouche d'un bébé. Essuie-toi la bouche. Essuyer ses pieds,* frotter ses semelles sur un paillasson. – Pronominalement (réfl.). *S'essuyer en sortant du bain.* – Loc. fam. *Essuyer les plâtres,* occuper une habitation qui vient d'être achevée ; subir le premier les conséquences d'une situation fâcheuse. **2·** Ôter (ce qui mouille qqch.). *Essuyer l'eau qui a coulé sur la table.* → **éponger.** *Essuyer ses larmes.* – Fig. *Essuyer les larmes de qqn,* le consoler. **3·** Ôter la poussière de (qqch.) en frottant. *Essuyer les meubles avec un chiffon de laine.* ▶ **essuyage** n. m. Action d'essuyer. *L'essuyage de la vaisselle.* ▷ **essuie-**

2 **essuyer** v. tr. < conjug. 8 > Avoir à supporter (qqch. de fâcheux). → **éprouver, subir.** *Le navire a essuyé une tempête. Essuyer le feu de l'ennemi. Essuyer des pertes. Essuyer des reproches.* → **endurer, subir.**

est [ɛst] n. m. invar. **1·** Un des points cardinaux, au soleil levant (abrév. *E*). → **orient.** *Mosquée orientée vers l'est. Le vent souffle de l'est.* – Lieu situé du côté de l'est. – En appos. *La banlieue est de Paris, Berlin-Est.* **2·** *L'Est* (en France) : l'Alsace et la Lorraine. *Habiter dans l'Est.* – En histoire. Les pays appartenant à la zone d'influence soviétique. *Relations entre l'Est et l'Ouest. Allemagne de l'Est,* l'ancienne République démocratique allemande (R. D. A.). ▷ **nord-est, sud-est**

estacade [ɛstakad] n. f. Barrage fait par l'assemblage de pieux, de pilotis, de radeaux. *Une estacade ferme l'entrée du port.* → **digue, jetée.** ≠ estocade.

estafette [ɛstafɛt] n. f. **1·** Autrefois. Courrier, messager chargé d'une dépêche. *Estafette à cheval.* **2·** Militaire agent de liaison. *Dépêcher une estafette.*

estafilade [ɛstafilad] n. f. **1·** Entaille faite avec une arme tranchante (sabre, rasoir), surtout au visage. → **balafre, coupure.** *Se faire une estafilade en se rasant.* **2·** Maille filée sur toute la hauteur d'un bas, d'un collant.

estaminet [ɛstaminɛ] n. m. Vx. Petit café populaire (surtout dans le nord de la France, en Belgique).

1 **estamper** [ɛstɑ̃pe] v. tr. < conjug. 1 > Imprimer en relief ou en creux (l'empreinte gravée sur un moule, une matrice). *Estamper une feuille de métal, de cuir.* ▶ **estampe** n. f. Image imprimée au moyen d'une planche gravée ou par lithographie. → **gravure.** *Tirer une estampe. Un livre illustré d'estampes.* ▶ **estampeur, euse** n. Personne qui estampe. ▶ **estampille** [ɛstɑ̃pij] n. f. Empreinte (cachet, poinçon, signature) qui atteste l'authenticité d'un produit, d'un document, en indique l'origine ou constate le paiement d'un droit fiscal. *L'estampille d'un produit industriel* (marque de fabrique ; label). ▶ **estampiller** v. tr. < conjug. 1 > Marquer d'une estampille. → **poinçonner, timbrer.** *Estampiller des produits manufacturés.* ≠ estamper – Au p. p. adj. *Briquet, tapis estampillé.* ▶ **estampillage** n. m. Action d'estampiller ; son résultat. *L'estampillage d'une marchandise.*

2 **estamper** v. tr. < conjug. 1 > Fam. Faire payer trop cher (qqn). → **escroquer, voler.** *Il s'est fait estamper au restaurant.* ≠ estampiller.

est-ce que [ɛskə] adv. interrogatif. Marque l'interrogation directe (rétablit l'ordre sujet-verbe inversé dans *est-il..., est-elle... ?*). *Est-ce qu'il est arrivé ?* – Fam. (Après un adv., un pronom interrogatif) *Quand est-ce qu'il est venu ? Comment est-ce que tu fais ? Qui est-ce qui arrive ? Je veux savoir qui est-ce qui arrive,* qui arrive.

ester [ɛstɛʀ] n. m. Corps résultant de l'action d'un acide sur un alcool avec élimination d'eau (appelé autrefois *éther-sel*). ▷ **polyester**

esthète [ɛstɛt] n. et adj. Personne qui affecte le culte raffiné de la beauté formelle. *Il a un œil, un goût d'esthète.* – Adj. *Il, elle est très esthète.* ▶ **esthétique** [ɛstetik] n. f. et adj. **I·** N. f. **1·** Science du beau dans la nature et dans l'art ; conception particulière du beau. *Un traité d'esthétique.* **2·** Beauté. *L'esthétique d'une pose, d'un visage. Sacrifier l'utilité à l'esthétique.* **II·** Adj. **1·** Relatif à la beauté, à l'esthétique (I, 1). *Sentiment, jugement esthétique.* **2·** Qui participe de l'art. → **artistique.** **3·** Qui a un certain caractère de beauté. *Attitudes, gestes esthétiques.* → **beau, harmonieux.** *Cet immeuble n'a rien d'esthétique.* **4·** ***Chirurgie esthétique*** : qui embellit les formes du corps, du visage. ▶ **esthéticien, ienne** [ɛstetisjɛ̃, jɛn] n. **1·** Didact. Personne qui s'occupe d'esthétique

(I, 1). **2·** Personne dont le métier consiste à donner des soins de beauté (maquillage, etc.). *L'esthéticienne d'un institut de beauté.* ▶ **esthétiquement** adv. Du point de vue esthétique ; d'une manière esthétique. *Cet immeuble est esthétiquement bien conçu.* ▷ **inesthétique**

estimable [ɛstimabl] adj. **1·** Digne d'estime. *Une personne très estimable.* → **honorable.** / contr. méprisable / **2·** Qui a du mérite, sans être remarquable. *Un auteur, un peintre estimable. C'est un ouvrage estimable et sérieux.* ▷ **inestimable**

estimation [ɛstimɑsjɔ̃] n. f. **1·** Action d'estimer, de déterminer la valeur, le prix qu'on attribue (à une chose). → **appréciation, évaluation.** *L'estimation d'une œuvre d'art par un expert,* expertise. *Estimation du prix des travaux,* devis. **2·** Action d'évaluer (une grandeur). → **calcul, évaluation.** *Estimation rapide, approximative. Selon mon estimation, mes estimations, nous arriverons dans deux heures.* ▶ **estimatif, ive** [ɛstimatif, iv] adj. Qui contient une estimation. *Un devis, un état estimatif.*

estime [ɛstim] n. f. **I· 1·** Sentiment favorable né de la bonne opinion qu'on a du mérite, de la valeur (de qqn). → **considération, respect.** / contr. dédain, mépris / *Avoir de l'estime pour qqn. Tenir une personne en (grande) estime. Il a monté, baissé dans mon estime. Vous remontez dans mon estime.* **2·** Sentiment qui attache du prix à qqch. *Sa ténacité inspire de l'estime. Succès d'estime* (d'une œuvre qui n'obtient pas la faveur du grand public). **II·** Loc. ***À l'estime*** : en estimant rapidement, approximativement. *À l'estime, il vous en faut cinq mètres. Naviguer à l'estime,* d'après les instruments de navigation.

estimer [ɛstime] v. tr. < conjug. 1 > **I· 1·** Déterminer le prix, la valeur de (qqch.) par une appréciation. → **apprécier ; estimation.** *Faire estimer un objet d'art par un expert. Estimer qqch. au-dessous* → **sous-estimer,** *au-dessus* → **surestimer** *de sa valeur. Estimer une aide, une personne à sa juste valeur.* **2·** Calculer approximativement. *Estimer une distance au juger.* → **à l'estime.** *Le nombre de convives est difficile à estimer.* – Au passif et au p. p. adj. *(Être) estimé à deux mille euros.* **II· 1·** (+ adj. attribut) Avoir une opinion sur (une personne, une chose). → **croire, tenir** pour, **trouver.** *Estimer indispensable de faire qqch.* – (+ infinitif ou subordonnée) → **considérer, penser.** *J'estime avoir fait mon devoir. J'estime que vous avez suffisamment travaillé aujourd'hui.* **2·** Avoir bonne opinion de, reconnaître la valeur de (qqn ou, moins souvent, qqch.). → **apprécier, considérer ; estime.** / contr. dédaigner, mépriser / *Estimer un collègue, un employé. Il s'est fait estimer par son sérieux.* **III·** ***S'estimer*** v. pron. (+ adj. attribut) : se considérer, se trouver. *S'estimer satisfait. Estimons-nous heureux.* ▶ **estimé, ée** adj. Qui jouit de l'estime d'autrui. *Une collaboratrice très estimée.* – (Choses) Apprécié. *Un cadeau estimé.* ▷ **estimable, estimation, estime, mésestimer, sous-estimer, surestimer**

estival, ale, aux [ɛstival, o] adj. Propre à l'été, d'été. *Une température estivale. Une tenue estivale.* ▶ **estivant, ante** n. Personne qui passe les vacances d'été dans une station de villégiature. *Les estivants recherchent le soleil du Midi.* → **vacancier.**

d'**estoc** [dɛstɔk] loc. adv. ***D'estoc et de taille*** : avec la pointe et le tranchant (de l'épée). ▶ **estocade** n. f. Coup d'épée, dans la mise à mort du taureau. *Le matador donne l'estocade.* – Loc. *Donner l'estocade à (un adversaire),* l'achever. ≠ estacade.

estomac [ɛstɔma] n. m. **I·** Viscère creux, organe de l'appareil digestif. **1·** (Personnes) Poche musculeuse, située dans la partie supérieure de la cavité abdominale. → **gastéro-, gastro- ; stomacal.** *Avoir l'estomac vide, plein. Se remplir l'estomac.* → **ventre.** *Ulcère à l'estomac.* – Loc. *Avoir l'estomac dans les talons,* avoir faim. – *Avoir un petit, un gros estomac,* être un petit, un gros mangeur. **2·** (Animaux) Partie renflée du tube digestif, qui reçoit les aliments. *L'estomac des ruminants* (panse, bonnet, feuillet, caillette). *L'estomac des oiseaux* (gésier). **II·** (Personnes) Partie du torse située sous les côtes, le diaphragme. *Le creux de l'estomac. Boxeur qui frappe à l'estomac.* **III·** *Avoir de l'estomac* ou *manquer d'estomac,* faire preuve de ou manquer de hardiesse, d'audace. → **aplomb, cran, culot.** Loc. adv. Fam. *Faire qqch. à l'estomac,* au culot. ▷ **estomaquer**

estomaquer [ɛstɔmake] v. tr. < conjug. 1 > Fam. Étonner, surprendre (par qqch. de choquant, d'offensant). *Sa conduite a estomaqué tout le monde.* → **scandaliser.** – REM. S'emploie surtout à l'infinitif et aux temps composés. – Au p. p. Ahuri d'étonnement. *Je suis encore tout estomaqué d'avoir entendu ça.*

estompe [ɛstɔ̃p] n. f. Petit rouleau de peau ou de papier cotonneux, terminé en pointe, servant à étendre le crayon, le fusain, le pastel sur un dessin. ▶ **estomper** v. tr. < conjug. 1 > **1·** Dessiner, ombrer avec l'estompe. *Adoucir un trait en l'estompant.* **2·** Rendre moins net, rendre flou. → **voiler.** / contr. dessiner, détacher / *La brume estompait le paysage.* – Pronominalement (réfl.). *Le paysage s'estompait.* – Au p. p. adj. *Contours estompés, image estompée.* **3·** Abstrait. (Souvenir, sentiment) Enlever de son relief à. → **adoucir, atténuer, voiler.** *Le temps estompe les douleurs.*

– Pronominalement (réfl.). *Les haines, les rancœurs s'estompent.* ▶ **estompage** n. m. Action d'estomper ; son résultat.

estourbir [ɛstuʀbiʀ] v. tr. < conjug. 2 > Fam. **1**· Assommer. *On l'a estourbi pour lui voler sa sacoche.* **2**· Étonner violemment. *Ton échec m'a estourbi.*

estrade [ɛstʀad] n. f. Plancher élevé de quelques marches au-dessus du sol ou du parquet. *L'estrade d'une salle de classe. Estrade dressée pour un match de boxe.* → **ring.**

estragon [ɛstʀagɔ̃] n. m. Plante dont la tige et les feuilles aromatiques sont employées comme condiment. – Ce condiment. *Vinaigre, moutarde à l'estragon.*

estran [ɛstʀɑ̃] n. m. En géographie. Partie du littoral périodiquement recouverte par la marée.

estrapade [ɛstʀapad] n. f. Supplice qui consistait à faire tomber le condamné au bout d'une corde, soit dans l'eau, soit à quelques pieds du sol.

estrogène → **œstrogène.**

estropier [ɛstʀɔpje] v. tr. < conjug. 7 > **1**· Priver d'un membre, mutiler par blessure ou maladie. *L'accident l'a estropié.* – Pronominalement (réfl.). *Elle s'est estropiée en tombant d'une échelle.* **2**· Modifier ou tronquer (un mot, un texte, etc.). *Estropier une citation. Estropier un nom propre, un mot étranger.* → **écorcher.** ▶ **estropié, ée** adj. Qu'on a estropié ; qui s'est estropié. → **infirme.** – N. *Un estropié.* → **éclopé.** – *Un texte estropié,* déformé.

estuaire [ɛstɥɛʀ] n. m. Embouchure (d'un cours d'eau) dessinant un golfe évasé et profond. *La Gironde, estuaire de la Garonne.*

estudiantin, ine [ɛstydjɑ̃tɛ̃, in] adj. Relatif à l'étudiant, aux étudiants. *Vie estudiantine.*

esturgeon [ɛstyʀʒɔ̃] n. m. Grand poisson qui vit en mer et va pondre dans les grands fleuves. *Les œufs d'esturgeon servent à la préparation du caviar.*

et [e] conj. **I**· Conjonction de coordination qui sert à lier les mots, les syntagmes, les propositions ayant même fonction ou même rôle et à exprimer une addition, une liaison. **1**· Reliant deux parties de même nature. *Paul et Virginie. Le meunier, son fils et l'âne. Toi et moi. Deux et deux font quatre.* → **plus.** *Taisez-vous et écoutez. Cela n'est pas et ne sera pas.* → **ni.** *J'ai accepté ; et vous ? – Il y a parfum et parfum, mensonge et mensonge,* tous les parfums, tous les mensonges ne se valent pas. – Précédant le dernier terme d'une énumération. *Vous ajouterez du thym, du laurier et du romarin.* – Littér. Devant chaque terme de l'énumération, pour insister sur l'importance des éléments. *Il est tellement calme, et souriant, et aimable...* **2**· Reliant deux parties de nature différente et de même fonction. *Une veste courte et sans manches. Voici un livre nouveau et qui n'est pas encore en librairie.* **3**· Dans les nombres composés (joignant **un** aux dizaines [sauf dans *quatre-vingt-un*] et dans *soixante et onze*). *Vingt et un, trente et un.* – Devant la fraction. *Deux heures et demie. Deux heures et quart* (ou *un quart*). **II**· Au début d'une phrase, avec une valeur emphatique. *Et voici que tout à coup il se met à courir.* → **alors.** – Fam. *Et d'un(e), et de deux,* etc., pour mettre en évidence un processus. *Et d'un tu parles trop, et de deux on m'a tout raconté.*

-et, -ette Suffixe diminutif (noms et adj.).

étable [etabl] n. f. Bâtiment où on loge les bestiaux, les bovidés. *Une grande étable. Engraisser des veaux à l'étable.* ≠ écurie.

établi [etabli] n. m. Table massive sur laquelle les ouvriers qui travaillent le bois ou le métal disposent ou fixent leur ouvrage. *Établi de menuisier. Des établis.*

établir [etabliʀ] v. tr. < conjug. 2 > **I**· Mettre, faire tenir (une chose) dans un lieu et d'une manière stable. → **construire, installer.** *Établir une estrade dans une salle, sur une place. Établir une usine, une imprimerie dans une ville.* → **implanter. II**· Fig. **1**· Mettre en vigueur, en application. → **fonder, instituer.** / contr. abolir, supprimer / *Établir un gouvernement. Établir un impôt. Il tentait d'établir le silence.* – Fonder de manière stable. *Établir sa fortune, sa réputation sur des bases solides.* → **asseoir, bâtir, édifier.** – Au p. p. adj. *Une réputation établie,* assise, solide. **2**· Placer (qqn) dans une situation, pourvoir d'un emploi. *Établir qqn dans une charge. Il a bien établi tous ses enfants.* → **caser. 3**· Fonder sur des arguments solides, sur des preuves. *Établir sa démonstration, ses droits sur des faits.* → **appuyer, baser.** – Faire apparaître comme vrai. *Établir la réalité d'un fait.* → **démontrer, prouver.** – (Avec *que* + indicatif) *Nous établirons que c'est vrai.* – Au p. p. adj. *Vérité établie,* démontrée, sûre. **4**· Faire commencer (des relations). *Établir des liens d'amitié avec qqn.* → **nouer. III**· ***S'établir*** v. pron. **1**· Fixer sa demeure (en un lieu). *Il est allé s'établir à Toulouse, en Belgique, au Québec, chez son frère.* → **habiter, s'installer.** – Prendre la profession de. *S'établir comme menuisier. Une dentiste vient de s'établir dans la ville,* d'y ouvrir un cabinet. **2**· ***S'établir*** (+ attribut) : s'instituer, se constituer, se poser en. *S'établir juge des actes d'autrui.* **3**· Prendre naissance, s'instaurer. *Cette coutume aura peine à s'établir.* **4**· Impers. *Il s'est établi entre eux de bonnes relations.* ▶ ① **établissement** n. m. **1**· Action de fonder, d'établir. *L'établissement d'une usine, d'un tribunal.* → **création, fondation, institution. 2**· Le fait d'établir (II, 3). *L'établissement d'un fait.* → **démonstration, preuve.** **3·** Le fait de s'établir (III, 1). ▷ **établi,** 2 **établissement, préétabli, rétablir**

2 **établissement** n. m. Ensemble des installations établies pour l'exploitation, le fonctionnement d'une entreprise ; cette entreprise. *Établissement agricole, commercial, industriel* (→ **atelier, boutique, bureau, exploitation, ferme, industrie, magasin, maison, usine**). *Les établissements X.* → **entreprise, société.** – *Établissement public* : chargé de gérer un service public. – *Établissement scolaire, hospitalier. Établissement thermal.*

étage [etaʒ] n. m. **I· 1·** Espace compris entre deux planchers successifs d'un édifice. *Les étages d'une maison. Immeuble à, de quatre étages. Loger, habiter au troisième (étage). Grimper, dégringoler les étages,* l'escalier. **2·** Chacun des plans (d'une chose ou d'un ensemble formé de parties superposées). *Le terrain descend par étages.* **3·** Élément propulseur détachable (d'une fusée). *Fusées à trois étages.* **II·** *De bas étage* : de condition médiocre. *Individu de bas étage.* ▶ **étagement** n. m. Disposition étagée. *L'étagement des vignes en terrasses.* ▶ **étager** v. tr. < conjug. 3 > Disposer par étages (par rangs superposés). → **échelonner, superposer.** *Étager des cultures.* – Pronominalement. Être disposé par étages. *Les vergers s'étageaient sur la colline.* – Au p. p. adj. *Maisons étagées sur une pente.* ▶ **étagère** n. f. **1·** Planche, tablette. *Des étagères couvertes de livres.* **2·** Meuble formé de montants qui supportent des tablettes horizontales.

étai [etɛ] n. m. Pièce de charpente destinée à soutenir provisoirement (→ **étayer**). *Poser des étais.* ▷ **étayer**

étain [etɛ̃] n. m. **1·** Métal blanc grisâtre, très malléable (symb. *Sn*). *Emplois de l'étain.* → **étamage, tain.** *Papier d'étain,* feuille très fine, servant à l'emballage (dit aussi *papier d'argent*). *Vaisselle, pot en étain.* **2·** Objet d'étain. *Des étains du XVIe siècle.*

étal, als ou **aux** [etal] n. m. **1·** Table où l'on expose (étale) les marchandises dans les marchés publics. → **éventaire.** *Les étals du marché.* **2·** Table de bois épais sur laquelle les bouchers débitent la viande. ▷ **étaler,** 1 **étalon**

étalage [etalaʒ] n. m. **1·** Exposition de marchandises qu'on veut vendre. *Réglementation de l'étalage.* – Lieu où l'on expose des marchandises ; ensemble des marchandises exposées. → **devanture, vitrine.** *Les étalages d'un grand magasin. S'attarder devant les étalages* (→ **faire du lèche-vitrines**). *La décoration d'un étalage.* – Loc. *Vol à l'étalage.* **2·** Action d'exposer, de déployer aux regards avec ostentation. *Un étalage d'érudition.* → **démonstration.** *Étalage de luxe.* → **déploiement.** – *Faire étalage de* : exhiber. *Faire étalage de ses qualités.* ▶ **étalagiste** n. Personne dont le métier est de composer, de disposer les étalages (1) aux devantures des magasins.

étale [etal] adj. Sans mouvement, immobile. *Un navire étale.* – *Mer étale,* qui a cessé de monter et qui ne descend pas encore.

étaler [etale] v. tr. < conjug. 1 > **I·** Concret. **1·** Exposer (des marchandises à vendre). *Le marchand forain étale sa marchandise.* / contr. **remballer** / **2·** Disposer de façon à faire occuper une grande surface, notamment pour montrer. / contr. **ramasser** / *Il étalait tous ses papiers sur la table.* → **éparpiller.** *Étaler un journal,* l'ouvrir largement. → **déplier, déployer.** / contr. **replier** / **3·** Étendre sur une grande surface en une couche fine. *Étaler de la peinture. Étaler du beurre sur du pain.* → **tartiner.** *Étaler du foin pour le faire sécher.* **4·** Fam. (Personnes) Faire tomber. *Il l'a étalé d'un coup de poing.* – Fig. *Elle s'est fait étaler à l'examen,* elle a échoué. **II·** Fig. **1·** Faire voir, montrer avec excès, prétention. → **déployer, exposer.** *Étaler ses talents, sa science, sa force.* → **exhiber.** *Étaler un luxe insolent.* **2·** Montrer, rendre évident (ce qui était caché). *Étaler un scandale.* → **révéler.** **III·** Répartir dans le temps. *On doit étaler les travaux sur plusieurs années. Étaler ses paiements.* → **échelonner.** – Au p. p. adj. *Des traites étalées.* **IV·** *S'étaler* v. pron. **1·** Être étendu sur une surface. *Le brouillard s'étale dans la vallée.* – *Cette peinture s'étale bien.* **2·** (Dans le temps) S'étendre. *Les travaux devraient s'étaler sur trois mois.* **3·** V. pron. réfl. Fam. (Personnes) Prendre de la place. *Il s'étale dans un fauteuil.* → **s'avachir.** – Fam. Tomber. *Il a trébuché et s'est étalé de tout son long.* – *S'étaler à un examen,* échouer. ▶ **étalement** n. m. **1·** (Dans l'espace) Action d'étaler. *L'étalement de papiers sur une table.* **2·** (Dans le temps) Action d'étaler, de répartir. *Étalement des paiements.* → **échelonnement.** *L'étalement des vacances* (sur différents mois de l'année). ▷ **étalage, étale**

1 **étalon** [etalɔ̃] n. m. Cheval non châtré destiné à la reproduction (opposé à *hongre*). *Des étalons pur-sang.*

2 **étalon** n. m. **1·** Modèle légal de mesure ; représentation matérielle d'une unité de mesure. *Étalons de longueur.* – En appos. *Mètre-étalon.* – Unité légale de mesure. *Étalons électriques.* **2·** Métal sur lequel est fondée la valeur d'une unité monétaire. *Système d'étalon-or.* ▶ **étalonner** v. tr. < conjug. 1 > **1·** Vérifier (une mesure) par comparaison avec un étalon. – Au p. p. *Mesure étalonnée par un vérificateur.* **2·** Graduer (un instrument) conformément à l'étalon.

Étalonner un appareil de mesure. **3·** Appliquer un test quantitatif à (un groupe de référence). ▶ **étalonnage** ou **étalonnement** n. m. Action d'étalonner (une mesure, un appareil).

étambot [etɑ̃bo] n. m. Partie du navire qui continue la quille à l'arrière et où se trouve le gouvernail.

étamer [etame] v. tr. < conjug. 1 > **1·** Recouvrir (un métal) d'une couche d'étain. *Faire étamer une casserole.* – Au p. p. adj. *Tôle étamée,* fer-blanc. **2·** Recouvrir (la face interne d'une glace) d'un amalgame d'étain et de mercure (→ **tain**). ▶ **étamage** n. m. Action d'étamer. *Étamage des glaces.* ▶ **étameur, euse** n. Personne dont le métier est d'étamer. – En appos. *Ouvrier étameur.* ▷ 1 **rétamer**

1 **étamine** [etamin] n. f. **1·** Étoffe mince, légère. *Étamine de laine.* **2·** Tissu lâche (soie, fil...) qui sert à cribler ou à filtrer. *Passer un liquide à l'étamine.*

2 **étamine** n. f. Organe mâle producteur du pollen, chez les plantes à fleurs, formé d'une partie allongée supportant une partie renflée. *Plante à plusieurs étamines.*

étanche [etɑ̃ʃ] adj. Qui ne laisse pas passer les fluides, ne fuit pas. *Un tonneau étanche. Toiture étanche.* → **imperméable.** *Embarcation étanche. Montre étanche* (pour la plongée). – Fig. ***Cloison étanche*** : séparation absolue. *Les cloisons étanches entre des sciences, des classes sociales.* ▶ **étanchéité** [etɑ̃ʃeite] n. f. Caractère de ce qui est étanche. *L'étanchéité d'un réservoir, d'une montre.*

étancher [etɑ̃ʃe] v. tr. < conjug. 1 > **1·** Arrêter (un liquide) dans son écoulement. → **éponger.** *On étancha le sang qui coulait de la plaie.* **2·** *Étancher sa soif,* l'apaiser en buvant. → se **désaltérer.** ▷ **étanche**

étançon [etɑ̃sɔ̃] n. m. Grosse pièce de bois dressée pour soutenir qqch. → **béquille, contrefort, étai.** *Placer des étançons contre un mur.* ▶ **étançonner** v. tr. < conjug. 1 > Étayer à l'aide d'étançons.

étang [etɑ̃] n. m. Étendue d'eau moins vaste et moins profonde qu'un lac. *Étangs naturels et étangs artificiels. Des étangs poissonneux.*

étape [etap] n. f. **1·** Lieu où l'on s'arrête au cours d'un déplacement, d'un voyage. → **halte.** *Arriver à l'étape. Les étapes du Tour de France cycliste,* où les coureurs se reposent entre deux courses. – Loc. *Faire étape quelque part,* s'y arrêter pour la nuit. *Brûler l'étape,* ne pas s'arrêter à l'étape prévue (troupes, voyageurs). – Fig. *Brûler les étapes,* aller plus vite que prévu. **2·** Distance à parcourir pour arriver à l'étape (1). *Voyager par petites étapes. Parcourir une longue étape.* → **route.** – Dans une course. *Classement par étapes. Étape contre la montre.* **3·** Fig. Période dans une progression, une évolution. → **état, moment, phase.** *Les réformes se feront par étapes.* → **degré.** *Les principales étapes de la civilisation. Une première étape vers un but.*

1 **état** [eta] n. m. **I·** Manière d'être (d'une personne ou d'une chose), considérée dans ce qu'elle a de durable (opposé à *devenir*). *État permanent, stable ; momentané. Les états successifs d'une évolution.* → **degré, étape.** *Demeurer dans le même état.* **1·** Manière d'être physique, intellectuelle, morale (d'une personne). *État de santé. Son état s'aggrave, empire. Son état n'a pas changé.* – ***État général*** : état de santé considéré indépendamment de toute affection particulière. *L'état général du malade est stationnaire.* – ***Dans, en... état.*** *Le malade est en meilleur état. Ses agresseurs l'ont mis dans un triste état. Il est dans un état d'énervement extrême.* – Loc. *En état de choc,* sous le coup d'une grande émotion. – *Être dans tous ses états,* très agité, affolé. – ***État d'esprit*** : disposition particulière de l'esprit. *Il a un curieux état d'esprit.* → **mentalité.** – ***État d'âme*** : disposition des sentiments. → **humeur.** *Nous ne pouvons pas tenir compte de vos états d'âme.* ***État de conscience*** : fait psychique conscient (sensation, sentiment, volition). – ***En, hors d'état de*** (+ infinitif) : capable ou non de. *Je ne suis pas en état de le recevoir.* → **décidé, disposé, prêt.** *Il est hors d'état de vous répondre.* → **incapable.** *Mettre un adversaire hors d'état de nuire.* **2·** (Surtout dans des expressions) Manière d'être (d'une chose). *L'état de ses finances ne lui permet pas de prendre des vacances.* – ***En*** (*bon, mauvais*) ***état, dans*** (tel ou tel) ***état.*** *Livres d'occasion en bon état. Véhicule en état de marche.* ***En état*** : dans son état normal ou dans l'état antérieur. *Remettre une vieille voiture en état.* → **réparer.** *Tout doit rester en l'état,* dans l'état antérieur. ***État de choses*** : circonstance, situation. *Cet état de choses ne peut pas durer.* – ***À l'état*** (+ adjectif) : sous la forme. *À l'état brut, élaboré. Le jardin retournait à l'état sauvage.* – Loc. ***En tout état de cause*** : dans tous les cas, n'importe comment. → **toujours. 3·** En sciences. Manière d'être (des corps matériels) résultant de la plus ou moins grande cohésion de leurs molécules. *État solide, liquide, gazeux. Un corps à l'état pur.* **II·** Loc. verb. ***Faire état de*** : tenir compte de ; mettre en avant. → **mention.** *Faire état d'un document.* → **citer.** *Faire état de l'opinion d'un philosophe. Ne faites pas état de ce qu'il a dit,* n'en parlez pas. **III·** Situation (d'une personne) dans la société. **1·** Littér. Fonction sociale. *L'état religieux. Il est satisfait de son état.* – ***De son état*** : de son métier. *Il est boucher de son état.* **2·** Ensemble de qualités inhérentes à la personne, auxquelles la loi civile attache des effets juridiques. *État de sujet fran-*

çais, britannique. État d'époux, de parent. – ***État civil*** : mode de constatation des principaux faits relatifs à l'état des personnes (naissance, mariage, décès...) ; service public chargé de dresser les actes constatant ces faits. *Une fiche d'état civil.* **3·** Autrefois. Groupe social (clergé, noblesse...). – ***Tiers état*** [tjɛʀzeta] : sous l'Ancien Régime, troisième état comprenant ceux qui n'étaient ni de la noblesse ni du clergé : bourgeois, artisans et paysans. – Au plur. ***États généraux*** : assemblée des députés des trois « états » convoquée par le roi pour donner des avis. *Les états généraux de 1789.*

2 **état** n. m. (Avec une majuscule) **1·** Autorité souveraine s'exerçant sur un peuple et un territoire déterminés. *L'État et la nation. Les affaires de l'État* (administration, politique). → 1 **public.** *Enseignement, école d'État* (opposé à *privé*). *État démocratique, totalitaire. Socialisme d'État.* – ***Chef d'État*** : personne qui exerce l'autorité souveraine dans un pays. *Femme chef d'État. Le chef de l'État* (même sens). – ***Homme d'État*** : celui qui a une charge, un rôle dans l'État, le gouvernement (homme politique) ; celui qui a des aptitudes particulières pour diriger le gouvernement. *C'est un bon administrateur, mais non pas un véritable homme d'État. Femme d'État.* – ***Coup d'État*** : conquête ou tentative de conquête du pouvoir par des moyens illégaux. *Le coup d'État du 18 Brumaire* (1799), par lequel Bonaparte s'empara du pouvoir. – ***Raison d'État*** : considération d'intérêt public que l'on invoque pour justifier une action illégale, injuste, en matière politique. – *Former un État dans l'État,* se dit d'un groupement, d'un parti qui acquiert une certaine autonomie au sein d'un État. *Dans certains pays, l'armée forme un État dans l'État.* **2·** (Opposé aux *pouvoirs* et *services locaux*) Ensemble des services généraux d'une nation. – Gouvernement central. *L'État et les collectivités locales* (département, commune). *État centralisé, décentralisé. Impôt d'État* (opposé à *impôts locaux*). *Industrie, monopole d'État.* – *L'État-providence,* qui assure la protection des personnes contre différents risques (maladie, accidents du travail, chômage). – ***Un État, des États*** : groupement humain fixé sur un territoire déterminé, soumis à une même autorité. → **empire, nation, pays, puissance, royaume.** *Grands, petits États. État fédéral, fédératif. Les États-Unis (d'Amérique)* : le pays fédéral d'Amérique du Nord placé entre le Canada et le Mexique et formé de 50 États fédérés. *Habitant des États-Unis.* → **américain.** ▶ **étatique** adj. Qui concerne l'État. *L'appareil étatique.* ▶ **étatiser** v. tr. < conjug. 1 > Transformer en administration d'État ; faire gérer par l'État. *Étatiser une entreprise, une usine.* → **nationaliser.** ▶ **étatisation** n. f. Gestion par l'État d'un secteur d'activité (industrie, agriculture, commerce). → **nationalisation.** *L'étatisation des services publics.* / contr. privatisation / ▶ **étatisme** n. m. Doctrine politique préconisant l'extension du rôle de l'État. → **dirigisme.** / contr. libéralisme / ▶ **étatiste** adj. **1·** Relatif à l'étatisme. **2·** Partisan de l'étatisme. – N. *Un étatiste.*

3 **état** n. m. Écrit qui constate, décrit un état de choses à un moment donné (compte rendu). → **inventaire, mémoire.** *État comparatif, descriptif. État de frais,* bilan, facture. – *États de service d'un militaire, d'un fonctionnaire,* liste des fonctions qu'il a exercées ; ces fonctions, sa carrière. – *État des lieux,* description précise (d'un immeuble, d'un appartement). *Établir un état des lieux à l'entrée d'un locataire.* ▷ **état-major**

état-major [etamaʒɔʀ] n. m. **1·** Officiers et personnel attachés à un officier supérieur ou général pour élaborer et transmettre les ordres. → **commandement.** *L'état-major de division, d'armée.* – *État-major d'un navire,* l'ensemble des officiers. *Des états-majors.* – *Carte d'état-major,* carte au 1/80 000. **2·** Ensemble des collaborateurs immédiats (d'un chef, des personnages les plus importants d'un groupe). *L'état-major d'un ministre, d'un parti, d'un syndicat.* → **direction, tête.**

étau [eto] n. m. Presse formée de deux tiges terminées par des mâchoires qu'on rapproche à volonté, de manière à tenir solidement les objets que l'on veut travailler. *Étau d'établi. Des étaux.* – Loc. *Être pris, serré (comme) dans un étau,* dans une situation dangereuse, pénible. *L'étau se resserre de plus en plus autour des assiégés.* → **étreinte.**

étayer [eteje] v. tr. < conjug. 8 > **1·** Soutenir à l'aide d'étais*. → **caler, renforcer.** *Étayer un mur, une voûte.* **2·** Abstrait. Appuyer, soutenir. *Cela étaiera sa réputation.* – Au p. p. adj. *Une démonstration bien étayée.* / contr. détruire, saper / ▶ **étayage** [etɛjaʒ] n. m. ou **étaiement** [etɛmɑ̃] n. m. Action d'étayer ; opération par laquelle on étaie. *Des travaux d'étayage.*

et cætera ou **et cetera** [ɛtseteʀa] loc. Et le reste (rarement écrit en toutes lettres ; abrév. *etc.*).

été [ete] n. m. Saison la plus chaude de l'année qui suit le printemps et précède l'automne. *Dans l'hémisphère Nord, l'été commence au solstice de juin* (21 ou 22) *et se termine à l'équinoxe de septembre* (22, 23). *Vacances d'été* (→ **estivant**). *Tenue d'été,* légère. → **estival.** *Se mettre en été,* en vêtements d'été. *L'été de la Saint-Martin,* période de beau temps après la Saint-Martin, fêté le 11 novembre. – Au Canada. *L'été des Indiens*, bref retour du beau temps en octobre.

éteignoir [etɛɲwaʀ] n. m. **1·** Ustensile creux en forme de cône qu'on pose sur une chandelle, une bougie, un cierge, pour l'éteindre. **2·** Ce qui arrête l'élan de l'esprit, de la gaieté. – (Personnes) *Il est toujours triste, c'est un éteignoir.* → **rabat-joie.**

éteindre [etɛ̃dʀ] v. tr. < conjug. 52 > **I· 1·** Faire cesser de brûler. *Éteindre le feu. Les pompiers éteignirent rapidement l'incendie. La chaudière est éteinte.* – Faire cesser d'éclairer. *Éteindre la lumière, l'électricité.* – Faire cesser de fonctionner. *Éteindre la télé, le radiateur.* **2·** Littér. Diminuer l'ardeur, l'intensité de ; faire cesser d'exister. → **apaiser, calmer, diminuer.** *Éteindre la douleur, la soif. Le chagrin éteignait l'éclat de son regard. Le soleil éteint les couleurs.* → **faner. 3·** *Éteindre un droit, une dette.* → **acquitter, annuler. II·** *S'éteindre* v. pron. **1·** Cesser de brûler. *Faute de combustible, le feu s'éteint.* → **mourir.** – Cesser d'éclairer. *Les lumières se sont éteintes.* **2·** Littér. (Son) Perdre son éclat, sa vivacité, disparaître. *Le bruit diminua et s'éteignit.* – Abstrait. *Son souvenir ne s'éteindra jamais.* → **disparaître, finir. 3·** (Personnes) Mourir. *Elle s'éteignit dans les bras de sa fille.* – *Famille qui s'éteint*, qui ne laisse pas de descendance. ▶ **éteint, einte** [etɛ̃, ɛ̃t] adj. **1·** Qui ne brûle plus, n'éclaire plus. *Un volcan éteint* (opposé à *en activité*). *Circuler tous feux éteints.* **2·** (Choses) Qui a perdu son éclat, sa vivacité. *Une couleur éteinte*, pâle. *Un regard éteint*, morne. *Il parle d'une voix éteinte.* **3·** Abstrait. Qui est affaibli ou supprimé. *Des sentiments, des souvenirs éteints.* **4·** (Personnes) Qui est sans force, sans expression (par fatigue, maladie). → **apathique, atone.** *Il est complètement éteint.* ▷ **éteignoir**

étendard [etɑ̃daʀ] n. m. **1·** Autrefois. Drapeau. **2·** Signe de ralliement ; symbole (d'un parti, d'une cause). *Se ranger, combattre sous les étendards de... Lever l'étendard de la révolte.*

étendre [etɑ̃dʀ] v. tr. < conjug. 41 > **I· 1·** Déployer (un membre, une partie du corps) dans sa longueur (en l'écartant du corps, etc.). *Étendre les bras, les jambes.* → **allonger, étirer.** / contr. plier, replier / – *L'oiseau étendait les ailes.* → **déployer. 2·** Placer à plat ou dans sa grande dimension (ce qui était plié). *Étendre du linge*, pour qu'il sèche. *Étendre un tapis sur le parquet.* **3·** Coucher (qqn) de tout son long. *Étendre un blessé sur un lit.* Fam. Faire tomber. *Le boxeur a étendu son adversaire au tapis.* – Fam. *Se faire étendre à un examen.* → **refuser** ; fam. **coller, étaler. 4·** Rendre (qqch.) plus long, plus large ; faire couvrir une surface plus grande à. *Étendre du beurre sur du pain*, étaler. **5·** Diluer. *Étendre une sauce*, y ajouter de l'eau pour qu'elle soit moins concentrée. **6·** Abstrait. Rendre plus grand. → **accroître, agrandir, augmenter.** / contr. diminuer, limiter / *Étendre son influence, ses relations. Étendre son vocabulaire, ses connaissances.* **II·** *S'étendre* v. pron. **1·** Augmenter en surface ou en longueur. *Ce tissu s'étend au lavage.* / contr. rétrécir / *L'ombre des arbres s'étend le soir.* → **s'allonger, grandir. 2·** (Personnes) → **s'allonger,** se **coucher.** *Je vais m'étendre après le repas.* – Au passif. *Être étendu(e).* **3·** Couvrir, occuper un certain espace. *La forêt s'étend depuis le village jusqu'à la rivière. S'étendre à perte de vue.* **4·** (Choses) Prendre de l'extension, de l'ampleur. → **augmenter, croître.** *Ses connaissances se sont étendues. Le mal s'est étendu. Sa célébrité s'étend partout.* **5·** (Personnes) *S'étendre sur un sujet*, le développer longuement. *Il s'étend trop là-dessus.* → **s'attarder.** ▶ **étendoir** n. m. Dispositif, endroit pour étendre (le linge). ▶ **étendu, ue** adj. **1·** Qu'on a étendu ou qui s'est étendu. *Du linge étendu. Des ailes étendues*, déployées. *Un homme étendu sur un lit.* **2·** Qui a une grande étendue. → **spacieux, vaste.** *Vue étendue. Vocabulaire étendu. Connaissances étendues.* / contr. borné, restreint / ▶ **étendue** n. f. **1·** L'espace perceptible, visible ; l'espace occupé par qqch. *L'étendue d'un champ.* → **surface.** *Dans l'étendue de la circonscription. Une grande étendue désertique.* **2·** *L'étendue d'une voix, d'un instrument*, écart entre le son le plus grave et le son le plus aigu. → **registre. 3·** Espace de temps. → **durée.** *L'étendue de la vie.* – Abstrait. Importance, développement. *Mesurer toute l'étendue d'une catastrophe. Accroître l'étendue de ses connaissances.* → **champ, domaine.**

éternel, elle [etɛʀnɛl] adj. et n. m. **I· 1·** Qui est hors du temps, qui n'a pas eu de commencement et n'aura pas de fin. / contr. temporel / *Dieu est conçu comme éternel.* – N. m. *L'Éternel* : Dieu. *Invoquer, louer l'Éternel.* **2·** Qui est de tous les temps ou qui doit durer toujours. *La vie est un éternel recommencement. La vie éternelle ; le salut éternel*, après la mort (religion). *Le repos éternel*, la mort. – Loc. *L'éternel féminin* ; (moins courant) *l'éternel masculin*, caractères psychologiques supposés immuables, attribués à l'un et à l'autre sexe. **3·** Qui dure très longtemps, dont on ne peut imaginer la fin. → **durable, impérissable.** / contr. court, éphémère / *Serments, regrets éternels. Rome, la Ville éternelle. Les neiges, les glaces éternelles*, qui ne fondent pas, ne sont pas saisonnières. **II·** (Avant le nom) **1·** Qui ne semble pas devoir finir ; qui ennuie, fatigue par la répétition. → **continuel, interminable, perpétuel.** *Je suis lassé de ses éternelles récriminations.* – (Personnes ; actes) Qui est toujours dans le même état. *C'est un éternel mécontent.* **2·** (Précédé le plus souvent de l'adj. possessif) Qui se trouve continuellement associé à qqch., à qqn. → **inséparable.** *Le voilà avec son éternel cigare.* ▶ **éternellement** adv. **1·** De tout temps, toujours ou sans fin. → **indéfiniment.** **2·** Sans cesse, continuellement. *Allez-vous rester là éternellement ?* → **toujours.** ▶ **éterniser** v. tr. < conjug. 1 > **I· 1·** Littér. Rendre éternel, faire durer sans fin. → **immortaliser, perpétuer.** *Cette découverte éternisera la mémoire de ce grand savant.* **2·** Prolonger indéfiniment. → **faire durer.** *Je ne veux pas éterniser la discussion.* **II·** *S'éterniser* v. pron. **1·** (Choses) Se perpétuer, se prolonger. *La réunion s'éternise, on n'en voit pas la fin.* **2·** (Personnes) Fam. Demeurer indéfiniment, s'attarder trop longtemps. *Je ne vais pas m'éterniser ici.* ▶ **éternité** n. f. **I·** Sans compl. **1·** Durée qui n'a ni commencement ni fin, qui échappe à toute détermination chronologique (surtout dans un contexte religieux). *La notion de Dieu implique l'éternité.* **2·** Durée ayant un commencement, mais pas de fin ; relig., la vie future. **3·** Temps qui semble extrêmement long. *Cela a duré une éternité. Il y a des éternités qu'on ne t'a vu.* **4·** ***De toute éternité*** : depuis toujours. **II·** *(L'éternité de...)* Caractère de ce qui est éternel. *L'éternité de l'esprit, de la matière.*

éternuer [etɛʀnɥe] v. intr. < conjug. 1 > Faire un éternuement. *Il tousse et il éternue. Poudre à éternuer,* qui provoque l'éternuement. ▶ **éternuement** [etɛʀnymɑ̃] n. m. Expiration brusque et bruyante par le nez et la bouche, à la suite d'un mouvement subit et convulsif des muscles expirateurs provoqué par l'irritation des muqueuses nasales. *Bruit de l'éternuement* (traditionnellement noté *atchoum*). *Les éternuements du rhume.*

étêter [etete] v. tr. < conjug. 1 > Couper la tête de (un arbre, un petit animal, un objet). *Étêter de jeunes arbres avant de les transplanter. Étêter des sardines* (pour les mettre en conserve).

éthane [etan] n. m. Gaz combustible, hydrocarbure saturé.

1 **éther** [etɛʀ] n. m. **1·** Littér. L'air le plus pur. Les espaces célestes. → **air, ciel.** **2·** (Ancienne science) Milieu subtil qui imprègne tous les corps et vibre sous l'action d'une source lumineuse. ▶ **éthéré, ée** adj. Littér. **1·** Qui est de la nature de l'éther. *La voûte éthérée,* le ciel. **2·** → **aérien, irréel, léger.** *Créature éthérée. Sentiments éthérés,* qui s'élèvent au-dessus des choses terrestres. → **pur, sublime.** / contr. matériel, terre à terre /

2 **éther** n. m. **1·** En chimie. Se disait de tout composé volatil résultant de la combinaison d'acides avec des alcools. *Éthers-sels.* → **ester.** **2·** Liquide incolore d'une odeur forte, très volatil et pouvant anesthésier. *L'éther est employé comme antiseptique.* ▶ **éthéromane** n. et adj. Personne (toxicomane) qui s'intoxique en respirant de l'éther (2).

éthique [etik] n. f. et adj. **1·** N. f. Science de la morale ; ensemble des conceptions morales de qqn. → **morale.** **2·** Adj. Qui concerne la morale. *Des jugements éthiques.* → **moral,** adj. *Une justification éthique de la justice.* ≠ étique ▷ **bioéthique**

ethn(o)- Élément qui signifie « peuple », entrant dans la formation de termes didactiques. ▶ **ethnie** [ɛtni] n. f. Ensemble de personnes que rapprochent un certain nombre de caractères physiques et de civilisation (notamment la langue et la culture). *Les ethnies africaines.* ≠ tribu. ▶ **ethnique** adj. Relatif à l'ethnie, à une ethnie. *Caractères ethniques. Groupes ethniques. Nettoyage, purification, épuration ethnique,* politique consistant à persécuter des minorités ethniques. *Guerre ethnique,* entre ethnies. ▶ **ethnographie** n. f. Étude descriptive des groupes humains (ethnies), de leurs caractères anthropologiques, sociaux, etc. ▶ **ethnographe** n. Personne qui s'occupe d'ethnographie. *Cette ethnographe étudie les pygmées du Cameroun.* ▶ **ethnographique** adj. Relatif à l'ethnographie. *Études ethnographiques.* ▶ **ethnologie** n. f. Étude théorique des groupes humains décrits par l'ethnographie. → **anthropologie.** ▶ **ethnologique** adj. Relatif à l'ethnologie. *Recherches ethnologiques.* ▶ **ethnologue** n. Personne qui s'occupe d'ethnologie. → **anthropologue.** *Une ethnologue spécialiste des Indiens de l'Amazonie.* ▷ **multiethnique**

éthologie [etɔlɔʒi] n. f. Didact. Science des comportements des espèces animales dans leur milieu naturel.

éthylène [etilɛn] n. m. Gaz incolore peu soluble dans l'eau. *Matières plastiques fabriquées avec des dérivés de l'éthylène.* ▶ **éthylénique** adj. *Carbures éthyléniques,* hydrocarbures à chaîne ouverte contenant une liaison double, et dont l'éthylène est le plus simple. ▷ **polyéthylène, trichloréthylène**

éthylique [etilik] adj. **1·** Dû à l'ingestion exagérée d'alcool. *Coma éthylique.* **2·** Alcoolique. – N. *Un, une éthylique.* ▶ **éthylisme** n. m. Alcoolisme. *éthylisme chronique.*

étiage [etjaʒ] n. m. Baisse périodique des eaux (d'un cours d'eau) ; le plus bas niveau des eaux. *Les crues et les étiages d'un fleuve.*

étinceler [etɛ̃sle] v. intr. < conjug. 4 > **1·** Briller au contact d'un rayon lumineux. *La mer étincelle au clair de lune. Métal qui étincelle.* **2·** Littér. Produire un éclat vif. *Ses yeux étincellent d'ardeur, de haine.* **3·** Littér. (Choses abstraites) Avoir de l'éclat. *Sa conversation étincelle d'esprit.* ▶ **étincelant, ante**

adj. 1· Littér. Qui étincelle. *Un ciel étincelant d'étoiles. Des yeux étincelants de colère. Une prairie aux fleurs étincelantes,* d'une couleur très vive. 2· Abstrait. *Un discours étincelant.* → **brillant.** *Une virtuosité étincelante.* ▶ **étincellement** n. m. Le fait d'étinceler ; éclat, lueur de ce qui étincelle. → **scintillation.**

étincelle [etɛ̃sɛl] n. f. 1· Parcelle incandescente qui se détache d'un corps qui brûle ou qui jaillit au contact, sous le choc de deux corps. *Jeter des étincelles. Étincelles qui crépitent. Étincelle électrique.* 2· Point brillant ; reflet. *Prunelles semées d'étincelles dorées.* 3· Abstrait. *Une étincelle de raison, de courage,* un petit peu. → **lueur.** – Fam. *Il a fait des étincelles,* il a été brillant. – Loc. *C'est l'étincelle qui a mis le feu aux poudres,* le petit incident qui a déclenché la catastrophe (→ c'est la goutte d'eau qui a fait déborder* le vase). ▷ **étinceler, pare-étincelles**

étioler [etjɔle] v. tr. < conjug. 1 > 1· Rendre (une plante) grêle et décolorée, par manque d'air, de lumière. → **rabougrir.** *L'obscurité étiole les plantes.* – Pronominalement (réfl.). *Cet arbuste s'étiole.* – Au p. p. adj. *Une fleur étiolée.* – *Étioler du pissenlit, des chicorées,* les faire pousser à l'abri de l'air pour qu'ils restent blancs. 2· Rendre (qqn) chétif, pâle. → **affaiblir, anémier.** *Le manque de grand air, d'exercice étiole les enfants.* 3· Abstrait. Affaiblir, atrophier. / contr. épanouir, fortifier / *L'esprit, la mémoire s'étiolent dans l'oisiveté.* ▶ **étiolement** n. m. Le fait de s'étioler ; état de ce qui est étiolé. → **affaiblissement.** *L'étiolement de l'esprit, des facultés intellectuelles.*

étiologie [etjɔlɔʒi] n. f. Étude des causes des maladies.

étique [etik] adj. Littér. D'une extrême maigreur. → **décharné, desséché, maigre, squelettique.** *Il est devenu étique. Un vieux cheval étique.* ≠ éthique.

1 **étiquette** [etikɛt] n. f. 1· Petit morceau de papier, de carton, fixé à un objet (pour en indiquer la nature, le contenu, le prix, la destination, le possesseur). → **marque.** *Attacher, mettre une étiquette sur un sac, sur un colis, à un objet. Étiquette de qualité.* → **label.** – Loc. *La valse des étiquettes,* la hausse des prix. 2· Fig. Ce qui marque qqn et le classe (dans un parti, une école, etc.). *On ne peut pas les décrire sous la même étiquette,* la même désignation. *Il s'est présenté aux élections sans étiquette.* ▶ **étiqueter** [etikte] v. tr. < conjug. 4 > 1· Marquer d'une étiquette. *Étiqueter des marchandises.* – Au p. p. adj. *Des bocaux étiquetés.* 2· Ranger sous l'étiquette d'un parti, d'une école. → **classer, dénommer, noter.** *On l'étiquette comme anarchiste.* ▶ **étiquetage** n. m. Action d'étiqueter. *Étiquetage de cartons.*

2 **étiquette** n. f. Ordre de préséances ; cérémonial en usage auprès d'un chef d'État, d'un grand personnage. → **protocole.** *Respecter l'étiquette.*

étirer [etiʀe] v. tr. < conjug. 1 > 1· Allonger ou étendre par traction. *Étirer les métaux, le verre, du caoutchouc.* – Pronominalement. *Ce pull s'est étiré,* est devenu plus long à l'usage. 2· *S'étirer* v. pron. : étendre ses membres pour en rétablir la souplesse. → se **détendre.** *S'étirer en bâillant.* ▶ **étirage** n. m. Opération par laquelle on étire (1). *Étirage du verre à chaud.* ▶ **étirement** n. m. Le fait de s'étirer (1, 2).

étoffe [etɔf] n. f. I· Tissu dont on fait des habits, des garnitures d'ameublement. *Étoffes de laine, de coton, de soie. Étoffe imprimée. Pièce, rouleau d'étoffe. Une étoffe imperméable, lavable.* II· Abstrait. 1· Ce qui constitue la nature, les qualités, les aptitudes (de qqn ou qqch.). *C'est un homme d'une certaine étoffe.* – ***Avoir l'étoffe** de* : les qualités, les capacités de. *Il n'a pas l'étoffe d'un homme d'État.* → **envergure.** – Absolt. *Avoir de l'étoffe,* une forte personnalité. → **valeur.** *Manquer d'étoffe,* d'envergure. 2· Matière, sujet. *Ce roman manque un peu d'étoffe.* ▶ **étoffer** v. tr. < conjug. 1 > 1· Abstrait. Rendre plus abondant, plus riche. → **enrichir.** *Étoffer un ouvrage,* lui fournir une matière plus abondante. → **nourrir.** *Il faudrait étoffer le début de l'histoire.* – Littér. *Étoffer un personnage,* lui donner une personnalité plus riche. – Au p. p. adj. *Un récit très étoffé.* 2· *S'étoffer* v. pron. : (personnes) s'élargir, prendre de la carrure. *Il s'est étoffé depuis qu'il fait du sport.*

1 **étoile** [etwal] n. f. I· 1· Cour. Tout astre visible, excepté le Soleil et la Lune ; point brillant dans le ciel, la nuit. *Les étoiles du ciel. L'étoile du berger,* la planète Vénus. *L'étoile Polaire,* située approximativement dans la direction du pôle Nord. – Fam. *À la belle étoile,* en plein air, la nuit. 2· En astronomie. Astre producteur et émetteur d'énergie. *Le Soleil est une étoile. Étoiles géantes, naines. Étoiles radioélectriques* (ou *radio-étoiles,* n. f.), émettrices d'ondes radioélectriques. *Quasi-étoiles.* → **quasar.** 3· ***Étoile filante*** : météorite dont le passage dans l'atmosphère terrestre se signale par un trait de lumière. → **aérolithe, bolide.** II· (Dans des expressions) Astre, considéré comme exerçant une influence sur la destinée de qqn. *Être né sous une bonne, une mauvaise étoile. Être confiant dans, en son étoile.* → **chance, destin.** III· 1· Objet, ornement disposé en rayons (forme sous laquelle on représente traditionnellement les étoiles). *Étoile à cinq branches. Général à trois étoiles.* – (Servant à classer les catégories d'hôtels, etc.) *Un hôtel trois étoiles, un restaurant quatre étoiles.* Ellipt. *Un deux étoiles.* – *Étoile*

de David, symbole du judaïsme. *L'étoile jaune,* insigne que les nazis obligeaient les juifs à porter. – Fêlure rayonnante. *Un caillou a fait une étoile sur le pare-brise.* – Dans un texte imprimé. Signe remplaçant les lettres manquantes d'un mot. *Monsieur*** (trois étoiles).* → **astérisque.** **2·** *En étoile :* dans une disposition rayonnante, présentant des lignes divergentes. *Branches, routes en étoile.* – *Moteur en étoile,* dont les cylindres sont disposés en rayons sur un même plan. **3·** *Étoile de mer :* nom courant de l'*astérie,* échinoderme. ▶ **étoilé, ée** adj. **1·** Semé d'étoiles (I, 1). *Ciel étoilé. Nuit étoilée.* **2·** Qui porte des étoiles (III) dessinées. *La bannière étoilée,* le drapeau des États-Unis d'Amérique. **3·** En forme d'étoile. *Cristaux étoilés.* **4·** Fêlé en étoile. *Vitre étoilée.* ▶ **étoiler** v. tr. < conjug. 1 > **1·** Parsemer d'étoiles. – Pronominalement (réfl.). *Le ciel s'étoile.* **2·** Former une étoile (III). **3·** Fêler en forme d'étoile. *Étoiler une glace.* ▶ **étoilement** n. m. **1·** Action d'étoiler, de s'étoiler. *L'étoilement du ciel.* **2·** Disposition en étoile. *Un étoilement de rues.*

2 **étoile** n. f. Personne qui a une très grande réputation (dans le monde du spectacle). *Une étoile de cinéma.* → **star.** – En appos. *Danseur, danseuse étoile.* – Loc. *L'étoile montante,* la personne qui devient la plus célèbre.

étole [etɔl] n. f. **1·** Bande d'étoffe que l'évêque, le prêtre et le diacre portent au cou dans l'exercice de fonctions liturgiques. **2·** Fourrure rappelant la forme de l'étole. *Une étole de vison.* ≠ étoile.

étonnant, ante [etɔnɑ̃, ɑ̃t] adj. **1·** Qui surprend, déconcerte par qqch. d'extraordinaire. → **ahurissant, effarant, renversant, surprenant ; incroyable.** / contr. habituel, normal, ordinaire / *Événement étonnant, nouvelle étonnante. Je viens d'apprendre une chose étonnante. Je trouve étonnant, il est étonnant qu'il ne m'ait pas prévenu. Cela n'a rien d'étonnant.* **2·** Qui frappe par un caractère remarquable, réussi. → **épatant, fantastique, remarquable ;** fam. **formidable, terrible.** *Un film, un livre étonnant.* – (Personnes) Digne d'admiration. *C'est une femme étonnante.* ▶ **étonnamment** adv. D'une manière étonnante. *Je me sens étonnamment bien.*

étonner [etɔne] v. tr. < conjug. 1 > **I·** Causer de la surprise à (qqn). → **abasourdir, ébahir, surprendre.** (Dans la langue classique, le mot était plus fort et signifiait « frapper comme par le tonnerre, foudroyer ».) *Étonner par la beauté, l'importance.* → **éblouir, émerveiller, épater, impressionner.** *Cela m'a beaucoup, bien étonné. Ça m'étonnerait,* je considère cela comme peu probable, peu vraisemblable. *Ça ne m'étonne pas de toi.* – Loc. *Tu m'étonnes !,* je ne te crois pas. – *Être étonné de, par* (+ nom). *Il a été étonné de la réponse, par la réponse.* – *Être étonné de* (+ infinitif), *si* (+ indicatif), *que* (+ subjonctif). *Elle a été étonnée de le voir. Vous seriez étonnés s'il venait, qu'il vînt.* – Au p. p. adj. *Un air, un regard étonné.* → **éberlué. II·** *S'étonner* v. pron. : trouver étrange, être surpris. *S'étonner à l'annonce d'une nouvelle. S'étonner de tout.* – *S'étonner de ce que* (+ indicatif ou subjonctif). *Je m'étonne de ce qu'il est venu, de ce qu'il soit venu.* – *S'étonner de* (+ infinitif). *Il s'étonna de le rencontrer à pareille heure.* – *S'étonner que* (+ subjonctif). *Je m'étonne qu'il soit, qu'il ne soit pas venu.* ▶ **étonnement** n. m. Surprise causée par qqch. d'extraordinaire, d'inattendu. (Le mot était plus fort dans la langue classique). → **ahurissement, ébahissement, stupéfaction.** *Causer de l'étonnement. Grand, profond étonnement. À mon étonnement, j'ai vu que... Sans manifester le moindre étonnement.* ▷ **étonnant**

à l'étouffée [aletufe] loc. adv. *Cuire à l'étouffée,* en vase clos, à la vapeur. *Viande cuite à l'étouffée.*

étouffer [etufe] v. < conjug. 1 > **I·** V. tr. **1·** Asphyxier ou suffoquer (qqn) en pesant sur la poitrine, en appliquant qqch. sur le nez, la bouche, qui empêche de respirer. *Étouffer qqn avec un oreiller.* **2·** (Suj. chose) Gêner (qqn) en rendant la respiration difficile. *Cette chaleur m'étouffe.* – Fam. *Les scrupules, la bonne foi ne l'étouffent pas,* il n'a aucun scrupule, aucune bonne foi. *Ce n'est pas la politesse qui l'étouffe.* **3·** Gêner la croissance de (une plante). *Le lierre va étouffer cet arbre.* **4·** Priver de l'oxygène nécessaire à la combustion. → **éteindre.** *Étouffer un foyer d'incendie.* **5·** Empêcher (un son) de se faire entendre, de se propager. → **amortir, assourdir.** *Des tentures étouffaient les bruits.* – Au p. p. adj. *Bruits étouffés,* assourdis. – Faire taire. *Étouffer l'opposition, l'opinion publique.* → **bâillonner.** **6·** Réprimer (un soupir, un sanglot...). *Étouffer un cri.* – Abstrait. Supprimer ou affaiblir (un sentiment, une opinion) ; empêcher de se développer en soi. → **contenir, refouler, réprimer.** / contr. exprimer / *Étouffer ses sentiments, ses émotions.* **7·** Empêcher d'éclater, de se développer. → **arrêter, enrayer.** *Étouffer une affaire, un scandale. L'armée étouffa la révolte dans l'œuf.* **II·** *S'étouffer* v. pron. **1·** Perdre la respiration. *S'étouffer en mangeant, en avalant de travers. Il s'étouffait de rire.* **2·** (Récipr.) *S'étouffer mutuellement.* – Se serrer les uns les autres dans la foule. → **s'écraser, se presser.** *On s'étouffait à cette réception.* **III·** V. intr. **1·** Respirer avec peine, difficulté ; ne plus pouvoir respirer. → **suffoquer.** – Sans compl. Avoir très chaud. *On étouffe, ici.* – *Étouffer de rire.* → **s'étrangler.** **2·** Être mal à l'aise, ressentir une impression d'oppression, d'ennui, etc. ▶ **étouffant, ante** adj. Qui fait qu'on étouffe, qu'on respire mal. → **asphyxiant, suffocant.** *Atmosphère étouffante. La chaleur est étouffante.* ▶ **étouffement** n. m. **1·** Difficulté à respirer. *Sensation d'étouffement.* → **suffocation.** *Crise d'étouffements causée par l'asthme.* **2·** Action d'étouffer un être vivant. → **asphyxie.** *Étouffement par noyade, pendaison.* **3·** Action d'étouffer (6, 7), d'empêcher d'éclater, de se développer. *L'étouffement d'une révolte.* → **répression.** *L'étouffement d'un scandale.* ▶ **étouffoir** n. m. Lieu où l'on étouffe. – Abstrait. *Sa famille est un véritable étouffoir.* ▷ à l'**étouffée, touffeur**

étoupe [etup] n. f. La partie la plus grossière de la filasse. *Paquet, tampon d'étoupe. Avoir les cheveux comme de l'étoupe,* ternes et en mauvais état.

étourderie [etuʀdəʀi] n. f. **1·** *(Une, des étourderies)* Acte d'étourdi. *Faire une étourderie.* **2·** Caractère de la personne qui est étourdie. → **distraction, inattention, irréflexion.** *L'étourderie des enfants. Il a agi par étourderie, avec étourderie.* / contr. attention, réflexion /

étourdi, ie [etuʀdi] adj. et n. **1·** Adj. Qui agit sans réflexion, ne porte pas attention à ce qu'il fait. → **distrait, irréfléchi, léger.** / contr. attentif / *C'est un enfant étourdi.* – Qui oublie, égare facilement ; qui manque de mémoire et d'organisation. *Vous êtes trop étourdi pour faire ce travail de secrétariat.* / contr. organisé / **2·** N. *Un étourdi, une étourdie. Vous vous conduisez comme un étourdi.* → **distrait, écervelé, étourneau** (2). **3·** *À l'étourdie* loc. adv. : → **étourdiment.** *Agir à l'étourdie.* ▶ **étourdiment** adv. À la manière d'un étourdi. → **inconsidérément.** *Agir, parler étourdiment.* ▷ **étourderie**

étourdir [etuʀdiʀ] v. tr. < conjug. 2 > **1·** Faire perdre à demi connaissance à (qqn), affecter subitement la vue, l'ouïe de (qqn). → **assommer.** *Le coup de poing l'a étourdi.* → fam. **sonner.** – Au p. p. adj. *Il reste encore tout étourdi.* **2·** Causer une sorte d'ivresse, de vertige à (qqn). *Le vin l'étourdit.* → **griser. 3·** Fatiguer, lasser par le bruit, les paroles. → **assourdir.** *Le bruit des voitures l'étourdissait.* – (Suj. personne) *Tu m'étourdis de tes bavardages.* **4·** *S'étourdir* v. pron. : perdre une claire conscience. *Boire pour s'étourdir. S'étourdir de paroles.* → s'**enivrer,** se **griser.** *Chercher à s'étourdir pour oublier son chagrin.* ▶ **étourdissant, ante** adj. **I·** Qui étourdit par son bruit. → **assourdissant, fatigant.** *Vacarme étourdissant.* **II·** Qui fait sensation, cause une stupéfaction admirative. → **étonnant, sensationnel.** *Un succès étourdissant. Une virtuosité étourdissante.* – (Personnes) *Elle était étourdissante de beauté.* ▶ **étourdissement** n. m. **1·** Trouble caractérisé par une sensation de tournoiement, d'engourdissement. → **faiblesse, vertige.** *Avoir un étourdissement, des étourdissements.* – État d'une personne étourdie. → **griserie, ivresse.** *L'étourdissement causé par un succès.* **2·** Action de s'étourdir. ▷ **étourdi**

étourneau [etuʀno] n. m. **1·** Petit oiseau à plumage sombre, à reflets métalliques, moucheté de taches blanches. → **sansonnet.** *Des étourneaux.* **2·** Personne légère, inconsidérée. → **étourdi.** *Quel étourneau !* → tête de **linotte.**

étrange [etʀɑ̃ʒ] adj. Très différent de ce qu'on a l'habitude de voir, d'apprendre ; qui étonne, surprend. → **bizarre, curieux, drôle, extraordinaire, singulier.** / contr. banal, courant, ordinaire / *Une étrange aventure. Un air, un sourire étrange.* → **indéfinissable.** *C'est un étrange garçon.* → **incompréhensible, original.** *Une conduite étrange.* – N. m. *L'étrange,* caractère étrange. → **étrangeté.** *L'étrange est qu'ils se fréquentent encore.* ▶ **étrangement** adv. D'une manière étrange, étonnante. → **bizarrement, curieusement.** *Il était étrangement habillé. Il nous a étrangement traités.* ▶ **étrangeté** [etʀɑ̃ʒte] n. f. **1·** Caractère étrange. → **singularité.** *Impression d'étrangeté, de jamais vu.* **2·** Littér. Action, chose étrange. *Il y a des étrangetés dans ce livre.*

étranger, ère [etʀɑ̃ʒe, ɛʀ] adj. et n. **I·** Adj. **1·** Qui est d'une autre nation ; qui est autre, en parlant d'une nation. / contr. autochtone / *Les nations, les puissances étrangères. Les travailleurs étrangers.* → **immigré.** *Des touristes étrangers. Langues étrangères.* **2·** Relatif aux rapports avec les autres nations. *Les Affaires étrangères,* la diplomatie. *Le ministre des Affaires étrangères.* **3·** Qui n'appartient pas à un groupe (familial, social). *Se sentir étranger dans une réunion, un milieu. Être étranger à qqn, à un milieu,* n'avoir rien de commun avec. **4·** (Choses) ***Étranger à** qqn* : qui n'est pas propre ou naturel à qqn. *Ces préoccupations, ces considérations me sont étrangères.* – Qui n'est pas connu ou familier (de qqn). *Ce visage ne m'est pas étranger.* → **inconnu. 5·** (Personnes) ***Étranger à** qqch.* : qui n'a pas de part à qqch., se tient à l'écart de qqch. *Il est étranger à ce complot, à cette affaire,* il n'y a pas participé. *Être étranger à tout sentiment de pitié,* être incapable d'éprouver ce sentiment. *Il reste étranger à toute idée nouvelle,* incapable de la comprendre. → **imperméable. 6·** (Choses) Qui ne fait pas partie de ; qui n'a aucun rapport avec. → **distinct, extérieur.** *Fait étranger à la cause. Des digressions étrangères à un sujet.* **7·** ***Corps étranger*** : chose qui se trouve contre nature dans l'organisme. *Extraire un corps étranger d'une plaie.* **II·** N. **1·** Personne dont la nationalité n'est pas celle d'un pays donné (par rapport aux nationaux de ce même pays). / contr. citoyen / *Épouser une étrangère. Des étrangers avec, sans permis de séjour* (→ **sans-papiers**). – N. m. (Collect.) *L'étranger,* les étrangers et, plus souvent, l'ennemi. *Pays envahi par l'étranger.* **2**· Personne qui ne fait pas partie d'un groupe ; personne avec laquelle on n'a rien de commun. *Ils se vouvoient devant les étrangers.* / contr. intime / **3**· N. m. Pays étranger (surtout dans *à, pour l'étranger ; de l'étranger*). *Voyager à l'étranger. Il part pour l'étranger. Nouvelles de l'étranger.*

étrangler [etʀɑ̃gle] v. tr. < conjug. 1 > **1**· Priver de respiration (jusqu'à ce que mort s'ensuive, ou non) par une forte compression du cou. → **asphyxier, étouffer.** *Étrangler qqn de ses mains, avec un nœud coulant.* – Pronominalement. *Il s'étrangle en avalant de travers.* → s'**étouffer.** **2**· Gêner la respiration, serrer la gorge de (qqn). *La soif, l'émotion l'étranglait.* – Pronominalement (réfl.). *Cet enfant s'étrangle à force de crier.* – Au p. p. adj. *Voix étranglée,* gênée. **3**· Abstrait. Gêner ou supprimer par une contrainte insupportable. *Étrangler la liberté.* → **assassiner.** *Tous ses soucis l'étranglaient.* – Littér. Empêcher de s'exprimer. *La dictature étrangle la presse.* → **bâillonner, étouffer.** ▶ **étranglement** n. m. **1**· Vx. Étouffement, suffocation. *Mourir d'étranglement.* – Le fait d'étrangler (2). **2**· (Organe) Le fait de se resserrer ; rétrécissement. *Étranglement entre le thorax et l'abdomen des insectes.* / contr. dilatation, distension ; élargissement / – *Goulet d'étranglement.* **3**· Abstrait. Littér. Action d'entraver dans son expression, de freiner dans son développement. *L'étranglement des libertés, de la presse.* → **étouffement.** / contr. libération / ▶ **étrangleur, euse** n. Personne qui étrangle. *Avoir des mains d'étrangleur,* de fortes mains brutales.

étrave [etʀav] n. f. Pièce saillante qui forme la proue d'un navire.

1 **être** [ɛtʀ] v. intr. < conjug. 61 Aux temps composés, se conjugue avec AVOIR. > **I**· **1**· Avoir une réalité. → **exister.** – (Personnes) *Je pense, donc je suis.* Littér. Vivre. *Il n'était pas encore au monde. Il n'est plus,* il est mort. – (Choses) *Ne changeons pas ce qui est. Ce temps n'est plus. Cela peut être. Soient deux lignes parallèles,* si l'on pose... **2**· Impers. (surtout littér.) ***Il est, est-il, il n'est pas...*** : il y a, y a-t-il, etc. → **avoir.** *Il est des gens que la vérité effraie. Il n'est rien d'aussi beau.* – *Toujours est-il que,* en tout cas. *Toujours est-il que nous n'étions pas d'accord.* – ***S'il en est.*** *Un coquin s'il en est, s'il en fut,* un parfait coquin. **3**· (Moment dans le temps) *Quelle heure est-il ? Il est midi. Il est temps de partir.* **II**· Verbe reliant l'attribut au sujet. *La terre est ronde. Je suis jeune. Soyez poli. Le vol est un délit.* → **constituer.** *Il est comme il est,* il faut l'admettre tel qu'il est ; il ne change pas (→ Il faut prendre les gens comme ils sont). *Si j'étais vous,* si j'étais à votre place. – ***Être** qqch.* ***pour** qqn. Il n'est rien pour moi.* → **représenter.** **III**· Suivi d'une préposition ou d'un adverbe, d'une locution adverbiale. **1**· (État) *Être bien, être mal* (relativement au confort, à la santé). → **aller.** *Comment êtes-vous ce matin ?* **2**· Se trouver (quelque part). *J'y suis, j'y reste. Je suis à l'hôtel de la Gare.* → **demeurer, loger.** *La voiture est au garage. Je ne suis là pour personne.* **3**· Abstrait. Avoir l'esprit attentif, présent. *Il n'est pas à ce qu'il fait. Être ailleurs,* avoir l'esprit absent. – ***Y être*** : comprendre. *Ah ! J'y suis ! Vous n'y êtes pas du tout, mon pauvre ami.* **4**· (Au passé, avec un compl. de lieu, un infinitif) Aller. *J'ai été à Rome, l'an dernier,* j'y suis allé. *Nous avons été l'accompagner.* **5**· (Temps) *Nous sommes au mois de mars, en mars, le 2 mars. Quel jour sommes-nous ?* **6**· (Avec certaines prépositions) – ***Être à.*** *Ceci est à moi,* m'appartient. *Je suis à vous dans un instant,* à votre disposition. *Être à son travail, être à travailler,* occupé à, en train de. *Le temps est à la pluie. C'est à prendre ou à laisser.* – ***Être de...*** (Provenance). *Être de Normandie,* né en Normandie. *Cette comédie est de Molière.* – (Participation) Faire partie de, participer. *Être de la fête. Vous êtes des nôtres.* – ***Comme si de rien n'était*** : sans avoir l'air de participer, avec indifférence. *Il prit mon stylo comme si de rien n'était.* – ***En être*** : faire partie de. *Nous organisons une réception, en serez-vous ? En être à la moitié du chemin,* avoir parcouru la moitié du chemin. *Où en êtes-vous dans vos recherches ? En être pour sa peine, son argent,* avoir perdu sa peine, son argent. – ***Être en*** : manière d'être. *Être en survêtement, en chaussons.* – ***Être pour.*** *Être pour ou contre qqn, qqch. Pour qui êtes-vous dans cette discussion ? Être pour qqch. dans...,* être en partie responsable de. *Vous avez été pour beaucoup dans sa décision.* – ***Être sans*** : n'avoir pas. *Être sans abri. Être sans le sou.* (Devant un infinitif, à la forme négative) *N'être pas sans savoir qqch.,* ne pas l'ignorer. *Vous n'êtes pas sans avoir entendu dire que,* vous avez probablement entendu dire que. **IV**· ***C'est, ce sera, c'était,*** etc. **1**· Présentant une personne, une chose ; rappelant ce dont il a été question. *C'est une personne aimable. C'est mon frère. Ce sont* (fam. *c'est*) *mes collègues. C'est trois heures qui sonnent* (toujours sing. pour l'heure). *Ce sera très facile. Qu'est-ce ? Ce n'est rien.* **2**· Annonçant ce qui suit (cette tournure permet de mettre en relief un élément de la phrase). *C'est moi qui l'ai dit. C'est à vous d'agir.* – ***Si ce n'était..., n'était.*** *Si ce n'était, n'était l'amitié que j'ai pour vous, je vous sanctionnerais,* s'il n'y avait... – Littér. ***N'eût été.*** *N'eût été ma migraine, nous serions sortis.* – ***Fût-ce, ne fût-ce que.*** *Acceptez mon aide, ne fût-ce que pour me faire plaisir.* – ***Ne serait-ce que.*** *Je lui répondrai, ne serait-ce que pour le faire enrager.* – *C'est-à-dire.* → **c'est-à-dire.** *Est-ce que.* → **est-ce que.** *N'est-ce pas.* → **n'est-ce pas.** **V**· Verbe auxi-

liaire servant à former : **1·** La forme passive des verbes transitifs. *Être aimé. Je suis accompagnée. Vous avez été critiqués.* **2·** Les temps composés de certains verbes intransitifs. *Elle était tombée. Nous étions partis.* **3·** Les temps composés de tous les verbes pronominaux ou actifs à la forme pronominale. *Ils se sont aimés.* – REM. Le participe passé reste invariable : a) Si l'objet direct n'est pas le pronom réfléchi. **Ils se sont trouvé des prétextes pour partir** (mais : **ils se sont trouvés ensemble à la réunion** [ils ont trouvé eux-mêmes]). b) S'il est suivi d'un infinitif ayant un sujet autre que celui du verbe. **Elle s'est laissé voler** (mais : **elle s'est laissée aller**). c) Si le verbe ne peut avoir de complément d'objet direct. **Ils se sont convenu, nui, parlé, souri, succédé. Ils se sont plu dans cet endroit.** ▷ **bien-être, c'est-à-dire, est-ce que, ② être, mieux-être, n'est-ce pas, peut-être, soit**

② **être** n. m. **I·** Fait d'être → **existence,** qualité de ce qui est. *Étude de l'être.* → **ontologie.** *L'être et le néant.* / contr. néant / **II· 1·** Ce qui est vivant et animé. *Les êtres vivants.* – Spécialt. *L'Être suprême, éternel,* Dieu. **2·** Personne, être humain. → **personne.** *Un être aimé. C'est un être d'exception,* une personne qui n'a pas son semblable. Péj. *Quel être !* **3·** *L'être de qqn, mon, son être.* → **âme, conscience, personne.** *Désirer qqch. de tout son être.*

étreindre [etʀɛ̃dʀ] v. tr. < conjug. 52 > **1·** Entourer avec les membres, avec le corps, en serrant étroitement. → **embrasser, enlacer, serrer.** *Étreindre qqn sur son cœur, sa poitrine. Une main lui étreignait le bras.* → **empoigner.** – Pronominalement (récipr.). *Ils s'étreignirent longtemps.* **2·** (Sentiments) → **oppresser, serrer.** *Angoisse, détresse qui étreint le cœur.* ▶ **étreinte** n. f. **1·** Action d'étreindre ; pression exercée par ce qui étreint. *L'étreinte d'une main. L'armée resserre son étreinte autour de l'ennemi.* **2·** Action d'embrasser, de presser dans ses bras. → **embrassement, enlacement.** *Une étreinte amoureuse. S'arracher aux étreintes de qqn.*

étrenne [etʀɛn] n. f. Vieilli Premier usage qu'on fait d'une chose. *Avoir l'étrenne de qqch.,* être le premier à l'utiliser. → **primeur.** ▶ **étrenner** v. < conjug. 1 > **1·** V. tr. Être le premier à employer. – Utiliser pour la première fois. *Étrenner un costume.* **2·** V. intr. Être le premier à souffrir d'un inconvénient (coup, disgrâce, reproche). *On a frappé les responsables, c'est malheureusement lui qui a étrenné.* ▷ **étrennes**

étrennes [etʀɛn] n. f. pl. **1·** Présent, cadeau à l'occasion du premier jour de l'année. *Il a eu de belles étrennes.* **2·** Gratification de fin d'année. *Les facteurs, les éboueurs sont venus chercher leurs étrennes.*

étrier [etʀije] n. m. **1·** Anneau métallique triangulaire qui pend de chaque côté de la selle et soutient le pied du cavalier. *Se dresser sur ses étriers. Tenir l'étrier à qqn,* pour l'aider à monter. – Loc. *Avoir le pied à l'étrier,* être bien placé pour réussir. – *Boire le coup de l'étrier,* le dernier coup avant de partir. **2·** Osselet de l'oreille en forme d'étrier.

étrille [etʀij] n. f. **1·** Instrument en fer garni de petites lames dentelées, utilisé pour nettoyer la peau de certains animaux (cheval, mulet, etc.). **2·** Petit crabe comestible à pattes postérieures aplaties en palettes. ▶ **étriller** [etʀije] v. tr. < conjug. 1 > **1·** Frotter, nettoyer (un animal) avec une étrille. **2·** Critiquer violemment ; faire payer trop cher. *Nous nous sommes fait étriller dans ce restaurant.* ▶ **étrillage** n. m. Action d'étriller. *L'étrillage d'un cheval.*

étriper [etʀipe] v. tr. < conjug. 1 > **1·** Ôter les tripes à. → **vider.** *Étriper un veau.* **2·** Fam. ***S'étriper*** v. pron. récipr. : se battre en se blessant, se tuer. *Ils se sont étripés sans merci.* ▶ **étripage** n. m. **1·** Action d'étriper. *L'étripage des poissons dans une conserverie.* **2·** Fam. Tuerie.

étriqué, ée [etʀike] adj. **1·** (Vêtements) Qui est trop étroit, n'a pas l'ampleur suffisante. *Une veste étriquée.* / contr. ample, flottant, large / – (Personnes) *Il était tout étriqué dans son manteau de l'année dernière.* **2·** Minuscule. *Un appartement étriqué.* → **exigu.** – Abstrait. Sans ampleur, trop limité. *Un esprit étriqué.* → **étroit, mesquin.** *Une vie étriquée.* → **médiocre.**

étrivière [etʀivjɛʀ] n. f. Courroie par laquelle l'étrier est suspendu à la selle. – Loc. Vx. *Donner des coups d'étrivière, les étrivières à qqn,* battre, corriger.

étroit, oite [etʀwa, wat] adj. **1·** Qui a peu de largeur. / contr. large / *Un ruban étroit. Route étroite et dangereuse. Fenêtres étroites et hautes. Épaules étroites. Vêtements, souliers trop étroits.* → **étriqué, serré. 2·** (Espace) De peu d'étendue, petit. → **exigu.** / contr. grand, vaste / *Orifice trop étroit. D'étroites limites.* – (Sens) De peu d'extension. *Mot pris dans son sens étroit* (opposé à *sens large*). → **restreint. 3·** Abstrait. Insuffisant par l'étendue, l'ampleur. *Esprit étroit,* sans largeur de vues, sans compréhension ni tolérance. → **borné, mesquin.** / contr. compréhensif, large / *Des vues étroites. Une vie étroite,* sans aisance. **4·** Qui tient serré. *Faire un nœud étroit.* – Abstrait. Qui unit de près. *En étroite union. Rester en rapports étroits avec qqn.* **5·** ***À l'étroit*** loc. adv. : dans un espace trop petit. *Ils sont logés bien à l'étroit.* ▶ **étroitement** adv. **1·** Par un lien étroit ; en serrant très près. *Tenir qqn étroitement embrassé. Ces problèmes sont étroitement liés.* **2·** De près. *Surveiller qqn étroitement.*

3· Rigoureusement, strictement. *Observer étroitement la règle.* ▶ **étroitesse** n. f. **1·** Caractère de ce qui est étroit (1, 2). *L'étroitesse d'une rue.* **2·** Caractère de ce qui est étroit (3), borné. *L'étroitesse de ses idées.* / contr. largeur /

étron [etʀɔ̃] n. m. Excrément moulé (de l'homme et de certains animaux). → **crotte.**

étude [etyd] n. f. **I·** Application méthodique de l'esprit cherchant à apprendre et à comprendre. *Aimer l'étude* (→ **studieux**). **1·** Effort pour acquérir des connaissances. *Se consacrer à l'étude du droit.* – *Les études* : série ordonnée de travaux et d'exercices nécessaires à l'instruction. *Faire ses études. Poursuivre, achever ses études. Études obligatoires.* → **scolarité.** *Études primaires, secondaires, supérieures* (→ **enseignement**). **2·** Effort intellectuel orienté vers l'observation et la compréhension des choses, des faits. → **science.** *L'étude de la nature. L'étude des textes.* **3·** Examen systématique. *L'étude d'une question, d'un dossier. Mettre un projet de loi à l'étude. Voyage, mission d'études.* **II·** (Ouvrage) → **essai, travail. 1·** Ouvrage littéraire étudiant un sujet. *Publier une étude sur un peintre.* **2·** Représentation graphique (dessin, peinture) constituant un essai ou un exercice. → **esquisse.** *Faire une étude de main.* **3·** Composition musicale écrite pour servir (en principe) à exercer l'habileté de l'exécutant. *Études pour le piano. Les études de Chopin.* **III·** (Lieu) **1·** Salle où les élèves travaillent en dehors des heures de cours. – Temps passé à ce travail. *Faire ses devoirs, apprendre ses leçons à l'étude. L'étude du soir.* **2·** Local où travaille un notaire, un huissier, un commissaire-priseur. *Panonceau signalant une étude.* – Charge du notaire. *Le notaire a cédé son étude à son premier clerc.* ▷ **étudier**

étudiant, ante [etydjɑ̃, ɑ̃t] n. et adj. **1·** N. Personne qui fait des études supérieures et suit les cours d'une université, d'une grande école. ≠ écolier, élève. *Étudiant en lettres. Sa fille est encore étudiante. Carte d'étudiant.* **2·** Adj. Propre aux étudiants. *La vie étudiante.* → **estudiantin.** *Le monde étudiant et le monde ouvrier.*

étudier [etydje] v. tr. < conjug. 7 > **I· 1·** Chercher à acquérir la connaissance de. *Étudier l'histoire, l'anglais. Étudier le piano,* apprendre à en jouer. – Apprendre par cœur. *Élève qui étudie sa leçon.* **2·** Chercher à comprendre par un examen. → **analyser, observer.** *Étudier une réaction chimique. Étudier un texte.* – *Étudier qqn,* observer attentivement son comportement. **3·** Examiner afin de décider, d'agir. *Étudier un projet, un plan, les propositions de qqn. Étudier un dossier, une affaire. Étudier les points faibles d'un adversaire.* → **chercher. II·** *S'étudier* v. pron. **1·** Se prendre pour objet de son étude. *S'étudier afin de se connaître.* **2·** Se composer une attitude lorsqu'on se sent observé, jugé. → s'**observer,** se **surveiller.** ▶ **étudié, ée** adj. **1·** Mûrement médité et préparé (opposé à *improvisé*). *Un discours étudié.* – *Des prix très étudiés,* calculés au plus juste, relativement peu élevés. **2·** Volontairement produit (opposé à *naturel*). *Des gestes étudiés.* – (Personnes) Qui compose son attitude, son expression. ▷ **étudiant**

étui [etɥi] n. m. Enveloppe, le plus souvent rigide, adaptée à l'objet qu'elle doit contenir. → **gaine, porte-.** *L'étui d'une arme blanche.* → **fourreau, gaine.** *Étui à ciseaux, à violon, à lunettes. Des étuis.*

étuve [etyv] n. f. **1·** Endroit clos dont on élève la température pour provoquer la sudation. → bain de **vapeur.** *Une chaleur d'étuve,* chaleur humide, pénible à supporter. – Lieu où il fait très chaud. *Ouvrez la fenêtre, c'est une étuve ici !* **2·** Appareil clos destiné à obtenir une température déterminée. *Étuve à désinfection, à stérilisation.* → **autoclave.** *Étuve pour sécher les fruits.* ▶ à l'**étuvée** [aletyve] loc. adv. *Aliments **à l'étuvée** :* cuits en vase clos, dans leur vapeur. → à l'**étouffée.** ▶ **étuver** v. tr. < conjug. 1 > **1·** Faire passer à l'étuve (2). → **stériliser. 2·** Cuire à l'étuvée.

étymologie [etimɔlɔʒi] n. f. **1·** Science de l'origine des mots, reconstitution de leur évolution en remontant de l'état actuel à l'état le plus anciennement accessible. **2·** Origine ou filiation (d'un mot). *Rechercher, donner l'étymologie d'un mot.* ▶ **étymologique** adj. **1·** Relatif à l'étymologie. *Dictionnaire étymologique.* **2·** Conforme à l'étymologie. *Sens étymologique d'un mot,* le sens le plus proche de celui du mot d'où il dérive (→ **étymon**). ▶ **étymologiquement** adv. Conformément à l'étymologie. ▶ **étymologiste** n. Linguiste qui s'occupe d'étymologie. ▶ **étymon** n. m. Mot qui donne l'étymologie (2) d'un autre mot. *Le latin* pater *est l'étymon de* père.

eu, eue Participe passé du verbe *avoir.*

eucalyptus [økaliptys] n. m. invar. Grand arbre à feuilles pointues très odorantes. – Ces feuilles. *Inhalation d'eucalyptus.*

eucharistie [økaʀisti] n. f. Sacrement essentiel du christianisme qui commémore et perpétue le sacrifice du Christ. → **communion.** *Le mystère, le sacrement de l'eucharistie.* ▶ **eucharistique** adj. Relatif à l'eucharistie. *Congrès eucharistique.*

euclidien, ienne [øklidjɛ̃, jɛn] adj. Relatif à Euclide. *Géométrie euclidienne,* à trois dimensions. ▷ **non euclidien**

eugénisme [øʒenism] n. m. Théorie visant à améliorer l'espèce humaine, par intervention sur la génétique. ▶ **eugéniste** n.

euh [ø] interj. Onomatopée qui marque l'embarras, le doute, l'étonnement, l'hésitation. *« Vous ne voulez pas venir ? – Euh... »*

eunuque [ønyk] n. m. **1·** Homme châtré qui gardait les femmes dans les harems. **2·** Fam. Homme sans virilité (physique ou morale).

euphémisme [øfemism] n. m. Expression atténuée d'une notion dont l'expression directe aurait quelque chose de déplaisant. → **adoucissement.** *« Disparu » pour « mort » est un euphémisme.* ▶ **euphémique** adj. De l'euphémisme. *Expression, phrase euphémique.*

euphonie [øfɔni] n. f. Harmonie de sons agréablement combinés (spécialt des sons qui se succèdent dans le mot ou la phrase). *Le « t » de « a-t-il » est ajouté pour l'euphonie.* ▶ **euphonique** adj. Relatif à l'euphonie. – Qui a de l'euphonie.

euphorbe [øfɔʀb] n. f. Plante vivace, arbrisseau renfermant un suc laiteux.

euphorie [øfɔʀi] n. f. Sentiment de bien-être général. *Être en pleine euphorie, dans l'euphorie.* ▶ **euphorique** adj. Qui provoque l'euphorie. – De l'euphorie. *Être dans un état euphorique.* – (Personnes) *Se sentir euphorique.* ▶ **euphorisant, ante** adj. Qui suscite l'euphorie. *Une ambiance euphorisante. Médicament euphorisant* et, n. m., *un euphorisant.*

eurasien, enne [øʀazjɛ̃, ɛn] adj. et n. **1·** D'Eurasie. *Les Eurasiens.* **2·** Métis né d'un Européen et d'une Asiatique (ou l'inverse). *Sa femme est une Eurasienne.*

eurêka [øʀeka] interj. S'emploie lorsqu'on trouve subitement une solution, un moyen, une bonne idée. – REM. C'est l'exclamation grecque d'Archimède, découvrant son principe : « j'ai trouvé ».

euro [øʀo] n. m. Monnaie unique européenne (depuis janvier 1999). – Symb. **€.** ▷ **kiloeuro**

eurocrate [øʀɔkʀat] n. Fonctionnaire des institutions européennes.

eurodollar [øʀodɔlaʀ] n. m. Avoir en dollars déposé dans des banques européennes.

euromissile [øʀomisil] n. m. Missile nucléaire de moyenne portée basé en Europe.

européen, éenne [øʀɔpeɛ̃, eɛn] adj. et n. **1·** De l'Europe. *Les peuples européens, la civilisation européenne.* – N. *Les Européens.* **2·** Qui concerne le projet d'une Europe économiquement et politiquement unifiée ; qui en est partisan. *Le marché européen. L'euro, monnaie unique européenne.* – N. Partisan de l'Europe. *C'est un Européen, une Européenne convaincu(e).* ▶ **européaniser** v. tr. < conjug. 1 > Donner un caractère européen à. *Le Japon s'est européanisé et américanisé.* ▷ **eurocrate, eurodollar, euromissile, eurosceptique, eurovision, indo-européen**

eurosceptique [øʀosɛptik] adj. et n. Qui doute de l'avenir de l'Europe en tant qu'unité économique et politique. – N. *Les eurosceptiques.* ▶ **euroscepticisme** n. m.

eurovision [øʀovizjɔ̃] n. f. Émission simultanée de programmes télévisés dans plusieurs pays d'Europe. *Un match retransmis en eurovision.*

euthanasie [øtanazi] n. f. Usage de procédés permettant d'anticiper ou de provoquer la mort de malades incurables qui souffrent. *Certaines législations autorisent l'euthanasie, d'autres la condamnent comme un crime.* ▶ **euthanasier** v. tr. < conjug. 7 > Provoquer la mort de (qqn) par euthanasie.

eux [ø] pronom pers. 3ᵉ pers. masc. pl. Pronom complément après une préposition, forme tonique correspondant à **ils** (→ **il**), pluriel de **lui** (→ **lui**). *Je vis avec eux, chez eux. C'est à eux de parler. L'un d'eux. Eux-mêmes. Ce sont* (fam. *c'est*) *eux qui crient* (le verbe reste au singulier à la forme négative : *ce n'est pas eux*). – (Forme d'insistance) *Ils n'oublient pas, eux.* – (Comme sujet) *Si vous acceptez, eux refuseront.*

évacuer [evakɥe] v. tr. < conjug. 1 > **1·** Rejeter, expulser de l'organisme (surtout les excréments). → **éliminer.** *Évacuer l'urine.* **2·** Faire sortir (un liquide) d'un lieu. *Conduite, tuyau qui évacue l'eau d'un réservoir.* → **déverser, vider. 3·** Cesser d'occuper militairement (un lieu, un pays). → **abandonner,** se **retirer.** *Évacuer une position.* – Quitter (un lieu) en masse, par nécessité ou par un ordre. *Le président fit évacuer la salle. Les passagers durent évacuer l'avion à l'escale.* – Au p. p. adj. *Ville évacuée.* **4·** Faire partir en masse, hors d'un lieu où il est dangereux, interdit de demeurer. *Évacuer la population d'une ville sinistrée.* – Au p. p. adj. *Population évacuée.* N. *Les évacués.* ▶ **évacuation** n. f. **1·** Rejet, expulsion hors de l'organisme. → **élimination. 2·** Écoulement (d'un liquide) hors d'un lieu. → **déversement.** *Évacuation des eaux d'égout. Orifice d'évacuation.* **3·** Action d'abandonner en masse (un lieu). → **abandon, départ, retrait.** *L'évacuation d'un territoire, d'un pays par des troupes d'occupation.* **4·** Action d'évacuer (des personnes). *Évacuation de blessés, de prisonniers.*

s'évader [evade] v. pron. < conjug. 1 > **1·** S'échapper (d'un lieu où l'on était retenu, enfermé). → **s'enfuir,** se **sauver ; évasion.** *S'évader d'une prison.* – Au p. p. adj. *Les prisonniers évadés.* N. *Capturer, reprendre un évadé.* → **fugitif. 2·** Échapper volontairement (à une réalité). → **fuir.** *S'évader de sa condition. S'évader du réel par le rêve, par l'imagination.* ▷ **évasion**

évaluer [evalɥe] v. tr. < conjug. 1 > **1·** Porter un jugement sur la valeur, le prix de. → **estimer, priser.** *Faire évaluer un meuble, un tableau, par un expert.* → **expertiser.** *Évaluer un bien au-dessus* → **surévaluer,** *au-dessous* → **sous-évaluer** *de sa valeur.* – Déterminer (une quantité) par le calcul sans recourir à la mesure directe. *Évaluer un volume, le débit d'une rivière.* → **jauger. 2·** Fixer approximativement. → **apprécier, estimer, juger.** *Évaluer une distance à vue d'œil. Évaluer ses chances, un risque.* ▶ **évaluation** n. f. Action d'évaluer. → **calcul, détermination, estimation.** *L'évaluation d'une fortune, d'une distance, d'une longueur.* – La valeur, la quantité évaluée. *Évaluation insuffisante, trop faible* (mesure, prix, valeur). ▷ **dévaluer, réévaluer, sous-évaluer, surévaluer**

évanescent, ente [evanesɑ̃, ɑ̃t] adj. Littér. Qui s'amoindrit et disparaît graduellement. *Image évanescente.* → **fugitif.** *Impression évanescente,* qui s'efface, s'évanouit. / contr. durable / *Des formes évanescentes,* floues, imprécises.

évangélique [evɑ̃ʒelik] adj. **1·** Relatif ou conforme à l'Évangile. → **chrétien.** *La charité évangélique.* **2·** Qui est de la religion protestante, fondée sur les Évangiles. *Église luthérienne évangélique.* ▶ **évangéliser** v. tr. < conjug. 1 > Prêcher l'Évangile à. → **christianiser.** *Évangéliser les païens.* ▶ **évangélisateur, trice** adj. et n. Qui évangélise. – N. *Une évangélisatrice.* ▶ **évangélisation** n. f. Action d'évangéliser. → **christianisation.** *L'évangélisation de la Chine par les jésuites, aux XVIIIe et XIXe siècles.* ▶ **évangéliste** n. m. **1·** Auteur de l'un des Évangiles. *Les quatre évangélistes Matthieu, Marc, Luc et Jean.* **2·** Prédicateur itinérant de l'Église réformée.

évangile [evɑ̃ʒil] n. m. **1·** (Avec une majuscule) Enseignement de Jésus-Christ. *Répandre l'Évangile.* → **évangéliser. 2·** (Avec une majuscule) Chacun des livres de la Bible où la vie et la doctrine de Jésus-Christ ont été consignées. → **évangéliste.** *Les Évangiles.* – ***Parole d'évangile*** : chose sûre, indiscutable. *Ce qu'il vous a dit n'est pas parole d'évangile.* **3·** Document essentiel (d'une croyance, d'une doctrine). → **bible.** ▷ **évangélique**

s'évanouir [evanwiʀ] v. pron. < conjug. 2 > **1·** Disparaître sans laisser de traces. → **s'effacer.** *Il avait aperçu une ombre qui s'évanouit aussitôt.* → **se dissiper.** *Les ennemis s'évanouirent en un clin d'œil,* s'enfuirent. *Sentiment, souvenir qui s'évanouit.* – Au p. p. adj. *Un rêve évanoui,* disparu. **2·** (Personnes) Perdre connaissance ; tomber en syncope. → **défaillir** (→ se trouver mal ; fam. tourner de l'œil, tomber dans les pommes). *S'évanouir d'émotion, de douleur. On a cru qu'il allait s'évanouir.* / contr. revenir à soi / – Au p. p. adj. *Il resta longtemps évanoui.* ▶ **évanouissement** n. m. **1·** Littér. Disparition complète. *L'évanouissement de ses espérances.* → **anéantissement. 2·** Le fait de perdre connaissance. → **syncope.** *Un évanouissement dû à la fatigue. Revenir d'un évanouissement* (revenir à soi). ▷ **évanescent**

s'évaporer [evapɔʀe] v. pron. < conjug. 1 > **1·** Se transformer en vapeur → se **vaporiser,** et, spécialt, se transformer lentement en vapeur par sa surface libre. *La brume, la rosée s'évapore à la chaleur du soleil. Le contenu du flacon s'évapore.* **2·** Fam. Disparaître brusquement. *À peine arrivé, il s'évapore.* → s'**éclipser.** *Ce livre ne s'est tout de même pas évaporé !* → s'**envoler.** – Fam. *S'évaporer dans la nature,* disparaître. → s'**évanouir.** ▶ **évaporateur** n. m. Appareil qui fonctionne par l'évaporation d'un fluide. ▶ **évaporation** n. f. Transformation (d'un liquide) en vapeur par sa surface libre. *L'évaporation de l'eau salée* (pour obtenir le sel marin). *Évaporation de l'eau par ébullition.* ▶ **évaporé, ée** adj. et n. Qui a un caractère étourdi, léger ; qui se dissipe en choses vaines. → **écervelé, étourdi.** / contr. posé, sérieux / *Une jeune fille évaporée. Air évaporé.* – N. *Une évaporée.*

évaser [evɑze] v. tr. < conjug. 1 > Élargir à l'orifice, à l'extrémité. *Évaser un tuyau. Évaser l'orifice d'un trou.* – ***S'évaser*** v. pron. *Les manches de sa robe s'évasent au poignet.* ▶ **évasé, ée** adj. (Objet cylindrique, tubulaire) Qui va en s'élargissant. *Amphore évasée.* ▶ **évasement** n. m. Forme évasée. *L'évasement d'un col de carafe.* / contr. rétrécissement /

évasif, ive [evazif, iv] adj. Qui cherche à éluder en restant dans l'imprécision. *Il n'a rien promis, il est resté très évasif. Un geste évasif. Réponse, formule évasive.* → **ambigu, vague.** / contr. clair, net, précis / ▶ **évasivement** adv. D'une manière évasive. *Il a répondu évasivement à nos questions.*

évasion [eva(ɑ)zjɔ̃] n. f. **1·** Action de s'évader, de s'échapper d'un lieu où l'on était enfermé. *Une tentative d'évasion. L'évasion d'un prisonnier de guerre. Une évasion avec prise d'otages.* **2·** Abstrait. Fait de se distraire. *Évasion hors de la réalité par le sommeil, le rêve, la lecture. Besoin d'évasion.* → **changement, distraction.** *Un livre d'évasion,* de détente. **3·** Abstrait. Fuite de valeurs. *L'évasion de capitaux à l'étranger.*

évêché [eveʃe] n. m. **1·** Juridiction d'un évêque, territoire soumis à son autorité. **2·** Dignité épiscopale. **3·** Palais où réside l'évêque. *Se rendre à l'évêché.* ▷ **archevêché**

éveil [evɛj] n. m. **1·** ***Donner l'éveil*** : donner l'alarme, mettre en alerte en éveillant l'attention. *Faites moins de bruit, vous allez donner l'éveil.* – Être ***en éveil*** : être attentif, sur ses gardes. *Son esprit est toujours en éveil.* **2·** (Facultés, sentiments) Action de se révéler, de se manifester. *L'éveil de l'intelligence, de l'imagination.* **3·** (Nature) Le fait de sortir du sommeil. *L'éveil de la nature au printemps.* → **réveil.** / contr. sommeil /

éveiller [eveje] v. tr. < conjug. 1 > **I·** V. tr. **1·** Littér. Tirer du sommeil. → **réveiller** (plus cour.). *Parlez moins fort, vous allez l'éveiller.* **2·** Rendre effectif, manifester (une disposition, etc.). *La lecture éveille l'imagination.* – Faire naître, apparaître (un sentiment, une idée). → **provoquer, révéler, susciter.** *Éveiller une passion, un désir chez qqn. Éveiller la défiance, les soupçons. Éveiller la curiosité.* / contr. endormir / **II·** ***S'éveiller*** v. pron. **1·** Sortir du sommeil. → se **réveiller.** – ***S'éveiller à*** (un sentiment) : éprouver pour la première fois. *S'éveiller à l'amour.* **2·** (Sentiments, idées) Naître, se manifester. *Sa curiosité s'éveilla.* ▶ **éveillé, ée** adj. **1·** Qui ne dort pas. *Il est resté éveillé la moitié de la nuit. Un rêve, un songe éveillé,* que l'on a sans dormir. **2·** (Personnes) Plein de vie, de vivacité. *Un enfant éveillé.* → **alerte, dégourdi, déluré, malicieux, vif.** *Avoir l'œil, l'air éveillé.* → **futé.** / contr. endormi, indolent, mou / ▷ **éveil, réveiller**

événement ou **évènement** [evɛnmɑ̃] n. m. Ce qui arrive et qui a de l'importance pour l'homme. → **fait.** *L'événement a eu lieu, s'est passé, produit il y a huit jours.* – Loc. *Créer l'événement,* mettre un fait en vedette pour en faire un événement. *Événement heureux,* bonheur, chance. *Un heureux événement,* une naissance. *Événement malheureux,* désastre, drame, malheur. *Un événement imprévu. Il est dépassé (débordé) par les événements,* il ne maîtrise plus la situation. *Le grand événement du siècle. Il se tient au courant des événements.* – Fam. *Lorsqu'il part en voyage, c'est un événement,* cela prend une importance démesurée. → **affaire, histoire.** ▶ **événementiel, elle** ou **évènementiel, elle** adj. *Histoire événementielle,* qui ne fait que décrire les événements.

évent [evɑ̃] n. m. **1·** Narines des cétacés. *Colonne de vapeur rejetée par les évents de la baleine.* **2·** Conduit pour l'échappement des gaz ; canal d'aération.

éventail, ails [evɑ̃taj] n. m. **1·** Instrument portatif qu'on agite avec un mouvement de va-et-vient pour produire de la fraîcheur. → s'**éventer.** *Ouvrir, déployer, fermer, plier un éventail. Des éventails.* **2·** ***En éventail*** : en forme d'éventail ouvert (lignes qui partent d'un point et s'en écartent). *Plis, plissé en éventail. Tenir ses cartes en éventail.* – Loc. fam. *Avoir les doigts de pied en éventail,* rester à ne rien faire. **3·** Ensemble de choses diverses d'une même catégorie (qui peut être augmenté ou diminué comme on ouvre ou ferme un éventail). *Éventail d'articles offerts à l'acheteur.* → **choix, gamme.** *L'éventail des salaires.* → **échelle.** *L'éventail des recherches s'élargit.*

éventaire [evɑ̃tɛʀ] n. m. Étalage en plein air, à l'extérieur d'une boutique, sur la voie publique, sur un marché. → **devanture, étal.** *L'éventaire d'un brocanteur.* ≠ inventaire.

1 **éventer** [evɑ̃te] v. tr. < conjug. 1 > **I·** Rafraîchir en agitant l'air. *Éventer qqn avec une feuille de papier, un éventail.* – Pronominalement (réfl.). *Il s'éventait avec un journal.* **II·** ***S'éventer*** v. pron. : perdre son parfum, son goût, en restant au contact de l'air. *La bouteille était mal bouchée : le vin s'est éventé.* ▶ 1 **éventé, ée** adj. **1·** Exposé au vent. *Une rue, une terrasse très éventée* (opposé à *abrité*). **2·** Altéré, corrompu par l'air. *Parfum, vin éventé.* ▷ **évent, éventail**

2 **éventer** v. tr. < conjug. 1 > (Personnes) Rendre public, faire connaître. *Éventer un complot, un piège.* – Loc. littér. *Éventer la mèche,* découvrir un secret. ▶ 2 **éventé, ée** adj. Découvert, connu. *C'est un truc éventé, personne ne s'y laissera prendre.*

éventrer [evɑ̃tʀe] v. tr. < conjug. 1 > **1·** Déchirer en ouvrant le ventre. → **étriper.** **2·** Fendre largement (un objet) pour atteindre le contenu. → **ouvrir.** *Éventrer une malle, un matelas.* – Défoncer (qqch.). *Éventrer un mur.* ▶ **éventration** n. f. **1·** Hernie ventrale. **2·** Action d'éventrer. ▶ **éventreur** n. m. Celui qui éventre. *Jack l'éventreur, criminel célèbre.* – *Un éventreur de coffres-forts.*

éventualité [evɑ̃tɥalite] n. f. **1·** Caractère de ce qui est éventuel. *L'éventualité d'un événement.* → **incertitude.** *Envisager l'éventualité d'une séparation.* → **possibilité.** **2·** *(Une, des éventualités)* Circonstance, événement pouvant survenir à l'occasion d'une action. *Être prêt, parer à toute éventualité,* prévoir tous les événements qui peuvent s'opposer à un projet.

éventuel, elle [evɑ̃tɥɛl] adj. Qui peut ou non se produire. *Profits éventuels.* → **possible.** *Tout cela est bien séduisant, mais reste éventuel.* → **hypothétique, incertain.** / contr. certain, sûr / – (Personnes) *Le successeur éventuel,* celui qui sera peut-être le successeur. ▶ **éventuellement** adv. D'une manière éventuelle. *J'aurais éventuellement besoin de votre concours.* → **peut-être.** ▷ **éventualité**

évêque [evɛk] n. m. Dignitaire de l'ordre le plus élevé de la prêtrise chrétienne → **prélat** qui, dans l'Église catholique, est chargé de la conduite d'un diocèse. → **évêché ; épiscopal.** *La crosse, la mitre de l'évêque. Monseigneur X, évêque de...* ▷ **archevêque, évêché**

évergète [evɛʀʒɛt] n. m. Dans la Grèce antique. Riche notable qui finançait par ses dons les dépenses publiques.

s'**évertuer** [evɛʀtɥe] v. pron. < conjug. 1 > Faire tous ses efforts, se donner beaucoup de peine. → s'**appliquer,** s'**escrimer.** *S'évertuer à expliquer, à démontrer qqch.*

éviction [eviksjɔ̃] n. f. Action d'évincer, de priver d'un droit. → **exclusion, expulsion, rejet.** *L'éviction du chef d'un parti.*

évident, ente [evidɑ̃, ɑ̃t] adj. Qui s'impose à l'esprit par son caractère d'évidence*. → **certain, flagrant, incontestable, indiscutable, sûr.** *Vérité, preuve évidente. Il fait preuve d'une évidente bonne volonté.* – Loc. fam. *C'est pas évident,* c'est difficile, ce n'est pas joué. – Impers. *Il est évident qu'il a menti.* / contr. contestable, discutable, douteux, incertain / ▶ **évidemment** [evidamɑ̃] adv. d'affirmation. → **assurément, certainement.** *« Vous acceptez ? – Évidemment ! » Évidemment, il se trompe. Bien évidemment.* ▶ **évidence** n. f. **1·** Caractère de ce qui s'impose à l'esprit avec une telle force qu'on n'a besoin d'aucune autre preuve pour en connaître la vérité, la réalité. → **certitude.** *La force de l'évidence. C'est l'évidence même.* Loc. *Se rendre à l'évidence,* finir par admettre ce qui est incontestable. – *(Une, des évidences)* Chose évidente. *Il démontre des évidences. C'est une évidence !* **2·** ***En évidence*** : en se présentant de façon à être vu, remarqué immédiatement. *Mettre, placer en évidence. Elle avait mis le bibelot bien en évidence. Être en évidence,* apparaître, se montrer très nettement. *Se mettre en évidence.* – Abstrait. *Il ne manque jamais de se mettre en évidence,* de se mettre en avant. **3·** ***À l'évidence, de toute évidence*** loc. adv. → **certainement, sûrement.** *Démontrer à l'évidence que... De toute évidence, il ne reviendra plus.*

évider [evide] v. tr. < conjug. 1 > Creuser en enlevant une partie de la matière, à la surface ou à l'intérieur. *Évider une pièce de bois pour faire des moulures. Évider une tige de sureau. Évider des tomates* (pour les farcir). ▶ **évidage** ou **évidement** n. m. Action d'évider ; état de ce qui est évidé. *L'évidement d'une pièce de bois, d'une sculpture.*

évier [evje] n. m. Emplacement formant un bassin, et aménagé pour l'écoulement des eaux, dans une cuisine. ≠ lavabo. *évier à deux bacs.*

évincer [evɛ̃se] v. tr. < conjug. 3 > Déposséder (qqn) par intrigue d'une affaire, d'une place. → **chasser, écarter, éliminer, exclure ; éviction.** *Il est parvenu à l'évincer de cette place. Elle s'est fait évincer.*

évitable [evitabl] adj. REM. Moins courant que *inévitable.* (Surtout dans un contexte négatif) Qui peut être évité. *Cette erreur était difficilement évitable.*

évitement [evitmɑ̃] n. m. ***D'évitement*** : où l'on gare les trains, les wagons, pour laisser libre une voie. *Gare, voie d'évitement.*

éviter [evite] v. tr. < conjug. 1 > **1·** Faire en sorte de ne pas heurter en rencontrant (qqn, qqch.). *Il a fait une embardée pour éviter l'obstacle, le piéton.* – Faire en sorte de ne pas subir (une chose nuisible, désagréable). *Éviter un coup.* → **esquiver, parer.** *Éviter un choc.* **2·** Faire en sorte de ne pas rencontrer (qqn). *Je pars tout de suite, je tiens à l'éviter. Éviter le regard de qqn.* – Pronominalement (récipr.). *Ils s'évitent depuis des années.* **3·** Écarter, ne pas subir (ce qui menace). *Éviter un danger, un accident. Éviter le combat. On a réussi à éviter le pire.* **4·** ***Éviter de*** (+ infinitif) : faire en sorte de ne pas. *Évitez de lui parler, de mentir.* → s'**abstenir,** se **dispenser,** se **garder.** – ***Éviter que*** (+ subjonctif). *J'évitais qu'il ne m'en parlât* (ou *qu'il m'en parlât*). **5·** ***Éviter*** *qqch.* ***à*** *qqn. Éviter une peine, une corvée à qqn.* → **épargner.** *Je voulais vous éviter cette fatigue.* – (Suj. chose) *Cela lui évitera des ennuis, lui évitera d'avoir des ennuis.* ▷ **évitable, évitement, inévitable**

évocation [evɔkasjɔ̃] n. f. **1·** Action d'évoquer (les esprits, les démons) par la magie, l'occultisme. → **incantation, sortilège. 2·** Action de rappeler (une chose oubliée), de rendre présent à l'esprit. *L'évocation de souvenirs communs, du passé.* → **rappel.** *Le pouvoir d'évocation d'un mot, d'un parfum.*

① **évoluer** [evɔlɥe] v. intr. < conjug. 1 > **1·** Changer de position par une suite de mouvements réglés. *L'escadre évolue en approchant du port.* → **manœuvrer. 2·** *Évoluer* (suivi d'un compl. de lieu), agir (dans tel ou tel milieu). *Il évoluait avec aisance au milieu des invités.* ▶ ① **évolution** n. f. **1·** Mouvements réglés. *L'évolution du cortège lors d'une cérémonie officielle.* **2·** Au plur. Suite de mouvements variés. *Les évolutions d'un avion, d'une danseuse.*

② **évoluer** v. intr. < conjug. 1 > Passer par une série de transformations. → **changer, devenir,** se **modifier,** se **transformer.** *Ses idées ont évolué. La chirurgie a beaucoup évolué depuis le siècle dernier.* → **progresser.** *La situation évolue. J'ai beaucoup évolué.* – *Maladie qui évolue,* qui suit son cours. ▶ **évolué, ée** adj. Qui a subi une évolution, un développement, un progrès. *Pays évolué,* à l'avant-garde du progrès (scientifique, social, etc.). *Une personne évoluée,* indépendante, cultivée, avec des idées larges, modernes. / contr. arriéré, rétrograde / ▶ **évolutif, ive** adj. Qui est susceptible d'évolution. *Des mouvements évolutifs. Maladie évolutive.* ▶ ② **évolution** n. f. **1·** Suite de transformations dans un même sens ; transformation graduelle assez lente. → **changement.** / contr. immobilité, stabilité / *Considérer les choses dans leur évolution.* → **devenir, mouvement.** *L'évolution des idées, des mœurs.* – Changement dans le caractère, les conceptions d'une personne, d'un groupe. *Il est venu à cette doctrine par une lente évolution.* **2·** Transformation progressive d'une espèce vivante en une autre. *La théorie darwinienne de l'évolution des espèces. Évolution discontinue par mutations.* ▶ **évolutionnisme** n. m. Théorie qui applique l'idée d'évolution à toutes les espèces. ▶ **évolutionniste** adj. et n. Relatif à l'évolution. *Théorie, doctrine évolutionniste.* – N. *Les évolutionnistes.*

évoquer [evɔke] v. tr. < conjug. 1 > **1·** Appeler, faire apparaître par la magie. *Évoquer les âmes des morts, les démons, les esprits.* → **invoquer** (uniquement dans ce sens). / contr. conjurer / **2·** Littér. Apostropher, interpeller dans un discours (les mânes d'un héros, les choses inanimées, en leur prêtant l'existence, la parole). **3·** Rappeler à la mémoire. → **remémorer.** *Évoquer le souvenir de qqn.* → **éveiller, réveiller, susciter.** *Évoquer un ami disparu. Ils évoquaient leur jeunesse.* **4·** Faire apparaître à l'esprit de qqn par des images et des associations d'idées. → **représenter.** *Évoquer une région dans un livre.* → **décrire, montrer.** *Nous n'avons fait qu'évoquer le problème.* → **aborder, poser.** *N'évoquez pas ce sujet devant lui.* – (Suj. chose) Faire penser à. *Cela évoquait pour nous, nous évoquait les vacances. Ce mot ne m'évoque rien.* ▶ **évocateur, trice** adj. Qui a un pouvoir d'évocation. *Image évocatrice, mot évocateur,* qui crée des associations d'idées. *Style évocateur.* ▷ **évocation**

① **ex-** Préfixe signifiant « hors de ».

② **ex-** (Devant un nom, joint par un trait d'union) Antérieurement. *M. X, ex-député.* → **ancien.** *L'ex-ministre. Des ex-ministres.* – *On a rencontré son ex-femme, son ex-mari.* Fam. *Mon ex. Ses ex.*

exacerber [ɛgzasɛʀbe] v. tr. < conjug. 1 > Rendre (un mal) plus aigu, porter à son paroxysme. *Ce traitement n'a fait qu'exacerber la douleur.* – Rendre plus violent. *Exacerber la colère.* – Au p. p. adj. *Sensibilité exacerbée. Orgueil exacerbé,* démesuré. / contr. apaiser, atténuer, calmer /

exact, exacte [ɛgza(kt) ; ɛgzakt] adj. **I·** (Choses) **1·** Entièrement conforme à la réalité, à la vérité. → **correct, juste, vrai.** / contr. inexact ; faux / *C'est la vérité exacte, l'exacte vérité, c'est exact. Les circonstances exactes de l'accident. Rendre un compte exact de ses actions.* → **complet, sincère.** – Qui reproduit fidèlement la réalité, l'original, le modèle. → **conforme.** *Reproduction, copie exacte d'un texte.* **2·** (Après le nom) Adéquat à son objet. → **juste.** *Un raisonnement exact. Se faire une idée exacte de qqch. Au sens exact du mot.* **3·** (Après le nom) Égal à la grandeur mesurée. → **précis.** / contr. approximatif, imprécis, vague / *Nombre exact. Valeur exacte.* – *Sciences exactes,* celles qui sont constituées par des propositions exactes. **II·** (Personnes) Précis, qui arrive à l'heure convenue. → **ponctuel.** *Il est toujours exact. Il n'était pas exact au rendez-vous.* ▶ **exactement** [ɛgzaktəmɑ̃] adv. D'une manière exacte. *Que vous a-t-il dit exactement ?* (→ au juste). *Ce n'est pas exactement la même chose. Reproduire exactement un texte.* → **fidèlement.** *Il est arrivé exactement à 3 heures.* → **précisément.** ▶ **exactitude** [ɛgzaktityd] n. f. **I· 1·** Conformité avec la réalité, la vérité. → **correction, fidélité, rigueur.** / contr. inexactitude, erreur, fausseté / *L'exactitude d'un récit. Exactitude historique.* **2·** Égalité avec ce qui est mesuré. *Exactitude d'une mesure, d'un compte.* → **précision.** *Vérifier l'exactitude d'une opération.* – Précision (d'un instrument de mesure). *L'exactitude d'un chronomètre.* **II·** Précision, ponctualité. *Il est d'une exactitude scrupuleuse.* ▷ **inexact**

exaction [ɛgzaksjɔ̃] n. f. Didact. Action d'exiger ce qui n'est pas dû ou plus qu'il n'est dû. → **extorsion, malversation.**

ex æquo [ɛgzeko] loc. adv. Sur le même rang. *Candidats classés ex æquo. Premier ex æquo.*

exagération [ɛgzaʒeʀɑsjɔ̃] n. f. **1·** Action d'exagérer. *Il y a beaucoup d'exagération dans ce qu'il raconte.* → **amplification, enflure.** / contr. mesure, modération / *Sans exagération, on peut dire que...* **2·** (Une, des exagérations) Propos exagéré. **3·** Caractère de ce qui est exagéré. *Il est économe, sans exagération,* sans l'être trop. → **outrance.**

exagérer [ɛgzaʒeʀe] v. tr. < conjug. 6 > **1·** Parler de (qqch.) en présentant comme plus grand, plus important que dans la réalité. → **amplifier, enfler, grossir.** / contr. atténuer, minimiser / *Exagérer ses succès en les racontant.* → **ajouter, broder.** *Il ne faut rien exagérer ! Sans exagérer, j'ai bien attendu deux heures. Il a l'habitude de tout exagérer.* **2·** Grossir, accentuer en donnant un caractère (taille, proportion, intensité, etc.) qui dépasse la normale. → **amplifier, grandir.** *Vous exagérez les précautions. Exagérer une attitude.* – *S'exagérer qqch.* : se représenter une chose comme plus importante qu'elle n'est. *Elle s'est exagéré l'importance de son travail.* **3·** Sans compl. En prendre trop à son aise. → **abuser** ; fam. **charrier.** *Vraiment, il exagère !* ▶ **exagéré, ée** adj.

1· Qui dépasse la mesure. *Une sévérité exagérée.* → **excessif.** *Développement exagéré des muscles,* hypertrophie. 2· Qui amplifie la réalité. *Louanges, compliments exagérés.* → **extrême, outré.** *Prix, chiffres exagérés.* → **astronomique, exorbitant.** / contr. mesuré, modéré / ▶ **exagérément** adv. D'une manière exagérée. → **trop.** ▷ **exagération**

exalter [ɛgzalte] v. tr. < conjug. 1 > 1· Élever (qqn) au-dessus de l'état d'esprit ordinaire. → **enthousiasmer, passionner, soulever, transporter.** / contr. calmer / *La perspective du succès, les encouragements l'exaltent.* 2· Littér. Glorifier ou élever très haut ; proposer à l'admiration. *Exalter qqn, les mérites de qqn.* → **louer, vanter.** / contr. dénigrer, rabaisser / 3· Littér. Rendre plus intense (un sentiment). *Les circonstances dramatiques exaltent l'esprit de sacrifice.* ▶ **exaltant, ante** adj. Qui exalte. *Lecture, musique exaltante. La situation n'a rien de très exaltant.* / contr. déprimant / ▶ **exaltation** n. f. 1· Grande excitation de l'esprit. → **ardeur, enthousiasme, fièvre, ivresse.** / contr. calme, indifférence / *État d'exaltation. Exaltation intellectuelle.* 2· Littér. Le fait d'exalter (2), de célébrer. *L'exaltation d'un grand personnage.* → **glorification.** ▶ **exalté, ée** adj. Trop enthousiaste, trop passionné. *Un militant, un supporter exalté. C'est un tempérament exalté. Une attitude exaltée.* – N. Péj. *Un(e) exalté(e),* une personne exaltée jusqu'au fanatisme.

examen [ɛgzamɛ̃] n. m. 1· Action de considérer, d'observer avec attention. → **étude, investigation, observation, recherche.** *Examen destiné à apprécier* (critique, estimation), *constater* (constatation), *vérifier* (contrôle, vérification). *Examen superficiel ; détaillé, minutieux. Cette thèse ne résiste pas à l'examen.* – Droit. *Mise en examen,* décision prise par le juge d'effectuer une enquête sur une personne soupçonnée d'avoir commis un crime ou un délit. *Mettre qqn en examen.* – *Examen médical. Examen radiographique.* 2· *Examen de conscience :* examen attentif de sa propre conduite, du point de vue moral. *Faire son examen de conscience.* 3· Série d'épreuves destinées à déterminer l'aptitude d'un candidat et où l'admission dépend d'une note à atteindre. *Examens et concours. Examen écrit, oral. Le programme d'un examen. Une salle d'examen. Le baccalauréat, la licence sont des examens. Se présenter, être reçu, collé, recalé à un examen. Examen blanc,* pour vérifier si les candidats sont suffisamment préparés. – Abrév. fam. **exam** [ɛgzam]. *Passer ses exams.* ▷ **réexamen**

examiner [ɛgzamine] v. tr. < conjug. 1 > 1· Considérer avec attention, avec réflexion. → **observer.** *Examiner les qualités et les défauts, la valeur de qqch. Examiner une affaire en comité, en conférence.* → **délibérer, discuter** de. *Il va falloir examiner cela de plus près.* → **regarder, voir.** – *Examiner un malade.* 2· Regarder très attentivement. *Examiner une préparation au microscope. Examiner qqn.* → **dévisager.** 3· Faire subir un examen (3) à ; soumettre (un candidat) à une épreuve. → **interroger.** ▶ **examinateur, trice** n. Personne qui fait passer un examen (3), qui soumet un candidat à une épreuve, surtout orale. *Une examinatrice de mathématiques.* ▷ **réexaminer**

exanthème [ɛgzɑ̃tɛm] n. m. Rougeur de la peau, qui accompagne certaines maladies (érésipèle, roséole, rougeole, scarlatine, urticaire).

exaspérer [ɛgzaspeʀe] v. tr. < conjug. 6 > 1· Irriter (qqn) excessivement. → **agacer, crisper, énerver, excéder, impatienter.** *Il m'exaspère avec ses plaintes, sa lenteur !* – Au p. p. Très irrité. *Il était exaspéré.* → **furieux.** – Pronominalement. *Il s'exaspère à la moindre remarque.* 2· Littér. Rendre plus intense (un mal physique ou moral, un sentiment). → **aggraver, aviver, exacerber, exciter.** *Exaspérer la souffrance, le désir. Les souvenirs exaspèrent son chagrin.* – Au p. p. adj. D'une intensité extrême. *Douleur exaspérée.* → **aigu.** *Sensibilité exaspérée.* → **exacerbé.** – Pronominalement. *Souffrance, désir qui s'exaspère.* ▶ **exaspérant, ante** adj. Qui exaspère (1), est de nature à exaspérer (qqn). → **agaçant, crispant, énervant, irritant.** *D'où vient ce bruit exaspérant ? Vous êtes exaspérante.* ▶ **exaspération** n. f. 1· État de violente irritation. → **agacement, énervement.** *Après ce reproche, il était au comble de l'exaspération.* 2· Littér. Action d'exaspérer (2), d'exacerber une peine, un sentiment.

exaucer [ɛgzose] v. tr. < conjug. 3 > 1· (En parlant de Dieu, d'une puissance supérieure) Satisfaire (qqn) en lui accordant ce qu'il demande. *Dieu, le ciel l'a exaucé.* → **écouter.** 2· Accueillir favorablement (un vœu, une demande). → **accomplir, accorder.** *Exaucer une demande, une prière, un souhait.* ≠ exhausser.

ex cathedra [ɛkskatedʀa] loc. adv. *Parler ex cathedra,* du haut de la chaire. – D'un ton doctoral, dogmatique.

excaver [ɛkskave] v. tr. < conjug. 1 > Didact. Creuser sous terre. *Excaver un tunnel.* ▶ **excavateur, trice** n. Machine destinée à creuser le sol, à faire des déblais. → **bulldozer, pelle** mécanique. *Excavateur à air comprimé. Une excavatrice.* ▶ **excavation** n. f. Creux dans un terrain. → **cavité.** *Excavation naturelle,* caverne, grotte. *Excavation creusée par une explosion.*

1 **excéder** [ɛksede] v. tr. < conjug. 6 > *Excéder qqch.* 1· Dépasser en nombre, en quantité. *Le*

prix de cet appartement n'excède pas quatre cent mille euros. – Dépasser en durée. *La durée excède neuf ans.* **2·** Aller au-delà de (certaines limites) ; être plus fort que (une force, une capacité). *Excéder son pouvoir, ses pouvoirs.* → **outrepasser.** ▶ **excédent** [ɛksedɑ̃] n. m. Ce qui est en plus du nombre fixé. → **excès, surplus.** *L'excédent des exportations sur les importations. Payer un supplément pour un excédent de bagage.* – *Payer quarante euros d'excédent,* en supplément. – *En excédent,* qui constitue ou fournit un excédent. *Un budget en excédent.* ▶ **excédentaire** adj. Qui est en excédent. *Écouler la production excédentaire. Un budget excédentaire,* avec un excédent de recettes. / contr. déficitaire /

2 **excéder** v. tr. < conjug. 6 > *Excéder qqn* : fatiguer en irritant. *Sa présence m'excède.* → **énerver, exaspérer.** *Je suis excédé par ses enfantillages.* – Au p. p. adj. *Il avait un air excédé. Je suis excédé.*

excellence [ɛksɛlɑ̃s] n. f. **1·** Littér. Caractère de ce qui est excellent, ne peut être meilleur. → **perfection, supériorité.** / contr. médiocrité / *L'excellence d'un vin, d'un remède.* – ***Prix d'excellence,*** décerné au meilleur élève dans l'ensemble des matières. – *D'excellence* : de haut niveau, de premier plan. *Un lycée d'excellence.* **2·** (Avec une majuscule) Titre honorifique donné aux ambassadeurs, ministres, archevêques, évêques. *Son Excellence* (abrév. *S. E.*). *Leurs Excellences* (abrév. *LL. EE.*). **3·** ***Par excellence*** loc. adv. : d'une manière hautement représentative, caractéristique. *C'est le moyen par excellence pour arriver au but.* ▶ **excellent, ente** [ɛksɛlɑ̃, ɑ̃t] adj. **1·** Très bon. → **admirable, merveilleux, parfait, supérieur.** / contr. mauvais, médiocre / *C'est excellent pour la santé. Excellente idée ! Excellent !,* très bien, parfait. *Il a une excellente mémoire. Un excellent professeur.* **2·** (Personnes) Qui a une grande bonté, une nature généreuse. *C'est un excellent homme, un homme excellent.* ▶ **excellemment** [ɛksɛlamɑ̃] adv. Littér. Parfaitement bien. *Il joue excellemment du piano.*

exceller [ɛksele] v. intr. < conjug. 1 > Être supérieur, excellent. *Exceller dans sa profession.* – ***Exceller à*** (+ nom ou infinitif). *Il excelle à ce travail, à dessiner des caricatures.* ▷ **excellence, excellent**

1 **excentrique** [ɛksɑ̃tʀik] adj. Dont l'apparence, la manière s'oppose aux habitudes. → **original.** *Un homme assez excentrique. Des idées excentriques. Elle aime les toilettes excentriques.* – N. *Un, une excentrique.* ▶ 1 **excentricité** n. f. **1·** Manière d'être, de penser, d'agir, qui s'éloigne de celle du commun des hommes. → **bizarrerie, extravagance, originalité, singularité.** *On apprécie peu l'excentricité de son caractère.* **2·** Acte qui révèle cette manière d'être. *Il se fait remarquer par ses excentricités.*

2 **excentrique** adj. **1·** Dont le centre s'écarte d'un point donné. **2·** Éloigné du centre. *Quartiers excentriques d'une ville.* → **périphérique.** ▶ 2 **excentricité** n. f. Caractère de ce qui est loin du centre. *L'excentricité d'un quartier.*

3 **excentrique** n. m. Mécanisme conçu de telle sorte que l'axe de rotation de la pièce motrice n'en occupe pas le centre.

excepter [ɛksɛpte] v. tr. < conjug. 1 > Ne pas comprendre dans (un ensemble). / contr. inclure / *Excepter qqn d'une mesure collective.* → **exclure.** *Tous les peuples, sans excepter celui-là.* → **négliger, oublier.** – Au p. p. adj. (Après le nom et accordé) *Les Britanniques, les Écossais exceptés.* ▶ **excepté** prép. invar. À l'exception de, en excluant (placé devant le nom). → **hormis, hors, à part, sauf, sinon.** *Tous furent découverts, excepté trois d'entre eux. J'y vais à pied, excepté quand je suis malade. Je suis content de tous, excepté de vous.* ▶ **exception** [ɛksɛpsjɔ̃] n. f. **1·** Action d'excepter. *Il ne sera fait aucune exception à cette consigne.* → **dérogation, restriction.** *Nous ferons une exception pour vous. Tout le monde sans (aucune) exception ira à la piscine.* – ***D'exception*** : en dehors de ce qui est courant. *Un être d'exception,* unique. *Tribunal d'exception* (opposé à *tribunal de droit commun*). *Régime, loi d'exception.* – ***À l'exception de*** loc. prép. *Ils sont tous reçus, à l'exception d'un seul.* → **excepté, sauf. 2·** Ce qui est en dehors du général, du commun. → **anomalie, singularité.** *Les personnes de ce genre sont l'exception,* sont rares. *À de rares exceptions près, c'est vrai. L'exception confirme la règle* (en droit : « *l'exception confirme la règle pour les cas non exceptés.* »), il n'y aurait pas d'exception s'il n'y avait pas de règle. ▶ **exceptionnel, elle** adj. **1·** Qui constitue une exception (1). / contr. normal, régulier / *Congé exceptionnel.* **2·** Qui est hors de l'ordinaire. → **extraordinaire.** / contr. banal, courant / *Des circonstances exceptionnelles. Cela n'a vraiment rien d'exceptionnel,* c'est courant. **3·** Qui sort de l'ordinaire par sa valeur, ses qualités. → **remarquable, supérieur.** *Une occasion, une chance exceptionnelle.* → **inattendu.** *C'est un homme exceptionnel.* ▶ **exceptionnellement** adv. **1·** Par exception (1). **2·** D'une manière exceptionnelle (2). → **extraordinairement, extrêmement.** *Un homme exceptionnellement beau.*

excès [ɛksɛ] n. m. invar. **1·** Différence en plus entre deux quantités inégales ; ce qui dépasse une quantité. / contr. défaut, manque / *L'excès d'une longueur sur une largeur, des dépenses sur les recettes. Total approché par excès,* arrondi au chiffre supérieur. **2·** Trop grande quantité ; dépassement de la mesure normale. *Contravention pour excès de vitesse. Un excès de précautions.* → **surabondance.** – PROV. *L'excès en tout est un défaut.* – ***Avec excès*** : sans mesure. *Il mange, il dépense avec excès.* – ***Sans excès*** : modérément. *Vous pouvez boire du café, mais sans excès.* – ***À l'excès*** loc. adv. : excessivement, outre mesure. *Boire à l'excès. Il est prudent à l'excès.* – ***Excès de pouvoir*** : action dépassant le pouvoir légal ; décision d'un juge qui dépasse sa compétence. **3·** ***Un, des excès*** : chose, action qui dépasse la mesure ordinaire ou permise. → **abus.** *Excès de langage,* paroles peu respectueuses, peu courtoises. *Excès de table,* abus de nourriture et de boisson. *Faire des excès, un petit excès.* ▶ **excessif, ive** [ɛksesif, ive] adj. **1·** Qui dépasse la mesure souhaitable ou permise ; trop grand, trop important. → **énorme, extrême.** *Il fait une chaleur excessive,* insupportable. *Deux mille euros ? C'est excessif !* → **exagéré.** / contr. raisonnable / **2·** (Emploi critiqué) Très grand (sans idée d'excès). → **extrême.** *C'est un homme d'une excessive bonté.* **3·** (Personnes) Qui pousse les choses à l'excès, qui est incapable de nuances, de modération. → **extrême.** ▶ **excessivement** adv. **1·** Qui dépasse la mesure. → **exagérément, trop.** *Denrée excessivement chère.* **2·** (Emploi critiqué) Très, tout à fait. → **extrêmement, infiniment.** *C'est excessivement agréable.*

exciper [ɛksipe] v. tr. ind. < conjug. 1 > Littér. ***Exciper de*** : se servir de (qqch.) pour sa défense. *Exciper de sa bonne foi.* → **s'autoriser.**

excipient [ɛksipjɑ̃] n. m. Substance qui entre dans la composition d'un médicament et qui sert à incorporer les principes actifs. *Excipient sucré.*

excision [ɛksizjɔ̃] n. f. Ablation d'une partie peu volumineuse (d'organe, de tissu). *Excision d'un cor au pied, d'une verrue.* – Spécialt. Ablation rituelle du clitoris. *L'excision est illégale dans plusieurs pays.* ▶ **exciser** v. tr. < conjug. 1 > Enlever par excision. *Exciser une escarre.*

excitable [ɛksitabl] adj. **1·** Qui est facilement excité. → **irritable, nerveux.** *Un homme excitable.* **2·** Qui répond à l'excitation (II). ▶ **excitabilité** n. f. **1·** Caractère excitable. *Il est dans un grand état d'excitabilité.* **2·** Propriété que possèdent certains systèmes organiques de pouvoir répondre à des actions extérieures ou à leurs agents naturels de fonctionnement. → **irritabilité, sensibilité.** *Excitabilité musculaire.*

excitant, ante [ɛksitɑ̃, ɑ̃t] adj. et n. m. **1·** Qui excite ; qui éveille des sensations, des sentiments. → **émouvant, troublant.** / contr. calmant, ennuyeux / *Lecture, étude excitante pour l'esprit. Beauté excitante, femme excitante.* → **provocant.** – Fam. *Ce n'est pas (très) excitant.* → **intéressant.** **2·** Qui excite, stimule l'organisme. / contr. calmant / *Le café est excitant.* – N. m. *Prendre un excitant.*

excitation [ɛksitɑsjɔ̃] n. f. **I· 1·** État de la personne qui est excitée ; accélération du processus psychique. → **agitation, énervement, surexcitation.** *Excitation intellectuelle, excitation de l'esprit.* → **exaltation.** – *L'excitation contre qqn,* exaspération, irritation. *L'état d'excitation d'un maniaque.* **2·** Action d'exciter (qqn), surtout dans : *excitation à qqch.* → **encouragement, invitation.** *L'excitation au travail ; à la haine, à la violence.* → **incitation.** **II· 1·** Déclenchement de l'activité fonctionnelle (d'un système vivant). *Excitation d'une extrémité nerveuse.* – Ensemble des modifications locales qui suivent la stimulation et qui préparent la réponse du système. **2·** Création d'un champ magnétique dans l'inducteur d'un électroaimant, d'une dynamo. ▶ **excitateur, trice** n. et adj. **1·** Littér. Personne qui excite (I). *Un excitateur de troubles.* → **instigateur.** – Adj. *Une manœuvre excitatrice.* **2·** N. m. Appareil formé de deux branches métalliques, qui sert à décharger un appareil électrique. ▷ **surexcitation**

exciter [ɛksite] v. tr. < conjug. 1 > **I· 1·** Faire naître, provoquer (une réaction physique, ou plus cour., morale, mentale). → **causer, éveiller, provoquer, susciter.** / contr. arrêter, calmer / *Exciter le goût, l'envie. Exciter la passion, l'imagination, l'admiration de qqn. Vos remarques ont excité son amour-propre.* **2·** Accroître, rendre plus vif (une sensation, un sentiment). → **aviver, exalter.** / contr. réprimer / *Cela excita encore sa colère, sa rage.* → **stimuler.** **3·** ***Exciter à*** (+ nom ou + infinitif) : pousser fortement à (une détermination difficile, une action violente). → **entraîner, porter, pousser.** / contr. retenir / *Exciter qqn à la révolte. Les encouragements l'ont excité à mieux faire.* **4·** ***Exciter qqn*** : augmenter l'activité psychique, intellectuelle de (qqn). – (Suj. chose ou au passif) → **agiter, émouvoir, passionner, surexciter.** / contr. apaiser, calmer / *Ces lectures l'excitent beaucoup trop. La boisson, la nourriture l'excite.* – Fam. (Négatif) *Ce travail ne l'excite pas beaucoup,* ne l'intéresse pas. – (Suj. personne) Mettre en colère, en fureur. → **irriter.** *Exciter qqn par des railleries. On les a excités l'un contre l'autre.* **5·** Éveiller le désir de (qqn). **6·** ***S'exciter*** v. pron. : s'énerver, s'irriter ou ressentir une excitation sensuelle. – Fam. *S'exciter sur qqch.,* y prendre un très grand intérêt. → **s'enthousiasmer.** **II·** Déclencher l'activité de (un système excitable) [→ **excitation,** (II)]. *Exciter un nerf, un muscle.* ▶ **excité, ée** adj. et n. **1·** Qui a une activité mentale, psychique anormalement vive. *Il est trop excité pour vous écouter.*

→ **agité, énervé, nerveux.** / contr. calme, tranquille / **2·** N. Péj. *Un, une excité(e). Une bande d'excités, de jeunes excités.* / contr. calme, tranquille / ▷ **excitable, excitant, excitation, surexciter**

s'exclamer [ɛksklame] v. pron. < conjug. 1 > Proférer des paroles ou des cris *(exclamations)* en exprimant spontanément une émotion, un sentiment. → s'**écrier**, se **récrier.** *Il s'exclamait bruyamment. « Ah non ! » s'exclama-t-il.* ▶ **exclamatif, ive** adj. Qui marque ou exprime l'exclamation. *Phrase exclamative.* – *Adjectif exclamatif,* sert à marquer la valeur exclamative d'une phrase. *Dans « Quelle chaleur ! », « quelle » est un adjectif exclamatif. Adverbe exclamatif.* ▶ **exclamation** n. f. Parole ou cri par lesquels on s'exclame. → **interjection.** *Pousser des exclamations. Il retint une exclamation de surprise.* – *Point d'exclamation,* signe de ponctuation (!) qui suit toujours une exclamation ou une phrase exclamative.

exclure [ɛksklyʀ] v. tr. < conjug. 35 > **1·** Renvoyer, chasser (qqn) d'un endroit où il était admis, ou refuser d'admettre. → **chasser, expulser, renvoyer.** / contr. garder / *Exclure qqn d'un syndicat, d'une équipe. Elle s'est fait exclure du groupe.* **2·** Ne pas admettre, ne pas employer (qqch.). / contr. inclure / *Il faut exclure le sel de votre alimentation.* **3·** Refuser d'envisager. *J'exclus votre participation à cette affaire ; nous excluons que vous y participiez.* **4·** (Suj. chose) Rendre impossible (qqch.) par son existence même. *La bonté n'exclut pas la sévérité.* → **exclusif** de. – Pronominalement (récipr.). *Ces idées s'excluent l'une l'autre.* ▶ **exclu, ue** adj. et n. **1·** (Personnes) Renvoyé, refusé. *Les membres exclus. Il se sent toujours exclu de la conversation.* – N. *Les exclus d'un parti politique ; de la société.* **2·** (Choses) Qu'on refuse d'envisager. *Cette solution est exclue.* – Impers. *Il est exclu que je vienne. Il n'est pas exclu que,* il est possible que. – Non compté. *Jusqu'à mardi exclu.* → **exclusivement.** / contr. inclus / ▷ **exclusif, exclusion**

exclusif, ive [ɛksklyzif, iv] adj. **1·** Qui est exclu de tout partage, de toute participation. *Privilèges, droits exclusifs,* qui appartiennent à une seule personne. – ***Exclusif de*** : qui exclut comme incompatible. *Un patriotisme exclusif de tout droit de critique.* **2·** Qui est produit, vendu seulement par une firme. *Modèle exclusif.* **3·** Qui tend à exclure tout ce qui est gênant ou étranger. *Sa préoccupation exclusive.* → **seul** (sa seule préoccupation). **4·** (Personnes) Qui a des opinions absolues, ne supporte pas la contradiction. *Il est trop exclusif dans ses goûts. Elle est exclusive en amitié.* → **entier ; absolu.** / contr. large, tolérant / ▶ **exclusive** n. f. Décision d'exclure. *Prononcer l'exclusive contre qqn.* → **interdit, veto.** *Agir sans esprit d'exclusive,* sans rien rejeter, ni personne. ▶ **exclusivement** adv. **I· 1·** En excluant tout le reste, à l'exclusion de toute autre chose. → **seulement, uniquement.** *Il voit exclusivement des films comiques.* **2·** D'une manière exclusive (3), absolue. *Il s'occupe exclusivement de sa famille.* **II·** (En fin de proposition) En ne comprenant pas. *Du mois de janvier au mois d'août exclusivement* (ou *exclu*), en ne comptant pas le mois d'août. / contr. inclus, inclusivement / ▶ **exclusivité** n. f. **1·** Propriété exclusive ; droit exclusif (de vendre, de publier). *Avoir, acheter l'exclusivité d'une marque.* – ***En exclusivité*** : d'une manière exclusive. – Projection d'un film dans un seul (ou quelques) cinéma(s). *Cinéma d'exclusivité.* **2·** Produit, film, etc., vendu, exploité par une seule firme. *C'est une exclusivité de la firme X.* **3·** Information importante donnée en exclusivité par un média. → anglic. **scoop.**

exclusion [ɛksklyzjɔ̃] n. f. **1·** Action d'exclure (qqn). → **élimination, expulsion, radiation.** *Prononcer l'exclusion de qqn. Il a protesté contre son exclusion de la compétition. Une exclusion temporaire.* / contr. admission, réintégration / – *Exclusion (sociale)* : situation de personnes mises à l'écart, qui ne bénéficient pas des avantages minimaux attachés à un type de société. **2·** Action d'exclure (qqch.) d'un ensemble. / contr. inclusion / – ***À l'exclusion de*** loc. prép. : en excluant, de manière à exclure. → à l'**exception** de. *Cultiver un don à l'exclusion des autres.*

excommunier [ɛkskɔmynje] v. tr. < conjug. 7 > Retrancher (qqn) de la communion de l'Église catholique. *Excommunier un hérétique.* – Au p. p. adj. *Hérétique excommunié.* N. *Un excommunié.* ▶ **excommunication** n. f. Peine ecclésiastique par laquelle qqn est excommunié. – Exclusion d'une société, d'un parti politique.

excrément [ɛkskʀemɑ̃] n. m. Matières solides évacuées par le rectum. *Excréments de l'homme.* → **déjection ;** fam. **caca, crotte, merde.** *Excréments des animaux domestiques* → **bouse, crotte, crottin,** *des oiseaux* → **fiente, guano.**

excréter [ɛkskʀete] v. tr. < conjug. 6 > En physiologie. Évacuer par excrétion. *Matières excrétées.* ▶ **excréteur, trice** adj. Qui opère l'excrétion. *Canal excréteur d'une glande.* ▶ **excrétion** [ɛkskʀesjɔ̃] n. f. **1·** Action par laquelle les déchets de l'organisme sont rejetés au-dehors. *Excrétion de l'urine, de la salive.* → **évacuation, expulsion.** **2·** Au plur. Les déchets de la nutrition rejetés hors de l'organisme. ▷ **excrément**

excroissance [ɛkskʀwasɑ̃s] n. f. Petite tumeur bénigne de la peau. *Une verrue est une excroissance.*

excursion [ɛkskyʀsjɔ̃] n. f. Action de parcourir une région pour l'explorer, la visiter (souvent à pied). → **course, expédition, tournée.** *Faire une excursion en montagne.* → **ascension.** ▶ **excursionner** v. intr. < conjug. 1 > Faire une excursion. ▶ **excursionniste** n. Personne qui fait une excursion.

excuse [ɛkskyz] n. f. **1·** Raison alléguée pour se défendre d'une accusation, d'un reproche, pour expliquer ou atténuer une faute. → **justification.** *Alléguer, donner, fournir une bonne excuse, une excuse valable. Il manque d'expérience, c'est son excuse, c'est sa seule excuse. Chercher de mauvaises excuses. Sa faute est sans excuse.* – Fam. *Faites excuse* [fɛtɛkskyz], acceptez mes excuses. **2·** Regret que l'on témoigne à qqn de l'avoir offensé, contrarié, gêné. → **pardon, regret.** *Faire, présenter des excuses, ses excuses à qqn. Un geste d'excuse. Je vous fais toutes mes excuses. J'accepte vos excuses.* **3·** Motif que l'on invoque pour se dispenser de qqch., ou pour ne pas avoir fait ce qu'on devait. → **prétexte.** *Apporter un mot d'excuse. Le mauvais temps lui a servi d'excuse pour ne pas venir.*

excuser [ɛkskyze] v. tr. < conjug. 1 > **I· 1·** S'efforcer de justifier (une personne, une action) en alléguant des excuses. → **défendre.** *Il essaie de l'excuser.* → **disculper.** – (Choses) Servir d'excuse à (qqn). *L'intention n'excuse pas la faute. Rien ne peut excuser son mensonge.* **2·** Décharger (qqn) de ce dont on l'accusait, en admettant des motifs qui atténuent sa faute ou la justifient. → **absoudre, pardonner.** *Veuillez m'excuser, excuser mon retard. Pour cette fois, je vous excuse.* **3·** Dispenser (qqn) d'une charge, d'une obligation. *Se faire excuser.* **4·** (Formules de politesse) *Excusez-moi, vous m'excuserez,* je regrette (de vous gêner, de refuser, de vous contredire, etc.). *Excusez-moi si je ne peux vous accompagner. Excuse-moi, mais je ne suis pas de ton avis.* **II·** *S'excuser* v. pron. : présenter ses excuses, exprimer ses regrets (de qqch.). *Je m'excuse d'avoir pris du retard.* – *Je m'excuse* (s'emploie incorrectement pour *excusez-moi* ou *je vous prie de m'excuser*). ▶ **excusable** adj. Qui peut être excusé. → **justifiable, pardonnable.** *Une colère bien excusable. À son âge, c'est excusable.* / contr. impardonnable, inexcusable / ▷ **excuse, inexcusable**

exécrer [ɛgzekʀe] v. tr. < conjug. 6 > **1·** Littér. Haïr (qqn) au plus haut point. → **abhorrer, détester.** *Il s'est fait exécrer de tous.* **2·** Avoir de l'aversion, du dégoût pour (qqch.). *Exécrer l'odeur de l'éther. Exécrer le style d'un auteur.* / contr. aimer / ▶ **exécrable** adj. **1·** Littér. Qu'on doit exécrer, avoir en horreur. → **abominable, détestable.** *C'est une action exécrable.* **2·** Extrêmement mauvais. *Odeur, nourriture exécrable.* → **dégoûtant, infect.** *Un film exécrable,* très mauvais. *Ce matin, il est d'une humeur exécrable.* → **affreux, épouvantable.** / contr. bon, excellent / ▶ **exécration** n. f. Littér. Haine violente pour ce qui est digne de malédiction. → **aversion, horreur.** *Avoir qqn, qqch. en exécration,* en horreur.

exécuter [ɛgzekyte] v. tr. < conjug. 1 > **I·** *Exécuter qqch.* **1·** Mettre à effet, mener à accomplissement (ce qui est conçu par soi [projet], ou par d'autres [ordre]). → **accomplir, effectuer, faire, réaliser.** *Ce plan est difficile à exécuter. Exécuter les ordres de qqn.* – Sans compl. *Il veut commander et que les autres exécutent,* agissent. **2·** Rendre effectif (un projet, une décision) ; faire (un ouvrage) d'après un plan, un projet. *Exécuter une fresque, une décoration. Exécuter une commande.* – Au p. p. adj. *Broderie entièrement exécutée à la main.* **3·** Interpréter, jouer (une œuvre musicale). → **exécutant** (2). *Exécuter une symphonie, une sonate.* **4·** Faire (un mouvement complexe, un ensemble de gestes prévu ou réglé d'avance). *Exécuter un pas de danse, une pirouette, un mouvement.* **II·** *Exécuter qqn.* **1·** Faire mourir (qqn) conformément à une décision de justice (décapiter, guillotiner, fusiller, électrocuter, pendre). *Exécuter un condamné.* **2·** Faire mourir sans jugement (pour se venger, etc.). *Exécuter un otage.* → **abattre, tuer.** *Bandits qui exécutent un mouchard.* **3·** Abstrait. Discréditer (qqn), dénigrer. *Les critiques ont exécuté le metteur en scène.* → **éreinter.** **III·** *S'exécuter* v. pron. réfl. : se déterminer à faire une chose pénible, désagréable. → se **résoudre.** *Je lui ai demandé de m'aider, elle s'est exécutée sans se faire prier, de bonne grâce.* ▶ **exécutable** adj. Qui peut être exécuté. → **réalisable.** *Plan facilement exécutable. L'ordre n'était pas exécutable.* / contr. impossible / ▶ **exécutant, ante** n. **1·** Personne qui exécute (un ordre, une tâche, une œuvre). → **agent.** *Ce n'est pas un créateur, mais un simple exécutant.* **2·** Musicien d'un ensemble. *Orchestre, chorale de cinquante exécutants.* ▶ **exécuteur, trice** n. **1·** N. m. Celui qui exécute un condamné. → **bourreau.** *L'exécuteur des hautes œuvres.* **2·** *Exécuteur, trice testamentaire* : personne qui assure l'exécution des dernières volontés de l'auteur d'un testament. ▶ **exécutif, ive** adj. et n. m. Relatif à la mise en œuvre des lois. *Séparation du pouvoir législatif, du pouvoir exécutif* (gouvernement) *et du pouvoir judiciaire.* – N. m. *L'exécutif* : le pouvoir exécutif. ▷ **exécution, exécutoire, inexécutable**

exécution [ɛgzekysjɔ̃] n. f. **I· 1·** Action d'exécuter (qqch.), de passer à l'accomplissement. → **réalisation.** *L'exécution d'un projet, d'une décision. Début d'exécution* (mise en train). *Passer de la conception à l'exécution. Travail en cours, en* *voie d'exécution,* en train d'être exécuté. – ***Mettre à exécution*** : commencer à faire, à exécuter (ce qui a été prévu, décidé, ordonné). **2·** Application (d'un jugement, d'un acte juridique). *Exécution d'un jugement. Exécution forcée,* contrainte, saisie. **3·** Action, manière d'exécuter (un ouvrage, un travail) d'après une règle, un plan. *L'exécution des travaux a été confiée à cette entreprise. L'exécution d'un mouvement, d'une manœuvre.* **4·** Action, manière d'interpréter (en chantant, en jouant) une œuvre musicale. → **interprétation.** *L'exécution d'un opéra. Ce morceau présente de grandes difficultés d'exécution.* **II·** Mise à mort (d'un condamné). → **exécuter** (II). *Peloton, poteau d'exécution.* ▶ **exécutoire** adj. En droit. Qui peut et doit être mis à exécution.

exégèse [ɛgzeʒɛz] n. f. Didact. Interprétation philologique et doctrinale d'un texte dont le sens, la portée sont obscurs. → **commentaire, critique.** *Exégèse biblique, historique.* ▶ **exégète** n. Personne qui s'occupe d'exégèse. → **commentateur.**

1 **exemplaire** [ɛgzɑ̃plɛʀ] n. m. **1·** Chacun des objets (surtout imprimés) reproduisant un type commun. → **copie, épreuve.** *Tirer un livre à dix mille exemplaires. Les exemplaires d'un journal, d'une gravure, d'une médaille. Photocopier une lettre en plusieurs exemplaires.* **2·** Chacun des individus (d'une même espèce). *De beaux exemplaires d'une plante.* → **échantillon, spécimen.** **3·** Se dit de choses semblables. *C'est une attitude très commune, que l'on rencontre à des milliers d'exemplaires.*

exemple [ɛgzɑ̃pl] n. m. **I· 1·** Action, manière d'être qu'on peut imiter. *Bon exemple, exemple à suivre.* → **modèle, règle ;** 2 **exemplaire.** *Donner l'exemple,* faire qqch. le premier. *Suivre l'exemple de qqn, prendre exemple sur qqn,* imiter qqn. – Littér. ***À l'exemple de*** loc. prép. : pour se conformer à, pour imiter. *Il agit à l'exemple de son père.* **2·** Personne dont les actes sont dignes d'être imités. → **modèle.** *On ne peut vraiment pas vous donner en (pour) exemple.* **3·** (Dans les expressions : *faire un, des exemples ; pour l'exemple*) Châtiment pouvant servir de leçon (pour les autres). *Il a été condamné pour l'exemple. Les juges voulaient faire un exemple.* **II· 1·** Chose semblable ou comparable à celle dont il s'agit. *L'unique, le seul exemple que je connaisse, l'exemple le plus connu.* → **cas.** *On en trouvera facilement dix exemples. Il est d'une sottise sans exemple,* unique. **2·** Événement particulier, chose précise qui entre dans une catégorie, dans un genre et qui sert à illustrer, à préciser l'idée. *Voici un exemple de sa bêtise.* → **aperçu, échantillon, spécimen.** *Donnez-moi un exemple. Exemple bien choisi.* – Passage d'un texte que l'on cite pour illustrer l'emploi d'un mot, d'une expression. *Exemple de grammaire. Les exemples d'un dictionnaire.* **3·** ***Par exemple*** loc. adv. : pour confirmer, expliquer, illustrer par un exemple ce qui vient d'être dit. *Considérons, par exemple, ce cas. Une invention moderne, par exemple la navette spatiale.* → **comme, notamment.** – Fam. Pour marquer une restriction. *Je ne fume pas ; par exemple, ne me proposez pas un bon cigare.* → **mais, toutefois.** – *Par exemple !*, marque l'étonnement, la surprise, l'incrédulité. *Ça par exemple ! Mais c'est lui !* ▶ 2 **exemplaire** adj. **1·** Qui peut servir d'exemple. → **édifiant, parfait.** *Une mère exemplaire. Il mène une vie exemplaire.* **2·** Dont l'exemple doit servir d'avertissement, de leçon. *Châtiment, punition exemplaire.* → **sévère.** ▶ **exemplairement** adv. D'une manière exemplaire. *Vivre exemplairement. Être puni exemplairement.* ▶ **exemplifier** v. tr. < conjug. 7 > Illustrer d'exemples. *Exemplifier un dictionnaire, une grammaire, une démonstration.* ▶ **exemplification** n. f. Didact. ▷ **contre-exemple**

exempt, empte [ɛgzɑ̃, ɑ̃t] adj. et n. **REM.** On ne prononce pas le *p.* **I·** Adj. **1·** (Personnes) ***Exempt de qqch.*** : qui n'est pas obligé d'accomplir (une charge, un service). → **exemption.** *Être exempt d'une obligation.* → **dispensé, libéré.** / contr. astreint, obligé / – (Choses) *Revue exempte de timbre.* **2·** (Personnes) Préservé (d'un mal, d'un désagrément). *Elle est exempte de tout souci,* à l'abri de. **3·** Qui n'est pas sujet à (un défaut, une tendance). *Il est exempt de toute méchanceté. Vous n'êtes pas exempt de vous tromper ; personne n'en est exempt.* – (Choses) → **sans.** *Calcul exempt d'erreurs.* **II·** N. Personne exempte, exemptée d'une charge, d'un service. ▶ **exempter** [ɛgzɑ̃te] v. tr. < conjug. 1 > **1·** Rendre exempt (d'une charge, d'un service commun). → **dispenser.** *Exempter qqn d'une obligation, d'une peine.* – Au passif. *Il a été exempté de ses obligations.* → **exempt. 2·** Littér. (Suj. chose) Dispenser, mettre à l'abri de. → **garantir, préserver.** *Son goût du travail l'exemptait de la paresse.* **3·** ***S'exempter*** v. pron. → **se dispenser, éviter.** *Vous auriez pu vous en exempter.* ▶ **exemption** [ɛgzɑ̃psjɔ̃] n. f. Dispense (d'une charge, d'un service commun). *Exemption d'impôts, d'obligations.*

exercer [ɛgzɛʀse] v. tr. < conjug. 3 > **I·** V. tr. **1·** Soumettre à une activité régulière, en vue d'entretenir ou de développer. *Exercer tous ses sens, sa vue, l'ouïe. Exercer son souffle, sa résistance. Exercer son esprit, sa mémoire.* → **cultiver. 2·** Soumettre (qqn, un animal) à un entraînement. → **former, habituer.** *Exercer un chien à la chasse.* → **dresser.** – (Compl. abstrait) *Exercer l'esprit à l'observation.* – ***Exercer à*** (+ infinitif). *Exercer les soldats à marcher au pas.* **3·** Mettre en usage (un moyen d'action, une disposition à agir) ; faire agir (ce qui est en sa possession, à sa disposition). *Exercer un pouvoir, son autorité, une influence. Exercer sa méchanceté sur qqn. Il a trouvé enfin le métier où il peut exercer son vrai talent.* → **déployer, employer. 4·** Pratiquer (des activités professionnelles). *Exercer un métier.* → **faire.** *Il exerce (la médecine) depuis de longues années.* **II·** *S'exercer* v. pron. **1·** Avoir une activité réglée pour acquérir la pratique. *Le musicien s'exerce plusieurs heures par jour.* → s'**entraîner** – (Avec *à* + infinitif) *S'exercer à jongler.* → **apprendre. 2·** (Choses) Se manifester (à l'égard de, contre qqn ou qqch.). *Sa méfiance s'exerce contre tout le monde.* **3·** (Passif) Être exercé. *Pouvoir, puissance, influence qui s'exerce sur qqn, dans un domaine.* → se faire **sentir.** *Sa patience a dû s'exercer,* être mise à l'épreuve. ▶ **exercé, ée** adj. Devenu habile à force de s'exercer ou d'être exercé. *Un œil exercé, une oreille exercée. Un spécialiste exercé,* adroit. ▷ **exercice**

exercice [ɛgzɛʀsis] n. m. **I· 1·** *L'exercice :* le fait d'exercer son corps par l'activité physique. *Le docteur lui a recommandé de prendre de l'exercice, de faire un peu d'exercice.* **2·** Entraînement des soldats au maniement des armes, aux mouvements sur le terrain. → **manœuvre.** *Le lieutenant instructeur fait faire l'exercice à sa section.* **3·** *Un, des exercice(s) :* activité réglée, ensemble de mouvements, d'actions destiné(e)s à exercer qqn dans un domaine particulier. – *Exercices scolaires,* devoir aux difficultés graduées. *Exercices de grammaire, de version. Faire des exercices sur un piano. Les exercices d'une chanteuse.* → **vocalise. 4·** Littér. Action ou façon de s'exercer. → **apprentissage, étude, travail.** *Acquérir le talent de la parole par un long exercice.* **II· 1·** *Exercice de :* action d'exercer en employant, en mettant en usage (→ **exercer,** I, 3). *L'exercice du pouvoir.* → **pratique. 2·** Le fait d'exercer (une activité d'ordre professionnel). → **exercer** (I, 4). *L'exercice d'une profession, d'un métier. Exercice illégal de la médecine.* – *En exercice :* en activité, en service. *Le président en exercice.* **3·** Le fait de pratiquer (un culte). *Le libre exercice des cultes.* **III·** Période comprise entre deux inventaires, deux budgets (souvent une année). *Bilan en fin d'exercice.*

exergue [ɛgzɛʀg] n. m. Inscription placée dans une œuvre d'art (tableau, médaille) ou en tête d'un texte. *En exergue :* comme présentation, explication. *Mettre un proverbe en exergue à un tableau, à un texte.*

s'exfolier [ɛksfɔlje] v. pron. < conjug. 7 > Se détacher par feuilles, par lamelles. *L'écorce du platane s'exfolie.* ▶ **exfoliant, ante** adj. *Crème exfoliante,* qui enlève les cellules mortes de l'épiderme. ▶ **exfoliation** n. f. Le fait de s'exfolier ; son résultat. *L'exfoliation d'une roche.*

exhaler [ɛgzale] v. tr. < conjug. 1 > **1·** Dégager de soi et répandre au-dehors (une chose volatile, odeur, vapeur, gaz). *Exhaler des effluves. Exhaler une odeur* (agréable ou désagréable). **2·** Laisser échapper de sa gorge, de sa bouche (un souffle, un son, un soupir). *Exhaler le dernier soupir.* → **pousser, rendre. 3·** Littér. Manifester (un sentiment) de façon audible, par des chants, des pleurs, etc. → **exprimer, manifester.** *Exhaler sa joie dans un chant.* ▶ **exhalaison** [ɛgzalɛzɔ̃] n. f. Ce qui s'exhale d'un corps. → **émanation.** *Des exhalaisons odorantes.* → **effluve, odeur.**

exhausser [ɛgzose] v. tr. < conjug. 1 > Augmenter (une construction) en hauteur. → **surélever.** *Exhausser un mur, une digue. Exhausser une maison d'un étage.* / contr. abaisser / ≠ exaucer. ▶ **exhaussement** n. m. Action d'exhausser ; son résultat. → **surélévation.** *L'exhaussement d'un mur, d'un édifice.*

exhaustif, ive [ɛgzostif, iv] adj. Qui traite complètement un sujet. *Étude exhaustive. Liste, bibliographie exhaustive.* / contr. incomplet / ▶ **exhaustivement** adv. *Les mots de ce texte ont été relevés exhaustivement.* ▶ **exhaustivité** n. f. Caractère de ce qui est exhaustif. *Sa bibliographie vise à atteindre l'exhaustivité.*

exhiber [ɛgzibe] v. tr. < conjug. 1 > **1·** Montrer, faire voir (à qqn, au public). *Il exhibe son diplôme à tous ses amis.* **2·** Péj. Montrer avec ostentation. *Exhiber ses bijoux, des toilettes tapageuses.* → **arborer, déployer, étaler.** *Exhiber ses seins,* les montrer nus. – Abstrait. *Exhiber sa science.* – Péj. *S'exhiber* v. pron. : se produire, se montrer en public. *Il ne manque jamais de s'exhiber dans les soirées.* ▶ **exhibition** [ɛgzibisjɔ̃] n. f. **1·** Action de montrer (spécialt au public). → **présentation.** *Exhibition de fauves, dans un cirque.* **2·** Déploiement, étalage ostentatoire. *Exhibition de toilettes fastueuses, de luxe.* ▶ **exhibitionnisme** n. m. **1·** Obsession morbide qui pousse certains sujets à exhiber leurs organes génitaux. **2·** Fait d'afficher en public ses sentiments, sa vie privée, ce qu'on devrait cacher. *L'exhibitionnisme d'un écrivain.* ▶ **exhibitionniste** n. et adj. **1·** Personne qui manifeste de l'exhibitionnisme (1). *Un exhibitionniste.* – Adj. *Des tendances exhibitionnistes.* – Personne qui aime se montrer nue. *C'est un(e) exhibitionniste.* **2·** Qui affiche en public ses sentiments, sa vie privée.

exhorter [ɛgzɔʀte] v. tr. < conjug. 1 > *Exhorter qqn à :* s'efforcer par des discours persuasifs de lui faire faire qqch. → **encourager, engager, inciter, inviter** à. *Je vous exhorte à la patience.* – (+ infinitif)

Je vous exhorte à garder votre calme. – Pronominalement. *Ils s'exhortaient à l'action, à agir.* ▶ **exhortation** n. f. Paroles pour exhorter. → **encouragement, incitation.** *Toutes nos exhortations n'ont servi à rien.*

exhumer [ɛgzyme] v. tr. < conjug. 1 > **1·** Retirer (un cadavre) de la terre, de la sépulture. → **déterrer.** / contr. inhumer / *Exhumer un corps pour l'autopsie.* **2·** Retirer (une chose enfouie) du sol, spécialt par des fouilles. *Exhumer les ruines d'une ville romaine.* **3·** Abstrait. Tirer de l'oubli. → **rappeler, ressusciter.** *Exhumer de vieilles rancunes, des souvenirs.* ▶ **exhumation** n. f. Littér. Action d'exhumer ; son résultat. *L'exhumation d'un corps. L'exhumation de vestiges.*

exigeant, ante [ɛgziʒɑ̃, ɑ̃t] adj. **1·** Qui est habitué à exiger beaucoup. *Vous n'êtes pas très exigeant. Caractère exigeant,* difficile à contenter. → **difficile.** – (Du point de vue moral, intellectuel) → **sévère.** *C'est un critique exigeant.* **2·** (Disposition, sentiment, activité) Qui a besoin de beaucoup pour s'affirmer, s'exercer. *Profession exigeante. Une religion exigeante.* / contr. facile /

exigence [ɛgziʒɑ̃s] n. f. Action d'exiger ; ce qui est exigé. **1·** Au plur. Ce qu'une personne, une collectivité, une discipline, réclame d'autrui. *Si tu te laisses faire, ses exigences n'auront plus de limites.* → **revendication.** *Céder aux exigences de qqn,* faire toutes ses volontés. – Ce qu'on demande, en argent (prix, salaire). *Quelles sont vos exigences ?* → **condition, prétention.** **2·** Au sing. et au plur. Ce qui est réclamé comme nécessaire (moralement). *Il a une grande exigence d'honnêteté.* **3·** Au sing. Caractère d'une personne exigeante, difficile à contenter. *Il est d'une exigence insupportable.*

exiger [ɛgziʒe] v. tr. < conjug. 3 > **1·** Demander impérativement (ce que l'on pense avoir le droit ou la force d'obtenir). → **réclamer, requérir.** *Il exige une compensation, des réparations. Exiger le silence. Qu'exigez-vous de moi ?* – Requérir comme nécessaire pour remplir tel rôle, telle fonction. *Ce métier exige beaucoup de qualités.* – Au p. p. adj. *Diplômes exigés.* – ***Exiger que*** (+ subjonctif). *Elle exige qu'il revienne.* → **commander, ordonner, sommer.** (+ conditionnel) *Il exigea, avant de signer, qu'on lui réserverait ce droit.* – ***Exiger de*** (+ infinitif). *Il exigea de partir le premier.* **2·** (Suj. chose) Rendre indispensable, inévitable, obligatoire. *Les circonstances exigent une action immédiate.* → **imposer, nécessiter, réclamer.** *Ce travail exige beaucoup d'attention.* ▶ **exigible** adj. Qu'on a le droit d'exiger. *Somme exigible à la commande.* ▷ **exigeant, exigence**

exigu, uë [ɛgzigy] adj. D'une dimension insuffisante. → **petit.** *Un appartement, un jardin exigu.* / contr. grand / ▶ **exiguïté** [ɛgzigɥite] n. f. Caractère de ce qui est de dimension insuffisante. → **petitesse.** *L'exiguïté d'un logement.*

exil [ɛgzil] n. m. **1·** Expulsion de qqn hors de sa patrie, avec défense d'y rentrer ; situation de la personne expulsée. → **bannissement, déportation.** *Condamner qqn à l'exil. Envoyer qqn en exil ; être en exil. Lieu, terre d'exil. Au retour de l'exil.* **2·** Littér. Obligation de séjourner hors d'un lieu, loin d'une personne qu'on regrette. → **éloignement, séparation.** *Vivre loin d'elle est pour lui un dur exil.* ▶ **exiler** v. tr. < conjug. 1 > **1·** Envoyer (qqn) en exil. → **bannir, déporter, expatrier, expulser, proscrire.** *Le gouvernement militaire a exilé ses adversaires.* **2·** Éloigner (qqn) d'un lieu et lui interdire d'y revenir. → **chasser, éloigner.** **3·** ***S'exiler*** v. pron. réfl. : se condamner à l'exil ; s'installer très loin de son pays. *Il ne veut pas (aller) s'exiler en Australie. Ils se sont exilés pour trouver du travail,* ils ont émigré. ▶ **exilé, ée** adj. et n. Qui est en exil (1). *Opposant politique exilé.* – N. *Un, une exilé(e).*

existence [ɛgzistɑ̃s] n. f. **I· 1·** Le fait d'être ou d'exister. → ② **être.** *Pour Descartes, c'est la pensée qui assure l'homme de son existence.* **2·** Le fait d'exister, d'avoir une réalité (pour un observateur). *Tiens, le voilà, celui-là ; j'avais oublié son existence. J'ignorais l'existence de ce testament. Découvrir l'existence d'une étoile, d'un corps chimique.* **II· 1·** Vie considérée dans sa durée, son contenu. *Traîner une existence misérable. Conditions, moyens d'existence* (ou *de vie*). *Il se complique inutilement l'existence.* – Durée (d'une situation, d'une institution). *Cette institution a maintenant deux siècles d'existence.* **2·** Mode, type de vie. *Changer d'existence en se mariant.* ▶ **existentialisme** [ɛgzistɑ̃sjalism] n. m. Doctrine philosophique selon laquelle l'homme n'est pas déterminé d'avance par son essence*, mais est libre et responsable de son existence. ▶ **existentialiste** adj. et n. Qui se rapporte à l'existentialisme. *Philosophe existentialiste.* – N. *Les existentialistes chrétiens, athées.* ▶ **existentiel, ielle** adj. Relatif à l'existence en tant qu'expérience vécue. *L'angoisse existentielle.* ▷ **coexistence, inexistence, préexistence**

exister [ɛgziste] v. intr. < conjug. 1 > **1·** Avoir une réalité. → **être.** *Être imaginaire qui n'a jamais existé. Cette ancienne coutume existe encore.* → **continuer, durer, persister.** – Se trouver (quelque part). *Cette variété d'oiseau n'existe pas en Europe.* – Impers. ***Il existe...*** : il y a. *Il existe un commissariat de police dans chaque arrondissement.* **2·** (Suj. personne) Vivre. *Il a une raison d'exister. Quand j'aurai cessé d'exister.* **3·** (Sens fort) Avoir de l'importance, de la valeur. → **compter.**

Le passé n'existe pas pour elle. Rien n'existe pour lui lorsqu'il travaille. Et nos souvenirs ? Ça existe ! ▶ **existant, ante** adj. **1·** Qui existe, qui a une réalité. → **positif, réel.** *Les choses existantes et les choses imaginaires.* / contr. irréel, virtuel / **2·** Qui existe actuellement. → **actuel, présent.** *Majorer les tarifs existants.* ▷ **coexister, existence, inexistant, préexister**

ex-libris [ɛkslibʀis] n. m. invar. Inscription apposée sur un livre pour en indiquer le propriétaire. *Des ex-libris.*

exo- Élément signifiant « au-dehors ». / contr. endo- /

exobiologie [ɛgzobjɔlɔʒi] n. f. Didact. Science dont l'objet est l'étude des possibilités de vie dans l'univers extraterrestre (par exemple, sur une exoplanète). ▶ **exobiologique** adj. ▶ **exobiologiste** n.

exode [ɛgzɔd] n. m. **1·** (Personnes) Émigration, départ en masse. *L'exode des civils français fuyant les troupes allemandes* (mai-juin 1940). – *Exode rural,* dépeuplement des campagnes. – *L'exode des Parisiens au moment des vacances.* **2·** (Choses) *Exode des capitaux,* leur départ à l'étranger.

exogamie [ɛgzɔgami] n. f. Obligation, pour les membres de certains groupes sociaux, de choisir un conjoint dans un groupe différent (opposé à *endogamie*).

exogène [ɛgzɔʒɛn] adj. Qui provient de l'extérieur, qui est dû à des causes externes (opposé à *endogène*).

exonérer [ɛgzɔneʀe] v. tr. < conjug. 6 > Décharger (qqn de qqch. à payer). *Exonérer un contribuable,* le décharger d'une partie ou de la totalité de l'impôt. – Par ext. Au p. p. adj. *Marchandises exonérées,* dispensées de droits de douane. ▶ **exonération** n. f. Action d'exonérer ; son résultat. → **abattement, déduction, dégrèvement, exemption, immunité, remise.** *Exonération fiscale.* / contr. majoration, surtaxe /

exophtalmie [ɛgzɔftalmi] n. f. Saillie anormale du globe oculaire hors de l'orbite.

exoplanète [ɛgzoplanɛt] n. f. En astronomie. Planète qui est en orbite autour d'une étoile autre que le Soleil.

exorbitant, ante [ɛgzɔʀbitɑ̃, ɑ̃t] adj. Qui sort des bornes, qui dépasse la juste mesure. → **excessif.** *Sommes exorbitantes. Prix exorbitant. Ses prétentions sont exorbitantes.*

exorbité, ée [ɛgzɔʀbite] adj. *Yeux exorbités,* qui sortent de l'orbite ; tout grand ouverts (d'étonnement, de peur, etc.).

exorciser [ɛgzɔʀsize] v. tr. < conjug. 1 > **1·** Chasser (les démons) du corps des possédés à l'aide de formules et de cérémonies. *Exorciser un démon.* – Littér. *Exorciser la peur, la haine.* **2·** Délivrer (un possédé) de ses démons. ▶ **exorcisme** n. m. Pratique religieuse pour exorciser. *Faire des exorcismes.* ▶ **exorciste** n. Personne qui exorcise.

exorde [ɛgzɔʀd] n. m. Première partie (d'un discours), entrée en matière. → **introduction, préambule, prologue.** *Après un bel exorde, il aborda son sujet.* / contr. conclusion, épilogue /

exotique [ɛgzɔtik] adj. Qui n'appartient pas aux civilisations de l'Occident ; qui est apporté de pays lointains. *Plantes, fruits exotiques.* ▶ **exotisme** n. m. **1·** Caractère de ce qui est exotique. *Avoir le goût de l'exotisme.* **2·** Goût des choses exotiques.

expansible [ɛkspɑ̃sibl] adj. Terme de science. Qui est susceptible d'expansion, qui peut se dilater. *Les gaz sont expansibles.* → **dilatable.**

expansif, ive [ɛkspɑ̃sif, iv] adj. Qui s'exprime avec effusion. → **communicatif, démonstratif, exubérant.** *Un homme peu expansif. Être d'un naturel expansif.* → **ouvert.** / contr. renfermé, réservé / *Une joie expansive,* débordante. ▶ **expansivité** n. f. Caractère expansif. *Refouler son expansivité.* / contr. réservé /

expansion [ɛkspɑ̃sjɔ̃] n. f. **1·** Action de s'étendre, de prendre plus de terrain ou de place en se développant. → **extension.** / contr. recul, régression / *L'expansion d'un pays hors de ses frontières. Expansion économique. Le secteur de l'électronique est en pleine expansion. L'expansion des idées nouvelles.* → **diffusion, propagation. 2·** Mouvement par lequel une personne communique ses pensées, ses sentiments. → **effusion, épanchement.** *Besoin d'expansion.* / contr. froideur, réserve / **3·** Dans les sciences. Développement (d'un corps fluide) en volume ou en surface (dilatation, décompression, etc.). *L'expansion des gaz* (→ **expansible**). ▶ **expansionnisme** n. m. Politique d'expansion (1). ▶ **expansionniste** n. et adj. Partisan de l'expansion territoriale, économique. – *Une politique expansionniste.* ▷ **expansible, expansif**

expatrier [ɛkspatʀije] v. tr. < conjug. 7 > **1·** Rare. Obliger (qqn) à quitter sa patrie. → **exiler, expulser.** – *Expatrier des capitaux,* les placer à l'étranger. **2·** ***S'expatrier*** v. pron. réfl. : quitter sa patrie pour s'établir ailleurs. → **émigrer.** *Ouvriers qui s'expatrient pour trouver du travail.* ▶ **expatrié, ée** adj. *Ennemis politiques expatriés,* exilés, réfugiés. – N. *Des expatriés.* / contr. impatrié / ▶ **expatriation** n. f. Action d'expatrier ou de s'expatrier ; son résultat. *L'expatriation des protestants, au XVIIe siècle. L'expatriation des capitaux.* ▷ **impatrié**

expectative [ɛkspɛktativ] n. f. **1·** Littér. Attente fondée sur des promesses ou des probabilités. *Une longue expectative.* **2·** Attente prudente qui consiste à ne pas prendre parti, en attendant une solution. *Demeurer, rester dans l'expectative. Sortir de son expectative.*

expectorer [ɛkspɛktɔʀe] v. tr. < conjug. 1 > Rejeter (les mucosités qui obstruent les voies respiratoires, les bronches). → **cracher, tousser.** ▶ **expectoration** n. f.

① **expédient, ente** [ɛkspedjɑ̃, ɑ̃t] adj. Littér. Qui convient pour la circonstance. → **commode, convenable, utile.** *Vous ferez ce que vous jugerez expédient. Trouver un moyen expédient.* / contr. **inopportun, inutile** /

② **expédient** n. m. **1·** Mesure qui permet de se tirer d'embarras momentanément. *Nous trouverons toujours un expédient, sinon une véritable solution.* **2·** Moyen pour se procurer de l'argent. *Vivre d'expédients,* être obligé, pour vivre, de recourir à des moyens indélicats.

① **expédier** [ɛkspedje] v. tr. < conjug. 7 > **1·** Faire (qqch.) rapidement, sans attendre. *Expédier les affaires courantes.* – Faire sans soin, pour se débarrasser. *Expédier une corvée. Écolier qui expédie ses devoirs.* → **bâcler ;** fam. **torcher. 2·** *Expédier qqn,* en finir au plus vite avec lui pour s'en débarrasser. → se **débarrasser.** *Je l'ai expédié en un clin d'œil.* ▶ **expéditif, ive** adj. Qui expédie les affaires, son travail. → **actif, rapide, vif.** *Être expéditif en affaires.* – (Choses) Qui permet d'expédier les affaires. *Le moyen le plus expéditif.* → **court.** / contr. **lent** / – *Justice expéditive,* rendue trop rapidement pour être sans défaut. ▶ ① **expédition** n. f. Action d'expédier (1) ce qu'on a à faire. *L'expédition des affaires courantes.*

② **expédier** v. tr. < conjug. 7 > **1·** Faire partir pour une destination. → **envoyer.** *Expédier une lettre, un colis par la poste.* **2·** Fam. Envoyer (qqn) au loin pour s'en débarrasser. *Ils ont expédié les enfants au lit.* – *Expédier qqn dans l'autre monde,* le tuer. ▶ **expéditeur, trice** n. Personne qui expédie qqch. → **envoyeur.** *L'expéditeur d'une lettre, d'un colis. L'expéditeur et le destinataire.* – Adj. *Gare expéditrice.* ▶ ② **expédition** n. f. **1·** Action de faire partir (qqch.) pour une destination. → **envoi.** *Expédition de marchandises pour l'étranger. Expédition par bateau. L'expédition du courrier.* **2·** Chose expédiée. *Je n'ai pas reçu votre expédition.* → **envoi.** – Quantité de marchandises expédiées. *Les expéditions ont augmenté.* ▶ ① **expéditionnaire** n. Employé(e) chargé(e) des expéditions dans une maison de commerce. ▷ **réexpédier**

③ **expédition** n. f. **1·** Opération militaire exigeant un déplacement de troupes. → **campagne.** *Expédition rapide pour surprendre l'ennemi.* → **coup** de main, **raid. 2·** Voyage d'exploration dans un pays difficilement accessible ; personnel et matériel nécessaires à ce voyage. *Organiser, financer une expédition scientifique. Film rapporté par une expédition.* – *C'est une véritable expédition !,* se dit d'un déplacement qui exige tout un matériel. ▶ ② **expéditionnaire** adj. Envoyé en expédition militaire. *Corps expéditionnaire.*

① **expérience** [ɛkspeʀjɑ̃s] n. f. **1·** *L'expérience de qqch.* : le fait d'éprouver qqch., considéré comme un élargissement ou un enrichissement de la connaissance, du savoir, des aptitudes. → **pratique, usage.** *Expérience prolongée d'une chose.* → **habitude.** *L'expérience du monde, des hommes. Faire l'expérience de qqch.,* éprouver, ressentir. → **expérimenter.** *Je n'en ai pas encore fait l'expérience.* – Le fait d'éprouver une fois qqch. *C'est une expérience qu'il ne recommencera pas !* **2·** Sans compl. La pratique que l'on a eue de qqch., considérée comme un enseignement. *L'expérience l'a rendu sage. Les leçons de l'expérience. Vérité, fait d'expérience.* → **constatation. 3·** Sans compl. Ensemble des acquisitions de l'esprit résultant de l'exercice des facultés, au contact de la réalité, de la vie. → **connaissance, savoir.** *Avoir plus de courage, de bonne volonté que d'expérience. C'est un débutant sans expérience.* ▷ **inexpérience**

② **expérience** n. f. **1·** Le fait de provoquer une observation dans l'intention d'étudier un phénomène, de contrôler ou de suggérer une idée, une hypothèse. → **épreuve, essai, expérimentation.** *Se livrer à des expériences. Faire une expérience, des expériences de physique, de chimie. Hypothèse confirmée par l'expérience.* **2·** Essai, tentative. *Tentons l'expérience par curiosité. Faire une expérience de vie commune.*

① **expérimenter** [ɛkspeʀimɑ̃te] v. tr. < conjug. 1 > Éprouver, connaître par expérience. → **éprouver.** *On ne peut pas juger de cela sans l'avoir expérimenté.* ▶ **expérimenté, ée** adj. Qui est instruit par l'expérience (①, 3). → **éprouvé, exercé, expert.** *C'est un homme expérimenté. Un acheteur expérimenté,* averti. / contr. **débutant, inexpérimenté** / ▷ **inexpérimenté**

② **expérimenter** v. tr. < conjug. 1 > Pratiquer des opérations destinées à étudier, à juger (qqch.). → **éprouver, essayer, vérifier.** *Expérimenter un vaccin sur un cobaye. Expérimenter un* *nouveau procédé, une nouvelle voiture.* ▶ **expérimental, ale, aux** adj. **1·** Fondé sur l'expérience scientifique ; qui emploie systématiquement l'expérience. *Méthode expérimentale,* observation, classification, hypothèse et vérification par des expériences appropriées. *Science expérimentale.* **2·** Qui constitue une expérience. – Fait, construit pour en éprouver les qualités. *Cultures expérimentales. Fusée expérimentale. À titre expérimental,* pour en faire l'expérience. ▶ **expérimentalement** adv. Par l'expérience scientifique. *Cette théorie a été vérifiée expérimentalement.* ▶ **expérimentateur, trice** n. Personne qui effectue des expériences scientifiques. *Une habile expérimentatrice.* ▶ **expérimentation** n. f. Emploi systématique de l'expérience scientifique. *L'expérimentation en chimie, en agriculture.*

expert, erte [ɛkspɛʀ, ɛʀt] adj et n. m. **I·** Adj. **1·** Qui a acquis une grande habileté par l'expérience, par la pratique. → **expérimenté.** / contr. inexpérimenté ; amateur / *Un technicien expert.* → **éprouvé.** *Elle n'est pas experte dans cet art, en la matière. Être expert à manier une arme.* **2·** *Système expert,* logiciel capable de simuler les décisions d'un expert, grâce à une base de connaissances et à des règles (→ intelligence artificielle). **II·** *Un expert* n. m. : personne choisie pour ses connaissances techniques et chargée de faire des examens, constatations ou appréciations de fait. → **expertise.** *L'avis des experts. Elle est expert devant les tribunaux civils.* – Personne dont la profession consiste à reconnaître l'authenticité et à apprécier la valeur des objets d'art. *Faire estimer un tableau, un meuble, une collection par un expert.* ▶ **expert-comptable, experte-comptable** n. Personne faisant profession d'organiser, vérifier, apprécier ou redresser les comptabilités sous sa responsabilité. *Des experts-comptables. Elle est expert-comptable.* ▶ **expertise** n. f. **1·** Mesure par laquelle des experts sont chargés de procéder à un examen technique (pendant l'instruction d'un procès). *Le juge a ordonné une expertise.* **2·** Estimation de la valeur d'un objet d'art, étude de son authenticité par un expert. *L'expertise a prouvé que le tableau était un faux.* **3·** Qualité d'expert, dans un domaine. ▶ **expertiser** v. tr. < conjug. 1 > Soumettre à une expertise. *Expertiser les dégâts.* → **estimer, évaluer.** *Faire expertiser un tableau.* ▷ **contre-expertise**

expier [ɛkspje] v. tr. < conjug. 7 > **1·** Réparer, en subissant une expiation. *Expier ses torts.* – Dans la religion chrétienne. *Expier ses péchés par la pénitence.* **2·** Payer pour (en subissant une conséquence ou par sentiment de culpabilité). *Expier une erreur, ses imprudences.* ▶ **expiation** n. f. Souffrance imposée ou acceptée à la suite d'une faute et considérée comme un remède ou une purification. *Le remords d'une faute entraîne un désir d'expiation.* → **rachat, réparation, repentir.** *Châtiment infligé en expiation d'un crime.* ▶ **expiatoire** adj. Qui est destiné à une expiation. *Une peine expiatoire. Victime expiatoire* (d'un sacrifice). ▷ **inexpiable**

1 **expirer** [ɛkspiʀe] v. tr. < conjug. 1 > Expulser des poumons (l'air inspiré). → **souffler.** *Inspirez profondément, expirez !* – Au p. p. adj. *L'air expiré.* ▶ 1 **expiration** n. f. Action par laquelle les poumons expulsent l'air (→ **respiration**). *Expiration par le nez, la bouche.*

2 **expirer** v. intr. < conjug. 1 > **1·** Rendre le dernier soupir. → **s'éteindre, mourir.** *Il est sur le point d'expirer.* → **expirant.** *Le malade a expiré dans la soirée, est expiré depuis l'aube.* **2·** (Choses) Cesser d'être ; prendre fin. → **disparaître, s'évanouir.** *Le feu expirait lentement.* **3·** (Temps prescrit, convention) Arriver à son terme. → **finir.** *Ce passeport expire le 1er septembre. Votre abonnement expirera le mois prochain.* ▶ **expirant, ante** adj. **1·** Qui est près d'expirer. → **agonisant, mourant.** **2·** Qui finit, qui va cesser d'être. *Une flamme expirante. Parler d'une voix expirante.* ▶ 2 **expiration** n. f. Moment où se termine (un temps prescrit ou convenu). → **échéance, fin, terme.** *À l'expiration des délais.* – Fin de la validité (d'une convention). *L'expiration d'une trêve. Le bail arrive à expiration.* / contr. continuation /

explétif, ive [ɛkspletif, iv] adj. Qui sert à remplir la phrase sans être nécessaire au sens (ex. : dans « il craint que je ne sois trop jeune », « regardez-moi ce maladroit », *ne, moi* sont explétifs).

explicable [ɛksplikabl] adj. Qui s'explique ; dont on peut donner la cause, la raison. → **compréhensible.** *Cette erreur n'est pas explicable. C'est un phénomène facilement explicable.* / contr. incompréhensible, inexplicable / ▷ **inexplicable**

explicatif, ive [ɛksplikatif, iv] adj. **1·** (Choses) Qui explique. *Note explicative jointe à un dossier, un rapport. Commentaires explicatifs au bas d'une page.* – Qui indique comment se servir de qqch. *Note explicative jointe à un appareil.* → **notice.** **2·** Grammaire. *Proposition relative explicative,* qui ne fait qu'expliquer l'antécédent sans en restreindre le sens (ex. : son père *qui était en Italie* lui écrivait rarement).

explication [ɛksplikɑsjɔ̃] n. f. Action d'expliquer ; son résultat. **1·** Développement destiné à éclaircir le sens de qqch. → **commentaire, éclaircissement.** *Il a fourni des explications supplémentaires. Explications jointes à un texte* → **note, remarque,** *à une carte* → **légende.** – *Explication de texte,* étude littéraire, stylistique d'un texte. **2·** Ce qui rend compte d'un fait. → **cause, motif, raison.** *Quelle est l'explication de ce retard dans le courrier ?* **3·** Éclaircissement sur les intentions, la conduite. → **justification.** *Demander des explications à qqn sur une démarche. Je ne trouve aucune explication à sa conduite.* **4·** Discussion dans laquelle on s'explique (3). *Ils ont eu une longue explication, une explication franche, orageuse.*

explicite [ɛksplisit] adj. **1·** Qui est suffisamment clair et précis dans l'énoncé ; qui ne peut laisser de doute. → **net.** / contr. implicite / *Sa déclaration est parfaitement explicite.* **2·** (Personnes) Qui s'exprime avec clarté, sans équivoque. *Il n'a pas été très explicite sur ce point.* ▶ **explicitement** adv. D'une manière explicite, formelle. *Demande formulée explicitement.* / contr. implicitement / ▶ **expliciter** v. tr. < conjug. 1 > Énoncer formellement. → **formuler.** *Toutes les clauses du contrat ont été explicitées.* – Rendre clair et précis. *Il vous faut expliciter votre point de vue.*

expliquer [ɛksplike] v. tr. < conjug. 1 > **I· 1·** Faire connaître, faire comprendre nettement en développant. *Expliquer ses projets, ses intentions à qqn.* → **exposer.** *Il m'a tout expliqué en détail.* **2·** Rendre clair, faire comprendre (ce qui est ou paraît obscur). → **commenter, éclaircir, éclairer.** *Expliquer un texte difficile, un théorème.* – Donner les indications, la recette (pour faire qqch.). → **apprendre, enseigner.** *Expliquer à qqn le maniement d'un appareil, la règle d'un jeu.* → **montrer.** **3·** Faire connaître la raison, la cause de (qqch.). *Je constate le fait, mais je ne peux pas l'expliquer. Comment expliquer ce brusque revirement ?* – (Choses) Être la cause, la raison visible de ; rendre compte de. *Cela explique bien des choses !* **4·** ***Expliquer que*** : faire comprendre que. → **dire, exposer, montrer** que. *Expliquez-lui que nous comptons sur lui.* – (+ subjonctif) *Comment expliquez-vous qu'il puisse vivre sans travailler ?* **II·** ***S'expliquer*** v. pron. **1·** Faire connaître sa pensée, sa manière de voir. *Je ne sais si je me suis bien expliqué. Je m'explique,* je donne des précisions sur ce que je viens de dire. **2·** Rendre raison d'un fait, d'une opinion. *Elle s'est expliquée sur son absence.* → **disculper, justifier.** *S'expliquer avec qqn,* se justifier auprès de lui. *Allez donc vous expliquer avec elle !* **3·** (Récipr.) Avoir une discussion. *Ils se sont expliqués et ont fini par se mettre d'accord.* – Fam. Se battre. *Ils sont partis s'expliquer dehors.* **4·** (Réfl.) Comprendre la raison, la cause de (qqch.). *Je m'explique mal ce que vous faites ici.* – (+ subjonctif) *Je ne m'explique pas qu'elle soit en retard.* **5·** (Passif) Être rendu intelligible. *Cet accident ne peut s'expliquer que par une négligence. La chose s'explique d'elle-même.* ▷ **explicable, explicatif, explication, inexpliqué**

exploit [ɛksplwa] n. m. **I·** Action remarquable, exceptionnelle. → **prouesse.** *Exploit sportif, athlétique.* → **performance, record.** *En gagnant cette course, il a réalisé un véritable exploit.* – Iron. *Vous avez fait là un bel exploit !,* en parlant d'une action faite mal à propos. **II·** ***Exploit d'huissier, exploit*** : acte judiciaire signifié par huissier pour assigner, notifier ou saisir.

exploiter [ɛksplwate] v. tr. < conjug. 1 > **1·** Faire valoir (une chose) ; tirer parti de. *Exploiter une mine. Exploiter un réseau de chemin de fer. Exploiter un brevet, une licence.* **2·** Fig. Utiliser d'une manière avantageuse, faire rendre les meilleurs résultats. *Il faut exploiter la situation ; elle ne durera pas.* → **profiter** de. *On a exploité sa déclaration contre lui.* **3·** Se servir de (qqn) en n'ayant en vue que le profit. → **abuser** de. *Exploiter qqn* (spécialt le faire travailler en le payant trop peu). *Ce patron exploite ses employés.* ▶ **exploitable** adj. (Choses) Qui peut être exploité avec profit. *Cette forêt n'est pas encore exploitable.* ▶ **exploitant, ante** n. **1·** Personne (ou société) qui fait fonctionner une exploitation. *L'exploitant d'un domaine agricole. Exploitant forestier, agricole. Les petits exploitants.* **2·** Propriétaire ou directeur de salle de cinéma. ▶ **exploitation** n. f. **1·** Action d'exploiter, de faire valoir (une chose). → Mise en valeur. *L'exploitation du sol, d'un domaine.* → **culture.** *Exploitation d'une mine, du sous-sol.* – Action de faire fonctionner en vue d'un profit. *L'exploitation d'une ligne aérienne.* – En informatique. *Système d'exploitation,* programme qui assure le fonctionnement d'un ordinateur. **2·** Le bien exploité ; le lieu où se fait la mise en valeur de ce bien. *Une exploitation familiale. Exploitation agricole* → **domaine, ferme, propriété,** *industrielle* → **fabrique, industrie, usine,** *commerciale* → **commerce, entreprise, établissement.** **3·** Abstrait. Utilisation méthodique. *L'exploitation rationnelle d'une idée originale, d'une situation.* **4·** Action d'abuser à son profit. *L'exploitation de la crédulité publique.* – Terminologie marxiste. *Exploitation de l'homme par l'homme,* le fait de tirer un profit (plus-value) du travail d'autres hommes. *L'exploitation capitaliste.* ▶ **exploité, ée** adj. et n. Qu'on exploite. *Un domaine bien exploité.* – (Personnes) *Une classe sociale exploitée.* – N. *Les exploiteurs et les exploités.* ▶ **exploiteur, euse** n. Personne qui tire un profit abusif d'une situation ou d'une personne. → **profiteur.** / contr. exploité / ▷ **inexploitable, surexploiter**

explorer [ɛksplɔʀe] v. tr. < conjug. 1 > **1·** Parcourir (un pays mal connu) en l'étudiant avec soin. *Découvrir et explorer une île, une zone polaire.* – Parcourir en observant, en cherchant. *Nous avons exploré toute la maison, mais nous n'avons* *rien trouvé.* **2·** Abstrait. Faire des recherches sur (qqch.), dans le domaine de la pensée. *Explorer une science, une question.* → **approfondir, étudier.** **3·** Reconnaître, observer (un organe, etc.) à l'aide d'instruments ou de procédés spéciaux. → **ausculter, examiner, sonder.** *Explorer une plaie avec une sonde.* ▶ **explorateur, trice** n. Personne qui explore un pays lointain, peu accessible ou peu connu. *Une équipe d'explorateurs.* ▶ **exploration** n. f. **1·** Action d'explorer (un pays). *Partir en exploration.* → **expédition.** – Examen méthodique (d'un lieu). *L'exploration d'une grotte, d'une forêt.* **2·** Abstrait. *L'exploration d'un sujet, d'un problème.* → **approfondissement.** *L'exploration du subconscient.* **3·** Examen minutieux de la structure ou du fonctionnement (des organes internes). ▷ **inexploré**

exploser [ɛksploze] v. intr. < conjug. 1 > **1·** Faire explosion. → **éclater, détoner, sauter** ; fam. **péter.** *Bombe, obus qui explose. Ce gaz explose au contact d'une flamme.* **2·** Fig. (Sentiments) Se manifester brusquement et violemment. → **éclater.** *Sa colère, son mécontentement explosa.* – (Personnes) *Exploser en injures, en imprécations.* **3·** Se développer largement ou brusquement. *La pénurie de matières premières a fait exploser les prix.* ▶ **explosible** adj. Qui peut faire explosion. *Gaz explosible.* ▶ ① **explosif, ive** adj. **1·** Relatif à l'explosion. *Onde explosive,* créée par une explosion. **2·** Qui peut faire explosion. → **explosible.** *Obus explosifs percutants et fusants.* **3·** Fig. *Une situation explosive,* critique, tendue. – *Un tempérament explosif,* sujet à de brusques colères. ▶ ② **explosif** n. m. Composé ou mélange de corps susceptible de dégager en un temps extrêmement court un grand volume de gaz portés à haute température. *La dynamite, le plastic sont des explosifs. Explosifs thermonucléaires* ou *atomiques,* corps fissibles donnant lieu à une réaction en chaîne. ▶ **explosion** n. f. **1·** Le fait de se rompre brutalement en projetant parfois des fragments. – Phénomène au cours duquel des gaz sous pression sont produits dans un temps très court. → **commotion, déflagration, éclatement.** ≠ implosion. *Faire explosion,* exploser. *Explosion d'un obus. Explosion atomique, nucléaire.* – Rupture violente, accidentelle (produite par un excès de pression, une brusque expansion de gaz, etc.). *La chaudière a fait explosion.* – *Entendre une explosion.* **2·** *Moteur à explosion :* qui emprunte son énergie à l'expansion d'un gaz, provoquée par la combustion rapide d'un mélange carburé (mélange détonant). **3·** Fig. *Explosion de :* manifestation soudaine et violente de. *Explosion de joie, d'enthousiasme, de colère.* – Expansion soudaine. *Explosion démographique.* → anglic. **boom.**

exponentiel, ielle [ɛkspɔnɑ̃sjɛl] adj. et n. f. **1·** En mathématiques. Dont l'exposant est variable ou inconnu. *Fonction exponentielle* ou, n. f., *une exponentielle.* **2·** Cour. Qui augmente de manière continue et rapide.

exporter [ɛkspɔʀte] v. tr. < conjug. 1 > **1·** Envoyer et vendre hors d'un pays (ses produits). *Ce petit pays exporte des produits bruts. Exporter des excédents.* Sans compl. *Pour exporter, il faut produire.* – *Exporter des capitaux,* les placer à l'étranger. **2·** *Exporter une mode, une innovation,* la transporter à l'étranger. / contr. importer / ▶ **exportable** adj. Qui peut être exporté. *Une marchandise exportable.* ▶ **exportateur, trice** n. Personne qui exporte des marchandises, etc. → **expéditeur, vendeur.** *Les exportateurs de céréales.* – Adj. *Les pays exportateurs de pétrole.* / contr. importateur / ▶ **exportation** n. f. **1·** Action d'exporter ; sortie de marchandises nationales vendues à un pays étranger. *Commerce, maison d'importation et d'exportation* (import-export). *Des mesures destinées à favoriser l'exportation.* – *Une, des exportations,* ce qui est exporté. *Déficit, excédent des exportations. Exportations invisibles,* intérêts des capitaux placés à l'étranger, services (transports, assurances, services bancaires), dépenses faites par des étrangers (tourisme). **2·** *L'exportation d'une mode, d'une coutume.* / contr. importation /

① **exposant** [ɛkspozɑ̃] n. m. Expression numérique ou algébrique exprimant la puissance à laquelle une quantité est élevée. *Deux est l'exposant du carré, trois celui du cube. Fonction à exposants variables.* → **exponentiel.**

① **exposer** [ɛkspoze] v. tr. < conjug. 1 > **1·** Disposer de manière à mettre en vue. → **étaler, montrer, présenter.** *Exposer des marchandises dans une vitrine. Exposer qqch. aux yeux, à la vue de qqn,* montrer. / contr. cacher, dissimuler / – Placer (des œuvres d'art) dans un lieu d'exposition publique. *Cette galerie expose en ce moment des Dufy.* – *Cet artiste expose ses sculptures sur une grande place.* – Sans compl. *Il n'a pas exposé cette année.* – Au p. p. adj. *Catalogue des œuvres exposées.* **2·** *Exposer qqch. à :* disposer, placer dans la direction de. *Exposer une maison au sud.* – Au p. p. adj. *Un bâtiment bien, mal exposé.* **3·** Disposer pour soumettre à l'action de qqch. *Exposer un film à la lumière. Exposer une substance à la chaleur, à des radiations.* – Au p. p. adj. *Cliché insuffisamment exposé* → **sous-exposé,** *trop exposé* → **surexposé.** ▶ ② **exposant, ante** n. Personne dont les œuvres, les produits sont présentés dans une exposition (2). *Cette foire groupe de nombreux exposants.* ▶ ① **exposition** n. f. **1·** Action d'exposer, de mettre en vue. → **étalage, exhibition, pré-**

sentation. *L'exposition des marchandises dans une devanture.* **2·** ***Une exposition*** *:* présentation publique de produits, d'œuvres d'art ; ensemble des objets exposés ; lieu où on les expose. *Exposition de peinture, de sculpture.* → **salon.** *Exposition des œuvres de Van Gogh, exposition Van Gogh.* – *Exposition industrielle, agricole,* où sont présentés publiquement les produits de l'industrie, de l'agriculture d'un ou plusieurs pays. → **foire, salon.** *Les participants d'une exposition.* → ② **exposant.** *Visiter une exposition.* **3·** Situation (d'un édifice, d'un terrain) par rapport à une direction donnée. → **orientation, situation.** *Exposition d'un bâtiment au sud. Une bonne exposition.* **4·** Action de soumettre à l'action de. *Évitez les longues expositions au soleil.* – En photographie. *Exposition du papier à la lumière pour tirer des épreuves.* ▷ **sous-exposer, surexposer**

② **exposer** v. tr. < conjug. 1 > **1·** *Exposer qqn à :* mettre (qqn) dans une situation dangereuse. *Son métier l'expose constamment au danger. Sa façon de faire l'expose à la moquerie.* – Risquer de perdre. *Exposer sa vie, sa fortune.* → **compromettre, risquer.** **2·** ***S'exposer*** v. pron. : se mettre dans le cas de subir. *S'exposer à un péril, à un danger.* → **affronter, chercher, risquer.** / contr. se dérober / *En allant le voir, il s'exposera à de graves reproches.* → **encourir.** *Il s'expose à perdre sa réputation.* – Sans compl. Se mettre en danger. *Il a bien trop peur pour s'exposer.*

③ **exposer** v. tr. < conjug. 1 > Présenter en ordre (un ensemble de faits, d'idées). → **décrire, énoncer, raconter.** *Exposer un fait en détail. Exposer une question, des plans. Exposez-nous votre point de vue.* ▶ **exposé** n. m. **1·** Développement par lequel on expose (un ensemble de faits, d'idées). → **analyse, description, énoncé, rapport, récit.** *L'exposé des faits, de la situation.* – *Exposé des motifs,* qui précède le dispositif d'un projet, d'une proposition de loi. **2·** *Un exposé,* bref discours sur un sujet précis, didactique. → **communication, conférence ;** fam. **laïus.** *L'épreuve orale de cet examen consiste en un exposé de dix minutes. Exposé écrit.* ▶ ② **exposition** n. f. **1·** Action de faire connaître, d'expliquer. *Exposition d'un ensemble de faits.* → **exposé, narration, récit.** **2·** Partie initiale (d'une œuvre littéraire, spécialt d'une œuvre dramatique). *L'exposition d'une tragédie.* / contr. dénouement /

① **exprès, esse** [ɛkspʀɛs] adj. En droit. Qui exprime formellement la volonté de qqn. *Il y a deux conditions expresses. Défense expresse* (→ **expressément**). ▶ **expressément** adv. En termes exprès, formels ; avec une intention bien définie. → **explicitement, nettement.** *Il défendit expressément qu'on touchât à rien.*

② **exprès** [ɛkspʀɛs] adj. invar. *Lettre exprès, colis exprès,* remis immédiatement au destinataire avant l'heure de la distribution ordinaire. – N. *Des exprès.* ≠ express

③ **exprès** [ɛkspʀɛ] adv. Avec intention spéciale ; à dessein. → **délibérément, intentionnellement.** – (Avec un verbe) *Une écharpe tricotée exprès pour lui. Elles sont venues tout exprès pour vous voir.* – ***Faire exprès.*** *Il fait exprès de vous contredire. C'est fait exprès,* c'est voulu. – Ellipt. ***Un fait exprès*** [fɛtɛkspʀɛ] n. m. : coïncidence généralement fâcheuse. *On dirait un fait exprès, le seul livre dont j'ai besoin n'est plus disponible. Comme (par) un fait exprès, je me casse la jambe la veille du départ.*

① **express** [ɛkspʀɛs] adj. invar. et n. m. invar. Qui assure un déplacement ou un service rapide. *Train express,* qui va à destination, en ne s'arrêtant qu'à un petit nombre de stations. – N. m. invar. *Un express, des express. L'express va plus vite que l'omnibus.* ≠ ② exprès.

② **express** adj. invar. et n. m. invar. *Café express,* fait à la vapeur, à l'aide d'un percolateur. → **expresso.** – N. m. invar. (plus cour.) *Un express serré, fort.*

expressif, ive [ɛkspʀesif, iv] adj. **1·** Qui exprime bien ce qu'on veut exprimer, faire entendre. *Un terme particulièrement expressif. Un geste, un silence expressif.* → **démonstratif, éloquent, significatif.** **2·** Qui a beaucoup d'expression, de vivacité. → **animé, mobile, vivant.** *Une physionomie expressive.* / contr. inexpressif / ▷ **expressivité, inexpressif**

expression [ɛkspʀesjɔ̃] n. f. **I·** Action ou manière d'exprimer ou de s'exprimer. **1·** Le fait d'exprimer par le langage. *Expression écrite, orale. Revendiquer la libre expression de la pensée, des opinions de chacun.* – *Au-delà de toute expression,* extrêmement. *Il est sot au-delà de toute expression.* – (Formule de politesse) *Veuillez agréer l'expression de mes sentiments distingués.* **2·** Manière de s'exprimer (mot ou groupe de mots). → **locution, tour, tournure.** *Expressions populaires, argotiques. Expression figurée. L'exactitude d'une expression. Expressions toutes faites,* clichés, formules. **3·** Formule par laquelle on exprime une valeur, un système. *Expression algébrique. Réduire une fraction, une équation à sa plus simple expression. Réduire qqch. à sa plus simple expression,* réduire (qqch.) à la forme la plus simple, élémentaire. **4·** Le fait d'exprimer un contenu psychologique par l'art. → **style.** *Les différentes formes de l'expression littéraire.* – Qualité d'un artiste ou d'une œuvre d'art qui exprime avec force (→ **expressionnisme**). *Portrait, masque remarquable par l'expression, plein d'expression.* **5·** Le fait d'exprimer (les émotions, les sentiments) par le comportement extérieur, le visage. *Une expression ironique, indifférente* (du visage). – Absolt. Animation, aptitude à manifester vivement ce qui est ressenti. / contr. impassibilité / *Elle a un visage plaisant, avec beaucoup d'expression.* → **caractère, vie.** *Un regard sans expression,* terne. **II·** Ce par quoi qqn ou qqch. s'exprime, se manifeste. *La faim est l'expression d'un besoin.* → **manifestation.** *La loi est l'expression de la volonté générale.* → **émanation.** ▷ **expressionnisme**

expressionnisme [ɛkspʀesjɔnism] n. m. Forme d'art faisant consister la valeur de la représentation dans l'intensité de l'expression (d'abord en peinture). *L'expressionnisme allemand. L'expressionnisme au théâtre, au cinéma.* ▶ **expressionniste** adj. *Peinture expressionniste.* – N. Artiste expressionniste.

expressivité [ɛkspʀesivite] n. f. Caractère expressif (de qqch.) *L'expressivité d'une mimique.*

expresso [ɛkspʀeso] n. m. Café express à l'italienne.

1 **exprimer** [ɛkspʀime] v. tr. < conjug. 1 > **I·** Rendre sensible par un signe (→ **expression**). **1·** Faire connaître par le langage. *Exprimer sa pensée en termes clairs. Mots, termes qui expriment une idée, une nuance.* → **signifier.** *Comment vous exprimer ma gratitude ?* **2·** Servir à noter (une quantité, une relation). *Le signe = exprime l'égalité.* **3·** Rendre sensible, faire connaître par le moyen de l'art. *L'artiste exprime son univers intérieur, son époque.* **4·** Rendre sensible par le comportement. → **manifester.** *Il fronça les sourcils, exprimant son mécontentement. Regard qui exprime l'étonnement. Tout en lui exprime la franchise.* **II·** *S'exprimer* v. pron. réfl. **1·** Manifester sa pensée, ses sentiments (par le langage, les gestes, l'art). *S'exprimer en français. Il s'exprime bien.* → **parler.** *Empêcher l'opposition de s'exprimer.* – *S'exprimer par gestes, par une mimique.* **2·** Se manifester librement, agir selon ses tendances profondes. *Il faut laisser cet adolescent s'exprimer.* ▶ **exprimable** adj. Qu'on peut exprimer. *Un sentiment difficilement exprimable.* → **traduisible.** / contr. inexprimable / ▷ **inexprimable, inexprimé**

2 **exprimer** v. tr. < conjug. 1 > Littér. Faire sortir par pression (un liquide). → **extraire.** *Exprimer le jus d'un citron.*

exproprier [ɛkspʀɔpʀije] v. tr. < conjug. 7 > Déposséder légalement (qqn) de la propriété d'un bien (spécialt l'obliger d'abandonner à l'Administration la propriété de son bien, moyennant indemnité, lorsque l'utilité publique l'exige). *Exproprier un débiteur.* → **saisir.** *On a exproprié des centaines de personnes pour construire cette autoroute.* – Au p. p. adj. *Propriétaire, immeuble exproprié.* N. *Les expropriés.* ▶ **expropriation** n. f. Action d'exproprier. *Expropriation d'immeubles.*

expulser [ɛkspylse] v. tr. < conjug. 1 > **1·** Chasser (qqn) du lieu où il était établi. *Expulser qqn de son pays.* → **bannir, chasser, exiler, expatrier.** *Son propriétaire veut le faire expulser.* – Au p. p. adj. *Personnes expulsées.* N. *Les expulsés.* – Faire sortir (qqn) avec violence, impérativement. *Il s'est fait expulser du café.* → fam. **éjecter, vider.** **2·** Faire évacuer (qqch.) de l'organisme. → **éliminer, évacuer.** *Expulser les déchets, les excréments.* ▶ **expulsion** n. f. **1·** Action d'expulser (qqn). *L'expulsion d'une personne hors de sa patrie.* → **bannissement, exil.** *Expulsion d'un locataire qui ne paie pas son loyer.* – Exclusion (d'un groupe, d'une assemblée). **2·** Action d'expulser de l'organisme. → **élimination, évacuation.** *L'expulsion des urines.*

expurger [ɛkspyʀʒe] v. tr. < conjug. 3 > Abréger (un texte) en éliminant ce qui est contraire à une morale, à un dogme. → **épurer.** *La censure a expurgé le scénario de ce film.* – Au p. p. adj. *Édition expurgée.*

exquis, ise [ɛkski, iz] adj. **1·** Qui est d'une délicatesse recherchée, raffinée. / contr. commun, ordinaire / *Politesse, douceur exquise.* **2·** Qui produit une impression très agréable par sa délicatesse. → **délicieux.** / contr. mauvais, médiocre / *Mets exquis, nourriture exquise. Femme exquise d'élégance et de beauté. Sourire exquis.* → **adorable, charmant.** *Un homme exquis. Temps exquis.*

exsangue [ɛksɑ̃g ; ɛgzɑ̃g] adj. **1·** Qui a perdu beaucoup de sang. *Organe exsangue.* **2·** (Parties colorées du corps) Très pâle. → **blafard, blême, pâle.** *Lèvres exsangues.* **3·** Abstrait. Littér. Vidé de sa substance, de sa force. *Une littérature, un art exsangue.* / contr. vigoureux /

exsuder [ɛksyde] v. < conjug. 1 > **1·** V. intr. Sortir, à la façon de la sueur. → **suinter.** *Sang qui exsude.* **2·** V. tr. Émettre par transpiration, suintement. *Arbre qui exsude de la résine.* ▶ **exsudation** n. f. Suintement (liquide organique, résine).

extase [ɛkstɑz] n. f. **1·** État dans lequel une personne se trouve comme transportée hors de soi et du monde sensible. *Extase mystique.* **2·** Exaltation provoquée par une joie ou une admiration extrême. → **béatitude, ivresse, ravissement.** *Être **en extase** devant qqn, qqch.* : dans un état d'admiration éperdue. ▶ **s'extasier** v. pron. < conjug. 7 > Manifester, par des démonstrations d'enthousiasme, son admiration, son émerveillement. → se **pâmer.** *Elle s'extasiait devant la cathédrale. Il n'y a pas de quoi s'extasier.* – Au p. p. adj. *Elle demeurait là, extasiée.* ▶ **extatique** adj.

Littér. **1·** Qui a le caractère de l'extase. *Transport, vision extatique.* **2·** Qui est en extase. *Personne, air extatique.* → **extasié.**

extenseur [ɛkstɑ̃sœʀ] adj. et n. m. **1·** Terme d'anatomie. Qui sert à étendre. *Muscles extenseurs.* **2·** N. m. Appareil composé de tendeurs élastiques, permettant des exercices d'extension musculaire.

extensible [ɛkstɑ̃sibl] adj. Qui peut s'étendre, s'étirer. *Le caoutchouc, matière extensible.* → **élastique.** ▶ **extensibilité** n. f. Caractère de ce qui est extensible.

1 **extensif, ive** [ɛkstɑ̃sif, iv] adj. *Culture extensive :* qui met à profit la fertilité naturelle du sol, sur de grandes surfaces (avec repos périodique de la terre et rendement assez faible). / contr. intensif /

extension [ɛkstɑ̃sjɔ̃] n. f. **I· 1·** Action de donner à qqch. une plus grande dimension ; fait de s'étendre. → **accroissement, agrandissement, augmentation, élargissement.** *L'extension d'un sinistre, d'une épidémie.* → **propagation.** *Cette activité a pris de l'extension.* → **expansion. 2·** Mouvement par lequel on étend un membre. *Extension, puis flexion du bras.* **II·** Abstrait. Action de donner à qqch. une portée plus générale, la possibilité d'englober un plus grand nombre de choses. *Extension donnée à une loi, à une clause de contrat.* – Propriété d'un terme de s'appliquer à plus d'objets. *Une extension du sens propre d'un mot. Par extension, on dira...* ▶ 2 **extensif, ive** adj. Qui marque une extension (II). *Mot pris dans un sens extensif.* ▷ **extenseur, extensible,** 1 **extensif**

in extenso → **in extenso.**

exténuer [ɛkstenɥe] v. tr. < conjug. 1 > Rendre faible par épuisement des forces. → **affaiblir, épuiser.** *Cette longue marche l'a exténué.* – Au p. p. adj. *Un air exténué.* – ***S'exténuer*** v. pron. *S'exténuer à crier. Je ne vais pas m'exténuer à vous le répéter.* ▶ **exténuant, ante** adj. Qui fatigue extrêmement. → **épuisant, harassant.** *Des efforts exténuants.* ▶ **exténuation** n. f. Littér. Action d'exténuer ; extrême fatigue. *Être dans un état d'exténuation.*

1 **extérieur, eure** [ɛksteʀjœʀ] adj. **I· 1·** ***Extérieur à :*** qui est situé dans l'espace hors de (qqch.). → en **dehors.** *Circonférence extérieure à une autre.* – Abstrait. Qui ne fait pas partie de, ne concerne pas. → **étranger.** *Des considérations extérieures au sujet.* **2·** Sans compl. indir. Qui est dehors. *Cour extérieure.* – Qui concerne les pays étrangers. *Politique extérieure.* **3·** Qui existe en dehors d'un individu. *La réalité extérieure.* → **objectif. II· 1·** Se dit des parties d'une chose en contact avec l'espace que cette chose n'occupe pas. → **externe.** *La surface extérieure d'un récipient. Boulevards extérieurs,* sur le pourtour d'une ville. → **périphérique. 2·** Que l'on peut voir du dehors. → **apparent, visible.** *Aspect extérieur. Signes extérieurs de richesse. La manifestation extérieure d'un sentiment.* → **extérioriser.** / contr. intérieur, interne / ▶ **extérieurement** adv. **1·** À l'extérieur. *Extérieurement, la maison est très jolie.* **2·** (Dans les manifestations, les gestes) En apparence. → **apparemment.** *Il a l'air gai, mais il ne l'est qu'extérieurement.* / contr. intérieurement / ▷ **extérioriser, extériorité**

2 **extérieur** n. m. **I· 1·** Partie de l'espace en dehors de qqch. → **dehors.** / contr. dedans, intérieur / – Plus souvent après une prép. ***À l'extérieur.*** *Rentrez les chaises dans la maison, ne les laissez pas à l'extérieur.* ***Avec, vers l'extérieur.*** *La cuisine communique avec l'extérieur. Cette porte s'ouvre vers l'extérieur.* – ***De l'extérieur.*** *Regarder de l'extérieur.* – Les pays étrangers. *Relations avec l'extérieur.* → **étranger. 2·** Prise de vues hors des studios. *Les extérieurs de ce film ont été réalisés en Italie. Séquence tournée en extérieur* (opposé à *en studio*). **3·** Le monde extérieur (opposé à *la conscience*). *Nos sens nous font communiquer avec l'extérieur.* **II·** Partie (d'une chose) en contact direct avec l'espace qui l'environne, et visible de cet endroit. *L'extérieur de ce coffret est peint à la main, l'intérieur est doublé de soie. L'extérieur délabré d'une maison.* → **aspect.**

extérioriser [ɛksteʀjɔʀize] v. tr. < conjug. 1 > Donner une réalité extérieure, visible, à (ce qui n'existait que dans la conscience). → **exprimer, manifester, montrer.** *Extérioriser ses sentiments, sa joie.* – ***S'extérioriser*** v. pron. : s'exprimer, se manifester. *Sa colère ne s'extériorise pas.* / contr. intérioriser, renfermer / ▶ **extériorisation** n. f. Action d'extérioriser. *L'extériorisation d'un sentiment, d'une idée.*

extériorité [ɛksteʀjɔʀite] n. f. Didact. Caractère de ce qui est extérieur.

exterminer [ɛkstɛʀmine] v. tr. < conjug. 1 > Faire périr jusqu'au dernier. → **anéantir, détruire, supprimer, tuer.** *Les nazis tentèrent d'exterminer les juifs.* – Au p. p. *Peuple exterminé par un génocide.* ▶ **exterminateur, trice** adj. Littér. Qui extermine. *L'ange exterminateur. Fureur exterminatrice.* – N. *Un exterminateur.* ▶ **extermination** n. f. Action d'exterminer. → **anéantissement, destruction, massacre.** *Guerre d'extermination,* visant à l'anéantissement du peuple ennemi. *L'extermination d'un peuple, d'une ethnie.* → **génocide.** *Camp d'extermination* (→ camp de la mort).

1 **externe** [ɛkstɛʀn] adj. Qui est situé en dehors, est tourné vers l'extérieur. → **extérieur.** / contr.

interne / *Parties, faces, bords externes. Médicament pour l'usage externe, à usage externe,* à ne pas avaler.

② **externe** n. **1·** Élève qui vient suivre les cours d'une école, mais n'y vit pas en pension. / contr. interne / **2·** Étudiant(e) en médecine, qui assiste les internes dans le service des hôpitaux. *Externe des hôpitaux. Elle est externe en médecine.* ▶ **externat** n. m. **1·** École où on ne reçoit que des élèves externes ; régime de l'externe ; temps où un élève est externe. / contr. internat ; demi-pension / **2·** Condition d'externe dans les hôpitaux.

extincteur [ɛkstɛ̃ktœʀ] n. m. Appareil capable d'éteindre un foyer d'incendie (par projection d'une substance sous pression). *Un extincteur à mousse carbonique.*

extinction [ɛkstɛ̃ksjɔ̃] n. f. **1·** Action d'éteindre. *Extinction d'un feu, d'un incendie.* / contr. embrasement / – *Extinction des feux, des lumières,* moment où toutes les lumières doivent être éteintes. **2·** Action par laquelle qqch. perd son existence ou son efficacité. *L'extinction d'une ancienne famille. Espèce animale en voie d'extinction.* → **disparition, fin.** / contr. développement / *Lutter contre la maladie jusqu'à l'extinction de ses forces.* → **épuisement.** – ***Extinction de voix*** : impossibilité momentanée de parler avec une voix claire (→ **aphone**). ▷ **extincteur**

extirper [ɛkstiʀpe] v. tr. < conjug. 1 > **1·** Littér. Faire disparaître complètement. → **arracher, détruire.** *Extirper les abus, les vices.* **2·** Arracher (une plante) avec ses racines, de sorte qu'elle ne puisse pas repousser. *Extirper du chiendent.* – Enlever radicalement. → **extraire.** *Extirper une tumeur.* **3·** Fam. Faire sortir (qqn, qqch.) avec difficulté. → **arracher, tirer.** *Extirper qqn de son lit. Il est difficile de lui extirper un mot.* – ***S'extirper*** v. pron. : sortir de qqch. avec peine. *Il s'extirpa du fauteuil.* → **s'extraire.** ▶ **extirpation** n. f. Action d'extirper (1, 2). *L'extirpation d'un kyste.*

extorquer [ɛkstɔʀke] v. tr. < conjug. 1 > Obtenir (qqch.) sans le libre consentement du détenteur (par la force, la menace ou la ruse). → **escroquer, soutirer, voler.** *Extorquer à qqn une signature, une promesse, de l'argent.* ▶ **extorsion** n. f. Didact. Action d'extorquer. *L'extorsion d'un consentement. Extorsion de fonds sous la menace.* → **chantage.**

① **extra** [ɛkstʀa] n. m. **1·** Ce que l'on fait d'extraordinaire ; chose ajoutée à ce qui est habituel. → **supplément.** *Faire des extras.* – (En parlant de boissons, de mets inhabituels et meilleurs) *Nous allons faire un petit extra, nous dînerons au champagne.* **2·** N. Employé(e) supplémentaire engagé(e) pour le service lors d'une réception. *Engager deux extras.*

② **extra** adj. Fam. Extraordinaire, supérieur (qualité d'un produit). *Un vin de qualité extra. Des bonbons extras.* – Très bien, très agréable. *On a vu un film extra.* → fam. **super.**

extra- Préfixe qui signifie « en dehors (de), au-delà (de) », « vers l'extérieur » (ex. : *extraordinaire ; extra-terrestre ; extraverti*) ; et également « plus que, mieux que, tout à fait ». → **super-, ultra-.** ▷ **extra-conjugal, extra-fin, extra-lucide, extra-terrestre**

extra-conjugal, ale, aux [ɛkstʀakɔ̃ʒygal, o] adj. Qui se produit en dehors du mariage. *Une relation extra-conjugale.*

extracteur [ɛkstʀaktœʀ] n. m. (Technique, chirurgie...) Appareil destiné à l'extraction de qqch. ▶ **extractif, ive** adj. Relatif à l'extraction. *Machine extractive.* – *Industries extractives,* exploitant les richesses minérales.

extraction [ɛkstʀaksjɔ̃] n. f. **I· 1·** Action d'extraire, de retirer (une chose) du lieu où elle se trouve enfouie ou enfoncée. *Extraction de sable, de pierres dans une carrière. L'extraction de la houille. Un puits d'extraction.* **2·** Action de retirer de l'organisme (un corps étranger, etc.). → **arrachement, extirpation.** *L'extraction d'une dent cariée. L'extraction d'une épine, d'une balle.* **3·** Action de séparer (une substance) du composé dont elle fait partie. *L'extraction du sucre de la betterave.* **4·** *L'extraction de la racine carrée,* son calcul. **II·** *Être de haute, de basse extraction,* origine.

extradition [ɛkstʀadisjɔ̃] n. f. Procédure permettant à un État de se faire livrer un individu poursuivi ou condamné et qui se trouve sur le territoire d'un autre État. *Demander l'extradition d'un criminel.* ▶ **extrader** v. tr. < conjug. 1 > Livrer (qqn) par l'extradition. *Extrader un terroriste.*

extra-fin, fine [ɛkstʀafɛ̃, fin] adj. **1·** Très fin, très petit. *Aiguille extra-fine. Haricots verts, petits pois extra-fins.* **2·** Supérieur. *Chocolats extra-fins.*

extraire [ɛkstʀɛʀ] v. tr. < conjug. 50 > **I· 1·** Tirer (qqch.) du lieu dans lequel il se trouve enfoncé. *Extraire la pierre d'une carrière.* – Enlever, retirer (un corps étranger) par une opération. *On lui a extrait une balle de la jambe.* → **extirper, retirer ; extraction. 2·** Tirer (un passage → **extrait**) d'un livre, d'un écrit. *Dépouiller un livre pour en extraire des citations.* **3·** ***S'extraire de*** v. pron. : sortir avec difficulté (d'un lieu étroit). *S'extraire de sa voiture, d'une cabine de pilotage de planeur.* **II· 1·** Séparer (une substance) du corps dont elle fait partie. → ② **exprimer, tirer.** *Extraire le jus d'un* *fruit. Extraire l'essence des fleurs.* **2·** Abstrait. Dégager (le contenu) d'une œuvre. *Extraire les bases théoriques d'un long traité.* **–** *Extraire la substantifique moelle* (citation de Rabelais), dégager l'essentiel d'une idée, d'un texte, d'un livre... **3·** *Extraire la racine carrée, la racine cubique d'un nombre,* la calculer (→ **extraction,** 4). ▶ **extrait** n. m. **1·** Produit qu'on retire d'une substance par une opération chimique. *Extrait de viande,* concentration solide du bouillon de bœuf. **–** Parfum concentré. → **essence.** *Extrait de violette.* **2·** Passage tiré d'un texte. *Citer de larges extraits d'un auteur.* → **citation.** *Lire quelques extraits d'un ouvrage.* → **fragment, morceau.** **–** ***Extraits*** : morceaux choisis (d'un auteur). → **anthologie. 3·** Copie conforme (d'un acte officiel). *Extrait de naissance. Extrait de casier judiciaire.* ▷ **extracteur, extraction**

extra-lucide [ɛkstʀalysid] adj. et n. f. *Voyante* ***extra-lucide*** : qui voit tout ce qui est caché et prédit l'avenir. **–** N. f. *Des extra-lucides.*

extraordinaire [ɛkstʀaɔʀdinɛʀ] adj. **1·** Qui n'est pas selon l'usage ordinaire, selon l'ordre commun. → **anormal, exceptionnel, inhabituel.** / contr. ordinaire / *Les moyens habituels ne suffisant pas, on a pris des mesures extraordinaires. Assemblée, tribunal extraordinaire.* **–** ***Par extraordinaire*** : par un événement peu probable. *Si, par extraordinaire, vous le rencontrez...* **2·** Qui étonne, suscite la surprise ou l'admiration par sa rareté, sa singularité. → **anormal, bizarre, curieux, étonnant, étrange, insolite, singulier.** / contr. banal, commun / *Accident, aventure extraordinaire.* → **incroyable, inouï.** *Récit, conte extraordinaire.* → **fantastique, merveilleux.** *Un costume, un langage extraordinaire et déplacé.* → **excentrique, extravagant.** *Je trouve extraordinaire qu'il ne nous ait pas prévenus. Cela n'a rien d'extraordinaire.* **3·** Très grand ; remarquable dans son genre. → **exceptionnel, extrême.** / contr. médiocre, moyen / *Qualités extraordinaires, beauté extraordinaire.* → **admirable, sublime.** *Une frayeur, une peur extraordinaire.* → **terrible.** *Il a obtenu des résultats extraordinaires.* **–** (Personnes) *Homme extraordinaire,* génie, prodige. **–** Fam. Très bon. *Ce film est extraordinaire. Ce restaurant n'est pas extraordinaire,* est médiocre. ▶ **extraordinairement** adv. **1·** Par l'effet de circonstances extraordinaires. **2·** D'une manière étrange, bizarre. *Il s'exprime extraordinairement.* **3·** D'une manière intense, au-delà de la mesure ordinaire. → **extrêmement, très.** *Il est extraordinairement grand. Il l'aime extraordinairement.* → **beaucoup.**

extrapoler [ɛkstʀapɔle] v. intr. < conjug. 1 > Appliquer une chose connue à un autre domaine pour en déduire qqch. *À partir de quelques faits connus, il a extrapolé.* **–** Tirer une conclusion à partir de données insuffisantes. ▶ **extrapolation** n. f. Didact. Déduction, généralisation.

extrasolaire [ɛkstʀasɔlɛʀ] adj. *Planète extrasolaire,* extérieure au système solaire. → **exoplanète.**

extra-terrestre [ɛkstʀatɛʀɛstʀ] adj. et n. **1·** Extérieur à la Terre ou à l'atmosphère terrestre. *L'espace extra-terrestre. Mondes extra-terrestres.* **2·** N. Habitant d'une autre planète que la Terre (dans un récit d'anticipation, etc.).

extra-utérin, ine [ɛkstʀayteʀɛ̃, in] adj. Qui se produit anormalement hors de l'utérus. *Grossesse extra-utérine.*

extravagant, ante [ɛkstʀavagɑ̃, ɑ̃t] adj. **1·** Qui sort des limites du bon sens, bizarre et déraisonnable. *Idées, conceptions, théories extravagantes.* → **bizarre, grotesque.** / contr. raisonnable, sensé / *Costume extravagant.* → **excentrique.** *Dépenses extravagantes.* → **excessif.** *Ce que vous dites est extravagant.* **2·** (Personnes) Très excentrique, qui agit contre le bon sens. *Il est un peu extravagant.* ▶ **extravagance** n. f. **1·** Absurdité, bizarrerie déraisonnable. *L'extravagance de sa conduite, de ses actes, de ses propos.* **2·** *(Une, des extravagances)* Idée, parole, action extravagante. → **excentricité.** *Je n'ai pas le temps d'écouter ses extravagances.*

extraverti, ie [ɛkstʀavɛʀti] adj. et n. Qui est tourné vers le monde extérieur. **–** On dit aussi **extroverti, ie** [ɛkstʀɔvɛʀti]. / contr. introverti /

1 **extrême** [ɛkstʀɛm] adj. **1·** (Souvent avant le nom) Qui est tout à fait au bout, qui termine (un espace, une durée). *Extrême limite.* → **dernier.** / contr. moyen / *À l'extrême pointe,* tout au bout. *L'extrême droite, l'extrême gauche d'une assemblée politique.* **–** → **dernier.** *L'extrême fin de l'année, du mois. Pousser qqch. à son point extrême.* **2·** (Avant ou après le nom) Littér. Qui est au plus haut point ou à un très haut degré. → **grand, intense ; extraordinaire.** / contr. faible, ordinaire / *Joie extrême. Extrême difficulté. Extrême malheur. J'ai un extrême besoin de repos.* **–** Loc. *À l'extrême rigueur. Extrême urgence.* **3·** (Après le nom) Qui est le plus éloigné de la moyenne, du juste milieu. → **excessif, immodéré.** *Climat extrême,* très chaud ou très froid. *Situations extrêmes,* très graves. *Avoir des opinions extrêmes en politique.* → **extrémiste.** **–** (Personnes) Dont les sentiments sont extrêmes. *Il est extrême en tout.* → **excessif.** ▶ **extrêmement** adv. de manière modifiant un adj. ou un adv. D'une manière extrême, à un très haut degré. → **exceptionnellement, extraordinairement, infiniment, très.** / contr. médiocrement, peu / *Une per-*

sonne extrêmement belle, extrêmement intelligente. Un été extrêmement pluvieux. Extrêmement bien, mal. → **terriblement.** ▶ **extrême-onction** n. f. Sacrement de l'Église destiné aux fidèles en péril de mort. *Des extrêmes-onctions.* ▶ **extrême-oriental, ale, aux** adj. et n. De l'Extrême-Orient (Asie extrême, par rapport à l'Occident). *Les mœurs extrême-orientales.* – N. *Les Extrême-Orientaux.* ▷ **2 extrême, extrémiste, extrémité**

2 extrême n. m. **I·** *Les extrêmes.* **1·** Surtout au plur. Situation, décision extrême. *Se porter tout de suite aux extrêmes.* **2·** Les deux extrêmes limites d'une chose. → **contraire, opposé.** Loc. *Les extrêmes se touchent,* il arrive souvent que des choses opposées soient comparables et voisines. – *Les extrêmes d'une proportion,* le premier et le dernier terme. – Au sing. *Passer d'un extrême à l'autre.* → **extrémité** (4). **II·** *À l'extrême* loc. adv. : à la dernière limite ; au-delà de toute mesure. *Il pousse son raisonnement à l'extrême.*

in extremis → **in extremis.**

extrémiste [ɛkstʀemist] n. et adj. Partisan d'une doctrine poussée jusqu'à ses limites, ses conséquences extrêmes ; personne qui a des opinions extrêmes. *Un parti d'extrémistes.* – Adj. *Les députés les plus extrémistes.* / contr. modéré / ▶ **extrémisme** n. m. Attitude de l'extrémiste. / contr. modération /

extrémité [ɛkstʀemite] n. f. **1·** La partie extrême, qui termine une chose. → **bout, fin, terminaison.** / contr. centre, milieu / *L'extrémité du doigt. Loger à l'extrémité de la rue.* **2·** Au plur. *Les extrémités :* les pieds et les mains. *Avoir les extrémités glacées.* **3·** État très misérable, situation désespérée. – Loc. *Il manque de tout, il est réduit à la dernière extrémité.* – *Le malade est à toute extrémité, à la dernière extrémité,* à l'agonie, près de mourir. **4·** Décision, action extrême ; excès de violence. *En venir aux pires extrémités. Tomber d'une extrémité dans une autre.* → **2 extrême** (2).

extrinsèque [ɛkstʀɛ̃sɛk] adj. Didact. Qui est extérieur, n'appartient pas à l'essence (de qqch.). *Causes extrinsèques.* / contr. intrinsèque (plus cour.) /

extroverti → **extraverti.**

extruder [ɛkstʀyde] v. tr. < conjug. 1 > Fabriquer par extrusion. ▶ **extrudé, ée** adj. *Bouteille en plastique extrudé.* ▶ **extrusion** [ɛkstʀyzjɔ̃] n. f. Technique de fabrication qui consiste à pousser la matière fluidifiée à travers une filière.

exubérance [ɛgzybeʀɑ̃s] n. f. **1·** État de ce qui est très abondant. → **abondance, profusion.** / contr. indigence, pauvreté / *L'exubérance de la végétation. L'exubérance du style, des paroles.* **2·** Trop-plein de vie qui se manifeste dans le comportement, les propos. / contr. calme, froideur / *Manifester sa joie, ses sentiments avec exubérance.* → **exagération.** ▶ **exubérant, ante** adj. **1·** Qui a de l'exubérance. / contr. maigre, pauvre / *Végétation exubérante.* → **luxuriant.** *Une imagination exubérante.* **2·** (Personnes, sentiments) Qui se comporte ou se manifeste sans retenue. → **communicatif, débordant, démonstratif, expansif.** / contr. calme, froid / *Caractère exubérant. Joie exubérante. Il a des gestes exubérants.*

exulter [ɛgzylte] v. intr. < conjug. 1 > (Personnes) Être transporté d'une joie extrême, qu'on ne peut contenir ni dissimuler. → **jubiler.** *Il exulte, il est aux anges.* – *Exulter de* (+ infinitif). → **se réjouir.** *Il exulte d'avoir réussi.* / contr. se désespérer, se désoler / ▶ **exultation** n. f. Relig. ou littér. Transport de joie. → **allégresse, gaieté.**

exutoire [ɛgzytwaʀ] n. m. Littér. Ce qui permet de se soulager, de se débarrasser (d'un besoin, d'une envie). *La musique est son exutoire pour exprimer ses sentiments secrets.*

ex-voto [ɛksvɔto] n. m. invar. Objet, plaque portant une formule de reconnaissance, que l'on place dans une église, une chapelle, en accomplissement d'un vœu ou en remerciement. *Suspendre des ex-voto.*

eye-liner [ajlajnœʀ] n. m. Anglic. Cosmétique liquide qui sert à souligner le bord des paupières. *Des eye-liners.*

fF

f [ɛf] n. m. ou f. invar. **1·** Sixième lettre de l'alphabet, quatrième consonne. **2·** N. m. (Écrit **F**, suivi d'un chiffre) Appartement ou maison comprenant une, deux, trois... pièces principales (en France). *Je cherche à louer un F4 en banlieue.*

fa [fa] n. m. invar. Note de musique comprise entre mi et sol. *Clef de fa. Sonate en fa majeur.*

fable [fɑbl] n. f. **1·** Littér. Récit à base d'imagination. → **conte, fiction, légende, mythe. 2·** Petit récit en vers ou en prose, destiné à illustrer un précepte. → **apologue.** *Les Fables de La Fontaine.* **3·** Littér. Mensonge élaboré. *Il a inventé je ne sais quelle fable pour se faire pardonner.* **4·** Loc. littér. *Être la fable de,* un sujet de rire, de moquerie pour (un groupe). *Il est la fable du quartier.* → **risée.** ▶ **fabliau** [fablijo] n. m. Petit récit en vers de huit syllabes (XIIIe et XIVe s.). *Des fabliaux.* ▷ **fabulation, fabuleux**

fabriquer [fabʀike] v. tr. < conjug. 1 > **1·** Transformer des matières en objet(s). → **confectionner.** *Il a fabriqué de ses propres mains ce petit appareil. Elle s'est fabriqué des étagères.* **2·** Fam. Faire, avoir une occupation. *Qu'est-ce que tu fabriques ?* **3·** Produire à l'aide de matières premières ou semi-finies (des objets destinés au commerce). *Fabriquer des outils, des tissus.* – Au p. p. *Article fabriqué en série.* **4·** Élaborer (en imaginant de manière à tromper). *Elle s'est fabriqué un bon alibi.* → **forger.** *C'est une histoire fabriquée, fabriquée de toutes pièces,* inventée. → **faux.** ▶ **fabricant, ante** n. Personne qui fabrique des produits commerciaux, ou dirige, possède une entreprise qui les fabrique. *Fabricant de jouets, de tissus.* ▶ **fabrication** n. f. **1·** Art ou action de fabriquer. *Fabrication artisanale, industrielle. Fabrication assistée par ordinateur (F. A. O.). Chef de fabrication. Défaut de fabrication.* **2·** Confection. *Est-ce une marionnette de votre fabrication ?* ▶ **fabrique** n. f. Établissement de taille intermédiaire entre l'atelier artisanal et l'usine de grande industrie, produisant des objets finis. → **manufacture.** *Marque de fabrique,* apposée par le fabricant.

fabulation [fabylasjɔ̃] n. f. Propos jugé contraire à la réalité ou à la vérité. *Ce témoignage est une pure fabulation.* → **affabulation, fable** (3). ▶ **fabulateur, trice** adj. et n. Qui présente comme réels des faits imaginés. – N. *C'est une fabulatrice.* ▶ **fabuleux, euse** adj. **1·** Littér. Qui appartient à la fable, au merveilleux antique. → **légendaire, mythique, mythologique.** / contr. historique / *Animaux fabuleux.* **2·** Incroyable mais vrai ; qui, à ce titre, mérite d'être raconté. → **extraordinaire, fantastique, invraisemblable, prodigieux.** *Une vie aux aventures fabuleuses.* – (Intensif) Énorme. *Prix fabuleux.* ▶ **fabuleusement** adv. D'une manière fabuleuse (2), difficile à imaginer. *Il est fabuleusement riche.* ▶ **fabuliste** n. Auteur qui compose des fables. ▷ **affabulation**

fac [fak] n. f. Fam. Faculté ou université. *La fac de lettres. Elle est étudiante à la fac de Lille.*

face [fas] n. f. **1·** Partie antérieure de la tête de l'homme. → **figure, visage.** *Une face large, ronde. Détourner la face.* – Abstrait. *Se voiler* la face.* – ***À la face de.*** *À la face de qqn, du monde,* devant, en présence de. – ***Perdre la face*** : perdre son prestige en tolérant une atteinte à son honneur, à sa réputation. – ***Sauver la face*** : sauvegarder son prestige, sa dignité. **2·** (Médaille, monnaie) Côté qui porte une figure (opposé à *pile* ou à *revers*). *Tirer à pile* ou face.* – *Côté face,* l'endroit. → **recto.** *Tissu double face.* → **réversible. 3·** Surface. **4·** Chacun des côtés d'une chose. *Les faces d'un prisme. Considérer un objet sous toutes ses faces. La face cachée de la Lune,* invisible depuis la Terre (avant sa photographie par satellite). **5·** Aspect sous lequel une chose se présente. *Il prétend changer la face du monde.* – Abstrait. *Les choses ont bien changé de face.* → **tournure. 6·** ***Faire face (à)*** loc. verb. : présenter la face, l'avant tourné vers un certain côté. *L'hôtel faisait face à la mer.* – Abstrait. Réagir efficacement en présence d'une difficulté. → **parer** à, **répondre** à. *Faire face à l'attaque. Faire face à une dépense, à des engagements.* **7·** ***Face à*** loc. prép. : vis-à-vis de. *Chambre face à la gare.* – En étant confronté à. *Face au public, il perd ses moyens.* **8·** ***En face*** loc. adv. : par-devant. *Regarder qqn en face,* soutenir hardiment son regard. *Il le lui a dit en face,* directement. – *Regarder la mort en face,* sans crainte. *Il faut voir les choses en face,* sans chercher à se leurrer. – ***En face de*** loc. prép. : vis-à-vis de. *Ils restaient muets l'un en face de l'autre. La maison d'en face* (du lieu dont on parle). – *Il n'a pas peur en face du danger.* **9·** ***Face à face*** loc. adv. : les faces tournées l'une vers l'autre. → **nez** à nez, **vis-à-vis.** *Il se trouva face à face avec un ancien camarade.* **10·** ***De face*** loc. adv. : le visage s'offrant aux regards. *Un portrait de face* (opposé à *de profil*). – De là où l'on voit le devant (opposé à *de côté*). *Choisir au théâtre une loge de face.* ▶ **façade** [fasad] n. f. **1·** Face antérieure d'un bâtiment où s'ouvre l'entrée principale. *Ravaler la façade d'un immeuble. Quatre pièces en façade et deux sur cour.* **2·** Abstrait. Apparence. → **extérieur.** *Sa politesse n'est qu'une façade.* – *Un sourire de façade.* ▶ **face-à-face** [fasafas] n. m. invar. Débat confrontant des personnalités. *Le ministre a participé à trois face-à-face télévisés.* ▶ **face-à-main** [fasamɛ̃] n. m. Lorgnon à manche que l'on tient à la main. → **binocle.** *Des faces-à-main.* ≠ pince-nez. ▷ **facette, facial, faciès, surface, volte-face**

facétie [fasesi] n. f. Plaisanterie burlesque. → **farce.** ▶ **facétieux, euse** adj. Qui aime à dire ou à faire des facéties. → **farceur, moqueur.** / contr. sérieux /

facette [faset] n. f. **1·** Une des petites faces d'un corps qui en a beaucoup. *Facettes d'un diamant.* – *Les yeux à facettes des mouches.* **2·** Abstrait. *Les multiples facettes d'une affaire.* – *À facettes,* à plusieurs aspects. *Une personnalité à facettes.*

fâcher [fɑʃe] v. tr. < conjug. 1 > **1·** Mettre dans un état d'irritation. → **mécontenter.** *Ne sors pas, cela va fâcher ton père.* **2·** ***Se fâcher (contre)*** v. pron. réfl. : se mettre en colère. → s'**emporter,** s'**irriter.** *Se fâcher contre qqn. Si tu continues, je vais me fâcher.* – ***Se fâcher (avec** qqn**).*** → se **brouiller, rompre.** – V. pron. récipr. *Elles se sont fâchées.* – Absolt. *Les sujets qui fâchent.* ▶ **fâché, ée** adj. **1·** ***Fâché de*** *qqch.* : désolé de, qui regrette. → **navré.** *Je suis fâché de ce contretemps. Je ne suis pas fâchée qu'il parte, de le voir partir,* j'en suis plutôt contente. **2·** ***Fâché contre*** *qqn* : en colère contre. *Il est fâché contre moi.* **3·** ***Fâché avec*** *qqn* : brouillé, en mauvais termes. *Il est fâché avec moi. Nous sommes fâchés.* ▶ **fâcherie** [fɑʃʀi] n. f. Brouille, désaccord. *Notre fâcherie est née d'un malentendu.* ▶ **fâcheux, euse** adj. **1·** Littér. Qui est cause de déplaisir → **ennuyeux,** ou de souffrance → **affligeant.** *Une fâcheuse nouvelle.* → **mauvais.** *Fâcheuse affaire.* **2·** Qui porte préjudice. → **contrariant, regrettable.** *Un contretemps fâcheux. Être en fâcheuse posture*.* ▶ **fâcheusement** adv. D'une manière fâcheuse. / contr. heureusement /

facho [faʃo] adj. et n. Fam. Fasciste. *Elles sont un peu fachos.*

facial, ale, aux [fasjal, o] adj. **1·** De la face (1). *Chirurgie faciale.* **2·** (Monnaie, timbre). *Valeur faciale* : valeur inscrite sur une pièce de monnaie, un timbre. *Timbre sans valeur faciale,* à validité permanente.

faciès [fasjɛs] n. m. invar. Aspect du visage (surtout quand il est considéré comme décelant l'origine ethnique). – Loc. *Délit de faciès* : discrimination à l'encontre d'une personne sur la seule apparence du visage.

facile [fasil] adj. **1·** Qui se réalise, s'accomplit sans effort. → **aisé, commode, élémentaire, enfantin, simple** ; fam. **fastoche.** / contr. difficile / *C'est facile, facile comme tout, facile comme bonjour,* très facile. *Problème facile. Passage, texte facile,* dont la compréhension est facile. *Vie facile,* sans souci. *La chose est facile pour un homme comme lui. C'est chose facile pour elle. Il lui est facile de réussir.* **2·** ***Facile à*** (+ infinitif) : qui demande peu d'efforts. *Plat facile à réussir. C'est plus facile à dire qu'à faire.* – (Personnes) *Un homme facile à contenter,* que l'on contente facilement. *Facile à vivre,* qui est toujours de bonne humeur ; qui est accommodant. **3·** Péj. Sans mérite. *Musique facile.* / contr. recherché / *C'est une plaisanterie un peu facile.* – *Femme facile,* qui accepte volontiers des relations sexuelles. **4·** Adv. Fam. Pour le moins. *Il y a une heure de route, facile.* ▶ **facilement** adv. **1·** Sans effort, sans peine. → **aisément.** « *Vous pouvez faire cela ? – Facilement.* » **2·** Pour peu de chose. *Il se vexe facilement,* pour un rien. *Cette matière se casse facilement.* ▶ **facilité** n. f. **1·** Caractère, qualité de ce qui se fait sans peine, sans effort, sans problème. / contr. difficulté / *Un travail d'une grande facilité. Il y parviendra avec facilité.* **2·** Surtout au plur. Moyen qui permet de réaliser, d'obtenir qqch. sans effort, sans peine. → **moyen, occasion, possibilité.** *Procurer à qqn toutes facilités pour…* – *Facilités de paiement* ou ***facilités*** : délai, échelonnement d'un paiement. **3·** Disposition à faire qqch. simplement, sans apprêt. → **aptitude, habileté.** *Écrire avec facilité. Cet enfant a de grandes facilités* (pour apprendre). ▶ **faciliter** v. tr. < conjug. 1 > Rendre facile, moins difficile.

→ **aider, arranger.** *Faciliter une entrevue.* → **ménager.** *Faciliter l'accès à un lieu. Son entêtement ne facilitera pas les choses.*

façon [fasɔ̃] n. f. **I· 1·** *La façon :* le travail d'un artisan à qui l'on fournit les matières premières. → **exécution, fabrication.** *Je n'ai payé que la façon.* → **main-d'œuvre.** – *À façon.* *Couturière à façon,* à domicile. **2·** *La façon de qqch. :* le détail des formes données à un objet fini. → **facture.** **3·** *De ma, ta, sa... façon :* par un procédé personnel. → **invention.** *Je vais vous raconter une histoire de ma façon,* de mon cru. *Elle nous a joué un tour de sa façon,* un mauvais tour. **II· 1·** *La façon de* (+ infinitif) : manière d'agir, comparée à d'autres. *Il y a plusieurs façons de procéder.* → **manière, méthode.** *C'est une façon de parler,* il ne faut pas prendre au pied de la lettre ce qui vient d'être dit. *C'est une façon de voir,* il existe d'autres points de vue. – *Ma, ta, sa... façon de* (+ infinitif) : manière particulière d'agir. *Sa façon de parler (la façon dont il parle) m'agace. Ta façon de faire est bonne,* tu t'y prends bien. **2·** *À la façon de :* en imitant quelqu'un d'autre. *Pour nous faire rire, il parle à la façon du prof de maths.* → **comme.** *Il travaille à la façon d'un professionnel,* aussi bien qu'un professionnel. – En appos. invar. *Façon :* qui imite la matière ou la manière de. *Des écharpes façon cachemire.* → **imitation.** *Une petite robe façon haute couture.* → **genre.** – *À ma, ta, sa... façon :* d'une manière différente. *Je vais vous raconter son histoire à ma façon,* de mon point de vue. *Laissez-le vivre à sa façon,* à sa guise. – *À ta, sa... façon de* (+ infinitif). *À votre façon de parler, on voit que vous êtes fâché.* **3·** *De... façon :* de (telle) manière. *Ne réponds pas de cette façon.* → **ainsi.** *De quelle façon êtes-vous arrivés ?* → **comment.** *De toute façon,* en tout cas, dans tous les cas. – *De façon à :* pour. *Elle s'est placée de façon à être vue.* – *De façon que :* pour que. *Elle s'est placée de façon qu'on la voie.* – *De telle façon que :* de sorte que. *Elle s'est placée de telle façon que tout le monde l'a vue.* **III· 1·** *Façons :* comportement qui surprend par excès de politesse ou de familiarité. *Ne faites pas tant de façons.* → **chichi, simagrée.** *Il a de curieuses façons.* → **manières.** **2·** *Sans façon :* naturel. *Des personnes sans façon,* très simples. Loc. adv. Naturellement, sans complications inutiles. *Ils nous ont reçus sans façon. Non merci, sans façon.* ▶ **façonner** [fasɔne] v. tr. < conjug. 1 > **1·** Mettre en œuvre, travailler (une matière, une chose), en vue de donner une forme particulière. → **façon** (I, 1). *Façonner de la terre glaise pour faire un pot.* **2·** Faire (un ouvrage) en travaillant la matière. → **confectionner, fabriquer.** *Façonner une pièce mécanique à l'aide d'une machine-outil.* – Au p. p. *Un mur grossièrement façonné.* **3·** Former peu à peu (qqn) par l'éducation, l'habitude. *Son enfance difficile l'a façonné.* ▶ **façonnage** n. m. Action, fait de façonner (2).

faconde [fakɔ̃d] n. f. Littér. Élocution facile, abondante, parfois jusqu'à déplaire. *Il n'a rien perdu de sa faconde.*

fac-similé [faksimile] n. m. Reproduction à l'identique d'un écrit, d'un dessin. *Des fac-similés.*

① **facteur** [faktœʀ] n. m. *Facteur d'orgues, de pianos,* fabricant d'orgues, de pianos.

② **facteur, trice** n. Personne qui porte et distribue à leurs destinataires les lettres, colis, etc. envoyés par la poste. → **préposé.** *Le facteur est passé, il n'y avait pas de courrier.*

③ **facteur** n. m. **I·** Chacun des éléments constitutifs d'un produit. → **coefficient.** *Si l'un des facteurs est nul, le produit est nul.* **II·** Chacun des éléments contribuant à un résultat. → **élément.** *Les facteurs de la production.* – Avec un mot en appos. *Le facteur chance ; le facteur prix.* ▷ **factoriel, factoriser**

factice [faktis] adj. **1·** Qui est faux, imité. *Marbre factice.* **2·** Qui n'est pas naturel. → **artificiel.** *Une gaieté factice.*

factieux, euse [faksjø, øz] adj. et n. m. **1·** Adj. Qui exerce contre le pouvoir établi une opposition violente tendant à provoquer des troubles. *Parti factieux.* **2·** N. m. *Un factieux.* → **agitateur, insurgé, mutin, rebelle.** ▶ ① **faction** [faksjɔ̃] n. f. Groupe, parti se livrant à une activité factieuse dans un État, une société. *Ce pays est en proie aux factions.*

② **faction** n. f. Action d'un soldat en armes qui surveille les abords d'un poste. → **garde, guet.** (Surtout dans *en faction, de faction*) *Mettre un homme de faction devant une porte.* ▶ **factionnaire** n. m. Soldat en faction.

factoriel, ielle [faktɔʀjɛl] adj. Relatif à un facteur ③. *Analyse factorielle,* qui cherche les facteurs communs à des variables.

factoriser [faktɔʀize] v. tr. < conjug. 1 > Écrire un nombre sous forme de produit de facteurs ③. ▶ **factorisation** n. f. Opération arithmétique ou algébrique consistant à chercher les diviseurs d'un nombre entier ou les facteurs d'un polynôme ; le résultat écrit de cette recherche.

factuel, elle [faktɥɛl] adj. Qui est de l'ordre du fait objectif. *Une preuve factuelle.*

factum [faktɔm] n. m. Littér. Mémoire littéraire contre un adversaire. *Des factums.*

1 **facture** [faktyʀ] n. f. Manière dont un produit est fabriqué, dont est réalisée la mise en œuvre des moyens matériels et techniques. → **façon.** *La facture d'une robe, d'une œuvre d'art.*

2 **facture** n. f. **1·** Écrit indiquant la quantité, la nature et le prix des marchandises vendues, des services exécutés ; note à payer. *La facture du gaz. Payer une facture. Le montant de la facture sera prélevé sur votre compte.* **2·** Ensemble des dépenses occasionnées par un événement, une mesure. *Alourdir la facture,* augmenter les dépenses. ▶ **facturer** v. tr. < conjug. 1 > Porter (une marchandise) sur une facture, dresser la facture de. *Cet article n'a pas été facturé. Produit facturé cent euros.* ▶ **facturation** n. f. **1·** Action d'établir une facture. *Une erreur de facturation. Un logiciel de facturation.* **2·** Service (d'une entreprise), locaux où ce travail s'effectue. ▶ **facturette** n. f. Reçu de paiement par carte bancaire. ▶ **facturier, ière** n. Comptabilité. Personne chargée des factures.

facultatif, ive [fakyltatif, iv] adj. Qu'on peut faire, employer, observer ou non. *Exercice facultatif. Présence facultative.* → **libre.** / contr. obligatoire /

1 **faculté** [fakylte] n. f. **1·** Littér. Possibilité de faire qqch. *Laisser à qqn la faculté de choisir.* **2·** Aptitude, capacité. *Il ne jouit plus de toutes ses facultés (mentales, intellectuelles). Il a une grande faculté d'adaptation.*

2 **faculté** n. f. Corps des professeurs qui, dans une université, sont chargés d'une même discipline ; partie de l'université où se donne cet enseignement. → fam. **fac.** *La faculté de lettres, de médecine. Entrer en faculté.* – *La Faculté,* le corps médical, les médecins.

fada [fada] adj. et n. Fam. Un peu fou. → fam. **cinglé, dingue.** *Elles sont fadas.* – N. *Quels fadas !*

fadaise [fadɛz] n. f. Propos plat, sot, insignifiant. → **baliverne, niaiserie.** *J'en ai assez de ses fadaises.*

fade [fad] adj. **1·** Qui manque de saveur, de goût. → **insipide.** *Plat, boisson fade.* **2·** Sans éclat. *Une couleur fade.* → **délavé, pâle, terne.** **3·** Qui est sans caractère, sans intérêt particulier. → **ennuyeux, insignifiant, monotone.** *De fades compliments.* ▶ **fadasse** adj. Fam. Trop fade. *Cette boisson est plutôt fadasse.* ▶ **fadeur** n. f. Caractère de ce qui est fade. ▷ **affadir**

fado [fado] n. m. Poésie et chanson portugaise, sentimentale et nostalgique. *Des fados.*

fagne [faɲ] n. f. Petit marais des Ardennes. *Il est allé chasser dans les fagnes.*

fagot [fago] n. m. Faisceau de petit bois, de branchages. *Allumer le feu avec un fagot.* – Loc. ***De derrière les fagots*** : d'une qualité remarquable. *Un vin de derrière les fagots.*

fagoté, ée [fagɔte] adj. Mal habillé, sans goût. *Elle est mal fagotée.* → **ficelé.**

faible [fɛbl] adj. et n. m. **I·** Adj. **1·** Qui manque de force, de vigueur physique. / contr. fort / *Un homme faible.* → **délicat, fluet, fragile.** *Se sentir faible.* → **affaibli, fatigué, las.** *Elle est encore trop faible pour se lever. Avoir le cœur faible,* malade. **2·** (Choses) Qui a peu de résistance, de solidité. → **fragile.** *Poutre trop faible pour supporter un poids.* **3·** Qui n'est pas en état de résister, de lutter. *Pays faible.* – Loc. *Le sexe faible,* les femmes. Iron. *Une faible femme.* – N. m. *Les économiquement faibles,* les personnes qui ont de très petits revenus. **4·** Qui manque de capacités intellectuelles. *Élève, étudiant faible.* – *Il est faible en maths.* **5·** Sans force, sans valeur. *Raisonnement, argument faible. Ce chapitre est le plus faible du livre.* **6·** (Personnes) Qui manque de force morale, d'énergie, de fermeté. → **indécis, lâche, mou, velléitaire, veule.** *C'est un homme faible et craintif. Il a toujours été trop faible avec ses enfants.* **7·** (Choses) Qui a peu d'intensité, qui est suivi de peu d'effet. → **insuffisant.** *Une faible lumière. D'une voix faible.* **8·** Peu considérable. → **petit.** *Faible quantité. À une faible profondeur. De faibles revenus.* – *Un faible espoir.* **9·** *Le côté, le point, la partie faible* (d'une personne, d'une chose), ce qu'il y a de faible, de défectueux en elle. → **insuffisance.** *Les mathématiques sont le point faible de cet élève.* **II·** N. m. **1·** Personne sans force morale, sans fermeté. *C'est un faible, on le persuadera facilement.* **2·** ***Faible d'esprit*** : personne dont les facultés intellectuelles sont insuffisantes. → **idiot, imbécile, simple.** **3·** Goût, penchant. *Il a un faible pour les blondes. Le champagne, c'est mon faible.* ▶ **faiblard, arde** adj. Fam. Un peu faible (surtout sens 1, 4 et 5). ▶ **faiblement** adv. **1·** D'une manière faible. **2·** À un faible degré. → **doucement, peu.** *La lampe éclaire faiblement,* à peine. ▶ **faiblesse** n. f. **1·** Manque de force, de vigueur physique. *Faiblesse momentanée.* → **fatigue ; défaillance.** – ***Une faiblesse*** : un vertige, un évanouissement. *Elle a eu une faiblesse.* **2·** Incapacité à se défendre, à résister. *La faiblesse d'un État.* **3·** Manque de capacité, de valeur intellectuelle. *La faiblesse d'un élève.* **4·** Défaut de qualité d'une œuvre, d'une production de l'esprit. → **indigence, médiocrité, pauvreté.** *Roman, tableau d'une grande faiblesse.* **5·** Manque de force morale, d'énergie. → **lâcheté, veulerie.** *Se laisser entraîner par faiblesse. Sa faiblesse envers son fils. Si vous avez la faiblesse de lui céder, il recommencera.* – (Une, des *faiblesses)* Défaut, point faible qui dénote un manque de force morale, de fermeté. → **défaut.** *Chacun a ses faiblesses.* **6·** Manque d'intensité, d'importance. → **petitesse.** *La faiblesse de la réaction.* ▶ **faiblir** v. intr. < conjug. 2 > **1·** Devenir faible. → s'**affaiblir.** *Ses forces faiblissent. Le malade faiblit.* **2·** Perdre de sa force, de son ardeur. *Son courage faiblit peu à peu.* → s'**amollir. 3·** (Choses) Perdre de son intensité, de son importance. → **diminuer.** *Son espoir, sa patience faiblit.* **4·** Ne plus opposer de résistance. → **céder, fléchir, plier.** *Branche qui faiblit sous le poids des fruits.* **5·** (Œuvres) Devenir faible, moins bon. *Cette pièce commence bien, mais faiblit au troisième acte.* ▷ **affaiblir**

faïence [fajɑ̃s] n. f. Poterie de terre blanchâtre ou rougeâtre, recouverte de vernis ou d'émail. *Carreaux de faïence. Assiettes en faïence de Rouen.* ≠ céramique, porcelaine.

① **faille** [faj] n. f. **1·** Fracture de l'écorce terrestre, suivie du déplacement des parties séparées. **2·** Cassure, défaut. *Ce raisonnement présente une faille. Une volonté sans faille.* – *Il y a désormais une faille dans notre amitié.*

② **faille** n. f. Tissu de soie à gros grain.

③ **faille** → **falloir** (subj. prés.).

faillir [fajiʀ] v. intr. (Seult p. p. *failli* suivi d'un infinitif) **1·** Indique que l'action était sur le point de se produire, mais ne s'est pas produite. *J'ai failli tomber,* je suis presque tombé. *Ils ont failli être en retard. Elle avait failli lui avouer son secret.* **2·** Vx. ***Faillir à*** : manquer à. *Il aura failli à son devoir.* – ***Sans faillir*** loc. adv. : sans se dérober, sans faute. ≠ falloir. ▶ **failli, ie** n. et adj. Lang. juridique. Commerçant, société qui a fait faillite. – Adj. *Société faillie.* ▶ **faillite** [fajit] n. f. **1·** Situation d'un commerçant, d'une société qui ne peut payer ses dettes, tenir ses engagements. → **déconfiture, ruine.** *Être en faillite, faire faillite* (→ **failli**). **2·** Échec complet d'une entreprise, d'une idée, etc. → **échec.** *La faillite de ses espérances. La faillite d'une politique.* ▷ **défaillir,** ① **défaut,** ② **défaut,** ① **faute,** ② **faute, fautif, infaillible**

faim [fɛ̃] n. f. **1·** Sensation qui, normalement, accompagne le besoin de manger. *Avoir faim,* fam. *très faim,* littér. *grand-faim. J'ai une faim de loup. Le grand air donne faim. Manger à sa faim. Rester sur sa faim,* avoir encore faim après avoir mangé ; abstrait, ne pas obtenir autant qu'on attendait. – *La faim régna plusieurs années.* → **disette, famine.** *Lutter contre la faim dans le monde.* → **malnutrition.** – Loc. *Mourir de faim,* fam. *crever de faim,* mourir d'épuisement par manque de nourriture, souffrir de la faim ; par exagér. avoir une faim extrême. **2·** Fig. *Avoir faim de tendresse, de liberté, de justice,* en avoir grand besoin. → **désir, soif.** ▷ **affamer, coupe-faim, crève-la-faim**

faîne [fɛn] n. f. Fruit du hêtre.

fainéant, ante [fɛneɑ̃, ɑ̃t] n. et adj. Personne qui ne veut rien faire. → **paresseux** ; fam. **feignant.** / contr. travailleur / *Au travail, fainéants ! Elle est fainéante.* ▶ **fainéanter** v. intr. < conjug. 1 > Surtout à l'inf. et aux temps composés. Vieilli. Faire le fainéant. → **paresser.** ▶ **fainéantise** n. f. Caractère du fainéant → **paresse, flemme** ; état du fainéant → **inaction, oisiveté.**

① **faire** [fɛʀ] v. tr. < conjug. 60 > **REM.** Les formes en *fais- (faisant, faisons)* se prononcent [fəz-]. Le participe passé est variable : *fait, faite.* **I·** Réaliser (qqch. ou qqn). **1·** Réaliser hors de soi (une chose matérielle). *Faire une maison.* → **bâtir, construire.** *Faire un meuble.* → **fabriquer.** *L'oiseau fait son nid. Faire le pain, faire des confitures.* → **préparer.** *Faire une robe.* → **confectionner.** *Faire un tableau, une toile.* → **créer. 2·** Réaliser (une chose abstraite). *Faire une loi.* → **instaurer, instituer.** *Faire une œuvre.* → **composer, créer.** *Faire un poème, une sonate.* → **écrire. 3·** Produire de soi, hors de soi. – (Humains) Mettre au monde. ***Faire un enfant.*** → **engendrer, procréer.** *Elle a fait deux beaux enfants.* → **accoucher,** ① **avoir, enfanter.** – (Animaux) Mettre bas. *La vache va faire son petit cette nuit.* → **vêler.** *Notre chienne a fait six petits.* – Évacuer (les déchets de l'organisme). *Faire pipi, caca* : uriner, déféquer. Sans compl. *Il a fait au lit.* **4·** Produire. *Le bébé fait ses dents,* les dents du bébé poussent, et aussi : le bébé exerce ses dents (en mordant). *Le rosier fait des boutons.* – (Choses) *Ce savon fait beaucoup de mousse.* → **dégager, émettre. 5·** Se fournir en, prendre (qqch.). *Arrêtons-nous à cette station-service pour faire de l'essence.* → s'**approvisionner.** *Faire des provisions.* → se **ravitailler. 6·** Obtenir, gagner. *Faire des bénéfices. Il fait beaucoup d'argent avec son commerce.* **7·** Fournir, produire (qqch.) par l'industrie, la culture, le commerce. *Cet agriculteur ne fait que du blé.* → **cultiver.** *Nous ne faisons plus cet article.* → **distribuer, vendre. 8·** Fam. Voler, dépouiller de. *On m'a fait mon blouson.* **9·** (Choses). Constituer (quant à la quantité, la forme, la qualité). *Deux et deux font quatre.* → **égaler, équivaloir.** *Ces couleurs font un ensemble harmonieux.* → **former.** *Cela ne fait pas assez,* il n'y en a pas assez (→ Avoir). – Loc. fam. *Ça commence à bien faire !,* ça suffit, c'est trop à supporter. **10·** Loc. (où *faire* peut signifier *être*) *Faire l'affaire* : convenir. *Faire autorité* (en la matière).* – Prov. *L'habit ne fait pas le moine,* on ne doit pas juger qqn sur son apparence. *Une hirondelle ne fait pas le printemps,* un fait isolé, un seul exemple, n'autorise pas de conclusion générale. – (Personnes) *Il fait un bon mari. Il ferait un mauvais gestionnaire.* **II·** Réaliser (une manière d'être), être le sujet de, la cause de. **1·** Effectuer (un mouvement). *Faire un pas, un bond, un plongeon* (correspond à un verbe : *avancer, bondir, plonger*). *Faire des signes, des grimaces.* – Fam. *Faire la tête, la gueule,* bouder. – *Faire mine de..., faire semblant de..., faire comme si,* se donner l'apparence, feindre de. **2·** Effectuer (une opération, un travail). *Faire un calcul, des recherches.* → **exécuter, opérer.** *C'est moi qui ai fait tout le boulot.* → fam. se **farcir,** se **taper.** *Faire le ménage, la cuisine. Un homme à tout faire. Avoir beaucoup à faire,* être très occupé. *Je ne sais pas quoi faire,* je m'ennuie. *Il ne sait que faire de ses dix doigts,* il est oisif. – Loc. *Ce n'est ni fait ni à faire,* c'est très mal fait. **3·** Exercer (une activité suivie). *Faire un métier. « Que fait-il (dans la vie) ? – Il est plombier. » Elle fait des (ses) études de droit ; elle fait du droit, son droit.* → **étudier.** *Nous faisons du tennis et de la voile.* → **pratiquer.** *Il a fait de la prison.* **4·** Accomplir, exécuter (une action). *Faire une bonne, une mauvaise action.* → **commettre.** *Faire des reproches, des compliments à qqn. Toi, tu as encore fait une bêtise. Faire des efforts. Faire (tout) ce qu'on peut.* – Loc. *C'est plus facile à dire qu'à faire. C'est bien fait, bien fait pour toi,* c'est mérité, tu as mérité ce qui t'arrive. – À l'infinitif. *Que faire ?,* quelle solution adopter ? *Il n'y a plus rien à faire,* la situation est désespérée. *Rien à faire,* non, n'insistez pas. **5·** Intransitivement. → **agir.** *Il a bien fait. Faites comme chez vous.* – Loc. *Pour bien faire, il faudrait vérifier.* – Fam. *Il faut faire avec,* s'en accommoder, s'en contenter. **6·** Avec un verbe à l'infinitif. ***Faire bien de, faire mieux de.*** *Vous feriez bien de partir avant la nuit,* vous devriez partir avant la nuit. *Vous feriez mieux de partir,* vous auriez avantage à partir. – ***Avoir mieux à faire que de.*** *J'ai mieux à faire que d'écouter vos plaintes.* – ***Ne faire que.*** *Il ne fait que dormir,* il dort sans arrêt. *Il ne fait qu'arriver,* il vient tout juste d'arriver. *Je ne fais que passer,* je vais repartir tout de suite. **7·** ***Faire tant et si bien que.*** *Il fit tant et si bien qu'il tomba.* **8·** ***Faire*** *(qqch.)* ***pour*** *(qqn),* l'aider, lui rendre service. *Qu'est-ce que je peux faire pour vous ?* **9·** Exécuter (une prescription). *Il a fait son devoir de citoyen.* → **s'acquitter.** *Faire l'aumône, la manche.* **10·** Être la cause de, l'agent de. *Faire du bruit. Attention, tu vas faire des dégâts ! Faites-moi plaisir. Ne lui fais pas de mal.* → ② **causer, déterminer, occasionner, provoquer.** **11·** Avoir pour conséquence. *Qu'est-ce que cela fait ? Cela, ça ne fait rien,* c'est sans importance. *Ne faire ni chaud ni froid à qqn :* ne rien lui faire. *Faire de l'effet à qqn.* – ***Faire que*** (suivi d'une complétive). *Sa négligence a fait qu'il a perdu beaucoup de temps.* Pop. *Ça fait que,* c'est pour cela que. **12·** Parcourir un trajet, une distance. *J'ai fait au moins dix kilomètres à pied. Nous avons fait en moyenne du cent kilomètres à l'heure* ou *du cent à l'heure.* – Franchir. *Faire le mur,* passer par-dessus pour sortir. – Fam. Parcourir, visiter. *Nous ferons l'Égypte à Noël. Ce représentant ne fait que la province.* → **assurer, couvrir, prospecter.** **13·** Durer, quant à l'usage. *Ce manteau m'a fait cinq ans.* **14·** Exprimer. – (Par la parole) *« Oh ! » fit-il. « Entrez ! » nous fit-elle en ouvrant la porte.* → **crier, demander, dire,** s'**exclamer, répondre.** – (Par le geste) *Il fit « non » de la tête. Il nous fit « venez » de la main.* **15·** Présenter (un aspect physique, matériel). *Ce tissu fait des plis.* → **former.** *La route fait un coude.* → **dessiner.** *« Journal » fait « journaux » au pluriel.* → **devenir.** – Avoir pour mesure, pour valeur. *Ce mur fait trois mètres de haut.* → **mesurer.** *Ce réservoir fait cinquante litres.* → **contenir.** *Ça fait mille euros.* → **coûter.** – Impers. *Ça fait deux heures que je t'attends,* je t'attends depuis deux heures. → **voilà.** Fam. *Ça fait un bail, une paye,* ça fait longtemps. **16·** Subir. *Il a fait une dépression.* – Fam. *Elle fait de la fièvre, de la température.* **III·** Déterminer (qqn, qqch.) dans sa manière d'être. **1·** Arranger, disposer (qqch.). *Il a fait les lits, la chambre. Elle a fait sa valise pour partir.* **2·** Donner la qualité de. *On l'a fait chevalier de la Légion d'honneur.* → **désigner, élire, nommer.** – ***Faire*** *qqn* (+ adj.). *Il les a faits riches,* il les a rendus riches. Loc. *Faire place nette, faire table rase.* **3·** ***Faire... de*** *(qqn, qqch.). « Que ferez-vous de votre fils ? – Nous en ferons un avocat. » Elle est influençable, on en fait ce qu'on veut.* – (Choses) *Il a fait tout un drame, toute une histoire de ce détail sans importance.* Fam. *Il en a fait tout un plat, tout un fromage*.* **4·** ***N'avoir que faire de.*** *Il n'a que faire de toutes ces cravates,* il n'a aucun besoin de toutes ces cravates. *Je n'ai que faire de votre opinion,* je m'en passe. **5·** Disposer de, mettre dans un endroit. *Qu'est-ce que j'ai bien pu faire de mes lunettes ?,* où les ai-je mises ? **6·** Représenter (qqn, qqch.), tenir le rôle de. *Il fait Harpagon dans « l'Avare » de Molière.* → **jouer.** Pop. Exercer le métier de. *Il veut faire ingénieur.* – Simuler. *Elle fait l'enfant,* des caprices. *Cesse de faire l'imbécile !* **REM.** Le possessif exprime une attitude habituelle. *Ne fais pas ta sainte-nitouche, ta mijaurée.* – (Choses ; *faire* et compl. sans article) Servir aussi de, faire office de. *Ce canapé fait lit. La cuisine fait aussi salle à manger.* **7·** Paraître. *Elle fait vieux, elle fait vieille pour son âge. Il fait chic ce foulard. Ça fait bien.* **IV·** (Suivi d'un verbe à l'infinitif) *J'ai fait tomber mes clés. Faites-le taire. La peur le fit crier. Faites-le renoncer à ses projets. Faites écrire la lettre par le secrétaire.*

Faites-lui écrire la lettre. Faites-le écrire. Faites la lui écrire. – **REM.** Le participe passé est invariable. *Cette soie, je l'ai fait venir de Pékin. La robe qu'elle a fait faire. J'ai fait partir les enfants en vacances. Je les ai fait partir.* – (Avec un pronominal, en supprimant le pronom personnel) *Faire asseoir qqn* (pour *faire s'asseoir*). *Faites-le asseoir.* **V·** ***Faire*** avec un sujet impersonnel, suivi d'un nom sans article, d'un adv. Exprime un état (→ Être). *Il fait jour, nuit. Il fait lourd, frais. Il fait bon, il fait beau, mauvais. Il fait bon vivre ici. Il fait soleil. Il fait trente degrés à l'ombre.* – Par anal. Fam. *Il fait faim, soif,* on a faim, soif. **VI·** ***Se faire.*** **1·** Pron. Se former. *Mes chaussures finiront bien par se faire,* par s'adapter aux pieds. *Un fromage, un vin qui se fait.* → se **bonifier. 2·** ***Se faire*** (+ adj.). Pron. Commencer à être, devenir. *Elle se fait vieille,* elle vieillit sensiblement. *Vous vous faites rares,* on ne vous voit plus souvent. *La galanterie se fait rare de nos jours.* – Impers. *Il se fait tard,* il commence à être tard. **3·** Pron. Devenir volontairement. *Il veut se faire prêtre,* il veut devenir prêtre. – **REM.** Avec *se faire beau, belle,* locution verbale, le participe passé est invariable. *Il s'est fait beau. Elles se sont fait belles.* – Se rendre. *Il s'est fait, elle s'est faite sévère, aimable.* **4·** ***Se faire à*** : s'accoutumer, s'habituer à. – Pron. *Elle ne s'est pas faite à sa nouvelle vie. Je ne peux pas m'y faire.* – *Se faire à qqn.* – Fam. *Se le (la) faire,* supporter qqn. *Il est gentil mais il faut se le faire.* → se **farcir. 5·** Se procurer. *Tu t'es fait des amis ici ? Il se fait cinq mille euros* (de revenus) *par mois.* → **gagner. 6·** Former en soi, se donner. *Se faire une idée,* concevoir. *Tu te fais des idées, des illusions.* – *Se faire du souci, de la bile, du mauvais sang.* Fam. *S'en faire. Ne vous en faites pas, vous aurez sûrement des nouvelles bientôt. Il ne s'en fait pas, celui-là,* il ne manque pas de culot*. **7·** Récipr. *Elles n'arrêtent pas de se faire des blagues. Ils se sont fait leurs adieux.* **8·** Pron. pass. Être fait. *Voilà ce qui se fait de mieux dans le genre.* – Être pratiqué couramment. *Cela se faisait autrefois.* – Être à la mode. *Les bottes se font beaucoup cet hiver.* – (À la forme négative) *Ne parlez pas la bouche pleine, cela ne se fait pas,* ce n'est pas correct, poli. **9·** Être, arriver (pron. pass. impers.) *Comment se fait-il que tu sois en retard ?,* comment est-ce possible ? *Comment ça se fait ?* **VII·** Pass. **1·** ***Être fait pour,*** destiné à. *Cet outil est fait pour découper,* est conçu, étudié pour. *Cette vie n'est pas faite pour elle,* ne lui est pas adaptée. *Ils ne sont pas faits l'un pour l'autre.* – Fam. *Le paillasson n'est pas fait pour les chiens,* vous devriez l'utiliser. **2·** Littér. ***C'en est fait de...,*** c'est fini de... *C'en est fait de la vie facile. C'en est fait de moi,* je suis perdu. ▶ **faire-part** [fɛʀpaʀ] n. m. invar. Lettre imprimée qui annonce une nouvelle ayant trait à la vie civile. *Faire-part de mariage ; de décès* (bordé de noir). ▶ **faire-valoir** n. m. invar. Comparse, personnage secondaire qui met en valeur le personnage principal. → aussi **repoussoir.** ▷ **affaire, affaires, bienfaisant, bienfait, contrefaire, défaire,** sur ces **entrefaites, fainéant, faisable, faiseur, ① fait, ② fait, fait-tout, ① imparfait, ② imparfait, infaisable, insatisfait, malfaisant, malfaiteur, méfait, parfaire, parfait, refaire, satisfaire, savoir-faire, stupéfait, surfait**

fair-play [fɛʀplɛ] adj. invar. Qui accepte loyalement les règles d'un jeu, d'un sport, des affaires. *Elles ont été fair-play,* elles ont joué franc jeu avec nous.

faisable [fəzabl] adj. Qui peut être fait. *La chose est faisable.* → **possible, réalisable.** / contr. infaisable / ▶ **faisabilité** [fəzabilite] n. f. En économie. Caractère de ce qui est faisable. – Possibilité de réussite (d'un projet, d'une entreprise). *Étude de faisabilité d'un projet.*

faisan, ane [fəzɑ̃, an] n. Oiseau gallinacé, à plumage coloré, à longue queue, et dont la chair est estimée. *La chasse au faisan. Faisans d'élevage.* – Adj. *Poule faisane.* ▶ **faisander** [fəzɑ̃de] v. tr. < conjug. 1 > Soumettre (le gibier) à un commencement de décomposition, pour lui faire acquérir du fumet. ▶ **faisandé, ée** adj. *Viande faisandée,* qui commence à se décomposer.

faisceau [fɛso] n. m. **1·** Assemblage parallèle de choses semblables, de forme allongée. *Balai fait d'un faisceau de brindilles. Faisceau musculaire,* de fibres musculaires. – *Mettre les fusils en faisceau,* les former en pyramide en les appuyant les uns contre les autres. – *Faisceau des licteurs,* dans la Rome antique, symbole du pouvoir de l'État. **2·** *Faisceau lumineux,* rayonnement lumineux. *Un lièvre apparut dans le faisceau des phares. Faisceau électronique, hertzien. Des faisceaux.* **3·** Ensemble de choses (abstraites) rassemblées. *Un faisceau de preuves, d'arguments.*

faiseur, euse [fəzœʀ, øz] n. **1·** Souvent péj. ***Faiseur, euse de*** : personne qui fait habituellement. *Faiseur de vers. Faiseuse de mariages. Un faiseur d'embarras.* **2·** *Le bon faiseur,* le bon tailleur. **3·** N. m. Celui qui cherche à se faire valoir par des vantardises, des mensonges. → **hâbleur, poseur.**

faisselle [fɛsɛl] n. f. Récipient percé de trous dans lequel on fait égoutter le fromage frais.

① **fait, faite** [fɛ, fɛt] p. p. et adj. **1·** Qui présente tel ou tel aspect. *Il est bien fait, mal fait de sa personne.* → **bâti.** *Une femme bien faite.* **2·** Qui est arrivé à son plein développement. *Un homme fait.* → **mûr.** – Arrivé à un certain point de maturation nécessaire à la consommation. *Un fromage fait, bien fait.* → à **point,** à **cœur. 3·** Fabriqué, composé, exécuté. *Un travail mal fait, ni fait ni à faire.* ***Tout fait*** : tout prêt. *Idées toutes faites,* préjugés. – ***Fait main.*** *Une broderie fait main. Un sac fait main,* de production artisanale. **4·** Qui est fardé. *Des yeux faits.* – Verni. *Ongles faits.* **5·** (Personnes) Fam. *Être fait,* pris. *Être fait comme un rat. Nous sommes faits.*

2 **fait** [fɛ] n. m. **I· 1·** ***Le fait de*** : action de faire. → **acte, action.** *Le fait de parler. Pour fait de rébellion. Il est coutumier du fait,* de cette action. *La générosité n'est pas son fait,* n'est pas dans ses habitudes. – *Prendre qqn* ***sur le fait*** : le surprendre au moment où il agit. → flagrant **délit.** – Au plur. *Les* ***faits et gestes*** *de qqn* : ses activités. → **us.** **2·** Action mémorable, remarquable. → **exploit.** *Fait d'armes, de guerre ; hauts faits.* **3·** ***Voie de fait*** : coup, violence. **4·** ***Prendre fait et cause*** *pour qqn* : sa défense, son parti. **II· 1·** Ce qui est arrivé, ce qui a eu lieu. → **affaire, événement.** *C'est un fait courant. Déroulement des faits. Mettre qqn devant le fait accompli,* l'obliger à accepter une chose sur laquelle il n'y a plus à revenir. – ***Le fait que.*** *Le fait que vous soyez malade ne vous excuse pas.* – ***Du fait de*** : par suite de. – ***Du fait que.*** → **puisque.** *Du seul fait que,* pour cette seule raison que. **2·** ***Faits divers*** : nouvelles peu importantes d'un journal. → **chiens** écrasés. – Au sing. *Un fait divers.* **3·** Ce qui existe réellement (opposé à l'idée, au rêve, etc.). → **réalité, réel ; factuel.** *S'incliner devant les faits. Juger sur les faits, d'après les faits. C'est un fait,* c'est certain, sûr, vrai. *Il n'est pas venu, c'est un fait* (fam. [fɛt]). – ***Le fait est*** *que vous avez raison* : je dois l'admettre. – Loc. adv. ***Par le fait, de fait*** (fam. [fɛt]) : en réalité. → **effectivement, réellement.** ***En fait,*** vraiment. – ***Tout à fait.*** → **tout à fait. 4·** Cas, sujet particulier dont il est question. *Être sûr de son fait. Aller au fait ; (en) venir au fait,* à l'essentiel. Ellipt. *Au fait ! Être au fait de,* au courant de. – ***Au fait*** (fam. [fɛt] ; en tête de phrase) : à propos. – ***En fait de*** : en ce qui concerne, en matière de. *En fait de cadeaux, il n'a pas été gâté !*

faîte [fɛt] n. m. La partie la plus haute de qqch. d'élevé. → **cime, haut, sommet.** *Le faîte d'un arbre, d'une montagne.* ▶ **faîtage** n. m. Toiture. ▶ **faîtière** [fɛtjɛʀ] n. f. et adj. f. Élément supérieur d'une toiture (tuile, poutre). – Adj. *La poutre faîtière est encore bonne.*

faites Forme du verbe *faire.* – Fém. plur. de 1 *fait.*

fait-tout n. m. invar. ou **faitout** [fɛtu] n. m. Instrument de cuisine, récipient à deux poignées et à couvercle, qui va au feu. *Des fait-tout, des faitouts.*

faix [fɛ] n. m. invar. Littér. Lourd fardeau. *Il ploie sous le faix des années.* → **poids.** ▷ s'**affaisser**

fakir [fakiʀ] n. m. **1·** Ascète hindou qui vit d'aumônes. **2·** Professionnel du spectacle présentant des numéros d'insensibilité à la douleur, de transmission de pensée, etc. *Des fakirs.*

falaise [falɛz] n. f. Escarpement rocheux créé par l'érosion marine.

falbalas [falbala] n. m. pl. Ornements excessifs, grande toilette.

fallacieux, euse [falasjø, øz] adj. Littér. Trompeur. *Promesses fallacieuses. Arguments fallacieux.* → **spécieux.**

1 **falloir** [falwaʀ] v. impers. < conjug. 29 > **I· 1·** ***Il faut.*** *Qu'est ce qu'il vous faut ?,* que désirez-vous ? *Il lui faut qqn pour l'aider.* **2·** ***Il faut*** (+ infinitif). *Il faut (il faudrait) l'avertir tout de suite.* **3·** ***Il faut que*** (+ subjonctif). *Il faut (il faudra) que je vous voie, c'est indispensable.* – *Il faut, il a fallu qu'il vienne en ce moment !,* il est venu comme par une fatalité. ≠ faillir. **4·** ***Il le faut*** (*le* remplaçant l'infinitif ou la propos.). *Vous irez le voir, il le faut.* **5·** Ce qui est juste, à propos. *Il a l'art de ne dire que ce qu'il faut.* – ***Comme il faut.*** *Se conduire, s'exprimer comme il faut,* convenablement. – Adj. invar. Fam. *Des gens très comme il faut.* **II·** ***Il faut*** (+ infinitif), ***il faut que*** (+ subjonctif) : il est nécessaire, selon la logique du raisonnement. *Dire des choses pareilles ! Il faut avoir perdu l'esprit ! Encore faut-il que ce soit possible.*

2 **s'en falloir** v. impers. < conjug. 29 > ***Il s'en faut de*** : il manque. *Il s'en est fallu de peu que je parte.* – ***Tant s'en faut.*** *Il n'est pas sot, tant s'en faut,* il est loin d'être sot. *Il est perdu ou peu s'en faut.* → **presque.** – *Peu s'en faut, s'en fallait (que...).* – (Critiqué) *Loin s'en faut* : il s'en faut de beaucoup.

1 **falot** [falo] n. m. Grande lanterne. → **fanal.**

2 **falot, ote** [falo, ɔt] adj. Sans personnalité. *Personnage falot.* / contr. brillant /

falsifier [falsifje] v. tr. < conjug. 7 > Altérer volontairement dans le dessein de tromper. *Falsifier un vin. Falsifier une date sur un acte, un document.* → **maquiller, truquer.** *Falsifier la pensée de qqn,* en la rapportant inexactement. → **dénaturer, fausser.** ▶ **falsifiable** adj. Qui peut être falsifié. *Un billet difficilement falsifiable.* ▶ **falsificateur, trice** n. Personne qui falsifie. ▶ **falsification** n. f. Action de falsifier.

falzar [falzaʀ] n. m. Fam. Pantalon.

mal **famé, ée** [fame] adj. (Lieu) Qui a mauvaise réputation. *Maison, rue mal famée.*

famélique [famelik] adj. Littér. Qui ne mange pas à sa faim, est maigre. *Des chats faméliques.* → **étique.**

fameux, euse [famø, øz] adj. **1·** Qui a une grande réputation. → **célèbre, renommé.** *Région fameuse par* (ou *pour*) *ses crus.* **2·** Iron. Dont on a beaucoup parlé. *C'était le fameux jour où nous nous sommes disputés.* **3·** (Avant le nom) Remarquable. *Une fameuse canaille.* → **beau, rude, sacré.** *Il a attrapé un fameux coup de soleil.* **4·** (Après le nom) Très bon. → **excellent.** *Un vin fameux. Ce devoir n'est pas fameux.* ▶ **fameusement** adv. Fam. Très. → **rudement.** *C'est fameusement bon.*

familial, ale, aux [familjal, o] adj. Relatif à la famille. *Vie, réunion familiale.* – *Allocations familiales,* aide financière de l'État aux personnes qui ont des enfants. ▶ **familier, ière** n. m. et adj. **I·** N. m. (pas de fém.) **1·** Personne qui est considérée comme un membre de la famille. → **ami.** *Les familiers du prince.* **2·** Personne qui fréquente assidûment un lieu. *Les familiers d'un club.* → **habitué.** **II·** Adj. **1·** Qui est bien connu ; dont on a l'expérience habituelle. *Vivre au milieu d'objets familiers. Voix familière. Le mensonge lui est familier.* **2·** Qui montre dans ses rapports avec ses semblables, ses subordonnés, une simplicité qui les met à l'aise / contr. distant / ou avec ses supérieurs, une simplicité trop désinvolte. → ③ **cavalier.** *Un inconnu trop familier. Manières familières.* **3·** *Mot familier,* qu'on emploie dans la conversation courante et par écrit, mais qu'on évite dans les relations avec des supérieurs, les relations officielles et les ouvrages sérieux. *« Godasse » est un mot familier.* ▶ **familièrement** adv. D'une manière familière (II, 2). → **simplement.** *Ils causaient familièrement.* ▶ **familiariser** v. tr. < conjug. 1 > **I·** Rendre familier (avec qqch.). → **accoutumer, habituer.** **II·** *Se familiariser* v. pron. **1·** Devenir familier avec qqn, avec les gens. → s'**apprivoiser.** *Enfant, oiseau qui se familiarise.* **2·** *Se familiariser avec qqch.,* se rendre familier par l'habitude, la pratique. *Se familiariser avec une langue étrangère, avec le danger.* ▶ **familiarité** n. f. **1·** Relations familières, comme celles qu'entretiennent les membres d'une même famille les uns avec les autres. → **intimité.** **2·** Manière familière de se comporter à l'égard de qqn. → **bonhomie, liberté.** / contr. réserve / **3·** Au plur. *Des familiarités :* façons trop libres, inconvenantes. → **liberté, privautés.** *Se permettre des familiarités avec qqn.*

famille [famij] n. f. **I·** **1·** (Sens restreint) Le père, la mère et les enfants. *Fonder une famille,* avoir un, des enfants. *Chef de famille. La vie de famille. Famille dispersée par l'émigration, brisée par un divorce. Famille recomposée. Famille monoparentale.* – *Des familles :* à l'usage des familles. *Un petit bridge des familles,* sans prétention. **2·** Les enfants d'un couple, d'un parent. *Père, mère de famille. Une famille de trois enfants. Vivre en bon père de famille,* sagement. **3·** L'ensemble des personnes liées entre elles par le mariage et par la filiation ou, exceptionnellement, par l'adoption. *Nom de famille.* → **patronyme.** *Famille naturelle et belle-famille d'un époux. La famille de qqn, sa famille. Être en famille,* réunis entre gens de la même famille. *Réunion de famille.* → **familial.** **4·** *Famille étendue, patriarcale,* ensemble des descendants et des collatéraux d'un *chef de famille,* vivant dans la même maison. **5·** Succession des individus qui descendent les uns des autres, de génération en génération. *La famille des Habsbourg.* → **descendance, lignée, postérité.** *Fils de famille,* qui profite de la situation privilégiée de ses parents (→ péj. Fils à papa). *Un air de famille,* une ressemblance. **II·** Abstrait. **1·** (Avec un adj., un déterminatif) Personnes ayant des caractères communs. *Une famille d'esprits. Famille littéraire.* **2·** L'une des grandes divisions employées dans la classification des animaux et des végétaux, qui regroupe des genres. *La famille des rosacées.* **3·** *Famille de mots,* groupe de mots provenant d'une même origine. → **étymologie.** ▷ **belle-famille, familial, familier**

famine [famin] n. f. Manque d'aliments par lequel une population souffre de la faim. → **disette.** *Les famines du Sahel.* – *Salaire de famine,* qui ne donne pas de quoi vivre. → **misère.**

fan [fan] n. et adj. Fam. **1·** N. Fanatique (2), admirateur enthousiaste (de qqn). *Ses fans l'attendaient à l'entrée des artistes.* **2·** Adj. Par ext. *Il est fan de musique. Je ne suis pas fan des brocolis,* je ne les apprécie pas beaucoup. ▶ **fan-club** [fanklœb] n. m. Association d'admirateurs (d'une vedette, d'un groupe). *Des fan-clubs.* ▶ **fana** adj. Fam. Fanatique (2), amateur passionné (de qqn ou de qqch.). → **fou.** *Elles sont fanas de moto.* – N. *Des fanas de moto.*

fanal, aux [fanal, o] n. m. Grosse lanterne devant servir de signal, souvent fixée sur un véhicule (→ **feu**).

fanatique [fanatik] adj. et n. **1·** Animé envers une religion, une doctrine, une personne, d'une foi absolue et d'un zèle aveugle. *Partisan fanatique.* – N. *Les excès des fanatiques.* → **exalté.** ≠ frénétique. **2·** Qui a une passion, une admiration excessive pour qqn ou qqch. → **fan, fana, passionné.** *Il est fanatique de musique.* → **fou.** – N. *Un fanatique du football.* → fam. **fana.** ▶ **fanatiquement** adv. ▶ **fanatiser** v. tr. < conjug. 1 > Rendre fanatique. ▶ **fanatisme** n. m. **1·** Comportement de fanatique (1). *Fanatisme religieux.* → **intolérance.** ≠ fatalisme. **2·** Enthousiasme de fanatique (2).

fandango [fɑ̃dɑ̃go] n. m. Nom d'une danse espagnole, accompagnée aux castagnettes. *Des fandangos.*

fane [fan] n. f. Surtout plur. Tiges et feuilles (de certaines plantes potagères). *Des fanes de carottes. – Soupe de fanes de radis.*

1 **faner** [fane] v. tr. < conjug. 1 > **1·** Faire perdre à (une plante) sa fraîcheur. → **flétrir, sécher.** *Le soleil fane les pétales.* **2·** *Se faner* v. pron. réfl. : (plante, fleur) qui sèche et meurt, en perdant sa couleur, sa consistance. → se **flétrir.** ▶ **fané, ée** adj. **1·** (Plante, fleur) Qui s'est fané. *Un bouquet fané.* **2·** Qui est défraîchi, flétri. *Un visage fané.* → **flétri.** – *Couleur fanée,* passée, très douce. / contr. vif /

2 **faner** v. tr. < conjug. 1 > Retourner (un végétal fauché) pour le faire sécher. *Faner de la luzerne. Machine à faner,* à faire les foins. ▶ **faneur, euse** n. Personne qui fane.

fanfare [fɑ̃faʀ] n. f. **1·** Air vif et rythmé, dans le mode majeur, généralement exécuté par des cuivres. *Sonner la fanfare.* **2·** Fam. *Réveil en fanfare,* réveil brutal. **3·** Orchestre de cuivres, musiciens de cet orchestre. *La fanfare municipale.* → **orphéon.**

fanfaron, onne [fɑ̃faʀɔ̃, ɔn] adj. et n. Qui se vante avec exagération d'exploits réels ou imaginaires. *Il est fanfaron. – Attitude fanfaronne en face du danger.* – N. *Faire le fanfaron.* → **bravache, fier-à-bras, matamore.** ▶ **fanfaronnade** n. f. Propos, acte de fanfaron. → **rodomontade, vantardise.** ▶ **fanfaronner** v. intr. < conjug. 1 > Faire des fanfaronnades.

fanfreluche [fɑ̃fʀəlyʃ] n. f. Souvent péj. Ornement léger (nœud, dentelle, volant, pompon) du vêtement ou de l'ameublement. *Il y a trop de fanfreluches sur cette robe.*

fange [fɑ̃ʒ] n. f. Littér. Boue liquide et sale. – Loc. fig. *On l'a traîné dans la fange,* on l'a souillé par des accusations ignobles. ▶ **fangeux, euse** adj. Plein de fange. *Mare fangeuse.*

fanion [fanjɔ̃] n. m. Petit drapeau. *Fanion d'un régiment, d'un club.*

fanon [fanɔ̃] n. m. **1·** Repli de la peau qui pend sous le cou de certains animaux. *Fanon de taureau, de dindon.* **2·** Chacune des lames cornées qui garnissent la bouche de certains cétacés. *La baleine retient avec ses fanons le krill dont elle se nourrit.*

fantaisie [fɑ̃tezi] n. f. **1·** Imagination créatrice. *L'artiste a donné libre cours à sa fantaisie. – De fantaisie* : se dit de produits qui ne cherchent pas à être pris au sérieux. *Bijoux de fantaisie.* – En appos. invar. *Des boutons fantaisie.* **2·** *(Une, des fantaisies)* Œuvre d'art dans laquelle l'imagination s'est donné libre cours. *Fantaisie en ut mineur pour piano de Mozart.* **3·** Désir, goût passager qui ne correspond pas à un besoin véritable. → **caprice, désir, envie.** *Il lui a pris la fantaisie de repartir aussitôt.* → **lubie.** **4·** Tendance à agir en dehors des règles par caprice et selon son humeur. → **gré, guise.** *Il n'en fait qu'à sa fantaisie.* **5·** *(La fantaisie)* Originalité amusante, imagination dans les initiatives. *Elle est pleine de fantaisie, elle a beaucoup de fantaisie. Vie, existence qui manque de fantaisie,* monotone, terne. ▶ **fantaisiste** adj. et n. **1·** Qui agit à sa guise, au mépris de ce qu'il faut faire ; qui n'est pas sérieux. → **amateur, dilettante, fantasque, farfelu.** *Cet élève est un peu fantaisiste.* N. *C'est un fantaisiste.* – (Choses) *Remède fantaisiste. Interprétation fantaisiste.* **2·** N. Artiste de music-hall, de cabaret qui chante, imite, raconte des histoires.

fantasmagorie [fɑ̃tasmagɔʀi] n. f. Spectacle fantastique, surnaturel. ▶ **fantasmagorique** adj. Qui tient de la fantasmagorie. *Une apparition fantasmagorique,* féerique, irréelle.

fantasme ou **phantasme** [fɑ̃tasm] n. m. Idée, imagination suggérée par l'inconscient. → **rêve.** *Il a des fantasmes de richesse.* ▶ **fantasmatique** adj. Relatif aux fantasmes. → **imaginaire.** ▶ **fantasmer** v. intr. < conjug. 1 > Se laisser aller à des fantasmes, prendre ses désirs pour la réalité. *Tu fantasmes !* → **rêver.**

fantasque [fɑ̃task] adj. Dont on ne peut prévoir le comportement. → **bizarre, capricieux, changeant, lunatique.**

fantassin [fɑ̃tasɛ̃] n. m. Soldat d'infanterie.

fantastique [fɑ̃tastik] adj. et n. m. **1·** Qui est créé par l'imagination, ou semble tel. → **fabuleux, surnaturel.** *Créature fantastique. Conte fantastique.* **2·** (Intensif) Extravagant. → **formidable, sensationnel.** *Une réussite fantastique. C'est fantastique !* **3·** N. m. *Le fantastique,* ce qui est fantastique, irréel ; le genre fantastique dans l'art. ▶ **fantastiquement** adv. D'une manière fantastique (2). → **fabuleusement.**

fantoche [fɑ̃tɔʃ] n. m. **1·** Vx. Marionnette manipulée par des fils. → **pantin, polichinelle.** **2·** Mod. Abstrait. Personne sans consistance ni volonté, qui est souvent l'instrument des autres et qui ne mérite pas d'être prise au sérieux. *Cet homme n'est qu'un fantoche.* → homme de **paille.** – En appos. *Des gouvernements fantoches.*

fantôme [fɑ̃tom] n. m. **1·** Apparition surnaturelle d'une personne morte. → **esprit, revenant, spectre.** *Maison hantée par les fantômes.* **2·** Personnage ou chose qui hante l'esprit. *Les fantômes du passé.* **3·** En appos. Qui apparaît et disparaît comme un fantôme. *Le vaisseau fantôme.* – Qui n'a pas de réalité. *Un gouvernement fantôme.* ▶ **fantomatique** adj. REM. Pas d'accent sur le *o*. Semblable à une apparition, à un fantôme.

fanzine [fɑ̃zin] n. m. Petite revue (maga*zine*) spécialisée (bande dessinée, science-fiction, cinéma) rédigée par des amateurs.

faon [fɑ̃] n. m. Petit du cerf, du daim ou du chevreuil. *Une biche et son faon.*

far [faʀ] n. m. Sorte de flan, le plus souvent aux pruneaux. – REM. On dit souvent **far breton.** ≠ fard, fart, phare.

faramineux, euse [faʀaminø, øz] adj. Fam. Fantastique. → **étonnant, extraordinaire, prodigieux.** *Des prix faramineux,* exagérément élevés.

farandole [faʀɑ̃dɔl] n. f. **1·** Danse rythmée, exécutée par une file de danseurs se tenant par la main. **2·** Cette file de danseurs. – Fam. *Une farandole de desserts.*

1 **farce** [faʀs] n. f. Hachis d'aliments (viande ou autres) servant à farcir. ▶ **farcir** v. tr. < conjug. 2 > **1·** Remplir de farce. *Farcir une volaille.* **2·** Péj. Remplir, garnir abondamment de. → **bourrer.** *Farcir un écrit de citations.* → **truffer. 3·** Fam. *Se farcir qqch.,* faire jusqu'au dégoût. *Se farcir tout le travail.* – Avoir, consommer. *Se farcir un bon repas.* – (Choses, personnes) *Il faut se le farcir,* il faut le supporter. ▶ **farci, ie** adj. **1·** Rempli de farce. *Tomates farcies.* **2·** Péj. Rempli de. → **bourré, plein.** *J'ai la tête farcie de ses histoires. Il est farci de préjugés.*

2 **farce** n. f. **1·** Intermède, comédie où dominent les jeux de scène. *Les scènes de farce dans Molière.* – Fig. *La vie est une farce. Cela tourne à la farce,* devient ridicule. **2·** Tour plaisant qu'on joue à qqn. → **mystification,** 2 **niche.** *Élèves qui font des farces à leur professeur. Une bonne farce,* drôle, qui réussit. *Une mauvaise farce,* qui nuit ou déplaît à la personne qui en est victime. **3·** Objet vendu dans le commerce, servant à faire une farce. *Farces et attrapes.* ▶ **farceur, euse** n. Personne qui ne parle pas sérieusement, qui plaisante et raconte des histoires pour mystifier. → **blagueur, plaisantin.** *Sacré farceur !* – Adj. *Elle est très farceuse.*

fard [faʀ] n. m. **1·** Produit qu'on applique sur le visage pour en changer l'aspect naturel. → **maquillage.** ≠ far, fart, phare. *Elle ne met pas de fard.* **2·** *Sans fard :* sans artifice. *Un discours sans fard.* **3·** Fam. (Personnes) *Piquer un fard,* rougir. ▶ **farder** v. tr. < conjug. 1 > **1·** Mettre du fard à. → **maquiller.** *Farder un acteur.* → **grimer.** – *Se farder* v. pron. réfl. *Cette jeune fille se farde trop, s'est trop fardée.* **2·** Littér. Déguiser la véritable nature de (qqch.) sous un revêtement trompeur. → **embellir.** *Farder sa pensée.*

farde [faʀd] n. f. En Belgique. Chemise, dossier ; liasse de copies.

fardeau [faʀdo] n. m. **1·** Chose pesante qu'il faut lever ou transporter. → **charge.** *Porter un fardeau sur ses épaules. Des fardeaux.* **2·** Chose pénible qu'il faut supporter. *Le fardeau de l'existence.*

farfadet [faʀfadɛ] n. m. Esprit malicieux, lutin familier d'une grâce vive et légère.

farfelu, ue [faʀfəly] adj. Fam. Un peu fou, bizarre. *Il est farfelu. Une idée farfelue,* cocasse.

farfouiller [faʀfuje] v. intr. < conjug. 1 > Fam. Fouiller en bouleversant tout. → **fourgonner, fureter, trifouiller.** *Il farfouille dans mes affaires.*

faribole [faʀibɔl] n. f. Propos vain et frivole. → **baliverne, bêtise.** *Dire des fariboles.*

farigoule [faʀigul] n. f. En Provence. Thym.

farine [faʀin] n. f. **1·** Poudre obtenue par la mouture de grains de céréales. *Farine de blé, de maïs, de riz. Farine lactée,* pour les bouillies des bébés. – Absolt. Farine de froment. *Acheter de la farine pour faire un gâteau.* – Loc. littér. *Des gens de même farine,* qui ne valent pas mieux l'un que l'autre. – *Se faire rouler dans la farine,* se faire tromper. **2·** Poudre résultant du broyage de certaines denrées (poisson, soja). ▶ **fariner** v. tr. < conjug. 1 > Saupoudrer, enrober de farine. *Fariner un moule à tarte.* ▶ **farineux, euse** adj. et n. m. **1·** Qui contient de la farine et par ext. de la fécule. *Légume farineux.* – N. m. → **féculent.** *Les haricots, les pommes de terre sont des farineux.* **2·** Qui donne en bouche l'impression de la farine. *Pomme farineuse.* ▷ **enfariné**

farlouche [faʀluʃ] ou **ferlouche** [fɛʀluʃ] n. f. Au Canada. Mélange de raisins secs et de mélasse pour garnir une tarte.

farniente [faʀnjɑ̃t ; faʀnjɛnte] n. m. Douce oisiveté. *Aimer le farniente.*

farouche [faʀuʃ] adj. **1·** Qui n'est pas apprivoisé et s'effarouche facilement. → **sauvage.** *Ces moineaux ne sont pas farouches.* / contr. familier / **2·** (Personnes) Qui redoute par tempérament le contact avec d'autres personnes. → **insociable, misanthrope, sauvage.** *Un enfant farouche.* → **timide.** – *Elle n'est pas farouche,* elle ne repousse pas les hommes. **3·** D'une rudesse sauvage. *C'est mon adversaire le plus farouche.* → **acharné.** *Opposer une farouche résistance.* → **tenace, violent.** ▶ **farouchement** adv. D'une manière farouche (3). → **violemment.** *Il s'y est farouchement opposé.* ▷ **effaroucher**

farsi [faʀsi] n. m. Langue officielle de l'Iran → **persan,** parlée aussi en Afghanistan.

fart [faʀ(t)] n. m. Cire dont on enduit la semelle des skis pour les empêcher de coller à la neige. ≠ far, fard, phare. ▶ **farter** v. tr. < conjug. 1 > Enduire de fart.

Far West [faʀwɛst] n. m. invar. Les territoires de l'Ouest des États-Unis, au moment de leur conquête. *Film sur le Far West.* → **western.** – Fig. Territoire vierge, activité inorganisée ; milieu sans lois ni règles morales. *C'est le far west, la jungle !*

fascicule [fasikyl] n. m. Ensemble de feuilles, formant une partie d'un ouvrage publié par fragments. *Chaque fascicule compte trente-deux pages.* – Petit cahier imprimé. *Ce manuel est accompagné d'un fascicule d'exercices.*

fasciner [fasine] v. tr. < conjug. 1 > **1·** Maîtriser, immobiliser par la seule puissance du regard. → **hypnotiser. 2·** Éblouir par la beauté, l'ascendant, le prestige. → **captiver, charmer, séduire.** *Il a fasciné l'assistance. Se laisser fasciner par des promesses.* ▶ **fascinant, ante** adj. Qui fascine (2), charme. *Projet fascinant.* ▶ **fascination** [fasinɑsjɔ̃] n. f. **1·** Action de fasciner. *Le pouvoir de fascination de l'or.* **2·** Vive influence, irrésistible séduction. → **charme, envoûtement.** *La fascination de l'aventure.*

fascisme [fas(ʃ)ism] n. m. **1·** Doctrine, système politique nationaliste et totalitaire que Mussolini établit en Italie en 1922. **2·** Toute doctrine tendant à instaurer dans un État une dictature du même type. ▶ **fasciste** n. et adj. **1·** Partisan du fascisme. – Adj. *Régime fasciste.* **2·** Personne autoritaire et violente, partisan de la manière forte. → fam. **facho.** – Adj. *Comportement fasciste. Idées fascistes.* ▶ **fascisant, ante** adj. Qui a des tendances fascistes. *Un nationaliste fascisant.* ▷ **antifasciste**

[1] **faste** [fast] n. m. Déploiement de magnificence. → **apparat, luxe, pompe.** *Le faste d'une cérémonie.* ▶ **fastueux, euse** adj. Qui marque le faste. *Un fastueux décor.* → **riche, somptueux.** / contr. simple / ▶ **fastueusement** adv. *On l'a reçu fastueusement.*

[2] **faste** adj. *Jour faste,* heureux, favorable, de bon augure. *Il considère le vendredi comme un jour faste.* / contr. néfaste /

fast-food [fastfud] n. m. Anglic. **1·** Commerce de repas rapides, ou à emporter, standardisés. **2·** Établissement servant ce type de repas. *Il a l'habitude de déjeuner dans des fast-foods.*

fastidieux, euse [fastidjø, øz] adj. Qui rebute en provoquant l'ennui, la lassitude. → **assommant, ennuyeux, fatigant, insupportable.** *Une énumération fastidieuse. Il est fastidieux, avec ses histoires.* / contr. amusant, intéressant / ▶ **fastidieusement** adv.

fastoche [fastɔʃ] adj. Fam. → **facile.**

fat, fate [fa(t), fat] adj. et n. m. Vieilli. **1·** (Homme) Qui montre sa prétention de façon déplaisante et un peu ridicule. → **imbu, infatué, vaniteux ; fatuité.** *Il est un peu fat.* – N. m. *Quel fat !* / contr. modeste / **2·** Adj. Qui manifeste de la fatuité. *Un air fat, une attitude fate.* → **avantageux.** ▷ **fatuité, infatué**

fatal, ale, als [fatal] adj. **1·** Fixé, marqué par le destin. *Le moment, l'instant fatal,* décisif. **2·** Qui doit arriver nécessairement. → **inévitable, obligatoire.** « *Il a refusé ? – Oui, c'était fatal.* » → **écrit. 3·** Qui donne la mort. *Porter le coup fatal.* → **mortel. 4·** Qui entraîne inévitablement la ruine, qui a des effets désastreux. → **funeste.** *C'est une étourderie qui peut vous être fatale. Une femme fatale,* qui séduit et perd les hommes. *Beauté fatale.* ▶ **fatalement** adv. Inévitablement. ▶ **fatalisme** n. m. Doctrine ou attitude selon laquelle on ne peut modifier le cours des événements fixés par le destin. *Fatalisme religieux.* – *Il a pris son échec avec fatalisme,* sans s'émouvoir. ▶ **fataliste** n. et adj. Personne qui accepte les événements avec fatalisme. – Adj. *Il est devenu fataliste avec l'âge.* ▶ **fatalité** n. f. **1·** Caractère de ce qui est fatal (1, 2). *La fatalité de la mort.* **2·** Force surnaturelle par laquelle tout ce qui arrive (surtout ce qui est désagréable) est déterminé d'avance. → **destin, destinée.** *C'est la fatalité !* **3·** Source obscure d'actes inexplicables. *Une fatalité intérieure l'a poussé à ce crime.* **4·** Hasard malheureux (opposé à *chance*). → **malédiction.** *Par quelle fatalité est-il tombé si bas ?* ▶ **fatidique** adj. Qui marque une intervention du destin. *Jour fatidique.*

fatigue [fatig] n. f. Affaiblissement physique dû à un effort excessif ; sensation pénible qui l'accompagne. / contr. repos / *Légère fatigue* → **lassitude,** *grande fatigue* → **épuisement.** *Fatigue des jambes ; fatigue générale. Je tombe, je suis mort de fatigue. Fatigue nerveuse ; fatigue intellectuelle.* → **surmenage.** – *La fatigue, les fatigues du voyage,* causée(s) par le voyage. ▶ **fatigant, ante** adj. Ne pas confondre avec *fatiguant* p. présent de *fatiguer.* **1·** Qui cause de la fatigue physique ou intellectuelle. *Exercice, travail fatigant.* → **crevant, épuisant, pénible, rude.** *Journée fatigante.* / contr. reposant / **2·** Qui importune, lasse. → **assommant, ennuyeux, lassant.** *C'est fatigant de ne jamais trouver ce qu'on cherche. Il est fatigant, avec ses histoires.* ▶ **fatiguer** v. < conjug. 1 > Le p. présent est *fatiguant.* ≠ fatigant. **I·** V. tr. **1·** Causer de la fatigue à. *Lecture qui fatigue les yeux. Ce trajet les a fatigués.* → **épuiser, éreinter, exténuer, harasser, vanner.** *Les études le fatiguent.* / contr. reposer / **2·** Rebuter par l'ennui. *Vous n'arriverez à rien en le fatiguant de (par des) demandes réitérées.* → **importuner.** *Arrête ! Tu me fatigues.* **II·** V. intr. **1·** (Mécanisme) → **peiner.** *Le moteur fatigue dans la montée.* **2·** Subir des déformations à la suite d'un trop grand effort. → se **déformer, faiblir, plier.** *Poutre qui fatigue sous une trop forte poussée.* **III·** ***Se fatiguer*** v. pron. **1·** Se donner de la fatigue. *Se fatiguer en travaillant trop. Il ne s'est pas trop fatigué,* il n'a guère fait d'effort. – Fam. Faire des efforts inutiles. *Ne vous fatiguez pas* (à mentir), *je sais tout.* **2·** ***Se fatiguer de*** : se lasser de. *On se fatigue des meilleures choses ; de regarder la télévision.* ▶ **fatigué, ée** adj. **1·** Dont l'activité est diminuée par la fatigue. *Cœur fatigué. Personne fatiguée,* qui ressent de la fatigue. → **flapi, las, moulu, vanné.** **2·** Qui est marqué par la fatigue. *Figure fatiguée.* → **tiré.** *Un air fatigué.* **3·** Dérangé. *Avoir l'estomac, le foie fatigué.* **4·** Qui a beaucoup servi, a perdu son éclat. → **abîmé, déformé, défraîchi, usagé, usé.** *Souliers fatigués.* **5·** *Fatigué de,* las de. *Je suis fatigué d'attendre,* j'en ai assez. ▷ **infatigable**

fatras [fatʀa] n. m. invar. Ensemble confus de choses sans valeur, sans intérêt. *Un fatras de vieux papiers. Esprit encombré d'un fatras de connaissances mal assimilées.*

fatuité [fatɥite] n. f. Satisfaction de soi-même qui s'étale d'une manière déplaisante ou ridicule. → **prétention, suffisance ; fat.**

fatwa [fatwa] n. f. Didact. Dans l'islam. Consultation juridique sur un point de religion. *Prononcer des fatwas.* – Condamnation au nom de l'islam. *Lancer une fatwa.*

faubourg [fobuʀ] n. m. Partie d'une ville qui déborde son enceinte, ses limites ; quartiers périphériques. → **banlieue.** ▶ **faubourien, ienne** adj. Qui appartient aux faubourgs (de Paris). *Accent faubourien.*

① **faucher** [foʃe] v. tr. < conjug. 1 > **1·** Couper avec une faux, une faucheuse. *Faucher une prairie.* **2·** Faire tomber comme le fait une faux. → **abattre, coucher.** – Au passif et p. p. *Un cycliste fauché par un camion. Footballeur brutalement fauché par un adversaire.* ▶ **fauchage** n. m. Action de faucher (1). *Le fauchage d'un pré.* ▶ **faucheur, euse** n. Personne qui fauche. – Littér. ***La faucheuse*** : la mort en personne. → ② **faux.** ▶ **faucheuse** n. f. Machine agricole destinée à faucher. → **moissonneuse.** ▶ **faucheux** n. m. invar. Petit animal voisin de l'araignée, à quatre paires de pattes longues et fines.

② **faucher** v. tr. < conjug. 1 > Fam. Voler. → fam. **barboter, chiper, taxer.** *On m'a fauché mon portefeuille.* ▶ **fauche** n. f. **1·** Fam. Le fait d'être sans argent. *Plus un sou, c'est la fauche.* **2·** Fam. Action de faucher, vol. *Il y a de la fauche dans cette boutique.* ▶ **fauché, ée** adj. Fam. Sans argent. *Je suis (complètement) fauché.* – N. *Ce sont des fauchés.*

faucille [fosij] n. f. Instrument fait d'une lame d'acier en demi-cercle, fixée à une poignée de bois, dont on se sert pour couper l'herbe. → **faux, serpe.** – *La faucille et le marteau,* outils symbolisant les classes paysanne et ouvrière.

faucon [fokɔ̃] n. m. Oiseau rapace diurne au bec court et crochu. *Chasse au faucon,* avec un faucon apprivoisé et dressé. ▶ **fauconneau** n. m. Jeune faucon. *Des fauconneaux.* ▶ **fauconnerie** n. f. Art de dresser les oiseaux de proie. – Chasse pratiquée avec des oiseaux de proie.

① **faufiler** [fofile] v. tr. < conjug. 1 > Coudre à grands points pour maintenir provisoirement les parties d'un ouvrage. → **bâtir.** *Faufiler une manche avant de la coudre.* ▶ **faufilage** n. m.

② **se faufiler** v. pron. < conjug. 1 > Passer, se glisser adroitement à travers, sans être aperçu. → se **couler,** se **glisser.** *Un resquilleur qui se faufile entre les files d'attente.*

① **faune** [fon] n. m. Divinité champêtre, à l'image de Pan. *Les faunes sont représentés avec le corps velu, de longues oreilles pointues, des cornes et des pieds de chèvre.* → **satyre.**

② **faune** n. f. **1·** Ensemble des animaux (d'une région ou d'un milieu déterminés). *La faune et la flore des Alpes.* **2·** Péj. Ensemble de gens qui fréquentent un lieu et ont des mœurs particulières et pittoresques. *Quelle faune, dans ce bar !*

faussaire [fosɛʀ] n. Personne qui fait un faux (II, 2).

fausse Féminin de ① *faux.* ≠ fosse.

fausse couche [foskuʃ] n. f. Interruption accidentelle de la grossesse entraînant la mort du fœtus. ≠ avortement. *Des fausses couches.*

faussement [fosmɑ̃] adv. **1·** Contre la vérité. *Être faussement accusé de vol,* à tort. **2·** D'une manière fausse. *Interpréter faussement une phrase.* **3·** (Devant un adj.) D'une manière affectée, simulée. *Un ton faussement indifférent.*

fausser [fose] v. tr. < conjug. 1 > **1·** Rendre faux, déformer la vérité, l'exactitude de (une chose abstraite). → **altérer, dénaturer, falsifier.** *Erreur qui fausse les résultats d'un calcul.* **2·** Déformer (qqch.) ; faire perdre sa justesse, sa perfection à. *Fausser l'esprit de qqn,* faire qu'il ne raisonne plus sainement. *Ses lectures lui ont faussé le jugement.* / contr. redresser / **3·** Déformer (un instrument, un objet) par une pression excessive. *Fausser une clé.* → **tordre.** *Fausser une serrure.* → **forcer.** **4·** ***Fausser compagnie à qqn*** : le quitter brusquement ou sans prévenir.

fausset [fosɛ] n. m. ***Voix de fausset*** : voix de tête, suraiguë (mais non pas fausse).

fausseté [foste] n. f. **1·** Caractère d'un discours faux. *Démontrer la fausseté d'une accusation.* → **inexactitude.** / contr. justesse, véracité / **2·** Défaut du caractère qui consiste à dissimuler ses pensées véritables, à mentir. → **déloyauté, dissimulation, fourberie, hypocrisie.** / contr. franchise /

il faut → 1 **falloir.**

1 **faute** [fot] n. f. Manque (dans quelques expressions). ***Faute de*** loc. prép. : par manque de. *Le blessé est mort faute de soins.* PROV. *Faute de grives, on mange des merles,* on se contente de ce qu'on a. → à **défaut** de. – (+ infinitif) *Faute d'aimer, on dépérit.* – ***Sans faute*** : à coup sûr, sans faillir. *Venez demain, sans faute.* – ***Ne pas se faire faute de*** : ne pas manquer de. *Elle ne s'est pas fait faute d'en parler.*

2 **faute** n. f. **1·** Manquement à la règle morale, au devoir ; mauvaise action. → **méfait.** *Commettre une faute. Avouer sa faute.* Loc. prov. *Faute avouée est à moitié pardonnée.* – *Prendre, surprendre qqn en faute.* **2·** Manquement à une règle, à un principe (dans une discipline intellectuelle, un art). → **erreur.** *Faute professionnelle, faute grossière, faute bénigne. Faute d'étourderie, d'inattention,* commise par étourderie, par inattention. *Fautes de langage.* → **incorrection ; barbarisme.** *Faute d'orthographe, de syntaxe.* → **solécisme.** *Faute d'impression.* → **coquille.** – Sport. Erreur technique, manquement aux règles. *Le skieur a commis deux fautes dans le slalom. Elle a fait un parcours sans faute.* → **sans-faute.** **3·** Manière d'agir maladroite, fâcheuse, imprudente. → **erreur, maladresse.** *Ça a été une faute de ne rien répondre.* **4·** (Dans des expressions) Responsabilité d'une action. *C'est sa faute, c'est bien sa faute s'il lui est arrivé malheur. C'est la faute de son frère. Ce n'est vraiment pas sa faute s'il a si bien réussi,* il n'y est pour rien. – *C'est de sa faute* (même sens). *Tout est de ma faute !* – *C'est arrivé par la faute de son frère, par sa faute.* ▶ **fauter** v. intr. < conjug. 1 > Vx. Faire une faute morale. – (Jeune fille) Se laisser séduire. ▷ **fautif, sans-faute**

fauteuil [fotœj] n. m. **1·** Siège à dossier et à bras, pour une personne. *S'asseoir dans un fauteuil. Fauteuil club. Fauteuil roulant pour malade.* – Au théâtre. *Fauteuil d'orchestre.* **2·** Loc. fam. *Arriver dans un fauteuil,* arriver premier sans peine dans une compétition.

fauteur de troubles [fotœʀdətʀubl] n. m. Personne qui favorise, cherche à provoquer des troubles, de l'agitation. *Les fauteurs de troubles seront poursuivis.*

fautif, ive [fotif, iv] adj. **1·** Qui est en faute. → **coupable.** / contr. innocent / *Il se sentait fautif.* – N. *C'est lui le fautif dans cette affaire.* **2·** (Choses) Entaché de fautes, d'erreurs, de défauts. *Calcul fautif.* → **erroné.** / contr. correct, exact / ▶ **fautivement** adv.

1 **fauve** [fov] adj. et n. m. **1·** Se dit des grands mammifères féroces (félins). *Bêtes fauves.* → **féroce, sauvage.** – ***Un fauve*** n. m. : une bête fauve. *Les grands fauves sont les prédateurs de la brousse.* → **félin.** *Dompteur dans la cage d'un fauve.* **2·** Adj. D'un jaune tirant sur le roux. *Ton, couleur fauve. La fauvette a un plumage fauve. Des teintes fauves.*

2 **fauve** n. m. En histoire de la peinture. Artiste appartenant au *fauvisme* (vers 1900-1910), variété d'expressionnisme (ils employaient des couleurs très vives).

fauvette [fovɛt] n. f. Petit oiseau des buissons, à plumage fauve, au chant agréable.

1 **faux, fausse** [fo, fos] adj. et n. m. **I·** Adj. **1·** Qui n'est pas vrai, qui est contraire à la vérité (pensable, constatable). *Avoir des idées fausses sur une question.* → **erroné.** *C'est faux !* / contr. juste / *Fausse déclaration.* → **inexact, inventé, mensonger.** *Faux témoignage. Il est faux de dire, de croire que...* **2·** Qui n'est pas vraiment, réellement ce qu'il paraît être (le plus souvent avant le nom). / contr. vrai / *Fausse fenêtre. Fausses perles. Une fausse maigre,* femme qui est bien moins maigre qu'elle n'en a l'air. *Fabriquer de la fausse monnaie. Fausses cartes. Faux papiers. Un faux Vermeer.* – Abstrait. *De fausses raisons.* → **prétexte.** *Fausse douceur,* douceur simulée. – *Elle a un faux air de...,* une vague ressemblance avec (qqn). **3·** Qui n'est pas ce qu'on le nomme. (*Faux* s'emploie devant un grand nombre de noms de choses pour marquer une désignation impropre ou approximative.) *Faux acacia, fausse oronge, faux-filet, faux frais.* – Qui ne mérite pas son nom. *Un faux champion.* **4·** Qui n'est pas ce qu'il veut paraître (en trompant délibérément). → **imposteur.** *Faux prophète. C'est un faux frère.* – *Un faux jeton. Un homme faux,* qui trompe, qui dissimule. → **déloyal, fourbe, hypocrite, sournois.** / contr. franc, sincère / **5·** Qui n'est pas naturel à qqn, qui ne lui appartient pas naturellement. → **emprunté, postiche.** *Porter une fausse barbe.* **6·** Qui n'est pas justifié, fondé. *Éprouver une*

fausse joie à la suite d'une bonne nouvelle bientôt démentie. Une fausse alerte. Un faux problème, qui n'a pas lieu de se poser. **7·** Qui n'est pas comme il doit être (par rapport à ce qui est correct, normal). *Faire un faux pas, un faux mouvement. Être dans une situation fausse.* → **équivoque.** **8·** Qui marque un écart par rapport à ce qui est correct, juste, exact. *Opération, solution fausse. Réponse fausse.* – Fam. *Il, elle a eu faux à la première question :* il, elle n'a pas trouvé la bonne réponse. – Loc. fam. *Avoir tout faux,* s'être trompé en tout. *L'expert a eu tout faux.* **9·** (Esprit, facultés) Qui juge mal, ne peut atteindre la vérité. *Avoir le jugement faux, le goût faux, l'esprit faux.* **10·** Qui n'est pas dans le ton juste, qui pèche contre l'harmonie. *Ce piano est faux, il a besoin d'être accordé. Fausse note.* – Adv. *Chanter, jouer faux.* → **détonner.** / contr. juste / *Ses explications sonnent faux,* sont peu vraisemblables. **11·** ***À faux*** loc. adv. : hors d'aplomb. *Porter à faux,* se dit d'une pièce mal assise ou ne portant pas directement sur son point d'appui. → **porte-à-faux.** **II·** N. m. **1·** Ce qui est faux. *Discerner le vrai du faux.* **2·** Contrefaçon ou falsification d'un écrit, d'une œuvre d'art ou d'un objet de valeur. *Faire, commettre un faux. Ce Vermeer est un faux.* ▷ **faussaire, fausse couche, faussement, fausser, fausset, fausseté, faux-filet, faux-fuyant, faux-monnayeur, faux-semblant, faux-sens, porte-à-faux**

2 **faux** [fo] n. f. invar. Instrument formé d'une lame arquée fixée au bout d'un long manche, dont on se sert pour couper le fourrage, les céréales. – Instrument allégorique de la mort. → **faucheuse.** ▷ **faucille**

faux-filet [fofilɛ] n. m. Morceau de bœuf à rôtir, situé à côté du filet (le long de l'échine). *Des faux-filets.*

faux-fuyant [fofɥijɑ̃] n. m. Moyen détourné par lequel on évite de s'expliquer, de se prononcer, de se décider. *Pas de faux-fuyants, tu n'as aucune excuse !* → **échappatoire, prétexte.**

faux-monnayeur [fomɔnɛjœʀ] n. m. Personne qui fabrique de la fausse monnaie. *Des faux-monnayeurs.*

faux-semblant [fosɑ̃blɑ̃] n. m. Littér. Apparence trompeuse. *Des faux-semblants.* – Affectation de sentiments que l'on n'éprouve pas.

faux-sens [fosɑ̃s] n. m. invar. Faute de compréhension, de traduction commise sur le sens d'un mot. → **barbarisme, contresens.**

favela [favela] n. f. Bidonville (au Brésil). *Les favelas de Rio.*

1 **faveur** [favœʀ] n. f. **1·** Protection, appui dont bénéficie qqn de préférence aux autres. *Il doit la rapidité de sa carrière à la faveur d'un ministre.* – ***En faveur :*** qui a la faveur de qqn, du public. → en **vogue.** **2·** ***Une faveur :*** avantage dû à la préférence de qqn, au pouvoir qu'on a sur qqn. *Il la combla de faveurs.* → **bienfait.** Littér. (Euphémisme) *Elle lui accorde ses faveurs,* elle a des relations intimes avec lui. **3·** Bienfait, décision indulgente qui avantage qqn. *Solliciter une faveur. Faites-moi la faveur d'intervenir pour moi auprès de lui.* – ***De faveur :*** obtenu par faveur. *Un traitement de faveur.* **4·** ***En faveur de*** loc. prép. : en considération de. *Il a eu une remise de peine en faveur de sa conduite.* – Au profit, au bénéfice de. *Parler en faveur de qqn. Le jugement a été rendu en votre faveur.* **5·** ***À la faveur de*** loc. prép. : au moyen de, à l'aide de, en profitant de. *Il s'est enfui à la faveur de la nuit.* → **grâce à.** ▶ **favorable** adj. **1·** Qui est animé d'une disposition bienveillante, de bonnes intentions à l'égard de qqn. *Il a été favorable à mon projet.* / contr. hostile / **2·** Qui est à l'avantage de qqn ou de qqch., qui aide à l'accomplissement de qqch. → **bon.** *Cette plante a trouvé un terrain favorable pour se développer. Le moment était favorable pour lui parler.* → **propice.** ▶ **favorablement** adv. *Ma demande a été accueillie favorablement.* ▶ **favori, ite** adj. et n. **1·** Qui plaît particulièrement à qqn. *Balzac est son auteur favori.* – N. *C'est son favori.* → **préféré.** – *Mes lectures favorites.* **2·** Qui est considéré comme le gagnant probable. *Il est parti favori.* – N. *Les favoris et les outsiders.* **3·** Celui qui occupe la première place dans les bonnes grâces d'un roi, d'un grand personnage. – ***Favorite*** n. f. : maîtresse préférée d'un roi. *Madame de Pompadour, favorite de Louis XV.* ▶ **favoriser** v. tr. < conjug. 1 > **1·** Agir en faveur de → **aider, protéger, soutenir.** *L'examinateur a favorisé ce candidat.* → **avantager, privilégier.** **2·** (Choses) Être favorable à (qqn). – Au passif. *Des hommes favorisés par le talent.* **3·** Aider, contribuer au développement, au succès de (qqch.). *La faiblesse du pouvoir favorisa l'insurrection. L'obscurité a favorisé sa fuite.* → **faciliter.** ▶ **favorisant, ante** adj. Qui contribue à l'apparition, au développement (d'un phénomène, d'un processus). *Les facteurs favorisants d'une maladie.* ▶ **favoritisme** n. m. Attribution des situations par faveur et non selon la justice ou le mérite. → **népotisme.** ▷ **défaveur, défavorable, défavoriser**

2 **faveur** n. f. Ruban. *Paquet noué d'une faveur rose.*

favoris [favɔʀi] n. m. pl. Touffe de poils qu'un homme laisse pousser sur la joue devant chaque oreille. *Il porte des favoris.*

favouille [favuj] n. f. Région. Petit crabe de la Méditerranée. *Soupe de favouilles.*

fax [faks] n. m. invar. (Abrév. de *téléfax*) Anglic. **1·** Télécopie. **2·** Télécopieur. **3·** Document transmis par fax. *Recevoir des fax.* ▶ **faxer** v. tr. < conjug. 1 > Transmettre (un document) par fax, par télécopie.

1 **fayot** [fajo] n. m. Fam. Haricot sec. *Un gigot avec des fayots.*

2 **fayot, ote** n. et adj. Fam. (Personnes) Qui fait du zèle. *C'est une fayote. Ce qu'ils peuvent être fayots !* ▶ **fayoter** v. intr. < conjug. 1 > Fam. Faire du zèle.

fazenda [fazɛnda] n. f. Grande propriété terrienne, au Brésil. → **hacienda.** *Des fazendas de plus de mille hectares.*

féal, féaux [feal, o] n. m. Littér. Partisan, ami dévoué.

fébrifuge [febʀifyʒ] adj. et n. Qui fait baisser la température du corps, combat la fièvre. – N. *Le quinquina est un fébrifuge.*

fébrile [febʀil] adj. **1·** Qui a rapport à la fièvre. *État fébrile. Il est fébrile,* il a un peu de fièvre. → **fiévreux. 2·** Qui manifeste une agitation excessive. *Mouvements fébriles.* → **excité.** ▶ **fébrilement** adv. D'une manière fébrile (2). ▶ **fébrilité** n. f. État fébrile ; état d'excitation, d'agitation intense. → **excitation, fièvre, nervosité.** *Elle ouvrait les tiroirs les uns après les autres avec fébrilité.*

fécal, ale, aux [fekal, o] adj. Qui a rapport aux excréments humains. *Les matières fécales* (ou **fèces** [fɛs] n. f. pl.), les excréments.

fécond, onde [fekɔ̃, ɔ̃d] adj. **1·** Capable de se reproduire. / contr. stérile / *Les mulets ne sont pas féconds.* **2·** (Animaux) Qui produit beaucoup de petits. → **prolifique.** *Les lapins sont très féconds.* **3·** Qui produit beaucoup. *Un travail fécond.* → **fructueux.** *Idée féconde.* – *Écrivain fécond.* → **productif.** *Une imagination féconde.* → **fertile, riche.** ▶ **féconder** v. tr. < conjug. 1 > **1·** Transformer (un ovule, un œuf) en embryon, en fruit ou en graine. **2·** Rendre (une femelle) pleine. *Femelle fécondée par le mâle.* **3·** Rendre fertile, productif (la terre, le sol). → **fertiliser.** *La pluie a fécondé la savane.* ▶ **fécondation** n. f. Action de féconder (1, 2) ; résultat de cette action. *Fécondation artificielle.* → **F. I. V., insémination.** ▶ **fécondité** n. f. **1·** Faculté de se reproduire. *Période de fécondité.* / contr. stérilité / **2·** (Femme, femelle) Le fait de se reproduire fréquemment, d'avoir beaucoup d'enfants. **3·** Fertilité (d'un sol). **4·** Abstrait. *La fécondité de son imagination.* / contr. sécheresse / ▷ **infécond**

fécule [fekyl] n. f. Substance blanche et farineuse composée d'amidon, extraite des pommes de terre et d'autres tubercules comestibles. *Lier une sauce à la fécule.* ▶ **féculent, ente** adj. et n. m. Qui contient de la fécule. – N. m. *Les lentilles sont des féculents.*

fedayin [fedajin] n. m. Combattant palestinien qui mène une action de guérilla. → **moudjahid.** (Pluriel arabe ; sing. *fedaï*). *Les fedayins* ou *les fedayin.*

fédérer [fedeʀe] v. tr. < conjug. 6 > Réunir en une fédération. – *Se fédérer* v. pron. réfl. *Trois petits États se sont fédérés.* ▶ **fédération** n. f. **1·** Groupement, union de plusieurs États en un seul État fédéral, doté de compétences propres (justice, fiscalité) ou exclusives (armée, diplomatie). **2·** Association de plusieurs sociétés, syndicats, groupés sous une autorité commune. → **association, union.** *Fédération sportive.* ▶ **fédéral, ale, aux** adj. **1·** Se dit d'un État composé de collectivités politiques autonomes (États fédérés). *Les États-Unis, l'Allemagne, la Suisse sont des États fédéraux.* – Qui appartient à un État fédéral. *Armée fédérale.* **2·** Relatif au gouvernement central, dans un État fédéral. *Le gouvernement fédéral du Canada et le gouvernement du Québec, de l'Ontario.* – N. m. *Les fédéraux,* les Nordistes pendant la guerre de Sécession ; les agents du gouvernement fédéral aux États-Unis. **3·** Relatif à une fédération de sociétés, etc. *Union fédérale de syndicats.* ▶ **fédéralisme** n. m. Système politique d'un État fédéral, régissant les rapports entre gouvernement central et gouvernements locaux. ▶ **fédéraliste** adj. et n. Du fédéralisme. ▶ **fédéré, ée** adj. et n. m. **1·** Adj. Qui fait partie d'une fédération ; est membre d'un État fédéral. *Les cantons fédérés de Suisse.* **2·** N. m. Soldat insurgé de la Commune de Paris, en 1871 ; communard. ▷ **confédérer**

fée [fe] n. f. **1·** Créature imaginaire de forme féminine à laquelle la légende attribue un pouvoir surnaturel et une influence sur la destinée des humains. *Bonne fée. Fée Carabosse* (méchante fée). → **sorcière.** *Conte de fées.* **2·** Loc. *Avoir des doigts de fée, travailler comme une fée,* être d'une adresse qui semble surnaturelle. *La fée du logis,* celle qui s'occupe admirablement de la maison, du foyer. *C'est un vrai conte de fées,* une aventure, une histoire si belle qu'elle est incroyable. ▶ **féerie** [fe(e)ʀi] n. f. Spectacle splendide, merveilleux. ▶ **féerique** [fe(e)ʀik] adj. **1·** Qui appartient au monde des fées. **2·** D'une beauté irréelle. *Vision féerique.*

feed-back [fidbak] n. m. Anglic. Réaction, action en retour.

feeling [filiŋ] n. m. Anglic. Intuition qui permet de bien saisir les événements, la situation.

feignant, ante [fɛɲɑ̃, ɑ̃t] n. et adj. Fam. Fainéant.

feindre [fɛ̃dʀ] v. tr. < conjug. 52 > **1·** Simuler (un sentiment, une qualité que l'on n'a pas). → **affecter.** *Feindre l'étonnement, la joie.* – Au p. p. adj. *Une émotion feinte.* → **factice. 2·** *Feindre de :* faire semblant de. *Il feignait de ne rien comprendre aux allusions.* **3·** Intransitivement. Littér. Cacher à autrui ce qu'on sent, ce qu'on pense, en déguisant ses sentiments. → **mentir.** *Inutile de feindre.* ▶ **feinte** n. f. **1·** Vieilli. Action de feindre. → **ruse, tromperie.** *Parler sans feinte,* franchement, ouvertement. → sans **fard. 2·** Coup, mouvement simulé par lequel on trompe l'adversaire. *Boxeur qui fait une feinte.* **3·** Fam. Attrape, piège. ▶ **feinter** v. tr. < conjug. 1 > Fam. Tromper (qqn) par une feinte. → **avoir, posséder, rouler, tromper.** *Il a été plus malin que moi, j'ai été bien feinté.*

feldspath [fɛldspat] n. m. Minéral à structure en lamelles, à éclat vitreux.

fêler [fele] v. tr. < conjug. 1 > Fendre (un objet cassant) sans que les parties se séparent. → **briser, rompre.** – Pronominalement. *La glace s'est fêlée* (→ **fêlure**). ▶ **fêlé, ée** adj. **1·** Qui est fêlé, présente une fêlure. *Une assiette fêlée et ébréchée.* **2·** *Voix fêlée,* cassée, au timbre peu clair. **3·** Fam. *Être fêlé,* être un peu fou. – N. *Une bande de fêlés.* ▷ **fêlure**

félibre [felibʀ] n. Écrivain, poète de langue d'oc (surtout provençal), faisant partie du *Félibrige.*

félicité [felisite] n. f. **1·** Littér. Bonheur calme et durable. → **béatitude. 2·** Littér. Au plur. Joies, plaisirs.

féliciter [felisite] v. tr. < conjug. 1 > **1·** Assurer (qqn) de la part qu'on prend à ce qui lui arrive d'heureux. → **congratuler.** *Féliciter la jeune maman.* **2·** Complimenter (qqn) sur sa conduite. → **applaudir, approuver.** *Il m'a félicitée d'avoir été si prudente.* / contr. blâmer / *Je ne vous félicite pas pour cette initiative.* **3·** *Se féliciter* v. pron. : s'estimer heureux, content. → se **réjouir.** *Je me félicite de ton succès.* / contr. déplorer / – S'approuver soi-même. *Je me félicite de mon choix, d'avoir choisi cela.* / contr. se reprocher / ▶ **félicitations** n. f. pl. **1·** Compliments que l'on adresse à qqn pour lui témoigner la part que l'on prend à ce qui lui arrive d'heureux. → **congratulation.** / contr. condoléances / *Faire, adresser des félicitations. Toutes mes félicitations.* **2·** Chaleureuse approbation. → **éloge.** *Recevoir les félicitations du jury.* / contr. blâme /

félin, ine [felɛ̃, in] n. et adj. **1·** N. m. *Un félin :* un carnassier du type chat. *Les grands félins* (tigres, lions, panthères...). → **fauve. 2·** Adj. Qui a les mouvements doux, souples et gracieux du chat. *Une grâce féline.*

fellag(h)a [fe(ɛl)laga] n. m. Nom donné par les Français aux combattants partisans de l'Algérie indépendante (1954-1962). *Des fellaghas.* → **moudjahid.**

fellah [fe(ɛl)la] n. m. Paysan égyptien. *Des fellahs.*

fellation [fe(ɛl)lɑsjɔ̃] n. f. Acte sexuel consistant en des caresses buccales du sexe masculin.

félon, onne [felɔ̃, ɔn] adj. Pendant la féodalité. Qui agit contre la parole donnée. *Un vassal félon.* – N. Littér. → **traître.** ▶ **félonie** n. f. Trahison.

felouque [fəluk] n. f. Petit bateau de la Méditerranée ou du Nil, à voile ou à rames.

fêlure [felyʀ] n. f. Fente d'une chose fêlée. → **fissure.** *Fêlure d'une assiette.*

femelle [fəmɛl] n. f. et adj. **I·** N. f. **1·** Animal du sexe qui reproduit l'espèce en étant fécondé par le mâle. *La chèvre est la femelle du bouc.* **2·** Injurieux. Femme. **II·** Adj. **1·** (Animaux et plantes) *Une souris femelle, un hareng femelle. Palmier femelle. Un démon femelle,* une femme mauvaise. **2·** Se dit de pièces destinées à en recevoir une autre, appelée « mâle ». *Prise femelle.*

féminin, ine [feminɛ̃, in] adj. **1·** Qui est propre à la femme. *Sexe féminin. Charme féminin.* / contr. masculin, viril / **2·** Qui a de la féminité (2). *Il a un beau visage, des traits un peu féminins. Elle est très féminine.* **3·** Qui concerne les femmes ; est composé de femmes ; est destiné aux femmes. *Main-d'œuvre féminine. Journaux féminins.* **4·** (Quand il y a deux genres) Qui appartient au genre marqué (opposé à *masculin*). « *Sentinelle* » *est un nom féminin.* – N. m. *Accord du féminin.* **5·** *Rime féminine,* terminée par un e muet. ▶ **féminiser** v. tr. < conjug. 1 > **1·** Donner le caractère, l'aspect féminin à. **2·** *Féminiser une profession, une organisation,* augmenter la proportion de femmes qui en font partie. – *Se féminiser. Cette profession s'est fortement féminisée.* ▶ **féminisation** n. f. **1·** Action de féminiser (2). *La féminisation du monde politique.* **2·** Action de créer une forme féminine pour un nom de métier masculin. *La féminisation d'« écrivain » en « écrivaine ».* ▶ **féminisme** n. m. Doctrine qui lutte en faveur de droits égaux entre l'homme et la femme. ▶ **féministe** adj. Qui a rapport au féminisme. *Mouvement féministe.* – N. Partisan du féminisme. *Un, une féministe.* ▶ **féminité** n. f. **1·** Sexe féminin. **2·** Ensemble des caractères (charme, douceur, délicatesse...) correspondant à une image sociale de la femme qu'on oppose à une image sociale de l'homme. / contr. virilité /

femme [fam] n. f. **I·** Être humain du sexe qui met au monde les enfants. **1·** *Une femme :* un être humain adulte de sexe féminin. → **fille, fillette,** jeune **fille.** *Les hommes, les femmes et les enfants. Une belle, une jolie femme. Une maîtresse femme,* qui sait se faire obéir. *Cette femme est professeur, c'est un professeur ; un professeur femme. Femme médecin,* doctoresse (ou docteur). **2·** *La femme* (collect.) : l'être humain du sexe féminin. *La psychologie de la femme. Émancipation de la femme.* – (En attribut) *Elle est femme, très femme,* elle a de la féminité. / contr. mâle / **3·** Jeune fille nubile ou qui n'est plus vierge. *À présent, tu es une femme.* **4·** ***Jeune femme*** *:* femme (mariée ou supposée telle) qui est jeune. **5·** Fam. → **bonne femme. II·** Épouse. *Jeanne est la femme de Philippe. C'est sa femme. Sa première femme, sa seconde femme.* Vx. *Prendre femme,* se marier. – *Prendre pour femme :* épouser. **III·** Loc. ***Femme d'affaires*** *:* femme cadre ou chef d'entreprise privée. – ***Femme de chambre*** *:* employée attachée au service intérieur d'une maison, d'un hôtel. → **servante, soubrette.** – ***Femme de ménage*** *:* femme qui vient faire le ménage dans une maison et qui est généralement payée à l'heure. – ***Femme de service*** *:* employée d'une collectivité, chargée du nettoyage. – ***Femme objet*** *:* femme considérée par l'homme (les hommes) comme un objet et non comme une personne, un sujet. ▶ **femmelette** [famlɛt] n. f. Homme sans force, craintif. *Il tremble, c'est une vraie femmelette.* ▷ **bonne femme, sage-femme**

fémur [femyʀ] n. m. Os long qui constitue le squelette de la cuisse. ▶ **fémoral, ale, aux** adj. Du fémur. *L'artère fémorale.*

fenaison [fənɛzɔ̃] n. f. Coupe et récolte des foins.

fendant [fɑ̃dɑ̃] n. m. Variété de chasselas cultivée en Suisse. – Vin blanc issu de ce raisin. *Un décilitre de fendant du Valais.*

fendiller [fɑ̃dije] v. tr. < conjug. 1 > Provoquer de petites fentes superficielles à (qqch.). – Pronominalement. *Peau qui se fendille sous l'effet du froid.* → se **crevasser,** se **gercer.** *La peinture se fendille.* → **craqueler.**

fendre [fɑ̃dʀ] v. tr. < conjug. 41 > **I· 1·** Diviser (un corps solide), le plus souvent dans le sens de la longueur. *Fendre du bois avec une hache.* → **couper.** *Il gèle à pierre fendre,* très fort. *Elle s'est fendu la lèvre en tombant.* → **ouvrir.** – Loc. Fam. *Se fendre la pipe,* rire aux éclats. **2·** Abstrait. *Fendre le cœur, l'âme,* faire éprouver un vif sentiment de chagrin, de pitié. → **briser, déchirer.** *Ce spectacle me fend le cœur. Des cris à fendre l'âme.* **3·** S'ouvrir un chemin à travers. *Le navire fend les flots. Fendre la foule pour se frayer un passage.* **II·** *Se fendre* v. pron. **1·** S'ouvrir, se couvrir de fentes. *Un vieux mur qui se fend.* → se **crevasser,** se **lézarder.** **2·** Abstrait. Se briser. *Son cœur se fend.* **3·** Escrime. Porter vivement une jambe loin en avant pour toucher l'adversaire. **4·** Fam. *Se fendre de,* se décider à offrir, à payer. *Il s'est fendu d'une bouteille.* – Absolt. *Il ne s'est pas fendu :* ça ne lui a pas coûté cher. ▶ **fendu, ue** adj. **1·** Coupé. *Du bois fendu.* **2·** Qui présente une fente. *Robe fendue jusqu'à la taille.* – Qui présente une entaille. *Crâne fendu.* **3·** Qui présente une fêlure. *Assiette fendue de part en part.* **4·** Ouvert en longueur, comme une fente. *Bouche fendue jusqu'aux oreilles.* ▷ **fendant, fendiller, fente, pourfendre**

fenêtre [f(ə)nɛtʀ] n. f. **1·** Ouverture faite dans un mur pour laisser pénétrer l'air et la lumière. → **baie, porte-fenêtre.** *Cette fenêtre donne sur la cour. Fenêtres sur cour. Ouvrir, fermer une fenêtre. Se mettre à la fenêtre. Regarder par la fenêtre. Se jeter par la fenêtre.* → **défenestrer.** – Loc. *Jeter son argent par les fenêtres,* le dépenser inconsidérément. **2·** Partie rectangulaire (d'un écran d'ordinateur) dans laquelle peuvent apparaître des informations. *Ouvrir une fenêtre.* ▷ **porte-fenêtre**

fenil [fəni(l)] n. m. Grenier à foin. → **grange.**

fennec [fenɛk] n. m. Mammifère d'Afrique ayant l'aspect d'un petit renard.

fenouil [fənuj] n. m. Plante herbacée à goût anisé utilisée comme légume ou comme épice. *Rougets au fenouil.*

fente [fɑ̃t] n. f. **1·** Fissure à la surface d'un solide. *Il y a une fente dans le mur.* → **fissure, lézarde.** *Reboucher une fente.* **2·** Ouverture étroite et allongée, accidentelle ou fabriquée. → **interstice.** *Mettre son œil aux fentes d'une palissade. Fente d'une boîte à lettres.*

féodal, ale, aux [feɔdal, o] adj. Qui appartient à un fief, à l'ordre politique et social fondé sur l'institution du fief. *Dans la société féodale, le vassal devait fidélité à son suzerain. Certains pays ont conservé une économie féodale.* ▶ **féodalisme** n. m. Caractère des institutions, coutumes... de la féodalité. ▶ **féodalité** n. f. Forme d'organisation politique et sociale du Moyen Âge, caractérisée par l'existence de fiefs.

fer [fɛʀ] n. m. **I· 1·** Métal blanc grisâtre, très commun (symb. : Fe). *L'aimant attire le fer. L'acier, la fonte contiennent du fer. Le fer rouille. Fer battu.* Prov. *Il faut battre le fer quand il est chaud,* mener l'entreprise à son terme. *Fer forgé. Fil de fer. Rideau de fer. Chemin de fer.* – *Croire dur comme fer à qqch.,* en être absolument convaincu. – *Âge du fer,* période qui succède à l'âge du bronze (vers l'an 1000 av. J.-C.). **2·** Abstrait. *De fer.* → **fort, résistant, robuste, rude.** *Avoir une santé de fer. Avoir une main, une poigne de fer. Une* *main* de fer dans un gant de velours.* – *Avoir une volonté de fer.* → **inflexible.** **II·** Objet, instrument en fer, en acier. **1·** Partie en fer, partie métallique d'un instrument, d'une arme. *Le fer d'une lance, d'une flèche. En fer de lance,* pointu. – Abstrait. *Le fer de lance* (d'une organisation), l'avant-garde. **2·** Instrument en fer servant à donner une forme, à marquer d'un signe. – ***Fer à repasser,*** et absolt, ***fer*** : instrument en métal, à base plane, muni d'une poignée, qui une fois chaud sert à repasser le linge. *Fer à vapeur. Coup de fer,* repassage rapide. – Loc. *Avoir deux, plusieurs fers au feu,* deux, plusieurs affaires en train. – ***Fer à souder*** : instrument servant à faire fondre de la soudure. – ***Fer rouge*** : tige de fer que l'on porte au rouge. *Le marquage des bœufs au fer rouge.* **3·** Épée, fleuret. *Croiser le fer,* se battre à l'épée, livrer un duel. – Loc. *Retourner le fer dans la plaie,* insister sur un fait qui est cause de déplaisir pour l'interlocuteur. **4·** ***Fer à cheval*** ou ***fer*** : pièce de fer qui sert à garnir les sabots des chevaux. – Sa forme. *Escalier en fer à cheval.* **5·** ***Les fers*** n. m. pl. : barre de fer servant à enchaîner un prisonnier. *Mettre un prisonnier aux fers. Être dans les fers.* → **captif.** ▶ **fer-blanc** n. m. Tôle de fer recouverte d'une couche d'étain pour la protéger de la rouille. *Boîte en fer-blanc.* ▶ **ferblantier, ière** n. Fabricant(e), commerçant(e) d'objets en fer-blanc. ▷ **brise-fer, chemin de fer, déferrer, s'enferrer, ferraille, ferrailler, 1 ferré, 2 ferré, ferrer, ferreux, ferritine, ferro-, ferronnerie, ferroutage, ferroviaire, ferrugineux, ferrure, maréchal-ferrant**

féra [feʀa] n. f. Poisson des lacs suisses, de la famille des saumons.

-fère Élément de mots savants, signifiant « qui porte ».

féria [feʀja] n. f. En Espagne et dans le sud de la France. Fête comportant des réjouissances publiques et des courses de taureaux. *La féria de Séville, de Nîmes.*

férié, ée [feʀje] adj. Se dit d'un jour où il y a cessation de travail pour la célébration d'une fête religieuse ou civile. *Les dimanches sont des jours fériés.* / contr. ouvrable / *Ne pas travailler entre deux jours fériés.* → faire le **pont.**

férir [feʀiʀ] v. tr. Uniquement à l'infinitif, dans ***Sans coup férir*** : sans rencontrer la moindre résistance.

ferler [fɛʀle] v. tr. < conjug. 1 > Serrer (une voile) pli par pli contre un espar.

ferlouche [fɛʀluʃ] n. f. → **farlouche.**

fermage [fɛʀmaʒ] n. m. Loyer d'une ferme 2. ≠ métayage. *Recevoir des fermages.*

1 **ferme** [fɛʀm] adj. et adv. **I·** Adj. **1·** Qui n'est ni mou, ni dur, mais entre les deux. → **compact, consistant.** / contr. mou / *Les chairs fermes et souples des personnes jeunes.* / contr. flasque / *Sol ferme,* où l'on n'enfonce pas. *La terre ferme* (opposé à *la mer*). **2·** Qui n'hésite pas, qui a de l'assurance. → **assuré, décidé.** *Marcher d'un pas ferme. Écriture ferme.* – ***De pied ferme*** : résolument, sans frémir. – *Il attend la critique de pied ferme,* sans crainte, avec l'intention d'y répondre. **3·** Qui ne se laisse pas influencer, qui montre une calme autorité. → **déterminé, inflexible.** *Soyez ferme avec vos élèves, dans vos résolutions. Avoir la ferme intention de faire qqch.* **4·** (Règlements, conventions) Qui ne change pas. *Prix ferme et définitif.* **II·** Adv. **1·** Avec force, vigueur. → **dur, fort.** *Poussez ferme ! Discuter ferme,* avec ardeur. **2·** Beaucoup. *Je me suis ennuyé ferme.* ▶ **fermement** [fɛʀməmɑ̃] adv. **1·** D'une manière ferme. *Tenir fermement un objet dans ses mains.* **2·** Avec fermeté, conviction. *Croire fermement qqch.* ▶ **fermeté** n. f. **1·** État de ce qui est ferme, consistant. → **consistance, dureté.** *Fermeté des chairs.* **2·** État de ce qui est assuré, décidé. *Fermeté de la main.* → **sûreté, vigueur.** – En peinture, etc. *Fermeté d'exécution. Fermeté du style.* **3·** Qualité d'une personne que rien n'ébranle. → **détermination, résolution, sang-froid.** *Résister avec fermeté. Une grande fermeté de caractère.* **4·** Qualité d'une personne qui a de l'autorité sans brutalité. → **autorité, poigne.** / contr. mollesse / ▷ **affermir, raffermir**

2 **ferme** [fɛʀm] n. f. **I·** Exploitation agricole louée à des exploitants qui doivent une redevance au propriétaire. – Ce louage (À FERME). ≠ métayage. **II· 1·** Exploitation agricole. → **domaine.** *Les grandes fermes de la Beauce. Une grande ferme brésilienne* → **fazenda,** *mexicaine* → **hacienda.** *Une ferme exploitée par son propriétaire.* **2·** Bâtiments de l'exploitation agricole ; maison de paysans. *Les troupeaux rentrent le soir à la ferme. Acheter une petite ferme pour en faire sa résidence secondaire.* ▶ **fermette** n. f. Ancienne petite ferme servant de maison de campagne. ▷ **fermage, fermier**

ferment [fɛʀmɑ̃] n. m. **1·** Substance qui en fait fermenter une autre. → **levain, levure.** *Ferment lactique et présure.* **2·** Élément qui suscite des bouleversements. *Ce nouvel impôt fut un ferment de révolte.* ▶ **fermenter** v. intr. < conjug. 1 > **1·** Être en fermentation. *Le raisin fermente dans la cuve.* **2·** Se dit des esprits qui s'agitent, des passions dangereuses qui s'échauffent. ≠ fomenter. ▶ **fermenté, ée** adj. Qui a subi une fermentation. *Fromage à pâte fermentée.* ▶ **fermentation** n. f. **1·** Transformation d'une substance organique, sous l'influence d'un ferment ou d'une bactérie.

Fermentation alcoolique, qui donne l'alcool à partir du sucre. **2·** Agitation fiévreuse (des esprits). → **effervescence.**

fermer [fɛʀme] v. < conjug. 1 > **I·** V. tr. **1·** Appliquer (une partie mobile) de manière à boucher un passage, une ouverture. *Fermer la porte. Fermer les rideaux.* **2·** Priver de communication avec l'extérieur, par la mise en place d'un élément mobile. → **clore.** / contr. ouvrir / *Fermer à clé une armoire, une valise. Fermer un magasin. Dépêchez-vous, on ferme !* **3·** Rapprocher, réunir (les parties d'un organe, les éléments d'un objet), de manière à ne pas laisser d'intervalle ou à replier vers l'intérieur. *Fermer la main, le poing. Fermer la bouche.* Fam. *Fermez-la ! La ferme !*, taisez-vous. – *Fermer une lettre.* → **cacheter.** *Fermez vos livres et vos cahiers ! Fermer son parapluie. Fermer son manteau.* **4·** Rendre infranchissable ; empêcher d'utiliser (un moyen d'accéder, d'avancer). *Fermer un chemin.* → **barrer, boucher, obstruer.** *L'aéroport est fermé. Fermer tout accès à un lieu.* **5·** Arrêter (un flux, un courant) par un mécanisme. *Fermer l'eau, l'électricité.* – *Fermer le robinet.* – Faire cesser de fonctionner. *Fermer la télévision.* → **éteindre. 6·** Rendre inaccessible. *Fermer une carrière à qqn. Fermer son cœur à la pitié.* **7·** Mettre une fin à. *Fermer une liste, une souscription.* → **arrêter, clore.** *Fermer la parenthèse. Le plus petit fermait la marche.* **II·** ***Se fermer*** v. pron. **1·** (Réfl.) *La porte s'est fermée toute seule.* – *Se fermer à,* refuser l'accès de. *Pays qui se ferme aux produits de l'étranger.* **2·** (Passif) *Robe qui se ferme dans le dos.* **III·** V. intr. **1·** Être, rester fermé. *Magasin qui ferme un jour par semaine.* **2·** Pouvoir être fermé (plus ou moins bien). *Cette porte ferme mal.* ▶ **fermé, ée** adj. **1·** Qui ne communique pas avec l'extérieur. *La Caspienne est une mer fermée.* – Qu'on a fermé. *Le magasin est fermé. La porte est fermée.* → **clos.** / contr. ouvert / **2·** Où l'on s'introduit très difficilement. *Club fermé.* **3·** *Courbe fermée,* qui limite une surface (ex. : *cercle, ellipse*). **4·** Peu expansif. *Il a l'air fermé. Visage fermé.* **5·** *Fermé à,* inaccessible, insensible à. *Il a l'esprit fermé aux mathématiques.* ▷ **enfermer, fermeture, fermoir, refermer, renfermer**

fermeture [fɛʀmətyʀ] n. f. **1·** Dispositif servant à fermer. *La serrure, le verrou sont des fermetures. La fermeture automatique d'une porte.* – ***Fermeture Éclair*** (marque déposée) : fermeture à glissière, double ruban dentelé dont les dents s'emboîtent ou se déboîtent grâce à un curseur. *Des fermetures éclair.* **2·** Action de fermer ; état de ce qui est fermé (local, etc.). *Heures de fermeture d'un magasin. Arriver après la fermeture.* / contr. ouverture /

fermier, ière [fɛʀmje, jɛʀ] n. **I· 1·** Personne qui exploite un domaine agricole *à ferme.* → [2] **ferme.** ≠ métayer, propriétaire. **2·** Toute personne, propriétaire ou non, exploitant un domaine agricole. → **agriculteur, cultivateur, paysan. 3·** En appos. De ferme. *Poulet, beurre fermier.* **II·** En histoire. ***Fermier général*** : financier qui, sous l'Ancien Régime, assurait la perception des impôts. *Les fermiers généraux étaient souvent très riches.*

fermoir [fɛʀmwaʀ] n. m. Attache ou agrafe destinée à tenir fermé (un sac, un bijou...).

féroce [feʀɔs] adj. **1·** (Animaux) Qui est cruel par instinct. → **sanguinaire, sauvage.** *Bêtes féroces.* **2·** Cruel et impitoyable. *Il a été féroce avec son rival. Joie féroce.* **3·** Par exagér. → **terrible.** *Une envie féroce.* ▶ **férocement** adv. ▶ **férocité** n. f. **1·** (Animaux) Naturel féroce. *La férocité du tigre.* → **cruauté. 2·** Caractère féroce (2).

ferraille [feʀɑj] n. f. **1·** Déchets de fer, d'acier ; vieux morceaux ou équipements de fer inutilisables. *Tas de ferraille.* **2·** Commerce de vieux métaux. *Cette voiture est bonne pour la ferraille.* **3·** Petite monnaie. → **mitraille.** ▶ **ferrailleur** n. m. Marchand de ferraille.

ferrailler [feʀɑje] v. intr. < conjug. 1 > Péj. Se battre au sabre ou à l'épée.

[1] **ferré, ée** [feʀe] adj. **1·** Garni de fer. *L'embout ferré d'une canne.* – *Souliers ferrés,* garnis de clous pour éviter l'usure. **2·** De chemin de fer. *Voie ferrée. Réseau ferré.* → **ferroviaire.**

[2] **ferré, ée** adj. Très savant. *Être ferré sur un sujet, une question.* → **calé, fort, instruit.** ≠ féru.

ferrer [feʀe] v. tr. < conjug. 1 > **1·** Garnir de fer(s). *Ferrer un cheval.* **2·** *Ferrer le poisson,* engager le fer d'un hameçon dans les chairs du poisson qui a mordu à l'appât.

ferret [feʀɛ] n. m. Pièce métallique (de fer, etc.) ou plastique, au bout d'un lacet, d'un ruban. – Par ext. *Des ferrets de diamants,* ornés de diamants.

ferreux [feʀø] adj. m. Qui contient du fer. *Le cuivre et le nickel sont des métaux non ferreux.*

ferritine [feʀitin] n. f. Protéine qui assure le stockage du fer dans le foie, la rate, la moelle osseuse.

ferro- Élément signifiant « fer ». ▶ **ferrociment** n. m. Matériau obtenu par projection de mortier sur une armature métallique. ▶ **ferromagnétisme** n. m. En physique. Propriété de certains métaux (fer, cobalt, nickel) fortement magnétiques.

ferronnerie [feʀɔnʀi] n. f. **1·** Objets, ornements, garnitures artistiques en fer. – Rampes, grilles, balcons de fer forgé. **2·** En technique. Art du fer forgé. ▶ **ferronnier, ière** n. Personne qui fabrique des objets en fer, notamment des objets artistiques. *Une ferronnière d'art.*

ferroutage [fɛʀʀutaʒ ; feʀutaʒ] n. m. Mode de transport de containers acheminés par route et par chemin de fer.

ferroviaire [feʀɔvjɛʀ] adj. Relatif aux chemins de fer. *Réseau ferroviaire. Compagnie ferroviaire.*

ferrugineux, euse [feʀyʒinø, øz] adj. Qui contient du fer, le plus souvent à l'état d'oxyde. *Eau ferrugineuse.*

ferrure [feʀyʀ] n. f. Garniture de fer, de métal. *Les ferrures d'une porte.*

ferry [feʀi] n. m. → **car-ferry ; ferry-boat.**

ferry-boat [feʀibot] n. m. Anglic. Navire spécialement conçu pour le transport des trains, des véhicules d'une rive à l'autre d'un fleuve, d'un lac, d'un bras de mer. *Des ferry-boats.* – Abrév. **ferry.** *Des ferrys ou des ferries.*

fertile [fɛʀtil] adj. **1·** (Sol, terre) Qui produit beaucoup de végétation utile. → **fécond, productif.** *Champ fertile. Terre fertile en blés.* / contr. stérile / **2·** Capable de procréer. *Femme fertile.* **3·** Abstrait. *Fertile en* : qui fournit beaucoup de. → **fécond, prodigue.** *Journée fertile en événements. Ce film est fertile en rebondissements.* **4·** *Imagination fertile,* très inventive. ▶ **fertiliser** v. tr. < conjug. 1 > Rendre fertile (une terre). → **amender.** ▶ **fertilisant, ante** adj. Qui fertilise. – N. m. *Un fertilisant,* un produit qui fertilise. → **engrais.** ▶ **fertilisation** n. f. *La fertilisation des sols.* → **amendement.** ▶ **fertilité** n. f. **1·** Qualité d'un sol, d'une terre fertile. / contr. aridité, stérilité / **2·** Qualité de celui, de celle qui est fertile. *Période de fertilité de la femme.* **3·** *Fertilité d'imagination,* qualité d'une imagination fertile. ▷ **infertile**

féru, ue [feʀy] adj. Qui est très épris. → **passionné.** *Être féru d'une science, d'une idée.* ≠ ② ferré.

férule [feʀyl] n. f. **1·** Petite palette de bois ou de cuir avec laquelle on frappait la main des écoliers en faute. **2·** Abstrait. *Être **sous la férule de** qqn* : sous l'autorité, la direction de qqn, dans l'obligation de lui obéir. → **autorité, pouvoir.**

fervent, ente [fɛʀvɑ̃, ɑ̃t] adj. **1·** Qui a de la ferveur. *C'est un républicain fervent. Une fervente admiratrice.* – N. *Les fervents de Beethoven.* → **admirateur, fan.** **2·** Où il entre de la ferveur. *Un amour fervent.* → **ardent, brûlant.** ▶ **ferveur** [fɛʀvœʀ] n. f. Ardeur vive et enthousiaste. *Prier avec ferveur. Accomplir un travail avec ferveur.* → **zèle.**

fesse [fɛs] n. f. Chacune des deux masses charnues à la partie postérieure du bassin, dans l'espèce humaine et chez certains mammifères. *Les fesses.* → **arrière-train, croupe, derrière, fessier ;** fam. **cul.** *Botter les fesses de qqn. Poser ses fesses quelque part,* s'asseoir. *Histoires de fesses,* d'amour physique. – Fam. *Serrer les fesses, avoir chaud aux fesses,* avoir peur. ▶ ① **fessier** n. m. Les deux fesses. → ② **derrière.** ▶ ② **fessier, ière** adj. Relatif à la région des fesses. *Muscles fessiers.* ▶ **fesser** v. tr. < conjug. 1 > Battre en donnant des coups sur les fesses. ▶ **fessée** n. f. **1·** Coups donnés sur les fesses. *Il a reçu la fessée, une bonne fessée.* **2·** Abstrait. Défaite humiliante. ▶ **fessu, ue** adj. Fam. Qui a de grosses fesses. *Une matrone fessue.* ▷ **tire-fesses**

festif, ive [fɛstif, iv] adj. De la fête ; qui se rapporte à la fête. *Une ambiance festive.*

festin [fɛstɛ̃] n. m. Repas somptueux, excellent. → **agapes.** *Quel festin !*

festival, als [fɛstival] n. m. **1·** Grande manifestation musicale. *Le programme des festivals.* **2·** Série de représentations où l'on produit des œuvres d'un art ou d'un artiste. *Ce film a obtenu un prix au Festival de Cannes. Un festival de théâtre.* ▶ **festivalier, ière** n. Personne qui fréquente les festivals.

festivité [fɛstivite] n. f. Surtout au plur. (Souvent iron.) Fête, réjouissance. *Festivités à l'occasion d'un anniversaire.*

fest-noz [fɛstnoz] n. m. Fête traditionnelle bretonne où l'on danse.

feston [fɛstɔ̃] n. m. **1·** Guirlande de fleurs et de feuilles liées en cordon, que l'on suspend, en forme d'arc. – Ornement qui la représente. **2·** Bordure dentelée et brodée, en couture. *Lingerie à festons.* ▶ **festonner** v. tr. < conjug. 1 > Orner de festons.

festoyer [fɛstwaje] v. intr. < conjug. 8 > Prendre part à une fête, à un festin.

feta [feta] n. f. Fromage grec au lait de brebis.

fête [fɛt] n. f. **I· 1·** Solennité religieuse célébrée certains jours de l'année. *Jour de fête. Fêtes chrétiennes. Les fêtes de Pâques. La Fête-Dieu. Les dimanches et fêtes sont fériés. Fêtes mobiles*.* – *Fêtes juives, musulmanes, bouddhistes.* **2·** Jour de la fête du saint dont qqn porte le nom. *Souhaiter à qqn sa fête. Joyeuse fête !* ≠ anniversaire. – Loc. fam. *Ça va être ta fête,* gare à toi. **3·** Réjouissance publique et périodique en mémoire d'un événement, d'un personnage, etc. *La fête nationale est chômée.* **4·** Ensemble de réjouissances organisées occasionnellement. *Les fêtes de Versailles sous Louis XIV. Fête de la musique.* → **festival.** *La fête du village.* → **kermesse.** *Salle des fêtes.* **5·** *Faire la fête* : s'amuser en compagnie, mener joyeuse vie. → **fêtard.** **II·** (Dans des expressions) Bonheur, joie, plaisir. *Un air de fête. Il se fait une fête de,* il s'en réjouit. *La nature est en fête,* est gaie. – ***Faire fête à qqn*** : lui réserver un accueil chaleureux. – ***À la fête.*** *Il n'a jamais été à pareille fête,* il n'a jamais été si heureux. ▶ **fêtard, arde** n. Fam. Personne qui fait la fête. → **noceur, viveur.** *Les fêtards nous ont réveillés au milieu de la nuit.* ▶ **fêter** v. tr. < conjug. 1 > **1·** Consacrer, marquer par une fête. → **célébrer, commémorer.** *Fêter une victoire.* **2·** Faire fête à. *Fêter un ami retrouvé.* ▷ **festoyer, trouble-fête**

fétiche [fetiʃ] n. m. et adj. **1·** Objet de culte des civilisations animistes. **2·** Objet auquel on attribue un pouvoir magique et bénéfique. → **amulette, porte-bonheur, talisman.** – En appos. *Des numéros fétiches.* ▶ **féticheur** n. m. Prêtre des religions à fétiches. ▶ **fétichisme** [fetiʃism] n. m. **1·** Culte des fétiches. **2·** Admiration exagérée et sans réserve d'une personne ou d'une chose. → **vénération.** ▶ **fétichiste** adj. et n. Qui pratique le fétichisme ou concerne les fétiches.

fétide [fetid] adj. Qui a une odeur très désagréable. → **nauséabond, puant.** *Les émanations fétides des égouts. Des miasmes fétides. Une haleine fétide.* → de chacal.

fétu [fety] n. m. Brin (de paille). – Loc. (Personnes) *Être emporté, traîné comme un fétu de paille.*

① **feu** [fø] n. m. **I· 1·** ***Le feu*** : combustion dégageant des flammes, chaleur et lumière. *Allumer, faire du feu,* réunir des matières combustibles et les faire brûler. *Mettre le feu à qqch.,* faire brûler. → **enflammer.** *La maison est en feu,* elle flambe. – Abstrait. Loc. *Faire feu de tout bois,* utiliser tous les moyens en son pouvoir. → **flèche.** – *Jouer avec le feu,* jouer avec le danger. – *J'en mettrais ma main au feu,* j'en jurerais, j'en suis sûr. – PROV. *Il n'y a pas de fumée sans feu,* pas d'effet sans cause. – *N'y voir que du feu,* être dupe. – Fam. *Avoir le feu au derrière,* fuir, se précipiter. – Fam. *Péter le feu,* avoir une activité débordante. **2·** Matières rassemblées et allumées (pour produire de la chaleur, etc.). → **foyer.** *Faire un feu. Un grand feu.* → **brasier.** *Feu de bois. Se chauffer devant le feu. Les feux de la saint Jean.* – ***Feu de joie*** : feu allumé en signe de réjouissance à l'occasion d'une fête. – Fig. ***Feu de paille*** : sentiment vif mais passager. – ***Feu de camp*** : feu allumé en plein air, autour duquel on se réunit. **3·** Source de chaleur pour la cuisson des aliments, etc. *Mettre un plat sur le feu. Faites cuire à feu doux, à feu vif.* – ***Coup de feu*** : action vive du feu. Fig. *Coup de feu,* moment de presse où l'on doit déployer une grande activité. **4·** Embrasement ; incendie. *Au feu ! Le feu est à la maison ; il y a le feu. Ne t'énerve pas, il n'y a pas le feu ! Mettre un pays à feu et à sang. Feu de cheminée.* – Loc. fig. *Faire la part du feu,* se résigner à perdre ce qui ne peut plus être sauvé pour préserver le reste. **5·** Ce qui sert à allumer le tabac. *Avez-vous du feu ?,* des allumettes, un briquet. **II· 1·** ***Coup de feu*** : détonation d'une arme à feu. – ***Arme à feu*** : toute arme lançant un projectile par l'explosion d'une matière fulminante. **2·** ***Ne pas faire long feu*** : ne pas durer. *Leur association n'a pas fait long feu.* → **échouer.** **3·** Tir d'armes à feu. *Ouvrir le feu sur un objectif. Faire feu. Feu !* – Abstrait. Loc. *Ouvrir le feu,* commencer. – *Être pris entre deux feux,* entre deux dangers. **4·** ***Feu d'artifice.*** → ② **artifice.** **5·** Fam. Pistolet, revolver. *Il a sorti son feu.* **III· 1·** Toute source de lumière (d'abord flamme d'un feu). → **lumière, flambeau, lampe, torche.** *Le feu des projecteurs. Les feux de la rampe,* au théâtre. **2·** Signal lumineux. *Feux d'un navire.* → **fanal.** *Feu de position, de stationnement, feux de détresse, feux clignotants, feux de croisement d'une voiture.* – (Réglant la circulation routière) *Feu tricolore* : *feu rouge* (passage interdit), *orange* ou *jaune* (ralentir), *vert* (voie libre). *Brûler, griller un feu rouge,* ne pas s'arrêter. – Loc. fig. *Donner le feu vert,* autoriser officiellement (une action). **3·** Éclat. *Les feux d'un diamant. Le feu du regard.* **4·** ***Feu Saint-Elme*** : décharge d'électricité atmosphérique (sur les mâts et le gréement d'un navire). **IV· 1·** Sensation de chaleur intense, de brûlure. *Le feu lui monte au visage. Le feu du rasoir,* sensation de brûlure après s'être rasé. – ***En feu*** : très chaud. *Avoir les joues en feu.* **2·** Ardeur des sentiments, des passions. → **exaltation.** *Le feu de la colère.* – Loc. *Être tout feu tout flamme (pour),* enflammé, embrasé de passion. – *Parler avec feu.* → **chaleur, conviction.** *Dans le feu de l'action, de la dispute.* – *Avoir le feu sacré,* de l'enthousiasme. ▶ ② **feu** n. m. Vx. Foyer. *Une commune de cent feux.* → **famille.** – Loc. *Sans feu ni lieu,* sans domicile fixe. ▷ feu d'**artifice, cessez-le-feu, coupe-feu, couvre-feu, pare-feu, pique-feu, pot-au-feu**

③ **feu, feue** adj. Littér. Qui est mort depuis peu de temps. → **défunt.** *Feu son père. Feu la reine.* (Placé entre le déterminant et le nom, l'adj. s'accorde) *La feue reine. Mes feus grands-parents.*

① **feuille** [fœj] n. f. **1·** Partie des végétaux (siège de la photosynthèse) par laquelle ces plantes respirent. → **aiguille.** *Des feuilles et des fleurs. Tige couverte de feuilles. Les nervures d'une feuille de chêne. Feuille de laurier. Feuille découpée, dentelée. Feuilles persistantes. Chute des feuilles. Feuilles mortes.* – ***Feuille-morte*** adj. invar. : d'une couleur rouille. *Des tissus feuille-morte.* – Loc. (Personnes) *Trembler comme une feuille.* **2·** Représentation d'une feuille. ***Feuille de vigne*** : feuille sculptée cachant le sexe des statues nues. – ***Feuille d'acanthe****. ▶ **feuillage** [fœjaʒ] n. m. **1·** Ensemble des feuilles d'un arbre ou d'une plante de grande taille. *Feuillage du chêne, du lierre.* **2·** Rameaux coupés, couverts de feuilles. *Décorer une table avec des feuillages.* ▶ **feuillaison** n. f. Renouvellement annuel des feuilles. ▶ **feuillée** n. f. Littér. Abri que forme le feuillage des arbres. *Se reposer sous la feuillée.* ▶ **feuillées** n. f. pl. Tranchée destinée à servir de latrines. ▶ **feuillu, ue** adj. **1·** Qui a beaucoup de feuilles. → **touffu.** *Chêne feuillu.* **2·** Qui porte des feuilles. *Les arbres feuillus.* – N. m. *Des feuillus* (opposé à *résineux*, à aiguilles). ▷ **chèvrefeuille, effeuiller**

② **feuille** n. f. **1·** Morceau de papier rectangulaire. → **bristol,** ③ **fiche,** ② **page.** *Feuille blanche, vierge. Feuille volante,* isolée. **2·** (Papiers, documents, états) *Feuille d'impôt. Feuille de paye. Feuille de maladie.* **3·** Journal. *Une feuille locale.* Péj. *Feuille de chou.* **4·** Plaque mince (d'une matière quelconque). *Feuille de carton, de métal.* **5·** Fam. Oreille. *Être dur de la feuille,* un peu sourd. ▶ ① **feuillet** [fœjɛ] n. m. Feuille de papier utilisée sur ses deux faces (recto, verso). *Les feuillets d'un registre.* → **folio.** ▶ ② **feuillet** n. m. Troisième poche de l'estomac des ruminants. ▶ **feuilleté, ée** [fœjte] adj. **1·** Qui présente des feuilles, des lames superposées. *Roche feuilletée.* **2·** *Pâte feuilletée,* pâte culinaire formée de fines feuilles superposées. *Une galette en pâte feuilletée.* → **millefeuille.** ▶ **feuilleter** v. tr. < conjug. 4 > Tourner les pages de (un livre, un cahier), spécialt en les regardant rapidement. *Je n'ai pas lu ce roman, je n'ai fait que le feuilleter.* → lire en **diagonale, parcourir.** ▶ **feuilleton** [fœjtɔ̃] n. m. **1·** Épisode d'un roman qui paraît régulièrement dans un journal. – Histoire fragmentée (télévision, radio). *Regarder le feuilleton du jour.* – Chronique régulière. **2·** ***Roman-feuilleton*** : roman qui paraît par fragments dans un journal. *Des romans-feuilletons.* – Abstrait. Histoire invraisemblable. *Sa vie, c'est un vrai roman-feuilleton.* ▶ **feuilletoniste** n. Écrivain, journaliste qui fait des feuilletons, des romans-feuilletons. ▷ **millefeuille, portefeuille**

feuler [føle] v. intr. < conjug. 1 > (Tigre) Pousser son cri. – (Chat) Grogner. ▶ **feulement** n. m. Cri du tigre.

feutre [føtʀ] n. m. **1·** Étoffe non tissée et épaisse obtenue en pressant et collant du poil ou de la laine. *Chaussons, chapeau de feutre.* **2·** Chapeau de feutre. *Il est coiffé d'un feutre gris.* **3·** Stylo à pointe en nylon, à l'origine en feutre. *Colorier un dessin au feutre.* ▶ **feutré, ée** adj. **1·** Garni de feutre, ou de qqch. qui donne l'impression du feutre. **2·** Qui a pris l'aspect du feutre après lavage. *Lainage feutré.* → **pelucheux. 3·** Étouffé, peu sonore. *Bruit feutré. Voix feutrée. Marcher à pas feutrés.* → **discret, silencieux.** ▶ **feutrage** n. m. Action de se feutrer. ▶ **se feutrer** v. pron. < conjug. 1 > (Lainages) Prendre l'aspect du feutre après lavage. ▶ **feutrine** [føtʀin] n. f. Feutre mince utilisé en couture et en décoration.

fève [fɛv] n. f. **1·** Plante légumineuse dont les graines se consomment fraîches ou conservées (sèches). – La graine de cette plante. *Écosser des fèves. Des fèves et des haricots.* **2·** Petite figurine que l'on met dans la galette de l'Épiphanie (6 janvier).

février [fevʀije] n. m. Second mois de l'année, qui a vingt-huit jours dans les années ordinaires et vingt-neuf dans les années bissextiles.

fez [fɛz] n. m. invar. Calotte de laine, parfois ornée d'un gland ou d'une mèche, portée par certains musulmans en Afrique du Nord et au Proche-Orient. → **chéchia.**

fi [fi] interj. **1·** Vx. Interjection exprimant le dédain, le dégoût. → **pouah. 2·** Littér. ***Faire fi de*** : dédaigner, mépriser. *Il a fait fi de mes conseils.*

fiable [fjabl] adj. En qui ou en quoi on peut avoir toute confiance, on peut se *fier. Ton ami n'est pas fiable. Cette montre est très fiable.* ▶ **fiabiliser** v. tr. < conjug. 1 > Rendre fiable, plus fiable. ▶ **fiabilité** n. f. Caractère de ce qui est fiable.

fiacre [fjakʀ] n. m. Voiture à cheval qu'on louait à la course ou à l'heure.

fiancer [fjɑ̃se] v. tr. < conjug. 3 > Engager par une promesse de mariage. *Elle a été fiancée, on l'a fiancée par force.* – ***Se fiancer*** v. pron. *Il vient de se fiancer avec Sylvie. Ils se sont fiancés hier.* ▶ **fiançailles** [fjɑ̃saj] n. f. pl. **1·** Promesse solennelle de mariage, échangée entre futurs époux. *Bague de fiançailles.* **2·** Le temps qui s'écoule entre la promesse et la célébration du mariage. *Durant leurs fiançailles.* ▶ **fiancé, ée** n. Personne fiancée. *Les deux fiancés.* → **futur** ; région. **promis.** *Le fiancé d'Isabelle.*

fiasco [fjasko] n. m. Échec. *L'entreprise a fait fiasco.* → **échouer.** *Cette pièce est un fiasco.* → **four** ; fam. **bide.** / contr. réussite, tabac / *Des fiascos.*

fiasque [fjask] n. f. Bouteille à col long et à large panse garnie de paille. *Une fiasque de chianti.* ≠ ② flasque.

fibre [fibʀ] n. f. **1·** Chacun des filaments flexibles qui, groupés en faisceaux, constituent certaines substances. *Les fibres du bois. Les fibres de la viande. Les fibres musculaires.* **2·** *Fibre textile,* substance filamenteuse susceptible d'être filée et tissée. *Fibre synthétique, fibre de verre. Fibre optique* : filament conducteur de lumière. **3·** Matière fabriquée à partir de fibres. *Une mallette en fibre.*

4· Abstrait. *La fibre :* le sentiment. *Faire vibrer la fibre paternelle,* chercher à émouvoir un père en faveur de ses enfants. ▶ **fibranne** n. f. Textile artificiel à fibres courtes. ▶ **fibreux, euse** adj. Qui a des fibres. *De la viande fibreuse.* → **filandreux.** ▶ **fibrille** [fibʀil] n. f. Petite fibre. *Les fibrilles d'une racine. Les fibrilles des parois cellulaires.* ▶ **fibrillation** [fibʀilasjɔ̃] n. f. Contractions rapides et désordonnées des fibres musculaires, en particulier du muscle cardiaque. ▶ **fibriller** [fibʀile] v. tr. < conjug. 1 > Être atteint de fribrillations. *Le patient fibrille.* ▶ **fibrine** n. f. Protéine filamenteuse du sang, qui intervient dans la coagulation. ▶ **fibrociment** n. m. Matériau de construction fait de ciment dans lequel le sable est remplacé par des fibres et de la poudre d'amiante. ▶ **fibrome** n. m. Tumeur bénigne du tissu conjonctif fibreux. ▶ **fibromateux, euse** adj. ▶ **fibroscopie** n. f. Exploration des cavités de l'organisme à l'aide d'un endoscope souple (le *fibroscope,* n. m.). *Fibroscopie bronchique.* ▷ **défibrillateur, microfibre**

fibule [fibyl] n. f. Dans l'Antiquité. Agrafe, épingle qui retenait les extrémités d'un vêtement. *Une fibule étrusque.* ▷ **infibulation**

ficeler [fisle] v. tr. < conjug. 4 > Attacher, lier avec de la ficelle. *Ficeler un paquet.* – *Ficeler un prisonnier à, sur une chaise.* ▶ **ficelé, ée** adj. 1· Qu'on a ficelé. *Paquet ficelé.* 2· Fam. Habillé. *Mal ficelé.* → fam. **fagoté.** 3· *Un travail bien ficelé,* bien fait. ▶ **ficelage** n. m. Action de ficeler ; son résultat.

ficelle [fisɛl] n. f. I· 1· Corde mince. *Défaire la ficelle d'un colis.* 2· Fig. *Tirer les ficelles,* faire agir les autres sans être vu (comme le montreur de marionnettes). 3· *Les ficelles d'un art, d'un métier,* les procédés cachés. → **truc.** II· Petite baguette (pain). ▷ **ficeler**

1 **fiche** [fiʃ] ou 1 **ficher** [fiʃe] v. tr. < conjug. 1 Le p. p. est *fichu, ue.* > Fam. REM. S'emploie par euphémisme à la place de *foutre.* 1· Faire. *Je n'ai rien fichu aujourd'hui.* 2· Donner. *Je lui ai fichu une gifle.* → fam. **flanquer.** *Ça me fiche le cafard. Fiche-moi la paix !,* laisse-moi tranquille. 3· Mettre. *On va le fiche en prison. Ils ont fichu le gouvernement par terre.* → **renverser.** – Pronominalement. *Il s'est fichu par terre.* → **tomber.** *Se fiche dedans,* se tromper. – *Ficher qqn à la porte,* le renvoyer. *Fiche* (ou *ficher*) *le camp,* décamper, partir. 4· *Se fiche de* v. pron. : se moquer. *Il s'est fichu de moi.* → **se moquer, railler.** – *Je m'en fiche,* ça m'est égal. *Il se fichait pas mal du résultat.* ▷ se **contrefiche,** 2 **fichu, je-m'en-fichisme**

2 **fiche** n. f. Cheville, tige de bois ou de métal destinée à être fichée, enfoncée. ▶ 2 **ficher** v. tr. < conjug. 1 > Faire pénétrer et fixer par la pointe. → **planter.** *Ficher un clou dans un mur. Des piquets fichés en terre.* ▷ **affiche**

3 **fiche** n. f. Feuille, morceau de carton sur lequel on inscrit des renseignements en vue d'un classement. *Faire, remplir une fiche. Consulter des fiches dans un fichier.* ▶ 3 **ficher** v. tr. < conjug. 1 > Mettre en fiche. *Ficher un renseignement.* – *Ficher qqn,* établir une fiche à son nom. *Il est fiché par la police.* ▶ **fichier** n. m. 1· Collection de fiches. – Meuble, boîte, classeur contenant des fiches. 2· En informatique. Groupement de données mis en mémoire.

fichtre [fiʃtʀ] interj. Vieilli. Exprime l'étonnement, l'admiration. → **bigre.** ▶ **fichtrement** adv.

1 **fichu, ue** p. p. → 1 **fiche (ficher).**

2 **fichu, ue** [fiʃy] adj. REM. S'emploie par euphémisme à la place de *foutu.* 1· Fam. Détestable, mauvais. *Il a un fichu caractère. Fichu temps ! Fichu métier !* → **maudit.** 2· Fam. Dans une fâcheuse situation, un mauvais état. *Il n'en a plus pour longtemps, il est fichu.* → **perdu.** *Mon costume est fichu.* 3· Arrangé, mis dans un certain état. *Elle est fichue comme l'as de pique.* – *Mal fichu, ue :* un peu malade, souffrant ; contrefait, difforme. *Elles sont mal fichues.* 4· Fam. Capable de. *Elle n'est pas fichue de gagner sa vie.*

3 **fichu** n. m. Pièce d'étoffe triangulaire dont les femmes se couvrent la tête, les épaules. → **châle.** *Des fichus.*

fictif, ive [fiktif, iv] adj. 1· Créé par l'imagination. *Des personnages fictifs.* → **imaginaire.** – N. m. *Mêler le réel au fictif.* 2· Qui n'existe qu'en apparence. → **faux, feint.** *Promesses fictives.* 3· Supposé par convention. *Valeur fictive d'une monnaie.* ▶ **fictivement** adv. De manière fictive.

fiction [fiksjɔ̃] n. f. 1· Fait imaginé (opposé à *réalité*). → **invention.** 2· En littérature. Création de l'imagination. *Livre de fiction* (conte, roman). ▶ **fictionnel, elle** adj. Qui relève de la fiction. ▷ **autofiction, science-fiction**

ficus [fikys] n. m. invar. Plante d'appartement d'origine tropicale, à feuilles luisantes.

fidèle [fidɛl] adj. et n. I· Adj. 1· Qui ne manque pas à la foi donnée (à qqn), aux engagements pris (envers qqn). → **dévoué, loyal.** / contr. traître / *Rester fidèle à un chef d'État. Être fidèle à soi-même.* 2· Dont les affections, les sentiments (envers qqn) ne changent pas. → **attaché, constant.** / contr. infidèle / *Ami fidèle. Chien fidèle.* 3· Qui n'a de relations amoureuses qu'avec celui (celle) à qui elle (il) a donné sa foi. *Mari fidèle. Elle est fidèle à son mari,* elle ne le trompe pas. 4· *Fidèle à qqch.* : qui ne manque pas à, qui ne trahit pas.

Être fidèle à ses promesses. → **tenir.** **5·** Qui ne s'écarte pas de la vérité. *Historien fidèle. Récit fidèle. Traduction fidèle,* conforme au texte original. – *Mémoire fidèle,* qui retient avec exactitude. → **fiable. II·** N. **1·** Personne fidèle à. *Même ses fidèles l'ont abandonné.* – Client, cliente fidèle. *Je suis une fidèle des Galeries.* **2·** Personne unie à une Église, à une religion par la foi. → **croyant.** *L'assemblée des fidèles.* ▶ **fidèlement** adv. *Fidèlement vôtre* (à la fin d'une lettre). *Reproduire fidèlement.* ▶ **fidéliser** v. tr. < conjug. 1 > Rendre fidèle (un client, un consommateur). – Au p. p. adj. *Une clientèle fidélisée.* ▶ **fidélité** n. f. **1·** Qualité d'une personne fidèle (à qqn). / contr. trahison / *Fidélité à, envers qqn. Jurer fidélité.* **2·** Constance dans les affections, les sentiments. *Fidélité conjugale.* **3·** *Fidélité à qqch.,* le fait de ne pas manquer à, de ne pas trahir. *Fidélité à ses promesses.* **4·** Conformité à un modèle original. → **exactitude, véracité.** *Fidélité d'un traducteur ; d'une reproduction.* – ***Haute-fidélité*** : restitution très exacte du son enregistré. Adj. *Chaîne haute-fidélité.* → **hi-fi.**

fiduciaire [fidysjɛʀ] adj. **1·** En économie. Se dit de valeurs fondées sur la confiance accordée à la personne qui les émet. *Monnaie fiduciaire* (billets...). **2·** *Société fiduciaire,* qui se charge de l'organisation commerciale, comptable, fiscale... pour le compte d'autres sociétés. – N. f. *La fiduciaire Untel.*

fief [fjɛf] n. m. **1·** Au Moyen Âge. Domaine concédé par le seigneur à son vassal, en contrepartie de certains services (opposé à *franc-alleu*). *Le fief est l'institution fondamentale de la féodalité*.* **2·** Domaine où qqn est maître. *Fief électoral,* où l'on est toujours réélu.

fieffé, ée [fjefe] adj. Qui possède au plus haut degré un défaut, un vice. → **fini, parfait.** *Un fieffé menteur.*

fiel [fjɛl] n. m. **1·** Bile des animaux de boucherie, de la volaille. **2·** Littér. Amertume qui s'accompagne de méchanceté. → **acrimonie, haine.** *Compliments pleins de fiel.* ▶ **fielleux, euse** adj. Plein de fiel (2). → **haineux, méchant.** *Paroles fielleuses. Hommes fielleux.*

fiente [fjɑ̃t] n. f. Excrément d'oiseau. *Fiente de pigeon.* ▶ **fienter** v. intr. < conjug. 1 > Faire de la fiente.

se fier [fje] v. pron. < conjug. 7 > Accorder sa confiance (à qqn ou à qqch.). *On ne sait plus à qui se fier. Je me fie à votre jugement.* – *Ne vous y fiez pas,* méfiez-vous. ▷ **fiable,** se **méfier**

fier, fière [fjɛʀ] adj. **1·** Vieilli. Qui, par son attitude hautaine, ses manières distantes montre qu'il se croit supérieur aux autres. / contr. familier, simple / *Il n'est pas fier, il parle à tout le monde.* – N. *Faire le fier.* **2·** Littér. Qui a un vif sentiment de sa dignité, de son honneur. *Il est fier et courageux.* / contr. veule / *Il est trop fier pour accepter votre argent.* **3·** ***Fier de qqn, qqch.*** : qui a de la joie, de la satisfaction de. → **content, heureux, satisfait.** / contr. honteux / *Je l'ai fait et j'en suis fier. Elle est fière de ses enfants. Elle n'est pas peu fière d'avoir réussi.* – ***Fier que*** (+ subjonctif). *Je suis fier qu'elle ait réussi.* **4·** (Avant le nom) *Il a un fier culot !* → **sacré.** ▶ **fièrement** adv. D'une manière fière (2), courageuse et digne. → **dignement.** ▶ **fier-à-bras** n. m. Fanfaron. *Jouer les fiers-à-bras.* ▶ **fierté** n. f. **1·** Attitude arrogante. → 🄸 **morgue.** **2·** Littér. Sentiment élevé de la dignité, de l'honneur. → **amour-propre, orgueil.** **3·** Le fait d'être fier (3) de qqch., de s'enorgueillir. → **contentement, satisfaction.** / contr. honte / *Il en tire une juste fierté.* – *C'est sa fierté,* ce qui lui fait concevoir de la fierté.

fiesta [fjɛsta] n. f. Fam. Partie de plaisir, fête. *Organiser une grande fiesta. Faire la fiesta.*

fièvre [fjɛvʀ] n. f. **1·** Élévation anormale de la température du corps. *Avoir de la fièvre. Fièvre de cheval,* forte. **2·** Maladie fébrile. *Fièvre jaune* (vomito negro). *Fièvre aphteuse. Fièvre hémorragique** – Au plur. *Les fièvres,* la fièvre paludéenne. **3·** Vive agitation, état passionné. → **excitation, fébrilité.** *Discuter avec fièvre. La fièvre du départ.* **4·** ***Fièvre de*** (+ infinitif) : désir ardent. → **amour, passion.** *La fièvre d'écrire.* ▶ **fiévreux, euse** adj. **1·** Qui a ou dénote la fièvre. *Se sentir fiévreux. Mains fiévreuses.* → **brûlant.** **2·** Qui a qqch. d'intense, de hâtif. *Activité fiévreuse.* → **fébrile.** **3·** Qui est dans l'agitation de l'inquiétude. *Attente fiévreuse.* / contr. calme / ▶ **fiévreusement** adv. D'une manière fiévreuse (2). ▷ **enfiévrer**

fifre [fifʀ] n. m. **1·** Petite flûte en bois au son aigu. **2·** Joueur de fifre. *Les fifres marchaient devant les tambours.*

fifrelin [fifʀəlɛ̃] n. m. Vieilli. Monnaie de peu de valeur. – Loc. *Ça ne vaut pas un fifrelin* : ça ne vaut rien.

fifty-fifty [fiftififti] loc. adv. Anglic. Fam. Moitié-moitié. *On partage fifty-fifty.*

se figer [fiʒe] v. pron. < conjug. 3 > **1·** (Liquide gras) Se solidifier par le froid. *La sauce s'est figée.* **2·** Fig. Se coaguler. *Son sang s'est figé dans ses veines.* **3·** Se fixer dans une certaine attitude, un certain état. *Sourire, expression qui se fige.* – *Se figer dans une attitude,* la garder obstinément. – Au p. p. adj. *Locution figée,* dont on ne peut pas changer les termes. *« Tout de suite » est une locution figée.* ▶ **figement** n. m. Fait de se figer.

fignoler [fiɲɔle] v. tr. <conjug. 1> Exécuter avec un soin minutieux jusque dans les détails. → **parfaire, peaufiner.** / contr. bâcler / – Au p. p. adj. *Travail, devoir fignolé.* → **léché.** ▶ **fignolage** n. m. ▶ **fignoleur, euse** n.

figue [fig] n. f. **1·** Fruit charnu et comestible du figuier, vert ou violacé. *Figues fraîches. Figues séchées.* **2·** ***Figue de Barbarie*** : fruit comestible de l'oponce. **3·** ***Mi-figue, mi-raisin*** loc. adj. : qui exprime un mélange de satisfaction et de mécontentement. *Il m'a fait un accueil mi-figue, mi-raisin.* ▶ **figuier** n. m. Arbre méditerranéen, à feuilles lobées, qui donne les figues.

1 **figure** [figyʀ] n. f. **1·** Illustration (d'un texte). *Livre, édition ornée de figures.* → **carte, croquis, dessin, image, schéma. 2·** ***Figure de proue*** : buste (d'une personne, d'un animal) à la proue des anciens navires à voile. – Fig. Personnalité majeure (d'un mouvement...) (→ 4). **3·** Loc. ***Faire figure de*** : avoir l'air, paraître, passer pour. *Il fait figure de héros.* **4·** Personnalité marquante. → **personnage.** *Les grandes figures de l'histoire.* **5·** Les volumes, surfaces, lignes et points considérés en eux-mêmes. *Un point, une courbe, une pyramide sont des figures géométriques.* – Loc. fig. *Cas de figure,* situation envisagée à titre d'hypothèse, parmi d'autres. **6·** Enchaînement de mouvements par les danseurs, les patineurs, suivant un certain parcours. *Figures libres, imposées.* ▶ **figurer** v. <conjug. 1> **I·** V. tr. **1·** Représenter (une personne, une chose) sous une forme visible. → **dessiner, peindre, sculpter. 2·** (Suj. chose) Être l'image de. *La scène figure un intérieur bourgeois.* **II·** V. intr. **1·** Jouer un rôle de figurant. **2·** Apparaître, se trouver (quelque part). *Son nom ne figure pas sur la liste,* il n'y est pas mentionné. **III·** ***Se figurer*** v. pron. : se représenter par la pensée, l'imagination. → **s'imaginer, se représenter.** *Elle s'était figuré pouvoir réussir. Figurez-vous qu'ils ont des triplés !* ▶ **figurant, ante** n. **1·** Personnage de théâtre, de cinéma, remplissant un rôle secondaire et généralement muet. **2·** Toute personne dont le rôle est effacé (ou simplement décoratif) dans une réunion, une société. *Ne comptez pas sur moi pour faire le figurant, je dirai ce que j'ai à dire.* ▶ **figuratif, ive** adj. *Art figuratif,* qui s'attache à la représentation de l'objet (opposé à *art abstrait,* ou *non figuratif*). ▶ **figuration** n. f. **1·** Ensemble des figurants d'une pièce de théâtre, d'un film. – Rôle de figurant. **2·** Représentation graphique. *La figuration des plaines se fait en vert.* ▶ **figurine** n. f. Statuette de petite dimension. ▷ **configuration,** 3 **défigurer, préfigurer, transfigurer**

2 **figure** n. f. **1·** Partie antérieure de la tête humaine. → **face, visage.** *Il a la figure maigre. Casser la figure à qqn.* **2·** Air, mine. *Il fait une drôle de figure.* → **tête.** *Faire bonne figure* (à qqn), avoir l'air aimable, content (surtout lorsqu'on lui est hostile). – *Faire triste figure,* ne pas se montrer à la hauteur des circonstances ▷ 2 **défigurer**

3 **figure** n. f. Expression, tournure imagée, ou atténuée, ou insistante de la pensée (métaphore, euphémisme, ironie...) *« Il n'est pas bête » pour « Il est très intelligent » est une figure. Figures de rhétorique, de style.* ▶ **figuré, ée** adj. *Sens figuré* (opposé à *sens propre*), application expressive d'un mot à un emploi pour lequel il n'était pas fait au départ. *Dans « Ce garçon est un âne », « âne » doit être pris au sens figuré.* / contr. au pied de la lettre /

fil [fil] n. m. **I· 1·** Réunion de brins ou fibres textiles, tordus et filés (→ **filature, filer**). *Des fils* [fil]. *Fil de lin, de soie, de nylon. Fil de trame, de chaîne d'un tissu.* – ***Droit fil*** : le sens des fils (trame ou chaîne) d'un tissu (opposé à *biais*). – Loc. fig. *Dans le droit fil de,* dans la ligne de pensée, l'orientation de. *Dans le droit fil de la politique gouvernementale.* – *Bobine de fil. Fil à coudre, à broder, à tricoter.* – Loc. *Malice cousue de fil blanc,* trop apparente pour abuser quiconque. – *De fil en aiguille,* petit à petit, insensiblement. – *Donner du fil à retordre à qqn,* lui créer des embarras, des difficultés. – *Mince comme un fil,* très mince. **2·** Brin de matière textile, de fibre ou de toute matière souple, servant à tenir, attacher. *Fil de canne à pêche.* → 4 **filet, ligne.** – *Fil dentaire,* qui sert à nettoyer les espaces entre les dents. – Loc. *Ne tenir qu'à un fil,* à très peu de chose, être fragile, précaire. *Sa vie ne tient plus qu'à un fil.* – Fig. ***Le fil d'Ariane, le fil rouge,*** ce qui sert à guider. **3·** ***Fil à plomb*** : instrument formé d'une masse de plomb fixée à un fil, servant à donner la verticale. **4·** Morceau d'une matière qui s'étire en brins longs et minces. *Les fils du gruyère fondu.* **5·** Matière métallique, étirée en long brin mince. *Fil d'acier. Clôture en fils de fer barbelés.* – Loc. *Il n'a pas inventé le fil à couper le beurre,* il n'est pas bien malin. **6·** Conducteur électrique, fait de fil de cuivre entouré d'une gaine isolante. *Fil électrique. Fil d'une lampe. Fils télégraphiques, téléphoniques.* – Fam. *Qui est au bout du fil ?,* au téléphone. *Donner, passer un* ***coup de fil*** : un coup de téléphone. – *Téléphone sans fil.* **7·** Matière produite et filée par l'organisme de quelques animaux (araignée, ver à soie). **8·** Sens des fibres. *Tailler des planches dans le fil du bois.* **II·** Fig. **1·** ***Au fil de l'eau*** : sens dans lequel une rivière coule. **2·** Cours, enchaînement. → **suite.** *Le fil de la conversation. Suivre le fil de ses idées. Perdre le fil,* ne plus savoir ce qu'on voulait dire. **III·** Partie coupante d'une lame. → **tranchant.** *Fil* *d'un rasoir.* – *Passer au fil de l'épée,* tuer en passant l'épée au travers du corps. ▶ **filage** n. m. Action de filer à la main (→ **filer**). ▶ **filaire** adj. *Téléphone filaire,* dont le combiné est relié au socle par un cordon (opposé à *sans fil*). ▶ **filament** [filamɑ̃] n. m. **1·** Production organique longue et fine comme un fil. *Filaments de bave, de moisissures.* **2·** Fil conducteur extrêmement fin porté à incandescence dans les ampoules électriques. ▶ **filamenteux, euse** adj. Qui a des filaments. *Matière filamenteuse.* → **fibreux.** ▶ **filandreux, euse** adj. **1·** (Viande, légumes) Rempli de fibres dures. *Viande filandreuse.* **2·** Abstrait. *Phrase filandreuse,* interminable, enchevêtrée, confuse. ▶ **filant, ante** adj. **1·** Qui coule lentement sans se diviser et s'allonge en une sorte de fil continu (→ **filer**). *Sauce filante.* **2·** *Pouls filant,* très faible. **3·** *Étoile filante,* astéroïde qui file, va vite (pour l'œil). ▶ **filasse** n. f. **1·** Matière textile végétale non encore filée. *Filasse de chanvre.* → **étoupe.** **2·** *Cheveux blond filasse,* et adj. invar., *cheveux filasse,* d'un blond fade, sans éclat. ▶ 1 **filature** n. f. **1·** Ensemble des opérations industrielles qui transforment les matières textiles en fils à tisser. **2·** Usine où est fabriqué le fil. *Les filatures de Roubaix.* ▶ 2 **filature** n. f. Action de filer (I, 6), de suivre qqn pour le surveiller. *Prendre qqn en filature.* ▷ **affiler, se défiler, effiler, enfiler, faufiler, ficelle, filet, filière, filiforme, filigrane, filin, filon, sans-fil**

filao [filao] n. m. Arbre tropical cultivé pour son bois utilisé en menuiserie. *Des filaos.*

file [fil] n. f. **1·** Suite de personnes, de choses placées en rang, l'une derrière l'autre. → **ligne.** *File de gens.* → **colonne.** *Des files d'acheteurs.* → **queue.** *Prendre la file,* se ranger dans une file après la dernière personne. **2·** *Chef de file,* personne qui est à la tête d'un groupe, d'une entreprise. **3·** ***En file, à la file*** loc. adv. : les uns derrière les autres, l'un derrière l'autre. *Marcher, se suivre à la file.* → à la **queue** leu leu. *Avancer en file indienne, à la file indienne,* immédiatement l'un derrière l'autre. – ***En double file*** : à côté d'une première file de voitures. *Stationner en double file.* ▷ d'**affilée, défiler**

filer [file] v. < conjug. 1 > **I·** V. tr. **1·** Transformer en fil. *Filer de la laine.* – *Filer du verre,* l'étirer en fil. – Au p. p. adj. *Bibelots en verre filé.* **2·** (Du ver à soie, de l'araignée qui sécrètent un fil) *L'araignée file sa toile.* **3·** Dérouler de façon égale et continue. *Filer un câble, les amarres.* → **dévider.** – *Navire qui file trente nœuds,* qui avance à une vitesse de trente nœuds. **4·** Littér. *Filer une métaphore,* la développer longuement, progressivement. – Fam. *Filer le parfait amour,* se donner réciproquement des témoignages constants d'un amour partagé. **5·** ***Filer doux*** : être docile, soumis. **6·** Marcher derrière qqn, le suivre pour le surveiller. *Un policier a filé le suspect.* → 2 **filature.** **7·** Fam. Donner. *File-moi cent euros ! Elle lui a filé une gifle.* **II·** V. intr. **1·** Couler lentement sans que les gouttes se séparent. *Sirop qui file.* – (Matière visqueuse) Former des fils. *Le gruyère fondu file.* **2·** *Maille qui file,* dont la boucle de fil se défait, entraînant les mailles de la même rangée verticale. *Son collant a filé.* **3·** Aller droit devant soi, en ligne droite ; aller vite. *Le messager fila comme une flèche, comme un zèbre.* → **courir.** – Fam. *Le temps file,* passe vite. **4·** Fam. S'en aller, se retirer. → **déguerpir, partir.** *Allons, filez !* → **décamper.** *Filer à l'anglaise.* → s'**esquiver.** – (Choses) S'en aller très vite. *L'argent file, surveillez les dépenses.* ▷ **filage, filant, file, fileur, surfiler, tranchefile, tréfiler**

1 **filet** [filɛ] n. m. **1·** Ce qui ressemble à un fil. *Filet nerveux.* **2·** Petite moulure. *Filets d'un chapiteau.* **3·** Trait fin. *Couleurs séparées par un filet.* **4·** Écoulement fin et continu. *Un filet d'eau, d'air.* – *Un filet de vinaigre,* une très petite quantité. – Fig. *Un filet de voix,* une voix très faible qui se fait à peine entendre.

2 **filet** n. m. Partie creuse, découpée en spirale, d'une vis, d'un boulon, d'un écrou. *Un pas de vis à filet carré.* ▶ **filetage** [filtaʒ] n. m. **1·** Action de fileter. **2·** Ensemble des filets d'une vis, d'un boulon, d'un écrou. ▶ **fileté, ée** adj. Qui porte des filets. *Tige filetée.* ▶ **fileter** v. tr. < conjug. 5 > Creuser des filets (au tour, à la filière) dans (une tige de métal). → **tarauder.**

3 **filet** n. m. **1·** Morceau de viande, partie charnue et tendre le long de l'épine dorsale. *Filet de bœuf.* → **chateaubriand, tournedos.** *Un steak, un rôti dans le filet.* **2·** Chaque morceau de chair levé de part et d'autre de l'arête d'un poisson. *Filets de sole. Filets de hareng* (fumés). ▷ **faux-filet**

4 **filet** n. m. **1·** Réseau à larges mailles servant à capturer des animaux. *Filets de pêche ; filets à poissons, à crevettes. Filet à papillons.* – Fig. *Un beau coup de filet,* une belle prise de malfaiteurs. *Attirer qqn dans ses filets,* le séduire. **2·** Réseau de mailles (pour envelopper, tenir, retenir). – Réseau pour maintenir les cheveux. → **résille.** – Sac en réseau de fils pour mettre les achats. *Filet à provisions.* **3·** Réseau qui sépare la table, le terrain en deux parties et au-dessus duquel la balle doit passer (tennis, etc.). **4·** Réseau tendu par précaution sous des acrobates. Loc. fig. *Travailler sans filet,* prendre des risques. ▶ **fileyeur** [filɛjœʀ] n. m. Bateau équipé pour pratiquer la pêche au filet.

fileur, euse [filœʀ, øz] n. **1·** Personne qui file une matière textile à la main. *Fileuse à son rouet.* **2·** Conducteur(trice) d'un métier à filer.

filial, ale, aux [filjal, o] adj. Qui émane d'un enfant, d'un fils ou d'une fille, à l'égard de ses parents. *Amour filial.*

filiale [filjal] n. f. Société jouissant d'une personnalité juridique propre (ce qui la distingue de la succursale) mais dirigée par la société mère. ▶ **filialiser** v. tr. < conjug. 1 > Diviser (une entreprise) en filiales – Transformer en filiale. ▶ **filialisation** n. f.

filiation [filjɑsjɔ̃] n. f. **1·** Lien de parenté unissant l'enfant à son père, à sa mère. **2·** Succession de choses issues les unes des autres. → **enchaînement, liaison.** *La filiation des événements. La filiation des mots* (étymologie). ▷ **affiliation**

filière [filjɛʀ] n. f. **1·** Instrument, organe destiné à produire des fils, à étirer une matière malléable, à creuser des filets [2]. *Faire passer un métal par la filière.* → **profiler, tréfiler. 2·** Succession de degrés à franchir, de formalités à accomplir avant de parvenir à un résultat. *Élève qui suit la filière générale. Passer par la filière,* par les degrés d'une hiérarchie. **3·** En économie. Chaîne d'activités menées pour produire, transformer, vendre et consommer un produit. *La filière bois. La filière agro-alimentaire.*

filiforme [filifɔʀm] adj. Mince, fin comme un fil. *Insecte à pattes filiformes.* – Fam. D'une extrême minceur. *Elle est filiforme.*

filigrane [filigʀan] n. m. Dessin imprimé dans l'épaisseur d'un papier et qui peut se voir par transparence. *Filigrane des billets de banque.* – Loc. *Lire en filigrane,* deviner ce qui n'est pas explicitement dit dans un texte. ▶ **filigrané, ée** adj. *Papier filigrané.*

filin [filɛ̃] n. m. En marine. Cordage.

fille [fij] n. f. **I· 1·** *La fille de qqn, sa fille,* etc. : personne du sexe féminin (opposé à *fils*) considérée par rapport à son père et à sa mère. → **enfants.** *Ils sont venus avec leur fille aînée et leurs deux fils.* Fam. *La fille Dupuis.* → **mademoiselle.** Fam. *Ma fille,* terme d'affection. **2·** Littér. Descendante. *Une fille d'artisans.* **II· 1·** Enfant ou jeune être humain du sexe féminin (opposé à *garçon*). *C'est une fille, ce bébé ? Vestiaire des filles.* **2·** Fam. (Avec un déterminatif) Jeune fille ou jeune femme. *Il a épousé une fille de son âge. Une jolie fille. Un beau brin de fille.* – (En attribut) *Elle est assez belle fille.* **3·** *Petite fille* : enfant du sexe féminin jusqu'à l'âge nubile. → **fillette.** ≠ petite-fille. **4·** *Jeune fille* : fille nubile ou femme jeune non mariée (moins familier que *fille* tout court). → **demoiselle.** *Une grande, une petite jeune fille* (selon l'âge). *Une jeune fille et un jeune homme. Des jeunes filles et des jeunes gens*.* **5·** Vieilli. Célibataire. *Elle est restée fille. Fille-mère :* mère célibataire. – *Vieille fille :* femme qui a atteint ou passé l'âge mûr sans se marier (péj., implique des idées étroites, une vie monotone). **6·** Nom donné à certaines religieuses. *Les Filles du Calvaire.* **7·** Vieilli. *Fille de :* jeune fille ou femme employée à une fonction, un travail. *Fille d'auberge, de ferme, de cuisine.* **8·** *Fille de joie* ou *fille :* prostituée. ▶ [1] **fillette** [fijɛt] n. f. Petite fille (autour de l'âge de dix ans). ▷ **belle-fille, petite-fille**

[2] **fillette** n. f. Région. Bouteille de vin contenant un tiers de litre.

filleul, eule [fijœl] n. La personne qui a été tenue sur les fonts baptismaux, par rapport à ses parrain et marraine.

[1] **film** [film] n. m. **1·** Pellicule cinématographique. *Un mètre de film comporte 52 images. Film ultra-sensible.* **2·** Œuvre cinématographique enregistrée sur film. → **cinéma.** *Tourner un film. Film muet, parlant. Mauvais film.* → fam. **navet.** *Films d'animation* (→ dessins animés). ▶ [2] **filmer** v. tr. < conjug. 1 > Enregistrer (des vues) sur un film cinématographique. *Filmer un enfant qui joue.* – Sans compl. *Ce cinéaste a toujours filmé en studio.* → **tourner.** ▶ **filmage** n. m. Action de filmer. → **tournage.** ▶ **filmé, ée** adj. Enregistré sur film. *Du théâtre filmé.* ▶ **filmique** adj. Didact. Relatif aux films de cinéma. ▶ **filmographie** n. f. Liste des films (d'un auteur, d'un acteur, d'un genre...). ▷ **microfilm, téléfilm**

[2] **film** n. m. Anglic. Technique. Couche, pellicule très mince (d'une matière). *Film alimentaire* (en plastique). ▶ [2] **filmer** v. tr. < conjug. 1 > Recouvrir d'un film.

filo [filo] n. m. *Pâte filo* ou *filo :* pâte extrêmement fine utilisée dans la cuisine orientale.

filon [filɔ̃] n. m. **1·** Masse allongée de minéraux solides existant dans le sol au milieu de couches de nature différente. *Filon de cuivre.* → **veine.** *Exploiter un filon.* **2·** Abstrait. *Exploiter un filon comique. Ce sujet est un filon.* → **mine. 3·** Fam. Moyen, occasion de s'enrichir ou d'améliorer son existence. *Un bon filon.*

filou [filu] n. m. Escroc, voleur. *Des filous.* ▶ **filouter** v. tr. < conjug. 1 > Vieilli. Voler adroitement qqch. – *Filouter qqn :* l'escroquer.

fils [fis] n. m. invar. **1·** Être humain du sexe masculin (opposé à *fille*), considéré par rapport à son père et à sa mère. → **aîné, benjamin, cadet, enfant, puîné.** *C'est le fils de M. X ; c'est son fils.*

→ fam. **fiston.** *Fils adoptif. L'amour du fils pour son père.* → **filial.** *Dumas fils.* PROV. *Tel père, tel fils.* → **junior.** – Loc. péj. ***Fils à papa*** : qui profite de la situation de son père. **2·** *Fils de Dieu, fils de l'homme, le Fils,* Jésus-Christ. **3·** *Fils de,* descendant de ; originaire de. *Un fils du pays.* → **enfant.** ▷ **beau-fils, fiston, petit-fils**

filtre [filtʀ] n. m. **1·** Appareil (tissu ou réseau, passoire) à travers lequel on fait passer un liquide pour le débarrasser des particules solides qui s'y trouvent. – *Café-filtre* ou *filtre,* café préparé au moyen d'un filtre. **2·** Appareil servant à débarrasser un fluide ou un aérosol de ses impuretés. *Filtre à air, à essence. Cigarettes à bout filtre,* où un tampon poreux retient en partie la nicotine et les goudrons. ≠ philtre. ▶ **filtrer** v. < conjug. 1 > **I·** V. tr. **1·** Faire passer à travers un filtre. *Filtrer de l'eau pour la rendre potable.* → **purifier. 2·** Soumettre à un contrôle, à une vérification, à un tri. *La censure filtre sévèrement les nouvelles.* **II·** V. intr. **1·** S'écouler lentement. *L'eau filtre à travers le sable.* **2·** Passer. *Lumière qui filtre à travers les volets.* – Abstrait. *La nouvelle, la vérité a fini par filtrer,* par être connue. ▶ **filtrage** n. m. Action de filtrer (1 et 2). ▶ **filtrant, ante** adj. **1·** Qui sert à filtrer. – *Verre filtrant,* filtre optique. – *Crème filtrante,* cosmétique qui contrôle l'effet du soleil sur la peau. **2·** *Regard filtrant,* jeté à travers des paupières mi-closes ▷ **s'infiltrer**

① **fin, fine** [fɛ̃, fin] adj. **I· 1·** Vx. Extrême. **2·** *Le fin fond de. Il vit au fin fond de la forêt,* tout au fond de la forêt. – *Le fin mot d'une histoire,* le dernier mot, le mot qui donne la clé du reste. **3·** Adv. Tout à fait. → **complètement.** *Elle est fin prête.* **II· 1·** Qui est de la dernière pureté. → **affiné, pur.** *Or fin. Perles fines.* / contr. fantaisie / *Pierres fines.* → **précieux. 2·** Qui est de la meilleure qualité. *Lingerie fine. Fines herbes. Huîtres fines de claire*.* – N. m. Loc. *Le fin du fin,* ce qu'il y a de mieux dans le genre. **3·** D'une grande acuité. → **sensible.** *Avoir l'oreille fine, le nez fin.* **4·** Qui marque de la subtilité d'esprit, une sensibilité délicate. *Une fine remarque* (→ **finement, finesse**). **5·** (Personnes) Qui excelle dans une activité réclamant de l'adresse et du discernement. → **adroit, habile.** *Fin connaisseur. Fin gourmet.* **6·** Qui a une habileté proche de la ruse. → **astucieux, finaud, malin, rusé.** *Il se croit plus fin que les autres. Jouer au plus fin.* – Iron. *C'est fin, ce que tu as fait là !* → **malin. III· 1·** Dont les éléments sont très petits. *Sel fin.* / contr. gros / – *Une pluie fine.* **2·** Délié. *Cheveux fins et soyeux. Taille fine. Traits fins.* **3·** Qui est très mince (opposé à *épais*). *Stylo à pointe fine.* **4·** Difficile à percevoir. *Les plus fines nuances de la pensée.* → **ténu.** ▷ **affiner, demi-fin, extra-fin, finasser, finaud, fine, finement, finesse, finette, raffinement,** ① **raffiner,** ② **raffiner**

② **fin** [fɛ̃] n. f. **I· 1·** Moment, instant auquel s'arrête un phénomène, une période, une action. → **borne, bout, limite, échéance, terme.** / contr. commencement / *Payer à la fin du mois. à la fin de mai, fin mai. Du début à la fin.* – Loc. adv. ***À la fin.*** → en **définitive, enfin, finalement.** *À la fin, elle lui a pardonné.* Fam. *Tu m'ennuies à la fin !,* à force d'insister. **2·** Derniers éléments (d'une durée), dernière partie (d'une action, d'un ouvrage). *La fin de la journée a été belle. Il n'a pu assister qu'à la fin du match. Je ne vous raconte pas la fin du film.* **3·** Loc. *Fin de siècle,* décadent. **4·** Disparition (d'un être, d'un phénomène, d'un sentiment). *La fin prématurée d'un héros.* → **mort.** *C'est la fin de tout !,* il n'y a plus rien à faire. Fam. *C'est la fin des haricots !* – ***Mettre fin à*** : faire cesser. *Il est temps de mettre fin à cette mascarade.* → **terminer.** *Mettre fin à ses jours,* se suicider. – ***Prendre fin*** : cesser. *La réunion a pris fin à deux heures du matin.* → se **terminer.** – Loc. adj. et adv. ***Sans fin.*** *Discourir sans fin,* sans s'arrêter. *Des reproches sans fin,* interminables. **5·** Cessation par achèvement. → **aboutissement.** *Mener à bonne fin un travail, une affaire. Mener une affaire à sa fin.* **II· 1·** Souvent au plur. Chose qu'on veut réaliser, à laquelle on tend volontairement. → **but.** *Arriver, en venir à ses fins.* → **réussir.** Loc. prov. *Qui veut la fin veut les moyens,* la personne qui veut atteindre son but accepte d'y arriver par tous les moyens. *La fin justifie les moyens.* – *Fin en soi,* résultat cherché pour lui-même. – Loc. *À cette fin,* pour arriver à ce but. *À toutes fins utiles,* pour servir le cas échéant. *À seule fin de,* dans le seul but de. **2·** Intention plus ou moins secrète. *Je me demande à quelle fin il m'a fait appeler.* – *Il m'a opposé une* ***fin de non-recevoir*** : un refus. ▶ ① **finale** n. m. Dernière partie d'un opéra, d'une symphonie, d'un concerto... *Le finale a emporté l'enthousiasme de l'auditoire.* → **coda.** ▶ ② **finale** n. f. **1·** Son ou syllabe qui termine un mot ou une phrase. **2·** Dernière épreuve (d'un tournoi, d'une coupe) qui, après les éliminatoires, désigne le vainqueur, entre les *finalistes.* ▶ **finaliste** n. Concurrent(e) qualifié(e) pour la finale. ▶ **final, ale, als** ou (rare) **aux** adj. Qui est à la fin, qui sert de fin. / contr. initial / *Accords finals d'un air.* → **dernier.** *Point final,* à la fin d'un énoncé. ▶ **finalement** adv. À la fin ; en définitive. ▶ **finaliser** v. tr. < conjug. 1 > Anglic. critiqué. Mettre au point de manière détaillée, présenter sous une forme quasi définitive. *Finaliser un contrat.* ▶ **finalisation** n. f. ▶ **finalité** n. f.

Caractère de ce qui tend à un but. *Quelle est la finalité de cette politique ?* ▷ **afin de, confiner, confins, demi-finale, enfin, fini, finir, indéfini, infini**

finance [finɑ̃s] n. f. **1·** Au plur. Activité de l'État dans le domaine de l'argent. *Le ministère des Finances.* → **budget, économie, fisc, trésor. 2·** Possessions en argent. *Ses finances vont mal.* **3·** Au sing. Grandes affaires d'argent ; activité bancaire, boursière. → **affaire ; banque, bourse.** *Être dans la finance.* – Ensemble de ceux qui ont de grosses affaires d'argent. → **financier.** *La haute finance internationale.* **4·** *Moyennant finance :* contre de l'argent. ▶ **financer** v. < conjug. 3 > **1·** V. tr. Soutenir financièrement (une entreprise) ; procurer les capitaux nécessaires au fonctionnement de. *Société qui finance un journal.* **2·** V. intr. Plaisant. Payer. *Il ne regarde pas à la dépense, c'est son père qui finance.* ▶ **financement** n. m. Action de procurer des fonds à une entreprise, à un service public. → **autofinancement, investissement.** ▶ **financier, ière** n. et adj. **I·** N. Personne qui fait de grosses affaires d'argent, des opérations de banque, de Bourse. → **banquier, capitaliste. II·** Adj. **1·** Relatif à l'argent. *Besoin, équilibre financier.* **2·** Relatif aux finances publiques. *Politique financière. Crise financière.* ▶ **financier** n. m. Petit gâteau rectangulaire à base de poudre d'amandes et de blancs d'œufs. ▶ **financièrement** adv. **1·** En matière de finances. *Société, État financièrement prospère.* **2·** Fam. En ce qui concerne l'argent exclusivement. → **matériellement.** *Financièrement, la situation est bonne, mais je ne sais plus où donner de la tête.* ▷ **autofinancement**

finasser [finase] v. intr. < conjug. 1 > Agir avec une finesse excessive. → **ruser.** ▶ **finasserie** n. f. Procédé d'une personne qui finasse.

finaud, aude [fino, od] adj. Qui cache de la finesse sous un air de simplicité. → **futé, matois.** – N. *La petite finaude avait tout deviné.*

fine [fin] n. f. Eau-de-vie de qualité supérieure. *Un verre de fine.*

finement [finmɑ̃] adv. **1·** Avec finesse, subtilité. **2·** Avec habileté. → **adroitement.** *Il a finement calculé son coup.* **3·** D'une manière fine, délicate. *Objet finement ouvragé.*

finesse [finɛs] n. f. **1·** Qualité de ce qui est délicat et bien exécuté. *Finesse d'une broderie.* **2·** Aptitude à discerner les choses les plus délicates par les sens ou par la pensée. *Une grande finesse d'esprit.* / contr. grossièreté / **3·** Extrême délicatesse de forme ou de matière. *Finesse d'une poudre. Finesse d'une lame.* / contr. épaisseur / **4·** Au plur. Chose difficile à comprendre, à manier (qui demande de la finesse). *Connaître toutes les finesses d'une langue, d'un art.* → **subtilité.**

finette [finɛt] n. f. Étoffe de coton croisé dont l'envers est pelucheux. *Chemise de nuit en finette.*

fini, ie [fini] p. p. et adj. **1·** Dont la finition est bonne. *Vêtement bien fini.* – N. m. *Le fini,* la qualité de ce qui est soigné jusque dans les détails. **2·** Péj. Achevé, parfait en son genre. *Un menteur fini.* → **fieffé. 3·** (Personnes) *C'est un homme fini,* usé au point d'avoir perdu toute possibilité d'agir, de réussir. **4·** Qui a des limites. *Pour les anciens Grecs, l'univers était fini.* – N. m. *Le fini et l'infini.*

finir [finiʀ] v. < conjug. 2 > **I·** V. tr. Mener à sa fin. **1·** Conduire (une occupation, un travail) à son terme en faisant ce qui reste à faire. → **achever, terminer.** / contr. commencer / *Finir un ouvrage. Il a presque fini. Finissez de dîner.* – Conduire à son point de perfection. → **parachever, parfaire.** *Chaque pièce est finie à la main.* **2·** Mener (une période) à son terme, en passant le temps qui reste à passer. *Finir sa vie dans la misère.* **3·** Mener (une quantité) à épuisement, en prenant ce qui reste à prendre. *Il finit tous les plats.* – Fam. Utiliser jusqu'au bout. *Il finit ses vêtements à la campagne.* **4·** Mettre un terme à. → **arrêter, cesser,** mettre **fin** à. *Il est temps de finir nos querelles.* **5·** *Finir de* (+ infinitif). *Finissez de vous plaindre !* → **cesser. II·** V. intr. Arriver à sa fin. **1·** Arriver à son terme dans le temps. → s'**achever,** se **terminer.** *Le spectacle finira vers minuit. Il est temps que cela finisse.* → **cesser. 2·** Avoir telle ou telle fin, tel ou tel aboutissement. *Un film qui finit bien.* – (Personnes) *Ce garçon commence à mal tourner, je crois qu'il finira mal.* **3·** Arriver au terme de sa vie. → **mourir, périr.** *Finir dans un accident, à l'hôpital.* **4·** Arriver à son terme dans l'espace. *Le sentier finissait là.* → s'**arrêter. 5·** *Finir par* (+ infinitif) : arriver, après une série de faits, à tel ou tel résultat. *Elle finira bien par trouver. Tout finit par s'arranger.* **III·** *En finir* **1·** Mettre fin à une chose longue, désagréable. *Que d'explications ! Il n'en finit plus ! – En finir avec qqch.,* arriver à une solution. → **régler, résoudre.** *On n'en finira jamais avec cette affaire. – En finir avec qqn,* se débarrasser de lui. – Fam. *En finir de. On n'en finirait pas de raconter ses aventures.* → s'**arrêter. 2·** *N'en pas (plus) finir :* être trop long. *Un discours qui n'en finit plus. Des applaudissements à n'en plus finir. Il n'en finit pas de s'habiller.* ▶ **finissant, ante,** adj. En train de finir. *Le siècle finissant.* ▶ **finissage** n. m. Action de finir une fabrication, une pièce. → **finition.** ▶ **finisseur, euse** n. Ouvrier(ère) chargé(e) des travaux de finissage, de finition. ▶ **finition** n. f. **1·** Opération ou ensemble d'opérations (finissage, etc.) qui termine la fabrication d'un objet, d'un produit livré au public. **2·** Caractère de ce qui est plus ou moins bien fini. *C'est une bonne voiture, mais sa finition est insuffisante.* **3·** *Les finitions,* les derniers travaux. *Les finitions d'une maison.* / contr. gros œuvre / *Couturière qui fait les finitions* (ourlets, surfilage, boutonnières, etc.). ▷ **fini**

finish [finiʃ] n. m. Anglic. Aptitude à finir (dans une épreuve sportive...) *Gagner au finish.* Fig. *Au finish* : en épuisant les résistances.

finlandais, aise [fɛ̃lɑ̃dɛ, ɛz] adj. De Finlande. *Sauna finlandais.* – N. *Les Finlandais.* ▶ **finnois, oise** [finwa, waz] adj. et n. Du peuple de langue non indo-européenne *(le finnois)* qui vit en Finlande.

fiole [fjɔl] n. f. **1·** Petite bouteille de verre à col étroit utilisée spécialement en pharmacie. → **flacon. 2·** Fam. → **tête.** *Se payer la fiole de qqn,* s'en moquer, en rire.

fiord → **fjord.**

fioriture [fjɔʀityʀ] n. f. Ornement complexe. *Les fioritures d'un dessin, d'un motif décoratif.* – Souv. péj. *Fioritures de style.*

fioul → **fuel.**

firmament [fiʀmamɑ̃] n. m. Poét. La voûte céleste.

firme [fiʀm] n. f. Entreprise industrielle ou commerciale.

fisc [fisk] n. m. Ensemble des administrations qui s'occupent des impôts. *Frauder le fisc. Inspecteur du fisc.* → **contributions.** ▶ **fiscal, ale, aux** adj. Qui se rapporte au fisc, à l'impôt. *Fraude fiscale. Timbre fiscal.* ▶ **fiscalement** adv. ▶ **fiscaliser** v. tr. < conjug. 1 > Soumettre à l'impôt. ▶ **fiscalisation** n. f. ▶ **fiscalité** n. f. Système fiscal. *La réforme de la fiscalité.* ▷ **défiscaliser**

fissible [fisibl] adj. En physique. Vieilli. Fissile (2).

fissile [fisil] adj. **1·** Qui tend à se fendre, à se diviser en feuillets minces. *Schiste fissile.* **2·** Qui peut subir la fission. *Noyau fissile. L'uranium est fissile.*

fission [fisjɔ̃] n. f. *Fission (nucléaire),* division d'un noyau d'atome. *La fission dégage de l'énergie.* / contr. fusion / ≠ scission.

fissure [fisyʀ] n. f. Petite fente. *Les fissures d'un mur.* → **lézarde.** *Fissure d'un vase, d'un tuyau.* → **fêlure, fuite.** – Abstrait. → **brèche** (2). ▶ **fissurer** v. tr. < conjug. 1 > Provoquer des fissures sur (qqch.). → **crevasser, fendre.** *Le gel a fissuré les murs.* – Pronominalement. *Mur qui se fissure.* – Au p. p. adj. *Plafond fissuré.*

fiston [fistɔ̃] n. m. Fam. Fils.

fistule [fistyl] n. f. Canal qui se forme pour donner passage dans l'organisme à un liquide physiologique ou pathologique. ▶ **fistuleux, euse** adj. *Ulcères fistuleux.*

fitness [fitnɛs] n. m. Anglic. Ensemble d'activités physiques pratiquées à l'aide d'appareils. *Club de fitness. Salle de fitness et de musculation.*

F. I. V. [fiv] n. f. invar. Fécondation* in vitro (méthode de procréation médicalement assistée). *F. I. V. avec transfert d'embryon* (*fivète* n. f.).

fixation [fiksasjɔ̃] n. f. **1·** Action de fixer. *Fixation de l'oxygène par l'hémoglobine du sang.* **2·** Le fait de faire tenir solidement (une chose). *Crochets de fixation.* **3·** Attache. *Fixations de sécurité.* **4·** En psychologie. Attachement intense à une personne, à un objet ou à un stade du développement. *Fixation au père.* – Loc. *Faire une fixation sur (qqch.),* ne pas pouvoir en détacher son esprit. **5·** Action de déterminer. → **détermination.** *La fixation du prix du blé.* ▶ **fixateur** n. m. **1·** Vaporisateur qui projette un fixatif. **2·** Substance qui fixe l'image photographique. ▶ **fixatif** n. m. Vernis dilué qui sert à fixer un fusain ou un pastel sec sur son support.

fixe [fiks] adj. **I· 1·** Qui ne bouge pas, ne change pas de position. → **immobile.** *Un point fixe. Personne sans domicile fixe.* → **S. D. F.** – *Téléphone fixe* (opposé à *mobile, portable*). **2·** *Avoir les yeux fixes, le regard fixe,* regarder le même point, sans dévier ; regarder dans le vague. **3·** Interj. *Fixe !* : commandement militaire prescrivant aux hommes de se tenir immobiles. → **garde** à vous. **II· 1·** Qui ne change pas, reste en l'état. → **immuable, invariable, permanent.** *Couleur fixe. Feu fixe* (opposé à *clignotant*). *Beau fixe,* beau temps durable (météo). – Loc. fig. *Au beau fixe,* bon, excellent (de manière durable). *Les relations franco-anglaises étaient au beau fixe.* **2·** Réglé d'une façon précise et définitive. → **défini, déterminé.** *Manger à heure fixe. Menu à prix fixe.* – *Idée fixe* : idée dominante, dont l'esprit ne peut se détacher. → **fixation, obsession. 3·** → **assuré, régulier.** *Revenu fixe, appointements fixes.* – N. m. *Un fixe,* appointements fixes (opposé à *commission*). ▶ **fixement** [fiksəmɑ̃] adv. D'un regard fixe. *Il la regarde fixement.* ▶ **fixisme** [fiksism] n. m. En histoire des sciences. Doctrine de la fixité (2) des espèces (opposé à *évolutionnisme*). ▶ **fixité** n. f. **1·** Caractère de ce qui est fixe (I, 1, 2). *La fixité du regard.* **2·** Didact. Caractère de ce qui est définitivement fixé. ▷ **crucifix, fixer, préfixe, suffixe**

fixer [fikse] v. tr. < conjug. 1 > **I· 1·** Établir de façon durable à une place déterminée. → **attacher,**

maintenir. *Fixer les volets avec des crochets.* – (Personnes) ***Se fixer*** : s'installer durablement. *Il s'est fixé à Paris.* **2·** ***Fixer*** *qqn* (du regard) : le regarder avec insistance. **3·** Abstrait. *Fixer son attention sur un objet.* – Pronominalement. *Mon choix s'est fixé sur tel article.* **II· 1·** Recouvrir de fixatif. *Fixer un pastel, un fusain.* **2·** Rendre stable et immobile (ce qui évolue, change). *L'usage a fixé le sens de cette expression.* → **figer.** – Pronominalement. *L'orthographe s'est progressivement fixée.* → **se stabiliser.** **3·** Faire qu'une personne ne soit plus dans l'indécision ou l'incertitude. *Fixer qqn sur,* le renseigner exactement sur. *Je l'ai fixé sur vos intentions à son égard.* – Au p. p. adj. *Je ne suis pas encore fixée,* je ne sais pas quel parti prendre. → **décidé.** **4·** Régler d'une façon déterminée, définitive. *Fixer ses conditions. Les limites fixées par la loi.* → **dicter, édicter.** *Fixer un prix. Fixer un rendez-vous. Au jour fixé,* dit, décidé, convenu. ▷ **fixation**

fjord ou **fiord** [fjɔʀd] n. m. Golfe s'enfonçant profondément dans l'intérieur des terres (surtout en Scandinavie, en Écosse). *Les fjords de Norvège.*

flac [flak] interj. Onomatopée imitant le bruit de l'eau qui tombe, de ce qui tombe dans l'eau → **floc** ou à plat → **clac, crac, plaf.**

flaccidité [flaksidite] n. f. Didact. Caractère de ce qui est flasque.

flacon [flakɔ̃] n. m. Petite bouteille contenant un liquide précieux. *Flacon de parfum.*

fla-flas [flafla] n. m. pl. Fam. Manières, façons. → fam. **chichi.**

flagada [flagada] adj. invar. Fam. Sans force, fatigué. *Avec cette chaleur, elles se sentent complètement flagada.*

flagelle [flaʒɛl] n. m. Filament mobile qui sert d'organe locomoteur à certaines bactéries, aux spermatozoïdes. ▶ **flagellé, ée** adj. Pourvu de flagelles. *Protozoaire flagellé.*

flageller [flaʒe(ɛl)le] v. tr. < conjug. 1 > Battre de coups de fouet. → **fouetter.** ▶ **flagellation** n. f. Supplice du fouet. *La flagellation du Christ.*

flageoler [flaʒɔle] v. intr. < conjug. 1 > (Jambes de l'homme, du cheval) Trembler de faiblesse, de fatigue, de peur. *J'ai les jambes qui flageolent.* – (Personnes) *Flageoler sur ses jambes.* → **chanceler.** ▶ **flageolant, ante** adj. *Jambes flageolantes.*

1 **flageolet** [flaʒɔlɛ] n. m. Flûte à bec, généralement percée de six trous.

2 **flageolet** n. m. Variété de haricot nain très estimé, qui se mange en grains. *Gigot aux flageolets.*

flagorner [flagɔʀne] v. tr. < conjug. 1 > Littér. Flatter bassement, servilement. ▶ **flagornerie** n. f. Flatterie grossière et basse. ▶ **flagorneur, euse** n. et adj. Qui flagorne.

flagrant, ante [flagʀɑ̃, ɑ̃t] adj. **1·** Qui est commis sous les yeux mêmes de celui qui le constate. *Flagrant délit*.* **2·** Qui paraît évident aux yeux de tous, qui n'est pas niable. → **criant, évident, patent.** *Une injustice flagrante.*

flair [flɛʀ] n. m. **1·** Faculté de discerner par l'odeur. → **odorat.** *Le flair du chien.* **2·** Aptitude instinctive à prévoir, deviner. → **clairvoyance, feeling, intuition, perspicacité.** *Il a eu du flair dans cette affaire.* ▶ **flairer** v. tr. < conjug. 1 > **1·** (Animaux) Discerner, reconnaître ou chercher par l'odeur. *Chien qui flaire son maître.* **2·** Discerner qqch. par intuition. → **deviner, pressentir, soupçonner, subodorer.** *Il flaire un piège là-dessous.*

flamand, ande [flamɑ̃, ɑ̃d] adj. et n. m. **1·** Adj. Des Flandres. *Les polders flamands.* – N. *Les Flamands.* **2·** N. m. Parler néerlandais de Belgique (langue officielle de ce pays, avec le français). → **flamingant.** ≠ flamant.

flamant [flamɑ̃] n. m. Oiseau échassier palmipède, au plumage généralement rose (*flamant rose*). ≠ flamand.

flambant, ante [flɑ̃bɑ̃, ɑ̃t] adj. Vieilli. Beau, superbe. – ***Flambant neuf*** : tout neuf. *Maison flambant neuf* ou *flambant neuve. Des bureaux flambant neufs.*

flamber [flɑ̃be] v. < conjug. 1 > **I·** V. intr. **1·** Brûler avec flammes et production de lumière. *Papier qui flambe.* **2·** *Les prix flambent,* augmentent très rapidement. **II·** V. tr. **1·** Passer à la flamme. *Flamber une volaille,* pour brûler le duvet. *Flamber une aiguille,* pour la stériliser. **2·** Dépenser immodérément. – Absolt. Jouer de grosses sommes. **3·** En cuisine. Arroser d'alcool qu'on enflamme. *Flamber des rognons au cognac.* ▶ **flambage** n. m. *Flambage d'un poulet.* ▶ **flambé, ée** adj. **1·** En cuisine. Arrosé d'alcool auquel on met le feu. *Crêpes flambées.* **2·** (Personnes) Perdu, ruiné. *Il est flambé !* ▶ **flambeau** n. m. **1·** Mèche enduite de cire, de résine pour éclairer. → **torche.** *À la lueur des flambeaux. Procession, retraite aux flambeaux.* **2·** Littér. Ce qui éclaire (intellectuellement ou moralement). → **lumière.** *Le flambeau du progrès.* – Loc. *Passer le flambeau à qqn,* lui laisser le soin d'assurer la continuité d'une action déjà commencée. – *Reprendre le flambeau,* succéder, prendre la suite de. **3·** Candélabre, chandelier. *Flambeau d'argent.* ▶ **flambée** n. f. **1·** Feu vif et assez bref. *Faire une flambée pour se réchauffer.* **2·** Explosion (d'un sentiment violent, d'une action). *Flambée de colère.* → **bouffée.** *Flambée de* *terrorisme.* **3·** Hausse soudaine. *La flambée des prix.* ▶ **flamboyer** [flɑ̃bwaje] v. intr. <conjug. 8> Jeter par intervalles des flammes ou des reflets éclatants de lumière. *On voyait flamboyer l'incendie.* ▶ **flamboiement** [flɑ̃bwamɑ̃] n. m. Éclat de ce qui flamboie. ▶ **flamboyant, ante** adj. et n. m. **1·** Qui flamboie. → **brillant, étincelant.** *Des yeux flamboyants de haine.* **2·** ***Gothique flamboyant*** (XVᵉ s.) : où certains ornements architecturaux ont une forme contournée. **3·** N. m. Arbre tropical à fleurs rouge vif.

flambeur, euse [flɑ̃bœʀ, øz] n. Fam. Personne qui joue gros jeu, qui flambe (2).

flamenco [flamɛnko] n. m. Musique populaire andalouse.

flamiche [flamiʃ] n. f. Région. Tourte aux poireaux, spécialité du nord de la France.

flamingant, ante [flamɛ̃gɑ̃, ɑ̃t] adj. **1·** Qui parle flamand ; où l'on parle flamand. *La Belgique flamingante.* **2·** Partisan de l'autonomie politique et culturelle de la Flandre belge, vis-à-vis de la communauté francophone (Wallonie). – N. *Un Flamingant.*

1 **flamme** [fla(ɑ)m] n. f. **1·** Production lumineuse et mobile de gaz en combustion. *Le feu jette des flammes.* → **flamber.** *La flamme est éteinte, il ne reste que des braises. Ranimer les flammes. Flamme d'un briquet.* – *En flammes,* qui brûle par incendie. *Maison en flammes.* – *La flamme olympique.* **2·** Éclat. *La flamme de son regard.* → **feu. 3·** Animation, passion. *Il parle avec flamme.* – *Être tout feu* tout flamme.* **4·** Littér. Passion amoureuse. *Déclarer sa flamme.* ▶ **flammèche** n. f. Parcelle enflammée qui se détache d'un brasier, d'un foyer. *Une flammèche a mis le feu au bâtiment.* ▷ **enflammer, inflammable, lance-flammes**

2 **flamme** n. f. Petit drapeau étroit et long. → **oriflamme,** 3 **pavillon.**

flammekueche [flam(ə)kyʃ] n. f. ou m. Spécialité alsacienne, galette de pâte garnie de crème fraîche, de lardons et d'oignons.

1 **flan** [flɑ̃] n. m. **1·** Crème à base de lait, d'œufs, de sucre que l'on fait prendre au four. **2·** Fam. *En rester comme* ***deux ronds de flan*** : être stupéfait, muet d'étonnement. → fam. **baba.**

2 **flan** n. m. Loc. fam. *C'est du flan,* de la blague. *Au flan,* au hasard, sans réfléchir.

flanc [flɑ̃] n. m. **1·** Partie latérale du corps de l'homme et de certains animaux. *Se coucher sur le flanc,* sur le côté. – Loc. *Être sur le flanc,* extrêmement fatigué. – Fam. *Tirer au flanc,* paresser. → **tire-au-flanc. 2·** Littér. (Choses) Partie latérale. *Les flancs d'un vaisseau.* – ***À flanc de*** : sur le flanc de. *Une maison à flanc de coteau.* **3·** Côté droit ou gauche d'une troupe, d'une armée (opposé à *front*). → **aile. 4·** ***Prêter le flanc*** : donner prise. → s'**exposer.** *Il prête le flanc à la critique.* ▷ **bat-flanc, efflanqué,** 1 **flanquer, tire-au-flanc**

flancher [flɑ̃ʃe] v. intr. <conjug. 1> Fam. Céder, faiblir. *Le cœur du malade a flanché brusquement. Il semblait résolu, mais il a flanché au dernier moment.* → se **dérober.**

flanelle [flanɛl] n. f. Tissu de laine peu serré, doux et pelucheux. *Pantalon de flanelle, en flanelle.*

flâner [flɑne] v. intr. <conjug. 1> **1·** Se promener sans hâte, en s'abandonnant à l'impression et au spectacle du moment. → se **balader, musarder.** *J'ai flâné dans les rues.* **2·** S'attarder, travailler lentement. *Ne flânez pas, au travail !* / contr. se hâter / ▶ **flânage** n. m. Au Canada. Fait de traîner dans un lieu public. ▶ **flânerie** n. f. Action ou habitude de flâner. ▶ **flâneur, euse** n. Personne qui flâne, ou qui aime à flâner (1). → **badaud, promeneur.** *Les flâneurs du dimanche.*

1 **flanquer** [flɑ̃ke] v. tr. <conjug. 1> Être sur le côté, sur le flanc de (une construction, un meuble). *Les pavillons qui flanquent le bâtiment central.* – ***Flanqué(ée) de.*** *Un château flanqué de tourelles.* – (Personnes) Accompagné de. *Il était flanqué de ses gardes du corps.*

2 **flanquer** v. tr. <conjug. 1> **1·** Fam. Lancer, jeter brutalement ou brusquement. → **donner ;** fam. **fiche** ou **ficher, foutre.** *Flanquer un coup, une gifle à qqn. Se flanquer par terre,* tomber. *Flanquer un employé à la porte.* → **renvoyer. 2·** Fam. *Il m'a flanqué la frousse,* fait peur. → **filer** (I, 7).

flapi, ie [flapi] adj. Fam. Épuisé, éreinté. *Elles sont flapies.*

flaque [flak] n. f. Petite mare (de liquide stagnant). *Chemin couvert de flaques d'eau. Une flaque d'huile.*

flash [flaʃ] n. m. Anglic. **1·** Lampe servant à prendre des instantanés grâce à une émission de lumière brève et très intense. *Des flashs.* **2·** Scène rapide d'un film. **3·** Courte nouvelle transmise en priorité dans les médias. *Film interrompu par un flash spécial.* ▶ **flash-back** [flaʃbak] n. m. Anglic. Retour en arrière, dans un récit. *Les flash-back* (ou *flash-backs*) *rendent l'intrigue difficile à suivre.* ▶ **flasher** v. <conjug. 1> **1·** V. intr. Fam. *Flasher sur,* être très intéressé par, avoir le coup de foudre pour. *Elle a flashé sur ce pantalon.* **2·** V. tr. (Radar). Photographier (un véhicule en infraction). – Au p. p. *Une moto flashée pour excès de vitesse.* ▶ **flashy** adj. invar. Anglic. Éblouissant, criard (couleur). *Rose flashy.* – *Maquillage flashy.*

1 **flasque** [flask] adj. Qui manque de fermeté. → **mou ; mollasse.** *Chair flasque. Peau flasque.* ▷ **flaccidité**

2 **flasque** n. f. Petite gourde, petite bouteille plate. ≠ flasque.

flatter [flate] v. tr. < conjug. 1 > **I**· (Suj. et compl. animés) **1**· Louer excessivement ou faussement (qqn), pour plaire, séduire. → **encenser, flagorner.** *Il flatte son patron. Sans vous flatter, vous êtes irremplaçable.* **2**· Caresser (un animal) avec la main. *Flatter un cheval.* **II**· (Suj. chose) **1**· Être agréable à, faire concevoir de la fierté ou de l'orgueil. *Cette distinction me flatte et m'honore.* → **toucher.** *Sa venue me flatte, je suis flatté qu'il vienne. Cela flatte sa vanité.* **2**· Faire paraître plus beau que la réalité. → **avantager, embellir.** *Cette robe la flatte.* **III**· ***Flatter*** *qqch.* **1**· Encourager, favoriser avec complaisance. *Flatter les manies, les vices* (de qqn). **2**· Affecter agréablement (les sens). → **charmer.** *Couleurs qui flattent les yeux.* **IV**· ***Se flatter de*** v. pron. **1**· (+ infinitif) Se croire assuré de. *Il se flatte de réussir.* → **espérer.** **2**· (+ nom ou infinitif) Tirer orgueil, vanité. → se **targuer.** *Il se flatte de sa réussite, d'avoir si bien réussi.* ▶ **flatterie** [flatʀi] n. f. Action de flatter, propos qui flatte. *Il est sensible à la flatterie. Il nous a fait mille flatteries.* ▶ **flatteur, euse** n. et adj. **I**· N. Personne qui flatte. *N'écoutez pas les flatteurs.* **II**· Adj. **1**· Qui loue avec exagération ou de façon intéressée. *Il n'est pas flatteur.* **2**· Qui flatte l'amour-propre, l'orgueil. → **avantageux, élogieux.** *Une comparaison flatteuse. Ce n'est pas flatteur !*, la comparaison, la remarque est dure. **3**· Qui embellit. *Faire un tableau flatteur de la situation.* ▶ **flatteusement** adv.

flatulent, ente [flatylɑ̃, ɑ̃t] adj. Qui s'accompagne de gaz intestinaux, qui en produit. *Colique flatulente.* ▶ **flatulence** n. f. Émission de gaz intestinal. ▶ **flatuosité** n. f. Gaz accumulé dans les intestins ou expulsé du tube digestif. → **pet, vent.**

1 **fléau** [fleo] n. m. **1**· Instrument à battre les céréales, composé de deux bâtons liés bout à bout par des courroies. *Des fléaux.* **2**· Pièce rigide en équilibre sur laquelle reposent les plateaux d'une balance.

2 **fléau** n. m. **1**· Calamité qui s'abat sur un peuple. → **cataclysme, catastrophe, désastre.** *Le fléau de la sécheresse.* **2**· Personne ou chose nuisible. *L'alcool et la drogue sont des fléaux.*

flèche [flɛʃ] n. f. **1**· Arme de jet consistant en une tige de bois munie d'une pointe à une extrémité et d'un empennage de plumes à l'autre. *Tirer une flèche avec un arc.* – Loc. *Partir, filer comme une flèche,* très vite. *Monter en flèche,* très vite. *Faire flèche de tout bois,* utiliser tous les moyens disponibles, même s'ils sont mal adaptés. **2**· Signe figurant une flèche et servant à indiquer un sens. *Suivez les flèches.* **3**· Littér. Trait d'esprit, attaque plus ou moins déguisée. → **pique.** **4**· Toit pyramidal ou conique d'un clocher, d'une tour. *La flèche d'une cathédrale.* **5**· Fig. ***En flèche.*** *Se trouver en flèche,* à l'avant-garde par rapport aux autres membres d'un groupe, d'un parti. ▶ **fléché, ée** adj. Qui porte une flèche, est indiqué par des flèches. *Itinéraire fléché.* ▶ **fléchage** n. m. Fait de désigner une direction, un lieu, par des flèches. *Fléchage d'un parcours.* ▶ **fléchette** n. f. Petite flèche qui se lance à la main contre une cible. *Jeu de fléchettes.*

fléchir [fleʃiʀ] v. < conjug. 2 > **I**· V. tr. **1**· Faire plier progressivement sous un effort, une pression. → **courber, ployer.** *Fléchir le corps en avant. Fléchir le bras,* le plier. **2**· Faire céder peu à peu. *Il essaie de fléchir son père qui s'oppose à ses projets.* **II**· V. intr. **1**· Plier, se courber peu à peu sous un effort, une pression. *La poutre commence à fléchir. Ses jambes fléchissent et il tombe.* **2**· Céder. *Il ne fléchira pas, sa résolution est prise.* **3**· Perdre de sa force, de sa rigueur. *Ses résolutions fléchissent.* **4**· Baisser, diminuer. *La courbe de production fléchit.* → s'**infléchir.** ▶ **fléchissement** n. m. **1**· Action de fléchir ; état d'un corps qui fléchit. → **flexion.** *Le fléchissement du bras.* **2**· Le fait de céder, de faiblir. *Fléchissement des cours en Bourse.* → **baisse, diminution.** ▶ **fléchisseur** adj. et n. m. *Muscle fléchisseur* ou *un fléchisseur* n. m. : qui accomplit une flexion (opposé à *extenseur*). ▷ **infléchir**

flegme [flɛgm] n. m. Caractère calme, non émotif. → **froideur, impassibilité.** *Faire perdre son flegme à qqn.* ▶ **flegmatique** adj. Qui a un caractère calme et lent, qui contrôle facilement ses émotions. → **froid, impassible.** *Un tempérament flegmatique.* ▶ **flegmatiquement** adv.

flegmon → **phlegmon.**

flemme [flɛm] n. f. Fam. Grande paresse. *Avoir la flemme. Tirer sa flemme,* paresser. ▶ **flemmard, arde** adj. et n. Fam. Qui n'aime pas faire d'efforts, travailler. *Elle est flemmarde.* → **paresseux** ; fam. **cossard.** – N. *Quel flemmard !* → **fainéant.** ▶ **flemmarder** v. intr. < conjug. 1 > Fam. Avoir la flemme ; ne rien faire. *Flemmarder au lit.* → **paresser.**

flétan [fletɑ̃] n. m. Grand poisson plat des mers froides, à chair blanche et délicate.

1 **flétrir** [fletʀiʀ] v. tr. < conjug. 2 > **1**· Faire perdre sa forme naturelle, son port et ses couleurs à (une plante), en privant d'eau. → **décolorer, faner, sécher.** *La chaleur a flétri ces fleurs.* – ***Se flétrir*** v. pron. : se faner. **2**· Littér. Dépouiller de

son éclat, de sa fraîcheur. → **altérer, rider.** *L'âge a flétri son visage.* – Au p. p. adj. *Peau flétrie.* **3·** Littér. → **avilir.** ▶ 1 **flétrissure** n. f. **1·** État d'une plante flétrie. **2·** Altération de la fraîcheur, de l'éclat (du teint, de la beauté).

2 **flétrir** v. tr. <conjug. 2> Littér. Exprimer une indignation violente contre (qqn). → **stigmatiser.** ▶ 2 **flétrissure** n. f. Littér. Grave atteinte à la réputation, à l'honneur. → **déshonneur, infamie, opprobre.**

1 **fleur** [flœʀ] n. f. **1·** Production délicate, souvent odorante, des plantes à graines, qui porte les organes reproducteurs. *Pétales de fleur. Corolle d'une fleur. Fleur en bouton, qui s'ouvre, s'épanouit, se fane. Un arbre en fleur* ou *en fleurs* → **floraison.** *Bouquet de fleurs.* **2·** Plante qui porte des fleurs (belles, grandes). *Cultiver, arroser des fleurs. Pot de fleurs.* **3·** Reproduction, imitation de cette partie du végétal. *Tissu à fleurs. Fleur de tissu, en tissu.* – ***Fleur de lis*** : emblème de la royauté représentant en fait un iris. *La fleur de lis (lys) du Québec. Drapeau à fleurs de lis* (ou *fleurdelisé*, adj.). **4·** Loc. adj. invar. ***Fleur bleue*** : sentimental. *Ils, elles sont très fleur bleue.* **5·** ***Comme une fleur*** loc. fam. : très facilement. *Il est arrivé premier comme une fleur.* – ***Faire une fleur*** *à qqn* : une faveur. **6·** ***À la, dans la fleur de*** : au moment le plus beau. *Être dans la fleur de sa jeunesse. Mourir à la fleur de l'âge.* **7·** Ce qu'il y a de meilleur. → **crème, élite.** *La fleur, la fine fleur de la société.* – *Fleur de farine,* la partie la plus fine. *Fleur de sel.* **8·** Au plur. Fam. *S'envoyer des fleurs,* échanger des louanges. ▶ **fleurette** n. f. **1·** Petite fleur. **2·** ***Conter fleurette*** *à une femme* : la courtiser. → **flirt. 3·** En apposition. *Crème fleurette,* crème très fluide qui se forme naturellement à la surface du lait cru. ▶ **fleurer** v. tr. <conjug. 1> Littér. Répandre une odeur agréable de. → **embaumer.** *Le vent fleure le genièvre et le thym.* ▷ **chou-fleur, fleurir, fleuriste, fleuron**

2 **fleur** n. f. **1·** Surface. *Cuir pleine fleur,* dont la surface n'a subi aucun ponçage. **2·** ***À fleur de*** loc. prép. : presque au niveau de, sur le même plan. *Les rochers à fleur d'eau sont dangereux pour les navires. Avoir les, des yeux à fleur de tête,* saillants. – Abstrait. *Sensibilité à fleur de peau,* qui réagit à la plus petite excitation. ▷ **affleurer, effleurer**

fleuret [flœʀɛ] n. m. Épée à lame de section carrée, au bout moucheté pour s'exercer à l'escrime. ▶ **fleurettiste** n.

fleurir [flœʀiʀ] v. <conjug. 2> **I·** V. intr. **1·** (Plantes) Produire des fleurs, être en fleur. *Le rosier va fleurir.* **2·** Plaisant. Se couvrir de boutons. *Son nez fleurit.* → **bourgeonner. II·** V. tr. Orner de fleurs, d'une fleur. *Fleurir un salon, une table. Fleurir une tombe. Fleurir qqn,* lui mettre une fleur au corsage, à la boutonnière. ▶ **fleuri, ie** adj. **1·** En fleur, couvert de fleurs. *Pommier, pré fleuri.* **2·** Garni de fleurs. *Maison fleurie.* – Orné de fleurs représentées. *Tissu fleuri.* **3·** Qui a la fraîcheur, les vives couleurs de la santé. *Un teint fleuri.* **4·** Très orné, précieux. *Un style fleuri.*

fleuriste [flœʀist] n. Personne qui fait le commerce des fleurs.

fleuron [flœʀɔ̃] n. m. Ornement en forme de fleur. *Fleurons d'une couronne.* – Abstrait. *Le plus beau fleuron de sa couronne,* son bien le plus précieux.

fleuve [flœv] n. m. **1·** Grande rivière (remarquable par le nombre de ses affluents, l'importance de son débit, la longueur de son cours) qui se jette dans la mer. **2·** Ce qui coule. *Fleuve de lave. Fleuve de sang, de larmes.* → **flot.** – Abstrait. *Roman-fleuve, discours-fleuve,* qui semble ne jamais devoir finir. *Des romans-fleuves.*

flexible [flɛksibl] adj. **1·** Qui se laisse courber, plier. → **élastique, souple ; fléchir.** *Tige flexible. Cou flexible.* **2·** Qui s'accommode facilement aux circonstances. → **malléable, souple.** *Caractère flexible.* – *Horaire flexible.* ▶ **flexibilité** n. f. **1·** Caractère de ce qui est flexible. → **élasticité, souplesse.** *Flexibilité de l'osier.* **2·** Aptitude à changer facilement pour pouvoir s'adapter aux circonstances. *La flexibilité du travail, des horaires.* ▶ **flexibiliser** v. tr. <conjug. 1> Rendre flexible (les horaires, le travail...).

flexion [flɛksjɔ̃] n. f. **1·** Mouvement par lequel une chose fléchit ; état de ce qui est fléchi. → **fléchissement.** *La flexion d'un ressort. Flexion de l'avant-bras, de la jambe, du genou* (opposé à *extension*). **2·** Modification d'un mot à l'aide d'éléments (→ **désinence**) qui expriment certains aspects et rapports grammaticaux. *Flexion verbale* : conjugaison.

flibustier [flibystje] n. m. Pirate. → **corsaire.** ▶ **flibuste** n. f. Anciennt. Piraterie des flibustiers ; ensemble des flibustiers.

flic [flik] n. m. Fam. Agent de police. *Attention, vingt-deux ! les flics !* – *C'est un vrai flic,* il aime surveiller, faire régner l'ordre et punir. ▶ **flicaille** n. f. Péj. et fam. *La flicaille,* les agents de police, les policiers. ▶ **fliquer** v. tr. <conjug. 1> Fam. Surveiller, réprimer (comme le fait la police). ▶ **flicage** n. m. Fam. Surveillance systématique et répressive.

flingue [flɛ̃g] n. m. Fam. Pistolet ou revolver. ▶ **flinguer** v. tr. <conjug. 1> Fam. **1·** Tirer sur (qqn) avec une arme à feu. **2·** Détruire, abîmer (qqch.). *Il a flingué sa bagnole.*

1 flipper [flipe] v. intr. < conjug. 1 > **1·** Anglic. Fam. Être subitement déprimé. *La seule idée de travailler le fait flipper.* **2·** Être pris d'angoisse. *Son entretien d'embauche le fait flipper.* ▶ **flippant, ante** adj. Angoissant, qui fait peur.

2 flipper [flipœʀ] n. m. Anglic. Billard électrique. *Il adore le flipper. Des flippers.* – Une partie à ce jeu. *Si on faisait un flipper ?*

flirt [flœʀt] n. m. **1·** Relation amoureuse plus ou moins chaste, généralement dénuée de sentiments profonds. *Ce n'est qu'un flirt.* **2·** Personne avec laquelle on flirte. *C'est son dernier flirt. Des flirts.* → **amoureux.** ▶ **flirter** v. intr. < conjug. 1 > Avoir un flirt (avec qqn). *Ils ont flirté ensemble.*

floc [flɔk] interj. Onomatopée imitant le bruit de l'eau qui tombe, de ce qui tombe dans l'eau. → **flac.**

flocage [flɔkaʒ] n. m. Anglic. Application de fibres sur une surface, qui donne l'aspect du velours. / contr. **déflocage** /

flocon [flɔkɔ̃] n. m. **1·** Petite touffe (de laine, de soie, de coton). **2·** Petite masse peu dense (de neige, vapeur, etc.). *La neige tombe à gros flocons.* **3·** *Flocons de* (céréales), céréales réduites en lamelles. *Flocons d'avoine.* ▶ **floconneux, euse** adj. Qui est en flocons ou ressemble à des flocons. *Nuages floconneux.*

floculer [flɔkyle] v. intr. < conjug. 1 > En chimie. Précipiter par floculation. ▶ **floculation** n. f. Rassemblement, sous forme de flocons, des particules d'une solution colloïdale.

flonflons [flɔ̃flɔ̃] n. m. pl. Accords sourds et bruyants de certains morceaux de musique populaire. *Les flonflons d'un bal.*

flop [flɔp] n. m. Anglic. Fam. Échec (d'un spectacle...). → **2 bide, 2 four.** *Son film a fait un flop.*

flopée [flɔpe] n. f. Fam. Grande quantité. *Il a une flopée d'enfants.*

floqué, ée [flɔke] adj. Anglic. Traité par flocage. *Papier mural floqué.*

flor-, flori-, -flore Éléments signifiant « fleur ». ▶ **floraison** [flɔʀɛzɔ̃] n. f. **1·** Épanouissement des fleurs. *Pommiers en pleine floraison.* **2·** Abstrait. Épanouissement. *Une floraison de talents.* ▶ **floral, ale, aux** adj. De la fleur ou de fleurs. *Les organes floraux. Exposition florale.* ▶ **floralies** n. f. pl. Exposition de fleurs. ▶ **flore** n. f. **1·** Ensemble des plantes (d'un pays ou d'une région). *La faune et la flore de la Bretagne.* **2·** En biologie. *Flore microbienne, bactérienne* : ensemble des micro-organismes vivant dans les tissus, les organes. ▶ **floréal, als** [flɔʀeal] n. m. Huitième mois de l'année révolutionnaire (du 20-21 avril au 19-20 mai). ▶ **floriculture** n. f. Branche de l'horticulture qui s'occupe de la culture des fleurs. ▶ **florifère** adj. Qui porte des fleurs. ▶ **florilège** n. m. Recueil de pièces choisies. → **anthologie.** ▷ **déflorer, efflorescence, florissant, inflorescence, passiflore**

faire florès [flɔʀɛs] loc. verb. Littér. Obtenir des succès, de la réputation. → **briller, réussir.**

florin [flɔʀɛ̃] n. m. Pièce de monnaie en or (du XIIIe au XVIIIe siècle). – Unité monétaire des Pays-Bas (avant l'euro).

florissant, ante [flɔʀisɑ̃, ɑ̃t] adj. Qui est en plein épanouissement, en pleine prospérité. *Peuple, pays florissant.* → **prospère, riche.** *Commerce florissant.* / contr. pauvre / – *Santé florissante,* très bonne. *Un teint florissant, une mine florissante.* → **resplendissant.**

flot [flo] n. m. **I· 1·** Au plur. Eaux en mouvement (spécialt et poét. la mer). → **1 onde, vague.** *Les flots de la mer, d'un lac. Le bateau navigue sur les flots.* – Au sing. → **courant.** *Le flot monte. Le flot,* la marée montante. → **flux. 2·** Ce qui est ondoyant, se déroule en vagues. *Des flots de ruban.* **3·** Quantité considérable de liquide versé, répandu. → **fleuve, torrent.** *Verser des flots de larmes.* **4·** Ce qui est comparé aux flots (écoulement abondant). → **affluence, fleuve, torrent.** *Des flots de lumière. Un flot de voyageurs.* → **foule.** – Abstrait. *Des flots de paroles.* – Loc. adv. ***À flots****, à grands flots.* → **abondamment.** *Le soleil entre à flots.* **II·** ***À flot*** loc. adj. : qui flotte. *Navire à flot,* qui a assez d'eau pour flotter. – Abstrait. *Être à flot,* cesser d'être submergé par les difficultés (d'argent, de travail). – *Se remettre à flot.*

1 flotte [flɔt] n. f. Fam. Eau. *Boire de la flotte. Il tombe de la flotte.* → **pluie.** ▶ **1 flotter** v. impers. < conjug. 1 > Fam. Pleuvoir.

2 flotte n. f. **1·** Réunion de navires naviguant ensemble, destinés aux mêmes opérations ou se livrant à la même activité. *La flotte de la Méditerranée.* → **escadre. 2·** L'ensemble des forces navales d'un pays. *La flotte de guerre* ou, absolt, *la Flotte.* → **marine.** *Flotte de commerce.* **3·** *Flotte aérienne,* formation d'avions, ensemble des forces aériennes. ▶ **flottille** [flɔtij] n. f. Réunion de petits bâtiments. *Flottille de pêche.*

1 flotter → **1 flotte.**

2 flotter [flɔte] v. < conjug. 1 > **I·** V. intr. **1·** Être porté sur un liquide. → **surnager.** *Épave qui flotte à la dérive.* / contr. couler / **2·** Être en suspension dans les airs. → **voler, voltiger.** *La brume flottait au-dessus des prés.* **3·** Bouger, remuer au gré du vent ou d'un mouvement. → **ondoyer, onduler.** *Drapeau qui flotte au vent.* – Se dit de ce qu'on laisse lâche, qu'on ne retient pas. *Vêtements qui flottent autour du corps.* **4·** Être instable, errer. *Un sourire flottait sur ses lèvres.* – Abstrait. *Laisser flotter ses pensées, son attention,* renoncer à les diriger, à les contrôler. **II·** V. tr. *Flotter du bois,* le lâcher dans un cours d'eau pour qu'il soit transporté. – Au p. p. adj. *Bois flotté.* ▶ **flottage** n. m. Transport par eau de bois flotté. *Train de flottage.* ▶ **flottaison** n. f. → **ligne** de flottaison. ▶ **flottant, ante** adj. **1·** Qui flotte. *Glaces flottantes.* **2·** Qui flotte dans les airs au gré du vent. *Brume flottante. Cheveux flottants.* – *Vêtement flottant.* **3·** *Parquet flottant,* qui n'est pas fixé sur son support. **4·** Qui n'est pas fixe ou assuré. → **variable.** *Virgule flottante* (suivie d'un nombre variable de décimales). **5·** Qui change sans cesse, ne s'arrête à rien de précis. *Caractère, esprit flottant,* incertain dans ses jugements, ses décisions. → **indécis, irrésolu.** *Son attention est flottante.* ▶ **flottement** n. m. **1·** Mouvement d'ondulation. → **agitation, balancement.** *Il y a du flottement dans les rangs,* un mouvement d'ondulation qui rompt l'alignement. **2·** État incertain dû à des hésitations. → **incertitude, indécision.** *Un flottement se produit dans l'assemblée, il y a du flottement.* ▶ **flotteur** n. m. **1·** Objet (généralement creux) capable de flotter à la surface de l'eau. → **bouée.** *Flotteurs en liège.* → **bouchon.** *Flotteurs en verre* (pour soutenir des filets). **2·** Organe qui repose sur l'eau et fait flotter un engin. *Les flotteurs d'un hydravion, d'un pédalo.*

flou, floue [flu] adj. **1·** Dont les contours sont peu nets. → **fondu, vaporeux.** *Images floues. Photo floue.* / contr. net / **2·** Qui n'a pas de forme précise. *Robe floue,* non ajustée. *Coiffure floue.* **3·** Incertain, indécis. → **vague.** *Pensée floue.* ▶ **flouter** v. tr. < conjug. 1 > Rendre flou intentionnellement. *Flouter un visage* (sur une photo, une image de télévision...).

flouer [flue] v. tr. < conjug. 1 > Fam. et vx. Voler (qqn) en le trompant.

fluctuant, ante [flyktyɑ̃, ɑ̃t] adj. Qui varie, va d'un objet à un autre et revient au premier. *Il est fluctuant dans ses opinions, dans ses goûts.* → **inconstant, instable.** – Qui subit des fluctuations. *Prix fluctuants.* → **changeant, flottant** (3). / contr. invariable / ▶ **fluctuation** n. f. Surtout au plur. Variations successives en sens contraire. → **changement.** *Les fluctuations de l'opinion.* ▶ **fluctuer** v. intr. < conjug. 1 > Être fluctuant, changer. *Le prix des fruits fluctue.*

fluet, ette [flyɛ, ɛt] adj. (Personnes, parties du corps) Mince et d'apparence frêle. → **délicat, gracile, grêle.** *Un enfant fluet. Des jambes fluettes.* – *Une voix fluette.* → **faible.**

① **fluide** [flyid] adj. **1·** Qui n'est ni solide ni épais, qui coule aisément. *Huile très fluide. Pâte fluide.* → **clair.** / contr. épais / – *La circulation est fluide,* les voitures roulent sans difficulté, il n'y a pas de bouchons. **2·** Fig. Coulant, limpide. *Un style fluide.* **3·** Qui a tendance à échapper, qu'il est difficile de saisir, de fixer. → **fluctuant, insaisissable.** *Pensée fluide.* ▶ **fluidifier** v. tr. < conjug. 7 > Rendre fluide. ▶ **fluidité** n. f. **1·** État de ce qui est fluide. *Fluidité du sang.* **2·** Caractère de ce qui est changeant et insaisissable.

② **fluide** n. m. **1·** Tout corps qui se laisse déformer sous l'action de forces minimes. → **gaz, liquide.** / contr. solide / **2·** Force, influence subtile, mystérieuse qui émanerait des astres, des êtres ou des choses. → **émanation, influx, onde.** *Fluide astral.*

fluor [flyɔʀ] n. m. Corps simple, gaz jaune verdâtre, très dangereux à respirer. *Dentifrice au fluor.* ▶ **fluoré, ée** adj. Qui contient du fluor. *Dentifrice fluoré.* ▶ **fluorescence** [flyɔʀesɑ̃s] n. f. Propriété de certains corps d'émettre de la lumière sous l'influence d'un rayonnement. *À la différence de la phosphorescence, la fluorescence cesse dès que cesse le rayonnement.* ▶ **fluorescent, ente** adj. Relatif à la fluorescence ; qui évoque la fluorescence (couleur...). *Lampe fluorescente,* au néon. ▶ **fluo** adj. et n. m. **1·** Adj. Fluorescent. *Des marqueurs fluos. Des lunettes rose fluo.* **2·** N. m. Couleur vive transparente, apposée au marqueur (surligneur). *Passer un mot au fluo.*

flush [flœʃ] n. m. Anglic. Au poker. Réunion de cinq cartes de la même couleur. – *Quinte flush* : suite de cinq cartes de la même couleur.

① **flûte** [flyt] n. f. **1·** Instrument à vent formé d'un tube percé de plusieurs trous, ou de tubes d'inégales longueurs. *Petite flûte.* → **fifre.** *Flûte traversière. Flûte de Pan,* à plusieurs tuyaux. *Jouer de la flûte. Sonate pour flûte et piano.* **2·** Pain de forme mince et allongée. → **baguette.** **3·** Verre à pied, haut et étroit. *Une flûte à champagne.* – Son contenu. *Boire une flûte de champagne.* **4·** Au plur. Fam. Les jambes. *Jouer des flûtes.* → **courir.** ▶ **flûté, ée** adj. Semblable au son de la flûte. *Une voix flûtée.* → **aigu.** ▶ **flûteau** ou **flûtiau** n. m. Petite flûte rustique. *Des flûteaux ; des flûtiaux.* ▶ **flûtiste** n. Musicien(ienne) qui joue de la flûte.

② **flûte** interj. Interjection marquant l'impatience, la déception. → **zut.**

fluvial, ale, aux [flyvjal, o] adj. Relatif aux fleuves, aux rivières. *Navigation fluviale.*

fluvio- Élément savant signifiant « fleuve ». ▶ **fluviomètre** [flyvjomɛtʀ] n. m. En sciences. Appareil servant à mesurer les variations du niveau d'un cours d'eau.

flux [fly] n. m. invar. **1·** Écoulement d'un liquide organique. *Flux de sang.* **2·** Grande quantité. → **flot.** *Un flux de paroles, de protestations.* **3·** Marée montante (opposé à *reflux*). **4·** *Flux lumineux,* quantité de lumière émise par une source lumineuse dans un temps déterminé. – *Flux électrique, magnétique* (du courant). **5·** Mouvement, déplacement. *Flux migratoires. Flux monétaires.*

fluxion [flyksjɔ̃] n. f. **1·** Congestion. – Vx. ***Fluxion de poitrine.*** → **pneumonie. 2·** Gonflement inflammatoire des gencives ou des joues, provoqué par une infection dentaire.

F. M. [ɛfɛm] n. f. invar. Anglic. Modulation de fréquence. *Les stations de la F. M.*

foc [fɔk] n. m. Voile triangulaire à l'avant d'un bateau. *Le grand foc et le petit foc. Foc d'artimon,* à l'avant de l'artimon. *Des focs.*

focal, ale, aux [fɔkal, o] adj. et n. f. Qui concerne le (ou les) foyer(s) d'un instrument d'optique. *Distance focale* ou, n. f., *la focale. Objectif à focale variable.* ▶ **focaliser** v. tr. < conjug. 1 > **1·** Concentrer en un point (foyer). **2·** Concentrer, rassembler. *Il a du mal à focaliser son attention.* ▶ **focalisation** n. f.

focus [fokys] n. m. **1·** En photographie. Mise au point. **2·** Abstrait. Gros plan (sur qqn, qqch.). → **zoom.**

foehn [føn] n. m. **1·** Vent chaud et sec des Alpes suisses et autrichiennes. **2·** En Suisse. Sèche-cheveux.

fœtus [fetys] n. m. invar. Biologie. Produit de la conception encore renfermé dans l'utérus, lorsqu'il n'est plus à l'état d'embryon et commence à présenter les caractères distinctifs de l'espèce. *Un fœtus de trois mois.* ▶ **fœtal, ale, aux** adj. Relatif au fœtus. *La médecine fœtale.*

fofolle → **foufou.**

foi [fwa] n. f. **I· 1·** Littér. Assurance donnée d'être fidèle à sa parole, d'accomplir exactement ce que l'on a promis. → **engagement, promesse, serment.** – *Ma foi* (en tête de phrase, en incise) : certes, en effet. *C'est ma foi vrai.* **2·** *Sous la foi du serment,* après avoir prêté serment. – ***Sur la foi de.*** *Sur la foi des témoins,* en se fiant à eux. – ***Faire foi*** (suj. chose) : démontrer la véracité, porter témoignage de. *Le cachet de la poste faisant foi* (du jour d'expédition). **3·** ***Bonne foi*** : qualité d'une personne qui parle, agit avec une intention droite, sans ruse. → **franchise, loyauté.** *Abuser de la bonne foi de qqn. En toute bonne foi,* très sincèrement. – ***Mauvaise foi*** : déloyauté, duplicité. *Vous êtes de mauvaise foi !* **II· 1·** Le fait de croire qqn, d'avoir confiance en qqch. *Une personne, un témoin digne de foi. Ajouter foi à* (des paroles), y croire. **2·** Confiance absolue que l'on met (en qqn, en qqch.). *Avoir foi en qqn.* → **se fier.** *Sa foi en l'avenir.* **3·** Le fait de croire en Dieu, en un dogme par une adhésion profonde de l'esprit et du cœur. → **croyance.** *La foi chrétienne. Trouver, perdre la foi.* / contr. incrédulité, scepticisme / – Iron. *Il n'y a que la foi qui sauve,* se dit de ceux qui se forgent des illusions. – *N'avoir ni foi ni loi,* ni religion ni morale.

foie [fwa] n. m. **1·** Organe situé dans la partie supérieure droite de l'abdomen, qui filtre et renouvelle le sang. *Du foie.* → **hépatique.** *Maladie de foie* (cirrhose, ictère, jaunisse). **2·** *Manger du foie de veau. Pâté de foie.* Fam. *Avoir les jambes en pâté de foie,* molles. – ***Foie gras*** : foie d'oie ou de canard spécialement engraissé(e). **3·** Loc. *Se manger, se ronger les foies,* se faire beaucoup de soucis. – Fam. *Avoir les foies,* avoir peur.

① **foin** [fwɛ̃] n. m. **1·** Herbe des prairies fauchée et séchée pour la nourriture du bétail. → **fourrage.** *Botte, meule de foin.* – *Être bête à manger du foin* : très bête. **2·** Herbe sur pied destinée à être fauchée. *Faire les foins,* couper et ramasser les foins. → **faner.** – *Rhume des foins,* allergie commune à l'époque de la floraison des graminées.

② **foin** n. m. Fam. *Faire du foin,* du scandale, du bruit ; protester.

③ **foin** interj. Vx. Ancienne interjection de mépris. *Foin des richesses !*

foire [fwaʀ] n. f. **1·** Grand marché public qui a lieu à des dates et en des lieux fixes. → **braderie.** *Foire aux bestiaux. Les paysans allaient à la foire.* **2·** Grande réunion périodique où des échantillons de marchandises diverses sont présentés au public. → **exposition.** *La foire internationale de Bruxelles, de Paris.* **3·** Fête foraine ayant lieu à certaines époques de l'année. *Les manèges de la Foire du Trône.* **4·** Fam. Lieu bruyant où règnent le désordre et la confusion. **5·** Fam. ***Faire la foire*** : s'amuser avec excès (→ faire la fête, la fiesta).

foirer [fwaʀe] v. < conjug. 1 > **1·** V. intr. Fam. Rater, échouer lamentablement (sens concret : avoir la diarrhée). **2·** V. tr. *J'ai foiré le contrôle de maths.* ▶ **foireux, euse** adj. Fam. Qui risque d'échouer ; raté, sans valeur. *Une combine foireuse.*

fois [fwa] n. f. invar. **I·** Marquant la fréquence, le retour d'un événement. Cas, occasion où un fait se (re)produit. **1·** (Sans prép.) *C'est arrivé une fois, une seule fois. Encore une fois.* – *Une bonne fois, une fois pour toutes,* d'une manière définitive. *On n'a pas besoin de le lui dire deux fois. Plus d'une* *fois, plusieurs fois, mainte(s) fois, cent fois...,* souvent. – (Avec une unité de temps) *Une fois l'an. Deux fois par mois. Une fois tous les huit jours.* – (Avec un ordinal) *La première, la seconde..., la dernière fois.* – (Avec divers déterminants) *On le tient, cette fois ! Chaque fois. La prochaine fois. L'autre fois,* l'autre jour. *La fois où il est venu.* – Fam. ***Des fois*** : certaines fois. → **parfois, quelquefois.** **2·** (Précédé d'une préposition) – Avec ***Par***. *Par deux fois,* à deux reprises. – Avec ***En***. *Payer en plusieurs fois,* par versements. – Avec ***Pour***. *Pour la première fois. Pour une fois.* – Avec ***À***. *S'y prendre à deux fois.* **3·** ***À la fois*** loc. adv. : en même temps. *Ne parlez pas tous à la fois. Il est à la fois aimable et distant.* **4·** Vx ou région. ***Une fois*** : un certain jour, à une certaine époque passée. → **autrefois, jadis.** *Il était une fois* (commencement classique des contes de fées). – En Belgique. *Viens une fois ici !,* viens donc ici ! **5·** ***Une fois que*** : dès que, dès l'instant où. *Une fois qu'il s'est mis quelque chose en tête, il ne veut plus rien entendre.* – Ellipt. *Une fois lancé, il ne s'arrête plus.* **II·** (Servant d'élément multiplicateur ou diviseur) *Quantité deux fois plus grande, plus petite qu'une autre. Trois fois quatre font douze.* ▷ **autrefois, parfois, quelquefois, toutefois**

à foison [afwazɔ̃] loc. adv. En grande quantité. → **abondamment, beaucoup.** *Nous en avons à foison.* ▶ **foisonner** v. intr. < conjug. 1 > **1·** Être en grande abondance, à foison. → **abonder.** *Le gibier foisonne dans ce bois. Les occasions foisonnent.* **2·** ***Foisonner en, de*** : être pourvu abondamment de. → **abonder, regorger.** *Ce bois foisonne en gibier.* ▶ **foisonnant, ante** adj. Qui foisonne ; qui produit en grande quantité. *Une imagination foisonnante.* → **débordant.** ▶ **foisonnement** n. m. Abondance.

fol, folle → **fou.**

folâtre [fɔlɑtʀ] adj. Qui incite au jeu, à la plaisanterie. *Être d'humeur folâtre.* / contr. triste / ▶ **folâtrer** v. intr. < conjug. 1 > Jouer ou s'agiter de façon folâtre. → **batifoler.**

folichon, onne [fɔliʃɔ̃, ɔn] adj. ***Pas folichon, onne*** : pas gai(e), pas drôle. *La pièce n'était pas folichonne. Cela n'a rien de folichon.*

1 **folie** [fɔli] n. f. **1·** Trouble mental ; dérèglement, égarement de l'esprit. → **aliénation, délire, démence, psychose ; fou.** *Accès de folie. Folie furieuse. Folie des grandeurs.* → **mégalomanie.** *Folie de la persécution.* → **paranoïa.** **2·** Manque de jugement ; absence de raison. → **déraison.** *Vous n'aurez pas la folie de faire cela.* → **inconscience.** *C'est de la folie, de la pure folie.* → **absurdité.** – ***À la folie*** : passionnément. *Il l'aime à la folie.* – Comptine (en effeuillant une fleur). *Je t'aime un peu, beaucoup, passionnément, à la folie, pas du tout* (→ 1 **marguerite**). **3·** Caractère déraisonnable. *La folie de son geste.* – ***Une folie*** : idée, parole, action déraisonnable. *Faire une folie, des folies.* → **extravagance, sottise.** – Dépense excessive. *Vous avez fait une folie en nous offrant ce cadeau.*

2 **folie** n. f. En architecture. Maison, édifice d'agrément.

folio [fɔljo] n. m. **1·** Feuillet de registre. *Les folios d'un manuscrit ancien.* **2·** Chiffre qui numérote chaque page d'un livre. *Changer les folios.* ▶ **folioter** v. tr. < conjug. 1 > Numéroter (un document, un registre, un livre) page par page. ▶ **foliotage** n. m.

folklore [fɔlklɔʀ] n. m. Science des traditions, des usages et de l'art populaires d'un pays. → 2 **culture.** – Ensemble de ces traditions. *Une légende du folklore breton.* ▶ **folklorique** adj. **1·** Relatif au folklore. *Costume folklorique. Musique folklorique.* **2·** Fam. Pittoresque, mais sans authenticité. *Banquet folklorique.* Abrév. fam. **folklo.** ▶ **folk** adj. et n. m. Anglic. *Musique folk ; le folk,* musique traditionnelle modernisée (d'abord aux États-Unis). *Rock* et folk.* – Adj. *Des groupes folks.*

folle → **fou.**

follement [fɔlmɑ̃] adv. **1·** D'une manière folle, déraisonnable, excessive. *Il est follement amoureux.* **2·** Au plus haut point. → **extrêmement.** *Il est follement gai.*

follet, ette [fɔlɛ, ɛt] adj. **1·** ***Poil(s) follet(s)*** : première barbe légère, ou duvet. **2·** ***Feu follet*** : petite flamme due à une exhalaison de gaz qui brûle spontanément au contact de l'air. *Des feux follets.*

follicule [fɔlikyl] n. m. Petit sac membraneux dans l'épaisseur d'un tégument. *Follicule capillaire, ovarien.* ▶ **folliculaire** adj. ▶ **folliculine** n. f. L'une des hormones produites par le follicule ovarien.

fomenter [fɔmɑ̃te] v. tr. < conjug. 1 > Susciter ou entretenir (un sentiment ou une action néfaste). *Fomenter des troubles, la révolte.* ▶ **fomentateur, trice** ou **fomenteur, trice** n. → **fauteur de troubles.**

foncé, ée [fɔ̃se] adj. (Couleur) Qui est d'une nuance sombre. *Un bleu foncé. Peau foncée, teint foncé.* → **basané, brun.** / contr. clair, pâle / ▶ 1 **foncer** v. intr. < conjug. 3 > Devenir foncé. *Ses cheveux ont foncé.*

2 **foncer** [fɔ̃se] v. intr. < conjug. 3 > **1·** Fam. Se jeter impétueusement sur. → **attaquer, charger.** *Foncer sur l'ennemi.* → 2 **fondre.** *Foncer dans le tas.* **2·** Fam. Aller très vite, droit devant soi. → **filer.** *Il fonce à toute allure.* – *Foncer dans le brouillard,*

aller hardiment de l'avant. ▶ **fonceur, euse** adj. et n. Qui va de l'avant ; dynamique et audacieux. – N. *C'est une fonceuse.* → ⓢ **battant.**

foncier, ière [fɔ̃sje, jɛʀ] adj. **1·** Qui constitue un bien-fonds, une terre ou un bâtiment (→ **immeuble**). *Propriété foncière.* – Qui possède un fonds, des terres. *Propriétaire foncier.* – Relatif à un bien-fonds. *Crédit foncier. Impôts fonciers. Taxe foncière.* **2·** Qui est au fond de la nature, du caractère de qqn. → **inné.** *Méchanceté foncière.* ▶ **foncièrement** adv. Profondément, essentiellement. *Foncièrement bon, égoïste.*

fonction [fɔ̃ksjɔ̃] n. f. **I·** (Personnes) **1·** Ce que doit accomplir une personne dans son travail, son emploi. → **activité, devoir, mission, office, rôle, service, tâche, travail.** *Il s'acquitte très bien de ses fonctions.* **2·** Cet emploi lui-même, considéré en rapport avec la collectivité. → **charge, métier, poste, situation.** *Fonction de directeur, de magasinier.* – *Appartement, véhicule* ***de fonction,*** attribué à qqn dans le cadre de son travail. – ***En fonction.*** *Être, rester en fonction.* – ***Faire fonction de*** : jouer le rôle de. *Il fait fonction de directeur.* – *Fonction publique* : ensemble des postes impliquant la gestion des affaires publiques ; situation juridique de l'agent d'un service public. *Travailler dans la fonction publique.* → **fonctionnaire. II·** (Choses) **1·** Action particulière (d'une chose dans l'ensemble dont elle fait partie). → **rôle, utilité.** *La fonction de l'estomac est de digérer les aliments. La respiration est une fonction vitale.* – ***Faire fonction*** *de.* → **office ; remplacer. 2·** Ensemble des propriétés (d'une unité, d'un système). *Analyser la nature et la fonction d'un mot, d'une proposition.* (Suivi d'un mot en appos.) *Fonction sujet, objet d'un nom.* **3·** Ensemble des propriétés (d'un corps) liées à sa structure atomique. *Fonction alcool, acide.* **III· 1·** *Fonction (algébrique),* relation qui existe entre deux quantités, telle que toute variation de la première entraîne une variation correspondante de la seconde. **2·** ***Être fonction de*** : venir en même temps que, dépendre de. *Les résultats sont fonction des efforts.* → à la **mesure** de. **3·** ***En fonction de*** : relativement à. *L'attention varie en fonction inverse de la fatigue.* ▶ **fonctionnaire** [fɔ̃ksjɔnɛʀ] n. Personne qui occupe un emploi permanent dans les cadres d'une administration publique. *Statut de fonctionnaire. Fonctionnaire des Postes. Les hauts fonctionnaires.* ▶ **fonctionnariat** n. m. ▶ **fonctionnalité** n. f. **1·** Caractère de ce qui est fonctionnel, pratique. **2·** Possibilité fonctionnelle. *Les fonctionnalités d'un ordinateur, d'un programme.* ▶ **fonctionnel, elle** adj. **1·** En sciences. Relatif aux fonctions de l'être vivant. *Troubles fonctionnels d'un organe,* qui ne semblent pas dus à une blessure. – Qui étudie les fonctions, tient compte des fonctions. *Analyse, grammaire fonctionnelle.* **2·** (Choses) Pratique avant tout. *Meubles fonctionnels.* ▶ **fonctionner** v. intr. < conjug. 1 > (Organe, mécanisme) Accomplir une fonction. → **aller, marcher.** *Mon stylo fonctionne bien. Comment fonctionne cet appareil ?* – *Organisation, institution qui fonctionne mal.* ▶ **fonctionnement** n. m. Action, manière de fonctionner. → **marche, travail.** *Machine en fonctionnement.* / contr. à l'arrêt / *Vérifier le bon fonctionnement d'un mécanisme.* ▷ **dysfonctionnement, multifonction**

fond [fɔ̃] n. m. **I·** Partie la plus basse de qqch. de creux, de profond. / contr. dessus ; surface / ≠ fonds, font, fonts. **1·** Paroi inférieure (d'un récipient, d'un contenant). *Le fond du verre est sale. Le sucre est resté* ***au fond.*** *Le fond d'une poche, d'un sac.* **2·** *Un fond* (de verre, etc.), une petite quantité. *Versez-m'en un fond.* **3·** Sol où reposent des eaux. → **bas-fond, haut-fond.** *Le fond de l'eau, de la mer, d'un fleuve. Bateau qui touche le fond,* qui échoue. *Envoyer par le fond,* couler. **4·** Hauteur d'eau. → **profondeur.** *Il n'y a pas assez de fond pour plonger.* **5·** Le point le plus bas. *Toucher le fond (du désespoir, de la misère),* être dans une situation critique. **6·** Partie basse d'un paysage. *Le fond de la vallée.* **7·** Intérieur de la mine (opposé à *carreau, surface* ou *jour*). *Mineur de fond, qui a dix ans de fond.* **II· 1·** Partie la plus reculée (opposé à *entrée, ouverture*). *Le fond de la salle. Le fond d'une grotte. Au fond des bois.* / contr. orée / *Le fond d'une armoire, d'un tiroir. Le fond de la gorge.* **2·** Partie d'un vêtement éloignée des bords. *Le fond d'une casquette. Un fond de culotte.* **3·** Ce qu'on voit ou entend par derrière, en arrière-plan. *Tissus à fleurs noires sur fond rouge. Fond sonore,* musique accompagnant un spectacle. *Bruit de fond,* parasite. **4·** ***Fond de teint*** : crème colorée destinée à donner au visage un teint uniforme. **5·** Loc. *Le fond de l'air est frais,* il fait assez froid malgré le soleil. **6·** Par métaphore. *Le fond de son cœur.* Loc. *Au fin fond.* → **tréfonds. III· 1·** La réalité profonde. *Nous touchons ici au fond du problème, de la question.* **2·** Loc. adv. ***Au fond, dans le fond*** : à considérer le fond des choses (et non l'apparence ou la surface). → en **réalité.** / contr. en apparence / *On l'a blâmé, mais au fond il n'avait pas tort.* – ***À fond*** : en allant jusqu'au fond, jusqu'à la limite du possible. → **complètement, entièrement.** *Respirer à fond. Étudier qqch. à fond.* / contr. superficiellement / **3·** Élément essentiel, permanent. REM. Seul emploi où *fond* puisse se confondre avec *fonds. Un fond d'honnêteté. Le fond historique d'une légende.* **4·** Ce qui appartient au contenu (opposé à *forme*). *Je suis d'accord sur le fond, mais pas sur la forme. Un article* ***de fond*** : qui étudie les conditions et les effets d'un événement. **IV·** Qualités physiques essentielles de résistance. *Courses de* *fond* (5 000 à 10 000 m), *de demi-fond* (800 à 3 000 m), opposé à *vitesse, sprint. Ski de fond.* ▶ **fondamental, ale, aux** adj. **1·** Qui sert de fondement ; qui a un caractère essentiel et déterminant. *Lois fondamentales de l'État.* → **constitution.** *Une question fondamentale.* → **essentiel, important, vital.** /contr. accessoire, secondaire/ **2·** Qui se manifeste avant toute chose et à fond. *Un mépris fondamental.* → **foncier, radical.** – *Recherche fondamentale,* théorique, non appliquée. → **pur.** ▶ **fondamentalement** adv. Essentiellement. ▶ **fondamentalisme** n. m. Tendance religieuse conservatrice. – Courant religieux intégriste. ▶ **fondamentaliste** adj. et n. *Un catholique fondamentaliste.* – N. *Les fondamentalistes musulmans.* → **intégriste.** ▷ **bas-fond, bien-fondé, demi-fond, fonder, ⓵ fondeur, haut-fond, plafond, profond**

fondant, ante [fɔ̃dɑ̃, ɑ̃t] adj. **1·** Qui fond. → **fondre.** *Averse de neige fondante.* **2·** Qui se dissout, fond dans la bouche. *Bonbons fondants. Poire fondante.*

fonder [fɔ̃de] v. tr. <conjug. 1> **1·** Prendre l'initiative de construire (une ville), d'édifier (une œuvre) en faisant les premiers travaux d'établissement. → **créer.** *Fonder un parti* → **former,** *une société* → **constituer. 2·** *Fonder* qqch. *sur* : établir (sur une base déterminée). → **baser.** *Fonder son pouvoir sur la force. Je fonde de grands espoirs sur vous. C'est sur ce fait qu'il fonde ses prétentions, ses espoirs.* – Pronominalement (réfl.). *Sur quoi vous fondez-vous pour affirmer cela ?* – Au p. p. adj. *Récit fondé sur des documents authentiques.* **3·** Constituer le fondement de. → **justifier, motiver.** *Voilà ce qui fonde ma réclamation.* – Au passif. *Une opinion bien ou mal fondée. Un reproche fondé. C'est une interprétation qui me paraît fondée.* → **juste, raisonnable.** – (Personnes) ***Être fondé à*** (+ infinitif) : avoir de bonnes raisons pour. *Être fondé à croire qqch.* ▶ **fondateur, trice** n. Personne qui fonde (qqch.). → **créateur.** *Le fondateur d'une cité, d'un empire. Hérodote est le fondateur de l'histoire.* → **père.** *Les fondateurs,* adj. *les membres fondateurs d'une société. Le père fondateur de la linguistique romane.* ▶ **fondation** n. f. **1·** Action de fonder (une ville, un établissement, une institution). → **création.** *La fondation d'un parti, d'une société (par qqn).* **2·** Création par voie de donation ou de legs d'une œuvre d'intérêt public ou d'utilité sociale. → **fonds** (III). **3·** Œuvre qui recueille des dons ou des legs. *La fondation de France.* ▶ **fondations** n. f. pl. Travaux et ouvrages destinés à assurer la stabilité d'une construction. *Creuser les fondations d'un immeuble.* ▶ **fondé, ée de pouvoir** n. Personne qui est chargée d'agir au nom d'une autre ou d'une société. *Des fondés de pouvoir.* ▶ ⓵ **fondement** n. m. **1·** Fait justificatif d'un discours abstrait, d'une croyance. *Vos craintes sont sans fondement.* → **motif, raison. 2·** Point de départ d'un système d'idées. *Euclide a posé les fondements de la géométrie.* → **principe.** ▶ ⓶ **fondement** n. m. Fam. Fesses ; derrière. ▷ **bien-fondé, refonder**

⓵ **fondeur, euse** [fɔ̃dœʀ, øz] n. Personne qui fait du ski de fond.

⓵ **fondre** [fɔ̃dʀ] v. <conjug. 41> **I·** V. tr. **1·** Rendre liquide (un corps solide ou pâteux) par l'action de la chaleur. → **liquéfier ; fondu, fonte, fusion.** *Fondre des métaux.* **2·** Fabriquer avec une matière fondue. → **mouler.** *Fondre une cloche, une statue.* **3·** Combiner intimement de manière à former un tout. → **amalgamer.** *Fondre deux phrases en une seule.* **II·** V. intr. **1·** (D'un solide) Passer à l'état liquide par l'effet de la chaleur. → se **liquéfier.** *La neige a fondu. Le plomb fond aisément* (→ **fusible**). – Loc. *Fondre en pleurs, en larmes.* **2·** Se dissoudre dans un liquide. *Laisser fondre le sucre dans son café. Cette viande fond dans la bouche,* est très tendre. **3·** Diminuer rapidement. → **disparaître.** *L'argent lui fond dans les mains. Il a fondu depuis sa maladie,* il a maigri. **III·** ***Se fondre*** v. pron. : se réunir, s'unir en un tout. *Entreprise qui se fond dans, avec telle autre.* → **fusionner.** *Silhouette qui se fond dans la brume.* → se **dissiper.** *Se fondre dans la foule.* ▶ **fonderie** n. f. Usine où on fond le minerai → **aciérie, forge,** où l'on coule le métal en fusion. ▶ ⓶ **fondeur** n. m. Ouvrier travaillant dans une fonderie. – *Fondeur de cloches.* ▷ ⓵ **confondre,** ⓶ **confondre, fondant, fondu, fondue, refondre**

⓶ **fondre** v. intr. <conjug. 41> ***Fondre sur.*** S'abattre avec violence. *L'aigle fond sur sa proie.* → ⓶ **foncer.** – *Les malheurs qui viennent de fondre sur lui.* → **tomber.**

fondrière [fɔ̃dʀijɛʀ] n. f. Trou plein d'eau ou de boue. *Les fondrières d'un chemin défoncé.*

fonds [fɔ̃] n. m. invar. **I·** ***Fonds de commerce*** ou, absolt, ***fonds*** : ensemble des biens mobiliers et des droits appartenant à un commerçant ou à un industriel et lui permettant l'exercice de sa profession. → **établissement, exploitation.** *Il est propriétaire du fonds, mais pas des murs.* **II·** Le plus souvent au plur. **1·** Capital. *Dépenser tous ses fonds. Prêter à fonds perdu,* sans espoir d'être remboursé. – *Fonds publics,* emprunts d'État ou ressources financières en provenance de l'État. – *Posséder les fonds nécessaires à une entreprise.* Loc. *Bailleur de fonds,* commanditaire. *Mise de fonds,* investissement, apport financier. **2·** Organisme officiel national ou international de financement. *Le Fonds monétaire européen* (F. M. E.), *international* (F. M. I.). **3·** Argent comptant. *Manier des fonds considérables.* → **somme.** *Dépôt* *de fonds dans une banque.* → **espèces.** *Mouvement de fonds. Convoyeur de fonds.* – ***Être en fonds*** : disposer d'argent. **III·** Au sing. et au plur. ≠ fond. Ressources propres à qqch. ou personnelles à qqn. *Il y a là un fonds très riche que les historiens devraient exploiter.* → **filon, mine.** *Le fonds Untel,* les œuvres provenant de la collection de monsieur Untel et léguées à une bibliothèque, un musée. → **fondation** (2), **legs.** ▷ **tréfonds**

fondu, ue [fɔ̃dy] adj. et n. m. **1·** Adj. Amené à l'état liquide. *Neige fondue.* **2·** *Des tons fondus,* couleurs juxtaposées en passant de l'une à l'autre par mélange. → **dégradé.** **3·** N. m. *Fondu enchaîné,* au cinéma, effet où une image se substitue progressivement à une autre (qui s'efface).

fondue [fɔ̃dy] n. f. **1·** *Fondue (savoyarde),* mets préparé avec du fromage fondu (gruyère, emmenthal) au vin blanc, dans lequel chaque convive trempe des morceaux de pain. **2·** *Fondue bourguignonne,* morceaux de viande crue que chaque convive trempe dans l'huile bouillante.

fong(i)- Élément signifiant « champignon » (ex : *fongicide,* adj., « qui tue les champignons parasites »). ▶ **fongicide** [fɔ̃ʒisid] adj. et n. m. Qui détruit les champignons parasites. ▶ **fongique** adj. Causé par des champignons, des moisissures. *Intoxication fongique.*

ils, elles font → **faire.**

fontaine [fɔ̃tɛn] n. f. **1·** Construction d'où sortent des eaux amenées par canalisation, généralement accompagnée d'un bassin. *Fontaine publique.* **2·** Vx. Source. **3·** Prov. *Il ne faut pas dire « Fontaine, je ne boirai pas de ton eau »,* il ne faut pas jurer qu'on ne fera pas telle chose, qu'on n'en aura jamais besoin. **4·** *Fontaine à eau,* appareil distributeur d'eau potable. *Les bonbonnes d'une fontaine à eau.* ▶ **fontainier, ière** n. Personne qui s'occupe de la pose, de l'entretien des pompes, machines hydrauliques.

fontanelle [fɔ̃tanɛl] n. f. Espace compris entre les os du crâne des nouveau-nés, qui s'ossifie progressivement au cours de la croissance.

① **fonte** [fɔ̃t] n. f. **1·** Le fait de fondre (①, II). *La fonte des neiges, des glaces.* **2·** Fabrication par fusion et moulage d'un métal. *La fonte d'une cloche, d'une statue.*

② **fonte** n. f. Alliage de fer et de carbone obtenu dans les hauts fourneaux. *Une cocotte, une poêle en fonte. Tuyaux de fonte.* – *Fonte d'aluminium,* aluminium moulé.

fontes [fɔ̃t] n. f. pl. Fourreaux ou poches de cuir attachés à une selle pour y placer des armes, des munitions, des vivres. ≠ fonte.

fonts [fɔ̃] n. m. pl. ***Fonts baptismaux*** [fɔ̃batismo] : bassin sur un socle qui contient l'eau destinée au baptême. → **baptistère.** ≠ fond, fonds.

football [futbol] n. m. Sport opposant deux équipes de onze joueurs, où il faut faire pénétrer un ballon rond dans les buts adverses sans utiliser les mains. *Équipe de football composée d'avants, de demis, d'arrières et d'un gardien de but.* – Abrév. fam. **foot.** *Jouer au foot.* ▶ **footballeur, euse** n. Joueur(euse) de football. ▶ **footballistique** adj. Qui concerne le football. *La saison footballistique.* ▶ **footeux** [futø] n. m. Fam. Personne qui pratique le foot, est passionné de football.

footing [futiŋ] n. m. Anglic. Marche rapide pratiquée à titre d'exercice physique. *Il fait une heure de footing chaque matin.* → **jogging.**

for n. m. *En, dans mon (son, etc.)* ***for intérieur*** [fɔʀɛ̃teʀjœʀ] : dans la conscience, au fond de soi-même. *Dans son for intérieur, il se jugeait fort mal.*

forage [fɔʀaʒ] n. m. Action de forer. *Perceuse pour le forage des pièces métalliques.* → **foreuse.** *Plate-forme de forage* (du pétrole) *en mer.* – *Forages de prospection.* → **sondage.**

forain, aine [fɔʀɛ̃, ɛn] adj. et n. **1·** *Marchand* ou *commerçant forain,* qui s'installe sur les marchés et les foires. → **ambulant, nomade.** – N. *Des forains.* **2·** ***Fête foraine*** : à l'occasion d'une foire. *Baraque foraine.* – N. Personne qui organise des distractions foraines (manèges, cirque, attractions diverses).

forban [fɔʀbɑ̃] n. m. **1·** Pirate qui entreprenait à son profit une expédition armée sur mer sans l'autorisation du roi. ≠ corsaire. *Des forbans.* **2·** Littér. Individu sans scrupules, capable de tous les méfaits. *Ce financier est un forban.* → **bandit.**

forçage [fɔʀsaʒ] n. m. Culture des plantes avant la saison (en châssis, serres, etc.). *Forçage des primeurs, des jacinthes.*

forçat [fɔʀsa] n. m. **1·** Autrefois. Bagnard ou galérien. **2·** Loc. *Travailler comme un forçat,* travailler très dur. **3·** Personne réduite à une condition très pénible. *Les forçats de la route,* les cyclistes.

① **force** [fɔʀs] n. f. **I·** Au sens individuel. **1·** Puissance d'action. *Force physique ; force musculaire.* → **robustesse, vigueur.** / contr. débilité, faiblesse / *Ne plus avoir la force de marcher, de parler. Lutter à forces égales.* – *C'est une force de la nature,* se dit d'une personne à la vitalité irrésistible. – Au plur. Énergie personnelle. *Ménager ses forces. Ce travail est au-dessus de ses forces. Reprendre des forces. De toutes ses forces,* le plus fort possible. – ***En force*** (opposé à *en souplesse*). *Passer, entrer en force.* – ***De force*** : qui exige de la force. *Tour de* *force. Épreuve de force,* conflit ouvert. – *Dans la force de l'âge :* au milieu de l'existence humaine. → **maturité. 2·** Capacité de l'esprit ; possibilités intellectuelles et morales. *Force morale, force d'âme.* → **courage, énergie, fermeté, volonté.** *Force de caractère. Ce sacrifice est au-dessus de mes forces.* **3·** *De* (telle ou telle) *force. Ils sont de la même force au tennis, en mathématiques.* → **niveau. II·** Au sens collectif. **1·** Pouvoir, puissance. *Force militaire d'un pays. La force publique,* la police. *La force armée,* les troupes. – *Force de frappe :* ensemble des moyens militaires modernes (missiles, armes atomiques) destinés à écraser rapidement l'ennemi. – *En force. Arriver, attaquer en force,* avec des effectifs considérables. **2·** Au plur. Ensemble des personnes unies par une même volonté. *Les forces vives de la nation.* – Ensemble des armées. → **armée, troupe.** *Les forces armées françaises. Forces aériennes. Les forces de police, les forces de l'ordre.* **III·** (Choses) **1·** Résistance (d'un objet). → **résistance, robustesse, solidité.** *La force d'un mur, d'une barre.* **2·** Intensité ou pouvoir d'action, caractère de ce qui est fort (III). *La force du vent. Vent de force 5 sur l'échelle de Beaufort. Force d'un coup, d'un choc. La force d'un sentiment, d'un désir,* son intensité. *La force d'un argument, d'une idée.* **IV·** Dans les sciences et techniques. **1·** Toute cause capable de déformer un corps, ou d'en modifier le mouvement, la direction, la vitesse. *Résultante de deux forces. Équilibre des forces. Le newton, unité de mesure de force.* – Produit de la masse d'un corps par l'accélération que ce corps subit. *Force ascensionnelle d'un ballon. Force centrifuge.* **2·** Courant électrique et, spécialt, courant électrique triphasé. *Brancher un radiateur sur la force.* **V·** Dans les relations sociales. Pouvoir de contrainte. **1·** Contrainte, violence (individuelle ou collective). *Employer alternativement la force et la douceur. Le gouvernement menace de recourir à la force.* – Loc. *Coup de force. Situation de force. Instaurer des rapports de force dans une relation. Être en position de force,* en mesure d'imposer ses vues. **2·** (Exercée par une chose) *Être mû par la force de l'habitude.* – Loc. *La force des choses,* la nécessité qui résulte d'une situation. *Avoir force de loi,* en avoir l'autorité, le caractère obligatoire. – *Cas de force majeure,* événement imprévisible et inévitable. – *Force est de* (+ infinitif) : il faut, on ne peut éviter de. **VI· 1·** Loc. adv. *De force :* en faisant effort pour surmonter une résistance. *Prendre, enlever de force qqch. à qqn. Il obéira de gré ou de force,* qu'il le veuille ou non. – *Par force :* en recourant ou en cédant à la force. *Obtenir qqch. par force.* – *À toute force :* en dépit de tous les obstacles. *Il voulait à toute force que nous l'accompagnions.* **2·** *À force de.* loc. prép. : par beaucoup de, grâce à beaucoup de. *À force de patience, il finira par réussir.* → **avec.** – (+ infinitif) *À force d'y réfléchir, vous finirez par résoudre le problème.* ▷ **s'efforcer,** ② **force, forcer, forcir, renforcer, renfort**

② force adv. Vx ou littér. Beaucoup de. *Il nous a reçus avec force sourires.*

forcené, ée [fɔʀsəne] adj. et n. **I·** Adj. Animé d'une rage folle ou d'une folle ardeur. → **acharné, furieux.** *Des cris forcenés. Un travailleur forcené.* **II·** N. Personne folle de colère. *S'agiter, crier comme un forcené.*

forceps [fɔʀsɛps] n. m. invar. Instrument en forme de pinces à branches séparables dont on se sert dans les accouchements difficiles. – Loc. fig. *Au forceps,* difficilement.

forcer [fɔʀse] v. < conjug. 3 > **I·** V. tr. **1·** Faire céder (qqch.) par force. *Forcer une porte, un coffre.* → **briser, fracturer.** *Forcer une serrure.* – *Forcer la porte de qqn,* pénétrer chez lui malgré son interdiction. **2·** Faire céder (qqn) par la force ou la contrainte. → **contraindre, obliger.** *Il faut la forcer pour qu'elle mange. Forcer la main à qqn,* le faire agir contre son gré. – *Forcer à qqch. Cela me force à des démarches compliquées.* → **obliger, réduire.** *On me force à partir.* – *Forcé de. Me voilà forcé de partir.* **3·** Obtenir, soit par la contrainte, soit par l'effet d'un ascendant irrésistible. *Forcer l'admiration, l'estime de tout le monde.* → **emporter.** – S'assurer la maîtrise de qqch. *Forcer le succès, le destin.* **4·** Imposer un effort excessif à. *Forcer un cheval.* – *Chanteur, orateur qui force sa voix. Forcer son talent.* **5·** Dépasser (la mesure normale). → **augmenter, exagérer.** *Forcer la dose. Forcer un effet.* **6·** Altérer, déformer par une interprétation abusive. → **dénaturer.** *Forcer la vérité.* **II·** V. intr. Fournir un grand effort. *Forcer sur les avirons,* ramer le plus vigoureusement possible. *Sans forcer,* en souplesse. **III·** *Se forcer* v. pron. : faire un effort sur soi-même. → **se contraindre.** *Il n'aime pas se forcer.* – *Se forcer à,* s'imposer la pénible obligation de. → **s'obliger.** *Il se force à sourire.* ▶ **forcé, ée** adj. **1·** Qui est imposé par la force des hommes ou des choses. *L'avion a dû faire un atterrissage forcé.* → **obligatoire.** – *Un mariage forcé,* imposé par la famille. – *Culture forcée* (→ **forçage**). **2·** Fam. (Pour marquer le caractère nécessaire d'un événement passé ou futur) *C'est forcé.* → **évident, fatal.** *Il perdra, c'est forcé !* **3·** Qui s'écarte du naturel. *Un rire, un sourire forcé.* → **affecté, factice.** *Une comparaison forcée.* → **excessif.** ▶ **forcément** adv. D'une manière nécessaire, par une conséquence inévitable. *Cela doit forcément se produire.*

forcing [fɔʀsiŋ] n. m. Anglic. **1·** Attaque sportive soutenue contre un adversaire qui se tient sur la défensive. **2·** Attaque à outrance, pression (contre un adversaire). *Faire du forcing pour obtenir une entrevue.*

forcir [fɔʀsiʀ] v. intr. < conjug. 2 > Devenir plus fort, plus gros. → se **fortifier, grossir.** *Cet enfant a forci.* – (Choses) *Le vent forcit.*

forer [fɔʀe] v. tr. < conjug. 1 > **1·** Percer un trou dans (une matière dure) par des moyens mécaniques. *Forer une roche.* **2·** Former (un trou, une excavation) en creusant mécaniquement. *Forer un trou de mine, un puits.* ▶ **foreur, euse** n. Personne qui fore. ▶ **foreuse** n. f. Machine servant à forer le métal → **perceuse,** les roches → **perforatrice, trépan.** ▷ **forage, foret, perforer**

forestier, ière [fɔʀɛstje, jɛʀ] n. et adj. **I·** N. Personne qui exerce une charge dans une forêt du domaine public. – Adj. *Des gardes forestières.* **II· 1·** Adj. Qui est couvert de forêts, qui appartient à la forêt. *Région forestière. Chemin forestier. Maison forestière,* habitation du garde forestier. **2·** Loc. *(à la) forestière,* cuisiné avec des champignons (généralement de cueillette). *Perdreaux forestière.* ▶ **foresterie** n. f. Exploitation des forêts ; industrie forestière.

foret [fɔʀɛ] n. m. Tige de fer servant à forer les bois, les métaux. → **perceuse, vilebrequin, vrille.** *Un foret de 12,* dont le diamètre est de 12 mm.

forêt [fɔʀɛ] n. f. **1·** Vaste étendue de terrain couverte d'arbres ; ensemble de ces arbres. → **bois, futaie.** *Forêt dense, impénétrable. Forêt vierge. Forêt tropicale. À la lisière, à l'orée de la forêt. Plantation et exploitation des forêts.* → **sylviculture.** – Loc. prov. *Les arbres cachent la forêt,* les détails empêchent de voir l'ensemble. – *Les* ***Eaux et Forêts*** : ancien nom de l'*Administration des Forêts,* ensemble des services de l'État chargés du contrôle, du développement et de l'exploitation de la forêt française. **2·** Ensemble très dense. *Une forêt de colonnes, de mâts.* ▶ **forêt-noire** n. f. Gâteau au chocolat fourré de cerises et de crème Chantilly. *Des forêts-noires.* ▷ **déforestation, forestier, reforestation**

1 **forfait** [fɔʀfɛ] n. m. Littér. Crime énorme. *Commettre, expier un forfait.* ▶ **forfaiture** n. f. **1·** Violation du serment féodal. → **félonie.** – Littér. Manque de loyauté. **2·** Crime d'un fonctionnaire qui commet certaines graves infractions dans l'exercice de ses fonctions. → **concussion, prévarication, trahison.**

2 **forfait** n. m. Convention fixant par avance le prix ferme et définitif d'un service, d'un travail, d'une taxe. *Cette prestation est comprise dans le forfait.* – *Forfait téléphonique. Forfait bloqué.* – En apposition. *Forfait vacances.* – ***À forfait.*** *Vendre, acheter à forfait.* ▶ **forfaitaire** adj. Qui a rapport à un forfait ; à forfait. *Prix forfaitaire. Impôt forfaitaire* (opposé à *réel*).

3 **forfait** n. m. Indemnité que doit payer le propriétaire d'un cheval engagé dans une course, s'il ne le fait pas courir. *Déclarer forfait pour un cheval.* – *Déclarer forfait,* ne pas participer à une compétition (quelconque). *Je déclare forfait,* je renonce.

forfanterie [fɔʀfɑ̃tʀi] n. f. **1·** Vantardise impudente. **2·** *(Une, des forfanteries)* Action, parole de fanfaron, de vantard. → **fanfaronnade, vantardise.**

forge [fɔʀʒ] n. f. **1·** Atelier où l'on travaille les métaux au feu et au marteau. *L'enclume, le soufflet, le marteau de la forge.* – Loc. *Ronfler comme un soufflet de forge.* **2·** Installation où l'on façonne par traitement mécanique (à froid ou à chaud) les métaux et alliages. – Au plur. Fonderie. *Maître de forges,* autrefois, patron d'une fonderie.

forger [fɔʀʒe] v. tr. < conjug. 3 > **1·** Travailler (un métal, un alliage) à chaud ou à froid (pour lui donner une forme, etc.). → **battre.** *Forger le fer* (→ **dinanderie, ferronnerie, serrurerie**). – Au p. p. ***Fer forgé*** (servant à fabriquer la ferronnerie d'art). – *Forger l'or* (→ **orfèvrerie**). – Prov. *C'est en forgeant qu'on devient forgeron,* c'est à force de s'exercer à qqch. qu'on y devient habile. **2·** Façonner (un objet de métal) à la forge. *Forger un fer à cheval, une rampe d'escalier.* – *Ça lui forgera le caractère* : ça l'endurcira. **3·** Élaborer (→ **fabriquer**). *Forger un mot nouveau. Forger une expression.* → **inventer, trouver.** – Inventer pour abuser. *Forger une excuse.* – Au p. p. *Histoire forgée de toutes pièces.* → **faux.** ▶ **forgeage** n. m. ▶ **forgeron, onne** n. Personne qui travaille le fer au marteau après l'avoir fait chauffer au feu de la forge. *Forgeron qui ferre un cheval.* → **maréchal-ferrant.**

formaliser [fɔʀmalize] v. tr. < conjug. 1 > Didact. Donner à (un ensemble, un système de connaissance) des caractères formels (4). *Formaliser un problème.* ▶ **formalisé, ée** [fɔʀmalize] adj. *Procédure formalisée.* ▶ **formalisation** n. f. Représentation formelle.

se **formaliser** [fɔʀmalize] v. pron. < conjug. 1 > Être choqué d'un manquement au savoir-vivre, à la politesse. → s'**offenser,** se **vexer.** *Il ne faut pas vous formaliser de cet oubli, de ses manières.*

formalisme [fɔʀmalism] n. m. **1·** En droit. Système dans lequel la validité des actes est strictement soumise à l'observation de formes, de formalités. *Formalisme juridique, administratif.* **2·** En art. Tendance à rechercher exclusivement la beauté formelle. – Doctrine selon laquelle les formes se suffisent à elles-mêmes (opposé à *réalisme*). **3·** En philosophie. Doctrine selon laquelle les vérités scientifiques sont formelles, reposent sur des conventions. **4·** En sciences. Emploi de systèmes formels (4). ▶ **formaliste** adj. **1·** Qui observe, où l'on observe les formalités avec scrupule. *Religion formaliste.* → **rigoriste.** **2·** Trop attaché aux formes, aux règles. **3·** En philosophie, en art, en littérature, en sciences. Qui est partisan du formalisme. *Mathématicien, peintre formaliste.* – N. *Un, une formaliste.*

formalité [fɔʀmalite] n. f. **1·** Opération prescrite par la loi et sans laquelle un acte n'est pas légal. → **forme, procédure.** *Formalités de douanes, douanières.* **2·** Acte, geste imposé par le respect des convenances, des conventions mondaines. → **cérémonial.** **3·** Acte qu'on doit accomplir, mais auquel on n'attache pas d'importance ou qui ne présente aucune difficulté. *Ce n'est qu'une petite, une simple formalité.*

format [fɔʀma] n. m. **1·** Dimension caractéristique d'un imprimé (livre, journal), déterminée par le nombre de feuillets d'une feuille. *Format in-folio* (deux feuillets, quatre pages), *in-quarto, in-huit* ou *in-octavo.* – Dimensions en hauteur et en largeur. *Livre de petit format. Format de poche.* **2·** Dimension type (d'une feuille de papier, gravure, photo...). *Photo de format 9 × 13. Format A3, 42 × 29,7 cm, A4, 21 × 29,7 cm.* **3·** Dimension, taille. **4·** Informatique. Organisation formelle des données, résultant du formatage. ▶ **formater** v. tr. < conjug. 1 > Informatique. Préparer (un support informatique) à recevoir des données. *Formater un disque dur.* – Au p. p. adj. *Disque dur formaté.* ▶ **formatage** n. m. Action de formater.

formateur, trice [fɔʀmatœʀ, tʀis] adj. et n. **1·** Qui forme. *Expérience formatrice.* **2·** N. Personne chargée de la formation (2, 2). → **animateur, instructeur.**

1 **formation** [fɔʀmasjɔ̃] n. f. **1·** Action de former, de se former, manière dont une chose est formée. → **composition, constitution, création, élaboration.** *Un fruit en cours, en voie de formation. La formation de mots nouveaux par dérivation, par composition.* **2·** Couche de terrain d'origine définie. *La formation sédimentaire.* **3·** Mouvement par lequel une troupe prend une disposition ; cette disposition. *Formation en carré, en ligne.* **4·** Groupement de personnes. → **groupe, unité.** *Formation aérienne* (militaire). – *Les grandes formations politiques, syndicales.* → **organisation, parti.** *Formation de musiciens.* → **ensemble, groupe, orchestre.** *Formation sportive.* → **équipe.**

2 **formation** n. f. **1·** Éducation intellectuelle et morale. *La formation du caractère, du goût. Elle a reçu une solide formation littéraire.* **2·** Ensemble de connaissances théoriques et pratiques dans une technique, un métier ; leur acquisition. *Formation professionnelle.* → **apprentissage.** *Stage de formation. Formation continue.* → **recyclage.**

forme [fɔʀm] n. f. **I·** Apparence naturelle. **1·** Ensemble des contours (d'un objet, d'un être), en fonction de ses parties. → **configuration, conformation, contour, figure.** *Avoir une forme régulière, symétrique, irrégulière, géométrique.* ***Prendre forme*** : acquérir une forme. **2·** Être ou objet confusément aperçu. *Une forme imprécise disparaît dans la nuit.* → **ombre.** **3·** Apparence extérieure propre à un objet ou à un être ; modèle à reproduire. *Donner sa forme à un vase. Manteau de forme trapèze.* → **coupe, façon.** – ***En forme de.*** *Des sourcils en forme d'accent circonflexe.* – ***Sous forme de*** : se dit de la façon dont une chose se présente, sans changer de nature. *Médicament administré sous forme de cachets.* **4·** *Les formes,* les contours du corps humain. → **silhouette.** – *Formes généreuses.* **5·** Les contours considérés d'un point de vue esthétique. → **dessin, galbe, ligne, modelé, relief, tracé.** *Les formes et les couleurs. Beauté des formes* (→ **plastique**). **II·** Conception d'un fait scientifique ou technique. **1·** Manière dont une notion, un événement, une action, un phénomène se présente. *Les différentes formes de l'énergie, de la vie.* → **aspect, état, variété.** *Protéger la vie sous toutes ses formes.* **2·** Variante grammaticale. *Étude des formes.* → **morphologie.** *Les formes du singulier, du féminin.* **3·** Manière dont une pensée, une idée s'exprime. → **expression, style.** *Donner une forme nouvelle à une idée banale. Opposer la forme au fond, au contenu.* **III·** Dans la vie sociale et en droit. **1·** Manière de procéder, d'agir selon les règles. → **formalité, norme, règle.** *Les formes de l'étiquette.* – *Dans les formes, en forme,* avec les formes habituelles. – *Mettre les formes* : agir avec courtoisie, délicatesse. *Annoncez-lui la nouvelle en y mettant les formes.* **2·** Aspect extérieur d'un acte juridique. *Jugement cassé pour vice de forme. Contrat en bonne et due forme.* – ***Pour la forme*** : par simple respect des usages ou conventions. **IV·** Condition physique (d'un cheval, d'un sportif, etc.) favorable aux performances. *Être en pleine forme avant la compétition. Il est dans une forme médiocre.* – Bonne condition physique et morale. *Être, se sentir en forme. Quelle forme !* **V·** **1·** Ce qui sert à donner une forme déterminée à un produit manufacturé. → **gabarit, modèle, patron.** *Une forme de modiste.* **2·** Moule creux. → **matrice.** *Forme à fromage.*

-forme Élément signifiant « qui a la forme, l'aspect de... » (ex. : *cruciforme, filiforme*).

formel, elle [fɔʀmɛl] adj. **1·** Dont la précision et la netteté excluent tout malentendu. → **clair, explicite, précis.** / contr. ambigu, douteux, équivoque / *Démenti formel. Refus formel.* → **absolu, catégorique.** *Preuve formelle.* – (Personnes) *Il a été formel sur ce point.* **2·** Qui privilégie la forme par rapport au contenu. *Classement, plan formel. Politesse formelle,* tout extérieure. **3·** Relatif à la forme (II, 3). *Étude formelle d'un texte.* **4·** Qui décrit de manière claire (non ambiguë) et complète les relations entre des éléments. *Logique formelle.* → **formalisé, structural.** ▶ **formellement** adv. **1·** De façon formelle. → **absolument.** *Il est formellement interdit de fumer.* **2·** En considérant la forme. *Raisonnement formellement juste.* ▷ **informel**

former [fɔʀme] v. tr. < conjug. 1 > **I· 1·** Faire naître dans son esprit. *Former un projet. Nous avons formé l'idée de nous associer. Former des vœux pour le succès de qqn.* → **formuler. 2·** Créer (un ensemble, une chose complexe) en arrangeant des éléments. *Former un train, un convoi. Le Premier ministre forme son gouvernement.* → **constituer. 3·** (Choses) Être la cause de. *Les dépôts calcaires ont formé des stalagmites.* **II· 1·** Façonner en donnant une forme déterminée. *Bien former ses lettres* (en écrivant). – Au p. p. adj. *Mot mal formé,* mal construit. **2·** Développer (une aptitude, une qualité) ; exercer ou façonner (l'esprit, le caractère de qqn). → **cultiver, élever, instruire.** *Former son goût par de bonnes lectures. Il faut former l'esprit critique des enfants.* – *Former un apprenti.* PROV. *Les voyages forment la jeunesse.* **III·** (Suj. chose ou personne) **1·** Composer, constituer en tant qu'élément. *Les barreaux forment une grille. Parties qui forment un tout. Les personnes qui forment une assemblée. Un ensemble formé de ceci et de cela.* **2·** Prendre la forme, l'aspect, l'apparence de. → **faire, présenter.** *La route forme une série de courbes.* **IV·** ***Se former*** v. pron. **1·** Naître sous une certaine forme. *Manière dont la Terre s'est formée, dont les êtres se sont formés. Les sentiments qui se forment en nous.* **2·** Prendre une certaine forme. *L'armée se forma en carré, en ordre de bataille.* **3·** S'instruire, se cultiver, apprendre son métier. *Elle s'est formée sur le tas.* ▶ **formé, ée** adj. **1·** Participe passé de *former,* de *se former.* **2·** (Jeune fille) Qui est réglée (2). → **pubère.**

formica [fɔʀmika] n. m. (Marque déposée) Revêtement synthétique, papier imprégné d'une résine dure, utilisé en ameublement. *Une table de cuisine en formica.*

formidable [fɔʀmidabl] adj. **1·** Vx. Qui inspire une grande crainte. → **effrayant, redoutable. 2·** Dont la taille, la force, la puissance est très grande. → **énorme, extraordinaire.** *Des effectifs formidables, un nombre formidable.* **3·** Fam. Excellent. → **sensationnel.** *Un ami formidable. Un film formidable. J'ai une idée formidable !* ▶ **formidablement** adv. Énormément. – Fam. Terriblement. → **très.**

formique [fɔʀmik] adj. *Acide formique,* liquide incolore, piquant et corrosif. *Aldéhyde formique,* antiseptique. ▶ **formol** n. m. Solution bactéricide (ou *formaldéhyde* n. m.). *Vipère conservée dans le formol.*

formule [fɔʀmyl] n. f. **I· 1·** En religion, en magie. Paroles rituelles qui doivent être prononcées dans certaines circonstances, pour obtenir un résultat. *Formule incantatoire* (« *Abracadabra* ») ; *formule magique* (« *Sésame, ouvre-toi !* »). **2·** Expression consacrée dont la coutume, l'usage commande l'emploi dans certaines circonstances. *Formules de politesse.* → **condoléances, félicitations. II· 1·** Dans les sciences. Expression concise, souvent symbolique, définissant une relation ou une opération. *H_2O, formule moléculaire de l'eau. Formule algébrique, géométrique.* **2·** Solution type (d'un problème), manière de procéder. *Il a trouvé une bonne formule.* → **méthode, procédé.** *Formule de paiement.* → **mode.** – *Une nouvelle formule de vacances.* **3·** Expression lapidaire, nette et frappante, d'une idée ou d'un ensemble d'idées. → **aphorisme, proverbe, slogan. 4·** Feuille de papier imprimée contenant quelques indications et destinée à recevoir un texte court. → **formulaire. 5·** (Dans un restaurant) Repas à prix fixe, composé de plats déterminés. → **menu.** *Prendre la formule* (opposé à *manger à la carte*). ▶ **formuler** v. tr. < conjug. 1 > **1·** Rédiger en formule ; faire d'après une formule. *Formuler un problème.* **2·** Énoncer avec la précision, la netteté d'une formule. → **exposer, exprimer.** *Formuler une réclamation. Formuler une plainte* (en justice). → **déposer. 3·** Exprimer par des mots. → **émettre.** *Formuler un souhait, des vœux.* → **former.** ▶ **formulaire** n. m. **1·** Recueil de formules. *Le formulaire des pharmaciens.* **2·** Formule où sont imprimées des questions en face desquelles la personne intéressée doit inscrire ses réponses. → **questionnaire.** *Remplir un formulaire de demande de visa.* ▶ **formulation** n. f. **1·** Action d'exposer avec précision ; manière dont qqch. est formulé. **2·** Action de mettre en formule (II). ▷ **informulé**

forniquer [fɔʀnike] v. intr. < conjug. 1 > Littér. Avoir des relations sexuelles (coupables). ▶ **fornication** n. f. *Le péché de fornication.*

fors [fɔʀ] prép. Vx. Excepté, sauf. « *Tout est perdu, fors l'honneur* » (mot attribué à François Ier, fait prisonnier par Charles Quint à la bataille de Pavie).

forsythia [fɔʀsisja] n. m. Arbrisseau ornemental à fleurs jaunes précoces.

1 **fort, forte** [fɔʀ, fɔʀt] adj. **I· 1·** (Personnes) Qui a de la force physique. → **robuste, vigoureux.** / contr. faible, fragile / *Un homme grand et fort. Être fort comme un Turc, comme un bœuf,* très fort. *Recourir à la manière forte,* à la contrainte, à la violence. → 1 **force** (V). **2·** Considérable par les dimensions. → **grand, gros.** / contr. mince ; fluet / – (Surtout femmes) Euphémisme pour *gros. Femme forte, un peu forte.* → **corpulent** (II, 3). **3·** Qui a une grande force intellectuelle, de grandes connaissances (dans un domaine). → **bon, capable, doué, féru, habile.** / contr. faible, nul / *Être fort sur une question. Être fort à un exercice, un jeu,* savoir très bien le pratiquer. – Fam. (Choses) → **intelligent.** *J'ai lu sa dernière critique, ce n'est pas très fort !* **II· 1·** (Choses) Qui résiste. → **résistant, solide.** *Papier fort.* → **épais.** *Fil, ruban fort. Colle forte, extra-forte.* **2·** Fortifié. *Une place forte. Un château fort.* → 5 **fort. 3·** (Sur le plan moral) Qui est capable de résister au monde extérieur ou à soi-même. → **courageux, énergique, ferme.** *Une forte femme. Être fort dans l'adversité, l'épreuve. Un esprit fort,* incrédule. **III· 1·** (Mouvement, effort physique) Intense. *Coup très fort.* → **énergique, violent.** / contr. faible / *Forte poussée.* – (Avant le nom) Qui dépasse la normale. *De fortes chutes de neige.* → **abondant.** *Une forte fièvre. Payer une forte somme.* → **gros.** *Il a de fortes chances. Avoir affaire à forte partie*.* **2·** Dont l'intensité a une grande action sur les sens. / contr. doux / *Voix forte. Lumière forte. Des odeurs fortes. Moutarde forte,* à saveur forte. *Café, thé fort.* **3·** Abstrait. → **grand, intense.** / contr. faible / *Douleur trop forte. Faire une forte impression sur qqn.* **4·** Difficile à croire ou à supporter par son caractère excessif. *La plaisanterie est un peu forte.* → **exagéré, poussé.** *Ça c'est fort, c'est un peu fort !* → **inouï.** *Le plus fort, c'est que...* → **extraordinaire. 5·** (Personnes) Qui a un grand pouvoir d'action, de l'influence. → **influent, puissant** (souv. opposé à *faible*). – ***Être fort de*** : puiser sa force, sa confiance, son assurance dans. ***Se faire fort de*** (*fort* invar.) : se déclarer assez fort pour faire telle chose, obtenir tel résultat. → se **targuer,** se **vanter.** *Elle s'est fait fort de le convaincre.* **6·** Qui a la force (II) ou n'hésite pas à employer la contrainte → 1 **force** (V). *Gouvernement fort. L'homme fort d'un régime. Une armée forte.* **7·** Qui agit efficacement, produit des effets importants (qualités morales ou intellectuelles). *Sentiment, préjugé plus fort que la raison. C'est plus fort que moi,* se dit d'une habitude, d'un désir, etc., auquel on ne peut résister. ▷ **coffre-fort, conforter, eau-forte, extra-fort, forcir, fortement, fortiche,** 1 **fortifier, main-forte, raifort, réconforter**

2 **fort** [fɔʀ] adv. **I· 1·** Avec de la force physique, en fournissant un gros effort. → **fortement.** *Frapper fort.* → **dur, vigoureusement.** *Serrer très fort. Respirez fort !* **2·** Avec une grande intensité. *Le vent souffle fort. Parler, crier fort.* – ***Y aller fort*** : exagérer. – Fam. ***Faire fort,*** employer les grands moyens, se faire remarquer. *Ils ont fait très fort.* **II·** (Rare dans la langue parlée) Adv. de quantité. (Avec un verbe) → **beaucoup.** *Cet homme me déplaît fort. J'en doute fort. Il aura fort à faire* [fɔʀtafɛʀ] *pour vous convaincre.* – (Devant un adj. ou un adv.) → **très.** *Un homme fort occupé. Je le sais fort bien.* ▷ **forte, fortissimo**

3 **fort** n. m. **1·** *Les forts des Halles,* les employés de la Halle de Paris qui manipulaient et livraient les marchandises. **2·** Personne qui a la force, la puissance (matérielle). → **puissant.** *Protéger le faible contre le fort.* **3·** Personne qui a de la force morale.

4 **fort** n. m. **1·** (Après un poss.). Surtout négatif. Ce en quoi qqn est fort, excelle. *La générosité n'est pas son fort.* **2·** ***Au fort de*** *l'été, de l'hiver.* → **cœur, milieu.**

5 **fort** n. m. Ouvrage (château fort, place forte) destiné à protéger un lieu stratégique, une ville. → **forteresse, fortin.**

forte [fɔʀte] adv. En musique. Fort. *Jouer forte.* / contr. piano / ▷ **fortissimo**

fortement [fɔʀtəmɑ̃] adv. **1·** Avec force. *Serrer fortement.* → **fort ; vigoureusement.** *Cela tient fortement au mur.* → **solidement.** – *Désirer, espérer fortement.* → **intensément, profondément. 2·** Très. *Il a été fortement intéressé par votre projet.*

forteresse [fɔʀtəʀɛs] n. f. **1·** Lieu fortifié pour défendre un territoire, une ville. → **citadelle,** 5 **fort.** *Forteresse imprenable.* **2·** ***Forteresse volante*** : bombardier lourd américain mis en service au cours de la Seconde Guerre mondiale.

fortiche [fɔʀtiʃ] adj. et n. Fam. Habile, malin ; très fort (dans un domaine). → **calé.**

1 **fortifier** [fɔʀtifje] v. tr. <conjug. 7> **1·** Rendre fort, vigoureux ; donner plus de force à. / contr. affaiblir / *L'exercice fortifie le corps. Nourriture, remède qui fortifie.* → **soutenir. 2·** Abstrait. *Fortifier son âme, sa volonté. Le temps fortifie l'amitié.* → **augmenter, renforcer.** ▶ **fortifiant, ante** adj. et n. m. (Aliments, boissons) Qui fortifie. → **reconstituant, tonique ;** fam. **remontant.** *Une nourriture fortifiante.* → **roboratif.** – N. m. Aliment, médicament qui fortifie.

② **fortifier** v. tr. < conjug. 7 > Munir d'ouvrages de défense. – Au p. p. adj. *Ville fortifiée.* ▶ **fortification** n. f. Souvent au plur. Ouvrages fortifiés destinés à la défense d'une position, d'une place. → **bastion, casemate, citadelle, enceinte,** ⑤ **fort, forteresse, fortin, rempart.** – Les anciennes fortifications de Paris, qui furent longtemps un terrain vague mal famé. Abrév. fam. **les fortifs.**

fortin [fɔʀtɛ̃] n. m. Petit fort ⑤.

a **fortiori** → **a fortiori.**

fortissimo [fɔʀtisimo] adv. En musique. Très fort. → **forte.**

fortuit, uite [fɔʀtɥi, ɥit] adj. Qui arrive par hasard, d'une manière imprévue. → **accidentel.** / contr. nécessaire / *Une rencontre fortuite.* ▶ **fortuitement** adv.

fortune [fɔʀtyn] n. f. **I· 1·** *Une fortune,* ensemble des biens, des richesses. → **argent, capital, richesse.** *Les biens qui composent sa fortune. Il n'a aucune fortune personnelle. Ça coûte une fortune !* **2·** *La fortune,* ensemble de biens d'une valeur considérable. *Avoir, posséder de la fortune.* En France. *Impôt de solidarité sur la fortune* : impôt sur les capitaux (abrév. *I. S. F.*). *Le pétrole est la seule fortune de ce pays.* – ***Faire fortune*** : s'enrichir. **II· 1·** Littér. Puissance qui est censée distribuer le bonheur et le malheur sans règle apparente. → **hasard, sort.** *Les caprices de la fortune.* – Prov. *La fortune sourit aux audacieux. La fortune vient en dormant.* **2·** (Dans des expressions) Événement ou suite d'événements considérés dans ce qu'ils ont d'heureux ou de malheureux. → **chance.** *Avoir la bonne, l'heureuse fortune de. Mauvaise fortune,* infortune, malheur. Loc. *Faire contre mauvaise fortune bon cœur,* se résigner. *Chercher fortune. Revers de fortune.* – Loc. *À la fortune du pot,* sans façons, sans cérémonie (→ à la bonne franquette). – ***De fortune*** : improvisé pour parer au plus pressé. *Une installation, des moyens de fortune.* ▶ **fortuné, ée** adj. **1·** Vx. Heureux. **2·** Qui a de la fortune. → **aisé, nanti, riche.** ▷ **infortune**

forum [fɔʀɔm] n. m. **1·** Dans l'Antiquité romaine. Place où se tenaient les assemblées du peuple et où se discutaient les affaires publiques (comme l'*agora* des Grecs). **2·** Réunion-débat. → **colloque.** *Des forums.* **3·** Sur Internet. Espace virtuel qui permet aux utilisateurs de dialoguer par écrit sur un thème donné. *Forum de discussion.*

fosse [fos] n. f. **1·** Trou creusé dans le sol et aménagé. → **excavation, fossé.** – *Fosse d'aisances,* destinée à recevoir les matières fécales. *Fosse septique**. – *Fosse aux lions. Fosse d'orchestre.* **2·** Trou creusé en terre pour l'inhumation des morts. → **tombe.** *Ensevelir, enterrer qqn dans une fosse* (→ **fossoyeur**). *Fosse commune,* où sont déposés ensemble plusieurs cadavres ou cercueils. **3·** Cavité naturelle. *Fosses nasales.* – *Fosse géologique,* vaste dépression. ▶ **fossé** n. m. **1·** Fosse creusée en long dans le sol. → **tranchée.** *Fossé formant la clôture d'un champ. La voiture est tombée dans le fossé.* **2·** Abstrait. Cassure, coupure. *Le fossé s'est creusé entre eux.* → **abîme.** ▶ **fossette** n. f. Petit creux dans une partie charnue (joues, menton, etc.). *Les fossettes sont héréditaires.* ▷ **cul-de-basse-fosse, fossoyeur**

fossile [fosil] adj. et n. m. **1·** Se dit des débris ou des empreintes des végétaux et animaux conservés dans les dépôts sédimentaires et qui ne sont en général plus représentés par des spécimens vivants. *Plantes, végétaux fossiles.* – *Le pétrole est une énergie fossile.* – N. m. *Un fossile. Science, étude des fossiles.* → **paléontologie. 2·** N. m. Fam. Personne démodée, vieux jeu. *C'est un vieux fossile.* ▶ **fossilifère** adj. Qui contient des fossiles. *Gisement fossilifère. Argile fossilifère.* ▶ **fossiliser** v. tr. < conjug. 1 > Rendre fossile ; amener à l'état de fossile. – Pronominalement. Devenir fossile (1). ▶ **fossilisation** n. f. Fait de se fossiliser.

fossoyeur [foswajœʀ] n. m. **1·** Personne qui creuse les fosses dans un cimetière. **2·** Littér. Personne qui anéantit, ruine qqch. → **démolisseur.** *Les fossoyeurs d'une civilisation, d'une doctrine.*

① **fou** (ou **fol**), **folle** [fu, fɔl] n. et adj. **I· N. 1·** Personne atteinte de troubles, de désordres mentaux. → **aliéné, dément.** – REM. Comme *folie,* ne s'emploie plus en psychiatrie. *Au fou ! Fou furieux.* ***Maison de fous*** : vx, asile ; par exagér. lieu dont les habitants agissent bizarrement et font régner le désordre. – ***Histoire de fous*** (fam.) : anecdote comique dont les personnages sont des aliénés. *C'est une véritable histoire de fous que vous me racontez là !,* une histoire invraisemblable. **2·** Personne qui, sans être atteinte de troubles mentaux, se comporte d'une manière déraisonnable, extravagante. *Un jeune fou. Une vieille folle.* – *Un fou du volant,* un conducteur dangereux. **3·** Personne d'une gaieté vive et exubérante. *Les enfants ont fait les fous toute la journée.* Prov. *Plus on est de fous, plus on rit,* plus on est nombreux, plus on s'amuse. **II·** Adj. (*Fol* devant un nom masc. sing. commençant par une voyelle ou un *h* muet : *fol espoir, fol héroïsme* ; ou par archaïsme, par plaisant.) **1·** (Vx en psychiatrie) Atteint de désordres, de troubles mentaux. / contr. équilibré, sensé / *Il est devenu fou et on a dû l'interner.* **2·** Qui est hors de soi. *Sa lenteur me rend fou,* m'énerve, m'impatiente. *Fou de joie, de colère.* **3·** ***Fou de*** : qui a un goût extrême pour. → **amoureux, passionné.** *Elle est folle de lui. Être fou de musique, de Wagner.* → **fanatique. 4·** Qui agit, se comporte d'une façon peu sensée, anormale. → **anormal, bizarre, dérangé, détraqué, malade ;** fam. **cinglé, dingue, toqué, zinzin ;** verlan **ouf.** *L'automobiliste fou a fauché trois passants. Il est fou à lier, à enfermer. Il faut être fou pour dire cela. Il n'est pas fou* (fam.), il est malin, habile. – Qui dénote la folie, la bizarrerie. *Regard fou.* → **hagard.** *Fou rire,* rire que l'on ne peut réprimer. – (Choses, notions abstraites) Contraire à la raison, à la sagesse. → **absurde, déraisonnable.** *Idée folle. Folle idée, passion. L'amour fou. Un fol amour.* **5·** (Après le nom) Dont le mouvement est irrégulier, imprévisible, incontrôlable. *Camion fou.* → **emballé.** *Roue, poulie folle,* qui tourne à vide. Fam. *Patte folle,* jambe qui boite. – *Herbes folles. Mèches folles.* **6·** (Après le nom) → **énorme, immense, prodigieux.** *Il y avait un monde fou à cette réception. Un succès fou. Une gaîté folle. Dépenser un argent fou.* ▷ **affoler, folasse, folâtre, folichon, folie, follement, follet, foufou, garde-fou, raffoler, tout-fou**

② **fou** n. m. **1·** Anciennt. Bouffon (d'un roi, d'un haut personnage). *Des fous.* **2·** Pièce du jeu d'échecs qui circule en diagonale.

③ **fou** n. m. Oiseau marin palmipède plongeur. *Fou de Bassan.*

fouace [fwas] ou **fougasse** [fugas] n. f. Région. Galette de pâte à pain cuite au four. ▶ **fouacier** n. m. Vx. Celui qui fait des fouaces ou les vend. *Les fouaciers du* Gargantua *de Rabelais.*

fouailler [fwaje] v. tr. < conjug. 1 > Littér. Frapper de coups de fouet répétés. → **battre, fouetter.** ≠ fouiller.

foucade [fukad] n. f. Littér. Caprice soudain, emportement passager. → **lubie.**

① **foudre** [fudʀ] n. m. Loc. (souvent iron.) *Un foudre de guerre :* un grand capitaine.

② **foudre** n. m. Grand tonneau (de 5 à 30m^3). → **futaille.** *Un foudre de vin.*

③ **foudre** n. f. **1·** Décharge électrique qui se produit par temps d'orage entre deux nuages ou entre un nuage et le sol avec une lumière et une détonation (→ **éclair, tonnerre**). *La foudre éclate, tombe. Arbres frappés par la foudre.* **2·** *Coup de foudre :* manifestation subite de l'amour dès la première rencontre. **3·** Au plur. *Foudres :* condamnation, reproches. *Elle s'est attiré les foudres de son père.* ▶ **foudroyer** [fudʀwaje] v. tr. < conjug. 8 > **1·** Frapper, tuer par la foudre, par une décharge électrique. *Il a été foudroyé par le courant à haute tension.* → **électrocuter. 2·** Tuer, anéantir avec soudaineté. *Une crise cardiaque l'a foudroyé.* – Par exagér. *Foudroyer qqn du regard.* ▶ **foudroyant, ante** adj. Qui a la rapidité, la violence de la foudre. *Mort foudroyante. Succès foudroyant.* → **fulgurant.**

fouet [fwɛ] n. m. **I· 1·** Instrument formé d'une lanière de cuir ou d'une cordelette au bout d'un manche. → **chat** (II) à neuf queues, **cravache, knout,** ② **martinet.** *Donner des coups de fouet.* → **fouetter. 2·** *Coup de fouet :* excitation, impulsion vigoureuse. *Médicament qui donne un coup de fouet à l'organisme.* **3·** *De plein fouet :* de face et violemment. *Les deux voitures se sont heurtées de plein fouet.* **II·** Appareil servant à battre les sauces, les blancs d'œufs, etc. *Fouet électrique.* → **batteur.** ▶ **fouetter** v. < conjug. 1 > **I·** V. tr. **1·** Frapper avec un fouet. → **flageller, fouailler.** *Être fouetté jusqu'au sang.* – Loc. *Avoir d'autres chats à fouetter,* autre chose à faire. **2·** Frapper comme avec un fouet. *La pluie lui fouettait le visage.* **3·** Battre vivement, rapidement. – Au p. p. adj. *Crème fouettée.* **4·** Donner un coup de fouet à ; stimuler. *Ce premier succès fouetta son ambition.* → **allumer, exciter. II·** V. intr. **1·** Frapper, cingler comme le fait un fouet. *La pluie fouette contre les volets.* **2·** Fam. Sentir mauvais. *Ça fouette ici !* → **puer.** ▶ **fouettard, arde** adj. *Père fouettard :* personnage dont on menaçait les enfants. → **croque-mitaine.**

foufou [fufu], **fofolle** [fɔfɔl] adj. Un peu fou, folle, léger et folâtre. → **fou.** *Ils sont un peu foufous.*

fougasse → **fouace.**

fougère [fuʒɛʀ] n. f. Plante à tige rampante souterraine, à feuilles de taille élevée, très découpées et souvent enroulées en crosse au début du développement.

fougue [fug] n. f. Ardeur impétueuse. → **élan, emportement, enthousiasme, transport.** *Il a agi avec la fougue de la jeunesse. La fougue d'un orateur.* → **verve.** / contr. calme ; froideur / ▶ **fougueux, euse** adj. *Cheval fougueux. Jeunesse fougueuse.* ▶ **fougueusement** adv. *Attaquer fougueusement.*

fouiller [fuje] v. < conjug. 1 > **I·** V. tr. **1·** Creuser (un sol, un emplacement) pour mettre à découvert ce qui peut être enfoui. *Fouiller un terrain riche en vestiges gallo-romains.* ≠ fouailler. **2·** Explorer avec soin en tous sens. *Douanier qui fouille des bagages.* → **examiner, visiter.** *Fouiller ses poches.* – *Fouiller qqn,* chercher soigneusement ce qu'il peut cacher dans ses vêtements, sur son corps. **3·** Travailler les détails de, aller en profondeur. *Fouiller une description.* – Au p. p. adj. *Étude très fouillée.* **II·** V. intr. **1·** Faire un creux dans le sol. *Animaux qui fouillent pour trouver leur nourriture.* → **fouir. 2·** Faire des recherches, en déplaçant tout ce qui peut cacher la chose que l'on cherche. → **chercher** ; fam. **farfouiller, fouiner.** *Fouiller dans ses poches*, en explorer le contenu. – *Fouiller dans le passé, dans ses souvenirs*, afin de retrouver ce qui était perdu, oublié. **III·** ***Se fouiller*** v. pron. Fam. *Il peut se fouiller !*, il ne doit pas compter, espérer obtenir ce qu'il désire. *Tu peux toujours te fouiller !* → **attendre.** ▶ **fouille** [fuj] n. f. **1·** Excavation pratiquée dans la terre pour mettre à découvert et étudier les ruines ensevelies de civilisations disparues. Surtout au plur. *L'archéologue qui dirige les fouilles. Faire des fouilles.* **2·** Excavation faite dans la terre (pour les constructions, travaux publics, etc.). **3·** Action d'explorer, en vue de découvrir qqch. de caché. *Les malfaiteurs appréhendés ont été soumis à une fouille en règle, au corps. Fouille des bagages en douane.* → **visite.** ▶ **fouillis** [fuji] n. m. invar. Fam. Entassement d'objets disparates réunis pêle-mêle. → **désordre, pagaille.** *Quel fouillis ! Sa chambre est en fouillis.* ▷ **farfouiller, trifouiller**

fouine [fwin] n. f. Petit animal du genre des martres, mammifère carnivore à corps mince et museau allongé. *La fouine saigne les volailles.* ▶ **fouiner** v. intr. < conjug. 1 > Fam. Fouiller indiscrètement dans les affaires des autres. → **fureter.** *Il n'aime pas qu'on vienne fouiner dans ses affaires.* ▶ **fouineur, euse** adj. et n. Qui cherche indiscrètement, fouine partout. → **curieux, fureteur.**

fouir [fwiʀ] v. tr. < conjug. 2 > (Surtout en parlant des animaux) Creuser (la terre, le sol). → **fouiller.** ▶ **fouisseur, euse** n. m. et adj. (Animaux) Qui creuse le sol avec une grande facilité. *La taupe est un animal fouisseur.*

foulage [fulaʒ] n. m. Action de fouler (le raisin, le drap).

foulant, ante [fulɑ̃, ɑ̃t] adj. Qui élève le niveau d'un liquide par pression. *Pompe aspirante et foulante.*

foulard [fulaʀ] n. m. **1·** Écharpe de soie, de coton que l'on porte autour du cou ou en pointe sur la tête. *Foulard carré.* – *Foulard islamique porté par certaines musulmanes.* → **voile. 2·** Coiffure faite d'un mouchoir noué autour de la tête. → **carré.** *Foulard des Antillaises.* → **madras.**

foule [ful] n. f. **1·** Multitude de personnes rassemblées en un lieu. → **affluence, monde.** *Se mêler à la foule. Foule grouillante.* → **cohue.** *Il y a foule*, il y a beaucoup de monde, d'affluence. *Il n'y avait pas foule au cinéma.* **2·** *La foule :* le commun des hommes (opposé à *élite*). → **masse, multitude. 3·** *Une foule de :* grand nombre de personnes ou de choses de même catégorie. *Une foule de visiteurs est venue aujourd'hui* (totalité considérée collectivement : verbe au sing.). *Une foule de gens pensent que c'est faux* (pluralité dont les éléments sont considérés individuellement : verbe au plur.). **4·** *En foule :* en masse, en grand nombre. *Le public est venu en foule.*

foulée [fule] n. f. **1·** Appui que le cheval prend sur le sol à chaque temps de sa course ; mouvement effectué à chaque temps de galop (pour le trot, on dit *battue*). **2·** Enjambée de l'athlète en course. *Ce coureur a une belle foulée.* – *Suivre un adversaire dans sa foulée*, de près. – ***Dans la foulée :*** sur son élan, sans s'interrompre. *J'ai acheté des pommes et, dans la foulée, j'ai fait de la compote.*

1 **fouler** [fule] v. tr. < conjug. 1 > **1·** Presser (qqch.) en appuyant à plusieurs reprises, avec les mains, les pieds, un outil. *Fouler des cuirs, la vendange.* **2·** Littér. Presser (le sol) en marchant dessus. *Fouler le sol de sa terre natale.* – ***Fouler aux pieds :*** marcher avec violence, colère ou mépris sur (qqn, qqch.). → **piétiner.** – Abstrait. Traiter avec le plus grand mépris. → **bafouer.** *Fouler aux pieds les convenances.* ▶ **foulage** n. m. Action de fouler (1). ▶ **foulon** n. m. ***Terre à foulon :*** argile servant au dégraissage du drap destiné au foulage. ▷ **défouler, foulage, foulant, foulée, refouler**

2 **se fouler** v. pron. < conjug. 1 > **1·** Faux pron. *Se fouler la cheville, le pied...*, se donner une foulure. *Elle s'est foulé la cheville.* – Fam. *Se fouler la rate*, se donner du mal, de la peine. **2·** Fam. *Ne pas se fouler*, ne pas se fatiguer. *Il a fait ça sans se fouler.* ▶ **foulure** n. f. Légère entorse. *Foulure du poignet.*

foulque [fulk] n. f. Oiseau échassier au plumage noir, voisin de la poule d'eau.

1 **four** [fuʀ] n. m. **1·** Ouvrage de maçonnerie généralement voûté, muni d'une ouverture par-devant, et où l'on fait cuire le pain, la pâtisserie, etc. *Four de boulanger.* → **fournil.** *Mettre au four*, enfourner. – Loc. *Il fait noir comme dans un four.* **2·** Partie fermée d'une cuisinière, élément séparé où l'on peut mettre les aliments pour les faire cuire. *Rôti cuit au four.* – *Four à micro-ondes.* **3·** Ouvrage ou appareil dans lequel on fait subir à diverses matières, sous l'effet d'une chaleur intense, des transformations physiques ou chimiques. → **fourneau.** – *Four solaire.* ▷ **cul-de-four, enfourner, fournaise, fourneau, fournée, fournil**

2 **four** n. m. (Spectacle, réunion, manifestation artistique) Échec, insuccès. *La représentation a été un four complet.* → **flop.** / contr. tabac /

3 **four** → **petit four.**

fourbe [fuʀb] adj. et n. Qui trompe ou agit mal en se cachant, en feignant l'honnêteté. → **faux, hypocrite, perfide, sournois.** *Il est fourbe et menteur.* / contr. franc, honnête, loyal / *Un air fourbe.* – **N.**

C'est un, une fourbe. ▶ **fourberie** n. f. **1**· Vieilli. Caractère du fourbe. → **duplicité, fausseté, hypocrisie.** **2**· Littér. *Une fourberie,* tromperie hypocrite. → **ruse, trahison.**

fourbi [furbi] n. m. Fam. **1**· Toutes les armes, tous les objets que possède un soldat. → **attirail, barda.** **2**· Les affaires, les effets que possède qqn ; choses en désordre. *On ne s'y reconnaît pas, dans ce fourbi !*

fourbir [furbir] v. tr. < conjug. 2 > Nettoyer (un objet de métal) de façon à le rendre brillant. → **astiquer.** – Fig. Littér. *Fourbir ses armes,* s'armer, se préparer à la guerre, à un combat.

fourbu, ue [furby] adj. **1**· *Cheval, animal fourbu,* épuisé de fatigue. **2**· (Personnes) Qui est harassé, très fatigué. → **éreinté, moulu, rompu.**

fourche [furʃ] n. f. **1**· Instrument à main, formé d'un long manche muni de deux dents ou plus, qui sert en agriculture. **2**· Disposition en forme de fourche ; partie présentant cette position. *Fourche d'un arbre,* endroit où les grosses branches se séparent du tronc. *Fourche de bicyclette, de motocyclette,* partie du cadre où est fixée la roue. **3**· *Les fourches caudines* : défilé fourchu (près de *Caudium*), où les Romains furent battus et contraints d'accepter la domination de leurs ennemis. – Loc. Littér. *Passer sous les fourches caudines* : subir une humiliation. ▶ **fourcher** v. intr. < conjug. 1 > Loc. *La langue lui a fourché,* il a prononcé un mot au lieu d'un autre, par méprise. ▶ **fourchette** n. f. **I**· **1**· Ustensile de table (d'abord à deux, puis à trois, quatre dents), dont on se sert pour piquer les aliments et les porter à la bouche. *La fourchette et le couteau.* → **couvert.** *Fourchette à dessert, à poisson, à huîtres.* – Loc. *Avoir un bon coup de fourchette,* être gros mangeur. **2**· Pièce ou organe en forme de fourchette (pièce du changement de vitesse ; soudure des deux clavicules de l'oiseau, etc.). **II**· **1**· Loc. *Prendre son adversaire en fourchette,* avoir deux cartes, l'une supérieure, l'autre inférieure à celle d'un adversaire. **2**· Écart entre deux valeurs extrêmes. – *Une fourchette de prix.* ▶ **fourchu, ue** adj. Qui a la forme, l'aspect d'une fourche ; qui fait une fourche. *Arbre fourchu.* – *Pied fourchu de la chèvre.* → **fendu.** *La langue fourchue du serpent.* → **bifide.** ▷ à **califourchon, carrefour, enfourcher**

1 **fourgon** [furgɔ̃] n. m. Fer servant à attiser le feu. ▶ **fourgonner** v. intr. < conjug. 1 > **1**· Vx. Remuer la braise du four, le combustible d'un feu avec un fourgon. → **tisonner.** **2**· Fouiller (dans qqch.) en dérangeant tout. → **fouiller, fourrager.**

2 **fourgon** n. m. **1**· Long véhicule couvert pour le transport de bagages, de meubles, d'animaux. – *Fourgon cellulaire. Fourgon à bestiaux.* → **bétaillère.** **2**· Dans un train de voyageurs. Wagon servant au transport des bagages. *Fourgon de tête, de queue.* ▶ **fourgonnette** n. f. Petite camionnette.

fourguer [furge] v. tr. < conjug. 1 > Fam. Vendre, placer (une mauvaise marchandise). → **refiler.** *Il nous a fourgué du pain rassis.* – *Fourguer de la came,* revendre de la drogue.

fourme [furm] n. f. Fromage de lait de vache à pâte ferme, chauffée et pressée. *Fourme du Cantal.* → **cantal.** *Fourme d'Ambert,* à pâte persillée.

fourmi [furmi] n. f. **1**· Petit insecte hyménoptère qui vit en colonies nombreuses dans des fourmilières. *Fourmi noire, rouge. Fourmis ailées.* **2**· *Avoir des fourmis dans les membres,* y éprouver une sensation de picotement. **3**· (Symbole de petitesse) *D'avion, on voyait les gens comme des fourmis.* – (Allusion au travail anonyme et obstiné des fourmis) *C'est une fourmi,* une personne laborieuse, économe. – *Un travail de fourmi,* un travail long et nécessitant beaucoup d'efforts. ▶ **fourmilier** n. m. Tamanoir, animal à langue visqueuse qui se nourrit de termites. ▶ **fourmilière** n. f. **1**· Lieu où vivent en commun les fourmis. *Galeries, loges d'une fourmilière.* → **nid** de fourmis. – Loc. Fig. *Donner un coup de pied dans la fourmilière,* déclencher volontairement une agitation ; mettre en cause une forme d'organisation. **2**· Lieu où vit et s'agite une multitude de personnes. → **ruche.** *Cette ville est une véritable fourmilière.* ▶ **fourmilion** n. m. Insecte dont la larve se nourrit des fourmis qui tombent dans l'entonnoir qu'elle a creusé. *Des fourmis-lions.* ▶ **fourmiller** [furmije] v. intr. < conjug. 1 > S'agiter ou être en grand nombre (comme font les fourmis). → **pulluler.** *Les erreurs fourmillent dans ce texte. Les idées fourmillent dans sa tête.* – ***Fourmiller de*** : être rempli d'un grand nombre de. *Ce texte fourmille d'erreurs. Ce garçon fourmille d'idées.* ▶ **fourmillant, ante** adj. Qui s'agite, qui grouille. → **grouillant.** ▶ **fourmillement** n. m. **1**· Agitation désordonnée et continuelle d'une multitude d'êtres. → **grouillement, pullulement.** *Un fourmillement de vers.* – *Un fourmillement d'idées.* **2**· Sensation comparable à celle que donnent des fourmis courant sur la peau. → **picotement.**

fournaise [furnɛz] n. f. **1**· Grand four où brûle un feu violent. **2**· Endroit très chaud, surchauffé. *Cette chambre sous les toits est une fournaise en été.* → **étuve.**

fourneau [furno] n. m. **I**· **1**· Sorte de four dans lequel on soumet à un feu violent certaines substances à fondre, à calciner. *Fourneau à bois, à charbon.* – ***Haut fourneau*** : grand four à cuve destiné à fondre le minerai de fer et dans lequel le coke est en contact avec le minerai. *Des hauts fourneaux.* **2·** Petite cuisinière à bois, à charbon ou à gaz. *Les foyers, le four d'un fourneau. Fourneau de cuisine.* – Au plur. *Le chef est à ses fourneaux,* fait la cuisine. **II·** Partie évasée d'une pipe où brûle le tabac.

fournée [furne] n. f. **1·** Quantité de pain que l'on fait cuire à la fois dans un four. *Le boulanger fait deux fournées par jour.* **2·** Fam. Ensemble de personnes nommées à la fois aux mêmes fonctions ou dignités ; groupe de personnes qui accomplissent ou subissent qqch. en même temps.

fournil [furni] n. m. Local où est placé le four du boulanger et où l'on peut pétrir la pâte.

fournir [furnir] v. tr. <conjug. 2> **I·** V. tr. dir. **1·** Pourvoir de ce qui est nécessaire. → **alimenter, approvisionner.** *Fournir qqn de, en qqch. C'est ce marchand qui nous fournit en produits d'entretien.* → **fournisseur.** – Sans compl. indir. *Fournir une famille, une cantine.* – Pronominalement. *Se fournir chez un marchand.* → se **ravitailler,** se **servir.** **2·** *Fournir qqch. à qqn,* faire avoir (qqch. à qqn). *Il m'a fourni des renseignements, des preuves. Je vous en fournirai les moyens. Cela me fournira l'occasion, le prétexte que je cherchais.* – (Entreprises économiques, commerciales, financières) *Ce magasin nous fournit tous les produits d'épicerie.* → **livrer, vendre.** *Fournir des armes, des vivres à une armée.* **3·** Produire. *Ce vignoble fournit un vin estimé. – Il a dû fournir un effort considérable.* → **faire.** **II·** V. tr. ind. Vieilli. ***Fournir à :*** contribuer, en tout ou en partie, à. → **participer.** *Fournir à la dépense, à l'entretien de.* ▶ **fourni, ie** adj. **1·** Approvisionné, pourvu, rempli. *Une table bien fournie. Cette librairie est vraiment bien fournie.* **2·** Où la matière abonde. *Une barbe, une chevelure fournie.* → **dru, épais.** ▶ **fourniment** n. m. Ensemble des objets composant l'équipement du soldat, d'une profession, etc. → **fourbi.** *Il a apporté tout son fourniment.* → **matériel.** ▶ **fournisseur** n. m. Personne qui fournit des marchandises à un client, à un marchand. *Changer de fournisseur.* ▶ **fourniture** n. f. **1·** Action de fournir. *Être chargé de la fourniture des vivres.* → **approvisionnement.** **2·** Ce qu'on fournit, ce qu'on livre (généralement au plur.). → **provision.** *On trouve dans cette librairie toutes les fournitures scolaires.*

fourrage [furaʒ] n. m. Plantes servant à la nourriture du bétail. *Fourrage vert,* brouté sur place ou coupé pour être mangé à l'étable ; *fourrage sec,* récolté et séché. ▶ 1 **fourrager, ère** adj. Surtout au fém. Destiné au fourrage. *Betterave fourragère.* ▶ 1 **fourragère** n. f. Champ consacré à la production du fourrage. *Fourragère de luzerne.*

2 **fourrager** [furaʒe] v. <conjug. 3> V. intr. Chercher en remuant, en mettant du désordre. → **fouiller, fourgonner.** *Fourrager dans un tiroir, dans des papiers.*

2 **fourragère** n. f. Ornement de l'uniforme militaire ou insigne formé d'une tresse agrafée à l'épaule. *La fourragère d'un régiment.*

fourre [fur] n. f. En Suisse. **1·** Taie d'oreiller, housse d'édredon. **2·** → 2 **chemise.** *Une fourre en plastique.*

1 **fourré** [fure] n. m. Massif épais et touffu de végétaux de taille moyenne, d'arbustes à branches basses. *Les fourrés d'un bois.* → **buisson, taillis.**

2 **fourré, ée** [fure] adj. ***Coup fourré :*** en escrime, coup que les deux adversaires donnent et reçoivent en même temps. – Abstrait. Fam. Attaque hypocrite, coup en traître. → **traîtrise.**

fourreau [furo] n. m. **1·** Enveloppe allongée, destinée à recevoir une chose de même forme pour la préserver quand on ne s'en sert pas. → **étui, gaine.** *Des fourreaux d'épée. Fourreau de parapluie.* **2·** Robe de femme très moulante. – En appos. *Des robes fourreaux.*

fourrer [fure] v. tr. <conjug. 1> **I· 1·** Doubler de fourrure. *Fourrer un manteau avec du lapin.* – Au p. p. adj. *Des bottes fourrées.* **2·** Garnir l'intérieur (d'une confiserie, d'une pâtisserie). – Au p. p. adj. *Gâteaux, bonbons, chocolats fourrés.* **II· 1·** Faire entrer (dans une chose creuse). *Fourrer ses mains dans ses poches. Fourrer ses doigts dans son nez.* – Fam. *Il fourre son nez dans mes affaires,* il est indiscret. *Ils se sont fourré le doigt dans l'œil,* ils se sont trompés. **2·** Faire entrer brutalement ou sans ordre. → **enfourner.** *Fourrer des objets dans un sac ; fourrer une valise sous un meuble.* → **flanquer.** *On l'a fourré en prison.* → **mettre.** – *Fourrer qqch. dans la tête, le crâne de qqn* (soit pour le faire apprendre, soit pour le faire croire, accepter). **3·** Placer sans soin. *Je me demande où j'ai bien pu fourrer mes lunettes !* **III·** ***Se fourrer*** v. pron. Fam. **1·** Se mettre, se placer (dans, sous qqch.). *Se fourrer sous les couvertures.* – Péj. *Il est tout le temps fourré chez nous.* **2·** *Se fourrer dans une mauvaise affaire, dans un guêpier.* → se **jeter.** ▶ **fourre-tout** n. m. invar. Fam. Pièce → **débarras,** lieu, meuble, sac où l'on met, fourre toutes sortes de choses. ▷ **fourrure**

fourrier [furje] n. m. Sous-officier chargé du cantonnement des troupes, des distributions de vivres.

fourrière [furjɛr] n. f. Lieu de dépôt d'animaux, de voitures, saisis et retenus par la police jusqu'au paiement d'une amende. *Mettre un* *chien errant à la fourrière, en fourrière.* – Service qui met les véhicules en retraite. *Appeler la fourrière pour faire enlever un véhicule en stationnement gênant.*

fourrure [fuʀyʀ] n. f. **1·** Peau d'animal munie de son poil, préparée pour servir de vêtement, de doublure (→ **fourrer,** I, 1), d'ornement. → **pelleterie.** *Fourrure à long poil, à poil ras. Chasseur de fourrures.* → **trappeur.** *Manteau de fourrure.* **2·** Poil particulièrement beau, épais de certains animaux. → **pelage.** *La fourrure du chat angora.* ▶ **fourreur** n. m. Personne qui confectionne et vend des vêtements de fourrure.

fourvoyer [fuʀvwaje] v. tr. < conjug. 8 > **1·** Mettre hors de la voie, détourner du bon chemin. → **égarer.** *Ce passant nous a fourvoyés.* – ***Se fourvoyer*** v. pron. : se perdre. **2·** Littér. Tromper. *Les mauvais exemples l'ont fourvoyé. Ici, le traducteur s'est fourvoyé.* ▶ **fourvoiement** [fuʀvwamɑ̃] n. m. Littér. Le fait de s'égarer, de se tromper.

foutaise [futɛz] n. f. Fam. Chose insignifiante, sans intérêt. *C'est de la foutaise ! Foutaise que tout ça !*

foutoir [futwaʀ] n. m. Fam. et vulg. Grand désordre. → **bordel.**

foutre [futʀ] v. tr. (*je fous, nous foutons, je foutais ; je foutrai ; je foutrais ; que je foute, que nous foutions ; foutant, foutu ;* inusité aux passés simple et antérieur de l'indic., aux passé et plus-que-parfait du subj.) **REM.** Mot grossier, alors que ⓘ *fiche* ou *ficher* est simplement familier. **1·** Vx. Posséder sexuellement. **2·** Faire. *Un paresseux qui ne fout rien de toute la journée. Qu'est-ce que ça peut me foutre ? J'en ai rien à foutre,* ça ne me concerne, ne m'intéresse pas. **3·** Donner. *Tais-toi, ou je te fous une baffe !* → **flanquer.** – Mettre. *Il a tout foutu par terre.* – Pronominalement (réfl.). *Elle s'est foutue par terre.* – *Foutre qqn à la porte. Foutre le camp,* s'en aller. *Ça la fout mal,* c'est fâcheux, regrettable. **4·** ***Se foutre de*** v. pron. : se moquer. *Il se fout de ton avis. Il s'en fout complètement. Elle s'est foutue de toi.* ▶ **foutu, ue** adj. **1·** (Avant le nom) Mauvais. *Il a un foutu caractère.* → **sacré, sale.** **2·** (Après le nom) Perdu, ruiné ou condamné. *C'est un type foutu.* **3·** Dans tel ou tel état. *Bien, mal foutu. Une fille bien foutue,* bien faite. *Être mal foutu,* fatigué. – Capable. *Il n'est pas foutu de réussir.* ▶ **foutriquet** [futʀikɛ] n. m. Vieilli. Personnage insignifiant et incapable. ▷ se **contrefoutre, foutaise, foutoir, jean-foutre, je-m'en-foutisme**

fox-terrier [fɔkstɛʀje] n. m. ou **fox** [fɔks] n. m. invar. Chien terrier à poils lisses et durs, blancs avec des taches fauves ou noires. *Des fox-terriers.*

fox-trot [fɔkstʀɔt] n. m. invar. Danse à rythme binaire, d'allure saccadée, à la mode dans l'entre-deux-guerres. *Des fox-trot.*

① **foyer** [fwaje] n. m. **I· 1·** Espace ouvert aménagé dans une maison pour y faire du feu. → **âtre, cheminée.** **2·** Le feu qui brûle dans cet espace. – *Foyer d'incendie,* brasier d'où se propage l'incendie. **3·** Partie fermée d'un appareil de chauffage où brûle le combustible. *Le foyer d'une chaudière.* **II· 1·** Point d'où rayonne la chaleur, la lumière. *Un puissant foyer lumineux.* → **source.** – Point où convergent des rayons lumineux. *Lunettes, verres à double foyer.* → **focal.** **2·** Point (d'une ellipse, d'une hyperbole...) par rapport auquel se définit la courbe. **3·** Lieu d'origine (d'un phénomène). *Le foyer de la révolte.* – Siège principal d'une maladie. *Foyer d'infection.*

② **foyer** n. m. **1·** Lieu où habite la famille. → **demeure, maison.** – La famille elle-même. → **ménage.** *Le foyer paternel, conjugal.* → **domicile.** *Fonder un foyer,* se marier. *Femme au foyer,* qui n'a pas d'emploi à l'extérieur. – Au plur. *Soldat qui rentre dans ses foyers,* chez lui. **2·** Local servant de lieu de réunion, d'asile à certaines catégories de personnes. *Foyer d'étudiants ; de jeunes travailleurs ; pour S. D. F. Foyer d'accueil pour femmes battues, pour jeunes délinquants.* **3·** Salle d'un théâtre où le public peut se retrouver, prendre des consommations (notamment, aux entractes).

frac [fʀak] n. m. Anciennt. Habit d'homme, noir à basques. ≠ froc.

fracas [fʀaka] n. m. invar. Bruit violent. – Loc. *Avec perte et fracas,* brutalement. ▶ **fracasser** v. tr. < conjug. 1 > Mettre en pièces, briser avec violence. → **briser, casser.** – Pronominalement (réfl.). *La barque s'est fracassée sur un écueil. Il s'est fracassé le crâne sur les pavés.* ▶ **fracassant, ante** adj. **1·** Très bruyant. **2·** *Déclaration fracassante,* qui fait un effet violent. → **tonitruant.**

fractal, ale, aux [fʀaktal, o] adj. et n. f. Didact. *Objet fractal,* objet géométrique qui représente des formes irrégulières fragmentées, la plus petite ayant une structure identique à l'objet dans son ensemble (ex. flocons de neige, éponges). – N. f. *Le brocoli est une fractale naturelle.*

fraction [fʀaksjɔ̃] n. f. **1·** Quantité qui représente une ou plusieurs parties égales de l'unité ; symbole formé d'un dénominateur et d'un numérateur. *Dans la fraction 6/10 (six dixièmes), le numérateur 6 et le dénominateur 10 sont séparés par la barre de fraction. L'algèbre débute par l'étude des fractions.* **2·** Partie d'une totalité. → **minorité, morceau, parcelle, partie, portion.** *Une fraction de* *l'assemblée. Une fraction de seconde.* – *En une fraction de seconde* : très rapidement. ▶ **fractionnaire** adj. Qui est sous forme de fraction. *Nombre fractionnaire.* ▶ **fractionnel, elle** adj. Qui tend à diviser. *Activité fractionnelle au sein d'un parti.* ▶ **fractionner** v. tr. < conjug. 1 > Diviser (une totalité) en parties, en fractions. → **partager, rompre, séparer.** – Pronominalement (réfl.). *L'assemblée s'est fractionnée en trois groupes.* → **se scinder.** ▶ **fractionnement** n. m. Action de fractionner. → **division.** ▶ **fracture** n. f. **1·** Rupture d'un os. *Fracture ouverte. Fracture incomplète.* → **fêlure.** *Fracture du crâne.* **2·** Cassure (de l'écorce terrestre, etc.). → **faille.** **3·** Abstrait. Rupture, cassure (d'une relation, d'un équilibre). – Spécialt. *Fracture sociale.* ▶ **fracturer** v. tr. < conjug. 1 > **1·** Blesser par une fracture. *Elle s'est fracturé une côte.* → **casser, rompre.** **2·** Briser avec effort. *Fracturer une porte, une serrure.*

fragile [fʀaʒil] adj. **1·** Qui se brise, se casse facilement. → **cassant.** *Fragile comme du verre.* / contr. solide / **2·** (Personnes) De constitution faible. → **débile, délicat.** / contr. fort, robuste / *Cet enfant est très fragile, il attrape toutes les maladies.* → **chétif, malingre.** *Il a l'estomac fragile. Une santé fragile.* **3·** Qui est facile à ébranler, menacé de ruine. *Autorité fragile.* → **changeant, inconstant, labile.** / contr. durable, stable / *Théorie fragile.* / contr. sûr / ▶ **fragiliser** v. tr. < conjug. 1 > Rendre plus précaire ; déstabiliser ; affaiblir. *Une infection fragilise l'organisme.* ▶ **fragilité** n. f. *La fragilité d'une matière.* / contr. solidité / *La fragilité d'un mécanisme.* / contr. robustesse / – *La fragilité de cet enfant nous inquiète.* – *La fragilité de la gloire, de la puissance,* leur caractère éphémère. → **faiblesse, instabilité.**

fragment [fʀagmɑ̃] n. m. **1·** Morceau d'une chose qui a été cassée, brisée. → **bout, débris, éclat, morceau.** *Les fragments d'un vase, d'une statue.* **2·** Partie (d'une œuvre). *Fragment d'un texte.* → **citation, extrait, passage.** ▶ **fragmentaire** adj. Qui existe à l'état de fragments. *Documentation fragmentaire.* → **incomplet, partiel.** / contr. complet, entier, exhaustif / ▶ **fragmenter** v. tr. < conjug. 1 > Partager, séparer en fragments. → **diviser, morceler.** *Fragmenter un ouvrage, un capital.* / contr. rassembler, réunir / ▶ **fragmentation** n. f. Action de fragmenter ; son résultat. *Bombe à fragmentation,* qui se divise en plusieurs fragments devenant autant de projectiles.

fragrance [fʀagʀɑ̃s] n. f. Littér. Parfum subtil, odeur agréable. *La fragrance du muguet.*

frai [fʀɛ] n. m. **1·** Ponte des œufs par la femelle des poissons. *La saison, le temps du frai* (→ **frayer**). **2·** Œufs de batraciens, de poissons. *Du frai de carpes.*

① **frais, fraîche** [fʀɛ, fʀɛʃ] adj. **I· 1·** Un peu froid, qui donne une sensation légère de froid. REM. Correspond à *tiède* pour la chaleur. / contr. chaud / *Un vent frais. Servir un vin frais. Boire de l'eau fraîche.* – Adv. *Il fait frais ce matin.* – N. m. *Prendre le frais,* respirer l'air frais. **2·** Sans chaleur, sans cordialité. *On lui a réservé un accueil plutôt frais.* **II· 1·** Qui vient d'arriver, de se produire, d'être fait. → **neuf, nouveau, récent.** / contr. ancien, vieux / *Découvrir des traces toutes fraîches. Vous n'avez pas de nouvelles plus fraîches ? De fraîche date,* récent. *Peinture fraîche,* pas encore séchée. – Adv. (Devant un p. p.) Depuis très peu de temps. Surtout dans *frais émoulu* de...,* qui vient d'achever ses études dans (telle école). **2·** Qui est tout nouvellement produit, n'a rien perdu de ses qualités naturelles (opposé à *douteux, gâté, pourri*). *Un fruit, des œufs frais. Du pain frais* (opposé à *dur, rassis, sec*). – Consommé sans préparation de conservation. *Légumes, fruits frais* (opposé à *en conserve, séché, surgelé*). **3·** Qui a ou garde des qualités inaltérées d'éclat, de vitalité, de jeunesse. *Une fille fraîche et jolie. Il est frais et dispos. Avoir le teint frais.* **4·** Fam. (En parlant de qqn qui s'est mis dans une fâcheuse situation) *Eh bien ! cette fois, nous voilà frais !* → ② **propre** (2). **5·** En bon état, dans l'aspect du neuf. (Surtout négatif). *Ce costume n'est pas très frais ; il faudrait le repasser.* **6·** Qui donne une impression vivifiante de pureté, de jeunesse. *La fraîche odeur d'un bouquet de violettes.* ▶ **à la fraîche** loc. adv. À l'heure où il fait frais, le soir. ▶ **fraîchement** adv. **1·** Depuis très peu de temps. → **récemment.** *Il est fraîchement débarqué à Paris.* **2·** Avec une froideur marquée. → **froidement.** *Il fut fraîchement accueilli.* / contr. chaleureusement / ▶ **fraîcheur** n. f. **I· 1·** Température fraîche. *La fraîcheur de l'air. Une sensation de fraîcheur.* **2·** Fig. Froideur. *La fraîcheur d'un accueil.* **II· 1·** Qualité d'un produit frais, non altéré. *La fraîcheur d'un œuf, d'un fruit.* **2·** Qualité de ce qui a un aspect sain, vigoureux, de ce qui garde son éclat. *La fraîcheur de son teint. Il a terminé la course dans un état de fraîcheur remarquable.* – (En parlant de ce qui touche la vue, l'odorat, l'ouïe) *La fraîcheur d'un coloris.* – (Sentiments, idées) *La fraîcheur d'un premier amour.* → **pureté.** *Fraîcheur d'âme.* → **innocence, jeunesse.** ▶ **fraîchir** v. intr. < conjug. 2 > Devenir frais, ou plus frais. → **se rafraîchir.** *Le temps fraîchit depuis quelques jours.* – *Le vent fraîchit,* devient plus fort (terme de marins). → **forcir.** ▷ **se défraîchir, rafraîchir**

② **frais** n. m. pl. **1·** Dépenses occasionnées par une opération. → **coût.** *Les frais de déplacement, d'habillement. Frais professionnels. Faire beaucoup de frais.* Loc. *Rentrer dans ses frais,* en être remboursé par un gain. → **argent, fonds.** **2·** Loc. – Avec *À. À grands frais,* en dépensant beaucoup, en se donnant beaucoup de peine. *À peu de frais, à moindres frais*, économiquement. *Aux frais de qqn*, les frais étant couverts par lui. *Être logé aux frais de la princesse**. – *Se mettre en frais* : s'engager dans des dépenses inhabituelles ; faire des efforts. – ***Faire les frais*** : fournir à une dépense. Fig. Être le seul ou le premier à employer sa peine. *C'est encore nous qui ferons les frais de sa bêtise*, qui en serons les victimes, en subirons les conséquences. *Faire les frais de la conversation*, en être le sujet malgré soi. – ***En être pour ses frais*** : ne rien obtenir en échange de ses dépenses, de ses efforts. **3·** ***Faux frais*** : dépense accidentelle s'ajoutant aux dépenses principales. ▷ 1 **défrayer**, 2 **défrayer**

1 **fraise** [fʀɛz] n. f. **1·** Fruit du fraisier. *Fraise des bois. Fraises cultivées* (plus grosses). *Tarte aux fraises. Confiture de fraises. Glace à la fraise.* – Adj. invar. De la nuance de rouge propre à la fraise. *Des rubans fraise.* **2·** Loc. Fam. *Sucrer les fraises*, être agité d'un tremblement (malades, vieillards). **3·** Fam. Figure. *Ramener* sa fraise.* ▶ **fraisier** n. m. **1·** Plante qui produit les fraises. **2·** Gâteau fourré de crème et de fraises.

2 **fraise** n. f. Petit outil d'acier, de forme conique ou cylindrique, servant à évaser l'orifice d'un trou. – Roulette de dentiste. ▶ **fraiser** v. tr. < conjug. 1 > Évaser l'orifice de (un trou). ▶ **fraisage** n. m. ▶ **fraiseur** n. m. Ouvrier qualifié conducteur d'une fraiseuse. → **ajusteur, tourneur.** ▶ **fraiseuse** n. f. Machine-outil servant à fraiser les métaux.

3 **fraise** n. f. Membrane qui enveloppe les intestins du veau et de l'agneau.

4 **fraise** n. f. Grand col blanc, plissé et empesé, porté au XVIe siècle.

framboise [fʀɑ̃bwaz] n. f. **1·** Fruit composé, rouge (parfois blanc), très parfumé, produit par le framboisier. *Confiture de framboises. Sirop de framboise.* **2·** Liqueur, eau-de-vie de framboise. ▶ **framboisier** n. m. **1·** Arbrisseau qui produit les framboises. **2·** Gâteau fourré de crème et de framboises.

framée [fʀame] n. f. Long javelot dont se servaient les Francs.

1 **franc, franque** [fʀɑ̃, fʀɑ̃k] n. et adj. Membre des peuplades germaniques qui, à la veille des grandes invasions, occupaient les rives du Rhin et la région maritime de la Belgique et de la Hollande. *Les Francs parlaient le francique.* – Adj. *La Gaule franque*, conquise par les Francs. ▷ **francique, francisque**

2 **franc, franche** [fʀɑ̃, fʀɑ̃ʃ] adj. **1·** En loc. Sans entrave, ni gêne, ni obligation. *Avoir les coudées franches*, être libre d'agir à sa guise. *Franc du collier.* – ***Corps francs*** : troupes ne faisant pas partie des unités combattantes régulières. – ***Coup franc*** (football, etc.) : coup tiré sans opposition de l'adversaire, pour sanctionner une faute. **2·** Affranchi, libéré de certaines servitudes ; exempt de charges, taxes (→ **franchise**). *Ville franche*, qui avait obtenu une charte de franchise (1). *Port franc. Zone franche. Expédition franc de port.* → 1 **franco** (1). ▷ 1 **affranchir**, 2 **affranchir, franc-alleu, franchise** (I), **franc-maçon, franc-parler, franc-tireur,** à la bonne **franquette**

3 **franc, franche** adj. **1·** Qui s'exprime ou se présente ouvertement, sans artifice, ni réticence. → **droit, honnête, loyal, sincère.** / contr. hypocrite, menteur, sournois / *Soyez franc ! Il est franc comme l'or*, très franc. *Nous avons eu une explication franche.* – Loc. *Jouer franc jeu*, agir loyalement, être fair-play. **2·** Qui présente des caractères de pureté, de naturel. → **pur, simple.** *Couleurs franches.* **3·** (Précédant le nom) Péj. Qui est véritablement tel. → **achevé, fieffé, vrai.** *Une franche canaille. C'est une franche comédie.* **4·** Adv. *À parler franc*, franchement. ▶ **franchement** adv. **1·** Sans hésitation, d'une manière décidée. → **carrément, résolument.** *Allez-y franchement.* **2·** Sans équivoque, nettement. *Poser franchement un problème.* – (Devant un adj.) Indiscutablement, vraiment. *C'est franchement mauvais.* **3·** Sans détour, sans dissimulation (dans les rapports humains). → **loyalement, sincèrement.** *Je vous le dis franchement.* ▷ **franchise** (II)

4 **franc** [fʀɑ̃] n. m. **1·** Unité monétaire légale de la France (avant l'euro). Abrév. **F.** *Un billet de cinquante francs, de 50 F.* **2·** (Hors de France) *Franc belge, franc luxembourgeois ; franc suisse* : unité monétaire de la Belgique, du Luxembourg (avant l'euro) ; de la Suisse. *Francs C. F. A.*, utilisés en Afrique. ▷ **kilofranc**

français, aise [fʀɑ̃sɛ, ɛz] adj. et n. **1·** Adj. Qui appartient, est relatif à la France et à ses habitants. *La République française.* – N. Personne de nationalité française. *Un Français, une Française.* – Adv. *Acheter français.* **2·** N. m. ***Le français*** : la langue française, langue romane parlée en France, Belgique, Suisse, au Canada (surtout Québec), et comme langue seconde en Afrique, etc. *Ancien français* (IXe-XIIIe s.) ; *moyen français* (XIVe-XVIe s.) ; *français classique* (XVIIe-XVIIIe s.) ; *français moderne.* – Loc. fam. *Vous ne comprenez pas le français ?*, vous n'avez donc pas compris ce qu'on vous dit ? ▷ **franciser, franco-, franchouillard, franquillon**

franc-alleu [fʀɑ̃kalø] n. m. Au Moyen Âge. Terre de pleine propriété, affranchie de toute obligation ou redevance (opposé à *fief*). *Des francs-alleus* [fʀɑ̃kalø].

francfort [fʀɑ̃kfɔʀ] n. f. Saucisse de Francfort. *Une paire de francforts. Une francfort frites,* une portion de francfort avec des frites.

franchement → ③ **franc.**

franchir [fʀɑ̃ʃiʀ] v. tr. < conjug. 2 > **1·** Passer par-dessus (un obstacle), en sautant, en grimpant. *Franchir un ruisseau, un mur.* – Surmonter, vaincre (une difficulté). **2·** Aller au-delà de (une limite). → **passer.** *Franchir la frontière.* – *Franchir une étape.* **3·** Traverser (un passage). – Aller d'un bout à l'autre de. → **parcourir, traverser.** *Franchir un pont.* – (Temps) *Sa réputation a franchi les siècles.* ▶ **franchissable** adj. ▶ **franchissement** n. m. → **passage.** *Le franchissement d'un col, d'un obstacle.* ▷ **infranchissable**

franchise [fʀɑ̃ʃiz] n. f. **I· 1·** Droit qui limitait l'autorité du roi ou du seigneur local sur une ville, un corps, un individu. **2·** Se dit de certaines exemptions ou exonérations. *Franchise postale. Envoi en franchise.* → ① **franco. 3·** *Commerce en franchise,* boutique, magasin dont l'exploitant est propriétaire du fonds, mais reste lié par contrat à une marque et à ses produits (*franchisé, ée*). **II·** Qualité d'une personne franche. → **droiture, loyauté, sincérité.** / contr. dissimulation, fausseté, hypocrisie / *Il nous a parlé avec beaucoup de franchise.*

franchouillard, arde [fʀɑ̃ʃujaʀ, aʀd] adj. et n. Fam. et péj. Caractéristique du Français moyen, avec ses défauts.

francien [fʀɑ̃sjɛ̃] n. m. Histoire. Dialecte roman (de langue d'oïl) parlé pendant le haut Moyen Âge en Île-de-France, ancêtre du français.

francique [fʀɑ̃sik] n. m. Langue des anciens Francs. – Dialecte allemand.

franciscain, aine [fʀɑ̃siskɛ̃, ɛn] n. Religieux, religieuse de l'ordre fondé par saint François d'Assise. – Adj. *L'art franciscain.*

franciser [fʀɑ̃size] v. tr. < conjug. 1 > Donner une forme française à (un mot étranger). *Il a francisé son patronyme.* – Au p. p. adj. *« Fioul » et « gazole » sont des anglicismes francisés.* ▶ **francisation** n. f. *La francisation de « fuel » en « fioul ».*

francisque [fʀɑ̃sisk] n. f. Hache de guerre des Francs à double fer. – Emblème du pétainisme.

franc jeu → **jeu** (V).

franc-maçon, onne [fʀɑ̃masɔ̃, ɔn] n. m. et adj. Adepte de la franc-maçonnerie. *Des francs-maçons.* – Adj. *Les influences franc-maçonnes.* → **maçonnique.** ▶ **franc-maçonnerie** n. f. Association internationale, en partie secrète, de caractère mutualiste et philanthropique. *L'équerre et le compas, symboles de la franc-maçonnerie.*

franco [fʀɑ̃ko] adv. **1·** Sans avoir à payer le transport (opposé à *en port dû*). *Franco de port.* **2·** Fam. Franchement, carrément. *Allez-y franco.*

franco- Élément signifiant « français ». *Les relations franco-américaines.* ▶ **franco-français, aise** adj. Qui est typiquement français. *Une réaction très franco-française* (qui ne tient pas compte des facteurs non nationaux). ▶ **francophile** [fʀɑ̃kɔfil] adj. Qui aime la France et les Français. – N. *Un francophile.* ▶ **francophilie** n. f. ▶ **francophobe** adj. Hostile à la France et aux Français. ▶ **francophobie** n. f. ▶ **francophone** adj. Qui parle habituellement ou souvent le français. *Les Africains francophones.* – N. *Les francophones du Canada.* ▶ **francophonie** n. f. Communauté des populations francophones. ▶ **franco-provençal** n. m. et adj. Ensemble des parlers romans s'étendant sur la Suisse romande (sauf le Jura), la Savoie, le Dauphiné et le Lyonnais. – *La littérature franco-provençale.*

franc-parler [fʀɑ̃paʀle] n. m. sing. Liberté de dire ce qu'on pense. *Il a son franc-parler.*

franc-tireur, euse [fʀɑ̃tiʀœʀ, øz] n. **1·** Combattant(e) qui n'appartient pas à une armée régulière. → **guérillero, maquisard, partisan, résistant.** *Les francs-tireurs ont été considérés comme des terroristes.* – Tireur isolé. **2·** Personne qui mène une action indépendante, n'observe pas la discipline d'un groupe. → **indépendant.** *Agir en franc-tireur.*

frange [fʀɑ̃ʒ] n. f. **1·** Bande de tissu d'où pendent des fils, ornant le bord des vêtements, des meubles, etc. → **passementerie.** *Les franges d'un tapis.* **2·** Cheveux coupés couvrant le front sur toute sa largeur. **3·** Limite imprécise entre deux états, deux notions. → **marge.** *Agir à la frange de la légalité.* **4·** Minorité plus ou moins marginale. *Une frange de la population.* ▶ **franger** v. tr. < conjug. 3 > Garnir, orner de franges. – Au p. p. *Des vagues frangées d'écume.* ▷ **effranger**

frangin, ine [fʀɑ̃ʒɛ̃, in] n. Fam. Frère, sœur.

frangipane [fʀɑ̃ʒipan] n. f. Crème pâtissière à base d'amandes. ▶ **frangipanier** n. m. Arbrisseau exotique dont les fleurs ont une odeur rappelant celle de la frangipane.

franglais [fʀɑ̃glɛ] n. m. Usage du français où l'influence de l'anglais est très sensible.

à la bonne franquette [alabɔnfʀɑ̃kɛt] loc. Sans façon, sans cérémonie. → **simplement.** *Restez donc, on dînera à la bonne franquette* (→ à la fortune du pot).

franquisme [fʀɑ̃kism] n. m. Doctrine politique, économique du régime du général Franco (en Espagne), voisine du fascisme italien. ▶ **franquiste** adj. et n. Partisan du général Franco et de son régime.

fransquillon, onne [fʀɑ̃skijɔ̃, ɔn] n. En Belgique francophone. Péj. Personne qui parle le français en prenant l'accent de Paris. ▶ **fransquillonner** v. intr. < conjug. 1 >

1 **frappe** ou **frape** [fʀap] n. f. Fam. et péj. Voyou. Seulement dans : *Une petite frappe.*

frapper [fʀape] v. < conjug. 1 > **I·** V. tr. dir. **1·** Toucher plus ou moins rudement en portant un ou plusieurs coups. → **battre.** *Il l'a frappé au menton.* – *Frapper le sol du pied.* **2·** Marquer (qqch.) d'une empreinte par un choc, une pression. *Frapper la monnaie,* la marquer d'une empreinte (avec le coin, le poinçon, etc.) – Au p. p. adj. Abstrait. *Une remarque frappée au coin du bon sens,* pleine de bon sens. **3·** Au p. p. adj. *Champagne frappé, café frappé, liqueur frappée,* refroidi (avec de la glace). / contr. chambré / **4·** Atteindre d'un coup porté avec une arme. *La balle l'a frappé en plein cœur.* **5·** Donner, porter (un coup). – Loc. fig. *Frapper un grand coup,* accomplir une action spectaculaire et décisive. **6·** Atteindre de quelque mal. *Le grand malheur qui la frappait.* **7·** Affecter d'une impression vive et soudaine. Surprendre. → **étonner, saisir.** *Il a frappé tout le monde par son énergie.* – Au passif et p. p. adj. *Être frappé de stupeur.* **II·** V. tr. ind. Donner un coup, des coups. *Frapper sur la table, contre un mur.* – *Frapper à la porte. Entrez sans frapper.* **III·** *Se frapper* v. pron. : s'inquiéter, se faire du souci. *Ne vous frappez pas, ce n'est pas si grave !* ▶ **frappant, ante** adj. Qui frappe, fait une vive impression. → **impressionnant, saisissant.** *Une ressemblance frappante.* → **étonnant.** ▶ 2 **frappe** n. f. **1·** Action, manière de taper à la machine. → **dactylographie.** *Le manuscrit est à la frappe. Faute de frappe.* **2·** Opération militaire pouvant utiliser différents moyens. *Frappe aérienne.* – ***Force de frappe.*** → 1 **force** (II, 1). ▶ **frappeur, euse** adj. *Esprits frappeurs,* esprits qui, dans les séances de spiritisme, se signalent en frappant des coups.

frasque [fʀask] n. f. Écart de conduite. → **fredaine.** *Des frasques de jeunesse.*

fraternel, elle [fʀatɛʀnɛl] adj. **1·** Qui concerne les relations entre frères ou entre frères et sœurs. *L'amour fraternel.* **2·** Propre à des êtres qui se traitent en frères. → **affectueux, amical, cordial.** *Un geste fraternel. Des relations fraternelles.* – (Personnes) Qui se conduit comme un frère (envers qqn). *Il s'est montré très fraternel avec moi.* ▶ **fraternellement** adv. *Partager fraternellement avec des camarades.* ▶ **fraterniser** v. intr. < conjug. 1 > Faire acte de fraternité, de sympathie ou de solidarité. *Fraterniser avec qqn* (homme ou femme). ▶ **fraternisation** n. f. *La fraternisation de soldats ennemis.* ▶ **fraternité** n. f. **1·** Lien existant entre personnes (hommes ou femmes) considérées comme membres de la famille humaine ; sentiment profond de ce lien. → **solidarité.** *Un élan de fraternité.* **2·** Lien particulier établissant des rapports fraternels. → **camaraderie.** *Fraternité d'armes.* ▷ **confraternel**

fratricide [fʀatʀisid] n. et adj. **1·** N. m. Meurtre d'un frère, d'une sœur. **2·** N. Personne qui tue son frère ou sa sœur. **3·** Adj. Qui conduit les humains à s'entre-tuer. *Des guerres, des haines fratricides.*

fratrie [fʀatʀi] n. f. Ensemble des frères et sœurs d'une famille. *Une fratrie de cinq enfants.*

fraude [fʀod] n. f. Tromperie ou falsification punie par la loi. → **délit.** *Inspecteurs chargés de la répression des fraudes. Fraude électorale.* – ***En fraude*** loc. adv. : par un acte qui constitue une fraude. → **clandestinement, illégalement.** ▶ **frauder** v. < conjug. 1 > **1·** V. tr. Commettre une fraude au détriment de. → **voler.** *Frauder le fisc.* **2·** V. intr. Être coupable de fraude. *Frauder à un examen.* → **tricher.** ▶ **fraudeur, euse** n. Personne qui fraude. → **falsificateur.** ▶ **frauduleux, euse** adj. Entaché de fraude. *Faillite frauduleuse.* ▶ **frauduleusement** adv.

1 **frayer** [fʀeje] v. tr. < conjug. 8 > Tracer ou ouvrir (un chemin) au milieu d'obstacles. *Écarter les branches pour frayer un passage. Se frayer un chemin à travers la foule.*

2 **frayer** v. intr. < conjug. 8 > **1·** Se dit de la femelle du poisson qui dépose ses œufs, et du mâle qui les féconde. **2·** Avoir des relations familières et suivies, fréquenter. *Il frayait peu avec ses collègues.* ▷ **frai**

frayeur [fʀɛjœʀ] n. f. Peur très vive, généralement passagère et peu justifiée. *Vous êtes remis de vos frayeurs ? Enfant qui a des frayeurs nocturnes, des cauchemars.*

fredaine [fʀədɛn] n. f. Surtout au plur. Vieilli. Écart de conduite sans gravité. → **frasque.**

fredonner [fʀədɔne] v. tr. < conjug. 1 > Chanter (un air) à mi-voix, à bouche fermée. → **chantonner.** ▶ **fredonnement** n. m.

free-lance [fʀilɑ̃s] adj. invar. Anglic. Qui est indépendant dans sa profession, ne travaille pas pour une entreprise (agence, cabinet...). *Un photographe free-lance.* – N. m. *Ce journaliste travaille en free-lance.*

freezer [fʀizœʀ] n. m. Anglic. Compartiment d'un réfrigérateur où se forme la glace. *Des freezers.*

frégate [fʀegat] n. f. **I· 1·** Ancien bateau de guerre à trois mâts, plus rapide que le vaisseau. **2·** Bâtiment de combat, entre la corvette et le croiseur. **II·** Oiseau de mer aux grandes ailes fines, au bec très long et crochu.

frein [fʀɛ̃] n. m. **1·** Dispositif servant à ralentir, à arrêter le mouvement d'un ensemble mécanique. *Freins à disque, à tambour. Frein aérodynamique. Frein à main. La pédale de frein d'une automobile. Cette voiture a de bons freins. Donner un coup de frein,* freiner. – *Frein moteur,* résistance opposée par le moteur ralenti au mouvement des roues. **2·** Ce qui ralentit, entrave un développement. *Mettre un frein à qqch. Une imagination sans frein.* → **effréné. 3·** Morceau de la bride d'un cheval qui entre dans sa bouche et permet de l'arrêter. – Loc. *Ronger son frein,* contenir difficilement son impatience. ▶ **freiner** v. < conjug. 1 > **1·** V. intr. Ralentir, arrêter la marche d'une machine au moyen de freins. *Mon vélo ne freine plus.* – *Freiner des quatre fers,* brutalement. **2·** V. tr. Ralentir dans son mouvement. *Le vent freinait les coureurs.* – Ralentir (une évolution, un essor). → **contrarier, gêner.** *Freiner le progrès.* / contr. accélérer, encourager / ▶ **freinage** n. m. Action, fait de freiner (1). / contr. accélération / *Liquide de freinage.* ▷ **servofrein**

frelaté, ée [fʀəlate] adj. **1·** Altéré dans sa pureté. → **dénaturé, falsifié.** *Un vin frelaté.* **2·** Abstrait. Qui n'est pas pur, pas naturel. *Des plaisirs frelatés.*

frêle [fʀɛl] adj. **1·** Dont l'aspect ténu donne une impression de fragilité. *Des jambes frêles.* – *Une voix frêle,* qui a peu de force. **2·** (Personnes) *Une jeune fille un peu frêle,* délicate, fragile.

frelon [fʀəlɔ̃] n. m. Grosse guêpe rousse et jaune, à corselet noir.

freluquet [fʀəlykɛ] n. m. Vieilli. Jeune homme frivole et prétentieux. → **godelureau, paltoquet.**

frémir [fʀemiʀ] v. intr. < conjug. 2 > **1·** Être agité d'un faible mouvement d'oscillation ou de vibration qui produit un son léger, confus. → **bruire, frissonner, vibrer.** – Se dit de l'eau sur le point de bouillir. **2·** (Personnes) Être agité d'un tremblement. *Frémir de,* sous l'action de. *Frémir d'espoir, d'horreur. C'est à faire frémir !,* c'est horrible. ▶ **frémissant, ante** adj. **1·** Qui frémit. → **tremblant.** – *Plongez les feuilles de thé dans l'eau frémissante.* **2·** Toujours prêt à s'émouvoir. → **vibrant.** *Une sensibilité frémissante.* ▶ **frémissement** n. m. **1·** Faible mouvement d'oscillation ou de vibration qui rend un léger bruit. → **bruissement, murmure. 2·** Tremblement léger, causé par une émotion. → **frisson.** – Agitation qui se propage dans une foule.

french cancan [fʀɛnʃkɑ̃kɑ̃] → ② **cancan.**

frêne [fʀɛn] n. m. Arbre à bois clair, dur et élastique. – Bois de cet arbre.

frénésie [fʀenezi] n. f. **1·** État d'exaltation violente qui met hors de soi. → **fièvre, folie. 2·** Ardeur ou violence extrême. → **fureur.** *Il se mit à travailler avec frénésie.* ▶ **frénétique** adj. Qui marque de la frénésie, est poussé jusqu'à la frénésie. → **délirant, effréné, violent.** *Des applaudissements frénétiques.* ▶ **frénétiquement** adv.

fréon [fʀeɔ̃] n. m. Gaz utilisé comme agent frigorifique.

fréquent, ente [fʀekɑ̃, ɑ̃t] adj. **1·** Qui se produit souvent, se répète à intervalles rapprochés. → **nombreux, répété.** / contr. rare / *De fréquents orages.* **2·** Dont on voit de nombreux exemples dans une circonstance donnée. → **commun, courant.** *Ce mot est fréquent dans l'œuvre de cet auteur.* ▶ **fréquemment** [fʀekamɑ̃] adv. D'une manière fréquente. → **souvent.** *Cela arrive fréquemment.* / contr. rarement / ▶ **fréquence** n. f. **1·** Caractère de ce qui se reproduit à intervalles plus ou moins rapprochés. *La fréquence de ses visites.* **2·** En sciences. Nombre de périodes ou de cycles complets de variations qui se succèdent en une seconde. → **cycle, hertz.** *Courants alternatifs à basse, moyenne, haute fréquence. Modulation de fréquence* (radio). → **F. M., modulation.** – *Fréquence d'un son,* nombre de vibrations sonores par unité de temps (dont dépend la sensation de hauteur).

fréquenter [fʀekɑ̃te] v. tr. < conjug. 1 > **1·** Aller souvent, habituellement dans (un lieu). / contr. éviter / *Fréquenter les bars.* – Au p. p. *Un établissement mal fréquenté,* où vont des gens peu recommandables. → mal **famé. 2·** Avoir des relations habituelles (avec qqn) ; rencontrer, voir fréquemment. *Il fréquentait des voisins.* – Pronominalement (récipr.). *Ils ont cessé de se fréquenter.* **3·** Voir (qqn) fréquemment pour des raisons sentimentales ; courtiser. ▶ **fréquentable** adj. Que l'on peut fréquenter. *Un individu peu fréquentable.* ▶ **fréquentation** n. f. **1·** Action de fréquenter (un lieu, une personne). *Ce que peut nous apporter la fréquentation des théâtres, des musées, d'amis cultivés.* **2·** Personne qu'on fréquente. *Il a de mauvaises fréquentations.* ▷ **infréquentable**

frère [fʀɛʀ] n. m. **1·** Celui qui est né des mêmes parents que la personne considérée → fam. **frangin, frérot,** ou seulement du même père ou de la même mère → **demi-frère.** *Son frère aîné, cadet* (fam. *son grand, son petit frère*). → **benjamin, puîné.** *Les frères et sœurs.* → **fratrie.** *Relations entre frères.* → **fraternel.** – *Frère de lait**. **2**· Se dit des hommes considérés comme membres de la famille humaine ; des fidèles d'une même religion. – Appellation des membres d'ordres religieux. *Les frères prêcheurs* (les dominicains). **3**· Homme qui a avec la personne considérée une communauté d'origine, d'intérêts, d'idées. → **ami, camarade, compagnon ; fraternité.** – En appos. *Des peuples frères.* – Loc. *Vieux frère,* se dit à un ami ou camarade. *Un faux frère,* un homme qui trahit ses amis, ses associés. – *Frère d'armes,* celui qui a combattu aux côtés de la personne considérée. ▶ **frérot** n. m. Fam. Petit frère. ▷ **beau-frère, confrère, demi-frère**

fresque [fʀɛsk] n. f. **1**· Procédé de peinture qui consiste à utiliser des couleurs à l'eau sur un enduit de mortier frais. – Œuvre peinte d'après ce procédé. *Les fresques de la chapelle Sixtine.* **2**· Vaste peinture murale quelle qu'elle soit. **3**· Vaste composition littéraire, présentant un tableau d'ensemble d'une époque, d'une société. *Balzac nous a laissé une fresque détaillée des mœurs bourgeoises.*

fressure [fʀesyʀ] n. f. Ensemble des gros viscères d'un animal (cœur, foie, rate, poumons).

fret [fʀɛ(t)] n. m. **1**· Prix du transport des marchandises ; leur transport. **2**· Cargaison d'un navire ; chargement d'un avion ou d'un camion. *Débarquer, décharger son fret.* ▶ **fréter** v. tr. < conjug. 6 > Donner en location (un navire). ▷ **affréter**

frétiller [fʀetije] v. intr. < conjug. 1 > Remuer, s'agiter par petits mouvements rapides. *Poissons qui frétillent.* – (Personnes) *Il frétillait d'impatience.* → se **trémousser.** ▶ **frétillant, ante** adj. Qui frétille. – Gai, sémillant. *Vous voilà tout frétillant.* ▶ **frétillement** n. m.

fretin [fʀətɛ̃] n. m. **1**· Petits poissons. *Rejeter le fretin à l'eau.* **2**· Dans un groupe, une collection. Ce qu'on considère comme négligeable ou insignifiant (surtout : *le menu fretin*).

freudien, ienne [fʀødjɛ̃, jɛn] adj. **1**· Propre ou relatif à Freud (créateur de la psychanalyse). *L'interprétation freudienne des rêves.* **2**· Adj. et n. Partisan de Freud, de sa psychanalyse.

freux [fʀø] n. m. invar. Corneille à bec étroit.

friable [fʀijabl] adj. Qui peut facilement se réduire en menus fragments, en poudre. *Galette à pâte friable.*

1 **friand, ande** [fʀijɑ̃, ɑ̃d] adj. *Friand de* : qui recherche, aime particulièrement (un aliment). *Il est friand de poisson.* – Fig. Qui recherche et aime (qqch.). → **avide.** *Être friand de compliments.*

2 **friand** n. m. **1**· Petit pâté feuilleté garni d'un hachis de viande. **2**· Petit gâteau à la pâte d'amandes.

friandise [fʀijɑ̃diz] n. f. Petite pièce de confiserie ou de pâtisserie. → **gourmandise, sucrerie.** – *Friandise pour chien, pour chat.*

fric [fʀik] n. m. sing. Fam. Argent 2. ▷ **friqué**

fricandeau [fʀikɑ̃do] n. m. Morceau de veau braisé. *Des fricandeaux à l'oseille.*

fricassée [fʀikase] n. f. Ragoût fait de morceaux de poulet ou de lapin cuits à la casserole. → **gibelotte.** ▶ **fricasser** v. tr. < conjug. 1 > Faire cuire en fricassée.

fric-frac [fʀikfʀak] n. m. Fam. Vieilli. Effraction, cambriolage avec effraction. *Une série de fric-fracs.*

friche [fʀiʃ] n. f. **1**· Terre non cultivée. ≠ jachère. – *Friche industrielle* : terrain occupé par des bâtiments industriels à l'abandon. **2**· *En friche* loc. adv. ou adj. : inculte. → à l'**abandon.** *Laisser des champs en friche.* – Fig. *Laisser ses talents en friche,* ne pas les employer. ▷ **défricher**

frichti [fʀiʃti] n. m. Fam. Repas, plat que l'on cuisine. → fam. **fricot, tambouille.** *Préparer le frichti.*

fricot [fʀiko] n. m. Fam. Vieilli. Ragoût, mets grossièrement cuisiné. → fam. **frichti, rata.**

fricoter [fʀikɔte] v. < conjug. 1 > Fam. **1**· V. tr. Manigancer, mijoter. *Qu'est-ce qu'il fricote encore ?* **2**· V. intr. S'occuper d'affaires louches, trafiquer. ▶ **fricotage** n. m. ▶ **fricoteur, euse** n. Fam. Trafiquant(e) malhonnête. → **magouilleur.**

1 **friction** [fʀiksjɔ̃] n. f. Manœuvre de massage consistant à frotter vigoureusement une partie du corps pour améliorer la circulation du sang ou faire absorber un médicament par la peau. *Une friction à l'huile camphrée.* ▶ **frictionner** v. tr. < conjug. 1 > Administrer une friction à (qqn, une partie du corps). → **frotter.** – Pronominalement (réfl.). *Se frictionner après le bain.*

2 **friction** n. f. **1**· En technique. Résistance au mouvement qui se produit entre deux surfaces en contact. → **frottement.** *Entraînement par friction.* **2**· Désaccord entre personnes. *Point de friction,* motif de querelle.

frigidaire [fʀiʒidɛʀ] n. m. invar. (Nom déposé par la firme *General Motors*) Réfrigérateur. → fam. **frigo.**

frigide [fʀiʒid] adj. Qui n'éprouve pas de plaisir sexuel. *Femme frigide.* ▶ **frigidité** n. f.

frigorifier [fʀigɔʀifje] v. tr. <conjug. 7> 1· Soumettre au froid pour conserver (les viandes). → **congeler, réfrigérer.** 2· Fam. *Le vent nous frigorifiait.* – Au p. p. *Je suis frigorifié,* j'ai très froid. → **gelé.** ▶ **frigorifique** adj. Qui sert à produire le froid. → **réfrigérant.** *Mélange frigorifique. Wagon, camion frigorifique,* équipé(e) d'une installation frigorifique. ▶ **frigoriste** n. Technicien(ienne) spécialiste des installations frigorifiques. ▶ **frigo** n. m. Fam. Chambre frigorifique, réfrigérateur. *Mettre un rôti au frigo. Des frigos.*

frileux, euse [fʀilø, øz] adj. 1· Qui craint beaucoup le froid, y est très sensible. 2· Qui indique qu'on a froid, qu'on est sensible au froid. *Une posture un peu frileuse.* 3· Fig. Craintif, apeuré. *Une attitude frileuse devant la vie.* ▶ **frileusement** adv. ▶ **frilosité** n. f. (surtout 3).

frimas [fʀima] n. m. invar. Poét. (Surtout au plur.) Brouillard formant des dépôts de givre. – *Les frimas,* les temps froids de l'hiver. ▶ **frimaire** n. m. Troisième mois du calendrier révolutionnaire (du 21-22 novembre au 20-21 décembre).

frime [fʀim] n. f. Fam. Semblant, apparence trompeuse. → **comédie.** *C'est de la frime.* → **bluff.** ▶ **frimer** v. intr. <conjug. 1> (Personnes) Fam. Chercher à se faire remarquer ; faire de l'esbroufe*. ▶ **frimeur, euse** n. Fam. Personne qui cherche à se faire remarquer.

frimousse [fʀimus] n. f. Visage enfantin. → **minois.**

fringale [fʀɛ̃gal] n. f. 1· Fam. Faim violente et pressante. *J'ai la fringale, une de ces fringales !* 2· Désir violent, irrésistible. → **envie.** *J'ai une fringale de cinéma.*

fringant, ante [fʀɛ̃gɑ̃, ɑ̃t] adj. 1· (Chevaux) Très vif, toujours en mouvement. 2· (Personnes) Dont l'allure vive, la mise élégante dénotent de la vitalité, une belle humeur. → **alerte, guilleret, pimpant, sémillant.**

se **fringuer** [fʀɛ̃ge] v. pron. <conjug. 1> Fam. S'habiller. ▶ **fringué, ée** adj. *Bien, mal fringué.* ▶ **fringues** n. f. pl. Fam. Vêtements.

fripe [fʀip] n. m. Surtout au plur. Vêtement d'occasion. – *La fripe* : les vêtements d'occasion. ▶ **friperie** n. f. 1· Vieux habits, linge usagé. 2· Commerce, boutique de fripier. ▶ **fripier, ière** n. Personne qui revend d'occasion des habits, du linge.

friper [fʀipe] v. tr. <conjug. 1> Défraîchir en froissant. *Elle a fripé sa robe.* – Au p. p. adj. *Des vêtements fripés.* – *Visage fripé,* ridé.

fripon, onne [fʀipɔ̃, ɔn] n. et adj. 1· Vx. Personne malhonnête. → **coquin.** 2· Se dit à un enfant malicieux. → **brigand, coquin.** *Ah, le petit fripon !* – Adj. Qui a qqch. de malin, d'un peu provocant. *Un petit air fripon.* ▶ **friponnerie** n. f. Vx ou littér. Caractère ; action de fripon (1).

fripouille [fʀipuj] n. f. Fam. Homme sans scrupules, qui se livre à l'escroquerie et à toutes sortes de trafics. → **canaille, crapule, escroc.** ▶ **fripouillerie** n. f. Escroquerie.

friqué, ée [fʀike] adj. Fam. Qui a de l'argent. *Une famille friquée.*

frire [fʀiʀ] v. (Seuls l'infinitif et le p. p. adj. sont usuels) 1· V. tr. Faire cuire en plongeant dans un corps gras bouillant. – *Poêle à frire.* 2· V. intr. Cuire dans la friture. *Faire frire, mettre à frire du poisson.* ▷ **frit**

frisbee [fʀizbi] n. m. Anglic. Disque en plastique que se lancent deux joueurs. – Ce jeu.

1 **frise** [fʀiz] n. f. 1· Bande située au-dessus de la corniche (elle-même au-dessus d'une colonnade). *Les frises du Parthénon sont l'œuvre de Phidias.* 2· Ornement en forme de bande continue. ▷ 2 **frisette**

2 **cheval de frise** [ʃ(ə)valdəfʀiz] n. m. Pièce de bois ou de fer hérissée de pointes, utilisée dans les retranchements. *Des chevaux de frise.*

friselis [fʀizli] n. m. invar. Littér. Faible frémissement.

friser [fʀize] v. <conjug. 1> I· V. tr. 1· Mettre en boucles (des cheveux, poils, fibres, etc.). → **boucler.** *Fer à friser.* – Au p. p. adj. *Cheveux frisés.* / contr. plat, raide / *Elle était frisée comme un mouton.* 2· Passer au ras de, effleurer. → **frôler, raser.** *La balle a frisé le filet.* 3· Approcher de très près. *Elle devait bien friser la soixantaine. Cela frise le ridicule.* II· V. intr. Être ou devenir frisé. *Ses cheveux frisent sous la pluie.* ▶ **frisée** n. f. Chicorée d'une variété à feuilles minces et dentelées, qui se mange en salade. *Une frisée aux lardons.* ▶ 1 **frisette** n. f. Petite boucle de cheveux frisés. ▶ **frisotter** v. intr. <conjug. 1> Friser (II) en petites ondulations serrées. ▶ **frisotté, ée** adj. *Cheveux frisottés.* ▷ **défriser, frisure, indéfrisable**

2 **frisette** [fʀizɛt] n. f. Lame de bois, généralement en sapin ou en pin, de faible épaisseur. *Un faux plafond en frisette.* – *Frisette plastique.*

frisquet, ette [fʀiskɛ, ɛt] adj. Un peu froid. → **frais.** *Il fait frisquet.*

frisson [fʀisɔ̃] n. m. 1· Tremblement irrégulier, dû à la fièvre, accompagné d'une sensation de froid. *Le malade était secoué de frissons.* 2· Frémissement qui accompagne une émotion. *Avoir un frisson de terreur, de plaisir.* Fam. *Le grand frisson,* l'orgasme. 3· Poét. Léger mouvement. – Bruit léger qui accompagne ce mouvement. *Le frisson* *des herbes agitées par le vent.* ▶ **frissonner** v. intr. < conjug. 1 > **1·** Avoir le frisson, être agité de frissons. *Frissonner de fièvre.* **2·** Être saisi d'un léger tremblement produit par une vive émotion. → **frémir, tressaillir.** *Frissonner de peur.* ▶ **frissonnant, ante** adj. Qui frissonne. ▶ **frissonnement** n. m. Littér. Léger frisson.

frisure [fRizyR] n. f. Façon de friser, état des cheveux frisés. *Frisure légère.* → **indéfrisable, permanente.** – Boucle, frisette.

frit, frite [fRi, fRit] adj. **1·** Cuit dans un corps gras bouillant → **frire.** *Poissons frits.* → **friture.** *Pommes (de terre) frites.* **2·** Fam. (Personnes) Perdu, fichu. *Nous sommes frits.* → **cuit.** ▶ **frite** n. f. **1·** Généralement au plur. Petit morceau allongé de pomme de terre que l'on mange frit et chaud. *Un cornet de frites. Bifteck frites,* accompagné de frites. **2·** Fam. *Avoir la frite,* se sentir en forme. ▶ **friterie** n. f. Baraque, échoppe de marchand de frites. ▶ **friteuse** n. f. Récipient pourvu d'un couvercle et d'un égouttoir, destiné aux fritures. ▶ **friture** n. f. **I· 1·** Action, manière de frire un aliment. *Friture à l'huile, à la graisse. Huile de friture.* **2·** Matière grasse qui sert à frire et qu'on garde ensuite pour le même usage. **3·** Aliment frit. *Une friture de beignets.* – Petits poissons frits. *Il aime beaucoup la friture.* **II·** *Bruit de friture* ou *friture,* grésillement qui se produit par moments dans les appareils de téléphone ou de radio. *Il y a de la friture sur la ligne.*

se friter ou **2 se fritter** [fRite] v. pron. < conjug. 1 > Fam. Se disputer. *Elle s'est fritée, frittée avec sa sœur.*

fritte [fRit] n. f. Mélange de sable et de soude utilisé dans la fabrication du verre, de la céramique. ≠ frite. ▶ **frittage** n. m. Vitrification préparatoire de certains matériaux (céramique, émail). ▶ **1 fritter** v. tr. < conjug. 1 > Soumettre au frittage.

frivole [fRivɔl] adj. **1·** Qui a peu de sérieux et, par suite, d'importance. → **futile.** *Une discussion frivole.* **2·** (Personnes) Qui ne s'occupe que de choses futiles ou traite à la légère les choses sérieuses. / contr. grave, sérieux / ▶ **frivolité** n. f. **1·** Caractère d'une personne frivole. → **légèreté.** / contr. sérieux / **2·** Chose frivole. → **bagatelle, futilité.** **3·** Au plur. Vieilli. Petits articles de mode, de parure. → **colifichet, fanfreluche.** *Marchande de frivolités.*

1 froc [fRɔk] n. m. Fam. Pantalon. ≠ frac. ▷ **défroque**

2 froc n. m. Vx. Habit de moine. – Loc. *Jeter le froc aux orties,* abandonner l'état de moine, de prêtre. → **défroqué.** ▷ **défroqué**

1 froid, froide [fRwa, fRwad] adj. **I· 1·** Qui est à une température sensiblement plus basse que celle du corps humain (dans l'échelle : *glacial, glacé, froid, frais ;* opposé à *tiède, chaud, brûlant*). *Eau froide. Un vent froid.* **2·** Qui s'est refroidi, qu'on a laissé refroidir. *Une odeur de pipe froide. Le moteur est encore froid, faites-le tourner.* **II· 1·** Qui ne s'anime ou ne s'émeut pas facilement. → **calme, flegmatique.** / contr. ardent / *Un caractère froid. Une femme froide,* peu sensuelle. → **frigide.** – Loc. *Garder la tête froide,* garder son sang-froid, ne pas s'affoler. *Une colère froide,* qui n'éclate pas, rentrée. **2·** Dont la réserve marque de l'indifférence ou une certaine hostilité. → **distant, glacial, réservé, sévère.** / contr. chaleureux, enthousiaste / *Un ton froid,* détaché. *Ça me laisse froid,* indifférent. **3·** Qui manque de sensibilité, de générosité. → **dur, insensible.** *Un homme froid et impitoyable.* / contr. sensible / **4·** En art. Qui ne suscite aucune émotion, par défaut de sensibilité, de vie. → **inexpressif, terne.** / contr. émouvant, expressif / **5·** *Couleurs froides :* le bleu, le vert, le violet, le gris. **III·** *À froid* loc. adv. : sans mettre au feu, sans chauffer. *Laminer à froid. Pour démarrer à froid, tirez le starter.* – *Prendre, cueillir un adversaire à froid :* le surprendre par une action ou un coup rapide, sans lui laisser le temps de s'échauffer. ▶ **froidement** adv. **1·** Avec réserve (→ **froid,** II, 2). *On l'a reçu froidement.* **2·** En gardant la tête froide, lucide. → **calmement.** **3·** Avec insensibilité. *Il acheva froidement le blessé.* ▶ **froideur** n. f. **1·** Absence relative d'émotivité, de sensibilité. → **flegme, impassibilité.** – Manque de sensualité. **2·** Indifférence marquée, manque d'empressement et d'intérêt. → **détachement, réserve.** / contr. chaleur / → **fraîcheur, tiédeur.** *Une froideur méprisante.* **3·** En art. Défaut de chaleur, d'éclat. → **sécheresse.** ▷ **2 froid, pisse-froid, refroidir, sang-froid**

2 froid n. m. **1·** État de la matière, de l'atmosphère quand elle est froide ; sensation résultant du contact de la peau avec un corps ou un milieu froid. → **1 froid.** *La saison des grands froids.* – *Coup de froid,* abaissement subit de la température ; fig. détérioration (de relations). *Vague de froid. Un froid de canard, de loup, de gueux,* un grand froid. – *Il fait froid,* le temps est froid. → **frisquet.** *Avoir froid,* éprouver une sensation de froid. *Prendre, attraper froid,* un refroidissement. – Loc. *N'avoir pas froid aux yeux,* n'avoir peur de rien. **2·** État ou sensation comparable à la précédente. Loc. *Cela me fait froid dans le dos* (de peur, d'horreur) *rien que d'y penser. Ces mots ont jeté un froid dans l'assistance,* y ont provoqué un malaise. **3·** *En froid* loc. *Nous* *sommes en froid,* brouillés, fâchés. ▶ **froidure** n. f. Grand froid de l'hiver. (S'emploie surtout au Québec.)

froisser [fʀwase] v. tr. < conjug. 1 > **1·** Faire prendre des faux plis à (une étoffe). → **friper.** / contr. défroisser / – Pronominalement (réfl.). *Un tissu qui ne se froisse pas,* infroissable. – Chiffonner. *Froisser une feuille.* **2·** Meurtrir par une forte pression. *Elle s'est froissé un muscle.* **3·** Abstrait. Blesser légèrement (qqn) dans son amour-propre, dans sa délicatesse. → **désobliger, vexer.** *Il ne voulait pas vous froisser.* – ***Se froisser*** v. pron. : se vexer. ▶ **froissable** adj. Qui se froisse (1) facilement. *Tissu froissable* (s'oppose à *infroissable*). ▶ **froissement** n. m. **1·** Action de froisser, de chiffonner, de plisser ; son résultat. *Le froissement d'un muscle,* claquage. – Bruissement de ce qui est froissé. *On n'entendait plus que le froissement des robes.* **2·** Littér. Ce qui blesse qqn dans son amour-propre, sa sensibilité. → **blessure.** *Épargnez-moi ce froissement.* ▷ **défroisser, infroissable**

frôler [fʀole] v. tr. < conjug. 1 > **1·** Toucher légèrement en glissant, en passant. → **effleurer.** **2·** Passer très près de, en touchant presque. → **raser.** *La voiture a frôlé le trottoir.* – *Il a frôlé la mort,* il a failli mourir. ▶ **frôlement** n. m. Léger et rapide contact d'un objet qui se déplace le long d'un autre.

fromage [fʀɔmaʒ] n. m. **1·** Aliment obtenu par la coagulation du lait, suivie ou non de cuisson, de fermentation ; masse moulée de cet aliment. *Fromage (de lait) de vache, de chèvre. Fromages frais,* salés ou non. *Fromage blanc*. Le camembert est un fromage fermenté. Fromage fondu. Plateau, cloche à fromage. Fondue au fromage.* – Loc. fig. *Faire un fromage de qqch.,* exagérer l'importance d'un fait (→ faire un plat). **2·** Situation, place aussi avantageuse que peu fatigante. → **sinécure.** **3·** Nom de certains plats préparés dans un moule, une terrine. – ***Fromage de tête*** : pâté de tête de porc en gelée. ▶ [1] **fromager, ère** adj. Relatif au fromage. *Industrie fromagère.* ▶ [2] **fromager** n. m. Fabricant, marchand de fromages. ▶ **fromagerie** n. f. Local où l'on fabrique et vend en gros des fromages ; industrie, commerce des fromages. → **fruitière** (III). – **REM.** Pour la vente au détail, on dit *crémerie.*

[3] **fromager** n. m. Grand arbre tropical, à racines énormes dont les fruits fournissent le kapok.

froment [fʀɔmɑ̃] n. m. Blé. – Grains de blé. *Farine de froment.*

fronce [fʀɔ̃s] n. f. Pli court et serré donné à une étoffe en tirant sur un fil. *Jupe à fronces.* ▶ **froncer** v. tr. < conjug. 3 > **1·** Plisser, rider en contractant, en resserrant. *Il fronça les sourcils.* **2·** Plisser (une étoffe) en formant des fronces. ▶ **froncement** n. m. *Un froncement de sourcils.*

frondaisons [fʀɔ̃dɛzɔ̃] n. f. pl. Littér. Le feuillage (des arbres). *Des frondaisons luxuriantes.*

[1] **fronde** [fʀɔ̃d] n. f. **1·** Arme de jet utilisant la force centrifuge, poche de cuir suspendue par deux cordes et contenant un projectile (balle ou pierre). **2·** Lance-pierres à élastique, jouet d'enfant.

[2] **fronde** n. f. **1·** (Avec une majuscule) Sédition qui éclata contre Mazarin (1648-1653). **2·** *Un esprit de fronde, un vent de fronde,* de révolte. ▶ **fronder** v. tr. < conjug. 1 > Attaquer ou railler (une personne ou une chose généralement entourée de respect). → **attaquer, critiquer.** *Fronder le gouvernement, le pouvoir.* ▶ **frondeur, euse** n. **1·** Personne qui appartenait au parti de la Fronde. **2·** Personne qui critique, sans retenue ni déférence, le gouvernement, l'autorité. – Adj. *Un esprit frondeur,* enclin à la révolte, impertinent.

front [fʀɔ̃] n. m. **I· 1·** Partie supérieure du visage comprise entre les sourcils et la racine des cheveux, et s'étendant d'une tempe à l'autre. *Un front haut, large, bombé, fuyant. Elle s'est épongé le front.* – Partie antérieure et supérieure de la tête de certains animaux. *Cheval qui a une étoile au front.* – Abstrait. Loc. *Courber le front,* obéir, se soumettre. *Les humiliés relèvent le front.* **2·** *Avoir le front de,* l'audace, la prétention de. → **culot.** **II· 1·** Face antérieure que présentent des choses d'une certaine étendue. Vx. *Le front d'un bâtiment.* → **façade, fronton.** Loc. ***Front de mer*** : avenue en bordure de la mer. **2·** *Le front,* la ligne des positions occupées face à l'ennemi, la zone des batailles (opposé à *l'arrière*). *La première ligne du front. Les combattants du front. Mourir au front.* → **champ** d'honneur. **3·** Union étroite constituée entre des partis ou des individus s'accordant sur un programme commun. → **bloc, groupement, ligue.** *Front populaire.* **4·** ***De front*** loc. adv. : du côté de la face, par-devant. *Attaquer de front l'ennemi,* sans biaiser. *Aborder de front un problème.* – Sur la même ligne, côte à côte. *Chevaux attelés de front. Mener de front plusieurs affaires.* → **ensemble.** **5·** ***Faire front*** loc. : se réunir pour résister. – Affronter, faire face. *Il faut faire front aux dépenses.* ▶ **frontal, ale, aux** adj. **1·** Du front (1). *Os frontal.* **2·** Qui se fait de face. *Une attaque frontale.* ▶ **frontalier, ière** n. et adj. Habitant d'une région frontière. – Adj. *Ville frontalière.* ▶ **frontière** n. f. **1·** Limite d'un territoire, ou séparant deux États. → **démarcation.** – Zone située près de cette limite. → [3] **marche.** *Frontières naturelles,* constituées par un obstacle géographique. *Postes de police et de douane installés à la frontière.* – *Incident de frontière.* – En appos. *Région, zone frontière. Un poste frontière. Des villes frontière(s).* – *Sans frontières,* international. **2·** Abstrait. Limite, séparation. *Aux frontières de la vie et de la mort.* ▷ **affronter, confronter, effronté, frontispice, fronton**

frontispice [fʀɔ̃tispis] n. m. Grand titre d'un ouvrage. – Gravure placée face au titre.

fronton [fʀɔ̃tɔ̃] n. m. **1·** Ornement vertical, le plus souvent triangulaire, au-dessus de l'entrée d'un édifice. *Fronton d'un temple grec.* **2·** Mur contre lequel on joue à la pelote basque.

frotter [fʀɔte] v. < conjug. 1 > **I·** V. tr. **1·** Exercer une pression accompagnée de mouvement, soit en imposant un mouvement à un corps en contact avec un autre *(frotter son doigt contre une table, sur une table),* soit en imposant à un corps la pression d'un autre corps en mouvement *(frotter une table du doigt).* **2·** Rendre plus propre, plus luisant... en frottant. *Frotter le parquet.* → **astiquer, briquer. 3·** *Frotter ses yeux, se frotter les yeux pour mieux voir* (en se réveillant ou devant un spectacle surprenant). – *Se frotter les mains,* en signe de contentement. → **se réjouir.** – *Frotter les oreilles de qqn,* le battre. **4·** *Frotter qqch. de (avec...),* enduire par frottement. *Frotter d'huile.* – Au p. p. adj. *Pain frotté d'ail.* **II·** *Se frotter* v. pron. **1·** Frotter son corps. → **frictionner, masser. 2·** S'enduire. **3·** *Se frotter à qqn,* l'attaquer. → **attaquer, défier, provoquer.** *Il vaut mieux ne pas se frotter à ces gens-là. Ne vous y frottez pas.* **III·** V. intr. Se dit d'une surface qui glisse mal sur une autre. *Pièces d'un mécanisme qui frottent.* → **gripper.** ▶ **frottement** n. m. **1·** Action de frotter ; contact de deux corps dont l'un se déplace par rapport à l'autre. *Un bruit de frottement.* → ② **friction. 2·** Force qui s'oppose au glissement d'une surface sur une autre. *Freinage par frottement.* **3·** Difficulté, friction (②, 2). *Il y a eu des frottements entre les associés.* ▶ **frottis** n. m. invar. **1·** Mince couche de couleur, en peinture. **2·** Préparation en couche mince, sur une lame de verre, d'une substance organique qu'on examine au microscope. ▶ **frottoir** n. m. Objet, ustensile dont on se sert pour frotter. *Le frottoir d'une boîte d'allumettes.*

froufrou ou **frou-frou** [fʀufʀu] n. m. **1·** Bruit léger produit par le frôlement ou le froissement d'une étoffe soyeuse, de plumes, etc. → **bruissement. 2·** Surtout au plur. Vêtement féminin très orné. *Porter des froufrous, des frou-frous.* ▶ **froufrouter** v. intr. < conjug. 1 > Produire un froufrou. ▶ **froufroutant, ante** adj. *Des dessous froufroutants.*

frousse [fʀus] n. f. Fam. Peur. → fam. **trouille.** *Il m'a flanqué une de ces frousses !* ▶ **froussard, arde** adj. et n. Peureux, poltron. *Quels froussards !*

fructifier [fʀyktifje] v. intr. < conjug. 7 > **1·** Produire, donner des récoltes. – Produire des fruits. *Ce cerisier fructifie en été.* **2·** Produire des résultats avantageux, des bénéfices. *Faire fructifier son capital.* → **rapporter.** ▶ **fructification** n. f. **1·** Formation, production de fruits. **2·** Le fait de fructifier (2). ▶ **fructidor** [fʀyktidɔʀ] n. m. Douzième mois du calendrier révolutionnaire (du 18-19 août au 17-18 septembre). ▶ **fructueux, euse** [fʀyktɥø, øz] adj. Qui donne des résultats avantageux. *Spéculation fructueuse.* → **avantageux, profitable ; lucratif, rentable.** *Ses efforts ont été fructueux. Collaboration fructueuse.* / contr. **improductif** / ▷ **infructueux**

frugal, ale, aux [fʀygal, o] adj. **1·** Qui consiste en aliments simples, peu recherchés, peu abondants. *Repas frugal.* **2·** Qui se contente d'une nourriture simple. → **sobre.** *Il est plutôt frugal et ascétique.* – *Vie frugale.* → **austère, simple.** ▶ **frugalité** n. f. Caractère frugal.

frugi- Élément signifiant « fruit ». ▶ **frugivore** [fʀyʒivɔʀ] adj. et n. Didact. Qui se nourrit essentiellement de fruits. *Des oiseaux frugivores.* – *Un frugivore.*

fruit [fʀɥi] n. m. **I·** Produit naturel comestible. **1·** Production des plantes qui apparaît après la fleur, surtout comestible et sucrée. *Arbre à fruits.* → **fruitier.** *La pomme, la prune sont des fruits. Fruit à pépins, fruit à noyau. Fruit vert, fruit mûr. Fruit frais, fruit sec* (ou *séché*). *Jus de fruit. Voulez-vous un fruit, du fruit, des fruits au dessert ?* **2·** ***Le fruit défendu*** loc. : fruit de l'arbre de la science du bien et du mal, que Dieu avait défendu à Adam et Ève de manger ; chose qu'on désire d'autant plus qu'on doit s'en abstenir. **3·** ***Fruits et légumes*** : appellation usuelle d'une fruiterie. **II·** Produit, résultat. **1·** *Le fruit d'une union, d'un mariage,* l'enfant. **2·** Résultat avantageux que produit qqch. → **avantage, profit, récompense.** *Perdre le fruit d'un an de travail. Le fruit de l'expérience.* – ***Avec fruit, sans fruit*** : avec profit, sans profit. **III·** ***Fruits de mer*** : produits comestibles marins, surtout coquillages, huîtres, oursins... (excluant les poissons). ▶ **fruité, ée** adj. Qui a un goût de fruit frais. *Vin fruité.* ▶ **fruiterie** n. f. Rare. Boutique où l'on vend au détail des fruits et accessoirement des légumes, des laitages. → **fruit** (I, 3). ▶ **fruitier, ière** adj. et n. **I·** Adj. Qui donne des fruits comestibles, en parlant d'un arbre (généralement cultivé à cet effet). *Arbres fruitiers.* – Relatif aux fruits. **II· 1·** N. m. Lieu planté d'arbres fruitiers. → **verger.**

– Local où l'on garde les fruits frais. *Pommes, poires conservées dans un fruitier* (on dit aussi *dépense, resserre*). **2·** N. m. et f. Marchand, marchande qui tient une fruiterie. **III·** N. f. Région. (Franche-Comté, Savoie et Suisse). Fromagerie. ▷ **fructifier**

frusques [fʀysk] n. f. pl. Fam. Vieux habits ; habits. → **fringues, hardes.**

fruste [fʀyst] adj. **1·** En technique. Usé, altéré par le temps, le frottement. *Médaille, sculpture fruste.* **2·** (Personnes) Mal dégrossi. *Il est un peu fruste.* → **balourd, inculte, lourd, primitif.** / contr. cultivé, raffiné /

frustrer [fʀystʀe] v. tr. < conjug. 1 > **1·** Priver (qqn) d'un bien, d'un avantage sur lequel il croyait pouvoir compter. *Frustrer un héritier de sa part.* → **déposséder, dépouiller. 2·** Priver (qqn) d'une satisfaction. *Cet échec l'a frustré.* – Au p. p. *Être, se sentir frustré.* ▶ **frustrant, ante** adj. Qui frustre ②. ▶ **frustration** n. f. **1·** Action de frustrer. *Frustration d'un héritier.* **2·** Action de frustrer ; état d'une personne frustrée. *Il supporte mal les frustrations. Sentiment de frustration.* / contr. gratification, satisfaction /

fuchsia [fyʃja] n. m. Arbrisseau aux fleurs pourpres, roses, en clochettes pendantes. ▶ **fuchsine** [fyksin] n. f. Colorant rouge.

fucus [fykys] n. m. invar. Algue brune commune, formant le goémon*.

fuel ou **fioul** [fjul] n. m. Combustible liquide issu de la distillation du pétrole brut. → **mazout.** – REM. La graphie francisée *fioul* est préférable.

fugace [fygas] adj. Qui disparaît vite, dure très peu. → **fugitif.** *Beauté fugace.* → **éphémère, passager, périssable.** *Impression, sensation, souvenir fugace.* → **court.** / contr. durable, permanent / ▶ **fugacité** n. f.

-fuge Suffixe signifiant « fuir » ou « faire fuir », « faire partir » (ex. : *centrifuge*).

fugitif, ive [fyʒitif, iv] adj. et n. **1·** Qui s'enfuit, qui s'est échappé. *Prisonnier fugitif.* – N. Personne qui s'est enfuie. → **évadé, fuyard.** *La police est à la poursuite des fugitifs.* **2·** Se dit de ce qui passe et disparaît rapidement, de sensations très brèves. → **fugace.** *Vision fugitive. Idée, émotion fugitive.* → **passager.** / contr. durable /

① **fugue** [fyg] n. f. Action de s'enfuir momentanément du lieu où l'on vit habituellement. → **escapade, fuite.** *Faire une fugue.* – *Enfant qui fait des fugues.* ▶ **fuguer** v. intr. < conjug. 1 > Faire une fugue ; disparaître sans prévenir du milieu familial. ▶ **fugueur, euse** adj. et n. *Une adolescente fugueuse.*

② **fugue** n. f. Composition musicale écrite dans le style du contrepoint et dans laquelle un thème et ses imitations successives forment plusieurs parties. → **canon.**

führer [fyʀœʀ] n. m. Titre porté par Hitler (mot allemand signifiant « guide » → **duce**).

fuir [fɥiʀ] v. < conjug. 17 > **I·** V. intr. **1·** S'éloigner en toute hâte pour échapper à qqn ou à qqch. de menaçant. → s'**enfuir.** *Fuir devant qqn, devant un danger. Fuir précipitamment, à toutes jambes.* → **décamper, détaler. 2·** (Choses) S'éloigner ou sembler s'éloigner par un mouvement rapide. – (Du temps) Passer rapidement. *Le temps fuit. Les beaux jours ont fui.* → s'**écouler,** s'**évanouir. 3·** S'échapper par une issue étroite ou cachée. *Eau qui fuit d'un réservoir.* **4·** Présenter une issue, une fente par où s'échappe ce qui est contenu. *Tonneau, vase qui fuit.* **II·** V. tr. **1·** Chercher à éviter en s'éloignant, en se tenant à l'écart. *Fuir qqn, la présence de qqn. On les fuit comme la peste. Fuir un danger.* → **esquiver, éviter.** *Fuir les responsabilités.* / contr. affronter / **2·** (Suj. chose) Littér. Échapper à la possession de, se refuser à (qqn). *Le sommeil me fuit.* ▶ **fuite** n. f. **I·** (Êtres vivants) **1·** Action de fuir ; mouvement d'une personne qui fuit. *Une fuite éperdue, précipitée.* → **débâcle, débandade, déroute.** *Être en fuite,* en train de fuir. → **fugue ; fugitif, fuyard.** *Prendre la fuite,* se mettre à fuir. *Mettre en fuite,* faire fuir. *Délit de fuite,* commis par une personne qui s'enfuit après avoir causé un accident. – *Fuite en avant,* accélération risquée d'un processus. **2·** Action de se dérober (à une difficulté, à un devoir). *La fuite de qqn devant ses responsabilités.* **II·** (Choses) **1·** Action de fuir, de s'éloigner. *La fuite des galaxies. Fuite des saisons, des années.* **2·** Écoulement par une issue étroite ou cachée. *Fuite d'eau, de gaz.* – Issue, fissure. *Il y a une fuite dans le tuyau.* **3·** Disparition de documents, divulgation d'informations qui devaient demeurer confidentiel(le)s. *Il y a eu des fuites et la presse a révélé le scandale.* ▶ **fuiter** v. intr. < conjug. 1 > Fam. Faire l'objet d'une fuite (II, 3). *L'information a fuité dans la presse.* ▷ s'**enfuir, faux-fuyant, fuyant, fuyard**

fulgurant, ante [fylgyʀɑ̃, ɑ̃t] adj. **1·** Qui jette une lueur vive et rapide comme l'éclair. → **brillant, éclatant.** *Clarté fulgurante. Regard fulgurant.* **2·** Qui frappe vivement et soudainement l'esprit, l'imagination. *Idée, découverte fulgurante.* **3·** Rapide comme l'éclair. *Des progrès fulgurants.* → **foudroyant.** *Une douleur fulgurante,* inattendue et intense. ▶ **fulguration** n. f. Didact. Lueur fulgurante. – Choc électrique (foudre).

fuligineux, euse [fyliʒinø, øz] adj. Qui rappelle la suie, ou en dégage ; qui en a la couleur. → **noirâtre.**

full [ful] n. m. Anglic. Au poker, aux dés. Ensemble formé par un brelan et une paire. *Full aux as*, composé d'un brelan d'as et d'une paire.

fulminer [fylmine] v. < conjug. 1 > **I·** V. intr. **1·** En chimie. Faire explosion. → **détoner, exploser.** **2·** Se laisser aller à une violente explosion de colère, éclater en menaces, en reproches. → **s'emporter, tonner.** *Fulminer contre qqn.* **II·** V. tr. Littér. Formuler avec véhémence. *Fulminer des reproches contre qqn.* ▶ **fulminant, ante** adj. **1·** En chimie. Qui peut détoner sous l'influence de la chaleur ou par l'effet d'un choc. *Mélange fulminant.* → **détonant.** *Capsule fulminante*, amorce. **2·** Qui est en colère et profère des menaces. – Chargé de menaces. *Une lettre fulminante.* ▶ **fulmination** n. f. Littér. Fait de fulminer (II). ▶ **fulminatoire** adj. Littér. *Sentence, formule fulminatoire.*

fumable adj. (Tabac) Qui est bon à fumer.

①**fumage** [fymaʒ] n. m. Action d'exposer (des aliments) à la fumée. → ②**fumer.** *Le fumage des jambons.* – REM. On dit aussi *fumaison.*

②**fumage** n. m. Action de fumer ④ une terre. → **fumure.**

fumant, ante [fymɑ̃, ɑ̃t] adj. **1·** Qui émet de la fumée, qui fume ①. *Cendres encore fumantes.* **2·** Qui émet (ou semble émettre) de la vapeur. *Soupe fumante.* **3·** Fam. *Un coup fumant*, coup admirablement réussi.

fumasse [fymas] adj. Fam. Furieux, en colère. → fam. **furax.**

fume-cigare [fymsigaʀ], **fume-cigarette** [fymsigaʀɛt] n. m. Petit tube de bois, d'ambre, au bout duquel on adapte le cigare, la cigarette. *Des fume-cigares, des fume-cigarettes.*

fumée [fyme] n. f. **1·** Produit gazeux qui se dégage d'un feu. *Fumée de cigarette. Tu sens la fumée. Fumée des usines. Nuage, panache de fumée.* – Abstrait. Prov. *Il n'y a pas de fumée sans feu*, il doit y avoir qqch. de vrai dans le bruit qui court. – Loc. *S'en aller, s'évanouir **en fumée*** : être consommé sans profit, ne rien donner. – Loc. *Écran de fumée*, dissimulation de la réalité, de la vérité. **2·** Vapeur qui se dégage d'une surface liquide plus chaude que l'air. *Une fumée légère monte de l'étang. La fumée de la soupe.* **3·** Au plur. Vapeurs qui sont supposées monter au cerveau sous l'effet de l'alcool, brouillant les idées. *Les fumées du vin, de l'ivresse.* → **excitation, vertige.** ▷ **fumigène, fumivore**

①**fumer** [fyme] v. intr. < conjug. 1 > **1·** Dégager de la fumée. *Le cratère du Vésuve fume depuis quelques jours.* **2·** Exhaler de la vapeur. *Vêtements mouillés qui fument devant le feu.* ▶ **fumerolle** n. f. Émanation de gaz qui s'échappe d'un volcan. ▷ **enfumer, fumant, fumasse, fumée, fumet, fumeux,** ① **fumiste**

②**fumer** v. tr. < conjug. 1 > Exposer, soumettre à l'action de la fumée. → **boucaner.** *Fumer du lard, du poisson...*, pour les sécher et les conserver. ≠ enfumer. ▶ **fumé, ée** adj. **1·** Préparé par fumage ①. *Le haddock est de l'églefin fumé. Saumon fumé.* **2·** Obscurci comme par de la fumée. *Des lunettes en verre fumé* → **teinté.** *Vitres fumées.* ▷ ① **fumage**

③**fumer** v. tr. < conjug. 1 > Faire brûler (du tabac*, un stupéfiant) en aspirant la fumée par la bouche. *Fumer une cigarette, un cigare.* → **griller.** *Fumer la pipe. Fumer l'opium.* – Sans compl. *Il fume trop. Défense de fumer.* ▶ **fumerie** n. f. Lieu où l'on fume l'opium. ≠ fumoir. ▷ **fumable, fume-cigare, fumeur, fumoir**

④**fumer** v. tr. < conjug. 1 > Répandre du fumier, de la fumure, sur (une terre). → **fertiliser.** *Fumer un champ.* ▷ ② **fumage, fumier, fumure**

fumet [fymɛ] n. m. **1·** Odeur agréable et pénétrante d'un plat pendant ou après la cuisson. *Le fumet du ragoût.* **2·** Odeur puissante que dégagent certains animaux sauvages. *Un fumet de ménagerie.*

fumeterre [fymtɛʀ] n. f. Plante à feuilles très découpées et à fleurs roses.

fumeur, euse [fymœʀ, øz] n. Personne qui a l'habitude de fumer ③. – *Espace, zone fumeurs, non-fumeurs*, où il est permis, interdit de fumer.

fumeux, euse [fymø, øz] adj. **1·** Qui répand de la fumée. *Flamme fumeuse.* **2·** Qui manque de clarté ou de netteté. → **obscur, vague.** *Idées, explications fumeuses.*

fumier [fymje] n. m. **1·** Mélange des litières (paille, fourrage, etc.) et des excréments des animaux d'élevage, utilisé comme engrais. *Un tas de fumier.* **2·** Fam. (très injurieux). Homme méprisable. → **ordure, salaud.** *C'est un beau fumier !*

fumigation [fymigɑsjɔ̃] n. f. **1·** Destruction de germes, de parasites par la fumée de substances chimiques. **2·** Remède consistant à respirer des vapeurs médicamenteuses. → **inhalation.**

fumigène [fymiʒɛn] adj. Qui produit de la fumée. *Bombe fumigène.*

1 fumiste [fymist] n. m. Celui dont le métier est d'installer ou de réparer les cheminées et appareils de chauffage. → **chauffagiste, plombier, ramoneur.**

2 fumiste n. Fam. Personne qui ne fait rien sérieusement, sur qui on ne peut compter. → **amateur, fantaisiste.** *Il n'a pas tenu sa promesse. Quel fumiste !* – Adj. *Elle est un peu fumiste.* ▶ **fumisterie** n. f. Fam. Action, chose entièrement dépourvue de sérieux. → **farce.** *Ce beau programme est une vaste fumisterie.*

fumivore [fymivɔʀ] adj. Qui absorbe de la fumée. *Appareils fumivores des usines.*

fumoir [fymwaʀ] n. m. Local, salon disposé pour les fumeurs. ≠ fumerie.

fumure [fymyʀ] n. f. Amélioration des terres par le fumier, par un fertilisant.

fun [fœn], au Canada [fɔn] n. m. Anglic. Joie exubérante. *C'est le fun !*

funambule [fynɑ̃byl] n. Personne qui marche, danse sur la corde raide. → **acrobate, danseur de corde.** ▶ **funambulesque** adj. Bizarre, extravagant. *Projet funambulesque.* → **abracadabrant, farfelu, rocambolesque.**

funèbre [fynɛbʀ] adj. **1·** Qui a rapport aux funérailles. *Ornements funèbres.* → **funéraire, mortuaire.** *Service funèbre,* messe d'enterrement. *Pompes funèbres :* entreprise spécialisée dans les enterrements. *Marche funèbre. Oraison funèbre,* paroles prononcées pour dire adieu à un mort. **2·** Qui inspire un sentiment de sombre tristesse. → **lugubre, sinistre.** *Un visage, un ton funèbre.*

funérailles [fyneʀɑj] n. f. pl. Ensemble des cérémonies civiles (et religieuses) accomplies pour rendre les honneurs suprêmes à un mort. → **enterrement, obsèques.**

funéraire [fyneʀɛʀ] adj. Qui concerne les funérailles. → **funèbre.** *Convoi funéraire. Salon funéraire :* établissement qui prépare le défunt et met à disposition une salle où la famille et les amis peuvent se recueillir en sa présence (*funérarium* n. m.). *L'art funéraire de l'Égypte ancienne.*

funeste [fynɛst] adj. Qui porte avec soi le malheur et la désolation, est de nature à entraîner de graves dommages. → **désastreux.** *Erreurs funestes. Cela peut avoir des suites funestes.* → **tragique.** – *Funeste à.* → **fatal.** *Son audace lui a été funeste.*

funiculaire [fynikylɛʀ] n. m. Chemin de fer tiré par des câbles (sur une voie en forte pente). *Un funiculaire à crémaillère.*

fur → **au fur et à mesure.**

furax [fyʀaks] adj. invar. Fam. Furieux. *Elle est furax !* → fam. **fumasse.**

furet [fyʀɛ] n. m. **1·** Petit mammifère carnivore, au pelage blanc et aux yeux rouges, qui sert à chasser le lapin. **2·** Jeu de société dans lequel des joueurs assis en rond se passent rapidement de main en main un objet (*le furet*), tandis qu'un autre joueur se tenant au milieu du cercle doit deviner dans quelle main il se trouve. ▷ **fureter**

fureter [fyʀte] v. intr. <conjug. 5> Chercher, s'introduire partout avec curiosité (comme un furet en chasse) dans l'espoir d'une découverte. *Elle furète dans tous les coins.* → **fouiller, fouiner.** ▶ **fureteur, euse** adj. et n. Qui cherche partout avec curiosité. → **curieux, fouineur, indiscret.** *Il est fureteur. Des yeux fureteurs.* – N. *Un fureteur.*

fureur [fyʀœʀ] n. f. **I· 1·** Colère folle, sans mesure. *Entrer, être en fureur ; mettre qqn en fureur. Se battre avec fureur.* → **acharnement, furie, violence. 2·** (Choses) Caractère d'extrême violence. *La fureur des combats.* **II· 1·** Littér. Passion irrésistible. *La fureur de vivre.* → **frénésie. 2·** *Faire fureur* loc. : avoir un immense succès. *Chanson qui fait fureur.*

furibond, onde [fyʀibɔ̃, ɔ̃d] adj. Qui ressent ou annonce une grande fureur, généralement disproportionnée à l'objet qui l'inspire, au point d'en être légèrement comique. → **furieux.** *Il est furibond. Air furibond. Rouler des yeux furibonds.* ▶ **furibard, arde** adj. Fam. Furibond.

furie [fyʀi] n. f. **1·** Fureur brutale. *Mettre qqn en furie.* → **rage.** *Mer en furie,* déchaînée par la tempête. *Attaquer avec furie.* **2·** Dans la mythologie grecque. Divinité infernale. – Femme haineuse, méchante et coléreuse. → **harpie, mégère.** ▷ **furibond, furieux**

furieux, euse [fyʀjø, øz] adj. **1·** En proie à une fureur maladive. *Un fou furieux.* → **forcené. 2·** En proie à une folle colère. → **furibond.** *Être furieux contre qqn. Il est furieux que je lui aie dit ses quatre vérités.* – *Un éléphant, un taureau furieux.* **3·** Dont la force va jusqu'à la violence. *Vent, torrent furieux. Une attaque, une charge furieuse.* ▶ **furieusement** adv. **1·** Avec fureur. **2·** Vx. Terriblement.

furoncle [fyʀɔ̃kl] n. m. Abcès fermé, volumineux et douloureux, dû à un staphylocoque. → **anthrax, clou** (II, 2). ▶ **furonculose** n. f. Éruption de furoncles.

furtif, ive [fyʀtif, iv] adj. Qui se fait à la dérobée, qui passe presque inaperçu. *Regard, sourire furtif. Visite furtive,* rapide et discrète. – *Avion fur-*

tif, impossible à déceler au radar. ▶ **furtivement** adv. *S'esquiver furtivement*, sur la pointe des pieds, comme un voleur.

fusain [fyzɛ̃] n. m. **1·** Arbrisseau à feuilles sombres et luisantes et à fruits rouges. *Haie de fusains*. **2·** Charbon à dessiner (fait avec le bois du fusain). **3·** Dessin exécuté au fusain.

fusant, ante [fyzɑ̃, ɑ̃t] adj. Qui fuse. *Obus fusant*. – N. m. *Un fusant*.

fuseau [fyzo] n. m. **1·** Petite toupie allongée qui sert à tordre puis à enrouler le fil, lorsqu'on file à la quenouille. ≠ navette. – Petite bobine de fil à coudre, à broder. **2·** ***En fuseau*** : de forme allongée, le centre étant légèrement renflé. → **fuselé, fusiforme** ; 2 **fusée.** *Colonne en fuseau*. – *Pantalon fuseau* ou *fuseau*, dont les jambes deviennent progressivement plus étroites vers le bas. *Ce fuseau l'amincit*. **3·** ***Fuseau horaire*** : chacun des fuseaux imaginaires tracés à la surface de la Terre, d'un pôle à l'autre, numérotés de 0 à 23, servant à fixer l'heure locale légale. ▷ **fuselage, fuselé**

1 **fusée** [fyze] n. f. **1·** Pièce de feu d'artifice propulsée par de la poudre et qui éclate en dégageant une vive lumière colorée. *Le naufragé a envoyé des fusées pour être repéré. Fusées de détresse*. **2·** Engin militaire, propulsé par un propergol ou des gaz liquéfiés. *Une fusée nucléaire. Des fusées antichars*. → **missile, roquette. 3·** Moteur d'un véhicule spatial. *Une fusée de deux, trois étages*. → 2 **lanceur.** – Ce véhicule. *La fusée européenne Ariane*.

2 **fusée** n. f. Pièce mécanique en forme de fuseau.

fuselage [fyzlaʒ] n. m. Corps fuselé d'un avion, auquel sont fixées les ailes. → **cellule.**

fuselé, ée [fyzle] adj. En forme de fuseau. → **fusiforme.** *Doigts fuselés*, longs et minces. *Jambes fuselées*.

fuser [fyze] v. intr. <conjug. 1> **1·** Couler, se répandre en fondant. *Cire, bougie qui fuse*. **2·** Éclater lentement, crépiter (chimie, explosifs). **3·** Jaillir comme une fusée. *Les plaisanteries, les rires fusaient de toutes parts*. ▷ **fusant, fusible**

fusible [fyzibl] adj. et n. m. **I·** Adj. Qui peut fondre, passer à l'état liquide sous l'effet de la chaleur. **II·** N. m. Petit fil d'un alliage fusible qu'on interpose dans un circuit électrique pour protéger une installation, un appareil. → **coupe-circuit, plomb.** ▶ **fusibilité** n. f. Qualité de ce qui est fusible.

fusiforme [fyzifɔʀm] adj. Qui a la forme d'un fuseau. → **fuselé.** *Poisson fusiforme*.

1 **fusil** [fyzi] n. m. **1·** Arme à feu portative à long canon. *Fusil de guerre*, à simple canon. *Balle de fusil. Fusil de chasse*, à deux canons et à cartouches. *Fusil à simple canon*. → **carabine.** *Fusil sous-marin. Coup de fusil*. **2·** *Un excellent fusil*, un bon tireur. **3·** Loc. *Changer son fusil d'épaule*, changer de projet, d'opinion, de décision. – Fam. *Coup de fusil*, addition très élevée, dans un restaurant, un hôtel. ▶ **fusilier** [fyzilje] n. m. *Fusilier marin*, matelot initié aux manœuvres de l'infanterie. – *Fusilier mitrailleur*. ▶ **fusiller** [fyzije] v. tr. <conjug. 1> **1·** Tuer un condamné par une décharge de coups de fusil. → **exécuter, passer** par les armes. *Être fusillé pour trahison*. **2·** Fam. *Fusiller du regard*, foudroyer. **3·** Fam. Abîmer, détériorer. *Fusiller un moteur*. → fam. **flinguer.** ▶ **fusillade** n. f. **1·** Échange de coups de feu. **2·** Décharge simultanée de coups de fusil (par ex. lors d'une exécution). ▶ **fusil-mitrailleur** n. m. Arme automatique, alimentée par boîte-chargeur (abrév. *F.-M.*), remplacée aujourd'hui par le fusil d'assaut. → **mitrailleuse, pistolet-mitrailleur.** *Des fusils-mitrailleurs*.

2 **fusil** n. m. **1·** Tige d'acier munie d'un manche, sur laquelle on aiguise les couteaux. **2·** ***Pierre à fusil*** : silex donnant une étincelle par percussion sur une petite pièce d'acier.

fusion [fyzjɔ̃] n. f. **I· 1·** Passage d'un corps solide à l'état liquide sous l'action de la chaleur. → **fonte, liquéfaction ; fondre.** *Point de fusion*. **2·** État d'une matière liquéfiée par la chaleur. *Métal en fusion*. **3·** *Fusion nucléaire*, dans laquelle deux noyaux atomiques légers, d'hydrogène par exemple, se fondent en un seul en dégageant de l'énergie. *Bombe à fusion*, bombe thermonucléaire. ≠ fission. **II·** Union intime résultant de la combinaison ou de l'interpénétration d'êtres ou de choses. → **réunion.** *La fusion des cœurs, des esprits*. – (Personnes morales, réalités sociales, historiques) *Fusion de plusieurs religions. Fusion de sociétés, d'entreprises*. → **absorption.** ▶ **fusionner** v. <conjug. 1> **1·** V. tr. Unir par fusion (des collectivités auparavant distinctes). → **fondre** (III). **2·** V. intr. S'unir par fusion. ▶ **fusionnel, elle** adj. Vécu sur le mode de la fusion (II). *Relation fusionnelle entre la mère et l'enfant*.

fustanelle [fystanɛl] n. f. Court jupon masculin, tuyauté et empesé, qui fait partie du costume national grec.

fustiger [fystiʒe] v. tr. <conjug. 3> Littér. Blâmer violemment.

fut, fût → **être.**

1 **fût** [fy] n. m. **1·** Tronc d'arbre dans sa partie droite et dépourvue de branches. **2·** Tige d'une colonne entre la base et le chapiteau. *Fût à can-*

nelures. **3·** Monture de bois d'une arme, d'un instrument. ▶ **futaie** n. f. Forêt de grands arbres aux fûts dégagés.

2 **fût** n. m. Tonneau. *Fût d'eau-de-vie.* → **baril, tonnelet.** ▶ **futaille** n. f. **1·** Récipient de bois en forme de tonneau, pour le vin, les alcools, l'huile. → **fût.** *Futailles de vin.* → **barrique, foudre, tonneau.** **2·** Nom collectif des tonneaux, des fûts, etc. *Ranger la futaille dans un chai.*

futaine [fytɛn] n. f. Ancien tissu de coton, du type le plus simple.

futal, als [fytal] n. m. Fam. Pantalon.

futé, ée [fyte] adj. Qui est plein de finesse, de malice, sait déjouer les pièges. → **débrouillard, finaud, malin, rusé.** *Un gamin futé.* – N. *C'est une futée.* ▶ **fute-fute** [fytfyt] adj. Fam. Futé. *Il n'est pas très fute-fute.*

futile [fytil] adj. **1·** Qui est dépourvu de sérieux, qui ne mérite pas qu'on s'y arrête. → **insignifiant.** / contr. important / *Discours, propos futiles.* → **frivole, vide.** *Sous le prétexte le plus futile.* → **léger.** **2·** (Personnes) Qui ne se préoccupe que de choses sans importance. → **frivole, léger, superficiel.** *Ne soyez donc pas si futile !* / contr. sérieux / ▶ **futilité** n. f. **1·** Caractère futile. → **frivolité.** / contr. gravité, importance, sérieux / **2·** Chose futile. *La journée se passe en futilités.*

futon [fytɔ̃] n. m. Matelas de coton, couchage traditionnel au Japon. – Canapé-lit garni d'un matelas de coton.

futur, ure [fytyʀ] adj. et n. m. **I·** Adj. **1·** Qui appartient à l'avenir. → **prochain, ultérieur.** *Les générations futures.* **2·** (L'adj. précédant presque toujours le nom) Qui sera tel dans l'avenir. *Vos futurs collègues. Son futur mari, sa future épouse* et, n. (vieilli) *le futur, la future.* → **fiancé.** **II·** N. m. **1·** Partie du temps qui vient après le présent. → **avenir.** *Le passé, le présent et le futur.* **2·** Ensemble des formes d'un verbe qui expriment qu'une action, un état sont placés dans un moment de l'avenir. *Futur proche* (ex. : *je vais parler*). *Futur simple* (ex. : *je parlerai*). *Futur antérieur* (ex. : *j'aurai parlé*). *Futur du passé,* dont les formes sont identiques à celles du conditionnel présent (ex. : *je lui écrivis que je viendrais*). ▶ **futurisme** n. m. Doctrine esthétique exaltant tout ce qui dans le présent (vie ardente, vitesse, machinisme, etc.) préfigurerait le monde futur. ▶ **futuriste** adj. et n. **1·** Partisan du futurisme. **2·** Adj. Qui évoque l'état futur de l'humanité. *Une architecture futuriste.* ▶ **futurologie** n. f. Recherches concernant les évolutions futures de l'humanité. → **prospective.** ▶ **futurologue** n.

fuyant, ante [fɥijɑ̃, ɑ̃t] adj. **1·** Qui échappe, qui se dérobe à toute prise. → **insaisissable.** *Regard fuyant. Caractère fuyant,* qu'on ne peut retenir, comprendre. → **évasif.** – (Personnes) *Il est assez fuyant et hypocrite.* **2·** Qui paraît s'éloigner, s'enfoncer dans le lointain. *Une perspective fuyante.* **3·** Dont les lignes s'incurvent vers l'arrière. *Front, menton fuyant.*

fuyard, arde [fɥijaʀ, aʀd] n. Personne qui s'enfuit, fugitif, et, spécialt, soldat qui abandonne son poste de combat pour fuir devant l'ennemi.

gG

g [ʒe] n. m. invar. **1·** Septième lettre, cinquième consonne de l'alphabet. – **REM.** G se prononce [g] devant une consonne et devant les voyelles *a, o, u : gai, gomme, figue ;* et [ʒ] devant *e, i, y : gel, rageant, gîte, gyroscope.* **2·** Abréviation de *gramme.*

gabardine [gabaʀdin] n. f. **1·** Tissu serré de laine ou de coton. **2·** Imperméable en gabardine.

gabarit [gabaʀi] n. m. **1·** Modèle en grandeur réelle d'une pièce de construction navale ou architecturale. **2·** Appareil de mesure qui sert à vérifier une forme ou des dimensions. **3·** Type, modèle, format. *Du même gabarit.* → **acabit.** – Carrure, stature. *Un grand gabarit.*

gabegie [gabʒi] n. f. Désordre résultant d'une mauvaise administration ou gestion. → **gaspillage.**

gabelle [gabɛl] n. f. Impôt indirect sur le sel (du XIVe au XVIIIe siècle) en France. ▶ **gabelou** n. m. **1·** Commis de la gabelle. **2·** Plaisant. Douanier. *Les gabelous.*

gabier [gabje] n. m. Matelot chargé de l'entretien et de la manœuvre sous les ordres du quartier-maître.

gable ou **gâble** [gɑbl] n. m. Pignon décoratif aigu.

gâche [gɑʃ] n. f. Pièce métallique présentant une cavité dans laquelle s'engage le pêne d'une serrure.

gâcher [gɑʃe] v. tr. < conjug. 1 > **1·** Délayer (du mortier, du plâtre) avec de l'eau. **2·** Perdre, manquer (qqch.) faute de savoir en profiter. → **gaspiller.** *Gâcher son argent, son talent, une occasion.* – Au p. p. adj. *Une soirée gâchée.* ▶ **gâchage** n. m. Action de gâcher (1). ▶ **gâcheur, euse** n. Personne qui gâche (2), gaspille. ▶ **gâchis** n. m. invar. **1·** Mauvais emploi d'un produit. *Quel gâchis de détruire les excédents agricoles !* → **gaspillage.** **2·** Mauvais emploi d'une ressource, d'une occasion. *Sa vie est un gâchis. Voilà un beau gâchis ! Quel gâchis !* **3·** Situation confuse et dangereuse. → **désordre, pagaïe.**

gâchette [gɑ(a)ʃɛt] n. f. **1·** Pièce immobilisant le percuteur d'une arme à feu. **2·** Abusivt. La détente de cette arme. *Appuyer sur la gâchette.* – Loc. *Une fine gâchette,* un très bon tireur.

gadelle [gadɛl] n. f. En Normandie et au Canada. *Groseille.* – *Gadelle noire,* cassis. ▶ **gadelier** ou **gadellier** [gadəlje] n. m.

gadget [gadʒɛt] n. m. Anglic. Objet amusant et nouveau plus ou moins futile. *Des gadgets sans intérêt.* – En appos. *Une montre gadget.*

gadin [gadɛ̃] n. m. Fam. Chute (d'une personne). *Ramasser, prendre un gadin,* tomber.

gadjo [gadʒo] n. m., au fém. **gadgi(e)** [gadʒi] Pour les Gitans, personne qui n'appartient pas à leur communauté. *Des gadjos* ou *des gadgé.*

gadoue [gadu] n. f. Terre détrempée. → **boue.** *Cet enfant aime patauger dans la gadoue.*

gaélique [gaelik] n. m. Groupe des langues celtiques parlées en Irlande et en Grande-Bretagne. *Le gaélique d'Écosse, de l'île de Man.*

① **gaffe** [gaf] n. f. Perche ② munie d'un croc et d'une pointe de fer.

② **gaffe** n. f. Fam. **1·** Action, parole intempestive ou maladroite. → **bévue, impair, maladresse ;** fam. **boulette, bourde.** *Faire une gaffe.* **2·** *Faire gaffe :* faire attention. *Fais gaffe à toi,* prends garde ! *Gaffe !* (même sens). ▶ **gaffer** v. intr. < conjug. 1 > Fam. Faire une gaffe, un impair. *Il a encore gaffé.* ▶ **gaffeur, euse** n. Fam. Personne qui fait des gaffes. → **maladroit.** – Adj. *Il est très gaffeur.*

gag [gag] n. m. **1·** Au cinéma, à la télévision. Brève action comique. *Un enchaînement de gags.* **2·** Situation burlesque. *Travailler un dimanche ? C'est un gag !*

gaga [gaga] n. et adj. Fam. (Surtout attribut) Gâteux. *Elles sont gagas de leur chat.*

gage [gaʒ] n. m. **1·** Objet de valeur remis (à qqn) pour garantir le paiement d'une dette. → **caution, dépôt, garantie.** *Donner, laisser un gage. Mettre sa montre en gage. Prêteur sur gages.* **2·** Jeux de société. Pénitence que le joueur perdant doit exécuter. **3·** Ce qui représente une preuve de sincérité. → **assurance, promesse.** *Donner des gages de fidélité, d'amour. Acceptez ce cadeau, en gage d'amitié.* → **témoignage.** ▷ **dégager, engager, gager, gages, gageure, rengager**

gager [gaʒe] v. tr. < conjug. 3 > Vx. ***Gager que*** (+ indicatif) : exprimer un simple avis (en n'engageant que son opinion). *Gageons qu'il ne tiendra pas ses promesses.*

gages n. m. pl. **1·** Vx. Salaire d'un domestique. → **appointements.** *Les gages d'une cuisinière.* **2·** Loc. ***Tueur à gages*** : personne payée pour assassiner.

gageure [gaʒyʀ] n. f. **REM.** [gaʒœʀ] est fautif. Littér. Action, projet, opinion si étrange, si difficile, qu'on dirait un pari impossible à tenir. → **défi.**

gagnant, ante [gaɲɑ̃, ɑ̃t] adj. et n. **1·** Qui fait gagner. *Les numéros gagnants* (au loto). **2·** Qui gagne. *Le concurrent gagnant.* – N. La personne qui gagne. / contr. perdant / *Le gagnant du gros lot.* ≠ gagneur.

gagne [gaɲ] n. f. Fam. *La gagne,* la volonté de gagner, de vaincre. → **gnac.**

gagne-pain [gaɲpɛ̃] n. m. invar. Ce qui permet à qqn de gagner modestement sa vie. *Des gagne-pain.* → **emploi, job.**

gagne-petit [gaɲpəti] n. invar. Personne dont le métier rapporte peu. *Une gagne-petit. Des gagne-petit.*

gagner [gaɲe] v. tr. < conjug. 1 > **I·** S'assurer (un profit matériel). **1·** (Par un travail, par une activité) *Gagner de l'argent.* → **gain.** *Gagner 10 € de l'heure. Gagner 2 000 € par mois.* → **toucher.** *Gagner de quoi vivre, gagner sa vie,* fam. *sa croûte,* travailler pour vivre. *Voici cent euros, vous les avez bien gagnés,* mérités. **2·** (Par le jeu, par un hasard favorable) → **empocher, ramasser.** *Gagner le gros lot. À tous les coups l'on gagne !* **II· 1·** Acquérir, obtenir (un avantage). *Il a su gagner une belle notoriété. Vous avez bien gagné vos vacances.* → **mériter.** – *Gagner du temps,* faire une économie de temps. *Par le raccourci, on gagne un bon quart d'heure.* – *Ne vous embarquez pas dans cette affaire, vous n'y gagnerez rien, rien de bon.* → **retirer, tirer.** – Sans compl. *Vous y gagnerez,* vous y trouverez un avantage. – ***Gagner en*** : sous le rapport de. *Il a gagné trois centimètres en hauteur.* → **augmenter, croître.** *Son style a gagné en force.* – Intransitivement. ***Gagner à*** (+ infinitif) : retirer quelque avantage, avoir une meilleure position. *C'est un homme qui gagne (qui ne gagne pas) à être connu. Tu gagnerais à apprendre l'informatique.* ***Gagner de*** (+ infinitif) : obtenir l'avantage de. *Vous y gagnerez d'être enfin tranquille.* **2·** Obtenir (les dispositions favorables d'autrui). → **s'attirer, conquérir.** *Il a gagné l'estime de tout le monde.* – Se rendre favorable (qqn). → **amadouer, se concilier.** *Elle s'est laissé gagner par mes prières.* → **convaincre, persuader.** *Nous l'avons enfin gagné à notre cause.* **III·** (Dans une compétition, une rivalité) **1·** Obtenir, remporter (un enjeu). *Gagner le troisième prix.* **2·** Être vainqueur dans (la compétition). *Gagner une bataille, un match, un pari (contre qqn).* **3·** *Gagner qqn de vitesse,* arriver avant lui en allant plus vite. → **dépasser, devancer.** **4·** ***Gagner du terrain*** *sur qqn* : se rapprocher de qqn (si on le poursuit), s'en éloigner (si l'on est poursuivi). – *L'incendie gagne du terrain.* → **s'étendre.** **5·** Intransitivement. S'étendre au détriment de qqn, qqch. *L'incendie, l'obscurité gagne.* → **se propager.** **IV·** Atteindre (une position) en parcourant la distance qui en sépare. **1·** Atteindre en se déplaçant. *Le navire a gagné le rivage. Gagner la sortie.* **2·** Atteindre en s'étendant. → **se propager ; progresser, se répandre.** *L'incendie avait gagné le grenier.* – (Le sujet désigne une impression) *Le froid, le sommeil, la faim, la fatigue commençait à nous gagner,* à s'emparer de nous. *L'affolement gagne les esprits.* ▶ **gagneur, euse** n. et adj. Personne animée par la volonté de gagner, de réussir. ≠ gagnant. ▷ **gagnant, gagne, gagne-pain, gagne-petit, regagner**

gai, gaie [ge ; gɛ] adj. **1·** (Êtres vivants) Qui a de la gaieté. → **content, enjoué, guilleret, joyeux, réjoui.** / contr. triste / *Un gai luron. Un caractère gai et facile. Gai comme un pinson.* – Dont la gaieté provient d'une légère ivresse. *Être un peu gai.* → **éméché, gris.** **2·** (Choses) Qui marque de la gaieté ; où règne la gaieté. / contr. sombre / *Un air gai. Une soirée très gaie.* **3·** Qui inspire de la gaieté. *Un auteur gai.* → **amusant, comique, divertissant, drôle, réjouissant.** *J'aime ces couleurs gaies.* → **riant, vif.** / contr. attristant / *C'est la pièce la plus gaie de l'appartement.* → **plaisant.** – Iron. *Nous voilà encore en panne, c'est gai !* ▶ **gaiement** ou, vx, **gaîment** adv. → **joyeusement.** – *Allons-y gaiement,* de bon cœur. ▶ **gaieté** ou, vx, **gaîté** n. f. **1·** Comportement, état d'esprit d'une personne animée par la joie de vivre, la bonne humeur. → **enjouement, entrain, joie.** / contr. chagrin, tristesse / *Franche, folle gaieté. Mettre en gaieté.* → **égayer, réjouir.** – Loc. adv. (Après une négation) ***De gaieté de cœur.*** *Je ne vais pas à ce rendez-vous de gaieté de cœur,* je n'y vais pas volontiers. **2·** Caractère de ce qui est gai. *La gaieté de la conversation.* ▷ **égayer**

1 **gaillard, arde** [gajaʀ, aʀd] adj. et n. **I·** Adj. **1·** Plein de vie, grâce à sa bonne santé. → **alerte, allègre, vif.** *Un octogénaire très gaillard.* → **vert.** **2·** D'une gaieté un peu osée. *Des chansons gaillardes.* → **léger, leste, licencieux. II·** N. **1·** Homme plein de vigueur et d'entrain. *Un grand et solide gaillard.* **2·** Fam. Gars, lascar. *Ce sont des gaillards qu'il faut avoir à l'œil. Ah ! je t'y prends, mon gaillard !* ▶ **gaillardement** adv. Avec vigueur et entrain. ▷ **ragaillardir**

2 **gaillard** n. m. Marine. Logement et poste couvert qui domine le pont supérieur d'un navire. *Gaillard d'arrière.* → **dunette.** *Gaillard d'avant.*

gain [gɛ̃] n. m. **1·** Action de gagner. *Le gain d'une bataille. Il a eu, il a obtenu **gain de cause*** : il a obtenu ce qu'il voulait. **2·** Ce qu'on gagne. → **bénéfice, profit, rapport.** / contr. dépense, perte / *Les gains et les pertes d'une entreprise. Les gains du tiercé, du loto. L'appât du gain.* **3·** Abstrait. Avantage. *Le gain que l'on retire d'une lecture.* → **fruit, profit.** *Un gain de temps, de place.* → **économie.** ▷ **regain**

gaine [gɛn] n. f. **1·** Enveloppe ayant la forme de l'objet qu'elle protège. → **étui, fourreau.** *La gaine d'un pistolet.* **2·** Sous-vêtement féminin en tissu élastique enserrant les hanches et la taille. ▶ **gainer** v. tr. < conjug. 1 > **1·** Mettre une gaine à. *Gainer un fil électrique.* **2·** Mouler comme fait une gaine. – Au p. p. *Jambes gainées de soie.* ▷ **dégainer, rengainer**

gala [gala] n. m. Grande fête officielle. → **cérémonie, réception.** *Une soirée de gala. Je vais mettre ma tenue de gala. Des galas.*

galact(o)- Élément signifiant « lait ». ▶ **galactique** [galaktik] adj. Relatif à la Voie lactée. – Qui appartient à une galaxie. *Nuage galactique. Voyages intergalactiques.* ▷ **galaxie**

galant, ante [galɑ̃, ɑ̃t] adj. et n. m. **1·** (Homme) Qui cherche à plaire aux femmes. – Poli, délicat, attentionné à l'égard des femmes. *Soyez galant et offrez votre place à cette dame.* / contr. goujat / **2·** Qui a rapport aux relations amoureuses. *Il a été surpris en galante compagnie. Ton, propos galants. Un rendez-vous galant.* **3·** N. m. Vx. *Elle en a eu des galants.* → **amoureux, soupirant.** – Loc. *Un vert galant,* un homme à femmes. ▶ **galamment** adv. D'une manière prévenante (envers les femmes). *Il l'aida galamment à passer son manteau.* ▶ **galanterie** n. f. **1·** Courtoisie empressée auprès des femmes. *La vieille galanterie française.* **2·** Propos flatteur adressé à une femme. *Débiter des galanteries.*

galantine [galɑ̃tin] n. f. Charcuterie à base de viande ou de volaille, servie dans de la gelée. *Une tranche de galantine.*

galapiat [galapja] n. m. Fam. Vaurien. *Un petit galapiat.* → **polisson.**

galaxie [galaksi] n. f. **1·** *(La Galaxie)* La Voie lactée (→ **galactique**). **2·** *(Une, des galaxies)* Nébuleuse en forme de spirale, faite d'un amas d'étoiles, de gaz, de poussières. *La galaxie à laquelle appartient le Soleil est la Voie lactée. Des galaxies à des millions d'années-lumière.*

galbe [galb] n. m. **1·** Contour harmonieux d'une construction, d'un objet d'art aux lignes courbes. *Le galbe d'un vase, d'un fauteuil.* **2·** Contour harmonieux d'un corps, d'un visage humain. *Des hanches d'un beau galbe.* ▶ **galbé, ée** adj. Dont le contour est courbe et harmonieux. *Une commode galbée. Des jambes bien galbées.*

gale [gal] n. f. **1·** Maladie contagieuse de la peau, produite par un parasite (acarien), caractérisée par des démangeaisons. *Avoir la gale.* – Maladie des végétaux. **2·** *Une gale,* une personne méchante et désagréable. → **peste, teigne.** *Mauvais comme la gale.* ≠ galle. ▷ **galeux**

galéjade [galeʒad] n. f. Région. En Provence. Histoire inventée ou exagérée, que l'on raconte pour duper qqn.

galère [galɛʀ] n. f. **1·** Grand navire de guerre ou de commerce, à rames et à voiles, utilisé de l'Antiquité au XVIIIe siècle. → **galiote.** – Loc. *Que diable allait-il faire dans cette galère ?,* comment a-t-il pu s'embarquer dans cette entreprise ? **2·** Au plur. ***Les galères*** : la peine de ceux qui étaient condamnés à ramer sur les galères du roi. **3·** Métier pénible, situation très difficile. *Ce travail, c'est la galère.* → **bagne.** ▶ **galérer** v. intr. < conjug. 6 > Être dans une situation pénible, précaire, sans argent. ▷ **galérien**

galerie [galʀi] n. f. **1·** Lieu de passage ou de promenade, couvert, beaucoup plus long que large. *Galerie vitrée.* → **véranda.** *La galerie des glaces du château de Versailles.* – *Une galerie marchande.* **2·** Magasin où sont exposés des œuvres d'art en vue de la vente ; collection d'objets d'art. *Une galerie de peinture.* **3·** Balcon à plusieurs rangs de spectateurs, au théâtre. *Premières,* *secondes galeries.* → **paradis, poulailler.** **4·** Loc. *Parler pour la galerie, amuser, épater la galerie,* le public, l'assistance. **5·** Cadre métallique à rebords, que l'on fixe sur le toit d'une voiture, et qui sert de porte-bagages. **6·** Passage souterrain. → **boyau, tunnel.** *Des galeries de mine. La taupe creuse des galeries où elle circule.* ▶ **galeriste** n. Personne qui tient une galerie d'art.

galérien [galeʀjɛ̃] n. m. Homme condamné à ramer sur les galères. → **bagnard, forçat.** – *Mener une vie de galérien,* extrêmement pénible.

galet [galɛ] n. m. **I·** Caillou usé et poli par le frottement de l'eau, que l'on trouve au bord de la mer ou dans le lit des torrents. *Plage de galets.* **II·** Disque, petite roue. *Les galets d'un fauteuil, d'un lit.* → **roulette.** *Mécanisme à galets.*

galetas [galta] n. m. invar. Logement très pauvre, sordide. → **réduit, taudis.**

1 **galette** [galɛt] n. f. **1·** Gâteau plat et rond fait d'un mélange très simple. *Une galette des Rois pour dix personnes.* – Petit gâteau sec de même forme. *Un paquet de galettes bretonnes.* – Crêpe de sarrasin ou de maïs. **2·** Loc. *Plat comme une galette,* très plat. **3·** Objet en forme de galette. *Siège recouvert d'une galette de cuir.* – Fam. Disque compact.

2 **galette** n. f. Fam. Vieilli. Argent. → **blé.** *Il a de la galette. Une grosse galette,* une fortune.

galeux, euse [galø, øz] adj. et n. **1·** Atteint de la gale. *Chien galeux.* – N. *Un galeux.* **2·** Qui a rapport à la gale. *Éruption galeuse.* **3·** Dont la surface est sale, pelée. *Des façades galeuses.*

galimatias [galimatja] n. m. invar. Discours, écrit confus, incompréhensible. *Je ne comprends rien à cette brochure ; c'est du galimatias.* → **charabia.**

galion [galjɔ̃] n. m. Ancien navire de commerce colonial entre l'Amérique et l'Espagne.

galiote [galjɔt] n. f. Petite galère.

galipette [galipɛt] n. f. Fam. Cabriole, culbute. *Faire la galipette en avant, en arrière.*

galle [gal] n. f. Sur un tissu végétal, tumeur due à des insectes parasites. *La galle du chêne, riche en tanin* (appelée aussi *noix de galle*). ≠ gale.

gallican, ane [ga(l)likɑ̃, an] adj. Qui concerne l'Église catholique de France. / contr. ultramontain / ▶ **gallicanisme** n. m. Principes et doctrines de l'Église gallicane.

gallicisme [ga(l)lisism] n. m. **1·** Construction ou emploi propre à la langue française. **2·** Dans une autre langue, mot, construction empruntés au français. *L'anglais moderne emploie de nombreux gallicismes.*

gallinacés [ga(l)linase] n. m. pl. Oiseaux de la famille de la poule et du coq (caille, dindon, faisan, perdrix, pintade...).

gallon [galɔ̃] n. m. Mesure de capacité utilisée dans les pays anglo-saxons pour les grains et les liquides (4,54 l en Grande-Bretagne ; 3,78 l aux États-Unis). *Un gallon d'essence.* ≠ galon.

gallo-romain, aine [galloʀɔmɛ̃, ɛn] adj. et n. Relatif à la population, à la civilisation née du contact entre Romains et Gaulois après la conquête de la Gaule. *Vestiges gallo-romains.* – N. *Les Gallo-Romains.* ≠ gallo-roman.

gallo-roman [galloʀɔmɑ̃] n. m. Langue romane issue du latin populaire, parlée en Gaule et qui est à l'origine de l'ancien français. ≠ gallo-romain.

galoche [galɔʃ] n. f. **1·** Chaussure de cuir grossière à semelle de bois épaisse. **2·** Loc. fam. *Menton en galoche,* long et relevé vers l'avant.

galon [galɔ̃] n. m. **1·** Ruban de tissu épais, qui sert à orner. *Rideau, vêtement bordé d'un galon.* **2·** Signe distinctif des grades dans l'armée. *Un lieutenant a deux galons.* – *Prendre du galon,* monter en grade. ▶ **galonné, ée** adj. et n. Orné d'un galon. *Revers galonnés.* – N. m. Fam. ***Un galonné*** : un officier ou un sous-officier. → **gradé.** ≠ gallon.

galop [galo] n. m. **1·** Allure la plus rapide que prend naturellement le cheval (et certains animaux de la même famille). *La mer monte parfois à la vitesse d'un cheval au galop.* **2·** Loc. ***Galop d'essai*** : entraînement, test. – ***Au galop*** : vite. *Allons ! au travail et au galop !,* dépêchez-vous. **3·** Ancienne danse au mouvement très vif. ▶ **galopade** n. f. Course précipitée. *Une galopade d'enfants dans l'escalier.* ▶ **galoper** v. intr. <conjug. 1> **1·** Aller au galop. *Galoper ventre à terre.* **2·** Courir rapidement. *Les gamins galopaient derrière lui.* **3·** Abstrait. Aller très vite. *Son imagination galope.* ▶ **galopant, ante** adj. Qui augmente très rapidement. *Inflation galopante.* ▷ **galopin**

galopin [galɔpɛ̃] n. m. Vx. Gamin qui court les rues. – Enfant espiègle, effronté. → **chenapan, garnement, polisson.**

galuchat [galyʃa] n. m. Peau de certains poissons (squale, raie) apprêtée et utilisée pour la reliure, la maroquinerie...

galurin [galyʀɛ̃] ou **galure** [galyʀ] n. m. Fam. Chapeau.

galvanique [galvanik] adj. Relatif aux phénomènes électriques (étudiés par Galvani). *Pile, électricité galvanique.* ▶ **galvaniser** v. tr. < conjug. 1 > **1·** Animer d'une énergie soudaine, souvent passagère. → **électriser, entraîner, exalter, exciter.** *Cet orateur galvanise la foule.* **2·** Recouvrir (un métal ferreux) d'une mince couche de zinc pour le protéger de la rouille. – Au p. p. adj. *Tôle galvanisée.* ▶ **galvanisation** n. f. Action de galvaniser (2). ▶ **galvanomètre** n. m. Instrument servant à mesurer l'intensité des courants électriques.

galvauder [galvode] v. tr. < conjug. 1 > Compromettre (un avantage, un don, une qualité) par un mauvais usage. *Galvauder son nom.* → **déprécier, déshonorer.** *Galvauder son talent.* – Au p. p. adj. *Un mot galvaudé. Une idée galvaudée.*

gambade [gɑ̃bad] n. f. Bond joyeux et spontané accompagné de mouvements de jambes. → **cabriole, ébats, entrechat, galipette.** *Faire des gambades. Les gambades d'un chiot, d'un poulain.* ▶ **gambader** v. intr. < conjug. 1 > *Gambader de joie.* – *Son esprit gambade,* suit sa fantaisie.

gambas [gɑ̃bas] n. f. pl. Grosses crevettes de la Méditerranée.

gamberger [gɑ̃bɛʀʒe] v. intr. < conjug. 3 > Fam. Réfléchir, méditer. ▶ **gamberge** n. f. Fam. Réflexion, pensée.

gambiste [gɑ̃bist] n. Musicien qui joue de la viole* de gambe.

gamelle [gamɛl] n. f. **1·** Récipient individuel pour la nourriture, muni d'un couvercle, et que l'on peut faire chauffer. *La gamelle du soldat, de l'ouvrier de chantier. La gamelle du chien.* → **écuelle. 2·** Fam. *Ramasser une gamelle,* tomber ; subir un échec.

gamète [gamɛt] n. m. Cellule reproductrice mâle ou femelle qui contient un seul chromosome*. *Le gamète mâle* (spermatozoïde) *peut s'unir au gamète femelle* (ovule) *pour former un œuf.*

gamin, ine [gamɛ̃, in] n. et adj. **1·** Enfant ou adolescent. → **gosse.** *Une gamine de onze ans.* – Fam. *Il est venu avec ses deux gamins,* ses deux enfants. – *Un gamin de Paris.* → **poulbot, titi. 2·** Adj. Jeune et espiègle. *Air, esprit gamin. Elle a quinze ans, mais elle est restée bien gamine.* ▶ **gaminerie** n. f. Comportement, acte ou propos digne d'un gamin. → **enfantillage, puérilité.** *Il a passé l'âge de ces gamineries.*

gamma [ga(m)ma] n. m. **1·** Troisième lettre de l'alphabet grec (Γ, γ), correspondant au G (g). **2·** Invar. (en apposition). En physique. *Rayons* gamma.*

gamme [gam] n. f. **1·** Suite montante ou descendante de notes de musique comprises dans une octave, suivant des intervalles déterminés. → **échelle, mode.** *Gamme diatonique majeure : do ré mi fa sol la si do. Faire ses gammes au piano.* **2·** Série de couleurs qui passent insensiblement d'un ton à un autre. *Une gamme de gris.* **3·** Série continue où tous les degrés, toutes les espèces sont représentés. *Toute la gamme des sentiments. Une gamme de produits de beauté.*

gammée [game] adj. fém. *Croix gammée :* dont les branches sont coudées en forme de gamma majuscule. (On dit aussi *svastika,* n. m.). *La croix gammée, emblème des nazis.*

1 **ganache** [ganaʃ] n. f. Fam. Vieilli. Personne incapable, sans intelligence. → **imbécile.** *C'est une vieille ganache.*

2 **ganache** n. f. Crème à base de chocolat fondu et de crème fraîche.

gandin [gɑ̃dɛ̃] n. m. Vieilli. Jeune homme d'une élégance excessive.

gandoura [gɑ̃duʀa] n. f. Tunique sans manches, qui se porte en Afrique du Nord et en Orient sous le burnous.

gang [gɑ̃g] n. m. Bande organisée, association de malfaiteurs. *Un chef de gang.* → **gangster.** *Lutte contre les gangs.* ≠ gangue. ▷ **gangster**

ganglion [gɑ̃glijɔ̃] n. m. Renflement sur le trajet d'un vaisseau lymphatique ou d'un nerf. *Ganglions* (ou glandes) *lymphatiques. Les ganglions du cou, de l'aine.* – Fam. *Cet enfant a des ganglions,* ses ganglions lymphatiques ont enflé.

gangrène [gɑ̃gʀɛn] n. f. **1·** Mort et putréfaction des tissus animaux. *Gangrène due au gel. Il faut amputer le pied pour arrêter la gangrène qui le ronge.* **2·** Ce qui pourrit, corrompt. → **corruption, pourriture.** *Le racisme est une gangrène sociale.* ▶ **gangrener** [gɑ̃gʀəne] v. tr. < conjug. 5 > **1·** Attaquer (qqch.) par la gangrène (1). – Pronominalement (réfl.). *Membre, plaie qui se gangrène.* – Au p. p. adj. *Membre gangrené.* **2·** → **empoisonner, pervertir.** *Le gouvernement était gangrené par la corruption.* ▶ **gangreneux, euse** adj. *Plaie gangreneuse.*

gangster [gɑ̃gstɛʀ] n. m. **1·** Membre d'un gang. → **bandit, malfaiteur.** *Un film de gangsters.*

2· Crapule. *Ce financier est un fameux gangster !* ▶ **gangstérisme** n. m. Méfaits des gangsters. → **banditisme.**

gangue [gɑ̃g] n. f. 1· Matière sans valeur qui entoure un minerai, une pierre précieuse à l'état naturel. 2· Enveloppe. *Une gangue de boue.* – *Dégager des idées de leur gangue.*

ganse [gɑ̃s] n. f. Cordonnet ou ruban tressé qui sert à orner. *Coudre une ganse sur une robe.*

gant [gɑ̃] n. m. 1· Pièce de l'habillement qui s'adapte exactement à la main en couvrant chaque doigt séparément. *Une paire de gants. Gants de peau. Gants fourrés.* 2· Objet analogue, qui enveloppe la main sans séparer les doigts. → ① **moufle.** – ***Gant de boxe*** *:* moufle de cuir bourrée de crin. – ***Gant de crin*** *:* avec lequel on frictionne la peau pour activer la circulation du sang. – ***Gant de toilette*** *:* poche en tissu éponge avec laquelle on fait sa toilette. 3· Loc. *Retourner qqn comme un gant,* le faire changer complètement d'avis. – *Ce costume te va comme un gant,* convient parfaitement. – *Jeter le gant (à la face de qqn),* défier, provoquer. *Relever le gant,* le défi. – Fam. *Prendre, mettre des gants,* agir avec ménagement. *Il lui a annoncé son renvoi sans prendre de gants.* → **forme.** – *Se donner les gants (de qqch.),* s'attribuer à tort le mérite (de qqch.). → se **vanter.** ▶ **gantelet** [gɑ̃tlɛ] n. m. 1· Autrefois. Gant d'une armure. 2· Gant de cuir épais recouvrant la main du fauconnier. 3· Morceau de cuir avec lequel certains artisans protègent la paume de leurs mains. ▶ **ganter** v. tr. < conjug. 1 > 1· Mettre des gants à. *Des mains faciles à ganter.* – Pronominalement. *Se ganter de soie.* – Au p. p. adj. *Un monsieur ganté et cravaté.* 2· (Gants) Aller. *Ces gants noirs vous gantent très bien.* ▶ **ganterie** n. f. Industrie, commerce, atelier du gantier. ▶ **gantier, ière** n. Personne qui confectionne, qui vend des gants. – En appos. *Ouvrier gantier.* ▷ se **déganter**

garage [gaʀaʒ] n. m. 1· Action de ranger des wagons à l'écart de la voie principale. – ***Voie de garage*** *:* voie où l'on gare les trains, les wagons ; fig. situation sans progrès possible. 2· Abri généralement clos, destiné à recevoir des véhicules. *Un garage d'avions. Un garage d'autobus.* → **dépôt.** *Rentrer sa voiture au garage.* → **box.** 3· Entreprise qui s'occupe de la garde, de l'entretien, et de la réparation des automobiles. ▶ **garagiste** n. Personne qui tient un garage (3) pour automobiles.

garance [gaʀɑ̃s] adj. invar. Rouge vif. *Les pantalons garance de l'ancienne infanterie de ligne.*

garant, ante [gaʀɑ̃, ɑ̃t] n. 1· En droit. Personne qui s'engage, devant une autre, à répondre (de qqch.). *Vous serez garant des avaries.* → **responsable.** – Personne qui répond de la dette d'autrui. 2· ***Être, se porter garant de*** *:* répondre de. *Je me porte garant de sa conduite.* 3· Ce qui constitue une garantie (2). → **assurance, caution.** *Sa profession est le garant de sa liberté.* ▶ **garantie** [gaʀɑ̃ti] n. f. 1· Engagement par lequel une entreprise répond de la qualité de ce qu'elle vend (produit, service). *Contrat de garantie. Vendre un objet avec garantie. Ma montre est encore sous garantie.* 2· Ce qui constitue une assurance de la valeur de qqch., de qqn. *Cet employé présente toutes les garanties.* ▶ **garantir** v. tr. < conjug. 2 > I· Assurer sous sa responsabilité (qqch.) à qqn. 1· En droit. (Sujet : la personne qui se porte garante) → **cautionner.** – (Sujet : chose) *Il existe des lois garantissant les libertés du citoyen.* 2· Assurer de la qualité ou du bon fonctionnement. *Je viens d'acheter une voiture d'occasion, que le vendeur m'a garantie.* – Au p. p. adj. *Occasion garantie un an.* 3· Donner (qqch.) pour certain, véridique. → **certifier.** *Je peux vous garantir le fait.* – ***Garantir que...*** (+ indicatif). *Je te garantis que tout ira bien.* II· Mettre à l'abri de. → **défendre, préserver, protéger.** *Des volets garantissent du vent, du soleil.*

garce [gaʀs] n. f. Fam. Femme, fille méchante, désagréable. – *Ah ! la garce !* – ***Garce de*** (+ n. f.). *Cette garce de vie.*

garçon [gaʀsɔ̃] n. m. I· 1· Enfant du sexe masculin. *Les filles et les garçons. Cette petite est un garçon manqué,* elle se conduit comme un garçon. – ***Petit garçon*** *:* enfant entre l'âge où il commence à parler et la douzième année environ. → **garçonnet.** – ***Grand garçon.*** *Tu es un grand garçon,* se dit à un enfant pour le flatter ou faire appel à sa raison. – ***Jeune garçon*** *:* adolescent. 2· Jeune homme. *Un garçon de vingt ans.* → **gars.** – Loc. *Un beau garçon. Il est joli garçon, beau garçon.* – *C'est un garçon bien élevé. Un* ***mauvais garçon*** *:* un voyou. 3· Jeune homme non marié. → **célibataire.** Vx. *Rester garçon* (on dit : *vieux garçon,* dans ce sens). – Loc. *Garçons d'honneur,* dans le cortège d'un mariage. II· Spécialt ou en loc. 1· Homme qui travaille comme aide, comme commis. *Garçon coiffeur, boucher.* Vieilli. *Garçon de magasin, de laboratoire. Garçon de course.* → **coursier.** 2· Employé chargé de servir la clientèle d'un établissement. – *Garçon de café.* → **serveur.** *Garçon, un demi !* ▶ **garçonne** n. f. ***À la garçonne*** *:* aux cheveux coupés courts et à la nuque rasée, coiffure en vogue dans les années 1920. ▶ **garçonnet** n. m. Vieilli. Petit garçon. ▶ **garçonnier, ière** adj. Qui, chez une fille, rappelle les allures d'un garçon. ▶ **garçonnière** n. f. Petit appartement pour un homme seul, un « garçon » (I, 3). → **studio.**

1 **garde** [gaʀd] n. f. **1·** Action de conserver ou protéger (qqch.) en le surveillant. *Le service de la consigne se charge de la garde des bagages. Mettre, tenir sous bonne garde.* **2·** Action de veiller sur une personne. → **protection, surveillance.** *Ils ont confié leur petite fille à la garde d'une nourrice. Après le divorce, c'est la mère qui a eu la garde des enfants.* **3·** Surveillance. *Faire bonne garde.* – ***Chien de garde*** : chien qui veille sur une maison et ses dépendances. **4·** Service de surveillance. *La garde de nuit.* → **veille.** – ***De garde.*** *Être de garde,* être chargé de rester à un poste. *Pharmacien de garde. Tour de garde.* – Loc. *Monter la garde* : garder un poste militaire ; surveiller. **5·** Position de défense (en escrime, en boxe...). *Être en garde.* Ellipt. *En garde !* – Loc. *Baisser la garde,* renoncer à se défendre, céder. **6·** *Mettre qqn* ***en garde*** : l'avertir, le prévenir. *Je vous mets en garde contre ses procédés. Une mise en garde,* un avertissement. – *Être, se mettre, se tenir* ***sur ses gardes*** : être vigilant. **7·** ***Prendre garde*** : faire attention (pour éviter un danger). → **veiller.** *Prends garde ! Prends garde à toi !* – *Prendre garde* (+ prop. nég.). *Prends garde qu'il ne te voie pas, de ne pas être vu ! Sans y prendre garde, je me suis trompé de chemin,* sans m'en rendre compte.

2 **garde** n. f. **1·** Groupe de personnes chargées de veiller sur qqn, qqch. *La garde d'honneur. La garde impériale* (de Napoléon Ier). – ***La garde mobile*** : corps de gendarmerie chargé de la protection du territoire. **2·** Ensemble des soldats en armes qui occupent un poste, exercent une surveillance. – ***Corps de garde*** : groupe de soldats chargés de garder un poste. *Plaisanterie de corps de garde,* grossière. ▷ **arrière-garde, avant-garde**

3 **garde** n. f. **1·** *La garde d'une épée, d'un sabre,* rebord placé entre la lame et la poignée. *Enfoncer jusqu'à la garde,* de toute la longueur de la lame. **2·** *Pages de garde,* pages vierges placées au début et à la fin d'un livre.

4 **garde** n. Personne qui surveille qqn, qqch. **I·** N. m. **1·** Celui qui garde une chose, un dépôt, un lieu. → **conservateur, dépositaire, gardien, surveillant.** *Le garde des Sceaux,* le ministre de la Justice. – *Garde forestier,* chargé de surveiller les forêts domaniales ou privées. → **garde-chasse.** – *Garde champêtre* ou ***garde-champêtre*** : agent communal, chargé de la police rurale. **2·** Celui qui a la garde d'un prisonnier. → **gardien, geôlier. 3·** Celui qui veille sur la personne d'un souverain, d'un prince, d'un chef d'armée. – *Garde du corps,* personne qui suit qqn pour le protéger. **4·** Soldat d'une garde (2, 1). *Un garde républicain. Un garde mobile.* **II·** N. (surtout n. f.). Personne qui garde un malade, un enfant. → **garde-malade, infirmière, nurse.** *La garde a veillé toute la nuit dans la chambre du malade.*

garde- Élément de mots composés, du v. *garder* ou de *garde* 4. ▶ **garde-à-vous** [gaʀdavu] n. m. invar. Position immobile du soldat debout qui est prêt à exécuter un ordre. *Se mettre, rester au garde-à-vous.* – *Garde à vous ! Fixe !* ▶ **garde-barrière** n. Personne qui surveille un passage à niveau sur une voie ferrée. *La maison des gardes-barrières.* ▶ **garde-boue** n. m. invar. Bande de métal qui recouvre le dessus de la roue d'une bicyclette, d'une moto, des anciennes automobiles. ▶ **garde(-)champêtre** → 4 **garde.** ▶ **garde-chasse** n. m. Homme préposé à la garde du gibier. *Des gardes-chasse.* ▶ **garde-chiourme** n. m. Surveillant des forçats. – Surveillant brutal. *Des gardes-chiourme.* ▶ **garde-côte** n. **1·** N. m. Bateau chargé de défendre les côtes, de surveiller la pêche. *Des garde-côtes.* **2·** N. Personne chargée de la surveillance des côtes. *La vedette des gardes-côtes.* ▶ **garde-fou** n. m. Parapet établi pour empêcher les gens de tomber (appelé aussi *garde-corps,* n. m. invar.). → **barrière, rambarde.** *Des garde-fous.* ▶ **garde-frontière** n. Militaire chargé de surveiller une frontière, dans un poste frontalier. *Des gardes-frontières.* ▶ **garde-magasin** n. m. Militaire chargé de surveiller les magasins d'un corps de troupe. → **magasinier.** *Des gardes-magasins.* ▶ **garde-malade** n. Personne qui garde les malades et leur donne des soins élémentaires. → **garde** (4, II). *Des gardes-malades.* ▶ **garde-manger** n. m. invar. Petite armoire, garnie de toile métallique, dans laquelle on conserve des aliments. ▶ **garde-meuble** n. m. Lieu où l'on entrepose des meubles pour un temps limité. *Des garde-meubles. Mettre un piano au garde-meuble.* ▶ **garde-pêche** n. m. **1·** Personne chargée de faire observer les règlements sur la pêche. *Des gardes-pêche.* **2·** N. m. invar. Navire qui assure le même service. *Des garde-pêche.* → **garde-côte.** ▶ **garde-robe** n. f. **1·** Armoire où l'on range les vêtements. → **penderie. 2·** L'ensemble des vêtements d'une personne. *Elle a renouvelé sa garde-robe. Des garde-robes.*

gardénal [gaʀdenal] n. m. Nom d'un médicament calmant.

gardénia [gaʀdenja] n. m. Arbuste exotique à feuilles persistantes, à fleurs d'un beau blanc mat. – Cette fleur. *Des beaux gardénias.*

garden-party [gaʀdɛnpaʀti] n. f. Anglic. Vieilli. Réception mondaine donnée dans un grand jardin ou dans un parc. *Des garden-parties.*

garder [gaʀde] v. tr. < conjug. 1 > **I· 1·** Prendre soin de (une personne, un animal). → **veiller** sur, **surveiller.** *Garder les moutons.* Prov. *À chacun son métier, les vaches seront bien gardées.* – *Garder des enfants,* rester avec eux et les surveiller. – Loc. ***Garder l'œil, un œil*** *sur qqn, qqch.,* surveiller qqn, qqch. du regard. **2·** Empêcher (une personne) de sortir, de s'en aller. *Garder un prisonnier.* → **détenir. 3·** Rester dans (un lieu) pour le surveiller, pour défendre qqn ou qqch. *Garder une maison, un magasin. Garder une porte, une entrée,* surveiller ceux qui entrent ou qui sortent. **4·** Littér. Protéger, préserver (qqn) de qqch. → **garantir.** *Garder qqn de l'erreur.* – Au subjonctif sans *que* (valeur de souhait) *Dieu me garde de la maladie. Dieu te garde ! Dieu m'en garde !* **II·** Conserver. / contr. céder, laisser / **1·** Empêcher que (une chose) ne se gâte, ne disparaisse. *Il est difficile de garder ces pêches. Garder des marchandises en entrepôt. Garder du beurre au frais.* **2·** Conserver pour soi, ne pas se dessaisir de. *J'ai gardé le stylo que tu m'avais offert.* – *Ne rien garder,* vomir. **3·** Conserver sur soi (un vêtement, un bijou). *Gardez vos gants.* / contr. enlever / **4·** Ne pas quitter (un lieu). *Le médecin lui a ordonné de garder la chambre.* **5·** Retenir (une personne) avec soi. *Garder qqn à dîner. Il m'a gardé une heure.* → **tenir.** – *Garder un collaborateur, un employé.* / contr. renvoyer / **6·** Ne pas divulguer, ne pas communiquer. / contr. dire / *Garder un secret. Gardez cela pour vous,* n'en dites pas un mot, soyez discret. **7·** Abstrait. Continuer à avoir. *Elle suit un régime pour garder la ligne. Garder son calme, son sérieux. Je lui ai gardé rancune de sa mauvaise blague.* – Loc. ***Toutes proportions gardées*** : en tenant compte des proportions de chacun des termes d'une comparaison. **8·** (Avec un adj. attribut) *Garder les yeux baissés.* → **tenir. III·** Mettre de côté, en réserve. → **réserver.** *Garder qqch. pour, à qqn. Si tu arrives le premier, garde-moi une place.* **IV·** Observer fidèlement, avec soin. → **pratiquer, respecter.** / contr. négliger / *Garder le jeûne. Garder le silence. Garder ses distances,* s'abstenir de toute familiarité. **V·** ***Se garder.*** v. pron. **1·** *Se garder de* (+ nom de personne ou de chose abstraite), prendre garde à. → se **défier,** se **méfier.** *Il faut se garder des jugements hâtifs.* – *Se garder de* (+ infinitif), s'abstenir de. *Garde-toi de lui en parler, garde-t'en bien !* **2·** (Passif) Se conserver. *Ce fromage ne se garde pas plus de deux jours.* ▶ **gardé, ée** adj. **1·** ***Chasse gardée*** : réservée (au propriétaire, à un groupe de personnes). Fig. Ce qu'on se réserve exclusivement. **2·** *Toutes proportions gardées.* → **garder** (II, 7). ▶ **garderie** n. f. Local où l'on garde de jeunes enfants en dehors des heures de classe. → **crèche.** ▶ **gardeur, euse** n. (+ compl.) Personne qui garde des animaux. → **berger, gardien.** *Gardeuse d'oies.* ▷ **égard,** 1, 2, 3 et 4 **garde, garde-, gardien,** par **mégarde, sauvegarde**

gardian [gaʀdjɑ̃] n. m. Gardien d'un troupeau de gros bétail, en Camargue.

gardien, ienne [gaʀdjɛ̃, jɛn] n. **1·** Personne qui a charge de garder qqn, un animal, un lieu, un bâtiment, etc. → **garde.** *Gardien de prison.* → **geôlier, surveillant.** *Le gardien d'un hôtel, d'un immeuble.* → **concierge, portier.** *Gardien de nuit.* → **veilleur.** – ***Gardien de but*** : le joueur chargé de défendre le but dans un sport d'équipe (football, etc.). **2·** Celui qui défend, qui protège. *Le Sénat, gardien de la Constitution.* **3·** ***Gardien de la paix*** : agent de police. ▶ **gardiennage** [gaʀdjɛnaʒ] n. m. Emploi de gardien (1). – Service du gardien.

gardon [gaʀdɔ̃] n. m. Petit poisson d'eau douce, comestible. – *Frais comme un gardon,* en bonne santé, en bonne forme.

1 **gare** [ga(ɑ)ʀ] n. f. Ensemble des installations établies aux stations des lignes de chemin de fer pour l'embarquement et le débarquement des voyageurs et des marchandises. *Gare de triage,* où se fait le triage des wagons. *Le buffet de la gare. Chef de gare. Gare routière.* – ***En gare.*** *L'entrée en gare du train.* ▷ **aérogare, héligare**

2 **gare** interj. Exclamation pour avertir de se garer ; de laisser passer qqn, qqch., de prendre garde à quelque danger. → **attention.** – ***Gare à...*** *Gare à la secousse.* – (Menace) *Gare à toi, si tu désobéis !* – Loc. ***Sans crier gare*** : à l'improviste.

garenne [gaʀɛn] n. f. Lieu boisé où les lapins vivent à l'état sauvage. *Des lapins de garenne.*

garer [gaʀe] v. tr. < conjug. 1 > **I· 1·** Ranger (un bateau, un véhicule) à l'écart de la circulation, ou dans un lieu abrité (→ **garage**). *Garer sa voiture.* – (Passif) Fam. *Je suis mal garé,* ma voiture est mal garée. **2·** ***Se garer*** v. pron. réfl. : garer sa voiture. *Elle s'est garée dans la rue voisine.* **II· 1·** ***Se garer*** v. pron. réfl. : se ranger de côté pour laisser passer un véhicule. **2·** ***Se garer de*** v. pron. réfl. : faire en sorte d'éviter... *Se garer des voitures. Se garer des coups.* → se **protéger.** ▷ **garage,** 1 **gare,** 2 **gare**

gargantua [gaʀgɑ̃tɥa] n. m. Gros mangeur. ▶ **gargantuesque** adj. *Repas gargantuesque.*

se **gargariser** [gaʀgaʀize] v. pron. réfl. < conjug. 1 > **1·** Se rincer le fond de la bouche avec un liquide. *Il se gargarise à l'eau tiède.* **2·** Fam.

→ se **délecter, savourer.** *Il se gargarise de compliments.* ▶ **gargarisme** n. m. Médicament liquide avec lequel on se gargarise. – Fait de se gargariser (1).

gargote [gaʀgɔt] n. f. Restaurant à bon marché, où la cuisine est médiocre.

gargouille [gaʀguj] n. f. Gouttière en saillie par laquelle s'éjectent les eaux de pluie, souvent sculptée en forme d'animal, de démon, de monstre.

gargouiller [gaʀguje] v. intr. < conjug. 1 > Produire un bruit d'eau qui coule. ▶ **gargouillement** n. m. Bruit d'eau qui coule. → **glouglou.** *Les gargouillements de la fontaine.* – Ce bruit, dans un viscère de l'appareil digestif. *Gargouillements intestinaux.* → **borborygme.** ▶ **gargouillis** n. m. invar. Fam. Gargouillement. *Il a des gargouillis dans l'estomac.*

gargoulette [gaʀgulɛt] n. f. Région. Vase poreux dans lequel les liquides se rafraîchissent par évaporation. ≠ margoulette.

garnement [gaʀnəmɑ̃] n. m. Jeune garçon turbulent, insupportable. → **galopin.**

garni [gaʀni] n. m. Vx. Maison, chambre qu'on loue meublée (on dit aujourd'hui *meublé*, n. m.).

garnir [gaʀniʀ] v. tr. < conjug. 2 > **1·** Pourvoir d'éléments destinés à protéger ou à renforcer. – Au p. p. *Mur garni de carreaux de faïence.* **2·** Pourvoir de tous les éléments dont la présence est nécessaire ou normale. → **équiper, outiller, remplir.** *Garnir un rayonnage de livres.* / contr. dégarnir / *La salle se garnissait peu à peu* (de gens). → **s'emplir.** – Au p. p. adj. *Un portefeuille bien garni.* **3·** Pourvoir d'éléments qui s'ajoutent à titre d'accessoires ou d'ornements. *Garnir une robe de broderies.* – Au p. p. *Plat de viande garni* (de légumes). **4·** (Suj. chose) *Des livres garnissent les étagères.* → **remplir.** *Des guirlandes garnissent la vitrine.* → **orner.** ▶ **garnissage** n. m. → **garniture.** ▷ **dégarnir, garni, garniture**

garnison [gaʀnizɔ̃] n. f. Corps de troupes caserné dans une ville. – Cette ville.

garniture [gaʀnityʀ] n. f. **1·** Ce qui peut servir à garnir (1, 3) qqch. → **ornement, parure.** *Garniture de lit.* – *Garniture de frein,* plaque montée sur les mâchoires du frein. **2·** Ce qui remplit, accompagne, en cuisine. *Garniture d'un vol-au-vent. La garniture d'un plat de viande,* les légumes.

garrigue [gaʀig] n. f. Terrain aride et calcaire de la région méditerranéenne ; végétation de chênes verts et de buissons aromatiques qui couvre ce terrain. → **maquis.**

① **garrot** [gaʀo] n. m. Chez les grands quadrupèdes. Partie du corps située au-dessus de l'épaule et qui prolonge l'encolure. *Le garrot d'un cheval.*

② **garrot** n. m. **1·** Lien servant à comprimer les vaisseaux d'un membre pour arrêter une hémorragie. **2·** Instrument de supplice pour étrangler, sorte de collier de fer serré par une vis. ▶ **garrotter** v. tr. < conjug. 1 > Attacher, lier très solidement. *Garrotter un prisonnier.* – Abstrait. → **bâillonner.** *Garrotter la presse.*

gars [gɑ] n. m. invar. Fam. Garçon, homme. *Un petit gars. C'est un drôle de gars.* → **type.** – (Appellatif fam.) *Eh les gars ! Bonjour, mon gars !* ▷ **garce, garçon**

gascon, onne [gaskɔ̃, ɔn] adj. et n. **1·** De la Gascogne, ancienne province de France. – N. *Les Gascons.* – N. m. *Le gascon,* dialecte d'oc. **2·** Loc. *Une promesse de Gascon,* qui n'est pas tenue.

gas-oil [gazwal ; gazɔjl] ou mieux, **gazole** [gazɔl] n. m. Produit pétrolier utilisé comme carburant dans les moteurs Diesel.

gaspiller [gaspije] v. tr. < conjug. 1 > Dépenser, consommer sans discernement, inutilement. *Il gaspille son salaire en cadeaux coûteux.* – *Gaspiller l'eau en période de sécheresse.* – *Gaspiller son temps, son talent.* / contr. conserver, économiser, épargner / ▶ **gaspillage** n. m. *Les gens économes détestent le gaspillage.* → **dilapidation, dissipation, prodigalité.** – *Un gaspillage de forces, d'énergie.* / contr. économie, épargne / ▶ **gaspilleur, euse** n. Dépensier (ière). – Adj. *Il est très gaspilleur.*

gastéro-, gastr(o)-, -gastre Éléments signifiant « ventre », « estomac » (ex. : *gastro-intestinal*). ▶ **gastéropode** [gasteʀɔpɔd] n. m. Mollusque au large pied charnu lui servant à ramper (escargot, limace). ▶ **gastrique** adj. De l'estomac. *Suc gastrique. Embarras gastrique. Cerclage gastrique,* opération qui consiste à resserrer l'estomac à l'aide d'un anneau. ▶ **gastrite** n. f. Inflammation de la muqueuse de l'estomac. ▶ **gastro** n. f. Gastroentérite. ▶ **gastroentérite** n. f. Inflammation des muqueuses de l'estomac et de l'intestin. ▶ **gastroentérologie** n. f. Spécialité de la médecine qui traite les affections du tube digestif (estomac, œsophage, intestins). ▶ **gastroentérologue** n. ▶ **gastronome** [gastʀɔnɔm] n. Amateur de bonne chère. → **gourmet.** ▶ **gastronomie** n. f. Art de la bonne chère (cuisine, vins, etc.). ▶ **gastronomique** adj. *Restaurant,* *menu gastronomique.* ▶ **gastroplastie** n. f. Didact. Réduction chirurgicale du volume de l'estomac, traitement de l'obésité grave. ▷ **épigastre**

① **gâteau** [gɑto] n. m. **1·** Pâtisserie à base de farine, de beurre et d'œufs, le plus souvent sucrée. *Gâteaux secs,* qui se conservent. *Gâteau de riz, de semoule,* entremets. – Loc. fig. *Avoir, réclamer, vouloir sa part du gâteau,* du profit. – Fam. *C'est du gâteau !,* c'est agréable et facile, c'est simple. **2·** *Gâteau de cire, de miel,* ensemble des alvéoles, dans lesquels les abeilles déposent leur miel et leurs œufs. → **rayon** (③, I).

② **gâteau** adj. invar. Fam. *Papa, maman gâteau,* qui gâte les enfants. *Des grand-mères gâteau.*

① **gâter** [gɑte] v. tr. < conjug. 1 > **I· 1·** (Surtout au passif) Détériorer en pourrissant. → **corrompre.** *L'humidité a gâté ces fruits.* – Au p. p. adj. *Viande gâtée.* → **avarié.** *Une dent gâtée,* cariée. **2·** Priver de sa beauté, de ses qualités naturelles. → **déparer, enlaidir.** *Cet immeuble gâte la vue, le paysage.* **3·** Enrayer la bonne marche, les possibilités de succès de (qqch.). *Gâter les affaires. Tout gâter.* → **compromettre.** *Ce qui ne gâte rien,* c'est un avantage de plus. *C'est un beau garçon, et très fin, ce qui ne gâte rien.* **4·** Diminuer, détruire en supprimant l'effet agréable de (qqch.). *Cette mauvaise nouvelle nous a gâté nos vacances.* → **empoisonner, gâcher. II·** *Se gâter* v. pron. réfl. **1·** S'abîmer, pourrir. **2·** Se détériorer. *Le temps se gâte,* commence à devenir mauvais. *Attention, ça se gâte,* la situation se dégrade. ▶ **gâte-sauce** [gɑtsos] n. m. Vx. Marmiton. – Mauvais cuisinier. *Des gâte-sauces.* ▶ **gâteux, euse** adj. et n. Dont les facultés intellectuelles sont amoindries par l'âge. *Un vieillard gâteux.* – Qui devient stupide sous l'empire d'un sentiment violent. *Il aime sa petite-fille à en être gâteux. Il est gâteux avec elle.* → fam. **gaga.** ▶ **gâtisme** n. m. État d'une personne qui est gâteuse. ▷ **dégât**

② **gâter** v. tr. < conjug. 1 > Combler (qqn) d'attentions, de cadeaux. *Sa grand-mère l'a gâté pour Noël.* → ② **gâteau.** – ***Enfant gâté*** : dont on satisfait tous les désirs. ▶ **gâterie** n. f. **1·** Action de gâter (qqn). **2·** Petit cadeau (surprise, friandise). *Je t'ai apporté une petite gâterie pour le dessert.* ▷ ② **gâteau**

① **gauche** [goʃ] adj. et n. f. **1·** (Par rapport à une personne) Se dit de ce qui, pour elle, est situé du côté de son cœur. / contr. droit / *Côté gauche. Rive gauche de la Seine. Main, bras gauche.* – N. m. *Un crochet du gauche,* du poing gauche. – N. f. ***La gauche*** : le côté gauche. *Assieds-toi à la gauche de ton frère. Sur votre gauche, vous voyez l'église.* – *Jusqu'à la gauche,* complètement. – ***À gauche*** loc. adv. : du côté gauche. *La première rue à gauche.* – *Mettre de l'argent à gauche,* de côté. – ***À gauche de*** loc. prép. *À gauche de l'église.* **2·** N. f. ***La gauche*** : les gens qui professent des idées avancées, progressistes. / contr. droite / *Un gouvernement de gauche. La politique de la gauche. Un journal d'extrême gauche.* – Loc. adv. *Être à gauche, être de gauche,* avoir des opinions de gauche. ▶ **gaucher, ère** adj. Qui se sert ordinairement de la main gauche. *Ce joueur de tennis est gaucher.* – N. *Un gaucher.* ▶ **gauchisme** n. m. Courant politique d'extrême gauche. ▶ **gauchiste** adj. et n.

② **gauche** adj. (Personnes) Maladroit et disgracieux. *Un enfant gauche. Air, geste gauche.* → **embarrassé.** / contr. habile / ▶ **gauchement** adv. Maladroitement. ▶ **gaucherie** n. f. *Une gaucherie d'adolescent.* → **embarras.**

③ **gauche** adj. Qui est de travers, dévié par rapport à une surface plane. *Courbe gauche.* ▶ **gauchir** [goʃiʀ] v. < conjug. 2 > **I·** V. intr. (Choses planes) Perdre sa forme. → se **courber,** se **déformer.** *La porte a gauchi, elle ne peut plus fermer.* **II·** V. tr. **1·** Rendre gauche. → **tordre.** / contr. redresser / **2·** Altérer, déformer, fausser. *Gauchir un fait, une idée.*

gaucho [go(t)ʃo] n. m. En Amérique du Sud. Cavalier qui garde les troupeaux de bovins dans la pampa. *Des gauchos.*

gaudriole [godʀijɔl] n. f. **1·** Fam. Plaisanterie un peu leste. → **gauloiserie, grivoiserie.** *Débiter des gaudrioles.* **2·** *La gaudriole,* l'amour physique. *Il ne pense qu'à la gaudriole.*

gaufre [gofʀ] n. f. Gâteau léger cuit entre deux plaques qui lui impriment un dessin quadrillé en relief. *Marchand de gaufres.* ▶ **gaufrette** n. f. Petite gaufre sèche feuilletée. ▶ **gaufrier** n. m. Moule à gaufres. ▶ **gaufrer** v. tr. < conjug. 1 > Imprimer des motifs ornementaux en relief ou en creux sur (qqch.). *Plaques à gaufrer le cuir.* – Au p. p. adj. *Papier gaufré.* ▶ **gaufrage** n. m. **1·** Action de gaufrer. **2·** Ornement gaufré.

gaule [gol] n. f. Longue perche utilisée pour faire tomber les fruits d'un arbre. – Canne à pêche. ▶ **gauler** v. tr. < conjug. 1 > Faire tomber (des fruits) avec une gaule. *Gauler les noix, les pommes.*

gaulliste [golist] adj. et n. Partisan du général de Gaulle ; relatif à sa politique. ▶ **gaullisme** n. m.

gaulois, oise [golwa, waz] adj. et n. **1·** Adj. De Gaule. *Les peuples gaulois.* → **celte.** *Prêtres gaulois,* druides. – N. *Les Gaulois.* – *Moustache à la gauloise,* longue et tombante. – *Le gaulois* : la langue celtique des Gaulois. **2·** De la France. – Fam. Qui est français de souche. **3·** D'une gaieté un peu leste. *Plaisanterie gauloise.* → **grivois.** *L'esprit gaulois de Rabelais.* ▶ **gauloiserie** n. f. Propos licencieux.

gauloise n. f. Cigarette de tabac brun à l'origine, de la Régie française. *Un paquet de gauloises.*

se **gausser** [gose] v. pron. < conjug. 1 > Littér. Se moquer ouvertement (de qqn ou de qqch.). → **railler.** *Elles se sont gaussées de nous, de notre allure.*

gave [gav] n. m. Torrent pyrénéen.

gaver [gave] v. tr. < conjug. 1 > **1·** Faire manger de force et abondamment (les animaux qu'on veut engraisser). *Gaver des oies.* **2·** *Gaver qqn de,* lui faire manger trop de. **3·** Pronominalement (réfl.). *Se gaver :* manger énormément. *Il se gave de gâteaux.* → **bourrer.** ▶ **gavage** n. m. *Le gavage des volailles.*

gavial, als [gavjal] n. m. Animal voisin du crocodile, à longues mâchoires étroites. *Les gavials du Gange.*

gavotte [gavɔt] n. f. Ancienne danse à deux temps ; air sur lequel on la danse.

gavroche [gavʀɔʃ] n. m. et adj. Gamin de Paris, spirituel et moqueur. → **titi.** – Adj. *Il a un petit air gavroche.*

gay [gɛ] adj. et n. Anglicisme. Relatif à l'homosexualité, surtout masculine. *Des bars gays.* – N. *Un magazine pour gays et lesbiennes.*

gaz [gɑz] n. m. invar. **1·** Tout corps qui se présente à l'état de fluide expansible et compressible (état gazeux) dans les conditions de température et de pression normales. *Gaz comprimé, raréfié. Gaz carbonique.* – *Gaz rares :* argon, crypton, hélium... – *Avoir des gaz,* des gaz accumulés dans le tube digestif. → **flatuosité. 2·** *Le gaz :* le gaz utilisé comme énergie. *Gaz de ville. Four à gaz. Gaz d'éclairage. Réchaud à gaz. Compteur à gaz. Employé du gaz.* – Loc. fam. *Il y a de l'eau dans le gaz,* l'atmosphère est à la querelle. **3·** Corps gazeux destiné à produire des effets nocifs sur l'organisme. *Gaz de combat. Gaz asphyxiants, lacrymogènes. Masque à gaz. Chambre à gaz,* utilisée dans les camps d'extermination et pour l'exécution des condamnés à mort. **4·** Mélange gazeux utilisé dans les moteurs à explosion. *Gaz d'admission, d'échappement.* – *Il roule à pleins gaz :* à pleine puissance. → 2 **gazer.** *Mets les gaz,* accélère. ▷ **allume-gaz, camping-gaz, dégazer, gazéifier, 1 gazer, 2 gazer, gazeux, gazier, gazoduc, gazomètre**

gaze [gɑz] n. f. Tissu lâche et très léger, de soie ou de coton. *Une écharpe de gaze. Une compresse de gaze hydrophile.*

gazéifier [gazeifje] v. tr. < conjug. 7 > **1·** Faire passer à l'état de gaz. → **sublimer, vaporiser. 2·** Faire dissoudre du gaz carbonique dans (un liquide). – Au p. p. adj. *Une boisson gazéifiée.*

gazelle [gazɛl] n. f. Mammifère ongulé d'Afrique et d'Asie, ruminant, à longues pattes fines, à cornes annelées.

1 **gazer** [gaze] v. tr. < conjug. 1 > **1·** Intoxiquer (qqn) avec un gaz de combat. → **asphyxier.** – Au p. p. Adj. et n. *Les gazés de 14-18.* **2·** Exécuter dans une chambre à gaz. ▶ **gazage** n. m. *Le gazage des déportés juifs.*

2 **gazer** v. intr. < conjug. 1 > **1·** Fam. Aller à toute vitesse, à pleins gaz. → **filer, foncer. 2·** Fam. *Ça gaze,* ça marche, ça va bien.

gazette [gazɛt] n. f. Vx ou plaisant. Journal, revue.

gazeux, euse [gazø, øz] adj. **1·** Relatif au gaz ; sous forme de gaz. *Fluide gazeux.* **2·** Qui contient du gaz carbonique dissous. *Eau, boisson gazeuse.* → **pétillant.**

gazier, ière [gazje, jɛʀ] adj. et n. **1·** Adj. Relatif au gaz de ville. **2·** N. Ouvrier(ère) qui travaille dans une usine à gaz. – Vieilli. Homme. → **mec.**

gazoduc [gɑ(a)zɔdyk] n. m. Canalisation qui alimente en gaz sur de très longues distances.

gazole n. m. → **gas-oil.**

gazomètre [gɑ(a)zɔmɛtʀ] n. m. Grand réservoir où l'on stocke le gaz de ville avant de le distribuer.

gazon [gɑzɔ̃] n. m. Herbe courte, dense et fine. *Tondeuse à gazon. S'asseoir sur le gazon.* → **pelouse.** ▶ **gazonné, ée** adj. Où l'on a planté du gazon. *Jardin gazonné.*

gazouiller [gazuje] v. intr. < conjug. 1 > **1·** Produire un bruit léger et doux. → **bruire, murmurer.** *Oiseaux qui gazouillent.* → **chanter. 2·** (Nourrisson) Émettre de petits sons à peine articulés. → **babiller.** ▶ **gazouillant, ante** adj. ▶ **gazouillement** n. m. ▶ **gazouillis** n. m. invar. Bruit léger produit par un ensemble de gazouillements. *Le gazouillis des oiseaux.*

geai [ʒɛ] n. m. Oiseau passereau de la taille du pigeon, à plumage bigarré. *Geai bleu. Le geai jase. Des geais.* ≠ jais.

géant, ante [ʒeɑ̃, ɑ̃t] n. et adj. **I·** N. **1·** Personne dont la taille dépasse anormalement la moyenne. *Les géants de la mythologie.* / contr. nain /

Des pas de géant, des très grands pas. **2·** Génie, héros, surhomme. *Les géants de l'art, du sport.* **II·** Adj. **1·** Dont la taille dépasse de beaucoup la moyenne. → **colossal, énorme, gigantesque.** *Paquet géant. Cactus géant. Des trusts géants.* / contr. petit / **2·** Fam. (Intensif) *C'est géant !* → **fabuleux, formidable.**

géhenne [ʒeɛn] n. f. Vieilli. Torture appliquée aux criminels. → **question** (3). – Souffrance intense, intolérable.

geindre [ʒɛ̃dʀ] v. intr. < conjug. 52 > **1·** Faire entendre des plaintes faibles et inarticulées. → **gémir,** se **plaindre.** *Le malade geint, geint de douleur.* – (Choses) Produire un bruit plaintif. **2·** Se lamenter à tout propos, sans raison valable (→ **geignard**). ▶ **geignard, arde** [ʒɛɲaʀ, aʀd] adj. Fam. Qui se lamente à tout propos. → **pleurnicheur.** – *Une musique geignarde.* → **plaintif.**

geisha [gɛʃa ; gɛjʃa] n. f. Artiste professionnelle japonaise qui divertit les hommes par sa conversation, sa musique et sa danse.

① **gel** [ʒɛl] n. m. **1·** Temps de gelée ①. *Une nuit de gel.* **2·** Congélation des eaux (et de la vapeur d'eau atmosphérique). → **givre, glace.** *Le gel a fendu la roche en deux.* **3·** Arrêt, blocage (d'une activité politique ou économique). *Le gel des crédits.* ▷ **antigel, dégel**

② **gel** n. m. En physique. Substance obtenue par formation de petits flocons dans une solution colloïdale. ▶ **gélatine** [ʒelatin] n. f. Substance extraite, sous forme de gelée ②, de certains tissus animaux. ▶ **gélatineux, euse** adj. Qui a la nature, la consistance ou l'apparence de la gélatine. *Chair gélatineuse et flasque. Entremets gélatineux.* ▷ ② **gelée, gélifier, gélule**

① **gelée** [ʒ(ə)le] n. f. Abaissement de la température au-dessous de zéro, ce qui provoque la congélation de l'eau. → ① **gel, glace, verglas.** – *Gelée blanche,* congélation de la rosée avant le lever du soleil, par nuit claire.

② **gelée** n. f. **1·** Suc de substance animale (viande, os) qui s'est coagulé en se refroidissant. *Bœuf en gelée.* **2·** Jus de fruits cuit au sucre et coagulé. *Gelée de groseille.*

geler [ʒ(ə)le] v. < conjug. 5 > **I·** V. intr. **1·** Se transformer en glace. *La mer gèle rarement dans les fjords.* / contr. dégeler / **2·** Souffrir du froid. → **grelotter.** *Fermez donc la fenêtre, on gèle, ici !* **II·** (Sujet impers.) *Il a gelé cette nuit.* **III·** V. tr. Rendre gelé. *Cette humidité nous gelait.* **IV·** *Se geler* v. pron. réfl. : avoir très froid. *Ne reste pas dehors à te geler.* ▶ **gelé, ée** adj. **1·** Transformé en glace. *Étang gelé.* **2·** Dont les tissus organiques sont brûlés par le froid. *Plantes gelées. Mains gelées.* **3·** Qui a très froid. *Je me sens gelé. J'ai les pieds gelés.* → **glacé, transi.** **4·** (Argent) Qui ne circule plus. *Crédits gelés.* ▷ **congeler, dégeler, engelure,** ① **gel,** ① **gelée, surgeler**

gélifier [ʒelifje] v. tr. < conjug. 7 > Transformer en gel ②. – Au p. p. adj. *Peinture gélifiée.* ▶ **gélifiant** n. m. Additif employé pour donner la consistance d'un gel à une préparation. *Gélifiant pour confitures* (ex. : *pectine*).

gélinotte [ʒelinɔt] n. f. Oiseau très voisin de la perdrix (communément appelé *coq des marais*).

gélule [ʒelyl] n. f. Capsule en gélatine dure qui contient un médicament en poudre.

gémeau, elle, eaux [ʒemo, ɛl, o] adj. et n. **1·** Vx. Jumeau. **2·** N. m. pl. (Avec une majuscule) *Les Gémeaux,* troisième signe du zodiaque (21 mai-21 juin). *Être du signe des Gémeaux, être des Gémeaux.* – Ellipt. *Elle est Gémeaux.* ▶ **gémellaire** [ʒemelɛʀ] adj. Relatif aux jumeaux. *Grossesse gémellaire.*

géminé, ée [ʒemine] adj. Disposé par paires. *Colonnes, fenêtres géminées. Fleurs géminées.*

gémir [ʒemiʀ] v. intr. < conjug. 2 > **1·** Exprimer sa souffrance d'une voix plaintive et inarticulée. → **geindre,** se **plaindre.** *Le malade gémit.* **2·** Se plaindre à l'aide de mots. *Elle gémit sur son sort.* **3·** (Choses) Émettre un son plaintif et prolongé. *Le vent gémit dans les arbres.* ▶ **gémissant, ante** adj. Qui gémit. *Une voix gémissante.* → **plaintif.** ▶ **gémissement** n. m. **1·** Son vocal inarticulé et plaintif. → **lamentation, plainte.** *Il pousse un gémissement de douleur.* **2·** Son plaintif. *Le gémissement du violon.*

① **gemme** [ʒɛm] n. f. Pierre précieuse. *Des gemmes fabuleuses.* ▶ **gemmologie** n. f. ▶ **gemmologue** ou **gemmologiste** n.

② **gemme** adj. m. *Sel gemme,* qu'on tire des mines.

gémonies [ʒemɔni] n. f. pl. Loc. ***Vouer** qqn **aux gémonies*** : l'accabler publiquement de mépris, de honte.

gén-, -gène Élément signifiant « naître ; engendrer, produire » (ex. : *gène, génocide, homogène*).

gênant, ante [ʒɛnɑ̃, ɑ̃t] adj. Qui gêne, crée de la gêne. → **embarrassant, pénible.** *Une infirmité gênante. L'eau est coupée, c'est gênant.* / contr. commode / *Un témoin gênant.*

gencive [ʒɑ̃siv] n. f. Muqueuse épaisse qui recouvre la base des dents. *Inflammation des gen-*

cives. → **gingivite.** – Fam. La mâchoire, les dents. Loc. fam. *Prendre un coup dans les gencives,* subir un affront.

① **gendarme** [ʒɑ̃daʀm] n. **I·** N. m. Autrefois (gens d'arme). Homme de guerre à cheval, ayant sous ses ordres un certain nombre d'autres cavaliers. **II·** N. Militaire appartenant à la gendarmerie (II, 1). *Il s'est fait arrêter par les gendarmes. Une gendarme* (rare). – N. m. Loc. fam. *Faire le gendarme,* faire régner l'ordre, la discipline d'une manière très autoritaire. *La peur du gendarme,* la peur du châtiment. ▶ **gendarmerie** n. f. **I·** Autrefois. Corps de gendarmes, cavalerie lourde. **II· 1·** Corps militaire, chargé de maintenir l'ordre et la sécurité publiques, et de collaborer à la police judiciaire. **2·** Caserne où les gendarmes sont logés ; bureaux où ils remplissent leurs fonctions. *Faire une déclaration de vol à la gendarmerie.* ▷ se **gendarmer**

② **gendarme** n. m. Fam. Saucisson sec, plat et très dur. – Hareng saur.

se **gendarmer** [ʒɑ̃daʀme] v. pron. < conjug. 1 > Protester, réagir vivement.

gendre [ʒɑ̃dʀ] n. m. Le mari d'une femme par rapport au père et à la mère de celle-ci. → **beau-fils.**

gène [ʒɛn] n. m. Élément contenu dans le chromosome, grâce auquel se transmet un caractère héréditaire. *Relatif aux gènes.* → **génétique ; génome, génotype.** ≠ gêne. ▷ **génique, génome, génotype**

gêne [ʒɛn] n. f. **1·** Malaise ou trouble physique dû à une situation désagréable. *Éprouver une sensation de gêne.* **2·** Situation embarrassante, imposant une contrainte, un désagrément. → **dérangement, embarras, ennui, incommodité.** *Je voudrais être sûr de ne vous causer aucune gêne.* – Prov. *Où (il) y a de la gêne, (il n') y a pas de plaisir.* – *Vivre dans la gêne,* manquer d'argent. **3·** Impression désagréable que l'on éprouve devant qqn quand on se sent mal à l'aise. → **confusion, embarras.** *Il y eut un moment de gêne, de silence.* ≠ gène. ▷ **sans-gêne**

généalogie [ʒenealɔʒi] n. f. **1·** Liste qui donne la succession des ancêtres de (qqn) (→ **ascendance, descendance, lignée**). **2·** Science qui a pour objet la recherche des filiations. ▶ **généalogique** adj. *Pièce, document généalogique. Dresser un arbre généalogique.* ▶ **généalogiste** n. Personne qui recherche et dresse les généalogies. *Une généalogiste et héraldiste renommée.*

génépi [ʒenepi] n. m. Plante de montagne à partir de laquelle on fabrique une liqueur. – Cette liqueur.

gêner [ʒene] v. tr. < conjug. 1 > **1·** Mettre (qqn) à l'étroit ou mal à l'aise, en causant une gêne physique. *Ces souliers me gênent.* → **serrer.** *Est-ce que le soleil, la fumée vous gêne ?* → **déranger, incommoder, indisposer.** *Donnez-moi ce paquet qui vous gêne.* → **embarrasser, encombrer. 2·** Entraver (une action). *Pousse-toi, tu gênes le passage.* **3·** Mettre dans une situation embarrassante, difficile. → **embarrasser, empêcher.** *J'ai été gêné par le manque de temps, de place.* – Infliger à (qqn) l'importunité d'une présence, d'une démarche. → **déranger, importuner.** *Je crains de vous gêner en m'installant chez vous.* – Au p. p. *Je me trouve un peu gêné,* à court d'argent. → **gêne** (2). **4·** Mettre mal à l'aise. → **intimider, troubler.** *Vous me gênez, votre question me gêne.* **5·** ***Se gêner*** v. pron. réfl. : s'imposer une contrainte physique ou morale. *Je ne me gêne pas pour lui dire ce que je pense.* ▷ **gênant, gêne, gêneur**

① **général, ale, aux** [ʒeneʀal, o] adj. **1·** Qui s'applique, se rapporte à un ensemble de cas ou d'individus. / contr. individuel, particulier / *Idées, observations, vues générales. D'une manière générale.* – N. m. *Aller, conclure du particulier au général.* → **généraliser.** – *En règle générale,* dans la plupart des cas. **2·** Qui concerne, réunit la totalité ou la majorité des membres d'un groupe. / contr. partiel / *Assemblée générale. Grève générale. Mobilisation générale.* – *Répétition générale,* ou ellipt, n. f. ***Générale*** : dernière répétition d'ensemble d'une pièce, devant un public d'invités. **3·** Qui embrasse l'ensemble d'un service, d'une organisation. *Direction générale.* – Qui est à la tête de toute une organisation. *Président-directeur général.* **4·** ***En général*** loc. adv. : sans considérer les détails. *Parler en général.* – Dans la plupart des cas, le plus souvent. → **généralement.** *C'est en général ce qui arrive.* ▶ **généralement** adv. **1·** D'un point de vue général. *Généralement parlant.* **2·** Dans l'ensemble ou la grande majorité des individus. → **communément.** *Usage généralement répandu.* **3·** Dans la plupart des cas. → **habituellement, ordinairement.** ▶ **généraliser** v. tr. < conjug. 1 > **1·** Étendre, appliquer (qqch.) à l'ensemble ou à la majorité des individus. / contr. limiter / *Généraliser une mesure.* – Au p. p. adj. *Crise généralisée.* **2·** Tirer une conclusion générale de l'observation d'un cas limité. *Il a tendance à trop généraliser. Ne généralise pas ton cas.* ▶ **généralisable** adj. ▶ **généralisateur, trice** adj. *Esprit généralisateur.* ▶ **généralisation** n. f. **1·** Action de généraliser ou de se généraliser. *La généralisation d'une mesure.* **2·** Abstrait. *Généra-*

lisation hâtive, imprudente. ▶ **généraliste** adj. et n. **1·** Qui pratique la médecine générale. → **omnipraticien.** / contr. spécialiste / **2·** Qui n'est pas spécialisé. *Ingénieur généraliste.* – *Télévision généraliste.* ▶ **généralité** n. f. **1·** Caractère de ce qui est général (1). *Généralité d'un théorème.* → **universalité.** **2·** Idée, notion générale, trop générale (surtout au plur.). *Émettre des généralités. Il se perd dans de vagues généralités.* / contr. détail / **3·** *La généralité des...*, le plus grand nombre. → **majorité,** la **plupart.** *Dans la généralité des cas.* / contr. minorité /

② **général, ale, aux** n. **I·** N. m. **1·** Celui qui commande en chef une armée. *Alexandre le Grand, général fameux. Général en chef.* **2·** Celui qui est à la tête d'un ordre religieux. → **supérieur.** *Le général des jésuites.* **3·** Officier du plus haut grade commandant une grande unité dans les armées de terre et de l'air. *Général de brigade* (2 étoiles), *de division* (3), *de corps d'armée* (4), *d'armée et commandant en chef* (5). **II·** N. f. Vieilli. Épouse d'un général. *Madame la générale.* ▶ **généralissime** n. m. Général chargé du commandement en chef.

génératif, ive [ʒeneʀatif, iv] adj. *Grammaire générative,* description systématique, plus ou moins formalisée, des lois de production des phrases d'une langue.

génération [ʒeneʀasjɔ̃] n. f. Action d'engendrer. **1·** Vx. Reproduction (I). *Génération sexuée. Génération spontanée,* théorie répandue avant les travaux de Pasteur, d'après laquelle certains êtres vivants pourraient naître spontanément à partir de matière non vivante. **2·** Ensemble des êtres qui descendent de qqn à chacun des degrés de filiation. → **progéniture.** *De génération en génération,* de père en fils. *Le conflit des générations.* – Espace de temps d'une trentaine d'années. **3·** Ensemble de ceux qui, à la même époque, ont à peu près le même âge. *La jeune génération ; la génération montante. La génération de Mai 68.* **4·** Série de produits d'un même niveau technique. *Une génération nouvelle d'ordinateurs.* ▶ **générationnel, elle** adj. Propre à une génération, à plusieurs générations. *Un conflit générationnel.*

générer [ʒeneʀe] v. tr. < conjug. 6 > Anglic. Produire, avoir pour conséquence. → **engendrer.** *L'implantation de cette usine a généré de nombreux emplois.* ▶ **générateur, trice** adj. Qui engendre, sert à engendrer. ▶ **génératrice** n. f. Machine produisant de l'énergie électrique. → **dynamo.** ▷ **génératif, surgénérateur**

généreux, euse [ʒeneʀø, øz] adj. **1·** Qui a de nobles sentiments qui le portent au désintéressement, au dévouement. *Un cœur généreux.* → **bon, charitable, humain.** / contr. égoïste, mesquin / **2·** Qui donne sans compter. / contr. avare / *Généreux donateur.* – *Geste généreux* – N. *Faire le généreux.* **3·** D'une nature riche, abondante. *Vin généreux,* riche en alcool. *Poitrine généreuse.* ▶ **généreusement** adv. ▷ **générosité**

① **générique** [ʒeneʀik] adj. **1·** Didact. Qui appartient au genre (opposé à *spécifique*). *« Voie » est le terme générique désignant les chemins, routes, rues, sentiers...* **2·** Pharm. *Médicament générique,* dont la formule est dans le domaine public.

② **générique** n. m. Partie d'un film où sont indiqués les noms des auteurs, des collaborateurs. *Son nom figure au générique.*

générosité [ʒeneʀozite] n. f. **1·** Caractère d'un être généreux, d'une action généreuse. **2·** Qualité qui dispose à sacrifier son intérêt personnel. → **bonté, indulgence.** *Il en a parlé sans générosité.* **3·** Disposition à donner sans compter. → **largesse, libéralité.** **4·** Au plur. Dons. *Ses générosités l'ont ruiné.*

genèse [ʒənɛz] n. f. **1·** Création du monde. **2·** Manière dont une chose se forme, se développe. → **formation.** *La genèse d'une œuvre d'art.* ▷ **génétique**

genêt [ʒ(ə)nɛ] n. m. Arbrisseau sauvage, à fleurs jaunes odorantes.

génétique [ʒenetik] adj. et n. f. **I· 1·** Adj. Relatif aux gènes, à l'hérédité. → **héréditaire.** *Mutation génétique.* **2·** N. f. Science des lois de l'hérédité. *La génétique des populations.* **II·** Relatif à une genèse (2). *Psychologie génétique.* ▶ **généticien, ienne** n. Personne qui s'occupe de génétique. ▷ **épigénétique**

gêneur, euse [ʒɛnœʀ, øz] n. Personne qui gêne, empêche d'agir librement.

genévrier [ʒənevʀije] n. m. Arbre ou arbuste à feuilles piquantes, dont les fruits sont des petites baies d'un noir violacé. → **genièvre.**

① **génie** [ʒeni] n. m. **1·** *Le génie de :* l'ensemble des tendances caractéristiques de qqn, d'un groupe, d'une réalité vivante. *Le génie d'une langue, d'un peuple.* – Disposition naturelle. *Il a le génie des affaires.* **2·** Aptitude supérieure de l'esprit qui rend qqn capable de créations, d'inventions qui paraissent extraordinaires. *Génie poétique, musical. Il a du génie.* – *De génie* loc. adj. : qui a du génie ou qui en porte la marque. → **génial.** *Homme, invention de génie.* **3·** N. m. Personne qui a du génie. *Un génie méconnu.* ▶ **génial, ale, aux** adj. **1·** Inspiré par le génie. *Géniale invention. Idée géniale.* **2·** Qui a du génie.

Un mathématicien génial. **3·** Fam. *C'est génial,* c'est épatant. ▶ **génialement** adv. ▷ **s'ingénier, ingénieux**

2 **génie** n. m. **1·** Personnage surnaturel doué de pouvoirs magiques. → **démon, esprit ; djinn.** *Un bon génie, un génie protecteur,* qui influence la destinée. *Génie de l'air.* → **elfe, sylphe. 2·** Représentation artistique de ce personnage. *Le génie de la Liberté.*

3 **génie** n. m. **1·** *Le génie militaire,* l'ensemble des services de travaux de l'armée. *Soldats du génie.* **2·** *Génie civil,* art des constructions ; ensemble des ingénieurs civils. ▷ **ingénieur**

genièvre [ʒənjɛvʀ] n. m. **1·** Nom courant du genévrier. – Fruit de cet arbre. **2·** Eau-de-vie à base de baies de genièvre. → **gin.**

génique [ʒenik] adj. Relatif aux gènes. *Thérapie génique,* permettant de traiter des maladies (notamment génétiques) par modification des gènes. ▷ **transgénique**

génisse [ʒenis] n. f. Jeune vache qui n'a pas encore eu de veau. *Foie de génisse.*

génital, ale, aux [ʒenital, o] adj. Qui se rapporte, qui sert à la reproduction sexuée des animaux et des êtres humains. *Parties génitales, organes génitaux.* → **sexe.** *Fonctions génitales.* – *Vie génitale.* → **sexuel.** ▷ **congénital**

géniteur, trice [ʒenitœʀ, tʀis] n. Personne qui a engendré (qqn). *Les géniteurs et la mère porteuse*.* – N. m. Animal mâle sélectionné pour la reproduction.

génitif [ʒenitif] n. m. Dans les langues à déclinaisons. Cas des noms, adjectifs, pronoms, participes, qui exprime le plus souvent la dépendance ou l'appartenance (français : *de*).

génocide [ʒenɔsid] n. m. Destruction méthodique d'un groupe humain. *L'extermination des juifs par les nazis est un génocide. Le génocide cambodgien, rwandais.* ▶ **génocidaire** adj. et n. D'un génocide ; responsable de génocide. *Des miliciens génocidaires.* – N. *Un génocidaire.*

génome [ʒenom] n. m. Ensemble du matériel génétique, des gènes d'une cellule. *La carte du génome humain.*

génotype [ʒenotip] n. m. Ensemble des caractères génétiques d'un individu.

genou [ʒ(ə)nu] n. m. **1·** Partie du corps humain où la jambe s'articule avec la cuisse. → **rotule.** *Ils se sont enfoncés jusqu'aux genoux dans la boue. Fléchir le genou.* → **génuflexion.** *Pantalon usé aux genoux,* à l'endroit des genoux. – *Prendre un enfant sur ses genoux.* – *Tomber aux genoux de qqn,* se prosterner devant lui. – *Être sur les genoux,* très fatigué. – ***À genoux*** loc. adv. : avec le poids du corps sur les genoux posés au sol. *Se mettre à genoux.* → **s'agenouiller.** – *C'est à se mettre à genoux,* c'est admirable. – *Faire du genou à qqn,* attirer discrètement son attention par de petits coups de genou. **2·** Chez les quadrupèdes. Articulation du membre antérieur. *Un cheval à genoux arqués.* ▶ **genouillère** [ʒ(ə)nujɛʀ] n. f. Ce qu'on met sur le genou pour le protéger. *Genouillères de gardien de but* (en cuir rembourré). ▷ **s'agenouiller**

genre [ʒɑ̃ʀ] n. m. **I· 1·** Groupe d'êtres ou d'objets présentant des caractères communs. *Le genre, les espèces et les individus. Je n'aime pas ce genre de manteau.* → **espèce, sorte.** *Du même genre. Elle est unique en son genre.* – *Genre de vie.* → 2 **mode. 2·** En sciences naturelles. Subdivision de la famille. **3·** *Le genre humain,* l'espèce humaine. **4·** Catégorie d'œuvres, définie par la tradition (d'après le sujet, le ton, le style). *Les genres littéraires et les styles.* – *Scène de genre,* en peinture : tableaux d'intérieur, natures mortes, peintures d'animaux. **II·** Catégorie grammaticale suivant laquelle un nom est dit masculin, féminin, ou neutre. – En français, le genre est soit le *masculin,* soit le *féminin,* et est exprimé soit par la forme du mot (au fém., *elle, la,* recouvert*e,* son ami*e*), soit par la forme de son entourage (*le* sort, *la* mort, des manches long*ues, une* dentiste, l'acrobate brun*e*). **III· 1·** Façons de s'habiller, de se comporter. → **allure, manière(s).** *Elle a (un) mauvais genre.* – (+ nom ou adj. en appos.) *Le genre bohème, le genre artiste.* **2·** Loc. *Faire du genre, se donner un genre,* affecter certaines manières pour être distingué par autrui.

gens [ʒɑ̃] n. m. et f. pl. REM. L'adjectif placé juste avant *gens* se met au féminin bien que ce qui suit reste au masculin : *ces vieilles gens semblent fort las.* **1·** Personnes, en nombre indéterminé. → **homme, personne.** *Peu de gens, beaucoup de gens. Un tas de gens. La plupart des gens. Certaines gens. Ces gens-là.* – REM. Ne s'emploie pas avec *quelques, plusieurs,* ni avec les noms de nombre. → **personne.** – *Ce sont des gens sympathiques, de braves gens. Des petites gens,* des gens à revenus modestes. – *Les gens sont fous,* l'humanité en général. **2·** ***Jeunes gens*** : jeunes célibataires, filles et garçons. → **adolescent.** *Un groupe de joyeux jeunes gens.* – Plur. de *jeune homme.* → **homme.** *Les jeunes filles et les jeunes gens.* **3·** *Gens de* (+ nom désignant l'état, la profession). *Gens de loi. De courageux gens de mer.* → **marin.** *Les gens de lettres,* écrivains professionnels. **4·** *Droit des gens,* droit des nations, droit international public. ▷ **gendarme**

gent [ʒɑ̃] n. f. Vx. Espèce, race. *La gent canine.* ▷ **entregent, gens**

gentiane [ʒɑ̃sjan] n. f. **1·** Plante des montagnes à suc amer. **2·** Boisson apéritive à base de racine de gentiane.

1 **gentil, ille** [ʒɑ̃ti, ij] adj. **1·** Qui plaît par la grâce de ses formes, de son allure, de ses manières. → **agréable, aimable, mignon.** *Elle est gentille comme un cœur.* – (Choses) → **charmant.** *C'est gentil comme tout.* **2·** Qui plaît par sa délicatesse morale, sa douceur. → **délicat, généreux.** *J'ai reçu votre gentille lettre. Vous êtes trop gentil. C'est gentil à vous,* de votre part. **3·** (Enfants) → **sage, tranquille.** *Les enfants sont restés bien gentils toute la journée.* **4·** Dans le domaine financier. D'une certaine importance. → **coquet, rondelet.** *Il vient de gagner une gentille somme au jeu.* ▶ **gentillesse** [ʒɑ̃tijɛs] n. f. **1·** Qualité d'une personne gentille. → **amabilité, complaisance, obligeance.** *Il a eu la gentillesse de m'aider.* **2·** Action, parole pleine de gentillesse. → **attention, prévenance.** *Je vous remercie de toutes les gentillesses que vous avez eues pour moi.* ▶ **gentillet, ette** adj. Assez gentil ; petit et gentil. ▶ **gentiment** adv. D'une manière gentille. *Accueillez-le gentiment.* → **aimablement.** – Sagement. *S'amuser gentiment.* ▷ **gentilhomme**

2 **gentil** n. m. Nom que les juifs et les premiers chrétiens donnaient aux personnes étrangères à leur religion. → **infidèle.**

gentilhomme [ʒɑ̃tijɔm], plur. **gentilshommes** [ʒɑ̃tizɔm] n. m. **1·** Vx. Homme d'origine noble. *Gentilhomme campagnard.* **2·** Littér. Homme généreux, distingué. → **gentleman.** ▶ **gentilhommière** [ʒɑ̃tijɔmjɛʀ] n. f. Petit château à la campagne. → **castel, manoir.**

gentleman [dʒɛntləman] n. m. Anglic. Homme distingué, d'une parfaite éducation. *Il se conduit en parfait gentleman. Des gentlemen* [-mɛn] ou *des gentlemans.*

génuflexion [ʒenyflɛksjɔ̃] n. f. Action de fléchir le genou, les genoux, en signe d'adoration, de respect, de soumission. → **agenouillement.**

géo- Élément de mots savants, signifiant « Terre » (voir ci-dessous).

géobiologie [ʒeobjɔlɔʒi] n. f. Science qui étudie les rapports entre l'évolution géologique de la Terre et celle des organismes vivants.

géode [ʒeɔd] n. f. Masse pierreuse, de forme arrondie, creuse, dont l'intérieur est tapissé de cristaux. – Construction de cette forme. *La géode du parc de la Villette à Paris.*

géodésie [ʒeɔdezi] n. f. Science qui a pour objet la détermination de la forme de la Terre, la mesure de ses dimensions, l'établissement des cartes. ▶ **géodésique** adj. *Relevés géodésiques.*

géographie [ʒeɔgʀafi] n. f. **1·** Science qui a pour objet la description de l'aspect actuel du globe terrestre, au point de vue naturel et humain. *Géographie physique générale. Géographie humaine. Géographie économique.* **2·** La réalité physique, biologique, humaine que cette science étudie. *La géographie de la France, du Bassin parisien.* ▶ **géographe** n. Spécialiste de la géographie. ▶ **géographique** adj. Relatif à la géographie. *Carte géographique.* ▶ **géographiquement** adv.

geôle [ʒol] n. f. Littér. Cachot, prison. ▶ **geôlier, ière** [ʒolje, jɛʀ] n. Littér. Personne qui garde les prisonniers. ▷ **enjôler**

géolocalisation [ʒeolɔkalizasjɔ̃] n. f. Localisation de l'espace d'objets situés à la surface de la Terre. → **G. P. S.** ▶ **géolocaliser** v. tr. < conjug. 1 >

géologie [ʒeɔlɔʒi] n. f. **1·** Science qui a pour objet l'étude de la structure et de l'évolution de l'écorce terrestre. **2·** Les terrains, formations, etc., que la géologie étudie. ▶ **géologique** adj. De géologie. ▶ **géologue** n. Spécialiste de la géologie.

géomagnétisme [ʒeɔmaɲetism] n. m. Magnétisme terrestre.

géomancie [ʒeomɑ̃si] n. f. Didact. Divination par l'observation de figures formées sur le sol. ▶ **géomancien, ienne** n.

géométrie [ʒeɔmetʀi] n. f. Partie des mathématiques qui a pour objet l'étude des figures dans l'espace. *Géométrie plane, dans l'espace.* – *Le cercle, le carré sont des figures de géométrie.* – Loc. *À géométrie variable,* qui peut varier dans ses dimensions, son fonctionnement, selon les besoins. *L'Europe à géométrie variable.* ▶ **géomètre** n. **1·** Spécialiste de la géométrie. *Une bonne géomètre.* **2·** En appos. *Arpenteur géomètre,* ou *géomètre,* technicien qui s'occupe de relever des plans de terrains. ▶ **géométrique** adj. **1·** De la géométrie. *Figure géométrique.* **2·** Simple et régulier comme les figures géométriques. *Les formes géométriques d'un édifice. Ornementation géométrique,* sans éléments animaux ou végétaux. **3·** Qui procède avec rigueur et précision (de la *géométrie* au sens ancien de « mathématiques »). *Exactitude géométrique.* ▶ **géométriquement** adv.

géomorphologie [ʒeɔmɔʀfɔlɔʒi] n. f. Étude de la forme et de l'évolution du relief terrestre.

géophysique [ʒeɔfizik] n. f. Étude des propriétés physiques du globe terrestre (mouvements de l'écorce, magnétisme terrestre, électricité terrestre, météorologie). – Adj. *Études, prospection géophysiques.* ▶ **géophysicien, ienne** n. Spécialiste de géophysique.

géopolitique [ʒeɔpɔlitik] n. f. Étude des rapports entre les données de la géographie et la politique. – Adj. *Théories géopolitiques.*

géosciences [ʒeosjɑ̃s] n. f. plur. Didact. Ensemble des disciplines qui ont pour objet l'étude de la Terre (géologie, géographie...).

géostationnaire [ʒeɔstasjɔnɛʀ] adj. *Satellite géostationnaire,* dont l'orbite est telle qu'il semble immobile à un observateur terrestre.

géothermie [ʒeɔtɛʀmi] n. f. **1·** Étude des phénomènes thermiques qui se produisent à l'intérieur de la Terre. **2·** Source d'énergie naturelle que constituent ces phénomènes. ▶ **géothermique** adj. *Énergie géothermique.*

gérance [ʒeʀɑ̃s] n. f. Fonction de gérant. → **administration, gestion.** *Cela fait trois ans qu'elle a pris la gérance de l'entreprise.* – Durée de cette fonction. *Une gérance de dix ans.* ▶ **gérant, ante** n. Personne qui gère pour le compte d'autrui. → **administrateur, directeur.** *Le gérant d'un immeuble, d'un magasin.*

géranium [ʒeʀanjɔm] n. m. (Erroné en botanique) Plante à feuilles arrondies et velues, à fleurs en ombelles roses, blanches ou rouges. *Il a un pot de géraniums sur sa fenêtre.* → **pélargonium.**

gerbe [ʒɛʀb] n. f. **1·** Botte de céréales coupées, où les épis sont disposés d'un même côté, et qui va s'élargissant des queues aux têtes. *Une gerbe de blé.* **2·** Botte de fleurs coupées à longues tiges. *Offrir une gerbe de roses à qqn.* **3·** (En parlant de qqch. qui jaillit en se déployant) → **bouquet, faisceau.** *Une gerbe d'eau, une gerbe d'étincelles.* ▶ **gerbier** n. m. Grand tas de gerbes isolé dans les champs. → **meule.**

gerboise [ʒɛʀbwaz] n. f. Petit rongeur à pattes antérieures très courtes, à pattes postérieures et queue très longues.

gercer [ʒɛʀse] v. tr. < conjug. 3 > Faire des petites crevasses, en parlant de l'action du froid ou de la sécheresse. → **crevasser.** – Pronominalement. *Il gèle, j'ai les mains qui se gercent.* – Au p. p. adj. *Lèvres gercées.* ▶ **gerçure** [ʒɛʀsyʀ] n. f. Petite fissure de l'épiderme.

gérer [ʒeʀe] v. tr. < conjug. 6 > **1·** Administrer (les intérêts, les affaires d'un autre). → **gestion.** *Gérer un commerce, un immeuble, une affaire* (→ **gérance, gérant**). **2·** (En parlant de ses propres affaires) Administrer. *Il gère son budget avec soin* (→ **gestion**). **3·** *Gérer un problème,* y faire face, s'en occuper. *Situation difficile à gérer.* – Organiser, utiliser au mieux. *Gérer son temps.* ▷ **gérance, ingérable, s'ingérer**

gerfaut [ʒɛʀfo] n. m. Grand faucon à plumage gris clair.

gériatrie [ʒeʀjatʀi] n. f. Partie de la médecine qui étudie les maladies liées au vieillissement. → aussi **gérontologie.** ▶ **gériatre** n. ▶ **gériatrique** adj.

① **germain, aine** [ʒɛʀmɛ̃, ɛn] adj. *Cousins germains :* cousins ayant une grand-mère ou un grand-père commun. – N. *Cousins issus de germains,* cousins ayant un arrière-grand-père ou une arrière-grand-mère en commun.

② **germain, aine** adj. Qui appartient à la Germanie (territoire actuel de l'Allemagne). – N. *Les Germains.* ▶ **germanique** adj. **1·** Qui a rapport aux Germains, à la Germanie. *Empire romain germanique.* – *Langues germaniques,* langues des peuples que les Romains nommaient Germains et langues qui en dérivent (allemand, anglais, néerlandais, langues scandinaves). **2·** De l'Allemagne. → **allemand.** ▶ **germaniser** v. tr. < conjug. 1 > Rendre germain, allemand. ▶ **germanisation** n. f. ▶ **germanisme** n. m. Façon d'exprimer propre à l'allemand ; emprunt à la langue allemande. ▶ **germano-** Préfixe signifiant « allemand » (ex. : *germanophile,* adj. et n. « qui aime les Allemands »).

germe [ʒɛʀm] n. m. **1·** Élément microscopique qui, en se développant, produit un organisme (ferment, bactérie, spore, œuf). *Germes microbiens.* – Première pousse qui sort de la graine, du bulbe, du tubercule (→ **germer**). *Des germes de pommes de terre.* **2·** Principe, élément de développement (de qqch.). → **cause.** *Un germe de vie, de maladie.* – ***En germe.*** *L'esquisse contient en germe le tableau.* ▶ **germer** v. intr. < conjug. 1 > **1·** (Semence, bulbe, tubercule) Pousser son germe au-dehors. *Le blé a germé.* – Au p. p. adj. *Des pommes de terre germées.* **2·** Commencer à se développer. → se **former, naître.** *L'espoir d'un changement germe dans les esprits.* ▶ **germinal** n. m. Septième mois du calendrier républicain (21-22 mars au 18-19 avril). – « Germinal » *est le titre d'un roman d'Émile Zola.* ▶ **germination** n. f. Ensemble des phénomènes par lesquels une graine se développe et donne naissance à une nouvelle plante. ▶ **germinatif, ive** adj. Relatif à la germination.

gérondif [ʒeʀɔ̃dif] n. m. **1·** Forme verbale, déclinaison de l'infinitif en latin : *cantandi, cantan-*

dum, cantando (de *cantare* «chanter»). **2·** En français. Participe présent généralement précédé de la préposition *en*, et servant à exprimer des compléments circonstanciels (ex. : *En forgeant, on devient forgeron*).

géront(o)- Préfixe signifiant «vieillard». ▶ **gérontocratie** n. f. Didact. Gouvernement, domination par des vieillards. ▶ **gérontologie** n. f. Étude des problèmes particuliers aux personnes âgées. → **gériatrie.** ▶ **gérontologue** n.

gésier [ʒezje] n. m. Troisième poche digestive des oiseaux, très musclée. *Un gésier de poulet.*

gésir [ʒeziʀ] v. intr. défectif < conjug. (Seult : *je gis, tu gis, il gît, nous gisons, vous gisez, ils gisent ; je gisais,* etc. ; *gisant.*) > **1·** Littér. Être couché, étendu, sans mouvement (→ **gisant**). *Le malade gît sur son lit, épuisé.* **2·** Être enterré. *Ci-gît..., ici-gît... :* ici repose... (formule d'épitaphe). ▷ **gisant, gisement,** 1 **gîte**

gestapo [gɛstapo] n. f. Police politique secrète de l'Allemagne nazie.

gestation [ʒɛstɑsjɔ̃] n. f. **1·** État d'une femelle vivipare qui porte son petit, depuis la conception jusqu'à l'accouchement. → **grossesse.** **2·** Travail d'élaboration lent. *Une œuvre littéraire, artistique en gestation.*

1 **geste** [ʒɛst] n. m. **1·** Mouvement du corps (surtout des bras, des mains, de la tête), révélant un état d'esprit ou visant à exprimer, à exécuter qqch. → **attitude, mouvement.** *S'exprimer par gestes. Il a des gestes lents. Gestes brusques, vifs. Faire un geste de la main.* → **signe.** **2·** Abstrait. → **acte, action.** *Un geste d'autorité, de générosité. Faire un beau geste. Les faits et gestes de qqn,* sa conduite, ses actes. ▷ **écogeste, gesticuler, gestuel**

2 **geste** n. f. Ensemble des poèmes épiques du Moyen Âge, relatant les exploits d'un héros. → **cycle.** *Chanson de geste.*

gesticuler [ʒɛstikyle] v. intr. < conjug. 1 > Faire beaucoup de gestes, trop de gestes. *Elle ne cesse de gesticuler en parlant.* ▶ **gesticulation** n. f.

gestion [ʒɛstjɔ̃] n. f. **1·** Action de gérer. → **administration, direction.** *La gestion d'un budget.* **2·** Science de l'administration, de la direction (d'une organisation). *Gestion d'entreprise. Contrôleur de gestion.* ▶ **gestionnaire** adj. et n. Qui concerne la gestion d'une affaire. – Qui en est chargé. *Administrateur gestionnaire.* – N. *Un bon gestionnaire.* ▷ **autogestion**

gestuel, elle [ʒɛstɥɛl] adj. et n. f. Du geste. *Langage gestuel.* – N. f. Ensemble des gestes expressifs constituant un système signifiant. *Acteur qui travaille sa gestuelle.*

geyser [ʒɛzɛʀ] n. m. Source d'eau chaude qui jaillit violemment, par intermittence. – Grande gerbe jaillissante. *Des geysers.*

ghetto [gɛ(e)to] n. m. **1·** Quartier où les juifs étaient forcés de résider. *L'insurrection du ghetto de Varsovie.* **2·** Quartier où une communauté vit à l'écart. *Le ghetto noir d'une ville américaine. Des ghettos.*

gibbon [ʒibɔ̃] n. m. Singe d'Asie, sans queue et à longs bras.

gibbosité [ʒibozite] n. f. Littér. Bosse.

gibecière [ʒibsjɛʀ] n. f. Sac où le chasseur met son gibier. – Sac en bandoulière.

gibelotte [ʒiblɔt] n. f. *Lapin en gibelotte,* fricassée de lapin au vin blanc.

giberne [ʒibɛʀn] n. f. Ancienne boîte à cartouches des soldats. → **cartouchière.**

gibet [ʒibɛ] n. m. Potence où l'on exécutait les condamnés à la pendaison.

gibier [ʒibje] n. m. **1·** Tous les animaux sauvages à chair comestible que l'on prend à la chasse. *Ce pays abonde en gibier.* → **giboyeux.** *Gros gibier,* cerf, chevreuil, daim, sanglier. *Poursuivre, rabattre le gibier. Manger du gibier.* **2·** Personne que l'on cherche à prendre, à attraper, à duper. – Loc. *Gibier de potence,* personne qui mérite d'être pendue.

giboulée [ʒibule] n. f. Grosse averse parfois accompagnée de grêle, de neige. → **ondée.** *Les giboulées de mars.*

giboyeux, euse [ʒibwajø, øz] adj. Riche en gibier. *Pays giboyeux.*

gibus [ʒibys] n. m. invar. Chapeau haut de forme à ressorts (appelé aussi *chapeau claque*).

gicler [ʒikle] v. intr. < conjug. 1 > (Liquide) Jaillir, rejaillir avec force. *La boue a giclé sur les passants.* → **éclabousser.** ▶ **giclée** n. f. Jet de ce qui gicle. ▶ **gicleur** n. m. Petit tube du carburateur servant à doser l'arrivée d'essence.

gifle [ʒifl] n. f. Coup donné du plat ou du revers de la main sur la joue de qqn. → littér. **soufflet ;** fam. **baffe.** *Donner, recevoir une paire de gifles.* ▶ **gifler** v. tr. < conjug. 1 > Frapper d'une gifle. *Gifler un enfant.* – Au p. p. *Visage giflé par la pluie, le vent.* → **cingler, fouetter.**

giga- [ʒiga] Élément savant signifiant « géant », qui multiplie, en physique, l'unité par un milliard (10^9), en informatique, par 2^{30}. ▶ **gigaoctet** [ʒigaɔktɛ] n. m. Unité de capacité de mémoire informatique (symb. *Go*) équivalant à 1 024 mégaoctets. – Abrév. **giga.**

gigantesque [ʒigɑ̃tɛsk] adj. **1·** Qui dépasse de beaucoup la taille ordinaire ; qui paraît extrêmement grand. → **colossal, démesuré, énorme, géant, monstrueux.** *Le séquoia, arbre gigantesque.* / contr. petit / **2·** Qui dépasse la commune mesure. → **énorme, étonnant.** *L'œuvre gigantesque de Balzac.* ▶ **gigantisme** n. m. Développement excessif de la taille d'une personne, d'un animal, par rapport à la taille normale (→ **géant**). / contr. nanisme /

gigogne [ʒigɔɲ] adj. Toujours épithète. Formé de parties emboîtées. *Tables gigognes. Fusée gigogne. Poupées gigognes.*

gigolo [ʒigolo] n. m. Fam. Jeune homme amant d'une femme plus âgée par laquelle il est entretenu. *Elle a un gigolo. Des gigolos.*

gigot [ʒigo] n. m. **1·** Cuisse de mouton, d'agneau, de chevreuil → **cuissot,** coupée pour être mangée. *Manger un gigot, du gigot.* **2·** Fam. Cuisse d'une personne. *Il a de bons gigots.* **3·** *Manches à gigot, des manches gigot,* bouffantes aux épaules et serrées au coude.

gigoter [ʒigɔte] v. intr. < conjug. 1 > Fam. Agiter ses membres, son corps. → se **trémousser.** *Le bébé gigote dans son berceau.* ▶ **gigoteuse** n. f. Sac de couchage pour bébé, à bretelles ou à manches. → **turbulette.**

1 **gigue** [ʒig] n. f. Fam. *Une grande gigue,* une fille grande et maigre.

2 **gigue** n. f. Danse très rythmée originaire des îles Britanniques.

gilet [ʒilɛ] n. m. **1·** Vêtement court sans manches. *Il porte un gilet sous son veston.* – Loc. *Venir pleurer dans le gilet de qqn,* venir se plaindre et chercher une consolation. **2·** *Gilet de sauvetage,* gilet gonflé à l'air comprimé qui permet de flotter. **3·** Cardigan. **4·** *Gilet pare-balles,* à l'épreuve des balles.

gin [dʒin] n. m. Eau-de-vie de grains, fabriquée dans les pays anglo-saxons. *Cocktail au gin et au citron* (GIN-FIZZ [dʒinfiz] n. m. invar.). *Deux gins.* ≠ djinn, jean.

gingembre [ʒɛ̃ʒɑ̃bʀ] n. m. Plante tropicale. – Rhizome de cette plante utilisé comme condiment. *Biscuits au gingembre.*

gingival, ale, aux [ʒɛ̃ʒival, o] adj. Relatif aux gencives. *Muqueuse gingivale.* – *Pâte gingivale,* pour les gencives. ▶ **gingivite** n. f. Inflammation des gencives.

ginkgo [ʒinko] n. m. Arbre originaire d'Asie, à feuilles en éventail. *Le ginkgo (biloba) est appelé « arbre aux quarante écus ».*

ginseng [ʒinsɛŋ] n. m. Plante d'Asie dont la racine possède des propriétés toniques. – Cette racine.

a giorno [adʒɔʀno ; aʒjɔʀno] loc. adv. Aussi brillamment que par la lumière du jour. *Salon éclairé a giorno.*

girafe [ʒiʀaf] n. f. Grand mammifère, à cou très long et rigide, dont le pelage roux présente des dessins polygonaux. – Loc. fam. ***Peigner la girafe*** : faire un travail inutile.

girandole [ʒiʀɑ̃dɔl] n. f. **1·** Gerbe de fusées de feu d'artifice qui tournoie. – Candélabre orné de pendeloques de cristal. **2·** Guirlande lumineuse qui décore une fête, un manège.

giration [ʒiʀasjɔ̃] n. f. Mouvement circulaire (autour d'un axe). ▶ **giratoire** adj. (Mouvement) Circulaire. *Mouvement giratoire. Sens giratoire,* sens obligatoire que doivent suivre les véhicules autour d'un rond-point.

girl [gœʀl] n. f. Anglic. Jeune danseuse de music-hall faisant partie d'une troupe. *Des girls* [gœʀl ; gœʀlz].

girofle [ʒiʀɔfl] n. m. ***Clou de girofle*** : bouton des fleurs d'un arbre exotique (le *giroflier*), utilisé comme condiment. ▶ **giroflée** n. f. Plante à fleurs jaunes ou rousses qui sentent le clou de girofle.

girolle [ʒiʀɔl] n. f. Champignon jaune très apprécié. → 2 **chanterelle.** *Poulet aux girolles.*

giron [ʒiʀɔ̃] n. m. **1·** Vx. Partie du corps allant de la ceinture aux genoux, chez une personne assise. **2·** Littér. Milieu qui offre un refuge. *Quitter le giron familial. Revenir dans le giron d'un parti.*

girond, onde [ʒiʀɔ̃, ɔ̃d] adj. Fam. (Personnes) Bien fait et un peu rond. *Une femme gironde.*

girouette [ʒiʀwɛt] n. f. **1·** Plaque légère, mobile autour d'un axe vertical, placée au sommet d'un édifice pour indiquer l'orientation du vent. *Girouette qui tourne.* **2·** Personne qui change facilement d'avis. *Ne vous fiez pas à lui, c'est une girouette.* → **pantin.**

gisant [ʒizɑ̃] n. m. Statue funéraire représentant le défunt étendu (→ **gésir**). *Un gisant de pierre.*

gisement [ʒizmɑ̃] n. m. Masse importante de minerai. *Prospecter une contrée riche en gisements.* → **bassin.** *Exploiter un gisement de pétrole.*

gît → **gésir.**

gitan, ane [ʒitɑ̃, an] n. et adj. **1·** Bohémien(ienne) d'Espagne. – Adj. *Campement gitan. Pèlerinage gitan.* **2·** *Gitane* n. f. : cigarette brune d'une marque de la Régie française. *Fumer une gitane.*

① **gîte** [ʒit] n. m. **1·** Littér. Lieu où l'on trouve à se loger, où l'on peut coucher. → **abri, demeure, logement, maison.** *Offrir le gîte et le couvert à qqn.* – Cour. *Gîte rural.* **2·** Lieu où s'abrite le gibier. *Lever un lièvre au gîte.*

② **gîte** n. m. Partie inférieure de la cuisse du bœuf (en boucherie). *Gîte à la noix,* où se trouve la noix.

③ **gîte** n. f. Loc. (Navire) *Donner de la gîte :* pencher.

givre [ʒivʀ] n. m. Fine couche de glace qui se forme par temps brumeux. *Cristaux de givre.* ▶ **givrer** v. tr. < conjug. 1 > **1·** Couvrir de givre. / contr. dégivrer / **2·** Couvrir d'une couche blanche comme le givre. *Givrer des verres avec du sucre cristallisé.* ▶ **givrage** n. m. Formation de givre. ▶ **givrant, ante** adj. Qui produit du givre. *Brouillard givrant.* ▶ **givré, ée** adj. **1·** Couvert de givre. *Arbres givrés.* **2·** *Citron givré, orange givrée,* sorbet présenté dans l'écorce du fruit. **3·** Fam. Fou ; ivre. *Elle est complètement givrée.* ▷ **dégivrer**

glabre [glɑbʀ] adj. Dépourvu de poils (imberbe ou rasé). *Menton, visage glabre.* / contr. barbu, poilu /

① **glace** [glas] n. f. **1·** Eau congelée. *Patiner sur la glace, faire du patin à glace. Mettre un cube de glace, de la glace dans une boisson.* → **glaçon.** *Prélever une carotte (4) de glace.* – Au plur. *La fonte des glaces.* → **dégel.** *Glaces flottantes.* → **iceberg.** – Loc. *Être, rester de glace :* insensible et imperturbable. *Un cœur, un visage de glace. Un accueil de glace.* → **glacial.** – *Rompre, briser la glace,* dissiper la gêne. **2·** Crème glacée ou sorbet. *Manger une glace à la vanille.* ▶ ① **glacer** v. tr. < conjug. 3 > **1·** Rare. Convertir (un liquide) en glace. → **congeler.** / contr. dégeler / – Fig. Pronominalement (réfl.). *Son sang se glaça dans ses veines.* **2·** Rare. Refroidir à l'aide de glace artificielle. *Glacer une boisson, du champagne.* → **frapper.** **3·** Causer une vive sensation de froid, pénétrer d'un froid très vif. *Cette petite pluie fine me glace.* → **transir.** / contr. réchauffer / **4·** Paralyser, décourager par sa froideur, son aspect rebutant. *Son attitude me glace.* → **glaçant, glacial.** *Cet examinateur glace les candidats.* → **intimider.** **5·** Frapper d'une émotion violente et profonde, qui cloue sur place. → **pétrifier.** *Ce hurlement dans la nuit les glaça d'horreur.* ▶ **glaçant, ante** [glasɑ̃, ɑ̃t] adj. Qui glace (4). *Attitudes, manières glaçantes.* → **réfrigérant.** ▶ **glacé, ée** adj. **1·** Converti en glace. → **gelé.** *Neige glacée.* – *Crème glacée* (opposé à *sorbet*). → **glace** (2). **2·** Très froid. *Eau glacée. Un vent glacé.* → **glacial.** – Refroidi à l'aide de glace ou de glaçons. *Jus de fruits glacé. Vin, entremets à servir glacé.* **3·** (En parlant du corps) *J'ai les mains glacées.* → **gelé.** *Il est glacé,* il a très froid. **4·** Abstrait. D'une grande froideur. *Ils se sont salués avec une politesse glacée.* ▶ **glaciaire** adj. Propre aux glaciers. *Calotte, relief glaciaire.* – *Période glaciaire,* période géologique durant laquelle les glaciers ont couvert de très grandes étendues. → **glaciation.** ≠ glacière. ▶ **glacial, ale, als** ou **aux** (plur. rare) adj. **1·** Qui est très froid, qui pénètre d'un froid très vif. *Air, vent glacial,* glacé. *La maison est glaciale.* – *L'océan Glacial Arctique.* / contr. chaud / **2·** D'une froideur qui glace, rebute, paralyse. → **glaçant, glacé** (4). *Un accueil glacial.* → **froid, sec.** *Un homme glacial.* / contr. accueillant, chaleureux / ▶ **glaciation** n. f. Période glaciaire. ▶ ① **glacier** n. m. Champ de glace éternelle qui s'écoule très lentement. *Les glaciers des Alpes.* ▶ ② **glacier** n. m. Personne qui prépare ou vend des glaces (2). *Pâtissier-glacier.* ▶ **glacière** n. f. **1·** Armoire réfrigérée où l'on conserve les aliments. → **réfrigérateur.** **2·** Fam. Lieu extrêmement froid. *Cette chambre est une glacière.* ≠ glaciaire. ▷ **brise-glace, glaçon**

② **glace** n. f. **1·** Plaque de verre transparente. *La glace de la vitrine est fendue. Bris de glaces.* **2·** Vitre fixe ou mobile d'une voiture, d'un wagon. *Baisser, lever les glaces.* **3·** Plaque de verre étamée. → **miroir.** *Se voir, se regarder dans la glace. Une glace de poche.* ▷ **essuie-glace, lave-glace**

② **glacer** v. tr. < conjug. 3 > **1·** Garnir d'un apprêt, d'un enduit brillant. → **glaçage.** *Glacer des étoffes, des peaux.* – Au p. p. adj. *Papier glacé.* **2·** Revêtir d'un glacis ②. **3·** Recouvrir de sucre transparent. – Au p. p. adj. *Marrons glacés.* ▶ **glaçage** [glasaʒ] n. m. **1·** Action de glacer (1). **2·** Fine couche de sucre fondu, parfois aromatisée. *Gâteau garni d'un glaçage au chocolat.* ▷ ② **glacis**

glaciologie [glasjɔlɔʒi] n. f. Étude scientifique des glaciers, des sols de glace. ▶ **glaciologue** n.

① **glacis** [glasi] n. m. invar. Talus incliné, devant une fortification.

② **glacis** n. m. invar. Vernis coloré que l'on passe sur les couleurs sèches d'un tableau. *Poser les glacis sur une toile.* → ② **glacer.**

glaçon [glasɔ̃] n. m. **1·** Morceau de glace. *La rivière charrie de gros glaçons.* – Petit cube de glace. *Veux-tu que je mette un glaçon dans ton orangeade ?* **2·** Fam. Personne froide (glaciale, glacée) et indifférente. *Quel glaçon, celle-là !*

gladiateur [gladjatœʀ] n. m. Homme qui combattait dans les jeux du cirque, à Rome (de son propre gré ou par châtiment).

glaïeul [glajœl] n. m. Plante à feuilles en forme de glaive à grandes fleurs décoratives ; ces fleurs. *Gerbe de glaïeuls.*

glaire [glɛʀ] n. f. Liquide visqueux comme du blanc d'œuf, sécrété par les muqueuses. *Tousser pour éliminer les glaires.* ▶ **glaireux, euse** adj. Qui a la nature ou l'aspect de la glaire.

glaise [glɛz] n. f. Terre grasse compacte et plastique, imperméable. → **argile, marne.** *L'ébauche en glaise d'une statue.* – Adj. *Cabane de terre glaise. Des terres glaises.* ▶ **glaiseux, euse** adj. Qui contient de la glaise. *Sol glaiseux.*

glaive [glɛv] n. m. Ancienne épée de combat à deux tranchants. – Symbole du combat. *Brandir le glaive de la vengeance. Le glaive de la Justice.*

glamour [glamuʀ] n. m. et adj. Anglic. Charme sophistiqué. – Adj. *Des tenues glamours.*

gland [glɑ̃] n. m. **1·** Fruit du chêne. *Les sangliers se nourrissent de glands.* **2·** Extrémité de la verge ou du clitoris. **3·** Ornement de passementerie en forme de gland. *Rideau garni de glands à franges. Glands de cordelière.* ▷ **glander**

glande [glɑ̃d] n. f. **1·** Organe dont la fonction est de produire une sécrétion. *Glandes salivaires, sudoripares, lymphatiques.* **2·** Fam. Ganglion lymphatique enflammé. **3·** Loc. Fam. *Avoir les glandes,* être de mauvaise humeur, excédé (→ avoir les boules).

glander [glɑ̃de] v. intr. < conjug. 1 > Fam. Ne rien faire, perdre son temps. *Passer son dimanche à glander.* ▶ **glandouiller** v. intr. < conjug. 1 >

glaner [glane] v. tr. < conjug. 1 > **1·** Ramasser dans les champs les épis qui ont échappé aux moissonneurs. *Glaner quelques épis.* – Sans compl. *S'en aller glaner aux champs.* **2·** Recueillir par-ci par-là des bribes dont on peut tirer parti. *Glaner des renseignements sur qqn.* ▶ **glaneur, euse** n. Personne qui glane.

glapir [glapiʀ] v. intr. < conjug. 2 > **1·** (Animaux) Pousser un cri bref et aigu. *Le renard, la grue glapissent.* **2·** (Personnes) Faire entendre une voix aigre, des cris aigus. *On l'entend glapir de loin.* – Transitivement. *Glapir des injures.* ▶ **glapissement** n. m. *Il poussait des glapissements furieux.*

glas [glɑ] n. m. invar. Tintement d'une cloche d'église pour prévenir de l'agonie de qqn, annoncer une mort ou un enterrement. *Sonner le glas pour qqn.* – Loc. ***Sonner le glas de*** *qqch.* : en annoncer la fin, la chute. *Un soulèvement populaire a sonné le glas de la dictature.*

glaucome [glokom] n. m. Maladie des yeux.

glauque [glok] adj. **1·** D'un vert qui tire sur le bleu. → **verdâtre.** *Lumière glauque.* **2·** Fam. Qui suscite une impression de tristesse mêlée d'angoisse. *Une atmosphère glauque.* → **lugubre, sinistre.**

glèbe [glɛb] n. f. Littér. Terre, domaine cultivé. *Les serfs attachés à la glèbe.*

glisser [glise] v. < conjug. 1 > **I·** V. intr. **1·** Se déplacer d'un mouvement continu, sur une surface lisse ou le long d'un autre corps. *Glisser sur une pente raide. Glisser sur le verglas.* → **déraper.** *Son pied a glissé.* – *L'objet lui a glissé des mains.* → **échapper, tomber.** **2·** Avancer comme en glissant. *La barque glisse au fil de l'eau.* – Passer doucement, graduellement. *La majorité gouvernementale glisse vers la droite.* **3·** Passer légèrement (sur qqch.). → **courir, passer.** *Ses doigts glissent doucement sur les touches du piano.* – *Son regard glisse sur les choses.* → **effleurer.** *Les injures glissent sur lui,* ne l'atteignent pas. **4·** Ne pas approfondir. *N'insistons pas ; glissons.* **II·** V. tr. Faire passer, introduire adroitement ou furtivement (qqch.). *Glisser un levier sous une pierre.* → **engager.** *Si tu n'es pas là, je glisserai un petit mot sous la porte.* – *Glisser un mot à l'oreille de qqn.* **III·** ***Se glisser.*** v. pron. réfl. : passer, pénétrer adroitement ou subrepticement quelque part. → **se faufiler.** *Il se glisse sous les couvertures.* – *Une erreur s'est glissée dans le texte.* ▶ **glissade** n. f. Action de glisser ; mouvement que l'on fait en glissant. *Faire des glissades sur la glace.* – Pas de danse. ▶ **glisse** n. f. *Sports de glisse,* ski, planche à voile, etc. ▶ **glissant, ante** adj. **1·** Qui fait glisser. *Attention, chaussée glissante.* **2·** Qui glisse facilement entre les mains. *Poisson glissant qui échappe des mains.* ▶ **glissement** n. m. **1·** Action de glisser ; mouvement de ce qui glisse. *Le glissement d'un traîneau sur la neige. Huiler les pièces d'une machine pour faciliter leur glissement.* – *Glissement de terrain.* **2·** Changement progressif et sans heurts. → **évolution.** *Un glissement de l'opinion publique s'est effectué.* ▶ **glissière** n. f. Pièce métallique rainurée dans laquelle glisse une autre pièce. *Porte à glissière. Fermeture à glissière.* → **coulisse, fermeture** éclair. ▶ **glissoire** n. f. Étendue de glace où les enfants s'amusent à glisser. ▷ **aéroglisseur, hydroglisseur**

global, ale, aux [glɔbal, o] adj. Qui s'applique à un ensemble. → **entier, total.** *Somme globale. Vision globale de la situation.* / contr. partiel / ▶ **globalement** adv. Dans l'ensemble. ▶ **globalité** n. f. Caractère global, intégral. *Considérer un problème dans sa globalité.*

globe [glɔb] n. m. **1·** Boule, sphère. *Le centre, le diamètre d'un globe.* – *Le globe oculaire,* l'œil. **2·** *Le globe terrestre* ou *le globe.* → **terre.** *Une partie, une région du globe,* de la surface terrestre. *Carte du globe.* → **mappemonde, planisphère.** *Un globe terrestre,* sphère sur laquelle est dessinée une carte de la Terre. *Un globe céleste,* sphère sur laquelle figure une carte du ciel. **3·** Sphère ou demi-sphère creuse de verre, de cristal. *Globe d'un luminaire.* – Loc. iron. *C'est à mettre sous globe,* à conserver soigneusement. ▷ **globule, globuleux, hémoglobine**

globe-trotter [glɔbtʀɔtœʀ] n. Voyageur qui parcourt la terre. *Des globe-trotters.*

globule [glɔbyl] n. m. Cellule qui se trouve en suspension dans le sang, la lymphe. *Globules du sang : rouges* (hématies), *blancs* (leucocytes). ▶ **globulaire** adj. **1·** Qui a la forme d'un globe, d'une sphère. *Protéines globulaires.* **2·** Relatif aux globules du sang. *Se faire faire une numération globulaire.*

globuleux, euse [glɔbylø, øz] adj. *Œil globuleux,* dont le globe est saillant. *Les yeux globuleux de la grenouille.*

gloire [glwaʀ] n. f. **I· 1·** Grande renommée répandue dans un très vaste public. → **célébrité, honneur, renom.** / contr. obscurité ; déshonneur / *Amour de la gloire. Se couvrir de gloire. À la gloire de qqn, qqch.,* en l'honneur de, qui fait l'éloge de. *Monument à la gloire des héros. Poème à la gloire de la paix.* **2·** *La gloire de qqch.,* l'honneur acquis par une action, un mérite. *S'attribuer toute la gloire d'une réussite.* → **mérite.** *Se faire gloire de qqch.,* s'en vanter. **3·** *(Rendre) gloire à :* rendre un hommage de respect, d'admiration. *Gloire à Dieu !* **4·** *Une gloire,* une personne célèbre. → **célébrité.** *Il fut une des gloires de son pays.* **II·** Auréole enveloppant tout le corps du Christ. *Représenter le Christ en gloire.* ▷ **glorieux, glorifier, gloriole**

gloria [glɔʀja] n. m. invar. Hymne de la messe chanté ou récité à la gloire de Dieu. *Des gloria.*

glorieux, euse [glɔʀjø, øz] adj. **1·** (Choses) Qui procure de la gloire ou qui est plein de gloire. → **célèbre, fameux, illustre, mémorable.** *Glorieux exploits. Mort glorieuse.* – *Journée glorieuse.* **2·** Qui s'est acquis de la gloire (surtout militaire). *Glorieux conquérant.* **3·** Littér. et péj. *Être glorieux de qqch. :* tirer vanité de qqch. / contr. modeste / *Il est tout glorieux de sa richesse.* ▶ **glorieusement** adv.

glorifier [glɔʀifje] v. tr. < conjug. 7 > **1·** Proclamer la gloire de (qqn, qqch.). → **célébrer, exalter.** *Glorifier une révolution. Poème qui glorifie la liberté.* **2·** Rendre gloire à (Dieu). **3·** *Se glorifier* v. pron. réfl. : se faire gloire, tirer gloire de. → **se flatter.** *Il ne peut se glorifier de ses notes à l'examen.* ▶ **glorification** n. f. Action de glorifier, célébration, louange. → **apologie.**

gloriole [glɔʀjɔl] n. f. Vanité qu'on tire de petites choses. *Raconter ses succès par pure gloriole.*

glose [gloz] n. f. Petite note en marge ou au bas d'un texte, pour expliquer un mot difficile, éclaircir un passage obscur. → **explication.** ▶ **gloser** v. tr. < conjug. 1 > Expliquer par une glose. *Gloser un texte.* → **annoter, commenter.** ▷ **glossaire**

glossaire [glɔsɛʀ] n. m. Lexique placé à la fin d'un ouvrage, expliquant les mots difficiles. – Lexique d'un dialecte, d'un patois.

glotte [glɔt] n. f. Partie du larynx située entre les cordes vocales inférieures. ▷ **épiglotte**

glouglou [gluglu] n. m. **1·** Fam. Bruit que fait un liquide qui coule dans un conduit, d'un récipient, etc. *Un glouglou de bouteille qui se vide. Des glouglous.* **2·** Cri de la dinde et du dindon. ▶ **glouglouter** v. intr. < conjug. 1 > Produire un glouglou. → **gargouiller.**

glousser [gluse] v. intr. < conjug. 1 > **1·** Pousser un gloussement. *La poule glousse pour appeler ses petits.* **2·** Rire en poussant de petits cris. ▶ **gloussement** n. m. **1·** Cri de la poule, de la gélinotte. **2·** Rire et petits cris étouffés. *Un gloussement de moquerie.*

glouton, onne [glutɔ̃, ɔn] adj. et n. m. Qui mange avidement, excessivement, en engloutissant les morceaux. → **goinfre, goulu, vorace.** *Un enfant glouton.* – N. *Quel glouton !* ▶ **gloutonnement** adv. « *Les loups mangent gloutonnement* » (La Fontaine). ▶ **gloutonnerie** n. f. Avidité de glouton.

glu [gly] n. f. **1·** Matière végétale visqueuse et collante. **2·** Colle forte. **3·** Fig. Personne importune et tenace. *Quelle glu, ce gars-là !* ▶ **gluant, ante** [glyɑ̃, ɑ̃t] adj. Visqueux et collant (d'une manière désagréable). *Mains gluantes.* → **poisseux.** ▷ **engluer**

gluc(o)-, glyc(o)- Préfixes de mots savants, qui signifient « sucre, sucré ». ▶ **glucide** [glysid] n. m.

Composant de la matière vivante formé de carbone, hydrogène et oxygène. *Les glucides et les lipides*, les « sucres » et les corps gras. ▶ **glucose** [glykoz] n. m. Sucre très répandu dans la nature (miel, raisin, amidon). *Sirop de glucose* (employé en confiserie).

glutamate [glytamat] n. m. Sel d'un acide aminé, utilisé notamment dans la cuisine asiatique pour renforcer le goût. *Glutamate de sodium.*

gluten [glytɛn] n. m. Matière azotée visqueuse qui subsiste après l'élimination de l'amidon des farines de céréales.

glycémie [glisemi] n. f. Taux de glucose dans le sang. ▶ **glycémique** adj. ▷ **hypoglycémie**

glycérine [gliseʀin] n. f. Liquide incolore, sirupeux, de saveur sucrée, provenant de corps gras. *Savon à la glycérine.* ▷ **nitroglycérine**

glycine [glisin] n. f. Arbre grimpant, à grappes de fleurs mauves et odorantes.

glyco- → **gluc(o)-**.

gnac n. m. ou **gnaque** n. f. [njak] Fam. *Avoir du gnac, de la gnaque*, avoir l'esprit combatif, la volonté de vaincre. → **gagne.** – **REM.** On écrit aussi *niac* n. m., *niaque* n. f.

gnangnan [ɲɑ̃ɲɑ̃] adj. Fam. Mou, sans énergie ; mièvre. *Elles sont un peu gnangnans.* → **mollasse.** *Un film gnangnan.*

gneiss [gnɛs] n. m. invar. Roche composée de feldspath, de quartz, de mica.

gnocchi [ɲɔki] n. m. Boulette de pâte pochée, puis cuite au four. *Des gnocchis à la romaine.*

gnognote ou **gnognotte** [ɲɔɲɔt] n. f. Fam. *C'est de la gnognote*, c'est quelque chose de tout à fait négligeable.

gnôle ou **gniole** [ɲol] Fam. Eau-de-vie, liqueur. *Un petit verre de gniole.*

gnome [gnom] n. m. Petit personnage des contes, laid et difforme. → **lutin, nain.**

gnon [ɲɔ̃] n. m. Coup. – Marque laissée par un coup.

gnose [gnoz] n. f. Philosophie selon laquelle il est possible de connaître les choses divines.

gnou [gnu] n. m. Mammifère d'Afrique, au corps lourd, à tête épaisse et barbue, et à grosses cornes. *Des gnous.*

1 **go** [go] n. m. Go ou ***jeu de go*** : jeu de stratégie à deux partenaires, qui se joue avec des pions sur un damier.

2 **tout de go** [tudgo] loc. adv. Fam. Directement, sans préambule. *N'allez pas lui avouer cela tout de go.*

goal [gol] n. m. Anglic. Gardien de but. *Des goals.*

gobelet [gɔblɛ] n. m. **1·** Récipient pour boire, généralement plus haut que large et sans pied. → **godet, timbale. 2·** Récipient servant à lancer les dés.

gober [gɔbe] v. tr. < conjug. 1 > **1·** Avaler brusquement en aspirant, et sans mâcher. *Gober un œuf cru.* **2·** Fam. Croire sans examen. → **avaler.** *Il gobe tout ce qu'on lui dit.* **3·** Fam. Estimer, apprécier. *Ils ne peuvent pas le gober.* ▶ **gobeur, euse** n. et adj. Fam. Crédule, naïf.

se goberger [gɔbɛʀʒe] v. pron. réfl. < conjug. 3 > Prendre ses aises, se prélasser. – Faire bombance.

godasse [gɔdas] n. f. Fam. Chaussure.

godelureau [gɔdlyʀo] n. m. Fam. et péj. Jeune homme qui se fait remarquer par ses manières trop galantes. *Des godelureaux.*

goder [gɔde] ou **godailler** [gɔdɑje] v. intr. < conjug. 1 > Faire des faux plis. *Jupe qui gode, godaille. Le papier peint, mal collé, godaille*, fait un godet (II).

godet [gɔdɛ] n. m. **I· 1·** Petit récipient sans pied ni anse. → **gobelet.** *Les godets d'un peintre.* **2·** Fam. Verre. *Prendre un godet.* **3·** *Roue à godets, chaîne à godets*, à auges. **II·** Faux pli ou large pli d'un vêtement, d'une étoffe. → **goder.**

godiche [gɔdiʃ] adj. Fam. Benêt, maladroit. *Qu'il est godiche ! Quel air godiche !* – N. f. *Quelle godiche, cette fille !*

godille [gɔdij] n. f. **1·** Aviron placé à l'arrière d'une embarcation. **2·** Mouvements latéraux pour ralentir la descente à skis. **3·** ***À la godille*** loc. fam. : de travers. *Marcher à la godille.* ▶ **godiller** v. intr. < conjug. 1 > Manœuvrer avec la godille.

godillot [gɔdijo] n. m. Chaussure militaire. – Fam. Gros soulier.

goéland [gɔelɑ̃] n. m. Oiseau de mer à tête blanche, de la taille d'une grosse mouette. *Une colonie de goélands.*

goélette [gɔelɛt] n. f. Bateau léger à deux mâts. *Goélette de pêche.*

goémon [gɔemɔ̃] n. m. Algues marines. → **varech.** *Ramasser du goémon.*

① à **gogo** [agɔgo] loc. adv. Fam. Abondamment ; à volonté. *Avoir tout à gogo. Aujourd'hui, dessert à gogo !*

② **gogo** [gɔgo] n. m. Fam. Homme crédule et niais. → **naïf.** *C'est bon pour les gogos.*

goguenard, arde [gɔgnaʀ, aʀd] adj. Qui a l'air de se moquer familièrement d'autrui. → **narquois.** *Ton, sourire, œil goguenard.*

goguette [gɔgɛt] n. f. Fam. ***En goguette*** : émoustillé, légèrement ivre ; d'humeur festive ; en promenade. *Des touristes en goguette.*

goinfre [gwɛ̃fʀ] n. m. et adj. Individu qui mange avec excès et salement. → **glouton, goulu.** *Il se jette sur les plats comme un goinfre.* ▶ **se goinfrer** v. pron. réfl. < conjug. 1 > Manger comme un goinfre. *Elle se goinfre de chocolat.* → **s'empiffrer.** ▶ **goinfrerie** n. f. Manière de manger du goinfre.

goitre [gwatʀ] n. m. Tumeur du corps thyroïde, qui déforme la partie antérieure du cou. ▶ **goitreux, euse** adj. **1·** De la nature du goitre. *Tumeur goitreuse.* **2·** Qui est atteint d'un goitre. – N. *Un goitreux.*

golden [gɔldɛn] n. f. Pomme jaune à chair juteuse et sucrée. *Un kilo de goldens.* – En appos. *Des pommes goldens* ou *golden.*

golf [gɔlf] n. m. **1·** Sport qui consiste à envoyer une petite balle dure dans des trous disposés le long d'un parcours. – Le terrain gazonné de ce parcours. – *Golf miniature,* jeu de jardin ou de salon. **2·** *Culottes (pantalon) de golf ; des golfs* (vieilli), culottes bouffantes, et serrées audessous du genou. ≠ golfe. ▶ **golfer** v. intr. < conjug. 1 > ▶ **golfeur, euse** n. Joueur, joueuse de golf.

golfe [gɔlf] n. m. Vaste échancrure d'une côte où avance la mer. *Le golfe du Mexique. Petit golfe.* → **baie.** ≠ golf.

gombo [gɔ̃bo] n. m. Plante potagère tropicale dont on consomme les fruits comme légumes ou condiments. *Des gombos.*

gomina [gɔmina] n. f. Pommade à base de gomme que les hommes utilisaient pour faire tenir leur coiffure et faire briller les cheveux (nom déposé). → **brillantine.** ▶ **se gominer** v. pron. réfl. < conjug. 1 > Enduire ses cheveux de gomina, ou d'une pommade quelconque. – Au p. p. adj. *Des danseurs gominés.*

① **gomme** [gɔm] n. f. Substance visqueuse et transparente qui suinte de l'écorce de certains arbres *(gommiers). Gomme arabique,* colle obtenue à partir de la gomme d'un acacia. – ***Boule de gomme*** : bonbon fait d'un mélange naturel de gomme et de résine. ▶ ① **gommer** v. tr. < conjug. 1 > Enduire d'une solution de gomme. – Au p. p. adj. *Papier gommé,* qui colle si on l'humecte. ▷ **dégommer**

② **gomme** n. f. Petit bloc de caoutchouc ou d'élastomère servant à effacer. ▶ ② **gommer** v. tr. < conjug. 1 > **1·** Effacer avec une gomme. **2·** Nettoyer (la peau) en éliminant les cellules mortes. ▶ **gommage** n. m. Action de gommer (1 et 2). ▶ **gommant, ante** adj. Qui gomme (2). *Elle s'applique une crème gommante sur le visage.*

③ à la **gomme** loc. adv. Fam. Sans valeur. *Un type, un truc à la gomme.* → fam. à la **noix.**

④ **gomme** n. f. Loc. fam. ***Mettre (toute) la gomme*** : accélérer l'allure d'un véhicule.

gommeux [gɔmø] n. m. invar. Autrefois. Jeune homme désœuvré, d'une élégance excessive et ridicule.

gonade [gɔnad] n. f. Organe sexuel qui produit les gamètes. *Gonade femelle* (ovaire), *mâle* (testicule).

gond [gɔ̃] n. m. **1·** Pièce métallique autour de laquelle pivote le battant d'une porte ou d'une fenêtre. → **charnière.** *La porte tourna lentement sur ses gonds.* **2·** Loc. ***Sortir de ses gonds*** : se mettre en colère. *Jeter, mettre qqn hors de ses gonds.*

gondole [gɔ̃dɔl] n. f. Barque vénitienne à un seul aviron, longue et plate, aux extrémités relevées et recourbées. ▶ **gondolier** n. m. Batelier qui conduit une gondole.

① **gondoler** [gɔ̃dɔle] v. intr. < conjug. 1 > Se bomber anormalement dans certaines parties. *Planche, carton, tôle, vernis qui gondole.* – Pronominalement. *Cette planche s'est gondolée.* ▶ **gondolage** ou **gondolement** n. m. *Le gondolage d'une planche.*

② **se gondoler** v. pron. réfl. < conjug. 1 > Fam. Se tordre de rire. ▶ **gondolant, ante** adj. Fam. Très amusant. → **tordant.**

gonfler [gɔ̃fle] v. tr. < conjug. 1 > **1·** Distendre en remplissant d'air, de gaz. *Gonfler un ballon, un pneu.* / contr. dégonfler / *Gonfler ses joues, ses narines.* → **dilater, enfler.** **2·** Faire augmenter de volume, sous l'action d'une cause quelconque. *L'averse a gonflé la rivière.* – Au p. p. *Éponge gonflée d'eau. Yeux gonflés, gonflés de larmes.* **3·** Surestimer volontairement (un chiffre, une évaluation). → **grossir.** *Les journaux ont gonflé l'importance de l'affaire.* – Au p. p. adj. *Prix gonflés.* **4·** Intransitivement. Augmenter de volume. *Son genou a gonflé.* → **enfler.** **5·** ***Se gonfler*** v. pron. : se tendre. *La voile se gonfle au vent.* – Augmenter de volume. *La pâte à pain se gonfle.* – Abstrait. *Son cœur se gonfle de joie.* ▶ **gonflable** adj. Qui peut être gonflé d'air. *Matelas gonflable.* ▶ **gonflage** n. m. Action de remplir d'air, de gaz ; son résultat. *Vérifier le gonflage des pneus.* ▶ **gonflé, ée** adj. Loc. fam. *Être gonflé à bloc*, rempli d'une ardeur et d'une assurance à toute épreuve. → **remonté.** *Il est gonflé ! C'est gonflé de sa part !*, il a du culot. / contr. dégonflé, peureux, timide / ▶ **gonflement** n. m. Action d'augmenter de volume ; son résultat. *Le gonflement des pieds.* → **dilatation, enflure.** – Augmentation exagérée. *Le gonflement de la circulation des billets.* → **inflation.** ▶ **gonfleur** n. m. Appareil servant à gonfler. *Gonfleur à air comprimé.* ▷ **dégonfler, regonfler**

gong [gɔ̃g] n. m. Plateau de métal suspendu, sur lequel on frappe pour qu'il résonne. *Un coup de gong qui annonce le début du round de boxe. Des gongs.*

goniomètre [gɔnjɔmɛtʀ] n. m. Instrument servant à mesurer les angles. ▷ **radiogoniomètre**

goret [gɔʀɛ] n. m. 1· Jeune cochon. 2· Fam. Enfant sale. *Va te laver, petit goret !*

① **gorge** [gɔʀʒ] n. f. I· 1· Partie antérieure du cou. *Serrer la gorge.* → **étrangler.** *Le chien saute à la gorge du voleur. Couper la gorge à qqn.* → **égorger.** – Loc. ***Prendre** qqn **à la gorge*** : le contraindre par la violence, par une pression impitoyable. ***Avoir le couteau sous la gorge*** : subir une contrainte (qui oblige à faire qqch. sur-le-champ). 2· Littér. Seins de femme. → **buste, poitrine.** II· 1· Cavité intérieure du cou, à partir de l'arrière-bouche (larynx, pharynx). → **gosier.** *Mal de gorge. Avoir la gorge sèche, la gorge serrée.* – *Voix de gorge.* → **guttural.** *Rire à gorge déployée*, très fort. 2· Loc. ***Faire des gorges chaudes*** de qqch. : se répandre en plaisanteries malveillantes. → **se moquer.** – ***Rendre gorge*** : restituer par force ce qu'on a pris par des moyens illicites. *Ils sont parvenus à lui faire rendre gorge.* ▶ **gorge-de-pigeon** adj. invar. D'une couleur à reflets changeants comme la gorge du pigeon. *Des soieries gorge-de-pigeon.* ▶ **gorgée** n. f. Quantité de liquide qu'on avale naturellement en une seule fois. → **lampée.** *Boire à petites gorgées.* ▷ **arrière-gorge, coupe-gorge, dégorger, égorger, engorger, gorger, regorger, se rengorger, rouge-gorge, soutien-gorge**

② **gorge** n. f. 1· Vallée étroite et encaissée. *Les gorges du Tarn.* 2· Partie creuse, cannelure, dans une pièce métallique. *La gorge d'une poulie.*

gorger [gɔʀʒe] v. tr. < conjug. 3 > 1· Remplir (de nourriture) avec excès. *Ils nous ont gorgés des produits de leur ferme.* 2· ***Se gorger*** v. pron. réfl. → **se bourrer,** se **gaver,** s'**empiffrer.** *En se gorgeant de bonbons, on tombe malade.* 3· Au p. p. ***Gorgé de*** : complètement imprégné, saturé de. *Terre gorgée d'eau.*

gorgonzola [gɔʀgɔ̃zɔla] n. m. Fromage italien à moisissures internes. *Des gorgonzolas.*

gorille [gɔʀij] n. m. 1· Grand singe anthropoïde d'Afrique. 2· Fam. Garde du corps. *Voilà le Premier ministre, escorté de ses gorilles.*

gosier [gozje] n. m. 1· Arrière-gorge et pharynx. 2· Siège de la voix, prolongement du pharynx communiquant avec le larynx. *Chanter à plein gosier*, à pleine gorge. → s'**égosiller.**

gosse [gɔs] n. et adj. Fam. 1· Enfant, jeune garçon ou fille. *Les gosses du quartier. Il a deux gosses au berceau. Une sale gosse*, insupportable. *C'est un vrai gosse*, il est resté très enfant. – Adj. *Elle était encore toute gosse.* → **môme.** 2· *Un beau gosse, une belle gosse*, beau garçon, belle fille. – Adj. *Être beau gosse.*

gothique [gɔtik] adj. et n. I· 1· *Le style gothique* ou, n. m., *le gothique*, le style répandu en Europe du XIIe au XVIe s. entre le style roman et le style Renaissance. – Adj. *Architecture gothique.* → **ogival.** *Cathédrale gothique. Style gothique flamboyant.* 2· *Écriture gothique*, à caractères droits, à angles et à crochets. – N. m. *Le gothique* ou (plus souvent) ***gotique*** : langue des Goths (langue germanique disparue). II· 1· Littér. *Roman gothique*, type de récits à thèmes médiévaux, aux XVIIIe-XIXe siècles. 2· *Mouvement gothique* : mouvement culturel sombre et romantique, parfois macabre. – N. Adepte de ce mouvement. *Des gothiques vêtus de noir.*

gouache [gwaʃ] n. f. Peinture à l'eau faite de matières colorantes opaques. *Tube de gouache. Tableau peint à la gouache.* – *Une gouache*, ce tableau. ▶ **gouacher** v. tr. < conjug. 1 > Rehausser de touches de gouache. *Gouacher un dessin.*

gouailler [gwaje] v. intr. < conjug. 1 > Littér. Dire des railleries de façon plutôt vulgaire. → **se moquer.** ▶ **gouaillerie** ou **gouaille** n. f. Attitude insolente et railleuse. ▶ **gouailleur, euse** adj. *Sourire gouailleur. Une verve gouailleuse.*

gouape [gwap] n. f. Fam. Voyou. *Ce type est une petite gouape.*

gouda [guda] n. m. Fromage de Hollande de Gouda, à pâte cuite. *Du gouda au cumin. Des goudas.*

goudron [gudʀɔ̃] n. m. Produit visqueux, brun ou noir, obtenu par distillation de matières végétales ou minérales. *Goudron de houille. Gou-*

dron pour route. → **asphalte, bitume.** ▶ **goudronner** v. tr. < conjug. 1 > Enduire ou imbiber de goudron. – Au p. p. adj. *Une belle route goudronnée.* ▶ **goudronnage** n. m.

gouffre [gufʀ] n. m. **1·** Trou vertical, effrayant par sa profondeur et sa largeur. → **abîme, précipice.** – Cavité naturelle souterraine. *Le gouffre de Padirac.* **2·** Courant tourbillonnaire. *Le gouffre du Maelström.* **3·** Littér. (En parlant de ce qui est insondable et terrible) *Le gouffre du néant, de l'oubli. Un gouffre de malheurs, de souffrances.* – Loc. ***Être au bord du gouffre*** : devant un péril imminent. **4·** Ce qui engloutit de l'argent. *Ce procès est un gouffre.* → **ruine.** ▷ **engouffrer**

gouge [guʒ] n. f. Ciseau à lame courbe, qui sert à creuser, à évider. *Gouge de menuisier.*

gouine [gwin] n. f. Fam. Péj. (insulte) Homosexuelle.

goujat [guʒa] n. m. Homme grossier, indélicat (surtout envers les femmes). → **malotru, mufle.** *Vous êtes un goujat.* ▶ **goujaterie** n. f. Caractère, conduite d'un goujat. → **grossièreté, impolitesse, muflerie.** *Il est d'une goujaterie peu commune.*

goujon [guʒɔ̃] n. m. Petit poisson d'eau douce très répandu. *Une friture de goujons.*

goulag [gulag] n. m. Camp de travail forcé et concentrationnaire de l'ex-U. R. S. S. (ou analogue). *Les goulags soviétiques.*

goulasch ou **goulache** [gulaʃ] n. m. ou f. Ragoût de bœuf parfumé au paprika (spécialité d'origine hongroise).

goule [gul] n. f. Vampire femelle des légendes orientales.

goulée [gule] n. f. Fam. Grande gorgée. *Prendre, aspirer une goulée d'air frais.*

goulet [gulɛ] n. m. Passage, couloir étroit dans un relief naturel. → 1 **défilé.** – Entrée étroite d'un port, d'une rade. *Le navire franchit le goulet.* – Fig. *Goulet d'étranglement* : passage difficile. ≠ goulot.

gouleyant, ante [gulɛjɑ̃, ɑ̃t] adj. (Vin) Frais et léger.

goulot [gulo] n. m. Col étroit d'un récipient. *Le goulot d'une bouteille. Boire au goulot,* directement à la bouteille. ≠ goulet.

goulu, ue [guly] adj. Qui mange avec avidité. → **glouton.** – N. *Un goulu.* / contr. frugal, sobre / ▶ **goulûment** adv. *Manger goulûment.*

goupille [gupij] n. f. Cheville métallique qui sert à faire un assemblage démontable. ▶ **goupiller** v. tr. < conjug. 1 > **1·** Fixer avec des goupilles. *Goupiller une roue sur un axe.* **2·** Fam. Arranger, combiner. – Au p. p. *C'est bien goupillé,* bien fait. – Pronominalement. *Ça se goupille mal.* ▷ **dégoupiller**

goupillon [gupijɔ̃] n. m. **1·** Instrument liturgique pour asperger d'eau bénite. – Loc. *Le sabre et le goupillon,* l'armée et l'Église. **2·** Longue brosse cylindrique pour nettoyer les objets creux. *Nettoyer une bouteille avec un goupillon.*

gourbi [guʀbi] n. m. **1·** Habitation sommaire en Afrique du Nord. → **cabane.** **2·** Abri de tranchée. **3·** Habitation misérable et sale. *Ils logent à six dans un gourbi. Des gourbis.* ▶ **gourbiville** n. f. Au Maghreb. Bidonville.

gourd, gourde [guʀ, guʀd] adj. Engourdi par le froid. *Avoir les doigts gourds.* ▷ **dégourdir, engourdir**

1 **gourde** [guʀd] n. f. Bouteille ou bidon fait d'une matière résistante.

2 **gourde** n. f. et adj. Personne niaise et maladroite. *Quelle gourde, ce gars !* – Adj. → **stupide.** *Il a l'air gourde.*

gourdin [guʀdɛ̃] n. m. Gros bâton solide qui sert à frapper. → **trique.** *Un coup de gourdin.*

se **gourer** [guʀe] v. pron. < conjug. 1 > Fam. Se tromper. *Je t'assure que tu te goures.*

gourgandine [guʀgɑ̃din] n. f. Vx. Femme facile, dévergondée.

gourmand, ande [guʀmɑ̃, ɑ̃d] adj. **1·** Qui aime la bonne nourriture, mange par plaisir. *Elle est gourmande. Il est très gourmand de gibier.* → **friand.** – N. *Un gourmand raffiné.* → **gastronome, gourmet.** **2·** *Un regard gourmand,* avide, qui se délecte. **3·** Qui exige trop d'argent dans une affaire. *Son associé est gourmand.* ▶ **gourmandise** n. f. **1·** Caractère, défaut de celui qui est gourmand. **2·** Au plur. Mets délicieux, friandises. → **gâterie.**

gourmander [guʀmɑ̃de] v. tr. < conjug. 1 > Littér. Réprimander (qqn) en lui adressant des reproches sévères. → **gronder, sermonner.**

gourme [guʀm] n. f. **1·** Maladie de peau au visage, au cuir chevelu. → **impétigo.** **2·** Maladie du cheval, inflammation des voies respiratoires.

gourmé, ée [guʀme] adj. Dont le maintien est grave et raide. *Une personne gourmée.* – *Air gourmé.* → **affecté, compassé, guindé.**

gourmet [guʀmɛ] n. m. Personne qui sait apprécier le raffinement en matière de boire et de manger. → **gastronome.** *Il est gros mangeur, mais ce n'est pas un gourmet.*

gourmette [guʀmɛt] n. f. **1·** Chaînette qui fixe le mors dans la bouche du cheval. **2·** Bracelet à mailles de métal aplaties. *Elle a une gourmette en or au poignet.*

gourou [guʀu] n. m. **1·** Religieux indien qui forme des disciples. **2·** N. Maître à penser, inspirateur spirituel. *Le, la gourou d'une secte. Des gourous.*

gousse [gus] n. f. **1·** Fruit des légumineuses, fait d'une capsule allongée s'ouvrant par deux fentes et renfermant des graines (→ **cosse**). *Une gousse de fèves.* **2·** *Gousse d'ail,* chacun des éléments de la tête d'ail.

gousset [gusɛ] n. m. **1·** Autrefois. Petite bourse. **2·** Petite poche de gilet ou de pantalon. *Il tira sa montre du gousset de son pantalon.*

goût [gu] n. m. **I· 1·** Sens grâce auquel l'homme et les animaux perçoivent les saveurs des aliments (→ **goûter ; gustatif**). *La langue et le palais sont les organes du goût.* **2·** Saveur. *Goût acide, amer, sucré, fade, fort d'un aliment.* **3·** Appétit, envie. / contr. dégoût / – Abstrait. *Elle n'a plus le goût de vivre, elle n'a plus goût à la vie.* **4·** ***Goût de, pour** qqch.* : penchant. → **disposition, vocation.** *Le goût du travail. Le goût de la provocation. Il a peu de goût pour ce genre de travail.* / contr. aversion, dégoût / – *Prendre goût à,* se mettre à apprécier. – *Être au goût de.* → **plaire.** *Il la trouve à son goût,* elle lui plaît. **II· 1·** Aptitude à sentir, à discerner les beautés et les défauts (d'une œuvre, etc.). *Avoir le goût délicat, difficile. Je trouve que ces gens ont mauvais goût.* – Avis, jugement. *À mon goût, ceci ne vaut rien.* **2·** ***Le bon goût*** ou ***le goût*** : jugement sûr en matière esthétique. *Avoir du goût ; manquer de goût. Une femme habillée, coiffée avec goût.* → **élégance. 3·** Au plur. Tendances, préférences qui se manifestent dans le genre de vie, les habitudes de chacun. *Être liés par des goûts communs.* – Loc. prov. *Des goûts et des couleurs on ne discute pas. Tous les goûts sont dans la nature ; chacun ses goûts.* – ***De** (tel ou tel) **goût*** : se dit des choses qui dénotent, révèlent un goût (bon ou mauvais). *Une plaisanterie d'un goût douteux. Des vêtements de bon goût. Il serait de mauvais goût d'insister.* – Au Canada. *Avoir le goût de* : aimer. **4·** ***Dans le goût.*** → **genre, manière, mode, style.** *Tableau dans le goût classique.* ▶ 1 **goûter** v. < conjug. 1 > **I·** V. tr. **1·** *Goûter qqch.,* manger ou boire un peu de qqch. pour connaître son goût. *Goûtez notre vin.* → **déguster.** *Goûter une sauce pour voir si elle est suffisamment assaisonnée.* **2·** Éprouver avec plaisir (une sensation, une émotion). → **savourer.** *Il goûtait le plaisir de ne rien faire. Goûter la fraîcheur du soir.* **3·** Littér. Trouver à son goût, juger favorablement. → **aimer, apprécier, estimer.** *Il ne goûte pas la plaisanterie.* **II·** V. tr. ind. **1·** ***Goûter à*** : prendre un peu d'une chose dont on n'a pas encore bu ou mangé. → **entamer.** *Goûtez-y, vous m'en direz des nouvelles. Il y a à peine goûté.* → **toucher. 2·** ***Goûter de*** : boire ou manger pour la première fois. – Faire l'expérience de. *Il a goûté du métier.* → **tâter. III·** V. intr. Faire une collation, entre le déjeuner et le dîner. *Goûter à cinq heures.* **IV·** V. tr. (suj. chose) En Belgique, au Canada. Avoir le goût de. *La soupe goûte le brûlé.* ≠ goutter. ▶ 2 **goûter** n. m. Nourriture (et boisson) que l'on prend dans l'après-midi. → **collation ;** fam. **quatre-heures.** ▶ **goûtu, ue** adj. Qui a du goût, un goût agréable. *Ce fromage est très goûtu.* ▷ **arrière-goût, avant-goût, dégoûter, ragoût**

1 **goutte** [gut] n. f. **1·** Très petite quantité de liquide qui prend une forme arrondie. *Goutte d'eau. Il n'est pas tombé une goutte de pluie depuis des mois. Il n'y a plus une goutte de lait. Suer à grosses gouttes,* transpirer abondamment. – Fam. *Avoir la goutte au nez,* avoir le nez qui coule. **2·** Loc. *Se ressembler comme deux gouttes d'eau,* se ressembler trait pour trait. **3·** ***Goutte à goutte*** loc. adv. : une goutte après l'autre. *Couler goutte à goutte.* → **dégouliner, s'égoutter, goutter ; goutte-à-goutte. 4·** Très petite quantité de boisson. *« Voulez-vous du café ? – Juste une goutte. »* → **doigt, larme. 5·** Fam. *Boire la goutte,* un petit verre d'eau-de-vie. **6·** Au plur. Médicament prescrit et administré en gouttes. *As-tu pris tes gouttes ? Elle s'est mis des gouttes dans le nez.* ▶ **goutte-à-goutte** n. m. invar. Dispositif permettant de réaliser une perfusion lente et régulière. ▶ **gouttelette** n. f. Petite goutte de liquide. ▶ **goutter** v. intr. < conjug. 1 > Couler goutte à goutte. *Eau qui goutte d'un robinet.* → **s'égoutter.** ≠ goûter. ▷ **compte-gouttes, dégoutter, égout, égoutter, gouttière, tout-à-l'égout**

2 **goutte** adv. de négation. Vx ou plaisant. ***Ne... goutte*** : ne... pas. *Allume la lumière, on n'y voit goutte,* on n'y voit rien du tout. *N'y entendre goutte,* ne rien comprendre.

3 **goutte** n. f. Inflammation douloureuse des articulations. → **rhumatisme.** *Avoir la goutte, une attaque de goutte.* ▶ **goutteux, euse** adj. *Un vieillard goutteux.* – N. *Un goutteux.*

gouttière [gutjɛʀ] n. f. **1·** Canal demi-cylindrique, fixé au bord inférieur des toits, permettant l'écoulement des eaux de pluie. → **chéneau.** *Gouttière en zinc.* **2·** Appareil creux qui sert à immobiliser un membre fracturé.

gouvernance [guvɛʀnɑ̃s] n. f. Anglic. Manière de gouverner, d'exercer le pouvoir. *La gouvernance européenne.*

gouverner [guvɛʀne] v. tr. < conjug. 1 > **I·** Exercer le pouvoir politique sur. *Gouverner les peuples, les hommes.* → **conduire, diriger.** – Au p. p. subst. *Les gouvernés,* ceux qui doivent obéir au pouvoir politique. – Diriger les affaires publiques d'un État, détenir et exercer le pouvoir politique, et spécialt le pouvoir exécutif. *Le roi ne gouverne pas, il règne.* – ***Se gouverner*** v. pron. réfl. : (société) exercer le pouvoir politique sur soi-même. *Le droit des peuples à se gouverner eux-mêmes.* **II·** Diriger la conduite de (qqch., qqn). **1·** Vx ou littér. Exercer une influence déterminante sur la conduite de (qqn). → **commander, guider.** *Il se laisse gouverner par sa femme. Gouverner ses sentiments.* → **maîtriser. 2·** Exercer son empire sur. → **dominer.** *L'intérêt gouverne le monde.* **3·** En grammaire. Régir. *En latin, le verbe actif gouverne l'accusatif.* **III·** Sans compl. Diriger une embarcation. *Gouverner vent arrière.* ▶ **gouvernable** adj. Susceptible d'être gouverné. *Peuple difficilement gouvernable.* / contr. ingouvernable / ▶ **gouvernail, ails** n. m. **1·** Plan mince orientable que l'on manœuvre à l'aide de la barre, et qui sert à diriger un bateau. → ① **gouverne.** *Des gouvernails.* **2·** Direction des affaires. *Prendre, tenir, abandonner le gouvernail.* → **barre** (3). ▶ **gouvernant** n. m. *Les gouvernants,* ceux qui déterminent et exercent le pouvoir politique, le pouvoir exécutif (opposé à *gouvernés*). ▶ **gouvernante** n. f. **1·** Femme à qui l'on confie la garde et l'éducation d'enfants. → **nurse, préceptrice. 2·** Femme qui dirige le personnel d'un hôtel. ▶ ① **gouverne** n. f. Dispositif externe orientable qui fait partie des commandes d'un engin aérien (avion, etc.). *Il faut réparer les gouvernes qui sont défectueuses.* → **gouvernail.** ▶ ② **gouverne** n. f. Loc. *Pour (votre, sa) gouverne :* pour servir de règle de conduite. *Tu sauras, pour ta gouverne, qu'il vaut mieux réfléchir avant de parler.* ▶ **gouvernement** n. m. **I·** Le pouvoir qui gouverne un État ; ceux qui le détiennent. **1·** Le pouvoir politique ; les organes de ce pouvoir (exécutif, législatif). → **état.** *Gouvernement central, gouvernements locaux d'un État fédéral. Un gouvernement instable.* **2·** Pouvoir exécutif suprême (opposé à *administration*) ; organes qui l'exercent (opposé à *pouvoir législatif*). *Le gouvernement français* (chef de l'État ; conseil des ministres). **3·** Dans les régimes parlementaires. Le corps des ministres. → **cabinet, conseil, ministère.** *Le chef du gouvernement,* le Premier ministre. **II·** Constitution politique de l'État. → **institution(s), régime, système.** *Gouvernement totalitaire, absolu* → **absolutisme, despotisme, dictature,** *démocratique, républicain* → **démocratie, république,** *impérial, monarchique* → **empire, monarchie. III·** Action de gouverner. *Connaître l'art du gouvernement.* ▶ **gouvernemental, ale, aux** adj. **1·** Relatif au pouvoir exécutif. *Organes gouvernementaux.* **2·** Relatif au ministère. → **ministériel.** *L'équipe gouvernementale.* **3·** Qui soutient le ministère. *Journal gouvernemental* (ou *progouvernemental*). *Parti gouvernemental.* / contr. antigouvernemental / ▶ **gouverneur** n. ou, au fém., **gouverneuse,** au Canada, **gouverneure 1·** Personne qui est à la tête d'une région militaire ou administrative, parfois d'un établissement financier. *Gouverneur militaire. Le gouverneur du Texas,* chef du pouvoir exécutif de l'État du Texas (États-Unis). *Le gouverneur de la Banque de France.* **2·** Au Canada. Représentant(e) du souverain du Royaume-Uni. *La gouverneure générale.* ▷ **antigouvernemental, ingouvernable**

goy [gɔj] n. Non-juif, chrétien, pour les israélites. *Les goys. Elle est goy.*

goyave [gɔjav] n. f. Fruit d'un arbre d'Amérique tropicale (le *goyavier*). *Des goyaves.*

G. P. L. [ʒepeɛl] n. m. Gaz de pétrole liquéfié, mélange liquide d'hydrocarbures, utilisé comme carburant ou comme combustible.

GPS ou **G. P. S.** [ʒepeɛs] n. m. Anglicisme. Système de localisation (de mobiles) par satellite. → **géolocalisation.** – *Un GPS. Voiture munie d'un GPS. Randonneur équipé d'un GPS.*

grabat [gʀaba] n. m. Lit misérable. *Le pauvre homme gît sur son grabat.* ▶ **grabataire** adj. et n. (Personnes) Qui ne peut se lever (par maladie, faiblesse, vieillesse).

grabuge [gʀabyʒ] n. m. Fam. Dispute, querelle bruyante ; désordre qui en résulte. → **bagarre, bataille.** *Il va y avoir du grabuge.*

① **grâce** [gʀɑs] n. f. **I· 1·** Faveur accordée librement à qqn. → **bienfait, don.** *Demander, solliciter, obtenir une grâce.* – ***Les bonnes grâces de*** *qqn* : les faveurs qu'il accorde ; ses dispositions favorables. *Rentrer dans les bonnes grâces de qqn.* **2·** Disposition à faire des faveurs, à être agréable à qqn. – Loc. ***Rentrer en grâce*** *auprès de qqn* : retrouver sa faveur. – ***Trouver grâce*** *devant qqn, aux yeux de qqn* : lui plaire, gagner sa bienveillance. – ***De grâce*** : je vous en prie. – ***Bonne grâce*** : bonne volonté naturelle et aimable. → **affabilité, amabilité, douceur, gentillesse.** *Faire qqch. de bonne grâce,* volontiers. – ***Mauvaise grâce*** : mauvaise volonté. *Il aurait mauvaise grâce de se plaindre, à se plaindre. De mauvaise grâce,* à contrecœur. **3·** Titre d'honneur (surtout dans les pays anglo-saxons). *Votre Grâce.* **4·** La bonté divine ; les faveurs qu'elle dispense. → **bénédiction, faveur.** *La grâce de Dieu. An de grâce,* se dit de chacune des années de l'ère chrétienne. *En l'an de grâce 1654, Louis XIV fut sacré roi.* – Loc. *À la grâce de Dieu,* comme il plaira à Dieu, en laissant les choses évoluer sans intervenir. **5·** Aide de Dieu qui rend l'homme capable de parvenir au salut. *La grâce a touché ce pécheur. Être en état de grâce.* – Fig. *État de grâce,* période d'euphorie où tout semble favorable. *L'état de grâce du nouveau gouvernement.* **6·** *Avoir la grâce,* avoir le don, l'inspiration. *Pour créer de telles œuvres, il faut avoir la grâce.* **II· 1·** Pardon, remise de peine, de dette accordée bénévolement. → **amnistie, sursis.** *Demander la grâce de qqn.* – (Sans article) *Demander grâce. Crier grâce,* supplier. Ellipt. *Grâce !* → **pitié.** *Faire grâce.* → **gracier.** – *Je vous fais grâce du travail qui reste,* je vous en dispense. *Je te fais grâce de la petite monnaie,* je te dispense de me la rendre. – *Recours en grâce d'un condamné.* **2·** ***Coup de grâce*** : coup qui achève définitivement qqn (qui est blessé, qui souffre). *Donner, porter le coup de grâce.* → **achever. III· 1·** (Dans des expressions) Reconnaissance, remerciements. *Rendre grâce, rendre grâces.* → **remercier.** – *Action de grâce, de grâces,* acte, prière qui exprime de la gratitude envers Dieu. **2·** Loc. prép. ***Grâce à** qqn, qqch.* : à l'aide, au moyen de (en parlant d'un résultat heureux). *Grâce à Dieu, tout s'est bien passé,* par bonheur. *Grâce à toi, grâce à ton aide, nous avons fini ce travail à temps. C'est grâce à toi que nous avons fini à temps. Grâce à son aide, nous avons pu y arriver.* ▶ **gracier** v. tr. < conjug. 7 > Faire grâce (II) à (qqn). *Le condamné a été gracié par le président de la République.* ▶ ① **gracieux, ieuse** adj. Qui est accordé, sans être dû, sans que rien soit exigé en retour. → **bénévole, gratuit.** *Prêter un concours gracieux.* ▶ ① **gracieusement** adv. Gratuitement. *Un cadeau sera remis gracieusement à tout acheteur.* ▷ **disgrâce**

② **grâce** n. f. **1·** Charme, agrément. *Elle a de la grâce.* → **gracieux.** *Grâce des gestes, des mouvements.* → **aisance.** *Évoluer, danser avec grâce.* → **élégance, facilité.** / contr. lourdeur, maladresse / **2·** Au plur. *Les grâces.* → **beauté.** *Les grâces d'une personne* (vieilli). → **attrait, charme.** – (Souvent iron.) Manières gracieuses. *Faire des grâces.* → **façon.** ▶ ② **gracieux, ieuse** adj. Qui a de la grâce, de l'agrément ; qui est aimable. → **charmant, élégant, gentil.** *Un corps svelte et gracieux. Une enfant gracieuse.* / contr. disgracieux, laid / ▶ ② **gracieusement** adv. Avec grâce. *Sourire gracieusement.* ▷ **disgracieux**

gracile [gʀasil] adj. Mince et délicat. → **élancé, frêle.** *Une fillette au corps gracile.* / contr. épais, trapu / ▶ **gracilité** n. f. Littér.

gradation [gʀadɑsjɔ̃] n. f. **1·** Progression par degrés successifs, et le plus souvent ascendante. *Une gradation de tons, de couleurs.* → **dégradé.** *Par gradation.* → **graduellement. 2·** Degré. *Passer par une suite de gradations.* ≠ graduation.

① **grade** [gʀad] n. m. **1·** Degré d'une hiérarchie (surtout militaire). → **échelon.** *Le grade d'un officier. Avancer, monter **en grade*** (→ **avancement, promotion**). **2·** Loc. fam. *En prendre, **prendre** qqch. **pour son grade*** : se faire réprimander vertement. ▶ **gradé, ée** n. Militaire qui a un grade inférieur à celui d'officier, dans les armées de terre et de l'air. ▷ **gradation**

② **grade** n. m. Centième partie d'un quadrant (quart de cercle).

-grade Suffixe signifiant « façon de marcher » (ex. : *plantigrade*).

gradin [gʀadɛ̃] n. m. **1·** Chacun des bancs disposés en étages dans un amphithéâtre, un stade. *La foule descend les gradins de l'arène.* **2·** ***En gradins*** : disposé par paliers successifs. *Un jardin, des cultures en gradins.*

graduat [gʀadɥa] n. m. En Belgique. Grade non universitaire sanctionnant certaines études techniques ou administratives.

graduation [gʀadɥasjɔ̃] n. f. Action de graduer (2). – Échelle graduée d'un instrument de mesure. *La graduation du thermomètre est effacée.* – Système de division. *La graduation de Fahrenheit.* ≠ gradation.

graduel, elle [gʀadɥɛl] adj. Qui va par degrés. → **progressif.** *Effort graduel.* / contr. brusque / ▶ **graduellement** adv. Progressivement. *Gagner du terrain graduellement.*

graduer [gʀadɥe] v. tr. < conjug. 1 > **1·** Augmenter graduellement. *Graduer les difficultés.* – Au p. p. adj. *Exercices gradués,* progressifs. **2·** Diviser en degrés. → **étalonner.** *Graduer une éprouvette, une règle* (→ **graduation**). – Au p. p. adj. *Thermomètre gradué.* ▷ **graduat, graduation**

graffiti [gʀafiti] n. m. Inscription ou dessin griffonné sur les murs. *Des graffitis ou des graffiti maladroits.* – Spécialt. Dessin décoratif analogue au tag. ▶ **graffiter** v. tr. < conjug. 1 > **1·** Couvrir de graffitis. **2·** Figurer par des graffitis. ▶ **graffiteur, euse** n.

graillon [gʀɑjɔ̃] n. m. **1·** Au plur. Morceaux de gras frits qui restent dans un plat, une poêle. **2·** Péj. Odeur de graisse brûlée, de mauvaise cuisine. *Ce restaurant sent le graillon.* ▶ ① **graillonner** v. intr. < conjug. 1 > Avoir une odeur de graillon.

② **graillonner** [gʀɑjɔne] v. intr. < conjug. 1 > Fam. **1·** Tousser en crachant. **2·** Parler d'une voix grasse, enrouée.

① **grain** [gʀɛ̃] n. m. **1·** Fruit comestible des graminées. *Grain de blé, de riz.* – ***Les grains*** ou ***le grain*** (collectif) : les grains récoltés des céréales. *Séparer le grain de la balle. Donner du grain aux volailles.* – *Poulet de grain,* poulet de qualité supérieure nourri exclusivement de grain. – Loc. fig. *Du grain à moudre,* de quoi réfléchir, s'occuper. **2·** Semence. → **graine.** *Semer le grain.* **3·** Fruit, petite graine arrondie de certaines plantes. *Grain de raisin, de groseille. Grain de poivre, de café.* – *Café, poivre en grains* (opposé à *moulu*). **4·** Petite parcelle arrondie. *Grain de sable, de poussière, de poudre, de farine, de pollen. Grain de sel.* – Loc. fam. *Mettre, mêler son grain de sel,* intervenir sans y être invité. *Il met son grain de sel partout,* il se mêle trop de ce qui ne le regarde pas. **5·** ***Grain de beauté*** : petite tache brune de la peau. **6·** ***Le grain*** : aspect d'une surface plus ou moins grenue. *Le grain de la peau. Le grain d'un cuir, d'un papier.* **7·** Très petite quantité. → **atome, once.** *Il n'a pas un grain de bon sens.* → **brin.** *Un grain de fantaisie, de folie.* **8·** ***Avoir un (petit) grain*** : être un peu fou. ▷ **graine, gros-grain**

② **grain** n. m. **1·** Coup de vent soudain et violent, en mer. – Averse accompagnée de vent. → **ondée. 2·** ***Veiller au grain*** : être vigilant, en prévision d'un danger.

graine [gʀɛn] n. f. **1·** Partie des plantes à fleurs qui, une fois germée, assure leur reproduction (→ **grain**). *Semer des graines d'œillets. La graine a germé. Les lentilles sont des graines comestibles.* **2·** Loc. ***Monter en graine*** : se dit d'une plante qui a poussé jusqu'à porter des graines. *Les salades montent en graines, on ne peut plus les manger.* – *En prendre de la graine,* tirer un exemple, une leçon (de qqch.). *Ton frère était bachelier à 16 ans ; prends-en de la graine.* **3·** Péj. ***Graine de*** : personne qui risque de mal tourner. *C'est de la graine de voyou.* – ***Mauvaise graine*** : se dit de qqn dont on ne présage rien de bon. **4·** Loc. fam. ***Casser la graine*** : manger, casser la croûte. ▶ **grainetier, ière** [gʀɛntje, jɛʀ] n. Personne qui vend des grains, des graines comestibles, ou des graines de semence, des oignons, des bulbes. ▶ **graineterie** [gʀɛn(ə)tʀi] n. f. Commerce, magasin du grainetier.

graisse [gʀɛs] n. f. **1·** Substance onctueuse répandue en diverses parties du corps de l'être humain et des animaux, sous la peau. *Il est bouffi de graisse. Exercices, massages pour faire perdre la graisse.* **2·** Corps gras d'origine animale, végétale, ou minérale. *Graisse à friture. Graisse végétale.* → **beurre, huile, margarine, suif, paraffine, vaseline.** ▶ **graisser** v. tr. < conjug. 1 > **1·** Enduire, frotter d'un corps gras. *Graisser les engrenages d'une machine.* → **lubrifier.** *Graisser ses bottes.* **2·** Loc. fig. ***Graisser la patte*** *à qqn* : lui donner de l'argent discrètement pour en obtenir un avantage, le soudoyer. ▶ **graissage** n. m. *Vidange et graissage d'une voiture.* ▶ **graisseur** n. m. Ouvrier ou appareil automatique qui opère le graissage. ▶ **graisseux, euse** adj. **1·** De la nature de la graisse. → **adipeux.** *Corps graisseux.* **2·** Taché, enduit de graisse. → **gras.** *Évier graisseux.* ▷ **dégraisser, engraisser**

graminée [gʀamine] n. f. Toute plante à fleurs minuscules groupées en épis, à tige creuse, qui compose les prairies. *Les céréales sont des graminées, sauf le sarrasin.* → ① **grain.**

gramm-, -gramme Élément signifiant « lettre, écriture » (ex. : *grammaire, télégramme*) ou « courbe, tracé » (ex. : *diagramme*).

grammaire [gʀa(m)mɛʀ] n. f. **1·** Ensemble des règles à suivre pour parler et écrire correctement une langue. *Règle, faute de grammaire.* **2·** Partie de la linguistique qui regroupe la phonologie, la morphologie et la syntaxe, ou seulement les deux dernières. **3·** Livre, traité, manuel de grammaire. *J'ai oublié ma grammaire anglaise à la maison.* **4·** Ensemble des règles (d'un art). *La grammaire de la peinture.* ▶ **grammairien, ienne** n. **1·** Lettré qui fixe les règles du bon usage d'une langue. *Vaugelas, grammairien célèbre.* **2·** Linguiste spécialisé dans l'étude de la morphologie et de la syntaxe. ▶ **grammatical, ale, aux** adj. **1·** Relatif à la grammaire ; de la grammaire. *Exercices grammaticaux. Analyse grammaticale.* **2·** Conforme aux règles de la grammaire. *Cette phrase est grammaticale.*

gramme [gʀam] n. m. **1·** Unité de masse du système métrique représentant la masse d'un centimètre cube d'eau distillée, prise à son maximum de densité (abrév. *g*). **2·** Très petite quantité. *Il n'a pas un gramme de bon sens.* → **grain.** ▷ **centigramme, décigramme, hectogramme, kilogramme, milligramme**

grand, grande [gʀɑ̃, gʀɑ̃d] adj. **I·** Dans l'ordre physique (avec possibilité de mesure). / contr. petit / **1·** Dont la hauteur, la taille dépasse la moyenne. *Un homme grand et mince. De grands arbres.* **2·** Qui atteint toute sa taille. → **adulte.** *Tu comprendras quand tu seras grand. Les grandes personnes,* les adultes. – N. *Tu iras tout seul, comme un grand. Les grands,* les aînés ; les élèves les plus âgés. – Loc. *Être assez grand pour,* être capable de (sans avoir besoin de l'aide de personne). *Je suis assez grand pour savoir ce que j'ai à faire.* **3·** Dont la longueur dépasse la moyenne. → **long.** *Grand nez. Grand couteau. Marcher à grands pas.* **4·** Dont la surface dépasse la moyenne. → **étendu, spacieux, vaste.** *Grand appartement* [gʀɑ̃tapaʀtəmɑ̃]. *Grande ville. Grand ensemble.* **5·** Dont le volume, l'ensemble des dimensions en général dépasse la moyenne. *Le plus grand barrage du monde.* **6·** (Mesures) *Grande taille, grande largeur. Grand poids. Grande quantité. Grand nombre. Grand âge. À grande vitesse.* – *Deux grands kilomètres,* deux kilomètres et plus. → **bon. 7·** Très abondant ou très intense, très important. *Grande foule.* → **nombreux.** Loc. *Il n'y a pas grand monde,* il y a peu de monde. *Laver à grande eau,* avec beaucoup d'eau. – *Grande fortune.* → **gros.** – Loc. *À grands frais.* – *Grande chaleur, grand froid.* → **intense.** *Grand bruit, grand effort. Grand coup.* Loc. *Au grand air,* en plein air. *Au grand jour.* **II·** Dans l'ordre qualitatif (mettant en relief la notion exprimée). **1·** → **important.** *Grands événements. Un grand jour. Grand chagrin, grand mérite.* – (Sans article) *Avoir grand avantage. Faire grand tort. Avoir grand besoin.* **2·** (Équivalent d'un superlatif) *Grand travailleur,* celui qui travaille beaucoup. *Grand blessé,* blessé grave. *Grand criminel. Grand fumeur.* **3·** (Établissant une distinction parmi les autres) *Les grandes puissances.* → **principal.** – *Les grandes écoles. Grands vins.* → **meilleur. 4·** (Personnes) Qui est d'une condition sociale ou politique élevée. *Un grand personnage. Grand seigneur. Grande dame. Le grand monde,* la haute société. – N. *Les grands, les grands de ce monde.* **5·** Qui est supérieur en raison de ses talents, de ses qualités, de son mérite. → **fameux, glorieux, illustre, supérieur.** *Grand homme.* → **génie, héros.** *Les grands créateurs. Un grand champion.* – (En parlant des choses et qualités humaines) → **beau, grandiose, magnifique, noble.** *Grandes actions. Rien de grand ne se fait sans audace. C'est du grand art.* **III·** (Vx, ou dans des expressions) ***Grand-*** (+ n. f.). *Grand-rue,* la rue principale. *Grand-route, grand-messe. Avoir grand-faim, grand-soif. J'ai grand-peur que cela ne tourne mal.* – ***À grand-peine*** loc. adv. : très difficilement. – *Pas grand-chose.* → **grand-chose. IV·** Adv. (S'accorde avec le nom qui précède) **1·** *Grand ouvert, grande ouverte,* ouvert(e) au maximum. *Yeux grands ouverts. Ouvrir la fenêtre toute grande.* – ***Voir grand*** : avoir de grands projets, prévoir largement. *Il a vu grand, en achetant cette énorme tarte.* **2·** ***En grand*** : sur de grandes dimensions, un vaste plan. *Il a réalisé en grand ce que vous avez fait en petit.* ▶ **grand-angle** ou **grand-angulaire** [gʀɑ̃tɑ̃gl ; gʀɑ̃tɑ̃gylɛʀ] n. m. et adj. Objectif photographique couvrant un large champ. *Des grands-angles. Des grands-angulaires.* – Adj. *Un objectif grand-angulaire.* ▶ **grand-chose** [gʀɑ̃ʃoz] pronom indéf. et n. invar. **1·** ***Pas grand-chose*** : peu de chose. *Cela ne vaut pas grand-chose.* **2·** Fam. *Un, une pas grand-chose,* personne qui ne mérite pas d'estime. ▶ **grand-croix** n. invar. N. f. invar. Décoration la plus élevée dans l'ordre de la Légion d'honneur. – N. m. invar. Titulaire de ce grade. ▶ [1] **grand-duc** n. m. **1·** Titre de princes souverains (fém. ***Grande-duchesse***). **2·** Fam. *Faire la tournée des grands-ducs,* la tournée des restaurants, des cabarets luxueux. ▶ **grand-ducal, ale, aux** adj. Du grand-duché de Luxembourg. ▶ **grand-duché** n. m. *Le grand-duché de Luxembourg. Des grands-duchés.* ▶ [2] **grand-duc** n. m. Variété de rapace nocturne ; hibou de grande taille. *Des grands-ducs.* ▶ **grand-guignol** n. m. *Du grand-guignol,* un spectacle d'une horreur sanglante, mélodramatique (comme les spectacles du théâtre qui portait ce nom). ▶ **grand-guignolesque** adj. Digne du grand-guignol. ▶ **grandement** adv. **1·** Beaucoup, tout à fait. *Il a grandement contribué au succès.* → **fortement.** – Largement, en abondance. *Il a grandement de quoi vivre.* → **amplement. 2·** Dans des proportions et avec une ampleur qui dépasse l'ordinaire. *Être logé grandement. Faire les choses grandement,* sans rien épargner. → **généreusement.** ▶ **grandeur** n. f. **I·** (Sens absolu) **1·** Caractère de ce qui est grand, important. → **étendue, importance.** *La grandeur d'un sacrifice.* **2·** (Personnes) Importance sociale, politique. → **gloire, pouvoir, puissance.** *La grandeur d'un État. Air de grandeur.* → **majesté.** *Du temps de sa grandeur. Regarder qqn du haut de sa grandeur,* avec mépris. – Au plur. *Il a la folie des grandeurs.* → **mégalomanie. 3·** Élévation, noblesse. / contr. mesquinerie / *Grandeur d'âme.* **II·** (Sens relatif) **1·** Qualité de ce qui est plus ou moins grand. → **dimension, étendue, taille.** *Choses d'égale grandeur. Des livres de toutes les grandeurs. Une calculatrice de la grandeur d'une carte postale.* **2·** ***Grandeur nature*** loc. adj. invar. : qui est représenté selon ses dimensions réelles. *Des portraits grandeur nature.* **3·** Nombre qui caractérise l'éclat d'une étoile. → **magnitude.** *Les étoiles de première grandeur,* les plus brillantes. **III·** Ce qui est susceptible de mesure. → **quantité.** *Définition, mesure d'une grandeur.* ▷ **agrandir, grandiose, grandir, grand-mère, grand-messe, mère-grand**

grandiloquence [gʀɑ̃dilɔkɑ̃s] n. f. Forme d'expression qui abuse des grands mots et des effets faciles. ▶ **grandiloquent, ente** adj. Qui s'exprime avec grandiloquence. – Où il entre de la grandiloquence. → **pompeux.** *Un ton grandiloquent.*

grandiose [gʀɑ̃djoz] adj. (Choses) Qui frappe, impressionne par son caractère de grandeur, son aspect majestueux. → **imposant, magnifique, majestueux.** *Paysage, spectacle grandiose. Œuvre grandiose. Époque grandiose.*

grandir [gʀɑ̃diʀ] v. < conjug. 2 > **I·** V. intr. **1·** Devenir plus grand. / contr. rapetisser / *Cet enfant a beaucoup grandi.* **2·** Devenir plus intense. → **augmenter.** / contr. diminuer / *Le vacarme ne cesse de grandir. Le mécontentement grandissait.* **3·** Gagner en valeur humaine. *Il sort grandi de cette épreuve.* **II·** V. tr. **1·** Rendre ou faire paraître plus grand. *Ses hauts talons la grandissent. Le microscope grandit ce qu'on y observe.* → **agrandir. 2·** Donner plus de grandeur, de noblesse. → **ennoblir.** *Cela ne le grandit pas à mes yeux.* ▶ **grandissant, ante** adj. Qui grandit peu à peu, qui va croissant. *Un vacarme grandissant. Une impatience grandissante.*

grand-mère [gʀɑ̃mɛʀ] n. f. **1·** Mère du père ou de la mère de qqn. → **aïeul(e).** – *Grand-mère maternelle, paternelle.* **2·** Fam. Vieille femme. → **mamie, mémé.** *Laissez passer la grand-mère. Des grand-mères.* ▶ **grand-père** n. m. **1·** Père du père ou de la mère de qqn. → **aïeul.** – *Grand-père paternel, maternel.* **2·** Fam. Homme âgé, vieillard. *Des vieux grands-pères.* → **pépé.** ▶ **grands-parents** n. m. pl. Le grand-père et la grand-mère du côté paternel et maternel. ▶ **grand-oncle** [gʀɑ̃tɔ̃kl] n. m. Frère du grand-père ou de la grand-mère. *Un de mes grands-oncles.* (On dit aussi **oncle** en ce sens.) ▶ **grand-tante** [gʀɑ̃tɑ̃t] n. f. Sœur du grand-père ou de la grand-mère. *Une de ses grands-tantes.* (On dit aussi **tante** en ce sens.) ▷ **arrière-grand-mère, arrière-grand-père, arrière-grands-parents**

grand-messe [gʀɑ̃mɛs] n. f. **1·** Messe chantée. *Des grands-messes.* **2·** Réunion solennelle (d'un parti, d'une institution...). *La grand-messe annuelle du syndicat.*

grange [gʀɑ̃ʒ] n. f. Bâtiment clos servant à abriter la récolte dans une exploitation agricole. ▷ **engranger**

gran(i)- Élément qui signifie « grain ⓘ ». ▶ **granit** ou **granite** [gʀanit] n. m. **1·** Roche dure, abondante, formée de cristaux de feldspath, de quartz, de mica, etc. *La côte de granit rose, en Bretagne.* **2·** Symbole de dureté. *Cœur de granit,* insensible, impitoyable. → **pierre.** ▶ **granitique** adj. *Roches granitiques.* ▶ **granité, ée** adj. Qui présente des grains comme le granit. → **grenu.** *Papier granité.* ▶ **granivore** adj. Qui se nourrit de grains. *Oiseaux granivores.* ▶ **granule** n. m. Petite pilule. *Granules homéopathiques.* ▶ **granulé** n. m. Préparation pharmaceutique présentée sous forme de petits grains irréguliers et fondants. *Prendre des granulés pour la digestion.* ▶ **granuleux, euse** adj. Formé de petits grains ou d'aspérités en forme de grains. *Papier granuleux. Peau granuleuse.* / contr. lisse / ▶ **granulation** n. f. Surtout au plur. Aspect granuleux. *Surface qui présente des granulations.* ▷ **filigrane**

granny smith [gʀanismis] n. f. invar. Anglic. Pomme à peau verte, à chair ferme et acidulée.

grape-fruit ou **grapefruit** [gʀɛpfʀut] n. m. Anglic. Pamplemousse (pomélo). *Des grape-fruits ; des grapefruits.*

graph(o)-, -graphe, -graphie Éléments savants signifiant « écrire, décrire, tracer ». ▶ **graphe** n. m. *Graphe d'une relation entre deux ensembles,* les couples qui vérifient cette relation. – Représentation graphique d'un graphe, d'une relation. ▶ **graphème** [gʀafɛm] n. m. Lettre ou groupe de lettres transcrivant un phonème. *« o » et « au » sont deux graphèmes pour* [o]. ▶ **graphie** [gʀafi] n. f. Manière dont un mot est écrit. → **orthographe.** *Ce mot a deux graphies* (ex. : *granit, granite*). ▶ **graphique** [gʀafik] adj. et n. m. **I·** Adj. Qui représente, par des signes ou des lignes, des figures sur une surface. *Arts graphiques,* dessin, peinture, gravure, etc. *Industrie graphique. L'alphabet est un système de signes graphiques.* **II·** N. m. Représentation des variations d'un phénomène (en fonction du temps, du coût, etc.) à l'aide d'une ligne droite, courbe, ou brisée. → **courbe, diagramme.** *Graphique tracé par un appareil enregistreur.* ▶ **graphiquement** adv. Par le dessin et l'écriture. ▶ **graphisme** [gʀafism] n. m. **1·** Manière de former les lettres, d'écrire, propre à chaque individu. *La graphologie* étudie les graphismes. Une écriture d'un graphisme arrondi.* **2·** Manière de dessiner, d'écrire, considérée sur le plan esthétique. *Le graphisme de Picasso.* ▶ **graphiste** n. Professionnel des arts graphiques. *Elle est graphiste dans une agence de publicité.* ▶ **graphite** n. m. Variété de carbone cristallisé, gris noir, dont on se sert pour écrire (appelé aussi *mine de plomb*). ▶ **graphologie** n. f. Étude des écritures individuelles. ▶ **graphologique** adj. *Analyse graphologique.* ▶ **graphologue** n. Personne qui pratique la graphologie. *Expert-graphologue.*

grappe [gʀap] n. f. **1·** Assemblage de fleurs ou de fruits portés par des pédoncules étagés sur un axe commun (→ **inflorescence**). *Grappe de glycine. Grappe de raisin.* **2·** Assemblage serré de petits objets (grains, etc.) ou de personnes. *Des grappes d'œufs de seiche. Des grappes de voyageurs s'accrochaient aux marchepieds.* ▶ **grappiller** [gʀapije] v. tr. < conjug. 1 > **1·** Prendre de-ci, de-là (des fruits, des fleurs). → **cueillir, ramasser.** *Grappiller du raisin.* **2·** Prendre, recueillir au hasard. *Grappiller des connaissances.* → **glaner.** *Grappiller quelques sous.* ▶ **grappillage** n. m. Action de grappiller. – Petits larcins. → **gratte.** ▷ **égrapper**

grappin [gʀapɛ̃] n. m. **1·** Instrument en fer muni de crochets et fixé au bout d'une corde. → **crampon, croc.** **2·** Abstrait. ***Mettre le grappin sur :*** accaparer. *Attention, ce raseur va nous mettre le grappin dessus.*

gras, grasse [gʀɑ, gʀɑs] adj. **I· 1·** Formé de graisse ; qui contient de la graisse. *Matière grasse. Les corps gras,* les graisses, les lipides. *Aliments gras.* – N. m. *Le gras,* la partie grasse de la viande. **2·** *Jours gras,* où l'on peut manger de la viande, quand on est catholique. *Mardi gras.* – Adv. *Faire gras,* manger de la viande. **3·** (Personnes) Qui a beaucoup de graisse. → **adipeux, grassouillet, gros.** / contr. maigre / *Elle est un peu grasse.* – N. m. *Le gras de la jambe,* le mollet. **4·** Enduit, sali de graisse. → **graisseux, huileux, poisseux.** *Avoir les cheveux gras, les mains grasses.* **II·** Par anal. **1·** Qui évoque la graisse par sa consistance. → **onctueux.** *Terre argileuse et grasse. Toux grasse,* accompagnée d'une expectoration de mucosités. **2·** *Caractères gras,* caractères épais et noirs en imprimerie. *Crayon gras,* à mine tendre. **3·** *Plantes grasses,* à feuilles épaisses et charnues (ex. *les cactus*). → **succulent.** **4·** Abondant. *La prime n'est pas grasse.* – Adv. Fam. *Il n'y a pas gras à manger,* pas beaucoup. ▶ **grassement** adv. Abondamment, largement. *Il est grassement payé.* → **généreusement.** ▶ **gras-double** [gʀɑdubl] n. m. Membrane comestible de l'estomac du bœuf. *Des gras-doubles à la lyonnaise.* ▷ **grassouillet**

grasseyé [gʀaseje] adj. m. *R grasseyé,* R prononcé du fond de la gorge sans être roulé.

grassouillet, ette [gʀɑsujɛ, ɛt] adj. Assez gras et rebondi. → **potelé.** *Un petit homme grassouillet.*

gratifier [gʀatifje] v. tr. < conjug. 7 > **1·** Pourvoir libéralement de quelque avantage (don, faveur, honneur). *On l'a gratifié d'un nouveau bureau.* – Iron. *Gratifier qqn d'une paire de gifles.* **2·** Procurer une satisfaction psychologique valorisante à. / contr. frustrer / ▶ **gratifiant, ante** adj. Qui gratifie (2). *Une promotion gratifiante.* / contr. frustrant / ▶ **gratification** n. f. **1·** Somme d'argent donnée par un employeur en sus du salaire. → **prime.** **2·** Ce qui gratifie psychologiquement. *Tout le monde a besoin de gratifications.* / contr. frustration /

gratin [gʀatɛ̃] n. m. **1·** ***Au gratin :*** se dit de plats cuits au four après avoir été saupoudrés de chapelure ou de fromage râpé. *Macaronis au gratin.* **2·** Mets ainsi préparé. *Un gratin de pommes de terre. Gratin dauphinois.* – Croûte dorée qui se forme à la surface de ce plat. **3·** Fam. Partie d'une société particulièrement relevée par ses titres, son élégance, sa richesse. → **élite.** *Il fréquente le gratin.* ▶ **gratiner** v. intr. < conjug. 1 > Se couvrir d'une croûte dorée à la cuisson. *Faire gratiner des légumes.* ▶ **gratiné, ée** adj. et n. f. **1·** Cuit au gratin. **2·** N. f. ***Une gratinée :*** soupe à l'oignon, au gratin. **3·** Fam. Remarquable, par l'excès ou le ridicule. *Il est gratiné, son chapeau ! Un sujet de rédaction gratiné,* très difficile.

gratis [gʀatis] adv. Fam. → **gratuitement.** *Assister gratis à un spectacle.* – Adj. invar. *L'entrée est gratis.*

gratitude [gʀatityd] n. f. Sentiment affectueux que l'on éprouve envers la personne dont on a reçu un bienfait, un service. → **reconnaissance.** / contr. ingratitude /

gratouiller ou **grattouiller** v. tr. < conjug. 1 > Fam. Gratter légèrement. *Ça me gratouille.* → **chatouiller.**

grattage [gʀataʒ] n. m. Action de gratter (1 et 4) ; son résultat. *Le grattage d'un vieux papier peint. Jeu de grattage,* qui consiste à gratter un ticket pour savoir si l'on a gagné.

gratte [gʀat] n. f. Fam. **1·** Petit profit obtenu en grattant. → **gratter** (I, 5). *Faire de la gratte.* **2·** Guitare. *Jouer de la gratte.*

gratte-ciel [gʀatsjɛl] n. m. invar. Immeuble à très nombreux étages, atteignant une grande hauteur. → **tour.** *Des gratte-ciel.*

gratte-cul [gʀatky] n. m. Fruit du rosier, de l'églantier, petite baie orange remplie de poil à gratter. *Des gratte-cul(s).*

gratte-papier [gʀatpapje] n. m. invar. Péj. Modeste employé de bureau. → **scribouillard.**

gratter [gʀate] v. < conjug. 1 > **I·** V. tr. **1·** Frotter avec qqch. de dur en entamant très légèrement la surface de. → **racler.** *Gratter une porte pour en ôter la peinture. Gratter une allumette.* **2·** (En employant les ongles, les griffes) *Se gratter la tête, le front. Les poules grattent le sol de la basse-cour.* – *Gratte-moi le dos, il me démange.* **3·** Fam. Faire éprouver une démangeaison. → **gratouiller.** *Ce vêtement me gratte terriblement.* – *Poil à gratter.* **4·** Faire disparaître ce qui est sur la surface ainsi frottée.

→ **effacer, enlever.** *Gratter un mot, une inscription.* **5·** Prélever à son profit, mettre de côté de petites sommes. *C'est une affaire où il n'y a pas grand-chose à gratter.* → **grappiller. 6·** Fam. Dépasser (un concurrent). → **devancer, griller.** *Ce cycliste a gratté ses coéquipiers.* **II·** V. intr. Frotter avec les ongles. *Il gratte à la porte* (au lieu de frapper, par discrétion, timidité). – *Gratter de la guitare,* en jouer médiocrement. **III·** *Se gratter* v. pron. réfl. : gratter l'endroit qui démange. *Se gratter jusqu'au sang.* ▶ **grattement** n. m. Rare. Action de se gratter. *De pensifs grattements de tête.* – Bruit de ce qui gratte. *On entend un léger grattement à la porte.* ▶ **grattoir** n. m. Instrument qui sert à gratter, à racler. ▷ **égratigner, gratouiller, grattage, gratte, gratte-ciel, gratte-cul, gratte-papier**

gratuit, uite [gʀatɥi, ɥit] adj. **1·** Que l'on donne sans faire payer ; dont on profite sans payer. / contr. payant / *Enseignement gratuit et obligatoire. L'entrée du spectacle est gratuite.* → **libre** ; fam. **gratis.** *Échantillon gratuit. Journal gratuit* ou *un gratuit* n. m. *À titre gratuit.* → **gratuitement. 2·** Qui n'a pas de fondement, de preuve. → **arbitraire, hasardeux.** *Accusation gratuite.* **3·** *Acte gratuit,* irrationnel, sans motif apparent. ▶ **gratuité** n. f. **1·** Caractère de ce qui est gratuit (1), non payant. **2·** Caractère de ce qui est injustifié, non motivé ou désintéressé. ▶ **gratuitement** adv. **1·** Sans rétribution, sans contrepartie. → **gracieusement** ; fam. **gratis.** *Soigner un malade gratuitement.* **2·** Sans motif, sans fondement. *Il lui prête gratuitement des intentions mauvaises.* **3·** Sans motif ni but rationnels. *Commettre gratuitement un crime.* ▶ **gratuiciel** n. m. Logiciel gratuit.

grau [gʀo] n. m. Dans le Languedoc. Chenal entre un cours d'eau, un étang, et la mer. *Les graus de Camargue.*

gravats [gʀavɑ] n. m. pl. Débris provenant d'une démolition. → **décombres, plâtras.** *Un tas de gravats.*

grave [gʀav] adj. **I·** Abstrait. **1·** Qui se comporte, agit avec réserve et dignité ; qui donne de l'importance aux choses. → **austère, digne, posé, sérieux.** / contr. léger ; frivole / *Un magistrat grave et solennel. Air grave.* **2·** Qui a de l'importance, du poids. → **important, sérieux.** *C'est une grave question.* **3·** Susceptible de suites fâcheuses, dangereuses. / contr. bénin / *De graves ennuis. Le moment est grave.* → **critique, dramatique, tragique.** *Maladie grave.* **4·** *Blessé grave,* gravement touché. **II· 1·** (Son) Qui occupe le bas du registre musical. / contr. aigu / *Son, note grave. Voix grave.* – N. m. *Le grave,* le registre des sons graves. **2·** *Accent grave,* en français, signe (`) servant à noter le timbre de l'*e* ouvert ([ɛ]) et à distinguer certains mots de leurs homonymes (*à, où, là*). ▶ **gravement** adv. **1·** Avec gravité. → **dignement.** *Marcher, parler gravement.* **2·** D'une manière importante, dangereuse. *Ils sont gravement endettés. Gravement blessé.* → **grièvement.** ▷ **aggraver, gravissime,** ◫ **gravité**

graveleux, euse [gʀavlø, øz] adj. Littér. Très licencieux. *Raconter des histoires graveleuses.*

gravelle [gʀavɛl] n. f. Vx. Maladie qui provoque des calculs dans le rein. → ◫ **calcul, pierre** (III).

graver [gʀave] v. tr. < conjug. 1 > **1·** Tracer en creux sur une matière dure, au moyen d'un instrument pointu. *Graver des initiales sur une bague.* **2·** Tracer en creux (un dessin, des caractères, etc.), sur une matière dure, dans le but de les reproduire (→ **gravure**). *Graver un portrait au burin. Graver un disque.* **3·** Inform. Inscrire des données sur (un CD, etc.). **4·** Reproduire par le procédé de la gravure. *Faire graver des cartes de visite.* **5·** Rendre durable (dans l'esprit, le cœur). → **fixer, imprimer.** *Ce souvenir est gravé, s'est gravé dans ma mémoire.* ▶ **graveur, euse** n. **1·** Professionnel de la gravure. *Graveur sur métaux, sur bois.* **2·** N. m. Inform. Appareil permettant de graver des données sur (un CD, etc.) ▷ **gravure**

gravide [gʀavid] adj. (Femelle de mammifère) Fécondée. *Jument gravide,* pleine. ▶ **gravidité** n. f. Didact. Grossesse. ▶ **gravidique** adj. Didact. *Toxémie gravidique.*

gravier [gʀavje] n. m. **1·** Ensemble de petits cailloux servant au revêtement des allées, dans un jardin, etc. *Ratisser le gravier. Gravier fin.* → **gravillon. 2·** Sable grossier mêlé de cailloux, dans le lit des rivières ou au bord de la mer.

gravillon [gʀavijɔ̃] n. m. Fin gravier. *Répandre du gravillon sur une route goudronnée.* – Au plur. *Les gravillons,* les petits cailloux du gravillon. *Une pluie de gravillons s'abat sur le pare-brise.*

gravir [gʀaviʀ] v. tr. < conjug. 2 > Monter avec effort (une pente rude). *Gravir une montagne.* → **escalader.** *Les vélos gravissaient la côte.*

gravissime [gʀavisim] adj. Extrêmement grave. *Une erreur gravissime.*

gravitation [gʀavitɑsjɔ̃] n. f. Phénomène par lequel deux corps quelconques s'attirent avec une force qui dépend de leur masse et de leur distance. → **attraction.** *La loi de la gravitation universelle.*

◫ **gravité** [gʀavite] n. f. **1·** Qualité d'une personne grave ; air, maintien grave. → **austérité, componction, dignité.** *Un air de gravité.*

2· Caractère de ce qui a de l'importance, de ce qui peut entraîner de graves conséquences. *Vu la gravité de la situation, il faut prendre des mesures. Un accident sans gravité.*

2 **gravité** n. f. Phénomène par lequel un corps subit l'attraction de la Terre. → **pesanteur.** *Centre de gravité.* → **centre.**

graviter [gʀavite] v. intr. < conjug. 1 > ***Graviter autour*** : tourner autour (d'un centre d'attraction). *Les planètes gravitent autour du Soleil.* – Abstrait. (Personnes) *Les gens qui gravitent autour du ministre.* ▷ **gravitation**

gravure [gʀavyʀ] n. f. **1·** Action de graver. Manière dont un objet est gravé. *La gravure d'un bijou.* **2·** Art de graver, soit pour orner un objet dur, soit pour reproduire une œuvre graphique. *La gravure sur métaux, sur bois. Gravure à l'eau-forte, sur cuivre.* **3·** Reproduction de l'ouvrage du graveur, par un procédé quelconque. → **estampe, illustration.** *Une gravure en couleurs. Des gravures de mode.* **4·** Toute image reproduisant un tableau, une photographie, etc. → **reproduction.** *Accrocher des gravures au mur.* **5·** Enregistrement d'un disque. *La gravure de ce disque est médiocre.* ▷ **héliogravure, photogravure, pyrogravure, similigravure**

gré [gʀe] n. m. **1·** ***Au gré de*** : selon le goût, le caprice, la volonté de. *Trouver qqn, qqch. à son gré. Agissez à votre gré.* → **convenance, guise.** – *Au gré des événements, des circonstances,* selon les événements, les circonstances. *Au gré du vent.* – ***De son plein gré*** : sans contrainte. *Je suis venu de mon plein gré.* → **volontairement.** – ***De bon gré*** : de bon cœur. – ***De gré ou de force*** : qu'on le veuille ou pas. – ***Contre le gré de*** : contre la volonté de. *Faire qqch. contre le gré de ses parents.* – ***Bon gré mal gré*** : en se résignant, malgré soi. *J'accepte bon gré mal gré cette solution.* **2·** ***Savoir gré*** : avoir de la reconnaissance pour qqn. *Je lui sais gré de son aide, de m'avoir aidé.* ▷ **agréable, agréer, agrément, désagréable, désagrément, malgré, maugréer**

grec, grecque [gʀɛk] adj. et n. **1·** De Grèce. → **hellénique.** *L'art grec.* **2·** N. *Les Grecs.* → **hellène.** **3·** N. m. La langue grecque. *Le grec ancien, le grec moderne.* ▶ **gréco-latin, ine** [gʀekɔlatɛ̃, in] adj. Qui concerne à la fois les langues grecque et latine. *Études gréco-latines.* ▶ **gréco-romain, aine** adj. Qui appartient aux Grecs et aux Romains. *Art gréco-romain. Lutte gréco-romaine. Mythes gréco-romains.* ▷ **grecque**

grecque [gʀɛk] n. f. Ornement fait de lignes brisées qui reviennent sur elles-mêmes à angle droit.

gredin, ine [gʀədɛ̃, in] n. Vx. Personne malhonnête, méprisable. → **bandit, coquin, malfaiteur.** *Nous ferons un procès à ce gredin.* – Fam. *Petit gredin !,* petit fripon.

green [gʀin] n. m. Anglic. Espace gazonné autour des trous (d'un terrain de golf). *Marcher sur le green.*

gréer [gʀee] v. tr. < conjug. 1 > Garnir (un navire, un mât) de gréement. – Au p. p. adj. *Navire gréé en goélette.* ▶ **gréement** [gʀemɑ̃] n. m. **1·** Ensemble du matériel nécessaire à la manœuvre des navires à voiles (→ **agrès, cordage, mâture, voile**). – Sur un navire à moteur, ensemble du matériel de manœuvre et de sécurité (→ **ancre, chaîne, embarcation,** etc.). **2·** Navire, généralement ancien, gréé. *Une réunion de vieux gréements.*

1 **greffe** [gʀɛf] n. m. Bureau où l'on garde les minutes des actes de procédure. *Le greffe du tribunal d'instance.* ▶ **greffier, ière** [gʀefje, jɛʀ] n. Officier public préposé au greffe. *Le greffier du tribunal civil.*

2 **greffe** [gʀɛf] n. f. **1·** Greffon végétal ou animal. **2·** Opération par laquelle on implante un greffon végétal ou animal. – Résultat de cette action. *La greffe d'un arbre. Les greffes du rein, du cœur.* → **transplantation.** ▶ **greffer** [gʀefe] v. tr. < conjug. 1 > **1·** Soumettre (une plante) à l'opération de la greffe. *Greffer un arbre.* **2·** Insérer (un greffon) sur un sujet. *On lui a greffé un rein.* **3·** Abstrait. ***Se greffer sur*** : s'ajouter à. *Des complications imprévues sont venues se greffer là-dessus.* ▶ **greffage** n. m. Action de greffer. ▶ **greffon** [gʀɛfɔ̃] n. m. **1·** Partie d'une plante (bouton, rameau, bourgeon) que l'on insère sur une autre plante (dite *sujet* ou *porte-greffe*) afin d'obtenir un spécimen nouveau. **2·** Partie de l'organisme humain ou animal prélevée afin d'être greffée. ▷ **porte-greffe**

grégaire [gʀegɛʀ] adj. Qui vit par troupeaux. *Animaux grégaires.* – *Instinct grégaire,* qui pousse à se rassembler et à s'imiter.

grège [gʀɛʒ] adj. *Soie grège,* soie brute, telle qu'on la dévide du cocon, de couleur gris-beige. – De cette couleur. *Des pulls grèges.*

grégorien, ienne [gʀegɔʀjɛ̃, jɛn] adj. *Chant grégorien,* et n. m., *le grégorien,* le plain-chant.

1 **grêle** [gʀɛl] adj **1·** D'une longueur et d'une finesse excessives. → **filiforme, fin, fluet, mince.** *Échassier perché sur ses pattes grêles.* **2·** ***L'intestin grêle*** : portion la plus étroite de l'intestin, comprise entre le duodénum et le cæcum.

2 **grêle** n. f. **1·** Précipitation faite de grains de glace. → **grêlon.** *Fine grêle.* → **grésil.** **2·** Ce qui

tombe comme la grêle. *Il a reçu une grêle de balles.* – *Accabler qqn sous une grêle d'injures.* ▶ **grêlé, ée** adj. Marqué par de petites cicatrices (dues à la variole, l'acné, etc.). *Un visage grêlé.* ▶ **grêler** [gʀele] v. impers. < conjug. 1 > **1·** (Grêle) Tomber. *Il grêle et il vente.* **2·** Transitivement. Gâter, dévaster par la grêle. *Toute cette région a été grêlée.* ▶ **grêlon** n. m. Grain d'eau congelée qui tombe pendant une averse de grêle. ▷ **paragrêle**

grelot [gʀəlo] n. m. Sonnette constituée d'une boule de métal creuse, percée de trous, contenant un morceau de métal qui la fait résonner dès qu'on l'agite. *Grelot attaché au collier d'un chat.*

grelotter [gʀəlɔte] v. intr. < conjug. 1 > **1·** Trembler (de froid, de peur, de fièvre). → **frissonner.** **2·** Avoir très froid. → **geler** (I, 2). *On grelotte ici, fermez les fenêtres.* ▶ **grelottant, ante** adj. Qui grelotte. *Elle est toute grelottante.*

greluche [gʀəlyʃ] n. f. Fam. et péj. **1·** Jeune femme de mœurs légères. **2·** Péj. Jeune femme.

1 **grenade** [gʀənad] n. f. Fruit comestible du grenadier, grosse baie ronde à la pulpe rouge, pleine de pépins. ▶ **grenadine** n. f. Sirop de jus de grenade ou d'autres fruits rouges. – Boisson artificielle de goût analogue. ▶ 1 **grenadier** n. m. Arbrisseau épineux à feuillage persistant, à fleurs rouges, qui produit les grenades.

2 **grenade** n. f. Projectile formé d'une charge d'explosif enveloppée de métal, muni d'un détonateur pour en régler l'explosion. *Grenade à main. Grenade lacrymogène. Grenade incendiaire. Dégoupiller une grenade.* ▶ 2 **grenadier** n. m. Vx. Soldat chargé de lancer des grenades. – Histoire. Soldat d'élite. *Les grenadiers de Napoléon.* ▷ **lance-grenades**

grenaille [gʀənɑj] n. f. Métal réduit en grains. *De la grenaille de plomb.*

grenat [gʀəna] n. m. **1·** Pierre précieuse très dure, généralement d'un beau rouge. **2·** Adj. invar. Rouge sombre. *Des rubans grenat.*

grenier [gʀənje] n. m. **1·** Partie d'une ferme, d'ordinaire située sous les combles, où l'on conserve les grains et les fourrages. → **fenil, grange.** *Grenier à blé, à foin.* **2·** Étage supérieur d'une maison particulière, sous les combles, qui sert généralement de débarras. – *Fouiller une maison de la cave au grenier,* depuis le bas jusqu'en haut. ▷ **vide-grenier**

grenouillage [gʀənujaʒ] n. m. Fam. Intrigues louches, tractations immorales. → **magouille.**

grenouille [gʀənuj] n. f. Batracien aux pattes postérieures longues et palmées, à peau lisse, nageur et sauteur. *Grenouille verte, rousse. La grenouille coasse. Larve de grenouille.* → **têtard.** *La grenouille et le crapaud sont des espèces différentes. Manger des cuisses de grenouille.* ▷ **homme-grenouille**

grenu, ue [gʀəny] adj. (Choses) Dont la surface présente de nombreux grains. *Cuir grenu. Roches grenues,* dont on peut voir tous les cristaux.

grès [gʀɛ] n. m. invar. **1·** Roche sédimentaire dure formée de sable dont les grains sont unis par un ciment. *Grès rouge, gris.* **2·** Terre glaise mêlée de sable fin dont on fait des poteries. *Pot de grès.* ▶ **gréseux, euse** [gʀezø, øz] adj. De la nature du grès ; contenant du grès.

grésil [gʀezi(l)] n. m. Variété de grêle, fine, blanche et dure.

grésiller [gʀezije] v. intr. < conjug. 1 > Produire un crépitement rapide et assez faible. ▶ **grésillement** n. m. Léger crépitement. *Le grésillement de la friture.*

gressin [gʀesɛ̃] n. m. Petite flûte de pain séché, ayant la consistance des biscottes.

1 **grève** [gʀɛv] n. f. Terrain plat formé de sables et de graviers, situé au bord de la mer ou d'un cours d'eau. → **plage, rivage.** *Barque échouée sur la grève.*

2 **grève** n. f. **1·** Cessation volontaire et collective du travail décidée par des salariés ou par des personnes ayant des intérêts communs, pour des raisons économiques ou politiques. → **débrayage.** *Faire grève, se mettre en grève. Le syndicat a lancé un ordre de grève. Grève tournante,* qui affecte successivement tous les secteurs de production. *Piquet de grève. Briseur de grève.* → **jaune** (II, 5). *La grève des mineurs, des transports.* **2·** *Faire la grève de la faim,* refuser de manger, en manière de protestation. *Détenu qui fait la grève de la faim.* ▶ **gréviste** n. Personne qui fait grève.

grever [gʀəve] v. tr. < conjug. 5 > Frapper de charges financières, de servitudes. *Dépenses qui grèvent un budget.* → **alourdir.** – Au p. p. *Un pays grevé d'impôts.* ▷ **dégrever**

gribouille [gʀibuj] n. Vieilli. Personne naïve qui se jette stupidement dans les ennuis qu'elle voulait éviter. *Une politique de gribouille.*

gribouiller [gʀibuje] v. < conjug. 1 > **1·** V. intr. Faire des gribouillages. → **griffonner.** *Empêchez cet enfant de gribouiller sur les murs !* **2·** V. tr. Écrire de manière confuse. – Au p. p. adj. *Message gribouillé,* à peine lisible. ▶ **gribouillage** n. m. ou **gribouillis** n. m. invar. **1·** Dessin confus, informe. → **griffonnage.** *Buvard couvert de gribouillages.* **2·** Écriture informe, illisible. *Cette écriture n'est qu'un gribouillis maladroit.*

grièche [gʀijɛʃ] → **pie-grièche.**

grief [gʀijɛf] n. m. Souvent au plur. Sujet, motif de plainte (généralement contre une personne). → **doléances, reproche.** *Avoir des griefs contre qqn. Exposer, formuler ses griefs,* se plaindre, protester. – Loc. ***Tenir, faire grief de*** *qqch.* ***à*** *qqn* : le lui reprocher. *Ne me tenez pas grief de mes absences.*

grièvement [gʀijɛvmɑ̃] adv. *Grièvement blessé,* gravement* blessé. / contr. légèrement /

griffe [gʀif] n. f. **1·** Ongle pointu et crochu de certains animaux. *Le chat sort ses griffes. Coup de griffe.* – Loc. ***Montrer les griffes*** : menacer. *Rentrer ses griffes,* revenir à une attitude moins agressive. *Tomber sous la griffe de qqn,* en son pouvoir. *Arracher une personne des griffes d'une autre.* **2·** Petit crochet qui maintient une pierre sur un bijou. **3·** Empreinte reproduisant une signature. *Apposer sa griffe.* – Marque au nom d'un fabricant d'objets de luxe, apposée sur ses produits. *Ce manteau porte la griffe d'un grand couturier. La griffe est enlevée.* → **dégriffer. 4·** Marque caractéristique du style de qqn dans ses œuvres. *On reconnaît la griffe de l'auteur.* ▶ **griffer** v. tr. <conjug. 1> Égratigner d'un coup de griffe ou d'ongle. *Le chat m'a griffé.* ▷ **dégriffer, griffonner, griffu, griffure**

griffon [gʀifɔ̃] n. m. **1·** Animal fabuleux, ailé, à corps de lion et à tête d'aigle. **2·** Chien de chasse à poils longs et rudes. ▷ **hippogriffe**

griffonner [gʀifɔne] v. tr. <conjug. 1> **1·** Écrire (qqch.) d'une manière confuse, peu lisible. *Les médecins griffonnent leurs ordonnances.* – Sans compl. Faire des lettres, des signes, des dessins informes. → **gribouiller.** *Griffonner sur un buvard.* **2·** Rédiger à la hâte. *Griffonner un billet.* ▶ **griffonnage** n. m. **1·** Écriture mal formée, illisible ; dessin informe. → **gribouillage, gribouillis. 2·** Ce qu'on rédige hâtivement, avec maladresse. *Des griffonnages de jeunesse.*

griffu, ue [gʀify] adj. Armé de griffes ou d'ongles longs et crochus. *Des pattes griffues.*

griffure [gʀifyʀ] n. f. Marque laissée par un coup de griffe, égratignure. → **écorchure, éraflure.**

grignoter [gʀiɲɔte] v. <conjug. 1> **I·** V. intr. **1·** Manger en rongeant. *Le hamster grignote.* **2·** Manger très peu, du bout des dents. → **chipoter.** *Le soir, au lieu de dîner, elle grignote.* **II·** V. tr. **1·** Manger (qqch.) petit à petit, lentement, en rongeant. *Grignoter un biscuit. Souris qui grignote du fromage.* **2·** Détruire peu à peu, lentement. *Grignoter ses économies.* **3·** S'approprier, gagner. *Il n'y a rien à grignoter dans cette affaire.* → **gratter.** ▶ **grignotement** n. m. Action de grignoter ; bruit qui en résulte.

grigou [gʀigu] n. m. Fam. Homme avare. *Quel grigou ! Des vieux grigous.*

gri-gri → **gris-gris.**

gril [gʀi(l)] n. m. Ustensile de cuisine fait d'une grille ou d'une plaque, sur lequel on fait cuire à feu vif de la viande, du poisson, etc. – *Le gril d'un four* : résistance ou rampe de flammes placée sur la paroi du haut. – Loc. fig. *Être sur le gril,* extrêmement anxieux ou impatient. ▶ **grillade** [gʀijad] n. f. Viande grillée. *J'ai mangé une grillade. Une grillade de porc.* ▷ **griller**

grillage [gʀijaʒ] n. m. **1·** Treillis le plus souvent métallique qu'on met aux fenêtres, aux portes à jour, etc. **2·** Clôture en treillis de fils de fer. *Jardins enclos d'un grillage.* ▶ **grillager** v. tr. <conjug. 3> Munir d'un grillage. – Au p. p. adj. *Fenêtre grillagée.*

grille [gʀij] n. f. **I· 1·** Assemblage de barreaux entrecroisés ou parallèles fermant une ouverture. *La grille d'une cage.* **2·** Clôture formée de barreaux métalliques verticaux, plus ou moins ouvragés. *La grille d'un jardin public.* **3·** Châssis équipé de barres de fonte soutenant le charbon ou le petit bois dans un fourneau, une cheminée. **II· 1·** Carton ajouré à l'aide duquel on code ou décode un message secret. → **cryptographie.** – Loc. Fig. *Grille de lecture,* interprétation (d'un phénomène) faite en fonction d'un système, d'une idéologie, d'une théorie. *La grille de lecture freudienne.* **2·** *Grille de mots croisés,* l'ensemble des cases à remplir. **3·** Plan, tableau donnant un ensemble d'indications chiffrées. *Grille des horaires de trains. Grille des programmes* (radio, télévision). *Grille des salaires.* ▷ **grillage**

griller [gʀije] v. <conjug. 1> **I·** V. tr. **1·** Faire cuire, rôtir sur le gril. *Griller du boudin.* – Au p. p. adj. *Viande grillée.* → **grillade.** *Pain grillé.* **2·** Chauffer à l'excès. *La flambée lui grillait le visage.* **3·** Torréfier. *Griller du café.* – Au p. p. adj. *Amandes grillées.* **4·** Fam. *Griller une cigarette,* la fumer. **5·** Mettre hors d'usage par un court-circuit ou par un courant trop intense. *Griller une ampoule.* **6·** *Griller une étape, un feu rouge, un stop,* ne pas s'y arrêter. → **brûler. 7·** Fam. Dépasser, supplanter (un concurrent). → **gratter. II·** V. intr. **1·** Rôtir sur le gril. *Mettre des châtaignes à griller.* **2·** Fam.

Être exposé à une chaleur trop vive. *On grille ici !* / contr. geler / **3·** Abstrait. ***Griller de...*** : brûler de... *Griller d'impatience. Nous grillons de vous entendre !* ▶ **grille-pain** [gʀijpɛ̃] n. m. invar. Appareil qui sert à griller des tranches de pain. *Des grille-pain électriques.* → **toasteur.**

grillon [gʀijɔ̃] n. m. Insecte sauteur, noir ou jaune (aussi appelé *cri-cri,* en raison du bruit que le mâle fait avec ses élytres).

grimace [gʀimas] n. f. **1·** Contorsion du visage, faite inconsciemment → **tic,** ou volontairement. *Une grimace de dégoût, de douleur. Les enfants s'amusent à se faire des grimaces.* **2·** Fig. *Faire la grimace,* manifester son mécontentement, son dégoût. – Loc. *La soupe à la grimace,* attitude, accueil désagréable d'une personne mécontente. **3·** Au plur. Mines affectées, hypocrites. → **simagrée, singerie.** *Assez de grimaces !* ▶ **grimacer** v. intr. < conjug. 3 > **1·** Faire des grimaces. *Grimacer de douleur.* **2·** Faire un faux pli. *Sa veste grimace dans le dos.* ▶ **grimaçant, ante** adj. Qui grimace. *Visage grimaçant.* ▶ **grimacier, ière** adj. **1·** Qui a l'habitude de faire des grimaces. *Un comique grimacier.* **2·** Vx. Qui minaude avec affectation.

grimer [gʀime] v. tr. < conjug. 1 > Maquiller pour le théâtre, le cinéma, etc. – Pronominalement (réfl.). *Le clown se grime avec art.* ▶ **grimage** n. m. Maquillage de théâtre.

grimoire [gʀimwaʀ] n. m. Écrit indéchiffrable, illisible ou incompréhensible.

grimper [gʀɛ̃pe] v. **I·** V. intr. < conjug. 1 > **1·** Monter en s'aidant des mains et des pieds. *Grimper aux arbres, sur un arbre. Grimper à l'échelle.* – N. m. ***Le grimper*** : exercice de montée d'une corde lisse ou à nœuds. **2·** (Plantes) *Le lierre grimpe jusqu'au toit.* **3·** Monter sur un lieu élevé, d'accès difficile. *Grimper sur une montagne. Le petit enfant a grimpé sur la table.* – Au p. p. adj. *Un couvreur grimpé sur un toit.* **4·** (Suj. chose) S'élever en pente raide. *La route grimpe dur.* **5·** Fam. Monter, s'élever, augmenter rapidement. *Les prix ont grimpé.* **II·** V. tr. Gravir. *Grimper un escalier quatre à quatre.* ▶ **grimpant, ante** adj. **1·** *Plante grimpante,* dont la tige ne peut s'élever qu'en s'accrochant ou en s'enroulant à un support voisin. **2·** N. m. Fam. Pantalon. ▶ **grimpée** n. f. Ascension rude et pénible. ▶ **grimpette** n. f. Fam. Chemin court qui monte raide. → **raidillon.** ▶ **grimpeur, euse** adj. et n. (Animaux) Qui a l'habitude de grimper. *Le perroquet est un oiseau grimpeur.* – N. *Un grimpeur,* un alpiniste ; un cycliste qui excelle à monter les côtes.

grincer [gʀɛ̃se] v. intr. < conjug. 3 > **1·** (Suj. chose) Produire un son aigu et prolongé, désagréable. → **crier.** *Roue, essieux qui grincent.* **2·** (Suj. personne) Loc. ***Grincer des dents*** : faire entendre un crissement en serrant les mâchoires. *Il grince des dents de douleur, de colère.* – Fig. *Faire grincer qqn des dents,* mécontenter, déplaire à (qqn). ▶ **grinçant, ante** adj. **1·** Qui grince. *Sommier aux ressorts grinçants.* **2·** Acerbe. *Humour, sourire grinçant.* ▶ **grincement** n. m. Action de grincer ; bruit aigre ou strident qui en résulte. *Le grincement d'une porte. Des grincements de dents.*

grincheux, euse [gʀɛ̃ʃø, øz] adj. D'humeur maussade et revêche. → **acariâtre, hargneux.** – N. *C'est un vieux grincheux.*

gringalet [gʀɛ̃galɛ] n. m. Péj. Homme de petite taille, de corps maigre et chétif. *Ce gringalet ne me fait pas peur !*

gringue [gʀɛ̃g] n. m. Loc. Fam. *Faire du gringue à qqn,* chercher à plaire, à séduire.

griot [gʀijo] n. m. En Afrique noire. Membre d'une caste de conteurs ambulants, auquel on attribue parfois des pouvoirs magiques.

griotte [gʀijɔt] n. f. Cerise à queue courte, à chair molle et acide.

1 **grippe** [gʀip] n. f. Loc. ***Prendre en grippe*** : avoir une aversion soudaine contre (qqn, qqch.), ne plus pouvoir supporter (qqn). *Le professeur a pris cet élève en grippe.*

2 **grippe** n. f. **1·** Maladie infectieuse, contagieuse, caractérisée par de la fièvre, un abattement général et des symptômes tels que rhume, bronchite, etc. *Il a la grippe.* – *Grippe espagnole, asiatique* (d'après l'origine de l'épidémie). **2·** Maladie infectieuse (des animaux), avec lésions broncho-pulmonaires. *Grippe porcine. Grippe aviaire* (à l'origine d'une grave pneumopathie chez l'homme). ▶ **grippal, ale, aux** adj. Propre à la grippe. *État grippal.* ▶ **grippé, ée** adj. Atteint de la grippe. *Elle est grippée et reste à la maison.* ▷ **antigrippe**

gripper [gʀipe] v. intr. < conjug. 1 > Se coincer, s'arrêter par manque de lubrifiant. *Le moteur va gripper, va se gripper si on ne le graisse pas.* – Pronominalement. Abstrait. *Les échanges monétaires se grippent.* ▶ **grippage** n. m. *Le grippage d'un moteur.*

grippe-sou [gʀipsu] n. m. Avare qui fait de misérables économies. *Des grippe-sous.* – Adj. *Il, elle est assez grippe-sou.*

1 **gris, grise** [gʀi, gʀiz] adj. et n. **I· 1·** D'une couleur intermédiaire entre le blanc et le noir. *Les*

tons gris d'un ciel orageux. Temps gris. Il fait gris, le temps est couvert. **2·** *Cheveux gris,* où il y a beaucoup de cheveux blancs. **3·** Loc. *Faire **grise mine** à qqn :* lui faire mauvais visage, médiocre accueil. → **maussade.** **II·** N. m. Couleur grise. *Gris perle. Gris souris. Gris fer. Gris ardoise. Il est habillé en gris.* ▶ **grisaille** [gʀizɑj] n. f. Paysage gris, hivernal. *On apercevait les toits rouges dans la grisaille.* ▶ **grisâtre** adj. Qui tire sur le gris. *Jour grisâtre.* ▶ **grisé** n. m. Teinte grise obtenue par des hachures ou par un pointillé (sur une gravure...). ▷ **grisonner, petit-gris, vert-de-gris**

2 **gris, grise** adj. Ivre. *À la fin du repas, il était un peu gris.* ▶ **griser** v. tr. < conjug. 1 > **1·** Rendre gris. → **enivrer.** *Vin qui grise.* **2·** Mettre dans un état d'excitation physique ou morale comparable aux premières impressions de l'ivresse. *L'air vif des montagnes l'a grisé.* → **étourdir.** *Les succès l'ont grisé.* **3·** ***Se griser*** v. pron. réfl. : s'exalter, se repaître. *Se griser de grand air. Se griser de ses propres paroles.* ▶ **grisant, ante** adj. Qui grise en exaltant, en surexcitant. → **enivrant, excitant.** *Un parfum grisant. Elle est grisante dans cette robe.* ▶ **griserie** [gʀizʀi] n. f. *La griserie du succès. La griserie de la vitesse.* ▷ **dégriser**

grisette [gʀizɛt] n. f. Vx. Jeune ouvrière coquette. *Étudiants et grisettes de l'époque romantique.*

gris-gris ou **gri-gri** [gʀigʀi] n. m. Amulette (mot africain). *Des gris-gris.*

grisonner [gʀizɔne] v. intr. < conjug. 1 > (Poil) Commencer à devenir gris. – Avoir le poil gris par l'effet de l'âge. *Ses cheveux grisonnent ; il grisonne.* ▶ **grisonnant, ante** adj. *Cheveux grisonnants. Tempes grisonnantes.* ▶ **grisonnement** n. m. Fait de grisonner.

grisou [gʀizu] n. m. Gaz inflammable qui se dégage des mines de houille et explose au contact de l'air. – ***Coup de grisou*** *:* explosion de grisou.

grive [gʀiv] n. f. Oiseau passereau au plumage brunâtre, au chant mélodieux. *Pâté de grives.* – Loc. *Soûl comme une grive,* complètement soûl. – Prov. *Faute de grives, on mange des merles,* faute de ce que l'on désire, il faut se contenter de ce que l'on a.

grivèlerie [gʀivɛlʀi] n. f. Petit délit qui consiste à consommer sans payer, dans un café, un restaurant, un hôtel. → **fraude, resquille.**

grivois, oise [gʀivwa, waz] adj. Qui est d'une gaieté licencieuse. → **égrillard, gaulois.** *Un conteur grivois. Chansons grivoises.* ▶ **grivoiserie** n. f.

grizzli ou **grizzly** [gʀizli] n. m. Grand ours des montagnes Rocheuses. *Des grizzlis* ou *grizzlys.*

grœnendael [gʀœnɛndal] n. m. Chien de berger à longs poils noirs. *Des grœnendaels.*

grog [gʀɔg] n. m. Boisson faite d'eau chaude sucrée, de rhum, et de citron. *Des grogs.*

groggy [gʀɔgi] adj. Anglic. **1·** Étourdi par les coups, qui semble près de s'écrouler. → **sonné.** *Boxeur groggy.* **2·** Fam. Étourdi, assommé (par la fatigue, l'ivresse, etc.). *Il faisait si chaud qu'elles étaient groggys.*

grognard [gʀɔɲaʀ] n. m. Soldat de la vieille garde, sous Napoléon Ier.

grogner [gʀɔɲe] v. intr. < conjug. 1 > **1·** (Cochon, sanglier, ours) Pousser un cri *(grognement).* – Émettre un bruit sourd, une sorte de grondement. *Chien qui grogne.* **2·** Manifester son mécontentement par de sourdes protestations. → **bougonner, grommeler, ronchonner.** *Obéir en grognant. Grogner contre qqn.* ▶ **grogne** n. f. Mécontentement exprimé en grognant. ▶ **grognement** n. m. **1·** (Animaux) *Grognements du cochon.* **2·** (Personnes) *Des grognements de protestation.* ▶ **grognon, onne** adj. et n. Qui a l'habitude de grogner, qui est d'une humeur maussade, désagréable. → **bougon.** *Enfant grognon. Une humeur grognon, grognonne. Un air grognon.* – N. *Un vieux grognon.* → **ronchon.** / contr. aimable / ▷ **grognard**

groin [gʀwɛ̃] n. m. Museau du porc, du sanglier, propre à fouir.

grole ou **grolle** [gʀɔl] n. f. Fam. Chaussure. *Des grolles neuves.*

grommeler [gʀɔmle] v. < conjug. 4 > **1·** V. intr. Murmurer, se plaindre entre ses dents. → **bougonner, grogner.** *Obéir en grommelant.* **2·** V. tr. Dire en grommelant. *Il grommelle des injures, des menaces.* → **marmonner.** ▶ **grommellement** [gʀɔmɛlmɑ̃] n. m.

gronder [gʀɔ̃de] v. < conjug. 1 > **I·** V. intr. **1·** Produire un bruit sourd, grave et terrible. *Le canon gronde. Le tonnerre gronde.* **2·** Abstrait. Être menaçant, près d'éclater. *L'émeute gronde.* **II·** V. tr. **1·** Réprimander (un enfant). → **attraper, disputer, tancer.** *Tu vas te faire gronder si tu désobéis.* **2·** Réprimander amicalement. *Nous devons vous gronder d'avoir fait un si beau cadeau.* ▶ **grondant, ante** adj. ▶ **grondement** n. m. Bruit sourd et prolongé. *Le grondement de l'avalanche.* ▶ **gronderie** n. f. Réprimande. ▶ **grondeur, euse** adj. *Humeur, voix grondeuse,* qui réprimande.

grondin [gʀɔ̃dɛ̃] n. m. Poisson de mer comestible (la variété rose est dite *rouget grondin*).

groom [gʀum] n. m. Jeune employé en livrée, chargé de faire les courses dans les hôtels, restaurants, cercles. → **chasseur.** *Des grooms.*

gros, grosse [gʀo, gʀos] adj., adv. et n. **I·** Adj. **1·** Qui, dans son genre, dépasse la mesure ordinaire. / contr. petit / *Gros nuage ; grosse vague. Grosse valise.* → **volumineux.** *Grosse voiture. Gros caractères. Gros arbre. Grosse araignée. Grosse fièvre.* **2·** (Personnes) Qui est plus large et plus gras que la moyenne des gens. → **corpulent, empâté, gras, replet, ventripotent.** / contr. maigre / *Il est gros et gras. Il est très gros, mais pas obèse. Une grosse femme. Gros bébé.* – Loc. ***Être gros-Jean comme devant*** *:* éprouver une désillusion. **3·** (Exprimant les dimensions relatives) *Gros comme le poing, comme une tête d'épingle, comme le petit doigt ; comme une fourmi,* très petit. **4·** Désignant une catégorie de grande taille par rapport à une autre. *Gros sel. Gros pain. Gros gibier. Le gros intestin.* **5·** Qui est temporairement, anormalement gros. *Grosse mer,* mer houleuse dont les vagues s'enflent. *Gros temps,* mauvais temps, sur mer. – Vieilli (Après le nom) *Femme grosse.* → **enceinte.** – *Avoir le cœur gros,* avoir du chagrin. – ***Gros de*** *:* qui recèle certaines choses en germe. *Un événement gros de conséquences. Le cœur gros de soupirs.* **6·** Abondant, important. *Grosse averse. Faire de grosses dépenses.* → **excessif.** *Grosse affaire.* – N. m. *Le plus gros est fait.* → **essentiel, principal. 7·** (Personnes) *Gros buveur, gros mangeur,* celui qui boit, mange en très grande quantité (→ **grand**). – Important par le rang, par la fortune. → **influent, opulent, riche.** *Gros bourgeois. Gros capitaliste.* **8·** Dont les effets sont importants. → **fort, intense.** *Grosse voix,* forte et grave. *Grosse fièvre.* → **violent.** *Gros rhume. De gros ennuis. Grosse erreur.* → **grave. 9·** Qui manque de raffinement, de finesse, de délicatesse. → **grossier, ordinaire.** / contr. fin / *Avoir de gros traits.* Fam. *Une bouteille de gros rouge,* de vin ordinaire. *Gros travaux. Grosse plaisanterie.* → **vulgaire.** – ***Gros mot*** *:* vx grand mot, mot prétentieux ; mod. mot grossier*. *Elle aime bien dire des gros mots.* **10·** Pour renforcer une qualification péjorative. → **grand.** *Gros fainéant. Espèce de gros nigaud !* **II·** Adv. **1·** *Écrire gros,* avec de gros caractères. *Gagner gros,* beaucoup. *Risquer gros.* – *En avoir gros sur le cœur,* avoir du chagrin, du dépit. **2·** ***En gros*** loc. adv. : en grandes dimensions. *C'est écrit en gros sur l'écriteau.* – En grande quantité. *Vente en gros ou au détail.* – Dans les grandes lignes, sans entrer dans les détails. → **grosso modo.** *Dites-moi en gros ce dont il s'agit.* **III·** N. **1·** Personne grosse. *Un bon gros.* Fam. *Un gros plein de soupe.* **2·** Au masc. plur. Fam. ***Les gros*** *:* personnes riches, influentes. *Les petits payent pour les gros.* **3·** N. m. ***Le gros de*** *:* la plus grande quantité de (qqch.). *Le gros de l'assemblée, des troupes.* **4·** *Commerce de gros,* d'achat et de vente en grandes quantités. *Maison de gros. Prix de gros. Marchand de gros, en gros.* → **grossiste.** / contr. détail / ▷ **dégrossir, engrosser, gros-grain, grosse, grossesse, grosseur, grossier, grossir, grossiste, grosso modo**

groseille [gʀozɛj] n. f. **1·** Fruit du groseillier, petite baie acide rouge ou blanche, en grappes. *Gelée de groseille.* **2·** Adj. invar. De la couleur de la groseille rouge. ▶ **groseillier** n. m. Arbuste cultivé pour ses fruits, les groseilles.

gros-grain [gʀogʀɛ̃] n. m. Large ruban à côtes, résistant, qui sert à renforcer. *Un chapeau monté sur du gros-grain. Des gros-grains.*

grosse [gʀos] n. f. **1·** Copie exécutoire d'un acte notarié ou d'un jugement. **2·** Douze douzaines. *Une grosse de boutons. Une grosse d'huîtres.*

grossesse [gʀosɛs] n. f. État d'une femme enceinte. *Une grossesse pénible. Pendant sa grossesse. Interruption volontaire de grossesse* (abrév. *I. V. G.*) : avortement provoqué. – *Elle a fait une grossesse nerveuse,* elle a présenté des signes de grossesse sans être enceinte.

grosseur [gʀosœʀ] n. f. **1·** (Sens absolu) État d'une personne grosse. → **corpulence, embonpoint.** *Il est d'une grosseur maladive.* **2·** (Sens relatif) Volume de ce qui est plus ou moins gros. → **dimension, épaisseur, largeur, taille.** *Trier des œufs selon leur grosseur.* **3·** *(Une, des grosseurs)* Enflure visible à la surface de la peau ou sensible au palper. → **bosse, kyste, tumeur.** *Avoir une grosseur à l'aine.*

grossier, ière [gʀosje, jɛʀ] adj. **1·** Qui est de mauvaise qualité ou qui est fait de façon rudimentaire. → **brut, commun, ordinaire.** *Matière grossière. Outil grossier. Lavage grossier.* → **sommaire.** *Grossière imitation.* → **maladroit. 2·** Abstrait. Qui n'est pas assez élaboré, approfondi. *Solution grossière. Je n'en ai qu'une idée grossière.* → **imprécis. 3·** Qui manque de finesse, de grâce. → **épais, lourd.** / contr. fin / *Visage aux traits grossiers.* **4·** Digne d'un esprit peu cultivé, peu subtil. *Erreur grossière.* → **gros.** *Plaisirs grossiers.* → **bas.** – ***Mot grossier*** *:* qui offense la pudeur, est contraire aux bienséances. → **gros** mot. **5·** (Personnes) Qui manque d'éducation, de politesse. *Il a été grossier avec nous.* → **discourtois, incorrect, insolent.** *Quel grossier personnage !* ▶ **grossièrement** adv. **1·** D'une manière grossière. *Bois grossièrement équarri.* → **sommairement.** *Se trom-*

per grossièrement. → **lourdement.** **2·** D'une façon blessante ou inconvenante. *Répondre grossièrement à qqn.* → **brutalement.** ▶ **grossièreté** n. f. **1·** Ignorance ou mépris des bonnes manières ; action peu délicate, dans les relations sociales. / contr. politesse, raffinement / **2·** Caractère d'une personne grossière dans son langage. *Sa grossièreté est choquante.* **3·** Mot, propos grossier. *Dire, débiter des grossièretés.*

grossir [grosir] v. < conjug. 2 > **I·** V. intr. **1·** (Personnes) Devenir gros, plus gros. → **engraisser.** / contr. maigrir / *Il a beaucoup grossi.* **2·** (Choses) Enfler, gonfler. *Le nuage grossit à vue d'œil.* **3·** Augmenter en nombre, en importance, en intensité. → **augmenter.** *La foule des badauds grossissait. Bruit qui grossit.* **II·** V. tr. **1·** Faire paraître gros, plus gros. *Ce vêtement vous grossit. Microscope qui grossit mille fois.* **2·** Rendre plus nombreux, plus important en venant s'ajouter. → **renforcer.** *Il va grossir le nombre des mécontents.* – Pronominalement (passif). *La foule s'était grossie de nombreux badauds.* **3·** Amplifier, exagérer. → **dramatiser.** *On a grossi l'affaire à des fins politiques.* / contr. minimiser / ▶ **grossissant, ante** adj. Qui fait paraître plus gros. *Verre grossissant.* ▶ **grossissement** n. m. **1·** Le fait de devenir gros ; augmentation de volume. *Le grossissement anormal d'une personne.* **2·** Accroissement apparent de la taille d'un objet, grâce à un instrument interposé. *Loupe, lunette, télescope à fort grossissement.* **3·** Amplification, exagération. *Le grossissement d'un fait divers.*

grossiste [grosist] n. Marchand en gros, intermédiaire entre le détaillant et le producteur ou le fabricant. / contr. détaillant /

grosso modo [grosomodo] loc. adv. En gros, sans entrer dans le détail. *Voici, grosso modo, nos objectifs.* / contr. précisément /

grotesque [grɔtɛsk] n. et adj. **I·** N. f. pl. Ornements faits de compositions fantaisistes, de figures caricaturales. *De belles grotesques italiennes. Peintre de grotesques.* **II·** Adj. **1·** Risible par son apparence bizarre, caricaturale. → **burlesque, extravagant.** *Personnage grotesque. Accoutrement grotesque.* **2·** Qui prête à rire (sans idée de bizarrerie). → **ridicule.** *Je me sens grotesque.* **3·** N. m. Caractère grotesque. *Il est d'un grotesque achevé.* – Le comique de caricature poussé jusqu'au fantastique, à l'irréel. *Le grotesque dans l'art.* ▶ **grotesquement** adv.

grotte [grɔt] n. f. Cavité de grande taille dans le rocher, le flanc d'une montagne. → **caverne.** *Grottes préhistoriques,* ayant servi d'abri aux premiers hommes.

grouiller [gruje] v. intr. < conjug. 1 > **1·** Remuer, s'agiter en masse confuse, en parlant d'éléments nombreux. *La foule grouillait sur la place.* **2·** (Suj. chose) Présenter une agitation confuse ; être plein de, abonder en (éléments qui s'agitent). *Cette branche grouille d'insectes. Rue qui grouille de monde.* **3·** Fam. ***Se grouiller*** v. pron. réfl. : se dépêcher, se hâter. *Allez, grouille-toi.* ▶ **grouillant, ante** adj. **1·** Qui grouille, remue en masse confuse. *Foule grouillante.* **2·** Qui grouille (de...). *Une place grouillante de monde.* ▶ **grouillement** n. m. État de ce qui grouille.

groupe [grup] n. m. **1·** Réunion de plusieurs personnes dans un même lieu. *Des groupes de gens bavardaient. Des groupes se formèrent dans la rue.* → **attroupement.** **2·** Ensemble de personnes ayant qqch. en commun. *Groupe ethnique. Psychologie de groupe. Travail de groupe, travail en groupe. Groupe politique, parlementaire,* ensemble des parlementaires d'un même parti. *Groupe littéraire.* → **cénacle.** *Groupe financier.* – Petit orchestre. *Groupe folklorique. Groupe rock, groupe de rock.* **3·** Unité élémentaire de combat, dans l'infanterie. *Section de trois groupes.* – Unité, dans l'armée de l'air. *Le groupe comprend le plus souvent deux escadrilles.* **4·** Ensemble de choses. *Des groupes d'arbres. Groupe électrogène.* – ***Groupe scolaire*** : ensemble des bâtiments d'une école communale. **5·** ***Groupes sanguins*** : permettant la classification des individus selon la composition de leur sang. *Groupe AB* (receveurs universels) ; *groupe O* (donneurs universels). ▶ **groupement** [grupmɑ̃] n. m. **1·** Action de grouper ; fait d'être groupé. → **assemblage, rassemblement.** *Le groupement de l'habitat rural.* **2·** Réunion importante de personnes ou de choses volontairement groupées. → **association.** *Groupement syndical.* → **fédération.** ▶ **grouper** v. tr. < conjug. 1 > **1·** Surtout abstrait. Mettre ensemble. → **assembler, réunir.** *Grouper des documents.* – Au p. p. adj. *Lignes téléphoniques groupées.* **2·** ***Se grouper*** v. pron. réfl. *Groupez-vous par trois. Se grouper autour d'un chef.* / contr. se disperser / ▶ **groupage** n. m. Action de réunir des colis ayant une même destination. ▶ **groupuscule** n. m. Péj. Petit groupe politique. ▷ **regrouper**

groupie [grupi] n. Anglic. Jeune admirateur, admiratrice inconditionnel(le) (d'une vedette, d'un chanteur, d'un groupe). → **fan.**

grouse [gruz] n. f. Coq de bruyère.

gruau [gryo] n. m. **1·** Grains de céréales grossièrement moulus et privés de son. *Un potage au gruau d'avoine.* **2·** Fine fleur de froment. *Pain de gruau.*

grue [gRy] n. f. **1·** Oiseau échassier migrateur qui vole par bandes. – Loc. *Faire le pied de grue :* attendre longtemps debout (comme une grue qui se tient sur une patte). **2·** Vx et fam. Femme légère et vénale. **3·** Machine de levage et de manutention. → ② **chèvre.** *Grue montée sur rails. La grue domine le chantier.* **4·** *Grue de prise de vues,* appareil articulé permettant les mouvements de caméra. *Travelling à la grue.* ▷ **grutier**

gruger [gRyʒe] v. < conjug. 3 > **1·** V. tr. Littér. Duper (qqn) en affaires ; le dépouiller de son bien. → **spolier, voler.** *Il s'est fait gruger par son associé.* **2·** V. intr. Fam. Tricher (à un examen). *Il a grugé au contrôle de math.*

grume [gRym] n. f. Tronc d'arbre abattu non encore équarri.

grumeau [gRymo] n. m. Petite masse coagulée dans un liquide, une pâte. *La sauce fait des grumeaux.* ▶ **grumeleux, euse** [gRymlø, øz] adj. **1·** Qui est en grumeaux. *Potage grumeleux.* **2·** Qui présente des granulations. *Une peau grumeleuse.*

grutier, ière [gRytje, jɛR] n. Personne qui manœuvre ou répare une grue (3).

gruyère [gRyjɛR] n. m. Fromage de lait de vache, à pâte cuite et formant des trous. *Gruyère râpé.*

GSM [ʒeɛsɛm] n. m. En Belgique. Téléphone portable.

guano [gwano] n. m. **1·** Matière constituée par les amas de déjections d'oiseaux marins. **2·** Engrais fabriqué avec des débris et des excréments d'animaux.

gué [ge] n. m. Endroit d'une rivière où le niveau de l'eau est assez bas pour qu'on puisse traverser à pied. → **passage.** *Passer plusieurs gués. Traverser à gué.* ≠ guet.

guelte [gɛlt] n. f. Pourcentage accordé à un employé de commerce sur les ventes qu'il effectue. → **boni, gratification, prime.** *Il est à la guelte. Toucher sa guelte.*

guenille [gənij] n. f. **1·** Au plur. Vêtement en lambeaux. → **haillon, hardes.** *Un clochard en guenilles.* **2·** Littér. Homme qui a perdu toute vigueur physique ou morale. → **loque.** ▷ **déguenillé**

guenon [gənɔ̃] n. f. Femelle du singe.

guépard [gepaR] n. m. Félin voisin de la panthère, au pelage tacheté de noir, haut sur pattes, à la course très rapide.

guêpe [gɛp] n. f. **1·** Insecte hyménoptère, dont la femelle porte un aiguillon venimeux. **2·** *Taille de guêpe,* taille très fine d'une femme. **3·** Loc. fam. *Pas folle, la guêpe !,* se dit de qqn qui a trop de ruse pour se laisser tromper. ▶ **guêpier** n. m. **1·** Nid de guêpes. *Enfumer un guêpier.* **2·** Loc. *Se fourrer, tomber dans un guêpier,* dans une affaire dangereuse, un piège dont on peut difficilement sortir indemne. ▶ **guêpière** n. f. Corset qui fait la taille fine (une taille de guêpe).

guère [gɛR] adv. *Ne... guère.* **1·** Pas beaucoup, pas très. → **médiocrement, peu.** *Vous n'êtes guère raisonnable. Je n'ai guère de courage. Vous ne l'avez guère bien reçu. À mon avis, il n'a guère plus de soixante ans. Il ne va guère mieux. Cela ne se dit guère. Je n'aime guère ce quartier. « Aimez-vous ce quartier ? – Guère. » Ce mot n'est plus guère employé.* – (Avec **ne... que**) *Il n'y a guère que deux heures qu'il est parti.* **2·** Pas longtemps. *La paix ne dura guère.* – Pas souvent, presque jamais. → **rarement.** *Vous ne venez guère nous voir.* ▷ **naguère**

guéret [geRɛ] n. m. Terre labourée et non ensemencée. *Des guérets récemment labourés.*

guéridon [geRidɔ̃] n. m. Petite table ronde ou ovale, généralement à pied central.

guérilla [geRija] n. f. Guerre de harcèlement. *Guérilla urbaine. Des guérillas.* ▶ **guérillero** n. m. Celui qui se bat dans une guérilla. *Des guérilleros.*

guérir [geRiR] v. < conjug. 2 > **I·** V. tr. **1·** Délivrer d'un mal physique ; rendre la santé à (qqn). *Ce remède l'a guéri de son mal. Le médecin a guéri ce malade.* **2·** (Suj. chose) Faire cesser (une maladie). *Médicament, traitement qui guérit la bronchite.* **3·** Délivrer d'un mal moral. *Il faut le guérir de cette obsession, de cette mauvaise habitude.* → **débarrasser. II·** V. intr. **1·** Recouvrer la santé ; aller mieux et sortir de maladie. → se **rétablir.** *Espérons qu'elle guérira.* **2·** (Suj. maladie) Disparaître. *Mon rhume ne veut pas guérir.* **III·** *Se guérir* v. pron. réfl. **1·** Se délivrer d'un mal physique. *Elle s'est enfin guérie de ses maux de tête.* **2·** Se délivrer d'une imperfection morale, d'une mauvaise habitude. *Il ne s'est pas encore guéri de ses préjugés.* → se **débarrasser.** *Il finira par se guérir de cette manie.* → se **corriger.** ▶ **guéri, ie** adj. **1·** Rétabli d'un mal physique. *Il a été très malade, mais maintenant il est guéri.* **2·** *Être guéri de,* ne plus vouloir de... pour l'avoir expérimenté. → **revenu** de. *La politique, il en est guéri !* ▶ **guérison** n. f. Le fait de guérir. → **rétablissement.** *Malade en voie de guérison.* ▶ **guérissable** adj. (Maladie, personne) Qui peut être guéri. ▶ **guérisseur, euse** n. Personne qui soigne les malades sans avoir la qualité officielle de médecin, et par des procédés non reconnus par la médecine. → **rebouteux.** ▷ **inguérissable**

guérite [geʀit] n. f. **1·** Abri d'une sentinelle. **2·** Baraque aménagée pour abriter un travailleur, faire office de bureau sur un chantier, etc.

guerre [gɛʀ] n. f. **I· 1·** Lutte armée entre États, considérée comme un phénomène historique et social. / contr. paix / *Déclarer la guerre à un pays.* Prov. *Si tu veux la paix, prépare la guerre. Faire la guerre. Soldat qui va à la guerre. Le nerf de la guerre,* l'argent. – ***En guerre*** : en état de guerre. *Être en guerre. Nations en guerre. Entrer en guerre contre un pays voisin. Ces deux pays sont en guerre* (l'un contre l'autre). – ***De guerre.*** *État de guerre. Crime de guerre. Correspondant de guerre d'un journal. Blessé, mutilé, prisonnier de guerre. Navire de guerre.* **2·** Les questions militaires ; l'organisation des armées (en temps de paix comme en temps de guerre). *Conseil de guerre.* – Autrefois. *Le ministère de la Guerre.* → **défense. 3·** ***Une guerre, la guerre*** (en parlant d'un conflit particulier, localisé dans l'espace et dans le temps). → **conflit, hostilité.** *Des guerres éclatent aux quatre coins du globe. Gagner, perdre une guerre. La Grande Guerre, la guerre de 14* (1914). *La drôle de guerre,* nom donné en France à la période de guerre qui précéda l'invasion allemande (sept. 1939-mai 1940). *Guerre de libération, de conquête. Guerre atomique. Guerre de partisans.* → **guérilla.** *La guerre en dentelles,* la guerre au XVIIIe s. – *Guerre sainte,* guerre que mènent les fidèles d'une religion au nom de leur foi. → **croisade, djihad.** *Guerres de religion.* – ***Guerre civile*** : lutte armée entre groupes et citoyens d'un même État. → **révolution.** *Guerre ethnique.* **4·** Lutte n'allant pas jusqu'au conflit armé. *Guerre économique.* Loc. *Guerre des nerfs,* visant à briser la résistance morale de l'adversaire. – *Guerre froide,* état de tension prolongée entre États ou entre personnes. **II· 1·** Toute espèce de combat, de lutte. *Vivre en guerre avec tout le monde. Il fait la guerre à ses employés pour qu'ils arrivent à l'heure.* – *Faire la guerre à qqch.* → **combattre.** *Faire la guerre aux abus, aux injustices.* **2·** Loc. ***De guerre lasse*** : en renonçant à résister, par lassitude. – *C'est de bonne guerre,* sans hypocrisie, ni traîtrise. → **loyalement.** – Prov. *À la guerre comme à la guerre,* il faut accepter les inconvénients qu'imposent les circonstances. – *Nom de guerre,* pseudonyme pris à la guerre ou dans le civil. ▶ **guerroyer** [gɛʀwaje] v. intr. < conjug. 8 > Vx. Faire la guerre (contre qqn). *Le seigneur guerroyait contre ses vassaux.* ▶ **guerrier, ière** n. et adj. **I·** N. Autrefois. Personne dont le métier était de faire la guerre. → **soldat.** *Un courageux guerrier.* – *Le guerrier,* l'homme de guerre, le soldat. *La psychologie du guerrier.* **II·** Adj. **1·** Littér. Relatif à la guerre. → **militaire.** *Chant guerrier.* **2·** Qui aime la guerre. → **belliqueux.** *Peuple guerrier.* ▷ **aguerrir, après-guerre, avant-guerre, entre-deux-guerres**

guet [gɛ] n. m. **1·** Action de guetter. *Faire le guet. Avoir l'œil, l'oreille au guet.* **2·** Autrefois. Surveillance exercée de nuit par la troupe ou la police. ≠ gué.

guet-apens [gɛtapɑ̃] n. m. **1·** Piège qui consiste à guetter qqn en un endroit afin de l'attaquer par surprise. *Attirer qqn dans un guet-apens. Il est tombé dans un guet-apens et s'est fait rouer de coups.* **2·** Machination perfidement préparée en vue de nuire gravement à qqn sans lui laisser d'issue. → **piège, traquenard.** *Des guets-apens* [gɛtapɑ̃].

guêtre [gɛtʀ] n. f. Enveloppe de tissu ou de cuir qui recouvre le haut de la chaussure et le bas de la jambe. *Une paire de guêtres.* Loc. fam. *Traîner ses guêtres,* se déplacer, voyager sans but précis.

guetter [gete] v. tr. < conjug. 1 > **1·** Observer en cachette pour surprendre. *Guetter l'ennemi. Le chat guette la souris.* **2·** Attendre avec impatience (qqn, qqch.) en étant attentif à ne pas (le) laisser échapper. *Guetter une occasion favorable. Je guetterai ton signal.* → être à l'**affût.** *Guetter le passage d'une vedette. Il guette sa place.* → **convoiter, guigner. 3·** (Suj. chose) Menacer. *La maladie, le sommeil le guette.* ▶ **guetteur, euse** n. **1·** Personne qui est chargée de surveiller et de donner l'alerte. *Des guetteurs étaient postés au sommet du beffroi.* **2·** Préposé qui recueille et envoie des signaux aux navires qui passent au large. ▷ **aux aguets, guet, guet-apens**

gueulante [gœlɑ̃t] n. f. Fam. Explosion de colère. *Sa mère a poussé une gueulante.*

1 **gueulard** [gœlaʀ] n. m. Ouverture supérieure d'un haut fourneau, d'une chaudière (de locomotive, de bateau).

2 **gueulard, arde** [gœlaʀ, aʀd] adj. et n. **1·** Région. Porté sur les plaisirs de la table. → **gourmand. 2·** Fam. Qui a l'habitude de gueuler, de parler haut et fort. – N. *Faites taire ce gueulard !* → **braillard.**

gueule [gœl] n. f. **I·** Bouche de certains animaux, surtout carnassiers. *La gueule d'un chien, d'un reptile.* – Loc. ***Se jeter dans la gueule du loup*** : aller au-devant d'un danger certain, et cela sans prudence. **II·** Fam. Bouche humaine. → **bouche. 1·** (Servant à parler ou crier) *Ferme ta gueule ! Ta gueule !,* tais-toi ! *Un fort en gueule.* – *Une grande gueule,* qqn qui parle très fort et avec autorité → **braillard,** 2 **gueulard** (2), ou encore, qui est plus fort en paroles qu'en actes. **2·** (Servant à manger) *S'en* *mettre plein la gueule.* – Loc. ***Avoir la gueule de bois*** : avoir la bouche empâtée et la tête lourde après avoir trop bu. – *Une fine gueule*, un gourmet. → ② **gueulard** (1). **III**· Fam. **1**· Figure, visage. *Il a une bonne gueule, une sale gueule.* – Loc. *Faire la gueule.* → **bouder,** faire la **tête.** – *Se casser la gueule*, tomber. *Casser la gueule à qqn*, le frapper. – Arg. milit. *Une gueule cassée*, un mutilé de guerre, blessé au visage. – *Gueules noires*, mineurs du charbon. **2**· Fam. Se dit de l'aspect, de la forme d'un objet. *Ce chapeau a une drôle de gueule.* – *Ce tableau a de la gueule*, il fait grand effet. **IV**· Ouverture par laquelle entre ou sort qqch. *La gueule d'un pot, d'un haut fourneau.* → ① **gueulard.** – *La gueule d'un canon.* ▶ **gueule-de-loup** n. f. Plante ornementale dont la fleur s'ouvre comme une gueule. *Des gueules-de-loup.* ▶ **gueuler** [gœle] v. < conjug. 1 > **1**· V. intr. Fam. Chanter, crier, parler très fort. *Il gueule pour un rien.* – *Faire gueuler son poste de radio.* → **beugler, brailler. 2**· Fam. Protester bruyamment. *Les nouveaux impôts vont faire gueuler les commerçants.* **3**· V. tr. Proférer en criant. *Gueuler des ordres.* ▶ **gueulement** n. m. Fam. Cri. ▶ **gueuleton** [gœltɔ̃] n. m. Fam. Très bon repas, copieux, et souvent gai. *Faire un bon gueuleton.* ▶ **gueuletonner** v. intr. < conjug. 1 > Fam. Faire un gueuleton. ▷ **amuse-gueule, bégueule, brûle-gueule, casse-gueule, dégueulasse, dégueuler, engueuler, gueulante,** ① et ② **gueulard**

gueux, gueuse [gø, gøz] n. **1**· Vx. Personne qui vit d'aumônes. → **mendiant, miséreux. 2**· *Courir la gueuse*, courir les filles, se débaucher.

gugusse [gygys] n. m. Fam. **1**· Auguste (clown). **2**· Individu ridicule, quelconque. → **gus.**

gui [gi] n. m. Plante parasite à baies blanches qui vit sur les branches de certains arbres. *Des baies du gui on extrait la glu. Au premier de l'an, on s'embrasse sous le gui.*

guibole ou **guibolle** [gibɔl] n. f. Fam. Jambe.

guichet [giʃɛ] n. m. **1**· Petite ouverture, pratiquée dans une porte, un mur et par laquelle on peut parler à qqn. *Guichet grillagé.* → **judas.** – *Le guichet d'une cellule de prison.* **2**· Petite ouverture par laquelle le public communique avec les employés d'une administration, d'un bureau. *Se présenter au guichet de la poste.* – Loc. ***Jouer à guichets*** (ou *à bureaux*) ***fermés*** : faire salle comble, tous les billets étant vendus avant le jour du spectacle. ▶ **guichetier, ière** [giʃtje, jɛʀ] n. Personne qui est préposée à un guichet.

guidage [gidaʒ] n. m. Action de guider. – Spécialt. Aide apportée aux avions en vol par des stations radio-électriques. → **radioguidage.**

① **guide** [gid] n. **1**· Personne qui accompagne pour montrer le chemin. *Servir de guide à qqn.* → **cicérone.** – *Guide de montagne*, alpiniste professionnel diplômé. *Elle est guide à Chamonix.* – *Le guide du musée. Suivez le guide !* **2**· Personne qui conduit d'autres personnes dans la vie, les affaires. → **conseiller.** *Il est plus que mon confident, c'est mon guide. Guide spirituel.* – (En parlant d'une chose) *N'avoir d'autre guide que son intuition.* **3**· N. m. Ouvrage contenant des renseignements utiles. *Le guide des bons vins.* – Description d'une région, d'un pays à l'usage des voyageurs. *Guide touristique.* ▶ **guides** n. f. pl. Lanières de cuir qui servent à diriger un cheval de trait (pour un cheval monté, on emploie le mot *rênes*). ▷ **audioguide**

② **guide** n. f. Jeune fille appartenant à un mouvement féminin de scoutisme.

guider [gide] v. tr. < conjug. 1 > **1**· Accompagner en montrant le chemin. → **conduire, piloter.** *Guider un touriste. Guider un aveugle pour traverser une rue.* **2**· Faire aller dans une certaine direction. → **diriger, mener.** – Au p. p. *Bateau, avion, fusée guidés par radio.* → **téléguidé. 3**· (Suj. chose) Mettre sur la voie, aider à reconnaître le chemin. *L'étoile qui guida les Rois mages.* **4**· Abstrait. Entraîner dans une certaine direction morale, intellectuelle ; aider à choisir une direction. → **conseiller, éclairer, orienter.** *Guider un enfant dans le choix d'une carrière. Il se laisse guider par son flair.* **5**· V. pron. réfl. ***Se guider sur*** : se diriger d'après qqch. que l'on prend pour repère. *Se guider sur le soleil. Se guider sur l'exemple de qqn.* ▶ **guidon** n. m. **1**· Tube de métal muni de poignées qui commande la roue directrice d'une bicyclette, d'une motocyclette. *Un guidon de course. Des poignées de guidon.* **2**· Petite saillie à l'extrémité du canon d'une arme à feu, qui donne la ligne de mire. *Viser plein guidon.* ▷ **guidage,** ① **guide, téléguider**

① **guigne** [giɲ] n. f. **1**· Petite cerise rouge foncé ou noire, à chair ferme et sucrée. **2**· ***Se soucier de*** *qqn, qqch.* ***comme d'une guigne*** : très peu, pas du tout. ▷ **guignolet**

② **guigne** n. f. Fam. Malchance qui semble s'attacher à qqn. *Avoir la guigne, porter la guigne à qqn.* → fam. **poisse.** *Quelle guigne !* / contr. **chance, veine** / (On disait autrefois *guignon*, n. m.)

guigner [giɲe] v. tr. < conjug. 1 > **1**· Regarder avec envie, à la dérobée. *Il guigne toutes les femmes au passage.* **2**· Abstrait. Considérer avec convoitise. → **guetter.** *Guigner une place, un beau parti*, avoir des vues sur.

guignol [giɲɔl] n. m. **1**· Théâtre de marionnettes où l'on joue des pièces dont Guignol est le héros. *Mener ses enfants au guignol.* – *C'est du guignol !*, ce n'est pas sérieux. **2·** Personne involontairement comique ou ridicule. → **pantin.** *Arrête de faire le guignol.* → **pitre.** ▷ **grand-guignol**

guignolet [giɲɔlɛ] n. m. Liqueur de guignes ① ou de griottes.

guilledou [gijdu] n. m. Loc. fam. ***Courir le guilledou*** : aller en quête d'aventures amoureuses.

guillemet [gijmɛ] n. m. Généralt au plur. Signe typographique (« ... ») qu'on emploie pour isoler un mot, un groupe de mots, etc., cités, rapportés, ou simplement mis en valeur. *Mettre une citation entre guillemets. Ouvrez, fermez les guillemets.*

guilleret, ette [gijʀɛ, ɛt] adj. Qui manifeste une gaieté vive, insouciante. → **frétillant, fringant.** *Il est tout guilleret dès le matin.* – *Je me sens d'humeur guillerette.* → **réjoui.** / contr. **triste** /

guillocher [gijɔʃe] v. tr. < conjug. 1 > Orner de traits gravés en creux et entrecroisés. – Au p. p. adj. *Un boîtier de montre guilloché.* ▶ **guillochure** n. f. Trait gravé d'un objet guilloché. *Les guillochures d'un bijou.*

guillotine [gijɔtin] n. f. **1·** Instrument de supplice servant à trancher la tête des condamnés à mort (en France, autrefois). *Dresser la guillotine sur l'échafaud.* – *Le supplice de la guillotine.* → **décapitation.** *Envoyer un criminel à la guillotine.* **2·** *Fenêtre à guillotine*, dont le châssis glisse verticalement entre deux rainures. ▶ **guillotiner** v. tr. < conjug. 1 > Faire mourir par le supplice de la guillotine. → **décapiter.** – Au p. p. adj. *Les « suspects » guillotinés, pendant la Révolution.* N. *Un guillotiné.*

guimauve [gimov] n. f. **1·** Plante à haute tige, à fleurs d'un blanc rosé, qui pousse dans les terrains humides. *Guimauve rose*, rose trémière. **2·** *Pâte de guimauve* ou *guimauve*, pâte comestible molle et sucrée. **3·** Loc. *Une histoire* ***à la guimauve*** : niaise et sentimentale.

guimbarde [gɛ̃baʀd] n. f. Vieille voiture délabrée. → **tacot.**

guimpe [gɛ̃p] n. f. **1·** Pièce de toile qui couvre la tête, encadre le visage des religieuses. **2·** Corsage ou plastron léger porté sous une robe décolletée.

guincher [gɛ̃ʃe] v. intr. < conjug. 1 > Fam. Danser dans un bal public.

① **se guinder** [gɛ̃de] v. pron. réfl. < conjug. 1 > Prendre une attitude raide, pas naturelle. *Elle s'est guindée.* ▶ **guindé, ée** adj. Qui manque de naturel, a de la raideur. → **contraint.** *Avoir un air guindé. Il était un peu guindé dans ses vêtements neufs. Un dîner guindé.*

② **guinder** v. tr. < conjug. 1 > Hisser (un mât). – Élever (un fardeau) avec une machine. ▶ **guindeau** [gɛ̃do] n. m. Treuil à axe horizontal qui sert à manœuvrer les ancres. *Des guindeaux.*

de guingois [d(ə)gɛ̃gwa] loc. adv. Fam. De travers. → **obliquement.** *Il est assis de guingois.* / contr. droit /

guinguette [gɛ̃gɛt] n. f. Café de banlieue, de campagne, où l'on consomme et où l'on danse. *Les guinguettes des bords de Marne.*

guipure [gipyʀ] n. f. Dentelle sans fond à larges mailles. *Un col de guipure.*

guirlande [giʀlɑ̃d] n. f. Cordon décoratif de végétaux naturels ou artificiels, de papier découpé, qu'on pend en feston, enroule en couronne, etc. *Guirlande de fleurs. Guirlande électrique.* ▷ **enguirlander**

guise [giz] n. f. **I·** ***À sa guise*** loc. adv. : selon son goût, sa volonté propre. *Laissez chacun vivre, agir à sa guise*, à son gré, à sa fantaisie. *À ta guise*, comme tu voudras. – Péj. *Il n'en fait qu'à sa guise*, à sa tête. **II·** ***En guise de*** loc. prép. : pour tenir lieu de, comme (mais moins bien). *On lui a donné ce petit emploi en guise de consolation.* → **à titre de.** – À la place de. *Il portait un simple ruban en guise de cravate.*

guitare [gitaʀ] n. f. Instrument de musique à six cordes que l'on pince avec les doigts ou avec un petit instrument. *Jouer de la guitare.* – *Guitare électrique*, à son amplifié. *Guitare basse*, à quatre cordes. *Guitare folk.* ▶ **guitariste** n. Personne qui joue de la guitare.

guitoune [gitun] n. f. Fam. Tente.

gus [gys] n. m. invar. Fam. Individu. → **gugusse, mec, type.**

gustatif, ive [gystatif, iv] adj. Qui a rapport au goût. *Papilles gustatives.* ▷ **déguster**

guttural, ale, aux [gytyʀal, o] adj. Émis par le gosier. *Une voix gutturale*, aux intonations rauques. *Consonne gutturale.*

gymn(o)- Élément savant qui signifie « (athlète) nu ». ▶ ① **gymnase** [ʒimnaz] n. m. Établissement où sont installés tous les appareils nécessaires à la pratique des exercices corporels. ▶ **gymnastique** n. f. **1·** Art d'assouplir et de fortifier le corps par des exercices convenables ; ces exercices (abrév. fam. ***la gym***). → **éducation physique.** *Appareils et instruments de gymnastique* (agrès, barre, anneaux, trapèze, etc.). *Il fait sa gymnastique, de la gymnastique. Gymnastique corrective, rythmique, en musique* (aérobic). – *Le pas (de) gymnastique,* pas de course cadencé. **2·** Série de mouvements plus ou moins acrobatiques. *Quelle gymnastique pour nettoyer ce plafond !* – Abstrait. *Gymnastique intellectuelle.* → **exercice.** ▶ **gymnaste** n. Professionnel(le) de la gymnastique. → **acrobate.** *Un gymnaste accompli.*

2 **gymnase** n. m. En Allemagne, en Suisse. École secondaire. → **lycée.**

gymnospermes [ʒimnɔspɛʀm] n. f. pl. Plantes dont l'appareil reproducteur est nu, visible. → **conifère.** / contr. angiospermes /

gyn(é)-, -gyne, gynéco- Éléments savants qui signifient « femme » (ex. : *misogyne*). ▶ **gynécée** [ʒinese] n. m. Appartement réservé aux femmes dans les maisons grecques et romaines de l'Antiquité. *Un vaste gynécée.* ▶ **gynécologie** [ʒinekɔlɔʒi] n. f. Science médicale qui a pour objet l'étude de l'appareil génital de la femme. ▶ **gynécologique** adj. *Examen gynécologique.* ▶ **gynécologue** n. Médecin spécialiste de la gynécologie. *Consulter un bon, une bonne gynécologue.* ▷ **androgyne, misogyne**

gypaète [ʒipaɛt] n. m. Grand oiseau rapace, diurne, qui ressemble à l'aigle. *Le gypaète barbu.*

gypse [ʒips] n. m. Roche sédimentaire, sulfate de calcium hydraté. *L'albâtre est une variété de gypse.*

gyro- Élément savant signifiant « tourner ». ▶ **gyrophare** [ʒiʀɔfaʀ] n. m. Phare rotatif placé sur le toit de certains véhicules prioritaires. ▶ **gyroscope** [ʒiʀɔskɔp] n. m. Appareil tournant autour d'un axe qui fournit une direction constante. *Gyroscope à laser.* ▶ **gyroscopique** adj. *Compas gyroscopique.*

hH

h [aʃ] n. m. ou f. invar. **1·** Huitième lettre, sixième consonne de l'alphabet. **– REM.** Le *h* dit «aspiré» interdit la liaison et l'élision (*un héros* [œeRo], *des haricots* [deaRiko], *enhardir* [ɑ̃aRdiR]...). Dans ce dictionnaire, les mots commençant par un *h* «aspiré» sont précédés de *, et de ' dans la transcription phonétique. Le *h* muet permet la liaison et l'élision (*un homme* [œnɔm], *l'homme*...). — Le groupe CH transcrit soit un son chuintant [ʃ] (*ch*ant, *ch*apeau), soit [k] (*ch*iromancie). **2·** Abréviation de *hydrogène*. *Bombe H*, bombe atomique à l'hydrogène. – Abréviation de *hecto-*, *heure*.

***ha** ['a ; ha] interj. Interjection expressive du rire, surtout sous la forme redoublée. → **ah.** *Ha, ha !* → **hi.**

habile [abil] adj. **1·** Qui exécute (qqch.) avec adresse et compétence. → **adroit.** / contr. inhabile, malhabile / *Ouvrier habile.* → **expert.** *Mains, doigts habiles.* – Loc. *Être habile de ses mains, de ses dix doigts.* – *Politicien habile.* → **malin, rusé.** – *Habile à*... (+ infinitif) : qui excelle à... → **apte, propre** à. *Un homme habile à tromper.* – *Habile à qqch. Il est habile à ce jeu.* **2·** Qui est fait avec adresse et intelligence. *Manœuvre, compliment habile.* ▶ **habilement** adv. ▶ **habileté** n. f. Qualité d'une personne habile, de ce qui est habile. → **adresse, savoir-faire.** ▷ **inhabile, malhabile**

habiliter [abilite] v. tr. < conjug. 1 > (Surtout au passif) Rendre légalement capable d'exercer certains pouvoirs, d'accomplir certains actes. *Il est habilité à passer ce marché*, il a qualité pour... ▷ **réhabiliter**

habiller [abije] v. tr. < conjug. 1 > **I· 1·** Couvrir (qqn) de vêtements, d'habits. → littér. **vêtir.** *Mal habiller qqn.* → **accoutrer, affubler, fagoter, ficeler.** / contr. déshabiller / *Habiller un enfant.* *Habiller qqn de* (vêtements déterminés). *On l'a habillé d'un costume neuf.* – Passif ou p. p. *Être bien, mal habillé. Elle est habillée de noir, en noir.* **2·** Fournir (qqn) en vêtements. *L'armée habille les recrues des pieds à la tête.* → **équiper.** **3·** *Habiller en*... (+ nom de personnage). *On l'habillera en Pierrot.* → **déguiser.** – Au p. p. *Enfant habillé en cow-boy.* **4·** (Vêtements) → **aller.** *Son nouveau manteau l'habille mieux.* Loc. *Un rien l'habille*, tout lui va. **II·** *S'habiller* v. pron. réfl. **1·** Mettre ses habits. → **se vêtir.** **2·** Mettre telle sorte d'habits. *S'habiller légèrement. S'habiller court, long, à la dernière mode. Elle aime s'habiller de bleu. Comment t'habilles-tu ?*, qu'est-ce que tu mets ? – *Il ne sait pas s'habiller*, il manque de goût. **3·** Revêtir une tenue de cérémonie, de soirée. **4·** Se pourvoir d'habits. *S'habiller sur mesure. S'habiller de neuf. Elle s'habille chez les grands couturiers.* **5·** *S'habiller en*... : se déguiser. *Elle s'était habillée en gitane.* ▶ **habillage** n. m. Action d'habiller, de s'habiller. *L'habillage d'un acteur.* / contr. déshabillage / *Salon d'habillage.* ▶ **habillé, ée** adj. (Choses) Qui a une allure élégante. *Robe habillée, qui fait très habillé. Dîner habillé, soirée habillée*, où l'on s'habille (3). ▶ **habillement** n. m. **1·** Action de pourvoir ou de se pourvoir de vêtements. *Dépenses d'habillement.* **2·** Ensemble des habits dont on est vêtu. → **mise, tenue, vêtement.** ▶ **habilleuse** n. f. Personne qui aide les acteurs, les mannequins à s'habiller et qui prend soin de leurs costumes. ▷ **déshabiller, rhabiller**

habit [abi] n. m. **1·** Au plur. *Les habits :* l'ensemble des vêtements de dessus. → **vêtements** ; fam. **fringues, frusques, nippes.** *Mettre, enlever ses habits.* → s'**habiller** ; se **déshabiller.** *Brosse à habits.* **2·** Vêtement propre à une fonction ou à une circonstance. *Habit de cour. Un habit de gala.* → **costume.** *Il était en habit d'Arlequin. L'habit militaire.* → **uniforme.** – Loc. *Prendre l'habit :* devenir prêtre, moine. – Prov. *L'habit ne fait pas le moine*, on ne doit pas juger les gens sur leur aspect. **3·** Costume de cérémonie masculin, à longues basques par-derrière. *Ce soir-là, l'habit ou le smoking étaient de rigueur.* → tenue de **soirée.**

habitable [abitabl] adj. Où l'on peut habiter, vivre. *Maison habitable*, en bon état, salubre, etc. / contr. inhabitable /

habitacle [abitakl] n. m. **1·** Poste de pilotage d'un avion. → **cockpit. 2·** Partie d'un véhicule spatial où peut séjourner («habiter») l'équipage.

habitant, ante [abitɑ̃, ɑ̃t] n. **1·** Personne qui a son domicile, qui habite en un lieu déterminé. *Nombre d'habitants au kilomètre carré,* densité de population. – (Collectif) *Loger chez l'habitant,* chez les gens du pays (par oppos. à *loger à l'hôtel*). **2·** Personne qui habite (une maison). → **occupant.** *Les habitants d'un grand immeuble.* **3·** Au Canada. Personne qui exploite la terre. → **cultivateur, fermier, paysan.**

habitat [abita] n. m. Mode d'organisation et de peuplement par l'homme du milieu où il vit, habite. *Habitat rural, urbain. Habitat groupé.* – Ensemble des conditions d'habitation, de logement. *L'amélioration de l'habitat.*

habitation [abitɑsjɔ̃] n. f. **1·** Le fait d'habiter quelque part. *Locaux à usage d'habitation. Améliorer les conditions d'habitation.* → **habitat. 2·** *Une habitation,* lieu où l'on habite. → **demeure, logement, maison ; gîte, toit.** *C'est une habitation confortable. Habitations à loyer modéré.* → **H. L. M.**

habiter [abite] v. < conjug. 1 > **1·** V. tr. ou intr. Avoir sa demeure. → **loger, résider, vivre.** *Habiter (à) la campagne, la ville, en ville. J'habite (sur) les quais. Il habite (sur) la Côte. Habiter chez des amis, avec qqn.* → **cohabiter.** *Elle habite 2, rue de Rome, au 2 de la rue de Rome.* **2·** V. tr. Être comme dans une demeure. *L'âme qui habite ce corps. La croyance qui l'habite.* → **animer, posséder.** ▶ **habité, ée** adj. *Régions habitées.* – *Château habité.* / contr. inhabité / ▷ **cohabiter, habitable, habitacle, habitant, habitat, habitation, inhabitable**

habitude [abityd] n. f. **1·** Manière usuelle d'agir (d'une personne). *Prendre une bonne, une mauvaise habitude.* → **pli.** *Être esclave de ses habitudes. Cela n'est pas son habitude, dans ses habitudes,* il n'agit pas ainsi d'ordinaire. – Loc. ***Par habitude*** : machinalement, parce qu'on a toujours agi ainsi. → **routine.** ***Selon, suivant son habitude, comme à son habitude*** : comme il fait d'ordinaire. ***Avoir, prendre, perdre l'habitude de*** (+ infinitif). *Je n'ai pas l'habitude de déjeuner si tôt.* – (Collectif) L'ensemble des habitudes de qqn. Prov. *L'habitude est une seconde nature.* **2·** Usage (d'une collectivité, d'un lieu). → **coutume, mœurs, tradition, usage.** *Ce sont les habitudes de l'endroit. Avoir des habitudes de bourgeois.* → **manière. 3·** Accoutumance par familiarité avec (une action, une situation, une chose, un être). → **expérience, pratique.** *J'ai l'habitude de la marche. L'habitude du malheur. Je n'ai pas l'habitude de cette voiture. Elle a l'habitude des enfants. C'est une question d'habitude.* **4·** ***D'habitude*** loc. adv. : de manière courante, d'ordinaire. → **habituellement.** *D'habitude, je me lève tard.* → **généralement.** *Le café est meilleur que d'habitude.* → **ordinairement.** – *Comme d'habitude,* comme toujours. ▶ **habituel, elle** [abitɥɛl] adj. **1·** Passé à l'état d'habitude. → **commun, coutumier.** *Ce comportement lui est habituel. Gestes habituels.* → **familier. 2·** Constant, ou très fréquent. *Au sens habituel du terme.* → **courant.** *Il n'est pas dans son état habituel.* → **normal.** / contr. inhabituel / ▶ **habituellement** adv. → **d'ordinaire.** ▶ **habituer** v. tr. < conjug. 1 > **1·** Faire prendre à (qqn) l'habitude de (par accoutumance, éducation). *Habituer qqn au froid, à la fatigue.* → **endurcir, entraîner.** *Il faut l'habituer à faire son lit.* **2·** ***S'habituer à*** v. pron. réfl. : prendre l'habitude de (par accoutumance ou éducation). *Les yeux s'habituent à l'obscurité.* → **s'adapter, se faire.** *S'habituer à parler en public.* **3·** (Passif) ***Être habitué à*** : avoir l'habitude de. *Elle est habituée aux travaux pénibles. Il est habitué à réagir vite.* / contr. déshabituer / ▶ **habitué, ée** n. Personne qui fréquente habituellement un lieu (public ou privé). *Ce sont des habitués.* → **client.** *Un habitué de la maison.* → **familier.** ▷ **déshabituer, inhabituel, réhabituer**

***hâbleur, euse** [ˈablœʀ, øz] n. et adj. Personne qui a l'habitude d'exagérer, de se vanter en parlant d'elle (surtout au masculin). *C'est un drôle de hâbleur !* ▶ ***hâblerie** [ˈabləʀi] n. f. Caractère, action du hâbleur.

***hache** [ˈaʃ] n. f. Instrument tranchant à forte lame, servant à fendre. *Fendre du bois avec une hache.* – *La hache du bourreau,* avec laquelle il tranchait la tête du condamné. *La hache de guerre des Indiens d'Amérique.* – Loc. *Enterrer, déterrer la hache de guerre,* suspendre, ouvrir les hostilités. ▶ ***hachette** n. f. Petite hache. ▶ ***hacher** [ˈaʃe] v. tr. < conjug. 1 > **1·** Couper en petits morceaux avec un instrument tranchant. *Hacher du persil, des oignons.* **2·** Loc. *Il se ferait plutôt hacher que de céder,* plutôt maltraiter. ▶ ***haché, ée** adj. et n. m. **1·** Coupé en petits morceaux. *Bifteck haché.* – N. m. *Du haché,* de la viande de bœuf hachée. **2·** Entrecoupé, interrompu. *Style haché.* → **heurté, saccadé.** ▶ ***hachis** n. m. invar. Préparation de viande, poisson, etc., hachés très fins. *Farcir une volaille avec du hachis. Hachis Parmentier,* hachis de bœuf mélangé à de la purée de pommes de terre. ▶ ***hachoir** n. m. Instrument qui sert à hacher (la viande, les légumes, etc.). ▷ **hachure**

***hachisch** → **haschisch.**

***hachure** [ˈaʃyʀ] n. f. Traits parallèles serrés qui figurent les ombres, les volumes (sur un dessin, une gravure). ▶ ***hachurer** v. tr. < conjug. 1 > Couvrir de hachures. → **rayer.** – Au p. p. adj. *Les parties hachurées d'une carte.*

***hacienda** ['asjɛ̃da] n. f. Grande exploitation rurale, en Amérique latine. → aussi **fazenda.** – Habitation des propriétaires.

***hacker** ['akœʀ] n. Anglic. Pirate informatique qui agit sans intention de nuire. *Les hackers et les crackers.*

***haddock** ['adɔk] n. m. Églefin (poisson) fumé. *Une tranche de haddock. Des haddocks.*

hadji ['adʒi] n. m. Musulman qui a fait le pèlerinage de la Mecque (le *hadj*). *Les hadjis.*

***hagard, arde** ['agaʀ, aʀd] adj. Qui traduit l'égarement, le désarroi. → **effaré.** *Œil hagard. Air, visage, gestes hagards.*

hagiographie [aʒjɔgʀafi] n. f. Didact. Vie de saint. ▶ **hagiographe** n. Auteur d'une hagiographie.

***haie** ['ɛ] n. f. **1·** Clôture végétale servant à limiter ou à protéger un champ, un jardin. → **bordure.** *Des haies de fusains, d'aubépines. Tailler une haie. Une haie vive,* formée d'arbustes en pleine végétation. – *Course de haies :* où les chevaux, les coureurs ont à franchir des barrières. – *100 mètres haies, 400 mètres haies,* courses où l'on franchit des barrières. **2·** File de personnes bordant une voie pour laisser le passage à qqn, à un cortège. *Défiler entre deux haies de spectateurs. Haie d'honneur. Former la haie.*

***haïk** ['aik] n. m. Pièce d'étoffe drapée sur les autres vêtements et qui peut servir à cacher le bas du visage de certaines musulmanes.

***haïku** ['ajku] n. m. Poème classique japonais de trois vers.

***haillon** ['ajɔ̃] n. m. Vêtement en lambeaux ; lambeau d'étoffe servant de vêtement. → **guenille, loque.** *Un mendiant en haillons.*

***haine** ['ɛn] n. f. **1·** Sentiment violent qui pousse à vouloir du mal à qqn et à se réjouir du mal qui lui arrive. → **aversion, répulsion** ; suff. **-phobe.** / contr. amour / *Il leur a voué une haine implacable. Éprouver de la haine pour, contre qqn. Assouvir sa haine.* → **vengeance.** – Loc. Fam. *Avoir la haine :* être hostile (envers la société...). – Au plur. *Haines sourdes. De vieilles haines.* **2·** Aversion profonde (pour qqch. d'humain). *La haine de l'hypocrisie.* ▶ ***haineux, euse** adj. **1·** Naturellement porté à la haine. → **malveillant, vindicatif.** *Caractère haineux.* **2·** Qui trahit la haine. *Un coup d'œil haineux.* **3·** Inspiré par la haine. → **fielleux, venimeux.** *Une joie mauvaise, haineuse.* ▶ ***haineusement** adv.

***haïr** ['aiʀ] v. tr. < conjug. 10 > **1·** Avoir (qqn) en haine. → **détester, exécrer.** *Haïr ses ennemis.* / contr. aimer / – (Avec un infinitif compl. de cause) *Je le hais de m'avoir trompé de la sorte.* **2·** Avoir (qqch.) en haine. *Haïr le mensonge, la contrainte. Je hais cette mentalité.* ▶ ***haïssable** adj. Qui mérite d'être haï. → **détestable, exécrable, odieux.** *Un individu haïssable. La guerre est haïssable.*

***halage** ['a(ɑ)laʒ] n. m. Action de haler un bateau. – *Chemin de halage,* chemin qui longe un cours d'eau pour permettre le halage des bateaux.

***halal** ou **hallal** ['alal] adj. invar. (viande). Conforme au rite musulman. – Où l'on prépare, vend de la viande halal.

***hâle** ['ɑl] n. m. Couleur brune que prend la peau exposée à l'air et au soleil. → **bronzage.** *Son visage a pris un beau hâle.*

haleine [alɛn] n. f. **1·** Air qui sort des poumons pendant l'expiration. *Haleine fraîche. Avoir mauvaise haleine,* sentir mauvais de la bouche. **2·** La respiration (inspiration et expiration). → **souffle.** – Loc. ***Être hors d'haleine*** *:* à bout de souffle. → **haletant.** ***Reprendre haleine*** *:* reprendre sa respiration après un effort. → **souffler.** ***À perdre haleine*** loc. adv. : au point de ne plus pouvoir respirer. *Courir à perdre haleine.* – Loc. ***D'une (seule) haleine*** *:* sans s'arrêter pour respirer. → d'un **trait.** *Débiter une phrase d'une seule haleine.* – ***Tenir en haleine*** *:* maintenir l'attention de (qqn) en éveil ; maintenir dans un état d'incertitude, d'attente. *La curiosité me tient en haleine.* **3·** *Un travail* ***de longue haleine*** *:* qui exige beaucoup de temps et d'efforts.

***haler** ['a(ɑ)le] v. tr. < conjug. 1 > Remorquer (un bateau) au moyen d'un cordage tiré du rivage. *Cheval, tracteur qui hale une péniche.* ≠ hâler. ▷ **halage**

***hâler** ['ɑle] v. tr. < conjug. 1 > (Air, soleil) Rendre (la peau, le teint) brun ou rougeâtre. → **bronzer, brunir.** – Surtout au p. p. adj. *Teint hâlé* (par le soleil et le vent). ≠ haler. ▷ **hâle**

***haleter** ['alte] v. intr. < conjug. 5 > **1·** Respirer à un rythme anormalement précipité ; être à bout de souffle, hors d'haleine. *Je haletais d'émotion.* **2·** Être tenu en haleine. *Tout l'auditoire haletait.* ▶ ***haletant, ante** adj. **1·** Qui halète. → **essoufflé.** *Chien haletant. Respiration haletante.* → **précipité.** *Être haletant d'impatience,* très impatient, excité par l'attente. **2·** Qui tient en haleine. *Un suspense haletant.* ▶ ***halètement** ['alɛtmɑ̃] n. m. Respiration précipitée. ≠ allaitement.

halieutique [aljøtik] adj. et n. f. Didact. Qui concerne la pêche en mer. – N. f. *L'halieutique,* l'art, la technique de la pêche en mer.

***hall** ['ol] n. m. Grand vestibule ou très vaste local (dans les édifices publics, les grandes maisons). → **entrée.** *Un hall d'hôtel. Le hall de la gare. Des halls.* ≠ halle.

hallali [alali] n. m. Cri ou sonnerie de chasse à courre annonçant que l'animal est aux abois. *Sonner l'hallali. Des hallalis.*

halle** ['al] n. f. **1·** Au sing. Vaste emplacement couvert où se tient un marché, un commerce de gros. → **marché ; hangar, magasin.** *La halle aux vins.* **2·** Au plur. ***Les halles : emplacement, bâtiment où se tient le marché central de denrées alimentaires d'une ville. *Les halles de Rungis.*

***hallebarde** ['albaʀd] n. f. **1·** Autrefois. Arme à longue hampe, munie d'un fer tranchant et pointu. **2·** Loc. fam. *Il pleut, il tombe des hallebardes,* il pleut à verse. ▶ ***hallebardier** n. m. Homme qui portait la hallebarde.

hallucination [a(l)lysinɑsjɔ̃] n. f. Perception, sensation éprouvée à l'état de veille sans qu'aucune cause extérieure réelle la provoque. → **illusion, rêve.** *Hallucinations visuelles* → **vision,** *auditives* → entendre des **voix.** – Erreur des sens, illusion. *Être victime, être le jouet d'une hallucination. J'ai cru le voir ici, je dois avoir des hallucinations.* ▶ **hallucinant, ante** adj. Qui a une grande puissance d'évocation. *Une ressemblance hallucinante.* → **extraordinaire.** ▶ **halluciné, ée** adj. et n. Qui a des hallucinations. *Un poète halluciné. – Un air halluciné.* → **égaré ; bizarre.** – N. *Les visions d'un halluciné.* → **visionnaire.** ▶ **halluciner** v. tr. < conjug. 1 > Rendre (qqn) halluciné. – Intransitivement Fam. *J'hallucine !,* je suis stupéfait de ce que j'entends, je vois. ▶ **hallucinogène** adj. et n. m. Qui donne des hallucinations. *Une drogue hallucinogène.*

***halo** ['alo] n. m. **1·** Auréole lumineuse diffuse (autour d'une source lumineuse). *Le halo d'une lampe, des réverbères dans le brouillard.* **2·** Éclat qui semble émaner de (qqn). → **aura.** *Il est entouré d'un halo de gloire.*

halogène [aloʒɛn] n. m. et adj. Élément chimique rare, voisin du chlore. *Lampe à halogène.* – Adj. *Gaz halogène. Lampe halogène, éclairage halogène.*

halte** ['alt] n. f. **1·** Temps d'arrêt consacré au repos, au cours d'une activité ou d'un déplacement. *Faire halte,* s'arrêter. *Une courte halte.* → **arrêt.** **2·** Lieu où l'on fait halte. → **escale, étape.** *Une halte de routiers.* **3·** Interj. *Halte ! :* commandement par lequel on ordonne à qqn de s'arrêter. / contr. marche / *Section, halte !* – Abstrait. *(Dire) halte à la guerre.* – ***Halte-là ! : sommation par laquelle une sentinelle, une patrouille enjoint un suspect de s'arrêter. → **qui-vive.** ▶ ***halte-garderie** n. f. Crèche accueillant des enfants pour une courte durée.

haltère [altɛʀ] n. m. Instrument de gymnastique fait de deux boules ou disques de métal réunis par une tige. *Un petit haltère. Faire des haltères.* – *Poids et haltères,* sport consistant à soulever des haltères, etc., en exécutant certains mouvements. ▶ **haltérophile** n. Athlète pratiquant l'haltérophilie. ▶ **haltérophilie** n. f. Sport des poids et haltères.

***hamac** ['amak] n. m. Rectangle de toile ou de filet suspendu horizontalement par deux extrémités, utilisé comme lit. *Se balancer dans un hamac. Des hamacs.*

hamamélis [amamelis] n. m. invar. Arbuste d'Amérique du Nord dont l'écorce et les feuilles sont employées en pharmacie.

***hamburger** ['ɑ̃buʀgœʀ, 'ɑ̃byʀgɛʀ] n. m. Anglic. Bifteck haché servi dans un petit pain rond. *Des hamburgers.*

***hameau** ['amo] n. m. Petit groupe de maisons isolé d'un village, dans la campagne. *Des hameaux tranquilles.*

hameçon [amsɔ̃] n. m. **1·** Crochet pointu garni d'un appât qu'on adapte au bout d'une ligne, pour prendre le poisson. *Le poisson a mordu à l'hameçon.* **2·** Loc. *Mordre à l'hameçon,* se laisser prendre au piège d'une proposition avantageuse. → **appât.**

***hammam** ['amam] n. m. Établissement de bains de vapeur (surtout dans les pays d'Islam). → bains **turcs.**

***hampe** ['ɑ̃p] n. f. Long manche de bois auquel on fixe une arme, un symbole (une lance, une croix, un drapeau...). *La hampe d'une crosse épiscopale.*

***hamster** ['amstɛʀ] n. m. Petit rongeur à pattes et queue courtes. *Un hamster roux et blanc.*

***hanap** ['anap] n. m. Autrefois. Grand vase à boire en métal. *Des hanaps précieux.*

***hanche** ['ɑ̃ʃ] n. f. Chacune des deux régions symétriques du corps formant saillie au-dessous de la taille. → os **iliaque.** *Hanches étroites, larges. Tour de hanches. – Rouler, balancer les hanches.* → se **déhancher.** *Mettre les poings sur les hanches.* ≠ anche. ▷ **déhanchement**

***handball** ['ɑ̃dbal] n. m. Sport d'équipe qui se joue à la main avec un ballon rond. ▶ ***handballeur, euse** ['ɑ̃dbalœʀ, øz] n. Joueur, joueuse de handball.

***handicap** ['ɑ̃dikap] n. m. **1·** Épreuve sportive, course où l'on impose aux meilleurs concurrents certains désavantages au départ afin d'égaliser les chances de succès. *Cheval qui rend vingt-cinq mètres dans un handicap. Courir le 300 mètres handicap.* **2·** Désavantage, infériorité qu'on doit supporter. *Son âge est un sérieux handicap.* **3·** Déficience physique ou mentale, congénitale ou accidentelle. *Il est atteint d'un handicap.* → **handicapé.** ▶ ***handicaper** v. tr. < conjug. 1 > Mettre (qqn) en état d'infériorité. → **défavoriser, désavantager.** *Sa timidité l'a longtemps handicapé.* ▶ ***handicapé, ée** adj. et n. Qui a une maladie, une malformation gênante dans les activités courantes. *Il est handicapé depuis son accident.* – N. *Un handicapé moteur. Rampe d'accès pour les handicapés. Réservé aux handicapés.*

***handisport** ['ɑ̃dispɔʀ] adj. Relatif aux activités sportives pratiquées par les handicapés physiques. *Jeux olympiques handisports* → **paralympique.**

***hangar** ['ɑ̃gaʀ] n. m. Construction plus ou moins sommaire destinée à abriter du gros matériel, certaines marchandises. → **entrepôt, remise.** *Hangar à récoltes, à fourrage.* → **grange ; fenil.** – Vaste garage pour avions.

***hanneton** ['antɔ̃] n. m. **1·** Coléoptère ordinairement roux, au vol lourd et bruyant. **2·** Loc. fam. *C'est pas piqué des hannetons,* se dit de qqch. qui force l'attention par son caractère extrême.

***hanse** ['ɑ̃s] n. f. Histoire. Association de marchands, au Moyen Âge. – *La Hanse (germanique)* : association de villes commerçantes de la mer du Nord et de la Baltique, du XIIe au XVIIe siècle. ≠ anse. ▶ ***hanséatique** adj. De la Hanse germanique. *Bruges, Hambourg, villes hanséatiques.*

***hanter** ['ɑ̃te] v. tr. < conjug. 1 > **1·** Littér. Fréquenter (un lieu) d'une manière habituelle, familière. *Hanter les bibliothèques.* **2·** (Esprits, fantômes) Fréquenter (un lieu). – Au p. p. adj. *Maison hantée.* **3·** Habiter l'esprit (en gênant). → **obséder, poursuivre.** *Ce souvenir le hantait. Les rêves qui hantent son sommeil.* → **habiter, peupler.** ▶ ***hantise** n. f. Caractère obsédant (d'une pensée, d'un souvenir). → idée **fixe.** *La hantise de la mort.* → **peur.**

***happening** ['ap(ə)niŋ] n. m. Anglic. Spectacle, manifestation où la part d'imprévu et de spontanéité est essentielle. *Des happenings.*

***happer** ['ape] v. tr. < conjug. 1 > **1·** Saisir, attraper brusquement et avec violence. – Au passif. *Être happé par un train.* **2·** (Animaux) Saisir brusquement dans la bouche, la gueule, le bec. *Le chien happe le sucre au vol.*

haptonomie [aptɔnɔmi] n. f. Didact. Science qui étudie le rôle des contacts par le toucher dans les activités humaines (de la conception à la mort). *Haptonomie prénatale.* ▶ **haptonomique** adj.

***haquenée** ['akne] n. f. ≠ acné Cheval ou jument d'allure douce, que montaient les dames du Moyen Âge. ≠ palefroi.

***hara-kiri** ['aʀakiʀi] n. m. Suicide par le sabre, particulièrement honorable, au Japon. – **REM.** Le mot japonais est *seppuku. Les samouraïs condamnés à mort avaient le privilège du hara-kiri. Des hara-kiris.* – *(Se) faire hara-kiri,* se suicider en s'éventrant ; par plaisant. se sacrifier.

***harangue** ['aʀɑ̃g] n. f. **1·** Discours solennel prononcé devant une assemblée, un haut personnage. *Sa harangue fut courte.* **2·** Discours pompeux et ennuyeux ; remontrance interminable. → **sermon.** ▶ ***haranguer** v. tr. < conjug. 1 > Faire une harangue à (qqn). *Officier haranguant ses troupes.*

***haras** ['aʀɑ] n. m. invar. Lieu, établissement destiné à la sélection, à la reproduction et à l'élevage des chevaux. *Les prés d'un haras.* – Souvent plur. *Des haras.*

***harasser** ['aʀase] v. tr. < conjug. 1 > Accabler de fatigue (plus fort que *fatiguer**). → fam. **crever.** *L'excursion nous a harassés.* – Au p. p. *Être harassé (de fatigue).* → **épuisé, fourbu.** ▶ ***harassant, ante** adj. → **fatigant.** *Travail harassant.*

***harceler** ['aʀsəle] v. tr. < conjug. 5 > Soumettre sans répit à de petites attaques. *Harceler l'ennemi.* – *Ses créanciers le harcèlent depuis un mois.* → **talonner.** – *Être harcelé de soucis.* → **assailli.** ▶ ***harcèlement** ['aʀsɛlmɑ̃] n. m. Action de harceler (en actes ou en paroles). *Une guerre de harcèlement.* → **guérilla.** – *Harcèlement sexuel,* fait d'abuser de sa supériorité hiérarchique pour tenter avec insistance d'obtenir une faveur sexuelle (en général, d'un homme à l'égard d'une femme). ▶ **harceleur, euse** n. Personne qui se livre au harcèlement. *Elle est victime d'un harceleur. Une harceleuse.*

***harde** ['aʀd] n. f. Troupe de bêtes sauvages vivant ensemble. *Les biches et les cerfs se rassemblent en hardes.* ≠ horde.

***hardes** ['aʀd] n. f. pl. Péj. Vêtements pauvres et usagés. → **nippes.** *Un paquet de vieilles hardes.*

***hardi, ie** ['aʀdi] adj. **1·** Qui ose sans se laisser intimider. → **audacieux, aventureux, entreprenant, intrépide.** / contr. timide ; peureux / *Hardi à l'excès.* → **téméraire.** *Un garçon hardi.* – *Une initiative, une entreprise hardie.* **2·** Vx et péj. Qui manifeste un grand mépris des convenances. → **effronté, impudent, provocant.** / contr. modeste, sage / *Une fille hardie. Décolleté hardi.* → **audacieux.** *Un livre qui contient des passages un peu hardis.* → **osé. 3·** Original. *Une pensée hardie. Des rimes hardies.* / contr. banal / **4·** *Hardi* loc. interj. : expression servant à encourager et pousser en avant. *Hardi, les gars !* → **courage.** Fam. *Hardi petit !* ▶ ***hardiesse** ['aʀdjɛs] n. f. Littér. **1·** Qualité de qqn ou de qqch. de hardi. → **cœur, courage, énergie, intrépidité.** *Avoir, montrer de la hardiesse.* – *La hardiesse d'un projet.* **2·** Littér. Surtout au plur. *(Une, des hardiesses)* Action, idée, parole, expression hardie. *Se permettre certaines hardiesses.* → **liberté.** ▶ ***hardiment** adv. *S'exposer hardiment aux dangers.* → **courageusement.** *Il a tout nié hardiment.* → **effrontément, impudemment.** ▷ **enhardir**

***harem** ['aʀɛm] n. m. Appartement réservé aux femmes, chez les musulmans. → **gynécée.** *Des harems.*

***hareng** ['aʀɑ̃] n. m. Poisson de mer, vivant en bancs souvent immenses. *Pêche au hareng. Harengs frais. Harengs saurs. Filets de hareng.* – Loc. fam. *Être serrés comme des harengs,* très serrés. ▶ ***harengère** ['aʀɑ̃ʒɛʀ] n. f. Femme grossière et criarde (comme les anciennes marchandes de hareng). → **poissarde.** *Elles s'insultaient comme des harengères.*

***hargne** ['aʀɲ] n. f. Mauvaise humeur se traduisant par des propos acerbes, une attitude agressive, méchante ou haineuse. *Répondre avec hargne.* ▶ ***hargneux, euse** adj. Qui est plein de hargne. → **acariâtre.** *Une femme hargneuse. Un caractère hargneux.* – *Ton hargneux.* → **revêche.** ▶ ***hargneusement** adv.

1 ***haricot** ['aʀiko] n. m. **1·** Plante légumineuse à fruits comestibles. *Un pied de haricot.* **2·** Au plur. *Des haricots* : gousses de cette plante qui se consomment encore vertes *(haricots verts),* ou contenant les graines mûres *(haricots mange-tout).* → **flageolet** ; fam. **fayot.** Absolt. *Les, des haricots,* ces graines. *Haricots blancs, rouges. Haricots frais, secs. Faire (cuire), manger des haricots. Un gigot d'agneau aux haricots. Les haricots d'un cassoulet*.* Au sing. *Un haricot,* une gousse ; une graine. **3·** Fam. *Des haricots !,* vous n'aurez rien du tout ! → fam. des **clous.** *C'est la fin des haricots,* la fin de tout.

2 ***haricot** n. m. *Un haricot de mouton,* un ragoût de mouton.

***haridelle** ['aʀidɛl] n. f. Mauvais cheval efflanqué.

(*)harissa [(')aʀisa] n. f. ou m. Poudre ou purée de piments utilisée comme condiment dans la cuisine maghrébine.

***harki** ['aʀki] n. m. Militaire autochtone d'Algérie qui était supplétif dans l'armée française d'Algérie. *Les harkis.*

harmattan [aʀmatɑ̃] n. m. Vent chaud et sec (alizé) qui souffle sur l'Afrique occidentale.

harmonica [aʀmɔnika] n. m. Instrument de musique en forme de petite boîte plate, dont on fait vibrer les languettes en soufflant.

harmonie [aʀmɔni] n. f. **1·** Ensemble des principes qui règlent l'emploi et la combinaison de sons simultanés, en musique. *Étudier l'harmonie. Traité d'harmonie.* **2·** Littér. Ensemble des caractères (combinaisons de sons, accents, rythme) qui rendent un discours agréable à l'oreille. → **euphonie.** *L'harmonie des vers.* → **mélodie. 3·** Accord entre les diverses parties (d'un tout) ; effet qui en résulte. *L'harmonie des organes du corps.* → **ordre, organisation.** *Il règne une grande harmonie de sentiments au sein de cette équipe.* → **communauté, concordance, conformité.** *Être en harmonie avec.* → **convenir, correspondre.** *Ces deux choses sont en parfaite harmonie,* vont bien ensemble. – Beauté régulière. *L'harmonie des tons dans un tableau. L'harmonie d'un paysage.* → **équilibre.** *L'harmonie d'un visage.* → **beauté, régularité. 4·** Littér. Accord, bonnes relations (entre personnes). → **entente, paix, union.** *L'harmonie qui règne dans une communauté. Vivre en parfaite harmonie,* en parfaite concordance de sentiments, de vues. → **amitié, entente, sympathie.** ▶ **harmonieux, euse** [aʀmɔnjø, øz] adj. **1·** (Combinaison de sons) Agréable à l'oreille. → **mélodieux.** *Voix harmonieuse.* **2·** (Langage) Qui a de l'harmonie. *Style harmonieux.* **3·** Dont l'accord entre les divers éléments dégage une harmonie. *Harmonieux équilibre. Formes, couleurs harmonieuses.* ▶ **harmonieusement** adv. D'une manière harmonieuse. ▶ **harmonique** adj. Relatif à l'harmonie (1) en musique. – *Son harmonique,* et, n. m. *Harmonique* : son musical simple dont la fréquence est un multiple entier de celle du son fondamental. ▶ **harmoniser** v. tr. < conjug. 1 > **1·** Mettre en harmonie, en accord. → **accorder, arranger.** *Nous tenterons d'harmoniser les intérêts du groupe.* → **concilier. 2·** Combiner (une mélodie) avec d'autres parties ou des suites d'accords. *Harmoniser un chant,* composer un accompagnement. **3·** *S'harmoniser* v. pron. : se mettre, être en harmonie. → **s'accorder.** *Ces couleurs s'harmonisent. Ses sentiments s'harmonisaient avec le paysage.* ▶ **harmonisation** n. f. Action d'harmoniser. – Manière dont une musique est harmonisée. ▶ **harmonium** [aʀmɔnjɔm] n. m. Instrument à clavier et à soufflerie, muni d'anches libres (à la différence de *l'orgue*). *Elle joue de l'harmonium à l'église. Des harmoniums.* ▷ **harmonica, philharmonique**

harnacher** ['aʀnaʃe] v. tr. < conjug. 1 > **1**· Mettre le harnais à (un animal de selle ou de trait). – Au p. p. adj. *Cheval richement harnaché.* **2**· (Personnes) ***Être harnaché : être habillé et équipé lourdement. – *Comment es-tu donc harnaché ?* → **accoutré, ficelé.** ▶ ***harnachement** n. m. **1**· Action de harnacher. – Ensemble des harnais. **2**· Habillement et équipement. – Péj. *Quel harnachement !*

***harnais** ['aʀnɛ] n. m. invar. **1**· Autrefois. Équipement complet d'un homme d'arme. **2**· Ensemble des pièces composant l'équipement d'un animal de selle ou de trait. → **harnachement.**

***haro** ['aʀo] n. m. Loc. *Crier haro sur le baudet* (allus. à une fable de La Fontaine), dénoncer à l'indignation de tous.

***harpe** ['aʀp] n. f. Grand instrument à cordes pincées, à cadre le plus souvent triangulaire. *Harpe celtique.* ▶ ***harpiste** n. Personne qui joue de la harpe.

***harpie** ['aʀpi] n. f. Femme méchante, acariâtre (nom d'un monstre volant de la mythologie). → **mégère.** *Une vieille harpie.*

***harpon** ['aʀpɔ̃] n. m. Dard emmanché, relié à un filin ou une ligne, qui sert à prendre les gros poissons, les cétacés. *Pêche au harpon. Fusil à harpon pour la pêche sous-marine.* ▶ ***harponner** v. tr. < conjug. 1 > **1**· Atteindre, accrocher avec un harpon, ou un instrument semblable. *Harponner un thon.* **2**· Fam. Arrêter, saisir brutalement. *Ils ont harponné un malfaiteur.* ▶ ***harponnage** n. m.

hasard** ['azaʀ] n. m. **I**· *Un, des hasard(s).* **1**· Événement fortuit ; concours de circonstances inattendu et inexplicable. *Quel hasard !* → **coïncidence.** *C'est un vrai, un pur hasard,* rien n'était calculé, prémédité. *Un heureux hasard.* → **chance, occasion, veine.** *Un hasard malheureux.* → **accident, déveine, malchance.** **2**· Littér. Surtout au plur. Risque, circonstance dangereuse. *Les hasards du climat.* → **aléa.** **II**· **1**· *Le hasard* : cause fictive attribuée à des événements apparemment inexplicables. *Les lois du hasard.* → **probabilité.** *Le hasard fait bien les choses* (en parlant d'un concours de circonstances heureux). *Les caprices du hasard.* → **destin, sort.** *Il ne laisse rien au hasard,* il prévoit tout. *Faire la part du hasard dans un projet.* **2**· Loc. ***Au hasard loc. adv. : n'importe où. *Coups tirés au hasard.* Sans réflexion. *Conseils donnés au hasard.* → au petit **bonheur.** – ***Au hasard de*** loc. prép. : selon les hasards de. *Au hasard des rencontres, des circonstances.* – ***À tout hasard*** loc. adv. : en prévision ou dans l'attente de tout ce qui pourrait se présenter. *Laissez-moi votre adresse, à tout hasard.* – ***Par hasard*** loc. adv. → **accidentellement, fortuitement.** *Je l'ai rencontré par hasard. Comme par hasard,* comme si c'était un hasard. *Si par hasard,* au cas où, dans l'éventualité où. **3**· ***Jeu de hasard*** : jeu où le calcul, l'habileté n'ont, en principe, aucune part (dés, roulette, baccara, loterie). *Il aime tous les jeux de hasard.* ▶ ***hasarder** ['azaʀde] v. tr. < conjug. 1 > **1**· Littér. Livrer (qqch.) aux risques du hasard, du sort. → **aventurer, exposer, risquer.** *Hasarder sa vie, sa réputation.* **2**· Entreprendre (qqch.) en courant le risque d'échouer ou de déplaire. → **tenter.** *Hasarder une démarche.* – Au p. p. adj. *Une hypothèse, une démarche hasardée,* que l'on fait sans trop y croire. **3**· ***Se hasarder*** v. pron. réfl. : aller, se risquer (en un lieu où il y a du danger). *Il n'est pas prudent de s'y hasarder.* → s'**aventurer.** – ***Se hasarder à*** : se risquer à. *Se hasarder à demander qqch.* ▶ ***hasardeux, euse** adj. Qui expose à des périls ; qui comporte un risque d'échec. *Entreprise hasardeuse.* → **aléatoire, aventuré, dangereux.**

***haschisch** ou ***hachisch** ['aʃiʃ] n. m. Chanvre indien dont on extrait une substance hallucinogène* ; cette drogue. → **cannabis, marijuana.** *Fumer du haschisch* (→ ③ joint, pétard). – Abrév. cour. **Du hasch.**

***hase** ['az] n. f. Femelle du lièvre ou du lapin de garenne. → **lapine.**

***hassidisme** ['asidism] n. m. Courant religieux juif de tendance mystique. ▶ **hassidique** adj. *Les juifs hassidiques* (ou *les hassidim* n. m. plur.) *ont une tenue caractéristique : barbe touffue, boucles de chaque côté du visage (« papillotes »), chapeau noir.*

hâte** ['ɑt] n. f. **1**· Grande promptitude (dans l'exécution d'un travail, etc.). → **activité, empressement.** *Une hâte excessive.* → **précipitation.** *Mettre peu de hâte à faire qqch.* – *J'ai hâte de sortir. N'avoir qu'une hâte,* qu'un désir, qu'un souci. *Il n'a qu'une hâte, avec cette corvée, c'est d'en finir.* **2**· Loc. adv. ***Sans hâte : calmement, en prenant son temps. ***En hâte.*** → **promptement, rapidement, vite.** *Venez en toute hâte !* → d'**urgence.** ***À la hâte*** : avec précipitation, sans soin. *Un travail fait à la hâte.* ▶ ***hâter** v. tr. < conjug. 1 > **1**· Littér. Faire arriver plus tôt, plus vite. → **avancer, brusquer, précipiter.** *Hâter son départ.* **2**· Faire évoluer plus vite, rendre plus rapide. → **accélérer, activer.** *Hâte un peu le mouvement !* → **presser.** *Hâter le pas.* **3**· ***Se hâter*** v. pron. réfl. : se dépêcher, se presser. *Hâtez-vous. Se* *hâter vers la sortie.* → **courir,** se **précipiter.** *Se hâter de terminer un travail.* ▶ ***hâtif, ive** adj. **1·** Dont la maturité est naturellement précoce. *Petits pois hâtifs.* **2·** Qui se fait ou a été fait trop vite, à la hâte. *Un travail hâtif.* → **bâclé.** *Conclusion hâtive.* → **prématuré.** ▶ ***hâtivement** adv.

***hauban** ['obɑ̃] n. m. Cordage, câble servant à étayer le mât d'un navire, à soutenir, à maintenir une pièce, etc. *Les haubans de misaine, d'artimon.* ▶ ***haubaner** v. tr. < conjug. 1 > Assujettir, consolider par des haubans. *Haubaner un arbre à abattre.*

***hausse** ['os] n. f. Action d'augmenter, de s'élever, en parlant d'une grandeur numérique. → **augmentation, élévation.** *Hausse de la température. Le baromètre est en hausse,* la pression barométrique remonte. *La hausse des prix.* → **montée.** *On enregistre une hausse sensible du coût de la vie.* – Loc. *À la hausse,* en augmentation. *Revoir, corriger une estimation à la hausse.* – Loc. *Jouer à la hausse,* spéculer sur la hausse du cours des valeurs boursières. – Loc. *Ses actions sont en hausse,* ses affaires vont mieux. / contr. baisse /

***hausser** ['ose] v. tr. < conjug. 1 > **1·** Donner plus d'ampleur, d'intensité à. *Hausser la voix, le ton.* → **enfler. 2·** Mettre à un niveau plus élevé. → **lever.** *Hausser les épaules.* – Pronominalement réfl. *Se hausser sur la pointe des pieds.* → se **dresser.** ▶ ***haussement** n. m. *Elle eut un haussement d'épaules* (en signe d'irritation, d'indifférence, de dédain). ▷ **hausse**

1 ***haut, *haute** ['o, 'ot] adj. / contr. bas / **I· 1·** D'une dimension déterminée (HAUT DE..., COMME...) ou supérieure à la moyenne, dans le sens vertical. *Mur haut de deux mètres.* Loc. *Haut comme trois pommes,* très petit. – *De hautes montagnes.* → **élevé.** *Hautes herbes. Pièce haute de plafond. Hautes cheminées. Un homme de haute taille,* très grand. – *Talons hauts.* – *La haute mer.* → **large** (II, 4). **2·** Dans sa position la plus élevée. *Le soleil est haut dans le ciel.* – Loc. *Aller, marcher la tête haute, le front haut,* sans craindre de reproches ni d'affronts. – Loc. *Avoir la **haute main** dans une affaire,* la diriger, en avoir le contrôle. **3·** Situé sur un plan supérieur. *Les hautes branches d'un arbre. Le plus haut massif.* → **culminant.** *Une note haute, une haute note.* → **aigu.** – *Le haut Rhin, la haute Égypte* (régions les plus proches de la source ou les plus éloignées de la mer). **4·** Dans le temps (avant le nom). *La plus haute antiquité,* la plus ancienne. **5·** En intensité. → **fort, grand.** *Haute pression. Haute fréquence.* / contr. bas, faible / – (Sons, voix) *À haute voix.* – Loc. *Pousser les hauts cris.* → **retentissant, sonore.** *N'avoir jamais un mot plus haut que l'autre,* parler sur un ton uni qui marque l'égalité d'humeur ou le sang-froid. **6·** (En parlant des prix, des valeurs cotées) *Les cours sont hauts.* → **élevé.** *De hauts salaires.* **II·** Abstrait (avant le nom). **1·** (Dans l'ordre de la puissance) → **éminent, grand, important.** *Hauts fonctionnaires. La haute finance. La haute société.* – Loc. ***En haut lieu*** : au sommet de la hiérarchie. – N. m. *Le Très-Haut,* Dieu. **2·** (Dans l'échelle des valeurs) → **supérieur.** *Haute intelligence. Les hauts faits.* → **héroïque.** – *Haute couture, haute coiffure.* **3·** Très grand. → **extrême.** *Je la tiens en haute estime. Une communication de la plus haute importance. Il a une haute idée de lui-même.* → **exagéré.** *Un instrument de haute précision.* ***Haute-fidélité.*** → **fidélité** (4), **hi-fi.** ▶ 2 ***haut** n. m. et adv. **I·** N. m. **1·** Dimension verticale déterminée, de la base au sommet. → **altitude, hauteur.** *La tour Eiffel a trois cent vingt mètres de haut.* – Loc. ***Tomber de (tout) son haut*** : s'étaler au sol ; abstrait, être stupéfait. **2·** Position haute. *Parler du haut de la tribune. Tomber du haut du cinquième (étage). Elle a des hauts et des bas,* une suite de bons et de mauvais moments. **3·** Partie, région haute (d'une chose). *Le haut de la poitrine. Au haut du mur. Laver la cuisine du haut en bas.* → **sommet.** *Déplacement vers le haut.* – *Le haut d'une robe,* la partie au-dessus de la taille. → **corsage.** *Prends ce meuble par le haut, je le prends par le bas. Les voisins du haut.* → du **dessus.** – *Rouler du haut d'un escalier, du haut en bas.* **4·** Région. Terrain élevé. → **hauteur, montagne.** *Les hauts de Meuse.* **II·** Adv. **1·** En un point élevé sur la verticale. / contr. bas / *Monter, sauter haut, plus haut.* **2·** Loc. (Adj. à valeur adverbiale) En position haute. ***Haut les mains !*** : sommation faite à un adversaire de lever les mains ouvertes. – ***Haut la main*** : avec autorité, en surmontant aisément tous les obstacles. *Il a emporté le prix haut la main.* **3·** En un point reculé dans le temps. → **loin.** *Remonter plus haut,* vers la source, l'origine. – (Dans un texte) *Voir plus haut.* → **ci-dessus, supra. 4·** (Intensité) *À voix haute.* → **fort.** *Parlez plus haut. Lire tout haut.* – Sans craindre de se faire entendre. *Je le dirai bien haut, s'il le faut !* → **franchement, hautement** (1). *Parler haut et clair,* avec autorité. – (Sons) *Monter haut,* atteindre des notes aiguës. **5·** (Puissance) *Des personnes haut placées. Il vise haut,* il est ambitieux. **6·** (Prix, valeurs) *La dépense monte haut,* s'élève à un prix considérable. *Estimer très haut certaines qualités,* leur accorder un grand prix. *Placer (qqn) très haut dans son estime.* **III·** Loc. adv. **1·** ***De haut*** : avec une distance qui donne de la supériorité. Loc. ***Tomber de haut*** : perdre ses illusions. – *Voir les choses de haut,* d'une vue générale et sereine. *Elle a pris la chose de haut, de très haut,* elle a réagi avec arrogance. *Regarder, traiter qqn de haut,* ***de haut en bas*** : avec dédain. → **hautain. 2·** ***En haut*** : dans la région

(la plus) haute. *Il loge en haut. Blouson fermé jusqu'en haut. Tout en haut,* au point le plus haut. *Par en haut.* – En direction du haut. *Regarder en haut. De bas en haut.* – ***En haut de*** loc. prép. : dans la partie supérieure de. *En haut de la côte.* – ***D'en haut*** : de la partie haute, supérieure. *La lumière vient d'en haut.* – *Des ordres qui viennent d'en haut,* d'une autorité supérieure. ▶ ***hautain, aine** ['otɛ̃, ɛn] adj. Dont les manières sont dédaigneuses ; qui montre de l'arrogance. → **altier, orgueilleux.** *Homme hautain et distant.* – *Manières hautaines, air hautain.* ▶ ***hautement** ['otmɑ̃] adv. **1·** Tout haut et sans craindre de se faire entendre. → **franchement, nettement, ouvertement.** *Déclarer hautement son mécontentement.* **2·** À un degré supérieur, fortement. *C'était hautement comique. Un matériel hautement sophistiqué.* ▶ ***hauteur** n. f. **I· 1·** Dimension plus ou moins importante dans le sens vertical (→ ② **haut**). *La hauteur d'un mur, d'un pont. Grande hauteur, faible hauteur.* – (Personnes) → **taille.** *Se dresser de toute sa hauteur.* – En géométrie. Droite perpendiculaire abaissée du sommet à la base d'une figure ; longueur de cette droite. *La hauteur d'un triangle.* **2·** Position déterminée sur la verticale. *Se trouver à une certaine hauteur. Hauteur vertigineuse. À hauteur d'homme. Rebord de fenêtre à hauteur d'appui.* – *Saut en hauteur.* – *Prendre de la hauteur,* s'élever dans l'espace (avion, engin). **3·** ***À la hauteur de*** loc. prép. *Placer une pancarte à la hauteur des yeux.* → **niveau.** ***Être à la hauteur de*** : être au même niveau (intellectuel, moral) que, être l'égal de. *Il sait se mettre à la hauteur des enfants.* → **portée.** *Être à la hauteur de la situation,* avoir les qualités requises pour y faire face. – Fam. Sans compl. *Il n'est pas à la hauteur,* il n'a pas les capacités suffisantes. – Au niveau de, sur la même ligne que. *Je vous attends à (la) hauteur de la poste.* **4·** Terrain, lieu élevé. *Ma maison est sur une hauteur. Les hauteurs qui dominent la ville.* **II· 1·** Supériorité (d'ordre moral ou intellectuel). → **grandeur, noblesse.** *La hauteur de ses vues est notoire.* **2·** Péj. Caractère, attitude de celui qui regarde les autres de haut, avec mépris. *Parler avec hauteur* (→ **hautain**). ▶ ***hautbois** ['obwɑ] n. m. invar. **1·** Instrument de musique à vent, à anche double. **2·** Hautboïste. ▶ ***hautboïste** n. Instrumentiste qui joue du hautbois. ▶ ***haut-de-chausse(s)** ['odʃos] n. m. Autrefois. Partie de l'habillement masculin allant de la ceinture aux genoux. → **chausse(s), culotte.** *Des hauts-de-chausse(s).* ▶ ***haut-de-forme** ['odfɔʀm] n. m. Chapeau d'homme, en soie, haut et cylindrique, qui se porte avec la redingote ou l'habit. *Des hauts-de-forme.* – Adj. (Sans traits d'union) *Des chapeaux hauts de forme.* ▶ ***haute-fidélité** n. f. → **fidélité** (4). ▶ ***haut-fond** ['ofɔ̃] n. m. Sommet sous-marin, endroit d'une rivière recouvert d'une faible épaisseur d'eau, dangereux pour la navigation. *Des hauts-fonds.* ▶ ***haut fourneau** n. m. → **fourneau** (1). ▶ ***haut-le-cœur** ['olkœʀ] n. m. invar. Soulèvement de l'estomac. → **nausée.** *Avoir des haut-le-cœur. Cela me donne des haut-le-cœur,* cela me dégoûte. ▶ ***haut-le-corps** ['olkɔʀ] n. m. invar. Mouvement brusque et involontaire du haut du corps sous l'effet de la surprise ou de l'indignation. *Avoir, réprimer un haut-le-corps.* → **sursaut, tressaillement.** ▶ ***haut-parleur** ['opaʀlœʀ] n. m. Appareil qui transforme les variations d'un courant électrique en ondes sonores. *Brancher des haut-parleurs.*

***havane** ['avan] n. m. et adj. **I·** Tabac de La Havane. *Il fume du havane.* – Cigare réputé, fabriqué avec ce tabac. *Une boîte de havanes.* **II·** Adj. invar. De la couleur (marron clair) des havanes. *Des gants havane.*

***hâve** ['ɑv] adj. Amaigri et pâli par les épreuves, la faim... → **émacié.** *Des réfugiés hâves et épuisés.* – *Visage, teint hâve.* → **blafard, blême.**

***haver** ['ave] v. tr. < conjug. 1 > Entailler (le charbon) dans une mine. ▶ ***havage** n. m. Opération par laquelle on have le charbon.

***havre** ['ɑvʀ] n. m. Littér. Ce qui constitue un refuge sûr et calme. → **abri, port.** *Cette maison est un havre de paix. C'est un havre pour l'esprit.*

***havresac** ['ɑ(a)vʀəsak] n. m. Autrefois. Sac que le fantassin portait sur son dos, et qui contenait son équipement.

***hayon** ['ɛjɔ̃ ; 'ajɔ̃] n. m. Partie mobile articulée tenant lieu de porte à l'arrière (d'un break, de certaines voitures de tourisme). – *Hayon élévateur,* élévateur situé à l'arrière d'un camion.

***hé** ['e, he] interj. Sert à interpeller, à appeler, à attirer l'attention. *Hé ! vous, là-bas.* → **hep.** *Holà ! hé ! pas si vite !* – *Hé ! Hé !* (approbation, appréciation, ironie, moquerie, selon le ton). *Hé là !* → **holà.** ▷ **hélas**

***heaume** ['om] n. m. Au Moyen Âge. Casque enveloppant toute la tête et le visage du combattant. *Le cimier d'un heaume.*

hebdomadaire [ɛbdɔmadɛʀ] adj. et n. m. **1·** Adj. Qui s'étend sur une semaine. *Travail hebdomadaire,* fixé pour la semaine. – Qui se renouvelle chaque semaine. *Congé hebdomadaire. Une revue hebdomadaire.* **2·** N. m. *Un hebdomadaire,* publication qui paraît une fois par semaine. – Abrév. fam. **un hebdo** [ɛbdo]. *Des hebdos.*

héberger [ebɛʀʒe] v. tr. < conjug. 3 > **1·** Loger (qqn) chez soi. *Peux-tu m'héberger pour la nuit ?* → **abriter.** – *Être hébergé pendant une semaine par* *un ami*, être reçu. **2·** Accueillir, recevoir sur son sol. *Pays qui héberge des réfugiés.* **3·** En informatique. (Serveur Internet). Assurer le stockage et la mise en ligne de (une page, un site web...). ▶ **hébergement** n. m. *Un centre d'hébergement.* ▶ **hébergeur** n. m. En informatique. Serveur Internet qui héberge (des pages web).

hébété, ée [ebete] adj. Rendu stupide (par qqch.). → **abêti, abruti.** *Il est hébété. Hébété de fatigue. Un air, un regard, des yeux hébétés.* ▶ **hébétude** n. f. Littér. État d'une personne qui est hébétée, stupide. → **abrutissement, stupeur.** *L'hébétude de l'ivresse.*

hébraïque [ebʀaik] adj. Qui concerne la langue ou la civilisation des Hébreux. *Grammaire, tradition hébraïque.* – *École hébraïque,* où l'on enseigne en hébreu. ▶ **hébreu** [ebʀø] n. et adj. m. **I·** N. m. **1·** Nom primitif des Juifs. *Un Hébreu* (mais *une Israélite, une Juive*). **2·** Langue sémitique parlée autrefois par les Hébreux et aujourd'hui par les Israéliens. – Fam. *C'est de l'hébreu,* c'est inintelligible (→ C'est du chinois). **II·** Adj. m. Se dit du peuple, de la langue des Hébreux. *Textes, mots hébreux. Prophète hébreu.*

hécatombe [ekatɔ̃b] n. f. Massacre d'un grand nombre de personnes ou d'animaux. → **boucherie, carnage, massacre, tuerie.** *Les hécatombes de la guerre. Faire une hécatombe de gibier.* – Plaisant. *Quatre-vingts pour cent de recalés à cet examen, quelle hécatombe !*

hecto [ɛkto] n. m. Abréviation de *hectolitre* et (plus rarement) de *hectogramme. Il a produit cette année deux mille hectos de vin.*

hect(o)- Élément savant signifiant «cent». ▶ **hectare** [ɛktaʀ] n. m. Mesure de superficie équivalant à cent ares (symb. *ha*). *Une exploitation agricole de cinquante hectares.* ▶ **hectogramme** n. m. Poids de cent grammes (symb. *hg*). ▶ **hectolitre** n. m. Mesure de cent litres (symb. *hl*). *Trois cents hectolitres de vin.* ▶ **hectomètre** n. m. Longueur de cent mètres (symb. *hm*). ▶ **hectopascal, als** n. m. Unité de mesure de la pression atmosphérique, valant cent pascals* (symb. *hPa*). ▶ **hectowatt** [ɛktɔwat] n. m. Unité de puissance, valant cent watts (symb. *hW*).

hédonisme [edɔnism] n. m. Doctrine qui place la recherche du plaisir au-dessus des autres valeurs. *Un adepte de l'hédonisme.* ▶ **hédoniste** adj. et n.

hégémonie [eʒemɔni] n. f. Suprématie d'un État, d'une nation sur d'autres. → **prépondérance.** *Lutte pour l'hégémonie du monde. Exercer une hégémonie.* → **domination.** ▶ **hégémonique** adj. ▶ **hégémonisme** n. m. Didact. Tendance à imposer l'hégémonie (d'un État, d'un pouvoir).

hégire [eʒiʀ] n. f. Début de la chronologie musulmane (622 de l'ère chrétienne). *L'an deux cent de l'hégire.*

***hein** ['ɛ̃, hɛ̃] interj. **1·** Interjection familière d'interrogation (pour faire répéter, demander un complément d'information, ou exprimer l'étonnement). *Hein ? Qu'est-ce que tu dis ?* → **comment, pardon. 2·** Renforce une interrogation. *Tu viendras, hein ?* → **n'est-ce pas.**

hélas [elɑs] interj. Interjection de plainte, exprimant la douleur, le regret. *Hélas ! les beaux jours sont finis. « Va-t-il mieux ? – Hélas ! non. »*

***héler** ['ele] v. tr. < conjug. 6 > Appeler de loin, pour faire venir. *Enfin, un taxi passe ; je le hèle. Héler un porteur.*

hélianthe [eljɑ̃t] n. m. Plante à grands capitules jaunes. *Hélianthe annuel.* → ⓘ **tournesol.**

hélice [elis] n. f. **1·** Appareil de traction ou de propulsion constitué de plusieurs pales solidaires d'un axe. *L'hélice d'un navire. Les hélices d'un avion.* **2·** Courbe engendrée par une droite oblique s'enroulant sur un cylindre. → **spirale.** ▶ **hélicoïdal, ale, aux** [elikɔidal, o] adj. En forme d'hélice (2). *Des ressorts hélicoïdaux.* ▶ **hélicon** n. m. Tuba ⓘ contrebasse de forme circulaire, que l'on porte autour du corps en le faisant reposer sur une épaule.

hélicoptère [elikɔptɛʀ] n. m. Appareil volant qui se déplace à l'aide d'une ou de plusieurs hélices horizontales. *L'hélicoptère décolle à la verticale.*

héli(o)- Élément savant signifiant «soleil», «lumière». ▶ **héliogravure** [eljɔgʀavyʀ] n. f. Procédé de gravure en creux par voie photographique. – Reproduction obtenue par ce procédé. *Livre orné d'héliogravures.* ▶ **héliomarin, ine** adj. Qui utilise l'action conjointe des rayons solaires et de l'air marin. *Cure héliomarine.* ▶ **héliosphère** n. f. En astronomie. Formation gazeuse due à la progression du vent solaire vers le milieu interstellaire, et correspondant à la zone d'influence du Soleil (limitée par l'*héliopause,* n. f.). ▶ **héliothérapie** n. f. Traitement médical par la lumière et la chaleur solaires (bains de soleil). ▶ **héliotrope** n. m. Plante à fleurs odorantes, des régions chaudes et tempérées. *Un massif d'héliotropes blancs.* → **tournesol.** ▷ **éphélides, hélianthe, hélium**

héliport [elipɔʀ] n. m. Aéroport pour hélicoptères. ▶ **héliporté, ée** adj. Transporté par hélicoptère. *Commando héliporté.* – Qui est accompli à l'aide d'hélicoptères. *Opération héliportée.*

hélitreuiller [elitʀœje] v. tr. < conjug. 1 > Hisser au moyen d'un treuil situé dans un hélicoptère en vol. *Hélitreuiller des naufragés.* ▶ **hélitreuillage** n. m.

hélium [eljɔm] n. m. Gaz très léger, ininflammable, découvert dans l'atmosphère solaire et très rare dans l'air (symb. *He*). *Ballon gonflé à l'hélium.*

hellène [e(ɛl)lɛn] adj. et n. De la Grèce ancienne *(Hellade)* ou moderne. → **grec.** *Le peuple hellène.* – N. *Les Hellènes.* ▶ **hellénique** adj. *Civilisation, langue hellénique.* ▶ **hellénisme** n. m. **1·** Civilisation grecque. *Un passionné d'hellénisme.* **2·** Construction ou emploi propre à la langue grecque. ▶ **helléniste** n. Personne qui s'occupe de philologie, de littérature grecques. ▶ **hellénistique** adj. De la civilisation de langue grecque, après la mort d'Alexandre le Grand et jusqu'à la conquête romaine.

helvétique [ɛlvetik] adj. Relatif à la Suisse. → **suisse.** *La Confédération helvétique.* ▶ **helvétisme** n. m. Fait de langue propre au français de la Suisse romande.

***hem** ['ɛm, hɛm] interj. → **hum.**

hémat(o)-, hémo- Éléments savants signifiant « sang ». ▶ **hématie** [emasi] n. f. Globule rouge du sang. ▶ **hématologie** [ematɔlɔʒi] n. f. Étude du sang et de ses maladies. ▶ **hématologiste** n. ▶ **hématologue** n. Spécialiste de l'hématologie. ▶ **hématome** [ematom] n. m. Accumulation de sang dans un tissu, due à une rupture de vaisseaux. *Hématome du tissu cutané.* → **bleu, ecchymose.** ▶ **hématurie** n. f. Présence de sang dans l'urine.

hémi- Élément savant qui signifie « demi ». ▶ **hémicycle** [emisikl] n. m. **1·** Espace, construction en demi-cercle. *L'hémicycle d'une basilique.* **2·** Rangées de gradins disposées en demi-cercle, destinées à des auditeurs, des spectateurs, etc. *L'hémicycle de l'Assemblée nationale* (sans compl. *l'hémicycle*). ▶ **hémiplégie** n. f. Paralysie frappant un seul côté du corps, provoquée par une lésion du cerveau ou de la moelle épinière. *Attaque d'hémiplégie.* ▶ **hémiplégique** adj. et n. **1·** Qui a rapport à l'hémiplégie. **2·** Atteint d'hémiplégie. – N. *Un, une hémiplégique.* ▶ **hémisphère** [emisfɛʀ] n. m. **1·** Moitié d'une sphère. – *Voûte en hémisphère.* → **coupole. 2·** Moitié du globe terrestre (surtout, moitié limitée par l'équateur). *L'hémisphère Nord* ou *boréal, Sud* ou *austral.* **3·** *Les hémisphères cérébraux,* les deux moitiés latérales du cerveau. ▶ **hémisphérique** adj. Qui a la forme d'un hémisphère. ▶ **hémistiche** [emistiʃ] n. m. Moitié d'un vers, partagé par une césure. – Cette césure. *Rime intérieure à l'hémistiche.*

hémo- → **hémat(o)-.** ▶ **hémocompatible** [emokɔ̃patibl] adj. Dont le groupe sanguin est compatible avec un ou plusieurs autres groupes. ▶ **hémoglobine** [emɔglɔbin] n. f. **1·** Substance protéique, qui donne au sang sa couleur rouge. **2·** Fam. Sang. *Il y a trop d'hémoglobine dans ce film.* ▶ **hémolyse** n. f. Destruction des globules rouges. ▶ **hémophilie** n. f. Disposition pathologique aux hémorragies par retard ou absence de coagulation. *L'hémophilie se transmet par les femmes mais seuls les hommes en sont atteints.* ▶ **hémophile** adj. et n. Atteint d'hémophilie. – N. *Un hémophile.* ▶ **hémoptysie** [ɛmɔptizi] n. f. Médecine. Crachement de sang. ▶ **hémorragie** n. f. **1·** Fuite de sang hors d'un vaisseau sanguin. → **saignement.** *Hémorragie interne. Elle a eu une hémorragie cérébrale.* → **apoplexie.** *Arrêter une hémorragie par un garrot.* **2·** Perte de vies humaines. *L'hémorragie causée par une guerre.* – Perte, fuite. *L'hémorragie des capitaux.* ▶ **hémorragique** adj. *Accidents hémorragiques. Fièvre hémorragique,* infection virale très contagieuse qui provoque de graves hémorragies. ▶ **hémorroïde** [emɔʀɔid] n. f. Surtout au plur. Varice qui se forme à l'anus et au rectum. *Il a des hémorroïdes très douloureuses.* ▶ **hémorroïdal, ale, aux** adj. ▶ **hémostatique** adj. et n. m. Propre à arrêter les hémorragies. *Pinces hémostatiques.* – N. m. *Les hémostatiques* (médicaments).

***henné** ['ene] n. m. Poudre jaune ou rouge utilisée pour teindre les cheveux ou se farder (surtout dans les pays musulmans). *Shampooing au henné.* – Cette teinture. *Elle s'est fait un henné.*

***hennin** ['enɛ̃] n. m. Coiffure féminine du XVe siècle, faite d'un bonnet conique très haut et rigide.

***hennir** ['eniʀ] v. intr. < conjug. 2 > Pousser un hennissement. *Les chevaux et les juments hennissent.* ▶ ***hennissant, ante** adj. Qui hennit. ▶ ***hennissement** n. m. Cri spécifique du cheval.

***hep** ['ɛp, hɛp] interj. Interjection servant à appeler. → **hé.** *Hep ! vous, là-bas...*

hépat(o)- Élément savant signifiant « foie ». ▶ **hépatique** [epatik] adj. **1·** Qui a rapport au foie. *Canal hépatique. Insuffisance hépatique.* **2·** *Colique hépatique,* crise douloureuse des voies biliaires (et non du foie). **3·** Qui souffre du foie. *Il est hépatique.* – N. *Un, une hépatique.* ▶ **hépatite** n. f. Inflammation du foie. → **cirrhose, ictère,**

jaunisse. *Hépatite virale.* ▶ **hépatologie** n. f. Branche de la médecine qui traite les affections du foie. ▶ **hépatologue** n.

hepta- Élément savant qui signifie « sept ». ▶ **heptagone** [ɛptagɔn] n. m. Polygone à sept angles et sept côtés. ▶ **heptathlon** [ɛptatlɔ̃] n. m. Discipline de l'athlétisme qui regroupe sept épreuves. *L'heptathlon masculin* (en salle) *et l'heptathlon féminin* (en extérieur).

héraldique [eʀaldik] adj. Relatif au blason. *Science héraldique. Pièce, figure héraldique.* – N. f. *L'héraldique*, connaissance des armoiries. → **blason.** ▶ **héraldiste** n. Spécialiste du blason.

***héraut** ['eʀo] n. m. **1·** *Héraut d'armes* ou *héraut,* au Moyen Âge, officier qui avait pour fonction, entre autres, de transmettre les messages importants (déclaration de guerre, défi, etc.). **2·** Littér. → **annonciateur, messager.** *Elle s'est faite le héraut de l'avant-garde littéraire.* ≠ héros.

herbacé, ée [ɛʀbase] adj. *Plantes herbacées,* non ligneuses.

herbage [ɛʀbaʒ] n. m. Prairie naturelle dont l'herbe est consommée sur place par le bétail.

herbe [ɛʀb] n. f. **1·** Toute plante de petite taille, non ligneuse, dont les parties aériennes meurent chaque année. *Herbes aquatiques. Herbes médicinales, officinales* (→ **herboriste**). – *Fines herbes :* herbes aromatiques qui servent à l'assaisonnement. → **cerfeuil, ciboulette, estragon, persil.** *Omelette aux fines herbes.* **2·** Plante herbacée, graminée sauvage. *Les hautes herbes des savanes. Herbes folles. Une propriété envahie par les herbes.* – *Mauvaise herbe :* herbe qui nuit aux cultures qu'elle envahit. *Enlever, arracher les mauvaises herbes,* désherber. **3·** Sing. collectif. Végétation naturelle de plantes herbacées peu élevées. *Touffe, brin d'herbe. L'herbe des prairies, des prés. Couper de l'herbe pour les lapins. Marcher, se coucher dans l'herbe. Déjeuner sur l'herbe. Herbe séchée.* → **foin.** – Loc. *Couper l'herbe sous les pieds de qqn,* le frustrer d'un avantage en le devançant, en le supplantant. – Cette végétation cultivée. *L'herbe des pelouses.* **4·** Fam. *L'herbe :* le haschisch, la marijuana. *Fumer de l'herbe.* **5·** *En herbe :* se dit des céréales qui, au début de leur croissance, sont encore tendres et vertes. *Du blé en herbe.* – Loc. *Manger son blé en herbe,* dépenser un capital avant qu'il n'ait rapporté. – (En parlant d'enfants, de jeunes gens qui ont des dispositions pour qqch.) *Un pianiste en herbe.* → **futur.** ▶ **herbeux, euse** adj. Où il pousse de l'herbe. *Sentier herbeux.* ▶ **herbier** n. m. Collection de plantes séchées destinées à l'étude, et conservées aplaties entre des feuillets. *Confectionner un herbier.* ▶ **herbivore** adj. et n. Qui se nourrit d'herbes, de feuilles. *Animal herbivore.* – N. m. pl. *Les herbivores,* les mammifères herbivores (→ **ruminant**). *Le bœuf, le mouton, le rhinocéros sont des herbivores.* ▶ **herboriser** v. intr. < conjug. 1 > Recueillir des plantes dans la nature pour les étudier, en faire un herbier, ou utiliser leurs vertus médicinales. *Nous avons herborisé dans les prés.* ▶ **herboriste** n. Personne qui vend des plantes médicinales et aussi des articles d'hygiène, de la parfumerie. – En appos. *Pharmacien herboriste.* ▶ **herboristerie** n. f. Commerce, boutique d'herboriste. ▷ **désherber, herbacé, herbage**

hercule [ɛʀkyl] n. m. Homme d'une force physique exceptionnelle. *Il est bâti en hercule.* – *Hercule de foire,* qui fait des tours de force. → **lutteur.** ▶ **herculéen, éenne** adj. Digne d'Hercule. *Force herculéenne.* → **colossal.**

hercynien, enne [ɛʀsinjɛ̃, ɛn] adj. Se dit de terrains, de plissements géologiques datant du carbonifère. *Chaîne hercynienne.*

***hère** ['ɛʀ] n. m. Loc. *Pauvre hère :* miséreux qui inspire la pitié.

hérédité [eʀedite] n. f. **I·** Transmission par voie de succession (d'un bien, d'un titre). *L'hérédité de la couronne.* **II· 1·** Transmission des caractères d'un être vivant à ses descendants. *La science de l'hérédité.* → **génétique.** *Les lois de l'hérédité.* **2·** L'ensemble des caractères que l'on hérite de ses parents, de ses ascendants. *Avoir une lourde hérédité, une hérédité chargée,* une hérédité comportant des tares. *Hérédité maternelle, paternelle.* ▶ **héréditaire** adj. **1·** Relatif à l'hérédité (I). *Droit héréditaire,* droit de recueillir une succession. – Qui se transmet par droit de succession. *Biens héréditaires. Monarchie héréditaire.* **2·** Qui se transmet par voie de reproduction, des parents aux descendants (→ **hérédité, II**). *Caractères héréditaires.* – *Maladie héréditaire.* ≠ congénital. **3·** Hérité des parents, des ancêtres par l'habitude, la tradition. *Ennemi héréditaire.*

hérésie [eʀezi] n. f. **1·** Doctrine, opinion émise au sein de l'Église catholique et condamnée par elle. / contr. orthodoxie / *Certaines hérésies peuvent entraîner un schisme.* **2·** Idée, théorie, pratique qui heurte les opinions considérées comme justes et raisonnables. *Une hérésie scientifique, littéraire.* – Par plaisant. *Servir du bourgogne rouge avec le poisson ! Quelle hérésie !* → **sacrilège.** ▶ **hérétique** [eʀetik] adj. **1·** Dans la religion catholique. Qui soutient une hérésie. – N. *L'Église excommunie les hérétiques.* **2·** Qui est entaché d'hérésie. *Doctrine hérétique.* → **hétérodoxe.** **3·** Qui soutient une opinion, une doctrine contraire aux idées reçues (par un groupe). → **dissident.** *Penseur hérétique.*

hérisser** [ˈeʀise] v. tr. < conjug. 1 > **I·** V. tr. **1·** Dresser ou faire dresser (les poils, les plumes... des animaux). *Le chat hérisse ses poils. Le froid hérisse les poils.* **2·** ***Hérisser *qqch.* ***de*** : garnir, munir de choses pointues. *Hérisser une grille de pointes de fer.* **3·** Fig. Disposer défavorablement (qqn) en inspirant de la colère, de l'aversion. → **horripiler, irriter.** *Cela me hérisse.* **II·** ***Se hérisser*** v. pron. réfl. **1·** (Suj. poils, plumes...) Se dresser. *Ses cheveux se hérissent sur sa tête.* **2·** (Personnes) Manifester son opposition, sa colère. → **se fâcher,** s'**irriter.** *Il se hérisse à la moindre remarque.* ▶ ***hérissé, ée** adj. **1·** Dressé. *Cheveux, poils, plumes hérissés.* **2·** ***Hérissé de*** : muni, garni de (choses dressées, saillantes sur une surface). *Tête hérissée de cheveux roux. Parcours hérissé d'obstacles. Surface hérissée de pointes, de clous.* – Abstrait. → **surchargé.** *Un problème de géométrie hérissé de difficultés.* ▶ ***hérissement** n. m. ▷ **hérisson**

***hérisson** [ˈeʀisɔ̃] n. m. **1·** Petit mammifère au corps recouvert de piquants, qui se nourrit essentiellement d'insectes. *Le hérisson se roule en boule et hérisse ses piquants à l'approche du danger.* ≠ porc-épic. **2·** Personne d'un caractère difficile. *C'est un vrai hérisson !*

héritage [eʀitaʒ] n. m. **1·** Patrimoine laissé par une personne décédée et transmis par succession. *Faire un héritage,* le recueillir. *Un bel héritage.* – *Laisser, transmettre en héritage* (→ **legs, testament**). **2·** Ce qui est transmis comme par succession. *L'héritage de croyances, de coutumes, que possède un pays. Un héritage spirituel.*

hériter [eʀite] v. tr. dir. ou indir. (avec la prép. *de*) < conjug. 1 > **1·** Recevoir (un bien, un titre) par succession. *Hériter (d') un immeuble, (d') une fortune. Il a hérité de son père une maison. La maison dont il a hérité, qu'il a héritée de son père.* – Sans compl. dir. Recevoir un héritage. *Il a hérité d'un oncle. Depuis qu'il a hérité, il mène grand train.* **2·** ***Hériter de*** : recueillir, recevoir (qqch.) par un don. *J'ai hérité d'un beau tapis.* **3·** Avoir par hérédité. *J'ai hérité des qualités de mon père.* ▶ **héritier, ière** n. **1·** Personne qui doit recevoir ou qui reçoit des biens en héritage. → **légataire, successeur.** *Héritier direct. L'héritier d'une grande fortune. Un riche héritier, une riche héritière,* fils, fille qui doit hériter d'une grosse fortune. **2·** → **continuateur, successeur.** *Les héritiers d'une civilisation.* **3·** Par plaisant. Enfant. *Attendre un héritier.* ▷ **déshériter, héritage**

hermaphrodite [ɛʀmafʀɔdit] adj. **1·** Se dit d'un être humain doté de caractères des deux sexes. *Statue de dieu hermaphrodite.* – N. *Un hermaphrodite.* → **androgyne. 2·** (Végétaux) Qui contient dans une même fleur les organes mâles (étamines) et femelles (pistil). – (Animal) À la fois mâle et femelle ; qui possède des organes reproducteurs des deux sexes. *L'escargot, la sangsue, le ver de terre sont hermaphrodites.* ▶ **hermaphrodisme** n. m. Caractère d'un individu hermaphrodite (1 ou 2).

herméneutique [ɛʀmenøtik] adj. et n. f. **1·** Qui a pour objet l'interprétation des textes (philosophiques, religieux). – N. f. Critique et interprétation des textes bibliques. **2·** N. f. Interprétation des phénomènes du discours considérés en tant que signes.

[1] **hermétique** [ɛʀmetik] adj. Se dit d'une fermeture aussi parfaite que possible. → **étanche.** – *Bocal hermétique.* ▶ **hermétiquement** adv. Par une fermeture hermétique. *Fermer qqch. hermétiquement. Volets hermétiquement clos,* tout à fait clos.

[2] **hermétique** adj. Impénétrable, difficile ou impossible à comprendre. → **obscur.** *Écrivain hermétique. Tenir des propos hermétiques. Un visage strictement hermétique,* sans expression. → **fermé, impénétrable.** ▶ **hermétisme** n. m. **1·** Littér. Caractère de ce qui est incompréhensible, obscur. **2·** Didact. Doctrines secrètes, hermétiques des alchimistes.

hermine [ɛʀmin] n. f. **1·** Mammifère carnivore voisin de la belette. *Le pelage de l'hermine est blanc en hiver.* **2·** Fourrure de l'hermine. *Une étole d'hermine.*

***hernie** [ˈɛʀni] n. f. **1·** Tuméfaction formée par un organe sorti de la cavité qui le contient à l'état normal. *Hernie abdominale* (ou, ellipt, *hernie*). *Elle s'est fait opérer d'une hernie.* **2·** Gonflement localisé (d'une enveloppe qui risque d'éclater : pneu, etc.). *Chambre à air qui a une hernie.* ▶ ***herniaire** adj. *Bandage herniaire,* pour comprimer une hernie (1).

[1] **héroïne** [eʀɔin] n. f. **1·** Femme qui fait preuve de vertus exceptionnelles, se dévoue à une cause. *Jeanne d'Arc, héroïne nationale française.* → **héros. 2·** Principal personnage féminin (d'une œuvre, d'une aventure...). *L'héroïne du film.*

[2] **héroïne** n. f. Médicament et stupéfiant dérivé de la morphine. ▶ **héroïnomane** n. et adj. Intoxiqué(e) par l'héroïne.

héroïque [eʀɔik] adj. **1·** Qui a trait aux héros anciens, à leurs exploits. *Les siècles héroïques. Poésie héroïque.* → **épique.** – *Temps héroïques,* époque très reculée. – Loc. *Les temps héroïques de (qqch.),* les débuts. *Les temps héroïques du cinéma.* **2·** Qui est digne d'un héros ; qui dénote de l'héroïsme. *Une âme héroïque. Résistance héroïque. Une décision héroïque.* **3·** (Personnes) Qui fait preuve d'héroïsme. → **brave, courageux.** *Com-*

battants héroïques. ▶ **héroïquement** adv. *Se conduire héroïquement.* ▶ **héroïsme** n. m. Courage propre aux héros. *L'héroïsme d'un martyr, d'un soldat. Actes d'héroïsme.* – Par plaisant. *Vivre avec un homme pareil, c'est de l'héroïsme !*

***héron** ['eʀɔ̃] n. m. Grand oiseau échassier à long cou grêle et à très long bec. *Un envol de hérons.*

***héros** ['eʀo] n. m. invar. **1·** Personnage légendaire auquel on prête un courage et des exploits remarquables. *Les héros antiques.* → **demi-dieu.** *Les héros de la mythologie grecque, romaine.* **2·** Celui qui se distingue par ses exploits ou un courage extraordinaire (dans le domaine des armes). → **brave.** *Il s'est conduit, il est mort en héros. Les héros de la Résistance. Cette femme est un héros.* → ◫ **héroïne. 3·** Tout homme digne de gloire, par son dévouement total à une cause, une œuvre. *Pierre le Grand, héros national russe.* – *Un héros du travail, de la science.* **4·** Personnage principal (d'une œuvre, d'une aventure, etc. → **héroïne**). *Le héros d'une tragédie. Le héros meurt à la fin du roman.* – *Le triste héros d'un fait divers. Un anti-héros,* un personnage principal très ordinaire. *Le héros de la fête,* celui en l'honneur de qui elle se donne. *Le héros du jour.* ≠ héraut.
▷ ◫ **héroïne, héroïque**

herpès [ɛʀpɛs] n. m. invar. Maladie de peau caractérisée par une éruption de petites vésicules transparentes sur un fond rouge. *Une poussée d'herpès.*

***herse** ['ɛʀs] n. f. **1·** Instrument à dents de fer, qu'on traîne sur une terre labourée pour briser les mottes, enfouir les semences. *Passer la herse sur un champ.* **2·** Grille armée par le bas de fortes pointes, à l'entrée d'un château fort. *Abattre, relever la herse.*

***hertz** ['ɛʀts] n. m. invar. Électricité. Unité de fréquence (symb. *Hz*). ▶ ***hertzien, ienne** ['ɛʀtsjɛ̃, jɛn] adj. Qui a rapport aux ondes électromagnétiques. *Ondes hertziennes.* ▷ **mégahertz**

hésiter [ezite] v. intr. < conjug. 1 > **1·** Être dans un état d'incertitude, d'irrésolution. → **se tâter.** *Se décider après avoir longtemps hésité. N'hésitez plus, le temps presse. Il n'hésita pas une seconde.* → **attendre, tergiverser.** *Il n'y a pas à hésiter. J'ai répondu « oui » sans hésiter.* – ***Hésiter sur.*** *Hésiter sur l'orthographe d'un mot.* ***Hésiter entre.*** → **osciller.** *Hésiter entre deux solutions.* ***Hésiter à*** (+ infinitif). *Hésiter à aborder qqn, à engager une bataille.* → **craindre** de. **2·** Marquer de l'indécision (par un temps d'arrêt, un mouvement de recul). *Cheval qui hésite devant l'obstacle.* – *Hésiter en parlant,* par timidité, défaut de mémoire ou d'élocution. → **balbutier, bégayer, chercher** ses mots. *Elle hésitait en récitant sa leçon.* ▶ **hésitant, ante,** adj. **1·** (Personnes) Qui hésite, a de la peine à se décider. → **incertain, irrésolu.** *Elle est tout hésitante.* **2·** (Choses) *La victoire demeura longtemps hésitante.* → **douteux. 3·** Qui manque d'assurance, de fermeté. *Voix hésitante. Geste, pas hésitant. Réponse hésitante.* ▶ **hésitation** n. f. Fait d'hésiter ; attitude qui en découle. – Loc. *Sans hésitation. Obéir sans hésitation ni murmure.* → **atermoiement, réticence.** – *Il eut une minute d'hésitation,* d'embarras. *Il perçut l'hésitation de son interlocuteur.*

hétér(o)- Élément savant signifiant « autre, différent ». / contr. homo- / ▶ **hétéroclite** [eteʀɔklit] adj. Dont les parties sont de différentes sortes et mal assorties. *Un assemblage, un mobilier hétéroclite.* → **composite, disparate.** – *Des objets hétéroclites,* mal assortis, trop variés. ▶ **hétérodoxe** [eteʀɔdɔks] adj. **1·** Qui s'écarte du dogme d'une religion. / contr. orthodoxe / *Théologien hétérodoxe.* → **hérétique. 2·** Qui n'est pas conforme à une opinion reçue, conformiste. *Idées hétérodoxes.* ▶ **hétérodoxie** n. f. ▶ **hétérogène** adj. **1·** Qui est composé d'éléments de nature différente. *Roche hétérogène.* **2·** Qui n'a pas d'unité. → **composite, disparate, divers, hétéroclite.** – REM. *Hétérogène* ne contient pas de nuance péjorative, à la différence d'*hétéroclite. Nation hétérogène.* / contr. homogène / ▶ **hétérogénéité** n. f. ▶ **hétérosexuel, elle** [eteʀɔsɛksɥɛl] adj. et n. Qui éprouve une attirance sexuelle pour les individus du sexe opposé. Abrév. **un, une hétéro.** *Les hétéros et les homos.* ▶ **hétérosexualité** n. f. ▶ **hétérozygote** adj. Se dit d'un individu qui possède deux gènes différents situés au même niveau de chaque chromosome d'une même paire (opposé à *homozygote*).

***hêtre** ['ɛtʀ] n. m. Arbre forestier de grande taille, à écorce lisse gris clair, à feuilles ovales. *La faîne du hêtre.* – Son bois. *Meuble en hêtre.* ▶ ***hêtraie** ['ɛtʀɛ] n. f. Lieu planté de hêtres.

***heu** ['ø] interj. Interjection qui marque l'embarras, la difficulté à trouver ses mots. « *Comment s'appelle-t-il, au fait ? – Heu... Attends...* »

heur [œʀ] n. m. Vx → **bonheur.** – Loc. *N'avoir pas l'heur de :* n'avoir pas la chance, le plaisir de. *Je n'ai pas eu l'heur de lui plaire.* ≠ heure, heurt.
▷ **bonheur, heureux, malheur**

heure [œʀ] n. f. ≠ heur, heurt. **1·** Espace de temps égal à la vingt-quatrième partie du jour solaire. *L'heure est subdivisée en 60 minutes. Dans (les) vingt-quatre heures* (un jour), *quarante-huit heures* (deux jours). *Relatif à l'heure.* → **horaire.** – ***Heure de :*** heure consacrée à, occupée par. *J'ai une heure de liberté devant moi. Une heure de trajet (un trajet d'une heure). Journée de huit heures,* *semaine de trente-neuf heures, de trente-cinq heures* (de travail). *Plusieurs fois par heure.* – *Faire cent kilomètres à l'heure, du cent à l'heure.* – *Ouvrier payé à l'heure* (par opposition à *payé à la semaine, au mois*). *Il touche trente euros (de) l'heure,* par heure. Loc. fam. *S'embêter à cent sous de l'heure,* au plus haut point. – *Une bonne heure,* un peu plus d'une heure. *Trois bons quarts d'heure. Voilà une heure qu'on t'attend !* **2·** Chiffre indiquant (sur une horloge) l'une des 24 divisions du jour solaire (abrév. *h*). *L'heure locale* (différente d'un méridien à l'autre). *L'heure légale,* déterminée par le gouvernement de chaque pays. *L'heure d'été, l'heure d'hiver.* – *0 heure.* → **minuit.** *12 heures.* → **midi.** *15 heures* ou *3 heures de l'après-midi. 7 heures du matin. 7 heures du soir.* – *Pouvez-vous me dire l'heure, me donner l'heure ? Quelle heure est-il ? Il est huit heures passées,* plus de huit heures. *Trois heures dix ; trois heures moins vingt* (minutes). Loc. fam. *Je ne te demande pas l'heure qu'il est !,* je ne m'adresse pas à toi, mêle-toi de tes affaires. – *À cinq heures juste, pile, tapant(es).* – Ellipt. *De deux à trois, de cinq à sept* (heures). – *L'horloge sonne les heures. Trois heures ont sonné.* **3·** ***L'heure*** : l'heure fixée, prévue. *Commencer avant l'heure. Arriver après l'heure. Être* ***à l'heure*** : être exact, ponctuel. – Loc. *Remettre les pendules* à l'heure.* *N'avoir pas d'heure,* pas d'horaire régulier. **4·** Moment de la journée, selon son emploi ou l'aspect sous lequel il est considéré. *Aux heures des repas. Heures d'affluence. Une heure indue, avancée* → **tard.** *C'est l'heure de se lever, d'aller se coucher. À la première heure,* de très bon matin. *Les combattants de la première heure,* les premiers à avoir combattu. *Les nouvelles de (la) dernière heure,* celles qui précèdent la mise sous presse. – (Avec un possessif) Moment habituel ou agréable à qqn pour faire telle ou telle chose. *Ce doit être lui qui téléphone, c'est son heure. Il est poète à ses heures,* quand ça lui plaît. – ***À la bonne heure*** loc. adv. (marquant l'approbation) : c'est parfait. *À la bonne heure, je vois que nous sommes d'accord.* **5·** Moment de la vie d'un individu ou d'une société. → **époque, instant, temps.** *Il avait connu des heures agréables. À l'heure du danger.* – *L'heure suprême, dernière,* les derniers instants d'une vie. *Sa dernière heure,* (ellipt) *son heure est venue, a sonné,* il va bientôt mourir. – (Avec un possessif) Moment particulier de la vie, qui en modifie le cours. *Il aura son heure, son heure viendra* (en bonne ou mauvaise part). → **tour.** *Avoir son heure de gloire, de célébrité.* – ***L'heure*** : l'heure actuelle. *L'heure est grave.* → **circonstance.** *Les difficultés, les problèmes de l'heure.* → **actuel.** *L'heure H,* l'heure prévue pour l'attaque, l'heure de la décision. **6·** Loc. ***À cette heure*** [astœʀ] (vieilli ou rural) : maintenant, présentement. – ***À l'heure qu'il est*** : à l'heure actuelle. *À l'heure qu'il est, il doit être loin.* – ***À toute heure*** : à tout moment de la journée. → **continuellement.** *Brasserie ouverte à toute heure.* – ***Pour l'heure*** : pour le moment. *Pour l'heure, je ne peux rien faire.* – ***Sur l'heure*** : sur-le-champ. → **immédiatement.** *Veuillez obéir sur l'heure.* – ***Tout à l'heure*** : dans un moment. *Je le verrai tout à l'heure.* – Il y a très peu de temps. *Je l'ai vu tout à l'heure.* – ***D'heure en heure*** : au fur et à mesure que les heures s'écoulent. *La situation s'aggrave d'heure en heure.* – ***D'une heure à l'autre*** : en l'espace d'une heure, d'un moment à l'autre. *L'orage peut éclater d'une heure à l'autre.* – ***De bonne heure*** : à une heure matinale → **tôt,** ou en avance. *Se lever de bonne heure. De très bonne heure. Les cerises ont été mûres de bonne heure,* précocement. ▷ **demi-heure, kilowatt-heure, quatre-heures, watt-heure**

heureux, euse [œʀø, øz] adj. **I· 1·** (Personnes) Qui bénéficie d'une chance favorable, que le sort favorise. → **chanceux, veinard.** *Être heureux au jeu, en affaires. S'estimer heureux de* (+ infinitif), *que* (+ subjonctif), estimer qu'on a de la chance de, que. *Estimez-vous heureux d'être encore en vie ! Estime-toi heureux qu'on t'ait mis la moyenne !* – Ellipt. (Politesse) *Trop heureux si je peux vous être utile.* **2·** (Choses) Favorable. *Heureux hasard. Un coup heureux. Une heureuse issue, un heureux résultat.* → **avantageux, beau.** – Que le succès accompagne. *Heureuse initiative.* – Impers. *C'est heureux pour vous,* c'est une chance pour vous. Iron. *Vous en convenez, c'est heureux !* Ellipt. *Encore heureux qu'il soit là !* **3·** Qui marque une disposition favorable de la nature. *Heureux caractère.* → **bon.** *Heureuse nature,* portée à l'optimisme. **4·** Domaine esthétique. Dont l'habileté semble due à la chance ; bien trouvé. → **réussi.** *Expression, formule heureuse. Un heureux choix de couleurs.* **II· 1·** (Personnes) Qui jouit du bonheur. *Elle a tout pour être heureuse. Il était heureux comme un roi, comme un poisson dans l'eau,* très heureux. – Exclam. *Heureux celui qui... !* → **bienheureux.** – *Heureux de.* → **content, satisfait.** *Je suis très heureux de votre succès.* – Ellipt. *Très heureux de vous connaître !* → **charmé, enchanté, ravi.** – N. *Faire un heureux, des heureux,* faire le bonheur de qqn, de quelques personnes. **2·** Qui exprime le bonheur. *Un air heureux.* → **radieux. 3·** (Choses) Marqué par le bonheur. *Vie heureuse. Bonne et heureuse année !* / contr. malheureux / ▶ **heureusement** adv. **1·** D'une manière heureuse, avantageuse. *Terminer heureusement une affaire,* avec succès. **2·** D'une manière esthétiquement heureuse. *Cela est heureusement exprimé.* **3·** Par une heureuse chance, par bonheur (→ Dieu merci ; grâce à Dieu). *Heureusement, il est indemne.* – Ellipt.

Heureusement pour moi, c'est heureux pour moi. / contr. **malheureusement** / *Heureusement qu'il était là !* ▷ **bienheureux, malheureux**

heurt** ['œʀ] n. m. ≠ heur, heure. **1·** Action de heurter ; son résultat. → **choc, coup.** *Déplacer sans heurt un objet fragile. Le heurt du marteau sur la cloison.* **2·** Abstrait. Opposition brutale, choc résultant d'un désaccord, d'une dispute. → **friction, froissement.** *Leur collaboration ne va pas sans quelques heurts.* ▶ ***heurter** ['œʀte] v. < conjug. 1 > **I·** V. tr. dir. **1·** Toucher rudement, en entrant brusquement en contact avec. → **cogner.** *Un passant m'a heurté du coude. Un autocar a heurté l'arbre.* → **emboutir, tamponner.** – Faire entrer brutalement en contact. *Heurter son front, sa tête contre qqch., à qqch.* **2·** Abstrait. Contrecarrer (qqn) d'une façon qui choque et provoque une résistance. → **blesser, froisser, offenser.** *Heurter de front qqn, ses sentiments, ses idées. Heurter les intérêts, les préjugés, l'opinion.* **II·** V. tr. ind. Vx. ***Heurter à : frapper avec intention à. *Heurter à la porte, à la vitre.* **III·** V. tr. ind. *Il a heurté du front contre la vitre,* il a heurté son front contre la vitre. **IV·** ***Se heurter*** v. pron. **1·** (Réfl.) → **se cogner.** *Se heurter à, contre qqch.* (de concret). – Rencontrer un obstacle d'ordre humain, moral. *Se heurter à un refus, à une résistance inattendue.* **2·** (Récipr.) Se cogner l'un l'autre. *Les deux motos se sont heurtées de plein fouet.* – (Personnes) Entrer en conflit. → **s'accrocher, s'affronter.** *Étant si différents, ils ne peuvent que se heurter.* – (Choses) Faire un violent contraste. *Couleurs qui se heurtent.* ▶ ***heurté, ée** adj. Qui est fait de contrastes trop appuyés. / contr. **fondu** / *Tons, contours heurtés.* – *Style heurté.* → **abrupt.** ▶ ***heurtoir** n. m. Marteau adapté à la porte d'entrée d'une maison, dont on se sert pour frapper.

hévéa [evea] n. m. Grand arbre des régions chaudes, cultivé pour son latex. *Des hévéas productifs.*

hexa- Préfixe savant signifiant « six ». ▶ **hexachlorophène** [ɛgzaklɔʀɔfɛn] n. m. En pharmacologie. Chlorure dont la molécule comprend six atomes de chlore, utilisé dans de nombreux pesticides et comme agent antiseptique. *L'hexachlorophène est très toxique pour le milieu aquatique.* ▶ **hexagone** [ɛgzagɔn] n. m. **1·** Polygone à six côtés. **2·** *L'Hexagone,* la France (à cause de la forme de sa carte). ▶ **hexagonal, ale, aux** adj. **1·** *Figure hexagonale.* **2·** Qui concerne la France à l'exclusion des départements et territoires d'outre-mer. → **français.** ▶ **hexamètre** adj. et n. m. Qui a six pieds ou six syllabes. *Vers hexamètre.* – N. m. *Un hexamètre.* ▶ **hexapode** adj. et n. m. (Insectes) Qui a six pattes.

***hi** ['i, hi] interj. Onomatopée qui, répétée, figure le rire → **ha,** et, parfois, les pleurs.

hiatus [jatys] n. m. invar. Rencontre de deux voyelles prononcées, soit à l'intérieur d'un mot (ex : *aérer, géant*), soit entre deux mots énoncés sans pause (ex. : *il a été*). *L'hiatus.*

hibernation [ibɛʀnɑsjɔ̃] n. f. État de vie ralentie, engourdissement dans lequel tombent certains mammifères pendant l'hiver. – Fig. Inertie. *Être en état d'hibernation intellectuelle.* ▶ **hiberner** v. intr. < conjug. 1 > Passer l'hiver dans un état d'hibernation. *Le loir hiberne.* ≠ hiverner. ▶ **hibernant, ante** adj. *Animaux hibernants,* chauve-souris, marmotte, loir, hérisson...

hibiscus [ibiskys] n. m. invar. Arbuste tropical à grandes fleurs de couleurs vives.

***hibou** ['ibu] n. m. Oiseau rapace nocturne, à la face ronde et aplatie, portant des aigrettes. → ② **grand-duc.** *Les hiboux hululent.*

***hic** ['ik] n. m. Fam. Point difficile, délicat. *Le hic, c'est qu'il ne sait pas nager. Il y a un hic. Voilà le hic ; c'est bien là le hic.*

hidalgo [idalgo] n. m. Vx. Noble espagnol. *De fiers hidalgos.*

***hideux, euse** ['idø, øz] adj. D'une laideur repoussante, horrible. *Un visage hideux. Une chose hideuse à voir.* → **ignoble, répugnant.** – *Un crime hideux.* → **abject, affreux.** ▶ ***hideur** n. f. Ignoble laideur. *La hideur de ce décor.* ▶ ***hideusement** adv.

***hidjab** ou ***hijab** ['idʒab] n. m. Voile qui couvre les cheveux, les oreilles et le cou, porté par de nombreuses musulmanes.

hier [(i)jɛʀ] adv. **1·** Le jour qui précède immédiatement celui où l'on est. *Hier, aujourd'hui et demain. Hier matin, hier (au) soir. Il est arrivé d'hier au soir.* – N. m. *Vous aviez hier tout entier pour vous décider.* **2·** Dans un passé récent, à une date récente. *Ça ne date pas d'hier ! Je m'en souviens comme si c'était hier,* très bien. – Loc. fam. *N'être pas né d'hier,* avoir de l'expérience. ▷ **avant-hier**

hiér(o)- Élément savant signifiant « sacré ». ▷ **hiérarchie, hiératique, hiéroglyphe**

***hiérarchie** ['jeʀaʀʃi] n. f. **1·** Organisation sociale fondée sur des rapports de subordination entre chacun des membres du groupe (selon ses pouvoirs, sa situation). → **ordre.** *Les degrés, les échelons de la hiérarchie. Être au sommet de la hiérarchie,* être le chef. **2·** Organisation d'un ensemble en une série où chaque terme est supérieur au terme suivant. → **classement, classification, ordre.** *Une hiérarchie de valeurs. Hiérarchie morale, intellectuelle.* ▶ ***hiérarchique** adj. Relatif à la hiérarchie. *Degré hiérarchique. Adressez-vous à vos supérieurs hiérarchiques. Suivre la voie hiérarchique.* ▶ ***hiérarchiquement** adv. ▶ ***hiérarchiser** v. tr. < conjug. 1 > Organiser, régler selon une hiérarchie, d'après un ordre hiérarchique. *Société fortement hiérarchisée.* ▶ ***hiérarchisation** n. f.

hiératique [jeʀatik] adj. Dont la majesté semble réglée, imposée par un rite, un cérémonial, une tradition. → **solennel.** *Attitude, gestes hiératiques.* ▶ **hiératisme** n. m. Littér. Caractère hiératique. *L'hiératisme de son attitude.*

hiéroglyphe [jeʀɔglif] n. m. REM. L'usage actuel a tendance à prononcer le *h* «aspiré». **1·** Caractère, signe des plus anciennes écritures égyptiennes. *Les hiéroglyphes peuvent avoir une valeur figurative, idéographique ou phonétique.* **2·** Au plur. Fam. Écriture difficile à lire. *Les hiéroglyphes d'une ordonnance médicale.*

***hi-fi** ['ifi] adj. invar. et n. f. sing. Anglic. Haute-fidélité. *Des chaînes hi-fi. – La hi-fi.*

***hi-han** ['iɑ̃] interj. Onomatopée exprimant le cri de l'âne. – N. m. *Âne qui pousse des hi-hans.* → **braire.**

hilare [ilaʀ] adj. Qui est dans un état de gaieté extrême. *Public hilare. – Face, visage hilare.* → **réjoui.** ▶ **hilarant, ante** adj. Qui fait rire. *Une histoire hilarante.* ▶ **hilarité** n. f. Brusque accès de gaieté ; explosion de rires. *Déchaîner, déclencher l'hilarité générale.*

***hile** ['il] n. m. Zone (d'un organe) par où pénètrent ou sortent les vaisseaux, les nerfs. *Le hile du foie, du rein.*

(*)hindi [(')indi] n. m. Langue indo-européenne dérivée du sanskrit. *L'hindi (le hindi) et l'anglais sont les langues officielles de l'Union indienne.*

hindou, oue [ɛ̃du] adj. et n. De l'Inde comme civilisation du brahmanisme (→ 1 **indien**). *Les castes de la société hindoue.* – N. *Un Hindou. Une Hindoue. Des Hindous.* ▶ **hindouisme** n. m. Religion majoritaire de l'Inde. → **brahmanisme.** ▶ **hindouiste** adj. et n.

***hip-hop** ['ipɔp] n. m. invar. et adj. invar. Mouvement culturel d'origine nord-américaine se manifestant par des formes artistiques variées. – Danse acrobatique pratiquée par les représentants de ce mouvement.

***hippie** ou ***hippy** ['ipi] n. et adj. Anglic. Adepte d'un mouvement des années 1970 qui refuse la société de consommation et tente de mettre en pratique la liberté des mœurs et la non-violence. *Les hippies.*

hipp(o)- Élément signifiant «cheval». ≠ hyp(o)-. ▶ **hippique** [ipik] adj. Qui a rapport au cheval, à l'équitation. *Concours hippique. Sport hippique.* → **équestre.** ▶ **hippisme** n. m. Ensemble des sports hippiques. *Amateur d'hippisme.* → **équitation.** ▶ **hippocampe** [ipɔkɑ̃p] n. m. Petit poisson de mer qui nage en position verticale et dont la tête rabattue contre la gorge rappelle celle d'un cheval. ▶ **hippodrome** n. m. Terrain de sport hippique ; champ de courses. *Les tribunes d'un hippodrome.* ▶ **hippogriffe** n. m. Animal fabuleux, monstre ailé moitié cheval, moitié griffon. ▶ **hippophagique** adj. *Boucherie hippophagique,* qui vend de la viande de cheval. → **chevalin.** ▶ **hippopotame** n. m. Gros mammifère amphibie, massif et trapu, dont chaque membre est pourvu de quatre doigts. *L'hippopotame vit en Afrique.* – Abrév. **hippo** n. m. – Fam. Personne énorme.

hirondelle [iʀɔ̃dɛl] n. f. **1·** Oiseau migrateur noir et blanc, aux ailes fines et longues, à la queue fourchue. → **martinet.** – PROV. *Une hirondelle ne fait pas le printemps,* un seul exemple ne permet pas de tirer une conclusion générale. **2·** *Hirondelle de mer,* oiseau palmipède de la famille des mouettes. **3·** ***Nid d'hirondelle*** : nid d'une espèce d'hirondelle dont on fait un mets très apprécié en Extrême-Orient. *Potage aux nids d'hirondelle.*

hirsute [iʀsyt] adj. (Cheveux, barbe) En désordre. → **ébouriffé.** *Chevelure hirsute.* – Qui a les cheveux hirsutes. *Tête hirsute. Un gamin hirsute.*

hispan(o)- Élément signifiant «espagnol». ▶ **hispanique** [ispanik] adj. Qui a trait à l'Espagne, aux Espagnols. *Institut d'études hispaniques.* ▶ **hispanisme** n. m. Façon d'exprimer propre à la langue espagnole. ▶ **hispanophone** adj. et n. Qui parle l'espagnol. *L'Amérique hispanophone.* – N. *Les hispanophones.*

hisser** ['ise] v. tr. < conjug. 1 > **1·** Élever, faire monter au moyen de cordages, de cordes. *Hisser un mât, un pavillon. Hisser les couleurs.* **2·** Tirer en haut et avec effort. → **élever.** *Hisser un fardeau au moyen d'une grue.* **3·** ***Se hisser v. pron. réfl. : s'élever avec effort. → **grimper, monter.** *Elle s'est hissée sur le mur. Je me hisse sur la pointe des pieds.* → se **hausser.** ▶ oh ***hisse** [o'is] interj. Interjection qui accompagne un effort collectif, rythmé pour hisser, tirer. *Allez, tous ensemble ! Oh ! Hisse !*

hist(o)- Biologie. Élément signifiant «tissu vivant» (ex. : *histologie*). ▶ **histocompatibilité** [istɔkɔ̃patibilite] n. f. Didact. Compatibilité immunologique des tissus (d'individus différents). *L'absence d'histocompatibilité provoque le rejet d'une greffe.* ▶ **histocompatible** adj. ▶ **histogenèse** [istɔʒənɛz] n. f. Étude de la formation des tissus (notamment chez l'embryon) et de la constitution des lésions tissulaires.

histoire [istwaʀ] n. f. **I·** *L'histoire.* **1·** Connaissance et récit des événements du passé (relatifs à l'évolution de l'humanité, d'un groupe, d'une personne) jugés dignes de mémoire ; les faits ainsi relatés. *L'histoire de France. L'histoire ancienne, contemporaine. L'histoire d'un grand homme.* → **biographie, vie.** *L'histoire politique. L'histoire de l'art, de la littérature, des sciences.* – *Histoire sainte,* les récits de la Bible. – *La petite histoire,* les anecdotes qui se rattachent à une période historique. **2·** Étude scientifique d'une évolution. *L'histoire du globe. L'histoire d'un mot.* **3·** Sans compl. Méthode scientifique permettant d'acquérir et de transmettre la connaissance du passé. *Les sources, les documents de l'histoire. Faire de l'histoire. Professeur d'histoire.* **4·** La mémoire des êtres humains, le jugement de la postérité. *Il laissera son nom dans l'histoire. L'histoire jugera, dira s'il a eu raison d'agir ainsi.* – La vérité historique. *Récit conforme à l'histoire.* **5·** La suite des événements qu'étudie l'histoire (→ **passé**). *Au cours de l'histoire. Le cours, la marche de l'histoire. L'histoire s'accélère. Le sens de l'histoire.* **6·** La partie du passé de l'humanité connue par des documents écrits (par opposition à *la préhistoire*). *L'histoire a-t-elle commencé à Sumer ?* **7·** Livre d'histoire. *Acheter une histoire de France.* – *As-tu appris ton histoire ?* **II·** ***Histoire naturelle*** : ancienne désignation des sciences de la vie. → **science. III·** *Une, des histoire(s).* **1·** Récit d'actions, d'événements réels ou imaginaires. → **anecdote.** *Raconter une, des histoires. Histoire vraie.* / contr. légende / *Une belle histoire. La morale de cette histoire. Une histoire qui finit bien, qui finit mal. Bonne histoire* (ellipt et fam. *une bien bonne*), anecdote comique. **2·** Histoire inventée, invraisemblable ou destinée à tromper, à mystifier. → **conte, fable, mensonge.** *Tout ça, ce sont des histoires.* → **baliverne, blague.** *Raconter des histoires,* des mensonges. **3·** Suite, succession d'événements. → **affaire.** *Oubliez cette histoire. C'est une tout autre histoire. Il m'est arrivé une drôle d'histoire.* → **aventure.** *C'est toujours la même histoire,* les mêmes choses se reproduisent, les mêmes ennuis se répètent. **4·** Succession d'événements compliqués, malencontreux. *Se fourrer dans une sale histoire. Il va s'attirer des histoires.* → **ennui(s).** – *Allons, pas d'histoires ! Faire des histoires pour rien.* → **embarras, façon(s), manière(s).** *Pour le faire manger, c'est toute une histoire,* c'est très compliqué. – Loc. fam. ***Histoire de*** (+ infinitif) : marque le but, l'intention. → **pour.** *Histoire de voir. Il a dit cela histoire de rire.* **5·** Fam. Chose, objet quelconque. *Qu'est-ce que c'est que cette histoire-là ?* → **affaire.** ▷ **histor-, préhistoire, protohistoire**

histologie [istɔlɔʒi] n. f. Étude des tissus vivants. ▶ **histologique** adj.

histor- Élément qui signifie « histoire » (et qui prend aussi la forme *historio-*). ▶ **historicité** [istɔʀisite] n. f. Caractère de ce qui est historique (2). *Une preuve d'historicité.* → **authenticité.** ▶ **historié, ée** adj. Décoré de scènes à personnages. *Chapiteaux romans historiés.* ▶ **historien, ienne** n. Spécialiste de l'histoire ; auteur de travaux historiques. → **chroniqueur, historiographe, mémorialiste.** *Les historiens du nazisme. Un historien du cinéma.* ▶ **historiette** n. f. Récit d'une petite aventure, d'événements de peu d'importance. → **anecdote, conte, nouvelle.** *Recueil d'historiettes amusantes.* ▶ **historiographe** n. Écrivain chargé officiellement d'écrire l'histoire de son temps. *Racine, Boileau, historiographes de Louis XIV.* ▶ **historique** adj. et n. m. **1·** Qui a rapport à l'histoire. *Ouvrage historique. L'exposé historique d'une question. Documents historiques.* – Qui utilise la méthode historique. *Grammaire historique.* **2·** (Opposé à *légendaire*) Réel, vrai. *Personnage historique.* – *Roman historique,* dont le sujet est emprunté partiellement à l'histoire. **3·** Qui est ou mérite d'être conservé par l'histoire. *Événement historique. Nous vivons des circonstances historiques. Mots historiques.* – *Une décision, un événement, un match historique* : mémorable, inoubliable. – *Monument historique,* présentant un intérêt historique et artistique, et protégé par l'État. **4·** N. m. Exposé chronologique des faits. *Faire l'historique d'une question, d'une affaire.* ▶ **historiquement** adv. *Fait historiquement exact.*

histrion [istʀijɔ̃] n. m. Péj. et littér. Comédien.

hitlérien, ienne [itleʀjɛ̃, jɛn] adj. **1·** Qui a rapport à Hitler. → **national-socialiste, nazi.** *Jeunesses hitlériennes.* **2·** Adepte de Hitler. ▶ **hitlérisme** n. m. Doctrine de Hitler. → **nazisme.**

***hit-parade** ['itpaʀad] n. m. Anglic. Palmarès des meilleurs ventes de disques de variétés. *Premier au hit-parade. Des hit-parades.*

***H. I. V.** ['aʃive] n. m. invar. Anglic. Rétrovirus responsable du sida. → **V. I. H.**

hiver [ivɛʀ] n. m. La plus froide des quatre saisons de l'année (dans les zones tempérée et polaire), qui succède à l'automne. *Hiver rigoureux, rude. Longues soirées d'hiver. En hiver, l'hiver, la route est bloquée.* – ***Sports d'hiver*** : qui se pratiquent sur la neige, la glace (ski, luge, patinage, bobsleigh, etc.). / contr. été / – Loc. *Été comme hiver,* en toutes saisons. ▶ **hivernal, ale, aux** adj. Propre à l'hiver, de l'hiver. *Froid hivernal.* / contr. estival /

hiverner [ivɛʀne] v. intr. < conjug. 1 > **1·** (Navires, troupes) Passer l'hiver à l'abri ou (animaux) dans un lieu tempéré. *Le bétail hiverne à l'étable.* **2·** (Personnes) Passer l'hiver en un endroit. *Hiverner à Cannes.* ≠ hiberner. ▶ **hivernage** n. m. **1·** Temps de la mauvaise saison que les navires passent à l'abri, au repos ; cet abri. *L'hivernage d'une expédition polaire.* **2·** Séjour des bestiaux à l'étable pendant l'hiver. **3·** En Afrique. Saison des pluies (correspondant à l'été des climats tempérés). ▶ **hivernant, ante** n. Personne qui séjourne dans un lieu pendant l'hiver (opposé à *estivant*). *Les hivernants ont été nombreux cette année sur la Côte d'Azur.*

***H. L. M.** ['aʃɛlɛm] n. m. invar. ou (plus correct) n. f. invar. (Sigle de *Habitation à loyer modéré*) Grand immeuble construit par une collectivité et affecté aux foyers qui ont de petits revenus. *Habiter un, une H. L. M.* – En appos. *Une cité H. L. M.*

***ho** ['o, ho] interj. Interjection servant à appeler. → **eh, hé.** *Ho ! toi ! viens ici !* – Vx. Servant à exprimer l'étonnement, l'indignation. → **oh.** ≠ ô. ▷ **holà**

***hobby** ['ɔbi] n. m. Anglic. Passe-temps, activité de loisir. *Des hobbys* ou *des hobbies.*

***hobereau** ['ɔbʀo] n. m. Gentilhomme campagnard de petite noblesse, qui vit sur ses terres. *Des hobereaux.*

***hocher** ['ɔʃe] v. tr. < conjug. 1 > Loc. *Hocher la tête :* la secouer (de haut en bas pour signifier « oui », de droite à gauche pour signifier « non »). *Je hochai la tête en signe de dénégation.* ▶ ***hochement** n. m. ▶ ***hochet** ['ɔʃɛ] n. m. Jouet de bébé formé d'un manche et d'une partie qui fait du bruit quand on la secoue.

***hockey** ['ɔkɛ] n. m. Sport d'équipe qui consiste à faire passer une balle entre deux poteaux (buts) au moyen d'une crosse. *Hockey sur gazon. Hockey en salle. Match de hockey.* – *Hockey sur glace,* joué avec un palet par deux équipes chaussées de patins à glace. ▶ ***hockeyeur, euse** ['ɔkɛjœʀ, øz] n. Joueur, joueuse de hockey.

***holà** ['ɔla ; hɔla] interj. et n. m. **1·** Interj. Sert à appeler ; sert à modérer, à arrêter. → **assez, doucement.** *Holà ! Du calme !* → **hé.** **2·** N. m. Loc. *Mettre le holà à :* mettre fin, bon ordre à. *Mettre le holà à des dépenses excessives.*

***holding** ['ɔldiŋ] n. f. Anglic. Société qui prend des participations financières dans d'autres sociétés afin de diriger ou de contrôler leur activité.

***hold-up** ['ɔldœp] n. m. invar. Anglic. Attaque à main armée dans un lieu public, pour effectuer un cambriolage. *Le hold-up d'une banque, d'un fourgon postal. Des hold-up sanglants.*

***holisme** [ɔlism] n. m. Didact. Théorie selon laquelle il faut appréhender l'être humain comme un tout indivisible qui ne peut être expliqué par ses différentes composantes (physique, psychique, physiologique) prises séparément. ▶ **hoslistique** adj. *Médecine hoslistique.*

***hollandais, aise** ['ɔllɑ̃dɛ, ɛz] adj. et n. De Hollande, des Pays-Bas. → **néerlandais.** – N. *Les Hollandais.*

***hollande** ['ɔllɑ̃d] n. m. **1·** Fromage de Hollande, à croûte rouge, à pâte dure. *Du hollande étuvé.* **2·** Papier de luxe. *Édition originale sur hollande.*

holocauste [ɔlɔkost] n. m. **1·** Sacrifice total, à caractère religieux ou non. *Victime brûlée en holocauste.* – Loc. Littér. *S'offrir en holocauste (à la patrie, à une cause...),* se sacrifier totalement. **2·** Extermination (d'un peuple). → **génocide.**

holographie [ɔlɔgʀafi] n. f. Procédé photographique qui restitue le relief des objets, grâce à un faisceau laser. ▶ **hologramme** n. m. Image obtenue par le procédé de l'holographie. *Une exposition d'hologrammes.*

***homard** ['ɔmaʀ] n. m. Grand crustacé marin, aux pattes antérieures armées de grosses pinces. ≠ langouste. – Loc. fam. *Être rouge comme un homard,* très rouge, comme l'est un homard après cuisson.

***home** ['om] n. m. Anglic. **1·** Le foyer, le logis. *Enfin ! je retrouve mon home !,* mon chez-moi. **2·** *Home d'enfants :* centre d'accueil pour enfants. ≠ heaume. ▶ ***home cinéma** n. m. Anglic. Ensemble audiovisuel destiné à recréer chez soi les conditions d'une salle de cinéma (son, image, écran large...). *Des home cinémas.*

homélie [ɔmeli] n. f. Littér. Discours moralisateur. → **sermon.** *Subir des homélies continuelles.*

homéo- Élément qui signifie « semblable, le même ». → **homo-.** ▶ **homéopathie** [ɔmeɔpati] n. f. Méthode thérapeutique qui consiste à administrer à doses minuscules des remèdes capables, à doses plus élevées, de produire des symptômes semblables à ceux de la maladie à combattre. ▶ **homéopathe** n. Médecin qui pratique l'homéopathie. *L'homéopathe a prescrit des granulés.* – Adj. *Médecin homéopathe.* ▶ **homéo-**

pathique adj. Pharmacie. *Traitement, dose homéopathique.* – *À dose homéopathique,* à très petite dose. ▶ **homéostasie** n. f. Biologie. Réglage des constantes physiologiques d'un organisme.

homérique [ɔmeʀik] adj. **1·** Qui a rapport à Homère. *Poèmes homériques.* **2·** Qui a un caractère épique, spectaculaire. *Personnage homérique. Lutte homérique.* – Loc. *Rire homérique,* fou rire bruyant.

homicide n. m. **1·** N. m. Action de tuer un être humain. *Commettre un homicide involontaire, par imprudence. Être accusé d'homicide volontaire.* → **assassinat, crime, meurtre.** **2·** Adj. Qui cause la mort d'une ou de plusieurs personnes. → **meurtrier.** *Folie, guerre homicide. Personne homicide.*

hominiens [ɔminjɛ̃] n. m. pl. Famille de primates qui comprend l'homme actuel et toutes les espèces fossiles considérées comme des ancêtres de notre espèce. → **homo sapiens.** – Au sing. *Le pithécanthrope est un hominien.*

hommage [ɔmaʒ] n. m. **1·** Acte de courtoisie, preuve de dévouement d'un homme à une femme. *Recevoir l'hommage de nombreux admirateurs. Elle est sensible aux hommages.* → **compliment, flatterie.** – Au plur. (Formule de politesse) → **civilité.** *Présenter ses hommages. Veuillez agréer, Madame, mes respectueux hommages.* Ellipt. *Mes hommages, Madame.* **2·** Marque de vénération. → **culte.** *Rendre hommage à Dieu.* – *Rendre hommage à qqn.* → **honorer.** *Rendre hommage au talent, au courage, à la loyauté de qqn. Rendre un dernier hommage* (à un défunt). **3·** Vx. Don respectueux. *L'auteur m'a fait l'hommage de son livre,* m'en a offert un exemplaire.

hommasse [ɔmas] adj. Péj. (Femme) Qui ressemble à un homme par la carrure, les manières. → **masculin.** *Elle est un peu hommasse.*

homme [ɔm] n. m. **I·** Être appartenant à l'espèce animale la plus évoluée de la Terre, mammifère de la famille des hominiens, seul représentant de son espèce, vivant en société, caractérisé par une intelligence développée et un langage articulé. – **REM.** Dans ce sens, *homme* désigne les hommes (II) et les femmes, mais ne se dit pas en parlant seulement des femmes. *Les hommes.* → **humanité.** *Les droits de l'homme. L'homme est un « animal raisonnable ». Les dieux et les hommes.* → **créature, mortel.** – *Le fils de Dieu fait homme, le Fils de l'homme,* le Christ. *Être digne du nom d'homme,* en avoir les vertus. *Ce n'est qu'un homme* (avec toutes ses faiblesses). **II·** Être humain mâle. *Les hommes et les femmes.* **1·** Être humain mâle et adulte. *Comment s'appelle cet homme ?* → **individu, monsieur.** *Parvenir à l'âge d'homme. Vieil homme.* → **vieillard, vieux.** *Une voix d'homme. Vêtements d'homme.* → **masculin.** *À quinze ans il était déjà un homme. Il se fait homme.* – *Homme à femmes.* → **don Juan, séducteur.** *Homme marié* → **époux, mari,** *qui a des enfants* → **père.** – ***Homme de.*** *Homme d'action. Homme de bien. Homme de génie.* – (Condition) *Homme du monde. Homme du peuple.* – (Collectif) *L'homme de la rue,* l'homme moyen quelconque. *L'homme du jour,* celui dont on parle actuellement. – (Profession) *Homme d'État. Homme de loi. Homme d'affaires. Homme de lettres. Homme de science,* savant, chercheur. *Homme de peine.* – Loc. ***Être homme à*** (+ infinitif) : être capable de. *Il n'est pas homme à tenir ses promesses.* – (Précédé d'un possessif) L'homme qui convient, dont on a besoin. *Le parti a trouvé son homme. Voilà mon homme. Je suis votre homme. Être l'homme de qqch.,* qui convient à (qqch.). *C'est l'homme de la situation.* – ***D'homme à homme :*** directement, en toute franchise et sans intermédiaire. **2·** L'homme considéré quant aux qualités attribuées ou propres à son sexe. *Ose le répéter si tu es un homme ! Parole d'homme. Ne pleure pas, sois un homme !* – (Quant à sa virilité) *Les eunuques ne sont pas des hommes.* – Fam. *C'est mon homme,* mon mari, mon amant. **III·** Individu dépendant d'une autorité (civile ou militaire). *Il y avait trente mille hommes en ligne.* → **soldat.** *Le chef de chantier et ses hommes.* → **ouvrier.** – Loc. ***Comme un seul homme :*** avec un ensemble parfait. *Ils ont agi comme un seul homme.* **IV·** ***Jeune homme.*** **1·** Homme jeune. *Il n'a plus des jambes de jeune homme.* **2·** Garçon pubère, homme jeune célibataire (plur. *jeunes gens*). → **adolescent, garçon, gars.** *Un jeune homme et une jeune fille* (on dit globalement *des jeunes gens*). *Un tout jeune homme,* qui sort à peine de l'enfance. *Un grand jeune homme.* – Pop. → **fils.** *Votre jeune homme.* – Fam. Petit garçon. *Bonjour, jeune homme ! Que veut ce jeune homme ?* ▶ **homme-grenouille** n. m. Plongeur muni d'un scaphandre autonome, qui travaille sous l'eau. *Des hommes-grenouilles.* ▶ **homme-orchestre** n. m. **1·** Musicien qui joue en même temps de plusieurs instruments. **2·** Personne qui accomplit des fonctions diverses dans un domaine, qui a des compétences variées. *Des hommes-orchestres.* ▶ **homme-sandwich** [ɔmsɑ̃dwitʃ] n. m. Homme qui promène dans les rues deux panneaux publicitaires, l'un sur la poitrine, l'autre dans le dos. *Des hommes-sandwichs.* ▷ **bonhomie, bonhomme, gentilhomme, hommasse, prud'homme, surhomme**

homo- Élément savant signifiant « semblable, le même ». → **homéo-.** / contr. hétéro- / ▷ **homogène, homologue, homonyme, homosexuel**

homogène [ɔmɔʒɛn] adj. **1·** (En parlant d'un tout) Formé d'éléments de même nature ou répartis de façon uniforme. / contr. hétérogène / *Mélange* *homogène. Substance homogène.* – Abstrait. → **cohérent, uniforme.** *Classe homogène* : composée d'élèves de niveau semblable. *Équipe homogène, œuvre homogène,* qui a une grande unité. / contr. disparate / **2·** Au plur. (En parlant des parties) Qui sont de même nature. → **semblable.** *Les éléments homogènes d'une substance chimiquement pure.* / contr. hétérogène / ▶ **homogénéiser** [ɔmɔʒeneize] v. tr. < conjug. 1 > Rendre homogène. – Au p. p. adj. *Lait homogénéisé,* qui a subi un traitement empêchant la crème de remonter. ▶ **homogénéisation** n. f. ▶ **homogénéité** n. f. Caractère de ce qui est homogène. *L'homogénéité d'une substance.* – Abstrait. → **cohérence, cohésion, harmonie, unité.** *L'homogénéité d'un parti.* / contr. hétérogénéité /

homographe [ɔmɔgʀaf] adj. Se dit des mots qui ont la même orthographe. « *Mousse* » (n. f.) *et « mousse »* (n. m.) *sont homographes et homophones* (→ **homonyme**). – N. m. *Des homographes.*

homologue [ɔmɔlɔg] adj. et n. Équivalent. *Le grade d'amiral est homologue de celui de général.* – N. *Le chef de l'État français s'est entretenu avec son homologue américain.* ▶ **homologuer** v. tr. < conjug. 1 > **1·** En droit. Entériner (un acte) afin de permettre son exécution. → **ratifier, sanctionner, valider.** *Le tribunal homologue le testament.* – Au p. p. adj. *Tarif homologué.* **2·** Reconnaître, enregistrer officiellement après vérification (une performance, un record). ▶ **homologation** n. f.

homonyme [ɔmɔnim] adj. et n. **1·** Se dit des mots de prononciation identique et de sens différents. *Noms, adjectifs homonymes* (ex. : *ceint, sain, sein, seing*). – N. m. *Un homonyme.* **2·** N. Se dit des personnes, des villes, etc., qui portent le même nom. *Monsieur Dupont a de nombreux homonymes. Troyes et son homonyme Troie.* ▶ **homonymie** n. f. *Il y a homonymie entre « pain » et « pin ».*

homoparental, ale, aux [ɔmɔpaʀɑ̃tal, o] adj. Didact. *Famille homoparentale,* où le rôle de parent est tenu par une ou plusieurs personnes homosexuelles.

homophobe [ɔmɔfɔb] adj. Qui manifeste de l'hostilité à l'égard des homosexuels. – N. *Un homophobe.* ▶ **homophobie** n. f.

homophone [ɔmɔfɔn] adj. Se dit des mots qui ont la même prononciation. « *Eau* » *et* « *haut* » *sont homophones.* – N. m. *Les homophones.*

homo sapiens [ɔmɔsapjɛ̃s] n. m. Espèce à laquelle appartiennent les humains actuels (par rapport aux hommes préhistoriques).

homosexuel, elle [ɔmɔsɛksɥɛl] n. et adj. Personne qui éprouve une attirance sexuelle pour les individus de son propre sexe. – Adj. Relatif à l'homosexualité. *Tendances homosexuelles.* → **gay, lesbienne.** – Abrév. *Il, elle est homo. Les homos et les hétéros.* ▶ **homosexualité** n. f. Tendance des homosexuels. *L'homosexualité féminine, masculine.*

homozygote [ɔmozigɔt] adj. Se dit d'un individu qui possède deux gènes identiques situés au même niveau de chaque chromosome d'une même paire (opposé à *hétérozygote*).

***hongre** [ˈɔ̃gʀ] adj. et n. m. (Cheval) Châtré. *Des pur-sang hongres.*

***hongrois, oise** [ˈɔ̃gʀwa, waz] adj. et n. De Hongrie. *Peuple hongrois.* → **magyar.** *Danses hongroises.* – N. *Un Hongrois.* – N. m. *Le hongrois,* langue parlée en Hongrie.

honnête [ɔnɛt] adj. **I· 1·** Qui se conforme aux lois de la probité, du devoir, de la vertu. → **droit, franc, intègre, loyal.** *C'est un honnête homme, un homme foncièrement honnête.* – Vx. (Femmes) Irréprochable dans sa conduite. → **vertueux.** *Je suis une honnête femme, Monsieur !* – *Une vie, une conduite honnête.* → **louable, moral.** *Mes intentions sont tout à fait honnêtes !* **2·** Qui ne vole pas, ne fait pas d'escroquerie. / contr. malhonnête / *Caissière, commerçant honnête.* **II·** (Choses) Qui se conforme à certaines normes raisonnables. → **convenable, correct, honorable, passable, suffisant.** *Des résultats honnêtes, plus qu'honnêtes. Un vin honnête. Votre copie est honnête, sans plus.* → **acceptable.** ▶ **honnêtement** adv. D'une manière honnête. **1·** Selon le devoir, la vertu, la probité. → **bien.** *Gérer honnêtement une affaire. Il m'a honnêtement mis en garde.* → **loyalement.** – Ellipt. Franchement. *Honnêtement, n'étiez-vous pas au courant ?* **2·** Selon des normes raisonnables ou moyennes. → **correctement, passablement.** *Il s'en tire très honnêtement,* assez bien. ▶ **honnêteté** n. f. Qualité d'une personne honnête ou de ce qui est honnête. → **droiture, intégrité, probité.** / contr. malhonnêteté / *Un homme d'une parfaite honnêteté. L'honnêteté de ses intentions. Aie au moins l'honnêteté de reconnaître ton erreur.* → bonne **foi.** ▷ **déshonnête, malhonnête**

honneur [ɔnœʀ] n. m. **I·** Dignité morale qui naît du besoin de l'estime des autres et de soi-même. / contr. déshonneur / **1·** Cette dignité en tant qu'objet susceptible d'être perdu. → **fierté.** *Défendre, sauver, venger, son honneur. Mon honneur est en jeu.* – (Collectivité) *Compromettre, sauver l'honneur de sa famille, de son nom,* leur réputation. *L'honneur national.* – ***Point d'honneur*** : ce qui met en jeu, en premier lieu, l'honneur. *Il se fait un point d'honneur d'être équitable ; il met son point d'honneur, un point d'honneur à être équitable.* – *Affaire d'honneur,* où l'honneur est engagé (autrefois, duel). – *Donner sa **parole d'honneur*** : jurer. Ellipt. Exclam. *(Ma) parole d'honneur !* – *Je l'atteste, j'en réponds sur l'honneur,* je le jure. – Vx. *L'honneur d'une femme,* lié au caractère irréprochable de ses mœurs. **2·** Le sentiment qui pousse à agir pour obtenir ou préserver la possession de cette dignité. *Le code de l'honneur. Homme d'honneur,* animé par le sentiment de l'honneur. *Bandit d'honneur,* qui s'est fait bandit pour conserver son honneur. **II· 1·** Considération qui s'attache au mérite, à la vertu, aux talents. → **gloire, réputation.** *Il s'en est tiré avec honneur,* sans perdre la face, avec succès. *C'est tout à son honneur,* cela l'honore. *Travailler pour l'honneur,* de façon désintéressée. – (Suj. chose) ***Être en honneur*** : être considéré, estimé. *Cette pratique est actuellement en honneur.* → à la **mode,** en **vogue.** ***Mettre, remettre en honneur.*** *Remettre en honneur d'anciennes coutumes.* – ***Être à l'honneur,*** célébré. *Les champions sont à l'honneur.* – ***Être l'honneur de*** : une source d'honneur pour. → **fierté.** *Être l'honneur de la famille.* – ***Champ d'honneur*** : champ de bataille, à la guerre. *Mort au champ d'honneur.* **2·** Traitement spécial destiné à honorer qqn. *Je n'ai pas mérité cet honneur. À toi l'honneur !,* à toi de commencer. PROV. *À tout seigneur tout honneur,* à chacun selon son rang ; nous vous devons bien cela. – *Faire un grand honneur à qqn. C'est lui faire trop d'honneur,* il ne mérite pas tant d'égards. – Loc. ***En l'honneur de** qqn* : en vue de lui rendre honneur. → **hommage.** *On va donner une fête en son honneur.* ***En l'honneur de*** (un événement) : en vue de fêter, de célébrer. *En l'honneur de son mariage.* – Fam. *En quel honneur, en l'honneur de qui ?,* pourquoi, pour qui ? *En quel honneur as-tu mis cette belle robe ?* – ***L'honneur de*** (+ infinitif) : l'honneur qui consiste à. *Il m'a fait l'honneur de me recevoir.* → **faveur, grâce.** *Il a l'honneur de siéger dans cette assemblée.* → **prérogative, privilège.** – (Formule de politesse [sens affaibli]) *Faites-moi l'honneur d'être mon témoin.* Ellipt. *À qui ai-je l'honneur* (de parler) ?, formule par laquelle on demande son nom à qqn. **3·** ***D'honneur*** : après un substantif, marque que la personne ou la chose rend ou confère un honneur. *Garçon, demoiselle d'honneur. La cour d'honneur d'un édifice. Place d'honneur. Vin d'honneur. Prix, tableau d'honneur. Croix d'honneur. La Légion d'honneur.* – *Président, membre d'honneur.* → **honoraire. 4·** ***Faire honneur à** qqn* : lui procurer de l'honneur, de la considération. *Élève qui fait honneur à son maître. Ces scrupules vous font honneur.* – ***Faire honneur à** qqch.* : en y restant fidèle. *Faire honneur à ses engagements, à ses obligations,* les tenir, les remplir. *Faire honneur à sa signature,* respecter l'engagement signé. → **honorer** (4). – Fam. *Faire honneur à un repas,* manger abondamment. **5·** ***Votre Honneur*** : titre usité en Grande-Bretagne lorsque l'on s'adresse à certains hauts personnages. **III·** ***Les honneurs.*** **1·** Témoignages d'honneur. *Décerner des honneurs. Il a été reçu avec tous les honneurs dus à son rang.* → **égard.** – *Honneurs militaires,* saluts, salves d'artillerie, sonneries. *Rendre les honneurs,* les honneurs militaires. *Honneurs funèbres. Obtenir les honneurs de la guerre,* bénéficier dans une capitulation de conditions honorables ; fig. se sortir honorablement d'une situation critique (débat, procès...). – *Faire à qqn les honneurs d'une maison,* l'y accueillir et l'y guider soi-même avec le souci de lui être agréable. **2·** Tout ce qui confère éclat ou supériorité dans la société. → **grandeur ; dignité, privilège.** *Briguer les honneurs. Refuser, mépriser les honneurs.* **3·** Les cartes les plus hautes à certains jeux (notamment au bridge). ▷ **déshonneur, honorer, honoris causa**

honnir** ['ɔniʀ] v. tr. < conjug. 2 > (Surtout au passif et au p. p. adj.) Rejeter avec mépris. – ***Être honni : être l'objet de la haine et du mépris public. – Au p. p. adj. *Gouvernement honni. Dictateur honni.* – *Honni soit qui mal y pense !,* honte à celui qui y voit du mal (devise de l'ordre de la Jarretière, en Angleterre).

honoraire [ɔnɔʀɛʀ] adj. **1·** Qui, ayant cessé d'exercer une fonction, en garde le titre et les prérogatives honorifiques. *Professeur honoraire.* **2·** Qui, sans exercer la fonction, en a le titre honorifique. *Président, membre honoraire d'une société.* → d'**honneur ; honoris causa.**

honoraires [ɔnɔʀɛʀ] n. m. pl. Rétribution perçue par les personnes exerçant une profession libérale. → **émolument.** *Les honoraires d'un médecin, d'un avocat. Toucher, verser des honoraires.*

honorer [ɔnɔʀe] v. tr. < conjug. 1 > **I· 1·** Mettre en honneur. *Ce savant honore son pays.* / contr. déshonorer / – Faire honneur. *Ces scrupules vous honorent.* **2·** Rendre honneur à, traiter avec beaucoup de respect et d'égard. *Honorer Dieu et ses saints.* → **adorer.** *Honorer son père et sa mère.* → **vénérer.** *Honorer la mémoire de qqn.* → **célébrer,** rendre **hommage.** – ***Honorer** qqn **de** qqch.* (qui précise l'honneur que l'on accorde). → **gratifier.** *Il veut bien m'honorer de son amitié. Votre confiance m'honore.* **3·** Tenir en haute estime. → **respecter.** – Au p. p. adj. *Famille estimée et honorée.* **4·** ***S'honorer*** v. pron. réfl. *S'honorer de,* tirer honneur, orgueil, fierté de. → s'**enorgueillir.** *Je m'honore d'être son ami.* **II·** Acquitter, payer pour rester fidèle, pour faire honneur à un engagement. *Honorer sa signature.* – Au p. p. adj. *Chèque non honoré.* ▶ **honoré, ée** adj. **1·** (Politesse) Flatté. *Je suis très honoré.* **2·** (En s'adressant à qqn) Que l'on honore.

Mon honoré confrère. → **estimé, honorable.** ▶ **honorée** n. f. Dans la correspondance commerciale. Lettre. *Votre honorée du trois août.* ▶ **honorable** adj. **1·** Qui mérite d'être honoré, estimé. *Une famille honorable.* **2·** Qui honore, qui attire la considération, le respect. *Profession honorable. Classement très honorable.* – Qui sauvegarde l'honneur, la dignité. *Défaite honorable. Capituler à des conditions honorables* (→ les honneurs [III, 1] de la guerre). **3·** (Sens affaibli) → **convenable, honnête, moyen.** *Un résultat assez honorable.* ▶ **honorabilité** n. f. Qualité d'une personne honorable. *Un homme d'une parfaite honorabilité.* → **respectabilité.** ▶ **honorablement** adv. **1·** Avec honneur. *Il est honorablement connu dans le quartier.* **2·** D'une manière suffisante, convenable. *Il a de quoi vivre honorablement.* → **convenablement.** ▶ **honorifique** adj. **1·** Qui confère des honneurs (sans avantages matériels). *Titres, distinctions honorifiques.* **2·** *À titre honorifique,* par un titre qui n'entraîne pas d'avantages matériels. *Président à titre honorifique.* → d'**honneur, honoraire ; honoris causa.** ▷ **déshonorer, honoraire**

honoris causa [ɔnɔʀiskoza] loc. adj. *Docteur honoris causa* (d'une université), à titre honorifique.

honte** [ˈɔ̃t] n. f. **1·** Déshonneur humiliant. → **opprobre.** *Essuyer la honte d'un affront. Couvrir qqn de honte.* – *À la honte de qqn,* en lui infligeant un déshonneur. *J'ai fait cela, à ma grande honte. Être la honte de sa famille. Il n'y a pas de honte à pleurer.* – *C'est une honte ! Quelle honte !,* c'est une chose honteuse. – *Honte à...*(qqn) !, que le déshonneur soit sur lui. → **honni.** **2·** Sentiment pénible d'infériorité ou d'humiliation devant autrui. → **confusion.** *Rougir de honte.* ***Avoir honte (de *qqn, qqch.**)*** : éprouver de la honte. *Avoir honte de sa conduite.* → **regret, remords.** *Tu devrais avoir honte !* **3·** ***Faire honte (à*** *qqn**)*** : être pour lui un sujet de honte. *Il fait honte à son père. Tu me fais honte.* – Inspirer de la honte à qqn en le rendant conscient de son infériorité. *Cet élève fait honte aux autres par ses progrès.* → **humilier.** – ***Faire honte (à*** *qqn**) de*** *qqch.* : lui faire des reproches. *Faites-lui honte de sa conduite, il le mérite bien.* **4·** ***Fausse honte*** : honte éprouvée, par scrupule ou timidité, à propos de ce qui n'est pas blâmable. → **réserve, respect** humain, **retenue.** *Acceptez sans fausse honte,* sans scrupule. **5·** Sentiment de gêne inspiré par la timidité, la modestie... *Il étale sans honte ses richesses.* ▶ ***honteux, euse** [ˈɔ̃tø, øz] adj. **1·** Qui cause de la honte, dont on a honte. → **avilissant, dégradant, déshonorant.** *C'est honteux. Action, conduite honteuse.* → **immoral, infâme, méprisable, vil.** *Pensées honteuses.* → **inavouable.** *Fuite honteuse.* → **lâche.** Impers. *Il est, il serait honteux que* (+ subjonctif), *de* (+ indicatif). **2·** Qui éprouve un sentiment de honte. → **confus.** *Être honteux de son ignorance, d'être ignorant. Elle est toute honteuse. Honteux d'avoir été ridicule.* → **penaud.** – *Air honteux.* **3·** (Épithète ; après le nom) *Un chrétien, un homosexuel honteux,* qui se cache de l'être. ▶ ***honteusement** adv. ▷ **éhonté**

***hooligan** ou ***houligan** [ˈuligan] n. m. Personne qui s'adonne à la violence, au vandalisme, notamment lors de rencontres sportives. *Les hooligans.*

***hop** [ˈɔp, hɔp] interj. Interjection servant à stimuler, à faire sauter. *Allez, hop ! Hop là !* – Pour exprimer un geste, une action brusque. *Je me change, et hop ! je pars.*

hôpital, aux [ɔ(o)pital, o] n. m. Établissement public ou privé → **clinique** qui reçoit et traite les malades, les blessés et les femmes en couches ; spécialt établissement médical public (opposé à *clinique*). → **hôtel-Dieu.** – Abrév. fam. **hosto.** *Des hostos.* – *Médecin des hôpitaux. Dr X, ancien interne des hôpitaux de Paris. Lit d'hôpital. Admettre un malade dans un hôpital, à l'hôpital.* → **hospitaliser.** *Hôpital militaire. Hôpital psychiatrique* (anciennt *asile*). ≠ hospice. ▷ ② **hospitalier, hospitaliser**

***hoquet** [ˈɔkɛ] n. m. Contraction spasmodique du diaphragme produisant un appel d'air sonore ; bruit rauque qui en résulte. *Avoir le hoquet.* ▶ ***hoqueter** [ˈɔkte] v. intr. < conjug. 4 > Avoir le hoquet, un hoquet. *Sangloter en hoquetant.* – (Suj. chose) Émettre par à-coups un bruit qui rappelle le hoquet. *Le moteur hoquette.*

horaire [ɔʀɛʀ] adj. et n. **I·** Adj. Relatif aux heures. *Tableau horaire. Décalage horaire,* entre les heures locales d'endroits éloignés. – Qui correspond à une durée d'une heure. *Vitesse, moyenne horaire. Salaire horaire.* **II·** N. m. **1·** Relevé des heures de départ, de passage, d'arrivée des services de transport. *Changement d'horaire. Le car, l'avion est en avance sur son horaire.* – Tableau, livret... indiquant un horaire. *Consulter l'horaire des chemins de fer.* → **indicateur.** *L'horaire des films.* **2·** Emploi du temps heure par heure. → **programme.** *Afficher l'horaire des cours. Avoir un horaire chargé.* – Répartition des heures de travail. *Un horaire commode.*

***horde** [ˈɔʀd] n. f. **1·** Autrefois. Troupe, peuplade errante. *Les hordes mongoles.* **2·** Péj. Troupe ou groupe d'hommes indisciplinés. *Des hordes d'envahisseurs.* – *Une horde de gamins intrépides.* → **bande.** ≠ harde.

***horion** [ˈɔʀjɔ̃] n. m. Littér. Surtout au plur. Coup violent. *Donner, échanger des horions.*

horizon [ɔʀizɔ̃] n. m. **1·** Limite circulaire de la vue, pour un observateur qui en est le centre. *Plaine qui s'étend jusqu'à l'horizon. Le soleil descend sur, à l'horizon. La ligne d'horizon,* la ligne qui semble séparer le ciel de la terre (ou de la mer), à l'horizon. **2·** Les parties de la surface terrestre et du ciel voisines de l'horizon visuel, de la ligne d'horizon. *La teinte bleutée de l'horizon.* – En appos. Invar. *Bleu horizon. Des tenues bleu horizon.* – *Voir, apercevoir qqch. à l'horizon.* → **au loin.** *Scruter l'horizon. Les quatre points de l'horizon,* les points cardinaux. – *Chaîne de montagnes qui limite l'horizon. Changer d'horizon,* changer de paysage, de cadre. **3·** Abstrait. Domaine qui s'ouvre à la pensée, à l'activité de qqn. → **champ** d'action, **perspective.** – Loc. *Ouvrir des horizons (à qqn). Ce stage m'a ouvert des horizons.* – *L'horizon politique, économique,* les perspectives politiques, économiques. *Menace de crise à l'horizon,* pour l'avenir. – *Faire un* ***tour d'horizon*** *:* aborder, étudier successivement et succinctement tous les aspects d'une question. ▶ **horizontal, ale, aux** [ɔʀizɔ̃tal, o] adj. Qui est perpendiculaire à la direction de la pesanteur en un lieu (opposé à *oblique, vertical*). *Plan horizontal ; ligne horizontale.* – Fam. *Prendre la position horizontale,* se coucher, s'allonger. ▶ **horizontale** n. f. Ligne droite horizontale. – ***À l'horizontale*** loc. adv. : dans une position horizontale. *Amener ses bras à l'horizontale.* ▶ **horizontalement** adv. ▶ **horizontalité** n. f. *L'horizontalité d'une surface.*

horloge [ɔʀlɔʒ] n. f. **1·** Grand appareil, souvent muni d'une sonnerie, destiné à indiquer l'heure par des aiguilles. *Horloge à poids, à balancier. Horloge électrique. Une horloge à quartz.* – *Le tic-tac d'une horloge. Le carillon d'une horloge. Monter, remonter une horloge.* – *L'horloge parlante,* qui diffuse l'heure de l'Observatoire par téléphone (en France). **2·** Loc. *Être réglé comme une horloge,* avoir des habitudes très régulières. ▶ **horloger, ère** n. et adj. **1·** N. Personne qui s'occupe d'horlogerie. *Horloger bijoutier.* **2·** Adj. Relatif à l'horlogerie. *L'industrie horlogère.* ▶ **horlogerie** [ɔʀlɔʒʀi] n. f. **1·** Industrie et commerce des instruments destinés à la mesure du temps. *L'horlogerie de précision.* – *Tenir un magasin d'horlogerie, une horlogerie.* **2·** Ouvrages de cette industrie (chronomètres, horloges, pendules, montres). *Des pièces d'horlogerie.*

***hormis** [ˈɔʀmi] prép. Vx ou littér. À part. → **excepté, hors, sauf.** *Hormis les cas de force majeure. Toutes, hormis une.* / contr. y compris /

hormone [ɔʀmɔn] n. f. Substance chimique élaborée par un groupe de cellules ou une glande endocrine et qui exerce une action spécifique sur le fonctionnement d'un organe. *Hormones de croissance. Hormones sexuelles mâles, femelles.* ▶ **hormonal, ale, aux** adj. Relatif à une hormone, aux hormones. *Troubles hormonaux.* ▷ **phythormone**

hor(o)- Élément savant signifiant « heure ». → **horaire.** ▶ **horodateur** [ɔʀɔdatœʀ] n. m. Appareil qui imprime automatiquement la date et l'heure. ▶ **horoscope** [ɔʀɔskɔp] n. m. Étude de la destinée de qqn, effectuée d'après les données zodiacales et astrologiques que fournissent sa date et son heure de naissance. *Un horoscope minutieux. Faire l'horoscope de qqn. Consulter son horoscope.*

horreur [ɔʀœʀ] n. f. **I·** (Sens subjectif) **1·** Impression violente causée par la vue ou la pensée d'une chose qui fait peur ou qui répugne. → **effroi, épouvante, peur, répulsion.** *Frémir d'horreur. Cri d'horreur.* – ***Faire horreur (à)*** *:* répugner ; dégoûter, écœurer. *Cette idée, cette chose, cette personne me fait horreur.* – *Cette vue la remplissait d'horreur. Objet d'horreur,* qui fait horreur. **2·** Sentiment extrêmement défavorable qu'une chose inspire. → **aversion, dégoût, répugnance.** *L'horreur de l'eau, des lieux clos.* → **phobie.** – ***Avoir horreur de...*** → **détester, exécrer, haïr.** *Il a horreur du mensonge.* (Sens affaibli) *Elle a horreur de ce prénom. Il a horreur de se lever tôt.* – ***Avoir, prendre*** *qqn, qqch.* ***en horreur.*** → **haine ;** en **grippe.** *J'ai ce lieu en horreur. Je commence à le prendre en horreur,* à ne plus pouvoir le supporter. **II·** (Sens objectif) **1·** Caractère de ce qui fait peur et inspire de la répulsion (→ **effroyable, horrible**). *L'horreur de la situation. C'est la misère dans toute son horreur. Vision d'horreur. Un film d'horreur,* réalisé pour effrayer. *L'horreur d'un crime.* **2·** La chose, l'acte qui inspire un sentiment d'horreur. → **monstruosité.** *Quelle horreur d'avoir fait cela !* – Fam. Par exagér. Ce qui est repoussant par sa laideur, sa saleté. *Ta chambre est une horreur ! Mignon, lui ? Une horreur !* – Fam. Exclamation marquant le dégoût, la répulsion, l'indignation. *Quelle horreur !* **3·** Au plur. Aspects horribles d'une chose ; choses horribles. *Les horreurs de la guerre.* → **atrocité.** – Actes criminels, cruels, sanglants. → **atrocité.** *Commettre des horreurs.* **4·** Au plur. Propos outrageants, calomnieux. *Répandre des horreurs sur qqn.* – Propos obscènes. → **grossièreté.** *Dire, débiter des horreurs.* ▶ **horrible** adj. **1·** Qui fait horreur, remplit d'horreur ou de dégoût. → **affreux, atroce, effrayant, épouvantable.** *Une mort horrible. Des cris horribles (à entendre). Monstre horrible (à voir).* – N. m. *Le goût de l'horrible.* **2·** Très laid, très mauvais. → **affreux, exécrable.** *Un temps horrible. Une écriture horrible. Un horrible petit chapeau.* **3·** (Choses) Qui est excessif, désagréable ou dangereux. → **extrême, terrible.** *Chaleur horrible.*

Une soif horrible. → **intolérable.** ▶ **horriblement** adv. D'une manière horrible. *Jurer horriblement.* – Par exagér. → **extrêmement.** *C'est horriblement cher.*

horrifier [ɔʀifje] v. tr. < conjug. 7 > **1·** Remplir, frapper d'horreur. – Au passif et au p. p. adj. *Être horrifié par un fait divers. Visage horrifié,* très effrayé. **2·** Scandaliser. – Au p. p. adj. *Un air horrifié.* ▶ **horrifiant, ante** adj. Souvent iron. Qui horrifie. → **épouvantable, terrifiant.** *Faire un tableau horrifiant de la situation.*

horripiler [ɔʀipile] v. tr. < conjug. 1 > Mettre (qqn) dans un état d'énervement hostile. → **agacer, exaspérer, impatienter.** *Il m'horripile avec ses grands airs.* ▶ **horripilant, ante** adj. *Un enfant horripilant. Une voix horripilante.*

hors** ['ɔʀ] prép. **I·** (Suivi d'un nom sans article) En dehors de, au-delà de (dans des expressions). *Ingénieur hors classe. Modèle hors série. Talent hors ligne, hors pair.* **II·** ***Hors de loc. prép. **1·** À l'extérieur de. *Il s'élança hors de sa chambre. Poisson qui saute hors de l'eau.* – Ellipt. *Hors d'ici !,* sortez ! **2·** Loc. *Hors d'atteinte. Hors de portée. Hors de sujet.* → à **côté** de. – Fam. *Être hors du coup* (opposé à *dans le coup*). – (Exclusion, extériorité) *Partir en vacances hors saison. Hors de danger. Hors d'état de nuire. Mettre hors de combat. Hors d'usage. Hors de prix,* très cher. *Il est hors de doute qu'il va venir,* il est certain qu'il va venir. *Il est* ***hors de question*** *que...* : il est exclu que... – *Hors de soi,* furieux ; très agité. *Elle semble hors d'elle.* ▶ ***hors-bord** ['ɔʀbɔʀ] n. m. invar. **1·** Moteur placé en dehors de la coque d'une embarcation. – En appos. *Un moteur hors-bord.* **2·** Canot automobile propulsé par un moteur hors-bord. *Des courses de hors-bord.* ▶ ***hors-concours** n. m. invar. ; ***hors concours** adj. invar. Qui ne peut concourir (à cause d'une supériorité écrasante sur ses concurrents, ou parce qu'il [elle] est déjà lauréat[e]). *Elle est, elle est mise hors concours.* – N. *Les hors-concours.* ▶ ***hors-d'œuvre** n. m. invar. Petit plat froid que l'on sert au début du repas, avant les entrées ou le plat principal. *Hors-d'œuvre variés. Servir des radis en hors-d'œuvre.* ▶ ***hors-jeu** n. m. invar. ; ***hors jeu** adj. invar. (Sports d'équipe) Faute du joueur qui se met hors du jeu par sa position au-delà de la ligne permise. *Il a commis un hors-jeu.* – Adj. *Joueur hors jeu.* Fig. Qui n'est plus dans la compétition. *Ce parti est hors jeu.* ▶ ***hors-la-loi** n. invar. ; ***hors la loi** adj. invar. Personne qui s'affranchit des lois, vit en marge des lois. *Ces bandits sont des hors-la-loi. Une hors-la-loi.* – Adj. *Être hors la loi,* ne plus bénéficier de la protection des lois et être passible d'une certaine peine sans jugement. ▶ ***hors-piste** n. m. invar. Ski pratiqué en dehors des pistes balisées. *Faire du hors-piste.* ▶ ***hors-série** n. m. Journal, magazine qui n'est pas publié à la date habituelle et qui porte souvent sur un sujet particulier. *Des hors-séries thématiques.* – En appos. *Un numéro hors-série.* ▶ ***hors service** adj. invar. → 1 **service** (III, 1). ▶ ***hors-sol** adj. invar. *Culture hors-sol,* sans terre. ▶ ***hors-texte** n. m. invar. Illustration imprimée à part, intercalée dans un livre. *Les hors-texte en couleurs d'un livre d'art.* ▷ **dehors, hormis**

hortensia [ɔʀtɑ̃sja] n. m. Arbrisseau ornemental, cultivé pour ses fleurs groupées en grosses boules ; ces fleurs. *Hortensias roses, blancs, bleus. Pot d'hortensia.*

horticole [ɔʀtikɔl] adj. Relatif à la culture des jardins, à l'horticulture. *Exposition horticole.* ▶ **horticulteur, trice** n. Personne qui pratique l'horticulture. → **jardinier, maraîcher.** – Personne qui cultive des plantes d'ornement (arbres, fleurs). → **arboriculteur, fleuriste, pépiniériste.** ▶ **horticulture** n. f. Culture des plantes d'ornement, des jardins ; culture maraîchère, potagère. *École nationale d'horticulture.*

hosanna [oza(n)na] n. m. Chant, hymne de joie (terme de religion juive et chrétienne). *Des hosannas. Entonner l'hosanna, un hosanna.*

hospice [ɔspis] n. m. **1·** Maison où des religieux donnent l'hospitalité aux pèlerins, aux voyageurs. *L'hospice du Grand-Saint-Bernard.* **2·** Établissement public ou privé où l'on recevait et entretenait des vieillards et des infirmes dans le besoin. → **asile.** *Hospice de vieillards. Finir à l'hospice,* abandonné de tous, dans le dénuement, la misère. ≠ hôpital.

1 **hospitalier, ière** [ɔspitalje, jɛʀ] adj. **1·** Qui pratique volontiers l'hospitalité. → **accueillant.** *Il est très hospitalier,* sa maison est ouverte à tous. **2·** Où l'hospitalité est pratiquée. *Une région très hospitalière.* / contr. hostile, inhospitalier /

2 **hospitalier, ière** adj. Relatif aux hôpitaux. *Établissements, services hospitaliers. Médecin hospitalier,* qui exerce à l'hôpital.

hospitaliser [ɔspitalize] v. tr. < conjug. 1 > Faire entrer, admettre (qqn) dans un hôpital. *Hospitaliser un malade. J'ai dû faire hospitaliser mon père.* – Au p. p. adj. *Malades hospitalisés.* ▶ **hospitalisation** n. f. Admission dans un hôpital. *La veille de son hospitalisation.* – Séjour dans un hôpital. *Durant son hospitalisation.*

hospitalité [ɔspitalite] n. f. **1·** Le fait de recevoir qqn sous son toit, de le loger gratuitement (→ **hôte**). *Offrir l'hospitalité à qqn. Demander, accepter, recevoir l'hospitalité.* – Action de recevoir chez soi, d'accueillir. → **accueil, réception.** *Merci de votre aimable hospitalité.* **2·** Caractère d'une personne hospitalière.

hostellerie [ɔstɛlʀi] n. f. Hôtel ou restaurant d'apparence rustique, mais confortable ou même luxueux. → **hôtellerie.**

hostie [ɔsti] n. f. Fine rondelle de pain, généralement sans levain, que le prêtre consacre pendant la messe. *L'élévation de l'hostie. Ciboire contenant des hosties. Déposer l'hostie sur la langue (ou dans la main) d'un communiant. Avaler l'hostie.*

hostile [ɔstil] adj. **1·** Qui est ennemi, se conduit en ennemi. *Pays, puissance hostile. Foule hostile et menaçante.* – *Nature hostile,* peu accueillante. / contr. ① hospitalier / *Forces hostiles.* → **néfaste.** **2·** *Hostile à.* → **défavorable ; contraire, opposé** à. *Il est hostile à ce projet,* il est contre. *Un journal hostile au gouvernement.* → **antigouvernemental.** **3·** Qui est d'un ennemi, annonce, caractérise un ennemi. *Action, entreprise hostile. Silence, regard hostile.* → **inamical.** *Propos hostiles.* → **malveillant.** ▶ **hostilité** n. f. Disposition hostile, inamicale. → **antipathie, haine.** *Avoir, éprouver de l'hostilité envers, contre qqn. Acte d'hostilité,* qui manifeste de l'agressivité. ▶ **hostilités** n. f. pl. Ensemble des opérations de guerre. → **conflit.** *Engager les hostilités. La cessation des hostilités* (→ **armistice, trêve**).

***hot-dog** ['ɔtdɔg] n. m. Anglic. Saucisse de Francfort servie chaude dans du pain. *Des hot-dogs.*

hôte, hôtesse [ot, otɛs] n. **I· 1·** Personne qui donne l'hospitalité, qui reçoit qqn. → **maître** de maison. *Remercier ses hôtes.* **2·** *Table d'hôte :* table commune où l'on mange à prix fixe. *Louer un gîte avec table d'hôte.* **3·** *Hôtesse :* jeune femme chargée de veiller au confort des passagers dans les appareils de transport aérien (*hôtesse de l'air*), d'accueillir et renseigner les visiteurs, les clients dans une exposition, un magasin, etc. **II· 1·** Personne qui reçoit l'hospitalité (fém. *hôte*). *Loger, nourrir, régaler un hôte, une hôte, ses hôtes.* → **invité.** *Un hôte de marque, hôte important.* **2·** *Chambre d'hôte,* louée par un particulier à une personne de passage. – *Hôte payant,* qui prend pension chez qqn, moyennant rétribution. **3·** Titulaire (d'un logement de fonction), d'une fonction. *L'hôte de l'Élysée,* le Président de la République française.

hôtel [o(ɔ)tɛl] n. m. **I·** Maison meublée où on loge et où l'on trouve toutes les commodités du service (à la différence du *meublé*). → **auberge, hostellerie, pension.** *Hôtel luxueux, grand hôtel.* → **palace.** *Hôtel de tourisme. Un hôtel-restaurant (des hôtels-restaurants). Le hall, la réception d'un hôtel. Chambre d'hôtel. La catégorie d'un hôtel* (→ **étoile**). *Descendre à l'hôtel.* **II· 1·** Demeure citadine d'un grand seigneur. → **palais.** *Un vieil hôtel du XVIIIe siècle. Hôtel particulier,* immeuble entièrement habité par un riche particulier. **2·** *Maître d'hôtel :* celui qui dirige les services de table, chez un riche particulier → **majordome,** ou dans un restaurant. *Appeler le maître d'hôtel.* **III·** Grand édifice destiné à un établissement public. *Hôtel de la Monnaie. Hôtel des ventes,* salle des ventes. – *Hôtel de ville :* édifice où siège l'autorité municipale dans une grande ville. → **mairie.** ≠ autel. ▶ **hôtel-Dieu** [o(ɔ)tɛldjø] n. m. Dans certaines villes, hôpital de fondation ancienne. *Des hôtels-Dieu.* ▶ **hôtelier, ière** [o(ɔ)təlje, jɛʀ] n. et adj. **I·** N. Personne qui tient un hôtel. **II·** Adj. Relatif aux hôtels, à l'hôtellerie (II). *Industrie hôtelière. École hôtelière,* formant ses élèves aux professions de l'hôtellerie. *Syndicats hôteliers.* ▶ **hôtellerie** [o(ɔ)tɛlʀi] n. f. **I·** Vx. Hostellerie. **II·** Métier, profession d'hôtelier ; industrie hôtelière. *Travailler dans l'hôtellerie.*

hôtesse n. f. → **hôte.**

***hotte** ['ɔt] n. f. **I·** Grand panier ou cuve, souvent tronconique, qu'on porte sur le dos. *Hotte de vendangeur,* pour le transport des raisins. *La hotte du père Noël.* **II·** Construction en forme de hotte (I) renversée, se raccordant au bas d'un tuyau de cheminée ou d'un conduit d'aération. *Une hotte de pierre. Hotte aspirante,* qui fait évacuer les émanations d'une cuisine grâce à un dispositif électrique.

***hottentot, ote** ['ɔtɑ̃to, ɔt] adj. et n. Relatif à un peuple d'éleveurs nomades d'Afrique du Sud.

***hou** ['u, hu] interj. Interjection pour railler, faire peur ou honte. *Hou ! la vilaine !*

***houblon** ['ublɔ̃] n. m. Plante grimpante dont les fleurs servent à aromatiser la bière. *La culture du houblon.* ▶ ***houblonnière** n. f. Champ de houblon.

***houe** ['u] n. f. Pioche à lame assez large dont on se sert pour biner la terre. *Sarcler à la houe.*

***houille** ['uj] n. f. **1·** Combustible minéral de formation sédimentaire, noir, à facettes brillantes, à forte teneur en carbone. → **charbon.** *Gisement de houille. Mine de houille. Produits de la distillation de la houille.* → **coke, goudron ; gaz** d'éclairage. **2·** *Houille blanche :* énergie hydraulique fournie par les chutes d'eau en montagne. → **barrage ; hydro-électrique.** ▶ ***houiller, ère** ['uje, ɛʀ] adj. Qui renferme des couches de houille. *Bassin houiller.* – Relatif à la houille.

Industries houillères. ▶ ***houillère** n. f. Mine de houille. *Les houillères du nord de la France. Exploitation d'une houillère.* → **charbonnage.**

***houle** ['ul] n. f. **1·** Mouvement d'ondulation qui agite la mer sans faire déferler les vagues. *Forte, grosse houle. Navire balancé par la houle.* → **roulis, tangage. 2·** Ce qui rappelle, par son aspect ou son mouvement, la surface d'une mer houleuse. *Une houle humaine.* → **mer.** ▶ ***houleux, euse** ['ulø, øz] adj. **1·** Agité par la houle. *Mer houleuse.* **2·** Abstrait (Qualifiant qqch. de collectif) Agité, troublé. *Salle houleuse. La séance fut houleuse.* → **mouvementé, orageux.** / contr. calme, paisible /

houlette** ['ulɛt] n. f. Littér. Bâton de berger, de bergère. – Loc. ***Sous la houlette de : sous la conduite de.

houmous [umus] n. m. Purée de pois chiche à la crème de sésame, spécialité du Proche-Orient. – **REM.** On écrit aussi *hoummous, houmos, humous...*

***houppe** ['up] n. f. **1·** Assemblage de brins de fil, de laine, de soie, formant une touffe. → **houppette. 2·** *Houppe de cheveux.* → **toupet.** *Riquet à la houppe,* personnage des contes de Perrault. ▶ ***houppette** n. f. Petite houppe. – Petit tampon arrondi fait de coton, de duvet..., dont on se sert pour se poudrer.

***houppelande** ['uplɑ̃d] n. f. Long vêtement de dessus, chaud, très ample et ouvert par-devant. → **cape.** *La houppelande du berger.*

***hourdis** ['uʀdi] n. m. invar. Maçonnerie légère garnissant un colombage.

***hourra** ['uʀa ; huʀa] interj. et n. m. Interjection pour acclamer, montrer son enthousiasme. *Hourra ! Hip, hip, hip, hourra !* – N. m. *Pousser un hourra, des hourras.*

***hourvari** ['uʀvaʀi] n. m. Littér. Grand tumulte. *Un hourvari de clameurs.*

***houspiller** ['uspije] v. tr. < conjug. 1 > Accabler de reproches, de critiques. → **quereller.** *Il s'est fait houspiller rudement.*

***housse** ['us] n. f. Enveloppe souple dont on recouvre temporairement certains objets (meubles, vêtements, etc.) pour les protéger, et qui épouse leur forme. *Des housses de fauteuils. La housse d'un ordinateur portable. Housse de couette. Housse à vêtements.* – *Drap-housse,* drap de dessous maintenu sur le matelas par des élastiques.

***houx** ['u] n. m. invar. Arbre ou arbuste, à feuilles luisantes, dures et bordées de piquants, à petites baies rouge vif. *Un buisson de houx.*

H. S. [aʃɛs] adj. invar. Abréviation de *hors service.*

***hublot** ['yblo] n. m. **1·** Petite fenêtre étanche généralement ronde, munie d'un verre épais pour donner du jour et de l'air à l'intérieur d'un navire. – Fenêtre dans un avion de transport. *Regarder par le hublot.* **2·** Partie vitrée de la porte (d'un appareil ménager : lave-linge, four...).

***huche** ['yʃ] n. f. Grand coffre de bois rectangulaire à couvercle plat. *Huche à provisions. Huche à pain.* → **maie.**

***hue** ['y, hy] interj. Mot dont on se sert pour faire avancer (ou tourner à droite ; opposé à *dia*) un cheval. *Hue cocotte ! Allez, hue !*

***huée** ['ɥe] n. f. Cri de dérision, de réprobation poussé par une réunion de personnes. *Orateur interrompu par des sifflets et des huées.* → **tollé.** *S'enfuir sous les huées.* ▶ ***huer** v. tr. < conjug. 1 > Pousser des cris de dérision, des cris hostiles contre (qqn). → **conspuer, siffler.** *Elle s'est fait huer. Huer un orateur, un acteur.* – *Huer un spectacle.* ▷ **chat-huant**

***huguenot, ote** ['ygno, ɔt] n. et adj. Surnom donné aux protestants calvinistes, en France, par les catholiques, du XVIe au XVIIIe s. *Les papistes et les huguenots.* – Adj. *Faction huguenote.*

1 **huile** [ɥil] n. f. **1·** Liquide gras, insoluble dans l'eau, d'origine végétale, animale ou minérale. → **graisse.** *Les huiles sont inflammables. Huiles végétales alimentaires. Huile d'arachide, de noix, d'olive ; de colza. Huile de ricin,* purgatif. *Huiles animales. Huile de foie de morue.* – *Huiles minérales,* hydrocarbures liquides. *Huile de graissage. Huile de vidange.* **2·** Produit obtenu par macération de substances végétales ou animales dans une huile végétale. *Huile camphrée. Huile solaire,* pour protéger la peau du soleil et faire bronzer. – *Huile essentielle.* → 2 **essence** (2). **3·** (Sans adj. ni compl.) Huile comestible. *Bouteille d'huile. Cuisine à l'huile. Assaisonner avec de l'huile et du vinaigre.* → **vinaigrette.** – Huile de graissage. *Bidon d'huile. Vidanger l'huile d'une voiture.* – Mélange d'huile (de lin, d'œillette) et d'une matière colorante. *Peinture à l'huile* (opposé à *peinture à l'eau, peinture acrylique*). *Une huile,* un tableau peint à l'huile. **4·** *Les saintes huiles.* → **chrême. 5·** Loc. *Mer d'huile,* très calme, sans vagues (comme une nappe d'huile). – *Faire tache d'huile,* se propager de manière insensible, lente et continue. *Cette innovation a fait tache d'huile.* – (au sens de *huile de graissage*) *Mettre de l'huile dans les rouages,* aplanir les difficultés. *Ça baigne dans l'huile* : ça fonctionne bien (→ Ça baigne). – *Jeter de l'huile sur le feu,* attiser une querelle, pousser à la dispute. → **envenimer, exciter.** – Fig. et fam. *Huile de coude,* énergie physique (déployée pour faire qqch.). ▶ **huiler** v. tr. < conjug. 1 > Frotter avec de l'huile. → **graisser, lubrifier.** *Huiler les rouages*

d'une machine. – Au p. p. adj. *Mécanisme bien huilé.* ▶ **huilage** n. m. *L'huilage des machines* → **graissage.** ▶ **huilerie** n. f. 1· Usine où l'on fabrique les huiles. *Les huileries de Marseille.* 2· Commerce des huiles. *Travailler dans l'huilerie.* – Industrie agricole de la fabrication des huiles végétales. ▶ **huileux, euse** adj. 1· Qui contient de l'huile. *Liquide huileux. Tache huileuse.* 2· Qui est ou semble imbibé d'huile. → **graisseux, gras.** *Peau huileuse.* ▶ **huilier** n. m. Ustensile de table composé de deux flacons pour l'huile et le vinaigre. → **vinaigrier.**

2 **huile** n. f. Surtout au plur. Fam. Personnage important. *C'est une des huiles du parti.* → fam. grosse **légume.**

huis [ɥi] n. m. invar. 1· Vx. Porte. *Fermer l'huis.* 2· Loc. *À huis clos* [aɥiklo] : toutes portes fermées ; sans que le public soit admis. *Audience à huis clos.* – N. m. **Huis clos* [ˈɥiklo]. *Tribunal qui ordonne le huis clos.* ▶ **huisserie** n. f. Bâti formant l'encadrement (d'une baie). *L'huisserie d'une porte.* → 2 **dormant.** ▷ **huissier**

huissier, ière [ɥisje, jɛʀ] n. 1· Personne chargée d'accueillir, d'annoncer et d'introduire les visiteurs (dans un ministère, une administration). *Elle donna son nom à l'huissier.* 2· Celui qui est préposé au service de certaines assemblées. *Les huissiers du Palais-Bourbon, d'une faculté.* → **appariteur.** 3· Officier ministériel chargé de mettre à exécution des décisions de justice. *Si vous refusez de payer, je vous enverrai l'huissière.*

***huit** [ˈɥit] dét. invar., adj. invar. et n. m. invar. I· 1· Dét. num. cardinal invar. (prononcé [ˈɥi] devant un nom commençant par une consonne ou un *h* aspiré, [ˈɥit] dans tous les autres cas). Nombre entier naturel valant sept plus un (8 ; VIII). → **oct(a)-.** *Journée de huit heures. Aujourd'hui en huit,* dans huit jours. → **huitaine.** *Je viendrai jeudi en huit,* le jeudi après celui qui vient. – *Huit jours,* semaine (bien qu'elle n'ait que sept jours). 2· Adj. num. ordinal invar. → **huitième.** *Je reviendrai le 8 mai,* (ellipt, n. m.) *le 8. Henri VIII.* II· N. m. invar. [ˈɥit]. *Cinq et trois font huit. Dix-huit, vingt-huit* [dizɥit ; vɛ̃tɥit]. – Carte à jouer marquée de huit points. *Le huit de pique.* – Numéro huit (d'une rue). *J'habite au 8, rue de...* – Chiffre qui représente ce nombre. *Huit romain (VIII), arabe (8).* ▶ ***huitante** [ˈɥitɑ̃t] dét. invar., adj. invar. et n. invar. Région. (Suisse, surtout dans le canton de Vaud). Quatre-vingts. ▶ ***huitantième** [ˈɥitɑ̃tjɛm] adj. et n. ▶ ***huitaine** [ˈɥitɛn] n. f. Ensemble de huit, d'environ huit éléments de même sorte. – *Une huitaine,* huit jours. → **semaine.** *Il part dans une huitaine.* ▶ ***huitième** [ˈɥitjɛm] adj. et n. 1· Adj. num. ordinal. Qui succède au septième. *Il habite au huitième (étage). Elle est arrivée huitième à la course.* – Loc. *La huitième merveille du monde,* se dit d'une chose merveilleuse qui paraît pouvoir s'ajouter aux Sept Merveilles traditionnelles. – N. *Arriver le huitième.* 2· Se dit de la fraction d'un tout divisé également en huit. *La huitième partie.* – N. m. *Trois huitièmes.* – En sport. *Les huitièmes de finale.* ▶ ***huitièmement** adv. En huitième lieu. ▷ **dix-huit, soixante-huitard**

huître [ɥitʀ] n. f. Mollusque bivalve, comestible, à coquille feuilletée ou rugueuse dont on pratique l'élevage (→ **ostréiculture**). *Sécrétion minérale des huîtres.* → **nacre, perle.** *Huîtres perlières.* – *Huître plate.* → **belon.** *Huître portugaise, fine de claire.* → **claire.** *Écailler, ouvrir des huîtres. Bancs d'huîtres. L'écailler a ouvert une douzaine d'huîtres. Plat, fourchette à huîtres.*

***hulotte** [ˈylɔt] n. f. Grande chouette au plumage brun qui se nourrit principalement d'insectes et de petits rongeurs. → **chat-huant.** *Le cri de la hulotte.*

***hululer** [ˈylyle] ou **ululer** v. intr. <conjug. 1> Pousser un hululement. *Le hibou hulule.* ▶ ***hululement** ou **ululement** n. m. Cri des oiseaux de nuit.

***hum** [ˈœm, hœm] interj. Interjection qui exprime généralement le doute, la réticence. *Hum ! cela cache quelque chose !* – Répété, sert à noter une petite toux.

humain, aine [ymɛ̃, ɛn] adj. et n. m. I· Adj. 1· De l'homme, propre à l'homme (I) en tant qu'espèce. *Les êtres humains. La nature humaine. Organisme humain. Chair humaine. La condition humaine. C'est au-dessus des forces humaines.* → **surhumain.** *Le cœur humain. Faiblesse, dignité humaine. C'est humain, c'est une réaction bien humaine,* c'est excusable. – (Opposé à *divin*) *Justice divine et justice humaine.* – Qui a les caractères de l'homme (opposé à *animal*). *Créature humaine. Être humain.* → **femme, homme ; individu, personne.** – Formé, composé d'hommes. *Espèce humaine. Le genre humain.* → **humanité.** – Qui traite de l'homme. *Anatomie humaine. Sciences humaines. Géographie humaine.* 2· Qui est compréhensif et compatissant, manifeste de la sensibilité. → **bon.** *C'est une femme très humaine.* / contr. inhumain / – *Sentiments humains.* → **humanitaire.** II· N. m. 1· Ce qui est humain. *L'humain et le divin.* 2· Être humain. *Les humains.* → **humanité.** *Vivre séparé du reste des humains.* → **gens.** ▶ **humainement** [ymɛnmɑ̃] adv. 1· En tant qu'homme, en tant qu'être humain. *Elle a fait tout ce qui était humainement possible pour le sauver.* 2· Avec humanité. → **charitablement.** *Traiter humainement un ennemi, un coupable.* / contr. inhumainement / ▷ **humaniser, humanisme, humanité, humanités, inhumain, surhumain**

humaniser [ymanize] v. tr. < conjug. 1 > Rendre plus humain. *Humaniser les conditions de travail.* – Pronominalement. *Cette personne s'humanise,* devient plus sociable, plus accommodante. ▶ **humanisation** n. f. ▷ **déshumaniser**

humanisme [ymanism] n. m. **1·** Théorie ou doctrine qui place la personne humaine et son épanouissement au-dessus de toutes les autres valeurs. **2·** Mouvement de la Renaissance caractérisé par un retour aux sources gréco-latines et à ses valeurs (la nature, l'homme...). **3·** Formation de l'esprit humain par la culture littéraire ou scientifique (→ **humanités**). ▶ **humaniste** n. m. **1·** Spécialiste des langues et littératures grecques et latines. **2·** Partisan de l'humanisme (1). *Ce philosophe est un humaniste.* – Adj. *Philosophie humaniste.* **3·** Savant, érudit partisan de l'humanisme, pendant la Renaissance.

humanité [ymanite] n. f. **1·** Caractère de ce qui est humain ; nature humaine. *Humanité et divinité du Christ.* **2·** Sentiment de bienveillance, de compassion envers son prochain. / contr. inhumanité / *Traiter des otages avec humanité. Faire preuve d'humanité.* → **bonté. 3·** Le genre humain, les hommes en général. *Un bienfaiteur de l'humanité. Histoire de l'humanité.* → **civilisation.** ▶ **humanitaire** adj. (Choses) Qui vise au bien de l'humanité. → **philanthropique.** *Sentiments humanitaires.* → **bon, humain.** – *Aide humanitaire, action humanitaire.*

humanités n. f. pl. Vieilli Étude de la langue et de la littérature grecques et latines. *Faire ses humanités.*

humble [œbl] adj. **I·** (Personnes) **1·** Qui s'abaisse volontairement, par modestie ou par déférence (→ **humilité**). *Il était humble et soumis.* → **effacé, modeste. 2·** Littér. Qui est d'une condition sociale modeste. → **pauvre, simple.** *Un humble bûcheron.* – N. *Les humbles,* les petits, les petites gens. **II·** (Choses) **1·** Qui marque de l'humilité, de la déférence. *Air, manières, ton humbles.* → **timide.** – (Par modestie réelle ou affectée) *À mon humble avis, tu te trompes.* **2·** Littér. Qui est sans éclat, sans prétention. → **modeste.** *Une humble demeure.* → **pauvre.** ▶ **humblement** adv. D'une manière humble. *Remercier humblement.* – (Par modestie affectée) *Je te ferai humblement remarquer que tu te trompes.*

humecter [ymɛkte] v. tr. < conjug. 1 > Rendre humide, mouiller légèrement. *Humecter du linge avant de le repasser.* → **humidifier.** *Humecter ses lèvres, s'humecter les lèvres.* – Au p. p. *Yeux humectés (de larmes).* – Pronominalement. *Ses yeux s'humectèrent,* devinrent humides de larmes. ▶ **humectage** n. m. ▷ 2 **humeur, humide**

***humer** ['yme] v. tr. < conjug. 1 > **1·** Aspirer par le nez en respirant. *Je hume avec délice l'air frais du matin.* → **respirer. 2·** Aspirer par le nez pour sentir. *Humer une odeur, un parfum.*

humérus [ymeʀys] n. m. invar. Os long constituant le squelette du bras, de l'épaule au coude. *Le col et la tête de l'humérus. Des humérus.*

1 **humeur** [ymœʀ] n. f. **1·** Ensemble des tendances dominantes qui forment le tempérament de qqn (attribuées autrefois aux *humeurs* 2 du corps). → **naturel, tempérament.** *Il est d'humeur, il a l'humeur chagrine, maussade. Égalité d'humeur. Une saute d'humeur. Incompatibilité d'humeur entre deux personnes.* **2·** Littér. Comportement irréfléchi (opposé à *la raison,* à *la volonté*). → **caprice, fantaisie, impulsion.** *Se livrer à son humeur.* **3·** Disposition momentanée qui ne constitue pas un trait de caractère. *Cela dépendra de mon humeur.* – Loc. *Être, se sentir* ***d'humeur à*** (+ infinitif). → **disposé, enclin.** *Je ne suis pas d'humeur à plaisanter.* **4·** *Bonne, belle... humeur,* disposition à la gaieté, à l'optimisme, qui se manifeste à un moment précis. → **enjouement, entrain.** *Être de bonne, d'excellente humeur.* → **gai ; content.** *Sa belle humeur disparut soudain.* **5·** *Mauvaise, méchante... humeur,* disposition à la tristesse, à l'irritation, à la colère. *Manifester de la mauvaise humeur. Il est de très mauvaise humeur, de fort méchante humeur, d'une humeur massacrante, d'une humeur de chien.* Ellipt. *Il est d'une humeur !...* – *Humeur sombre, noire,* mélancolie profonde ; tristesse, abattement. → **cafard. 6·** Littér. Mauvaise humeur. → **colère, irritation.** *Garder de l'humeur contre qqn.* → **rancune.** *Accès, mouvement d'humeur.* ▶ 2 **humeur** n. f. **1·** Vx. ***Les humeurs*** : le sang, la bile, la sueur, la salive, la lymphe, etc. **2·** En anatomie. *Humeur aqueuse, humeur vitrée,* substance transparente contenue dans la cavité oculaire. ▷ **humoral**

humide [ymid] adj. Chargé, imprégné d'eau, de liquide, de vapeur. / contr. sec / *Éponge, serviette humide. Murs humides.* → **suintant.** *Cave humide. Front humide de sueur.* – *Atmosphère, temps humide. Une chaleur humide.* – *Yeux humides de larmes. Regards humides.* → **mouillé.** ▶ **humidifier** v. tr. < conjug. 7 > Rendre humide. → **humecter.** *Humidifier l'air.* / contr. dessécher / ▶ **humidificateur** n. m. Appareil utilisé pour accroître le degré d'humidité de l'air. ▶ **humidification** n. f. Action d'humidifier. ▶ **humidité** n. f. Caractère de ce qui est humide ; l'eau, la vapeur que contient un corps, un lieu. *Un métal rongé par l'humidité. L'humidité de l'air, du climat.* / contr. sécheresse /

humilier [ymilje] v. tr. < conjug. 7 > Abaisser d'une manière insultante. → **mortifier, rabaisser.** *Il cherche à humilier son adversaire.* – Pronominalement. *S'humilier devant qqn.* ▶ **humiliant, ante** adj. Qui cause de l'humiliation. *Aveu humiliant. Essuyer un échec humiliant.* → **mortifiant.** *Travail humiliant.* → **avilissant, dégradant.** ▶ **humiliation** n. f. **1·** Action d'humilier ou de s'humilier ; sentiment qui en découle. → **abaissement ; confusion, honte.** *Vivre dans l'humiliation. Rougir d'humiliation.* **2·** *(Une, des humiliations)* Ce qui humilie, blesse l'amour-propre. → **affront.** *Infliger, endurer des humiliations.* ▶ **humilié, ée** adj. Qui a subi une humiliation. → **honteux.** – N. *Les humiliés.*

humilité [ymilite] n. f. Le fait d'être humble*. **1·** Sentiment de sa propre insuffisance. → **modestie.** *Agir dans un profond esprit d'humilité. En signe d'humilité.* **2·** Grande déférence. → **soumission.** *S'effacer devant qqn par humilité.* **3·** Littér. Caractère humble, modeste (de la nature humaine, ou d'une condition sociale). *L'humilité de sa condition.*

humoral, ale, aux [ymɔʀal, o] adj. Relatif aux liquides de l'organisme. *Les hormones circulent par voie humorale.*

humour [ymuʀ] n. m. Forme d'esprit qui consiste à dégager les aspects plaisants et insolites de la réalité, avec un certain détachement. *L'humour britannique. Humour noir,* qui s'exerce à propos de graves, voire de macabres situations. – *Avoir de l'humour, le sens de l'humour,* être capable de s'exprimer avec humour, de comprendre l'humour (même à ses dépens). ▶ **humoriste** [ymɔʀist] adj. (Personnes) Qui a de l'humour. *Écrivain humoriste.* – N. *Un, une humoriste.* – Spécialt Auteur de dessins → **caricaturiste,** ou de textes satiriques ou comiques. ▶ **humoristique** adj. Qui s'exprime avec humour ; empreint d'humour. *Dessinateur humoristique. Récit, ton humoristique.*

humus [ymys] n. m. invar. Terre formée par la décomposition des végétaux. → **terreau.** *Couche d'humus. Des humus très riches.*

***hune** ['yn] n. f. Plate-forme arrondie fixée au mât d'un navire, à une certaine hauteur. *Mât de hune,* situé au-dessus de la hune. ≠ une. ▶ ***hunier** n. m. Voile carrée gréée sur le mât de hune.

***huppe** ['yp] n. f. **1·** Touffe de plumes que certains oiseaux ont sur la tête. → **aigrette.** *La huppe du cacatoès.* **2·** Nom d'un passereau qui porte une huppe.

***huppé, ée** ['ype] adj. Fam. De haut rang ; haut placé ; riche. *Des gens chic, très huppés.*

***hure** ['yʀ] n. f. **1·** Tête du sanglier, du cochon. **2·** Charcuterie à base de morceaux de hure (de porc). → **museau.**

***hurler** ['yʀle] v. < conjug. 1 > **I·** V. intr. **1·** (Animaux) Pousser des cris prolongés. *Chien qui hurle à la mort.* → **aboyer.** – Loc. *Hurler avec les loups,* se ranger du côté du plus fort. **2·** (Personnes) Pousser des cris prolongés et violents. *Hurler de douleur, de terreur.* **3·** Parler, crier, chanter de toutes ses forces. → **brailler, vociférer ;** fam. **gueuler.** *La foule hurlait. Hurler de rire.* **4·** Produire un son, un bruit semblable à un hurlement. *Le vent hurle dans la cheminée.* **II·** V. tr. Exprimer par des hurlements. *Hurler sa douleur.* – Dire avec fureur, en criant très fort. → **clamer.** *Hurler des injures, des menaces.* **III·** V. intr. (Choses) Produire un effet violemment discordant. → **jurer.** *Couleurs qui hurlent.* ▶ ***hurlant, ante** adj. **1·** Qui hurle. *Foule hurlante.* **2·** Qui produit un effet violent. *Couleurs hurlantes.* → **criard.** ▶ ***hurlement** n. m. **1·** Cri aigu et prolongé que poussent certains animaux (loup, chien). **2·** (Personnes) *Hurlement de rage, de terreur, de souffrance.* – (Choses) *Les hurlements du vent.*

hurluberlu [yʀlybɛʀly] n. m. Personne extravagante, qui parle et agit d'une manière inconsidérée. → **écervelé.** *Quel est cet hurluberlu ?* – Adj. *Elle est un peu hurluberlue.*

***hurrah** → **hourra.**

***husky** ['œski] n. m. Chien de traîneau originaire de l'Alaska et du Groenland. *Des huskys* ou *des huskies.*

***hussard** ['ysaʀ] n. m. **1·** Autrefois, soldat de la cavalerie légère ; aujourd'hui, soldat d'un régiment blindé. *Les régiments de hussards.* **2·** *À la hussarde :* brutalement, sans retenue ni délicatesse.

***hutte** ['yt] n. f. Abri rudimentaire, servant parfois d'habitation. → **cabane, case.** *Une hutte de paille, de branchages. Une hutte sur pilotis. Hutte de chasseur.*

hyalin, ine [jalɛ̃, in] adj. Se dit d'une roche qui a l'aspect transparent et vitreux du verre. *Quartz hyalin :* cristal de roche.

hybride [ibʀid] adj. et n. m. **1·** (Plantes, animaux) Qui provient du croisement de variétés ou d'espèces différentes. *Animal hybride.* – N. m. *Le mulet est un hybride. Les hybrides ne sont pas féconds.* **2·** *Mots hybrides,* formés d'éléments empruntés à deux langues différentes (ex. : dans *hypertension, hyper* vient du grec, *tension* du latin). **3·** Composé de deux ou plusieurs éléments de nature, genre, style... différents. *Le centaure, créature hybride. Œuvre hybride.* → **composite.**

Solution hybride. → **bâtard.** *Voiture hybride,* utilisant des sources d'énergie différentes. ▶ **hybridation** n. f. Croisement entre plantes ou animaux de variété ou d'espèce différente.

1 **hydr(o)-** Élément signifiant « eau ». ≠ hygro-. ▷ **hydrate, hydraulique, hydravion, hydroalcoolique, hydrocéphale, hydrocution, hydrodynamique, hydro-électrique, hydrofuge, hydrogène, hydroglisseur, hydrographie, hydrologie, hydrolyse, hydromel, hydrophile, hydrophobie, hydropisie, hydroptère, hydrostatique, hydrothérapie**

2 **hydr(o)-** Élément signifiant « hydrogène ». ▷ **hydrocarbure, hydroxyde**

hydrate [idʀat] n. m. **1·** Composé contenant une ou plusieurs molécules d'eau. *Hydrate de calcium.* **2·** *Hydrate de carbone :* composé organique constitué uniquement de carbone, d'hydrogène et d'oxygène. → **glucide.** ▶ **hydrater** v. tr. < conjug. 1 > **1·** Combiner avec de l'eau. *Hydrater de la chaux.* / contr. déshydrater / **2·** Introduire de l'eau dans (l'organisme). – V. pron. réfl. Fam. *S'hydrater,* boire. ▶ **hydratant, ante** adj. Qui fixe l'eau, permet l'hydratation. *Substance hydratante.* – *Crème hydratante* (pour le visage). ▶ **hydratation** n. f. Transformation en hydrate ; introduction d'eau dans l'organisme. / contr. déshydratation / ▷ **déshydrater**

hydraulique [idʀolik] adj. et n. f. **I·** Adj. **1·** Mû par l'eau ; qui utilise l'énergie de l'eau. *Moteur hydraulique. Usine hydraulique. Presse hydraulique.* **2·** *Énergie hydraulique,* fournie par les chutes d'eau → **houille** blanche, les marées → **hydro-électrique.** **3·** Relatif à la circulation, la distribution de l'eau. *Installation hydraulique.* **II·** N. f. *L'hydraulique,* science et technique des liquides en mouvement.

hydravion [idʀavjɔ̃] n. m. Avion spécialement conçu pour décoller sur l'eau et y amerrir.

hydre [idʀ] n. f. **1·** Dans la mythologie, les légendes. Serpent à plusieurs têtes. *L'hydre de Lerne.* **2·** Fig. Mal qui se renouvelle en dépit des efforts faits pour le supprimer. *L'hydre du chômage.*

hydroalcoolique [idʀoalkɔlik] adj. Didact. Formé d'eau et d'alcool. *Solution hydroalcoolique,* liquide pour le lavage des mains qui élimine les bactéries, les virus, les champignons.

hydrocarbure [idʀokaʀbyʀ] n. m. Composé contenant seulement du carbone et de l'hydrogène. *Le pétrole, l'essence sont des hydrocarbures utilisés comme carburants.*

hydrocéphale [idʀɔsefal] adj. et n. Qui est atteint d'un épanchement de sérosité à l'intérieur du cerveau. – N. *Les hydrocéphales ont un crâne anormalement gros.*

hydrocution [idʀɔkysjɔ̃] n. f. Syncope survenant lors d'un contact trop brutal avec l'eau froide, et pouvant entraîner la mort (comme l'électrocution).

hydrodynamique [idʀodinamik] n. f. Science qui étudie le mouvement des fluides.

hydro-électrique [idʀoelɛktʀik] adj. Relatif à la production d'électricité par l'énergie hydraulique (rivières, chutes d'eau). *Énergie hydro-électrique* (ou *hydro-électricité,* n. f.), énergie électrique qui provient de la transformation de l'énergie hydraulique.

hydrofuge [idʀɔfyʒ] adj. Qui préserve de l'eau, de l'humidité. *Enduit hydrofuge.*

hydrogène [idʀɔʒɛn] n. m. Corps simple (symb. *H*, nº at. 1), gaz incolore, inodore, sans saveur, le plus léger que l'on connaisse. *L'hydrogène existe à l'état naturel comme constituant de l'eau.* – *Hydrogène lourd,* isotope de l'hydrogène. – *Bombe à hydrogène* ou *bombe H.* → **thermonucléaire.**

hydroglisseur [idʀoglisœʀ] n. m. Bateau à fond plat mû par une hélice aérienne ou un moteur à réaction.

hydrographie [idʀɔgʀafi] n. f. **1·** Partie de la géographie physique qui traite des océans → **océanographie,** des mers, des lacs et des cours d'eau. – Topographie maritime. **2·** Ensemble des cours d'eau et des lacs d'une région. *Décrire l'hydrographie du Jura.* ▶ **hydrographique** adj. *Le réseau hydrographique.* ▶ **hydrographe** n. Spécialiste de l'hydrographie.

hydrologie [idʀɔlɔʒi] n. f. Étude des eaux, de leurs propriétés.

hydrolyse [idʀɔliz] n. f. Décomposition chimique d'un corps sous l'action de l'eau, dont il fixe les éléments en se dédoublant (il s'*hydrolyse*).

hydromel [idʀɔmɛl] n. m. Boisson faite d'eau et de miel, qui se consomme fraîche ou fermentée. *L'hydromel, boisson des dieux de l'Olympe.*

hydrophile [idʀɔfil] adj. (Choses) Qui absorbe l'eau, ou tout autre liquide. *Coton hydrophile,* servant en chirurgie et pour l'hygiène courante.

hydrophobie [idʀɔfɔbi] n. f. Peur morbide de l'eau. *Il fait de l'hydrophobie.*

hydropisie [idʀɔpizi] n. f. Épanchement de sérosité dans une cavité naturelle du corps (spécialt l'abdomen) ou entre les éléments du tissu conjonctif. *Visage bouffi par l'hydropisie.* ▶ **hydropique** adj. Atteint d'hydropisie. – N. *Un hydropique.*

hydroptère [idʀɔptɛʀ] n. m. Navire muni de plans porteurs qui exercent une poussée verticale capable de sortir la coque de l'eau.

hydrostatique [idʀɔstatik] n. f. et adj. **1·** N. f. Partie de la mécanique qui étudie l'équilibre et la pression des liquides. **2·** Adj. Relatif à l'hydrostatique.

hydrothérapie [idʀoteʀapi] n. f. Emploi thérapeutique de l'eau. – Traitement par usage externe de l'eau (bains, douches, etc.). *Cure d'hydrothérapie.* → **thalassothérapie.** ▶ **hydrothérapique** adj.

hydroxyde [idʀɔksid] n. m. Composé chimique dérivé de l'eau mais où l'hydrogène est remplacé par des ions positifs.

(*)**hyène** [jɛn ; 'jɛn] n. f. Mammifère carnassier d'Afrique et d'Asie, à pelage gris ou fauve se nourrissant surtout de charognes. *Des cris de hyène. L'hyène* ou *la hyène.*

hygiaphone [iʒjafɔn] n. m. Dispositif formé d'une plaque transparente perforée, dont on équipe les guichets par mesure d'hygiène.

hygiène [iʒjɛn] n. f. Ensemble des principes et des pratiques tendant à préserver, à améliorer la santé. *Articles d'hygiène. Hygiène corporelle.* → **propreté.** *Manquer d'hygiène. Hygiène publique,* ensemble des moyens mis en œuvre par l'État pour sauvegarder la santé publique. *Mesures d'hygiène collectives.* – *Hygiène alimentaire,* pour une alimentation saine. → **diététique.** ▶ **hygiénique** adj. **1·** Qui a rapport à l'hygiène. – Par euphém. *Papier, serviette hygiénique.* **2·** Qui est conforme à l'hygiène, favorable à la santé. → **sain.** *Promenade hygiénique.* ▷ **hygiaphone**

hygro- Élément savant signifiant «humide». ≠ hydro-. ▶ **hygromètre** [igʀɔmɛtʀ] n. m. Instrument de précision servant à mesurer le degré d'humidité de l'air. ▶ **hygrométrie** n. f. Partie de la météorologie qui a pour objet de déterminer le degré d'humidité de l'atmosphère. – Cette humidité. ▶ **hygrométrique** adj. *Degré hygrométrique.*

1 **hymen** [imɛn] ou **hyménée** [imene] n. m. Littér. et vx. Mariage. *Les liens, les nœuds de l'hymen, de l'hyménée.*

2 **hymen** n. m. En anatomie. Membrane qui obstrue partiellement l'orifice vaginal et qui se rompt lors des premiers rapports sexuels.

hymén(o)- Préfixe savant signifiant «membrane». ▶ **hyménoptères** [imenɔptɛʀ] n. m. pl. Ordre d'insectes caractérisés par quatre ailes membraneuses transparentes (ex : *abeilles*). – Au sing. *Un hyménoptère.* – Adj. *Insecte hyménoptère.*

hymne [imn] n. **1·** N. f. Dans la tradition chrétienne. Chant à la louange de Dieu. → **cantique, psaume.** *Chanter une hymne.* **2·** N. m. Chant, poème lyrique exprimant la joie, l'enthousiasme, célébrant une personne, une chose. *Composer un hymne à la gloire d'un héros. Hymne à la nature, à l'amour.* – Chant solennel en l'honneur de la patrie, de ses défenseurs. *La Marseillaise est l'hymne national français.*

hyper- Préfixe savant qui exprime l'exagération, l'excès, le plus haut degré (ex. : *hyperémotivité,* n. f. «très grande émotivité» ; *hypersécrétion,* n f.). → **super-.** / contr. hypo- / ▷ **hyperbole, hypercalorique, hypermarché, hypermétrope, hypernerveux, hyperréalisme, hypersensibilité, hypertension, hypertexte, hypertrophie**

1 **hyperbole** [ipɛʀbɔl] n. f. Figure de style qui consiste à mettre en relief une idée au moyen d'une expression qui la dépasse. → **exagération.** *Dire «une fille sensationnelle» pour «une fille très bien» est une hyperbole.* ▶ **hyperbolique** adj. Caractérisé par l'hyperbole. *Style hyperbolique. Louanges hyperboliques.* → **exagéré.**

2 **hyperbole** n. f. Courbe géométrique formée par l'ensemble des points d'un plan dont la différence des distances à deux points fixes de ce plan (foyers) est constante. ≠ parabole.

hypercalorique [ipɛʀkalɔʀik] adj. Très riche en calories. / contr. hypocalorique / *Un dessert hypercalorique.*

hyperlien [ipɛʀljɛ̃] n. m. Inform. Lien hypertexte*.

hypermarché [ipɛʀmaʀʃe] n. m. Magasin à libre-service dont la surface dépasse 2 500 m². → grande **surface, supermarché.**

hypermédia [ipɛʀmedja] n. m. Inform. Ensemble des liaisons hypertextes appliquées à des données multimédias (textes, sons, images). – adj. *Des liens hypermédias.*

hypermétrope [ipɛʀmetʀɔp] adj. et n. Qui ne distingue pas avec netteté les objets rapprochés (opposé à *myope*). → **presbyte.** – N. *Un, une hypermétrope.* ▶ **hypermétropie** n. f. Anomalie de la vision, due à un défaut du globe oculaire, qui fait que l'image se forme en arrière de la rétine (opposé à *myopie*).

hypernerveux, euse [ipɛʀnɛʀvø, øz] adj. et n. D'une nervosité excessive, pathologique. – N. *C'est un hypernerveux.*

hyperréalisme [ipɛʀʀealism] n. m. Courant artistique né aux États-Unis caractérisé par un rendu minutieux de la réalité (en peinture, en sculpture). ▶ **hyperréaliste** adj. et n.

hypersensibilité [ipɛʀsɑ̃sibilite] n. f. Sensibilité exagérée. ▶ **hypersensible** adj. et n. D'une sensibilité extrême, exagérée. *Cet enfant est hypersensible.*

hypertension [ipɛʀtɑ̃sjɔ̃] n. f. Tension supérieure à la normale ; augmentation de la tension. *Hypertension artérielle. Il a, il fait de l'hypertension.* / contr. hypotension / ▶ **hypertendu, ue** adj. Qui souffre d'hypertension. – N. *Un, une hypertendu(e).*

hypertexte [ipɛʀtɛkst] n. m. Fonction qui, dans un ensemble de documents informatiques, permet de définir des renvois directs entre des éléments. *L'hypertexte est à la base du web.* – Adj. *Un lien hypertexte* (hyperlien). ▶ **hypertextuel, elle** adj.

hypertrophie [ipɛʀtʀɔfi] n. f. **1·** Augmentation de volume d'un organe avec ou sans altération anatomique. / contr. atrophie / *Hypertrophie du cœur.* **2·** Abstrait. Développement excessif, anormal. → **exagération.** *Hypertrophie du moi.* ▶ **hypertrophier** v. tr. < conjug. 7 > Produire l'hypertrophie de. – Pronominalement. Se développer exagérément. *Organe qui s'hypertrophie.* – Au p. p. adj. *Organe hypertrophié.* / contr. atrophier / – Abstrait. *Une sensibilité hypertrophiée.* ▶ **hypertrophique** adj.

hypn(o)- Élément savant signifiant « sommeil ». ▶ **hypnose** [ipnoz] n. f. Sommeil incomplet, provoqué par des manœuvres de suggestion → **hypnotisme, magnétisme,** ou des moyens chimiques → **narcose, somnambulisme.** *Être sous hypnose, en état d'hypnose.* ▶ **hypnotique** adj. **1·** Qui provoque l'hypnose. → **narcotique.** – N. m. *Un hypnotique,* un médicament hypnotique. **2·** Qui a rapport à l'hypnose, à l'hypnotisme. *État hypnotique. Transe hypnotique.* ▶ **hypnotiser** v. tr. < conjug. 1 > **1·** (Suj. personne ou animal) Endormir (qqn) par hypnotisme. **2·** Éblouir, fasciner. – Au passif. *Être hypnotisé par qqn, par sa personnalité.* – Pronominalement. *S'hypnotiser sur une chose,* être comme fasciné par elle. ▶ **hypnotiseur, euse** n. Personne qui hypnotise. *Elle a des dons d'hypnotiseuse.* – En appos. *Guérisseur hypnotiseur.* ▶ **hypnotisme** n. m. Ensemble des procédés (surtout psychologiques) mis en œuvre pour déclencher les phénomènes d'hypnose. *Séance d'hypnotisme.* – Science qui traite des phénomènes hypnotiques.

hyp(o)- Préfixe savant qui signifie « au-dessous », « au-dessous de la normale », « insuffisamment » (ex. : ***hypo-sécrétion,*** n. f.). / contr. hyper- / ≠ hipp(o)-.

hypocalorique [ipɔkalɔʀik] adj. Pauvre en calories. / contr. hypercalorique / *La tomate est un fruit hypocalorique.*

hypocondrie [ipɔkɔ̃dʀi] n. f. Vx. Anxiété habituelle et excessive à propos de sa santé. ▶ **hypocondriaque** adj. et n. Qui est atteint d'hypocondrie, a constamment peur d'être malade. – N. *Un hypocondriaque,* un malade imaginaire.

hypocrisie [ipɔkʀizi] n. f. **1·** Le fait de déguiser son véritable caractère, d'exprimer des opinions, des sentiments qu'on n'a pas. → **dissimulation, duplicité, fausseté, fourberie.** *Ces gens sont d'une hypocrisie révoltante.* **2·** Caractère de ce qui est hypocrite. *L'hypocrisie du procédé. L'hypocrisie de son regard.* **3·** Acte, manifestation hypocrite. → **comédie, mensonge, simagrée.** *Tout cela est pure hypocrisie.*

hypocrite [ipɔkʀit] n. et adj. **I·** N. Personne qui a de l'hypocrisie, qui dissimule ou déguise ses sentiments. → **fourbe.** *Faire l'hypocrite. Quel hypocrite, il ne pense pas un mot de ce qu'il dit !* **II·** Adj. (Personnes) Qui se comporte avec hypocrisie. → **cagot, dissimulé, faux, menteur, sournois, tartufe.** *Homme hypocrite. Il est très hypocrite.* – (Choses) *Sourire, ton hypocrite. Louanges hypocrites.* ▶ **hypocritement** adv. D'une manière hypocrite. ▷ **hypocrisie**

hypodermique [ipɔdɛʀmik] adj. Qui concerne le tissu sous-cutané. *Piqûre hypodermique,* faite sous la peau. *Seringue hypodermique.*

hypogée [ipɔʒe] n. m. Didact. Sépulture souterraine. *Un hypogée égyptien.*

hypoglycémie [ipoglisemi] n. f. Glycémie anormalement basse. *Malaise causé par l'hypoglycémie.* ▶ **hypoglycémique** adj.

hypokhâgne ou **hypocagne** [ipokaɲ] n. f. Fam. Classe de préparation à l'école normale supérieure, précédant la khâgne.

hypophyse [ipɔfiz] n. f. Glande endocrine située à la base du crâne. *L'hypophyse sécrète plusieurs hormones.* ▶ **hypophysaire** adj. De l'hypophyse. *Hormones hypophysaires.*

hypotension [ipotɑ̃sjɔ̃] n. f. Tension artérielle inférieure à la normale ; diminution de la tension. / contr. hypertension / *Elle est sujette à l'hypotension.* ▶ **hypotendu, ue** adj. et n. Qui a une tension artérielle insuffisante.

hypoténuse [ipɔtenyz] n. f. Le côté opposé à l'angle droit, dans un triangle rectangle. *Le carré de l'hypoténuse est égal à la somme des carrés des deux autres côtés* (théorème de Pythagore).

hypothèque [ipɔtɛk] n. f. **1·** Droit accordé à un créancier sur un bien immeuble (maison, terrain...) en garantie d'une dette, sans que le propriétaire perde sa propriété. → **gage, garantie.** *Prêter sur hypothèque* (l'hypothèque servant de garantie). *Grever un immeuble d'une hypothèque.* **2·** Obstacle, difficulté qui entrave ou empêche l'accomplissement de qqch. *L'hypothèque qui pèse sur les relations entre deux pays. Lever l'hypothèque.* ▶ **hypothécaire** adj. Relatif à l'hypothèque. *Garantie hypothécaire. Prêts hypothécaires.* ▶ **hypothéquer** [ipɔteke] v. tr. < conjug. 6 > **1·** Mettre une hypothèque sur (une maison, un terrain) pour recevoir un prêt. *Hypothéquer un immeuble.* – Au p. p. adj. *Maison, terrains hypothéqués.* – Garantir par une hypothèque. *Hypothéquer une créance.* **2·** *Hypothéquer l'avenir,* s'engager, se lier par un acte qui compromet l'avenir.

hypothèse [ipɔtɛz] n. f. **I·** En sciences. **1·** Proposition admise soit comme donnée d'un problème, soit pour la démonstration d'un théorème (→ **axiome, postulat**). *Le segment AB étant par hypothèse égal à BC...* **2·** Proposition relative à l'explication de phénomènes naturels et qui doit être vérifiée par la déduction ou l'expérience. → **conjecture.** *Hypothèse expérimentale. Vérifier la validité d'une hypothèse.* **II·** Ce qu'on suppose concernant l'explication ou la possibilité d'un événement. → **supposition.** *Émettre, énoncer, faire une hypothèse. Envisager l'hypothèse,* l'éventualité. *Nous en sommes réduits aux hypothèses. En toute hypothèse,* en tout cas. *Par hypothèse,* par définition. *Il est par hypothèse opposé à tout changement. Dans l'hypothèse où tu ne pourrais pas venir,* dans le cas où, en supposant que... ▶ **hypothétique** [ipɔtetik] adj. **1·** Qui repose sur une hypothèse, n'existe qu'à l'état d'hypothèse. *Cas hypothétique.* → **supposé.** **2·** Qui n'est pas certain. → **douteux, incertain, problématique.** *Un héritage hypothétique.* ▶ **hypothétiquement** adv.

hysope [izɔp] n. f. Arbrisseau vivace à feuilles persistantes, à fleurs bleues. *L'arôme de l'hysope. Une infusion d'hysope.*

hystérie [isteʀi] n. f. **1·** En médecine. Névrose qui se traduit par des troubles organiques (sans lésion véritable) et des manifestations d'angoisse, de délires, etc. *Freud a beaucoup travaillé sur l'hystérie. Crise d'hystérie.* **2·** Cour. Comportement violent d'une personne qui ne peut plus se contrôler (cris, pleurs, etc.) ; excitation extrême. *Hystérie collective.* – *Ça frise l'hystérie ! C'est de l'hystérie !* → **folie, rage.** ▶ **hystérique** adj. et n. **1·** Atteint d'hystérie. – Relatif à l'hystérie. *Troubles d'origine hystérique.* – N. *Un, une hystérique.* **2·** Qui est dans un état d'hystérie (2). *Cette musique le rend hystérique.* → **surexcité.** – *Rires, cris, gesticulations hystériques.*

i I

i [i] n. m. invar. Neuvième lettre (I, i), troisième voyelle de l'alphabet. *L'i (ou le i) minuscule est toujours surmonté d'un point. I tréma (ï).* – Loc. *Mettre les points sur les i,* s'expliquer nettement, clairement. *Se tenir droit comme un* I, très droit. – *I,* chiffre romain signifiant 1.

iambe [jɑ̃b] n. m. Dans la poésie antique. Pied de deux syllabes, la première brève, la seconde longue. – Vers grec ou latin, dont certains pieds étaient des iambes. – REM. Ce mot s'est aussi écrit *ïambe.*

ibère [ibɛʀ] adj. et n. Relatif au peuple établi dans l'actuelle Espagne (notamment en Andalousie) à l'époque de la conquête romaine. *La civilisation ibère.* – N. *Les Ibères.* ▶ **ibérique** adj. Relatif à l'Espagne et au Portugal. *La péninsule Ibérique.*

ibidem [ibidɛm] adv. Dans le même ouvrage, dans le même passage (abrév. *ibid., ib.*). *Remplacer par « ibidem » le titre d'un ouvrage déjà cité.*

ibis [ibis] n. m. invar. Oiseau échassier des régions d'Afrique et d'Amérique, à bec long, mince et arqué. *L'ibis sacré des anciens Égyptiens.*

iceberg [ajsbɛʀg ; isbɛʀg] n. m. Masse de glace flottante, détachée de la banquise ou d'un glacier polaire. *Des icebergs.* – Loc. *La partie cachée de l'iceberg,* ce qui est caché et plus important que la partie visible d'une chose. *La partie visible de l'iceberg,* les apparences.

ichtyologie [iktjɔlɔʒi] n. f. Partie de la zoologie qui traite des poissons.

ici [isi] adv. **I· 1·** Dans le lieu où se trouve celui qui parle (opposé à *là, là-bas*). *On est bien ici. Vous êtes ici chez vous. Il fait plus frais ici qu'à Paris.* – À cet endroit. *Veuillez signer ici.* – *D'ici* : de ce lieu, de ce pays. *Sortez d'ici ! Vous n'êtes pas d'ici ?,* de ce pays ? – Loc. *Je vois cela (ça) d'ici,* j'imagine la chose. – *Par ici* : par cet endroit, dans cette direction. *Par ici la sortie.* Dans les environs, dans ce pays. *Il habite par ici.* **2·** *Ici-bas* loc. adv. : dans ce bas monde ; sur la terre (par opposition à *là-haut,* désignant le paradis). **3·** À l'endroit où l'on se trouve, que l'on désigne, dans un discours, un écrit. *Je me sers ici de ce mot.* **II·** Adv. de temps. *Jusqu'ici,* jusqu'à présent. *Jusqu'ici, vous n'avez fait aucune erreur.* – *D'ici* : marquant le point de départ dans le temps. *D'ici (à) demain. D'ici peu,* dans peu de temps. ▷ **ceci, celui-ci,** 1 **ci, revoici, voici**

icone [ikon] n. m. ou f. Symbole graphique affiché sur un écran d'ordinateur, qui permet d'activer une fonction.

icône [ikon] n. f. Dans l'Église d'Orient. Peinture religieuse exécutée sur un panneau de bois. *Icônes (icones) byzantines, russes.* ▶ **iconoclaste** n. et adj. Personne qui interdit ou détruit les images saintes, les œuvres d'art. ▶ **iconographie** n. f. Étude des représentations figurées d'un sujet (personnage célèbre, époque, religion, etc.) ; ces représentations. *L'iconographie de Jeanne d'Arc, de la Révolution française.* – Ensemble d'images dans un livre. *L'iconographie d'un livre d'art.* ▶ **iconographique** adj. Relatif à l'iconographie. *Documents iconographiques.* ▶ **iconographe** n. ▶ **iconostase** n. f. Dans les églises orthodoxes. Cloison décorée d'images, d'icônes, qui sépare la nef du sanctuaire.

ictère [iktɛʀ] n. m. Coloration jaune de la peau et des muqueuses, qui révèle la présence de pigments biliaires dans les tissus. → **jaunisse.**

1 **idéal, ale, als** ou **aux** [ideal, o] adj. **1·** Qui est conçu et représenté dans l'esprit sans être ou pouvoir être perçu par les sens. / contr. **réel** / *Les objets idéaux de la géométrie. Un monde idéal.* **2·** Qui atteint toute la perfection que l'on peut concevoir ou souhaiter. → **absolu.** *La beauté idéale.* **3·** Parfait en son genre. *C'est un mari idéal. C'est la solution idéale.* ▶ **idéalement** adv. D'une manière idéale.

2 **idéal, als** ou **aux** n. m. **1·** Ce qu'on se représente ou se propose comme type parfait ou

modèle absolu dans l'ordre pratique, esthétique ou intellectuel. *Un idéal esthétique, politique. Chercher à réaliser son idéal, un idéal. Les idéaux (idéals) d'une époque.* – Individu qui est le modèle d'un genre. *Cet homme est un idéal de droiture.* → **modèle.** **2·** *L'idéal* : ce qui donnerait une parfaite satisfaction aux aspirations du cœur ou de l'esprit. / contr. réalité / – Loc. *Dans l'idéal,* sans tenir compte de la réalité, des difficultés matérielles. *Dans l'idéal, votre programme est séduisant.* – *L'idéal, ce serait de*(+ infinitif), *que* (+ subjonctif) : ce qu'il y aurait de mieux, ce serait... ▶ **idéaliser** v. tr. < conjug. 1 > Revêtir d'un caractère idéal. *Ce peintre a idéalisé son modèle.* ▶ **idéalisation** n. f. Action d'idéaliser ; résultat de cette action. *L'idéalisation d'un personnage historique.*

idéalisme [idealism] n. m. **1·** Système philosophique qui ramène l'être à la pensée, et les choses à l'esprit. **2·** Attitude d'esprit ou forme de caractère qui pousse à faire une large place à l'idéal, au sentiment. / contr. réalisme / ▶ **idéaliste** adj. et n. Propre à l'idéalisme, attaché à l'idéalisme. / contr. réaliste / *Ce sont des vues idéalistes.* – N. *C'est un idéaliste, un rêveur.*

idée [ide] n. f. **I· 1·** Représentation abstraite et générale d'un être, d'une manière d'être, ou d'un rapport *(idée générale).* → **concept, notion.** *L'idée de nombre, d'étendue.* **2·** Toute représentation élaborée par la pensée correspondant à un mot ou à une phrase (qu'il existe ou non un objet qui lui corresponde). *Une idée claire, juste. Avoir des idées fausses. Suivre, perdre le fil de ses idées. Sauter d'une idée à l'autre. Avoir des idées noires,* être triste. – *À l'idée de se retrouver seul, qu'il se retrouverait seul,* quand il pensait qu'il se retrouverait seul. **3·** Vue élémentaire, approximative. → **aperçu.** *Pour vous en donner une idée. Je n'en ai aucune idée, pas la moindre idée. On n'a pas idée (de cela),* ce n'est pas imaginable, c'est fou. *Quelle idée !* (même sens). – *J'ai idée que,* il me semble que. *J'ai idée qu'il reviendra vite.* **4·** Conception imaginaire, fausse ou irréalisable. → **chimère, rêve.** *Se faire des idées,* s'imaginer qqch. – *La visite du musée lui donnait des idées,* excitait son imagination. **5·** Vue, plus ou moins originale, que l'intelligence élabore dans le domaine de la connaissance, de l'action ou de la création artistique. → **projet, plan.** *Il me vient une idée. C'est une bonne, une heureuse idée. J'ai changé d'idée. C'est lui qui a lancé cette idée.* – *L'idée directrice, l'idée centrale d'un texte.* – Au plur. Pensées neuves, fortes, heureuses. *Un ouvrage plein d'idées.* **6·** Façon particulière de se représenter le réel, de voir les choses. → **opinion.** *J'ai mon idée sur la question. Juger, agir à son idée,* sans s'occuper de l'opinion d'autrui. *Une idée reçue,* une opinion courante, un préjugé. – Au plur. Ensemble des opinions (d'un individu, d'un groupe). → **théorie.** *Cela n'est pas dans mes idées. Idées politiques. Il a des idées avancées. Avoir des idées étroites, larges.* – Absolt. *Les idées,* spéculations touchant aux plus hauts problèmes. *L'histoire des idées. Ce sont les idées qui mènent le monde.* **II·** *L'idée* : l'esprit qui élabore les idées. Loc. *J'ai dans l'idée qu'il ne viendra pas,* dans l'esprit. *On ne m'ôtera pas ça de l'idée.* **III·** Dans la philosophie de Platon. Essence éternelle qui rend les choses intelligibles. ▷ ① **idéal,** ② **idéal, idéaliser, idéalisme, idéo-**

idem [idɛm] adv. (Être, objet) Le même. S'emploie généralement (abrév. **id.**) pour éviter la répétition d'un nom, d'une référence.

identifier [idɑ̃tifje] v. tr. < conjug. 7 > **1·** Considérer comme identique, comme assimilable à autre chose ou comme ne faisant qu'un (avec qqch.). → **assimiler, confondre.** / contr. différencier / *Identifier une chose avec une autre, à une autre, une chose et une autre.* **2·** Reconnaître, du point de vue de l'état civil. *On n'a pas encore pu identifier le cadavre, ces empreintes.* – Au p. p. *Voleur identifié par la police.* **3·** Reconnaître comme appartenant à une espèce ou classe. *Je n'identifie pas cette plante. Un bruit étrange qu'il n'arrivait pas à identifier.* **4·** *S'identifier* v. pron. : se faire ou devenir identique, se confondre, en pensée ou en fait. *Acteur qui s'identifie avec son personnage.* ▶ **identifiable** adj. Qui peut être identifié. ▶ **identifiant** n. m. En informatique. Code personnel permettant d'accéder à un service informatique. *L'identifiant et le mot de passe.* ▶ **identification** n. f. Action d'identifier, de s'identifier. *L'identification d'un cadavre.* – *L'identification d'un lecteur à un personnage de roman.*

identique [idɑ̃tik] adj. **1·** (Êtres, objets) Tout à fait semblable, mais distinct. → **pareil.** *Deux couteaux identiques.* / contr. différent / *Aboutir à des conclusions identiques.* **2·** Didact. *Identique à soi-même,* se dit de ce qui est unique, ou reste le même. ▶ **identiquement** adv. D'une manière identique. *Les deux événements se sont produits identiquement.* ▷ **identifier, identité**

identité [idɑ̃tite] n. f. **I· 1·** Caractère de deux choses identiques. / contr. différence / – Relation entre deux termes identiques. **2·** Caractère de ce qui est un → **unité,** de ce qui demeure identique à soi-même. *Le problème de l'identité du moi.* ▶ **identitaire** adj. Relatif à l'identité personnelle, culturelle. *Une quête identitaire.* **I·** Ce qui permet de reconnaître une personne parmi toutes les autres (état civil, signalement). *Établir, vérifier l'identité de qqn. Pièce, carte, photo d'identité.*

– *Identité judiciaire,* service de la police chargé de la recherche et de l'établissement de l'identité des malfaiteurs.

idéo- Élément qui signifie « idée ». ▶ **idéogramme** [ideɔgʀam] n. m. Signe graphique qui représente une idée et un mot. *Les écritures chinoise et japonaise comportent des idéogrammes.* ≠ pictogramme. ▶ **idéographique** adj. Se dit d'une écriture, d'un système de signes à idéogrammes. → **hiéroglyphe.** ▶ **idéologie** n. f. Ensemble des idées, des croyances et des doctrines propres à une époque, à une société ou à une classe. – Ensemble d'idées qui forment une doctrine. *L'idéologie pacifiste.* ▶ **idéologique** adj. Relatif à l'idéologie. ▶ **idéologue** n. Souvent péj. Personne qui prétend interpréter la réalité en fonction d'idées, de théories préconçues.

ides [id] n. f. pl. Dans le calendrier romain. Division du mois qui tombait vers le milieu. *César fut assassiné aux ides de mars.*

idiome [idjom] n. m. Langue envisagée comme ensemble des moyens d'expression propres à une communauté. ▶ **idiomatique** adj. Propre à un idiome, à une langue. *Tournure idiomatique.* ▶ **idiotisme** n. m. Forme, locution propre à une seule langue, intraduisible (gallicisme, anglicisme, italianisme...).

idiophone [idjofɔn] n. m. Instrument de musique à percussion qui produit le son sans caisse de résonance (gong, castagnettes...).

idiosyncrasie [idjosɛ̃kʀazi] n. f. Didact. Caractère individuel, tempérament personnel. *L'idiosyncrasie d'un malade.*

idiot, idiote [idjo, idjɔt] adj. et n. **I**· Adj. Qui manque d'intelligence, de bon sens. → **bête.** *Il est complètement idiot.* – *Une réflexion idiote.* → **inepte.** *Un film idiot.* – Impers. *Ce serait idiot de refuser.* **II**· N. **1**· Personne sans intelligence. → **crétin, imbécile.** *Quel idiot !* – (Comme injure, sans contenu précis) *Pauvre idiot ! Espèce d'idiot !* – ***Faire l'idiot*** : simuler la bêtise, la naïveté. *Ne fais pas l'idiot, tu as très bien compris.* Agir de manière absurde. *Il a fait l'idiot en refusant le poste qu'on lui offrait.* **2**· Personne atteinte d'idiotie (3). *Un idiot congénital.* Fam. *L'idiot du village,* simple d'esprit, innocent. ▶ **idiotement** adv. D'une façon idiote. *Il a agi idiotement. Rire idiotement.* ▶ **idiotie** [idjɔsi] n. f. **1**· Manque d'intelligence, de bon sens. → **stupidité.** *L'idiotie d'une personne, d'un film.* **2**· *(Une, des idioties)* Action, parole qui traduit un manque d'intelligence, de bon sens. → **bêtise.** *Ne dites pas d'idioties ! Vous ne croyez pas à ces idioties ?* – Fam. Œuvre stupide. *Ne lisez pas cette idiotie.* **3**· En médecine. Vieilli. Insuffisance mentale, arriération très grave. → **crétinisme.**

idoine [idwan] adj. Vx ou plaisant. Qui convient parfaitement, approprié. → **adéquat.** *Vous avez trouvé l'homme idoine.*

idole [idɔl] n. f. **1**· Représentation d'une divinité (image, statue...), qu'on adore comme si elle était la divinité elle-même. **2**· Personne ou chose qui est l'objet d'une adoration. *Faire de qqn son idole.* – Vieilli. *Les idoles des jeunes,* les chanteurs, artistes, etc., admirés du jeune public. ▶ **idolâtre** adj. et n. **1**· Qui rend un culte divin aux idoles. *Les peuples idolâtres de l'Antiquité.* **2**· Littér. Qui voue une adoration (à qqn, à qqch.). *Il est idolâtre de sa femme.* ▶ **idolâtrer** v. tr. < conjug. 1 > Littér. Aimer avec passion (qqn) en lui rendant une sorte de culte. → **adorer.** *Elle a toujours idolâtré ses enfants.* ▶ **idolâtrie** n. f. **1**· Culte rendu à l'image d'un dieu comme si elle était le dieu en personne. **2**· Amour passionné, admiration outrée. *Un culte de la personnalité qui va jusqu'à l'idolâtrie.*

idylle [idil] n. f. **1**· Petit poème à sujet pastoral et amoureux. → **églogue, pastorale. 2**· Petite aventure amoureuse naïve et tendre. → **amourette.** ▶ **idyllique** adj. Qui rappelle l'idylle par le décor champêtre, l'amour tendre, les sentiments idéalisés. *Il nous a fait un tableau idyllique de la vie dans ces îles.*

if [if] n. m. Arbre (conifère) à fruits rouges, décoratifs. *Des ifs bien taillés.*

igloo ou **iglou** [iglu] n. m. Abri en forme de dôme construit avec des blocs de glace ou de neige découpés. *Des igloos ; des iglous.*

igname [iɲam] n. f. Plante tropicale à gros tubercules farineux ; ce tubercule (utilisé en Afrique pour l'alimentation).

ignare [iɲaʀ] adj. et n. Totalement ignorant. / contr. instruit / *Il est ignare en musique.* – N. *Quelle ignare !*

igné, ée [igne] ou [iɲe] adj. Produit par l'action du feu. *Roches ignées.* ▶ **ignifuge** [ignifyʒ] ou [iɲi-] adj. Qui rend ininflammables les objets naturellement combustibles. *Une substance ignifuge.* ▶ **ignifuger** [ignifyʒe] ou [iɲi-] v. tr. < conjug. 3 > Rendre ininflammable. ▶ **ignition** [ignisjɔ̃] n. f. Didact. État de ce qui est en feu. → **combustion.**

ignoble [iɲɔbl] adj. **1**· Vil, moralement bas. → **abject, infâme.** *Un ignoble individu. Une conduite ignoble.* **2**· D'une laideur affreuse ou d'une saleté repoussante. → **immonde, répu-**

gnant. *Un taudis ignoble.* – Par ext. *Un temps ignoble,* affreux. *Un acteur ignoble,* très mauvais. ▶ **ignoblement** adv.

ignominie [iɲɔmini] n. f. Littér. **1·** Déshonneur extrême causé par un outrage public, une peine, une action infamante. → **honte, infamie, opprobre.** / contr. gloire, honneur / *Il s'est couvert d'ignominie.* **2·** Caractère de ce qui déshonore. *L'ignominie d'une condamnation.* **3·** *(Une, des ignominies)* Action ignoble. → **turpitude.** *Il s'abaisse aux pires ignominies.* ▶ **ignominieux, euse** adj. Littér. Qui apporte, cause de l'ignominie. → **honteux.** *Une condamnation ignominieuse.* ▶ **ignominieusement** adv. Littér. D'une manière ignominieuse.

ignorance [iɲɔʀɑ̃s] n. f. **1·** État d'une personne qui ignore ; le fait de ne pas connaître qqch. *L'ignorance de qqch. Ignorance crasse,* complète. *Dans l'ignorance où je suis de vos démarches.* – Défaut de connaissances. → **incompétence.** *Reconnaissez votre ignorance sur ce chapitre, en cette matière. Pécher par ignorance.* **2·** Manque d'instruction, de savoir, de culture générale. *Combattre l'ignorance.* – *(Une, des ignorances)* Manifestation d'ignorance. *Vous montrez de graves ignorances en anglais.* → **lacune.** *C'est une ignorance excusable.* ▶ **ignorant, ante** adj. et n. **1·** *Ignorant de :* qui n'a pas la connaissance d'une chose ; qui n'est pas informé (de). *Je suis encore ignorant des usages du pays.* – N. *Il fait l'ignorant.* **2·** Qui manque de connaissance ou de pratique dans un certain domaine. → **ignare.** *Elle est ignorante en géographie.* **3·** Qui manque d'instruction, de savoir. → **inculte.** / contr. instruit / *Il est intelligent mais ignorant.* – N. *C'est un ignorant.*

ignorer [iɲɔʀe] v. tr. < conjug. 1 > **1·** Ne pas connaître, ne pas savoir. *Nul n'est censé ignorer la loi. J'ignore tout de cette affaire. J'ignore les motifs de son silence.* – *Ignorer qqn,* le traiter comme si sa personne ne méritait aucune considération. – Pronominalement. *C'est un poète qui s'ignore,* il est poète sans le savoir. – (Suivi d'une proposition) *Il ignore qui je suis. J'ignorais si vous viendriez. Vous ignorez que c'est un de mes amis.* – (Suivi d'une proposition infinitive) Rare. *Il ignorait vous avoir fait tant de peine.* **2·** Ne pas avoir l'expérience de. *Un peuple qui ignore la guerre.* ▶ **ignoré, ée** adj. Qui n'est pas su, connu. → **inconnu.** *Des faits ignorés. Vivre ignoré,* dans l'anonymat. / contr. célèbre / *Il souhaite que sa présence reste ignorée.* ▷ **ignorance**

iguane [igwan] n. m. Reptile saurien de l'Amérique tropicale, ayant l'aspect d'un grand lézard. ▶ **iguanodon** [igwanɔdɔ̃] n. m. Reptile fossile bipède à très grosse queue, de l'époque crétacée.

il, ils [il] pronom pers. m. REM. Quand *ils* est placé devant le verbe, la liaison est obligatoire (ex. : *ils aiment* [ilzɛm]). **I· 1·** Pronom personnel masculin de la troisième personne, faisant fonction de sujet, représentant un nom masculin de personne ou de chose qui vient d'être exprimé ou qui va suivre. *Pierre cherche son écharpe et il s'énerve. Sont-ils venus ?* – (Reprenant le nom en interrogation) *Ton frère part-il avec nous ?* – (Renforçant le nom) *Ton ami, il est en retard.* (Sert de pluriel commun pour représenter le masculin et le féminin) *Ton père et ta mère t'accompagneront-ils ?* **2·** *Ils,* désignant des personnes indéterminées (gouvernement, administration, riches, etc.). → **on.** *Ils vont augmenter les impôts.* **II·** (Au sing.) Sert à introduire les verbes impersonnels, et tous les verbes employés impersonnellement. *Il a neigé. Il fait froid. Il était une fois. Il est arrivé bien des choses. Il se fait tard.* – Littér. *Il est vrai,* c'est vrai.

ilang-ilang ou **ylang-ylang** [ilɑ̃ilɑ̃] n. m. Arbre cultivé en Indonésie pour ses fleurs employées en parfumerie. *Des ilangs-ilangs.*

île [il] n. f. **1·** Étendue de terre ferme émergée d'une manière durable dans les eaux (→ **insulaire**). *Une île rocheuse. Un groupe d'îles.* → **archipel.** *Les îles Anglo-Normandes. Une île déserte,* inhabitée. *L'île de la Cité, berceau de Paris.* **2·** *Les Îles,* les Antilles. *Bois des Îles,* exotique. **3·** *Île flottante,* entremets composé de blancs d'œufs battus flottant sur de la crème. ▶ **îlet** n. m. Aux Antilles. Très petite île. – À la Réunion. Petit plateau isolé, abritant parfois un hameau. ▶ **îlien, îlienne** adj. et n. Qui habite une île. → **insulaire.** ▷ **îlot, presqu'île**

ilion [iljɔ̃] ou **ilium** [iljɔm] n. m. Partie supérieure de l'os de la hanche. ▶ **iliaque** adj. *Os iliaque,* os de la hanche.

illégal, ale, aux [i(l)legal, o] adj. Qui est contraire à la loi. → **illicite, irrégulier.** / contr. légal / *Des mesures illégales.* → **arbitraire.** *Condamné pour exercice illégal de la médecine.* ▶ **illégalement** adv. D'une manière contraire à la loi. *Il est détenu illégalement.* ▶ **illégalité** n. f. **1·** Caractère de ce qui est illégal. *L'illégalité d'une mesure administrative.* – *(Une, des illégalités)* Acte illégal. *Il y a eu des illégalités dans ce procès.* **2·** Situation d'une personne qui contrevient à la loi. *Vivre dans l'illégalité* (→ **hors-la-loi**).

illégitime [i(l)leʒitim] adj. **1·** (Enfant) Né hors du mariage. → **naturel.** **2·** Qui n'est pas conforme au droit moral, est injustifié. *Manœuvres, revendications illégitimes.* → **illégal, irrégulier.** / contr. légitime /

illettré, ée [i(l)letʀe] adj. et n. Qui est partiellement ou complètement incapable de lire et d'écrire. → **analphabète.** – N. *Un, une illettré(e).*

▶ **illettrisme** n. m. État d'une personne qui maîtrise mal la lecture d'un texte simple, bien qu'elle ait été scolarisée. ≠ analphabétisme.

illicite [i(l)lisit] adj. Qui n'est pas licite, qui est défendu par la morale ou par la loi. → **interdit, prohibé.** *Des moyens illicites. Profits illicites.*

illico [i(l)liko] adv. Fam. Sur-le-champ. → **aussitôt, immédiatement.** *Il faut revenir illico.* – Loc. *Illico presto* (même sens).

illimité, ée [i(l)limite] adj. **1·** Qui n'a pas de bornes, de limites visibles. → **immense, infini.** *Un pouvoir illimité. Sa fortune est illimitée.* **2·** Dont la grandeur n'est pas fixée. → **indéterminé.** *Pour une durée illimitée.*

illisible [i(l)lizibl] adj. **1·** Qu'on ne peut lire, très difficile à lire. → **indéchiffrable.** *La signature est illisible.* **2·** Dont la lecture est insupportable. *C'est un ouvrage illisible.*

illogique [i(l)lɔʒik] adj. Littér. Qui n'est pas logique. *Un raisonnement illogique. C'est un peu illogique de sa part.* → **incohérent.** ▶ **illogisme** n. m. Littér. Caractère de ce qui manque de logique. *L'illogisme de sa conduite.*

1 **illuminé, ée** n. Mystique qui se croit inspiré par Dieu. – Péj. Esprit chimérique qui ne doute pas de ses inspirations. ▶ **illuminisme** n. m. Doctrine, mouvement des illuminés.

illuminer [i(l)lymine] v. tr. < conjug. 1 > **1·** Éclairer d'une vive lumière. *Éclair qui illumine le ciel.* – (Suj. personne) Orner de lumières (un monument, une rue) à l'occasion d'une fête. *On illuminait les rues toute la nuit.* **2·** Mettre un reflet, un éclat lumineux sur. *La joie illuminait son visage.* ▶ **illumination** n. f. Action d'éclairer, de baigner de lumière. *L'illumination d'un monument par des projecteurs.* – Au plur. Ensemble de lumières en vue d'une fête. *Les illuminations du 14 Juillet.* ▶ 2 **illuminé, ée** adj. Éclairé de nombreuses lumières. *Les avenues étaient illuminées. Une salle illuminée.*

illusion [i(l)lyzjɔ̃] n. f. **I· 1·** Interprétation fausse de ce que l'on perçoit. *Être victime d'une illusion.* – Loc. *Illusion d'optique,* provenant des lois de l'optique ; abstrait, erreur de point de vue. **2·** Apparence dépourvue de réalité. *Ce bout de jardin donnait une illusion de fraîcheur.* **II·** Opinion fausse, croyance erronée qui trompe par son caractère séduisant. → **chimère, rêve, utopie.** *Ce sont de douces illusions. Les illusions de la jeunesse,* que cause la jeunesse, propres à la jeunesse. *Bercer qqn d'illusions. J'ai perdu mes illusions à son sujet. Il a encore des illusions. Se faire des illusions,* se faire des idées. *Ne vous faites pas trop d'illusions !,* voyez les choses en face. – Absolt. *Tout cela n'est qu'illusion.* – ***Faire illusion :*** donner l'impression trompeuse de la valeur, de la qualité. *Son modeste talent a fait quelque temps illusion.* ▶ **s'illusionner** v. pron. < conjug. 1 > Se faire des illusions. → **s'abuser, se leurrer.** *Vous vous illusionnez sur vos chances de succès.* ▶ **illusionnisme** n. m. Art de créer l'illusion par des trucages, des tours de prestidigitation, etc. ▶ **illusionniste** n. Personne qui pratique l'illusionnisme. → **prestidigitateur.** *Matériel d'illusionniste.* ▶ **illusoire** [i(l)lyzwaʀ] adj. Qui peut faire illusion, mais ne repose sur rien de réel, de sérieux. → **faux, trompeur, vain.** *Une sécurité illusoire.* ▷ **désillusion**

illustre [i(l)lystʀ] adj. Qui est très connu, du fait d'un mérite ou de qualités extraordinaires. → **célèbre, fameux.** *Un écrivain, un savant, un général illustre.* – Plaisant. *Un illustre inconnu.* ▶ 1 **illustrer** v. tr. < conjug. 1 > Littér. Rendre illustre, célèbre. *Illustrer son nom, sa famille.* – Pronominalement (réfl.). *S'illustrer par des conquêtes, par des découvertes.* → se **distinguer.**

2 **illustrer** [i(l)lystʀe] v. tr. < conjug. 1 > **1·** Orner de figures, d'images (un ouvrage). *Illustrer des livres d'enfants.* **2·** Rendre plus clair par des exemples. *Illustrer la définition d'un mot par des citations.* ▶ **illustrateur, trice** n. Artiste spécialisé dans l'illustration (1). *L'illustratrice d'un livre d'enfants.* ▶ **illustratif, ive** adj. Qui sert d'illustration, à l'illustration (2). *Un exemple illustratif.* ▶ **illustration** n. f. **1·** Figure (gravure, reproduction, etc.) illustrant un texte. *Un livre comprenant des illustrations en couleurs.* – (Sing. collectif) *Une abondante illustration.* → **iconographie. 2·** Action d'éclairer, d'illustrer (2) par des explications, des exemples. *Vous avez là l'illustration de nos idées.* ▶ **illustré, ée** adj. et n. m. **1·** Adj. Orné d'illustrations. *Un livre illustré. Une édition illustrée.* **2·** N. m. ***Un illustré :*** périodique qui comporte de nombreuses illustrations (dessins, photographies, etc.) accompagnées de légendes. *Acheter un illustré.*

îlot [ilo] n. m. **1·** Très petite île. *Îlot dans un lac.* **2·** Petit espace isolé. *Des îlots de verdure.* – Fig. Point isolé. *Des îlots de résistance.* **3·** Groupe de maisons. *Démolir un îlot insalubre.* ▶ **îlotier, ière** n. Policier chargé de la surveillance d'un îlot (3).

ilote [ilɔt] n. **1·** Dans l'Antiquité grecque. Habitant de Laconie réduit en esclavage par les Spartiates. **2·** Littér. Personne asservie, réduite à la misère et à l'ignorance.

image [imaʒ] n. f. **I·** Reproduction visuelle d'un objet réel. **1·** Reproduction inversée d'un objet qui se réfléchit. → **reflet.** *Il voyait son image dans la glace. Une image nette, trouble.* **2·** Reproduction d'un objet par l'intermédiaire d'un système optique. *Image réelle et image virtuelle.* – Reproduction de l'objet par la photographie, le cinéma, la télévision. *L'image est très nette. Images en noir et blanc, en couleurs, en relief* → **hologramme.** *Images de synthèse, en 3D.* **3·** Représentation (d'un objet) par les arts graphiques ou plastiques. → **dessin, figure, gravure, illustration.** *Livre d'images.* → **imagier.** *Images pieuses. Images d'Épinal* (images naïves du XIXe siècle). – Loc. fam. *Sage comme une image,* se dit d'un enfant calme, posé. **II·** Fig. **1·** Reproduction ou représentation analogique (d'un être, d'une chose). *Il est l'image de son père.* → **portrait.** *Dieu créa l'homme à son image.* → **ressemblance. 2·** Ce qui évoque une réalité. → **symbole.** *C'est l'image de la vie moderne. Il donnait une image très sombre de la situation.* – Loc. *Image de marque,* représentation collective d'un produit, d'une firme, d'une personne. *Une campagne de publicité avait amélioré son image de marque. Ce politicien soigne son image (de marque).* **3·** Expression de l'abstrait par le concret, dans le langage écrit ou oral. → **comparaison, figure, métaphore.** *Une image neuve, banale. Cet écrivain s'exprime par des images.* **III· 1·** Reproduction mentale d'une perception (ou impression) antérieure, en l'absence de l'objet extérieur. *Image visuelle, auditive. Conserver, évoquer l'image d'un être.* → **souvenir. 2·** Produit de l'imagination, du rêve. *Il se faisait une image fantaisiste du réel.* ▶ **imagé, ée** adj. (Style) Orné d'images, de métaphores. *Un langage imagé.* → **figuré.** ▶ **imagerie** n. f. **1·** Ensemble d'images de même origine, ou de même inspiration, caractéristiques d'un genre, d'une époque. *L'imagerie populaire, d'épinal.* **2·** Ensemble des techniques permettant d'obtenir des images d'organes, de régions du corps humain. *Imagerie médicale* (radiologie, échographie, I. R. M...). ▶ **imagier** n. m. Livre d'images pour les jeunes enfants. *L'imagier des animaux.* ▷ **imaginable, imaginaire, imagination, imaginer, inimaginable**

imaginable adj. → **imaginer.**

imaginaire [imaʒinɛʀ] adj. et n. m. **1·** Qui n'existe que dans l'imagination, qui est sans réalité. → **irréel ; fictif, mythique.** / contr. réel / *Les êtres imaginaires qu'un romancier fait venir d'autres planètes.* – *Nombre imaginaire* (par ex. : $\sqrt{-1}$). **2·** Qui n'est tel que dans sa propre imagination. *Un malade imaginaire.* **3·** N. m. Domaine de l'imagination. *Préférer l'imaginaire au réel. Les inventions de l'imaginaire.*

imagination [imaʒinɑsjɔ̃] n. f. **I·** *(L'imagination)* **1·** Faculté que possède l'esprit de se représenter des images, ou d'évoquer les images d'objets déjà perçus. *Cela a frappé son imagination.* **2·** Faculté de former des images d'objets qu'on n'a pas perçus ou de faire des combinaisons nouvelles d'images ou d'idées *(imagination créatrice). L'imagination déforme la réalité. Une imagination débordante, vagabonde. S'abandonner à son imagination. L'imagination d'un romancier.* – *Cela n'existe que dans votre imagination,* dans l'imaginaire. – *Avoir de l'imagination,* être capable de susciter facilement l'image de ce qu'on ne connaît pas, et notamment de se représenter des situations possibles, mais non connues. *Il manque totalement d'imagination.* **II·** *(Une, des imaginations)* Littér. Ce que qqn imagine ; chose imaginaire ou imaginée. → **chimère, rêve.** *Vous êtes le jouet de vos imaginations. Cela dépasse toute imagination,* tout ce qui peut être imaginé à ce sujet.

imaginer [imaʒine] v. tr. <conjug. 1> **I· 1·** Se représenter dans l'esprit. → **concevoir.** *J'imagine très bien la scène. Vous ne pouvez imaginer à quel point j'ai été déçu. Qu'allez-vous donc imaginer ?* → **chercher.** – ***Imaginer que.*** *Nous n'imaginions pas que nous puissions être séparés.* – (En incise) *J'imagine,* je pense, je suppose. *Vous avez, j'imagine, beaucoup de choses à nous raconter.* **2·** Inventer. *Il a imaginé un moyen d'en sortir.* – *Imaginer de* (+ infinitif), avoir l'idée de. **II·** ***S'imaginer*** v. pron. **1·** Se représenter, concevoir. → **se figurer.** *Je me l'imaginais autrement.* **2·** Croire à tort. *Ils s'imaginent qu'ils sont les plus forts. Elle s'était imaginé avoir tout compris.* ▶ **imaginable** adj. Que l'on peut imaginer, concevoir. → **concevable.** *C'est une solution difficilement imaginable.* – (Avec *tous* et un plur.) *Il a utilisé tous les moyens possibles et imaginables.* / contr. inimaginable / ▶ **imaginatif, ive** adj. et n. Qui a l'imagination fertile, qui imagine aisément. → **inventif.** *C'est un esprit imaginatif.* – N. *Une grande imaginative.* ▶ **imaginé, ée** adj. Inventé. *C'est une histoire imaginée de toutes pièces.*

imam [imam] n. m. **1·** Titre donné au successeur de Mahomet et à ceux d'Ali chez les chiites*. **2·** Dignitaire musulman qui dirige une mosquée, conduit les prières et prononce les sermons.

imbattable [ɛ̃batabl] adj. Qui ne peut être battu, vaincu. *Il est imbattable sur cette distance* → **invincible,** *sur cette matière* → **incollable.** *Un record imbattable.* – *Des prix imbattables,* plus avantageux que partout ailleurs.

imbécile [ɛ̃besil] adj. et n. **1·** Qui est dépourvu d'intelligence, qui parle, agit bêtement ; propre à une personne de cette espèce. *Une réflexion imbécile.* → **bête, idiot, stupide.** / contr. intelligent / – N. Personne sans intelligence. → **abruti, crétin, idiot.** *C'est un imbécile, le dernier des imbéciles. Imbécile heureux,* satisfait de lui. *Il me prend pour un imbécile !* **2·** N. En médecine. Arriéré mental.

▶ **imbécilement** adv. D'une manière imbécile (1). *Agir imbécilement.* ▶ **imbécillité** n. f. **1·** Grave manque d'intelligence. *Il a eu l'imbécillité de le contredire.* / contr. intelligence / – (Une, des imbécillités) Acte, parole, idée imbécile. *Il ne dit que des imbécillités.* → **ânerie, bêtise, idiotie. 2·** En médecine. Arriération mentale.

imberbe [ɛ̃bɛʀb] adj. Qui est sans barbe → **glabre,** n'a pas encore de barbe. *Un garçon imberbe.* / contr. barbu /

imbiber [ɛ̃bibe] v. tr. < conjug. 1 > **1·** Pénétrer, imprégner d'eau, d'un liquide. → **tremper.** *Imbiber une éponge. Des compresses qu'on imbibait d'eau oxygénée.* – Au p. p. *Terre imbibée d'eau.* **2·** Pronominalement. Absorber un liquide. *Le bois s'est peu à peu imbibé.* – Fam. *Il s'est imbibé d'alcool,* il a trop bu.

imbriqué, ée [ɛ̃bʀike] adj. **1·** Se dit de choses qui se recouvrent partiellement (à la manière des tuiles d'un toit). *Des écailles imbriquées.* **2·** Abstrait. Se dit de choses étroitement liées. *Une suite d'événements imbriqués.* ▶ **imbrication** n. f. Disposition de choses imbriquées. *L'imbrication des tuiles d'un toit.* ▶ s'**imbriquer** v. pron. < conjug. 1 > Être disposé de façon à se chevaucher. *Plaques, ardoises, écailles qui s'imbriquent.* – Abstrait. S'enchevêtrer, être étroitement lié. *Dans ce roman, plusieurs intrigues s'imbriquent.*

imbroglio [ɛ̃bʀɔljo ; ɛ̃bʀɔglijo] n. m. Situation confuse, embrouillée. → **complication.** *Des imbroglios. Démêler un imbroglio.*

imbu, ue [ɛ̃by] adj. Péj. Imprégné, pénétré (de sentiments, d'idées, de préjugés...). – *Être imbu de soi-même, de sa supériorité,* se croire supérieur aux autres. → **infatué.**

imbuvable [ɛ̃byvabl] adj. **1·** Qui n'est pas buvable. *Une eau imbuvable,* non potable. *Un café imbuvable,* mauvais. **2·** (Personnes) Fam. Insupportable. *Vous le trouvez amusant ? Pour moi, il est imbuvable.*

imitateur, trice [imitatœʀ, tʀis] n. **1·** Personne qui imite (les gestes, le comportement d'autrui). – Artiste qui imite des personnages célèbres. **2·** Personne qui imite (les œuvres d'autrui). *Les imitateurs de Racine.* → **plagiaire.**

imitation [imitɑsjɔ̃] n. f. **1·** Action de reproduire volontairement ou de chercher à reproduire (une apparence, un geste, un acte d'autrui). *Imitation fidèle, réussie. Il fait des imitations très drôles.* – Reproduction consciente ou inconsciente de gestes, d'actes. *L'instinct d'imitation. Agir par imitation.* **2·** Le fait de prendre une personne, une œuvre pour modèle. *Imitation d'un maître par ses disciples.* **3·** Œuvre sans originalité imitée d'un modèle. *Une pâle imitation. Une imitation servile.* → **copie, plagiat. 4·** Reproduction d'un objet, d'une matière qui imite l'original ; objet imité d'un autre. → **copie.** *Fabriquer des imitations de meubles anciens.* – En appos. *Reliure imitation cuir.* → **simili-. 5·** ***À l'imitation de*** loc. prép. : sur le modèle de. *Un film à l'imitation des comiques du cinéma muet.*

imiter [imite] v. tr. < conjug. 1 > **1·** Chercher à reproduire. → **copier, singer.** *Il imite admirablement les gestes, les accents... Imiter le cri d'un animal.* – Faire comme (qqn). *Il leva son verre et tout le monde l'imita.* **2·** Prendre pour modèle, pour exemple. *Il l'imite en tout.* **3·** Prendre pour modèle (l'œuvre, le style d'un autre). → s'**inspirer.** *Molière a parfois imité Plaute.* **4·** S'efforcer de reproduire dans l'intention de faire passer la reproduction pour authentique. → **contrefaire.** *Faussaire qui imite une signature.* – Au p. p. *C'est bien imité !* **5·** (Choses) Produire le même effet que. → **ressembler** à. *Ces peintures imitent la mosaïque.* ▶ **imitable** adj. Qui peut être imité. *Un accent facilement imitable.* / contr. inimitable / ▶ **imitatif, ive** adj. Qui imite les sons de la nature. *Musique imitative.* ▷ **imitateur, imitation, inimitable**

immaculé, ée [i(m)makyle] adj. **1·** Dans la religion chrétienne. Qui est sans péché. *L'Immaculée Conception,* la Sainte Vierge. **2·** (Choses) Sans une tache ; d'une propreté, d'une blancheur parfaite. *Une neige immaculée.* / contr. maculé, souillé /

immanent, ente [i(m)manɑ̃, ɑ̃t] adj. Philosophie. Se dit de ce qui est contenu dans la nature d'un être, ne provient pas d'un principe extérieur. / contr. transcendant / – *Justice immanente,* dont le principe est contenu dans les choses elles-mêmes. ≠ imminent. ▶ **immanence** n. f. Caractère de ce qui est immanent.

immangeable [ɛ̃mɑ̃ʒabl] adj. Qui n'est pas bon à manger. / contr. comestible, mangeable / *Le rôti, trop cuit, était immangeable.*

immanquable [ɛ̃mɑ̃kabl] adj. Qui ne peut manquer d'arriver. → **fatal, inévitable.** – Qui ne peut manquer d'atteindre son but. → **infaillible.** *Un coup immanquable.* ▶ **immanquablement** adv. D'une manière immanquable. *Quoi que vous fassiez, cela arrivera immanquablement.*

immatériel, elle [i(m)mateʀjɛl] adj. **1·** Qui n'est pas formé de matière, ou ne concerne pas la chair, les sens. → **abstrait, spirituel. 2·** *Patrimoine (culturel) immatériel,* paysages, traditions culturelles, pratiques et savoir-faire (d'une communauté, d'un peuple, d'un pays) contribuant à leur identité. **3·** Qui ne semble pas de nature matérielle. *Un tissu d'une finesse, d'une minceur immatérielle.*

immatriculer [i(m)matʀikyle] v. tr. < conjug. 1 > Inscrire sur un registre public. *Il s'est fait immatriculer à la faculté de droit.* – Au p. p. adj. *Voiture immatriculée en France.* ▶ **immatriculation** n. f. Action d'immatriculer ; résultat de cette action. *Immatriculation d'un étudiant. Plaque d'immatriculation d'une automobile.*

immature [i(m)matyʀ] adj. (Personnes) Qui manque de maturité intellectuelle, affective. / contr. mature, mûr / *Un adolescent immature.* ▷ **mature**

immédiat, ate [i(m)medja, at] adj. **1·** Qui précède ou suit sans intermédiaire (dans l'espace ou dans le temps). *Les ancêtres immédiats. Successeur immédiat. Au voisinage immédiat de votre maison.* – En philosophie. Qui agit ou se produit sans intermédiaire. *Cause immédiate. Les données immédiates de la conscience.* **2·** Qui suit sans intervalle de temps ; qui a lieu tout de suite. *Rappel immédiat des voitures défectueuses. Une réaction, une réplique immédiate. L'immédiat après-guerre. La mort a été immédiate.* – N. *Dans l'immédiat,* pour le moment. *Ne venez pas dans l'immédiat.* ▶ **immédiatement** adv. **1·** Tout de suite avant ou après. *La période qui précède immédiatement cet événement.* **2·** À l'instant même, tout de suite. → **aussitôt.** *Il a répondu immédiatement. Sortez immédiatement !*

immémorial, ale, aux [i(m)memɔʀjal, o] adj. Qui remonte à une époque si ancienne qu'elle est sortie de la mémoire. *Des coutumes immémoriales.*

immense [i(m)mɑ̃s] adj. **1·** Dont l'étendue, les dimensions sont considérables. → **grand, illimité, vaste.** *Perdu dans l'immense océan. Une gare immense.* **2·** Qui est très considérable en son genre (par la force, l'importance, la quantité). → **colossal, énorme.** / contr. infime, petit / *Un cèdre immense. Une foule immense. Une immense fortune.* ▶ **immensément** adv. Extrêmement. *Il est immensément riche.* ▶ **immensité** n. f. **1·** Étendue trop vaste pour être facilement mesurée. *L'immensité de la mer, du ciel.* – Absolt. *L'immensité,* l'espace. *Perdu dans l'immensité.* **2·** Grandeur considérable (de qqch.). *L'immensité de ses richesses.*

immerger [i(m)mɛʀʒe] v. tr. < conjug. 3 > Plonger (dans un liquide, dans la mer). *On a immergé un nouveau câble.* – Pronominalement. *Le sous-marin s'immergeait rapidement.* → **plonger.** / contr. émerger / – Au p. p. adj. *Rochers immergés à marée haute. Plantes aquatiques immergées,* qui croissent sous l'eau. ▶ **immersion** n. f. Action d'immerger, de plonger dans un liquide. *L'immersion d'un câble dans la mer.*

immérité, ée [i(m)meʀite] adj. Qui n'est pas mérité. → **injuste.** *Des reproches immérités. Un succès immérité.*

immettable [ɛ̃mɛtabl] adj. (Vêtement) Qu'on ne peut ou qu'on n'ose pas mettre.

1 **immeuble** [i(m)mœbl] adj. En droit. Qui ne peut être déplacé (ou qui est réputé tel par la loi). / contr. meuble / *Biens immeubles.* → **immobilier.**

2 **immeuble** n. m. Grand bâtiment urbain à plusieurs étages ; grande maison de rapport. *Un immeuble de quatre étages. Un immeuble de quarante étages.* → **gratte-ciel,** 1 **tour.** *Louer un appartement dans un immeuble. Gérant d'immeubles.* ▷ **immobilier**

immigrer [i(m)migʀe] v. intr. < conjug. 1 > Entrer dans un pays étranger pour s'y établir (opposé à *émigrer*). *Immigrer en Europe, aux États-Unis.* ▶ **immigrant, ante** n. Personne qui immigre dans un pays ou qui y a immigré récemment (opposé à *émigrant*). ▶ **immigration** n. f. Entrée dans un pays de personnes qui viennent s'y établir, y trouver un emploi. *Les services de l'immigration. Mouvement d'immigration. Contrôle de l'immigration.* ▶ **immigré, ée** adj. et n. (Personnes) Qui est venu de l'étranger, souvent d'un pays peu développé, et qui vit dans un pays industrialisé. *Les travailleurs immigrés.* – N. *Une immigrée. Les immigrés turcs en France. Immigré clandestin, sans papiers.*

imminent, ente [i(m)minɑ̃, ɑ̃t] adj. Qui va se produire dans très peu de temps. → **immédiat, proche.** *Un danger imminent. La crise est imminente.* / contr. lointain / ≠ immanent. ▶ **imminence** n. f. Caractère de ce qui est imminent. *L'imminence d'une décision. Devant l'imminence du danger.* → **proximité.**

s'immiscer [i(m)mise] v. pron. < conjug. 3 > Intervenir mal à propos ou sans en avoir le droit (dans une affaire). → **s'ingérer,** se **mêler.** *Ne vous immiscez pas dans cette querelle.* ▶ **immixtion** [i(m)miksjɔ̃] n. f. Action de s'immiscer. *Immixtion dans la vie privée de qqn.*

immobile [i(m)mɔbil] adj. **1·** Qui ne se déplace pas, reste sans bouger. *Immobile comme une souche, une statue.* / contr. mobile / – (Choses) Que rien ne fait mouvoir. *Mer, lac immobile.* → **étale.** **2·** Abstrait. Fixé une fois pour toutes. → **invariable.** *Des dogmes immobiles.* ▶ **immobiliser** v. tr. < conjug. 1 > Rendre immobile, maintenir dans l'immobilité ou l'inactivité. → **arrêter, fixer.** *La fracture l'a immobilisé un mois. La peur l'a immobilisé sur place.* – Au p. p. adj. *Une voiture immobilisée par une panne.* – ***S'immobiliser*** v. pron. : se tenir immobile, s'arrêter. *Le train s'immobilise en rase* *campagne.* ▶ **immobilisation** n. f. Action de rendre immobile ; résultat de cette action. *L'immobilisation d'un membre fracturé.* ▶ **immobilisme** n. m. Disposition à se satisfaire de l'état présent des choses, à refuser le mouvement ou le progrès. *Se satisfaire de l'immobilisme d'une société.* ▶ **immobilité** n. f. État de ce qui est immobile. *La maladie le condamne à l'immobilité. Immobilité des traits du visage.* → **impassibilité.** – Abstrait. État de ce qui ne change pas. *Immobilité d'une situation.*

immobilier, ière [i(m)mɔbilje, jɛʀ] adj. et n. **1·** Qui est immeuble 1, composé de biens immeubles. *Succession immobilière.* **2·** Qui concerne un immeuble 2, des immeubles. *Un scandale immobilier. Société immobilière,* s'occupant de la construction, de la vente d'immeubles, d'appartements, de maisons, de terrains. *Agent immobilier. Promoteur immobilier. – Le prix de l'immobilier est en hausse.*

immodéré, ée [i(m)mɔdeʀe] adj. Qui n'est pas modéré, qui dépasse la mesure, la normale. → **abusif, excessif.** / contr. modéré / *Un usage immodéré de médicaments. Des dépenses immodérées.* ▶ **immodérément** adv. Littér. D'une manière immodérée. / contr. modérément / *Il mange immodérément.* → **excessivement.**

immoler [i(m)mɔle] v. tr. < conjug. 1 > **1·** Relig. Tuer en sacrifice à une divinité. → **sacrifier.** *Immoler une victime sur l'autel.* **2·** Littér. Abandonner (qqch.) dans un esprit de sacrifice ou d'obéissance. *Immoler ses intérêts à son devoir.* **3·** Pronominalement. Faire le sacrifice de sa vie. *Elle s'est immolée par le feu.* ▶ **immolation** n. f. Littér. Action d'immoler ; résultat de cette action. → **sacrifice.** *L'immolation d'une victime.*

immonde [i(m)mɔ̃d] adj. **1·** Littér. Impur selon la loi religieuse. **2·** D'une saleté ou d'une hideur qui soulève le dégoût. → **dégoûtant.** *Un taudis immonde.* **3·** D'une immoralité ou d'une bassesse qui révolte la conscience. → **ignoble.** *Un crime immonde. Des propos immondes.* – Loc. *La bête immonde,* le nazisme. ▶ **immondices** [i(m)mɔ̃dis] n. f. pl. Déchets de la vie humaine et animale, résidus du commerce et de l'industrie. → **ordure.** *Enlèvement de tas d'immondices par les services de la voirie.*

immoral, ale, aux [i(m)mɔʀal, o] adj. Qui est contraire aux principes de la morale ou agit contre la morale. → **corrompu, dépravé.** *Un être, une conduite, une œuvre immorale.* ▶ **immoralité** n. f. Caractère immoral (d'une personne, d'une chose). *L'immoralité d'un homme, d'une société, d'un ouvrage.* ▶ **immoralisme** n. m. Doctrine qui propose des règles d'action différentes voire inverses de celles qu'admet la morale courante.

immortel, elle [i(m)mɔʀtɛl] adj. et n. **1·** Qui n'est pas sujet à la mort. *Les dieux immortels.* – N. Littér. *Un immortel, une immortelle,* un dieu, une déesse. **2·** Qu'on suppose ne devoir jamais finir, que rien ne pourra détruire. → **éternel, impérissable.** *Un amour immortel.* **3·** Qui survit et doit survivre éternellement dans la mémoire des hommes. *Cervantès, l'immortel auteur de « Don Quichotte ».* **4·** N. Membre de l'Académie française. *Les quarante immortels.* ▶ **immortaliser** [i(m)mɔʀtalize] v. tr. < conjug. 1 > Rendre immortel dans la mémoire des hommes. *Ce tableau suffira à immortaliser son nom.* – Pronominalement. *Il s'est immortalisé par ses découvertes.* ▶ **immortalité** n. f. **1·** Qualité, état de celui ou de ce qui est immortel. *L'immortalité des dieux grecs. La croyance à l'immortalité de l'âme.* **2·** Littér. État de ce qui survit sans fin dans la mémoire des hommes. ▶ **immortelle** n. f. Plante dont la fleur, une fois desséchée, présente une collerette de feuilles colorées persistantes.

immotivé, ée [i(m)mɔtive] adj. Qui n'a pas de motif. *Sa conduite paraît immotivée. Action immotivée.* → **gratuit.** / contr. motivé /

immuable [i(m)mɥabl] adj. **1·** Qui reste identique, ne change pas. / contr. changeant / *Les lois immuables de la nature.* **2·** Qui ne change guère, qui dure longtemps. → **constant, invariable.** *Une position, une attitude immuable. Elle reste immuable dans ses convictions.* ▶ **immuablement** adv. D'une manière immuable. *Il faisait immuablement les mêmes plaisanteries.*

immuniser [i(m)mynize] v. tr. < conjug. 1 > **1·** Rendre réfractaire aux causes de maladies, à une maladie infectieuse. → **vacciner.** *Immuniser par un vaccin.* – Au p. p. adj. *Personne immunisée contre la diphtérie.* **2·** Abstrait. *Immuniser contre...,* protéger contre, mettre à l'abri de... *Ses échecs ne l'ont pas immunisé contre les illusions.* ▶ **immunitaire** adj. De l'immunité. *Défenses immunitaires. Système immunitaire,* qui permet à l'organisme de lutter contre les infections. ▶ 1 **immunité** n. f. Mécanismes de défense (d'un organisme) contre des éléments étrangers (notamment infectieux). ▶ **immunodéficience** n. f. Diminution de l'immunité de l'organisme. *La malnutrition est une cause d'immunodéficience. Syndrome d'immunodéficience acquise* : le sida. *Virus de l'immunodéficience humaine.* → **V. I. H.** ▶ **immunodépresseur** adj. m. et n. m. Biol. Se dit d'une substance, d'un procédé capable de diminuer ou de supprimer les réactions immunitaires de l'organisme. – Syn. : **immunosuppresseur** adj. m. et n. m. ▶ **immunologie** n. f. Partie de la médecine qui étudie les mécanismes de défense de l'organisme, le fonctionnement du système immunitaire. ▶ **immunologique** adj. ▶ **immunothérapie** n. f. Traitement des maladies par action sur le système immunitaire.

2 **immunité** n. f. Prérogative accordée par la loi à une catégorie de personnes. → **franchise, privilège.** *Immunité parlementaire,* assurant aux parlementaires une protection (qui peut être levée) contre les actions judiciaires. – *Immunité diplomatique,* qui soustrait les diplomates étrangers aux juridictions du pays où ils résident.

impact [ɛ̃pakt] n. m. **1·** *Point d'impact :* collision, heurt ; endroit où le projectile vient frapper et, par ext., trace qu'il laisse. *Relever les points d'impact des balles.* **2·** Abstrait. Effet produit, action exercée. *Cette campagne de publicité n'a pas eu d'impact sur la population.* ▶ **impacter** [ɛ̃pakte] v. tr. < conjug. 1 > Anglic. Avoir une incidence, des répercussions sur. *Les charges ont impacté le résultat.*

1 **impair, aire** [ɛ̃pɛʀ] adj. (Nombre) Dont la division par deux donne un nombre fractionnaire. *Un, trois... dix-sept sont des nombres impairs. Numéros impairs.* / contr. pair /

2 **impair** n. m. Maladresse choquante ou préjudiciable. → **gaffe.** *Commettre un impair.*

impala [impala] n. m. Petite antilope des savanes africaines. *Des impalas.*

impalpable [ɛ̃palpabl] adj. Dont les éléments séparés sont si petits qu'on ne les sent pas au toucher. → **fin.** *Une poussière impalpable.*

imparable [ɛ̃paʀabl] adj. Qu'on ne peut éviter, parer. *Un coup imparable.*

impardonnable [ɛ̃paʀdɔnabl] adj. Qui ne mérite pas de pardon, d'excuse. *C'est une faute impardonnable.* → **inexcusable.** – (Personnes) *On serait impardonnable de s'en désintéresser.*

1 **imparfait, aite** [ɛ̃paʀfɛ, ɛt] adj. **1·** Littér. Qui n'est pas achevé, pas complet. → **incomplet.** *J'en ai une connaissance imparfaite.* **2·** Qui présente des défauts, des imperfections. → **inégal.** *Une œuvre imparfaite.* / contr. parfait / ▶ **imparfaitement** adv. D'une manière imparfaite. → **incomplètement, insuffisamment.** / contr. à fond, parfaitement /

2 **imparfait** n. m. **1·** Temps du verbe ayant essentiellement pour fonction d'énoncer une action en voie d'accomplissement dans le passé et conçue comme non achevée. « *Cherchais* » *dans* « *je le cherchais toute la journée* » *est à l'imparfait de l'indicatif.* **2·** Temps passé du subjonctif dans la concordance des temps. « *Fût* » *dans* « *je voulus qu'il fût avec nous* » *est à l'imparfait du subjonctif.* (La phrase correspondante au présent est *je veux qu'il soit avec nous.*)

impartial, ale, aux [ɛ̃paʀsjal, o] adj. Qui est sans parti pris. → **juste, neutre, objectif.** / contr. partial / *Un juge impartial.* (Choses) *Son compte rendu est vraiment impartial.* ▶ **impartialement** adv. D'une manière impartiale. *Il a donné son avis impartialement.* / contr. partialement / ▶ **impartialité** n. f. Fait d'être impartial. *Critiquer avec impartialité. L'impartialité d'un jugement.*

impartir [ɛ̃paʀtiʀ] v. tr. < conjug. 2 > (Seulement infinitif, indicatif prés. et p. p.) Littér. Donner en partage. *Les dons que la nature nous a impartis.* – Accorder par décision de justice. *Impartir un délai à qqn. Des délais lui ont été impartis.*

impasse [ɛ̃pas] n. f. **1·** Rue sans issue. → **cul-de-sac.** *S'engager dans une impasse.* – Abstrait. Situation sans issue favorable. *Être dans une impasse, être acculé à une impasse.* **2·** *Impasse budgétaire,* déficit qui sera couvert par l'emprunt, etc. **3·** Au bridge, à la belote. *Faire l'impasse au roi,* jouer la dame, quand on a l'as, pour prendre la carte intermédiaire. – Partie du programme qu'un étudiant prend le risque de ne pas apprendre. *Faire des impasses.* – *Faire l'impasse sur qqch.,* ne pas prendre en compte qqch. (qui constitue un risque). *Le gouvernement a fait l'impasse sur ce problème.*

impassible [ɛ̃pasibl] adj. Qui n'éprouve ou ne trahit aucune émotion, aucun sentiment. → **calme, froid, imperturbable.** *Il se troublait tandis que son interlocuteur restait impassible. Un visage impassible.* → **fermé, impénétrable.** ▶ **impassibilité** n. f. Calme, sang-froid. *Sans se départir de son impassibilité.*

impatient, ente [ɛ̃pasjɑ̃, ɑ̃t] adj. **1·** Qui manque de patience, qui est incapable de se contenir, de patienter. **2·** Qui supporte ou attend avec impatience. / contr. patient / *Ne soyez pas si impatient ! Un geste impatient.* – *Impatient de* (+ infinitif). → **avide, désireux.** *Il est impatient de vous revoir.* ▶ **impatiemment** [ɛ̃pasjamɑ̃] adv. Avec impatience. *J'attends impatiemment votre réponse.* ▶ **impatience** n. f. **1·** Manque de patience habituel, naturel. *L'impatience de la jeunesse.* **2·** Manque de patience pour supporter, attendre qqch. ou qqn. → **énervement.** *Calmer l'impatience de qqn. En les écoutant, il donnait des signes d'impatience. Il regardait sa montre avec une impatience grandissante. Brûler d'impatience de faire qqch.* ▶ **impatienter** v. tr. < conjug. 1 > **1·** Faire perdre patience à. → **agacer, énerver.** *Il finissait par impatienter son auditoire.* **2·** *S'impatienter* v. pron. : perdre patience, manifester de l'impatience. *Venez vite, il commence à s'impatienter. S'impatienter pour des riens.* ▶ **impatientant, ante** adj. Qui impatiente.

impatrié, ée [ɛ̃patrije] adj. et n. En France. Qui va travailler, pour une durée limitée, dans la succursale française d'une entreprise étrangère. – N. *Les expatriés et les impatriés.*

impavide [ɛ̃pavid] adj. Littér. Qui n'éprouve ou ne montre aucune crainte. *Rester impavide devant le danger.* → **impassible.**

impayable [ɛ̃pɛjabl] adj. D'une bizarrerie extraordinaire ou très comique. *Une aventure impayable.* → **cocasse.**

impayé, ée [ɛ̃peje] adj. Qui n'a pas été payé. *Une traite impayée.* – N. *Les impayés,* les effets de commerce impayés.

impeccable [ɛ̃pekabl] adj. 1· Littér. Incapable de pécher, de commettre une erreur. → **infaillible.** 2· Sans défaut. → **irréprochable.** *Un service impeccable.* – Fam. Parfait. *Il a été impeccable en cette occasion.* 3· D'une propreté parfaite. *Une chemise impeccable.* – (Personnes) *Il est toujours impeccable,* d'une tenue parfaite. – Abrév. fam. (sens 2 et 3) **impec** [ɛ̃pɛk]. ▶ **impeccablement** adv. D'une manière impeccable (2 ou 3). *Être habillé impeccablement.*

impédance [ɛ̃pedɑ̃s] n. f. En électricité. Grandeur qui est, pour les courants alternatifs, l'équivalent de la résistance pour les courants continus.

impénétrable [ɛ̃penetrabl] adj. 1· Où l'on ne peut pénétrer ; qui ne peut être traversé. *Forêt tropicale impénétrable.* 2· Abstrait. Qu'il est difficile ou impossible de connaître, d'expliquer. → **incompréhensible, insondable.** *Ses intentions sont impénétrables.* – Qui ne laisse rien deviner de lui-même. *Une personne impénétrable. Un air impénétrable.*

impénitent, ente [ɛ̃penitɑ̃, ɑ̃t] adj. 1· Relig. Qui ne se repent pas de ses péchés. 2· Qui ne renonce pas à une habitude. → **incorrigible, invétéré.** *Un joueur, un rêveur impénitent.* ▶ **impénitence** n. f. Relig. État du pécheur impénitent.

impensable [ɛ̃pɑ̃sabl] adj. Que l'on a du mal à imaginer. → **incroyable, inimaginable.** *Il est impensable qu'il n'y ait pas songé.*

impératif, ive [ɛ̃peratif, iv] n. m. et adj. I· N. m. 1· Mode grammatical qui exprime le commandement et la défense. *Les trois personnes de l'impératif* (ex. : *donne, donnons, donnez ; prends, prenons, prenez*). 2· Prescription d'ordre moral, esthétique, etc. *Les impératifs de la mode.* II· Adj. Qui exprime ou impose un ordre. *Une consigne impérative. Un geste impératif.* → **impérieux.** ▶ **impérativement** adv. D'une manière impérative. *Vous devez impérativement rendre votre devoir demain.* → **obligatoirement.**

impératrice [ɛ̃peratris] n. f. 1· Épouse d'un empereur. 2· Souveraine d'un empire. *La reine Victoria, impératrice des Indes.*

imperceptible [ɛ̃pɛrsɛptibl] adj. 1· Qu'il est impossible de percevoir par les seuls organes des sens. → **insensible.** – *Une odeur, un bruit imperceptible.* 2· Impossible ou très difficile à apprécier par l'esprit. *Des nuances imperceptibles. Une ironie imperceptible à la plupart des lecteurs.* ▶ **imperceptiblement** adv. D'une manière imperceptible. *Le paysage se modifiait imperceptiblement.* → **insensiblement.**

imperdable [ɛ̃pɛrdabl] adj. Qu'on ne peut, ne devrait pas perdre. *Un procès, un match imperdable.*

imperfectif [ɛ̃pɛrfɛktif] adj. Grammaire. *Aspect, verbe imperfectif,* qui exprime la durée (opposé à *perfectif*). – N. m. *Un imperfectif.* Aimer, admirer... *sont des imperfectifs ;* naître, mourir... *des perfectifs.*

imperfection [ɛ̃pɛrfɛksjɔ̃] n. f. 1· État de ce qui est imparfait. *L'imperfection d'une solution.* 2· *(Une, des imperfections)* Ce qui rend (qqch.) imparfait. → **défaut.** *Les imperfections d'un ouvrage. Corriger une imperfection.*

impérial, ale, aux [ɛ̃perjal, o] adj. 1· Qui appartient à un empereur, à son autorité, à ses États. *La garde impériale de Napoléon.* – *Un air impérial,* majestueux et autoritaire. 2· Relatif à l'Empire romain. *Le latin impérial.* ▷ **impérialisme**

impériale n. f. Étage supérieur de certains véhicules publics. *Un autobus à impériale.*

impérialisme [ɛ̃perjalism] n. m. Politique d'un État visant à réduire d'autres États sous sa dépendance politique ou économique. → **colonialisme.** ▶ **impérialiste** adj. et n. Qui soutient l'impérialisme. *Politique impérialiste.* – N. *Les impérialistes.*

impérieux, euse [ɛ̃perjø, øz] adj. 1· Qui commande d'une façon qui n'admet ni résistance ni réplique. → **autoritaire, tyrannique.** *Un chef impérieux* (vx). – Plus cour. *Des manières impérieuses. Un ton impérieux.* 2· (Choses) Qui force à céder ; auquel on ne peut résister. → **irrésistible, pressant.** *Un besoin impérieux.* ▶ **impérieusement** adv. D'une manière impérieuse. *Il lui ordonna impérieusement de se taire.*

impérissable [ɛ̃perisabl] adj. (Choses) Qui ne peut périr, qui dure très longtemps. → **immortel.** *Un souvenir, une gloire impérissable.*

impéritie [ɛ̃perisi] n. f. Littér. Manque d'aptitude, d'habileté. → **incapacité.** *L'impéritie d'un général, d'un homme politique.*

imperméable [ɛ̃pɛʀmeabl] adj. 1· Qui ne se laisse pas traverser par un liquide, notamment par l'eau. *Terrains imperméables.* – *Un manteau imperméable.* N. m. ***Un imperméable*** : vêtement, manteau de pluie en tissu imperméabilisé. Abrév. **imper** [ɛ̃pɛʀ] n. m. *Des impers.* 2· Abstrait. Qui ne se laisse pas atteindre ; qui est absolument étranger (à). *Il est imperméable aux influences, à tout sentiment généreux.* ▶ **imperméabiliser** v. tr. < conjug. 1 > Rendre imperméable (1). *Imperméabiliser une toile d'emballage, un tissu.* – Au p. p. adj. *Gabardine imperméabilisée.* ▶ **imperméabilisation** n. f. Fait de rendre imperméable. ▶ **imperméabilité** n. f. Caractère de ce qui est imperméable. *Imperméabilité d'un sol, d'un tissu.*

impersonnel, elle [ɛ̃pɛʀsɔnɛl] adj. 1· Qui exprime une action sans sujet réel ou déterminé. *Verbes impersonnels,* ne s'employant qu'à la troisième personne du singulier et à l'infinitif (ex. : *pleuvoir, geler*). 2· Qui ne constitue pas une personne. – Qui n'appartient pas à une personne, ne s'adresse pas à une personne en particulier. *La loi est impersonnelle.* 3· Qui n'a aucune particularité individuelle ; neutre. *Un style impersonnel.* ▶ **impersonnalité** n. f. Caractère impersonnel. *L'impersonnalité de la science.* ▶ **impersonnellement** adv. D'une manière impersonnelle. *Employer impersonnellement un verbe.*

impertinent, ente [ɛ̃pɛʀtinɑ̃, ɑ̃t] adj. Qui montre une familiarité choquante, qui manque de respect. → **impoli, incorrect, insolent.** *Un enfant impertinent. Être impertinent avec ses parents.* – N. *C'est une impertinente.* – *Un rire impertinent.* ▶ **impertinence** n. f. Littér. Attitude, conduite d'une personne impertinente. → **impolitesse, insolence.** *Se conduire avec impertinence.* – *(Une, des impertinences)* Parole, action impertinente.

imperturbable [ɛ̃pɛʀtyʀbabl] adj. Que rien ne peut troubler, émouvoir. → **impassible.** *Vous pouviez l'insulter, il restait imperturbable.* – (Choses) *Une confiance absolue, imperturbable.* → **inébranlable.** *Un aplomb imperturbable.* ▶ **imperturbablement** adv.

impétigo [ɛ̃petigo] n. m. Maladie de la peau caractérisée par la formation de petites vésicules.

impétrant, ante [ɛ̃petʀɑ̃, ɑ̃t] n. Terme administratif. Personne qui a obtenu qqch. (titre, diplôme, etc.) d'une autorité. *Signature de l'impétrant.*

impétueux, euse [ɛ̃petɥø, øz] adj. Littér. 1· Dont l'impulsion est violente et rapide. *Un vent impétueux.* 2· Qui a de la rapidité et de la violence dans son comportement. → **ardent, fougueux.** *Un orateur impétueux. Un tempérament impétueux.* ▶ **impétueusement** adv. D'une manière impétueuse. *Intervenir impétueusement dans une querelle.* → **fougueusement.** ▶ **impétuosité** n. f. Caractère impétueux, très vif. / contr. nonchalance / *S'élancer avec impétuosité.* → **ardeur, fougue.** *L'impétuosité d'un tempérament.* → **violence.**

impie [ɛ̃pi] adj. et n. 1· Adj. (Choses) Qui marque le mépris de la religion, des croyances religieuses. / contr. pieux / *Des paroles impies.* → **blasphématoire.** 2· N. Littér. ou relig. Personne qui insulte à la religion. → **blasphémateur, sacrilège.** ▶ **impiété** n. f. Littér. ou relig. Mépris pour la religion. *L'impiété de don Juan.* – *(Une, des impiétés)* Action impie. *Dire des impiétés.*

impitoyable [ɛ̃pitwajabl] adj. Qui est sans pitié. → **cruel, implacable, inflexible.** / contr. charitable / *Un ennemi impitoyable. Être impitoyable pour qqn.* – Qui juge sans indulgence, ne fait grâce de rien. / contr. indulgent / *Un critique impitoyable.* ▶ **impitoyablement** adv. D'une manière impitoyable, sans pitié. *Traiter qqn impitoyablement.*

implacable [ɛ̃plakabl] adj. 1· Littér. Qu'on ne peut apaiser, fléchir. → **impitoyable, inflexible.** *D'implacables ennemis. Une haine implacable.* 2· À quoi l'on ne peut se soustraire. → **irrésistible.** *Une logique implacable.* – *Un soleil implacable,* très fort. ▶ **implacablement** adv. D'une manière implacable. *Se venger implacablement.*

implanter [ɛ̃plɑ̃te] v. tr. < conjug. 1 > 1· Introduire et faire se développer d'une manière durable (dans un nouveau milieu). *Il faut implanter des industries nouvelles dans cette région.* – Au p. p. adj. *Un préjugé bien implanté.* 2· Introduire dans l'organisme. *Implanter un embryon dans l'utérus. Implanter une prothèse dentaire.* 3· ***S'implanter*** v. pron. réfl. : se fixer, s'établir. *Cette mode s'est facilement implantée.* ▶ **implant** n. m. Matériel (appareil, médicament, tissu) introduit dans l'organisme pour remplacer, améliorer, traiter (un organe, une fonction physiologique). *Implants dentaires.* ▶ **implantation** n. f. Action d'implanter, de s'implanter. *L'implantation d'immigrants dans un pays. L'implantation d'une industrie nouvelle.* ▶ **implantologie** n. f. Chirurgie spécialisée dans les implants dentaires.

implication n. f. → **impliquer.**

implicite [ɛ̃plisit] adj. Qui est virtuellement contenu dans une proposition, un fait, sans être formellement exprimé. / contr. explicite / *Une condition implicite.* ▶ **implicitement** adv. D'une manière implicite. *Il accepta implicitement mes remarques.*

impliquer [ɛ̃plike] v. tr. < conjug. 1 > **1·** Engager (dans une affaire fâcheuse), mettre en cause (dans une accusation). → **mêler.** *On a voulu impliquer dans le procès diverses personnalités.* **2·** (Choses) Comporter de façon implicite, entraîner comme conséquence. *Votre refus implique une rupture.* – ***Impliquer que*** : supposer (par conséquence logique). *Votre désaccord implique que vous avez une autre solution.* ▶ **implication** n. f. **1·** Action d'impliquer qqn dans une affaire. **2·** Au plur. Conséquences. *Il faut prendre en compte toutes les implications de cette politique.*

implorer [ɛ̃plɔʀe] v. tr. < conjug. 1 > **1·** Supplier (qqn) d'une manière humble et touchante. → **adjurer, prier.** *Implorer Dieu.* **2·** Demander (une aide, une faveur) avec insistance. → **solliciter.** *J'implore votre appui, votre indulgence.* ▶ **implorant, ante** adj. Littér. Suppliant. *Une voix implorante.* ▶ **imploration** n. f. Littér. Action d'implorer ; supplication.

implosion [ɛ̃plozjɔ̃] n. f. **1·** Irruption très brutale d'un fluide, d'un gaz dans une enceinte dont la pression est beaucoup plus faible que la pression extérieure. *L'implosion d'un téléviseur.* ≠ explosion. **2·** Effondrement interne (d'un système, d'une organisation). → **désagrégation, décomposition, dislocation.** *Faire implosion.* ▶ **imploser** v. intr. < conjug. 1 > Faire implosion. ≠ exploser.

impoli, ie [ɛ̃pɔli] adj. Qui manque à la politesse. → **grossier, incorrect,** pop. **malpoli.** *Vous avez été impoli envers lui.* – (Choses) Qui dénote un manque de politesse. *Un langage impoli.* – *Il est impoli d'arriver en retard à un rendez-vous.* / contr. poli / ▶ **impoliment** adv. De manière impolie. *Ne réponds pas impoliment.* / contr. poliment / ▶ **impolitesse** n. f. **1·** Manque de politesse. → **grossièreté, incorrection.** *Sa franchise frise l'impolitesse.* **2·** *(Une, des impolitesses)* Acte, manifestation d'impolitesse. *Vous avez commis une impolitesse. Dire des impolitesses.*

impondérable [ɛ̃pɔ̃deʀabl] adj. **1·** Didact. Qui ne produit aucun effet notable sur la balance la plus sensible ; qui n'a pas de poids. *Des particules impondérables.* **2·** Abstrait. Dont l'action, quoique déterminante, ne peut être exactement appréciée ni prévue. – N. m. *Il faut toujours compter avec les impondérables.*

impopulaire [ɛ̃pɔpylɛʀ] adj. Qui déplaît au peuple. *Un ministre impopulaire.* – *Des mesures impopulaires.* ▶ **impopularité** n. f. Caractère impopulaire. *L'impopularité d'une guerre.*

importance [ɛ̃pɔʀtɑ̃s] n. f. **1·** Caractère de ce qui est important. → **gravité, intérêt.** *Mesurer l'importance d'un événement. Une communication de la plus haute importance. Cela n'a aucune importance, c'est sans importance,* cela ne fait rien. *Vous donnez, vous attachez trop d'importance à un petit détail.* **2·** (Personnes) Autorité que confèrent un rang social élevé, de graves responsabilités, un talent. *Vous lui donnez une importance qu'il n'a pas. Il est pénétré de son importance.* **3·** ***D'importance*** : important. *L'affaire est d'importance.* → de **taille.**

important, ante [ɛ̃pɔʀtɑ̃, ɑ̃t] adj. **I·** (Choses) **1·** Qui importe [2] ; qui a de grandes conséquences, beaucoup d'intérêt. → **considérable.** / contr. insignifiant / *Un rôle important. Rien d'important à signaler. C'est le point le plus important.* → **intéressant.** – Impers. *Il est important d'agir vite, que nous agissions vite.* – N. m. Ce qui importe. *L'important est de, est que... Le plus important est fait.* **2·** Considérable. *Une somme importante. Une majorité importante.* **II·** (Personnes) Qui a de l'importance par sa situation. → **influent.** *D'importants personnages.* → **V. I. P.** – N. Péj. *Faire l'important.*

[1] **importer** [ɛ̃pɔʀte] v. tr. < conjug. 1 > **1·** Introduire sur le territoire national (des produits en provenance de pays étrangers). / contr. exporter / *La France importe du café.* – Au p. p. adj. *Des marchandises importées.* **2·** Introduire (qqch., une coutume) dans un pays. *Importer une mode des États-Unis.* – Au p. p. adj. *Musique importée des Caraïbes.* ▶ **importateur, trice** n. et adj. Personne qui fait le commerce d'importation. / contr. exportateur / *Importateur de coton.* – Adj. *Pays importateur.* ▶ **importation** n. f. **1·** Action d'importer (des marchandises). / contr. exportation / – Ce qui est importé. *Le coût des importations.* **2·** Action d'introduire (qqch.) dans un pays. ▶ **import-export** [ɛ̃pɔʀɛkspɔʀ] n. m. Anglic. Commerce de produits importés et exportés. *Une société d'import-export. Elle s'est lancée dans l'import-export.*

[2] **importer** v. < conjug. 1 (Seulement à l'infinitif et aux troisièmes pers.) > **1·** V. tr. ind. (Choses) ***Importer à qqn*** : avoir de l'importance, de l'intérêt pour qqn. → **intéresser ; importance, important.** *Votre opinion nous importe peu.* – Loc. *Peu m'importe, peu lui importe...,* cela m'est, lui est indifférent. *Peu m'importe, peu m'importent vos remarques.* REM. L'accord du verbe est facultatif. – Impers. *Il lui importe que vous réussissiez.* **2·** V. intr. Avoir de l'importance dans une situation donnée. → **compter.** *C'est la seule chose qui importe.* – Loc. *Qu'importe ! Peu importe.* **3·** Impers. (avec *de* + infinitif) *Il importe de réfléchir avant de se décider.* – (avec *que* + subjonctif) *Il importe que vous guérissiez vite.* – ***Il n'importe*** (littér.), ***n'importe.*** « *Lequel choisis-tu ? – N'importe.* » **4·** ***N'importe qui, quoi***

pronom indéf. : une personne, une chose quelconque. *N'importe qui pourrait entrer. Ils parlaient de n'importe quoi.* – Loc. fam. *C'est (vraiment) n'importe quoi !,* c'est aberrant, insensé. – *N'importe lequel, laquelle d'entre nous.* – ***N'importe quel, quelle*** (choses, personnes) dét. indéf. : quelconque, quel qu'il soit. *Ils achètent à n'importe quel prix.* – ***N'importe comment, où, quand*** loc. adv. : d'une manière, dans un endroit, à un moment quelconque, indifférent. *N'importe comment, je vous attendrai,* de toute façon, dans tous les cas. *Il peut venir n'importe quand.*

importun, une [ɛ̃pɔʀtœ̃, yn] adj. et n. **1·** Qui ennuie, gêne par sa présence ou sa conduite. → **indiscret.** *Je ne voudrais pas être importun.* – N. *Éviter un importun.* → **gêneur. 2·** (Choses) Gênant, qui dérange. ≠ inopportun. *Une visite importune. Ce sont des remarques importunes.* / contr. opportun / ▶ **importuner** v. tr. < conjug. 1 > Littér. Ennuyer en étant importun. *Je ne veux pas vous importuner plus longtemps.* → **déranger.** *Le bruit m'importune.* → **gêner.** ▶ **importunité** n. f. Littér. Caractère de ce qui est importun. *L'importunité d'une démarche.* / contr. opportunité / – (Une, des importunités) Chose désagréable.

1 **imposer** [ɛ̃poze] v. tr. < conjug. 1 > **1·** Faire payer obligatoirement. *Le vainqueur leur imposa un tribut.* – Au p. p. adj. *Prix imposé,* qui doit être observé strictement. / contr. libre / **2·** Assujettir (qqn) à l'impôt. → **taxer.** – Au p. p. adj. *Contribuables peu, lourdement imposés.* ▶ **imposable** adj. Qui peut être imposé, assujetti à l'impôt. *Revenu imposable.* ▶ 1 **imposition** n. f. Fait d'imposer (une contribution). ▷ **impôt**

2 **imposer** v. tr. < conjug. 1 > **1·** ***Imposer** qqch.* ***à** qqn* : prescrire ou faire subir à qqn (une chose pénible). *Il nous a imposé une lourde tâche, sa volonté, ses conditions...* – Faire admettre (qqch.) par une contrainte morale. *Il est arrivé à imposer ses façons de voir. S'imposer un effort, un sacrifice,* s'en faire une obligation. **2·** V. pron. réfl. (Suj. chose) Ne pouvoir être rejeté. *Cette solution s'impose. Cela ne s'impose pas,* ce n'est pas indispensable. **3·** Faire accepter (qqn) par force, autorité, prestige, etc. *Il nous a imposé son protégé.* – ***S'imposer*** v. pron. réfl. : se faire admettre, reconnaître (par sa valeur, etc.). *Il s'est imposé à ce poste. Pour ce rôle, c'est elle qui s'impose,* qui est la plus qualifiée.

3 ***imposer*** v. tr. < conjug. 1 > Poser, mettre (sur), par un geste liturgique. *Imposer les mains* (pour bénir). ▶ 2 **imposition** n. f. Action d'imposer (les mains). *L'imposition des mains* (pour conférer certains sacrements).

4 **en imposer** v. tr. ind. < conjug. 1 > *En imposer (à qqn),* faire une forte impression, commander le respect. *Ses succès répétés en imposent.* ▶ **imposant, ante** adj. **1·** Qui impose le respect, décourage toute familiarité. *Une grande dame à l'air imposant.* → **majestueux, noble. 2·** Qui impressionne par l'importance, la quantité. → **considérable.** *Une somme imposante. Une imposante majorité.*

impossible [ɛ̃pɔsibl] adj. et n. m. **I·** Adj. **1·** Qui ne peut se produire, être atteint ni réalisé. / contr. certain, possible / *La guerre lui paraît impossible. Il s'est attelé à une tâche impossible.* – *Impossible à* (+ infinitif), qu'on ne peut... *Une idée impossible à admettre.* – Impers. *Il est impossible de* (+ infinitif). Ellipt. *Impossible de le savoir.* – Absolt. *Impossible !,* c'est impossible. – *Il est impossible que...* (+ subjonctif). *Il n'est pas impossible qu'il revienne demain.* **2·** Très difficile, très pénible (à faire, imaginer, supporter). *Il nous rend l'existence impossible.* **3·** Fam. Extravagant, invraisemblable. *Il lui arrive toujours des aventures impossibles. Il a fait une scène impossible.* **4·** (Personnes) Qu'on ne peut accepter ou supporter. *Ces enfants sont impossibles.* → **insupportable. II·** N. m. **1·** Ce qui n'est pas possible. *Vous demandez l'impossible. Tenter l'impossible.* – Par exagér. *Nous ferons l'impossible,* tout le possible. **2·** ***Par impossible*** loc. adv. : par une hypothèse peu vraisemblable. *Si, par impossible, cette affaire réussissait.* ▶ **impossibilité** n. f. **1·** Caractère de ce qui est impossible ; défaut de possibilité. *Être dans l'impossibilité matérielle, morale de faire qqch.* **2·** (Une, des impossibilités) Chose impossible. *Nous nous heurtons à une impossibilité.*

imposteur [ɛ̃pɔstœʀ] n. m. Personne qui abuse de la confiance d'autrui par des mensonges, en usurpant une qualité, etc. *Le prétendu général était un imposteur qu'on a démasqué.* → **escroc.** *Cette femme n'est qu'un imposteur.* ▶ **imposture** n. f. Littér. Tromperie d'un imposteur.

impôt [ɛ̃po] n. m. Prélèvement que l'État opère sur les ressources des particuliers afin de subvenir aux charges publiques ; sommes prélevées. → **contribution, fiscalité, imposition, taxe.** *Administration chargée des impôts. Remplir sa feuille d'impôts. Il ne paie pas d'impôts. Impôts directs,* prélèvement d'une partie du revenu du contribuable. *Impôts indirects,* taxes sur les prix.

impotent, ente [ɛ̃pɔtɑ̃, ɑ̃t] adj. et n. Qui ne peut pas se déplacer, ou se déplace très difficilement. → **infirme, invalide.** *Un vieillard impotent.* – N. *Un impotent, une impotente.* ▶ **impotence** n. f. État d'une personne impotente.

impraticable [ɛ̃pʀatikabl] adj. **1·** Littér. Qu'on ne peut mettre à exécution. → **irréalisable.** *Des projets impraticables.* **2·** Où l'on ne peut passer, où l'on passe très difficilement. *Piste impraticable pour les voitures.* / contr. praticable /

imprécation [ɛ̃pʀekasjɔ̃] n. f. Littér. Souhait de malheur contre qqn. → **malédiction.** *Lancer des imprécations contre qqn.*

imprécis, ise [ɛ̃pʀesi, iz] adj. Qui n'est pas précis, manque de netteté. → **flou, incertain, vague.** *Des souvenirs, des renseignements imprécis. Votre description est trop imprécise. Des gestes imprécis.* ▶ **imprécision** n. f. Manque de précision, de netteté. *Imprécision du vocabulaire, d'un tir. L'imprécision des renseignements fournis.*

imprégner [ɛ̃pʀeɲe] v. tr. < conjug. 6 > **1·** Pénétrer (un corps) de liquide dans toutes ses parties. → **imbiber.** *Teinture dont on imprègne les cuirs.* – Au p. p. *Mouchoir imprégné de parfum.* **2·** Abstrait. Pénétrer, influencer profondément. *Son éducation l'a imprégné de certaines croyances, de préjugés ; il en est imprégné.* – Pronominalement. *S'imprégner de connaissances.* ▶ **imprégnation** n. f. Fait de s'imprégner, d'être imprégné.

imprenable [ɛ̃pʀənabl] adj. **1·** Qui ne peut être pris. *Une forteresse imprenable.* → **inexpugnable.** **2·** *Vue imprenable,* qui ne peut être masquée par de nouvelles constructions.

imprésario [ɛ̃pʀes(z)aʀjo] n. Personne qui s'occupe de l'organisation matérielle d'un spectacle, d'un concert, de la vie professionnelle et des engagements d'un artiste. *L'imprésario d'un chanteur. Elle est imprésario. Des imprésarios.*

imprescriptible [ɛ̃pʀɛskʀiptibl] adj. (Droit, bien) Qui ne peut pas être supprimé, enlevé après un délai (prescription).

1 **impression** [ɛ̃pʀesjɔ̃] n. f. **1·** Vx. Empreinte. **2·** Procédé de reproduction par pression d'une surface sur une autre qui en garde l'empreinte. *Impression des papiers peints.* – Reproduction d'un texte par l'imprimerie. *Manuscrit remis à l'impression. Fautes d'impression.* → **coquille.** – En informatique. Fait d'imprimer le contenu d'un fichier (→ **imprimante**). *Lancer l'impression d'un document.* ▶ 1 **impressionner** v. tr. < conjug. 1 > *Impressionner une pellicule photographique,* y laisser une impression, une image.

2 **impression** n. f. **1·** Marque morale, effet qu'une cause produit sur une personne. *Faire, produire une vive, une forte impression. Décrire ses impressions.* – Absolt. *Faire impression,* attirer vivement l'attention. *Son entrée a fait impression.* **2·** Connaissance élémentaire, immédiate et vague (d'un être, d'un objet, d'un événement). → **sentiment, sensation.** *Éprouver, ressentir une impression. Faire bonne, mauvaise impression. Impressions de voyage.* – Loc. *Donner l'impression, une impression de,* faire naître le sentiment, l'illusion de (ce dont on suggère l'image, l'idée). – *J'ai l'impression de perdre, que je perds mon temps,* il me semble que... *Je n'ai pas l'impression qu'il ait compris.* ▶ 2 **impressionner** v. tr. < conjug. 1 > Affecter d'une vive impression. → **frapper, toucher.** *Cette mort m'a impressionné. Ne te laisse pas impressionner.* → **influencer, intimider.** ▶ **impressionnable** adj. Facile à impressionner. *Un enfant impressionnable.* → **émotif, sensible.** / contr. insensible / ▶ **impressionnant, ante** adj. Qui impressionne. → **étonnant, frappant.** *C'était un spectacle impressionnant. On arrive au total impressionnant de plusieurs millions.*

impressionnisme [ɛ̃pʀesjɔnism] n. m. Style des peintres, écrivains et musiciens qui se proposent d'exprimer les impressions fugitives. *L'impressionnisme de Debussy.* ▶ **impressionniste** n. et adj. Se dit de peintres qui, à la fin du XIXe s., s'efforcèrent d'exprimer les impressions que les objets et la lumière suscitent. *Les impressionnistes.* – Adj. *Degas, Monet, peintres impressionnistes. Un tableau impressionniste.*

imprévisible [ɛ̃pʀevizibl] adj. Qui ne peut être prévu. *Des événements imprévisibles.* ≠ imprévu. ▶ **imprévisibilité** n. f. *L'imprévisibilité d'une décision.*

imprévoyant, ante [ɛ̃pʀevwajɑ̃, ɑ̃t] adj. et n. Qui manque de prévoyance. → **insouciant.** ▶ **imprévoyance** n. f. Caractère d'une personne imprévoyante. *Il est d'une grande imprévoyance.* – (Une, des imprévoyances) Action imprévoyante.

imprévu, ue [ɛ̃pʀevy] adj. et n. m. Qui n'a pas été prévu ; qui arrive lorsqu'on ne s'y attend pas. → **inattendu, inopiné.** *Un ennui imprévu. Des dépenses imprévues.* / contr. prévu / ≠ imprévisible. – N. m. *L'imprévu,* ce qui est imprévu. *Un voyage plein d'imprévu. En cas d'imprévu, prévenez-moi. Des imprévus.*

imprimatur [ɛ̃pʀimatyʀ] n. m. invar. Autorisation d'imprimer (accordée par l'autorité ecclésiastique ou par l'Université). *L'imprimatur d'un catéchisme. Des imprimatur.*

1 **imprimer** [ɛ̃pʀime] v. tr. < conjug. 1 > **1·** Littér. Faire, laisser (une marque, une trace) par pression. *Un pied avait imprimé sa forme dans le sable.* **2·** Reproduire (une figure, une image) par l'application et la pression d'une surface sur une autre. *Imprimer la marque d'un cachet. Imprimer une estampe, une lithographie. Imprimer un tissu.* **3·** Reproduire (un texte) par la technique de l'imprimerie. *Imprimer un ouvrage.* – Faire paraître. → **éditer.** *Imprimer un livre à mille exemplaires.* – Publier l'œuvre de (un auteur). *Imprimer un auteur. Se faire imprimer.* – En informatique. Produire un texte avec une imprimante. *Imprimer un courriel.* ▶ **imprimé, ée** adj. et n. m. **I·** Reproduit par impression ; orné de motifs ainsi reproduits.

Tissu imprimé. – N. m. *Un imprimé à fleurs.* **II· 1·** Reproduit par l'imprimerie. *Papier à en-tête imprimé.* **2·** *Un imprimé,* impression ou reproduction sur papier ou sur une matière analogue. / contr. manuscrit / *Le département des imprimés à la Bibliothèque nationale.* **3·** Feuille, formule imprimée. *Remplissez lisiblement les imprimés.* ▶ **imprimante** n. f. Informatique. Dispositif qui imprime, sur feuilles ou liasse de papier en continu, les textes préalablement mis en mémoire (saisis) dans un ordinateur. *Imprimante laser, à jet d'encre.* ▷ imprimerie

[2] **imprimer** v. tr. < conjug. 1 > **1·** Littér. Faire pénétrer profondément (dans le cœur, l'esprit de qqn) en laissant une empreinte durable (→ **impression**). *Imprimer des principes dans l'esprit de qqn.* – Au p. p. adj. *Des souvenirs imprimés dans la mémoire.* **2·** Communiquer, transmettre (un mouvement, une impulsion...). *Imprimer une énergie.* – Au passif et p. p. adj. *La vitesse imprimée à l'engin par la fusée.*

imprimerie [ɛ̃pʀimʀi] n. f. **1·** Art d'imprimer (des livres) ; ensemble des techniques permettant la reproduction d'un texte par impression de caractères mobiles → **typographie**, ou report sur plaques → **offset, photocomposition.** *La découverte de l'imprimerie.* **2·** (Une, des imprimeries) Établissement, lieu où l'on imprime (des livres, des journaux). *L'Imprimerie nationale,* qui imprime les actes officiels. – Matériel servant à l'impression (presse, etc.). ▶ **imprimeur** n. m. **1·** Propriétaire, directeur d'une imprimerie. *L'imprimeur d'un journal. Elle est imprimeur.* **2·** Ouvrier travaillant dans une imprimerie (typographe, etc.). – REM. Le fém. *imprimeuse* semble inusité.

improbable [ɛ̃pʀɔbabl] adj. Qui n'est pas probable ; qui a peu de chances de se produire. → **douteux.** *Dans le cas, bien improbable, où... C'est plus qu'improbable, c'est impossible.* ▶ **improbabilité** n. f. Le fait d'être improbable. *L'improbabilité d'un événement.*

improbation [ɛ̃pʀɔbasjɔ̃] n. f. Littér. Action de désapprouver, de condamner. → **désapprobation, réprobation.** / contr. approbation / *Les spectateurs manifestaient leur improbation par des sifflets.*

improductif, ive [ɛ̃pʀɔdyktif, iv] adj. Qui ne produit, ne rapporte rien. *Un sol improductif.* → **stérile.** – N. (Personnes) *Un improductif,* qui ne contribue pas à produire des biens.

impromptu, ue [ɛ̃pʀɔ̃pty] n. m., adj. et adv. **1·** N. m. Petite pièce (de vers, de musique) de composition simple. **2·** Adj. Improvisé. *Un dîner impromptu.* **3·** Adv. À l'improviste, sans préparation. *Une allocution prononcée impromptu.*

imprononçable [ɛ̃pʀɔnɔ̃sabl] adj. Impossible à prononcer. *Un groupe de consonnes imprononçable.*

impropre [ɛ̃pʀɔpʀ] adj. **1·** Qui ne convient pas, n'exprime pas exactement l'idée. *Mot, expression impropre.* **2·** Littér. ***Impropre à*** : qui n'est pas propre, apte à (un travail, un service). → **inapte.** – (Choses) Qui ne convient pas à. *Une eau impropre à la consommation.* ▶ **improprement** adv. D'une manière impropre. *L'araignée est improprement appelée insecte.* ▶ **impropriété** n. f. Caractère d'un mot, d'une expression impropre. – (Une, des impropriétés) Emploi impropre d'un mot. *Une impropriété de langage. Dire « malgré que » pour « bien que » est une impropriété courante.*

improviser [ɛ̃pʀɔvize] v. tr. < conjug. 1 > **1·** Composer sur-le-champ et sans préparation. *Il a dû improviser un discours.* – Sans compl. *Il improvise au piano.* **2·** Organiser sur-le-champ, à la hâte. *Nous avons improvisé une rencontre.* **3·** Pourvoir inopinément (qqn) d'une fonction. *On l'improvisa cuisinier pour la circonstance.* – Pronominalement. *On ne s'improvise pas orateur.* ▶ **improvisation** n. f. **1·** Action, art d'improviser. *Parler au hasard de l'improvisation.* **2·** Ce qui est improvisé (discours, vers, etc.). *Une improvisation de jazz.* ▷ à l'improviste

à l'improviste [alɛ̃pʀɔvist] loc. adv. D'une manière imprévue, au moment où on s'y attend le moins. → **inopinément.** *Il a débarqué chez nous à l'improviste. Je l'ai rencontré à l'improviste,* par hasard.

imprudence [ɛ̃pʀydɑ̃s] n. f. **1·** Manque de prudence. *Son imprudence l'expose à bien des dangers.* – *Homicide par imprudence,* homicide involontaire mais qui engage la responsabilité. – Caractère de ce qui est imprudent. *L'imprudence de sa conduite.* **2·** (Une, des imprudences) Action imprudente. *Ne faites pas, ne commettez pas d'imprudences.* ▶ **imprudent, ente** adj. Qui manque de prudence. → **aventureux, téméraire.** *Un automobiliste imprudent.* – N. *Une imprudente.* – (Choses) *Ce sont des paroles imprudentes. C'est bien imprudent.* ▶ **imprudemment** [ɛ̃pʀydamɑ̃] adv. D'une manière imprudente. *Il conduit très imprudemment.*

impubère [ɛ̃pybɛʀ] n. et adj. En droit ou littér. Personne qui n'a pas atteint la puberté. *Un, une impubère.* – Adj. *Un corps impubère.*

impubliable [ɛ̃pyblijabl] adj. Qui est trop mauvais, trop osé... pour être publié. *Un article impubliable.*

impudence [ɛ̃pydɑ̃s] n. f. Littér. Effronterie audacieuse ou cynique qui choque, indigne. *Mentir avec cette impudence !* – Caractère de ce qui est impudent. – (Une, des impudences) Action, parole impudente. ≠ imprudence. ▶ **impudent, ente** adj. Littér. Qui montre de l'impudence. → **cynique, effronté, insolent.** *Des propos impudents.* ≠ imprudent. ▶ **impudemment** [ɛ̃pydamɑ̃] adv. Littér. D'une manière impudente. *Mentir impudemment.* ≠ imprudemment.

impudeur [ɛ̃pydœʀ] n. f. **1·** Manque de pudeur, de discrétion. *Franchise poussée jusqu'à l'impudeur. L'impudeur d'un nu, d'un geste.* → **impudicité.** **2·** Manque de retenue. *Il a eu l'impudeur de me demander de l'argent.*

impudique [ɛ̃pydik] adj. Qui outrage la pudeur en étalant l'immoralité de sa conduite. → **dévergondé, immodeste.** – (Choses) *Des gestes, des paroles impudiques.* → **indécent, obscène.** ▶ **impudiquement.** adv. Littér. D'une manière impudique. ▶ **impudicité** n. f. Littér. Caractère de ce qui est impudique ; comportement impudique. → **indécence, obscénité.**

impuissance [ɛ̃pɥisɑ̃s] n. f. **1·** Manque de moyens suffisants pour faire qqch. → **faiblesse, incapacité.** *Le sentiment de son impuissance l'écrasait. Frapper d'impuissance,* paralyser. *Leur impuissance à se faire obéir.* – Caractère de ce qui est impuissant. *L'impuissance de leurs efforts.* **2·** Incapacité physique d'accomplir l'acte sexuel normal et complet, pour l'homme. ▶ **impuissant, ante** adj. **1·** Qui n'a pas de moyens suffisants pour faire qqch. *Il reste impuissant devant ce désastre.* **2·** (Homme) Physiquement incapable d'accomplir l'acte sexuel. – N. m. *C'est un impuissant.* **3·** Littér. Qui est sans effet, sans efficacité. *Une rage impuissante.*

impulser [ɛ̃pylse] v. tr. < conjug. 1 > Anglic. Donner une impulsion à, animer. *Impulser une action.* → **déclencher.**

impulsif, ive [ɛ̃pylsif, iv] adj. Qui agit sous l'impulsion de mouvements spontanés ou plus forts que sa volonté. / contr. réfléchi / *Un homme impulsif. Une réaction impulsive.* – N. *Un impulsif.* ▶ **impulsivement** adv. D'une manière impulsive. *Agir impulsivement.* ▶ **impulsivité** n. f. Littér. Caractère impulsif. *Répondre avec impulsivité.*

impulsion [ɛ̃pylsjɔ̃] n. f. **1·** Action de pousser. – Ce qui pousse. → **poussée.** *Communiquer une impulsion à un wagonnet.* **2·** Abstrait. Le fait d'inciter ; ce qui anime. *L'impulsion donnée aux affaires.* **3·** Littér. Action de pousser (qqn) à faire qqch. → **influence.** *Agir sous l'impulsion de la colère.* – (Une, des impulsions) Tendance spontanée à l'action. *Tu as tort de céder à tes impulsions.* ▷ **impulsif**

impunément [ɛ̃pynemɑ̃] adv. **1·** Sans subir de punition. *Braver impunément l'autorité. Se moquer impunément de qqn.* **2·** Sans dommage pour soi. *On ne fume pas impunément.*

impuni, ie [ɛ̃pyni] adj. Qui n'est pas puni, ne reçoit pas de punition. *Ce crime est resté impuni.* ▶ **impunité** n. f. Caractère de ce qui est impuni. *Il se croyait assuré de l'impunité.* / contr. punition /

impur, ure [ɛ̃pyʀ] adj. **1·** Altéré, corrompu par des éléments étrangers. *Eau impure.* **2·** Dont la loi religieuse commande de fuir le contact. → **immonde** (1). **3·** Littér. Qui est mauvais (moralement). → **immoral.** *Un cœur impur.* – Impudique, indécent. *Des paroles impures.* ▶ **impureté** n. f. **1·** Corruption résultant d'une altération, d'un mélange. *L'impureté de l'air.* – (Une, des impuretés) Ce qui rend impur. *Les impuretés qui se déposent au fond d'un récipient.* **2·** Littér. Impudicité. *L'impureté d'une conversation.*

imputer [ɛ̃pyte] v. tr. < conjug. 1 > **I·** ***Imputer à.*** **1·** Attribuer (à qqn) une chose digne de blâme (faute, crime...). *On lui impute cette grave erreur.* **2·** Littér. *On lui impute à crime un simple oubli,* on considère comme un crime... **II·** Appliquer à un compte déterminé. → **affecter.** *Imputer une dépense à, sur un budget.* ▶ **imputable** adj. **1·** Qui peut, qui doit être imputé, attribué. *Un accident imputable à la négligence.* **2·** Qui doit être imputé, prélevé (sur un compte, un crédit). ▶ **imputation** n. f. **1·** Action d'imputer à qqn, de mettre sur le compte de qqn (une action blâmable, une faute). → **accusation.** *Une imputation de vol sans fondement.* **2·** Affectation d'une somme à un compte déterminé. *L'imputation d'une somme au crédit d'un compte.*

imputrescible [ɛ̃pytʀesibl] adj. Qui ne peut pas pourrir. / contr. putrescible /

in- Élément négatif d'un adjectif (*im-* devant *b, m, p* ; *il-* devant *l* ; *ir-* devant *r*, sauf *inracontable*).

inabordable [inabɔʀdabl] adj. **1·** Littér. Qu'il est impossible ou très difficile d'approcher. → **inaccessible.** *Une côte inabordable.* – Abstrait. *C'est un homme inabordable.* **2·** D'un prix élevé, qui n'est pas à la portée de toutes les bourses. → **cher.** *Les asperges sont inabordables cette année.*

inabouti, ie [inabuti] adj. *Projet inabouti,* qui n'est pas mené à son terme. / contr. achevé /

inaccentué, ée [inaksɑ̃tɥe] adj. Qui ne porte pas d'accent 1. → **atone.** / contr. accentué, tonique / *« Me », « te », « se » sont les formes inaccentuées du pronom personnel* (en regard de « moi », « toi », « soi »).

inacceptable [inaksɛptabl] adj. Qu'on ne peut, qu'on ne doit pas accepter. → **inadmissible.** *Ce sont des propositions inacceptables.*

inaccessible [inaksesibl] adj. **1·** Dont l'accès est impossible. *Un sommet inaccessible.* – Abstrait. (Personnes) Qui est d'un abord difficile. *Ses occupations en font un personnage inaccessible.* → **inabordable.** – Qu'on ne peut atteindre. *Vous vous proposez un objectif inaccessible.* **2·** *Inaccessible à qqch.* : qui ne se laisse ni convaincre ni toucher par, qui est fermé à (certains sentiments). → **insensible** à. *Un homme inaccessible à la pitié.*

inaccoutumé, ée [inakutyme] adj. Qui n'a pas coutume de se produire. → **inhabituel, insolite.** *Une agitation inaccoutumée.*

inachevé, ée [inaʃve] adj. Qui n'est pas achevé. *Il a laissé un roman inachevé.* ▶ **inachèvement** [inaʃɛvmɑ̃] n. m. État de ce qui n'est pas achevé. *L'inachèvement d'une route.*

inactif, ive [inaktif, iv] adj. **1·** Qui est sans activité. *Il n'est pas resté inactif pendant tout ce temps-là.* → **oisif.** – Qui ne travaille pas de manière régulière. *Les personnes inactives.* **2·** Qui est sans action. *Un médicament inactif.* → **inefficace.** ▶ **inactivité** n. f. **1·** Manque d'activité. → **inaction.** *Inactivité d'un malade.* **2·** Situation d'un fonctionnaire, d'un militaire qui n'est pas en service actif.

inaction [inaksjɔ̃] n. f. Absence ou cessation de toute action. → **inactivité, oisiveté.** *Il ne peut supporter l'inaction.*

inactuel, elle [inaktɥɛl] adj. Qui n'est pas d'actualité. *Des idées inactuelles.* → **périmé.**

inadapté, ée [inadapte] adj. Qui n'est pas adapté à la vie sociale. – *L'enfance inadaptée.* – N. *Rééducation des inadaptés.* ▶ **inadaptation** n. f. Défaut d'adaptation. – État d'une personne inadaptée.

inadéquat, ate [inadekwa, at] adj. Qui n'est pas adéquat. *L'utilisation de cette expression est inadéquate.* → **impropre.**

inadmissible [inadmisibl] adj. Qu'il est impossible d'admettre. → **inacceptable.** *Son attitude est inadmissible. C'est une réponse inadmissible.*

par **inadvertance** [paʀinadvɛʀtɑ̃s] loc. adv. Par défaut d'attention, par mégarde. *J'ai claqué la porte par inadvertance.*

inaliénable [inaljenabl] adj. Qui ne peut être aliéné, cédé, vendu. *Les biens du domaine public sont inaliénables.*

inaltérable [inalteʀabl] adj. **1·** Qui ne peut être altéré ; qui garde ses qualités. *Des couleurs inaltérables. L'or est inaltérable.* **2·** Abstrait. Que rien ne peut changer. *Une bonne humeur inaltérable.* → **constant, éternel.** / contr. passager / ▶ **inaltérabilité** n. f. Caractère de ce qui est inaltérable. *L'inaltérabilité d'un métal.*

inamical, ale, aux [inamikal, o] adj. Qui n'est pas amical. → **hostile.** *Un geste inamical.*

inamovible [inamɔvibl] adj. Qui n'est pas amovible, qui ne peut être destitué, suspendu ou déplacé. *Des magistrats inamovibles.* – Plaisant. Qu'on ne peut déplacer ou remplacer. *Un champion, un leader inamovible.* ▶ **inamovibilité** n. f. Caractère d'une personne inamovible. *L'inamovibilité d'un magistrat.*

inanimé, ée [inanime] adj. **1·** Qui, par essence, est sans vie. *La matière inanimée.* **2·** Qui a perdu la vie, ou qui a perdu connaissance. *Il est tombé inanimé.*

inanité [inanite] n. f. Littér. Caractère de ce qui est futile, inutile. → **futilité, inutilité.** *L'inanité de ses efforts.*

inanition [inanisjɔ̃] n. f. Épuisement par défaut de nourriture. *Souffrir d'inanition. Mourir d'inanition.* → de **faim.**

inaperçu, ue [inapɛʀsy] adj. Qui n'est pas aperçu, remarqué. *Un geste inaperçu.* – *Passer inaperçu,* ne pas être remarqué. *Avec cette coiffure, il ne passera pas inaperçu.*

inapplicable [inaplikabl] adj. Qui ne peut être appliqué. *Une réforme inapplicable.*

inappréciable [inapʀesjabl] adj. Qu'on ne saurait trop apprécier, estimer ; de grande valeur. → **inestimable, précieux.** *D'inappréciables avantages.* – (Personnes) *Un ami inappréciable.*

inapte [inapt] adj. Qui n'est pas apte, qui manque d'aptitude. → **incapable.** *Il s'est montré inapte aux affaires, à diriger une affaire.* – *Il a été déclaré inapte,* impropre au service militaire, ou à une arme (5) en particulier. ▶ **inaptitude** n. f. Défaut d'aptitude (à qqch.). → **incapacité.** *Son inaptitude aux études, pour faire des études.* – État d'un soldat inapte.

inarticulé, ée [inaʀtikyle] adj. Qui n'est pas articulé, qui est prononcé sans netteté. *Des sons inarticulés.*

inassimilable [inasimilabl] adj. Qui n'est pas assimilable. *Connaissances inassimilables.* – *Une personne inassimilable,* qui ne peut s'intégrer dans une société.

inassouvi, ie [inasuvi] adj. Littér. Qui n'est pas assouvi, satisfait. → **insatisfait.** *Une faim inassouvie. Un désir inassouvi.*

inattaquable [inatakabl] adj. **1·** Qu'on ne peut attaquer ou mettre en cause avec quelque chance de succès. *Une position, une théorie inattaquable.* – *Un homme inattaquable,* irréprochable. **2·** Qui ne peut être altéré. *Un métal inattaquable.*

inattendu, ue [inatɑ̃dy] adj. Qu'on n'attendait pas, à quoi on ne s'attendait pas. → **imprévu, inopiné.** *Une rencontre inattendue.* – (Personnes) *Un visiteur inattendu.* – N. m. *L'inattendu est arrivé.*

inattentif, ive [inatɑ̃tif, iv] adj. Qui ne prête pas attention. → **distrait.** *Un lecteur inattentif. Un air inattentif. Être inattentif à ce qui se passe.*

inattention [inatɑ̃sjɔ̃] n. f. Manque d'attention. → **distraction.** *Un instant d'inattention. Une faute, une erreur d'inattention* (dues à l'inattention), une étourderie.

inaudible [inodibl] adj. Que l'on ne peut entendre. *Vibrations inaudibles* (infrasons, ultrasons). *Un murmure presque inaudible.*

inaugurer [inɔ(o)gyʀe] v. tr. < conjug. 1 > **1·** Consacrer ou livrer au public solennellement (un monument, un édifice nouveau). *Inaugurer un hôpital.* – Commencer solennellement, ouvrir (une réunion). **2·** Entreprendre, mettre en pratique pour la première fois. *Le gouvernement veut inaugurer une nouvelle politique.* ▶ **inaugural, ale, aux** adj. Qui a rapport à une inauguration. *Séance inaugurale d'un congrès.* ▶ **inauguration** n. f. Cérémonie par laquelle on inaugure (1).

inauthentique [inɔ(o)tɑ̃tik] adj. Qui n'est pas authentique. → **apocryphe, faux.** *Des faits inauthentiques.* → **controuvé.**

inavouable [inavwabl] adj. Qui n'est pas avouable. → **honteux.** *Des intentions inavouables.* ▶ **inavoué, ée** adj. Qui n'est pas avoué, qu'on ne s'avoue pas. *Un amour inavoué.* → **caché, secret.**

inca [ɛ̃ka] adj. et n. Relatif à la puissance politique établie au Pérou avant la conquête espagnole. *L'Empire inca. Les tribus incas.* – N. *Les Incas* ou *les Inca. Une Inca.*

incalculable [ɛ̃kalkylabl] adj. Impossible ou difficile à apprécier. → **considérable.** *Ce petit événement a eu d'incalculables conséquences.*

incandescent, ente [ɛ̃kɑ̃desɑ̃, ɑ̃t] adj. Chauffé à blanc ou au rouge vif ; rendu lumineux par une chaleur intense. → **ardent** ⓘ. *Charbon incandescent.* ▶ **incandescence** n. f. État d'un corps incandescent. *Porter un métal à l'incandescence.*

incantation [ɛ̃kɑ̃tasjɔ̃] n. f. Emploi de paroles magiques. – Paroles magiques (dites *incantatoires,* adj.) pour opérer un charme, un sortilège (→ **enchantement**).

incapable [ɛ̃kapabl] adj. **1·** *Incapable de* (+ infinitif) : qui n'est pas capable (par nature ou par accident, de façon temporaire ou définitive) de. → **impuissant, inapte.** *Il est incapable de s'en sortir. Êtes-vous incapable de comprendre sa situation ?* – (Suivi d'un nom) *Il est incapable de générosité.* **2·** Absolt. Qui n'a pas l'aptitude, la capacité nécessaire. – N. *C'est un incapable,* un bon à rien. → **nullité. 3·** Qui est en état d'incapacité (3) juridique.

incapacité [ɛ̃kapasite] n. f. **1·** État de celui, de celle qui est incapable (de faire qqch.). → **impossibilité.** *Je suis dans l'incapacité de vous répondre.* – Absolt. Incompétence. *Il a reconnu son incapacité.* **2·** État d'une personne qui, à la suite d'une blessure, d'une maladie, est devenue incapable de travailler. *Incapacité totale, partielle.* → **invalidité. 3·** Absence de l'aptitude à jouir d'un droit ou à l'exercer par soi-même. *L'incapacité d'exercice des mineurs.* – N. *Un, une incapable majeur(e).*

incarcérer [ɛ̃kaʀseʀe] v. tr. < conjug. 6 > Mettre en prison. → **emprisonner.** *Incarcérer un condamné.* ▶ **incarcération** n. f. Action d'incarcérer. → **emprisonnement.** – État d'une personne incarcérée.

incarnat, ate [ɛ̃kaʀna, at] adj. D'un rouge clair et vif. *Un velours incarnat. Des lèvres incarnates.*

incarné, ée [ɛ̃kaʀne] adj. *Ongle incarné,* qui a pénétré dans les chairs.

incarner [ɛ̃kaʀne] v. tr. < conjug. 1 > **1·** Revêtir (un être spirituel) d'un corps charnel, d'une forme humaine ou animale. – Pronominalement. *Une divinité qui s'incarne dans des corps différents.* – Au p. p. adj. *Le Verbe incarné,* le Christ. **2·** Représenter en soi, soi-même (une chose abstraite). *Il incarnait la Révolution.* – Au p. p. adj. *Elle est la jalousie incarnée,* personnifiée. **3·** Représenter (un personnage) dans un spectacle. → **jouer.** *Cet acteur a incarné Napoléon.* ▶ **incarnation** n. f. **1·** Dans la religion chrétienne. Union intime en Jésus-Christ de la nature divine avec une nature humaine. **2·** Ce qui incarne, représente. → **personnification.** *Ce régime lui apparaissait comme l'incarnation de l'injustice.*

incartade [ɛ̃kaʀtad] n. f. Léger écart de conduite. → **caprice.** *Ce n'est pas sa première incartade !*

incassable [ɛ̃kɑsabl] adj. Qui ne se casse pas, ou ne se casse pas facilement. *Verre incassable.*

incendie [ɛ̃sɑ̃di] n. m. Grand feu qui se propage en causant des dégâts. *Un incendie de forêt. Les pompiers ont maîtrisé l'incendie.* ▶ **incendiaire** n. et adj. **I·** N. Personne qui allume volontairement un incendie. → **pyromane. II·** Adj. **1·** Propre à causer l'incendie. *Des bombes incendiaires.* **2·** Propre à enflammer les esprits, à allumer la révolte. *Des déclarations incendiaires.* – Qui éveille les désirs amoureux. *Une œillade incendiaire.* ▶ **incendier** v. tr. < conjug. 7 > **1·** Mettre en feu. → **brûler.** *Incendier une maison.* **2·** Irriter en provoquant une impression de brûlure. *Les piments lui ont incendié la gorge.* **3·** Littér. Colorer d'une lueur ardente. *Le soleil incendiait l'horizon.* **4·** Fam. *Incendier qqn*, l'accabler de reproches. *Elle s'est fait incendier par le patron.*

incertain, aine [ɛ̃sɛʀtɛ̃, ɛn] adj. **I· 1·** Qui n'est pas certain, assuré. → **aléatoire, douteux, hypothétique, problématique.** / contr. certain / *Le résultat est bien incertain.* – Sur lequel on ne peut compter. *Une aide incertaine. Le temps est incertain.* → **changeant. 2·** Qui n'est pas connu avec certitude. *Un mot d'origine incertaine.* **3·** Littér. Dont la forme, la nature n'est pas nette. → **confus, imprécis, vague.** *Une silhouette aux contours incertains.* **II·** (Personnes) Qui manque de certitude, de décision, qui est dans le doute. → **embarrassé, hésitant, indécis, irrésolu.** *Il restait incertain du parti qu'il devait prendre.* – *Des pas incertains*, mal assurés.

incertitude [ɛ̃sɛʀtityd] n. f. **I· 1·** État de ce qui est incertain. *L'incertitude de notre avenir.* **2·** *(Une, des incertitudes)* Chose imprévisible. *S'engager dans une voie pleine d'incertitudes. Les incertitudes de la guerre.* **II·** État d'une personne incertaine, qui ne sait ce qu'elle doit faire. → **doute, embarras, indécision, perplexité.** *Je suis dans l'incertitude au sujet de (quant à) cette affaire.*

incessant, ante [ɛ̃sɛsɑ̃, ɑ̃t] adj. Qui ne cesse pas, dure sans interruption. → **continuel, ininterrompu.** *Un bruit incessant.* – Qui se répète souvent. *D'incessantes récriminations.* ▶ **incessamment** adv. Très prochainement, sans délai. → **bientôt.** *Il doit arriver incessamment.*

incessible [ɛ̃sesibl] adj. En droit. Qui ne peut être cédé. → **inaliénable.**

inceste [ɛ̃sɛst] n. m. Relations sexuelles entre proches parents (dont le mariage est interdit). *Commettre un inceste. Inceste entre le frère et la sœur.* ▶ **incestueux, euse** adj. Coupable d'inceste. *Un père incestueux.* – Caractérisé par l'inceste. *Relations incestueuses.*

inchangé, ée [ɛ̃ʃɑ̃ʒe] adj. Qui n'a pas changé. *La situation demeure inchangée.* → **identique,** la **même.**

incidemment [ɛ̃sidamɑ̃] adv. D'une manière incidente ; sans y attacher une importance capitale. *J'en ai fait mention incidemment.*

incidence [ɛ̃sidɑ̃s] n. f. **1·** Rencontre d'un rayon et d'une surface. *Point, angle d'incidence.* **2·** Conséquence, influence (→ 2 **incident**). *L'incidence des salaires sur les prix de revient.*

1 **incident** [ɛ̃sidɑ̃] n. m. **1·** Petit événement qui survient. *C'est un simple incident.* – Petite difficulté imprévue qui survient au cours d'une entreprise. → **anicroche.** *Le voyage s'est passé sans incident. Incidents de parcours.* **2·** Événement peu important, mais capable d'entraîner de graves conséquences diplomatiques ou politiques. *Un incident de frontière.* – Désordre. *Ils veulent provoquer des incidents à la prochaine réunion.* – Objection soulevée par une personne (dans un débat). *Des incidents de séance. L'incident est clos*, la querelle est terminée.

2 **incident, ente** adj. **1·** Qui survient accessoirement dans un procès, une affaire. → **accessoire.** *Une question incidente.* **2·** En physique. *Rayon incident à* (une surface), qui la rencontre. **3·** En grammaire. (Proposition, remarque) Qui suspend une phrase, un exposé, pour y introduire un énoncé accessoire. – N. f. *Une incidente. Mettre une incidente entre parenthèses, entre tirets* (ex. : *« Vous viendrez — je le suppose — avec vos parents. »*). ▷ **incidemment, incidence,** 1 **incident**

incinérer [ɛ̃sineʀe] v. tr. < conjug. 6 > Réduire en cendres. → **brûler.** *Incinérer les ordures, des feuilles mortes.* – *Son corps a été incinéré.* ▶ **incinérateur** n. m. Dispositif pour incinérer les ordures. ▶ **incinération** n. f. Action d'incinérer. *Incinération d'un cadavre.* → **crémation.**

incipit [ɛ̃sipit ; insipit] n. m. Premiers mots d'un livre. *Des incipits* ou *incipit.*

incise [ɛ̃siz] n. f. Courte proposition insérée dans la phrase, pour indiquer qu'on rapporte les paroles de qqn (ex : *dit-elle*, dans *Je viendrai, dit-elle, demain*).

inciser [ɛ̃size] v. tr. < conjug. 1 > Fendre avec un instrument tranchant. → **couper, entailler.** *Inciser l'écorce d'un arbre pour le greffage. Inciser un abcès.* ▶ **incision** n. f. Action d'inciser ; son résultat. → **entaille.** *Faire une incision dans l'écorce d'un arbre. Le chirurgien a pratiqué l'incision de la plaie.* ▶ **incisif, ive** adj. Abstrait. Acéré, mordant dans l'expression. *Une ironie incisive.* ▶ **incisive** n. f. Dent aplatie et tranchante, sur le devant de la mâchoire. *Incisives inférieures, supérieures.* ▷ **incise**

inciter [ɛ̃site] v. tr. < conjug. 1 > **1·** *Inciter qqn à qqch., à faire qqch.*, entraîner, pousser. **2·** (Choses) Conduire (qqn) à un sentiment, un comportement. → **engager, incliner.** *Sa réponse m'incite à penser qu'il est innocent.* ▶ **incitation**

n. f. Action d'inciter ; ce qui incite. → **encouragement.** *Condamné pour incitation à la révolte, au meurtre.* → **provocation.**

incivil, ile [ɛ̃sivil] adj. Littér. Impoli. *Un homme incivil.* ▶ **incivilité** n. f. Littér. Impolitesse.

inclassable [ɛ̃klɑsabl] adj. Qu'on ne peut définir, rapporter à un ensemble connu. *Une œuvre inclassable.*

inclément, ente [ɛ̃klemɑ̃, ɑ̃t] adj. Littér. Rigoureux. *Un climat, une saison inclémente.* ▶ **inclémence** n. f. Littér. Caractère pénible (des éléments). *L'inclémence du temps.*

inclinaison [ɛ̃klinɛzɔ̃] n. f. **1**· État de ce qui est incliné ; obliquité (d'une ligne droite, d'une surface plane). *L'inclinaison du mur est dangereuse.* **2**· *Inclinaison d'une surface, d'une ligne,* angle qu'elles font avec une autre surface ou ligne. – *Inclinaison magnétique,* angle formé avec l'horizon par l'aiguille aimantée. **3**· Action de pencher ; position penchée (de la tête, du buste).

inclination [ɛ̃klinɑsjɔ̃] n. f. **I**· Action d'incliner (la tête ou le corps) en signe d'acquiescement ou de déférence. → **révérence, salut.** *Il nous salua d'une inclination de tête.* **II**· Abstrait. **1**· Mouvement affectif, spontané vers un objet ou une fin. → **goût, penchant, tendance.** *Combattre, suivre ses inclinations. Il montre de l'inclination pour les sciences.* **2**· Littér. Mouvement qui porte à aimer qqn. *Se prendre d'une forte inclination pour qqn. Un mariage d'inclination,* fait par sentiment et non par raison.

incliner [ɛ̃kline] v. < conjug. 1 > **I**· V. tr. **1**· Rendre oblique ce qui est vertical ou horizontal. → **baisser, courber, pencher.** / contr. redresser / *Inclinez le flacon et versez doucement.* – Au p. p. adj. *Plan incliné.* → **plan.** *Une écriture inclinée. Avoir la tête inclinée.* **2**· Abstrait. ***Incliner** qqn **à** :* rendre (qqn) enclin à. → **inciter, porter.** *Votre réponse m'incline à être indulgent, à l'indulgence.* **II**· ***S'incliner*** v. pron. **1**· Se courber, se pencher. *Saluer en s'inclinant profondément.* **2**· Abstrait. *S'incliner devant qqn,* reconnaître sa supériorité. – S'avouer vaincu, renoncer à lutter. → **abandonner, obéir.** *Je m'incline.* **3**· (Choses) Être placé obliquement par rapport à un plan. **III**· V. intr. Littér. ***Incliner à** :* avoir de l'inclination pour, être porté à (qqch.). *Le juge semblait incliner à l'indulgence.* → **pencher.** *J'incline à penser que vous avez raison.* ▶ **inclinable** adj. *Siège à dossier inclinable.* ▷ **inclinaison, inclination**

inclure [ɛ̃klyʀ] v. tr. < conjug. 35 > REM. Part. passé *inclus(e).* **1**· Mettre (qqch.) dans un ensemble (envoi, texte, compte, etc.). → **insérer, introduire.** *Je tiens à inclure cette clause dans le contrat.* **2**· Abstrait. Comporter, impliquer. / contr. exclure / *Le sens du mot «fleur» inclut celui de «rose».* ▶ **inclus, use** adj. **1**· Contenu, compris (dans). / contr. exclu / *C'est inclus dans les frais généraux.* – *Jusqu'au troisième chapitre inclus.* **2**· ***Ci-inclus, incluse*** : inclus ici, ci-joint. *Vous trouverez notre facture ci-incluse.* – Invar. avant le n. (adv.) *Ci-inclus notre facture.* ▶ **inclusion** n. f. **1**· Action d'inclure ; ce qui est inclus. *L'inclusion d'une clause dans un contrat.* **2**· En sciences. Rapport entre deux ensembles dont l'un est entièrement compris dans l'autre. ▶ **inclusivement** adv. En comprenant (la chose dont on vient de parler). *Jusqu'au XVe siècle inclusivement.* → **compris.** / contr. exclusivement /

incoercible [ɛ̃kɔɛʀsibl] adj. Littér. Qu'on ne peut contenir, réprimer. → **irrépressible.** *Un fou rire incoercible.*

incognito [ɛ̃kɔɲ(gn)ito] adv. et n. m. **1**· Adv. En faisant en sorte qu'on ne soit pas reconnu (dans un lieu). *Voyager incognito.* **2**· N. m. Situation d'une personne qui cherche à n'être pas reconnue. *La vedette n'a pu garder l'incognito.*

incohérent, ente [ɛ̃kɔeʀɑ̃, ɑ̃t] adj. Qui n'est pas cohérent, manque de suite, de logique, d'unité. / contr. cohérent / *Des propos incohérents.* → **incompréhensible.** *Des gestes incohérents.* ▶ **incohérence** n. f. **1**· Caractère de ce qui est incohérent. / contr. cohérence / *L'incohérence de ses discours, de sa conduite.* **2**· *(Une, des incohérences)* Parole, idée, action incohérente. *La défense de l'accusé est pleine d'incohérences.*

incollable [ɛ̃kɔlabl] adj. et n. Fam. Qu'on ne peut coller, qui répond à toutes les questions. *Il est incollable en histoire.* → **imbattable.**

incolore [ɛ̃kɔlɔʀ] adj. **1**· Qui n'est pas coloré. *Gaz incolore et inodore. Vernis incolore.* **2**· Abstrait. Sans éclat. → **terne.** *Un style incolore,* sans images.

incomber [ɛ̃kɔ̃be] v. tr. ind. < conjug. 1 > (3es pers. seulement) (Charge, obligation) ***Incomber à*** : peser sur (qqn), être imposé à (qqn). *Ces responsabilités lui incombent.* – Impers. *C'est à vous qu'il incombe de,* qu'il revient de.

incombustible [ɛ̃kɔ̃bystibl] adj. Qui ne brûle pas ou très mal. *Des matériaux incombustibles.* → **ininflammable.**

incommensurable [ɛ̃kɔmɑ̃syʀabl] adj. **1**· En sciences. (Grandeurs) Qui n'a pas de mesure commune, dont le rapport ne peut donner de nombre entier ni fractionnaire. **2**· Littér. Qui ne peut être mesuré, qui est très grand. → **démesuré, illimité, immense.** *Sa vanité est incommensurable.*

incommode [ɛ̃kɔmɔd] adj. **1**· Qui est peu pratique à l'usage. *Un appareil d'une manipulation* *incommode.* **2·** Littér. Qui est désagréable, qui gêne. *Une posture incommode.* → **inconfortable.** ▶ **incommodément** adv. D'une manière incommode. *Être installé, assis incommodément.* → **inconfortablement.** ▶ **incommodité** n. f. **1·** Caractère de ce qui n'est pas pratique. *L'incommodité de cette installation.* **2·** Littér. Gêne causée par (qqch.). *L'incommodité d'un voisinage bruyant.* ▷ **incommoder**

incommoder [ɛ̃kɔmɔde] v. tr. < conjug. 1 > Causer une gêne physique à (qqn), mettre mal à l'aise. → **fatiguer, gêner, indisposer.** *Le bruit, la chaleur nous incommodait.* – Littér. *Être incommodé,* être indisposé, se sentir un peu souffrant. ▶ **incommodant, ante** adj. Qui incommode physiquement. → **gênant.** *Un parfum incommodant.*

incommunicable [ɛ̃kɔmynikabl] adj. **1·** Dont on ne peut faire part à personne. → **inexprimable.** *Un état d'âme incommunicable.* **2·** Au plur. Qui ne peuvent être mis en communication. *Ce sont deux mondes incommunicables.*

incomparable [ɛ̃kɔ̃paʀabl] adj. **1·** Au plur. Qui ne peuvent être mis en comparaison. *Deux choses absolument incomparables,* complètement différentes. **2·** À qui ou à quoi rien ne semble pouvoir être comparé (en bien) ; sans pareil. → **inégalable, supérieur.** *Un talent incomparable.* – (Personnes) *Un artiste incomparable.* ▶ **incomparablement** adv. Sans comparaison possible. – (Suivi d'un comparatif) *Elle joue incomparablement mieux.* – (Suivi d'un adj.) *Il est incomparablement plus adroit.*

incompatible [ɛ̃kɔ̃patibl] adj. **1·** Qui ne peut coexister, être associé avec (une autre chose). → **inconciliable, opposé.** *La science et l'action ne sont pas incompatibles. Ce sont des caractères incompatibles.* **2·** (Fonctions, mandats, emplois) Dont la loi interdit le cumul. ▶ **incompatibilité** n. f. **1·** Impossibilité de s'accorder, d'exister ensemble. → **désaccord, opposition.** *Il y a entre eux une incompatibilité d'idées, d'humeur.* – *L'incompatibilité de deux groupes sanguins.* **2·** Impossibilité légale de cumuler certaines fonctions ou occupations.

incompétent, ente [ɛ̃kɔ̃petɑ̃, ɑ̃t] adj. **1·** Qui n'a pas les connaissances suffisantes pour juger, décider d'une chose. *Il est incompétent dans ce domaine, sur ce sujet.* **2·** Qui n'est pas juridiquement compétent. *Le tribunal s'est déclaré incompétent.* ▶ **incompétence** n. f. Défaut de compétence. → **ignorance.** *Je reconnais mon incompétence en cette matière.*

incomplet, ète [ɛ̃kɔ̃plɛ, ɛt] adj. Qui n'est pas complet ; auquel il manque qqch., un élément. *Une liste incomplète.* – *Vous avez une vue incomplète de la situation. Une instruction incomplète.* ▶ **incomplètement** adv. D'une manière incomplète. → **imparfaitement.**

incompréhensible [ɛ̃kɔ̃pʀeɑ̃sibl] adj. Impossible ou très difficile à comprendre, à expliquer. *Texte incompréhensible.* → **obscur.** *Sa disparition est incompréhensible.* → **inexplicable, mystérieux.** – (Personnes) *Vous êtes incompréhensible,* je ne comprends pas votre conduite. ≠ incompréhensif.

incompréhensif, ive [ɛ̃kɔ̃pʀeɑ̃sif, iv] adj. (Personnes) Qui ne comprend pas autrui, qui ne se met pas à la portée des autres. *Des parents incompréhensifs.* ≠ incompréhensible.

incompréhension [ɛ̃kɔ̃pʀeɑ̃sjɔ̃] n. f. Incapacité ou refus de comprendre qqn ou qqch., de lui rendre justice. *L'incompréhension entre deux personnes. Ce poète a souffert de l'incompréhension du public.*

incompressible [ɛkɔ̃pʀesibl] adj. Qui n'est pas compressible. *Aucun gaz n'est incompressible.* – Fig. Qu'on ne peut réduire. *Des dépenses incompressibles.*

incompris, ise [ɛ̃kɔ̃pʀi, iz] adj. et n. Qui n'est pas compris, apprécié à sa juste valeur. *Il se plaint d'être incompris.* – N. *Une incomprise.*

inconcevable [ɛ̃kɔ̃svabl] adj. **1·** Dont l'esprit humain ne peut se former aucune représentation. *L'infini est inconcevable.* **2·** Impossible ou difficile à comprendre, à imaginer, à croire. → **incompréhensible, incroyable.** – REM. Souvent péj. *Il a fait preuve d'une légèreté inconcevable. Il est inconcevable qu'il ait échoué.*

inconciliable [ɛ̃kɔ̃siljabl] adj. Qui n'est pas conciliable. → **incompatible.** *Leurs intérêts sont inconciliables.*

inconditionnel, elle [ɛ̃kɔ̃disjɔnɛl] adj. **1·** Qui ne dépend d'aucune condition. → **absolu.** *Une acceptation inconditionnelle. Vous recevrez un soutien inconditionnel.* **2·** Qui suit en toute circonstance et sans discussion les décisions (d'un homme, d'un parti). – N. *Les inconditionnels,* les partisans inconditionnels. ▶ **inconditionnellement** adv. D'une manière inconditionnelle. *Le Premier ministre attend que la majorité le soutienne inconditionnellement.*

inconduite [ɛ̃kɔ̃dɥit] n. f. Mauvaise conduite sur le plan moral. → **débauche.** *Une inconduite scandaleuse.*

inconfort [ɛ̃kɔ̃fɔʀ] n. m. Manque de confort. *Vivre dans l'inconfort.* ▶ **inconfortable** adj. Qui n'est pas confortable. *Un logement inconfortable.* – Abstrait. *Il est dans une position inconfortable.*

→ **délicat, gênant.** ▶ **inconfortablement** adv. D'une manière inconfortable. *Il vivait très inconfortablement.*

incongru, ue [ɛ̃kɔ̃gʀy] adj. Contraire aux usages, à la bienséance. *On a trouvé sa remarque bien incongrue.* ▶ **incongruité** [ɛ̃kɔ̃gʀyite] n. f. Action ou parole incongrue, déplacée. *Il ne dit que des incongruités.*

inconnaissable [ɛ̃kɔnɛsabl] adj. et n. m. Qui ne peut être connu. – N. m. *L'inconnaissable,* ce qui échappe à la connaissance humaine.

inconnu, ue [ɛ̃kɔny] adj. et n. 1· (Choses) Sans compl. Dont on ignore l'existence ou la nature. *La découverte d'un monde inconnu.* → **mystérieux, secret.** *Il est parti pour une destination inconnue.* – N. m. *Aller du connu à l'inconnu.* 2· (Personnes) Dont on ignore l'identité. *Enfant né de père inconnu. Elle désire demeurer inconnue.* → garder l'**anonymat,** garder l'**incognito.** – Fam. *Inconnu au bataillon,* complètement inconnu (de la personne qui parle). – N. m. *Déposer une plainte contre inconnu* (→ plainte contre X). 3· Qu'on connaît très peu, faute d'étude, d'expérience. *Être en pays inconnu.* – ***Inconnu à, de*** *qqn. Une coutume inconnue de nous, inconnue aux Belges, aux Français.* → **étranger.** – Qu'on n'a encore jamais ressenti. → **nouveau.** *Une impression inconnue (de moi...).* 4· (Personnes) Dont on n'a jamais fait connaissance. *Il ne m'est pas complètement inconnu.* – N. *Votre ami est un inconnu pour moi.* – *Un inconnu,* une personne qui n'est pas connue, notoire, célèbre. ▶ **inconnue** n. f. Quantité inconnue (d'une équation). *Une équation à deux inconnues.* – Élément inconnu d'un problème, d'une situation envisagée.

inconscience [ɛ̃kɔ̃sjɑ̃s] n. f. 1· Privation permanente ou abolition momentanée de la conscience. *Le malade a sombré dans l'inconscience.* 2· Absence de jugement, de conscience claire. *Courir un pareil risque, c'est de l'inconscience.* → **aveuglement, folie.** ▶ **inconscient, ente** adj. et n. I· Adj. 1· À qui la conscience fait défaut. *Il était inconscient,* évanoui. 2· Qui ne se rend pas compte clairement des choses. *Il est inconscient du danger. Il est complètement inconscient.* – N. *C'est un inconscient.* → **fou.** 3· (Choses) Dont on n'a pas conscience ; qui échappe à la conscience. *Un mouvement inconscient.* → **instinctif, machinal.** II· N. m. ***L'inconscient*** : ce qui échappe entièrement à la conscience, même quand le sujet cherche à le percevoir. ≠ subconscient. ▶ **inconsciemment** [ɛ̃kɔ̃sjamɑ̃] adv. De façon inconsciente, sans s'en rendre compte. *Elle s'est engagée un peu inconsciemment.*

inconséquent, ente [ɛkɔ̃sekɑ̃, ɑ̃t] adj. Littér. 1· (Choses) Qui n'est pas conforme à la logique. *Raisonnement inconséquent.* – Dont on n'a pas calculé les conséquences (qui risquent d'être fâcheuses). → **inconsidéré.** *Une démarche inconséquente.* 2· (Personnes) Qui est en contradiction avec soi-même. *Il est inconséquent avec ses intentions.* – Qui ne calcule pas les conséquences de ses actes. *Il a été assez inconséquent pour se lancer dans cette entreprise.* ▶ **inconséquence** n. f. 1· Manque de suite dans les idées, de réflexion dans la conduite. *Avoir beaucoup d'inconséquence dans ses propos.* → **légèreté.** 2· (Une, des inconséquences) Action ou parole inconséquente. → **contradiction.**

inconsidéré, ée [ɛ̃kɔ̃sideʀe] adj. Qui témoigne d'un manque de réflexion ; qui n'a pas été considéré, pesé. → **imprudent, irréfléchi.** *Une démarche, une initiative inconsidérée.* ▶ **inconsidérément** adv. Sans réflexion suffisante. → **étourdiment.** *Répondre inconsidérément.*

inconsistant, ante [ɛ̃kɔ̃sistɑ̃, ɑ̃t] adj. Qui manque de consistance morale, de cohérence, de solidité. *Un caractère inconsistant.* → **faible.** *Une argumentation inconsistante. Un film, un livre inconsistant,* qui manque d'intérêt. ▶ **inconsistance** n. f. Manque de fermeté, d'intérêt. *L'inconsistance d'un raisonnement. L'inconsistance d'un roman.*

inconsolable [ɛ̃kɔ̃sɔlabl] adj. Qu'on ne peut consoler. *Ils ont perdu leur fils, ils sont inconsolables.*

inconstant, ante [ɛ̃kɔ̃stɑ̃, ɑ̃t] adj. 1· Qui n'est pas constant, change facilement (d'opinion, de sentiment, de conduite). → **changeant, instable, versatile.** *Être inconstant dans ses goûts, dans ses idées. Une humeur inconstante.* – Qui a tendance à être infidèle en amour. *Une femme inconstante.* → **volage.** 2· (Choses) Littér. Qui est sujet à changer. → **changeant.** *Temps inconstant,* très variable. ▶ **inconstance** n. f. Caractère d'une personne, d'une chose inconstante. *L'inconstance du public.* → **versatilité.** *L'inconstance d'un amant.* → **infidélité.** *L'inconstance des choses humaines.* → **fragilité.**

inconstitutionnel, elle [ɛ̃kɔ̃stitysjɔnɛl] adj. Qui n'est pas constitutionnel ; qui est en opposition avec la constitution d'un État. *Loi inconstitutionnelle.* → **anticonstitutionnel.** ▶ **inconstitutionnalité** n. f. Caractère inconstitutionnel.

inconstructible [ɛ̃kɔ̃stʀyktibl] adj. Inapte à recevoir des constructions. *Zone inondable inconstructible.*

incontestable [ɛ̃kɔ̃tɛstabl] adj. Qui n'est pas contestable, que l'on ne peut mettre en doute. → **certain, indiscutable, sûr.** *Ce sont des faits incontestables. Il est incontestable qu'il y a une* *crise. C'est incontestable,* cela tombe sous le sens. ▶ **incontestablement** adv. D'une manière incontestable. → **assurément.** *Il a incontestablement beaucoup de talent.*

incontesté, ée [ɛ̃kɔ̃tɛste] adj. Qui n'est pas contesté ; que l'on ne met pas en doute, en question. / contr. contesté / *Le chef incontesté du parti.*

1 **incontinent, ente** [ɛ̃kɔ̃tinɑ̃, ɑ̃t] adj. 1· Littér. Qui manque de retenue, de modération. 2· Qui ne peut contrôler ses émissions d'urine. *Un enfant incontinent.* – N. *Un(e) incontinent(e).* ▶ **incontinence** n. f. 1· Littér. Absence de retenue (en matière de langage). 2· Émission involontaire d'urine (le mot savant est *énurésie,* n. f.).

2 **incontinent** adv. Vx. Tout de suite, sur-le-champ.

incontournable [ɛ̃kɔtuʀnabl] adj. Qu'on ne peut se dispenser de connaître ; que l'on ne peut éviter ; dont il faut absolument tenir compte. *Une œuvre incontournable. Une réforme incontournable. Une personne incontournable dans un domaine.*

incontrôlable [ɛ̃kɔ̃tʀolabl] adj. Qui n'est pas contrôlable. → **invérifiable.** *Des témoignages incontrôlables.* ▶ **incontrôlé, ée** adj. Qui n'est pas contrôlé. *Des nouvelles incontrôlées. Des bandes incontrôlées de rebelles,* qui échappent à toute autorité.

inconvenant, ante [ɛ̃kɔ̃vnɑ̃, ɑ̃t] adj. Littér. Qui est contraire aux convenances, aux usages. *Des sous-entendus inconvenants.* → **déplacé, grossier, indécent.** / contr. convenable, décent / *Une question inconvenante.* → **incongru.** ▶ **inconvenance** n. f. Littér. 1· Caractère de ce qui est inconvenant, contraire aux convenances. → **incorrection, indécence.** *Il s'est conduit avec inconvenance.* 2· *(Une, des inconvenances)* Parole, action inconvenante. → **grossièreté, impolitesse.** *Commettre des inconvenances.*

inconvénient [ɛ̃kɔ̃venjɑ̃] n. m. (→ **convenir**) 1· Conséquence fâcheuse (d'une action, d'une situation). *C'est vous qui en subirez les inconvénients. Il n'y a pas d'inconvénient à essayer. Si vous n'y voyez pas d'inconvénient,* si cela ne vous dérange pas. 2· Désavantage inhérent à une chose qui, par ailleurs, est ou peut être bonne. *Ce sont les avantages et les inconvénients du métier !,* le bon et le mauvais côté.

inconvertible [ɛ̃kɔ̃vɛʀtibl] adj. Qu'on ne peut convertir (2). *Monnaie inconvertible,* qui ne peut être échangée contre une autre.

incorporer [ɛ̃kɔʀpɔʀe] v. tr. < conjug. 1 > 1· Unir intimement (une matière à une autre). → **mélanger.** *Il faut incorporer le jaune d'œuf à la crème.* 2· Faire entrer comme partie dans un tout. → **réunir.** / contr. exclure, séparer / *Il a essayé d'incorporer le dialogue au récit.* – (Compl. personne) *Incorporer qqn dans une association. Sa jeune femme a été tout de suite incorporée dans la famille.* 3· Anciennt. Enrôler (un conscrit). – Au p. p. adj. *Jeunes gens incorporés.* → **appelé.** ▶ **incorporé, ée** adj. Intégré à un mécanisme. *Ordinateur avec lecteur CD incorporé.* → **intégré.** ▶ **incorporation** n. f. 1· Action de faire entrer (une substance) dans une autre. → **mélange.** *L'incorporation de jaunes d'œufs dans la farine.* 2· Action d'incorporer (2). / contr. exclusion / *L'incorporation de cette minorité à la communauté a été difficile.* → **assimilation.** 3· Anciennt. Inscription (des recrues) sur les registres de l'armée. → **appel.** *Un sursis d'incorporation.*

incorrect, ecte [ɛ̃kɔʀɛkt] adj. 1· Qui n'est pas correct (dans le domaine intellectuel, technique...). *Cette expression est incorrecte.* → **impropre.** *Une interprétation incorrecte des faits.* → **inexact.** 2· Qui est contraire aux usages, aux bienséances. → **déplacé, inconvenant.** *Une tenue incorrecte.* – (Personnes) *Être incorrect avec qqn,* manquer envers lui (elle) aux usages, aux règles (de la politesse, des affaires, etc.). ▶ **incorrectement** adv. D'une manière incorrecte. *Parler incorrectement une langue. Ne vous conduisez pas incorrectement.* ▶ **incorrection** n. f. 1· Défaut de correction du style. – *(Une, des incorrections)* Expression incorrecte. → **faute, impropriété.** *Il y a beaucoup d'incorrections dans ce devoir.* 2· Caractère incorrect de ce qui est contraire aux usages, aux règles du savoir-vivre. → **inconvenance.** – *Incorrection en affaires.* → **indélicatesse.** – *(Une, des incorrections)* Parole ou action incorrecte. → **grossièreté, impolitesse.**

incorrigible [ɛ̃kɔʀiʒibl] adj. 1· (Personnes) Qui persévère dans ses défauts, ses erreurs. *Cet enfant est incorrigible. Un incorrigible optimiste.* → **impénitent.** 2· (Erreurs, défauts) Qui persiste chez qqn. → **incurable.** *Son incorrigible étourderie.*

incorruptible [ɛ̃kɔʀyptibl] adj. 1· (Choses) Qui n'est pas corruptible. → **inaltérable.** *Du bois incorruptible.* 2· (Personnes) Qui est incapable de se laisser corrompre pour agir contre son devoir. → **intègre.** *Un juge, un policier incorruptible.*

incrédule [ɛ̃kʀedyl] adj. et n. 1· Littér. Qui ne croit pas, qui doute (en matière de religion). → **incroyant.** – N. *Les incrédules.* 2· Qui ne croit pas facilement, qui se laisse difficilement persuader, convaincre. → **sceptique.** *Ses affirmations me laissent incrédule.* – Qui marque un doute. *Un sourire incrédule.* ▶ **incrédulité** n. f. **1·** Littér. Manque de foi, de croyance religieuse. → **incroyance. 2·** État d'une personne incrédule. → **doute, scepticisme.** *La nouvelle n'a suscité que de l'incrédulité. Il eut un sourire d'incrédulité.*

increvable [ɛ̃kʀəvabl] adj. **1·** Qui ne peut être crevé. *Un pneu increvable.* **2·** Fam. Qui n'est jamais fatigué. → **infatigable.** *Et il continue à marcher ! Il est increvable !*

incriminer [ɛ̃kʀimine] v. tr. < conjug. 1 > Mettre (qqn) en cause ; s'en prendre à (qqn). → **accuser.** *On incriminait son entourage plus que lui-même.*

1 **incroyable** [ɛ̃kʀwajabl] adj. **1·** Qui n'est pas croyable ; qu'il est impossible ou très difficile de croire. → **étonnant, invraisemblable, renversant.** *D'incroyables nouvelles.* – Impers. *Il est, il semble incroyable que* (+ subjonctif). *Il est incroyable que tu n'aies rien vu.* – *C'est incroyable ce qu'il fait chaud.* **2·** Qui est peu commun, peu ordinaire. → **extraordinaire, fantastique, inouï.** *Il a fait des progrès incroyables.* – *Il a un culot incroyable,* inadmissible. **3·** (Personnes) Dont le comportement étonne. *Il est incroyable avec ses prétentions !* ▶ 2 **Incroyable** n. Histoire. *Les Incroyables,* nom donné, sous le Directoire, à des jeunes gens qui affichaient une recherche extravagante dans leur mise et dans leur langage. ▶ **incroyablement** adv. D'une manière incroyable. *Il est incroyablement prétentieux.* → **extrêmement.**

incroyant, ante [ɛ̃kʀwajɑ̃, ɑ̃t] adj. Qui n'est pas croyant, qui refuse de croire (en matière de religion). – N. *Les incroyants.* → **agnostique, athée, incrédule, mécréant.** ▶ **incroyance** n. f. Absence de croyance religieuse. → **athéisme, incrédulité.**

incruster [ɛ̃kʀyste] v. tr. < conjug. 1 > **I·** (Surtout passif) **1·** Orner (un objet, une surface), suivant un dessin gravé en creux, avec des fragments d'une autre matière. – Au p. p. adj. *Un poignard incrusté d'or.* – Insérer dans une surface évidée (des matériaux d'ornement taillés en fragments). *Incruster de l'émail.* **2·** Couvrir d'un dépôt (→ **incrustation,** 3). **II·** *S'incruster* v. pron. **1·** Adhérer fortement à un corps, s'y implanter. *Ce coquillage s'est incrusté dans la pierre.* **2·** (Personnes) *S'incruster chez qqn,* ne plus en déloger. → **s'enraciner.** ▶ **incrustation** n. f. **1·** Action d'incruster. *La mosaïque se fait par incrustation.* **2·** Surtout au plur. Ornement incrusté. *Meuble orné d'incrustations.* **3·** Enduit pierreux naturel déposé par des matières salines autour d'un objet, contre une paroi. → **tartre.**

incubation [ɛ̃kybasjɔ̃] n. f. **1·** Action de couver des œufs ; développement de l'embryon dans l'œuf. *Les œufs éclosent après incubation. Incubation artificielle.* **2·** Temps qui s'écoule entre la contamination de l'organisme et l'apparition des symptômes (d'une maladie). *La varicelle est contagieuse dès la période d'incubation.* **3·** Période pendant laquelle un événement, une création se prépare. *L'incubation de l'insurrection.* ▶ **incubateur** n. m. **1·** Appareil utilisé pour l'incubation artificielle des œufs. **2·** Enceinte fermée et contrôlée dans laquelle on place les nouveau-nés fragiles. → **couveuse.**

inculper [ɛ̃kylpe] v. tr. < conjug. 1 > Attribuer officiellement un crime, un délit à (qqn). / contr. disculper / *Il a été inculpé de vol.* ▶ **inculpé, ée** adj. et n. Qui est inculpé. – N. *Un inculpé, une inculpée,* personne qui est sous le coup d'une inculpation. ▶ **inculpation** n. f. Action d'inculper (un individu contre qui est dirigée une procédure d'instruction). *Être arrêté sous l'inculpation d'assassinat.* – REM. Ce terme a été remplacé en France par *mise en examen.*

inculquer [ɛ̃kylke] v. tr. < conjug. 1 > Faire entrer (qqch.) dans l'esprit d'une façon durable, profonde. *On leur avait inculqué de bons principes.*

1 **inculte** [ɛ̃kylt] adj. **1·** (Terre, sol...) Qui n'est pas cultivé. **2·** (Cheveux, barbe...) Qui n'est pas soigné.

2 **inculte** adj. (Personnes) Sans culture intellectuelle. → **ignorant.** *Un homme intelligent mais inculte.* ▶ **inculture** n. f. Absence de culture intellectuelle.

incunable [ɛ̃kynabl] n. m. Ouvrage imprimé antérieur à 1500, tiré à peu d'exemplaires et très rare.

incurable [ɛ̃kyʀabl] adj. Qui ne peut être guéri. → **inguérissable.** *Un mal, un malade incurable.* – *Une vanité incurable.* → **incorrigible.** ▶ **incurablement** adv. *Il est incurablement atteint.* – *Incurablement paresseux.*

incurie [ɛ̃kyʀi] n. f. Manque de soin, d'organisation. → **négligence.** *L'incurie d'un service administratif.*

incursion [ɛ̃kyʀsjɔ̃] n. f. **1·** Entrée, court séjour d'envahisseurs en pays ennemi. → **attaque, invasion.** *Une incursion de bandes armées.* – Loc. *Faire incursion chez qqn, quelque part.* **2·** Abstrait. Le fait de pénétrer momentanément dans un domaine qui n'est pas le sien.

incurver [ɛ̃kyʀve] v. tr. < conjug. 1 > Rendre courbe. → **courber.** – Au p. p. adj. *Un meuble aux pieds incurvés.*

indéboulonnable [ɛ̃debulɔnabl] adj. Fam. Que l'on ne peut pas déposséder de sa place, de son poste. → **inamovible, indétrônable, intouchable.**

indécent, ente [ɛ̃desɑ̃, ɑ̃t] adj. **1·** Vieilli. Inconvenant, choquant. *Un luxe indécent.* **2·** Contraire à la décence. → **déshonnête, impudique, obscène.** *Une posture, une conversation indécente.* **3·** Qui choque par sa démesure. → **insolent** (3). *Il a une chance indécente.* ▶ **indécence** n. f. **1·** Manque de correction. *Aurez-vous l'indécence d'en réclamer davantage ?* **2·** Caractère indécent, impudique. → **impudicité.** *L'indécence de ses plaisanteries.* **3·** *(Une, des indécences)* Action, parole indécente.

indéchiffrable [ɛ̃deʃifʀabl] adj. Qui ne peut être déchiffré, illisible. *Une écriture indéchiffrable.* – Incompréhensible. *Une énigme indéchiffrable.*

indécis, ise [ɛ̃desi, iz] adj. **1·** (Choses) Qui n'est pas certain. → **douteux, incertain.** *La victoire demeura longtemps indécise.* – Qui n'est pas bien déterminé, qu'il est difficile de distinguer, de reconnaître. → **imprécis, vague.** *Des formes indécises.* → **flou. 2·** (Personnes) Qui n'a pas encore pris une décision. *Je suis encore indécis.* → **hésitant, perplexe.** – Qui hésite pour prendre une décision. – N. *C'est un perpétuel indécis.* ▶ **indécision** n. f. Hésitation, incertitude. *Son indécision lui fait manquer bien des occasions.*

indécomposable [ɛ̃dekɔ̃pozabl] adj. Qui ne peut être décomposé. *Corps simple indécomposable.*

indécrottable [ɛ̃dekʀɔtabl] adj. Qu'on ne parvient pas à débarrasser de ses manières grossières, de ses mauvaises habitudes. → **incorrigible.** *Un paresseux indécrottable.*

indéfectible [ɛ̃defɛktibl] adj. Littér. Qui ne peut cesser d'être, qui dure toujours. → **éternel, indestructible.** *Un attachement indéfectible.*

indéfendable [ɛ̃defɑ̃dabl] adj. **1·** Qui ne peut être défendu contre l'ennemi. *Une ville, une position indéfendable.* / contr. imprenable / **2·** Abstrait. Trop mauvais pour être défendu. *Une théorie indéfendable.* → **insoutenable** (1).

indéfini, ie [ɛ̃defini] adj. **1·** Dont les limites ne sont ou ne peuvent être déterminées. *Des éléments en nombre indéfini.* **2·** Qui n'est pas défini, qu'on ne peut définir. → **imprécis, indéterminé, vague.** *Une couleur indéfinie.* **3·** (Mot) Qui sert à désigner ou à présenter une chose, une personne (ou plusieurs) qui ne sont ni déterminées ni désignées par un démonstratif. *Les articles indéfinis sont « un, une, des ». Pronoms, déterminants indéfinis.* – N. m. *Un indéfini.* ▶ **indéfiniment** adv. D'une manière indéfinie. → **éternellement.** *Nous ne pouvons demeurer ici indéfiniment.* → **toujours.**

indéfinissable [ɛ̃definisabl] adj. **1·** Qu'on ne peut définir. **2·** Dont on ne saurait préciser la nature. *Une saveur, une émotion indéfinissable.* → **indescriptible, indicible.**

indéformable [ɛ̃defɔʀmabl] adj. Qui ne peut être déformé.

indéfrisable [ɛ̃defʀizabl] n. f. Frisure artificielle destinée à durer assez longtemps. → **permanente.**

indélébile [ɛ̃delebil] adj. Qui ne peut s'effacer. → **ineffaçable.** *Une tache indélébile.* – Abstrait. *Un souvenir indélébile.*

indélicat, ate [ɛ̃delika, at] adj. **1·** Qui manque de délicatesse morale. *Une personne indélicate.* → **grossier. 2·** Euphémisme. Malhonnête. *Un commerçant indélicat.* ▶ **indélicatesse** n. f. **1·** Défaut d'une personne indélicate. *Son indélicatesse est désagréable.* → **grossièreté, impolitesse. 2·** Procédé, acte indélicat. *Il a commis une indélicatesse.* → **malhonnêteté.**

indémaillable [ɛ̃demɑjabl] adj. (Tissu) Dont les mailles ne peuvent se défaire. *Textile indémaillable.*

indemne [ɛ̃dɛmn] adj. Qui n'a éprouvé aucun dommage. *Sortir indemne d'un accident.* → **sain et sauf.**

indemniser [ɛ̃dɛmnize] v. tr. < conjug. 1 > Dédommager (qqn) de ses pertes, de ses frais, etc. *Les sinistrés ont été indemnisés.* ▶ **indemnisation** n. f. Action d'indemniser. → **dédommagement.** – Fixation d'une indemnité. ▶ **indemnité** n. f. **1·** Ce qui est attribué à qqn en réparation d'un dommage. → **dédommagement.** *Recevoir une indemnité de licenciement.* **2·** Ce qui est attribué en compensation de certains frais. → **allocation.** *Indemnités de logement. Indemnité journalière de chômage.*

indémodable [ɛ̃demɔdabl] adj. Qui ne risque pas de se démoder. *Un manteau classique, indémodable.*

indémontrable [ɛ̃demɔ̃tʀabl] adj. Qui ne peut être démontré, prouvé (qu'on le considère comme vrai ou comme douteux). *Un postulat est indémontrable.*

indéniable [ɛ̃denjabl] adj. Qu'on ne peut nier ou réfuter. → **certain, incontestable.** *Des faits, des preuves indéniables. C'est indéniable.* ▶ **indéniablement** adv. Incontestablement. *Elle est indéniablement dans son tort.*

indépendamment [ɛ̃depɑ̃damɑ̃] adv. ***Indépendamment de*** loc. prép. **1·** Sans aucun égard à (une chose), en faisant abstraction de. *Indépendam-*

ment de ses problèmes financiers, il va très bien. **2·** En plus de. *Indépendamment de son travail, il s'occupe d'un ciné-club.* → ② **outre,** en **plus** de.

indépendant, ante [ɛ̃depɑ̃dɑ̃, ɑ̃t] adj. **I· 1·** Qui ne dépend pas (d'une personne, d'une chose) ; qui est libre de toute dépendance. *Une femme indépendante. Un journaliste indépendant.* → **free-lance** (anglic.). – Loc. *Un travailleur indépendant,* non soumis à un employeur. **2·** Qui aime l'indépendance, ne veut être soumis à personne. *Un esprit indépendant.* **3·** Qui jouit de l'indépendance politique. *État indépendant et souverain.* **II· 1·** ***Indépendant de...*** : qui ne varie pas en fonction de (qqch.). *Ce phénomène est indépendant du climat.* – Qui n'a pas de rapport avec (qqch.). *Pour des raisons indépendantes de notre volonté.* **2·** Au plur. Sans compl. Sans dépendance mutuelle. *Roues avant indépendantes.* **3·** (Logement, pièce) Qui est séparé des logements contigus, avec une entrée particulière. **4·** Grammaire. *Proposition indépendante,* qui ne dépend d'aucune autre (ex. : *Il court vite*). – N. f. *Une indépendante.* ▶ **indépendance** n. f. **I· 1·** État d'une personne indépendante. → **liberté.** *Il veut conserver son indépendance.* **2·** Caractère indépendant (de l'esprit), non-conformisme. **3·** Situation d'une collectivité qui n'est pas soumise à une autre. → **autonomie.** / contr. dépendance / *Les pays colonisés ont acquis leur indépendance. Proclamation d'indépendance.* **II·** Absence de relation, de dépendance (entre plusieurs phénomènes ou choses). *L'indépendance de deux événements.* ▶ **indépendantisme** n. m. Revendication d'indépendance politique. *L'indépendantisme basque.* ▶ **indépendantiste** adj. et n. Partisan de l'indépendance, de l'autonomie politique.

indescriptible [ɛ̃dɛskʀiptibl] adj. Qu'on ne peut décrire, caractériser. *Dans un désordre indescriptible. Un enthousiasme indescriptible.* → **inexprimable.**

indésirable [ɛ̃deziʀabl] adj. Qu'on ne désire pas accueillir dans un pays ; dont on ne veut pas dans un groupe. *Le parti a exclu des éléments indésirables.* – N. *Un, une indésirable.*

indestructible [ɛ̃dɛstʀyktibl] adj. **1·** Qui ne peut ou semble ne pouvoir être détruit. *Une matière indestructible.* / contr. périssable / **2·** Abstrait. Qui dure très longtemps, que rien ne peut altérer. *Une indestructible solidarité.*

indétermination [ɛ̃detɛʀminasjɔ̃] n. f. **1·** Caractère de ce qui n'est pas défini ou connu avec précision. → **imprécision. 2·** État d'une personne qui n'a pas encore pris de détermination, qui hésite. → **indécision, irrésolution.** *Demeurer, être dans l'indétermination.*

indéterminé, ée [ɛ̃detɛʀmine] adj. Qui n'est pas déterminé, fixé. → **imprécis, incertain.** *À une date indéterminée.*

indétrônable [ɛ̃detʀonabl] adj. Qu'on ne peut pas détrôner (2), évincer. → **indéboulonnable.** *Un champion indétrônable.*

① **index** [ɛ̃dɛks] n. m. invar. Doigt de la main le plus proche du pouce. *Prendre un objet entre le pouce et l'index.*

② **index** n. m. invar. **1·** Table alphabétique (de sujets traités, de noms cités dans un livre) accompagnée de références. *Index des matières.* – *Index d'une base de données.* **2·** *L'Index,* catalogue des livres interdits par l'Église catholique. *Ce livre est à l'Index.* – Loc. *Mettre qqn, qqch. à l'index,* condamner comme indésirable. → **exclure, proscrire.**

indexer [ɛ̃dɛkse] v. tr. < conjug. 1 > **1·** Lier les variations d'une valeur à celles d'un élément de référence, d'un indice déterminé. *On a indexé cet emprunt sur le cours de l'or.* **2·** En informatique. Créer un index (dans un document, un texte...). ▶ **indexation** n. f. Fait d'indexer. *Indexation des salaires sur le coût de la vie.* – *L'indexation automatique des données d'une base.*

indicateur, trice [ɛ̃dikatœʀ, tʀis] n. et adj. **I·** Personne qui dénonce un suspect, se met à la solde de la police pour la renseigner. → **mouchard.** – Abrév. fam. **un indic** [ɛ̃dik]. *Des indics.* **II· 1·** Livre, brochure donnant des renseignements. *L'indicateur des chemins de fer.* **2·** Instrument servant à fournir des indications sur un phénomène. *Indicateur de pression, d'altitude, de vitesse.* **III·** Adj. Qui fournit une indication. *Poteau indicateur. Plaque indicatrice.*

① **indicatif, ive** [ɛ̃dikatif, iv] adj. et n. m. **1·** Qui indique. *Voici quelques prix, à titre indicatif.* **2·** N. m. Fragment musical qui annonce une émission (de radio, de télévision...). *L'indicatif du journal télévisé.* – *Indicatif d'appel,* appellation conventionnelle formée de lettres et de chiffres, particulière à chaque émetteur-récepteur télégraphique ou radiophonique.

② **indicatif** n. m. Mode verbal convenant à l'énoncé de la réalité (opposé à *subjonctif,* etc.). *Les temps de l'indicatif. Le présent, le passé composé de l'indicatif.*

indication [ɛ̃dikasjɔ̃] n. f. **1·** Action d'indiquer ; résultat de cette action. *L'indication de travaux sur un panneau.* – *(Une, des indications)* Ce qui indique, révèle qqch. → **indice, signe.** *C'est une indication sur les projets du gouvernement.* **2·** Ce qui est indiqué. *Conformez-vous à ces indications.* ▷ **contre-indication**

indice [ɛ̃dis] n. m. **I·** Signe apparent qui indique avec probabilité. *Sa bonne mine est l'indice d'une bonne santé. Condamner les gens sur des indices vagues.* **II· 1·** Indication (nombre ou lettre) qui sert à caractériser un signe mathématique. *« a_1 » se lit « a indice un ».* **2·** Nombre qui sert à exprimer un rapport. *Lier une quantité à un indice.* → **indexer.** *Indice d'octane d'un carburant. Indice des prix,* par rapport à un prix de référence exprimé par le nombre 100. *Indice de masse corporelle (I. M. C.),* qui permet d'évaluer le surpoids.

indicible [ɛ̃disibl] adj. Littér. Qu'on ne peut dire, exprimer. → **inexprimable.** *Éprouver une joie indicible.*

1 **indien, ienne** [ɛ̃djɛ̃, jɛn] adj. De l'Inde. *L'océan Indien.* – N. *La plupart des Indiens sont hindous ou musulmans.* ▶ **indienne** n. f. Toile de coton peinte ou imprimée qui se fabriquait primitivement en Inde.

2 **indien, ienne** adj. et n. Des autochtones d'Amérique (« Peaux-Rouges »), appelée autrefois Indes occidentales. *Les civilisations indiennes.* – N. *Les Indiens Mayas. Indien Apache. Les Indiens Sioux.* ▷ **amérindien**

indifférencié, ée [ɛ̃difeʀɑ̃sje] adj. Qui n'est pas différencié. *Cellules vivantes indifférenciées.*

indifférent, ente [ɛ̃difeʀɑ̃, ɑ̃t] adj. **I·** (Choses, personnes) **1·** Sans intérêt, sans importance. *Causer de choses indifférentes.* **2·** ***Indifférent à*** : qui n'intéresse pas, ne touche pas. *Elle m'est indifférente. Son sort m'est indifférent.* **3·** Qui ne fait pas de différence (pour qqn). *Ici ou là, cela m'est indifférent.* → **égal. II·** (Personnes) **1·** Qui ne s'intéresse pas à, qui n'est pas préoccupé de (qqch. ou qqn). → **insensible.** *Il semble indifférent à son sort.* **2·** Qui marque de l'indifférence en amour. **3·** Qui n'est touché par rien ni par personne. → **blasé, froid.** – Qui manifeste de l'indifférence. *Un air indifférent.* ▶ **indifféremment** [ɛ̃difeʀamɑ̃] adv. Sans distinction, sans faire de différence. → **indistinctement.** *Il soutient indifféremment le pour et le contre.* ▶ **indifférence** n. f. **1·** Sans compl. État de la personne qui n'éprouve ni douleur, ni plaisir, ni crainte, ni désir. → **apathie, insensibilité.** *Il reste dans un état d'indifférence totale.* **2·** ***Indifférence à, pour*** *qqch.* : détachement à l'égard d'une chose, d'un événement. / contr. intérêt, passion / *Son indifférence à la mode, pour la politique.* **3·** Absence d'intérêt à l'égard d'un être, des hommes. → **froideur.** *L'indifférence que lui a montrée son entourage.* – Absence d'amour. *Ils n'avaient plus que de l'indifférence l'un pour l'autre.* ▶ **indifférer** v. tr. ind. <conjug. 6> Fam. Être indifférent (surtout 3e pers. ; avec pronom compl.). *Cela m'indiffère complètement,* cela m'est égal, fam. je m'en fiche. *Elle l'indifférait,* elle lui était indifférente.

indigène [ɛ̃diʒɛn] adj. et n. **1·** Qui est né dans le pays dont il est question. → **aborigène, autochtone.** / contr. allogène / – REM. On emploie de préférence *autochtone.* – (Animal, plante) Qui vit, croît naturellement dans une région. **2·** Qui appartient à un groupe ethnique existant dans un pays avant sa colonisation. – N. *Un, une indigène.* – REM. Le mot est devenu péjoratif.

indigent, ente [ɛ̃diʒɑ̃, ɑ̃t] adj. **1·** Vieilli. Qui manque des choses les plus nécessaires à la vie. → **nécessiteux, pauvre.** / contr. riche / – N. Personne sans ressources. *Aide aux indigents.* **2·** Littér. Pauvre ; peu fourni. *Une végétation indigente. Une imagination indigente.* ▶ **indigence** n. f. **1·** Vieilli. État d'une personne indigente. → **misère, pauvreté.** / contr. richesse / *Tomber dans l'indigence.* **2·** Littér. Pauvreté (intellectuelle, morale). *Un texte d'une rare indigence.*

indigeste [ɛ̃diʒɛst] adj. **1·** Difficile à digérer. *Une nourriture indigeste.* → **lourd. 2·** Fig. Mal ordonné et, par suite, mal assimilable. *Une compilation indigeste.* ▶ **indigestion** [ɛ̃diʒɛstjɔ̃] n. f. **1·** Indisposition momentanée due à une digestion qui se fait mal, incomplètement. *Avoir une indigestion.* **2·** *Avoir une indigestion de qqch.*, en avoir trop, jusqu'à en éprouver la satiété, le dégoût.

indignation [ɛ̃diɲasjɔ̃] n. f. Sentiment de colère que soulève une action qui heurte la conscience morale, le sentiment de la justice (→ **indigner**). *Être rempli d'indignation. On ne peut voir cela sans indignation.*

indigne [ɛ̃diɲ] adj. **I·** ***Indigne de.*** **1·** Qui n'est pas digne de (qqch.), qui ne mérite pas. *Il est indigne de notre confiance. Il est indigne de vivre !* **2·** Qui n'est pas à la hauteur (de qqn). *Ce travail lui paraissait indigne de lui.* **II·** Absolt. **1·** Qui n'est pas digne de sa fonction, de son rôle. *Un père indigne.* **2·** (Choses) Très condamnable. → **déshonorant, odieux, révoltant.** *C'est une action, une conduite indigne.* ▶ **indignement** adv. *On l'a indignement trompé.* ▷ **indignité**

indigner [ɛ̃diɲe] v. tr. **1·** Remplir d'indignation. → **révolter, scandaliser.** *Sa conduite a indigné tout le monde.* **2·** ***S'indigner*** v. pron. : être saisi d'indignation. *Il s'indignait de ces procédés, de voir sa malhonnêteté.* ▶ **indigné, ée** adj. (Personnes) Qui éprouve de l'indignation. → **outré.** – Qui marque l'indignation. *Un regard indigné.* ▷ **indignation**

indignité [ɛ̃diɲite] n. f. **1·** Littér. Caractère d'une personne indigne. – *Indignité nationale,* sanctionnant les faits de collaboration avec l'ennemi. **2·** Caractère de ce qui est indigne. → **bassesse.** *L'indignité d'une action.* **3·** *(Une, des indignités)* Action, conduite indigne. *C'est une indignité.*

indigo [ɛ̃digo] n. m. et adj. invar. **1·** Teinture bleue, extraite d'un arbrisseau exotique (l'*indigotier,* n. m.) ou obtenue par synthèse. **2·** Bleu violacé très sombre. *Des indigos.* – Adj. invar. *Des étoffes indigo.*

indiquer [ɛ̃dike] v. tr. < conjug. 1 > **1·** Faire voir d'une manière précise, par un geste, un repère, un signal. → **désigner, montrer, signaler ; indication.** *Il nous a indiqué la bonne direction. L'horloge indique l'heure.* **2·** Faire connaître (à qqn) la chose ou la personne qu'il a besoin de connaître. *Pouvez-vous m'indiquer un hôtel convenable ?, quand arrive le train ? – Les sens qu'indique un dictionnaire.* – Déterminer et faire connaître (une date, un lieu choisis). → **fixer.** *Il m'a indiqué le jour et l'heure, mais pas l'endroit. Indiquez-moi quand et où nous nous retrouverons.* – Au p. p. adj. *À l'heure indiquée.* **3·** (Choses) Faire connaître (l'existence ou le caractère de qqn, qqch.) en servant d'indice. → **annoncer, manifester, signaler.** *Les traces de pas indiquent le passage du fugitif.* **4·** Représenter en s'en tenant aux traits essentiels, sans s'attacher aux détails. → **esquisser, tracer.** *L'auteur n'a fait qu'indiquer ce caractère.* ▶ **indiqué, ée** adj. **1·** → **indiquer.** **2·** Signalé comme étant le meilleur (remède, traitement). *Le traitement indiqué dans, pour la rougeole.* / contr. contre-indiqué / **3·** Adéquat, opportun. *C'est tout indiqué ! Il n'est pas très indiqué de le déranger maintenant.* ▷ **contre-indiqué, indicateur,** ⓘ **indicatif, indication**

indirect, ecte [ɛ̃dirɛkt] adj. **1·** Qui n'est pas direct, qui fait des détours. / contr. direct / *Itinéraire indirect. Éclairage indirect.* – Abstrait. *Par des moyens indirects. Une critique indirecte.* **2·** Qui comporte un ou plusieurs intermédiaires. / contr. immédiat / *Une cause, une conséquence indirecte.* – *Complément indirect,* rattaché au verbe par une préposition. *Verbe transitif indirect* (ex. : *parler à qqn*). – *Style, discours indirect* (opposé à *direct*), qui consiste à rapporter les paroles de qqn sous forme de propositions subordonnées par l'intermédiaire d'un narrateur (ex. : *Il m'a dit qu'il accepterait* au lieu de *il m'a dit : « j'accepte »* [direct]). ▶ **indirectement** adv. D'une manière indirecte (1, 2). *Je ne l'ai appris qu'indirectement.*

indiscernable [ɛ̃disɛrnabl] adj. **1·** Qui ne peut être discerné (d'une autre chose de même nature). *Des choses indiscernables entre elles, l'une de l'autre.* **2·** Dont on ne peut se rendre compte précisément. *Des nuances indiscernables.*

indiscipline [ɛ̃disiplin] n. f. Manque de discipline. *Faire acte d'indiscipline.* ▶ **indiscipliné, ée** adj. Qui n'est pas discipliné, qui n'observe pas la discipline. → **désobéissant, indocile.** *Des troupes indisciplinées. – Cheveux indisciplinés,* difficiles à peigner.

indiscret, ète [ɛ̃diskrɛ, ɛt] adj. **1·** (Personnes) Qui manque de discrétion, de retenue dans les relations sociales. *Je crains d'être indiscret en m'invitant chez vous.* – N. *Un coin tranquille à l'abri des indiscrets.* → **gêneur, intrus.** **2·** (Comportements) Qui dénote de l'indiscrétion. *Une curiosité indiscrète. Serait-ce indiscret de vous demander...* **3·** (Personnes) Qui ne sait pas garder un secret. → **bavard.** *Une confidente indiscrète. Méfiez-vous des oreilles indiscrètes.* ▶ **indiscrètement** adv. *Ouvrir indiscrètement une porte.* ▶ **indiscrétion** [ɛ̃diskresjɔ̃] n. f. **1·** Manque de discrétion, de retenue dans les relations sociales. *Il poussait l'indiscrétion jusqu'à lire mon courrier. Sans indiscrétion, peut-on savoir votre adresse ?* **2·** Le fait de révéler un secret. **3·** *(Une, des indiscrétions)* Déclaration indiscrète. *Les indiscrétions d'un journaliste. La moindre indiscrétion commise pourrait faire échouer notre plan.*

indiscutable [ɛ̃diskytabl] adj. Qui s'impose par son évidence, son authenticité. → **certain, évident, incontestable.** *Une supériorité, un témoignage indiscutable.* ▶ **indiscutablement** adv. *Prouver indiscutablement qqch. Indiscutablement, il a tort.*

indispensable [ɛ̃dispɑ̃sabl] adj. Qui est très nécessaire, dont on ne peut pas se passer. / contr. inutile / *Acquérir les connaissances indispensables.* – N. m. *Il n'a, en fait de meubles, que l'indispensable. Faire l'indispensable,* ce qu'il faut. – (Personnes) *Il se croit indispensable.*

indisponible [ɛ̃dispɔnibl] adj. Qui n'est pas disponible. ▶ **indisponibilité** n. f. État d'une chose, d'une personne indisponible.

indisposer [ɛ̃dispoze] v. tr. < conjug. 1 > **1·** Altérer légèrement la santé de. → **incommoder.** *Ce long voyage l'a indisposé.* **2·** Mettre dans une disposition peu favorable. → **déplaire** à. *Sa prétention indispose tout le monde.* ▶ **indisposé, ée** adj. **1·** Qui est affecté d'une indisposition. → **souffrant.** **2·** (Femmes). Vieilli. Qui a ses règles. ▶ **indisposition** n. f. Légère altération de la santé. → **fatigue.** *Il est remis de son indisposition.*

indissociable [ɛ̃disɔsjabl] adj. Qu'on ne peut dissocier, séparer. *Le corps et l'esprit humain sont indissociables.*

indissoluble [ɛ̃disɔlybl] adj. Qui ne peut être dissous, délié. *Des liens indissolubles.* ▶ **indissolublement** adv. *Des questions indissolublement liées.*

indistinct, incte [ɛ̃distɛ̃, ɛ̃kt] adj. Qui n'est pas distinct, que l'on distingue mal. → **confus, imprécis, vague.** / contr. net / *Des objets indistincts. Un bruit de voix encore indistinct.* ▶ **indistinctement** adv. 1· D'une manière indistincte. → **confusément.** *Prononcer indistinctement une phrase.* / contr. nettement / 2· Sans distinction, sans faire de différence. → **indifféremment.** *Vous êtes tous concernés indistinctement.*

individu [ɛ̃dividy] n. m. I· 1· Corps organisé vivant d'une existence propre et qui ne saurait être divisé sans être détruit (plante, animal). 2· Être humain. → **personne.** *Sacrifier l'individu à l'espèce.* – L'être humain, en tant qu'être particulier, différent de tous les autres. *L'individu et la personne.* – ***Un individu*** : membre d'une collectivité humaine. → **homme, femme.** – (Collectif) *L'individu et l'État.* II· Péj. Homme quelconque, que l'on ne peut ou que l'on ne veut pas nommer. → **bonhomme, gars, type.** *C'est un drôle d'individu, un individu sans scrupules.* ▶ **individualiser** v. tr. < conjug. 1 > Différencier par des caractères individuels. → **caractériser, distinguer.** *Les caractères qui individualisent les êtres.* – Au p. p. adj. *Un enseignement individualisé.* – ***S'individualiser*** v. pron. : acquérir ou accentuer des caractères distinctifs. *Peu à peu, le style de ce peintre s'individualise.* ▶ **individualisation** n. f. Action d'individualiser. *L'individualisation des peines,* leur adaptation aux délinquants. ▶ **individualisme** n. m. Théorie ou tendance qui considère l'individu comme la suprême valeur dans le domaine politique, économique, moral. – Indépendance, absence de conformisme. *Par individualisme, il rejette les modes.* ▶ **individualiste** adj. Qui montre de l'individualisme dans sa vie, dans sa conduite. *La société est de plus en plus individualiste.* – N. *Un, une individualiste.* ▶ **individualité** n. f. 1· Caractère ou ensemble de caractères par lesquels une personne ou une chose diffère des autres. → **originalité, particularité.** *L'individualité d'un artiste.* 2· Individu, considéré dans ce qui le différencie des autres. – ***Une individualité*** : personne douée d'un caractère très marqué. – REM. On emploie plus couramment dans ce sens *personnalité.* ▶ **individuel, elle** adj. 1· Qui concerne l'individu, est propre à un individu. *Caractères individuels. La liberté individuelle.* → **personnel.** 2· Qui concerne une seule personne, une seule personne à la fois. / contr. collectif / *Après quelques interventions individuelles, ils ont fait une pétition. Une chambre individuelle.* ▶ **individuellement** adv. Chacun en particulier, à part.

indivis, ise [ɛ̃divi, iz] adj. Se dit d'un bien sur lequel plusieurs personnes ont un droit et qui n'est pas matériellement divisé entre elles. *Propriété indivise.* ▶ **indivision** n. f. État d'une chose indivise. *Propriété en indivision.*

indivisible [ɛ̃divizibl] adj. Qui n'est pas divisible. *La République française proclamée une et indivisible* (en 1791). ▶ **indivisibilité** n. f. Caractère de ce qui est indivisible. / contr. divisibilité /

indocile [ɛ̃dɔsil] adj. Littér. Qui n'est pas docile. → **désobéissant, rebelle.** *Être indocile par entêtement.* ▶ **indocilité** n. f. Littér. Caractère d'une personne indocile. / contr. docilité /

indo-européen, éenne [ɛ̃dɔœ(ø)ʀɔpeɛ̃, eɛn] adj. Se dit de langues d'Europe et d'Asie qui ont une origine commune (sanskrit, grec, latin, et langues romanes, langues slaves, germaniques, etc.), et des peuples qui parlent ces langues.

indolent, ente [ɛ̃dɔlɑ̃, ɑ̃t] adj. Littér. Qui évite de faire des efforts. → **mou, nonchalant, paresseux.** *Un enfant indolent.* – *Un air indolent,* alangui. ▶ **indolence** n. f. Littér. Disposition à éviter le moindre effort physique ou moral. → **mollesse, nonchalance.**

indolore [ɛ̃dɔlɔʀ] adj. (Choses) Qui ne cause pas de douleur. / contr. douloureux / *Maladie indolore. L'opération est absolument indolore.*

indomptable [ɛ̃dɔ̃tabl] ou moins bien [ɛ̃dɔ̃ptabl] adj. Littér. Qu'on ne peut soumettre à aucune autorité ; dont rien ne peut venir à bout. *Une volonté indomptable.* → **inflexible.**

indonésien, ienne [ɛ̃dɔnezjɛ̃, ɛn] adj. D'Indonésie. *L'archipel indonésien.* – N. *Les Indonésiens.* – N. m. *L'indonésien* (langue).

in-douze [induz] adj. invar. et n. m. invar. (Format) Dont les feuilles sont pliées en douze feuillets (vingt-quatre pages). – N. m. invar. *Un, des in-douze,* livres de ce format. – REM. On emploie aussi *in-huit, in-seize,* adj. invar. et n. m. invar.

indu, ue [ɛ̃dy] adj. Qui va à l'encontre de la règle, de l'usage. *Rentrer, arriver à une heure indue,* anormale. – Qui n'est pas fondé juridiquement. *Une réclamation indue.* ▶ **indûment** adv. D'une manière indue. → **à tort.** *Vous détenez indûment ces biens.* / contr. dûment /

indubitable [ɛ̃dybitabl] adj. Littér. Dont on ne peut douter, qu'on ne peut mettre en doute. → **certain, incontestable, indiscutable.** *C'est un* *fait indubitable. Il est indubitable qu'il a raison.* / contr. douteux / ▶ **indubitablement** adv. Littér. Sans aucun doute. → **assurément, sûrement.**

inducteur, trice [ɛ̃dyktœʀ, tʀis] adj. et n. m. Qui produit l'induction ② électrique. – N. m. *Un inducteur,* aimant ou électroaimant produisant le champ inducteur dans une machine électrique. / contr. induit /

① **induction** [ɛ̃dyksjɔ̃] n. f. Opération mentale qui consiste à remonter des faits à la loi, de cas singuliers à une proposition plus générale. → **généralisation.** *Raisonnement par induction.* → **inférence.** / contr. déduction /

② **induction** n. f. Transmission à distance d'énergie électrique ou magnétique par l'intermédiaire d'un aimant ou d'un courant (→ **induit**). *Bobine d'induction. Induction électromagnétique. La cuisine est équipée d'une plaque à induction.*

induire [ɛ̃dɥiʀ] v. tr. < conjug. 38 > REM. Part. passé *induit(e).* **1**· Loc. *Induire qqn en erreur,* tromper. *Il nous a induits en erreur.* ≠ enduire. **2**· Didact. Trouver par l'induction. → **inférer.** / contr. déduire / *On peut induire la rotation de la Terre de l'observation du mouvement des étoiles. J'en induis que...* (+ indicatif). ▷ **induction**

induit, ite [ɛ̃dɥi, it] adj. (Courant électrique) Qui est produit par une variation de flux dans un circuit. – *Circuit induit* ou, n. m., ***un induit*** *:* organe d'une machine électrique dans lequel prennent naissance les forces électromotrices produites par l'inducteur. / contr. inducteur /

indulgent, ente [ɛ̃dylʒɑ̃, ɑ̃t] adj. **1**· Qui excuse, pardonne facilement. → **bienveillant, bon.** *Un père indulgent. Être indulgent avec, envers, pour qqn.* **2**· (Choses) Qui marque l'indulgence. *Une appréciation bien indulgente.* / contr. sévère / ▶ **indulgence** n. f. **1**· Facilité à excuser, à pardonner. → **bienveillance, bonté, compréhension.** / contr. sévérité / *Avoir de l'indulgence pour les fautes de qqn. L'indulgence du jury.* – *Une remarque sans indulgence.* **2**· ***Une indulgence*** *:* remise des peines méritées par les péchés, accordée par l'Église catholique dans une circonstance particulière.

indûment → **indu.**

induration [ɛ̃dyʀasjɔ̃] n. f. Durcissement d'un tissu organique (peau, etc.) ; callosité qui en résulte.

industrialiser [ɛ̃dystʀijalize] v. tr. < conjug. 1 > **1**· Exploiter industriellement, organiser en industrie. *Il faut industrialiser ce nouveau procédé de stockage.* **2**· Équiper d'industries (une région, un pays...). – Au p. p. adj. *Les pays industrialisés.* – Pronominalement. *Cette région s'industrialise.* ▶ **industrialisation** n. f. Action d'équiper d'industries. *L'industrialisation de la France au XIXᵉ siècle.*

① **industrie** [ɛ̃dystʀi] n. f. **1**· Ensemble d'activités ou d'opérations économiques. *L'industrie des transports.* **2**· Ensemble des activités économiques ayant pour objet l'exploitation des richesses minérales et des sources d'énergie, la transformation des matières premières en produits fabriqués. *L'industrie française, allemande. Petite, moyenne, grande industrie,* selon l'importance de la production, des moyens. *Industrie lourde,* la grande industrie de première transformation des matières premières lourdes (fer, charbon...). *Industrie légère,* transformant les produits de l'industrie lourde en produits fabriqués. *L'industrie automobile. L'industrie pharmaceutique. Les industries textiles.* **3**· ***Une industrie*** *:* une entreprise industrielle. → **entreprise.** *Il est à la tête de plusieurs industries.* ▶ **industriel, elle** adj. et n. m. **1**· Qui a rapport à l'industrie. *La révolution industrielle. La chimie industrielle. Friche industrielle.* En France. *Institut national de la propriété industrielle,* auprès duquel sont déposées et protégées les innovations, inventions et créations dans le domaine de l'industrie et du commerce. **2**· Qui est produit par l'industrie. *Produits industriels. Bronze industriel.* – Loc. fam. *En quantité industrielle,* en très grande quantité. – Qui emploie les procédés de l'industrie. / contr. artisanal / *Boulangerie industrielle.* **3**· Où l'industrie est développée. *Une région industrielle.* **4**· N. m. ***Un industriel*** *:* propriétaire d'une usine ; chef d'industrie. → **fabricant.** *Les industriels du textile.* – Fém. rare : *une industrielle.* ▶ **industriellement** adv. **1**· Par les moyens et les méthodes de l'industrie. *Produit fabriqué industriellement.* **2**· Relativement à l'industrie. *Les pays industriellement avancés.* ▷ **bio-industrie, éco-industrie, industrialiser**

② **industrie** n. f. **1**· Vx. Habileté, art. *Il utilisa toute son industrie pour réussir.* **2**· Littér. Métier. *Le voleur exerçait sa coupable industrie.* ▶ **industrieux, euse** adj. Littér. Qui a, qui montre de l'adresse, de l'habileté. → **ingénieux.**

inébranlable [inebʀɑ̃labl] adj. **1**· Qu'on ne peut ébranler, dont on ne peut compromettre la solidité. *Un mur inébranlable.* **2**· (Personnes) Qui ne se laisse pas abattre. → **constant.** – Qu'on ne peut faire changer de dessein, d'opinion. → **inflexible.** *Il restait inébranlable dans ses résolutions.* – (Comportements, attitudes) Qui ne change pas. *Une certitude inébranlable.*

inédit, ite [inedi, it] adj. **1**· Qui n'a pas été édité. *La correspondance inédite d'un écrivain. Un film inédit,* qui n'a pas été diffusé. – N. m. *Publier des* *inédits.* **2·** Qui n'est pas connu. → **nouveau, original.** *Un moyen inédit de réussir.* – N. m. *Voilà de l'inédit !*

ineffable [inefabl] adj. **1·** Littér. Qui ne peut être exprimé par des paroles (se dit de choses agréables). → **inexprimable.** *Un bonheur ineffable.* **2·** Fam. Péj. *L'ineffable Monsieur X,* ce Monsieur X dont on ne peut parler sans rire. → **inénarrable.**

ineffaçable [inefasabl] adj. Qui ne peut être effacé ou détruit. → **indélébile.** *Une trace ineffaçable. Une impression ineffaçable.*

inefficace [inefikas] adj. Qui n'est pas efficace, qui ne produit pas l'effet souhaité. *Un remède, une mesure inefficace.* – *Il fait ce qu'il peut, mais il est inefficace.* ▶ **inefficacement** adv. Littér. D'une manière inefficace. ▶ **inefficacité** n. f. Caractère de ce qui est inefficace. *L'inefficacité d'un moyen, d'une personne.*

inégal, ale, aux [inegal, o] adj. **I· 1·** Au plur. Dont la quantité, la nature, la qualité n'est pas la même dans plusieurs objets ou cas. *L'inclinaison de la Terre fait les jours inégaux. Des forces inégales.* – Au sing. Qui a plusieurs mesures, dimensions, etc. → **différent.** *Des cordes d'inégale grosseur, de grosseur inégale.* **2·** Dont les éléments ou les participants ne sont pas égaux. *Un combat inégal.* **II· 1·** Qui n'est pas uni, lisse. *Une surface inégale qui a besoin d'être aplanie.* **2·** Irrégulier. *Le pouls est inégal.* **3·** Qui n'est pas constant. *Un caractère inégal.* – Dont la qualité n'est pas constamment bonne. *C'est une œuvre inégale.* ▶ **inégalement** adv. D'une manière inégale. *Cette œuvre a été inégalement appréciée.* → **diversement.** ▶ **inégalité** n. f. **I· 1·** Défaut d'égalité. → **différence, disproportion.** *Les inégalités sociales.* **2·** Expression mathématique dans laquelle on compare deux quantités inégales. / contr. équation / **II·** Défaut d'uniformité, de régularité. → **irrégularité.** *Des inégalités de terrain.* → **accident.** – *Des inégalités d'humeur.* ▶ **inégalitaire** adj. Qui crée ou est caractérisé par des inégalités sociales. / contr. égalitaire / ▶ **inégalable** adj. Qui ne peut être égalé. *Une habileté inégalable.* → **incomparable.** ▶ **inégalé, ée** adj. Qui n'est pas égalé, qui n'a pas de rival.

inélégant, ante [inelegɑ̃, ɑ̃t] adj. **1·** (Choses) Qui n'est pas élégant. *Une démarche, une pose inélégante.* **2·** Qui n'est pas très correct. *Un procédé inélégant.* → **indélicat.** ▶ **inélégance** n. f. Manque d'élégance. / contr. élégance /

inéligible [ineliʒibl] adj. Qui ne peut pas être élu. ▶ **inéligibilité** n. f.

inéluctable [inelyktabl] adj. Qu'on ne peut empêcher, éviter. *Un sort inéluctable.* ▶ **inéluctablement** adv. → **inévitablement.**

inemployé, ée [inɑ̃plwaje] adj. (Choses) Qui n'est pas employé. → **inutilisé.** *Des talents inemployés.*

inénarrable [inenaʀabl] adj. Dont on ne peut parler sans rire. → **comique, ineffable, risible.** *Si vous aviez vu la scène, c'était inénarrable ! Il, elle est inénarrable,* très drôle (volontairement ou non).

inepte [inɛpt] adj. Tout à fait absurde ou stupide. *Une histoire inepte.* ▶ **ineptie** [inɛpsi] n. f. **1·** Caractère de ce qui est inepte. → **bêtise, stupidité.** **2·** *(Une, des inepties)* Action, parole inepte. → **idiotie.** *Débiter gravement des inepties.*

inépuisable [inepɥizabl] adj. **1·** Qu'on ne peut épuiser. *Une source inépuisable.* – *Une mine inépuisable de renseignements.* – *Une bonté inépuisable.* **2·** (Personnes) Intarissable. *Il est inépuisable sur ce chapitre.*

inerte [inɛʀt] adj. **1·** Qui n'a ni activité ni mouvement propre. *La matière inerte.* – *Gaz, liquide inerte,* qui ne provoque aucune réaction des corps avec lesquels il est en contact. **2·** Qui ne donne pas signe de vie ; (personnes) qui reste sans réaction. *Elle gisait par terre, totalement inerte.* ▶ **inertie** [inɛʀsi] n. f. **1·** Propriété qu'ont les corps de ne pouvoir d'eux-mêmes changer l'état de repos ou de mouvement où ils se trouvent. – ***Force d'inertie*** : résistance que les corps opposent au mouvement. Loc. *Il nous oppose sa force d'inertie,* son apathie, sa volonté de ne rien faire. **2·** Perte de la propriété (d'un muscle, d'un organe) de changer de forme, de se contracter. **3·** Manque absolu d'activité, d'énergie intellectuelle ou morale. → **paresse, passivité.** *Va-t-il sortir de son inertie ?*

inespéré, ée [inɛspeʀe] adj. Se dit d'un événement heureux que l'on n'espérait pas, ou d'un événement qu'on n'espérait pas aussi heureux. *Une victoire inespérée. Il est arrivé à des résultats inespérés.*

inesthétique [inɛstetik] adj. (Objets, comportements) Sans beauté. → **laid.** *Une construction inesthétique.*

inestimable [inɛstimabl] adj. Dont la valeur dépasse toute estimation. *Une œuvre d'art inestimable. Il m'a rendu un service inestimable.* → **immense.**

inévitable [inevitabl] adj. **1·** Qu'on ne peut pas éviter. → **certain, immanquable, inéluctable.** *La catastrophe est inévitable.* – N. m. *Il se résignait à accepter l'inévitable.* **2·** Plaisant. Qui est toujours présent et qu'il faut toujours supporter. *Il était venu avec son inévitable cortège d'admirateurs.* ▶ **inévitablement** adv. → **fatalement.**

inexact, acte [inɛgza(kt), akt] adj. **1·** Qui n'est pas exact. → **faux.** *Un renseignement inexact. Non, c'est inexact.* – Qui manque d'exactitude. *Donner une version inexacte d'un événement.* **2·** (Personnes) Qui manque de ponctualité. *Il est inexact à ses rendez-vous.* ▶ **inexactement** adv. *Il a rapporté inexactement mes propos.* / contr. exactement / ▶ **inexactitude** n. f. **1·** Manque d'exactitude. *L'inexactitude d'un calcul.* **2·** *(Une, des inexactitudes)* Erreur. *Ce récit fourmille d'inexactitudes.* **3·** Manque de ponctualité.

inexcusable [inɛkskyzabl] adj. (Choses, personnes) Qu'il est impossible d'excuser. → **impardonnable.** *Une paresse inexcusable. Je suis inexcusable d'être en retard.*

inexistant, ante [inɛgzistɑ̃, ɑ̃t] adj. **1·** Littér. Qui n'existe pas. → **irréel.** *Le monde inexistant de la légende.* **2·** Sans valeur, sans efficacité. → **nul.** *L'aide qu'il m'apporte est inexistante.* ▶ **inexistence** n. f. Littér. Le fait de ne pas exister.

inexorable [inɛgzɔʀabl] adj. Littér. **1·** (Personnes) Qu'on ne peut fléchir par des prières ; sans pitié. → **impitoyable, inflexible.** *Un refus inexorable.* **2·** À quoi l'on ne peut se soustraire. → **implacable.** *Une fatalité inexorable.* ▶ **inexorablement** adv. Littér. → **fatalement.** *Il va inexorablement à la catastrophe.* → **inéluctablement.**

inexpérience [inɛkspeʀjɑ̃s] n. f. Manque d'expérience. *L'inexpérience d'un débutant. Une erreur due à l'inexpérience.*

inexpérimenté, ée [inɛkspeʀimɑ̃te] adj. Qui n'a pas d'expérience. – Qui manque de pratique dans un domaine déterminé. → **novice.** *Un alpiniste inexpérimenté.*

inexpiable [inɛkspjabl] adj. Littér. **1·** Qui ne peut être expié. *Un crime inexpiable.* **2·** Que rien ne peut apaiser, faire cesser. *Une guerre inexpiable.*

inexplicable [inɛksplikabl] adj. Qu'il est impossible ou très difficile d'expliquer, de s'expliquer. → **incompréhensible.** *Un accident inexplicable. Sa conduite est inexplicable.* – *Un homme inexplicable,* dont le comportement ne s'explique pas. → **étrange.** ▶ **inexplicablement** adv. *La maladie a évolué inexplicablement.*

inexpliqué, ée [inɛksplike] adj. Qui n'a pas reçu d'explication. *Cet accident reste inexpliqué.* → **mystérieux.**

inexploitable [inɛksplwatabl] adj. Qu'on ne peut exploiter. / contr. exploitable / *Un gisement inexploitable.*

inexploité, ée [inɛksplwate] adj. Qui n'est pas exploité. *Des ressources inexploitées.*

inexploré, ée [inɛksplɔʀe] adj. Qui n'a pas été exploré. *Des régions inexplorées.* → **inconnu.**

inexpressif, ive [inɛkspʀesif, iv] adj. Qui n'est pas expressif, manque d'expression. *Un visage fermé et inexpressif.*

inexprimable [inɛkspʀimabl] adj. Qu'il est impossible ou très difficile d'exprimer ; qui est au-delà de toute expression. → **indicible.** *Avec une haine, une douceur inexprimable.*

inexprimé, ée [inɛkspʀime] adj. Qui n'est pas exprimé. *On le sentait plein de regrets inexprimés.*

inexpugnable [inɛkspygnabl] adj. Littér. Qu'on ne peut prendre d'assaut. *Une forteresse inexpugnable.*

in extenso [inɛkstɛ̃so] loc. adv. Littér. Dans toute son étendue, toute sa longueur (d'un texte). *Publier un discours in extenso.* → **intégralement.** – Adj. invar. *Le compte rendu in extenso du débat.*

inextinguible [inɛkstɛ̃gibl] adj. Littér. Qu'il est impossible d'apaiser. *Une soif, une fureur inextinguible.* – *Rire inextinguible,* fou rire qu'on ne peut arrêter.

in extremis [inɛkstʀemis] loc. adv. et adj. invar. **1·** À l'article de la mort, à la dernière extrémité. **2·** Au tout dernier moment. *Il s'est rattrapé in extremis.*

inextricable [inɛkstʀikabl] adj. Qu'on ne peut démêler. *Un fouillis inextricable. Un embouteillage inextricable,* dont on ne peut sortir. – Abstrait. *Une affaire inextricable,* très embrouillée. ▶ **inextricablement** adv. Littér. *Des ornements inextricablement mêlés.*

infaillible [ɛ̃fajibl] adj. **1·** Vx. Qui ne peut manquer de se produire. **2·** Qui ne peut tromper, qui a des résultats assurés. *Un remède, un moyen infaillible.* **3·** (Personnes) Qui ne peut pas se tromper, qui n'est pas sujet à l'erreur. *Personne n'est infaillible.* – (Choses) *Un instinct infaillible.* → **sûr.** ▶ **infaillibilité** n. f. **1·** Caractère de ce qui ne peut manquer de réussir. *L'infaillibilité de ce procédé.* **2·** Caractère d'une personne infaillible. *Le dogme de l'infaillibilité pontificale,* selon lequel le pape est infaillible quand il parle ex cathedra pour définir la doctrine de l'Église. ▶ **infailliblement** adv. D'une manière certaine. *Cela arrivera infailliblement.* → **immanquablement.**

infaisable [ɛ̃fəzabl] adj. Qui ne peut être fait. → **impossible.** *Un travail infaisable.* → **irréalisable.** *C'est presque infaisable.*

infamant, ante [ɛ̃famɑ̃, ɑ̃t] adj. REM. Pas d'accent circonflexe. Littér. Qui entache l'honneur, la réputation. → **avilissant, déshonorant.** *Une accusation infamante. Les peines infamantes étaient le bannissement ou la dégradation civique.*

infâme [ɛ̃fɑm] adj. **1·** Littér. Infamant. *Un infâme trafic.* → **dégradant, honteux. 2·** Détestable, odieux. *Infâme saligaud.* → **ignoble. 3·** Répugnant. *Un infâme taudis.* – Très mauvais. → **infect.** *Une odeur infâme.* ▶ **infamie** n. f. REM. Pas d'accent circonflexe. **1·** Vx. Flétrissure sociale ou légale faite à la réputation de qqn. → **déshonneur. 2·** Vx. Caractère d'une personne infâme. → **abjection, bassesse. 3·** *(Une, des infamies)* Littér. Action, parole infâme. *C'est une infamie ! Dire des infamies de qqn.* ▷ **infamant**

infant, ante [ɛ̃fɑ̃, ɑ̃t] n. Titre donné aux enfants des rois d'Espagne et du Portugal qui n'étaient pas les aînés. *Le personnage de l'infante dans « le Cid » de Corneille.*

infanterie [ɛ̃fɑ̃tʀi] n. f. **1·** Autrefois. Ensemble des soldats qui allaient et combattaient à pied, n'étaient pas à cheval. **2·** L'arme (5) qui est chargée de la conquête et de l'occupation du terrain. → **fantassin.** *Section, régiment, division d'infanterie. L'infanterie de marine.*

infanticide [ɛ̃fɑ̃tisid] n. m. et adj. **1·** Meurtre d'un enfant (spécialt d'un nouveau-né). **2·** Qui tue volontairement un enfant (spécialt un nouveau-né). *Une mère infanticide.* – N. *Un, une infanticide.*

infantile [ɛ̃fɑ̃til] adj. **1·** Relatif à la première enfance. *Maladies infantiles.* **2·** Digne d'un enfant (quant au niveau intellectuel et affectif). *Une réaction infantile.* → **enfantin, puéril.** / contr. adulte / ▶ **infantiliser** v. tr. < conjug. 1 > Rendre infantile (2), maintenir dans un état de dépendance de type infantile. *Elle essaie d'infantiliser ses employés.* ▶ **infantilisme** n. m. **1·** État d'un adulte qui présente un aspect rappelant celui d'un enfant. **2·** Caractère, comportement puéril. *Réagir ainsi, c'est de l'infantilisme.*

infarctus [ɛ̃faʀktys] n. m. invar. Altération d'un tissu, d'un organe par obstruction de l'artère qui assure son irrigation. – *Infarctus (du myocarde),* hémorragie à l'intérieur du cœur.

infatigable [ɛ̃fatigabl] adj. Qui ne peut se fatiguer, qui ne se fatigue pas facilement. *Elles sont infatigables. Un travailleur infatigable.* ▶ **infatigablement** adv. Sans se fatiguer, sans se lasser. *Il répète infatigablement la même histoire.* → **inlassablement.**

infatué, ée [ɛ̃fatɥe] adj. Littér. Trop pénétré de ses mérites ; content de soi. *Un personnage très infatué.* → **fat, prétentieux, vaniteux.** / contr. modeste / – *Être* **infatué de** *soi-même, de ses mérites...* ▶ **infatuation** n. f. Littér. Sentiment d'une personne infatuée d'elle-même. → **fatuité, suffisance, vanité.** / contr. modestie /

infécond, onde [ɛ̃fekɔ̃, ɔ̃d] adj. **1·** Littér. Qui ne produit rien. *Une terre inféconde.* → **infertile. 2·** Qui n'est pas fécond. → **stérile.** *Fleur inféconde.* ▶ **infécondité** n. f. **1·** Caractère de ce qui ne produit rien. **2·** État d'une femelle, d'une femme inféconde.

infect, ecte [ɛ̃fɛkt] adj. **1·** (Odeur, goût...) Particulièrement répugnant. **2·** Très mauvais dans son genre. *Ce repas est infect. Il fait un temps infect.* **3·** Moralement ignoble. → **ignoble, infâme.** *Un type infect.* ▶ 1 **infecter** v. tr. < conjug. 1 > Vx. Imprégner (l'air) d'émanations malsaines, puantes. → **empuantir.** ▶ 1 **infection** [ɛ̃fɛksjɔ̃] n. f. **1·** Vx. Grande puanteur. **2·** Chose qui suscite le dégoût. *Quelle infection !* → fam. **saloperie.**

2 **infecter** [ɛ̃fɛkte] v. tr. < conjug. 1 > Communiquer, transmettre (à l'organisme) des germes pathogènes. ≠ infester. – Pronominalement. *La plaie s'est infectée.* ▶ 2 **infection** n. f. Pénétration dans l'organisme de germes pathogènes. *Infection généralisée.* – Maladie infectieuse. *Combattre l'infection, une infection.* ▶ **infectieux, euse** [ɛ̃fɛksjø, øz] adj. Qui communique l'infection. *Germes infectieux.* – Qui s'accompagne d'infection. *Maladies infectieuses.* ▷ **désinfecter, primo-infection**

inféoder [ɛ̃feɔde] v. tr. < conjug. 1 > (→ **féodal**) **1·** Au Moyen Âge. Donner (une terre) en fief. **2·** Soumettre (à une autorité absolue). *Inféoder un journal à un parti, à un groupe financier.* – Pronominalement. *Il refuse de s'inféoder.* – Au passif. *Être inféodé à un parti.*

inférer [ɛ̃feʀe] v. tr. < conjug. 6 > Littér. Établir par inférence. → **conclure, induire.** *J'en infère que nous pouvons réussir.* ▶ **inférence** n. f. Littér. Opération logique par laquelle on admet une proposition en vertu de sa liaison avec d'autres propositions déjà tenues pour vraies. → **induction.**

inférieur, eure [ɛ̃feʀjœʀ] adj. et n. **I·** Concret. **1·** Qui est au-dessous, plus bas, en bas. / contr. supérieur / *Les étages inférieurs d'un immeuble. La mâchoire inférieure.* **2·** Qui est plus bas, plus près du niveau de la mer. *Le cours inférieur d'un fleuve.* **II·** Abstrait. **1·** Qui a une valeur moins grande ; qui occupe une place au-dessous, dans une classification, une hiérarchie. *Il lui est très inférieur. Il a une situation inférieure.* – *Il n'a pas été inférieur à sa tâche,* il a été à la hauteur. **2·** Plus petit que. *Nombre inférieur à 10 (<10), inférieur ou égal à 10 (≤10).* / contr. supérieur / **3·** Moins avancé, peu avancé dans l'évolution. *Les animaux inférieurs.* **4·** N. Personne qui occupe une position sociale inférieure (par rapport à une autre). → **subalterne, subordonné.** *Traiter qqn en inférieur.*

▶ **infériorité** n. f. **1**· État de ce qui est inférieur (en rang, force, valeur, mérite). / contr. **supériorité** / *L'infériorité numérique de nos troupes. Reconnaître son infériorité.* – *Sentiment d'infériorité,* impression pénible d'être inférieur (à la normale, aux autres, à un idéal désiré). → 2 **complexe.** **2**· Ce qui rend inférieur. *C'est une infériorité.* → **désavantage.**

infernal, ale, aux [ɛ̃fɛʀnal, o] adj. **1**· Littér. Qui appartient aux enfers, à l'enfer. *Les puissances infernales.* **2**· Qui évoque l'enfer, le mal. *Une méchanceté infernale.* → **diabolique.** **3**· Fam. Très vif, très intense. *Il fait une chaleur infernale. Il conduit à une allure infernale.* **4**· (Personnes) Insupportable, terrible. *Ce gosse est infernal.*

infertile [ɛ̃fɛʀtil] adj. Littér. Qui n'est pas fertile. → **aride, stérile.** *Une région infertile.*

infester [ɛ̃fɛste] v. tr. < conjug. 1 > **1**· Littér. Ravager, rendre peu sûr (un pays) par des attaques incessantes. *Les pirates infestaient les côtes.* **2**· (Animaux ou plantes nuisibles) Surtout au p. p. Envahir. *Une mer infestée de requins.* ≠ infecter.

infibulation [ɛ̃fibylasjɔ̃] n. f. Didact. Mutilation sexuelle féminine qui consiste à suturer les petites lèvres ou à y passer un anneau pour empêcher les relations sexuelles. ▶ **infibuler** v. tr. ▶ **infibulée** adj. f.

1 **infidèle** [ɛ̃fidɛl] adj. **1**· Qui est changeant dans ses sentiments. *Un ami infidèle.* – Qui n'est pas fidèle en amour. *Une femme infidèle.* – N. *L'infidèle lui reviendra.* **2**· Qui ne respecte pas (qqch. qui engage). *Il est infidèle à sa parole.* **3**· Qui manque à la vérité, à l'exactitude. *Un traducteur, une traduction infidèle. Sa mémoire est infidèle.* – N. f. Loc. fig. *Les belles infidèles,* les traductions belles et inexactes. ▶ **infidèlement** adv. Inexactement. ▶ **infidélité** n. f. **1**· Manque de fidélité (dans les sentiments, en amour) ; acte qui en résulte. → **inconstance, trahison.** *Il a fait des infidélités à sa femme.* – *Faire des infidélités à son fournisseur habituel,* se fournir parfois chez un autre commerçant. **2**· Manque de fidélité (à une obligation). *Infidélité à la parole donnée.* **3**· Manque d'exactitude. *Infidélité de la mémoire.* – *Les infidélités d'une traduction.* → **inexactitude.**

2 **infidèle** adj. et n. Vx. Qui ne professe pas la religion considérée comme vraie. → **païen.** – N. *Croisade contre les infidèles. La guerre sainte des musulmans contre les infidèles.*

s'infiltrer [ɛ̃filtʀe] v. pron. < conjug. 1 > **1**· Pénétrer (dans un corps) en s'insinuant. *L'eau s'infiltre facilement dans le sable.* **2**· Passer, entrer insensiblement. → se **glisser,** s'**introduire.** *La lumière s'infiltre dans le sous-bois. Le saboteur s'est infiltré dans le réseau.* ▶ **infiltration** n. f. **1**· Action de s'infiltrer. *L'infiltration de l'eau dans la terre.* – Pénétration accidentelle de l'eau dans un mur. *Il y a des infiltrations.* **2**· Envahissement du tissu cellulaire par un liquide, par des gaz. → **épanchement.** *Infiltration graisseuse.* **3**· Pénétration de personnes étrangères par petits groupes dans un pays.

infime [ɛ̃fim] adj. Tout petit, qui ne compte pas. → **minime, minuscule.** *En nombre infime.* – *Des détails infimes.*

infini, ie [ɛ̃fini] adj. et n. m. **I**· **1**· En quoi on ne peut remarquer ni concevoir aucune limite. *Concevoir l'espace comme infini.* – (Dans le temps) Qui n'a pas de fin, de terme. → **éternel.** **2**· Très considérable (par la grandeur, la durée, le nombre, l'intensité). → **illimité, immense.** *Des bavardages infinis. Avec une patience infinie,* sans bornes. **II**· N. m. **1**· Ce qui est infini, plus grand que tout ce qui a une limite. *L'infini mathématique* (signe ∞). *Les deux infinis,* l'infiniment grand et l'infiniment petit. – (Distance) Zone éloignée où les objets donnent une image photographique nette dans le plan focal. *Régler l'objectif sur l'infini.* **2**· Ce qui semble infini. *L'infini de l'océan.* **3**· ***À l'infini*** loc. adv. : sans qu'il y ait de borne, de fin. *Droite prolongée à l'infini.* – Indéfiniment. *On peut discuter là-dessus à l'infini.* ▶ **infiniment** adv. **1**· D'une manière infinie. *Infiniment grand,* plus grand que toute quantité donnée. *Infiniment petit,* plus petit que toute quantité donnée. **2**· Beaucoup, extrêmement. *Je regrette infiniment. Je vous suis infiniment reconnaissant.* – (Avec un comparatif) *C'est infiniment mieux.* ▶ **infinité** n. f. **1**· Didact. Quantité infinie, nombre infini. **2**· Très grande quantité. *Une infinité de gens.* → **multitude.** ▷ **infinitésimal**

infinitésimal, ale, aux [ɛ̃finitezimal, o] adj. **1**· Relatif aux quantités infiniment petites. *Calcul infinitésimal.* **2**· Extrêmement petit. → **infime.** *Une dose infinitésimale.*

infinitif, ive [ɛ̃finitif, iv] n. m. et adj. **I**· N. m. Forme nominale du verbe (mode impersonnel) exprimant l'idée de l'action ou de l'état d'une façon abstraite et indéterminée. *Verbe à l'infinitif. « Chanter », « finir », « vendre » sont des infinitifs. Infinitif présent et infinitif passé* (ex. : *« donner », « avoir donné »*). **II**· Adj. *Proposition infinitive,* dont le verbe est à l'infinitif.

infirme [ɛ̃fiʀm] adj. Qui est atteint d'infirmités (2). → **handicapé, impotent, invalide.** *Demeurer infirme à la suite d'un accident.* – N. *Un, une infirme.* ▷ **infirmité**

infirmer [ɛ̃fiʀme] v. tr. < conjug. 1 > **1**· Affaiblir (qqch.) dans son autorité, sa force, son crédit. *L'expertise a infirmé ce témoignage.* / contr. confirmer / 2· En droit. Annuler ou réformer (une décision rendue par une juridiction inférieure). *La cour d'appel a infirmé le jugement.*

infirmerie [ɛ̃fiʀməʀi] n. f. Local destiné à recevoir et soigner les malades, les blessés, dans une communauté. *L'élève blessé a été transporté à l'infirmerie.* ▶ **infirmier, ière** n. Personne qui, par profession, soigne des malades et s'en occupe, sous la direction des médecins. *Faire des études d'infirmier. Aller se faire faire une piqûre chez l'infirmière. Infirmière-chef. Les infirmières d'un hôpital, d'une clinique.*

infirmité [ɛ̃fiʀmite] n. f. 1· Littér. Faiblesse. *L'infirmité humaine.* 2· *Une infirmité,* état d'un individu ne jouissant pas d'une de ses fonctions ou n'en jouissant qu'imparfaitement (sans que sa santé générale en souffre). *Devenu sourd, il supportait mal son infirmité.* → **handicap.**

inflammable [ɛ̃flamabl] adj. Qui a la propriété de s'enflammer facilement. *Les matières inflammables. Un gaz très inflammable.* / contr. ininflammable / ▷ **ininflammable**

inflammation [ɛ̃flamɑsjɔ̃] n. f. Ensemble des réactions qui se produisent au point de l'organisme irrité par un agent pathogène. → suff. **-ite.** *Une inflammation des amygdales. Inflammation de la peau, de l'œil.* ▶ **inflammatoire** adj. Caractérisé par une inflammation. *Maladie inflammatoire d'origine microbienne, virale.*

inflation [ɛ̃flɑsjɔ̃] n. f. Accroissement excessif des instruments de paiement (billets de banque, capitaux) entraînant une hausse des prix et une dépréciation de la monnaie. / contr. **déflation** / ▶ **inflationniste** adj. Qui tend à l'inflation. *Le danger inflationniste.*

infléchir [ɛ̃fleʃiʀ] v. tr. < conjug. 2 > 1· Fléchir de manière à former une courbe. → **courber.** – Pronominalement. *La tringle s'est infléchie sous le poids.* 2· Modifier la direction, l'orientation de. *Essayer d'infléchir la politique du gouvernement.* ▶ **infléchissement** n. m. *On note un léger infléchissement du chômage,* un affaiblissement. ▷ **inflexion**

inflexible [ɛ̃flɛksibl] adj. Que rien ne peut fléchir ni émouvoir ; qui résiste à toutes les influences. → **ferme, intransigeant.** *Il est resté inflexible.* → **inébranlable.** *Une volonté inflexible.* ▶ **inflexibilité** n. f. Le fait de ne pas céder. *L'inflexibilité d'un caractère.* ▶ **inflexiblement** adv. *S'en tenir inflexiblement à une résolution.*

inflexion [ɛ̃flɛksjɔ̃] n. f. 1· Mouvement par lequel une chose s'infléchit. → **courbure, flexion.** *L'inflexion des rayons lumineux. Saluer d'une inflexion de la tête.* → **inclination.** 2· Changement subit d'accent ou de ton dans la voix. *Sa voix prenait des inflexions plus douces.* → **intonation.**

infliger [ɛ̃fliʒe] v. tr. < conjug. 3 > 1· Appliquer (une peine matérielle ou morale). *On lui a infligé une amende.* 2· Faire subir (qqch. à qqn). *Nous ne pouvons pas lui infliger la présence des enfants pendant un mois.* → **imposer.** *Je vais lui infliger un démenti.*

inflorescence [ɛ̃flɔʀesɑ̃s] n. f. Mode de groupement des fleurs d'une plante (ex. : *fleurs en grappes, en ombelles...*).

influence [ɛ̃flyɑ̃s] n. f. 1· Action qu'exerce une chose, un phénomène, une situation sur qqn ou qqch. → **effet.** *L'influence de l'éducation sur la personnalité. Il a agi sous l'influence de la colère.* 2· Action volontaire ou non qu'une personne exerce (sur qqn). → **ascendant, empire, emprise, pouvoir.** *Je compte sur votre influence pour le persuader. Il a une mauvaise influence sur elle.* 3· Pouvoir social de celui qui amène les autres à se ranger à son avis. → **autorité, crédit.** *Cet homme a beaucoup d'influence. User de son influence en faveur de qqn.* 4· Action morale, intellectuelle. *On sent dans ce livre l'influence de Sartre.* 5· Autorité politique (d'un État). *L'influence des États-Unis en Amérique du Sud.* ▶ **influençable** adj. (Personnes) Qui se laisse influencer. *Un caractère influençable.* ▶ **influencer** v. tr. < conjug. 3 > Soumettre à son influence (2). *Je ne veux pas vous influencer, influencer votre choix. Il se laisse facilement influencer.* ▶ **influent, ente** adj. Qui a de l'influence (3), du prestige. → **important.** *Un personnage influent.*

influer [ɛ̃flye] v. intr. < conjug. 1 > ***Influer sur*** : exercer sur une personne ou une chose une action de nature à la modifier. *Le temps influe sur notre humeur.* → **influencer.** ▷ **influence**

influx [ɛ̃fly] n. m. invar. *Influx nerveux,* série de phénomènes qui assurent la transmission de l'excitation dans les nerfs. *Les neurotransmetteurs propagent l'influx nerveux.*

info [ɛ̃fo] n. f. → ◫ **information** (3).

infobulle [ɛ̃fobyl] n. f. En informatique. Bulle (3) dans laquelle s'affichent des informations sur l'objet pointé par le curseur.

infographie [ɛ̃fɔgʀafi] n. f. Procédé de création d'images assistée par ordinateur. – Cette image. ▶ **infographiste** ou **infographe** n.

in-folio [infɔljo] adj. invar. et n. m. invar. (Format) Dont la feuille d'impression est pliée en deux, formant quatre pages. *Format in-folio. Des gros dictionnaires in-folio.* – N. *Un in-folio,* un livre de ce grand format.

informateur, trice n. → **informer.**

1 **information** [ɛ̃fɔʀmasjɔ̃] n. f. **I· 1·** Renseignements (sur qqn, sur qqch.). *J'ai pu recueillir d'utiles informations. Des informations confidentielles. Aller aux informations,* aller s'informer. **2·** Action de s'informer. *Le ministre fait un voyage d'information. Une réunion d'information.* **3·** *(Une, les informations)* Renseignement ou événement qu'on porte à la connaissance d'une personne, d'un public. *Les informations politiques, sportives. Bulletin d'informations.* – Abrév. fam. **info.** *Les infos télévisées.* – ***L'information*** : action d'informer le public, l'opinion (par la presse, la radio, la télévision...). *Journal d'information et journal d'opinion.* **II·** En sciences. Se dit de ce qui peut être transmis par un signal ou une combinaison de signaux ; ce qui est transmis (objet de connaissance, de mémoire). *Le traitement automatique de l'information.* → **informatique.** ▷ **désinformation, infobulle, informatique**

2 **information** n. f. En droit. Enquête pour établir la preuve d'une infraction, pour en découvrir les auteurs. *Ouvrir une information contre inconnu.*

informatique [ɛ̃fɔʀmatik] n. f. et adj. Théorie et traitement de l'information (1, II) à l'aide de programmes mis en œuvre sur ordinateurs. *Informatique bancaire, de gestion.* → **bureautique.** *Informatique domestique,* avec des micro-ordinateurs. – Adj. *L'industrie informatique. Le matériel informatique.* ▶ **informatiquement** adv. Par des moyens informatiques. *Stocks gérés informatiquement.* ▶ **informaticien, ienne** n. Spécialiste en informatique. *Une bonne informaticienne.* – Adj. ou en appos. *Ingénieur informaticien.* ▶ **informatiser** v. tr. < conjug. 1 > Traiter (un problème), organiser par les méthodes de l'informatique. *Informatiser la gestion.* – Au p. p. adj. *Un secteur informatisé.* ▶ **informatisation** n. f. Introduction (dans une activité) de méthodes informatiques. *L'informatisation de la gestion dans une banque.* ▷ **micro-informatique, péri-informatique**

informe [ɛ̃fɔʀm] adj. **1·** Qui n'a pas de forme propre, ou de forme bien définissable. *Matière informe.* **2·** Dont la forme n'est pas achevée. → **grossier.** *Un brouillon informe.* – Laid, disgracieux. *Une silhouette informe.*

informel, elle [ɛ̃fɔʀmɛl] adj. Qui n'est pas mené, organisé de manière formelle, officielle. *Une réunion informelle.*

informer [ɛ̃fɔʀme] v. tr. < conjug. 1 > **1·** Mettre au courant (de qqch.). → **avertir, aviser, instruire, renseigner ;** 1 **information.** *Il ne nous avait pas informés de son arrivée. Il m'a informé qu'il refusait. Être bien, mal informé sur une affaire.* **2·** *S'informer* v. pron. : s'enquérir en vue de, se mettre au courant. *Je me suis informé de ses projets. Informez-vous s'il est arrivé.* – Recueillir des informations. *Il veut s'informer avant d'agir.* ▶ **informé, ée** adj. et n. m. **1·** Adj. Qui sait ce qu'il faut savoir. *Un public informé. Journal bien informé,* dont les informations sont sérieuses. **2·** N. m. Loc. *Jusqu'à plus ample informé,* avant d'en savoir plus sur l'affaire. ▶ **informateur, trice** n. Personne qui donne des informations (surtout à la police). *Disposer d'informateurs dans tous les milieux.* → **espion, indicateur, mouchard.** ▷ **désinformer,** 1 **information**

infortune [ɛ̃fɔʀtyn] n. f. Littér. Malheur. *Pour comble d'infortune, il se cassa la jambe.* → **malchance.** *Compagnon d'infortune,* personne qui supporte les mêmes malheurs que soi. ▶ **infortuné, ée** adj. et n. Littér. Malheureux. *Les infortunées victimes.*

infra [ɛ̃fʀa] adv. Sert à renvoyer à un passage qui se trouve plus loin dans un texte. → **ci-dessous.** / contr. supra / *Se reporter infra, page tant.*

infra- Élément signifiant « inférieur », « en dessous ». ▷ **infrarouge, infrason, infrastructure**

infraction [ɛ̃fʀaksjɔ̃] n. f. **1·** ***Infraction à...*** : violation d'un engagement, d'une loi. → **faute, manquement.** *Une infraction à la règle, à la discipline.* **2·** Violation (en général sans gravité) d'une loi de l'État, qui est frappée d'une peine. → **délit.** *Commettre une infraction.*

infranchissable [ɛ̃fʀɑ̃ʃisabl] adj. Qu'on ne peut franchir. *Un obstacle infranchissable.* – Fig. *Une difficulté infranchissable.* → **insurmontable.**

infrarouge [ɛ̃fʀaʀuʒ] adj. Se dit des radiations invisibles qui sont en deçà du rouge, dans le spectre solaire. *Rayons infrarouges.* – N. m. *Chauffage à l'infrarouge.*

infrason [ɛ̃fʀasɔ̃] n. m. Vibration inaudible, de fréquence inférieure à 15 ou 20 périodes par seconde. *Les infrasons et les ultrasons.*

infrastructure [ɛ̃fʀastʀyktyʀ] n. f. **1·** Parties inférieures (d'une construction) (opposé à *superstructure*). – Terrassements et ouvrages (d'une voie). → **fondation.** – Ensemble des installations au sol nécessaires à l'aviation. **2·** Ensemble des équipements économiques ou techniques. *L'infrastructure routière d'un pays.* / contr. superstructure /

infréquentable [ɛ̃fʀekɑ̃tabl] adj. Qu'on ne peut fréquenter ; compromettant.

infroissable [ɛ̃fʀwasabl] adj. Qui n'est pas froissable, qui est peu froissable. *Tissu infroissable.* / contr. froissable /

infructueux, euse [ɛ̃fʀyktɥø, øz] adj. Sans profit, sans résultat. → **inefficace, inutile.** *Des tentatives infructueuses.*

infus, use [ɛ̃fy, yz] adj. Littér. Inné. – Loc. *Avoir la science infuse :* être savant sans avoir étudié.

infuser [ɛ̃fyze] v. tr. < conjug. 1 > **1·** Laisser tremper (une substance) dans un liquide afin qu'il se charge des principes qu'elle contient. → **macérer.** *Infuser du thé, du tilleul.* – Au p. p. adj. *Thé bien infusé.* – Intransitivement. *Laisse infuser encore un peu.* **2·** Littér. Faire pénétrer, communiquer. → **insuffler.** *Il faut infuser un sang nouveau à ces institutions dépassées,* les animer d'une nouvelle vie. ▶ **infusion** n. f. **1·** Action d'infuser dans un liquide (une substance dont on veut extraire les principes solubles). **2·** Tisane de plantes (camomille, menthe, tilleul, verveine). *Prendrez-vous du café ou une infusion ? Une infusion de camomille.*

infusoire [ɛ̃fyzwaʀ] n. m. Animal unicellulaire microscopique (protozoaire) qui vit dans les liquides.

ingambe [ɛ̃gɑ̃b] adj. Vx ou plaisant. Qui est alerte, a un usage normal de ses jambes. *Un octogénaire ingambe.*

s'ingénier [ɛ̃ʒenje] v. pron. < conjug. 7 > Mettre en jeu toutes les ressources de son esprit. → **s'évertuer.** *Il s'ingéniait à nous faire plaisir.*

ingénieur, au fém. *ingénieur* ou *ingénieure* [ɛ̃ʒenjœʀ] n. Personne qui a reçu une formation scientifique et technique la rendant apte à diriger certains travaux, à participer aux applications de la science. *Ingénieur agronome, chimiste, électricien. Ingénieur de l'aéronautique. Mme X est ingénieur, est un brillant ingénieur.* – En apposition. *Des femmes ingénieur(e)s.* ▶ **ingénierie** [ɛ̃ʒeniʀi] n. f. Étude globale d'un projet industriel.

ingénieux, euse [ɛ̃ʒenjø, øz] adj. **1·** Qui a l'esprit inventif. → **adroit, habile.** *Un bricoleur ingénieux.* **2·** (Choses) Qui marque beaucoup d'invention, d'imagination. *Un mécanisme ingénieux. Votre explication est très ingénieuse.* ▶ **ingénieusement** adv. *Il a expliqué ingénieusement ce petit mystère.* → **habilement.** ▶ **ingéniosité** n. f. Adresse inventive. *Faire preuve d'ingéniosité. C'est une merveille d'ingéniosité.*

ingénu, ue [ɛ̃ʒeny] adj. Qui a une sincérité innocente et naïve. → **candide, naïf, simple.** *Jeune fille ingénue.* – N. f. *Un rôle d'ingénue au théâtre.* – *Un regard ingénu. Une question ingénue.* ▶ **ingénument** adv. Littér. *Il répondait ingénument à nos questions.* ▶ **ingénuité** [ɛ̃ʒenɥite] n. f. Littér. Sincérité naïve. → **candeur, naïveté.**

ingérable [ɛ̃ʒeʀabl] adj. Impossible à gérer, à maîtriser. *La situation devient ingérable.*

1 **s'ingérer** v. pron. < conjug. 6 > Littér. Intervenir sans en avoir le droit. → **s'immiscer.** *S'ingérer dans une discussion. Grande puissance qui s'ingère dans les affaires d'un pays voisin.* ▶ **ingérence** n. f. Fait de s'ingérer. *Je ne tolère pas d'ingérence dans ma vie privée. Droit, devoir d'ingérence* (dans une affaire internationale de nature humanitaire).

2 **ingérer** v. tr. < conjug. 6 > Didact. Introduire par la bouche (dans les voies digestives). → **avaler.** ▶ **ingestion** n. f. Action d'ingérer. *L'ingestion d'un médicament.*

ingouvernable [ɛ̃guvɛʀnabl] adj. Impossible à gouverner. *Ces gens-là sont ingouvernables.*

ingrat, ate [ɛ̃gʀa, at] adj. et n. **1·** Qui n'a aucune reconnaissance. *Se montrer ingrat envers un bienfaiteur.* / contr. reconnaissant / – N. *Un ingrat. Ce n'est pas une ingrate.* **2·** (Choses) Qui ne dédommage guère de la peine qu'il donne, des efforts qu'il coûte. / contr. fécond / *Une terre ingrate. Étudier un sujet ingrat.* **3·** Qui manque d'agrément, de grâce. → **désagréable, disgracieux.** *Un visage ingrat.* – *Âge ingrat,* celui de la puberté. ▶ **ingratitude** n. f. Caractère d'une personne ingrate ; manque de reconnaissance. *Acte d'ingratitude. Témoigner de l'ingratitude envers qqn.*

ingrédient [ɛ̃gʀedjɑ̃] n. m. Élément qui entre dans la composition (d'une préparation ou d'un mélange). *Les divers ingrédients d'une sauce. Il doit manquer un ingrédient.*

inguérissable [ɛ̃geʀisabl] adj. Qui n'est pas guérissable. *Une maladie inguérissable.* → **incurable.** – *Un chagrin inguérissable.*

inguinal, ale, aux [ɛ̃gɥinal, o] adj. Didact. Qui appartient à l'aine, à la région de l'aine. *Hernie inguinale.*

ingurgiter [ɛ̃gyʀʒite] v. tr. < conjug. 1 > Avaler avidement et en quantité. → **engloutir.** – Plaisant. *Il a dû ingurgiter en deux mois tout son programme.* / contr. régurgiter /

inhabile [inabil] adj. Littér. Qui manque d'habileté. *Des gestes inhabiles.* → **malhabile, maladroit.** ▶ **inhabileté** n. f. Manque d'habileté. → **maladresse.**

inhabitable [inabitabl] adj. Qui n'est pas habitable, qui est difficilement habitable. *Une maison inhabitable,* sans aucun confort. ▶ **inhabité, ée** adj. Qui n'est pas habité. *Les régions inhabitées.* → **désert.** *Maison inhabitée,* inoccupée.

inhabituel, elle [inabitɥɛl] adj. Qui n'est pas habituel. → **inaccoutumé, insolite.** *Il régnait dans la rue une animation inhabituelle.* / contr. habituel /

inhaler [inale] v. tr. < conjug. 1 > Absorber par les voies respiratoires. / contr. exhaler / ▶ **inhalation** n. f. Action d'inhaler (un gaz, une vapeur). *L'inhalation d'un gaz toxique.* – Spécialt. Au plur. Aspiration par le nez de vapeurs qui désinfectent, décongestionnent. → **fumigation.** *Faire des inhalations.* ▶ **inhalateur** n. m. Appareil servant aux inhalations.

inhérent, ente [ineʀɑ̃, ɑ̃t] adj. Qui appartient essentiellement (à un être, à une chose), qui est joint inséparablement. → **essentiel, intrinsèque.** *Les contradictions inhérentes à ce régime.*

inhiber [inibe] v. tr. < conjug. 1 > **1·** (Suj. chose) Empêcher (qqn) d'agir, de manifester ses sentiments, ses opinions. *Sa crainte d'être ridicule l'inhibe.* – Au p. p. *Il est inhibé.* N. *C'est un inhibé,* une personne qui ne peut pas agir, s'exprimer. **2·** En sciences. (Action nerveuse ou hormonale) Empêcher ou diminuer le fonctionnement de (un organe). ▶ **inhibition** n. f. Le fait d'être inhibé. *Il faut vaincre vos inhibitions.* → **crainte, timidité.** – En sciences. Action d'inhiber.

inhospitalier, ière [inɔspitalje, jɛʀ] adj. Qui ne pratique pas l'hospitalité. *Un peuple inhospitalier.* / contr. hospitalier / – (Choses) Qui ne présente pas les conditions favorables à l'homme. *Une côte inhospitalière.* / contr. accueillant /

inhumain, aine [inymɛ̃, ɛn] adj. **1·** Qui manque d'humanité, → **barbare, cruel.** *Un traitement inhumain.* **2·** Qui n'a rien d'humain. *Un hurlement inhumain. Un travail inhumain,* très pénible. ▶ **inhumainement** adv. *Traiter qqn inhumainement.* ▶ **inhumanité** n. f. Littér. Caractère d'une personne, d'une chose inhumaine. → **cruauté, férocité.** *Acte d'inhumanité.* / contr. humanité /

inhumer [inyme] v. tr. < conjug. 1 > Mettre en terre (un corps humain), avec les cérémonies d'usage. → **ensevelir, enterrer.** / contr. exhumer / *Permis d'inhumer,* donné par le médecin. ▶ **inhumation** n. f. Action d'inhumer. *L'inhumation du corps dans un caveau.* → **enterrement.**

inimaginable [inimaʒinabl] adj. Qu'on ne peut imaginer, dont on n'a pas idée. → **extraordinaire, incroyable.** *Un désordre inimaginable. Une histoire inimaginable.* → **impensable.**

inimitable [inimitabl] adj. Qui ne peut être imité. *Il est inimitable dans ce domaine.*

inimitié [inimitje] n. f. Sentiment hostile (envers qqn). → **antipathie, hostilité.** *Avoir de l'inimitié contre, à l'égard de qqn.*

ininflammable [inɛ̃flamabl] adj. Qui n'est pas inflammable. *Un tissu ininflammable.* / contr. inflammable /

inintelligent, ente [inɛ̃teliʒɑ̃, ɑ̃t] adj. Qui n'est pas intelligent. → **bête.** *Élève inintelligent.* / contr. intelligent / ▶ **inintelligence** n. f. Manque d'intelligence.

inintelligible [inɛ̃teliʒibl] adj. Qu'on ne peut comprendre. → **incompréhensible.** *Il marmonnait des mots inintelligibles. C'est à peu près inintelligible.* ▶ **inintelligiblement** adv. Littér. *Bredouiller inintelligiblement.* / contr. intelligiblement / ▶ **inintelligibilité** n. f. Littér. Caractère de ce qui est inintelligible. *L'inintelligibilité d'un texte.*

inintéressant, ante [inɛ̃teʀesɑ̃, ɑ̃t] adj. Dépourvu d'intérêt. *Un film inintéressant.* / contr. intéressant /

ininterrompu, ue [inɛ̃tɛʀɔ̃py] adj. Qui n'est pas interrompu (dans l'espace ou dans le temps). → **continu.** *Une file ininterrompue de voitures. Un quart d'heure de musique ininterrompue.*

inique [inik] adj. Littér. Qui manque gravement à l'équité ; très injuste. *Une décision inique.* / contr. équitable / ▶ **iniquité** [inikite] n. f. **1·** Vx. Péché. **2·** Littér. Manque d'équité. → **injustice.** *L'iniquité d'un jugement.* – Acte, chose inique.

initial, ale, aux [inisjal, o] adj. et n. f. **1·** Qui est au commencement, qui caractérise le commencement (de qqch.). → **originel, premier.** / contr. terminal / *La cause initiale de nos malentendus.* **2·** Qui commence un mot. *La consonne initiale d'un nom.* – N. f. Consonne ou voyelle initiale (d'un nom propre). *Signer de ses initiales.* ▶ **initialement** adv. Dans la période initiale ; au commencement. ▶ **initialiser** [inisjalize] v. tr. < conjug. 1 > Anglic. En informatique. Effectuer les opérations préliminaires à la mise en fonction d'un ordinateur, d'un périphérique. *Initialiser une imprimante.*

initiateur, trice [inisjatœʀ, tʀis] n. Personne qui initie (qqn), qui enseigne ou propose le premier (qqch.). *Les initiateurs de ce mouvement.* → **précurseur.**

initiation [inisjasjɔ̃] n. f. **1·** Admission (à une religion, un culte, un état social particulier). *Les rites d'initiation* (ou *initiatiques*) *dans les sociétés traditionnelles.* **2·** ***Initiation à*** : introduction à la connaissance (de choses secrètes, difficiles). – Action de donner ou de recevoir les premiers éléments (d'une science, d'un art). → **apprentissage.** *Stage d'initiation à l'informatique.* ▶ **initiatique** adj. Didact. Relatif à l'initiation (1). *Rites initiatiques.*

initiative [inisjativ] n. f. **1·** Action d'une personne qui propose, entreprend, organise (qqch.) en étant la première. *Prendre l'initiative d'une démarche. Savoir prendre des initiatives. Une initiative malheureuse. L'initiative privée* (opposé à *l'action étatique*). *Sur, à l'initiative de qqn.* **2·** Droit de soumettre à l'autorité compétente une proposition en vue de la faire adopter. *Le Parlement a l'initiative des lois.* **3·** Qualité d'une personne disposée à entreprendre, à oser. *C'est un poste qui exige de l'initiative. Manque d'initiative.*

initier [inisje] v. tr. < conjug. 7 > **1·** Admettre (à un état social, à une connaissance réservée) par une série d'épreuves (→ **initiation**). *Initier qqn à la sorcellerie.* **2·** Admettre à la connaissance (de choses d'accès difficile, réservées à des privilégiés). *Son père l'a initié aux secrets de la Bourse.* – Être le premier à instruire, à mettre au fait. → **apprendre, enseigner.** *On l'a initié tout jeune à la musique.* – ***S'initier à*** : acquérir les premiers éléments (d'un art, d'une science). *S'initier à la musique.* – **REM.** *Initier* ne signifie pas en français « commencer », « mettre en œuvre » (anglic.). ▶ **initié, ée** n. **1·** Personne qui a bénéficié de l'initiation (religieuse, sociale). **2·** Personne qui est dans le secret (d'une entreprise, d'un art). *Une poésie réservée à des initiés.* / contr. **profane** / ▷ **initiateur, initiation**

injecter [ɛ̃ʒɛkte] v. tr. < conjug. 1 > **1·** Introduire (un liquide en jet, un gaz sous pression) dans un organisme. *On lui a injecté un centigramme de sérum.* **2·** Faire pénétrer (un liquide sous pression) dans un matériau. *Injecter du ciment dans un mur*, pour le consolider. **3·** Apporter (des capitaux) dans un secteur de l'économie pour le relancer. *Injecter de l'argent dans une entreprise.* ▶ **injectable** adj. Qu'on peut ou qu'on doit injecter. *Ampoules injectables* (opposé à *buvables*). ▶ **injecté, ée** adj. (Yeux) *Injecté de sang*, coloré par l'afflux du sang. ▶ **injecteur** n. m. **1·** Appareil servant à injecter un liquide dans l'organisme. **2·** Dispositif assurant l'alimentation en eau (d'une chaudière), en carburant (d'un moteur). ▶ **injection** [ɛ̃ʒɛksjɔ̃] n. f. **1·** Introduction d'un fluide sous pression dans l'organisme. *Poire à injections.* – Piqûre. *Injection intraveineuse.* **2·** Pénétration d'un liquide sous pression (dans une substance). – *Moteur à injection*, dont l'alimentation en carburant est assurée par un injecteur. ≠ injonction.

injonction [ɛ̃ʒɔ̃ksjɔ̃] n. f. Action d'enjoindre ; ordre. *Se rendre à une injonction.* ≠ injection.

injure [ɛ̃ʒyʀ] n. f. **1·** Parole offensante. → **insulte.** *Il leur adressait des injures, les accablait d'injures. Une bordée d'injures. Des injures grossières.* **2·** Littér. Offense grave. → **affront, outrage.** – Loc. *Faire injure à qqn*, l'offenser. ▶ **injurier** v. tr. < conjug. 7 > Dire des injures à (qqn). → **insulter.** *Il s'est fait copieusement injurier.* ▶ **injurieux, euse** adj. Qui contient des injures, qui constitue une injure. → **blessant, insultant, offensant.** *Employer des termes injurieux. Une attitude injurieuse.*

injuste [ɛ̃ʒyst] adj. **1·** Qui agit contre la justice ou l'équité. *Vous avez été injuste envers lui.* **2·** (Choses) Qui est contraire à la justice. → **inique.** *C'est une sentence, une punition injuste.* / contr. juste / *Il est injuste de lui en vouloir.* ▶ **injustement** adv. *Être injustement condamné.* ▶ **injustice** n. f. **1·** Caractère d'une personne, d'une chose injuste ; manque de justice. → **iniquité.** *L'injustice sociale.* – Absolt. Ce qui est injuste. *Se révolter contre l'injustice.* **2·** *(Une, des injustices)* Acte, décision contraire à la justice. *Il est victime d'une terrible injustice.*

injustifiable [ɛ̃ʒystifjabl] adj. Qu'on ne peut justifier. → **inexcusable.** *Votre refus est injustifiable.* ▶ **injustifié, ée** adj. Qui n'est pas justifié. *Une réclamation injustifiée.* → **immotivé.**

inlassable [ɛ̃lɑsabl] adj. Qui ne se lasse pas. → **infatigable.** *Il recommence avec une patience inlassable.* ▶ **inlassablement** adv. *Je le lui répète inlassablement.*

inné, ée [i(n)ne] adj. Que l'on a en naissant, dès la naissance (opposé à *acquis*). *C'est un don inné.* → **naturel.** – *Idées innées* (Descartes), antérieures à toute expérience.

innerver [inɛʀve] v. tr. < conjug. 1 > (Tronc nerveux) Fournir de nerfs (un organe). – Au p. p. adj. *Une région du corps peu innervée.* ▶ **innervant, ante** adj. *Agent, gaz innervant*, qui agit sur le système nerveux, provoquant une paralysie musculaire. ▶ **innervation** n. f. Distribution des nerfs (dans une région du corps).

innocence [inɔsɑ̃s] n. f. (→ **innocent**) **1·** Religion. État de l'être qui n'est pas souillé par le mal. → **pureté.** *L'innocence de l'homme avant le péché originel.* – État d'une personne qui ignore le mal. → **candeur, ingénuité.** *Elle l'a dit en toute innocence.* **2·** État d'une personne qui n'est pas coupable (d'une chose particulière). / contr. culpabilité / *L'accusé a protesté de son innocence. Son innocence a été reconnue.*

innocent, ente [inɔsɑ̃, ɑ̃t] adj. et n. **1·** Religion. Qui n'est pas souillé par le mal. → **pur.** – Qui ignore le mal. → **candide.** *Elle est innocente comme l'enfant qui vient de naître.* **2·** Qui est trop naïf. → **crédule, niais.** – N. *Et tu le crois ? pauvre innocent !* – Prov. *Aux innocents les mains pleines*, les simples d'esprit sont heureux dans leurs entreprises. **3·** Qui n'est pas coupable. *Il est innocent du crime dont on l'accuse.* – N. *On a condamné un* *innocent.* Loc. *Faire l'innocent,* prendre la contenance de celui qui n'est pas coupable. **4·** Qui n'est pas blâmable. *Des plaisirs bien innocents. Un baiser innocent.* ▶ **innocemment** [inɔsamɑ̃] adv. Avec innocence, sans faire ou sans vouloir faire le mal. *Il avoua tout innocemment.* ▶ **innocenter** v. tr. < conjug. 1 > Déclarer innocent, faire reconnaître non coupable. → **disculper.** *Cette déclaration du témoin innocente l'accusé.* ▷ **innocence**

innocuité [inɔkɥite] n. f. Didact. Qualité de ce qui n'est pas nuisible. *L'innocuité d'une boisson.* / contr. nocivité /

innombrable [i(n)nɔ̃bʀabl] adj. Extrêmement nombreux. → **nombreux.** *Une foule innombrable. Des détails innombrables.*

innommable [i(n)nɔmabl] adj. Trop mauvais, méprisable, trop ignoble pour être désigné ou qualifié. *Des procédés innommables.* – Très mauvais. → **infect.** *Une nourriture innommable.*

innover [i(n)nɔve] v. intr. < conjug. 1 > Introduire qqch. de nouveau (dans un domaine). *Innover en art, en matière économique.* ▶ **innovant, ante** adj. Qui innove, constitue une innovation. *Une politique innovante.* → **novateur.** ▶ **innovation** n. f. Action d'innover ; chose nouvellement introduite. → **changement, nouveauté.** *Une innovation en matière de théâtre. Des innovations techniques.*

inoccupé, ée [inɔkype] adj. **1·** (Lieux) Où il n'y a personne. *Place inoccupée.* → **libre.** *Un appartement inoccupé.* → **inhabité, vide.** **2·** (Personnes) Qui n'a pas d'occupation. → **désœuvré.** *Il n'est jamais inoccupé.* → **oisif.**

in-octavo [inɔktavo] adj. invar. et n. m. invar. (Format) Où la feuille d'impression est pliée en huit feuillets (ou seize pages). – N. m. Livre de ce format. *Des in-octavo.*

inoculer [inɔkyle] v. tr. < conjug. 1 > **1·** Introduire dans l'organisme (les germes d'une maladie). *Inoculer la variole.* → **vacciner.** **2·** Abstrait. Communiquer, transmettre (une passion, une idée... qu'on compare à un virus). *Il lui a inoculé son vice.* ▶ **inoculation** n. f. Action d'inoculer.

inodore [inɔdɔʀ] adj. Qui ne dégage aucune odeur. *Un gaz inodore. Incolore, inodore et sans saveur.* – Fig. Insipide. / contr. odorant /

inoffensif, ive [inɔfɑ̃sif, iv] adj. Qui est incapable de nuire ; qui ne fait pas de mal à autrui. / contr. nuisible ; dangereux / *N'ayez pas peur, ce chien est absolument inoffensif.* – (Choses) *Une plaisanterie inoffensive.* → **anodin.**

inonder [inɔ̃de] v. tr. < conjug. 1 > **1·** Couvrir d'eaux qui débordent ou affluent. *Le fleuve a inondé les prés.* **2·** Mouiller abondamment. → **arroser, tremper.** *Il a inondé la salle de bains. Elle s'est inondé de parfum.* – *L'averse nous a inondés.* – Au p. p. *Avoir les joues inondées de larmes.* **3·** Envahir massivement. *Le marché est inondé de ce genre de produits.* **4·** Littér. Abstrait. Submerger, remplir. *La joie l'inondait.* ▶ **inondable** adj. Qui risque d'être inondé. *Zone inondable en cas de crue.* ▶ **inondation** n. f. **1·** Débordement d'eaux qui inondent le pays environnant. *Les inondations périodiques de l'Amazone.* **2·** Grande quantité d'eau qui se répand. *Il y a une inondation dans la salle de bains.* **3·** Fig. Afflux massif. *C'était une inondation de tracts et de brochures de toutes sortes.*

inopérable [inɔpeʀabl] adj. Qui ne peut être opéré. *Malade inopérable.*

inopérant, ante [inɔpeʀɑ̃, ɑ̃t] adj. Qui ne produit aucun effet. → **inefficace.** *Des mesures inopérantes.*

inopiné, ée [inɔpine] adj. Qui arrive, se produit alors qu'on ne s'y attendait pas. → **imprévu, inattendu.** *Une visite, une inspection inopinée.* ▶ **inopinément** adv. À l'improviste. *Il est arrivé inopinément.*

inopportun, une [inɔpɔʀtœ̃, yn] adj. Qui n'est pas opportun. → **déplacé, intempestif.** *Une demande inopportune. Le moment est inopportun,* mal choisi. ▶ **inopportunément** adv. Littér. *Il arriva inopportunément en avance.* ▶ **inopportunité** n. f. Littér. Caractère de ce qui est inopportun. *L'inopportunité d'une demande.*

inorganique [inɔʀganik] adj. Qui n'est pas constitué en un organisme susceptible de vie. *Substances inorganiques.*

inorganisé, ée [inɔʀganize] adj. **1·** Qui n'est pas organisé. *Matière inorganisée.* → **inorganique.** – *Une œuvre inorganisée.* **2·** Qui n'appartient pas à une organisation syndicale.

inoubliable [inublijabl] adj. Que l'on ne peut oublier (du fait de sa qualité, de son caractère exceptionnel). → **mémorable.** *Ce fut une journée inoubliable.*

inouï, ïe [inwi] adj. **1·** Littér. Qu'on n'a jamais entendu. *Des accords inouïs.* **2·** Extraordinaire, incroyable. *Avec une violence inouïe.* – Fam. *Vous ne protestez pas ? vous êtes inouï !*

inoxydable [inɔksidabl] adj. Qui ne s'oxyde pas. / contr. oxydable / – N. Métal inoxydable. *Des couverts en inoxydable.* → **inox.** ▶ **inox** [inɔks] adj. invar. et n. m. invar. Abréviation de *inoxydable. Des couteaux inox, en inox.*

in petto [inpe(ɛt)to] loc. adv. Littér. ou plaisant. Intérieurement, à part soi.

I. N. P. I. [iɛnpei] n. m. Abréviation de *Institut national de la propriété industrielle**.

inqualifiable [ɛ̃kalifjabl] adj. Qu'on ne peut qualifier (assez sévèrement). → **indigne.** *Sa conduite est inqualifiable.*

in-quarto [inkwaʀto] adj. invar. et n. m. invar. (Format) Dont la feuille, pliée en quatre feuillets, forme huit pages. – N. m. invar. Livre de ce format. *Des in-quarto.*

inquiet, ète [ɛ̃kjɛ, ɛt] adj. **1·** Qui est agité par la crainte, l'incertitude. → **anxieux, soucieux, tourmenté.** *Elle est inquiète de votre silence. Je suis inquiet à son sujet. Il est facilement inquiet.* **2·** (Choses) Empreint d'inquiétude. *Une attente inquiète. Un regard, un air inquiet.* ▶ **inquiéter** v. tr. < conjug. 6 > **1·** Poursuivre, menacer (qqn) d'une sanction. *La police ne l'a plus inquiété.* **2·** Remplir d'inquiétude, rendre inquiet (qqn). → **alarmer, tourmenter.** / contr. rassurer / *Sa santé m'inquiète. Vous m'inquiétez.* **3·** ***S'inquiéter*** v. pron. réfl. : commencer à être inquiet. *Il n'y a pas de quoi s'inquiéter. Je ne m'inquiète pas pour lui,* je ne me fais pas de souci. – *S'inquiéter de,* se préoccuper de. *Jamais il ne s'est inquiété de savoir si j'étais d'accord.* ▶ **inquiétant, ante** adj. Qui inquiète (2). → **alarmant.** / contr. rassurant / *Des nouvelles inquiétantes. L'état du malade est inquiétant. Un personnage inquiétant.* ▶ **inquiétude** n. f. **1·** État pénible déterminé par l'attente d'un événement, d'une souffrance que l'on craint, par l'incertitude où l'on est. → **appréhension, souci, tourment.** *Je comprends votre inquiétude. Soyez sans inquiétude,* ne vous inquiétez pas. – *J'ai des inquiétudes,* des sujets d'inquiétude. **2·** Littér. Insatisfaction de l'esprit tourmenté. *L'inquiétude métaphysique.*

inquisiteur, trice [ɛ̃kizitœʀ, tʀis] n. m. et adj. **1·** N. m. Juge du tribunal de l'Inquisition. **2·** Adj. Qui interroge indiscrètement, de façon autoritaire. *Un regard inquisiteur.* ▶ **inquisitorial, ale, aux** adj. Qui a rapport à l'Inquisition. *Juges inquisitoriaux.*

inquisition [ɛ̃kizisjɔ̃] n. f. **1·** (Avec une majuscule) *L'Inquisition,* ancienne juridiction ecclésiastique d'exception pour la répression des crimes d'hérésie, des faits de sorcellerie, etc. **2·** Littér. Enquête ou recherche vexatoire et arbitraire. *L'inquisition fiscale.* ▷ **inquisiteur**

inracontable [ɛ̃ʀakɔ̃tabl] adj. Impossible à raconter. *Un film inracontable.*

insaisissable [ɛ̃sezisabl] adj. **1·** En droit. Qui ne peut faire l'objet d'une saisie. *La partie insaisissable du salaire.* **2·** Qu'on ne peut saisir, attraper. *Un ennemi insaisissable.* **3·** Qui échappe aux sens. *Des nuances insaisissables.* → **imperceptible.**

insalubre [ɛ̃salybʀ] adj. Qui n'est pas salubre. → **malsain.** *Un logement insalubre.* ▶ **insalubrité** n. f. Caractère de ce qui est insalubre. *L'insalubrité d'un climat.* / contr. salubrité /

insane [ɛ̃san] adj. Littér. Qui est contraire à la saine raison, au bon sens. → **absurde, inepte, insensé.** *Des projets insanes.* ▶ **insanité** n. f. Littér. **1·** Caractère de ce qui est déraisonnable. *L'insanité de ses remarques.* **2·** *(Une, des insanités)* Action ou parole absurde, insensée. → **absurdité, ineptie.** *Un tissu d'insanités.*

insatiable [ɛ̃sasjabl] adj. Qui ne peut être rassasié, satisfait. *Tu en veux encore ? Tu es insatiable. Une avidité, une curiosité insatiable.*

insatisfait, aite [ɛ̃satisfɛ, ɛt] adj. (Personnes) Qui n'est pas satisfait. *Cette expérience l'a laissé insatisfait.* – N. *Un éternel insatisfait.* → **mécontent.** – (Désir, passion) Qui n'est pas assouvi. ▶ **insatisfaction** [ɛ̃satisfaksjɔ̃] n. f. État de celui, de celle qui n'est pas satisfait(e), n'a pas ce qu'il (elle) souhaite. → **mécontentement.** *Montrer son insatisfaction.*

inscription [ɛ̃skʀipsjɔ̃] n. f. **1·** Ensemble de caractères écrits ou gravés pour conserver un souvenir, indiquer une destination, etc. → **épigraphe, graffiti.** *Murs couverts d'inscriptions. Une inscription funéraire.* – Courte indication écrite. *Écriteau portant une inscription.* **2·** Action d'inscrire (qqn, qqch.) sur un registre, une liste ; ce qui est inscrit. → **immatriculation.** *L'inscription d'un étudiant dans une faculté.* – *Inscription maritime,* enregistrement des navigateurs professionnels. – *Inscription en faux,* procédure qui tend à établir la fausseté d'un écrit.

inscrire [ɛ̃skʀiʀ] v. tr. < conjug. 39 > **1·** Écrire, graver (sur la pierre, le marbre, le métal). *Inscrire son nom sur une table.* **2·** Écrire (ce qui ne doit pas être oublié). → **noter.** *Inscrivez bien la date sur votre carnet.* – Pronominalement (réfl.). *S'inscrire,* inscrire ou faire inscrire son nom. *Je me suis inscrit au club.* – Au p. p. adj. *Les personnes inscrites.* N. *Les inscrits.* – Loc. ***S'inscrire en faux*** : recourir à la procédure d'inscription en faux. *S'inscrire en faux contre qqch.,* y opposer un démenti. **3·** Tracer dans l'intérieur d'une figure (une autre figure). *Inscrire un triangle dans un cercle.* – Au p. p. adj. *Angle inscrit,* dont le sommet se trouve sur un cercle. – Pronominalement. S'insérer. *Ce projet s'inscrit dans un plan de réformes.* ▷ **inscription**

insécable [ɛ̃sekabl] adj. Littér. Qui ne peut être coupé, divisé.

insecte [ɛ̃sɛkt] n. m. Petit animal invertébré articulé (*Arthropodes*), à six pattes, le plus souvent ailé, respirant par des trachées et subissant des métamorphoses (ex. : *papillon*). → **entomologie.** ▶ **insecticide** adj. et n. m. Qui tue, détruit les insectes. *Poudre insecticide.* – N. m. *Un insecticide.* ▶ **insectivore** adj. Qui se nourrit d'insectes. *Oiseaux insectivores.*

insécurité [ɛ̃sekyʀite] n. f. Manque de sécurité. *Un sentiment d'insécurité. Vivre dans l'insécurité.* – *L'insécurité d'une région. Lutte contre l'insécurité.*

insémination [ɛ̃seminɑsjɔ̃] n. f. *Insémination artificielle,* technique de procréation par introduction de sperme dans les voies génitales femelles sans qu'il y ait accouplement.

insensé, ée [ɛ̃sɑ̃se] adj. 1· Vx. Fou. – N. *Un pauvre insensé.* 2· Contraire au bon sens. → **absurde, déraisonnable, extravagant.** *Des projets, des désirs insensés. C'est insensé.* 3· Incroyablement grand. *Il a une chance insensée.* → **inouï** (2).

1 **insensible** [ɛ̃sɑ̃sibl] adj. 1· Qui n'a pas de sensibilité physique. *Le nerf est devenu insensible. Être insensible au froid.* 2· Qui n'a pas de sensibilité morale ; qui n'a pas ou a peu d'émotions. → **froid, impassible, indifférent ; insensibilité.** *Il est resté insensible à nos prières. Un homme insensible à la poésie.* ▶ **insensibiliser** v. tr. < conjug. 1 > Rendre insensible (1). → **anesthésier.** *Extraire une dent après avoir insensibilisé la mâchoire.* ▶ **insensibilisation** n. f. Action d'insensibiliser ; résultat de cette action. *L'insensibilisation d'une dent.* → **anesthésie.** ▶ **insensibilité** n. f. 1· Absence de sensibilité physique. *Insensibilité à la douleur.* 2· Absence de sensibilité morale, de sympathie. *Son insensibilité aux malheurs d'autrui.* → **indifférence.** *Insensibilité aux reproches.*

2 **insensible** adj. 1· Qu'on ne sent pas, qui est à peine sensible. → **imperceptible.** *La force insensible du courant.* 2· Graduel, progressif. *Une pente insensible.* ▶ **insensiblement** adv. D'une manière insensible, graduelle.

inséparable [ɛ̃sepaʀabl] adj. 1· (Choses abstraites) Que l'on ne peut séparer. → **joint ; inhérent.** – *Inséparable de...,* qui doit être considéré avec. *Théorie inséparable des applications pratiques.* 2· (Personnes) Qui est toujours avec (qqn) ; qui sont toujours ensemble. *Deux amis inséparables. Don Quichotte et son inséparable Sancho.* ▶ **inséparablement** adv. *Ils sont inséparablement unis.*

insérer [ɛ̃seʀe] v. tr. < conjug. 6 > 1· Introduire (une chose) dans une autre de façon à incorporer. *Insérer une feuille dans un livre.* 2· Faire entrer (un texte) dans. *Le communiqué qui a été inséré dans le journal* (→ **insertion**). 3· *S'insérer* v. pron. : s'attacher à, sur. *Les muscles s'insèrent sur les os.* ▷ **réinsérer**

insermenté [ɛ̃sɛʀmɑ̃te] adj. m. Histoire. Se dit des prêtres qui refusèrent de prêter serment lorsque la Constitution civile du clergé fut proclamée en 1790 (opposé à *assermenté*).

insertion [ɛ̃sɛʀsjɔ̃] n. f. 1· Action d'insérer ; son résultat. *Insertion d'une greffe sous l'écorce.* – Introduction d'un élément supplémentaire (dans un texte). *Point d'insertion,* petite barre verticale, sur l'écran d'un ordinateur, qui matérialise l'endroit où un texte, un caractère va être inséré. *L'insertion d'une annonce dans un journal. Insertion légale,* publication dans les journaux prescrite par la loi ou par un jugement. 2· Mode d'attache (des muscles, etc.). 3· Intégration sociale. *L'insertion des immigrés. L'insertion professionnelle des jeunes.* ▷ **désinsertion, réinsertion**

insidieux, euse [ɛ̃sidjø, øz] adj. Qui a le caractère d'un piège. → **trompeur.** *Une question insidieuse.* – (Maladie) Dont l'apparence bénigne masque au début la gravité réelle. ▶ **insidieusement** adv. Littér. *Il le questionnait insidieusement.*

1 **insigne** [ɛ̃siɲ] adj. Littér. Qui s'impose ou qui est digne de s'imposer à l'attention. → **remarquable.** *C'est une faveur insigne.* – Iron. *Une insigne maladresse.*

2 **insigne** [ɛ̃siɲ] n. m. 1· Marque extérieure et distinctive d'une dignité, d'un grade. → **emblème, marque, signe, symbole.** *Un insigne honorifique.* 2· Signe distinctif des membres (d'un groupe, d'un groupement). *Il arbore l'insigne de son association sportive.* → **badge.**

insignifiant, ante [ɛ̃siɲifjɑ̃, ɑ̃t] adj. 1· Qui ne présente aucun intérêt, manque de personnalité. → **effacé, quelconque, terne.** / contr. remarquable / *C'est un type insignifiant.* 2· (Choses) Qui n'est pas important. *Des détails insignifiants.* → **minime.** *Pour une somme insignifiante.* → **infime.** *C'est un bobo insignifiant. Un cadeau insignifiant,* de faible prix. ▶ **insignifiance** n. f. Caractère de ce qui est insignifiant. *Une conversation d'une grande insignifiance.*

1 **insinuer** [ɛ̃sinɥe] v. tr. < conjug. 1 > Donner à entendre (qqch.) sans dire expressément (surtout avec un mauvais dessein). *Qu'est-ce que vous insinuez ? Il a osé insinuer qu'on nous payait pour cela.* ▶ **insinuation** n. f. Ce que l'on fait comprendre sans le dire, sans l'affirmer. → **allusion, sous-entendu.** *Des insinuations perfides.*

2 **s'insinuer** v. pron. < conjug. 1 > Vx. Se glisser, pénétrer. *L'eau s'insinue dans le sol.* – S'introduire habilement, se faire admettre quelque part, auprès de qqn. *Intrigant qui s'insinue partout.* ▶ **insinuant, ante** adj. Qui s'insinue auprès des gens ; propre à une personne qui s'insinue. *Des façons insinuantes.*

insipide [ɛ̃sipid] adj. **1·** Qui n'a aucune saveur, aucun goût. / contr. savoureux / *Un breuvage insipide. Inodore et insipide.* **2·** Qui manque d'agrément, d'intérêt. *Je trouve cette comédie insipide.* → **ennuyeux, fade, fastidieux.** ▶ **insipidité** n. f. Caractère de ce qui est insipide. *L'insipidité d'un plat.* / contr. saveur / – Fig. *L'insipidité d'un spectacle.*

insister [ɛ̃siste] v. intr. < conjug. 1 > **1·** S'arrêter avec force sur un point particulier ; mettre l'accent sur. *Il insistait sur un sujet qui lui tenait à cœur.* – Sans compl. *J'ai compris, inutile d'insister.* **2·** Persévérer à demander (qqch.). *Il a insisté pour venir vous voir.* – Sans compl. *S'il refuse, n'insistez pas.* **3·** Fam. Persévérer dans son effort. *Il s'est vu battu et n'a pas insisté.* ▶ **insistance** n. f. Action d'insister. *Réclamer avec insistance, avec une insistance déplacée. Regarder qqn avec insistance.* ▶ **insistant, ante** adj. Qui insiste, marque de l'insistance. *Des regards insistants,* indiscrets.

insociable [ɛ̃sɔsjabl] adj. Littér. (Personnes) Qui n'est pas sociable. *Quel homme insociable, c'est un ours !* ≠ asocial.

insolation [ɛ̃sɔlasjɔ̃] n. f. **1·** Exposition au soleil, à la lumière solaire. – Ensoleillement. *L'insolation faible des mois d'hiver.* **2·** Troubles provoqués par l'exposition prolongée au soleil. *Il a attrapé une insolation.* ≠ coup de soleil.

insolence [ɛ̃sɔlɑ̃s] n. f. **1·** Manque de respect qui a un caractère injurieux. – *(Une, des insolences)* Parole insolente. → **impertinence.** *Quelle insolence ! Je ne supporterai pas plus longtemps vos insolences.* **2·** Orgueil offensant (pour des personnes que l'on juge d'un rang inférieur). → **arrogance, morgue.** *Une insolence de parvenu.*

insolent, ente [ɛ̃sɔlɑ̃, ɑ̃t] adj. **1·** Dont le manque de respect est offensant. → **impertinent, impoli.** *Un enfant insolent, qui répond sur un ton insolent.* – N. *Un insolent.* **2·** Qui blesse par son orgueil outrageant. → **arrogant.** *Un vainqueur insolent.* **3·** Qui, par son caractère extraordinaire, apparaît comme un défi, une provocation envers la condition commune. *Une beauté insolente. Il a une chance insolente.* → **indécent** (3). ▶ **insolemment** adv. *Parler insolemment.* ▷ **insolence**

insoler [ɛ̃sɔle] v. tr. < conjug. 1 > Exposer à la lumière du soleil, d'une source lumineuse. *Insoler une plaque photographique.*

insolite [ɛ̃sɔlit] adj. Qui étonne, surprend par son caractère inaccoutumé. → **anormal, bizarre, étrange, inhabituel.** *Une apparence insolite. Une visite insolite.* – N. m. *Un artiste qui recherche l'insolite.*

insoluble [ɛ̃sɔlybl] adj. **1·** Qu'on ne peut résoudre. *Un problème insoluble.* **2·** Qui ne peut se dissoudre. *Substance insoluble dans l'eau.*

insolvable [ɛ̃sɔlvabl] adj. Qui est hors d'état de payer ses dettes.

insomnie [ɛ̃sɔmni] n. f. Absence anormale de sommeil. *Remède contre l'insomnie.* → **somnifère.** *Avoir des insomnies.* ▶ **insomniaque** adj. et n. Qui souffre d'insomnie. *Un vieillard insomniaque.* – *Un, une insomniaque.*

insondable [ɛ̃sɔ̃dabl] adj. **1·** Qui ne peut être sondé, dont on ne peut atteindre le fond. *Un gouffre insondable.* **2·** Abstrait. Qu'il est difficile ou impossible d'expliquer. *Un mystère insondable.* **3·** Péj. Immense. *Une insondable bêtise.*

insonore [ɛ̃sɔnɔʀ] adj. **1·** Qui n'est pas sonore. *Un choc insonore.* **2·** Qui amortit les sons. *Le liège est un matériau insonore.* ▶ **insonoriser** v. tr. < conjug. 1 > Rendre moins sonore, plus silencieux en isolant. *Insonoriser une pièce.* – Au p. p. adj. *Studio insonorisé.* ▶ **insonorisation** n. f. Fait d'insonoriser ; son résultat. *Techniques d'insonorisation.*

insouciant, ante [ɛ̃susjɑ̃, ɑ̃t] adj. **1·** *Insouciant de :* qui ne se soucie pas de (qqch.). → **indifférent.** *Il s'exposait, insouciant du danger.* **2·** Qui ne se préoccupe de rien, vit sans souci. *Ils sont gais et insouciants.* / contr. soucieux / ▶ **insouciance** n. f. État ou caractère d'une personne insouciante. *Il a échoué par insouciance. Avoir un geste d'insouciance.*

insoucieux, euse [ɛ̃susjø, øz] adj. Littér. Insouciant. *Une vie insoucieuse. Être insoucieux de l'heure.*

insoumis, ise [ɛ̃sumi, iz] adj. et n. m. **1·** Qui n'est pas soumis, refuse de se soumettre. → **rebelle, révolté.** *Les tribus insoumises.* **2·** *Soldat insoumis* et, n. m., *un insoumis,* militaire qui ne s'est pas rendu là où il devait dans les délais prévus. → **déserteur, réfractaire.** ▶ **insoumission** n. f. **1·** Caractère, état d'une personne insoumise. → **désobéissance, révolte.** *Un acte d'insoumission.* **2·** Délit du militaire insoumis. → **désertion.**

insoupçonnable [ɛ̃supsɔnabl] adj. Qui est à l'abri de tout soupçon. *Il est d'une honnêteté insoupçonnable.* ▶ **insoupçonné, ée** adj. Dont l'existence n'est pas soupçonnée. *Un domaine nouveau, aux richesses insoupçonnées.* → **inconnu.**

insoutenable [ɛ̃sutnabl] adj. **1·** Qu'on ne peut soutenir, défendre. → **indéfendable.** *Une théorie insoutenable.* **2·** Qu'on ne peut supporter. *Un film d'une violence insoutenable.* → **insupportable.**

inspecter [ɛ̃spɛkte] v. tr. < conjug. 1 > **1·** Examiner (ce dont on a la surveillance). → **contrôler, sur-**

veiller. *Il devait inspecter les travaux.* → **inspecteur.** **2·** Examiner avec attention. *Le nouveau venu se sentait inspecté des pieds à la tête. Inspecter un lieu.* ▶ **inspecteur, trice** n. Personne qui est chargée de surveiller un travail, de contrôler le fonctionnement d'un service, de veiller à l'application de règlements. → **contrôleur.** *Inspecteur du travail. Inspecteur, inspectrice de l'enseignement primaire, secondaire. Inspecteur d'académie,* directeur de l'enseignement dans une académie. – ***Inspecteur des Finances :*** membre de l'inspection générale des Finances, un des grands corps de l'État. – ***Inspecteur (de police) :*** agent sans uniforme attaché à un commissariat, une préfecture de police. – REM. Dans l'administration française, *inspecteur(trice) de police* est remplacé par *lieutenant(e) de police* depuis 1995. ▶ **inspection** [ɛ̃spɛksjɔ̃] n. f. **1·** Examen attentif dans un but de contrôle, de surveillance, de vérification ; travail, fonction d'inspecteur. *Faire une inspection, une tournée d'inspection. Un rapport d'inspection.* **2·** Ensemble des inspecteurs(trices) d'une administration ; le service qui les emploie. *Entrer à l'inspection des Finances.*

① **inspirer** [ɛ̃spiʀe] v. tr. < conjug. 1 > **1·** Animer d'un souffle divin. *Dieu inspira les prophètes.* **2·** Donner l'inspiration à (qqn), déterminer le souffle créateur (dans l'art, les activités intellectuelles). *Les événements, les paysages qui ont inspiré l'artiste.* – Fam. *Ça ne m'inspire pas,* ça ne me dit rien. **3·** Faire naître (un sentiment, une idée). *Cela peut lui inspirer des regrets, de bonnes résolutions. Voilà ce qui a inspiré ma conduite.* → **commander.** – Être la cause de (un sentiment) chez qqn. → **donner.** *Il ne m'inspire pas confiance. Sa santé nous inspire de vives inquiétudes.* **4·** ***S'inspirer de*** v. pron. : (art, recherche) prendre, emprunter des idées, des éléments à. *Le romancier s'est inspiré d'une légende populaire.* ▶ **inspirateur, trice** n. **1·** N. Personne qui inspire, anime (une personne, une entreprise). *Il est l'inspirateur de ce mouvement.* **2·** N. f. Femme qui inspire un artiste. → **muse.** ▶ ① **inspiration** n. f. **1·** Sorte de souffle émanant d'un être surnaturel, qui apporterait aux hommes des révélations. *L'inspiration du Saint-Esprit.* **2·** Souffle créateur qui anime les artistes, les chercheurs. *L'inspiration poétique. Attendre l'inspiration.* **3·** Action d'inspirer, de conseiller qqch. à qqn ; résultat de cette action. → **influence, instigation.** **4·** (Œuvre, art) ***D'inspiration*** (+ adjectif) : qui subit l'influence de... *Une mode d'inspiration africaine.* **5·** Idée, résolution spontanée, soudaine. *Il a eu une heureuse inspiration.* ▶ **inspiré, ée** adj. **1·** Animé par un souffle créateur. *Livres inspirés. Un poète inspiré.* **2·** *Bien, mal inspiré,* qui a une bonne, une mauvaise idée (pour agir). *Il a été bien inspiré de vendre avant la crise.* **3·** ***Inspiré de.*** *Mode inspirée du passé.*

② **inspirer** v. intr. < conjug. 1 > Faire entrer l'air dans ses poumons. → **aspirer.** / contr. expirer / ▶ ② **inspiration** n. f. Aspiration d'air.

instable [ɛ̃stabl] adj. **1·** Mal équilibré. → **branlant.** *Cette chaise est instable.* **2·** (Combinaison chimique) Qui se décompose facilement en ses éléments. **3·** Qui se déplace, n'est pas stable en un lieu. *Une population instable.* → **nomade.** **4·** Qui n'est pas fixe, durable. → **fragile, précaire.** *La paix est encore bien instable. Temps instable.* → **variable.** **5·** (Personnes) Qui change constamment d'état affectif, de comportement. → **changeant.** – N. *Cet enfant est un instable.* ▶ **instabilité** n. f. **1·** État de ce qui est instable (1, 2). *L'instabilité d'un meuble.* / contr. stabilité / **2·** Caractère de ce qui change de place. → **mobilité.** – Caractère de ce qui n'est pas fixe. → **fragilité, précarité.** *L'instabilité des opinions. L'instabilité des prix.*

installer [ɛ̃stale] v. tr. < conjug. 1 > **I· 1·** Mettre (qqn) dans la demeure, dans l'endroit qui lui était destiné. *Nous l'avons installé dans son nouveau logement.* – Placer ou loger d'une façon déterminée. *Installez le malade dans son lit. Installez-le dans un fauteuil.* **2·** Disposer, établir (qqch.) dans un lieu désigné ou selon un ordre. → **mettre, placer.** *Installer une connexion Internet.* – Aménager (un appartement, une pièce). *Il a fini d'installer sa chambre.* – Au p. p. *C'est bien installé, ici.* **II·** ***S'installer*** v. pron. **1·** Se mettre, se loger à une place déterminée ou d'une façon déterminée. *Ils vont s'installer d'abord chez les beaux-parents.* **2·** S'établir de façon durable. *Les nations s'installaient dans la guerre.* ▶ **installateur, trice** n. Personne (commerçant, artisan) qui s'occupe d'installations. *Installateur de chauffage.* ▶ **installation** n. f. **1·** Action de s'installer dans un logement. *Il a fêté son installation* (→ Pendre la crémaillère*). – Manière dont on est installé. **2·** Action d'installer (qqch.). → **aménagement.** *S'occuper de l'installation de l'électricité dans un immeuble.* **3·** *(Une, des installations)* Ensemble des objets, dispositifs, bâtiments, etc., installés en vue d'un usage déterminé. → **équipement.** *Les installations sanitaires.* **4·** En art contemporain. Œuvre d'art complexe, réunissant divers objets et techniques. ▷ **réinstaller**

instamment [ɛ̃stamɑ̃] adv. D'une manière instante ①, avec force. *Je vous prie, je vous demande instamment de...*

instance [ɛ̃stɑ̃s] n. f. **1·** Poursuite en justice. *Introduire une instance.* – *Affaire en instance,* en cours. – Loc. ***En instance :*** en attente. *Courrier en instance. Convoi en instance de départ,* sur le point de départ. – *Première instance,* premier degré dans la hiérarchie des juridictions. *Tribunal de première instance.* **2·** Juridiction. *L'instance supérieure.* – Autorité, corps constitué qui détient un pouvoir de décision. *Les instances internationales.*

instances n. f. pl. Littér. Sollicitations pressantes. *Il a finalement accepté, sur les instances de ses amis.* ▶ 1 **instant, ante** adj. Littér. Très pressant. *Une prière instante.* ▷ **instamment**

2 **instant** [ɛ̃stɑ̃] n. m. Durée très courte que la conscience saisit comme un tout. → **moment.** *Attendre l'instant propice. Jouir de l'instant présent. À l'instant de partir,* à l'instant où il allait partir. – *Un instant,* un temps très court. *Attendez un instant.* Ellipt. *Un instant ! ne soyez pas pressé...* – ***En un instant*** loc. adv. : rapidement, très vite. – ***Dans un instant*** : bientôt. *Je reviens dans un instant.* – ***À l'instant*** : tout de suite. → **aussitôt.** – ***À chaque, à tout instant*** : très souvent. → **continuellement.** *Il changeait d'idée à chaque instant.* – ***Pour l'instant*** : pour le moment. *Pour l'instant, nous restons avec vous.* – ***Par instants*** : par moments, de temps en temps. – ***De tous les instants*** : constant, perpétuel. *Une attention de tous les instants.* ***Dès l'instant où..., que...*** loc. conj. : dès que, puisque. ▶ **instantané, ée** adj. **1·** Qui se produit en un instant, soudainement. → **immédiat, subit.** *La mort fut instantanée.* **2·** Vieilli. *Photographie instantanée,* obtenue par une exposition de très courte durée. – N. m. *Prendre un instantané* (opposé à *pose*). **3·** Qui se dissout instantanément. *Café, cacao instantané.* ▶ **instantanément** adv. Tout de suite, aussitôt. *Il s'est arrêté instantanément.*

à l'instar de [alɛ̃staʀdə] loc. prép. Littér. À l'exemple, à la manière de. *À l'instar de son frère, il jouait de la guitare.*

instaurer [ɛ̃stɔʀe] v. tr. < conjug. 1 > Établir pour la première fois. → **fonder, instituer.** *La révolution qui instaura la république.* – Pronominalement (réfl.). Se mettre en place. *De nouvelles modes s'instaurent.* ▶ **instauration** n. f. Littér. Action d'instaurer. *L'instauration d'une mode.*

instigateur, trice [ɛ̃stigatœʀ, tʀis] n. Personne qui incite, qui pousse à faire qqch. *Les principaux instigateurs du mouvement.* ▶ **instigation** n. f. En loc. Action de pousser qqn à faire qqch. → **incitation.** *À, sous l'instigation de qqn,* sous son influence, sur ses conseils. *Nous avons agi à son instigation.*

instiller [ɛ̃stije] v. tr. < conjug. 1 > Verser goutte à goutte. *Un collyre à instiller dans l'œil.* ▶ **instillation** n. f. Action d'instiller. *Pipette à instillations nasales.*

instinct [ɛ̃stɛ̃] n. m. **1·** Tendance innée et puissante, commune à tous les êtres vivants ou à tous les individus d'une même espèce. *L'instinct de conservation. L'instinct sexuel ; maternel.* **2·** Tendance innée à des actes déterminés, exécutés parfaitement sans expérience préalable. *L'instinct des animaux et l'intelligence humaine.* **3·** (Chez l'homme) L'intuition, le sentiment (opposé à *raison*). *Se fier à son instinct.* – ***D'instinct*** loc. adv. : d'une manière naturelle et spontanée. *Il a fait cela d'instinct.* – Faculté naturelle de sentir, de deviner. *Un secret instinct l'avertissait.* – Don, disposition naturelle. *Elle a l'instinct du commerce.* **4·** Tendance innée et irréfléchie propre à un individu. *Céder à ses instincts. Son instinct lui a inspiré sa conduite.* ▶ **instinctif, ive** [ɛ̃stɛ̃ktif, iv] adj. **1·** Qui naît d'un instinct, de l'instinct. → **irréfléchi, spontané.** *Une antipathie instinctive. C'est instinctif !,* c'est une chose qu'on fait, qu'on sent d'instinct. *Un geste instinctif.* **2·** (Personnes) En qui domine l'impulsion, la spontanéité de l'instinct. *Un être instinctif.* ▶ **instinctivement** [ɛ̃stɛ̃ktivmɑ̃] adv. Par l'instinct, spontanément. *Il évita instinctivement le coup.*

instituer [ɛ̃stitɥe] v. tr. < conjug. 1 > **1·** *Instituer qqn,* établir officiellement en fonction (un dignitaire ecclésiastique). *Instituer héritier qqn,* nommer héritier par testament. → **constituer.** **2·** *Instituer qqch.,* établir de manière durable. *Instituer une exposition annuelle.* – Au p. p. *Le régime institué par la Ve République.* → **créer, fonder, instaurer ;** 1 **institution.** – Pronominalement. *De bonnes relations se sont instituées entre ces deux pays.* ▷ 1 **institution**

institut [ɛ̃stity] n. m. **1·** Titre donné à certains corps constitués de savants, d'artistes, d'écrivains. *Des instituts de recherche scientifique. L'Institut (de France),* comprenant les cinq Académies. – Nom donné à des établissements de recherche, d'enseignement. *L'Institut national agronomique.* **2·** Établissement où l'on donne des soins (*un institut de beauté*), des cours. → 2 **institution.**

instituteur, trice [ɛ̃stitytœʀ, tʀis] n. Personne qui enseigne dans une école primaire. → **maître, maîtresse, professeur** des écoles. *L'institutrice communale.* – Abrév. fam. **un(e), des instits** [ɛ̃stit]. *Le nouvel instit. Elles sont instits.*

1 **institution** [ɛ̃stitysjɔ̃] n. f. **1·** Action d'instituer. → **création, établissement.** *L'institution des jeux Olympiques.* **2·** La chose instituée (personne morale, groupement, régime). *Les institutions nationales, internationales.* – *Les institutions,* l'ensemble des formes ou organisations sociales établies par la loi ou la coutume. → **constitution, régime.** *La réforme des institutions. Défendre les*

institutions. **3·** Iron. Se dit de qqch. qui est entré dans les mœurs, se pratique couramment. *Dans ce pays, le marchandage est une véritable institution.* ▶ **institutionnaliser** v. tr. < conjug. 1 > Donner à (qqch.) le caractère officiel d'une institution. *Institutionnaliser le dialogue entre les chefs d'entreprise et les syndicats.* ▶ **institutionnalisation** n. f. Le fait d'institutionnaliser. *L'institutionnalisation de l'aide aux pays pauvres.* ▶ **institutionnel, elle** adj. Relatif aux institutions. *Acquérir un statut institutionnel.*

② **institution** n. f. **1·** Vx. Éducation, instruction. **2·** Établissement privé d'éducation et d'instruction. → **institut** (2). *Il est professeur dans une institution privée.*

instructeur, trice [ɛ̃stʀyktœʀ, tʀis] n. et adj. Celui, celle qui instruit. *Instructrice de secourisme.* – Personne chargée de l'instruction des militaires récemment engagés. – Adj. *Sergent instructeur.*

instructif, ive [ɛ̃stʀyktif, iv] adj. (Choses) Qui instruit. *Une lecture, une conversation instructive.*

instruction [ɛ̃stʀyksjɔ̃] n. f. **I· 1·** Action d'enrichir et de former l'esprit (de la jeunesse). → **enseignement, pédagogie.** *Une instruction complète. L'instruction publique,* dispensée par l'État (en France). – Dans un domaine précis. *Instruction civique. Instruction religieuse (catholique).* → **catéchisme. 2·** Savoir d'une personne instruite. → **connaissance(s), culture.** *Avoir de l'instruction, peu d'instruction. Un homme sans instruction.* **II· 1·** Vx. Leçon, précepte. – Enseignement (dans des expressions). *L'instruction militaire initiale* (→ **instructeur**). **2·** *Instructions* : explications à l'usage de la personne chargée d'une entreprise ou mission. → **consigne, directive, ordre.** *Donnez-lui vos instructions. Conformément aux instructions reçues.* – Ordre de service émanant d'une autorité supérieure. *Le diplomate attendait des instructions.* – Mode d'emploi d'un produit. *Se conformer aux instructions ci-jointes.* **3·** Document écrit émanant d'un chef à l'usage de ses services. *Instruction n°... en date du...* **III·** Action d'instruire (III) une cause. → **information.** *Juge d'instruction.*

instruire [ɛ̃stʀɥiʀ] v. tr. < conjug. 38 > **REM.** Part. passé *instruit(e).* **I· 1·** Littér. Mettre en possession de connaissances nouvelles, éclairer. *Instruire ses enfants par l'exemple.* – Au p. p. *Instruit par l'expérience, il est devenu méfiant.* **2·** Dispenser un enseignement à (un élève). → **éduquer, former.** *Instruire un élève, en sciences, sur un sujet.* – *Instruire de jeunes soldats,* leur apprendre le maniement des armes. **3·** Littér. *Instruire qqn de* : le mettre au courant, l'informer de (qqch.). *Instruisez-moi de ce qui s'est passé.* **II·** *S'instruire* : enrichir ses connaissances ou son expérience. → **apprendre.** *On s'instruit à tout âge,* on a toujours qqch. à apprendre. **III·** Mettre (une cause) en état d'être jugée. *Le juge chargé d'instruire l'affaire.* ▶ **instruit, ite** adj. Qui a des connaissances étendues dénotant une solide instruction. *Un homme très instruit.* → **cultivé, érudit, savant.** ▷ **instructeur, instructif, instruction**

① **instrument** [ɛ̃stʀymɑ̃] n. m. **I·** Objet fabriqué servant à exécuter qqch., à faire une opération. → **appareil, machine, outil.** *Instruments de mesure* → **-mètre,** *d'observation* → **-scope,** *enregistreurs* → **-graphe.** – *Instrument tranchant,* couteau, hache, etc. **II·** Littér. Fig. Personne ou chose servant à obtenir un résultat. *L'instrument de sa réussite. Il considère ses employés comme des instruments.* ▷ **instrumentaliser**

② **instrument de musique** n. m. Objet fabriqué servant à jouer de la musique. – Ellipt. *Jouer d'un instrument. Instrument à cordes, à vent. Les instruments de l'orchestre.* ▶ **instrumental, ale, aux** adj. Qui s'exécute avec des instruments. *Musique instrumentale* (opposé à *musique vocale*). *Ensemble instrumental,* composé d'instruments. ▶ **instrumentation** n. f. Connaissance des instruments ; application de leurs qualités propres à l'écriture musicale. *Instrumentation orchestrale.* → **orchestration.** ▶ **instrumentiste** n. Musicien qui joue d'un instrument. *Une instrumentiste soliste.*

instrumentaliser [ɛ̃stʀymɑ̃talize] v. tr. < conjug. 1 > **1·** Didact. Considérer (qqn, qqch.) comme un instrument ; rendre purement utilitaire. **2·** Utiliser à des fins détournées. ▶ **instrumentalisation** n. f.

instrumentalisme [ɛ̃stʀymɑ̃talism] n. m. Philosophie. Doctrine suivant laquelle toute théorie est un outil, un instrument pour l'action. → **pragmatisme.**

instrumenter [ɛ̃stʀymɑ̃te] v. intr. < conjug. 1 > En droit. Dresser (un contrat, un exploit, un procès-verbal).

à l'insu de [alɛ̃sydə] loc. prép. Sans que la chose soit sue de (qqn). / contr. au su de / *À l'insu de sa famille. À mon insu.* – Sans en avoir conscience. *Tu t'es trahi à ton insu,* sans t'en rendre compte.

insubmersible [ɛ̃sybmɛʀsibl] adj. Qui ne peut être submergé, coulé. *Canot insubmersible.*

insubordonné, ée [ɛ̃sybɔʀdɔne] adj. Qui refuse de se soumettre. → **désobéissant, indiscipliné.** *Troupes insubordonnées.* ▶ **insubordination** n. f. Refus de se soumettre. *Esprit* *d'insubordination.* → **désobéissance, indiscipline.** – Refus d'obéissance d'un militaire aux ordres d'un supérieur.

insuccès [ɛ̃syksɛ] n. m. invar. Le fait de ne pas réussir. → **échec.** / contr. succès / *Reconnaître son insuccès. Un projet voué à l'insuccès.*

insuffisant, ante [ɛ̃syfizɑ̃, ɑ̃t] adj. **1·** Qui ne suffit pas. *En quantité insuffisante. Des connaissances insuffisantes. Une lumière insuffisante,* trop faible. **2·** (Personnes) Qui manque de dons, est inférieur à sa tâche. → **inapte, inférieur.** ▶ **insuffisamment** adv. *Il travaille insuffisamment.* ▶ **insuffisance** n. f. **1·** Caractère, état de ce qui ne suffit pas. → **manque.** / contr. abondance / *Par insuffisance de moyens. L'insuffisance de nos ressources.* **2·** Au plur. Défaut, lacune. *Un travail qui révèle de graves insuffisances.* **3·** Déficience (d'un organe). *Insuffisance hépatique, rénale.*

insuffler [ɛ̃syfle] v. tr. < conjug. 1 > **1·** Littér. Faire pénétrer par le souffle. *Dieu insuffla la vie à sa créature.* – Inspirer (un sentiment). **2·** Faire pénétrer (de l'air, un gaz) dans les poumons, une cavité de l'organisme. *Insuffler de l'oxygène à un asphyxié.* ▶ **insufflation** n. f. En médecine. Action d'insuffler (2).

insulaire [ɛ̃sylɛʀ] adj. Qui habite une île, appartient à une île. *Des traditions insulaires.* – N. *Les insulaires.* → **îlien.** / contr. continental / ▶ **insularité** n. f. Caractère de ce qui forme une ou des îles. *L'insularité de l'Irlande.* – Caractère de ce qui est insulaire. ▷ **péninsule**

insuline [ɛ̃sylin] n. f. Hormone sécrétée par le pancréas. *Des injections d'insuline* (traitement du diabète).

insulte [ɛ̃sylt] n. f. **1·** Acte ou parole qui vise à outrager ou constitue un outrage. → **injure.** *Adresser, dire, crier des insultes à qqn.* **2·** Atteinte, offense. *C'est une insulte à notre chagrin.* ▶ **insulter** v. tr. < conjug. 1 > **1·** Attaquer (qqn) par des propos ou des actes outrageants. → **injurier, offenser.** *Je ne me laisserai pas insulter.* **2·** V. tr. ind. Littér. ***Insulter à*** : constituer une atteinte, un défi à. *Leur luxe insulte à notre misère.* ▶ **insultant, ante** adj. Qui insulte, constitue une insulte. → **injurieux, offensant, outrageant.** *Des propos insultants. Un air insultant.*

insupportable [ɛ̃sypɔʀtabl] adj. **1·** Qu'on ne peut supporter, endurer. *Une douleur insupportable.* → **intolérable.** / contr. supportable / – Extrêmement désagréable. *Ce vacarme est insupportable. Cela m'est insupportable.* **2·** (Personnes) Particulièrement désagréable ou agaçant. → **infernal, odieux.** *Ce gosse est insupportable.* → **intenable.** *Il est d'une humeur insupportable.*

s'insurger [ɛ̃syʀʒe] v. pron. < conjug. 3 > **1·** Se soulever (contre l'autorité). → **se révolter ; insurrection.** *La population s'est insurgée contre le gouvernement militaire.* **2·** Protester vivement. *Je m'insurge contre cette interprétation, contre ces prétentions.* ▶ **insurgé, ée** adj. et n. Qui s'est insurgé, soulevé. *Les populations insurgées.* – N. *Les insurgés.*

insurmontable [ɛ̃syʀmɔ̃tabl] adj. **1·** Qu'on ne peut surmonter. *Un obstacle insurmontable.* → **infranchissable.** **2·** (Sentiments) Qu'on ne peut dominer, réprimer. *Une angoisse insurmontable.*

insurrection [ɛ̃syʀɛksjɔ̃] n. f. Action de s'insurger ; soulèvement qui vise à renverser le pouvoir établi. → **émeute, révolte, sédition, soulèvement.** *L'insurrection de la Commune.* ▶ **insurrectionnel, elle** adj. Qui tient de l'insurrection. *Mouvement insurrectionnel.* – *Gouvernement insurrectionnel,* issu de l'insurrection. *Mouvement, gouvernement insurrectionnel.* → **révolutionnaire.**

intact, acte [ɛ̃takt] adj. **1·** Qui n'a pas subi de dommage. *Les fresques des tombeaux étaient intactes.* **2·** Abstrait. Qui n'a souffert aucune atteinte. *Sa réputation est intacte.* → ① **sauf.** *Caractère de ce qui reste intact.* → ② **intégrité.**

intangible [ɛ̃tɑ̃ʒibl] adj. Littér. À quoi l'on ne doit pas toucher, porter atteinte ; que l'on doit maintenir intact. → **inviolable, sacré.** *Des principes intangibles.* ▶ **intangibilité** n. f. Littér. État de ce qui est ou doit être maintenu intact. *L'intangibilité d'une loi.*

intarissable [ɛ̃taʀisabl] adj. **1·** Littér. Qui coule sans arrêt. *Une source intarissable. Des larmes intarissables.* **2·** (Personnes) Qui n'épuise pas ce qu'il a à dire. *Il est intarissable sur ce sujet.* ▶ **intarissablement** adv. *Il répète intarissablement les mêmes choses.*

intégral, ale, aux [ɛ̃tegʀal, o] adj. et n. f. **I·** Qui n'est l'objet d'aucune diminution, d'aucune restriction. → **complet, entier.** / contr. partiel / *Il exige le remboursement intégral. Bronzage intégral.* – *Casque intégral,* casque de motocycliste qui protège à la fois le crâne, la face et la mâchoire. *Des casques intégraux.* – En informatique. *Recherches en texte* intégral.* – N. f. Édition intégrale. *Acheter l'intégrale des symphonies de Beethoven.* **II· 1·** *Calcul intégral.* → **calcul.** **2·** N. f. ***Une intégrale*** : résultat de l'opération fondamentale du *calcul intégral* (→ **intégration**). ▶ **intégralement** adv. D'une manière intégrale, complètement. *Payer intégralement ses dettes.* ▶ **intégralité** n. f. État d'une chose complète. *Dans son intégralité,* dans sa totalité.

intégrant, ante [ɛ̃tegʀɑ̃, ɑ̃t] adj. *Partie intégrante,* sans laquelle un ensemble ne serait pas complet. *Les membres, parties intégrantes du corps.*

intégration [ɛ̃tegʀɑsjɔ̃] n. f. **I**· **1**· Incorporation (de nouveaux éléments) à un système. *L'intégration d'une dépense dans un budget.* **2**· Assimilation (d'un individu, d'un groupe) à une communauté, à un groupe social. *L'intégration sociale, culturelle* (opposé à *ségrégation*). **II**· En mathématiques. Opération par laquelle on détermine la grandeur limite de la somme de quantités infinitésimales en nombre indéfiniment croissant. ▶ **intégrationniste** adj. et n. Relatif à l'intégration (2). *Des manifestations intégrationnistes.* – *Un, une intégrationniste.* ▷ **désintégration, réintégration**

intègre [ɛ̃tɛgʀ] adj. D'une probité absolue. → **honnête, incorruptible.** / contr. corrompu, malhonnête / *Un juge intègre. Vie intègre.* ▶ ① **intégrité** n. f. Honnêteté absolue. → **honnêteté, probité.** *Un homme d'une parfaite intégrité.*

intégrer [ɛ̃tegʀe] v. tr. et intr. <conjug. 6> **I**· Faire entrer dans un ensemble en tant que partie intégrante. → **assimiler, incorporer.** – Pronominalement (réfl.). *Ils ont du mal à s'intégrer dans la collectivité.* **II**· En mathématiques. Faire l'intégration (II) de... **III**· V. tr. et intr. Être reçu au concours d'entrée dans une grande école. *Elle a intégré Sciences-Po.* ▶ **intégré, ée** adj. **1**· Assimilé. *Des populations encore mal intégrées.* **2**· *Dispositif, système intégré,* qui unit des éléments divers. ▷ **désintégrer, intégral, intégrant, intégration, réintégrer**

intégriste [ɛ̃tegʀist] adj. et n. **1**· Partisan de l'intégrisme. *Les intégristes catholiques.* – Adj. *Des musulmans intégristes.* **2**· Personne qui manifeste une intransigeance, un conservatisme absolus. → **extrémiste.** ▶ **intégrisme** n. m. Attitude de ceux qui refusent toute évolution d'une doctrine (spécialt d'une religion). *L'intégrisme islamiste.*

② **intégrité** [ɛ̃tegʀite] n. f. État d'une chose qui demeure intacte, entière. *Lutter pour défendre l'intégrité du territoire.* ▷ **intégriste**

intellect [ɛ̃telɛkt] n. m. Littér. ou en sciences. L'esprit dans son fonctionnement intellectuel. → **intelligence.** ▷ **intellectuel**

intellectuel, elle [ɛ̃telɛktɥɛl] adj. et n. **1**· Qui se rapporte à l'intelligence (connaissance ou entendement). *La vie intellectuelle. L'effort, le travail intellectuel.* **2**· Qui a un goût prononcé (ou excessif) pour les choses de l'esprit. → **cérébral.** *Elle est très intellectuelle.* – Dont la vie est consacrée aux activités de l'esprit. *L'élite intellectuelle d'un pays.* → **intelligentsia.** – N. *Un, une intellectuel(le). Les intellectuels et les travailleurs manuels.* Abrév. fam. **un intello.** *Les intellos.* ▶ **intellectualisme** n. m. Tendance à tout subordonner à l'intelligence, à la vie intellectuelle. ▶ **intellectuellement** adv. Sous le rapport de l'intelligence. *Un enfant intellectuellement très développé.*

① **intelligence** [ɛ̃teliʒɑ̃s] n. f. **I**· **1**· Faculté de connaître, de comprendre ; qualité de l'esprit qui comprend et s'adapte facilement. / contr. bêtise / *Cet enfant fait preuve d'une vive intelligence, d'une intelligence précoce. Cela ferait douter de son intelligence.* **2**· L'ensemble des fonctions mentales ayant pour objet la connaissance rationnelle (opposé à *sensation* et à *intuition*). → **entendement, raison.** *De l'intelligence.* → **intellectuel** (1). **II**· Personne intelligente. *C'est une intelligence remarquable.* **III**· *L'intelligence de* qqch. : acte ou capacité de comprendre (qqch.). → **compréhension, sens.** *Je lui envie son intelligence des affaires. Pour l'intelligence de ce qui va suivre, notons que...* ▶ **intelligent, ente** adj. **1**· Qui a la faculté de connaître et de comprendre. → **pensant.** *L'homme, être intelligent.* **2**· Qui est, à un degré variable, doué d'intelligence. *Un garçon très, peu intelligent.* – Absolt. Qui comprend vite et bien, s'adapte facilement aux situations. / contr. bête, inintelligent / **3**· (Actes) Qui dénote de l'intelligence. *Un choix intelligent. Une réponse intelligente.* ▶ **intelligemment** [ɛ̃teliʒamɑ̃] adv. Avec intelligence. *Travailler, parler intelligemment.* ▷ **inintelligent**

② **intelligence** n. f. **1**· Littér. *D'intelligence* : de complicité, par complicité. *Être, agir d'intelligence avec qqn.* → de **concert.** *Faire à qqn des signes d'intelligence.* **2**· Au plur. Complicités secrètes entre personnes dans des camps opposés. *Entretenir des intelligences avec l'ennemi. Avoir des intelligences dans la place,* dans un milieu d'accès difficile. **3**· *En bonne, mauvaise... intelligence* : en s'entendant bien, mal. *Ils vivent en bonne intelligence.*

intelligentsia [ɛ̃teligɛntsja] n. f. Parfois péj. Le groupe des intellectuels (dans une société, un pays).

intelligible [ɛ̃teliʒibl] adj. **1**· Qui ne peut être connu que par l'entendement (opposé à *sensible*). **2**· Qui peut être compris, est aisé à comprendre. → **clair, compréhensible.** *Un texte intelligible.* **3**· Qui peut être distinctement entendu. – Loc. *Parler à haute et intelligible voix.* ▶ **intelligibilité** n. f. Caractère intelligible. *L'intelligibilité d'un discours.* ▶ **intelligiblement** adv. *S'exprimer intelligiblement.* → **clairement.** ▷ **inintelligible**

intello [ɛ̃telo] n. → **intellectuel.**

intempérant, ante [ɛ̃tɑ̃peʀɑ̃, ɑ̃t] adj. et n. Littér. Qui manque de modération dans les plaisirs de la table et les plaisirs sexuels. ▶ **intempérance**

n. f. 1· Vx. Manque de modération, liberté excessive. *Son intempérance de langage nous choque.* 2· Abus des plaisirs de la table et des plaisirs sexuels.

intempéries [ɛ̃tɑ̃peʀi] n. f. pl. Les rigueurs du climat (pluie, vent). *Être exposé aux intempéries.*

intempestif, ive [ɛ̃tɑ̃pɛstif, iv] adj. Qui se fait ou se manifeste à contretemps. → **déplacé, inopportun.** / contr. opportun / *Une démarche intempestive. Pas de zèle intempestif !*

intemporel, elle [ɛ̃tɑ̃pɔʀɛl] adj. Qui existe hors du temps, indépendamment du temps. – Qui ne change pas avec le temps. → **éternel, immuable, invariable.**

intenable [ɛ̃tnabl] adj. 1· Que l'on ne peut tenir ou soutenir. *Une position intenable.* 2· Insupportable. *Quelle chaleur ! c'est intenable !* – (Personnes) Que l'on ne peut faire tenir tranquille. *C'est un gamin intenable.* → **insupportable.**

intendance [ɛ̃tɑ̃dɑ̃s] n. f. 1· Charge, fonction, circonscription des anciens intendants. 2· Service administratif chargé du ravitaillement et de l'entretien (d'une armée, d'une collectivité). *L'intendance d'un lycée.* 3· Économat d'un lycée. ▶ 1 **intendant** n. m. Autrefois. Agent du pouvoir royal dans une province. ▶ 2 **intendant, ante** n. 1· Nom de divers fonctionnaires du service de l'intendance (militaire, universitaire). 2· Personne chargée d'administrer la maison d'un riche particulier. → **régisseur.** ▷ **surintendant**

intense [ɛ̃tɑ̃s] adj. (Choses) Qui agit avec force, est porté à un haut degré. → **vif.** / contr. faible / *Une lumière intense. Une végétation intense.* – *Un plaisir intense.* ▶ **intensément** adv. *Vivre intensément.* ▶ **intensif, ive** [ɛ̃tɑ̃sif, iv] adj. 1· Qui est l'objet d'un effort intense, soutenu, pour accroître l'effet. *Une propagande intensive.* 2· *Culture intensive,* à haut rendement par unité de surface. / contr. 1 extensif / ▶ **intensivement** adv. *S'entraîner intensivement.* ▶ **intensifier** v. tr. < conjug. 7 > Rendre plus intense, au prix d'un effort. → **augmenter.** *Intensifier la lutte contre la drogue.* – ***S'intensifier*** v. pron. réfl. : devenir plus intense. *Les échanges commerciaux s'intensifient.* ▶ **intensification** n. f. Action d'intensifier, de s'intensifier. → **augmentation.** *L'intensification de la propagande.* ▶ **intensité** n. f. 1· Degré d'activité, de force ou de puissance. *Une crise de faible intensité.* – *Intensité d'un courant électrique,* quantité d'électricité traversant un conducteur pendant l'unité de temps (seconde). 2· Caractère de ce qui est intense, très vif. *L'intensité d'une émotion.* → **violence.** *Intensité dramatique.*

intenter [ɛ̃tɑ̃te] v. tr. < conjug. 1 > Entreprendre contre qqn (une action en justice). *Il m'a intenté un procès.*

intention [ɛ̃tɑ̃sjɔ̃] n. f. Le fait de se proposer un certain but. → **dessein.** *Un acte commis avec l'intention de nuire. Je l'ai fait sans mauvaise intention. Quelles sont vos intentions à son égard ? Il n'est pas dans mes intentions d'accepter.* – ***Avoir l'intention de*** (+ infinitif) : se proposer de, vouloir. *Il n'a pas l'intention de céder.* – ***Dans l'intention de*** (+ infinitif) : en vue de, pour. *Il fait cela dans l'intention de vous plaire.* – ***À l'intention de qqn*** : pour lui, en son honneur ; à son adresse. *Une fête à l'intention des enfants.* ≠ à l'attention de. ▶ **intentionné, ée** adj. *Bien, mal intentionné,* qui a de bonnes, de mauvaises intentions. ▶ **intentionnel, elle** adj. Qui est fait exprès. → **prémédité, volontaire.** / contr. involontaire / *Nous avons compris que votre réponse blessante était intentionnelle.* ▶ **intentionnellement** adv. Avec intention, de propos délibéré. → **exprès, volontairement.** *C'est intentionnellement que je n'en ai pas parlé.*

inter [ɛ̃tɛʀ] n. m. Anciennt. → **interurbain.**

inter- Élément exprimant l'espacement, la répartition ou une relation réciproque (ex. : ***interallié,*** adj. « qui concerne les nations alliées » ; ***interarmes,*** adj. « relatif à plusieurs armes : infanterie, etc. »). Voir ci-dessous.

interactif, ive [ɛ̃tɛʀaktif, iv] adj. Qui permet de dialoguer avec la machine. → **conversationnel.** – Qui permet à l'utilisateur, au spectateur d'intervenir. *Jeu, livre interactif. Émission interactive.* ▶ **interactivité** n. f. Possibilité de dialogue entre l'utilisateur d'un système informatique et la machine, notamment par l'intermédiaire d'un écran.

interaction [ɛ̃tɛʀaksjɔ̃] n. f. Réaction réciproque. → **interdépendance.** *Phénomènes en interaction.*

interbancaire [ɛ̃tɛʀbɑ̃kɛʀ] adj. Qui relève des relations entre les banques. – *Carte interbancaire,* carte de crédit acceptée par différentes banques.

intercaler [ɛ̃tɛʀkale] v. tr. < conjug. 1 > Faire entrer après coup dans une série, dans un ensemble ; mettre (une chose) entre deux autres. → **insérer, introduire.** *Intercaler des exemples dans un texte.* ▶ **intercalaire** adj. et n. m. Qui peut s'intercaler, être inséré. *Feuillet, fiche intercalaire.* – N. m. *Un intercalaire.*

intercéder [ɛ̃tɛʀsede] v. intr. < conjug. 6 > Intervenir, user de son influence (en faveur de qqn). *Il intercédera pour vous auprès du ministre.* → **intervenir ; intercesseur, intercession.**

intercepter [ɛ̃tɛʀsɛpte] v. tr. < conjug. 1 > **1·** Prendre au passage et par surprise (ce qui est adressé, envoyé ou destiné à qqn). *Ses parents ont intercepté la lettre. Le joueur a essayé d'intercepter le ballon. Avion chargé d'intercepter des bombardiers.* **2·** Arrêter (la lumière), cacher (une source lumineuse). ▶ **interception** [ɛ̃tɛʀsɛpsjɔ̃] n. f. Action d'intercepter. *Avions d'interception.*

intercesseur [ɛ̃tɛʀsesœʀ] n. m. Littér. Personne qui intercède. *Elle m'a demandé d'être son intercesseur auprès de vous.* ▶ **intercession** n. f. Littér. Action d'intercéder. *Obtenir un poste grâce à l'intercession de qqn.*

interchangeable [ɛ̃tɛʀʃɑ̃ʒabl] adj. Se dit d'objets semblables, de même destination, qui peuvent être mis à la place les uns des autres. *Des pneus interchangeables.*

interclasse [ɛ̃tɛʀklɑs] n. m. Court intervalle entre deux cours, dans un établissement scolaire.

interclasser [ɛ̃tɛʀklɑse] v. tr. < conjug. 1 > Classer (les éléments de diverses séries) en une série unique. *Interclasser des fiches.*

intercommunal, ale, aux [ɛ̃tɛʀkɔmynal, o] adj. Qui concerne plusieurs communes. *Des décisions intercommunales.*

interconnecter [ɛ̃tɛʀkɔnɛkte] v. tr. < conjug. 1 > Relier entre eux (des réseaux, des appareils...). *Interconnecter les ordinateurs d'une entreprise.* ▶ **interconnexion** n. f. *L'interconnexion du métro et du train.*

intercontinental, ale, aux [ɛ̃tɛʀkɔ̃tinɑ̃tal, o] adj. Qui concerne les relations entre deux continents. *Lignes aériennes intercontinentales.* – *Missiles balistiques intercontinentaux,* dont la portée s'étend d'un continent à un autre.

intercostal, ale, aux [ɛ̃tɛʀkɔstal, o] adj. Qui est situé ou se fait sentir entre deux côtes. *Des douleurs intercostales.*

interdépendance [ɛ̃tɛʀdepɑ̃dɑ̃s] n. f. Dépendance réciproque. *L'interdépendance des nations modernes.* ▶ **interdépendant, ante** adj. Qui est dans un état d'interdépendance. *Des événements interdépendants.*

interdiction [ɛ̃tɛʀdiksjɔ̃] n. f. **1·** Action d'interdire. → **défense.** / contr. autorisation / *Interdiction de bâtir. L'interdiction d'un film.* **2·** Action d'interdire à un membre d'un corps constitué l'exercice de ses fonctions. – Action d'ôter à une personne majeure la libre disposition et l'administration de ses biens. *Il a fait l'objet d'une interdiction.* – *Interdiction de séjour,* défense faite à un condamné libéré de se trouver dans certains lieux.

interdire [ɛ̃tɛʀdiʀ] v. tr. < conjug. 37 > REM. 2ᵉ pers. plur. prés. de l'indicatif et du prés. de l'impératif : *interdisez.* **1·** Défendre (qqch. à qqn). *Le médecin lui interdit l'alcool, le tabac. La manifestation a été interdite. Interdire un film.* → **censurer.** *S'interdire tout effort,* s'imposer de ne faire aucun effort. – *Il est interdit de fumer dans les lieux publics. Il est interdit d'interdire* (slogan, 1968). – (Avec *que* + subjonctif) *Il a interdit que nous restions ici.* **2·** (Choses) Empêcher. *Leur attitude interdit tout espoir de paix.* → **exclure. 3·** Frapper (qqn) d'interdiction (2). ▶ ① **interdit, ite** adj. **1·** Non autorisé. *Stationnement interdit. Film interdit aux moins de douze ans. Ne cueille pas les fleurs, c'est interdit.* **2·** (Personnes) Frappé d'interdiction. – N. *Un interdit de séjour. Un interdit bancaire.* ▷ **interdiction,** ③ **interdit**

interdisciplinaire [ɛ̃tɛʀdisiplinɛʀ] adj. Qui concerne plusieurs disciplines et leurs relations. *Recherche, enseignement interdisciplinaire.* ▶ **interdisciplinarité** n. f.

② **interdit, ite** [ɛ̃tɛʀdi, it] adj. Très étonné, stupide d'étonnement. → **ahuri, ébahi.** *Il est resté tout interdit.*

③ **interdit** n. m. Interdiction ou exclusive émanant d'un groupe social ou religieux. *Braver les interdits.*

① **intérêt** [ɛ̃teʀɛ] n. m. **1·** Attention favorable que l'on porte à qqn, part que l'on prend à ce qui le concerne. *Témoigner de l'intérêt à qqn. Une marque, un témoignage d'intérêt.* **2·** État de l'esprit qui prend part à ce qu'il trouve digne d'attention, à ce qu'il juge important. / contr. désintérêt / *Écouter, lire avec intérêt. Éveiller l'intérêt d'un auditoire.* → **attention. 3·** Qualité de ce qui est intéressant. *Histoire pleine d'intérêt. C'est sans intérêt. Cela présente, offre de l'intérêt.* ▶ ① **intéressant, ante** adj. **1·** Qui retient l'attention, captive l'esprit. → **captivant, passionnant.** *Un livre intéressant. Il serait intéressant de poursuivre les recherches. Ce n'est pas très intéressant.* – (Personnes) Qui intéresse par son esprit, sa personnalité. *Un auteur intéressant.* Péj. *Chercher à se rendre intéressant,* à se faire remarquer. – N. *Faire l'intéressant(e).* **2·** Qui touche moralement, qui est digne d'intérêt, de considération. *Ces gens-là ne sont pas intéressants.* ▶ ① **intéressé, ée** adj. Qui a un intérêt, un rôle (dans qqch.) ; qui est en cause. *Les parties intéressées.* – N. *Sans consulter les intéressés. Vous êtes le principal intéressé.* ▶ ① **intéresser** v. tr. < conjug. 1 > **I· 1·** (Choses) Avoir de l'intérêt, de l'importance pour (qqn, qqch.). → **concerner, regarder.** *Cette loi intéresse l'ordre public. La dépression atmosphérique intéresse toute la côte.* **2·** Retenir l'attention de (qqn) ; constituer un objet d'intérêt pour. *Il semble intéressé par notre offre. Cette conférence nous a intéressés.* → **captiver, passionner.** *Ça ne m'intéresse pas.* **3·** Toucher, tenir à cœur. *Leur sort n'intéresse personne.* **4·** (Personnes) Éveiller l'intérêt de (qqn). *Il ne sait pas intéresser les élèves.* Iron. *Continue, tu m'intéresses !*, ce que tu dis ne m'intéresse pas. **II·** ***S'intéresser*** v. pron. : prendre intérêt. *Vous ne vous intéressez pas à ce que je fais. Il s'intéresse à tout.* ▷ se **désintéresser, désintérêt, inintéressant**

② **intérêt** n. m. **I·** Somme due par l'emprunteur au prêteur. *Prêt à intérêt. Le taux de l'intérêt. Intérêts composés,* calculés sur un capital accru de ses intérêts. – Ce que rapporte un capital placé. → **dividende. II· 1·** Ce qui importe, ce qui convient à qqn (en quelque domaine que ce soit). *Agir dans son intérêt, contre son intérêt. C'est dans votre intérêt. Avoir intérêt à* (faire qqch.). → **avantage.** *L'intérêt général.* En France. *Travail d'intérêt général,* peine se substituant à un emprisonnement pour de petits délits et consistant en un travail non rémunéré au sein d'une collectivité. *Société reconnue d'intérêt public.* **2·** Recherche de son avantage personnel. / contr. désintéressement / *Un mariage d'intérêt.* ▶ ② **intéressant, ante** adj. Avantageux. *Acheter qqch. à un prix intéressant. C'est une affaire intéressante.* ▶ ② **intéressé, ée** adj. Qui recherche avant tout son intérêt matériel, est avide et avare. / contr. désintéressé / – Inspiré par la recherche d'un avantage personnel. *Un service intéressé.* ▶ **intéressement** n. m. Action d'intéresser (une personne) aux bénéfices de l'entreprise, par une rémunération qui s'ajoute au salaire. ▶ ② **intéresser** v. tr. < conjug. 1 > Associer (qqn) à un profit. *Intéresser qqn dans une affaire. – Il est intéressé aux bénéfices.* → **intéressement.** ▷ **désintéressement**

interface [ɛ̃tɛʀfas] n. f. **1·** Surface de séparation entre deux états de la matière. *L'interface liquide-gaz.* – Lieu d'interaction entre deux milieux, deux systèmes. **2·** Jonction entre les matériels ou les logiciels (d'un système informatique) permettant l'échange d'informations.

interférer [ɛ̃tɛʀfeʀe] v. intr. < conjug. 6 > **1·** Produire des interférences. *Vibrations, ondes qui interfèrent.* **2·** Se dit d'actions simultanées qui se font tort. *Leurs initiatives risquent d'interférer.* ▶ **interférence** n. f. Rencontre d'ondes (lumineuses, sonores...) de même direction, qui se détruisent ou se renforcent. *Interférences sonores.*

intérieur, eure [ɛ̃teʀjœʀ] adj. et n. **I·** Adj. **1·** Qui est au-dedans, tourné vers le dedans. → **interne.** / contr. extérieur / *Point intérieur à un cercle. Une cour intérieure. La poche intérieure d'un vêtement.* **2·** Qui concerne un pays, indépendamment de ses relations avec les autres pays. / contr. extérieur / *La politique intérieure.* **3·** Qui concerne la vie psychologique, qui se passe dans l'esprit. *La vie intérieure. L'équilibre intérieur.* Loc. *En son for* intérieur.* **II·** N. m. **1·** Espace compris entre les limites (d'une chose). → **dedans.** *L'intérieur d'une boîte.* Absolt. *Attendez-moi à l'intérieur* (de la maison). **2·** Local où l'on habite (considéré surtout dans son aménagement). → **chez-soi, foyer.** *Un intérieur confortable. Femme, homme d'intérieur,* qui se plaît à tenir sa maison. **3·** Espace compris entre les frontières d'un pays ; vie, politique du pays dans ses frontières. *Le ministère de l'Intérieur.* ▶ **intérieurement** adv. **1·** Au-dedans. **2·** Dans l'esprit, le cœur. *Pester intérieurement,* tout bas. ▶ **intérioriser** v. tr. < conjug. 1 > Ramener à la vie intérieure. – Au p. p. adj. *Un sentiment intériorisé.* ▶ **intériorité** n. f. Caractère de ce qui est intérieur (I, 3), psychologique et non exprimé.

intérim [ɛ̃teʀim] n. m. Intervalle de temps pendant lequel une fonction vacante est exercée par une autre personne que le titulaire ; exercice d'une fonction pendant ce temps. *Assurer un intérim. Président par intérim. Effectuer un travail par intérim. Faire des intérims.* – Organisation de travail temporaire. *Agence d'intérim.* ▶ **intérimaire** adj. Relatif à un intérim ; qui assure l'intérim. *Travail intérimaire.* → **temporaire.** *Personnel intérimaire.* – N. *Un(e) intérimaire,* personne qui assure l'intérim ; qui travaille pour une agence d'intérim.

interjection [ɛ̃tɛʀʒɛksjɔ̃] n. f. Mot invariable pouvant être employé isolément pour traduire une attitude affective du sujet parlant (ex. : *ah !, oh !, zut !*). → **exclamation.**

interligne [ɛ̃tɛʀliɲ] n. m. Espace qui est entre deux lignes écrites ou imprimées. → **blanc.** *Taper une page à simple, à double interligne.* ▶ **interligner** v. tr. < conjug. 1 > Séparer par des interlignes. – Au p. p. adj. *Texte interligné.*

interlocuteur, trice [ɛ̃tɛʀlɔkytœʀ, tʀis] n. **1·** Personne qui parle, converse avec une autre. *Il n'écoute pas ses interlocuteurs.* **2·** Personne avec laquelle on peut engager une négociation politique. *Chercher un interlocuteur valable.*

interlope [ɛ̃tɛʀlɔp] adj. D'apparence louche, suspecte. *Un bar interlope.*

interloquer [ɛ̃tɛʀlɔke] v. tr. < conjug. 1 > Rendre interdit [2], étonné et sans réaction. → **décontenancer.** *Cette remarque l'a interloqué.* – Au p. p. adj. *Il est resté interloqué.*

interlude [ɛ̃tɛʀlyd] n. m. **1·** Petit intermède dans un programme. **2·** Courte pièce musicale exécutée entre deux autres plus importantes.

intermède [ɛ̃tɛʀmɛd] n. m. **1·** Divertissement entre les actes d'une pièce de théâtre, les parties d'un spectacle. *Intermède en musique.* **2·** Ce qui interrompt momentanément une activité. *Après cet intermède, nous pouvons reprendre la séance.*

intermédiaire [ɛ̃tɛʀmedjɛʀ] adj. et n. **I·** Adj. Qui, étant entre deux termes, forme une transition ou assure une communication. *Les chaînons intermédiaires d'une évolution. Choisir une solution intermédiaire.* → **compromis. II· 1·** N. m. Terme, état intermédiaire. *Sans intermédiaire,* directement. – *Par l'intermédiaire de,* par l'entremise, le moyen de. **2·** N. m. et f. Personne qui met en relation deux personnes ou deux groupes. → **médiateur.** *Servir d'intermédiaire dans une négociation.* – Personne qui intervient dans un circuit commercial (entre le producteur et le consommateur).

intermezzo [ɛ̃tɛʀmɛdzo] n. m. Intermède musical. *Des intermezzos.*

interminable [ɛ̃tɛʀminabl] adj. Qui n'a pas ou ne semble pas avoir de terme, de limite (dans l'espace ou dans le temps). *Une file interminable. Des conversations interminables,* trop longues. ▶ **interminablement** adv. *Parler interminablement,* très longtemps.

interministériel, ielle [ɛ̃tɛʀministeʀjɛl] adj. Commun à plusieurs ministères. *Une conférence interministérielle.*

intermittent, ente [ɛ̃tɛʀmitɑ̃, ɑ̃t] adj. Qui s'arrête et reprend par intervalle. → **irrégulier.** *Pouls intermittent. Pluie intermittente.* – N. Personne qui travaille de façon discontinue. *Les intermittents du spectacle.* ▶ **intermittence** n. f. Caractère intermittent, interruption momentanée. *Par intermittence,* irrégulièrement, par accès. *Travailler par intermittence.*

internat [ɛ̃tɛʀna] n. m. **1·** État d'élève interne ; temps que dure cet état. / contr. externat / – École où vivent des internes. → **pensionnat.** *Surveillant d'internat.* **2·** Fonction d'interne des hôpitaux. *Concours d'internat.*

international, ale, aux [ɛ̃tɛʀnasjɔnal, o] adj. Qui a lieu de nation à nation, entre plusieurs nations ; qui concerne les rapports entre nations. *La politique internationale. Les organismes internationaux.* – En sports. *Rencontre internationale,* opposant deux ou plusieurs nations. – N. *Un(e) international(e)* : joueur (euse), athlète sélectionné(e) pour les rencontres internationales. – N. f. *L'Internationale,* groupement de prolétaires de diverses nations, unis pour défendre leurs revendications. *L'Internationale,* hymne révolutionnaire. ▶ **internationaliser** v. tr. < conjug. 1 > Rendre international. *Internationaliser un conflit.* – Mettre sous régime international. ▶ **internationalisation** n. f. *L'internationalisation d'une guerre.* ▶ **internationalisme** n. m. Doctrine préconisant l'union internationale des peuples, par-delà les frontières. ▶ **internationaliste** adj. et n. Partisan de l'internationalisme.

internaute [ɛ̃tɛʀnot] n. Utilisateur, utilisatrice du réseau Internet.

interne [ɛ̃tɛʀn] adj. et n. **1·** Didact. Qui est situé en dedans, est tourné vers l'intérieur. → **intérieur.** / contr. externe / *La face interne d'un organe. Oreille interne.* – Qui appartient au dedans. *Glandes endocrines à sécrétion interne.* **2·** N. *Un, une interne* : élève logé(e) et nourri(e) dans l'établissement scolaire qu'il (elle) fréquente. → **pensionnaire.** – Étudiant(e) en médecine reçu(e) au concours de l'internat, qui lui permet d'être attaché(e) à un hôpital. *Le docteur X, ancien interne des hôpitaux de Paris. Elle est interne.* ▶ **interner** v. tr. < conjug. 1 > Enfermer par mesure administrative (des réfugiés, des étrangers...). – Enfermer dans un hôpital psychiatrique. – Au p. p. adj. *Malades internés.* – N. *Des internés politiques.* → **prisonnier.** ▶ **internement** n. m. Action d'interner (qqn) ; le fait d'être interné. → **emprisonnement, enfermement.** *Camp d'internement.* – Placement d'une personne dans un hôpital psychiatrique. *Prescrire l'internement d'un aliéné.*

Internet [ɛ̃tɛʀnɛt] n. m. Réseau informatique mondial, réunissant des sous-réseaux utilisant le même protocole de communication. → **cyber-.** *Naviguer sur Internet.* → **toile** (III, 2), **web.** ▷ **internaute**

interpeller [ɛ̃tɛʀpele] v. tr. < conjug. 1 > **REM.** Ce verbe prend deux *l* à toutes les formes. **1·** Adresser la parole brusquement à (qqn) pour demander qqch., l'insulter. → **apostropher. 2·** Adresser une interpellation à (un ministre). *Interpeller un ministre sur un projet de réforme.* **3·** Questionner (un suspect) sur son identité. *La police a interpellé une trentaine de manifestants.* **4·** (Sujet chose) Susciter un écho chez (qqn). *La misère nous interpelle.* → **concerner.** ▶ **interpellateur, trice** n. Personne qui interpelle. ▶ **interpellation** n. f. **1·** Action d'interpeller. → **apostrophe.**

2· Demande d'explications adressée au gouvernement par un membre du Parlement en séance publique. **3·** → **interpeller** (3).

interphone [ɛ̃tɛʀfɔn] n. m. Appareil de communication téléphonique intérieur. *Parler à qqn par l'interphone.*

interplanétaire [ɛ̃tɛʀplanetɛʀ] adj. Qui est, se fait entre les planètes. *Voyages interplanétaires.*

interpoler [ɛ̃tɛʀpɔle] v. tr. < conjug. 1 > **1·** Introduire dans un texte, par erreur ou par fraude (du texte n'appartenant pas à l'original). **2·** Intercaler dans une série de valeurs ou de termes connus (des termes et valeurs intermédiaires). / contr. extrapoler / ▶ **interpolation** n. f. Action d'interpoler ; son résultat. *Texte modifié par des interpolations.* ▷ **extrapoler**

interposer [ɛ̃tɛʀpoze] v. tr. < conjug. 1 > **1·** Poser entre deux choses de façon à modifier le milieu. *Interposer un écran entre une source lumineuse et l'œil.* **2·** Faire intervenir. – Pronominalement (réfl.). *S'interposer dans une dispute,* intervenir pour y mettre fin. → **s'entremettre.** ▶ **interposé, ée** adj. *Par personnes interposées,* en utilisant des intermédiaires. ▶ **interposition** n. f. Action d'interposer.

interprétation [ɛ̃tɛʀpʀetɑsjɔ̃] n. f. **1·** Action d'expliquer, de donner une signification claire à une chose obscure, ambiguë ; son résultat. → **explication.** *Il a donné une interprétation nouvelle de ce texte. L'interprétation des rêves.* **2·** Action d'interpréter (2). *Les diverses interprétations d'un même fait. Une erreur d'interprétation.* **3·** Action d'interpréter (3). *Interprétation simultanée,* qui se fait à mesure. *École d'interprétation.* **4·** Façon dont une œuvre dramatique, musicale est jouée, exécutée. → **exécution.**

interprète [ɛ̃tɛʀpʀɛt] n. **1·** Personne qui explique, éclaircit le sens (d'un texte, d'un rêve, etc.). **2·** Personne qui donne oralement l'équivalent en une autre langue (→ **traducteur**) de ce qui est dit, et sert d'intermédiaire entre personnes ignorant une langue employée. *École d'interprètes. Interprète de conférence.* **3·** Personne qui fait connaître les sentiments, les volontés d'une autre. → **porte-parole.** *Je veux bien être votre interprète auprès de lui.* **4·** Acteur, musicien qui interprète (4). *Un interprète du rôle de don Juan.*

interpréter [ɛ̃tɛʀpʀete] v. tr. < conjug. 6 > **1·** Expliquer (un texte, un rêve, un acte...) en rendant clair ce qui est obscur. → **commenter.** *Interpréter un vers d'après le contexte.* **2·** Donner un sens à (qqch.), tirer une signification de. *Elle avait interprété ce silence comme un aveu. On peut interpréter votre attitude de plusieurs façons.* **3·** Produire oralement dans une autre langue une intervention ou un discours équivalant à l'original. → **traduire** oralement. *Le discours anglais fut interprété en russe.* **4·** Jouer d'une manière personnelle (un rôle, un morceau de musique...). *Il a interprété ce rôle au cinéma.* – Au p. p. adj. *Symphonie bien interprétée.* ▷ **interprétation, interprète**

interrègne [ɛ̃tɛʀʀɛɲ] n. m. **1·** Temps qui s'écoule entre deux règnes ; intervalle pendant lequel un État est sans chef. **2·** Littér. ou plaisant. Espace de temps entre deux fonctions, deux présences. → **intérim.**

interrogateur, trice [ɛte(ɛ)ʀɔgatœʀ, tʀis] n. et adj. **1·** N. Personne qui fait subir une interrogation orale à un candidat. → **examinateur.** **2·** Adj. Qui contient une interrogation. → **interrogatif.** *Un regard, un air interrogateur.*

interrogatif, ive [ɛ̃te(ɛ)ʀɔgatif, iv] adj. et n. f. Qui exprime l'interrogation. → **interrogateur** (2). *Une intonation interrogative.* – En grammaire. Qui sert à interroger. *Pronoms interrogatifs* (ex. : *lequel*), *déterminants interrogatifs* (ex. : *quel*), *adverbes interrogatifs* (ex. : *combien, où*). – N. f. *Une interrogative,* une proposition interrogative. ▶ **interrogativement** adv. *Elle nous regardait interrogativement.*

interrogation [ɛ̃te(ɛ)ʀɔgɑsjɔ̃] n. f. **1·** Action de questionner, d'interroger. *L'interrogation des témoins.* – Question ou ensemble de questions que l'on pose à un élève, à un candidat. → **épreuve.** *Interrogation écrite, orale.* **2·** Phrase qui a pour objet de poser une question ou qui implique un doute. *Interrogation directe* (ex. : *quelle heure est-il ?*), *indirecte* (ex. : *je me demande quelle heure il est*). – *Point d'interrogation* (?). Loc. *C'est un point d'interrogation,* une question à laquelle on ne peut donner de réponse certaine.

interrogatoire [ɛ̃te(ɛ)ʀɔgatwaʀ] n. m. Questions posées à qqn pour connaître la vérité dans une affaire juridique. *Le juge d'instruction commença l'interrogatoire de l'inculpé.*

interroger [ɛ̃te(ɛ)ʀɔʒe] v. tr. < conjug. 3 > **1·** Questionner (qqn), avec l'idée qu'il doit une réponse. *La police interroge les témoins.* – Au p. p. *Les candidats interrogés par l'examinateur* (ou *interrogateur*). – Pronominalement (réfl.). *S'interroger,* se poser des questions, descendre en soi-même. **2·** Examiner avec attention (compl. chose) pour trouver une réponse aux questions qu'on se pose. *L'expérimentateur interroge les faits. Interroger le passé.* ▶ **interrogeable** adj. *Répondeur téléphonique interrogeable à distance.* ▷ **interrogateur, interrogatif, interrogation, interrogatoire**

interrompre [ɛ̃te(ɛ)ʀɔ̃pʀ] v. tr. < conjug. 41 > **1·** Rompre (qqch.) dans sa continuité. → **arrêter,**

couper, suspendre. *Il a dû interrompre ses études. Interrompre un voyage.* **2·** Empêcher (qqn) de continuer ce qu'il est en train de faire. *Je l'ai interrompu dans son travail.* **3·** Couper la parole à. *Ne m'interrompez pas tout le temps.* **4·** ***S'interrompre*** v. pron. : s'arrêter (de faire qqch., de parler...). *Il s'interrompit de lire pour m'aider. Parler sans s'interrompre.* ▶ **interrupteur** [ɛ̃te(ɛ)ʀyptœʀ] n. m. Dispositif permettant d'interrompre et de rétablir le passage du courant électrique dans un circuit. → **commutateur, disjoncteur.** ▶ **interruption** [ɛ̃te(ɛ)ʀypsjɔ̃] n. f. **1·** Action d'interrompre ; état de ce qui est interrompu. → **arrêt, coupure, suspension.** *L'interruption des communications. Il a travaillé quatre heures sans interruption,* sans s'arrêter. – Spécialt. *Interruption volontaire de grossesse,* avortement. → **I. V. G. 2·** Action d'interrompre (3) qqn. *Vives interruptions sur les bancs de l'opposition.* ▷ **ininterrompu**

intersection [ɛ̃tɛʀsɛksjɔ̃] n. f. Rencontre, lieu de rencontre (de deux lignes, de deux surfaces, ou de deux volumes qui se coupent). *À l'intersection des deux routes.*

intersidéral, ale, aux [ɛ̃tɛʀsideʀal, o] adj. Qui est situé, se passe entre les astres.

interstellaire [ɛ̃tɛʀste(ɛl)lɛʀ] adj. Qui est situé entre les étoiles. *Espaces interstellaires.*

interstice [ɛ̃tɛʀstis] n. m. Très petit espace vide (entre les parties d'un corps ou entre différents corps). *Le jour filtrait par les interstices des rideaux.*

interurbain, aine [ɛ̃tɛʀyʀbɛ̃, ɛn] adj. Vieilli. Qui assure les communications entre deux ou plusieurs villes. *Les transports interurbains.*

intervalle [ɛ̃tɛʀval] n. m. **1·** Distance, espace qui existe, est ménagé(e) entre deux points, deux lignes, deux objets. → **espacement.** *Augmenter l'intervalle entre deux paragraphes. Un étroit intervalle entre deux murs. Des arbustes plantés à trois mètres d'intervalle,* tous les trois mètres. **2·** Écart entre deux sons, mesuré par le rapport de leurs fréquences. *Intervalles de tierce, quarte...* **3·** Espace de temps qui sépare deux époques, deux faits. *Un intervalle d'une heure. À intervalles rapprochés, à longs intervalles. Dans l'intervalle, pendant cet intervalle.* → **entre-temps.** ***Par intervalles*** : de temps à autre. → par **moments.**

intervenir [ɛ̃tɛʀvəniʀ] v. intr. < conjug. 22 > **1·** Arriver, se produire au cours d'un procès, d'une discussion. *Un accord est intervenu entre la direction et les grévistes.* **2·** (Suj. personne) Prendre part à une action, à une affaire en cours, dans l'intention d'influer sur son déroulement. *Il se propose d'intervenir dans le débat. Il est intervenu en votre faveur.* → **intercéder.** – Sans compl. Entrer en action. *La police est prête à intervenir.* **3·** (Choses) Agir, jouer un rôle. *Les facteurs qui interviennent dans...* ▶ **intervenant, ante** n. Personne qui prend la parole au cours d'un débat, d'une discussion. *Présenter les intervenants d'un colloque.* ▶ **intervention** [ɛ̃tɛʀvɑ̃sjɔ̃] n. f. **1·** Action d'intervenir. *Sans votre intervention, on allait m'accuser. L'intervention de l'État. Faire une intervention dans un colloque.* – *Politique d'intervention* (dans les affaires d'un pays étranger). → **ingérence.** *Intervention armée, militaire.* → **action, opération. 2·** Acte chirurgical. *Après l'accident, il a dû subir une intervention.* → **opération. 3·** Action, rôle (de qqch.). ▶ **interventionnisme** n. m. Doctrine qui préconise l'intervention de l'État dans le domaine économique. → **dirigisme.** – Politique d'intervention d'une nation dans les affaires internationales. ▶ **interventionniste** adj. et n.

intervertir [ɛ̃tɛʀvɛʀtiʀ] v. tr. < conjug. 2 > Déplacer (les éléments d'un tout, d'une série) en renversant l'ordre, en mettant les éléments chacun à la place de l'autre. *Vous pouvez intervertir l'ordre des mots.* – *Intervertir les rôles,* prendre envers une personne l'attitude qui normalement est réservée à une autre. ▶ **interversion** n. f. Renversement de l'ordre naturel, habituel ou logique. *Interversion de deux lettres dans un mot.*

interview [ɛ̃tɛʀvju] n. f. Anglic. Entrevue au cours de laquelle un journaliste interroge une personne sur sa vie, ses projets, ses opinions, dans l'intention de publier une relation de l'entretien ; cette relation. *Demander, accorder une interview.* ▶ **interviewer** [ɛ̃tɛʀvjuve] v. tr. < conjug. 1 > Anglic. Soumettre (qqn) à une interview. *Interviewer un acteur.* ▶ **intervieweur, euse** ou **interviewer** n. Journaliste spécialisé(e) dans les interviews.

intestat [ɛ̃tɛsta] adj. invar. en genre Qui n'a pas fait de testament. *Elles sont mortes intestats.*

intestin [ɛ̃tɛstɛ̃] n. m. Partie du tube digestif qui fait suite à l'estomac. *L'intestin grêle* → **duodénum** *et le gros intestin. Il souffre de l'intestin.* ▶ **intestinal, ale, aux** adj. De l'intestin. *Glandes intestinales.*

intestine [ɛ̃tɛstin] adj. f. Littér. (Querelle, lutte) Qui se passe à l'intérieur d'un corps social. *Nous étions divisés par nos querelles intestines.*

intime [ɛ̃tim] adj. **1·** Littér. Qui est contenu au plus profond d'un être. *J'ai la conviction intime que vous vous trompez.* **2·** Qui lie étroitement, par ce qu'il y a de plus profond. *Avoir des relations intimes avec une personne,* être très étroitement lié avec elle. Spécialt. *Rapports, relations intimes,* rapports sexuels. – (Personnes) Très uni. *Être* *intime avec qqn. Ami intime.* – N. *Une réunion entre intimes.* **3·** Qui est tout à fait privé et généralement tenu caché aux autres. *La vie intime,* celle que les autres ignorent. → **personnel, privé.** / contr. public / **4·** Qui crée ou évoque l'intimité. *Une petite fête intime.* ▶ **intimement** adv. **1·** Très profondément. *J'en suis intimement persuadé.* **2·** Étroitement. *Personnes intimement liées.* ▶ **intimiste** n. et adj. Artiste qui prend pour sujet des sentiments délicats, intimes. – Adj. *Un film à l'atmosphère intimiste.* ▶ **intimité** n. f. **1·** Littér. Caractère intime et profond ; ce qui est intérieur et secret. *Dans l'intimité de la conscience.* **2·** Liaison, relations étroites et familières. → **union.** *L'intimité conjugale. Vivre dans l'intimité avec qqn.* **3·** La vie privée. *Il entend préserver son intimité.* – Absolt. *Dans l'intimité,* dans les relations avec les intimes. *Le mariage aura lieu dans la plus stricte intimité,* les intimes seront seuls admis. **4·** Agrément (d'un endroit intime, 4). *L'intimité d'un petit appartement.*

intimer [ɛ̃time] v. tr. < conjug. 1 > Signifier (qqch. à qqn) avec autorité. → **enjoindre, notifier.** – (Surtout avec *ordre*) *Il m'a intimé l'ordre de rester.*

intimider [ɛ̃timide] v. tr. < conjug. 1 > **1·** Remplir (qqn) de peur, en imposant sa force, son autorité. → **effrayer.** *Je ne me laisserai pas intimider par vos menaces.* **2·** Remplir involontairement de timidité, de gêne. → **effaroucher, troubler.** *Examinateur qui intimide les candidats.* – (Suj. chose) *Tout ce luxe l'intimidait.* – Au p. p. adj. Troublé. *Elle a l'air intimidée.* ▶ **intimidant, ante** adj. Qui intimide (2), trouble. *Une situation intimidante.* ▶ **intimidation** n. f. Action d'intimider (1) volontairement ; son résultat. → **menace, pression.** *Des manœuvres d'intimidation.*

intituler [ɛ̃tityle] v. tr. < conjug. 1 > Donner un titre à (un livre, etc.). – ***S'intituler*** v. pron. : avoir pour titre. *Je ne sais plus comment s'intitule ce film.* – (Personnes) Se donner le titre, le nom de.

intolérable [ɛ̃tɔleʀabl] adj. **1·** Qu'on ne peut supporter. → **insupportable.** *Une douleur intolérable.* – Pénible, désagréable. *Ils font un bruit intolérable.* **2·** Qu'on ne peut admettre, tolérer. → **inacceptable, inadmissible.** *Des pratiques intolérables.*

intolérance [ɛ̃tɔleʀɑ̃s] n. f. **1·** Tendance à ne pas supporter, à condamner ce qui déplaît dans les opinions ou la conduite d'autrui. → **intransigeance, sectarisme.** *Intolérance religieuse, politique.* **2·** Inaptitude (d'un organisme, d'un organe) à tolérer un agent extérieur (aliment, remède). ▶ **intolérant, ante** adj. Qui fait preuve d'intolérance (1). *Des personnes intolérantes.* → **fanatique, sectaire.**

intonation [ɛ̃tɔnɑsjɔ̃] n. f. Ton que l'on prend en parlant, en lisant. → **accent, inflexion.** *Une voix aux intonations tendres.*

intouchable [ɛ̃tuʃabl] adj. **1·** Qu'on n'a pas le droit de toucher. – N. *Un intouchable* (en Inde), un paria (1). **2·** Qui ne peut être l'objet d'aucun blâme, d'aucune sanction. *Il a de hautes protections, il se croit intouchable.*

intoxiquer [ɛ̃tɔksike] v. tr. < conjug. 1 > **1·** Affecter (un être vivant) de troubles plus ou moins graves par l'effet de substances toxiques, vénéneuses. → **empoisonner.** *Il a été intoxiqué par l'oxyde de carbone.* – Pronominalement (réfl.). *Il fume trop, il s'intoxique.* – N. *Un intoxiqué.* **2·** Abstrait. Influencer les esprits insidieusement. *Se laisser intoxiquer par la propagande.* ▶ **intoxication** n. f. **1·** Action d'intoxiquer ; son résultat. *L'intoxication par le tabac, par l'alcool. Une intoxication alimentaire.* **2·** Abstrait. Action insidieuse sur les esprits (pour accréditer une opinion, démoraliser, influencer). *L'intoxication par la publicité.* – Abrév. fam. **intox(e)** [ɛ̃tɔks] n. f. *Faire de l'intoxe.* ▷ **désintoxication, désintoxiquer**

intra- Élément savant signifiant « à l'intérieur de ». ▶ **intradermique** [ɛ̃tʀadɛʀmik] adj. Qui se fait dans l'épaisseur du derme. *Injection intradermique.* ▷ **intramusculaire, intraveineux**

intraduisible [ɛ̃tʀadɥizibl] adj. Qu'il est impossible de traduire ou d'interpréter. *Une locution intraduisible.*

intraitable [ɛ̃tʀɛtabl] adj. Qu'on ne peut pas faire changer d'avis, qui refuse de céder. → **intransigeant.** / contr. conciliant / *Il est intraitable sur ce chapitre.*

intra-muros [ɛ̃tʀamyʀos] adv. À l'intérieur de la ville. – Adj. *Il habite Paris intra-muros.*

intramusculaire [ɛ̃tʀamyskylɛʀ] adj. Qui se fait dans l'épaisseur d'un muscle. *Injection intramusculaire.*

intransigeant, ante [ɛ̃tʀɑ̃ziʒɑ̃, ɑ̃t] adj. Qui ne transige pas, n'admet aucune concession, aucun compromis. → **intraitable, irréductible.** *Vous êtes trop intransigeant. Un caractère intransigeant.* / contr. accommodant / ▶ **intransigeance** n. f. Caractère d'une personne intransigeante.

intransitif, ive [ɛ̃tʀɑ̃zitif, iv] adj. (Verbe) Qui n'admet aucun complément d'objet et peut constituer avec le sujet une phrase minimale achevée (ex. : *Paul court*). ▶ **intransitivement** adv. *Verbe transitif qui s'emploie intransitivement* (ex. : *il mange trop*).

intransportable [ɛ̃tʀɑ̃spɔʀtabl] adj. Qui n'est pas transportable. *Des blessés intransportables,* dont l'état est trop grave pour qu'ils puissent supporter le transport.

intra-utérin, ine [ɛ̃tʀayteʀɛ̃, in] adj. Qui a lieu, se situe dans l'utérus. *La vie intra-utérine du fœtus. Le stérilet est un dispositif intra-utérin.*

intraveineux, euse [ɛ̃tʀavɛnø, øz] adj. Qui se fait à l'intérieur des veines. *Une piqûre intraveineuse.*

intrépide [ɛ̃tʀepid] adj. Qui ne tremble pas devant le danger. → **courageux.** *Un alpiniste intrépide.* ▶ **intrépidement** adv. → **hardiment.** ▶ **intrépidité** n. f. Caractère d'une personne intrépide. → **courage, hardiesse.** *Lutter avec intrépidité.*

intrigue [ɛ̃tʀig] n. f. **1·** Ensemble de combinaisons secrètes et compliquées. → **manœuvre.** *Des intrigues politiques. L'intrigue a été déjouée.* **2·** Littér. Liaison amoureuse généralement clandestine et peu durable. → **aventure.** *Avoir une intrigue avec qqn.* **3·** Ensemble des événements principaux (d'une pièce de théâtre, d'un roman, d'un film). → **action, scénario.** *Le dénouement d'une intrigue.* ▶ **intrigant, ante** adj. et n. Qui recourt à l'intrigue pour parvenir à ses fins. ▶ **intriguer** v. < conjug. 1 > **1·** V. tr. Embarrasser ou étonner (qqn) en excitant la curiosité. *Sa disparition intriguait les voisins.* – Au p. p. adj. *Un air intrigué.* **2·** V. intr. Mener une intrigue, recourir à l'intrigue (2). → **manœuvrer ; intrigant.** *Il intrigue pour obtenir ce poste.*

intrinsèque [ɛ̃tʀɛ̃sɛk] adj. Qui est intérieur et propre à l'objet dont il s'agit. *La valeur intrinsèque d'une monnaie,* qu'elle tient de sa nature (et non d'une convention). ▶ **intrinsèquement** adv. En soi.

introduction [ɛ̃tʀɔdyksjɔ̃] n. f. **I· 1·** Action d'introduire, de faire entrer (qqn). *L'introduction d'un malade dans la salle d'attente. Lettre d'introduction,* par laquelle on recommande qqn. **2·** Action de faire adopter (une mode, un produit...). → **adoption.** *L'introduction d'une mode dans un pays.* **3·** Action de faire entrer (une chose dans une autre). *L'introduction d'une sonde dans l'organisme.* **II· 1·** Ce qui prépare qqn à la connaissance, à la pratique d'une chose (texte, etc.). *C'est une bonne introduction à la psychanalyse.* **2·** Préface explicative. *Ce livre commence par une brève introduction.* – Entrée en matière (d'un exposé). *L'introduction expose le plan d'ensemble.* – En musique. Partie qui ouvre une pièce, une œuvre ou qui précède les paroles dans une chanson. Abrév. **intro.** ≠ ouverture.

introduire [ɛ̃tʀɔdɥiʀ] v. tr. < conjug. 38 > **REM.** Part. passé *introduit(e).* **1·** Faire entrer (qqn) dans un lieu. *L'huissier l'a introduit dans le bureau du ministre.* – Faire admettre (qqn) dans un groupe, une société. *Il a été introduit auprès du directeur.* – Au p. p. adj. Qui a ses entrées, qui est reçu habituellement. *Il est bien introduit à l'ambassade.* **2·** Faire adopter (qqch.). *C'est lui qui a introduit cette réforme. Introduire une mode, de nouvelles idées.* **3·** Faire entrer (une chose). → **engager, insérer.** *Il n'arrivait pas à introduire la clef dans la serrure.* – Au p. p. adj. *Une marchandise introduite en contrebande.* **4·** ***S'introduire*** v. pron. : entrer, pénétrer. *Le cambrioleur s'est introduit sans peine dans l'appartement.* – Se faire admettre. *Il a réussi à s'introduire dans l'association.* ▷ **introduction, réintroduire**

introniser [ɛ̃tʀɔnize] v. tr. < conjug. 1 > Placer solennellement sur le trône, sur la chaire pontificale (un roi, un pape). *Introniser un souverain.* – Introduire (qqch.) de manière officielle ou solennelle. *Introniser une politique nouvelle.* ▶ **intronisation** n. f. Action d'introniser.

introspection [ɛ̃tʀɔspɛksjɔ̃] n. f. Littér. Observation, analyse de ses sentiments, de ses motivations par le sujet lui-même.

introuvable [ɛ̃tʀuvabl] adj. **1·** Qu'on ne parvient pas à trouver. *Le voleur reste introuvable.* **2·** Très difficile à trouver (du fait de sa rareté). *Une édition originale introuvable.*

introversion [ɛ̃tʀɔvɛʀsjɔ̃] n. f. Propension à l'introspection, au repli sur soi. ▶ **introverti, ie** adj. Terme de psychologie. Qui est tourné vers son moi, son monde intérieur. / contr. **extraverti** /

intrus, use [ɛ̃tʀy, yz] n. Personne qui s'introduit quelque part sans y être invitée, ni désirée. → **indésirable.** *Elle se sentait comme une intruse dans ce milieu.* ▶ **intrusion** [ɛ̃tʀyzjɔ̃] n. f. Action de s'introduire, sans en avoir le droit, dans une place, une société. *Faire intrusion quelque part, chez qqn.*

intuber [ɛ̃tybe] v. tr. < conjug. 1 > En médecine. Introduire un tube dans la trachée pour faciliter la respiration. ≠ entuber. ▶ **intubation** n. f.

intuition [ɛ̃tɥisjɔ̃] n. f. **1·** Forme de connaissance immédiate qui ne recourt pas au raisonnement. *Comprendre par intuition.* / contr. **raisonnement** / **2·** Sentiment ou conviction de ce qu'on ne peut vérifier, de ce qui n'existe pas encore. → **pressentiment.** *Il ne faut pas se fier à ses intuitions. J'en ai l'intuition.* – Absolt. *Avoir de l'intuition,* sentir ou deviner les choses. → **flair.** ▶ **intuitif, ive** adj. **1·** Qui est le résultat d'une intuition. *Connaissance intuitive.* **2·** (Personnes) Qui fait ordinairement preuve d'intuition. *Être intuitif en affaires.* – N. *C'est un intuitif.* ▶ **intuitivement** adv. Par l'intuition. *Il a répondu intuitivement.*

inuit [inɥit] n. et adj. Esquimau. *Un, une Inuit.* – *La civilisation inuit.* ▶ **inuktitut** [inuktityt] n. m. Langue des Inuits.

inusable [inyzabl] adj. Qui ne peut s'user, dure très longtemps. *Des chaussures inusables.*

inusité, ée [inyzite] adj. (Mots, expressions) Que personne ou presque personne n'emploie. → **rare.** *Mot inusité.* / contr. courant, usuel / – Inhabituel. *Un événement inusité.*

in utero [inyteʀo] loc. adv. Dans l'utérus. *La vie in utero.*

inutile [inytil] adj. **1·** Qui n'est pas utile. → **superflu.** *S'encombrer de bagages inutiles. Éviter toute fatigue inutile.* – *Il est inutile d'essayer,* ce n'est pas la peine. *Inutile d'insister !* **2·** (Personnes) Qui ne rend pas de services. *Les personnes, les bouches inutiles.* – N. *Un inutile.* ▶ **inutilement** adv. Pour rien. *Ne vous dérangez pas inutilement.* ▶ **inutilité** n. f. Caractère de ce qui est inutile. *Vous comprenez l'inutilité de votre démarche.*

inutilisable [inytilizabl] adj. Qui ne peut être utilisé. ▶ **inutilisé, ée** adj. Qui n'a pas servi, n'a pas été utilisé. *Des outils inutilisés et presque à l'état neuf.*

invaincu, ue [ɛ̃vɛ̃ky] adj. Qui n'a jamais été vaincu. *Une équipe invaincue.* ≠ invincible.

invalide [ɛ̃valid] adj. et n. Qui n'est pas en état de mener une vie active, du fait de sa mauvaise santé, de ses infirmités, etc. → **handicapé, impotent, infirme.** – N. Militaire, travailleur que l'âge, les blessures rendent incapable de servir, de travailler. *Un grand invalide de guerre (G. I. G.). Un grand invalide civil (G. I. C.).* ▶ **invalidité** n. f. État d'une personne invalide. – Diminution de la capacité de travail (des deux tiers au moins). *Pension d'invalidité.*

invalider [ɛ̃valide] v. tr. < conjug. 1 > Droit. Rendre non valable. → **annuler.** *Son élection a été invalidée.* ▶ **invalidation** n. f. Action d'invalider.

invariable [ɛ̃vaʀjabl] adj. **1·** Qui ne varie, ne change pas. → **constant, immuable.** *Des règles invariables.* – (Mots) Qui ne comporte pas de modifications dans sa forme. *Les adverbes sont invariables. Nom, adjectif invariables au pluriel* (abrév. *invar.*). **2·** Qui se répète sans varier. *Un menu invariable.* ▶ **invariablement** adv. *Il est invariablement en retard.* → **toujours.**

invasif, ive [ɛ̃vazif, iv] adv. Se dit d'une tumeur pouvant se propager. *Un cancer invasif.*

invasion [ɛ̃vazjɔ̃] n. f. **1·** Pénétration massive (de forces armées qui envahissent* le territoire d'un autre État). *Se défendre contre l'invasion.* **2·** Action d'envahir, de se répandre dangereusement. *Une invasion de sauterelles.* – Entrée soudaine et massive. *L'invasion des manifestants dans la salle.* → **irruption.** ▷ **invasif**

invective [ɛ̃vɛktiv] n. f. Parole ou suite de paroles violentes (contre qqn ou qqch.). *Il était furieux et se répandait en invectives.* ▶ **invectiver** v. < conjug. 1 > Littér. **1·** V. intr. Lancer des invectives. **2·** V. tr. Couvrir (qqn) d'invectives. → **injurier.**

invendable [ɛ̃vɑ̃dabl] adj. Qui n'est pas vendable, qui ne peut trouver d'acheteur. ▶ **invendu, ue** [ɛ̃vɑ̃dy] adj. Qui n'a pas été vendu. *Marchandises invendues en solde. Les journaux invendus.* – N. m. *Les invendus.*

inventaire [ɛ̃vɑ̃tɛʀ] n. m. **1·** Opération qui consiste à recenser l'actif et le passif (d'une communauté, d'un commerce, etc.) ; état descriptif dressé lors de cette opération. *Faire, dresser un inventaire.* → **inventorier.** *Inventaire de fin d'année.* – Loc. *Un inventaire à la Prévert,* un ensemble hétéroclite de choses (le poème de Prévert, *Inventaire,* énumère diverses choses... et quelques ratons laveurs). **2·** Revue et étude minutieuse. *L'inventaire des monuments d'une région.* ≠ éventaire. ▷ **inventorier**

inventer [ɛ̃vɑ̃te] v. tr. < conjug. 1 > **1·** Créer ou découvrir (qqch. de nouveau). *Les Chinois ont inventé l'imprimerie.* **2·** Trouver, imaginer pour un usage particulier. *Ils ne savent qu'inventer pour nous faire plaisir.* **3·** Imaginer de façon arbitraire. *J'ai inventé une histoire pour m'excuser. Crois-moi, je n'invente rien,* c'est la vérité. Loc. *Inventer qqch. de toutes pièces,* complètement. – Pronominalement (passif). *Ce sont des choses qui ne s'inventent pas,* qui sont sûrement vraies. ▶ **inventeur, trice** n. **1·** Personne qui invente, qui a inventé. *L'inventeur d'une machine.* – Auteur d'inventions importantes. *Les grands inventeurs.* **2·** En droit. Personne qui trouve (un trésor, un objet, etc.). *L'inventeur d'une épave de l'Antiquité.* ▶ **inventif, ive** adj. **1·** Qui a le don d'inventer. *Un génie inventif.* **2·** Fertile en ressources, en expédients. → **ingénieux.** ▶ **inventivité** n. f. Capacité d'inventer, d'innover. ▶ **invention** [ɛ̃vɑ̃sjɔ̃] n. f. **1·** *L'invention de qqch. ; une invention,* action d'inventer. → **découverte.** *L'invention de l'imprimerie.* – (*Une, des inventions*) Chose inventée, nouveauté scientifique ou technique. **2·** *L'invention,* faculté, don d'inventer. → **imagination. 3·** Action d'imaginer (un moyen) ; d'inventer (une histoire). *Une his-*

toire de son invention. **4·** Chose imaginée. *Qu'est-ce que c'est encore que cette invention ? C'est une pure invention.* → **fiction, mensonge.**

inventorier [ɛ̃vɑ̃tɔʀje] v. tr. < conjug. 7 > Faire l'inventaire de. *Inventorier les meubles d'une maison.*

invérifiable [ɛ̃veʀifjabl] adj. Qui ne peut être vérifié. *Des hypothèses invérifiables.*

inverse [ɛ̃vɛʀs] adj. et n. m. **I·** Adj. **1·** (Direction, ordre) Qui est exactement opposé, contraire. *En sens inverse.* **2·** *Rapport inverse,* rapport de deux quantités dont l'une augmente dans la même proportion que l'autre diminue. **II·** N. m. *L'inverse,* la chose inverse (soit par changement d'ordre ou de sens, soit par contradiction totale). → **le contraire.** *C'est justement l'inverse. Supposons l'inverse.* – Loc. *À l'inverse,* tout au contraire. ▶ **inversement** adv. **1·** D'une manière inverse. *Inversement proportionnel.* **2·** (En tête de phrase) Par un phénomène, un raisonnement inverse. *Inversement, on peut dire que...* – (À la fin de la proposition) *Ou inversement,* ou c'est l'inverse. → **vice versa.** ▶ **inverser** v. tr. < conjug. 1 > **1·** Changer (la position, l'ordre). → **intervertir.** **2·** Renverser le sens de (un courant électrique, un mouvement). ▶ ① **inversion** n. f. **1·** Déplacement (d'un mot ou d'un groupe de mots) par rapport à l'ordre habituel de la construction. *Les cas d'inversion du sujet.* **2·** Changement de sens (d'un courant électrique).

② **inversion** n. f. *Inversion sexuelle,* homosexualité. ▶ **inverti, ie** [ɛ̃vɛʀti] n. Personne homosexuelle.

invertébré, ée [ɛ̃vɛʀtebʀe] adj. Qui n'a pas de vertèbres, de squelette. – N. m. *Les invertébrés :* tous les animaux qui ne possèdent pas de colonne vertébrale. *La mouche, l'escargot sont des invertébrés.* / contr. **vertébrés** /

investigation [ɛ̃vɛstigasjɔ̃] n. f. Recherche suivie, systématique. → **enquête.** *Les investigations de l'historien.* ▶ **investiguer** v. intr. < conjug. 1 > → **enquêter.**

① **investir** [ɛ̃vɛstiʀ] v. tr. < conjug. 2 > Entourer avec des troupes (un objectif militaire). → **cerner.** *Investir une ville.* ▶ ① **investissement** n. m. Action d'investir ; son résultat. *L'investissement d'une place forte.*

② **investir** v. tr. < conjug. 2 > **1·** Employer, placer (des capitaux) dans une entreprise. *Il a investi son argent dans l'immobilier.* **2·** Intransitivement. Mettre son énergie psychique dans une activité, un objet. *Elle a beaucoup investi dans ses enfants.* **3·** V. pron. *S'investir dans* (une personne, une activité), y mettre toute son énergie ; y attacher beaucoup d'importance. ▶ ② **investissement** n. m. Action d'investir dans une entreprise des capitaux destinés à son équipement, à l'acquisition de moyens de production ; ces capitaux. *Un investissement de longue durée.* ▶ **investisseur, euse** n. Personne ou collectivité qui investit des capitaux.

③ **investir** v. tr. < conjug. 2 > **1·** Mettre (qqn) en possession (d'un pouvoir, d'un droit, d'une fonction). *Investir un ambassadeur de pouvoirs extraordinaires.* **2·** Désigner officiellement (un candidat aux élections). ▶ **investiture** n. f. **1·** Acte solennel qui accompagnait la mise en possession (d'un fief, d'un évêché...). **2·** Acte par lequel un parti investit un candidat à une élection. *Recevoir l'investiture.*

invétéré, ée [ɛ̃veteʀe] adj. Péj. Qui est tel depuis longtemps, ne peut ou ne veut pas changer. *Un joueur invétéré.*

invincible [ɛ̃vɛ̃sibl] adj. **1·** (Personnes) Qui ne peut être vaincu. ≠ invaincu. – (Choses) Qui ne se laisse pas abattre. *Un courage invincible.* **2·** (Choses) Dont on ne peut triompher. *Un obstacle invincible.* – À quoi l'on ne peut résister. *Cette idée m'inspirait une répugnance invincible.* ▶ **invinciblement** adv. *Le sommeil le gagnait invinciblement.*

inviolable [ɛ̃vjɔlabl] adj. Qu'il n'est pas permis de violer, d'enfreindre. → **sacré.** *Un asile inviolable. Des droits inviolables.*

invisible [ɛ̃vizibl] adj. **1·** Qui n'est pas visible, qui échappe à la vue. *Les nuages rendent la lune invisible. Un microbe, une étoile invisible à l'œil nu.* **2·** (Personnes) Qui se dérobe aux regards et qu'on ne peut rencontrer. *Le directeur restait invisible.* ▶ **invisibilité** n. f. Caractère de ce qui n'est pas visible. *L'invisibilité d'un gaz.*

inviter [ɛ̃vite] v. tr. < conjug. 1 > **1·** Prier (qqn) de se rendre, de se trouver à un endroit, d'assister à qqch. → **convier.** *Invitons-les à dîner. Ils ont été invités au mariage.* – Pronominalement (réfl.). *Il s'est invité,* il est venu sans en être prié. – Au p. p. adj. *Les amis invités ce soir.* N. *Les invités.* **2·** Engager (qqn) de façon courtoise (à faire qqch.). *Je vous invite à me suivre.* – Inciter avec autorité. *Je vous invite à vous taire.* – (Suj. chose) Inciter, porter. *Le temps invitait à se promener, à la flânerie.* ▶ **invitation** n. f. **1·** Action d'inviter ; son résultat. *Accepter, refuser une invitation à dîner. Des formules d'invitation.* **2·** Action d'inciter, d'engager à. *Sur l'invitation de,* sur la prière, le conseil de. ▶ **invite** n. f. Invitation indirecte plus ou moins déguisée (à faire qqch.). *C'était une invite discrète à le laisser tranquille.*

in vitro [invitʀo] loc. adv. En milieu artificiel, en laboratoire. *Fécondation in vitro.*

invivable [ɛ̃vivabl] adj. 1· Qu'il est très difficile de vivre, de supporter. *Une situation invivable.* 2· (Personnes) Insupportable. *Il est devenu invivable.*

involontaire [ɛ̃vɔlɔ̃tɛʀ] adj. 1· Qui ne résulte pas d'un acte volontaire. *Un geste involontaire.* 2· (Personnes) Qui agit ou se trouve dans une situation, sans le vouloir. *Il a été le témoin involontaire d'un drame.* ▶ **involontairement** adv. Sans le vouloir. *Si je vous ai peiné, c'est bien involontairement.*

involution [ɛ̃vɔlysjɔ̃] n. f. Mouvement de repli vers l'intérieur (aussi abstrait).

invoquer [ɛ̃vɔke] v. tr. <conjug. 1> 1· Appeler à l'aide par des prières. *Invoquer Dieu, les dieux.* 2· Faire appel, avoir recours à (qqch. qui peut aider). *Nous invoquerons son témoignage, cet argument... Invoquer des prétextes.* ≠ évoquer. ▶ **invocation** n. f. Action d'invoquer ; son résultat.

invraisemblable [ɛ̃vʀɛsɑ̃blabl] adj. 1· Qui n'est pas vraisemblable. → **incroyable.** *C'est une histoire invraisemblable.* 2· (Choses concrètes) Très étonnant (et souvent comique). → **extravagant, inimaginable.** *Il portait un invraisemblable chapeau.* 3· Fam. Excessif. *Il a un toupet invraisemblable.* → **inouï.**

invraisemblance [ɛ̃vʀɛsɑ̃blɑ̃s] n. f. Défaut de vraisemblance. *L'invraisemblance d'une nouvelle.* – Chose invraisemblable. *Un récit plein d'invraisemblances.*

invulnérable [ɛ̃vylneʀabl] adj. 1· Qui ne peut pas être blessé. / contr. vulnérable / – (Choses) *Ville invulnérable.* → **imprenable.** 2· Abstrait. Qui ne peut être atteint. *Une foi invulnérable.* ▶ **invulnérabilité** n. f. Caractère de ce qui est invulnérable.

iode [jɔd] n. m. Corps (métalloïde) très volatil, présent dans l'eau de mer, qui donne naissance à des vapeurs violettes quand on le chauffe. *Phares à iode. Teinture d'iode* (désinfectant). ▶ **iodé, ée** adj. Qui contient de l'iode. *L'air iodé du bord de mer.* ▶ **iodoforme** n. m. Composé à base d'iode, antiseptique. ▶ **iodure** n. m. Nom de composés de l'iode. *Iodure d'argent,* utilisé en photographie.

iodler ou **jodler** [jɔdle] v. intr. <conjug. 1> Vocaliser en changeant de registre de voix sans transition. *Les chanteurs de tyrolienne iodlent.*

ion [jɔ̃] n. m. Atome ou groupement d'atomes portant une charge électrique. *Des ions* [dezjɔ̃]. – Atome modifié qui possède plus ou moins d'électrons. ▶ 1 **ionique** adj. Relatif aux ions. *La charge ionique.* ▶ **ionisé, ée** adj. Chargé d'ions. *Gaz ionisé.* ▶ **ionisation** n. f. Formation, présence d'ions positifs et négatifs (dans un gaz). ▶ **ionosphère** n. f. Couche supérieure ionisée de l'atmosphère. ▷ **électron**

2 **ionique** [jɔnik] adj. *Ordre ionique,* un des trois styles d'architecture grecque, caractérisé par un chapiteau orné de deux volutes latérales. *Colonne ionique.* ≠ corinthien, dorique.

iota [jɔta] n. m. Neuvième lettre de l'alphabet grec (ι), qui correspond à *i.* – Loc. *Sans changer un iota,* sans rien changer.

ipé [ipe] n. m. Bois brun, très dur, imputrescible, d'un arbre d'Amérique tropicale.

ipéca [ipeka] n. m. Racine à propriétés vomitives. *Sirop, pastille d'ipéca.*

ipso facto [ipsofakto] adv. Par voie de conséquence, automatiquement.

irakien, ienne ou **iraqien, ienne** [iʀakjɛ̃, jɛn] adj. et n. D'Irak (ou Iraq). *Le pétrole irakien.* – *Les Irakiens.*

iranien, ienne [iʀanjɛ̃, jɛn] adj. et n. D'Iran. → **persan.** *Population iranienne.* – *Les Iraniens.*

irascible [iʀasibl] adj. Littér. Qui s'irrite, s'emporte facilement. → **coléreux ; irritable.** *Une humeur irascible.*

ire [iʀ] n. f. Vx. Colère (→ **irriter**). ▷ **irascible**

iridium [iʀidjɔm] n. m. Métal blanc très dur, cassant, qu'on extrait de minerais de platine.

1 **iris** [iʀis] n. m. invar. Plante à haute tige portant de grandes fleurs ornementales bleues, violettes, blanches.

2 **iris** n. m. invar. Membrane de l'œil, située derrière la cornée et présentant un orifice (pupille) en son centre. *Iris bleu, brun.*

irisé, ée [iʀize] adj. Qui prend les couleurs du prisme, de l'arc-en-ciel. *Reflets irisés.* ▶ **irisation** n. f. Production des couleurs de l'arc-en-ciel par décomposition du prisme.

irlandais, aise [iʀlɑ̃dɛ, ɛz] adj. et n. D'Irlande. N. *Les Irlandais.* – N. m. *L'irlandais,* les dialectes celtiques parlés en Irlande.

I. R. M. [iɛʀɛm] n. f. invar. Technique d'imagerie médicale utilisant le phénomène de résonance magnétique nucléaire (R. M. N.).

ironie [iʀɔni] n. f. 1· Manière de se moquer (de qqn ou de qqch.) en disant le contraire de ce qu'on veut exprimer. → **moquerie, raillerie.** *Une ironie amère. Savoir manier l'ironie.* 2· Disposition moqueuse. *Une lueur d'ironie dans le regard.* 3· ***Ironie du sort*** : intention de moquerie méchante qu'on prête au sort. ▶ **ironique** adj. Qui use de l'ironie ; où il entre de l'ironie. → **moqueur, railleur, sarcastique.** *Il est ironique à notre égard. Un sourire, un ton ironique.* ▶ **ironiquement** adv. *Il répondit ironiquement.* / contr. sérieusement / ▶ **ironiser** v. intr. < conjug. 1 > Employer l'ironie. → se **moquer, railler.** *Ironiser sur, à propos de qqn, qqch.* ▶ **ironiste** n. Personne, écrivain qui pratique l'ironie. → **humoriste.**

irradier [i(ʀ)ʀadje] v. < conjug. 7 > **1·** V. intr. (Lumière, douleur) Se propager en rayonnant à partir d'un centre. *La douleur irradiait dans tout le côté droit.* **2·** V. tr. Exposer (des organismes ou des substances d'origine animale ou végétale) à l'action de certaines radiations (notamment à la radioactivité). – Au p. p. adj. *Personnel d'une centrale nucléaire accidentellement irradié.* ▶ **irradiation** n. f. **1·** Émission de radiations. *L'irradiation du soleil.* **2·** Action d'irradier (2). *Irradiation d'une tumeur. Danger d'irradiation. Conservation d'aliments par irradiation.*

irraisonné, ée [i(ʀ)ʀɛzɔne] adj. Qui n'est pas raisonné, qui n'a pas de raison précise. *Une peur irraisonnée.*

irrationnel, elle [i(ʀ)ʀasjɔnɛl] adj. **1·** Qui n'est pas rationnel, n'est pas du domaine de la raison. *Des croyances irrationnelles.* / contr. rationnel / **2·** *Nombre irrationnel,* qui ne peut être mis sous la forme d'un rapport entre deux nombres entiers (ex. : π (pi) 3,141592, etc.).

irréalisable [i(ʀ)ʀealizabl] adj. Qui ne peut se réaliser. → **chimérique.** *Un rêve, un projet irréalisable.*

irréalisme [i(ʀ)ʀealism] n. m. Manque de réalisme, de sens des réalités. ▶ **irréaliste** adj. *Un projet irréaliste.*

irréalité [i(ʀ)ʀealite] n. f. Caractère irréel. *Une impression d'irréalité, de rêve.*

irrecevable [i(ʀ)ʀəs(ə)vabl] adj. Qui n'est pas recevable, qui ne peut être admis. → **inacceptable.** *Votre demande est irrecevable.*

irréconciliable [i(ʀ)ʀekɔ̃siljabl] adj. Avec lequel, entre lesquels il n'y a pas de réconciliation possible. *Des ennemis irréconciliables.*

irrécupérable [i(ʀ)ʀekypeʀabl] adj. **1·** Qui ne peut être récupéré. *Des ferrailles irrécupérables.* **2·** (Personnes) Qui ne peut être admis à nouveau dans un groupe, un parti. – N. *Des irrécupérables.*

irrécusable [i(ʀ)ʀekyzabl] adj. **1·** Qui ne peut être récusé en justice. *Un témoignage irrécusable.* **2·** Qu'on ne peut contester, mettre en doute. *Une preuve irrécusable.* → **irréfragable, irréfutable.**

irréductible [i(ʀ)ʀedyktibl] adj. Qui ne peut être réduit ; dont on ne peut venir à bout. *Un ennemi irréductible. Astérix et son village d'irréductibles Gaulois.* – N. *Des irréductibles.*

irréel, elle [i(ʀ)ʀeɛl] adj. Qui n'est pas réel, qui est en dehors de la réalité. → **abstrait, fantastique ; irréalité.** *Vos craintes sont irréelles.* ▷ **irréalité**

irréfléchi, ie [i(ʀ)ʀefleʃi] adj. Qui agit ou se fait sans réflexion. *Un homme irréfléchi. Des propos irréfléchis.*

irréflexion [i(ʀ)ʀeflɛksjɔ̃] n. f. Manque de réflexion. → **étourderie.**

irréfragable [i(ʀ)ʀefʀagabl] adj. Littér. (Preuve, témoignage...) Qu'on ne peut contredire, récuser. → **irrécusable.**

irréfutable [i(ʀ)ʀefytabl] adj. Qui ne peut être réfuté. *Un argument irréfutable.* → **irrécusable.** ▶ **irréfutablement** adv.

irrégularité [i(ʀ)ʀegylaʀite] n. f. **1·** Caractère, aspect irrégulier (d'un objet, un phénomène, une situation...). / contr. régularité / *L'irrégularité du pouls.* **2·** *(Une, des irrégularités)* Chose ou action irrégulière. *Les irrégularités observées dans une conjugaison.* – Chose contraire à la loi, à un règlement. *Des irrégularités ont été commises au cours de l'élection.*

irrégulier, ière [iʀegylje, jɛʀ] adj. **I· 1·** Qui n'est pas régulier dans sa forme, ses dimensions, sa disposition... *Un visage aux traits irréguliers. Un mouvement, un pouls irrégulier.* → **intermittent.** *Des résultats irréguliers.* **2·** Abstrait. Qui n'est pas conforme à la règle établie, à l'usage commun. *Une transaction irrégulière. C'est tout à fait irrégulier.* – *Étrangers, immigrés en situation irrégulière,* dont la situation n'est pas conforme à la législation, à la réglementation (→ **clandestin**). – Qui n'est pas conforme à un type grammatical considéré comme normal. *Verbes irréguliers.* **II·** (Personnes) **1·** *Troupes irrégulières,* qui n'appartiennent pas à l'armée régulière. **2·** Qui n'est pas constamment égal à soi-même. → **inégal.** *Un élève, un athlète irrégulier,* qui n'est pas régulier dans son travail, ses résultats. ▶ **irrégulièrement** adv. *Il vient très irrégulièrement nous voir.* ▷ **irrégularité**

irréligieux, euse [i(ʀ)ʀeliʒjø, øz] adj. Qui n'a pas de croyance religieuse, s'oppose à la religion. *Des opinions irréligieuses.* ▶ **irréligion** n. f. Littér. Manque de religion, d'esprit religieux. → **athéisme, impiété, incroyance.**

irrémédiable [i(ʀ)ʀemedjabl] adj. À quoi on ne peut remédier. → **irréparable.** *Des pertes irrémé-*

diables. ▶ **irrémédiablement** adv. Littér. Irréparablement. *Ils sont irrémédiablement fâchés,* à tout jamais.

irrémissible [i(R)Remisibl] adj. Littér. (Crime, faute) Impardonnable.

irremplaçable [i(R)Rɑ̃plasabl] adj. Qui ne peut être remplacé (par qqch. ou qqn de même valeur). *Un collaborateur irremplaçable.*

irréparable [i(R)RepaRabl] adj. 1· Qui ne peut être réparé. *La voiture est irréparable.* 2· Fig. → **irrémédiable.** *C'est une perte irréparable.* – N. m. *L'irréparable est accompli.*

irrépressible [i(R)RepResibl] adj. Littér. Qu'on ne peut réprimer, contenir. → **irrésistible.** / contr. maîtrisable / *Un tic, un rire irrépressible.*

irréprochable [i(R)RepRɔʃabl] adj. À qui, à quoi on ne peut faire aucun reproche. → **parfait.** / contr. condamnable / *Dans toute cette affaire, il a été irréprochable. Une conduite irréprochable.* → **impeccable.** *Une argumentation irréprochable.*

irrésistible [i(R)Rezistibl] adj. 1· À quoi on ne peut résister. *Une tentation irrésistible. C'est irrésistible.* 2· (Personnes) À qui on ne peut résister (du fait de son charme). *Elle était irrésistible.* 3· Qui fait rire. *Un spectacle irrésistible.* ▶ **irrésistiblement** adv. *Le coureur prenait irrésistiblement de l'avance.*

irrésolu, ue [i(R)Rezɔly] adj. Littér. Qui a peine à se résoudre, à se déterminer. → **hésitant, indécis.** *Il restait irrésolu.* ▶ **irrésolution** n. f. État ou caractère d'une personne irrésolue. → **hésitation, indécision.**

irrespect [i(R)Rɛspɛ] n. m. Littér. Manque de respect. → **insolence.** *Montrer son irrespect envers qqn, qqch.* ▶ **irrespectueux, euse** [i(R)Rɛspɛktɥø, øz] adj. Qui n'est pas respectueux. → **impertinent, insolent.** *Être irrespectueux envers ses parents.*

irrespirable [i(R)RɛspiRabl] adj. Qui est pénible ou dangereux à respirer. *Une atmosphère irrespirable.*

irresponsable [i(R)Rɛspɔ̃sabl] adj. et n. 1· En droit. Qui, devant la loi, n'est pas responsable, n'a pas à répondre de ses actes. *Les aliénés sont irresponsables.* 2· Dont la responsabilité morale ne peut pas être retenue. *Désavouer les initiatives d'éléments irresponsables.* – Qui agit à la légère. *Des jeunes gens irresponsables.* – *Une attitude irresponsable.* – N. *C'est un(e) irresponsable.* ▶ **irresponsabilité** n. f. Caractère d'une personne irresponsable ou qui agit à la légère. *L'irresponsabilité de la jeunesse.*

irrévérence [i(R)Reverɑ̃s] n. f. Littér. Manque de respect. → **impertinence, irrespect.** *Agir avec irrévérence.* ▶ **irrévérencieux, euse** adj. Littér. Qui fait preuve d'irrévérence. *Propos irrévérencieux.*

irréversible [i(R)RevɛRsibl] adj. Qui ne peut se produire que dans un seul sens, sans pouvoir être arrêté ni renversé. *C'est un phénomène, une évolution irréversible.*

irrévocable [i(R)Revɔkabl] adj. Qui ne peut être révoqué, repris. *Un jugement irrévocable. Ma décision est irrévocable.* → **définitif.** ▶ **irrévocablement** adv. Littér. *Décision irrévocablement prise.*

irriguer [i(R)Rige] v. tr. < conjug. 1 > Arroser par irrigation. *Irriguer des champs.* / contr. drainer / ▶ **irrigation** n. f. Arrosement artificiel et méthodique des terres. / contr. drainage / *Ce barrage a permis l'irrigation de régions arides.*

irriter [iRite] v. tr. < conjug. 1 > 1· Mettre en colère. → **agacer, énerver, exaspérer.** *Ce genre de propos a le don de m'irriter.* – *S'irriter* v. pron. réfl. : se mettre en colère. → **se fâcher.** *Il s'est irrité contre lui, de son retard.* – Au p. p. adj. *Il avait l'air très irrité. Un air irrité.* 2· Littér. Rendre plus vif, plus fort. → **aviver.** *Tout ce mystère irritait sa curiosité.* 3· Rendre douloureux, sensible en déterminant une légère inflammation. → **enflammer.** *Piqûre qui irrite la peau.* – Au p. p. *Il avait les yeux irrités par la fumée.* ▶ **irritable** adj. Qui se met facilement en colère. → **emporté, irascible.** ▶ **irritabilité** n. f. Disposition à s'irriter. *Elle est d'une extrême irritabilité.* ▶ **irritant, ante** adj. 1· Qui irrite, met en colère. → **agaçant, énervant.** 2· Qui détermine de l'irritation, de l'inflammation. ▶ **irritation** n. f. 1· État d'une personne irritée. → **colère, exaspération.** *Il était au comble de l'irritation.* → **agacement.** 2· État douloureux résultant d'une inflammation légère. *Une irritation de la gorge.*

irruption [iRypsjɔ̃] n. f. 1· Vx. Invasion soudaine et violente (d'éléments hostiles, dans un pays). 2· Entrée de force et en masse (dans un lieu). *L'irruption des troupes ennemies dans le pays. Les manifestants ont fait irruption dans la salle.* – Entrée brusque et inattendue. *Il a fait irruption dans mon bureau.* ≠ éruption.

isard [izaR] n. m. Chamois des Pyrénées.

isba [izba] n. f. Petite maison de bois des paysans russes. *Des isbas.*

islam [islam] n. m. 1· Religion prêchée par Mahomet et fondée sur le Coran. → **islamisme.** 2· (Avec une majuscule) L'ensemble des peuples musulmans et leur civilisation. *Les pays d'Islam. L'Islam africain, indonésien.* ▶ **islamique** adj. Qui a rapport à l'islam. *La loi islamique.* → **charia.** *Les différents voiles* islamiques.* ▶ **islamiser** v. tr. < conjug. 1 > Convertir, intégrer à l'islam. ▶ **islamisation** n. f. *L'islamisation de l'Andalousie par les Maures.* ▶ **islamisme** n. m. Religion musulmane, islam. – Prosélytisme en faveur de l'islam. ▶ **islamiste** adj. et n.

islandais, aise [islɑ̃dɛ, ɛz] adj. et n. D'Islande. *Les geysers islandais.* – N. *Les Islandais.* – *L'islandais,* la langue germanique parlée en Islande.

iso- Élément de mots savants signifiant « égal ». ▷ **isocèle, isomère, isomorphe, isotherme, isotope**

isocèle [izɔsɛl] adj. *Triangle, trapèze isocèle,* qui a deux côtés égaux.

isolant, ante [izɔlɑ̃, ɑ̃t] adj. et n. m. Qui isole, empêche la propagation des vibrations, ou n'est pas conducteur d'électricité. *Matériaux isolants.* – N. m. *Un isolant électrique, phonique, thermique.*

isolation [izɔlasjɔ̃] n. f. Action de protéger une pièce contre la chaleur, le froid, le bruit ; son résultat. *Isolation acoustique, phonique.* → **insonorisation.** *Ce pavillon a une bonne isolation thermique.*

isolationnisme [izɔlasjɔnism] n. m. Politique d'isolement. *Ce pays pratique l'isolationnisme.* ▶ **isolationniste** adj. et n. Partisan de l'isolationnisme.

isolé, ée [izɔle] adj. **1**· Qui est séparé des choses de même nature ou de l'ensemble auquel il (elle) appartient. → **isoler.** *Un arbre isolé au milieu d'un champ. Table isolée, dans un restaurant.* **2**· Éloigné de toute habitation. → **perdu, reculé.** *Un endroit isolé et tranquille.* **3**· (Personnes) Séparé des autres hommes. → **seul, solitaire.** *Il vit trop isolé.* **4**· Abstrait. Seul de sa sorte, non représentatif. *Ce n'est qu'un cas isolé.* ▶ **isolément** adv. *Quand on les reçoit isolément, ils sont charmants.* → **séparément.** / contr. ensemble /

isolement [izɔlmɑ̃] n. m. **1**· État d'une chose isolée. *L'isolement d'une maison.* **2**· État, situation d'une personne isolée → **solitude** ou qu'on isole. *L'isolement des contagieux.* → **quarantaine.** **3**· Absence d'engagement avec les autres nations. *Le « splendide isolement » de l'Angleterre au XIXe siècle.* → **isolationnisme.**

isoler [izɔle] v. tr. < conjug. 1 > **1**· Séparer (qqch.) des objets environnants ; empêcher d'être en contact. *La tempête a isolé le village.* – Protéger avec un isolant. – *Isoler un corps,* le séparer d'une combinaison chimique. *Isoler un microbe, un virus,* le séparer du milieu où on le rencontre. **2**· Éloigner (qqn) de la société des autres hommes. *Isoler un malade contagieux.* – ***S'isoler*** v. pron. réfl. : se retirer de façon à être seul. *S'isoler dans un coin.* **3**· Abstrait. Considérer à part, hors d'un contexte. *C'est un fait que vous n'avez pas le droit d'isoler.* ▷ **isolant, isolation, isolationnisme, isolé, isolement, isoloir**

isoloir [izɔlwaʀ] n. m. Cabine où l'électeur s'isole pour préparer son bulletin de vote.

isomère [izɔmɛʀ] adj. et n. m. Chimie. Se dit de composés ayant la même formule d'ensemble, mais des propriétés différentes dues à un agencement différent des atomes dans la molécule. – N. m. *Un, des isomères.* ▶ **isomérie** n. f. Caractère des corps isomères.

isomorphe [izɔmɔʀf] adj. Se dit de corps de constitution chimique analogue qui ont la propriété (*isomorphisme,* n. m.) d'avoir des formes cristallines voisines.

isotherme [izɔtɛʀm] adj. **1**· Qui se produit à température constante. *Dilatation isotherme d'un gaz.* **2**· Qui comporte une isolation thermique. *Boîte isotherme pour transporter les glaces.*

isotope [izɔtɔp] n. m. Nom des corps simples de même numéro atomique, mais de masses différentes (ex. : *hydrogène* et *hydrogène lourd*). ▷ **radio-isotope**

israélien, ienne [isʀaeljɛ̃, jɛn] adj. et n. De l'État moderne d'Israël. *L'économie israélienne.* – N. *Les Israéliens.*

israélite [isʀaelit] n. et adj. Personne qui appartient à la communauté, à la religion juive. → **hébreu, juif.** *Des israélites.* – Adj. *Culte israélite.*

issu, ue [isy] p. p. Qui est né (de qqn). *Il est issu d'une famille modeste.* – Qui provient (de qqch.). *Les progrès issus des travaux scientifiques.* ▷ **issue**

issue [isy] n. f. **1**· Ouverture, passage offrant la possibilité de sortir. → **sortie.** *Issue de secours. Rue sans issue,* en cul-de-sac. → **impasse.** **2**· Abstrait. Possibilité, moyen de se dégager d'une situation difficile. → **échappatoire, solution.** *Je ne vois pas d'autre issue.* – Manière dont on sort d'une affaire, dont une chose arrive à son terme. → **fin.** *L'issue des pourparlers. Une heureuse issue ; une issue fatale* (spécialt, la mort). – ***À l'issue de*** : à la fin de. *À l'issue du spectacle.*

isthme [ism] n. m. **1**· Bande de terre resserrée entre deux mers ou deux golfes et réunissant deux terres. *L'isthme de Corinthe.* **2**· Partie rétrécie (d'un organe). *L'isthme du gosier.*

italien, ienne [italjɛ̃, jɛn] adj. et n. De l'Italie. – N. *Les Italiens.* – N. m. *L'italien,* groupe de langues romanes parlées en Italie ; la langue issue du dialecte toscan. ▶ **italianisme** n. m. Manière de parler propre à l'italien et empruntée par une autre langue. ▶ [1] **italique** adj. Qui a rapport à l'Italie ancienne. *Les peuples italiques.*

[2] **italique** [italik] adj. et n. m. Se dit de caractères d'imprimerie légèrement inclinés vers la droite. – N. m. *Mettre un mot en italique.*

-ite Élément servant à former des noms de maladies inflammatoires (ex. : *bronchite*).

itératif, ive [iteʀatif, iv] adj. Qui est répété plusieurs fois.

itinéraire [itineʀɛʀ] n. m. Chemin à suivre ou suivi pour aller d'un lieu à un autre. *Vous avez pris un itinéraire bien compliqué.*

itinérant, ante [itineʀɑ̃, ɑ̃t] adj. Qui se déplace dans l'exercice de sa charge, de ses fonctions, sans avoir de résidence fixe. / contr. sédentaire / *Un ambassadeur itinérant.* – (Choses) Qui se déplace. *Un cirque itinérant.*

itou [itu] adv. Fam. ou région. Aussi, de même. *Et moi itou.*

I. U. T. [iyte] n. m. invar. En France, Institut universitaire de technologie qui dispense en deux ans une formation intermédiaire entre celles de technicien et d'ingénieur.

I. V. G. [iveʒe] n. f. invar. Interruption volontaire de grossesse, avortement volontaire et légal.

ivoire [ivwaʀ] n. m. 1· Matière résistante, d'un blanc laiteux, qui constitue les défenses de l'éléphant. *Des billes d'ivoire, en ivoire.* – Objets d'art en ivoire. *Des ivoires chinois.* 2· Partie dure des dents, revêtue d'émail à la couronne et de cément à la racine. *L'ivoire des dents* (appelé aussi *dentine* [dɑ̃tin], n. f.).

ivraie [ivʀɛ] n. f. Herbe nuisible aux céréales. – Loc. (d'après la Bible). *L'ivraie et le bon grain*, les méchants et les bons, le mal et le bien.

ivre [ivʀ] adj. 1· Qui est sous l'effet de l'alcool. → **soûl.** *Il était complètement ivre, ivre mort.* 2· Qui est transporté hors de soi (sous l'effet d'une émotion violente). *Ivre d'amour, d'orgueil...* ▶ **ivresse** n. f. 1· État d'une personne ivre (intoxication produite par l'alcool et causant des perturbations dans l'adaptation nerveuse et la coordination motrice). → **ébriété.** *Les effets de l'ivresse. Conduite en état d'ivresse.* 2· État d'euphorie ou d'exaltation. *Dans l'ivresse du succès.* → **enivrement, extase.** ▶ **ivrogne** adj. et n. Qui a l'habitude de s'enivrer. – *C'est un vieil ivrogne* (fém. fam. *une ivrognesse*). → **pochetron, poivrot, soûlard, soûlon.** *Serment d'ivrogne*, qui ne sera pas tenu. ▶ **ivrognerie** n. f. Vice de l'ivrogne, habitude de s'enivrer. → **alcoolisme.** ▷ **enivrer**

jJ

j [ʒi] n. m. invar. Dixième lettre, septième consonne de l'alphabet.

J [ʒi] n. m. invar. Abréviation de *jour*. – *Jour J*. → **jour** (5). – *J* – (suivi d'un nombre), nombre de jours précédant une action, un événement. *Élections : J* – 3, les élections ont lieu dans trois jours.

jabot [ʒabo] n. m. **1·** Poche de l'œsophage de certains animaux, dans laquelle les aliments séjournent. *Jabot des oiseaux*. **2·** Ornement (de dentelle, de mousseline) attaché à la base du col d'une chemise. *Jabot de corsage*.

jacasser [ʒakase] v. intr. < conjug. 1 > **1·** (Pie) Pousser un cri. **2·** (Personnes) Parler avec volubilité et d'une voix criarde. *Arrêtez de jacasser !* ▶ **jacassement** n. m. Cri de la pie. ▶ **jacasserie** n. f. Bavardage de personnes qui jacassent. ▶ **jacasseur, euse** adj. et n. Qui jacasse. → **bavard.**

jachère [ʒaʃɛʀ] n. f. État d'une terre labourable qu'on laisse reposer. ≠ friche. *Laisser une terre en jachère*. / contr. culture / – Cette terre. *Labourer des jachères*.

jacinthe [ʒasɛ̃t] n. f. Plante à feuilles allongées, à tige unique portant une grappe simple de fleurs colorées et parfumées ; ces fleurs. *Jacinthes en pots. Jacinthe bleue, blanche*.

jackpot [(d)ʒakpɔt] n. m. Combinaison de figures qui permet de gagner l'argent accumulé dans certaines machines à sous. – Fig. *Gagner, ramasser, toucher le jackpot* : gagner brusquement beaucoup d'argent.

jacobin, ine [ʒakɔbɛ̃, in] n. et adj. Républicain ardent et intransigeant. – Adj. *Idées jacobines*. ▶ **jacobinisme** n. m. Attitude politique des jacobins.

jacquard [ʒakaʀ] n. m. et adj. m. invar. **1·** Métier à tisser. **2·** *Tricot jacquard*, qui se fait avec des laines de plusieurs couleurs formant des dessins. *Des chandails jacquard*. – N. m. *Porter un jacquard*.

jacquemart n. m. → **jaquemart.**

jacquerie [ʒakʀi] n. f. Autrefois. Révolte paysanne.

jacquet [ʒakɛ] n. m. Jeu, variété de trictrac. *Faire une partie de jacquet*.

1 **jactance** [ʒaktɑ̃s] n. f. Littér. Attitude d'une personne qui manifeste avec arrogance ou emphase la haute opinion qu'elle a d'elle-même. → **vanité.** / contr. modestie /

jacter [ʒakte] v. intr. < conjug. 1 > Fam. Parler, bavarder. *Arrêtez de jacter !* ▶ 2 **jactance** n. f. Fam. et vieilli. Bavardage.

jacuzzi [ʒakyzi] n. m. Baignoire, bassin qui comporte un dispositif qui provoque des remous dans l'eau.

jade [ʒad] n. m. **1·** Pierre fine très dure, dont la couleur varie du blanc olivâtre au vert sombre. *Statuette de jade*. **2·** *(Un, des jades)* Objet en jade. *Collection de jades chinois*.

jadis [ʒa(ɑ)dis] adv. Dans le temps passé, il y a longtemps. → **autrefois.** *Jadis on ne pensait pas ainsi*. – Adj. *Au temps jadis*.

jaguar [ʒagwaʀ] n. m. Grand mammifère carnivore d'Amérique du Sud, voisin de la panthère. *Des jaguars*.

jaillir [ʒajiʀ] v. intr. < conjug. 2 > **1·** (Liquide, fluide) Sortir, s'élancer en un jet subit et puissant. *Fontaine où l'eau jaillit à profusion. Le pétrole jaillissait d'un puits de forage*. **2·** Apparaître brusquement, se produire avec force. *Des cris jaillirent. Faire jaillir des étincelles*. – Abstrait. Se manifester soudainement. → **surgir.** *La vérité jaillira*. – Loc. prov. *De la discussion jaillit la lumière*. ▶ **jaillissant, ante** adj. Qui jaillit. *Source* *jaillissante.* ▶ **jaillissement** n. m. Action de jaillir, mouvement de ce qui jaillit. *Jaillissements d'eau, de vapeur.* – Abstrait. *Le jaillissement de la vie.* ▷ **rejaillir**

jaïnisme [ʒainism] ou **djaïnisme** [dʒainism] n. m. Religion de l'Inde qui prône la non-violence envers tout ce qui vit.

jais [ʒɛ] n. m. invar. Variété de lignite d'un noir luisant, qu'on peut tailler, polir. *Bijoux en jais.* – Loc. *Noir comme (du) jais. Des yeux de jais.* ≠ **geai.**

jalon [ʒalɔ̃] n. m. **1·** Tige de bois ou de métal qu'on plante en terre pour prendre un alignement, déterminer une direction. *Planter, aligner des jalons.* **2·** Ce qui sert à situer, diriger. → **marque, repère.** *Les jalons d'un programme.* – Loc. *Poser des jalons,* préparer (une opération). ▶ **jalonner** v. < conjug. 1 > **I·** V. intr. Planter des jalons. **II·** V. tr. **1·** Déterminer, marquer la direction, l'alignement, les limites de (qqch.) au moyen de jalons, de repères. *Jalonner un parcours, un itinéraire.* **2·** (Choses) Marquer, délimiter (à la manière de jalons). – Abstrait. Se présenter tout au long de... *Les succès qui jalonnent sa carrière.* ▶ **jalonnement** n. m. Action de jalonner. *Jalonnement d'un terrain.*

① **jalousie** n. f. Treillis de bois ou de métal au travers duquel on peut voir sans être vu. → **contrevent, persienne, store.** *Baisser, lever une jalousie.*

jaloux, ouse [ʒalu, uz] adj. et n. **1·** Qui éprouve de la jalousie (1), de l'envie. → **envieux.** *Être jaloux de qqn, du succès de qqn.* – N. *Son succès fait des jaloux.* **2·** Qui éprouve de la jalousie en amour. *Mari jaloux. Jalouse comme une tigresse. Caractère jaloux.* – N. *Un jaloux, une jalouse.* **3·** Littér. ***Jaloux de qqch.*** : particulièrement attaché à (qqch. qui tient à cœur). *Être jaloux de son indépendance.* ▶ **jalousement** adv. **1·** Avec jalousie (1). *Observer jalousement les progrès d'un rival.* **2·** Avec un soin inquiet. *Garder jalousement un secret.* ▶ **jalouser** v. tr. < conjug. 1 > Être jaloux (1) de, considérer avec jalousie. → **envier.** *Jalouser le sort du voisin.* – Pronominalement (récipr.). *Petits clans qui se jalousent.* – Au p. p. adj. *Une femme jalousée.* ▶ ② **jalousie** n. f. **1·** Sentiment mauvais qu'on éprouve en voyant un autre jouir d'un avantage qu'on ne possède pas ou qu'on désirerait posséder seul. → **dépit, envie.** *Exciter la jalousie. Une pointe de jalousie.* **2·** Sentiment douloureux que fait naître, chez celui qui l'éprouve, le désir de possession exclusive de la personne aimée. *Les chagrins, les tortures de la jalousie. Causer, donner de la jalousie.*

jamais [ʒamɛ] adv. de temps. **I·** Avec un sens positif. En un temps quelconque, un jour. *Ils désespéraient d'en sortir jamais. A-t-on jamais vu cela ?* → **déjà.** *Si jamais je l'attrape, gare à lui !* – ***À (tout) jamais ; pour jamais*** loc. adv. : pour toujours. → **éternellement.** *C'est fini à jamais.* **II·** Avec un sens négatif. **1·** ***Jamais*** (avec *ne*) : en nul temps, à aucun moment. *Il ne l'a jamais vue. Jamais je n'accepterai.* – Loc. *On ne sait jamais,* on ne sait pas ce qui peut arriver. *Prenez votre parapluie, on ne sait jamais.* – *Ne... jamais que...,* en aucun temps... autre chose que... *Il n'a jamais fait que s'amuser.* – *Ne... jamais plus, ne plus jamais.* → **désormais.** *On n'emploie plus jamais ce mot. Nous ne l'avons jamais plus revu.* – ***Sans jamais*** (+ infinitif). *Poursuivre un idéal sans jamais l'atteindre.* ***Sans jamais que*** (+ subjonctif). *Il a écouté sans jamais qu'il s'impatiente.* **2·** Sans **ne** lorsque le verbe est absent. À aucun moment. → **pas.** /contr. toujours/ ***Jamais de la vie*** : certainement pas. *Un amour jamais satisfait.* – *C'est le moment ou jamais (de...),* l'occasion (de...) ne se représentera pas.

jambe [ʒɑ̃b] n. f. **I· 1·** Partie de chacun des membres inférieurs de l'homme, qui s'étend du genou au pied, ou le membre inférieur tout entier (y compris la cuisse). → fam. **guibolle, patte.** *Il a de grandes jambes. Avoir de belles jambes. Croiser les jambes. Tomber les jambes en l'air. Ne plus pouvoir se tenir sur ses jambes.* – Loc. *Jouer des jambes,* partir en courant. *Courir, s'enfuir **à toutes jambes*** : le plus vite possible. – *Être dans les jambes de qqn,* être trop près de lui, le gêner. – Fam. *Tenir la jambe à qqn,* le retenir en lui parlant. *Traiter qqn par-dessous* (abusivt *par-dessus*) *la jambe,* avec mépris, de façon désinvolte. – Iron. *Cela me fait une belle jambe,* c'est un avantage que je n'apprécie pas, cela ne me sert à rien. **2·** *Jambe de bois,* pièce en bois adaptée au moignon d'un amputé. *Jambe artificielle, articulée,* appareil de prothèse articulé. **3·** Patte des animaux supérieurs. – Partie des membres postérieurs du cheval. → **gigot.** **4·** *Jambe d'une culotte, d'un pantalon,* chacune des deux parties qui couvrent les jambes (comme les manches couvrent les bras). **II·** Objet, partie qui soutient ; étai. ▶ **jambage** n. m. Trait vertical d'une lettre. *Le « m » a trois jambages.* ▶ **jambière** n. f. **1·** Pièce de l'ancienne armure recouvrant la jambe. **2·** Pièce d'un équipement, qui enveloppe et protège la jambe. *Jambières renforcées des joueurs de hockey.* ▶ **jambon** n. m. **1·** Cuisse ou épaule de porc préparée pour être conservée. *Jambons crus, fumés, cuits. Tranches de jambon. Acheter un jambon, du jambon.* **2·** Fam. Cuisse. *Il, elle a de gros jambons.* ▶ **jambonneau** n. m. Petit jambon fait avec la partie de la jambe du porc située au-dessous du genou. ▷ **croc-en-jambe, enjamber, entrejambe, unijambiste**

jamboree [ʒɑ̃bɔʀe ; ʒambɔʀi] n. m. Réunion internationale de scouts.

janissaire [ʒanisɛʀ] n. m. Autrefois. Soldat d'élite de l'infanterie turque, qui appartenait à la garde du sultan.

jansénisme [ʒɑ̃senism] n. m. Doctrine chrétienne de Jansénius sur la grâce et la prédestination ; mouvement religieux et intellectuel austère qui en découle. *Port-Royal, berceau du jansénisme.* ▶ **janséniste** n. et adj. 1· N. Partisan du jansénisme. 2· Adj. *Éducation, morale janséniste,* austère.

jante [ʒɑ̃t] n. f. Cercle de bois ou de métal qui forme la périphérie d'une roue. *Pneu monté sur jante métallique.*

janvier [ʒɑ̃vje] n. m. Premier mois de l'année dans le calendrier actuel. *Le 1er janvier, Jour de l'An.* – Loc. *Du 1er janvier à la Saint-Sylvestre,* toute l'année.

japon [ʒapɔ̃] n. m. Papier de couleur ivoire. *Exemplaire de luxe sur japon impérial.*

japonais, aise [ʒapɔnɛ, ɛz] adj. et n. Du Japon. → **nippon.** *Estampes japonaises. Jardin japonais.* – N. *Les Japonais.* – N. m. *Le japonais,* langue parlée au Japon.

japper [ʒape] v. intr. < conjug. 1 > Pousser des aboiements aigus et clairs. → **aboyer.** *Jeune chien qui jappe.* ▶ **jappement** [ʒapmɑ̃] n. m. Action de japper ; cri d'un animal qui jappe. *Les jappements du chacal, du renard.* → **glapissement.**

jaquemart ou **jacquemart** [ʒakmaʀ] n. m. Automate représentant un homme d'armes muni d'un marteau avec lequel il frappe les heures sur la cloche d'une horloge monumentale. *Le jaquemart de l'église Notre-Dame de Dijon.*

jaquette [ʒakɛt] n. f. I· 1· Vêtement masculin de cérémonie à pans ouverts descendant jusqu'aux genoux. 2· Vieilli. Veste de femme, boutonnée par-devant, ajustée à la taille et à basques. *La jaquette d'un tailleur.* II· Chemise à caractère publicitaire protégeant la couverture d'un livre. *Une jaquette en couleurs.* – *Jaquette d'un (disque) vinyle* (3).

jardin [ʒaʀdɛ̃] n. m. 1· Terrain, généralement clos, où l'on cultive des végétaux utiles ou d'agrément. *Maison entourée d'un jardin. Faire son jardin,* l'entretenir. *Jardins suspendus,* étagés, en terrasses. – *Jardin public,* espace vert ménagé dans une ville. → **parc, square.** – *Jardin zoologique.* → **zoo.** – Loc. *C'est une pierre dans son (votre...) jardin,* une allusion désobligeante, une critique. 2· *Jardin d'hiver :* pièce vitrée où les plantes sont à l'abri du froid. → **serre.** 3· *Jardin japonais :* jardin en miniature, dans un récipient. 4· *Jardin d'enfants :* établissement d'éducation pour les enfants qui sont trop jeunes pour suivre les classes du premier degré. → **garderie, maternelle.** ▶ **jardiner** v. intr. < conjug. 1 > Cultiver, entretenir un jardin en amateur. *Il jardine pour se détendre.* ▶ **jardinage** n. m. *Elle aime le jardinage.* ▶ **jardinet** n. m. Petit jardin. *Les jardinets des pavillons de banlieue.* ▶ **jardinier, ière** n. Personne dont le métier est de cultiver les jardins. → **arboriculteur, fleuriste, horticulteur, maraîcher, pépiniériste.** – Personne qui entretient, moyennant rétribution, un ou plusieurs jardins d'agrément. ▶ **jardinière** n. f. 1· Caisse à fleurs, dans un appartement, sur un balcon. 2· Mets composé d'un mélange de légumes cuits (essentiellement carottes et petits pois). *Servir une jardinière.* ▷ **rez-de-jardin**

jargon [ʒaʀgɔ̃] n. m. 1· Langage déformé, peu compréhensible. → **baragouin, charabia.** *Le jargon d'un très jeune enfant.* 2· Langage particulier à un groupe et caractérisé, pour les autres, par sa complication. *Jargon du sport, de la publicité.* 3· Littér. Argot ancien. *Les ballades en jargon attribuées à Villon.* ▶ **jargonner** v. intr. < conjug. 1 > Parler un jargon ou d'une façon peu claire.

jarre [ʒaʀ] n. f. Grand récipient de forme ovoïde, en grès, en terre cuite... *Une jarre d'huile.*

jarret [ʒaʀɛ] n. m. 1· Région postérieure du genou, chez l'homme. *Pli du jarret.* 2· Endroit où se plie la jambe de derrière, chez certains animaux. *Les jarrets d'un bœuf.* – *Jarret de veau,* en boucherie, partie inférieure de la noix et de l'épaule. ▶ **jarretelle** n. f. Bande élastique adaptée à la gaine ou au porte-jarretelles, servant à maintenir le bas tendu par une pince. ▶ **jarretière** n. f. Cordon, bande élastique qui était destinée à fixer les bas en les entourant au-dessus du genou. – *La jarretière de la mariée,* accessoire de lingerie vendu aux enchères dans certains mariages, au bénéfice des mariés. – *Bas jarretière,* maintenu au haut de la cuisse par une bande élastique. ▷ **porte-jarretelles**

jars [ʒaʀ] n. m. invar. Mâle de l'oie domestique.

jaser [ʒaze] v. intr. < conjug. 1 > 1· Vieilli. Babiller sans arrêt pour le plaisir de parler. → **bavarder, causer.** – Au Canada. Bavarder. 2· Parler avec indiscrétion de ce qu'on devrait taire. *Interroger qqn habilement pour le faire jaser.* 3· Faire des commentaires plus ou moins désobligeants et médisants. → **cancaner, médire.** *Cela fait jaser.* ▶ **jasette** n. f. Au Canada. Fam. Conversation, discussion. ▶ **jaseur, euse** adj. Qui jase, a l'habitude de jaser. → **babillard, bavard.** *Un merle jaseur.*

jasmin [ʒasmɛ̃] n. m. **1·** Arbuste à grandes fleurs jaunes ou blanches souvent très odorantes ; cette fleur. **2·** Parfum extrait de cette fleur.

jaspe [ʒasp] n. m. Roche présentant des taches très allongées et colorée en vert, rouge, brun ou noir. *Vase, coupe de jaspe.* ▶ **jaspé, ée** adj. Dont la bigarrure évoque le jaspe. *Marbre jaspé. Reliure en veau jaspé.* ▶ **jaspure** n. f. Bigarrure de ce qui est jaspé. → **marbrure.**

jaspiner [ʒaspine] v. intr. < conjug. 1 > Fam. Bavarder. *Il est toujours en train de jaspiner.*

jatte [ʒat] n. f. Vase de forme arrondie, très évasé, sans rebord ni anse. → 1 **bol,** 1 **coupe.** *Une jatte de lait.* ▷ **cul-de-jatte**

jauge [ʒoʒ] n. f. **1·** Capacité que doit avoir un récipient déterminé. – Capacité cubique intérieure (d'un navire) exprimée en tonneaux. → **tonnage. 2·** Instrument ou objet étalonné qui sert à mesurer la contenance d'un récipient ou le niveau de son contenu (baguette, règle graduée). *Jauge d'essence, de niveau d'huile.* ▶ **jauger** v. < conjug. 3 > **I·** V. tr. **1·** Prendre la jauge d'un récipient ; mesurer ou contrôler avec une jauge. *Jauger un réservoir, un navire.* **2·** Littér. Apprécier (qqn, qqch.) par un jugement de valeur. → **juger.** *Jauger qqn d'un coup d'œil, le jauger à sa juste valeur.* **II·** V. intr. **1·** Avoir un tirant d'eau de. *Péniche jaugeant un mètre.* **2·** Avoir une capacité de. → **tenir.** *Ce navire jauge mille tonneaux.* ▶ **jaugeage** n. m. Action de jauger. *Jaugeage d'un réservoir.*

jaune [ʒon] adj., n. et adv. **I·** Adj. **1·** Qui est d'une couleur placée dans le spectre entre le vert et l'orangé et dont la nature offre de nombreux exemples (or, miel, citron). *Fleurs jaunes.* **2·** Qui est jaune (1) ou tire sur le jaune. *Cuivre jaune. Feuilles jaunes* (opposé à *vert*). – Vieilli. *Race jaune,* groupe humain, en majeure partie asiatique, caractérisé par des yeux bridés et une peau d'un brun clair. – Loc. *Le métal jaune,* l'or. **II·** N. **1·** N. m. Une des sept couleurs fondamentales du spectre solaire. *Un jaune vif. Être habillé de jaune.* – Adj. invar. *Fleurs jaune d'or. Étoffes jaune citron.* **2·** N. m. Matière colorante jaune. *Un tube de jaune.* **3·** N. m. *Le jaune (de l'œuf), un jaune (d'œuf),* la partie jaune. **4·** N. Asiatique (emploi désobligeant). *Une Jaune. Les Jaunes.* **5·** N. Ouvrier qui refuse de prendre part à une grève. **III·** Adv. *Rire jaune,* d'un rire forcé. ▶ **jaunâtre** adj. D'un jaune terne. *Un blanc jaunâtre.* ▶ **jaunir** v. < conjug. 2 > **I·** V. tr. Rendre jaune, colorer de jaune. *Le soleil jaunit les blés.* – Au p. p. adj. *Dents jaunies* (par la nicotine). **II·** V. intr. Devenir jaune. *Dentelle, papier qui a jauni.* ▶ **jaunissant, ante** adj. Qui jaunit, est en train de jaunir. *Les feuillages jaunissants.* ▶ **jaunissement** n. m. Action de jaunir ; fait de rendre jaune.

jaunisse [ʒonis] n. f. Symptôme de nombreuses maladies de foie, coloration jaune de la peau. – Loc. fam. *En faire une jaunisse,* éprouver un violent dépit de (qqch.) (→ En faire une maladie).

java [ʒava] n. f. **1·** Danse de bal musette à trois temps, assez saccadée. *Danser la java.* – Air, musique qui l'accompagne. **2·** Loc. Fam. *Faire la java* (→ faire la fête).

1 **javanais, aise** [ʒavanɛ, ɛz] adj. De l'île de Java. – N. *Les Javanais sont des Indonésiens.*

2 **javanais** n. m. Argot conventionnel consistant à intercaler dans les mots les syllabes *va* ou *av.* « *Chaussure* » *en javanais se dit* « *chavaussavurave* » [ʃavosavyʀav].

eau de Javel [(od)ʒavɛl] n. f. Mélange de sels (chlorure, hypochlorite) de potassium et d'eau, utilisé comme détersif, désinfectant et décolorant. *Laver un carrelage à l'eau de Javel.* Fam. *De la javel.* ≠ javelle. ▶ **javelliser** v. tr. < conjug. 1 > Traiter à l'eau de Javel (pour désinfecter, blanchir, stériliser). *Javelliser un parquet. Eau potable javellisée.* ▶ **javellisation** n. f.

javelle [ʒavɛl] n. f. Brassée de céréales, etc., coupées et non liées, qu'on laisse sur le sillon avant de les mettre en gerbes. *Mettre du blé en javelles.*

javelot [ʒavlo] n. m. **1·** Arme de jet assez longue et lourde. → **lance. 2·** Instrument de lancer en forme de lance employé en athlétisme. *Le lancer du javelot.* – Ellipt. *Épreuve de javelot.*

jazz [dʒaz] n. m. invar. Genre, style musical issu de la musique profane des Noirs des États-Unis. → **blues, negro-spiritual.** *La musique de jazz. Écouter du jazz.* ▶ **jazzman** [dʒazman] n. m. Anglic. Musicien, instrumentiste de jazz. *Des jazzmans* ou *des jazzmen* [-mɛn].

je, j' [ʒ(ə)] pronom pers. **1·** Pronom personnel de la première personne du singulier des deux genres, au cas sujet (→ **me, moi**). *Je parle. J'entends.* – Inversion. *Où suis-je ?* [usɥiʒ]. *Ai-je bien fermé la porte ?* – (Renforcé par la forme tonique *moi*) *Moi, je ne dirai rien.* **2·** N. m. *Employer le* « *je* » *dans un récit,* parler à la première personne.

jean [dʒin] n. m. **1·** Toile solide servant à confectionner des vêtements. *Blouson en jean vert.*

2· Pantalon en jean bleu → **blue-jean,** ou de n'importe quelle autre couleur. *Porter un jean marron.* ≠ djinn, gin. – **REM.** S'emploie au sing. ou au plur. pour désigner un seul objet. *Il met un jean, des jeans* [dʒins].

jean-foutre [ʒɑ̃futʀ] n. m. invar. Fam. Individu incapable, sur lequel on ne peut compter. → **je-m'en-foutiste.**

jeannette [ʒanɛt] n. f. Planchette à repasser le linge, montée sur pied.

jeep [(d)ʒip] n. f. Automobile tout-terrain. → **quatre-quatre.** *Rouler en jeep. Des jeeps.*

je-m'en-fichisme [ʒmɑ̃fiʃism] ou **je-m'en-foutisme** [ʒmɑ̃futism] n. m. Fam. Attitude d'indifférence envers ce qui devrait intéresser ou préoccuper. → **désinvolture, insouciance.** / contr. ardeur, zèle / ▶ **je-m'en-fichiste** ou **je-m'en-foutiste** adj. et n. Fam. *Ce sont tous des je-m'en-fichistes. Une je-m'en-foutiste.*

je-ne-sais-quoi [ʒənsekwa] n. m. invar. Chose qu'on ne peut définir ou exprimer, bien qu'on en sente nettement l'existence ou les effets. *Un je-ne-sais-quoi de déplaisant.*

jérémiades [ʒeʀemjad] n. f. pl. Fam. Plaintes sans fin qui importunent. → **lamentation.** *Je suis fatigué de ses jérémiades.*

jerez n. m. invar. → **xérès.**

jerk [dʒɛʀk] n. m. Anglic. Danse dans laquelle le corps est agité de secousses rythmées, en vogue au début des années 1970.

jéroboam [ʒeʀɔbɔam] n. m. Grosse bouteille d'une contenance de 3 litres. *Un jéroboam de champagne équivaut à quatre bouteilles.*

jerrycan [(d)ʒeʀikan] n. m. Bidon quadrangulaire à poignée, d'environ 20 litres. *Des jerrycans d'essence.*

jersey [ʒɛʀzɛ] n. m. Tissu très souple tricoté à l'aide d'un seul fil formant des mailles toujours semblables sur une même face. *Jersey de laine, de soie. Des jerseys.*

jésuite [ʒezɥit] n. m. **1·** Membre de la Compagnie de Jésus. *Collège de jésuites.* – Adj. *Style jésuite,* style d'architecture baroque (XVIIe s.). **2·** Péj. Personne qui recourt à des astuces hypocrites. – Adj. *Un air jésuite.* → **hypocrite.**

jésus [ʒezy] n. m. invar. **I·** Représentation de Jésus-Christ enfant. *Un jésus en plâtre.* **II·** Gros saucisson court. *Un jésus de Lyon.*

1 **jet** [ʒɛ] n. m. **I· 1·** Action de jeter ; mouvement d'une chose lancée parcourant une certaine trajectoire. → 1 **lancer.** *Armes de jet.* **2·** Distance parcourue par une chose jetée. *Un jet de 70 mètres au javelot.* **3·** Abstrait. Loc. *D'un seul jet, d'un jet,* d'un coup, d'une seule venue. *Histoire racontée d'un seul jet.* – *Premier jet,* première expression de l'œuvre d'un créateur. → **ébauche, esquisse.** **II· 1·** Mouvement par lequel une chose jaillit avec plus ou moins de force. → **jaillissement.** *Jet de vapeur. Jet de salive.* – Fam. *À jet continu,* sans interrompre le débit. *Il ment à jet continu.* **2·** ***Jet d'eau*** : gerbe d'eau jaillissant verticalement et retombant dans un bassin.

2 **jet** [dʒɛt] n. m. Anglic. Avion à réaction. *Des jets.*

jetée [ʒ(ə)te] n. f. Construction de bois, de pierre, de béton, etc., formant une chaussée qui s'avance dans l'eau. → **digue, estacade, môle.** *Se promener, pêcher sur la jetée.*

jeter [ʒ(ə)te] v. tr. < conjug. 4 > **I·** Envoyer (qqch.) à une certaine distance de soi. **1·** Lancer. *Jeter une balle, une pierre. Jeter qqch. à qqn* (comme projectile ou pour qu'il l'attrape). → **envoyer, lancer.** *Jeter l'ancre.* – Loc. *Jeter l'argent par les fenêtres,* dilapider. – Loc. fam. *N'en jetez plus,* cela suffit, assez. **2·** Disposer, établir dans l'espace, d'un point à un autre. *Jeter une passerelle sur un ruisseau.* → **construire.** – Établir, poser. *Jeter les bases d'une société.* **3·** Abandonner, rejeter comme encombrant ou inutile. → **se débarrasser, se défaire.** *Vieux papiers bons à jeter. Jeter des vêtements usagés. Jetez cela au panier, à la poubelle !* → **mettre.** – Loc. Fam. *Se faire jeter,* être brutalement rejeté, abandonné, exclu ; ne pas être admis (quelque part). *Elle s'est fait jeter de son boulot,* elle a été renvoyée. **4·** Déposer, mettre (qqch. quelque part) avec vivacité ou sans soin. *Jeter ses affaires autour de soi. Jeter une lettre à la boîte.* – Fam. *S'en jeter un* (verre), *s'en jeter un derrière la cravate,* boire qqch. – *Jeter un châle sur ses épaules,* le mettre promptement pour se couvrir. – Au p. p. adj. *Une idée jetée sur le papier,* notée rapidement. **II· 1·** Diriger (une partie du corps). *Jeter sa tête en avant. Elle lui jeta ses bras autour du cou.* **2·** Émettre (une lumière, un son) avec force, rapidité. *Diamants qui jettent mille feux.* → **flamboyer.** *Jeter des cris.* – Abstrait. → **répandre.** *Jeter l'effroi, le trouble. Cela a jeté un froid.* – *Jeter un sort contre qqn,* lui envoyer le mauvais sort. **III·** Pousser, diriger (qqn, qqch.) avec force. *Jeter qqn dehors,* le mettre à la porte. *Jeter en prison.* ***Jeter bas, à bas, à terre*** : faire tomber brutalement. **IV·** ***Se jeter*** v. pron. réfl. **1·** Sauter, se laisser choir. *Se jeter à l'eau.* → **plonger.** *Se jeter par la fenêtre.* **2·** Aller d'un mouvement précipité. → **s'élancer, se précipiter.** *Il s'est jeté sur elle.* → **assaillir, sauter** sur. *Se jeter aux pieds* *de qqn.* **3·** S'engager avec fougue, sans mesurer les risques. *Se jeter à corps perdu dans une entreprise.* → se **lancer.** **4·** (Cours d'eau) Déverser ses eaux. *Les rivières qui se jettent dans un fleuve.* ▶ **jetable** adj. Qui est jeté après un ou plusieurs usages. *Briquet jetable.* / contr. rechargeable / ▶ **jeté** n. m. **1·** Danse. Saut lancé par une seule jambe et reçu par l'autre. *Jeté battu,* avec un croisement de jambes pendant le saut. **2·** Mouvement consistant à amener la barre des haltères au bout des bras tendus verticalement. *Épaulé et jeté.* → **épaulé-jeté.** **3·** Bande d'étoffe que l'on étend sur un meuble en guise d'ornement. *Un jeté de lit.* ▷ **déjeté, épaulé-jeté,** 1 **jet,** 1 et 2 **projeter, rejeter, surjet**

jeton [ʒ(ə)tɔ̃] n. m. **1·** Pièce plate représentant une certaine valeur ou un numéro d'ordre. *Jetons et plaques servant de mise à la roulette.* **2·** ***Jeton de présence*** *:* honoraires des membres présents d'un conseil, d'une assemblée. **3·** Fam. *Faux comme un jeton* (les jetons imitant parfois les pièces de monnaie), dissimulé, hypocrite. – Fam. *C'est un* ***faux jeton*** [foʃtɔ̃] : un hypocrite. Adj. *Elles sont vraiment faux jetons.* **4·** Fam. Coup. *Il a reçu un sacré jeton.* **5·** Fam. *Avoir les jetons,* avoir peur. *Ton histoire m'a filé les jetons,* m'a fait peur.

1 **jeu** [ʒø] n. m. **I· 1·** Activité physique ou mentale qui n'a pas d'autre but que le plaisir qu'elle procure. → **amusement, divertissement, récréation ; jouer.** – Au sing. ***Le jeu.*** *Le besoin du jeu chez l'enfant.* – Loc. adv. ***Par jeu*** *:* pour s'amuser. *Faire qqch. par jeu.* – ***Un jeu.*** *Prendre part à un jeu. S'adonner à son jeu favori.* → **passe-temps.** *Ce n'est qu'un jeu,* cela ne tire pas à conséquence. – (Un, des jeux) *Jeux éducatifs. Jeux de main,* où l'on échange des coups légers par plaisanterie. **2·** Activité qui présente un ou plusieurs caractères du jeu (gratuité, futilité, bénignité, facilité). *Les jeux de l'imagination, de l'esprit.* – ***Jeu de mots*** *:* allusion plaisante fondée sur l'équivoque de mots qui ont une ressemblance phonétique. → **calembour.** *Un mauvais jeu de mots.* **3·** ***Jeu d'écritures*** *:* opération comptable purement formelle. **4·** Au Moyen Âge. Pièce de théâtre en vers. **II· 1·** Cette activité organisée par un système de règles. *Le jeu d'échecs. Les jeux d'adresse. Jeux télévisés. La règle du jeu.* **2·** Au plur. Dans l'Antiquité. Compétitions sportives. *Jeux du cirque, du stade.* – *Jeux olympiques.* → **olympique. 3·** Partie qui se joue. *Suivre le jeu, être au jeu. Tricher au jeu.* **4·** ***Le jeu*** *:* les jeux où l'on risque de l'argent. *Se ruiner au jeu.* – PROV. *Heureux au jeu, malheureux en amour.* **5·** Argent joué, mise (dans quelques expressions). *Jouer petit jeu, gros jeu,* risquer peu, beaucoup d'argent au jeu. – *Faites vos jeux,* misez. *Les jeux sont faits, rien ne va plus,* on ne peut plus miser, ni changer sa mise ; fig., tout est décidé. **III·** Ce qui sert à jouer. **1·** Instruments du jeu. *Un jeu d'échecs en ivoire. Jeu de 32, de 52 cartes.* **2·** Assemblage de cartes plus ou moins favorable qu'un joueur a en main. *Avoir du jeu, un beau jeu.* **3·** Série complète d'objets de même nature et d'emploi analogue. *Un jeu de clefs. Jeu d'orgue(s),* dans un orgue, rangée de tuyaux de même espèce. **IV· 1·** La manière dont on joue. *Un jeu habile, prudent.* **2·** Façon de jouer d'un instrument, d'une arme. *Le jeu d'un violoniste.* **3·** Manière de jouer un rôle. → **interprétation.** *Le jeu d'un acteur.* – *Jeu de scène,* ensemble d'attitudes qui concourent à un effet scénique. – Rôle, comédie qu'on joue (dans la vie). Loc. *Être pris à son propre jeu.* – *Jouer le grand jeu,* utiliser tous ses talents pour séduire, convaincre. – ***Vieux jeu*** loc. adj. invar. : qui n'est plus à la mode. → **démodé.** *Elles sont très vieux jeu.* **4·** Manière de mettre en œuvre. ***Jeu de*** (suivi du nom d'une partie du corps). *Le jeu de mains d'un pianiste. Ce boxeur a un mauvais jeu de jambes.* – Prov. *Jeu(x) de main, jeu(x) de vilain*.* – *Jeu de physionomie,* mouvement des traits qui rend le visage expressif. – *Jeu de lumière,* combinaison de reflets mobiles et changeants. **V·** Loc. (dans lesquelles *jeu* s'applique à des actions, des activités, des affaires). *C'est un jeu d'enfant,* la chose est très facile. – *Jouer le jeu,* faire les choses selon les règles, prendre l'attitude convenable. – *Ce n'est pas de jeu,* vous agissez de façon déloyale, vous trichez. – *Entrer en jeu,* intervenir pour la première fois dans une affaire. *D'entrée de jeu,* dès le début. – *Entrer dans le jeu de qqn,* participer à ce qu'il veut faire, adopter sa tactique. *Faire le jeu de qqn,* servir involontairement ses intérêts. – *Être en jeu,* (choses) être en cause, en question. *Sa vie est en jeu. Des sommes importantes sont en jeu.* – *Se prendre, se piquer au jeu,* prendre goût à une expérience, la perpétuer ; s'obstiner dans son attitude. – *Avoir beau jeu* (*de, pour* +infinitif), être en situation de triompher aisément. – *Cacher son jeu,* cacher ses intentions, agir à l'insu d'autrui. – *Un jeu dangereux,* un comportement qui peut avoir des conséquences néfastes. – *Jouer double jeu,* agir de deux façons différentes pour tromper. – *Jouer franc jeu,* être franc, loyal. ▷ **en-jeu, hors-jeu**

2 **jeu** n. m. **1·** Mouvement aisé, régulier (d'un objet, d'un organe, d'un mécanisme). → **fonctionnement.** *Le jeu d'un ressort, d'un verrou.* **2·** Action. *Par le jeu d'alliances secrètes, de causes diverses.* **3·** Espace ménagé pour le mouvement

aisé d'un objet. *Donner du jeu à un tiroir.* – Défaut de serrage entre deux pièces d'un mécanisme. *Cette pièce a du jeu, il faut la revisser.*

jeudi [ʒødi] n. m. Le cinquième jour de la semaine, après le mercredi. *Je viendrai un jeudi, jeudi. Tous les jeudis.* – Loc. *La semaine des quatre jeudis,* jamais.

à jeun [aʒœ̃] loc. adv. Sans avoir rien mangé. *Faites faire une prise de sang à jeun.*

jeune [ʒœn] adj. et n. **I**· Adj. Peu avancé en âge. / contr. vieux / **1**· (Personnes) Qui est dans la première partie de la vie (→ **jeunesse**). *N'être plus très jeune. Mourir jeune. Ils paraissent jeunes.* – *Jeune femme, jeune fille, jeune homme.* → **femme, fille, homme.** – *Une clientèle jeune,* de jeunes gens. – *Être jeune de caractère, savoir rester jeune,* avoir les qualités de la jeunesse. – (Animaux) *Jeune chat, jeune chien.* **2**· Valeur comparative. *Son jeune frère, sa jeune sœur.* → **benjamin, cadet.** *Plus, moins jeune que,* moins âgé, plus âgé que. *Elle est plus jeune que son frère.* → **vieux. 3**· (Choses) Nouveau, récent. / contr. ancien, vieux / *Une industrie jeune. Cette eau-de-vie est trop jeune.* **4**· (Avec un nom désignant une période) Qui appartient aux personnes peu avancées en âge. *Dans mon jeune temps.* → **jeunesse.** Poét. *Nos jeunes années.* **5**· Qui convient, sied à la jeunesse. *Une coiffure jeune.* – Adv. *S'habiller jeune. Ils font très jeune.* **6**· Qui est nouveau (dans un état, une occupation). *Jeunes mariés,* personnes récemment mariées. *Un jeune médecin.* → **débutant.** – Fam. *Être jeune dans le métier,* l'exercer depuis peu de temps. → **novice. 7**· Fam. *C'est un peu jeune !,* insuffisant. *C'est un peu jeune, comme argument.* **II**· N. **1**· Personne jeune. *Les jeunes,* la jeunesse. *Maison de jeunes. Place aux jeunes ! Nous serons entre jeunes.* – *Faire le (la) jeune,* vouloir paraître jeune. **2**· Fam. *Coup de jeune,* rajeunissement. ▶ **jeunesse** n. f. **I**· **1**· Temps de la vie entre l'enfance et la maturité. *L'adolescence, première partie de la jeunesse. Dans ma jeunesse. N'être plus de la première jeunesse,* n'être plus jeune. – Loc. *Erreur, péché de jeunesse,* écart que rend excusable le manque de maturité. **2**· Le fait d'être jeune ; état d'une personne jeune. *Avoir la santé et la jeunesse. La fraîcheur, l'éclat de la jeunesse.* – Ensemble de caractères propres à la jeunesse, mais qui peuvent se conserver jusque dans la vieillesse. *Des parents pleins de jeunesse. Jeunesse de visage, de cœur.* **II**· **1**· Les personnes jeunes ; les jeunes. *Aimer fréquenter la jeunesse.* Loc. *Si jeunesse savait,* si les jeunes avaient l'expérience. *La jeunesse d'un pays, d'une époque.* – Les enfants et les adolescents. *Instruire la jeunesse. Spectacles pour la jeunesse.* **2**· Région. Jeune fille. *Il a épousé une jeunesse.* **3**· Au plur. Groupes organisés de jeunes gens. *Les jeunesses hitlériennes.* ▶ **jeunisme** n. m. **1**· Discrimination envers les jeunes. **2**· Culte des valeurs liées à la jeunesse. ▶ **jeunot** n. m. Fam. Jeune homme. *Un petit jeunot.* ▷ **rajeunir**

jeûne [ʒøn] n. m. Privation volontaire de toute nourriture. → **abstinence.** *Jeûne religieux. Jeûne médical.* → **diète.** ▶ **jeûner** v. intr. < conjug. 1 > **1**· Se priver volontairement de nourriture ou en être privé ; rester à jeun. *Faire jeûner un malade.* **2**· Observer un jeûne rituel. ▷ ① et ② **déjeuner, à jeun**

jihad n. m. → **djihad.**

jingle [dʒingœl] n. m. Anglic. Bref motif sonore employé pour introduire ou accompagner une émission, un message publicitaire.

jiu-jitsu [ʒjyʒitsy] n. m. Technique japonaise de combat sans armes. *Le jiu-jitsu, art militaire et sport populaire des Japonais.* → **judo.**

joaillier, ière [ʒɔaje, jɛʀ] n. Personne qui fabrique des joyaux, qui en fait commerce. → **bijoutier.** *Joaillier-orfèvre.* ▶ **joaillerie** [ʒɔajʀi] n. f. **1**· Art de monter les pierres précieuses pour en faire des joyaux. **2**· Métier, commerce du joaillier. → **bijouterie. 3**· Atelier, magasin de joaillier. *Une grande joaillerie parisienne.*

job [dʒɔb] n. m. Fam. Travail rémunéré, qu'on ne considère ni comme un métier ni comme une situation. *Étudiant qui cherche un job.* – Fam. Tout emploi rémunéré. → **boulot.** *Il a trouvé un bon job. Des petits jobs.* – REM. Fém. au Québec : *une job.*

jobard, arde [ʒɔbaʀ, aʀd] adj. et n. Crédule jusqu'à la bêtise. → **naïf, niais.** *Il a l'air jobard.* – *C'est un jobard.* ▶ **jobarderie** ou **jobardise** n. f. Crédulité, niaiserie.

jockey [ʒɔkɛ] n. Personne dont le métier est de monter les chevaux dans les courses. → **cavalier.** *Elle est jockey. Des jockeys.*

jocrisse [ʒɔkʀis] n. m. Vx. Benêt, nigaud.

jodhpur [ʒɔdpyʀ] n. m. Pantalon de cheval, serrant la jambe du genou au pied. *Porter un jodhpur, des jodhpurs.*

jodler [jɔdle] v. intr. → **iodler.**

jogging [dʒɔgiŋ] n. m. Anglic. Course à pied, à allure modérée, faite par exercice. → **footing.** – Tenue de sport adaptée au jogging. *Se mettre en jogging.* → **survêtement.**

joie [ʒwa] n. f. **1**· Émotion agréable et profonde, sentiment exaltant. → **bonheur, gaieté, plaisir.** / contr. chagrin, douleur, peine, tristesse / *Joie extrême.* → **jubilation, ravissement.** *Être au comble de la joie. Être fou de joie. Mettre en joie.* → **réjouir.**

Cris de joie. Pleurer de joie. **2·** Cette émotion liée à une cause particulière. *C'est une joie de vous revoir. Se faire une joie*, se réjouir. *Accepter avec joie.* – Au plur. *Les joies de la vie. Une vie sans joies.* → **agrément, douceur, plaisir.** – Iron. Ennuis, désagréments. *Encore un bug, ce sont les joies de l'informatique !* ▷ **joyeux, rabat-joie**

joignable [ʒwaɲabl] adj. Que l'on peut joindre (5). *Ce médecin est joignable à tout moment grâce à son téléphone portable.*

joindre [ʒwɛ̃dʀ] v. < conjug. 49 > **I·** V. tr. **1·** Mettre (des choses) ensemble, de façon qu'elles se touchent ou tiennent ensemble. → **attacher, assembler ; jonction.** / contr. disjoindre / *Joindre les mains. Joindre bout à bout.* – Loc. *Joindre les deux bouts* (du mois), équilibrer son budget. **2·** (Suj. chose) Mettre en communication (deux ou plusieurs choses). *Isthme qui joint deux continents.* → **relier, réunir. 3·** Mettre ensemble. → **rassembler, réunir.** / contr. séparer / *Il nous faut joindre nos efforts.* → **unir. 4·** *Joindre à* : mettre avec. → **ajouter.** *Joignez cette pièce au dossier. Joindre le geste à la parole.* – Avoir à la fois (un caractère et un autre). → **allier, associer.** *Elle joint l'intelligence à la beauté.* **5·** Entrer en communication avec (qqn). *Je n'arrive pas à la joindre.* → **rencontrer, toucher.** *On peut la joindre par téléphone, par courriel, sur son portable.* **6·** *Se joindre à* : se mettre avec (qqn). → **se réunir, s'unir.** *Mon mari se joint à moi pour vous envoyer tous nos vœux.* – Participer à. *Se joindre à la conversation, à la discussion.* **II·** V. intr. Se toucher sans laisser d'interstice. *Planches qui joignent bien.* ▶ ① **joint, jointe** adj. **1·** Qui est, qui a été joint. *Sauter à pieds joints. Pièces solidement jointes.* **2·** *Joint à*, ajouté à. *Lettre jointe à un paquet.* **3·** *Ci-joint* : joint ici même, joint à ceci (ci-inclus). *La copie ci-jointe.* – Invar. avant le n. (adv.). *Ci-joint la copie.* ▶ ② **joint** n. m. **1·** Espace qui subsiste entre des éléments joints. *Les joints d'une fenêtre.* **2·** Articulation entre deux pièces. *Joint de cardan.* **3·** Garniture assurant l'étanchéité d'un assemblage. *Joint de robinet en caoutchouc.* **4·** Abstrait. Loc. *Chercher, trouver le joint*, le moyen pour résoudre une difficulté. ▶ **jointure** n. f. **1·** Endroit où les os se joignent. → **articulation, attache.** *Faire craquer ses jointures.* **2·** Endroit où deux parties se joignent. → ② **joint.** – Façon dont elles sont jointes. → **assemblage.** *Jointure étanche.* ▷ **adjoindre, conjoint, disjoindre, joignable, rejoindre**

③ **joint** n. m. Fam. Drogue roulée en cigarette. *Fumer un joint.*

joker [ʒɔkɛʀ] n. m. **1·** Carte à jouer à laquelle le détenteur est libre d'attribuer la valeur qu'il veut, dans certains jeux. *Deux jokers.* **2·** Fig. Moyen inattendu qui permet de sortir d'une situation embarrassante, de réussir en toute occasion.

joli, ie [ʒɔli] adj. REM. Avant le nom ou en attribut. **1·** Qui est très agréable à voir. → **gracieux, mignon.** / contr. laid / *Jolie fille. Elle est jolie comme un cœur*, très jolie. *Joli garçon. Avoir de jolies jambes. Une jolie maison.* → **ravissant.** *Aimer les jolies choses.* **2·** Très agréable à entendre. *Jolie voix.* **3·** Fam. Digne de retenir l'attention, qui mérite d'être considéré. *Une jolie somme. De jolis bénéfices.* → **considérable, coquet, important.** *Avoir une jolie situation.* → **intéressant.** – *C'est bien joli, mais...*, ce n'est pas sans intérêt, mais. **4·** Iron. *Un joli monsieur, un joli coco*, un individu peu recommandable. – Impers. *C'est joli de dire du mal des absents !* – N. m. *C'est du joli !*, c'est mal (→ c'est du beau, c'est du propre). ▶ **joliesse** n. f. Littér. Caractère de ce qui est joli, délicat. ▶ **joliment** adv. **1·** D'une manière jolie, agréable. → **bien.** *Être joliment habillé.* **2·** D'une façon considérable. → **beaucoup, bien.** *On est joliment bien ici.* → **drôlement.**

jonc [ʒɔ̃] n. m. **1·** Plante à hautes tiges droites et flexibles, qui croît dans l'eau, les marécages. – Sa tige (employée dans la vannerie). *Corbeille, panier de jonc.* **2·** *Un jonc*, une canne, une badine. **3·** Bague, bracelet dont le cercle est partout de même grosseur.

joncher [ʒɔ̃ʃe] v. tr. < conjug. 1 > **1·** Parsemer (de branchages, de feuillages, de fleurs). **2·** Couvrir (d'objets jetés ou répandus). – Au p. p. *Sol jonché de débris. Champ de bataille jonché de cadavres.* ▶ **jonchée** n. f. Littér. Amas (de branchages, fleurs, etc.) dont on a jonché le sol.

jonction [ʒɔ̃ksjɔ̃] n. f. **1·** Action de joindre une chose à une autre ; le fait d'être joint. → **assemblage, réunion.** *Point de jonction.* **2·** Mise en contact de deux choses. → **rencontre.** *Jonction de deux routes.* **3·** (Troupes, groupes) Action de se joindre. *Les deux armées ont fait, ont opéré leur jonction.*

jongler [ʒɔ̃gle] v. intr. < conjug. 1 > **1·** Lancer en l'air plusieurs boules ou autres objets qu'on reçoit et relance alternativement en entrecroisant leurs trajectoires. *Jongler avec des torches.* **2·** Abstrait. *Jongler avec*, manier de façon adroite et désinvolte. → **jouer.** *Jongler avec les chiffres. Jongler avec les difficultés*, s'en jouer. ▶ **jonglerie** n. f. Action de jongler. – Souvent péj. Exercice de virtuosité pure. ▶ **jongleur, euse** n. **1·** N. m. Autrefois. Ménestrel nomade qui récitait ou chantait des vers, en s'accompagnant d'un instrument. **2·** N. Personne dont le métier est de jongler. *Des tours de jongleur. Elle est jongleuse dans un cirque.*

jonque [ʒɔ̃k] n. f. Voilier d'Extrême-Orient, dont les voiles de nattes ou de toile sont cousues sur de nombreuses lattes horizontales en bambou.

jonquille [ʒɔ̃kij] n. f. Variété de narcisse à fleurs jaunes et odorantes ; cette fleur. *Un bouquet de jonquilles.* – Adj. invar. *Des rubans jonquille*, jaunes comme les jonquilles.

jota [xɔta] n. f. **I·** Danse populaire d'Aragon (Espagne), à trois temps. **II·** Le j espagnol, qui se prononce [x] guttural (comme le *ch* final allemand).

joual [ʒwal] n. m. Parler populaire québécois, caractérisé par des écarts phonétiques, lexicaux et des anglicismes. *Parler joual.* – Adj. ***Joual, jouale.*** *La langue jouale.*

joubarbe [ʒubaʀb] n. f. Plante grasse à feuilles charnues groupées en rosette, à fleurs roses ou jaunes.

joue [ʒu] n. f. **1·** (Être humain). Partie latérale de la face s'étendant entre le nez et l'oreille, du dessous de l'œil au menton. *Joues creuses. Joue pendante.* → **bajoue.** *Avoir de grosses joues.* → **joufflu.** *Embrasser qqn sur la joue, sur les deux joues. Danser joue contre joue.* – Abstrait. *Présenter, tendre l'autre joue*, s'exposer volontairement à un redoublement d'outrages. – Loc. *Mettre* ***en joue*** *un fusil, une carabine* : contre la joue, pour tirer. → **épauler.** *Mettre en joue qqch., qqn*, viser. – Ellipt. *En joue !*, commandement militaire pour la position de tir. **2·** (Animaux). Partie comestible des côtés de la tête. *Joues de bœuf, de porc, de lotte.*

jouer [ʒwe] v. <conjug. 1> **I·** V. intr. **1·** Se livrer au jeu. → s'**amuser.** *Écoliers qui jouent pendant la récréation. Allez jouer dehors !* – Pratiquer un jeu déterminé. *Il joue trop bien pour moi.* **2·** Pratiquer les jeux d'argent. *Il boit et il joue.* – Faire un coup, dans le jeu. *À vous de jouer !* – Abstrait. *Maintenant, c'est à vous de jouer*, d'agir. – Au p. p. adj. *Bien joué !*, c'est très bien, bravo ! **3·** Exercer l'activité d'acteur. **4·** (Choses) Se mouvoir avec aisance (dans un espace déterminé). *Meuble, panneau de bois qui joue*, dont l'assemblage ne joint plus exactement. → avoir du **jeu.** – Fonctionner à l'aise, sans frotter ni accrocher. *Faire jouer la clef dans la serrure.* **5·** (Lumière, reflets) Produire des effets changeants. *Le soleil jouait à travers les feuillages.* **6·** Intervenir, entrer, être en jeu. *La question d'intérêt ne joue pas entre eux.* **II·** Suivi d'une prép. **1·** ***Jouer avec*** *qqch. Petite fille qui joue avec sa poupée.* → s'**amuser.** – Exposer avec légèreté, imprudence. *Jouer avec sa vie, sa santé*, risquer de la perdre, de la compromettre. **2·** ***Jouer à*** (un jeu déterminé). *Jouer aux cartes, au tennis. Jouer à la roulette, aux courses.* – Abstrait. *Jouer au héros, jouer les héros*, affecter d'être un héros. **3·** ***Jouer sur.*** *Jouer sur le cours des devises.* → **spéculer.** *Jouer sur un mot, sur les mots*, tirer parti des diverses acceptions et des équivoques (→ **jeu** de mots). **4·** ***Jouer de*** *qqch.* : se servir de (une chose, un instrument) avec plus ou moins d'adresse. *Jouer du couteau. Jouer des coudes.* – *Jouer d'un instrument. Savoir jouer du piano.* – *Jouer de bonheur, de malchance*, avoir du bonheur, etc., d'une manière continue. **III·** V. tr. **1·** Faire (une partie). – Au p. p. adj. *Partie bien jouée.* – Mettre en jeu. *Jouer un pion* (dames, échecs), *une carte.* – *Jouer un cheval*, miser sur lui. – Abstrait. *Jouer le jeu*. Jouer double jeu*.* **2·** Hasarder, risquer au jeu. *Jouer ses derniers sous.* – Risquer. *Jouer sa fortune, sa réputation.* → **exposer.** **3·** Tromper (qqn) en ridiculisant. → **berner, rouler.** *Il vous a joué.* **4·** Interpréter avec un instrument. *Jouer un air, un morceau. Jouer du Mozart.* **5·** Représenter ou interpréter sur scène. *Il joue en ce moment une comédie, du Molière.* – *Jouer un film*, le projeter. – Pronominalement. *Ce film se joue depuis trois mois.* – *Jouer un tour*, tromper, décevoir ; être néfaste. *Votre insouciance vous jouera un vilain tour.* – *Jouer la comédie*, affecter des sentiments qu'on n'a pas. **6·** Imiter (un personnage type). *Jouer les héros, les victimes.* – Simuler (un sentiment). *Jouer l'étonnement, le désespoir.* → **feindre.** **IV·** ***Se jouer*** v. pron. **1·** *Faire qqch. (comme) en se jouant*, très facilement. **2·** ***Se jouer de*** *qqn, qqch.* : se moquer de. *Il se joue de vous. Se jouer des difficultés*, les résoudre facilement. ▶ **jouable** adj. Qui peut être joué (III). / contr. injouable / *Cette pièce n'est pas jouable.* ▶ **jouet** n. m. **1·** Objet dont les enfants se servent pour jouer. → **jeu, joujou.** *Jouets éducatifs, mécaniques. Marchand de jouets.* **2·** *Être le* ***jouet de...*** : être victime de... *Il est le jouet d'une illusion.* ▶ **joueur, euse** n. **1·** Personne qui joue (actuellement ou habituellement) à un jeu. – ***Joueur de...*** *Joueur de football, de tennis. Joueur de cartes.* – Adj. *Un enfant joueur*, qui aime le jeu. **2·** Personne qui joue à des jeux d'argent, qui a la passion du jeu. *Les joueurs du casino.* **3·** ***Beau joueur*** : celui qui s'incline loyalement devant la victoire, la supériorité de l'adversaire. ***Mauvais joueur*** : celui qui refuse d'accepter sa défaite. **4·** Personne qui joue d'un instrument (lorsque le nom qui désigne le musicien n'est pas très courant : on ne dit pas *joueur de piano, de violon*). *Joueur de cornemuse.* ▷ **déjouer, joujou**

joufflu, ue [ʒufly] adj. Qui a de grosses joues. *Un enfant joufflu.*

joug [ʒu] n. m. **1·** Pièce de bois qu'on met sur la tête des bœufs pour les atteler. **2·** Littér. Contrainte matérielle ou morale. *Le joug de la loi. Le joug du mariage.* → **chaîne.** *Mettre sous le joug*, asservir. *Secouer le joug*, se révolter.

jouir [ʒwiʀ] v. tr. ind. < conjug. 2 > **I·** Avoir du plaisir. / contr. souffrir / **1·** *Jouir de :* tirer plaisir, agrément, profit (de qqch.). → **apprécier, goûter, savourer ; profiter** de. *Jouir de la vie.* **2·** Éprouver le plaisir sexuel. – Iron. Éprouver une vive douleur physique. *On lui a arraché sa dent : ça l'a fait jouir.* **II·** *Jouir de :* avoir la possession (de qqch.). → **avoir, posséder.** / contr. manquer / *Jouir d'une santé solide, de toutes ses facultés. Jouir d'un droit.* ▶ **jouissance** n. f. **1·** Plaisir que l'on goûte pleinement. → **délice, plaisir, satisfaction.** *Les jouissances de l'esprit.* → **joie.** *Jouissance des sens.* → **volupté.** **2·** Action de se servir d'une chose, d'en tirer les satisfactions qu'elle est capable de procurer. *La jouissance d'un jardin.* → **usage.** ▶ **jouisseur, euse** n. Personne qui ne songe qu'aux jouissances matérielles, profite avidement de tous les plaisirs. – Adj. *Elle est jouisseuse.* ▶ **jouissif, ive** adj. Fam. Qui procure un vif plaisir. *Une revanche jouissive.* ▷ **réjouir**

joujou [ʒuʒu] n. m. Lang. enfantin. **1·** *Faire joujou avec une poupée.* → **jouer.** **2·** Jouet. *Offrir des joujoux.*

joule [ʒul] n. m. En physique. Unité de travail, énergie d'un courant d'un ampère passant pendant une seconde à travers une résistance d'un ohm.

1 **jour** [ʒuʀ] n. m. **1·** Clarté que le Soleil répand sur la Terre. / contr. nuit / *Lumière du jour. Le jour se lève. Le petit jour*, la faible clarté de l'aube. *Le grand, le plein jour*, la lumière du milieu de la journée. *En plein jour*, au milieu de la journée ; abstrait, devant tout le monde. *Le jour tombe* (→ **crépuscule**). *Il fait jour, tout à fait jour. Laisser entrer le jour dans une pièce.* – Loc. *Demain il fera jour*, il faut attendre pour agir. *Beau (belle) comme le jour*, très beau. *Être comme le jour et la nuit*, opposés. **2·** Littér. *Donner le jour à un enfant* : le mettre au monde. – Abstrait. *Se faire jour :* apparaître, se montrer. *La vérité commence à se faire jour.* **3·** *Sous un jour :* sous un éclairage, un aspect particulier. *Présenter qqn sous un jour favorable, flatteur.* **4·** *Faux jour :* mauvais éclairage. ▷ **abat-jour, contre-jour, demi-jour**

2 **jour** n. m. Espace de temps déterminé par la rotation de la Terre sur elle-même. **1·** Espace de temps entre le lever et le coucher du soleil. → **journée.** *Le début* (matin), *le milieu* (midi), *la fin* (soir) *du jour. Les jours raccourcissent. Le jour et la nuit.* – Loc. *Nuit et jour* [nɥiteʒuʀ], *jour et nuit*, sans arrêt. **2·** Espace de temps qui s'écoule pendant une rotation de la Terre sur elle-même et qui sert d'unité de temps (24 heures). *Les sept jours du calendrier grégorien* (→ **semaine**). – Prov. *Les jours se suivent et ne se ressemblent pas.* **3·** Employé pour situer un événement dans le temps. → **date.** *Le jour d'avant* → **veille**, *d'après* → **lendemain.** *Ce jour-là.* → **fois.** *Il vient dans trois jours. Il viendra un autre jour. Tous les quinze jours*, toutes les deux semaines. – Loc. *Un jour :* un certain jour dans le passé (*un jour, il vint me voir*) ; dans l'avenir (*un jour, un de ces jours, un jour ou l'autre, il viendra*). *Un beau jour, un certain jour. Un beau jour, tu comprendras tout cela.* – *Chaque jour. La tâche, la pratique de chaque jour.* → **journalier, quotidien.** – *Tous les jours :* couramment. *Ces choses-là arrivent tous les jours.* – *De tous les jours :* habituel. *Son manteau de tous les jours.* – *Jour après jour, de jour en jour :* graduellement, peu à peu. – *D'un jour à l'autre :* d'un moment, d'un instant à l'autre. *Il doit me prévenir d'un jour à l'autre.* – *Du jour :* du jour même. *Nouvelles du jour. Du jour au lendemain :* d'un moment à l'autre, sans transition. *Il a changé du jour au lendemain.* – *À jour :* en tenant compte des données du jour. *Mettre, mise à jour. Avoir ses comptes à jour.* **4·** Durée d'un jour. → **journée.** *Tout le jour. Ce jour a passé vite.* – Loc. (où *journée* ne se dit pas) *Par jour :* dans une journée, quotidiennement. *Une, plusieurs fois par jour.* – *Au jour le jour. Vivre au jour le jour*, sans projets, sans se préoccuper de l'avenir. – *De jour :* se dit d'un service de vingt-quatre heures. *Il est de jour.* → de **service.** **5·** Considéré d'après les caractères ou les événements qui le remplissent. → **journée.** *Les beaux jours*, le printemps, l'été. *Le jour de Pâques. Jour férié. Jours ouvrables. Jour de travail, de repos, de sortie.* – *On lui doit quinze jours* (de travail, de salaire). *Le jour J*, fixé pour une attaque, une opération militaire, une action, un événement. – *Il est dans un, dans son bon (mauvais) jour*, il est de bonne (mauvaise) humeur. – Loc. *Avoir de beaux jours devant soi*, avoir de l'avenir ; avoir des chances de durer encore longtemps. **6·** Espace de temps, époque. – *Du jour :* de notre époque. → **actuellement, aujourd'hui.** *Le goût du jour, la mode du jour. C'est le héros du jour.* **7·** Au plur. *Les jours.* → **vie.** *Abréger, finir ses jours. Vieux jours*, la vieillesse. ▷ **belle-de-jour, bonjour, journal, journalier, journée, journellement, toujours**

3 **jour** n. m. **1·** Interstice qui laisse passer le jour. *Clôture à jours.* **2·** Ouverture décorative dans un tissu. *Faire des jours à un mouchoir. Drap à jours.* → **ajouré.** ▷ **ajouré**

journal, aux [ʒuʀnal, o] n. m. **1·** Relation quotidienne des événements ; écrit portant cette relation. *Tenir un journal. Écrire son journal.* → ③ **mémoires.** *Journal intime. Journal en ligne.* → **blog.** **2·** Publication quotidienne consacrée à l'actualité. → **quotidien** ; fam. **canard.** *Les titres, les colonnes, les photos d'un journal. Kiosque à journaux.* – En appos. *Papier journal,* journal servant d'emballage. – Un exemplaire de journal. *Lire le, son journal. Lire qqch. dans le journal,* fam. *sur le journal. Version papier, version web d'un journal.* **3·** Se dit de quelques périodiques non quotidiens à l'exception des revues. *Un journal de modes. Des journaux d'enfant.* **4·** L'administration, la direction, les bureaux d'un journal. *Écrire au journal. Son journal l'a envoyé à l'étranger.* **5·** Bulletin quotidien d'information. *Journal parlé* (radiodiffusé), *télévisé. Le présentateur du journal.* ▶ **journalisme** n. m. **1·** Métier de journaliste. *Faire du journalisme.* **2·** Le genre, le style propre aux journaux. *C'est du bon journalisme.* ▶ **journaliste** n. Personne qui collabore à la rédaction d'un journal. → **rédacteur ; chroniqueur, correspondant, critique, éditorialiste, envoyé** spécial, **reporter.** *Journaliste politique, parlementaire. Journaliste de radio, de télévision.* ▶ **journalistique** adj. Propre aux journaux, aux journalistes. *Genre, style journalistique.* ▷ **photojournalisme, télé(-)journal**

journalier, ière [ʒuʀnalje, jɛʀ] adj. et n. **I·** Adj. Qui se fait chaque jour. → **quotidien.** *Travail journalier.* **II·** N. *Un journalier, une journalière,* ouvrier, ouvrière agricole payé(e) à la journée.

journée [ʒuʀne] n. f. **1·** Espace de temps qui s'écoule du lever au coucher du soleil. → ② **jour** (1). *Il passe ses journées à dormir. Dans la journée d'hier. À longueur de journée ; toute la journée,* continuellement. **2·** *Journée de travail* et, absolt, *journée,* le travail effectué et le gain obtenu pendant la journée. *Faire la journée continue,* ne pas s'arrêter de travailler (ou s'arrêter peu de temps) pour déjeuner.

journellement [ʒuʀnɛlmɑ̃] adv. **1·** Tous les jours, chaque jour. → **quotidiennement.** *Être tenu journellement au courant des nouvelles.* **2·** Souvent. *Cela se voit, se rencontre journellement.*

joute [ʒut] n. f. **1·** Combat singulier à la lance et à cheval, au Moyen Âge. **2·** Littér. Combat verbal. *Joutes oratoires, joutes d'esprit.*

jouvence [ʒuvɑ̃s] n. f. Source de jeunesse, de rajeunissement. *Bain, cure de jouvence.*

jouvenceau, elle [ʒuvɑ̃so, ɛl] n. Vx ou plaisant. Jeune homme, jeune fille. *Des jouvenceaux.*

jouxter [ʒukste] v. tr. < conjug. 1 > Avoisiner, être près de. *Ses champs jouxtent la rivière.*

jovial, ale, aux ou **als** [ʒɔvjal, o] adj. Qui est plein de gaieté franche, simple et communicative. → **enjoué, gai, joyeux.** *Des hommes joviaux,* moins cour. *jovials.* – *Air jovial. Humeur joviale.* / contr. chagrin, maussade / ▶ **jovialement** adv. *Il nous a accueillis jovialement.* ▶ **jovialité** n. f. Caractère jovial ; humeur joviale. → **gaieté.** *Il est plein de jovialité.*

joyau [ʒwajo] n. m. **1·** Objet de matière précieuse (or, argent, pierreries), de grande valeur, qui est destiné à orner ou à parer. → **bijou.** *Fabricant de joyaux.* → **joaillier.** **2·** Chose rare et belle, de grande valeur. *Le mont Saint-Michel, joyau de l'art médiéval.*

joyeux, euse [ʒwajø, øz] adj. **1·** Qui éprouve, ressent de la joie, ou aime à la manifester. → **gai, heureux.** / contr. sombre, triste / *Ils sont partis joyeux. C'est un joyeux luron.* → **agréable, amusant, boute-en-train.** *Être en joyeuse compagnie. Être de joyeuse humeur.* → **jovial.** **2·** Qui exprime la joie. *Cris joyeux. Une mine joyeuse.* → **radieux.** **3·** Qui apporte la joie. / contr. pénible / *Une joyeuse nouvelle. Joyeux Noël !* ▶ **joyeusement** adv. *Accepter joyeusement une offre.* / contr. tristement / ▶ **joyeuseté** n. f. Propos, action qui met en joie, qui réjouit.

jubé [ʒybe] n. m. Tribune transversale élevée entre la nef et le chœur, dans certaines églises.

jubilé [ʒybile] n. m. Fête célébrée à l'occasion du cinquantenaire de l'entrée dans une fonction, dans une profession.

jubiler [ʒybile] v. intr. < conjug. 1 > Se réjouir vivement de (qqch.). *Il n'avait pas tant espéré ; vous pensez s'il jubile !* / contr. s'affliger / ▶ **jubilation** n. f. Joie vive, expansive, exubérante. → **gaieté, joie.** ▶ **jubilatoire** adj. Qui provoque la jubilation. *Un spectacle jubilatoire.*

jucher [ʒyʃe] v. tr. < conjug. 1 > Placer très haut. *Jucher un enfant sur ses épaules.* – Pronominalement. *Se jucher sur une branche.* – Au p. p. *Être juché sur un escabeau.* ▶ **juchoir** n. m. Perchoir des oiseaux de basse-cour.

judaïque [ʒydaik] adj. Qui appartient aux anciens Juifs ; à la religion juive. → **juif.** *Religion, loi judaïque.* ▶ **judaïsme** n. m. Religion des juifs, descendants des Hébreux et héritiers de leurs livres sacrés. – Communauté des juifs. *Le judaïsme français.*

judas [ʒyda] n. m. invar. **I·** Personne qui trahit. → **fourbe, hypocrite, traître.** *C'est un judas.*

II· Petite ouverture pratiquée dans un plancher, un mur, une porte, pour épier sans être vu. *Regarder par le judas.*

judéo- Élément savant signifiant «juif». ▶ **judéo-chrétien, ienne** [ʒydeokʀetjɛ̃, jɛn] adj. Qui appartient à la fois au judaïsme et au christianisme. *Les valeurs judéo-chrétiennes.*

judiciaire [ʒydisjɛʀ] adj. **1·** Relatif à la justice et à son administration. *Pouvoirs législatif, exécutif et judiciaire. Police judiciaire.* **2·** Qui se fait en justice ; par autorité de justice. *Acte judiciaire.* → **juridique.** *Casier judiciaire. Poursuites judiciaires. Une erreur judiciaire.* ▶ **judiciariser** v. tr. <conjug. 1> Faire intervenir le droit, la justice à propos de (un différent, une affaire). – Pronom. *La médecine se judiciarise.* ▶ **judiciarisation** n. f.

judicieux, euse [ʒydisjø, øz] adj. Qui résulte d'un bon jugement. → **intelligent, pertinent.** *Remarque, critique judicieuse. Il serait plus judicieux de renoncer.* / contr. absurde, stupide / ▶ **judicieusement** adv. *Il a judicieusement fait remarquer ceci,* avec à-propos, à bon escient.

judo [ʒydo] n. m. Sorte de lutte japonaise pratiquée à titre de sport. → **jiu-jitsu.** *Prise de judo. Ceinture noire de judo.* ▶ **judoka** [ʒydɔka] n. Personne qui pratique le judo. *Elle est judoka. Des judokas.*

juge [ʒyʒ] n. **1·** Magistrat chargé de rendre la justice. *Les juges siègent, délibèrent, se prononcent. Madame la juge. Nous irons devant le juge,* devant la justice, le tribunal. *Juge d'instruction,* magistrat spécialement chargé d'informer en matière criminelle ou correctionnelle. *Juge de paix,* magistrat qui statuait comme juge unique sur des affaires généralement peu importantes. **2·** Personne appelée à faire partie d'un jury, à se prononcer comme arbitre. *Les juges d'un concours. Juge-arbitre d'un tournoi de tennis.* **3·** N. m. Personne, institution, groupe qui juge, qui a le droit et le pouvoir de juger. **4·** (Attribut). Personne qui est appelée à donner une opinion, à porter un jugement. *Je vous en fais juge. Être bon, mauvais juge,* plus ou moins capable de porter un jugement. → **expert.**

au jugé n. m. → **juger** (II).

jugement [ʒyʒmɑ̃] n. m. **1·** Action de juger ; décision en justice. *Le jugement d'un procès. Le jugement d'un accusé. Prononcer, rendre un jugement.* → **décision ; arrêt, sentence, verdict.** – *Jugement dernier* : celui que Dieu prononcera à la fin du monde, sur le sort de tous les vivants et des morts ressuscités (religion chrétienne). **2·** Opinion favorable ou défavorable. *Émettre, exprimer, porter un jugement. Revenir sur ses jugements. Jugement préconçu, hâtif.* – Façon de voir (les choses) particulière à qqn. → **opinion, point de vue ; avis, sentiment.** *Je livre, je soumets cela à votre jugement. Se contenter d'un jugement sommaire.* **3·** Faculté de l'esprit permettant de bien juger de choses qui ne font pas l'objet d'une connaissance immédiate certaine, ni d'une démonstration rigoureuse. → **discernement, perspicacité, raison,** bon **sens.** *Avoir du jugement, manquer de jugement. Erreur de jugement.*

jugeote [ʒyʒɔt] n. f. Fam. Jugement (3), bon sens. *Il n'a pas pour deux sous de jugeote !*

juger [ʒyʒe] v. tr. <conjug. 3> **I· 1·** Soumettre (une cause, une personne) à la décision de sa juridiction. *Juger une affaire, un crime. Juger un accusé.* – Sans compl. Rendre la justice. *Le tribunal jugera.* → **conclure, décider, statuer. 2·** Décider, prendre nettement position sur (une question). *C'est à vous de juger ce qu'il faut faire, si nous devons répondre, comment il faut faire.* **3·** Soumettre au jugement de la raison, de la conscience → **apprécier, considérer, examiner,** pour se faire une opinion ; émettre une opinion sur. *Juger un livre, un film. Être jugé à sa juste valeur.* → **évaluer.** – V. tr. ind. *Juger de. Si j'en juge par mes propres sentiments. Il est bien difficile d'en juger,* d'en dire, d'en penser qqch. **4·** (Avec un adj. ou une complétive) Considérer comme. → **estimer, trouver.** *Elle le juge insignifiant. Partons, si vous le jugez bon. Il jugeait qu'il était trop tard.* → **penser.** – Pronominalement. *Se juger perdu.* **5·** V. tr. ind. (Surtout à l'impératif) → **imaginer,** se **représenter.** *Jugez de ma surprise.* **II·** N. m. ***Au juger*** ou ***au jugé*** : en devinant, en présumant. *Tirer au juger.* – Abstrait. D'une manière approximative, à première vue. ▷ **adjuger, se déjuger, juge, jugement, jugeote, méjuger, préjuger**

① **jugulaire** [ʒygylɛʀ] n. f. Attache qui maintient une coiffure d'uniforme en passant sous le menton. → **bride.** *Baisser, serrer la jugulaire.*

② **jugulaire** adj. Anatomie. De la gorge. *Veines jugulaires* (sur les côtés du cou).

juguler [ʒygyle] v. tr. <conjug. 1> Arrêter, interrompre le développement de (qqch.). → **enrayer, étouffer, stopper.** *Juguler une maladie. Juguler une révolte.*

juif, juive [ʒɥif, ʒɥiv] n. et adj. **1·** N. Nom donné depuis l'Exil (IVe s. av. J.-C.) aux descendants d'Abraham → **Hébreu, Israélite,** peuple sémite monothéiste qui vivait en Palestine. – Personne descendant de ce peuple. *Un Juif allemand, polonais. Les Juifs new-yorkais. Persécutions subies par les Juifs.* → **pogrom.** *Politique nazie d'extermination des Juifs* (→ Shoah). *Racisme* *envers les Juifs.* → **antisémitisme.** – (Avec minuscule). *Un juif,* personne de confession juive. *Les juifs et les chrétiens.* **2·** Adj. Relatif à la communauté des juifs. *Le peuple juif. Religion juive.* → **judaïsme.** *Quartier juif.* → **ghetto.** **3·** Adj. Avare, âpre au gain (emploi diffamatoire, basé sur une tradition chrétienne hostile, lié au racisme antisémite*).

juillet [ʒɥijɛ] n. m. Septième mois de l'année, de trente et un jours. *Le soleil de juillet. Le 14 Juillet, anniversaire de la prise de la Bastille et fête nationale française. Il viendra en juillet, au mois de juillet.*

juin [ʒɥɛ̃] n. m. Sixième mois de l'année, de trente jours. *Prendre ses vacances en juin. Le mois de juin.*

jujube [ʒyʒyb] n. m. **1·** Fruit comestible d'un arbuste épineux (le *jujubier*). **2·** Pâte extraite de ce fruit (remède contre la toux).

juke-box [(d)ʒykbɔks] n. m. Anglic. Machine faisant passer automatiquement le disque demandé. *Des juke-boxes.*

jules [ʒyl] n. m. invar. Fam. Homme, amoureux, mari. *C'est son jules.*

julienne [ʒyljɛn] n. f. Préparation de légumes variés coupés en petits morceaux, utilisée en garniture ou pour des potages. – Potage contenant cette préparation.

jumeau, elle [ʒymo, ɛl] adj. et n. **1·** Se dit d'enfants nés d'un même accouchement. *Frères jumeaux, sœurs jumelles.* – N. *Deux jumeaux. C'est sa jumelle. Vrais jumeaux,* provenant d'un seul œuf fragmenté en deux. **2·** Se dit de deux choses ou de deux personnes semblables. *Lits jumeaux.* ▶ **jumeler** [ʒymle] v. tr. <conjug. 4> Ajuster ensemble (deux éléments, deux choses semblables). *Jumeler les pneus d'un camion.* – Au p. p. adj. *Colonnes, fenêtres, roues jumelées.* ▶ **jumelage** n. m. Action de jumeler ; son résultat. – *Jumelage de villes,* coutume consistant à déclarer jumelles deux villes situées dans deux pays différents. ▶ **jumelle(s)** n. f. sing. ou pl. Instrument portatif à deux lunettes ; double lorgnette. *Une jumelle marine. Des jumelles de spectacle.* – Abusivt. *Une paire de jumelles.*

jument [ʒymɑ̃] n. f. Femelle du cheval. *Jeune jument.* → **pouliche.**

jumping [dʒœmpiŋ] n. m. Anglic. Saut d'obstacles à cheval.

jungle [ʒɔ̃gl] ; cour. [ʒœ̃gl] n. f. **1·** Dans les pays de mousson. Forme de savane couverte de hautes herbes, de broussailles et d'arbres, où vivent les grands fauves. **2·** Forêt tropicale, très dense. *La jungle amazonienne.* **3·** Milieu humain où règne la loi de la sélection naturelle. *La loi de la jungle,* la loi du plus fort. *La jungle des affaires.*

junior [ʒynjɔʀ] adj. et n. **1·** Se dit quelquefois (dans le commerce ou plaisamment) du frère plus jeune. → **cadet.** **2·** Adj. et n. Se dit d'une catégorie sportive intermédiaire entre celle des *seniors* et celle des *cadets* (16-21 ans). *Équipe junior de football.* – N. *Les juniors.*

junte [ʒœ̃t] n. f. Conseil, assemblée administrative, politique en Espagne, au Portugal ou en Amérique latine. *Junte militaire.*

jupe [ʒyp] n. f. **1·** Partie de l'habillement féminin qui descend de la ceinture à une hauteur variable de la jambe. *Jupe longue traînant par terre. Jupe au-dessus du genou, très courte* → **mini-jupe.** *Jupe droite, plissée* → **kilt.** – *Être dans les jupes de sa mère,* ne jamais la quitter. **2·** Surface latérale d'un piston. **3·** Partie souple d'un aéroglisseur qui enferme le coussin d'air. ▶ **jupe-culotte** n. f. Culotte ample qui présente l'aspect d'une jupe, portée par les femmes. *Des jupes-culottes.* ▶ **jupette** n. f. Jupe très courte. ▶ **jupon** n. m. **1·** Jupe de dessous. *Jupon de dentelle.* **2·** Collectif. Les femmes, les filles. *Courir le jupon.* ▷ **mini-jupe**

jurassien, ienne [ʒyʀasjɛ̃, jɛn] adj. Du Jura. *Le relief jurassien.* ▶ **jurassique** adj. et n. m. En géologie. Relatif aux terrains secondaires dont le Jura est constitué en majeure partie.

1 **juré, ée** adj. ***Ennemi juré*** : ennemi déclaré et acharné. *Elle est mon ennemie jurée.*

2 **juré, ée** n. (rare au fém.) Membre d'un jury (1). *Serment des jurés. Les jurés ont déclaré l'accusé coupable.*

jurer [ʒyʀe] v. <conjug. 1> **I·** V. tr. **1·** Promettre (qqch.) par un serment plus ou moins solennel. *Jurer fidélité, obéissance à qqn. Jurer de faire qqch.* → **s'engager.** *Jure-moi que ce n'est pas vrai.* – Pronominalement. *Ils se sont juré de ne pas se séparer. Elle s'est juré de ne rien dévoiler.* **2·** Affirmer solennellement, fortement. → **assurer, déclarer.** *Je vous jure que ce n'est pas facile. Il a juré de ne pas recommencer.* – Fam. *Je te (vous) jure !* (exprimant l'indignation). *Il ne se gêne pas, je vous jure !* **3·** ***Jurer de qqch.*** : affirmer de façon catégorique (qu'une chose est ou n'est pas, se produira ou ne se produira pas). *Il ne faut jurer de rien. J'en jurerais,* je le crois ; *je n'en jurerais pas,* je ne le crois pas. **II·** V. intr. (ou sans compl.) **1·** Faire un serment. *Faites-le jurer sur la Bible.* – Loc. *On ne jure plus que par lui,* on l'admire, on l'imite en tout. **2·** Dire des jurons, des imprécations. → **blasphémer.** *Il jurait comme un charretier. Jurer contre qqn, après qqn.* → **crier.** **3·** (Choses) Aller mal avec, ensemble. → **détonner.** *Ces couleurs jurent.* ▷ **abjurer, adjurer, conjurer, injurier,** 1 et 2 **juré, juron, jury,** se **parjurer**

juridiction [ʒyʀidiksjɔ̃] n. f. **1·** Pouvoir de juger, de rendre la justice ; étendue et limite de ce pouvoir. → **compétence, ressort.** *Juge, magistrat, tribunal qui exerce sa juridiction. Dans la juridiction.* **2·** Tribunal, ensemble de tribunaux. → **chambre, conseil, cour.** *Juridictions administratives, civiles.*

juridique [ʒyʀidik] adj. **1·** Qui se fait, s'exerce en justice, devant la justice. → **judiciaire.** *Action juridique.* **2·** Qui a rapport au droit. *Actes juridiques.* → **légal.** *Études juridiques,* de droit. ▶ **juridiquement** adv. **1·** Devant la justice. *Accuser juridiquement qqn.* **2·** Du point de vue du droit. *Être juridiquement dans son tort.*

jurisconsulte [ʒyʀiskɔ̃sylt] n. Juriste qui donne des avis sur des questions de droit.

jurisprudence [ʒyʀispʀydɑ̃s] n. f. Ensemble des décisions des juridictions sur une matière ou dans un pays, en tant qu'elles constituent une source de droit ; principes juridiques qui s'en dégagent (coutume). *Législation, jurisprudence et doctrine.* – Manière de juger sur un point particulier. *La jurisprudence du tribunal n'a pas varié sur ce point.*

juriste [ʒyʀist] n. Personne qui a de grandes connaissances juridiques ; auteur d'études juridiques. → **jurisconsulte.** *Une bonne juriste.*

juron [ʒyʀɔ̃] n. m. Terme grossier ou familier dont on se sert pour blasphémer, insulter, injurier.

jury [ʒyʀi] n. m. **1·** Ensemble des jurés 2 ; groupe de jurés désignés pour une affaire judiciaire. **2·** Assemblée, commission chargée de l'examen d'une question ; ensemble d'examinateurs. *Jury de concours, de thèse. Le jury d'un prix littéraire.*

jus [ʒy] n. m. invar. **I· 1·** Liquide contenu dans une substance végétale. → **suc.** *Le jus des fruits. Boire un jus de tomate.* **2·** Liquide rendu par une viande qui cuit. *Jus de viande.* → **sauce.** *Carottes au jus. Tu veux plus de jus ?* – Loc. fam. *Mariner dans son jus,* rester dans une situation désagréable. *Laisse-le mariner (dans son jus) !* **3·** Fam. Café. *Un bon jus.* **4·** *Au, dans le jus,* dans l'eau. *Il est tombé au jus.* **II·** Fam. Courant électrique. *Il n'y a plus de jus. Un court-jus,* court-circuit. *Des courts-jus.* **III·** Loc. fam. *Ça vaut le jus,* la peine. ▷ **juteux, verjus**

jusant [ʒyzɑ̃] n. m. Marée descendante. → **reflux.**

jusqu'au-boutisme [ʒyskobutism] n. m. Politique, conduite extrémiste. ▶ **jusqu'au-boutiste** n. Extrémiste. *Des jusqu'au-boutistes.* / contr. modéré /

jusque [ʒysk] prép. (et adv., conj.) marquant le terme final, la limite que l'on ne dépasse pas. **I·** Prép. (Suivie le plus souvent de *à*, d'une autre préposition ou d'un adverbe) **1·** ***Jusqu'à.*** – (Lieu) *Aller jusqu'à Paris. Rempli jusqu'au bord. Rougir jusqu'aux oreilles. Avoir de l'eau jusqu'aux genoux.* – (Suivie d'un nom abstrait, pour marquer l'excès) *Poli jusqu'à l'obséquiosité.* – (Devant un infinitif, après les v. *aller, pousser,* etc.) *Il est allé jusqu'à prétendre qu'on ne l'avait pas averti.* – (Temps) *Du matin jusqu'au soir. Jusqu'à nouvel ordre. Jusqu'au 17 décembre inclus.* – Y compris. *Tous, jusqu'à sa femme, l'ont abandonné.* **2·** (Suivie d'une autre préposition que *à*) ***Jusque chez.*** *Il l'accompagne jusque chez lui.* – ***Jusqu'après.*** *Il attendra jusqu'après les vacances.* – ***Jusque vers.*** *Il a patienté jusque vers midi.* **3·** (Suivie d'un adv.) *Jusqu'alors, jusqu'à présent, jusqu'ici.* – Fam. *En avoir jusque-là,* être excédé. *S'en mettre jusque-là,* trop manger. *Jusqu'où, jusqu'à quand* (relatif ou interrogatif). **II·** Adv. ***Jusqu'à.*** → **même.** *Il y a des noms et jusqu'à des personnes que j'ai complètement oubliés. Il n'est pas jusqu'à son regard qui n'ait changé,* même son regard a changé. **III·** Conj. ***Jusqu'à ce que*** (+ subjonctif) : jusqu'au moment où. *Jusqu'à ce que je revienne.* – ***Jusqu'à tant que*** (même sens).

jusquiame [ʒyskjam] n. f. Plante à fleurs jaunes rayées de pourpre, à propriétés narcotiques et toxiques.

justaucorps [ʒystokɔʀ] n. m. invar. **1·** Ancien vêtement masculin serré à la taille et muni de basques. → **pourpoint.** **2·** Maillot collant d'une seule pièce qui couvre le buste, utilisé pour la danse et la gymnastique.

1 **juste** [ʒyst] adj. et n. m. **1·** Qui se comporte, agit conformément à la justice, à l'équité. → **équitable.** / contr. injuste / *Être juste pour, envers, à l'égard de qqn. Il faut être juste,* sans parti pris. → **honnête.** – N. m. *Un, les juste(s).* – Loc. *Dormir du sommeil du juste,* d'un sommeil paisible et profond. **2·** (Choses) Qui est conforme à la justice, au droit, à l'équité. *Un juste partage. Une loi juste.* **3·** (Devant le nom) → **fondé, légitime.** *De justes revendications. À juste titre,* à bon droit. ▶ 1 **justement** adv. Rare. À bon droit, avec raison. *Craindre justement pour son sort.* ▶ **justice** n. f. **1·** Appréciation, reconnaissance et respect des droits et du mérite de chacun. → **droiture, équité, impartialité, intégrité.** *Agir avec justice.* **2·** Principe moral de conformité au droit. *Faire régner la justice.* – Loc. *Il n'y a pas de justice,* ce

n'est pas juste. **3·** Pouvoir de faire régner le droit ; exercice de ce pouvoir. *La justice punit et récompense. Rendre la justice.* → **juger.** *Cour de justice. Obtenir justice,* reconnaissance de son droit. – ***Faire justice de** qqch.* : récuser, réfuter. *Le temps a fait justice de cette renommée usurpée.* – ***Faire, rendre justice à** qqn* : lui reconnaître son droit ; rendre hommage, récompenser. *L'avenir lui rendra justice.* – ***Se faire justice*** : se venger. *Le coupable s'est fait justice,* s'est tué. **4·** Organisation du pouvoir judiciaire ; ensemble des organes chargés d'administrer la justice. *Exercer un droit en justice. Décisions de la justice* (→ **judiciaire, juridique**). – Police judiciaire. *La justice le recherche.* **5·** L'ensemble des juridictions de même catégorie. *Justice administrative, civile, commerciale.* ▶ **justiciable** adj. et n. **1·** Qui relève de certains juges, de leur juridiction. *Criminel justiciable des tribunaux français.* **2·** Qui relève (d'une mesure, d'un traitement). *Il est justiciable de révocation. Malade justiciable d'une cure thermale.* ▶ **justicier, ière** n. **1·** Personne qui rend justice, qui fait régner la justice. **2·** Celui qui agit en redresseur de torts, venge les innocents et punit les coupables. *Les justiciers des films d'aventures.* ▷ **injuste, injustifié,** 1 **justifier**

2 **juste** adj. et adv. **I·** Adj. **1·** Qui a de la justesse, qui convient bien. /contr. faux, inexact/ *Chercher le mot juste.* → **adéquat, propre.** *Estimer les choses à leur juste prix.* → **réel.** *L'addition est juste. L'heure juste.* → **exact. 2·** (Son) Conforme à ce qu'il devrait être (opposé à *faux*). *Note juste. Voix juste.* **3·** Abstrait. Conforme à la vérité, à la raison, au bon sens. → **authentique, exact, logique, vrai.** *Dire des choses justes.* /contr. erroné/ *C'est juste,* vous avez raison. *Très juste !* **4·** Qui apprécie bien, avec exactitude. *Avoir le coup d'œil juste, l'oreille juste.* **II·** Adj. → **ajusté. 1·** (Vêtements, chaussures) Qui est trop ajusté. → **étroit, petit.** *Ce pantalon est juste.* **2·** Qui suffit à peine. *C'est un peu juste pour dix personnes. Je suis un peu juste en ce moment,* je manque d'argent. **III·** Adv. **1·** Avec justesse, exactitude, comme il faut, comme il convient. *Voir juste. Deviner, tomber juste. Chanter juste.* – Avec précision. *Viser juste. Frapper, toucher juste,* atteindre exactement le but visé. **2·** Exactement, précisément. *L'avion passe juste au-dessus de la maison. Cela s'est passé juste comme il le voulait. Il vient (tout) juste de m'appeler.* **3·** Loc. adv. ***Au juste.*** → **exactement.** *On ne savait pas au juste ce que c'était.* – ***Comme de juste*** : comme il se doit, comme il est habituel. *Comme de juste, il est en retard.* **4·** En quantité à peine suffisante. *Compter, prévoir un peu juste.* /contr. largement/ *Cela lui coûte juste la peine de se baisser.* → **seulement.** *Il s'est vendu tout juste cinq cents exemplaires,* à peine. ▶ 2 **justement** adv. **I·** Avec justesse. *On dira plus justement que...* → **pertinemment. II·** Adv.de phrase. **1·** (Pour marquer l'exacte concordance de deux faits, d'une idée et d'un fait) *C'est justement ce qu'il ne fallait pas faire.* → **exactement.** *Il va venir ; justement le voici.* **2·** Précisément, à plus forte raison (en tête de phrase). *Il sera peiné de l'apprendre. – Justement, ne lui dites rien !* ▶ **justesse** n. f. **1·** Qualité qui rend une chose parfaitement adaptée ou appropriée à sa destination. *Justesse et précision d'une balance.* – Abstrait. → **correction, exactitude.** *Cette comparaison manque de justesse.* **2·** Qualité qui permet d'exécuter très exactement une chose, manière dont on exécute sans erreur. → **précision.** *Justesse du tir. Apprécier avec justesse.* **3·** Loc. adv. ***De justesse*** : sans rien de trop. *Gagner de justesse. Éviter de justesse une collision.*

1 **justifier** [ʒystifje] v. tr. <conjug. 7> **1·** Innocenter (qqn) en expliquant sa conduite, en démontrant que l'accusation n'est pas fondée. → **décharger, disculper.** *Justifier qqn d'une erreur.* – Pronominalement (réfl.). *Se justifier,* prouver son innocence. *Se justifier d'une accusation. Il faut dire quelque chose pour vous justifier.* **2·** Rendre (qqch.) légitime. *Théorie qui justifie tous les excès.* → **autoriser, légitimer.** – Prov. *La fin justifie les moyens.* **3·** Faire admettre ou s'efforcer de faire reconnaître (qqch.) comme juste, légitime. → **expliquer, motiver.** *Justifiez vos critiques. Ses craintes ne sont pas justifiées.* → **fonder. 4·** Montrer (qqch.) comme vrai, juste, réel, par des arguments, des preuves. → **démontrer, prouver.** *Justifier ce qu'on affirme. Justifier l'emploi des sommes reçues.* – Confirmer après coup. *Les faits ont justifié ses craintes.* – Au p. p. adj. *Une demande justifiée.* **5·** V. tr. ind. *Justifier de son identité,* la prouver. ▶ **justifiable** adj. **1·** Qui peut être justifié. → **défendable, excusable.** *Un comportement peu justifiable.* **2·** Qui peut être expliqué, motivé. *Un choix justifiable.* /contr. injustifiable/ ▶ **justificateur, trice** adj. Qui justifie. ▶ **justificatif, ive** adj. et n. m. **1·** Qui sert à justifier qqn. – Qui légitime (qqch.). **2·** Qui sert à prouver ce qu'on allègue. *Documents justificatifs.* – N. m. Pièce justificative. *Produire des justificatifs.* ▶ 1 **justification** n. f. **1·** Action de justifier (qqn, qqch.), de se justifier. *Qu'avez-vous à dire pour votre justification ?* → **décharge, défense.** *Demander des justifications.* → **compte, explication. 2·** Action d'établir (une chose) comme réelle ; résultat de cette action. → **preuve.** *Justification d'un fait, d'un paiement.*

② **justifier** v. tr. < conjug. 7 > En imprimerie. Mettre (une ligne) à la longueur voulue. ▶ ② **justification** n. f. Action de fixer la longueur d'une ligne ; cette longueur.

jute [ʒyt] n. m. **1**· Plante cultivée pour les fibres textiles longues et soyeuses de ses tiges. **2**· Fibre qu'on en tire. *Toile de jute.*

juteux, euse [ʒytø, øz] adj. **1**· Qui a beaucoup de jus. *Poire juteuse.* → **fondant. 2**· Fam. Qui rapporte beaucoup. *Une affaire juteuse.*

juvénile [ʒyvenil] adj. Se dit des qualités propres à la jeunesse. → **jeune.** *Grâce juvénile.* / contr. sénile, vieux / ▶ **juvénilité** n. f. Littér. *La juvénilité de ses réactions.*

juxta- Élément savant signifiant «près de». ▶ **juxtaposer** [ʒykstapoze] v. tr. < conjug. 1 > Mettre (plusieurs choses) l'une contre l'autre sans les relier. → **accoler.** *Juxtaposer deux mots par une apposition.* – Au p. p. adj. *Couleurs juxtaposées. Phrases juxtaposées.* ▶ **juxtaposition** n. f. *Juxtaposition de couleurs.*

kK

k [kɑ] n. m. Onzième lettre, huitième consonne de l'alphabet (*k, K*) servant à noter une consonne occlusive sourde [k]. – Abrév. pour **kilo.**

kabbale → ② **cabale.**

kabig [kabik] n. m. Manteau court à capuche, muni sur le devant d'une poche formant manchon.

kabyle [kabil] adj. et n. De la Kabylie, région montagneuse d'Algérie. – N. *Les Kabyles.*

kaddisch ou **kaddish** [kadiʃ] n. m. Dans la religion juive. Prière récitée en araméen à la fin de chaque partie de l'office. – Spécialt. Prière des morts.

kafkaïen, ïenne [kafkajɛ̃, jɛn] adj. Qui rappelle l'atmosphère oppressante des romans de Kafka.

kaiser [kajzœʀ ; kɛzɛʀ] n. m. L'empereur d'Allemagne, de 1870 à 1918.

kakémono [kakemɔno] n. m. Peinture japonaise sur soie ou sur papier, étroite et haute.

① **kaki** [kaki] adj. invar. D'une couleur jaunâtre tirant sur le brun. *Chemise kaki.* – N. m. *Militaire en kaki.*

② **kaki** n. m. Arbre dont les fruits d'un jaune orangé ont la forme de tomates. – Ce fruit. *Des kakis.*

kaléidoscope [kaleidɔskɔp] n. m. **1·** Petit instrument cylindrique, dont le fond est occupé par des fragments mobiles de verre colorié ou de plastique transparent qui, en se réfléchissant sur un jeu de miroirs, y produisent des combinaisons d'images aux multiples couleurs. **2·** Succession rapide et changeante (d'impressions, de sensations).

kamikaze [kamikaz] n. m. Avion-suicide, piloté par un volontaire, au Japon (1944-1945) ; ce volontaire. – Personne d'une très grande témérité.

kanak, e [kanak] adj. et n. Relatif aux populations autochtones du Pacifique Sud (Nouvelle-Calédonie, etc.). – N. *Une Kanake.* – REM. On écrit aussi *canaque.*

kangourou [kɑ̃guʀu] n. m. Grand mammifère australien herbivore, à pattes postérieures très développées, dont la femelle possède une poche ventrale qui abrite les petits. *Des kangourous.*

kaolin [kaɔlɛ̃] n. m. Argile blanche, réfractaire et friable qui entre dans la composition de la céramique, de la porcelaine.

kapok [kapɔk] n. m. Fibre végétale faite des poils fins et soyeux qui recouvrent les graines d'un arbre exotique (le *kapokier* ou *fromager*). *Coussins rembourrés de kapok.*

karaoké [kaʀaɔke] n. m. Assemblée où l'on chante des airs à succès, sur l'accompagnement d'une bande vidéo ; établissement où se pratique ce divertissement.

karaté [kaʀate] n. m. Exercice et sport de combat, en usage au Japon. ▶ **karatéka** n. Personne qui pratique le karaté.

karité [kaʀite] n. m. Arbre d'Afrique dont la graine renferme une substance grasse, le *beurre de karité.*

karst [kaʀst] n. m. Ensemble des phénomènes de corrosion du calcaire.

kart [kaʀt] n. m. Anglic. Petite automobile monoplace de compétition sans carrosserie ni suspension. *Course de karts.* ▶ **karting** [kaʀtiŋ] n. m. Anglic. Sport pratiqué sur circuit avec les karts.

kascher [kaʃɛʀ] adj. invar. → **cascher.**

kayak [kajak] n. m. Petite embarcation de sport en toile, à une ou deux places, qui se manœuvre à la pagaie. *Descendre une rivière en kayak. Des kayaks.* ▶ **kayakiste** n. Personne qui pratique le sport du kayak.

kébab ou **kebab** [kebab] n. m. 1· Viande coupée en morceaux et rôtie à la broche. *Brochette de kébabs.* → **chiche-kebab.** 2· Sandwich chaud de kébab servi dans un pain garni de crudités.

keffieh [kefje] n. m. Coiffure des Bédouins, carré de tissu plié et retenu par un lien.

kelvin [kɛlvin] n. m. Unité de mesure thermodynamique de température. *Température exprimée en kelvins.*

képi [kepi] n. m. Coiffure militaire rigide, à fond plat et surélevé, munie d'une visière, portée (en France) par les officiers et sous-officiers de l'armée de terre, et autrefois les agents de police, etc. *Des képis.*

kérat-, kérato- Élément savant signifiant « corne (matière), cornée ». ▶ **kératine** [keʀatin] n. f. Substance qui constitue la majeure partie des productions épidermiques chez l'homme (cheveux, ongles) et les animaux (cornes, laine, plumes).

kermès [kɛʀmɛs] n. m. invar. 1· Cochenille parasite de certains chênes. 2· *(Chêne) kermès* : petit chêne des garrigues méditerranéennes, à feuilles persistantes. ≠ kermesse.

kermesse [kɛʀmɛs] n. f. 1· En Hollande, Belgique, et dans le Nord de la France. Fête patronale villageoise, foire annuelle. → **ducasse.** 2· Grande fête de bienfaisance en plein air. *La kermesse de l'école.* ≠ kermès.

kérosène [keʀozɛn] n. m. Pétrole lampant obtenu par distillation des huiles brutes de pétrole. *Le kérosène est utilisé par les avions à réaction.*

ketchup [kɛtʃœp] n. m. Sauce à base de tomates, légèrement sucrée et épicée.

kevlar [kɛvlaʀ] n. m. (nom déposé) Techn. Résine très résistante, utilisée en fibres dans des matériaux composites. *Mât en kevlar.*

khâgne ou **cagne** [kaɲ] n. f. Classe des lycées qui prépare à l'école normale supérieure, qui fait suite à l'hypokhâgne. ▶ **khâgneux, euse** ou **cagneux, euse** n. Élève d'une classe de khâgne. ▷ **hypokhâgne**

khalife, khalifat → **calife, califat.**

khan [kɑ̃] n. m. Titre des souverains mongols, des chefs tartares, et encore porté de nos jours par des chefs religieux islamiques.

khmer, khmère [kmɛʀ] adj. et n. De la population qui habite le Cambodge ; cambodgien. *L'art khmer.* – N. *Les Khmers.* – N. m. *Le khmer* (langue).

khôl [kol] ou **kohol** [kɔɔl] n. m. Fard de couleur sombre que les Orientaux, les habitants de l'Afrique du Nord, s'appliquent sur les paupières, les cils, les sourcils.

kibboutz [kibuts] n. m. invar. Ferme collective, en Israël. *Des kibboutz.*

kidnapper [kidnape] v. tr. < conjug. 1 > Enlever (une personne), en général pour en tirer une rançon. *Kidnapper un enfant.* ▶ **kidnapping** [kidnapiŋ] n. m. Enlèvement. ▶ **kidnappeur, euse** n. *Le kidnappeur a demandé une rançon.*

kif [kif] n. m. 1· État de béatitude, de bonheur parfait. 2· Mélange de tabac et de chanvre indien → **haschisch.**

kifer ou **kiffer** v. < conjug. 1 > Fam. 1· V. intr. Prendre du plaisir. – *Kifer sur qqn,* l'apprécier. 2· V. tr. Apprécier, aimer bien (qqn, qqch.). *Il la kiffe trop.*

kif-kif [kifkif] adj. invar. Fam. Pareil, la même chose. *Celui-ci ou celui-là, c'est kif-kif !*

kiki [kiki] n. m. Fam. Gorge, gosier. *Serrer le kiki,* étrangler.

kil [kil] n. m. Fam. *Un kil de rouge,* un litre de vin rouge.

kilim [kilim] n. m. Tapis d'Orient tissé. *Les kilims turcs.*

kilo- Élément savant signifiant « mille, mille fois ». ▶ **kiloeuro** [kiloøʀo] n. m. Unité de compte valant mille euros (abrév. *k€*). *Un salaire annuel de 40 kiloeuros, 40 k€.* ▶ **kilogramme** ou **kilo** n. m. Unité de masse valant mille grammes (abrév. cour. *kilo* et *kg*). *Il pèse soixante-dix kilos. Dix francs le kilo.* ▶ **kilomètre** n. m. Unité pratique de distance qui vaut mille mètres (abrév. *km*). *Faire des kilomètres. Voiture qui fait 130 kilomètres à l'heure* ou *130 kilomètres-heure.* – Ellipt. *Faire du 130.* ▶ **kilométrage** n. m. 1· Mesure en kilomètres. 2· Nombre de kilomètres parcourus. *Quel est le kilométrage de cette voiture ?* ▶ **kilométrique** adj. Qui a rapport au kilomètre. *Distance kilométrique. Bornes kilométriques.* ▶ **kilo-octet** [kilɔɔktɛ] n. m. En informatique. Unité de mesure de quantité d'information valant 1 024 octets*, utilisée pour mesurer la capacité d'une mémoire (symb. *Ko*). *Des kilo-octets.* ▶ **kilopascal, als** [kilopaskal] n. m. Unité de mesure de pression valant 1 000 pascals. *100 kilopascals correspondent à 1 000 millibars.* ▶ **kilowatt** [kilɔwat] n. m. Unité légale de puissance du système M. T. S. valant 1 000 watts (abrév. *kW*). ▶ **kilowatt-heure** n. m. Unité pratique de travail ; travail accompli en une heure par un moteur d'une puissance de 1 000 watts (abrév. *kWh*).

kilt [kilt] n. m. Jupe courte et plissée portée par les hommes (pièce du costume national des Écossais). *Un Écossais en kilt.* – Jupe plissée semblable au kilt, portée par les femmes.

kimono [kimɔno] n. m. **1**· Au Japon. Longue tunique à manches, croisée devant. *Des kimonos.* **2**· En appos. Invar. *Manches kimono,* manches qui font corps avec le vêtement. *Robe kimono,* à manches kimono.

kin(ési)- Élément savant signifiant « mouvement ». ▶ **kinésithérapeute** [kineziteʀapøt] n. Praticien de la kinésithérapie. *Masseur kinésithérapeute.* – Abrév. *Aller chez le kiné.* ▶ **kinésithérapie** n. f. Traitement des maladies des os, des articulations, par des mouvements imposés combinés à des massages. ▶ **kinesthésique** [kinɛstezik] ou **kinésique** [kinezik] adj. Qui concerne la sensation de mouvement des parties du corps. *Le sens musculaire* ou *kinesthésique.*

kinkajou [kɛ̃kaʒu] n. m. Petit mammifère arboricole d'Amérique tropicale, à queue préhensile. *Des kinkajous.*

kiosque [kjɔsk] n. m. **1**· Pavillon de jardin ouvert. *Kiosque à musique.* **2**· Édicule où l'on vend des journaux, des fleurs, etc. *Kiosque à journaux.* **3**· Abri vitré sur le pont d'un navire. – Superstructure du sous-marin.

kir [kiʀ] n. m. Boisson composée d'un mélange de vin blanc et de liqueur de cassis.

kirsch [kiʀʃ] n. m. invar. Eau-de-vie de cerise. *Un verre de kirsch.*

kit [kit] n. m. Anglic. **1**· Objet vendu en pièces détachées, avec ses éléments d'assemblage, que le client doit monter lui-même. *Il achète tous ses meubles en kit(s).* **2**· Ensemble de petits éléments conçus pour une fonction technique précise. *Kit de plongée. Kit de connexion à Internet. Kit mains libres* (pour téléphone portable). – *Kit de pompier.* → **panoplie.**

kitchenette [kitʃenɛt] n. f. Anglic. Petite cuisine.

kitesurf [kajtsœʀf] n. m. Anglic. Sport nautique dans lequel une planche de surf est entraînée par un cerf-volant. – Abrév. **kite** [kajt]. ▶ **kitesurfeur, euse** n.

kitsch [kitʃ] adj. invar. (Style) Caractérisé par l'usage volontaire d'éléments démodés, de mauvais goût. *Décoration kitsch.* – N. *Le kitsch.*

1 **kiwi** [kiwi] n. m. Oiseau coureur de Nouvelle-Zélande, aux ailes rudimentaires.

2 **kiwi** n. m. Fruit originaire d'Asie, à pulpe verte et à peau duveteuse gris-marron, qui pousse sur une plante grimpante (*actinidia,* n. f. ou m.). *Des kiwis.*

klaxon [klaksɔn] n. m. Avertisseur très sonore (marque déposée). *Un coup de klaxon.* ▶ **klaxonner** v. intr. < conjug. 1 > Actionner un avertisseur. *Interdiction de klaxonner.*

kleenex [klinɛks] n. m. invar. (Nom déposé) Mouchoir jetable en ouate de cellulose. *Un paquet de kleenex.*

kleptomane ou **cleptomane** [klɛptɔman] n. et adj. Personne qui a une impulsion obsédante à voler. ▶ **kleptomanie** ou **cleptomanie** n. f. Obsession du kleptomane.

knock-out [nɔkaut ; knɔkut] ou **K.-O.** [kao] n. m. invar. Anglic. **1**· Mise hors de combat du boxeur resté à terre plus de dix secondes. *Battu par knock-out à la cinquième reprise. Des knock-out.* **2**· Adj. Fam. Assommé. *Il est complètement K.-O.* → **groggy.**

knout [knut] n. m. Fouet à lanières de cuir terminées par des crochets ou des boules de métal, instrument de supplice dans l'ancienne Russie. *Des knouts.* – Ce supplice. *Condamner qqn au knout.*

K.-O. → **knock-out.**

koala [kɔala] n. m. Mammifère australien, animal grimpeur, recouvert d'un pelage gris très fourni. *Des koalas.*

kola → **cola.**

kolkhoze [kɔlkoz] n. m. Histoire. Exploitation agricole collective, en U. R. S. S. *Des kolkhozes.* ≠ sovkhoze. ▶ **kolkhozien, ienne** adj. Relatif à un kolkhoze. – N. Membre d'un kolkhoze.

kopeck [kɔpɛk] n. m. Monnaie russe, centième du rouble. – Loc. *Il n'a plus un kopeck,* plus un sou. *Des kopecks.*

kora [kɔʀa] n. f. Instrument africain à cordes pincées, sorte de luth à long manche fait d'une calebasse tendue de peau. *Le griot et sa kora.*

korrigan, ane [kɔʀigɑ̃, an] n. Nom donné à des esprits malfaisants, dans les traditions populaires bretonnes.

kot [kɔt] n. m. En Belgique. Logement d'étudiant(e). ≠ cote. ▶ **koter** v. intr. < conjug. 1 > Vivre en kot. ≠ coter. ▶ **koteur, euse** n.

kouglof ou **kugelhof** [kuglɔf] n. m. Gâteau alsacien très léger. *Kouglof garni de raisins de Corinthe.*

kouign-amann [kwiɲaman] n. m. Gâteau breton feuilleté caramélisé, riche en beurre et en sucre.

koulak [kulak] n. m. Autrefois. Riche paysan propriétaire, en Russie.

krach [kʀak] n. m. Effondrement des cours de la Bourse. → **banqueroute.** *Des krachs.* ≠ crash.

kraft [kʀaft] n. m. En appos. ou n. Variété de papier très résistant, à fibres croisées. *Du papier kraft ; du kraft.*

krill [kʀil] n. m. Masse de crustacés microscopiques, comestible, abondant dans les mers froides.

krypton [kʀiptɔ̃] n. m. Gaz rare de l'atmosphère (symb. *Kr*). *Lampe au krypton.*

kummel [kymɛl] n. m. Alcool parfumé au cumin.

kumquat [kɔmkwat] n. m. Très petite orange amère qui se mange souvent confite. *Des kumquats.*

kung-fu [kuŋfu] n. m. Art martial chinois, proche du karaté japonais. *Des films de kung-fu.*

kurde [kyʀd] adj. et n. Du Kurdistan. *Les tribus kurdes.* – N. *Les Kurdes.* – N. m. *Le kurde* (langue parlée en Turquie, en Iran et en Irak).

kyrie [kiʀje] ou **kyrie eleison** [kiʀjeeleisɔn] n. m. invar. Invocation par laquelle commencent les litanies, au cours de la messe. *Des kyrie.*

kyrielle [kiʀjɛl] n. f. Longue suite (de paroles). *Une kyrielle de reproches, d'injures.* – Fam. *Une kyrielle d'enfants.*

kyste [kist] n. m. **1·** Production pathologique, cavité contenant une substance généralement liquide ou molle. *Kyste de l'ovaire.* **2·** Forme que peuvent prendre certains organismes (protozoaires), certaines parties végétales. *Kyste de reproduction,* germe renfermant les spores. ▶ **kystique** adj. *Tumeur kystique.*

L

l [ɛl] n. m. ou f. Douzième lettre, neuvième consonne de l'alphabet. *L'l* ou *le l.* – *l,* abréviation de *litre* et de *livre* (demi-kilo). – *L* (majuscule), chiffre romain valant 50.

1 **la** art. déf. fém. → 1 **le.** *La pendule de la cuisine.*

2 **la** pronom pers. fém. → 2 **le.** *Je te la prête si tu me la rends.*

3 **la** [la] n. m. invar. **1·** Sixième note de la gamme. *Donner le la avec un diapason.* – Abstrait. *Donner le la,* donner le ton. **2·** Ton correspondant. *Concerto en la bémol.*

là [la] adv. et interj. **I·** Adv. désignant le lieu et, plus rarement, le moment. **1·** Dans un lieu autre que celui où l'on est (opposé à *ici*). *Ne restez pas ici, allez là.* – ***Être là*** : être présent. *Les faits sont là.* – Fam. *Être un peu là,* être important. **2·** À ce moment. *Là, il interrompit son récit.* **3·** Dans cela, en cela. *Ne voyez là aucune malveillance. Tout est là,* c'est la chose importante. – (Avec *en*) À ce point. *Restons-en là. Nous n'en sommes pas là.* **4·** (Suivi d'une proposition relative) ***C'est là que...*** : dans ce lieu ; alors. *C'est là que nous irons. C'est là que vous jugerez.* – ***Là où*** : à l'endroit où. *Je suis allé là où vous avez été. Il ne réussit plus là où il était le meilleur.* **5·** (Accompagnant un pronom ou un adjectif démonstratif, qu'il renforce) *Ce ne sont pas là mes affaires. C'est là ce qui m'étonne.* – *Ce jour-là. En ce temps-là.* **6·** (Précédé d'une prép.) ***De là*** : en partant de, en se plaçant à cet endroit. *De là au village.* – Abstrait. *De là à prétendre qu'il est infaillible...* – *Il n'a pas assez travaillé ; de là son échec.* → d'**où.** – *D'ici là...,* entre le moment présent et un moment postérieur. *Venez me voir à Noël, mais écrivez-moi d'ici là.* – *De-ci de-là,* en divers endroits ; en diverses occasions. – ***Par là*** : par cet endroit. *Passons par là. Par-ci par-là,* en différents endroits, au hasard. – ***Çà et là*** : de côté et d'autre. *Des guêpes volent çà et là.* **7·** ***Là-bas*** : à une distance assez grande (opposé à *ici*). *Ils l'ont fait venir de là-bas.* – ***Là-dedans*** : à l'intérieur de ce lieu. *Rangez-les là-dedans.* – Dans cela. *Je ne vois rien d'étonnant là-dedans !* – ***Là-haut*** : dans ce lieu au-dessus. *Il demeure là-haut.* **II·** Interj. *Là !* (parfois *là ! là !*) : s'emploie pour exhorter, apaiser, rassurer. *Hé là ! doucement.* ▷ **au-delà, celui-là, delà, holà, voilà**

label [labɛl] n. m. Anglic. **1·** Étiquette ou marque sur un produit (pour en garantir l'origine, la qualité). *Label de garantie d'un vêtement.* **2·** Maison de production de disques. *Les labels indépendants.* ▶ **labelliser** v. tr. < conjug. 1 > Attribuer un label (1) à (un produit). ▶ **labellisation** n. f. ▷ **écolabel**

labeur [labœʀ] n. m. Littér. Travail pénible et soutenu. → **besogne.** *Dur, pénible labeur.* ▷ **laborieux**

labial, ale, aux [labjal, o] adj. Relatif aux lèvres. *Muscle labial.* – N. f. *Une labiale,* en phonétique, consonne qui s'articule avec les lèvres (ex. : *b, p, m*).

labié, ée [labje] adj. et n. f. pl. En botanique. Se dit des fleurs, des plantes dont la corolle présente deux lobes en forme de lèvres. – *Les labiées* ou *labiacées,* famille de plantes (ex. : *menthe, romarin, verveine*).

labile [labil] adj. Didact. Changeant, instable. *Humeur labile.* ▶ **labilité** n. f.

laboratoire [labɔʀatwaʀ] n. m. Local aménagé pour faire des expériences, des recherches scientifiques. Fam. *Labo* [labo]. *Laboratoire d'analyses. Chef de laboratoire ; garçon de laboratoire.* → **laborantin, préparateur.** *Laboratoire de langue,* salle équipée de magnétophones où les élèves pratiquent oralement une langue en comparant leur enregistrement à celui du professeur. ▶ **laborantin, ine** n. Personne qui remplit dans un laboratoire des fonctions d'aide, d'auxiliaire. → **préparateur.**

laborieux, euse [labɔʀjø, øz] adj. **1·** Littér. Qui coûte beaucoup de peine, de travail (labeur). → **fatigant, pénible.** *Une laborieuse entreprise.* – Fam. *Il n'a pas encore terminé ? C'est laborieux !*, c'est long. **2·** Vieilli. (Personnes) Qui travaille beaucoup. → **actif, travailleur.** / contr. oisif, paresseux / *Les classes laborieuses*, qui n'ont pour vivre que leur travail. **3·** Péj. Dans lequel on sent l'effort. *Un exposé laborieux.* ▶ **laborieusement** adv. Avec peine. *Il a terminé laborieusement.*

labourer [labuʀe] v. tr. < conjug. 1 > **1·** Ouvrir et retourner (la terre) avec un instrument aratoire (bêche, binette, houe, charrue). → **bêcher, biner, défoncer.** *Labourer un champ.* – Au p. p. adj. *Terre labourée.* **2·** (Surtout au passif) Creuser, ouvrir (comme le soc de la charrue laboure la terre). *Piste labourée par le galop des chevaux.* – Au p. p. *Visage labouré de rides.* → **sillonné.** ▶ **labour** n. m. **1·** Travail de labourage, action de retourner et d'ameublir la terre. *Labour à la bêche, à la charrue.* **2·** Au plur. Terre labourée. → **guéret.** *Semeur dans ses labours.* ▶ **labourable** adj. Qu'on peut labourer (1). ▶ **labourage** n. m. Action de labourer la terre. *Le labourage d'un champ.* ▶ **laboureur** n. m. Celui qui laboure un champ.

labrador [labʀadɔʀ] n. m. Chien puissant, noir, jaune ou marron, employé pour retrouver et rapporter le gibier abattu.

labre [labʀ] n. m. **1·** Poisson comestible à double dentition et à lèvres épaisses. **2·** Lèvre supérieure (des insectes).

labyrinthe [labiʀɛ̃t] n. m. **I· 1·** Réseau compliqué de chemins, de galeries dont on a peine à sortir. → **dédale.** *Un labyrinthe d'escaliers.* **2·** Complication inextricable. → **enchevêtrement.** *Le labyrinthe des démarches à suivre.* **II·** En anatomie. Ensemble des cavités sinueuses de l'oreille interne.

lac [lak] n. m. **1·** Grande nappe naturelle d'eau à l'intérieur des terres. → **étang, loch.** *Le lac Léman* ou *de Genève. Lac artificiel*, destiné à l'agrément ou à l'utilité. – Loc. fam. ***Tomber dans le lac*** : échouer. *Son projet est dans le lac.* **2·** Littér. Quantité considérable de liquide répandu. → **mare.** *Un lac de sang.* ▷ **lacustre**

lacer [lase] v. tr. < conjug. 3 > Attacher avec un lacet. → **attacher, lier.** *Lacer ses souliers.* ▶ **laçage** [lasaʒ] n. m. Action de lacer. *Le laçage d'une bottine.* ▶ **lacet** n. m. **1·** Cordon étroit, qu'on passe dans des œillets pour serrer un vêtement, attacher une chaussure. *Une paire de lacets. Serrer, nouer un lacet de soulier.* **2·** Succession d'angles aigus de part et d'autre d'un axe. → **zigzag.** *Les lacets d'un chemin de montagne.* **3·** Nœud coulant pour capturer le gibier. → **lacs, piège.** *Poser, tendre des lacets. Prendre des lièvres au lacet.* → **collet.**

lacérer [laseʀe] v. tr. < conjug. 6 > Mettre en lambeaux, en pièces. → **déchirer.** *Lacérer une affiche.* – Au p. p. adj. *Des vêtements lacérés.*

1 **lâche** [lɑʃ] adj. **1·** (Personnes) Qui manque de vigueur morale, de courage, recule devant le danger. → **pusillanime ; peureux, poltron.** / contr. courageux / – N. *Les dérobades d'un lâche.* → fam. **dégonflé. 2·** Qui est cruel sans risque. *Son lâche agresseur.* **3·** Qui porte la marque de la lâcheté. → **bas, méprisable, vil.** *Un lâche repentir.* ▶ **lâchement** adv. *Fuir lâchement. Ils l'ont lâchement assassiné.* ▶ **lâcheté** n. f. **1·** Manque de bravoure, de courage devant le danger. → **couardise, poltronnerie.** / contr. courage / *Fuir avec lâcheté.* – Passivité excessive. *Céder par lâcheté.* **2·** Manque de courage moral qui porte à profiter de l'impunité. *La lâcheté d'un tyran.* → **bassesse.** / contr. générosité / **3·** *(Une, des lâchetés)* Action, manière d'agir d'un lâche. → **bassesse, indignité.** *Être capable des pires lâchetés.*

1 **lâcher** [lɑʃe] v. < conjug. 1 > **I·** V. tr. **1·** Cesser de tenir. *Il lâcha son stylo, la main de son enfant. Lâche-moi, tu me fais mal.* Loc. *Lâcher prise*, abandonner. – Fam. Donner. *Il ne lâchera pas un sou. Il ne les lâche pas facilement*, il n'est pas généreux. **2·** Cesser de retenir, laisser aller (qqch., un animal). *Lâcher des pigeons, un ballon.* – *Lâcher du lest*.* **3·** Loc. *Lâcher la bride à un cheval*, la rendre plus lâche, moins tendue. → **relâcher.** – Fig. *Lâcher la bride à qqn*, le laisser plus libre. – Fam. *Lâcher le morceau*, tout avouer. **4·** Émettre brusquement et avec incongruité (des paroles, etc.). → **lancer.** *Il vient de lâcher une gaffe, une bêtise, une énormité.* **5·** Lancer (un animal) à la poursuite (de qqn, du gibier). *Lâcher les chiens après, sur le cerf.* **II·** V. tr. (Compl. personne) **1·** Laisser aller, partir (qqn). → **quitter.** *Il ne le lâche pas une minute, pas d'une semelle*, il reste avec lui. **2·** Distancer (un concurrent) dans une course. *Il vient de lâcher le peloton.* **3·** Fam. Abandonner brusquement. → **plaquer.** *Tu ne vas pas nous lâcher en plein travail !* **III·** V. intr. (Suj. chose) Se rompre, se détacher brusquement. → **casser, céder.** *Le nœud a lâché. Attention ! Ça va lâcher !* ▶ **lâchage** n. m. **1·** Action de lâcher (qqch.). **2·** Fam. Action d'abandonner (qqn). → **abandon.** ▶ 2 **lâche** adj. **1·** Qui n'est pas tendu. → **flasque, mou.** *Fil, ressort lâche.* – Qui n'est pas serré. *Vêtement lâche.* → **flottant, flou, vague. 2·** Qui manque d'énergie et de concision. *Style lâche et inexpressif.* / contr. concis, vigoureux / ▶ 2 **lâcher** n. m.

Action de lâcher (I, 2), seulement dans : *un lâcher de pigeons, de ballons.* ▶ **lâcheur, euse** n. Fam. Personne qui abandonne sans scrupule ses amis, son parti, etc. *Ne comptez pas sur lui, c'est un lâcheur.* ▷ ① **relâche,** ① **relâcher,** ② **relâcher**

lacis [lasi] n. m. invar. **1·** Réseau de fils entrelacés. *Un lacis de soie.* **2·** Littér. Réseau. *Un lacis de ruelles.* → **labyrinthe.**

laconique [lakɔnik] adj. Qui s'exprime en peu de mots. → **bref, concis.** / contr. prolixe / *Langage, réponse laconique. Style laconique.* → **lapidaire.** ▶ **laconiquement** adv. *Répondre laconiquement.* ▶ **laconisme** n. m. Littér. Manière de s'exprimer en peu de mots. → **brièveté, concision.** *Le laconisme d'un communiqué, de qqn.*

lacrymal, ale, aux [lakʀimal, o] adj. Qui a rapport aux larmes. *Glande lacrymale,* qui sécrète les larmes. ▶ **lacrymogène** adj. Qui fait pleurer (dans quelques expressions : *gaz lacrymogène, grenades lacrymogènes*).

lacs [lɑ] n. m. invar. Littér. Nœud coulant, lacet (3). ≠ lac. ▷ **délacer, enlacer, entrelacer, lacer, lacis**

lact(o)- Élément savant signifiant « lait ». ▶ **lactation** [laktɑsjɔ̃] n. f. Sécrétion et écoulement du lait, chez la femme et les femelles des mammifères. ▶ **lacté, ée** adj. **I· 1·** Qui a rapport au lait. *Sécrétion lactée.* **2·** Qui consiste en lait, qui est à base de lait. *Farine lactée. Régime lacté,* où l'on ne prend que du lait. **II·** *La Voie lactée :* bande blanchâtre et floue, constituée par un groupement d'étoiles et d'autres corps célestes, qu'on aperçoit dans le ciel pendant les nuits claires ; apparence de la galaxie où est le Soleil. ▶ **lactique** adj. *Acide lactique,* acide-alcool qui existe dans le lait aigri.

lacune [lakyn] n. f. Interruption involontaire et fâcheuse dans un texte, un enchaînement de faits ou d'idées. → **manque, omission.** *Remplir, combler une lacune. Des lacunes de mémoire.* → **trou.** *Il y a de graves lacunes dans ses connaissances.* → **ignorance, insuffisance.** ▶ **lacunaire** adj. Didact. Qui a des lacunes, incomplet. *Documentation lacunaire.*

lacustre [lakystʀ] adj. Qui se trouve, vit auprès d'un lac, dans un lac. *Plantes lacustres.* – *Cités, villages lacustres,* bâtis sur pilotis.

lad [lad] n. m. Jeune garçon d'écurie chargé de garder, de soigner les chevaux de course. *Des lads.*

ladite [ladit] → **dit.**

ladre [lɑdʀ] n. et adj. Littér. → **avare, grigou.** – Adj. *Elle est un peu ladre.* / contr. généreux / ▶ **ladrerie** n. f. Littér. Avarice sordide. *Il est d'une ladrerie sans nom.* / contr. générosité /

lagon [lagɔ̃] n. m. Petit lac d'eau salée entre la terre et un récif corallien. *Le lagon d'un atoll.*

lagune [lagyn] n. f. Étendue d'eau de mer, comprise entre la terre ferme et un cordon littoral (appelé *lido,* n. m.). *Venise est construite sur une lagune.*

lai [lɛ] n. m. Poème narratif ou lyrique, au Moyen Âge. *« Le Lai du chèvrefeuille » de Marie de France.*

laïc n. m., **laïque** [laik] adj. et n. f. **1·** (Chrétien) Qui ne fait pas partie du clergé. *Il est laïque. Juridiction laïque.* → **séculier.** – N. *Les laïcs.* **2·** Qui est indépendant de toute confession religieuse. *L'enseignement laïque* (opposé à *confessionnel*). *École laïque.* – N. f. Fam. *La laïque.* ▶ **laïciser** [laisize] v. tr. **1·** Rendre laïque. **2·** Organiser suivant les principes de la laïcité. *La Révolution française a laïcisé l'état civil.* ▶ **laïcisation** n. f. *Laïcisation de l'enseignement.* ▶ **laïcité** n. f. **1·** Caractère laïque. **2·** Principe de séparation de la société civile et de la société religieuse, les Églises n'ayant aucun pouvoir politique. *La laïcité de l'État.*

laid, laide [lɛ, lɛd] adj. **1·** Qui produit une impression désagréable en heurtant le sens esthétique. → **affreux, disgracieux, hideux, horrible, moche, repoussant, vilain.** / contr. beau / *Personne laide,* qui déplaît par ses imperfections physiques, surtout celles du visage. *Être laid comme un pou ; laid à faire peur,* très laid. – (Choses) *Cette ville est laide et triste.* **2·** Qui inspire le dégoût, le mépris moral. → **honteux, ignoble.** *Une action laide.* – Lang. enfantin. *C'est laid de fourrer ses doigts dans son nez !* → **vilain.** **3·** N. m. *Le laid.* → **laideur.** *Le laid et le beau.* ▶ **laidement** adv. *Maison laidement décorée.* ▶ **laideron** ou **laideronne** n. Jeune fille ou jeune femme laide. *Cette fille est un laideron.* – Adj. *Elle est un peu laideronne.* ▶ **laideur** n. f. **1·** (Au physique) Caractère, état de ce qui est laid. / contr. beauté / *Être d'une laideur repoussante.* → **hideur.** – (Choses) *Laideur d'un spectacle, d'un monument.* **2·** (Au moral) → **bassesse, turpitude.** *La laideur d'une action.* **3·** *(Une, des laideurs)* Chose ou action laide. *Les laideurs de la vie.* → **misère.** ▷ **enlaidir**

laie [lɛ] n. f. Femelle du sanglier. *La laie et ses marcassins.*

laine [lɛn] n. f. **1·** Matière souple provenant du poil de l'épiderme des moutons (et de quelques autres mammifères). *Laine brute ; cardée, peignée. Filer la laine. Tissage de la laine.* – *Laine des Pyré-*

nées, se dit d'un tissu de laine moelleux, duveté. *Laine à tricoter. Pelote de laine.* – *Vêtements en laine,* en tissu de laine, ou en laine tricotée. – Fam. *Une (petite) laine,* un vêtement de laine. → **lainage.** **2·** Produits fibreux fabriqués pour être utilisés comme la laine (en isolants, textiles). *Laine de verre.* ▶ **lainage** n. m. **1·** Étoffe de laine. *Robe de lainage. Gros lainage.* **2·** Vêtement de laine (tricotée, en général). *Prends un lainage pour sortir.* ▶ **laineux, euse.** adj. **1·** Qui est garni de laine, qui a beaucoup de laine. *Drap laineux, étoffe très laineuse.* – *Plante, tige laineuse,* couverte de duvet. **2·** Qui a l'apparence de la laine. *Cheveux laineux.* – *Mammouth laineux,* recouvert d'une toison de longs poils. ▶ **lainier, ière** adj. Relatif à la laine, matière première ou marchandise. *L'industrie lainière.*

laïque → **laïc.**

laisse [lɛs] n. f. Lien avec lequel on attache un chien (ou un autre animal) pour le mener. *Laisse de cuir.* – ***En laisse*** *:tenir, mener un chien en laisse.*

laissé, ée-pour-compte [lesepuʀkɔ̃t] adj. et n. **1·** Dont personne ne veut. *Marchandise laissée-pour-compte,* que le destinataire a refusée. **2·** Fig. Qu'on oublie, rejette, néglige. – N. *Des laissés-pour-compte.*

laisser [lese] v. tr. <conjug. 1> **I·** Ne pas intervenir. **1·** (+ infinitif) Ne pas empêcher de. → **consentir, permettre.** *Laisser partir qqn. Laisser faire qqn, le laisser agir. Laissez-moi faire.* – *Laisser voir son trouble,* le montrer. **2·** ***Se laisser*** (+ infinitif) : ne pas s'empêcher de, ne pas se priver de. – REM. Accord du p. p. *Elle s'est laissée tomber.* → **s'abandonner, se détendre.** *Se laisser aller à faire qqch. Se laisser aller.* – Ne pas empêcher qqn ou qqch. de faire qqch. sur soi. REM. Jamais d'accord du p. p. *Elle s'est laissé injurier. Se laisser mener par le bout du nez. Se laisser impressionner.* – *Se laisser faire,* n'opposer aucune résistance. Fam. (Choses) *Un vin qui se laisse boire, un film qui se laisse voir,* qu'on boit, voit sans déplaisir. **3·** (Avec un compl. déterminé) Maintenir (qqn, qqch.) dans un état, un lieu, une situation. → **garder.** *Laisser qqn debout. Laisser tranquille, laisser en paix,* ne pas importuner. *Cela me laisse indifférent.* **4·** Ne pas s'occuper de. *Laissez donc cela.* – Sans compl. *Laissez, c'est moi qui paie.* **5·** *Laisser... à,* maintenir avec ; ne pas priver de. *Laisser les enfants à leur mère. Laissez-lui le temps d'agir.* **6·** Ne pas supprimer. *Laisser des fautes dans un texte.* **II·** **1·** Ne pas prendre (ce qui se présente). *Manger les raisins et laisser les pépins.* Loc. *C'est à prendre ou à laisser,* il faut prendre la chose telle quelle ou pas du tout. **2·** ***Laisser à*** : ne pas prendre pour soi (afin qu'un autre prenne). → **réserver.** *Laissez-nous de la place. Il lui a laissé le plus gros morceau.* – Ne pas faire soi-même. *Laisser un travail à qqn.* – Loc. ***Laisser à penser, à juger*** : laisser (à qqn) le soin de penser, de juger par soi-même, ne pas expliquer. *Je vous laisse à penser ce que j'en pense.* **III·** Ne pas garder avec soi, pour soi. → **abandonner.** **1·** Se séparer de (qqn, qqch.). → **quitter.** *Adieu, je vous laisse.* – Quitter volontairement et définitivement. *Elle a laissé son mari.* → **lâcher.** **2·** Abandonner (qqch. de soi). → **perdre.** / contr. conserver, garder / *Laisser sa vie au combat. Y laisser sa (la) peau.* – (Choses) *Liquide qui laisse un dépôt. Cet accident lui a laissé une cicatrice. Il ne doit pas laisser de trace de son passage.* **3·** Remettre (qqch. à qqn) en partant. → **confier.** *Laisser sa clé à la gardienne. Laisser ses bagages à la consigne.* **4·** Vendre à un prix avantageux. → **céder.** *Je vous laisse ce tapis pour cent euros, à cent euros.* **5·** Donner (un bien, une somme) par voie de succession. *Laisser une maison à ses enfants.* → **léguer.** **IV·** Littér. ***Ne pas laisser de*** : ne pas cesser de (→ **manquer**). *Malgré leurs disputes, elles ne laissaient pas d'être amies,* elles n'en étaient pas moins amies. ▶ **laisser-aller** n. m. invar. **1·** Absence de contrainte. → **abandon, désinvolture.** **2·** Péj. Absence de soin. *Le laisser-aller de sa tenue.* → **débraillé.** *Le laisser-aller dans le travail.* → **négligence.** ▶ **laissez-passer** n. m. invar. Pièce autorisant une personne à circuler librement. *Montrez vos laissez-passer.* ▷ **délaisser, laissé-pour-compte**

lait [lɛ] n. m. **I·** **1·** Liquide blanc, opaque, très nutritif, sécrété par les glandes mammaires des femelles des mammifères. – *Cochon **de lait*** : qui tète encore. – *Frères, sœurs de lait,* enfants qui ont eu la même nourrice. **2·** Lait de quelques mammifères domestiques destiné à l'alimentation humaine. *Vache à lait,* vache laitière. *Ferment du lait non stérilisé.* → **lactique.** *Lait de chèvre. Lait écrémé.* – ***Petit-lait*** : ce qui reste du lait caillé en fromage ; liquide (sérum) qui s'écoule du fromage frais. Loc. *Boire du petit-lait,* éprouver une vive satisfaction d'amour-propre. – *Lait stérilisé, pasteurisé.* – Cet aliment traité pour la conservation. *Lait condensé* ou *concentré. Lait en poudre.* – *Café, chocolat **au lait**.* – Loc. *Monter comme une soupe au lait,* se mettre en colère. *Être soupe au lait,* se dit d'une personne qui se met facilement en colère. **II·** **1·** Suc blanchâtre (de végétaux). *Lait de coco, de soja.* **2·** Préparation d'apparence laiteuse. *Lait d'amande.* – *Lait de toilette, lait démaquillant.* ▶ **laitage** n. m. Le lait ou les substances alimentaires tirées du lait. *Aimer les laitages.* ▶ **laitance** ou **laite** n. f. Glandes mâles des poissons ; liquide laiteux qu'elles contiennent. ▶ **laiterie** n. f. 1· Lieu où s'effectuent la collecte et le traitement du lait, la fabrication du beurre. – Industrie laitière. 2· Vieilli. Magasin où l'on vend du lait, des produits laitiers (beurre, fromage) et des œufs. → **crémerie.** ▶ **laiteux, euse** adj. Qui a l'aspect, la couleur blanchâtre du lait. *Lumière laiteuse.* ▶ 1 **laitier, ière** n. et adj. 1· Personne qui vend du lait. → **crémier.** – Personne qui livre le lait (à domicile, chez les détaillants). 2· Adj. *Vache laitière,* élevée pour son lait. – N. f. *Une bonne laitière,* une vache qui produit beaucoup de lait. 3· Adj. Relatif au lait, matière première alimentaire. *Industrie, coopérative laitière. Produits laitiers.* ▷ **allaiter, tire-lait**

2 **laitier** n. m. Masse d'impuretés qui se forme à la surface des métaux en fusion.

laiton [lɛtɔ̃] n. m. Alliage de cuivre et de zinc. *Fil de laiton.*

laitue [lety] n. f. Salade à feuilles tendres. *Assaisonner une laitue. Cœurs de laitues.*

laïus [lajys] n. m. invar. 1· Fam. Allocution, discours. *Faire un laïus à la fin d'un banquet.* 2· Manière de parler, d'écrire, vague et emphatique. *Ce n'est que du laïus.* ▶ **laïusser** [lajyse] v. intr. < conjug. 1 > Fam. Faire des laïus.

1 **lama** [lama] n. m. Mammifère plus petit que le chameau et sans bosse, qui vit dans les régions montagneuses d'Amérique du Sud. → **vigogne.** *Tissu en poil, en laine de lama. Des lamas.*

2 **lama** n. m. Prêtre, moine bouddhiste au Tibet et chez les Mongols. *Grand lama* ou *dalaï-lama,* souverain spirituel et temporel du Tibet. ▶ **lamaïsme** [lamaism] n. m. Forme de bouddhisme (Tibet, Mongolie). ▶ **lamaïste** adj. et n.

lamantin [lamɑ̃tɛ̃] n. m. Mammifère aquatique herbivore, qui vit dans les fleuves tropicaux.

lambda [lɑ̃bda] n. m. invar. et adj. invar. 1· Lettre de l'alphabet grec (Λ, λ). 2· Adj. invar. Ordinaire, quelconque. *Le lecteur lambda. Des citoyens lambda.*

lambeau [lɑ̃bo] n. m. REM. Souvent au plur. 1· Morceau d'une étoffe déchirée. *Vêtements en lambeaux.* → **haillon.** 2· Morceau (de chair, de papier) arraché. *Une affiche en lambeaux.* 3· Abstrait. Fragment, partie détachée. *Des lambeaux de conversation parvenaient à mes oreilles.* → **bribe.**

lambin, ine [lɑ̃bɛ̃, in] n. et adj. Fam. Personne qui agit habituellement avec lenteur et mollesse. → **traînard.** *Quel lambin, toujours le dernier !* – Adj. Lent. *Elle est un peu lambine.* / contr. vif / ▶ **lambiner** v. intr. < conjug. 1 > Fam. Agir avec lenteur, mollesse. → **lanterner, traînasser.** *Revenez sans lambiner !*

lambourde [lɑ̃buʀd] n. f. Poutrelle supportant un parquet.

lambrequin [lɑ̃bʀəkɛ̃] n. m. Bordure à festons, garnie de franges, dans l'ameublement.

lambris [lɑ̃bʀi] n. m. invar. Revêtement décoratif de murs ou de plafond. *Lambris de bois, de marbre. Lambris dorés* (d'un palais, d'un monument). ▶ **lambrisser** v. tr. < conjug. 1 > Revêtir (les murs) de lambris. – Au p. p. adj. *Salon lambrissé.*

1 **lame** [lam] n. f. 1· Bande plate et mince d'une matière dure (métal, verre, bois). *Lames de parquet.* 2· Fer (d'un instrument tranchant, d'un outil servant à couper, gratter, tailler). *Lame de ciseau, de poignard, de scie. Couteau de poche à lame rentrante.* – Loc. *Visage en lame de couteau,* maigre et très allongé. – *Lame d'épée.* Loc. *Une fine lame,* un bon escrimeur. 3· *Lame (de rasoir),* petit rectangle d'acier mince tranchant qui s'adapte à un rasoir mécanique. ▶ **lamé, ée** adj. et n. m. Se dit d'un tissu où entre un fil entouré de métal. *Tissu lamé or.* – N. m. *Une robe de lamé.* ▶ **lamelle** n. f. Petite lame très mince. *Lamelle de verre pour examen microscopique.* ▶ **lamellibranches** n. m. pl. En zoologie. Classe de mollusques aux branchies en forme de lamelles (ex. : *moule, pétoncle*).

2 **lame** n. f. Ondulation de la mer sous l'action du vent. → **vague.** *Crête, creux d'une lame. Lame de fond,* provenant d'un phénomène sous-marin. ▷ **brise-lames**

lamentable [lamɑ̃tabl] adj. 1· Mauvais au point d'attrister. → **pitoyable.** *Résultats lamentables. Un film lamentable.* 2· Littér. Qui exprime une lamentation, une plainte. *Voix, ton lamentable.* / contr. réjouissant ; joyeux / ▶ **lamentablement** adv. *Échouer lamentablement.*

se **lamenter** [lamɑ̃te] v. pron. < conjug. 1 > Se plaindre longuement. → **gémir.** *Se lamenter sur son sort.* / contr. se réjouir / ▶ **lamentation** n. f. 1· Plainte exprimée de manière sonore et prolongée. – *Le mur des Lamentations,* vestige du temple de Jérusalem devant lequel les juifs viennent prier. 2· Souvent au plur. Suite de paroles exprimant le regret douloureux, la récrimination. *Se répandre en lamentations continuelles.* → **jérémiade.**

lamento [lamɛnto] n. m. Air triste et plaintif, chant de douleur. *Des lamentos.*

laminer [lamine] v. tr. < conjug. 1 > **1·** Comprimer fortement (une masse métallique) en feuilles, lames ou en barres minces. – Au p. p. adj. *Acier, fer laminé.* **2·** Diminuer (qqch.) jusqu'à l'anéantissement. *Laminer les bénéfices.* ▶ **laminage** n. m. Opération consistant à laminer un métal. *Laminage à chaud, à froid.* ▶ **lamineur, euse** n. ▶ **laminoir** n. m. Machine composée de deux cylindres d'acier tournant en sens inverse entre lesquels on fait passer le métal à laminer. *Trains de laminoirs.* – Fig. Loc. *Passer au laminoir,* être soumis à de rudes épreuves.

lampadaire [lɑ̃padɛʀ] n. m. Appareil d'éclairage électrique monté sur un haut support. *Abat-jour de lampadaire.*

lampant, ante [lɑ̃pɑ̃, ɑ̃t] adj. *Pétrole lampant,* raffiné pour l'éclairage.

lampe [lɑ̃p] n. f. **1·** Récipient contenant un liquide ou un gaz combustible destiné à produire de la lumière. *Lampes à huile.* → **quinquet.** *Lampe à pétrole, à gaz.* – *Lampe-tempête,* dont la flamme est protégée du vent. **2·** Appareil d'éclairage par l'électricité. *Ampoule, douille d'une lampe. Lampe au néon. Lampe témoin,* qui signale la mise en marche, le fonctionnement d'un appareil. – Ensemble constitué par la source lumineuse et l'appareillage. *Lampe de bureau, de chevet. Lampe de poche,* à pile. **3·** ***Lampe à souder :*** dont le combustible est destiné à produire de la chaleur, pour le soudage. **4·** Tube électronique ne servant pas à l'éclairage. *Lampe de radio.* **5·** Fam. *S'en mettre **plein la lampe** :* manger et boire abondamment. ▷ **cul-de-lampe, lampadaire, lampant, lampion, lampiste**

lamper [lɑ̃pe] v. tr. < conjug. 1 > Boire d'un trait ou à grandes gorgées. ▶ **lampée** n. f. Fam. Grande gorgée de liquide avalée d'un trait. *Boire à grandes lampées.*

lampion [lɑ̃pjɔ̃] n. m. **1·** Autrefois. Godet contenant une matière combustible et une mèche. **2·** Lanterne vénitienne. *Les lampions du 14 Juillet.*

lampiste [lɑ̃pist] n. m. **1·** Personne chargée de l'entretien des lampes, de l'éclairage. *Lampiste d'un théâtre, d'une gare.* **2·** Subalterne au poste le plus modeste, et à qui on fait souvent endosser injustement les responsabilités.

lamproie [lɑ̃pʀwa(ɑ)] n. f. Poisson au corps cylindrique, ayant l'apparence d'une anguille.

lance [lɑ̃s] n. f. **I·** Arme à longue hampe terminée par un fer pointu. → **javelot, pique.** *Coup de lance.* – Loc. Littér. *Rompre une lance, des lances avec* ou *contre qqn,* soutenir une discussion. – Loc. ***En fer de lance :*** en forme de feuille allongée et pointue. **II·** *Lance à eau,* pièce métallique à l'extrémité d'un tuyau de pompe ou d'arrosage, servant à diriger le jet. *Lances d'incendie.* ▶ **lancette** n. f. Petit instrument de chirurgie utilisé pour les petites incisions. ▷ **lancer, lancier**

1 **lancer** [lɑ̃se] v. tr. < conjug. 3 > **I· 1·** Envoyer loin de soi (généralement dans une direction déterminée). → **jeter, projeter.** *Lancer des pierres. Lancer le disque, le javelot. Lancer une balle à qqn.* – (À l'aide d'un dispositif, d'un engin) *Lancer des flèches, une fusée.* **2·** Faire sortir de soi, avec force, avec vivacité. → **émettre.** *Volcan qui lance des cendres. Ses yeux lancent des éclairs.* – Faire mouvoir avec rapidité dans une certaine direction. *Lancer les bras en avant, lancer un coup de pied.* – Envoyer dans la direction de qqn. *Lancer un clin d'œil.* **3·** Envoyer sans ménagement à l'adresse de qqn. *Lancer des injures. Lancer un ultimatum.* **4·** Faire partir impétueusement. *Lancer son cheval. Lancer des soldats à l'assaut.* **5·** Mettre en mouvement. *Lancer un moteur.* **6·** Fam. Engager (qqn) dans un sujet de conversation. – Au p. p. adj. *Le voilà lancé, il ne s'arrêtera plus.* **7·** Pousser (qqn, qqch.) en faisant connaître, en mettant en valeur, en crédit. *Lancer un artiste, une idée.* – *Être lancé,* en vogue. **8·** Employer tous les moyens publicitaires propres à mettre en train (une affaire), à mettre en circulation et à faire connaître (un produit). *Lancer une marque. Lancer la mode,* en être le promoteur. **II·** ***Se lancer*** v. pron. **1·** Se jeter, s'élancer. → se **précipiter.** *Elle se lança dans le vide.* **2·** S'engager hardiment. *Se lancer dans de grosses dépenses. Elle s'est lancée dans de longues études.* **3·** Se faire connaître dans le monde. ▶ **lancée** n. f. Élan de ce qui est lancé, vitesse acquise. *Courir sur sa lancée.* – Abstrait. *Continuer sur sa lancée,* poursuivre une action en utilisant l'élan initial. ▶ **lance-flammes** n. m. invar. Engin de combat servant à projeter des liquides enflammés. ▶ **lance-fusées** ou **lance-roquettes** n. m. invar. Dispositif de guidage et de lancement de projectiles autopropulsés. → **bazooka.** ▶ **lance-grenades** n. m. invar. Engin servant à lancer des grenades. ▶ **lancement** n. m. **1·** Action de lancer, de projeter. *Lancement du javelot.* – Projection d'un corps au moyen d'un dispositif de propulsion. *Lancement d'une fusée. Rampe de lancement.* **2·** *Lancement d'un navire,* mise à l'eau. **3·** Action de lancer (8). *Le lancement d'un chanteur, d'une entreprise, d'un produit. Le lancement d'un roman. Le lancement d'un emprunt.* ▶ **lance-missiles** n. m. invar. Engin servant à lancer des missiles. → **lanceur.** ▶ **lance-**

pierres n. m. invar. Petite fronde d'enfant. *Des lance-pierres.* – Loc. fam. *Manger avec un lance-pierres,* vite et peu. ▶ **lance-roquettes** n. m. invar. Engin portatif d'infanterie servant à lancer des roquettes. ▶ **lance-satellites** n. m. invar. Lanceur de satellites artificiels. ▶ **lance-torpilles** n. m. invar. Dispositif aménagé à bord d'un sous-marin ou d'un navire de guerre pour le lancement des torpilles. ▶ **lanceur, euse** n. **1**· Personne qui lance (qqch.). – Athlète spécialisé dans les lancers. *Lanceur de javelot. Lanceuse de poids.* **2**· N. m. Fusée chargée d'envoyer un véhicule spatial, de le faire échapper à l'attraction terrestre. – *Lanceur de missiles, de satellites.* → **lance-missiles, lance-satellites.** ▷ **élancer, relancer**

2 **lancer** n. m. **1**· *Lancer* ou *pêche au lancer,* pêche à la ligne, qui consiste à lancer au loin un leurre qu'on ramène à soi au moyen d'un moulinet. *Prendre une truite au lancer.* **2**· Épreuve d'athlétisme consistant à lancer le plus loin possible un poids, un disque, un javelot ou un marteau.

lancier [lɑ̃sje] n. m. Autrefois. Soldat armé d'une lance. – Loc. *Quadrille des lanciers,* ancienne danse à quatre.

lanciner [lɑ̃sine] v. <conjug. 1> Littér. **1**· V. intr. (Douleur) Donner des élancements douloureux. **2**· V. tr. Tourmenter de façon lancinante. *Une idée le lancine depuis des jours.* ▶ **lancinant, ante** adj. **1**· Qui se fait sentir par des élancements aigus. *Douleur lancinante.* **2**· Qui obsède. *Regrets lancinants. Une musique lancinante.*

land [lɑ̃d], plur. **länder** [lɛndœʀ] n. m. État fédéré de l'Allemagne unie. *Le land de Bavière.*

landau [lɑ̃do] n. m. **1**· Ancienne voiture à cheval à quatre roues, à capote formée de deux soufflets pliants. **2**· Voiture d'enfant à caisse suspendue. *Des landaus.*

lande [lɑ̃d] n. f. Étendue de terre où ne croissent que certaines plantes sauvages (ajonc, bruyère, genêt, etc.). → **garrigue, maquis.** *Lande bretonne.*

landerneau [lɑ̃dɛʀno] n. m. Milieu étroit et fermé. – De l'expression *ça fera du bruit dans Landerneau* (ville de Bretagne).

langage [lɑ̃gaʒ] n. m. **I**· **1**· Fonction d'expression de la pensée et de communication entre les hommes, mise en œuvre par la parole ou par l'écriture. *Étude du langage.* → **linguistique.** *Le langage et les langues* 2. **2**· Tout système de signes permettant la communication. *Langage chiffré. Langage des animaux.* – Informatique. Ensemble codé de signes utilisé pour la programmation. *Langage de programmation. Langage de structuration de données* (ex. : XML). *Langage machine,* avec lequel on donne des instructions à un ordinateur. **II**· Façon de s'exprimer propre à un groupe ou à un individu. → 2 **langue.** *Langage courant, parlé, littéraire. Langage administratif, technique. Son langage ne me plaît pas,* ce qu'il dit, sa façon de le dire. ▶ **langagier, ière** adj. Relatif à l'usage du langage. *Habitudes langagières.*

lange [lɑ̃ʒ] n. m. Carré de laine ou de coton dont on emmaillotait un bébé. – Loc. *Dans les langes,* dans l'enfance. ▶ **langer** v. tr. <conjug. 3> Envelopper (un bébé) d'un lange, de langes.

langoureux, euse [lɑ̃guʀø, øz] adj. Qui manifeste une mélancolie sentimentale, de la langueur (2). → **alangui, languide.** *Prendre une pose langoureuse. Air, regard langoureux.* ▶ **langoureusement** adv. *Les amoureux se regardaient langoureusement.*

langouste [lɑ̃gust] n. f. Grand crustacé marin comestible, sans pinces aux pattes antérieures. ≠ homard. *Pêcher la langouste. Langouste à l'américaine.* ▶ **langoustier** n. m. Bateau équipé pour la pêche à la langouste. ▶ **langoustine** n. f. Petit crustacé marin aux longues pinces.

1 **langue** [lɑ̃g] n. f. **I**· **1**· Organe charnu, musculeux, allongé et mobile, placé dans la bouche. *Avoir la langue blanche, chargée, sèche. Se brûler la langue.* – *Tirer la langue à qqn,* pour le narguer. – Abstrait. *Tirer la langue,* avoir soif, être dans le besoin. – Langue comestible de certains animaux. *Langue de bœuf à la tomate.* **2**· L'organe de la parole. – Loc. *Avoir la langue bien pendue,* être bavard. – *Ne pas avoir la, sa langue dans sa poche,* parler avec facilité, répliquer. *Avoir la langue trop longue ; ne pas savoir tenir sa langue,* être indiscret. *Se mordre la langue,* se retenir de parler, ou se repentir d'avoir parlé. *Donner sa langue au chat,* renoncer à deviner. *Tourner sept fois sa langue dans sa bouche avant de parler,* réfléchir avant de parler. – *Une mauvaise langue, une langue de vipère,* une personne médisante. *Elle est très mauvaise langue.* **II**· **1**· Chose en forme de langue. *Langue de feu,* flamme allongée. *Langue de terre,* bande de terre allongée et étroite. **2**· *Langue-de-chat :* petit gâteau sec. *Des langues-de-chat.* ▶ **languette** n. f. Objet plat et allongé. *Languette d'une chaussure.*

2 **langue** n. f. **1**· Système d'expression et de communication, commun à un groupe social (communauté linguistique). → **idiome ; dialecte, parler, patois.** *Lexique et syntaxe d'une langue. Étude des langues.* → **linguistique.** *Langues romanes, germaniques, slaves (indo-européennes).*

Langues mortes, vivantes. – *Pratique d'une langue. Parler, savoir plusieurs langues.* → **bilingue, trilingue.** **2·** Langage parlé ou écrit spécial à certaines matières ou certains milieux. *Langue familière, littéraire. Langue verte.* → **argot.** **3·** Façon de s'exprimer par le langage. *La langue de cet écrivain est riche en images.* – Loc. *Langue de bois,* discours figé, stéréotypé (le discours politique notamment). ▷ **langage**

langueur [lɑ̃gœʀ] n. f. **1·** Vieilli. État d'un malade dont les forces diminuent lentement. → **abattement, affaiblissement, dépérissement ; languir.** *Maladie de langueur.* **2·** Mélancolie douce et rêveuse. *Langueur amoureuse.* → **langoureux.** / contr. ardeur, chaleur / **3·** Manque d'activité ou d'énergie. → **apathie, indolence.** / contr. vivacité / ▷ **langoureux**

languide [lɑ̃gid] adj. Littér. Languissant, langoureux. *Elle a des yeux languides.*

languir [lɑ̃giʀ] v. intr. < conjug. 2 > **1·** (Personnes) Manquer d'activité, d'énergie (→ **langueur**). *Languir dans l'inaction.* – (Choses) Manquer d'animation, d'entrain. *La conversation languit.* **2·** Attendre qqch. avec impatience. *Je languis après ta prochaine visite.* → **soupirer.** *Dépêche-toi, tu nous fais languir !* – Région. *Se languir de* (qqn, qqch.). ▶ **languissant, ante** adj. **1·** Littér. ou plaisant. Qui exprime la langueur amoureuse. *Un regard languissant.* **2·** Qui manque d'énergie, d'entrain. *Un récit ennuyeux et languissant.* → **morne.** ▷ **alanguir**

lanière [lanjɛʀ] n. f. Longue et étroite bande (de cuir, etc.). → **courroie.** *Lanière de fouet.* – *Découper en lanières.*

lanoline [lanɔlin] n. f. Substance onctueuse utilisée dans la préparation des pommades, crèmes. *Savon à la lanoline.*

① **lanterne** [lɑ̃tɛʀn] n. f. **1·** Boîte à parois ajourées, translucides ou transparentes, où l'on place une source de lumière → **falot, fanal.** *Lanternes vénitiennes,* en papier de couleur, servant aux illuminations. → **lampion** (2). – *Lanterne rouge,* à l'arrière du dernier véhicule d'un convoi. Fig. *La lanterne rouge,* le dernier (d'un classement, d'une file). **2·** Loc. *Prendre des vessies pour des lanternes,* commettre une grossière méprise. **3·** Appareil de projection. – *Lanterne magique :* qui projetait des images peintes. Loc. *Éclairer la lanterne de qqn,* lui fournir les explications nécessaires pour qu'il comprenne.

② **lanterne** n. f. En architecture. Dôme vitré éclairant par en haut un édifice. – Tourelle ajourée surmontant un dôme. ▶ **lanternon** ou **lanterneau** n. m. Petite lanterne au sommet d'une coupole ; cage vitrée au-dessus d'un escalier, d'un atelier.

lanterner [lɑ̃tɛʀne] v. intr. < conjug. 1 > **1·** Perdre son temps en s'amusant à des riens. → **lambiner, musarder, traîner.** **2·** *Faire lanterner qqn,* le faire attendre.

lapalissade [lapalisad] n. f. Affirmation évidente qui prête à rire (par ex. : *s'il est malade, c'est qu'il n'est pas en bonne santé*). *Dire des lapalissades.*

laparoscopie [lapaʀɔskɔpi] n. f. En médecine. Exploration endoscopique de la cavité abdominale.

laper [lape] v. tr. < conjug. 1 > (Animal) Boire à coups de langue. *Chat qui lape du lait.* – Intransitivement. *Le chien lapait bruyamment.* ▶ **lapement** n. m. Action de laper ; bruit ainsi produit.

lapereau [lapʀo] n. m. Jeune lapin. *Des lapereaux.* ≠ levraut.

① **lapidaire** [lapidɛʀ] n. Artisan qui taille, grave les pierres précieuses. – Commerçant en pierres précieuses autres que le diamant.

② **lapidaire** adj. Littér. Qui évoque par sa concision et sa vigueur le style des inscriptions sur pierre. → **concis, laconique.** *Formules lapidaires.* / contr. verbeux /

lapider [lapide] v. tr. < conjug. 1 > Attaquer, poursuivre ou tuer à coups de pierres. *Se faire lapider.* ▶ **lapidation** n. f. Action de lapider. *La lapidation de saint Étienne.*

lapilli [lapi(l)li] n. m. pl. Petites pierres poreuses projetées par les volcans en éruption.

① **lapin** [lapɛ̃] n. m. **1·** Petit mammifère à longues oreilles, très prolifique. *Femelle* → **lapine**, *petit* → **lapereau** *du lapin. Lapin de garenne,* vivant en liberté. *Lapin domestique.* – Loc. *Courir comme un lapin,* courir très vite. – Sa chair comestible. *Lapin en civet. Pâté de lapin.* **2·** Fourrure de cet animal. *Manteau de lapin.* **3·** Loc. fam. *Un chaud, un sacré lapin,* un homme porté sur les plaisirs sexuels. **4·** Terme d'affection (pour les deux sexes). *Sois gentil, mon petit lapin.* ▶ **lapine** n. f. Femelle du lapin. – Loc. fig. *Une mère lapine,* une femme très féconde.

② **lapin** n. m. *Poser un lapin,* ne pas venir au rendez-vous qu'on a donné.

lapis-lazuli [lapislazyli] n. m. Pierre d'un beau bleu d'azur ou d'outremer. *Des lapis-lazulis.*

laps [laps] n. m. invar. *Laps de temps :* espace de temps. *Il a attendu un laps de temps assez long.*

lapsus [lapsys] n. m. invar. Emploi involontaire d'un mot pour un autre, en langage parlé ou écrit. *Faire un lapsus, des lapsus.*

laquais [lakɛ] n. m. invar. Autrefois. Valet portant la livrée. *Les laquais d'un grand seigneur.*

laque [lak] n. **I·** N. f. **1·** Matière résineuse d'un rouge brun extraite d'arbres d'Extrême-Orient. **2·** Vernis chimique, transparent, coloré. **3·** Produit que l'on vaporise sur les cheveux pour les fixer. *Une bombe de laque.* **II· 1·** N. m. ou f. Vernis préparé avec la résine d'arbre à laque. *Meuble de laque.* **2·** N. m. Objet d'art en laque. *Un beau laque.* ▶ **laquer** v. tr. < conjug. 1 > **1·** Enduire de laque. *Laquer un meuble de bois blanc.* **2·** Vaporiser de la laque (I, 3). ▶ **laqué, ée** adj. **1·** Enduit de laque. *Bibelot laqué.* **2·** Fixé par de la laque. *Cheveux laqués.* **3·** *Canard laqué,* badigeonné pendant la cuisson d'une sauce composée des quatre-épices, de sauce de soja et de miel. ▶ **laquage** n. m. *Laquage d'un meuble.*

laquelle [lakɛl] pronom relatif. → **lequel.**

larbin [laʀbɛ̃] n. m. **1·** Fam. et péj. Domestique. *Fais les choses toi-même ! je ne suis pas ton larbin.* **2·** Individu servile.

larcin [laʀsɛ̃] n. m. Littér. Petit vol commis furtivement et sans violence. *Commettre un larcin.*

lard [laʀ] n. m. **1·** Graisse ferme formant une couche épaisse dans le tissu sous-cutané du porc. – Cette graisse employée dans l'alimentation. *Lard gras, maigre. Lard fumé. Bardes de lard.* **2·** Fam. Graisse de l'homme. *Se faire du lard,* engraisser ; fainéanter. – Fam. *Un gros lard,* un homme gros et gras. **3·** ***Tête de lard :*** qui a la tête dure, ne veut pas obéir. ▶ 1 **larder** v. tr. < conjug. 1 > Garnir (une pièce de viande) de lardons. ▶ **lardon** n. m. **1·** Morceau de lard (pour la cuisine). **2·** Fam. Petit enfant. *Elle est venue avec ses deux lardons.* ▷ **entrelarder**

2 **larder** v. tr. < conjug. 1 > **1·** Piquer à plusieurs reprises. *Larder qqn de coups de couteau.* **2·** Entremêler. *Larder un texte de citations.* → **truffer.**

lare [laʀ] n. m. Chez les Romains. Esprit tutélaire chargé de protéger la maison, la cité.

largable [laʀgabl] adj. Qui peut être largué (d'un avion, d'un véhicule spatial). *Cabine largable.*

largage [laʀgaʒ] n. m. Action de larguer. *Le largage du satellite.*

large [laʀʒ] adj., n. m. et adv. **I·** Adj. **1·** Qui a une étendue supérieure à la moyenne dans le sens de la largeur. *Large avenue. Un homme large de carrure.* / contr. étroit / **2·** ***Large de :*** qui a une largeur de. *Ici, le fleuve est large de cent mètres.* **3·** (Vêtement) Qui n'est pas serré. → **ample, lâche.** / contr. étroit / *Jupe large.* **4·** Étendu, vaste. *Décrire un large cercle.* **5·** Qui a une grande importance. → **considérable, important.** *Faire une large part à qqch.* **6·** (Personnes ; idées) Qui n'est pas borné. *Esprit, idées larges. Large d'idées,* libéral. / contr. mesquin / *Conscience large,* sans rigueur morale. / contr. strict / **7·** Qui ne se restreint pas dans ses dépenses. *Vie large.* → **aisé.** – *Vous n'avez pas été très large,* très généreux. **II·** N. m. **1·** ***De large :*** de largeur. *Deux mètres de large.* **2·** Loc. *Il m'a tout expliqué* ***en long et en large :*** dans tous les sens (fam. de toutes les façons). *Se promener de long en large,* dans les deux sens en faisant le même trajet. **3·** *Être* ***au large :*** avoir beaucoup de place ; abstrait, être dans l'aisance. **4·** La haute mer. *Gagner le large, aller au large. Vers le large.* – Loc. fam. *Prendre le large,* s'en aller, s'enfuir. **III·** Adv. **1·** D'une manière ample. *Habiller large,* de vêtements larges. **2·** D'une manière peu rigoureuse. *Calculer large. Voir large,* voir grand. **3·** Loc. *Il n'en mène pas large,* il a peur. ▶ **largement** adv. **1·** Sur une grande largeur, un large espace. *Col largement ouvert.* – *Idée largement répandue,* abondamment. / contr. peu / **2·** Sans compter, sans se restreindre. *Donner largement.* **3·** En calculant large. *Il est parti il y a largement une heure,* au moins une heure. *Un billet largement périmé,* depuis longtemps. ▶ **largesse** n. f. Souvent au plur. Don généreux (→ **large,** I, 7). *Faire des largesses.* ▶ **largeur** n. f. **1·** La plus petite dimension d'une surface (opposé à *longueur*), la dimension moyenne d'un volume (opposé à *longueur* et *hauteur*) ou dimension horizontale parallèle à la ligne des épaules (opposé à *hauteur*, et à *profondeur* ou *épaisseur*) ; son étendue. *Largeur d'un tronc d'arbre.* → **diamètre, grosseur.** *Largeur des épaules.* → **carrure.** *Sur toute la largeur de la rue.* – Loc. fam. *Il se trompe dans les grandes largeurs,* grandement, complètement. **2·** Caractère de ce qui n'est pas borné, restreint. *Largeur d'esprit, de vues.* ▷ **élargir**

largo [laʀgo] adv. et n. m. Terme de musique. Avec un mouvement lent et ample, majestueux. – N. m. Mouvement joué largo. *Des largos.*

larguer [laʀge] v. tr. < conjug. 1 > **1·** Lâcher ou détacher (un cordage). *Larguer les amarres.* **2·** Lâcher, laisser tomber (d'un avion, d'un véhicule spatial). *Larguer des parachutistes.* **3·** Fam. Abstrait Se débarrasser de (qqch., qqn). *Elle a largué son petit ami.* → **abandonner.** ▷ **largable, largage**

larme [laʀm] n. f. **1·** Goutte d'eau salée qui coule des yeux sous l'effet d'une douleur, d'une émotion. → **pleur.** *Pleurer à chaudes larmes,* abondamment. *Fondre en larmes. Avoir les larmes aux yeux. Des yeux pleins de larmes. Être au bord des larmes,* prêt à pleurer. – Loc. *Avoir toujours la larme à l'œil,* montrer une sensibilité excessive. *Avec des larmes dans la voix,* une voix émue. – Fam. *Larmes de crocodile,* hypocrites. **2·** Au plur. Littér. Affliction, chagrin. *Cette vallée de larmes,* le monde terrestre. **3·** Fam. Très petite quantité (de liquide). *Une larme de cognac.* → **goutte.** ▶ **larmoyer** [laʀmwaje] v. intr. < conjug. 8 > **1·** Laisser couler ses larmes. *Ses yeux larmoient.* **2·** Pleurnicher, se lamenter. *Arrêtez donc de larmoyer.* ▶ **larmoiement** [laʀmwamɑ̃] n. m. **1·** Écoulement continuel de larmes. **2·** Pleurnicherie. ▶ **larmoyant, ante** adj. **1·** Qui larmoie. *Des yeux larmoyants.* **2·** D'une sensiblerie extrême. *Un mélo larmoyant.*

larron [laʀɔ̃] n. m. **1·** Vx. Voleur. *Le bon, le mauvais larron,* crucifiés en même temps que le Christ. **2·** Loc. *Ils s'entendent comme larrons en foire,* à merveille (comme des voleurs de connivence). – Prov. *L'occasion fait le larron.*

larsen [laʀsɛn] n. m. Oscillations parasites qui perturbent la diffusion du son par haut-parleurs. Syn. : **effet Larsen** (nom d'un physicien).

larve [laʀv] n. f. **1·** Forme embryonnaire des insectes, caractérisée par une vie libre menée hors de l'œuf. *Larves d'insectes.* → **asticot, chenille, ver.** *Métamorphose d'une larve en chrysalide.* **2·** Péj. et fam. Personne molle, sans énergie. *C'est une larve, ce gros paresseux !* ▶ **larvaire** adj. **1·** Propre aux larves. *Forme, état larvaire.* **2·** Abstrait. À l'état d'ébauche. → **embryonnaire.** *Des idées, à peine ébauchées, à l'état larvaire.* ▶ **larvé, ée** adj. **1·** Se dit d'une maladie qui se manifeste par des symptômes atténués. **2·** Qui n'éclate pas, n'« éclot » pas. *Révolution, guerre larvée.*

laryng(o)- Élément savant signifiant « larynx ». ▶ **laryngé, ée** adj. Du larynx. *Nerf laryngé.* ▶ **laryngologie** [laʀɛ̃gɔlɔʒi] n. f. Anatomie et pathologie du larynx. ▶ **laryngologue** ou **laryngologiste** n. Spécialiste en laryngologie. *Oto-rhino-laryngologiste* (abrév. O. R. L.). ▶ **laryngite** n. f. Inflammation du larynx (cour. *mal de gorge*). ▷ **oto-rhino-laryngologie**

larynx [laʀɛ̃ks] n. m. invar. Organe essentiel de la phonation occupant la partie moyenne et antérieure du cou. → **glotte.** *Affections du larynx.* ≠ pharynx. ▷ **laryng(o)-**

① **las, lasse** [lɑ, lɑs] adj. **1·** Qui éprouve une sensation de fatigue générale et vague. → **faible, fatigué ; lassitude.** *Se sentir las. Être très las. Avoir les jambes lasses.* **2·** Littér. ***Las de*** : fatigué et dégoûté de. *Las de tout.* – (+ infinitif) *Il est las d'attendre.* ▷ **délasser, inlassable, lasser**

② **las** [las] interj. Vx. Hélas.

lasagne [lazaɲ] n. f. Pâte en forme de large ruban ondulé. – Plat préparé avec ces pâtes, du fromage, de la sauce tomate. *Des lasagnes au four.*

lascar [laskaʀ] n. m. Fam. **1·** Vieilli. Homme brave, décidé. → **gaillard. 2·** Homme malin, ou qui fait le malin. *C'est un drôle de lascar.* **3·** Jeune des banlieues vivant de petits trafics. → **racaille.**

lascif, ive [lasif, iv] adj. **1·** Littér. Fortement enclin aux plaisirs amoureux. → **sensuel, voluptueux. 2·** Empreint d'une grande sensualité. → **impur, lubrique.** *Danse lascive. Regards lascifs.* ▶ **lascivement** adv. *Danser lascivement.*

laser [lazɛʀ] n. m. En physique. Amplificateur de radiations lumineuses permettant d'obtenir des faisceaux de grande puissance. *Emploi du laser dans le traitement du cancer.* – En appos. *Rayon laser. Une platine laser. Disque laser.* → **C. D.**

lasser [lase] v. tr. < conjug. 1 > (→ **las**) **1·** Fatiguer en ennuyant. *Lasser son auditoire.* **2·** Décourager, rebuter. *Lasser la patience de qqn.* **3·** Pronominalement (réfl.). ***Se lasser de*** : devenir las de. *On se lasse de tout.* – (+ infinitif) *On ne se lasse pas de l'écouter. Sans se lasser,* inlassablement. ▶ **lassant, ante** adj. Qui lasse. *Répétitions lassantes. Vous commencez à devenir lassant.* ▶ **lassitude** n. f. **1·** État d'une personne lasse. → **fatigue.** *Se traîner avec lassitude.* **2·** Abattement mêlé d'ennui, de découragement. *Il accepta par lassitude.*

lassi [lasi] n. m. Boisson indienne à base de yaourt battu dans de l'eau. *Des lassis salés, sucrés.*

lasso [laso] n. m. Longue corde à nœud coulant servant à attraper les chevaux sauvages, le bétail. *Des lassos.*

lastex [lastɛks] n. m. invar. Fil de caoutchouc *(latex)* recouvert de fibres textiles.

lasure [lazyʀ] n. f. Produit qui protège et décore le bois sans en masquer les veines. ▶ **lasurer** v. tr. < conjug. 1 >

latent, ente [latɑ̃, ɑ̃t] adj. Qui demeure caché, ne se manifeste pas. → **secret.** *Demeurer à l'état latent.* – *Maladie latente,* qui ne s'est pas encore déclarée. ▶ **latence** n. f. État de ce qui est latent. – *Temps de latence* (entre le stimulus et la réaction qu'il provoque).

latéral, ale, aux [lateʀal, o] adj. Qui appartient au côté ; situé sur le côté de qqch. *Partie latérale. Chapelle, nef latérale.* → **collatéral.** ▶ **latéralement** adv. De côté, sur le côté. ▶ **latéralisé, ée** adj. *Personne bien (mal) latéralisée,* dont la prépondérance droite ou gauche dans l'utilisation de certains organes pairs (main, pied, œil) est bien (mal) établie. ▷ **bilatéral, collatéral, unilatéral**

latérite [lateʀit] n. f. Roche jaspée rouge.

latex [latɛks] n. m. invar. **1·** Liquide visqueux, d'aspect laiteux, qui circule dans le corps de certains végétaux (surtout l'hévéa). → **caoutchouc. 2·** *Matelas, gants en latex,* en matière élastique (formée par la coagulation du latex, 1).

latin, ine [latɛ̃, in] adj. et n. **I·** Adj. **1·** Des provinces ou des peuples soumis à la domination de Rome. → **romain.** *Les peuples latins* et, n., *les Latins.* – De la langue latine. *Déclinaisons latines. Version latine.* – *Le **Quartier latin** :* quartier de Paris où se trouvent des facultés. **2·** D'origine latine. → **roman.** *Les langues latines* (italien, français, etc.). *Amérique latine,* où l'on parle des langues issues du latin (espagnol, portugais). – N. *Les Latins,* les peuples de langue romane. **II·** N. m. La langue latine. *Latin classique ; bas latin, latin populaire. Mot qui vient du latin.* – *Latin de cuisine,* mauvais latin. – Loc. *Y perdre son latin,* n'y rien comprendre. ▶ **latinisme** n. m. Construction ou emploi propre à la langue latine ; emprunt au latin. ▶ **latiniste** n. Spécialiste de philologie ou de littérature latine. – Étudiant de latin. ▶ **latinité** n. f. La civilisation latine. ▷ **gréco-latin, prélatin**

① **latitude** [latityd] n. f. Faculté, pouvoir d'agir en toute liberté. *Avoir toute latitude (de, pour faire qqch.). Vous avez toute latitude de refuser. Donner, laisser toute latitude à qqn (pour faire qqch.).* → **facilité, liberté.**

② **latitude** n. f. **1·** (Opposé à *longitude*) Coordonnée d'un point de la Terre déterminée par sa distance (angulaire) à l'équateur (au nord ou au sud). *Déterminer la latitude d'un lieu.* **2·** Région, climat, *Cette espèce animale ne peut pas vivre sous toutes les latitudes.*

-lâtre, -lâtrie Éléments savants, signifiant « adorateur, adoration ».

latrines [latʀin] n. f. pl. Lieux d'aisances sommaires (sans installation sanitaire). → **cabinet, fosse** d'aisances.

latte [lat] n. f. Longue pièce de charpente, mince, étroite et plate. → **planche.** *Lattes d'un plancher.* ▶ **latter** v. tr. <conjug. 1> Garnir de lattes. *Latter un plafond.* ▶ **lattis** [lati] n. m. invar. Ouvrage en lattes. *Un lattis de plancher.*

laudanum [lodanɔm] n. m. Teinture alcoolique d'opium, soporifique et calmante.

laudateur, trice [lodatœʀ, tʀis] n. Littér. Personne qui fait un éloge. ▶ **laudatif, ive** adj. **1·** Qui contient un éloge. → **élogieux, louangeur.** *Terme laudatif.* **2·** (Personnes) Qui fait un éloge. *Il a été plutôt laudatif.*

lauréat, ate [lɔʀea, at] n. Personne qui a remporté un prix dans un concours. → **vainqueur.** *Les lauréats du prix Nobel.* – Adj. *L'étudiante lauréate.*

laurier [lɔʀje] n. m. **I· 1·** Arbre à feuilles persistantes allongées, luisantes et aromatiques *(laurier-sauce). Bois de lauriers. Feuilles de laurier utilisées en assaisonnement.* – *Le, du laurier,* feuilles de cet arbre. *Un bouquet de laurier et de thym.* **2·** Feuillage du laurier qui servait à couronner des vainqueurs (→ **lauréat**). *Couronne de laurier.* – Loc. *Être chargé, couvert de lauriers.* → **gloire.** – Loc. *Se reposer, s'endormir sur ses lauriers,* ne plus rien faire, après un premier succès. **II·** ***Laurier-rose*** *:* arbrisseau à grandes fleurs roses ou blanches. → **rhododendron.** *Des lauriers-roses.*

lause ou **lauze** [loz] n. f. Pierre plate utilisée pour le dallage, la couverture. *Les toits de lauses de Lozère.*

lavable [lavabl] adj. Qui peut être lavé, supporte le lavage. *Peinture lavable.*

① **lavabo** [lavabo] n. m. **1·** Dispositif de toilette fixe, à hauteur de table, avec cuvette, robinets d'eau courante et système de vidange. *Lavabo d'une salle de bains.* **2·** Pièce réservée à ce dispositif. – Au plur. Cabinets d'aisances. → **toilette(s).** *Les lavabos sont au sous-sol.*

② **lavabo** n. m. Moment de la messe où le prêtre se lave les mains avant la consécration.

lavage [lavaʒ] n. m. **1·** Action de laver. → **nettoyage.** *Le lavage du linge.* **2·** Loc. fam. *Lavage de tête,* verte réprimande. → **savon.** – *Lavage de cerveau,* moyen par lequel on essaie de modifier de force les idées de qqn. ▷ **prélavage**

lavallière [lavaljɛʀ] n. f. Cravate large et souple, qui se noue en formant deux coques.

lavande [lavɑ̃d] n. f. **1·** Arbrisseau vivace aux fleurs bleues, d'un parfum délicat (en France :

Provence et Alpes). **2·** Eau, essence parfumée de lavande. *Un flacon de lavande.* **3·** En appos. Invar. *Bleu lavande,* bleu mauve, assez clair.

lavandière [lavɑ̃djɛʀ] n. f. Littér. Femme qui lave le linge à la main. → **blanchisseuse, laveuse.** *La lavandière et son battoir.*

lavasse [lavas] n. f. Fam. Boisson, sauce trop étendue d'eau. *Ce café est imbuvable, c'est de la lavasse.*

lave [lav] n. f. **1·** Matière pâteuse, noirâtre, qui se répand en fusion hors du volcan. *Coulée de lave. Lave refroidie.* **2·** Lave pétrifiée utilisée comme pierre de construction. *Toit de lave.*

lave-glace n. m. Appareil qui envoie un jet d'eau sur le pare-brise d'une automobile. *Des lave-glaces.*

lavement [lavmɑ̃] n. m. Injection d'un liquide dans le gros intestin, par l'anus. Loc. *Poire à lavement.*

laver [lave] v. tr. < conjug. 1 > **I· 1·** Nettoyer avec de l'eau, avec un liquide. → **décrasser, dégraisser, nettoyer.** / contr. salir / *Laver du linge. Laver la vaisselle.* – ***Machine à laver*** : appareil ménager qui brasse le linge dans un liquide détersif. – Au p. p. adj. *Du linge bien, mal lavé.* – Loc. *Il faut laver son linge sale en famille,* c'est entre soi, sans témoin, qu'il faut régler les différends. **2·** Nettoyer (le corps, une partie du corps) avec de l'eau. *Laver la figure d'un enfant.* → **débarbouiller. 3·** ***Se laver*** (suivi d'un compl. d'objet). *Se laver les mains, les dents,* laver ses mains, ses dents. *Elle s'est lavé les mains.* – Loc. *Se laver les mains de qqch.,* décliner toute responsabilité. **4·** ***Se laver*** v. pron. : laver son corps. → **se nettoyer.** *Elle s'est lavée. Se laver à grande eau.* **5·** Abstrait. *Laver qqn, se laver d'un soupçon, d'une imputation.* → **disculper, justifier.** / contr. accuser, imputer / **II· 1·** Enlever, faire disparaître au moyen d'un liquide. *Laver une tache.* **2·** Abstrait. *Laver un affront, une injure,* s'en venger. ▶ **lave-linge** n. m. invar. Machine à laver le linge. *Des lave-linge.* ▶ **laverie** n. f. *Laverie automatique,* blanchisserie équipée de machines à laver, où les clients surveillent eux-mêmes le lavage. ▶ **lavette** n. f. **1·** Morceau de linge avec lequel on lave la vaisselle. – En Suisse. Carré de tissu éponge servant à la toilette. **2·** Fam. Personne veule, sans énergie. *Ce type est une vraie lavette.* ▶ **laveur, euse** n. Professionnel(le) qui lave qqch. *Laveur de vaisselle.* → **plongeur.** – *Laveuse (de linge).* → **blanchisseuse.** *Laveur de vitres.* ▶ **lave-vaisselle** n. m. invar. Machine à laver la vaisselle. *Des lave-vaisselle.* ▶ **lavis** [lavi] n. m. invar. Mise en couleur d'un dessin, au moyen d'encres ou de couleurs étendues d'eau ; dessin de ce genre. *Un lavis d'encre de Chine.* ▶ **lavoir** n. m. **1·** Lieu public où on lave le linge ; construction destinée au lavage du linge. *Lavoir public.* **2·** Bac en ciment pour laver le linge. ▶ **lavure** n. f. Liquide qui a servi à laver qqch. ou qqn. *Lavure de vaisselle.* → **eau** de vaisselle. ▷ **délavé, lavable, lavage, lavandière, lavasse, lave-glace, lavement**

laxatif, ive [laksatif, iv] adj. et n. m. Qui relâche l'intestin, aide à évacuer les selles. → **purgatif.** *Tisane laxative.* – N. m. *Un laxatif.*

laxisme [laksism] n. m. Tendance à la conciliation, à la tolérance (excessive). / contr. purisme, rigorisme / *Le laxisme en matière de morale.* ▶ **laxiste** adj. et n. Qui professe ou concerne le laxisme. / contr. rigoriste /

layette [lɛjɛt] n. f. Habillement d'un enfant nouveau-né. *Tricoter de la layette.*

layon [lɛjɔ̃] n. m. Sentier en forêt. *Suivre un layon.*

lazaret [lazaʀɛ] n. m. Établissement où s'effectue le contrôle sanitaire, l'isolement des malades contagieux (dans un port, une station frontière...). *Subir une quarantaine au lazaret.*

lazzi [la(d)zi] n. m. Plaisanterie, moquerie bouffonne. *Un lazzi, des lazzi* ou *des lazzis.*

L. C. D. ou **LCD** [ɛlsede] n. m. Anglic. Dispositif d'affichage à cristaux liquides. – En appos. *Écran plat L. C. D.*

① **le** [l(ə)] (m.), **la** [la] (f.), **les** [le] (pl.) art. déf. REM. *le, la* se réduisent à *l'* devant une voyelle ou un *h* muet : *l'école, l'habit. de + le, les* devient *du, des* ; *à + le, les* devient *au, aux.* **I·** Devant un nom. **1·** Au sens général, désignant tous les individus, les objets d'une même sorte. Au sing. *Le rossignol est un oiseau. Sciences de l'homme. L'invention de l'outil, du paratonnerre.* – Au plur. (Même sens) *Les rossignols sont des oiseaux. Il aime les enfants. Les bijoux sont chers.* **2·** Désignant un ou plusieurs individus ou objets déterminés (par la situation). *Fermez la fenêtre, les fenêtres.* → **ce, cette, ces.** REM. S'oppose à *un, une, des* désignant des objets indéterminés. *Il a perdu la clé. C'est dans le journal. Les enfants sont sortis. Il part dans la semaine. Trois heures moins le quart. L'ensemble des problèmes* (mais *un ensemble de problèmes*). – Désignant ce qui est déterminé par la suite de la phrase. *Il habite la maison rouge en face de chez nous. L'homme dont je vous ai parlé sera là.* **3·** S'emploie au lieu du possessif pour les parties du corps de qqn. *Il secoue la tête. Ouvrez la bouche ! Je me lave les mains. Il lui a pris la* *main. Elle a mal aux dents.* **4·** Devant un nom propre. – (Avec les noms de pays, de mers, de fleuves) *La Sicile est une île. Nous partons pour l'Allemagne, aux États-Unis. La Seine traverse Paris.* – Exceptionnellement avec les autres noms propres lorsqu'ils sont déterminés dans la phrase. *Le Paris de ma jeunesse. Le Napoléon d'avant Waterloo. Le vieux Dupont.* – (Méprisant ou campagnard) *La Marie. Le Dupont.* – Au plur., désignant une famille. *Nous allons chez les Dupont.* **5·** Pour transformer toute partie du discours en substantif. *Le manger. Le moi. L'aujourd'hui. Les mais et les si. Les moins de vingt ans.* **6·** Avec une valeur distributive. → **chaque, par.** *Des pommes à un euro le kilo. Il vient trois fois la semaine.* **II·** Devant un adjectif lorsque le nom n'est pas répété. *La grande et la petite industrie. Les affaires politiques et les militaires. Préférez-vous la chemise jaune ou la rouge ? J'ai acheté des chaussures neuves et j'ai jeté les vieilles.* **III·** Avec le superlatif (→ **plus, moins ; mieux, pire, pis**). *J'ai pris le plus beau. C'est elle qui chante le mieux.* – Accord de l'article et du superlatif. – a) L'article s'accorde avec le nom ou pronom auquel se rapporte le superlatif quand on compare plusieurs êtres ou objets. *Ce jour-là, elle fut la plus heureuse.* – b) L'article reste invariable *(le)* quand on veut marquer qu'un être ou un objet atteint, au moment indiqué par le contexte, le plus haut degré d'une certaine qualité *(C'est ce jour-là qu'elle a été le plus heureuse)* ou quand le superlatif modifie un verbe ou un adverbe *(C'est la femme que j'ai le plus aimée).* **IV·** *L'un... l'autre, l'un ou (et) l'autre.* → **autre, un.** – *Le (la) même, les mêmes.* → **même.** – *L'on.* → **on.** – *Tout le, toute la, tous les.* → **tout.** – *Le mien, le tien,* etc. → **mien.** – *La plupart.* → la **plupart.** *À la...* (*légère*, etc.). → **à.** ▷ **lendemain, lequel, surlendemain**

2 **le** [l(ə)], **la** [la], **les** [le] pronom pers. Pronom personnel objet ou attribut de la 3e personne. **REM.** Élision de *le, la* en *l'* devant une voyelle ou un *h* muet *(je l'entends ; ils l'hébergent ; elle l'y a mis ; je l'en remercie)*, sauf après un impératif *(faites-le entrer ; faites-le apporter).* **I· 1·** (Personnes et choses). Objet direct, représentant un nom, un pronom qui vient d'être exprimé ou qui va être exprimé. *C'est Françoise, je la connais bien. Il faut le voir à l'ouvrage, ce peintre. Prenez-les. Il l'en a convaincu(e). Il l'y a poussé(e).* **2· Le,** de valeur neutre. → **cela.** *Je vais vous le dire. Elle le lui a dit. Elle nous l'a dit.* **3·** Formant avec certains verbes des gallicismes. *Je vous le donne en mille. L'échapper belle. Il l'a trouvée mauvaise...* **II·** (**Le** avec **être**) Attribut représentant un mot qui vient d'être exprimé ou, plus rarement, qui va être exprimé. « *Est-il content ? – Il l'est.* » *J'étais naïve, maintenant je ne le suis plus. Cette femme est mon amie et le sera toujours.*

lé [le] n. m. **1·** Largeur d'une étoffe. – Chaque partie verticale (panneau) d'une jupe. **2·** Largeur d'une bande de papier peint. *Des lés.*

leader ou **leadeur, euse** [lidœʀ, øz] n. Anglic. **1·** Chef, porte-parole (d'un parti, d'un mouvement politique). *Le leader de l'opposition. Des leaders. La leadeuse d'un groupe de musiciens.* **2·** Concurrent qui est en tête (d'une course, d'une compétition sportive). **3·** N. m. Entreprise qui occupe la première place sur le marché (dans un domaine). *Le leader mondial des cosmétiques.*

leasing [liziŋ] n. m. Anglic. Système de financement de biens d'équipement par location. *Une société de leasing.* – **REM.** Pour éviter cet anglicisme, on utilise *crédit-bail* ou *location-vente.*

lèchefrite [lɛʃfʀit] n. f. Ustensile de cuisine placé sous la broche pour recevoir la graisse et le jus. *Nettoyer la lèchefrite.*

lécher [leʃe] v. tr. < conjug. 6 > **1·** Passer la langue sur (qqch.). *Chien qui lèche un plat.* – Fig. et fam. *Se, s'en lécher les doigts, les babines,* se délecter (d'un plat). – *Les flammes lèchent la plaque de la cheminée.* → **effleurer. 2·** Loc. *Lécher les bottes* (ou vulg. *le cul*) *de qqn, à qqn,* le flatter bassement. → **lèche, lèche-bottes.** – *Un ours mal léché :* un individu d'aspect rébarbatif, aux manières grossières. **3·** Finir, polir (une œuvre littéraire ou artistique) avec un soin trop minutieux. → **fignoler.** – Au p. p. adj. *Ce tableau est trop léché.* ▶ **léchage** n. m. Action de lécher. – Loc. *Léchage de bottes.* ▶ **lèche** n. f. Fam. (Avec le v. *faire*) Action de flatter servilement. *Faire de la lèche au patron* (→ Lécher les bottes, le cul). ▶ **lèche-bottes** fam., ou vulg. **lèche-cul** n. invar. Flatteur servile. *C'est une vraie lèche-bottes. Des lèche-cul.* ▶ **lécheur, euse** adj. et n. Qui lèche. – Péj. Flatteur. *Quel lécheur !* ▶ **lèche-vitrines** n. m. invar. Action de « lécher les vitrines », de flâner en regardant les étalages. *Faire du lèche-vitrines.* ▷ **se pourlécher**

leçon [l(ə)sɔ̃] n. f. **1·** Ce qu'un écolier doit apprendre. *Apprendre, revoir, réciter ses leçons.* **2·** Enseignement donné par un professeur à une classe, un auditoire. → **conférence, cours.** *Écouter la leçon d'un professeur.* – *Leçons particulières. Prendre des leçons de dessin.* – Loc. *Leçons de choses :* enseignement qui consistait à familiariser les enfants avec des objets usuels, des productions naturelles (sciences physiques, naturelles). – **REM.** On dit aujourd'hui *observation.* **3·** Conseils, règles de conduite donnés à qqn. *On se passera de vos leçons de morale.* – Loc. *Faire la leçon à qqn,* lui dicter sa conduite, le chapitrer. → **réprimander. 4·** Enseignement profitable, morale qu'on peut tirer de qqch. *Il a su tirer une leçon de cette mésaventure.* – *Cela lui donnera une leçon, une bonne leçon ; cela lui servira de leçon* (→ fam. Ça lui fera les pieds).

lecteur, trice [lɛktœʀ, tʀis] n. **1**· Personne qui lit. → **liseur.** *C'est un grand lecteur de romans. Avis au lecteur.* – Personne dont la fonction est de lire et de juger des œuvres (proposées à un directeur de théâtre, à un éditeur). **2**· Personne qui lit à haute voix. – Assistant étranger, dans l'enseignement supérieur des langues vivantes. *Lectrice d'allemand.* **3**· Dispositif servant à reproduire des sons enregistrés. *Lecteur de cassettes, de disques audionumériques.* ▶ **lectorat** n. m. Ensemble des lecteurs (d'un journal, d'un auteur...). *Un lectorat essentiellement féminin.*

lecture [lɛktyʀ] n. f. **I**· **1**· Action matérielle de lire, de déchiffrer (ce qui est écrit). *Une faute de lecture. Lecture d'une partition.* → **déchiffrage.** *Lecture d'une carte.* **2**· Action de lire, de prendre connaissance du contenu (d'un écrit). *La lecture d'un livre, d'un auteur.* – Absolt. *Aimer la lecture.* – *Les lectures de qqn,* les livres qu'il lit habituellement. *Il a de bonnes lectures. Avez-vous de la lecture ?,* des livres et des journaux. **3**· Interprétation. *La lecture d'un événement. Une lecture chrétienne, marxiste.* **4**· Action de lire à haute voix (à d'autres personnes). *Donner lecture d'une proclamation. Faire la lecture à qqn.* **5**· Délibération d'une assemblée législative sur un projet, une proposition de loi. Loc. *Loi adoptée en première, en seconde lecture.* **II**· **1**· Première phase de la reproduction des sons enregistrés. *Tête de lecture d'un électrophone.* **2**· Passage d'informations enregistrées en machine, pour les lire.

LED [lɛd] n. m. Diode électroluminescente*. *Les led (ou leds) consomment peu d'énergie.*

ledit, ladite → **dit.**

légal, ale, aux [legal, o] adj. **1**· Qui a valeur de loi, résulte de la loi, est conforme à la loi. → **juridique, réglementaire.** *Formalités légales,* imposées par la loi. *Monnaie légale.* **2**· Défini ou fourni par la loi. *Âge légal,* requis par la loi. *Moyens légaux.* / contr. illégal, clandestin / **3**· *Pays légal,* la partie de la population qui a des droits politiques. ▶ **légalement** adv. *Assemblée légalement élue.* ▶ **légaliser** v. tr. < conjug. 1 > **1**· Certifier authentique en vertu d'une autorité officielle. *Faire légaliser sa signature.* **2**· Rendre légal. *Légaliser une situation.* ▶ **légalisation** n. f. *La légalisation de l'avortement.* ▶ **légalité** n. f. **1**· Caractère de ce qui est légal, conforme au droit, à la loi. *Légalité d'un acte.* **2**· (La légalité) Ce qui est légal ; état, situation, pouvoir conforme au droit. *Respecter la légalité.* ▷ **illégal**

légat [lega] n. m. Ambassadeur du Saint-Siège. → **nonce.** ▶ ① **légation** n. f. Charge, fonction de légat.

légataire [legatɛʀ] n. Bénéficiaire d'un legs. → **héritier.** *Légataire universel.*

② **légation** [legɑsjɔ̃] n. f. Représentation diplomatique entretenue à défaut d'ambassade. *Secrétaire de légation.* – Résidence d'une légation. *Aller chercher son visa à la légation.*

legato [legato] adv. et n. m. En musique. D'une manière liée, sans détacher les notes. *Jouer legato.* – N. *Des legatos.*

① **légende** [leʒɑ̃d] n. f. **1**· Récit populaire traditionnel, plus ou moins fabuleux. → **fable, mythe.** *La légende de Faust, du roi Arthur.* **2**· Représentation traditionnelle de faits ou de personnages réels, déformée ou amplifiée. *Un héros de légende. Napoléon est entré dans la légende.* ▶ **légendaire** adj. **1**· Qui n'a d'existence que dans les légendes. → **fabuleux, imaginaire, mythique.** *Personnages légendaires.* **2**· Qui a rapport aux légendes. *L'atmosphère légendaire d'un récit.* – Qui est entré dans la légende par sa célébrité. → **célèbre.** *Un acteur devenu légendaire.*

② **légende** n. f. **1**· Inscription (d'une médaille, d'une monnaie). **2**· Texte qui accompagne une image et l'explique. *Légende d'un dessin, d'une photo.* **3**· Liste explicative de signes conventionnels. *La légende d'un plan de ville.*

léger, ère [leʒe, ɛʀ] adj. **I**· **1**· Qui a peu de poids, se soulève facilement. / contr. lourd / *Léger comme une plume. Léger bagage. Vêtement léger à porter.* – *Poids léger,* boxeur pesant de 59 à 61 kilos. – De faible densité. *L'aluminium est un métal léger.* – Qui ne pèse pas sur l'estomac. *Prendre un repas léger.* **2**· Qui est ou donne l'impression d'être peu chargé. *Avoir l'estomac léger.* → **creux, vide.** – *Avoir la tête légère,* être écervelé. *Le cœur léger,* sans inquiétude ni remords. **3**· (Personnes) Qui se meut avec aisance et rapidité. → **agile, leste, vif.** *Être, se sentir léger, alerte.* – *Démarche souple et légère.* – Loc. *Avoir la main légère,* ne pas faire sentir l'autorité qu'on exerce. **4**· Qui n'appuie pas. *Tableau peint par touches légères.* → **délicat.** **5**· *Soprano léger, ténor léger,* à voix aiguë. **6**· *Sommeil léger,* où l'on est facilement réveillé. / contr. profond / **II**· Qui a peu de substance (opposé à *épais*). *Légère couche de neige.* → **mince.** *Étoffe légère.* → **fin.** *Robe légère.* – (Opposé à *fort, concentré*) *Café, thé léger.* → **faible.** **III**· Peu sensible ; peu important. → **faible, petit.** *Un léger mouvement. Bruit léger.* → **imperceptible.** *Un léger goût. Blessés légers et blessés graves. – Il est condamné à une peine légère. Une différence très légère.* → **insensible. IV· 1·** (Personnes ; caractères) Qui a peu de profondeur, de sérieux. → **frivole, superficiel.** / contr. posé, sérieux / *Caractère, esprit léger. Être, se montrer léger dans sa conduite.* → **déraisonnable, irréfléchi. 2·** (Propos, mœurs) Qui est trop libre. *Conversation un peu légère. Femme légère,* de mœurs libres. → **volage. 3·** (Choses) Qui manque de sérieux. *Un exposé très léger.* – Qui a de la grâce, de la délicatesse, de la désinvolture. → **désinvolte.** *Ironie légère.* **4·** *Musique légère,* gaie et facile (opposé à *classique*). **5·** ***À la légère*** loc. adv. : sans avoir pesé les choses, sans réfléchir. → **inconsidérément, légèrement** (3). *Parler à la légère,* à tort et à travers. *Prendre les choses à la légère,* avec insouciance. ▶ **légèrement** adv. **1·** (Au sens propre) *Être vêtu légèrement.* – Sans appuyer, sans violence. → **délicatement, doucement.** *Toucher légèrement qqn.* **2·** Un peu, à peine. *Légèrement blessé. Il est légèrement plus petit.* / contr. beaucoup / **3·** À la légère, inconsidérément. *Agir légèrement.* – Avec désinvolture. *Il parle de tout légèrement.* / contr. sérieusement / ▶ **légèreté** n. f. **I· 1·** Caractère d'un objet peu pesant, de faible densité. / contr. lourdeur / **2·** Aisance dans les mouvements. → **souplesse.** *Marcher avec légèreté.* **3·** Caractère de ce qui est peu épais. → **finesse.** *Légèreté d'une étoffe.* **4·** → **délicatesse, grâce.** *Ce monument est d'une grande légèreté.* **II· 1·** Défaut d'une personne qui manque de profondeur, de sérieux. *Il a fait preuve de légèreté dans sa conduite.* → **irréflexion.** – Caractère d'une personne qui ne prend pas les choses au sérieux. → **désinvolture, insouciance. 2·** Délicatesse et agrément (de la conversation, du ton, du style). *La légèreté de son style.* ▷ **alléger**

légiférer [leʒifeʀe] v. intr. < conjug. 6 > Faire des lois. *Pouvoir de légiférer.*

1 **légion** [leʒjɔ̃] n. f. **I· 1·** À Rome, dans l'Antiquité. Corps d'armée composé d'infanterie et de cavalerie. **2·** *Légion (étrangère) :* en France, corps composé de volontaires généralement étrangers. **II·** ***Légion d'honneur :*** ordre national français créé en 1802 ; décoration de cet ordre. *Avoir la Légion d'honneur. Ruban de la Légion d'honneur.* ▶ **légionnaire** n. m. Soldat qui sert dans la Légion étrangère.

2 **légion** n. f. Littér. Grande quantité. *Une légion d'amis et de parents.* – Loc. *Ils, elles sont légion,* très nombreux, -euses.

légionellose [leʒjɔneloz] n. f. Maladie pulmonaire grave causée par une bactérie *(la légionelle)* présente dans l'eau, associée à des troubles neurologiques, digestifs...

législateur, trice [leʒislatœʀ, tʀis] n. Personne ou groupe qui fait les lois. *L'autorité, la sagesse du législateur.* – Adj. *La nation, législatrice et souveraine.* ▶ **législatif, ive** adj. **1·** Qui fait les lois, légifère. *Pouvoir législatif. Assemblée législative.* – N. m. Le Parlement. *Le législatif et l'exécutif.* **2·** Qui concerne l'Assemblée législative. *Élections législatives,* des députés. – N. f. pl. *Les législatives.* **3·** Qui a le caractère d'une loi. *Acte législatif.* ▶ **législation** n. f. **1·** Ensemble des lois, des textes qui ont force de loi (dans un pays, un domaine déterminé). → **droit.** *La législation française, anglaise.* **2·** Science, connaissance des lois. *Cours de législation commerciale.* ▶ **législature** n. f. Période durant laquelle une assemblée législative exerce ses pouvoirs.

légiste [leʒist] n. et adj. **1·** Spécialiste des lois. → **jurisconsulte, juriste. 2·** Adj. *Médecin légiste,* chargé d'expertises en matière légale (accidents, crimes, etc.).

légitime [leʒitim] adj. **1·** Qui est juridiquement fondé, consacré par la loi ou qui est reconnu conforme au droit. → **légal.** *Union légitime* (opposé à *union libre*), le mariage. – (Opposé à *naturel*) *Père légitime. Enfant légitime,* né dans le mariage. / contr. illégitime / **2·** Conforme à la justice, au droit naturel. → **équitable.** / contr. arbitraire / *Récompense légitime,* méritée. **3·** Justifié (par le bon droit, la raison, le bon sens). → **juste.** *Excuse légitime.* → **admissible, fondé.** / contr. déraisonnable / *Une légitime colère. C'est tout à fait légitime,* normal. ▶ **légitimement** adv. *Des biens légitimement acquis.* ▶ **légitimer** v. tr. < conjug. 1 > **1·** Rendre légitime juridiquement. *Légitimer un enfant naturel.* – ***Légitimé, ée*** adj. *Enfant légitimé.* **2·** Littér. Faire admettre comme juste, raisonnable, excusable. → **excuser, justifier.** *Il essaie de légitimer sa conduite.* ▶ **légitimation** n. f. **1·** Fait de rendre (un enfant) légitime. **2·** Littér. Action de justifier. *La légitimation de sa conduite.* ▶ **légitimité** n. f. **1·** État de ce qui est légitime ou considéré comme tel. *Légitimité d'un enfant.* – *Légitimité du pouvoir.* **2·** Qualité de ce qui est juste, équitable. *Légitimité d'une conviction.* **3·** Autorité, influence. *La légitimité d'un élu, d'une personnalité.*

léguer [lege] v. tr. < conjug. 6 > **1·** Donner par disposition testamentaire. *Léguer tous ses biens à un légataire universel.* **2·** → **donner, transmettre.** *Léguer une œuvre à la postérité.* – Pronominalement.

Le goût de la musique qu'on se lègue de père en fils dans la famille. ▶ **legs** [lɛ] ; cour. [lɛg] n. m. invar. **1**· Action de léguer ; ce qui est légué. *Bénéficiaire d'un legs.* → **légataire. 2**· Littér. *Le legs du passé.* → **héritage.**

légume [legym] n. **1**· N. m. Plante potagère dont certaines parties peuvent entrer dans l'alimentation humaine. *Légumes verts. Légumes secs. Soupe aux légumes. Bouillon de légumes.* – Fam. Ce qui accompagne la viande dans le plat principal. *On a eu des pâtes comme légumes.* **2**· N. f. Fam. ***Une grosse légume*** : un personnage important, influent. → fam. **bonnet, huile.** ▶ 1 **légumier** n. m. Plat à légumes. ▶ 2 **légumier, ière** n. En Belgique. Marchand de légumes. ▶ **légumineux, euse** adj. et n. f. (Plante) Dont le fruit est une gousse. *Le haricot, plante légumineuse.* – N. f. *La lentille, le pois sont des légumineuses.*

leitmotiv [lajtmɔtif], plus cour. [lɛtmɔtif] n. m. **1**· Motif musical répété dans une œuvre. *Des leitmotive* (plur. allemand). **2**· Phrase, formule qui revient à plusieurs reprises. *Revenir comme un leitmotiv.*

lémurien [lemyʀjɛ̃] n. m. Mammifère primate des régions tropicales. *Le sous-ordre des lémuriens.*

lendemain [lɑ̃dmɛ̃] n. m. **1**· Jour qui suit immédiatement celui dont il est question (→ le jour d'après, suivant). *Le lendemain de ce jour. Il est parti le lendemain soir.* – Loc. *Du jour au lendemain,* en très peu de temps. – Prov. *Il ne fait pas remettre au lendemain ce qu'on peut faire le jour même.* **2**· L'avenir. *Avoir le souci du lendemain. Des lendemains heureux. Des lendemains qui chantent,* un avenir heureux. **3**· Temps qui suit de très près un événement. *Au lendemain de la guerre. Un projet sans lendemain.* → **suite.**

lénifier [lenifje] v. tr. < conjug. 7 > Littér. Calmer, apaiser. *Lénifier des tourments.* ▶ **lénifiant, ante** adj. Apaisant. *Propos lénifiants.* ▶ **lénitif, ive** adj. Qui apaise. → **apaisant, lénifiant.** *Un remède lénitif.* – N. m. *Un lénitif.* – Littér. *Des moments lénitifs.*

léninisme [leninism] n. m. Doctrine marxiste de Lénine. – En appos. *Le marxisme-léninisme.* ▶ **léniniste** adj. et n.

lent, lente [lɑ̃, lɑ̃t] adj. **1**· Qui manque de rapidité, met plus, trop de temps. *Il est lent dans tout ce qu'il fait.* → **lambin, traînard.** *Être lent à comprendre, à agir.* → **long.** *Avoir l'esprit lent,* ne pas comprendre vite. – (Choses) *Une musique lente. Mouvements lents.* **2**· (Choses) Qui met du temps à agir, à opérer, à s'accomplir. *Des transformations lentes. Mort lente. Combustion lente.* ▶ **lentement** adv. *Marcher lentement.* / contr. rapidement, vite / *Parler lentement.* – *Le temps passe lentement,* paraît durer longtemps. ▶ **lenteur** n. f. **1**· Manque de rapidité, de vivacité. *Agir avec une sage lenteur. La désespérante lenteur des travaux.* – (Suivi de *à* + infinitif) *Sa lenteur à agir est agaçante.* **2**· Au plur. Actions, décisions lentes. *Les lenteurs de la procédure.* ▷ **lento, ralentir**

lente [lɑ̃t] n. f. Œuf de pou.

lentigo [lɑ̃tigo] n. m. Affection de la peau (taches de rousseur, grains de beauté aux mains, au visage).

1 **lentille** [lɑ̃tij] n. f. **1**· Plante aux gousses plates contenant deux graines arrondies. **2**· Surtout au plur. Graine comestible de la lentille, en forme de disque. *Lentille blonde, verte. Un plat de lentilles.* **3**· ***Lentille d'eau*** : plante flottante à petites feuilles rondes.

2 **lentille** n. f. Dispositif faisant converger ou diverger un faisceau de rayons qui le traverse. *Les lentilles convexes sont convergentes, les lentilles concaves divergentes.* – *Lentilles de contact,* pour corriger la vision. *Préférer les lentilles (de contact) aux lunettes.*

lentisque [lɑ̃tisk] n. m. Pistachier (arbuste) des régions méditerranéennes.

lento [lɛnto] adv. et n. m. En musique. Avec lenteur (plus lentement qu'*adagio*). – N. m. *Un lento. Des lentos.*

léonin, ine [leɔnɛ̃, in] adj. **1**· Littér. Du lion, qui rappelle le lion. *Une tête léonine.* **2**· En droit. ***Contrat léonin*** : qui attribue tous les avantages, qui fait la part du lion* à qqn. → **abusif, injuste.**

léopard [leɔpaʀ] n. m. Panthère d'Afrique. – Sa fourrure. *Manteau en faux léopard.*

lépidoptères [lepidɔptɛʀ] n. m. pl. Nom savant des papillons. – Au sing. *Un lépidoptère.*

lépiote [lepjɔt] n. f. Champignon à lamelles et à anneau, croissant en bordure de bois, de prés. *La lépiote élevée.*

lèpre [lɛpʀ] n. f. **1**· Maladie infectieuse et contagieuse due à un bacille. *Vaccin contre la lèpre.* **2**· Ce qui ronge. *La façade de cette maison est rongée de lèpre.* → **lépreux** (2). **3**· Littér. Mal qui s'étend et gagne de proche en proche. *Le racisme est une lèpre.* → **cancer.** ▶ **lépreux, euse** adj. **1**· Atteint de la lèpre. *Femme lépreuse.* – N. *Hôpital pour les lépreux.* – Loc. *Traiter qqn comme un lépreux,* refuser de fréquenter qqn, de lui parler. → **pestiféré. 2**· Qui présente une surface pelée, abîmée, sale. → **galeux.** *Murs lépreux.* ▶ **léproserie** [lepʀozʀi] n. f. Hôpital où l'on soigne les lépreux.

lequel [ləkɛl], **laquelle** [lakɛl], **lesquels, lesquelles** [lekɛl] pronom relatif et interrogatif. REM. Avec les prép. *à* et *de*, *lequel* se contracte en *auquel (auxquels)*, *duquel (desquels)*. **I·** Pronom relatif. **1·** (Sujet) → **qui.** – Littér. (Pour éviter une équivoque) *Un de ses parents, lequel l'a aidé.* **2·** (Compl. indir.) *La personne à laquelle vous venez de parler,* à qui. *Il rencontra plusieurs parents, parmi lesquels son cousin Jean.* → **dont. 3·** Littér. Adjectif relatif. *Vous serez peut-être absent, auquel cas vous me préviendrez.* **II·** Pronom interrogatif (représentant des personnes ou des choses qui viennent d'être ou vont être nommées). *Demandez à un passant, n'importe lequel. Lequel des deux préférez-vous ?*

1 **les** art. → 1 **le.**

2 **les** pronom pers. → 2 **le.**

lesbienne [lɛsbjɛn] adj. et n. f. (Femme) Homosexuelle. *Des lesbiennes.* – Adj. *Elle est lesbienne.*

lesdits [ledi] → **dit.**

lèse-majesté [lɛzmaʒɛste] n. f. *Crime de lèse-majesté,* atteinte à la majesté du souverain, attentat.

léser [leze] v. tr. < conjug. 6 > **1·** Blesser (qqn) dans ses intérêts, ses droits ; causer du tort à. → **désavantager.** *Être lésé dans un partage. – Léser les intérêts de qqn.* → **nuire** à. **2·** Concret. Blesser (un organe). *La balle a lésé le poumon.* → **lésion.** – Au p. p. adj. *Organe lésé.* ▷ **lèse-majesté, lésion**

lésine [lezin] n. f. Littér. Épargne sordide. → **avarice, ladrerie.** / contr. prodigalité / ▶ **lésiner** v. intr. < conjug. 1 > Épargner avec avarice. *Il lésine sur tout.* – (Plus courant en emploi négatif) *Il ne lésine pas sur l'éducation de ses enfants.*

lésion [lezjɔ̃] n. f. Changement grave dans un organe sous l'influence d'une maladie, d'un accident. → **blessure, contusion ; brûlure.** *Lésion ulcéreuse, tuberculeuse, infectieuse.*

lesquels, lesquelles [lekɛl] pronom relatif. → **lequel.**

lessive [lesiv] n. f. **1·** Liquide alcalin qui sert à nettoyer le linge. – Substance alcaline destinée à être dissoute dans l'eau pour le lavage du linge. *Acheter un paquet de lessive.* → **détersif.** *Lessive en poudre, en paillettes ; lessive liquide. Lessive en dosettes.* **2·** Action de lessiver, de laver le linge. → **blanchissage, lavage.** *Faire la lessive dans une machine à laver.* – Fig. Opération visant à nettoyer, à assainir un milieu corrompu. **3·** Le linge qui doit être lavé, ou qui vient d'être lavé. *Laver, rincer la lessive.* ▶ **lessiver** v. tr. < conjug. 1 > **1·** Nettoyer avec une solution détersive. *Lessiver les murs, les boiseries d'un appartement.* **2·** Fam. Dépouiller (son adversaire au jeu) ; éliminer d'une compétition, d'un poste. *Il s'est fait lessiver en moins de deux. Être **lessivé** :* épuisé, très fatigué. → fam. **vidé.** ▶ **lessivage** n. m. *Lessivage des murs.* ▶ **lessiveuse** n. f. Récipient en métal muni d'un tube central dans lequel la vapeur chassait la solution alcaline, qu'un capuchon percé de trous (champignon) répand en nappe sur le linge. *La machine à laver a remplacé la lessiveuse.*

lest [lɛst] n. m. **1·** Poids dont on charge un navire pour assurer la stabilité. **2·** Corps pesant (sacs de sable, etc.) pour régler le mouvement d'un aérostat. – Loc. *Jeter, lâcher du lest,* faire des concessions nécessaires pour éviter une catastrophe, un échec. ▶ **lester** [lɛste] v. tr. < conjug. 1 > **1·** Garnir, charger de lest. *Lester une montgolfière.* **2·** Fam. Charger, munir, remplir. *Lester son estomac, ses poches.* ▷ **délester**

leste [lɛst] adj. **1·** Qui a de la souplesse, de la légèreté dans les mouvements. → **agile, alerte, vif.** / contr. lourd, maladroit / *Vieillard encore leste. Marcher d'un pas leste,* rapide. – Loc. *Avoir la main leste,* être prompt à frapper. **2·** (Langage) Qui manque de réserve, de sérieux. → **libre, licencieux.** *Plaisanteries un peu lestes.* ▶ **lestement** adv. *Sauter lestement.*

létal, ale, aux [letal, o] adj. Mortel (terme savant). *Dose létale d'un produit toxique.*

léthargie [letaʀʒi] n. f. **1·** Sommeil profond et prolongé dans lequel les fonctions de la vie semblent suspendues. → **catalepsie, torpeur.** *Tomber en léthargie. Sortir de sa léthargie.* **2·** Abattement complet. → **apathie, torpeur.** *Arracher qqn à sa léthargie.* ▶ **léthargique** adj. **1·** Qui tient de la léthargie. *Sommeil léthargique.* **2·** (Personnes) *Il est un peu léthargique.* → **endormi, engourdi.**

1 **lettre** [lɛtʀ] n. f. **I· 1·** Signe de l'écriture. → **caractère.** *Les lettres représentent les sons de la parole. Les 26 lettres de l'alphabet français. Lettre qui commence un mot.* → **initiale.** *Double lettre* (ex. : *tt, mm*). – Loc. fam. *Les cinq lettres,* le mot « merde ». – *Lettre majuscule, minuscule.* – Loc. ***En toutes lettres*** : sans abréviation. *Écrire une date en toutes lettres,* avec des mots et non avec des chiffres. **2·** Caractère d'imprimerie représentant une des lettres de l'alphabet. *Corps d'une lettre.* **II· 1·** Littér. ***La lettre*** *d'un texte :* ce texte. – Loc. *Ce qu'on lui a dit est resté **lettre morte*** : inutile. **2·** Le sens strict des mots, la forme. *La lettre et l'esprit.* – ***À la lettre, au pied de la lettre*** : au sens propre,

exact du terme. *Prendre une expression à la lettre, au pied de la lettre,* dans son sens littéral, strict. *Suivre le règlement à la lettre,* s'y conformer rigoureusement. ▶ **lettrine** n. f. 1· Lettre (ornée, etc.) qui commence un chapitre, un paragraphe. 2· Groupe de lettres en haut de page, dans un dictionnaire. ▷ **lettres**

② **lettre** n. f. 1· Écrit que l'on adresse à qqn pour lui communiquer qqch. → **épître, message, missive ; correspondance.** *Écrire une lettre. Accuser réception d'une lettre. Papier à lettres. Lettre anonyme. Envoyer, recevoir une lettre. Lettre recommandée, exprès. Boîte à (aux) lettres. Jeter des lettres à la boîte.* – Loc. *Passer comme une lettre à la poste,* facilement et sans incident ; être facilement admis. *Son excuse a passé comme une lettre à la poste.* – *Lettre ouverte* : article de journal, rédigé en forme de lettre. 2· Loc. (écrits officiels) *Lettres de créance,* dans la diplomatie. – *Lettre de crédit,* mettant de l'argent à la disposition de qqn. *Lettre de change,* effet de commerce. ▷ **mandat-lettre, pèse-lettre**

lettres [lɛtʀ] n. f. pl. 1· Littér. La culture littéraire. *Il a des lettres. Les belles-lettres,* la littérature. – *Homme, femme de lettres,* écrivain professionnel. *Société des Gens de lettres.* 2· (Opposé à *science*). Enseignement de la littérature, de la philosophie, de l'histoire, des langues. *Licence ès lettres. Faculté des lettres. Lettres classiques,* comprenant le grec et le latin. *Lettres modernes,* comprenant des langues vivantes. ▶ **lettré, ée** adj. Qui a des lettres, de la culture humaniste. → **cultivé, érudit.** – N. *Un lettré, des lettrés.* ▷ **illettré**

leuc(o)- Élément savant signifiant «blanc». ▶ **leucémie** [løsemi] n. f. Affection générale caractérisée par l'augmentation considérable des globules blancs dans le sang («cancer du sang»). ▶ **leucémique** adj. 1· De la leucémie. *État leucémique.* 2· Atteint de leucémie. *Malade leucémique.* – N. *Un, une leucémique.* ▶ **leucocyte** [løkɔsit] n. m. Globule blanc. *Leucocytes mononucléaires et polynucléaires.* ▶ **leucodystrophie** [løkodistʀɔfi] n. f. Didact. Maladie qui détruit peu à peu la myéline du système nerveux central, provoquant la paralysie des fonctions vitales.

① **leur** [lœʀ] pronom pers. invar. Pronom personnel complément d'objet indirect de la troisième personne du pluriel : à eux, à elles (au sing. → **lui,** I). *Les services que nous leur rendons. Je le leur dirai. Donnez-la-leur.*

② **leur,** plur. **leurs** dét. poss. et pronom poss. 1· Dét. poss. Qui est (sont) à eux, à elles. *Les parents et leurs enfants. Elles ont mis leur chapeau, leurs chapeaux. Ils partent chacun de leur côté* (ou *chacun de son côté*). 2· *Le leur, la leur, les leurs* pronom poss. Celui, celle (ceux ou celles) qui est (sont) à eux, à elles. *Ma fille et la leur vont à l'école ensemble. J'étais un des leurs,* un familier. *J'étais des leurs la semaine dernière,* parmi eux.

leurre [lœʀ] n. m. 1· Ce qui abuse, trompe. → **illusion, tromperie.** *Cet espoir n'est qu'un leurre.* 2· Appât pour le poisson, imitant un appât naturel. ▶ **leurrer** v. tr. < conjug. 1 > Attirer par des apparences séduisantes, des espérances vaines. → **abuser, duper, tromper.** *Leurrer qqn par de belles promesses.* – *Se leurrer* v. pron. réfl. : se faire des illusions. → **s'illusionner.** *Il ne faut pas se leurrer, ce sera difficile.*

levain [ləvɛ̃] n. m. 1· Pâte de farine qu'on a laissée fermenter ou qu'on a mélangée à de la levure. *Pain sans levain.* → **azyme.** 2· Littér. Abstrait. *Un levain de...,* ce qui est capable d'exciter, d'aviver (les sentiments, les idées). → **ferment, germe.** *Levain de vengeance.*

levant [ləvɑ̃] adj. et n. m. 1· Adj. *Soleil levant,* qui se lève. / contr. couchant / 2· N. m. Côté de l'horizon où le soleil se lève. → **est, orient.** *Du levant au couchant.* 3· Vieilli. *Le Levant,* les régions de la Méditerranée orientale (on dit aujourd'hui *Proche-Orient, Moyen-Orient*). ▶ **levantin, ine** adj. Vieilli. Qui est originaire du Levant. *Les peuples levantins.* – N. *Un Levantin.*

① **lever** [l(ə)ve] v. < conjug. 5 > I· V. tr. 1· Faire mouvoir de bas en haut. → **élever, hausser, soulever.** / contr. baisser, descendre, poser / *Lever un fardeau, un poids. Lever les glaces d'une voiture,* les fermer. *Lever l'ancre,* appareiller. 2· Mettre plus haut, soulever (une partie du corps). *Lever la main pour prêter serment. Lever les bras au ciel* (en signe d'indignation ou d'impuissance). – *Ne pas lever le petit doigt,* ne rien faire. *Lever le coude,* boire trop (d'alcool). *Le conducteur lève le pied,* cesse d'accélérer. – Au p. p. adj. *Voter à mains levées.* – *Au pied levé,* sans préparation. → **impromptu.** – Diriger vers le haut. *Lever la tête, le nez, les yeux.* Loc. *Travailler sans lever les yeux,* sans se laisser distraire. 3· Relever de façon à découvrir ce qui est derrière ou dessous. → **soulever.** *Lever le voile.* → **découvrir, dévoiler.** 4· *Lever un lièvre, une perdrix,* à la chasse, les faire sortir de leur gîte, les faire partir. – Fam. *Lever une femme,* la séduire. → **draguer.** 5· Rendre (qqch.) vertical. *Lever une échelle, un pont-levis.* 6· *Lever une carte, un plan,* l'établir. → **dresser.** 7· *Lever le camp* : replier les tentes ; s'en aller, fuir. → **décamper.** 8· Faire cesser. *Lever le blocus, le siège. Lever la séance, l'audience.* → **clôturer ; clore.** – *Lever une punition.* → **supprimer.** / contr. laisser, maintenir / 9· Prendre. *Lever un filet de poisson,* le détacher de l'arête. *Lever une aile de poulet.* – *Lever (les cartes),* ramasser les cartes du coup qu'on a gagné. – *Lever des impôts.* → **percevoir.** – *Lever une armée, des troupes.* → **mobiliser, recruter. II·** V. intr. Se mouvoir vers le haut. → **se dresser, monter. 1·** (Plantes) Commencer à sortir de terre. → **pousser.** *Le blé lève.* **2·** (Pâte) Se gonfler sous l'effet de la fermentation. → **fermenter.** *La levure fait lever la pâte.* **III·** ***Se lever*** v. pron. réfl. **1·** Se mettre debout, se dresser sur ses pieds. *S'asseoir et se lever. Se lever pour saluer.* – *Se lever de table,* quitter la table. **2·** Sortir de son lit. / contr. se coucher / *Se lever tôt, de bonne heure.* **3·** (Astre) Apparaître à l'horizon (astre). *Le soleil se lève.* → **levant.** *Le jour se lève.* **4·** (Vent) Commencer à souffler. *La brise, le vent se lève.* → **fraîchir. 5·** (Temps) Devenir plus clair. *Le brouillard s'est levé.* **6·** Se déplacer vers le haut. *Toutes les mains se lèvent.* ▶ **levage** n. m. Action de lever, de soulever. *Levage et manutention des fardeaux.* → **chargement.** *Appareils de levage.* ▶ **levé** n. m. Action d'établir (une carte, un plan). *Faire un levé de terrains.* ▶ **levée** n. f. **1·** Remblai (de terre, de pierres...). → **chaussée, digue.** *Levée pour retenir les eaux d'un lac.* **2·** Action d'enlever, de retirer. *La levée du corps* (avant l'enterrement). – Action de mettre fin à. *Levée d'un siège. Levée de séance.* – Fait de supprimer. *Levée d'une punition.* **3·** Action de retirer les lettres de la boîte où elles ont été jetées. *La levée du matin est faite.* **4·** Action de ramasser les cartes lorsqu'on gagne un coup ; ces cartes. *Ne faire aucune levée.* **5·** Action d'enrôler des troupes. → **enrôlement.** *Levée en masse.* ▶ 2 **lever** n. m. **1·** Le moment où un astre se lève. *Lever de soleil. Le lever du jour.* **2·** Action de se lever, de sortir du lit. *Au lever, à son lever* (→ Au saut du lit). **3·** *Le lever du rideau,* début d'un spectacle. ▶ **levier** n. m. **1·** Corps solide, mobile autour d'un point d'appui, permettant de multiplier une force. *Se servir d'un bâton comme d'un levier.* **2·** Organe de commande (d'une machine, d'un mécanisme). → **commande, manette.** *Levier de changement de vitesse d'une voiture.* – Loc. *Être aux leviers de commande,* occuper un poste de direction. **3·** Abstrait. Ce qui sert à vaincre une résistance ; moyen d'action. *L'argent lui a servi de levier.* ▷ **élève, élever, enlever, levain, levant, levure, mainlevée, pont-levis, prélever, relever, soulever, surélever**

lévitation [levitasjɔ̃] n. f. Élévation (de qqn) au-dessus du sol, sans aucune aide.

levraut [ləvʀo] n. m. Jeune lièvre. ≠ lapereau.

lèvre [lɛvʀ] n. f. **I· 1·** Chacune des deux parties charnues qui bordent extérieurement la bouche et s'amincissent pour se joindre aux commissures. *Lèvres charnues, épaisses ; minces. Se mettre du rouge à lèvres.* – Loc. *Avoir le sourire aux lèvres. Se mordre les lèvres de rage.* – *Tremper ses lèvres* (dans une boisson). *Manger du bout des lèvres,* sans appétit. – (Servant à parler) *Ne pas desserrer les lèvres,* garder le silence. *Être suspendu aux lèvres de qqn,* l'écouter avec une grande attention. *Rire, parler, répondre, approuver* ***du bout des lèvres*** : de façon peu convaincue. **2·** En anatomie. Partie qui borde la bouche entre les lèvres et le nez *(lèvre supérieure),* et le menton *(lèvre inférieure).* **II· 1·** Au plur. Bords saillants (d'une plaie, d'un organe). *Les grandes, les petites lèvres* (de la vulve). **2·** *Lèvres d'un coquillage,* les deux bords de son ouverture.

lévrier [levʀije] n. m. Chien à jambes hautes, au corps allongé, agile et rapide. *Course de lévriers. Lévrier afghan.* ▶ **levrette** [ləvʀɛt] n. f. **1·** Femelle du lévrier. **2·** Petit lévrier d'Italie.

levure [l(ə)vyʀ] n. f. Ferments végétaux, champignons unicellulaires. *Ferments solubles produits par les levures.* → **diastase, enzyme.** *Levure de bière.* – Levure utilisée en cuisine (pour faire lever la pâte). *Acheter un sachet de levure.*

lexical, ale, aux [lɛksikal, o] adj. Qui concerne le lexique, le vocabulaire.

lexicographe [lɛksikɔgʀaf] n. Personne qui fait un dictionnaire de la langue. ▶ **lexicographie** n. f. Recensement et étude des mots d'une langue. ▶ **lexicographique** adj. *Travaux lexicographiques.* ▶ **lexicologie** [lɛksikɔlɔʒi] n. f. Science des mots, de leurs fonctions, de leurs relations dans la langue (→ **lexique**). ▶ **lexicologique** adj. *Recherches lexicologiques.* ▶ **lexicologue** n. Spécialiste de l'étude du lexique.

lexique [lɛksik] n. m. **1·** Dictionnaire succinct (d'une science, d'un art ; bilingue). → **vocabulaire.** *Lexique de l'informatique. Lexique français-anglais pour les touristes.* **2·** Ensemble des mots d'une langue. *Le lexique du français.* – Ensemble des mots employés par une personne, un groupe. *Le lexique d'un écrivain.* → **vocabulaire.** ▷ **lexical, lexicographe**

lézard [lezaʀ] n. m. **1·** Petit reptile à longue queue effilée, au corps allongé et recouvert d'écailles. *Lézard gris, lézard vert.* – Loc. fam. *Faire le lézard,* se chauffer paresseusement au soleil. **2·** Peau de cet animal. *Sac à main en lézard.* **3·** Fam. *Y a un lézard,* il y a un problème. *Tu peux venir, y a pas de lézard.* ▶ 1 **lézarder** v. intr. < conjug. 1 > Fam. Se chauffer au soleil ; rester sans rien faire.

lézarde [lezaʀd] n. f. Crevasse plus ou moins profonde, étroite et irrégulière, dans un ouvrage de maçonnerie. → **fente, fissure.** ▶ **lézardé, ée** adj. Fendu par une ou plusieurs lézardes. → **crevassé.** *Un mur lézardé.* ▶ 2 **lézarder** v. tr. < conjug. 1 > *Les intempéries ont lézardé le mur.* → **crevasser, disjoindre.** – Pronominalement. *Le mur s'est lézardé.*

liaison [ljɛzɔ̃] n. f. **I**· (Choses) **1**· Ce qui lie, relie logiquement les éléments du discours : parties d'un texte, éléments d'un raisonnement. → **association, enchaînement.** *Manque de liaison dans les idées.* → **cohérence, suite.** – *Mots, termes de liaison,* adverbes, conjonctions et prépositions. → **connecteur. 2**· Action de prononcer deux mots consécutifs en unissant la dernière consonne du premier mot (non prononcée devant une consonne) à la première voyelle du mot suivant (ex. : *les petits enfants* [lep tizɑ̃fɑ̃]). **II**· (Personnes) **1**· Fait d'être lié avec qqn ; relations que deux personnes entretiennent entre elles. *Liaison d'amitié, d'affaires.* → **relation.** *Il a rompu toute liaison avec ce milieu.* → **attache, lien.** – *Liaison amoureuse. Avoir une liaison.* **2**· Communication (des ordres), transmission (des nouvelles). *Liaisons téléphoniques.* – ***En, de liaison.*** *Entrer, rester en liaison étroite (avec qqn). Officier, agent de liaison.* **3**· Communication régulière entre deux lieux. *Liaison aérienne, routière.*

liane [ljan] n. f. Plante grimpante des forêts tropicales, de la jungle. *Un fouillis de lianes.*

liant, liante [ljɑ̃, ljɑ̃t] adj. et n. **1**· Adj. (Personnes) Qui se lie facilement avec autrui. → **affable, sociable.** *Il est peu liant. Un caractère liant.* **2**· N. m. Littér. Disposition favorable aux relations sociales. *Avoir du liant.*

liard [ljaʀ] n. m. Ancienne monnaie française (le quart d'un sou).

liasse [ljas] n. f. Amas de papiers liés ou en tas. *Liasse de lettres, de billets.*

libanais, aise [libanɛ, ɛz] adj. et n. Du Liban. *Les communautés libanaises.* – N. *Une Libanaise. Les Libanais.*

libation [libɑsjɔ̃] n. f. **1**· Dans l'Antiquité. Action de répandre un liquide en offrande à une divinité. *Les Grecs et les Romains faisaient des libations lors des sacrifices.* **2**· Au plur. *Faire des libations,* boire abondamment (du vin, de l'alcool).

libelle [libɛl] n. m. Court écrit satirique, diffamatoire. → **pamphlet.** *Faire, répandre des libelles contre qqn.*

libeller [libe(ɛl)le] v. tr. < conjug. 1 > **1**· Rédiger dans les formes. *Libeller un acte, un contrat.* **2**· Exposer, formuler par écrit. – Au p. p. adj. *Réclamation libellée en termes violents.* ▶ **libellé** n. m. Termes dans lesquels un texte est rédigé. *Le libellé d'une lettre.*

libellule [libe(ɛl)lyl] n. f. Insecte à tête ronde, à corps allongé, aux quatre ailes transparentes et nervurées.

liber [libɛʀ] n. m. Partie d'un arbre entre l'écorce et le bois. *Des libers.*

libérable [libeʀabl] adj. et n. m. **1**· Qui peut être libéré. *Prisonnier libérable. Contingent libérable.* **2**· *Congé, permission libérable,* qui anticipe sur la libération d'un soldat.

1 **libéral, ale, aux** [libeʀal, o] adj. et n. **1**· *Professions libérales* : de caractère intellectuel (architecte, avocat, médecin, etc.) et que l'on exerce librement. **2**· Favorable aux libertés individuelles, en politique. / contr. dictatorial, totalitaire / *Doctrines, idées libérales.* – (Personnes) Partisan du libéralisme (2). *Un économiste libéral. Parti libéral.* – N. *Un libéral.* / contr. communiste, socialiste / – Favorable à la libre circulation des biens. **3**· Qui respecte les opinions, l'indépendance d'autrui. *Des parents libéraux.* → **tolérant.** ▶ **libéraliser** v. tr. < conjug. 1 > Rendre plus libéral (un régime politique, une activité économique). ▶ **libéralisation** n. f. *Libéralisation des échanges internationaux, du régime de la presse.* ▶ **libéralisme** n. m. **1**· Attitude, doctrine des libéraux, partisans de la liberté politique, de la liberté de conscience. **2**· (Opposé à *étatisme, socialisme*) Doctrine selon laquelle la liberté économique, le libre jeu de l'entreprise ne doivent pas être entravés. *Le libéralisme préconise la libre concurrence, combat l'intervention de l'État.* **3**· Respect à l'égard de l'indépendance, des opinions d'autrui. → **tolérance.**

2 **libéral, ale, aux** adj. Littér. Qui donne facilement, largement. → **généreux.** *Il est plus libéral de promesses que d'argent.* ▶ **libéralement** adv. Avec générosité. *Distribuer libéralement.* ▶ **libéralité** n. f. Littér. **1**· Disposition à donner généreusement. → **générosité, largesse. 2**· *(Une, des libéralités)* Don fait avec générosité. *Faire une libéralité à qqn.*

libérateur, trice [libeʀatœʀ, tʀis] n. et adj. **1**· N. Personne qui libère, délivre. *Les libérateurs du pays.* **2**· Adj. Qui libère. *Guerre libératrice,* de libération. – Abstrait. *L'humour a quelque chose de libérateur. Rôle libérateur de l'éducation.*

libération [libeʀasjɔ̃] n. f. **1·** Action de rendre libre. → **délivrance.** / contr. asservissement / *Libération d'une personne séquestrée.* – Mise en liberté (d'un détenu) après l'expiration de sa peine. *Libération conditionnelle,* qui intervient avant la date prévue. – Renvoi d'un militaire dans ses foyers à l'expiration de son temps de service. **2·** Abstrait. Délivrance (d'une sujétion, d'un lien). → **affranchissement.** / contr. contrainte / *Mouvement de libération de la femme. La libération des mœurs.* **3·** Délivrance (d'un pays occupé, d'un peuple). / contr. occupation / *La Libération,* la libération des territoires français occupés par les troupes allemandes durant la Seconde Guerre mondiale. **4·** Mise en liberté (de matière, d'énergie). *Libération d'énergie.*

libérer [libeʀe] v. tr. <conjug. 6> **1·** Mettre (un prisonnier) en liberté. → **relâcher.** / contr. arrêter / Renvoyer (un soldat) dans ses foyers. **2·** Délivrer, dégager de ce qui lie, de ce qui gêne, retient. *Libérer le passage.* – Pronominalement (réfl.). *Se libérer d'une entrave.* → se **dégager.** Se rendre libre de toute occupation. *Je n'ai pas pu me libérer plus tôt.* **3·** Rendre libre, affranchi (d'une servitude, d'une obligation). → **dégager, exempter.** *Je vous libère de vos engagements.* – Pronominalement. *Se libérer d'une dette par un paiement.* **4·** Délivrer (un pays, un peuple) de l'occupation étrangère, d'un asservissement. → **libération.** / contr. asservir, envahir, occuper / **5·** *Libérer sa conscience,* la délivrer du « poids » du remords (en avouant). – Laisser se manifester. *Libérer ses instincts.* **6·** En chimie, en physique. Dégager (une substance, une énergie). *Réaction chimique qui libère un gaz.* ▶ **libéré, ée** adj. **1·** Mis en liberté. *Prisonniers, soldats libérés.* – N. *Les libérés.* **2·** Délivré d'une occupation militaire. *Pays libéré.* **3·** Affranchi d'une servitude. *Femme libérée,* émancipée par rapport aux préjugés masculins. ▷ **libérable, libérateur, libération**

liberté [libɛʀte] n. f. (→ **libre**) **I· 1·** Situation de la personne qui n'est pas sous la dépendance absolue de qqn (opposé à *esclavage, servitude*), ou qui n'est pas captive, enfermée (opposé à *captivité*). *Rendre la liberté à un prisonnier.* → **délivrer.** – *Élever des animaux en liberté,* sans les enfermer. **2·** Possibilité, pouvoir d'agir sans contrainte. *Agir en toute liberté, en pleine liberté. Il a toute liberté pour agir.* → **facilité, faculté.** *J'ai pris la liberté de refuser. La liberté d'agir.* – *Liberté d'action, de mouvement.* – *Pendant ses heures, ses moments de liberté.* → **loisir.** – *Liberté d'esprit,* indépendance d'esprit. *Liberté de langage, de mœurs.* – État d'une personne qui n'a aucun engagement. *Garder, sacrifier sa liberté.* → **autonomie. 3·** Au plur. *Prendre des libertés,* être trop familier. **II·** Dans le domaine politique. **1·** Pouvoir d'agir, au sein d'une société organisée, selon sa propre détermination, dans la limite de règles définies. *Liberté politique.* – *La liberté* : absence de contrainte considérée comme illégitime. *Défenseur de la liberté. Vive la liberté !* **2·** Pouvoir que la loi reconnaît aux individus dans un domaine. → **droit.** *Liberté d'opinion. Liberté de la presse. Liberté religieuse,* droit de choisir sa religion, ou de n'en pas avoir (*liberté de conscience*). **3·** Indépendance d'un pays. *Combattre pour la liberté de sa patrie.* → **libération.** / contr. oppression / **III·** En philosophie. Caractère indéterminé de la volonté humaine ; libre arbitre. *La liberté, fondement du devoir, de la responsabilité, de la morale.* ▶ **libertaire** adj. Qui n'admet aucune limitation de la liberté politique. → **anarchiste.** *Les traditions libertaires.* – N. *Un, une libertaire.*

libertin, ine [libɛʀtɛ̃, in] n. et adj. Littér. Qui est déréglé dans ses mœurs, dans sa conduite, s'adonne sans retenue aux plaisirs charnels, avec un certain raffinement. → **dissolu.** *C'est un libertin.* – *Propos, livres, vers libertins.* → **grivois, leste.** ▶ **libertinage** n. m. Licence des mœurs. → **débauche.** *Vivre dans le libertinage.*

libidineux, euse [libidinø, øz] adj. Littér. ou plaisant. Qui recherche constamment et sans pudeur des satisfactions sexuelles. *Un vieillard libidineux. Regards libidineux.* → **vicieux.**

libido [libido] n. f. **1·** Recherche instinctive du plaisir et, spécialt, du plaisir sexuel. **2·** En psychanalyse. Énergie qui sous-tend les instincts de vie et, en particulier, les instincts sexuels.

libraire [libʀɛʀ] n. Commerçant dont la profession est de vendre des livres. *Acheter un roman chez sa libraire.* ▶ **librairie** n. f. **1·** Commerce des livres. *On ne trouve plus ce livre en librairie.* **2·** Magasin où l'on vend des livres. *Librairie d'occasion,* qui vend des livres d'occasion. *Une librairie-papeterie. Librairie en ligne.*

libre [libʀ] adj. **I· 1·** (Opposé à *esclave, serf,* ou à *captif, prisonnier*) Qui n'est pas privé de sa liberté. *Rendre libre un esclave.* → **affranchir. 2·** Qui a le pouvoir de décider, d'agir par soi-même. → **indépendant.** Fam. *Être libre comme l'air,* tout à fait libre. – *Garder l'esprit libre, la tête libre,* exempt de préoccupations ou de préjugés. **3·** Littér. ***Libre de*** (+ nom) : libéré, affranchi de. / contr. soumis à / *Esprit libre de préoccupations.* → **exempt.** – ***Libre de*** (+ infinitif) : qui a la possibilité, le droit de. *Libre de décider, d'agir.* **4·** Qui n'est pas soumis à un engagement, à une obligation, à une occupation. *Se rendre libre. Êtes-*

vous libre ce soir ? Il, elle est libre, non engagé(e) par un contrat (de travail, de mariage...). **5·** (Choses) Qui s'accomplit librement, sans contrainte extérieure. / contr. contraint, imposé / *Mouvements libres. Union libre.* → **concubinage.** – *Elle a donné libre cours à sa colère.* **6·** Qui ne se contraint pas. *Être libre, très libre avec qqn,* ne pas se gêner avec lui. *Il a des manières, des airs libres.* → **aisé, spontané. 7·** Qui est indifférent aux convenances et tend à la licence. *Propos libres, un peu libres.* → **cru, licencieux, osé. II· 1·** Qui n'est pas soumis à une autorité arbitraire, tyrannique ; qui jouit de l'indépendance, de libertés reconnues et garanties (→ **liberté**). *Peuple, société, nation libre.* – Histoire. *Le monde libre,* les pays non communistes (pour leurs adversaires). **2·** Dont le libre exercice est reconnu par la loi. *Enseignement libre. Écoles libres,* écoles privées, religieuses ou non. – *Produit en vente libre.* **III·** Qui jouit de liberté (II). **IV·** (Choses) **1·** Autorisé, permis. / contr. défendu, interdit / *Accès libre. Entrée libre,* qui n'est soumise à aucune formalité, gratuite. – Impers. *Libre à vous (de),* vous êtes libre (de). *Libre à vous d'accepter ou de refuser.* **2·** Qui n'est pas attaché, retenu ou serré. *Vêtement qui laisse la taille libre. Cheveux libres.* **3·** Qui n'est pas occupé, ne présente pas d'obstacle empêchant le passage. / contr. occupé / *Place libre.* → **vacant, vide.** *La voie est libre. Il n'y a pas une chambre de libre dans cet hôtel. La ligne (téléphonique) n'est pas libre.* – *Temps libre,* que l'on peut employer à sa guise. **4·** Dont la forme n'est pas imposée. *Improvisation libre. Vers libres.* – *Papier libre* (opposé à *papier timbré*). ▶ **libre arbitre** n. m. Volonté libre, non contrainte. *Il n'avait pas son libre arbitre, il a agi sous la menace. Des libres arbitres.* / contr. contrainte / ▶ **libre-échange** n. m. sing. Système dans lequel les échanges commerciaux entre États sont libres. *Une zone de libre-échange.* / contr. protectionnisme / ▶ **librement** adv. **1·** Sans restriction d'ordre juridique ou sans obstacle. *Circuler librement.* **2·** En toute liberté de choix. *Discipline librement consentie.* **3·** Avec franchise. *Je vous parlerai très librement.* → **carrément. 4·** Avec une certaine fantaisie dans l'interprétation. *Traduire librement.* ▶ **libre penseur, euse** n. Personne qui pense librement, ne se fiant qu'à sa raison. *Des libres penseurs.* ▶ **libre-service** n. m. **1·** *(Le libre-service)* Service assuré par le client lui-même, dans un magasin, un restaurant. **2·** *(Un, des libres-services)* Magasin où l'on se sert soi-même. *Déjeuner dans un libre-service.* → anglic. **self-service.**

librettiste [libʀe(ɛt)tist] n. Auteur d'un livret d'opéra, d'opérette.

lice [lis] n. f. Autrefois. Champ clos où se déroulaient des joutes, des tournois. – Loc. *Entrer en lice,* s'engager dans une compétition ou intervenir dans un débat. *Rester en lice,* dans la compétition. ≠ lis, lisse.

① **licence** [lisɑ̃s] n. f. **I·** Grade et diplôme de l'enseignement supérieur intermédiaire entre le baccalauréat et le master. *Licence en droit, licence ès lettres. Licence, master et doctorat* (abrév. L. M. D.). **II·** Autorisation administrative permettant d'exercer une activité réglementée (commerce, sport, etc.). *Licence d'importation, d'exportation. Licence de ski. Licence de pêche.* → **permis.** ▶ **licencié, ée** n. **1·** Personne qui a passé avec succès les épreuves de la licence (I). *Une licenciée de sciences, ès sciences.* – Adj. *Professeur licencié.* **2·** Titulaire d'une licence (II). *Footballeur licencié.*

② **licence** n. f. **I· 1·** Littér. (Avec une prép. + infinitif) → **liberté** (I, 2). *Vous avez toute licence de rester ici.* **2·** Liberté que prend un écrivain avec les règles de la versification, de la grammaire. *Licence poétique. Licence orthographique* (ex. : *encor* pour *encore*). **II· 1·** Vieilli. Désordre moral, anarchie qu'entraîne une liberté sans contrôle. **2·** Littér. Absence de décence. *Licence des mœurs.* ▶ **licencieux, euse** adj. Littér. Qui manque de pudeur, de décence. → **immoral, libertin.** *Propos licencieux. Histoires, plaisanteries licencieuses.* → **grivois, scabreux.**

licencier [lisɑ̃sje] v. tr. < conjug. 7 > Priver (qqn) de son emploi, de sa fonction. → **congédier, renvoyer, virer.** / contr. embaucher, recruter / *Elle s'est fait licencier.* ▶ **licenciement** n. m. *Licenciement de salariés.* → **renvoi.** *Licenciement pour raisons économiques.* – Loc. *Licenciement sec,* sans traitement social. → **chômage.**

lichen [likɛn] n. m. Végétal formé de l'association d'un champignon et d'une algue, qui ressemble à la mousse. *Lichens qui poussent sur la pierre, les toits.*

lichette [liʃɛt] n. f. **1·** Fam. Petite tranche, petit morceau d'un aliment. *Une lichette de pain, de beurre.* **2·** En Belgique. Petite attache servant à suspendre un vêtement, un torchon.

licite [lisit] adj. Qui n'est défendu par aucune loi, aucune autorité établie. → **permis.** *Profits licites et illicites.* / contr. défendu, illicite /

licol [likɔl] vx, ou **licou** [liku] n. m. Pièce de harnais qu'on met autour du cou des animaux attelés (elle lie* le cou). *Retenir un cheval par son licou.*

licorne [likɔʀn] n. f. Animal fabuleux à corps et tête de cheval (ou de cerf), avec une corne unique au milieu du front.

lie [li] n. f. **1·** Dépôt qui se forme au fond des récipients contenant des boissons fermentées. *Il y a de la lie au fond du tonneau. Lie de vin.* – Adj. invar. *Lie de vin :* rouge violacé. **2·** Littér. *La lie de la société,* sa partie la plus méprisable.

lied [lid] n. m. Chanson ou mélodie populaire allemande. *Les lieds, les lieder* (plur. allemand) *de Schubert.*

liège [ljɛʒ] n. m. Matériau léger, imperméable et élastique, formé par la couche externe de l'écorce de certains arbres, en particulier du *chêne-liège. Bouchon, flotteur en liège.* ▷ **chêne-liège**

liégeois, oise [ljeʒwa, waz] adj. et n. De Liège (ville de Belgique). – Loc. *Café, chocolat liégeois,* glace au café, au chocolat, avec de la crème chantilly.

lien [ljɛ̃] n. m. **1·** Chose flexible et allongée servant à lier, à attacher. → **attache, bande, corde, courroie, ficelle, sangle ; lier.** *Lien de cuir, de coton, d'osier.* **2·** Abstrait. Ce qui relie, unit. *Ces faits n'ont aucun lien entre eux. Le lien des idées.* → **enchaînement, suite.** – Inform. Relation établie entre des informations. *Lien hypertexte**. **3·** Ce qui unit des personnes. → **liaison, relation.** *Lien de parenté, de famille. Les liens de l'amitié.* **4·** Littér. Élément (affectif, intellectuel) qui attache qqn à qqch. → **affinité.** *Un lien puissant l'attache à la terre de ses ancêtres.*

lier [lje] v. tr. < conjug. 7 > **I·** (Compl. chose) Mettre ensemble. **1·** Entourer, serrer avec un lien (plusieurs choses ou les parties d'une même chose). → **attacher.** / contr. délier / *Lier de la paille en bottes, en gerbes.* **2·** Assembler, joindre. *Lier les mots,* prononcer en faisant une liaison. – Au p. p. adj. *Écriture liée. Notes liées.* → **legato. 3·** Joindre à l'aide d'une substance qui opère la réunion ou le mélange. *Lier des pierres avec du mortier.* – *Lier une sauce,* l'épaissir. – Au p. p. adj. *Sauce liée.* **4·** Abstrait. Unir par un rapport logique, fonctionnel. *Lier ses idées.* → **coordonner, relier.** *Rapport qui lie la cause à l'effet.* – Au passif et p. p. adj. *Dans cette affaire, tout est lié.* – *Événements liés à la guerre.* **5·** Loc. (Compl. sans article) Faire naître (un lien). *Lier amitié* (avec qqn), contracter un lien d'amitié. *Lier conversation.* → **nouer.** – Au p. p. adj. Loc. *Avoir partie liée* (avec qqn), se mettre ou être d'accord (avec lui) pour une affaire commune. **II·** (Compl. personne) **1·** Attacher, enchaîner. / contr. délivrer, détacher / *On l'avait lié sur une chaise.* → **ligoter.** – Loc. *Être fou à lier,* complètement fou. *Pieds et poings liés,* à la merci (de qqn). – *Avoir les mains liées,* être réduit à l'impuissance. – ***Lier à*** : attacher. *Lier qqn à un arbre.* **2·** Imposer une obligation juridique, morale à. → **astreindre, obliger.** *Cette promesse me lie.* → **engager.** *Être lié par un serment.* **3·** Unir par des relations d'affection, de goût, d'intérêt. *Leurs goûts communs les ont rapprochés et liés.* – Pronominalement. ***Se lier*** *(avec qqn)* : avoir des relations d'amitié. *Il ne se lie pas facilement.* – Au p. p. adj. *Ils sont très liés* (ensemble). *Des amis très liés.* ▷ **allier, délier, liaison, liant, liane, liasse, licol, lien, lieuse, se mésallier, rallier, ① relier, ② relier**

lierre [ljɛʀ] n. m. Arbrisseau rampant et grimpant, à feuilles luisantes toujours vertes. *Le lierre grimpe autour du tronc des arbres.*

liesse [ljɛs] n. f. Littér. ***En liesse*** : se dit des foules qui manifestent leur joie. *Peuple, assemblée en liesse.*

① lieu [ljø] n. m. **I· 1·** Portion déterminée de l'espace, considérée de façon générale et abstraite. → **endroit, place.** *Être, se trouver dans un lieu. Dans ce lieu.* → **ici, là.** *La date et le lieu d'un événement. Les coutumes varient avec les lieux.* → **pays, région.** – *Lieu sûr,* où l'on est en sûreté. *Mettre qqn, qqch. en lieu sûr.* – *Lieu de promenade, de passage. Lieu de travail. L'unité de lieu est une des règles du théâtre classique.* – *Mauvais lieu,* endroit mal fréquenté, où l'on fait des choses immorales. – Loc. *N'avoir ni feu ni lieu ; être sans feu ni lieu,* sans domicile fixe. – *Adverbe, complément de lieu,* qui indiquent le lieu. **2·** Loc. ***Haut lieu*** : endroit où se sont passées des choses mémorables. *Le chemin des Dames est un des hauts lieux de la guerre de 1914-1918.* – ***En haut lieu*** : auprès des personnes haut placées. *Il s'est plaint en haut lieu.* – ***Lieu saint*** : temple, sanctuaire. Au plur. *Les Lieux saints,* les lieux de la Passion de Jésus ; la Terre sainte. **3·** ***Lieu public*** : lieu qui par destination admet le public (rue, jardin, mairie), ou lieu privé auquel le public peut accéder (café, cinéma). **II·** ***Les lieux*** (plur. à valeur de sing.) **1·** Endroit précis où un fait s'est passé. *Être sur les lieux,* sur place. *Les gendarmes se sont rendus sur les lieux de l'accident.* **2·** Appartement, maison, propriété. *État des lieux. Quitter, vider les lieux.* **3·** Vieilli. *Lieux (d'aisances).* → **cabinet(s). III· 1·** Place déterminée dans un ensemble, une succession (espace ou temps). *En son lieu,* à son tour. – Loc. adv. *En temps et lieu,* au moment et à la place convenables. *Nous vous ferons connaître notre décision en temps et lieu.* **2·** Point successif d'un discours, d'un écrit. *En premier lieu,* d'abord. *En dernier lieu.* **3·** ***Avoir lieu*** : se passer, exister (à un endroit, à un moment). *La fête aura lieu sur la grand-place.* → se **tenir.** – Être, se faire, s'accomplir. *La réunion n'aura pas lieu.* **4· *Au lieu de*** loc. prép. : à la place de. *Employer un mot au lieu d'un autre.* → **pour.** – (+ infinitif, exprime l'opposition) *Vous rêvez au lieu de réfléchir.* **5· *Tenir lieu de.*** → **remplacer, servir** de. *Cette pièce me tient lieu de chambre et de salon à la fois.* – ***Avoir lieu de*** (+ infinitif) : des raisons de. *Elle n'a pas lieu de se plaindre.* – *Il y a lieu de,* il convient de. *Il y a lieu de s'inquiéter.* – *S'il y a lieu* (de faire qqch.), le cas échéant. *Nous vous rappellerons, s'il y a lieu.* – ***Donner lieu*** : fournir l'occasion. → **produire, provoquer.** *Avec lui, tout donne lieu à des plaisanteries.* **IV· *Lieu commun*** : idée, sujet de conversation ou façon de s'exprimer que tout le monde utilise. → **banalité, cliché.** *Lieux communs rebattus. Éviter les lieux communs.* ▶ **lieu-dit** ou **lieudit** [ljødi] n. m. Lieu de la campagne qui porte un nom traditionnel. *L'autocar s'arrête au lieudit des Trois-Chênes. Des lieux-dits, les lieudits.* ▷ **chef-lieu, lieutenant, ① milieu, ② milieu, non-lieu, sous-lieutenant**

② **lieu** [ljø] n. m. Poisson de mer carnivore. *Lieu jaune,* à la chair estimée. *Lieu noir* (appelé aussi *colin*).

lieue [ljø] n. f. **1·** Ancienne mesure de distance (environ 4 km). **2·** Loc. ***À cent lieues** à la ronde* : loin autour (d'un endroit). – Abstrait. *À cent, à mille lieues de* (+ infinitif), très loin de. *J'étais à cent lieues de supposer cela.*

lieuse [ljøz] n. f. Machine servant à lier les gerbes. En appos. *Moissonneuse-lieuse.*

lieutenant, ante [ljøt(ə)nɑ̃, ɑ̃t] n. **1·** Militaire dont le grade est immédiatement inférieur à celui de capitaine, et qui commande une section. *On dit «Mon lieutenant» aux lieutenants, sous-lieutenants et aspirants.* **2·** *Lieutenant(e) de vaisseau,* officier de marine dont le grade correspond à celui de capitaine dans l'armée de terre. **3·** Adjoint (d'un chef). *Les lieutenants d'un chef de gang.* ▶ **lieutenant-colonel** n. m. Officier dont le grade est immédiatement inférieur à celui de colonel. *Des lieutenants-colonels.* **REM.** Le fém. *lieutenant-colonelle* est rare. ▶ **lieutenant-gouverneur, lieutenante-gouverneure** [ljøtnɑ̃(t)guvɛʀnœʀ] n. Au Canada. Représentant(e) de la Couronne britannique, nommé(e) par le gouverneur général dans chaque province. *Des lieutenants-gouverneurs.*

lièvre [ljɛvʀ] n. m. **1·** Mammifère voisin du lapin, et qui vit en liberté. → **hase** (femelle), **levraut** (petit). *Chasser le lièvre.* – Chair comestible de cet animal. *Civet de lièvre.* **2·** Loc. *Il ne faut pas courir deux lièvres à la fois,* mener de front plusieurs activités. – *C'est là que gît le lièvre,* là est le nœud de l'affaire. – *Lever, soulever un lièvre,* soulever à l'improviste une question embarrassante. ▷ **bec-de-lièvre**

lifter [lifte] v. tr. < conjug. 1 > **1·** Anglic. Sports. Donner à (une balle) un effet particulier qui lui fait décrire une courbe assez haute et qui l'accélère quand elle rebondit. – Au p. p. adj. *Balle liftée. Un revers lifté.* **2·** *Se faire lifter,* faire un lifting. – Au p. p. adj. *Elle est liftée. Visage lifté.* ▶ **lift** n. m. Effet d'une balle liftée.

liftier, ière [liftje, jɛʀ] n. Personne qui conduit un ascenseur.

lifting [liftiŋ] n. m. Anglic. Opération de chirurgie esthétique, visant à remonter et tendre la peau du visage. *Elle s'est fait faire un lifting. Des liftings.*

ligament [ligamɑ̃] n. m. Faisceau de tissu fibreux blanchâtre, très résistant, unissant les éléments (cartilages, os) d'une articulation. *Déchirure des ligaments.*

ligature [ligatyʀ] n. f. **1·** Opération consistant à réunir, à fixer avec un lien. *Faire une ligature. Ligatures des greffes.* **2·** Lien permettant cette opération. ▶ **ligaturer** v. tr. < conjug. 1 > Serrer, fixer avec une ligature. *Ligaturer une artère.*

lige [liʒ] adj. *Homme lige (de qqn)* : homme entièrement dévoué (à une personne, un groupe). *Être l'homme lige d'un parti.* ▷ **allégeance**

light [lajt] adj. invar. Anglic. Qui est sucré avec des édulcorants de synthèse. *Boissons light.*

ligne [liɲ] n. f. **I· 1·** Trait continu allongé, sans épaisseur. *Tracer, tirer des lignes. Ligne horizontale. Ligne droite, courbe.* **2·** Trait réel ou imaginaire qui sépare deux choses. → **frontière, limite.** *Lignes délimitant un terrain de sport. Ligne de démarcation.* – *Ligne de flottaison,* qui correspond au niveau normal de l'eau sur la coque d'un navire. *Passage de la ligne,* de l'équateur. – *Ligne blanche* (autrefois *jaune*), marquant la division d'une route en plusieurs bandes. – Fig. *Franchir la ligne blanche,* aller trop loin, dépasser les limites. **3·** Chacun des traits qui sillonnent la paume de la main. *Ligne de vie, de cœur.* **4·** Contour, tracé. → **dessin, forme.** *Harmonie des lignes. La ligne bleue de l'horizon.* **5·** *La ligne,* effet produit par une combinaison de lignes (silhouette, dessin). *La ligne du style Louis XVI, de la mode actuelle.* – Loc. *Garder la ligne,* rester mince. **6·** Abstrait. Élément, point. *Les lignes essentielles d'un programme. Avez-vous compris les* *grandes lignes ? Dans ses grandes lignes,* en gros. **II· 1·** Direction. *En ligne droite.* – Abstrait. *Ligne de conduite.* – *Être dans la ligne (du parti),* suivre l'orthodoxie qu'il a définie. **2·** Tracé idéal dans une direction déterminée. *Ligne de tir.* **3·** Trajet emprunté par un service de transport ; ce service. *Lignes de chemin de fer, de métro, d'autobus. Ligne maritime, aérienne. Pilote de ligne.* **III· 1·** Fil (soie, crin, nylon) portant à l'une de ses extrémités un hameçon pour la pêche. *Pêche à la ligne. Ligne de fond,* ligne sans flotteur qui repose au fond de l'eau. **2·** Fils ou câbles conduisant et transportant l'énergie électrique. *Ligne électrique.* – *Ligne téléphonique. La ligne est occupée, en dérangement.* **3·** ***En ligne*** loc. adj. Qualifie un matériel informatique connecté à un réseau, à Internet. – Loc. adv. En étant connecté (à Internet). *Regarder une vidéo en ligne. Acheter en ligne.* **IV· 1·** Suite alignée (de choses, de personnes). *Être placé **en ligne, sur une ligne**. En ligne pour le départ !* – ***Hors ligne*** : hors de pair, supérieur. *Il est d'une intelligence hors ligne.* **2·** Série alignée d'ouvrages ou de positions (militaires). *Lignes de fortifications. Première, seconde ligne.* – *Avoir raison, être battu sur toute la ligne,* tout à fait. **3·** Suite de caractères disposés dans la page sur une ligne horizontale. *Point, à la ligne. Aller, revenir à la ligne,* pour entamer un autre alinéa. *De la première à la dernière ligne.* – Loc. *Lire entre les lignes,* deviner ce qui est sous-entendu. **4·** Loc. *Entrer **en ligne de compte*** : compter, avoir de l'importance. *Vos sentiments ne doivent pas entrer en ligne de compte.* **5·** Suite des degrés de parenté. → **filiation, lignée.** *Descendre en droite ligne d'un homme célèbre.* ▶ **ligné, ée** adj. Marqué de lignes. *Papier ligné.* ▶ **lignée** n. f. **1·** Ensemble des descendants d'une personne. → **descendance, postérité.** **2·** Filiation spirituelle. *La lignée d'un écrivain.* ▶ **ligneur** n. m. Bateau équipé pour la pêche à la ligne (et non au filet). ▷ **aligner, curviligne, interligne, longiligne, rectiligne, souligner, surligner, tire-ligne**

ligneux, euse [liɲø, øz] adj. De la nature du bois. ▶ **se lignifier** v. pron. réfl. < conjug. 7 > Se convertir en bois.

lignite [liɲit] n. m. Charbon naturel fossile, noir ou brun, compact.

ligoter [ligɔte] v. tr. < conjug. 1 > **1·** Attacher, lier (qqn) solidement en privant de l'usage des bras et des jambes. *Les voleurs ont ligoté le gardien.* **2·** Abstrait. Priver (qqn) de sa liberté. *Ce contrat le ligote complètement.*

ligue [lig] n. f. **1·** Alliance entre États, pour défendre des intérêts communs, poursuivre une politique concertée. → **alliance, coalition, union.** **2·** Association pour défendre des intérêts politiques, religieux, moraux. *Ligue des droits de l'homme.* ▶ **liguer** v. tr. < conjug. 1 > **1·** Unir dans une ligue. → **allier, coaliser.** – Pronominalement (réfl.). Former une ligue. **2·** Associer dans un mouvement, dans une action. – Pronominalement (réfl.). *Ils se sont tous ligués contre leur camarade.* ▶ **ligueur** n. m. Membre d'une ligue (2).

lilas [lila] n. m. invar. **1·** Arbuste ornemental aux fleurs en grappes très parfumées, violettes ou blanches. – Ces fleurs. *Lilas blanc, violet.* **2·** Adj. invar. De couleur violette tirant sur le rose, ou mauve. *Une étoffe lilas.* – N. m. invar. *Un lilas foncé.*

liliacées [liliase] n. f. pl. En botanique. Famille de plantes comprenant le lis, la tulipe, l'ail, etc.

lilliputien, ienne [lilipysjɛ̃, jɛn] adj. et n. Très petit, minuscule. *Taille lilliputienne.*

limace [limas] n. f. Mollusque gastéropode terrestre, sans coquille. → **loche** (2). *Limace rouge, noire.* – Fam. *Quelle limace !,* se dit d'une personne lente et molle. → **escargot.** ▶ **limaçon** [limasɔ̃] n. m. **1·** Escargot. → **colimaçon.** **2·** Conduit enroulé en spirale, constituant une partie de l'oreille interne. ▷ **colimaçon**

limaille [limɑj] n. f. Parcelles de métal. *Limaille de fer.*

limande [limɑ̃d] n. f. Poisson de mer ovale et plat, comestible. – Loc. *Elle est plate comme une limande,* sans poitrine.

limbe [lɛ̃b] n. m. Partie principale, large et aplatie, de la feuille des végétaux. *Le pétiole unit le limbe à la tige.*

limbes [lɛ̃b] n. m. pl. **1·** Dans la théologie catholique. Séjour des âmes des justes avant la Rédemption, ou des enfants morts sans baptême. **2·** Région, situation mal définie. *Cet ouvrage est resté dans les limbes,* jamais fini.

lime [lim] n. f. Outil de métal garni d'aspérités servant à entamer et user par frottement. *Lime d'ajusteur. Cette lime ne mord plus,* ses dents sont usées. *Lime à ongles.* ▶ **limer** v. tr. < conjug. 1 > Travailler à la lime, pour dégrossir, polir, réduire, etc. *Limer une pièce de fer. Limer ses ongles.* ▷ **élimé, limaille**

limier [limje] n. m. **1·** Grand chien de chasse employé à chercher et détourner l'animal. **2·** Personne qui suit une piste, à la recherche de qqch. ou de qqn. → **détective, policier.** Loc. *C'est un fin limier.*

liminaire [liminɛʀ] adj. Didact. Placé en tête d'un ouvrage, d'un discours. *Page, déclaration liminaire.* → **préliminaire.**

limitation [limitɑsjɔ̃] n. f. Action de fixer des limites ; son résultat. → **restriction.** *Limitation d'un pouvoir. Limitation des naissances.* → **contrôle.** *Il respecte les limitations de vitesse.* – *Sans limitation de temps,* sans que la durée, le délai soient limités. ▶ **limitatif, ive** adj. Qui limite, fixe ou précise des limites. *Énumération limitative.*

limite [limit] n. f. **1·** Ligne qui sépare deux terrains ou territoires contigus. → **bord, confins, frontière.** *Établir, tracer des limites. Borne marquant une limite.* **2·** Partie extrême où se termine une surface, une étendue. *La mer s'étendait alors au-delà de ses limites actuelles.* **3·** Terme extrême dans le temps (commencement ou fin). *N'attendez pas la dernière limite pour vous inscrire. Limite d'âge,* âge au-delà duquel on ne peut plus se présenter à un examen, un concours, exercer une fonction. **4·** Ce qu'on ne peut dépasser (activité, influence). → **barrière, borne.** *Les limites du possible. La patience a des limites !* – *Dans une certaine limite.* → **mesure.** *Nous vous aiderons dans les limites de nos moyens.* **5·** ***À la limite*** : en sciences, si on se place en pensée au point vers lequel tend une progression sans l'atteindre jamais ; cour., dans les circonstances extrêmes. *À la limite, il risque la saisie mais pas la prison.* – Adj. *Cas limite.* → **extrême.** *Vitesse limite.* **6·** Au plur. Point que ne peuvent dépasser les possibilités physiques ou intellectuelles. *Connaître ses limites.* → **moyen.** **7·** ***Sans limites*** : illimité. *Une ambition sans limites.* **8·** Adj. attribut. Fam. *Être limite,* convenir à peine, être tout juste acceptable. *Ta plaisanterie est franchement limite.* ▶ **limiter** v. tr. < conjug. 1 > **1·** Constituer la limite de. → **borner, délimiter.** *Mers qui limitent la France à l'ouest et au sud.* **2·** Renfermer dans des limites, restreindre en assignant des limites. *Limiter le pouvoir de qqn.* – Fam. *Limiter les dégâts,* les restreindre. **3·** ***Se limiter*** v. pron. : (réfl.) s'imposer des limites. *Savoir se limiter.* – (Passif) Avoir pour limites. *Le monde pour lui se limite à sa famille.* ▶ **limité, ée** adj. Qui a des limites (naturelles ou fixées), des limites étroites. → **fini.** *Surface limitée. Édition à tirage limité.* – Abstrait. *N'avoir qu'une confiance limitée.* – Fam. *Il est un peu limité* (dans ses moyens, physiques ou intellectuels). ▷ **délimiter, illimité, limitation**

limitrophe [limitʀɔf] adj. **1·** Qui est aux frontières. → **frontalier.** **2·** Qui est voisin, qui a des frontières communes. *Départements limitrophes.*

limoger [limɔʒe] v. tr. < conjug. 3 > Frapper (une personne haut placée) d'une mesure de disgrâce. → **destituer, révoquer.** *Limoger un préfet.* ▶ **limogeage** n. m. Action de limoger ; son résultat.

limon [limɔ̃] n. m. Terre ou fines particules, entraînées par les eaux et déposées sur le lit et les rives des fleuves. → **alluvion, dépôt.** *Limon employé comme engrais.* ▶ **limoneux, euse** adj. Qui contient du limon. *Fleuve limoneux.*

limonade [limɔnad] n. f. Boisson gazeuse d'eau légèrement sucrée et acidulée. *Limonade à la bière* → **panaché,** *à la menthe* → **diabolo.** ▶ **limonadier, ière** n. **1·** Fabricant de limonade, de boissons gazéifiées. **2·** Cafetier. *Restaurateurs et limonadiers.* **3·** Instrument comprenant un tire-bouchon, un petit couteau et un décapsuleur.

limonaire [limɔnɛʀ] n. m. Orgue mécanique.

limousine [limuzin] n. f. Voiture longue, à quatre portes et six glaces latérales.

limpide [lɛ̃pid] adj. **1·** (Liquide) Dont rien ne trouble la transparence. → **clair, pur, transparent.** / contr. opaque, trouble / *Eau, source limpide.* – *Regard limpide,* clair et pur. **2·** Parfaitement clair, intelligible. / contr. obscur / *Explication limpide.* ▶ **limpidité** n. f. **1·** Clarté, transparence. *Limpidité de l'eau, de l'air.* **2·** Clarté (de la pensée, de l'expression). / contr. obscurité / *Ce texte est d'une limpidité parfaite.*

lin [lɛ̃] n. m. **1·** Herbe à fleurs bleues, à graines oléagineuses, cultivée surtout pour les fibres textiles de sa tige. *Filature du lin. Tissus de lin. Huile de lin.* **2·** Tissu, toile de lin. *Chemises de lin.* ▷ **linceul, linoléum, linon**

linceul [lɛ̃sœl] n. m. Pièce de toile dans laquelle on ensevelit un mort. *Le linceul du Christ.* → **suaire.**

linéaire [lineɛʀ] adj. **1·** Qui a rapport aux lignes, se traduit par des lignes. *Mesure linéaire* (opposé à *mesure de superficie* ou *de volume*). *Perspective linéaire. Dessin linéaire.* **2·** Abstrait. Qui est sans épaisseur, sans prolongements. *Un récit très linéaire, un peu ennuyeux.* ▶ **linéarité** n. f. Littér. Caractère de ce qui est linéaire.

linéament [lineamɑ̃] n. m. Littér. **1·** Ligne élémentaire, caractéristique d'une forme, d'un aspect général. *Les linéaments d'un paysage.* **2·** Abstrait. Ébauche partielle. *Les linéaments d'un projet, d'une doctrine.*

linge [lɛ̃ʒ] n. m. **1·** (Collectif) Ensemble des pièces de tissu employées aux besoins du ménage.

Linge de maison (pour le lit, la toilette, la table, la cuisine). *Coffre, sac à linge (sale). Laver, repasser le linge. Étendre le linge* (sur un séchoir, une *corde à linge*, avec des *pinces à linge*). **2**· Ensemble des sous-vêtements et pièces détachables de l'habillement en tissu léger. *Linge fin. Changer de linge.* **3**· Pièce de linge (1). *Nettoyer une glace avec un linge humide.* – Loc. *Blanc comme un linge,* très pâle. **4**· Fig. Fam. *Du beau linge,* des personnes importantes. ▶ **lingère** n. f. Femme chargée de l'entretien et de la distribution du linge (dans une communauté, une grande maison). ▶ **lingerie** n. f. **1**· Local réservé à l'entretien et au repassage du linge. **2**· Linge de corps (surtout pour les femmes). *Rayon (de la) lingerie, dans un grand magasin.* ▷ **sèche-linge**

lingot [lɛ̃go] n. m. Masse de métal ou d'alliage coulé. *Lingot de plomb, de fonte. Lingot d'or.*

lingua franca [lingwafʀɑ̃ka] n. f. Langue véhiculaire utilisée sur une aire géographique assez vaste. → **sabir.** *Une lingua franca* (faite de français, d'italien, d'arabe, de turc) *a été utilisée du Moyen Âge au XIXe siècle dans les ports méditerranéens.*

lingual, ale, aux [lɛ̃gwal, o] adj. Relatif à la langue. *Les papilles linguales.* ▷ **perlingual**

linguiste [lɛ̃gɥist] n. Spécialiste en linguistique. ▶ **linguistique** n. f. et adj. **I**· N. f. Science qui a la langue ② pour objet. *Linguistique générale,* étude des conditions générales de fonctionnement et d'évolution des langues. *Linguistique structurale. Linguistique appliquée* (traduction ; pédagogie). **II**· Adj. **1**· Relatif à la linguistique. *Études linguistiques.* **2**· Propre à la langue ; envisagé du point de vue de la langue. *Géographie linguistique.* ▶ **linguistiquement** adv. Du point de vue linguistique. ▷ **bilingue, monolingue, trilingue, unilingue**

liniment [linimɑ̃] n. m. Liquide gras qui contient un médicament, pour frictionner la peau. → **baume, onguent.**

linoleum ou **linoléum** [linɔleɔm] n. m. Toile enduite d'un revêtement imperméable. – Tapis, revêtement de sol en linoléum. *Sol recouvert de linoléum.* – Abrév. **lino** [lino]. *Des linos.*

linon [linɔ̃] n. m. Tissu fin et transparent, de lin ou de coton. *Mouchoir de linon.*

linotte [linɔt] n. f. **1**· Petit passereau au plumage brun et rouge. **2**· Loc. ***Tête de linotte*** : personne écervelée, agissant étourdiment.

linotype [linotip] n. f. En imprimerie. Machine qui servait à composer, fondant d'un seul bloc la ligne. – Abrév. *Composer à la lino.* ▶ **linotypie** n. f. Composition à la linotype. ▶ **linotypiste** n. Ouvrier, ouvrière composant à la linotype. – Abrév. **un, une lino.**

linteau [lɛ̃to] n. m. Pièce horizontale (de bois, pierre, métal) qui forme la partie supérieure d'une ouverture et soutient la maçonnerie. *Linteau de porte, de fenêtre. Des linteaux.*

lion, lionne [ljɔ̃, ljɔn] n. **I**· **1**· Grand mammifère carnivore, à pelage fauve, à crinière (chez le mâle), à queue terminée par une grosse touffe de poils, vivant en Afrique et en Asie. *Rugissement du lion. Chasse au lion.* – *Fort, courageux comme un lion. Se battre comme un lion.* **2**· Loc. *La part du lion,* la plus grosse part que s'adjuge le plus fort. → **léonin.** – Fam. *Il, elle a mangé, bouffé du lion,* se dit d'une personne qui fait preuve d'une énergie inhabituelle. **3**· Homme courageux. *C'est un lion !* **II**· (Avec une majuscule) Cinquième signe du zodiaque (23 juillet-22 août). *Être du signe du Lion, être du Lion.* – Ellipt. Invar. *Elles sont Lion.* ▶ **lionceau** n. m. Petit du lion et de la lionne. ▷ **fourmi-lion**

lipide [lipid] n. m. Nom savant des corps gras. ▶ **lipo-** Élément savant signifiant « graisse ». ▶ **liposome** [lipozom] n. m. Petite vésicule artificielle à la paroi formée de lipides, qui contient une substance active en solution.

lippe [lip] n. f. Littér. Lèvre inférieure épaisse et proéminente. – Loc. *Faire la lippe,* faire la moue. → **bouder.** ▶ **lippu, ue** adj. Qui a une grosse lèvre inférieure.

liquéfier [likefje] v. tr. < conjug. 7 > **1**· Vieilli. Faire passer à l'état liquide (un corps solide). → **fondre.** **2**· Faire passer à l'état liquide (un corps gazeux). – Pronominalement. *L'hélium se liquéfie difficilement.* – (Vapeur) Condenser. – Au p. p. adj. *Gaz de pétrole liquéfié* (G. P. L.). **3**· (Personnes) ***Se liquéfier*** v. pron. réfl. : perdre toute énergie, toute résistance morale. ▶ **liquéfaction** [likefaksjɔ̃] n. f. Passage d'un corps gazeux à l'état liquide. *Point de liquéfaction.* / contr. solidification / ▶ **liquéfiable** adj. Qui peut être liquéfié. *Gaz liquéfiables.*

liquette [likɛt] n. f. Fam. Chemise.

liqueur [likœʀ] n. f. Boisson sucrée et aromatisée, à base d'alcool ou d'eau-de-vie. → **spiritueux.** *Verres à liqueur. Bonbons à la liqueur.* – Loc. *Vin de liqueur,* liquoreux. ▷ **liquoreux**

① **liquide** [likid] adj. et n. m. **I**· Adj. **1**· Qui coule ou tend à couler. → **fluide.** *Un corps liquide prend la forme du récipient qui le contient. Rendre liquide.* → **liquéfier.** *Passage de l'état liquide à l'état* *gazeux.* – *Air liquide,* conservé à l'état liquide par le froid. – (Corps pâteux) Qui n'a pas de consistance. *Lier une sauce trop liquide.* **2·** En phonétique. Se dit des consonnes *l, m, n, r,* de prononciation aisée. **II·** N. m. **1·** Tout corps qui s'écoule. → **fluide.** *Verser un liquide dans une bouteille.* – *Malade qui ne peut prendre que des liquides,* des aliments liquides. **2·** *Liquides organiques,* lymphe, sang, sérosité...

2 **liquide** adj. et n. m. Qui est librement et immédiatement disponible. *Avoir de l'argent liquide, mille euros en liquide,* en espèces. – *Ne pas avoir assez de liquide.* ▶ **liquidité** n. f. État d'un bien liquide. – Au plur. Sommes disponibles. *Avoir des liquidités suffisantes.*

liquider [likide] v. tr. < conjug. 1 > **1·** Soumettre à une liquidation. *Liquider un compte, une succession.* **2·** Vendre (des marchandises) au rabais. *Liquider le stock.* **3·** Fam. En finir avec (qqch.). → se **débarrasser.** *Liquider une affaire.* – Se débarrasser de (qqn), notamment en tuant. *Liquider un témoin gênant.* – Au p. p. adj. *Une affaire liquidée.* – Fam. *C'est liquidé, on n'en parle plus.* ▶ **liquidation** n. f. **1·** Opérations préliminaires à un partage, à un règlement ; règlement d'une somme. *Liquidation d'une succession.* → **partage. 2·** Vente au rabais en vue d'un écoulement rapide des marchandises. *Liquidation du stock après inventaire.* → **solde.** ▶ **liquidateur, trice** n. Personne qui réalise les opérations préalables à un partage.

liquoreux, euse [likɔʀø, øz] adj. Qui rappelle la liqueur par la saveur douce, le degré élevé d'alcool. *Vins liquoreux.*

1 **lire** [liʀ] v. tr. < conjug. 43 > **I· 1·** Suivre des yeux en identifiant (des caractères, une écriture). *Lire des lettres, des numéros.* – Sans compl. Être capable de lire une écriture. *Savoir lire et écrire. Lire couramment.* **2·** Déchiffrer. *Lire un graphique. Lire une partition de musique.* En informatique. (Choses). *Mon portable ne lit pas les MMS.* **3·** Prendre connaissance du contenu de (un texte) par la lecture. *Lire une lettre, un roman. J'ai lu dans le journal qu'il était mort. Avoir qqch. à lire en voyage.* – Au p. p. adj. *Tous les livres lus sont à rendre à la bibliothèque.* – Sans compl. *Aimer lire.* → **bouquiner. 4·** Énoncer à haute voix (un texte écrit). *Lire un discours devant l'Assemblée.* → **prononcer.** *Lire un jugement.* – Faire la lecture. *Je vais vous lire cet article.* **II· 1·** Déchiffrer, comprendre (ce qui est caché) par un signe extérieur. *Lire l'avenir dans les lignes de la main, les astres. Lire les lignes de la main.* **2·** Discerner, reconnaître comme par un signe. → **découvrir, pénétrer.** *Lire un sentiment sur le visage de qqn. On lisait la peur dans ses yeux.* ▷ **liseur, liseuse, lisible, illisible, relire**

2 **lire** [liʀ] n. f. Unité monétaire italienne (avant l'euro). *Un billet de mille lires.*

lis ou **lys** [lis] n. m. invar. **1·** Plante vivace, à feuilles allongées et pointues, à grandes fleurs au parfum pénétrant. *Lis commun,* à fleurs blanches. **2·** La fleur blanche du lis. *Un bouquet de lis. Blanc comme un lis.* – *Un teint de lis,* très blanc. **3·** ***Fleur de lys, de lis*** : figure héraldique formée de trois fleurs de lis schématisées et unies, emblème de la royauté. ≠ lice, lisse. ▷ **fleurdeliser, liseron**

liseré [lizʀe] ou **liséré** [lizeʀe] n. m. Ruban étroit dont on borde un vêtement. → **passepoil.** *Liseré de soie.*

liseron [lizʀɔ̃] n. m. Plante à tige grimpante. *Liseron des champs, des haies.* → **volubilis.**

liseur, euse [lizœʀ, øz] n. Personne qui a l'habitude de lire beaucoup. → **lecteur.** *C'est un grand liseur de romans.*

liseuse n. f. **I·** Couvre-livre interchangeable. *Liseuse en cuir.* **II·** Veste de femme, chaude et légère (pour lire au lit, etc.). **III· 1·** Petite lampe destinée à la lecture (dans un train, une voiture). **2·** Appareil portable qui permet de télécharger et de lire des livres numériques.

lisible [lizibl] adj. **1·** Qui est aisé à lire, à déchiffrer. / contr. illisible / *Sa signature est tout juste lisible.* → **déchiffrable. 2·** Digne d'être lu. *Ce roman est à peine lisible.* **3·** Clair, compréhensible. *Une politique lisible, peu lisible.* ▶ **lisibilité** n. f. Caractère de ce qui est lisible. *Texte d'une lisibilité parfaite.* – Loc. *Manquer de lisibilité,* être incompréhensible. ▶ **lisiblement** adv. *Écrire lisiblement.*

lisier [lizje] n. m. Mélange liquide d'excréments animaux, utilisé comme engrais. *Le lisier de porc.* ≠ fumier, purin.

lisière [lizjɛʀ] n. f. **1·** Bordure limitant de chaque côté une pièce d'étoffe. **2·** Partie extrême (d'un terrain, d'une région). → **bord, bordure, limite.** *La lisière d'un champ, d'une forêt.* → **orée.** *À la lisière du bois.*

1 **lisse** [lis] adj. Qui n'offre pas d'aspérités au toucher. *Surface lisse.* → **égal, uni.** / contr. inégal, rugueux / *Une peau lisse,* douce, unie. *Cheveux lisses.* ≠ lice, lis. ▶ **lisser** v. tr. < conjug. 1 > Rendre lisse. *Lisser sa moustache. Oiseau qui lisse ses plumes avec son bec.* – *Lisser les peaux, les cuirs,* les apprêter en leur donnant le dernier lustre.

▶ **lissage** n. m. *Le lissage des cheveux.* ▶ **lissant, ante** adj. Qui rend lisse (une partie du corps). *Soin lissant pour les cheveux, le contour des yeux.*

2 **lisse** n. f. 1· Membrure de la coque d'un navire. 2· Garde-fou.

liste [list] n. f. 1· Suite de mots, de signes, généralement inscrits les uns au-dessous des autres. *Dresser une liste. En tête de liste. Être sur liste d'attente. Liste alphabétique. Liste méthodique d'objets.* → **catalogue, inventaire.** *Liste de mariage,* qui répertorie les différents cadeaux que souhaitent les futurs époux. – ***Liste noire*** : liste de gens à surveiller, à abattre. ***Liste rouge*** (nom déposé) : liste d'abonnés au téléphone qui ne veulent pas figurer dans l'annuaire. – *Liste électorale. Scrutin de liste.* – *Grossir la liste des mécontents,* s'ajouter au nombre de. 2· ***Liste civile*** : somme allouée au chef de l'État pour subvenir aux dépenses et charges de sa fonction. ▶ **lister** v. tr. < conjug. 1 > 1· Mettre en liste. *Lister des noms.* 2· Informatique. Sortir en continu sur une imprimante. ▶ **listage** [listaʒ] n. m., ou, anglic., **listing** [listiŋ] n. m. Document continu produit par une imprimante d'ordinateur. *Des listings.*

listériose [listeʀjoz] n. f. Maladie infectieuse de l'homme et des animaux due à un bacille *(la listeria)* transmis par voie digestive.

lit [li] n. m. I· 1· Meuble destiné au coucher. → fam. **pageot, pieu, plumard.** *Lit d'une personne, de deux personnes. Ciel de lit* (baldaquin, dais). *Lit d'enfant, de bébé.* → **berceau.** – *Lits jumeaux,* deux lits semblables, à une place. *La ruelle d'un lit.* – *Lit clos* ou *lit breton,* à battants de bois qui se ferment. *Lit pliant. Lit-cage. Lit de camp. Lits superposés,* permettant le couchage de deux personnes l'une au-dessus de l'autre. – *Lit d'hôpital, d'hôtel. Lit de fer.* 2· Literie sur laquelle on s'étend. *Lit moelleux, dur.* 3· Loc. *Aller **au lit,** se mettre au lit.* → se **coucher.** *Allons, les enfants, au lit ! Dormir **dans** son **lit*** : chez soi. – *Sortir **du lit*** : se lever. *Sauter du lit. Au saut du lit,* au réveil. *Arracher, tirer qqn du lit.* – *Faire un lit,* disposer la literie pour qu'on puisse s'y coucher confortablement. *Border un lit. Un lit défait.* – *Malade contraint de garder le lit,* de rester couché*. – *Sur son lit de mort,* sur le point d'expirer. *Mourir dans son lit,* d'une mort naturelle. 4· *Enfants du premier lit,* d'un premier mariage. 5· ***Lit de repos*** : siège sur lequel on peut s'allonger pour se reposer. → **canapé, divan, sofa.** 6· Couche d'une matière quelconque sur le sol, où l'on s'étend, où l'on dort. → **litière, natte.** *Se coucher sur un lit de feuillage, de paille.* II· Matière répandue en couche. *Un lit de cendres, de braises.* – Couche de matériaux déposés par les eaux, l'érosion. → **dépôt.** *Lit d'argile.* III· Creux naturel du sol, canal (dans lequel coule un cours d'eau). *Fleuve qui sort de son lit,* qui déborde. *Lit à sec. Détourner une rivière de son lit.* → **cours.** ▶ **literie** [litʀi] n. f. Ensemble des objets qui recouvrent le sommier : matelas, traversin, oreiller, couverture, édredon, couvre-lit, couette (parfois aussi le linge : draps et taies) ; matériel de couchage. ▷ **aliter, chienlit, couvre-lit, dessus-de-lit, litière, pissenlit, wagon-lit**

litanie [litani] n. f. 1· Au plur. Prières liturgiques où toutes les invocations sont suivies d'une formule brève récitée ou chantée par les assistants. *Litanies des saints. Réciter, chanter des litanies.* 2· Sing. ou plur. Répétition ennuyeuse et monotone (de plaintes, de reproches, de demandes). *Encore les mêmes litanies !*

litchi [litʃi] n. m. Petit fruit, à peau marron et dure, à chair blanche parfumée, d'un arbuste originaire d'Extrême-Orient. *Des litchis frais, en conserve.*

liteau [lito] n. m. 1· Baguette de bois servant de support à une tablette. – Baguette de bois de section carrée ou rectangulaire. 2· Raie de couleur qui orne le linge de maison uni. *Torchon à liteaux rouges.*

-lithe, -lithique, litho- Éléments savants signifiant « pierre ». ▶ **lithium** [litjɔm] n. m. Élément chimique, métal blanc alcalin. *Les sels de lithium sont utilisés dans le traitement des troubles psychiques pour stabiliser l'humeur.* ▶ **lithographie** [litɔgʀafi] ou **litho** [lito] n. f. 1· Reproduction par impression sur une pierre calcaire. → **gravure.** 2· *Une lithographie,* feuille, estampe obtenue par ce procédé. *Les lithographies de Daumier. Des lithos.* ▶ **lithographe** n. Personne qui imprime par la lithographie. → **graveur.** ▶ **lithographier** v. tr. < conjug. 7 > Reproduire par la lithographie. → **graver, imprimer.** – Au p. p. adj. *Album lithographié.* ▶ **lithographique** adj. Qui a rapport, sert à la lithographie. *Encre lithographique.* ▶ **lithosphère** n. f. Couche externe de la croûte terrestre, constituée de plaques mobiles. ▶ **lithosphérique** adj. ▷ **aérolithe, mégalithe, mésolithique, monolithe, néolithique, paléolithique**

lithuanien, ienne n. → **lituanien.**

litière [litjɛʀ] n. f. 1· Autrefois. Lit ambulant porté sur un double brancard. → **palanquin.** 2· Paille, fourrage répandus sur le sol d'une écurie, d'une étable pour que les animaux puissent s'y coucher. *Les litières souillées forment le fumier.* – *Changer la litière du chat,* le gravier absorbant où le chat fait ses besoins, dans un appartement, une maison. **3·** Loc. littér. *Faire litière d'une chose* : n'en tenir aucun compte, la mépriser, la négliger.

litige [litiʒ] n. m. **1·** Contestation donnant matière à procès. *Arbitrer, trancher un litige.* **2·** Contestation. → **dispute.** *Question en litige,* controversée. ▶ **litigieux, ieuse** adj. Qui est ou qui peut être en litige. *Point litigieux.* → **douteux.**

litote [litɔt] n. f. Figure de rhétorique qui consiste à atténuer l'expression de sa pensée (ex. : *Ce n'est pas mauvais* pour *C'est très bon*).

litre [litʀ] n. m. **1·** Unité usuelle des mesures de capacité du système métrique (volume d'un kilogramme d'eau pure sous la pression atmosphérique normale). **2·** Récipient ayant la contenance d'un litre. *Litre en bois pour les grains, les moules.* – *Un litre,* une bouteille d'un litre. **3·** Contenu d'un litre. *Boire un litre de bière. Un litre de (vin) rouge.* → fam. **kil.** ▶ **litron** n. m. Fam. Litre de vin. ▷ **centilitre, décalitre, décilitre, hectolitre**

littéraire [liteʀɛʀ] adj. et n. **1·** Qui a rapport à la littérature. *Œuvres littéraires. Citation littéraire. Milieux littéraires.* – Qui étudie les œuvres, qui traite de littérature. *La critique, l'histoire littéraire.* – Qui répond aux exigences esthétiques de la littérature. *Langue littéraire et langue parlée. Mot littéraire* (opposé à *courant, familier*). **2·** (Personnes, esprits) Doué pour les lettres. *Un esprit plus littéraire que scientifique.* – N. *Un, une littéraire.* ▶ **littérairement** adv. Du point de vue littéraire.

littéral, ale, aux [liteʀal, o] adj. **1·** Qui utilise les lettres. *Notation littérale.* – *Arabe littéral,* écrit. **2·** Qui suit un texte lettre à lettre. *Copie littérale,* conforme à l'original. → **textuel.** *Traduction littérale,* qui se fait, qui est faite mot à mot. **3·** Qui s'en tient, est pris strictement à la lettre. *Le sens littéral d'un mot* (opposé à *figuré*). → **propre.** ▶ **littéralement** adv. **1·** D'une manière littérale (2). *Traduire littéralement,* à la lettre*. **2·** En prenant le mot, l'expression au sens plein, réel. *Il était littéralement fou.*

littérateur, trice [liteʀatœʀ, tʀis] n. Souvent péj. Homme, femme de lettres, écrivain de métier. → **auteur.**

littérature [liteʀatyʀ] n. f. **I·** Les œuvres écrites, dans la mesure où elles portent la marque de préoccupations esthétiques ; les connaissances, les activités qui s'y rapportent. **1·** Œuvres littéraires. *La littérature française, latine. Littérature classique, romantique, surréaliste.* **2·** Le travail, le métier de l'écrivain. *Faire carrière dans la littérature.* **3·** Ce qu'on ne trouve guère que dans les œuvres littéraires (opposé à *la réalité*). *Tout ça, c'est de la littérature.* **4·** Ensemble de connaissances concernant les œuvres littéraires, leurs auteurs. *Manuel de littérature. Devoir de littérature.* **II·** Bibliographie (d'une question). *Il existe sur ce sujet une abondante littérature.* ▷ **littérateur**

littoral, ale, aux [litɔʀal, o] adj. et n. m. **1·** Adj. Relatif à la zone de contact entre la terre et la mer. *Cordons littoraux.* – Côtier. *Pêche littorale. Faune littorale.* **2·** N. m. *Le littoral,* la zone littorale. → **bord, côte, rivage.** *Le littoral méditerranéen.*

lituanien, ienne ou **lithuanien, ienne** [litɥanjɛ̃, jɛn] adj. et n. De Lituanie. – N. *Les Lituaniens.* – *Le lituanien,* langue du groupe balte parlée en Lituanie.

liturgie [lityʀʒi] n. f. Dans la religion chrétienne. Culte public et officiel institué par une Église. → **cérémonial, culte, service** divin. *Liturgie catholique. Liturgie presbytérienne.* ▶ **liturgique** adj. Relatif ou conforme à la liturgie. *Chants, prières liturgiques. Calendrier, fête liturgique. Vêtements, livres, vases liturgiques.* → **sacré.**

livarot [livaʀo] n. m. Fromage rond, fermenté, à pâte molle, à forte odeur, fabriqué dans la région de Livarot (Normandie). *Des livarots.*

livide [livid] adj. **1·** Littér. Qui est de couleur plombée, bleuâtre. *La brume couvrait la ville d'un reflet livide.* **2·** (Peau) D'une pâleur terne. → **blafard, blême, hâve, pâle.** *Un teint livide.* ▶ **lividité** n. f. État de ce qui est livide. – Coloration violacée de la peau. *Lividité cadavérique.*

living-room [liviŋʀum] ou **living** [liviŋ] n. m. Anglic. Pièce de séjour, disposée pour servir à la fois de salle à manger, de salon, et parfois de chambre. → **séjour, studio.** *Des living-rooms ; des livings.*

livrable [livʀabl] adj. Qui peut, doit être livré à l'acheteur. *Marchandise livrable à domicile.*

livraison [livʀɛzɔ̃] n. f. Remise matérielle (d'un objet) à celui auquel l'objet est dû. *Payable à la livraison. Voiture de livraison. Livraison à domicile.*

① **livre** [livʀ] n. m. **I· 1·** Volume imprimé d'un nombre assez grand de pages, à l'exclusion des périodiques (opposé à *revue*). → **écrit, ouvrage ;** fam. **bouquin.** *Livre broché, cartonné, relié. Couverture, jaquette d'un livre. Le format d'un livre. Livre de poche*.* – *Livre d'images.* → **album.** *Livres rares, anciens. Amateur de livres.* → **bibliophile.** – Loc. *Livre blanc, bleu, jaune,* recueil de pièces officielles, diplomatiques, publié après un événement important (guerre, etc.). – *Le livre :* l'imprimerie et ses produits. *L'industrie, les industries du livre.* **2·** Ensemble des signes contenus dans un livre, texte imprimé reproduit dans un certain nombre d'exemplaires. *Livre de classe.* → ② **manuel.** *Livre de géographie, de grammaire* (une géographie, une grammaire, etc.). – *Livres religieux ; livre de messe. Les grands livres de la littérature française. Un beau livre. Écrire, faire un livre. Lire, feuilleter, parcourir un livre.* Loc. *Livre de chevet,* qu'on relit avec plaisir. – *Les livres :* la lecture, l'étude, l'érudition, la science, la théorie. *Il a tout appris dans les livres. Ne connaître une chose que par les livres,* en avoir une connaissance livresque. – Loc. *Parler comme un livre,* savamment. – *À livre ouvert,* couramment. *Traduire une langue à livre ouvert.* **3·** Texte d'un livre, traité selon une technique qui permet d'en prendre connaissance autrement que par le papier. *Livre audio.* → **audiolivre.** – *Livre électronique, numérique,* lu au moyen d'un boîtier spécial ; ce dispositif électronique. → **tablette ; e-book. II· 1·** Grande division (d'un long ouvrage). *Le second livre de l'énéide. Les livres historiques de la Bible.* **2·** Cahier, registre. *Le livre de comptes. Livre des factures, des recettes.* – *Livre d'or :* registre destiné à l'inscription de noms célèbres, à la réunion de commentaires élogieux. ▷ **couvre-livre, livresque, livret, serre-livres**

② **livre** n. f. Un demi-kilogramme ou cinq cents grammes. *Acheter une livre de fraises. Une demi-livre,* 250 g.

③ **livre** n. f. **1·** Ancienne monnaie française. **2·** Unité monétaire britannique. *Livre sterling* (symb. £). *Des livres sterling.* – *Livre irlandaise* (avant l'euro). *Livre australienne, égyptienne.*

livrée [livʀe] n. f. **1·** Vêtements aux couleurs des armes d'un roi, d'un seigneur, que portaient les hommes de leur suite. **2·** Uniforme de certains serviteurs d'une même maison. *Valet en livrée.*

livrer [livʀe] v. < conjug. 1 > **I·** V. tr. **1·** Mettre au pouvoir de (qqn). *Livrer un coupable à la justice.* → **déférer, remettre. 2·** Soumettre à l'action de (qqch.). *Livrer qqn à la mort.* – Au p. p. adj. *Pays livré à l'anarchie, à la corruption.* **3·** Remettre par une trahison entre les mains de qqn. *Livrer son complice à la police.* → **dénoncer, donner. 4·** Confier à qqn (une partie de soi, une chose à soi). → **donner.** *Il a livré son secret.* **5·** Remettre à l'acheteur (ce qui a été commandé, payé). → **livraison, livreur.** *Livrer une commande, une marchandise. Livrer qqch. à domicile, en gare.* **II· 1·** Engager, commencer (un combat, une bataille). *Livrer bataille.* **2·** *Livrer passage :* laisser passer, permettre de passer. **III·** *Se livrer* v. pron. réfl. **1·** Se mettre au pouvoir, entre les mains de qqn. → se **rendre,** se **soumettre.** *Se livrer après une longue résistance.* **2·** Se confier ; parler de soi. *Il ne se livre pas facilement.* **3·** *Se livrer à :* se laisser aller (à un sentiment, une idée, une activité). → s'**adonner.** *Se livrer aux pires excès.* – Effectuer (un travail, une tâche), exercer (une activité). *Se livrer à un travail, à une étude.* → se **consacrer.** *Se livrer à un sport.* → **pratiquer.** ▷ **délivrer, livrable, livraison, livreur**

livresque [livʀɛsk] adj. Péj. Qui vient des livres, qui est purement littéraire, théorique (opposé à *pratique, réel, vécu, vrai*). *Connaissances livresques.*

livret [livʀɛ] n. m. **I· 1·** Vieilli. Catalogue explicatif. *Le livret d'une exposition.* **2·** Petit registre. → **carnet.** *Livret de famille,* contenant des informations sur l'état civil des membres de la famille. *Livret scolaire,* carnet de notes scolaires. *Livret de caisse d'épargne.* **II·** Texte sur lequel est écrite la musique d'une œuvre lyrique. *Le livret d'un opéra. Auteur de livrets.* → **librettiste.**

livreur, euse [livʀœʀ, øz] n. Personne qui livre (I, 5), transporte des marchandises volumineuses. ≠ ② coursier. *Les livreurs d'un grand magasin.* – *Garçon, employé livreur.*

lob [lɔb] n. m. Anglic. Au tennis. Coup qui consiste à envoyer la balle assez haut pour qu'elle passe par-dessus la tête du joueur opposé. *Des lobs.* ▶ **lober** v. tr. < conjug. 1 > **1·** Envoyer (la balle) par un lob. – Au p. p. adj. *Balle lobée.* **2·** Tromper, passer (l'adversaire) grâce à un lob. – Au football. *Lober le gardien de but.*

lobby [lɔbi] n. m. Anglic. Groupe de pression. *Le lobby des constructeurs automobiles. Des lobbys ou des lobbies.* ▶ **lobbying** [lɔbiiŋ] n. m. Anglic. *Faire du lobbying,* exercer une influence (d'un lobby) sur des décideurs.

lobe [lɔb] n. m. **1·** Partie arrondie et saillante (d'un organe). *Lobes du poumon, du cerveau.* **2·** *Lobe de l'oreille,* prolongement arrondi et charnu du pavillon. **3·** Partie arrondie entre deux échancrures (des feuilles, des pétales). ▶ **lobé, ée** adj. Divisé en lobes. *Feuilles lobées du chêne, du figuier,* à découpures arrondies. ▶ **lobectomie** [lɔbɛktɔmi] n. f. Opération par laquelle on enlève un lobe (du poumon, du foie). ▶ **lobotomie** n. f. Section de fibres nerveuses à l'intérieur du cerveau.

① **local, ale, aux** [lɔkal, o] adj. **1·** Qui concerne un lieu, une région, lui est particulier. *Averses,* *éclaircies locales,* qui se produisent en certains points seulement. *Coutumes, traditions locales* (opposé à *nationales*). *Journal local. Produits locaux,* du cru. *Administration locale* (opposé à *central*). **2·** *Couleur locale.* → **couleur. 3·** Qui n'affecte qu'une partie du corps. *Anesthésie locale. Traitement local.* ▶ **localement** adv. D'une manière locale. *Douleurs qui se font sentir localement.* ▶ 2 **local, aux** n. m. Pièce, partie d'un bâtiment à destination déterminée. *Locaux commerciaux* (boutique, magasin), *administratifs, professionnels* (atelier, cabinet, laboratoire). ▶ **localiser** v. tr. **1·** Placer par la pensée en un lieu déterminé de l'espace (un phénomène ou l'origine d'un phénomène). *Localiser un bruit. Localiser la cause d'une maladie.* – Repérer, par des mesures précises, l'emplacement exact de (qqch.). *Localiser par radar un satellite. Localiser par GPS.* **2·** Circonscrire, renfermer dans des limites. → **limiter.** *Localiser une épidémie, un conflit,* l'empêcher de s'étendre. – Pronominalement (réfl.). *Le conflit s'est localisé.* ▶ **localisable** adj. Qu'on peut localiser. ▶ **localisation** n. f. **1·** Action de localiser (1) ; fait d'être localisé. *Localisation d'un corpuscule en un point. Localisation d'un avion.* **2·** Action de limiter dans l'espace. *La localisation d'un conflit.* ▶ **localité** n. f. **1·** Lieu déterminé. **2·** Petite ville, village. → **agglomération, bourg.** ▷ **délocaliser**

locataire [lɔkatɛʀ] n. Personne qui prend à bail une maison, un appartement, un local commercial (→ **louer**). *Avoir des locataires. Hôtel meublé qui prend des locataires au mois.*

1 **locatif, ive** [lɔkatif, iv] adj. *Valeur locative,* revenu que peut rapporter un immeuble donné en location (→ **louer**). *Charges locatives,* payées par le locataire.

2 **locatif, ive** adj. Qui marque le lieu. *Prépositions locatives* (ex. : *à, en, dans*).

location [lɔkasjɔ̃] n. f. **1·** Action de donner ou de prendre à loyer (un logement). *Donner, prendre en location* (→ **locataire, locatif**). *Location-vente,* contrat qui permet au locataire, en payant des loyers plus élevés, de devenir propriétaire de la chose louée. → **leasing.** – *Location d'un piano, d'une voiture.* **2·** Action de retenir à l'avance une place (dans un théâtre, un moyen de transport). → **réservation.** *Bureau de location.*

1 **loch** [lɔk] n. m. Appareil pour mesurer la vitesse d'un navire. *Des lochs.*

2 **loch** [lɔk] n. m. En Écosse. Lac qui occupe le fond d'une vallée. *Le loch Ness. Des lochs.*

loche [lɔʃ] n. f. **1·** Petit poisson d'eau douce à chair comestible. *Loche de rivière.* **2·** Limace grise.

lock-out [lɔkawt] n. m. invar. Anglic. Fermeture d'ateliers, d'usines décidée par des patrons qui refusent le travail à leurs ouvriers, pour briser un mouvement de grève ou riposter à des revendications. *Des lock-out.* ▶ **lock-outer** [lɔkawte] v. tr. Fermer par un lock-out. – Priver de travail par un lock-out. – Au p. p. adj. *Le personnel lock-outé.*

loco- Élément savant signifiant « lieu ».

locomotion [lɔkɔmosjɔ̃] n. f. **1·** Action de se mouvoir, de se déplacer d'un lieu vers un autre ; fonction qui assure ce mouvement. *Muscles de la locomotion.* **2·** Action de se déplacer ; ce qui permet de se déplacer. → **déplacement, transport, voyage.** *Moyens de locomotion.* ▶ **locomoteur, trice** adj. Qui permet de se déplacer, qui sert à la locomotion. *Muscles, organes locomoteurs.* ▷ **locomotive**

locomotive [lɔkɔmɔtiv] n. f. **1·** Engin, véhicule de traction servant à remorquer les trains. → **machine, motrice.** *Locomotive électrique, à moteur Diesel. Conducteur de locomotive.* – Abrév. fam. **la loco.** *Des locos.* – Loc. fam. *C'est une vraie locomotive,* en parlant d'un cheval de course, d'un coureur infatigable, etc. – Loc. *Fumer comme une locomotive,* beaucoup. *Souffler comme une locomotive,* bruyamment. **2·** Élément moteur. *La locomotive du club.*

locuteur, trice [lɔkytœʀ, tʀis] n. Didact. Personne qui emploie effectivement le langage, qui parle (opposé à *auditeur*). *Les locuteurs du français* → **francophone,** *de l'anglais* → **anglophone,** *de l'espagnol, de l'arabe, etc. (hispanophone, arabophone...)* → **-phone.**

locution [lɔkysjɔ̃] n. f. Groupe de mots fixé par la tradition, ou ayant la même fonction qu'un mot. → **expression, formule, tour.** *Locution figée. Locution verbale,* équivalant à un verbe (ex. : *avoir l'air, prendre garde*) ; *locution adverbiale,* à valeur d'adverbe (ex. : *en vain, tout de suite*) ; *locution conjonctive,* à valeur de conjonction (ex. : *à moins que, dès que, pour que*) ; *locution prépositive,* à valeur de préposition (ex. : *auprès de, jusqu'à*).

loden [lɔdɛn] n. m. Tissu de laine épais et imperméable dont on fait des manteaux, des pardessus. – Manteau de loden. *Des lodens.*

lœss [løs] n. m. invar. Limon (terre) calcaire, très fin, déposé par le vent. *Plaine de lœss.*

lof [lɔf] n. m. Côté du navire qui reçoit le vent. *Virer lof pour lof.*

loft [lɔft] n. m. Anglic. Local à usage commercial ou industriel aménagé en local d'habitation. *Aménager un loft dans un ancien hangar. Des lofts.*

logarithme [lɔgaʀitm] n. m. Exposant qu'on affecte à un nombre *(la base)* pour en obtenir un autre. *Table de logarithmes.* ▶ **logarithmique** adj. Qui a rapport aux logarithmes. *Calculs logarithmiques.*

loge [lɔʒ] n. f. **I·** **1·** Logement situé généralement près de la porte d'entrée, qui est habité par un concierge, un gardien, un portier. **2·** Petite pièce où les acteurs changent de costumes, se griment, se reposent, dans les coulisses d'une salle de spectacle. **3·** Compartiment cloisonné. *Loges d'une écurie, d'une étable.* → **box, stalle.** **4·** Dans une salle de spectacle. Compartiment contenant plusieurs sièges. → **avant-scène, baignoire.** *Loges de balcon, de corbeille.* – Loc. fig. *Être aux **premières loges** :* à la meilleure place pour être témoin d'une chose. **II·** Association de francs-maçons. ▶ **loger** v. < conjug. 3 > **I·** V. intr. Avoir sa demeure (le plus souvent temporaire) en un endroit. → **demeurer, habiter, vivre** ; fam. **crécher, percher.** *Loger dans une pension. À quel hôtel logerez-vous ?* → **descendre.** **II·** V. tr. **1·** Établir dans une maison, de manière temporaire ou durable. → **installer.** *Où logerez-vous vos amis ?* → **mettre.** *Je peux vous loger pour la nuit.* – Au passif et p. p. adj. *Être bien logé. Une employée logée et nourrie.* – Pronominalement (réfl.). *On ne trouve pas à se loger dans cette ville.* – (Suj. chose) Être susceptible d'abriter, d'héberger. *Le collège peut loger trois cents élèves.* → **recevoir.** **2·** Faire entrer, faire pénétrer. *Loger une balle dans la cible. La jeune femme s'est logé une balle dans la tête.* ▶ **logeable** adj. Où l'on peut habiter, être logé. *Un réduit à peine logeable.* – Où l'on peut ranger des objets. *Un coffre très logeable.* ▶ **logement** n. m. **1·** Action de loger ou de se loger. *Assurer, donner le logement à qqn* (→ le gite, le couvert). – Au sing. collectif. Action de loger les habitants d'un pays. *Crise, problème du logement.* **2·** Local à usage d'habitation. → **appartement, domicile, résidence.** *Un logement de deux pièces. Logement occupé, inhabité. Être locataire, propriétaire de son logement.* ▶ **logeur, euse** n. Personne qui loue des chambres meublées. ▷ **déloger, logis, mal-logé, reloger**

loggia [lɔdʒja] n. f. Balcon couvert et fermé sur les côtés. *Des loggias.*

logiciel [lɔʒisjɛl] n. m. Informatique. Ensemble des programmes, procédés et règles relatifs au traitement de l'information ; l'un de ces programmes (opposé à *matériel* ②). ▷ **gratuiciel**

logicien, ienne [lɔʒisjɛ̃, jɛn] n. **1·** Spécialiste de la logique. **2·** Personne qui raisonne avec méthode, rigueur, en suivant les règles de la logique. *Raisonner en logicien.*

-logie Élément signifiant « science ». → **-logue.**

① **logique** [lɔʒik] n. f. **I·** **1·** Étude scientifique, surtout formelle, des normes de la vérité. *Logique formelle, logique pure.* – *Logique symbolique, mathématique* (ou *logistique*). *Logique générale,* épistémologie, méthodologie. **2·** Livre, traité de logique. **II·** **1·** Manière de raisonner. → **raisonnement.** *La logique de l'enfant.* **2·** Enchaînement cohérent d'idées, manière de raisonner juste. → **cohérence, méthode.** *La logique d'une démonstration. Vous manquez de logique !* **3·** Suite d'événements menant très probablement à une situation. *Être, entrer dans une logique de crise.* ▷ **illogique, logiciel, logicien,** ② **logique**

② **logique** adj. **1·** Conforme aux règles, aux lois de la logique. *Déduction, conclusion logique.* **2·** Conforme au bon sens. *Raisonnement logique.* → **cohérent, conséquent.** / contr. contradictoire / – Conforme à la nécessité. *C'est la conséquence logique de ses erreurs.* → **inévitable.** **3·** Fam. Surtout impers. Qui est dans l'ordre des choses, normal, explicable. *Il est furieux et c'est logique.* **4·** Qui raisonne bien, avec cohérence, justesse. *Vous n'êtes pas logique !* **5·** Qui se rapporte à l'intelligence et à l'entendement. *Esprits logiques et esprits intuitifs.* ▶ **logiquement** adv. **1·** Conformément à la logique. *Raisonner logiquement,* raisonnablement. **2·** (En tête de phrase, en incise) D'une façon nécessaire, logique (3). *Logiquement, les choses devraient s'arranger,* si tout se passait normalement.

logis [lɔʒi] n. m. invar. **1·** Littér. Endroit où on loge, où on habite. → **demeure, habitation, logement, maison.** *Quitter le logis familial.* **2·** *Corps de logis :* partie principale d'un bâtiment d'habitation (opposé à *ailes*). ▷ **maréchal des logis, sans-logis**

logistique [lɔʒistik] n. f. et adj. **1·** Dans l'armée. Techniques de transport, de ravitaillement et de logement des troupes. **2·** Moyens et méthodes d'organisation matérielle (d'une entreprise). **3·** Adj. *Apporter un soutien logistique à un camp de réfugiés.*

logo [lɔgo] n. m. Symbole graphique (d'une marque commerciale, d'un organisme, d'une ville...).

logo- Élément savant qui signifie « mot, discours ». ▶ **logopédie** [lɔgɔpedi] n. f. En Belgique et en Suisse. Spécialité paramédicale qui étudie et traite les troubles du langage. → **orthophonie.** ▶ **logopède** ou **logopédiste** n. ▶ **logopédique** adj. ▶ **logorrhée** [lɔgɔʀe] n. f. Flux de paroles intarissable.

-logue Élément signifiant « savant, spécialiste (d'une science) ». → **-logie.**

loi [lwa] n. f. **I·** Règle impérative. **1·** Règle ou ensemble de règles obligatoires établies par l'autorité souveraine d'une société et sanctionnées par la force publique. *Les lois d'un État, d'un pays.* → **législation ; droit.** *Recueil de lois.* → **code.** *Lois et institutions. Loi en vigueur. Obéir aux lois.* – Disposition prise par le pouvoir législatif (Chambre, Parlement). *Projet de loi*, émanant du gouvernement ; *proposition de loi*, d'initiative parlementaire. *Amender une proposition de loi.* – ***Loi-cadre*** : servant de cadre à des textes d'application. *Des lois-cadres.* **2·** ***La loi*** : l'ensemble des règles juridiques. → **droit, législation.** *Conforme à la loi.* → **légal.** *Au nom de la loi, je vous arrête ! Être en règle avec la loi.* – *Homme de loi*, juriste, magistrat. **3·** (Après un v. exprimant l'ordre) Commandement que l'on donne. *Dicter, faire la loi à qqn.* – ***Faire la loi*** : commander. *Vous ne ferez pas la loi chez moi !* **4·** Règle, condition imposée par les choses, les circonstances. *La loi de la jungle. La loi du milieu.* **5·** Règle exprimant la volonté de Dieu. → **commandement.** *La loi de Moïse, de l'Ancien Testament. Les tables de la Loi.* **6·** Au plur. Règles ou conventions établies dans les rapports sociaux, dans la pratique d'un art, d'un jeu, etc. *Les lois de l'honneur, de la politesse.* → **règle. II·** Règle exprimant un idéal, une norme. **1·** Règle dictée à l'homme par sa conscience, sa raison. *Loi morale.* → **devoir, précepte, principe. 2·** *Les lois du beau, de l'art*, les conditions de la perfection esthétique. → **canon, norme. III·** Formule générale, non impérative, énonçant un rapport constant entre des phénomènes. – En sciences. *Lois physiques. Découvrir, trouver une loi. C'est un défi aux lois de l'équilibre.* – *Lois biologiques. Lois économiques.* ▷ **hors-la-loi, loyal**

loin [lwɛ̃] adv. et n. m. **I·** Adv. **1·** À une grande distance (d'un observateur ou d'un point d'origine). *Être loin, très loin* (→ aux antipodes, au bout du monde, au diable). *Aller trop loin.* → **dépasser.** *Les fuyards sont loin* (→ hors d'atteinte, de portée, de vue). *Il ne peut pas être bien loin. N'allez pas chercher si loin !* – Loc. *Aller loin* (au futur), réussir. *Elle ira loin, je vous le dis.* – *J'irai même plus loin*, j'irai jusqu'à dire que. – *Aller trop loin*, exagérer. – *Une affaire qui peut aller loin*, avoir de graves conséquences. **2·** Dans un temps jugé éloigné (du moment présent ou de celui dont on parle). *L'été n'est plus bien loin.* – *Comme c'est loin !* → **vieux.** – *Sans remonter si loin*, il n'y a pas si longtemps. – *Voir loin*, avoir une grande prévoyance. → **prévoir. II·** N. m. (Dans des loc.) **1·** ***Il y a loin*** : il y a une grande distance. *Il y a loin de l'hôtel à la plage. Il y a loin*, il y a une grande différence. *De là à prétendre que c'est un incapable, il n'y a pas loin* (→ Il n'y a qu'un pas*). **2·** ***Au loin*** loc. adv. : dans un lieu éloigné. *Aller, partir au loin*, s'éloigner. *Voir, apercevoir au loin.* → dans le **lointain. 3·** ***De loin*** loc. adv. : d'un lieu éloigné. *Voir, apercevoir de loin une personne. Surveiller de loin.* – *Suivre de loin les événements*, sans y être mêlé. – *Revenir de loin*, guérir d'une grave maladie. – De beaucoup, par une grande différence. *C'est de loin son meilleur roman.* – (Dans le temps) *Dater de loin, de très loin*, d'un temps très ancien. **4·** ***De loin en loin*** loc. adv. : par intervalles. *Bornes placées de loin en loin.* – *Ils ne se voient plus que de loin en loin*, de temps en temps. **III·** ***Loin de*** loc. prép. **1·** À une grande distance. *Loin de tout.* – *Non loin de*, assez près de. Prov. *Loin des yeux, loin du cœur*, les absents sont vite oubliés. – Loc. *Loin de moi, de nous* (telle chose), je l'écarte, nous l'écartons avec dégoût. → **arrière.** *Loin de moi la pensée de blâmer ce procédé.* ***Loin de là*** : bien au contraire. *Il n'est pas désintéressé, loin de là !* **2·** Dans un temps éloigné, à une époque lointaine (future ou passée). *Tous ces souvenirs sont déjà bien loin de nous.* **3·** ***Pas loin de.*** → **presque.** *Il n'est pas loin de minuit. Cela m'a coûté pas loin de cent euros.* **4·** ***Être loin de*** (+ infinitif) : négation emphatique. *Il était loin de s'attendre à cela*, il ne s'y attendait pas du tout. **IV·** ***D'aussi loin que, du plus loin que*** loc. conj. : dès que. *D'aussi loin que je m'en souvienne. Du plus loin qu'il me vit.* ▷ **éloigner, lointain**

lointain, aine [lwɛ̃tɛ̃, ɛn] adj. et n. m. **I·** Adj. **1·** Qui est à une grande distance dans l'espace. → **distant, éloigné ; loin.** / contr. proche, voisin / *Partir dans un pays lointain. Un lointain exil* [lwɛ̃tɛ nɛgzil]. *Rumeur lointaine.* **2·** Abstrait. Qui n'est pas proche, direct. *Un parent lointain.* → **éloigné.** *Une ressemblance lointaine.* → **vague. 3·** Très éloigné dans le temps. *Passé, avenir lointain.* / contr. récent / **II·** N. m. **1·** Partie d'un tableau représentant des lieux, des objets éloignés du premier plan. *Les lointains de Vinci.* 2· Plan situé dans l'éloignement. *Dans le lointain, au lointain.* → **arrière-plan, fond.**

loir [lwaʀ] n. m. Petit mammifère rongeur, à poil gris et à queue touffue. *Le loir est un animal hibernant. Des loirs.* – Loc. fam. *Dormir comme un loir,* beaucoup et profondément. *Être paresseux comme un loir.*

loisible [lwazibl] adj. *Il lui est, il m'est loisible de refuser,* il lui est (il m'est) permis, il a (j'ai) la possibilité de.

loisir [lwaziʀ] n. m. **I·** 1· Temps dont on dispose pour faire commodément qqch. *Mes occupations ne me laissent pas le loisir de vous écrire. Des heures de loisir.* 2· Surtout au plur. Temps dont on peut librement disposer en dehors de ses occupations habituelles et des contraintes qu'elles imposent. → **liberté** (I, 2). *Avoir beaucoup de loisirs. Prendre des loisirs.* 3· Au plur. Occupations, distractions, pendant le temps de liberté. *Loisirs coûteux. Loisirs créatifs*.* **II·** ***À loisir, tout à loisir*** loc. adv. : en prenant tout son temps, à son aise. – Autant qu'on le désire, avec plaisir et à satiété. *En vacances, je lis à loisir.*

lombes [lɔ̃b] n. m. pl. Régions postérieures de l'abdomen, situées symétriquement à droite et à gauche de la colonne vertébrale. → **rein.** ▶ **lombaire** adj. Qui appartient aux lombes, se situe dans les lombes. *Région lombaire. Les cinq vertèbres lombaires.*

lombric [lɔ̃bʀik] n. m. Ver de terre. *Des lombrics.*

long, longue [lɔ̃, lɔ̃g] adj., n. m. et adv. **I·** Adj. 1· (Avant le nom) Qui a une étendue supérieure à la moyenne dans le sens de la longueur. → **grand.** *Une longue tige. Long nez.* – Qui couvre une grande étendue, qui s'étend sur une grande distance. *Il faisait de longues enjambées.* 2· (Après le nom) Dont la grande dimension *(longueur)* est importante par rapport aux autres dimensions. / contr. court / *Porter les cheveux longs. Robe longue. Os longs. Muscles longs. Une belle fille longue et svelte.* → **élancé.** 3· ***Long de*** (telle grandeur). *Description trop longue d'un tiers.* **II·** Adj. (Dans le temps) 1· Qui a une durée très étendue. *Un long hiver* [lɔ̃kivɛʀ ; lɔ̃givɛʀ]. *Il resta un long moment dans cet état.* → **longtemps.** *Traitement de longue durée. Longue maladie. Il guérira mais ce sera long.* – *Trouver le temps long.* / contr. court / – (Opposé à *brève*) *Syllabe, voyelle, note longue* (ou *une longue*). – Qui dure longtemps et ne se répète pas souvent. *À de longs intervalles,* de loin en loin. 2· Qui remonte loin dans le temps. → **ancien, vieux.** *Une longue habitude.* ***De longue date*** : depuis longtemps. 3· Éloigné dans l'avenir. *À plus ou moins longue échéance.* – ***À la longue*** loc. adv. : avec le temps. *Il s'y fera à la longue.* → **finalement.** 4· *Long (à),* lent. *Le feu a été long à s'éteindre.* – Fam. *C'est long à venir, cette réponse.* 5· ***Plus, moins long de*** : qui est de telle ou telle durée. *Dans un mois, les jours seront plus longs, moins longs de 30 minutes.* **III·** N. m. 1· (Précédé de **au, de, en**) *Table de 1,20 m de long.* → **longueur.** *Tomber **de tout son long*** : en s'allongeant par terre. – ***De long en large, en long et en large.*** → **large.** – ***Tout du long*** : en suivant sur toute la longueur. – ***Au long, tout au long*** : complètement. *Racontez-moi cela tout au long,* en détail. 2· ***Au long de, le long de, tout le long, tout du long de*** loc. prép. : en suivant sur toute la longueur (de). *Il marchait le long des rues.* → **longer, suivre.** – (Dans le temps) Durant. *Tout le long du jour,* pendant tout le jour. **IV·** Adv. 1· Beaucoup. *En savoir long.* 2· Avec un vêtement long. *Elle est habillée trop long.* ▶ **long-courrier** [lɔ̃kuʀje] adj. m. Se dit d'un bâtiment qui navigue au long cours ; des avions de transport sur les longs parcours. *Avions long-courriers.* – N. m. *Des long-courriers.* ▷ **allonger,** au long ④ **cours, élongation, longanimité,** ② **longe, longer, longère, longeron, longi-, longitude, longtemps, longuement, longuet, longueur, longue-vue, oblong, prolonger, rallonger**

longanimité [lɔ̃ganimite] n. f. Littér. Patience à supporter (les souffrances, ce qu'on aurait le pouvoir de réprimer). → **indulgence.**

① **longe** [lɔ̃ʒ] n. f. *Longe (de veau),* morceau dans la moitié de l'échine.

② **longe** n. f. Corde, courroie qui sert à attacher un cheval, un animal domestique. *Mener un cheval par la longe.*

longer [lɔ̃ʒe] v. tr. < conjug. 3 > 1· Aller le long de (qqch.), en en suivant le bord, en marchant auprès. → **côtoyer.** *Longer les murs pour se cacher.* → **raser.** 2· (Choses) Être, s'étendre le long de. → **border, côtoyer.** *La route longe la mer.*

longère [lɔ̃ʒɛʀ] n. f. Ensemble de bâtiments de ferme bas, disposés en long, typique de la Bretagne.

longeron [lɔ̃ʒʀɔ̃] n. m. Poutre, pièce transversale, en long (d'une charpente, d'un châssis).

longévité [lɔ̃ʒevite] n. f. Longue durée de la vie (d'un individu, d'un groupe, d'une espèce).

longi- Élément savant signifiant « long ». ▶ **longiligne** [lɔ̃ʒiliɲ] adj. Caractérisé par la longueur du tronc et des membres. *Une silhouette longiligne. Une adolescente longiligne.*

longitude [lɔ̃ʒityd] n. f. Distance angulaire à un méridien d'origine, vers l'est ou l'ouest. *Île située par 60° de latitude sud et 40° 20 de longitude ouest.* ▶ **longitudinal, ale, aux** adj. Qui est dans le sens de la longueur. *Raie longitudinale.* / contr. transversal /

longtemps [lɔ̃tɑ̃] adv. et n. m. invar. **I·** Adv. Pendant un long espace de temps. *Parler longtemps.* → **longuement.** / contr. peu / *Il n'y a plus longtemps à attendre.* → **beaucoup.** *Restez aussi longtemps que vous voudrez. On se souviendra de lui longtemps après sa mort.* **II·** N. m. invar. **1·** (Compl. de prép.) *Depuis, pendant, pour longtemps. Des coutumes depuis longtemps disparues. Je n'en ai pas pour longtemps.* Fam. *Est-ce qu'il partira dans longtemps ?* – ***De longtemps, avant longtemps.*** *Je n'y retournerai pas de longtemps,* pas de sitôt. **2·** *Il y a, voici, voilà longtemps. Il est déjà venu ici, il y a longtemps.* → **autrefois, jadis.** / contr. récemment /

à la longue loc. adv. → **long** (II, 3).

longuement [lɔ̃gmɑ̃] adv. Pendant un long temps, avec longueur et continuité (d'une action). *Raconter longuement une histoire.* / contr. brièvement / *Rédigez moins longuement.*

longuet, ette [lɔ̃gɛ, ɛt] adj. Fam. Un peu long (en dimension ou en durée). *Son histoire est un peu longuette.*

longueur [lɔ̃gœʀ] n. f. **I·** (Dans l'espace) **1·** Dimension d'une chose dans le sens de sa plus grande étendue (opposé à *largeur, hauteur, profondeur*). *La longueur d'une route. Dans le sens de la longueur.* → en **long, longitudinal.** *Longueur et largeur d'un rectangle. Saut en longueur.* **2·** Grandeur qui mesure cette dimension. *Une longueur de 10 m ; 10 m de longueur.* **3·** Unité définie par la longueur de la bête, du véhicule, et servant à évaluer la distance qui sépare les concurrents dans une course. *Cheval qui gagne d'une longueur.* → **tête.** – *Avoir* ***une longueur d'avance*** : un avantage (sur un adversaire). **4·** Grandeur linéaire fondamentale ; grandeur mesurant ce qui n'a qu'une dimension. *Les longueurs, les surfaces et les volumes. Les unités de longueur* (du système métrique). – *Longueur d'onde*.* **II· 1·** Espace de temps. → **durée.** – ***À longueur de*** loc. prép. : pendant toute la durée de. *Il travaille à longueur de journée, d'année.* **2·** Longue durée ; durée trop longue. *La longueur des heures d'attente. Tirer les choses en longueur,* les faire durer. **III· 1·** Durée (assez grande) nécessaire à la lecture, à l'expression (d'une œuvre). *Excusez la longueur de ma lettre.* **2·** Au plur. Passages trop longs. *Il y a trop de longueurs dans ce film. Éviter les longueurs, les redites.*

longue-vue [lɔ̃gvy] n. f. Lunette d'approche à fort grossissement. *Des longues-vues.*

look [luk] n. m. Anglic. Aspect physique ; apparence. → **allure, genre.** *Un look sage. Changer de look.* ▷ **relooker**

looping [lupiŋ] n. m. Acrobatie aérienne consistant en une boucle dans le plan vertical. *Faire des loopings.*

lopin [lɔpɛ̃] n. m. Petit morceau (de terrain), petit champ. *Un lopin de terre.*

loquace [lɔkas] ou [lɔkwas] adj. Qui parle volontiers. → **bavard.** *Vous n'êtes pas très loquace aujourd'hui.* / contr. silencieux, taciturne / ▶ **loquacité** [lɔkasite] ou [lɔkwasite] n. f. Littér. Disposition à parler beaucoup. *Loquacité fatigante.* → **bagou, bavardage.**

loque [lɔk] n. f. **1·** Surtout au plur. Vêtement usé et déchiré. → **guenille, haillon.** – *Être en loques, vêtu de loques.* → **loqueteux. 2·** Personne effondrée, sans énergie. *C'est une loque humaine.* ▶ **loqueteux, euse** [lɔktø, øz] adj. **1·** (Personnes) Vêtu de loques, de haillons. → **déguenillé.** – N. *Un loqueteux.* **2·** Littér. En loques. *Habit loqueteux.*

loquet [lɔkɛ] n. m. Fermeture de porte se composant d'une tige mobile dont l'extrémité se bloque dans une pièce fixée. *Abaisser, soulever le loquet de la porte.* ≠ targette, verrou.

lord [lɔʀ] n. m. Titre de noblesse en Angleterre. *La Chambre des lords.* – Titre attribué à certains hauts fonctionnaires ou ministres anglais.

lorgner [lɔʀɲe] v. tr. < conjug. 1 > **1·** Observer de façon particulière (de côté, avec insistance, à l'aide d'un instrument). *Lorgner une jolie fille du coin de l'œil.* → **reluquer. 2·** Avoir des vues sur (qqch. que l'on convoite). → **guigner.** *Lorgner une place.* ▶ **lorgnette** n. f. Petite lunette grossissante, au spectacle. → **jumelle.** – Loc. *Regarder, voir par le* ***petit bout de la lorgnette*** : ne voir des choses qu'un petit côté, dont on exagère l'importance ; avoir un esprit étroit. ▶ **lorgnon** n. m. Ensemble de deux lentilles et de leur monture sans branches → **binocle,** tenu à la main par une sorte de manche → **face-à-main,** ou maintenu sur le nez par un ressort → **pince-nez.**

loriot [lɔʀjo] n. m. Oiseau plus petit que le merle, au plumage jaune vif sauf les ailes et la base du cou qui sont noires.

lorrain, aine [lɔʀɛ̃, ɛn] adj. De Lorraine. *Le bassin lorrain.* – N. *Les Lorrains.*

lors [lɔʀ] adv. **1·** *Lors de* loc. prép. : au moment de, à l'époque de. *Lors de son mariage.* **2·** Loc. conj.

Dès lors que : du moment que ; étant donné que, puisque. – Littér. *Lors même que* (+ indicatif ou conditionnel) : même si, en dépit du fait que. *Lors même que vous insisteriez, il ne céderait pas.* ▷ **alors, lorsque**

lorsque [lɔʀsk(ə)] conj. de temps. REM. Le *e* de *lorsque* s'élide en général devant toutes les voyelles. **1·** Marque la simultanéité. Au moment où, quand. *Lorsqu'il est arrivé, nous finissions de déjeuner.* – *Lorsqu'une fois,* une fois que, à partir du moment où. **2·** Marque la simultanéité et l'opposition. *On fait des discours lorsqu'il faut agir,* alors qu'il faut agir.

losange [lɔzɑ̃ʒ] n. m. Parallélogramme dont les côtés sont égaux, en particulier lorsqu'il ne s'agit pas d'un carré. *Le losange est un quadrilatère. Losange de tissu, de papier.*

lot [lo] n. m. **1·** Partie (d'un tout que l'on partage entre plusieurs personnes). *Diviser un terrain en lots.* → **lotissement, part, portion. 2·** Quantité (de marchandises). → **stock.** *Elle sortit tout un lot de vêtements.* **3·** Ce qu'on gagne dans une loterie. *Le gros lot :* le plus important. *Lots de consolation.* – Loc. *Tirer le gros lot,* bénéficier soudain d'une chance exceptionnelle. **4·** Ce que le hasard, la nature réserve à qqn. → **apanage, destin, sort.** *La souffrance est son lot.* ▶ **loterie** [lɔtʀi] n. f. **1·** Jeu de hasard où l'on distribue des billets numérotés et où des lots sont attribués à ceux qui sont désignés par le sort. → **loto, tombola.** *Billet de loterie. Acheter un billet, un dixième de la Loterie nationale.* → **loto** (2). **2·** Ce qui est gouverné, réglé par le hasard. *La vie est une loterie.* ▷ **lotir, loto**

lotharingien, ienne [lɔtaʀɛ̃ʒjɛ̃, jɛn] adj. et n. En histoire. Qui concerne l'ancien royaume de Lotharingie, créé par Lothaire Ier en 855, actuelle Lorraine. – N. *Les Lotharingiens.*

lotion [losjɔ̃] n. f. Liquide utilisé pour rafraîchir le corps, le soigner. *Lotion calmante. Lotion capillaire,* pour empêcher la chute des cheveux. – Application de ce liquide. → **friction.** *Faire des lotions.* ▶ **lotionner** v. tr. < conjug. 1 > Soumettre à une lotion. *Lotionner une plaie.*

lotir [lɔtiʀ] v. tr. < conjug. 2 > **1·** Partager, répartir par lots. *Lotir les immeubles d'une succession. Terrains à lotir,* à mettre en vente par lots. **2·** Mettre (qqn) en possession d'un lot. *Après le partage, chacun a été loti d'une maison.* ▶ **loti, ie** adj. *Être bien, mal loti :* favorisé, défavorisé par le sort. ▶ **lotissement** n. m. **1·** Division par lots. *Le lotissement des immeubles d'une succession.* – Vente ou location de parcelles de terrain. **2·** *Un lotissement,* ensemble des parcelles d'un terrain vendu pour la construction d'habitations. ▶ **lotisseur, euse** n. Personne qui partage des terrains en lots, les vend par lots.

loto [lɔto] n. m. **1·** Jeu de hasard où l'on distribue aux joueurs des cartes portant plusieurs numéros, auxquels correspondent de petits cylindres de bois (*boules de loto*) ou des cartons numérotés et mêlés dans un sac, le gagnant étant le premier à pouvoir remplir sa carte avec des numéros tirés au hasard. – Loc. fam. *Des yeux en boules de loto :* tout ronds, surpris. **2·** En France. Jeu consistant à choisir des numéros dans les cases d'une carte et où les numéros gagnants sont tirés au sort. → **loterie.**

lotte [lɔt] n. f. Poisson comestible, à peau épaisse, gluante, à tête énorme. → **baudroie.** *Lotte à l'américaine.*

lotus [lɔtys] n. m. invar. Nénuphar blanc (de l'Inde). *Le lotus sacré est un des principaux symboles de l'hindouisme.* – Nénuphar du Nil. *Lotus bleu.*

① **louable** [lwabl] adj. Qui est digne de louange, qui mérite d'être loué. → **bien, bon, estimable.** *Sentiments louables.* → **honnête.** *De louables efforts.* → **méritoire.** / contr. blâmable, condamnable, répréhensible /

② **louable** adj. Qu'on peut louer ②. *Cet appartement est difficilement louable.*

louage [lwaʒ] n. m. (Terme de droit) Location ; action de louer ②. *Contrat de louage. Louage de services,* contrat de travail. – *Voiture de louage.*

louange [lwɑ̃ʒ] n. f. **1·** Littér. Action de louer ① (qqn ou qqch.) ; le fait d'être loué. → **éloge.** / contr. blâme, critique / *Rechercher la louange. Un beau discours à la louange de qqn.* **2·** Au plur. Témoignage verbal ou écrit d'admiration ou de grande estime. → **compliment, félicitation.** *Couvrir qqn de louanges. Son attitude mérite de grandes louanges.* – *Chanter les louanges de qqch.,* ses mérites. ▶ **louanger** v. tr. < conjug. 3 > Littér. Couvrir de louanges ; faire l'éloge de. → **louer, glorifier.** / contr. blâmer, critiquer / ▶ **louangeur, euse** n. et adj. Littér. Qui contient ou exprime une louange. → **élogieux, laudatif.** *Paroles louangeuses.*

loubard [lubaʀ] n. m. Fam. Jeune appartenant à une bande dont le comportement est asocial. → **loulou** (II, 2).

① **louche** [luʃ] adj. Qui n'est pas clair, pas honnête. → **suspect, trouble.** *Affaires, manœuvres louches. C'est louche,* bizarre et suspect. *Un individu louche.* / contr. clair, franc, net /

2 **louche** n. f. Grande cuiller à long manche pour servir le potage, les mets liquides.

loucher [luʃe] v. intr. < conjug. 1 > **1·** Être atteint de strabisme convergent ; avoir les axes visuels des deux yeux non parallèles. → fam. **bigler.** (→ fam. Avoir un œil qui dit merde à l'autre ; avoir les yeux qui se croisent les bras.) **2·** Fam. *Faire loucher qqn,* provoquer sa curiosité, son envie. – *Loucher sur, vers :* jeter des regards pleins de convoitise sur (qqn ou qqch.). → **guigner, lorgner.** *Elle louchait sur le dessert.*

1 **louer** [lwe] v. tr. < conjug. 1 > **1·** Déclarer (qqn ou qqch.) digne d'admiration ou de très grande estime. → **exalter, louanger.** / contr. blâmer, critiquer / *Louer qqn sans mesure.* → **encenser, flatter.** **2·** *Louer qqn de* ou *pour qqch.* → **féliciter.** *On ne peut que le louer d'avoir agi ainsi. On le loua, on l'a beaucoup loué pour son courage.* **3·** *Louer Dieu, le Seigneur.* → **bénir, glorifier.** Loc. *Dieu soit loué !,* exclamation de joie, de soulagement. **4·** *Se louer de qqch.* v. pron. réfl. : témoigner ou s'avouer la vive satisfaction qu'on en éprouve. → s'**applaudir,** se **féliciter.** *Je me loue d'avoir accepté son offre.* – *Se louer de qqn,* être pleinement satisfait de lui. *Il ne peut que se louer de ses enfants, que s'en louer.* ▷ 1 **louable, louange**

2 **louer** v. tr. < conjug. 1 > **I·** Donner (qqch.) en location. *Louer une chambre meublée à un étudiant. Maison à louer.* – *Se louer* v. pron. passif : être à louer. *Cet appartement doit se louer cher.* **II· 1·** Prendre en location, à bail. *Louer un appartement,* en être locataire. *Louer une voiture.* → **location, louage.** **2·** Réserver, retenir en payant. *Louer sa place dans un train, un avion.* ▶ **loueur, euse** n. Personne qui fait métier de donner (des voitures, des sièges, etc.) en location. ▷ 2 **louable, louage, loyer, sous-louer**

loufoque [lufɔk] adj. Fam. Fou. → **dingue, farfelu.** *Il a l'air un peu loufoque* (Variantes : *louf, louftingue*). – *Une histoire loufoque,* absurde et comique. ▶ **loufoquerie** n. f. Caractère d'une personne loufoque, de ce qui est loufoque. – (Une, des loufoqueries) Acte absurde et drôle. *J'en ai assez de tes loufoqueries.*

louis [lwi] n. m. invar. **1·** Ancienne monnaie d'or, à l'effigie du roi de France. **2·** Pièce d'or française de vingt francs. → **napoléon.** *Des louis d'or.*

loukoum [lukum], ou **lokoum** [lɔkum] n. m. Confiserie orientale, faite d'une pâte aromatisée enrobée de sucre en fine poudre. *Des loukoums.*

loulou [lulu] n. m. **I·** Petit chien d'appartement à museau pointu, à long poil, à grosse queue touffue. *Loulou de Poméranie.* **II·** Fam. **1·** *Loulou, louloute* [lulut]. Terme d'affection. *Mon gros loulou.* → **loup** (I, 2). **2·** Mauvais garçon. → **loubard, voyou.**

loup [lu] n. m. **I· 1·** Mammifère carnivore sauvage, qui ressemble beaucoup à un grand chien (*chien-loup*). *Bande de loups. Le loup, la louve et leurs louveteaux. Hurlement de loup.* – Loc. *Une faim de loup,* une faim vorace. *Un froid de loup,* un froid très rigoureux. *Crier au loup,* avertir d'un danger. *Être connu comme le loup blanc,* très connu. – Loc. prov. *Quand on parle du loup, on en voit la queue,* se dit lorsqu'une personne survient au moment où l'on parle d'elle. – *Un jeune loup,* un homme d'affaires, un politicien jeune et ambitieux. **2·** Fam. Terme d'affection à l'égard d'un enfant, d'un être cher. *Mon loup, mon petit loup.* → fam. **loulou.** **3·** Fam. *Loup de mer :* vieux marin qui a beaucoup navigué. **4·** Poisson comestible de la Méditerranée. → 2 **bar.** *Loup au fenouil.* **II·** Masque de velours noir qu'on porte dans les bals masqués. ▶ **loup-cervier** [lusɛʀvje] n. m. Lynx du nord de l'Europe. *Des loups-cerviers.* ▷ **chien-loup, gueule-de-loup, loulou, loup-garou, loupiot, louve, tête-de-loup**

1 **loupe** [lup] n. f. **1·** Excroissance du bois d'un arbre. → **nœud.** **2·** Tumeur, excroissance de la peau.

2 **loupe** n. f. Instrument d'optique, lentille convexe et grossissante. *Travailler, lire avec une loupe.* – *Regarder une chose à la loupe,* l'examiner avec une grande minutie.

louper [lupe] v. tr. < conjug. 1 > **1·** Fam. Ne pas réussir (un travail, une action). → **manquer, rater.** *Il a loupé son examen.* – Au p. p. adj. Raté, manqué. **2·** Fam. Ne pouvoir prendre, laisser échapper. *Tu vas louper ton train.* **3·** Intransitivement. *Tout a loupé. Ça n'a pas loupé,* ça devait arriver.

loup-garou [lugaʀu] n. m. Personnage malfaisant des légendes populaires, homme à forme de loup qui passait pour errer la nuit dans les campagnes. *Des loups-garous.*

loupiot, iotte [lupjo, jɔt] n. Fam. → **enfant.**

loupiote [lupjɔt] n. f. Fam. Petite lampe, lumière. *Allumer une loupiote.*

lourd, lourde [luʀ, luʀd] adj. **I· 1·** Difficile à déplacer, en raison de son poids. → **pesant.** / contr. léger / *Une lourde charge. Une valise très lourde.* – Qui gêne par une impression de pesanteur. *Tête lourde, estomac lourd. Se sentir les jambes lourdes,* avoir de la peine à les mouvoir. – *Terrain lourd,* compact, difficile à labourer ; en sports, détrempé, bourbeux, où l'on s'enfonce. – *Sommeil lourd,* pesant. **2·** Dont le poids est élevé ou supérieur à la moyenne. *Artillerie lourde,* de gros calibre. *Industrie lourde,* grosse industrie. – Dont la densité est élevée. *Un gaz, un corps plus lourd que l'air.* – ***Poids lourd*** *:* camion ; boxeur pesant de 79 à 85 kilos. *Les mi-lourds et les poids lourds.* **3·** Loc. *Avoir* ***la main lourde*** *:* frapper fort ; punir sévèrement. *Il a la main lourde avec son fils.* – Peser, verser en trop grande abondance. *Tu as eu la main lourde en te parfumant.* **4·** Difficile à supporter. *Avoir de lourdes charges.* → **écrasant.** *Lourde responsabilité. Lourde hérédité,* chargée. *La facture est lourde,* élevée. – Loc. *En avoir lourd* (ou *gros*) *sur le cœur,* avoir de la peine, de la rancune, etc. **5·** Qui accable, oppresse, pèse. *Le temps est lourd.* Fam. *Il fait lourd.* – *Aliments lourds.* → **indigeste.** **6·** ***Lourd (de)*** *:* chargé (de). *Phrase lourde de sous-entendus, de menaces.* → **plein, rempli.** **7·** Qui donne une impression de lourdeur, de pesanteur, sur les sens. – (Sur la vue, par son aspect) → **massif ; épais.** *Tentures lourdes. Monument lourd.* → **mastoc.** / contr. élégant, gracieux / – (Sur l'odorat) *Parfum lourd.* → **fort.** / contr. délicat / – (Sur le goût) *Un vin lourd et râpeux.* **8·** Adv. ***Peser lourd.*** → **beaucoup.** *Cette malle pèse lourd.* – Loc. Abstrait. *Cela ne pèsera pas lourd dans la balance,* n'aura pas grande importance. – Fam. *Il n'en sait* ***pas lourd,*** *il n'en fait pas lourd,* pas beaucoup. **II·** Maladroit. **1·** (Personnes) Qui manque de finesse, de subtilité. → **balourd, épais, grossier, lourdaud.** / contr. fin, subtil, vif / **2·** Qui manifeste de la maladresse intellectuelle. *Lourdes plaisanteries.* → **gros.** *Style lourd.* → **embarrassé.** **3·** Qui se déplace, se meut avec maladresse, gaucherie, lenteur. → **empoté.** *Son équipement le rend lourd et maladroit. Une démarche lourde.* ▶ **lourdaud, aude** n. et adj. **1·** N. Personne lourde, maladroite (au moral et au physique). *C'est un lourdaud.* **2·** Adj. → **balourd.** *Elle est un peu lourdaude.* ▶ **lourdement** adv. **1·** De tout son poids, de toute sa force. *Tomber lourdement.* – *Peser lourdement sur,* avoir des conséquences importantes pour. *Sa décision pèsera lourdement sur son avenir.* **2·** Avec une charge, un matériel pesants. → **pesamment.** *Camions lourdement chargés.* **3·** Maladroitement. *Marcher lourdement. Appuyer, insister lourdement.* – Abstrait. *Se tromper lourdement.* → **grossièrement.** ▶ **lourdeur** n. f. **I· 1·** Caractère de ce qui est difficile à supporter. *La lourdeur de l'impôt.* – (Une, des lourdeurs) Impression de pesanteur pénible. *Des lourdeurs d'estomac.* **2·** Caractère massif, pesant. *Lourdeur des formes.* **II·** Gaucherie, maladresse. *Lourdeur de la démarche.* – Manque de finesse, de vivacité, de délicatesse. *Lourdeur d'esprit.* → **épaisseur, lenteur, pesanteur.** – *La lourdeur d'une phrase, du style.* ▷ **alourdir, balourd, lourde, poids lourd**

lourde [luʀd] n. f. Fam. Vieilli. Porte. *Il a bouclé la lourde.* ▶ **lourder** v. tr. < conjug. 1 > Fam. Mettre à la porte. *Il s'est fait lourder.* → **licencier.** – Se débarrasser de (qqn, qqch.).

loustic [lustik] n. m. Individu facétieux. → **farceur, plaisantin.** *Faire le loustic.* – Fam. et péj. Homme, type. *C'est un drôle de loustic. Des loustics.*

loutre [lutʀ] n. f. **1·** Petit mammifère carnivore, à pelage brun épais et court, à pattes palmées, se nourrissant de poissons et de gibier d'eau. **2·** Fourrure de cet animal. *Un manteau de loutre.*

louve [luv] n. f. Femelle du loup. *La louve et ses louveteaux.* ▶ **louveteau** [luvto] n. m. **1·** Petit du loup et de la louve. **2·** Scout de moins de douze ans. *Des louveteaux.*

louvoyer [luvwaje] v. intr. < conjug. 8 > **1·** Naviguer en zigzag pour utiliser un vent contraire. **2·** Prendre des détours pour atteindre un but. → **biaiser, tergiverser.** *Il louvoyait pour éviter de répondre.* ▶ **louvoiement** [luvwamɑ̃] n. m. Action de louvoyer. → **détour.**

lover [lɔve] v. tr. < conjug. 1 > **1·** Terme de marine. Ramasser en rond (un câble, un cordage). **2·** ***Se lover*** v. pron. réfl. : s'enrouler sur soi-même. *Le serpent se love pour dormir.*

loyal, ale, aux [lwajal, o] adj. Qui obéit aux lois de l'honneur et de la probité. → **honnête.** *Un ami loyal.* → **sincère.** *Adversaire, ennemi loyal.* → **droit ;** fam. **régulier.** / contr. faux, hypocrite / – *Remercier qqn pour ses bons et loyaux services.* ▶ **loyalement** adv. *Combattre, discuter loyalement.* ▶ **loyalisme** n. m. Attachement dévoué à une cause. → **dévouement.** *Le loyalisme d'un militant envers son parti.* ▶ **loyauté** [lwajote] n. f. Caractère loyal, fidélité à tenir ses engagements. → **droiture, honnêteté.** *Reconnaître avec loyauté les mérites de l'adversaire. La loyauté de sa conduite.* ▷ **déloyal**

loyer [lwaje] n. m. (→ ② **louer**) **1·** Prix de la location d'un local d'habitation, professionnel. *Loyer élevé, petit loyer. Échéance du loyer.* → **terme.** **2·** *Le loyer de l'argent,* le taux de l'intérêt. **3·** En droit. Bail, location (d'une chose quelconque).

L. S. D. [ɛlɛsde] n. m. invar. Substance hallucinogène. *Prendre du L. S. D.* → **acide.**

lu, lue → ① **lire.**

lubie [lybi] n. f. Idée, envie capricieuse, parfois déraisonnable. → **caprice, fantaisie, folie.** *Il a des lubies, il lui prend des lubies. C'est sa dernière lubie.*

lubricité n. f. → **lubrique.**

lubrifier [lybʀifje] v. tr. < conjug. 7 > Enduire d'une matière onctueuse qui atténue les frottements, facilite le fonctionnement. → **graisser, huiler, oindre.** *Lubrifier un moteur.* ▶ **lubrifiant, ante** adj. et n. m. **1·** Adj. Qui lubrifie. *Liquide lubrifiant.* **2·** N. m. Matière onctueuse, ayant la propriété de lubrifier. ▶ **lubrification** n. f. *La lubrification des rouages d'une machine.*

lubrique [lybʀik] adj. Qui manifeste un fort penchant pour la luxure. – Plaisant. *Un œil lubrique,* concupiscent ; envieux. ▶ **lubricité** n. f. Penchant effréné ou irrésistible pour la luxure, la sensualité brutale. → **impudicité.** *Se livrer à la lubricité.* → **débauche.**

lucane [lykan] n. m. Insecte appelé aussi *cerf-volant.* ▶ **lucaniste** n. Amateur de cerf-volant (2).

lucarne [lykaʀn] n. f. **1·** Petite fenêtre, pratiquée dans le toit d'un bâtiment. *Les lucarnes d'un grenier.* **2·** Petite ouverture (dans un mur, une paroi). *La lucarne d'un cachot.*

lucide [lysid] adj. **1·** Qui perçoit, comprend, exprime les choses avec clarté, perspicacité. *Esprit, intelligence lucide.* → **clair, clairvoyant, pénétrant, perspicace.** *Il est revenu de son évanouissement, mais il n'est pas encore entièrement lucide.* → **conscient. 2·** Clairvoyant sur son propre comportement. / contr. aveugle / *Il est très lucide et a bien compris ses erreurs.* ▶ **lucidement** adv. Littér. D'une manière lucide, avec clarté. ▶ **lucidité** n. f. **1·** Qualité d'une personne, d'un esprit lucide. → **acuité, clairvoyance, pénétration.** *Analyse d'une grande lucidité.* **2·** Fonctionnement normal des facultés intellectuelles. → **conscience.** *Moments, intervalles de lucidité d'un aliéné.* → **raison.** / contr. démence, égarement /

luciole [lysjɔl] n. f. Insecte dont l'adulte est ailé et lumineux (parfois confondu avec le ver luisant).

lucre [lykʀ] n. m. Littér. et péj. *Le goût, l'amour, la passion du lucre,* le gout du gain, du profit. ▶ **lucratif, ive** adj. Qui procure un gain, des profits, des bénéfices. – REM. N'est pas péjoratif. *Travail lucratif. Une activité lucrative.*

ludique [lydik] adj. Didact. Relatif au jeu. *Activité ludique des enfants.*

ludothèque [lydɔtɛk] n. f. Centre de prêt de jeux et de jouets.

luette [lɥɛt] n. f. Prolongement vertical du bord postérieur du voile du palais, formant un petit appendice charnu, à l'entrée du gosier.

lueur [lɥœʀ] n. f. **1·** Lumière faible, diffuse, ou encore brusque, éphémère. *Les premières lueurs de l'aube. À la lueur d'une bougie, d'un feu. La lueur des éclairs.* **2·** Expression vive et momentanée (du regard). *Avoir une lueur de colère dans les yeux.* → **éclair, éclat, flamme. 3·** Abstrait. Illumination soudaine, faible ou passagère ; légère apparence ou trace. *Lueur de raison.* → **éclair, étincelle.** – Littér. *Des lueurs,* des connaissances superficielles. *Avoir des lueurs sur un sujet.*

luge [lyʒ] n. f. Petit traîneau à patins relevés à l'avant. *Faire une descente sur une luge, en luge.*

lugubre [lygybʀ] adj. **1·** Littér. Qui est signe de deuil, de mort. → **funèbre, macabre.** *Glas lugubre.* **2·** D'une profonde tristesse. → **funèbre, sinistre.** *Air, ton lugubre ; mine lugubre. Une atmosphère lugubre.* – *Il est lugubre,* d'une tristesse accablante. / contr. gai / ▶ **lugubrement** adv. *Le chien hurlait lugubrement.*

lui [lɥi] pronom pers. Pronom personnel de la troisième personne du singulier. **I·** Pronom personnel des deux genres. Représentant un nom de personne ou d'animal (plur. *leur*). **1·** À lui (→ ci-dessous III, 1), à elle. *Il lui dit. Il le lui a dit. Nous lui en avons parlé. On lui voit beaucoup d'ennemis,* on voit qu'il (ou elle) a beaucoup d'ennemis. – Renforçant le nom. *Et à Virginie, que lui répondrez-vous ?* – Complément d'un adjectif attribut. *Il lui est très facile de venir,* c'est très facile *pour lui (pour elle)* de venir. – Devant un nom désignant une partie du corps, un élément de la vie mentale ou affective (affection, émotion). *Je lui ai serré la main,* j'ai serré *sa* main. *La jambe lui fait mal. Elle lui sauta au cou.* **2·** Compl. d'un verbe principal et sujet d'un infinitif ayant lui-même un complément d'objet. *Faites-lui recommencer ce travail. Je lui ai laissé lire cette lettre, je la lui ai laissé lire.* **II·** Pronom masculin (→ fém. **elle,** plur. **eux**). **1·** Sujet. *Lui aussi voudrait la connaître.* – (Sujet d'un v. au p. p. ou d'une propos. elliptique) *Lui arrivé, elle ne sut que dire. Elle est moins raisonnable que lui* (n'est raisonnable). – (En apposition au sujet) *Il travaillait avec elle, lui vite, elle plus lentement.* – Pour renforcer le sujet. *Lui, il a refusé.* **2·** (Après *c'est*) *C'est, c'était lui qui... C'est lui qui sera content de vous voir !* **3·** (Compl. direct) *Je ne veux voir que lui.* **III·** Avec une préposition, pronom masculin (→ fém. **elle,** plur. **eux**). **1·** *À lui :* compl. indirect des verbes énonçant le mouvement *(aller, arriver, courir),* la pensée *(penser, rêver, son-*

ger), et de quelques transitifs indirects. *Elle renonce à lui* (mais : elle *lui* parle). – Compl. d'un verbe ayant un autre pronom personnel pour complément d'objet. *Voulez-vous me présenter à lui ?* – (Après *c'est*) *C'est à lui de commencer.* – Après un nom (possession, appartenance). *Il a une allure bien à lui.* – Loc. ***À lui seul, à lui tout seul.*** *Il n'y arrivera jamais à lui tout seul,* sans se faire aider. **2·** ***De lui, en lui, par lui,*** etc. *J'ai confiance en lui. Je le fais pour lui. Allez-vous avec lui, chez lui ?* **IV·** ***Lui,*** employé comme réfléchi au lieu de *soi,* pour représenter un sujet masculin. *Un homme content de lui. Il regarda autour de lui.* **V·** (Masculin) ***Lui-même.*** *Lui-même n'en sait rien.* – (Réfléchi) → **soi-même.** *La bonne opinion qu'il a de lui-même.* – Loc. *De lui-même,* par sa propre décision.

luire [lɥiʀ] v. intr. <conjug. 38> REM. Le p. p. est *lui* et est invar. **1·** Émettre ou refléter de la lumière. → **briller, éclairer.** *Le soleil luit.* – *Regards qui luisent de colère, d'envie.* – *Luire au soleil,* refléter sa lumière. → **luisant. 2·** Littér. Apparaître, se manifester. *L'espoir luisait encore.* ▶ **luisant, ante** [lɥizɑ̃, ɑ̃t] adj. et n. m. **1·** Qui réfléchit la lumière, qui a des reflets. → **brillant, clair.** / contr. mat, terne / *Métal luisant.* → **étincelant, poli. 2·** ***Ver luisant*** : insecte qui brille la nuit. *Des vers luisants.* ▷ **lueur, reluire**

lumbago [lɔ̃bago ; lœ̃bago] n. m. Douleur des lombes (fam. *tour de reins*). *Souffrir d'un lumbago. Des lumbagos.*

lumière [lymjɛʀ] n. f. **I· 1·** Ce par quoi les choses sont éclairées. → **clarté.** *Qui produit de la lumière* → **lumineux ; luminescent.** *Source de lumière.* → **éclairage.** *Lumière éblouissante, forte, intense, vive.* → **éclat.** *Lumière diffuse, indécise.* → **lueur, reflet.** – *La lumière du soleil, du jour. Travailler à la lumière artificielle, électrique.* **2·** Lumière du jour. *Il y a beaucoup de lumière dans cet appartement.* – Lumière artificielle. *La lumière d'une lampe, d'un luminaire, d'un lustre* ③. *Donner de la lumière,* allumer. *Éteindre la lumière.* **3·** (*Une, des lumières*) Source de lumière, point lumineux. *Les lumières de la ville.* **4·** Radiations visibles ou invisibles émises par les corps incandescents ou luminescents. – *Vitesse de la lumière* (environ 300 000 km/s). *Année de lumière.* → **année-lumière. II·** Abstrait. **1·** Ce qui éclaire, illumine l'esprit, fournit une explication. → **clarté, éclaircissement.** *L'auteur jette une lumière nouvelle sur la question. Faire la lumière,* donner toutes les explications nécessaires. → **élucider. 2·** Loc. ***En lumière*** : évident pour tous. *Mettre en pleine lumière,* éclairer, signaler. **3·** ***Les lumières*** *de qqn* : l'intelligence ou le savoir. *Aidez-moi de vos lumières.* – *Le Siècle des lumières,* le XVIIIe siècle (en Europe occidentale). **4·** ***Une lumière*** : homme de grande intelligence, de grande valeur. *C'est une des lumières de son temps.* – Fam. *Ce n'est pas une lumière,* il n'est pas très intelligent.

lumignon [lymiɲɔ̃] n. m. Lampe qui éclaire faiblement.

luminaire [lyminɛʀ] n. m. **1·** Ensemble des appareils d'éclairage (d'une église, etc.). *Le luminaire d'une cérémonie.* **2·** (*Un, des luminaires*) Appareil d'éclairage. *Des luminaires de style moderne.* → **lustre.**

luminescent, ente [luminesɑ̃, ɑ̃t] adj. Qui émet de la lumière (après avoir reçu un rayonnement, etc.). *Tube luminescent.* → **fluorescent.**

lumineux, euse [lyminø, øz] adj. **I· 1·** Qui émet ou réfléchit la lumière. *Corps, point lumineux.* → **brillant, éclatant, étincelant.** *Source lumineuse. Montre à cadran lumineux.* **2·** Clair, radieux. *Teint, regard lumineux.* **3·** De la nature de la lumière (visible). *Rayon lumineux.* **II·** Qui a beaucoup de clarté, de lucidité. *Intelligence lumineuse.* → **lucide.** *Un raisonnement lumineux,* aisé à comprendre. – Fam. *C'est une idée lumineuse,* une idée excellente, de génie. ▶ **lumineusement** adv. *Expliquer lumineusement un problème.* → **clairement.** ▶ **luminosité** n. f. **1·** Qualité de ce qui est lumineux, brillant. *La luminosité du ciel méditerranéen.* **2·** Puissance lumineuse. *Masse et luminosité des étoiles.*

lump [lœ̃p] n. m. Poisson nordique. *Œufs de lump,* petits œufs (colorés artificiellement) de ce poisson, succédané du caviar.

lunaire [lynɛʀ] adj. **1·** Qui appartient ou a rapport à la lune. *Le sol lunaire. Expédition lunaire.* **2·** Qui évoque la lune. *Paysage lunaire.* – *Face lunaire,* blafarde et ronde. ▶ **lunaison** n. f. Mois lunaire, intervalle de temps compris entre deux nouvelles lunes consécutives.

lunatique [lynatik] adj. et n. Qui a l'humeur changeante, déconcertante (comme ceux qui, croyait-on, étaient sous l'influence de la *lune*). → **capricieux, fantasque.** *Il est lunatique.* – *Une conduite un peu lunatique.*

lunch [lœnʃ ; lœ̃ʃ] n. m. Repas léger. *Être invité à un lunch.* → **buffet, cocktail.** *Des lunchs* ou *des lunches.* ≠ brunch.

lundi [lœ̃di] n. m. Jour de la semaine qui vient après le dimanche. *Le lundi de Pâques, de Pentecôte,* le lendemain de ces fêtes. *Il viendra tous les lundis.*

lune [lyn] n. f. **1·** Satellite de la Terre, recevant sa lumière du Soleil ; son aspect. *Le disque de la lune. Pleine lune, nouvelle lune. Croissant de lune. Le clair de lune. Nuit sans lune,* sans clair de lune. – (Avec majuscule, en parlant de l'astre) *Les astronautes sur la Lune. Atterrir sur la Lune.* → **alunir.** **2·** Loc. fig. *Être* ***dans la lune*** *:* très distrait, hors de la réalité. – *Demander, promettre la lune,* l'impossible. – *Tomber de la lune,* être extrêmement surpris. – *Vieilles lunes,* temps passé, époques révolues. – ***Lune de miel*** *:* les premiers temps du mariage, d'amour heureux. **3·** Fam. Gros visage joufflu. – Derrière. ▶ **luné, ée** adj. *Bien, mal* ***luné*** *:* dans une disposition d'esprit bonne, mauvaise. *Il est mal luné aujourd'hui.* ▷ **alunir, lunaire, lunatique, lunule**

① **lunette** [lynɛt] n. f. **1·** Ouverture, objet circulaire. – Ouverture arrondie. *La lunette arrière d'une voiture.* **2·** Ouverture du siège d'aisance ; ce siège. *La lunette des toilettes.*

② **lunettes** n. f. pl. et **lunette** n. f. **1·** Au plur. Paire de verres (lentilles) enchâssés dans une monture munie de deux branches, posée devant les yeux et servant à corriger ou à protéger la vue. *Porter, mettre des lunettes. Un monsieur à lunettes,* qui porte des lunettes. *Lunettes d'écaille. Lunettes noires,* à verres teintés. *Lunettes de soleil.* – *Lunettes de plongée, de ski.* – Fam. *Vous devriez mettre des lunettes,* regarder mieux. **2·** ***Lunette*** *:* instrument d'optique grossissant, en forme de tube. *Lunette d'approche.* → **longue-vue, lorgnette.** *Lunette astronomique.* ≠ télescope. ▶ **lunetier, ière** [lyntje, jɛʀ] n. Fabricant, marchand de lunettes (1). → **opticien.** – Adj. *Industrie lunetière.* ▶ **lunetterie** [lynɛtʀi] n. f. Métier, commerce du lunetier.

lunule [lynyl] n. f. Tache blanche en demi-cercle, comme un petit croissant de *lune* (à la base de l'ongle, etc.).

lupanar [lypanaʀ] n. m. Littér. Maison de prostitution. → **bordel.**

lupin [lypɛ̃] n. m. Plante dont une espèce est cultivée pour ses grappes de fleurs dressées.

lupus [lypys] n. m. invar. Maladie de la peau, à tendance envahissante et destructive. *Lupus tuberculeux.*

belle **lurette** [lyʀɛt] loc. *Il y a, depuis, cela (ça) fait* ***belle lurette*** *:* il y a bien longtemps. *Ils sont partis il y a belle lurette. Ça fait belle lurette qu'on ne l'a pas vu.*

luron, onne [lyʀɔ̃, ɔn] n. Vieilli. Personne décidée et énergique. – Au masc. *Joyeux, gai luron,* bon vivant.

lusitanien, ienne [lyzitanjɛ̃, jɛn] adj. et n. Relatif au Portugal, au portugais. *Études lusitaniennes.*

lustrage [lystʀaʒ] n. m. Action ou manière de lustrer. *Lustrage des étoffes,* opération d'apprêt (glaçage). *Lustrage des fourrures.*

lustral, ale, aux [lystʀal, o] adj. Littér. Qui sert à purifier. *L'eau lustrale du baptême.*

① **lustre** [lystʀ] n. m. Littér. Cinq années. – Au plur. *Il y a des lustres,* il y a longtemps.

② **lustre** n. m. **1·** Éclat (d'un objet brillant ou poli). *Vernis donnant du lustre.* **2·** Éclat qui rehausse, met en valeur. → **éclat, relief.** ▶ **lustrer** v. tr. < conjug. 1 > **1·** Rendre brillant, luisant (→ **lustrage**). *Le chat lustre son poil en se léchant.* – Au p. p. adj. *Des cheveux lustrés.* **2·** Rendre brillant par le frottement, l'usure. – Au p. p. adj. *Veste lustrée aux coudes.* ▶ **lustrine** n. f. Tissu de coton glacé sur une face. *Doublure de lustrine.*

③ **lustre** n. m. Appareil d'éclairage comportant plusieurs lampes, qu'on suspend au plafond. → ② **suspension.** *Les lustres d'un salon.*

lut [lyt] n. m. Enduit servant à boucher hermétiquement des récipients, à protéger des objets allant au feu. ≠ luth, lutte. ▶ **luter** v. tr. < conjug. 1 > Boucher avec du lut ; enduire de lut. ≠ lutter.

luth [lyt] n. m. Instrument de musique à cordes pincées, plus ancien que la guitare. *Des luths.* ≠ lut, lutte. ▶ **lutherie** [lytʀi] n. f. Fabrication des instruments à cordes et à caisse de résonance (violons, guitares, etc.). ▶ **luthier, ière** [lytje, jɛʀ] n. Artisan en lutherie ; fabricant de violons, altos, violoncelles, contrebasses, guitares, luths, etc. ▶ **luthiste** n. Personne qui joue du luth.

luthérien, ienne [lyteʀjɛ̃, jɛn] adj. De Luther, conforme à sa doctrine. *Église luthérienne.* – N. *Les luthériens,* protestants qui professent la religion luthérienne.

lutin [lytɛ̃] n. m. Petit démon espiègle et malicieux. → **farfadet, gnome.**

lutiner [lytine] v. tr. < conjug. 1 > Littér. Poursuivre (une femme) en la touchant, en cherchant à l'embrasser. → **peloter.**

lutrin [lytʀɛ̃] n. m. Pupitre sur lequel on met les livres de chant, à l'église.

lutte [lyt] n. f. ≠ lut, luth. **1·** Combat corps à corps de deux adversaires qui s'efforcent de se terrasser. *Lutte gréco-romaine. Lutte libre.* **2·** Opposition violente entre deux adversaires (individus, groupes), où chacun s'efforce de faire triompher sa cause. *Engager, abandonner la* *lutte. Luttes politiques, religieuses.* – *Lutte des classes* (sociales). **3·** *Lutte contre, pour...*, action soutenue et énergique (pour résister à une force hostile, atteindre un certain but). → **effort.** *Lutte contre l'alcoolisme. Lutte d'un peuple pour sa libération, son indépendance.* – ***Lutte pour la vie*** : sélection naturelle des espèces. – Efforts pour survivre. **4·** Antagonisme entre forces contraires. → **duel.** *La lutte entre le bien et le mal.* **5·** ***De haute lutte*** loc. adv. : en mettant dans la lutte toute la force ou l'autorité dont on dispose. *Il a emporté la victoire de haute lutte.* ▶ **lutter** v. intr. < conjug. 1 > ≠ luter. **1·** Combattre à la lutte (1). *Lutter avec, contre qqn.* **2·** S'opposer dans une lutte, un conflit. → se **battre, combattre.** – ***Lutter de*** : rivaliser par, au moyen de, dans (une activité). *Lutter de vitesse avec qqn.* **3·** Mener une action énergique (contre ou pour qqch.). *Lutter contre la maladie. Lutter pour l'indépendance.* – *Lutter contre sa timidité.* – Sans compl. *Pour vivre, il faut lutter.* ▶ **lutteur, euse** n. **1·** Athlète qui pratique la lutte. *Des épaules de lutteur.* **2·** Fig. Personne qui aime la lutte, l'action. *Tempérament de lutteur.* → **combatif.**

luxation [lyksasjɔ̃] n. f. Déplacement accidentel de deux surfaces d'une articulation. → **luxer.** *Luxation de l'épaule, de la hanche.*

luxe [lyks] n. m. **1·** Mode de vie caractérisé par de grandes dépenses consacrées à l'acquisition de biens superflus. *Aimer le luxe, vivre dans le luxe.* – Fam. *Ce n'est **pas du luxe*** : c'est utile, indispensable. *Il s'est fait couper les cheveux, ce n'était pas du luxe.* **2·** Caractère coûteux, somptueux (d'un bien ou d'un service). → **somptuosité.** *Le luxe de sa chambre à coucher.* – ***De luxe*** : qui présente ce caractère. *Produits, articles de luxe.* **3·** *Un luxe,* bien ou plaisir (relativement) coûteux. *Le cinéma est mon seul luxe.* – *Se donner, **se payer le luxe** de dire, de faire* : se permettre, comme chose inhabituelle et particulièrement agréable. *Je me suis payé le luxe de dire ce que je pensais.* **4·** Abstrait. *Un luxe de,* abondance ou profusion. *Avec un grand luxe de détails.* ▶ **luxueux, euse** [lyksɥø, øz] adj. Qui se signale par son luxe. → **fastueux, magnifique, somptueux.** *Installation luxueuse. Un hôtel luxueux,* un palace. ≠ luxurieux. / contr. pauvre, simple / ▶ **luxueusement** adv. *Un appartement luxueusement meublé.*

luxer [lykse] v. tr. < conjug. 1 > Provoquer la luxation de (certains os, une articulation). → **déboîter.** *Elle s'est luxé la rotule.* → se **démettre.** ▷ **luxation**

luxure [lyksyʀ] n. f. Littér. Goût immodéré, recherche et pratique des plaisirs sexuels. → **impureté, lasciveté, lubricité.** ▶ **luxurieux, euse** adj. Littér. Adonné ou porté à la luxure. → **débauché, lascif, sensuel.** ≠ luxueux, luxuriant. / contr. chaste, pur /

luxuriant, ante [lyksyʀjɑ̃, ɑ̃t] adj. Qui pousse, se développe avec une remarquable abondance. → **abondant, riche, surabondant.** *Une végétation luxuriante.* ≠ luxurieux. ▶ **luxuriance** n. f. *La luxuriance de la végétation.* – Abstrait. *Luxuriance des images dans un poème.* / contr. pauvreté, sécheresse /

luzerne [lyzɛʀn] n. f. Plante fourragère, à petites fleurs violettes. *Champ de luzerne.*

lycaon [likaɔ̃] n. m. Mammifère carnivore d'Afrique qui ressemble au chien et chasse en bandes.

lycée [lise] n. m. **1·** Établissement public d'enseignement secondaire, général ou technologique. *Les professeurs d'un lycée.* → **gymnase** (Suisse). ≠ collège. **2·** Époque des études secondaires. *Il ne l'a pas revu depuis le lycée.* ▶ **lycéen, enne** [liseɛ̃, ɛn] n. Élève d'un lycée. *Collégiens et lycéens.*

lycra [likʀa] n. m. Tissu synthétique à réseau très élastique. *Maillot de bain en lycra.*

lymphatique [lɛ̃fatik] adj. **I·** Relatif à la lymphe. *Vaisseaux lymphatiques. Ganglions lymphatiques.* **II·** Apathique, lent. *Un adolescent lymphatique.* – N. *Un, une lymphatique.* / contr. actif, nerveux / ▶ **lymphatisme** n. m. Littér. État d'une personne lymphatique.

lymphe [lɛ̃f] n. f. Liquide organique incolore ou ambré, d'une composition comparable à celle du plasma sanguin. *La lymphe nourrit les cellules.* ▷ **lymphatique, lymphocyte**

lymphocyte [lɛ̃fɔsit] n. m. Petit leucocyte immobile qui prend naissance dans les ganglions lymphatiques, la rate.

lymphoïde [lɛ̃fɔid] adj. Didact. Qui se rapporte à la lymphe, aux lymphocytes.

lymphome [lɛ̃fom] n. m. Méd. Prolifération cancéreuse du tissu lymphoïde.

lyncher [lɛ̃ʃe] v. tr. < conjug. 1 > **1·** Exécuter sommairement, sans jugement régulier et par une décision collective (un criminel ou supposé tel). **2·** (Foule) Exercer de graves violences sur (qqn). ▶ **lynchage** n. m. Action de lyncher. – Fig. Acharnement contre qqn. *Un lynchage médiatique.*

lynx [lɛ̃ks] n. m. invar. Mammifère carnivore, félin fort et agile, aux oreilles pointues garnies d'un pinceau de poils. → **loup-cervier.** – Loc. *Avoir des yeux de lynx,* une vue perçante.

lyophiliser [ljofilize] v. tr. < conjug. 1 > Déshydrater (une substance alimentaire) par séchage. – Au p. p. adj. *Café lyophilisé.* ▶ **lyophilisation** n. f.

lyre [liʀ] n. f. 1· Instrument de musique antique à cordes pincées, fixées sur une caisse de résonance. *Jouer de la lyre.* 2· Littér. Symbole de la poésie, de l'expression poétique. ▷ **lyrique, oiseau-lyre**

lyrique [liʀik] adj. et n. I· 1· (Poésie) Qui exprime des sentiments intimes au moyen de rythmes et d'images propres à communiquer au lecteur l'émotion du poète. *Poésie lyrique. La nature, l'amour, thèmes lyriques.* 2· Plein d'un enthousiasme, d'une exaltation de poète. → **passionné.** *Quand il parle de sa jeunesse, il est lyrique.* / contr. prosaïque / II· Destiné à être mis en musique et chanté, joué sur une scène. *Drame lyrique,* opéra, oratorio. *Comédie lyrique,* opéra-comique, opérette. – *Théâtre lyrique,* réservé à la musique dramatique. *Artiste lyrique,* chanteur, chanteuse d'opéra, d'opérette. ▶ **lyriquement** adv. Littér. Avec lyrisme. / contr. prosaïquement / ▶ **lyrisme** n. m. 1· Poésie, genre lyrique. *Le lyrisme romantique.* – *Le lyrisme de Chopin.* 2· Manière passionnée, poétique, de sentir, de vivre. *Ils sont dénués de lyrisme.* / contr. prosaïsme /

lys [lis] n. m. → **lis**

lyse [liz] n. f. Destruction (d'éléments organiques) sous l'action d'agents physiques, chimiques ou biologiques. ▷ **lytique**

-lyse Élément savant, signifiant « dissolution » (ex. : *hémolyse, hydrolyse*).

lytique [litik] adj. Qui provoque une lyse. – *Cocktail lytique,* mélange de substances pouvant entraîner la mort.

mM

m [ɛm] n. m. ou f. invar. **1·** Treizième lettre, dixième consonne de l'alphabet. **2·** *M.*, abréviation de *Monsieur* ; *MM.*, de *Messieurs.* **3·** *m*, symb. de *mètre.* **4·** *M*, chiffre romain (1 000). **5·** *Taille M*, taille moyenne (d'un vêtement).

ma → **mon.**

maboul, e [mabul] n. et adj. Fam. Fou.

macabre [makɑbʀ] adj. Qui évoque des images de mort. → **funèbre.** *Danse macabre.* – Qui concerne les cadavres, les squelettes. *Scène, plaisanterie macabre.*

macadam [makadam] n. m. Revêtement de routes, de chemins, fait de pierre concassée et de sable agglomérés. *Des macadams.*

macaque [makak] n. m. **1·** Singe d'Asie. **2·** Fam. Personne très laide. *Elle ne va pas épouser ce vieux macaque ?*

macareux [makaʀø] n. m. invar. Oiseau palmipède des mers septentrionales à gros bec coloré.

macaron [makaʀɔ̃] n. m. **1·** Gâteau sec, rond, à la pâte d'amandes. **2·** Natte de cheveux roulée sur l'oreille. **3·** Fam. Insigne rond (peut remplacer *badge*).

macaroni [makaʀɔni] n. m. Pâte alimentaire en tube creux. *Manger des macaronis*, ou (au sing. collectif) *du macaroni.*

macaronique [makaʀɔnik] adj. *Poésie macaronique*, poésie burlesque entremêlée de mots latins.

macchabée [makabe] n. m. Fam. Cadavre.

macédoine [masedwan] n. f. Mets composé d'un mélange de légumes → **jardinière** ou de fruits → **salade.**

[1] **macérer** [maseʀe] v. tr. < conjug. 6 > En terme de religion. Mortifier (son corps). ▶ [1] **macération** n. f. Pratique d'ascétisme qu'on s'impose pour racheter ses fautes. → **mortification.**

[2] **macérer** v. < conjug. 6 > **1·** V. tr. Mettre à tremper. – Au p. p. adj. *Cerises macérées dans l'eau-de-vie.* **2·** V. intr. Tremper longtemps. *Viande qui macère dans une marinade.* → **mariner.** ▶ [2] **macération** n. f.

Mach [mak] n. pr. *Nombre de Mach*, rapport d'une vitesse à celle du son. Ellipt. *Voler à Mach 2, à Mach 3*, à 2, 3 fois la vitesse du son.

mâche [mɑʃ] n. f. Plante à petites feuilles allongées qui se mangent en salade. – Cette salade.

mâchefer [mɑʃfɛʀ] n. m. Scories, déchets solides provenant de la combustion de la houille.

mâcher [mɑʃe] v. tr. < conjug. 1 > **1·** Broyer avec les dents, par le mouvement des mâchoires, avant d'avaler. *Mâcher du pain, de la viande.* → **mastiquer.** *Action de mâcher.* → **mastication.** – Loc. fig. *Mâcher le travail à qqn*, le lui préparer, le lui faciliter. *Il faut tout lui mâcher.* – *Ne pas mâcher ses mots*, s'exprimer avec une franchise brutale. **2·** Triturer longuement dans sa bouche, avant de rejeter. *Mâcher du chewing-gum, du tabac* → **chiquer,** *du bétel.* ▶ **mâcheur, euse** n. ▷ **mâchoire, mâchonner, mâchouiller, remâcher**

machette [maʃɛt] n. f. Grand coutelas utilisé en Amérique du Sud, dans la jungle, la forêt, pour abattre les arbres, se frayer un chemin, etc.

machiavélisme [makjavelism] n. m. Attitude d'une personne qui emploie la ruse et la mauvaise foi pour parvenir à ses fins. → **artifice, perfidie.** – REM. D'après le nom de l'homme politique italien *Machiavel*, habile et cynique. ▶ **machiavélique** adj. Rusé et perfide. *Une manœuvre, un procédé machiavélique.*

mâchicoulis [mɑʃikuli] n. m. invar. Balcon au sommet des murailles ou des tours des châteaux forts, percé d'ouvertures à sa partie inférieure (pour observer l'ennemi ou laisser tomber sur lui des projectiles).

machin [maʃɛ̃] n. m. Fam. Désigne un objet dont on ignore le nom. → **bidule, chose, fourbi, truc.** *Qu'est-ce que c'est que ce machin-là ?* – Remplace (de manière impolie) un nom propre de personne. *Tu as vu Machin ?* (Parfois aussi au féminin) *J'ai rencontré Machine dans la rue.*

machinal, ale, aux [maʃinal, o] adj. Qui est fait sans intervention de la volonté, de l'intelligence, comme par une machine. → **automatique, inconscient, instinctif, involontaire.** *Un geste machinal. Réactions machinales.* / contr. réfléchi, volontaire / ▶ **machinalement** adv. *Agir machinalement.*

machination [maʃinasjɔ̃] n. f. Ensemble de manœuvres secrètes déloyales. → **complot, intrigue, manœuvre.** *C'est une machination pour le faire condamner.*

machine [maʃin] n. f. **I· 1·** Objet fabriqué, généralement complexe → **mécanisme,** qui transforme l'énergie → **moteur** pour produire un travail (se distingue, en principe, de *appareil* et de *outil*, qui ne font qu'utiliser l'énergie). *Mettre une machine en marche. La machine fonctionne, marche, tourne.* – *Machine à vapeur, machine électrique,* qui utilise la vapeur, l'électricité. – *Machine électronique.* → **ordinateur.** – *Machine à laver.* → **lave-linge ; lave-vaisselle.** *Machine à coudre. Machine à calculer.* → **calculette.** – *Machine (à écrire). La dactylo tapait les lettres à la machine. Le clavier, les touches, le chariot d'une machine à écrire. Les machines à écrire ont été remplacées par les ordinateurs.* – *Machine à sous :* appareil où l'on mise et où l'on peut gagner des pièces de monnaie. – *Machine-outil :* machine portant un outil amovible. *Des machines-outils* [maʃinuti]. **2·** *Les machines* (assurant la propulsion d'un navire). *La salle, la chambre des machines.* → **machinerie.** *Stopper les machines.* – Loc. *Faire machine arrière,* reculer ; fig., revenir sur ses pas, sur ses dires. **3·** *Machines de guerre,* engins de guerre ; fig. dispositif offensif utilisé contre qqn ou qqch. ; organisation importante pour une lutte. – *Machine infernale,* engin terroriste à base d'explosifs. → **bombe. 4·** Véhicule comportant un mécanisme. – Vieilli. Locomotive. *La machine et les wagons.* **5·** En sciences. *Machines simples* (levier, plan incliné, poulie, treuil, vis). **II· 1·** Personne qui agit comme un automate. → **robot.** – *Machine à... :* ce qui est considéré comme ne servant qu'à (faire ou produire qqch.). *Il considère sa femme comme une machine à faire des enfants.* **2·** Abstrait. Ensemble complexe qui fonctionne de façon implacable. *La machine administrative, économique.* ▶ **machinerie** n. f. **1·** Ensemble des machines réunies en un même lieu et concourant à un but commun. *Entretien de la machinerie d'une filature.* **2·** Salle des machines d'un navire. ▶ **machinisme** n. m. Emploi des machines dans l'industrie. ▶ **machiniste** n. **1·** Personne qui s'occupe des machines, des changements de décor, des truquages, au théâtre, dans les studios de cinéma. **2·** Vieilli. Conducteur, mécanicien. ▷ **machin, machinal, machination**

macho [matʃo] n. m. Homme qui prétend faire sentir aux femmes sa supériorité de mâle. ▶ **machisme** [maʃism ; matʃism] n. m. Comportement de macho. → **phallocratie.** ▶ **machiste** n. et adj. Qui fait preuve de machisme. → **phallocrate.**

mâchoire [mɑʃwaʀ] n. f. **1·** Chacun des deux arcs osseux en haut et en bas de la bouche, dans lesquels sont implantées les dents. *Mâchoire supérieure* (fixe), *inférieure* (mobile). → **maxillaire.** – Loc. *Bâiller à se décrocher la mâchoire.* **2·** Chacune des pièces jumelées qui, dans un outil, un mécanisme, s'éloignent et se rapprochent à volonté pour serrer, tenir. *Les mâchoires d'un étau, d'une clef anglaise. Mâchoires de frein.*

mâchonner [mɑʃɔne] v. tr. < conjug. 1 > **1·** Mâcher lentement, longuement. **2·** Parler en articulant mal. → **marmonner, marmotter.** *Il mâchonnait des bouts de phrases.* ▶ **mâchonnement** n. m.

mâchouiller [mɑʃuje] v. tr. < conjug. 1 > Fam. Mâchonner ; mâcher sans avaler.

macle [makl] n. f. Cristal complexe.

① **maçon, onne** [masɔ̃, ɔn] n. Personne qui bâtit les maisons, fait des travaux de maçonnerie. ▶ **maçonner** v. tr. < conjug. 1 > **1·** Construire ou réparer en maçonnerie. *Maçonner un mur.* **2·** Revêtir de maçonnerie. ▶ ① **maçonnerie** n. f. **1·** Partie des travaux de construction comprenant l'édification du gros œuvre et certains travaux de revêtement. *Grosse maçonnerie. Entrepreneur de maçonnerie.* **2·** Construction, partie de construction faite d'éléments assemblés et joints. *Une maçonnerie de briques, de béton.*

② **maçon** n. m. Franc-maçon. ▶ ② **maçonnerie** n. f. Franc-maçonnerie. ▶ **maçonnique** adj. Relatif à la franc-maçonnerie. → **franc-maçon.** *Loge maçonnique.*

macramé [makʀame] n. m. Réseau de fils tressés et noués. *Abat-jour en macramé.*

① **macreuse** [makʀøz] n. f. Oiseau palmipède, voisin du canard.

② **macreuse** n. f. Viande maigre sur l'os de l'épaule du bœuf.

macr(o)- Préfixe savant signifiant « long, grand ». → **méga-.** / contr. micro- / ▶ **macrobiotique** [makʀɔbjɔtik] n. f. Régime alimentaire à base de fruits, de légumes et de céréales. ▶ **macrocéphale** adj. Qui a une grosse tête. ▶ **macrocosme** [makʀɔkɔsm] n. m. Littér. Le cosmos, l'univers. ▶ **macrocosmique** adj. **1·** Relatif au macrocosme. **2·** Synthétique, global. ▶ **macromolécule** n. f. Très grosse molécule formée de groupements d'atomes répétés. ▶ **macroscopique** adj. En sciences. Qui se voit à l'œil nu (opposé à *microscopique*) ou qui est à l'échelle du macrocosme.

macule [makyl] n. f. Didact. Tache. ▶ **maculer** v. tr. < conjug. 1 > Littér. Couvrir, souiller de taches. → **salir, souiller, tacher.** *Ses bottes sont maculées de boue.* / contr. immaculé / ▶ **macula** n. f. En anatomie. Tâche ovale jaune grisâtre du fond de l'œil, située sur la rétine. ▶ **maculaire** adj. Relatif à la macula. *Dégénérescence maculaire liée à l'âge* (abrév. *D. M. L. A.*).

madame [madam] n. f., **mesdames** [medam] n. f. pl. (Abrév. Mme, Mmes) **1·** Titre donné à une femme qui est ou a été mariée. *Bonjour, madame. Madame votre mère. Chère madame.* **2·** Titre donné par respect à certaines femmes, mariées ou non. *Madame la Directrice.* – À la cour de France. Titre donné à la femme du frère du roi. **3·** La maîtresse de maison. *Madame est servie. Veuillez m'annoncer à Madame.*

made in [mɛdin] loc. adj. invar. Anglic. Fabriqué en (tel pays). *Un tee-shirt made in Taiwan.*

madeleine [madlɛn] n. f. **I·** Loc. fam. *Pleurer comme une Madeleine,* pleurer abondamment (comme sainte Madeleine, dans l'Évangile). **II·** Petit gâteau sucré à pâte molle, de forme arrondie.

mademoiselle [madmwazɛl] n. f., **mesdemoiselles** [me(ɛ)dmwazɛl] n. f. pl. (Abrév. *Mlle, Mlles*) **1·** Titre donné aux jeunes filles et aux femmes célibataires (abrév. pop. *Mam'selle*). *Mademoiselle Une telle et ses parents.* **2·** *La Grande Mademoiselle,* la fille aînée du frère du roi Louis XIII.

madère [madɛʀ] n. m. Vin de Madère. *Un verre de madère.*

madone [madɔn] n. f. **1·** Représentation de la Vierge. **2·** (Avec une majuscule) La Vierge elle-même. *Par la Madone !*

madras [madʀɑ(s)] n. m. invar. **1·** Étoffe de soie et coton, de couleurs vives. **2·** Mouchoir noué sur la tête et servant de coiffure.

madré, ée [ma(ɑ)dʀe] adj. Malin, rusé. *Un paysan madré.*

madrépore [madʀepɔʀ] n. m. Animal (*Cnidaires*), variété de corail des mers chaudes.

madrier [madʀije] n. m. Planche très épaisse. → **poutre.**

madrigal, aux [madʀigal, o] n. m. Courte pièce de vers galants. *De jolis madrigaux.*

maelstrom, maelström ou **malstrom** [malstʀɔm ; -tʀøm] n. m. Courant marin formant un tourbillon. *Des maelstroms.*

maestria [maɛstʀija] n. f. Maîtrise, facilité et perfection dans l'exécution (d'une œuvre d'art, d'un exercice). → **brio.**

maestro [maɛstʀo] n. m. Compositeur de musique ou chef d'orchestre célèbre. *Des maestros.*

mafia ou **maffia** [mafja] n. f. Groupe secret servant des intérêts privés par des moyens illicites. *La Mafia* (sicilienne). *Des mafias.* ▶ **mafieux, euse** adj. et n. De la Mafia ; d'une mafia. *Des agissements mafieux.*

1 **magasin** [magazɛ̃] n. m. Local où l'on conserve, expose des marchandises pour les vendre. → **boutique, commerce, fonds, libre-service, supermarché,** grande **surface.** *Tenir un magasin* (→ **commerçant, marchand**). *Magasin d'alimentation. La vitrine d'un magasin. Faire des achats dans un magasin.* → **course.** – *Grand magasin :* grand établissement de vente comportant de nombreux rayons spécialisés. ▶ **magasiner** v. intr. < conjug. 1 > Au Canada. Faire des achats dans les magasins. ▶ **magasinage** n. m. Au Canada. *Le magasinage de Noël.*

2 **magasin** n. m. **1·** Endroit où l'on conserve des marchandises. → **entrepôt.** *Mettre des caisses en magasin.* → **emmagasiner.** *Magasin d'armes, d'explosifs.* → **arsenal, poudrière.** **2·** Partie creuse d'un appareil. *Mettre un chargeur dans le magasin d'une arme.* ▶ **magasinier, ière** n. Personne qui garde les marchandises déposées dans un magasin. ▷ **emmagasiner, garde-magasin**

magazine [magazin] n. m. **1·** Publication périodique, généralement illustrée. → **fanzine, revue, webzine.** **2·** Émission périodique de radio, de télévision, sur des sujets d'actualité.

magdalénien, ienne [magdalenjɛ̃, jɛn] adj. Didact. D'une période de la préhistoire (paléolithique supérieur) avec une culture propre (civilisation du renne).

mage [maʒ] n. **1·** N. m. Prêtre, astrologue, dans la Babylone antique, en Assyrie. **2·** *Les Rois mages,* les personnages qui, selon l'Évangile, vinrent rendre hommage à l'Enfant Jésus. **3·** N. Personne qui pratique les sciences occultes, la magie. → **astrologue, magicien, sorcier.** ▷ **magicien, magie**

maghrébin, ine [magʀebɛ̃, in] adj. et n. Du Maghreb, région du Nord-Ouest de l'Afrique (Maroc, Algérie, Tunisie, Mauritanie, Libye). *Les parlers maghrébins.* – N. *Des Maghrébines.*

magicien, ienne [maʒisjɛ̃, jɛn] n. **1·** Personne qui pratique la magie. → **alchimiste, astrologue, devin, mage. 2·** Personne qui produit, comme par magie, des effets extraordinaires. *Cet écrivain, ce conteur est un magicien.* → **enchanteur.**

magie [maʒi] n. f. **1·** Art de produire, par des procédés occultes, des phénomènes inexplicables ou qui semblent tels. → **alchimie, astrologie, sorcellerie ;** suff. **-mancie.** *Un tour de magie.* – *Magie noire,* magie qui ferait intervenir les démons pour produire des effets maléfiques. – *Comme par magie,* d'une manière incompréhensible. **2·** Impression forte, inexplicable (que produisent l'art, la nature, les passions). → **charme, prestige, puissance, séduction.** *La magie de l'art, de la couleur, des mots.* ▶ **magique** adj. **1·** Qui tient de la magie ; utilisé, produit par la magie. → **ésotérique, occulte, surnaturel.** *Pouvoir magique. Formules magiques. Baguette magique.* **2·** Qui produit des effets extraordinaires. → **étonnant, merveilleux, surprenant.** ▶ **magiquement** adv.

magistral, ale, aux [maʒistʀal, o] adj. **1·** D'un maître. *Cours magistral. Ton magistral.* → **doctoral. 2·** Digne d'un maître, qui fait preuve de maîtrise. *Réussir un coup magistral,* un beau, un joli coup. ▶ **magistralement** adv. *Elle a magistralement interprété cet air d'opéra.* → **génialement.**

magistrat, ate [maʒistʀa, at] n. Fonctionnaire public de l'ordre judiciaire, ayant pour fonction de rendre la justice (juge) ou de réclamer, au nom de l'État, l'application de la loi (procureur général, substitut, en France). *Elle voudrait être magistrate.* ▶ **magistrature** n. f. **1·** Fonction, charge de magistrat. *Faire carrière dans la magistrature.* **2·** Corps des magistrats. *Conseil supérieur de la magistrature.* – En France. *Magistrature debout,* les procureurs, substituts, avocats généraux (le ministère public). *Magistrature assise,* les juges.

magma [magma] n. m. **1·** Masse épaisse, de consistance pâteuse. – En géologie. Masse minérale profonde, située dans une zone de température très élevée et de très fortes pressions, où s'opère la fusion des roches. **2·** Abstrait. Mélange confus. ▶ **magmatique** adj. *Roche magmatique,* formée par cristallisation d'un magma.

magnanerie [maɲanʀi] n. f. Local où se pratique l'élevage des vers à soie.

magnanime [maɲanim] adj. Qui pardonne les injures, est bienveillant envers les faibles. → **bon, généreux.** *Se montrer magnanime envers qqn. Sentiment magnanime.* ▶ **magnanimité** n. f. Clémence, générosité. *Faire appel à la magnanimité du vainqueur.*

magnat [magna] n. m. Puissant capitaliste. *Les magnats de l'industrie.*

se **magner** [maɲe] v. pron. < conjug. 1 > → [2] **se manier.**

magnésie [maɲezi] n. f. Oxyde de magnésium. ▶ **magnésium** [maɲezjɔm] n. m. Métal léger, blanc argenté et malléable, qui brûle à l'air avec une flamme blanche éblouissante. *L'éclair de magnésium d'un flash.* – Sel de magnésium. *Besoin de l'organisme en magnésium.*

magnétique [maɲetik] adj. **1·** Qui a rapport à l'aimant, en possède les propriétés ; du magnétisme. *Effets, phénomènes magnétiques. Bande, ruban magnétique d'un magnétophone.* **2·** Qui a rapport au magnétisme animal. *Influx, fluide magnétique.* ▷ **magnétiser, magnétisme, magnéto-**

magnétiser [maɲetize] v. tr. < conjug. 1 > **1·** Rendre (une substance) magnétique, donner les propriétés de l'aimant à. → **aimanter. 2·** Soumettre (un être vivant) à l'action du magnétisme animal. → **fasciner, hypnotiser.** ▶ **magnétisation** n. f. ▶ **magnétiseur, euse** n. Personne qui pratique le magnétisme animal. → **hypnotiseur.** ▷ **démagnétiser**

magnétisme n. m. **1·** Partie de la physique qui étudie les propriétés des aimants (naturels ou artificiels) et les phénomènes qui s'y rattachent. *Le magnétisme s'est développé parallèlement à la théorie de l'électricité.* → **électromagnétisme.** – *Magnétisme terrestre,* champ magnétique de la Terre (orienté dans la direction sud-nord). → **géomagnétisme. 2·** *Magnétisme animal,* force occulte dont disposeraient les êtres → **fluide ;** phénomènes (hypnose, suggestion) produits par l'action de cette force. **3·** Charme, fascination. *Subir le magnétisme de qqn.* ▷ **électromagnétisme, géomagnétisme**

magnéto [maɲeto] n. f. Génératrice de courant électrique continu utilisant un aimant. *Des magnétos.*

magnéto- Élément savant signifiant « aimant », « magnétisme (1) ». ▶ **magnétophone** [maɲetɔfɔn] n. m. Appareil d'enregistrement et de reproduction des sons par aimantation durable d'un ruban d'acier ou d'un film (bande magnétique). *Chanson enregistrée au magnétophone.* – Abrév. **magnéto.** ▶ **magnétoscope** n. m. Appareil permettant l'enregistrement des images et du son sur bande magnétique. → **vidéo.**

magnificence [maɲifisɑ̃s] n. f. **1·** Beauté magnifique, pleine de grandeur. → **apparat, éclat, luxe, richesse.** *Château meublé avec magnificence.* **2·** Littér. Disposition à dépenser sans compter. → **magnifique** (II). *Il nous a reçus avec magnificence.* → **prodigalité.** ≠ munificence.

magnifier [maɲifje] v. tr. < conjug. 7 > Littér. Idéaliser. *La légende magnifie les héros.*

magnifique [maɲifik] adj. **I· 1·** Qui est d'une beauté luxueuse, éclatante. → **somptueux.** *De magnifiques palais.* **2·** Très beau. → **splendide, superbe.** *Un magnifique paysage* (ou *un paysage magnifique*). *Il fait un temps magnifique.* – Remarquable, admirable en son genre. *Il a une situation magnifique.* **II·** Vx. (Personnes) Qui est très riche, dépense avec générosité et ostentation. → **magnificence** (2). ▶ **magnifiquement** adv. D'une manière magnifique, somptueuse. → **somptueusement, superbement.** – Très bien. *Elle s'en est magnifiquement tirée.*

magnitude [maɲityd] n. f. **1·** Astronomie. Grandeur apparente (d'un astre), caractérisée par un nombre. → **grandeur. 2·** Nombre qui caractérise l'énergie d'un séisme. *Tremblement de terre de magnitude 6 sur l'échelle de Richter.*

magnolia [maɲ(gn)ɔlja] n. m. Arbre à feuilles luisantes, à grandes fleurs blanches, très odorantes. *Des magnolias.*

magnum [magnɔm] n. m. Grosse bouteille contenant environ un litre et demi. *Des magnums de champagne.*

1 **magot** [mago] n. m. **1·** Singe du genre macaque. **2·** Figurine trapue de l'Extrême-Orient. *Un magot chinois en porcelaine.*

2 **magot** n. m. Somme d'argent amassée et mise en réserve, cachée. → **économie(s), trésor.**

magouille [maguj] n. f. Fam. Manœuvre politique, tractation malhonnête. ▶ **magouiller** v. intr. < conjug. 1 > Se livrer à des magouilles. ▶ **magouillage** n. m. Fait de magouiller. ▶ **magouilleur, euse** n. Personne qui magouille.

magret [magʀɛ] n. m. Filet (maigre) d'un gros canard.

magyar, are [magjaʀ] adj. et n. Du peuple hongrois, dans son origine ethnique. → **hongrois.**

maharajah ou **maharadjah** [ma aʀa(d)ʒa] n. m. Titre des princes hindous. → **rajah.** *La maharané* [maaʀane] ou *maharani* [maaʀani], *épouse du maharajah.*

mahatma [maatma] n. m. Nom donné, en Inde, à des chefs spirituels. *Le mahatma Gandhi.*

mah-jong [maʒɔ̃g] n. m. Jeu chinois voisin des dominos. *Des mah-jongs.*

mahométan, ane [maɔmetɑ̃, an] n. et adj. Vieilli. Musulman.

mai [mɛ] n. m. Nom du cinquième mois de l'année. *Muguet du premier mai. Arbre de mai. Des mais* (plus cour. *des mois de mai*) *pluvieux.*

maie [mɛ] n. f. Coffre à pain. → **huche.**

maïeutique [majøtik] n. f. **1·** Philosophie. Méthode par laquelle Socrate disait accoucher les esprits des pensées qu'ils contiennent sans le savoir. **2·** Didact. Méthode suscitant la réflexion intellectuelle. ▶ **maïeuticien** n. m. Rare. Homme qui pratique les accouchements.

maigre [mɛgʀ] adj. **1·** Dont le corps a peu de graisse ; qui pèse relativement peu. → **efflanqué, étique, sec, squelettique.** / contr. gras, gros / *Il est maigre.* – N. *Les gros et les maigres.* – Loc. *Un faux maigre, une fausse maigre,* qui donne l'impression d'être plus maigre qu'elle ne l'est vraiment. **2·** Qui n'a, qui ne contient pas de graisse. / contr. gras / *Viande maigre.* – N. m. *Un morceau de maigre.* – *Fromages maigres,* faits avec du lait écrémé. – *Repas maigre, bouillon maigre,* sans viande ni graisses. – *Jours maigres,* où l'Église prescrit de faire maigre. – N. m. dans la loc. ***Faire maigre*** : ne manger ni viande ni aliment gras. **3·** Peu épais. *Imprimé en caractères maigres.* **4·** (Végétation) Peu abondant. **5·** De peu d'importance. → **insuffisant, médiocre, piètre.** *Il a obtenu de bien maigres résultats. Maigre salaire.* → **petit.** *C'est maigre, c'est un peu maigre,* c'est peu, bien peu. ▶ **maigrelet, ette ; maigrichon, onne** ou **maigriot, otte** adj. Un peu maigre. *Enfant maigrelet, fillette maigrichonne. Gamin maigriot.* ▶ **maigrement** adv. Chichement, petitement. *Être maigrement payé.* → **peu.** ▶ **maigreur** n. f. **1·** État d'une personne ou d'un animal maigre ; absence de graisse. / contr. embonpoint / **2·** Caractère de ce qui est peu abondant. *La maigreur d'une végétation. La maigreur de ses revenus.* → **pauvreté.** ▶ **maigrir** v. < conjug. 2 > **I·** V. intr. Devenir maigre. → **décoller, se dessécher, fondre.** / contr. grossir / *Il a maigri pendant sa maladie. Régime pour maigrir.* → **amaigrissant.** – Au p. p. adj. *Je vous trouve maigrie.* **II·** V. tr. Faire paraître maigre. *Cette robe la maigrit.* ▷ **amaigrir**

1 **mail** [maj] n. m. Allée, promenade bordée d'arbres, dans certaines villes. *Des mails.*

2 **mail** [mɛl] n. m. Anglic. Courrier électronique ; message transmis par courrier électronique. → **e-mail.** *Des mails.*

mailing [mɛliŋ] n. m. Anglic. Prospection auprès d'une clientèle au moyen de documents expédiés par la poste. → **publipostage.**

① **maille** [mɑj] n. f. **1·** Chacune des petites boucles de matière textile dont l'entrelacement forme un tissu. *Les mailles du tricot, du crochet. Maille à l'endroit, à l'envers.* → **point.** *Maille qui file.* – *Les mailles d'un filet.* **2·** Trou formé par chaque maille. *Le poisson est passé à travers les mailles.* **3·** *Cotte de mailles,* faite d'anneaux de métal reliés les uns aux autres. – Anneau d'une chaîne. → **chaînon, maillon.** ▷ **camail,** se **démailler, indémaillable, maillon, maillot, remailler, remmailler**

② **maille** n. f. Vx. Au Moyen Âge. Un demi-denier. – Loc. ***N'avoir ni sou ni maille :*** être sans argent. – ***Avoir maille à partir*** *avec qqn* : avoir un différend (*partir* voulait dire « partager »). *Il a eu maille à partir avec son voisin.*

maillechort [majʃɔʀ] n. m. Alliage inaltérable de cuivre, de zinc et de nickel qui imite l'argent.

maillet [majɛ] n. m. Outil fait d'une masse dure emmanchée en son milieu et qui sert à frapper, à enfoncer. *Maillet de bois. Gros maillet.* → **mailloche, masse.** – *Maillet de croquet,* qui sert à frapper la boule. ▶ **mailloche** n. f. **1·** Gros maillet de bois. **2·** Baguette terminée par une boule recouverte de peau, pour frapper la grosse caisse.

maillon [mɑjɔ̃] n. m. Anneau d'une chaîne. → **chaînon, maille.** *Les maillons d'une gourmette.*

maillot [majo] n. m. **I· 1·** Vêtement souple porté à même la peau et qui moule le corps. *Maillot de danseur.* **2·** Vêtement collant qui couvre le haut du corps. *Maillot et culotte de sportif. Le maillot jaune,* maillot que porte le coureur cycliste qui est en tête du classement du Tour de France ; ce coureur. – *Maillot de corps,* sous-vêtement d'homme. → **tee-shirt, tricot. 3·** ***Maillot de bain*** et, sans compl., ***maillot :*** costume de bain collant. *Maillot de bain de femme d'une pièce, de deux pièces.* → **bikini, deux-pièces, monokini. II·** Lange qui enfermait les jambes et le corps du nouveau-né jusqu'aux aisselles. → **emmailloter.** *Enfant au maillot,* dans les langes. ▷ **démailloter, emmailloter**

① **main** [mɛ̃] n. f. **I· 1·** Partie du corps humain, servant à toucher et à prendre, située à l'extrémité du bras et munie de cinq doigts. *Main droite, gauche. Creux, paume, dos, plat, revers de la main. Les lignes de la main. Il a de grosses mains* → **patte,** *de petites mains* → **menotte,** ② **mimine.** *Elle s'est lavé les mains. Se frotter les mains* (en signe de satisfaction). *Se tordre les mains* (de désespoir). – *À main droite, gauche,* à droite, gauche. – *En un tour de main,* rapidement. – ***Sous main :*** en secret. → **sous-main. 2·** La main qui prend, qui possède. *Prendre qqch. d'une main, des deux mains.* Loc. *Avoir les mains libres,* ne rien avoir dans les mains ; fig. avoir la liberté d'agir. *Kit* mains libres* (de téléphone). – ***À la main.*** *Tenir un sac à la main. Il est mort les armes à la main,* en combattant. – ***À main.*** *Sac à main. Frein à main.* – *Faire main basse sur qqch.,* emporter, voler. Loc. *Il a été pris la main dans le sac,* en train de voler, en flagrant délit. – *Se serrer la main* (pour se saluer ou en signe de réconciliation). *Tendre la main à qqn,* avancer la main pour qu'il, elle la serre ; fig. lui offrir son amitié, son aide, son pardon. – *Demander*, obtenir la main d'une jeune fille,* la permission de l'épouser. – ***En main.*** *Démontrer qqch. preuve en main,* en montrant une preuve (→ **appui**). *Être en bonnes mains,* dans la possession, sous la garde d'une personne sérieuse. *Avoir (une affaire) en main,* la mener comme on veut. *Prendre en main,* en charge, s'occuper de. – *Mettre la main sur qqn, qqch.,* trouver. – *Faire main basse sur,* prendre, emporter, voler. **3·** La main liée à l'idée de pouvoir. *Tomber aux mains des ennemis,* en leur pouvoir. – Loc. *Une main de fer dans un gant de velours,* une autorité très forte sous une apparence de douceur. **4·** La main qui frappe. *Lever la main sur qqn* (pour le frapper). *En venir aux mains,* aux coups. – Loc. fam. *Ne pas y aller de main morte,* frapper violemment. – *Homme de main,* celui qui commet des actions criminelles pour le compte d'un autre. *Faire le coup de main,* une attaque rapide. **5·** La main qui donne, reçoit. *Remettre en main propre,* au destinataire en personne. *De la main à la main,* sans intermédiaire ni formalités. – *Recevoir, tenir de première main,* directement, de la source. *Une voiture d'occasion de première main,* qui n'a eu qu'un propriétaire. **6·** La main qui travaille, agit. *Travailler de ses mains.* → **manuellement.** *Travail fait à la main,* sans machines. – Loc. *Mettre la main à qqch.,* travailler à. *Mettre la main à la pâte,* travailler. *Mettre la dernière main à,* finir (un travail). – *Il est adroit de ses mains.* Loc. *Avoir des mains en or,* être très habile. *Avoir les mains vertes,* réussir à faire pousser les plantes. *Prêter la main à,* aider à. Loc. *Donner un coup de main à qqn,* l'aider. – *Forcer la main à qqn,* le forcer d'agir. *Avoir les mains libres,* être libre d'agir. *Faire des pieds et des mains,* multiplier les efforts (pour aboutir à un résultat). Fam. *Avoir un poil dans la main.* → être **paresseux. 7·** Manière de faire. *Reconnaître la main de qqn, d'un artiste.* → **griffe, patte, touche. 8·** Habileté professionnelle. *Se faire la main,* apprendre. → **s'exercer.** *Perdre la main. Avoir le coup de main. De main de maître.* → **maître** (II, 6). **9·** Jeux de cartes. L'initiative (au jeu). *Avoir, céder, donner, passer la main.* – Abstrait. *Passer la main,* abandonner. **II·** (Choses) **1·** *Main de justice,* sceptre terminé par une main d'ivoire ou de métal précieux. **2·** *Main* *de Fatma*, amulette arabe en forme de main à deux pouces. **III·** (Personnes) ***Petite main*** : apprentie couturière ; ouvrière débutante. *Elle a été engagée comme petite main.* – ***Première main*** : première couturière d'un atelier. ▷ **baisemain, essuie-main, face-à-main, main-d'œuvre, main-forte, mainmise, maintenance, maintenir, maintien, manette, manier, manière, manipuler, manivelle, manœuvre, manuel, manufacture, manuscrit, manutention, menotte,** ① **en sous-main,** ② **sous-main, en un tournemain**

② **main** n. f. Assemblage de vingt-cinq feuilles de papier. *Une rame se compose de vingt mains.*

mainate [mɛnat] n. m. Oiseau noir à bec orange, originaire de Malaisie, qui se nourrit de fruits. *Le mainate peut imiter la voix humaine.*

main-d'œuvre [mɛ̃dœvʀ] n. f. **1·** Travail engagé dans la réalisation d'un produit ou d'un service. *C'est 800 euros, pièces et main-d'œuvre.* → **façon.** **2·** Ensemble des salariés, des ouvriers. *La main-d'œuvre étrangère, féminine. Les mains-d'œuvre.*

main-forte n. f. ***Donner, prêter main-forte*** : assistance pour exécuter qqch.

mainmise [mɛ̃miz] n. f. Action de s'emparer. → **prise.** *La mainmise d'un État sur des territoires étrangers.*

maint, mainte [mɛ̃, mɛ̃t] adj. En loc. Nombreux. *À maintes reprises*, de nombreuses fois. *Maintes fois*, souvent. *Maintes et maintes fois.*

maintenance [mɛ̃tnɑ̃s] n. f. Service d'entretien ou entretien d'un matériel technique. *Les frais de maintenance.*

maintenant [mɛ̃tnɑ̃] adv. **1·** Dans le temps actuel, au moment présent. → **actuellement, aujourd'hui,** à **présent.** *Maintenant il faut partir. Et maintenant ? C'est maintenant ou jamais.* – À partir du moment présent (+ futur). *Maintenant, tout ira bien. Dès maintenant.* → **désormais.** *À partir de maintenant.* – ***Maintenant que*** loc. conj. : à présent que, en ce moment où. **2·** (En tête de phrase, marque une pause où l'on considère une possibilité nouvelle) *Voilà ce que je vous conseille ; maintenant, vous ferez ce que vous voudrez.*

maintenir [mɛ̃tniʀ] v. tr. < conjug. 22 > **1·** Conserver dans le même état ; faire ou laisser durer. → **entretenir, garder.** / contr. changer, supprimer / *Maintenir l'ordre, la paix.* **2·** Affirmer avec constance, fermeté. → **certifier, soutenir.** / contr. retirer / *Je l'ai dit et je le maintiens.* **3·** Tenir dans une même position, empêcher de bouger. → **fixer, retenir, soutenir.** *La clef de voûte maintient l'édifice.* **4·** ***Se maintenir*** v. pron. : rester dans le même état ; ne pas aller plus mal. *L'opéré se maintient.* – Impers. et fam. *Alors, ça va ? ça se maintient ?* ▷ **maintenance, maintien**

maintien [mɛ̃tjɛ̃] n. m. **1·** Action de maintenir, de faire durer. / contr. abandon, changement / *Assurer le maintien de l'ordre.* **2·** Manière (qu'a une personne) de se tenir en société. → **attitude, contenance.** *Avoir un maintien désinvolte ; étudié* (→ **pose**).

maire [mɛʀ] n. En France. Premier officier municipal élu par le conseil municipal, parmi ses membres (→ **échevin**). *Le maire, premier magistrat de la commune. Le maire de cette ville est une femme (madame le maire ou la maire). Adjoint au maire.*
▶ **mairie** n. f. **1·** Administration municipale. *Secrétaire de mairie.* **2·** Bâtiment où sont les bureaux du maire et de l'administration municipale. → **hôtel** de ville.

mais [mɛ] conj. et adv. **I·** Conj. **1·** Introduit une idée contraire à celle qui a été exprimée. *Ce n'est pas ma faute, mais la tienne ! Je n'en veux pas un, mais deux.* **2·** Introduit une restriction, une correction, une précision. → en **revanche.** *C'est beau, mais c'est cher. Non seulement..., mais, mais encore, mais aussi, mais même, mais en outre.* **3·** Introduit une objection. *Mais pourtant vous connaissez cet homme ? Oui, mais...* – N. m. invar. *Il y a toujours avec lui des si et des mais.* **II·** Adv. **1·** Loc. ***N'en pouvoir mais*** : n'y pouvoir rien. **2·** (Renforçant un mot exprimé) « *Tu viens avec moi ? – Mais bien sûr !* » **III·** ***Mais*** exclamatif. *Je vais lui fermer le bec, ah mais !* – Fam. *Non, mais ! pour qui tu te prends !* ▷ **désormais, jamais**

maïs [mais] n. m. invar. Plante (céréale de la famille des graminées) cultivée pour ses grains comestibles. *Champ de maïs.* – Les grains de cette plante. *Farine de maïs. Grains de maïs soufflés.* → **pop-corn.**

maison [mɛzɔ̃] n. f. **I· 1·** Bâtiment d'habitation. → **bâtisse, construction, édifice, immeuble, logement ;** fam. **baraque, bicoque.** *Façade, murs, toit d'une maison. Maison de bois, de briques. Maison préfabriquée. Maison individuelle* → **pavillon, villa,** *à plusieurs appartements* → **immeuble.** *Maison de paysans, de cultivateurs.* → **ferme.** *Maison de campagne*, résidence secondaire d'un citadin. – Loc. *C'est gros comme une maison*, énorme, évident. – Loc. ***La Maison Blanche*** : résidence du président des États-Unis d'Amérique. **2·** Habitation, logement (qu'il s'agisse ou non d'un bâtiment entier). → **chez-soi, demeure, domicile, foyer, logis.** *Quitter la maison.* – ***À la maison*** : chez soi. *Il aime rester à la maison.* **3·** Place (d'un domestique). *Elle a fait de nombreuses maisons.* – Loc. *Les gens de maison, les employés de maison*, les domestiques. **II·** Bâtiment, édifice destiné à un usage spécial. *Maison centrale, de correction, d'arrêt.* → **prison.** – *Maison de santé* → **clinique, hôpital,** *de repos.* – *Maison de retraite,* où l'on reçoit les personnes âgées. – *Maison de la culture,* établissement public chargé de diffuser la culture. – *Maison de jeux.* → **tripot.** *Maison de rendez-vous. Maison close, maison de tolérance.* → **bordel, lupanar. III·** Entreprise commerciale. → **établissement, firme.** *Maison de détail, de gros. La maison mère et les succursales. La maison ne fait pas de crédit.* – L'établissement où l'on travaille. *Les traditions de la maison. J'en ai assez de cette maison !* → **boîte, boutique. IV· 1·** Vx. Famille. *Une maison princière.* Loc. *Il fait la jeune fille de la maison,* le service au cours d'une réunion. **2·** Autrefois. Ensemble des personnes employées au service des grands personnages. *La maison du roi.* **3·** Descendance, lignée (des familles nobles). *La maison d'Autriche, de Lorraine.* **V·** En appos. Invar. **1·** Qui a été fait à la maison, sur place (et non pas acheté au-dehors). *Un pâté maison ; des tartes maison.* **2·** Fam. Particulièrement réussi, soigné. *Une bagarre maison !* ▶ **maisonnée** n. f. L'ensemble de ceux qui habitent la même maison. – Famille. *Toute la maisonnée était réunie.* ▶ **maisonnette** n. f. Petite maison.

maître, maîtresse [mɛtʀ, mɛtʀɛs] n. **I·** Personne qui exerce une domination. **1·** Personne qui a pouvoir et autorité (sur qqn) pour se faire servir, obéir. *Le maître et l'esclave, et le vassal.* → **seigneur.** *Le maître d'un pays.* → **dirigeant.** *Les maîtres du monde,* ceux qui ont le pouvoir. Prov. *On ne peut servir deux maîtres à la fois.* – Loc. *L'œil du maître,* la vigilance du maître à qui rien n'échappe. – *Parler, agir en maître.* – *Trouver son maître,* celui, celle à qui l'on doit obéir. **2·** Possesseur (d'un animal domestique). *Ce chien reconnaît son maître et sa maîtresse.* **3·** ***Maître, maîtresse de maison*** : personne qui dirige la maison. *Maître de maison qui reçoit.* → **hôte. 4·** ***Être (le) maître*** *quelque part* : diriger, commander. *Je suis le maître chez moi. Le capitaine d'un bateau est seul maître à bord, est maître après Dieu.* – Aux cartes. *Je suis maître,* j'ai la carte maîtresse. **5·** ***Être son maître*** : être libre et indépendant. – ***Être maître de soi*** : se dominer, se maîtriser. *Elle est restée maîtresse d'elle-même,* elle est restée calme. – *Être maître de faire qqch.* → **libre. 6·** Personne qui possède une chose, en dispose. → **possesseur, propriétaire.** *Voiture, maison de maître* : dont l'usager est le propriétaire (opposé à *de louage*). – *Se rendre maître de qqch.* (se l'approprier), *de qqn* (le capturer, le maîtriser). – (Choses abstraites) *Se trouver maître d'un secret. Elle reste maîtresse de la situation.* → **arbitre. II· 1·** Dans des loc. Personne qui exerce une fonction de direction, de surveillance. → **chef.** *Maître d'œuvre,* celui qui dirige un travail collectif. *Maître de ballet,* personne qui dirige un ballet dans un théâtre (fém. *maître* ou *maîtresse*). *Maître de chapelle**. *Maître d'hôtel**. – Nom donné aux marins officiers. *Premier maître, quartier-maître. Maître d'équipage. Grand maître de l'ordre,* chef d'un ordre militaire. *Le grand maître des Templiers.* **2·** Personne qui enseigne aux enfants dans une école, ou dans le particulier. → **enseignant, instituteur, professeur.** *Digne d'un maître.* → **magistral.** *Maître, maîtresse d'école. Ils aiment bien leur maîtresse.* **3·** N. m. Artisan qui dirige le travail et enseigne aux apprentis. *Les maîtres, les compagnons et les apprentis d'une corporation.* **4·** N. m. Peintre, sculpteur qui dirigeait un atelier. *Attribuer au maître l'œuvre d'un élève.* **5·** N. m. Personne dont on est le disciple, que l'on prend pour modèle. *Un maître à penser.* **6·** N. m. Artiste, écrivain ou savant (homme ou femme) qui excelle dans son art, qui a fait école. *Les maîtres de la littérature française. Un tableau de maître.* – Loc. *Elle est passée maître dans l'art de mentir. De main de maître,* avec l'habileté d'un maître. → **magistralement.** *Un coup de maître,* un coup remarquable. *Trouver son maître,* qqn de supérieur à soi. **III·** (Suivi d'un nom propre) N. m. Titre qui remplace Monsieur, Madame, en parlant des gens de loi ou en s'adressant à eux (avocat, huissier, notaire). *Maître X, avocat, avocate à la cour* (abrév. *Me*). – Titre que l'on donne en s'adressant à un professeur éminent, à un artiste ou un écrivain célèbre. *Monsieur (Madame) et cher Maître.* **IV·** ***Maître, maîtresse*** en appos. ou adj. **1·** Qui a les qualités d'un maître, d'une maîtresse. *Une maîtresse femme,* qui sait organiser et commander. → **énergique. 2·** Qui est le premier, le chef de ceux qui exercent la même profession dans un corps de métier. *Un maître queux* (cuisinier). – Pour renforcer une qualification injurieuse. → **fieffé.** *Maître filou.* **3·** (Choses) Le plus important, la plus importante (en loc.). → **principal.** / contr. accessoire, secondaire / *La maîtresse branche d'un arbre,* la plus grosse. *La maîtresse poutre. Maître-autel,* autel principal d'une église. – Jeux de cartes. *Atout maître. Carte maîtresse.* – Essentiel. *La pièce maîtresse d'une collection, d'un dossier.*
▷ **contremaître, maître chanteur, maîtresse, maîtrise, quartier-maître**

maître chanteur n. m. Personne qui fait chanter qqn, exerce un chantage*. *Des maîtres chanteurs.* – Le fém. *maître chanteuse* est rare.

maîtresse n. f. **I·** Féminin de *maître* dans certains emplois. → **maître. II· 1·** Vx. (langue classique) *La maîtresse de qqn,* la jeune fille ou la femme qu'il aime, fiancée. **2·** *La maîtresse de qqn,* la femme qui s'est donnée à lui (sans être son épouse). *Ils sont amant et maîtresse. Avoir une maîtresse.* → **liaison.**

maîtrise [metʀiz] n. f. **I·** **1·** *Maîtrise de soi* : qualité de celui, de celle qui est maître de soi, qui se domine. → **contrôle, empire.** **2·** Contrôle militaire (d'un lieu). *L'Angleterre avait la maîtrise des mers.* → **suprématie.** **II·** **1·** Qualité, grade, fonction de maître, dans certains corps de métiers. *Maîtrise,* nom d'un diplôme universitaire français. **2·** Ensemble des maîtres d'une corporation. – Loc. *Agents de maîtrise* : nom donné à certains techniciens qui constituent les cadres inférieurs d'une entreprise. **3·** Perfection digne d'un maître, dans la technique. → **habileté, maestria, métier.** *Exécuté avec maîtrise.* → **magistral.** ▶ **maîtriser** v. tr. < conjug. 1 > **1·** Se rendre maître de, par la contrainte physique. *Maîtriser un cheval.* – *Maîtriser un incendie,* l'arrêter. **2·** Dominer (une passion, une émotion, un réflexe). → **contenir, réprimer, vaincre.** *Maîtriser sa colère, son émotion.* – Pronominalement. *Se maîtriser* (→ **prendre sur soi**). *Allons, du calme, maîtrisez-vous !* **3·** Dominer (ce que l'on fait, ce dont on se sert). *Il maîtrise parfaitement la langue française.* ▶ **maîtrisable** adj. Qui peut être maîtrisé. / contr. insurmontable /

majesté [maʒɛste] n. f. **I·** **1·** Grandeur suprême. → **gloire.** *La majesté impériale.* **2·** Titre donné aux souverains héréditaires. *Votre Majesté, Vos Majestés* (par abrév. *V. M., VV. MM.*). *Sa Majesté le roi.* **II·** Caractère de grandeur, de noblesse dans l'apparence, l'allure, les attitudes. *Un air de majesté.* → **majestueux.** – (Choses) → **beauté, grandeur.** *La majesté de la nature, des ruines.* ▶ **majestueux, euse** adj. **1·** Qui a de la majesté. → **imposant.** *Une femme majestueuse et intimidante. Air majestueux.* → **fier, grave.** **2·** D'une beauté pleine de grandeur, de noblesse. → **grandiose.** *Un fleuve majestueux.* ▶ **majestueusement** adv. ▷ **lèse-majesté**

① **majeur, eure** [maʒœʀ] adj. et n. m. **I·** Adj. compar. **1·** Plus grand, plus important. *La majeure partie,* le plus grand nombre. **2·** *Intervalle majeur,* plus grand d'un demi-ton chromatique que l'intervalle mineur. – N. m. *Morceau en majeur.* **3·** Très grand, très important. → **considérable, exceptionnel.** *Intérêt majeur. Préoccupation majeure.* / contr. mineur / **II·** N. m. Le plus grand doigt de la main. → **médius.**

② **majeur, eure** adj. Qui a atteint l'âge de la majorité légale. *Héritier majeur. Il est majeur, il sait ce qu'il fait.*

ma-jong → **mah-jong.**

major [maʒɔʀ] adj. et n. **I·** Adj. m. Supérieur par le rang (dans quelques composés). *Sergent-major. Chirurgien-major. Des états-majors.* **II·** N. m. **1·** Officier supérieur chargé de l'administration, du service. **2·** Chef de bataillon (→ **commandant**), dans certaines armées étrangères. **3·** Appellation des médecins militaires. *Monsieur le major.* **III·** N. Candidat reçu premier au concours d'une grande école. *Elle est sortie major* (ou *la major*) *de sa promotion.* ▶ **majorette** n. f. Anglic. Jeune fille qui défile en uniforme militaire de fantaisie, et en maniant une canne de tambour-major. ▶ **majordome** n. m. Maître d'hôtel de grande maison. ▶ **majorer** v. tr. < conjug. 1 > Porter (une évaluation, un compte, un prix) à un chiffre plus élevé. *Majorer une facture. Majorer les prix, les salaires.* → **augmenter.** / contr. baisser, diminuer / ▶ **majoration** n. f. Action de majorer. *Majoration de prix.* / contr. diminution / ▷ **état-major,** ① **majorité,** ② **majorité, tambour-major**

① **majorité** [maʒɔʀite] n. f. **1·** Groupement de voix qui l'emporte par le nombre, dans un vote. *La majorité des suffrages, des membres présents. Majorité absolue,* réunissant la moitié plus un des suffrages exprimés. *Majorité relative,* groupement de voix le plus important en nombre mais inférieur à la majorité absolue. *Elle a été élue à la majorité relative avec quarante pour cent des suffrages exprimés.* **2·** Parti, fraction qui réunit la majorité des suffrages. *La majorité et l'opposition.* **3·** Le plus grand nombre. *Assemblée composée en majorité d'avocats. La majorité des Français, les Français dans leur immense majorité pensent que...* → **généralité.** / contr. minorité / ▶ **majoritaire** adj. **1·** Se dit du système électoral dans lequel la majorité l'emporte. *Système, vote majoritaire.* **2·** Qui fait partie d'une majorité ou détient la majorité. – N. *Les majoritaires d'un parti.* ▶ **majoritairement** adv. En majorité.

② **majorité** n. f. Âge légal à partir duquel une personne devient pleinement responsable. → **majeur.** *Majorité civile, pénale, sexuelle. Majorité à dix-huit ans.* – *Jusqu'à la majorité de l'enfant.*

majuscule [maʒyskyl] adj. et n. f. *Lettre majuscule,* lettre plus grande, d'une forme particulière, qui se met au commencement des phrases, des vers, des noms propres. – N. f. *Une majuscule.* → **capitale.** / contr. minuscule /

① **maki** [maki] n. m. Lémurien de Madagascar, à pelage laineux et à longue queue touffue. ≠ maquis.

② **maki** n. m. Rouleau de riz enveloppé d'une feuille d'algue séchée, garni en son centre de poisson, légumes, omelette... *Les makis et les sushis de la cuisine japonaise.*

1 mal [mal] adj. invar. / contr. bon / **I**· (Dans quelques expressions) Mauvais. *Bon gré, mal gré. Bon an, mal an.* **II**· (En attribut) **1**· Contraire à un principe moral, à une obligation. *C'est mal, ce que tu as fait là. Faire, dire qqch. de mal. Je n'ai rien fait de mal.* / contr. 1 bien (II) / **2**· ***Pas mal*** : plutôt bien (adj.). *Il n'est pas mal,* assez beau. ▷ **maladresse, malaise, malchance, maldonne, malfaçon, malformation, malgré, malheur, malnutrition, malversation**

2 mal adv. / contr. 1 bien (I) / **I**· **1**· D'une manière contraire à l'intérêt ou au plaisir de qqn. *Ça commence mal ! L'affaire va mal. Ça a failli mal tourner,* se gâter. *Ça tombe mal.* **2**· Avec malaise, douleur. *Se sentir mal,* avoir un malaise ou être mal à l'aise. *Elle se sent mal dans sa peau.* ***Se trouver mal*** : s'évanouir. *Il va mal, il se porte mal,* il est malade. – Substantivement. *Elle est* ***au plus mal.*** **3**· D'une façon défavorable, avec malveillance. *Il est mal vu des autres. Traiter mal qqn. Mal parler de qqn.* **II**· **1**· Autrement qu'il ne convient. *Travail mal fait. Il parle assez mal le français. Mal connaître une personne. Je comprends mal votre raisonnement. Il est mal habillé. Enfant mal élevé.* **2**· Insuffisamment (en qualité ou quantité). → **médiocrement.** *Travailleur mal payé. J'ai mal dormi.* **3**· Contrairement à la loi morale. *Il s'est mal conduit, il a mal agi. Il a mal tourné.* Prov. *Bien mal acquis ne profite jamais.* **III**· **1**· ***Pas mal*** (+ négation) loc. adv. : assez bien, bien. *Ce tableau ne fera pas mal sur ce mur. Il ne s'en est pas mal tiré.* – *Ça n'est pas si mal que cela,* c'est bien. **2**· ***Pas mal*** (sans négation) loc. adv. : assez, beaucoup (opposé à *peu*). *Il est pas mal froussard.* → **passablement.** *Il a pas mal voyagé. Je m'en fiche pas mal.* **3**· ***Pas mal de*** (sans négation) : un assez grand nombre de. *J'avais appris pas mal de choses.* ▷ **maladroit, mal-aimé, malaisé, malappris, maldonne, malencontreux, malentendant, malentendu, malfaisant, mal formé, malhabile, malhonnête, malintentionné, malmener, malodorant, malpoli, malpropre, malsain, malséant, maltraiter, malveillant, malvenu**

3 mal, plur. **maux** [mo] n. m. **I**· **1**· Ce qui cause de la douleur, de la peine, du malheur ; ce qui est mauvais, pénible (pour qqn). → **dommage, perte, préjudice, tort.** / contr. 2 bien / *Faire du mal à qqn. Cela n'a jamais fait de mal à personne.* Loc. *Il ne ferait pas de mal à une mouche,* c'est un homme doux. – ***Un mal, des maux.*** → **malheur, peine.** Loc. *De deux maux, il faut choisir le moindre.* **2**· Souffrance, malaise physique. → **douleur.** *J'ai mal aux pieds. Mal de dents, de gorge. Maux de tête.* → **migraine.** *Mal de mer, mal de l'air,* malaises dus au mouvement d'un bateau, d'un avion (nausées, vomissements). ***Faire mal*** : faire souffrir. *Une blessure qui fait mal.* – Fam. *Ça me fait mal (au ventre, au cœur) de voir, d'entendre cela,* cela m'inspire de la pitié, du regret, du dégoût. **3**· Fam. *Il n'y a pas de mal,* ce n'est rien, ne vous excusez pas. **4**· Maladie. *Prendre mal, du mal,* tomber malade. *Le mal s'aggrave. Le remède est pire que le mal.* **5**· Souffrance morale. *Des mots qui font du mal.* → **blesser.** *Le mal du siècle,* (au temps du romantisme) mélancolie profonde qu'éprouvait la jeunesse romantique. *Le mal du pays.* → **nostalgie.** *Le mal d'amour.* – *Être* ***en mal de*** : souffrir de l'absence, du défaut de qqch. *Il, elle est en mal d'affection.* **6**· Difficulté, peine. *Avoir du mal à faire qqch. Se donner du mal, beaucoup de mal,* (loc.) *un mal de chien, pour faire qqch. On n'a rien sans mal.* **7**· *Dire, penser du mal de qqn,* des choses défavorables. **II**· (Sans plur.) **1**· Ce qui est contraire à la loi morale, à la vertu, au bien. *Faire le mal pour le mal. L'esprit du mal* → 1 **malin** (1) ; **malignité.** – ***À mal.*** *Penser, songer à mal,* avoir des intentions mauvaises. *Sans penser à mal.* **2**· ***Le mal*** : tout ce qui est l'objet de désapprobation ou de blâme dans une société. *Le monde partagé entre le bien et le mal* (→ **péché**). ▷ **malédiction, maléfice, malfaiteur, malus**

mal- Préfixe de mots (ex. : *maladresse, malaise,* etc.), de même sens que *mé-* (ex. : *médire*) et *mau-* (ex. : *maudire*).

malabar [malabaʀ] n. m. Fam. (Personnes) Très fort. → **costaud.** *Elle est plutôt malabar.*

malachite [malakit] n. f. Carbonate de cuivre, pierre d'un beau vert diapré.

malade [malad] adj. et n. **I**· Adj. **1**· Qui souffre de troubles organiques ou fonctionnels, est en mauvaise santé. *Il est gravement, sérieusement malade.* / contr. bien 1 portant / *Tu as l'air malade.* → **indisposé, souffrant** ; fam. mal 2 **fichu.** *Tomber malade.* – Par exagér. *Malade d'amour.* – Fam. *J'en suis malade, cela me rend malade rien que d'y penser.* – (Plantes) *La vigne est malade cette année.* **2**· Fam. (Objets) Détérioré, en mauvais état, très usé. *La reliure de ce bouquin est bien malade.* **II**· N. Personne malade. *Le malade garde la chambre. Demander des nouvelles d'un malade. Guérir, opérer une malade.* → **patient.** – ***Malade mental*** : personne qui souffre d'une maladie mentale. → **aliéné.** – ***Malade imaginaire*** : personnage qui se croit malade, mais ne l'est pas. → **hypocondriaque.** ▷ **garde-malade, maladie, maladif**

maladie [maladi] n. f. **I**· Trouble de l'organisme. *Maladie bénigne, grave, incurable.* → **affection,** 3 **mal** ; suff. **-pathie.** *Maladie de cœur, de peau. Maladie infectieuse, contagieuse, épidémique. Maladie mentale,* psychose. *Les symptômes d'une maladie. La maladie s'est déclarée, a évolué, s'est aggravée. Attraper, avoir une maladie. Il, elle s'est bien remis(e) de sa maladie.* – Loc. fam. *En faire une maladie,* être très contrarié de qqch. – ***La mala-***

die : l'état des organismes malades ; les maladies en général. *Être miné, rongé par la maladie.* **II·** Habitude, comportement anormal, excessif. → **manie.** *Avoir la maladie de la propreté, de la nouveauté.*

maladif, ive [maladif, iv] adj. **1·** Qui est de constitution fragile, souvent malade, ou sujet à l'être. → **chétif, malingre, souffreteux.** *Un enfant maladif.* / contr. robuste, sain / **2·** Qui présente le caractère de la maladie. *Pâleur maladive.* **3·** Anormal, excessif et irrépressible. *Une peur maladive de l'obscurité.* → **morbide.** ▶ **maladivement** adv.

maladresse [maladʀɛs] n. f. **1·** Manque d'adresse. *La maladresse d'un tireur.* → **inhabileté.** / contr. adresse, habileté / **2·** Manque d'habileté ou de tact. *Sa maladresse à dire ce qu'il ressent.* → **gaucherie. 3·** Action maladroite. → **bêtise, bévue, erreur, étourderie, faute, gaffe, imprudence.** *Une série de maladresses.*

maladroit, oite [maladʀwa, wat] adj. et n. **1·** Qui manque d'adresse, n'est pas adroit. → **inhabile, malhabile ;** ② **gauche.** / contr. adroit, habile / *Elle n'est pas maladroite de ses mains.* – N. *C'est un maladroit, il casse tout ce qu'il touche.* **2·** (Dans le comportement, les relations sociales) *Un amoureux maladroit.* – N. *Maladroit, c'était ce qu'il ne fallait pas dire !* → **balourd, gaffeur. 3·** Qui dénote de la maladresse. *Gestes maladroits. Remarque maladroite.* / contr. aisé, facile / ▶ **maladroitement** adv. → **gauchement,** ② **mal** (II). *Il s'y prend maladroitement.*

malaga [malaga] n. m. Vin liquoreux de la région de Malaga. *Un verre de malaga.*

mal-aimé, ée [maleme] adj. et n. Qui n'est pas assez aimé. *Une enfant mal-aimée.* – N. *Ce sont des mal-aimés.*

malaise [malɛz] n. m. **1·** Sensation pénible et vague d'un trouble dans les fonctions physiologiques. → **dérangement, indisposition.** *Il a eu un léger malaise.* **2·** Sentiment pénible et irraisonné dont on ne peut se défendre. → **angoisse, inquiétude.** *Provoquer un malaise chez qqn,* troubler. **3·** Mécontentement social inexprimé. *Le malaise paysan. Le malaise politique. Le malaise des banlieues.*

malaisé, ée [maleze] adj. Littér. Qui ne se fait pas facilement. → **difficile.** *Tâche malaisée. Malaisé à faire.* / contr. aisé, commode, facile / ▶ **malaisément** adv. *Accepter, supporter malaisément une réflexion.*

malandrin [malɑ̃dʀɛ̃] n. m. Vieilli ou littér. Voleur ou vagabond dangereux. → **bandit, brigand.**

malappris, ise [malapʀi, iz] adj. REM. Le fém. est rare. Vieilli. Mal élevé. → **grossier, impoli, malotru.** – N. *Espèce de malappris !*

malaria [malaʀja] n. f. Paludisme.

malaxer [malakse] v. tr. < conjug. 1 > **1·** Pétrir (une substance) pour la rendre plus molle, plus homogène. *Malaxer le beurre.* **2·** Remuer ensemble de manière à mêler. ▶ **malaxage** n. m. ▶ **malaxeur** n. m. Appareil, machine servant à malaxer. *Malaxeur-broyeur.* → **mixer.**

malchance [malʃɑ̃s] n. f. Mauvaise chance (1). → **adversité, déveine ;** fam. **guigne, poisse.** *Avoir de la malchance. Il joue de malchance. Une série de malchances.* / contr. chance / ▶ **malchanceux, euse** adj. Qui a de la malchance. *Un joueur malchanceux.* – N. *C'est un malchanceux.*

malcommode [malkɔmɔd] adj. Qui n'est pas commode, qui est peu pratique. *Ces chaussures sont malcommodes pour conduire.*

maldonne [maldɔn] n. f. **1·** Mauvaise donne, erreur dans la distribution des cartes. **2·** Fam. Erreur, malentendu. *(Il) y a maldonne !*

mâle [mɑl] n. m. et adj. **I·** N. m. **1·** Individu appartenant au sexe doué du pouvoir de fécondation. *Le mâle et la femelle.* **2·** Homme viril. *Un beau mâle.* **II·** Adj. **1·** Masculin. *Enfant mâle. Grenouille mâle.* **2·** Qui est caractéristique du sexe masculin (force, énergie...). → **viril.** *Voix grave et mâle.* / contr. efféminé, féminin / *Une mâle résolution.* → **courageux, énergique. 3·** Se dit d'une pièce de mécanisme qui s'insère dans une autre, dite *femelle. Pièce mâle d'une charnière. La prise mâle et la prise femelle.*

malédiction [malediksjɔ̃] n. f. **1·** Littér. Paroles par lesquelles on souhaite du mal à qqn en appelant sur lui la colère de Dieu, etc. – Condamnation au malheur prononcée par Dieu. / contr. bénédiction / **2·** Malheur auquel on semble voué par la destinée, par le sort. → **fatalité, malchance.** *Malédiction qui pèse sur qqn.* / contr. bonheur, chance / – Exclam. *Malédiction !* → **enfer.**

maléfice [malefis] n. m. Opération magique visant à nuire. → **ensorcellement, envoûtement, sortilège.** *Il prétend être victime d'un maléfice.* ▶ **maléfique** adj. Doué d'une action néfaste et occulte. *Charme, signes maléfiques.* / contr. bénéfique, bienfaisant /

malencontreux, euse [malɑ̃kɔ̃tʀø, øz] adj. Qui se produit à un mauvais moment. → **ennuyeux, fâcheux.** *Un retard malencontreux.* ▶ **malencontreusement** adv.

mal-en-point → ② **point.**

malentendant, ante [malɑ̃tɑ̃dɑ̃, ɑ̃t] adj. et n. Qui souffre de troubles de l'audition. *Les sourds et les malentendants.*

malentendu [malɑ̃tɑ̃dy] n. m. **1·** Divergence d'interprétation entre personnes qui croyaient se comprendre. → **méprise, quiproquo.** *Il faut dissiper ce malentendu.* **2·** Mésentente sentimentale entre deux êtres. *De graves, de douloureux malentendus.*

malfaçon [malfasɔ̃] n. f. Défaut dans un ouvrage mal exécuté.

malfaisant, ante [malfəzɑ̃, ɑ̃t] adj. **1·** Qui fait ou cherche à faire du mal à autrui. → **mauvais, méchant, nuisible.** *Un être malfaisant.* **2·** Dont les effets sont néfastes. *Idées malfaisantes.* → **pernicieux.** / contr. bienfaisant /

malfaiteur [malfɛtœʀ] n. m. Personne qui commet des méfaits, des actes criminels. → **bandit, brigand, criminel, gangster** ; fam. **malfrat.** *Un dangereux malfaiteur.*

mal famé, ée adj. → mal **famé.**

malformation [malfɔʀmɑsjɔ̃] n. f. Anomalie de la conformation (d'une personne), issue d'un trouble du développement. – Difformité. *Il est né avec une malformation du bras.*

malfrat [malfʀa] n. m. Fam. Malfaiteur. *Un petit malfrat.* → **truand.**

malgache [malgaʃ] adj. et n. De Madagascar. *La faune malgache.* – N. *Les Malgaches.* – N. m. *Le malgache,* langue parlée à Madagascar.

malgré [malgʀe] prép. **I· 1·** Contre le gré de (qqn), en dépit de son opposition, de sa résistance. *Il a fait cela malgré son père. Malgré soi,* de mauvais gré ou involontairement. **2·** En dépit de (qqch.). *Malgré cela.* → **cependant.** *Malgré les ordres reçus, il a refusé.* – ***Malgré tout*** : quoi qu'il arrive. *Nous réussirons malgré tout.* – *C'était un grand homme, malgré tout,* quoi qu'on en dise ou pense. **II·** Emploi critiqué. ***Malgré que*** loc. conj. (+ subjonctif) : bien que.

malhabile [malabil] adj. Qui manque d'habileté, de savoir-faire. → ② **gauche, inhabile, maladroit.** *Des mains malhabiles.*

malheur [malœʀ] n. m. **1·** Événement qui affecte péniblement, cruellement (qqn). → **calamité, catastrophe, désastre, épreuve, infortune, malchance.** *Un grand, un affreux malheur.* – Loc. *Un malheur est si vite arrivé ! Il a eu bien des malheurs.* – Prov. *À quelque chose malheur est bon,* tout événement pénible comporte quelque compensation. **2·** Désagrément, ennui, inconvénient. *C'est un petit malheur.* – Fam. *Faire un malheur,* un éclat. *Retenez-moi ou je fais un malheur !* – Remporter un grand succès. *Ce film a fait un malheur.* **3·** *Le malheur,* situation durable psychologiquement pénible ; état d'une personne malheureuse (2). → **désespoir, tristesse.** / contr. bonheur / *Être dans le malheur. Faire le malheur de qqn.* – Prov. *Le malheur des uns fait le bonheur des autres.* **4·** Malchance. *Le malheur a voulu qu'il tombe malade. Jouer de malheur.* – *Porter malheur (à qqn),* avoir une influence néfaste. – *Avoir le malheur de* (+ infinitif), avoir la malchance ou la maladresse de. *Si tu as le malheur d'en parler, gare à toi !* – *Par malheur,* malheureusement. – *De malheur,* qui porte malheur. → **funeste.** *Oiseau de malheur,* de mauvais augure. Fam. *Encore cette pluie de malheur !* → **maudit.** **5·** ***Malheur à.*** → **malédiction.** *Malheur aux vaincus !* – ***Malheur*** : interjection de surprise, de désappointement.
▶ **malheureux, euse** adj. et n. **I· 1·** Qui est accablé de malheurs. → **infortuné, misérable.** *Les malheureuses victimes du séisme.* – *Une vie malheureuse.* – N. ***Un malheureux, une malheureuse*** : personne qui est dans le malheur, spécialt dépourvue de ressources. *Secourir les malheureux.* → **indigent, miséreux.** – Personne qu'on méprise ou que l'on plaint. *Malheureux ! que faites-vous ? Le malheureux n'a rien compris du tout.* **2·** Qui n'est pas heureux. → **désespéré, triste.** *Un garçon malheureux. Rendre ses enfants malheureux. Ce chien est malheureux dans un appartement.* – Loc. *Être malheureux comme les pierres,* être très malheureux. – *Il a un air, un regard malheureux.* **3·** (Choses) Qui cause du malheur, a de fâcheuses conséquences. → **affligeant, déplorable.** / contr. bon / *Cette affaire a eu des suites malheureuses. Il a eu un mot malheureux. C'est (bien) malheureux.* → **regrettable.** Fam. Marquant l'indignation. *Si c'est pas malheureux de voir une chose pareille !* → **lamentable. II· 1·** Qui a de la malchance ; qui ne réussit pas. → **malchanceux.** Prov. *Heureux au jeu, malheureux en amour. Candidat malheureux,* qui a échoué. **2·** (Actions) Qui ne réussit pas. *Initiative, tentative malheureuse.* **III·** (Avant le nom) Qui mérite peu d'attention, qui est sans importance, sans valeur. → **insignifiant, pauvre.** *En voilà des histoires pour un malheureux billet de cinq euros !*
▶ **malheureusement** adv. Par malheur. *C'est malheureusement impossible.* ▷ **porte-malheur**

malhonnête [malɔnɛt] adj. **I·** Qui manque de probité ; qui n'est pas honnête. → **déloyal, voleur.** / contr. honnête, intègre / *Un commerçant malhonnête. Recourir à des procédés malhonnêtes.* **II·** Vieilli. Inconvenant ou indécent. *Une proposition malhonnête.* ▶ **malhonnêtement** adv. *Il a agi malhonnêtement avec ses clients, ses associés.*
▶ **malhonnêteté** n. f. Caractère d'une personne malhonnête. *La malhonnêteté d'un agent*

d'affaires, de ses procédés. – *Malhonnêteté intellectuelle,* emploi de procédés déloyaux ; mauvaise foi.

malice [malis] n. f. **1**· Tournure d'esprit de celui qui prend plaisir à s'amuser aux dépens d'autrui (→ 2 **malin**). *Avec une pointe de malice et de moquerie.* – *Un garçon sans malice,* naïf et simple. **2**· Loc. *Sac à malice :* sac des prestidigitateurs ; fig. ensemble des astuces dont qqn dispose. ▶ **malicieux, euse** adj. Qui s'amuse, rit volontiers aux dépens d'autrui. → **espiègle, malin, spirituel.** *Avoir un esprit vif et malicieux.* – *Sourire malicieux.* → **narquois.** ▶ **malicieusement** adv.

1 **malin, maligne** [malɛ̃, maliɲ] adj. **1**· Dans des expressions. Méchant, mauvais, seulement dans l'*Esprit malin,* Satan. – *Éprouver un malin plaisir à faire souffrir qqn.* **2**· Se dit d'une maladie ou d'une tumeur très nocive, pouvant se généraliser, entraîner la mort. *Fièvre maligne. Le cancer est une tumeur maligne.* / contr. bénin / ▶ **malignité** n. f. **1**· Caractère d'une personne qui cherche à nuire à autrui de façon dissimulée. → **bassesse, malveillance, méchanceté, perfidie.** **2**· Tendance d'une maladie à s'aggraver. *La malignité d'une tumeur.* / contr. bénignité /

2 **malin, maligne** adj. **1**· Qui a de la ruse et de la finesse, pour se divertir aux dépens d'autrui, se tirer d'embarras, réussir. → **astucieux, débrouillard, futé, rusé ; malice.** / contr. naïf, nigaud / *Jouer au plus malin.* – Intelligent. *Vous vous croyez malin ! Elle n'est pas bien maligne* (fam. *maline*). – N. *Regardez ce gros malin. Faire le malin.* **2**· Impers. Fam. *Ce n'est pas malin d'avoir fait cela !* → **fin, intelligent.** – *Ce n'est pas bien malin,* pas difficile. → **compliqué.**

malingre [malɛ̃gʀ] adj. Qui est d'une constitution faible. → **chétif, délicat, frêle, maladif.** / contr. fort, robuste / *Un enfant malingre.*

malintentionné, ée [malɛ̃tɑ̃sjɔne] adj. Qui a de mauvaises intentions, l'intention de nuire. → **méchant.** *Il y aura toujours des gens malintentionnés pour donner cette interprétation.* / contr. bienveillant /

malle [mal] n. f. **1**· Bagage de grande dimension. → **cantine, coffre.** ≠ valise. *Faire sa malle, ses malles,* se préparer à partir. **2**· Coffre d'une automobile. *La malle arrière.* ▶ **mallette** n. f. **1**· Petite valise contenant souvent un nécessaire de voyage ou de travail. → **attaché-case.** **2**· En Belgique. Cartable d'écolier.

malléable [maleabl] adj. **1**· Qui a la propriété de s'aplatir et de s'étendre en lames, en feuilles. → **ductile.** / contr. cassant / *L'or est le plus malléable des métaux.* **2**· (Personnes) Qui se laisse manier, influencer. → **docile, maniable, souple.** *Un enfant malléable.* ▶ **malléabilité** n. f. Caractère de ce qui est malléable.

mal-logé, ée [mallɔʒe] n. Personne dont les conditions de logement sont insatisfaisantes (surface insuffisante, insalubrité...). *Les mal-logés et les sans-abri.* ▶ **mal-logement** n. m. Mauvaises conditions de logement (pour qqn, un groupe).

malmener [malmәne] v. tr. < conjug. 5 > **1**· Traiter (qqn) rudement. → **maltraiter ; brutaliser.** *La critique l'a rudement malmené.* → **éreinter.** **2**· Mettre (l'adversaire) en danger, par une action vive.

malnutrition [malnytʀisjɔ̃] n. f. Alimentation mal équilibrée ou mal adaptée à un individu ou à une population. *Souffrir, mourir de malnutrition.*

malodorant, ante [malɔdɔʀɑ̃, ɑ̃t] adj. Qui a une mauvaise odeur. → **puant.**

malotru, ue [malɔtʀy] n. Personne sans éducation, de manières grossières. → **goujat, mufle, rustre.** *En voilà des malotrus !*

malpoli, ie [malpɔli] adj. et n. Fam. Impoli. – N. *Espèce de malpoli ! vous pourriez vous excuser !*

malpropre [malpʀɔpʀ] adj. **1**· Qui manque de propreté, de netteté. → **sale.** *Un enfant malpropre. Vêtements malpropres.* **2**· Qui manque de probité, de délicatesse. → **malhonnête.** – N. *Je ne me laisserai pas insulter par ce malpropre.* → fam. **saligaud.** ▶ **malproprement** adv. Salement. *Cet enfant mange malproprement.* ▶ **malpropreté** n. f. Caractère, état d'une personne, d'une chose malpropre. → **saleté.**

malsain, aine [malsɛ̃, ɛn] adj. **1**· Qui a une mauvaise santé, évoque la maladie. → **maladif.** *Des enfants chétifs et malsains. Apparence malsaine.* – Qui engendre la maladie, est contraire à la santé. → **nuisible.** *Humidité malsaine. Logement malsain.* → **insalubre.** – Fam. *Filons d'ici, le coin est malsain !,* il y a du danger. **2**· Qui n'est pas normal, manifeste de la perversité. *Un esprit malsain. Curiosité malsaine.* → **morbide.** – Qui corrompt l'esprit. *Littérature malsaine.* → **immoral.**

malséant, ante [malseɑ̃, ɑ̃t] adj. Littér. Contraire à la bienséance. → **choquant, déplacé, inconvenant.** *Gaieté malséante en un lieu solennel.* / contr. bienséant, convenable /

malt [malt] n. m. Céréales (surtout orge) germées artificiellement et séchées, puis séparées de leurs germes. *Le malt est utilisé dans la fabrication de la bière. Whisky pur malt* ou, ellipt, *du pur malt.* ▶ **malté, ée** adj. Mêlé de malt.

malthusianisme [maltyzjanism] n. m. **1·** Doctrine de Malthus, qui préconisait la limitation des naissances dans un but social. **2·** *Malthusianisme économique,* rectriction volontaire de la production.

maltraiter [maltʀete] v. tr. < conjug. 1 > **1·** Traiter avec brutalité. → **brutaliser, malmener.** *Il maltraite son chien.* **2·** Traiter sévèrement en paroles (une personne, une chose dont on parle). → **critiquer, éreinter.** *Cet auteur a été maltraité par la critique.* – *Maltraiter un ouvrage, un film dans un journal.* ▶ **maltraitance** n. f. Le fait de maltraiter qqn (dans la famille, la société) ; mauvais traitements. *Les séquelles de la maltraitance.*

malus [malys] n. m. Pénalité imposée par un assureur à un conducteur qui a causé un ou des accidents. *Il a eu un malus de 25 %,* sa prime a augmenté de 25 %. / contr. bonus /

malveillant, ante [malvɛjɑ̃, ɑ̃t] adj. **1·** Qui a tendance à blâmer, à vouloir du mal. → **hostile, malintentionné.** – N. *Un malveillant.* **2·** Qui exprime de la malveillance, s'en inspire. → **aigre, méchant.** *Des propos malveillants.* / contr. bienveillant ; amical / ▶ **malveillance** n. f. **1·** Trait de caractère ou comportement d'une personne malveillante. → **hostilité.** *Malveillance manifeste.* → **animosité.** / contr. bienveillance / **2·** Intention de nuire, visée criminelle. *Incendie dû à la malveillance.* → **sabotage.**

malvenu, ue [malvəny] adj. ***Être malvenu à, de*** (+ infinitif) : n'avoir pas le droit de faire qqch. *Il est malvenu à (de) présenter cette demande.* – ***Être malvenu de*** (+ infinitif) : n'être pas en situation de faire qqch. *Vous seriez malvenu de vous plaindre.* – Impers. *Il serait malvenu d'en parler.* → **déplacé.**

malversation [malvɛʀsasjɔ̃] n. f. Faute grave, commise dans l'exercice d'une charge. *Fonctionnaire coupable de malversations.* → **corruption, détournement, exaction, prévarication.**

malvoyant, ante [malvwajɑ̃, ɑ̃t] adj. et n. Dont l'acuité visuelle est très faible. – N. *Les aveugles et les malvoyants.*

maman [mamɑ̃] n. f. **1·** Terme affectueux par lequel les enfants, même devenus adultes, désignent leur mère. *Oui, maman. Où est ta maman ?* **2·** *La maman,* la mère de famille. *Jouer au papa et à la maman.* ▷ **bonne-maman**

mamelle [mamɛl] n. f. Organe des animaux mammifères, sécrétant le lait. *Les mamelles d'une vache.* → ① **pis.** – Pour la femme, on dit *sein.* – Vx ou péj. Sein de femme. ▶ ① **mamelon** [mamlɔ̃] n. m. Bout de sein, chez la femme. ▶ ② **mamelon** n. m. Sommet arrondi d'une colline, d'une montagne. → **colline, hauteur.** *Le village est construit sur un mamelon.* ▷ **mammaire, mammifère**

mamelouk ou **mameluk** [mamluk] n. m. Cavalier des anciennes milices égyptiennes. *Des mamelouks ; des mameluks.*

mamie [mami] n. f. Nom donné par les enfants à leur grand-mère. → **mémé.** *Je vais chez mamie.* – Femme âgée. *Il y avait beaucoup de mamies.*

mammaire [mamɛʀ] adj. Relatif aux mamelles, aux seins. *Glandes mammaires. Implants mammaires.*

mammifère [mamifɛʀ] n. m. Animal vertébré, à température constante, respirant par des poumons, à système nerveux central développé, dont les femelles portent des mamelles. *Mammifères terrestres ; mammifères aquatiques* (baleine, dauphin). *L'homme est un mammifère.*

mammographie [mamɔgʀafi] n. f. Radiographie des seins, chez la femme.

mammouth [mamut] n. m. Gigantesque éléphant fossile de l'ère quaternaire. *Mammouth laineux*. Des mammouths.*

mamours [mamuʀ] n. m. pl. Fam. Démonstrations de tendresse. → **cajolerie.** *Faire des mamours à qqn.*

mam'selle ou **mam'zelle** [mamzɛl] vieilli. → **mademoiselle.**

manade [manad] n. f. En Provence, en Camargue. Troupeau de taureaux, de chevaux, conduit par un gardian. ▶ **manadier** n. m. Propriétaire d'une manade.

① **manager** [manadʒɛʀ ; manadʒœʀ] ou **manageur, euse** [manadʒœʀ, øz] n. Anglic. **1·** Personne qui veille à l'organisation matérielle de spectacles, concerts, matchs, ou qui s'occupe de la vie professionnelle et des intérêts d'un artiste → **imprésario,** d'un champion → **coach, entraîneur.** *Le manager d'un boxeur.* **2·** Dirigeant (d'une entreprise). *Réunion des managers.* ▶ ② **manager** [mana(d)ʒe] v. tr. < conjug. 1 > Anglic. **1·** Diriger l'entraînement de (un sportif, une équipe). **2·** Diriger (une affaire, une entreprise). ▶ **management** [manaʒmɑ̃ ; manadʒmɛnt] n. m. Anglic. Techniques d'organisation et de gestion des entreprises.

manant [manɑ̃] n. m. **1·** Au Moyen Âge. Roturier assujetti à la justice seigneuriale. **2·** Littér. Homme grossier, sans éducation. → **rustre.**

① **manche** [mɑ̃ʃ] n. f. **I·** Partie du vêtement qui entoure le bras. *Manches longues,* qui s'arrêtent au poignet ; *manches courtes. Relever, retrousser ses manches,* pour être plus à l'aise, pour travailler. – Loc. *Avoir qqn dans sa manche,* en disposer à son gré. *Garder dans sa manche,* garder en réserve (un moyen d'action). – Fam. *C'est une autre paire de manches,* c'est tout à fait différent, c'est plus difficile. **II·** Chacune des deux parties liées d'un jeu. *La première manche, la seconde manche* → **revanche. III·** Large tuyau ou tube qui sert à conduire un fluide. *Manche à air*, tube en toile placé en haut d'un mât pour indiquer la direction du vent. ▷ **emmanchure,** 1 **manchette, manchon, manchot**

2 **manche** n. m. **1·** Partie allongée (d'un outil, d'un instrument) par laquelle on le tient. *Le manche d'une pelle. Manche de couteau, de cuiller.* – Fam. *Être, se mettre du côté du manche*, du côté du plus fort. – (Situation, affaire) *Branler dans le manche*, marcher mal. **2·** *Manche (à balai)*, commande manuelle des gouvernails d'un avion. **3·** Partie par laquelle on tient un gigot, une épaule, pour les découper ; os (de gigot, de côtelette). **4·** Partie (d'un instrument de musique) le long de laquelle sont tendues les cordes. *Manche de violon, de guitare.* ▷ **démancher, emmancher, ramancher**

3 **manche** n. m. Maladroit, incapable. *Quel manche ! Il se débrouille comme un manche.* – Adj. *Ce qu'elle est manche !*

4 **faire la manche** loc. verb. Faire la quête, mendier. *Il fait la manche dans le métro.*

1 **manchette** [mɑ̃ʃɛt] n. f. **1·** Poignet de chemise. *Boutons de manchettes.* **2·** Fausse manche. *Des manchettes de lustrine.*

2 **manchette** n. f. Titre très large et en gros caractères, à la première page d'un journal.

manchon [mɑ̃ʃɔ̃] n. m. **1·** Fourreau cylindrique où l'on met les mains pour les protéger du froid. *Manchon de fourrure.* **2·** Pièce cylindrique. *Manchon d'assemblage*, anneau, bague.

manchot, ote [mɑ̃ʃo, ɔt] adj. et n. m. **I· 1·** Qui est privé d'une main ou des deux mains ; d'un bras ou des deux bras. – N. *Le moignon d'un manchot, d'une manchote.* **2·** Fam. Maladroit. → 3 **manche.** *Il n'est pas manchot*, il est adroit, habile. **II·** N. m. Oiseau palmipède des régions antarctiques. *Manchot empereur.* ≠ pingouin (Arctique).

-mancie, -mancien, ienne Suffixes savants signifiant « divination » (ex. : *cartomancie*).

mandarin [mɑ̃daʀɛ̃] n. m. **1·** Haut fonctionnaire de l'ancien Empire chinois, coréen. **2·** Lettré influent ; homme cultivé muni de titres. → **intellectuel.** *Les mandarins de l'Université.* → **manitou.** ▶ **mandarinat** n. m. **1·** Charge de mandarin. – Corps de mandarins. **2·** Corps social prétendant former une classe à part privilégiée, exerçant une autorité intellectuelle. → **élite.**

mandarine [mɑ̃daʀin] n. f. et adj. invar. **1·** Fruit plus petit que l'orange, doux et parfumé. → **clémentine. 2·** Adj. invar. De la couleur du fruit, orange. *Une jupe mandarine.* ▶ **mandarinier** n. m. Arbre dont le fruit est la mandarine.

mandat [mɑ̃da] n. m. **1·** Acte par lequel une personne donne à une autre (→ **mandataire**) le pouvoir de faire qqch. en son nom. → **pouvoir, procuration.** *Donner mandat à qqn pour effectuer une vente.* **2·** *Mandat législatif, parlementaire*, fonction de membre élu d'un parlement. → **députation. 3·** *Mandat postal, mandat-poste, mandat*, titre constatant la remise d'une somme à l'administration des Postes par un expéditeur avec mandat de la verser à une personne désignée (*destinataire*). *Toucher un mandat.* **4·** Ordre de faire comparaître devant la justice, d'arrêter qqn. *Mandat d'arrêt, d'amener.* **5·** Pouvoirs confiés à un État pour assister ou administrer un autre État. ▶ **mandataire** n. Personne à qui est conféré un mandat. → **agent, délégué, fondé de pouvoir, représentant.** ▶ **mandat-carte, mandat-lettre** n. m. Mandat (3) postal qui était transmis sous forme de carte, de lettre. *Des mandats-cartes.* ▶ **mandater** v. tr. < conjug. 1 > Investir d'un mandat. *Mandater qqn pour la gestion d'une affaire.* → **confier** à. *Les électeurs ont mandaté ce député.*

mander [mɑ̃de] v. tr. < conjug. 1 > Vx ou littér. Faire venir (qqn) par un ordre ou un avis. → **appeler.** *Mander qqn d'urgence.* – *Mander qqch. à qqn*, le lui faire savoir par lettre.

mandibule [mɑ̃dibyl] n. f. **1·** Fam. Mâchoire. *Jouer des mandibules*, manger. **2·** Une des deux parties du bec des oiseaux, des pièces buccales des insectes.

mandoline [mɑ̃dɔlin] n. f. Instrument de musique à caisse de résonance bombée (≠ guitare) et à cordes pincées.

mandragore [mɑ̃dʀagɔʀ] n. f. Plante dont la racine fourchue présente une forme humaine ; cette racine.

mandrin [mɑ̃dʀɛ̃] n. m. Outil cylindrique (pour percer, forer).

1 **-mane** Élément savant signifiant « main » (ex. : *quadrumane*).

2 **-mane, -manie** Éléments savants signifiant « folie, manie ». ▷ **cocaïnomane, décalcomanie, kleptomane, mégalomane, mélomane, morphinomane, mythomane, nymphomane, opiomane, pyromane, toxicomane**

manécanterie [manekɑ̃tʀi] n. f. École qui forme les enfants de chœur d'une paroisse, leur enseigne à chanter.

1 **manège** [manɛʒ] n. m. **1·** Exercice que l'on fait faire à un cheval pour le dresser, le dompter.

→ **équitation.** **2·** Lieu où l'on dresse, monte les chevaux. **3·** *Manège (de chevaux de bois)*, attraction foraine où des animaux, des petits véhicules servant de montures, sont disposés autour d'un axe et entraînés par lui. *J'aimerais faire un tour de manège.*

② **manège** n. m. Comportement habile et caché, souvent trompeur, pour arriver à ses fins. → **agissement(s), intrigue, magouille.** *Je comprends son petit manège.* → **jeu.**

mânes [mɑn] n. m. pl. Dans la religion romaine. Âmes des morts. → **esprit, lare.**

manette [manɛt] n. f. Clé, levier, poignée commandant un mécanisme et que l'on manœuvre à la main. *Manette de réglage.*

manga [mɑ̃ga] n. m. Bande dessinée japonaise. ▶ **mangaka** n. m. Auteur de mangas.

manganèse [mɑ̃ganɛz] n. m. Métal d'un blanc grisâtre, dur et cassant.

① **manger** [mɑ̃ʒe] v. tr. <conjug. 3> **1·** Avaler pour se nourrir (un aliment solide ou consistant) après avoir mâché. → **absorber, ingurgiter, prendre** ; fam. **becqueter, bouffer, boulotter.** *Manger un bifteck, du pain. Manger un morceau. Bon à manger.* → **comestible, mangeable.** – Sans compl. S'alimenter. *Manger peu, beaucoup.* – Prendre un repas. → **déjeuner, dîner, souper.** *Nous mangeons souvent au restaurant.* Loc. *Salle à manger.* **2·** Dévorer (un être vivant, une proie). – Loc. *Manger qqn des yeux*, le dévorer des yeux. *Il ne vous mangera pas*, il ne vous fera pas de mal, il n'est pas si terrible. **3·** Ronger. – Au p. p. *Étoffe mangée par les mites, aux mites.* – *Un visage mangé de barbe*, caché par la barbe. **4·** *Manger ses mots*, les prononcer indistinctement. **5·** Consommer, dépenser. *Manger son capital.* → **dilapider.** ▶ ② **manger** n. m. Fam. Nourriture, repas. *Ici on peut apporter son manger.* ▶ **mangeable** [mɑ̃ʒabl] adj. **1·** Qui peut se manger. → **comestible.** / contr. immangeable / **2·** Tout juste bon à manger, sans rien d'appétissant. *C'est à peine mangeable !* ▶ **mangeaille** n. f. Nourriture abondante et médiocre. ▶ **mangeoire** [mɑ̃ʒwaʀ] n. f. Récipient destiné à contenir les aliments de certains animaux domestiques (chevaux, bestiaux). ▶ **mange-tout** n. m. invar. Variété de pois, de haricots dont on mange la cosse avec la graine. *Des mange-tout.* – Adj. invar. *Haricots mange-tout.* ▶ **mangeur, euse** n. **1·** Qui mange (beaucoup, peu). *Un grand, un gros mangeur.* **2·** *Mangeur de...*, personne qui mange (telle ou telle chose). *Un mangeur de viande. Mangeurs d'hommes.* → **anthropophage.** ▷ **garde-manger, immangeable**

mangouste [mɑ̃gust] n. f. Petit mammifère carnivore de l'Afrique et de l'Asie tropicales, rappelant la belette, et utilisé pour la destruction des reptiles et des rats.

mangrove [mɑ̃gʀɔv] n. f. Dans les pays tropicaux. Forêt de palétuviers poussant dans la vase.

mangue [mɑ̃g] n. f. Fruit d'un arbre tropical (le *manguier*) de la taille d'une grosse pêche, à chair jaune très parfumée.

maniable [manjabl] adj. **1·** Qu'on manie et utilise facilement. → **pratique.** *Outil maniable.* **2·** Qu'on manœuvre facilement. *Une voiture, un voilier maniable.* → **manœuvrable.** **3·** (Personnes) Qui se laisse aisément diriger ; docile, souple. → **malléable.** ▶ **maniabilité** n. f. *La maniabilité d'une voiture.*

maniaque [manjak] adj. **1·** Qui a une idée fixe ou la maladie mentale appelée manie (1)*. – N. *Un maniaque.* → **obsédé.** **2·** Exagérément attaché à ses petites manies (3), à des habitudes. *Un célibataire maniaque.* – N. *C'est un maniaque du rangement !* – Propre à un maniaque. *Soin maniaque.* ▶ **maniaquerie** n. f. Caractère d'une personne maniaque (2). ▶ **maniacodépressif, ive** adj. et n. **1·** Adj. *Psychose maniacodépressive*, dans laquelle alternent des phases d'excitation et de mélancolie. Syn. : **troubles bipolaires.** **2·** Adj. et n. (Personne) atteinte de cette psychose.

manichéisme [manikeism] n. m. Conception dualiste du bien et du mal comme deux forces opposées. → **dualisme.** ▶ **manichéen, enne** [manikeɛ̃, ɛn] adj. et n. Relatif au manichéisme. – Partisan du manichéisme. *Il est très manichéen ; pour lui, c'est très bien ou très mal.*

manie [mani] n. f. **1·** Maladie mentale caractérisée par divers troubles de l'humeur (exaltation euphorique, versatilité). – Trouble de l'esprit possédé par une idée fixe. → **obsession, T. O. C.** *Manie de la persécution.* **2·** *Manie de...*, goût excessif, déraisonnable (pour un objet ou une activité). → **marotte, passion.** *Il a la manie des vieilles pierres, de collectionner les autographes.* **3·** Habitude bizarre et tyrannique, souvent agaçante ou ridicule. *À chacun ses petites manies !* **4·** Action répétée. *Tu as encore cassé un verre, ça devient une manie.* ▷ **maniaque, ② -mane**

① **manier** [manje] v. tr. <conjug. 7> **1·** Avoir en main, entre les mains tout en déplaçant, en remuant. *Manie ce paquet avec précaution !* – *Caissier qui manie de grosses sommes d'argent.* → **manipuler.** **2·** Utiliser en ayant en main. *Il sait manier l'épée.* **3·** Mener à son gré. → **manipuler** (3). *Manier les foules.* → **diriger, gouverner.** **4·** Fig. Employer de façon plus ou moins habile. *Savoir manier l'ironie.* ▶ **maniement** n. m. **1·** Action ou façon de manier, d'utiliser avec les mains. → **manipulation, usage.** *Le maniement de la fourchette. Maniement d'armes,* suite de mouvements exécutés au commandement par les soldats. **2·** Action, manière d'employer, de diriger, d'administrer. → **emploi.** *Le maniement d'une langue.* ▶ **manieur, euse** n. Loc. *Un manieur d'argent,* un financier. → **brasseur** d'affaires. ▷ **maniable**

② **se manier** v. pron. < conjug. 7 > Fam. ***Se manier*** (seult à l'infinitif), ***se magner*** (aux autres formes) : se remuer, se dépêcher. *Magne-toi !* → fam. se **grouiller.**

manière [manjɛʀ] n. f. **1·** Forme particulière que revêt l'accomplissement d'une action, le déroulement d'un fait, l'être ou l'existence. → **façon, mode.** *Manière d'agir, de vivre.* → **conduite.** *Il y a la manière. Avoir l'art et la manière,* savoir s'y prendre. – Loc. adv. *De cette manière,* ainsi. *De toute manière,* en tout cas. *D'une manière générale,* dans la plupart des cas. *En aucune manière,* aucunement. – Loc. prép. *À la manière de,* comme. *De manière à* (+ infinitif), afin de (produire telle conséquence). *Il travaille de manière à gagner sa vie.* – Loc. conj. *De (telle) manière que, de manière (à ce) que* (+ subjonctif). *De manière que tout aille bien.* **2·** *La manière de qqn,* forme de comportement personnelle et habituelle. *Avec sa manière de faire, il échouera.* **3·** Mode d'expression caractéristique (d'un artiste, d'une école). → **genre, style.** *Sonate dans la manière classique.* **4·** *Compléments, adverbes de manière,* qui marquent de quelle manière est qqn, qqch., se fait qqch. *« Gentiment » est un adverbe de manière.* ▷ **manières**

manières n. f. pl. **1·** Comportement (d'une personne) considéré surtout dans son effet sur autrui. *Il a de mauvaises manières. En voilà des manières !* **2·** *Faire des manières,* être affecté, se faire prier. → **chichi, embarras.** ▶ **maniéré, ée** adj. **1·** Qui montre de l'affectation, manque de naturel ou de simplicité. → **affecté, poseur.** *Politesse maniérée.* / contr. naturel, simple / **2·** Art. Qui manque de spontanéité, est trop recherché. ▶ **maniérisme** n. m. **1·** Cour. Tendance ou genre maniéré en art. **2·** Art. Tendance de l'art italien au XVIe siècle, caractérisé par un raffinement technique et la recherche d'un effet. *Le maniérisme précède et prépare le baroque*.*

① **manifestation** [manifɛstasjɔ̃] n. f. Action ou manière de manifester, de se manifester. → **expression.** *Manifestation de joie, de mécontentement.* → **démonstration, marque.**

② **manifestation** n. f. Réunion publique et organisée pour manifester une opinion ou une volonté. *Aller à une manifestation. La police a interdit la manifestation.* – Abrév. fam. **manif** [manif]. *Des manifs.* ▶ **manifestant, ante** n. Personne qui participe à une manifestation. *Les manifestants se sont dispersés.* ▷ **contre-manifestation**

① **manifeste** [manifɛst] adj. Dont l'existence ou la nature est évidente. → **certain, flagrant, indiscutable.** *Différences manifestes.* / contr. douteux / ▶ **manifestement** adv. **1·** Sans aucun doute. *Cette addition est manifestement fausse.* **2·** Visiblement. *C'est manifestement lui le coupable.*

② **manifeste** n. m. Déclaration écrite, publique et solennelle, par laquelle un gouvernement, un groupe ou une personnalité politique expose son programme, justifie sa position. → **proclamation.** – Exposé théorique lançant un mouvement littéraire. *Le Manifeste du surréalisme.*

① **manifester** [manifɛste] v. < conjug. 1 > **I·** V. tr. **1·** Faire connaître de façon manifeste. → **exprimer, révéler.** *Manifester sa volonté, ses intentions (à qqn).* **2·** Faire ou laisser apparaître clairement. *Il a manifesté de l'étonnement.* – Révéler, trahir. *Ses gestes manifestent sa timidité.* **II·** ***Se manifester*** v. pron. : apparaître, se montrer. *Des divergences peuvent se manifester.* ▷ ① **manifestation**

② **manifester** v. intr. < conjug. 1 > Participer à une manifestation ② politique, syndicale. ▷ ② **manifestation**

manigance [manigɑ̃s] n. f. Manœuvre secrète et suspecte, sans grande portée ni gravité. → **intrigue** ; fam. **magouille, micmac.** ▶ **manigancer** v. tr. < conjug. 3 > Combiner par des manigances. → **comploter.** *Ils manigancent une escroquerie.*

manille [manij] n. f. Jeu de cartes où les plus fortes cartes sont le dix *(manille),* puis l'as *(manillon). Joueurs de manille.*

manioc [manjɔk] n. m. Arbrisseau des régions tropicales dont la racine fournit une fécule alimentaire, le tapioca.

manipuler [manipyle] v. tr. < conjug. 1 > **1·** Manier avec soin en vue d'expériences, d'opérations scientifiques ou techniques. *Manipuler des tubes, des fioles.* **2·** Manier et transporter. *Manipuler des colis.* **3·** Amener (qqn), par des voies détournées, à faire ce qu'on veut. → ① **manier** (3). *Il essaye de manipuler ses administrés. Tu te fais manipuler.* ▶ **manipulation** n. f. **1·** Action, manière de manipuler (des substances, des produits, des appareils). *Manipulations chimiques.* – Abrév. **manip. 2·** Massage visant à remettre des os déplacés. *Manipulations vertébrales faites par un kinésithérapeute.* **3·** Branche de la prestidigitation reposant sur la seule habileté des mains. → tour de **passe-passe.**

4· Fam. Action de manipuler (3). *Manipulations électorales.* → **manœuvre** (II). ▶ **manipulateur, trice** n. **1·** Personne qui procède à des manipulations. → **opérateur.** *Manipulateur de laboratoire.* – Prestidigitateur spécialisé dans la manipulation. **2·** Personne, entité qui manipule (3) qqn, un groupe.

manitou [manitu] n. m. **1·** L'être suprême, chez les Amérindiens. **2·** Fam. Personnage important et puissant. → **mandarin.** *Les (grands) manitous de l'Université.*

manivelle [manivɛl] n. f. **1·** Levier coudé, manœuvré à la main, servant à produire un mouvement de rotation. *Manivelle d'un cric. Tourner la manivelle.* – *Premier tour de manivelle (de la caméra),* commencement du tournage d'un film. **2·** *Manivelle de moteur.* → **vilebrequin.**

manne [man] n. f. **1·** Nourriture miraculeuse envoyée aux Hébreux dans le désert. **2·** Nourriture providentielle, don ou avantage inespéré.

mannequin [mankɛ̃] n. m. **1·** Moulage ou armature à forme humaine servant de modèle pour la confection des vêtements, pour les essayages ou pour la présentation des divers modèles de vêtements. *Déplacer un mannequin dans une vitrine.* – *Taille mannequin,* conforme aux proportions types. **2·** Personne employée par un grand couturier pour la présentation des modèles de collection ou de prêt-à-porter. *Elle est mannequin et pose pour des photos.* → anglic. **top-modèle.** ▶ **mannequinat** n. m. Activité du mannequin (2).

manœuvrer [manœvʀe] v. < conjug. 1 > **I·** V. intr. **1·** Effectuer une manœuvre sur un bateau, un véhicule. *Manœuvrer pour garer sa voiture.* **2·** (Militaires) Faire l'exercice. *Les soldats manœuvrent dans la cour.* **3·** Employer des moyens adroits pour arriver à ses fins. *Il a bien manœuvré.* **II·** V. tr. **1·** Manier de façon à faire fonctionner. *Manœuvrer des cordages.* → ② **manœuvre(s).** *Manœuvrer le volant d'une voiture.* **2·** Faire agir (qqn) comme on le veut, par une tactique habile. → **gouverner, manier.** *Elle s'est laissé manœuvrer par ses associés.* → **manipuler.** ▶ **manœuvrable** adj. (Bateau, véhicule) Apte à être manœuvré, maniable. ▶ **manœuvrabilité** n. f. Maniabilité. ▶ ① **manœuvre** n. f. **I· 1·** Action sur les cordages, les voiles, le gouvernail, etc., destinée à régler le mouvement d'un bateau. – Action, manière de régler le mouvement d'un véhicule. *Faire une manœuvre pour se garer.* – ***Fausse manœuvre*** : erreur de manœuvre ; fig. décision, démarche maladroite et sans résultat. **2·** Exercice militaire. *Champ de manœuvre. Grandes manœuvres,* simulant des opérations militaires. **3·** Opérations manuelles (permettant le fonctionnement d'un appareil, d'une machine). *Manœuvres pour accrocher une locomotive à un train.* **II·** Moyen, ensemble de moyens mis en œuvre pour atteindre un but. → **combinaison, intrigue, machination.** *Manœuvre subtile, perfide,* malhonnête. → **magouille.** *Nous avons toute liberté de manœuvre.* ▶ ② **manœuvre** n. f. Surtout au plur. Cordage du gréement d'un navire. *Manœuvres dormantes,* fixes. *Manœuvres courantes,* mobiles. ▶ ③ **manœuvre** n. Ouvrier(ère) du bâtiment exécutant des travaux qui n'exigent pas d'apprentissage préalable. *Les manœuvres du chantier.* ▶ **manœuvrier, ière** adj. et n. **1·** Adj. Qui concerne l'habileté à manœuvrer. *Qualités manœuvrières.* **2·** N. Personne qui manœuvre habilement.

manoir [manwaʀ] n. m. Petit château ancien à la campagne. → **gentilhommière.**

manomètre [manɔmɛtʀ] n. m. Appareil servant à mesurer la tension d'un gaz, d'une vapeur, la pression d'un fluide dans un espace fermé.

manouche [manuʃ] n. et adj. Gitan nomade originaire d'Europe centrale. → **bohémien, rom, romanichel.** *Une caravane de manouches. Une manouche.* – *Jazz manouche.*

manquer [mɑ̃ke] v. < conjug. 1 > **I·** V. intr. Être absent, faire défaut. **1·** (Suj. chose) Ne pas être, lorsqu'il le faudrait ; faire défaut. *Rien ne manque, tout est là. Si l'eau venait à manquer.* – Impers. *Il manque un bonbon dans la boîte. Il en manque un.* – Iron. Loc. *Il ne manquait plus que cela !,* c'est le comble. *Il ne manquerait plus que* (+ subjonctif), ce serait le comble si. *Il ne manquerait plus qu'elle ne vienne pas.* **2·** ***Manquer à*** *qqn* : faire défaut, être insuffisant. – (Suj. chose) *Le temps me manque,* je n'ai pas le temps. *Les mots me manquent.* Impers. *Il me manque un euro.* – (Suj. personne) *Sa mère lui manquait.* Impers. *Il te manque un ami.* **3·** (Suj. personne) Être absent d'un lieu où l'on devrait être. *Cet élève manque trop souvent. Manquer à l'appel.* **4·** (Suj. chose) Échouer. / contr. réussir / *Dix fois de suite l'expérience manqua.* **II·** V. tr. ind. Ne pas avoir, ne pas faire. **1·** ***Manquer de*** : ne pas avoir (qqch., qqn) lorsqu'il le faudrait, ne pas avoir en quantité suffisante. / contr. avoir / *Il ne manque de rien,* il a tout ce qu'il lui faut. *Elle manque d'amis.* – Fam. *Il ne manque pas d'air, de culot,* il est sans-gêne, culotté, gonflé. – Être dépourvu d'une qualité. *Tu manques d'imagination.* – *Manquer de respect à qqn, envers qqn.* **2·** ***Manquer à*** *qqch.* : ne pas se conformer à (qqch.) qu'on doit observer. *Il a manqué à sa parole. Manquer à son, à ses devoirs.* / contr. respecter, satisfaire à / **3·** ***Ne pas manquer de*** (+ infinitif) : faire de manière certaine. *Je ne manquerai pas de vous informer.* Ellipt. *Ça n'a pas manqué.*

– Loc. *Je n'y manquerai pas.* **4·** Semi-auxil. Être tout près de, sur le point de. → **faillir.** *Elle avait manqué mourir, de mourir.* **III·** V. tr. dir. **1·** Ne pas réussir. → fam. **louper, rater.** *Il a manqué son coup.* – Au p. p. adj. *Une photo manquée. Un acte manqué,* qui a échoué parce que inconsciemment on n'avait pas envie de le faire. – Loc. *Un garçon manqué,* une fille qui a des manières de garçon. **2·** Ne pas atteindre, ne pas toucher. *Manquer la cible.* – Au p. p. adj. *Manqué !,* à côté ! – *La prochaine fois, je ne te manquerai pas,* je me vengerai de toi. **3·** Ne pas rencontrer (qqn) qu'on voulait voir. *Je vous ai manqué de peu.* – Pronominalement. *Il m'attendait, mais nous nous sommes manqués.* **4·** Ne pouvoir prendre (un moyen de transport) parce qu'on est en retard. *Il a manqué son train.* **5·** Laisser échapper (qqch.) de profitable. *Manquer une bonne occasion.* – Fam. *Il n'en manque pas une,* il ne manque pas une occasion de commettre une maladresse. **6·** S'abstenir d'assister, d'être présent à. *Manquer un cours, la classe.* → fam. **sécher.** ▶ **manquant, ante** adj. Qui manque, est en moins. *Les numéros manquants d'une série.* – N. *Les manquants,* les absents, les objets qui manquent. ▶ 1 **manque** n. m. **1·** Fait de manquer, absence ou grave insuffisance d'une chose nécessaire. → **défaut.** *Manque de vivres, d'argent, de main-d'œuvre.* → **carence, pénurie, rareté.** *Quel manque d'imagination !* / contr. abondance, excès / **2·** État d'un toxicomane privé de drogue ou d'alcool. *État de manque.* – Loc. *Être en manque.* **3·** Au plur. Lacunes. *Avoir des manques.* **4·** ***Par manque de, manque de*** loc. prép. : par défaut de, faute de. *Il n'est pas venu par manque de temps. Manque de chance,* fam. *de pot.* **5·** *Manque à gagner,* somme que l'on aurait pu gagner. ▶ 2 **à la manque** [alamɑ̃k] loc. adj. Fam. Raté, défectueux, mauvais. → fam. à la **gomme,** à la **noix.** *Des histoires à la manque.* ▶ **manquement** n. m. Le fait de manquer (à un devoir). → **faute.** *Un manquement à la discipline.* ▷ **immanquable**

mansarde [mɑ̃saʀd] n. f. **1·** Toit brisé à quatre pans (du nom du grand architecte *Mansart*). **2·** Chambre aménagée dans ce toit et dont un mur est en pente. *J'habite une mansarde au sixième.* ▶ **mansardé, ée** adj. *Chambre mansardée.*

mansuétude [mɑ̃sɥetyd] n. f. Littér. Disposition à pardonner généreusement. → **bonté, indulgence.** / contr. sévérité /

1 **mante** [mɑ̃t] n. f. Insecte carnassier (on dit surtout *mante religieuse*). *La mante femelle dévore souvent le mâle après l'accouplement.* ≠ menthe.

2 **mante** n. f. Autrefois. Manteau de femme, ample et sans manches. ▶ **manteau** n. m. **I· 1·** Vêtement à manches qui se porte pardessus les autres vêtements. → **capote, pardessus.** *Manteau de fourrure.* → **pelisse.** *Manteau de pluie.* → **ciré, imperméable. 2·** Loc. *Livre publié, vendu sous le manteau,* clandestinement. **II· 1·** *Manteau de cheminée,* partie de la cheminée en saillie au-dessus du foyer. **2·** Enveloppe de la Terre, située entre la croûte et le noyau. ▷ **portemanteau**

mantille [mɑ̃tij] n. f. Dentelle drapée sur la tête, comme coiffure féminine. *Une mantille espagnole.*

manucure [manykyʀ] n. Personne chargée des soins esthétiques des mains, des ongles. *Les manucures d'un institut de beauté. Les manucures et les pédicures.* ▶ **manucurer** v. tr. < conjug. 1 > Fam. Faire les mains de (qqn).

1 **manuel, elle** [manɥɛl] adj. **1·** Qui se fait avec la main, qui nécessite une activité physique. *Travail manuel. Activités manuelles. Métiers manuels.* **2·** Qui fait appel à l'intervention humaine (opposé à *automatique*). *Commande manuelle.* **3·** (Personnes) *Travailleur manuel.* – N. *Un manuel, une manuelle,* personne plus apte, plus disposée à l'activité manuelle qu'à l'activité intellectuelle (opposé à *intellectuel*). ▶ **manuellement** adv. En se servant de la main ; par une opération manuelle.

2 **manuel** n. m. Ouvrage didactique, livre présentant les notions essentielles d'une science, d'une technique. → **abrégé, cours.** *Un manuel de physique, de littérature.*

manufacture [manyfaktyʀ] n. f. **1·** Établissement industriel où la qualité de la main-d'œuvre est primordiale. *Manufacture de porcelaine de Sèvres.* **2·** Autrefois. Fabrique, usine. *Les manufactures royales sous Louis XIV.*

manufacturer [manyfaktyʀe] v. tr. < conjug. 1 > Faire subir à (une matière première) une transformation industrielle. – Au p. p. adj. *Produits manufacturés.*

manu militari [manymilitaʀi] loc. adv. En employant la force armée, la force publique. *Les grévistes ont été expulsés manu militari.*

manuscrit, ite [manyskʀi, it] adj. et n. m. **I·** Adj. Écrit à la main. *Notes manuscrites.* **II·** N. m. **1·** Texte, ouvrage écrit ou copié à la main. → **écrit.** *Manuscrit enluminé.* **2·** Œuvre originale écrite de la main de l'auteur, dactylographiée (on dit parfois *tapuscrit*) ou saisie. *Il apporta un manuscrit à son éditeur.* / contr. imprimé / *L'étude des manuscrits d'écrivains, de leur genèse.*

manutention [manytɑ̃sjɔ̃] n. f. **1·** Manipulation, déplacement manuel ou mécanique de marchandises, en vue de l'emmagasinage, de l'expédition et de la vente. *Appareils de manutention.*

2· Local réservé à ces opérations. → **entrepôt,** 2 **magasin** (1). ▶ **manutentionnaire** n. Personne employée aux travaux de manutention.

maoïsme [maɔism] n. m. Mouvement suivant la pensée communiste de Mao Zedong. ▶ **maoïste** adj. et n. Partisan du maoïsme. → **gauchisme.**

maous, ousse [maus] adj. Fam. Gros, énorme.

mappemonde [mapmɔ̃d] n. f. 1· Carte plane représentant le globe terrestre divisé en deux hémisphères projetés côte à côte. → **planisphère.** *Regarder une mappemonde dans un atlas.* 2· Abusivt. Sphère représentant le globe terrestre. → **globe.**

1 **maquereau** [makʀo] n. m. Poisson comestible au dos vert et bleu, au ventre nacré, vivant en bancs. *Filets de maquereau au vin blanc. Des maquereaux.*

2 **maquereau, elle** [makʀo, ɛl] n. Fam. Personne qui vit de la prostitution des femmes. → **entremetteur, proxénète, souteneur** ; fam. **marlou.**

maquette [makɛt] n. f. 1· Ébauche, modèle en réduction (d'une sculpture). – Original que doit reproduire une page illustrée, une affiche. *La maquette d'une publicité, d'un journal.* 2· Modèle réduit (de décor, d'un bâtiment, d'un véhicule). *Maquette d'avion.* ▶ **maquettiste** n. Spécialiste chargé d'exécuter des maquettes (typographie, construction, mécanique). – Spécialt. Personne qui, dans l'édition (journal, livre...), est chargée de la mise en pages.

maquignon [makiɲɔ̃] n. m. 1· Marchand de chevaux. 2· Marchand de bestiaux peu scrupuleux et truqueur. 3· Homme d'affaires aux procédés grossiers et malhonnêtes. ▶ **maquignonnage** n. m. 1· Métier de maquignon. 2· Manœuvres frauduleuses ou indélicates.

maquiller [makije] v. tr. < conjug. 1 > 1· Modifier ou embellir (le visage) par des procédés et produits appropriés. *Elle s'est maquillé les yeux.* – ***Se maquiller*** v. pron. réfl. : au théâtre, se grimer ; se farder. *Elle s'est maquillée.* – Au p. p. adj. *Un visage bien maquillé.* 2· Modifier de façon trompeuse l'apparence de (une chose). → **camoufler, falsifier, truquer.** *Maquiller un passeport, une voiture.* 3· Dénaturer, fausser. *Maquiller la vérité.* ▶ **maquillage** n. m. 1· Action ou manière de maquiller, de se maquiller. – Ensemble des éléments (fond de teint, fards, poudres, rouge, ombres) servant à se maquiller. *Maquillage du jour, du soir.* 2· Modification frauduleuse de l'aspect (d'une chose). *Le maquillage d'une voiture volée.* ▶ **maquilleur, euse** n. Spécialiste en maquillage. ▷ **démaquiller**

maquis [maki] n. m. invar. ≠ maki. I· 1· Végétation d'arbustes, de buissons touffus dans les régions méditerranéennes. 2· Complication inextricable. *Le maquis de la procédure.* II· Sous l'occupation allemande. Lieu peu accessible où se regroupaient les résistants. *Prendre le maquis ; être dans le maquis.* – *Un maquis*, organisation de résistance armée. ▶ **maquisard** [makizaʀ] n. m. Résistant appartenant à un maquis.

1 **marabout** [maʀabu] n. m. 1· Pieux ermite, saint de l'islam, dont le tombeau est un lieu de pèlerinage. 2· Ce tombeau. 3· Musulman sage et respecté. – Musulman réputé pour ses pouvoirs magiques (d'où *marabouter* v. tr. < conjug. 1, > *maraboutage* n. m. « envoûter », « sort jeté sur qqn », en français d'Afrique). → **sorcier.**

2 **marabout** n. m. Grand oiseau (échassier) au plumage gris et blanc, à gros jabot.

maracas [maʀakas] n. m. pl. Instrument de percussion composé d'une paire de coques contenant des corps durs, que l'on agite pour marquer le rythme.

maraîcher, ère [maʀeʃe, ɛʀ] n. et adj. 1· N. Jardinier(ière) qui cultive des légumes. *J'ai acheté des tomates chez un maraîcher.* 2· Adj. Propre au maraîcher, relatif à son activité. *Culture maraîchère.*

marais [maʀɛ] n. m. invar. 1· Nappe d'eau stagnante recouvrant un terrain partiellement envahi par la végétation. → **étang, marécage, marigot, tourbière.** 2· *Marais salant* : bassin creusé à proximité des côtes pour extraire le sel de l'eau de mer par évaporation. → **saline.** *Personne qui travaille dans les marais salants.* → **paludier, saunier.**

marasme [maʀasm] n. m. 1· Accablement, apathie profonde. 2· Stagnation. *Le marasme économique.*

marasquin [maʀaskɛ̃] n. m. Liqueur sucrée parfumée avec une cerise acide (la *marasque*). *Glace au marasquin.*

marathon [maʀatɔ̃] n. m. 1· Course à pied de grand fond (42,195 km) sur route. 2· Épreuve ou séance prolongée qui exige une grande résistance. *Marathon de danse. Le marathon budgétaire.* – En appos. *Une séance marathon.* ▶ **marathonien, ienne** n.

marâtre [maʀɑtʀ] n. f. 1· Vx. Femme du père, par rapport aux enfants qu'il a eus d'un premier mariage. → **belle-mère.** 2· Vieilli. Mère dénaturée, mauvaise mère.

maraud, aude [maʀo, od] n. Vx. Coquin(e). ▶ **maraude** n. f. 1· Chapardage pratiqué dans les jardins, les fermes. 2· *Taxi en maraude*, qui circule à vide, lentement à la recherche de clients. ▶ **marauder** v. intr. < conjug. 1 > Voler des fruits, légumes, volailles dans les jardins et les fermes. → fam. **chaparder.** ▶ **maraudage** n. m. Action de marauder. ▶ **maraudeur, euse** n. et adj. Personne ou animal qui maraude. → **pillard, voleur.** – Adj. *Oiseau maraudeur.*

marbre [maʀbʀ] n. m. **I**· **1**· Roche calcaire, souvent veinée de couleurs variées et susceptible de prendre un beau poli. *Colonnes, escalier, cheminée de marbre, en marbre. La blancheur du marbre.* → **marmoréen.** **2**· Plateau de marbre d'une table, d'une commode. *Le marbre est fêlé.* – Statue de marbre. *Les marbres grecs d'un musée.* **3**· Loc. *Blanc, froid comme le marbre, comme un marbre. Être, rester de marbre,* impassible. **II**· Surface, table (à l'origine en marbre), utilisée pour diverses opérations techniques. – Plateau de fonte polie sur lequel se faisaient les impositions ou la correction des textes, à l'imprimerie d'un journal. ▶ **marbrer** v. tr. < conjug. 1 > **1**· Marquer (une surface) de veines, de taches pour donner l'apparence du marbre. *Marbrer la tranche d'un livre.* **2**· Marquer (la peau) de marbrures. *Le froid lui marbrait le visage.* ▶ **marbrerie** n. f. **1**· Art, métier du marbrier ; son atelier. **2**· Industrie de transformation et de mise en œuvre des marbres. *Marbrerie funéraire.* ▶ **marbrier, ière** n. **1**· Ouvrier spécialisé dans le sciage, la taille, le polissage des blocs ou objets en marbre ou en pierre à tailler. **2**· Fabricant, marchand (homme ou femme) d'ouvrages de marbrerie. *Marbrier funéraire.* ▶ **marbrière** n. f. Carrière de marbre. *Les marbrières de Carrare.* ▶ **marbrure** n. f. **1**· Imitation des veines et taches du marbre. **2**· Marques sur la peau, comparables aux taches et veines du marbre. *Avoir des marbrures aux pommettes.*

marc [maʀ] n. m. **1**· Résidu des fruits que l'on a pressés. *Marc de raisin, de pommes.* **2**· Eau-de-vie de marc de raisin distillé. *Du marc de Bourgogne. Marc égrappé.* **3**· Résidu (d'une substance que l'on a fait infuser, bouillir). *Marc de café. Lire dans le marc de café* (pour prédire l'avenir).

marcassin [maʀkasɛ̃] n. m. Petit sanglier qui suit encore sa mère.

marchand, ande [maʀʃɑ̃, ɑ̃d] n. et adj. **I**· N. Commerçant chez qui l'on achète des marchandises qu'il, elle fait profession de vendre. → **fournisseur, vendeur.** *Marchand en gros* → **grossiste,** *au détail* → **détaillant.** *Marchand de chaussures. Marchande de journaux.* – Loc. Région parisienne. *Marchand de couleurs,* qui vend des produits d'entretien pour la maison, droguiste. *Marchand, marchande des quatre-saisons,* qui vend des fruits, des légumes dans une petite voiture (pendant toute l'année). – Loc. péj. N. m. *Marchand de canons,* fabricant d'armes de guerre. – *Marchand de soupe,* personne qui ne pense qu'au profit. – *Marchand de sommeil,* qui loue très cher des emplacements pour dormir. **II**· Adj. **1**· *Prix marchand,* prix de facture. *Valeur marchande,* valeur commerciale. **2**· *Galerie marchande,* où se trouvent de nombreux commerces. → **commerçant.** **3**· *Marine marchande,* qui effectue les transports commerciaux. ▷ **marchander, marchandise**

marchander [maʀʃɑ̃de] v. tr. < conjug. 1 > Essayer d'acheter (une chose) à meilleur marché, en discutant avec le vendeur. *Marchander un bibelot ancien.* – Sans compl. *Je n'aime pas marchander.* – Fig. *Il ne lui a pas marchandé les éloges,* il l'a beaucoup loué. ▶ **marchandage** n. m. **1**· Discussion pour obtenir ou vendre (qqch.) au meilleur prix. *Faire du marchandage.* **2**· Tractation effectuée sans scrupule en vue d'obtenir des avantages. *Marchandage électoral.*

marchandise [maʀʃɑ̃diz] n. f. **1**· Objet destiné à la vente. → **article, denrée.** *Train, gare de marchandises* (opposé à *de voyageurs*). **2**· Loc. *Faire valoir sa marchandise,* présenter les choses sous un jour favorable.

1 **marche** [maʀʃ] n. f. Surface plane sur laquelle on pose le pied pour passer d'un plan horizontal à un autre. *Les marches d'un escalier.* → **degré.** *Attention à la marche !* ▷ **contremarche**

2 **marche** n. f. **1**· Action de marcher, suite de pas ; déplacement fait en marchant. *Aimer la marche.* → **promenade.** *Marche lente, rapide. Faire une longue marche, dix kilomètres à la marche. En avant, marche !,* commandement, signal de départ. – Loc. ***Marche à suivre*** : série d'opérations, de démarches pour obtenir ce qu'on veut. *Indiquez-moi la marche à suivre.* **2**· Mouvement d'un certain nombre de personnes marchant dans un ordre déterminé. *Nous avons pris part à une marche de protestation.* – Loc. *Ouvrir la marche,* marcher en tête. *Fermer la marche.* **3**· Morceau de musique dont le rythme règle la marche. *Une marche militaire, nuptiale.* **4**· (Choses) Déplacement continu dans une direction déterminée. *Le sens de la marche d'un train. Auto qui fait marche arrière,* qui recule. – Mouvement. *Régler la marche d'une horloge.* **5**· Cours. *La marche du temps.* **6**· Fonctionnement. *Assurer la (bonne) marche d'un service.* – *En état de marche,* capable de marcher. **7**· Loc. adv. ***En marche*** : en train d'avancer. – En fonctionnement. *Mettre un moteur en marche.* → **démarrer.**

3 **marche** n. f. Surtout au plur. Autrefois. Région frontière d'un État.

1 marché [maʀʃe] n. m. **I·** Accord portant sur la fourniture de marchandises, de valeurs ou de services. → **affaire, contrat.** *Conclure, passer un marché.* – Loc. *Mettre (à qqn) le marché en main,* le sommer d'accepter ou de rejeter sans autre délai certaines conditions. – Loc. *Par-dessus le marché,* en plus de ce qui a été convenu, en supplément. Fig. Fam. En plus. *Et il rouspète, par-dessus le marché !* **II·** ***À bon marché*** *:* à bas prix. *Habitations à bon marché. Fabriquer à meilleur marché,* moins cher. → **bon marché.** / contr. cher /

2 marché n. m. **1·** Lieu où se tient une réunion périodique des marchands de denrées alimentaires et de marchandises d'usage courant. → **halle.** *Marché couvert. Place du marché. Marché aux fleurs. Jours de marché. Faire le marché,* aller acheter au marché les denrées nécessaires à la vie quotidienne (→ faire les commissions, les courses). **2·** Ensemble des opérations commerciales, financières, concernant une catégorie de biens dans une zone géographique ; cette zone. *L'offre et la demande sur un marché. Le marché du travail.* – ***Marché commun*** *:* communauté économique européenne (C. E. E.). – ***Marché noir*** *:* marché clandestin résultant de l'insuffisance de l'offre (en période de rationnement, taxation). *Faire du marché noir.* **3·** Débouché pour un produit. *Conquérir un marché.* → **clientèle.** *Étude de marché.* → **marketing.** ▷ **démarcher, hypermarché, supermarché**

marchepied [maʀʃəpje] n. m. Degré ou série de degrés fixes ou pliants qui servent à monter dans une voiture ou à en descendre.

marcher [maʀʃe] v. intr. < conjug. 1 > **I· 1·** Se déplacer par mouvements et appuis successifs des jambes et des pieds sans interrompre le contact avec le sol (par opposition à *courir*). → **marche, pas.** *Enfant qui commence à marcher. Marcher à petits pas rapides.* → **trotter, trottiner.** – *Marcher à quatre pattes. Marcher sur les mains.* **2·** Aller à pied. → **déambuler, se promener.** *Marcher dans une forêt, vers la ville. Marcher sans but, à l'aventure.* → **errer, flâner.** – *Marcher sur* (qqn, l'ennemi), se diriger avec décision et violence. *L'armée marchait sur Paris.* **3·** (Choses) Se mouvoir de manière continue. *Train qui marche à 150 km à l'heure.* → **rouler. 4·** (Mécanisme) Fonctionner. *Montre, pendule qui marche mal. Ma radio ne marche plus.* **5·** Produire l'effet souhaité. *Ses affaires, ses études marchent bien. Ce procédé, cette ruse a marché.* → **réussir. II·** Poser le pied (quelque part). **1·** Mettre le pied (sur qqch.) tout en avançant. *Défense de marcher sur les pelouses.* – Loc. *Marcher sur les traces de qqn,* l'imiter. **2·** Poser le pied (dans, sur qqch.), sans idée d'autre mouvement. *Marcher dans une flaque d'eau. Marcher sur les pieds de qqn.* **III·** Fam. Acquiescer, donner son adhésion à qqch. → **accepter, consentir.** *Non, je ne marche pas ! Ça marche !,* c'est d'accord. – Croire naïvement quelque histoire. *Il a marché dans mon histoire.* – *Faire marcher qqn,* obtenir de lui ce qu'on veut en le trompant. → **berner.** *Arrête de me faire marcher !* ▶ **marcheur, euse** n. et adj. **1·** N. Personne qui peut marcher longtemps, sans fatigue. *Elle est bonne, mauvaise marcheuse.* **2·** Adj. *Oiseaux marcheurs,* qui marchent (et volent difficilement). *L'autruche est un oiseau marcheur.* ▷ **contremarche, 1 démarche, 2 démarche, 2 marche, marchepied**

marcotte [maʀkɔt] n. f. Organe aérien d'une plante (tige, branche) qui développe des racines au contact de la terre. ▶ **marcotter** v. tr. < conjug. 1 > Multiplier (une plante) par marcottes. ▶ **marcottage** n. m. *Reproduction par marcottage.*

mardi [maʀdi] n. m. Le jour de la semaine qui succède au lundi. *Il vient tous les mardis. Nous partirons mardi,* le mardi qui vient. *Mardi gras,* dernier jour du carnaval, qui précède le carême.

mare [maʀ] n. f. **1·** Petite nappe d'eau peu profonde qui stagne. → **flaque.** ≠ étang. **2·** Grande quantité de liquide répandu. *Une mare de sang.*

marécage [maʀekaʒ] n. m. Lieu inculte et humide où s'étendent des marais. ▶ **marécageux, euse** adj. Qui est de la nature du marécage. → **bourbeux.** *Terrain marécageux.*

maréchal, aux [maʀeʃal, o] n. m. Officier général qui a la dignité la plus élevée dans la hiérarchie militaire (on lui dit : *Monsieur le Maréchal*). – Au fém. *Madame la Maréchale,* la femme du maréchal. ▶ **maréchal des logis** n. m. Sous-officier de cavalerie ou d'artillerie (grade qui correspond à celui de sergent, dans l'infanterie). *Des maréchaux des logis.* ▶ **maréchal-ferrant** n. m. Artisan qui ferre les animaux de trait, les chevaux. *Des maréchaux-ferrants.* ▶ **maréchaussée** n. f. Plaisant. Gendarmerie.

marée [maʀe] n. f. **1·** Mouvement journalier d'oscillation de la mer dont le niveau monte et descend alternativement. *Marée montante.* → **flux.** *Marée haute, basse. Grandes marées,* à fortes amplitudes lorsque l'attraction du Soleil se conjugue avec celle de la Lune. – Loc. fig. *Contre vents et marées,* malgré tous les obstacles. **2·** ***Marée noire*** *:* marée qui apporte du mazout échappé des soutes d'un pétrolier. – Pollution des rivages due à ce mazout. *Lutter contre la marée noire.* **3·** *Une marée humaine,* une grande masse de personnes qui se déplace. **4·** Poissons, crustacés, fruits de mer frais. *Train de marée.*

▶ **marémotrice** adj. f. *Usine marémotrice,* produisant de l'énergie électrique avec la force motrice des marées. ▶ **mareyeur, euse** [maʀɛjœʀ, øz] n. Marchand(e) qui achète sur place les produits de la pêche et les expédie aux marchands de poisson. ▷ **raz de marée**

marelle [maʀɛl] n. f. Jeu d'enfants qui consiste à pousser à cloche-pied un palet dans les cases numérotées d'une figure tracée sur le sol. *Jouer à la marelle.* – La figure tracée.

marengo [maʀɛ̃go] n. invar. *Poulet, veau marengo,* qu'on a fait revenir dans l'huile avec des tomates ou des champignons.

margaille [maʀgaj] n. f. Fam. En Belgique. Bagarre, mêlée bruyante. – Fig. Désordre.

margarine [maʀgaʀin] n. f. Substance grasse végétale ou animale ressemblant au beurre et ayant les mêmes usages. *Faire la cuisine à la margarine.*

marge [maʀʒ] n. f. **1·** Espace blanc (autour d'un texte écrit ou imprimé). → **bord.** *Laissez de grandes marges.* – Espace laissé à gauche (d'une page manuscrite ou dactylographiée). *Les corrections sont dans la marge.* **2·** Intervalle d'espace ou de temps dont on dispose entre certaines limites ; possibilité d'action. *Avoir une marge de liberté, de réflexion.* → **délai.** *Marge de sécurité,* disponibilités dont on est assuré au-delà des dépenses prévues. **3·** ***En marge de :*** en dehors de, mais qui se rapporte à. *Émission en marge de l'actualité.* – *Vivre en marge,* sans se mêler à la société. ▶ **marginal, ale, aux** adj. **1·** Didact. Qui est mis dans la marge. *Note marginale.* **2·** Qui n'est pas central, principal. *Occupations, préoccupations marginales.* → **secondaire. 3·** Cour. Qui vit en marge de la société. → **asocial.** – N. *Les marginaux.* ≠ marginaliste. ▶ **marginaliser** v. tr. <conjug. 1> Rendre marginal, tendre à exclure (qqn). *Leur style de vie les marginalise.* ▶ **marginalité** n. f. Caractère marginal (2 et 3). ▷ **émarger**

margelle [maʀʒɛl] n. f. Assise de pierre qui forme le rebord (d'un puits, du bassin d'une fontaine).

margoulette [maʀgulɛt] n. f. Fam. Figure (d'une personne). – Loc. *Se casser la margoulette,* tomber. *Elle s'est cassé la margoulette en descendant.*

margoulin [maʀgulɛ̃] n. m. Individu peu scrupuleux qui fait de petites affaires.

margrave [maʀgʀav] n. m. Ancien titre de certains princes souverains d'Allemagne.

marguerite [maʀgəʀit] n. f. Fleur blanche à cœur jaune, commune dans les prés. → **pâquerette.** *Effeuiller la marguerite.* ▷ **reine-marguerite**

marguillier, ière [maʀgije, jɛʀ] n. Laïc (laïque) chargé(e) de l'entretien et de la garde d'une église. → **bedeau.**

mari [maʀi] n. m. Homme marié, par rapport à sa femme. → **conjoint, époux.** *Le mari de Mme C. Le second mari d'une divorcée. Chercher un mari.* ▷ **marital**

marier [maʀje] v. tr. <conjug. 7> **I· 1·** Unir (deux personnes) en célébrant le mariage. *C'est notre maire qui les a mariés.* **2·** Donner en mariage. *Ils marient leur fils.* **II·** ***Se marier*** v. pron. **1·** (Récipr.) S'unir par le mariage. *Ils se sont mariés à l'église.* **2·** (Réfl.) Contracter mariage. *Il va se marier avec elle.* → **épouser. III·** Unir. → **assortir, combiner.** *Marier des couleurs qui s'harmonisent.* ▶ **marié, ée** adj. et n. **1·** Qui est uni, qui sont unis par le mariage. *Homme marié, femme mariée.* – N. ***Jeune marié(e) :*** celui, celle qui est marié(e) depuis peu. **2·** N. Personne dont on célèbre le mariage. *Robe de mariée.* – Loc. prov. *Se plaindre que la mariée est trop belle,* se plaindre d'une chose dont on devrait se réjouir. ▶ **mariage** n. m. **I· 1·** Union légitime de deux personnes, dans les conditions prévues par la loi. *Du mariage.* → **matrimonial.** *Mariage civil,* contracté devant l'autorité civile. *Contrat de mariage,* qui règle le régime des biens des époux. – Action, fait de se marier. *Il l'a demandée en mariage.* → demander la **main. 2·** La cérémonie du mariage. → **noce.** *Aller, assister à un mariage.* **3·** État, situation d'une personne mariée, d'un couple marié. *Il préfère le mariage au célibat.* **II·** Alliance, union. *Mariage de deux couleurs, de deux parfums.* ▷ se **remarier**

marigot [maʀigo] n. m. Bras mort d'un fleuve, marais*, eau morte, dans une région tropicale.

marijuana [maʀiʀwana ; maʀiʒɥana] n. f. Stupéfiant tiré du chanvre indien. → **cannabis.** *Il fume de la marijuana.*

1 **marin, ine** [maʀɛ̃, in] adj. **1·** De la mer. *Air marin. Sel marin. Animaux marins.* **2·** Relatif à la navigation sur la mer. *Carte, lunette marine. Mille marin.* – Loc. *Avoir le pied marin,* garder son équilibre sur un bateau. ▶ 2 **marin** n. m. **1·** Celui qui est habile dans l'art de la navigation sur mer. → **navigateur.** *Les Phéniciens étaient un peuple de marins.* **2·** Personne (surtout homme) dont la profession est de naviguer sur la mer. → **matelot.** – Loc. fam. *Marin d'eau douce,* médiocre marin. **3·** Adj. *Costume marin,* costume bleu de petit garçon qui rappelle celui des marins. ▶ 1 **marine** n. f. **I· 1·** Tout ce qui concerne l'art de la navigation sur mer. *Musée de la marine.* **2·** Ensemble des navires appartenant à une même nation ou entrant dans une même catégorie. *La marine française, anglaise. Marine mili-*

taire, marine de guerre. Marine marchande, marine de commerce. Officiers de marine. **II·** Adj. invar. ***Bleu marine,*** ou ***marine*** : bleu foncé semblable au bleu des uniformes de la marine. *Des chaussettes bleu marine, marine.* **III·** Peinture ayant la mer pour sujet. ▶ 2 **marine** n. m. Soldat de l'infanterie de marine américaine ou anglaise. ▷ **héliomarin, marina, marinière**

marina [marina] n. f. Anglic. Ensemble touristique aménagé autour d'un port de plaisance, en bord de mer ; ce port.

mariner [marine] v. intr. < conjug. 1 > **1·** Être, tremper dans une marinade. *Cette viande doit mariner plusieurs heures. Faites mariner le morceau de bœuf pendant 24 h.* → **macérer.** **2·** Fam. (Suj. personne) Rester longtemps dans un lieu ou une situation désagréable. *Ils l'ont laissé mariner trois jours avant de l'interroger.* ▶ **marinade** n. f. Liquide (vin, etc.) salé et épicé dans lequel on met du poisson, de la viande avant la cuisson. – Aliment mariné. *Nous avons mangé une marinade de veau.* ▶ **mariné, ée** adj. Trempé, conservé dans une marinade. *Harengs marinés.*

maringouin [marɛ̃gwɛ̃] n. m. Au Canada, dans les pays tropicaux. Moustique, cousin 2. *L'époque des maringouins dans les Laurentides.*

marinier [marinje] n. m. Personne (surtout homme) dont la profession est de naviguer sur les fleuves, les canaux. → **batelier.**

marinière [marinjɛr] n. f. **1·** ***À la marinière*** : à la manière des pêcheurs, des marins. *Moules à la marinière* ou *moules marinière*, préparées dans leur jus, avec des oignons. **2·** Vieilli. Blouse sans ouverture sur le devant et qui descend un peu plus bas que la taille. **3·** Tee-shirt ou blouse portant des rayures horizontales bleues ou rouges sur fond blanc.

mariol ou **mariolle** [marjɔl] adj. et n. Fam. Malin. *C'est un sacré mariolle. Faire le mariolle,* se vanter, faire l'intéressant.

marionnette [marjɔnɛt] n. f. **1·** Figurine représentant un être humain ou un animal, actionnée à la main par une personne cachée. *Marionnettes à fils, à tige, à gaine.* → **guignol.** *Théâtre de marionnettes.* **2·** Personne qu'on manœuvre à son gré, à laquelle on fait faire ce qu'on veut. → **pantin.** ▶ **marionnettiste** n. Montreur de marionnettes.

marital, ale, aux [marital, o] adj. Qui appartient au mari. *La vie maritale.* ▶ **maritalement** adv. Comme mari et femme. *Ils vivent maritalement.* → en **concubinage.**

maritime [maritim] adj. **1·** Qui est au bord de la mer, subit l'influence de la mer. *Ville maritime. Ports maritimes et ports fluviaux.* **2·** Qui se fait sur mer, par mer. *Navigation maritime.* **3·** Qui concerne la marine, la navigation. → **naval.** *Forces maritimes. Droit maritime.*

marivauder [marivode] v. intr. < conjug. 1 > Tenir, échanger des propos d'une galanterie délicate et recherchée. → **badiner.** *Ils marivaudaient à l'écart des invités.* ▶ **marivaudage** n. m. Action de marivauder ; propos galants.

marjolaine [marʒɔlɛn] n. f. Plante sauvage utilisée comme aromate. → **origan.** *Le thym et la marjolaine.*

mark [mark] n. m. **1·** Unité monétaire allemande (avant l'euro). *Cent marks.* – Unité monétaire de la Finlande (avant l'euro). **2·** Unité monétaire de la Bosnie-Herzégovine.

marketing [markətiŋ] n. m. Anglic. Ensemble des techniques qui ont pour objet la stratégie commerciale et notamment l'étude de marché. *Il fait du marketing.* – **REM.** Il vaut mieux dire : *marchéage,* n. m., et *mercatique,* n. f., *marchandisage,* n. m.

marlou [marlu] n. m. Fam. Souteneur. → fam. 2 **maquereau.** *Des marlous.*

marmaille [marmaj] n. f. Fam. Groupe nombreux de jeunes enfants bruyants.

marmelade [marməlad] n. f. **1·** Préparation de fruits écrasés et cuits avec du sucre, du sirop. ≠ compote, confiture. *Marmelade d'oranges.* **2·** ***En marmelade*** : réduit en bouillie. → **capilotade.** *Le boxeur avait le nez en marmelade.*

marmite [marmit] n. f. Récipient muni d'un couvercle et généralement d'anses (ou *oreilles*), dans lequel on fait bouillir l'eau, cuire des aliments. → **cocotte, fait-tout.** – Loc. *Faire bouillir la marmite,* assurer la subsistance de sa famille. ▶ **marmiton** n. m. Jeune aide-cuisinier.

marmonner [marmɔne] v. tr. < conjug. 1 > Dire, murmurer entre ses dents, d'une façon confuse. → **bredouiller, marmotter.** *Marmonner des injures.* ▶ **marmonnement** n. m.

marmoréen, éenne [marmɔreɛ̃, eɛn] adj. Littér. Qui a l'apparence (blancheur, éclat, froideur) du marbre.

marmot [marmo] n. m. **1·** Fam. Jeune enfant. **2·** Loc. *Croquer le marmot,* attendre. ▷ **marmaille**

marmotte [marmɔt] n. f. **1·** Mammifère rongeur au corps ramassé, au pelage fourni. *La marmotte s'engourdit par le froid.* – Loc. *Dormir comme une marmotte,* profondément (→ comme un loir). **2·** Sa fourrure. *Manteau de marmotte.*

marmotter [maʀmɔte] v. tr. < conjug. 1 > Dire confusément, en parlant entre ses dents. → **bredouiller, marmonner.** *Marmotter des prières.* ▶ **marmottement** n. m.

marne [maʀn] n. f. Mélange naturel d'argile et de calcaire. ▶ **marneux, euse** adj. Qui contient de la marne. *Terrain, sol marneux.*

marner [maʀne] v. intr. < conjug. 1 > Fam. Travailler dur. → fam. **trimer.**

marocain, aine [maʀɔkɛ̃, ɛn] adj. Du Maroc. – N. *Les Marocains.*

maroquin [maʀɔkɛ̃] n. m. Peau de chèvre, de mouton, tannée et teinte. *Sac en maroquin.* ▶ **maroquinerie** n. f. Ensemble des industries utilisant les cuirs fins pour la fabrication de certains articles (portefeuilles, porte-monnaie, sacs à main, sous-main, etc.). *Il travaille dans la maroquinerie.* – Commerce de ces articles ; les articles eux-mêmes. – Magasin où l'on vend des articles de maroquinerie. *Il travaille dans une maroquinerie.* ▶ **maroquinier, ière** n. Personne qui fabrique ou qui vend des articles de maroquinerie. *J'ai acheté ce sac chez le maroquinier.*

marotte [maʀɔt] n. f. Idée fixe, manie. → **dada, folie.** *Il a la marotte des mots croisés. Encore une nouvelle marotte !* → **caprice.**

maroufler [maʀufle] v. tr. < conjug. 1 > Appliquer (une toile peinte) sur une surface (mur, toile) avec de la colle forte (appelée *maroufle*, n. f.).

marque [maʀk] n. f. (→ **marquer**) **I· 1·** Signe matériel, empreinte mis(e), fait(e) sur une chose pour la distinguer, la reconnaître ou pour servir de repère. *Coudre une marque à son linge. Marques sur des papiers, des dossiers.* **2·** En sport. Trait, repère fait sur le sol ou dispositif, pour régler certains mouvements. → **starting-block.** *À vos marques !* **3·** Signe attestant un contrôle, le paiement de droits. → **cachet, estampille, poinçon.** *La marque de la douane.* **4·** *Marque de fabrique, commerce*, signe servant à distinguer les produits d'un fabricant, les marchandises d'un commerçant, d'une collectivité. → **étiquette, label, poinçon.** *Produits de marque*, qui portent une marque connue, appréciée. *Les noms de marques sont des noms propres.* – ***Marque déposée***, que le fabricant a enregistrée auprès d'un organisme (I. N. P. I.*) pour la protéger. – L'entreprise qui fabrique des produits de marque ; ces produits. *Les grandes marques d'automobiles.* – ***Image* de marque.*** **II·** Trace naturelle dont l'origine est reconnaissable. → **impression, trace.** *Des marques de pas, de roues de voiture dans un chemin. Marques de coups sur la peau.* **III· 1·** Tout ce qui sert à faire reconnaître, à retrouver une chose. *Mettre une marque dans un livre pour retrouver un passage.* → **marque-page, signet.** – Loc. *Trouver, retrouver, prendre, reprendre, poser ses marques*, se situer. *Perdre ses marques.* **2·** Décompte des points au cours d'un match. *À la mi-temps, la marque était nulle.* → **score. 3·** Insigne, signe. *Les marques de sa fonction, de son grade.* – ***De marque*** : distingué. → de **qualité.** *Hôtes de marque.* **IV·** Abstrait. Caractère, signe particulier qui permet de reconnaître, d'identifier (qqch.). → **critère, indice, symptôme, témoignage.** *Être la marque de qqch.* → **révéler.** *Réflexion qui porte la marque du bon sens. Donner des marques d'estime, de franchise.* → **preuve.**

marquer [maʀke] v. < conjug. 1 > **I·** V. tr. Concret. **1·** Distinguer, rendre reconnaissable (une personne, une chose parmi d'autres) au moyen d'une marque (I), d'un repère. → **indiquer, repérer, signaler.** *Marquer un objet d'un signe, par un repère.* **2·** Fam. Écrire, noter. *J'ai marqué son numéro de téléphone sur mon carnet.* **3·** Former, laisser une trace, une marque (II) sur (qqch.). *Des traces de doigts marquaient les glaces.* – Fig. *Ces événements l'ont marqué.* **4·** Indiquer, signaler par une marque, un jalon. *Marquer une limite.* → **délimiter, jalonner.** *Le ruisseau marque la limite de la propriété.* **5·** (Instrument) Indiquer. *Cette montre ne marque pas les secondes.* **6·** *Marquer les points, au cours d'une partie, d'un jeu*, les enregistrer. *Marquer les coups.* – Loc. ***Marquer le coup*** : souligner, par une réaction, l'importance que l'on attache à qqch. ; manifester que l'on a été atteint, touché, offensé par qqch. *Il vient d'avoir son diplôme et a voulu marquer le coup en invitant ses amis. Il a marqué le coup, mais il s'est vite repris.* – *Marquer un point*, obtenir un avantage sur ses adversaires. – *Marquer un but* (football), *un essai* (rugby), réussir un but, un essai. Ellipt. *Son équipe vient de marquer.* **7·** Rendre sensible ou plus sensible ; accentuer, souligner. *Marquer la mesure. Marquer le pas*, piétiner sur place en cadence. *Il a marqué une pause*, il s'est arrêté. **II·** Fig. **1·** Faire connaître, extérioriser (un sentiment, une pensée). → **exprimer, manifester, montrer.** *Marquer son assentiment, son refus. Il marque de l'intérêt pour elle.* **2·** (Choses) Faire connaître, révéler par un signe, un caractère. → **annoncer, attester, dénoter, indiquer, révéler, témoigner.** *Ses moindres paroles marquent sa bonté.* **III·** V. intr. **1·** Faire une impression assez forte pour laisser un souvenir durable. *Événements qui marquent.* → **dater ; marquant. 2·** Laisser une trace, une marque. *Ce tampon ne marque plus.* **IV·** ***(Être)marqué, (ée)*** p. p. et adj. **1·** Pourvu d'une marque. *Linge marqué.* – (Personnes) (Être) engagé, compromis. *Il est marqué à droite.* – *Visage marqué*, ridé. **2·** Écrit, noté. *Il n'y a rien de marqué sur cet écriteau.* **3·** Indiqué, signalé. *Ce hameau n'est pas marqué* *sur la carte.* **4·** Qui se reconnaît facilement. *Une différence marquée.* ▶ **marquant, ante** adj. Qui marque, laisse une trace, un souvenir. → **mémorable, remarquable.** *Événement marquant.* / contr. insignifiant / ▶ **marquage** n. m. Opération par laquelle on marque des animaux, des arbres, des marchandises, des routes. ▶ **marque-page** [maʀk(ə)paʒ] n. m. → **signet.**

▶ **marqueur, euse** n. **1·** Personne qui appose des marques. *Un marqueur de bétail.* – N. f. ***Marqueuse*** : machine qui imprime la marque sur les produits. **2·** N. m. ***Marqueur*** : celui qui compte les points, les inscrit. **3·** N. m. Crayon feutre traçant de larges traits. *Écris ce titre au marqueur.*
▷ **contremarque, démarquer, marque, remarquer**

marqueterie [maʀkə(ɛ)tʀi] n. f. **1·** Assemblage décoratif de pièces de bois précieux (ou d'écaille, d'ivoire) appliquées sur un fond de menuiserie. *Coffret en marqueterie.* **2·** Branche de l'ébénisterie relative à ces ouvrages.

marquis, ise [maʀki, iz] n. Noble qui prend rang après le duc et avant le comte. *Monsieur le Marquis. La marquise de Sévigné.*

① **marquise** [maʀkiz] n. f. Auvent généralement vitré au-dessus d'une porte d'entrée, d'un perron. *Marquises d'une gare,* vitrages qui abritent les quais.

② **marquise** n. f. Gâteau voisin de la charlotte (I). *Marquise au chocolat.*

marraine [maʀɛn] n. f. **1·** Celle qui tient (ou a tenu) un enfant (son *filleul*) à son baptême. *Le parrain et la marraine.* – Appellatif. *Bonjour marraine.* **2·** Celle qui préside au baptême d'une cloche, au lancement d'un navire, etc. (→ **parrain**).

marre [maʀ] adv. Fam. ***En avoir marre*** : en avoir assez, être dégoûté. *J'en ai marre de ses histoires.* – Impers. *(Il) y en a marre,* en voilà assez. – *C'est marre,* ça suffit, c'est tout.

se marrer [maʀe] v. pron. <conjug. 1> Fam. S'amuser, rire. *Ils se sont bien marrés.* → **rigoler.** – *Faire marrer qqn,* le faire rire. *Tu me fais marrer.*
▶ **marrant, ante** adj. Fam. **1·** Amusant, drôle. *Un film marrant. Il n'est pas marrant, ton copain,* il n'est pas gai. **2·** Bizarre, curieux, étonnant. *C'est marrant qu'il ait accepté.* **3·** (Personnes) Dont le comportement, les paroles sont étranges. *T'es marrant, toi, je n'ai pas le temps de venir.*

marri, ie [maʀi] adj. Vx ou littér. Triste, fâché.

① **marron** [maʀɔ̃] n. m. et adj. invar. **1·** N. m. Fruit comestible (cuit) du châtaignier cultivé. → **châtaigne.** *Dinde aux marrons.* – *Marrons glacés,* châtaignes confites dans du sucre. – Loc. *Tirer les marrons du feu,* se donner de la peine pour le seul profit d'autrui. **2·** N. m. *Marron d'Inde* ou *marron,* graine non comestible du marronnier d'Inde (qui ressemble à la châtaigne). **3·** Adj. invar. D'une couleur brune et foncée. *Des robes marron.* – N. m. *Elle porte du marron.* ▶ **marronnier** n. m. **1·** Nom d'une variété de châtaignier cultivé. **2·** Grand arbre d'ornement à fleurs blanches ou rouges disposées en pyramides, dont la graine est appelée *marron d'Inde* (2).

② **marron** n. m. Fam. Coup de poing. → fam. **châtaigne, macaron** (4). *Il a reçu un marron.*

③ **marron, onne** [maʀɔ̃, ɔn] adj. **1·** ***Esclave marron*** : se disait des esclaves qui s'étaient enfuis pour vivre en liberté. **2·** Qui se livre à l'exercice illégal d'une profession, ou à des pratiques illicites (surtout *médecin marron*). → **clandestin.** *Avocate marronne.* **3·** Adj. masc. invar. Fam. *Être (fait) marron,* pris, attrapé, trompé, dupé. *Elles sont marron.*

mars [maʀs] n. m. invar. Troisième mois de l'année dans le calendrier actuel. *Les giboulées de mars.*

marseillais, aise [maʀsɛjɛ, ɛz] adj. et n. **1·** Adj. De Marseille. *Histoires marseillaises* (histoires comiques). – N. *Les Marseillais.* **2·** N. f. *La Marseillaise,* l'hymne national français.

marsouin [maʀswɛ̃] n. m. Mammifère cétacé des mers froides et tempérées, plus petit que le dauphin.

marsupiaux [maʀsypjo] n. m. pl. **1·** Ordre de mammifères vivipares, dont le développement embryonnaire s'achève dans la cavité ventrale de la mère, qui renferme les mamelles. – Au sing. *Un marsupial. Le kangourou et le koala sont des marsupiaux.* **2·** Fam. (Personnes) *Tas de marsupiaux !* → fam. **zigoto.**

marte → **martre.**

① **marteau** [maʀto] n. m. **1·** Outil pour frapper, composé d'une masse métallique fixée à un manche. *Enfoncer un clou avec un marteau.* **2·** Dans des noms composés. Machine-outil agissant par percussion. ***Marteau pneumatique*** : dans lequel un piston fonctionnant à l'air comprimé frappe avec force sur un outil. ***Marteau-piqueur.*** → **perforatrice.** *Des marteaux-piqueurs.* – ***Marteau-pilon*** : masse pesante agissant verticalement. *Des marteaux-pilons.* **3·** *Marteau de commissaire-priseur,* petit maillet pour adjuger (en frappant sur la table). **4·** Pièce de bois, dont l'extrémité supérieure feutrée frappe une corde de piano quand on abaisse la touche correspondante du clavier. **5·** Heurtoir fixé au vantail d'une porte. *J'ai actionné le marteau et il m'a ouvert.* **6·** En appos. ***Requin marteau*** : dont la tête présente deux prolongements latéraux symétriques portant les yeux. **7·** Un des trois osselets de l'oreille moyenne. **8·** Sphère métallique, reliée par un fil d'acier à une poignée en forme de boucle, et que les athlètes lancent en pivotant sur eux-mêmes. *Le lancement, le lancer du marteau. Être champion au (de) marteau.* ▷ **martel, marteler**

② **marteau** adj. Fam. *Être marteau,* fou, cinglé. *Elle est marteau.*

martel [maRtɛl] n. m. Vx. Marteau. – Loc. ***Se mettre martel en tête*** : se faire du souci. *N'allez pas vous mettre martel en tête.* ▶ **marteler** [maRtəle] v. tr. < conjug. 5 > **1·** Battre, frapper à coups de marteau. *Marteler un métal sur l'enclume.* – Au p. p. adj. *Cuivre martelé,* travaillé au marteau. **2·** Frapper fort et à coups répétés sur (qqch.). *Il martelait la table à coups de poing.* – *Cette idée lui martèle la cervelle.* **3·** Prononcer en articulant avec force, en détachant les syllabes. *Elle martèle ses mots.* ▶ **martelage** n. m. Opération par laquelle on martèle (1). ▶ **martèlement** ou **martellement** n. m. **1·** Bruit, choc du marteau. **2·** Action de marteler (2).

martial, ale, aux [maRsjal, o] adj. **1·** Relatif à la guerre, à la force armée (le dieu romain *Mars* était le dieu de la guerre). *Loi martiale,* autorisant le recours à la force armée. – *Cour martiale,* tribunal militaire exceptionnel. **2·** Souvent iron. Qui dénote ou rappelle les habitudes militaires. *Allure, voix martiale.* **3·** *Arts martiaux,* sports de combat d'origine japonaise. → **jiu-jitsu, judo, karaté.**

martien, ienne [maRsjɛ̃, jɛn] adj. et n. **1·** De la planète Mars. *L'observation martienne.* **2·** N. Habitant supposé de la planète Mars ; extra-terrestre (il n'y a pas de vie évoluée sur Mars).

① **martinet** [maRtinɛ] n. m. Oiseau passereau, à longues ailes, qui ressemble à l'hirondelle.

② **martinet** n. m. Petit fouet à plusieurs lanières.

① **martingale** [maRtɛ̃gal] n. f. Bande de tissu, de cuir, etc., placée horizontalement dans le dos d'un vêtement, à hauteur de la taille. *Veste à martingale.*

② **martingale** n. f. Combinaison basée sur le calcul des probabilités au jeu. *Inventer, suivre une martingale.*

martin-pêcheur [maRtɛ̃pɛʃœR] n. m. Petit oiseau à long bec, à plumage bleu et roux, qui se nourrit de poissons. *Des martins-pêcheurs.*

martre [maRtR] ou **marte** [maRt] n. f. Mammifère carnivore au corps allongé, au museau pointu, au pelage brun. – Sa fourrure.

martyr, yre [maRtiR] n. **1·** Personne qui a souffert pour avoir refusé d'abjurer sa foi, sa religion. *Saint martyr, vierge et martyre* (christianisme). – Loc. *Prendre, se donner des airs de martyr, jouer les martyrs,* affecter une grande souffrance. **2·** Personne qui meurt, qui souffre pour une cause. *Être le martyr d'un idéal, de la liberté.* **3·** Personne que les autres maltraitent, martyrisent. → **souffre-douleur.** – En appos. *Enfant martyr,* maltraité par ses parents (appelés *bourreaux d'enfants*). ▶ **martyre** n. m. **1·** La mort, les tourments qu'un martyr endure pour sa religion, pour une cause. **2·** Peine cruelle, grande souffrance (physique ou morale). → **calvaire, supplice, torture.** *Sa maladie fut un martyre, lui fit souffrir le martyre.* ▶ **martyriser** v. tr. < conjug. 1 > Faire souffrir beaucoup, physiquement ou moralement. → **torturer, tourmenter.**

marxisme [maRksism] n. m. Doctrine philosophique sociale et économique élaborée par Karl Marx, Friedrich Engels et leurs continuateurs. → **communisme, socialisme.** *Marxisme-léninisme.* ▶ **marxiste** adj. et n. Relatif au marxisme. – N. *Un, une marxiste,* partisan du marxisme.

mas [mɑ(s)] n. m. invar. En Provence. Ferme ou maison de campagne de style traditionnel.

mascara [maskaRa] n. m. Fard pour les cils. → **khôl, rimmel.** *Elle s'est mis du mascara.*

mascarade [maskaRad] n. f. **1·** Divertissement où les participants sont déguisés et masqués. – Ensemble de personnes déguisées. **2·** Déguisement, accoutrement ridicule ou bizarre. *Qu'est-ce que c'est que cette mascarade ?* **3·** Actions, manifestations hypocrites ; mise en scène trompeuse. *Ce procès n'est qu'une mascarade.*

mascaret [maskaRɛ] n. m. Longue vague déferlante produite dans certains estuaires par la rencontre du flux et du reflux. *Le mascaret de la Seine, de la Garonne.* → **barre** (5).

mascotte [maskɔt] n. f. Animal, personne ou objet considérés comme portant bonheur. → **fétiche.** *Ce chien était la mascotte du groupe.*

masculin, ine [maskylɛ̃, in] adj. **I· 1·** Qui a les caractères de l'homme (mâle), tient de l'homme. *Goûts masculins.* → **viril.** / contr. **féminin** / **2·** Qui a rapport à l'homme, est réservé aux hommes. *Métier masculin.* **3·** Qui est composé d'hommes. *La population masculine.* **II·** Grammaire et poétique. **1·** Qui s'applique aux êtres mâles (opposé à *féminin*), mais le plus souvent (en français) à des êtres et à des choses sans rapport avec l'un ou l'autre sexe. *Genre masculin. Substantif masculin.* – N. m. *Le masculin,* le genre masculin. **2·** *Rime masculine,* qui ne se termine pas par un e muet (opposé à *féminine*). ▷ **émasculer**

maskinongé [maskinɔ̃ʒe] n. m. Au Canada. Poisson d'eau douce, sorte de grand brochet.

masochisme [mazɔʃism] n. m. Comportement d'une personne qui trouve du plaisir à souffrir, qui recherche la douleur et l'humiliation (opposé à *sadisme*). ▶ **masochiste** adj. et n. Qui est atteint de masochisme. – Abrév. fam. **maso** [mazo] adj. et n. *Ils sont un peu masos.* ▷ **sadomasochisme**

masque [mask] n. m. **I· 1·** Objet dont on couvre le visage humain pour transformer son aspect naturel. *Masques africains, polynésiens. Masques de carnaval.* → **loup. 2·** Dehors trompeur. → **apparence, extérieur.** *Sa douceur n'est qu'un masque.* – Loc. *Lever, jeter le masque,* se montrer tel qu'on est. **3·** Aspect, modelé du visage. → **physionomie.** *Avoir un masque impénétrable.* → **air, expression. II· 1·** Empreinte prise sur le visage d'une personne, spécialt d'un mort. **2·** Appareil qui sert à protéger le visage. *Masque d'escrime, de plongée.* **3·** ***Masque à gaz*** : appareil protégeant des fumées et gaz asphyxiant les voies respiratoires et le visage. **4·** Dispositif placé sur le visage d'une personne pour lui faire respirer des vapeurs anesthésiques. *On l'a endormi au masque.* **5·** Couche de crème, etc., appliquée sur le visage pour resserrer, tonifier, adoucir l'épiderme. **III·** Abri, masse de terre ou obstacle naturel formant écran. *Installer une pièce de mortier derrière un masque.* ▶ **masqué, ée** adj. **1·** Couvert d'un masque. *Visage masqué. Être attaqué par des gangsters masqués.* **2·** ***Bal masqué*** : où l'on porte des masques. ▶ **masquer** v. tr. < conjug. 1 > **1·** Déguiser sous une fausse apparence. → **dissimuler.** *Masquer la vérité.* / contr. montrer / **2·** Cacher à la vue. *Cette maison masque le paysage.* ▷ **démasquer, mascarade**

massacrer [masakʀe] v. tr. < conjug. 1 > **1·** Tuer avec sauvagerie et en masse (des êtres qui ne peuvent pas se défendre). → **exterminer.** *Ils ont massacré les prisonniers.* **2·** Mettre à mal (un adversaire en état d'infériorité). *Le catcheur a massacré son adversaire.* → fam. **démolir, esquinter.** – Fam. Mettre (une chose) en très mauvais état. → **abîmer, saccager.** – Endommager involontairement par un travail maladroit et brutal. → fam. **bousiller.** *Massacrer un texte en le récitant, en le traduisant.* ▶ **massacre** n. m. **1·** Action de massacrer ; résultat de cette action. → **carnage, hécatombe, tuerie.** *Le massacre d'un peuple, d'une minorité ethnique.* → **extermination ; génocide, holocauste.** – *Envoyer des soldats au massacre,* les exposer à une mort certaine. – ***Jeu de massacre*** : qui consiste à abattre des poupées à bascule, en lançant des balles de son. **2·** Combat dans lequel la personne qui a le dessus met à mal son adversaire. *Ce match de boxe a tourné au massacre.* **3·** Le fait d'endommager par brutalité ou maladresse ; travail très mal exécuté. *Le découpage de ce poulet est un vrai massacre.* – Exécution ou interprétation artistique exécrable, qui défigure une œuvre. ▶ **massacrant, ante** adj. Loc. *Humeur massacrante* : très mauvaise. *Il est d'une humeur massacrante.* ▶ **massacreur, euse** n. **1·** Personne qui massacre. → **assassin, tueur.** *Les massacreurs de la Saint-Barthélemy.* **2·** Personne qui, par maladresse, gâte (qqch.), exécute mal (un travail). *Ce pianiste est un massacreur.*

massage [masaʒ] n. m. Action de masser ② ; technique du masseur.

① **masse** [mas] n. f. **I· 1·** *Une masse,* quantité relativement grande (de substance solide ou pâteuse) qui n'a pas de forme définie, ou dont on ne considère pas la forme. *Une masse de pâte, de chair.* – Loc. *Tomber, s'affaisser, s'écrouler comme une masse,* pesamment. – Quantité relativement grande (d'une matière fluide). *Masse d'air froid.* **2·** *La masse de qqch.,* la masse qu'elle constitue. *La masse d'un édifice.* – Sans compl. *Pris, taillé dans la masse,* dans un seul bloc de matière. **3·** ***Masse de*** (suivi d'un mot au plur.) : réunion de nombreux éléments distincts. → **amas.** *Une masse de cailloux.* → **tas.** – *Réunir une masse de documents,* une grande quantité. *La grande masse des...,* la majorité. Fam. *Il n'y en a pas des masses,* pas beaucoup. **II· 1·** Multitude de personnes constituant un ensemble. *Civilisation de masse, culture de masse. Les médias de masse.* → **mass media.** *Les masses laborieuses.* – Absolt. ***Les masses*** : les couches populaires. → **peuple. 2·** *La masse,* la majorité, opposée aux individus qui font exception. *Ce spectacle plaît à la masse,* au grand public. **III·** ***En masse*** loc. adv. **1·** Tous ensemble en un groupe nombreux. → en **bloc,** en **foule.** *Ils sont arrivés en masse.* **2·** Fam. En grande quantité. **IV·** Sciences. **1·** Quantité de matière (d'un corps) ; rapport constant qui existe entre les forces qui sont appliquées à un corps et les accélérations correspondantes. *Le poids est proportionnel à la masse. Masse spécifique d'une substance,* masse de l'unité de volume. → **densité.** – *Masses atomiques, moléculaires.* **2·** Conducteur électrique commun auquel sont reliés les points de même potentiel d'un circuit. ▷ **amasser, biomasse,** ① **masser,** ① **massif,** ② **massif, mass media, ramasser**

② **masse** n. f. **1·** Gros maillet utilisé pour enfoncer, frapper. *Une masse de sculpteur, de mineur.* **2·** Fam. ***Coup de masse*** : choc violent, accablant ; prix excessif. *N'allez pas dans ce restaurant, c'est le coup de masse !* → fam. coup de **fusil.** ▷ **massue**

massepain [maspɛ̃] n. m. Pâtisserie faite d'amandes pilées, de sucre et de blancs d'œufs.

① **masser** [mase] v. tr. < conjug. 1 > Disposer, rassembler en une masse, en masses. → **amasser,**

assembler. *Masser des hommes sur une place.* → **réunir.** – Pronominalement (réfl.). *La foule s'était massée pour protester.* / contr. se disperser /

② **masser** v. tr. < conjug. 1 > Frotter, presser, pétrir (différentes parties du corps) avec les mains ou à l'aide d'appareils spéciaux, dans une intention thérapeutique ou hygiénique. *Masser qqn ; se faire masser* (→ **massage**). ▶ **masseur, euse** n. **1·** Personne qui pratique professionnellement le massage. *Le masseur d'un sportif.* → **soigneur.** *Masseur qui pratique la kinésithérapie.* → **kinésithérapeute. 2·** Instrument, appareil servant à masser. *Masseur à rouleau.* ▷ **massage, vibromasseur**

masséter [masetɛʀ] n. m. Muscle élévateur du maxillaire inférieur.

massicot [masiko] n. m. Machine à rogner le papier. ▶ **massicoter** v. tr. < conjug. 1 > Rogner (le papier) au massicot.

① **massif, ive** [masif, iv] adj. **1·** Dont la masse occupe tout le volume apparent ; qui n'est pas creux (→ **plein**). *Bijou d'or massif. Porte en chêne massif.* / contr. plaqué / **2·** Qui présente l'apparence d'une masse épaisse ou compacte. → **épais, gros, lourd, pesant ;** péj. **mastoc.** *Une colonne massive. Un homme massif.* → **trapu.** / contr. élancé, svelte / **3·** Qui est fait, donné, qui se produit en masse. *Dose massive.* ▶ **massivement** adv. D'une manière massive. – En masse. *Ils ont répondu massivement à cet appel.*

② **massif** n. m. **1·** Ouvrage de maçonnerie formant une masse pleine. **2·** Groupe compact (d'arbres, d'arbrisseaux, de fleurs). *Massif de roses. Les massifs et les parterres d'un parc.* **3·** Ensemble montagneux de forme massive (opposé à *chaîne*). *Le Massif central.*

mass media ou **mass-médias** [masmedja] n. m. pl. → **média.**

massue [masy] n. f. **1·** Bâton à grosse tête noueuse, servant d'arme. → **casse-tête, masse. 2·** En appos. Invar. *Des **arguments massue** :* qui font sur l'interlocuteur l'effet d'un coup de massue, le laissent sans réplique.

master [mastɛʀ] n. m. Anglic. En France. Diplôme universitaire sanctionnant cinq années d'études après le baccalauréat. *Licence, master et doctorat* (abrév. *L. M. D.*). *Elle a obtenu un master en économie.* ≠ mastère. ▶ **mastère** n. m. En France. Diplôme délivré par les grandes écoles sanctionnant une année d'étude spécialisée. ≠ master.

① **mastic** [mastik] n. m. **1·** Mélange pâteux et adhésif durcissant à l'air. *Mastic pour fixer les vitres aux fenêtres.* **2·** Adj. invar. D'une couleur gris-beige clair. *Des imperméables mastic.* ▶ ① **mastiquer** v. tr. < conjug. 1 > Joindre ou boucher avec du mastic. *Mastiquer des vitres.*

② **mastic** n. m. Imprimerie. Erreur d'impression, mélange de caractères ou interversion de deux lignes, de deux passages.

② **mastiquer** v. tr. < conjug. 1 > Broyer, triturer avec les dents (un aliment avant de l'avaler ou une substance non comestible qu'on rejette). → **mâcher.** *Il mastique du chewing-gum.* – Sans compl. *Mastiquez bien en mangeant !* ▶ **mastication** n. f. Action de mâcher, de mastiquer. ▶ **masticateur, trice** adj. Qui sert à mâcher. *Muscles masticateurs.*

mastoc [mastɔk] adj. invar. Péj. Massif et sans grâce. *Des formes mastoc.*

mastodonte [mastɔdɔ̃t] n. m. **1·** Énorme animal fossile proche de l'éléphant (→ **mammouth**). **2·** Personne d'une énorme corpulence. **3·** Machine, véhicule gigantesque.

mastoïdite [mastɔidit] n. f. Inflammation de l'os temporal, en arrière et au-dessous de l'oreille (maladie grave).

masturbation [mastyʀbɑsjɔ̃] n. f. Pratique qui consiste à provoquer (sur soi-même ou sur son partenaire) le plaisir sexuel par des contacts manuels. → **onanisme.** ▶ **masturber** v. tr. < conjug. 1 > Procurer à (qqn) le plaisir par la masturbation. – ***Se masturber*** v. pron. réfl. : se livrer à la masturbation.

m'as-tu-vu [matyvy] n. invar. **REM.** On ne prononce pas le *s*. Personne vaniteuse. *De jeunes m'as-tu-vu.* – Adj. invar. *Ce qu'elle est m'as-tu-vu !*

masure [mazyʀ] n. f. Petite habitation misérable, maison vétuste et délabrée. → **baraque, cabane.**

① **mat** [mat] adj. invar. et n. m. Se dit, aux échecs, du roi qui est mis en échec et ne peut plus quitter sa place sans être pris. *Le roi est mat. Échec et mat !* ▷ ① **mater**

② **mat, mate** [mat] adj. **1·** Qui n'est pas brillant ou poli. *Le côté mat et le côté brillant d'un tissu.* **2·** *Teint mat,* assez foncé et peu transparent. *Il a la peau mate.* / contr. clair / **3·** (Sons, bruits) Qui a peu de résonance. → **sourd.** *Bruit, son mat.* / contr. sonore / ▷ **matifier**

mât [mɑ] n. m. **1·** Long poteau dressé sur le pont d'un navire pour porter, à bord des voiliers, les voiles et leur gréement (→ **mâture**), et, à bord des autres bâtiments, les installations radioélectriques, etc. *Les trois mâts d'une caravelle.* → **trois-mâts.** – *Mât de charge* (pour transporter les marchandises, soit à bord, soit du quai).

2· Long poteau de bois. – Longue perche lisse. *Il a grimpé au mât. Mât de cocagne*.* ▷ **démâter, mâture, trois-mâts**

matador [matadɔʀ] n. m. Torero chargé de la mise à mort du taureau. *Des matadors.*

matamore [matamɔʀ] n. m. Faux brave, vantard. → **fanfaron.** *Il n'arrête pas de faire le matamore.*

match [matʃ] n. m. Compétition entre deux ou plusieurs concurrents, deux ou plusieurs équipes. *Des matchs* ou *des matches. Match de boxe.* → **combat, rencontre.** *Disputer un match (avec qqn). Ils ont fait match nul,* ils ont terminé le match à égalité.

matelas [matlɑ] n. m. invar. **1·** Pièce de literie, long et large coussin rembourré qu'on étend d'ordinaire sur le sommier d'un lit. *Matelas de laine, à ressorts.* – *Matelas pneumatique,* enveloppe qu'on gonfle d'air pour s'y allonger. **2·** Fam. *Un matelas de billets de banque,* une grosse liasse. ▶ **matelasser** v. tr. < conjug. 1 > **1·** Rembourrer à la manière d'un matelas. *Matelasser un fauteuil.* **2·** Doubler de tissu ouaté. – Au p. p. adj. *Manteau matelassé.*

matelot [matlo] n. m. Homme d'équipage d'un navire. → **marin** (arg. *mataf*). *Apprenti matelot.* → 3 **mousse.**

matelote [matlɔt] n. f. Mets composé de poissons coupés en morceaux et accommodés avec du vin rouge et des oignons. *Matelote d'anguille.*

1 **mater** [mate] v. tr. < conjug. 1 > **1·** Rendre définitivement docile (un être, une collectivité). → **dompter, dresser.** *Ils ont maté les prisonniers.* **2·** Réprimer ; abattre (qqch.). *Mater une révolte. Mater ses passions,* les maîtriser.

2 **mater** v. tr. < conjug. 1 > Fam. Regarder. *Il aime bien mater les filles. Mate un peu !* → **reluquer ;** fam. **viser.** ▷ **maton**

matérialiser [mateʀjalize] v. tr. < conjug. 1 > **1·** Représenter (une idée, une action abstraite) sous forme matérielle. *Gargouilles d'une cathédrale matérialisant les vices.* → **symboliser.** *L'art matérialise les idées.* → **concrétiser. 2·** ***Se matérialiser*** v. pron. : devenir réel, matériel. *Si nos projets se matérialisent.* → se **concrétiser,** se **réaliser. 3·** Tranformer (l'énergie) en matière. ▶ **matérialisation** n. f. Action de matérialiser, de se matérialiser ; son résultat. *La matérialisation d'une idée.* ▷ **dématérialiser**

matérialisme [mateʀjalism] n. m. **I·** Philosophie. **1·** Doctrine d'après laquelle il n'existe d'autre substance que la matière. / contr. idéalisme, spiritualisme / **2·** *Matérialisme historique, matérialisme dialectique,* le marxisme. **II·** État d'esprit caractérisé par la recherche des jouissances et des biens matériels. ▶ **matérialiste** n. et adj. **1·** Personne qui adopte ou professe le matérialisme. – Adj. *Philosophie matérialiste.* **2·** Personne qui recherche des jouissances et des biens matériels. *Vivre en matérialiste.* – Adj. *Esprit matérialiste. Il est bassement matérialiste.* ▶ **matérialité** n. f. Surtout en droit. Caractère matériel (1, 2) et vérifiable. *La matérialité du fait.*

matériau [mateʀjo] n. m. Toute matière servant à construire, à fabriquer. *La brique, matériau artificiel. Ce tissu est un bon matériau.* ▶ **matériaux** n. m. pl. **1·** Les diverses matières nécessaires à la construction (d'un bâtiment, d'un ouvrage, d'un navire, d'une machine). *Matériaux de construction.* **2·** Éléments constitutifs d'un tout, d'une œuvre. *Il a rassemblé des matériaux pour sa dissertation.* → **document.**

1 **matériel, elle** [mateʀjɛl] adj. **1·** Qui est de la nature de la matière, constitué par de la matière. *Substance matérielle.* / contr. spirituel / *Le monde, l'univers matériel.* → **physique. 2·** Concret. *Impossibilités matérielles. J'ai la preuve matérielle de son erreur.* → **tangible.** *Commettre une erreur matérielle,* qui ne concerne que la forme (→ **matérialité**). – *Temps matériel,* nécessaire pour l'accomplissement d'une action. *Je n'ai pas le temps matériel d'y aller.* **3·** Qui concerne les aspects extérieurs, visibles ou concrets (des êtres ou des choses). *Organisation matérielle d'un spectacle.* **4·** Qui est constitué par des biens tangibles (spécialt de l'argent), ou lié à leur possession. *Avantages, biens matériels.* → **concret.** / contr. moral / *Gêne, difficultés matérielles,* financières. **5·** Qui est attaché exclusivement aux biens terrestres, aux réalités positives. *Une personne trop matérielle.* → **matérialiste** (2), **positif, prosaïque.** ▶ **matériellement** adv. **1·** Dans le domaine de la matière. *S'accomplir matériellement et spirituellement.* **2·** En ce qui concerne les biens matériels, l'argent. *Les gens favorisés matériellement.* **3·** En fait, effectivement. → **positivement, pratiquement.** *C'est matériellement impossible.* ▷ **matérialiser, matérialisme, immatériel**

2 **matériel** n. m. **1·** Ensemble des objets, instruments, machines utilisés dans un service, une exploitation (opposé à *personnel*). → **équipement, outillage.** *Matériel d'exploitation. Matériel roulant,* locomotives, machines, wagons. *Matériel de guerre,* les armes, équipements militaires. **2·** Informatique. ***Le matériel*** : ensemble des éléments employés pour le traitement automatique de l'information (opposé à *logiciel*). **3·** Ensemble des objets nécessaires à un exercice (sport, etc.). *Matériel de camping, de pêche.*

maternel, elle [matɛʀnɛl] adj. et n. f. **1·** Qui appartient à la mère. *Le lait maternel. Amour, instinct maternel.* – De la mère. *Il craignait les réprimandes maternelles.* **2·** Qui a le comportement, joue le rôle d'une mère. *Une femme maternelle avec son mari.* – ***École maternelle*** ou, n. f., ***maternelle*** : établissement d'enseignement primaire pour les enfants âgés de deux à six ans. → **jardin** d'enfants. **3·** Qui a rapport à la mère, quant à la filiation. *Un oncle du côté maternel. Grand-mère maternelle* (opposé à *paternel*). **4·** *Langue maternelle*, la première langue qu'a apprise un enfant. ▶ **maternellement** adv. Comme une mère. ▶ **materner** v. tr. < conjug. 1 > Traiter (qqn) comme le ferait une mère. ▷ **maternité**

maternité [matɛʀnite] n. f. **I· 1·** État, qualité de mère. *Les joies et les peines de la maternité.* **2·** Le fait de porter et de mettre au monde un enfant. → **accouchement, grossesse.** *Congé de maternité.* **II·** Établissement ou service hospitalier réservé à la surveillance de la grossesse et à l'accouchement. *Il est allé voir sa femme à la maternité.*

mathématique [matematik] adj. et n. f. **I·** Adj. **1·** Relatif aux mathématiques ; qui utilise les mathématiques (→ ci-dessous). *Raisonnement mathématique.* **2·** Qui présente les caractères de la pensée mathématique. → **précis, rigoureux.** *Une précision mathématique.* – Fam. Absolument certain, nécessaire. *Il doit réussir, c'est mathématique.* → **automatique, logique. II·** N. f. pl. **1·** ***Les mathématiques*** : ensemble des sciences qui ont pour objet la quantité et l'ordre. → **algèbre, analyse, arithmétique, calcul** différentiel, intégral, **géométrie, mécanique,** etc. – *Mathématiques modernes*, théorie des ensembles. **2·** Classe spécialisée dans l'enseignement des mathématiques. → **math.** *À cinq heures, j'ai mathématiques*, j'ai un cours de mathématiques. *Mathématiques élémentaires* (fam. *math élém* [matelɛm]). *Mathématiques supérieures* (fam. *math sup* [matsyp]), classe de préparation aux grandes écoles scientifiques. → 2 **taupe.** ▶ **math** ou **maths** [mat] n. f. pl. Fam. Mathématiques. *Elle a horreur des maths.* ▶ **mathématicien, ienne** n. Spécialiste, chercheur en mathématiques. ▶ **mathématiquement** adv. **1·** Selon les méthodes des mathématiques. **2·** Exactement, rigoureusement. *C'est mathématiquement exact.* / contr. approximativement / ▶ **matheux, euse** adj. et n. Fam. Qui étudie les maths ; fort en maths. – N. *Une matheuse et un littéraire.* → **scientifique.**

matière [matjɛʀ] n. f. **I· 1·** Philosophie. Substance qui constitue le monde sensible, les corps. *Les trois états de la matière*, solide, liquide, gazeux. *La matière est faite de corpuscules.* → **atome, molécule.** *La matière et l'énergie.* **2·** *Une, des matière(s)*, substance que l'on peut connaître par les sens, qu'elle prenne ou non une forme déterminée. *Matières organiques et inorganiques. Matière précieuse. Les matières utilisées pour construire, fabriquer qqch.* → **matériau, matériaux. 3·** (Dans le corps humain) *Matières fécales* et, ellipt, *matières.* → **excrément.** – Fam. ***Matière grise*** : le cerveau ; l'intelligence, la réflexion. *Fais un peu travailler ta matière grise.* **4·** ***Matière première*** : produit ou substance non encore transformé(e) par le travail, par la machine. *Notre pays importe des matières premières.* **5·** ***Matières grasses*** : substances alimentaires (beurre, crème, huile, margarine) contenant des corps gras. → **graisse. II·** Fig. Ce qui constitue l'objet, le point de départ ou d'application de la pensée. **1·** Contenu, sujet (d'un ouvrage). *Anecdote, fait réel qui fournit la matière d'un livre.* – Loc. ***Entrée en matière*** *d'un discours* : commencement. **2·** Ce qui est objet d'études scolaires, d'enseignement. → **discipline.** *Il est bon dans toutes les matières.* **3·** (Après **en, sur**) Ce sur quoi s'exerce ou peut s'exercer l'activité humaine. → **sujet ; point, question.** *Je suis incompétent en la matière, sur cette matière.* → **article, chapitre.** – ***En matière*** (suivi d'un adj.). *En matière poétique*, en ce qui concerne la poésie. – ***En matière de*** loc. prép. : dans le domaine, sous le rapport de (tel objet). *En matière d'art.* **4·** *Avoir, donner **matière à**...* : motif, raison. *Sa conduite donne matière à (la) critique.* → **lieu.** ▷ **antimatière, matérialiser, matérialisme, matériau,** 1 **matériel,** 2 **matériel**

matifier v. tr. < conjug. 7 > Rendre mat*. ▶ **matifiant, ante** adj. *Fond de teint matifiant.*

matin [matɛ̃] n. m. **1·** Début du jour. → **aube, aurore, lever, point** du jour. / contr. soir / *La rosée du matin. L'étoile du matin*, Vénus. *Le petit matin*, moment où se lève le jour. – *De bon matin*, très tôt. – *Du matin au soir*, toute la journée, continuellement. – *(Le) matin et (le) soir. Médicament à prendre matin et soir.* – Loc. *Être du matin*, être actif le matin. *Elle est du matin, alors que, moi, je suis du soir.* **2·** La première partie de la journée qui se termine à midi. → **matinée.** *Le docteur reçoit le matin. Tous les matins. Ce matin*, aujourd'hui, avant midi. *Hier matin.* – *Tous les dimanches matin.* **3·** (Dans le décompte des heures) L'espace de temps qui va de minuit à midi, divisé en douze heures. *Une heure du matin* (opposé à *de l'après-midi*). *Sept heures du matin* (opposé à *du soir*). ▶ **matinal, ale, aux** adj. **1·** Du matin. *Gymnastique matinale.* **2·** Qui s'éveille, se lève tôt. *Vous êtes bien matinal aujourd'hui !* ▶ **matinée** n. f. **1·** La partie de la journée qui va du lever du soleil à midi, considérée dans sa durée. *Début, fin de matinée.* – Loc. *Faire la grasse matinée*, se lever tard, paresser au lit. **2·** Réunion, spectacle qui a lieu avant le dîner, l'après-midi. *Concert en matinée.* ▶ **matines** [matin] n. f. pl. Relig. catholique. Office nocturne. *Les matines se chantent entre minuit et le lever du jour. Sonnez les matines !* ▷ **réveille-matin**

[1] **mâtin** [matɛ̃] n. m. Grand et gros chien de garde ou de chasse. ▶ **mâtiner** v. tr. < conjug. 1 > **1·** Couvrir (une chienne de race), en parlant d'un chien de race différente, généralement croisée ou commune. – Au p. p. adj. *Chien mâtiné,* de race mêlée. **2·** *Mâtiné de :* mêlé de. *Un français mâtiné d'anglicismes.*

[2] **mâtin, ine** n. Fam. et vx. Personne malicieuse, turbulente. → **coquin.** *Ah ! la mâtine !*

matois, oise [matwa, waz] adj. Littér. Qui a de la ruse sous des dehors de bonhomie. → **finaud.** *Un vieux paysan matois.*

maton, onne [matɔ̃, ɔn] n. Fam. Gardien(ne) de prison (qui *mate,* surveille les détenus).

matou [matu] n. m. Chat domestique mâle et non châtré. *Un gros matou. Des matous.*

matraque [matʀak] n. f. Arme contondante (pour frapper, assommer) assez courte. → **gourdin, trique.** *Les matraques des policiers.* ▶ **matraquer** v. tr. < conjug. 1 > **1·** Frapper à coups de matraque sur (qqn). **2·** Donner le « coup de masse » ; présenter une addition excessive, etc. *Ce restaurant matraque les clients.* **3·** Infliger d'une manière répétée un message (publicité, thème, musique). *Matraquer une chanson à la radio.* ▶ **matraquage** n. m. Action de matraquer (1 et 3). *Le matraquage des manifestants.* – *Matraquage publicitaire. Matraquage fiscal.*

matriarcat [matʀijaʀka] n. m. Didact. Régime juridique ou social où la mère est le chef de la famille (opposé à *patriarcat*). ▶ **matriarcal, ale, aux** adj. Didact. Relatif au matriarcat. *Société matriarcale.*

matrice [matʀis] n. f. **I·** Moule qui, après avoir reçu une empreinte particulière en creux et en relief, permet de la reproduire. *La matrice d'un disque, d'une médaille.* **II·** En mathématiques. Tableau rectangulaire de nombres, sur lesquels on définit certaines opérations. ▶ **matriciel, ielle** adj. Où interviennent les matrices (II). *Calcul matriciel.*

matricule [matʀikyl] n. **1·** N. f. Registre, liste où sont inscrits des noms avec un numéro. *Inscription sur la matricule.* → **immatriculation.** – Adj. *Livret matricule d'un soldat. Numéro matricule.* **2·** N. m. Numéro d'inscription sur un registre matricule. *Effets d'un soldat marqués à son matricule. Le (prisonnier) matricule 85.* ▷ **immatriculer**

matrimonial, ale, aux [matʀimɔnjal, o] adj. Qui a rapport au mariage. *Lien matrimonial.* → **conjugal.** *Régimes matrimoniaux,* régimes juridiques régissant les patrimoines des époux. – *Agence matrimoniale,* qui met en rapport des personnes désirant contracter mariage.

matrone [matʀɔn] n. f. Fam. Femme d'un certain âge, corpulente et vulgaire. *Une grosse matrone.*

maturation [matyʀɑsjɔ̃] n. f. Le fait de mûrir. *Hâter la maturation des fruits.* ▶ [1] **maturité** n. f. **1·** État d'un fruit mûr. *On cueille les bananes avant leur complète maturité.* – État de ce qui est mûr. **2·** État de ce qui a atteint son plein développement. *Idée qui vient à maturité. Maturité d'esprit.* **3·** L'âge mûr, celui qui suit immédiatement la jeunesse. *Il est en pleine maturité.* → **force** de l'âge. **4·** Sûreté de jugement. *Tu manques de maturité.* → **circonspection, sagesse.** *Maturité précoce.* ▷ **immature, prématuré**

mature [matyʀ] adj. Didact. (Personnes) Doté de maturité intellectuelle, affective. / contr. immature / *Un adolescent mature.*

mâture [mɑtyʀ] n. f. Marine. Ensemble des mâts (d'un navire à voiles).

[2] **maturité** n. f. En Suisse. Examen sanctionnant la fin des études secondaires (correspond au baccalauréat). – Abrév. **matu.** *Il a eu sa matu.*

maudire [modiʀ] v. tr. < conjug. 2, sauf pour l'infinitif et le p. p. *maudit, ite.* > **1·** Vouer au malheur ; appeler sur (qqn) la malédiction, la colère divine. *Maudire un ennemi, la guerre.* → **abominer, exécrer.** *Combien de fois t'ai-je maudit !* / contr. bénir / **2·** Vouer (qqn) à la damnation éternelle. → **condamner.** ▶ **maudit, ite** adj. **1·** Qui est rejeté par Dieu ou condamné, repoussé par la société. → **réprouvé.** *Les poètes maudits.* – N. *Les maudits,* ceux qui sont damnés ou condamnés. **2·** (Avant le nom) Dont on a sujet de se plaindre. → **détestable, exécrable** ; fam. **damné, fichu, sacré.** *Cette maudite histoire le tracasse beaucoup.*

maugréer [mogʀee] v. intr. < conjug. 1 > Manifester son mécontement, sa mauvaise humeur, en protestant à mi-voix. → **grogner, pester, ronchonner.**

maure, mauresque ou **more, moresque** [mɔʀ, mɔʀɛsk] n. et adj. **1·** Autrefois. Habitant du nord de l'Afrique (Berbères, Arabes). **2·** De la Mauritanie, région d'Afrique occidentale. *Les Maures du Soudan, du Sénégal.*

mausolée [mozɔle] n. m. Somptueux monument funéraire de très grandes dimensions. → **tombeau.** *Le mausolée de Lénine, à Moscou. Le Taj Mahal est un mausolée.*

maussade [mosad] adj. **1·** Qui n'est ni gai ni aimable. → **grognon, revêche.** *Humeur maussade.* / contr. avenant, plaisant / **2·** Qui inspire de l'ennui. → **ennuyeux, terne, triste.** *Ciel, temps maussade.* ▶ **maussaderie** n. f. Caractère de ce qui est maussade (surtout, sens 1).

mauvais, aise [mɔ(o)vɛ, ɛz] adj., adv. et n. **REM.** En épithète, *mauvais* est le plus souvent avant le nom. **I·** (Opposé à *bon*) **1·** Qui présente un défaut, une imperfection essentielle ; qui a une valeur faible ou nulle (dans le domaine utilitaire, esthétique ou logique). → **défectueux, imparfait.** *Assez mauvais* → **médiocre,** *très mauvais* → **exécrable, horrible, infect.** *Les bons et les mauvais morceaux. Mauvaise affaire,* qui rapporte peu. *Produit de mauvaise qualité. Mauvais livre. Ce film est mauvais,* ne vaut rien. → **nul.** *Mauvais calcul. Mauvais raisonnement.* → **faux, inexact.** – Qui ne fonctionne pas correctement. *Il a de mauvais yeux,* il ne voit pas bien. *Être en mauvaise santé. Il a mauvaise mine.* **2·** N. m. Ce qui est mauvais. *Il y a du bon et du mauvais.* **3·** (Personnes) Qui ne remplit pas correctement son rôle. → **lamentable, pauvre.** *Un mauvais acteur. Mauvais élève. Il est mauvais* → **faible,** *très mauvais* → **nul** *en latin.* **4·** Qui est mal choisi, ne convient pas. *Mauvaise méthode. Prendre la mauvaise route. Pour de mauvaises raisons.* – Impers. *Il n'est pas mauvais qu'il en fasse l'expérience,* ce serait indiqué. **II·** (Opposé à *bon, beau, heureux*) Qui cause ou peut causer du mal. → **néfaste, nuisible.** – Impers. *Il est mauvais de fumer.* **1·** Qui annonce du malheur. → **funeste, sinistre.** *De mauvais augure. C'est mauvais signe.* **2·** Qui est cause de malheur, d'ennuis, de désagrément. → **dangereux, nuisible.** *L'affaire prend une mauvaise tournure. Être en mauvaise posture. Il a reçu un mauvais coup. La mer est mauvaise,* très agitée. – (Sur le plan moral) *Mauvais conseils. Donner le mauvais exemple.* **3·** Désagréable aux sens. *Mauvaise odeur, mauvais goût.* – *Mauvais temps* (opposé à *beau*). → **sale.** *Il fait mauvais.* – Désagréable au goût. *Cette viande est mauvaise. Du mauvais vin. Pas mauvais,* assez bon. **4·** Pénible. *Mauvaise nouvelle. Faire mauvais effet.* Fam. *La trouver, l'avoir mauvaise* (sous-entendu : la chose, l'affaire). *Il l'a eue mauvaise de ne pas être invité.* **5·** Peu accommodant. *Mauvaise humeur. Mauvais caractère. Mauvaise tête, mauvaise volonté.* **III·** (Opposé à *bon, honnête*) **1·** Qui est contraire à la loi morale. *C'est une mauvaise action. Mauvaise conduite.* **2·** (Personnes) Qui fait ou aime à faire du mal à autrui. → **méchant.** *Il est mauvais comme une teigne.* – *L'esprit mauvais,* du mal (le démon). → ① **malin.** *Une mauvaise langue* (qui calomnie). *Il a de mauvaises fréquentations.* – ***Mauvais garçon*** : se dit d'un homme prompt à en venir aux coups. **3·** (Peut s'employer après le nom) Qui dénote de la méchanceté, de la malveillance. *Il a eu un rire mauvais. Une joie mauvaise.* → **cruel. IV·** Adv. *Sentir mauvais* → **puer,** *avoir une odeur désagréable.* – Fig. *Ça sent mauvais,* les choses prennent une mauvaise tournure.

mauve [mov] adj. D'une couleur violet pâle. *Des robes mauves.* – N. m. Couleur mauve.

mauviette [movjɛt] n. f. Personne chétive, au tempérament délicat, maladif. *Quelle mauviette !*

maxi- Préfixe signifiant « grand, long » (ex. : *une maxibouteille, un maximanteau*). / contr. mini- /

maxillaire [maksilɛʀ] n. m. Os des mâchoires. *Le maxillaire supérieur.*

maxime [maksim] n. f. Formule énonçant une règle de conduite, une règle morale. → **aphorisme, sentence ; dicton, proverbe.** *Les maximes de La Rochefoucauld. Suivre une maxime.* → **précepte, principe.**

maximum, ale, aux [maksimɔm] n. m. et adj. **1·** N. m. Valeur la plus grande atteinte par une quantité variable ; limite supérieure. → **plafond.** *Maximum de vitesse, de force. Les maximums* ou *les maxima.* – (Avec un nom au plur.) *Le maximum de chances,* le plus grand nombre. – *Au maximum,* tout au plus, au plus. *Mille francs au maximum.* **2·** Adj. Qui constitue un maximum. → **maximal.** *Rendement maximum.* – Au fém. *Tension, amplitude maximum* ou *maxima.* Au plur. *Des prix maximums* ou *maxima.* / contr. minimum / ▶ **maxima** n. m. plur. ou adj. fém. invar. → **maximum.** ▶ **maximal, ale, aux** adj. Qui constitue un maximum. / contr. minimal /

maya [maja] n. et adj. Qui appartient à une civilisation indienne précolombienne d'Amérique centrale. *Des temples mayas.*

mayonnaise [majɔnɛz] n. f. Sauce froide composée d'huile, d'œufs et de moutarde battus jusqu'à prendre de la consistance. *Monter une mayonnaise. La mayonnaise prend* ; au fig. la chose prend tournure, l'action se déclenche. – En appos. Invar. *Des œufs mayonnaise,* à la mayonnaise. Abrév. **mayo** n. f.

mazagran [mazagʀɑ̃] n. m. Verre à pied en porcelaine épaisse pour consommer le café.

mazdéisme [mazdeism] n. m. Religion de l'Iran antique, dualiste, opposant un principe du Bien et un principe du Mal. → **manichéisme.**

mazette [mazɛt] interj. Région. ou vx. Exclamation d'étonnement, d'admiration. *Un million d'euros ? Mazette !*

mazout [mazut] n. m. Résidu de la distillation du pétrole, liquide épais, visqueux, brun, utilisé comme combustible. → **fuel, huile** lourde. *Chauffage au mazout.*

mazurka [mazyʀka] n. f. Danse à trois temps d'origine polonaise. – Air sur lequel on la danse. – Composition musicale de même rythme. *Les mazurkas de Chopin.*

me [m(ə)] pronom pers. REM. *Me* s'élide en *m'* devant une voyelle ou un *h* muet : *il m'envoie, il m'honore.* Pronom personnel complément de la première personne du singulier pour les deux genres (→ **je, moi**). **1·** Compl. d'obj. direct (représente la personne qui parle, qui écrit). *On m'a vu. Tu me présenteras à lui.* – (Dans un verbe pron.) *Je me suis rasé.* – (Avec *voici, voilà*) *Me voici de retour.* **2·** Compl. d'obj. ind. À moi. *Il me fait pitié. Il veut me parler. On m'a laissé finir mon repas.* – (Renforce un ordre, etc.) *Va me fermer cette porte !* – (Marquant un rapport de possession) *Je me lave les mains* : je lave *mes* mains. ▷ **je-m'en-fichisme, m'as-tu-vu**

mé- ou **més-** (devant voyelle) Préfixe signifiant « mauvais » (ex. : *mésalliance, mésaventure*).

mea-culpa [meakylpa] n. m. invar. *Faire son mea-culpa,* avouer sa faute. *Des mea-culpa.*

méandre [meɑ̃dʀ] n. m. **1·** Sinuosité (d'un fleuve). **2·** Fig. *Les méandres de la pensée, d'un exposé.* → **détour.**

méat [mea] n. m. Canal, conduit ou orifice d'un canal anatomique. *Méat urinaire.*

mec [mɛk] n. m. Fam. Homme, individu. → fam. **gars, type.** *Les deux mecs discutaient. Elle vient avec son mec.* – *Les mecs et les nanas.*

mécanique [mekanik] adj. et n. f. **I·** Adj. **1·** Qui est exécuté par un mécanisme ; qui utilise des mécanismes, des machines. *Tissage mécanique.* – Qui est mû par un mécanisme. *Escalier mécanique.* **2·** Qui concerne les machines. *Avoir des ennuis mécaniques,* des problèmes de moteur (de voiture, etc.). **3·** Qui évoque le fonctionnement d'une machine (opposé à *réfléchi, intelligent*). → **automatique, machinal.** *Un geste mécanique.* **4·** Qui consiste en mouvements, est produit par un mouvement. *Énergie mécanique.* **II·** N. f. **1·** Partie des mathématiques et de la physique qui a pour objet l'étude du mouvement et de l'équilibre des corps, ainsi que la théorie des machines. *La mécanique des fluides.* → **hydraulique,** n. f. – Théorie relative aux phénomènes étudiés en mécanique. *Mécanique classique. Mécanique quantique, ondulatoire.* **2·** Science de la construction et du fonctionnement des machines. **3·** *Une mécanique.* → **mécanisme.** – Loc. fam. *Rouler les (des) mécaniques,* les muscles des épaules pour montrer sa force. ▶ **mécaniquement** adv. D'une manière mécanique. → **automatiquement, machinalement.** ▶ **mécanicien, ienne** n. **1·** Personne qui a pour métier de monter → **monteur,** d'entretenir ou de réparer → **dépanneur** les machines. *Les mécaniciens d'un garage.* → fam. **mécano.** *Mécanicien d'avion.* **2·** Personne qui conduit une locomotive. **3·** Didact. Physicien(enne) spécialiste de la mécanique (II, 1). **4·** Personne qui invente des machines, qui en dirige la construction. *Jacquard est un célèbre mécanicien français.* ▶ **mécaniser** v. tr. < conjug. 1 > Réduire à un travail mécanique (par l'utilisation de machines). *Mécaniser une production artisanale.* ▶ **mécanisation** n. f. Action de mécaniser ; son résultat. *La mécanisation de l'agriculture.* → **industrialisation.** ▶ **mécanisme** n. m. **1·** Combinaison, agencement de pièces, d'organes, montés en vue d'un fonctionnement. → **mécanique** (II, 3). *Le mécanisme d'une machine.* **2·** Mode de fonctionnement de ce qu'on assimile à une machine. *Mécanismes biologiques.* → **processus.** *Les mécanismes économiques.* ▶ **mécano** [mekano] n. m. Fam. Mécanicien. *Des mécanos.* ≠ meccano. ▶ **mécano-** Élément signifiant « machine ». ▶ **mécanographie** n. f. Emploi de machines pour les opérations logiques (calculs, tris, classements) effectuées sur des documents. *Remplacer la mécanographie par l'informatique.* ▶ **mécanographique** adj. *Fiche mécanographique.* ▷ **servomécanisme**

meccano [mekano] n. m. Jeu de construction métallique (marque déposée). ≠ mécano. *Une boîte de meccano.*

mécène [mesɛn] n. m. Personne riche et généreuse qui aide les écrivains, les artistes. *Cette riche héritière est le mécène d'un groupe de peintres.* ▶ **mécénat** n. m. Qualité, comportement d'un mécène.

méchant, ante [meʃɑ̃, ɑ̃t] adj. **I· 1·** Qui fait délibérément du mal ou cherche à en faire, le plus souvent de façon ouverte et agressive. → **cruel, dur, malfaisant,** ⓘ **malin, malveillant, mauvais** (III, 2) ; fam. **rosse, vache.** / contr. bon, doux, humain / *Un homme méchant, un méchant homme. Plus bête que méchant,* plus nuisible par bêtise que par intention. – *Air, sourire méchant.* → **mauvais ; haineux. 2·** (Enfants) Qui se conduit mal, qui est turbulent. → **insupportable, vilain.** *Si tu es méchant, tu seras privé de dessert.* **3·** (Animaux) Qui cherche à mordre, à griffer. *Chien méchant,* dangereux. **4·** Loc. fam. *Ce n'est pas bien méchant,* ni grave ni important. **II·** (Avant le nom) **1·** Littér. Mauvais, médiocre. *Un méchant livre de rien du tout. Du méchant vin.* **2·** Dangereux ou désagréable. *Elle s'est attiré une méchante affaire.* **III·** N.

1· Littér. Personne méchante. *Les méchants et les bons. Faire le méchant,* s'emporter, menacer. – Lang. enfant. *Oh, la méchante !* 2· Personne qui tourmente (qqn). *Tu es une méchante.* ▶ **méchamment** [meʃamɑ̃] adv. Avec méchanceté. → **cruellement, durement.** *Agir, parler méchamment.* / contr. gentiment / ▶ **méchanceté** n. f. 1· Caractère, comportement d'une personne méchante. → **cruauté, dureté, malveillance.** / contr. bienveillance, bonté / *C'est de la pure méchanceté. La méchanceté d'une remarque.* 2· *Une méchanceté,* parole ou action par laquelle s'exerce la méchanceté. *Cesse de dire des méchancetés.* → fam. **vacherie.**

1 **mèche** [mɛʃ] n. f. I· 1· Cordon, tresse de fils de coton, de chanvre, imprégné(e) de combustible et qu'on fait brûler. *La mèche d'une lampe à huile.* 2· Cordon fait d'une matière qui prend feu aisément. *La mèche d'une mine.* 3· Loc. fig. *Éventer, découvrir la mèche,* découvrir le secret d'un complot. → **pot** aux roses. *Vendre la mèche,* trahir le secret. II· Tige d'acier servant à percer le bois, le métal. *La mèche d'un vilebrequin, d'une perceuse.* → **vrille.**

2 **mèche** n. f. Cheveux distincts dans l'ensemble de la chevelure par leur position, leur forme, leur couleur. *Mèches bouclées.* → **boucle.** *Elle s'est fait faire des mèches chez le coiffeur,* elle s'est fait éclaircir, teindre certaines mèches.

3 **de mèche** loc. invar. Loc. fam. *Être de mèche avec qqn,* être d'accord en secret. → **complicité, connivence.**

méchoui [meʃwi] n. m. Mouton rôti à la broche. *Dimanche, nous ferons un méchoui. Des méchouis.*

mécompte [mekɔ̃t] n. m. Erreur de prévision ; espoir fondé à tort. → **déception.** *De graves mécomptes.*

se méconduire [mekɔ̃dɥiʀ] v. pron. < conjug. 38 > En Belgique. Se conduire mal. *Il s'est méconduit avec ses amis.* ▶ **méconduite** n. f.

méconnaître [mekɔnɛtʀ] v. tr. < conjug. 57 > 1· Littér. Ne pas reconnaître (une chose) pour ce qu'elle est, refuser d'en tenir compte. → **ignorer, négliger.** *Méconnaître les lois.* 2· Ne pas apprécier (qqn ou qqch.) à sa juste valeur. → **méjuger, mésestimer.** *La critique méconnaît souvent les auteurs de son temps.* / contr. apprécier / ▶ **méconnaissable** adj. Qui est si changé (en bien ou en mal) qu'on ne peut le reconnaître. *Je ne l'avais pas revu depuis sa maladie ; il est méconnaissable. Sa boutique est méconnaissable depuis qu'il l'a repeinte.* ▶ **méconnaissance** n. f. Littér. Action de méconnaître ; ignorance, incompréhension.

▶ **méconnu, ue** adj. Qui n'est pas reconnu, estimé à sa juste valeur. *Un génie méconnu.* / contr. reconnu /

mécontent, ente [mekɔ̃tɑ̃, ɑ̃t] adj. et n. 1· Qui n'est pas content, pas satisfait. *Il est rentré déçu et très mécontent.* → **contrarié, fâché.** *Être mécontent de son sort. Je suis mécontent que vous ne soyez pas venu.* / contr. enchanté, ravi / 2· N. *Un perpétuel mécontent.* → **grognon, insatisfait.** ▶ **mécontentement** n. m. État d'esprit d'une personne mécontente ; sentiment pénible d'être frustré dans ses espérances, ses droits. → **déplaisir, insatisfaction.** *Sujet de mécontentement,* contrariété, ennui. *Une cause de mécontentement populaire.* / contr. contentement, satisfaction / ▶ **mécontenter** v. tr. < conjug. 1 > Rendre mécontent. → **contrarier, fâcher.** *Cette mesure a mécontenté tout le monde.*

mécréant, ante [mekʀeɑ̃, ɑ̃t] adj. et n. Littér. ou plais. Qui n'a aucune religion. → **athée, irréligieux.** – N. *Un mécréant.* / contr. croyant /

médaille [medaj] n. f. 1· Pièce de métal, généralement circulaire, frappée ou fondue en l'honneur d'un personnage illustre ou en souvenir d'un événement (→ **monnaie**). *Science des médailles.* → **numismatique.** 2· Pièce de métal constituant le prix (dans un concours, une exposition). *Médaille d'or, d'argent, de bronze.* – Décoration (médaille, ruban, etc.). *Médaille militaire,* décoration française décernée aux sous-officiers et soldats les plus méritants. *Médaille du travail,* qui récompense l'ancienneté d'un salarié du secteur privé. 3· Petite pièce de métal portée sur soi en breloque. *Médaille pieuse.* ▶ **médailler** v. tr. < conjug. 1 > Honorer, décorer d'une médaille. ▶ **médaillé, ée** adj. et n. Qui a reçu une médaille (2). – N. *Les médaillés olympiques.* ▶ **médaillon** n. m. 1· Portrait ou sujet sculpté, dessiné ou gravé dans un cadre circulaire ou ovale. → **camée.** 2· Bijou de forme ronde ou ovale. 3· Tranche mince et ronde (de viande). *Un médaillon de foie gras.*

médecin [mɛd(ə)sɛ̃] n. m. Personne qui exerce la médecine, est titulaire du diplôme de docteur en médecine. → **docteur, praticien** ; fam. **toubib.** *Je vais chez le médecin. Elle est médecin. Médecin consultant. Médecin traitant, médecin référent,* qui suit le malade. *Médecin généraliste, spécialiste.* ▶ **médecine** n. f. I· Vx ou région. Médicament, remède. *Prendre une médecine.* II· 1· Science qui a pour objet la conservation et le rétablissement de la santé ; art de prévenir et de soigner les maladies de l'homme (→ **médical**). *Étudiant en médecine.* → fam. **carabin.** *Docteur en médecine.* → **médecin.** *Médecine préventive. Médecine mentale.* → **psychiatrie.** *Médecine générale,* qui s'occupe de l'ensemble de l'organisme, en dehors de toute spécialisation. – *Médecine légale,* exercée pour aider la justice, en cas de crime, etc. → **médico-légal.** 2· Profession du médecin. *Guérisseur qui exerce illégalement la médecine.* ▶ **médical, ale, aux** adj. Qui concerne la médecine. *Soins médicaux. Visite médicale.* ▶ **médicalement** adv. Du point de vue de la médecine. ▶ **médicaliser** v. tr. < conjug. 1 > 1· Soumettre à l'intervention de la médecine. *Médicaliser le sport, la grossesse.* 2· Pourvoir d'une infrastructure médicale. – Au p. p. adj. *Résidence médicalisée pour personnes âgées.* ▶ **médicament** n. m. Substance spécialement préparée pour servir de remède. → **médication, remède ;** fam. **drogue.** *Ordonner, prescrire un médicament à un malade.* ▶ **médicamenteux, euse** adj. Qui a des propriétés thérapeutiques. ▶ **médication** n. f. Emploi systématique d'agents médicaux dans une intention précise. → **thérapeutique.** ▶ **médicinal, ale, aux** adj. Qui a des propriétés curatives. *Les plantes médicinales.* ▶ **médico-** Élément signifiant « médical ». ▶ **médico-légal, ale, aux** adj. Relatif à la médecine légale. *Institut médico-légal,* la morgue. ▶ **médico-social, ale, aux** adj. Relatif à la médecine sociale, à la médecine du travail. *Centre médico-social.* ▷ **paramédical**

médersa [medɛʀsa] n. f. Établissement d'enseignement religieux musulman.

média [medja] n. m. Technique, support de diffusion massive de l'information (presse, radio, télévision, cinéma). *Un événement couvert par les médias. Un nouveau média.* ▶ **médiathèque** n. f. Collection rassemblant des supports d'information correspondant aux différents médias. – Lieu où l'on peut consulter cette collection. ▶ **médiatique** adj. 1· Qui concerne les médias, est transmis par les médias. *L'information médiatique.* 2· Qui est à l'aise dans les médias, sait les utiliser. *Un politicien médiatique.* ▶ **médiatiser** v. tr. < conjug. 1 > Diffuser largement par les médias. – Au p. p. adj. *Un festival médiatisé.* ▷ **bimédia, multimédia**

médian, ane [medjɑ̃, an] adj. Qui est situé, placé au milieu. *Ligne médiane.* ▶ **médiane** n. f. Segment de droite joignant un sommet d'un triangle au milieu du côté opposé. ≠ médiatrice. – Statistique. Valeur centrale qui sépare en deux parties égales un ensemble. ≠ moyenne.

médiateur, trice [medjatœʀ, tʀis] n. Personne qui s'entremet pour faciliter un accord. → **arbitre, conciliateur.** – Adj. *Puissance médiatrice.*

médiation [medjasjɔ̃] n. f. Entremise destinée à mettre d'accord, à concilier ou à réconcilier des personnes, des partis. → **arbitrage, conciliation.**

médiatrice [medjatʀis] n. f. Lieu géométrique des points équidistants de deux points donnés. ≠ médiane.

médical, médicament... → **médecin.**

médiéval, ale, aux [medjeval, o] adj. Relatif au Moyen Âge. → **moyenâgeux.** *Art médiéval.* ▶ **médiéviste** n. Didact. Spécialiste du Moyen Âge.

médina [medina] n. f. Partie musulmane (souvent ancienne) d'une ville, en Afrique du Nord (spécialt au Maroc).

médio- Élément signifiant « moyen ».

médiocre [medjɔkʀ] adj. 1· Qui est au-dessous de la moyenne, qui est insuffisant. / contr. grand / *Salaire médiocre.* → **modeste, modique, petit.** – Assez mauvais. → **faible, pauvre, piètre, quelconque.** *Travail médiocre, réussite médiocre.* / contr. excellent, supérieur / *Vie médiocre.* → **étriqué, mesquin.** 2· (Personnes) Qui ne dépasse pas ou même n'atteint pas la moyenne. → **inférieur.** *Esprit médiocre. Élève médiocre en français.* → **faible.** – N. *C'est un médiocre.* ▶ **médiocratie** n. f. Gouvernement, domination des médiocres. ▶ **médiocrement** adv. Assez peu, assez mal. *Il joue, il travaille médiocrement.* ▶ **médiocrité** n. f. État de ce qui est médiocre. – Insuffisance de qualité, de valeur. → **imperfection, pauvreté, petitesse.** *La médiocrité d'une œuvre.* → **faiblesse.** / contr. excellence /

médire [mediʀ] v. intr. < conjug. 37, sauf *(vous) médisez* > Dire (de qqn) le mal qu'on sait ou croit savoir sur son compte. *Médire de, sur qqn.* → **attaquer, critiquer, dénigrer.** / contr. louer / ≠ calomnier. ▶ **médisance** n. f. 1· Action de médire. → **dénigrement, diffamation.** ≠ calomnie. 2· *Une médisance,* propos de celui qui médit. → **bavardage, potin, ragot.** ▶ **médisant, ante** adj. et n. 1· Qui médit. *Bavardages médisants.* 2· N. *Il ne craint pas les médisants.*

méditer [medite] v. < conjug. 1 > 1· V. tr. Soumettre (qqch.) à une longue et profonde réflexion. → **approfondir.** *Méditez ce que je vous ai dit.* – Préparer par une longue réflexion (une œuvre, une entreprise). *Méditer un projet.* → **combiner.** *Méditer de faire qqch.,* projeter de faire qqch. 2· V. intr. Penser longuement (sur un sujet). → **réfléchir.** *Méditer sur la condition humaine.* ▶ **méditatif, ive** adj. et n. 1· Qui est porté à la méditation. *Esprit méditatif. Avoir un air méditatif.* → **pensif, préoccupé.** 2· N. *C'est un méditatif.* ▶ **méditation** n. f. 1· Réflexion qui approfondit longuement un sujet. *S'absorber dans la méditation.* 2· Pensée profonde, attentive, portant sur un sujet particulier. *Les mystiques se livrent à de longues méditations.* ▷ **préméditer**

méditerranéen, enne [mediteʀaneɛ̃, ɛn] adj. et n. Qui appartient, se rapporte à la Méditerranée, à ses rivages. *Le bassin méditerranéen. Un climat méditerranéen.* – N. *Les Méditerranéens et les Nordiques.*

1 **médium** [medjɔm] n. m. Étendue de la voix, registre des sons entre le grave et l'aigu. *Elle a un beau médium. Des médiums.*

2 **médium** n. m. Personne réputée douée du pouvoir de communiquer avec les esprits. → **télépathe.** *Des médiums.*

médius [medjys] n. m. invar. Doigt du milieu de la main. → **majeur.**

médullaire [medylɛʀ] adj. Qui a rapport à la moelle épinière ou à la moelle des os.

méduse [medyz] n. f. Animal marin formé de tissus transparents d'apparence gélatineuse, ayant la forme d'une cloche (appelée *ombrelle*, n. f.) sous laquelle se trouvent la bouche et les tentacules. *Piqûre de méduse.*

méduser [medyze] v. tr. < conjug. 1 > Frapper de stupeur. → **pétrifier, stupéfier.** – Au p. p. *Il en est resté médusé.*

meeting [mitiŋ] n. m. Réunion publique politique. *Mot d'ordre répété dans les meetings.* – *Meeting d'aviation,* où l'on présente des modèles d'appareils, etc.

méfait [mefɛ] n. m. **1·** Action mauvaise, nuisible à autrui. *Il a commis de graves méfaits.* **2·** Résultat pernicieux. *Les méfaits du tabac.* / contr. bienfait /

se méfier [mefje] v. pron. < conjug. 7 > *Se méfier de :* ne pas se fier (à qqn) ; se tenir en garde (contre les intentions de qqn). → se **défier.** *Se méfier d'un concurrent, d'un flatteur. Je me méfie de ses bonnes paroles.* → **douter.** – Être sur ses gardes. *Méfiez-vous ! Il y a une marche.* ▶ **méfiance** n. f. Disposition à se méfier ; état de celui qui se méfie. → **défiance, doute.** *Éveiller la méfiance de qqn. Méfiance généralisée excessive.* → **paranoïa.** / contr. confiance / ▶ **méfiant, ante** adj. Qui se méfie, est enclin à la méfiance. → **défiant, soupçonneux.** *Un air méfiant.* / contr. confiant /

méga-, mégalo- ; -mégalie Éléments signifiant « grand » (*méga-* signifie « un million de » dans les noms d'unités physiques). ▶ **mégahertz** [megaɛʀtz] n. m. invar. Unité de fréquence valant 1 million de hertz (symb. *MHz*). *Station de radio émettant sur 103 MHz.* ▶ **mégalithe** [megalit] n. m. Monument de pierre brute de grandes dimensions. ▶ **mégalomane** adj. Atteint de mégalomanie. – Qui a la folie des grandeurs, est d'un orgueil excessif. – N. *C'est un, une mégalomane.* – Abrév. fam. **mégalo.** *Elles sont complètement mégalos.* ▶ **mégalomanie** n. f. **1·** Comportement pathologique caractérisé par le désir excessif de gloire, de puissance (folie des grandeurs). **2·** Ambition, orgueil démesurés. ▶ **mégalomaniaque** adj. Didact. *Délire mégalomaniaque.* ▶ **mégalopole** n. f. Agglomération urbaine très importante. ▶ **mégaoctet** n. m. Unité de capacité de mémoire informatique, valant 2^{20} octets (symb. *Mo*). ▶ **mégaphone** n. m. Appareil servant à amplifier les sons. → **porte-voix.** *Crier des slogans dans un mégaphone.* ▶ **mégapole** n. f. Mégalopole. ▶ **mégatonne** n. f. Unité de puissance destructrice (1 million de tonnes de T. N. T.). *Une bombe atomique de deux mégatonnes.* ▶ **mégawatt** [megawat] n. m. Unité de puissance électrique valant 1 million de watts (symb. *MW*).

par **mégarde** [paʀmegaʀd] loc. adv. Par inattention, sans le vouloir. → par **inadvertance.** *J'ai pris votre livre par mégarde.* / contr. exprès, volontairement /

mégère [meʒɛʀ] n. f. Femme méchante et criarde. → **chipie, furie.**

mégisserie [meʒisʀi] n. f. **1·** Préparation des cuirs utilisés par la ganterie et la pelleterie. → **tannerie. 2·** Industrie, commerce de ces cuirs.

mégot [mego] n. m. Bout de cigarette ou de cigare qu'on a fumé. *Ne laisse pas traîner tes mégots dans le cendrier.* ▶ **mégoter** v. tr. < conjug. 1 > Fam. Lésiner. *Il mégote sur les cadeaux.*

méhari [meaʀi] n. m. Dromadaire d'Arabie, dressé pour les courses rapides. *Des méharis,* ou *des méhara* (plur. arabe).

meilleur, eure [mɛjœʀ] adj. **I·** Comparatif de supériorité de *bon.* / contr. pire / **1·** Qui l'emporte (en bonté, qualité, agrément). *Le pain frais est meilleur que le pain rassis. Il a trouvé une meilleure place que nous. Être de meilleure humeur. Meilleur marché* (compar. de *bon marché*). **2·** Adv. *Il fait meilleur aujourd'hui qu'hier,* le temps est meilleur. *Ce parfum sent meilleur que l'autre.* **II·** ***Le meilleur, la meilleure*** (superlatif de *bon*). **1·** (Avec un nom et *de* ou avec un adj. poss.) *C'est la meilleure de la classe. Je vous envoie mes meilleurs vœux.* – (Avec un nom + *que* + subjonctif) *C'est le meilleur film que j'aie jamais vu.* **2·** (Avec le nom seul, et placé après lui) *Ils choisissent les vins les meilleurs.* **3·** (Sans nom, avec *de*) *Le meilleur des vins. Le meilleur d'entre nous.* – Loc. *J'en passe et des meilleures,* je ne dis pas ce qu'il y a de plus intéressant, de plus amusant, parmi ce que je pourrais dire. **4·** (Sans nom et sans *de*) *Je suis le meilleur.* – Loc. *Les plaisanteries les plus courtes sont les meilleures.* – ***La meilleure :*** l'histoire la plus étonnante. *Tu connais la meilleure ?* – *Le* *meilleur, les meilleurs :* personne supérieure ou plus forte que les autres. *Que le meilleur gagne !* – *Le meilleur :* la partie la meilleure. *Il mange le meilleur et laisse le reste.* – Loc. *Être unis pour le meilleur et pour le pire,* pour les circonstances les plus heureuses comme pour les plus difficiles de la vie. **III·** *Meilleur* (seul, suivi d'un nom) : superlatif de *bon* dans les formules de souhaits. *Meilleurs vœux !*, acceptez mes vœux les meilleurs. *Meilleure santé !*

méiose [mejoz] n. f. Division cellulaire qui se déroule en deux étapes et qui donne des cellules contenant la moitié du stock génétique de la cellule de départ. *Les gamètes sont produits au cours de la méiose. La méiose et la mitose**.

méjuger [meʒyʒe] v. tr. < conjug. 3 > Littér. **1·** V. tr. ind. *Méjuger de :* estimer trop peu. *Méjuger de qqn.* **2·** V. tr. dir. Juger mal. → **méconnaître, mésestimer.** *On l'a méjugé.*

mélamine [melamin] n. f. Résine synthétique obtenue par condensation de l'urée. *Meuble de cuisine recouvert de mélamine.* ▶ **mélaminé, ée** adj.

mélancolie [melɑ̃kɔli] n. f. Littér. **1·** État de tristesse accompagné de rêverie. *Accès, crises de mélancolie.* → **cafard, vague** à l'âme. – Loc. *Ne pas engendrer la mélancolie,* être très gai. **2·** Caractère de ce qui inspire un tel état. *La mélancolie d'un paysage.* ▶ **mélancolique** adj. **1·** Qui manifeste de la mélancolie. *Une jeune femme mélancolique.* → **triste.** / contr. gai / **2·** Qui engendre la mélancolie. *Une chanson mélancolique.* ▶ **mélancoliquement** adv.

mélange [melɑ̃ʒ] n. m. **1·** Action de mêler, de se mêler. *Opérer le mélange de divers éléments.* → **association, combinaison, fusion, union.** **2·** *Sans mélange :* pur. *Substance à l'état isolé et sans mélange. Bonheur sans mélange.* **3·** Ensemble résultant de l'union de choses différentes, d'éléments divers. → **amalgame.** *Un mélange de farine et d'œufs.* – *Mélange de populations, mélange ethnique,* produit d'êtres différents (→ **hybride, métis**). – Fig. → **assemblage, composé, réunion.** *Un curieux mélange de courage et de faiblesse.* ▶ **mélanger** v. tr. < conjug. 3 > **1·** Unir (des choses différentes) de manière à former un tout. → **associer, combiner, mêler, réunir.** / contr. séparer / *Mélanger une chose à une autre, avec une autre. Se mélanger* v. pron. : s'amalgamer. *Les deux liquides se mélangent bien.* – Au p. p. adj. Hétéroclite. *Une société assez mélangée.* → **composite, mêlé.** *Des sentiments mélangés,* complexes, contradictoires. **2·** Fam. Mettre ensemble (des choses) sans chercher ou sans parvenir à (les) ordonner. → **brouiller.** / contr. classer, trier / *Il a mélangé tous les dossiers, toutes les fiches.* – Fig. *Vous mélangez tout !*, vous confondez. – Loc. fam. *Se mélanger les pédales, les pinceaux,* s'embrouiller. ▶ **mélangeur, euse** n. **1·** Appareil servant à mélanger diverses substances. → ② **mixer.** – En appos. *Robinet mélangeur.* **2·** Dispositif mêlant et dosant les courants reçus de différents micros.

mélan(o)- Élément signifiant « noir ». ▶ **mélanine** [melanin] n. f. Pigment brun foncé qui donne la coloration à la peau, aux cheveux, à l'iris. ▶ **mélanome** [melanom] n. m. Tumeur des cellules produisant la mélanine. *Mélanome bénin* (par ex. *grain de beauté*), *mélanome cancéreux.*

mêlant, ante [mɛlɑ̃, ɑ̃t] adj. Au Canada. Difficile à comprendre, confus. – Loc. *C'est pas mêlant,* c'est bien simple.

mélasse [melas] n. f. **1·** Résidu sirupeux de la cristallisation du sucre. **2·** Fam. Brouillard épais, boue. **3·** Fam. Situation pénible et inextricable. *Être dans la mélasse.* → fam. **panade, pétrin.**

Melba [mɛlba] adj. invar. *Pêches, fraises Melba,* dressées dans une coupe sur une couche de glace et nappées de crème chantilly.

mêlécasse [melekas] n. m. **1·** Vieilli. Mélange d'eau-de-vie et de cassis. *Garçon ! Un mêlécasse !* **2·** Fam. *Voix de mêlécasse,* rauque, cassée.

mêler [mele] v. tr. < conjug. 1 > **I· 1·** Rare en emploi concret. Unir, mettre ensemble (plusieurs choses différentes) de manière à former un tout. → **amalgamer, combiner, fusionner.** / contr. isoler, séparer / *Mêler des substances.* – Réunir (des choses abstraites) réellement ou par la pensée. *Mêler plusieurs thèmes dans une œuvre.* → **entremêler.** **2·** Mettre en un désordre inextricable. → **brouiller, embrouiller, mélanger.** / contr. trier / *Il a mêlé tous mes papiers, toutes les notes que j'avais prises.* – *Mêler les cartes.* → **battre.** **3·** Ajouter (une chose) à une autre, mettre (une chose) avec une autre, et les confondre. ***Mêler avec..., mêler à...*** *Mêler des détails pittoresques à un récit.* – Manifester à la fois des choses différentes. → **allier, joindre.** *Il mêle la bêtise à l'ignorance.* **4·** Faire participer (qqn) à... *On l'a mêlé à une affaire dangereuse.* **II·** *Se mêler* v. pron. réfl. **1·** (Choses) Être mêlé, mis ensemble. *Peuples, races d'animaux, de plantes qui se mêlent.* – *Se mêler à, avec :* se joindre, s'unir pour former un tout. **2·** (Personnes) Se joindre à (un ensemble de gens), aller avec eux. *Ils se mêlèrent à la foule.* **3·** *Se mêler de :* s'occuper de (qqch.), notamment lorsqu'on ne le devrait pas. *Mêlez-vous de vos affaires, de ce qui vous regarde !* ▶ **mêlé, ée** adj. **1·** Qui forme un mélange. *Couleurs harmonieusement mêlées.* **2·** *Mêlé de :* qui est mélangé à (qqch.). *Noir mêlé de rouge. Plaisir mêlé de peine.* **3·** Au Canada (d'une personne). Dans un état de confusion. *Elle était* *toute mêlée* (→ **mêlant**). ▶ **mêlée** n. f. **1**· Combattants mêlés dans le corps à corps. → **bataille, cohue, combat.** – Lutte, conflit. *Se jeter dans la mêlée.* → **arène.** – Loc. *Rester au-dessus de la mêlée,* ne pas se mêler d'un conflit, le considérer de haut. **2**· Phase du jeu de rugby, dans laquelle plusieurs joueurs de chaque équipe sont groupés autour du ballon. ▶ **mêle-tout** n. m. invar. En Belgique. Personne qui touche à tout. – Personne indiscrète, qui se mêle de tout. ▷ **démêler, emmêler, entremêler, mélange, mêlant, mêlécasse, méli-mélo, pêle-mêle, sang-mêlé**

mélèze [melɛz] n. m. Arbre (conifère) à cônes dressés.

méli-mélo [melimelo] n. m. Fam. Mélange très confus et désordonné. → **embrouillamini, fouillis.** *Des mélis-mélos.*

mélisse [melis] n. f. **1**· Plante herbacée et aromatique. → **citronnelle. 2**· *Eau de mélisse :* médicament à base d'essence de mélisse.

mélo [melo] n. m. Fam. Mélodrame. *Des mélos larmoyants.*

mélodie [melɔdi] n. f. **1**· En musique. Ensemble de sons successifs formant une suite reconnaissable et agréable. → **air.** *La mélodie et le rythme d'un morceau.* **2**· Pièce vocale composée sur le texte d'un poème, avec accompagnement. → **chant ; chanson, lied.** ▶ **mélodieux, euse** adj. (Son, musique) Agréable à l'oreille. → **harmonieux.** *Une voix mélodieuse.* ▶ **mélodique** adj. Qui a rapport à la mélodie. *Période, phrase mélodique.* – Qui a les caractères de la mélodie. *Ce morceau n'est pas très mélodique.* ▷ **mélomane**

mélodrame [melɔdʀam] n. m. **1**· Drame populaire que caractérisent l'invraisemblance de l'intrigue et des situations, l'outrance des caractères et du ton. → fam. **mélo.** *Film qui tourne au mélodrame.* **2**· Situation réelle analogue. *Nous voilà en plein mélodrame.* ▶ **mélodramatique** adj. *Il roulait des yeux d'un air mélodramatique.*

mélomane [melɔman] n. Personne qui connaît et aime la musique. – Adj. *Peuple mélomane.*

melon [m(ə)lɔ̃] n. m. **1**· Gros fruit rond à chair juteuse et sucrée, d'une plante herbacée *(cucurbitacée). Cultiver des melons sous cloches.* – *Melon d'eau.* → **pastèque.** *Melon vert* ou *melon d'Espagne,* à peau et à chair jaune. **2**· *Chapeau melon* ou *melon,* chapeau d'homme en feutre rigide, de forme ronde et bombée. *Des chapeaux melon ; des melons.*

mélopée [melɔpe] n. f. Chant, mélodie monotone et mélancolique.

membrane [mɑ̃bʀan] n. f. **1**· Tissu organique animal, mince et souple, qui forme ou enveloppe un organe, tapisse une cavité. – Tissu végétal formant enveloppe, cloison. **2**· *Membrane cellulaire,* couche cellulosique entourant les cellules vivantes. **3**· Mince cloison. *Membrane semi-perméable.* ▶ **membraneux, euse** adj. Qui est de la nature d'une membrane (1).

membre [mɑ̃bʀ] n. m. **I**· **1**· Chacune des quatre parties appariées du corps humain qui s'attachent au tronc. *Les membres supérieurs* → **bras,** *inférieurs* → **jambe.** – Chacune des quatre parties articulées qui s'attachent au corps des vertébrés tétrapodes. → **aile, patte. 2**· *Membre viril,* ou absolt *membre* → **pénis. II**· **1**· Personne qui fait nommément partie (d'un corps). *Il n'est plus membre du parti.* – Personne (qui appartient à une communauté). *Tous les membres de la famille.* **2**· Groupe, pays qui fait librement partie d'une union. *Les membres d'une fédération. Les membres de l'O. N. U.* **III**· **1**· Fragment (d'énoncé). *Un membre de phrase.* **2**· Chacune des deux parties d'une équation ou d'une inégalité. ▶ **membrure** n. f. **1**· (Avec un adj.) Ensemble des membres d'une personne. *Membrure puissante, délicate.* **2**· Ensemble des poutres transversales attachées à la quille et soutenant le pont d'un navire. ▷ **démembrer, remembrement**

même [mɛm] adj., pronom et adv. **I**· Adj. indéf. **1**· (Devant le nom) Identique ou semblable. / contr. autre, différent / *Relire les mêmes livres. Il est dans la même classe que moi. En même temps,* simultanément. *Vous êtes tous du même avis. De même valeur.* → **égal. 2**· (Après le nom ou le pronom) *Même* marque qu'il s'agit exactement de l'être ou de la chose en question. *Ce sont les paroles mêmes qu'il a prononcées.* → **propre.** *Il est la bonté, l'exactitude même,* il est parfaitement bon, exact. – (Joint au pronom personnel) *Elle(s)-même(s), eux-mêmes,* etc. *Nous le ferons nous-mêmes. Il est toujours égal à lui-même,* le même. – Loc. *De lui-même, d'elle-même,* de sa propre décision. → **spontanément, volontairement.** *Par lui-même, par elle-même,* par ses propres moyens. *Il a tout fait par lui-même.* **II**· Pronom indéf. **1**· (Précédé de *le, la, les*) *Ce n'est pas le même,* c'en est un autre. **2**· Loc. *Cela revient au même,* c'est exactement pareil. → fam. **kif-kif. III**· Adv. **1**· Marquant un renchérissement, une gradation. *Tout le monde s'est trompé, même le professeur. Ça ne coûte même pas, pas même un euro. Je ne m'en souviens même plus.* **2**· Exactement, précisément. *Je l'ai rencontré ici même. Aujourd'hui même.* – ***À même*** : directement sur (qqch.). *Il dort à même le sol.* **3**· Loc. adv. ***De même*** : de la même façon. → **ainsi, pareillement.** *Vous y allez ? Moi de même.* → **aussi.** – *Tout de même,* néanmoins, pourtant. *Quand même,* malgré tout. *Il est malade, mais travaille quand même.* – *Quand bien même* (+ conditionnel). *Quand bien même il* *serait venu, serait-il venu*, même s'il était venu. – Interj. fam. *Il aurait pu le dire quand même !* ou *tout de même !* **4·** Loc. conj. ***De même que*** : introduisant une proposition comparative. → **ainsi que, comme.** *Jean, de même que sa sœur, sait prendre le train seul.* – ***De même que..., (de même).*** *De même qu'il n'a pas voulu y aller hier, (de même) il n'ira pas demain.* – ***Même si*** (introduisant une propos. concessive). *Même si je lui dis, cela ne changera rien.* **5·** ***À même de*** loc. prép. : en état, en mesure de. *Il est à même de répondre.* → **capable.**

mémé [meme] n. f. Fam. **1·** Grand-mère, pour les enfants. → **mamie, mémère.** *Oui, mémé. Ta mémé va venir. Des mémés.* **2·** Femme qui n'est ni jeune ni élégante. *Tu parles d'une mémé !* – Adj. *Elle fait mémé, coiffée comme ça.*

mémento [memɛ̃to] n. m. Agenda. *Des mémentos.*

mémère [memɛʀ] n. f. Fam. **1·** Grand-mère, pour les enfants. → fam. **mamie, mémé. 2·** Fam. Grosse femme d'un certain âge. **3·** Au Canada. Fam. Commère. ▶ **mémérer** [memeʀe] v. intr. <conjug. 6> Au Canada. Fam. Faire des commérages. ▶ **mémérage** n. m.

① **mémoire** [memwaʀ] n. f. **I· 1·** Faculté de conserver et de rappeler des choses passées et ce qui s'y trouve associé ; l'esprit, en tant qu'il garde le souvenir du passé. *Événement encore présent à la mémoire, vivant dans les mémoires. Elle a beaucoup de mémoire. Je n'ai pas la mémoire des chiffres. J'ai eu un trou de mémoire. Il a perdu la mémoire.* → **amnésique.** *Mémoire olfactive, auditive, visuelle.* – Loc. *Avoir la mémoire courte*, oublier vite. – ***De mémoire*** loc. adv. : sans avoir la chose sous les yeux. *Réciter, jouer de mémoire.* → par **cœur. 2·** Informatique. Dispositif permettant de recueillir et de conserver les informations qui seront traitées ultérieurement ; le support de telles informations. *Mise en mémoire. Mémoire centrale, mémoires auxiliaires.* **II· 1·** *La mémoire de*, le souvenir (de qqch., de qqn). / contr. oubli / *Garder la mémoire d'un événement* (→ **mémorable**). **2·** Souvenir qu'une personne laisse d'elle à la postérité. → **renommée.** *Réhabiliter la mémoire d'un savant. À la mémoire de*, pour perpétuer, glorifier la mémoire de. **3·** (En phrase négative) *De mémoire d'homme*, d'aussi loin qu'on s'en souvienne. *De mémoire de sportif, on n'avait assisté à un match pareil.* **4·** ***Pour mémoire*** : à titre de rappel, d'indication. *Signalons, pour mémoire...* ▷ **aide-mémoire, commémorer, mémorial, mémoriser**

② **mémoire** n. m. **1·** État des sommes dues. → **facture. 2·** Exposé ou requête. *Adresser un mémoire au préfet.* **3·** Dissertation adressée à une société savante. **4·** *Mémoire de maîtrise*, diplôme validant la première année du master (en France).

mémoires [memwaʀ] n. m. pl. Récit écrit qu'une personne fait des événements auxquels elle a participé ou dont elle a été témoin. → **annales, chroniques.** *Les mémoires de Saint-Simon. Écrire ses mémoires.* → **autobiographie, journal, souvenir(s) ; mémorialiste.**

mémorable [memɔʀabl] adj. Digne d'être conservé dans la mémoire des hommes. → **fameux, historique, ineffaçable, inoubliable.** *Jour mémorable.*

mémorandum [memɔʀɑ̃dɔm] n. m. **1·** Note écrite d'un diplomate pour exposer le point de vue de son gouvernement sur une question. *Des mémorandums.* **2·** Note qu'on prend d'une chose qu'on ne veut pas oublier.

mémorial, iaux [memɔʀjal, jo] n. m. Monument commémoratif. *Mémorial élevé en l'honneur des victimes de la guerre.* ▷ **immémorial**

mémorialiste [memɔʀjalist] n. Auteur de mémoires historiques → **chroniqueur, historien,** ou d'un témoignage sur son temps.

mémoriser [memɔʀize] v. tr. <conjug. 1> Didact. Fixer dans la mémoire. ▶ **mémorisation** n. f. Didact. Acquisition volontaire par la mémoire. *Procédés de mémorisation.* → **mnémotechnique.**

menacer [m(ə)nase] v. tr. <conjug. 3> **1·** Chercher à intimider par des menaces. *Menacer un enfant d'une punition. Le patron l'a menacé de le renvoyer.* **2·** Mettre en danger, constituer une menace pour (qqn). *Une guerre nous menace.* **3·** Présager, laisser craindre (quelque mal). *Son discours menace d'être long.* → **risquer.** – *L'orage menace.* ▶ **menaçant, ante** adj. **1·** Qui menace, exprime une menace. *Air menaçant.* **2·** (Choses) Qui constitue une menace, un danger. → **dangereux, inquiétant.** *Geste menaçant.* ▶ **menace** n. f. **1·** Manifestation par laquelle on marque (à qqn) sa colère, avec l'intention de lui faire craindre le mal qu'on lui prépare. → **avertissement.** *Obtenir qqch. par la menace. Menace de mort. Gestes, paroles de menace. Sous la menace*, en cédant à la menace. *Mettre ses menaces à exécution.* **2·** Signe par lequel se manifeste ce qu'on doit craindre (de qqch.) ; danger. *Menaces de guerre, d'inflation.*

ménage [menaʒ] n. m. **I· 1·** Ensemble des choses domestiques, spécialt des soins matériels et des travaux d'entretien et de propreté dans un intérieur. *Faire le ménage. Faire des ménages*, faire le ménage chez d'autres moyennant rétribution (→ **femme** de ménage). **2·** *Tenir son ménage*, son intérieur. – Vieilli. ***De ménage*** : fait à la maison. *Jambon de ménage.* **II· 1·** (Dans des expressions) Vie en commun d'un couple. *Se mettre en ménage,* vivre ensemble, se marier. **–** Loc. *Faire bon, mauvais ménage avec qqn,* s'entendre bien, mal avec qqn. **2·** Couple constituant une communauté domestique. **3·** Unité de population (famille, personne seule) en tant que consommateur. *La consommation des ménages est en baisse, en hausse. Un jeune, un vieux ménage.* ▶ 1 **ménager, ère** adj. **1·** (Choses) Qui a rapport aux soins du ménage, à la tenue de l'intérieur domestique. *Travaux ménagers. – Appareils* ménagers.* **2·** Qui provient du ménage, de la maison. *Eaux, ordures ménagères.* ▶ **ménagère** n. f. **1·** Femme qui tient une maison, s'occupe du ménage. *Ménagère qui s'en va au marché.* **–** Loc. *Le panier de la ménagère,* les provisions pour la maison ; les produits alimentaires achetés quotidiennement. **2·** Service de couverts de table dans un coffret. *Une ménagère en inox.* ▷ **aménager, déménager, électroménager, emménager, remue-ménage**

2 **ménager** [menaʒe] v. tr. < conjug. 3 > **I· 1·** Disposer, régler avec soin, adresse. → **arranger.** *Ménager une entrevue à, avec qqn.* **–** Au p. p. *Effet, dénouement bien ménagé.* Iron. *Je lui ai ménagé une petite surprise.* **2·** S'arranger pour réserver, laisser. *Ménager du temps pour faire qqch.* **–** Installer ou pratiquer après divers arrangements et transformations. *Ménager un escalier dans l'épaisseur du mur.* **II· 1·** Employer (un bien) avec mesure, avec économie. → **économiser, épargner.** / contr. dépenser, gaspiller / *Ménager ses vêtements. Ménager ses forces.* **2·** Dire avec mesure. *Ménagez vos expressions !* **3·** Employer ou traiter (un être vivant) avec le souci d'épargner ses forces ou sa vie. **–** Loc. prov. *Qui veut voyager loin ménage sa monture.* **4·** Traiter (qqn) avec prudence, égard ou avec modération, indulgence. *Il était plus fort, mais il ménageait visiblement son adversaire. Il cherche à ménager tout le monde.* **III·** ***Se ménager*** v. pron. réfl. : avoir soin de sa santé, ne pas abuser de ses forces. *Vous devriez vous ménager. Elle ne s'est pas ménagée, ces derniers temps.* ▶ **ménagement** n. m. **1·** Mesure, réserve dont on use envers qqn (par respect, par intérêt). *Traiter qqn sans ménagement,* brutalement. **2·** Procédé dont on use envers qqn que l'on veut ménager (II, 4). → **attention, égard.**

ménagerie [menaʒʀi] n. f. Lieu où sont rassemblés des animaux rares, soit pour l'étude, soit pour la présentation au public ; ces animaux. *La ménagerie d'un cirque.* ≠ zoo.

mendier [mɑ̃dje] v. < conjug. 7 > **1·** V. intr. Demander l'aumône, la charité. → **quêter ;** fam. faire la **manche.** *S. D. F. qui mendie dans le métro.* **2·** V. tr. Solliciter humblement (qqch.), ou péj., demander de façon servile et humiliante. → **quémander.** *Mendier des voix, des compliments.* ▶ **mendiant, ante** n. Personne qui mendie pour vivre. → fam. **mendigot.** *Faire la charité à un mendiant.* **–** Adj. *Ordres* (religieux) *mendiants,* qui faisaient profession de ne vivre que d'aumônes. ▶ **mendicité** [mɑ̃disite] n. f. **1·** Condition de la personne qui mendie. *Être réduit à la mendicité.* **2·** Action de mendier. ▶ **mendigot, ote** [mɑ̃digo, ɔt] n. Fam. et péj. Mendiant. ▶ **mendigoter** v. intr. et tr. < conjug. 1 > Fam. et péj. Mendier.

meneau [məno] n. m. Chacun des montants ou traverses de pierre qui divisent la baie des anciennes fenêtres. *Fenêtre à meneaux.*

menées [məne] n. f. pl. Agissements secrets dans un dessein nuisible. → **intrigue, machination.** *Menées subversives.*

mener [məne] v. tr. < conjug. 5 > **I·** Faire aller (qqn) avec soi. **1·** ***Mener à, en, dans ; mener*** (+ infinitif) : conduire en accompagnant ou en commandant. → **amener, emmener.** *Mener un enfant à l'école. Il mène promener son chien.* **2·** Être en tête de (un cortège, une file). **–** (Sans compl.) *Mener* (le peloton) *pendant un tour. Cette équipe mène deux (à) zéro.* **3·** Diriger. *Se laisser mener. L'intérêt mène le monde.* **II·** Faire aller une chose en la contrôlant. → **piloter. –** Faire marcher, évoluer sous sa direction. *Mener rondement une affaire.* **–** ***Mener à****... Mener qqch. à bien. Mener une chose à bonne fin, à terme.* **III·** (Choses) **1·** Transporter. *Voilà l'autobus qui vous mènera chez moi.* → **amener, conduire. 2·** Permettre d'aller d'un lieu à un autre. *Où mène cette route ?* **–** Abstrait. *Une profession qui mène à tout. Cela peut vous mener loin,* avoir pour vous de graves conséquences. **IV·** Géométrie. Tracer. *Mener une parallèle à une droite.* ▷ **amener, se démener, emmener, malmener, menées, meneur, promener, surmener**

ménestrel [menɛstʀɛl] n. m. Au Moyen Âge. Musicien et chanteur ambulant. → **jongleur.** ≠ troubadour, trouvère.

ménétrier [menetʀije] n. m. Violoniste de village, qui escorte les noces, fait danser les invités. → **violoneux.**

meneur, euse [mənœʀ, øz] n. **1·** *Meneur de jeu,* animateur d'un spectacle ou d'une émission. **–** *Meneuse de revue,* vedette principale d'une revue de music-hall. **2·** Souvent péj. Personne qui, par son autorité, prend la tête d'un mouvement populaire. → **chef, dirigeant, leader.** *On a arrêté les meneurs.* **3·** *Un meneur d'hommes,* personne qui sait mener, manier les hommes.

menhir [meniʀ] n. m. Monument mégalithique, pierre allongée dressée verticalement. *Les dolmens et les menhirs.*

méninge [menɛ̃ʒ] n. f. **1·** Chacune des membranes qui entourent le cerveau et la moelle épinière. **2·** Fam. Au plur. Le cerveau, l'esprit. *Elle ne s'est pas fatigué les méninges.* ▶ **méningé, ée** adj. Relatif aux méninges (1). ▶ **méningite** n. f. Inflammation aiguë ou chronique des méninges. *Méningite cérébro-spinale épidémique.* – Fam. *Il ne risque pas d'attraper une méningite,* il ne fait aucun effort intellectuel. ▷ **remue-méninges**

ménisque [menisk] n. m. Cloison fibro-cartilagineuse disposée entre deux surfaces articulaires mobiles. *Les ménisques du genou.*

ménopause [menɔpoz] n. f. Cessation des menstrues et de la fonction de reproduction ; époque où elle se produit. → **retour** d'âge.

ménorah [menɔʀa] n. f. Dans la religion juive. Chandelier à sept branches.

menotte [mənɔt] n. f. **1·** Au plur. Bracelets métalliques réunis par une chaîne, qui se fixent aux poignets d'un prisonnier. *Passer les menottes à un suspect.* **2·** Main d'enfant ; petite main. *Une menotte potelée.* → [2] **mimine.**

mensonge [mɑ̃sɔ̃ʒ] n. m. **1·** Assertion sciemment contraire à la vérité, faite dans l'intention de tromper. → **contrevérité, tromperie** ; fam. **bobard.** *Un grossier mensonge. Mensonge pour rire.* → **blague.** *Pieux mensonge,* inspiré par la piété ou la pitié. – *Mensonge par omission,* qui consiste à taire la vérité. **2·** *Le mensonge,* l'acte de mentir, la pratique de la fausseté. *Elle vit dans le mensonge.* **3·** Ce qui est trompeur, illusoire. *Le bonheur est un mensonge.* ▶ **mensonger, ère** adj. Qui repose sur des mensonges ; qui trompe. → **fallacieux, faux.** *Récits mensongers. Déclaration mensongère.* / contr. sincère, véritable /

menstrues [mɑ̃stʀy] n. f. pl. Didact. Écoulement sanguin périodique, d'une durée de quelques jours, qui se produit chaque mois chez la femme nubile non enceinte. → **règles.** ▶ **menstruation** n. f. Fonction physiologique caractérisée par la production de menstrues, de la puberté à la ménopause*. *Troubles de la menstruation.* ▶ **menstruel, elle** adj. Qui a rapport aux menstrues.

mensuel, elle [mɑ̃sɥɛl] adj. **1·** Qui a lieu, se fait tous les mois. *Revue mensuelle.* **2·** Calculé pour un mois et payé chaque mois. *Salaire mensuel.* ▶ **mensualiser** v. tr. < conjug. 1 > **1·** Rendre mensuel (un paiement). **2·** Payer (qqn) au mois. ▶ **mensualisation** n. f. *La mensualisation de l'impôt.* ▶ **mensualité** n. f. Somme payée mensuellement ou perçue chaque mois. *Il a remboursé son emprunt en vingt mensualités.* ▶ **mensuellement** adv. Tous les mois. ▷ **bimensuel**

mensuration [mɑ̃syʀasjɔ̃] n. f. Détermination et mesure des dimensions caractéristiques ou importantes du corps humain ; ces mesures. *Prendre ses mensurations.*

mental, ale, aux [mɑ̃tal, o] adj. **1·** Qui se fait dans l'esprit seulement, sans expression orale ou écrite. *Calcul mental.* **2·** Qui a rapport aux fonctions intellectuelles de l'esprit. *Maladie mentale.* → **psychique.** *Âge mental,* âge qui correspond au degré de développement intellectuel. *Débiles mentaux.* – N. m. État d'esprit, surtout en parlant d'un sportif. → **moral.** *Un mental de gagneur.* ▶ **mentalement** adv. **1·** En esprit seulement. **2·** Du point de vue mental (2). *Il est mentalement atteint.*

mentalité n. f. **1·** Ensemble des croyances et habitudes d'esprit d'une collectivité. *La mentalité primitive.* **2·** Dispositions psychologiques ou morales ; état d'esprit. *Sa mentalité me déplaît.* – Fam. Morale qui indigne. *Jolie mentalité ! Quelle mentalité !*

menteur, euse [mɑ̃tœʀ, øz] n. et adj. **1·** N. Personne qui ment, a l'habitude de mentir. *C'est un grand menteur.* – Appellatif. *Sale menteuse !* **2·** Adj. Qui ment. → **faux, hypocrite.** *Je ne la croyais pas si menteuse.* / contr. franc, sincère / – (Choses, actes) *Son sourire est menteur.* → **trompeur.**

menthe [mɑ̃t] n. f. **1·** Plante très aromatique, qui croît dans les lieux humides. – *Alcool de menthe.* **2·** Sirop de menthe. *Prendre une menthe à l'eau.* – Essence de menthe. *Bonbons à la menthe.* ≠ mante. ▶ **menthol** [mɑ̃tɔl] n. m. Alcool-phénol extrait de l'essence de menthe poivrée. ▶ **mentholé, ée** adj. Additionné de menthol. *Cigarettes mentholées.*

mention [mɑ̃sjɔ̃] n. f. **1·** Action de nommer, de citer, de signaler. *Il n'en est pas fait mention dans cet ouvrage.* **2·** Brève note donnant une précision, un renseignement. *Rayer les mentions inutiles* (sur un questionnaire). **3·** Indication d'une appréciation favorable de la part d'un jury d'examen. *Mention bien, très bien ; très honorable* (au doctorat). ▶ **mentionner** v. tr. < conjug. 1 > Faire mention de. → **citer, nommer, signaler.** *Ne faire que mentionner une chose,* la signaler seulement, sans en parler. – Impers. *Il est bien mentionné de* (+ infinitif), *que.*

mentir [mɑ̃tiʀ] v. intr. < conjug. 16 > **1·** Faire un mensonge, affirmer ce qu'on sait être faux, ou nier, taire ce qu'on devrait dire (→ **mensonge).** Loc. *Il ment comme il respire,* continuellement. *Mentir à qqn,* le tromper par un mensonge.

2· (Choses) Exprimer une chose fausse. *Son sourire ment.* – Loc. *Vous faites mentir le proverbe,* ce que vous faites contredit le proverbe. ▷ **démentir, menteur**

menton [mɑ̃tɔ̃] n. m. Partie saillante du visage, constituée par l'avancée du maxillaire inférieur. *Menton en galoche, pointu.* – *Double, triple menton,* plis sous le menton. ▶ **mentonnière** n. f. **1·** Jugulaire. *La mentonnière d'un casque.* **2·** Plaquette fixée à la base d'un violon, sur laquelle s'appuie le menton.

mentor [mɛ̃tɔʀ] n. m. Littér. Guide, conseiller sage et expérimenté. *Des mentors.*

① **menu, ue** [məny] adj. Littér. **1·** Qui a peu de volume. → **fin, mince, petit.** / contr. gros / *Couper en menus morceaux.* – (Personnes) Petit et mince. *Elle est toute menue.* **2·** Qui a peu d'importance, peu de valeur. *Menus détails. Menue monnaie.* – N. m. ***Par le menu*** : en détail. *Il nous a raconté cela par le menu.* **3·** Adv. En menus morceaux. *Viande, oignons hachés menu.* ▷ **amenuiser, minutie**

② **menu** [məny] n. m. **1·** Liste détaillée des mets dont se compose un repas (pour les vins, on dit *carte*). *Il faut que je fasse mon menu pour demain soir.* – *Menu de restaurant* (à prix fixe). → **formule.** *Prendre le menu* (opposé à *manger à la carte*). **2·** Programme, ordre du jour. *Le menu de la réunion.* **3·** Liste d'opérations proposées sur l'écran d'un ordinateur à l'utilisateur.

menuet [mənɥɛ] n. m. **1·** Ancienne danse à trois temps. **2·** Forme instrumentale, dans la suite, la sonate, rappelant cette danse.

menuiserie [mənɥizʀi] n. f. **1·** Travail (assemblage) du bois pour la fabrication des meubles, la décoration des maisons. *Atelier de menuiserie.* **2·** Ouvrages ainsi fabriqués. *Plafond en menuiserie,* en bois travaillé. **3·** *Menuiserie métallique,* fabrication d'éléments de fermeture en métal. ▶ **menuisier** n. m. Artisan, ouvrier qui travaille le bois équarri en planches. ≠ charpentier. *Menuisier de bâtiment. Menuisier d'art.* → **ébéniste.** *Elle est menuisier* ou (rare) *menuisière.*

méphitique [mefitik] adj. (Vapeur, exhalaison) Qui sent mauvais et est toxique.

méplat [mepla] n. m. Partie plate, plane (du visage, d'une forme représentée).

se méprendre [mepʀɑ̃dʀ] v. pron. < conjug. 58 > Littér. Se tromper (en particulier, en prenant une personne, une chose pour une autre). *Ils se ressemblent à s'y méprendre. Elle s'est méprise sur son compte.* ▶ **méprise** n. f. Erreur d'une personne qui se méprend. *Commettre une méprise.* → **confusion, malentendu, quiproquo.** *Une méprise comique, ridicule, gênante.*

mépris [mepʀi] n. m. invar. **1·** *Mépris de,* fait de considérer comme indigne d'attention. → **indifférence.** *Le mépris du danger, des richesses.* – ***Au mépris de*** loc. prép. : sans tenir compte de, en dépit de. **2·** *Mépris pour,* sentiment par lequel on considère (qqn) comme indigne d'estime, comme moralement condamnable. → **dédain, dégoût.** / contr. estime / *Il n'a que du mépris pour eux.* – (Sans compl.) *Il est digne de mépris. Un air plein de mépris.* – *Avoir du mépris pour qqch.*

mépriser [mepʀize] v. tr. < conjug. 1 > **1·** Estimer indigne d'attention ou d'intérêt. → **dédaigner, négliger.** / contr. considérer / *Mépriser le danger.* → **braver.** *Cet avis n'est pas à mépriser. Mépriser l'argent.* / contr. désirer / **2·** Considérer (qqn) comme indigne d'estime, comme moralement condamnable. / contr. estimer / *Je le méprise pour l'attitude qu'il a eue.* ▶ **méprisable** adj. Qui mérite le mépris (2). → **honteux, indigne.** *Un homme, un procédé méprisable.* / contr. respectable / ▶ **méprisant, ante** adj. Qui montre du mépris (2). → **arrogant, dédaigneux.** ▷ **mépris**

mer [mɛʀ] n. f. **1·** Vaste étendue d'eau salée qui couvre une grande partie de la surface du globe. → **océan.** *Sel de mer.* → ① **marin.** *Poissons de mer et poissons de rivière. Haute, pleine mer,* partie éloignée des rivages. → **large ; pélagique.** *Eau de mer* (opposé à *eau douce*). *Je passe mes vacances au bord de la mer, à la mer. La mer est basse,* a atteint son niveau le plus bas. *Gens de mer,* marins. *Prendre la mer,* partir sur mer. *Port de mer.* → **maritime.** – Loc. *Un homme à la mer,* tombé dans la mer. – *Ce n'est pas la mer à boire,* ce n'est pas tellement difficile. **2·** *Une mer,* partie de la mer, délimitée (moins grande qu'un océan). *La mer du Nord.* **3·** Vaste étendue. *La mer de Glace,* grand glacier des Alpes. ▷ **amerrir, marin, marine, maritime, outremer**

mercanti [mɛʀkɑ̃ti] n. m. Commerçant malhonnête ; profiteur. *Des mercantis.* ▶ **mercantile** adj. Digne d'un commerçant cupide, d'un profiteur. ▶ **mercantilisme** n. m. **1·** Esprit mercantile. **2·** Ancienne doctrine économique (surtout au XVIIIe s.) fondée sur le profit monétaire de l'État.

mercatique [mɛʀkatik] n. f. Recommandation officielle pour remplacer l'anglicisme *marketing.*

mercato [mɛʀkato] n. m. Marché* officiel des transferts de footballeurs d'un club professionnel à un autre. – Moment où s'effectuent ces transactions.

mercenaire [mɛʀsənɛʀ] adj. et n. m. **I·** Adj. Littér. Qui n'agit que pour un salaire. *Troupes mercenaires.* → **vénal. II·** N. m. Soldat mercenaire à la solde d'un gouvernement étranger.

mercerie [mɛʀsəʀi] n. f. **1·** Ensemble des marchandises servant aux travaux de couture. **2·** Commerce, boutique de mercier.

1 **merci** [mɛʀsi] n. f. **1·** ***À la merci de*** loc. prép. : dans une situation où l'on dépend entièrement de (qqn, qqch.). *Tenir qqn à sa merci. Il est à la merci d'une erreur.* **2·** ***Dieu merci*** loc. adv. : grâce à Dieu. *Il n'est pas au courant, Dieu merci !* **3·** ***Sans merci*** : (lutte, combat) impitoyable. *Une lutte sans merci.*

2 **merci** n. m. et interj. **1·** N. m. Remerciement. *Un grand merci pour ton aide. Mille mercis pour ta gentillesse.* **2·** Interj. Terme de politesse dont on use pour remercier. *Merci beaucoup. Merci pour, de votre lettre.* **3·** Formule de politesse accompagnant un refus. *Non, merci.* ▷ **remercier**

mercier, ière [mɛʀsje, jɛʀ] n. Marchand d'articles de mercerie. ▷ **mercerie**

mercredi [mɛʀkʀədi] n. m. et adv. **1·** Quatrième jour de la semaine (en comptant à partir du dimanche). *Tous les mercredis.* **2·** Adv. Le mercredi qui vient. *Je viendrai mercredi.*

mercure [mɛʀkyʀ] n. m. Métal d'un blanc argenté, liquide à la température ordinaire. *Baromètre, thermomètre à mercure.* – Fig. La température. *La baisse du mercure.* ▶ **mercurochrome** [mɛʀkyʀokʀom] n. m. Composé chimique rouge vif utilisé comme antiseptique externe (nom déposé). *Badigeonner une plaie, avec du, au mercurochrome.* → **éosine.**

merde [mɛʀd] n. f. et interj. Fam. **I·** N. f. **1·** Matière fécale. → **excrément.** *Une merde de chien.* → **crotte.** – Loc. *Traîner qqn dans la merde,* le ridiculiser. *Couvrir qqn de merde,* le dénigrer. *Avoir de la merde dans les yeux,* ne pas voir une chose évidente. **2·** Être ou chose méprisable, sans valeur. *Son livre, c'est de la merde. Il ne se prend pas pour une merde,* il se croit un grand personnage. **3·** Situation mauvaise et confuse. *Ils sont dans une sacrée merde.* – *Foutre la merde (quelque part),* mettre la pagaïe ; semer la zizanie. **4·** ***De merde*** loc. adj. *Un temps de merde.* → fam. **dégueulasse. II·** Interj. **1·** Exclamation de colère, d'impatience, de mépris. → fam. **crotte, mince, zut.** *Je vous dis merde. Merde pour lui.* **2·** Exclamation d'étonnement, d'admiration. *Merde alors !* ▶ **merder** v. intr. < conjug. 1 > Fam. Mal réussir ; échouer. *J'ai merdé à mon examen. L'essai a merdé.* → fam. **foirer.** ▶ **merdeux, euse** adj. et n. Fam. Sali d'excréments. – *Se sentir merdeux,* honteux, coupable. – N. Gamin(e), blanc-bec. *Petit merdeux !* ▶ **merdier** n. m. Fam. Grand désordre, confusion inextricable. *Comment sortir de ce merdier ?* ▶ **merdique** adj. Fam. Mauvais, sans valeur, sans intérêt. *Film, soirée merdique.* ▶ **merdouiller** < conjug. 1 > **merdoyer** [mɛʀdwaje] v. intr. < conjug. 8 > Fam. S'embrouiller dans une explication, dans des démarches maladroites. → fam. **vasouiller.** *Elle a merdoyé lamentablement.* – Échouer. → **merder.** ▷ **se démerder, emmerder**

mère [mɛʀ] n. f. **I· 1·** Femme qui a mis au monde un ou plusieurs enfants. → **maman.** *De la mère.* → **maternel.** *Qualité, état de mère.* → **maternité.** *Mère de famille. C'est sa mère.* **2·** Femelle qui a un ou plusieurs petits. *Une mère lionne et ses lionceaux.* **3·** Femme qui est comme une mère. *Mère adoptive.* → **nourrice.** *Leur grande sœur est une mère pour eux.* **4·** Titre de vénération donné à une religieuse (supérieure d'un couvent, etc.). – Appellatif. *Oui, ma mère.* **5·** Appellation familière pour une femme d'un certain âge. *La mère Mathieu. « C'est la mère Michel qui a perdu son chat »* (chanson). **II· 1·** *La mère patrie,* la patrie d'origine (d'émigrés, etc.). **2·** Origine, source. Prov. *L'oisiveté est mère de tous les vices.* – En appos. *Branche mère. Des maisons mères.* ▶ **mère-grand** n. f. Vx (ou dans les contes de fées). Grand-mère. *Des mères-grand.* ▷ **belle-mère, grand-mère, mémère**

mérengué [meʀɛ̃ge] n. m. Danse d'origine dominicaine à deux temps.

merguez [mɛʀgɛz] n. f. invar. Saucisse fine à base de bœuf et d'agneau, assaisonnée au piment rouge. *Il nous a servi le couscous avec des merguez.*

méridien, ienne [meʀidjɛ, jɛn] adj. et n. m. **I·** Adj. *Plan méridien* (que le Soleil coupe à midi), plan défini par l'axe de rotation de la Terre et la verticale du lieu. – Relatif au plan méridien. *Hauteur méridienne d'un astre.* **II·** N. m. Cercle imaginaire passant par les deux pôles terrestres. *Heure du méridien de Greenwich* (G. M. T.). – Demi-cercle joignant les pôles. *Méridiens et parallèles sur les cartes.* ▶ **méridienne** n. f. **1·** Littér. Sieste du milieu du jour. **2·** Canapé à deux chevets de hauteur inégale.

méridional, ale, aux [meʀidjɔnal, o] adj. **1·** Qui est au sud. / contr. septentrional / **2·** Qui est du Midi, propre aux régions et aux gens du Midi (d'un pays, et notamment en français de France, de la France). *Climat méridional.* – N. Personne du Midi.

meringue [məʀɛ̃g] n. f. Gâteau très léger fait de blancs d'œufs battus et de sucre. ▶ **meringué, ée** adj. Enrobé, garni de pâte à meringue. *Glace meringuée.* → **vacherin.**

mérinos [meʀinos] n. m. invar. **1·** Mouton de race espagnole (originaire d'Afrique du Nord) à toison épaisse ; sa laine. **2·** Loc. fam. *Laisser pisser le mérinos,* attendre, laisser aller les choses.

merise [məʀiz] n. f. Petite cerise sauvage, rose ou noire. ▶ **merisier** n. m. Cerisier sauvage. – Bois de cet arbre. *Une armoire en merisier.*

mérite [meʀit] n. m. **I·** **1·** Ce qui rend (une personne) digne d'estime, de récompense. → **vertu.** *Le mérite de qqn, son mérite. Avoir du mérite à... Il n'en a que plus de mérite. Il a au moins le mérite d'avoir protesté.* – ***Se faire un mérite de*** : se glorifier de. *Elle s'est fait un mérite de nous avoir aidés.* **2·** Ce qui rend (une conduite) digne d'éloges. *Sa persévérance n'est pas sans mérite.* **II·** **1·** ***Le mérite*** : ensemble de qualités intellectuelles et morales, particulièrement estimables. → **valeur.** *Un homme de mérite. Ce travail a certains mérites. Vanter les mérites de qqn, de qqch.* **2·** Avantage (de qqch.). *Cela a au moins le mérite d'exister.* **III·** Nom de certains ordres et décorations (récompenses). *Chevalier du Mérite agricole.* ▶ **mériter** v. tr. < conjug. 1 > **1·** (Personnes) Être par sa conduite, en droit d'obtenir (un avantage) ou exposé à subir (un inconvénient). → **encourir.** *Mériter l'estime, la reconnaissance de qqn. Tu mérites une fessée. Il l'a bien mérité* (→ C'est bien fait, il ne l'a pas volé). – Au p. p. adj. *Un repos bien mérité.* – *Il méritait de réussir. Il mériterait qu'on lui en fasse autant !* – (Choses) *Cet effort mérite un encouragement. Ceci mérite réflexion.* – Loc. prov. *Tout travail mérite salaire.* **2·** Être digne d'avoir (qqn) à ses côtés, dans sa vie. *Il ne méritait pas de tels amis.* ▶ **méritant, ante** adj. Souvent iron. Qui a du mérite (I, 1). ▶ **méritoire** adj. (Choses) Où le mérite est grand ; qui est digne d'éloge. → **louable.** *Œuvre, effort méritoire.* / contr. blâmable / ▷ **démériter, émérite, immérité**

merlan [mɛʀlɑ̃] n. m. Poisson de mer à chair légère. – Fam. *Faire des yeux de merlan frit,* lever les yeux au ciel de façon ridicule.

merle [mɛʀl] n. m. Oiseau passereau au plumage généralement noir chez le mâle. *Siffler comme un merle.*

merlin [mɛʀlɛ̃] n. m. Masse pour assommer les bœufs. *Un coup de merlin.*

merlu [mɛʀly] n. m. Région. Colin (poisson). ▶ **merluche** n. f. Morue séchée.

mérou [meʀu] n. m. Grand poisson carnassier des côtes de la Méditerranée, à la chair très délicate. *Pêche au mérou. Des mérous.*

mérovingien, ienne [meʀɔvɛ̃ʒjɛ̃, jɛn] adj. et n. Relatif à la famille qui régna sur la Gaule franque, de Clovis à l'élection de Pépin le Bref ; de cette époque. *Les rois mérovingiens.* – N. *Les Mérovingiens.*

merveille [mɛʀvɛj] n. f. Chose qui cause une intense admiration. *Les merveilles de la nature, de l'art. Les sept merveilles du monde* (antique). *Ce livre est une merveille d'intelligence.* – Loc. *Faire merveille,* obtenir ou produire des résultats remarquables. – ***À merveille*** loc. adv. : parfaitement, remarquablement. *Il se porte à merveille.* ▶ **merveilleux, euse** [mɛʀvɛjø, øz] adj. et n. **I·** Adj. **1·** Qui étonne par son caractère inexplicable, surnaturel. → **magique, miraculeux.** / contr. naturel / *Aladin, ou la lampe merveilleuse.* → **enchanté.** **2·** Qui est admirable au plus haut point, exceptionnel. → **divin, extraordinaire, mirifique, prodigieux.** *Un merveilleux chant. Elle est merveilleuse dans ce rôle.* → **remarquable.** **II·** N. m. Ce qui, dans une œuvre littéraire, se réfère à l'inexplicable, au surnaturel. ▶ **merveilleusement** adv. Admirablement, parfaitement. ▷ **émerveiller**

mes → **mon.**

mésalliance [mezaljɑ̃s] n. f. Mariage avec une personne considérée comme socialement inférieure.

mésange [mezɑ̃ʒ] n. f. Petit oiseau (passereaux), qui se nourrit d'insectes, de graines et de fruits.

mésaventure [mezavɑ̃tyʀ] n. f. Aventure fâcheuse, événement désagréable. → **accident, malchance.** *Il m'est arrivé une mésaventure.*

mescaline [mɛskalin] n. f. Substance (alcaloïde) qui provoque des hallucinations (hallucinogène), extraite d'un cactus mexicain, le peyotl.

mesclun [mɛsklœ̃] n. m. Mélange de salades (laitue, mâche, trévise...).

mesdames, mesdemoiselles n. f. Pluriel de *madame, mademoiselle.*

mésentente [mezɑ̃tɑ̃t] n. f. Défaut d'entente ou mauvaise entente. → **brouille, désaccord, mésintelligence.** *Il y a une légère mésentente entre eux.* ≠ malentendu.

mésentère [mezɑ̃tɛʀ] n. m. Repli de la membrane du péritoine qui enveloppe l'intestin.

mésestimer v. tr. < conjug. 1 > Littér. Ne pas apprécier (qqn, une chose) à sa juste valeur. → **méconnaître, sous-estimer.** *Ne mésestimez pas les difficultés.* / contr. estimer, surestimer /

mésintelligence [mezɛ̃teliʒɑ̃s] n. f. Littér. Défaut d'accord, d'entente entre les personnes. → **discorde, dissentiment, mésentente.**

més(o)- Élément signifiant « milieu, moyen ». Ex. : *mésoderme ; mésolithique* (période moyenne de l'âge de pierre). ▷ **mésentère**

mesquin, ine [mɛskɛ̃, in] adj. **1·** (Personnes) Qui est attaché à ce qui est petit, médiocre ; qui manque de générosité. *Un esprit mesquin.* → **étriqué, étroit, petit.** *Des idées mesquines.* **2·** Qui témoigne d'avarice. *N'offrez pas si peu, ce serait* *mesquin.* / contr. généreux / *Cela fait mesquin.* → **pauvre.** ▶ **mesquinerie** n. f. **1·** Caractère d'une personne, d'une action mesquine. → **bassesse, médiocrité.** / contr. générosité, grandeur / *La mesquinerie d'une vengeance.* **2·** *Une mesquinerie,* attitude, action mesquine.

mess [mɛs] n. m. invar. Lieu où se réunissent les officiers ou les sous-officiers d'une même unité, pour prendre leur repas en commun. → **cantine ;** fam. **popote.**

message [mesaʒ] n. m. **1·** Charge de dire, de transmettre (qqch.). → **ambassade, commission.** *S'acquitter d'un message. Je suis chargé d'un message.* **2·** Information, paroles transmises. → **annonce, avis, communication.** *Message écrit.* → **dépêche, lettre.** *Recevoir, transmettre un message.* – *Message électronique.* → **e-mail, mail ; courriel ; messagerie.** – *Message publicitaire,* information transmise par annonce publicitaire, afin de vendre. **3·** Contenu de ce qui est révélé, transmis aux humains. *Le message d'un écrivain. Chanson à message.* **4·** Transmission d'une information. *Le code* et le message.* ▶ **messager, ère** n. **1·** Personne chargée de transmettre une nouvelle, un objet. **2·** Littér. Ce qui annonce (qqch.). → **avant-coureur.** *Les oiseaux migrateurs, messagers de l'hiver.* **3·** En biologie. Substance chargée de transmettre une information. *A. R. N. messager,* forme de l'A. R. N. qui transporte l'information génétique. ▶ **messagerie** n. f. **1·** Service de transports de colis et de voyageurs. *Messageries aériennes.* **2·** *Messageries de presse,* organismes chargés de la distribution de la presse dans les points de vente. **3·** *Messagerie électronique,* service assurant la transmission de messages électroniques. → **courriel.**

messe [mɛs] n. f. **1·** Dans la religion catholique. Sacrifice du corps et du sang de Jésus-Christ sous la forme du pain et du vin, par le ministère du prêtre. *Le prêtre dit la messe. Les enfants de chœur servent la messe. Aller à la messe. Messe de minuit,* pour Noël. **2·** ***Messe noire*** *:* parodie sacrilège du saint sacrifice. **3·** Ensemble de compositions musicales sur les paroles des chants liturgiques de la messe. **4·** Loc. *Faire des* ***messes basses*** *:* parler à voix basse, en aparté. ▷ **grand-messe**

messidor [mesidɔʀ] n. m. Dixième mois du calendrier révolutionnaire (19-20 juin au 19-20 juillet).

Messie [mesi] n. m. Libérateur désigné et envoyé par Dieu, spécialt Jésus-Christ. – Fam. *Attendre qqn comme le Messie,* avec grande impatience.

messieurs n. m. Pluriel de *monsieur.*

messire [mesiʀ] n. m. Ancienne dénomination honorifique réservée aux personnes de qualité. *Messire Jehan. Oui, messire* (→ **seigneur, sire**).

mesure [m(ə)zyʀ] n. f. **I· 1·** Action de déterminer la valeur (de certaines grandeurs) par comparaison avec une grandeur constante de même espèce. → **évaluation ; -métrie.** *La mesure d'une grandeur. Système de mesure.* **2·** Grandeur (dimension) déterminée par la mesure. *Les mesures d'un meuble. Les mesures d'une personne.* → **mensuration.** – *(Fait)* ***sur mesure*** *:* adapté à une personne ou à un but. *Costume (fait) sur mesure.* Fig. *Rôle sur mesure,* spécialement bien adapté à la personnalité d'un comédien. **3·** Valeur, capacité appréciée ou estimée. *La mesure de ses forces. Donner sa mesure,* montrer ce dont on est capable. *Prendre la mesure, la juste mesure de qqn, de ses capacités.* **4·** Loc. ***À la mesure de*** *:* qui correspond, est proportionné à. → **échelle.** *Un adversaire à sa mesure,* digne* de lui, d'elle. – ***Dans la mesure de..., où...*** *:* dans la proportion de, où ; pour autant que. *Dans la mesure du possible. Dans la mesure où nous le pourrons. Dans une certaine mesure,* jusqu'à un certain point. *Il a raison, dans une certaine mesure.* – ***À mesure que...*** *:* à proportion que ; en même temps que (marque la progression dans la durée). → **au fur et à mesure que.** *On s'aime à mesure qu'on se connaît mieux.* **II· 1·** Quantité représentable par un étalon concret. *Mesures de longueur, de capacité.* **2·** Récipient de capacité connue ; ce qu'il contient. *Donner deux mesures d'avoine à un cheval.* **3·** ***Commune mesure*** (en phrase négative) : quantité prise pour unité ; rapport. *Il n'y a pas de commune mesure entre ces quantités, elles sont incommensurables. Il n'y a aucune commune mesure entre Shakespeare et ses contemporains,* sa valeur est incomparablement plus grande. *C'est sans commune mesure.* **III· 1·** Quantité, dimension normale, souhaitable. *La juste, la bonne mesure. Dépasser, excéder la mesure,* exagérer. – Loc. ***Outre mesure*** *:* excessivement. **2·** Modération dans le comportement. → **précaution, retenue.** / contr. démesure, excès / *Avoir de la mesure,* être mesuré (2). *Dépenser avec mesure.* **3·** *Une mesure,* manière d'agir proportionnée à un but à atteindre ; acte officiel. → **disposition, moyen ; demi-mesure.** *Prendre des mesures d'urgence.* **4·** Division de la durée musicale en parties égales. → **cadence, mouvement, rythme.** *Mesure à quatre temps.* – ***En mesure*** loc. adv. : en suivant la mesure, en cadence. **5·** *Être en mesure de,* avoir la possibilité de ; être en état. *Je ne suis pas en mesure de te répondre.* ▶ **mesurer** v. < conjug. 1 > **I·** V. tr. **1·** Évaluer (une longueur, une surface, un volume) par une comparaison avec un étalon de même espèce. *Mesurer une pièce, un couloir au mètre* (métrer).

Mesurer qqn, sa taille. **2·** Déterminer la valeur de (une grandeur mesurable). *Mesurer (qqch.) par l'observation directe, par le calcul.* **3·** Fig. Juger par comparaison. → **estimer, évaluer.** *Mesurer la portée, l'efficacité d'un acte.* **II·** V. intr. Avoir pour mesure. *Cette planche mesure deux mètres. Il mesure un mètre quatre-vingts.* **III·** V. tr. Régler par une mesure. **1·** Donner, régler avec mesure. → **compter.** *Le temps nous est mesuré.* **2·** Faire, employer avec mesure, pondération. *Mesurer ses efforts. Mesurez vos expressions !* **IV·** ***Se mesurer*** v. pron. **1·** (Passif) Être mesurable. *Cette distance se mesure en kilomètres.* **2·** (Réfl.) (Personnes) *Se mesurer avec, à qqn,* se comparer à lui par une épreuve de force. → se **battre, lutter.** ▶ **mesuré, ée** adj. **1·** Évalué par la mesure. **2·** Qui montre de la mesure (III, 2). → **circonspect, modéré.** *Il est mesuré en tout. – Des éloges mesurés.* / contr. démesuré / ▶ **mesurable** adj. Qui peut être mesuré. *Une grandeur mesurable.* ▶ **mesurette** n. f. **1·** Petit récipient permettant de doser (un liquide, une poudre). **2·** Petite mesure (III, 3) inefficace. ▷ **démesure, demi-mesure**

mét(a)- Élément exprimant la succession, le changement ou encore « ce qui dépasse, englobe » (un objet de pensée ; une science). Ex. : *métalangage, métamathématiques.* → Voir ci-dessous les composés les plus courants.

métabolisme [metabɔlism] n. m. Ensemble des transformations chimiques et biologiques qui s'accomplissent dans l'organisme. ▶ **métabolite** n. m. Substance organique qui participe au métabolisme ou qui se forme lors du métabolisme.

métacarpe [metakaʀp] n. m. Anatomie. Ensemble des os (dits *métacarpiens,* adj.) de la main entre le poignet et les phalanges.

métairie [meteʀi] n. f. Domaine agricole exploité selon le système du métayage* ; ses bâtiments.

métal, aux [metal, o] n. m. **1·** Nom générique désignant tout corps simple, doué d'un éclat particulier (éclat métallique), bon conducteur de la chaleur et de l'électricité et formant, par combinaison avec l'oxygène, des oxydes basiques (opposé à *métalloïde*). *Métaux précieux,* argent, or, platine. *Métaux radioactifs. Le minerai d'un métal.* **2·** Substance métallique (métal ou alliage). *Industrie des métaux,* métallurgie. *Lame, plaque de métal.* ▶ **métallier, ière** n. Spécialiste de la fabrication et de la pose de structures métalliques. ▶ **métallifère** adj. Qui contient un métal. *Gisement métallifère.* ▶ **métallique** adj. **1·** Fait de métal. *Fil, charpente métallique. Monnaie métallique,* les pièces de monnaie. **2·** Qui appartient au métal, a l'apparence du métal. *Éclat, reflet métallique.* **3·** (Son) Qui semble venir d'un corps fait de métal. *Bruit, son métallique.* ▶ **métallisé, ée** adj. Qui a reçu un éclat métallique. *Peinture métallisée. Voiture gris métallisé.* ▶ **métallo** n. m. Fam. Ouvrier métallurgiste. *Des métallos.* ▶ **métallographie** n. f. Étude de la structure des métaux. ▶ **métalloïde** [metalɔid] n. m. Corps simple, généralement dépourvu d'éclat, mauvais conducteur de la chaleur et de l'électricité et qui forme avec l'oxygène des composés acides ou neutres (opposé à *métal*). ▶ **métallurgie** n. f. Ensemble des industries et des techniques qui assurent la fabrication des métaux et leur mise en œuvre. *La métallurgie du fer.* → **sidérurgie.** ▶ **métallurgique** adj. *Les industries métallurgiques.* ▶ **métallurgiste** n. **1·** Personne qui travaille dans la métallurgie. → fam. **métallo.** *Les métallurgistes de l'automobile* (ajusteur, chaudronnier, fondeur). **2·** Industriel de la métallurgie.

métamorphique [metamɔʀfik] adj. Se dit de toute roche qui a été modifiée dans sa structure par l'action de la chaleur et de la pression. ▶ **métamorphisme** n. m. Ensemble des phénomènes qui donnent lieu à la formation des roches métamorphiques.

métamorphose [metamɔʀfoz] n. f. **1·** Changement de forme, de nature ou de structure tel que l'objet n'est plus reconnaissable. *La métamorphose d'un homme en loup-garou.* **2·** Chez certaines espèces animales. Changement brusque survenant dans l'organisme en voie de développement. *Métamorphose du têtard en grenouille. Les métamorphoses des insectes* (larve, insecte adulte). **3·** Changement complet (d'une personne ou d'une chose) dans son état, ses caractères. → **transformation.** ▶ **métamorphoser** v. tr. < conjug. 1 > **1·** Faire passer (un être) de sa forme primitive à une autre forme. → **changer, transformer. 2·** Changer complètement (qqn, qqch.). *L'amour l'a métamorphosé.* – Pronominalement (réfl.). *Le petit garçon s'est métamorphosé en homme.* ▷ **métamorphique**

métaphore [metafɔʀ] n. f. Procédé de langage qui consiste dans une modification de sens (terme concret dans un contexte abstrait) par substitution analogique. → **comparaison, image.** *Métaphore et métonymie.* « *Donner dans le panneau* » *est une métaphore.* ▶ **métaphorique** adj. **1·** Qui tient de la métaphore. **2·** Qui abonde en métaphores. *Style métaphorique.* → **imagé.** ▶ **métaphoriquement** adv.

métaphysique [metafizik] n. f. et adj. **I·** N. f. Recherche rationnelle ayant pour objet la connaissance de l'être absolu (l'esprit, la nature, Dieu, la matière...), des causes de l'univers et des principes premiers de la connaissance. → **ontologie, philosophie. II·** Adj. **1·** Qui relève de la métaphysique. *Le problème métaphysique de la liberté humaine.* **2·** Qui présente l'incertitude, l'obscurité attribuées à la métaphysique. *Cette discussion est bien métaphysique.* → **abstrait.** ▶ **métaphysicien, ienne** n. Personne qui s'occupe de métaphysique. → **philosophe.**

métastase [metastɑz] n. f. Dissémination dans l'organisme d'éléments pathologiques (par voie sanguine ou lymphatique) à partir d'une lésion initiale. *Métastases cancéreuses.* ▶ **métastaser** v. intr. < conjug. 1 > Produire des métastases. *La tumeur a métastasé vers les os.* ▶ **métastasé, ée** adj. *Tumeur métastasée.*

métatarse [metataʀs] n. m. Anatomie. Ensemble des os du pied entre le talon et les phalanges des orteils.

métayage [metɛjaʒ] n. m. Mode d'exploitation agricole, louage d'un domaine rural → **métairie** à un métayer qui le cultive pour une partie du produit. ≠ fermage. ▶ **métayer, yère** [meteje, jɛʀ] n. Personne qui prend à bail et fait valoir un domaine sous le régime du métayage. ≠ fermier. ▷ **métairie**

méteil [metɛj] n. m. Mélange de seigle et de blé.

métempsychose ou **métempsycose** [metɑ̃psikoz] n. f. Doctrine selon laquelle une même âme peut animer successivement plusieurs corps (humains ou animaux).

météo [meteo] n. f. et adj. invar. **1·** N. f. Abréviation de *météorologie.* **2·** Adj. invar. Abréviation de *météorologique. Bulletins météo.*

météore [meteɔʀ] n. m. Corps céleste qui traverse l'atmosphère terrestre (visible la nuit par une traînée lumineuse). → **astéroïde, étoile** filante. – Loc. *Passer comme un météore,* très vite. – REM. *Météore* signifiait d'abord « phénomène dans l'atmosphère » (pluie, vent, grêle, tonnerre, éclair...) → météorologie. ▶ **météorique** adj. Relatif aux météores. ▶ **météorite** n. m. ou f. Fragment de corps céleste qui traverse l'atmosphère. → **aérolithe.** *Chute d'un météorite.*

météorologie [meteɔʀɔlɔʒi] n. f. **1·** Étude scientifique des phénomènes atmosphériques (ou *météores* → REM.). *Prévision du temps par la météorologie.* **2·** Service qui s'occupe de météorologie. → **météo.** *Bulletin de la météorologie.* ▶ **météorologique** adj. *Observations météorologiques.* ▶ **météorologiste** ou **météorologue** n.

métèque [metɛk] n. m. Péj. Étranger (méditerranéen...) dont l'aspect, l'allure sont jugés déplaisants (terme xénophobe ou raciste).

méthadone [metadɔn] n. f. Substance de synthèse, voisine de la morphine, utilisée comme drogue de substitution dans le traitement de certaines toxicomanies.

méthane [metan] n. m. Carbure d'hydrogène (appelé aussi *gaz des marais*) ; gaz incolore, inflammable. ▶ **méthanier** n. m. Navire conçu pour transporter du gaz liquéfié. ▶ **méthanisation** n. f. Didact. Transformation (de matières organiques) en méthane, par fermentation. ▷ **méthylène**

méthode [metɔd] n. f. **1·** Sciences. Ensemble de démarches que suit l'esprit pour découvrir et démontrer la vérité. → **logique.** *Méthode analytique* (analyse), *synthétique* (synthèse). **2·** Ensemble de démarches raisonnées, suivies pour parvenir à un but. → **système.** *Méthode de travail. Agissez avec méthode. Méthodes de culture.* → **procédé.** *Méthodes thérapeutiques.* – Loc. *La méthode Coué,* technique d'autosuggestion consistant à répéter inlassablement ce dont on veut se convaincre. **3·** Règles, principes sur lesquels reposent l'enseignement, la pratique d'un art, d'une technique. *Méthode de violon, de comptabilité.* – Livre qui contient ces règles. **4·** Fam. Moyen. *Indiquer à qqn la méthode à suivre, la bonne méthode.* → **formule, marche** à suivre. ▶ **méthodique** adj. **1·** Fait selon une méthode. / contr. empirique / *Démonstration, vérifications méthodiques. Classement méthodique.* → **rationnel.** **2·** Qui agit, raisonne avec méthode. *Esprit méthodique.* / contr. brouillon, désordonné / ▶ **méthodiquement** adv. *Travailler méthodiquement.* ▶ **méthodisme** n. m. Mouvement religieux protestant issu de l'anglicanisme, très répandu aux États-Unis. ▶ **méthodiste** adj. et n. *Un pasteur méthodiste.* ▶ **méthodologie** n. f. Étude des méthodes scientifiques, techniques (subdivision de la logique).

méthylène [metilɛn] n. m. **1·** Nom commercial de l'alcool méthylique dérivé du méthane (esprit de bois). **2·** Radical bivalent dérivé du méthane. – Loc. cour. *Bleu de méthylène,* colorant aux propriétés antiseptiques utilisé en teinture et en médecine. *Badigeonner qqch. au bleu de méthylène.*

méticuleux, euse [metikylø, øz] adj. Très attentif aux détails. → **minutieux, pointilleux.** *Il est extrêmement méticuleux dans son travail.* → **perfectionniste.** / contr. négligent / – *Propreté méticuleuse. Trop méticuleux.* → **tatillon.** ▶ **méticuleusement** adv. ▶ **méticulosité** n. f. Caractère méticuleux (de qqn, d'une action).

métier [metje] n. m. **I· 1·** Genre de travail déterminé, reconnu ou toléré par la société et dont on peut tirer ses moyens d'existence. → **emploi,**

fonction, gagne-pain, profession ; fam. **boulot, job.** *Métier manuel, intellectuel. Petits métiers,* artisanaux. *Choisir un métier.* → **carrière.** *Il est garagiste de son métier.* → **état.** *Être du métier,* être spécialiste. *Il connaît son métier,* il y est compétent. PROV. *Il n'est point, il n'y a pas de sot métier.* **2·** Occupation permanente. *Le métier de roi.* → **fonction, rôle. 3·** Habileté technique (manuelle ou intellectuelle) que confère l'expérience d'un métier. → **technique.** *Il a du métier. Il manque de métier.* **II· 1·** Machine servant à travailler les textiles. *Métier à tisser.* **2·** LOC. *Mettre (un travail, une œuvre) sur le métier.* → **entreprendre.**

métis, isse [metis] adj. **I· 1·** Dont les parents sont de couleur de peau différente. *Un métis d'Asiatique et d'Africain. Enfant métis.* – N. *Les mulâtres sont des métis. Une belle métisse.* **2·** Hybride ; issu d'un croisement. *Œillet métis.* **II·** *Toile métisse* ou, n. m., *métis,* toile de coton et lin. ▶ **métisser** v. tr. < conjug. 1 > Croiser des individus de couleur de peau différente. ▶ **métissé, ée** adj. *La population métissée du Brésil.* – *Langues, cultures métissées.* ▶ **métissage** n. m. Mélange, croisement de races.

métonymie [metɔnimi] n. f. Didact. Procédé de langage par lequel on exprime un concept au moyen d'un terme désignant un autre concept qui lui est uni par une relation nécessaire (cause et effet, inclusion, ressemblance, etc.). *« Boire un verre »* (boire le contenu) *est une métonymie. Métonymie et métaphore.* ▶ **métonymique** adj.

1 **mètre** [mɛtʀ] n. m. **1·** Élément de mesure des vers grecs et latins. **2·** Structure du vers → **mesure** ; type de vers d'après le nombre de syllabes et la coupe. *Le choix d'un mètre.* ▶ 1 **métrique** n. f. Étude de la versification fondée sur l'emploi des mètres ; système de versification. → **prosodie.** – Adj. *Vers métrique et vers syllabique.*

2 **mètre** n. m. **1·** Unité principale de longueur, base du système métrique (symb. *m*), dix millionième partie du quart du méridien terrestre. – *Un cent mètres,* une course de cent mètres. – *Mètre carré,* cour. [mɛtkaʀe], unité de superficie (symb. m^2). *Mètre cube,* cour. [mɛtkyb], unité de volume (symb. m^3). **2·** Objet concret, étalon du mètre. *Le mètre international en platine.* – Règle ou ruban gradué en centimètres. *Passe-moi le mètre pliant.* ▶ **métrer** v. tr. < conjug. 6 > Mesurer au mètre. *Métrer un terrain.* ▶ **métrage** n. m. **1·** Action de mesurer au mètre. **2·** Longueur de tissu vendu au mètre (la largeur étant connue). **3·** *Le métrage d'un film,* la longueur de la pellicule. *Long, moyen, court métrage,* film de longueur déterminée. *Un court métrage documentaire.* ▶ **métreur, euse** n. Personne qui mètre (spécialt les constructions). ▶ 2 **métrique** adj. Qui a rapport au mètre, unité de mesure. *Système métrique,* système décimal qui a le mètre pour base. ▷ **centimètre, décamètre, décimètre, hectomètre, kilomètre, micromètre, millimètre, nanomètre**

-mètre, -métrie Éléments signifiant « mesure ».

métrite [metʀit] n. f. Maladie inflammatoire de l'utérus.

métro [metʀo] ou VX, admin. **métropolitain** [metʀɔpɔlitɛ̃] n. m. Chemin de fer électrique, en général souterrain, qui dessert une grande ville. *Station, bouche de métro. Prendre le métro. Une rame de métro. Le métro de Montréal.* – *« Métro, boulot, dodo »,* slogan qui résume la vie du travailleur des grandes villes, la vie urbaine contraignante. – *Des métros.*

métronome [metʀɔnɔm] n. m. Petit instrument à pendule, servant à marquer la mesure pour l'exécution d'un morceau de musique. – LOC. *Avec une précision de métronome,* avec une régularité absolue.

métropole [metʀɔpɔl] n. f. **1·** Ville principale. → **capitale.** *Les grandes métropoles économiques.* **2·** État considéré par rapport à ses colonies, aux territoires extérieurs. *Aller en métropole.* ▶ **métropolitain, aine** adj. **1·** *Chemin de fer métropolitain.* → **métro. 2·** Qui appartient à la métropole. *Le territoire métropolitain et les départements d'outre-mer.*

métropolite [metʀɔpɔlit] n. m. Archevêque de l'Église orthodoxe.

mets [mɛ] n. m. invar. Littér. Chacun des aliments qui entrent dans un repas. → **plat.** *Un mets délicieux. Ces mets sont exquis.*

mettable [mɛtabl] adj. (Vêtements) Qu'on peut mettre. / contr. immettable / *Ce manteau n'est plus mettable.* ▷ **immettable**

metteur, euse [mɛtœʀ, øz] n. REM. Ne s'emploie guère au fém. **1·** *Metteur en scène :* personne qui assure la représentation sur scène d'une œuvre, la réalisation d'un film, d'une émission de télévision → **réalisateur.** *Elle est metteur en scène.* **2·** *Metteur en œuvre :* ouvrier, technicien qui met en œuvre. **3·** *Metteur en pages :* typographe qui effectue la mise en pages.

mettre [mɛtʀ] v. tr. < conjug. 56 > **I·** Faire changer de lieu. **1·** Faire passer (une chose) dans un lieu, dans un endroit, à une place (où elle n'était pas). → **placer** ; fam. **ficher, flanquer, foutre.** *Mettez cela ici, là, autre part. Mettre sur...,* poser. *Mettre dans...,* enfoncer, insérer, introduire. – *Mettre en.*

Mettre du vin en bouteilles. Mettre en terre, planter ; enterrer. – ***Mettre à** un endroit.* → **placer.** – *Mettre près, auprès de,* approcher. – (Compl. partie du corps) *Mettre ses mains derrière le dos.* **2·** Placer (un être vivant) à un endroit. *Mettre un enfant sur sa chaise,* asseoir ; *dans son lit,* coucher. *Mettre ses amis dans les meilleures chambres.* → **installer.** *Mettre qqn sur la route,* le diriger. – Fig. *Mettre qqn sur la voie,* l'aider à comprendre, à trouver qqch. **3·** Faire passer dans un lieu en faisant changer de situation. *Il a mis son fils en pension. Mettre en place,* installer, ranger. *Mettre qqn à la porte,* le renvoyer. – *Mettre du café à chauffer.* – Loc. *Mettre au monde, au jour,* donner naissance à. **4·** Placer (un vêtement, un ornement, etc.) sur qqn, sur soi, en le disposant comme il doit l'être. *Mettre son manteau, des gants.* **5·** Ajouter en adaptant, en assujettissant. *Mettre un ingrédient dans un plat. Elle s'est mis une barrette dans les cheveux.* **6·** Disposer. *Mettre le couvert, la table.* → **dresser.** – Installer. *Il a fait mettre l'électricité dans la grange.* **7·** ***Mettre... à** :* ajouter, apporter (un élément moral, affectif) à une action. → **user** de. *Mettre du soin à se cacher, de l'énergie à faire qqch.* – Loc. *Il y a mis du sien,* il a donné, payé de sa personne. **8·** ***Mettre... dans, en, à** :* placer dans, faire consister en. *Mettre de grands espoirs en qqn.* → **fonder. 9·** ***Mettre** (un certain temps, de l'argent)* ***à** :* dépenser, employer, utiliser. *Mettre plusieurs jours à faire qqch. Y mettre le prix.* **10·** Provoquer, faire naître. *Il a mis le désordre, le trouble partout.* → **causer, créer, semer. 11·** Écrire, coucher par écrit. *Mettre son nom sur un album.* – Fam. ***Mettons que** :* admettons que. *Mettons que je n'ai* (ou *que je n'aie*) *rien dit.* **12·** Loc. fam. *Mettre les bouts, les voiles,* s'en aller. → fam. **filer.** *On les met* (même sens). **II· 1·** (Avec un adv.) Placer dans une position nouvelle (sans qu'il y ait déplacement ni modification d'état, pour le complément). *Mettre qqn debout. Mettre bas, à bas,* abattre. – Sans compl. *Mettre bas,* accoucher (animaux). *La chienne a mis bas.* **2·** Placer, disposer dans une position particulière. *Voulez-vous mettre le loquet* (le baisser), *le verrou* (le pousser) ? **III·** Faire passer dans un état nouveau ; modifier en faisant passer dans une situation nouvelle. **1·** (Sens concret) ***Mettre en** :* transformer en. *Mettre du blé en gerbe. Mettre un texte en français,* le traduire. – ***Mettre à.*** *Mettre un bassin à sec.* **2·** (Emplois abstraits) ***Mettre** qqch.* ou *qqn* ***dans, en, à** :* changer, modifier en faisant passer dans, à un état nouveau (voir les substantifs). *Mettre en état,* préparer. *Mettre en contact, en présence. Mettre en lumière, en cause. Mettre au point un appareil de photo manuellement. Mettre qqn à mort,* exécuter. – Faire avancer, marcher, agir ou préparer pour l'action. *Mettre en mouvement, en service, en vente. Mettre en œuvre.* **3·** Faire fonctionner. *Il met la radio à partir de six heures du matin.* **IV·** ***Se mettre*** v. pron. **1·** Réfl. Venir occuper un lieu, une situation. → se **placer.** *Mets-toi dans ce fauteuil, sur ce canapé. Se mettre à la fenêtre. Elle s'est mise au lit. Se mettre à l'abri.* – Loc. *Ne plus savoir où se mettre,* être embarrassé, gêné. **2·** Passif. (Suj. chose) Avoir pour place habituelle. *Je ne sais pas où se mettent les assiettes.* → se **ranger. 3·** Devenir. – Réfl. *Elle s'est mise en colère.* – Récipr. *Elles se sont mises d'accord.* **4·** Réfl. Prendre une position, un état, une apparence. *Se mettre à genoux. Se mettre en civil.* **5·** ***Se mettre à** :* commencer à faire. *Se mettre au travail. Se mettre aux mathématiques,* commencer à les étudier. – Commencer. *Se mettre à faire qqch.* **6·** Loc. *N'avoir rien à se mettre* (pour s'habiller décemment, à son goût). **7·** Fam. Récipr. Se donner des coups. *Qu'est-ce qu'ils se mettent !* ▷ **admettre, commettre, compromettre, démettre, émettre, hormis, mainmise, mettable, metteur, mise, missile, mission, prémisse, promettre, remettre, soumettre, transmettre**

1 **meuble** [mœbl] adj. et n. m. **1·** Adj. (Terre) Qui se remue, se laboure facilement. *Un sol meuble.* **2·** Adj. et n. m. Droit. Biens qui peuvent être déplacés : meubles 2, animaux, véhicules, navires, marchandises. / contr. immeuble / *Des biens meubles et immeubles.* ▷ **ameublir**

2 **meuble** n. m. Tout objet mobile de formes rigides servant à l'aménagement de l'habitation, des locaux. → **ameublement, mobilier.** *Marchand de meubles anciens,* antiquaire. *Meubles rustiques.* ▶ **meubler** v. tr. < conjug. 1 > **1·** Garnir de meubles. *Meubler sa maison.* **2·** Au p. p. adj. ***Chambre meublée** :* louée avec des meubles. – N. m. *Habiter un meublé,* un appartement meublé. **3·** Remplir ou orner. *Meubler ses loisirs avec quelques bons livres.* → **occuper. 4·** V. pron. ***Se meubler** :* acquérir des meubles. *Ils n'ont pas d'argent pour se meubler.* ▷ **ameublement, garde-meuble, immeuble**

meuf [mœf] n. f. Fam. Femme, jeune femme ; amie, épouse. → **nana.**

meugler [møgle] v. intr. < conjug. 1 > Beugler. ▶ **meuglement** n. m. *Les meuglements des bœufs, des vaches.* → **meuh.**

meuh [mø] interj. Onomatopée évoquant le meuglement de la vache.

1 **meule** [møl] n. f. **1·** Cylindre plat et massif, servant à broyer, à moudre. *Meules de moulin.* **2·** Disque en matière abrasive, à grains très fins, servant à user, à aiguiser, à polir. *Affûter un couteau sur la meule.* → **meuler.** ▶ **meuler** v. tr. < conjug. 1 > Passer, dégrossir, affûter à la meule.

2 **meule** n. f. Gros tas de foin, de gerbes.

meulière [møljɛʀ] adj. f. et n. f. *Pierre meulière* ou, n. f., *meulière,* pierre à surface rugueuse employée en maçonnerie.

meunier, ière [mønje, jɛʀ] n. et adj. **1·** Personne qui possède, exploite un moulin à céréales, ou qui fabrique de la farine. → **minotier. 2·** En appos. Invar. *Sole, truite meunière,* passée dans la farine puis frite. **3·** Adj. Qui a rapport à la meunerie. *Industrie meunière.* ▶ **meunerie** [mønʀi] n. f. **1·** Industrie de la fabrication des farines. **2·** Ensemble des meuniers. *Chambre syndicale de la meunerie.*

meurtre [mœʀtʀ] n. m. Action de tuer volontairement un être humain. → **assassinat, crime, homicide.** ▶ **meurtrier, ière** n. et adj. **I·** Personne qui a commis un ou des meurtres. → **assassin, criminel. II·** Adj. (Choses) Qui cause, entraîne la mort de nombreuses personnes. → **destructeur, funeste, sanglant.** *Combats meurtriers.* – Où de nombreuses personnes trouvent la mort. → **dangereux.** *Une route meurtrière.* – Qui pousse à tuer. *Fureur meurtrière.*

meurtrière [mœʀtʀijɛʀ] n. f. Fente verticale pratiquée dans un mur de fortification pour jeter des projectiles ou tirer sur les assaillants.

meurtrir [mœʀtʀiʀ] v. tr. <conjug. 2> **1·** Serrer, heurter au point de laisser une marque sur la peau. → **contusionner.** *Il lui serrait le poignet à le meurtrir.* – Au p. p. adj. *Il a les pieds tout meurtris.* **2·** Fig. Blesser. – Au p. p. adj. *Avoir le cœur meurtri.* ▶ **meurtrissure** n. f. **1·** Marque sur la peau meurtrie. → **bleu, contusion, coup, noir.** – Tache sur des fruits, des végétaux endommagés. **2·** Marque, trace laissée par la fatigue, la maladie, la vieillesse. – *Les meurtrissures du cœur.*

meute [møt] n. f. **1·** Troupe de chiens dressés pour la chasse à courre. – Bande (d'animaux proches du chien). *Les loups vivent en meute.* **2·** Bande, troupe de gens acharnés à la poursuite, à la perte de qqn. ▷ **ameuter**

mévente [mevɑ̃t] n. f. Insuffisance des ventes.

mexicain, aine [mɛksikɛ̃, ɛn] adj. Du Mexique. – Loc. *C'est l'armée mexicaine,* une équipe composée de nombreux chefs et de peu d'exécutants. – N. *Les Mexicains.*

mezzanine [mɛdzanin] n. f. **1·** Petit étage entre l'orchestre et le premier balcon. *Mezzanine d'une salle de spectacle.* → **corbeille** (II, 2). **2·** Petite plate-forme aménagée entre deux grands étages. *Il a construit une mezzanine dans sa salle à manger.*

mezze [meze ; medze] n. m. invar. Assortiment de hors-d'œuvre à l'orientale (Grèce, Turquie, Liban, Moyen-Orient). *Des mezze.*

mezzo [mɛdzo] n. N. m. Voix de femme, entre le soprano et le contralto. – N. f. Chanteuse qui a cette voix.

mi [mi] n. m. Troisième note de la gamme d'ut.

mi- [mi] adj. invar. et adv. employé comme préf. **1·** Suivi d'un nom et formant un nom composé. Le milieu de. *La mi-janvier.* **2·** Loc. adv. *À mi-* (suivi d'un nom) : au milieu, à la moitié de. *À mi-hauteur. À mi-côte.* → à **mi-corps,** à **mi-jambe. 3·** (Formant un adjectif composé) *Mi-long. Étoffe mi-fil, mi-coton. Yeux mi-clos.*

miam-miam [mja(m)mjam] interj. Fam. Exclamation qui exprime le plaisir de manger.

miaou [mjau] n. m. Fam. et lang. enfantin. Cri du chat. → **miaulement.** *Le chat fait miaou. Des miaous.*

miasme [mjasm] n. m. Émanation à laquelle on attribuait les maladies infectieuses.

miauler [mjole] v. intr. <conjug. 1> (Chat, certains félins) Pousser un cri (le cri propre à leur espèce). ▶ **miaulement** n. m. Cri du chat. → fam. **miaou.** – Léger grincement, sifflement.

mi-bas [miba] n. m. invar. Chaussette montante. *Une paire de mi-bas.*

mica [mika] n. m. **1·** Minerai constituant des roches volcaniques et métamorphiques. *Roche à mica.* **2·** Plaque de mica blanc transparent servant de vitre, etc.

Mi-Carême [mikaʀɛm] n. f. Jeudi de la troisième semaine de carême, fête pour laquelle les enfants se déguisent.

micelle [misɛl] n. f. Très grosse molécule.

miche [miʃ] n. f. Pain rond assez gros.

micheline [miʃlin] n. f. Autrefois. Automotrice montée sur pneumatiques. → **autorail.**

à mi-chemin [amiʃmɛ̃] loc. adv. Au milieu du chemin, du trajet. → à **mi-course.** – Fig. Sans avoir atteint son but. *S'arrêter à mi-chemin.*

micmac [mikmak] n. m. Fam. Agissements compliqués, suspects. → **manigance.** *Des micmacs.*

micocoulier [mikɔkulje] n. m. Arbre du genre orme, des régions chaudes et tempérées.

à mi-corps [amikɔʀ] loc. adv. Au milieu du corps, jusqu'au niveau de la taille.

à mi-course [amikuʀs] loc. adv. Au milieu du parcours, de la course. → à **mi-chemin.**

micro [mikʀo] n. **1·** N. m. Microphone. *Parler, chanter au micro, devant, dans un micro.* – Loc. *Loin des micros,* incognito ; ignoré des médias. **2·** N. m. Micro-ordinateur. *Des micros.* **3·** N. f. *La micro.* → **micro-informatique.**

micr(o)- Élément signifiant «petit». → **mini-**. Ex. : *microseconde* [mikʀos(ə)gɔ̃d]n. f. «un millionième de seconde».

microbe [mikʀɔb] n. m. **1**· Organisme microscopique (*micro-organisme*) qui donne des maladies. → **bacille, bactérie, virus. 2**· Fam. Personne chétive, petite. → **avorton.** ▶ **microbien, ienne** adj. Relatif aux microbes. – Causé par les microbes. *Maladie microbienne.* ▶ **microbiologie** n. f. Science traitant des microbes.

microcéphale [mikʀosefal] adj. et n. Didact. Qui a une tête anormalement petite. – N. *Un microcéphale.* ▶ **microcéphalie** n. f.

microclimat [mikʀoklima] n. m. Conditions climatiques concernant une petite zone. *Ici, nous bénéficions d'un microclimat.*

microcosme [mikʀɔkɔsm] n. m. Littér. Abrégé, image réduite du monde, de la société.

microcrédit [mikʀokʀedi] n. m. Prêt de faible montant accordé à des personnes démunies pour financer un projet.

microentreprise [mikʀoɑ̃tʀəpʀiz] n. f. Entreprise individuelle → **autoentreprise** ou de petite taille.

microfibre [mikʀofibʀ] n. f. Fibre textile synthétique extrêmement fine qui donne un tissu léger et velouté («peau de pêche»). *Imperméable en microfibre.*

microfilm [mikʀofilm] n. m. Photographie (de document, etc.) de très petit format sur film.

micro-informatique [mikʀoɛ̃fɔʀmatik] n. f. Informatique des micro-ordinateurs.

micromètre [mikʀɔmɛtʀ] n. m. Unité de longueur valant un millionième de mètre (μm), appelée autrefois *micron.*

micron [mikʀɔ̃] n. m. Autrefois. Micromètre.

micro-onde [mikʀoɔ̃d] n. f. Onde électromagnétique très courte. *Four à micro-ondes.* ▶ **micro-ondes** n. m. invar. Four à micro-ondes. *Décongeler de la viande au micro-ondes.* ▶ **micro-ondable** adj. Qui peut être passé au four à micro-ondes. *Barquette plastique micro-ondable.*

micro-ordinateur [mikʀoɔʀdinatœʀ] n. m. Ordinateur de format réduit, surtout destiné à l'usage individuel. – Abrév. **micro.** → **micro** (2), **P. C.** *Des micro-ordinateurs.*

micro-organisme [mikʀoɔʀganism] n. m. Didact. Organisme microscopique. → **microbe.** *Des micro-organismes.*

microphone [mikʀɔfɔn] n. m. Appareil électrique qui amplifie les ondes sonores. → **micro** (1).

microphysique [mikʀofizik] n. f. Partie de la physique qui étudie spécialement l'atome et les phénomènes atomiques, nucléaires.

microprocesseur [mikʀopʀɔsɛsœʀ] n. m. Circuits intégrés de très petite dimension (*microcircuits*) formant une unité de traitement de l'information (ordinateurs). → **puce.**

microscope [mikʀɔskɔp] n. m. Instrument d'optique qui permet de voir des objets invisibles à l'œil nu. *Ce microscope grossit mille fois.* – *Microscope électronique,* dans lequel un faisceau d'électrons remplace le rayon lumineux. – *Examiner qqch. au microscope,* avec la plus grande minutie. ▶ **microscopique** adj. **1**· Visible seulement au microscope. Qui se fait à l'aide du microscope. *Examen, opération microscopique.* **2**· Très petit, minuscule. ▷ **ultramicroscope**

microsillon [mikʀosijɔ̃] n. m. Disque (33 et 45 tours/minute) à sillons très petits.

miction [miksjɔ̃] n. f. En médecine. Action d'uriner. *Miction douloureuse.*

midi [midi] n. m. **I**· **1**· Milieu du jour entre le matin et l'après-midi. *Le repas de midi.* **2**· Heure du milieu du jour, douzième heure. *On mangera à midi juste. Il est midi. Midi un quart* (12 h 15), *et demi ; midi dix* (minutes). – Loc. *Chercher midi à quatorze heures,* chercher des difficultés où il n'y en a pas, compliquer les choses. **II**· **1**· Sud, exposition d'un lieu au sud. *Coteau exposé au midi.* **2**· *Le Midi,* la région qui est au sud d'un pays. – La région du sud de la France. *Avoir l'accent du Midi.* → **méridional.** ▷ **après-midi, avant-midi, midinette**

midinette [midinɛt] n. f. Jeune fille de la ville, simple, sentimentale ou frivole. *La midinette reflète l'ancien type social de la jeune modiste parisienne.*

mie [mi] n. f. Partie molle à l'intérieur du pain. *Manger la mie et laisser la croûte. Pain de mie,* pain sans croûte. ▷ **miette**

miel [mjɛl] n. m. **1**· Substance sirupeuse et sucrée que les abeilles élaborent. **2**· Loc. *Être* ***tout sucre tout miel*** : se faire très doux. – *Faire son miel de qqch.,* s'en servir avec profit. ▶ **mielleux, euse** adj. Qui a une douceur affectée. → **doucereux.** *Paroles, phrases mielleuses. Air mielleux.* → **hypocrite.**

mien, mienne [mjɛ̃, mjɛn] adj. et pronom possessifs représentant la première personne du singulier (*je*). **I**· Adj. possessif **1**· Littér. épithète. *Un mien cousin.* **2**· Attribut. *Ses idées que j'ai faites miennes,* que j'ai prises à mon compte. **II**· Pronom possessif. ***Le mien, la mienne*** (*les miens, les miennes*) : l'objet ou l'être lié à la première personne par un rapport de parenté, de possession, etc. *Votre fils et le mien. Leurs enfants et les deux miens. Je ne discute pas, votre prix sera le mien.* **III·** N. m. **1·** Loc. *J'y ai mis du mien*, j'ai fait un effort (→ **sien**). **2·** ***Les miens*** : mes parents, mes amis, mes partisans.

miette [mjɛt] n. f. **1·** Petit morceau de pain, de gâteau qui tombe quand on le coupe. **2·** *Les miettes* (d'une fortune, d'un partage), le peu qu'il en reste. *Dans cette affaire, nous n'aurons que des miettes.* **3·** Petit fragment. *Mettre un verre en miettes.* → **morceau, pièce.** *Donnez-moi une miette de ce gâteau.* **4·** Fam. ***Pas une miette*** : rien du tout. *Ne pas perdre une miette d'un spectacle.* ▷ **émietter, ramasse-miettes**

mieux [mjø] adv. Comparatif irrégulier de **bien** (au lieu de *plus bien*). **I·** ***Mieux.*** **1·** D'une manière plus accomplie, meilleure. / contr. plus mal / *Cette lampe éclaire mieux. Je le connais mieux.* – ***Aller mieux*** : être en meilleure santé ; être dans un état plus prospère. *Le malade va mieux.* – (Au conditionnel) ***Faire mieux de*** : avoir intérêt, avantage à. *Vous feriez mieux de vous taire.* – *Aimer mieux*, préférer. **2·** ***Mieux que***... *Il travaille mieux que son frère. Mieux que jamais.* / contr. plus mal / **3·** (Avec *plus, moins*) *Moins il mange, mieux il se porte.* **4·** Loc. adv. *On ne peut mieux*, parfaitement. *Il va on ne peut mieux.* – *De mieux en mieux*, en progressant dans la qualité. – *À qui mieux mieux*, à qui fera mieux (ou plus) que l'autre. **II·** ***Le mieux.*** **1·** De la meilleure façon. / contr. plus mal / *Les situations le mieux payées*, payées plus que les autres. **2·** Loc. ***Au mieux*** : dans le meilleur des cas. *Au mieux, il réunira deux mille suffrages.* – ***Être au mieux*** *(avec une personne)* : en excellents termes. **3·** ***Pour le mieux*** : le mieux possible. *Tout est, tout va pour le mieux (dans le meilleur des mondes).* **4·** ***Des mieux.*** *Cet appartement est des mieux meublés.* **III·** Adj. attribut. **1·** (Personnes) En meilleure santé. *Se sentir mieux. Je vous trouve mieux.* – Plus beau ; plus intéressant. *Il est mieux que son frère.* – Plus à l'aise. *Mettez-vous dans ce fauteuil, vous serez mieux.* **2·** (Choses) Préférable, d'une plus grande qualité, d'un plus grand intérêt. / contr. pire / *Dire est bien, faire est mieux. Si vous n'avez rien de mieux à faire ce soir, je vous emmène au cinéma.* **3·** Loc. ***Qui mieux est*** : ce qui est mieux encore. / contr. pis / **IV·** Emploi nominal. **1·** (Sans article) Quelque chose de mieux, une chose meilleure. *En attendant mieux. Il y a mieux, mais c'est plus cher. Faute de mieux. Il a changé en mieux*, à son avantage. **2·** N. m. invar. ***Le mieux*** : ce qui est meilleur. Prov. *Le mieux est l'ennemi du bien*, on risque de gâter une bonne chose en cherchant à mieux faire. – *Le médecin a constaté un léger mieux*, une amélioration. – *De mon (ton, son) mieux*, aussi bien qu'il est en mon (ton, son) pouvoir. *J'essaie de faire de mon mieux.* ▶ **mieux-être** [mjøzɛtʀ] n. m. invar. État plus heureux, amélioration du bien-être.

mièvre [mjɛvʀ] adj. D'une grâce enfantine et fade. *Poésie mièvre.* ▶ **mièvrerie** n. f. Grâce puérile, fade et recherchée.

mignardise n. f. **1·** Délicatesse, grâce affectée. *Des mignardises.* → **chichi, manière, minauderie.** **2·** Au plur. Petites sucreries délicates servies en fin de repas, avec le café.

mignon, onne [miɲɔ̃, ɔn] adj. et n. **I·** Adj. **1·** (Personnes jeunes, objets sans grande valeur) Qui a de la grâce et de l'agrément. → **charmant, gracieux, joli.** *Une fille jeune et mignonne. Il est mignon, votre vase.* **2·** Aimable, gentil. *Sois mignonne !* **3·** ***Filet mignon*** : morceau de bœuf, de porc coupé dans la pointe du filet. **II·** N. Personne mignonne. *« Mignonne, allons voir si la rose... »*, *début d'un poème de Ronsard.*

migraine [migʀɛn] n. f. Mal de tête survenant par crises. → **céphalée.** *J'ai une légère migraine. Il a la migraine.*

migration [migʀɑsjɔ̃] n. f. **1·** Déplacement de populations qui passent d'un pays dans un autre pour s'y établir. → **émigration, immigration.** – Déplacement massif de personnes d'un endroit à un autre. *Les grandes migrations estivales, des vacances.* **2·** Déplacement, d'ordinaire périodique, qu'accomplissent certaines espèces animales (oiseaux, poissons...). ▶ **migrateur, trice** adj. et n. m. (Animaux) Qui migre. *Passage d'oiseaux migrateurs.* – N. m. *Les migrateurs.* ▶ **migratoire** adj. Relatif aux migrations. *Les mouvements migratoires.* ▶ **migrer** v. intr. < conjug. 1 > Changer d'endroit, de région. ▶ **migrant, ante** adj. et n. Qui participe à une migration. *Les travailleurs migrants.* ▷ **émigrer, immigrer**

à mi-jambe [amiʒɑ̃b] loc. adv. Au niveau du milieu de la jambe. *Avoir de l'eau jusqu'à mi-jambe* (aussi *à mi-jambes*).

mijaurée [miʒɔʀe] n. f. Femme, jeune fille aux manières affectées, prétentieuses et ridicules. → **pimbêche.** *Elle fait sa mijaurée.*

mijoter [miʒɔte] v. tr. < conjug. 1 > **I· 1·** Faire cuire ou bouillir lentement ; préparer un mets avec soin. → **mitonner.** *Il nous mijote de bons petits plats.* **2·** Fam. Mûrir, préparer avec réflexion et discrétion (une affaire, un mauvais coup, une plaisanterie). → **fricoter.** *Qu'est-ce qu'il mijote ?* **II·** Intransitivement. Cuire à petit feu. *Potage qui mijote.*

1 **mil** [mil] → 1 **mille.**

2 **mil** [mij ; mil] n. m. Vx. → **millet.** *Grain de mil.*

milan [milɑ̃] n. m. Oiseau rapace, variété d'aigle.

mildiou [mildju] n. m. Maladie causée par des champignons minuscules, et qui attaque diverses plantes. – Maladie de la vigne (rouille des feuilles).

mile [majl] n. m. Mesure anglo-saxonne de longueur (1 609 m). → ② **mille.** *Dix miles* [dimajl ; dimajlz].

milice [milis] n. f. Troupe de police supplétive qui remplace ou renforce une armée régulière. *Milices populaires.* – Police, dans certains pays. ▶ **milicien, ienne** n. Membre d'une milice.

① **milieu** [miljø] n. m. **I· 1·** Partie d'une chose qui est à égale distance de ses bords, de ses extrémités. *Scier une planche par le milieu. Le milieu d'une pièce.* → **centre. 2·** Ce qui est placé entre d'autres choses. *Le doigt du milieu.* **3·** Période également éloignée du commencement et de la fin. *Le milieu du jour.* → **midi. 4·** ***Au milieu*** *:* à mi-distance des extrémités (dans l'espace et le temps). *Installez ceci au milieu.* – ***Au milieu de.*** *Au milieu de la route. Au milieu du repas. Il est arrivé **en plein milieu, au beau milieu** de la séance.* – Fig. *Au milieu de...,* parmi. *Il vit au milieu des siens. Au milieu du danger.* **II· 1·** Ce qui est éloigné des extrêmes, des excès ; position, état intermédiaire. → **intermédiaire.** *Il y a un milieu, il n'y a pas de milieu entre...* **2·** ***Le juste milieu*** *:* la moyenne, la position non extrême.

② **milieu** n. m. **1·** Ce qui entoure, ce dans quoi une chose ou un être se trouve. *Placer un malade en milieu stérile.* **2·** Ensemble des objets matériels, des circonstances physiques qui entourent et influencent un organisme vivant. → **environnement.** *Adaptation au milieu.* **3·** L'entourage matériel et moral (d'une personne). → **ambiance, atmosphère, cadre, décor.** – Le groupe social où qqn vit. *Sortir du milieu familial.* – Au plur. *Les milieux militaires, littéraires, scientifiques.* **4·** *Le Milieu,* groupe social formé en majorité d'individus vivant de la prostitution et du vol.

militaire [militɛʀ] adj. et n. m. **I·** Adj. **1·** Relatif à la force armée, à son organisation, à ses activités. → **guerrier.** *École militaire. Service militaire. Opération militaire.* **2·** Qui est fondé sur la force armée. *Gouvernement militaire. Coup d'État militaire.* **II·** N. m. ***Un militaire*** *:* celui qui fait partie des forces armées. → **soldat,** homme de **troupe** ; **officier.** ▶ **militairement** adv. **1·** D'une manière militaire. *Saluer militairement.* **2·** Par l'emploi de la force armée. *Occuper militairement un territoire.* ▶ **militariser** v. tr. < conjug. 1 > Organiser d'une façon militaire ; pourvoir d'une force armée. – Au p. p. adj. *Zone militarisée.* ▶ **militarisation** n. f. Action de militariser. ▶ **militarisme** n. m. **1·** Péj. Prépondérance de l'armée, de l'élément militaire. → **bellicisme.** / contr. pacifisme / **2·** Système politique qui s'appuie sur l'armée. ▶ **militariste** adj. et n. *Nationalisme militariste.* ▶ **militer** v. intr. < conjug. 1 > **1·** (Choses) ***Militer pour, contre...*** *:* constituer une raison, un argument pour ou contre. *Les arguments, les raisons qui militent en faveur de cette décision.* **2·** (Personnes) Agir, lutter sans violence pour ou contre (une cause). – Sans compl. Être un militant. ▶ **militant, ante** adj. et n. **1·** Qui combat activement dans les luttes idéologiques. → **actif.** *Doctrine, politique militante.* **2·** N. ***Un militant, une militante.*** *Militant communiste, chrétien. Militant de base.* ▶ **militantisme** n. m. Attitude de ceux, de celles qui militent activement au sein d'une organisation, d'un parti. ▷ **antimilitarisme, démilitariser, manu militari, paramilitaire, prémilitaire, remilitariser**

① **mille** [mil] dét. invar., adj. invar. et n. m. invar. **I·** Dét. invar. et adj. invar. **1·** Dét. num. cardinal invar. Dix fois cent (1 000). *Mille deux cents. Cinq mille. Deux mille trois cents. Courir le dix mille mètres.* **2·** Un grand nombre, une grande quantité (→ trente-six, cent). *Dire mille fois. Faire mille amitiés.* – Loc. *Je vous le donne en mille,* vous n'avez pas une chance sur mille de deviner. **3·** Adj. num. ordinal invar. → **millième.** *Page mille.* – (Dans une date) *L'an deux mille. Mille neuf cent quatre-vingt-huit.* REM. Dans les dates, on peut écrire aussi *mil.* **II·** N. m. invar. **1·** Le nombre mille. *Mille plus deux mille cinq cents.* – ***Pour mille*** (précédé d'un numéral) : proportion par rapport à mille. *Natalité de 15 pour mille (15‰).* **2·** Partie centrale d'une cible, marquée du chiffre 1 000. *Mettre dans le mille,* dans le but. **3·** → **millier.** *Objets vendus à tant le mille.* – Fam. *Des mille et des cents,* beaucoup d'argent. ▷ **millefeuille, millénaire, mille-pattes, millepertuis, millésime, milliard, millième, millier, million**

② **mille** [mil] n. m. **1·** Nom d'anciennes mesures de longueur. **2·** *Mille anglais.* → **mile.** – *Mille marin* (1 852 m).

millefeuille [milfœj] n. m. Gâteau à pâte feuilletée.

millénaire [mi(l)lenɛʀ] adj. et n. m. **1·** Adj. Qui a mille ans (ou plus). *Une tradition plusieurs fois millénaire.* **2·** N. m. Période de mille ans.

mille-pattes [milpat] n. m. invar. Myriapode du groupe des scolopendres (vingt et un segments, quarante-deux pattes).

millepertuis [milpɛʀtɥi] n. m. invar. Plante dont les feuilles, parsemées de minuscules glandes translucides, semblent criblées de petits trous.

millésime [mi(l)lezim] n. m. **1·** Chiffre exprimant le nombre mille, dans l'énoncé d'une date.

2· Les chiffres qui indiquent la date d'une monnaie, d'un timbre-poste, d'un vin. *Les grands millésimes.* → **cru.** ▶ **millésimé, ée** adj. Qui porte un millésime. *Bouteille millésimée.*

millet [mijɛ] n. m. Nom courant de plusieurs céréales (maïs, sarrasin, etc.). → **mil.** *Farine de millet.*

milli- Élément signifiant « un millième » (ex. : *millimètre*).

milliard [miljaʀ] n. m. Nombre ou somme de mille millions. – *Des milliards,* une quantité immense. ▶ **milliardaire** adj. et n. Qui possède un milliard (ou plus) d'une unité monétaire. *Compagnie pétrolière plusieurs fois milliardaire en dollars.* – N. *Un, une milliardaire,* personne extrêmement riche.

millibar [milibaʀ] n. m. Unité de pression atmosphérique d'un millième de bar.

millième [miljɛm] adj. et n. 1· Adj. num. ordinal. Qui occupe le rang indiqué par le nombre mille. – N. *Elle est la millième sur la liste.* 2· Se dit d'une des parties d'un tout divisé en mille parties égales. *La millième partie.* – N. m. *Un millième.*

millier [milje] n. m. Nombre, quantité de mille ou d'environ mille. *Des centaines de milliers de personnes.* – Loc. adv. *Par milliers :* en très grand nombre.

milligramme [mi(l)ligʀam] n. m. Millième partie du gramme (symb. *mg*). ▶ **millimètre** n. m. Millième partie du mètre (symb. *mm*). *Millième de millimètre.* → **micron.** ▶ **millimétré, ée** adj. Gradué, divisé en millimètres. *Papier millimétré* (ou *millimétrique*).

million [miljɔ̃] n. m. Mille fois mille. *Un million, dix millions d'hommes.* – Un million d'euros, d'unités monétaires. *Posséder des millions. Être riche à millions.* ▶ **millionième** adj. et n. 1· Adj. num. ordinal. Qui occupe le rang marqué par le nombre d'un million. *Le dix millionième visiteur.* – N. *Le, la millionième.* 2· Se dit de chaque partie d'un tout divisé en un million de parties égales. – N. m. *Un millionième de millimètre.* ▶ **millionnaire** adj. et n. Qui possède un ou plusieurs millions (d'unités monétaires), qui est très riche. *Il est plusieurs fois millionnaire.* → **multimillionnaire, milliardaire.** *Être millionnaire en euros, en dollars.* – N. *Un, une millionnaire.* ▷ **multimillionnaire**

mi-lourd [miluʀ] adj. et n. m. Se dit d'un boxeur pesant de 72 à 79 kilos.

mime [mim] n. Acteur qui s'exprime par les attitudes et les gestes, sans paroles. *Le grand mime Deburau.* – Imitateur. ▶ **mimer** v. tr. < conjug. 1 > Exprimer ou reproduire par des gestes, des jeux de physionomie, sans le secours de la parole. *Mimer qqn par dérision.* → **imiter, singer.** – Au p. p. adj. *Monologue mimé.* ▶ **mimétisme** n. m. 1· Propriété que possèdent certaines espèces animales, pour assurer leur protection, de se rendre semblables par l'apparence au milieu environnant. *Le mimétisme du caméléon.* 2· Imitation qu'une personne fait involontairement d'une autre. ▶ **mimique** n. f. Ensemble des gestes expressifs et des jeux de physionomie qui accompagnent ou remplacent le langage oral. *La mimique des sourds-muets.* – Expression du visage. *Cesse de faire des mimiques.* → **grimace.** ▷ **pantomime**

1 **mimine** [mimin] n. f. Fam. Chatte.

2 **mimine** n. f. Dans le langage enfantin. Main. → **menotte.**

mimolette [mimɔlɛt] n. f. Fromage de Hollande à pâte demi-tendre.

mimosa [mimoza] n. m. Arbre ou arbrisseau des régions chaudes, variété d'acacia portant des fleurs jaunes en petites boules ; ces fleurs. *Un bouquet de mimosa.* – En appos. Invar. *Œufs mimosa,* œufs durs à la mayonnaise, dont le jaune est écrasé.

minable [minabl] adj. et n. Fam. Très médiocre. → **lamentable, piteux.** *Résultats minables.* – *Vous avez entendu sa conférence ? Il a été minable.* – N. (Personnes) *Une bande de minables.*

minaret [minaʀɛ] n. m. Tour d'une mosquée du haut de laquelle le muezzin invite les fidèles musulmans à la prière.

minauder [minode] v. intr. < conjug. 1 > Prendre des manières affectées pour attirer l'attention, plaire, séduire. ▶ **minauderie** n. f. 1· Action de minauder ; caractère d'une personne qui manque de naturel en voulant plaire. → **affectation.** 2· *Des minauderies :* airs, attitudes, manières, gestes affectés d'une personne qui minaude. → **chichi, façon, grimace, manière, simagrée.** *Les minauderies d'une coquette.* ▶ **minaudier, ière** adj. et n. Qui minaude. *Elle est trop minaudière.*

1 **mince** [mɛ̃s] adj. 1· (Opposé à *épais*) Qui a peu d'épaisseur. → **fin.** *Métal réduit en bandes, en plaques minces.* 2· (Opposé à *large*) Étroit, filiforme. 3· (Personnes ; parties du corps) Qui a des formes relativement étroites pour leur longueur, et donne une impression de finesse. *Il, elle voudrait être plus mince.* → **élancé, gracile, svelte.** / contr. gros ; fort / *Jambes minces.* 4· Qui a peu d'importance, peu de valeur. → **insignifiant, médiocre.** *Pour un mince profit. Un prétexte bien mince.* ▶ **minceur** n. f. 1· *La minceur d'une feuille de papier.* / contr. épaisseur / 2· (Personnes) *Elle est d'une*

minceur et d'une élégance remarquables. ▶ **mincir** v. intr. < conjug. 2 > Devenir plus mince. *Elle a beaucoup minci.* → **amincir.** ▷ **amincir, émincer**

2 **mince** interj. Fam. Exclamation de surprise, de dépit. → **zut.** *Mince alors, j'ai perdu mon portefeuille !* → fam. **merde.**

1 **mine** [min] n. f. **I·** (Aspect physique) Aspect extérieur, apparence (opposé à *la nature profonde*, aux *sentiments*). → **extérieur.** *C'est un passionné, sous sa mine tranquille. Juger des gens sur (d'après) la mine.* – Loc. *Ça ne paie pas de mine*, ça a mauvaise apparence. – ***Faire mine de*** (+ infinitif) : paraître disposé à faire qqch. → faire **semblant** de. *Elle a fait mine de partir, mais elle est finalement restée.* – ***Mine de rien*** : sans en avoir l'air. *Tâche de le faire parler, mine de rien.* **II· 1·** Aspect du visage selon l'état de santé. *D'après sa mine, il va mieux. Avoir bonne, mauvaise mine.* **2·** Aspect du visage, expression du caractère ou de l'humeur. → **figure, physionomie.** *Mine renfrognée, soucieuse.* – Loc. *Faire **grise mine** à qqn* : l'accueillir avec froideur, déplaisir. **III·** *Des mines* : jeux de physionomie, attitudes, gestes. *Mines affectées.* → **façon, minauderie.** ▷ **minauder, minois**

2 **mine** n. f. Petit bâton d'une matière laissant une trace, qui constitue la partie centrale d'un crayon. *Mine de plomb. Crayon à mine dure, tendre.* ▷ **porte-mine, stylomine**

3 **mine** n. f. **1·** Terrain d'où l'on peut extraire un métal, du charbon, etc., en grande quantité. → **gisement.** *Mine de fer, mine de houille. Mine souterraine, à ciel ouvert.* ≠ carrière. **2·** Fig. Source inépuisable. *Une mine de renseignements.* **3·** Cavité pratiquée dans le sous-sol et ensemble d'ouvrages souterrains aménagés pour l'extraction d'un minerai. *Galerie, puits de mine. Une mine de cuivre.* – Spécialt. *Il travaille à la mine* (de charbon). → **charbonnages, houillère.** – *Les Mines* : administration spécialisée dans l'étude des terrains et l'exploitation du sous-sol. *L'école des mines. Elle est ingénieur des Mines.* ▷ **minerai, minéral,** 3 **mineur, minier**

4 **mine** n. f. Engin explosif (sur terre ou dans l'eau). *Mines antichars. Champ de mines. Détecteur de mines. Poser une mine. Le camion a sauté sur une mine. Dragueur de mines* (démineur). *Mines antipersonnel*.* ▶ 1 **miner** v. tr. < conjug. 1 > Garnir de mines. *Miner un pont.* / contr. **déminer** / ▷ **déminer**

2 **miner** [mine] v. tr. < conjug. 1 > **1·** Creuser, attaquer la base ou l'intérieur de (une chose). → **creuser, saper.** *La mer mine les falaises.* **2·** Fig. Attaquer, affaiblir par une action progressive et sournoise. → **consumer, user.** *Le chagrin le mine.* – Pronominalement. *Il se mine.* – Au passif. *Il est miné par le souci.*

minerai [minʀɛ] n. m. Minéral qui contient des substances chimiques qu'on peut isoler, extraire. *Minerai en filon, en gisement.* → 3 **mine.** *Extraire un métal d'un minerai.* ▶ **minéral, ale, aux** adj. et n. m. **I·** Adj. **1·** Constitué de matière inorganique (opposé à *végétal*). *Huiles minérales. Sels minéraux.* **2·** Relatif aux corps minéraux. *Chimie minérale.* / contr. **organique** / **3·** ***Eau minérale*** : contenant des matières minérales. *Boire de l'eau minérale gazeuse, non gazeuse (plate).* **II·** N. m. Élément ou composé naturel inorganique, constituant de l'écorce terrestre. → **minerai, pierre, roche.** *Étude des minéraux.* → **géologie, minéralogie.** ▶ **minéralier** n. m. Cargo conçu pour le transport des minerais. ▶ **minéralogie** n. f. Science des minéraux constituant les matériaux de l'écorce terrestre. ▶ 1 **minéralogique** adj. Relatif à la minéralogie. *Collection minéralogique.* ▶ **minéralogiste** n. Personne qui s'occupe de minéralogie.

2 **minéralogique** adj. En France. *Numéro minéralogique*, numéro d'immatriculation d'un véhicule à moteur (d'abord affecté par le service des Mines). *Plaque minéralogique.*

minerve [minɛʀv] n. f. Appareil orthopédique servant à maintenir la tête en bonne position.

minestrone [minɛstʀɔn] n. m. Soupe de légumes aux pâtes ou au riz (recette italienne).

minet, ette [minɛ, ɛt] n. **1·** Petit chat. → fam. **minou. 2·** (Personnes) Terme d'affection. *Mon minet, ma petite minette.* **3·** N. m. Jeune homme élégant, un peu efféminé. – N. f. Jeune fille à la mode. ▷ **potron-minet**

1 **mineur, eure** [minœʀ] adj. **1·** D'importance, d'intérêt secondaire. / contr. **capital, essentiel** / *Problème, soucis mineurs. Arts mineurs. Genres mineurs. Peintre, poète mineur.* **2·** En musique. *Intervalle mineur*, plus réduit que le majeur. *Tierce mineure.* – *Sonate en fa mineur.*

2 **mineur, eure** adj. et n. (Personnes) Qui n'a pas atteint l'âge de la majorité (18 ans). → 2 **minorité.** / contr. **majeur** / – N. *Un mineur, une mineure. Détournement de mineur.*

3 **mineur** [minœʀ] n. m. Ouvrier qui travaille dans une mine, spécialt de houille. *Mineur de fond. Village de mineurs.* → **coron.**

mini- Élément signifiant « (plus) petit » (ex. : *minijupe*). → **micro-.** / contr. **maxi-** /

miniature [minjatyʀ] n. f. **I· 1·** Peinture fine de petits sujets servant d'illustration aux manuscrits, aux missels. → **enluminure.** – **REM.** Le mot, désignant d'abord des ornements rouges, vient de *minium.* **2·** Genre de peinture délicate de très petit format ; cette peinture. *Une miniature du* XVIIIe *siècle.* **II·** Chose, personne très petite. Loc. ***En miniature*** : en très petit, en réduction. *Maquette représentant un avion en miniature.* – En appos. *Train miniature. Des golfs miniatures.* ▶ **miniaturé, ée** adj. Orné de miniatures. ▶ **miniaturiser** v. tr. < conjug. 1 > Donner à (un objet, un mécanisme) les plus petites dimensions possibles. ▶ **miniaturisation** n. f. Action de miniaturiser. ▶ **miniaturiste** n. Peintre de miniatures.

minibus [minibys] n. m. invar. Petit autobus. *Des minibus.*

minicassette [minikasɛt] n. f. Cassette magnétique de format réduit.

minidosé, ée [minidoze] adj. *Médicament minidosé,* faiblement dosé (en principes actifs). *Pilule minidosée.*

minier, ière [minje, jɛʀ] adj. Qui a rapport aux mines ③. *Gisement minier.* – Où il y a des mines. *Pays minier.*

minijupe [miniʒyp] n. f. Jupe très courte. *Des minijupes.*

minima → **minimum.**

minimal, ale, aux [minimal, o] adj. Qui constitue un minimum. *Températures minimales.* / contr. maximal /

minime [minim] adj. et n. **1·** (Choses abstraites) Très petit, peu important. → **infime.** *Des faits minimes. Salaires minimes.* **2·** N. Dans les sports. Enfant de 13 à 15 ans. *Match de minimes.* ▶ **minimiser** v. tr. < conjug. 1 > Réduire l'importance de (qqch.). *Minimiser des résultats, des incidents ; le rôle de qqn.* / contr. amplifier, grossir / ▷ **minimal, minimum**

minimum [minimɔm] n. m. et adj. **1·** Valeur la plus petite atteinte par une quantité variable ; limite inférieure. *Un minimum de frais. Les minimums* ou *les minima atteints.* – Fam. *S'il avait un minimum de savoir-vivre.* → le **moindre.** – Loc. ***Au minimum*** : au moins, pour le moins. *Les travaux dureront au minimum trois jours.* – ***Minimum vital*** : somme permettant de satisfaire le minimum des besoins qui correspondent au niveau de vie dans une société donnée. **2·** Adj. Minimal. *Âge minimum. Pertes, gains minimums* (ou *minima*).

mini-ordinateur [miniɔʀdinatœʀ] n. m. Ordinateur de petite taille, d'une capacité moyenne de mémoire (plus que le micro-ordinateur).

ministère [ministɛʀ] n. m. **I· 1·** Corps des ministres et secrétaires d'État. → **cabinet, gouvernement.** *Former, modifier un ministère.* – (Suivi du nom du Premier ministre) *Le ministère Jospin.* **2·** Département ministériel ; partie des affaires de l'administration centrale dépendant d'un ministre. *Le ministère des Affaires étrangères.* – Bâtiment, services d'un ministère. **3·** Fonction de ministre. → **portefeuille. II·** *Ministère public* : magistrats qui défendent les intérêts de la société, l'exécution des décisions (avocat général, procureur, etc.). → **parquet. III·** Charge remplie par le prêtre, le pasteur (→ **ministre,** II). → **sacerdoce.** *Il exerce son ministère dans une petite paroisse.* ▶ **ministériel, elle** adj. Relatif au ministère (I), au gouvernement. *Crise ministérielle.* – Partisan du ministère. *Député ministériel.* → **gouvernemental.** – Relatif à un ministère ; qui émane d'un ministre. *Arrêté ministériel.* ▶ **ministrable** adj. et n. Qui est susceptible de devenir ministre. *Un député ministrable.* ▶ **ministre** n. **I· 1·** Agent supérieur du pouvoir exécutif ; homme ou femme d'État placé(e) à la tête d'un ministère. *Le Conseil des ministres.* → **cabinet, gouvernement, ministère.** *Il, elle a des chances de devenir ministre,* il, elle est ministrable. *Le ministre de l'Éducation nationale. Madame X, la* (parfois *le*) *ministre de la Santé. Elle est ministre. Le Premier ministre,* le chef du gouvernement. – (n. m.) En appos. *Bureau ministre,* bureau de grande taille. *Des bureaux ministres.* **2·** Agent diplomatique de rang immédiatement inférieur à celui d'ambassadeur, à la tête d'une légation. *Ministre plénipotentiaire.* **II·** N. m. *Ministre du culte,* prêtre. – *Ministre,* pasteur protestant. ▷ **administrer, interministériel**

minitel [minitɛl] n. m. (Nom déposé) Petit terminal qui servait à consulter des banques de données. *Des minitels.* ▶ **minitéliste** n. Utilisateur du minitel.

minium [minjɔm] n. m. Peinture rouge, à l'oxyde de plomb, préservant le fer de la rouille. ▷ **miniature**

minois [minwa] n. m. invar. Jeune visage délicat, éveillé, plein de charme. *Un petit minois d'enfant.* → **frimousse.**

① **minorité** [minɔʀite] n. f. **1·** Groupement (de voix) qui est inférieur en nombre dans un vote, une réunion de votants. / contr. ① majorité / *Une petite minorité d'électeurs. Ils sont en minorité.* – Parti, groupe qui n'a pas la majorité des suffrages. – *Gouvernement mis en minorité,* qui ne recueille pas la majorité des voix. **2·** *La, une minorité de,* le plus petit nombre de, le très petit nombre. *Dans la minorité des cas.* **3·** Groupe englobé dans une collectivité plus importante. *Minorités ethniques. Droits des minorités.* ▶ **minoritaire** adj. De la minorité. *Groupe, tendance minoritaire.*

② **minorité** n. f. (Opposé à ② *majorité*) État d'une personne qui n'a pas encore atteint l'âge où elle sera légalement considérée comme pleinement capable et responsable de ses actes (→ ② **mineur**). – Temps pendant lequel un individu est mineur.

minoterie [minɔtʀi] n. f. 1· Grand établissement industriel pour la transformation des grains en farine. → **moulin.** 2· Meunerie. ▶ **minotier** n. m. Industriel qui exploite une minoterie. → **meunier.**

minou [minu] n. m. Fam. Lang. enfantin. Petit chat. → **minet.** *Des petits minous.*

minuit [minɥi] n. m. 1· Milieu de la nuit. *Soleil de minuit. Bain de minuit.* 2· Heure du milieu de la nuit, la douzième après midi (24 heures ou 0 heure). *À minuit précis. Messe de minuit,* à Noël.

minus [minys] n. m. invar. Fam. Individu incapable ou peu intelligent. *C'est un minus. Bande de minus !* → **crétin, débile.**

minuscule [minyskyl] adj. 1· *Lettre minuscule* (opposé à *majuscule*), lettre courante, plus petite et d'une forme particulière. – N. f. *Une minuscule.* 2· Très petit. → **exigu, infime.** *Une minuscule boîte.* / contr. énorme, immense /

① **minute** [minyt] n. f. 1· Division du temps, soixantième partie de l'heure (abrév. *min* ou *mn*). *La minute se divise en soixante secondes.* 2· Court espace de temps. → **instant, moment.** *Jusqu'à la dernière minute. Je reviens dans une minute.* – Loc. ***D'une minute à l'autre*** : dans un futur imminent. ***À la minute*** : à l'instant même, tout de suite. – En appos. Invar. Fam. Préparé, réparé rapidement. *Des entrecôtes minute. Talon minute.* – Interj. Fam. *Minute !*, attendez une minute. 3· Unité de mesure des angles ; soixantième partie d'un degré de cercle (symb.). *Angle de deux degrés et cinq minutes* (2° 5). ▶ **minuter** v. tr. < conjug. 1 > Organiser (une cérémonie, un spectacle, une opération, un travail) selon un horaire précis. – Au p. p. *Emploi du temps strictement minuté.* ▶ **minutage** n. m. Horaire précis du déroulement (d'une opération, d'une cérémonie...). ▶ **minuterie** n. f. Appareil électrique (spécialt éclairage) destiné à assurer, à l'aide d'un mouvement d'horlogerie, un contact pendant un nombre déterminé de minutes. *La minuterie d'un escalier.* ▶ **minuteur** n. m. Minuterie d'un appareil ménager. *Le minuteur d'un four.*

② **minute** n. f. En droit. Original d'un acte. *La minute d'un jugement. Consulter les minutes d'un procès.*

minutie [minysi] n. f. Application attentive aux menus détails. → **méticulosité, soin.** *Faire un travail avec minutie.* ▶ **minutieux, euse** [minysjø, øz] adj. 1· (Personnes) Qui s'attache, s'arrête avec minutie aux détails. → **méticuleux, tatillon.** / contr. désordonné, négligent / 2· (Choses) Qui marque ou suppose de la minutie. → **attentif, soigneux.** *Inspection minutieuse. Exposé minutieux.* → **détaillé.** ▶ **minutieusement** adv.

mioche [mjɔʃ] n. Fam. Enfant. → fam. **gamin, gosse, marmot, môme, moutard.** *Une bande de mioches.*

mirabelle [miʀabɛl] n. f. 1· Petite prune ronde et jaune, très sucrée. *Confiture de mirabelles.* 2· Eau-de-vie de ce fruit. ▶ **mirabellier** n. m. Prunier à mirabelles.

miracle [miʀakl] n. m. 1· Fait extraordinaire où l'on croit reconnaître une intervention divine. → **mystère, prodige.** *Les miracles de Lourdes. Cela tient du miracle,* c'est miraculeux. 2· Drame médiéval sacré, au sujet emprunté à la vie des saints. *Les miracles et les mystères.* 3· Chose étonnante et admirable qui se produit contre toute attente. *Tout semblait perdu, et le miracle se produisit. Faire, accomplir des miracles. Crier miracle, au miracle.* – En appos. *Des solutions miracles* ou *miracle.* – ***Par miracle*** loc. adv. : d'une façon inattendue et heureuse. *Il en a réchappé par miracle.* ▶ **miraculé, ée** adj. (Personnes) Sur qui s'est opéré un miracle (1). *Malade miraculé.* – N. *Un(e) miraculé(e).* ▶ **miraculeux, euse** adj. 1· Qui est le résultat d'un miracle. → **surnaturel.** *Apparition miraculeuse.* / contr. naturel / 2· Qui produit comme par miracle l'effet souhaité. → **merveilleux.** *Un remède miraculeux.* ▶ **miraculeusement** adv. Comme par miracle. → **extraordinairement.**

mirador [miʀadɔʀ] n. m. 1· Belvédère. 2· Poste d'observation, de surveillance (dans un camp de prisonniers). *Des miradors.*

mirage [miʀaʒ] n. m. 1· Phénomène optique pouvant produire l'illusion d'une nappe d'eau s'étendant à l'horizon. 2· Apparence séduisante et trompeuse. → **chimère, illusion.** *Les mirages de la gloire, du succès.*

mire [miʀ] n. f. 1· ***De mire*** : pour viser. *Ligne de mire,* ligne droite imaginaire déterminée par l'œil du tireur. – Fig. ***Point de mire*** : point de visée. – *Être le point de mire,* le centre d'intérêt, d'attention. 2· Signal fixe servant à déterminer une direction par une visée. *Ajuster la mire avant de tirer.* 3· Image fixe servant à vérifier la qualité de la transmission à la télévision. *La mire apparaît sur l'écran avant le début des émissions.*

mirer [miʀe] v. tr. < conjug. 1 > I· Examiner à contre-jour pour vérifier la fraîcheur de (un œuf). II· Littér. ***Se mirer*** v. pron. réfl. : se regarder, se refléter. *La montagne se mire dans le lac.*

mirifique [miʀifik] adj. Plaisant. Merveilleux. → **mirobolant.** *Des promesses mirifiques.*

mirliton [miʀlitɔ̃] n. m. Tube creux (de roseau, de carton, etc.) garni à ses deux extrémités d'une membrane, dans laquelle on chantonne un air. – *Vers de mirliton,* mauvaise poésie.

mirobolant, ante [miʀɔbɔlɑ̃, ɑ̃t] adj. Fam. Incroyablement magnifique, trop beau, pour être vrai. → **mirifique.** *Des gains mirobolants.*

miroir [miʀwaʀ] n. m. **1·** Objet constitué d'une surface polie qui sert à réfléchir la lumière, à refléter les images. → **glace.** *Se regarder dans le miroir. Miroir de courtoisie,* fixé au pare-soleil du passager avant, dans une voiture. – Loc. ***Miroir aux alouettes*** : ce qui trompe en attirant, en fascinant. **2·** Surface unie (eau, marbre...) qui réfléchit la lumière ou les objets. *Le miroir des lacs.* **3·** Fig. Ce qui offre à l'esprit l'image des personnes, des choses, du monde. *Les yeux sont le miroir de l'âme.* ▶ **miroiterie** [miʀwatʀi] n. f. Commerce, industrie (du *miroitier*) des miroirs et des glaces.

miroiter [miʀwate] v. intr. < conjug. 1 > **1·** Réfléchir la lumière en produisant des reflets scintillants. → **briller, chatoyer, scintiller.** *Vitre, eau qui miroite.* **2·** Loc. ***Faire miroiter*** : proposer (qqch.) comme avantageux (afin d'appâter qqn). *Il lui a fait miroiter les avantages qu'il pourrait en tirer.* ▶ **miroitant, ante** adj. Brillant, chatoyant. *La surface miroitante de la mer.* ▶ **miroitement** n. m. Éclat, reflet de ce qui miroite. → **chatoiement, reflet, scintillement.** *Le miroitement des vitres au soleil.*

miroton [miʀɔtɔ̃], fam. **mironton** [miʀɔ̃tɔ̃] n. m. Bœuf bouilli aux oignons. – En appos. *Du bœuf miroton.*

mis, mise [mi, miz] Participe passé du verbe *mettre.*

misaine [mizɛn] n. f. Voile basse du mât de l'avant du navire. *Le mât de misaine.*

misanthrope [mizɑ̃tʀɔp] n. et adj. **1·** Personne qui manifeste de l'aversion pour le genre humain, qui aime la solitude. → **ours, sauvage, solitaire.** / contr. philanthrope / *Un vieux misanthrope.* **2·** Adj. Qui évite de fréquenter ses semblables. → **farouche.** *Elle est devenue bien misanthrope.* ▶ **misanthropie** n. f. Haine du genre humain ; caractère du misanthrope. / contr. philanthropie / ▶ **misanthropique** adj. Littér. *Réflexions, idées misanthropiques.* / contr. philanthropique /

mise [miz] n. f. **I·** Avec un compl. **1·** (Avec **en**) Action de mettre (quelque part). *Mise en place. Mise en bouteilles.* Fam. *Mise en boîte,* moquerie. – ***Mise en scène*** : organisation matérielle de la représentation ; choix des décors, places, mouvements et jeu des acteurs, etc. (théâtre, cinéma, télévision). – ***Mise en forme, mise en pages d'un texte*** : manière dont le texte est présenté (choix des polices, des couleurs, des images...). **2·** Action de mettre (dans une position nouvelle). *La mise sur pied d'un programme. Mise à pied,* sanction pouvant aboutir à un renvoi. **3·** Loc. (Avec **en, à**) Action de mettre (dans un état nouveau, une situation nouvelle). *Mise en plis. Mise au net. Mise en état, en ordre. Mise à prix* (avant des enchères). **II· 1·** Action de mettre de l'argent au jeu ou dans une affaire ; cet argent. → **enjeu ; miser.** *Déposer une mise. Doubler la mise.* – *Rafler la mise,* gagner ; l'emporter. – ***Mise de fonds*** : investissement, placement. **2·** ***De mise*** : qui a cours, est reçu, accepté (souvent au négatif). *Ces manières ne sont plus de mise.* **3·** Manière d'être habillé. → **habillement, tenue, toilette.** *Soigner sa mise.* ▷ **mainmise, remise, miser**

miser [mize] v. tr. < conjug. 1 > **1·** Déposer, mettre (un enjeu). → **mise** (II, 1). *Miser dix euros.* **2·** Sans compl. direct. *Miser sur un cheval, aux courses.* – Fam. *Miser sur,* compter, faire fond sur. *On ne peut pas miser là-dessus.*

misère [mizɛʀ] n. f. **1·** Littér. Sort digne de pitié ; malheur extrême. → **adversité, détresse, infortune.** / contr. bonheur / *La misère des temps. Quelle misère !* – Interj. *Misère !* **2·** *Une misère,* événement malheureux, douloureux. → **calamité, chagrin, malheur, peine.** *Compassion aux misères d'autrui. Petites misères.* → **ennui.** – *Faire des misères à qqn,* le tracasser. → **méchanceté, taquinerie.** **3·** Extrême pauvreté, pouvant aller jusqu'à la privation des choses nécessaires. → **besoin, indigence.** / contr. fortune, richesse / *Être, tomber dans la misère. Misère noire.* – Loc. *Crier, pleurer misère,* se plaindre. *Salaire de misère,* très insuffisant. **4·** *Une misère,* chose, somme de peu d'importance. → **babiole, bagatelle, broutille.** *Ils se sont fâchés pour une misère.* ▶ **misérable** adj. et n. **1·** Qui inspire ou mérite d'inspirer la pitié ; qui est dans le malheur, la misère. → **lamentable, malheureux, pitoyable.** / contr. heureux / – (Choses) Triste, pénible. *Une misérable existence.* **2·** Qui est dans une extrême pauvreté ; qui indique la misère. → **pauvre ; indigent.** / contr. riche / *Région misérable,* très pauvre. – N. ***Un, une misérable.*** → **gueux, miséreux.** **3·** Sans valeur, sans mérite. → **insignifiant, méprisable, piètre.** *Une argumentation misérable.* – (Avant le nom) → **malheureux, méchant, pauvre.** *Tant d'histoires pour un misérable billet de cinq euros !* **4·** N. Personne méprisable. → **malheureux.** *C'est un misérable.* – Plaisant. *Ah, petit misérable !* ▶ **misérablement** adv. **1·** Pitoyablement, tristement. *Décliner misérablement.* **2·** Dans la pauvreté. *Vivre misérablement.* / contr. richement / ▶ **misérabilisme** n. m. Représentation des aspects les plus misérables de la vie sociale, dans l'art, la littérature. ▶ **misérabiliste** adj. et n. **1·** Adepte du misérabilisme. **2·** Qui donne une impression de pauvreté sordide. *Un décor misérabiliste.* ▶ **miséreux, euse** adj. et n. Qui dénote la misère (3). → **famélique, misérable, pauvre.** *Un mendiant miséreux. Quartiers miséreux.* / contr. aisé, riche / – N. *Un miséreux.* ▷ **commisération, miséricorde**

miséricorde [mizeʀikɔʀd] n. f. **1·** Pitié par laquelle on pardonne au coupable. → **clémence, indulgence.** / contr. dureté / *Demander, obtenir miséricorde.* **2·** Interj. Exclamation qui marque une grande surprise accompagnée de douleur, de regret. ▶ **miséricordieux, ieuse** adj. Qui a de la miséricorde, de la compassion → **bon** ; qui pardonne facilement → **clément.**

mis(o)- Élément signifiant « qui déteste ». → **misanthrope.** ▶ **misogyne** [mizɔʒin] adj. et n. Qui hait ou méprise les femmes. *Les phallocrates sont misogynes.* – N. *Un, une misogyne.* Abrév. (adj. et n.) **miso.** ▶ **misogynie** n. f. ▷ **misanthrope**

miss [mis] n. f. **1·** Mademoiselle, en parlant d'une Anglaise, d'une Américaine. **2·** Nom donné aux jeunes reines de beauté élues dans les concours. *Miss France. Un défilé de miss* (ou *de misses*).

missel [misɛl] n. m. Livre liturgique qui contient les prières et les lectures nécessaires pour suivre la messe. → **paroissien.**

missile [misil] n. m. Engin de destruction autopropulsé et guidé par autoguidage ou téléguidage. → **fusée.** *Des missiles sol-air.* ▷ **euromissile, lance-missiles**

mission [misjɔ̃] n. f. **1·** Charge donnée à qqn d'aller accomplir qqch., de faire qqch. → **mandat.** *On l'a chargé d'une mission. Envoyer qqn en mission. Mission accomplie.* – *Mission scientifique.* → **expédition.** *Mission spatiale*.* – *Mission diplomatique.* → **ambassade. 2·** Charge de propager une religion ; prédications et œuvres accomplies à cet effet. *Pays de mission.* **3·** Groupe de personnes ayant une mission. *Elle fait partie de la mission. Mission diplomatique.* – *Les Missions* (religieuses). **4·** Action, but auquel un être semble destiné. → **fonction, vocation.** *La mission de l'artiste. La mission civilisatrice d'un pays.* ▶ **missionnaire** n. m. et adj. **1·** Prêtre des Missions. *Un missionnaire catholique.* **2·** Adj. Qui a la mission de propager sa religion, son idéal. *L'esprit missionnaire.* **3·** N. Membre d'une mission (3). ▶ **missionner** v. tr. < conjug. 1 > Charger d'une mission, envoyer en mission. *L'assureur va missionner un expert.*

missive [misiv] n. f. Littér. Lettre. *Recevoir une missive.*

mistral, als [mistʀal] n. m. Vent violent qui souffle du nord ou du nord-ouest vers la mer, dans la vallée du Rhône et sur la Méditerranée.

mitaine [mitɛn] n. f. **1·** Gant qui laisse à nu les deux dernières phalanges des doigts. **2·** Au Canada. Moufle.

mite [mit] n. f. Petit papillon blanchâtre de la famille des teignes, dont les larves rongent les étoffes et les fourrures. *Habit mangé par les mites, troué aux mites.* ▶ **mité, ée** adj. Mangé, rongé des mites. *Fourrure mitée.* ▶ **se miter** v. pron. < conjug. 1 > Devenir mité. ▶ **miteux, euse** adj. et n. En piteux état ; d'apparence misérable. → **minable, pauvre, piètre.** *Des vêtements miteux. Un hôtel miteux.* – N. Fam. Personne pauvre, pitoyable. *Cet hôtel est trop chic pour des miteux comme nous.* → fam. **fauché.** ▷ **antimite(s)**

mi-temps [mitɑ̃] n. f. invar. **1·** Temps de repos au milieu d'un match (dans les sports d'équipes : football, rugby, hockey, etc.). → **pause.** – Chacune des deux moitiés du temps réglementaire (dans un match). *La seconde mi-temps.* – Loc. fig. *La troisième mi-temps,* fête qui suit un match. **2·** ***À mi-temps*** loc. adv. *Travailler, être employé à mi-temps,* pendant la moitié de la durée normale du travail (opposé à *à plein temps*). – N. m. invar. *Un mi-temps,* travail à mi-temps.

mithridatiser [mitʀidatize] v. tr. < conjug. 1 > Didact. Immuniser en accoutumant à un poison.

mitigé, ée [mitiʒe] adj. **1·** Adouci, moins strict. *Sévérité mitigée.* **2·** Fam. Mêlé, mélangé. *Des compliments mitigés. Des réactions mitigées.*

mitigeur [mitiʒœʀ] n. m. Robinet à une seule manette qui permet de régler indépendamment la température et le débit de l'eau.

mitonner [mitɔne] v. < conjug. 1 > **I·** V. intr. Cuire longtemps à petit feu. → **bouillir, mijoter.** *La soupe mitonnait. Faire mitonner un plat.* **II·** V. tr. **1·** Préparer soigneusement en faisant cuire longtemps. *Il nous a mitonné un bon petit dîner.* **2·** Préparer tout doucement (une chose, une personne) pour un résultat. *Mitonner une affaire.* – *Mitonner qqn.* → **dorloter.** – Pronominalement. *Se mitonner,* bien se soigner.

mitose [mitoz] n. f. Division cellulaire qui aboutit à la formation de deux cellules identiques à la cellule de départ. *La mitose et la méiose*.*

mitoyen, enne [mitwajɛ̃, ɛn] adj. Qui est entre deux choses, commun à l'une et à l'autre. *Mur mitoyen.* ▶ **mitoyenneté** [mitwajɛnte] n. f. Caractère de ce qui est mitoyen, contigu.

mitraille [mitʀɑj] n. f. **1·** Autrefois. Ferraille, balles de fonte qu'on utilisait dans les canons comme projectiles. *Canons chargés à mitraille.*

2· Décharge d'artillerie, de balles. *Fuir sous la mitraille.* 3· Fam. Petite monnaie de métal. → **ferraille.** ▶ **mitrailler** [mitʀɑje] v. tr. < conjug. 1 > 1· Prendre pour objectif d'un tir de mitrailleuse. *Mitrailler un avion.* – Fam. Lancer sur. *Mitrailler qqn de noyaux de cerise.* → **bombarder.** 2· Fam. Photographier ou filmer sans arrêt. *Le président fut mitraillé par les reporters.* ▶ **mitraillage** n. m. Action de mitrailler. ▶ **mitraillette** n. f. Arme à tir automatique portative (officiellement nommée *pistolet mitrailleur* ; abrév. P. M.). ▶ **mitrailleur** n. m. et adj. m. 1· N. m. Servant d'une mitrailleuse. *Il est mitrailleur à bord d'un avion.* 2· Adj. m. (Arme automatique) Qui peut tirer par rafales. *Pistolet* (mitraillette), *fusil mitrailleur.* → **fusil-mitrailleur.** ▶ **mitrailleuse** n. f. Arme automatique à tir rapide. ▷ **automitrailleuse**

mitre [mitʀ] n. f. Haute coiffure triangulaire de cérémonie portée par les évêques. *La mitre et la crosse épiscopales.*

mitron [mitʀɔ̃] n. m. Garçon boulanger ou pâtissier.

à mi-voix [amivwa] loc. adv. D'une voix faible. *Parler à mi-voix.*

mixage [miksaʒ] n. m. Cinéma, musique. Regroupement sur une même bande de tous les éléments sonores d'un film, d'une chanson. ▶ [1] **mixer** [mikse] v. tr. < conjug. 1 > Procéder au mixage de (un film, une chanson).

[2] **mixer** ou **mixeur** [miksœʀ] n. m. Anglic. Appareil électrique servant à mélanger, à battre des aliments. → **batteur** (II), **mélangeur.**

mixte [mikst] adj. 1· Didact. Qui est formé de plusieurs éléments de nature différente. → **combiné, mélangé.** *Mariage mixte,* entre deux personnes de religions et de cultures différentes. *Couple mixte,* formé de deux personnes de religions, de cultures différentes. 2· Qui comprend des personnes des deux sexes. *École, cours, classe mixte. Double mixte* (au tennis, au ping-pong). ▶ **mixité** n. f. Caractère de ce qui est mixte (2).

mixture [mikstyʀ] n. f. 1· Mélange de plusieurs substances chimiques, pharmaceutiques. 2· Mélange comestible (boisson ou aliment) dont on reconnaît mal les composants. *Ne buvez pas cette affreuse mixture.*

Mlle → **mademoiselle.**

MM. → **messieurs.**

Mme → **madame.**

MMS [ɛmɛmɛs] n. m. Anglic. Service qui permet d'envoyer des photos, des messages multimédias d'un téléphone portable à un autre ; ce message. *Mon portable ne lit pas les MMS.*

mnémo-, -mnèse, -mnésie Éléments signifiant « mémoire ; se souvenir ». ▶ **mnémotechnique** [mnemotɛknik] adj. Capable d'aider la mémoire par des procédés d'association mentale. *Procédés, formules mnémotechniques.* ▷ **amnésie**

mobile [mɔbil] adj. et n. m. I· Adj. 1· Qui peut être mû, dont on peut changer la place ou la position. *Les pièces mobiles d'une machine. Calendrier à feuillets mobiles.* → **amovible.** *Téléphone mobile* ; n. m. *un mobile.* → **portable.** / contr. fixe, immobile / 2· Dont la date, la valeur peut être modifiée, est variable. *Fêtes mobiles.* 3· (Personnes) Qui se déplace ou peut se déplacer. *Garde mobile. Population mobile.* → **nomade.** / contr. sédentaire / 4· Dont l'apparence change sans cesse. → **mouvant.** *Reflets mobiles.* → **changeant.** *Visage mobile,* plein de vivacité. II· N. m. 1· Sciences. Corps qui se déplace, considéré dans son mouvement. *Calculer la vitesse d'un mobile.* 2· Ce qui porte, incite à agir. → **impulsion.** *Les mobiles d'une action.* → **cause, motif.** *Chercher le mobile d'un crime.* 3· Œuvre d'art, ensemble d'éléments pouvant prendre des dispositions variées. *Les mobiles de Calder.*

mobil(e)- Élément signifiant « qui se déplace ». ▶ **mobilier, ière** [mɔbilje, jɛʀ] adj. et n. m. I· Adj. 1· Qui consiste en meubles ; qui se rapporte aux biens meubles [1]. *Fortune mobilière.* 2· En droit. Qui est de la nature des biens meubles. *Valeurs mobilières.* II· N. m. Plus cour. Ensemble des meubles [2] destinés à l'usage et à l'aménagement d'une habitation. → **ameublement.** *Le mobilier d'une maison. Mobilier de bureau.* – *Mobilier urbain,* ensemble des objets, installations, appareils, placés sur la voie ou dans les lieux publics et destinés à assurer la propreté, la commodité ou la décoration de l'espace urbain (ex. : *abribus, cabines téléphoniques,* etc.). ▶ **mobilité** n. f. 1· Caractère de ce qui peut se mouvoir, changer de place, de position. / contr. immobilité / *Favoriser la mobilité dans une entreprise.* – *Personne à mobilité réduite,* handicapé physique qui ne marche pas ou se déplace difficilement. 2· Caractère de ce qui change rapidement d'aspect ou d'expression. / contr. fixité / *La mobilité d'un visage.* 3· *Mobilité des sentiments, de l'humeur.* → **fluctuation, instabilité.** / contr. constance, immuabilité / ▶ **mobiliser** v. tr. < conjug. 1 > 1· Mettre sur le pied de guerre (une armée) ; affecter (des citoyens) à des postes militaires. – Au passif et p. p. *Être mobilisé dans les services auxiliaires.* – N. *Un mobilisé.* → **appelé, requis.** / contr. démobiliser / – Faire appel à un groupe pour une action collective. *Le syndicat a mobilisé ses militants.* 2· Faire appel à, mettre en jeu (des facultés intellectuelles ou morales). *Mobiliser les enthousiasmes.* ▶ **mobili-**

sable adj. ▶ **mobilisation** n. f. **1**· Opération qui a pour but de mettre une armée, une troupe sur le pied de guerre. *Décréter la mobilisation générale.* / contr. démobilisation / **2**· Mise en jeu. *La mobilisation des ressources, des énergies.* ▷ **automobile, démobiliser, hippomobile, immobile, immobiliser**

mobylette [mɔbilɛt] n. f. Cyclomoteur d'une marque répandue (en France).

mocassin [mɔkasɛ̃] n. m. **1**· Chaussure des Indiens d'Amérique du Nord, en peau non tannée. **2**· Chaussure basse (de marche, de sport), généralement sans attaches.

moche [mɔʃ] adj. **1**· Fam. Laid. *Il, elle est vraiment moche.* **2**· Moralement critiquable. *C'est moche ce qu'il a fait là !* → **méprisable.** / contr. bien, chic / ▶ **mocheté** n. f. Fam. Personne laide. ▷ **amocher**

modal, ale, aux [mɔdal, o] adj. **1**· Qui a rapport aux modes des verbes. *Valeur modale.* – *Auxiliaires modaux,* qui expriment le nécessaire, le probable, le contingent. «*Pouvoir*», «*devoir*» *sont des auxiliaires modaux.* **2**· *Musique modale,* où l'organisation en modes est primordiale (opposé à *tonal*).

modalité [mɔdalite] n. f. **1**· Forme particulière (d'un acte, d'un fait, d'une pensée, d'un objet). → **circonstance, manière.** *Modalités de paiement.* **2**· *Adverbe de modalité,* qui modifie le sens d'une phrase entière (ex. : *probablement*). **3**· Caractère d'un morceau de musique dépendant du mode auquel il appartient (opposé à *tonalité*). → 2 **mode.**

1 **mode** [mɔd] n. f. **1**· Goûts collectifs, manières passagères de vivre, de sentir qui paraissent de bon ton dans une société déterminée. *Les engouements de la mode.* → **vogue.** – Loc. ***À la mode*** : conforme au goût du jour (→ dans le **vent**). *Chanson à la mode. Ce n'est plus à la mode, c'est passé de mode.* → **démodé. 2**· *La mode,* habitudes collectives et passagères en matière d'habillement. *Suivre la mode.* – En appos. Invar. *Teintes, tissus mode.* – *Journal de mode. Elle travaille dans la mode.* → **couture. 3**· ***À la mode de...*** : selon les coutumes de... *Tripes à la mode de Caen.* ▷ **démodé, modiste**

2 **mode** n. m. **1**· En musique. Chacune des dispositions particulières de la gamme caractérisée par la disposition des intervalles (tons et demi-tons). *Mode majeur, mineur.* **2**· En linguistique. Caractère d'une forme verbale susceptible d'exprimer l'attitude du sujet parlant vis-à-vis des événements exprimés par le verbe (indicatif, subjonctif, conditionnel, impératif, infinitif, participe). *Les temps de chaque mode.* **3**· *Mode de...,* forme particulière sous laquelle se présente un fait, s'accomplit une action. → **forme.** *Mode de vie, d'existence.* → **genre.** *Mode opératoire**. *Mode d'emploi,* manière de se servir de qqch. → **indication.** *Mode de paiement.* → **modalité.** ▷ **modal, modalité**

modèle [mɔdɛl] n. m. **I**· Ce qu'on doit imiter. **1**· Ce qui sert ou doit servir d'objet d'imitation pour faire ou reproduire qqch. → **étalon, exemple.** *Texte qui est donné comme modèle à des élèves.* → **corrigé, plan.** *Sa conduite doit être un modèle pour nous. Prendre qqn pour modèle. Sur le modèle de,* à l'imitation de... – Adj. *Des employés modèles.* → **exemplaire, parfait. 2**· Personne ou objet dont l'artiste reproduit l'image. → **sujet.** *Dessin, dessiner d'après le modèle.* – Homme ou femme dont la profession est de poser pour des peintres, des photographes. → **mannequin. 3**· ***Modèle de*** : personne, fait, objet possédant au plus haut point des qualités, des caractéristiques qui en font le représentant d'une catégorie. *Elle est un modèle de fidélité, de générosité.* **II**· Type. **1**· Catégorie, classe définie par un ensemble de caractères. → **type.** *Les différents modèles d'organisation industrielle.* **2**· Type déterminé selon lequel des objets semblables peuvent être reproduits. → **prototype.** *Modèle reproduit en grande série. Un nouveau modèle de voiture. Les modèles* (de robe, etc.) *de la haute couture.* **3**· Objet de même forme qu'un objet plus grand. → **maquette.** – ***Modèle réduit.*** *Des modèles réduits de bateaux.* – En appos. *Faire voler un avion modèle réduit.* ▶ **modélisme** n. m. Conception et réalisation des modèles réduits. ▶ **modéliste** n. **1**· Personne qui fait ou dessine les modèles, dans la couture. – En appos. *Ouvrier modéliste.* ≠ modiste. **2**· Personne qui fabrique des modèles réduits (de véhicules, avions, trains). → **aéromodéliste.** ▶ **modeler** [mɔdle] v. tr. < conjug. 5 > **1**· Façonner (un objet) en donnant une forme déterminée à une substance molle. *Modeler une poterie, une statuette.* → **modelage. 2**· Pétrir (une substance plastique) pour lui imposer une certaine forme. *Modeler de la terre glaise. Pâte à modeler.* **3**· Conférer une certaine forme à (qqch.). *L'érosion modèle le relief.* **4**· *Modeler son goût sur, d'après celui de qqn.* → **former, régler.** – Pronominalement (réfl.). ***Se modeler*** *sur qqn, qqch.* : se façonner en empruntant les caractères. → se **conformer.** ▶ **modelé** n. m. Relief des formes dans une sculpture, un dessin, un objet. *Le modelé du corps.* ▶ **modelage** n. m. Action de modeler (une substance plastique). *Le modelage d'une statue en terre glaise.* ▷ **remodeler, top-modèle**

modem [mɔdɛm] n. m. En informatique. Appareil (*modulateur-démodulateur*) utilisé dans le traitement à distance de l'information.

moderato adv. et n. Mouvement musical modéré, entre l'andante et l'allegro. – N. *Des moderatos.*

modérer [mɔdeʀe] v. tr. < conjug. 6 > Diminuer l'intensité de (un phénomène, un sentiment), réduire à une juste mesure (ce qui est excessif). → **adoucir, tempérer.** *Modérer sa colère.* → **apaiser, calmer.** *Modérez vos expressions. Modérer l'allure, la vitesse,* ralentir. – Pronominalement (réfl.). *Modérez-vous !* → se **calmer,** se **contenir.** ▶ **modéré, ée** adj. et n. **1·** Qui fait preuve de mesure, qui se tient éloigné de tout excès. *Il est toujours modéré dans ses prétentions, ses désirs.* → **mesuré.** / contr. excessif / **2·** Qui professe des opinions politiques éloignées des extrêmes et conservatrices. / contr. extrémiste / *Un parti modéré.* – N. *Les modérés.* **3·** Peu intense, assez faible. → **moyen.** *Prix modéré.* → **bas.** ▶ **modérément** adv. Avec modération. *Boire, manger modérément.* ▶ **modérateur, trice** n. et adj. **1·** Personne, chose qui tend à modérer ce qui est excessif, à concilier les partis opposés. – Adj. *Une influence modératrice. Ticket modérateur,* quote-part de frais laissée à la charge du malade par la Sécurité sociale (en France). **2·** N. m. Mécanisme régulateur. **3·** N. m. Corps qui, dans une pile atomique, permet de régler une réaction en chaîne. ▶ **modération** n. f. **1·** Comportement d'une personne qui est éloignée de tout excès. *Il fait preuve de modération dans sa conduite.* → **mesure, réserve, retenue.** / contr. abus, excès / **2·** Action de modérer, de diminuer (qqch.). ▶ **moderato** [mɔdeʀato] adv. Musique. Mouvement modéré. *Allegro moderato.* ▷ **immodéré**

moderne [mɔdɛʀn] adj. et n. **I· 1·** Actuel, contemporain ou récent. *La musique moderne.* **2·** Qui bénéficie des progrès récents, correspond au goût actuel. → **neuf, nouveau.** *Les techniques modernes.* → de **pointe.** *Immeuble, usine moderne.* – N. m. *Aimer le moderne.* / contr. ancien / **3·** (Personnes) Qui tient compte de l'évolution récente, dans son domaine. *Il n'est pas moderne, il est vieux jeu.* – *Des goûts, des idées modernes.* / contr. archaïque, démodé / **II· 1·** Didact. Qui appartient à une époque postérieure à l'Antiquité (*les Temps modernes,* le Moyen Âge et l'époque contemporaine). – N. m. *Querelle des anciens et des modernes,* des partisans des écrivains de l'Antiquité et des Temps modernes (aux XVIIe et XVIIIe s.). **2·** En histoire. *Époque moderne, les Temps modernes,* de la fin du Moyen Âge à la Révolution française, début de l'époque « contemporaine ». **3·** (Opposé à *classique*) *Enseignement moderne* (sciences et langues vivantes). *Licence de lettres modernes.* ▶ **moderniser** v. tr. < conjug. 1 > **1·** Rendre moderne. **2·** Organiser d'une manière conforme aux besoins, aux moyens modernes. *Moderniser la technique.* → **transformer.** ▶ **modernisation** n. f. ▶ **modernisme** n. m. Goût de ce qui est moderne ; recherche de la modernité. *Modernisme en peinture.* / contr. archaïsme, traditionalisme / ▶ **modernité** n. f. Caractère de ce qui est moderne, en art, etc. ▷ **ultramoderne**

modern style [mɔdɛʀnstil] n. m. et adj. invar. Tendance artistique (début du XXe siècle) caractérisée par l'utilisation presque exclusive de courbes naturelles stylisées, inspirées le plus souvent de la flore.

modeste [mɔdɛst] adj. **1·** Qui est simple, sans faste ou sans éclat. *Mise, tenue modeste. Il est d'une origine très modeste.* → **humble. 2·** Peu important. *Salaire très modeste.* → **médiocre, modique.** – (Personnes) Qui a une opinion modérée, réservée, de son propre mérite, se comporte avec modestie. → **effacé, humble.** *Un homme simple et modeste. Vous êtes trop modeste. Air, mine modeste.* → **discret, réservé.** / contr. orgueilleux, prétentieux, vaniteux / ▶ **modestement** adv. *Ils sont logés très modestement.* – *Parler, se comporter modestement.* → **simplement.** ▶ **modestie** n. f. Modération, retenue dans l'appréciation de soi-même. → **humilité, réserve.** – *Fausse modestie,* modestie affectée. / contr. orgueil, prétention, vanité / ▷ **immodeste**

modicité [mɔdisite] n. f. **1·** Caractère de ce qui est modique (pécuniairement). → **petitesse.** *La modicité de son revenu.* **2·** Médiocrité, petitesse. *La modicité de ses espoirs.*

modifier [mɔdifje] v. tr. < conjug. 7 > **1·** Changer (une chose) sans en altérer la nature. *Modifier ses plans.* / contr. maintenir / **2·** *Se modifier* v. pron. *Une impression qui se modifie sans cesse.* → **changer, varier.** ▶ **modifiable** adj. Qui peut être modifié. / contr. immuable / ▶ **modification** n. f. **1·** Changement (qui n'affecte pas l'essence de ce qui change). → **altération, variation.** *Modification quantitative* → **agrandissement, diminution,** *qualitative.* → **amélioration, aggravation. 2·** Changement apporté à qqch. *Il faudra faire quelques modifications à ce projet.* → **correction, rectification, remaniement.** ▶ **modificateur, trice** adj. Qui a la propriété de modifier. *Action modificatrice.* ▶ **modificatif, ive** adj. Qui modifie. *Texte modificatif. Termes modificatifs.*

modique [mɔdik] adj. (Somme d'argent) Qui est peu considérable. → **faible, médiocre, minime, modeste, petit.** / contr. gros, important / *Un salaire modique. Pour la modique somme de dix euros.* ▶ **modiquement** adv. *Être modiquement payé, rétribué.* ▷ **modicité**

modiste [mɔdist] n. Fabricant(e) et marchand(e) de coiffures féminines. *Atelier, boutique de modiste.* ≠ modéliste.

module [mɔdyl] n. m. **1**· Arts. Unité déterminant les proportions. – Dimension. *Cigarette, cigare de gros module.* **2**· Coefficient de résistance des matériaux. *Module de rigidité.* **3**· Unité constitutive d'un ensemble. – Élément d'un véhicule spatial. *Module lunaire.* – Unité d'enseignement universitaire. ▶ **moduler** v. tr. < conjug. 1 > **1**· Articuler, émettre (une mélodie, un son varié) par une suite de modulations. *Moduler un air en le sifflant.* **2**· Effectuer une ou plusieurs modulations (2). **3**· Radio. Faire varier les caractéristiques de (un courant électrique ou une onde). **4**· Adapter (qqch.) à des cas particuliers. *Moduler des tarifs.* ▶ **modulation** n. f. **1**· Chacun des changements de ton, d'accent, d'intensité, de hauteur dans l'émission d'un son ; action ou façon de moduler. **2**· Passage d'une tonalité (mode) à une autre. **3**· Variation (d'amplitude, d'intensité, de fréquence) d'une onde. *Émission en modulation de fréquence.* → **F. M.** ▶ **modulateur** n. m. Appareil qui module un courant, une onde. *Modulateur-démodulateur.* → **modem.**

modus vivendi [mɔdysvivɛ̃di] n. m. invar. Transaction mettant d'accord deux parties en litige.

moelle [mwal] n. f. **I**· **1**· Substance molle et grasse de l'intérieur des os. *Os à moelle*, contenant de la moelle. **2**· *Frissonner, être glacé jusqu'à la moelle des os*, l'intérieur du corps. **II**· ***Moelle épinière*** : cordon nerveux qui, parti de l'encéphale, est abrité dans le canal rachidien, l'épine* dorsale, les vertèbres. ▶ **moelleux, euse** [mwalø, øz] adj. **1**· Qui a de la douceur et de la mollesse au toucher. → **doux, mou.** *Étoffe moelleuse. Siège, lit moelleux*, où l'on enfonce confortablement. / contr. dur / **2**· Agréable au palais, au goût. → **onctueux, savoureux.** *Vin moelleux.* **3**· Qui a une sonorité pleine et douce. *Son moelleux.* **4**· (Formes naturelles ou artistiques) Qui a de la mollesse et de la grâce. → **gracieux, souple.** *Ligne, touche moelleuse.* ▶ **moelleusement** adv.

moellon [mwalɔ̃] n. m. Pierre de construction maniable. *Moellons naturels ou bruts.*

mœurs [mœʀ], mieux que [mœʀs] n. f. pl. **I**· Habitudes (d'une société, d'un individu) relatives à la pratique du bien et du mal. → **conduite, morale.** *Bonnes, mauvaises mœurs. Il a des mœurs dissolues.* – En droit ancien. *Outrage aux bonnes mœurs.* – Autrefois. *Police des mœurs*, ou ellipt. *les mœurs*, police chargée de la réglementation de la prostitution. *Les mœurs et la mondaine**. **II**· **1**· Habitudes de vie, coutumes (d'un peuple, d'une société, d'un groupe). → **usage(s).** *Étudier les mœurs d'une ethnie, d'une tribu ; d'une époque. Cette habitude est entrée dans les mœurs (dans nos mœurs).* – *Comédie **de mœurs**, peinture de mœurs* : qui décrivent les habitudes d'une société. **2**· Habitudes de vie individuelle, comportement (d'une personne). *Avoir des mœurs simples, des mœurs bohèmes.* **3**· Habitudes de vie (d'une espèce animale). *Les mœurs des abeilles.* ▷ **moral**

mohair [mɔɛʀ] n. m. Poil de la chèvre angora. *Laine mohair.* – Étoffe de mohair.

moi [mwa] pronom pers. et n. m. invar. **I**· Pronom personnel (forme tonique ; la forme atone est *me*) de la première personne du singulier et des deux genres, représentant la personne qui parle ou qui écrit. → **je** ; fam. **bibi,** ma **pomme.** **1**· (Complément d'objet après un impératif positif) *Regarde-moi.* – (Après un autre pronom pers.) *Donnez-la-moi.* **2**· (Emphatique, à l'impératif) *Regardez-moi ça !* **3**· (Renforçant le pronom *je*) *Moi, je le trouve sympathique.* **4**· (Sujet) *Moi, faire cela ? « Qui est là ? – Moi. »* **5**· (Coordonné à un nom, un pronom) *Mon avocat et moi sommes de cet avis. Il a invité ma femme et moi. Il nous a invités, ma femme et moi.* **6**· (Dans une phrase comparative) *Plus, moins que moi. Ne faites pas comme moi.* **7**· ***Moi qui.*** *Moi qui vous parle.* **8**· (Attribut) ***C'est moi***... (+ propos. relative) *C'est moi qui vous le dis.* **9**· (Précédé d'une préposition) *Avec moi, chez moi. L'idée n'est pas de moi. Un ami de moi et de mon frère* (→ un **mien** ami). – *Pour moi*, à mon égard ; pour ma part. *Elle est tout pour moi. Pour moi (selon moi, d'après moi), il est fou.* – *Quant à moi*, pour moi. – *De vous à moi*, entre nous. **10**· Loc. ***Moi-même*** : forme renforcée de *moi. Je ferai le travail moi-même.* – ***Moi seul.*** *C'est moi seul qui suis responsable.* – ***Moi aussi.*** *« J'aimerais bien y aller. – Moi aussi. »* – ***Moi non plus.*** *« Je n'aimerais y pas aller. – Moi non plus. »* Par plaisant. *« Je t'aime. – Moi non plus »* (moi, je ne t'aime pas). **II**· N. m. invar. **1**· ***Le moi*** : ce qui constitue l'individualité, la personnalité d'un être humain. → **ego, esprit, individu.** **2**· Forme que prend une personnalité à un moment particulier. *Notre vrai moi.* ▷ **chez-moi, surmoi**

moignon [mwaɲɔ̃] n. m. **1**· Extrémité d'un membre amputé. *Le moignon d'un manchot.* **2**· Ce qui reste d'une grosse branche cassée ou coupée. **3**· Membre rudimentaire. *Les moignons d'ailes des oiseaux marcheurs, des pingouins.*

moindre [mwɛ̃dʀ] adj. compar. **I**· Compar. Plus petit (en quantité, en importance), plus faible. → **inférieur.** *Un moindre mal.* **II**· Superl. ***Le moindre*** : le plus petit, le moins important. *Les moindres détails. Je n'en ai pas la moindre idée. C'est le moindre de mes soucis.* → **cadet, dernier.** – (Précédé d'une négation) → **aucun, nul.** *Il n'y a pas le moindre doute ; sans le moindre doute.* ▷ **amoindrir**

moine [mwan] n. m. Religieux chrétien vivant à l'écart du monde, en général en communauté, après s'être engagé par des vœux à suivre la règle d'un ordre. → **religieux ; monacal ; monastère.**

moineau [mwano] n. m. **1·** Oiseau passereau à livrée brune, striée de noir (on l'a comparée à une robe de *moine*). → **pierrot** ; fam. **piaf.** *Épouvantail à moineaux.* **2·** *Vilain, sale moineau,* individu désagréable ou méprisable. → **oiseau.**

moins [mwɛ̃] adv. **I·** (Comparatif de **peu**) Plus faiblement, d'une manière moins importante. / contr. plus / *Il travaille moins. Il est moins grand que son frère. Un peu plus ou un peu moins. Trois fois moins cher.* – (Précédé d'une négation, exprimant une égalité) *Non moins que.* → **ainsi** que, **comme.** *Pas moins,* autant. – Loc. *Plus ou moins,* à peu près. *Ni plus ni moins.* **II· 1·** ***Le moins*** (Superlatif de **peu**) *Le sentiment le moins généreux. Pas le moins du monde,* pas du tout. *C'est la robe la moins chère que j'aie trouvée.* **2·** ***Au moins*** : appliqué à une condition qui atténuerait ou corrigerait ce que l'on déplore. *Si, au moins, il était arrivé à temps !* → **seulement.** *Il y a au moins une heure,* au minimum. → **bien.** – ***Du moins*** (loc. restrictive) : néanmoins, pourtant. *Il a été reçu premier, du moins il le prétend,* ou plutôt, il le prétend. – ***Tout au moins, pour le moins*** (formes renforcées de *au moins*). **III·** Nominal. **1·** Une quantité moindre ; une chose moindre. *Cela coûte moins. Ni plus ni moins,* exactement autant. – ***Moins de.*** *Moins de vingt kilos. Les moins de vingt ans,* ceux qui ont moins de vingt ans. – ***De moins, en moins.*** *Il y a un élève en moins.* **2·** Loc. ***À moins de, que*** : sauf si. *Il n'accepterait pas à moins d'une augmentation, à moins de recevoir une augmentation. J'irai chez vous à moins que vous ne sortiez.* **IV·** N. m. **1·** ***Le moins*** : la plus petite quantité, la moindre chose. – Loc. *Qui peut le plus peut le moins.* **2·** *Le signe moins* (–), le signe de la soustraction. **V·** Adj. Attribut. *C'est moins qu'on ne dit.* **VI·** Prép. **1·** En enlevant, en ôtant, en soustrayant. *Six moins quatre font deux.* – Ellipt. (En sous-entendant l'heure) *Dépêchez-vous, il est presque moins dix.* **2·** (Introduisant un nombre négatif) *Il fait moins dix (degrés).* – *Dix puissance moins deux* (10^{-2}).

moire [mwaʀ] n. f. **1·** Apprêt (de tissus) par écrasement irrégulier du grain. – Tissu qui présente des parties mates et brillantes. *Ruban de moire.* **2·** Littér. Aspect changeant, chatoyant (d'une surface). ▶ **moiré, ée** adj. **1·** Qui a reçu l'apprêt, qui présente l'aspect de la moire. **2·** → **chatoyant, ondé.** *Les ailes moirées des corbeaux.* ▶ **moirure** n. f. Effet de ce qui est moiré ; reflet, chatoiement.

mois [mwa] n. m. invar. **1·** Chacune des douze divisions de l'année : janvier, février, mars, avril, mai, juin, juillet, août, septembre, octobre, novembre, décembre. *Une fin de mois. Période de trois* → **trimestre,** *de six mois* → **semestre.** **2·** Espace de temps égal à trente jours. *Dans un mois et un jour.* **3·** Salaire, rétribution correspondant à un mois de travail. → **mensualité.** *Il touche le treizième mois.* – Somme payable chaque mois. *Tu dois trois mois de loyer.*

moïse [mɔiz] n. m. Petite corbeille capitonnée qui sert de berceau (parce que Moïse fut trouvé dans une petite nacelle flottant sur le Nil, selon la Bible). *Des moïses.*

moisir [mwaziʀ] v. < conjug. 2 > **I·** V. intr. **1·** Se détériorer, se gâter sous l'effet de l'humidité, de la température. *Ce pain moisit,* se couvre de moisissures. **2·** Fam. (Personnes) Attendre, rester longtemps au même lieu, dans la même situation, y perdre son temps. → **croupir, languir.** *Nous n'allons pas moisir ici toute la journée.* **II·** V. tr. Gâter, détériorer en couvrant de moisissure. *L'humidité moisit les raisins.* ▶ **moisi, ie** adj. et n. m. Gâté par la moisissure. *Confiture moisie.* – N. m. *Goût de moisi.* ▶ **moisissure** n. f. Altération, corruption d'une substance organique, attaquée et couverte par de petits champignons ; ces champignons qui forment une mousse étalée en taches veloutées. *Moisissure du fromage, du vin.*

moisson [mwasɔ̃] n. f. **1·** Travail agricole qui consiste à récolter les céréales (surtout le blé), lorsqu'elles sont parvenues à maturité. *Faire la moisson.* **2·** Les céréales qui sont ou seront l'objet de la moisson. → **récolte.** *Rentrer, engranger la moisson.* **3·** Action de recueillir, d'amasser en grande quantité (des récompenses, des gains, des renseignements) ; ce qu'on recueille. *Une moisson de souvenirs.* ▶ **moissonner** v. tr. < conjug. 1 > Couper et récolter (des céréales). → **faucher.** ▶ **moissonneur, euse** n. **1·** Personne qui fait la moisson. *Les moissonneurs sont souvent des ouvriers agricoles saisonniers.* **2·** N. f. Machine agricole qui sert à moissonner. → **faucheuse.** *Moissonneuse-batteuse-lieuse.*

moite [mwat] adj. Légèrement humide. *Peau moite de sueur. Atmosphère, chaleur moite.* / contr. sec / ▶ **moiteur** n. f. Légère humidité. *La moiteur de l'air.* – État de ce qui est moite.

moitié [mwatje] n. f. **I· 1·** L'une des deux parties égales d'un tout. → **demi-, mi-, semi-.** / contr. double / *Cinq est la moitié de dix. Une bonne, une grosse moitié,* un peu plus de la moitié. *Une petite moitié,* un peu moins de la moitié. **2·** Milieu. *Parvenu à la moitié de son existence.* **3·** ***À moitié*** : à demi ; partiellement. *Ne rien faire à moitié. Verre à moitié plein.* – Loc. prép. *À moitié chemin.*

→ à **mi-chemin.** – *Moitié... moitié... Moitié farine et moitié son.* – Fam. « *Êtes-vous content de votre voyage ? – Moitié-moitié.* » → fam. **couci-couça.** Loc. *Faire moitié-moitié,* partager (qqch.) avec qqn. **II**· (Après un possessif) Iron. et fam. *Sa moitié,* la personne avec laquelle qqn est marié (rare en parlant des hommes).

moka [mɔka] n. m. **1**· Café d'Arabie. *Une tasse de moka.* **2**· Gâteau fourré d'une crème au beurre parfumée au café (ou au chocolat). *Des mokas.*

mol → **mou.**

1 **molaire** [mɔlɛʀ] n. f. Dent de la partie postérieure de la mâchoire, dont la fonction est de broyer. ▷ **prémolaire**

mole [mɔl] n. f. En chimie. Quantité de matière servant d'unité de mesure (représentée par les molécules* correspondant au nombre d'atomes contenus dans 12 grammes de carbone). ▶ 2 **molaire** adj. De la mole. *Masse molaire.*

môle [mol] n. m. Construction en maçonnerie, destinée à protéger l'entrée d'un port. → **brise-lames, digue, jetée.** – Quai d'embarquement.

molécule [mɔlekyl] n. f. La plus petite partie d'un corps simple ou composé susceptible d'exister à l'état isolé en gardant les caractères de ce corps. *La molécule d'un corps est formée d'atomes.* ▶ **moléculaire** adj. Des molécules. *Formule moléculaire d'un corps. Poids, masse moléculaire,* d'une molécule d'un corps (somme des masses atomiques). ▷ **macromolécule, mole**

moleskine [mɔlɛskin] n. f. Toile de coton revêtue d'un enduit mat ou verni imitant le cuir. *Cartable de moleskine.*

molester [mɔlɛste] v. tr. < conjug. 1 > Maltraiter physiquement. → **bousculer, brutaliser, malmener.** *Il a été pris à partie et s'est fait molester par la foule.*

molette [mɔlɛt] n. f. **1**· Petite roue étoilée en acier, à l'extrémité de l'éperon. **2**· Outil fait d'une roulette mobile au bout d'un manche. **3**· Roulette à surface striée ou quadrillée qui sert à manœuvrer certains dispositifs mobiles. *Molette de mise au point* (jumelles). *Clé à molette.* ▶ **moleté, ée** [mɔlte] adj. Qui porte un quadrillage (fait à la molette). *Vis moletée.*

mollah [mɔ(l)la] n. m. Chef religieux islamique (surtout chez les chiites d'Iran). *Des mollahs.*

mollard [mɔlaʀ] n. m. Fam. et vulg. Crachat.

mollasse [mɔlas] adj. **1**· Concret. Mou et flasque. / contr. ferme / **2**· (Personnes) Qui est trop mou, qui manque d'énergie. → **apathique, endormi, indolent, nonchalant.** / contr. actif / *Il est un peu mollasse. Une grande fille mollasse.* ▶ **mollasson, onne** n. Fam. Personne mollasse. *Allons, dépêche-toi, gros mollasson !*

mollement [mɔlmɑ̃] adv. **1**· Sans vigueur, sans énergie. *Il travaille mollement.* **2**· Avec douceur et lenteur, avec abandon. → **doucement, indolemment, nonchalamment.** *Le fleuve coule mollement.* → **paresseusement.**

mollesse [mɔlɛs] n. f. **1**· Caractère de ce qui est mou. / contr. dureté, fermeté / *La mollesse d'un lit.* **2**· (Personnes) Paresse physique, intellectuelle ; manque de volonté. → **apathie, indolence, nonchalance.** / contr. énergie, vivacité / *La mollesse d'un paresseux.*

1 **mollet, ette** [mɔlɛ, ɛt] adj. Agréablement mou au toucher. *Lit mollet.* → **douillet.** – *Œuf mollet* : à peine cuit dans sa coquille.

2 **mollet** n. m. Partie charnue à la face postérieure de la jambe, entre le jarret et la cheville. *Des mollets musclés.* ▶ **molletière** [mɔltjɛʀ] n. f. Jambière de cuir, d'étoffe qui s'arrête en haut du mollet. – Adj. *Bande molletière* : qu'on enroule autour du mollet.

molleton [mɔltɔ̃] n. m. Tissu de laine ou de coton gratté sur une ou deux faces. ▶ **molletonné, ée** adj. Doublé, garni de molleton. *Gants molletonnés.* → **fourré.**

mollir [mɔliʀ] v. intr. < conjug. 2 > **1**· Perdre sa force. *Sentir ses jambes mollir de fatigue.* – Marine. *Le vent mollit,* perd de sa violence. **2**· Devenir mou. → se **ramollir. 3**· (Comportements, attitudes) Commencer à céder. → **faiblir.** / contr. tenir / *Courage qui mollit.* → **diminuer.** *Sa résolution a molli.* – Fam. (Personnes) Hésiter, flancher. → fam. se **dégonfler.** ▷ **amollir**

mollo [mɔlo] adv. Fam. Doucement. *Vas-y mollo !* → fam. 1 **mou** (II).

mollusque [mɔlysk] n. m. **1**· Animal invertébré au corps mou. – *Les mollusques,* embranchement du règne animal (céphalopodes, gastéropodes). *Mollusques comestibles.* → **coquillage. 2**· Personne molle. → fam. **mollasson.**

molosse [mɔlɔs] n. m. Littér. Gros chien.

molybdène [mɔlibdɛn] n. m. Métal blanc, dur, fusible à 2 620 °C. *Aciers spéciaux au molybdène.*

môme [mom] n. Fam. **1**· Enfant. → fam. **gosse, mioche, moutard.** – Adj. *Elle est encore toute môme,* toute petite. **2**· *Une môme,* une jeune fille, une jeune femme. *Jolie môme.*

1 **moment** [mɔmɑ̃] n. m. **1**· Espace de temps limité (relativement à une durée totale). → **instant.** *Les moments de la vie, de l'existence. Un petit, un long moment.* – *Célébrité, succès du moment.* → **actuel. 2**· Court instant. *Un éclat d'un moment,*

passager, fugitif. *En un moment,* rapidement. *Dans un moment,* bientôt. Ellipt. *Un moment ! j'arrive.* **3·** Circonstance, temps caractérisé par son contenu. *Bons moments. C'est un mauvais moment à passer. N'avoir pas un moment à soi,* avoir un emploi du temps très chargé. **4·** Point de la durée (qui correspond ou doit correspondre à un événement). *Profiter du moment. Ce n'est pas le moment. C'est le moment ou jamais.* → **occasion.** **5·** Loc. ***Au moment.*** *Au moment de* (loc. prép.). → **lors.** *Au moment de partir,* sur le point de. *Au moment où* (loc. conj.). *À un moment donné.* – Loc. adv. ***À tout moment, à tous moments :*** sans cesse, continuellement. *À aucun moment,* jamais. – ***En ce moment :*** à présent, maintenant. – ***Sur le moment :*** au moment précis où une chose a eu lieu. – ***Par moments :*** de temps à autre. – ***D'un moment à l'autre :*** bientôt. **6·** ***Du moment où, que*** loc. conj. : puisque, dès lors que. *Du moment que tu es d'accord.* ▶ **momentané, ée** adj. Qui ne dure qu'un moment. → **bref, court, provisoire, temporaire.** *Gêne momentanée. Arrêts, efforts momentanés.* / contr. continuel, durable / ▶ **momentanément** adv. Provisoirement. *Le trafic est momentanément interrompu.* → **temporairement.**

2 **moment** n. m. En mécanique. *Moment d'un vecteur par rapport à un point,* produit de son intensité par sa distance au point (même sens dans *moment d'un couple, moment magnétique...*).

momie [mɔmi] n. f. Cadavre desséché et embaumé (selon les procédés des anciens Égyptiens, notamment). *La momie de Ramsès II.* ▶ **momifier** [mɔmifje] v. tr. < conjug. 7 > **1·** Transformer en momie. → **embaumer.** – Au p. p. adj. *Chat momifié* (en Égypte). **2·** Rendre inerte. – Pronominalement. *Esprit qui se momifie.* ▶ **momification** n. f. **1·** Transformation (d'un cadavre) en momie. – État d'un cadavre momifié. *Momification naturelle.* **2·** État de ce qui est momifié (2).

mon [mɔ̃], **ma** [ma] **mes** [me] dét. poss. **I·** Sens subjectif. **1·** Qui est à moi, qui m'appartient. *C'est mon opinion. À mon avis. Mon livre.* – Qui m'est habituel. *Je prends mon apéritif.* – Auquel j'appartiens. *De mon temps.* **2·** (Devant un nom de personne) Exprime la parenté ou des relations variées. *Mon père. Ma fiancée. Mon patron. Mes voisins.* **3·** (Marquant l'intérêt personnel) *Alors, mon bonhomme s'est mis à hurler comme un fou.* **4·** (En s'adressant à qqn) *Viens, mon enfant. Mon cher ami. Mon vieux.* – Fam. (Marquant la camaraderie, l'ironie) *Ah ! bien, mon salaud, mon cochon.* **II·** Sens objectif. (Personnes) De moi, relatif à moi. *Mon persécuteur, mon juge,* celui qui me persécute, me juge. – (Choses) *Mon contact lui est devenu odieux.* ▷ **madame, mademoiselle, mamours, monseigneur, monsieur**

monacal, ale, aux [mɔnakal, o] adj. Relatif aux moines. → **monastique.** *La vie monacale.*

monarchie [mɔnaʀʃi] n. f. **1·** Régime politique dans lequel le chef de l'État est un monarque, un roi héréditaire. → **royauté.** *Monarchie absolue, constitutionnelle, parlementaire.* **2·** État gouverné par un seul chef. *La monarchie d'Angleterre, des Pays-Bas.* → **couronne, royaume.** ▶ **monarchique** [mɔnaʀʃik] adj. *État, gouvernement monarchique.* ▶ **monarchisme** [mɔnaʀʃism] n. m. Doctrine des partisans de la monarchie. ▶ **monarchiste** [mɔnaʀʃist] n. et adj. Partisan de la monarchie, d'un roi. → **royaliste.** / contr. démocrate, républicain / ▶ **monarque** n. m. Chef de l'État dans une monarchie. → **empereur, prince, roi, souverain.** *Monarque absolu.* → **autocrate, despote.**

monastère [mɔnastɛʀ] n. m. Établissement où vivent des religieux appartenant à un ordre (abbaye, prieuré, chartreuse, couvent, ermitage). → **cloître.** ▶ **monastique** adj. Qui concerne les moines. → **monacal.** *Discipline, vie monastique.*

monceau [mɔ̃so] n. m. Élévation formée par une grande quantité d'objets entassés. → **amas, amoncellement, tas.** *Des monceaux d'ordures.* – Fig. *Un monceau d'erreurs.*

1 **monde** [mɔ̃d] n. m. La vie en société considérée surtout dans ses aspects de luxe et de divertissement. *Aller dans le (grand) monde.* – *Homme, femme du monde.* ▶ **mondain, aine** adj. **1·** Relatif à la société des gens en vue, aux divertissements, aux réunions de la haute société. *Vie mondaine.* – *Romancier, écrivain mondain,* qui écrit sur la vie de la haute société. **2·** Qui aime les mondanités, sort beaucoup dans le monde. *Il est très mondain.* **3·** *Brigade mondaine,* ou ellipt, ***la mondaine :*** police spécialisée notamment dans la répression du trafic de la drogue. → VX les **mœurs.** ▶ **mondanités** n. f. pl. **1·** Les événements, les particularités de la vie mondaine. *Aimer, fuir les mondanités.* **2·** Comportements, paroles en usage dans la vie mondaine. *Allons ! Pas de mondanités entre nous !* ▷ **demi-mondaine**

2 **monde** n. m. **1·** ***Le monde, du monde :*** les gens, des gens ; un certain nombre de personnes. *Il y a beaucoup de monde. J'entends du monde dans l'escalier.* – Beaucoup de personnes. *Tu as vu le monde qu'il y a ?* – *Avoir du monde chez soi,* des invités. **2·** ***Tout le monde :*** chacun. *Il ne peut jamais faire comme tout le monde.* / contr. personne /

3 **monde** n. m. **I· 1·** L'ensemble formé par la Terre et les astres visibles, conçu comme un système organisé. → **cosmos.** – Tout corps céleste comparé à la Terre. *La guerre des mondes.*

2· L'ensemble de tout ce qui existe. → **univers.** *Conception du monde.* Loc. *Tout est pour le mieux dans le meilleur des mondes* (maxime des optimistes). *L'homme et le monde.* → **nature.** *Création du monde.* **3·** (Qualifié) La totalité des choses, des concepts d'un même ordre. *Le monde extérieur, visible ; le monde des apparences.* **4·** Ensemble de choses considéré comme formant un domaine à part. *Le monde poétique, de l'art.* – *Le monde des abeilles, le monde végétal.* – Loc. *Faire tout un monde de qqch.*, toute une affaire. – Fam. *C'est un monde !*, c'est exagéré (marque l'indignation). **II·** La Terre, habitat de l'homme ; l'humanité. **1·** La planète Terre, sa surface. *Les cinq parties du monde.* → **continent.** *Courir, parcourir le monde. Tour du monde.* – Loc. fam. *Le monde est petit*, se dit lorsqu'on rencontre qqn à l'improviste. – *Champion, championnat, coupe du monde.* – ***Du monde*** : de tous les pays du monde. *Cuisine du monde. Costumes, danses, musiques du monde.* → **ethnique, folklorique, traditionnel.** – *Le Nouveau Monde*, l'Amérique. *L'Ancien Monde*, l'Europe, l'Afrique et l'Asie. – *Le tiers-monde.* → **tiers-monde. 2·** *Le monde, ce bas monde* (opposé à *l'autre monde*, que les âmes sont censées habiter après la mort → **au-delà**). – Loc. *Mépriser les biens de ce monde. De l'autre monde*, de l'au-delà. *Il n'est plus de ce monde*, il est mort. **3·** ***Au monde.*** *Venir au monde*, naître. *Être seul au monde*, dans la vie. **4·** La société, la communauté humaine. → **humanité.** *Ainsi va le monde.* Loc. *À la face du monde*, ouvertement, devant le public. *L'avènement d'un monde meilleur. Le monde antique.* – Loc. *Il faut de tout pour faire un monde*, se dit pour excuser l'état ou les goûts des gens. **5·** ***Du monde*** : renforçant un superlatif. *C'est le meilleur homme du monde.* – ***Au monde*** : renforçant *tout, rien, aucun. Pour rien au monde.* **6·** Milieu ou groupement social particulier. *Il n'est pas de notre monde.* ▶ **mondial, ale, aux** adj. Relatif à la terre entière. *Population, production mondiale. L'actualité mondiale.* → **international.** ▶ **mondialement** adv. Partout dans le monde. *Mondialement connu.* → **universellement.** ▶ **mondialiser** v. tr. <conjug. 1> Rendre mondial. – Pronominalement. Devenir mondial. ▶ **mondialisation** n. f. Fait de devenir mondial. *La mondialisation d'un conflit. La mondialisation des échanges économiques.* – Spécialt. Phénomène planétaire d'interdépendance des économies régionales et nationales, lié aux progrès des communications et à une libéralisation des échanges. *Lutter contre les inégalités dues à la mondialisation* (→ **altermondialiste**). ▷ **altermondialisation, antimondialisation, quart-monde, tiers-monde**

monégasque [mɔnegask] adj. et n. De Monaco. – N. *Les Monégasques.*

monétaire [mɔnetɛʀ] adj. Relatif à la monnaie. *Unité monétaire.*

monétique [mɔnetik] n. f. Ensemble des moyens informatiques et électroniques utilisés dans les transactions bancaires.

mongol, ole [mɔ̃gɔl] adj. et n. De Mongolie. – N. *Les Mongols.* – N. m. *Le mongol* (langue).

mongolien, ienne [mɔ̃gɔljɛ̃, jɛn] adj. **1·** Relatif à une maladie congénitale (appelée *mongolisme*, n. m.) qui entraîne un retard du développement, l'arriération mentale et un faciès spécial. **2·** Atteint de mongolisme. → **trisomique.** – N. *Un mongolien.*

1 **moniteur, trice** [mɔnitœʀ, tʀis] n. Personne qui enseigne certains sports, certaines activités. → **entraîneur.** *Moniteur de ski, d'auto-école.* – *Moniteur de colonie de vacances*, chargé d'encadrer les enfants. – Abrév. fam. **le, la mono.** *Des monos.* ▶ **monitorat** n. m. Apprentissage, formation pour la fonction de moniteur ; la fonction elle-même. *Monitorat de vol à voile.*

2 **moniteur** n. m. Anglic. **1·** Programme informatique qui contrôle l'exécution de programmes. **2·** Appareil électronique de surveillance médicale. **3·** Écran d'un ordinateur. ▶ **monitoring** [mɔnitɔʀiŋ] n. m. Surveillance médicale exercée grâce à un moniteur (2). – REM. Il est recommandé d'employer *monitorage* n. m.

monnaie [mɔnɛ] n. f. **1·** Pièce de métal ou ensemble des pièces dont le poids et le titre sont garantis par l'autorité ; moyen d'échange et unité de valeur. → **pièce.** *Monnaies d'or et d'argent.* **2·** Tout instrument de mesure et de conservation de la valeur, de moyen d'échange des biens. → **argent.** *Monnaie métallique, fiduciaire. Pièce de monnaie*, monnaie (1) ayant une valeur d'échange. – *Monnaie de papier* (billets). – *Monnaie électronique* (→ **monétique**). – ***Fausse monnaie*** : contrefaçon frauduleuse des pièces de monnaie. *Fabricant de fausse monnaie.* → **faussaire, faux-monnayeur. 3·** Unité de valeur admise et utilisée dans un pays. *Le cours d'une monnaie. Valeurs relatives de plusieurs monnaies.* → **change, cours, parité.** – Loc. *Servir de monnaie d'échange. C'est monnaie courante*, c'est chose très fréquente. **4·** Ensemble de pièces, de billets de faible valeur que l'on porte sur soi. *Petite, menue monnaie.* → fam. **ferraille, mitraille.** *Passez la monnaie !* – Somme constituée par les pièces ou billets représentant la valeur d'une seule pièce, d'un seul billet ou la différence entre un billet, une pièce et une somme moindre. → **appoint.** *Rendre la monnaie sur dix euros, sur vingt euros. Je n'ai pas de monnaie ; avez-vous de la monnaie ?* – Loc. *Rendre à qqn la monnaie de sa pièce*, lui rendre le mal qu'il vous a fait. ▶ **monnayer** [mɔneje] v. tr. < conjug. 8 > **1·** Convertir en argent liquide. *Monnayer un billet, un bien.* **2·** Se faire payer (un bien moral) ; tirer de l'argent de (qqch.). *Monnayer son talent, son silence.* ▶ **monnayable** adj. Qu'on peut monnayer. ▶ **monnayeur** n. m. Appareil qui permet d'échanger une pièce contre l'équivalent en pièces de moindre valeur. – Partie (d'un appareil) par où l'on introduit la monnaie qui déclenche la mise en route. *Le monnayeur d'un distributeur automatique de boissons.* ▷ **démonétiser, faux-monnayeur, monétaire, monétique, porte-monnaie**

mon(o)- Élément savant signifiant « seul, unique ». → **monarchie,** et composés ci-dessous. / contr. multi-, pluri-, poly- /

monocellulaire [mɔnoselylɛʀ] adj. Composé d'une seule cellule.

monochrome [mɔnokʀom] adj. Qui est d'une seule couleur.

monocle [mɔnɔkl] n. m. Petit verre optique que l'on fait tenir dans une des arcades sourcilières. → **lorgnon.** *Il portait le monocle.*

monocoque [mɔnɔkɔk] n. m. Bateau à une seule coque (opposé à *multicoque*).

monocorde [mɔnɔkɔʀd] adj. Qui est sur une seule note, n'a qu'un son. → **monotone.** *Une voix monocorde.*

monocotylédone [mɔnɔkɔtiledɔn] adj. et n. f. pl. Dont la graine n'a qu'un cotylédon. – Nom d'une classe de végétaux. *Les monocotylédones et les dicotylédones.*

monoculture [mɔnokyltyʀ] n. f. Culture d'un seul produit.

monogame [mɔnɔgam] adj. **1·** Qui n'a qu'une seule femme, qu'un seul mari à la fois (opposé à *bigame, polygame*). – N. *Un, une monogame.* **2·** Qui a des fleurs unisexuées. ▶ **monogamie** n. f. Régime juridique en vertu duquel un homme ou une femme ne peut avoir plusieurs conjoints en même temps. / contr. bigamie, polygamie /

monogramme [mɔnɔgʀam] n. m. Chiffre composé de la lettre initiale ou de la réunion de plusieurs lettres d'un nom entrelacées.

monographie [mɔnɔgʀafi] n. f. Étude complète et détaillée sur un sujet précis.

monokini [mɔnokini] n. m. Maillot de bain féminin qui ne comporte qu'une culotte (le *bikini* comportant culotte et soutien-gorge). *Des monokinis.*

monolingue [mɔnɔlɛ̃g] adj. et n. **1·** Qui ne parle qu'une langue (opposé à *bilingue, trilingue, polyglotte*). **2·** En une seule langue (opposé à *bilingue*). *Dictionnaire monolingue.* → **unilingue.**

monolithe [mɔnɔlit] adj. et n. m. **1·** Qui est d'un seul bloc de pierre. *Colonne monolithe.* **2·** N. m. *Un monolithe,* un monument monolithe. ▶ **monolithique** adj. **1·** D'un seul bloc de pierre ; monolithe. **2·** Fig. Qui forme bloc ; dont les éléments forment un ensemble rigide, homogène. *Parti monolithique.*

monologue [mɔnɔlɔg] n. m. **1·** Scène à un personnage qui parle seul. **2·** Long discours d'une personne qui ne laisse pas parler ses interlocuteurs. / contr. dialogue, entretien / **3·** Discours d'une personne seule qui parle, pense tout haut. → **soliloque.** *Monologue intérieur,* longue suite de pensées, rêverie. ▶ **monologuer** v. intr. < conjug. 1 > Parler seul, ou en présence de qqn comme si l'on était seul. / contr. dialoguer /

monôme [mɔnom] n. m. **I·** Expression algébrique entre les parties de laquelle il n'y a pas de signe d'addition ou de soustraction. **II·** Vx. File d'étudiants se tenant par les épaules, qui se promenaient sur la voie publique. *Formez le monôme !*

monomoteur, trice [mɔnomɔtœʀ, tʀis] adj. et n. m. Qui n'a qu'un seul moteur. *Avion monomoteur.*

mononucléaire [mɔnonykleɛʀ] adj. (Cellule) Qui n'a qu'un seul noyau. ▶ **mononucléose** n. f. Maladie caractérisée par l'augmentation des globules blancs mononucléaires dans le sang. *Mononucléose infectieuse.*

monoparental, ale, aux [mɔnɔpaʀɑ̃tal, o] adj. (Famille) Qui ne comprend qu'un seul des deux parents.

monoplace [mɔnɔplas] adj. (Véhicule) Qui n'a qu'une place. *Voiture, avion monoplace.*

monoplan [mɔnɔplɑ̃] n. m. Avion qui n'a qu'un seul plan de sustentation (opposé à *biplan*).

monopole [mɔnɔpɔl] n. m. **1·** Situation où une entreprise (un groupe) est maître de l'offre sur le marché ; cette entreprise. *Capitalisme de monopole. Les grands monopoles.* **2·** Privilège exclusif. *Ce parti s'attribue le monopole du patriotisme.* ▶ **monopoliser** v. tr. < conjug. 1 > **1·** Exploiter, vendre par monopole. *L'État a monopolisé la vente des tabacs.* **2·** S'attribuer (un objet ou un privilège exclusif). → **accaparer.** *Monopoliser qqn, son attention.* ▶ **monopolisation** n. f. Action de monopoliser.

monoski [mɔnoski] n. m. Ski unique sur lequel reposent les deux pieds. – Sport pratiqué sur ce ski. *Faire du monoski.*

monospace [mɔnɔspas] n. m. Automobile spacieuse, dont le profil ne présente pas de rupture de ligne.

monosyllabe [mɔnɔsi(l)lab] adj. et n. m. Qui n'a qu'une syllabe. – N. m. *Un monosyllabe,* un mot d'une syllabe. ▶ **monosyllabique** adj. Qui n'a qu'une syllabe. – Qui ne contient que des monosyllabes. *Le chinois est une langue monosyllabique.*

monothéisme [mɔnɔteism] n. m. Croyance en un dieu unique. / contr. polythéisme / ▶ **monothéiste** n. et adj. Qui croit en un dieu unique.

monotone [mɔnɔtɔn] adj. 1· Qui est toujours sur le même ton ou dont le ton est peu varié. → **monocorde.** *Une plainte monotone.* 2· Qui lasse par son uniformité, par la répétition des mêmes choses. → **uniforme.** *Paysage monotone. Une vie monotone.* / contr. varié / ▶ **monotonie** n. f. Uniformité lassante. *La monotonie d'un paysage, d'un travail.* → **ennui.** / contr. diversité, variété /

1 **monseigneur** [mɔ̃sɛɲœʀ] n. m. REM. S'emploie sans article. Titre honorifique donné à certains personnages éminents (archevêques, évêques, princes des familles souveraines). Abrév. **Mgr.** – Au plur. *Messeigneurs* (princes), *Nosseigneurs* (archevêques, évêques ; abrév. **NN. SS.**).

2 **monseigneur** n. m. En appos. *Pince monseigneur.* → **pince.** *Des pinces monseigneur(s).*

monsieur [məsjø], plur. **messieurs** [mesjø] n. m. (Abrév. *M., MM.*) I· 1· Titre donné aux hommes de toute condition. *Bonjour, monsieur. Cher monsieur. Mesdames et Messieurs. Monsieur le Ministre.* 2· Titre qui précède le nom ou la fonction d'un homme dont on parle. *Monsieur Durand est arrivé. Adressez-vous à monsieur le directeur.* 3· Titre autrefois donné aux princes (notamment l'aîné des frères du roi). II· Homme. 1· Vieilli. Un homme de la bourgeoisie (opposé à *travailleur manuel,* à *paysan*). 2· Homme quelconque. *Un vieux monsieur. Le monsieur que nous avons rencontré hier.* – (Avec certains adj.) *Un joli, un vilain monsieur,* un individu méprisable. 3· Lang. enfantin. *Un monsieur,* un homme. *Dis merci au monsieur.* 4· Plur. (Appos. à un nom désignant une épreuve sportive, pour indiquer qu'elle est réservée aux hommes) *La finale messieurs* (opposé à *dames*). ▷ **croque-monsieur**

monstre [mɔ̃stʀ] n. m. et adj. I· N. m. 1· Être, animal fantastique et terrible (des légendes, mythologies). – Animal réel gigantesque ou effrayant. *Monstres marins.* 2· Être vivant ou organisme de conformation anormale (par excès, défaut ou position anormale des parties du corps). *Étude des monstres.* → **tératologie.** 3· Personne d'une laideur effrayante. 4· Fig. Personne effrayante par son caractère, son comportement (surtout sa méchanceté). *C'est un monstre de cruauté.* – Fam. *Petit monstre !,* se dit à un enfant turbulent. 5· Loc. ***Les monstres sacrés*** : les grands comédiens. II· Adj. Fam. Très important, immense. → **colossal, prodigieux.** *Un meeting monstre. Des repas monstres. Un travail monstre.* → **monstrueux.** ▶ **monstrueux, euse** [mɔ̃stʀyø, øz] adj. 1· Qui a la conformation d'un monstre, rappelle les monstres. → **difforme.** *Laideur monstrueuse.* 2· Qui est d'une taille, d'une intensité prodigieuse et insolite. *Une ville monstrueuse.* → **colossal, énorme, gigantesque.** *Un bruit monstrueux.* 3· Qui choque extrêmement la raison, la morale. → **abominable, affreux, effroyable, épouvantable, horrible.** *Idée monstrueuse. C'est monstrueux !* ▶ **monstrueusement** adv. *Il était monstrueusement gros, laid.* ▶ **monstruosité** n. f. 1· Vx. Anomalie congénitale. → **difformité, malformation.** 2· Caractère de ce qui est monstrueux (3). *La monstruosité d'un crime.* → **atrocité, horreur.** – *Une monstruosité,* chose monstrueuse.

mont [mɔ̃] n. m. Vx ou en loc. Importante élévation de terrain. → **montagne.** *Du haut des monts. Le mont Blanc.* – Loc. ***Par monts et par vaux*** : à travers tout le pays, de tous côtés, partout. – *Promettre* ***monts et merveilles*** : des avantages considérables. ▶ **montagne** [mɔ̃taɲ] n. f. 1· Importante élévation de terrain. → **éminence, hauteur, mont.** *Flanc, pente, versant d'une montagne. Chaîne, massif de montagnes.* – Loc. *(Se) faire une montagne de qqch.,* (s')en exagérer les difficultés, l'importance. – *Soulever les montagnes,* se jouer de grandes difficultés. 2· ***Les montagnes, la montagne*** : ensemble de montagnes (chaîne, massif) ; zone, région de forte altitude (opposé à *plaine*). *Pays de montagne.* → **montagneux.** *Passer ses vacances à la montagne.* – ***La montagne à vaches*** : les zones d'alpages, où paissent les troupeaux (péj. dans le langage des alpinistes). 3· Amas, amoncellement. *Une montagne de livres.* 4· ***Montagnes russes*** : suite de montées et de descentes rapides parcourues par un véhicule dans les fêtes foraines. ▶ **montagnard, arde** adj. et n. 1· Qui habite les montagnes, vit dans les montagnes. *Peuples montagnards.* 2· Relatif à la montagne. *La vie montagnarde.* ▶ **montagneux, euse** adj. Où il y a des montagnes ; formé de montagnes. *Région montagneuse.* ▷ **amont, amonceler, monceau, mont-de-piété, monticule, montueux, passe-montagne, promontoire, tramontane, ultramontain**

montage [mɔ̃taʒ] n. m. **1·** Opération par laquelle on assemble les pièces (d'un mécanisme, d'un objet complexe) pour le mettre en état de fonctionner (→ ② **monter**). *Le montage des chaussures. Le montage d'un moteur au banc d'essai. Le montage d'un meuble vendu en kit. Chaîne de montage.* – *Le montage d'un circuit électrique.* **2·** Assemblage d'images. *Montage photographique.* **3·** Choix et assemblage des plans d'un film dans certaines conditions d'ordre et de temps (→ **monteur,** 2). – *Un montage,* film documentaire ou d'actualités constitué d'éléments préexistants assemblés.

montant, ante [mɔ̃tɑ̃, ɑ̃t] adj. et n. m. **I·** Adj. Qui monte (①, I). **1·** Qui se meut de bas en haut. / contr. descendant / *Mouvement montant. Marée montante.* → **flux.** *Gamme montante* (en musique). – *La génération montante,* qui parvient à l'âge adulte. **2·** Qui va, s'étend vers le haut. *Chemin montant.* **II·** N. m. **1·** Pièce verticale dans un dispositif, une construction (opposé à *traverse*). *Les montants d'une fenêtre.* **2·** Chiffre auquel monte, s'élève un compte. → **somme, total.** *Le montant des frais.*

mont-de-piété [mɔ̃dpjete] n. m. Établissement de prêt sur gage. *Il a engagé sa montre au mont-de-piété. Des monts-de-piété.*

① **monter** [mɔ̃te] v. < conjug. 1 > **I·** V. intr. (Auxil. *être* ou *avoir*) **1·** (Êtres vivants) Se déplacer dans un mouvement de bas en haut ; se transporter vers un lieu plus haut. → **grimper.** / contr. descendre / *Monter en haut d'une tour. Monter au grenier. Monter à une échelle. Elle est montée se coucher.* – *Monter à cheval.* Absolt. *Il monte bien.* – *Monter dans une voiture, en voiture. Monter à bicyclette.* **2·** Fam. Se déplacer du sud vers le nord (en raison de l'orientation des cartes géographiques où le nord est en haut). *Ils sont montés (de Marseille) à Paris.* **3·** Progresser dans l'échelle sociale, s'élever dans l'ordre moral, intellectuel. *Monter en grade.* → **avancer.** – Fam. *La vedette qui monte.* **4·** (Choses) S'élever dans l'air, dans l'espace. / contr. baisser, descendre / *Le soleil monte au-dessus de l'horizon.* – (Sons, odeurs, impressions qui émanent des choses) *Bruits montant de la rue.* – (Phénomènes physiologiques, émotions) *La colère fait monter le sang au visage. Les larmes lui montaient aux yeux.* – Loc. *Monter à la tête,* exalter, griser, troubler. **5·** S'élever en pente. *Là où la route monte.* → **montée.** – S'étendre jusqu'à une certaine hauteur. *Bottes qui montent à, jusqu'à mi-cuisse.* **6·** Gagner en hauteur. *Le tas, le niveau monte.* **7·** (Fluides) Progresser, s'étendre vers le haut. *La rivière, la mer a monté.* – *Le lait monte,* commence à bouillir. **8·** (Sons) Aller du grave à l'aigu. – *Le ton monte,* la discussion tourne à la dispute. **9·** (Prix) Aller en augmentant ; (biens, marchandises, services) hausser les prix. *Les prix, les loyers ne cessent de monter.* → **augmenter.** – Atteindre un total. → **montant.** *À combien montera la dépense ?* (Voir ci-dessous, III, 2) → **s'élever. II·** V. tr. (Auxil. *avoir*) **1·** Parcourir en s'élevant, en se dirigeant vers le haut. → **gravir.** *Monter une côte.* → **grimper. 2·** Être sur (un animal). → ① **monture.** *Ce cheval n'a jamais été monté.* – Mettre (qqn) à cheval. – Au p. p. adj. ***Police montée*** : à cheval (spécialt police fédérale canadienne). **3·** (Cheval, quadrupèdes) Couvrir (la femelle). → **saillir ; monte.** *L'étalon monte la jument.* **4·** Porter, mettre (qqch.) en haut. *Monter une malle au grenier. Le facteur monte les colis* (aux occupants des étages). **5·** Porter, mettre plus haut, à un niveau plus élevé. → **élever, remonter.** *Monter l'étagère d'un cran.* – *Monter des blancs (d'œuf) en neige. Monter une mayonnaise.* – Loc. ***Monter la tête** à qqn,* ***monter** qqn* : l'animer, l'exciter contre qqn. *Se monter la tête,* s'exalter. **III·** ***Se monter*** v. pron. **1·** (Passif) Être monté. *Cette côte se monte facilement.* **2·** (Réfl.) S'élever à un certain total. → **atteindre.** *Les dépenses se sont montées à mille francs.* ▶ **monte** n. f. **1·** Pratique de l'accouplement chez les équidés et les bovidés. → **saillie. 2·** Fait de monter un cheval en course. – Manière de monter. *Sa monte est excellente.* ▶ **monte-charge** [mɔ̃tʃaʀʒ] n. m. Appareil servant à monter des marchandises, des fardeaux, d'un étage à l'autre. → **élévateur.** ≠ ascenseur. *Des monte-charges.* ▶ **monte-meuble** n. m. Rampe élévatrice à moteur, utilisée lors des déménagements. *Des monte-meubles.* ▶ **montée** n. f. **1·** Action de monter, de grimper, de se hisser. → **escalade, grimpée.** *Être essoufflé par une pénible montée.* – (Choses) Action de s'élever. → **ascension.** / contr. descente / *La montée des eaux.* → **crue. 2·** Augmentation en quantité, en valeur, en intensité. *La montée de la température. Montée des prix.* – Amplification d'un phénomène. *La montée des protestations.* – Loc. *Montée en puissance,* augmentation progressive et importante (d'un phénomène). **3·** Pente que l'on gravit. → **côte, grimpée, rampe.** *Maison en haut d'une montée.* ▷ **montant,** ① **monture,** ② **remonter, surmonter**

② **monter** v. tr. < conjug. 1 > **1·** Mettre en état de fonctionner, de servir, en assemblant les différentes parties. → **ajuster, assembler ; montage, monteur.** / contr. démonter / *Monter une armoire livrée en kit. Monter la tente.* → **dresser.** – *Monter un film.* → **montage** (3). **2·** *Monter une pièce de théâtre,* en préparer la représentation, mettre en scène. – *Monter une affaire, une société,* constituer, organiser. *Monter un coup.* – Au p. p. adj. *Coup monté,* affaire préparée contre qqn.

3· Fournir, pourvoir de tout ce qui est nécessaire. *Monter son ménage.* – Pronominalement (réfl.). *Se monter*, se fournir, se pourvoir (en...). 4· Fixer définitivement. *Monter un diamant sur une bague.* → **enchâsser, sertir ; monture.** ▶ **monteur, euse** n. 1· Personne qui monte certains ouvrages, appareils, machines ; ouvrier, technicien qui effectue des opérations de montage. *Monteur électricien.* 2· Spécialiste chargé du montage des films. *Chef monteur.* ▷ **démonter, montage,** ② **monture,** ① **remonter**

montgolfière [mɔ̃gɔlfjɛʀ] n. f. (Du nom des frères *Montgolfier*) Ancien aérostat formé d'une enveloppe remplie d'air chauffé. → **ballon.**

monticule [mɔ̃tikyl] n. m. Petite bosse de terrain. – Tas. *Monticule de pierres.*

① **montre** [mɔ̃tʀ] n. f. 1· Vx. Démonstration, exhibition. *Pour la montre,* pour l'apparence extérieure, la parade. 2· Loc. ***Faire montre de*** : montrer avec affectation. – Montrer au grand jour, révéler. *Il a fait montre de compréhension.* → faire **preuve** de. 3· Commerce. *Mettre en montre,* en vitrine.

② **montre** n. f. 1· Petite boîte à cadran contenant un mouvement d'horlogerie, qu'on porte sur soi pour savoir l'heure. *Montre de précision.* → **chronomètre.** *Montre-bracelet* ou *bracelet-montre. Montre à quartz. Montre de plongée. Ta montre avance, retarde. Mettre sa montre à l'heure.* ≠ horloge, pendule. 2· Loc. *Montre en main,* en mesurant le temps avec précision. – *Course contre la montre,* où chaque coureur part seul, le classement s'effectuant d'après le temps. – N. m. invar. *Des contre-la-montre.* ▷ **bracelet-montre**

montrer [mɔ̃tʀe] v. tr. < conjug. 1 > I· 1· Faire voir, mettre devant les yeux. / contr. cacher / *Montrer un objet à qqn. Montrer ses richesses.* → **déployer, étaler, exhiber.** – Faire voir de loin, par un signe, un geste. → **désigner, indiquer.** *Montrer du doigt les étoiles. Montrer le chemin, la voie.* – (Suj. chose) *Film qui montre des scènes de violence.* 2· (Suj. chose) Laisser voir. *Robe qui montre les bras, le cou.* → **découvrir.** *Ce tapis montre la corde.* II· Faire connaître. 1· Faire imaginer. → **représenter.** *L'auteur montre dans ses livres un pays, une société.* → **décrire, dépeindre, évoquer.** 2· Faire constater, mettre en évidence. → **démontrer, établir, prouver.** *Montrer à qqn ses torts, lui montrer qu'il a tort. Signes qui montrent la présence, l'imminence de qqch.* → **annoncer, déceler, dénoter.** 3· Faire paraître, faire connaître volontairement par sa conduite. *Je vais lui montrer qui je suis. Montrer ce qu'on sait faire. Montre l'exemple !* 4· Laisser paraître ; révéler. → **exprimer, extérioriser, manifester, témoigner.** *Montrer son étonnement, son émotion. Montrer de l'humeur.* 5· Faire comprendre ; apprendre (qqch. à qqn) par l'explication. → **expliquer.** *Montre-moi comment ça marche.* III· ***Se montrer*** v. pron. réfl. 1· Se faire voir. *Il n'a qu'à se montrer pour être applaudi.* → **paraître.** *Il n'ose plus se montrer. Se montrer sous un jour favorable, tel qu'on est.* 2· *Se montrer* (et attribut), être effectivement, pour un observateur. → **être.** *Se montrer courageux, habile. Il s'est montré d'une avarice sordide.* ▶ **montreur, euse** n. Personne qui fait métier de montrer en public (une curiosité). *Montreur d'ours, d'animaux.* ▷ **démontrer,** ① **montre, remontrer**

montueux, euse [mɔ̃tɥø, øz] adj. Vieilli. Qui présente des monts, des hauteurs. *Pays montueux.*

① **monture** [mɔ̃tyʀ] n. f. Bête sur laquelle on monte pour se faire transporter (cheval, âne, mulet, dromadaire, éléphant...). *Un cavalier et sa monture.* → **cheval.**

② **monture** n. f. Partie (d'un objet) qui sert à assembler, fixer la pièce, l'élément principal. *Monture de chevalet. Monture de lunettes,* qui maintient les verres en place.

monument [mɔnymɑ̃] n. m. 1· Ouvrage d'architecture, de sculpture, etc., destiné à perpétuer le souvenir de qqn, qqch. *Monument funéraire,* élevé sur une sépulture. → **mausolée, stèle, tombeau.** *Monument aux morts,* élevé à la mémoire des morts d'une même communauté. 2· Édifice remarquable par son intérêt. → **bâtiment, palais.** *Monument historique. Monument public.* – Fam. Objet énorme. *Cette armoire est un véritable monument.* 3· Œuvre imposante, vaste, digne de durer. – Fam. *Un monument d'absurdité,* une chose très absurde. ▶ **monumental, ale, aux** adj. 1· Qui a un caractère de grandeur majestueuse. → **grand, imposant.** *L'œuvre monumentale de Victor Hugo.* 2· Fam. Énorme. → **colossal, gigantesque, immense.** *Une horloge monumentale.* – *Erreur monumentale.*

se moquer [mɔke] v. pron. réfl. < conjug. 1 > ***Se moquer de*** *qqn, qqch.* 1· Tourner en ridicule. → **blaguer,** se **gausser** de, **railler, ridiculiser, rire** de ; fam. se **ficher** de (→ Mettre en boîte). *Les enfants se moquent de lui, de son allure.* 2· Ne pas se soucier de (qqn, qqch.). → **dédaigner, mépriser.** *Je m'en moque* (→ Je m'en balance, je m'en fiche, ça m'est égal). / contr. s'intéresser / *Se moquer du qu'en-dira-t-on. Je me moque d'avoir raison. Il se moque que j'aie raison.* 3· Tromper ou essayer de tromper (qqn) avec désinvolture. → **avoir, berner,** se **jouer** de, **mystifier, rouler.** *Elle s'est bien moquée de vous. Vous vous moquez du monde.* 4· Absolt. Littér. Plaisanter. *Vous vous moquez !* ▶ **moquerie** [mɔkʀi] n. f. *La moquerie,* action, habitude de se moquer (1). → **ironie, raillerie.**

– (Une, des moqueries) Action, parole par laquelle on se moque. → **plaisanterie.** *Être sensible aux moqueries.* ▶ **moqueur, euse** adj. et n. **1·** Qui a l'habitude de se moquer (1), qui est enclin à la moquerie. → **blagueur, goguenard, gouailleur.** – N. *C'est un moqueur.* **2·** Inspiré par la moquerie. → **ironique, narquois, railleur.** *Regard, rire moqueur.*

moquette [mɔkɛt] n. f. Tapis uni, ras, (cloué, collé...) couvrant généralement toute la surface d'une pièce. *Demain, on pose la moquette. Il préfère le parquet à la moquette.* ▶ **moquettiste** n.

moraine [mɔʀɛn] n. f. Débris de roche entraînés par un glacier et formant un grand amas.

① **moral, ale, aux** [mɔʀal, o] adj. Relatif à l'esprit, à la pensée (opposé à *matériel*). → **intellectuel, spirituel.** *Force morale.* – *Certitude morale,* intuitive. ▶ ① **moralement** adv. **1·** Sur le plan spirituel, intellectuel. *J'en suis moralement convaincu.* **2·** Du point de vue moral. → **mentalement, psychologiquement.** *Il a été moralement très secoué.* ▶ ② **moral** n. m. Disposition temporaire à supporter plus ou moins bien les dangers, les difficultés, à être plus ou moins heureux. *Le moral des troupes est bon.* – Fam. *Avoir le moral à zéro, ne pas avoir le moral,* avoir mauvais moral. *Elle m'a cassé, sapé le moral. Il a un moral d'acier.* → **démoraliser.** ▷ **démoraliser**

③ **moral, ale, aux** adj. **1·** Qui concerne les mœurs*, les règles de conduite admises et pratiquées dans une société. *Attitude, expérience morale. Les valeurs morales. Principes moraux.* **2·** Qui concerne l'étude philosophique de la morale (I, 1). → **éthique.** *Théorie morale.* **3·** Qui est conforme aux mœurs, à la morale (I, 2). → **honnête, juste.** / contr. amoral, immoral / *Une histoire morale,* édifiante. ▶ **morale** n. f. **I· 1·** Science du bien et du mal ; théorie de l'action humaine en tant qu'elle est soumise au devoir et a pour but le bien. → **éthique.** *Morale stoïcienne, chrétienne.* **2·** Ensemble de règles de conduite considérées comme bonnes. → **bien, valeur.** *Conforme à la morale,* bien, bon. *Morale sévère, rigoureuse.* → **rigorisme. II· 1·** Loc. *Faire la morale, de la morale à qqn* : lui faire une leçon concernant son devoir. → **morigéner. 2·** Ce qui constitue une leçon de morale. → **apologue, maxime, moralité.** *La morale d'une fable. La morale de cette histoire, c'est...* → **moralité.** ▶ ② **moralement** adv. Conformément à une règle de conduite. *Acte moralement condamnable.* ▶ **moraliser** v. tr. <conjug. 1> Rendre conforme à la morale, rendre plus moral. *Une profession qu'il conviendrait de moraliser.* ▶ **moralisateur, trice** adj. et n. Qui fait la morale. → **édifiant.** *Influence moralisatrice.* ▶ **moralisation** n. f. Édification. – Fait de devenir moral. ▶ **moraliste** n. **1·** Auteur de réflexions sur les mœurs, sur la nature et la condition humaines. **2·** Personne qui, par ses paroles, son exemple, donne des leçons, des préceptes de morale. → **moralisateur.** – Adj. *Elle a toujours été moraliste.* ▶ **moralité** n. f. **1·** Caractère moral, valeur au point de vue moral, éthique. → **mérite.** *La moralité d'une action, d'une attitude.* **2·** Attitude, conduite ou valeur morale. *Faire une enquête sur la moralité de qqn.* – Sens moral. → **conscience, honnêteté.** *Témoins, certificat de moralité.* **3·** Enseignement moral (d'un événement, d'un récit). *La moralité d'une fable.* → **morale** (II, 2). ▷ **amoral, immoral**

moratoire [mɔʀatwaʀ] n. m. ou **moratorium** [mɔʀatɔʀjɔm] n. m. Suspension des actions en justice, des obligations de paiement. *Des moratoriums.*

morbide [mɔʀbid] adj. **1·** Relatif à la maladie. *État morbide.* → **pathologique. 2·** Anormal, dépravé. *Curiosité, imagination morbide.* → **maladif, malsain.** *Une littérature morbide.*

morbier [mɔʀbje] n. m. Fromage de vache présentant en son milieu une raie grise, fabriqué dans la région de Morbier (Jura).

morbleu [mɔʀblø] interj. Ancien juron (pour *mort Dieu*).

morceau [mɔʀso] n. m. **1·** Partie séparée ou distincte (d'un corps ou d'une substance solide). → **bout, fraction, fragment, partie, portion.** *Un petit morceau de ficelle. Couper, déchirer, mettre en morceaux. Morceau de terre.* → **coin, lopin.** *Un bon, un gros morceau. Se casser en mille morceaux.* → **miette.** – (D'un aliment) → **bouchée, part.** *Un morceau de pain, de sucre. Les bons morceaux.* – Fig. et fam. *Manger un morceau,* faire un repas. – Fam. *Manger, casser, lâcher le morceau,* avouer, parler. **2·** Fragment, partie (d'une œuvre littéraire). → **extrait, passage.** *Morceaux choisis* : recueil de passages d'auteurs ou d'ouvrages divers. → **anthologie. 3·** Œuvre musicale. *Un morceau de piano. Exécuter un morceau.* ▶ **morceler** [mɔʀsəle] v. tr. <conjug. 4> Partager (une étendue de terrain) en plusieurs parties. → **démembrer, partager.** *Morceler un terrain en lots.* / contr. regrouper, remembrer / ▶ **morcellement** n. m. Action de morceler ; état de ce qui est morcelé. → **division, fractionnement, partage.** *Le morcellement de la propriété, de la terre.* / contr. remembrement /

mordoré, ée [mɔʀdɔʀe] adj. et n. m. Qui est d'un brun chaud avec des reflets dorés.

mordre [mɔʀdʀ] v. <conjug. 41> **I·** V. tr. **1·** Saisir et serrer avec les dents de manière à blesser, à entamer, à retenir. → **morsure.** *Mon chien l'a mordu. Elle s'est fait mordre.* – Pronominalement

(réfl.). *Elle s'est mordue.* – Loc. *Mordre la poussière* : essuyer une dure défaite. **2·** Avoir l'habitude d'attaquer, de blesser avec les dents. Sans compl. *Mettre une muselière à un chien pour l'empêcher de mordre.* **3·** Blesser au moyen d'un bec, d'un crochet, d'un suçoir. (Souvent sans compl.) *Insecte, oiseau qui mord.* – Au passif. *Être mordu par un serpent.* → **piquer.** **4·** *La lime, l'acide mord le métal.* → **entamer, ronger.** **II· 1·** V. tr. ind. *Mordre à* : saisir avec les dents une partie d'une chose. *Poisson qui mord à l'appât* et, sans compl., *qui mord,* qui se laisse prendre. – Impers. *Ça mord,* on attrape des poissons. **2·** V. intr. *Mordre dans* : enfoncer les dents. *Il mordait à belles dents dans le gâteau.* **3·** *Mordre sur* (*une chose, une personne*) : agir, avoir prise sur elle, l'attaquer. / contr. glisser sur / – Empiéter. *Concurrent disqualifié pour avoir mordu sur la ligne de départ.* ▶ **mordant, ante** adj. et n. m. **I·** Adj. Qui attaque, raille avec une violence qui blesse. → **acerbe, acide, aigre, incisif, vif.** *Répondre à qqn d'une manière mordante. Ironie mordante.* **II·** N. m. *Armée, troupe, équipe sportive qui a du mordant,* de l'énergie, de la vivacité dans l'attaque. *Œuvre qui a du mordant,* un ton vif et original. ▶ **mordicus** [mɔʀdikys] adv. Fam. *Affirmer, soutenir qqch. mordicus,* obstinément, sans démordre. ▶ **mordiller** v. tr. et intr. < conjug. 1 > Mordre légèrement et à plusieurs reprises. *Mordiller son crayon.* ▶ **mordu, ue** adj. **1·** Qui a subi une morsure. **2·** Amoureux. *Il est mordu, bien mordu.* – N. Fam. *Mordu(e) de* : personne qui a un goût extrême pour (qqch.). *C'est un mordu du football, du jazz.* → fam. **enragé, fou.**
▷ **démordre, mors, morsure, remords**

more, moresque → **maure, mauresque.**

morfal, ale, als [mɔʀfal] adj. et n. Fam. Qui dévore, qui a un appétit insatiable. → **goinfre.** *Quelle bande de morfals !*

morfil [mɔʀfil] n. m. Petites parties d'acier, barbes métalliques qui restent au tranchant d'une lame affûtée.

se **morfondre** [mɔʀfɔ̃dʀ] v. pron. réfl. < conjug. 41 > S'ennuyer, être triste lorsqu'on attend. → **languir.** *Nous nous sommes morfondus sous la pluie pendant une heure.* – Au p. p. adj. Ennuyé, déçu. *Un amoureux morfondu.*

morganatique [mɔʀganatik] adj. Se dit de l'union contractée par un prince et une femme de condition inférieure (qui n'a pas les privilèges d'une épouse). *Mariage morganatique.* – *Épouse morganatique.*

1 **morgue** [mɔʀg] n. f. Contenance hautaine et méprisante ; affectation exagérée de dignité. → **arrogance, hauteur, insolence.**

2 **morgue** n. f. Lieu où les cadavres non identifiés sont exposés pour les faire reconnaître. → institut **médico-légal.** – Salle où reposent momentanément les personnes décédées.

moribond, onde [mɔʀibɔ̃, ɔ̃d] adj. Qui est près de mourir. → **agonisant, mourant.** – N. *Être au chevet d'un moribond.*

moricaud, aude [mɔʀiko, od] adj. et n. Péj. Qui a le teint très basané. → **noiraud.**

morigéner [mɔʀiʒene] v. tr. < conjug. 6 > Littér. Réprimander, sermonner (qqn) en se donnant des airs de moraliste.

morille [mɔʀij] n. f. Champignon comestible, dont le chapeau, assez étroit et haut, est criblé d'alvéoles. *Poulet aux morilles.*

morion [mɔʀjɔ̃] n. m. Autrefois. Casque léger, à bords relevés en pointe.

mormon, one [mɔʀmɔ̃, ɔn] n. et adj. Adepte d'un mouvement religieux d'origine américaine dont la doctrine admet les principes essentiels du christianisme et présente des analogies avec l'islam. *Les mormons.* – Adj. *La doctrine mormone.*

1 **morne** [mɔʀn] adj. **1·** Qui est d'une tristesse morose et ennuyeuse. → **abattu, sombre, triste.** *Un air morne et buté.* / contr. gai, rieur / **2·** (Choses) Triste et maussade. *Un temps morne. La conversation resta morne.* / contr. animé, gai /

2 **morne** n. m. Aux Antilles. Petite montagne isolée, de forme arrondie.

morose [mɔʀoz] adj. Qui est d'une humeur triste, que rien ne peut égayer. → **chagrin,** 1 **morne, renfrogné, sombre.** / contr. gai, joyeux / ▶ **morosité** n. f. Humeur, atmosphère morose. → **mélancolie.** / contr. enthousiasme, entrain /

morph(o)-, -morphe, -morphique, -morphisme Éléments savants signifiant « forme ».
▷ **amorphe, anthropomorphique, isomorphe, métamorphique, morphème, morphologie, polymorphe, zoomorphe**

morphème [mɔʀfɛm] n. m. En linguistique. Forme minimum douée de sens (mot simple ou élément de mot).

morphine [mɔʀfin] n. f. Substance tirée de l'opium, douée de propriétés soporifiques et calmantes. *La morphine est un stupéfiant.* ▶ **morphinomane** adj. et n. Qui s'intoxique à la morphine. – N. *Un, une morphinomane.* → **toxicomane.**

morphologie [mɔʀfɔlɔʒi] n. f. **1·** Étude de la configuration et de la structure externe (d'un organe ou d'un être vivant, d'un objet naturel). *Morphologie végétale, animale.* **2·** Forme, apparence extérieure. **3·** Étude de la formation des mots et de leurs variations de forme. ▶ **morphologique** adj. Relatif à la morphologie, aux formes. *Types morphologiques.*

morpion [mɔʀpjɔ̃] n. m. **1**· Fam. Pou du pubis. **2**· Fam. Gamin, garçon très jeune. **3**· Jeu consistant à placer alternativement un signe sur le quadrillé d'un papier, jusqu'à ce que l'un des deux joueurs parvienne à former une file de cinq signes.

mors [mɔʀ] n. m. invar. **1**· Pièce du harnais, levier qui passe dans la bouche du cheval et sert à le diriger. **2**· Loc. *Prendre **le mors aux dents** :* s'emballer, s'emporter.

1 **morse** [mɔʀs] n. m. Grand mammifère marin des régions arctiques, amphibie, que l'on chasse pour son cuir, sa graisse et l'ivoire de ses défenses.

2 **morse** n. m. Système de télégraphie électromagnétique et de code de signaux (utilisant des combinaisons de points et de traits). *Signaux en morse.* – En appos. *Alphabet morse.*

morsure [mɔʀsyʀ] n. f. **1**· Action de mordre. *La morsure d'un chien.* **2**· Blessure, marque faite en mordant. *La morsure était profonde.*

1 **mort** [mɔʀ] n. f. **I**· **1**· Cessation de la vie (humains et animaux). → **trépas ; mourir.** – (Personnifiée) *Voir la mort de près. La mort n'épargne personne.* – En sciences. Arrêt des fonctions de la vie (circulation sanguine, respiration, activité cérébrale...). *Mort clinique suivie de réanimation.* **2**· Fin d'une vie humaine, circonstances de cette fin. *Mort naturelle, accidentelle, subite.* Loc. *Mourir de sa belle mort,* de vieillesse et sans souffrance. – *Être à l'article de la mort,* tout près de mourir. → à l'**agonie, moribond, mourant.** – *C'est une question de vie ou de mort,* une affaire où qqn peut mourir si on n'intervient pas. – *À mort :* d'une façon qui entraîne la mort. → **mortellement.** *Être frappé, blessé à mort.* Fig. Fam. Complètement, énormément. *Freiner à mort.* – *Depuis sa mort.* → **décès, disparition.** – Loc. *À la vie (et) à la mort,* pour toujours. **3**· Cette fin provoquée. → **crime, meurtre, suicide ; euthanasie.** *Donner la mort.* → **abattre, assassiner, tuer.** *Engin de mort. Peine de mort. Mettre qqn à mort. À mort !,* cri par lequel on réclame la mort de qqn. – *Arrêt de mort,* condamnation. *Signer son arrêt de mort,* compromettre sa position. **II**· Fig. **1**· Destruction (d'une chose). *C'est la mort du petit commerce.* → **fin, ruine.** **2**· En loc. Douleur mortelle. → **agonie.** *Souffrir mille morts. Avoir la mort dans l'âme,* être désespéré. ▷ **mort-aux-rats, mortel, mortifier, mortuaire**

2 **mort, morte** adj. **1**· Qui a cessé de vivre. / contr. vif, vivant / *Il est mort depuis longtemps.* → **décédé.** *Il est mort et enterré. Elle est tombée raide morte.* – *Arbre mort. Feuilles mortes.* **2**· Qui semble avoir perdu la vie. *Ivre mort. Mort de fatigue,* épuisé. – *Mort de peur,* paralysé par la peur. **3**· (Choses) Sans activité, sans vie. *Eau morte.* → **stagnant.** – Loc. *Poids mort. Temps mort,* inutilisé. **4**· Qui appartient à un passé révolu. *Langue morte.* / contr. vivante / **5**· Fam. Hors d'usage. → **cassé, usé ;** fam. **bousillé, fichu, foutu, nase.** *La bagnole est morte. Les piles sont mortes.* ▶ 3 **mort, morte** n. **1**· Dépouille mortelle d'un être humain. → **cadavre, corps.** *Ensevelir, incinérer les morts.* – *Être pâle comme un mort.* **2**· Être humain qui ne vit plus (mais considéré comme existant dans la mémoire des hommes ou dans l'au-delà). → **défunt.** *Culte, religion des morts.* → **ancêtre.** **3**· Personne tuée. *L'accident a fait un mort et trois blessés. Les morts de la guerre.* → **victime.** – *La place du mort,* dans une voiture, la place avant, à côté du conducteur. – Loc. *Faire le mort,* faire semblant d'être mort. **4**· N. m. Joueur qui étale ses cartes et ne participe pas au jeu. *L'as est au mort.* ▷ **croque-mort, morte-saison, mort-né, nature morte**

mortadelle [mɔʀtadɛl] n. f. Gros saucisson de porc et de bœuf.

mortaise [mɔʀtɛz] n. f. Entaille faite dans une pièce de bois ou de métal pour recevoir une autre pièce (ou sa partie saillante → **tenon**).

mortalité [mɔʀtalite] n. f. **1**· Mort d'un certain nombre d'hommes ou d'animaux, succombant pour une même raison (épidémie, fléau). **2**· *Taux de mortalité* ou, ellipt, *la mortalité,* rapport entre le nombre des décès et le chiffre de la population dans un lieu et un espace de temps déterminés. *Mortalité infantile.* ▷ **immortalité**

mort-aux-rats [mɔʀoʀa] n. f. sing. Préparation empoisonnée destinée à la destruction des rongeurs.

mortel, elle [mɔʀtɛl] adj. **1**· Qui doit mourir. *Tous les hommes sont mortels.* / contr. éternel, immortel / – (Choses) Sujet à disparaître. → **éphémère, périssable.** **2**· N. Être humain. → **homme, personne.** *Les mortels. Un heureux mortel,* un homme qui a de la chance. **3**· Qui cause la mort, entraîne la mort. → **fatal.** *Maladie mortelle. Poison mortel. Dose mortelle.* → **létal.** – *Ennemi mortel,* qui cherche la mort de son ennemi. – Relig. catholique. *Péché mortel,* qui entraîne la mort de l'âme, la damnation (opposé à *véniel*). **4**· D'une intensité dangereuse et pénible. *Un froid mortel. Un ennui, un silence mortel.* – Fam. Extrêmement ennuyeux, sinistre. → **lugubre, à mourir.** *Une soirée mortelle.* ▶ **mortellement** adv. **1**· Par un coup mortel. → à **mort.** *Mortellement blessé.* **2**· D'une façon intense, extrême. *Il était mortellement pâle.* – *Réunion mortellement ennuyeuse.* ▷ **immortel, mortalité**

morte-saison [mɔʀt(ə)sɛzɔ̃] n. f. Époque de l'année où l'activité est réduite dans un secteur de l'économie. *Les mortes-saisons.*

1 **mortier** [mɔʀtje] n. m. Récipient servant à broyer certaines substances. *Mortier de pharmacien, de cuisine.*

2 **mortier** n. m. Pièce d'artillerie portative à tir courbe utilisée par l'infanterie.

3 **mortier** n. m. Mélange de chaux éteinte (ou de ciment) et de sable délayé dans l'eau et utilisé en construction pour lier ou recouvrir les pierres. *Crépi de mortier.*

mortifier [mɔʀtifje] v. tr. <conjug. 7> **1·** Faire cruellement souffrir (qqn) dans son amour-propre. → **blesser, froisser, humilier.** *Votre mépris l'a mortifié.* **2·** *Se mortifier* v. pron. réfl. :s'imposer des souffrances dans l'intention de racheter ses fautes (religion). ▶ **mortifiant, ante** adj. Humiliant, vexant. ▶ **mortification** n. f. **1·** Humiliation. **2·** Relig. Souffrance que s'imposent les croyants pour faire pénitence.

mort-né, mort-née [mɔʀne] adj. et n. **1·** Mort(e) en venant au monde. *Enfants mort-nés. Un mort-né.* **2·** (Choses) Qui échoue dès le début. *Une entreprise mort-née.*

mortuaire [mɔʀtɥɛʀ] adj. Relatif aux morts, aux cérémonies en leur honneur. → **funèbre, funéraire.** *Cérémonie mortuaire. Couronne mortuaire.*

morue [mɔʀy] n. f. **1·** Grand poisson (du même genre que le colin, le merlan...), qui vit dans les mers froides. *Morue fraîche* (cabillaud), *séchée* (merluche, stockfish). *Huile de foie de morue.* **2·** Injurieux. Prostituée. – Terme d'injure pour une femme. *Elle s'est fait traiter de morue.* ▶ **morutier** n. m. Homme ou bateau faisant la pêche à la morue.

morve [mɔʀv] n. f. **1·** Terme de vétérinaire. Grave maladie contagieuse des chevaux. **2·** Liquide visqueux qui s'écoule du nez de l'homme. ▶ **morveux, euse** adj. et n. **1·** Qui a de la morve au nez. *Enfant malpropre et morveux.* – Loc. *Qui se sent morveux (qu'il) se mouche,* que celui qui se sent visé par une critique en fasse son profit. **2·** N. Fam. Terme d'injure. Gamin, gamine. *Tu n'es qu'un morveux. Sale morveuse.*

mosaïque [mɔzaik] n. f. **1·** Assemblage décoratif de petites pièces rapportées (pierre, marbre) dont la combinaison figure un dessin et les couleurs animent la surface (comme en peinture*). *Les mosaïques de Ravenne.* – *Parquet mosaïque,* fait de petites lames de bois collées. **2·** Ensemble d'éléments divers juxtaposés. → **patchwork.** ▶ **mosaïqué, ée** adj. Qui ressemble à une mosaïque. *Reliure mosaïquée.* ▶ **mosaïste** n. Artiste qui fait des mosaïques. *Les grands mosaïstes byzantins.*

mosquée [mɔske] n. f. Sanctuaire consacré au culte musulman. *Le minaret d'une mosquée.*

mot [mo] n. m. **1·** Chacun des sons ou groupe de sons (de lettres ou groupes de lettres) correspondant à un sens isolable spontanément, dans le langage ; (par écrit) suite ininterrompue de lettres, entre deux blancs. *Phrase de six, dix mots. Articuler, manger ses mots. Chercher ses mots. Ne pas dire un seul mot. Mot nouveau, courant, rare.* → **terme, vocable.** *Mot mal écrit, illisible.* Loc. *Les grands mots,* les mots emphatiques qui ne disent pas simplement les choses. *Gros mot,* grossier. *Le mot de Cambronne, de cinq lettres,* le mot *merde. Se donner le mot* (de passe), se mettre d'accord. *Rapporter un propos mot pour mot,* textuellement. → 1 **texto.** *Mot à mot* [motamo], un mot après l'autre, littéralement. **2·** (En tant que signes, opposé à *pensées, réalités*...) *Ce ne sont que des mots. Les mots et les actes.* **3·** Dans des expressions. Phrase, parole. *Je lui en dirai, toucherai un mot,* je lui en parlerai brièvement. *En un mot,* en une courte phrase. *Avoir son mot à dire,* être en droit d'exprimer son avis. *Je m'en vais lui dire deux mots,* lui exprimer mon mécontentement. *C'est mon dernier mot,* je ne ferai pas une concession de plus. *Avoir le dernier mot,* ne plus trouver de contradicteur. *Prendre qqn au mot,* se saisir aussitôt d'une proposition qu'il (elle) a faite sans penser qu'elle serait retenue. **4·** Court message. *Je lui ai glissé un mot sous sa porte. Écrire un mot à qqn,* une courte lettre. **5·** Parole exprimant une pensée de façon concise et frappante. *Mots célèbres, historiques. Mot d'enfant. Mot d'auteur,* où l'on reconnaît l'esprit de l'auteur. Loc. *Le mot de la fin,* l'expression qui résume la situation. *Bon mot, mot d'esprit,* parole drôle et spirituelle. *Il a toujours le mot pour rire.* ▷ à **demi-mot, mots croisés, motus, mot-valise**

motard, arde [mɔtaʀ, aʀd] n. **1·** N. m. Motocycliste de l'armée ou de la gendarmerie. *Les motards de la police routière.* **2·** Motocycliste. *Une motarde casquée.*

motel [mɔtɛl] n. m. Anglic. Hôtel destiné aux automobilistes.

motet [mɔtɛ] n. m. Chant d'église à plusieurs voix.

1 **moteur, trice** [mɔtœʀ, tʀis] adj. et n. m. **I·** Adj. Qui donne le mouvement. *Nerfs sensitifs et nerfs moteurs. Handicapé moteur. Force motrice. Voiture à quatre roues motrices.* **II·** N. m. Cause d'une

action. → **mobile.** *Le moteur de la guerre.* → **nerf.** – (Personnes) Agent, instigateur. *Elle est le moteur de l'entreprise.* ▷ **automoteur, locomoteur, motricité, psychomoteur, vasomoteur**

2 **moteur** n. m. **1·** Appareil servant à transformer une énergie quelconque en énergie mécanique. *Moteurs hydrauliques, thermiques. Moteurs à combustion interne* (dits *à explosion*). *Moteurs électriques. Véhicules à moteur* (automobile, cyclomoteur, motrice, tracteur, etc.). **2·** Spécialt. Moteur 1 à explosion et à carburation. *Moteur à 4, 6 cylindres. Moteur de 750 cm^3* (de cylindrée). – En appos. ***Bloc-moteur*** : moteur et organes annexes. *Des blocs-moteurs.* **3·** Inform. Partie d'un programme exécutant la part active de la tâche. – *Moteur de recherche* : logiciel permettant de chercher des informations sur Internet. ▷ **bimoteur, cyclomoteur, monomoteur, motoriser, motrice, quadrimoteur, trimoteur, vélomoteur**

motif [mɔtif] n. m. **1·** Mobile d'ordre intellectuel, raison d'agir. *Quel est le motif de votre visite ? Je cherche les motifs de sa conduite.* → **cause, explication.** *Un motif valable.* – Fam. *Pour le bon motif,* en vue du mariage. **2·** Sujet d'une peinture. *Travailler sur le motif.* – Ornement servant de thème décoratif. *Tissu imprimé à grands motifs de fleurs.* ▷ **motiver**

motion [mosjɔ̃] n. f. Proposition faite dans une assemblée délibérante par un de ses membres. *Faire, rédiger une motion.* – *Motion de censure,* par laquelle l'Assemblée nationale met en cause la responsabilité du gouvernement.

motiver [mɔtive] v. tr. < conjug. 1 > **1·** (Personnes) Justifier par des motifs. *Pouvez-vous motiver votre action ?* **2·** (Choses) Être, fournir le motif de (qqch.). → **causer, expliquer.** *Voilà ce qui a motivé ma décision.* **3·** Faire en sorte que qqch. incite (qqn) à agir. *Ce professeur sait motiver ses élèves.* ▶ **motivé, ée** adj. **1·** Dont on donne les motifs. *Un refus motivé.* – Qui a un motif. *Des plaintes motivées.* → **fondé, justifié. 2·** (Personnes) Qui a des motivations pour faire qqch. *Elle est très motivée dans son travail.* ▶ **motivation** n. f. Ce qui motive un acte, un comportement ; ce qui pousse qqn à agir. *Il faudrait connaître ses motivations.* ▷ **démotiver**

moto [mɔto] n. f. (Abréviation de **motocyclette**) Véhicule à deux roues, à moteur à essence de plus de 125 cm^3. *Être à, en moto. Course de motos.* ▷ **motoneige**

moto- Élément qui signifie « 2 moteur ». ▶ **moto-cross** [motokʀɔs] n. m. invar. Course de motos sur parcours accidenté. ▶ **motoculteur** n. m. Petit engin motorisé à deux roues, servant à labourer, biner. ▶ **motocyclette** n. f. Littér. Moto. ▶ **motocycliste** n. Personne qui conduit une motocyclette. → **motard.** *Casque de motocycliste.* ▷ **moto**

motoneige [mɔtɔnɛʒ] n. f. Petit véhicule muni d'un guidon et de skis à l'avant, sur chenilles, qu'on utilise pour se déplacer sur la neige. *Des motoneiges puissantes.*

motoriser [mɔtɔʀize] v. tr. < conjug. 1 > Munir de véhicules à moteur, de machines automobiles. *Motoriser l'agriculture.* → **mécaniser.** – Au p. p. adj. *Troupes motorisées,* transportées par camions, motocyclettes. – Fam. *Être motorisé,* se déplacer avec un véhicule à moteur. ▶ **motorisation** n. f. ▶ **motoriste** n. **1·** Constructeur de moteurs d'avions, d'automobiles. **2·** Spécialiste des moteurs automobiles, de leur entretien.

motrice [mɔtʀis] n. f. Voiture à moteur qui en entraîne d'autres. *Motrice de tramway, de T. G. V.*

motricité [mɔtʀisite] n. f. Ensemble des fonctions qui assurent les mouvements. *Motricité volontaire, involontaire.*

mots croisés [mokʀwaze] n. m. pl. Mots qui se recoupent sur un quadrilatère quadrillé de telle façon que chacune des lettres d'un mot disposé horizontalement entre dans la composition d'un mot disposé verticalement. – Exercice consistant à reconstituer cette grille, en s'aidant de courtes suggestions (« définitions »). *Amateur de mots croisés.* → **cruciverbiste, mots-croisiste.** ▶ **mots-croisiste** n. Amateur de mots croisés. → **cruciverbiste.** *Des mots-croisistes.*

motte [mɔt] n. f. **1·** Morceau de terre compacte, comme on en détache en labourant. **2·** *Motte de beurre,* masse de beurre des crémiers, pour la vente au détail. *Beurre en motte ou en paquet.* ▷ **rase-mottes**

motus [mɔtys] interj. Interjection pour inviter qqn à garder le silence. *Motus et bouche cousue !*

mot-valise [movaliz] n. m. Mot composé à partir de syllabes d'autres mots (ex. : *franglais* composé à partir de *français* et de *anglais*).

1 **mou** [mu] ou **mol** [mɔl] devant voyelle ou *h* muet ; **molle** [mɔl] adj., adv. et n. **I·** Adj. **1·** / contr. dur / Qui cède facilement à la pression, au toucher ; qui se laisse entamer sans effort. *Substance molle. Beurre que la chaleur rend mou.* → **amollir, ramollir.** – Qui s'enfonce (trop) au contact. *Matelas mou.* Loc. *Un mol oreiller.* → **moelleux. 2·** / contr. raide, rigide / Qui plie, se déforme facilement. → **souple.** *Tige molle.* → **flexible.** Loc. *Chapeau mou.* – *Avoir les jambes molles,* faibles. – *De molles ondulations de terrain,* arrondies, douces ou imprécises. **3·** (Personnes) Qui manque d'énergie,

de vitalité. → **amorphe, apathique, avachi, mollasse, nonchalant.** / contr. actif, énergique, vif / *Élève mou, qui traîne sur ses devoirs. Air, gestes mous.* – Faible, lâche. *Il est mou avec ses enfants.* **4·** (Style, exécution d'une œuvre) Qui manque de fermeté, de vigueur. *Le jeu de ce pianiste est un peu mou. Dessin mou.* **II·** Adv. Fam. Doucement, sans violence. *Vas-y mou, c'est fragile.* → fam. **mollo. III·** N. m. **1·** Fam. Homme faible de caractère. *C'est un mou.* **2·** (Corde, fil...) *Avoir du mou,* n'être pas assez tendu. *Donner du mou.* ▷ **amollir, bémol, mollasse, mollement, mollesse,** 1 **mollet, molleton, mollir, mollo, mollusque, ramollir, ramollo**

2 **mou** [mu] n. m. **1·** Poumon des animaux de boucherie (abats). *Chat qui mange du mou.* **2·** Loc. fam. *Bourrer le mou à qqn,* lui en faire accroire, lui mentir.

mouchard, arde [muʃaʀ, aʀd] n. **1·** Fam. Dénonciateur. → **indicateur** ; fam. **mouton. 2·** Se dit de certains appareils de contrôle. ▶ **moucharder** v. tr. < conjug. 1 > Fam. Surveiller en vue de dénoncer ; dénoncer. ▶ **mouchardage** n. m. Action de moucharder.

mouche [muʃ] n. f. **I·** Insecte ailé (diptère), aux formes ramassées, très commun. *Mouche domestique* (absolt. *mouche*). *Mouche bleue. Mouche tsé-tsé*.* – Loc. *Pattes de mouches,* écriture très petite, difficile à lire. – *On aurait entendu une mouche voler,* le plus profond silence régnait. – Fam. *Mourir, tomber comme des mouches,* en masse. – *Faire la mouche du coche,* s'agiter sans aider personne. – *Prendre la mouche,* s'emporter. *Quelle mouche le pique ?,* pourquoi se met-il en colère brusquement ? *Il ne ferait pas de mal à une mouche,* il est très doux. **II· 1·** Petit morceau de taffetas noir que les femmes mettaient sur la peau pour en faire ressortir la blancheur. **2·** *Pêche à la mouche* (artificielle), avec un appât imitant l'insecte. **3·** ***Faire mouche*** : toucher le centre de la cible (→ Mettre dans le mille). **4·** Touffe de poils au-dessous de la lèvre inférieure. **III·** Loc. ***Fine mouche*** : personne habile et rusée. **IV·** En appos. **1·** ***Bateau-mouche*** : bateau de passagers (touristes) sur la Seine, à Paris. *Des bateaux-mouches.* **2·** Invar. ***Poids mouche*** : catégorie de boxeurs (48-51 kilos). *Des poids mouche.* ▶ **moucheron** [muʃʀɔ̃] n. m. **1·** Insecte volant de petite taille. **2·** Fam. Petit garçon. → **moustique.** ▶ **moucheter** [muʃte] v. tr. < conjug. 4 > **1·** Parsemer de petites marques, de petites taches rondes. – Au p. p. adj. *Laine mouchetée.* → **chiné. 2·** Garnir la pointe de (un fleuret) d'un bouton pour l'émousser. – Loc. fig. Littér. *Discussion, attaque à fleurets mouchetés,* ne cherchant pas à blesser trop profondément. ▶ **moucheture** n. f. **1·** Petite marque, tache d'une autre couleur que le fond. **2·** Tache naturelle sur le corps, le pelage, le plumage de certains animaux. ▷ **chasse-mouches, oiseau-mouche, tue-mouches**

moucher [muʃe] v. tr. < conjug. 1 > **I· 1·** Débarrasser (le nez) de ses mucosités en pressant les narines et en soufflant. *Mouche ton nez !* **2·** Rejeter par le nez. *Moucher du sang* (→ Saigner du nez). **3·** ***Se moucher*** v. pron. réfl. Moucher son nez. – Iron. *Ne pas se moucher du coude,* se prendre pour qqn d'important. **II·** Réprimander (qqn) durement. *Elle s'est fait moucher.* ▶ **mouchoir** n. m. **1·** Petite pièce de linge qui sert à se moucher, à s'essuyer le visage. *Mouchoir brodé.* → **pochette.** – *Mouchoir de, en papier.* → **kleenex.** – Loc. *Grand comme un mouchoir de poche,* très petit. **2·** *Mouchoir (de cou, de tête),* pièce d'étoffe dont les femmes se couvrent la tête, les épaules. → **fichu, foulard.**

moudjahid [mudʒaid], plur. **moudjahiddin** [mudʒaidin] n. m. Combattant de certains mouvements de libération nationale du monde musulman (Afghanistan, Algérie). *Des moudjahiddin.*

moudre [mudʀ] v. tr. < conjug. 47 > Broyer (des grains) avec une meule. → **écraser, pulvériser.** *Appareil pour moudre.* → **moulin.** – *Je mouds, nous moulons du poivre. Il a dit qu'il moudrait du café.* ▷ **émoulu, moulin, moulu, mouture, rémouleur, vermoulu**

moue [mu] n. f. **1·** Grimace que l'on fait en avançant, en resserrant les lèvres. *Une moue boudeuse.* **2·** Air de mécontentement. *Il a fait la moue à notre proposition.* → **grimace.**

mouette [mwɛt] n. f. Oiseau de mer, palmipède voisin du goéland. – **REM.** On appelle souvent *mouettes* les goélands (sauf en Bretagne).

1 **moufle** [mufl] n. f. Sorte de gant fourré sans séparation pour les doigts sauf pour le pouce. *Moufles de skieur.*

2 **moufle** n. m. ou f. En technique. Assemblage de poulies.

mouflet, ette [muflɛ, ɛt] n. Fam. Petit enfant. → **mioche, moutard.**

mouflon [muflɔ̃] n. m. Mammifère ruminant ongulé, très proche du bouquetin.

moufter ou **moufeter** [mufte] v. intr. (Surtout au négatif, à l'infinitif et aux temps composés) Fam. Broncher, protester. *Elle n'a pas moufté.*

mouiller [muje] v. tr. < conjug. 1 > **I· 1·** Imbiber, mettre en contact avec de l'eau, avec un liquide très fluide. → **arroser, asperger, humecter, inonder, tremper.** / contr. sécher / *Mouiller son doigt de salive. Mouiller un linge, une serviette.* – Au p. p. adj. *Linge mouillé.* – *Se faire mouiller par la pluie,* *l'orage.* → **doucher ;** fam. **saucer.** – Loc. *Mouiller sa chemise,* ne pas ménager sa peine, s'investir complètement. **2·** Étendre d'eau (un liquide). → **couper, diluer.** *Mouiller une sauce.* **3·** En marine. Mettre à l'eau. *Mouiller l'ancre.* → **ancrer.** / contr. lever l'ancre / – Sans compl. *Ce paquebot mouille en grande rade.* **4·** *Mouiller une consonne,* l'articuler en rapprochant la langue du palais comme pour émettre un [j]. – Au p. p. adj. *Consonne mouillée.* **II·** ***Se mouiller*** v. pron. réfl. **1·** S'imbiber d'eau (ou d'un liquide très fluide), entrer en contact avec l'eau, entrer dans l'eau. *Se mouiller en sortant sous la pluie.* **2·** Fam. Se compromettre, prendre des risques. → **tremper** dans une affaire. *Il ne veut pas se mouiller.* ▶ **mouillé, ée** adj. Humide, trempé. / contr. sec / *Évitez de sortir les cheveux mouillés. Être mouillé jusqu'aux os. Des yeux mouillés,* pleins de larmes. ▶ **mouillette** n. f. Petit morceau de pain long et mince qu'on trempe dans un liquide. *Fais-toi des mouillettes pour manger ton œuf à la coque.* ▶ **mouillage** n. m. **I· 1·** Action de mettre à l'eau. *Mouillage des ancres, d'une mine.* **2·** (Navire) Emplacement favorable pour mouiller (I, 3). → **abri. II· 1·** Action de mouiller (qqch.). **2·** Addition d'eau dans un liquide. → **coupage.** *Le mouillage frauduleux du lait.* ▶ **mouilleur** n. m. **1·** Appareil employé pour mouiller, humecter (les étiquettes, les timbres). **2·** *Mouilleur de mines,* navire aménagé pour le mouillage des mines. ▶ **mouillure** n. f. **1·** Action de mouiller. → **mouillage.** – État de ce qui est mouillé. **2·** *Une mouillure,* trace laissée par l'humidité. **3·** Caractère d'une consonne mouillée. *La mouillure du « n » dans « agneau ».*

mouise [mwiz] n. f. Fam. Misère, pauvreté. → fam. **débine, dèche, panade.** *Il est dans une sacrée mouise !*

moujik [muʒik] n. m. Paysan russe. *Des moujiks.*

moukère ou **mouquère** [mukɛʀ] n. f. Fam. et sexiste. Femme, maîtresse. *Une belle moukère.*

1 **moule** [mul] n. f. **1·** Mollusque comestible, aux valves oblongues d'un bleu ardoise. *Élevage de moules dans des parcs.* → **mytiliculture.** *Moules de bouchot* (piquet d'élevage) ; *moules parquées* (Belgique). *Manger des moules marinière.* **2·** Fam. Personne molle ; imbécile. *Quelle moule !* → fam. **nouille.**

2 **moule** n. m. **1·** Corps solide creusé et façonné, dans lequel on verse une substance liquide ou pâteuse qui, solidifiée, conserve la forme ; objet plein sur lequel on applique une substance plastique pour qu'elle en prenne la forme. → **forme, matrice ; mouler.** *Moule de sculpteur. Moule à tarte.* – Loc. *Le moule est cassé,* c'est une personne, une chose unique en son genre, « comme on n'en fait plus ». **2·** Loc. *Être fait au moule,* bien fait. **3·** Fig. Forme imposée de l'extérieur (à la personnalité, au caractère, à une œuvre). *Il refuse d'entrer dans le moule officiel.* – *Coulé dans le moule,* conforme ; conformiste. ▶ **mouler** v. tr. < conjug. 1 > **1·** Obtenir (un objet) en versant dans un moule creux une substance liquide qui en conserve la forme après solidification. *Mouler des briques.* – REM. On dit pour les métaux *couler, fondre.* – Au p. p. adj. *Ornements moulés en plâtre.* – *Pain moulé.* **2·** Reproduire (un objet, un modèle plein) en y appliquant une substance plastique qui en prend les contours. *Mouler un buste.* **3·** (Suj. chose) Épouser étroitement les contours de. → **s'ajuster.** *Sa robe de soie collante moule sa taille.* **4·** *Mouler une lettre, un mot,* l'écrire d'une écriture soignée, parfaitement formée. – Au p. p. adj. *Lettres moulées.* ▶ **moulage** n. m. **1·** Action de mouler, de fabriquer avec un moule. **2·** Objet, ouvrage obtenu au moyen d'un moule. *Prendre un moulage d'un objet* (l'objet servant de moule). → **empreinte.** ▶ **moulant, ante** adj. Qui moule (3) le corps. → **ajusté, collant.** / contr. ample, flottant / *Une jupe moulante.* ▷ **démouler, moulure**

moulin [mulɛ̃] n. m. **1·** Appareil servant à broyer, à moudre* le grain des céréales ; établissement qui utilise ces appareils. *Moulin à vent, à eau.* – *Se battre contre des moulins à vent,* contre des ennemis imaginaires (comme don Quichotte). – *Apporter, faire venir de l'eau au moulin* (de qqn), lui procurer des ressources ; lui donner des arguments dans un débat. **2·** Le bâtiment où les machines sont installées. *Habiter un vieux moulin.* – L'entreprise (atelier ou grande usine) qui les met en œuvre. *L'exploitant d'un moulin.* → **meunier, minotier.** – Loc. fig. *On entre dans cette maison comme dans un moulin,* comme on veut. **3·** *Moulin à :* installation, appareil servant à battre, à pulvériser, à extraire le suc par pression → **pressoir.** *Moulin à huile, à sucre.* – Appareil ménager pour écraser, moudre. *Moulin à café, à poivre. Moulin à légumes.* → **moulinette. 4·** *Moulin à prières :* dans la religion bouddhiste (Tibet), cylindre renfermant des bandes de papier recouvertes d'une formule sacrée et qu'on fait tourner pour acquérir les mérites attachés à la répétition de cette formule. **5·** Fam. Moteur d'automobile. **6·** Fam. *Moulin à paroles,* personne trop bavarde. ▶ **mouliner** v. tr. < conjug. 1 > Fam. Écraser ; passer au moulin à légumes. *Mouliner des pommes de terre* (→ **moulinette**). ▶ **moulinet** n. m. **I·** Objet ou appareil qui fonctionne selon un mouvement de rotation. *Le moulinet d'un treuil, d'une canne à pêche.* **II·** Mouvement de rotation rapide (qu'on fait avec un bâton, une épée, un sabre) pour écarter l'adversaire. *Faire de grands moulinets des deux bras.*

▶ **moulinette** n. f. Moulin (3) à légumes, à viande. *Passer des patates à la moulinette.* – Fig. Fam. *Passer qqn à la moulinette,* le critiquer impitoyablement.

moult [mult] adv. Vx (mot d'ancien français) ou iron. Beaucoup, très. *Raconter une histoire avec moult détails.*

moulu, ue [muly] adj. **1·** Réduit en poudre. *Café moulu.* **2·** (Personnes) Accablé de coups, brisé de fatigue. → **courbatu, fourbu, rompu.** *Être moulu de fatigue.*

moulure [mulyʀ] n. f. Ornement allongé à profil constant, en relief ou en creux. *Les moulures d'un plafond.*

moumoute [mumut] n. f. **1·** Fam. Cheveux postiches, perruque. *Il porte une moumoute.* **2·** Veste en peau de mouton. *Elle s'est acheté une moumoute pour l'hiver.*

mourir [muʀiʀ] v. intr. <conjug. 19> **I· 1·** Cesser de vivre, d'exister, d'être. → 1 **mort ; décéder, disparaître,** s'**éteindre, expirer, périr, succomber, trépasser** ; fam. **casser** sa pipe, **clamser, claquer.** *Homme qui va mourir, qui est sur le point de mourir.* → **moribond, mourant.** – *Faire mourir,* tuer. *Mourir de faim, d'inanition, de maladie. Mourir assassiné. Mourir subitement. Mourir à la guerre. Mourir jeune.* – Impers. *Il meurt trop d'enfants dans le monde.* **2·** (Végétaux) Cesser de vivre (plantes annuelles) ; perdre sa partie aérienne sans cesser de vivre (plantes vivaces). – (Fleurs) Se faner. **3·** Souffrir, dépérir. – ***À mourir*** : au point d'éprouver une grande souffrance. *Je suis lasse à mourir. S'ennuyer à mourir* (→ à périr). – ***Mourir de*** : être très affecté par (qqch.) ; souffrir de (qqch.). *Mourir de chagrin, de tristesse, de peur. Mourir de faim, de soif,* avoir très faim, soif. *Je meurs de faim ; à table !* → fam. **crever.** *J'en meurs d'envie.* – *C'est à mourir de rire,* c'est très drôle. **4·** (Choses) Cesser d'exister, d'être (par une évolution lente, progressive). *Civilisation, pays qui meurt.* → **disparaître.** *Le feu, la flamme meurt.* → s'**éteindre.** *Bruit, son, voix qui meurt.* → s'**affaiblir, diminuer ; mourant. II·** Littér. ***Se mourir*** v. pron. réfl. : être sur le point de mourir. → **languir.** *Elle se meurt. Il se meurt d'amour pour elle.* ▶ **mourant, ante** adj. et n. **1·** Qui se meurt ; qui va mourir. → **agonisant, expirant.** – N. ***Un mourant, une mourante.*** → **moribond. 2·** Littér. Qui cesse, s'arrête, finit. → **affaibli, éteint.** *Une musique, une lumière mourante.* ▷ **amortir, mainmorte, mort**

mouron [muʀɔ̃] n. m. **1·** Plante des régions tempérées, à fleurs rouges ou bleues. *Mouron blanc* ou *mouron des oiseaux.* **2·** Fam. *Se faire du mouron,* du souci.

mousmé [musme] n. f. Vieilli. Jeune fille, jeune femme japonaise. – Pop. Femme.

mousquet [muskɛ] n. m. Ancienne arme à feu portative. ▶ **mousqueterie** [muskɛtʀi] n. f. Vx. Décharge (de mousquets, de fusils). ▶ **mousquetaire** n. m. Histoire. Cavalier armé d'un mousquet faisant partie des troupes de la Maison du Roi. *« Les Trois Mousquetaires », roman d'A. Dumas.* ▶ **mousqueton** [muskətɔ̃] n. m. **1·** Fusil à canon court. **2·** Boucle à ressort se refermant seule.

1 **mousse** [mus] n. f. Plante généralement verte, rase et douce, formant touffe ou tapis sur la terre, les pierres, les écorces (*la mousse, de la mousse*). → **moussu.** *Mousses et lichens. S'étendre sur la mousse.* – Prov. *Pierre qui roule n'amasse pas mousse,* on ne s'enrichit guère à courir le monde, à changer constamment de situation, d'activités. ▶ **moussu, ue** adj. Couvert de mousse. *Pierres moussues.*

2 **mousse** n. f. **1·** Amas serré de bulles, qui se forme à la surface des eaux agitées. → **écume. 2·** Bulles de gaz accumulées à la surface d'un liquide sous pression. *Mousse de bière.* **3·** Entremets ou dessert à base de crème. *Mousse au chocolat.* – Pâté léger et mousseux. *De la mousse de foie gras.* **4·** *Mousse carbonique,* produit ignifuge, formant une écume très abondante. **5·** *Caoutchouc mousse,* caoutchouc spongieux. Ellipt. Invar. *Matelas mousse.* **6·** *Mousse de nylon,* nylon épais et très extensible. – Ellipt. Invar. *Des bas mousse.* **7·** *Point mousse,* point de tricot obtenu en tricotant toutes les mailles à l'endroit. ▶ **mousser** v. intr. <conjug. 1> **1·** Produire de la mousse. *Savon qui mousse.* → **moussant. 2·** Fam. ***Faire mousser*** *qqn, qqch.* : vanter, mettre exagérément en valeur. *Se faire mousser.* ▶ **moussant, ante** adj. Qui produit de la mousse. *Crème à raser moussante.* ▶ **mousseux, euse** adj. et n. m. Qui mousse, produit de la mousse. *Eau trouble et mousseuse.* → **écumeux.** *Vins mousseux,* rendus mousseux par fermentation naturelle. → **pétillant.** – N. m. *Du mousseux,* tout vin mousseux, à l'exclusion du champagne*. ▷ **émoustiller**

3 **mousse** n. m. Jeune garçon qui fait, sur un navire de commerce, l'apprentissage du métier de marin. ▶ **moussaillon** n. m. Fam. Petit, très jeune mousse.

mousseline [muslin] n. f. **1·** Tissu léger et fin (coton, soie...). *Robe, voile de mousseline.* **2·** En appos. Invar. *Pommes mousseline,* purée de pommes de terre fouettée.

mousseron [musʀɔ̃] n. m. Champignon comestible à chapeau et à lamelles, qui pousse en cercle dans les prés, les clairières.

mousson [musɔ̃] n. f. **1·** Vent tropical régulier qui souffle alternativement pendant six mois de la mer vers la terre (*mousson d'été*) et de la terre vers la mer (*mousson d'hiver*). **2·** Époque du renversement de la mousson, en zone tropicale (saison des pluies). *Les orages, les cyclones de la mousson.*

moussu, ue adj. → ① **mousse.**

moustache [mustaʃ] n. f. **1·** Poils qui garnissent la lèvre supérieure de l'homme. → fam. **bacchante.** *Porter la moustache, des moustaches.* **2·** Fam. Trace laissée autour des lèvres par un liquide. *Elle s'est fait des moustaches en buvant son chocolat.* **3·** Longs poils tactiles à la lèvre supérieure (de carnivores et rongeurs). *Les moustaches du chat, du phoque.* ▶ **moustachu, ue** adj. Qui porte la moustache. – N. *Un moustachu.*

moustique [mustik] n. m. **1·** Insecte diptère dont la piqûre est douloureuse. → **cousin.** *Elle s'est fait piquer par un moustique.* **2·** Fam. Enfant, personne minuscule. → **moucheron.** ▶ **moustiquaire** n. f. **1·** Rideau très fin dont on entoure les lits pour se préserver des moustiques. **2·** Grillage métallique très fin placé aux fenêtres et aux portes pour empêcher les insectes d'entrer.

moût [mu] n. m. Jus (de raisin, de pomme...) qui vient d'être extrait et n'a pas encore subi la fermentation alcoolique. ≠ mou.

moutard [mutaʀ] n. m. Fam. Petit garçon. – Au plur. Enfants. → fam. **môme, mioche.**

moutarde [mutaʀd] n. f. **1·** *Moutarde blanche,* plante à fleurs jaunes cultivée comme fourrage. – *Moutarde noire,* plante dont les graines noires fournissent un condiment. **2·** Condiment préparé avec des graines de moutarde noire, du vinaigre, etc. *Un pot de moutarde. Moutarde forte.* – Loc. *La moutarde lui monte au nez,* l'impatience, la colère le gagnent. **3·** En appos. Invar. De la couleur de la moutarde. *Des robes moutarde.* ▶ **moutardier** n. m. Récipient dans lequel on met la moutarde.

mouton [mutɔ̃] n. m. **I· 1·** Mammifère domestique ruminant à toison laineuse et frisée. → **ovidés.** *Mouton mâle* (bélier), *femelle* (brebis). *Jeune mouton* (agneau). *Troupeau de moutons. Les moutons bêlent. L'instinct grégaire des moutons.* – (Opposé à *bélier, brebis, agneau*) Bélier châtré, élevé pour la boucherie. *Élever, vendre des moutons.* – Loc. *Revenons à nos moutons,* à notre sujet. *Des moutons de Panurge* (d'un épisode de Rabelais), des personnes moutonnières*. → **mouton** (II, 1). **2·** Fourrure de mouton. *Manteau en mouton doré.* → **moumoute. 3·** Chair, viande de mouton. *Gigot, côtelette de mouton.* **II·** Fig. **1·** *C'est un mouton,* une personne crédule et passive ou influençable (→ **moutonnier**). **2·** Compagnon de cellule que la police donne à un détenu, avec mission de rapporter. → **délateur, espion, mouchard. 3·** Petite vague surmontée d'écume. – Petit nuage blanc et floconneux. – Flocon de poussière. *J'ai balayé les moutons.* **4·** Lourde masse de fer ou de fonte servant à enfoncer, à tester la résistance des métaux. → **bélier.** ▶ **moutonner** v. intr. < conjug. 1 > **1·** Devenir semblable à une toison de mouton. *Mer qui moutonne,* se couvre de moutons (II, 3). → **écumer. 2·** Évoquer par son aspect une toison. *les buissons qui moutonnent sur les pentes.* ▶ **moutonné, ée** adj. **1·** Frisé. **2·** *Ciel moutonné,* couvert de petits nuages. → **pommelé.** ▶ **moutonnement** n. m. *Le moutonnement des vagues.* ▶ **moutonnier, ière** adj. Qui suit aveuglément les autres, les imite « comme un mouton », sans discernement. → **imitateur.** *Une foule moutonnière.* ▷ **saute-mouton**

mouture [mutyʀ] n. f. (→ **moudre**) **1·** Opération de meunerie qui consiste à réduire en farine des grains de céréales. – Produit résultant de cette opération. **2·** Reprise sous une forme plus ou moins différente (d'un sujet déjà traité). *C'est au moins la troisième mouture de son article.*

mouvance [muvɑ̃s] n. f. Sphère d'influence. *La mouvance socialiste.*

mouvant, ante [muvɑ̃, ɑ̃t] adj. **1·** Qui change sans cesse de place, de forme, d'aspect. / contr. fixe, immobile / *La nappe mouvante des blés.* → **ondoyant.** – *Une pensée mouvante.* → **changeant, instable. 2·** Qui n'est pas stable, qui s'écroule, s'enfonce. / contr. stable / *Terrain mouvant. Sables mouvants.*

mouvement [muvmɑ̃] n. m. **I· 1·** Changement de position dans l'espace, en fonction du temps, par rapport à un système de référence. / contr. arrêt, immobilité / *Le mouvement d'un corps.* → **course, déplacement, trajectoire.** *Direction d'un mouvement. Force, intensité d'un mouvement.* → **vitesse.** *Mouvement rapide, lent.* **2·** (D'un être vivant) ***Un mouvement*** *:* changement de position ou de place effectué par le corps ou une de ses parties. *Attitudes, positions, postures et mouvements* (→ **geste**). *Mouvements vifs, lents, aisés, maladroits. Un mouvement du bras, du cou, de la jambe.* – Loc. *Faire un faux mouvement,* un mouvement dans une mauvaise position (douloureux). – *Mouvements de gymnastique, de nage. Mouvement inconscient, automatique.* → **automatisme, réflexe.** – Loc. *En deux temps, trois mou-*

vements, très rapidement. – ***Le mouvement*** : la capacité ou le fait de se mouvoir. *Aimer le mouvement,* être actif, remuant. **3·** Déplacement (d'une masse d'hommes agissant, se déplaçant en même temps, de véhicules, de choses transportées, mues par l'homme). *Le mouvement d'une foule. Le mouvement des avions sur un aérodrome. Mouvements de marchandises.* → **circulation, trafic.** – Sans compl. *Il y a du mouvement dans cette ville.* → **activité.** – *Mouvements de troupes.* → **évolution, manœuvre.** **4·** ***En mouvement*** : qui se déplace, bouge. *Mettre un mécanisme en mouvement,* faire marcher. *Toute la maison est en mouvement.* **II·** **1·** Ce qui traduit le mouvement, donne l'impression du mouvement, de la vie (dans un récit, une œuvre d'art). *Il y a du mouvement dans ce film.* **2·** Degré de rapidité que l'on donne à la mesure, en musique. → **rythme, tempo.** *Indication de mouvement. L'allégro est un mouvement rapide.* – Partie d'une œuvre musicale devant être exécutée dans un mouvement précis. *Les trois mouvements d'une sonate, d'une symphonie.* **3·** Ligne, courbe. *Mouvement de terrain.* **III·** Mécanisme qui produit, entretient un mouvement régulier. *Mouvement d'horlogerie.* **IV·** Changement, modification. **1·** Littér. *Les mouvements de l'âme, du cœur,* les différents états de la vie psychique. → **émotion, impulsion, sentiment, tendance.** *Mouvements intérieurs.* – Loc. Plus cour. *Un bon mouvement,* incitant à une action généreuse, désintéressée, ou simplement amicale. *Mouvement d'humeur.* – *Mouvements divers,* réactions vives dans un auditoire. **2·** Changement dans l'ordre social. / contr. continuité / *Le parti du mouvement* (opposé à *conservateur*). → **progrès.** Fam. *Être dans le mouvement,* suivre les idées en vogue (→ dans le vent). **3·** ***Un mouvement*** : action collective (spontanée ou dirigée) tendant à produire un changement d'idées, d'opinions ou d'organisation sociale ; organisation qui mène cette action. *Mouvement révolutionnaire, syndical. Mouvement littéraire, artistique.* **4·** Changement quantitatif. → **variation.** *Mouvements de la population. Mouvements des prix.* ▶ **mouvementé, ée** adj. **1·** *Terrain mouvementé,* qui présente des mouvements (II, 3). → **accidenté.** **2·** (Composition littéraire) Qui a du mouvement (II, 1), de l'action. *Récit mouvementé.* → **vivant.** – Qui présente des péripéties variées. *Poursuite, arrestation mouvementée.* / contr. calme /

mouvoir [muvwaʀ] v. tr. < conjug. 27 > **REM.** Rare sauf à l'infinitif, au présent de l'indicatif et aux participes. **I·** V. tr. **1·** Mettre en mouvement. → **animer, remuer.** / contr. arrêter, immobiliser / *Mouvoir ses membres avec difficulté. Machine mue par l'électricité.* **2·** Littér. Mettre en activité, en action. → **émouvoir, exciter, pousser.** *Les raisons, les forces qui le meuvent.* **II·** Littér. ***Se mouvoir*** v. pron. réfl. : être en mouvement. → **bouger, se déplacer.** *Il peut à peine se mouvoir. Se mouvoir dans un univers factice ; dans le mensonge,* y vivre. ▷ **émouvoir, émeute, mouvant, mouvement, promouvoir**

① **moyen, enne** [mwajɛ̃, ɛn] adj. **I·** **1·** Qui se trouve entre deux choses. → **médian ; intermédiaire.** *Le cours moyen d'un fleuve* (opposé à *supérieur* et à *inférieur*). – ***Moyen terme*** : parti intermédiaire entre deux solutions extrêmes, deux prétentions opposées. *Il n'y a pas de moyen terme.* → **milieu.** – ***Cours moyen*** *première, deuxième année* (abrév. *C. M. 1, C. M. 2*) : classes de l'enseignement primaire situées entre les cours élémentaires et la classe de sixième. **2·** Qui, par ses dimensions ou sa nature, tient le milieu entre deux extrêmes. *Être de taille moyenne. Poids moyen. Âge moyen. Classes moyennes,* petite et moyenne bourgeoisies. **3·** Qui est du type le plus courant. → **courant, ordinaire.** *Le Français moyen,* personne représentative du commun des Français. *Le lecteur moyen.* **4·** Qui n'est ni bon ni mauvais. *Qualité moyenne.* → **correct.** *Intelligence moyenne. Résultats moyens.* → **honnête, passable.** *Il est très moyen en français.* **II·** Que l'on établit, calcule en faisant une moyenne. → **moyenne.** *Température moyenne annuelle d'un lieu.* ▶ **Moyen Âge** [mwajɛnaʒ] n. m. Période comprise entre l'Antiquité et les Temps modernes (VIIIe-XVe s.). *Les hommes, les villes du Moyen Âge.* → **médiéval.** ▶ **moyenâgeux, euse** [mwajɛnɑʒø, øz] adj. **1·** Qui a les caractères, le pittoresque du Moyen Âge ; qui évoque le Moyen Âge. *Costume moyenâgeux.* **2·** Péj. Archaïque. → **médiéval.** *Des procédés moyenâgeux.* ▶ **moyen-courrier** n. m. Avion de transport spécialisé sur les moyennes distances. *Des moyen-courriers et des long-courriers.* ▶ **moyenne** n. f. **1·** *La moyenne arithmétique de plusieurs nombres,* le quotient de la somme de ces quantités par leur nombre. ≠ médiane. *Calculer la moyenne des températures à Paris au mois d'août. Rouler à une moyenne de 70 km/h. Faire 70, du 70 de moyenne.* – La moitié des points qu'on peut obtenir. *Avoir la moyenne à un examen.* – Fam. (En parlant de ce qui n'est pas mesurable) *Cela fait une moyenne,* cela compense. – ***En moyenne*** : en évaluant la moyenne. *Il travaille en moyenne 8 heures par jour.* **2·** Type également éloigné des extrêmes (généralement, type le plus courant). *La moyenne des Français. Une intelligence au-dessus de la moyenne.* ▶ **moyennement** adv. D'une manière moyenne, à demi, ni peu ni beaucoup. *Être moyennement beau, riche. Aller moyennement vite.*

② **moyen** [mwajɛ̃] n. m. **1·** Ce qui sert pour arriver à un résultat, à une fin. → **procédé, voie.** *La* *fin et les moyens. Les moyens de faire qqch. Par quel moyen ?* → **comment.** – *Trouver moyen de,* parvenir à. – *S'il en avait le moyen, les moyens,* s'il le pouvait. *Avoir, laisser le choix des moyens. Il a essayé tous les moyens* (→ Remuer ciel et terre). *Moyen efficace ; un bon moyen. Moyen provisoire, insuffisant.* → **demi-mesure, expédient.** Loc. *Se débrouiller avec les moyens du bord,* les seuls moyens disponibles. *Employer les grands moyens,* ceux dont l'effet doit être décisif. – *Il y a moyen ; il n'y a pas moyen de,* il est possible, il est impossible de. *Il n'y a pas moyen de le faire obéir, qu'il soit à l'heure. Pas moyen !,* c'est impossible. – *Moyen d'action, de défense, de contrôle. Moyens de transport.* – ***Par le moyen de*** : par l'intermédiaire de, grâce à. – ***Au moyen de*** : à l'aide de (le moyen exprimé étant généralement concret). → **avec, grâce à.** *Se diriger au moyen d'une boussole.* **2·** ***Les moyens*** : pouvoirs naturels et permanents (d'une personne). → **capacité, faculté, force.** *Les moyens physiques d'un sportif. Il a de grands moyens.* → **don, facilité.** *Être en possession de tous ses moyens. Perdre ses moyens à un examen.* – *Par ses propres moyens,* sans aide extérieure. **3·** Ressources pécuniaires. *Ses parents n'avaient pas les moyens de lui faire faire des études. C'est trop cher, c'est au-dessus de mes moyens.* – Fam. *Il a les moyens,* il a de l'argent. ▶ **moyennant** [mwajɛnɑ̃] prép. Au moyen de, par le moyen de, à la condition de. → **avec, grâce à.** *Acquérir une chose moyennant un prix convenu.* → **pour.** *Donnez-moi de l'argent, moyennant quoi je ferai le travail.*

moyeu [mwajø] n. m. Partie centrale (d'une roue, d'une pièce qui tourne) que traverse l'axe. *Moyeu de volant, d'hélice. Des moyeux.*

mozzarella [mɔdzaʀe(ɛl)la] ou **mozzarelle** [mɔzaʀɛl] n. f. Fromage italien à pâte molle fait de lait de bufflonne ou de vache.

M. S. T. [ɛmɛste] n. f. invar. Abréviation de *maladie sexuellement transmissible.* → maladie **vénérienne.**

M. T. S. [ɛmteɛs] n. m. invar. REM. Toujours en apposition. *Système M. T. S.,* système à trois unités fondamentales : *mètre, tonne, seconde.*

mû, mue Participe passé du verbe *mouvoir.*

mucilage [mysilaʒ] n. m. Substance visqueuse extraite des végétaux qui a pour propriété de gonfler dans l'eau. ▶ **mucilagineux, euse** adj.

mucosité [mykozite] n. f. Amas de substance épaisse et filante qui tapisse certaines muqueuses. → **glaire, morve.** ▶ **mucolytique** adj. et n. m. (Médicament). Qui fluidifie les sécrétions bronchiques. – *Un mucolytique.* ▶ **mucoviscidose** [mykovisidoz] n. f. Maladie congénitale caractérisée par une viscosité excessive des sécrétions de certaines glandes, et qui entraîne des troubles digestifs et respiratoires. ▶ **mucus** [mykys] n. m. invar. Liquide visqueux qui tapisse certaines muqueuses. ▷ **mucilage, muqueux**

mue [my] n. f. **1·** Changement qui affecte la carapace, les cornes, la peau, le plumage, le poil, etc., de certains animaux à des époques déterminées ; cette époque. **2·** Dépouille (d'un animal qui a mué). *Trouver la mue d'un serpent.* **3·** Changement dans le timbre de la voix humaine au moment de la puberté. ▶ **muer** [mɥe] v. < conjug. 1 > **I·** V. intr. **1·** (Animal) Changer de peau, de plumage, de poil. → se **dépouiller.** *Insecte qui mue.* **2·** (Voix humaine) Subir la mue (3). *Sa voix mue. Les garçons muent entre onze et quatorze ans.* **II·** V. pron. réfl. Littér. ***Se muer en*** : se changer, se transformer en. *Ses désirs se sont mués en réalités.*

muesli ou **musli** [mysli] n. m. Mélange de céréales, de fruits (secs ou frais) que l'on consomme mélangé à du lait, du yaourt.

muet, ette [mɥɛ, ɛt] adj. et n. **1·** Qui est privé de l'usage de la parole. *Il est muet de naissance. Sourd et muet.* → **sourd-muet.** – N. *Un muet, une muette.* **2·** Silencieux (volontairement ou non). → **coi.** *Être, rester muet d'étonnement, de peur,* momentanément incapable de parler, de répondre. *Être muet comme une carpe.* – *Rôle muet,* sans texte à dire. **3·** Qui ne contient aucune précision concernant une question. *Le règlement est muet sur ce point.* **4·** (Sentiments) Qui ne s'exprime pas par la parole. *Muette protestation. De muets reproches.* – *Joie muette.* **5·** (Choses) Qui, par nature, ne produit aucun son. *Clavier muet. Cinéma, film muet.* – N. m. *Le muet,* le cinéma muet. **6·** Qui ne se fait pas entendre dans la prononciation. *E, H muet.* **7·** Qui ne contient ou n'utilise aucun signe écrit. *Une carte muette.* ▷ **sourd-muet**

muezzin [mɥɛdzin ; mɥezɛ̃] n. m. Fonctionnaire religieux musulman attaché à une mosquée, qui appelle du minaret les fidèles à la prière. *Des muezzins.*

muffin [mœfin] n. m. Anglic. Au Canada, dans les pays anglo-saxons. Petit gâteau rond très léger.

1 **mufle** [myfl] n. m. Extrémité du museau (de certains mammifères). *Mufle de bœuf.*

2 **mufle** n. m. et adj. Individu mal élevé, grossier et indélicat. → **goujat, malotru.** *Se conduire comme un mufle.* – Adj. (Rare au fém.) *Ce qu'il peut être mufle !* / contr. galant / ▶ **muflerie** n. f. Caractère, action, parole d'un mufle. → **goujaterie, grossièreté.**

mufti ou **muphti** [myfti] n. m. Théoricien et interprète du droit canonique musulman. *Des muftis.*

mugir [myʒiʀ] v. intr. <conjug. 2> **1·** (Bovidés) Pousser le cri sourd et prolongé propre à leur espèce. → **beugler, meugler. 2·** (Suj. chose) Faire entendre un bruit semblable. *Le vent mugissait.* ▶ **mugissement** n. m. Son produit par un animal ou une chose qui mugit. → **beuglement, meuglement.**

muguet [mygɛ] n. m. Plante aux fleurs petites et blanches en clochettes, groupées en grappes. *Offrir un brin de muguet le 1er mai.* – Parfum qui en est extrait. *Savonnette au muguet.*

mulâtre, ou fém. (vieilli) **mulâtresse** [mylɑtʀ, mylɑtʀɛs] n. et adj. Homme, femme de couleur, né(e) de l'union d'un Blanc avec une Noire ou d'un Noir avec une Blanche. *Les mulâtres sont des métis.* – Adj. (**mulâtre** aux deux genres) *Fillette mulâtre.*

1 **mule** [myl] n. f. Pantoufle de femme à talon assez haut.

2 **mule** n. f. Animal femelle né de l'âne et de la jument (ou du cheval et de l'ânesse), généralement stérile. *Monter une mule.* – Loc. fam. *Chargé comme une mule. Capricieux, têtu comme une mule.* ▶ 1 **mulet** [mylɛ] n. m. Hybride mâle de l'âne et de la jument *(grand mulet)* ou du cheval et de l'ânesse, toujours infécond. – Loc. fam. *Être chargé comme un mulet. Têtu comme un mulet.* → **mule.** ▶ **muletier, ière** [myltje, jɛʀ] n. m. et adj. **1·** Conducteur de mulets, de mules. **2·** Adj. *Chemin, sentier muletier,* étroit et escarpé. *Piste muletière.*

2 **mulet** n. m. Poisson comestible (appelé aussi *muge* [myʒ] n. m.).

muleta [muleta ; myleta] n. f. Pièce d'étoffe rouge tendue sur un bâton avec laquelle le matador provoque et dirige la charge du taureau.

mulot [mylo] n. m. Petit mammifère rongeur, appelé aussi *rat des champs.* ▷ **surmulot**

multi- Élément signifiant « qui a beaucoup de... » (ex. : *multicellulaire, multiplace*). → **pluri-, poly-.** / contr. mono-, uni- /

multicarte [myltikaʀt] adj. *Un représentant multicarte,* qui travaille simultanément pour plusieurs maisons de commerce.

multicolore [myltikɔlɔʀ] adj. Qui présente des couleurs variées. → **polychrome.** *Oiseaux multicolores.*

multiconfessionnel, elle [myltikɔ̃fesjɔnel] adj. Où coexistent plusieurs confessions religieuses. *Le Liban, pays multiconfessionnel.*

multicoque [myltikɔk] n. m. Bateau composé de plusieurs coques ou flotteurs, assemblés côte à côte (opposé à *monocoque*). *Les catamarans et les trimarans sont des multicoques.*

multiethnique [myltiɛtnik] adj. Où coexistent plusieurs ethnies. *Une région multiethnique.*

multifonction [myltifɔ̃ksjɔ̃] adj. (Objet) Qui remplit plusieurs fonctions. *Four multifonction,* avec gril, tournebroche, programme de décongélation... *Photocopieuse multifonction,* avec fax, scanner...

multiforme [myltifɔʀm] adj. Qui se présente sous des formes variées, des aspects nombreux. *Une menace multiforme et imprécise.*

multilatéral, ale, aux [myltilateʀal, o] adj. Qui concerne plusieurs parties contractantes, en général des États. *Accords multilatéraux.*

multimédia [myltimedja] adj. et n. m. **1·** Qui concerne plusieurs médias. **2·** N. m. Technique intégrant sur un support électronique des données multiples (son, texte, images fixes ou animées). – Adj. *Des encyclopédies multimédias.*

multimillionnaire [myltimiljɔnɛʀ] adj. et n. Qui possède beaucoup de millions. *Il est multimillionnaire en dollars.* – N. *Un(e) multimillionnaire.* – On dit aussi *multimilliardaire.*

multinational, ale, aux [myltinasjɔnal, o] adj. Qui concerne plusieurs pays. – Qui a des activités dans plusieurs pays. – N. f. *Une multinationale,* une firme multinationale.

multipare [myltipaʀ] adj. et n. f. Didact. Qui a mis bas, a accouché plusieurs fois (opposé à *primipare*). *Une brebis multipare. Une femme multipare.* – N. f. *Une multipare.*

multiple [myltipl] adj. **1·** Qui est composé de plusieurs éléments de nature différente, ou qui se manifeste sous des formes différentes. → **divers.** *Une réalité multiple et complexe.* / contr. simple / **2·** Qui contient plusieurs fois exactement un nombre donné. *21 est multiple de 7.* – N. m. *Tout multiple de deux est pair. Le plus petit commun multiple de deux nombres* (abrév. *P. P. C. M.*). **3·** (Avec un nom au pluriel) Qui se présentent sous des formes variées. → **nombreux.** *Activités, aspects, causes multiples.* / contr. unique / **4·** *Prise multiple,* adaptateur permettant de brancher plusieurs appareils sur la même prise de courant. ▶ **multiplier** [myltiplije] v. tr. <conjug. 7> **I· 1·** Augmenter le nombre, la quantité de (personnes, êtres, choses de la même espèce). → **accroître.** *Multiplier les exemplaires d'un texte.* → **reproduire.** *Multiplier les essais.* → **répéter. 2·** Faire la multiplication de. / contr. diviser / – Au p. p. *Sept multiplié par neuf* (7×9), sept fois neuf. **II·** *Se multiplier* v. pron. **1·** Être augmenté, se produire en grand nombre. → s'**accroître, croître,** se **développer. 2·** (Êtres vivants) Se reproduire. *Les souris se multiplient très vite.* ▶ **multiplicité** n. f. Caractère de ce qui est multiple ; grand nombre. → **abondance, quantité.** *La multiplicité des inventions.* ▶ **multiplicande** n. m. Dans une multiplication (3). Celui des facteurs qui est énoncé le premier. ▶ **multiplicateur, trice** adj. et n. m. Qui multiplie, sert à multiplier. – N. m. Dans une multiplication (3). Celui des deux facteurs qui est énoncé le second. / contr. diviseur / ▶ **multiplicatif, ive** adj. Qui multiplie, qui aide à multiplier. *Signe multiplicatif* (×). ▶ **multiplication** n. f. **1·** Augmentation en nombre. / contr. diminution / **2·** Reproduction asexuée. *La multiplication des bactéries. Multiplication végétative,* des végétaux. **3·** Opération qui a pour but d'obtenir à partir de deux nombres *a* et *b* (*multiplicande* et *multiplicateur*) un troisième nombre (*produit*) égal à la somme de *b* termes égaux à *a* (ex. : *6 × 3 6 + 6 + 6 18*). *Table de multiplication.* / contr. division / ▷ **démultiplier, démultiplication, sous-multiple**

multipoint ou **multipoints** [myltipwɛ̃] adj. (Serrure) Qui comporte plusieurs pênes actionnés simultanément par une même clé.

multiprise [myltipʀiz] n. f. Prise électrique qui peut accueillir plusieurs branchements.

multipropriété [myltipʀɔpʀijete] n. f. Régime de propriété collective où chaque propriétaire jouit de son bien pendant une période déterminée de l'année. *Il a acheté un appartement à la montagne en multipropriété.*

multirécidiviste [myltiʀesidivist] adj. et n. Qui a commis plusieurs récidives, a été condamné plusieurs fois pour les mêmes faits. *Un délinquant multirécidiviste.* – N. *Un, une multirécidiviste.*

multirisque [myltiʀisk] adj. Qui couvre plusieurs risques. *Assurance multirisque.*

multisalle ou **multisalles** [myltisal] adj. (Cinéma) Qui comporte plusieurs salles de projection. *Un complexe multisalle.*

multisupport [myltisypɔʀ] adj. **1·** *Contrat multisupport,* contrat d'assurance-vie composé de placements variés. *Des contrats multisupports.* **2·** (Contenu). Qui peut être exploité sur différents supports. *Édition multisupport* (papier, web, multimédia).

multitude [myltityd] n. f. **1·** Grande quantité (d'êtres, d'objets). *Une multitude de visiteurs entra* (ou *entrèrent*). → **armée, flot, nuée.** – *Pour une multitude de raisons.* → **quantité. 2·** Rassemblement d'un grand nombre de personnes. → **foule.** *La multitude qui accourait pour voir la vedette.*

muni, ie [myni] Participe passé du verbe *munir.*

municipal, ale, aux [mynisipal, o] adj. Relatif à l'administration d'une commune. → **communal.** *Conseil municipal. Élections municipales. Piscine municipale.* ▶ **municipalité** n. f. Le corps municipal ; l'ensemble des personnes qui administrent une commune. *La municipalité d'une commune comprend le maire, ses adjoints et les conseillers municipaux.* – Siège de l'administration municipale. → **hôtel** de ville, **mairie.** – La circonscription administrée par une municipalité. → **commune.**

munificence [mynifisɑ̃s] n. f. Grandeur dans la générosité. *Donner avec munificence.* ≠ magnificence. ▶ **munificent, ente** adj. Littér. Généreux avec somptuosité.

munir [myniʀ] v. tr. < conjug. 2 > **1·** Garnir (qqch.), pourvoir (qqn) de ce qui est nécessaire, utile pour une fin déterminée. → **équiper, pourvoir.** *Munir un voyageur d'un peu d'argent.* – Au p. p. *Caméra munie de deux objectifs.* **2·** V. pron. réfl. *Se munir de.* → **prendre.** *Se munir d'un imperméable.* – *Se munir de patience.* → s'**armer.** ▶ **munitions** [mynisjɔ̃] n. f. pl. Explosifs et projectiles nécessaires au chargement des armes à feu (balle, cartouche, fusée, obus) ou lâchés par un avion (bombe). *Entrepôt d'armes et de munitions.* ▷ **démunir, prémunir**

muphti → **mufti.**

muqueux, euse [mykø, øz] adj. **1·** Qui a le caractère du mucus, des mucosités. **2·** Qui sécrète, produit du mucus. *Membrane muqueuse.* ▶ **muqueuse** n. f. Membrane formant l'enveloppe des organes creux, qui se raccorde avec la peau au niveau des orifices naturels (bronche, anus, vagin...) et qui est lubrifiée par des sécrétions liquides.

mur [myʀ] n. m. **1·** Ouvrage (de pierre, béton, etc.) qui s'élève sur une certaine longueur et qui sert à enclore, à séparer ou à supporter une poussée. → **muraille, muret.** *Bâtir, élever, abattre un mur. Mur de pierres sèches. Fermer de murs,* murer. *Un vieux mur croulant.* – *Il est arrivé dans nos murs,* dans notre ville. **2·** Face intérieure des murs, des cloisons, d'une habitation. *Mettre des tableaux aux murs. Horaire affiché au mur.* → **mural.** – Loc. *Entre quatre murs,* en restant enfermé dans une maison. **3·** Loc. *Raser les murs,* pour se cacher, se protéger. – *Sauter, faire le mur,* sortir sans permission (de la caserne, d'un internat, etc.). – *Se cogner, se taper la tête contre les murs.* → se **désespérer.** – *Mettre qqn au pied du mur,* acculer à, enlever toute échappatoire. – *Aller, foncer (droit) dans le mur,* aller vers un échec certain, à la catastrophe. **4·** Fig. Ce qui sépare, forme obstacle. *Un mur d'incompréhension. Se heurter à un mur.* **5·** *Le mur du son* : l'instant, ponctué d'une explosion, où un avion, une fusée dépasse la vitesse du son. → **Mach.** *Franchir le mur du son.* **6·** Football. Ligne des joueurs placés entre le tireur et le gardien de but lors d'un coup franc*. *L'arbitre a fait reculer le mur à distance réglementaire.* ▷ se **claquemurer, emmurer, intra-muros, muraille, mural, murer, muret**

mûr, mûre [myʀ] adj. **1·** (Fruit, graine) Qui a atteint son plein développement (→ **maturation, maturité**). *Un fruit trop mûr.* → **blet.** / contr. vert / *Couleur de blé mur.* **2·** (Abcès, furoncle) Qui est près de percer. **3·** Fig. Qui a atteint le développement nécessaire à sa réalisation, à sa manifestation. *Un projet mûr. La révolution est mûre.* – (Personnes) *Être mûr pour*, être préparé, prêt à. **4·** *L'âge mûr*, adulte. *L'homme mûr.* → **fait.** *Esprit mûr*, qui a atteint tout son développement. → **maturité.** *Il est très mûr pour son âge.* → **raisonnable.** / contr. immature / – *Après mûre réflexion*, après avoir longuement réfléchi. **5·** Fam. → **ivre, soûl.** *Il est complètement mûr.* ▷ **mûrement, mûrir**

muraille [myʀɑj] n. f. **1·** Étendue de murs épais et assez élevés. *Une haute muraille. Les murailles du château fort.* – Loc. *Couleur de muraille*, se confondant avec celle des murs. – Fortification. → **rempart.** *Enceinte de murailles. La grande muraille de Chine.* **2·** Ce qui s'élève comme un mur ; surface verticale abrupte, escarpée. → **paroi.**

mural, ale, aux [myʀal, o] adj. Qui est appliqué sur un mur, une cloison, comme ornement. *Peintures, fresques murales.* – Qui est fixé au mur et ne repose pas par terre. *Pendule murale.*

mûre [myʀ] n. f. **1·** Fruit du mûrier (qui n'est pas consommé partout). **2·** Fruit noir de la ronce des haies, comestible, qui ressemble au fruit du mûrier. *Gelée de mûres.* ▷ **mûrier**

mûrement [myʀmɑ̃] adv. (→ **mûr,** 4) Avec beaucoup de réflexion. *J'y ai mûrement réfléchi.*

murène [myʀɛn] n. f. Poisson long et mince, plus gros que l'anguille, très vorace.

murer [myʀe] v. tr. < conjug. 1 > **1·** Entourer de murs. – Fermer, enclore par un mur, une maçonnerie. *Murer une porte, une issue.* – Au p. p. adj. *Une fenêtre murée.* **2·** Enfermer (qqn) en supprimant les issues. – Au p. p. adj. *Mineurs murés au fond*, enfermés par un éboulement. **3·** V. pron. réfl. *Se murer* : s'enfermer (en un lieu), s'isoler. → **se cacher, se cloîtrer.** *Il s'est muré chez lui.* – *Se murer dans son silence.*

muret [myʀɛ] n. m. ou **murette** [myʀɛt] n. f. Petit mur. – Mur bas de pierres sèches.

mûrier [myʀje] n. m. Arbre originaire d'Orient et acclimaté dans le bassin méditerranéen, dont le fruit est la mûre (1). *Mûrier noir. Mûrier blanc*, utilisé en ébénisterie.

mûrir [myʀiʀ] v. < conjug. 2 > **I·** V. tr. **1·** Rendre mûr. *Le soleil mûrit les fruits.* **2·** Mener (une chose) à point en y appliquant sa réflexion. → **approfondir.** *Mûrir une pensée, un projet.* → **méditer. 3·** Donner de la maturité d'esprit à (qqn). *Le malheur l'a mûri.* **II·** V. intr. **1·** Devenir mûr, venir à maturité. *Les blés mûrissent.* **2·** Se développer, atteindre son plein développement. *Laisser mûrir une idée, un projet.* – Acquérir de la maturité d'esprit. ▶ **mûrissant, ante** adj. **1·** En train de mûrir. **2·** (Personnes) Qui atteint l'âge mûr.

murmure [myʀmyʀ] n. m. **I· 1·** Bruit sourd, léger et continu de voix humaines. → **chuchotement.** *Rires et murmures d'élèves.* **2·** Commentaire fait à mi-voix par plusieurs personnes. *Murmures d'approbation, de protestation.* – Loc. *Accepter une chose sans hésitation ni murmure*, sans protester. **II·** Bruit continu léger, doux et harmonieux. *Le murmure d'une fontaine.* → **bruissement.** ▶ **murmurer** v. < conjug. 1 > **I·** V. intr. (Personnes) **1·** Faire entendre un murmure. **2·** Émettre une plainte, une protestation sourde. → **bougonner, grogner.** *Accepter, obéir sans murmurer.* **II·** V. tr. Dire, prononcer à mi-voix ou à voix basse. → **chuchoter ; marmonner, marmotter.**

musaraigne [myzaʀɛɲ] n. f. Petit mammifère insectivore, voisin de la souris.

musarder [myzaʀde] v. intr. < conjug. 1 > Perdre son temps à des riens. → **flâner, muser** ; fam. **glander.**

musc [mysk] n. m. Substance brune très odorante, sécrétée par les glandes abdominales d'un animal de la famille des cervidés (cerf, etc.). *Grains de musc séché.* – Parfum préparé à partir du musc. ▶ **muscade** adj. et n. f. *Noix muscade* ou, ellipt, *la muscade*, graine du fruit d'un arbre exotique (le *muscadier*), d'odeur aromatique, employée comme épice. ▷ **muscat, musqué**

muscadet [myskadɛ] n. m. Vin blanc sec de la région de Nantes. *Un verre de muscadet.*

muscadin [myskadɛ̃] n. m. Autrefois. Élégant ridicule, (notamment à l'époque de la Révolution, du Directoire).

muscat [myska] adj. et n. m. **1·** *Raisin muscat*, très sucré et à odeur de musc. – N. m. *Une grappe de muscat.* **2·** *Vin muscat*, vin de liqueur, produit avec des raisins muscats (ex. : *malaga*). – N. m. *Un verre de muscat.*

muscle [myskl] n. m. Organe ou élément d'organe formé de tissus irritables et contractiles qui assurent les fonctions du mouvement. *Muscles striés, volontaires. Muscles lisses.* – (Muscles apparents, sous la peau) *Contracter, gonfler un muscle. Développer ses muscles.* → **musculation ; musculature.** *Elle s'est froissé un muscle.* – Sans compl. *Avoir des muscles, du muscle,* être fort. ▶ **musclé, ée** adj. **1·** Qui est pourvu de muscles bien visibles et puissants. → **fort.** *Jambes musclées.* **2·** Fam. Énergique, fort. *Une politique musclée.* ▶ **muscler** v. tr. < conjug. 1 > Pourvoir de muscles développés, puissants. – V. pron. réfl. *Se muscler. Il fait de la gymnastique pour se muscler.* ▶ **musculaire** adj. Relatif aux muscles. *Système musculaire. Force musculaire.* ▶ **musculation** n. f. Développement d'un muscle, d'une partie du corps grâce à des exercices appropriés. – Ensemble de ces exercices. *Il fait de la musculation.* → **body-building, culturisme.** – Abrév. fam. **muscu.** ▶ **musculature** n. f. Ensemble et disposition des muscles (d'un organisme ou d'un organe). *La musculature du dos. La musculature d'un athlète.* ▶ **musculeux, euse** adj. Qui a des muscles développés, forts. → **musclé.** ▷ **intramusculaire**

muse [myz] n. f. **1·** (Avec une majuscule) Chacune des neuf déesses qui, dans la mythologie antique, présidaient aux arts libéraux. **2·** Littér. L'inspiration poétique, souvent évoquée sous les traits d'une femme.

museau [myzo] n. m. **1·** Partie antérieure de la face (de certains animaux : mammifères ; poissons) lorsqu'elle fait saillie en avant. – REM. Ne se dit pas du cheval. *Museau de chien* → **truffe,** *de porc* → **groin.** *Museau de brochet.* – *Museau de porc* (hure), *de bœuf,* charcuterie à la vinaigrette. **2·** Fam. Visage, figure. → **minois.** ▷ **museler**

musée [myze] n. m. **1·** Établissement dans lequel sont rassemblées et classées des collections d'objets présentant un intérêt historique, technique, scientifique, artistique, en vue de leur conservation et de leur présentation au public. → **collection.** *Musée de peinture. Musée d'histoire naturelle.* → **muséum.** *Expositions d'un musée* (d'art). *Objet, pièce de musée,* digne d'un musée. **2·** Lieu rempli d'objets rares, précieux. *Son appartement est un véritable musée. Ville-musée.* – Loc. fam. *Musée des horreurs,* réunion de choses très laides. ▶ **muséologie** n. f. ; **muséographie** n. f. Science, technique de la conception des musées, de leur réalisation (classement, présentation des collections...). ▷ **écomusée, muséum**

museler [myzle] v. tr. < conjug. 4 > **1·** Empêcher (un animal) d'ouvrir la gueule, de mordre en lui emprisonnant le museau. → **muselière.** *Museler un chien.* **2·** Fig. Empêcher de parler, de s'exprimer. → **bâillonner.** *Museler l'opposition.* ▶ **muselière** [myzəljɛʀ] n. f. Appareil servant à museler certains animaux en leur entourant le museau. *Mettre une muselière à un chien agressif.* ▶ **musellement** n. m. Action de museler (1, 2).

muser [myze] v. intr. < conjug. 1 > Littér. Perdre son temps à des bagatelles, à des riens. → **s'attarder, flâner, musarder.** ▷ **musarder**

1 **musette** [myzɛt] n. f. **1·** Autrefois. Cornemuse alimentée par un soufflet. **2·** En appos. ***Bal musette*** : bal populaire où l'on danse, généralement au son de l'accordéon, la java, la valse, le fox-trot, dans un style particulier (appelé *le musette,* n. m.). *Des bals musettes.* – *Valse musette. Un disque d'accordéon musette (de musette,* n. m.).

2 **musette** n. f. Sac de toile, qui se porte souvent en bandoulière. *Mettre sa gamelle dans sa musette.*

muséum [myzeɔm] n. m. Musée consacré aux sciences naturelles. *Des muséums.*

musical, ale, aux [myzikal, o] adj. **1·** Qui est propre, appartient à la musique, concerne la musique. *Son musical. Notation musicale. Critique musical.* – Où il y a de la musique. *Soirée musicale.* → **concert, récital.** *Comédie musicale,* en partie chantée (surtout, film de ce genre). – Loc. *(Jeu des) chaises musicales,* nouvelle répartition des responsabilités entre les personnes qui exercent un pouvoir. **2·** Qui a les caractères de la musique. *Une voix très musicale.* → **harmonieux, mélodieux.** ▶ **musicalement** adv. **1·** Conformément aux règles de la musique. **2·** D'une manière harmonieuse. ▶ **musicalité** n. f. Qualité de ce qui est musical. *La musicalité de la poésie.*

music-hall [myzikol] n. m. Établissement qui présente un spectacle de variétés. *Chanteuse de music-hall. Des music-halls.* – Spectacles présentés par cet établissement. *Aimer le music-hall.*

musicien, ienne [myzisjɛ̃, jɛn] n. et adj. **1·** Personne qui connaît l'art de la musique ; en connaît la technique, ou est capable d'apprécier la musique. – Adj. *Elle était assez musicienne.* **2·** Personne dont la profession est de faire (composer, jouer) de la musique (compositeur, interprète, chef d'orchestre...). – Compositeur. *Les grands musiciens. Musicien de jazz. Excellent musicien.* → **virtuose.**

musico- Élément de mots savants relatifs à la musique. ▶ **musicologie** [myzikɔlɔʒi] n. f. Science de la théorie, de l'esthétique et de l'histoire de la musique. ▶ **musicologue** n. Spécialiste de musicologie.

musique [myzik] n. f. **I· 1·** Art de combiner des sons d'après des règles (variables selon les lieux et les époques), d'organiser une durée avec des éléments sonores ; production de cet art (sons ou œuvres). *Aimer la musique. Musique vocale.* → **chant, voix.** *Musique instrumentale. Musique concrète,* à base de sons naturels, musicaux ou non (bruits). *Musique de chambre,* musique pour un petit nombre de musiciens. *Musique de danse, de ballet. Musique de film. Musique de cirque. Musique de jazz. Musique de variétés. Musique classique* (ou *grande musique*). *Musique sérielle.* → **dodécaphonisme.** *Musique électronique* (→ **synthétiseur**). *École, conservatoire de musique.* – *Dîner, travailler en musique,* en écoutant de la musique. **2·** Musique écrite, œuvre musicale écrite. *Marchand de musique. Jouer sans musique.* → **partition. 3·** *Musique militaire, musique d'un régiment,* les musiciens du régiment. → **clique, fanfare.** *Régiment qui marche musique en tête. Musique d'une fanfare.* Loc. *Aller plus vite que la musique,* aller trop vite, précipiter les choses. **4·** Fam. (En parlant des discours) *C'est toujours la même musique.* → **chanson, histoire.** – Fam. *Connaître la musique,* savoir de quoi il retourne, savoir comment s'y prendre. **II· 1·** Suite, ensemble de sons rappelant la musique. → **bruit, harmonie, mélodie.** *La musique des oiseaux, des cigales.* **2·** Harmonie. *La musique d'un poème.* ▷ **musical, musicien, musico-**

musqué, ée [myske] adj. **1·** Parfumé au musc. **2·** Dans des loc. désignant des animaux. Dont l'odeur rappelle celle du musc. *Rat musqué. Bœuf musqué.*

mustang [mystɑ̃g] n. m. Cheval à demi sauvage des prairies d'Amérique. *Des mustangs.*

musulman, ane [myzylmɑ̃, an] adj. et n. **1·** Qui professe la religion de Mahomet, l'islam*. *Arabes, Indiens musulmans.* **2·** Qui est propre à l'islam, relatif ou conforme à sa loi, à ses rites. → **islamique.** – N. *Les musulmans.*

① **mutation** [mytɑsjɔ̃] n. f. En biologie. Variation brusque d'un caractère héréditaire (propre à l'espèce ou à la lignée) par changement dans le nombre ou dans la qualité des gènes. ▶ **mutant, ante** adj. et n. En biologie. *Gènes mutants,* qui ont subi une mutation. – N. *Un mutant,* descendant d'une lignée chez lequel apparaît une mutation.

muter [myte] v. tr. < conjug. 1 > Affecter à un autre poste, à un autre emploi. *Muter un fonctionnaire par mesure de sanction.* → **déplacer.** *Il a été muté en province.* ▶ ② **mutation** n. f. **1·** Changement, évolution. *Il est en pleine mutation.* **2·** Affectation d'un fonctionnaire à un autre poste ou à un autre emploi, d'un athlète à un autre club, etc. **3·** Transmission d'un droit de propriété ou d'usufruit. *Droits de mutation.* ▷ **commuter, permuter, transmutation**

mutiler [mytile] v. tr. < conjug. 1 > **1·** Altérer (un être humain, un animal) dans son intégrité physique par une grave blessure (surtout au passif et au p. p. adj. → **mutilé**). *Il a été mutilé du bras droit.* **2·** Détériorer, endommager. → **dégrader.** *Mutiler un arbre.* **3·** Altérer (un texte, un ouvrage littéraire) en retranchant une partie essentielle. → **diminuer, tronquer.** ▶ **mutilation** n. f. **1·** Ablation ou détérioration (d'un membre, d'une partie externe du corps). **2·** Dégradation. *Mutilation de statues, de tableaux.* **3·** Coupure, perte (d'un fragment de texte). ▶ **mutilé, ée** n. Personne qui a subi une mutilation, généralement par fait de guerre ou par accident. → **amputé.** *Mutilé de guerre.* → **blessé, invalide.** *Les mutilés de la face.* → fam. **gueules** cassées.

① **mutin, ine** [mytɛ̃, in] adj. Littér. Qui est d'humeur taquine, qui aime à plaisanter. → **badin, gai.** *Fillette mutine.* – *Un petit air mutin.*

② **mutin** n. m. Personne qui se révolte avec violence. → **rebelle.** ▶ **se mutiner** [mytine] v. pron. réfl. < conjug. 1 > Se dresser contre une autorité, avec violence. → **se rebeller, se révolter.** *Prisonniers qui se mutinent contre leurs gardiens.* ▶ **mutiné, ée** adj. et n. *Des marins mutinés.* ▶ **mutinerie** n. f. Action de se mutiner ; son résultat. → **insurrection, révolte, sédition.** *Mutinerie de troupes.*

mutisme [mytism] n. m. **1·** Refus de parler déterminé par des facteurs affectifs, des troubles mentaux (→ **muet**). **2·** Attitude, état d'une personne qui refuse de parler. *S'enfermer dans un mutisme opiniâtre.* ▶ **mutité** n. f. Impossibilité réelle de parler. → **aphasie.** ▷ **surdi-mutité**

mutuel, elle [mytɥɛl] adj. et n. f. **1·** Qui implique un rapport double et simultané, un échange d'actes, de sentiments. → **réciproque.** *Complaisance, responsabilité mutuelle. Se faire des concessions mutuelles.* **2·** Qui suppose un échange d'actions et de réactions entre deux ou plusieurs choses. *Établissement, société d'assurance mutuelle.* – N. f. *Une mutuelle,* société de mutualité. *Une mutuelle de fonctionnaires.* ▶ **mutualisme** n. m. Doctrine économique basée sur la mutualité. ▶ **mutualiste** adj. et n. *Assurances mutualistes.* ▶ **mutualité** n. f. Forme de prévoyance volontaire par laquelle les membres d'un groupe s'assurent réciproquement contre certains risques. → **association, mutuelle.** *Il faut cotiser pour bénéficier de la mutualité.* ▶ **mutuellement** adv. D'une manière qui implique un échange. → **réciproquement.** *Aidons-nous mutuellement.*

mycénien, ienne [misenjɛ̃, jɛn] adj. De Mycènes, de sa civilisation (en Grèce, avant les Hellènes).

myco-, -myce Éléments savants signifiant «champignon» (ex. : *auréomycine, streptomycine*). ▶ **mycélium** [miseljɔm] n. m. Appareil végétatif des champignons, constitué d'un réseau de filaments souterrains. ▶ **mycologie** n. f. Étude des champignons. ▶ **mycose** n. f. Affection provoquée par un champignon microscopique. *Mycose cutanée.*

myél(o)-, -myélite Éléments savants signifiant «moelle». ▶ **myéline** n. f. Substance constituée de lipides et de protides, qui forme la gaine de la plupart des fibres nerveuses. ▶ **myélinique** adj. ▷ **poliomyélite**

mygale [migal] n. f. Grande araignée fouisseuse, très velue.

my(o)- Élément savant signifiant «muscle». ▶ **myalgie** [mjalʒi] n. f. Méd. Douleur musculaire. ▶ **myocarde** [mjɔkaʀd] n. m. Muscle qui constitue la moyenne partie de la paroi du cœur. *Infarctus du myocarde.* ▶ **myopathie** [mjɔpati] n. f. Maladie du système musculaire. – Spécialt. Maladie à évolution progressive, caractérisée par une atrophie des muscles et une diminution des réflexes. ▶ **myopathe** adj. et n. Atteint de myopathie.

myope [mjɔp] n. et adj. **1**· N. Personne qui a la vue courte ; qui ne voit distinctement que les objets rapprochés. / contr. presbyte / **2**· Adj. Atteint de myopie. – Fam. *Il est myope comme une taupe.* – Fig. Qui manque de perspicacité, de largeur de vue. ▶ **myopie** n. f. Anomalie visuelle du myope. – Fig. *Myopie intellectuelle.*

myosotis [mjɔzɔtis] n. m. invar. Plante à petites fleurs bleues qui croît dans les lieux humides. *Le myosotis est aussi appelé «oreille de souris» ou «ne m'oubliez pas».*

myriade [miʀjad] n. f. Très grand nombre ; quantité immense.

myriapodes [miʀjapɔd] n. m. pl. Classe d'animaux arthropodes à nombreuses pattes (ex. : le mille-pattes). – Au sing. *Un myriapode.*

myrrhe [miʀ] n. f. Gomme résine aromatique fournie par un arbre ou arbuste originaire d'Arabie. *L'or, l'encens et la myrrhe offerts à Jésus par les Rois mages.*

myrte [miʀt] n. m. **1**· Arbre ou arbrisseau à feuilles persistantes. **2**· Feuille de myrte. *Couronne de myrte.*

myrtille [miʀtij] n. f. Baie noire comestible produite par un arbrisseau des montagnes. *Tarte aux myrtilles.* – Cet arbrisseau (variété d'airelle).

① **mystère** [misteʀ] n. m. **I**· Dogme révélé, inaccessible à la raison, dans la religion chrétienne. *Le mystère de la Trinité.* **II**· Chose cachée, secrète. **1**· Ce qui est (ou est cru) inaccessible à la raison humaine. *Le mystère de la nature.* – Caractère mystérieux (d'un lieu). *Maison pleine de mystère.* **2**· Ce qui est inconnu, caché (mais qui peut être connu de quelques personnes) ou difficile à comprendre. → **secret.** *Cela cache, couvre un mystère. Voilà la solution du mystère.* → **énigme. 3**· Ce qui a un caractère incompréhensible, très obscur. *Cela n'a plus de mystère pour lui.* – Ensemble des précautions que l'on prend pour rendre incompréhensible. *S'envelopper, s'entourer de mystère. Chut ! Mystère.* → **discrétion, silence. III**· Pâtisserie glacée, faite de meringue et de glace. **IV**· (Avec une majuscule) Invar. Avion de combat supersonique français. *Quatre Mystère 20.* ▶ **mystérieux, euse** [misteʀjø, øz] adj. **1**· Qui est incompréhensible ou évoque la présence de forces cachées. → **énigmatique, impénétrable, secret.** / contr. clair, évident / *Le hasard est mystérieux. Sentiments mystérieux. Lieu, monde mystérieux.* **2**· Qui est difficile à comprendre, à expliquer. → **difficile.** *Cette histoire est bien mystérieuse.* **3**· Dont la nature, le contenu sont tenus cachés. → **secret.** *Dossier mystérieux. Un mystérieux personnage.* **4**· Qui cache, tient secret qqch. → **secret.** *Un homme mystérieux.* – N. *Tu fais le mystérieux.* ▶ **mystérieusement** adv. D'une manière mystérieuse, cachée, secrète.

② **mystère** n. m. Littér. Au Moyen Âge. Genre théâtral qui mettait en scène des sujets religieux. → **miracle** (2).

mysticisme [mistisism] n. m. **1**· Ensemble des croyances et des pratiques se donnant pour objet une union intime de l'homme et du principe de l'être (divinité) ; dispositions psychiques. → **contemplation, extase ; mystique.** *Mysticisme chrétien, islamique.* **2**· Croyance, doctrine philosophique faisant une part excessive au sentiment, à l'intuition.

mystifier [mistifje] v. tr. < conjug. 7 > **1**· Tromper (qqn) en abusant de sa crédulité et pour s'amuser à ses dépens. → **abuser, duper, leurrer.** *Les naïfs qu'on mystifie.* **2**· Tromper collectivement sur le plan intellectuel, moral, social. *Mystifier un peuple par la propagande.* / contr. démystifier / ≠ mythifier. ▶ **mystifiant, ante** adj. Qui mystifie (2). *Propagande mystifiante.* ▶ **mystificateur, trice** n. Personne qui aime à mystifier, à s'amuser des gens en les trompant. → **farceur, fumiste.** *Mystificateur littéraire.* – Adj. *Intentions mystificatrices.* ▶ **mystification** n. f. **1**· Acte ou propos destiné à mystifier qqn, à abuser de sa crédulité.

→ **blague, canular.** *Elle a été le jouet d'une mystification.* 2· Tromperie collective. *Considérer la religion, le communisme comme une mystification.* ▷ **démystifier**

mystique [mistik] adj. et n. **I·** Adj. **1·** Qui concerne les pratiques, les croyances visant à une union entre l'homme et la divinité. *Extase, expérience mystique.* **2·** (Personnes) Prédisposé au mysticisme. **3·** Qui a un caractère exalté, absolu, intuitif. *Amour, patriotisme mystique.* **II·** N. **1·** Personne qui s'adonne aux pratiques du mysticisme, qui a une foi religieuse intense et intuitive. *Les grands mystiques chrétiens.* **2·** N. f. ***La mystique*** : ensemble des pratiques du mysticisme. – Système d'affirmations absolues à propos de ce à quoi on attribue une vertu suprême. *La mystique de la force, de la paix.* ▷ **mysticisme**

mythe [mit] n. m. **1·** Récit fabuleux, souvent d'origine populaire, qui met en scène des êtres incarnant sous une forme symbolique des forces de la nature, des aspects de la condition humaine. → **fable, légende, mythologie.** *Les grands mythes grecs* (Orphée, Prométhée...). – Représentation de faits ou de personnages réels déformés ou amplifiés par la tradition. → **légende.** *Le mythe de Faust, de don Juan, de Napoléon.* **2·** Chose imaginaire. / contr. réalité / – Fam. *Son oncle à héritage ? C'est un mythe !,* il n'existe pas. **3·** Représentation idéalisée de l'état de l'humanité. *Le mythe de l'Âge d'or, du Paradis perdu.* → **utopie.** – Image simplifiée que des groupes humains élaborent ou acceptent au sujet d'un individu ou d'un fait et qui joue un rôle déterminant dans leur comportement ou leur appréciation. *Le mythe du progrès.* ▶ **mythifier** v. tr. < conjug. 7 > Instaurer en tant que mythe. *Mythifier le rôle du professeur.* / contr. démythifier / ≠ mystifier. ▶ **mythique** adj. Du mythe. *Inspiration, tradition mythique. Héros mythique.* → **fabuleux, imaginaire, légendaire.** / contr. historique, réel / ▷ **démythifier, -mythie, mythologie**

-mythie, mytho- Éléments de mots savants signifiant « fable, légende ».

mythologie [mitɔlɔʒi] n. f. **1·** Ensemble des mythes (1), des légendes (propres à un peuple, à une civilisation, à une religion). *Mythologie hindoue, grecque.* **2·** Ensemble de mythes (3). *La mythologie de la vedette.* ▶ **mythologique** adj. Qui a rapport ou appartient à la mythologie. → **fabuleux.** *Divinités mythologiques.*

mythomanie [mitɔmani] n. f. Forme de déséquilibre psychique caractérisé par des propos mensongers auxquels l'auteur croit lui-même. ▶ **mythomane** adj. et n. Qui est atteint de mythomanie. – N. *Un, une mythomane.*

mytiliculture [mitilikyltyʀ] n. f. Élevage des moules dans les parcs. ▶ **mytiliculteur, trice** n.

myxœdème [miksedɛm] n. m. Œdème de la face et des membres causé par un mauvais fonctionnement de la thyroïde. ▶ **myxœdémateux, euse** adj. et n.

myxomatose [miksɔmatoz] n. f. Grave maladie infectieuse et contagieuse du lapin.

nN

n [ɛn] n. m. invar. **1·** Quatorzième lettre, onzième consonne de l'alphabet. – **REM.** *Gn* note le *n* mouillé [ɲ] sauf dans des mots savants *(diagnostic)*. **2·** *N°* ou *n°*, abréviation de *numéro*. **3·** Lettre servant à noter, en mathématiques, un nombre indéterminé. → **nième.** *Nombre à la puissance n.*

n' adv. de négation. → **ne.**

na [na] interj. Fam. (renforçant une affirmation ou une négation). *C'est bien fait, na !*

naan [nan] n. m. Galette de pain du nord de l'Inde. *Des naans au fromage.*

nabab [nabab] n. m. **1·** Autrefois. Gouverneur de province, en Inde. **2·** Personnage très riche qui vit luxueusement. *Des nababs.*

nabi [nabi] n. m. Arts. Nom (adopté en 1888) par de jeunes peintres indépendants voulant s'affranchir de l'enseignement officiel. *Les nabis.*

nabot, ote [nabo, ɔt] n. et adj. Péj. Personne de très petite taille. → **nain.**

nacelle [nasɛl] n. f. Partie d'un ballon, d'un aérostat, où se trouvent les passagers.

nacre [nakʀ] n. f. Substance à reflets irisés qui tapisse intérieurement la coquille de certains mollusques (coquillages). *Boutons de nacre.* ▶ **nacré, ée** adj. Qui a l'aspect irisé de la nacre. *Vernis à ongles nacré.*

nævus [nevys] n. m. invar. Tache cutanée. → ① **grain** de beauté. *Des nævus* ou *des nævi.*

nage [naʒ] n. f. **1·** Action, manière de nager. → **natation.** *Sa nage favorite, c'est la brasse, le crawl. Nage sous-marine.* **2·** *À la nage :* en nageant. – *Homard à la nage,* cuit au court-bouillon. **3·** *Être en nage :* inondé de sueur.

nageoire [naʒwaʀ] n. f. Organe formé d'une membrane soutenue par des rayons osseux, qui sert d'appareil propulseur aux poissons et à certains animaux marins. *Nageoires dorsales, ventrales.*

nager [naʒe] v. intr. < conjug. 3 > **1·** Se soutenir et avancer à la surface de l'eau ; se mouvoir sur ou dans l'eau par des mouvements appropriés. *Il nage comme un poisson,* très bien. – Loc. fam. *Savoir nager,* se débrouiller, manœuvrer. *Nager entre deux eaux,* ménager deux partis, ne pas s'engager à fond. **2·** Transitivement. Pratiquer (un genre de nage) ; parcourir (à la nage), disputer (une épreuve de nage). *Nager la brasse, le crawl* (→ **natation**). *Nager un cent mètres.* **3·** *Nager dans :* être dans la plénitude d'un sentiment, d'un état. → **baigner.** *Nager dans le bonheur.* **4·** Fam. Être au large (dans ses vêtements). *Elle nage dans sa robe.* **5·** Être dans l'embarras. *Je ne comprends pas, je nage complètement.* → **patauger.** ▶ **nageur, euse** n. Personne qui nage, qui sait nager (1). *C'est un bon nageur.* ▷ **nage, nageoire**

naguère [nagɛʀ] adv. Littér. Il y a peu de temps. → **récemment.** – Abusivt. Autrefois.

naïade [najad] n. f. Divinité mythologique des rivières et des sources. → **nymphe.**

naïf, naïve [naif, naiv] adj. **1·** Qui est plein de confiance et de simplicité par ignorance, par inexpérience. → **ingénu, simple.** / contr. malicieux, retors / *Un garçon naïf et charmant.* – (Paroles, écrits) Qui exprime des choses simples que tout le monde sait. *Une question naïve.* **2·** Qui est d'une crédulité, d'une confiance excessive, irraisonnée. → **crédule, niais.** – N. *Vous me prenez pour un naïf !* → **benêt** ; fam. **poire.** **3·** Naturel, spontané. *Une joie naïve.* – *Art naïf,* art populaire, folklorique. *Peintres naïfs* ou, n., *les naïfs.* ▷ **naïvement, naïveté**

nain, naine [nɛ̃, nɛn] n. et adj. **I·** N. **1·** Personne d'une taille anormalement petite ou atteinte de nanisme*. → **nabot.** / contr. géant / **2·** Personnage légendaire de taille minuscule (gnome, farfadet, lutin). *Blanche-Neige et les sept nains.* **II·** Adj. **1·** (Personnes) *Elle est presque naine. Il est petit mais il n'est pas nain.* **2·** (Espèces végétales, animales) Qui est inférieur à la normale. *Arbre nain, rosier nain, poule naine.* / contr. géant /

naissance [nɛsɑ̃s] n. f. **1·** Commencement de la vie hors de l'organisme maternel ou de l'œuf. / contr. mort / *Donner naissance à,* enfanter. *Date et lieu de naissance. La naissance de Jésus.* → **nativité.** – *De naissance :* d'une manière congénitale, non acquise. *Aveugle de naissance.* **2·** Enfantement. *Le nombre des naissances a augmenté.* → **natalité.** *Contrôle des naissances.* **3·** Commencement, apparition. *C'est là que l'émeute a pris naissance,* a commencé. *La naissance d'une science.* **4·** Point, endroit où commence qqch. *La naissance de la gorge. Naissance d'un fleuve.* → **source.** ▷ **renaissance**

naissant, ante [nɛsɑ̃, ɑ̃t] adj. Qui commence à apparaître, à se développer. *Barbe naissante. Jour naissant.* ▷ **renaissant**

naître [nɛtʀ] v. intr. < conjug. 59 > **I· 1·** Venir au monde, sortir de l'organisme maternel. *Un enfant qui vient de naître,* un nouveau-né. *Il est né à Paris en 1972. Le pays où qqn est né.* → **natal, natif.** – (Suivi d'un attribut) *Il est né aveugle.* / contr. mourir / – Impersonnel. *Il naît plus de filles que de garçons. Être né de :* être issu. *Il est né d'un père français et d'une mère anglaise.* – *Être né pour,* être naturellement fait pour, destiné à. *Elle est née pour commander.* **2·** *Naître à :* littér. s'éveiller à. *Naître à l'amour.* **II· 1·** Commencer à exister. *De nouvelles industries sont nées. Ce problème fait naître d'autres questions,* les suscite. **2·** *Naître de :* être causé par, résulter. *L'ennui naît de la monotonie.* ▷ **mort-né, naissance, naissant, né, nouveau-né**

naïvement [naivmɑ̃] adv. D'une manière naïve. → **ingénument.**

naïveté [naivte] n. f. **1·** Littér. Simplicité, grâce naturelle empreinte de confiance et de sincérité. → **candeur, ingénuité. 2·** Caractère d'une parole, d'un texte naïf. – Parole, écrit naïf. *La naïveté d'une réponse.* **3·** Excès de confiance, de crédulité. *Une incroyable naïveté.* / contr. méfiance /

naja [naʒa] n. m. Nom scientifique du cobra. *Des najas.*

nana [nana] n. f. Fam. Jeune fille, jeune femme. → fam. **meuf, nénette, souris.** *Les mecs et les nanas. Ma nana.*

nanan [nanɑ̃] n. m. Loc. *C'est du nanan,* c'est exquis, très agréable, très facile.

nandou [nɑ̃du] n. m. Grand oiseau coureur d'Amérique du Sud. *Des nandous.*

nanisme [nanism] n. m. Anomalie physique caractérisée par la petitesse de la taille, la grosseur de la tête, etc. → **nain.** / contr. gigantisme /

nano- Élément utilisé pour former des mots désignant de petites entités (ex. : *nanoréseau*) et comme préfixe pour diviser une unité par 1 milliard (ex. : *nanoseconde*). ▶ **nanomètre** [nano mɛtʀ] n. m. Milliardième du mètre. ▶ **nanométrique** adj. ▶ **nanosciences** [nanosjɑ̃s] n. f. plur. Sciences qui étudient les objets de taille nanométrique et leurs propriétés. ▶ **nanotechnologie** [nanotɛknɔlɔʒi] n. f. Technique qui s'intéresse aux objets à l'échelle moléculaire ou atomique. ▶ **nanotechnologique** adj.

nantir [nɑ̃tiʀ] v. tr. < conjug. 2 > Péj. et plaisant. Mettre (qqn) en possession (de qqch.). → **munir, pourvoir.** *On l'a nanti d'un titre.* ▶ **nanti, ie** adj. *Des gens bien nantis,* riches. – N. *Les nantis.* / contr. défavorisé / ▶ **nantissement** n. m. Garantie en nature que le débiteur remet à un créancier. → **gage.**

naos [naos] n. m. invar. Partie centrale (d'un temple grec). – Loge (d'un temple égyptien) abritant la statue du dieu.

napalm [napalm] n. m. Essence solidifiée. *Bombes au napalm.*

naphtaline [naftalin] n. f. Substance blanche extraite du goudron de houille, vendue dans le commerce comme antimite.

naphte [naft] n. m. Pétrole brut. *Nappe de naphte.*

napoléon [napɔleɔ̃] n. m. Ancienne pièce d'or de vingt francs à l'effigie de Napoléon Ier ou de Napoléon III. *Des napoléons.*

napoléonien, ienne [napɔleɔnjɛ̃, jɛn] adj. Qui a rapport à Napoléon Ier ou à Napoléon III.

napolitain, aine [napɔlitɛ̃, ɛn] adj. et n. **1·** De Naples. **2·** *Tranche napolitaine,* glace disposée en couches diversement parfumées.

1 **nappe** [nap] n. f. Linge qui sert à couvrir la table du repas. *La nappe et les serviettes. Nappe à thé.* ▶ **napperon** n. m. Petit linge qui sert à isoler un objet (vase...) du meuble qui le porte.

2 **nappe** n. f. Vaste couche ou étendue plane (de fluide). *Une nappe de brouillard. Nappe d'eau, de pétrole, de gaz.*

napper [nape] v. tr. < conjug. 1 > Recouvrir (un mets) d'une couche de sauce, de gelée, etc.

narcisse [naRsis] n. m. Plante à fleurs blanches à cœur jaune vif, odorantes ; sa fleur.

narcissisme [naRsisism] n. m. Contemplation de soi (comme celle de *Narcisse* dans la mythologie) ; plaisir qu'on prend à s'occuper de soi. ▶ **narcissique** adj. et n. Qui relève du narcissisme. *Un comportement narcissique.*

narco- Élément signifiant « engourdissement, sommeil ». ▶ **narcotique** [naRkɔtik] n. m. Substance qui produit l'assoupissement et un engourdissement de la sensibilité. *La morphine, l'opium sont des narcotiques.* ▶ **narcotrafiquant, ante** n. Gros trafiquant de drogue.

narguer [naRge] v. tr. < conjug. 1 > Braver avec un mépris moqueur. *Il nargue ses professeurs. Narguer le danger.*

narguilé [naRgile], **narghilé** ou **narghileh** [naRgilɛ] n. m. Pipe orientale, à long tuyau souple communiquant avec un flacon d'eau aromatisée.

narine [naRin] n. f. Chacun des deux orifices extérieurs du nez. *Pincer, dilater ses narines.*

narquois, oise [naRkwa, waz] adj. Moqueur et malicieux. → **ironique, railleur.** *Un sourire narquois.* ▶ **narquoisement** adv.

narrer [naRe] v. tr. < conjug. 1 > Littér. Raconter. ▶ **narration** n. f. **1·** Exposé écrit et détaillé d'une suite de faits. → **récit, relation.** – *Présent de narration.* **2·** Exercice scolaire qui consiste à développer un sujet. → **rédaction.** ▶ **narrateur, trice** n. Personne qui raconte (certains événements). → **conteur.** – Dans un roman, une nouvelle, personnage qui s'exprime à la première personne, qui dit *je.* ▶ **narratif, ive** adj. Composé de récits ; propre à la narration. *Style narratif. Élément narratif d'un poème.* ▷ **inénarrable**

narthex [naRtɛks] n. m. invar. Vestibule (d'une église). *Des narthex.*

narval, als [naRval] n. m. Grand mammifère cétacé, à forme de poisson, muni d'une longue défense horizontale. *Des narvals.*

nasal, ale, aux [nazal, o] adj. **1·** Du nez. *Fosses nasales,* les deux cavités par lesquelles l'air pénètre. **2·** Dont la prononciation comporte une résonance de la cavité nasale. *Voyelles nasales* (*AN, EN* [ɑ̃], *IN* [ɛ̃], *ON* [ɔ̃], *UN* [œ̃]). – N. f. *Une nasale.*

nase ou **naze** [naz] adj. **1·** Fam. Fou, cinglé. *Elle est complètement naze.* **2·** Fam. Usé, en mauvais état. *La télé est nase.* → ③ **mort(e).**

naseau [nazo] n. m. Narine (de certains grands mammifères : cheval, etc.). *Les naseaux.*

nasiller [nazije] v. intr. < conjug. 1 > **1·** Parler du nez. **2·** (Suj. chose) Faire entendre des sons qui rappellent la voix d'une personne parlant du nez. *Micro qui nasille.* ▶ **nasillard, arde** adj. Qui nasille, vient du nez. *Voix nasillarde.*

nasse [nas] n. f. Engin de pêche, panier oblong en filet, en treillage, etc. → **casier.**

natal, ale, als [natal] adj. Où l'on est né. *Le pays natal. Maison natale.* – *Langue natale,* maternelle. ▶ **natalité** [natalite] n. f. Rapport entre le nombre des naissances et le chiffre de la population. *Pays à forte, à faible natalité.* ▷ **nativité, néonatal, périnatal, postnatal, prénatal**

natation [natɑsjɔ̃] n. f. Exercice, sport de la nage. *Pratiquer la natation. Épreuves de natation.*

natif, ive [natif, iv] adj. **1·** *Natif de* (tel lieu) : originaire (du lieu où l'on est né). *Elle est native de Marseille,* Marseille est sa ville natale. – N. *Un natif.* **2·** Qu'on a de naissance. → **inné, naturel.** *Noblesse native.*

nation [nɑsjɔ̃] n. f. **1·** Groupe humain assez vaste, qui se caractérise par la conscience de son unité et la volonté de vivre en commun. → **peuple.** **2·** Communauté politique établie sur un territoire défini, et personnifiée par une autorité souveraine. → **État, pays, puissance.** *Organisation des Nations unies* (O. N. U.). – *Les vœux de la nation.* ▶ **national, ale, aux** [nasjɔnal, o] adj. et n. **1·** Qui appartient à une nation. / contr. étranger, international / *Territoire national. Fête nationale.* **2·** Qui intéresse la nation entière, qui appartient à l'État. / contr. local, régional, privé / *Défense nationale. Assemblée nationale. Bibliothèque nationale de France* (abrév. : *B. N. F.*). – *Route nationale* ou, n. f., *une nationale. La nationale 7.* **3·** Qui est issu de la nation, la représente. *Victor Hugo, notre grand poète national.* **4·** N. En droit. Personne qui possède telle nationalité déterminée. *Les nationaux et ressortissants français.* ▶ **nationalisation** n. f. Action de transférer à la collectivité la propriété de certains biens ou moyens de production privés (opposé à *privatisation*). → **étatisation, socialisme.** / contr. dénationalisation / ≠ naturalisation. ▶ **nationaliser** v. tr. < conjug. 1 > Transférer à l'État la propriété d'un bien. – Au p. p. adj. *Entreprises nationalisées.* / contr. dénationaliser, privatiser / ▶ **nationalisme** n. m. Exaltation du sentiment national ; attachement passionné à la nation → **patriotisme** allant parfois jusqu'à la xénophobie et la volonté d'isolement. ▶ **nationaliste** adj. et n. *Une politique nationaliste.* – N. *Les nationalistes.* ▶ **nationalité**

n. f. **1·** Groupe d'hommes unis par une communauté de territoire, de langue, de traditions, d'aspirations. **2·** État d'une personne qui est membre d'une nation. *Nationalité d'origine. Nationalité acquise.* → **naturalisation.** *Il est de nationalité allemande.* ▶ **national-socialisme** n. m. Doctrine du « parti ouvrier allemand » de Hitler. → **nazisme.** ▶ **national-socialiste** adj. et n., invar. en genre. *La doctrine national-socialiste.* – N. *Les nationaux-socialistes.* ▷ **dénationaliser, international, multinational, supranational**

nativité [nativite] n. f. Naissance (de Jésus, de la Vierge, de saint Jean-Baptiste) et fête qui la commémore.

natron [natʀɔ̃] ou **natrum** [natʀɔm] n. m. Carbonate de sodium cristallisé. *Le natron servait à la conservation des momies.*

natte [nat] n. f. **1·** Pièce d'un tissu fait de brins végétaux entrelacés à plat, servant de tapis, de couchette. *Natte de paille.* **2·** Tresse plate. – Tresse de cheveux. *Elle s'est fait une natte.* ▶ **natter** v. tr. < conjug. 1 > Entrelacer, tresser. *Natter ses cheveux.*

1 **naturaliser** [natyʀalize] v. tr. < conjug. 1 > Assimiler (qqn) aux nationaux d'un État. – N. *Les naturalisés et les nationaux.* ▶ 1 **naturalisation** n. f. Action de conférer la nationalité du pays où il réside à un individu d'une autre nationalité ou à un apatride. *Demande de naturalisation.* ≠ nationalisation.

2 **naturaliser** v. tr. < conjug. 1 > Conserver (un animal, une plante) par naturalisation. → **empailler.** – Au p. p. adj. *Antilope naturalisée.* ▶ 2 **naturalisation** n. f. Opération par laquelle on conserve un animal mort, une plante coupée, en lui donnant l'apparence de la nature vivante. → **empaillage, taxidermie.** ▶ 1 **naturaliste** n. Empailleur. → **taxidermiste.**

naturalisme [natyʀalism] n. m. Représentation réaliste de la nature en peinture. – Doctrine, école qui proscrit toute idéalisation du réel en littérature. → **réalisme.** ▶ 2 **naturaliste** adj. Réaliste. *Écrivain, école naturaliste.* ▶ 3 **naturaliste** n. Savant qui s'occupe spécialement de sciences naturelles. → **botaniste, minéralogiste, zoologiste.**

nature [natyʀ] n. f. **I· 1·** Ensemble des caractères, des propriétés qui définissent un être, une chose concrète ou abstraite, généralement considérés comme constituant un genre. → **essence ; entité.** *La nature d'une substance, d'un bien, d'un sentiment... La nature d'un mot.* → **catégorie** grammaticale, **classe.** – Loc. ***De nature à*** : propre à. *Une découverte de nature à bouleverser la science.* **2·** *La nature de qqn, une nature,* ensemble des éléments innés d'un individu. → **caractère,** 2 **naturel.** *Elle est d'une nature douce. Il est travailleur par nature.* – Loc. *L'habitude est une seconde nature,* remplace les tendances naturelles. **3·** Personne, du point de vue du caractère. *Une nature violente. C'est une heureuse nature,* il est toujours satisfait. *C'est une nature,* il a une forte personnalité. **II· 1·** Principe qui anime, organise l'ensemble de ce qui existe selon un ordre. *Les lois, les secrets de la nature. Les liens de la nature,* du sang, de la parenté. – Vieilli. *Vices contre nature,* perversions sexuelles. **2·** Tout ce qui existe sur la Terre hors de l'homme et des œuvres de l'homme. *Les forces de la nature. Protection de la nature.* → **écologie.** – Les paysages, source d'émotion esthétique. *Elle adore la nature. La nature est belle, dans ces montagnes.* **3·** Loc. fam. *Il a disparu dans la nature,* on ne sait pas où il est. **4·** En art. ***D'après nature*** : d'après un modèle naturel. *Dessiner, peindre d'après nature.* – Loc. adj. invar. *Grandeur nature,* grandeur réelle. *Des reproductions grandeur nature.* **5·** Loc. ***En nature*** : en objets réels, dans un échange, une transaction, et non en argent. *Je l'ai payé en nature.* **III·** Adj. invar. **1·** Préparé simplement. *Vous voulez votre entrecôte nature ou avec une sauce au vin ? Des yaourts nature.* **2·** Fam. (Personnes ; actes) Naturel. *Ils sont nature,* francs et directs. ▶ 1 **naturel, elle** adj. **I· 1·** Qui appartient à la nature d'un être, d'une chose. *Caractères naturels.* **2·** Relatif à la nature (II). *Phénomènes naturels.* Vieilli. *Sciences naturelles,* la botanique, la zoologie, la minéralogie, la géologie... → 3 **naturaliste.** *Frontières naturelles,* fleuves, montagnes... **3·** Qui n'a pas été fabriqué, modifié, traité par l'homme ou altéré. → **brut, pur.** *Eau minérale naturelle. Produits naturels.* → **biologique.** *Soie naturelle.* / contr. artificiel / **4·** Qui est considéré comme conforme à l'ordre de la nature (II, 1). → **normal.** *Votre étonnement est naturel.* « *Je vous remercie. – Mais non, c'est (tout) naturel* », cela va de soi. **5·** *Enfant naturel,* né hors mariage. / contr. légitime / **II· 1·** Relatif à la nature humaine, aux fonctions de la vie. *Besoins naturels.* **2·** Qui est inné en l'homme (opposé à *acquis, appris*). *Penchant, goût naturel.* – *Naturel à (qqn). Ce comportement lui est naturel.* **3·** Qui appartient réellement à (qqn), n'a pas été modifié. *C'est son teint naturel.* – *Mort naturelle* (opposé à *accidentel, provoqué*). **4·** Qui traduit la nature d'un individu en excluant toute affectation. → **franc, sincère, spontané.** *Une attitude naturelle.* – (Personnes) Spontané. *Elle est restée naturelle.* / contr. affecté, maniéré / ▶ 2 **naturel** n. m. **1·** Ensemble des caractères physiques et moraux qu'un individu possède en naissant. → **caractère, humeur, nature** (I, 2), **tempérament.** *Il est d'un naturel méfiant.* – PROV. *Chassez le naturel, il revient au galop.* **2·** Aisance avec laquelle on se comporte. → **simplicité, spontanéité.** *Il a beaucoup de naturel.* **3·** LOC. ***Au naturel*** : sans assaisonnement, non préparé. *Thon au naturel.* – En réalité. *Elle est mieux au naturel qu'en photo.* ▶ **naturellement** adv. **I· 1·** Conformément aux lois naturelles. *Elle est naturellement blonde.* / contr. artificiellement / **2·** Par un enchaînement logique ou naturel. → **inévitablement, nécessairement.** *On doit naturellement en conclure que...* **3·** Avec naturel. *Il joue très naturellement.* **II·** Fam. Forcément, bien sûr. *Naturellement, il a oublié son livre.* → **évidemment.** ▶ **nature morte** n. f. Peinture qui représente des objets ou des êtres inanimés. *Un peintre de nature(s) morte(s).* ▶ **naturisme** n. m. Doctrine prônant le retour à la nature dans la manière de vivre (vie en plein air, aliments naturels, nudisme). ▶ **naturiste** n. et adj. Du naturisme ; personne qui pratique le naturisme. ▶ **naturopathie** n. f. Méthode thérapeutique utilisant exclusivement des moyens naturels. ▶ **naturopathe** n. ▷ **dénaturer,** **1 naturaliser,** **2 naturaliser, naturalisme, surnaturel**

naufrage [nofʀaʒ] n. m. **1·** (Navire) Le fait de couler. *Il y a eu vingt noyés dans le naufrage.* – ***Faire naufrage.*** *Le bateau a fait naufrage,* a coulé. → **sombrer. 2·** Ruine totale. *Le naufrage de ses espoirs.* ▶ **naufragé, ée** adj. et n. Qui a fait naufrage (et a survécu). *Marin naufragé.* – N. *Naufragés réfugiés sur un radeau.* ▶ **naufrageur** n. m. Personne qui cause volontairement un naufrage.

nausée [noze] n. f. **1·** Envie de vomir. → **haut-le-cœur.** *Avoir la nausée, des nausées,* avoir mal au cœur. **2·** Sensation de dégoût insurmontable. *J'en ai la nausée,* j'en suis dégoûté. ▶ **nauséeux, euse** adj. **1·** Qui provoque des nausées. **2·** Qui souffre de nausées. *Se sentir nauséeux.* ▶ **nauséabond, onde** [nozeabɔ̃, ɔ̃d] adj. *Odeur nauséabonde.* → **fétide.** – Dont l'odeur dégoûte, écœure. *Une cave nauséabonde.* – Fig. *Une idéologie nauséabonde,* qui dégoûte, rebute.

-naute, -nautique Éléments savants signifiant « navigateur », « relatif à la navigation ». ▶ **nautique** [notik] adj. Relatif à la navigation. *Carte nautique. Sports nautiques. Ski nautique.*

naval, ale, als [naval] adj. **1·** Qui concerne les navires, la navigation. *Constructions navales. Chantiers navals.* **2·** Relatif à la marine militaire. *Forces navales.* → **flotte, marine.** *Combat naval. École navale.*

navarin [navaʀɛ̃] n. m. Mouton en ragoût.

navet [navɛ] n. m. **1·** Racine comestible, blanche ou mauve, d'une plante cultivée. *Canard aux navets.* **2·** Fam. Œuvre d'art sans valeur (tableau, film...). *Ce film est un navet.*

navette [navɛt] n. f. **1·** Instrument de tissage en forme de barquette, qui engage la trame entre les fils de la chaîne en un mouvement alternatif horizontal. **2·** *Faire la navette,* faire régulièrement l'aller-retour entre deux lieux déterminés. *Il fait la navette entre Paris et Lyon.* **3·** Service de transport ou véhicule assurant régulièrement une correspondance. *J'ai pris la navette pour venir.* **4·** *Navette spatiale,* vaisseau spatial capable d'assurer une liaison entre la Terre et une station orbitale. ▶ **navetteur, euse** n. En Belgique. Personne qui effectue régulièrement le trajet entre son domicile et son lieu de travail par un moyen de transport en commun.

naviguer [navige] v. intr. < conjug. 1 > **1·** (Bateaux et passagers) Se déplacer sur l'eau. **2·** Voyager comme marin sur un bateau. *Ce mousse n'a pas encore navigué.* **3·** Conduire, diriger la marche d'un bateau, d'un avion. *Apprendre à naviguer.* **4·** Fam. Voyager, se déplacer beaucoup, souvent. → **bourlinguer. 5·** Se déplacer dans un réseau, dans le web, au moyen des liens hypertextes*. → **surfer.** ▶ **navigable** adj. Où l'on peut naviguer. *Cours d'eau navigable.* ▶ **navigant, ante** adj. Qui navigue par avion (opposé à *au sol*). *Le personnel navigant.* ▶ **navigateur, trice** n. **I· 1·** Littér. Marin qui fait des voyages au long cours sur mer. *Un navigateur (en) solitaire.* **2·** Personne qui règle la direction à suivre (sur un navire, un avion). **II·** N. m. Logiciel conçu pour naviguer (5) sur le web. ▶ **navigation** n. f. **1·** Le fait de naviguer, de se déplacer en mer (ou sur les cours d'eau) à bord d'un bateau. *Navigation au long cours, maritime, fluviale, de plaisance.* **2·** Manœuvre, pilotage des navires. **3·** Ensemble des déplacements de bateaux. *Lignes, compagnies de navigation.* **4·** Circulation aérienne. *Les couloirs de navigation.* **5·** Fait de naviguer (5) sur le web.

navire [naviʀ] n. m. Grand bateau de fort tonnage, ponté, destiné aux transports sur mer. → **bateau, bâtiment, embarcation.** *Navire de guerre. Navire de commerce, de transport.* → **cargo, paquebot.**

navrer [nɑvʀe] v. tr. < conjug. 1 > **1·** Littér. Affliger profondément. → **attrister, désoler.** *Ses confidences m'ont navré.* **2·** ***Être navré de*** : être désolé, contrarié par. *Il était navré de cet oubli. Je suis navré de devoir vous refuser ce service.* ▶ **navrant,**

ante adj. 1· Affligeant, désolant, pénible. *C'est une histoire navrante.* 2· Tout à fait fâcheux. *Il n'écoute personne, c'est navrant.* → **consternant.**

nazi, ie [nazi] adj. et n. Du parti national-socialiste de Hitler ; des actes de ce parti. *Les victimes de la barbarie nazie.* – N. *Les nazis.* ▶ **nazisme** n. m. Mouvement, régime nazi. → **national-socialisme.** ▷ **néonazi**

N. B. [ɛnbe] → **nota.**

ne [n(ə)] (ou **n'** [n]devant une voyelle ou un *h* muet) adv. de négation (→ **non**) REM. *Ne* précède immédiatement le verbe conjugué ; seuls les pronoms pers. compl. et les adv. *y* et *en* peuvent s'intercaler entre *ne* et le verbe. **I**· Exprimant une négation. **1**· *Ne... pas, ne... point* vx, *ne... plus, ne... guère, ne... jamais, ne... que.* – REM. Les deux mots précèdent le verbe à l'infinitif (*il ne marche pas*, mais *il ne veut pas marcher*). – *Il n'ira pas. Ne dites pas cela. N'y allez pas. Je souhaite ne pas y aller. Je n'y suis pas allé. Ne partirez-vous pas demain ? Pourquoi ne viendriez-vous pas ? J'ai menti pour ne pas lui faire de la peine. N'est-ce pas ?* → **n'est-ce pas.** *Il n'est plus malade. Il ne voudra jamais. Il n'est guère aimable. Je n'en mange plus guère. Elle n'a que vingt ans. Je ne l'ai vue qu'une fois.* **2**· **Ne** employé avec un adj., un pronom indéfini négatif. *Je n'ai aucune nouvelle. Je n'en ai aucune. Il ne veut voir personne. Vous ne direz rien. Rien n'est encore fait. Nul ne l'ignore.* **3**· **Ne** employé avec **ni.** *Il n'est ni beau ni laid.* **4**· **Ne** employé seul avec certains verbes et avec **si** (style plus élégant). *Je n'ose avouer mon erreur* (pour *je n'ose pas*). *Nous ne savons s'il viendra. Nous ne savons que faire* (dans cette phrase, on ne peut employer *pas*). *Je ne peux l'affirmer.* – Loc. *C'est lui, si je ne me trompe. Je ne sais qui, quoi, comment, où, pourquoi.* **5**· Toujours employé seul, dans quelques expressions. *N'ayez crainte ! N'empêche qu'il est furieux. On ne peut mieux.* – Littér. *Que n'est-il venu !*, dommage qu'il ne soit pas venu. **II**· **Ne** explétif, n'exprimant pas une négation (facultatif). **1**· Dans une phrase affirmative, et après des verbes exprimant la crainte, l'impossibilité. *Je crains qu'il (ne) se fâche. Pour empêcher qu'il (ne) se blesse.* **2**· Dans une phrase négative, après des verbes exprimant le doute ou la négation. *Je ne doute pas qu'il* ne *soit intelligent.* **3**· Avec un comparatif d'inégalité. *Il est plus malin qu'on ne croit.* **4**· (Avec *avant que, à moins que*) *Décidez-vous avant qu'il ne soit trop tard.* ▷ **je-ne-sais-quoi, naguère, n'est-ce pas, sainte-nitouche**

né, née [ne] adj. **1**· Venu au monde. *M. Martin, né à Paris.* – (Servant à introduire le nom de jeune fille d'une femme mariée) *Mme Dupont née Durand.* – Littér. *Bien né*, qui a une origine noble ou une bonne éducation. – *Né pour*, qui a des aptitudes pour. *Garçon né pour être comédien.* **2**· (Comme second élément d'un mot composé) De naissance, par un don naturel. *Des orateurs-nés.* ▷ **dernier-né, mort-né, nouveau-né, premier-né**

néandertalien, ienne [neɑ̃dɛʀtaljɛ̃, jɛn] adj. Relatif à l'homme de Néandertal, apparu vers 150 000 avant J.-C., éteint vers 35 000 avant J.-C. *Un site néandertalien.* – N. *Les Néandertaliens.*

néanmoins [neɑ̃mwɛ̃] adv. et conj. Malgré ce qui vient d'être dit. → **cependant, pourtant.** *Malgré ses malheurs, il reste néanmoins optimiste. Néanmoins, rien n'est encore décidé.*

néant [neɑ̃] n. m. **I**· **1**· Littér. Chose, être de valeur nulle. *Le néant de qqch.*, valeur, importance nulle. → **faiblesse, misère.** **2**· Ce qui n'est pas encore ou n'existe plus. *Retourner au néant.* – Non-être. *L'être et le néant.* **II**· **1**· *Réduire à néant* : à rien. **2**· ***Néant*** : rien à signaler. *Signes particuliers : néant.* ▷ **anéantir, fainéant**

nébuleuse [nebyløz] n. f. **1**· Corps céleste dont les contours ne sont pas nets. → **nébuleux.** – Amas de gaz. **2**· Immense amas d'étoiles. → **galaxie.** *La nébuleuse à laquelle appartient le Soleil est appelée la Voie lactée.*

nébuleux, euse [nebylø, øz] adj. **1**· Obscurci par les nuages ou le brouillard. → **brumeux, nuageux.** *Ciel nébuleux.* / contr. clair / **2**· Qui manque de clarté, de netteté. → **confus, fumeux.** *Idées nébuleuses.* / contr. net, précis / ▶ **nébulosité** n. f. État, caractère de ce qui est nébuleux. *Nébulosité du ciel.* – *La nébulosité d'une théorie.* ▶ **nébuliser** v. tr. < conjug. 1 > Disperser (un liquide) en très fines gouttelettes. ▶ **nébuliseur** n. m.

① **nécessaire** [nesesɛʀ] adj. et n. m. **I**· Adj. **1**· Se dit d'une condition, d'un moyen dont la présence ou l'action rend seul(e) possible un but ou un effet. *Condition nécessaire et suffisante. L'argent nécessaire pour le voyage.* **2**· ***Nécessaire à*** : dont l'existence, la présence est requise pour répondre au besoin (de qqn). → **indispensable, utile.** *Les outils nécessaires à l'électricien.* **3**· Dont on ne peut se passer ; qui est très utile, qui s'impose. → **essentiel, primordial.** / contr. superflu / *Ils manquent de tout ce qui est nécessaire. Elle se sent nécessaire.* – Impersonnel. (Avec *de* + infinitif) *Il devient nécessaire d'en parler.* (Avec *que* + subjonctif) *Il est nécessaire que nous y allions.* **4**· Qui est l'effet d'un lien logique, causal. *Effet, produit, résultat nécessaire.* → **inéluctable, inévitable.** / contr. accidentel, fortuit / **II**· N. m. **1**· Biens dont on ne peut se passer (opposé à *luxe, superflu*). *Le strict nécessaire.* **2**· Ce qu'il faut faire ou dire, et qui suffit. *Nous ferons le nécessaire.* ▶ **nécessairement** adv.

Par une obligation imposée, par voie de conséquence. → **fatalement, inévitablement.** ▶ 2 **nécessaire** n. m. Boîte, étui renfermant les ustensiles indispensables (à la toilette, à un ouvrage). *Nécessaire de toilette, de voyage. Nécessaire à couture.* → **kit.** ▶ **nécessité** n. f. 1· Caractère nécessaire d'une chose, d'une action. → **obligation.** *La nécessité de gagner sa vie.* 2· Besoin impérieux. *Les nécessités de la vie. Dépenses de première nécessité.* → **indispensable.** 3· État d'une personne qui se trouve obligée de faire qqch. *Ils se trouvaient dans la nécessité d'accepter.* ▶ **nécessiter** v. tr. <conjug. 1> (Suj. chose) Rendre indispensable, nécessaire. → **exiger, réclamer.** *Cette lecture nécessite beaucoup d'attention.* ▶ **nécessiteux, euse** adj. et n. Qui est dans le dénuement, manque du nécessaire. → **indigent, pauvre.** *Aider les familles nécessiteuses.* / contr. aisé, riche / – N. *Les nécessiteux.*

nec plus ultra [nɛkplysyltʀa] n. m. invar. Ce qu'il y a de mieux. *C'est le nec plus ultra.*

nécr(o)- Élément savant signifiant « mort ». ▶ **nécrologie** [nekʀɔlɔʒi] n. f. 1· Notice biographique consacrée à une personne morte récemment. 2· Liste ou avis des décès publié par un journal. ▶ **nécrologique** adj. *Rubrique nécrologique.* ▶ **nécromancie** n. f. Évocation des morts par l'occultisme. → **spiritisme.** ▶ **nécropole** n. f. Dans l'Antiquité. Grand cimetière. – Littér. Cimetière. ▶ **nécrose** n. f. Mort (des tissus vivants). → **gangrène.**

nectar [nɛktaʀ] n. m. 1· Breuvage des dieux, dans la mythologie. – Littér. Boisson exquise. 2· Substance sucrée que sécrètent les fleurs, les feuilles. *Abeilles qui butinent le nectar.* ▶ **nectarine** n. f. Variété de pêche à peau lisse, à chair jaune. → **brugnon.**

néerlandais, aise [neɛʀlɑ̃dɛ, ɛz] adj. et n. Des Pays-Bas. → **hollandais.** *Le florin, monnaie néerlandaise* (avant l'euro). – N. *Les Néerlandais.* – N. m. *Le néerlandais* (langue germanique parlée aux Pays-Bas, en Belgique → flamand).

1 **nef** [nɛf] n. f. Vx. Ancien navire à voiles. – *La nef de Paris* (dans les armes de la ville).

2 **nef** n. f. Partie comprise entre le portail et le chœur d'une église dans le sens de la longueur. *Nef centrale, principale. Les nefs latérales.* → **bas-côté.**

néfaste [nefast] adj. 1· Littér. Marqué par des événements malheureux. *Jour, année néfaste.* / contr. faste, propice / 2· Qui cause du mal. → **funeste, mauvais.** *Influence néfaste. Ce climat lui est néfaste. Cette démarche peut vous être néfaste. Une personne néfaste.* → **dangereux.**

nèfle [nɛfl] n. f. Fruit comestible caractérisé par sa forme globuleuse et ses cinq noyaux. – Fam. Vieilli. *Des nèfles !,* rien du tout. ▶ **néflier** n. m. Arbre des régions tempérées qui produit les nèfles.

négatif, ive [negatif, iv] adj. I· (Opposé à *affirmatif*) 1· Qui exprime un refus. *Réponse négative.* – Loc. *Dans la négative,* dans le cas où la réponse serait non. 2· Qui exprime la négation. *Phrase négative. Particule négative* (ne, non). II· (Opposé à *positif*) 1· Qui est dépourvu d'éléments constructifs, se définit par le refus. *Une attitude négative.* – (Personnes) Qui ne fait que des critiques. *Il s'est montré très négatif.* 2· Qui ne se définit que par l'absence de son contraire. *Qualités négatives.* 3· *Réaction négative de l'organisme* (à un antigène donné), qui ne se produit pas. *Cuti négative.* 4· *Nombre algébrique négatif,* nombre relatif affecté du signe moins. *Le nombre – 2 est négatif. Températures négatives,* au-dessous de zéro. 5· Se dit de tout ce qui peut être considéré comme inverse. *Pôle négatif.* → **cathode.** – *Image, épreuve négative* ou, n. m., *un négatif,* image sur laquelle les parties lumineuses des objets correspondent à des taches sombres et inversement. ▶ **négativement** adv. ▶ **négation** n. f. 1· Acte de l'esprit qui consiste à nier, à rejeter un rapport, une proposition, une existence. *Négation des valeurs.* 2· Action, attitude qui s'oppose à (qqch.). *Cette méthode est la négation de la science.* 3· Manière de nier, de refuser ; mot ou groupe de mots qui sert à nier. *Adverbes de négation.* → **ne, non.** / contr. affirmation / ▶ **négationnisme** n. m. Doctrine niant l'existence des chambres à gaz et la réalité du génocide perpétré par les nazis contre les juifs, les tsiganes, etc. ▶ **négationniste** adj. et n.
▷ **abnégation, renégat, séronégatif**

négliger [negliʒe] v. tr. <conjug. 3> 1· Laisser (une chose) manquer du soin, de l'application, de l'attention qu'on lui devrait ; ne pas accorder d'importance à. → fam. se **ficher.** *Négliger ses intérêts, ses affaires, sa santé.* → se **désintéresser.** – Pronominalement. *Se négliger,* être mal habillé, mal tenu. *Elle se néglige, elle est trop négligée.* – *Négliger de :* ne pas prendre soin de. *Elle a négligé de nous prévenir. Vous ne négligerez pas de vous vêtir chaudement.* → **manquer, oublier.** 2· Porter à (qqn) moins d'attention, d'affection qu'on le devrait. *Il commence à négliger ses amis.* → **délaisser.** 3· Ne pas tenir compte, ne faire aucun cas de. → **mépriser.** *Négliger un avis salutaire. Cet avantage n'est pas à négliger.* – Laisser passer. *Il ne néglige rien pour m'être agréable.* ▶ **négligé** n. m. **1**· État d'une personne négligée. → **débraillé.** **2**· Vieilli. Tenue légère que les femmes portent dans l'intimité. → **déshabillé.** *Elle nous a accueillies en négligé. Un négligé de soie.* ▶ **négligeable** adj. Qui peut être négligé, qui ne vaut pas la peine qu'on en tienne compte. → **dérisoire, insignifiant.** / contr. important / *Considérer un danger comme négligeable. Considérer, traiter qqn comme quantité négligeable.* ▶ **négligence** n. f. **1**· Attitude, état d'une personne dont l'esprit ne s'applique pas à ce qu'elle fait ou devrait faire. → **désinvolture.** / contr. application / *Il a exécuté ce travail avec négligence.* / contr. minutie / – Manque de précautions. *Négligence coupable, criminelle.* **2**· *(Une, des négligences)* Faute ou défaut dus au manque de soin. *Négligences de style.* ▶ **négligent, ente** adj. et n. **1**· (Personnes) Qui fait preuve de négligence. → **inattentif.** *Il est très négligent dans son travail.* / contr. appliqué, consciencieux / **2**· (Choses) Qui trahit la négligence. *Un geste négligent.* ▶ **négligemment** [negliʒamɑ̃] adv. **1**· D'une manière négligente, sans soin. *Il travaillait négligemment.* **2**· Avec indifférence ; d'un air indifférent, distrait. *Répondre négligemment.* **3**· Avec une fausse négligence élégante. *Écharpe négligemment nouée de côté.*

négoce [negɔs] n. m. Vieilli. Commerce. ▶ **négociant, ante** n. Personne qui se livre au commerce en gros. → **commerçant, marchand.** ▶ **négocier** v. < conjug. 7 > **I**· **1**· V. intr. Discuter, agir pour arriver à un accord, à une décision commune. *Gouvernement qui négocie avec une puissance étrangère.* → **traiter.** **2**· V. tr. Établir, régler (un accord) entre deux parties. *Négocier une affaire, un traité.* **3**· V. tr. Transmettre à un tiers (un effet de commerce). **II**· V. tr. *Négocier un virage,* manœuvrer une voiture de manière à bien prendre son virage. ▶ **négociable** adj. Qui peut être négocié (effet de commerce). → **cessible.** *Titre négociable.* ▶ **négociateur, trice** n. Personne qui a la charge de négocier. *Il a été le négociateur de cet accord. Les négociateurs du traité de paix.* ▶ **négociation** n. f. Série d'entretiens, de démarches qu'on entreprend pour parvenir à un accord, pour conclure une affaire. → **tractation.** *Négociations pour l'achat d'une usine. Ouverture de négociations internationales.* → **pourparlers.**

nègre, négresse [nɛgʀ ; negʀɛs] n. et adj. **1**· N. Vieilli ou péj. Noir, noire. – **REM.** Terme raciste sauf s'il est employé par les Noirs eux-mêmes. – Loc. *Travailler comme un nègre,* très durement. **2**· N. m. Fam. Auteur payé par une personne pour écrire les ouvrages qu'elle signe. *Il a pris un nègre pour écrire ses mémoires.* **3**· ***Petit nègre*** : français rudimentaire, parlé avec une syntaxe simplifiée. *C'est du petit nègre !* **4**· Adj. (fém. **nègre**) Vieilli ou péj. Qui appartient, est relatif aux Noirs. *Tribus nègres.* ▶ **négrier** [negʀije] n. m. Celui qui se livrait à la traite des Noirs, marchand d'esclaves. – Personne qui traite ses subordonnés comme des esclaves. ▶ **négrillon, onne** n. Vieilli ou péj. Enfant noir. ▶ **négritude** n. f. Littér. Ensemble des caractères propres aux Noirs ; appartenance à la communauté noire. ▶ **negro-spiritual** [negʀospiʀitɥol] ou **spiritual** n. m. Chant chrétien des Noirs des États-Unis. *Des negro-spirituals.* ▷ **tête-de-nègre**

négus [negys] n. m. invar. Titre porté par les souverains éthiopiens.

neige [nɛʒ] n. f. **1**· Eau congelée dans les hautes régions de l'atmosphère, et qui tombe en flocons blancs et légers. *Il tombe de la neige. Tempêtes de neige. Neige fondue. Boule, bonhomme de neige. Canon* à neige.* – *Classes de neige,* écoles installées temporairement en montagne au cours desquelles les élèves étudient et pratiquent des sports d'hiver. **2**· *Neige artificielle,* substance chimique qui simule la neige. *Neige carbonique.* **3**· *Œufs à la neige, en neige.* → **œuf.** **4**· *Barbe, cheveux **de neige*** : tout blancs. – *Blanc comme neige,* (choses) immaculé ; (personnes) innocent. ▶ **neiger** v. impers. < conjug. 3 > (Neige) Tomber. *Il a neigé très tôt cette année.* ▶ **neigeux, euse** adj. Couvert de neige, constitué par de la neige. *Cimes neigeuses.* ▷ **boule-de-neige, chasse-neige, déneiger, enneiger, motoneige, perce-neige**

nem [nɛm] n. m. Préparation d'origine vietnamienne constituée d'une crêpe de riz fourrée de viande, de légumes..., qui se mange frite.

néné [nene] n. m. Fam. Sein de femme. → fam. **nichon.**

1 **nénette** [nenɛt] n. f. Fam. Vieilli. Tête. *Se casser la nénette,* se casser la tête. *Je me suis cassé la nénette pour trouver la solution.*

2 **nénette** n. f. Fam. Fille, jeune femme. *Deux mecs et trois nénettes.* → fam. **nana.**

nénuphar [nenyfaʀ] n. m. Plante aquatique à grandes feuilles rondes étalées sur l'eau. – **REM.** On écrit aussi *nénufar.*

néo- Élément savant signifiant « nouveau » (ex. : *néo-capitalisme,* n. m. ; *néo-classicisme,* n. m.). ▶ **néo-calédonien, ienne** [neokaledɔnjɛ̃, jɛn] adj. et n. De la Nouvelle-Calédonie. – N. *Les Néo-Calédoniens caldoches* (Européens) *et kanaks.* ▶ **néo-classique** adj. Qui ressemble à l'art classique, cherche à l'imiter. ▶ **néo-colonialisme** n. m. Nouvelle forme de colonialisme qui impose la domination économique à un pays. → **impérialisme.** ▶ **néo-gothique** adj. Architecture. Qui imite le gothique. ▶ **néo-libéral, ale, aux** adj. Qui prône une forme de libéralisme qui admet une intervention limitée de l'État. ▷ **néologisme, néonazi, néophyte, néoplasme, néo-réalisme**

néolithique [neɔlitik] adj. Se dit de la période la plus récente de l'âge de pierre et de ce qui appartient à cette période. *Âge, époque néolithique. Le néolithique.*

néologisme [neɔlɔʒism] n. m. Mot nouveau ou sens nouveau. / contr. archaïsme /

néon [neɔ̃] n. m. Gaz rare de l'air, employé dans l'éclairage. *Enseigne lumineuse au néon.* – *Tube au néon* ou *néon* n. m., tube fluorescent.

néonatal, ale, als [neonatal] adj. Qui concerne le nouveau-né pendant ses premières semaines de vie. *Médecine néonatale* (ou *néonatologie* n. f.).

néonazi, ie [neonazi] adj. et n. Partisan d'un mouvement politique d'extrême droite qui s'inspire du nazisme.

néophyte [neɔfit] n. et adj. Personne qui a récemment adopté une doctrine, un système, ou qui vient d'entrer dans un parti, une association. → **adepte, novice.** *Le zèle d'un néophyte.*

néoplasme [neɔplasm] n. m. Didact. Tumeur cancéreuse.

néo-réalisme [neɔʀealism] n. m. École cinématographique italienne caractérisée par le réalisme, la vérité des situations et des décors, les préoccupations sociales. ▶ **néo-réaliste** adj. et n.

néorural, ale, aux [neoʀyʀal, o] n. et adj. Citadin qui s'établit dans un milieu rural et y travaille.

néphr(o)- Élément savant signifiant « rein ». ▶ **néphrétique** [nefʀetik] adj. Relatif au rein. *Colique néphrétique.* ▶ **néphrite** n. f. Maladie inflammatoire et douloureuse du rein. *Néphrite aiguë.*

népotisme [nepɔtism] n. m. Favoritisme d'une personne puissante à l'égard de ses parents, de ses amis.

néréide [neʀeid] n. f. Nymphe de la mer.

1 **nerf** [nɛʀ] n. m. **1·** Ligament, tendon des muscles. *Elle s'est froissé un nerf.* **2·** *Nerf de bœuf :* dont on se sert notamment pour frapper. **3·** Force active, vigueur physique. *Avoir du nerf, manquer de nerf.* – Fam. Énergie. *Allons, du nerf, un peu de nerf ! Un style qui a du nerf.* ▶ 1 **nerveux, euse** [nɛʀvø, øz] adj et n. **1·** Qui a des tendons vigoureux, apparents. *Mains nerveuses.* – *Viande nerveuse,* trop dure. **2·** Qui a du nerf, de l'énergie. → **vigoureux.** *Un coureur nerveux. Voiture nerveuse,* qui a une grande vitesse d'accélération, de bonnes reprises. – *Style nerveux.* → **énergique, vigoureux.** ▷ **nervure**

2 **nerf** n. m. **1·** Chacun des filaments qui mettent les diverses parties du corps en communication avec le cerveau et la moelle épinière (centres nerveux). → **neur(o)-.** *Le nerf sciatique.* **2·** *Les nerfs :* ce qui supporte les excitations physiques ou extérieures et les tensions intérieures de la personnalité. *Avoir les nerfs fragiles, irritables.* – *C'est un paquet de nerfs,* une personne très nerveuse. *Porter, taper sur les nerfs.* → **agacer, énerver, irriter.** *Tu me tapes sur les nerfs. Avoir les nerfs à vif, en boule,* être très énervé. *Être, vivre sur les nerfs,* n'agir que par des efforts de volonté. *Passer ses nerfs sur qqn,* reporter son énervement sur qqn qui n'en est pas la cause. *Être à bout de nerfs,* exaspéré, ne plus en pouvoir. *La guerre des nerfs,* visant à briser la résistance morale de l'adversaire. – *Crise de nerfs,* cris, pleurs, gestes désordonnés (→ **hystérie**). *Il a fait une crise de nerfs.* ▶ 2 **nerveux, euse** adj. **1·** Relatif au nerf, aux nerfs. *Cellule nerveuse,* neurone. *Système nerveux,* ensemble des organes, des éléments de tissu nerveux qui commandent les fonctions de sensibilité, motilité, nutrition et, chez les vertébrés supérieurs, les facultés intellectuelles et affectives. **2·** Qui concerne les nerfs, supports de l'émotivité, des tensions psychologiques. *Des rires nerveux.* – *Maladies, affections nerveuses,* qui affectent le psychisme. → **névrose.** *Dépression nerveuse.* **3·** (Personnes) Émotif et agité, qui ne peut garder son calme, au physique et au moral. → **émotif.** *Un tempérament nerveux. L'attente me rend nerveux.* → **énervé, fébrile, impatient.** – N. Personne de tempérament nerveux. *C'est un grand nerveux.* ▶ **nerveusement** adv. D'une manière nerveuse, excitée. *Ricaner nerveusement.* / contr. calmement / ▷ **énerver, hypernerveux, nervosité, neur(o)-, névr(o)-**

nervi [nɛʀvi] n. m. Homme de main, tueur. *Des nervis.*

nervosité [nɛʀvozite] n. f. État d'excitation nerveuse passagère. → **énervement, irritation, surexcitation.** *Être dans un état de grande nervosité.* / contr. calme /

nervure [nɛʀvyʀ] n. f. **1·** Fine saillie traversant la feuille d'une plante. **2·** (Insectes) Filet corné qui se ramifie et soutient la membrane de l'aile. *Les* *fines nervures des ailes de la libellule.* **3·** Moulure arrondie, arête saillante (d'une voûte). *Les nervures d'une voûte gothique.*

n'est-ce pas [nɛspɑ] adv. interrog. Formule par laquelle on requiert l'adhésion d'un auditeur. *Vous êtes de mon avis, n'est-ce pas ? N'est-ce pas que j'ai raison ?*

① **net, nette** [nɛt] adj. et adv. **I·** Adj. **1·** Que rien ne ternit ou ne salit. → **propre.** / contr. sale, souillé / *Linge net.* → **immaculé.** – Loc. *Avoir les mains nettes,* n'avoir rien à se reprocher. **2·** Qui est débarrassé (de ce qui encombre). *Faire place nette,* vider les lieux. – *Je veux en avoir le cœur net,* en être assuré. **3·** Dont on a déduit tout élément étranger (opposé à *brut*). *Bénéfice, produit net. Poids net.* – Invar. *Il reste net 140 euros.* – ***Net de*** : exempt de. *Gain net d'impôt.* **4·** Abstrait. Clair et précis ; qui n'est ni douteux ni ambigu. *Avoir des idées nettes. Explication claire et nette.* → **lumineux.** / contr. confus, équivoque, flou / – *Nette amélioration,* très sensible. *Une différence très nette.* → **marqué.** – Qui ne laisse pas de place au doute, à l'hésitation. *Je veux une réponse nette, sans équivoque.* → **catégorique.** *Aimer les situations nettes.* **5·** Qui frappe par des contours fortement marqués. → **distinct, précis.** *Dessin, caractères parfaitement nets. Cassure nette.* → **régulier.** **II·** Adv. **1·** D'une manière précise, tout d'un coup. *S'arrêter net. La balle l'a tué net.* **2·** *Je lui ai dit **tout net** ce que j'en pensais,* franchement. → **carrément, crûment.** ▶ **nettement** adv. **1·** Abstrait. Avec clarté. / contr. obscurément / *Expliquer nettement qqch.* – *C'est nettement mieux maintenant,* incontestablement. **2·** Concret. D'une manière claire, très visible. *Les feuillages se découpent nettement sur le ciel. Je le vois très nettement avec ces jumelles.* → **distinctement.** / contr. confusément, vaguement / ▶ **netteté** [nɛtte] n. f. **1·** Clarté et précision. *Netteté des idées.* **2·** Caractère de ce qui est clairement visible, bien marqué. *La netteté de l'image* (photo, cinéma, télévision).

② **net** [nɛt] n. m. Anglic. *Le Net* : le réseau Internet. → **toile, web.**

nettoyer [netwaje] v. tr. < conjug. 8 > **1·** Rendre propre. *Nettoyer des vêtements. Nettoyer la maison,* faire le ménage. – *Elle s'est nettoyé les ongles.* **2·** Débarrasser (un lieu) de gens dangereux, d'ennemis. *L'armée a nettoyé la région.* – Fam. Vider en prenant, en volant. *Les voleurs ont nettoyé la maison.* **3·** Fam. *Se faire nettoyer,* se faire prendre tout son argent. ▶ **nettoiement** n. m. Ensemble des opérations ayant pour but de nettoyer. *Service de nettoiement* (enlèvement des ordures). ▶ **nettoyage** n. m. **1·** Action de nettoyer ; son résultat. *Nettoyage d'une façade.* → **ravalement.** *Nettoyage du linge.* → **blanchissage, lavage.** *Nettoyage à sec, à la vapeur,* en teinturerie. **2·** Action de débarrasser un lieu d'ennemis. *Nettoyage d'une position.* – *Nettoyage ethnique**. ▶ **nettoyant, ante** adj. Qui nettoie, détache. – N. m. *Un nettoyant ménager.* ▶ **nettoyeur, euse** n. Personne qui nettoie. *Nettoyeur de vitres* → **laveur,** *de parquets.* ▷ **autonettoyant**

① **neuf** [nœf] dét. invar., adj. invar. et n. m. invar. REM. On prononce aussi [nœf] devant une voyelle : ex. *neuf années* [nœfane], sauf pour *neuf ans* [nœvɑ̃] et *neuf heures* [nœvœʀ]. **1·** Dét. num. cardinal invar. Huit plus un (9). *Le chiffre neuf, vingt-neuf. Neuf fois dix.* → **quatre-vingt-dix.** **2·** Adj. num. ordinal invar. Neuvième. *Le chapitre neuf.* **3·** N. m. invar. Le nombre neuf. *Preuve par neuf.* – Le chiffre, le numéro neuf. *Neuf arabe* (9), *romain* (IX). **4·** Carte à jouer marquée de neuf points. *Le neuf de carreau.* ▷ **neuvaine, neuvième, dix-neuf**

② **neuf, neuve** [nœf, nœv] adj. et n. **I·** Adj. **1·** Qui vient d'être fait et n'a pas encore servi. / contr. vieux ; usé / *Étrenner un pantalon neuf, une robe neuve. Acheter des livres neufs et des livres d'occasion. Ma nouvelle voiture n'est pas neuve.* – *À l'état neuf, tout neuf, flambant neuf,* en très bon état, qui semble n'avoir jamais servi. *Des chaussures flambant neuves.* **2·** Abstrait. Qui est nouveau, n'a jamais servi. *Un amour tout neuf. Des idées, des images neuves.* → **nouveau, original.** / contr. ancien, éculé / **3·** Fam. *Qqch. **De neuf*** : des faits récents pouvant amener un changement. *Rien de neuf dans cette affaire. Alors, quoi de neuf aujourd'hui ?* **II·** N. m. sing. **1·** *Le neuf,* ce qui est neuf. *Il n'achète que du neuf.* **2·** ***De neuf*** : avec qqch. de neuf. *Être habillé de neuf.* **3·** ***À neuf*** : de manière à rendre l'état ou l'apparence du neuf. *Il a remis son appartement à neuf.* → **rénover.**

neuneu ou **neu-neu** [nønø] adj. Fam. Un peu bête. *Il est neuneu. Elles sont assez neuneus.*

neur(o)- ou **névr(o)-** Élément savant signifiant « nerf » (ex : *neurochirurgie,* n. f. ; *neurophysiologie,* n. f. ; *neuropsychiatrie,* n. f. ; *neurovégétatif,* adj.). ▶ **neurasthénie** [nøʀasteni] n. f. État durable d'abattement accompagné de tristesse. *Faire de la neurasthénie.* ▶ **neurasthénique** adj. Abattu, triste, sans motifs précis. *Devenir, être neurasthénique.* – N. *Un, une neurasthénique.* ▶ **neuroleptique** n. m. Médicament qui agit sur le psychisme (prescrit en cas de psychose, délire, dépression...). ▶ **neurologie** n. f. Branche de la médecine qui traite des maladies du système nerveux. ▶ **neurologique** adj. ▶ **neurologue** n. Médecin spécialiste en neurologie. ▶ **neurone**

n. m. Sciences. Cellule nerveuse. ▶ **neurosciences** n. f. pl. Ensemble des disciplines qui étudient le système nerveux. ▶ **neurotransmetteur** n. m. Substance chimique synthétisée par le neurone, qui assure la transmission de l'influx nerveux. ▶ **neurovégétatif, ive** adj. *Système neurovégétatif*, qui contrôle les grandes fonctions involontaires (circulation, sécrétion...).

neutre [nøtʀ] adj. et n. **1·** Qui ne participe pas à un conflit. *État, pays neutre.* – N. *Les neutres* : les nations neutres. **2·** Qui s'abstient de prendre parti. *Information neutre et objective. Rester neutre.* **3·** Qui appartient à une catégorie grammaticale différente du masculin et du féminin, dans laquelle se rangent en principe les noms d'objets. *Le genre neutre, le neutre, en anglais, en allemand.* **4·** Qui n'est ni acide, ni alcalin, en chimie. *Combinaison, milieu, sel neutre.* – Qui n'a pas de charge électrique. **5·** *Couleur neutre*, indécise, sans éclat. / contr. vif / **6·** Dépourvu de passion, qui reste froid, objectif. *Style neutre, inexpressif.* ▶ **neutraliser** v. tr. < conjug. 1 > **1·** Rendre neutre (un État, un territoire, une ville). **2·** Empêcher d'agir, par une action contraire qui tend à annuler les efforts ou les effets ; rendre inoffensif. *Neutraliser les effets d'une substance chimique ; les efforts de l'opposition. Neutraliser l'adversaire. Neutraliser un projet de loi par des amendements.* ▶ **neutralisation** n. f. **1·** Action de neutraliser, d'équilibrer. **2·** Action de déclarer la neutralité (d'un pays) envers tout belligérant. ▶ **neutraliste** adj. et n. Favorable à la neutralité. *Attitude neutraliste. Les pays neutralistes. Les neutralistes.* ▶ **neutralisme** n. m. Doctrine qui tend à maintenir un pays dans la neutralité (2). ▶ **neutralité** n. f. **1·** Caractère, état d'une personne qui reste neutre (2). *Rester dans la neutralité.* **2·** État d'une nation qui ne participe pas à une guerre. ▶ **neutrino** n. m. Particule élémentaire électriquement neutre, de masse nulle ou très faible. ▶ **neutron** n. m. Particule élémentaire, électriquement neutre, du noyau atomique (sauf du noyau d'hydrogène normal). *Les neutrons et les protons.*

neuvaine [nœvɛn] n. f. Série d'exercices de piété et de prières, que les catholiques font pendant neuf jours.

neuvième [nœvjɛm] adj. et n. **1·** Adj. num. ordinal. Qui succède au huitième. *La Neuvième Symphonie de Beethoven.* – N. *Il est le neuvième.* **2·** Se dit d'une partie d'un tout également divisé en neuf. *La neuvième partie de son volume.* – N. m. *Quatre neuvièmes.* ▶ **neuvièmement** adv. En neuvième lieu.

névé [neve] n. m. Masse de neige durcie qui alimente parfois un glacier, en haute montagne. *Des névés.*

neveu [n(ə)vø] n. m. Fils du frère, de la sœur et, par alliance, du beau-frère ou de la belle-sœur. *Ses neveux et nièces. Neveu à la mode de Bretagne*, fils de cousin germain. ▷ **petit-neveu**

névr(o)- → **neur(o)-.** ▶ **névralgie** [nevʀalʒi] n. f. **1·** Douleur ressentie sur le trajet des nerfs ②. *Névralgie faciale.* **2·** Mal de tête. → **migraine.** ▶ **névralgique** adj. **1·** Relatif à la névralgie. *Douleur, point névralgique.* **2·** Loc. *Le point névralgique d'une situation.* → **sensible.** ▶ **névrite** n. f. Lésion des nerfs. ▶ **névropathe** adj. et n. Qui souffre de névrose. → **névrosé.** ▶ **névrose** n. f. Affection caractérisée par des troubles nerveux, sans base anatomique connue, intimement liée à la vie psychique du malade. *L'hystérie, la neurasthénie, l'obsession sont des névroses. Psychose et névrose.* ▶ **névrosé, ée** adj. et n. Qui a une névrose. *C'est un névrosé.* ▶ **névrotique** adj. Relatif à une névrose. *Troubles névrotiques.* ▷ **polynévrite**

newton [njutɔn] n. m. Unité de mesure de force du système international.

nez [ne] n. m. invar. **1·** Partie saillante du visage, entre le front et la lèvre supérieure, et qui abrite l'organe de l'odorat (fosses nasales) ; → fam. **pif, tarin.** *Le bout du nez.* – Fam. *Trous de nez*, les narines. – *Long nez. Nez droit, grec. Nez aquilin*, en bec d'aigle. *Nez pointu, retroussé, en trompette.* – *Se boucher le nez*, pour ne pas sentir une odeur désagréable. – *Parler du nez.* → **nasiller.** – *Ça sent le gaz à plein nez*, très fort. – *Saigner du nez. Avoir le nez bouché. Nez qui coule. Mouche ton nez*, mouche-toi. **2·** Loc. *Mener qqn par le bout du nez*, le mener à sa guise. – *Ne pas voir plus loin que le bout de son nez*, être borné. – *À vue de nez*, à première estimation. – Fam. *Les doigts dans le nez*, sans aucune difficulté. *Il a eu son examen les doigts dans le nez.* – *Cela lui pend au nez*, cela va lui arriver. – Fam. *Se bouffer le nez*, se disputer violemment, se battre. *Avoir un verre dans le nez*, être éméché. – *Cela se voit comme le nez au milieu de la figure*, c'est très apparent. *Montrer le bout de son nez*, se montrer à peine. *Mettre le nez, son nez à la fenêtre.* Fam. *Nous n'avons pas mis le nez dehors depuis deux jours*, nous ne sommes pas sortis. – *Piquer du nez*, laisser tomber sa tête en avant (en s'endormant). – *Il fourre son nez partout*, il est curieux, indiscret. *Il n'a pas levé le nez de son travail*, il y est resté plongé. – *Avoir le nez sur qqch.*, être tout près. – *Se casser le nez à la porte de qqn*, trouver porte close. *Fermer la porte au nez de qqn*, le renvoyer, le congédier.

– *Se trouver nez à nez* [neane] *avec qqn,* le rencontrer brusquement, à l'improviste. – *Au nez de qqn,* devant lui, sans se cacher (avec une idée de bravade, d'impudence). *Il lui avait ri au nez.* – *Passer sous le nez,* échapper à (qqn) après avoir semblé être à sa portée. – Fam. *Avoir qqn dans le nez,* le détester. – Fam. *Faire un pied de nez.* → **pied de nez. 3·** Flair, perspicacité. *Ils se sont bien débrouillés, ils ont eu du nez.* **4·** (Animaux) → **mufle, museau ; groin. 5·** Partie saillante située à l'avant de (qqch.). → **avant.** *L'avion pique du nez.* ▷ **cache-nez, nasal, naseau, nasiller, pince-nez**

ni [ni] conj. Conjonction servant à nier *ET* et *OU.* **I·** ***Ni*** accompagné de ***ne.*** **1·** Joignant deux (ou plusieurs) mots ou groupes de mots à l'intérieur d'une proposition négative (avec *ne... pas, point, rien*). *Je n'ai pas de cigarettes ni de feu. Elle n'a rien de doux ni d'agréable.* – (Avec *ne* seul ; *ni* est répété devant chaque terme) *Je n'ai ni cigarette ni feu. Il ne dit ni oui ni non. Ce n'est ni bon ni mauvais. Il ne veut ni manger ni boire.* – **REM.** Le verbe est au pluriel *(Ni l'un ni l'autre ne me plaisent)* ou au singulier pour exprimer l'exclusion *(Ni l'un ni l'autre n'acceptera). Ni elle ni moi n'irons. Ni Martine ni toi ne partirez.* – ***Ni même*** (*même* renforce *ni*). *Je ne veux pas le voir ni même l'entendre. Je ne crois pas qu'elle parte en vacances, ni même qu'elle en ait.* **2·** Littér. ***Ni*** joignant plusieurs propositions négatives. *Ni l'intelligence n'est preuve de talent, ni le talent n'est preuve de génie.* **II·** ***Ni,*** sans ***ne.*** **1·** Dans des propositions sans verbe. *Viendrez-vous ? Ni ce matin ni ce soir. Rien de si mal écrit ni de si ennuyeux que ce livre.* **2·** Loc. (Après *sans, sans que* + subjonctif) *Du thé sans sucre ni lait. Il est parti sans que son père ni sa mère le sachent.*

niable [njabl] adj. Qui peut être nié (rare, sauf au négatif). *Cela n'est pas niable.* / contr. **indéniable** /

niac n. m. ou **niaque** n. f. [njak] → **gnac.**

niais, niaise [njɛ, njɛz] adj. Dont la simplicité, l'inexpérience va jusqu'à la bêtise. → **simplet ;** fam. **bébête, godiche.** *Elle est un peu niaise.* – N. *Quel niais tu fais ! – Air, sourire niais.* → **béat.** / contr. **malin** / ▶ **niaisement** adv. ▶ **niaiserie** n. f. **1·** Caractère d'une personne ou d'une chose niaise. → **bêtise, sottise. 2·** *Une niaiserie :* action, parole de niais. → **ânerie, bêtise.** – Futilité, sottise. *Il ne s'occupe que de niaiseries.* ▶ **niaiseux, euse** adj. et n. Au Canada. Niais, sot. *Il est niaiseux. Un film niaiseux.* ▷ **déniaiser**

① **niche** [niʃ] n. f. **1·** Enfoncement pratiqué dans l'épaisseur d'une paroi pour abriter un objet décoratif. **2·** Abri en forme de petite maison où couche un chien. *Chien de garde à la niche.* **3·** Espace fonctionnellement déterminé. *Niche écologique.* – Fig. *Une niche fiscale.*

② **niche** n. f. Vieilli. Tour malicieux destiné à attraper qqn. → **farce, tour.** *Faire des niches à qqn.* ≠ nique.

nicher [niʃe] v. < conjug. 1 > **I·** V. intr. **1·** (Oiseaux) Se tenir dans son nid, y couver. **2·** Fam. Demeurer. *Où niche-t-il ?* → **loger. II·** ***Se nicher*** v. pron. : faire son nid. – Se blottir, se cacher. *Où est-il allé se nicher ?* – Au p. p. adj. *Un village niché au fond de la vallée.* ▶ **nichée** n. f. Les oiseaux d'une même couvée qui sont encore au nid. *Une nichée de mésanges. – Une nichée de souris.* ▷ **dénicher,** ① **niche**

nichon [niʃɔ̃] n. m. Fam. Sein (de femme). → fam. **néné.**

nickel [nikɛl] n. m. **1·** Métal d'un blanc argenté, malléable et ductile. **2·** Adj. invar. Fam. D'une propreté parfaite. *C'est drôlement nickel chez eux.* **3·** Excellent, parfait. Interj. *Tu as tout arrangé ? Nickel !* ▶ **nickeler** [nikle] v. tr. < conjug. 4 > Couvrir d'une mince couche de nickel. – Au p. p. adj. *Poignée nickelée.*

nicotine [nikɔtin] n. f. Alcaloïde du tabac. *Doigts jaunis par la nicotine.*

nid [ni] n. m. **1·** Abri que les oiseaux se construisent pour y pondre, couver leurs œufs et élever leurs petits (→ **nicher**). *Nid d'hirondelle.* – Loc. ***Nid d'aigle :*** construction en un lieu élevé, escarpé. – ***Nid-de-poule :*** petite dépression dans une chaussée. *Éviter les nids-de-poule.* – Prov. *Petit à petit, l'oiseau fait son nid,* les choses se font progressivement. **2·** Abri de certains animaux. *Nid de fourmis* (fourmilière), *de guêpes* (guêpier). **3·** ***Nid-d'abeilles :*** tissu, broderie en forme d'alvéoles de ruche. *Des serviettes de bain nid-d'abeilles.* **4·** Logis intime. *Un nid douillet.* **5·** ***Nid de :*** endroit où sont rassemblées des personnes dangereuses. → **repaire.** *Un nid de brigands.* **6·** ***Nid à :*** endroit où peuvent se trouver des animaux, des choses désagréables. *C'est un nid à moustiques. Ce bibelot est un nid à poussière.*

nièce [njɛs] n. f. Fille du frère ou de la sœur ou, par alliance, du beau-frère ou de la belle-sœur. *Ses neveux et nièces.* ▷ **petite-nièce**

① **nielle** [njɛl] n. m. Incrustation décorative d'émail noir. ▶ **nieller** v. tr. < conjug. 1 > Orner, incruster de nielles.

② **nielle** n. f. Maladie du blé.

nième [ɛnjɛm] adj. et n. → **énième.**

nier [nje] v. tr. < conjug. 7 > Rejeter (un rapport, une proposition) ; penser, se représenter (qqch.) comme inexistant. → **refuser.** / contr. affirmer, reconnaître / *Nier l'évidence. Nier un fait, un événement. L'accusé persiste à nier* (ce dont on l'accuse). *Action de nier.* → **dénégation, négation.** *Mots servant à nier.* → **ne, ni, non, pas.** – (+ infinitif passé) *Il nia avoir vu l'accident.* – ***Nier que*** (+ indicatif). *Il nie qu'il est venu à quatre heures.* – REM. Si le verbe est à l'interrogatif ou au négatif, le verbe complément est au subjonctif. *Il ne nie pas que tu l'aies appelé.* ▷ **dénier, indéniable, niable, renier**

nigaud, aude [nigo, od] adj. Qui se conduit d'une manière niaise. → **bébête, sot.** / contr. fin, malin / – N. → **benêt, niais.** – Avec une nuance affectueuse, en parlant à un enfant. → **bêta.** *Allons, gros nigaud, ne pleure pas !* ▷ **attrape-nigaud**

nihilisme [niilism] n. m. Idéologie d'un parti libertaire, niant les valeurs imposées (par la société...). ▶ **nihiliste** adj. et n. Adepte du nihilisme. ▷ **annihiler**

nimbe [nɛ̃b] n. m. Zone lumineuse qui entoure la tête des représentations de Dieu, des anges, des saints. → **auréole.** ▶ **nimbé, ée** adj. Littér. Entouré d'un nimbe. *Apparition nimbée de lumière,* auréolée.

nimbus [nɛ̃bys] n. m. invar. Gros nuage de pluie. *Des nimbus et des cumulus.*

n'importe (qui, quel...) → 2 **importer.**

nippes [nip] n. f. pl. Vêtements pauvres et usés. → **hardes.** *Vendre ses vieilles nippes.* – Fam. Vieilli. Tout vêtement. → fam. **fringues.** ▶ **nipper** v. tr. < conjug. 1 > Fam. Vieilli. Habiller. → fam. **fringuer, saper.** – Pronominalement. *Se nipper. Elle s'était nippée comme une princesse.*

nippon, one [nipɔ̃, ɔn] adj. et n. Japonais.

niqab [nikab] n. m. Long voile, comportant une fine fente au niveau des yeux, porté par certaines musulmanes au Moyen-Orient, en Afrique du Nord, en Asie du Sud-Est.

nique [nik] n. f. ***Faire la nique** à qqn,* faire un signe de mépris, de bravade. → se **moquer.** ≠ 2 niche.

niquer [nike] v. tr. < conjug. 1 > **1·** Très fam. Posséder sexuellement. – Fig. *On s'est fait niquer,* posséder, avoir. **2·** Fam. Détruire ; abîmer. *J'ai niqué mes chaussures dans la boue.*

nirvana [niʀvana] n. m. Dans le bouddhisme. Extinction du désir humain, entraînant la fin du cycle des naissances et des morts. – Fam. Bonheur absolu.

sainte **nitouche** n. f. → **sainte nitouche.**

nitrate [nitʀat] n. m. Sel de l'acide nitrique (ou azotique). *Nitrates naturels de soude.* – *Nitrate d'argent,* utilisé comme caustique, cicatrisant. – *Pollution de l'eau due aux nitrates utilisés comme engrais.* ▶ **nitrique** adj. m. *Acide nitrique.* ▶ **nitrobenzène** n. m. Dérivé du benzène utilisé dans la fabrication d'explosifs. ▶ **nitroglycérine** n. f. Explosif violent que contient la dynamite (nitrate triple de glycérine).

nival, ale, aux [nival, o] adj. De la neige, dû à la neige. *Cours d'eau à régime nival,* caractérisé par de hautes eaux au printemps, à la fonte des neiges.

nivéal, ale, aux [niveal, o] adj. (Fleur) Qui fleurit dans la neige, en hiver.

niveau [nivo] n. m. **I·** Instrument qui sert à donner l'horizontale, à vérifier l'horizontalité. *Niveau de maçon. Niveau à bulle,* tube contenant de l'eau et une bulle qui se place au centre lorsque le tube est bien horizontal. *Vérifier avec un niveau.* **II· 1·** Degré d'élévation, par rapport à un plan horizontal (d'une ligne ou d'un plan). → **hauteur.** *Niveau d'un liquide dans un vase. Jauge indiquant le niveau d'essence. Inégalité de niveau.* → **dénivellation.** *Être au même niveau que...,* à fleur, à ras de. *Mettre de niveau,* niveler. – *Passage à niveau.* – *Niveau de la mer,* niveau zéro à partir duquel on évalue les altitudes. – ***Au niveau de*** : à la même hauteur. *L'eau lui arrivait au niveau de la taille.* À côté de. *Arrivé au niveau du groupe, il ralentit le pas.* **2·** Étage d'un bâtiment. *Centre commercial sur deux niveaux.* **3·** Fig. Élévation comparative, degré comparatif. *Mettre au même niveau,* sur le même plan. – *Niveau intellectuel,* degré des connaissances ou de l'intelligence. *Des élèves de même niveau. Elle a un niveau bac + 4.* – *Niveau de langue.* → **style.** – *Au niveau de,* à l'échelon, au plan, sur le plan. *Au niveau de la commune.* – Loc. adv. *À tous les niveaux,* partout. **4·** Degré hiérarchique. *Ces consignes viennent du plus haut niveau.* **5·** Degré atteint. *Mesurer le niveau de pollution de l'air.* **6·** ***Niveau de vie*** : façon de vivre selon le revenu moyen, dans un pays. *Haut niveau de vie des pays riches.* ▷ **niveler**

niveler [nivle] v. tr. < conjug. 4 > **1·** Mettre de niveau, rendre horizontal, uni. → **aplanir, égaliser.** *L'érosion tend à niveler les reliefs.* – Faire un nivellement. *Les terrassiers nivellent le terrain.* **2·** Mettre au même niveau, rendre égal. → **égaliser.** *Niveler les salaires.* ▶ **nivelage** n. m. ▶ **niveleur, euse** adj. ▶ **niveleuse** n. f. Engin de terrassement utilisé pour niveler les terres.

→ **bulldozer.** ▶ **nivellement** n. m. **1·** Mesure des hauteurs relatives de différents points d'un terrain. **2·** Action d'égaliser (une surface). *Nivellement d'un terrain par des travaux de terrassement.* **3·** Action de rendre égal. *Nivellement par le haut,* par rapport au niveau le plus élevé. *Nivellement par le bas.* ▷ **dénivelée, dénivellation**

niv(o)- Élément savant signifiant « neige ». ▶ **nivoglaciaire** adj. *Régime nivoglaciaire,* des cours d'eau alimentés par les neiges et les glaciers. ▶ **nivologie** [nivolɔʒi] n. f. Étude des caractéristiques de la neige. ▶ **nivôse** [nivoz] n. m. Quatrième mois du calendrier révolutionnaire (du 21-22 décembre au 20-21 janvier).

nô [no] n. m. Genre traditionnel de théâtre japonais, dramatique et musical. – Pièce de théâtre de ce genre. *Des nôs.*

nobiliaire [nɔbiljɛʀ] adj. Qui appartient ou qui est propre à la noblesse. *Titres nobiliaires. Particule nobiliaire.*

noble [nɔbl] adj. et n. **I·** Adj. **1·** Littér. Dont les qualités morales sont grandes. → **beau, élevé, généreux.** / contr. mesquin, vil / *Un cœur noble. Son geste est très noble. Défendre de nobles causes.* **2·** *Le noble art :* la boxe. **3·** Qui commande le respect, l'admiration, par sa distinction, son autorité naturelle. → **imposant.** *Une beauté noble et imposante. Ton noble.* **4·** (Opposé à *commun, familier*) *Genre, style noble,* qui rejette les mots et expressions jugés vulgaires par le goût du temps. → **élevé, soutenu.** **5·** *Matières nobles,* précieuses. *Métaux nobles* (argent, or, platine). **II·** Adj. et n. **1·** Qui appartient à une classe privilégiée (sociétés hiérarchisées, féodales, etc.) ou qui descend d'un membre de cette classe. / contr. roturier / **2·** N. *Un noble.* → **aristocrate.** *Les nobles.* → **noblesse.** **3·** Qui appartient, qui est propre aux nobles. *Être de naissance, de sang noble.* ▶ **noblaillon, onne** n. ; **nobliau** n. m. Péj. Noble de petite noblesse. *Des nobliaux.* ▶ **noblement** adv. D'une manière noble (I), avec noblesse. *Il lui avait noblement pardonné.* ▶ **noblesse** n. f. **I· 1·** Grandeur des qualités morales, de la valeur humaine. *Noblesse d'âme, de caractère, d'esprit.* **2·** Caractère noble (du comportement, de l'expression ou de l'aspect physique). → **dignité, distinction.** *La noblesse de son visage, de ses traits.* **II· 1·** Condition du noble. *Titre de noblesse. Noblesse d'épée, de robe.* – Loc. prov. *Noblesse oblige,* la noblesse crée le devoir de faire honneur à son nom. – Loc. *Lettres de noblesse,* reconnaissance, notoriété. *Acquérir ses lettres de noblesse,* être reconnu. **2·** Classe de nobles. → **aristocratie.** *Noblesse d'Empire,* celle qui tient ses titres de Napoléon Ier. *Petite noblesse ; haute noblesse.* ▷ **anoblir, ennoblir, ignoble, nobiliaire**

noce [nɔs] n. f. **I· 1·** *Les noces* (dans des loc.) : mariage. *Épouser qqn en secondes noces,* contracter un second mariage. *Nuit de noces. Relatif aux noces.* → **nuptial.** **2·** Ensemble des réjouissances qui accompagnent un mariage. *Aller, être invité à la noce de qqn. Repas de noce.* – Loc. *N'être pas à la noce,* être dans une mauvaise situation. – *Noces d'or, d'argent* (anniversaires de mariage). **II·** Fam. Vie dissipée. *Faire la noce.* → fam. **bombe,** 2 **bringue, foire.** ▶ **noceur, euse** n. et adj. Fam. Personne qui aime faire la noce. → **fêtard.** – Adj. *Il est un peu trop noceur.*

nocif, ive [nɔsif, iv] adj. (Choses) Qui peut nuire. → **dangereux, nuisible.** / contr. inoffensif / *Gaz nocif.* → **délétère.** – Abstrait. *Théories, influences nocives.* → **pernicieux.** ▶ **nocivité** n. f. Caractère de ce qui est nuisible. / contr. innocuité / ▶ **nociception** [nɔsisɛpsjɔ̃] n. f. Didact. Sensation de douleur transmise par les récepteurs sensoriels soumis à des stimulus. ▶ **nocicepteur** n. m. Didact. Terminaison nerveuse sensible aux stimulus douloureux. ▶ **nociceptif, ive** adj.

noctambule [nɔktɑ̃byl] n. et adj. Personne qui se promène ou se divertit la nuit.

nocturne [nɔktyʀn] adj. et n. **1·** Adj. Qui est propre à la nuit. – Qui a lieu pendant la nuit. / contr. diurne / *Tapage nocturne.* **2·** (Animaux) Qui veille, se déplace, chasse pendant la nuit. *Papillons nocturnes* ou *de nuit.* **3·** N. m. Morceau de piano mélancolique, de forme libre. *Les nocturnes de Chopin.* **4·** N. m. ou f. Course, match qui se dispute de nuit (on dit aussi : match *en nocturne*). – N. f. Ouverture en soirée de magasins, expositions. *Nocturne exceptionnelle. Magasins ouverts en nocturne.*

nodosité [nɔdɔzite] n. f. État d'un végétal noueux. – Nœud (1, IV).

noël [nɔɛl] n. m. **1·** (Avec une majuscule) Fête que les chrétiens célèbrent le 25 décembre, en commémoration de la naissance du Christ. → **nativité.** *Messes de Noël* (spécialt, messe de minuit). *Arbre, réveillon de Noël. Joyeux Noël !* Au fém. *La fête de Noël* ou *la Noël.* – *Père Noël :* personnage imaginaire qui est censé déposer des cadeaux dans les souliers des enfants. – Loc. *Croire au père Noël,* être très naïf. **2·** Cantique de Noël. **3·** Fam. *Le noël, le petit noël* (d'un enfant), cadeau de Noël. *Elle a eu son noël.*

1 **nœud** [nø] n. m. **I· 1·** Enlacement d'une chose flexible (fil, corde, cordage) ou entrelacement

de deux objets flexibles qui se resserre si l'on tire sur les extrémités. *Faire un nœud.* → **nouer.** *Nœud simple, double nœud. Nœud coulant,* pour serrer, étrangler. *Corde à nœuds,* utilisée pour le grimper. – *Nœud de cravate,* qui assujettit la cravate autour du cou. – Loc. ***Nœud gordien*** : difficulté, problème quasi insoluble. – Loc. *Avoir un nœud dans la gorge,* avoir la gorge nouée. **2·** Ruban noué ; ornement en forme de nœud. *Mettre des nœuds dans les cheveux. Des nœuds papillon.* **3·** Enroulement d'un reptile. → **anneau.** – *Nœud de vipères,* emmêlement de vipères dans le nid. **II·** Abstrait. **1·** Littér. Attachement très étroit entre des personnes. → **chaîne, lien.** *Les nœuds solides de leur amitié.* **2·** Point essentiel (d'une affaire difficile). *Voilà le nœud de l'affaire.* **3·** ***Le nœud de l'action*** : péripétie qui amène l'action dramatique à son point culminant. **III·** Endroit où se croisent plusieurs grandes lignes, d'où partent plusieurs embranchements. *Nœud ferroviaire, routier.* **IV·** Protubérance à la partie externe d'un arbre. → **nodosité.** *Nœuds d'un tronc, d'un bâton. Cet arbre a des nœuds.* → **noueux.** – Partie très dense et dure, à l'intérieur de l'arbre. *Les nœuds déprécient le bois.*

2 **nœud** n. m. En marine. Unité de vitesse des bateaux correspondant à un mille (1 852 m) à l'heure. *Navire qui file vingt nœuds,* vingt milles à l'heure.

noir, noire [nwaʀ] adj. et n. **I·** Adj. **1·** Se dit de l'aspect d'un corps dont la surface ne réfléchit aucune radiation visible ; de la couleur la plus foncée qui existe. / contr. blanc / *Noir comme (du) jais, de l'encre, du charbon. Yeux, cheveux noirs. Chat noir. Mettre un costume noir.* – *Épaisse fumée noire. Un café noir, bien noir.* → **fort. 2·** Qui est plus sombre (dans son genre). *Du pain noir ou du pain blanc. Savon noir. Lunettes noires.* **3·** Qui, pouvant être blanc, se trouve sali. → **sale.** *Des ongles noirs.* – ***Noir de***... *Mur noir de suie.* **4·** Privé de lumière. → **obscur, sombre.** *Cabinet noir, chambre noire. Il fait noir comme dans un four. Nuit noire,* sans lune, sans étoiles. **5·** Fam. Vieilli. Ivre. → **soûl.** *Il est complètement noir.* **6·** Abstrait. Assombri par la mélancolie. *Il était d'une humeur noire.* → **triste.** *Avoir des idées noires.* / contr. gai, optimiste / *Regarder qqn d'un œil noir,* avec irritation. **7·** Marqué par le mal, par une atmosphère macabre, horrible. → **mauvais, méchant.** *Magie noire. Messe noire. Roman, film noir. Humour noir.* **8·** Non déclaré, non légal. *Marché noir,* clandestin. – Loc. *Au noir,* sans que cela soit déclaré, sans payer de taxes. *Travail au noir. Il travaille au noir.* **II·** N. m. **1·** Couleur noire. *Habillé, vêtu de noir. Elle était tout en noir.* – *C'est écrit noir sur blanc,* de façon incontestable. *Film en noir et blanc* (opposé à *en couleurs*). **2·** L'obscurité, la nuit. *Enfant qui a peur dans le noir, du noir.* **3·** Matière colorante noire. *Noir animal. Noir de fumée.* – *Avoir du noir sur la joue,* être sali de noir. – *Se mettre du noir aux yeux* (maquillage). **4·** *Voir tout en noir,* être pessimiste. **III·** Adj. et n. **1·** Adj. Qui appartient au groupe humain caractérisé par une peau très pigmentée. → péj. **nègre.** *Une femme noire. Peuples noirs.* – Propre aux personnes de ce groupe ; qui concerne les personnes de ce groupe. *L'Afrique noire.* → **subsaharien. 2·** N. Homme noir, femme noire. → fam. **black.** *La traite des Noirs. Les Noirs d'Afrique. Noirs et métis. Une Noire américaine.* ▶ **noire** n. f. **1·** → **noir** (III). **2·** En musique. Note à corps noir et à queue simple dont la valeur est de deux croches, d'une demi-blanche. ▶ **noirâtre** adj. D'une couleur tirant sur le noir. *Teinte noirâtre.* ▶ **noiraud, aude** adj. et n. Qui est noir de teint, de type très brun. → péj. **moricaud.** ▶ **noirceur** n. f. **1·** Littér. Couleur de ce qui est noir. *Noirceur de l'encre.* **2·** Méchanceté odieuse. *La noirceur d'un crime, d'une trahison.* → **horreur.** ▶ **noircir** v. < conjug. 2 > **I·** V. intr. Devenir noir ou plus foncé. *Sa peau noircit facilement au soleil.* → **bronzer, brunir. II·** V. tr. **1·** Colorer ou enduire de noir. *La fumée a noirci les murs.* → **salir.** – Fam. *Noircir du papier,* écrire. **2·** Littér. Calomnier, dire du mal de (qqn). / contr. blanchir, innocenter / **3·** Dépeindre d'une manière pessimiste, alarmiste. *Il ne faut pas noircir la situation, le tableau.* ▶ **noircissement** n. m. Concret. Action de noircir. *Le noircissement d'une cheminée par la suie.* ▷ **pied-noir**

noise [nwaz] n. f. Loc. ***Chercher noise*** ou ***des noises*** *à qqn* : lui chercher querelle.

noisette [nwazɛt] n. f. **1·** Fruit constitué par une coque ronde contenant une amande comestible, petite et ronde. *Chocolat aux noisettes. Casser des noisettes.* **2·** Adj. invar. Brun clair. *Elle a de beaux yeux noisette.* ▶ **noisetier** [nwaztje] n. m. Arbrisseau des bois et des haies, qui produit la noisette. → **coudrier.** *Baguette, tige souple de noisetier.* ▷ **casse-noisettes**

noix [nwa(ɑ)] n. f. invar. **1·** Fruit du noyer, constitué d'une écale verte, d'une coque et d'une amande comestible, formée de quatre quartiers. *Noix fraîche, sèche. Coquille de noix.* **2·** *Une noix de beurre,* un morceau de la grosseur d'une noix. **3·** Se dit d'autres fruits comestibles à coque. *Noix de coco,* fruit du cocotier, grosse noix dont l'intérieur est blanc. *Noix de cajou. Noix muscade.* **4·** *Noix de veau,* partie arrière du cuisseau. *La noix d'une côtelette,* la partie centrale. **5·** Fam.

Vieilli. Imbécile. *Quelle noix ! Une vieille noix.* – Adj. *Elle n'est pas plus noix qu'une autre.* – ***À la noix*** *:* sans valeur. *C'est une histoire à la noix.* ▷ **noisette**

noliser [nɔlize] v. tr. Affréter (un bateau, un avion). – Au p. p. adj. *Avion nolisé* (anglic. *charter*).

nom [nɔ̃] n. m. **I·** Mot ou groupe de mots servant à désigner un individu. **1·** Mot servant à nommer (une personne). *Avoir, porter tel nom.* → s'**appeler,** se **nommer.** *Connaître qqn de nom,* ne le connaître que de réputation. – *Nom de famille. Nom de baptême* ou *petit nom.* → **prénom.** *Se cacher sous un faux nom. Prendre un nom d'emprunt.* → **pseudonyme, surnom.** – *Agir* ***au nom*** *de qqn, en son nom,* comme son représentant, son interprète. **2·** Prénom. *Nom de garçon, de fille.* **3·** Nom de famille (transmis de père à enfants). *Nom, prénom et domicile. Nom de jeune fille d'une femme mariée.* **4·** (Dans quelques expressions) Nom célèbre, renommée. *Se faire un nom. Laisser un nom.* **5·** Interj. *Nom de Dieu !* – Fam. *Nom de nom ! Nom d'une pipe ! Nom d'un chien !* **6·** Désignation individuelle d'un animal, d'un lieu, d'un objet. *Noms de rues, de bateaux.* – *Noms de produits, de marques. Nom déposé,* qui désigne un produit déposé. **II· 1·** Forme du langage, mot ou expression servant à désigner les êtres, les choses d'une même catégorie. → **appellation, dénomination, désignation.** *Quel est le nom de cet arbre ?* – Loc. *Appeler les choses par leur nom,* avec franchise, précision, d'une manière crue. *Une laideur sans nom,* qu'on ne peut qualifier. → **innommable.** *Le nom et la chose.* – Loc. *Traiter qqn de tous les noms (d'oiseaux),* l'accabler d'injures. **2·** ***Au nom de...*** *:* en considération de..., en invoquant... *Au nom de la loi. Au nom de notre amitié.* **III·** Mot (partie du discours) qui peut être le sujet d'un verbe, être précédé d'un déterminatif (article, etc.). → **substantif.** *Noms propres. Noms communs. Complément de nom.* ▷ **dénommer, innommable, nomenclature, nominal, nommer, prénom, prête-nom, pronom, renom, surnom**

nomade [nɔmad] adj. et n. **I· 1·** (Groupe humain) Qui n'a pas d'habitation fixe. *Peuple nomade.* /contr. **sédentaire**/ – (Animaux) Qui change de région avec les saisons. **2·** *Vie nomade,* d'une personne en déplacements continuels. → **errant, itinérant. 3·** N. *Peuple de nomades. Les nomades du désert.* **II·** Anglic. Adj. Se dit d'un appareil de petite taille qui peut échanger des informations numériques sans être branché à une installation fixe. *Équipement nomade* (téléphone et ordinateur portables, répertoire électronique...). – *Un travailleur nomade,* qui utilise cette technologie pour son travail. ▶ **nomadisme** n. m. Genre de vie des nomades. *Le nomadisme au Sahara.*

no man's land [nomanslɑ̃d] n. m. invar. **1·** Zone comprise entre les premières lignes de deux armées ennemies. – Zone frontière. **2·** Terrain abandonné. **3·** Abstrait. Terrain neutre. – Zone d'incertitude.

nombre [nɔ̃bʀ] n. m. **1·** Symbole caractérisant une unité ou une collection d'unités considérée comme une somme. *Les chiffres servent à représenter les nombres. Le nombre 427. Nombres entiers (pairs, impairs), décimaux. Nombre premier,* qui ne peut être divisé que par lui-même et par 1. *Élever un nombre au carré. Nombre cardinal* (ex. : *sept*) ; *ordinal* (ex. : *septième*). **2·** Concept de base des mathématiques, notion fondamentale que l'on peut rapporter aux idées (de pluralité, d'ensemble, de correspondance). *Nombres algébriques, imaginaires, irrationnels.* **3·** Nombre concret. *Le nombre des habitants d'un pays. Nombre de fois* (→ **fréquence**). *Un certain nombre de...,* plusieurs. *Un petit nombre,* peu. *Un grand nombre,* beaucoup. – Loc. prép. *Être* ***au nombre de*** *dix :* être dix. – ***Au nombre de..., du nombre de...*** → **parmi ; entre.** *Serez-vous au, du nombre des invités ?* Ellipt. *Serez-vous du nombre ?* – ***Sans nombre*** *:* sans possibilité d'être dénombré. → **innombrable.** *Il a eu des occasions sans nombre de se faire connaître.* **4·** *Le nombre,* pluralité, grand nombre. → **quantité.** *Ils succombèrent sous le nombre. Faire nombre,* faire un ensemble nombreux. – ***En nombre*** *:* en grande quantité. *Les candidats se sont présentés en nombre.* – ***Nombre de*** *:* beaucoup, maint. *Depuis nombre d'années.* **5·** Catégorie grammaticale du singulier et du pluriel. *L'adjectif s'accorde en genre et en nombre.* ▶ **nombreux, euse** adj. **1·** Qui est formé d'un grand nombre d'éléments. → **abondant, considérable.** *Foule nombreuse. Famille nombreuse.* → **grand.** /contr. **petit**/ **2·** En grand nombre. *Ils ne sont pas nombreux. Ils vinrent nombreux à notre appel.* – (Épithète : avant le nom) *Dans de nombreux cas.* → **beaucoup.** ▷ **dénombrer, innombrable,** en **surnombre**

nombril [nɔ̃bʀil] n. m. **1·** Cicatrice arrondie sur la ligne médiane du ventre des mammifères, à l'endroit d'où partait le cordon ombilical. → **ombilic. 2·** Loc. fam. *Se regarder le nombril :* être égocentrique, narcissique. *Se prendre pour le nombril du monde,* pour une personne des plus importantes. ▶ **nombrilisme** n. m. Fam. Attitude égocentrique. *Il fait du nombrilisme.*

nomenclature [nɔmɑ̃klatyʀ] n. f. **1·** Ensemble des noms, des termes employés dans une science, une technique, un art ; classement de ces termes. → **terminologie.** *La nomenclature chimique. La nomenclature des espèces vivantes.* **2·** Ensemble des termes répertoriés dans un dictionnaire. *Ce terme figure à la nomenclature* (→ **article, entrée**).

nominal, ale, aux [nɔminal, o] adj. **I·** Relatif au nom de personnes ou d'objets individuels. *Liste nominale.* → 2 **nominatif. II· 1·** Relatif aux mots, aux noms (II) et non aux choses. *Définition nominale.* **2·** Qui existe seulement de nom et pas en réalité. *Autorité nominale.* **3·** *Valeur nominale d'une action,* sa valeur d'émission (par oppos. à *son cours actuel*). *Salaire nominal* (en unités monétaires) *et salaire réel* (pouvoir d'achat). **III·** En grammaire. Qui a la fonction d'un nom. *Emploi nominal d'un verbe à l'infinitif. Phrase nominale.* – N. m. *Un nominal,* mot qui n'est pas un nom mais qui est employé comme un nom. *Le pronom est un nominal.* ▶ 1 **nominatif** n. m. Cas d'un substantif, adjectif ou pronom qui est sujet ou attribut (dans les langues à déclinaisons : latin, grec, allemand, russe, etc.). ▶ 2 **nominatif, ive** adj. Qui contient le nom, les noms (I). *État nominatif, liste nominative.* → **nominal.** *Titre nominatif,* qui porte le nom du propriétaire (opposé à *au porteur*). ▶ **nomination** n. f. **1·** Action de nommer (qqn) à un emploi, à une fonction, à une dignité. → **désignation.** *Nomination à un grade, à un poste supérieur.* **2·** L'acte portant nomination, le fait d'être ainsi nommé. *Il vient d'obtenir sa nomination.* **3·** Le fait d'être nommé dans une distribution de prix. ▶ **nominé, ée** adj. Anglic. Dont on a cité le nom, le titre pour être digne d'un prix. → **sélectionné.** *Un film nominé aux oscars.* ▷ **dénomination, ignominie, pronominal**

nommer [nɔme] v. tr. < conjug. 1 > **I·** Désigner par un nom. → **appeler. 1·** Distinguer (une personne) par un nom ; donner un nom à (qqn). → **dénommer.** *Ses parents l'ont nommé Paul.* → **prénommer. 2·** Distinguer (une chose, un concept) par un vocable particulier. *Nommer une substance nouvellement découverte.* – *Ce que les hommes ont nommé amitié.* **3·** Mentionner (une personne, une chose) en disant ou en écrivant son nom. → **citer, désigner, indiquer.** *Cet individu, Dupont, pour ne pas le nommer.* **4·** Pronominalement. ***Se nommer*** : avoir pour nom. → **s'appeler. II· 1·** Désigner, choisir (une personne) pour remplir une fonction, élever à une dignité (opposé à *élire*). *On l'a nommé directeur.* → fam. **bombarder.** – *Nommer qqn son héritier,* le désigner. **2·** Établir par nomination. *Nommer des fonctionnaires, des magistrats.* ▶ **nommé, ée** adj. **1·** (Suivi du nom propre) Qui a pour nom. *Un individu nommé Dubois.* **2·** Désigné par son nom. *Les personnes nommées plus haut.* → **susdit. 3·** Loc. ***À point nommé*** : au moment voulu, à propos. *Il est arrivé à point nommé.* **4·** Désigné, choisi par nomination. *Magistrats nommés et magistrats élus.* ▶ **nommément** adv. En nommant, en désignant par son nom. *Accuser, désigner nommément qqn.* ▶ **nommage** n. m. En informatique. Attribution d'un nom permettant d'identifier un objet.

non [nɔ̃] adv. de négation et n. m. invar. **I·** Adv. **1·** Réponse négative, refus. *Non, rien à faire, n'insistez pas. Mais non ! Non merci.* – Fam. (Interrogatif) N'est-ce pas ? *C'est effrayant, non, de penser à cela ?* **2·** Complément direct d'un verbe déclaratif. *Il répond toujours non.* Fam. *Je ne dis pas non,* je veux bien. – *Je vous dis que non.* **3·** Fam. Exclamatif, marquant l'indignation, la protestation. *Non, par exemple ! Non, mais !* – Marquant l'étonnement. *« Il va se marier. – Non ! Sans blague ! »* **II·** (En phrase coordonnée ou juxtaposée) ***Et non, mais non.*** *C'est pour moi et non pour vous.* – ***Ou non*** : marquant une alternative. *Que vous le vouliez ou non. Êtes-vous décidé ou non ? Content ou non, il acceptera.* – (En fin de phrase) → 2 **pas.** *On n'excuse pas les caprices des adultes, non,* on ne les excuse pas. – ***Non plus*** (remplace *aussi* dans une proposition négative). *Je ne sais pas, et lui non plus.* – ***Non, non pas (point), non seulement... mais...*** *Une attitude non pas servile, mais soumise. Non seulement il a tort, mais en plus il s'obstine.* – ***Non sans...*** (Affirmation atténuée) *Non sans hésitation,* avec une certaine hésitation. – ***Non que*** (+ subjonctif) loc. conj. : sert à écarter une explication possible. *Il parut le croire, non qu'il lui fît entièrement confiance, mais...* **III·** ***Non*** (en emploi adverbial) : qui n'est pas, est le contraire. *Une somme non négligeable.* → **non-. IV·** N. m. invar. *Un, des non. Un non catégorique.* → **refus.** *Pour un oui ou pour un non,* pour un rien. / contr. oui, si / ▷ **non-**

non- Élément indiquant l'absence, le défaut ou le refus (ex. : *non-activité,* n. f. ; *non-exécution,* n. f.).

nonagénaire [nɔnaʒenɛʀ] adj. et n. Qui a entre quatre-vingt-dix et cent ans. *Vieillard nonagénaire.* – N. *Un(e) nonagénaire.*

non-agression [nɔnagʀesjɔ̃] n. f. Le fait, pour un État, de ne pas recourir à l'agression contre un autre État. *Pacte de non-agression.*

non-alignement [nɔnaliɲmɑ̃] n. m. Le fait, pour un pays, de ne pas conformer sa politique extérieure à une ligne arrêtée en commun avec d'autres pays. ▶ **non(-)aligné, ée** adj. et n. *Les pays non alignés.* – N. *Les non-alignés.* → **neutre.**

nonante [nɔnɑ̃t] dét. invar., adj. invar. et n. invar. Région. (Belgique, Suisse, anciennes colonies belges). Quatre-vingt-dix. ▶ **nonantaine** n. f. ▶ **nonantième** adj. et n.

non-assistance [nɔnasistɑ̃s] n. f. Délit qui consiste à ne pas secourir volontairement. *Non-assistance à personne en danger.*

nonce [nɔ̃s] n. m. Archevêque accrédité comme ambassadeur du Vatican auprès d'un gouvernement. → **légat.** *Nonce apostolique.* ▶ **nonciature** n. f. Charge de nonce.

nonchalant, ante [nɔ̃ʃalɑ̃, ɑ̃t] adj. Qui manque d'activité, d'ardeur, par insouciance, indifférence. → **indolent, mou.** *Pas, geste nonchalant.* → **lent, alangui.** / contr. actif, vif / ▶ **nonchalamment** adv. Avec nonchalance. ▶ **nonchalance** n. f. **1·** Caractère, manière d'agir nonchalante ; manque d'ardeur, de soin. → **apathie, indolence, langueur, mollesse, paresse.** / contr. ardeur, entrain, vivacité / *Faire un travail avec nonchalance.* **2·** Grâce alanguie. *Nonchalance d'un geste, d'une pose.* → **abandon.**

non-conformiste [nɔ̃kɔ̃fɔʀmist] n. et adj. Personne qui ne se conforme pas aux usages habituels. → ② **original.** – *Une attitude non conformiste.* ▶ **non-conformisme** n. m.

non-dit [nɔ̃di] n. m. Ce qui n'est pas clairement dit, ce qui est volontairement caché dans les propos de qqn. *Les non-dits.*

non-euclidien, ienne [nɔnøklidjɛ̃, jɛn] adj. Qui n'obéit pas au postulat d'Euclide sur les parallèles. / contr. euclidien / *Les géométries non-euclidiennes. Espace non-euclidien.*

non-fumeur [nɔ̃fymœʀ] n. m. Personne qui ne fume pas. – En appos. *Espace non-fumeurs,* où il est défendu de fumer.

non-intervention [nɔnɛ̃tɛʀvɑ̃sjɔ̃] n. f. Attitude d'un pays qui s'abstient d'intervenir dans les affaires d'un autre pays. / contr. interventionnisme /

non-lieu [nɔ̃ljø] n. m. Décision par laquelle le juge d'instruction déclare qu'il n'y a pas lieu de poursuivre un inculpé. *Arrêt, ordonnance de non-lieu. Des non-lieux.*

nonne [nɔn] n. f. Vx ou plaisant. Religieuse.

nonobstant [nɔnɔpstɑ̃] prép. et adv. Vx ou terme administratif. **1·** Prép. Sans être empêché par qqch., sans s'y arrêter. → en **dépit** de, **malgré.** *Nonobstant leur courage, ils ont été vaincus.* **2·** Adv. → **cependant, néanmoins.**

non-recevoir → ② **fin** (II, 2) de non-recevoir.

non-retour [nɔ̃ʀ(ə)tuʀ] n. m. *Point de non-retour :* moment où il n'est plus possible de revenir en arrière (dans une série d'actes, de décisions).

non-sens [nɔ̃sɑ̃s] n. m. invar. **1·** Défi au bon sens, à la raison. → **absurdité.** *C'est un non-sens.* **2·** Ce qui ne signifie rien, est dépourvu de sens (phrase, raisonnement). *Faire un non-sens dans une traduction.* → **contresens.**

non-violence n. f. Doctrine qui exclut toute action violente en politique. ▶ **non (-)violent, ente** adj. et n. *Manifestation non violente.* – N. *Les non-violents.*

non-voyant, ante [nɔ̃vwajɑ̃, ɑ̃t] n. Personne qui ne voit pas. → **aveugle.** *Les non-voyants.*

nord [nɔʀ] n. m. invar. et adj. invar. **I·** N. m. invar. **1·** Celui des quatre points cardinaux (abrév. *N*) correspondant à la direction du pôle de l'hémisphère où est située l'Europe. / contr. sud / *Vent du nord. Pièce exposée au nord, en plein nord. Marcher vers le nord.* – ***Au nord de*** (un lieu). *Au nord de la Loire.* **2·** Ensemble géographique proche ou, relativement, le plus proche du nord. *Peuples du Nord.* → **nordique.** *Afrique, Amérique du Nord.* – *Le Grand Nord,* la partie du globe terrestre très froide, située près du pôle Nord. → **arctique.** – (En parlant de la France, opposé à *Midi*) *Les gens du Nord.* **II·** Adj. invar. Qui se trouve au nord. → **septentrional.** *L'hémisphère Nord.* → **boréal.** *Le pôle Nord.* – Dans des adj. et noms composés : *nord-africain* → **maghrébin,** *nord-coréen ; des Nord-Vietnamiennes.* ▶ **nord-est** [nɔʀɛst] n. m. et adj. invar. **1·** Point de l'horizon situé à égale distance entre le nord et l'est. **2·** Région située dans cette direction. *Le nord-est de la France.* – Adj. invar. *La région nord-est.* ▶ **nord-ouest** [nɔʀwɛst] n. m. et adj. invar. **1·** Point de l'horizon situé à égale distance entre le nord et l'ouest. *Vent du nord-ouest.* → **noroît. 2·** Région située dans cette direction. *Le nord-ouest du Canada (territoires du Nord-Ouest).* – Adj. invar. *La partie nord-ouest de l'île.* ▶ **nordique** adj. et n. Des pays du nord de l'Europe. *Langues nordiques. Type nordique.* – N. *Un, une Nordique,* Scandinave ou Finlandais. ▶ **nordicité** n. f. Caractère nordique, particularités de la zone froide de l'hémisphère Nord, notamment au Canada. ▶ **nordiste** n. m. et adj. Partisan des États du Nord et de l'abolition de l'esclavage, pendant la guerre de Sécession (États-Unis). → **yankee.** / contr. sudiste / ▷ **noroît**

noria [nɔʀja] n. f. 1· Machine hydraulique à godets, pour monter l'eau, irriguer, etc. *Des norias.* 2· Suite ininterrompue de véhicules qui vont et viennent. *Une noria d'ambulances.*

normal, ale, aux [nɔʀmal, o] adj. et n. f. 1· Qui est conforme au type le plus fréquent (→ **norme**) ; qui se produit selon l'habitude. → **habituel.** / contr. anormal, extraordinaire, spécial / *Tout est normal ; les circonstances sont très normales. En temps normal,* quand les circonstances sont normales. – (Êtres vivants) Conforme aux normes de son espèce. / contr. anormal / *Un enfant normal.* 2· Se dit des conséquences qui correspondent à leurs causes, des moyens qui correspondent à leurs fins. → **logique.** *La fatigue est normale après un tel effort. Il est inquiet, c'est assez normal.* – (+ infinitif) *Ce n'est pas normal de dormir autant.* – Impers. (Avec *que* + subjonctif) *Il est normal qu'elle soit fatiguée.* / contr. bizarre, étrange / 3· N. f. *La normale. Intelligence au-dessus de la normale.* → **norme.** *S'écarter de la normale ; revenir à la normale.* ▶ **normalement** adv. D'une manière normale, en temps normal. → **habituellement.** ▶ **normalité** n. f. Didact. Caractère de ce qui est normal. ▶ **normaliser** v. tr. < conjug. 1 > 1· Soumettre (une production) à des normes (3) tendant à réduire le nombre des types d'un même article, afin d'abaisser les prix de revient et de rendre les produits uniformes. → **standardiser.** 2· Faire devenir ou redevenir normal. *Normaliser les relations diplomatiques avec un pays étranger.* ▶ **normalisation** n. f. ▷ **anormal, normale, paranormal**

normale adj. f. *École normale :* école qui était destinée à la formation des instituteurs. – *L'École normale supérieure,* chargée de la formation des professeurs du secondaire et du supérieur, ainsi que des chercheurs. – N. f. *Entrer à Normale.* ▶ **normalien, ienne** n. Élève de l'École normale supérieure.

normand, ande [nɔʀmɑ̃, ɑ̃d] adj. et n. De Normandie. *Les fromages normands.* – N. *Les Normands.* Loc. *Une réponse de Normand,* qui ne dit ni oui ni non.

normatif, ive [nɔʀmatif, iv] adj. Qui constitue une norme (1), est relatif aux règles, impose des règles. *Grammaire normative.* / contr. descriptif /

norme [nɔʀm] n. f. 1· En sciences, philosophie, etc. Type concret ou formule abstraite de ce qui doit être. → **idéal, loi, modèle, principe, règle.** *Norme juridique, sociale.* 2· État habituel, conforme à la majorité des cas. → **normal** (3). *S'écarter de la norme.* 3· Formule qui définit un type d'objet, un produit, un procédé technique en vue de simplifier, de rendre plus efficace la production. *Objet conforme aux normes* (standard, type). ▷ **normal, normatif**

noroît [nɔʀwa] n. m. Dans la langue des marins. Vent du nord-ouest. *Le noroît et le suroît.*

norvégien, ienne [nɔʀveʒjɛ̃, jɛn] adj. et n. De Norvège. *Les fjords norvégiens.* – N. *Les Norvégiens.* – N. m. *Le norvégien* (langue germanique scandinave).

nos → **notre.**

nosocomial, ale, aux [nozɔkɔmjal, o] adj. Didact. (Infection...) Contracté lors de soins, notamment en milieu hospitalier.

nostalgie [nɔstalʒi] n. f. Regret mélancolique (d'une chose révolue ou de ce qu'on n'a pas connu) ; désir insatisfait. → **mélancolie.** *Il avait la nostalgie de cette époque. Il était envahi d'une grande nostalgie.* ▶ **nostalgique** adj. Mélancolique, triste. *Chanson nostalgique.*

nota [nɔta] ou **nota bene** [nɔtabene] loc. latine et n. m. invar. Mots latins signifiant « notez », « notez bien » (abrév. *N. B.*). – N. m. invar. *Des nota bene.*

notable [nɔtabl] adj. et n. m. I· Adj. 1· Qui est digne d'être noté, remarqué. *Un fait notable. Il a fait de notables progrès.* → **appréciable, important, sensible.** 2· (Personnes) Qui occupe une situation sociale importante. II· N. m. Personne à laquelle sa situation sociale confère une certaine autorité dans les affaires publiques. *Les notables d'une ville.* → **notabilité, personnalité.** ▶ **notablement** adv. ▶ **notabilité** n. f. Personne notable, qui occupe un rang supérieur dans une hiérarchie. → **personnalité.**

notaire [nɔtɛʀ] n. Officier public établi pour recevoir tous les actes et contrats auxquels il faut (ou auxquels on veut) donner le caractère authentique (1) attaché aux actes de l'autorité publique. *Cabinet, étude de notaire. Clercs de notaire. Maître S. X, notaire. Elle est notaire.* ▶ **notarial, ale** adj. *Office notarial,* étude d'un notaire. ▶ **notarié, ée** adj. Fait par un notaire, devant notaire. *Actes notariés.* → **authentique.**

notamment [nɔtamɑ̃] adv. En remarquant parmi d'autres. → **particulièrement, spécialement.** *Les mammifères, et notamment l'homme.*

notation [nɔtɑsjɔ̃] n. f. 1· Action, manière de noter, de représenter par des symboles ; système de symboles. *Notation des nombres, notation numérique.* – *Notation musicale.* – *Notation phonétique.* 2· *Une notation,* ce qui est noté (par écrit) ; courte remarque. → ② **note** (I). **3·** Action de donner une note (②, II). *La notation des devoirs par le professeur.*

① **note** [nɔt] n. f. **I· 1·** *Note (de musique)* : signe qui sert à caractériser un son. *Savoir lire les notes.* **2·** Son figuré par une note. *Les notes de la gamme* (do, ré, mi, fa, sol, la, si). *Fausse note.* → fam. **canard, couac.** – Son musical. *Note cristalline.* **II·** Loc. *Note juste,* détail vrai, approprié. *Fausse note,* élément qui ne convient pas à un ensemble. – *Forcer la note,* exagérer. – *Les rideaux blancs mettaient une note gaie dans la chambre.* → ② **touche.** *Donner la note,* donner le ton. – *Être dans la note,* dans le style, en accord avec. → ② **ton.** *Cet objet, cette remarque étaient bien dans la note.*

② **note** n. f. **I· 1·** Mot, phrase se rapportant à un texte et qui figure à côté de ce texte pour l'éclaircir. → **annotation, notation.** *Note marginale. Commentaire en note. Notes et variantes.* **2·** Brève communication écrite. → **avis, communiqué, notice.** *Faire passer une note. Note officielle. Note de service.* **3·** Brève indication recueillie par écrit (en écoutant, en étudiant, en observant). *Voici quelques notes sur la question.* → **aperçu, observation, réflexion.** *Cahier, carnet de notes.* → **bloc-notes.** – *Prendre en note une référence. Prendre note d'une adresse.* → **noter.** *J'en prends note. As-tu pris des notes pendant le cours ?* – Papiers où sont écrites ces notes. *Prête-moi tes notes.* **4·** Détail d'un compte ; papier sur lequel il est écrit. → **compte, facture.** *Note d'électricité. Note d'hôtel* (au restaurant, on dit *addition*). *Demander, payer sa note.* **II·** Appréciation chiffrée donnée selon un barème préalablement choisi. *Note sur 10, sur 20. Ton devoir mérite une bonne note. Carnet de notes d'un élève.* ▶ **noter** v. tr. < conjug. 1 > **1·** Marquer ou écrire (ce dont on veut garder l'indication, se souvenir). *Noter les passages intéressants d'un livre. Note mon adresse.* → **inscrire, marquer.** – *Notez que nous serons absents jusqu'à la fin du mois.* **2·** Prêter attention (à qqch.). → **constater.** *Ceci mérite d'être noté. Il faut bien noter ceci* (→ Faire attention, prendre garde, se rendre compte). **3·** Apprécier par une observation, une note chiffrée. *Noter un élève, un employé.* – Au p. p. adj. *Un devoir noté.* ▷ **annoter, bloc-notes, notamment, notation, notice, notifier**

notice [nɔtis] n. f. **1·** Préface d'un livre. **2·** Bref exposé écrit, ensemble d'indications sommaires. → **abrégé.** *Notice explicative.*

notifier [nɔtifje] v. tr. < conjug. 7 > Faire connaître expressément. *On lui notifia son renvoi.* → **signifier.** ▶ **notification** n. f.

notion [nosjɔ̃] n. f. **1·** Surtout au plur. Connaissance élémentaire. → **élément, rudiment.** *Il avait des notions d'anglais.* **2·** Connaissance intuitive, assez imprécise (d'une chose). *Notions du bien et du mal. Il a perdu la notion du temps.* **3·** Objet abstrait de connaissance. → **concept, idée, pensée.** *Le mot et la notion.*

notoire [nɔtwaʀ] adj. **1·** Qui est connu d'une manière sûre par un grand nombre de personnes. → **connu, évident.** *Il est d'une bêtise notoire.* – Impers. *Il est notoire que...* **2·** (Personnes) Reconnu comme tel. *Un criminel notoire.* ▶ **notoirement** adv. ▶ **notoriété** n. f. **1·** Le fait d'être connu d'une manière certaine et générale. *Notoriété d'un fait.* – Loc. *Il est de notoriété publique que...,* tout le monde sait que... **2·** Fait d'être connu avantageusement. → **célébrité, renom, réputation.** *Son livre lui a donné de la notoriété. La notoriété d'un lieu, d'une œuvre.*

notre [nɔtʀ], plur. **nos** [no] dét. poss. de la 1re pers. du plur. **I·** Qui est à nous, qui nous appartient. **1·** Se référant à deux ou plusieurs personnes, dont celui qui parle. *Nous devrions donner chacun notre avis, nos avis.* **2·** Se référant à un groupe de personnes ou à tous les humains. *Notre ville est dynamique. Notre civilisation.* **II·** Emplois stylistiques. **1·** Marquant la sympathie personnelle, l'intérêt. *Comment va notre malade ? Notre héros arriva à s'échapper.* **2·** Pour *mon (ma, mes),* représentant une seule personne. *Tel est notre bon plaisir.* ▷ **Notre-Dame, Notre-Père**

nôtre [notʀ] adj. poss., pronom poss. et n. Qui est à nous, nous appartient. **1·** Adj. poss. Littér. À nous, de nous. *Nous avons fait nôtres ces opinions.* **2·** *Le nôtre, la nôtre, les nôtres* pronom poss. : l'être ou l'objet qui est en rapport de possession, de parenté, d'intérêt, etc., avec le groupe formé par celui qui parle (*je, moi*) et une ou plusieurs autres personnes (*nous*). Ils ont leurs soucis, et nous (avons) les nôtres. **3·** N. *Nous y mettons chacun du nôtre.* – *Les nôtres,* nos parents, amis. *Soyez des nôtres,* venez avec nous, chez nous.

Notre-Dame [nɔtʀədam] n. f. invar. REM. Ce mot s'emploie sans article. Désignation traditionnelle de la Vierge Marie, parmi les catholiques. – Nom d'églises dédiées à la Vierge. *Notre-Dame de Paris.*

Notre-Père [nɔtʀəpɛʀ] n. m. invar. Prière chrétienne, adressée à Dieu, et commençant par « Notre Père qui es (êtes) aux cieux... ». *Réciter son Notre-Père. Des Notre-Père et des Ave.* → **Pater.**

nouba [nuba] n. f. Fam. Bombance, fête. *On a fait la nouba toute la nuit. Des noubas.* → fam. ② **bringue, foire.**

nouer [nwe] v. tr. < conjug. 1 > **I· 1·** Arrêter (une corde, un fil, un lien) ou unir (les deux bouts d'une corde, d'un lien) en faisant un nœud. → **attacher.** *Nouer ses lacets.* / contr. **dénouer** / **2·** Envelopper (qqch.), réunir (un ensemble de choses) en faisant un ou plusieurs nœuds. → **lier.** *Nouer un bouquet avec un ruban.* **II·** Fig. **1·** Serrer comme par un nœud. *Un sanglot lui noua la gorge.* – Au p. p. *Avoir la gorge nouée.* **2·** Établir, former (un lien moral). *Nouer une alliance.* **3·** Établir le nœud (II, 3) d'une action au théâtre pour l'amener à son point culminant. – Pronominalement (réfl.). *L'intrigue se noue au IIe acte.* ▶ **noueux, euse** adj. **1·** *Bois, arbre noueux,* qui a beaucoup de nœuds, de nodosités. *Racines noueuses.* **2·** Qui présente des nœuds, a des articulations saillantes. *Mains noueuses.* – Maigre et sec. *Un vieillard noueux.* ▷ **dénouer, renouer**

nougat [nugɑ] n. m. **1·** Confiserie fabriquée avec des amandes (ou des noix, des noisettes) et du sucre caramélisé, du miel. *Nougat dur, mou.* **2·** Loc. fam. *C'est du nougat !* → fam. **gâteau.** **3·** Fam. *Les nougats,* les pieds. ▶ **nougatine** n. f. Sorte de nougat brun, dur, utilisé en confiserie et en pâtisserie.

nouille [nuj] n. f. **1·** Au plur. Pâtes alimentaires, plates ou rondes, coupées en morceaux de longueur moyenne. *Nouilles au gratin, au fromage.* **2·** Fam. Personne molle et niaise. *C'est une vraie nouille !* – Adj. *Ce qu'il peut être nouille !* **3·** *Style nouille* (à cause des ornements fins et contournés), style décoratif 1900, dit aussi *art nouveau.*

nounou [nunu] n. f. Fam. Nourrice. *Laisser un enfant chez sa nounou. Les nounous.*

nounours [nunuʀs] n. m. invar. Lang. enfantin. Ours en peluche. *Des nounours.*

nourrir [nuʀiʀ] v. tr. < conjug. 2 > **I· 1·** Entretenir, faire vivre (une personne, un animal) en lui donnant à manger. → **alimenter, sustenter.** *Nourrir un enfant au biberon, au sein, le nourrir à la cuiller. Nourrir un malade,* qui ne peut se nourrir lui-même. – Procurer, fournir les aliments. → **ravitailler.** *La pension loge et nourrit dix personnes. Être logé, blanchi, nourri.* **2·** Élever, alimenter un nouveau-né en l'allaitant. *Mère qui nourrit son enfant* (→ **nourrice**). **3·** Pourvoir (qqn) de moyens de subsistance. → **entretenir.** *Il a trois personnes à nourrir,* à sa charge. **4·** Donner de quoi vivre à. *Ce métier ne nourrit pas son homme.* **5·** Constituer une subsistance pour l'organisme. – Sans compl. *Le pain nourrit.* **6·** Entretenir (une chose) en augmentant l'importance, ou en faisant durer plus longtemps. *Il faut nourrir le feu.* → **alimenter.** – Au p. p. adj. *Tir nourri,* dense. **II·** Abstrait. **1·** Remplir de substance, de matière. → **étoffer.** *Nourrir la conversation.* – Au p. p. adj. *Une conversation très nourrie.* **2·** Pourvoir (l'esprit) d'une nourriture spirituelle. *La lecture nourrit l'esprit.* **3·** Entretenir en soi (un sentiment, une pensée). *Nourrir un désir. Nourrir l'illusion que...,* espérer. **4·** *Être nourri dans les bons principes,* élevé. **III·** ***Se nourrir*** v. pron. réfl. **1·** Absorber (des aliments). *Se nourrir de légumes, de viande.* – *Se nourrir, bien se nourrir,* manger. **2·** Fig. → **s'abreuver,** se **repaître.** *Se nourrir d'illusions, de rêves.* ▶ **nourrissant, ante** adj. (Choses) Qui nourrit (I) plus ou moins bien. → **nutritif.** *Aliments peu, très nourrissants.* – Qui nourrit beaucoup. → **substantiel.** *C'est nourrissant mais indigeste.* ▶ [1] **nourrice** n. f. **1·** Femme qui allaite un enfant en bas âge (*un nourrisson*), généralement celui d'une autre. – *Mettre un enfant* ***en nourrice*** *:* le confier à une nourrice. **2·** Femme qui, par profession, garde et élève chez elle pendant la journée des enfants en bas âge. → **nounou.** *Confier un enfant à une nourrice.* **3·** ***Épingle de nourrice*** *:* de sûreté ▶ [2] **nourrice** n. f. Réservoir mobile. → **bidon, jerrycan.** *Une nourrice d'eau, d'essence.* ▶ **nourricier, ière** adj. **I·** ***Père nourricier*** *:* père adoptif. **II· 1·** Qui nourrit, procure la nourriture. *La terre nourricière.* **2·** Qui contribue à la nutrition. → **nutritif.** *Suc nourricier.* ▶ **nourrisson** n. m. Enfant qui n'a pas atteint l'âge du sevrage. → **bébé, nouveau-né.** ▶ **nourriture** n. f. **1·** Tout ce qui entretient la vie d'un organisme en lui procurant des substances à assimiler → **alimentation, subsistance ;** ces substances → **aliment.** *Absorber, prendre de la nourriture,* manger, se nourrir. *Nourriture pauvre, riche en calories.* **2·** Ce qu'on mange habituellement aux repas. *Il dépensait beaucoup pour la nourriture.* → fam. **bouffe, boustifaille.** **3·** Littér. Ce qui nourrit (II). *Les nourritures de l'esprit.*

nous [nu] pronom pers. Pronom personnel de la première personne du pluriel (représente la personne qui parle et une ou plusieurs autres, ou un groupe auquel celui qui parle appartient. → **on**). **I·** Pronom pers. pl. **1·** Employé seul (sujet). *Vous et moi, nous sommes de vieux amis.* – (Attribut) *C'est nous qui l'avons appelé.* – (Compl.) *Il nous regarde.* – (Compl. indir.) *Vous nous le donnerez. Il nous a écrit* (= à nous). *Il est venu à nous, vers nous. Chez nous, pour nous. C'est à nous.* → **nôtre.** – Pronom réfléchi (ou réciproque). *Nous nous sommes regardés sans rien dire.* **2·** ***Nous,*** renforcé. *Nous, nous n'irons pas.* Fam. *Nous, on n'ira pas.* – ***Nous-même(s).*** *Nous ne le savons pas nous-mêmes.* – ***Nous autres*** [nuzotʀ] : marque une distinction très forte ou s'emploie avec un terme en apposition. *Nous autres, adolescents, nous* *pensons cela.* – (Précisé par un numéral cardinal) *C'est pour nous deux. À nous trois, nous y arriverons.* **3·** ***D'entre nous.*** *La plupart d'entre nous étaient au courant.* **II·** Emplois stylistiques. **1·** (1re pers. du sing.) Employé pour *je* (plur. de modestie ou de majesté). *Le Roi dit : nous voulons. Comme nous le montrerons dans ce livre* (écrit l'auteur). **2·** Fam. (2e pers.). → **toi, vous.** *Eh bien, petit, nous avons bien travaillé ?*

nouveau [nuvo], **nouvel** [nuvɛl] (devant un nom commençant par une voyelle ou un *h* muet), **nouvelle** [nuvɛl] adj. et n. **I· 1·** (Après le nom) Qui apparaît pour la première fois ; qui vient d'apparaître. → **neuf, récent.** *Une chose nouvelle, un produit nouveau. Pommes de terre nouvelles. Vin nouveau. Un mot nouveau.* → **emprunt, néologisme.** PROV. *Tout nouveau, tout beau,* ce qui est nouveau est apprécié (et puis délaissé ensuite). *Quoi de nouveau ?* → **neuf.** – Fam. *Ça alors, c'est nouveau !,* on ne s'y attendait pas. – N. m. *Il y a du nouveau dans l'affaire X.* – *Un homme nouveau,* connu ou arrivé depuis peu de temps. **2·** (Devant le nom) Qui est depuis peu de temps ce qu'il est. *Les nouveaux riches. Les nouvelles recrues,* les soldats nouvellement incorporés. → **bleu.** – (Devant un participe) *Les nouveaux mariés.* → **jeune.** *Des nouveaux venus.* **3·** N. ***Le nouveau, la nouvelle*** : celui, celle qui vient d'arriver (dans une classe, un bureau, une collectivité). *Il y avait deux nouveaux dans la classe.* **4·** (Après le nom et souvent qualifié) Qui tire de son caractère récent une valeur d'invention. → **hardi, insolite, original.** *Un art tout à fait nouveau.* **5·** ***Nouveau pour*** *qqn* : qui était jusqu'ici inconnu de qqn ; dont il (elle) n'a pas l'habitude. → **inaccoutumé, inhabituel, inusité.** *C'est pour moi une chose nouvelle.* **II·** (Devant le nom en épithète) **1·** Qui apparaît après un autre qu'il remplace, au moins provisoirement, dans notre vision, dans nos préoccupations (opposé à *ancien, vieux*). – *Le Nouvel An. La nouvelle lune,* le croissant, quand il commence à grandir. *Le Nouveau Monde. Le Nouveau Testament.* **2·** Qui a succédé, s'est substitué à un autre. ≠ neuf. *Il a une nouvelle voiture, mais elle n'est pas neuve. Son nouveau mari. Une nouvelle édition.* **III·** Loc. adv. **1·** ***De nouveau*** : pour la seconde fois, une fois de plus. → **encore.** *Faire de nouveau qqch.,* recommencer. **2·** ***À nouveau*** : une nouvelle fois. *Le voilà à nouveau sans travail.* – D'une manière différente, sur de nouvelles bases. *Examiner à nouveau une question.* ▶ **nouveau-né, nouveau-née** [nuvone] adj. et n. **1·** Qui est né depuis peu de temps. *Un enfant nouveau-né. Une fille nouveau-née. Des chiots nouveau-nés.* **2·** N. m. Enfant, petit d'un animal qui vient de naître. → **bébé.** ▶ **nouveauté** n. f. **1·** Caractère de ce qui est nouveau. *Objet qui plaît par sa nouveauté.* → **originalité.** **2·** Ce qui est nouveau. *Le charme, l'attrait de la nouveauté.* **3·** *Une nouveauté,* chose nouvelle. *Tiens, vous portez des lunettes ? C'est une nouveauté !* → **nouveau** (I, 1) **4·** Ouvrage nouveau qui vient de sortir. *On a présenté plusieurs nouveautés.* **5·** Vieilli. Production nouvelle de l'industrie de la mode. *Magasin de nouveautés,* d'articles de mode. ▶ 1 **nouvelle** n. f. **1·** Premier avis qu'on donne ou qu'on reçoit (d'un événement récent) ; cet événement porté pour la première fois à la connaissance de la personne intéressée, ou du public. *Annoncer une nouvelle. Répandre, divulguer une nouvelle. Connaissez-vous la nouvelle ?* – *Bonne, mauvaise nouvelle,* annonce d'un événement heureux, malheureux. – Loc. *Première nouvelle !,* en parlant d'une chose qui surprend. **2·** *Les nouvelles,* tout ce que l'on apprend par la rumeur publique, par la presse, les médias. → **information.** *Aller aux nouvelles. Dernières nouvelles, nouvelles de dernière heure,* les plus récentes. **3·** Au plur. Renseignements concernant l'état ou la situation (d'une personne qu'on n'a pas vue depuis quelque temps). *Avoir des nouvelles de qqn. Ne plus donner de ses nouvelles.* → **signe** de vie. – Loc. prov. *Pas de nouvelles, bonnes nouvelles,* quand on ne reçoit pas de nouvelles de qqn, on peut supposer qu'elles sont bonnes. – *Vous aurez de mes nouvelles !,* avertissement menaçant. *Vous m'en direz des nouvelles,* vous m'en ferez des compliments. ▶ 2 **nouvelle** n. f. Récit généralement bref, de construction dramatique, et présentant des personnages peu nombreux. → **conte.** *Romans et nouvelles.* ▶ **nouvelliste** n. Auteur de nouvelles 2. ▶ **nouvellement** adv. REM. S'emploie seulement devant un p. p., un passif. Depuis peu de temps. → **récemment.** *Elle est nouvellement arrivée.*
▷ **renouveau, renouveler**

novateur, trice [nɔvatœʀ, tʀis] n. Personne qui innove. → **créateur, innovateur.** – Adj. *Esprit novateur.* → **audacieux, révolutionnaire.** / contr. conservateur, rétrograde /

novembre [nɔvɑ̃bʀ] n. m. Onzième mois de l'année, de trente jours. *Les pluies, les brouillards de novembre. Le 1er novembre, fête de la Toussaint. Le 11 Novembre, anniversaire de l'armistice de 1918.*

novice [nɔvis] n. et adj. **1·** N. Personne qui a pris récemment l'habit religieux, et passe un temps d'épreuve dans un couvent, avant de prononcer des vœux définitifs. **2·** Personne qui aborde une chose dont elle n'a aucune habitude. *Pour un novice, il se débrouillait bien.* → **apprenti, débutant** ; fam. **bleu.** **3·** Adj. Qui manque d'expérience (dans la vie ou dans l'exercice d'une activité).

→ **ignorant, inexpérimenté.** *Il est encore bien novice dans le métier.* / contr. habile / ▶ **noviciat** n. m. Temps d'épreuve imposé aux novices (1).

noyade [nwajad] n. f. Le fait de se noyer ; mort accidentelle par immersion dans l'eau. *Sauver qqn de la noyade.*

1 **noyau** [nwajo] n. m. **I·** Partie dure dans un fruit, renfermant l'amande → **graine** ou les amandes de certains fruits. *Fruits à noyau et fruits à pépins. Noyaux d'abricots, de cerises, d'olives. Retirer le noyau.* → **dénoyauter. II·** Partie centrale, fondamentale (d'un objet). – En géologie. Partie centrale du globe terrestre. – En biologie. Partie différenciée de la cellule. *Cellule à un seul noyau* (mononucléaire), *à plusieurs noyaux* (polynucléaire). *Acide du noyau.* → **nucléique.** – En physique. Partie centrale de l'atome. → **nucléaire** (I, 2). **III·** Abstrait. Ce vers quoi tout converge ou d'où tout émane. → **centre.** *Le verbe est le noyau de la phrase. Le noyau dur d'un raisonnement.* ▷ **dénoyauter**

2 **noyau** n. m. **1·** Groupe humain, considéré quant à sa permanence, à la fidélité de ses membres. *Il faisait partie d'un petit noyau d'aristocrates.* **2·** Très petit groupe considéré par rapport à sa cohésion, à l'action qu'il mène (au sein d'un milieu hostile). *Noyaux de résistance.* **3·** *Noyau dur,* élément essentiel. *C'est le noyau dur du parti.* ▶ **noyautage** n. m. Système qui consiste à introduire dans un milieu neutre ou hostile des propagandistes isolés chargés de le désorganiser et, le cas échéant, d'en prendre la direction. ▶ **noyauter** v. tr. < conjug. 1 > Soumettre au noyautage. *Leur parti a été noyauté.*

1 **noyer** [nwaje] v. tr. < conjug. 8 > **I·** V. tr. **1·** Tuer par asphyxie en immergeant dans un liquide. – Loc. *Noyer le poisson,* embrouiller volontairement une affaire, créer la confusion pour lasser l'interlocuteur. – Prov. *Qui veut noyer son chien* l'accuse de la rage.* **2·** Recouvrir de liquide. → **engloutir, inonder, submerger.** *L'inondation a noyé toute la région. Noyer le carburateur* (par excès d'essence). – *Noyer son chagrin dans l'alcool,* s'enivrer pour oublier son chagrin. **3·** Faire disparaître dans un ensemble vaste ou confus. *Noyer les contours, les couleurs. Ses cris étaient noyés dans le tumulte.* → **étouffer. II· 1·** *Se noyer* v. pron. réfl. : mourir asphyxié par l'effet de l'immersion dans un liquide. → **noyade.** *Baigneur qui se noie.* – Loc. *Se noyer dans un verre d'eau,* être incapable de surmonter les moindres obstacles. **2·** Se perdre. *L'orateur se noyait dans un flot de paroles.* ▶ **noyé, ée** adj. et n. **I·** adj. **1·** Mort par noyade. *Marins noyés en mer.* → **disparu.** **2·** Fig. *Être noyé,* dépassé par la difficulté d'un travail. → **perdu. 3·** *Des yeux noyés de pleurs. Regard noyé,* vague, hagard. **II·** N. Personne morte noyée ou qui est en train de se noyer. *Repêcher un noyé. Ils n'ont pu ranimer la noyée.* ▷ **noyade**

2 **noyer** [nwaje] n. m. **1·** Arbre de grande taille, dont le fruit est la noix. **2·** Bois de cet arbre. *Meubles en noyer.*

nu, nue [ny] adj. et n. **I·** Adj. **1·** Qui n'est couvert d'aucun vêtement. *Femme nue. Complètement nu, tout nu. Être nu comme un ver,* complètement. *Vivre nu.* → **nudisme.** *À demi nu. Bras nus. Torse nu. Être nu-pieds, nu-tête.* – **REM.** *Nu* reste invariable quand il précède le nom d'une partie du corps et se lie à ce nom par un trait d'union. / contr. **couvert, habillé, vêtu** / **2·** Dans des loc. Dépourvu de son complément habituel. *Épée nue,* hors du fourreau. – Loc. *À l'œil nu,* sans instrument d'optique. *Ça se voit à l'œil nu,* tout de suite. – *Se battre à mains nues,* sans arme. **3·** Dépourvu d'ornement. *Un arbre nu,* sans feuilles. *Une chambre nue,* sans meubles. *C'est un peu nu, ici, ça manque de tableaux au mur.* → **vide. 4·** Sans apprêt. *La vérité toute nue.* / contr. déguisé / **5·** *À nu* loc. adv. : à découvert. *Mettre à nu.* → **dénuder, dévoiler.** *Mettre à nu un fil électrique.* **II·** N. m. Corps humain ou partie du corps humain dépouillé(e) de tout vêtement. – Genre qui consiste à dessiner, à peindre, à sculpter ou à photographier le corps humain nu ; œuvre de ce genre. *Album de nus.* ▷ **dénuder, nudisme, nudité, nu-pieds, nue-propriété, va-nu-pieds**

nuage [nɥaʒ] n. m. **1·** Amas de vapeur d'eau condensée en fines gouttelettes qui se forme et se maintient en suspension dans l'atmosphère (ex. : *cumulus, nimbus, stratus*). *Nuages de grêle, de pluie,* qui portent la grêle, la pluie. *Les nuages obscurcissent le ciel.* → littér. **nue, nuée.** *Ciel sans nuages.* – Loc. *Être dans les nuages,* être distrait. → dans la **lune. 2·** *Nuage de fumée, de poussière.* – *Nuage de mousseline, de tulle* (tissu léger). *Nuage de lait,* petite quantité de lait qu'on met dans le café, le thé. – *Nuage de sauterelles.* → **nuée. 3·** Ce qui trouble la sérénité. *Bonheur sans nuages,* qui n'est pas troublé. – Menace, danger, problème. *Les nuages s'accumulent.* ▶ **nuageux, euse** adj. Couvert de nuages. → **nébuleux.** *Ciel, temps nuageux.* / contr. pur, serein /

nuance [nɥɑ̃s] n. f. **I·** Chacun des degrés par lesquels peut passer une même couleur. → **tonalité.** *Toutes les nuances de bleu.* **II· 1·** État intermédiaire (par lequel peut passer une chose, un sentiment, une personne) ; faible différence. *Nuances imperceptibles. Esprit tout en nuances.* – Ce qui s'ajoute à l'essentiel pour le modifier légèrement. *Il y avait dans son regard une nuance de complicité.* 2· Degré divers de douceur ou de force à donner aux sons. *Indications et nuances en musique.* ▶ **nuancer** v. tr. < conjug. 3 > Exprimer en tenant compte des différences les plus délicates. *Nuancer sa pensée.* ▶ **nuancé, ée** adj. Qui tient compte de différences ; qui n'est pas net, tranché. *Ses opinions sont très nuancées.* / contr. arrêté / ▶ **nuancier** n. m. Présentoir de coloris (d'une gamme de produits). *Un nuancier de vernis à ongles, de peintures.*

nubile [nybil] adj. Didact. (Personnes) Qui est en âge d'être marié, est apte à la reproduction. → **pubère.** *Âge nubile,* fin de la puberté. / contr. impubère / ▶ **nubilité** n. f. Âge nubile.

nubuck [nybyk] n. m. Cuir à l'aspect velouté. *Chaussures en nubuck.*

nuclé(o)- Élément savant signifiant « noyau ». ▶ **nucléaire** [nykleɛʀ] adj. et n. m. I· Adj. 1· Relatif au noyau de la cellule. 2· Relatif au noyau de l'atome. *Particules nucléaires.* – *Énergie nucléaire,* fournie par la fission nucléaire. *Physique nucléaire,* partie de la physique atomique qui étudie le noyau. 3· Qui utilise l'énergie nucléaire. → **atomique.** *Centrale nucléaire. Puissances nucléaires,* pays possédant des bombes atomiques. II· N. m. *Le nucléaire,* l'énergie nucléaire. *Être pour, contre le nucléaire.* ▶ **nucléique** [nykleik] adj. (Sciences) Relatif aux acides contenus dans le noyau des cellules vivantes. *Les acides nucléiques, constituants de la cellule vivante, sont porteurs de l'information génétique.* → **A. D. N., A. R. N.** ▷ **mononucléaire, ribonucléique, thermonucléaire**

nudisme [nydism] n. m. Doctrine prônant la vie au grand air dans un état de complète nudité. → **naturisme.** – Pratique de cette doctrine. *Faire du nudisme.* ▶ **nudiste** adj. et n. *Camp de nudistes.*

nudité [nydite] n. f. 1· État d'une personne nue. 2· (Choses) État de ce qui n'est pas recouvert, pas orné. *Nudité d'un mur.* – Fig. *Il se livre dans toute sa nudité,* sans rien cacher.

nue [ny] n. f. 1· Vx. Nuage. 2· Loc. ***Mettre, porter** qqn, qqch.* ***aux nues*** : louer avec enthousiasme. *La pianiste qu'ils ont portée aux nues.* – ***Tomber des nues*** : être extrêmement surpris, décontenancé par un événement inopiné. *En apprenant la nouvelle, il est tombé des nues.* ▶ **nuée** [nɥe] n. f. 1· Littér. Gros nuage. *Nuées d'orage.* 2· Multitude formant un groupe compact (comparé à un nuage). *Des nuées de sauterelles s'étaient abattues sur les récoltes.* – Très grand nombre (de choses, de personnes). *Des nuées de photographes l'environnaient.* ▷ **nuage**

nue-propriété [nypʀɔpʀijete] n. f. Propriété d'un bien sur lequel une autre personne a un droit d'usufruit, d'usage ou d'habitation. *Des nues-propriétés.*

nui [nɥi] → **nuire.**

nuire [nɥiʀ] v. tr. ind. < conjug. 38 > ***Nuire à.*** 1· Faire du tort, du mal (à qqn). *Nuire à qqn auprès de ses amis.* → **desservir.** *Nuire à la réputation de qqn. Cela a été dit avec l'intention de nuire.* / contr. aider, servir / 2· (Choses) Constituer un danger ; causer du tort. *Cette accusation lui a beaucoup nui.* 3· ***Se nuire*** v. pron. : se faire du mal. – (Réfl.) *Il ne peut pas reporter sa décision sans se nuire.* – (Récipr.) *Ils se sont nui.* ▶ **nuisance** n. f. Ensemble de facteurs d'origine technique (bruit, pollution*, etc.) ou sociale (encombrement, promiscuité) qui compromettent l'environnement* et rendent la vie malsaine ou pénible. *Les nuisances des grandes villes.* ▶ **nuisible** adj. Qui nuit (à qqn, à qqch.). *Cela pourrait être nuisible à votre santé.* → **néfaste, nocif.** / contr. bienfaisant / – *Animaux nuisibles,* animaux parasites, venimeux et destructeurs (d'animaux ou de végétaux utiles), ou qui transmettent des maladies. – N. m. *Les nuisibles.*

nuit [nɥi] n. f. I· Obscurité résultant de la rotation de la Terre sur la moitié qui n'est pas exposée aux rayons solaires. *Le jour et la nuit. Il fait nuit. La nuit tombe. À la nuit tombante.* → **crépuscule, soir.** *Nuit noire,* très obscure. *Nuit étoilée.* – Loc. *C'est le jour et la nuit,* deux choses, deux personnes entièrement opposées. – Loc. *La nuit des temps,* se dit d'une époque très reculée, dont on ne sait rien. II· Temps où il fait noir. 1· Espace de temps qui s'écoule depuis le coucher jusqu'au lever du soleil. *Jour et nuit ; nuit et jour* [nɥiteʒuʀ], continuellement. *En pleine nuit. Toute la nuit.* – *Nuit sans sommeil* ou *nuit blanche.* → **veille, veillée.** *Il en rêve la nuit. J'ai passé la nuit dehors.* – *Je vous souhaite une bonne nuit. Bonne nuit !* → **bonsoir.** – *Nuit de noces,* la première nuit après les noces, que les époux passent ensemble. 2· ***De nuit*** : qui a lieu, se produit la nuit. → **nocturne.** *Travail, service de nuit. Vol de nuit.* – Qui travaille la nuit. *Veilleur de nuit, gardien de nuit.* – Qui sert pendant la nuit. *Chemise de nuit.* – Qui est ouvert la nuit, qui fonctionne la nuit. *Sonnette de nuit d'une pharmacie. Boîte de nuit.* – Qui vit, reste éveillé la nuit. *Oiseaux de nuit.* ▶ **nuitamment** [nɥitamɑ̃] adv. Littér. Pendant la nuit, à la faveur de la nuit. ▷ **belle-de-nuit, minuit**

1 **nul, nulle** [nyl] dét. et pron. **1·** Dét. indéf. Littér. Pas un. → **aucun.** – (Avec **ne**) *Nul homme n'en sera exempté.* → **personne.** *Je n'en ai nul besoin.* → **pas.** – (Sans négation exprimée) *Des choses de nulle importance.* – (Sans verbe exprimé) *Nul doute qu'il viendra.* – (Avec **sans**) *Sans nul doute.* → **sûrement.** – *Nulle part.* → **part. 2·** Pronom indéf. sing. (Employé comme sujet) Pas une personne. → **aucun, personne.** *Nul n'est censé ignorer la loi.* – Loc. *À l'impossible nul n'est tenu.* ▶ **nullement** adv. Pas du tout, en aucune façon. → **aucunement.** *Cela ne me gêne nullement* (→ Pas le moins du monde.)

2 **nul, nulle** adj. REM. *Nul* se place après le nom. **1·** Qui est sans existence, se réduit à rien, à zéro. / contr. important / *Différence nulle. Les risques sont nuls. Résultats nuls.* → **négatif.** *Match nul*, où il n'y a ni gagnant ni perdant. **2·** (Ouvrage, travail, etc.) Qui ne vaut rien, pour la qualité. *Un devoir nul, qui mérite zéro.* – (Personnes) Sans mérite intellectuel, sans valeur. *Elle est nulle.* → **nullité.** – *Être nul, en, dans...*, très mauvais dans (un domaine particulier). *Il est nul en français.* / contr. fort / **3·** Fam. Sans valeur par manque de jugement. → **idiot, inepte.** *Elle est nulle, son idée.* – Médiocre, sans intérêt. → fam. **ringard.** *Son jeu vidéo est nul.* – N. *C'est un nul, ce type.* ▶ **nullard, arde** adj. Fam. Tout à fait nul, qui n'y connaît rien. – N. *C'est un vrai nullard.* ▶ **nullité** n. f. **1·** Inefficacité (d'un acte juridique). *Nullité d'un acte, d'un legs.* **2·** Caractère de ce qui est nul, sans valeur. *La nullité d'un raisonnement.* – Défaut de talent, de connaissances, de compétence (d'une personne). *Il est d'une nullité incroyable.* → **faiblesse. 3·** *(Une, des nullités)* Personne nulle. *C'est une vraie nullité.* ▷ **annuler**

numéraire [nymerɛr] n. m. Monnaie ayant cours légal. → **espèce(s).** *Payer en numéraire*, en argent liquide (opposé à *en nature*).

numéral, ale, aux [nymeral, o] adj. Qui désigne, représente un nombre, des nombres arithmétiques. *Système numéral.* – *Déterminants et adjectifs numéraux*, indiquant le nombre (*« Trois » est un déterminant numéral cardinal*) ou le rang (*« Troisième » est un adjectif numéral ordinal*). – N. m. *Un numéral, les numéraux.* ≠ numéro.

numérateur [nymeratœr] n. m. Nombre supérieur (d'une fraction), premier terme. *Numérateur et dénominateur d'une fraction.*

numération [nymerasjɔ̃] n. f. Système permettant d'écrire et de nommer les divers nombres. *Numération décimale.*

numérique [nymerik] adj. **1·** Qui est représenté par un nombre, des nombres arithmétiques (chiffres). *Partie numérique et partie littérale d'une formule.* – (Opposé à *analogique*) *Montre à affichage numérique.* → 2 **digital. 2·** Qui est codé sous forme de nombres. *Livre numérique.* – (Opposé à *argentique*) *Appareil photo numérique.* – N. *Le numérique*, ensemble des techniques utilisant des signaux numériques. **3·** Qui concerne les nombres arithmétiques. *Calcul numérique.* **4·** Évalué en nombre. *La supériorité numérique de l'ennemi.* → **quantitatif.** ▶ **numériquement** adv. Relativement au nombre. *L'ennemi était numériquement inférieur*, inférieur en nombre. ▶ **numériser** v. tr. < conjug. 1 > Représenter sous forme numérique. → **digitaliser.** *Numériser une photographie.* – Au p. p. adj. *Images numérisées.* ▷ **alphanumérique**

numéro [nymero] n. m. **1·** Nombre attribué à une chose pour la caractériser parmi des choses semblables, ou la classer (abrév. *N°*, *n°* devant un nombre). *Numéro d'une maison. Numéro d'immatriculation d'une automobile.* – *Numéro de téléphone, de portable. Faire, composer un numéro.* – *Tirer le bon, le mauvais numéro*, dans un tirage au sort. **2·** Ce qui porte un numéro. *Je suis entré au numéro 10* (maison). **3·** Adj. ***Numéro un*** : principal. *L'ennemi public numéro un.* **4·** Fam. *Un numéro*, une personne bizarre, originale. *Quels numéros !* → **phénomène. 5·** Partie d'un ouvrage périodique qui paraît en une seule fois et porte un numéro. *Numéro d'une revue, d'un journal. Ce numéro est épuisé.* – *La suite au prochain numéro*, la suite de l'article paraîtra dans le numéro suivant ; fam., la suite à une autre fois. **6·** Petit spectacle faisant partie d'un programme de variétés, de cirque, de music-hall. *Numéro de magie.* – Fam. Spectacle donné par une personne qui se fait remarquer. *Il nous a fait son numéro habituel.* ▶ **numérologie** n. f. Didact. Étude divinatoire basée sur les nombres. ▶ **numérologique** adj. ▶ **numéroter** v. tr. < conjug. 1 > Marquer, affecter d'un numéro. *Numéroter les pages d'un manuscrit.* – Au p. p. adj. *Siège numéroté.* ▶ **numérotage** n. m. Action de numéroter. ▶ **numérotation** n. f. Ordre des numéros. *Changer la numérotation d'une collection.*

numismate [nymismat] n. Spécialiste, connaisseur des médailles et monnaies anciennes. ▶ **numismatique** n. f. et adj. Connaissance des médailles et des monnaies anciennes. – Adj. *Recherches numismatiques.*

nu-pieds [nypje] n. m. pl. Sandales laissant nu le dessus du pied. *J'ai perdu un de mes nu-pieds dans le sable.*

nuptial, ale, aux [nypsjal, o] adj. Relatif aux noces, à la célébration du mariage. *Bénédiction* *nuptiale. Chambre nuptiale.* ▶ **nuptialité** n. f. Nombre relatif ou statistique des mariages. ▷ **prénuptial**

nuque [nyk] n. f. Partie postérieure du cou, au-dessous de l'occiput. *Coiffure dégageant la nuque.*

nurse [nœʀs] n. f. Employée de maison qui s'occupe exclusivement des enfants. → **bonne** d'enfants, **gouvernante.** ▶ **nursery** ou **nurserie** [nœʀsəʀi] n. f. Pièce réservée aux jeunes enfants. *Des nurserys* ou *des nurseries.* – *La nursery d'un hôpital,* salle où l'on met les nouveau-nés. → **pouponnière.** *La nursery d'un zoo.*

nutriment [nytʀimɑ̃] n. m. Substance directement assimilable par l'organisme, sans avoir à subir le processus de la digestion (ex. : les minéraux, les vitamines).

nutritif, ive [nytʀitif, iv] adj. **1·** Qui a la propriété de nourrir. *Principes nutritifs d'un aliment.* – Qui nourrit beaucoup. *Aliments nutritifs.* → **nourrissant, riche. 2·** Relatif à la nutrition. *Les besoins nutritifs de l'homme.* ▶ **nutrition** [nytʀisjɔ̃] n. f. **1·** Transformation et utilisation des aliments dans l'organisme. *Mauvaise nutrition.* → **malnutrition. 2·** En physiologie. Ensemble des phénomènes d'échange entre un organisme et le milieu, permettant la production d'énergie vitale. *La respiration est une fonction de nutrition.* ▶ **nutritionnel, elle** adj. *Équilibre nutritionnel.* ▶ **nutritionniste** n. Spécialiste des problèmes de nutrition (1). → **diététicien.** ▷ **malnutrition, nutriment**

nyctalope [niktalɔp] adj. Didact. Qui voit la nuit. *Les hiboux sont nyctalopes.*

nylon [nilɔ̃] n. m. Fibre synthétique (polyamide). *Étoffe de nylon.* – *Du nylon. Bas de nylon* ou, en appos. invar., *des bas nylon.*

nymphe [nɛ̃f] n. f. **I· 1·** Déesse mythologique d'un rang inférieur. → **naïade, néréide.** – Son image sous la forme d'une jeune femme nue. **2·** Plaisant. Jeune fille ou jeune femme, au corps gracieux. **II·** Deuxième stade de la métamorphose des insectes. *Nymphe de papillon.* → **chrysalide.** ▶ **nymphomanie** n. f. Exagération pathologique des désirs sexuels chez la femme ou chez les femelles de certains animaux. ▶ **nymphomane** adj. et n. f. Femme atteinte de nymphomanie. – Abrév. fam. **nympho.**

nymphéa [nɛ̃fea] n. m. Nénuphar blanc.

oO

o [o] n. m. invar. **1·** Quinzième lettre, quatrième voyelle de l'alphabet. *O accent circonflexe (ô).* – REM. *O* est ouvert [ɔ] dans *sole*, fermé [o] dans *rose*, nasalisé [ɔ̃] dans *bon*. **2·** Abréviation de *Ouest*. **3·** Symbole de l'oxygène. CO_2, dioxyde de carbone.

ô [o] interj. **1·** Interjection servant à invoquer. *Ô ciel !* **2·** Interjection traduisant un vif sentiment. *Ô non !* ≠ ho, oh.

oasis [ɔazis] n. f. invar. **1·** Endroit d'un désert qui présente de la végétation, un point d'eau. *Une belle oasis. Les oasis sahariennes.* **2·** Lieu ou moment reposant, chose agréable (dans un milieu hostile, une situation pénible).

obédience [ɔbedjɑ̃s] n. f. **1·** Littér. Obéissance ou soumission. / contr. indépendance / **2·** *D'obédience, dans l'obédience* : sous la domination (politique) ou l'influence. *Les pays d'obédience communiste.*

obéir [ɔbeiʀ] v. tr. ind. < conjug. 2 > *Obéir à.* **1·** Se soumettre (à qqn) en se conformant à ce qu'il ordonne ou défend. *Enfant qui obéit à ses parents. Elle sait se faire obéir.* → **écouter.** – (Sans compl.) *Il faut obéir.* → se **soumettre.** *Je commande, obéissez !* / contr. désobéir, résister / **2·** Se conformer, se plier (à ce qui est imposé par autrui ou par soi-même). *Obéir à un ordre,* l'exécuter. *Obéir à sa conscience. Il obéissait à un mouvement de pitié.* → **céder** à. **3·** (Choses) Être soumis (à une volonté). *L'outil obéit à la main.* – Être soumis (à une nécessité, une force, une loi naturelle). *Les corps matériels obéissent à la loi de la gravitation.* ▶ **obéissance** [ɔbeisɑ̃s] n. f. Le fait d'obéir ; action, état de celui qui obéit. → **soumission.** / contr. désobéissance, insoumission / *Vous lui devez l'obéissance. Jurer obéissance à qqn.* ▶ **obéissant, ante** adj. Qui obéit volontiers. → **discipliné, docile, soumis.** *Enfant obéissant.* → **sage.** / contr. désobéissant / ▷ **désobéir**

obélisque [ɔbelisk] n. m. **1·** Dans l'art égyptien. Colonne en forme d'aiguille quadrangulaire surmontée d'une pointe pyramidale. *L'obélisque de Louksor.* **2·** Monument ayant cette forme.

obéré, ée [ɔbeʀe] adj. Chargé (de dettes).

obèse [ɔbɛz] adj. et n. (Personnes) Qui est anormalement gros. → **énorme.** *Il est devenu obèse.* – N. *Un, une obèse.* / contr. maigre / ▶ **obésité** n. f. État d'une personne obèse. / contr. maigreur /

objecter [ɔbʒɛkte] v. tr. < conjug. 1 > **1·** Opposer (une objection) pour réfuter (une opinion, une affirmation). *Objecter de bonnes raisons à, contre un argument. Objecter que* (+ indicatif). → **répondre, rétorquer.** *Vous ne pouvez rien m'objecter.* **2·** Opposer (un fait, un argument) à un projet, une demande, pour les repousser. *Objecter la fatigue pour ne pas sortir.* → **prétexter.** *Il nous a objecté qu'il n'avait pas le temps.* – Alléguer comme un obstacle ou un défaut, pour rejeter la demande de qqn. *On lui objecta son jeune âge ; qu'il était trop jeune.* ▶ **objecteur de conscience** n. m. Celui qui refuse d'accomplir ses obligations militaires, en alléguant que ses convictions lui enjoignent le respect absolu de la vie humaine. *Des objecteurs de conscience.* ▷ **objection**

① **objectif, ive** [ɔbʒɛktif, iv] adj. **1·** En philosophie. Qui existe hors de l'esprit, comme un objet indépendant de l'esprit. *L'espace et le temps n'ont pour Kant aucune réalité objective.* / contr. subjectif / **2·** Se dit d'une description de la réalité (ou d'un jugement sur elle) indépendante des intérêts, des goûts, des préjugés de celui qui la fait. / contr. tendancieux / *Faire un rapport objectif des faits. Il a écrit un article objectif sur les conflits sociaux.* **3·** (Personnes) Dont les jugements ne sont altérés par aucune préférence d'ordre personnel. → **impartial.** *Historien objectif. Soyez plus objectif.* / contr. partial / ▶ **objectivement** adv. D'une manière objective. ▶ **objectivité** n. f. **1·** En philosophie. Caractère de ce qui existe indépendamment de l'esprit. / contr. subjectivité / **2·** Caractère de ce qui représente fidèlement un objet. *L'objectivité d'une œuvre d'art.* **3·** Qualité de ce ou de celui qui est impartial. *Vous manquez d'objectivité.* → **impartialité.**

② **objectif** n. m. Système optique formé de lentilles qui donne une image photographique des objets. *Objectif d'un appareil photographique, d'une caméra. Obturateur, diaphragme d'un objectif.* – *Braquer son objectif sur qqn,* pour le photographier. ▷ **téléobjectif**

③ **objectif** n. m. **1·** But à atteindre. – Point contre lequel est dirigée une opération stratégique ou tactique. *Nos troupes ont atteint leur objectif.* **2·** But précis que se propose l'action. → **objet** (II, 3). *Ce sera notre premier objectif. Il met tout en œuvre pour atteindre son objectif. Il a pour objectif la réussite.*

objection [ɔbʒɛksjɔ̃] n. f. **1·** Argument que l'on oppose à une opinion, à une affirmation pour la réfuter. *Faire, formuler une objection.* → **objecter. 2·** Ce que l'on oppose à une suggestion, une proposition pour la repousser. *Si vous n'y voyez pas d'objection.* → **inconvénient, obstacle.** *J'ai une objection.* – *Objection !,* pour introduire un argument, un avis contraire.

objectivité → ① **objectif.**

objet [ɔbʒɛ] n. m. **I·** Concret. Chose solide ayant unité et indépendance et répondant à une certaine destination. → **chose** ; fam. **machin, truc.** *Forme, matière, grandeur d'un objet. Manier un objet avec précaution.* – *Bureau des objets trouvés,* où leurs propriétaires peuvent les réclamer. ***Objets d'art*** : ayant une valeur artistique (à l'exception de ce qu'on appelle *œuvre d'art* et des meubles). *Magasin d'antiquités et d'objets d'art.* **II·** Abstrait. **1·** Tout ce qui se présente à la pensée, qui est occasion ou matière pour l'activité de l'esprit. *L'objet de ses réflexions.* → **matière, sujet. 2·** Ce qui est donné par l'expérience, existe indépendamment de l'esprit (opposé au *sujet qui pense*). *Le sujet et l'objet.* → ① **objectif. 3·** Ce vers quoi tendent les désirs, la volonté, l'effort et l'action. → **but, fin,** ③ **objectif.** *L'objet de nos vœux.* – *Cette plainte est dès lors* ***sans objet*** : n'a plus de raison d'être. – *Cette circulaire* ***a pour objet*** *la salubrité publique* : elle concerne la salubrité. – ***Faire, être l'objet de*** : subir. *Ce malade fait l'objet, est l'objet d'une surveillance constante.* **4·** ***Complément d'objet*** *d'un verbe* : désignant la chose, la personne, l'idée sur lesquelles porte l'action marquée par le verbe. *Complément d'objet direct,* directement rattaché au verbe sans l'intermédiaire d'une préposition (ex. : je prends *un crayon*). *Complément d'objet indirect,* rattaché au verbe par l'intermédiaire d'une préposition (ex. : j'obéis *à vos ordres*).

objurgation [ɔbʒyʀgasjɔ̃] n. f. Surtout au plur. **1·** Parole vive par laquelle on critique qqn et on essaie de l'empêcher d'agir comme il se propose de le faire. → **admonestation, remontrance.** / contr. encouragement / *Céder aux objurgations de qqn.* **2·** Prière instante. *Il s'épuise en objurgations inutiles.*

oblat, ate [ɔbla, at] n. Personne qui est entrée dans une communauté religieuse, mais sans prononcer les vœux.

① **obliger** [ɔbliʒe] v. tr. < conjug. 3 > **1·** Contraindre ou lier (qqn) par une obligation d'ordre juridique ou moral. / contr. dispenser de / *La loi, l'honneur nous oblige à faire cela.* – Pronominalement (réfl.). *S'obliger à,* se lier par une obligation, promettre. *Je m'oblige à vous rembourser.* – Loc. ... *oblige* (après un nom), à cause de, en raison de. *Noblesse* oblige. Crise oblige, il va falloir réduire les frais.* **2·** Mettre (qqn) dans la nécessité de (faire qqch.). → **astreindre, contraindre, forcer.** *Rien ne vous oblige à venir.* – Passif. *Être obligé de faire qqch. Excusez-moi, je suis obligé de partir,* je dois partir. *Bien obligé !* ▶ ① **obligé, ée** adj. (Choses) Qui résulte d'une obligation ou d'une nécessité. → **indispensable, obligatoire.** – Fam. *C'est obligé !,* c'est forcé. ▶ ① **obligation** [ɔbligasjɔ̃] n. f. **1·** Ce qui contraint une personne à donner, à faire ou à ne pas faire qqch. *Contracter une obligation juridique.* – Titre négociable. *Actions et obligations.* **2·** Lien moral qui assujettit l'individu à une loi religieuse, morale ou sociale. → **devoir.** *Il doit remplir ses obligations fiscales.* **3·** *Obligation de* (+ infinitif). → **nécessité.** *Il est dans l'obligation d'emprunter de l'argent.* – (+ nom) *Essai sans obligation d'achat.* → **engagement.** ▶ **obligatoire** adj. **1·** Qui a la force d'obliger, qui a un caractère d'obligation (①, 2). / contr. facultatif / *Instruction gratuite et obligatoire.* **2·** Fam. Inévitable, nécessaire. → **forcé,** ① **obligé.** *Il a raté son examen, c'était obligatoire !* ▶ **obligatoirement** adv. D'une manière obligatoire. – Fam. Forcément.

② **obliger** v. tr. < conjug. 3 > Rendre service, faire plaisir à (qqn) de sorte qu'il ait de la reconnaissance, des obligations. → **aider.** *Vous m'obligeriez en faisant ceci, si vous faisiez ceci.* ▶ ② **obligé, ée** adj. Attaché, lié par un service rendu. → **redevable.** *Je vous suis très obligé. Je vous serais obligé de* (+ infinitif), reconnaissant. – N. *Je suis votre obligé.* ▶ **obligeant, ante** [ɔbliʒɑ̃, ɑ̃t] adj. Qui aime à obliger, à faire plaisir en rendant service. → **complaisant, serviable.** *C'est un garçon très obligeant.* ▶ **obligeamment** [ɔbliʒamɑ̃] adv.

Il nous a aidés très obligeamment. ▶ **obligeance** n. f. Disposition à rendre service, à se montrer obligeant. *Nous vous remercions de votre obligeance.* ▶ ② **obligation** n. f. Surtout au plur. Lien moral envers qqn en qui on a de la reconnaissance. *J'ai (bien) des obligations envers lui.* ▷ **désobligeant**

oblique [ɔblik] adj. et n. f. 1· Qui n'est pas perpendiculaire (à une ligne, à un plan réels ou imaginaires) et notamment, qui n'est ni vertical ni horizontal. *Ligne oblique. Position oblique d'un store, d'un dossier de chaise longue.* → **incliné.** *Rayons obliques du soleil couchant.* – *Regard oblique,* peu franc. – N. f. *Une oblique,* ligne oblique. 2· *En oblique* loc. adv. : dans une direction oblique, en diagonale. ▶ **obliquement** adv. Dans une direction ou une position oblique. → **de biais, de côté.** ▶ **obliquer** v. intr. < conjug. 1 > Aller, marcher en ligne oblique. → **dévier.** *La voiture a obliqué vers la gauche.* ▶ **obliquité** [ɔblikite] n. f. Caractère ou position de ce qui est oblique. → **inclinaison.** *L'obliquité des rayons du soleil.*

① **oblitérer** [ɔbliteʀe] v. tr. < conjug. 6 > *Oblitérer un timbre,* l'annuler par l'apposition d'un cachet qui le rend impropre à servir une seconde fois. – Au p. p. adj. *Timbre oblitéré.* ▶ **oblitération** n. f. *L'oblitération de ce timbre est très nette.*

② **oblitérer** v. tr. < conjug. 6 > Médecine. Obstruer, boucher (un canal, une artère...).

oblong, ongue [ɔblɔ̃, ɔ̃g] adj. 1· Qui est plus long que large. → **allongé.** *Un visage oblong.* 2· (Livres, albums) Qui est moins haut que large. *Format oblong.*

obnubiler [ɔbnybile] v. tr. < conjug. 1 > *Être obnubilé par* : être fasciné, obsédé par (qqn, qqch.) et en oublier tout le reste. *Il est complètement obnubilé par cette idée, par l'examen qu'il doit passer.*

obole [ɔbɔl] n. f. Modeste offrande, petite contribution en argent. *Apporter son obole à une souscription.*

obscène [ɔpsɛn] adj. Qui blesse délibérément la pudeur par des représentations d'ordre sexuel. → **licencieux, pornographique.** *Gestes, remarques obscènes.* → **impudique, indécent.** ▶ **obscénité** [ɔpsenite] n. f. 1· Caractère de ce qui est obscène. → **immoralité, indécence.** 2· Parole, action obscène. *Dire des obscénités.* → **grossièreté.**

obscur, ure [ɔpskyʀ] adj. I· 1· Qui est privé (momentanément ou habituellement) de lumière. → **noir, sombre.** *Des ruelles obscures.* / contr. clair, lumineux / – *Salles obscures,* salles de cinéma. 2· Qui est foncé, peu lumineux. → **sombre.** *Teinte obscure.* II· Abstrait. 1· Qui est difficile à comprendre, à expliquer (par sa nature ou par la faute de celui qui expose). → **incompréhensible.** *Des phrases embrouillées et obscures. Déchiffrer, éclaircir un texte obscur.* 2· Qui n'est pas net ; que l'on sent, perçoit ou conçoit confusément. → **vague.** *Un sentiment obscur, un obscur sentiment d'envie.* 3· Qui n'est pas clair, douteux. *Une obscure affaire de mœurs.* 4· (Personnes) Qui n'a aucun renom. → **ignoré, inconnu.** / contr. célèbre, illustre / *Un poète obscur.* 5· Littér. Simple, humble. *Vie obscure. Besognes obscures.* ▶ **obscurantisme** n. m. Le fait d'empêcher la diffusion de l'instruction, de la culture. ▶ **obscurcir** [ɔpskyʀsiʀ] v. tr. < conjug. 2 > I· 1· Priver de lumière, de clarté. → **assombrir.** *Ce gros arbre obscurcit la pièce.* – Pronominalement (réfl.). *Le ciel s'obscurcit, il va pleuvoir.* 2· Troubler, affaiblir (la vue). – Au p. p. *Ses yeux obscurcis par la fumée.* → **voilé.** II· Abstrait. Rendre peu intelligible. *Il obscurcissait tout ce qu'il voulait expliquer.* ▶ **obscurcissement** n. m. 1· Action d'obscurcir ; perte de lumière, d'éclat. *Obscurcissement du ciel.* 2· Le fait de rendre peu intelligible ou peu clairvoyant. ▶ **obscurément** adv. 1· D'une manière vague, insensible. *Il sentait obscurément qu'un danger le menaçait.* → **confusément.** 2· De manière à rester ignoré. *Il a choisi de vivre obscurément.* ▶ **obscurité** n. f. I· Absence de lumière ; état de ce qui est obscur. → **noir, nuit, ténèbres.** *Obscurité complète. Il a peur dans l'obscurité.* II· Abstrait. 1· Défaut de clarté, d'intelligibilité. *L'obscurité d'un poème.* – État de ce qui est mal connu. *L'obscurité des origines de l'Homme.* 2· (*Une, des obscurités*) Passage, point obscur. *Il fallait expliquer les obscurités de ce texte.* 3· Situation sans éclat, où l'on reste obscur. → **médiocrité.** *Il vit dans l'obscurité après avoir eu un moment de célébrité.* ▷ **clair-obscur**

obséder [ɔpsede] v. tr. < conjug. 6 > Tourmenter de manière incessante ; s'imposer sans répit à la conscience. → **hanter, poursuivre.** *Le remords l'obsède. Il est obsédé par la peur d'échouer.* ▶ **obsédant, ante** adj. ▶ **obsédé, ée** n. Personne qui est en proie à une idée fixe, à une obsession. → **maniaque.** *Un obsédé sexuel.* ▷ **obsession**

obsèques [ɔpsɛk] n. f. pl. Dans le langage officiel. Cérémonie et convoi funèbre. → **enterrement, funérailles.** *Obsèques nationales.*

obséquieux, euse [ɔpsekjø, øz] adj. Qui exagère les marques de politesse, par servilité ou hypocrisie. → **plat, rampant.** *Je déteste les gens obséquieux.* – *Une politesse obséquieuse.* ▶ **obsé-**

quieusement adv. ▶ **obséquiosité** n. f. Attitude, comportement d'une personne obséquieuse. → **platitude, servilité.**

observable [ɔpsɛʀvabl] adj. Qui peut être observé (II).

observance [ɔpsɛʀvɑ̃s] n. f. **1·** Action de pratiquer (une règle religieuse). → **observation** (I), **pratique.** *L'observance de la règle.* **2·** Manière dont la règle est observée (I) dans une communauté religieuse. *Un monastère d'une sévère observance.*

observer [ɔpsɛʀve] v. tr. < conjug. 1 > **I·** Se conformer de façon régulière à (une prescription). *C'est une loi qu'il faut observer.* / contr. enfreindre, violer / – *Observer le silence.* → **garder.** **II· 1·** Considérer avec attention, afin de connaître, d'étudier. → **contempler, examiner, regarder.** *Il observe tout.* – Soumettre à l'observation scientifique. *Observer un phénomène, une réaction.* **2·** Examiner en contrôlant, en surveillant. *Il observait tous nos gestes.* **3·** Épier. *Attention, on nous observe.* – *Observer les mouvements de l'ennemi.* **4·** Constater, remarquer par l'observation. → **noter.** *Je n'ai rien observé. Je vous fais observer que* (+ indicatif). **5·** Pronominalement (réfl.). Se prendre pour sujet d'observation. *Il s'observe et se décrit dans ses livres.* – Pronominalement (récipr.). *Ils s'observent sans arrêt.* → **se surveiller.** ▶ **observateur, trice** n. et adj. **1·** Personne qui observe un événement ou une catégorie d'événements. → **témoin.** *Il a été un observateur attentif.* **2·** Personne chargée d'observer (notamment dans l'armée, la diplomatie). *Envoyer des observateurs à des négociations.* **3·** Adj. Qui sait observer. *Il est très observateur.* ▶ **observation** n. f. **I·** Action d'observer (I) ce que prescrit une loi, une règle. → **obéissance, observance, respect** de. *L'observation d'un règlement.* **II· 1·** Action de considérer avec une attention suivie la nature, l'homme, la société afin de mieux connaître. → **examen.** *Avoir l'esprit d'observation.* **2·** *Une observation,* remarque, écrit exprimant le résultat de cette considération attentive. → **note, réflexion.** *Une observation très juste.* **3·** Parole, déclaration par laquelle on fait remarquer qqch. à qqn. *Elle lui en a fait l'observation.* → **objection.** – Remarque par laquelle on reproche à qqn son attitude, ses actes. → **avertissement, critique, réprimande, reproche.** *Son père lui fait sans cesse des observations.* **4·** Action d'observer scientifiquement (un phénomène) ; compte rendu des phénomènes constatés, décrits, mesurés. *Appareils, instruments d'observation. Observations météorologiques, astronomiques. L'observation et l'expérience*. Induire qqch. de ses observations.* **5·** Surveillance attentive à laquelle on soumet un être vivant, un organe. *Il est à l'hôpital, en observation.* **6·** Surveillance systématique des activités d'un suspect, d'un ennemi. *Observation aérienne.* ▶ **observatoire** n. m. **1·** Établissement scientifique destiné aux observations astronomiques et météorologiques. *Coupole, télescope d'un observatoire.* **2·** Lieu élevé, favorable à l'observation ou aménagé en poste d'observation. *Observatoire d'artillerie.* **3·** Fig. Organisme chargé de surveiller un phénomène (naturel, social...). *L'observatoire des discriminations, de l'environnement.* ▷ **observable** (dérivé de *observer,* II), **observance** (dérivé de *observer,* I)

obsession [ɔpsesjɔ̃] n. f. **1·** Idée, image, mot qui obsède, s'impose à l'esprit de façon répétée et impossible à chasser. → **hantise, idée** fixe. *Cette idée devenait une obsession.* → **fixation.** **2·** En psychologie. Représentation, accompagnée d'états émotifs pénibles, qui tend à accaparer tout le champ de la conscience. → **manie, phobie.** ▶ **obsessionnel, elle** adj. Propre à l'obsession. *Des idées obsessionnelles. Névrose obsessionnelle. Trouble obsessionnel compulsif*.*

obsidienne [ɔpsidjɛn] n. f. Pierre, lave ressemblant au verre, de couleur foncée. *Bracelet en obsidienne.*

obsolète [ɔpsɔlɛt] adj. *Une technologie obsolète,* dépassée, qui ne répond plus aux exigences ou aux normes modernes.

obstacle [ɔpstakl] n. m. **1·** Ce qui s'oppose au passage, gêne le mouvement. *Heurter un obstacle.* – ***Faire obstacle à*** : former un obstacle. *La police fait obstacle aux manifestants.* – Chacune des difficultés (haies, murs, rivières, etc.) semées sur le parcours des chevaux. *Course d'obstacles* ; fig. entreprise difficile. **2·** Abstrait. Ce qui s'oppose à l'action, à l'obtention d'un résultat. *Il a rencontré beaucoup d'obstacles avant de réussir.* → **difficulté, empêchement.** – *Faire obstacle à,* empêcher, gêner. *Sans rencontrer d'obstacle,* sans encombre. *Mes parents ont fait obstacle à ce voyage.* → **opposition.**

obstétrique [ɔpstetʀik] n. f. Partie de la médecine relative à la grossesse et aux accouchements. ▶ **obstétricien, ienne** n.

s'obstiner [ɔpstine] v. pron. < conjug. 1 > Persister dans une idée, une décision sans vouloir changer. → **s'entêter.** *Il s'obstine dans son idée.* → **se buter.** / contr. céder / *S'obstiner à mentir.* ▶ **obstination** n. f. Caractère, comportement d'une personne qui s'obstine. → **entêtement, opiniâtreté, ténacité.** ▶ **obstiné, ée** adj. **1·** Qui s'attache avec énergie et de manière durable à une manière d'agir, à une idée. → **opiniâtre ; entêté, têtu.**

2· (Choses) Qui marque de l'obstination. → **assidu.** *Travail obstiné.* ▶ **obstinément** adv. Avec obstination. *Refuser obstinément.*

obstruer [ɔpstʀye] v. tr. < conjug. 1 > Faire obstacle (à qqch.), en entravant ou en arrêtant la circulation. → **barrer, boucher, encombrer.** *Des branches obstruaient le passage. Tuyaux obstrués.* ▶ **obstruction** [ɔpstʀyksjɔ̃] n. f. **1·** Gêne ou obstacle à la circulation (dans un conduit de l'organisme). → **engorgement, occlusion.** *Obstruction de l'artère pulmonaire.* **2·** Tactique qui consiste à entraver les débats (dans une assemblée, un parlement). *Faire de l'obstruction pour empêcher le vote d'une loi.*

obtempérer [ɔptɑ̃peʀe] v. tr. ind. < conjug. 6 > Style administratif. Obéir, se soumettre (à une injonction, un ordre). *Il finit par obtempérer.*

obtenir [ɔptəniʀ] v. tr. < conjug. 22 > **1·** Parvenir à se faire accorder, à se faire donner (ce qu'on veut avoir). → **acquérir, avoir, conquérir, recevoir ;** fam. **décrocher.** *Il a obtenu une augmentation. J'ai obtenu de partir tout de suite, que ma sœur parte avec moi.* – ***Obtenir*** *qqch.* ***à, pour*** *qqn. Il lui a obtenu une promotion.* – ***S'obtenir*** v. pron. passif. *Cette autorisation ne s'obtient pas facilement.* **2·** Réussir à atteindre (un résultat), à produire (qqch.). → **parvenir** à. *Nous n'avons obtenu aucune amélioration. Cette opération permet d'obtenir le métal à l'état pur.* ▶ **obtention** [ɔptɑ̃sjɔ̃] n. f. Didact. Le fait d'obtenir. *Formalités à remplir pour l'obtention d'un visa.*

obturer [ɔptyʀe] v. tr. < conjug. 1 > Boucher (une ouverture, un trou). *Obturer une fuite avec du mastic.* ▶ **obturateur, trice** adj. et n. m. **1·** Adj. Qui sert à obturer. *Plaque obturatrice.* **2·** N. m. Appareil utilisé pour fermer une ouverture. – En photographie. Dispositif grâce auquel la lumière traverse l'objectif. *L'obturateur sert à régler la durée d'exposition.* ▶ **obturation** n. f. Action d'obturer. *Obturation dentaire.*

1 **obtus, use** [ɔpty, yz] adj. Qui manque de finesse, de pénétration. → **borné ;** fam. **bouché.** *Esprit obtus. Elle est un peu obtuse.* / contr. **ouvert, pénétrant** /

2 **obtus** adj. m. invar. ***Angle obtus*** : plus grand qu'un angle droit. / contr. **aigu** /

obus [ɔby] n. m. invar. Projectile d'artillerie, le plus souvent creux et rempli d'explosif. *Obus incendiaires, fumigènes. Éclat d'obus. Trou d'obus.* ▶ **obusier** [ɔbyzje] n. m. Canon court pouvant exécuter un tir courbe. → **mortier.**

obvier [ɔbvje] v. tr. ind. < conjug. 7 > Littér. ***Obvier à*** : mettre obstacle, parer (à un mal, un inconvénient). → **remédier.**

langue d'oc [lɑ̃gdɔk] loc. nominale fém. Ensemble des dialectes du sud de la France où *oui* se disait *oc* au Moyen Âge (opposé à *langue d'oïl*). → **occitan, provençal.**

ocarina [ɔkaʀina] n. m. Petit instrument de musique à vent, en terre cuite ou en métal, de forme ovoïde. *Des ocarinas.*

occasion [ɔka(a)zjɔ̃] n. f. **1·** Circonstance qui vient à propos, qui convient. *Je n'ai jamais eu l'occasion de la rencontrer.* – Fam. *Il a sauté sur l'occasion.* – *Il ne manquait jamais une occasion d'en parler. Profitons de cette occasion pour en parler. Occasion inespérée.* → **aubaine, chance.** – PROV. *L'occasion fait le larron,* dans certaines circonstances, la tentation incite à mal agir. – ***À l'occasion*** loc. adv. : quand l'occasion se présente. → **éventuellement.** *J'irai vous voir, à l'occasion.* – *Il reviendra à la première occasion,* dès que l'occasion se présentera. **2·** Marché avantageux pour l'acheteur ; objet de ce marché. *J'ai trouvé une belle occasion* (fam. *occase*). – ***D'occasion*** : qui n'est pas neuf. *Livres, voitures d'occasion,* de seconde main. **3·** *Occasion de,* circonstance qui détermine (une action), provoque (un événement). → **cause.** *C'était l'occasion de grandes discussions. Je n'ai jamais eu l'occasion de venir.* – ***À l'occasion de*** loc. prép. *À l'occasion de son anniversaire, nous avons donné une réception.* → **pour.** **4·** Circonstance. *Je l'ai rencontré en plusieurs, en maintes occasions. D'occasion* (activités, évènements) : occasionnel. – *Dans, pour les* ***grandes occasions*** : les circonstances importantes de la vie sociale. *Elle ne porte ce collier que dans les grandes occasions.* ▶ **occasionnel, elle** adj. Qui résulte d'une occasion (4), se produit, se rencontre par hasard. → **fortuit.** *Un congé occasionnel.* ▶ **occasionnellement** adv. ▶ **occasionner** v. tr. < conjug. 1 > Être l'occasion (3) de (qqch. de fâcheux). → **causer, déterminer.** *Cela nous occasionnait bien des soucis, bien des dépenses.*

occident [ɔksidɑ̃] n. m. **1·** Un des quatre points cardinaux ; côté où le soleil se couche. → **couchant, ouest.** / contr. **orient** / **2·** (Avec une majuscule) Région située vers l'ouest, par rapport à un lieu donné. – Partie de l'ancien monde située à l'ouest. *L'Empire romain d'Occident.* **3·** (Avec une majuscule) Hist. L'Europe de l'Ouest et les États-Unis. *L'Occident et les pays de l'Est.* – L'ensemble des pays développés d'Europe et des deux Amériques (distingués des pays d'Asie et d'Afrique, quel que soit leur niveau de développement). ▶ **occidental, ale, aux** adj. et n. **1·** Qui est à l'ouest. *L'Europe occidentale.* **2·** Qui se rapporte à l'Occident. *La culture occidentale.* – N. Habitant de l'Occident. *Les Occidentaux.* ▶ **occidentaliser** v. tr. < conjug. 1 > Modifier selon les habitudes de l'Occident. *Occidentaliser les coutumes.* – Pronominalement (réfl.). *Les Japonais se sont occidentalisés.*

occiput [ɔksipyt] n. m. Partie postérieure et inférieure de la tête. ▶ **occipital, ale, aux** adj. et n. m. Qui appartient à l'occiput. *Os occipital.* – N. m. *L'occipital.*

occire [ɔksiʀ] v. tr. REM. Seulement infinitif et p. p. *occis, ise.* Vx ou plaisant. Tuer.

occitan, ane [ɔksitɑ̃, an] adj. et n. Relatif aux parlers romans de langue d'oc*. *Littérature occitane.* – N. *Un Occitan, une Occitane.* – N. m. *L'occitan* : langue romane, ensemble de parlers du groupe gallo-roman, parlée essentiellement dans le sud de la France.

occlusion [ɔklyzjɔ̃] n. f. Fermeture complète (d'un conduit du corps). *Occlusion intestinale. Occlusion du canal buccal dans la prononciation des occlusives.* ▶ **occlusive** n. f. Consonne dont l'articulation comporte une occlusion du canal buccal, suivie d'une ouverture brusque ([p], [t], [k], [b], [d], [g]).

occulte [ɔkylt] adj. 1· *Sciences occultes* : doctrines et pratiques secrètes faisant intervenir des forces qui ne sont reconnues ni par la science, ni par la religion. *La magie est une science occulte.* 2· Qui se rapporte aux sciences occultes. *Forces, puissances occultes.* → **secret.** 3· Qui se cache, garde le secret ou l'incognito. → **clandestin.** *Un conseiller occulte. Comptabilité occulte.* ▶ **occultisme** n. m. Ensemble des sciences occultes et des pratiques qui s'y rattachent. → **ésotérisme, spiritisme.**

occulter [ɔkylte] v. tr. < conjug. 1 > 1· Littér. Cacher ou rendre peu visible (une source lumineuse). 2· Abstrait. Cacher, dissimuler. *Occulter un souvenir, un problème.* ▶ **occultation** n. f. Action d'occulter. *L'occultation d'un fait historique.*

1 **occuper** [ɔkype] v. tr. < conjug. 1 > 1· Prendre possession de (un lieu). *Occuper le terrain*, le tenir en s'y installant solidement. *Occuper un pays vaincu*, le soumettre à une occupation militaire. *Occuper une usine.* 2· Remplir, couvrir un certain espace. *Il occupe deux sièges. L'armoire occupe trop de place.* → **prendre.** 3· Habiter. *Ils occupent le rez-de-chaussée.* – Au p. p. adj. *Appartement occupé.* / contr. libre / 4· Remplir une fonction. *Il occupe le poste de secrétaire général depuis peu.* 5· Employer, meubler (du temps). *Occuper ses loisirs à jouer au tennis.* ▶ **occupant, ante** n. et adj. 1· N. Personne qui occupe un lieu. *Le premier occupant*, celui qui a pris le premier possession d'un lieu. – Personne qui est dans un véhicule. *Les deux occupants ont été tués dans l'accident.* 2· Adj. Qui occupe militairement un pays, un territoire. *L'armée, l'autorité occupante.* – N. *Les occupants.* ▶ 1 **occupation** n. f. 1· Action d'occuper, de s'installer par la force. *Armée d'occupation.* – Période pendant laquelle la France fut occupée par les Allemands. *Pendant l'Occupation.* 2· Prise de possession (d'un lieu). *L'occupation des locaux.* ▶ 1 **occupé, ée** adj. (Choses) Dont on a pris possession ; où qqn se trouve. *Siège occupé, place occupée.* / contr. vide / *Ce taxi est occupé.* / contr. libre / *J'ai voulu téléphoner, mais la ligne était occupée (mais c'était occupé).* ▷ **inoccupé** (1), **réoccuper**

2 **occuper** v. tr. et pron. < conjug. 1 > I· V. tr. Employer (qqn à un travail). *Je l'ai occupé à classer mes livres.* – Sans compl. ind. *Ça t'occupera.* II· *S'occuper* v. pron. réfl. *S'occuper d'une affaire*, y employer son temps, ses soins. *S'occuper de politique. Ne vous occupez pas de ça*, n'en tenez pas compte ; ne vous en mêlez pas. *Occupe-toi de tes affaires (de tes oignons)*, mêle-toi de ce qui te regarde. – *S'occuper de qqn*, veiller sur lui ou le surveiller. *Il s'occupe*, il trouve qqch. à faire. ▶ 2 **occupation** n. f. Ce à quoi on consacre son activité, son temps. *Nous avons de multiples occupations.* – Travail susceptible d'occuper. *Elle voudrait avoir une occupation.* ▶ 2 **occupé, ée** adj. (Personnes) Qui se consacre (à un travail). *Il est occupé à la rédaction de ses Mémoires, à repeindre sa maison.* – Qui est très pris. *Il est très occupé.* / contr. désœuvré, inactif / ▷ **inoccupé** (2), **préoccuper**

occurrence [ɔkyʀɑ̃s] n. f. 1· Littér. Cas, circonstance. 2· Loc. *En l'occurrence* : dans le cas présent. *La personne responsable, en l'occurrence M. Dupont.*

océan [ɔseɑ̃] n. m. 1· Vaste étendue d'eau salée qui couvre une grande partie de la surface du globe terrestre. → **mer.** *L'océan Atlantique, Indien, Pacifique.* – *Les plages de l'Océan* (atlantique). 2· Abstrait. Vaste étendue (de qqch.). *Océan de verdure.* ▶ **océane** adj. fém. *Les profondeurs océanes.* → **abysse.** ▶ **océanique** [ɔseanik] adj. 1· Qui appartient, est relatif à l'océan. 2· Qui est au bord de la mer, qui subit l'influence de l'océan. *Climat océanique.* ▶ **océanographie** [ɔseanɔgʀafi] n. f. Étude scientifique des mers et océans. ▶ **océanographe** n. Spécialiste d'océanographie. ▶ **océanographique** adj. De l'océanographie. ▶ **océanologie** n. f. Ensemble des activités scientifiques et techniques liées à l'étude, à la protection et à l'exploitation du milieu marin. ▶ **océanologue** n.

océanien, ienne [ɔseanjɛ̃, jɛn] adj. et n. Relatif à l'Océanie. – N. *Les Océaniens.*

ocelle [ɔsɛl] n. m. Tache arrondie dont le centre et le tour sont de deux couleurs différentes (ailes de papillons, plumes d'oiseaux). ▶ **ocellé, ée** adj. Parsemé d'ocelles. *Paon ocellé.*

ocelot [ɔslo] n. m. Grand chat sauvage à pelage roux tacheté de brun. → **chat-tigre.** – Fourrure de cet animal. *Manteau d'ocelot.*

ocre [ɔkʀ] n. f. **1·** Colorant minéral naturel, jaune-brun ou rouge. **2·** Couleur d'un brun-jaune ou orange. – Adj. invar. *Poudre ocre pour fard.* ▶ **ocré, ée** adj. Teint en ocre.

oct(a)-, octi-, octo- Éléments savants signifiant « huit ». ▶ **octaèdre** [ɔktaɛdʀ] n. m. Polyèdre à huit faces.

octane [ɔktan] n. m. *Indice d'octane :* pourcentage d'un élément des carburants (essence) qui caractérise leur pouvoir antidétonant.

octave [ɔktav] n. f. En musique. Intervalle parfait de huit degrés de l'échelle diatonique (par ex., de *do* à *do*).

octet [ɔktɛ] n. m. Base de huit caractères binaires utilisée en informatique. ▷ **gigaoctet, kilo-octet, mégaoctet**

octobre [ɔktɔbʀ] n. m. Dixième mois de l'année. *Octobre a 31 jours.*

octodon [ɔktodɔ̃] n. m. Petit mammifère rongeur, voisin du chinchilla, qui vit au Chili et au Pérou.

octogénaire [ɔktɔʒenɛʀ] adj. et n. Âgé de quatre-vingts ans.

octogone [ɔktɔgɔn] n. m. Polygone à huit côtés. ▶ **octogonal, ale, aux** adj. Qui a huit angles et huit côtés.

octosyllabe [ɔktɔsi(l)lab] adj. et n. m. Qui a huit syllabes. – N. m. Vers de huit syllabes.

1 **octroi** [ɔktʀwa] n. m. Contribution indirecte que certaines municipalités étaient autorisées à percevoir sur les marchandises de consommation locale (droits d'entrée). → **douane.** – Administration qui était chargée de cette contribution. *Le bureau, la barrière de l'octroi.*

octroyer [ɔktʀwaje] v. tr. <conjug. 8> Accorder à titre de faveur, de grâce. → **concéder.** – Pronominalement (réfl.). *Il s'octroie encore quelques jours.* ▶ 2 **octroi** n. m. Littér. Action d'octroyer. *L'octroi de cette faveur.*

oculaire [ɔkylɛʀ] adj. et n. m. **I·** Adj. **1·** De l'œil, relatif à l'œil. *Globe oculaire.* **2·** *Témoin oculaire,* qui a vu de ses propres yeux. **II·** N. m. Dans un instrument d'optique. Lentille ou système de lentilles près duquel on applique l'œil. ▶ **oculiste** n. Vieilli. Médecin spécialiste des troubles de la vision. → **ophtalmologiste.** ≠ opticien.

odalisque [ɔdalisk] n. f. Femme vivant dans un harem.

ode [ɔd] n. f. **1·** Dans la littérature grecque. Poème lyrique destiné à être chanté ou dit avec accompagnement de musique. *Les odes de Pindare.* **2·** Poème lyrique d'inspiration élevée. *Les Odes de Ronsard.*

odeur [ɔdœʀ] n. f. **1·** Sensation que produisent sur l'odorat certaines émanations. *Avoir une bonne, une mauvaise odeur.* → **parfum, puanteur ; sentir** (bon, mauvais). *Odeur de brûlé, de moisi, de renfermé. Chasser les mauvaises odeurs avec un désodorisant.* **2·** Loc. *Ne pas être en odeur de sainteté auprès de qqn,* être mal vu par qqn. ▷ **odorant, odorat, odoriférant**

odieux, euse [ɔdjø, øz] adj. **1·** Qui excite la haine, le dégoût, l'indignation. → **antipathique, détestable, exécrable.** *C'est un homme odieux.* – *Un crime particulièrement odieux.* **2·** Très désagréable, insupportable. *Le gosse a été odieux aujourd'hui.* / contr. adorable, aimable, charmant / ▶ **odieusement** adv. *Il a été odieusement traité.*

-odonte, odonto- Éléments savants signifiant « dent ». ▶ **odontologie** [ɔdɔ̃tɔlɔʒi] n. f. Étude et traitement des dents. ▶ **odontologiste** ou **odontologue** n. ▷ **orthodontie, parodonte**

odorant, ante [ɔdɔʀɑ̃, ɑ̃t] adj. Qui exhale une odeur. *Des fleurs très odorantes.* → **odoriférant.**

odorat [ɔdɔʀa] n. m. Sens par lequel on perçoit les odeurs, situé dans les fosses nasales. *Une odeur qui chatouille agréablement l'odorat. De l'odorat.* → **olfactif.**

odoriférant, ante [ɔdɔʀifeʀɑ̃, ɑ̃t] adj. Qui répand une odeur agréable. *Plantes odoriférantes.*

odyssée [ɔdise] n. f. Voyage particulièrement riche en événements (à cause des aventures d'Ulysse contées dans l'Odyssée). – Vie agitée à l'image d'un tel voyage.

œcuménique [ekymenik] adj. En religion. Universel. *Congrès œcuménique.* ▶ **œcuménisme** n. m. Mouvement favorable à la réunion de toutes les Églises chrétiennes en une seule.

œdème [edɛm] n. m. Gonflement indolore et sans rougeur au niveau de la peau, causé par une infiltration de sérosités. ▷ **myxœdème**

œdipe [edip ; ødip] n. m. Complexe d'œdipe, stade du développement infantile caractérisé par un attachement affectif intense au parent de sexe opposé. *Un œdipe prolongé.* ▶ **œdipien, ienne** adj. *Le stade œdipien. Le conflit œdipien.*

1 **œil** [œj], plur. **yeux** [jø] n. m. **I· 1·** Organe de la vue (globe oculaire et ses annexes, nerf optique). *Le globe de l'œil est logé dans l'orbite. Avoir de bons yeux,* qui voient bien. *S'user les yeux à lire. Perdre un œil, les deux yeux,* devenir borgne, aveugle. *Maladie, médecine des yeux.* → **ophtalm(o)-.** – Ce que l'on voit de l'œil. *De grands, de petits yeux. Yeux globuleux, enfoncés, bridés. Ses yeux brillent.* – Loc. *Ce n'est pas pour ses beaux yeux qu'elle a fait cela,* ce n'est pas par amour pour lui, mais dans son intérêt à elle. – *Lever, baisser les yeux.* → **regard.** *Faire les* ***gros yeux*** *à qqn* : le regarder d'un air mécontent, sévère. – *Ouvrir, fermer les yeux. Des yeux ronds,* agrandis par l'étonnement. *Écarquiller les yeux* (même sens). – *Ouvrir l'œil,* fam. *l'œil et le bon,* être très attentif, vigilant. *Il m'a ouvert les yeux,* il m'a fait comprendre ce que je ne savais pas. – *Ne pas fermer l'œil de la nuit,* ne pas dormir. *Fermer les yeux de qqn* (qui vient de mourir). – *Fermer les yeux,* faire, par tolérance, lâcheté, etc., comme si on n'avait pas vu. *Je ferme les yeux sur ses mensonges. J'irais là-bas les yeux fermés,* sans avoir besoin de la vue (tant le chemin m'est familier). *Accepter qqch. les yeux fermés,* en toute confiance. – (Dans l'action de la vue) *Voir une chose de ses yeux, de ses propres yeux. Objet visible* ***à l'œil nu*** : sans l'aide d'aucun instrument d'optique. ***À vue d'œil*** : d'une manière très visible ; approximativement. *À vue d'œil, cette rue mesure cent mètres.* – *Regarder qqn dans les yeux. Lorgner, surveiller* ***du coin de l'œil*** : d'un regard en coin. – Fam. *Ne pas avoir les yeux en face des trous,* ne pas y voir clair. – *Personne, travail qui me (te, lui) sort par les yeux,* qu'on a trop vu et qu'on ne peut plus supporter. **2·** Regard. *Chercher, suivre qqn des yeux. Sous mes yeux,* à ma vue, devant moi. *Aux yeux de tous. Je lui ai mis sous les yeux tous les documents,* je les lui ai montrés. – ***Mauvais œil*** : regard auquel on attribue la propriété de porter malheur. *Croire au mauvais œil.* **3·** ***Coup d'œil*** : regard rapide, prompt. *Remarquer qqch. au premier coup d'œil. Jeter un coup d'œil sur le journal,* le parcourir rapidement. – L'art d'observer promptement et exactement ; discernement. *La justesse et la sûreté du coup d'œil.* – Vue qu'on a d'un point sur un paysage. *D'ici, le coup d'œil est très beau.* **4·** Dans des expressions. Attention portée par le regard. *Cela attire l'œil du touriste.* – *Être tout yeux, tout oreilles,* regarder, écouter très attentivement. *N'avoir pas les yeux dans sa poche,* tout observer. – *Elle n'a d'yeux que pour son fiancé,* elle ne voit que lui. – *Avoir l'œil (sur qqn, sur qqch.),* surveiller avec attention. – Fam. *Avoir, tenir qqn à l'œil,* sous une surveillance qui ne se relâche pas. – *Avoir l'œil à tout,* veiller à tout. *L'œil du maître. L'œil de Moscou,* une surveillance occulte. **5·** Abstrait. Disposition, état d'esprit, jugement. *Voir qqch. d'un bon œil, d'un mauvais œil,* d'une manière favorable ou défavorable. *Il considère tout avec un œil critique. Tout cela n'avait aucun intérêt à ses yeux,* selon son appréciation. **6·** Loc. *Faire de l'œil à qqn,* des œillades amoureuses. – *Tourner de l'œil,* s'évanouir. – *Je m'en bats l'œil,* je m'en moque. – *Entre quatre yeux* (fam. *entre quatre-z-yeux* [ɑ̃tʀəkatzjø]), en tête à tête. – *Œil pour œil, dent pour dent,* expression de la loi du talion. – *À l'œil* loc. adv. fam. : gratuitement. *J'ai pu entrer à l'œil au cinéma.* – Fam. ***Mon œil !*** : se dit pour marquer l'incrédulité, le refus. **II· 1·** *Œil de verre,* œil artificiel. **2·** Vieilli. *Œil électrique,* cellule photo-électrique. ▶ **œil-de-bœuf** n. m. Fenêtre, lucarne ronde ou ovale. *Des œils-de-bœuf.* ▶ **œil-de-perdrix** n. m. Cor entre les orteils. *Des œils-de-perdrix.* ▶ **œillade** [œjad] n. f. Regard, clin d'œil plus ou moins furtif, de connivence ou de coquetterie. *Lancer, faire une œillade.* ▶ **œillère** [œjɛʀ] n. f. **1·** Plaque de cuir attachée au montant de la bride et empêchant le cheval de voir sur le côté. **2·** Loc. ***Avoir des œillères*** : ne pas voir certaines choses par étroitesse d'esprit ou par parti pris. ▷ **clin d'œil, tape-à-l'œil, trompe-l'œil**

2 **œil,** plur. **yeux** n. m. **1·** Se dit d'ouvertures, de trous ronds. *Œil d'une aiguille.* → **chas. 2·** Au plur. *Yeux du fromage de gruyère,* trous qui se forment dans la pâte. – *Les yeux du bouillon,* les petits ronds de graisse qui surnagent. **3·** Bourgeon naissant. ▶ 1 **œillet** [œjɛ] n. m. Petit trou pratiqué dans une étoffe, du cuir, etc., souvent cerclé, servant à passer un lacet, à attacher un bouton. *Œillets d'une chaussure, d'une ceinture.* – Par ext. Bordure rigide qui entoure un œillet. *Renforcer une feuille perforée par, avec des œillets.* ▶ **œilleton** [œjtɔ̃] n. m. Petit viseur circulaire.

2 **œillet** n. m. **1·** Plante cultivée pour ses fleurs rouges, roses, blanches, très odorantes ; ces fleurs. **2·** *Œillet d'Inde,* plante ornementale à fleurs orangées ou jaunes.

œillette [œjɛt] n. f. Variété de pavot cultivée pour ses graines dont on extrait une huile comestible. – Cette huile.

œn-, œno- Éléments savants signifiant « vin ». ▶ **œnologie** [enɔlɔʒi] n. f. Étude des techniques de fabrication et de conservation des vins. ▶ **œnologue** n.

œsophage [ezɔfaʒ] n. m. Partie de l'appareil digestif, canal qui va du pharynx à l'estomac.

œstrogène ou **estrogène** [ɛstʀɔʒɛn] n. m. Hormone sécrétée par l'ovaire.

œuf, plur. **œufs** [œf, ø] n. m. **I· 1·** Corps plus ou moins gros, dur et arrondi que produisent les femelles des oiseaux et qui contient le germe de l'embryon et les substances destinées à le nourrir pendant l'incubation. *Oiseau qui pond un œuf dans son nid. – Coquille d'œuf ; blanc, jaune de l'œuf. Œuf de poule, de pigeon. – Œuf de poule,* spécialement destiné à l'alimentation. *Marchand de beurre, œufs et fromages. Œufs frais,* du jour. *Œuf dur,* cuit dans sa coquille jusqu'à ce que le blanc et le jaune soient durs. *Œufs brouillés,* mêlés sans être battus. *Œufs au plat, frits. Œufs en, à la neige,* blancs d'œufs battus et pochés servis avec une crème. **2·** Produit des femelles ovipares (autres que les oiseaux). *Œufs de serpent, de grenouille* → **frai.** *Œufs d'esturgeon* → **caviar,** *de mulet* → **poutargue,** *de saumon.* **3·** Loc. *Tête d'œuf* (terme d'injure). – *Plein comme un œuf,* rempli. – *Marcher sur des œufs,* en touchant le sol avec précaution ; abstrait, d'un air mal assuré, gauchement ; fig. agir avec prudence. – *Mettre tous ses œufs dans le même panier,* mettre tous ses moyens dans une même entreprise (et s'exposer ainsi à tout perdre). – ***Dans l'œuf*** : dans le principe, avant la naissance, l'apparition de qqch. *Il faut étouffer cette affaire dans l'œuf.* – Fam. *Quel œuf !,* quel imbécile ! – Fam. *Va te faire cuire un œuf !,* formule pour se débarrasser d'un importun. **4·** Confiserie en forme d'œuf. ***Œuf de Pâques*** : en chocolat ou en sucre. **II·** (Animal ou végétal) Première cellule d'un être vivant à reproduction sexuée, née de la fusion des noyaux de deux cellules reproductrices. *Les vrais jumeaux proviennent du même œuf.*

œuvre [œvʀ] n. f. et m. **I·** N. f. **1·** Activité, travail (dans certaines locutions). – ***À l'œuvre.*** *Être à l'œuvre,* au travail. *Se mettre à l'œuvre.* – ***D'œuvre.*** *Maître d'œuvre,* personne qui organise, qui dirige un travail. – ***Mettre en œuvre*** : employer de façon ordonnée. *Il mettait tout en œuvre pour que son projet réussisse.* **2·** Au plur. Action humaine, jugée au regard de la loi religieuse ou morale. *Chaque homme sera jugé selon ses œuvres. Bonnes œuvres,* charités que l'on fait. – *Une œuvre,* organisation ayant pour but de faire du bien à titre non lucratif. *Collecte au profit d'une œuvre de bienfaisance.* **3·** Ensemble d'actions effectuées par qqn ou qqch. *Quand le médecin arriva, la mort avait déjà fait son œuvre.* → **effet.** *La satisfaction de l'œuvre accomplie.* **4·** Ensemble organisé de signes et de matériaux propres à un art, mis en forme par l'esprit créateur ; production littéraire, artistique, etc. → **ouvrage.** *L'œuvre d'un savant. Composer une œuvre musicale, picturale. Une œuvre capitale, maîtresse.* → **chef-d'œuvre.** *Œuvres choisies.* – *L'œuvre d'un écrivain, d'un artiste,* l'ensemble de ses œuvres. – ***Œuvre d'art*** : œuvre qui manifeste la volonté esthétique d'un artiste. **II·** N. m. **1·** ***Le gros œuvre*** : en architecture, les fondations, les murs et la toiture d'un bâtiment. **2·** Littér. Ensemble des œuvres d'un artiste. *Tout l'œuvre gravé de Rembrandt.* ▶ **œuvrer** v. intr. < conjug. 1 > Littér. Travailler, agir. ▷ **chef-d'œuvre, désœuvrer, main-d'œuvre, manœuvre**

off [ɔf] adj. invar. Anglic. Qui n'est pas dans la scène filmée, qui n'est pas sur l'écran, hors champ. *Une voix off commente la scène.*

offense [ɔfɑ̃s] n. f. **1·** Parole ou action qui offense, qui blesse qqn dans son honneur, dans sa dignité. → **affront, injure, insulte, outrage.** *Faire offense à qqn.* – Péché (qui offense Dieu). « *Pardonne-nous nos offenses* » (prière du Pater). **2·** Outrage envers un chef d'État. ▶ **offenser** v. tr. < conjug. 1 > **1·** Blesser (qqn) dans sa dignité ou dans son honneur. → **froisser, humilier, injurier, outrager, vexer.** *Il l'a offensé volontairement. Je ne voulais pas vous offenser. Soit dit sans vous offenser.* **2·** *Offenser Dieu,* lui déplaire par le péché. **3·** Manquer gravement à (une règle, une vertu). → **braver.** *Sa conduite offense le bon sens, le bon goût.* **4·** Littér. Blesser (les sens) par une sensation pénible. *Sa voix criarde offensait nos oreilles.* → **écorcher. 5·** *S'offenser* v. pron. réfl. : réagir par un sentiment d'amour-propre, d'honneur blessé (à ce que l'on considère comme une offense). → se **fâcher,** se **formaliser,** se **froisser,** se **vexer.** *Elle s'est offensée à mes paroles.* ▶ **offensé, ée** adj. et n. Qui a subi, qui ressent une offense. *Il prend toujours l'air offensé.* – N. La personne qui a subi une offense. *Dans un duel, l'offensé a le choix des armes.* ▶ **offensant, ante** adj. Qui offense. → **blessant, injurieux.** *Une remarque offensante.* ▶ **offenseur** n. m. Celui qui fait une offense. → **agresseur.** ▶ **offensif, ive** adj. **1·** Qui attaque, sert à attaquer. *Armes offensives. Guerre offensive,* où l'on attaque l'ennemi. / contr. défensif / **2·** Qui constitue une attaque. *Le retour offensif de l'hiver, d'une épidémie.* ▶ **offensive** n. f. **1·** Action d'attaquer l'adversaire, en prenant l'initiative des opérations. → **attaque.** *Reprendre l'offensive. Préparer, déclencher une offensive.* **2·** Attaque, campagne d'une certaine ampleur. *Offensive diplomatique, publicitaire.*

offertoire [ɔfɛʀtwaʀ] n. m. Partie de la messe, rites et prières qui accompagnent la bénédiction du pain et du vin.

1 **office** [ɔfis] n. m. **I· 1·** Fonction que qqn doit remplir. – Loc. (Choses) *Remplir son office,* jouer pleinement son rôle. *Faire office de,* tenir lieu de. **2·** Fonction publique conférée à vie. → **charge.**

Office public, ministériel. Office d'huissier, de notaire. **3·** Loc. *D'office :* par le devoir général de sa charge ; sans l'avoir demandé soi-même. *Avocat, expert commis, nommé d'office.* – Par l'effet d'une mesure générale. *Être mis à la retraite d'office.* **4·** Lieu où l'on remplit les devoirs d'une charge ; agence, bureau. *Office commercial, de publicité. Office de tourisme.* → **syndicat** d'initiative. – Service doté de la personnalité morale, de l'autonomie financière et confié à un organisme spécial. *Office national, départemental.* **II·** Pièce ordinairement attenante à la cuisine où se prépare le service de la table. **III·** *Bons offices :* démarches d'un État, pour amener d'autres États en litige à négocier. → **conciliation, médiation.** *La France a proposé ses bons offices.* – Loc. *Je vous remercie de vos bons offices,* de vos services. ▶ **officiel, elle** adj. et n. **I·** (Choses) **1·** Qui émane d'une autorité reconnue, constituée (gouvernement, administration). *Actes, documents officiels.* – Certifié par l'autorité. *La nouvelle est officielle depuis hier.* / contr. officieux / **2·** Péj. Donné pour vrai par l'autorité. *La version officielle de l'incident.* **3·** Organisé par les autorités compétentes. *La visite officielle d'un souverain.* **4·** Annoncé, déclaré publiquement. *Leurs fiançailles sont maintenant officielles.* **5·** Conventionnel. *Un style froid et officiel.* **II·** (Personnes) **1·** Qui a une fonction officielle. *Porte-parole officiel du gouvernement.* → **autorisé.** – Réservé aux personnages officiels. *Voitures officielles.* **2·** N. m. Personnage officiel, autorité. *La tribune des officiels.* – Celui qui a une fonction dans l'organisation, la surveillance des épreuves sportives. ▶ **officiellement** adv. À titre officiel, de source officielle. *Il en a été officiellement avisé.* ▶ **officialiser** v. tr. < conjug. 1 > Rendre officiel. *Officialiser une nomination.* ▶ ① **officier, officière** n. (fém. rare) **1·** Militaire ou marin titulaire d'un grade égal ou supérieur à celui de sous-lieutenant ou d'enseigne de seconde classe, et susceptible d'exercer un commandement. *Officiers et soldats. Élève-officier. Officiers subalternes, supérieurs et généraux. Officiers de marine,* du corps de la marine militaire. *Elle est officière dans l'armée de l'air.* **2·** Titulaire d'un grade dans un ordre honorifique. *Officier d'académie. Officier de la Légion d'honneur.* **3·** *Officier public, ministériel,* celui qui a un office (I, 2) : huissier, notaire... – *Officier de police (judiciaire).* ▶ **officieux, euse** adj. Communiqué à titre de complaisance par une source autorisée mais sans garantie officielle. / contr. officiel / *Une nouvelle officieuse.* ▶ **officieusement** adv. D'une manière officieuse. ▷ **officine, sous-officier**

② **office** n. m. **1·** *Office (divin),* ensemble des prières de l'Église réparties aux heures de la journée. – Une de ces prières. *Office des morts.* **2·** Cérémonie du culte. *Célébrer un office. L'office du dimanche.* ▶ ② **officier** v. intr. < conjug. 7 > Célébrer l'office divin, présider une cérémonie sacrée. ▶ **officiant, ante** n. Personne qui officie. → **célébrant, prêtre.**

officine [ɔfisin] n. f. Lieu où un pharmacien vend, entrepose et prépare les médicaments. ▶ **officinal, ale, aux** adj. Qui est utilisé en pharmacie. *Plantes, herbes officinales.*

offrir [ɔfʀiʀ] v. tr. < conjug. 18 > **1·** Donner en cadeau. *Je lui ai offert des fleurs pour sa fête.* – Pronominalement (réfl.). *Je voudrais pouvoir m'offrir des vacances.* → se **payer.** – Pronominalement (récipr.). *Elles se sont offert des fleurs.* **2·** Proposer ou présenter (une chose) à qqn ; mettre à la disposition. *Offrir des rafraîchissements. Offrir ses services.* Loc. *Offrir ses vœux.* → **présenter.** – Pronominalement (réfl.). Se proposer. *Il s'offrit comme guide.* **3·** Mettre à la portée de qqn. / contr. refuser / *On ne lui a pas offert l'occasion de se racheter. Je vous offre de venir chez moi pour les vacances.* → **proposer.** – (Suj. chose) *Cette situation offre bien des avantages.* – Pronominalement (réfl.). *Tout ce qui s'offre à notre esprit.* → se **présenter. 4·** Proposer en contre-partie de qqch. *Je vous en offre cent francs, pas un sou de plus.* **5·** Exposer à la vue. → **montrer.** *Son visage n'offrait rien d'accueillant.* – Pronominalement (réfl.). *Une vue superbe s'offrait à nos yeux.* – Abstrait. Présenter à l'esprit. *Les aventures dont ce livre nous offre le récit.* **6·** Exposer (à qqch. de pénible, de dangereux). *Offrir une cible facile à la critique.* – Pronominalement (réfl.). *S'offrir aux coups.* ▶ **offrande** n. f. **1·** Don que l'on offre à la divinité ou aux représentants de la religion. *Recueillir les offrandes des fidèles.* **2·** Don, présent. *Apporter son offrande.* → **obole.** ▶ **offrant** n. m. Loc. *Le plus offrant :* l'acheteur qui offre le plus haut prix. *Vendre, adjuger au plus offrant.* ▶ **offre** n. f. **1·** Action d'offrir ; ce que l'on offre. *Une offre avantageuse. Offres de service. Une offre d'emploi.* → **proposition.** / contr. demande / **2·** Quantité de produits ou de services offerts sur le marché. *L'offre dépasse la demande. En économie libérale, les prix et les salaires dépendent de la loi de l'offre et de la demande.* ▷ **offertoire**

offset [ɔfsɛt] n. m. invar. Impression par report (opposé à *typographie*). → **imprimerie.**

offusquer [ɔfyske] v. tr. < conjug. 1 > Porter ombrage, indisposer, choquer. *Vos idées l'offusquent. Il est offusqué.* – Pronominalement (réfl.). Se froisser, se formaliser. → s'**offenser.** *Elle s'est offusquée de vos plaisanteries.*

ogive [ɔʒiv] n. f. **1·** Arc diagonal sous une voûte, qui en marque l'arête. *Arc d'ogives.* **2·** Arc brisé (opposé à *arc en plein cintre*). **3·** Partie supérieure de projectiles, de fusées, en forme d'ogive. *Ogive nucléaire.* ▶ **ogival, ale, aux** adj. De l'ogive (1), fait avec des ogives. *Voûte ogivale.* – Vx. Gothique.

O. G. M. ou **OGM** [oʒeɛm] n. m. invar. Abréviation de *organisme génétiquement modifié* (→ **transgénique**).

ogre [ɔgʀ], fém. **ogresse** [ɔgʀɛs] n. Géant des contes, d'aspect effrayant, se nourrissant de chair humaine. – Loc. *Manger comme un ogre.*

oh [o] interj. et n. m. invar. **1·** Interjection marquant la surprise, l'admiration. *Oh ! que c'est beau !* **2·** Interjection renforçant l'expression d'un sentiment. *Oh ! quelle chance !* ≠ ô. **3·** N. m. invar. *Pousser des oh ! et des ah !* [deoedea].

ohé [ɔe] interj. Interjection servant à appeler. → **hé, hep.** *Ohé ! là-bas ! Venez ici.*

ohm [om] n. m. Unité de résistance électrique. *Des ohms.*

-oïde, -oïdal Éléments savants signifiant « qui a telle forme ».

oie [wa] n. f. **1·** Oiseau palmipède, au long cou, dont une espèce est depuis très longtemps domestiquée. – La femelle de cette espèce. → **jars** (mâle), **oison** (petit). *Gardeuse d'oies. Engraisser des oies. Confit d'oie. Pâté de foie d'oie.* – *Plume d'oie,* utilisée autrefois pour écrire. **2·** *Jeu de l'oie :* jeu où chaque joueur fait avancer un pion, selon le coup de dés, sur un tableau formé de cases numérotées. **3·** Loc. *Couleur caca d'oie.* – *Bête comme une oie,* très bête. **4·** Personne très sotte, niaise. *C'est une vraie oie.* – *Une oie blanche,* une jeune fille très innocente, niaise. ▷ **patte-d'oie**

oignon [ɔɲɔ̃] n. m. **I· 1·** Plante potagère voisine de l'ail, vivace, à bulbe comestible ; ce bulbe. *Éplucher, hacher des oignons. Veau aux oignons. Soupe à l'oignon. Petits oignons.* – Loc. *En rang d'oignons,* sur une ligne. – Fam. *Occupe-toi de tes oignons,* mêle-toi de ce qui te regarde. – *Aux petits oignons,* exécuté avec soin, parfait. **2·** Partie renflée de la racine de certaines plantes ; cette racine. *Oignon de tulipe, de lis.* → **bulbe.** **II·** Grosseur recouverte de derme et d'épiderme épaissis, qui se développe au niveau des articulations du pied (surtout du gros orteil). → **cor, durillon.**

langue d'oïl [lɑ̃gdɔjl] loc. nominale fém. Langue des régions (Belgique, moitié nord de la France) où *oui* se disait *oïl* au Moyen Âge (opposé à *langue d'oc* et aussi à *franco-provençal* : Lyonnais, Savoie, Suisse romande).

oindre [wɛ̃dʀ] v. tr. <conjug. 49> REM. Ne s'emploie plus qu'à l'infinitif et au p. p. *oint, ointe.* **1·** Vx. Frotter d'huile ou d'une matière grasse (le corps ou une partie du corps). *Oindre d'une pommade.* **2·** Toucher une partie du corps (le front, les mains) avec les saintes huiles pour bénir ou sacrer. → **onction ; extrême-onction.** ▶ **oint, ointe** [wɛ̃, wɛ̃t] adj. Frotté d'huile ou d'une matière grasse. – Consacré par une huile sainte.

oiseau [wazo] n. m. **1·** Animal (vertébré à sang chaud) au corps recouvert de plumes, dont les membres antérieurs sont des ailes, les membres postérieurs des pattes, dont la tête est munie d'un bec. *Étude des oiseaux.* → **ornithologie.** *Oiseaux à longues pattes* → **échassiers,** *à pattes palmées* → **palmipèdes.** *Oiseaux percheurs, sauteurs, coureurs. Oiseaux diurnes, nocturnes. Jeune oiseau.* → **oisillon.** – *Être léger comme un oiseau. Être gai, libre comme un oiseau.* – Loc. prov. *Petit à petit l'oiseau fait son nid,* les choses se font progressivement. *Oiseau de malheur,* personne qui fait des prédictions funestes. – ***À vol d'oiseau*** loc. adv. : en ligne droite d'un point à un autre (distance théorique la plus courte). *Distance à vol d'oiseau.* **2·** Fam. et péj. Individu. *C'est un drôle d'oiseau ! Un oiseau rare,* une personne étonnante (surtout iron.). ▶ **oiseau-lyre** [wazoliʀ] n. m. Bel oiseau d'Australie à queue en forme de lyre. → **ménure.** *Des oiseaux-lyres.* ▶ **oiseau-mouche** [wazomuʃ] n. m. Nom courant du *colibri. Des oiseaux-mouches.* ▶ **oiseleur** [wazlœʀ] n. m. Autrefois. Celui qui fait métier de prendre les oiseaux. ▶ **oiselier, ière** [wazəlje, jɛʀ] n. Personne dont le métier est d'élever et de vendre des oiseaux. ▷ **oisillon**

oiseux, euse [wazø, øz] adj. (Paroles, discours) Qui ne sert à rien, ne mène à rien. → **futile, inutile, vain.** *Dispute, question oiseuse.* / contr. important, utile /

oisif, ive [wazif, iv] adj. et n. **1·** Adj. Qui est dépourvu d'occupation, n'exerce pas de profession. → **désœuvré, inactif, inoccupé.** *Ne restez pas oisif.* – *Mener une vie oisive.* **2·** N. Personne qui dispose de beaucoup de loisir. *De riches oisifs.* / contr. laborieux, travailleur / ▶ **oisivement** adv. ▶ **oisiveté** n. f. État d'une personne oisive. → **désœuvrement, inaction.** *Vivre dans l'oisiveté.* – Prov. *L'oisiveté est la mère de tous les vices.*

oisillon [wazijɔ̃] n. m. Petit oiseau ; jeune oiseau.

oison [wazɔ̃] n. m. **1·** Petit de l'oie. **2·** Vieilli. Personne très crédule, facile à mener.

O. K. [okɛ] adv. et adj. invar. Anglic. Fam. D'accord. *« à demain ? – O. K. »* – Adj. invar. *C'est O. K.,* ça va, c'est bien.

okapi [ɔkapi] n. m. Mammifère ruminant de la famille des girafes, vivant en Afrique équatoriale. *Des okapis.*

ola ['ɔla] n. f. Mouvement d'enthousiasme du public d'un stade, se levant successivement et créant l'effet d'une vague. *Faire la ola.*

olé ou **ollé** [ɔle] interj. et adj. invar. **1·** Interj. Exclamation espagnole qui sert à encourager. **2·** Adj. invar. Fam. *Olé olé* ou *ollé ollé,* (personnes) un peu libre dans son langage, ses manières. *Elles sont un peu olé olé.*

olé(i)-, olé(o)- Éléments savants signifiant «huile» ou «pétrole». ▶ **oléagineux, euse** [ɔleaʒinø, øz] adj. et n. m. Qui contient de l'huile. *Graines, plantes oléagineuses.* – N. m. Plante susceptible de fournir de l'huile. *L'arachide, le colza sont des oléagineux.* ▶ **oléoprotéagineux, euse** adj. et n. Dont les graines sont riches en huile (lipides) et en protéines. – N. *Le colza est un oléoprotéagineux.* ▶ **oléoduc** n. m. Conduite de pétrole. → anglic. **pipe-line.** ▷ **ailloli, lanoline, linoleum, olive, pétrole**

olfactif, ive [ɔlfaktif, iv] adj. Relatif à l'odorat, à la perception des odeurs. *Sens olfactif* (ou, n. f., *olfaction*). → **odorat.**

olibrius [ɔlibʀijys] n. m. invar. Fam. et vx. Homme qui se fait fâcheusement remarquer par sa conduite, ses propos bizarres. → **original, phénomène.**

olifant ou **oliphant** [ɔlifɑ̃] n. m. Cor d'ivoire, taillé dans une défense d'éléphant, dont les chevaliers se servaient à la guerre ou à la chasse. *L'olifant de Roland.*

oligarchie [ɔligaʀʃi] n. f. Régime politique dans lequel la souveraineté appartient à une classe restreinte et privilégiée. – Ce groupe. ▶ **oligarchique** adj. ▶ **oligarque** n. m. Personnage puissant ; membre d'une oligarchie.

olig(o)- Élément savant signifiant «petit, peu nombreux». ▶ **oligoélément** n. m. Élément chimique présent en très faible quantité dans l'organisme, indispensable au métabolisme (ex. : *fer, cuivre, manganèse*). ▷ **oligarchie**

olive [ɔliv] n. f. **1·** Petit fruit oblong, verdâtre puis noirâtre à maturité, à peau lisse, dont on extrait de l'huile. *Huile d'olive.* **2·** Adj. invar. *Vert olive, olive,* d'une couleur verte tirant sur le brun. *Des étoffes olive.* ▶ **olivâtre** adj. Qui tire sur le vert olive. *Grive à dos gris olivâtre.* – Se dit d'un teint bistre, généralement mat et foncé. ▶ **oliveraie** n. f. Plantation d'oliviers. ▶ **olivier** n. m. **1·** Arbre ou arbrisseau à tronc noueux, à feuilles vert pâle et dont le fruit est l'olive. *Culture de l'olivier.* → **oliveraie.** *Le rameau d'olivier, symbole de la paix.* – *Le jardin des Oliviers, le mont des Oliviers* (Gethsémani), où Jésus pria, délaissé par ses disciples, avant d'être arrêté. **2·** Bois de cet arbre, utilisé en ébénisterie.

olympiade [ɔlɛ̃pjad] n. f. Souvent au plur. Jeux Olympiques. *Athlète qui se prépare pour les prochaines olympiades.*

olympien, ienne [ɔlɛ̃pjɛ̃, jɛn] adj. **1·** Relatif à l'Olympe, à ses dieux. *Le temple de Jupiter olympien.* **2·** Noble, majestueux avec calme et hauteur. *Air, calme olympien.*

olympique [ɔlɛ̃pik] adj. Se dit de rencontres sportives internationales réservées aux meilleurs athlètes amateurs et ayant lieu tous les quatre ans. *Les Jeux olympiques d'hiver* (ski, patinage, etc.). → **olympiade.** *Jeux olympiques d'été* (natation, boxe, vtt...), décalés de deux ans par rapport au Jeux olympiques d'hiver. *Jeux olympiques réunissant des athlètes handicapés.* → **paralympique.** – *Record, champion olympique.* – Conforme aux règlements des Jeux olympiques. *Piscine olympique.* ▷ **paralympique**

ombelle [ɔ̃bɛl] n. f. Ensemble de petites fleurs groupées formant coupole, sphère. ▶ **ombellifères** n. f. pl. Famille de plantes à fleurs en ombelles (ex. : *carotte, cerfeuil, persil*).

ombilic [ɔ̃bilik] n. m. **1·** Cicatrice arrondie, consécutive à la chute du cordon ombilical. → **nombril. 2·** Littér. Point central. → **centre.** *L'ombilic de la Terre.* ▶ **ombilical, ale, aux** adj. Relatif à l'ombilic, au nombril. *Cordon ombilical.*

omble [ɔ̃bl] n. m. Poisson de rivière, de lac, voisin du saumon. *Omble chevalier.* – On dit aussi abusivt *ombre,* n. m. ou f.

ombre [ɔ̃bʀ] n. f. **I· 1·** Zone sombre créée par un corps opaque qui intercepte les rayons d'une source lumineuse ; obscurité, absence de lumière (surtout celle du Soleil) dans une telle zone. / contr. **clarté, éclairage, lumière** / *Faire de l'ombre. L'ombre des arbres. Ruelle pleine d'ombre.* **2·** Loc. ***À l'ombre.*** / contr. **au soleil** / *Il fait 30 degrés à l'ombre. Rue à l'ombre.* – Fam. *Mettre qqn à l'ombre,* l'enfermer, l'emprisonner. – *À l'ombre de,* tout près de, sous la protection de. *Il grandit à l'ombre de sa mère.* – ***Dans l'ombre.*** *Vivre dans l'ombre de qqn,* constamment près de lui, dans l'effacement de soi. – *Vivre dans l'ombre,* dans une situation obscure, ignorée. → **caché, inconnu.** *Sortir de l'ombre.* → **oubli.** – *Laisser une chose dans l'ombre,* dans l'incertitude, l'obscurité. **3·** Représentation d'une zone sombre, en peinture. *Les ombres et les clairs.* → **clair-obscur. 4·** Tache sombre sur une surface claire. *Un duvet faisait une ombre sur sa lèvre.* – *Ombre à paupières,* fard pour les paupières. – Loc. *Il y a une ombre* *au tableau*, la situation comporte un élément d'inquiétude. **II· 1·** Zone sombre limitée par le contour plus ou moins déformé (d'un corps qui intercepte la lumière). → **image.** *Les ombres bleues des peupliers.* – Loc. *Avoir peur de son ombre*, être très craintif. *Suivre qqn comme son ombre.* – *Être l'ombre de qqn*, s'attacher à ses pas, le suivre fidèlement. **2·** Au plur. Ombres projetées sur un écran pour constituer un spectacle. *Théâtre d'ombres.* – ***Ombres chinoises*** : projection sur un écran de silhouettes découpées. **3·** Apparence, forme imprécise dont on ne discerne que les contours. *Entrevoir deux ombres qui s'avancent.* **4·** Apparence changeante et trompeuse d'une réalité. – Loc. *Abandonner, lâcher, laisser* ***la proie pour l'ombre*** : un avantage pour une espérance vaine. – ***L'ombre de*** : la plus petite quantité de (souvent en tournure négative). → **soupçon, trace.** *Il n'y a pas l'ombre d'un doute.* **5·** Dans certaines croyances. Apparence d'une personne qui survit après sa mort. → **âme, fantôme.** / contr. vivant / *Le royaume des ombres.* **6·** Reflet affaibli (de ce qui a été). *Un vieillard qui n'est plus que l'ombre de lui-même.* ▶ **ombrage** n. m. **I· 1·** Littér. Ensemble de branches et de feuilles qui donnent de l'ombre. *Se reposer sous l'ombrage.* **2·** L'ombre que donnent les feuillages. *L'ombrage que fait ce marronnier est agréable.* **II·** Loc. **1·** ***Prendre ombrage de*** *qqch.* : en concevoir du dépit, de la jalousie. **2·** ***Porter, faire ombrage à*** *qqn* : l'éclipser, lui donner du dépit (en réussissant mieux que lui, etc.). *Son frère lui a porté ombrage.* ▶ **ombrager** v. tr. < conjug. 3 > (Feuillages) Faire, donner de l'ombre. *Arbres qui ombragent une allée, une terrasse.* – Au p. p. adj. *Jardin ombragé.* ▶ **ombrageux, euse** adj. ≠ ombreux. Qui est porté à prendre ombrage (II), s'inquiète → **défiant**, ou se froisse aisément → **susceptible.** *Caractère ombrageux.* ▶ **ombreux, euse** adj. ≠ ombrageux. **1·** Littér. Qui donne de l'ombre. *Les hêtres ombreux.* **2·** Qui est à l'ombre ; où il y a beaucoup d'ombre. *Bois ombreux.* → **sombre, ténébreux.** / contr. ensoleillé / ▶ **ombrelle** n. f. Petit parasol portatif de femme. *S'abriter du soleil sous une ombrelle.* ▷ **pénombre**

oméga [ɔmega] n. m. **1·** Invar. Dernière lettre de l'alphabet grec (ω, Ω). **2·** N. m. plur. Famille d'acides gras, aux effets bénéfiques pour la santé. *Les omégas* (ou invar. *oméga*) *sont présents dans les poissons gras. Oméga-3.*

omelette [ɔmlɛt] n. f. Œufs battus et cuits à la poêle auxquels on peut ajouter divers éléments. *Omelette aux champignons, au jambon.* – Loc. *On ne fait pas d'omelette sans casser des œufs*, pour obtenir certains résultats, des moyens brutaux sont parfois nécessaires. – *Omelette norvégienne*, dessert composé de glace, de meringue et de génoise, chaud à l'extérieur et glacé dedans.

omerta [ɔmɛʀta] n. f. Loi du silence*, en vigueur dans la Mafia ou les milieux similaires.

omettre [ɔmɛtʀ] v. tr. < conjug. 56 > S'abstenir ou négliger de considérer, de mentionner ou de faire (ce qu'on pourrait, qu'on devrait considérer, mentionner, faire). → **oublier, taire.** *N'omettez aucun détail. Il a omis de nous prévenir.* ▶ **omission** [ɔmisjɔ̃] n. f. Le fait, l'action d'omettre qqch. ; la chose omise. *Omission volontaire ; involontaire.* → **absence, lacune, manque, négligence, oubli.** – Loc. *Sauf erreur ou omission*, si l'on n'a rien oublié, si l'on ne s'est pas trompé. *Mensonge par omission.*

omn(i)- Élément savant signifiant « tout ». ▶ **omnibus** [ɔmnibys] n. m. invar. et adj. invar. Train qui dessert toutes les stations. *Prendre un omnibus* (opposé à *express*). – *Train omnibus.* ▶ **omnipotence** [ɔmnipɔtɑ̃s] n. f. Puissance absolue, sans limitation ; toute-puissance. ▶ **omnipotent, ente** adj. Tout-puissant. ▶ **omnipraticien, ienne** n. Didact. Médecin généraliste*. ▶ **omniprésence** n. f. Littér. Présence en tout lieu. → **ubiquité.** ▶ **omniprésent, ente** adj. Littér. Qui est partout, ou toujours. *Une préoccupation omniprésente.* ▶ **omniscient, ente** adj. Littér. Qui sait tout. *Nul n'est omniscient.* → **universel.** ▶ **omni-sport** ou **omnisports** adj. invar. Où l'on peut pratiquer tous les sports. *Stade, salle omni-sport(s).* ▶ **omnium** [ɔmnjɔm] n. m. Compétition cycliste sur piste, combinant plusieurs courses. *Des omniums.* ▶ **omnivore** adj. Qui se nourrit indifféremment d'aliments d'origine animale ou végétale. *L'homme, le chien sont omnivores.* / contr. carnivore, herbivore /

omoplate [ɔmɔplat] n. f. **1·** Os plat triangulaire de l'épaule, en haut du dos. **2·** Le plat de l'épaule. *Il a reçu un coup sur l'omoplate.*

on [ɔ̃] pronom indéf. invar. Pronom personnel indéfini de la 3e personne faisant toujours fonction de sujet. **I· 1·** Les hommes en général, les gens, l'opinion. *On dit que*, le bruit court que. *Comme on dit... On a souvent besoin d'un plus petit que soi.* **2·** Une personne quelconque, quelqu'un. *On apporta le plat*, le plat fut apporté. – Un groupe, une catégorie de personnes. → **ils.** *On a encore augmenté les impôts.* **3·** Loc. ***On dirait que*** (+ indicatif) : il semble que... *On dirait qu'il va pleuvoir.* **II·** (Représentant la 1re ou la 2e personne ; emplois stylistiques) **1·** Fam. Tu, toi, vous. *Eh bien ! on ne s'en fait pas !* **2·** Je, moi. *Oui, oui ! on y va.* – (Dans un écrit) *On montrera dans ce livre que...* **3·** Fam. Nous. *Nous, tu sais, on ne fait pas toujours ce qu'on veut. On va au cinéma. On est toujours les derniers.* ▷ **on-dit, qu'en-dira-t-on**

onagre [ɔnagʀ] n. m. Grand âne sauvage.

onanisme [ɔnanism] n. m. Littér. Masturbation.

once [ɔ̃s] n. f. **1·** Mesure de poids anglaise qui vaut la seizième partie de la livre, soit 28,349 g (abrév. *oz*). **2·** *Une once de :* une très petite quantité de. *Il n'a pas une once de bon sens.* → **grain.**

oncle [ɔ̃kl] n. m. Le frère du père ou de la mère et aussi le mari de la tante. *Relatif à un oncle.* → **avunculaire.** *Oncle paternel, maternel. Oncle par alliance. L'oncle et ses neveux.* ▷ **grand-oncle**

oncologie [ɔ̃kɔlɔʒi] n. f. Didact. Partie de la médecine qui traite les cancers. → **cancérologie.** ▶ **oncologue** n. → **cancérologue.**

onction [ɔ̃ksjɔ̃] n. f. **1·** Rite qui consiste à oindre* une personne ou une chose (avec de l'huile sainte) en vue de lui conférer un caractère sacré. **2·** Littér. Douceur dans les gestes, les paroles, qui dénote la piété, la dévotion. *Des gestes pleins d'onction.* ▶ **onctueux, euse** [ɔ̃ktɥø, øz] adj. Qui fait au toucher, au palais, l'impression douce et moelleuse de l'huile. *Savon onctueux.* ▶ **onctuosité** n. f. *Onctuosité d'une pommade.* ▷ **extrême-onction**

1 **onde** [ɔ̃d] n. f. Littér. et vieilli. L'eau de la mer, les eaux (souvent, eaux courantes). *Onde limpide, transparente.* ▶ **ondée** n. f. Pluie soudaine et de peu de durée. *Être surpris par une ondée.* → **averse.** ▷ **inonder, ondine**

2 **onde** n. f. **1·** En sciences. Ligne ou surface atteinte à un instant donné par un ébranlement ou une vibration qui se propage dans l'espace. *Crête, creux d'une onde.* – *Ondes liquides,* ondes concentriques qui se propagent dans l'eau quand on y jette une pierre. → **rond.** – *Ondes sonores.* → **son ; résonance.** – *Ondes électromagnétiques :* famille d'ondes qui ne nécessitent aucun milieu matériel connu pour leur propagation. *Les ultraviolets sont des ondes électromagnétiques.* – *Ondes hertziennes* ou *radio-électriques :* ondes électromagnétiques utilisées pour la propagation de messages et de sons. *Ondes courtes, petites ondes, grandes ondes. Écouter une émission sur ondes courtes. Sur quelle longueur d'onde émet cette station ?* – Fam. *Être sur la même longueur d'onde,* se comprendre. **2·** *Les ondes :* la radiodiffusion. *Il passe sur les ondes mardi à 14 h.* **3·** Sensation, sentiment qui se manifeste par accès, et se propage comme une onde. *Des ondes de colère, de sympathie.* → **vibration.** ▷ **micro-onde, ondoyer, onduler**

ondine [ɔ̃din] n. f. Déesse des eaux (des «ondes»), dans la mythologie nordique. → **naïade.**

on-dit [ɔ̃di] n. m. invar. Bruit qui court. → **racontar, rumeur.** *Ce ne sont que des on-dit.*

ondoyer [ɔ̃dwaje] v. intr. < conjug. 8 > Remuer, se mouvoir en s'élevant et s'abaissant alternativement. *Drapeau qui ondoie dans le vent.* → **flotter, onduler.** ▶ **ondoiement** [ɔ̃dwamɑ̃] n. m. Mouvement de ce qui ondoie. *L'ondoiement des herbes dans le vent.* ▶ **ondoyant, ante** [ɔ̃dwajɑ̃, ɑ̃t] adj. Qui ondoie, a le mouvement de l'onde. *Les blés ondoyants. Une démarche ondoyante.* → **ondulant.**

onduler [ɔ̃dyle] v. < conjug. 1 > **1·** V. intr. Avoir un mouvement sinueux d'ondulation. → **ondoyer.** *Images qui ondulent dans l'eau.* **2·** V. intr. Présenter des ondulations (2). *Ses cheveux ondulent naturellement.* **3·** V. tr. *Onduler des cheveux au fer.* → **boucler, friser.** – *Ondulé, ée* p. p. adj. : qui fait des ondulations. ▶ **ondulant, ante** adj. Qui ondule. *Démarche ondulante.* → **ondoyant.** ▶ **ondulation** n. f. **1·** Mouvement alternatif de ce qui s'élève et s'abaisse en donnant l'impression d'un déplacement ; mouvement sinueux. *Ondulation des vagues, des blés.* → **ondoiement.** **2·** Ligne, forme sinueuse, faite de courbes alternativement concaves et convexes. *Les ondulations des cheveux.* → **cran.** – *Ondulation du sol, du terrain,* suite de dépressions et de saillies dues à un plissement. → **pli.** **3·** Action d'onduler, de friser les cheveux. → **permanente.** ▶ **onduleux, euse** adj. **1·** Qui présente de larges ondulations. → **courbe, ondulé, sinueux.** *Plaine onduleuse.* / contr. plat / **2·** Qui ondule. → **ondoyant, ondulant.** *Un mouvement onduleux.* ▶ **ondulatoire** adj. **1·** Qui a les caractères d'une onde 2. *Mouvement ondulatoire du son.* **2·** Qui se rapporte aux ondes. ***Mécanique ondulatoire :*** théorie physique selon laquelle toute particule est considérée comme associée à une onde périodique.

onéreux, euse [ɔneʀø, øz] adj. **1·** Qui impose des frais, des dépenses. → **cher, coûteux, dispendieux.** *C'est trop onéreux pour nous.* / contr. gratuit ; avantageux, économique / **2·** ***À titre onéreux :*** sous la condition d'acquitter une charge, une obligation (terme de droit). / contr. gracieux / ▷ **exonérer**

O. N. G. [oɛnʒe] n. f. invar. (Abrév. de *organisation non gouvernementale*) Organisme financé essentiellement par des dons privés, qui se consacre à l'action humanitaire.

ongle [ɔ̃gl] n. m. **1·** Partie cornée à l'extrémité des doigts. *Ongle des mains, des pieds. Ronger ses ongles. Se curer, se brosser les ongles. Brosse à ongles. Vernis, rouge à ongles. Donner un coup d'ongle,* griffer. – Loc. *Être qqch.* ***Jusqu'au bout des ongles :*** l'être tout à fait. *Connaître, savoir qqch. sur le bout des ongles,* à fond. **2·** Griffe des carnassiers. – Serre des rapaces. ▶ **onglée** n. f.

Engourdissement douloureux de l'extrémité des doigts, provoqué par le froid (surtout dans *avoir l'onglée*). ▷ **ongulé**

1 **onglet** [ɔ̃glɛ] n. m. **1·** Petite bande de papier (permettant d'insérer une feuille dans un livre). **2·** Entaille, échancrure (sur un instrument, une lame) pour permettre de tirer avec l'ongle.

2 **onglet** n. m. Morceau de bœuf très apprécié pour faire des biftecks. *Un onglet aux échalotes.*

onguent [ɔ̃gɑ̃] n. m. Médicament de consistance pâteuse, composé de substances grasses ou résineuses, et que l'on applique sur la peau. → **crème, liniment, pommade.** *Appliquer un onguent sur une brûlure.*

ongulé, ée [ɔ̃gyle] adj. et n. m. pl. (Animaux) Dont les pieds sont terminés par des productions cornées (comme les ongles).

onir(o)- Élément savant signifiant « rêve ». ▶ **onirique** [ɔniʀik] adj. **1·** Relatif aux rêves. *Visions de l'état onirique.* **2·** Qui évoque un rêve, semble sorti d'un rêve. *Atmosphère, décor onirique.*

onomastique [ɔnɔmastik] adj. Relatif aux noms propres, à leur étude.

onomatopée [ɔnɔmatɔpe] n. f. Mot qui imite par le son la chose dénommée (son ou cause d'un son). *Gazouillis, boum, crac, snif, vrombir... sont des onomatopées.*

onto- Élément savant signifiant « l'être, ce qui est ». ▶ **ontogenèse** [ɔ̃tɔʒənɛz] n. f. Didact. Développement de l'individu vivant, depuis la fécondation de l'œuf jusqu'à l'état adulte (opposé à *phylogenèse*). ▶ **ontologie** [ɔ̃tɔlɔʒi] n. f. Partie de la métaphysique qui traite de l'être indépendamment de ses déterminations particulières. ▶ **ontologique** adj. *Preuve ontologique de l'existence de Dieu.*

-onyme, -onymie, -onymique Éléments savants signifiant « nom » (ex. : *toponyme*).

onyx [ɔniks] n. m. Variété d'agate présentant des zones concentriques régulières de diverses couleurs. *Coupe en onyx.*

***onze** ['ɔ̃z] dét. invar., adj. invar. et n. m. invar. REM. L'article ou la préposition qui précède ce mot et ses dérivés ne s'élide pas. **I· 1·** Dét. num. cardinal invar. Nombre correspondant à dix plus un (11). *Un enfant de onze ans. Il n'y a que onze pages. Onze cents* (ou *mille cent*). **2·** Adj. num. ordinal invar. → **onzième.** *Louis XI (onze). Chapitre onze.* **II·** N. m. invar. *Onze plus deux. Le onze. Le onze octobre,* le onzième jour. *Il a eu onze en anglais.* – Équipe de onze joueurs, au football. *Les joueurs sélectionnés pour le onze de France.* ▶ **onzième** adj. et n. **1·** Adj. num. ordinal. Qui vient immédiatement après le dixième. *Le onzième jour.* – N. *Il est le onzième.* **2·** Se dit d'une partie d'un tout également divisé en onze. – N. m. *Un onzième de l'héritage.* ▶ **onzièmement** adv.

O. P. A. [opea] n. f. invar. (Abrév. de *offre publique d'achat*) Intention d'acquérir les parts d'une société, annoncée publiquement par l'acquéreur. *Lancer une O. P. A. sur une société.* – Loc. fig. Tentative de récupération d'un organisme, d'un mouvement, d'une action, d'une idée.

opacifier, opacité → **opaque.**

opale [ɔpal] n. f. Pierre précieuse opaque ou translucide, blanche à reflets irisés. *Opale noble, opale de feu, opale miellée.* ▶ **opalin, ine** adj. Qui a l'aspect de l'opale. → **blanchâtre, laiteux.** ▶ **opaline** n. f. Substance vitreuse dont on fait des vases, des ornements. – Objet en opaline.

opaque [ɔpak] adj. **1·** Qui s'oppose au passage de la lumière. *Verre opaque.* / contr. translucide, transparent / **2·** *Opaque à :* qui s'oppose au passage de (certaines radiations). *Corps opaque aux rayons ultraviolets, aux rayons X.* **3·** Impénétrable, très sombre. / contr. clair / *Nuit opaque.* ▶ **opacifier** v. tr. < conjug. 7 > Rendre opaque. ▶ **opacité** n. f. Propriété d'un corps qui ne se laisse pas traverser par la lumière. / contr. limpidité, transparence /

open [ɔpɛn] adj. invar. Anglic. **1·** En sport. Se dit d'une compétition ouverte aux professionnels et aux amateurs. – N. m. *Un open de tennis.* **2·** *Billet open,* non daté à l'achat et utilisable à la date choisie par l'acheteur. *Des billets open.*

opéra [ɔpeʀa] n. m. **1·** Ouvrage dramatique mis en musique, composé de récitatifs, d'airs, de chœurs et parfois de danses avec accompagnement d'orchestre. *Grand opéra. Opéra bouffe,* dont les personnages et le sujet sont empruntés à la comédie. → **opéra-comique, opérette.** *Le livret, la musique d'un opéra.* – *Opéra rock,* spectacle musical fondé sur la musique rock. – Genre musical constitué par ces ouvrages. *Aimer l'opéra.* **2·** Théâtre où l'on joue ces sortes d'ouvrages. *La Scala de Milan, célèbre opéra italien.* ▶ **opéra-comique** n. m. Drame lyrique composé d'airs chantés avec accompagnement orchestral, alternant parfois avec des dialogues parlés. → **opérette.** *Des opéras-comiques.* ▷ **opérette**

opercule [ɔpɛʀkyl] n. m. Ce qui forme couvercle (pièce du corps d'animaux, etc.)

opérer [ɔpeʀe] v. tr. < conjug. 6 > **1·** Faire effet. → **agir.** *Le remède commence à opérer.* **2·** Accomplir (une action), effectuer (une transformation) par une suite ordonnée d'actes. → **exécuter, faire, réaliser.** *Il faut opérer un choix. Il faut opérer de cette manière.* → **procéder. 3·** Soumettre à une opération chirurgicale (une personne, un organe). *On l'a opéré, il a été opéré de l'appendicite. – Opérer un œil de la cataracte.* – Au p. p. adj. *Malade opéré ; tumeur opérée.* – N. *Les opérés en convalescence.* **4·** *S'opérer* v. pron. → se **produire.** *L'expropriation publique s'opère par autorité de justice.* ▶ **opérable** adj. Qui peut être opéré (3), est en état de l'être. *Malade opérable. Cancer opérable.* ▶ **opération** n. f. **1·** Action d'un pouvoir, d'une fonction, d'un organe qui produit un effet. *Les opérations de la digestion.* – Loc. *Par l'opération du Saint-Esprit,* par un moyen mystérieux et efficace. *Il s'est enrichi très vite, comme par l'opération du Saint-Esprit.* **2·** Acte ou série d'actes (matériels ou intellectuels) en vue d'obtenir un résultat déterminé. → **entreprise, exécution, travail.** *Opérations industrielles, chimiques.* **3·** En mathématiques. Processus de nature déterminée qui, à partir d'éléments connus, permet d'en engendrer un nouveau. → **calcul.** *Opérations fondamentales,* addition, soustraction, multiplication, division (les *quatre opérations*), élévation à une puissance, extraction d'une racine. **4·** *Opération (chirurgicale),* toute action mécanique sur une partie du corps vivant en vue de la modifier. → **intervention.** *Subir une opération. Opération sous anesthésie générale, locale. Table d'opération.* → fam. **billard. 5·** Ensemble de mouvements, de manœuvres militaires, de combats (→ **bataille, campagne**). *Avoir, prendre l'initiative des opérations. – Opération de police.* – Fam. Série de mesures coordonnées en vue d'atteindre un résultat. *Opération « baisse des prix ».* **6·** Affaire commerciale, spéculation. *Opération commerciale, financière. Opérations de bourse. Une bonne opération.* → **affaire.** ▶ **opérationnel, elle** adj. **1·** Relatif aux opérations militaires. *Base opérationnelle.* **2·** *Recherche opérationnelle :* technique d'analyse scientifique (mathématique) des phénomènes d'organisation. **3·** Qui peut fonctionner ; qui peut être mis en service. *Ni les appareils, ni les hommes ne sont encore opérationnels.* ▶ **opérateur, trice** n. **I·** Personne qui exécute des opérations techniques déterminées, fait fonctionner un appareil. *On demandait un numéro de téléphone à l'opératrice* (avant l'automatique). *Opérateur de téléphonie,* entreprise qui exploite commercialement un réseau de télécommunications. – *Opérateur de prise de vues,* ou absolt, *opérateur,* cameraman, cadreur. *Chef opérateur.* **II·** En informatique. *Opérateur booléen,* fonction logique qui permet d'effectuer une recherche. *« ET », « OU », « SAUF » sont des opérateurs booléens.* ▶ **opératoire** adj. **1·** Relatif aux opérations chirurgicales. *Bloc opératoire,* locaux et installations d'un centre chirurgical. – *Choc opératoire,* phénomènes morbides observés à la suite d'opérations. **2·** *Mode opératoire :* manière de procéder. *Déchiffrer le mode opératoire d'un tueur en série.*

opérette [ɔpeʀɛt] n. f. Petit opéra-comique dont le sujet et le style, légers et faciles, sont empruntés à la comédie. *Chanteuse d'opérette.* – Par plaisant. *Héros, armée d'opérette,* qu'on ne peut prendre au sérieux.

ophicléide [ɔfikleid] n. m. Gros instrument de musique à vent, en cuivre.

ophidiens [ɔfidjɛ̃] n. m. pl. En zoologie. Serpents.

ophtalm(o)-, -ophtalmie Éléments savants signifiant « œil ». ▶ **ophtalmie** [ɔftalmi] n. f. Maladie des yeux. ▶ **ophtalmologie** n. f. Étude de l'œil ; médecine de l'œil. ▶ **ophtalmologique** adj. Relatif à l'ophtalmologie. – *Clinique ophtalmologique.* ▶ **ophtalmologiste** ou **ophtalmologue** n. Anatomiste, physiologiste, médecin spécialiste de l'œil. *Consulter un ophtalmologiste.* – Fam. *Un, une ophtalmo. Des ophtalmos.*

opiner [ɔpine] v. < conjug. 1 > **1·** V. tr. ind. Littér. *Opiner à,* donner son assentiment. → **adhérer, approuver.** *Il opinait à tout ce qu'elle disait.* **2·** V. intr. Loc. *Opiner du bonnet, de la tête,* manifester qu'on est d'accord.

opiniâtre [ɔpinjɑtʀ] adj. **1·** Littér. Tenace dans ses idées, ses résolutions. → **acharné, obstiné, persévérant.** / contr. changeant, versatile / *Esprit, caractère opiniâtre.* **2·** (Choses) Qui ne cède pas, que rien n'arrête. *Opposition opiniâtre.* → **irréductible, obstiné.** *Travail opiniâtre. Toux opiniâtre.* → **persistant, tenace.** ▶ **opiniâtrement** adv. Obstinément. ▶ **opiniâtreté** n. f. Persévérance tenace. → **détermination, fermeté, ténacité.** *Travailler, lutter, résister avec opiniâtreté.* → **acharnement.**

opinion [ɔpinjɔ̃] n. f. **I· 1·** Manière de penser, de juger. → **appréciation, avis ; conviction, croyance, idée, jugement, pensée, point de vue.** *Avoir une opinion, l'opinion que...* → **considérer, croire, estimer, juger, penser** (verbes d'**opinion**). *Adopter, suivre une opinion. Je n'ai pas la même opinion que lui. Il partage les opinions de son frère. Être de l'opinion du dernier qui a parlé. Divergences d'opinions. – Donner, exprimer son opinion. – Défendre, soutenir une opinion. Avoir le courage de ses opinions,* les soutenir avec franchise. – *Opinions toutes faites.* → **préjugé.** – *C'est une affaire d'opinion,* où intervient le jugement subjectif de chacun. **2·** Au plur. ou collectif. Idée ou ensemble des idées que l'on a, dans un domaine déterminé.

→ **doctrine, système, théorie.** *Opinions philosophiques, politiques. Opinions avancées, subversives.* – *Liberté d'opinion. Journal d'opinion,* qui défend une idéologie, des opinions politiques. **3·** *Avoir (une) haute, bonne, mauvaise opinion de qqn,* le juger bien ou mal. – *Avoir bonne opinion de soi,* être content de soi. **II· 1·** Jugement collectif, ensemble de jugements de valeur (sur qqch. ou qqn). *L'opinion des autres, du monde.* – *L'opinion,* les jugements portés par la majorité d'un groupe social. *Braver l'opinion.* **2·** Ensemble des opinions d'un groupe social. *L'opinion ouvrière. L'opinion française.* – Ensemble des attitudes d'esprit dominantes dans une société, de ceux qui partagent ces attitudes. *L'opinion publique. Il faut alerter l'opinion. Sondages d'opinion. L'opinion est unanime, divisée.*

opium [ɔpjɔm] n. m. Suc du fruit d'un pavot, utilisé comme stupéfiant. *Fumer de l'opium.* – Loc. *La religion est l'opium du peuple* (Karl Marx), elle l'endort, l'éloigne des problèmes réels.

oponce [ɔpɔ̃s] n. m. Plante grasse aux tiges épineuses aplaties en raquettes.

opossum [ɔpɔsɔm] n. m. Espèce de sarigue à beau pelage noir, blanc et gris. *Des opossums.* – Sa fourrure. *Manteau d'opossum.*

oppidum [ɔpidɔm] n. m. Ville fortifiée de l'époque romaine.

opportun, une [ɔpɔʀtœ̃, yn] adj. Qui vient à propos. → **convenable.** *Au moment opportun.* → **bon, favorable, propice.** *Il lui parut opportun de céder.* ▶ **opportunément** adv. À propos. ▶ **opportunité** n. f. **1·** Caractère de ce qui est opportun. → **à-propos.** *Discuter de l'opportunité d'une mesure.* **2·** Anglic. Circonstance favorable. → **occasion, possibilité.** *Profitez de cette opportunité.* ▶ **opportunisme** n. m. Comportement ou politique qui consiste à tirer parti des circonstances, en transigeant, au besoin, avec les principes. ▶ **opportuniste** n. et adj.

opposer [ɔpoze] v. tr. < conjug. 1 > **I·** V. tr. **1·** Alléguer (une raison qui fait obstacle à ce qu'une personne a dit, pensé). → **objecter, prétexter.** *Il n'y a rien à opposer à cela.* → **répondre.** / contr. acquiescer / **2·** Mettre en face, face à face pour le combat. *Opposer une armée puissante à l'ennemi.* – *Opposer une personne à une autre.* → **dresser, exciter** contre. *Match qui oppose deux équipes. Des questions d'intérêt les opposent.* → **diviser. 3·** Placer (qqch.) en face pour faire obstacle. *Opposer une digue aux crues d'un fleuve.* – Abstrait. *À ses reproches, j'ai préféré opposer le silence.* – (Suj. chose) Présenter (un obstacle). *La résistance qu'oppose le mur.* **4·** Placer en face de ; mettre vis-à-vis. *Opposer deux objets, un objet à un autre.* – Juxtaposer (des éléments opposés). *Opposer deux couleurs, le noir au blanc.* **5·** Montrer ensemble, comparer (deux choses totalement différentes) ; présenter comme contraire. → **confronter.** *Opposer l'ordre à (et) la liberté.* – Mettre en comparaison, en parallèle avec. *Quels orateurs pouvait-on opposer à Cicéron, à Sénèque ?* **II·** *S'opposer* v. pron. **1·** Réfl. (Personnes) Faire obstacle ou mettre obstacle. → **contrarier, contrecarrer, empêcher, interdire.** *Ses parents s'opposent à son mariage. Je m'oppose à ce que vous y alliez. Je m'y oppose formellement.* – Agir contre, résister (à qqn) ; agir à l'inverse de (qqn). → **braver, résister.** *Pour toutes les choses importantes, je m'oppose à lui.* **2·** Réfl. (Choses) Faire obstacle. → **empêcher, entraver.** *Leur religion s'y oppose.* → **défendre, interdire. 3·** Faire contraste. – (Récipr.) *Couleurs qui s'opposent.* – (Réfl.) Être totalement différent. → **opposé.** – Être le contraire. *« Haut » s'oppose à « bas ».* ▶ **opposable** adj. **1·** Qui peut être mis en face. *Le pouce est opposable aux autres doigts de la main.* **2·** Qui peut être opposé. *Argument opposable à une décision.* ▶ **opposant, ante** adj. et n. **1·** Qui s'oppose (à un acte juridique, un jugement, une mesure, une autorité). *La minorité opposante.* **2·** N. Personne opposante. → **adversaire.** *Les opposants au régime.* → **détracteur.** *Une opposante.* / contr. défenseur, soutien / ▶ **opposé, ée** adj. et n. m. **I·** Adj. **1·** Se dit (au plur.) de choses situées de part et d'autre et qui sont orientées face à face, dos à dos → **symétrique ;** se dit (au sing.) d'une de ces choses par rapport à l'autre. *Les pôles sont diamétralement opposés. Le mur opposé à la fenêtre. Du côté opposé.* – *Sens opposé.* → **contraire, inverse. 2·** Qui fait contraste. *Couleurs opposées.* **3·** Qui est aussi différent que possible (dans le même ordre d'idées). → **contraire.** *Ils ont des goûts opposés, des opinions opposées. Concilier des intérêts opposés.* / contr. analogue, identique, semblable / – *Nombres opposés,* de même valeur absolue et de signe contraire (+5 et –5). **4·** Qui s'oppose (à), se dresse contre. → **adversaire, ennemi** de, **hostile.** *Je suis opposé à tous les excès.* **II·** N. m. **1·** Côté opposé, sens opposé. *L'opposé du nord est le sud.* **2·** Abstrait. Ce qui est opposé. → **contraire.** *Soutenir l'opposé d'une opinion.* → **contrepartie, contre-pied.** – Fam. *Cet enfant est tout l'opposé de son frère* (→ C'est le jour et la nuit). **3·** *À l'opposé* loc. adv. : du côté opposé. *La gare est à l'opposé.* – *À l'opposé de* loc. prép. : du côté opposé à. – D'une manière opposée à. → **en contradiction.** *À l'opposé de X, Y pense que rien n'est perdu.* → **contrairement** à. ▶ **à l'opposite** [alɔpozit] loc. *À l'opposite (de)* : dans une direction opposée. *Leurs maisons sont situées à l'opposite l'une de l'autre.* → en **face, vis-à-vis.** – Abstrait. *Des* *points de vue à l'opposite l'un de l'autre.* ▶ **opposition** n. f. **I· 1·** Rapport de personnes que leurs opinions, leurs intérêts dressent l'une contre l'autre. → **désaccord, heurt, lutte.** / contr. accord, alliance / *Opposition de deux adversaires.* → **hostilité, rivalité.** – ***En opposition.*** *Entrer en opposition avec qqn.* → **conflit, dispute. 2·** Effet produit par des objets, des éléments très différents juxtaposés. → **contraste.** *Opposition de couleurs, de sons.* / contr. harmonie / **3·** Rapport de deux choses opposées, qu'on oppose ou qui s'opposent. → **différence.** *Opposition des contraires. Opposition de deux principes.* → **antithèse.** / contr. conformité, correspondance / – ***En opposition.*** *Sa conduite est en opposition avec ses idées.* – ***Par opposition*** loc. adv. ; ***par opposition à*** loc. prép. : par contraste avec, d'une manière opposée à. *Employer ce mot par opposition à tel autre.* **II· 1·** Action, fait de s'opposer en mettant obstacle, en résistant. *L'opposition de qqn à une action.* / contr. adhésion, consentement / *Faire, mettre opposition à qqch. Faire de l'opposition.* **2·** Manifestation de volonté destinée à empêcher l'accomplissement d'un acte juridique. ***Faire opposition*** *à un chèque perdu* : empêcher qu'il soit débité de son compte. **3·** Les personnes qui luttent contre, s'opposent à un gouvernement, un régime politique. → **opposant.** *Les partis de l'opposition. Rallier l'opposition.*

oppresser [ɔpʀese] v. tr. < conjug. 1 > **1·** Gêner (qqn) dans ses fonctions respiratoires, comme en lui pressant fortement la poitrine. → **accabler, opprimer** (3). *L'effort, la chaleur l'oppressaient.* – ***Oppressé, ée*** p. p. adj. *Se sentir oppressé. Respiration oppressée.* **2·** Accabler, étreindre. *Sa douleur l'oppresse et l'empêche d'agir.* → **étouffer.** ▶ **oppressant, ante** adj. Qui oppresse. *Il fait une chaleur oppressante. Crainte oppressante.* ▶ **oppresseur** n. m. Celui qui opprime. → **tyran.** *L'oppresseur et les opprimés.* – Adj. *Un régime oppresseur.* → **oppressif.** ▶ **oppressif, ive** adj. Qui tend ou sert à opprimer. *Autorité oppressive.* → **tyrannique.** ▶ **oppression** n. f. **1·** Action, fait d'opprimer. *L'oppression du faible par le fort.* → **domination.** *Vivre sous l'oppression d'un régime policier.* **2·** Gêne respiratoire, sensation d'un poids qui oppresse la poitrine. → **suffocation.**

opprimer [ɔpʀime] v. tr. < conjug. 1 > **1·** Soumettre à une autorité excessive et injuste, persécuter par des mesures de violence. → **asservir, écraser, tyranniser.** *Opprimer un peuple. Action d'opprimer.* → **oppression.** / contr. libérer / **2·** Empêcher de s'exprimer, de se manifester. → **étouffer.** *Opprimer les consciences.* **3·** Oppresser (se dit d'une sensation pénible). ▶ **opprimé, ée** adj. et n. Qui subit une oppression. *Populations opprimées.* – N. *Défendre, libérer les opprimés.* / contr. oppresseur /

opprobre [ɔpʀɔbʀ] n. m. Littér. REM. Il faut écrire et prononcer le second *r.* **1·** Ce qui humilie à l'extrême, publiquement. → **honte.** *Accabler, couvrir qqn d'opprobre. Jeter l'opprobre sur qqn.* **2·** Sujet de honte, cause de déshonneur. *Elle est l'opprobre de sa famille.*

optatif, ive [ɔptatif, iv] adj. Terme de linguistique. Qui exprime le souhait. *« Qu'il parte ! » est une proposition optative.* – N. m. *L'optatif,* mode du verbe qui exprime le souhait.

opter [ɔpte] v. intr. < conjug. 1 > Faire un choix, prendre parti (entre deux ou plusieurs choses qu'on ne peut avoir ou faire ensemble). → **adopter, choisir,** se **décider.** *À sa majorité, il a opté pour la nationalité française.* ▷ **adopter, coopter, optatif, option**

opticien, ienne [ɔptisjɛ̃, jɛn] n. Personne qui fabrique, vend des instruments d'optique. *J'ai fait faire, chez l'opticien, les lunettes que m'a prescrites l'oculiste.*

optimal, ale, aux [ɔptimal,o] adj. Qui constitue un optimum, qui est le meilleur possible. *Des conditions de sécurité optimales.* ▶ **optimiser** v. tr. < conjug. 1 > Donner à (une machine, une entreprise) les meilleures conditions de fonctionnement, de rendement. ▶ **optimisation** n. f. *L'optimisation de la production.*

optimisme [ɔptimism] n. m. **1·** Tournure d'esprit qui dispose à prendre les choses du bon côté, en négligeant leurs aspects fâcheux. **2·** Sentiment de confiance heureuse, dans l'issue d'une situation particulière. *Il faut envisager la situation avec optimisme.* / contr. pessimisme / ▶ **optimiste** adj. Qui est naturellement disposé à voir tout en beau, qui envisage l'avenir favorablement. *Il est optimiste.* – N. *C'est un optimiste, il est toujours content de son sort.* – *Le docteur n'est pas très optimiste* (pour le cas en question). (Choses) *Des paroles qui se veulent optimistes.*

optimum [ɔptimɔm] n. m. et adj. **1·** N. m. État considéré comme le plus favorable pour atteindre un but déterminé ou par rapport à une situation donnée. *Optimum de production. Des optimums* ou *des optima.* **2·** Adj. Qui est le plus favorable, le meilleur possible. *Température optimum* ou *optima.* → **optimal.** ▷ **optimal**

option [ɔpsjɔ̃] n. f. **1·** Possibilité de choisir, d'opter. → **choix.** *Une option difficile à prendre.* – ***À option.*** → **optionnel.** *Matières, textes à option dans le programme d'un examen.* **2·** Action de choisir ; son résultat. *Ses options politiques ont changé.* **3·** Équipement ne faisant pas partie du modèle de série, qu'on peut choisir moyennant un supplément de prix. *Les options d'une voiture, d'une moto.* – *Toit ouvrant en option.* **4·** Promesse unilatérale de vente à un prix déterminé sans engagement de la part du futur acheteur. *Prendre une option sur un appartement.* ▶ **optionnel, elle** adj. Qui donne lieu à un choix. – Qu'on peut acquérir facultativement avec autre chose.

optique [ɔptik] adj. et n. f. **I·** Adj. **1·** Relatif à l'œil, à la vision. *Nerf optique. Angle optique* ou *angle de vision.* **2·** Relatif à l'optique (II). *Verres optiques. Fibre optique.* – N. f. Partie optique d'un appareil (les lentilles, objectifs, oculaires..., opposés à *monture, accessoires*). **II·** N. f. **1·** Science qui a pour objet l'étude de la lumière et des lois de la vision. *Appareils, instruments d'optique,* lunettes, jumelles, télescopes, microscopes... – Commerce, fabrication, industrie des appareils d'optique. *Optique médicale, astronomique, photographique.* **2·** Aspect particulier que prend un objet vu à distance d'un point déterminé. → **perspective.** *L'optique du théâtre, du cinéma.* – Abstrait. Manière de voir. *Dans cette optique, il faut faire d'autres projets.* ▷ **opticien**

opulence [ɔpylɑ̃s] n. f. Grande abondance de biens. → **abondance, fortune, richesse.** *Vivre dans le luxe et l'opulence.* / contr. pauvreté / ▶ **opulent, ente** adj. **1·** Qui est très riche, qui est dans l'opulence. *Une région opulente,* qui produit beaucoup. *Vie opulente.* **2·** Qui a de l'ampleur dans les formes. *Poitrine opulente.* → **fort, gros.**

opus [ɔpys] n. m. invar. Indication utilisée pour désigner un morceau de musique avec son numéro dans l'œuvre complète d'un compositeur (abrév. *op.*).

opuscule [ɔpyskyl] n. m. Petit ouvrage, petit livre. → **brochure.**

1 **or** [ɔʀ] n. m. **I· 1·** Métal précieux jaune brillant. *L'or est inaltérable, inoxydable et malléable. Pépites, poudre d'or. Chercheur d'or. Or pur, or fin. Or jaune, or blanc. – Lingot d'or. Bijoux en or massif. Pièce, louis d'or. Plaqué or. Étalon*-or. Le cours de l'or est en hausse.* **2·** Monnaie métallique faite avec ce métal. *Payer en or.* **3·** (Symbole de richesse, de fortune) *Le pouvoir de l'or.* – Loc. *Acheter, vendre, payer **à prix d'or*** : très cher. – *Valoir son pesant d'or,* valoir très cher et être très précieux. – *J'ai fait une affaire **en or**.* → **avantageux.** – ***Rouler sur l'or*** : être dans la richesse. *Être **cousu d'or*** : être très riche. *Je ne ferais pas cela pour tout l'or du monde,* à aucun prix. → **jamais. 4·** (Symbole d'une grande valeur, de qualités exceptionnelles) Loc. *Parler d'or,* dire des choses très sages. – *Le silence est d'or,* il est encore meilleur que la parole (qui est d'argent). – Fam. ***En or*** : excellent. *Elle a un mari en or.* – ***D'or.*** *Cœur d'or,* bon, généreux. *Règle d'or,* qui doit être suivie si l'on veut réussir. – ***âge d'or*** : temps heureux d'une civilisation (ancien ou à venir) ; période où une chose atteint son meilleur développement. *L'âge d'or du cinéma.* – *Siècle d'or,* se dit d'une époque brillante de prospérité et de culture. **5·** Substance ayant l'apparence de l'or. → **doré.** *L'or d'un cadre.* **6·** ***L'or noir*** : le pétrole. **II·** (En parlant de ce qui a une couleur jaune, un éclat comparable à celui de l'or) *L'or des blés.* – Adj. invar. *Des rideaux or.* ▷ **bouton-d'or, dorer, mordoré, orfèvre, oriflamme, orpailleur, redorer**

2 **or** [ɔʀ] conj. Marque un moment particulier d'une durée ou d'un raisonnement, plus ou moins en opposition avec ce qui précède. *Il se dit innocent, or toutes les preuves sont contre lui.* ≠ ores.

oracle [ɔʀakl] n. m. **1·** Dans l'Antiquité. Réponse qu'une divinité donnait à ceux qui la consultaient en certains lieux sacrés ; ce sanctuaire. → **divination.** *Les oracles de la pythie, de la sibylle. L'oracle de Delphes.* **2·** Littér. Opinion exprimée avec autorité et qui jouit d'un grand crédit. **3·** Personne qui parle avec autorité ou compétence. *C'est l'oracle de sa génération.*

orage [ɔʀaʒ] n. m. **1·** Perturbation atmosphérique violente, caractérisée par des phénomènes électriques (éclairs, foudre, tonnerre), souvent accompagnée de pluie, de vent. → **bourrasque, ouragan, tempête.** *Il va faire de l'orage. L'orage menace, éclate.* **2·** Trouble qui éclate ou menace d'éclater. – Littér. *Les orages des passions.* – Loc. *Il y a de l'orage dans l'air,* une nervosité qui laisse présager une dispute. / contr. calme / ▶ **orageux, euse** adj. **1·** Qui annonce l'orage ; qui a les caractères de l'orage. *Le temps est orageux. Chaleur, pluie orageuse. Beau temps, mais orageux en fin de journée.* **2·** Tumultueux. *Discussion orageuse.* → **agité, mouvementé.** / contr. calme, paisible /

oraison [ɔʀɛzɔ̃] n. f. **1·** Prière. *L'oraison dominicale.* **2·** ***Oraison funèbre*** : discours religieux prononcé à l'occasion des obsèques d'un personnage illustre.

oral, ale, aux [ɔʀal, o] adj. **1·** (Opposé à *écrit*) Qui se fait, se transmet par la parole. → **verbal.** *Tradition orale. – Épreuves orales d'un examen.* – N. m. *Il a réussi à l'écrit, mais échoué à l'oral. Les résultats des oraux.* **2·** De la bouche. → **buccal.** *Cavité orale.* – En phonétique. *Voyelle orale* (opposé à *nasale*). ▶ **oralement** adv. D'une manière orale. *Interroger un élève oralement.*

-orama Second élément savant de mots signifiant « vue » (parfois simplifié en *-rama* : *diaporama*).

orange [ɔʀɑ̃ʒ] n. f. et adj. invar. **1·** Fruit comestible de l'oranger (agrume), d'un jaune tirant sur le rouge. *Quartier d'orange. Écorce d'orange.*

→ **zeste.** *Orange sanguine. Jus d'orange.* **2·** Adj. invar. D'une couleur semblable à celle de l'orange. *Des rubans orange.* – N. m. *Un orange clair.* ▶ **orangeade** n. f. Boisson préparée avec du jus d'orange, du sucre et de l'eau. ▶ **oranger** n. m. Arbre fruitier qui produit les oranges. – *Eau de fleur d'oranger,* préparée avec des fleurs de l'oranger. ▶ **orangeraie** n. f. Plantation d'orangers cultivés en pleine terre. ▶ **orangerie** n. f. **1·** Serre où l'on met à l'abri, pendant la saison froide, les orangers cultivés dans des caisses. **2·** Partie d'un jardin où les orangers sont placés pendant la belle saison. ▶ **orangé, ée** adj. et n. m. **1·** D'une couleur formée par la combinaison du jaune et du rouge. → **orange.** *Soie orangée.* **2·** N. m. Cette couleur.

orang-outan ou **orang-outang** [ɔʀɑ̃utɑ̃] n. m. Grand singe d'Asie, à longs poils, aux membres antérieurs très longs. *Des orangs-outan(g)s.*

orateur, trice [ɔʀatœʀ, tʀis] n. **1·** Personne qui compose et prononce des discours. → **conférencier.** *Orateur éloquent.* – Personne qui est amenée occasionnellement à prendre la parole. *À la fin du banquet, l'orateur a été très applaudi.* **2·** Personne éloquente, qui sait parler en public. *Cette conférencière n'est pas bonne oratrice.* ▶ 1 **oratoire** adj. Qui appartient ou convient à l'orateur, à l'art de parler en public ; qui a le caractère des ouvrages d'éloquence. *Art oratoire. Joute oratoire.*

2 **oratoire** [ɔʀatwaʀ] n. m. **1·** Petite chapelle. **2·** Nom de congrégations religieuses. ▶ **oratorien** n. m. Membre de la congrégation religieuse de l'Oratoire. *Malebranche, Massillon, oratoriens célèbres.*

oratorio [ɔʀatɔʀjo] n. m. Drame lyrique sur un sujet en général religieux. *L'oratorio de Noël* (de Bach). *Des oratorios et des cantates.*

1 **orbite** [ɔʀbit] n. f. Cavité osseuse dans laquelle se trouvent placés l'œil et ses annexes. *Avoir les yeux qui sortent des orbites.* → **exorbité.** ▷ **exorbitant, exorbité**

2 **orbite** n. f. **1·** Trajectoire courbe d'un corps céleste ayant pour foyer un autre corps céleste. *La Terre parcourt son orbite autour du Soleil en 365 jours 6 h 9 mn.* – *Mettre, placer un engin spatial sur orbite,* lui faire décrire l'orbite calculée (→ **lancer**). – Loc. Fig. *Mettre sur orbite,* lancer. **2·** Milieu où s'exerce une activité, l'influence de qqn. → **sphère.** *Attirer, entraîner qqn dans son orbite.* ▶ **orbital, ale, aux** adj. De l'orbite (1). *Vitesse orbitale.* – *Station orbitale,* station aérospatiale mise sur orbite.

1 **orchestre** [ɔʀkɛstʀ] n. m. Groupe d'instrumentistes qui exécute ou qui est constitué en vue d'exécuter de la musique polyphonique. *Grands et petits orchestres.* → **ensemble, formation.** *Orchestre symphonique. Concerto pour violon et orchestre. Orchestre (de musique) de chambre. Orchestre de jazz, de danse.* – *La fosse d'orchestre,* où est l'orchestre, dans un théâtre. – *Diriger un orchestre.* ▶ **orchestral, ale, aux** adj. Propre à l'orchestre symphonique. *Musique orchestrale.* – Qui a les qualités de l'orchestre. *Style orchestral.* ▶ **orchestrer** v. tr. < conjug. 1 > **1·** Composer (une partition) en combinant les parties instrumentales. – Adapter pour l'orchestre. → **arranger.** *Ravel a orchestré les « Tableaux d'une exposition » de Moussorgsky.* **2·** Organiser en cherchant à donner le maximum d'ampleur. *Orchestrer une campagne de presse.* ▶ **orchestration** n. f. **1·** Action, manière d'orchestrer. → **instrumentation.** **2·** Adaptation (d'une œuvre musicale) pour l'orchestre. → **arrangement.** ▷ **homme-orchestre**

2 **orchestre** n. m. Dans une salle de spectacle. Ensemble des places du rez-de-chaussée les plus proches de la scène ou de l'écran. *Fauteuil d'orchestre.* – Place à l'orchestre. *Donnez-moi deux orchestres.*

orchidée [ɔʀkide] n. f. Plante dont les fleurs groupées en grappes parfumées sont recherchées pour leur beauté. *Offrir des orchidées.*

ordinaire [ɔʀdinɛʀ] adj. et n. m. **I·** Adj. **1·** Conforme à l'ordre normal, habituel des choses. → **courant, usuel.** / contr. anormal, exceptionnel, extraordinaire / *Trajet, usage ordinaire.* – Fam. *Une histoire pas ordinaire* [paɔʀdinɛʀ], incroyable. – Coutumier (à qqn). *Sa maladresse ordinaire.* **2·** Dont la qualité est courante, qui n'a aucun caractère spécial. *De l'eau ordinaire ou de l'eau minérale. Du papier ordinaire. Le modèle ordinaire.* → **standard.** **3·** Péj. Dont la qualité ne dépasse pas le niveau moyen. → **banal, commun.** *Les génies et les hommes ordinaires.* – *Des gens très ordinaires,* de condition sociale très modeste, ou peu distingués. / contr. remarquable / **II·** N. m. **1·** Le degré habituel, moyen (d'une chose). *Il est d'une intelligence très au-dessus de l'ordinaire. Elle sort de l'ordinaire.* **2·** Ce que l'on mange, ce que l'on sert habituellement aux repas dans une communauté, dans l'armée, etc. → **alimentation.** *Un bon ordinaire.* **3·** *Ordinaire de la messe,* ensemble des prières invariables. **III·** ***D'ordinaire, à l'ordinaire*** loc. adv. : de façon habituelle, le plus souvent. → **d'habitude.** – *Comme à son ordinaire,* comme il le fait d'habitude. ▶ **ordinairement** adv. D'une manière ordinaire (1), habituelle. → **généralement, habituellement.** *Il vient ordinairement le matin.*

ordinal, ale, aux [ɔʀdinal, o] adj. et n. m. Qui marque l'ordre, le rang. *Nombre ordinal et nombre cardinal.* – En grammaire. Se dit d'un adjectif numéral qui exprime le rang d'un élément dans un ensemble. *« Troisième » est un adjectif numéral ordinal.* – N. m. *Les ordinaux.*

ordinateur [ɔʀdinatœʀ] n. m. Machine électronique de traitement numérique de l'information, exécutant à grande vitesse les instructions d'un programme. *Programme d'un ordinateur. Le matériel et le logiciel d'un ordinateur. Ordinateur personnel* (anglic. *P. C.*) ou *micro-ordinateur. Le clavier, l'écran, le terminal (les terminaux), la mémoire centrale d'un ordinateur. Ordinateur avec accès à Internet.* – Abrév. **ordi.** ▷ **micro-ordinateur**

ordination [ɔʀdinasjɔ̃] n. f. Acte par lequel est administré le sacrement de l'ordre et surtout la prêtrise (→ ① **ordonner**).

① **ordonnance** [ɔʀdɔnɑ̃s] n. f. Autrefois. Domestique militaire, soldat attaché à un officier.

① **ordonner** [ɔʀdɔne] v. tr. < conjug. 1 > Élever qqn à l'un des ordres de l'Église. → **consacrer.** *Ordonner un diacre, un prêtre* (→ **ordination**).

② **ordonner** v. tr. < conjug. 1 > Disposer, mettre dans un certain ordre. → **agencer, arranger, classer, organiser, ranger.** *Il faut ordonner ses idées.* – V. pron. réfl. *Souvenirs qui s'ordonnent et se précisent.* ▶ **ordonné, ée** adj. **1·** En bon ordre. *Maison bien ordonnée.* – Prov. *Charité bien ordonnée commence par soi-même.* **2·** (Personnes) Qui a de l'ordre et de la méthode. *Un enfant ordonné.* / contr. désordonné ; brouillon / ▶ **ordonnée** n. f. Coordonnée verticale qui sert, avec l'abscisse, à définir la position d'un point dans un plan. *L'axe des ordonnées.* ▶ ② **ordonnance** n. f. Disposition selon un ordre. → **agencement, arrangement, disposition, organisation.** *Ordonnance des mots dans la phrase. L'ordonnance d'un repas,* la suite des plats. – Groupement et équilibre des parties, en peinture, en architecture. *Ordonnance d'un appartement,* disposition des pièces. ▶ **ordonnateur, trice** n. Personne qui dispose, met en ordre. *L'ordonnateur d'une fête.* – *Ordonnateur des pompes funèbres,* qui accompagne et dirige les convois mortuaires. ▷ **désordonné**

③ **ordonner** v. tr. < conjug. 1 > Prescrire par un ordre. → **commander, enjoindre, prescrire.** *Ordonner qqch. à qqn. Je vous ordonne de vous taire.* → **sommer.** *J'ordonne que vous soyez à l'heure.* ▶ ③ **ordonnance** n. f. **I· 1·** Textes législatifs émanant du pouvoir exécutif (roi, gouvernement). → **constitution, loi.** *Gouverner par ordonnances.* **2·** Décision émanant d'un juge unique. *Ordonnance de justice.* **II·** Prescriptions d'un médecin ; écrit qui les contient. *Médicament délivré seulement sur ordonnance.*

① **ordre** [ɔʀdʀ] n. m. **I·** Relation organisée entre plusieurs termes. → **structure. 1·** Disposition, succession régulière (de caractère spatial, temporel, logique, esthétique, moral). → **distribution.** *L'ordre des mots dans la phrase. Ordre chronologique, logique. Ordre alphabétique. Procédons par ordre. Dans l'ordre d'entrée en scène. Mettre des choses dans le bon ordre, **en ordre**.* → ② **ordonner.** – Disposition d'une troupe sur le terrain. *Ordre de marche, de bataille.* – ***Ordre du jour*** : sujets dont une assemblée doit s'occuper, dans un certain ordre. *Voter l'ordre du jour.* – Loc. adj. *À l'ordre du jour,* d'actualité. **2·** Disposition qui satisfait l'esprit, semble la meilleure possible. / contr. chaos, confusion, désordre / *Mettre sa chambre, ses idées en ordre.* – *Mettre bon ordre à* (une situation), faire cesser le désordre. **3·** Qualité d'une personne qui a une bonne organisation, de la méthode, qui range les choses à leur place. *Cet élève a beaucoup d'ordre* → **ordonné,** *manque d'ordre* → **désordonné. 4·** Principe de causalité ou de finalité du monde. *C'est dans l'ordre (des choses),* c'est normal, inévitable. **5·** Organisation sociale. *Ébranler, renverser l'ordre établi.* / contr. anarchie / Stabilité sociale ; respect de la société établie. *Les partisans de l'ordre.* – *Le service d'ordre,* qui maintient l'ordre dans une réunion. *Les forces de l'ordre,* chargées de réprimer une émeute. → **armée, C. R. S., police. 6·** Norme, conformité à une règle. *Tout est rentré dans l'ordre,* redevenu normal. *Rappeler qqn à l'ordre,* à ce qu'il convient de faire. → **réprimander. II·** Catégorie, classe d'êtres ou de choses. → **groupe. 1·** (Choses abstraites) Espèce. → **nature, sorte.** *Choses de même ordre.* – *Dans le même ordre, dans un autre ordre d'idées.* – *Ordre de grandeur.* **2·** En loc. Qualité, valeur. → **plan.** *C'est un écrivain de premier ordre. Une œuvre de second, de troisième ordre,* mineure. **3·** En sciences naturelles. Division intermédiaire entre la classe et la famille. **4·** Division de la société sous l'Ancien Régime. *Les trois ordres,* noblesse, clergé, tiers état. **5·** Groupe de personnes soumises à certaines règles professionnelles, morales. → **corporation, corps.** *L'ordre des avocats. Il a été radié de l'ordre des médecins.* **6·** Association de personnes vivant dans l'état religieux après avoir fait des vœux solennels. *Ordres monastiques. Règle d'un ordre. L'ordre des bénédictins, des carmélites.* **7·** L'un des degrés de la hiérarchie cléricale catholique. *Ordres mineurs. Ordres majeurs.* → **prêtrise.** *Entrer dans les ordres,* être ordonné* ①. → **ordination.** ▷ **désordre, sous-ordre**

② **ordre** n. m. **1·** Acte par lequel une autorité manifeste sa volonté, disposition impérative. → **commandement, prescription.** *Ordre formel. Donner un ordre.* → **commander,** ③ **ordonner ; imposer.** *Exécuter, transgresser un ordre.* – *Être* ***aux ordres*** *de qqn* : être, se mettre à sa disposition ; agir servilement pour son compte. – *Être* ***sous les ordres*** *de qqn* : dépendre d'un supérieur hiérarchique. – (Sans article) *Par ordre du ministre... Elle lui a donné ordre de ne pas sortir. Il a ordre de ne pas sortir.* – ***Jusqu'à nouvel ordre*** : jusqu'à ce qu'un ordre, un fait nouveau vienne modifier la situation. **2·** Décision entraînant une opération commerciale. *Ordre d'achat, de vente. Billet à ordre.* → ② **lettre** de change. – Endossement d'un billet, d'un chèque, d'une lettre de change pour les passer au profit d'une autre personne. *Faire un chèque à l'ordre de X.* **3·** ***Mot d'ordre*** : consigne, résolution commune aux membres d'un parti. ▷ **contrordre**

ordure [ɔʀdyʀ] n. f. **1·** Matière, chose qui salit et répugne. *De l'ordure, des ordures.* → **immondice, saleté. 2·** Au plur. Choses de rebut dont on se débarrasse. → **détritus.** *Ordures ménagères. Pelle à ordures. Tas d'ordures. Boîte à ordures.* → **poubelle.** – Loc. *Jeter, mettre qqch. aux ordures,* se débarrasser de... **3·** Propos, écrit, action vile, sale ou obscène. → **cochonnerie, grossièreté, saleté.** *Dire, écrire des ordures.* **4·** Fam. Personne ignoble (terme d'injure). → fam. **fumier, salaud, salope.** *Quelle ordure, ce type !* ▶ **ordurier, ière** adj. Qui dit ou écrit des choses sales, obscènes. → **grossier.** – *Plaisanteries ordurières.* → **obscène, sale.** ▷ **vide-ordures**

orée [ɔʀe] n. f. *L'orée du bois, de la forêt,* la bordure. → **lisière.**

oreille [ɔʀɛj] n. f. **I· 1·** Chacun des deux organes constituant l'appareil auditif. → fam. **esgourdes, portugaises.** *Tintement, sifflement d'oreilles.* – Par plaisant. *Les oreilles ont dû vous tinter, vous siffler* (tellement nous avons parlé de vous). – Loc. *Écoutez de toutes vos oreilles. N'écouter que d'une oreille, d'une oreille distraite. Prêter l'oreille,* écouter. *Faire la sourde oreille (à qqch.),* feindre de ne pas entendre, d'ignorer une demande. – *Casser les oreilles à qqn,* en faisant trop de bruit. *Parler, dire qqch. à l'oreille de qqn, dans le creux de l'oreille,* de sorte qu'il soit seul à entendre. *Si cela venait à ses oreilles,* à sa connaissance. *Cela lui entre par une oreille et lui sort par l'autre,* il ne fait pas attention à ce qu'on lui dit, ne le retient pas. *Ce n'est pas tombé dans l'oreille d'un sourd,* il tirera profit de ces paroles. – Prov. *Ventre affamé n'a pas d'oreilles,* celui qui a faim n'écoute plus rien. – *Avoir l'oreille de qqn,* en être écouté. → **confiance, faveur. 2·** Ouïe. *Avoir l'oreille fine,* exercée, délicate. – *Avoir de l'oreille,* distinguer les sons avec précision. *Il chante faux, il n'a pas d'oreille. Avoir l'oreille absolue,* pouvoir identifier une note sans référence. **3·** Pavillon (partie extérieure) de l'oreille. *Oreilles pointues, décollées. Boucles, pendants d'oreilles. Rougir jusqu'aux oreilles,* beaucoup. *Tirer l'oreille, les oreilles à un enfant* (pour le punir). *Se faire tirer l'oreille,* se faire prier. – *Dormir sur ses deux oreilles,* sans inquiétude. – *Montrer le bout de l'oreille,* se trahir. **II· 1·** Chacun des deux appendices symétriques de récipients et ustensiles par lesquels on les prend. → **anse.** *Les oreilles d'une marmite, d'un bol.* **2·** Partie latérale du dossier de certains fauteuils, sur laquelle on peut appuyer sa tête. **3·** Oreillette (I). ▶ **oreillette** n. f. **I· 1·** Partie d'un chapeau qui protège les oreilles. *Toque à oreillettes.* → **chapka. 2·** Petit récepteur qui s'adapte à l'oreille. *L'oreillette d'un téléphone portable.* **II·** Chacune des deux cavités supérieures du cœur. *Oreillettes et ventricules du cœur.* ▶ **oreiller** n. m. Pièce de literie qui sert à soutenir la tête, coussin rembourré, généralement carré. *Taie d'oreiller.* ▶ **oreillons** n. m. pl. Maladie infectieuse, épidémique et contagieuse, caractérisée par une inflammation et des douleurs dans l'oreille. *Elle vient d'avoir les oreillons.* ▷ **cure-oreille, perce-oreille**

ores [ɔʀ] adv. Vx. Maintenant. ≠ ② or. – Loc. littér. ***D'ores et déjà*** [dɔʀzedeʒa] : dès maintenant, dès à présent. *Les ordres sont d'ores et déjà donnés.* ▷ **désormais, dorénavant**

orfèvre [ɔʀfɛvʀ] n. Fabricant d'objets en métaux précieux, en alliage ; marchand de pièces d'orfèvrerie. *Orfèvre-joaillier, orfèvre-bijoutier.* → **bijoutier.** – Loc. *Être orfèvre en la matière,* s'y connaître parfaitement. ▶ **orfèvrerie** n. f. **1·** Art, métier, commerce de l'orfèvre. **2·** Ouvrages de l'orfèvre. *Orfèvrerie d'argent massif.*

orfraie [ɔʀfʀɛ] n. f. Oiseau de proie diurne. – Loc. *Pousser des* ***cris d'orfraie*** : crier, hurler.

organdi [ɔʀgɑ̃di] n. m. Toile de coton, très légère et empesée. *Robe de mariée en organdi.*

organe [ɔʀgan] n. m. **I· 1·** Voix (surtout d'un chanteur, d'un orateur). *Organe bien timbré.* **2·** Voix autorisée d'un porte-parole, d'un interprète. *Le ministère public est l'organe de l'accusation.* – Publication périodique. *L'organe d'un parti, d'une société savante.* → **journal, revue. II· 1·** Partie d'un être vivant → **organisme** remplissant une fonction particulière. *Lésion d'un organe. Organe de la digestion, de la respiration. Organes sexuels, les organes.* → **partie(s), sexe.** – *L'œil, organe de la vue.* **2·** Institution chargée de faire fonctionner une catégorie déterminée de services. *Les organes directeurs de l'État,* le gouvernement. **3·** Mécanisme. *Organes de commande d'une machine.* ▶ **organique** adj. **1·** Qui a rapport ou qui est propre aux organes, aux organismes vivants. *Trouble organique* (opposé à *trouble fonctionnel*). **2·** Qui provient de tissus vivants. *Engrais organiques* (opposé à *chimiques*). – ***Chimie organique*** : qui a pour objet l'étude des composés du carbone, corps contenu dans tous les êtres vivants (opposé à *chimie minérale*). **3·** Relatif à l'organisation d'ensemble d'une institution, d'un État. *Loi organique.* ▷ **organiser, organisme**

organigramme [ɔʀganigʀam] n. m. Tableau schématique des divers services d'une administration, d'une entreprise, et de leurs rapports mutuels.

organiser [ɔʀganize] v. tr. < conjug. 1 > **1·** Doter d'une structure, d'une constitution déterminée, d'un mode de fonctionnement. *Organiser les parties d'un ensemble.* → **agencer, disposer,** 2 **ordonner.** *Organiser la résistance.* **2·** Soumettre à une façon déterminée de vivre ou de penser. *Organiser son temps, sa vie, ses loisirs.* – ***S'organiser*** v. pron. réfl. : (personnes) organiser ses activités. *Il ne sait pas s'organiser.* **3·** Préparer (une action) selon un plan. *Organiser un voyage, une fête.* – ***S'organiser*** v. pron. réfl. (Choses) *Un voyage qui s'organise difficilement.* ▶ 1 **organisé, ée** adj. **1·** Qui est disposé ou se déroule suivant un ordre, des méthodes ou des principes déterminés. *Voyage organisé.* – *Esprit organisé,* méthodique. – *Personne bien organisée,* qui organise bien sa vie, son emploi du temps. **2·** Qui appartient à une organisation. *Citoyens organisés en partis.* ▶ **organisation** n. f. **1·** Action d'organiser (qqch.) ; son résultat. → **agencement, arrangement.** *Manque d'organisation. Avoir l'esprit d'organisation.* **2·** Façon dont un ensemble est constitué en vue de son fonctionnement. → **ordre, structure.** *L'organisation judiciaire.* **3·** Association qui se propose des buts déterminés. → **assemblée, groupement, organisme, société.** *Organisation politique. Organisation non gouvernementale.* → **O. N. G.** *Organisation des Nations unies* (*O. N. U.*). ▶ **organisateur, trice** n. Personne qui organise, sait organiser. *L'organisatrice de cette fête.* – Adj. *Puissance organisatrice.* ▶ **organiseur** n. m. Agenda à feuillets mobiles. – Ordinateur de poche utilisé comme agenda. ▶ 1 **organisme** n. m. **1·** Ensemble organisé. *Une nation est un organisme.* **2·** Ensemble des services, des bureaux affectés à une tâche. → **organisation.** *Organisme international.* ▷ **désorganiser, inorganisé, réorganiser**

2 **organisme** n. m. **1·** Ensemble des organes qui constituent un être vivant. – Le corps humain. *Les besoins, les fonctions de l'organisme.* **2·** Tout être vivant. ▶ 2 **organisé, ée** adj. Pourvu d'organes. *Les êtres vivants organisés.*

organiste [ɔʀganist] n. Musicien qui joue de l'orgue. *Bach fut un remarquable organiste.*

organite [ɔʀganit] n. m. Biol. Élément cellulaire différencié (ex. : le noyau).

organologie [ɔʀganɔlɔʒi] n. f. Étude des instruments de musique.

orgasme [ɔʀgasm] n. m. Le plus haut point du plaisir sexuel.

orge [ɔʀʒ] n. f. **1·** Plante à épis simples, cultivée comme céréale. *Champ d'orge.* **2·** Grain de cette céréale, utilisé surtout en brasserie. – Au masc. *Orge perlé.* **3·** *Sucre d'orge.* → **sucre.** ▶ **orgeat** [ɔʀʒa] n. m. *Sirop d'orgeat* ou *orgeat,* sirop préparé autrefois avec une décoction d'orge et actuellement avec une émulsion d'amandes douces.

orgelet [ɔʀʒəlɛ] n. m. Petit furoncle sur le bord de la paupière. → **compère-loriot.**

orgie [ɔʀʒi] n. f. **1·** Partie de débauche. – Repas long et bruyant, copieux et arrosé à l'excès. → **beuverie, ripaille. 2·** ***Orgie de*** : usage excessif de qqch. qui plaît. → **excès.** *Des orgies de couleurs.* ▶ **orgiaque** adj. Littér. Qui tient de l'orgie, évoque l'orgie.

orgue [ɔʀg] n. (masc. au sing. et plus souvent fém. au plur.) **1·** Grand instrument de musique à vent composé de nombreux tuyaux que l'on fait résonner par l'intermédiaire de claviers, en y introduisant de l'air au moyen d'une soufflerie. *Jouer de l'orgue.* → **organiste.** *Pédale d'orgue.* – (Dans une église) *Les grandes orgues.* – *Orgue de Barbarie,* instrument portatif, dont on joue au moyen d'une manivelle. – *Orgue électrique* (sans tuyau), muni d'amplificateurs et de haut-parleurs, et produisant les sons au moyen de circuits électriques. *Orgue électronique.* **2·** ***Point d'orgue*** : temps d'arrêt qui suspend la mesure sur une note dont la durée peut être prolongée à volonté. – Fig. Point fort, paroxysme. *Le point d'orgue d'une cérémonie, d'une manifestation.* ▷ **organiste**

orgueil [ɔʀgœj] n. m. **1·** Opinion très avantageuse, le plus souvent exagérée, qu'on a de sa valeur personnelle aux dépens de la considération due à autrui. → **arrogance, présomption, suffisance.** / contr. **humilité, modestie** / *Être gonflé d'orgueil. Il est d'un orgueil ridicule, insupportable.* → **ego. 2·** ***L'orgueil de*** : la satisfaction d'amour-propre que donne (qqn, qqch.). → **fierté.** *Avoir l'orgueil de ses enfants. Il tire grand orgueil de sa réussite.* → **gloire, vanité.** / contr. **honte** / – Ce qui motive ce sentiment. *Il est l'orgueil de sa famille,* sa famille a de l'orgueil à cause de lui. ▶ **orgueilleux, euse** adj. Qui a, montre de l'orgueil. *Nature orgueilleuse.* → **arrogant, fier, hautain, prétentieux, vaniteux.** *Orgueilleux comme un paon, comme un pou.* / contr. humble, modeste / – N. *C'est une orgueilleuse.* – Qui dénote de l'orgueil, inspiré par l'orgueil. *Il ressentait une joie orgueilleuse.* ▶ **orgueilleusement** adv. Avec orgueil, d'une manière orgueilleuse. ▷ **enorgueillir**

① **orient** [ɔʀjɑ̃] n. m. **1·** Poét. Un des quatre points cardinaux, côté de l'horizon où le Soleil se lève. → **levant ; est.** *L'orient et l'occident.* **2·** Région située vers l'est par rapport à un lieu donné. – (Avec une majuscule) En prenant l'Europe comme référence. L'Asie et parfois certains pays du bassin méditerranéen ou de l'Europe centrale. *L'Extrême-Orient, le Moyen-Orient, le Proche-Orient.* ▶ **oriental, ale, aux** adj. et n. **1·** Qui est situé à l'est d'un lieu. *Pyrénées orientales.* **2·** Originaire de l'Orient. *Peuples orientaux. Langues orientales.* – N. *Les Orientaux et les Occidentaux.* **3·** Qui est propre à l'Orient ou le rappelle. *Style oriental, musique orientale.* ▶ **orientaliste** n. Spécialiste de l'étude de l'Orient, de l'Asie. ▷ **orienter**

② **orient** n. m. Reflet nacré. *Des perles d'un bel orient.*

orienter [ɔʀjɑ̃te] v. tr. < conjug. 1 > **I· 1·** Disposer une chose par rapport aux points cardinaux, à une direction, un objet déterminé. *Orienter une maison au sud.* – Au p. p. adj. *Appartement bien orienté, orienté au sud.* **2·** Indiquer à (qqn) la direction à prendre. → **conduire, diriger, guider.** *Orienter un voyageur égaré.* – Abstrait. *Orienter un élève vers les sciences.* **II·** ***S'orienter*** v. pron. réfl. **1·** Déterminer la position que l'on occupe par rapport aux points cardinaux, à des repères. *Elle s'oriente dans la forêt à l'aide d'une boussole.* → **se repérer. 2·** Diriger son activité (vers qqch.). *S'orienter vers la recherche.* – *Le parti s'oriente à gauche.* → **tendre, virer.** – Au p. p. adj. *Un ouvrage très orienté,* qui a une tendance doctrinale déterminée. ▶ **orientable** adj. Qui peut être orienté. *Store à lames orientables.* ▶ **orientation** n. f. **1·** Détermination des points cardinaux d'un lieu (pour se repérer, se diriger). *Elle n'a pas le sens de l'orientation.* **2·** Action de donner une direction déterminée. *L'orientation des études. L'orientation professionnelle. Une conseillère d'orientation.* **3·** Fait d'être orienté de telle ou telle façon. → **situation.** *Orientation d'une maison.* → **exposition.**

orifice [ɔʀifis] n. m. **1·** Ouverture qui fait communiquer une cavité avec l'extérieur. *Orifice d'un puits, d'un tuyau.* – *Boucher, agrandir un orifice.* **2·** Ouverture servant d'entrée ou d'issue à certains organes. *La bouche est un orifice de l'appareil digestif.*

oriflamme [ɔʀiflɑm] n. f. Bannière d'apparat ou utilisée comme ornement.

origan [ɔʀigɑ̃] n. m. Marjolaine (plante aromatique).

originaire [ɔʀiʒinɛʀ] adj. **1·** Qui tire son origine (d'un pays, d'un lieu). → **natif.** *Elle est originaire de Tunisie. La bouillabaisse est originaire de Marseille.* **2·** Qui est à l'origine (d'une chose). → **premier.** – Qui apparaît à l'origine, date de l'origine. → ② **original** (I), **originel, primitif.** ▶ **originairement** adv. Primitivement, à l'origine. → **originellement.**

① **original, aux** [ɔʀiʒinal, o] n. m. **1·** Ouvrage (texte, œuvre d'art...) de la main de l'homme, dont il est fait des reproductions. *Copie conforme à l'original.* – Texte qui donne lieu à traduction, à adaptation. *La traduction est fidèle à l'original.* **2·** Personne réelle, objet naturel représentés ou décrits par l'art. → **modèle.** *La ressemblance du portrait et de l'original est frappante.*

② **original, ale, aux** adj. **I· 1·** Littér. Primitif. → **originaire, originel.** *Le sens original d'un mot.* **2·** Qui émane directement de l'auteur, est l'origine des reproductions. *Documents originaux. Édition originale,* première édition en librairie d'un texte inédit. – N. f. *L'originale des « Misérables ».* **II· 1·** Qui paraît ne dériver de rien d'antérieur, qui est unique. → **inédit, neuf, nouveau, personnel.** *Avoir des vues, des idées originales.* – (Personnes) *Esprits très originaux. Artiste original.* / contr. banal, commun ; conformiste / **2·** Bizarre, peu normal. → **étrange, singulier, spécial.** – N. *C'est une originale.* → **numéro, phénomène.** ▶ **originalité** n. f. **1·** Caractère de ce qui est original (II), de celui qui est original. *L'originalité d'un écrivain, d'une œuvre.* → **nouveauté.** / contr. banalité, conformisme / – Étrangeté, excentricité, singularité. *Il se fait remarquer par son originalité.* **2·** Élément original. *Les originalités de ce modèle.*

origine [ɔʀiʒin] n. f. **I· 1·** Ancêtres ou milieu humain primitif auquel remonte la généalogie (d'un individu, d'un groupe). → **ascendance, extraction, souche.** *Il est d'origine française. Pays d'origine.* – Milieu social d'où est issu qqn. *Elle est d'origine bourgeoise, modeste.* **2·** Temps, milieu d'où vient (qqch.). *Une coutume d'origine ancienne.* – *Origine d'un mot.* → **étymologie. 3·** Point de départ (de ce qui est envoyé). → **provenance.** *L'origine d'un appel téléphonique.* **II· 1·** Commencement, première apparition ou manifestation. → **création, naissance.** *À l'origine du monde, des temps.* – ***À l'origine*** loc. adv. : dès l'origine, au début. – Au plur. Commencements d'une réalité qui se modifie. *Les origines de la vie.* **2·** Ce qui explique l'apparition ou la formation d'un fait nouveau. → **cause, source.** *Origine d'une révolution.* ▷ **originaire, 1 original, 2 original, originel**

originel, elle [ɔʀiʒinɛl] adj. Qui date de l'origine, qui vient de l'origine. → **originaire, 2 original** (I) ; **premier, primitif.** *Sens originel d'un mot.* – Dans la religion chrétienne. Du premier homme créé par Dieu. *Le péché originel.* ▶ **originellement** adv. Dès l'origine, à l'origine. → **primitivement.**

orignal, aux [ɔʀiɲal, o] n. m. Élan* du Canada.

oripeaux [ɔʀipo] n. m. pl. Vêtements voyants et excentriques, vieux habits.

O. R. L. [oɛʀɛl] n. invar. → **oto-rhino-laryngologiste.**

orme [ɔʀm] n. m. **1·** Grand arbre à feuilles dentelées. *Allée d'ormes.* **2·** Bois de cet arbre. ▶ **1 ormeau** [ɔʀmo] n. m. Petit orme, jeune orme. *Des ormeaux.*

2 ormeau n. m. Mollusque comestible, à large coquille arrondie et plate. *Les ormeaux sont une espèce protégée.*

ornement [ɔʀnəmɑ̃] n. m. **1·** Action d'orner ; résultat de cette action. → **décoration.** – REM. Sens rare sauf dans *arbres, plantes d'ornement.* → **décoratif, ornemental. 2·** Ce qui orne, s'ajoute à un ensemble pour l'embellir. *Ornements de tapisserie. Une chambre qui manque d'ornements. Une toilette sans aucun ornement.* **3·** Motif accessoire (d'une composition artistique). *Les ornements d'un édifice.* ▶ **ornemental, ale, aux** adj. Qui a rapport à l'ornement, qui utilise des ornements. *Style ornemental.* – Qui sert à orner. → **décoratif.** *Motif ornemental. Cheminée ornementale.* ▶ **ornementer** v. tr. < conjug. 1 > Garnir d'ornements ; embellir par des ornements. → **décorer, orner.** ▶ **ornementation** n. f. Action d'ornementer. *Un sens inné de l'ornementation.* – Ensemble d'éléments qui ornent. *L'ornementation d'un salon.* ▶ **ornemaniste** n. Arts. Spécialiste du dessin ou de l'exécution de motifs décoratifs.

orner [ɔʀne] v. tr. < conjug. 1 > **1·** (Personnes) Mettre en valeur, embellir (une chose). → **agrémenter, décorer.** *Orner un livre d'enluminures.* → **illustrer.** – (Choses) *Une broche orne sa robe.* **2·** *Orné de :* qui a pour ornement. *Un chemisier orné de dentelles.* – *Lettres ornées :* enluminées. *Un discours trop orné,* où il y a trop d'effets de style. ▷ **ornement**

ornière [ɔʀnjɛʀ] n. f. **1·** Trace plus ou moins profonde que les roues de voitures creusent dans les chemins. **2·** Abstrait. Chemin tout tracé, habituel, où l'on s'enlise. *Il reste dans l'ornière.* → **routine.** – *Sortir de l'ornière,* d'une situation pénible, difficile.

ornitho- Élément savant signifiant « oiseau ». ▶ **ornithologie** [ɔʀnitɔlɔʒi] n. f. Partie de la zoologie qui étudie les oiseaux. ▶ **ornithologique** adj. ▶ **ornithologiste** ou **ornithologue** n. Spécialiste de l'ornithologie. ▶ **ornithorynque** [ɔʀnitɔʀɛ̃k] n. m. Mammifère australien, amphibie et ovipare, à bec corné, à longue queue plate, aux doigts palmés et armés de griffes.

oro- Élément savant signifiant « montagne » (ex. : *orographie,* n. f. « géographie des reliefs montagneux »).

oronge [ɔʀɔ̃ʒ] n. f. Champignon (appelé aussi *amanite*). *Oronge vineuse, oronge vraie,* espèces comestibles. *Fausse oronge,* à chapeau rouge taché de blanc, vénéneuse (amanite tue-mouche).

orpailleur, euse [ɔʀpajœʀ, øz] n. Personne qui recueille par lavage les paillettes d'or dans les fleuves ou les terres aurifères. – Chercheur(euse) d'or. ▶ **orpaillage** n. m. Travail des orpailleurs.

orphelin, ine [ɔʀfəlɛ̃, in] n. Enfant qui a perdu son père et sa mère, ou l'un des deux. *Un orphelin de père et de mère.* – Loc. fam. *Il défend la veuve et l'orphelin,* se dit de tout protecteur des opprimés. – Adj. *Un enfant orphelin.* ▶ **orphelinat** n. m. Établissement destiné à élever des orphelins.

orphéon [ɔʀfeɔ̃] n. m. Fanfare.

orphisme [ɔʀfism] n. m. Doctrine ou secte religieuse de l'Antiquité qui s'inspire de la pensée d'Orphée. ▶ **orphique** adj. De l'orphisme. *Poésie orphique.*

orque [ɔʀk] n. f. Grand mammifère marin noir et blanc à grande nageoire dorsale, de la famille des dauphins. → **épaulard.** *L'orque est une chasseuse redoutable.*

orteil [ɔʀtɛj] n. m. Doigt de pied. *Les cinq orteils. Le gros orteil,* le pouce du pied.

orth(o)- Élément savant signifiant « droit, correct ». ▷ **orthodontie, orthodoxe, orthogonal, orthographe, orthopédie, orthophonie**

orthodontie [ɔʀtɔdɔ̃ti] n. f. Prévention et correction des anomalies de position des dents. ▶ **orthodontiste** n.

orthodoxe [ɔʀtɔdɔks] adj. et n. **1·** Conforme au dogme, à la doctrine d'une religion. *Théologien orthodoxe.* N. *Les orthodoxes et les hérétiques.* – Conforme au dogme d'un parti. N. *Les ortho-*

doxes et les dissidents d'un parti. **2·** Conforme à une doctrine, aux opinions et usages établis. → **conformiste, traditionnel.** *Morale orthodoxe. Cette manière de procéder n'est pas très orthodoxe.* **3·** Se dit des Églises chrétiennes des rites d'Orient (séparées de Rome au XIe s.). *Église orthodoxe russe, grecque.* – Qui appartient à ces Églises. *Un catholique orthodoxe. Rite orthodoxe.* – N. *Les orthodoxes grecs.* ▶ **orthodoxie** n. f. **1·** Ensemble des doctrines, des opinions considérées comme vraies par la fraction dominante d'une Église et enseignées officiellement. → **dogme.** *L'orthodoxie catholique.* **2·** Caractère orthodoxe (d'une proposition, d'une personne). *L'orthodoxie d'une déclaration.*

orthogonal, ale, aux [ɔʀtɔgɔnal, o] adj. En géométrie. Qui forme un angle droit, se fait à angle droit. → **perpendiculaire.** *Droites orthogonales.* – *Projection orthogonale,* projection d'une figure obtenue au moyen de perpendiculaires abaissées sur une surface. ▶ **orthogonalement** adv. À angle droit.

orthographe [ɔʀtɔgʀaf] n. f. **1·** Manière d'écrire un mot qui est considérée comme la seule correcte. *Chercher l'orthographe d'un mot dans le dictionnaire. Faute d'orthographe.* – Connaissance, application de ces règles. *Être bon, mauvais, nul en orthographe. Avoir une bonne, une mauvaise orthographe.* **2·** Manière particulière dont on écrit les mots. → **graphie.** *Orthographe fautive.* **3·** Système de notation des sons par des signes écrits, propre à une langue, une époque, un écrivain. *L'orthographe russe. L'orthographe du XVIe s.* ▶ **orthographier** v. tr. <conjug. 7> Écrire du point de vue de l'orthographe. *Il orthographie ce mot correctement.* – Au p. p. adj. *Mot mal orthographié.* ▶ **orthographique** adj. Relatif à l'orthographe. *Réforme orthographique. Correcteur* orthographique.* ▷ **dysorthographie**

orthopédie [ɔʀtɔpedi] n. f. **1·** Partie de la médecine qui étudie et traite les affections du squelette, des muscles et des tendons. **2·** Abusivt. Orthopédie des membres inférieurs. ▶ **orthopédique** adj. D'orthopédie. *Appareil orthopédique.* ▶ **orthopédiste** n. et adj. Médecin qui pratique l'orthopédie. – Adj. *Médecin orthopédiste.* – Personne qui fabrique ou vend des appareils orthopédiques.

orthophonie [ɔʀtɔfɔni] n. f. Discipline thérapeutique qui vise au diagnostic et au traitement des troubles de la voix, du langage oral et écrit. ▶ **orthophoniste** n. Spécialiste de l'orthophonie. *Cette orthophoniste rééduque les dyslexiques et les bègues.*

ortie [ɔʀti] n. f. Plante dont les feuilles sont couvertes de poils fins qui renferment un liquide irritant (acide formique). *Des piqûres d'ortie.* – Loc. Fig. *Jeter qqch. aux orties,* s'en débarrasser.

ortolan [ɔʀtɔlɑ̃] n. m. Petit oiseau → **bruant,** à chair très estimée. – Loc. *Manger des ortolans,* une nourriture délicate et recherchée.

orvet [ɔʀvɛ] n. m. Reptile saurien (proche des lézards), dépourvu de membres. *On confond souvent l'orvet avec les serpents.*

os [ɔs] ; plur. [o] n. m. **1·** Chacune des pièces rigides du squelette de l'homme et de la plupart des animaux vertébrés. – (Personnes) *Avoir de gros os, de petits os* (→ **ossature**). *Avoir les os saillants,* être maigre, osseux. – Loc. *N'avoir que la peau sur les os. C'est un sac d'os, un paquet d'os* [ɔs], une personne très maigre. *Se rompre les os* [o], faire une chute dangereuse. – Loc. *En chair et en os* [ɔs], en personne. – *Il ne fera pas de vieux os,* il ne vivra pas longtemps. *Ne pas faire de vieux os quelque part,* ne pas y rester longtemps. – *Être mouillé, trempé jusqu'aux os,* complètement trempé. – Loc. fam. *L'avoir dans l'os,* être trompé, volé. – (Animaux) *Viande vendue avec os, sans os* → **désossé.** *Os à moelle. Des os à moelle* [ɔsam wal]. *Ronger un os.* – Loc. fam. *Tomber sur un os ; il y a un os !,* une difficulté. **2·** *Les os :* restes d'un être vivant, après sa mort. → **carcasse, ossements. 3·** Matière d'objets faits avec des os. *Couteaux à manches en os.* **4·** *Os de seiche :* lame calcaire qui soutient le dos de la seiche. ▷ **désosser, ossature, osselet, ossements, osseux, ossifier, ossuaire**

O. S. [oɛs] n. invar. Ouvrier, ouvrière spécialisé(e).

oscar [ɔskaʀ] n. m. Récompense décernée par un jury. *Oscar du cinéma, aux États-Unis. Oscar de la chanson, de la publicité. Cet acteur a reçu plusieurs oscars.*

osciller [ɔsile] v. intr. <conjug. 1> **1·** Aller de part et d'autre d'une position moyenne par un mouvement alternatif ; se mouvoir par va-et-vient. *Le pendule oscille.* → se **balancer.** *Le courant d'air fit osciller la flamme.* → **vaciller. 2·** Abstrait. Varier en passant par des alternatives. *Osciller entre deux positions, deux partis.* → **hésiter.** ▶ **oscillant, ante** [ɔsilɑ̃, ɑ̃t] adj. **1·** Qui oscille, qui a un rythme alterné. **2·** Qui passe par des alternatives. → **incertain.** ▶ **oscillation** [ɔsilasjɔ̃] n. f. **1·** Mouvement d'un corps qui oscille. → **balancement.** *Oscillation d'un pendule.* → **battement. 2·** Mouvement de va-et-vient. – Fluctuation, variation. *Les oscillations de l'opinion.*

oseille [ozɛj] n. f. **1·** Plante cultivée pour ses feuilles comestibles au goût acide. *Soupe à* *l'oseille.* **2**· Fam. Argent. *Avoir de l'oseille,* être riche. *Ils nous ont piqué l'oseille.* → fam. **blé, fric, pèze, pognon.**

oser [oze] v. tr. < conjug. 1 > **1**· Littér. *Oser qqch.* : entreprendre avec assurance (une chose considérée comme difficile, insolite ou périlleuse). → **risquer.** *Si j'osais une plaisanterie...* **2**· *Oser faire qqch.* : avoir l'audace, le courage, la hardiesse de. *Je n'ose plus rien dire. Allez-y ! Je n'ose pas.* – (Négatif, sans *pas,* avec un sens plus faible) *Il n'osait faire un mouvement.* – Avoir l'impudence de. *Il a osé me faire des reproches.* – (Précaution oratoire) → se **permettre.** *Si j'ose dire. Si j'ose m'exprimer ainsi.* – (Comme souhait) *J'ose l'espérer.* **3**· (Sans compl.) Se montrer audacieux, téméraire, prendre des risques. (→ fam. Prendre son courage à deux mains.) *Il faut oser !* / contr. craindre, hésiter / ▶ **osé, ée** adj. **1**· Qui est fait avec audace. *Démarche, tentative osée.* → **hardi, risqué.** *C'est bien osé de votre part.* → **audacieux, téméraire.** – Qui risque de choquer les bienséances. → **cru.** *Plaisanteries osées. Une scène osée.* **2**· (Personnes) Qui montre de la hardiesse ou de l'effronterie. → **audacieux.** *Il a l'air très osé.*

osier [ozje] n. m. **1**· Saule de petite taille, aux rameaux flexibles. *Branches d'osier.* **2**· Rameau d'osier, employé pour la confection de liens et d'ouvrages de vannerie. *Panier d'osier. Fauteuil en osier.* ▶ **oseraie** [ozʀɛ] n. f. Endroit, terrain planté d'osiers.

osmose [ɔsmoz] n. f. **1**· Phénomène de diffusion entre deux liquides ou deux solutions séparés par une membrane semi-perméable laissant passer le solvant mais non la substance dissoute. *Phénomène d'osmose.* **2**· Abstrait. Influence réciproque. *Il y a eu une sorte d'osmose entre ces deux courants de pensée.* ▶ **osmotique** adj. Didact. De l'osmose (1). *Pression osmotique.*

ossature [ɔsatyʀ] n. f. **1**· Ensemble des os, tels qu'ils sont disposés dans le corps. → **squelette.** *Une ossature robuste. L'ossature de la main.* **2**· Ensemble de parties essentielles et résistantes qui soutient un tout. → **charpente.** *L'ossature en béton d'un immeuble.* – *Ce discours n'est pas construit, il n'a pas d'ossature.* → **structure.**

osselet [ɔslɛ] n. m. **1**· *Les osselets de l'oreille,* les petits os de la caisse du tympan. **2**· *Les osselets* : jeu d'adresse consistant à lancer puis à rattraper sur le dos de la main des petits os (parfois en plastique ou en métal). *Tu veux jouer aux osselets ?*

ossements [ɔsmɑ̃] n. m. pl. Os décharnés et desséchés de cadavres d'hommes ou d'animaux. *Des ossements blanchis par le temps.*

osseux, euse [ɔsø, øz] adj. **1**· Qui est propre aux os. *Tissu osseux,* formé de *cellules osseuses.* **2**· *Poisson osseux* (opposé à *cartilagineux*), qui possède des arêtes dures. **3**· Qui est constitué par des os. *Carapace osseuse.* **4**· Dont les os sont saillants, très apparents. → **maigre.** *Un visage émacié, osseux.* / contr. dodu, gras /

ossifier [ɔsifje] v. tr. < conjug. 7 > Transformer en tissu osseux. – Pronominalement (réfl.). *S'ossifier.* → se **calcifier.**

osso buco [ɔsɔbuko] n. m. invar. Jarret de veau servi avec l'os à moelle, cuisiné au vin blanc et en général à la tomate et aux oignons (plat italien).

ossuaire [ɔsɥɛʀ] n. m. **1**· Amas d'ossements. **2**· Excavation → **catacombe,** bâtiment où sont conservés des ossements humains. *Ossuaires des cloîtres romans.*

osté(o)- Élément savant signifiant « os ». ▶ **ostéopathie** [ɔsteɔpati] n. f. Pratique thérapeutique faisant appel à des manipulations sur les os. ▶ **ostéopathe** n. ▶ **ostéoporose** n. f. Diminution de la densité du tissu osseux, qui fragilise l'os.

ostensible [ɔstɑ̃sibl] adj. Littér. Qui est fait sans se cacher ou avec l'intention d'être remarqué. → **apparent, ouvert, visible.** *Attitude, démarche ostensible.* / contr. caché, discret, secret / ▶ **ostensiblement** adv. D'une manière ostensible. *Il haussa ostensiblement les épaules.* / contr. furtivement, subrepticement /

ostensoir [ɔstɑ̃swaʀ] n. m. Pièce d'orfèvrerie destinée à contenir l'hostie consacrée et à l'exposer.

ostentation [ɔstɑ̃tɑsjɔ̃] n. f. Mise en valeur excessive et indiscrète (ostensible) d'un avantage. → **étalage.** *Agir par ostentation, avec ostentation.* → **orgueil, vanité.** *Il nous montra son bulletin de notes avec ostentation.* / contr. discrétion, modestie / ▶ **ostentatoire** adj. Littér. Qui est fait, montré avec ostentation. *Charité ostentatoire.* / contr. discret /

ostracisme [ɔstʀasism] n. m. Hostilité d'une collectivité qui rejette un de ses membres. *L'ostracisme d'un parti contre qqn. Être victime de l'ostracisme de...* ▶ **ostraciser** [ɔstʀasize] v. tr. Frapper d'ostracisme. *Ostraciser les opposants au régime.*

ostréi- Élément savant signifiant « huître ». ▶ **ostréiculture** [ɔstʀeikyltyʀ] n. f. Élevage des huîtres. ▶ **ostréiculteur, trice** n. Personne qui pratique l'ostréiculture.

ostrogoth, othe ou **ostrogot, ote** [ɔstʀɔgo, ɔt] n. et adj. **1**· Habitant de la partie est des territoires occupés par les Goths. *Les Ostrogoths et les Wisigoths.* **2·** Vieilli. Personne ignorante et bourrue. *Quel ostrogoth !* – Personnage extravagant. → **olibrius.**

otage [ɔtaʒ] n. m. Personne livrée ou arrêtée comme garantie de l'exécution d'une promesse, d'un traité (militaire ou politique), ou qu'on détient pour obtenir ce qu'on exige. → **gage, garant.** *Servir d'otage. Les otages ont été relâchés contre une rançon.* – *Hold-up avec prise d'otages. Prendre qqn en otage ;* fig. s'en servir comme moyen de pression. – Loc. fig. *Être l'otage de,* être l'objet d'une pression, d'un chantage.

otarie [ɔtaʀi] n. f. Mammifère marin du Pacifique et des mers du Sud, au cou plus allongé que celui du phoque. – Sa peau, sa fourrure.

ôter [ote] v. tr. < conjug. 1 > Synonyme moins courant de **enlever. 1·** Enlever (un objet) de la place qu'il occupait. → **déplacer, retirer.** *Ôter les assiettes en desservant.* – *Cela m'ôte un poids (de la poitrine).* → **soulager.** *On ne m'ôtera pas de l'idée que c'est un mensonge,* j'en suis convaincu. – Vx. (Compl. personne) *Ôte-moi d'un doute.* **2·** Enlever (ce qui habille, couvre, protège). *Ôter son chapeau, ses gants.* **3·** Faire disparaître (ce qui gêne, salit). *Ôter une tache.* **4·** Enlever (une partie d'un ensemble) en séparant. *Ôter un passage d'un ouvrage.* → **retrancher, soustraire.** *6 ôté de 10 égale 4.* → **moins. 5·** Mettre hors de la portée, du pouvoir ou de la possession (de qqn). → **enlever, retirer.** *Ôtez-lui ce couteau, il va se blesser.* – *Ôter à qqn ses forces, son courage.* **6·** *S'ôter* v. pron. réfl. *Ôtez-vous de là.* – Loc. fam. *Ôte-toi de là que je m'y mette,* se dit lorsqu'une personne prend une place avec sans-gêne.

ot(i)-, ot(o)- Éléments savants signifiant « oreille ». ▶ **otite** [ɔtit] n. f. Inflammation aiguë ou chronique de l'oreille. ▶ **otologie** n. f. Didact. Partie de la médecine qui étudie l'oreille. ▶ **oto-rhino-laryngologie** [ɔtɔʀinɔlaʀɛ̃gɔlɔʒi] n. f. Partie de la médecine qui s'occupe des maladies de l'oreille, du nez et de la gorge. ▶ **oto-rhino-laryngologiste,** fam. **oto-rhino,** abrév. **O. R. L.** [ɔɛʀɛl] n. Médecin spécialisé en oto-rhino-laryngologie. *Des oto-rhinos. Une bonne O. R. L.*

1 **ottoman** [ɔtɔmɑ̃] n. m. Étoffe de soie à trame de coton formant de grosses côtes.

2 **ottoman, ane** adj. et n. Vx ou terme d'histoire. Turc. *L'Empire ottoman.*

ou [u] conj. Conjonction qui joint des termes, membres de phrases ou propositions ayant même rôle ou même fonction, en séparant les idées exprimées. **1·** (Équivalence de formes désignant une même chose) Autrement dit. *La coccinelle, ou bête à bon Dieu.* **2·** (Indifférence entre deux éventualités opposées) *Donnez-moi le rouge ou (bien) le noir, peu importe. Son père ou sa mère pourra* (ou *pourront*) *l'accompagner.* **3·** (Évaluation approximative par deux numéraux) *Un groupe de quatre ou cinq hommes.* → **à. 4·** (Alternative) → **soit.** *C'est l'un ou l'autre,* si c'est l'un, ce n'est pas l'autre. « *Elle est anglaise ou américaine ? – Ni l'un ni l'autre.* » *Il faut qu'une porte soit ouverte ou fermée. C'est tout ou rien. Acceptez-vous, oui ou non ?* – ***Ou*** (après un impératif ou un subjonctif introduisant la conséquence qui doit résulter si l'ordre n'est pas observé). → **sans** ça, **sinon.** *Donnez-moi ça ou je me fâche, ou alors je me fâche.* – ***Ou... ou...*** (pour souligner l'exclusion d'un des deux termes). *Ou bien c'est lui ou bien c'est moi, il faut choisir.* **5·** *Ou plutôt* (pour corriger ce qu'on vient de dire). « *Je vais y aller. Ou plutôt non. Vas-y, toi.* » – *Ou même. On partira dimanche ou même lundi.*

où pronom, adv. relat. et interrog. **I·** Pronom, adv. relatif. **1·** Dans le lieu indiqué ou suggéré par l'antécédent. → **dans** lequel, **sur** lequel. *Le pays où il est né. Elle le retrouva là où elle l'avait laissé.* – **REM.** Avec *c'est là..., c'est à...* on emploie *que* et non *où. De là où vous êtes.* – (+ infinitif) *Je cherche une villa où passer mes vacances,* où je passerai... **2·** (Indiquant l'état, la situation de qqn, de qqch.) *On ne peut le transporter dans l'état où il est.* (*Où* représentant d'autres prépositions : *à, pour*). *Au prix où est le beurre. Du train, au train où vont les choses.* **3·** (Indiquant le temps) *Au cas où il viendrait. Au moment où il arriva.* **II·** Adv. **1·** Là où, à l'endroit où. → **là.** *J'irai où vous voudrez. On est puni par où l'on a péché.* – ***Où que...*** (indéfini ; + subjonctif). *Où que vous alliez,* en quelque lieu que vous alliez. **2·** (Sens temporel) *Mais où ma colère éclata, ce fut quand il nia tout.* **3·** ***D'où,*** marquant la conséquence. *D'où vient, d'où il suit que, d'où il résulte que* (+ indicatif). – (Sans verbe exprimé) *Il ne m'avait pas prévenu de sa visite : d'où mon étonnement.* → de **là. III·** Adv. interrog. **1·** (Interrogation directe) En quel lieu ?, en quel endroit ? *Où est votre frère ? Où trouver cet argent ? D'où vient-il ? Par où est-il passé ?* **2·** (Interrogation indirecte) *Dis-moi où tu vas. Je ne sais où aller. Je vois où il veut en venir.* – *Dieu sait où, je ne sais où,* dans un endroit inconnu.

ouailles [waj] n. f. pl. Les chrétiens, par rapport au prêtre, au « pasteur ». *Le curé et ses ouailles.*

***ouais** [ˈwɛ] interj. Fam. Se dit pour *oui* (ironique ou sceptique). « *Tu viens ? – Ouais, j'arrive.* »

(*)ouananiche [(ˈ)wananiʃ] n. f. Au Canada. Saumon d'eau douce. *Pêcher le ouananiche,* rare *l'ouananiche.*

(*)ouaouaron [(ˈ)wawaʀɔ̃] n. m. Au Canada. Grenouille géante d'Amérique du Nord.

(*)ouate [(')wat] n. f. **1·** Laine, soie ou coton préparés pour garnir les doublures (de vêtements), pour rembourrer. *De l'ouate* ou *de la ouate.* **2·** Coton spécialement préparé pour servir aux soins d'hygiène. → **coton.** *Tampon d'ouate.* ▶ **(*)ouater** v. tr. < conjug. 1 > Doubler, garnir d'ouate. *Il faut l'ouater, le ouater.* ▶ ***ouaté, ée** adj. Garni d'ouate. – Fig. *Un pas ouaté,* étouffé. → **feutré.** ▶ **(*)ouatine** n. f. Étoffe molletonnée utilisée pour doubler certains vêtements. → **molleton.** *Manteau doublé de ouatine.* ▶ **(*)ouatiner** v. tr. < conjug. 1 > Doubler de ouatine. – Au p. p. adj. *Doublure ouatinée.*

oublier [ublije] v. tr. < conjug. 7 > **I· 1·** Ne pas avoir, ne pas retrouver le souvenir de (une chose, un événement, une personne). *J'ai oublié le titre de cet ouvrage,* je ne m'en souviens plus. *J'ai oublié qui doit venir, pourquoi et comment ils ont pris cette décision. Il oublie tout.* / contr. se rappeler, se souvenir / **2·** Ne plus savoir pratiquer (un ensemble de connaissances, une technique). *Oublier la pratique d'un métier. J'ai tout oublié en physique.* – (Sans compl.) *Il apprend vite et oublie de même.* **3·** *Être oublié,* ne plus être connu (→ Tomber dans l'oubli). *Mourir complètement oublié.* – *Se faire oublier,* faire en sorte qu'on ne parle plus de vous (en mal). *Je serais à ta place, je me ferais oublier.* **4·** Cesser de penser à (ce qui est désagréable). *Oubliez vos soucis.* – (Sans compl.) *Boire pour oublier.* **5·** Ne pas avoir à l'esprit (ce qui devrait tenir l'attention en éveil). → **négliger, omettre.** *Oublier l'heure,* ne pas s'apercevoir de l'heure qu'il est, se mettre en retard. – (+ infinitif) *Il a oublié de nous prévenir.* – (avec *que* + indicatif) *Vous oubliez que c'est interdit.* **6·** Négliger de mettre. → **omettre.** *Oublier le vinaigre dans la salade.* – Négliger de prendre. → **laisser.** *J'ai oublié mon parapluie au cinéma.* **7·** Négliger (qqn) en ne s'occupant pas de lui. *Oublier ses amis.* → **délaisser,** se **désintéresser,** se **détacher, laisser.** / contr. penser à, songer à / – *Ne pas donner* qqch. à (qqn). *N'oubliez pas le guide, s'il vous plaît !* (donnez-lui un pourboire). **8·** Refuser sciemment de faire cas de (une personne), de tenir compte de (une chose). *Vous oubliez vos promesses. Vous oubliez qui je suis,* vous manquez aux égards qui me sont dus. – Pardonner. *N'en parlons plus, j'ai tout oublié.* **II·** *S'oublier* v. pron. **1·** (Passif) Être oublié. *Tout s'oublie.* **2·** (Réfl.) Ne pas penser à soi, à ses propres intérêts. *Je me suis oubliée en comptant les invités.* – Iron. *Il ne s'est pas oublié,* il a su se réserver sa part d'avantages, de bénéfices. **3·** Manquer aux égards dus à (autrui ou soi-même). *Vous vous oubliez !,* vous oubliez à qui vous parlez. **4·** Faire ses besoins là où il ne le faut pas. *Le chat s'est oublié dans la maison.* ▶ **oubli** n. m. **1·** Défaillance de la mémoire, portant soit sur des connaissances ou aptitudes acquises, soit sur les souvenirs ; le fait d'oublier. → **absence, lacune, trou** de mémoire. *L'oubli d'un nom, d'une date, d'un événement.* – Absence de souvenirs dans la mémoire collective. *Tomber dans l'oubli. Sauver, tirer une œuvre de l'oubli.* **2·** ***Un oubli*** : fait de ne pas effectuer ce qu'on devait faire ou dire par manque de mémoire. → **distraction, étourderie.** *Excusez-le de ne pas vous avoir prévenu : c'est un oubli. Commettre, réparer un oubli.* **3·** Fait de ne pas prendre en considération, par indifférence ou mépris. *Oubli de soi-même,* par altruisme, désintéressement. → **abnégation.** – Pardon. *Pratiquer l'oubli des injures.* ▶ **oublieux, euse** adj. Qui oublie (I, 5 et 8), néglige de se souvenir de. ***Oublieux de...*** *Oublieuse de ses devoirs.* → **négligent.** ▶ **oubliette** n. f. Souvent au plur. Cachot où l'on enfermait autrefois les personnes condamnées à la prison perpétuelle ou celles dont on voulait se débarrasser. *Les oubliettes d'un château.* – Fam. *Jeter, mettre aux oubliettes,* laisser de côté (qqn, qqch.). *Un acteur tombé dans les oubliettes,* que tout le monde a oublié. ▷ **inoubliable**

oued [wɛd] n. m. Cours d'eau temporaire dans les régions arides (Afrique du Nord, etc.). *Des oueds.*

ouest [wɛst] n. m. invar. et adj. invar. **I·** N. m. invar. **1·** Celui des quatre points cardinaux (abrév. *O*) qui est situé au soleil couchant. → **couchant, occident.** / contr. est / *Chambre exposée, orientée à l'ouest. L'ouest de la France.* – ***À l'ouest de*** : dans la direction de l'ouest par rapport à. *Dreux est à l'ouest de Paris.* **2·** Partie d'un ensemble géographique qui est la plus proche de l'Ouest. *La France de l'Ouest. La conquête de l'Ouest, en Amérique.* – En histoire. L'Europe occidentale et l'Amérique du Nord. → **Occident.** *Les rapports entre l'Est et l'Ouest.* – *L'Allemagne de l'Ouest* (→ l'adj. *ouest-allemand*). **II·** Adj. invar. Qui se trouve à l'ouest, en direction de l'ouest. *La côte ouest de la Corse.* → **occidental.** ▷ **nord-ouest, sud-ouest**

***ouf** ['uf] interj. Interjection exprimant le soulagement. *Ouf ! bon débarras.* – Loc. *Il n'a pas eu le temps de dire ouf,* de prononcer un seul mot. – N. m. invar. *Pousser un ouf de soulagement.*

***oui** ['wi] adv. d'affirmation. **I·** Adverbe équivalant à une proposition affirmative qui répond à une interrogation non accompagnée de négation. S'il y a négation → **si. 1·** (Dans une réponse positive à une question) « *Venez-vous avec moi ? – Oui, oui, Monsieur.* » → **certainement, certes** ; fam. **ouais** (→ Comment donc, bien sûr, sans aucun doute, d'accord, entendu, volontiers, si vous voulez...) / contr. non / « *Êtes-vous satisfait ? – Oui et non* », à demi. – *oui* *mais*, pas tout à fait d'accord. – (Renforcé par un adverbe, une loc. adv., une exclamation) *Mais oui. Mon Dieu oui. Oui, bien sûr. Ma foi, oui. Eh ! oui. Ah oui, alors ! Eh bien oui.* **2·** (Comme interrogatif) *Ah oui ?*, vraiment ? Fam. *Tu viens, oui ? Tu viens, oui ou merde ? – Est-ce lui, oui ou non ?* – S'emploie pour insister, pour renchérir. *C'était, je crois, une nouvelle de Mérimée, oui, c'est cela, de Mérimée.* **3·** (Complément direct) *Il dit toujours oui.* → **accepter.** – *Ne dire ni oui, ni non. Répondez-moi par oui ou par non.* – *Il semblerait que oui. En voulez-vous ? Si oui, prenez-le.* – « *Sont-ils Français ? – Lui, non, mais elle, oui.* » **II·** N. m. invar. *Les millions de oui d'un référendum.* / contr. non / – Loc. *Pour un oui pour un non*, à tout propos. ▷ **béni-oui-oui**

***ouï-dire** ['widiʀ] n. m. invar. Ce qu'on ne connaît que pour l'avoir entendu dire. → **on-dit, rumeur.** – Loc. *Par ouï-dire*, par la rumeur publique.

ouïe [wi] n. f. **I·** Celui des cinq sens qui permet la perception des sons. → **audition.** *Organes de l'ouïe.* → **oreille.** *Son perceptible à l'ouïe*, audible. *Avoir l'ouïe fine.* – Fam. Plaisant. *Je suis tout ouïe* [tutwi], j'écoute attentivement. **II·** Au plur. *Ouïes* : orifices externes de l'appareil branchial des poissons, sur les côtés de la tête. *Attraper un poisson par les ouïes.*

***ouille** ['uj] interj. Interjection exprimant la douleur. → **aïe.**

ouin ['wɛ̃] interj. Onomatopée exprimant un bruit de pleurs (souvent à propos des enfants).

ouïr [wiʀ] v. tr. < conjug. 10 (Seulement infinitif et part. passé) > Vx. Entendre, écouter. *J'ai ouï dire que...* ▷ **inouï, ouï-dire, ouïe**

***ouistiti** ['wistiti] n. m. Singe de petite taille, à longue queue. *Le ouistiti. Des ouistitis.* – Fam. *Un drôle de ouistiti*, un drôle de type.

oukase [ukaz] ou **ukase** [ykaz] n. m. **1·** Édit promulgué par le tsar. **2·** Décision arbitraire.

ouragan [uʀagɑ̃] n. m. **1·** Forte tempête caractérisée par un vent très violent. → **cyclone, tornade, typhon.** *La mer des Antilles est souvent agitée par des ouragans.* – Vent violent accompagné de pluie, d'orage. → **bourrasque, tourmente.** *Arbres arrachés par l'ouragan.* **2·** Mouvement violent, impétueux. *Un ouragan d'injures.*

ourdir [uʀdiʀ] v. tr. < conjug. 2 > **1·** Technique. Réunir les fils de chaîne en nappe et les tendre, avant le tissage ; tisser, croiser ces fils avec les fils de trame. → **tramer.** **2·** Littér. Disposer les premiers éléments d'une intrigue. *Ourdir un complot. C'est son habitude d'ourdir ces sortes d'affaires.* → **tramer.**

ourler [uʀle] v. tr. < conjug. 1 > Border d'un ourlet. *Ourler un mouchoir.* ▶ **ourlé, ée** adj. Bordé d'un ourlet. *Mouchoirs ourlés.* ▶ **ourlet** [uʀlɛ] n. m. Repli d'étoffe cousu, terminant un bord. *Faire un ourlet à un pantalon.* – *Faux ourlet*, bande de tissu rapporté.

ours [uʀs] n. m. invar. **1·** Mammifère omnivore de grande taille, au pelage épais, aux membres armés de griffes, au museau allongé ; le mâle adulte. *Femelle* → **ourse**, *petit* → **ourson** *de l'ours.* – *Ours brun, d'Europe et d'Asie. Ours des montagnes Rocheuses.* → **grizzli.** *Ours polaire* ou *ours blanc (le seul carnivore de la famille des ours).* **2·** Loc. *Vendre la peau de l'ours (avant de l'avoir tué)*, disposer d'une chose que l'on ne possède pas encore. **3·** Jouet d'enfant ayant l'apparence d'un ourson. → **nounours.** *Un ours en peluche. Il dort encore avec son ours.* **4·** Homme insociable, hargneux, qui fuit la société. → **misanthrope, sauvage.** *C'est un ours.* – Adj. *Il devient de plus en plus ours.* ▶ **ourse** n. f. **1·** Femelle de l'ours. *Une ourse et ses petits.* **2·** *La Petite, la Grande Ourse* (ou Grand Chariot), constellations. *L'étoile polaire appartient à la Petite Ourse.* ▶ **ourson** n. m. Jeune ours. ▷ **nounours**

oursin [uʀsɛ̃] n. m. Animal marin, échinoderme, sphérique, muni de piquants. *Manger des huîtres et des oursins.*

***ouste** ou ***oust** ['ust] interj. Fam. Interjection pour chasser ou presser qqn. *Allez, ouste, dépêche-toi !*

***out** ['aut] adv. et adj. invar. Anglic. Tennis. Hors des limites du court. – Adj. invar. *La balle est out.*

outarde [utaʀd] n. f. Oiseau échassier au corps massif, à pattes fortes et à long cou.

outil [uti] n. m. **1·** Objet fabriqué qui sert à agir sur la matière, à faire un travail. → **engin, instrument.** *Outils à travailler le bois. Outils de jardinage.* → **ustensile.** *Boîte, trousse à outils.* – En informatique. *Barre d'outils*, rangée d'icones affichée à l'écran qui donne un accès rapide à certaines fonctions. **2·** Ce qui permet de faire un travail. *Sa voiture est son outil de travail. Ce dictionnaire est un outil indispensable pour un élève.* ▶ **outiller** [utije] v. tr. < conjug. 1 > **1·** Munir des outils nécessaires à un travail, à une production. → **équiper.** *Outiller un atelier, une usine.* – Pronominalement (réfl.). *Il faudra vous outiller pour ce travail.* – Au p. p. adj. *Ouvrier bien, mal outillé. Vous n'êtes pas outillé pour cela !* **2·** Pronominalement (réfl.). Se donner les moyens matériels de faire qqch. ; s'équiper en vue d'une destination particulière. *Il s'est outillé pour la pêche.* **3·** (Même sens, mais du point de vue du résultat) Forme passive. *L'hôpital n'est pas outillé pour recevoir des* *grands brûlés.* ▶ **outillage** n. m. Assortiment d'outils nécessaires à l'exercice d'un métier, d'une activité, à la marche d'une entreprise. → **équipement, matériel.** *L'outillage perfectionné d'une usine moderne.*

outrage [utʀaʒ] n. m. **1·** Offense ou injure extrêmement grave (de parole ou de fait). → **affront, insulte.** *Les outrages qu'on leur a fait subir.* – Littér. Ce qui atteint, endommage. *Les outrages du temps.* **2·** Délit par lequel on met en cause l'honneur d'un personnage officiel (magistrat, etc.) dans l'exercice de ses fonctions. *Outrage à magistrat, à agent de la force publique. Outrage envers un chef d'État.* → **offense** (2). **3·** Acte gravement contraire (à une règle, à un principe). → **violation.** *Outrage à la raison, au bon sens.* (Autrefois). *Outrage aux bonnes mœurs,* délit de nature sexuelle. → **attentat.** ▶ **outrager** v. tr. < conjug. 3 > **1·** Offenser gravement par un outrage (actes ou paroles). → **bafouer, injurier, insulter, offenser.** *Il l'a outragée.* – Au p. p. adj. *Elle a pris un air outragé.* **2·** Contrevenir gravement à (qqch.). *Outrager les bonnes mœurs, la morale.* ▶ **outrageant, ante** adj. Qui outrage. → **injurieux, insultant.** *Critique, propos outrageants.*

outrageusement [utʀaʒøzmɑ̃] adv. Excessivement. *Femme outrageusement fardée.*

outrance [utʀɑ̃s] n. f. **1·** Chose ou action outrée, excessive. → **excès.** *Une outrance de langage.* – Démesure, exagération. *L'outrance de son langage.* / contr. mesure, pondération / **2·** *À outrance* loc. adv. : avec exagération, avec excès. ▶ **outrancier, ière** adj. Qui pousse les choses à l'excès. → **excessif, outré.** *Caractère outrancier.* / contr. mesuré, nuancé, pondéré /

① **outre** [utʀ] n. f. Peau de bouc cousue en forme de sac et servant de récipient. *Outre de vin.* – Loc. *Être gonflé, plein comme une outre,* avoir trop bu, mangé.

② **outre** prép. et adv. **1·** (Dans des expressions adv.) Au-delà de (par rapport à la France, à l'Europe ou à la personne qui parle). *Outre-Atlantique,* en Amérique (du Nord). *Outre-Manche,* en Grande-Bretagne. – N. *L'outre-Manche. Les départements français, les régions, les collectivités françaises d'outre-mer.* **2·** Adv. de lieu. *Passer outre* : aller au-delà, plus loin. – *Passer outre à qqch.* : ne pas tenir compte d'une opposition, d'une objection. → **braver, mépriser.** *Je passai outre à son interdiction.* **3·** Prép. En plus de. *Outre les bagages, nous avions les chiens avec nous.* – *Outre que* (+ indicatif) loc. conj. : *Outre qu'il est innocent.* (→ Non seulement... mais encore.) *Outre le fait que,* sans parler du fait que. **4·** *Outre mesure* loc. adv. : excessivement, au-delà de la normale. → **à l'excès, trop.** *Ce travail ne l'a pas fatigué outre mesure.* **5·** *En outre* loc. adv. : en plus de cela. → **aussi, également.** *Il est tombé malade (et) en outre, il a perdu sa place.* ▷ **outrageusement, outrecuidance, outremer, outrer, outrepasser**

outré, ée [utʀe] adj. **1·** Poussé au-delà de la mesure. → **exagéré, excessif, outrancier.** *Flatterie outrée.* **2·** (Personnes) → **indigné, révolté, scandalisé.** *Je suis outré de, par son ingratitude.* → **outrer** (2).

outrecuidance [utʀəkɥidɑ̃s] n. f. Littér. **1·** Confiance excessive en soi. → **fatuité, orgueil, présomption.** *Parler de soi avec outrecuidance.* / contr. modestie, réserve / **2·** Désinvolture impertinente envers autrui. → **audace, effronterie.** *Il me répondit avec outrecuidance.* ▶ **outrecuidant, ante** adj. Littér. Qui montre de l'outrecuidance. → **fat, impertinent, prétentieux.** – N. *C'est un outrecuidant.*

outremer [utʀəmɛʀ] n. m. Couleur d'un bleu intense. *De beaux outremers.* – Adj. invar. *Bleu outremer. Des yeux outremer.*

outrepasser [utʀəpɑse] v. tr. < conjug. 1 > Aller au-delà de ce qui est permis. → **dépasser, transgresser.** *Outrepasser ses droits.*

outrer [utʀe] v. tr. < conjug. 1 > **1·** Littér. Exagérer, pousser (qqch.) au-delà des limites raisonnables. *Outrer une pensée, une attitude.* → **forcer.** **2·** Aux temps composés. Indigner, mettre (qqn) hors de soi. → **scandaliser.** *Votre façon de parler de lui m'a outré.* → **outré.** ▷ **outrance, outré**

outsider [awtsajdœʀ] n. m. Anglic. Cheval de course ou concurrent qui ne figure pas parmi les favoris. *Le prix a été remporté par un outsider. Des outsiders.* / contr. favori /

ouvert, erte [uvɛʀ, ɛʀt] adj. **I·** (→ **ouvrir**) **1·** Disposé de manière à laisser le passage. *Porte, fenêtre ouverte. Grand ouvert,* ouvert le plus possible. **2·** (Local) Où l'on peut entrer. *Magasin ouvert. Le musée est ouvert.* – (Récipient) Qui n'est pas fermé. *Coffre ouvert.* **3·** Disposé de manière à laisser communiquer avec l'extérieur. *Bouche ouverte, yeux ouverts.* – *Sons ouverts,* prononcés avec la bouche assez ouverte. *O ouvert* [ɔ]. – *Robinet ouvert,* qui laisse passer l'eau. *Le gaz est ouvert,* le robinet du gaz... **4·** Dont les parties sont écartées, séparées. *Main ouverte* (opposé à *poing fermé*). *Fleur ouverte,* épanouie. – Loc. *À bras ouverts* [abʀazuvɛʀ]. *À livre* ouvert.* – *Chemise ouverte.* **5·** Percé, troué, incisé. *Avoir le crâne ouvert. Opération à cœur ouvert,* intervention à l'intérieur du muscle du cœur. **6·** Accessible (à qqn, qqch.), que l'on peut utiliser (moyen, voie). → **libre.** *Canal ouvert à la navigation.* – *Bibliothèque ouverte à tous.* – Qui n'est pas protégé, abrité. *Des espaces ouverts.* → **découvert.** **7·** Commencé. *La chasse,*

la pêche est ouverte, permise. *Les paris sont ouverts,* autorisés. **II·** (Personne ; actions) **1·** Communicatif et franc. *Il est d'un naturel ouvert.* → **confiant, expansif.** – (Air, mine...) *Un visage très ouvert.* / contr. froid, renfermé / – Loc. *Il nous a parlé à cœur ouvert,* en toute franchise. **2·** (Sentiments, etc.) Qui se manifeste, se déclare publiquement. → **déclaré, manifeste, public.** *Il faut éviter un conflit ouvert.* **3·** Qui s'ouvre facilement aux idées nouvelles. *Un garçon ouvert et intelligent.* / contr. buté, étroit / *Un esprit ouvert,* éveillé. → **vif.**
▶ **ouvertement** [uvɛʀtəmɑ̃] adv. D'une manière ouverte, sans dissimulation. → à **découvert.** / contr. en cachette, secrètement / *Il agit toujours ouvertement. Je lui ai dit ouvertement ce que j'avais sur le cœur.* → **franchement.** ▶ **ouverture** n. f. **I·** *L'ouverture (de)*... **1·** Action d'ouvrir ; état de ce qui est ouvert. / contr. fermeture / *L'ouverture des portes du magasin se fait à telle heure. Heures, jours d'ouverture.* – Caractère de ce qui est plus ou moins ouvert (dispositifs réglables). *Ouverture d'un objectif ; régler l'ouverture.* – *Ouverture d'un angle,* écartement de ses côtés. **2·** Le fait de rendre praticable, utilisable. *Ouverture d'une autoroute.* → **inauguration. 3·** Abstrait. *Ouverture d'esprit,* qualité de l'esprit ouvert. **4·** Le fait d'être commencé, mis en train. / contr. clôture / *Ouverture de la session, d'un débat.* → **commencement, début.** *Ouverture d'une exposition, d'une école.* → **inauguration.** – *Ouverture de la chasse, de la pêche,* le premier des jours où il est permis de chasser, de pêcher. *Faire l'ouverture (de la chasse),* aller chasser ce jour-là. – Au rugby. *Le demi d'ouverture,* joueur chargé d'ouvrir le jeu. **5·** Au plur. Premier essai en vue d'entrer en pourparlers. *Faire des ouvertures de paix, de négociation.* **II·** Morceau de musique, d'orchestre par lequel débute un ouvrage lyrique (opposé au *finale*). **III·** *(Une, des ouvertures)* Ce qui fait qu'une chose est ouverte. **1·** Espace libre, vide par lequel s'établit la communication ou le contact entre l'extérieur et l'intérieur. → **accès, entrée, issue, passage, trou.** *Les ouvertures d'un bâtiment.* → **fenêtre, porte.** – *Ouverture d'une grotte, d'un puits* (orifice)... **2·** Abstrait. Voie d'accès ; moyen de comprendre. *C'est une ouverture sur un monde inconnu.* ▷ **réouverture**

ouvrable [uvʀabl] adj. m. Se dit des jours de la semaine qui ne sont pas des jours fériés. *Il y a six jours ouvrables dans une semaine et cinq jours ouvrés.*

ouvrage [uvʀaʒ] n. m. **1·** Ensemble d'actions coordonnées par lesquelles on met qqch. en œuvre, on effectue un travail. → **œuvre ; besogne, tâche, travail.** *Avoir de l'ouvrage.* → **occupation.** *Se mettre à l'ouvrage. Qui résulte d'un ouvrage.* → **ouvré.** *Ouvrages manuels. Boîte, corbeille à ouvrage,* où l'on met les travaux de couture, etc. – Loc. *Avoir le cœur, mettre du cœur à l'ouvrage,* de l'enthousiasme pour le travail. – Par plaisant. Fém. *C'est de la belle ouvrage !,* un travail soigné. **2·** Objet produit par le travail d'un ouvrier*, d'un artisan, d'un artiste. *Ouvrage d'orfèvrerie.* – Construction. *Le gros de l'ouvrage.* → **œuvre** (II). – ***Ouvrages d'art*** : constructions (ponts, tranchées, tunnels) nécessaires à l'établissement d'une voie. **3·** Texte scientifique, technique ou littéraire. → **écrit, œuvre.** – *La publication d'un ouvrage. Je voudrais consulter cet ouvrage. Ouvrages de philosophie.* – Livre. *Ouvrages à la vitrine d'un libraire.*
▶ **ouvragé, ée** adj. Très orné (par le travail, l'ouvrage [1]). *Pièce d'orfèvrerie ouvragée,* travaillée. *Bijou finement ouvragé.*

ouvrant, ante [uvʀɑ̃, ɑ̃t] adj. Qui s'ouvre, qui peut s'ouvrir. *Toit ouvrant d'une voiture.*

ouvré, ée [uvʀe] adj. **1·** Lang. technique ou littéraire. Qui résulte d'un ouvrage. → **ouvrage** (1) ; **travaillé.** *Produits ouvrés,* manufacturés. **2·** *Jour ouvré,* où l'on travaille. → **ouvrable.**

ouvre-boîtes [uvʀəbwat] n. m. invar. Instrument coupant, servant à ouvrir les boîtes de conserves. *Un, des ouvre-boîtes.*

ouvre-bouteilles [uvʀəbutɛj] n. m. invar. Instrument servant à ouvrir les bouteilles capsulées. → **décapsuleur, limonadier.** *Un, des ouvre-bouteilles.*

ouvreur, euse [uvʀœʀ, øz] n. (surtout fém.) Personne chargée de placer les spectateurs dans une salle de spectacle. *Des ouvreuses de cinéma.*

ouvrier, ière [uvʀije, jɛʀ] n. et adj. **I·** N. **1·** Personne qui exécute un travail manuel, exerce un métier manuel ou mécanique moyennant un salaire (en particulier : travailleur manuel de la grande industrie). → **prolétaire.** *Travail de l'ouvrier.* → **ouvrage.** *Ouvrier agricole, ouvrier d'usine. Ouvriers travaillant en équipe, à la chaîne. Ouvrier « spécialisé ».* → **O. S.** – *Embaucher, employer des ouvriers qualifiés.* → **main-d'œuvre, personnel.** *Salaire, paye d'un ouvrier. Ouvriers syndiqués.* **2·** Littér. Artisan, artiste. *À l'œuvre on reconnaît l'ouvrier.* **II·** Adj. **1·** Qui a rapport aux ouvriers, qui est constitué par des ouvriers ou est destiné au prolétariat industriel. *La classe ouvrière.* **2·** *Cheville ouvrière.* → **cheville.**
▶ **ouvrière** adj. et n. f. Chez certains insectes vivant en société. Individu stérile qui assure la construction ou la défense. *La reine des abeilles et les ouvrières.*

ouvrir [uvʀiʀ] v. <conjug. 18> **I·** V. tr. **1·** Disposer (une ouverture) en déplaçant, en écartant ses éléments mobiles, de manière à mettre en communication l'extérieur et l'intérieur. / contr. fermer / *Ouvrir une porte à deux battants. Ouvre la fenêtre. Clef qui ouvre une porte,* qui permet de l'ouvrir. – (Avec ellipse du complément *la porte*) *Va ouvrir. Police ! Ouvrez !* **2·** Mettre en communication (l'intérieur d'un contenant, d'un local) avec l'extérieur par le déplacement ou le dégagement de l'élément mobile. *Ouvrir une armoire, une boîte. Ouvrir une bouteille.* → **déboucher, décapsuler.** – Rendre accessible (un local au public). *Nous ouvrons le magasin à 9 heures.* (Sans compl. dir.) *Nous ouvririons toute la matinée de dimanche.* **3·** Atteindre l'intérieur de (quelque chose de vivant) en écartant, coupant, brisant. *Ouvrir des huîtres, une noix de coco.* – *Ouvrir un abcès.* → **inciser, percer.** – *S'ouvrir les veines,* se suicider. **4·** Mettre (un objet) dans une position qui assure la communication ou le contact avec l'extérieur. *Ouvrir les lèvres, la bouche.* – Fam. *L'ouvrir,* parler. *Il n'y a pas moyen de l'ouvrir avec lui.* – *Ouvrir l'œil,* être attentif. – *Ouvrir un sac, un portefeuille.* – *Ouvrir un robinet.* – *Ouvrir le gaz,* le faire fonctionner. – *Ouvrir l'appétit à qqn,* lui donner faim. **5·** Écarter, séparer (des éléments mobiles). *Ouvrir les rideaux. Ouvrir les bras. Ouvrir un parapluie. Ouvrez vos livres.* **6·** Former (une ouverture) en creusant, en trouant. *Ouvrir une fenêtre dans un mur.* → **percer.** / contr. boucher / **7·** Créer ou permettre d'utiliser (un moyen d'accès), d'avancer. *Ouvrir, s'ouvrir un chemin, une voie.* → **frayer.** / contr. barrer / **8·** Découvrir, présenter. *Il nous a ouvert le fond de son cœur.* (→ Parler à cœur ouvert.) *Cela ouvre des horizons,* fait entrevoir des perspectives nouvelles. **9·** *Ouvrir l'esprit (à qqn),* lui rendre l'esprit ouvert, large. **10·** Commencer. *Ouvrir les hostilités. Ouvrir le feu,* se mettre à tirer. *Ouvrir une discussion.* – Être le premier à faire, à exercer (une activité, etc.). *Ouvrir la danse, le bal.* **11·** Créer, fonder (un établissement ouvert au public). *Ouvrir un magasin, des écoles.* **12·** *Ouvrir un compte, un crédit à qqn,* l'accorder. **II·** V. intr. **1·** Être ouvert. *Cette porte n'ouvre jamais. Magasin qui ouvre à 10 heures.* – *Ouvrir sur,* donner accès. **2·** Commencer, débuter. *Les cours ouvriront la semaine prochaine.* / contr. finir, terminer / **III·** ***S'ouvrir*** v. pron. **1·** Devenir ouvert. *La porte s'ouvre. Le toit de cette voiture s'ouvre.* → **ouvrant.** – *Sa bouche s'ouvre. La fleur s'ouvre.* → **éclore,** s'**épanouir. 2·** ***S'ouvrir sur*** : être percé, de manière à donner accès ou vue sur. → **donner.** *La porte s'ouvre directement sur le jardin.* **3·** S'offrir comme une voie d'accès, un chemin. *Le chemin, la route qui s'ouvre devant nous.* – Fig. Apparaître comme accessible. *Une vie nouvelle s'ouvrait devant (à) lui.* **4·** (Personnes, sentiments) ***S'ouvrir à qqch.*** : devenir accessible à, se laisser pénétrer par (un sentiment, une idée). *Son esprit s'ouvre peu à peu à cette idée.* ***S'ouvrir à qqn*** : lui ouvrir son cœur, sa pensée. *Je m'en suis ouvert à lui.* → se **confier. 5·** (Choses) Commencer. *L'exposition qui allait s'ouvrir.* – *S'ouvrir par,* commencer par. ▷ **entrouvrir, ouvert, ouverture, ouvrant, ouvre-boîtes, ouvre-bouteilles, ouvreur, rouvrir**

ouvroir [uvʀwaʀ] n. m. Vieilli. Lieu réservé aux ouvrages de couture, de broderie..., dans une communauté de femmes, un couvent.

ovaire [ɔvɛʀ] n. m. **1·** Partie de l'organisme femelle ou féminin, où se forme l'ovule qui, après fécondation, peut devenir un œuf (II). **2·** (Plantes) Partie inférieure du pistil qui contient les ovules destinés à devenir des graines après la fécondation. → **fleur, fruit.** ▶ **ovarien, ienne** adj. De l'ovaire. *Glande, sécrétion ovarienne. Cycle ovarien.*

ovale [ɔval] adj. et n. m. **1·** Adj. Qui a la forme d'une courbe fermée et allongée analogue à celle d'un œuf de poule. *Visage ovale.* → **ellipsoïde.** – *Le ballon ovale,* du rugby (opposé au *ballon rond* du football). **2·** N. m. Forme ovale. *Figure d'un ovale parfait.*

ovation [ɔvasjɔ̃] n. f. Acclamations publiques rendant honneur à un personnage, à un orateur. → **acclamation, cri.** *Faire une ovation à qqn.* / contr. huée / ▶ **ovationner** v. tr. < conjug. 1 > Acclamer, accueillir (qqn) par des ovations. *Elle s'est fait ovationner.* / contr. conspuer, huer /

overdose [ɔvœʀdoz] n. f. Anglic. Absorption excessive (d'une drogue) pouvant entraîner la mort. → **surdose.** *Mort par overdose.*

ovidés [ɔvide] n. m. pl. Groupe de mammifères ongulés ruminants du type du mouton. ▶ **ovin, ine** adj. Relatif au mouton, au bélier, à la brebis. *La race ovine.* – N. m. *Les ovins.*

ovipare [ɔvipaʀ] adj. Se dit des animaux qui pondent des œufs (I). *Les oiseaux, les crustacés, la plupart des insectes, des poissons, des reptiles sont ovipares.* – N. *Les ovipares et les vivipares.*

ovni [ɔvni] n. m. Sigle de *objet volant non identifié.* → fam. **soucoupe** volante. *Des ovnis.*

ovo-, ov-, ovi- Éléments savants signifiant « œuf ». ▶ **ovocyte** [ɔvɔsit] n. m. Gamète femelle (ovule) qui n'est pas encore arrivé à maturité. *Don d'ovocytes.* ▶ **ovoïde** [ɔvɔid] adj. Qui a la forme d'un œuf. → **ovale.** *Crâne ovoïde.* ▷ **ovaire, ovale, ovipare, ovule**

ovule [ɔvyl] n. m. **1·** Cellule reproductrice femelle (gamète) élaborée par l'ovaire. *La rencontre de l'ovule et du spermatozoïde produit l'œuf.* **2·** (Plantes) Cellule reproductrice femelle qui se transforme en graine. ▶ **ovulaire** adj. Relatif à l'ovule. ▶ **ovulation** n. f. (Mammifères) Libération de l'ovule. *L'ovulation, fonction essentielle de l'ovaire.*

ox-, oxy-, oxyd- Éléments savants signifiant « acide » ou « oxygène ».

oxford [ɔksfɔʀd] n. m. Tissu de coton à fils de deux couleurs. *Chemise en oxford.*

oxhydrique [ɔksidʀik] adj. Se dit d'un mélange d'oxygène et d'hydrogène dont la combustion dégage une chaleur considérable. *Gaz oxhydrique d'un chalumeau.*

oxyde [ɔksid] n. m. Composé résultant de la combinaison d'un corps avec l'oxygène. *Oxyde de carbone. Oxyde de cuivre.* ▶ **oxyder** v. tr. < conjug. 1 > Altérer un métal par l'action de l'air. *L'air oxyde certains métaux.* – Pronominalement (réfl.). *Le fer s'oxyde rapidement.* → **rouiller.** ▶ **oxydable** adj. Susceptible d'être oxydé. / contr. inoxydable / ▶ **oxydation** n. f. Combinaison (d'un corps) avec l'oxygène pour donner un oxyde. ▷ **dioxyde, inoxydable, peroxyde**

oxygène [ɔksiʒɛn] n. m. Gaz invisible, inodore qui constitue approximativement 1/5 de l'air atmosphérique. → **dioxygène.** *L'oxygène est indispensable à la plupart des êtres vivants. Étouffer par manque d'oxygène* (asphyxie). *Masque à oxygène.* – Fam. Air pur. *Aller prendre un bol d'oxygène.* – Loc. fig. *Un ballon, une bouffée d'oxygène,* un réconfort momentané. *Un ballon d'oxygène pour l'économie.* ▶ **oxygéner** v. tr. < conjug. 6 > **1·** Ajouter de l'oxygène à (une substance), par dissolution. *Oxygéner de l'eau.* – Fam. *S'oxygéner (les poumons),* respirer de l'air pur. – Au p. p. adj. ***Eau oxygénée*** *:* solution chimique. *L'eau oxygénée est un antiseptique, un hémostatique et un décolorant puissant.* **2·** *Oxygéner les cheveux,* les passer à l'eau oxygénée. – Au p. p. adj. *Cheveux blonds oxygénés.* → **peroxydé.** ▶ **oxygénation** n. f. Action d'oxygéner.

ozone [ozɔn] n. m. Gaz bleu et odorant qui se forme dans l'air (ou l'oxygène) soumis à une décharge électrique. *L'ozone a des propriétés antiseptiques.* – *Le trou dans la couche d'ozone,* la zone de l'atmosphère terrestre où l'on observe un amincissement de la couche d'ozone, dû aux pollutions industrielles. ▶ **ozonosphère** n. f. Couche de l'atmosphère terrestre comprenant une forte proportion d'ozone.

pP

p [pe] n. m. invar. Seizième lettre, douzième consonne de l'alphabet.

pacage [pakaʒ] n. m. **1·** Action de faire paître le bétail. *Le pacage s'oppose à la stabulation.* **2·** Terrain où l'on fait paître les bestiaux. → **pâturage.**

pacha [paʃa] n. m. **1·** Gouverneur d'une province ; titre honorifique d'un haut fonctionnaire dans l'ancien Empire ottoman. **2·** Fam. Commandant d'un navire de guerre. **3·** Fam. *Mener une vie de pacha,* une vie fastueuse. *Faire le pacha,* se faire servir.

pachyderme [paʃidɛʀm] n. m. Éléphant. *Une démarche de pachyderme,* lourde.

pacifier [pasifje] v. tr. < conjug. 7 > **1·** Ramener à l'état de paix (un pays en proie à la guerre civile, un peuple en rébellion). – Euphémisme pour *réprimer.* **2·** Abstrait. Rendre calme. *Pacifier les esprits.* → **apaiser.** ▶ **pacificateur, trice** n. et adj. Personne qui pacifie, ramène le calme. – Adj. (Choses) *Mesures pacificatrices.* ▶ **pacification** n. f. *La pacification d'une zone dangereuse* (souvent euphémisme pour *répression*). ▶ **pacifique** adj. **1·** (Personnes) Qui ne recherche pas l'épreuve de force, n'aime pas les conflits ; qui aspire à la paix. *C'était un chef d'État pacifique.* / contr. belliqueux / – *Un esprit pacifique.* **2·** (Choses) Qui n'est pas militaire, n'a pas la guerre pour objectif. *Utilisation pacifique de l'énergie nucléaire.* **3·** Qui se passe dans le calme, la paix. → **paisible.** *La coexistence pacifique entre États. Une marche pacifique.* ▶ **pacifiquement** adv. ▶ **pacifisme** n. m. Doctrine des personnes hostiles à toute idée de guerre. ▶ **pacifiste** n. et adj. Partisan de la paix entre les nations. *Les pacifistes et les non-violents.* – Adj. *Un idéal pacifiste.*

pack [pak] n. m. Ensemble de produits identiques (bouteilles...) réunis dans un même emballage. *Un pack de six bières.*

pacotille [pakɔtij] n. f. Produits manufacturés de mauvaise qualité, de peu de valeur. → **camelote, verroterie.** – *De pacotille :* sans valeur. *Un bijou de pacotille.*

pacs [paks] n. m. invar. (En France). « Pacte civil de solidarité », conclu par deux personnes non mariées pour régler leur vie commune. *Signer, conclure un pacs, un Pacs, un PACS.* ▶ **se pacser** v. pron. < conjug. 1 >

pacte [pakt] n. m. **1·** Accord solennel entre deux ou plusieurs personnes. → **marché.** *Conclure, sceller, signer un pacte.* **2·** Convention entre États. – Document qui constate la convention. ▶ **pactiser** v. intr. < conjug. 1 > **1·** Conclure un pacte, un accord (avec qqn). **2·** Agir de connivence (avec qqn) ; composer (avec qqch.). → **transiger.** *Pactiser avec le crime.*

pactole [paktɔl] n. m. **1·** Littér. Source de richesse, de profit. *C'est un vrai pactole.* **2·** Fam. Grosse somme d'argent. *Il a empoché un pactole.* – *Elle a touché le pactole.*

paddock [padɔk] n. m. **1·** Enceinte d'un hippodrome dans laquelle les chevaux sont promenés avant l'épreuve. **2·** Fam. Lit. → fam. **pageot,** [2] **pieu.**

paella [pael(ej)a] n. f. Plat espagnol composé de riz épicé cuit avec des moules, des crustacés, des viandes, etc. *Des paellas.*

[1] **paf** [paf] interj. Onomatopée qui exprime un bruit de chute, de coup. *Paf ! Il est tombé.*

[2] **paf** adj. invar. Fam. Ivre. *Elles sont complètement paf.*

pagaie [pagɛ] n. f. Aviron de pirogue, de canoë, de kayak, sans appui sur l'embarcation. ▷ **pagayer**

pagaille, pagaïe ou **pagaye** [pagaj] n. f. **1·** Fam. *En pagaille :* en grande quantité. *Des livres, il en a en pagaille, en pagaïe.* **2·** Fam. Grand désordre. *Quelle pagaille ! C'est la pagaille.* – *En pagaille :* en désordre. *La chambre est en pagaille.*

paganisme [paganism] n. m. Nom donné par les chrétiens aux cultes qui ignorent l'Ancien Testament (→ **païen**). → **animisme, polythéisme.**

pagayer [pageje] v. intr. <conjug. 8> Ramer à l'aide d'une pagaie. ▶ **pagayeur, euse** n.

1 **page** [paʒ] n. f. **1·** Chacun des deux côtés d'une feuille de papier, utilisé ou non, généralement numéroté. → **recto, verso.** *Les pages d'un livre. Page blanche. Une double page.* – ***Mise en pages*** : opération par laquelle on dispose définitivement le texte, les illustrations d'un livre (avant de l'imprimer). → **maquette.** – Loc. ***Être à la page*** : être au courant de l'actualité ; suivre la dernière mode. **2·** Le texte inscrit sur une page. *Laisse-moi finir la page !* – Inform. *Page d'écran, page-écran* : informations affichées sur un écran, à un moment donné. *Page web* : chacun des fichiers, constituants de base d'un site web*. **3·** Feuille. *Feuilleter les pages d'un livre.* – Loc. *Tourner la page,* passer à autre chose ; oublier le passé, ne pas en tenir compte. **4·** Passage d'une œuvre littéraire ou musicale. *Les plus belles pages d'un roman, d'un écrivain.* → **anthologie, morceaux** choisis. **5·** Épisode de la vie d'une personne, de l'histoire d'un pays. → **fait.** *Une page glorieuse de l'histoire de France.* ▷ **paginer**

2 **page** n. m. Jeune garçon noble qui était placé auprès d'un seigneur, d'une dame, pour apprendre le métier des armes. → **écuyer.**

pageot ou **pajot** [paʒo], **page** [paʒ] n. m. Fam. Lit. → fam. **paddock,** 2 **pieu.**

paginer [paʒine] v. tr. <conjug. 1> Organiser en pages, numéroter les pages de. ▶ **pagination** n. f. *Vérifier la pagination.*

pagne [paɲ] n. m. Vêtement d'étoffe ou de feuilles, attaché à la ceinture. → **paréo.**

pagode [pagɔd] n. f. **1·** Temple des pays d'Extrême-Orient. **2·** En appos. Invar. *Manches pagode,* très larges du bas.

paie n. f. → **paye.**

paiement [pɛmɑ̃] ou **payement** [pɛjmɑ̃] n. m. Action de payer. *Accepter, refuser un paiement par chèque. Facilités de paiement,* crédit.

païen, ïenne [pajɛ̃, jɛn] adj. et n. **1·** D'une religion qui n'est pas fondée sur l'Ancien Testament. ≠ chrétien, juif, musulman. → **infidèle.** *La Rome païenne. Dieux, rites païens.* – N. *Les païens.* → **paganisme. 2·** Sans religion. → **impie.** *Mener une vie païenne, de païen.*

paillard, arde [pajaʀ, aʀd] adj. et n. **1·** (Personnes) Plaisant. Qui est porté sur le sexe avec gaieté. *Des convives paillards.* **2·** (Choses) Qui évoque le sexe avec vulgarité. → **grivois, obscène.** *Chansons paillardes.* ▶ **paillardise** n. f. Action ou parole paillarde. *Débiter des paillardises.*

1 **paillasse** [p(ɑ)ajas] n. f. **1·** Enveloppe garnie de paille, de feuilles sèches, qui sert de matelas. *Coucher sur une paillasse.* **2·** Loc. fam. Vieilli. *Crever la paillasse à qqn,* le tuer en l'éventrant.

2 **paillasse** n. f. Partie d'un évier à côté de la cuve, où l'on pose la vaisselle.

3 **paillasse** n. m. Littér. Clown.

paillasson [pɑ(a)jasɔ̃] n. m. **1·** Natte de paille, destinée à protéger certaines cultures des intempéries. **2·** Natte épaisse et rugueuse servant à s'essuyer les pieds. → **tapis**-brosse. – Personnage plat et servile. **3·** *Pommes (de terre) paillasson,* pommes de terre râpées formant une petite galette.

paille [pɑj] n. f. **1·** Ensemble des tiges des céréales quand le grain en a été séparé. → **chaume.** *Brin de paille.* – Loc. *Coucher, être sur la paille,* dans la misère. *Mettre qqn sur la paille,* le ruiner. **2·** Fibres végétales ou synthétiques, tressées, utilisées pour la confection d'objets légers. *Chapeau de paille.* **3·** ***Une paille*** : petite tige pleine ou creuse. *Tirer à la courte paille,* tirer au sort au moyen de brins de longueur inégale. – Petit cylindre servant à boire. *Garçon ! Deux jus d'orange avec une paille.* – Fam. et iron. *Une paille,* peu de chose. *Il en demande mille euros : une paille !* **4·** ***Homme de paille*** : celui qui sert de prête-nom dans une affaire peu honnête. **5·** ***Paille de fer*** : fins copeaux de fer réunis en paquet. *Nettoyer un parquet à la paille de fer.* **6·** Défaut dans une pierre fine, une pièce de métal, de verre. ▶ **paillé, ée** adj. Garni de paille. *Chaise paillée.* ▶ **pailler** v. tr. <conjug. 1> **1·** Garnir de paille tressée. *Pailler des chaises* (→ **rempailler**). **2·** Couvrir ou envelopper de paille, de paillassons (1). ▶ **paillon** n. m. **1·** Enveloppe de paille pour les bouteilles. **2·** Panier de boulanger. **3·** Fond de métal avivant l'éclat d'une pierre fine, d'un émail, d'un tissu... ▶ **paillette** [pajɛt] n. f. **1·** Lamelle brillante (de métal, de nacre, de plastique). *Un voile semé de paillettes.* – Petit éclat de ces matières, employé en maquillage, en décoration, etc. **2·** Parcelle d'or qui se trouve dans des sables aurifères. **3·** Lamelle (de différentes matières). *Lessive en paillettes.* ▶ **pailleter** [pajte] v. tr. <conjug. 4> Orner, parsemer de paillettes (1). ▶ **pailleté, ée** adj. *Robe pailletée.* ▶ **paillote** [pɑjɔt] n. f. Cabane, hutte de paille ou d'une matière analogue. → **case.** ▷ **empailler,** 1 **paillasse, paillasson, rempailler**

pain [pɛ̃] n. m. **1·** Aliment fait de farine, d'eau, de sel et de levain ou de levure, pétri, levé et cuit au four. *Manger du pain. Un pain,* masse déterminée de cet aliment ayant une forme donnée. → **baguette, bâtard, ficelle** (III), ① **flûte** (2). *Croûte, mie de pain. Miettes de pain. Pain de seigle. Pain de campagne. Pain brioché. Pain complet,* fait avec de la farine contenant le grain de blé complet. *Pain aux céréales. Pain indien.* → **naan.** *Pain de mie,* pour faire des toasts. *Gros pain,* vendu au poids. *Pain frais ; pain rassis. Pain grillé.* → **rôtie, toast.** *Pain sec,* sans aucun accompagnement. *Pain azyme,* sans levain. *Pain au levain,* sans levure chimique. – Loc. *Manger son pain blanc,* avoir des débuts heureux, faciles. *Je ne mange pas de ce pain-là,* je refuse ce genre de procédés. *Avoir du pain sur la planche,* avoir beaucoup de travail devant soi. *Pour une bouchée de pain,* pour un prix dérisoire. *Objets qui se vendent comme des petits pains,* très facilement. *Ôter, retirer à qqn le pain de la bouche,* le priver de sa subsistance. *Long comme un jour sans pain,* interminable. **2·** *(Un, des pains)* Pâtisserie légère, faite avec une pâte levée. *Petit pain (au lait). Pain au chocolat. Pain aux raisins.* **3·** ***Pain d'épice, d'épices*** : gâteau fait avec de la farine de seigle, du miel, du sucre et de l'anis. **4·** Masse (d'une substance) comparée à un pain. *Pain de savon.* – ***En pain de sucre*** : en forme de cône. *Montagne en pain de sucre.* **5·** Fam. Coup, gifle. *Il lui a collé un pain.* ▷ **gagne-pain, grille-pain, panade, paner, panifier, panure**

paintball [pɛntbol] n. m. Anglic. Jeu de stratégie qui se pratique en plein air entre deux équipes adverses armées de fusils propulsant des billes de couleur.

① **pair** [pɛʀ] n. m. **I· 1·** Personne semblable, quant à la fonction, la situation sociale. *Il ne peut attendre aucune aide de ses pairs.* **2·** Au Royaume-Uni. Membre de la *Chambre des pairs* ou Chambre des lords. **3·** En France, jusqu'en 1831. Membre de la *Chambre des pairs* et conseiller du roi. **II·** (*Pair* signifie « égalité » → **parité**) **1·** Loc. ***Hors de pair, hors pair*** : sans égal. ***Aller de pair*** : ensemble, sur le même rang. **2·** ***Au pair*** : en échangeant un travail contre le logement et la nourriture (sans salaire). *Cette étudiante travaille au pair.* ▶ **pairesse** n. f. Épouse d'un pair (I, 3) ou titulaire d'une pairie. ▶ **pairie** n. f. Titre et dignité de pair (I, 3).

② **pair, paire** adj. Se dit d'un nombre entier naturel divisible exactement par deux. *Numéro pair. Jours pairs.* / contr. impair / ▷ ① **impair**

paire [pɛʀ] n. f. **1·** Réunion (de deux choses, de deux personnes semblables qui vont ensemble). *Une paire de chaussures, de chaussettes, de bas, de skis. Une belle paire de fesses.* – *Une paire d'amis. Les deux font la paire,* ils s'entendent très bien. **2·** Objet unique composé de deux parties semblables et symétriques. *Une paire de lunettes, de ciseaux.* **3·** Fam. *Se faire la paire* (de jambes), s'enfuir (→ se faire la belle).

paisible [pezibl] adj. **1·** Qui demeure en paix, ne s'agite pas, n'est pas agressif. → **calme, tranquille ;** en **paix.** *Un homme paisible.* **2·** (Choses) Qui ne trouble pas la paix. → **pacifique.** *Un fleuve paisible. Des mœurs paisibles.* – Dont rien ne vient troubler la paix. *Sommeil, vie paisible.* → **tranquille.** ▶ **paisiblement** adv. *Il dort paisiblement.*

paître [pɛtʀ] v. intr. < conjug. 57 > REM. Pas de passé simple ni de subj. imparf. ; pas de p. p. **1·** (Animaux) Manger l'herbe sur pied, les fruits tombés. *Le troupeau paissait dans la prairie.* → **brouter ; pâturage, pâture. 2·** Loc. fam. ***Envoyer paître*** *qqn* : le rejeter, l'éloigner. ▷ **repaître**

paix [pɛ] n. f. invar. **I· 1·** Rapports entre personnes qui ne sont pas en conflit. → **accord, concorde.** / contr. dispute, querelle / *Avoir la paix chez soi. Faire la paix,* se réconcilier. *Vivre en paix avec tout le monde.* **2·** Rapports calmes entre citoyens ; absence de troubles, de violences. *La justice doit faire régner la paix.* / contr. trouble, violence / – ***Gardien de la paix*** : agent de la police urbaine. **II· 1·** Situation d'une nation, d'un État qui n'est pas en guerre ; rapports entre États qui jouissent de cette situation. / contr. guerre / *En temps de paix. Aimer la paix.* → **pacifique. 2·** Traité qui fait cesser l'état de guerre. → **armistice, cessez-le-feu, trêve.** *Faire la paix.* **III· 1·** État d'une personne que rien ne vient troubler. → **repos, tranquillité.** *Il a débranché le téléphone pour avoir la paix. Laisser la paix à qqn, le laisser en paix.* Fam. *Fichez-moi la paix !* – Interj. *La paix !,* laissez-moi tranquille ! **2·** État de l'âme qui n'est troublée par aucun conflit, aucune inquiétude. → **calme, quiétude.** *Goûter une paix profonde. Avoir la conscience en paix,* ne rien avoir à se reprocher. **3·** État d'un lieu, d'un moment où il n'y a ni agitation ni bruit. → **calme, tranquillité.** *La paix des cimes.* ▷ **apaiser, paisible**

pal, plur. **pals** [pal] n. m. Longue pièce de bois ou de métal aiguisée par un bout. → **pieu.** *Le pal, ancien instrument de supplice.* ≠ pale. ▷ **empaler, palissade**

palabre [palabʀ] n. f. ou m. **1·** Discussion interminable et oiseuse. *Assez de palabres !* → **discours. 2·** En Afrique. Discussion (sérieuse). *L'arbre à palabres,* sous lequel on s'installe au village pour discuter. ▶ **palabrer** v. intr. < conjug. 1 > *Il fallut palabrer pendant des heures avant qu'on nous laisse entrer.*

palace [palas] n. m. Hôtel de grand luxe.

paladin [paladɛ̃] n. m. Chevalier, compagnon de Charlemagne, seigneur généreux et vaillant. *Le paladin Roland.*

[1] **palais** [palɛ] n. m. invar. **1·** Vaste et somptueuse résidence. → **château.** *Le palais du Luxembourg.* – Grand édifice public. → **monument.** *Le palais des Sports.* **2·** *Palais (de justice),* édifice où siègent les cours et tribunaux. **3·** En histoire. Résidence des rois francs. *Les maires du palais.*

[2] **palais** n. m. invar. **1·** Partie supérieure interne de la bouche. *Elle s'est brûlé le palais.* **2·** Organe du goût. *C'est un gourmet qui a le palais fin.* ≠ palet.

palan [palɑ̃] n. m. Appareil permettant de soulever et déplacer de très lourdes charges (jusqu'à 60 t) au bout d'un câble ou d'une chaîne.

palanquée [palɑ̃ke] n. f. **1·** Groupe de plongeurs sous-marins. **2·** Grande quantité, multitude. *Elle a une palanquée de copains.*

palanquin [palɑ̃kɛ̃] n. m. Sorte de chaise ou de litière traditionnelle portée à bras d'hommes (parfois à dos de chameau ou d'éléphant).

pale [pal] n. f. Partie d'une hélice qui agit sur l'air ou sur l'eau. *Les pales d'un hélicoptère.* ≠ pal. ▷ **palet, palette, paluche**

pâle [pɑl] adj. **1·** (Teint, peau, visage) Blanc, très peu coloré. *Un peu pâle.* → **pâlichon, pâlot.** *Très pâle.* → **blafard, blême.** – (Personnes) Qui a le teint pâle. *Elle est devenue pâle comme un linge.* **2·** Qui a peu d'éclat. *De pâles lueurs.* – Peu vif ou mêlé de blanc. → **clair.** / contr. foncé / *Bleu pâle.* **3·** Abstrait. Sans éclat. → **fade, terne.** *Une pâle imitation.* ▷ **pâleur, pâlichon, pâlir, pâlot**

palefroi [palfʀwa] n. m. Autrefois. Cheval de promenade, de parade, de cérémonie (opposé à *destrier*). ≠ haquenée. ▶ **palefrenier, ière** [palfʀənje, jɛʀ] n. Employé(e) chargé(e) du soin des chevaux. → **lad.**

palé(o)- Élément savant signifiant « ancien ». → **arché(o)-.**

paléographie [paleɔgʀafi] n. f. Connaissance, science des écritures anciennes. ▶ **paléographe** n. Personne qui s'occupe de paléographie.

paléolithique [paleɔlitik] adj. et n. m. Relatif à l'âge de la pierre taillée (opposé à *néolithique*). *L'art paléolithique.* – N. m. *Le paléolithique,* période où apparurent les premières civilisations humaines.

paléontologie [paleɔ̃tɔlɔʒi] n. f. Science des êtres vivants ayant existé sur la terre aux temps géologiques, fondée sur l'étude des fossiles*. ▶ **paléontologique** adj. ▶ **paléontologue** ou **paléontologiste** n. Spécialiste de la paléontologie.

palet [palɛ] n. m. Pierre plate et ronde, avec laquelle on vise un but (dans un jeu). *Palet de marelle. Palet de hockey sur glace* (en caoutchouc dur). ≠ palais.

paletot [palto] n. m. **1·** Vêtement de dessus, généralement assez court, boutonné par-devant. → **gilet.** **2·** Fam. *Tomber sur le paletot de qqn,* se jeter sur lui (pour le prendre à partie).

[1] **palette** [palɛt] n. f. Plaque mince percée d'un trou pour passer le pouce et sur laquelle le peintre étend et mélange ses couleurs. – L'ensemble des couleurs et nuances (propres à un peintre). *La palette de Rubens.*

[2] **palette** n. f. Pièce de viande de mouton, de porc, provenant de l'omoplate.

[3] **palette** n. f. Plateau de chargement servant à la manutention de caisses, de marchandises. – Le chargement de ce plateau.

palétuvier [paletyvje] n. m. Grand arbre des régions tropicales, à racines aériennes (→ **mangrove**).

pâleur [pɑlœʀ] n. f. Couleur, aspect d'une personne, d'une chose pâle. *Une pâleur mortelle. La pâleur du visage.*

pâlichon, onne [pɑliʃɔ̃, ɔn] adj. Fam. Un peu pâle. → **pâlot.**

palier [palje] n. m. **1·** Plate-forme entre deux volées d'un escalier. *Portes donnant sur le palier. Mes voisins de palier.* → **étage.** **2·** *Par paliers :* en s'arrêtant de temps en temps. / contr. continûment / *Progresser par paliers.* ≠ pallier. ▶ **palière** adj. f. *Porte palière,* qui s'ouvre sur le palier.

palimpseste [palɛ̃psɛst] n. m. Didact. Parchemin dont on a effacé la première écriture pour pouvoir écrire un nouveau texte.

palingénésie [palɛ̃ʒenezi] n. f. Didact. Renaissance des êtres ou des sociétés conçue comme source d'évolution.

palinodie [palinɔdi] n. f. Surtout au plur. Littér. Fait de rétracter ses opinions. → **rétractation.**

pâlir [pɑliʀ] v. < conjug. 2 > **I·** V. intr. **1·** (Personnes) Devenir pâle. *Il pâlit de colère.* → **blêmir.** – Loc. *Pâlir sur les livres, sur un travail,* y consacrer de longues heures. – *Faire pâlir qqn (d'envie),* lui inspirer de la jalousie, du dépit. **2·** (Choses) Perdre son éclat. *Les couleurs ont pâli.* → **faner, passer, ternir.** **II·** V. tr. Rendre pâle, plus pâle. – Au p. p. *Ses joues pâlies par la fatigue.* ▶ **pâlissant, ante** adj. *Le jour pâlissant.*

palissade [palisad] n. f. Clôture faite d'une rangée serrée de perches ou de planches. *La palissade d'un jardin.*

palissandre [palisɑ̃dʀ] n. m. Bois tropical, d'une couleur violacée, nuancée de noir et de jaune. *Une armoire en palissandre.*

palladium [paladjɔm] n. m. Métal rare, blanc, dur, voisin du platine.

pallier [palje] v. tr. < conjug. 7 > Compenser (un manque), apporter une solution provisoire à. – REM. *Pallier à* est fautif. *Pour pallier l'absence de moyens...* ▶ **palliatif, ive** adj. et n. m. **1·** Adj. *Soins palliatifs,* donnés pour soulager des malades incurables ou en fin de vie. **2·** N. m. Mesure qui n'a qu'un effet passager. *Avoir recours à des palliatifs.* → **expédient.**

palmarès [palmaʀɛs] n. m. invar. Liste des lauréats (d'une distribution de prix), liste de récompenses. *Son nom figure au palmarès.*

[1] **palme** [palm] n. f. **1·** Feuille de palmier. **2·** *Vin de palme, huile de palme,* de palmier. **3·** *La palme,* symbole de victoire. *Ce film a remporté la palme d'or au Festival de Cannes.* – Loc. *Remporter la palme,* gagner, triompher. ▶ **palmette** n. f. Ornement en forme de feuille de palmier. ▷ **palmarès, palmier**

[2] **palme** n. f. Pièce de caoutchouc palmée, portée au pied pour accélérer la vitesse de la nage sous-marine. ▶ **palmé, ée** adj. Dont les doigts sont réunis par une membrane. *Les pattes palmées du canard* (→ **palmipède**).

[1] **palmier** [palmje] n. m. Grand arbre des régions chaudes, à tige simple, nue et rugueuse, à grandes feuilles en éventail. *Palmier dattier.* Loc. *Cœur de palmier,* bourgeon terminal très tendre de certains palmiers, comestible. ▶ **palmeraie** n. f. Plantation de palmiers. ▶ **palmiste** n. m. et adj. **1·** Fruit du palmier à huile. **2·** *Palmiste* ou *chou palmiste,* bourgeon du palmier.

[2] **palmier** n. m. Pâtisserie. Gâteau sec, de pâte feuilletée sucrée, doré au four (en forme de palme [1]).

palmipède [palmipɛd] adj. et n. m. Dont les pieds sont palmés. *Oiseaux palmipèdes.* – N. m. *Le canard, l'oie sont des palmipèdes.*

palombe [palɔ̃b] n. f. Nom du pigeon ramier, dans le sud-ouest de la France. *Chasse à la palombe.*

palonnier [palɔnje] n. m. Dispositif de commande du gouvernail de direction d'un avion, manœuvré avec les pieds.

pâlot, otte [pɑlo, ɔt] adj. Un peu pâle (surtout en parlant des enfants). → **pâlichon.** *Je la trouve bien pâlotte.*

palourde [paluʀd] n. f. Mollusque comestible bivalve. → **clovisse, praire.**

palper [palpe] v. tr. < conjug. 1 > **1·** Examiner en touchant, en tâtant avec la main, les doigts. *L'aveugle palpe les objets pour les reconnaître.* **2·** Fam. Toucher, recevoir (de l'argent). *Il a déjà assez palpé de fric dans cette affaire.* ▶ **palpable** adj. **1·** Dont on peut s'assurer par le toucher. → **concret, tangible.** / contr. impalpable / **2·** Que l'on peut vérifier avec certitude. / contr. douteux / *Donnez-moi des preuves palpables !* ▶ **palpation** n. f. Examen (du corps humain) effectué en palpant. *Le médecin a décelé une grosseur à la palpation.* ▶ **palpeur** n. m. Dispositif effectuant des opérations de contact. ▷ **impalpable**

palpiter [palpite] v. intr. < conjug. 1 > **1·** Être agité de frémissements. *Son œil palpite sans arrêt.* **2·** (Cœur) Battre très fort. – (Personnes) Trahir son émotion par des palpitations. *Il palpitait de convoitise.* ▶ **palpitant, ante** adj. **1·** Qui palpite. *Palpitant d'émotion,* violemment ému. **2·** (Choses) Qui excite l'émotion, un vif intérêt. *Un film palpitant.* ▶ **palpitation** n. f. **1·** Frémissement convulsif. *La palpitation des paupières.* **2·** Battement de cœur plus fort et plus rapide que dans l'état normal. → **tachycardie.** *Le café me donne des palpitations.*

palsambleu [palsɑ̃blø] interj. Vx. Ancien juron, forme atténuée de : *Par le sang de Dieu !*

paltoquet [paltɔkɛ] n. m. Homme insignifiant et prétentieux ou insolent.

paluche [palyʃ] n. f. Fam. Main. *Retire tes paluches !,* ôte tes mains !

paludier, ière [palydje, jɛʀ] n. Personne qui travaille dans les marais salants. → **saunier.**

paludisme [palydism] n. m. Maladie infectieuse tropicale, caractérisée par des accès de fièvre, due à un parasite transmis par la piqûre de certains moustiques (anophèles). → **malaria.** *Accès de paludisme.* ▶ **paludéen, éenne** [palydeɛ̃, eɛn] adj. Atteint de paludisme. – N. *Un(e) paludéen(ne).*

se pâmer [pɑme] v. pron. < conjug. 1 > **1·** Vx. Perdre connaissance. → **défaillir, s'évanouir ;** fam. **tomber dans les pommes. 2·** Être comme paralysé sous le coup d'une sensation, d'une émotion très agréable. *Elles se sont pâmées d'aise.* ▶ **pâmoison** n. f. Vx, littér. ou plaisant. Fait de se pâmer. *Tomber en pâmoison.* → **extase.**

pampa [pɑ̃pa] n. f. Vaste plaine d'Amérique du Sud. *Les gauchos des pampas argentines.*

pamphlet [pɑ̃flɛ] n. m. Texte court et violent contre les institutions, un personnage connu. ▶ **pamphlétaire** n. Auteur de pamphlets.

pamplemousse [pɑ̃pləmus] n. m. Grand agrume jaune ou orangé et acide. → **grape-fruit.** *Jus de pamplemousse rose.* ▶ **pamplemoussier** n. m. Arbre à pamplemousses.

pampre [pɑ̃pʀ] n. m. Branche de vigne avec ses feuilles et ses grappes. → **sarment.**

1 **pan** [pɑ̃] n. m. **1·** Grand morceau d'étoffe ; partie flottante ou tombante d'un vêtement. *Se promener en pan de chemise,* avec une chemise à pans flottants. **2·** *Pan de mur,* partie plus ou moins grande d'un mur. ▷ **panneau**

2 **pan** [pɑ̃] interj. Onomatopée qui exprime un bruit sec, un coup de fusil.

pan- Élément signifiant « tout » (ex. : *panafricain, panarabe, panaméricain,* qui concerne toute l'Afrique, etc.). – *Pan... isme :* désigne une doctrine tendant à unifier tout (un pays, un peuple, une religion). Ex. : *pangermanisme, panislamisme.* ▷ **pandémonium, panorama, panoplie, panthéisme, panthéon, pantomime**

panacée [panase] n. f. Remède universel ; formule par laquelle on prétend tout résoudre. *L'aspirine n'est pas une panacée.* – **REM.** Il ne faut pas dire *panacée universelle* (pléonasme).

panache [panaʃ] n. m. **1·** Faisceau de plumes flottantes, qui servait à orner une coiffure, un dais, un casque. *Ralliez-vous à mon panache blanc !* – *La queue en panache d'un écureuil.* **2·** Loc. *Avoir du panache,* avoir fière allure. *Perdre avec panache,* avec un certain brio. ▷ **empanaché**

panacher [panaʃe] v. tr. <conjug. 1> **1·** Bigarrer, orner de couleurs variées. **2·** Composer d'éléments divers. *Panacher une liste électorale.* ▶ **panachage** n. m. **1·** Action de panacher. *Un panachage de couleurs.* **2·** Dans une élection. Mélange sur une même liste de candidats qui appartiennent à des partis différents. ▶ **panaché, ée** adj. **1·** Qui présente des couleurs variées. *Œillet panaché.* **2·** Composé d'éléments différents. – *Un demi panaché* ou, n. m., *un panaché,* mélange de bière et de limonade.

panade [panad] n. f. **1·** Soupe faite de pain, d'eau et de beurre. **2·** Fam. *Être, tomber dans la panade,* dans la misère.

panard [panaʀ] n. m. Fam. Pied.

panaris [panaʀi] n. m. invar. Infection aiguë d'un doigt ou d'un orteil. *Il soigne son panaris.* → **mal blanc.**

pancake [pankɛk] n. m. Anglic. Petite crêpe épaisse. *On a fait des pancakes au sirop d'érable pour le petit-déjeuner.*

pancarte [pɑ̃kaʀt] n. f. Carton qu'on applique contre un mur, un panneau, etc., pour donner un avis au public. → **écriteau, panonceau.** *Porter une pancarte dans un défilé.* ≠ banderole.

pancetta [pɑ̃(t)ʃeta ; pɑ̃seta] n. f. Charcuterie italienne faite de poitrine de porc roulée et séchée.

pancrace [pɑ̃kʀas] n. m. Ancien sport qui combinait la lutte et le pugilat.

pancréas [pɑ̃kʀeas] n. m. invar. Glande de la digestion située entre l'estomac et les reins. ▶ **pancréatique** adj. Du pancréas. *Suc pancréatique.*

panda [pɑ̃da] n. m. Mammifère des forêts d'Inde et de Chine. *Petit panda,* de la taille d'un gros chat. *Grand panda,* de la taille d'un ours (espèce très rare). *Des pandas.*

pandémie [pɑ̃demi] n. f. Didact. Épidémie qui atteint un grand nombre de personnes, dans une zone très étendue. *Une pandémie de choléra.*

pandémonium [pɑ̃demɔnjɔm] n. m. Littér. Lieu où règne un désordre infernal.

pandit [pɑ̃di(t)] n. m. Titre honorifique donné en Inde à un fondateur de secte, à un savant et religieux (brahmane). *Le pandit Nehru.*

pandore [pɑ̃dɔʀ] n. m. Vx et iron. Gendarme.

panégyrique [paneʒiʀik] n. m. Parole, écrit à la louange de qqn. → **apologie.** *Faire le panégyrique de qqn.* ▶ **panégyriste** n. Personne qui loue, vante qqn, qqch. (souvent iron.).

panel [panɛl] n. m. Anglic. Échantillon* de personnes auprès desquelles est faite une enquête d'opinion.

paner [pane] v. tr. <conjug. 1> Enrober de panure, de chapelure. ▶ **pané, ée** adj. *Escalopes panées.*

pangolin [pɑ̃gɔlɛ̃] n. m. Mammifère édenté d'Asie et d'Afrique, au corps couvert d'écailles.

panier [panje] n. m. **1·** Réceptacle de vannerie (osier, etc.) servant à contenir, à transporter des marchandises. *Panier à provisions.* → **cabas.** *Panier à ouvrage.* → **boîte, corbeille.** – *Mettre au panier,* jeter dans la corbeille à papier, aux ordures. **2·** *Panier à salade :* récipient métallique à claire-voie pour égoutter la salade. – Fam. Camionnette de police, grillagée, pour le transport des prévenus ou des personnes appréhendées. **3·** Loc. *Panier percé :* dépensier incorrigible. *C'est un vrai panier percé, elle a déjà tout dépensé.*

4· Contenu d'un panier. *J'ai cueilli un panier de poires.* – Loc. *Panier-repas,* repas froid distribué à des voyageurs. – *Le panier de la ménagère,* les dépenses de consommation courante (servant à évaluer le coût de la vie). 5· Armature de jupon qui servait à faire gonfler les jupes. *Robe à paniers.* → **crinoline, vertugadin.** – Loc. fam. *Mettre la main au panier (à qqn),* caresser rapidement les fesses. 6· Au basket-ball. Filet ouvert en bas, fixé à un panneau de bois. *Mettre un panier,* marquer un point. ▶ **panière** n. f. Malle en osier.

panifier [panifje] v. tr. < conjug. 7 > Transformer en pain. *Panifier de la farine de blé.* ▶ **panifiable** adj. Qui peut servir de matière première dans la fabrication du pain. *Céréales panifiables.* ▶ **panification** n. f.

panique [panik] adj. et n. f. 1· Adj. Qui trouble subitement et violemment l'esprit (le mot vient du nom du dieu grec Pan). *Peur, terreur panique.* 2· N. f. Terreur extrême et soudaine, généralement irraisonnée, souvent collective. → **effroi, épouvante ; affolement.** *Ils furent pris de panique. Semer la panique dans la population. La panique a fait plus de victimes que l'incendie lui-même.* ▶ **paniquer** v. tr. < conjug. 1 > Fam. Affoler, angoisser. *Ne te laisse pas paniquer par l'examen.* – Au p. p. *Elle est complètement paniquée.*

panisse [panis] n. f. Région. Préparation culinaire provençale faite d'une bouillie de farine de pois chiche à l'huile d'olive, refroidie, découpée et frite. *Les panisses de l'Estaque, à Marseille.*

1 **panne** [pan] n. f. 1· Arrêt de fonctionnement dans un mécanisme, un moteur ; impossibilité accidentelle de fonctionner. *Panne d'automobile.* Loc. *Tomber en panne. Panne d'essence* (ou *panne sèche*). – *Panne d'électricité.* 2· En marine. *Vaisseau en panne,* immobile en travers du vent. 3· Fam. *Être **en panne** :* momentanément arrêté. *Les travaux sont en panne.* – *Être en panne de qqch.,* en être dépourvu. ▷ **dépanner**

2 **panne** n. f. Graisse qui se trouve sous la peau du cochon.

3 **panne** n. f. Étoffe semblable au velours.

4 **panne** n. f. I· 1· Pièce de charpente. 2· Tuile à bourrelet d'emboîtement. II· Partie effilée ou allongée (d'un piolet, d'un marteau).

panneau [pano] n. m. 1· Partie d'une construction, constituant une surface délimitée. *Panneau amovible. Panneaux préfabriqués.* 2· Surface plane (de bois, de métal, de toile tendue) destinée à servir de support à des inscriptions. → **pancarte, panonceau.** *Panneaux électoraux. Panneau de signalisation.* 3· Élément d'une jupe faite de plusieurs morceaux. → **lé.** 4· Loc. *Tomber dans le panneau,* dans le piège ; se laisser berner.

panonceau [panɔ̃so] n. m. 1· Écusson, plaque métallique placée à la porte d'un officier ministériel. *Le panonceau d'un notaire.* 2· Enseigne, panneau (2) d'un magasin, etc. → **pancarte.** *Des panonceaux.*

panoplie [panɔpli] n. f. 1· Ensemble d'armes présenté sur un panneau et servant de trophée, d'ornement. 2· Déguisement et accessoires présentés sur un carton. *Panoplie de pompier.* → **kit.** 3· Ensemble de moyens matériels. *La panoplie du parfait bricoleur. Le gouvernement a décidé une panoplie de mesures contre le chômage.*

panorama [panɔʀama] n. m. 1· Vaste paysage que l'on peut contempler de tous côtés ; vue circulaire. 2· Abstrait. Étude successive et complète d'une catégorie de questions. *Un panorama de la littérature contemporaine.* ▶ **panoramique** adj. et n. m. 1· Qui offre les caractères d'un panorama, permet d'embrasser l'ensemble d'un paysage. *Vue panoramique.* 2· Qui permet une grande visibilité. *Car panoramique. Écran panoramique,* grand écran de cinéma. 3· N. m. Mouvement circulaire de caméra. – Le plan filmé réalisé grâce à ce mouvement. *Ce western présente de fabuleux panoramiques.*

panse [pɑ̃s] n. f. 1· Premier compartiment de l'estomac des ruminants, où les végétaux broutés sont stockés avant mastication. 2· Partie renflée. *La panse d'une cruche.* 3· Fam. Gros ventre. *Elles s'en sont mis plein la panse,* elles ont beaucoup mangé. ▷ **pansu**

1 **panser** [pɑ̃se] v. tr. < conjug. 1 > Mettre des linges et des médicaments sur (une plaie). *Panser la main de qqn.* → **bander.** – *L'infirmière est en train de panser les blessés.* ≠ penser. ▶ **pansement** n. m. Linges, gazes, bandes, compresses servant à assujettir les produits placés sur une plaie et à protéger la plaie. *Blessé couvert de pansements. Petit pansement au doigt.* → **poupée** (3). *Pansement adhésif.* → **sparadrap.** ▶ 1 **panseur, euse** n. Infirmier(ière) qui fait les pansements.

2 **panser** v. tr. < conjug. 1 > Soigner (un cheval) en lui donnant les soins de propreté. → **étriller.** ▶ **pansage** n. m. ▶ 2 **panseur, euse** n. Personne qui panse (un cheval).

pansu, ue [pɑ̃sy] adj. Renflé comme une panse. → **ventru.** *Un vase pansu.*

pantacourt [pɑ̃takuʀ] n. m. Pantalon qui arrive à mi-mollet.

pantagruélique [pɑ̃tagʀyelik] adj. Digne de Pantagruel (personnage de Rabelais, géant qui est un gros mangeur). *Un repas pantagruélique.* → **gargantuesque.**

pantalon [pɑ̃talɔ̃] n. m. Culotte longue descendant jusqu'aux pieds. → fam. **falzar,** ⃞ **froc, futal.** *Mettre, enfiler son pantalon. Jambes d'un pantalon. Elle préfère le pantalon à la jupe.* ▷ **pantacourt**

pantalonnade [pɑ̃talɔnad] n. f. **1·** Farce burlesque. **2·** Manifestation hypocrite (de dévouement, de loyauté, de regret).

pantelant, ante [pɑ̃tlɑ̃, ɑ̃t] adj. **1·** Qui respire avec peine, convulsivement. → **haletant. 2·** Suffoqué d'émotion. *Cette mauvaise nouvelle l'a laissée toute pantelante.*

panthéisme [pɑ̃teism] n. m. Attitude d'esprit qui tend à diviniser la nature. ▶ **panthéiste** adj. et n.

panthéon [pɑ̃teɔ̃] n. m. **1·** Ensemble des dieux d'une religion polythéiste. *Le panthéon des anciens Grecs.* **2·** Monument consacré à la mémoire des grands hommes d'une nation.

panthère [pɑ̃tɛʀ] n. f. **1·** Grand mammifère carnassier d'Afrique et d'Asie, au pelage noir ou jaune moucheté de taches noires. → **jaguar, léopard. 2·** Fourrure de cet animal.

pantin [pɑ̃tɛ̃] n. m. **1·** Jouet d'enfant, figurine en carton dont on agite les membres en tirant sur un fil. **2·** Personne qui change d'opinions, d'attitudes sous l'influence d'autrui, ne pense plus par lui-même. → **girouette.** *Elle a fait de lui un pantin.*

pantois [pɑ̃twa] adj. m. invar. Dont le souffle est coupé par l'émotion, la surprise. → **ahuri, déconcerté, interdit, stupéfait.** *Il est resté pantois.* – REM. Féminin très rare : *pantoise.*

pantomime [pɑ̃tɔmim] n. f. Jeu, spectacle de mime ; art de s'exprimer par la danse, le geste, la mimique, sans recourir à la parole.

pantoufle [pɑ̃tufl] n. f. Chaussure d'intérieur, en matière souple. → **chausson, savate.** *Mettre ses pantoufles, se mettre en pantoufles. Enfiler ses pantoufles.* ▶ **pantouflard, arde** adj. et n. Fam. Qui aime à rester chez soi, qui tient à ses habitudes, à ses aises. → **casanier.**

panure [panyʀ] n. f. → **chapelure.**

P. A. O. [peao] n. f. Abréviation de *publication assistée par ordinateur. La P. A. O. permet de créer des documents informatiques destinés à être imprimés.*

paon [pɑ̃], fém. rare **paonne** [pan] n. **1·** Oiseau originaire d'Asie, de la taille d'un faisan, dont le mâle porte une longue queue ocellée que l'animal redresse et déploie en éventail dans la parade sexuelle. *Paon qui fait la roue.* **2·** Loc. *Pousser des cris de paon,* très aigus. *Être vaniteux, fier comme un paon.* → se **pavaner.** – *Se parer des plumes du paon,* se prévaloir de mérites qui appartiennent à autrui.

papa [papa] n. m. **1·** Terme par lequel les enfants désignent leur père. *Oui, papa. Où est ton papa ? Son papa.* – *Grand-papa, bon-papa,* grand-père. **2·** Loc. fam. ***À la papa*** : sans hâte, sans peine, sans risques. → **tranquillement ;** fam. **pépère** (3). – Fam. ***De papa*** : désuet, périmé. *Le cinéma de papa.* ***De grand-papa*** : d'autrefois. – ***À papa.*** Péj. *Fils à papa* : jeune homme dont les parents sont riches et qui profite de cette situation. ▷ **barbe à papa, bon-papa**

paparazzi [papaʀadzi] n. m. pl. Photographes cherchant à prendre des photos indiscrètes de personnes célèbres, pour les publier (photoreportages) sans respecter leur vie privée. *Une meute de paparazzi.*

papaye [papaj] n. f. Fruit de la taille d'un gros melon allongé, à la chair rouge orangé. ▶ **papayer** [papaje] n. m. Plante tropicale annuelle au tronc élancé, cultivée pour ses fruits, les papayes.

pape [pap] n. m. Chef suprême de l'Église catholique romaine. → souverain **pontife.** *Sa Sainteté le pape. Bulle, encyclique du pape.* ▶ **papable** adj. *Cardinaux papables,* qui peuvent devenir pape. ▶ **papal, ale, aux** adj. Du pape. → **pontifical.** ▶ **papauté** n. f. Gouvernement ecclésiastique dans lequel l'autorité suprême est exercée par le pape. *Histoire de la papauté.* ▷ **papiste**

① **papelard, arde** [paplaʀ, aʀd] adj. Littér. Faux, doucereux, mielleux. *Il était retors et papelard.* ▶ **papelardise** n. f. Hypocrisie.

② **papelard** n. m. Fam. Morceau de papier ; écrit ; document administratif.

paperasse [papʀas] n. f. Plur. ou collectif. Papiers écrits, considérés comme inutiles ou encombrants. *Chercher dans ses paperasses.* – *La paperasse administrative.* ▶ **paperasserie** n. f. Accumulation de paperasses. ▶ **paperassier, ière** adj. Qui conserve, écrit des paperasses. *Administration paperassière.*

papeterie [papetʀi ; paptʀi] n. f. **1·** Fabrication du papier. – Fabrique de papier. **2·** Magasin où l'on vend du papier, des fournitures de bureau, d'école. *Librairie-papeterie.* ▶ **papetier, ière** [paptje, jɛʀ] n. Personne qui fabrique, vend du papier.

papi ou **papy** [papi] n. m. **1·** Dans le langage enfantin. Grand-père. **2·** Fam. Homme âgé. *Des papis qui jouent aux boules.*

papier [papje] n. m. **I· 1·** Matière fabriquée avec des fibres végétales réduites en pâte, étendue et séchée pour former une feuille mince. *Du papier, une feuille de papier. Pâte à papier. Papier à lettres. Papier à dessin. Papier-calque. Papier à cigarettes. Papier de soie. Papier buvard. Papier d'emballage. Papier recyclé.* – *Papier hygiénique,* utilisé dans les W.-C. ; fam. *papier de chiottes, papier cul* ou *P. Q.* – ***Papier timbré*** : feuille de papier portant la marque du sceau de l'État et le prix de la feuille en filigrane (opposé à *papier libre*). – ***Papier-monnaie*** : monnaie de papier. – (Qualifié, le papier servant de support à un produit quelconque) *Papier à musique,* à portées imprimées. *Papier carbone. Papier collant. Papier-émeri. Papier de verre. Papier peint.* – ***Papier mâché*** : pâte de papier fluide ou soluble formant une substance malléable, puis durcie. Loc. *Une mine de papier mâché,* un teint blafard. **2·** *Le papier,* support de ce qu'on écrit. *Jeter une phrase sur le papier.* – Loc. *Sur le papier,* théoriquement. **3·** Feuille très mince servant à envelopper. *Papier d'aluminium, papier cellophane.* **4·** ***En papier****. Serviette en papier. Faire des cocottes en papier.* **II·** ***Un, des papier(s).*** **1·** Feuille, morceau de papier. *Notez cela sur un papier.* **2·** Article de journal, de revue. *Envoyer un papier à son journal.* **3·** Écrit officiel. *Signer un papier.* – ***Papiers (d'identité)*** : ensemble des papiers (cartes, livrets, passeports...) qui prouvent l'identité (d'une personne). *Vos papiers ! Avoir ses papiers en règle.* – *Immigré sans papiers,* en situation irrégulière. → **clandestin. 4·** Loc. *Être dans les petits papiers de qqn,* jouir de sa faveur. ▷ **coupe-papier, gratte-papier,** ② **papelard, paperasse, papeterie, presse-papiers, sans-papiers**

papille [papij ; -il] n. f. Petite éminence à la surface de la peau ou d'une muqueuse, qui correspond à une terminaison vasculaire ou nerveuse. *Papilles gustatives.*

papillon [papijɔ̃] n. m. **1·** Insecte ayant quatre ailes, après métamorphose de la chenille. → **lépidoptère.** *Papillons de nuit. Chasse aux papillons. Collection de papillons.* – *Effet papillon,* effet considérable né d'une cause minime et lointaine (un minuscule battement d'aile déclenche peu à peu un cyclone). – Loc. fam. *Minute papillon !,* une minute ; attendez ! **2·** *Nœud papillon,* nœud plat servant de cravate, en forme de papillon. *Des nœuds papillon(s).* – Fam. *Nœud pap.* **3·** Feuille de papier jointe à un livre, un texte. – Fam. Avis de contravention. *J'ai trouvé un papillon sur le pare-brise de ma voiture.* **4·** Écrou à ailettes. *Papillons d'une roue de bicyclette.* **5·** Style de nage (on dit aussi *brasse-papillon*). ▶ **papillonner** v. intr. < conjug. 1 > Aller d'une personne, d'une chose à une autre sans s'y arrêter. → **folâtrer.** *Elle papillonnait en chantant.* – Passer d'un sujet à l'autre, sans rien approfondir. ▶ **papillonnant, ante** adj. *Esprit papillonnant.* ▶ **papillonnement** n. m.

papillote [papijɔt] n. f. **1·** (Autrefois). Bigoudi en papier. **2·** Papier brillant servant d'enveloppe à un bonbon ; ce bonbon. *Des papillotes avec des pétards.* **3·** Papier beurré ou huilé, feuille d'aluminium dont on enveloppe certains aliments pour les cuire au four. *Saumon en papillotes. Papillotes de saumon.*

papilloter [papijɔte] v. intr. < conjug. 1 > **1·** Avoir des reflets, scintiller comme des paillettes. **2·** (Yeux, paupières) Être sans cesse en mouvement. ▶ **papillotant, ante** adj. **1·** Qui éblouit par un grand nombre de lumières. **2·** (Yeux, regard) Qui papillote. ▶ **papillotement** n. m. Éparpillement de points lumineux qui papillotent ; effet produit par cet éparpillement.

papiste [papist] n. En histoire. Partisan inconditionnel de la papauté (généralement opposé à *protestant, réformé, calviniste...*).

papoter [papɔte] v. intr. < conjug. 1 > Parler beaucoup en disant des choses insignifiantes. → **bavarder.** ▶ **papotage** n. m. → **bavardage.** *Ils perdent leur temps en papotages.*

papouille [papuj] n. f. Fam. Petite caresse, chatouille. *Il lui fait des papouilles dans le cou.*

paprika [papʀika] n. m. Variété de piment doux utilisé en poudre. *Bœuf au paprika.*

papyrus [papiʀys] n. m. invar. **1·** Plante des bords du Nil dont la tige servait à fabriquer des feuilles pour écrire. **2·** *Un papyrus,* un manuscrit sur papyrus.

pâque [pɑk] n. f. Fête juive qui commémore le départ d'Égypte des Hébreux, où l'on mange le pain azyme. ≠ Pâques.

paquebot [pakbo] n. m. Grand bateau (navire de commerce) principalement affecté au transport de passagers. → ① **transatlantique.** *Paquebot de croisière.*

pâquerette [pɑkʀɛt] n. f. Petite marguerite blanche ou rosée des prairies. *Une pelouse émaillée de pâquerettes.*

Pâques [pɑk] n. f. pl. et n. m. sing. **1·** N. f. pl. Fête chrétienne célébrée le premier dimanche suivant la pleine lune de l'équinoxe de printemps, pour commémorer la résurrection du Christ. *Souhaiter de joyeuses Pâques à qqn.* ≠ pâque.

2· N. m. sing. (sans article) Le jour, la fête de Pâques. *Pâques précède la Pentecôte. Vacances de Pâques.* – Loc. *À Pâques ou à la Trinité,* très tard, jamais.

paquet [pakɛ] n. m. **1·** Assemblage de plusieurs choses attachées ou enveloppées ensemble ; objet enveloppé pour être transporté plus commodément ou pour être protégé. *Un paquet de linge. Envoyer un paquet par la poste.* → **colis.** – *Des paquets de cigarettes.* → **1 cartouche.** **2·** *Paquet de :* grande quantité de. *Il a touché un paquet de billets.* – Masse informe. *Des paquets de neige.* – Fam. *Un paquet de nerfs,* personne nerveuse. **3·** Loc. fam. *Mettre le paquet,* employer les grands moyens ; donner son maximum. – *Risquer le paquet,* le tout pour le tout, son va-tout. ▶ **paquetage** [paktaʒ] n. m. Effets d'un soldat pliés et placés de manière réglementaire. *Faire son paquetage.* → **barda.** ▷ **dépaqueter, empaqueter**

par [paʀ] prép. **I· 1·** (Lieu) À travers. *Regarder par la fenêtre. Il est passé par la fenêtre.* – (En parcourant un lieu) → **dans.** *Voyager par le monde, de par le monde.* – (Sans mouvement) *Être assis par terre* (→ **à**). – (Avec ou sans mouvement) *Voitures qui se heurtent par l'avant. Par en bas. Par ici, par là.* – Loc. *Par-ci, par-là :* un peu partout. (Exprimant la répétition) *Il m'agace avec ses « cher Monsieur » par-ci, « cher Monsieur » par-là.* **2·** (Temps) Durant, pendant. *Par une belle matinée.* **3·** (Emploi distributif) *Plusieurs fois par jour. Marcher deux par deux.* **II· 1·** (Introduisant le compl. d'agent) Grâce à l'action de. *Faire faire qqch. par qqn. Il a été gêné par les arbres. J'ai appris la nouvelle par mes voisins. L'exploitation de l'homme par l'homme.* **2·** (Moyen ou manière) *Obtenir qqch. par la force.* → **au moyen de.** *Répondre par oui ou par non. Envoyer une lettre par la poste. Elle est venue par avion.* – (+ infinitif) *Il a fini par rire,* il a enfin ri. – *Fidèle par devoir.* – *Nettoyage par le vide.* – Loc. *Par exemple*. Par conséquent*. Par suite*. Par ailleurs*. Par contre*.* **III·** *De par le roi, de par la loi,* de la part, au nom du roi, de la loi. **IV·** Adv. *Par trop :* vraiment trop. *Il est par trop égoïste.* ▷ **auparavant, parce que, pardessus, pardieu, parfois, parmi, parsemer, 2 partant, 1 parterre, 2 parterre, partout, passe-partout**

1 para- Élément savant signifiant « à côté de » (ex. : *paraphrase*).

2 para- Élément signifiant « protection contre » (ex. : *parachute*).

parabellum [paʀabelɔm] n. m. invar. Pistolet automatique de guerre (*bellum* veut dire « guerre » en latin).

1 parabole [paʀabɔl] n. f. Récit allégorique des livres saints sous lequel se cache un enseignement. *Les paraboles de l'Évangile.* – *Parler par paraboles,* d'une manière détournée, obscure.

2 parabole n. f. **1·** Ligne courbe dont chacun des points est situé à égale distance d'un point fixe (*foyer*) et d'une droite fixe (*directrice*). **2·** Antenne parabolique. ▶ **parabolé, ée** adj. En Afrique du Nord. Qui dispose d'une antenne parabolique. ▶ **parabolique** adj. et n. m. **1·** Relatif à la parabole. **2·** En forme de parabole. *Miroir parabolique. Antenne* (de télévision) *parabolique,* qui capte les programmes transmis par satellite. **3·** *Capteur solaire parabolique,* à miroir parabolique. – N. m. *Un parabolique* (spécialt un radiateur à réflecteur parabolique).

paracentèse [paʀasɛ̃tɛz] n. f. Perforation du tympan en cas d'otite, pour permettre au pus de s'évacuer, à l'air de pénétrer dans l'oreille.

parachever [paʀaʃve] v. tr. < conjug. 5 > Conduire au point le plus proche de la perfection. → **parfaire.** *Parachever une œuvre.*

parachute [paʀaʃyt] n. m. Équipement permettant de ralentir la chute d'une personne ou d'un objet qui tombe d'un avion. *Parachute dorsal, ventral. Un saut en parachute.* ▶ **parachuter** v. tr. < conjug. 1 > **1·** Lâcher d'un avion avec un parachute. *Parachuter des soldats.* **2·** Fam. Nommer (une personne) à l'improviste dans un emploi pour lequel elle n'est pas spécialement apte. – Présenter à des électeurs (un candidat qui n'est pas originaire de la ville, de la région). ▶ **parachutage** n. m. Action de parachuter (qqn, qqch.). ▶ **parachutisme** n. m. Technique du saut en parachute. ▶ **parachutiste** n. et adj. Personne qui pratique le saut en parachute. – Soldat qui fait partie d'unités spéciales dont les éléments sont destinés à combattre après avoir été parachutés. (Abrév. **para. S'engager dans les paras.**) ▷ **parapente**

1 parade [paʀad] n. f. Action, manière de parer, d'éviter un coup. → **défense, riposte ; 2 parer.** *Il a trouvé la parade.*

2 parade n. f. **1·** Étalage que l'on fait d'une chose, afin de se faire valoir. *Il aime trop la parade.* – Loc. ***Faire parade de*** *qqch.* → **étaler, exhiber.** *Il fait parade de ses connaissances.* – ***De parade :*** destiné à être utilisé comme ornement. *Habit de parade.* – Abstrait. *Amabilité de parade,* purement extérieure. **2·** Cérémonie militaire où les troupes en grande tenue défilent. → **revue.** **3·** Exhibition avant une représentation, pour attirer les spectateurs. *Les comédiens firent une parade dans les rues. Parade foraine.* **4·** Biologie. Comportement des animaux préludant au rapprochement sexuel. *La parade du paon qui fait la roue.* ▶ **parader** v. intr. < conjug. 1 > Se montrer en se donnant un air avantageux. *Il parade au milieu des jolies femmes.*

paradis [paʀadi] n. m. invar. **1·** Lieu où les âmes des justes jouissent de la béatitude éternelle, selon certaines religions. → **ciel.** / contr. enfer / *Aller au paradis.* **2·** Séjour enchanteur. *Cette île est un vrai paradis.* **3·** *Le* ***paradis terrestre*** : jardin où, dans la Genèse, Dieu place Adam et Ève. → **éden. 4·** Loc. *Paradis fiscal,* lieu, pays où l'on paye peu d'impôts. ▶ **paradisiaque** adj. Qui appartient au paradis. – Délicieux. *Un endroit paradisiaque.* ▷ **paradisier**

paradisier [paʀadizje] n. m. Oiseau de la Nouvelle-Guinée, aux jolies couleurs. *Le paradisier ou oiseau de paradis.*

paradoxe [paʀadɔks] n. m. Opinion qui va à l'encontre de l'opinion communément admise. *Il soutient que deux et deux font cinq ; quel paradoxe !* ▶ **paradoxal, ale, aux** adj. **1·** Qui tient du paradoxe. *Des raisonnements paradoxaux.* – Bizarre parce que contradictoire. *Tu dis que tu as chaud et froid, c'est paradoxal... **2·** Sommeil paradoxal,* phase du sommeil pendant laquelle le cerveau est en activité (rêves...). **3·** (Personnes) Qui aime, qui recherche le paradoxe. *Esprit paradoxal.* ▶ **paradoxalement** adv. Contrairement à ce qu'on attendrait.

parafe ou **paraphe** [paʀaf] n. m. **1·** Trait, marque ajouté(e) à une signature. **2·** Signature abrégée. ▶ **parafer** ou **parapher** v. tr. < conjug. 1 > Marquer, signer d'un paraphe (2). *Parapher toutes les pages d'un contrat.*

paraffine [paʀafin] n. f. Substance solide blanche, tirée du pétrole, utilisée dans la fabrication de bougies et pour imperméabiliser le papier. – *Huile de paraffine,* utilisée comme lubrifiant. ▶ **paraffiné, ée** adj. Imprégné de paraffine. *Papier paraffiné.*

parages [paʀaʒ] n. m. pl. **1·** Espace maritime défini par la proximité d'une terre. *Les parages du cap Horn.* **2·** ***Dans les parages (de)*** : aux environs de ; dans les environs.

paragraphe [paʀagʀaf] n. m. **1·** Division d'un écrit en prose, où l'on passe à la ligne. *Les paragraphes d'un chapitre.* → **alinéa. 2·** Signe typographique (§) présentant le numéro d'un paragraphe.

paragrêle [paʀagʀɛl] adj. Qui protège les cultures en transformant la grêle en pluie. *Canon, fusée paragrêle.*

paraître [paʀɛtʀ] v. intr. < conjug. 57 > **I·** Devenir visible. **1·** Se présenter à la vue. → **apparaître.** / contr. disparaître / *Le soleil paraît à l'horizon. Il parut sur le seuil.* **2·** (Imprimé) Être mis à la disposition du public (mis en vente, distribué,...). *Faire paraître un ouvrage,* l'éditer, le publier. *Son livre est paru, vient de paraître* (→ **parution**). **II·** Être visible, être vu. **1·** (Avec un adv. ou à la forme négative) *Il en paraîtra toujours quelque chose. Dans quelques jours il n'y paraîtra plus.* – ***Faire, laisser paraître*** : manifester, montrer. *Laisser paraître ses sentiments.* → **percer. 2·** (Personnes) Se montrer dans des circonstances où l'on doit remplir une obligation. *Il n'a pas paru à son travail depuis deux jours.* **3·** (Personnes) Se donner en spectacle. → **briller.** *Elle aime un peu trop paraître.* **III·** (Verbe d'état suivi d'un attribut) **1·** Sembler, avoir l'air. *Il paraît satisfait. Ces hauts talons la font paraître plus grande. Cela me paraît louche. Il me paraît douter de lui-même.* **2·** (Opposé à *être effectivement*) Se faire passer pour. *Ils veulent paraître ce qu'ils ne sont pas.* **3·** Impers. *Il me paraît préférable que vous sortiez.* – ***Il paraît, il paraîtrait que*** (+ indicatif) : le bruit court que. *Il paraît qu'on va diminuer les impôts. C'est trop tard, paraît-il ; à ce qu'il paraît.* **IV·** N. m. Littér. Apparence. *L'être et le paraître.* → **apparence.** ▷ **apparaître, comparaître, disparaître, parution, réapparaître, reparaître, transparaître**

parallèle [paʀalɛl] adj. et n. **I· 1·** Se dit de lignes, de surfaces qui, en géométrie euclidienne, ne se rencontrent pas. *Deux droites parallèles* et, n. fém., *deux parallèles.* / contr. convergent, divergent / **2·** N. m. Petit cercle imaginaire de la sphère terrestre, parallèle au plan de l'équateur, servant à mesurer la latitude. *Naples et New York sont sur le même parallèle. Les parallèles et les méridiens.* **II· 1·** Qui a lieu en même temps, porte sur le même objet. *Marché, cours parallèle* (au marché officiel). *Police parallèle,* police secrète qui double la police officielle. **2·** Se dit de choses qui peuvent être comparées. → **semblable.** / contr. divergent / *Ils menaient des expériences parallèles. Les « Vies parallèles » de Plutarque.* **3·** N. m. ***Un parallèle*** : comparaison suivie entre deux ou plusieurs sujets. *Établir un parallèle entre deux questions.* – Loc. *Mettre deux choses en parallèle,* les comparer. ▶ **parallèlement** adv. ▶ **parallélisme** n. m. **1·** État de lignes, de plans parallèles. *Vérifier le parallélisme des roues d'une automobile.* **2·** Progression semblable ou ressemblance suivie entre choses comparables. ▶ **parallélépipède** n. m. Solide géométrique dont les bases sont des parallélogrammes. *Le cube est un parallélépipède rectangle.* ▶ **parallélogramme** n. m. Quadrilatère dont les côtés opposés sont parallèles deux à deux. *Le losange, le rectangle sont des parallélogrammes.*

paralympique [paʀalɛ̃pik] adj. *Jeux paralympiques,* compétitions similaires aux Jeux olympiques, disputées par des athlètes handicapés.

paralyser [paʀalize] v. tr. < conjug. 1 > **1·** Frapper de paralysie. *L'attaque qui l'a paralysé.* – Immobiliser. *Le froid paralyse les membres.* **2·** Frapper d'inertie ; rendre incapable d'agir ou de s'exprimer. *J'étais paralysé par la terreur.* – *Grève qui paralyse les transports en commun.* ▶ **paralysant, ante** adj. *Le curare est une substance paralysante.* ▶ **paralysé, ée** adj. et n. Atteint de paralysie. *Bras, jambes paralysés.* – N. *Les paralysés.* → **paralytique.** ▶ **paralysie** n. f. **1·** Diminution ou arrêt de la motricité (capacité de mouvement), de la sensibilité. *Paralysie complète, partielle* (→ **hémiplégie, paraplégie**). **2·** Impossibilité d'agir, de s'extérioriser, de fonctionner. *La paralysie des transports.* ▶ **paralytique** adj. et n. Qui est atteint de paralysie. *Un vieillard paralytique.* → **impotent, paralysé.** – N. *Un, une paralytique.*

paramédical, ale, aux [paʀamedikal, o] adj. Qui concerne les activités annexes de la médecine. *Professions paramédicales* (kinésithérapeutes, infirmiers, etc.).

paramètre [paʀamɛtʀ] n. m. **1·** En sciences. Quantité fixée, maintenue constante, dont dépend une fonction de variables indépendantes. → ③ **facteur** (2), **variable.** **2·** Élément variable pris en compte pour expliquer un phénomène quelconque. *La pluie est un paramètre important dans les accidents de la route.* ▶ **paramétrer** v. tr. < conjug. 6 > En informatique. Régler les paramètres (I) de (une application, un périphérique). *J'ai dû paramétrer ma nouvelle imprimante.* ▶ **paramétrage** n. m.

paramilitaire [paʀamilitɛʀ] adj. Qui est organisé selon la discipline et la structure d'une armée. *Des formations paramilitaires.* → **milice.**

parangon [paʀɑ̃gɔ̃] n. m. Littér. Modèle. *Des parangons de vertu.*

paranoïa [paʀanɔja] n. f. **1·** Troubles caractériels (délire de persécution, orgueil démesuré, impossibilité de ne pas tout ramener à soi) pouvant déboucher sur la maladie mentale. **2·** Méfiance excessive à l'égard de menaces réelles ou imaginaires. ▶ **paranoïaque** adj. et n. Relatif à la paranoïa. *Psychose paranoïaque.* – N. *Un, une paranoïaque.* – Abrév. fam. **parano.** *Il croit que tout le monde lui en veut ; il est complètement parano.*

paranormal, ale, aux [paʀanɔʀmal, o] adj. Qui ne peut être expliqué par les données et les lois normales, dans l'état actuel des connaissances. *Des phénomènes paranormaux.*

parapente [paʀapɑ̃t] n. m. Parachute rectangulaire conçu pour s'élancer d'un sommet, d'une falaise ; sport ainsi pratiqué. ▶ **parapentiste** n.

parapet [paʀapɛ] n. m. Mur à hauteur d'appui destiné à empêcher les chutes. → **garde-fou.** *S'accouder au parapet d'un pont.*

parapharmacie [paʀafaʀmasi] n. f. Ensemble des produits sans action thérapeutique disponibles en pharmacie (dentifrice, pansements...).

paraphe, parapher → **parafe, parafer.**

paraphrase [paʀafʀɑz] n. f. Reprise d'un texte sous une autre forme (en général plus développée, et plus ou moins explicative). → **glose.** ≠ périphrase. ▶ **paraphraser** v. tr. < conjug. 1 > Faire une paraphrase de (un texte).

paraplégie [paʀapleʒi] n. f. Paralysie des membres, et particulièrement des membres inférieurs. ▶ **paraplégique** adj. et n. *La rééducation des paraplégiques.*

parapluie [paʀaplɥi] n. m. Objet portatif constitué par une étoffe tendue sur une armature pliante à manche, et qui sert d'abri contre la pluie. → fam. ③ **pépin.** *Les baleines du parapluie. Parapluie télescopique, pliant. S'abriter sous un parapluie. Il utilisait son parapluie en guise d'ombrelle.* ▷ **porte-parapluies**

parascolaire [paʀaskɔlɛʀ] adj. Qui se rapporte aux activités éducatives n'entrant pas strictement dans le programme scolaire. *Les collections parascolaires comportent les cahiers de vacances, les ouvrages de préparation aux examens...*

parasismique [paʀasismik] adj. Conçu pour résister aux secousses sismiques.

① **parasite** [paʀazit] n. et adj. **I·** N. Péj. Personne qui vit dans l'oisiveté, aux dépens d'une communauté, alors qu'elle pourrait subvenir à ses besoins. **II·** N. m. et adj. Être vivant en association durable avec un autre dont il se nourrit, sans le détruire ni lui apporter aucun avantage. *Le gui est une plante parasite.* → **saprophyte.** *Le ténia, ver parasite des mammifères.* ▶ **parasitaire** adj. Causé par les parasites (II). *Maladie parasitaire.* ▶ ① **parasiter** v. tr. < conjug. 1 > Habiter (un être vivant) en parasite (II). ▶ **parasitisme** n. m. **1·** Mode de vie du parasite (I). **2·** État d'un être vivant qui vit sur un autre en parasite (II).

② **parasite** adj. et n. m. *Bruits parasites* et, n. m., *parasites,* perturbations dans la réception des signaux radioélectriques. → **friture.** *Les parasites nuisent à la bonne écoute d'une émission.* ≠ interférences. ▶ ② **parasiter** v. tr. < conjug. 1 > Perturber par des parasites. ▷ **antiparasite**

parasol [parasɔl] n. m. **1·** Objet pliant semblable à une grande ombrelle, fixé à un support ou planté dans le sol et destiné à protéger du soleil. *Parasol de plage.* **2·** *Pin parasol,* dont les branches s'étalent en forme de parasol.

parastatal, ale, aux [parastatal, o] adj. En Belgique. Semi-public. *Les institutions parastatales.*

paratonnerre [paratɔnɛr] n. m. Appareil destiné à préserver les bâtiments des effets de la foudre, tige(s) métallique(s) fixée(s) au toit et reliée(s) au sol.

paravent [paravɑ̃] n. m. Meuble fait de panneaux liés par des charnières, qu'on dispose en ligne brisée, destiné à protéger contre les courants d'air, à isoler. *Elle s'est déshabillée derrière un paravent.*

parbleu [parblø] interj. Vx. Exclamation pour exprimer l'assentiment, l'évidence. → **pardieu ;** fam. **pardi.**

1 **parc** [park] n. m. **1·** Étendue de terrain boisé entièrement clos, dépendant généralement d'un château, d'une grande habitation. *Les allées d'un parc. Parc public.* → **jardin** public. *Parc zoologique.* → **zoo.** *Parc de loisirs.* **2·** ***Parc national, régional :*** zone rurale étendue, soumise à des réglementations particulières visant à la sauvegarde de la faune et de la flore. *Le parc régional des Cévennes. Les grands parcs nationaux d'Amérique du Nord.*

2 **parc** n. m. **1·** Enclos où est enfermé le bétail. *Un parc à bestiaux.* – Bassin où sont engraissés ou affinés des coquillages. *Parc à huîtres.* **2·** *Parc de stationnement pour les voitures.* → anglic. **parking. 3·** Petite clôture légère formant une enceinte dans laquelle les enfants en bas âge peuvent jouer sans danger. ▷ **parcmètre, parquer**

parcelle [parsɛl] n. f. **1·** Très petit morceau. *Des parcelles d'or.* → **paillette. 2·** Portion de terrain de même culture, constituant l'unité cadastrale. ▶ **parcellaire** adj. Fait par parcelles. *Plan parcellaire.*

parce que [parskə] loc. conj. Exprime la cause. → **attendu** que, **car, puisque.** *Nous partons parce qu'on nous attend. Plus fragile parce que plus petit.* – Absolt. Marque le refus d'une explication. *« Pourquoi dites-vous cela ? – Parce que, répondit-elle. »*

parchemin [parʃəmɛ̃] n. m. **1·** Peau d'animal (mouton, agneau, chèvre, chevreau) préparée spécialement pour l'écriture, la reliure. **2·** ***Un, des parchemin(s) :*** écrit rédigé sur cette matière. *Consulter de vieux parchemins ornés d'enluminures.* – Fam. Diplôme (sur papier). ▶ **parcheminé, ée** adj. Qui a la consistance ou l'aspect du parchemin. *Cuir, papier parcheminé. Le visage parcheminé d'un vieillard.*

parcimonie [parsimɔni] n. f. *Donner, distribuer* ***avec parcimonie :*** en petites quantités, en économisant. ▶ **parcimonieux, euse** adj. *Distribution parcimonieuse.* → **mesquin.** ▶ **parcimonieusement** adv. Avec parcimonie.

par-ci, par-là loc. → **par.**

parcmètre [parkmɛtr] n. m. Compteur de stationnement payant, sur la voie publique, pour les automobiles.

parcourir [parkurir] v. tr. < conjug. 11 > **1·** Aller dans toutes les parties de (un lieu, un espace). → **traverser, visiter.** *J'ai parcouru toute la région.* **2·** Accomplir (un trajet déterminé). *Distance à parcourir.* **3·** Lire rapidement. *Parcourir un journal.* ▶ **parcours** n. m. invar. **1·** Chemin pour aller d'un point à un autre. → **itinéraire, trajet.** *Le parcours d'un autobus. Suivre un parcours.* – *Parcours du combattant,* parcours semé d'obstacles que doit accomplir un soldat en armes dans un temps donné. Fig. Série d'épreuves, difficultés rencontrées. *Pour avoir un visa, une carte de séjour, c'est un parcours du combattant. Parcours de santé,* jalonné d'équipements qui permettent de faire des exercices physiques. **2·** Distance déterminée à suivre (dans une épreuve). – Loc. *Il y a eu un incident de parcours,* une difficulté imprévue.

par-derrière, par-dessous, par-dessus → par-**derrière,** par-**dessous,** par-**dessus.**

pardessus [pardəsy] n. m. invar. Vêtement chaud que les hommes portent par-dessus les autres vêtements pour se garantir des intempéries. → **manteau.**

par-devant, par-devers → par-**devant,** par-**devers.**

pardi [pardi] interj. Fam. Exclamation par laquelle on renforce une déclaration. → **parbleu, pardieu.** *Tiens, pardi ! ce n'est pas étonnant.*

pardieu [pardjø] interj. Vx. Exclamation qui renforce. *Pardieu oui !* → **parbleu ;** fam. **pardi.**

pardon [pardɔ̃] n. m. **1·** Action de pardonner. → **absolution, grâce, indulgence.** *Demander pardon à qqn. Accorder son pardon à qqn.* **2·** *Je vous demande pardon* ou, ellipt, *pardon,* formule de politesse par laquelle on s'excuse. – *Pardon ?,* pouvez-vous répéter ? → **comment ;** fam. **hein. 3·** Fam. Sorte d'exclamation superlative. *Le père était déjà costaud, mais alors le fils, pardon !* ▶ **pardonner** v. tr. < conjug. 1 > **1·** Tenir (une offense, une faute) pour nulle, renoncer à tirer vengeance de. → **oublier.** *Pardonner les péchés.* → **remettre.** PROV. *Faute avouée est à moitié pardonnée.* – *Pardonner qqch. à qqn* : supporter qqch. de qqn. *Je lui pardonne tout.* → **passer.** *Ils se sont pardonné leurs fautes. Je ne me le pardonnerai jamais.* – *Pardonner à qqn* : oublier ses fautes, ses torts. → **absoudre.** / contr. accuser, condamner / *Il cherche à se faire pardonner. Vous êtes tout pardonnés !* – Pronominalement (récipr.). *Elles se sont pardonné.* **2·** Juger avec indulgence, en minimisant la faute de. → **excuser.** *Pardonnez(-moi) mon indiscrétion.* – (Dans une formule de politesse) *Pardonnez-moi, mais je ne suis pas d'accord.* **3·** (Sans compl.) Au négatif. (Choses) Épargner. *C'est une maladie qui ne pardonne pas,* mortelle. – *Une erreur qui ne pardonne pas,* irréparable. ▶ **pardonnable** adj. **1·** (Choses) Que l'on peut pardonner. *Une méprise bien pardonnable.* **2·** (Personnes) Rare. Qui mérite le pardon. → **excusable.** / contr. impardonnable, inexcusable / *Cet enfant est pardonnable.* ▷ **impardonnable**

-pare, -parité Éléments savants signifiant « engendrer » (ex. : *ovipare*).

pare- Élément signifiant « éviter, protéger contre ». ▶ **pare-balles** [paʀbal] n. m. et adj. N. m. Plaque de protection contre les balles. – Adj. Qui protège des balles. *Un gilet pare-balles.* ▶ **pare-boue** n. m. invar. Dispositif qui empêche les projections de boue (bande de caoutchouc derrière la roue d'un véhicule). ≠ garde-boue. ▶ **pare-brise** n. m. invar. Vitre avant d'un véhicule. *Des pare-brise.* ▶ **pare-chocs** n. m. invar. Garniture placée à l'avant et à l'arrière d'un véhicule (spécialt d'une automobile) et destinée à amortir les chocs. ▶ **pare-étincelles** n. m. Écran métallique que l'on pose devant un feu ouvert pour éviter les projections d'étincelles. ▶ **pare-feu** n. m. invar. Dispositif de protection contre la propagation du feu. ≠ coupe-feu. *Des pare-feu.* ▷ **pare-soleil**

parégorique [paʀegɔʀik] adj. et n. m. *Élixir parégorique,* médicament à base d'opium utilisé contre les douleurs d'intestin.

pareil, eille [paʀɛj] adj. et n. **I·** Adj. **1·** Semblable par l'aspect, la grandeur, la nature. / contr. différent / *Elle est, elle n'est pas pareille à lui. Ils ne sont pas pareils. C'est, ce n'est pas pareil,* la même chose. – Loc. *À nul autre pareil,* sans égal. – Employé comme adverbe. Fam. *Ils sont habillés pareil.* **2·** De cette nature, de cette sorte. → **tel.** *En pareil cas. À une heure pareille !,* si tard. **II·** N. **1·** N. m. et f. Personne de même sorte. → **pair, semblable.** – *Ne pas avoir son pareil, sa pareille,* être extraordinaire, unique. *Il n'a pas son pareil pour raconter des histoires.* – *Sans pareil (le)* : qui n'a pas son égal. *Des brillants sans pareil* ou *sans pareils.* **2·** N. f. *Rendre la pareille* : faire subir (à qqn) un traitement analogue à celui qu'on a reçu. **3·** N. m. Loc. fam. *C'est du pareil au même,* c'est la même chose. → fam. **kif-kif.** ▶ **pareillement** adv. De la même manière. *La santé est bonne et l'appétit pareillement.* → **aussi, également.** ▷ **appareiller, dépareiller**

parement [paʀmɑ̃] n. m. **1·** Face extérieure d'un mur revêtue de pierres de taille. **2·** Revers sur le col, les manches d'un vêtement. *Une veste à parements.*

parenchyme [paʀɑ̃ʃim] n. m. Botanique. Tissu cellulaire spongieux et mou des végétaux.

parent, ente [paʀɑ̃, ɑ̃t] n. et adj. **1·** Au plur. *Les parents* : le père et la mère. *Un enfant qui obéit à ses parents.* – Au sing. *Le parent d'une famille homoparentale.* **2·** Au sing. ou au plur. Personne avec laquelle on a un lien de parenté. → **famille.** *Ils sont parents. C'est un proche parent, un parent éloigné.* – Loc. *Traiter qqn en parent pauvre,* moins bien que les autres. **3·** Adj. Sciences. Se dit d'une unité ou d'un ensemble d'éléments liés entre eux par l'origine ou l'évolution. *Les langues romanes sont parentes. L'uranium est parent du plutonium. Espèces biologiques parentes.* **4·** Adj. Analogue, semblable. *Des intelligences parentes.* ▶ **parental, ale, aux** adj. *Autorité parentale,* des parents. *La fonction parentale.* ▶ **parenté** n. f. **1·** Rapport entre personnes descendant les unes des autres, ou d'un ancêtre commun. *Liens de parenté.* → **lignée, sang. 2·** Rapport équivalent établi par la société. *Parenté par alliance. Parenté adoptive.* **3·** L'ensemble des parents et des alliés de qqn, considéré abstraitement. *Toute sa parenté.* **4·** Rapport d'affinité, d'analogie. *La parenté d'inspiration, de forme de deux poèmes.* ▷ **s'apparenter, arrière-grands-parents, beaux-parents, coparent, grands-parents, homoparental, monoparental**

parenthèse [paʀɑ̃tɛz] n. f. **1·** Insertion, dans une phrase, d'un élément accessoire qui interrompt la construction syntaxique ; cet élément. → **digression.** *Je fais une parenthèse.* **2·** Chacun des deux signes typographiques entre lesquels on place l'élément qui constitue une parenthèse : (). *Mettre un mot entre parenthèses. Ouvrir, fermer la parenthèse.* – Fig. *Entre parenthèses* : en passant. *Entre parenthèses, il ne m'a pas rendu mon argent.*

paréo [paʀeo] n. m. **1·** Pagne tahitien en tissu imprimé. **2·** Vêtement de plage imitant le paréo tahitien. *Des paréos.*

1 **parer** [paʀe] v. tr. < conjug. 1 > **I· 1·** *Parer qqch.* : apprêter, arranger de manière à rendre plus propre à tel usage, à tel effet. → **préparer.** *Parer un*

rosbif. *Parer une étoffe*. **2·** Marine. ***Pare, parez à*** (+ infinitif) : commandement préparatoire à une manœuvre. *Parez à virer !* **II· 1·** Vêtir (qqn) avec recherche (→ **parure**). *Parer qqn de ses plus beaux atours*. – Au p. p. adj. *Une femme très parée*. **2·** Attribuer (une qualité). *Parer qqn de toutes les vertus*. → **orner. III·** V. pron. réfl. ***Se parer*** : se vêtir avec recherche. → se **pomponner.** ▷ **apparat, appareil, déparer,** ① **parade, parement, parure, préparer, réparer**

② **parer** v. tr. < conjug. 1 > **1·** *Parer un (le) coup*, l'éviter ou le détourner (→ ① **parade**). **2·** V. tr. ind. ***Parer à*** : faire face à. *Parer à toute éventualité*, prendre toutes les dispositions nécessaires. Loc. *Il faut parer au plus pressé*. – ***Paré contre*** : protégé de. *Nous sommes parés contre le froid*. ▷ **imparable, parachute,** ① **parade, paragrêle, parapluie, parasol, paratonnerre, paravent, pare-, pare-soleil**

pare-soleil [parsɔlɛj] n. m. invar. Écran protégeant le conducteur des rayons du soleil, dans une automobile. *Des pare-soleil*.

paresse [parɛs] n. f. **1·** Goût pour l'oisiveté ; comportement d'une personne qui évite l'effort. → **fainéantise, flemme.** *Ces enfants sont d'une paresse incurable. Paresse d'esprit*. **2·** Lenteur anormale à fonctionner, à réagir. *Paresse intestinale*. ▶ **paresser** v. intr. < conjug. 1 > Se laisser aller à la paresse ; ne rien faire. → **fainéanter.** ▶ **paresseux, euse** adj. et n. **1·** Qui montre habituellement de la paresse ; qui évite l'effort. → **fainéant ;** fam. **flemmard.** / contr. travailleur / *Être paresseux comme une couleuvre. Il est paresseux pour se lever*. **2·** (Organes) Qui fonctionne, réagit avec une lenteur anormale. *Avoir un estomac paresseux*. **3·** N. Personne paresseuse. → fam. **tire-au-flanc.** *Cet élève est un paresseux*. **4·** Mammifère à mouvements très lents, qui vit dans les arbres. → **aï.** ▶ **paresseusement** adv. **1·** Avec paresse. **2·** Avec lenteur. *Fleuve qui coule paresseusement*.

parfaire [parfɛr] v. tr. < conjug. 60 > **REM.** Ce verbe ne s'emploie qu'à l'infinitif et aux temps composés. Achever, de manière à conduire à la perfection. *Parfaire son ouvrage*. → **parachever, polir.** *Parfaire sa culture*. ▷ **parfait**

parfait, aite [parfɛ, ɛt] adj. et n. m. **I·** Adj. **1·** (Choses) Qui est au plus haut, dans l'échelle des valeurs ; qui est tel qu'on ne puisse rien concevoir de meilleur. / contr. imparfait / *Qualité de ce qui est parfait*. → **perfection.** *Beauté parfaite. Filer le parfait amour*. → **idéal.** *Vivre en parfait accord. Une ressemblance parfaite*. → **total.** *La parfaite exécution d'une sonate*. – ***Parfait !*** : très bien ! **2·** (Personnes) Sans défaut, sans reproche. *Il est loin d'être parfait*. **3·** (Avant le nom) Qui correspond exactement à (ce que désigne le nom). → **accompli, complet.** *Un parfait gentleman. Un parfait imbécile*. → **fieffé. II·** N. m. **1·** En grammaire. Le passé simple ou composé (opposé à l'*imparfait*). **2·** Entremets glacé à la crème. ≠ glace (lait) ; sorbet (eau). *Des parfaits au café*. ▶ **parfaitement** adv. **1·** D'une manière parfaite, très bien. → **admirablement.** *Il sait parfaitement son rôle*. **2·** Absolument. *Être parfaitement heureux*. → **très. 3·** Oui, certainement, bien sûr. *Parfaitement, c'est comme ça*. ▷ **imparfait, plus-que-parfait**

parfois [parfwa] adv. À certains moments, dans certains cas, de temps en temps. → **quelquefois.** / contr. jamais ; souvent, toujours / *Il a parfois des malaises. Parfois, il rentre tard. Il y va parfois*. – Répété. *Il est parfois gai, parfois triste*. → **tantôt.**

parfum [parfœ̃] n. m. **1·** Odeur agréable et pénétrante. → **arôme, senteur.** *Le parfum de la rose*. – Loc. *Un parfum de*, trace, impression qui se dégage de qqch. *Un parfum de nostalgie*. **2·** Goût de ce qui est aromatisé. *Des glaces à tous les parfums*. **3·** Substance aromatique très peu diluée. → **essence.** *Un flacon de parfum*. **4·** Fam. *Être **au parfum** de qqch.* : être informé. ▶ **parfumer** v. tr. < conjug. 1 > **1·** Remplir, imprégner d'une odeur agréable. → **embaumer.** *La lavande qui parfume le linge*. **2·** Imprégner de parfum (3). *Parfumer son mouchoir*. – Pronominalement (réfl.). *Il se parfume*. – Au p. p. adj. *Une femme parfumée*. **3·** Aromatiser. – Au p. p. adj. *Une glace parfumée au café*. ▶ **parfumerie** n. f. **1·** Industrie de la fabrication des parfums et des produits de beauté. – Les produits de cette industrie. *Vente de parfumerie en gros*. **2·** Usine où l'on fabrique des produits de parfumerie. **3·** Boutique de parfumeur. ▶ **parfumeur, euse** n. Fabricant(e) ou marchand(e) de parfums.

pari [pari] n. m. **1·** Convention par laquelle deux ou plusieurs personnes s'engagent à donner qqch., à verser une certaine somme à celle qui aura eu raison. *Faire un pari*. → **parier.** *Tenir un pari*, l'accepter. **2·** Forme de jeu où le gain dépend de l'issue d'une épreuve sportive, d'une course de chevaux ; action de parier. En France. *Pari mutuel (urbain)*. → **P. M. U.** ▷ **parier**

paria [parja] n. m. **1·** En Inde. Individu hors caste, dont le contact est considéré comme une souillure. → **intouchable. 2·** Personne méprisée, écartée d'un groupe. *Vivre en paria*.

parier [parje] v. tr. < conjug. 7 > **1·** Engager (un enjeu) dans un pari. *Je parie une bouteille de champagne avec toi qu'il acceptera. Je te le parie. Il a parié cent euros sur le favori*. → **jouer.** – Sans compl. *Parier aux courses*. **2·** Affirmer avec vigueur ; être sûr. *Je parie que c'est lui. Je l'aurais* *parié. Vous avez soif, je parie ?*, je suppose, j'imagine. ▶ **parieur, euse** n. Personne qui parie (1). → **turfiste.** ▷ **pari**

pariétal, ale, aux [paʀjetal, o] adj. **1·** *Os pariétal*, chacun des deux os plats de la partie moyenne et supérieure de la voûte crânienne. **2·** Didact. ***Peintures pariétales*** : faites sur une paroi de roche. → **rupestre.**

parigot, ote [paʀigo, ɔt] adj. et n. Fam. Parisien. *Accent parigot.* – N. *Les Parigots. Une petite Parigote.*

parisien, ienne [paʀizjɛ̃, jɛn] n. et adj. **1·** N. Natif ou habitant de Paris. → fam. **parigot.** / contr. provincial / *Les Parisiens.* **2·** Adj. De Paris. *Banlieue parisienne.*

parité [paʀite] n. f. **1·** Le fait d'être pareil (en parlant de deux choses). **2·** Égalité de répartition. *Entreprise qui veille à la parité hommes-femmes.* **3·** Égalité de la valeur d'échange des monnaies de deux pays dans chacun de ces pays. *Parité de change.* ▶ **paritaire** adj. *Organisme, conseil, commission paritaire* : où employeurs et salariés ont un nombre égal de représentants élus. ▶ **paritarisme** n. m. Didact. Tendance à confier la gestion des problèmes sociaux à des organismes paritaires.

parjure [paʀʒyʀ] n. **1·** N. m. Littér. Faux serment, violation de serment. **2·** Littér. Personne qui commet un parjure. → **traître.** – Adj. *Un témoin parjure.* ▶ **se parjurer** v. pron. < conjug. 1 > Faire un parjure, violer son serment. *Elle s'est parjurée.*

parka [paʀka] n. m. ou f. Court manteau imperméable muni d'un capuchon.

parking [paʀkiŋ] n. m. Anglic. **1·** Action de parquer (une voiture). → **stationnement.** *Parking autorisé.* **2·** Parc de stationnement pour les automobiles. *Des parkings souterrains. Mettre sa voiture au parking.*

parkinson [paʀkinsɔn] n. m. Maladie de Parkinson, maladie neurologique qui se manifeste par des tremblements et une raideur musculaire. ▶ **parkinsonien, ienne** adj. **1·** Relatif à un parkinson. *Syndrome parkinsonien.* **2·** Atteint d'un parkinson. – N. *Prise en charge des parkinsoniens.*

parlable [paʀlabl] adj. Au Canada. D'un abord facile, ouvert. *Un gars très parlable.*

parlant, ante [paʀlɑ̃, ɑ̃t] adj. **1·** Qui reproduit, après enregistrement, la parole humaine. *Horloge parlante.* – *Cinéma parlant* (opposé à *muet*). **2·** (Choses) Éloquent, qui se passe de commentaires. *Les chiffres sont parlants.*

parlé, ée [paʀle] adj. Qui se réalise par la parole. → **oral.** *Langue parlée. Connaissance de l'anglais parlé.* / contr. 2 écrit /

parlement [paʀləmɑ̃] n. m. **1·** Histoire. Cour provinciale de justice et administrative du Moyen Âge et de l'Ancien Régime, institution associée au pouvoir du roi. **2·** Nom donné à l'assemblée ou aux chambres qui détiennent le pouvoir législatif et contrôlent le gouvernement. *En France, le Parlement est composé de l'Assemblée nationale et du Sénat.* ▶ **parlementaire** adj. et n. **1·** Relatif au Parlement. *Démocratie parlementaire.* **2·** N. Membre du Parlement. → **député, sénateur.** *Un honorable parlementaire britannique.* ≠ 2 parlementaire. ▶ **parlementarisme** n. m. Régime parlementaire. ▷ **antiparlementarisme**

parlementer [paʀləmɑ̃te] v. intr. < conjug. 1 > **1·** Entrer en pourparlers avec l'ennemi en vue d'une convention. → **négocier, traiter.** **2·** Discuter en vue d'un accommodement. *Les deux associés parlementèrent longuement.* **3·** Parler longuement (pour vaincre une résistance). *Il fallut parlementer avec le gardien pour pouvoir entrer.* → **palabrer.**

1 **parler** [paʀle] v. < conjug. 1 > **I·** V. intr. **1·** Communiquer par la parole. / contr. gesticuler, mimer ; se taire / *Cet enfant commence à parler. Parler distinctement. Parler bas, haut. Parler en français. Parler à la radio. Ils sont en train de parler.* – Loc. *C'est une façon, une manière de parler*, il ne faut pas prendre à la lettre, exactement, ce qui vient d'être dit. *Il parle d'or*, très bien, sagement. **2·** Sans compl. Révéler ce qu'on tenait caché. *Son complice a parlé.* **3·** ***Parlant*** (précédé d'un adv.) : en s'exprimant de telle manière. *Généralement parlant.* **4·** S'exprimer. *Les sourds parlent par signes.* → **signer.** **5·** (Suj. chose) Être éloquent. *Les chiffres parlent d'eux-mêmes.* → **parlant.** **II·** V. tr. ind. **1·** ***Parler de*** *qqch.*, ***de*** *qqn. Parlez-nous de vos projets. Tout le monde en parle.* Loc. *Sans parler de...* → **outre.** *N'en parlons plus !*, que ce soit fini. *Il fait beaucoup parler de lui.* – (Suj. chose) *De quoi parle ce livre ?* **2·** ***Parler de*** (+ infinitif) : annoncer l'intention de. *Il parlait d'émigrer aux États-Unis.* **3·** ***Parler à*** *qqn* : lui adresser la parole. *Laissez-moi lui parler. Il lui parle brutalement. Trouver à qui parler*, avoir affaire à un adversaire difficile. – Pronominalement (récipr.). *Nous ne nous parlons plus*, nous sommes brouillés. *Elles ne se sont pas parlé pendant des années.* **4·** Fam. ***Tu parles !, vous parlez !*** (dubitatif ou méprisant). *Tu parles d'un idiot !*, quel idiot ! *Sa reconnaissance, tu parles ! Tu parles si je m'en fiche !* **III·** V. tr. dir. **1·** Pouvoir s'exprimer au moyen de (telle ou telle langue). *Parler (le) français. Parlez-vous anglais ? Elle parle un peu japonais, mais elle ne l'écrit pas.*

2· (Sans art.) Aborder un sujet. *Parler politique.* → **discuter.** ▶ [2] **parler** n. m. **1·** Manière de parler. *Les mots du parler de tous les jours.* **2·** Ensemble des moyens d'expression particuliers à une région, à un milieu social, etc. → **dialecte, patois.** ▶ **parleur** n. m. Péj. *Beau parleur* : celui qui aime à faire de belles phrases. → **phraseur.** ▶ **parloir** n. m. Local où sont admis les visiteurs qui veulent s'entretenir avec un pensionnaire ou un détenu. *Le parloir du couvent, de la prison. Détenu appelé au parloir.* ▶ **parlophone** n. m. Appareil de communication entre une porte d'entrée et l'intérieur d'un bâtiment, d'un appartement. → **interphone.** ▶ **parlote** n. f. Échange de paroles insignifiantes. *Faire la parlote avec une voisine.* → **causette.** ▶ **parlure** n. f. Au Canada. Manière de parler. ▷ **franc-parler, haut-parleur, parlable, parlant, parlé, parlement, parlementer, pourparlers, reparler**

parme [paʀm] adj. invar. et n. m. **1·** Mauve (comme la violette de Parme). *Du velours parme.* – N. m. Cette couleur. **2·** N. m. Jambon de Parme.

parmesan [paʀməzɑ̃] n. m. Fromage dur, fabriqué dans les environs de *Parme* (Italie), consommé surtout râpé.

parmi [paʀmi] prép. **1·** Au milieu de. → **entre.** *Des maisons disséminées parmi les arbres. Nous souhaitons vous avoir bientôt parmi nous.* → **avec, près de.** **2·** Dans, au milieu des éléments d'un ensemble. *C'est une solution parmi d'autres.* **3·** Dans un ensemble d'êtres vivants. → **chez.** *L'inégalité parmi les hommes.*

parodie [paʀɔdi] n. f. **1·** Imitation burlesque (d'une œuvre sérieuse). *« Don Quichotte » est une parodie du roman de chevalerie.* **2·** Contrefaçon grotesque. → **caricature.** *Une parodie de réconciliation.* ▶ **parodier** v. tr. < conjug. 7 > Imiter (une œuvre, un auteur) en faisant une parodie. ▶ **parodique** adj. Qui a le caractère de la parodie.

parodonte [paʀodɔ̃t] n. m. En anatomie. Ensemble des tissus de soutien qui relient la dent au maxillaire. *La gencive, l'os et la racine de la dent implantée dans l'os constituent le parodonte.* ▶ **parodontal, ale, aux** adj. ▶ **parodontologie** ou **parodontie** [paʀodɔ̃si] n. f. Partie de la médecine dentaire qui traite du parodonte. ▶ **parodontologiste** ou **parodontologue** n.

paroi [paʀwa] n. f. **1·** Séparation intérieure d'une maison → **cloison,** ou face intérieure d'un mur. *Appuyer son lit contre la paroi.* **2·** Terrain à pic, comparable à une muraille. *Paroi rocheuse.* **3·** Surface interne d'une cavité destinée à contenir qqch. *Les parois d'un vase.*

paroisse [paʀwas] n. f. Communauté chrétienne, subdivision du diocèse, dont un curé, un pasteur a la charge. ▶ **paroissial, iale, iaux** adj. De la paroisse. *Église paroissiale.* ▶ **paroissien, ienne** n. **1·** Personne qui dépend d'une paroisse. *Le curé et ses paroissiens.* → **ouailles.** **2·** N. m. Livre de messe. → **missel.**

parole [paʀɔl] n. f. **I·** *Une, des parole(s)* : élément de langage parlé. **1·** Élément simple du langage articulé. → **mot ; expression.** *Des paroles aimables. Voilà une bonne parole !* → **discours, propos.** *Peser ses paroles.* – Loc. *En paroles,* d'une manière purement verbale. *Il est courageux en paroles.* – *De belles paroles,* des promesses. **2·** Au plur. Texte (d'un morceau de musique vocale). *L'air et les paroles d'une chanson.* – Loc. *Histoire sans paroles,* dessins qui se passent de légende ; petit film muet. **3·** Pensée exprimée à haute voix, en quelques mots. *Une parole historique.* **4·** Au sing. Engagement, promesse sur l'honneur. *Donner sa parole. Tenir parole.* – *Sur parole,* sans autre garantie que la parole donnée. – Interj. *(Ma) parole d'honneur ! Ma parole ! Parole !,* je le jure. **II·** *La parole* : expression verbale de la pensée. **1·** Faculté de communiquer la pensée par un système de sons articulés (une langue) émis par la voix. *Perdre la parole,* devenir muet. Loc. *Il ne lui manque que la parole* (d'un animal considéré comme intelligent). **2·** Exercice de cette faculté, le fait de parler. *Avoir la parole facile,* être éloquent. *Adresser la parole à qqn. Prendre la parole. Couper la parole à qqn.* → **interrompre.** **3·** Le discours réellement produit (oral ou écrit), opposé en linguistique au système de la langue. → **discours** (en linguistique). ▶ **parolier, ière** n. Auteur des paroles (I, 2) d'une chanson, d'un livret d'opéra. → **librettiste.** ▷ **porte-parole**

paronyme [paʀɔnim] adj. et n. m. Didact. Se dit de mots presque homonymes qui se ressemblent (ex. : *éminent* et *imminent*).

paroxysme [paʀɔksism] n. m. Le plus haut degré (d'une sensation, d'un sentiment). → **exacerbation.** *La douleur, la jalousie atteint son paroxysme.*

parpaillot, ote [paʀpajo, ɔt] n. Vx et péj. Protestant.

parpaing [paʀpɛ̃] n. m. Bloc (de pierre, de béton creux) formant l'épaisseur d'une paroi. *Un mur en parpaings.*

parquer [paʀke] v. tr. < conjug. 1 > **1·** Mettre (des bestiaux, des animaux) dans un parc. **2·** Placer, enfermer (des personnes) dans un espace étroit et délimité. → **entasser.** **3·** Ranger (une voiture) dans un parc de stationnement. → **garer.**

① **parquet** [parkɛ] n. m. Assemblage d'éléments de bois (lames, lattes) qui garnissent le sol d'une pièce. → **plancher.** *Un parquet de chêne ciré. Parquet flottant*.* ▶ **parqueter** [parkəte] v. tr. <conjug. 4> Garnir d'un parquet.

② **parquet** n. m. Ministère public, groupe des magistrats (procureur de la République et substituts) chargés de l'ouverture et de l'accompagnement d'une instruction judiciaire. *Le parquet a fait appel.*

parrain [pa(ɑ)ʀɛ̃] n. m. **1·** Celui qui tient (ou a tenu) un enfant sur les fonts du baptême. *Le parrain et la marraine. Mon parrain.* **2·** Celui qui préside au lancement d'un navire. **3·** Celui qui présente qqn dans un cercle, un club, pour l'y faire inscrire. ▶ **parrainage** n. m. **1·** Fonction, qualité de parrain (1, 3) ou de marraine. **2·** Appui moral ou financier qu'une personnalité ou un groupe accorde à une œuvre. → **patronage.** *Comité de parrainage.* – Soutien matériel (d'une manifestation) accordé en vue d'en retirer un effet publicitaire. ▶ **parrainer** v. tr. <conjug. 1> Accorder son parrainage à. *Il m'a parrainé dans cette soirée. Cet éditeur parraine une émission littéraire.* → **sponsoriser.**

parricide [paʀisid] n. **1·** N. m. Meurtre du père ou de la mère. **2·** N. Personne qui a commis un parricide. – Adj. *Fils parricide.*

parsemer [paʀsəme] v. tr. <conjug. 5> **1·** Couvrir par endroits. → **consteller, émailler.** **2·** (Choses) Être répandu çà et là sur (qqch.). *Les fautes qui parsèment un devoir.*

part [paʀ] n. f. **I·** Ce qui, après un partage*, revient à qqn. **1·** Ce qu'une personne possède ou acquiert en propre. *Recevoir la meilleure part. À chacun sa part.* → **lot.** – ***Avoir part à*** : participer. *Un acte où la volonté a peu de part.* – ***Prendre part à*** : jouer un rôle dans (une affaire). *Prendre part à un travail.* → **contribuer.** – S'associer aux sentiments d'une autre personne. *Je prends part à votre douleur.* → **compatir.** – ***Pour ma part*** : en ce qui me concerne. **2·** ***Faire part à deux*** : partager. Ellipt. *Part à deux !* – ***Faire part de qqch. à qqn*** : faire connaître. *Faire part d'une naissance, d'un mariage* (→ **faire-part**). **3·** Partie attribuée à qqn ou consacrée à tel ou tel emploi. → **portion, morceau.** *Diviser en parts,* partager. – *Assigner à qqn une part dans un legs.* – Partie du capital d'une société, qui appartient à l'un des associés. *Acheter des parts dans une entreprise.* → ② **action.** – Ce que chacun doit donner. *Il faut que chacun paye sa part.* → **écot, quote-part.** **4·** ***Faire la part de*** : tenir compte de. *Faire la part des choses.* Loc. *La **part du feu,*** ce qu'on sacrifie. **II·** Partie. *Il a perdu une grande part de sa fortune.* Loc. *Pour une large part,* en grande partie. **III·** Côté. **1·** Dans des loc. ***De la part de*** : indique la personne de qui émane un ordre, une démarche. → au **nom** de. *Je viens de la part de mon mari.* – ***De toutes parts*** ou ***de toute part*** : de tous les côtés. – ***D'une part... d'autre part*** (ou, ellipt, *de l'autre*) : pour mettre en parallèle, pour opposer deux idées ou deux faits. → **côté.** – ***D'autre part*** (en début de phrase). → d'**ailleurs,** par **ailleurs,** en **outre.** – ***De part et d'autre*** : des deux côtés. *On se disait, de part et d'autre, des injures grossières.* – ***De part en part*** : d'un côté à l'autre. → à **travers.** *Traverser de part en part.* – ***Prendre en bonne, en mauvaise part*** : interpréter en bien, en mal. **2·** (Avec un adj. indéf.) ***Nulle part*** : en aucun lieu (s'oppose à *quelque part*). – ***Autre part*** : dans un autre lieu. – ***Quelque part*** : en un lieu indéterminé. *Elle l'avait déjà vu quelque part.* Fam. *Ce problème nous concerne quelque part,* d'une certaine manière. **3·** Loc. adv. ***À part*** : à l'écart. *Mettre qqn, qqch. à part,* écarter. *Prendre qqn à part pour lui parler.* → en **particulier, séparément.** – Loc. prép. → **excepté.** *À part lui, nous ne connaissons personne.* – Adjectivement. ***À part*** : qui est séparé d'un ensemble. *Occuper une place à part.* – Au théâtre. *À part,* pour soi-même, et, en fait, à l'intention du public. → en **aparté.** ▶ **partage** [paʀtaʒ] n. m. **I·** L'action de partager ou de diviser ; son résultat. **1·** Division (d'un tout) en plusieurs parts pour une distribution. *Le partage d'un domaine. Ligne de partage des eaux.* **2·** Le fait de partager (qqch. avec qqn). *Un partage équitable.* **3·** ***Sans partage*** : sans réserve. *Une amitié sans partage.* **II·** La part qui revient à qqn (dans des loc.) ; le lot, le sort de qqn. *La chance n'est pas mon partage.* – ***En partage.*** *Donner, recevoir en partage.* ▶ **partager** v. tr. <conjug. 3> **I· 1·** Diviser (un ensemble) en éléments qu'on peut distribuer, employer à des usages différents. *Partager un domaine entre des héritiers.* → **morceler ; partage.** *Partager son temps entre plusieurs occupations.* **2·** *Partager qqch. avec qqn,* lui en donner une partie. **3·** Avoir part à (qqch.) en même temps que d'autres personnes. *Partager le repas de qqn.* – Abstrait. Prendre part à. *Partager une responsabilité avec qqn. Les torts sont partagés.* – Au p. p. adj. *Un amour partagé,* mutuel. **4·** (Suj. chose) Diviser (un ensemble) de manière à former plusieurs parties distinctes, effectivement séparées ou non. → **couper.** *Cloison qui partage une pièce en deux.* **5·** (Suj. personne) ***Être partagé (ée)*** : être divisé entre plusieurs sentiments contradictoires. *Il était partagé entre l'amitié et la rancune.* – (Suj. chose) Loc. *Les avis sont partagés,* sont très divers. **II·** ***Se partager.*** v. pron. **1·** (Passif) Être partagé. *Ce gâteau ne se partage pas facilement.* **2·** (Réfl.) *Se partager entre diverses tendances.*

Partagez-vous en deux groupes ! **3·** (Récipr.) *Ils se sont partagé l'héritage.* ▶ **partageur, euse** adj. Qui partage volontiers ce qu'il (elle) possède. *Cette gamine n'est pas partageuse.* ▷ **aparté, compartiment, ② départ, départager, département, ① départir, ② se départir, faire-part, impartir, parcelle, ① parti, ② parti, ③ parti, participer, particule, particulier, ① partie, ② partie, ③ partie, ② partir, partition,** la **plupart, quote-part, répartir, séparer**

partance [paʀtɑ̃s] n. f. *En partance :* qui va partir (bateaux, grands véhicules). *Avion en partance pour,* à destination de.

① **partant, ante** [paʀtɑ̃, ɑ̃t] n. et adj. **1·** N. m. Personne qui part (→ ① **partir**). / contr. arrivant / **2·** N. Personne, cheval au départ d'une course. *Les partants d'une course cycliste.* **3·** Adj. D'accord (pour), disposé (à). *Je ne suis pas partante pour une aventure aussi risquée.*

② **partant** conj. Littér. Marque la conséquence. → **ainsi, donc.** *Plus d'emplois, partant moins de chômage.*

partenaire [paʀtənɛʀ] n. **1·** Personne avec qui l'on est allié contre d'autres joueurs. *Mon partenaire à la belote.* / contr. adversaire / – Personne avec qui on est lié dans une compétition. *La partenaire d'un patineur.* **2·** Personne avec qui on a des relations sexuelles. **3·** Pays associé, allié commercial. *Nos partenaires de l'Union européenne.* ▶ **partenariat** n. m. Association d'entreprises, d'institutions, en vue de mener une action commune. *Des accords de partenariat.*

① **parterre** [paʀtɛʀ] n. m. Partie d'un parc, d'un jardin d'agrément où l'on a planté des fleurs de façon régulière. *Un parterre de bégonias.*

② **parterre** n. m. Partie du rez-de-chaussée d'une salle de théâtre, derrière les fauteuils d'orchestre.

parthénogénèse [paʀtenɔʒenɛz] n. f. En biologie. Reproduction sans fécondation, dans une espèce sexuée.

① **parti** [paʀti] n. m. **I· 1·** Littér. Solution proposée ou choisie pour résoudre une situation. *Il hésitait entre deux partis.* **2·** *Prendre le parti de :* se décider à. → **décision, résolution.** *Hésiter sur le parti à prendre.* – *Prendre parti :* choisir, prendre position. *Il ne veut pas prendre parti.* – *Prendre son parti :* se déterminer. *Prendre son parti de qqch., en prendre son parti,* s'y résigner, s'en accommoder. – *Parti pris :* opinion préconçue, choix arbitraire. → **préjugé, prévention.** *Des partis pris. Juger sans parti pris. Être de parti pris,* partial. **II·** Loc. *Tirer parti de :* exploiter, utiliser. *Il a su tirer parti de cette situation difficile.* ▷ **partial**

② **parti** n. m. **1·** Groupe de personnes défendant la même opinion. → **camp.** *Avoir le même parti que qqn, se ranger du parti de qqn,* défendre la même opinion. → **partisan. 2·** Plus cour. Organisation dont les membres mènent une action commune à des fins politiques. → **formation, mouvement, rassemblement, union.** *Être inscrit à un parti. Militant d'un parti. Le Parti communiste français* ou *le Parti. Elle a sa carte du Parti.* ▷ **bipartite, partisan, tripartite**

③ **parti** n. m. Personne à marier, considérée du point de vue de la situation sociale. *Il a trouvé, épousé un beau parti.*

④ **parti, ie** adj. (p. p. de *partir,* I, 7). Fam. Ivre. → **éméché, gai, soûl ;** fam. **beurré, paf.** *Après l'apéritif, elle était déjà un peu partie.*

partial, ale, aux [paʀsjal, o] adj. Qui prend parti pour ou contre qqn ou qqch., sans souci de justice ni de vérité, avec parti pris. / contr. impartial / *Un juge ne doit pas être partial.* ▶ **partialement** adv. ▶ **partialité** [paʀsjalite] n. f. Attitude partiale. / contr. impartialité / *Partialité en faveur de qqn* (favoritisme), *contre qqn* (parti pris). ▷ **impartial, impartialité**

participe [paʀtisip] n. m. Forme dérivée du verbe, qui « participe » à la fois de l'adjectif et du verbe. *Participe présent à valeur verbale* (ex. : *étant* de *être*), *à valeur d'adjectif* (*brillantes* de *briller*). *Participe passé à valeur verbale* (ex. : *fait* de *faire*), *à valeur d'adjectif* (ex. : *fardées* de *farder*). ▶ **participial, iale, iaux** adj. En grammaire. *Proposition participiale,* proposition ayant son sujet propre, et son verbe au participe présent ou passé (ex. : *Une fois le patron arrivé...*).

participer [paʀtisipe] v. tr. ind. < conjug. 1 > **I·** *Participer à.* **1·** Prendre part à (qqch.). *Participer à un jeu.* → **participant.** *Participer à un travail.* → **collaborer, coopérer.** *Participer au chagrin d'un ami,* s'y associer par amitié. → **partager. 2·** Payer une part de. *Tous les convives participent aux frais.* **3·** Avoir part à qqch. *Associés qui participent aux bénéfices.* **II·** Littér. (Suj. chose) *Participer de... :* tenir de la nature de. *Cette fête participe des plus anciennes traditions populaires.* ▶ **participant, ante** adj. et n. Qui participe à (qqch.). – N. *Liste des participants à une compétition.* → **concurrent.** – *Les participants d'une association.* → **adhérent.** ▶ **participatif, ive** adj. Qui concerne la participation à la vie ou aux bénéfices d'une entreprise. ▶ **participation** n. f. **1·** Action de participer à qqch. ; son résultat. / contr. abstention / *Cet acteur promet sa participation au gala.* → **collaboration.** *Participation aux frais.* → **contribution. 2·** Action de participer à un profit ; son résultat. *Participation aux béné-*

fices. **3·** Droit de regard et de libre discussion dans une communauté. *La participation des élèves à la vie du collège.* ▷ **écoparticipation**

particulariser [partikylarize] v. tr. < conjug. 1 > Différencier par des traits particuliers. / contr. généraliser / – ***Se particulariser*** v. pron. réfl. : se singulariser. ▶ **particularisme** n. m. Attitude d'une communauté qui veut conserver, à l'intérieur d'un État ou d'une fédération, ses usages particuliers, son autonomie. ▶ **particulariste** n. → **autonomiste.** ▶ **particularité** n. f. Caractère particulier à qqn, qqch. → **caractéristique.** *Le requin offre, a, présente la particularité d'être vivipare.*

particule [partikyl] n. f. **1·** Très petite partie, infime quantité (d'un corps). – Les constituants de l'atome. *Le neutron, le photon sont des particules élémentaires (de la matière). Particules radioactives.* **2·** *Particule nobiliaire* ou *particule,* préposition « de » précédant un nom de famille (→ **de**). *Un nom à particule ne signifie pas qu'on soit nécessairement d'origine noble.*

particulier, ière [partikylje, jɛr] adj. et n. **I·** Adj. **1·** Qui appartient en propre (à qqn, qqch. ou à une catégorie de personnes, de choses). → **personnel.** / contr. courant / – ***Particulier à.*** → **propre** à. *L'insouciance qui lui est particulière.* **2·** Qui ne concerne qu'un individu (ou un petit groupe) et lui appartient. → **individuel.** / contr. collectif, commun / *Des leçons particulières. Une voiture particulière* (opposé à *de fonction, officielle,* à *véhicule collectif*). *C'est un cas particulier.* Loc. *À titre particulier.* – ***En particulier*** loc. adv. : sans être entendu d'autres personnes. *Je voudrais vous parler en particulier,* seul à seul. **3·** Qui présente des caractères hors du commun. *Un être doué de qualités particulières.* → **remarquable, spécial.** *J'ai pour vous une affection toute particulière. Des amitiés particulières* (homosexuelles). – ***En particulier*** : spécialement, surtout. *Une élève très douée, en particulier pour les mathématiques.* **4·** Qui concerne un cas précis (opposé à *général*). *Sur ce point particulier. Je ne veux rien de particulier.* → **spécial.** – N. m. *Aller du général au particulier.* – ***En particulier*** : d'un point de vue particulier. *Je ne veux rien en particulier.* / contr. en général / **II·** N. Personne privée, simple citoyen. *De simples particuliers.* – Fam. et péj. Individu. *Tu le connais toi, ce particulier ?* ▶ **particulièrement** adv. **1·** D'une manière particulière (3). → **surtout.** *Il aime tous les arts, particulièrement la peinture.* **2·** D'une façon spéciale, différente. → **spécialement.** *J'attire tout particulièrement votre attention sur ce point. « Vous aimez cela ? – Pas particulièrement. »* ▷ **particulariser**

① **partie** [parti] n. f. **1·** Élément d'un tout, unité séparée ou abstraite (d'un ensemble). → **morceau, parcelle, part.** / contr. ensemble, tout / *Un objet fait de plusieurs parties. Voilà une partie de la somme. Roman en deux parties.* → **épisode.** – Loc. *Une petite, une grande partie de,* un peu, beaucoup. *La majeure partie.* → la **plupart.** *Il passe la plus grande partie de son temps à la campagne.* – Loc. ***En partie.*** → **partiellement.** *Une ville en partie détruite. Il a en partie raison.* **2·** ***Faire partie de*** : être du nombre de, compter parmi. → **appartenir.** *Tu fais partie de ma famille. Cela ne fait pas partie de mes attributions.* **3·** Élément constitutif (d'un être vivant). *Les parties du corps.* – Fam. *Les parties,* les testicules. *J'ai reçu le ballon dans les parties.* **4·** Avec un possessif. Domaine d'activités. *Elle est très forte dans sa partie.* → **branche, métier, spécialité.** ▶ **partiel, elle** [parsjɛl] adj. et n. Qui n'existe qu'en partie, ne concerne qu'une partie. / contr. complet, général / *Examen partiel* ou, n. m., *un partiel. Élections partielles* ou, n. f., *des partielles* (opposé à *élections générales*), qui ne portent que sur un ou quelques sièges. ▶ **partiellement** adv. *Il n'a été que partiellement remboursé.* / contr. entièrement / ▷ **contrepartie**

② **partie** n. f. **1·** Personne qui participe à un acte juridique, est engagée dans un procès. → **plaideur.** *La partie adverse.* – Loc. *Être juge et partie,* avoir à juger une affaire où l'on est personnellement intéressé (→ **partial**). **2·** Loc. ***Prendre*** *qqn* ***à partie*** : s'en prendre à qqn, l'attaquer. *Cessez de me prendre à partie !* **3·** Adversaire. – Loc. *Avoir affaire à forte partie,* à un adversaire redoutable.

③ **partie** n. f. **1·** Durée (d'un jeu) à l'issue de laquelle sont désignés gagnants et perdants. *La partie, la revanche et la belle. Faire une partie de cartes. Gagner, perdre la partie.* – Lutte, combat. *La partie a été rude. J'abandonne la partie.* **2·** Divertissement organisé à plusieurs. *Une partie de chasse. Partie de plaisir.* – Sans compl. Anglic. *J'organise une partie demain soir.* → **surboum, surprise-partie.** – Loc. *Se mettre, être de la partie. Ce n'est que partie remise, nous nous retrouverons.* ▷ **surprise-partie**

① **partir** [partir] v. intr. < conjug. 16 > **I·** **1·** Se mettre en mouvement pour quitter un lieu ; s'éloigner. → s'en **aller,** se **retirer.** / contr. arriver / *Partir de chez soi. Partir en hâte.* → s'**enfuir,** se **sauver.** *Partir sans laisser d'adresse. Partir à pied.* – ***Partir pour.*** *Partir pour la pêche. Partir pour Londres.* – ***Partir à.*** *Partir à la guerre. Partir à Paris.* – ***Partir en.*** *Ils sont partis en Chine, en week-end, en vacances à la campagne.* – ***Partir*** (+ infinitif). *Il est parti déjeuner.* → **sortir.** – (Choses) Être dirigé vers le destinataire. *Ma lettre est partie hier.* **2·** Passer de l'immobilité à un mouvement rapide. / contr. rester / *« à vos marques ! Prêts ? Partez ! ». La voiture ne peut pas partir.* → **démarrer. 3·** (Choses) Se mettre à progresser, à marcher. *C'est parti ! L'affaire est bien, mal partie.* → **commencer, démarrer.** *C'est assez mal parti.* → **engagé. 4·** (Projectiles) Être lancé, commencer sa trajectoire. *Le coup n'est pas parti.* **5·** Fam. Commencer (à faire qqch.). → se **mettre.** *Il est parti pour parler au moins un quart d'heure.* **6·** (Choses) Disparaître. *La tache est partie.* – Se désagréger. *Ce meuble part par tous les bouts.* – S'épuiser. *Tout son argent part dans les, en livres, dans les jeux vidéo.* **7·** Mourir. *Il y a un an que mon père est parti.* – Perdre conscience (→ ④ **parti**). **II·** ***Partir de.*** **1·** Venir, provenir (d'une origine). *L'avion est parti de Londres.* **2·** Avoir son principe dans. *Mot qui part du cœur.* **3·** Commencer un raisonnement, une opération. *En partant de ce principe* (→ ② **partant**). **4·** ***À partir de*** : en prenant pour point de départ dans le temps. → **de, depuis, dès.** *À partir d'aujourd'hui,* désormais. ▷ ① **départ, partance,** ① **partant,** ④ **parti, repartir**

② **partir** v. tr. Ancien verbe signifiant « partager ». *Avoir maille à partir.* → ② **maille.** ▷ **partage, répartir**

partisan, ane [partizɑ̃, an] n. et adj. **1·** N. Rare au fém. Personne qui prend parti pour une doctrine. → **adepte, défenseur.** / contr. adversaire, détracteur / *Les partisans du féminisme.* – Adj. *Ils, elles sont partisans d'accepter. Elle n'en est pas partisan,* (rare) *partisane.* **2·** N. m. Soldat de troupes irrégulières, qui se battent en territoire occupé. → **franc-tireur.** *Guerre de partisans.* → **guérilla. 3·** Adj. Qui témoigne d'un parti pris, d'une opinion préconçue. *Les haines partisanes.*

partitif [partitif] adj. m. En grammaire. ***Article partitif*** : qui détermine une partie non mesurable (ex. : *manger du pain, boire de l'eau*).

partition [partisjɔ̃] n. f. Notation d'une composition musicale. *Partition de piano. Jouer sans partition,* de mémoire.

partout [partu] adv. En tous lieux ; en de nombreux endroits. *On ne peut être partout à la fois. Il souffre de partout. Venir d'un peu partout.* / contr. nulle part /

parturition [partyrisjɔ̃] n. f. Médecine. Accouchement. → **enfantement.** ▶ **parturiente** n. f. Vieilli. Femme qui accouche, qui est en couches.

paru, ue [pary] p. p. → **paraître.**

parure [paryr] n. f. (→ **parer**) **1·** L'ensemble des vêtements, des ornements, des bijoux d'une personne en grande toilette. **2·** Ensemble de bijoux assortis (boucles, collier, broche...). *Une parure de diamants.* **3·** Ensemble assorti de pièces de linge. *Parure de lit.*

parution [parysjɔ̃] n. f. Moment de la publication. *Dès sa parution, ce roman a eu beaucoup de succès* (→ **paraître, sortir**).

parvenir [parvəniʀ] v. tr. ind. < conjug. 22 > ***Parvenir à.*** **1·** Arriver (en un point déterminé), dans un déplacement. → **atteindre.** *Après deux heures de marche, nous sommes parvenus à la ferme.* **2·** (Choses) Arriver à destination. → **arriver.** *Ma lettre vous est-elle parvenue ?* – Se propager à travers l'espace (jusqu'à un lieu donné, jusqu'à quelqu'un). *Le bruit de la rue lui parvenait à peine.* **3·** (Personnes) Réussir à obtenir, en s'efforçant (un résultat qu'on se proposait). → **accéder** à. *Il est enfin parvenu à ses fins, à ce qu'il voulait. Parvenir à* (+ infinitif). *Je ne parviens pas à le joindre. Je ne parviens pas à le convaincre.* **4·** Atteindre naturellement. *Parvenir à un âge avancé.* ▶ **parvenu, ue** n. Péj. Personne qui s'est élevée à une condition supérieure sans en acquérir les manières. → nouveau **riche.**

parvis [parvi] n. m. invar. Place située devant la façade (d'une église, d'une cathédrale). *Le parvis de Notre-Dame, à Paris.* – Esplanade, dans certains ensembles architecturaux modernes. *Le parvis de la Défense,* à Courbevoie.

① **pas** [pɑ] n. m. invar. **I·** *Un, des pas.* **1·** Action de faire passer l'appui du corps d'un pied à l'autre, dans la marche. *Faire un pas, un pas en avant. Un enfant qui fait ses premiers pas. Avancer à grands pas.* → **enjambée.** – Loc. *Approcher à pas de loup,* silencieusement. – *À chaque pas,* à chaque instant. – ***Pas à pas*** [pazapa] : lentement, avec précaution. – *Faire les* ***cent pas*** : attendre en marchant de long en large. – *Salle des pas perdus.* – Loc. *Revenir* ***sur ses pas*** : en arrière. **2·** ***Faux pas*** : pas où l'appui du pied manque ; fait de trébucher. – Fig. Écart de conduite. → **faute. 3·** Trace laissée par un pied humain. *Des pas dans la neige.* – Loc. *Marcher sur les pas de qqn, emboîter le pas à qqn,* le suivre ; suivre son exemple. **4·** Longueur d'un pas. *C'est à deux pas d'ici,* tout près. → **proximité. 5·** Fig. Chaque élément, chaque temps d'une progression, d'une marche. → **étape.** *Les discussions ont fait un pas en avant.* Loc. *Faire les premiers pas,* prendre l'initiative. → **avance(s).** – Prov. *Il n'y a que le premier pas qui coûte,* tout sera facile après. **II· 1·** *Le pas* : façon de marcher. → **allure, démarche.** *Allonger, ralentir le pas.* – Loc. *J'y vais de ce pas,* sans plus attendre. ***Au pas.*** *Aller, avancer au pas,* à l'allure du pas normal. *Au pas de gymnastique, au pas de course, au pas de charge,* rapidement. → au **galop,** au **trot.** – Façon réglementaire de marcher dans l'armée. *Marcher au pas.* – Loc. *Mettre qqn au pas,* le forcer à obéir. **2·** *Le pas, un pas,* ensemble des pas d'une danse. *Esquisser un pas de tango.* – ***Pas de deux*** : partie d'un ballet dansée par deux danseurs. **3·** Allure, marche (d'un animal). **III·** (Au sens de *passage*) **1·** Loc. *Prendre le pas sur qqn,* le précéder. *Céder le pas à qqn,* le laisser passer devant. **2·** Lieu que l'on doit passer, passage. → ④ **col.** *Franchir le pas.* – Dans des noms géographiques. Détroit. *Le pas de Calais.* **3·** Loc. *Se tirer, sortir d'un* ***mauvais pas*** : d'une situation périlleuse, grave. **4·** ***Le pas de la porte*** : le seuil. – Loc. ***Pas de porte*** : somme payée au détenteur d'un bail pour avoir accès à un fonds de commerce ; commerce qui se trouve au niveau de la rue. **5·** Tours d'une rainure en spirale. *Un pas de vis.* → **filet.**

② **pas** adv. de négation. **I·** ***Ne... pas, ne pas*** (négation du verbe). → **point.** *Je ne parle pas. Je ne vous ai pas vues.* – (+ infinitif) *Il espère ne pas le rencontrer.* – (Avec d'autres adv.) *Il n'est pas encore arrivé. Ce n'est pas tellement difficile.* – Loc. *Ce n'est pas que* (+ subjonctif ; pour introduire une restriction). *Ce n'est pas qu'il ait peur, mais...* **II·** ***Pas*** (phrases non verbales). **1·** Ellipt. (Réponses, exclamations) *Non pas. Pas de chance ! Pourquoi pas ? Ils viennent ou pas ?* → **non.** – ***Pas un*** (→ **aucun, nul**). *Il est paresseux comme pas un,* plus que tout autre. **2·** (Devant un adj. ou un participe) *Une femme pas sérieuse.* **III·** ***Pas*** (employé sans *ne*). Fam. (parlé) *Pleure pas ! On sait pas. On ose pas. Je veux pas !*

① **pascal, ale, als** ou **aux** [paskal, o] adj. Relatif à la fête de Pâques des chrétiens. *Communion pascale.*

② **pascal, als** n. m. Unité de pression (symb. *Pa*) correspondant à une force de 1 newton exercée sur 1 m². *1 000 pascals font un kilopascal.*

pashmina [paʃmina] n. m. Étole faite avec la laine très fine d'une chèvre des hauts plateaux de l'Himalaya et de la Mongolie.

paso doble [pasodɔbl] n. m. invar. Danse sur une musique de caractère espagnol. *Des paso doble.*

passable [pɑsabl] adj. Qui peut passer, est d'une qualité suffisante sans être très bon, très beau (un peu au-dessus de *médiocre*). → **acceptable, moyen.** *Un travail à peine passable.* ≠ nul, mauvais ; bon, excellent. ▶ **passablement** adv. **1·** Pas trop mal. *Il sait passablement sa leçon.* → **correctement.** **2·** Plus qu'un peu, assez. *Il est passablement ennuyeux.*

passade [pɑsad] n. f. Goût passager, qui passe vite. → **caprice.** *C'est une simple passade,* ça lui passera.

passage [pɑsaʒ] n. m. **I·** Action, fait de passer. **1·** (En traversant un lieu, en passant par un endroit) *Passage interdit. Les horaires de passage des bus.* – ***Au passage*** : au moment où qqn ou qqch. passe à un endroit. – Fig. *Il faut saisir les occasions au passage.* – ***De passage*** : qui ne fait que passer, ne reste pas longtemps. *Un ami de passage à Paris.* **2·** Traversée sur un navire. *Payer le passage.* **3·** ***Examen de passage*** : examen auquel sont soumis des élèves pour passer dans la classe supérieure. **4·** Le fait de passer d'un état à un autre. *Le passage de la joie à l'abattement.* – En psychologie. ***Passage à l'acte*** : déclenchement d'une action (généralement violente). **II· 1·** Endroit par où l'on passe. *Il se frayait un passage parmi les broussailles. Je vais te montrer le passage.* – ***Sur le passage de*** : sur le chemin de qqn. *L'ennemi semait la terreur sur son passage.* **2·** Petite voie, généralement couverte, permettant de passer d'une rue à l'autre. *On peut prendre le passage (couvert) pour rejoindre cette rue* (à Lyon, on dit une *traboule*). **3·** ***Passage à niveau*** : croisement sur le même plan d'une voie ferrée et d'une route. – ***Passage souterrain*** : tunnel sous une voie de communication. ***Passage clouté*** : passage limité sur la chaussée (autrefois, en France, par des clous, puis par des bandes blanches), où doivent traverser les piétons. **III·** Fragment d'une œuvre. → **extrait, morceau.** *Elle relisait ses passages préférés.* ▷ ① **passager,** ② **passager**

① **passager, ère** [pɑ(a)saʒe, ɛʀ] n. Personne transportée à bord d'un navire, d'un avion, d'une voiture et qui ne fait pas partie de l'équipage, n'est pas le conducteur. (Pour un train, on dit *voyageur, euse*). *Les passagers d'une voiture.*

② **passager, ère** adj. Dont la durée est brève. → **court, éphémère.** / contr. durable / *Un bonheur passager.* → **fugace.** ▶ **passagèrement** adv. Pour peu de temps seulement.

① **passant, ante** [pɑsɑ̃, ɑ̃t] adj. Où il passe beaucoup de gens, de véhicules. → **fréquenté.** *Une rue passante.*

② **passant, ante** n. Personne qui passe dans un lieu, dans une rue. → **promeneur.** *Le camelot interpellait les passants.*

③ **passant** n. m. Anneau de tissu ou de cuir cousu à un vêtement ou à une boucle et qui sert à tenir une courroie en place. *Les passants d'une ceinture.*

passation [pɑ(a)sɑsjɔ̃] n. f. **1·** En droit. Action de passer (un acte). → ② **passer** (II, 9). *La passation d'un contrat.* **2·** *Passation de pouvoirs, des pouvoirs,* action de passer les pouvoirs à un autre, à d'autres. → **transmission.**

□1 **passe** [pɑs] n. f. **I·** Action de passer (dans quelques sens). **1·** Action d'avancer sur l'adversaire, en escrime. **2·** Fig. ***Passe d'armes :*** échange d'arguments, de répliques vives. **3·** *Mot de passe :* formule convenue qui permet de passer librement, de se faire connaître. – En informatique. Combinaison de caractères qui permet à un utilisateur d'accéder à un réseau, un site, un ordinateur... **4·** *Maison de passe :* de prostitution. **5·** Action de passer la balle à un partenaire. *Une passe de basket.* **II·** Endroit où l'on passe. → **passage** (II). Passage étroit. → **canal, chenal.** – En montagne. → □3 **col. III·** Loc. **1·** ***Être en passe de :*** en position, sur le point de. *Nous ne sommes pas encore célèbres, mais nous sommes en passe de l'être.* **2·** ***Être dans une bonne, une mauvaise passe :*** dans une période de chance, de bonheur ; dans une période d'ennuis. *Il vient de traverser une mauvaise passe.*

□2 **passe** n. m. Fam. Passe-partout. *Les cambrioleurs avaient un passe.*

□3 **passe** n. m. Anglic. Permis, carte, badge qui permet de franchir un contrôle et de donner accès à un lieu, un service. *Ce passe donne accès à dix musées.*

□1 **passé** [pɑse] n. m. **I· 1·** Ce qui a été, précédant un moment donné, ce qui s'est passé. /contr. avenir, futur/ *Avoir le culte du passé,* être conservateur, traditionaliste. *Oublions le passé.* Fam. *Tout ça, c'est du passé.* **2·** Vie passée, considérée comme un ensemble de souvenirs. *Elle revenait sans cesse sur son passé.* **II· 1·** Partie du temps, cadre où chaque chose passée aurait sa place. *Le passé, le présent et l'avenir. Le passé le plus reculé.* – ***Par le passé :*** autrefois. **2·** Temps révolu où se situe l'action ou l'état exprimé par le verbe ; formes de ce verbe (→ **imparfait**). *Le passé simple* (ex. : *je vins*), *composé* (ex. : *je suis venu*), *récent* (ex. : *je viens d'arriver*). *Le futur du passé* (ex. : *je viendrais*). → **conditionnel.** ▶ **passéisme** n. m. Goût excessif pour le passé. ▶ **passéiste** adj. et n. *Une vision passéiste de l'entreprise.* – N. *C'est un passéiste.*

□2 **passé** prép. Après, au-delà, dans l'espace ou le temps. /contr. avant/ *Passé huit heures du soir, les rues sont désertes.*

□3 **passé, ée** adj. **1·** Qui n'est plus, est écoulé. *Le temps passé. Il est huit heures passées,* plus de huit heures. **2·** Éteint, fané. *Des couleurs passées.*

passe-droit [pɑsdʀwa] n. m. Faveur accordée contre le règlement. *Profiter de nombreux passe-droits.*

passe-lacet [pɑslasɛ] n. m. **1·** Grosse aiguille servant à introduire un lacet dans un œillet, une coulisse. *Des passe-lacets.* **2·** Loc. fam. *Être raide comme un passe-lacet,* sans un sou.

passementerie [pɑ(a)smɑ̃tʀi] n. f. **1·** Ensemble des ouvrages de fil destinés à l'ornement, en couture ou en décoration. **2·** Commerce, industrie des ouvrages de passementerie. *Passementerie militaire.*

passe-montagne [pɑsmɔ̃taɲ] n. m. Chaude coiffure de tricot ne laissant qu'une partie du visage à découvert. *Des passe-montagnes.*

passe-partout [pɑspaʀtu] n. m. invar. Clé servant à ouvrir plusieurs serrures. → **crochet,** □2 **passe.** *Des passe-partout.* – En appos. Invar. Qui convient partout. *Une tenue passe-partout.*

passe-passe [pɑspɑs] n. m. invar. ***Tour de passe-passe :*** tour d'adresse des prestidigitateurs. – Fig. Tromperie habile. *Des tours de passe-passe.*

passe-plat [pɑspla] n. m. Guichet pour passer les plats, les assiettes. *Des passe-plats.*

passepoil [pɑspwal] n. m. Liséré, bordure de tissu formant un bourrelet entre deux pièces cousues.

passeport [pɑspɔʀ] n. m. Pièce certifiant l'identité et la nationalité, délivrée à une personne pour lui permettre de se rendre à l'étranger. *Faire renouveler son passeport, faire mettre un visa sur son passeport. Passeport biométrique.*

□1 **passer** [pɑse] v. intr. < conjug. 1 > **REM.** Avec l'auxiliaire *être,* parfois *avoir.* **I·** Se déplacer d'un mouvement continu (par rapport à un lieu fixe, à un observateur). **1·** Être momentanément (à tel endroit), en mouvement. *Passer à un endroit, dans un lieu. Le train va passer ; il est passé.* – *Ne faire que passer,* rester très peu de temps. – ***En passant :*** au passage. – *Soit dit en passant,* par parenthèse. **2·** Être projeté (film), diffusé (émission). **3·** (avec certaines prép.) ***Passer sous, dessous.*** *Passer sous un porche.* – *Passer sous une voiture,* être écrasé. – ***Passer sur, dessus.*** *Passer sur un pont.* – Fig. ***Passer sur le corps, le ventre*** *de qqn,* éliminer l'obstacle que représente une personne pour parvenir à ses fins. – Ne pas s'attarder sur (un sujet). *Passer rapidement sur les détails.* Absolt. *Passons !* – Ne pas tenir compte de, oublier volontairement (qqch.). – ***Passer outre.*** → **outre ; outrepasser.** – ***Passer à (au) travers :*** traverser. *Passer à travers bois.* → **couper, prendre.** – *Passer au travers de difficultés,* les éviter, y échapper. – ***Passer près, à côté*** *de qqn, de qqch.* – ***Passer entre*** (deux personnes, deux choses). – ***Passer devant, derrière :*** précéder, suivre (dans l'espace). *Je passe devant pour vous montrer le chemin.* – ***Passer avant, après :*** précéder, suivre (dans le temps). *Passez donc ! Après vous !* – Abstrait *Passer avant,* être plus important. *Sa mère passe avant sa femme.* **4·** Absolt Franchir un endroit difficile, dangereux, interdit. *Halte ! on ne passe pas !*

– *Laisser passer* : faire en sorte que qqn, qqch. passe. → **laissez-passer.** – (Sujet chose) Traverser un filtre (liquide). *Le café est en train de passer.* – (Aliments) Être digéré. *Mon déjeuner ne passe pas.* – Fam. *Le, la sentir passer,* subir qqch. de pénible, souffrir. **5·** Absolt Être accepté, admis. – ***Passe, passe encore*** : cela peut être admis. **6·** ***Passer par*** : traverser (un lieu) à un moment de son trajet. *Passer par Calais pour se rendre en Angleterre.* → **via.** *Il est passé par l'université,* il y a fait des études. – Loc. *Une idée m'est passée par la tête,* m'a traversé l'esprit. – Fig. *Je suis passé par là,* j'ai eu les mêmes difficultés. – ***Y passer*** : subir nécessairement (une peine, un sort commun). – Spécialt Fam. Mourir. **7·** *Passer inaperçu,* rester, être inaperçu. **II·** Aller. **1·** ***Passer de... à, dans, en...*** : quitter (un lieu) pour aller dans (un autre). → **se rendre.** *Passer d'une pièce dans une autre. La nouvelle est passée de bouche en bouche.* → **circuler.** – (Changement d'état) *Passer de vie à trépas* : mourir. *Il passe d'un extrême à l'autre.* **2·** (Sans *de*) ***Passer à, dans, en, chez, quelque part,*** aller. *Passons à table. Je passerai chez vous.* – S'établir, s'installer. *Passer à l'étranger. Passer à l'ennemi. Usage qui passe dans les mœurs.* – Accéder. *Elle est passée dans la classe supérieure.* → **passage** (I, 3). **3·** ***Passer*** (+ inf.) : aller (faire qqch.). *Je passerai vous prendre demain.* **4·** (Choses) ***Y passer*** : être consacré à. *Il aime le cinéma, tout son argent y passe.* **5·** ***Passer à*** : en venir à. *Passer à l'action. Passons à autre chose.* **6·** (Suivi d'un attribut) Devenir. *Il est passé maître dans cet art.* **III·** (Sans compl.) Sens temporel. **1·** S'écouler (temps). *Les jours passaient. Comme le temps passe !* **2·** Cesser d'être ou avoir une durée limitée. → **disparaître.** *La douleur va passer. Faire passer à qqn le goût, l'envie de qqch.* **3·** (Couleur) Perdre son intensité, son éclat. → **pâlir.** *Le bleu passe au soleil.* **IV·** Verbe d'état (auxiliaire *avoir*) ***Passer pour*** : être considéré comme, avoir la réputation de. *Il a longtemps passé pour un génie.* – *Elle l'avait fait passer pour un idiot.* – Pronom. *Se faire passer pour ce qu'on n'est pas.* – (Choses) Être pris pour. *Cela peut passer pour vrai.* ▶ 2 **passer** v. tr. <conjug. 1> **REM.** Avec l'auxiliaire *avoir*, passif avec *être*. **I·** Traverser ou dépasser. **1·** Traverser (un lieu, un obstacle). → **franchir.** *Passer une rivière, un col* (→ 1 **passe**). *Passer la frontière.* – Littér. Aller le long de, s'en aller par. *Passez votre chemin !* **2·** *Passer un examen,* en subir les épreuves. *Elle vient de passer l'oral.* **3·** Employer (un temps), se trouver dans telle situation pendant (une durée). *Passer la soirée chez qqn.* – *Passer le temps à* (+ inf.). → **employer.** **4·** Abandonner (un élément d'une suite). → **oublier, sauter.** *Passer une ligne en copiant.* **5·** ***Passer*** *(qqch.) à qqn.* → **permettre.** *Ses parents lui passent tout. Passez-moi l'expression* (se dit pour s'excuser). **6·** Dépasser (dans l'espace). – Loc. *Passer le cap de,* franchir (un âge critique, une difficulté). – *Passer les limites, les bornes,* aller trop loin. → **outrepasser.** – (Dans le temps) *Il a passé la limite d'âge.* **II·** Faire passer. **1·** Faire traverser (qqch.). *Passer des marchandises en transit.* – Faire mouvoir, aller, fonctionner. *Passer l'aspirateur.* **2·** *Passer* (qqch.) *sur,* étendre. *Passer une couche de peinture sur une porte.* **3·** *Passer* (qqn, qqch.) *par, à* : soumettre à l'action de. *Passer un instrument à la flamme.* **4·** Faire traverser un filtre (en parlant d'un liquide). *Passer le café.* **5·** Projeter, diffuser. *Passer un film, un D. V. D., une émission.* → **visionner, voir.** *Passer un film à qqn, se le passer.* → **montrer.** **6·** Mettre rapidement. → **enfiler.** *Passer une veste.* **7·** Enclencher (les commandes de vitesse d'un véhicule). *Passer la troisième.* **8·** *Passer qqch. à qqn,* remettre. → **donner.** *Passe-moi le sel.* – récipr. *Ils se sont passé le mot,* ils se sont mis d'accord. – *Passer la parole à qqn,* la lui donner. – *Passez-moi M. le Directeur,* mettez-moi en communication avec lui. – *Passer une maladie à qqn,* la lui donner par contagion. → **transmettre.** **9·** Faire, établir. *Passer un contrat, une commande.* → **passation.** ▶ 3 **se passer** v. pron. **I·** **1·** S'écouler (cf. ci-dessus, III). *Des moments qui se passent dans l'attente.* – Prendre fin. **2·** Être (en parlant d'une action, d'un événement qui a une certaine durée). → **se produire.** *L'action se passe au* XVIe *siècle. Cela s'est bien passé, mal passé.* – Loc. *Cela ne se passera pas comme ça,* je ne le tolérerai pas. – Impers. *Que se passe-t-il ? Qu'est-ce qui se passe ?,* qu'est-ce qu'il y a ? **II·** ***Se passer de.*** **1·** Vivre sans (en s'accommodant de cette absence). *Se passer d'argent.* – *Nous nous passerons d'aller au théâtre.* → **s'abstenir.** *Je m'en passerais bien.* **2·** (Choses) Ne pas avoir besoin. *Cela se passe de commentaires !*
▷ **dépasser, impasse, laissez-passer, outrepasser, 1 pas, passable, passade, passage, 1 passant, 2 passant, 3 passant, passation, 2 passe, 1 passé, 2 passé, 3 passé, passe-droit, passe-lacet, passementerie, passe-montagne, passe-partout, passe-passe, passe-plat, passepoil, passeport, passerelle, passe-temps, passeur, passoire, repasser, surpasser, trépasser**

passereau [pasʀo] n. m. Oiseau du genre alouette, hirondelle, moineau, etc. – *Les passereaux,* les oiseaux de ce genre.

passerelle [pasʀɛl] n. f. **1·** Pont étroit, réservé aux piétons (pour passer). *Les rambardes d'une passerelle.* **2·** Plan incliné mobile par lequel on peut accéder à un navire, un avion. – Fig. Moyen d'accès, communication. **3·** Salle de navigation, la plus élevée d'un navire. *Le commandant est sur la passerelle.*

passe-temps [pastɑ̃] n. m. Ce qui fait passer agréablement le temps. → **amusement, divertissement.**

passeur, euse [pɑsœʀ, øz] n. 1· Personne qui conduit un bac, fait passer une rivière. → **batelier.** 2· Personne qui fait passer clandestinement une frontière à qqn ou qqch. (capitaux, objets de valeur...).

passible [pasibl] adj. *Passible de :* qui doit subir (une peine). *Être passible d'une amende.* → **encourir.**

1 **passif** [pɑsif] n. m. Ensemble de dettes et charges financières. / contr. actif / *Son passif est trop élevé, il risque de faire faillite.*

2 **passif, ive** adj. 1· Qui se contente de subir, ne fait preuve d'aucune activité, d'aucune initiative. / contr. actif / *Il reste passif devant le danger,* il ne réagit pas. *Une femme passive.* – *Résistance passive,* sans action. 2· *Défense passive.* → **défense.** ▷ **passivement, passivité**

3 **passif, ive** adj. et n. m. Se dit des énoncés et des formes verbales présentant l'action comme subie par le sujet et exercée par l'agent. / contr. actif / – N. m. *Le passif se forme avec l'auxiliaire « être » et le participe passé* (ex. : Juliette *est aimée* de, par, Roméo).

passiflore [pasiflɔʀ] n. f. Plante tropicale à larges fleurs étoilées qui évoquent les clous de la Passion (II). *Fruit de la passiflore.* → **fruit de la passion.**

passim [pasim] adv. Çà et là (dans tel ouvrage), en différents endroits (d'un livre). *Page neuf et passim.*

passion [pɑ(a)sjɔ̃] n. f. I· 1· Surtout au plur. État affectif et intellectuel assez puissant pour dominer la vie mentale. *Obéir, résister à ses passions, vaincre ses passions.* → **désir.** 2· L'amour, quand il apparaît comme une inclination puissante et un sentiment intense. *Déclarer sa passion.* → 1 **flamme.** *L'amour-passion. Passion subite.* → coup de **foudre.** 3· *La passion de...,* vive inclination vers un objet que l'on poursuit, auquel on s'attache de toutes ses forces. *La passion du jeu, des voyages. La peinture, les musées, c'est une passion chez lui.* 4· Affectivité violente, qui nuit au jugement. / contr. lucidité, raison / *Il faut résoudre ces problèmes sans passion.* – Opinion irraisonnée affective et violente. → **fanatisme.** *Céder aux passions politiques.* 5· *La passion,* ce qui, de la sensibilité, de l'enthousiasme de l'artiste, passe dans l'œuvre. → **émotion, vie.** *Œuvre pleine de passion.* II· 1· Religion. *La Passion.* Souffrance et supplice du Christ. 2· *Fleur, fruit de la passion,* de la passiflore*. ▶ **passionnel, elle** adj. 1· Relatif aux passions (I, 1), qui évoque la passion. *Des états passionnels.* 2· Inspiré par la passion (I, 2) amoureuse. *Un crime, un drame passionnel.* ▶ **passionner** v. tr. < conjug. 1 > I· 1· Éveiller un très vif intérêt. *Ce film m'a passionné.* → **passionnant.** 2· Empreindre de passion (I, 4). *Passionner un débat.* II· ***Se passionner*** v. pron. réfl. *Se passionner pour,* prendre un intérêt très vif. *Se passionner pour une science.* ▶ **passionnant, ante** adj. Qui passionne. → **émouvant, palpitant.** *Des romans passionnants. Des films passionnants.* – (Personnes) *Des gens passionnants.* ▶ **passionné, ée** adj. 1· (Personnes) Animé, rempli de passion. *Un amoureux passionné.* N. *C'est un passionné.* – *Passionné de, pour...,* qui a une vive inclination pour (qqch.). → **fanatique.** – N. *C'est un passionné de moto.* 2· (Choses) *Le récit passionné d'une aventure.* ▶ **passionnément** adv. Avec passion. *Il l'aime passionnément.* ▷ **dépassionner**

passivement [pasivmɑ̃] adv. D'une manière passive 2. / contr. activement / *Il supporte passivement les humiliations.*

passivité [pasivite] n. f. État ou caractère de celui, de celle ou de ce qui est passif. → **inertie.** / contr. activité, dynamisme / *La passivité d'un élève.*

passoire [pɑswaʀ] n. f. Récipient percé de trous, utilisé pour écraser ou égoutter des aliments, pour passer des liquides. → 2 **chinois.** – Abstrait. *Sa mémoire est une passoire,* il (elle) ne retient rien.

pastel [pastɛl] n. m. 1· Bâtons de couleur utilisés dans les arts plastiques. *Pastel gras, sec.* → **crayon.** *Des portraits au pastel.* 2· En appos. Invar. *Bleu pastel. Des tons pastel,* doux et clairs comme ceux du pastel. 3· Œuvre faite au pastel. *Des pastels et des aquarelles.* ▶ **pastelliste** n. Peintre de pastels.

pastèque [pastɛk] n. f. Gros fruit comestible à peau verte et luisante, à chair rouge et juteuse. (Syn. : **melon d'eau.**) ≠ melon vert. *Une tranche de pastèque.*

pasteur [pastœʀ] n. 1· N. m. Littér. Celui qui garde, qui fait paître le bétail. → **berger, pâtre.** 2· Chef spirituel. *Le Bon Pasteur :* le Christ. 3· N. Ministre d'un culte protestant. → **prêtre.** – Au Canada, le fém. est *pasteure.* ▷ **pastoral, pastoureau**

pasteuriser [pastœʀize] v. tr. < conjug. 1 > Stériliser un liquide en le chauffant fortement (environ 100 °C) et en le refroidissant brusquement. → **upériser.** – *Lait pasteurisé.* → **U. H. T.** ▶ **pasteurisation** n. f. REM. Ces mots viennent du nom de *Louis Pasteur.*

pastiche [pastiʃ] n. m. Imitation ou évocation du style, de la manière (d'un écrivain, d'un artiste, d'une école), pour amuser. ≠ plagiat. *Faire, écrire des pastiches des classiques.* ≠ postiche. ▶ **pasticher** v. tr. < conjug. 1 > Imiter la manière, le style de. *Il s'amusait à pasticher Hugo.* ▶ **pasticheur, euse** n. Auteur de pastiches ; imitateur.

pastille [pastij] n. f. **1·** Petit morceau d'une pâte pharmaceutique ou d'une préparation de confiserie. *Pastille de menthe.* → **bonbon. 2·** Dessin en forme de petit disque. → **pois.**

pastis [pastis] n. m. invar. **1·** Boisson alcoolisée à l'anis, qui se consomme avec de l'eau. **2·** Fam. Situation délicate ou difficile. *Il s'est fourré dans un de ces pastis !*

pastoral, ale, aux [pastɔʀal, o] adj. et n. f. **1·** Littér. Relatif aux pasteurs (1), aux bergers. *Une vie pastorale.* – *La Symphonie pastorale (Beethoven) évoque la nature champêtre.* **2·** N. f. ***Pastorale*** : ouvrage littéraire ou pictural dont les personnages sont des bergers. → **bergerie.**

pastoureau, elle [pastuʀo, ɛl] n. Littér. Petit berger, petite bergère.

patache [pataʃ] n. f. Autrefois. Diligence à bon marché.

patachon [pataʃɔ̃] n. m. Fam. *Mener une **vie de patachon*** : agitée, consacrée aux plaisirs.

patapouf [patapuf] n. m. Fam. Personne, enfant gros et gras. *Regardez-moi ce gros patapouf !*

pataquès [patakɛs] n. m. invar. Faute grossière de langage (ex. : *ce n'est pas-t-à moi*). → **barbarisme,** ② **cuir.**

patate [patat] n. f. **1·** ***Patate douce*** : plante tropicale, cultivée pour ses gros tubercules comestibles ; le tubercule. **2·** Fam. Pomme de terre. *Éplucher les patates.* **3·** Fam. Personne niaise, stupide. *Quelle patate, ce type !* **4·** Loc. fam. *En avoir **gros sur la patate*** : sur le cœur.

patati, patata [patati, patata] onomat. Fam. Évoque un long bavardage. *Et patati ! et patata ! ils n'arrêtent pas.*

patatras [patatʀa] interj. Onomatopée exprimant le bruit d'un corps qui tombe avec fracas. *Patatras ! Voilà le vase cassé !* → **badaboum.**

pataud, aude [pato, od] n. et adj. **1·** N. Enfant, individu à la démarche pesante et aux manières embarrassées. *Un gros pataud. Quelle pataude !* **2·** Adj. Qui est lent et lourd dans ses mouvements. → **gauche, maladroit.** *Il a une allure pataude.*

patauger [patoʒe] v. intr. < conjug. 3 > **1·** Marcher sur un sol détrempé, dans une eau boueuse. → **barboter.** *Enfants qui pataugent dans les flaques.* **2·** Abstrait. S'embarrasser, se perdre dans des difficultés. ▶ **pataugas** [patogas] n. m. invar. (Marque déposée) Chaussure de marche montante en toile légère, à semelle souple présentant des crans. *Des randonneurs en pataugas.* ▶ **pataugeoire** [patoʒwaʀ] n. f. Petit bassin de natation pour tout jeunes enfants. *Une pataugeoire en plastique.*

patchouli [patʃuli] n. m. Parfum entêtant extrait d'une plante tropicale.

patchwork [patʃwœʀk] n. m. Anglic. **1·** Ouvrage de couture rassemblant des carrés de couleurs et de matières différentes. **2·** Abstrait. Ensemble composite, hétéroclite. *Des patchworks.*

pâte [pɑt] n. f. **I· 1·** Préparation plus ou moins consistante, à base de farine délayée, que l'on consomme après cuisson. *Pétrir une pâte. Pâte à pain.* **2·** ***Pâtes, pâtes alimentaires*** : préparation culinaire à base de blé dur, vendue sous diverses formes : en feuilles → **lasagne,** en tubes → **macaroni,** en fines baguettes → **spaghetti,** etc. → **nouille.** *Des pâtes à l'italienne, à l'alsacienne. Un paquet de pâtes. Manger des pâtes.* **3·** Loc. *Mettre la **main à la pâte*** : travailler soi-même à qqch. – *Être comme un **coq en pâte*** : mener une vie très confortable, très heureuse. **II· 1·** Préparation, mélange plus ou moins mou. *Pâte à papier* (pour fabriquer le papier). *La pâte d'un fromage. Pâte de fruits,* friandise faite de fruits. – *Pâte dentifrice. Pâte à modeler.* **2·** Employé seul. Matière molle, collante. → **bouillie.** *Du riz trop cuit, une vraie pâte.* **3·** Matière formée par les couleurs travaillées. *Ce peintre a une pâte extraordinaire.* ≠ patte. **4·** Loc. *Une bonne pâte,* personne accommodante, très bonne. – *Une pâte molle,* personne sans caractère. ▷ **empâter,** ① **pâté, pâtée, pâteux, pâtisserie**

① **pâté** [pɑte] n. m. **1·** Préparation (de viande, etc.) dans une pâte. → **tourte. 2·** Préparation de charcuterie, hachis de viandes épicées cuit dans une terrine et consommé froid. *Pâté de campagne. Pâté de foie, de lapin. Chair à pâté.* – *Pâté en croûte* (enveloppé dans une croûte).

② **pâté** n. m. **1·** ***Pâté de maisons*** : ensemble de maisons formant bloc. **2·** *Pâté de sable* ou, absolt, *pâté,* sable moulé à l'aide d'un seau, d'un moule (jeu d'enfant). **3·** Grosse tache d'encre. *Je n'arrive pas à lire, il y a un pâté.*

pâtée [pɑte] n. f. **1·** Mélange de pâte, de farine, de son, d'herbes, etc., dont on engraisse la volaille, les porcs (→ **gaver**). **2·** Mélange d'aliments formant une pâte dont on nourrit les chiens, les chats.

1 patelin, ine [patlɛ̃, in] adj. Littér. Doucereux, flatteur. *Elle était toute pateline. Un ton patelin.* → **hypocrite, mielleux.**

2 patelin n. m. Fam. Village, localité, pays. *Il est allé passer ses vacances dans un patelin perdu.* → **bled, trou.**

patelle [patɛl] n. f. **1·** Mollusque à coquille conique qui vit fixé aux rochers. → **bernicle. 2·** Religion. Vase sacré. → **patène, patère.**

patène [patɛn] n. f. Vase sacré, petite assiette servant à présenter l'hostie avant de la consacrer.

patenôtre [patnotʀ] n. f. Iron. Prière. *Les vieilles marmottaient leurs patenôtres.* → **Notre-Père, Pater.**

patent, ente [patɑ̃, ɑ̃t] adj. Littér. Évident, manifeste. / contr. douteux / *Une injustice patente.* → **flagrant.** ≠ latent.

patente [patɑ̃t] n. f. **1·** Écrit public émanant du roi qui établissait un droit ou un privilège. – Adj. *Lettre patente.* **2·** Impôt direct annuel, auquel étaient assujettis les commerçants, artisans, etc. → taxe professionnelle. *Payer sa patente.* **3·** Au Canada. *Et toute la patente* : et tout le reste, tout le bazar. ▶ **patenté, ée** adj. **1·** (Autrefois). Soumis à la patente ; qui paye patente. **2·** Fam. Attitré, reconnu. *Des imbéciles patentés.*

patenter [patɑ̃te] v. tr. < conjug. 1 > Au Canada. Fam. **1·** Installer avec ce que l'on a à disposition. → **bricoler. 2·** Réparer grossièrement. → **rafistoler. 3·** Protéger par un brevet d'invention. → **breveter.**

Pater [patɛʀ] n. m. invar. Vx. Prière qui commence (en latin) par les mots *Pater noster* (Notre Père). *Dire deux Pater et trois Ave.*

patère [patɛʀ] n. f. **1·** Pièce de bois ou de métal fixée à un mur, qui sert à suspendre les vêtements. *Accrocher son pardessus à une patère.* ≠ portemanteau. **2·** Vase sacré. → **patelle.**

paternalisme [patɛʀnalism] n. m. Tendance à imposer un contrôle, une domination politique, sur le modèle du père à l'égard de ses enfants. ▶ **paternaliste** adj. *Il, elle est paternaliste. La politique paternaliste de certains pays à l'égard de leurs anciennes colonies.* → **néo-colonialiste.**

paterne [patɛʀn] adj. Littér. Qui montre ou affecte une bonhomie doucereuse. *Un air paterne.*

paternel, elle [patɛʀnɛl] adj. et n. m. **1·** Qui est propre au père ; du père. *Amour paternel. Autorité paternelle.* **2·** N. m. Fam. Père. *Attention ! voilà mon paternel !* – Abrév. fam. **pater** [patɛʀ]. ▶ **paternellement** adv. Avec bienveillance, comme un bon père. *Il l'accueillit paternellement.* ▶ **paternité** n. f. **1·** État, qualité de père ; sentiment paternel. *Les soucis de la paternité. Il a pris un congé de paternité.* **2·** Lien qui unit le père à son enfant. *Paternité légitime. Paternité civile* (de l'adoption). **3·** (Se dit aussi des femmes) Fait d'être l'auteur (de qqch.). *Revendiquer la paternité d'un ouvrage ; d'une idée.* ▷ **paternalisme**

pâteux, euse [pɑtø, øz] adj. **1·** Qui a une consistance semblable à celle de la pâte. **2·** Abstrait. *Style pâteux*, lourd. **3·** Loc. *Avoir la bouche, la langue pâteuse*, une salive épaisse, la langue embarrassée. ▶ **pâteusement** adv.

pathétique [patetik] adj. et n. m. **1·** Adj. Qui suscite une émotion intense, souvent pénible (douleur, pitié, horreur, terreur, tristesse). → **touchant.** *Un film pathétique.* **2·** N. m. Littér. Caractère pathétique ; expression de ce qui est propre à émouvoir fortement. *Il donne dans le pathétique et le mélodrame.* → **pathos.** ▶ **pathétiquement** adv. *Sangloter pathétiquement.*

-pathie, -pathique, -pathe Éléments signifiant « ce qu'on éprouve » (ex. : *antipathie, apathique, névropathe*). ▷ **allopathie, antipathie, apathie, empathie, encéphalopathie, homéopathie, myopathie, naturopathie, névropathe, ostéopathie, psychopathe, sympathie, télépathie**

patho- Élément signifiant « maladie ». ▶ **pathogène** [patɔʒɛn] adj. Qui peut causer une maladie. *Microbe pathogène.* ▶ **pathologie** n. f. Science qui a pour objet l'étude et la connaissance des causes et des symptômes des maladies. *Pathologie et thérapeutique.* → **médecine.** ▶ **pathologique** adj. **1·** Relatif à la maladie ; dû à la maladie. *Anatomie pathologique. État pathologique.* → **morbide. 2·** Fam. (Comportement) Anormal, irrépressible. *Je ne peux m'en empêcher, c'est pathologique.* → **maladif.**

pathos [patos] n. m. invar. Littér. et péj. Ton pathétique excessif, dans un discours, un écrit. *Tomber dans le pathos.* ▷ **pathétique**

patibulaire [patibylɛʀ] adj. Relatif à un homme qui semble digne de la potence, d'être pendu. → **inquiétant, sinistre.** *Une mine patibulaire*, de bandit. – *Fourche patibulaire*, dans l'Antiquité, gibet.

patience [pasjɑ̃s] n. f. **I·** *La patience* **1·** Vertu qui consiste à supporter les désagréments, les malheurs. → **résignation ; courage.** REM. Vx, sauf dans des loc. *S'armer de patience. Prendre patience. Souffrir avec patience.* → **endurer. 2·** Qualité qui fait qu'on persévère dans une activité, un travail de longue haleine, sans se décourager. → **constance.** / contr. impatience / *Ce travail lui a demandé beaucoup de patience.* **3·** Qualité d'une personne qui sait attendre, en gardant son calme. / contr. impatience / *Il n'a aucune patience. Après une heure d'attente, il a perdu patience. Ma patience a des limites !* **4·** ***Patience !*** : interjection pour exhorter à la patience. **5·** ***Jeu de patience*** : qui consiste à remettre en ordre des pièces irrégulièrement découpées. → **puzzle, solitaire** (III). **II·** ***Une patience*** : jeu solitaire consistant à remettre en ordre un jeu de cartes selon certaines règles. → **réussite.** *Je fais des patiences.* ▶ **patient, ente** adj. et n. **I·** Adj. **1·** Qui a de la patience, fait preuve de patience. *Soyez patient, je reviens tout de suite. Un chercheur patient.* → **persévérant.** / contr. impatient / **2·** (Choses) Qui manifeste de la patience. *Un patient labeur.* **II·** N. Personne qui subit ou va subir une opération chirurgicale ; malade qui est l'objet d'un traitement, d'un examen médical. *Le médecin et ses patients.* → **client.** ▶ **patientèle** [pasjɑ̃tɛl] n. f. Ensemble des patients (d'un professionnel de santé). *La patientèle d'un dentiste.* ▶ **patiemment** [pasjamɑ̃] adv. Avec patience, d'une manière patiente. / contr. impatiemment / *Elle l'attendit patiemment.* ▶ **patienter** [pasjɑ̃te] v. intr. < conjug. 1 > Attendre (avec patience). *Faites-le patienter un instant.* ▷ **impatience, impatient**

patin [patɛ̃] n. m. **1·** Pièce de tissu sur laquelle on pose le pied pour avancer sans salir le parquet. **2·** ***Patin (à glace)*** : dispositif formé d'une lame verticale fixée à la chaussure et destiné à glisser sur la glace. *Une paire de patins à glace.* – *Le patin,* le patinage. *Faire du patin.* – ***Patin (à roulettes)*** : dispositif pouvant se fixer à la chaussure et monté sur quatre roulettes. – *Le patin à roulettes. Il préfère le patin à la planche à roulettes.* → **roller. 3·** *Patin de frein,* organe mobile dont le serrage, contre la jante d'une roue de bicyclette, de cyclomoteur, permet de freiner. ▶ ① **patiner** [patine] v. intr. < conjug. 1 > **1·** Glisser avec des patins (2). *Apprendre à patiner.* **2·** (Roue de véhicule) Glisser sans tourner ; tourner sans avancer. → **chasser, déraper.** *Les roues du camion patinent dans la boue.* ▶ **patinage** n. m. Technique du patin (2). *Patinage artistique. Piste de patinage.* → **patinoire.** ▶ **patinette** n. f. Appareil de locomotion composé d'une plate-forme allongée montée sur deux roues et d'un guidon fixe. → **trottinette.** *Patinette pliante. Patinette électrique.* ▶ **patineur, euse** n. Personne qui fait du patin à glace ou à roulettes. ▶ **patinoire** n. f. Piste de patinage sur glace. – Espace très glissant.

patine [patin] n. f. Dépôt qui se forme sur certains objets anciens ; couleur qu'ils prennent avec le temps. *La patine d'un meuble.* ▶ ② **patiner** v. tr. < conjug. 1 > Couvrir de patine. – Pronominalement. *Des sculptures qui commencent à se patiner.*

patio [pasjo ; patjo] n. m. Cour intérieure d'une maison de style espagnol.

pâtir [pɑtiʀ] v. intr. < conjug. 2 > ***Pâtir de*** : souffrir à cause de ; subir les conséquences fâcheuses, pénibles de. *Pâtir de l'injustice.* → **endurer.** *Sa santé pâtira de ses excès. Il en pâtira.* ▷ **passif, passion**

pâtisserie [pɑ(a)tisʀi] n. f. **1·** Préparation de la pâte pour la confection de gâteaux ; préparation des gâteaux, en général. *Four, moule, rouleau à pâtisserie.* **2·** ***Une pâtisserie*** : préparation sucrée de pâte travaillée. → **gâteau.** *Aimer les pâtisseries* ou (collectif) *la pâtisserie.* **3·** Commerce, industrie de la pâtisserie ; fabrication et vente de gâteaux frais. – Magasin où l'on fabrique et où l'on vend des gâteaux. *Boulangerie-pâtisserie.* ▶ **pâtissier, ière** n. et adj. **1·** Personne qui fait, qui vend de la pâtisserie, des gâteaux. *Boulanger-pâtissier. Pâtissier-confiseur.* **2·** Adj. *Crème pâtissière,* utilisée pour garnir certaines pâtisseries (choux, éclairs).

patois, oise [patwa, waz] n. m. invar. et adj. Parler local, dialecte employé par une population généralement peu nombreuse, souvent rurale et qui n'a pas le prestige social et culturel de la langue dominante. *Son grand-père parle patois (en patois, le patois).* – Adj. *Mot patois. La variante patoise d'un mot.* ▶ **patoisant, ante** adj. Qui parle patois.

patraque [patʀak] adj. Fam. Un peu malade, en mauvaise forme. → mal **fichu, souffrant.** *Il est un peu patraque. Je me sens patraque.*

pâtre [pɑtʀ] n. m. Littér. Celui qui garde, fait paître le bétail. → **berger, pasteur.**

patr(i)- Élément signifiant « père ». ▶ **patriarche** [patʀijaʀʃ] n. m. **1·** Dans la Bible. Nom donné aux pères de l'humanité. *Adam, Noé, Abraham sont des patriarches.* **2·** Vieillard qui mène une vie simple et paisible, entouré d'une nombreuse famille. → **patriarcal.** *Mener une vie de patriarche.* **3·** Chef d'une Église séparée de l'Église romaine. – Archevêque des Églises orientales. ▶ **patriarcal, ale, aux** [patʀijaʀkal, o] adj. **1·** Relatif aux patriarches ou qui en rappelle la simplicité, les mœurs paisibles. **2·** Qui est organisé selon les principes du patriarcat. *Une société patriarcale.* ▶ **patriarcat** n. m. **1·** Dignité de patriarche. – Circonscription d'un patriarche (3). **2·** Forme de famille fondée sur la puissance paternelle et la suprématie des hommes par rapport aux femmes. – Structure, organisation sociale fondée sur la famille patriarcale (opposé à *matriarcat*).

patricien, ienne [patʀisjɛ̃, jɛn] adj. et n. **1·** Personne qui appartenait, de par sa naissance, à la classe supérieure des citoyens romains (appelés *patrices,* n. m.). / contr. plébéien / **2·** Littér. Aristocrate. ≠ praticien.

patrie [patʀi] n. f. **1·** Nation, communauté à la fois sociale et politique à laquelle on appartient ou à laquelle on a le sentiment d'appartenir ; pays habité par cette communauté. *L'amour de la patrie.* → **patriotisme.** *Ils ont la même patrie.* → **compatriote.** *Sans patrie.* → **apatride.** *Quitter sa patrie.* → s'**expatrier.** – *L'art n'a pas de patrie,* concerne tous les hommes. *C'est ma seconde patrie,* le pays qui m'est le plus cher après le mien. **2·** Lieu (ville) où l'on est né. *Clermont-Ferrand est la patrie de Pascal.* ▶ **patriote** [patʀijɔt] n. et adj. Personne qui aime sa patrie et la sert avec dévouement. – Adj. *Être très patriote.* ▶ **patriotard, arde** n. et adj. Péj. Qui affecte un patriotisme exagéré. → **chauvin.** ▶ **patriotique** adj. Qui exprime l'amour de la patrie ou est inspiré par lui. *Avoir le sentiment patriotique. Des chants patriotiques.* ▶ **patriotiquement** adv. ▶ **patriotisme** n. m. Amour de la patrie ; désir, volonté de se dévouer, de se sacrifier pour la défendre. *Les résistants luttèrent avec patriotisme.* ▷ **apatride, compatriote, expatrier, rapatrier**

patrimoine [patʀimwan] n. m. **1·** Biens de famille, biens que l'on a hérités de ses père et mère. → **fortune.** *Dilapider son patrimoine.* **2·** Ce qui est considéré comme une propriété transmise par les ancêtres. *Le patrimoine culturel d'un pays. Le patrimoine génétique d'un individu.* ▶ **patrimonial, ale, aux** adj. En droit. Du patrimoine (1).

① **patron, onne** [patʀɔ̃, ɔn] n. **I·** Se dit du saint ou de la sainte dont on a reçu le nom au baptême, qu'un pays, une corporation reconnaît pour protecteur ; du saint à qui est dédiée une église. *Le patron des orfèvres est saint Éloi. Sainte Geneviève, patronne de Paris.* **II·** Personne qui commande à des employés. **1·** Maître, maîtresse de maison, par rapport à ses employés. *La femme de ménage a la confiance de ses patrons.* **2·** Personne qui dirige une maison de commerce ; chef d'une entreprise industrielle ou commerciale privée. *Le patron, la patronne d'un restaurant. Le patron d'une usine. Elle est le patron, la patronne de l'entreprise. Patron pêcheur. Le grand patron,* le président-directeur général. → **P.-D. G.** *Le patron, la patronne des patrons :* le, la président(e) du Medef, syndicat des patrons d'industrie français. **3·** Tout employeur, par rapport à ses subordonnés. / contr. ouvrier / *Rapports entre patrons et employés* (→ **patronat**). **4·** Professeur de médecine, chef de clinique. *Les grands patrons.* **5·** Personne qui dirige des travaux intellectuels, artistiques. *Patron de thèse.* **6·** Fam. Supérieur hiérarchique. *Il se prend pour le patron.* – **REM.** Les sens 3 à 6 ne s'emploient en France qu'au masculin, qu'il s'agisse de femmes ou d'hommes. ▶ **patronal, ale, aux** adj. **1·** Qui a rapport au saint patron (I) d'une paroisse. *Fête patronale.* **2·** Qui a rapport ou qui appartient aux chefs d'entreprise, aux patrons (II, 3). *Intérêts patronaux. Cotisation patronale.* / contr. ouvrier / ▶ **patronat** n. m. Ensemble des chefs d'entreprise. ▷ **patronner, patronnesse**

② **patron** n. m. Modèle de papier ou de toile préparé pour tailler un vêtement. *Le patron d'un manteau.*

patronage [patʀɔnaʒ] n. m. **1·** Appui donné par un personnage puissant ou un organisme. → **protection.** *Gala placé sous le haut patronage du président de la République.* → **parrainage.** **2·** Œuvre, société de bienfaisance visant à assurer une formation morale à des enfants, des adolescents. → **foyer.** *Patronage laïque, paroissial.* – *Un spectacle de patronage,* naïf et enfantin.

patronner [patʀɔne] v. tr. < conjug. 1 > Donner sa protection à (→ **patronage**). *Être patronné par un personnage influent.* → **protéger.** *Patronner une candidature.* → **appuyer.** ▷ **patronage**

patronnesse [patʀɔnɛs] adj. f. Iron. *Dame patronnesse :* qui se consacre à des œuvres de bienfaisance.

patronyme [patʀɔnim] n. m. Littér. Nom de famille (nom du père). ▶ **patronymique** adj. *Nom patronymique.*

patrouille [patʀuj] n. f. **1·** Ronde de surveillance faite par un détachement de police ; ce détachement. **2·** Au combat. Déplacement d'un groupe de soldats chargé de remplir une mission ; ce groupe. *Patrouille de reconnaissance.* – *Avions envoyés en patrouille. Patrouille de chasse.* ▶ **patrouiller** v. intr. < conjug. 1 > Aller en patrouille, faire une patrouille. *Les gardes-côtes patrouillent dans les eaux territoriales.* ▶ **patrouilleur, euse** n. **1·** Soldat qui fait partie d'une patrouille. **2·** N. m. Avion de chasse, navire de guerre d'escorte ou de surveillance.

patte [pat] n. f. **1·** (Animaux) Membre qui supporte le corps, sert à la marche (→ **jambe**). *Les quatre pattes des quadrupèdes. Les deux pattes d'une poule.* Loc. *Chien qui donne la patte.* – Loc. (Personnes) *Marcher **à quatre pattes** :* en posant les mains et les pieds (ou les genoux) par terre. – Par ext. Appendice servant à la marche (insectes, arthropodes, crustacés). *Les mille-pattes ont quarante-deux pattes.* **2·** Fam. Jambe. *Être bas, court sur pattes.* – *Avoir une patte folle,* boiter légèrement. *Il traînait la patte.* **3·** Fam. Main. ***Bas les pattes !*** : n'y touchez pas, ne me touchez pas.

– Loc. fam. *Coup de patte :* coup de main habile. *Ce peintre a le coup de patte, a de la patte,* est habile. ≠ pâte. **4**· Loc. fam. *Retomber sur ses pattes,* se tirer sans dommage d'une affaire fâcheuse. – *Montrer patte blanche,* montrer un signe de reconnaissance convenu, dire le mot de passe nécessaire pour entrer quelque part. – *Tirer dans les pattes de qqn,* lui susciter des difficultés, s'opposer sournoisement à lui (elle). **5**· Cheveux qui poussent devant l'oreille. *Ne coupez pas les pattes.* → **favori. 6**· Languette d'étoffe, de cuir (servant à fixer, à fermer). *La patte d'une poche, d'un portefeuille.* **7**· Attache de fer scellée, chevillée ou clouée. ▷ **empattement, mille-pattes, patte-d'oie**

patte-d'oie [patdwa] n. f. **1**· Carrefour d'où partent plusieurs routes. **2**· Petites rides qui partent du coin externe de l'œil. *Des pattes-d'oie.*

pattemouille [patmuj] n. f. Linge humide dont on se sert pour repasser les vêtements.

pâturage [pɑtyʀaʒ] n. m. Lieu couvert d'une herbe qui doit être consommée sur place par le bétail. → **pacage, prairie, pré ; herbage.** *Mener les vaches au pâturage* (→ **paître**). *Les verts pâturages.* ▶ **pâture** n. f. **1**· Ce qui sert à la nourriture des animaux. *L'oiseau apporte leur pâture à ses petits.* **2**· Ce qui sert d'aliment (à une faculté, à un besoin, à une passion) ; ce sur quoi une activité s'exerce. *La lecture, consulter Internet, c'est sa pâture.* Loc. *Donner, livrer sa vie privée en pâture aux journalistes.*

paturon [patyʀɔ̃] n. m. Partie du bas de la jambe du cheval. – Fam. Jambe.

paulownia [polɔnja] n. m. Grand arbre ornemental, à fleurs bleues ou mauves.

① **paume** [pom] n. f. Le dedans, l'intérieur de la main. → **creux.** *Il avait les paumes couvertes d'ampoules.*

② **paume** n. f. Sport, ancêtre du tennis, pratiqué en salle et qui consistait à se renvoyer une balle de part et d'autre d'un filet, au moyen d'une raquette et selon certaines règles. *Jouer à la paume.* – *Jeu de paume,* salle de jeu de paume. *Les députés du tiers état prêtèrent serment dans un jeu de paume* (Serment du jeu de paume, 1789).

paumelle [pomɛl] n. f. Technique. Charnière de métal réunissant le gond (d'un volet, d'une fenêtre, d'une porte) à la pièce où il s'articule (*œil*).

paumer [pome] v. tr. <conjug. 1> **1**· Vx. Fam. Arrêter, prendre qqn. *Il s'est fait paumer juste à la frontière.* → **pincer. 2**· Fam. Perdre. *J'ai paumé le fric.* – Pronominalement (réfl.). Se perdre. *Elle s'est paumée en route.* ▶ **paumé, ée** adj. Fam. Perdu, égaré. *Il est complètement paumé,* il ne sait plus où il en est. – N. Personne perdue pour la société. *C'est un paumé.* – Injure. *Va donc, eh, paumé !*

paupérisation [popeʀizasjɔ̃] n. f. Économie. Croissance de la pauvreté. *La paupérisation de certains pays du tiers monde.* → **appauvrissement.** *La paupérisation des chômeurs* (→ nouveau **pauvre**).

paupière [popjɛʀ] n. f. Chacune des deux parties mobiles qui recouvrent et protègent l'œil. *Battre des paupières.* → **ciller.** *Fermer les paupières,* s'endormir, dormir. – *Fermer les paupières d'un mort.*

paupiette [popjɛt] n. f. Tranche de viande roulée et farcie. *Paupiettes de veau.*

pause [poz] n. f. **1**· Interruption momentanée (d'une activité, d'un travail, d'une marche, etc.). → **arrêt, halte.** ≠ pose. *La pause de midi.* Fam. *La pause café* (pour prendre le café). *Faire une pause, la pause. Cinq minutes de pause.* **2**· Temps d'arrêt dans les paroles. → **silence.** « *Non ! (Une pause.) Jamais !* » **3**· En musique. Silence correspondant à la durée d'une ronde ; figure, signe qui sert à le noter. *Une pause vaut quatre soupirs.* ▷ **andropause, ménopause**

pauvre [povʀ] adj. et n. **I**· Adj. **1**· Épithète (après le nom) ou attribut d'un nom de personne. Qui n'a pas (assez) d'argent. → **indigent, nécessiteux ;** fam. **fauché.** /contr. riche/ *Il est très pauvre, pauvre comme Job.* → **misérable, miséreux.** – Loc. *Travailleur pauvre,* personne qui a de très faibles revenus, sans être chômeur(euse). – (Lieux) *Les pays pauvres* (→ en voie de développement). **2**· (Choses) Qui a l'apparence de la pauvreté. *Une pauvre maison.* **3**· *Pauvre de :* qui n'a guère de. → **dénué, dépourvu, privé.** *Il est un peu pauvre d'esprit.* – *Pauvre en. Une ville pauvre en distractions. Une rédaction pauvre en idées.* **4**· Qui est insuffisant, fournit ou produit trop peu. *Terre pauvre.* → **maigre, stérile. 5**· Épithète, avant le nom. Qui inspire de la pitié. → **malheureux.** *Un pauvre malheureux. La pauvre bête reste attachée toute la journée ! Un pauvre sourire,* triste, forcé. – (En s'adressant à qqn) *Ma pauvre chérie ! Mon pauvre ami !* (affectueux ou méprisant). – Loc. *Pauvre de moi !* – N. *Le pauvre, il (la pauvre, elle) n'a vraiment pas de chance ! Mon pauvre, ma pauvre,* exprime la commisération. **6**· Pitoyable, lamentable. *C'est un pauvre type.* **II**· N. **1**· Vx. *Un pauvre, une pauvresse :* personne qui vit de la charité publique. → **indigent, mendiant. 2**· *Les pauvres* (opposé à *riches*) : les personnes sans ressources, qui ne possèdent rien. *Les nouveaux pauvres,* les victimes (chômeurs, personnes en situation précaire) de la situation économique récente.

▶ **pauvrement** [povʀəmɑ̃] adv. D'une manière pauvre, indigente. *Vivre pauvrement.* → **chichement, misérablement.** – *Être pauvrement vêtu,* d'une manière qui trahit la pauvreté. ▶ **pauvresse** → **pauvre** (II).
▶ **pauvret, ette** n. et adj. Pauvre petit, pauvre petite (dimin. de commisération et d'affection).
▶ **pauvreté** [povʀəte] n. f. **1·** État d'une personne qui manque de moyens matériels, d'argent ; insuffisance de ressources. → **indigence, misère, nécessité ;** fam. **dèche, mouise.** / contr. fortune, richesse / *La société moderne n'a pas éliminé la pauvreté. La pauvreté augmente dans certains pays.* → **paupérisation.** Loc. prov. *Pauvreté n'est pas vice.* – Aspect pauvre, misérable. *La pauvreté d'un quartier.* **2·** Insuffisance matérielle ou morale. *Pauvreté du sol.* → **stérilité.** *Pauvreté intellectuelle.* ▷ **appauvrir**

se pavaner [pavane] v. pron. < conjug. 1 > Marcher avec orgueil, avoir un maintien fier et superbe (comme un *paon* qui fait la roue). → **parader.** ▶ **pavane** n. f. Ancienne danse, de caractère lent et solennel (XVIe et XVIIe s.) ; musique de cette danse.

paver [pave] v. tr. < conjug. 1 > Couvrir (un sol) d'un revêtement formé d'éléments, de blocs assemblés (pavés, pierres, mosaïque). *Paver un chemin.* – Au p. p. adj. *Une route pavée.* ▶ **pavage** n. m. **1·** Travail qui consiste à paver. *Travailler au pavage d'une rue.* **2·** Revêtement d'un sol (pavés, mosaïque, etc.). → **carrelage, dallage.** **3·** Sciences. Couverture d'une surface par un réseau régulier de lignes. ▶ **pavé** n. m. **1·** *Le pavé :* ensemble des blocs qui forment le revêtement du sol. → **pavage, pavement.** *Le pavé de marbre d'une église.* **2·** La partie d'une voie publique ainsi revêtue, la rue. → **chaussée, trottoir.** *Pavé humide, glissant.* – Loc. *Tenir le haut du pavé,* occuper le premier rang. – *Être sur le pavé,* sans domicile, sans emploi. *Mettre, jeter qqn sur le pavé. Battre le pavé,* marcher au hasard ou longtemps (dans une ville). – *Le pavé de l'ours,* une aide qui dégénère en catastrophe. **3·** *Un pavé :* chacun des blocs de pierre, de bois, spécialement taillés et préparés pour revêtir un sol. *Arracher les pavés pour faire une barricade.* – Fam. *C'est un pavé dans la mare,* un événement inattendu qui dérange les habitudes, fait scandale. **4·** Fromage de forme cubique. **5·** Pièce de viande rouge, épaisse. *Pavé au poivre.* **6·** Gros livre indigeste. *Un pavé de cinq cents pages.* **7·** Publicité, article de presse encadré dans la page. ▶ **pavement** n. m. Pavage, pavés, artistiquement disposés. *Un pavement de mosaïque.* ▷ **dépaver**

1 **pavillon** [pavijɔ̃] n. m. **1·** Petit bâtiment isolé ; petite maison dans un jardin, un parc. → **villa.** *Pavillon de chasse. Les pavillons d'un hôpital. Habiter un pavillon* (opposé à *immeuble*). **2·** Corps de bâtiment à plan sensiblement carré. *Le pavillon d'angle d'un château.* ▶ **pavillonnaire** adj. Formé par des pavillons (1). *Une zone, un lotissement pavillonnaire.*

2 **pavillon** n. m. **1·** Extrémité évasée (de certains instruments à vent). *Le pavillon d'une trompette.* **2·** Partie extérieure, cartilage de l'oreille (de l'homme et des mammifères).

3 **pavillon** n. m. Pièce d'étoffe que l'on hisse sur un navire pour indiquer sa nationalité, la compagnie de navigation à laquelle il appartient ou pour faire des signaux. → **drapeau.** *Pavillon de guerre. Amener le pavillon,* se rendre. *Ensemble de pavillons.* → grand **pavois.** – Loc. *Baisser pavillon devant qqn,* céder.

pavois [pavwa] n. m. invar. **1·** Histoire. Grand bouclier des Francs. – Loc. *Élever, hisser qqn* ***sur le pavois*** *:* lui donner le pouvoir, le glorifier. **2·** Marine. Partie de la coque qui dépasse le niveau du pont. – ***Grand pavois*** *:* ensemble des pavillons hissés sur un navire comme signal de réjouissance. *Hisser le grand pavois.* ▶ **pavoiser** v. tr. < conjug. 1 > Orner de drapeaux (un édifice public, une maison, une ville, etc.), à l'occasion d'une fête, d'une cérémonie. – Sans compl. *Pavoiser pour la fête nationale.* Loc. fam. *Il n'y a pas de quoi pavoiser,* se réjouir.

pavot [pavo] n. m. Plante cultivée pour ses fleurs ornementales, ses graines et la sève de ses capsules, qui fournit l'opium.

payer [peje] v. tr. < conjug. 8 > **I· 1·** *Payer qqn :* remettre à qqn ce qui lui est dû. *Payer un employé.* → **rémunérer.** *Être payé à l'heure, dix euros de l'heure pour un travail. Payer qqn en espèces.* Fam. *Je suis payé pour savoir que,* j'ai appris à mes dépens que. – *Payer qqn de retour,* reconnaître ses procédés, ses sentiments par des procédés et des sentiments semblables. **2·** *Payer qqch. :* s'acquitter par un versement de (ce qu'on doit). *Payer ses dettes.* → **rembourser.** *Payer ses impôts.* – Prov. *Qui paie ses dettes s'enrichit.* **3·** Verser de l'argent en contrepartie de (qqch. : objet, travail). « *Combien avez-vous payé cette voiture ? – Je l'ai payée vingt mille euros.* » *Payer qqch. cher, bon marché.* – Au p. p. adj. *Travail bien, mal payé. Congés payés.* **4·** Fam. *Payer qqch. à qqn,* offrir. *Viens, je te paie un verre.* **5·** Entraîner en contrepartie des sacrifices, une punition. *Il faudra payer.* → **expier.** *Il m'a joué un vilain tour, mais il me le paiera,* je l'en punirai. – Pronominalement (passif). *Tout se paye.* **6·** Sans compl. Verser de l'argent. *Payer comptant. Avoir de quoi payer, pouvoir payer.* → **solvable.** – *Payer de :*

payer avec. *Payer de sa poche,* avec son propre argent. Loc. *Payer de sa personne,* faire un effort, se dépenser ou subir qqch. – ***Payer pour*** *qqn* : à la place de qqn. *Payer pour qqn, pour qqch.*, subir les conséquences fâcheuses de, expier. **7·** (Choses) Compenser exactement. *Ce qu'il gagne ne le paie pas de sa peine.* – Sans compl. Rapporter, être profitable. *Le crime ne paie pas.* → **payant. II·** ***Se payer*** **1·** v. pron. (Passif) *Les commandes se paient à la livraison.* **2·** (Réfl.) *Voilà cent euros, payez-vous et rendez-moi la monnaie.* **3·** (Réfl. indir.) S'offrir. *On va se payer un bon repas.* – Fam. *S'en payer une tranche,* s'offrir du bon temps. – Iron. *Elle s'est payé un zéro.* Fam. *Se payer la tête de qqn,* se moquer de lui. ▶ **payable** [pɛjabl] adj. Qui doit être payé (dans certaines conditions de temps, de lieu, etc.). *Des marchandises payables en espèces.* ▶ **payant, ante** adj. **1·** Qui paie. *Spectateurs payants.* **2·** Qu'il faut payer. *Billet payant.* / contr. gratuit / **3·** Fam. Qui profite, rapporte. *Le coup n'est pas payant. C'est payant.* → **rentable.** ▶ **paye** [pɛj] ou **paie** [pɛ] n. f. **1·** Action de payer un salaire, une solde. *Le jour de paye, de la paie.* **2·** Loc. fam. (Temps écoulé entre deux payes) *Il y a une paye qu'on ne l'a pas vu,* il y a longtemps. **3·** Ce qu'on paie aux militaires → **solde,** aux salariés → **salaire.** *Toucher sa paye. Une feuille de paye. Voilà toute ma paie.* ▶ **payement** → **paiement.**

▶ **payeur, euse** n. **1·** Personne qui paie ce qu'elle doit. *Mauvais payeur.* **2·** Personne chargée de payer pour une administration. *Trésorier-payeur général.* ▷ **impayable, impayé, paiement, paierie, sous-payer**

1 **pays** [pei] n. m. invar. **1·** Territoire d'une nation, délimité par des frontières terrestres, maritimes. → **État.** *Pays étrangers. Pays amis. Pays voisins. Les pays du tiers monde.* **2·** Région, province. *Il n'est pas du pays. Vin de pays.* → **cru.** *Produits du pays.* → **terroir.** *Le pays de Caux,* en Normandie. **3·** Les gens, les habitants du pays (nation ou région). → **région.** *Tout le pays en a parlé.* **4·** (Au sens 1) ***Le pays de*** *qqn,* ***son pays*** : sa patrie. *Mourir pour son pays. Avoir le mal du pays.* → **nostalgie. 5·** ***Le pays de*** *qqch.* : milieu particulièrement riche en. *La France est le pays des fromages.* **6·** Région géographique, considérée surtout dans son aspect physique. → **contrée.** *Les pays tempérés. Le plat pays,* la plaine. *Voir du pays,* voyager. – Loc. *Pays de cocagne,* pays fabuleux où tous les biens sont en abondance. **7·** Petite ville ; village. *Il habite un petit pays.* → fam. **bled, patelin.** ▶ 2 **pays, payse** n. Fam. Personne du même pays (surtout à la campagne). → **compatriote.** *C'est ma payse, nous sommes nés dans le même village.* ▷ **arrière-pays, dépayser, paysage, paysan**

paysage [peizaʒ] n. m. **1·** Partie d'un pays que peut voir un observateur. *Le paysage est beau.* → **site, vue.** – Par ext. *Un paysage de toits et de cheminées.* **2·** Espace géographique d'un certain type. *Paysage urbain. Paysage méditerranéen.* **3·** *Un paysage,* tableau représentant la nature. *Peintre de paysages.* → **paysagiste.** – Image de la nature. *Dans ce film, il y a de beaux paysages.* **4·** Abstrait. Aspect général, situation. *Le paysage politique actuel.* → **scène.** *Le paysage audiovisuel français* (abrév. *P. A. F.*). *Faire partie du paysage. Transformer le paysage.* – Loc. fam. *Cela fait bien dans le paysage,* produit un bon effet. ▶ **paysager, ère** ou **paysagé, ée** adj. Destiné à produire un effet de paysage naturel. *Parc paysager* ou *paysagé. Bureaux paysagers* ou *paysagés.* ▶ **paysagiste** n. **1·** Peintre de paysages. *Les paysagistes hollandais. Une excellente paysagiste.* **2·** En appos. *Jardinier, architecte paysagiste.*

paysan, anne [peizɑ̃, an] n. et adj. REM. Les mots péjoratifs *(péquenot, plouc...)* désignant les paysans sont insultants. **1·** N. Homme, femme vivant à la campagne et s'occupant des travaux des champs. → **agriculteur, cultivateur, exploitant** agricole, **fermier, métayer, ouvrier** agricole. – Spécialt. Ouvrier agricole ou petit propriétaire travaillant dans l'agriculture, l'élevage. **2·** Adj. Propre aux paysans, relatif aux paysans. → **rural, rustique, terrien.** / contr. citadin / *Vie paysanne. Revendications paysannes.* **3·** Péj. Adj. et n. (Personne) Qui a des manières grossières. → **rustre.** ▶ **paysannat** n. m. Situation de paysan. ▶ **paysannerie** n. f. Ensemble des paysans. *La paysannerie chinoise.*

1 **P. C.** [pese] n. m. invar. Poste de commandement. *P. C. opérationnel.* – *Le P. C. de la circulation routière.*

2 **P. C.** n. m. invar. Anglic. Ordinateur individuel. → **micro-ordinateur.**

3 **P. C.** n. m. invar. Parti communiste. *L'ancien P. C. italien.*

PDF [pedeɛf] n. m. invar. En informatique. Format de fichier qui permet de garder les caractéristiques d'un document. *Imprimer un document en PDF.* – En appos. *Format PDF.*

P.-D. G. [pedeʒe] n. m. invar. Abréviation de *président-directeur général.* – *La P.-D. G. d'une multinationale.* – REM. Le fém. *pédégère* [pedeʒɛʀ] est familier.

péage [peaʒ] n. m. Droit que l'on paye pour emprunter une voie de communication. *Autoroute, pont à péage.* – L'endroit où se perçoit le péage. *Les embouteillages au péage de Fleury.*

peau [po] n. f. **I· 1·** Enveloppe extérieure du corps (des animaux vertébrés), constituée par une partie profonde → **derme** et par une couche superficielle → **épiderme.** *Relatif à la peau.* → **cutané.** *Enlever, détacher la peau d'un animal.* → **dépiauter, écorcher. 2·** L'épiderme humain. *Peau claire, foncée, noire. Peau mate. Peau bronzée. Une coupure de la peau.* – Loc. fam. *N'avoir que la peau et les os. Se faire crever la peau,* se faire tuer. *Attraper qqn par la peau du cou, du dos,* le retenir au dernier moment. Fam. *Avoir qqn dans la peau,* l'aimer passionnément. – Loc. *Se sentir bien (mal) dans sa peau,* satisfait ou non de ce qu'on est. *Je ne voudrais pas être dans sa peau,* à sa place. *Faire peau neuve,* changer complètement. *Avoir la peau dure,* être très résistant. *Jouer, risquer sa peau,* sa vie. *Sauver sa peau. On lui fera la peau,* on le tuera. **3·** Péj. *Vieille peau,* injure adressée à une femme. **4·** Filet, morceau de peau. *Couper les peaux autour d'un ongle.* → **envies. 5·** Dépouille d'animal destinée à fournir la fourrure, le cuir. → **peausserie, pelleterie** (2). *Ouvriers des cuirs et peaux. Traiter les peaux* (→ **corroyer, tanner ; mégisserie**). *Peau de chamois. Veste en peau de mouton* (veste en mouton). – Absolt. Cuir fin et souple. *Des gants de peau.* – Fam. Vieilli. *Une* ***peau d'âne,*** un diplôme. *Une* ***peau de vache,*** une personne dure, méchante. ***Peau d'hareng*** (même sens). **II·** Enveloppe extérieure (des fruits). *Enlever la peau d'un fruit.* → **peler.** – *La peau du lait,* pellicule qui se forme sur le lait bouilli au repos. **III·** Loc. fam. ***Peau de balle*** : rien du tout. – *La peau !,* exclamation de refus, de mépris. ▶ **peaufiner** v. tr. < conjug. 1 > **1·** Nettoyer, faire briller à la peau de chamois. **2·** Soigner les moindres détails (d'un travail). *Elle a peaufiné son rapport de stage.* ▶ **peau-rouge** [poʀuʒ] n. Vx. Indien d'Amérique. → **amérindien, indien.** *Les Peaux-Rouges se teignaient le visage en ocre.* – Adj. invar. *Des attaques peau-rouge.* ▶ **peausserie** [posʀi] n. f. **1·** Commerce, métier, travail des peaux, des cuirs. **2·** *(Une, des peausseries)* Peau travaillée. ▷ **dépiauter, oripeau, peler, pelisse, pelleterie, pellicule, peluche, pelure**

pécan [pekɑ̃] n. m. Fruit d'un arbre américain (le *pacanier,* n. m.) dont l'amande est comestible. *Noix de pécan. Glace aux pécans.*

pécari [pekaʀi] n. m. **1·** Sorte de sanglier, cochon sauvage d'Amérique. *Des pécaris.* **2·** Cuir de cet animal. *Des gants de pécari.*

peccadille [pekadij] n. f. Littér. Faute bénigne. *Il se fâche pour des peccadilles.*

pechblende [pɛʃblɛ̃d] n. f. Minerai d'uranium et de radium.

1 **pêche** [pɛʃ] n. f. **1·** Fruit du pêcher, à noyau très dur et à chair fine. → **brugnon, nectarine.** *Pêche-abricot.* – Loc. *Peau, teint de pêche,* rose et velouté. **2·** Loc. fam. *Avoir la pêche,* se sentir en forme (→ la frite). **3·** Fam. Coup, gifle. *Il va te flanquer une pêche.* ▷ 1 **pêcher, pêchu**

2 **pêche** n. f. **1·** Action ou manière de prendre les poissons, de pêcher 2. *Ouverture, fermeture de la pêche,* de la période où la pêche est autorisée. *Pêche à la ligne, au filet. Pêche à la truite. Pêche à pied. Aller à la pêche* (à la ligne). *Pêche au lancer. Pêche en mer.* → **halieutique.** *Pêche sous-marine. Bateaux de pêche.* → **baleinier, caseyeur, chalutier, fileyeur, morutier, thonier. 2·** Poissons, fruits de mer, pêchés. *Rapporter une belle pêche.* ▷ **garde-pêche, surpêche**

pécher [peʃe] v. intr. < conjug. 6 > **1·** Commettre un péché, des péchés. *Pécher par orgueil.* **2·** ***Pécher contre*** *qqch.* → **manquer** à. *Pécher contre la bienséance.* **3·** (Suj. chose) ***Pécher par*** : tomber dans le défaut de. *Ce devoir pèche par une grande confusion d'idées.* ▶ **péché** n. m. **1·** Religion. Acte conscient par lequel on fait ce qui est interdit par la loi divine, par l'Église. *Commettre, faire un péché. Confesser ses péchés. L'absolution des péchés.* – *La gourmandise est* ***son péché mignon*** : son faible. – *Péché mortel* (opposé à *péché véniel*). *Les sept péchés capitaux,* avarice, colère, envie, gourmandise, luxure, orgueil, paresse. *Le, un péché d'orgueil.* – *Le péché originel,* commis par Adam et Ève et dont tout être humain est coupable en naissant. **2·** ***Le péché*** : l'état où se trouve la personne qui a commis un péché mortel (opposé à *état de grâce*). *Tomber, vivre dans le péché.* → **impureté, mal.** ▶ **pécheur, pécheresse** n. et adj. Personne qui est dans l'état de péché. *Un pécheur endurci.* – Adj. *Une âme pécheresse.*

1 **pêcher** [peʃe] n. m. Arbre d'origine orientale cultivé pour ses fruits, les pêches 1. *Un pêcher en fleur.*

2 **pêcher** v. tr. < conjug. 1 > **1·** Prendre ou chercher à prendre (du poisson). *Pêcher la truite.* – Sans compl. dir. *Pêcher en mer.* – Loc. *Pêcher en eau trouble,* profiter d'un état de désordre, de confusion. **2·** Fam. Chercher, prendre, trouver (une chose inattendue) d'une manière incompréhensible. *Je me demande où il va pêcher ces histoires.* ▶ **pêcherie** n. f. Lieu, entreprise de pêche. ▶ **pêcheur, euse** n. Personne qui s'adonne à la pêche, par métier ou par plaisir. *Marin pêcheur. Pêcheur du dimanche. Pêcheur de corail. Pêcheuse de perles.* ▷ 2 **pêche, martin-pêcheur, repêcher**

pêchu, ue [pɛʃy] adj. Fam. Qui a la pêche, est en forme.

pécore [pekɔʀ] n. f. Vx. Femme sotte et prétentieuse. → **pimbêche.**

pectine [pɛktin] n. f. Substance naturelle, gélatine des tissus végétaux. *La pomme est riche en pectine.*

pectoral, ale, aux [pɛktɔʀal, o] adj. et n. m. **1·** De la poitrine. *Muscles pectoraux* ou, n. m. pl., *les pectoraux.* **2·** De la face ventrale des animaux. *Nageoires pectorales.* **3·** Qui combat les affections pulmonaires, celles des bronches. *Sirop pectoral.* ▷ **expectorer**

pécule [pekyl] n. m. **1·** Somme d'argent (→ **pécuniaire**) économisée peu à peu. *Amasser un pécule.* **2·** Argent qu'on acquiert par son travail, mais dont on ne peut disposer que dans certaines conditions. *Le pécule d'un détenu.*

pécuniaire [pekynjɛʀ] adj. REM. [pekynje] n'existe pas. **1·** Qui a rapport à l'argent. *Des embarras pécuniaires.* → **financier.** **2·** Qui consiste en argent. *Une aide pécuniaire.* ▶ **pécuniairement** adv. *Aider qqn pécuniairement.*

péd- Élément savant qui signifie « enfant ». → **puér(i)-.** ▷ **pédagogie, pédiatre,** ① **pédo-**

pédagogie [pedagɔʒi] n. f. **1·** Science de l'éducation des enfants ; méthode d'enseignement. **2·** Qualité du bon pédagogue. *Il manque de pédagogie.* ▶ **pédagogique** adj. **1·** Qui a rapport à la pédagogie. → **éducatif.** *Méthodes pédagogiques nouvelles.* **2·** Qui répond à des normes de pédagogie. *Cet instituteur a un grand sens pédagogique.* ▶ **pédagogiquement** adv. ▶ **pédagogue** n. et adj. **1·** Personne qui a le sens de l'enseignement. *Une excellente pédagogue.* – Adj. *Un professeur peu pédagogue.* **2·** Dans l'Antiquité. Esclave chargé de suivre les études d'un enfant. **3·** Spécialiste de la pédagogie, de l'éducation.

pédale [pedal] n. f. **I· 1·** Dispositif de commande ou de transmission qui s'actionne avec le pied. ≠ bouton, manette. *La pédale d'une machine à coudre. La pédale d'embrayage d'une voiture. Les pédales d'une bicyclette. Lâcher les pédales.* – Loc. fam. *Perdre les pédales,* perdre ses moyens, se tromper dans une explication. **2·** Touche d'un instrument de musique actionnée au pied. *Les pédales d'un piano.* – Loc. fam. *Mettre la pédale douce,* agir en douceur. **II·** Fam. et injurieux (De *pédéraste*) *Une pédale,* un homosexuel. ▶ **pédaler** v. intr. < conjug. 1 > **1·** Actionner les pédales d'une bicyclette ; rouler à bicyclette. **2·** Fam. Aller vite. – Loc. *Pédaler (dans la choucroute, la semoule...),* s'efforcer en vain. ▶ **pédalage** n. m. ▶ **pédalier** n. m. **1·** Ensemble formé par les pédales, le pignon et le(s) plateau(x) d'une bicyclette. **2·** Clavier inférieur de l'orgue, actionné au pied. ▶ **pédalo** n. m. Petite embarcation à flotteurs mue par une roue à pales qu'on actionne au moyen de pédales. *Faire du pédalo. Sortir en pédalo. On loue des pédalos.*

pédant, ante [pedɑ̃, ɑ̃t] n. et adj. Personne qui fait étalage d'une érudition forcée et livresque. → **cuistre.** *Quelle pédante !* → **bas-bleu.** – Adj. *Il est un peu pédant.* – (Choses) *Un ton pédant.* ▶ **pédanterie** n. f. Littér. → **pédantisme.** ▶ **pédantesque** adj. Littér. Propre au pédant. → **emphatique.** *Un langage pédantesque.* ▶ **pédantisme** n. m. Prétention propre au pédant ; caractère de ce qui est pédant. *Il est d'un pédantisme ridicule.*

-pède Élément savant signifiant « pied ». ▷ **bipède, palmipède, quadrupède, vélocipède**

pédéraste [pedeʀast] n. m. **1·** Vieilli. Qui s'adonne à la pédérastie. → **pédophile.** **2·** Homosexuel. – Cour. et péj. ***Pédé*** (injurieux). ▶ **pédérastie** n. f. **1·** Pratique homosexuelle entre un homme et un jeune garçon ou un adolescent. → **pédophilie.** **2·** Abusivt. Homosexualité masculine.

péd(i)- Élément savant signifiant « pied » (ex. : *pédicure*). ▶ **pédestre** [pedɛstʀ] adj. Qui se fait à pied. *Randonnée pédestre.* ▷ **pédale, pédicule, pédicure, pédoncule**

pédiatre [pedjatʀ] n. Médecin qui soigne les enfants. – Spécialiste des maladies infantiles. ▶ **pédiatrie** n. f. Médecine des enfants. ▶ **pédiatrique** adj. *La forme pédiatrique d'un médicament.*

pédicule [pedikyl] n. m. **1·** Support allongé et grêle (d'une plante). → **queue, tige.** *Le pédicule d'un champignon.* → **pied.** **2·** Ensemble de conduits aboutissant à un organe. *Pédicules pulmonaires.*

pédicure [pedikyʀ] n. Auxiliaire médical spécialiste des soins des pieds.

pedigree [pedigʀe] n. m. Origine généalogique (d'un animal de race pure). *Établir le pedigree d'un chien. Des pedigrees.*

① **pédo-** Élément savant signifiant « enfant ». ▶ ① **pédologie** [pedɔlɔʒi] n. f. Étude physiologique et psychologique de l'enfant. *Pédologie, pédiatrie et pédagogie.* ≠ podologie. ▶ **pédophile** adj. et n. **1·** (Adulte) Qui ressent une attirance sexuelle pour les enfants. **2·** Qui recherche et pratique des relations sexuelles avec des enfants. *Un criminel pédophile.* – *Démantèlement d'un réseau de pédophiles.* ▶ **pédophilie** n. f.

2 **pédo-** Élément savant signifiant « sol ». ▶ 2 **pédologie** n. f. Branche de la géologie appliquée qui étudie les caractères chimiques et physiques des sols. ≠ 1 pédologie, podologie.

pédoncule [pedɔ̃kyl] n. m. **1·** Cordon de substance nerveuse unissant deux organes ou deux parties d'organes. *Pédoncules cérébraux.* **2·** Gros pédicule ; queue d'une fleur ; axe supportant les ramifications qui portent les fleurs. ▶ **pédonculé, ée** adj. Qui porte un, des pédoncule(s).

pègre [pɛgʀ] n. f. Voleurs, escrocs considérés comme formant une sorte de classe sociale. → **canaille, racaille.** *La pègre et le milieu.*

péguer [pege] v. < conjug. 6 > En Provence. **1·** V. tr. Coller. *Ce bonbon pègue les mains.* **2·** V. intr. Poisser. *Ça pègue !* ▶ **pégueux, euse** adj. Poisseux, collant. *Avoir les mains pégueuses.*

peigner [peɲe] v. tr. < conjug. 1 > **I· 1·** Démêler, lisser (les cheveux) avec un peigne. → **coiffer.** *Peigner ses cheveux. Peigner qqn.* **2·** Démêler (des fibres textiles). *Peigner la laine, le chanvre.* → **peignage.** – Au p. p. adj. *Laine peignée.* **II·** ***Se peigner*** v. pron. réfl. *Elle s'habille, se peigne.* ▶ **peignage** n. m. Action de peigner les fibres textiles. ▶ 1 **peigne** [pɛɲ] n. m. **1·** Instrument à dents fines et serrées qui sert à démêler et à lisser la chevelure. *Peigne de corne, d'écaille. Gros peigne.* → **démêloir.** *Se donner un coup de peigne.* Loc. *Passer qqch. au peigne fin,* examiner qqch. sans en omettre un détail. – Instrument analogue servant à retenir les cheveux (surtout des femmes). *Coiffure maintenue par des peignes et des barrettes.* **2·** Instrument pour peigner les fibres textiles (lin, chanvre, laine) dans le filage à la main. ▶ 2 **peigne** n. m. Mollusque (qui présente des dentelures, comme un peigne 1). – Mollusque dont certaines variétés, comme la coquille Saint-Jacques, sont comestibles. ▶ **peigne-cul** n. m. Vulg. Personne mesquine, ennuyeuse ; ou grossière, inculte. *Des peigne-culs.* ▷ **dépeigner, peignoir**

peignoir [pɛɲwaʀ] n. m. REM. Il servait à l'origine quand on se peignait. **1·** Vêtement en tissu éponge, long, à manches, que l'on met en sortant du bain. *Se sécher dans son peignoir.* – *Un peignoir de plage.* **2·** Vêtement léger d'intérieur que les femmes portent lorsqu'elles ne sont pas habillées. → **déshabillé.** *Un peignoir en (de) soie.*

peinard, arde [pɛnaʀ, aʀd] ou **pénard, arde** n. et adj. Fam. Paisible, qui se tient à l'écart des ennuis. → **tranquille.** *Je me tiens peinard.* – *Un boulot peinard.* ▶ **peinardement** ou **pénardement** adv. Fam. Tranquillement.

peindre [pɛ̃dʀ] v. tr. < conjug. 52 > **I·** Couvrir, colorer avec de la peinture. *Peindre un mur en bleu. Peindre qqch. de plusieurs couleurs.* → **barioler, peinturlurer.** – Au p. p. adj. *Une statue en bois peint. Papier peint,* papier imprimé, de couleurs, pour couvrir les murs. **II· 1·** Figurer au moyen de peinture, de couleurs. *Peindre un numéro sur une plaque.* **2·** Représenter, reproduire par l'art de la peinture. *Peindre des paysages.* – Sans compl. Faire de la peinture. *Il peint et il sculpte.* **III· 1·** Représenter par le discours, en s'adressant à l'imagination. → **décrire, dépeindre, montrer.** *Un roman qui peint la société.* **2·** ***Se peindre*** v. pron. : revêtir une forme sensible ; se manifester à la vue. → **apparaître.** *La consternation se peignit sur les visages.* ▷ **dépeindre, peintre, peinture, repeindre**

1 **peine** [pɛn] n. f. **1·** Sanction appliquée à titre de punition ou de réparation pour une action jugée répréhensible. → **châtiment, condamnation, pénalité ; pénal.** *Peine sévère, juste.* **2·** Sanction prévue par la loi et applicable aux personnes ayant commis une infraction. → droit **pénal.** *Être passible d'une peine. Infliger une peine,* condamner. *Peine pécuniaire.* → **amende.** *Peine privative de liberté,* emprisonnement. → **prison.** *Peine capitale, peine de mort.* **3·** ***Sous peine de*** loc. prép. : *Défense d'afficher sous peine d'amende.* ▶ 2 **peine** n. f. **I·** Sens psychologique. **1·** Souffrance morale. → **chagrin, douleur, mal, malheur, souci, tourment.** / contr. joie, plaisir / *Peine de cœur,* chagrin d'amour. **2·** ***La peine*** : état fait d'un sentiment de tristesse et de dépression. → **douleur.** *Avoir de la peine. Je partage votre peine.* – *Faire de la peine à qqn.* → **affliger, peiner.** **3·** Loc. *Être comme une **âme en peine*** : très triste, inconsolable. *Il errait comme une âme en peine,* seul et tristement. **II·** Sens physique. Dur travail ; difficulté. **1·** Activité qui coûte, qui fatigue. → **effort.** *Ce travail demande de la peine.* – (Formule de politesse) *Prenez donc la peine d'entrer.* **2·** Loc. *N'être pas au bout de ses peines,* avoir encore des difficultés à surmonter. *Pour votre peine, pour la peine,* en compensation. *Homme de peine,* qui effectue des travaux de force. → **manœuvre.** *Valoir la peine.* → **valoir.** *C'était bien la peine de tant travailler,* le résultat ne valait pas tant de travail. *C'est peine perdue,* c'est inutile, vain. **3·** Difficulté qui gêne (pour faire qqch.). → **embarras, mal.** *Avoir de la peine à parler, à marcher. J'ai (de la) peine à le croire.* **4·** Loc. *Avec peine. À grand-peine.* → **difficilement.** ***Sans peine.*** → **aisément, facilement.** *Je le crois sans peine.* – *Il n'est pas en peine pour,* il n'est pas gêné pour. **III·** ***À peine*** loc. adv. **1·** Presque pas, très peu. *Il y avait à peine de quoi manger.* – (Avec un numéral) Tout au plus. *Il y a à peine huit jours.* **2·** Depuis très peu de temps. → **juste.** *J'ai à peine commencé, je commence à peine.* – (Dans une propos. subordonnée, coordonnée ou juxtaposée)

Elle était à peine remise qu'elle retomba malade. à peine endormi, il se mit à ronfler. (Avec ellipse du sujet et du verbe) *À peine dans la voiture, il s'endormit.* ▶ **peiner** [pene] v. < conjug. 1 > **1·** V. intr. Se donner de la peine, du mal. *Il peinait pour s'exprimer.* – *La voiture peine dans les montées.* → **faiblir.** **2·** V. tr. Donner de la peine à (qqn). → **affliger, attrister, fâcher.** / contr. consoler / *Cette nouvelle nous a beaucoup peinés.* – Au passif, p. p. adj. *Nous en sommes très peinés.* ▷ **pénal, penaud, pénible**

peintre [pɛ̃tʀ] n. **1·** Ouvrier ou artisan qui applique de la peinture sur une surface, un objet. *Peintre en bâtiment* ou, absolt, *peintre,* qui fait les peintures d'une maison, colle les papiers. **2·** Artiste qui fait de la peinture. *Ce peintre est un bon paysagiste, un portraitiste. La peintre Suzanne Valadon. Les tableaux, les toiles d'un peintre. Peintre figuratif ; peintre abstrait.* **3·** Littér. (Avec un compl.) Écrivain, orateur qui peint par le discours. *Le poète romantique est un peintre du cœur humain.*

peinture [pɛ̃tyʀ] n. f. **I·** Action, art de peindre. **1·** Opération qui consiste à couvrir de couleur une surface. *Peinture d'art. Peinture en bâtiment. Peinture au rouleau, au pistolet, à la brosse, au pinceau.* **2·** ***En peinture*** : en portrait peint, en effigie. Loc. *Je ne peux pas le voir en peinture,* je ne peux absolument pas le supporter. **3·** Description qui parle à l'imagination. *Ce roman est une peinture de la société.* **II· 1·** ***La peinture*** : représentation, suggestion du monde visible ou imaginaire sur une surface plane au moyen de couleurs ; organisation d'une surface par la couleur ; œuvres qui en résultent (→ **pictural**). *Peinture à l'huile, à l'eau, peinture acrylique...* → **aquarelle, fresque, gouache, lavis.** *Peinture et dessin, et gravure, et mosaïque, et vitrail.* – (Genres, styles) *Peinture figurative, abstraite. La peinture flamande, italienne.* – *Exposition, galerie de peinture.* → **musée.** **2·** ***Une peinture*** : ouvrage de peinture. → **tableau, toile.** *Peintures rupestres,* sur les parois d'une grotte. *Une mauvaise peinture.* → **croûte.** **III· 1·** Couche de couleur dont une chose est peinte. *Faire un raccord de peinture. La peinture commence à s'écailler.* **2·** Couleur préparée avec un liquide pour pouvoir être étendue. *Acheter un pot de peinture mate. Appliquer plusieurs couches de peinture. Peinture fraîche,* qui vient d'être posée. ▶ **peinturlurer** v. tr. < conjug. 1 > Peindre avec des couleurs criardes. → **barbouiller.** – Pronominalement (réfl.). *Se peinturlurer* (le visage), se maquiller à l'excès et mal.

péjoratif, ive [peʒɔʀatif, iv] adj. (Mot, expression) Qui déprécie la chose ou la personne désignée. *Mot péjoratif. Les suffixes -ard (chauffard), -aud (salaud), -asse (bêtasse) sont péjoratifs.* ▶ **péjorativement** adv. *Employer un mot péjorativement.*

pékin ou **péquin** [pekɛ̃] n. m. **1·** Fam. Péj. et vx. Civil (opposé à *militaire*). *Deux militaires et un pékin.* **2·** Fam. Individu quelconque, personne. *N'importe quel pékin te le dira ! Il y avait trois pékins à la soirée.*

pékinois [pekinwa] n. m. invar. Petit chien de compagnie à tête ronde, face aplatie, oreilles pendantes et à poil long.

pelade [pəlad] n. f. Maladie qui fait tomber par plaques les poils et les cheveux. → **teigne.**

pelage [pəlaʒ] n. m. Ensemble des poils (d'un mammifère), considéré du point de vue de son aspect. → **fourrure, poil, robe, toison.** *Le pelage du léopard.*

pélagique [pelaʒik] adj. Didact. Relatif à la pleine mer, à la haute mer. ≠ benthique.

pélargonium [pelaʀgɔnjɔm] n. m. Plante cultivée pour ses fleurs décoratives, appelée couramment *géranium.*

pêle-mêle [pɛlmɛl] adv. et n. m. invar. **I·** Adv. Dans un désordre complet. *Jeter des objets pêle-mêle. Des marchandises présentées pêle-mêle.* → en **vrac.** **II·** N. m. invar. Cadre destiné à recevoir plusieurs photos. *Des pêle-mêle.*

peler [pəle] v. < conjug. 5 > **1·** V. tr. Dépouiller (un fruit) de sa peau. *Peler une pomme.* → **éplucher ; pelure.** **2·** V. intr. (Suj. personne ou partie du corps) Perdre son épiderme par parcelles. *Cet enfant a pris un coup de soleil, il pèle.* ▶ **pelé, ée** adj. et n. **1·** Qui a perdu ses poils, ses cheveux. – N. « *Ce pelé, ce galeux...* » (La Fontaine). **2·** Loc. fam. *Il n'y a que* ***quatre pelés et un tondu*** : un très petit nombre de personnes. ▷ **pelade**

pèlerin [pɛlʀɛ̃] n. m. Personne qui fait un pèlerinage. *Les pèlerins de Lourdes, de La Mecque, de Bénarès. Ces pèlerins étaient des femmes.* – Loc. fig. *Prendre son bâton de pèlerin,* faire une tournée pour défendre une idée, un projet. ▶ **pèlerinage** n. m. **1·** Voyage qu'on fait à un lieu saint pour des motifs religieux et dans un esprit de dévotion. *Aller en pèlerinage. Faire un pèlerinage à Jérusalem. Le pèlerinage de La Mecque* (des musulmans). → **hadj.** **2·** Voyage fait pour rendre hommage à un lieu, à un grand homme.

pèlerine [pɛlʀin] n. f. **1·** Vêtement de femme en forme de grand collet rabattu sur les épaules et la poitrine. **2·** Manteau (souvent, d'uniforme) sans manches, ample, souvent muni d'un capuchon. → **cape.**

pélican [pelikɑ̃] n. m. Oiseau palmipède au bec très long, crochu, et muni d'une poche où il emmagasine de la nourriture pour ses petits.

pelisse [pəlis] n. f. Manteau orné ou doublé d'une peau garnie de ses poils. → **fourrure.**

pelle [pɛl] n. f. **I· 1·** Outil composé d'une plaque mince ajustée à un manche. *Pelle à charbon, pelle à ordures. – Pelle à tarte.* **2·** *Pelle (mécanique de chantier),* machine qui sert à exécuter les gros travaux de terrassement. → **excavateur, pelleteuse. 3·** ***À la pelle*** loc. fam. *Remuer l'argent à la pelle,* être très riche. *On en ramasse à la pelle,* on en trouve en abondance. **II·** Fam. **1·** *Rouler une pelle (à qqn),* embrasser à pleine bouche sur la bouche. **2·** *Ramasser une pelle,* tomber ; échouer. ▶ **pelletée** n. f. La quantité de matière qu'on peut prendre d'un seul coup de pelle. *Une pelletée de sable.* ▶ **pelleter** [pɛlte] v. tr. < conjug. 4 > Déplacer, remuer avec la pelle (I, 1, 2). ▶ **pelletage** n. m. Action de pelleter. ▶ **pelleteuse** n. f. Pelle mécanique pour charger, déplacer des matériaux.

pelleterie [pɛltʀi] n. f. **1·** Préparation et commerce des fourrures, des peaux et pelages. **2·** Ces peaux. *Des pelleteries précieuses.* ▶ **pelletier, ière** n. Personne qui s'occupe de pelleterie.

pellicule [pe(ɛl)likyl] n. f. **I·** Petite écaille qui se détache du cuir chevelu. *Tes cheveux sont pleins de pellicules.* **II· 1·** Couche fine à la surface d'un liquide, d'un solide. *Une mince pellicule de boue séchée.* **2·** Feuille mince formant un support souple à une couche sensible (en photo argentique et cinéma). → **film ; bande.** *Acheter un rouleau de pellicule.*

pelote [p(ə)lɔt] n. f. **I· 1·** Boule formée de ficelle, cordelette ou fil enroulé sur lui-même. → 1 **peloton.** *Le chat joue avec une pelote de laine.* – Loc. *Avoir les nerfs* ***en pelote*** : être très énervé. – Loc. *Faire sa pelote,* constituer sa fortune en amassant patiemment des profits. **2·** Coussinet sur lequel on peut planter des épingles, des aiguilles. Loc. *C'est une vraie pelote d'épingles,* une personne désagréable. **3·** Balle du jeu de paume et de pelote basque. **II·** ***Pelote*** ou ***pelote basque*** : jeu, sport où les joueurs divisés en deux équipes envoient alternativement la balle rebondir contre un mur (fronton), à main nue ou à l'aide de la chistera. ▶ **pelotari** [plɔtaʀi] n. m. Joueur de pelote basque. *Des pelotaris.* ▶ 1 **peloton** n. m. Petite pelote de fils roulés. *Dévider un peloton de ficelle.* ▶ **se pelotonner** [p(ə)lɔtɔne] v. pron. < conjug. 1 > Se ramasser en boule. → se **blottir,** se **recroqueviller.** *Il se pelotonnait contre sa mère.* – Au p. p. *Les enfants pelotonnés sous les draps.*

peloter [plɔte] v. tr. < conjug. 1 > Fam. Caresser, palper, toucher indiscrètement (le corps de qqn ; qqn). ▶ **pelotage** n. m. Fam. Caresses indiscrètes. → fam. **papouille.** ▶ **peloteur, euse** n. Fam. Personne qui aime le pelotage.

2 **peloton** n. m. **1·** Groupe de soldats, troupe en opérations. → **section.** – *Peloton d'exécution,* groupe chargé de fusiller un condamné. **2·** Groupe compact (de concurrents dans une compétition). *Le gros du peloton des cyclistes. Être dans le peloton de tête,* dans les premiers.

pelouse [p(ə)luz] n. f. **1·** Terrain couvert d'une herbe serrée, fréquemment coupée. → **gazon.** *Les pelouses d'un jardin. Tondre la pelouse.* **2·** Partie d'un champ de courses, généralement gazonnée, ouverte au public. *La pelouse, le pesage et les tribunes.*

peluche [plyʃ] n. f. **1·** Tissu à poils moins serrés et plus longs que ceux du velours. *Peluche de laine. – Animaux, chien, ours en peluche* (jouets d'enfant). **2·** *Peluche* ou, fam., ***pluche*** : flocon de poussière ; poil détaché d'une étoffe. **3·** Fam. Épluchure. ▶ **pelucher** ou **plucher** v. intr. < conjug. 1 > Devenir poilu comme la peluche. *Une vieille robe de chambre qui commence à pelucher.* ▶ **pelucheux, euse** ou **plucheux, euse** adj. Qui donne au toucher la sensation de la peluche ; qui peluche. *Étoffe pelucheuse.*

pelure [p(ə)lyʀ] n. f. **1·** Peau (d'un fruit, d'un légume pelé). → **épluchure.** *Une pelure de fruit, d'orange.* **2·** Fam. Habit, vêtement ; manteau. *Je vais enlever ma pelure.* **3·** *Papier pelure,* papier à écrire, fin et translucide.

pelvien, enne [pɛlvjɛ̃, ɛn] adj. En anatomie. Relatif au petit bassin (appelé aussi *pelvis* [pɛlvis], n. m.).

pénal, ale, aux [penal, o] adj. Relatif aux peines*, aux délits qui entraînent des peines. *Les lois pénales. Code pénal.* ▶ **pénalement** adv. En matière pénale, en droit pénal. ▶ **pénaliser** v. tr. < conjug. 1 > Infliger une peine, une punition, une pénalisation à (qqn, une action, un délit). – Au p. p. adj. *Une infraction au code de la route sévèrement pénalisée,* frappée d'une pénalité fiscale. ▶ **pénalisation** n. f. Dans un match. Désavantage infligé à un concurrent qui a contrevenu à une règle. *Au football, le coup franc, le penalty sont des pénalisations.* ▶ **pénalité** n. f. **1·** Peine ; sanctions applicables à un délit fiscal. **2·** Pénalisation. – Au rugby. *Coup de pied de pénalité.* ▶ **penalty** [penalti] n. m. Anglic. Au football. Sanction d'une faute commise en défense dans la surface de réparation ; coup de pied tiré directement au but, en face du seul gardien. ≠ coup franc. *Des penaltys* ou *des penalties.* ▷ **dépénaliser**

pénard → **peinard.**

pénardement → **peinardement.**

pénates [penat] n. m. pl. **1·** Dieux domestiques chez les anciens Romains. – Loc. *Porter, emporter ses pénates quelque part,* s'y installer. **2·** Demeure. → **foyer, maison.** *Regagner ses pénates.*

penaud, aude [pəno, od] adj. Honteux à la suite d'une maladresse ; déconcerté à la suite d'une déception. → **confus, déconfit.**

pence Plur. de *penny.* → **penny.**

penchant [pɑ̃ʃɑ̃] n. m. **1·** Inclination naturelle (vers un objet ou une fin). → **faible, goût, propension, tendance.** *Mauvais penchants.* → **défaut, vice.** *Avoir un penchant à la paresse, pour la paresse,* y être enclin. **2·** Littér. Mouvement de sympathie (pour qqn). *Le penchant qu'ils ont l'un pour l'autre.*

pencher [pɑ̃ʃe] v. <conjug. 1> **I·** V. intr. **1·** (Par rapport à la verticale) Être ou devenir oblique en prenant un équilibre instable ou une position anormale. *Ce mur penche.* **2·** (Par rapport à l'horizontale) S'abaisser. *Ce tableau penche à droite.* – Loc. *Faire pencher la balance* (en appuyant sur un plateau, en le chargeant) ; emporter la décision. **3·** (Suj. personne) ***Pencher vers*** (vx), ***pour*** : être porté, avoir une tendance à choisir, à préférer qqch., qqn. → **penchant.** *Il penche pour la deuxième hypothèse.* → **préférer. II·** V. tr. Rendre oblique, par rapport à la verticale ou à l'horizontale ; faire aller vers le bas. → **incliner.** *Pencher une carafe pour verser de l'eau. Pencher la tête.* → **courber.** – Au p. p. adj. ***Penché, ée*** *La tour penchée de Pise. Une écriture penchée.* **III·** ***Se pencher*** v. pron. **1·** S'incliner. *Défense de se pencher par la portière.* **2·** Fig. ***Se pencher sur*** : s'occuper de qqn avec sollicitude ; s'intéresser (à qqn ou à qqch.) avec curiosité. *Se pencher sur un problème.* → **étudier, examiner.** ▷ **penchant**

pendable [pɑ̃dabl] adj. Loc. *C'est un cas pendable,* une action coupable (qui mériterait qu'on pende le coupable). – *Jouer un **tour pendable** à qqn* : un méchant tour.

pendaison [pɑ̃dɛzɔ̃] n. f. **1·** Action de pendre qqn. *Le supplice de la pendaison.* – Ce supplice. *Être condamné à la pendaison.* → **gibet, potence.** **2·** Action de se pendre (suicide). **3·** *Pendaison de crémaillère,* action de pendre la crémaillère*.

① **pendant, ante** [pɑ̃dɑ̃, ɑ̃t] adj. **1·** Qui pend. *Les bras pendants. Les chiens haletaient, (la) langue pendante.* **2·** *Affaire, question pendante,* qui n'a pas reçu de solution. ▶ ② **pendant** n. m. **1·** *Pendants d'oreilles,* bijoux suspendus aux oreilles. → **boucle** d'oreille. **2·** ***Le pendant de..., des pendants*** : chacun des deux objets d'art formant la paire. *Cette estampe est le pendant de l'autre.* **3·** ***Faire pendant à,*** *se faire pendant* : être symétrique. *Les deux tours du château se font pendant.*

③ **pendant** prép. **I· 1·** En même temps que, dans le temps de. *Il a été malade pendant le voyage. Il est arrivé pendant la nuit.* → au **cours** de. **2·** Tout le temps qu'a duré (le complément) – REM. Dans ce cas, *pendant* peut être omis. → **durant.** *J'ai attendu (pendant) deux heures. Il s'est tu (pendant) un long moment. Elle a dansé (pendant) toute la soirée.* **3·** (Sans omission possible) *Pendant ce temps. Avant, pendant et après la guerre.* **II·** Loc. conj. ***Pendant que*** : dans le même temps que ; dans tout le temps que. *Amusons-nous pendant que nous sommes jeunes. Pendant que j'y pense, je dois vous dire...,* puisque j'y pense. Iron. *C'est ça, pendant que vous y êtes, prenez aussi mon portefeuille !* – Alors que, tandis que. *Les uns s'amusent pendant que d'autres travaillent.*

pendard, arde [pɑ̃daʀ, aʀd] n. Vx. Dans le théâtre classique. Coquin, fripon, vaurien (qui mérite d'être pendu).

pendeloque [pɑ̃dlɔk] n. f. **1·** Bijou suspendu à une boucle d'oreille. **2·** Ornement suspendu à un lustre. *Des pendeloques de cristal.*

pendentif [pɑ̃dɑ̃tif] n. m. Bijou qu'on porte suspendu au cou par une chaînette, un collier. → **sautoir.**

penderie [pɑ̃dʀi] n. f. Petite pièce, placard où l'on suspend des vêtements. → **garde-robe.**

pendiller [pɑ̃dije] v. intr. <conjug. 1> Être suspendu en se balançant, en s'agitant en l'air. *Le linge pendillait sur une corde.* ▶ **pendouiller** v. intr. <conjug. 1> Fam. Pendre d'une manière ridicule, mollement.

pendre [pɑ̃dʀ] v. <conjug. 41> **I·** V. intr. (Choses) **1·** Être fixé par le haut, la partie inférieure restant libre. → **tomber.** *Des guirlandes pendaient à l'arbre,* étaient suspendues. *Laisser pendre ses bras, ses jambes.* **2·** Descendre plus bas qu'il ne faudrait, s'affaisser. *Une jupe qui pend par-derrière. Il a les joues qui pendent.* **3·** Loc. fam. *Ça lui **pend au nez*** : se dit d'un désagrément, d'un malheur dont qqn est menacé (par sa faute). **II·** V. tr. **1·** Fixer (qqch.) par le haut de manière que la partie inférieure reste libre. → **suspendre.** *Pendre des guirlandes à un arbre.* – Au p. p. adj. *Du linge pendu aux fenêtres.* **2·** Mettre à mort (qqn) en suspendant par le cou au moyen d'une corde. → **pendaison.** – (Dans des expressions) *Dire **pis que pendre** de qqn* : plus qu'il n'en faudrait pour le faire pendre. → **médire.** – Fam. *Qu'il aille se faire pendre ailleurs,* se dit de qqn dont on a à se plaindre, mais qu'on ne veut pas punir soi-même. – *Je veux être pendu si...,* se dit pour appuyer énergiquement une déclaration. **3·** Loc. (Au p. p. adj.) *Avoir la langue **bien pendue*** : être très bavard. **III·** ***Se pendre*** v. pron. **1·** Se tenir en laissant pendre (I) son corps. *Se pendre par les mains à une barre fixe.* → se **suspendre.** **2·** Au p. p. ***Être pendu, ue à*** : ne pas quitter, ne pas laisser. *Il est tout le temps pendu au téléphone.* **3·** Sans compl. Se suicider par pendaison. *Il s'est pendu par désespoir.* ▶ **pendu, ue** n. Personne qui a été mise à mort par pendaison, ou qui s'est pendue. Loc. *Parler de corde dans la maison d'un pendu,* évoquer une chose gênante, qu'il fallait taire. ▷ **dépendre, pendable, pendaison,** ① **pendant, pendard, pendeloque, pendentif, penderie, pendiller, suspendre**

① **pendule** [pɑ̃dyl] n. m. **1·** Masse suspendue à un point fixe par un fil tendu, qui oscille dans un plan fixe. *Oscillations, fréquence, période d'un pendule. Le pendule d'une horloge,* balancier. **2·** *Pendule de sourcier, de radiesthésiste,* servant, comme la baguette du sourcier, à déceler les «ondes». ▶ **pendulaire** adj. *Mouvement pendulaire.*

② **pendule** n. f. Petite horloge, souvent munie d'un carillon qu'on pose ou qu'on applique (parce que son balancier est un pendule). *La pendule sonne midi. Pendule-réveil.* → **réveil.** *Pendule électrique.* – Loc. *Remettre les pendules à l'heure,* mettre les choses au point. ▶ **pendulette** n. f. Petite pendule portative. *Pendulette de voyage.*

pêne [pɛn] n. m. Pièce mobile d'une serrure, qui s'engage dans une cavité (gâche) et tient fermé l'élément (porte, fenêtre) auquel la serrure est adaptée. *Le pêne est coincé.*

pénéplaine [peneplɛn] n. f. Terme de géographie. Région faiblement onduleuse.

pénétrer [penetʀe] v. <conjug. 6> **I·** V. intr. **1·** (Choses) Entrer profondément dans, en passant à travers ce qui fait obstacle. → s'**enfoncer,** s'**insinuer.** / contr. effleurer / *La balle a pénétré dans les chairs. Le soleil pénètre dans la chambre. Faire pénétrer qqch. dans...,* enfoncer, introduire. **2·** (Êtres vivants) Entrer. *Pénétrer dans une maison. Les envahisseurs qui pénètrent dans un pays.* **3·** Abstrait. *Une habitude qui pénètre dans les mœurs.* **II·** V. tr. **1·** (Suj. chose) Passer à travers, entrer profondément dans. *Liquide qui pénètre une substance.* → **imbiber, imprégner.** – Procurer une sensation forte, intense (froid, humidité, etc.) à (qqn). → **transpercer.** *Le froid vous pénètre jusqu'aux os.* – «*Quelle est cette langueur qui pénètre mon cœur ?*» (Verlaine). → **remplir.** **2·** (Suj. personne) Parvenir à connaître, à comprendre d'une manière poussée. → **approfondir, percevoir, saisir.** *Pénétrer un mystère.* → **découvrir.** *Pénétrer les intentions de qqn.* → **sonder.** *Connaissances ésotériques, impossibles à pénétrer.* → **impénétrable.** **III·** ***Se pénétrer*** v. pron. *Se pénétrer de,* s'imprégner (d'une idée). *Il n'arrive pas à se pénétrer de l'utilité de ce travail.* → **pénétré.** ▶ **pénétrable** adj. **1·** Où il est possible de pénétrer. *Pénétrable à l'eau.* → **perméable.** **2·** Qu'on peut comprendre. *Secret difficilement pénétrable.* / contr. impénétrable / ▶ **pénétrant, ante** adj. **1·** Qui transperce les vêtements, contre quoi on ne peut se protéger. *Une petite pluie pénétrante et fine.* **2·** Qui procure une sensation, une impression puissante. *Une odeur pénétrante. Des regards pénétrants.* → **perçant.** **3·** Qui pénètre dans la compréhension des choses. → **clair, clairvoyant, perspicace.** / contr. obtus / *Vue pénétrante. Un esprit très pénétrant.* – (Personnes) *Un critique fin et pénétrant.* ▶ **pénétration** n. f. **1·** Mouvement par lequel un corps pénètre dans un autre. *La force de pénétration d'un projectile.* – Abstrait. *Favoriser la pénétration d'idées nouvelles.* **2·** Facilité à comprendre, à connaître. → **clairvoyance, perspicacité.** *Un esprit doué de beaucoup de pénétration.* ▶ **pénétré, ée** adj. Rempli, imprégné profondément (d'un sentiment, d'une conviction). → **imbu, plein.** *Une mère pénétrée de ses devoirs. Être pénétré de son importance, de soi-même.* → **vaniteux.** – Souvent iron. *Un air, un ton pénétré,* convaincu. ▷ **impénétrable**

pénible [penibl] adj. **1·** Qui se fait avec peine, fatigue. → **ardu, difficile.** *Travail pénible. Respiration pénible.* **2·** Qui cause de la peine, de la douleur ou de l'ennui ; qui est moralement difficile. → **désagréable ; cruel, déplorable, dur, triste.** *Vivre des moments pénibles. Être pénible à qqn. Il m'est pénible de vous voir dans cet état. C'est pénible pour moi.* **3·** (Personnes) Fam. Difficile à supporter. *Il a un caractère pénible, il est pénible.* ▶ **péniblement** adv. **1·** Avec peine, fatigue ou difficulté. / contr. aisément, facilement / *Il y est arrivé péniblement.* **2·** Avec douleur, souffrance. *Il en a été péniblement affecté.* → **cruellement.** **3·** À peine, tout juste. *Un journal qui tire péniblement à trente-cinq mille exemplaires.*

péniche [peniʃ] n. f. Bateau de transport fluvial, à fond plat. → **barge, chaland.** *Train de péniches remorquées* (par un remorqueur), *poussées* (par un pousseur).

pénicilline [penisilin] n. f. Antibiotique de synthèse ou provenant d'une moisissure, très actif contre les microbes.

péninsule [penɛ̃syl] n. f. Grande presqu'île ; région ou pays qu'entoure la mer de tous côtés sauf un. → **cap, presqu'île.** *La péninsule Ibérique,* l'Espagne et le Portugal. ≠ île. ▶ **péninsulaire** adj. Relatif à une péninsule, à ses habitants.

pénis [penis] n. m. invar. Organe sexuel de l'homme, permettant le coït. → **phallus, sexe, verge** ; vulg. **bite, queue.** ▶ **pénien, ienne** [penjɛ̃, jɛn] adj. Relatif au pénis. *Étui pénien*, gaine entourant le pénis, chez certains peuples. *L'étui pénien des Papous.*

pénitence [penitɑ̃s] n. f. **1·** *La pénitence*, profond regret, remords d'avoir offensé Dieu, accompagné de l'intention de réparer ses fautes. → **contrition** ; se **repentir.** *Faire pénitence*, se repentir. – Rite par lequel le prêtre donne l'absolution. → **confession. 2·** *(Une, des pénitences)* Peine que le confesseur impose au pénitent ; pratique pénible que l'on s'impose pour expier ses péchés. – Châtiment. → **punition. 3·** Loc. *Par pénitence*, pour se punir. *Pour ta pénitence, tu n'iras pas au cinéma. Mettre un enfant en pénitence.* ▶ **pénitent, ente** n. **1·** Personne qui confesse ses péchés. **2·** Membre d'une confrérie s'imposant volontairement des pratiques de pénitence. ▷ **pénitencier**

pénitencier [penitɑ̃sje] n. m. Prison ; maison de correction. *Le pénitencier de l'île de Ré.* ▶ **pénitentiaire** adj. Qui a rapport aux détenus. *Régime, système pénitentiaire, établissement pénitentiaire* (→ **prison**). (Autrefois). *Colonie pénitentiaire.*

penne [pɛn] n. f. Grande plume des ailes et de la queue (des oiseaux). ▷ **empennage**

penny [peni], plur. **pence** [pɛns] n. m. Monnaie anglaise valant le centième de la livre sterling. *Cent pence* (noté p.) *égalent une livre.*

pénombre [penɔ̃bʀ] n. f. Lumière très faible, tamisée (presque de l'*ombre*). → **demi-jour ; clair-obscur.** *Apercevoir une forme dans la pénombre.*

pensable [pɑ̃sabl] adj. (Surtout en tournure négative) Qu'on peut envisager, croire. *Ce n'est pas pensable, c'est à peine pensable.* → **impensable.** ▷ **impensable**

pensant, ante [pɑ̃sɑ̃, ɑ̃t] adj. **1·** Qui a la faculté de penser. → **intelligent.** *L'homme est un être pensant.* **2·** Vx. ou iron. ***Bien pensant*** : qui pense conformément à l'ordre établi. ***Mal pensant*** (moins cour.) : qui a des idées subversives. *Les gens bien pensants. Une revue bien pensante.*

pense-bête [pɑ̃sbɛt] n. m. Chose, marque, courte note manuscrite destinée à rappeler ce que l'on a projeté de faire. *Des pense-bêtes.*

① **pensée** [pɑ̃se] n. f. **I·** ***La pensée.*** **1·** Ce qui affecte la conscience ; ce que qqn pense, sent, veut. *Laisse-moi deviner ta pensée. Ses mots ont dépassé sa pensée.* – L'esprit qui pense, désire, veut. *Il a agi dans la pensée de bien faire*, dans l'intention, le dessein de. → **idée. 2·** Activité de l'esprit, faculté ayant pour objet la connaissance. → **esprit, intelligence, raison ; entendement.** *La pensée abstraite. L'expression de la pensée par le langage.* **3·** ***La pensée de*** *qqn* : sa réflexion, sa façon de penser ; sa capacité intellectuelle ; sa position intellectuelle. *La pensée de Nietzsche, de Gandhi* → **philosophie,** *d'Einstein* → **théorie.** *Je partage votre pensée là-dessus.* → **point de vue ; opinion.** Loc. *Aller jusqu'au bout de sa pensée*, ne pas craindre de surprendre, de choquer, en disant tout ce que l'on pense, en tirant toutes les conclusions d'une idée. **4·** *En pensée, par la pensée*, en esprit (et non réellement). *Se transporter quelque part par la pensée*, par l'imagination. **5·** Manière de penser. *Pensée claire.* **6·** Ensemble d'idées, de doctrines, communes à plusieurs. *Les courants de la pensée contemporaine. La pensée marxiste.* **II·** ***Une, des pensées.*** **1·** (Sens courant) Ensemble de représentations, d'images, dans la conscience d'une personne. → **idée, sentiment.** *J'ai découvert le fond de ses pensées. Avoir une pensée émue pour qqn. Une pensée profonde, originale, superficielle, banale.* → ② **cliché.** – *Recevez nos plus affectueuses pensées.* **2·** Au plur. Résultat, produit de l'activité de la conscience. *Mettre de l'ordre dans ses pensées. Perdre le fil de ses pensées. Lire dans les pensées de qqn.* → **idée.** *Des pensées profondes. Il reste absorbé dans ses pensées.* → **méditation, réflexion. 3·** Expression brève d'une idée (orale ou, plus souvent, écrite). → **maxime, sentence.** *Les « Pensées » de Pascal.* **III·** ***La pensée de*** *qqn, qqch.* : le fait de penser à. *La pensée de l'être aimé l'a réconfortée. Il s'effraie à la seule pensée de prendre l'avion.* – ***La pensée que*** : le fait de penser, de savoir que. *La pensée que Pierre l'aimait l'a réconfortée.* ▷ **arrière-pensée, libre pensée**

② **pensée** n. f. Petite plante cultivée dans les jardins pour ses grandes fleurs veloutées. *Pensées violettes, jaunes. Pensées sauvages.*

① **penser** [pɑ̃se] v. < conjug. 1 > **I·** V. intr. **1·** Appliquer son esprit à concevoir, à juger qqch. *Tu ne peux donc pas penser par toi-même ?* → **comprendre, imaginer, juger, raisonner, réfléchir.** *La faculté de penser*, la raison. *Penser sur un sujet.* → **méditer, réfléchir.** *Penser juste. La façon de penser de qqn*, sa pensée. – Loc. *Je vais lui dire ma façon de penser*, ce que je pense de lui. – *Une chose qui donne, qui laisse à penser*, qui fait réfléchir. **2·** Avoir des pensées. *Tu penses ou tu rêves ? Penser tout haut*, dire ce qu'on a en tête. *Penser en français, en anglais* (preuve que l'on maîtrise bien ces langues). *Les animaux pensent-ils ?* **II·** ***Penser à*** : **1·** Appliquer sa réflexion, son attention à. → **réfléchir, songer** à. *Pensez à ce que vous dites. N'y pensons plus*, oublions cela. *Faire une chose* ***sans y penser*** : machinalement. **2·** Évoquer par la mémoire, l'imagination. → **imaginer, rappeler,** se **souvenir.** *Il s'efforçait de ne plus penser à elle.* – ***Faire penser à.*** → **évoquer.** *Il me fait penser à quelqu'un.* **3·** S'intéresser à. → s'**occuper** de. *Penser aux autres. Il faut penser à l'avenir. Elle ne pense qu'à s'amuser.* **4·** Avoir en tête, en mémoire ; considérer en vue d'une action. *J'essaierai d'y penser.* → se **souvenir.** *J'ai pensé à tout.* → **prévoir.** *Je n'avais pas pensé à cela, je n'y avais pas pensé.* → faire **attention,** prendre **garde.** – *Sans penser à mal,* innocemment. **III·** V. tr. **1·** Avoir pour opinion, pour conviction. → **estimer.** *Penser du bien, du mal (beaucoup de bien, de mal) de qqn, de qqch. Penser qqch. de, à propos de, sur qqch. Qu'en pensez-vous ?* – Loc. *Il ne dit rien mais il n'en pense pas moins,* il ne dit pas ce qu'il pense. **2·** Avoir l'idée de. → **croire, imaginer, soupçonner, supposer.** *Jamais je n'aurais pu penser cela !,* m'en douter. *Il n'est pas si désintéressé qu'on le pense.* – Exclam. fam. (Sans compl.) *Tu penses !,* tu parles ! *Penses-tu ! Pensez-vous !,* mais non, pas du tout. – ***Penser que*** : croire, avoir l'idée, la conviction que. *Vous pensez bien, tu penses bien que je n'aurais jamais accepté ! Je pense qu'il peut ; je ne pense pas qu'il puisse.* – *Nous pensons avoir résolu ces problèmes.* → **espérer.** **3·** Avoir dans l'esprit (comme idée, pensée, image, sentiment, volonté, etc.). *Dire ce que l'on pense.* – Euphémisme. *Il lui a flanqué un coup de pied où je pense, où vous pensez,* au derrière. – ***Penser que*** : imaginer. *Pensez qu'elle n'a que seize ans !* **4·** (+ infinitif) Avoir l'intention, avoir en vue de. → **compter.** *Que pensez-vous faire à présent ? Je pense m'en aller, renoncer, recommencer.* **5·** Littér. Considérer clairement, embrasser par la pensée. → **concevoir.** *Penser l'histoire, penser un problème.* – Au p. p. *L'affaire est bien pensée.* ▶ 2 **penser** n. m. Littér. Pensée. ▶ **penseur** n. m. **1·** Personne qui s'occupe, s'applique à penser. – Personne qui a des pensées neuves et personnelles sur les problèmes généraux. → **philosophe.** *Les penseurs du* XVIII*e siècle. Mme de Staël est un penseur important.* **2·** ***Libre penseur.*** → **libre.** ▶ **pensif, ive** adj. Qui est absorbé dans ses pensées. → **songeur.** *Un homme pensif. Elle était un peu pensive.* – *Un air pensif.* → **préoccupé, soucieux.** ▶ **pensivement** adv. D'une manière pensive, d'un air pensif. ▷ **pensable, pensant, pense-bête,** 1 **pensée, repenser**

1 **pension** [pɑ̃sjɔ̃] n. f. Allocation périodique (versée à une personne). → **dotation, retraite.** *Verser, recevoir une pension alimentaire. Avoir droit à une pension.* ▶ **pensionner** v. tr. < conjug. 1 > Pourvoir (qqn) d'une pension. *Pensionner un invalide.* ▶ **pensionné, ée** n. et adj. Qui bénéficie d'une pension.

2 **pension** n. f. **1·** (Dans des expressions) Le fait d'être nourri et logé chez qqn. *Prendre pension dans un hôtel.* – ***En pension.*** *Prendre qqn chez soi en pension. Mettre un enfant en pension dans un collège.* – *Payer la pension,* les frais de pension. **2·** ***Une pension*** : établissement scolaire privé où l'on prend pension. *Une pension de jeunes filles.* → **internat, pensionnat.** – Ensemble des élèves d'une pension. → **pensionnaire.** *Toute la pension était en promenade.* **3·** ***Pension de famille*** : établissement hôtelier où les conditions d'hébergement, de nourriture ont un aspect familial. ▶ **pensionnaire** n. **1·** Personne qui prend pension chez un particulier, dans un hôtel. **2·** Élève logé et nourri dans l'établissement scolaire qu'il fréquente. → **interne.** *Une pensionnaire. Les pensionnaires, les demi-pensionnaires et les externes.* ▶ **pensionnat** n. m. **1·** École, maison d'éducation privée où les élèves sont logés et nourris. → **internat.** *Le dortoir d'un pensionnat.* **2·** Les élèves de cet établissement. ▷ **demi-pension**

pensum [pɛ̃sɔm] n. m. **1·** Vieilli. Travail supplémentaire imposé à un élève par punition. *Des pensums ennuyeux.* **2·** Travail pénible, ennuyeux. *Quel pensum !*

penta- Élément savant signifiant « cinq ». ▶ **pentagone** [pɛ̃tagɔn] n. m. Polygone qui a cinq côtés. *L'état-major des armées des États-Unis occupe un bâtiment en forme de pentagone (et on l'appelle le Pentagone).*

pentathlon [pɛ̃tatlɔ̃] n. m. Ensemble de cinq épreuves sportives. *Pentathlons antique et moderne. Pentathlon féminin.* ▶ **pentathlonien, ienne** n. Athlète spécialiste du pentathlon.

pente [pɑ̃t] n. f. **I·** Disposition oblique, penchée. **1·** Inclinaison (d'une surface) par rapport à l'horizontale. → **déclivité.** *Pente douce, raide, rapide d'un chemin, d'un terrain. Une pente de quinze pour cent,* dont la déclivité est de quinze mètres sur une longueur de cent mètres. **2·** Direction de l'inclinaison selon laquelle une chose est entraînée ; descente. *Suivre la pente du terrain.* Loc. fig. *Suivre sa pente,* ses inclinations, ses penchants, son goût. **3·** ***En pente*** : qui n'est pas horizontal. *Terrain en pente. Chemin en pente douce, raide.* **II·** ***Une pente*** : surface oblique. **1·** Surface inclinée. *Descendre, monter une pente.* → **côte.** *En haut, au bas de la pente. La pente d'une colline.* → **côté, versant.** *La pente d'un toit.* **2·** Abstrait. Ce qui incline la vie vers la facilité, le mal. Loc. *Être sur une mauvaise pente. Remonter la pente,* cesser de s'abandonner à une facilité. ▶ **pentu, ue** adj. En pente, fortement incliné. *Des toits pentus.* ▷ **appentis, contre-pente, parapente, remonte-pente, soupente**

pentecôte [pɑ̃tkot] n. f. **1·** Fête juive célébrée sept semaines après le deuxième jour de la pâque. **2·** (Avec une majuscule) Fête chrétienne célébrée le septième dimanche après Pâques pour commémorer la descente du Saint-Esprit sur les apôtres. *Le lundi de (la) Pentecôte.*

penthotal [pɛ̃tɔtal] n. m. Substance (barbiturique) qui produit un état de sommeil artificiel et supprime certaines défenses (communément appelé *sérum de vérité*).

penture [pɑ̃tyʀ] n. f. Bande de fer, souvent décorative, à embout fixé sur un battant pour le soutenir sur le gond. → **ferrure.** *Les pentures en équerre d'une fenêtre.*

pénultième [penyltjɛm] adj. et n. f. Avant-dernier. – N. f. Avant-dernière syllabe. → **antépénultième.** ▷ **antépénultième**

pénurie [penyʀi] n. f. Manque de ce qui est nécessaire. *Pénurie de blé.* → **défaut, manque, rareté.** /contr. abondance/ *Pénurie de main-d'œuvre.*

péon [peɔ̃] n. m. Gardien de bétail, ouvrier agricole, paysan pauvre, en Amérique latine.

people [pipœl] adj. invar. et n. Anglic. Qui concerne les célébrités, les gens dont on parle. *La presse people.* – N. m. plur. *Les people.* ▶ **peopolisation** [pipɔlizasjɔ̃] n. f. REM. On écrit aussi *pipole, pipeule* et *pipolisation.*

pépé [pepe] n. m. **1·** Fam. et lang. enfantin. Grand-père. *Le pépé et la mémé.* **2·** Fam. Homme âgé. *Un petit pépé.* → fam. **papi, pépère.**

pépée [pepe] n. f. Fam. Terme d'admiration. Femme, jeune fille. *Une jolie pépée.*

pépère [pepɛʀ] n. m. et adj. **1·** Fam. Grand-père. «*Bonjour, pépère !*». – Vieilli. Vieillard. → fam. **pépé. 2·** Fam. Gros homme, gros enfant paisible, tranquille. *Un gros pépère.* **3·** Adj. Fam. Agréable, tranquille. *Un petit coin pépère. Vous serez pépères ici.*

pépètes [pepɛt] n. f. pl. Fam. *Les pépètes, des pépètes,* de l'argent. *J'ai plus de pépètes.*

pépie [pepi] n. f. Fam. *Avoir la pépie,* avoir très soif.

pépier [pepje] v. intr. <conjug. 7> (Jeunes oiseaux) Pousser de petits cris. ▶ **pépiement** n. m. *Les pépiements des moineaux, des poussins.*

1 **pépin** [pepɛ̃] n. m. Graine de certains fruits (raisins, baies, agrumes, pommes, poires, etc.). *Fruits à pépins.* ≠ noyau. *Enlever les pépins d'un fruit.*

2 **pépin** n. m. Fam. Ennui, complication, difficulté. *Pourvu qu'il n'ait pas de pépin !*

3 **pépin** n. m. Fam. Parapluie. *Ouvre ton pépin, il pleut.*

pépinière [pepinjɛʀ] n. f. **1·** Terrain où l'on fait pousser de jeunes arbres destinés à être replantés ou à recevoir des greffes. **2·** Ce qui fournit un grand nombre de personnes qualifiées. *Ce pays est une pépinière de savants.* ▶ **pépiniériste** n. Jardinier(ière) qui cultive une pépinière (1). → **arboriculteur.**

pépite [pepit] n. f. Morceau d'or natif (naturel) et pur. *Les orpailleurs, les chercheurs d'or ont trouvé des pépites dans ce ruisseau.*

péplum [peplɔm] n. m. **1·** Dans l'Antiquité. Vêtement de femme, sans manches, qui s'agrafait sur l'épaule. **2·** Film à grand spectacle, sur l'Antiquité classique. *Des péplums bollywoodiens, italiens.*

pepsine [pɛpsin] n. f. Enzyme du suc gastrique.

peptide [pɛptid] n. m. Enchaînement d'au moins deux acides aminés. *Les neurotransmetteurs sont des peptides.*

péquenaud, aude [pɛkno, od] n. ou **péquenot** [pɛkno] n. m. Fam. et péj. (injurieux) Paysan. – Adj. *Ce qu'il est péquenaud !*

1 **per-** Élément signifiant «à travers» (ex. : *perforer, perméable, perspective*).

2 **per-** Élément signifiant «complètement» (ex. : *perdurer, perfection, persister*).

percale [pɛʀkal] n. f. Tissu de coton, fin et serré.

perçant, ante [pɛʀsɑ̃, ɑ̃t] adj. **1·** Qui voit au loin. *Vue perçante ; regard perçant.* – *Des yeux perçants,* vifs et brillants. **2·** (Son) Aigu et fort, qui perce les oreilles. *Pousser des cris perçants.* → **strident.** *Voix perçante.* → **criard.**

percée [pɛʀse] n. f. **1·** Ouverture qui ménage un passage ou une perspective. *Ouvrir une percée dans une forêt.* → **chemin, trouée. 2·** Action de percer, de rompre les défenses. *Tenter une percée.* **3·** Progrès spectaculaire. *Une percée technologique.* → **avancée.**

percement [pɛʀsəmɑ̃] n. m. Action de percer, de pratiquer (une ouverture, un passage). *Le percement d'un tunnel.*

perce-neige [pɛʀsənɛʒ] n. m. ou f. Plante à fleurs blanches qui s'épanouissent à la fin de l'hiver. *Des perce-neiges* ou *des perce-neige.*

perce-oreille [pɛʀsɔʀɛj] n. m. Insecte inoffensif dont l'abdomen porte une sorte de pince. *Des perce-oreilles.*

percepteur, trice [pɛʀsɛptœʀ, tʀis] n. Fonctionnaire chargé de la perception ② des impôts, des amendes. → ② **perception.** *Recevoir un avertissement de son percepteur.*

① **perception** [pɛʀsɛpsjɔ̃] n. f. Réunion de sensations en images mentales. *Perception visuelle, auditive, tactile, olfactive.* – Action de percevoir ①. *Troubles de la perception. Troubles dans la perception des couleurs.* – *Verbes de perception* (regarder, voir, écouter, entendre, sentir, etc.). ▶ **perceptible** adj. 1· Qui peut être perçu par les sens. → **visible ; audible ; appréciable, sensible.** / contr. imperceptible / *Des détails perceptibles à l'œil nu. Des différences peu perceptibles.* 2· Qui peut être compris, saisi par l'esprit. *Un avantage difficilement perceptible.* ▷ **imperceptible**

② **perception** n. f. 1· Opération par laquelle l'État, le percepteur* perçoit ② les impôts directs. → **recouvrement.** – Impôt, taxe, redevance. 2· Emploi, bureau du percepteur. → (les) **impôts, recette.**

percer [pɛʀse] v. < conjug. 3 > I· V. tr. 1· Faire un trou dans (un objet). → **perforer, trouer.** *Percer un mur. Un clou a percé le pneu.* – Au p. p. adj. *Souliers percés.* – Traverser, trouer (une partie du corps). *Elle s'est fait percer les oreilles pour porter des boucles. Percer un abcès.* → **ouvrir.** 2· Blesser (qqn) à l'aide d'une arme pointue. → **blesser, tuer.** *Percer qqn de coups.* → **cribler.** – Au p. p. *Cœur percé d'une flèche,* symbole de l'amour. – Loc. *Percer le cœur de qqn,* affliger, faire souffrir. 3· Pratiquer dans (qqch.) une ouverture pouvant servir de passage, d'accès. *Percer un coffre-fort.* 4· Traverser (une protection, un milieu intermédiaire). → **transpercer.** *Le soleil perçait les nuages.* – *Cri strident qui perce les tympans.* 5· (Suj. personne) Se frayer un passage dans. *Percer le front des armées ennemies.* 6· Littér. Parvenir à découvrir (un secret, un mystère). → **déceler, pénétrer.** *Percer un complot.* – Loc. *Percer qqn, qqch. à jour,* parvenir à connaître (ce qui était tenu caché, secret). 7· Faire (une ouverture) en enlevant des matériaux. *Percer un trou. Percer une avenue. Percer une fenêtre dans un mur.* → **ouvrir.** II· V. intr. 1· Se frayer un passage en faisant une ouverture, un trou. – (Choses) *Les premières dents du bébé ont percé. Abcès qui perce.* → **crever.** – (Personnes) *Les ennemis n'ont pas pu percer.* → **percée.** 2· Littér. Se déceler, se manifester, se montrer. *Rien n'a percé de leur entretien.* → **filtrer, transpirer.** 3· (Personnes) Acquérir la notoriété. → **réussir.** *Un jeune chanteur qui commence à percer.* ▶ **perceur, euse** n. Personne qui perce (I, 1, 3). *Perceur de coffre-fort.* ▶ **perceuse** n. f. Machine-outil utilisée pour percer des trous dans des matériaux durs. *Perceuse-visseuse.* → **aléseuse, foreuse, fraiseuse, vilebrequin.** ▷ **perçant, percée, percement, perce-neige, perce-oreille, transpercer**

① **percevoir** [pɛʀsəvwaʀ] v. tr. < conjug. 28 > 1· Comprendre, parvenir à connaître. → **apercevoir, concevoir, discerner, distinguer, saisir, sentir.** *Percevoir une intention, une nuance.* 2· Avoir conscience de (une sensation). → **éprouver, sentir ;** ① **perception.** *Il percevait les battements de son cœur.* – Réunir des sensations en perception ①. *Les daltoniens ne perçoivent pas certaines couleurs.* ▷ **apercevoir,** ① **perception**

② **percevoir** v. tr. < conjug. 28 > 1· Recevoir (une somme d'argent). → **encaisser ;** fam. **empocher.** *Percevoir un loyer.* → **toucher.** / contr. payer / 2· Recueillir (le montant d'un impôt, d'une taxe). → **lever ; percepteur,** ② **perception.** – Au p. p. adj. *Droits perçus.* ▷ **percepteur,** ② **perception, trop-perçu**

① **perche** [pɛʀʃ] n. f. Poisson d'eau douce, à chair estimée.

② **perche** n. f. 1· Grande tige de bois ou d'une substance analogue. *Perche utilisée pour propulser une barque.* ≠ pagaie. – ***Saut à la perche*** : saut en hauteur en prenant appui sur une perche. *Perche de saut en fibres de carbone.* – *Perche (à son),* perche métallique supportant un micro pour les prises de son. 2· Loc. ***Tendre la perche*** *à qqn* : lui fournir une occasion de se tirer d'embarras (comme pour éviter qu'il, elle se noie). 3· Fam. Personne grande et maigre. → **échalas.** *Quelle grande perche !* ▶ **perchiste** n. 1· Sauteur à la perche. 2· Personne qui tient la perche à son.

percher [pɛʀʃe] v. < conjug. 1 > I· V. intr. 1· (Oiseaux) Se mettre, se tenir sur une branche, un perchoir. 2· Fam. (Personnes) Loger, habiter. → **demeurer ;** fam. **crécher.** *Où est-ce que tu perches ?* – (Choses) Être situé, placé. II· V. tr. Fam. Placer à un endroit élevé. *Quelle idée d'avoir perché ce vase sur l'armoire !* III· ***Se percher*** v. pron. : se mettre, se tenir sur un endroit élevé. → **se jucher, grimper.** – Au p. p. adj. ***Perché, ée.*** *Les pigeons perchés sur le balcon.* ▶ **percheur, euse** adj. *Oiseau percheur,* qui a l'habitude de se percher. ▶ **perchoir** n. m. 1· Endroit où viennent se percher les oiseaux domestiques, les volailles. *Perchoir de perroquet.* 2· Fam. Endroit où qqn est perché, juché. *Descends de ton perchoir !*

percheron [pɛʀʃəʀɔ̃] n. m. Grand et fort cheval de trait, de labour (provenant de la région du *Perche*).

perclus, use [pɛʀkly, yz] adj. Qui a de la peine à se mouvoir. → **impotent.** *Elle est toute percluse de rhumatismes. Être perclus de douleurs.* – Littér. *Un vieillard perclus.*

percolateur [pɛʀkɔlatœʀ] n. m. Appareil à vapeur sous pression qui sert à faire du café en grande quantité. *Installer un percolateur dans un bar.* – Abrév. fam. **perco** n. m.

percussion [pɛʀkysjɔ̃] n. f. **1·** Action de frapper, de heurter. → **choc.** *Perceuse à percussion.* **2·** *Instrument à percussion* ou *de percussion,* dont on joue en le frappant et dont le rôle est surtout rythmique (ex. : *cymbales, grosse caisse, caisse claire, tambour, tam-tam*). → **batterie.** ▶ **percussionniste** n. Musicien(ienne), qui joue d'un instrument à percussion.

percutané, ée [pɛʀkytane] adj. Dont la diffusion dans l'organisme se fait à partir d'une application sur la peau. *Hormone administrée par voie percutanée.*

percuter [pɛʀkyte] v. < conjug. 1 > **I·** V. tr. Frapper, heurter (qqch.). *La voiture a percuté un arbre.* **II·** V. intr. **1·** Heurter en explosant. *Obus qui vient percuter contre le sol.* **2·** Heurter violemment un obstacle, un véhicule. *La voiture est allée percuter contre un camion.* ▶ **percutant, ante** adj. **1·** Qui donne un choc. – *Un obus percutant,* qui éclate à la percussion. **2·** Fig. Qui frappe par sa netteté brutale, qui produit un choc psychologique. *Un article percutant. Une formule percutante.* ▶ **percuteur** n. m. Pièce métallique qui, dans une arme à feu, est destinée à frapper l'amorce et à la faire détoner. ▷ **percussion**

perdant, ante [pɛʀdɑ̃, ɑ̃t] n. et adj. **1·** Personne qui perd au jeu, dans une affaire, une compétition. → **battu.** / contr. gagnant / *Match nul, où il n'y a ni perdant ni gagnant.* – *Vous serez perdant.* – Loc. *Être bon, mauvais perdant,* accepter sa défaite avec bonne, mauvaise grâce. **2·** (Choses) Qui perd. *Les numéros perdants.*

perdition [pɛʀdisjɔ̃] n. f. **1·** Le fait de se perdre (III, 5), d'être damné. – Éloignement de l'Église et des voies du salut. → **péché** mortel. / contr. salut / – Iron. *Lieu de perdition,* de débauche. **2·** *Navire en perdition :* en danger de faire naufrage. → **détresse.**

perdre [pɛʀdʀ] v. tr. < conjug. 41 > **I·** Être privé de la possession ou de la disposition de (qqch.). **1·** Ne plus avoir (un bien). *Il perd, il a perdu tout son argent au jeu, dans une faillite.* / contr. gagner ; acquérir / – *Perdre son emploi.* Loc. *N'avoir plus rien à perdre. Vous ne perdez rien pour attendre,* vous finirez par obtenir ce que vous méritez (formule de menace). Fam. *Tu ne le connais pas ? tu n'y perds rien !,* il ne mérite pas d'être connu. **2·** Être séparé de (qqn) par la mort. *Elle avait perdu son père à douze ans.* – Ne plus avoir (un compagnon, un ami, etc.). *Depuis qu'il boit, il a perdu tous ses amis.* / contr. retrouver / **3·** Cesser d'avoir (une partie de soi ; une qualité). *Perdre ses cheveux.* – *Perdre du poids,* maigrir. *Perdre ses forces,* s'affaiblir. *Perdre la vie,* mourir. – *Perdre la raison,* devenir fou. *Perdre la mémoire.* – (Compl. sans art.) *Perdre connaissance,* s'évanouir. *Perdre courage. Perdre patience.* / contr. prendre, reprendre / – (Choses) *Ce procédé a perdu son intérêt. Certains mots perdent leur sens.* **4·** Ne plus avoir en sa possession (ce qui n'est ni détruit ni pris). → **égarer.** *J'ai perdu mon stylo. Nous avons perdu notre guide.* → **perdu** (I). **5·** Laisser s'échapper. *Il perd son pantalon,* son pantalon tombe. – *Le blessé perd beaucoup de sang.* **6·** (En parlant de ce qui échappe à la portée des sens) *Ne pas perdre une bouchée, une miette d'une conversation,* n'en rien perdre. – Loc. ***Perdre** qqn, qqch. **de vue*** : ne plus voir ; ne plus fréquenter qqn. *Nous nous sommes perdus de vue.* **7·** Ne plus pouvoir suivre, contrôler. *Perdre son chemin.* – Loc. *Perdre pied,* être dans l'embarras. *Perdre le nord,* s'affoler. **8·** Ne pas profiter de (qqch.), en faire mauvais usage. → **dissiper ; gâcher, gaspiller.** *Perdre du temps. Perdre son temps.* ≠ passer. *Vous n'avez pas un instant à perdre.* – *Il a perdu une bonne occasion de se taire,* il aurait mieux fait de se taire. **9·** Ne pas obtenir ou ne pas garder (un avantage). *Perdre l'avantage.* – Ne pas obtenir l'avantage dans. *Perdre la partie. Perdre une bataille. Perdre un procès.* Sans compl. *Il a perdu,* il s'est fait battre. *Il a horreur de perdre,* il est mauvais joueur. – *Perdre du terrain,* aller moins vite que son adversaire. *Cette maladie perd du terrain,* recule. **II·** (Compl. personne) Priver (qqn) de la possession ou de la disposition de biens, d'avantages. → **perdu** (II). **1·** (Suj. personne) Causer la ruine totale, ou même la mort de (qqn). *Il cherche à nous perdre.* **2·** (Suj. chose) Priver de sa réputation, de son crédit (auprès de qqn) ; priver de sa situation. *Son excès d'ambition le perdra. Perdre qqn auprès de qqn.* → **discréditer.** – Faire condamner. *C'est le témoignage de son complice qui l'a perdu.* **3·** Littér. Pervertir. *Ses mauvaises fréquentations l'ont perdu.* – Religion. Damner. → **perdition.** **4·** Mettre (qqn) hors du bon chemin. → **égarer, fourvoyer.** *J'ai l'impression que notre guide nous a perdus.* → **perdu** (III). **III·** ***Se perdre*** v. pron. **1·** Être réduit à rien ; cesser d'exister ou de se manifester. *Les traditions se perdent.* **2·** Être mal utilisé, ne servir à rien. *Laisser (se) perdre une occasion.* **3·** (Réfl.) Cesser d'être perceptible. → **disparaître.** *Des silhouettes qui se perdent dans la nuit.* **4·** (Personnes) S'égarer ; ne plus retrouver son chemin. *Nous allons nous perdre. C'était la nuit et je me suis perdu.* → **perdu** (III). – Abstrait. Être incapable de se débrouiller, d'expliquer, ne plus voir clair dans. *Plus je pense à ce problème, plus je m'y perds.* – ***Se perdre dans, en*** : appliquer entièrement son esprit au point de n'avoir conscience de rien d'autre. → **s'absorber, se plonger.** *Se perdre dans ses pensées.* **5·** Relig. (Personnes) Être damné. → **perdition.** ▷ **déperdition, imperdable, perdant, perdition, perdu**

perdrix [pɛʀdʀi] n. f. invar. Oiseau de taille moyenne, au plumage roux ou gris cendré, très apprécié comme gibier. ▶ **perdreau** n. m. Jeune perdrix de l'année. *Un vol de perdreaux.*

perdu, ue [pɛʀdy] adj. **I·** Qui a été perdu (→ **perdre,** I). **1·** Dont on n'a plus la possession, la disposition, la jouissance. *Argent perdu au jeu. Tout est perdu,* il n'y a plus d'espoir, plus de remède. – Loc. prov. *Un(e) de perdu(e), dix de retrouvé(e)s,* se dit d'une personne ou d'une chose dont on pense que la perte sera facilement réparable. **2·** Égaré. *Objets perdus.* – (Lieu) Écarté ; éloigné, isolé. *Pays perdu. Un coin perdu.* **3·** Mal contrôlé, abandonné au hasard. *Il a été blessé par une balle perdue,* qui a manqué son but et l'a atteint par hasard. **4·** Qui a été mal utilisé ou ne peut plus être utilisé. *Verre, emballage perdu* (opposé à *consigné*). *Une occasion perdue.* → **manqué.** *Ce n'est pas perdu pour tout le monde,* il y a des gens qui en ont profité. – (À propos du temps) *C'est du temps perdu,* inutilement employé. *Je joue du piano à mes moments perdus,* à mes moments de loisir. *À temps perdu,* dans les moments où l'on a du temps à perdre. **5·** Où on a eu le dessous. *Bataille, guerre perdue.* **II·** Qui a été perdu (II), atteint sans remède (par le fait d'une personne ou d'une chose). **1·** (Personnes) Atteint dans sa santé. *Le malade est perdu.* → **condamné, incurable ;** fam. **fichu, foutu.** – Atteint dans sa fortune, sa situation, son avenir... *C'est un homme perdu.* → **fini.** – Loc. *Fille perdue,* prostituée. **2·** (Choses) Abîmé, endommagé. *Récoltes perdues à cause de la grêle.* **III· 1·** Qui se perd (III), qui s'est perdu. *Ça y est, on est encore perdu !* → **égaré ;** fam. **paumé.** *Se sentir perdu dans la foule.* Abstrait. *Je suis perdu, je ne m'y retrouve plus.* – N. *Courir comme un perdu,* un fou. **2·** Absorbé. *Perdu dans ses pensées, dans sa douleur.* ▷ **éperdu**

perdurer [pɛʀdyʀe] v. intr. < conjug. 1 > Littér. Continuer, durer*. *La douleur perdure.*

père [pɛʀ] n. m. **1·** Homme qui a engendré, donné naissance à un ou plusieurs enfants. *Être, devenir père. Être (le) père de deux enfants. Le père de qqn. Le père et la mère.* → **parents.** *Du père.* → **paternel.** Loc. prov. *Tel père, tel fils.* – Appellatif. → **papa.** *Oui, père !* **2·** *Père de famille :* qui a un ou plusieurs enfants qu'il élève. → **chef** de famille. *Les responsabilités du père de famille.* Loc. *Vivre en bon père de famille,* sans bruit ni scandale. **3·** Le parent mâle (de tout être vivant sexué). *Le père de ce poulain était un pur-sang.* – *Père biologique,* dont le rôle s'est limité à la fécondation de l'ovule ou dont le sperme a servi pour cette opération. **4·** Au plur. Littér. Ancêtre. → **aïeul.** **5·** *Dieu le Père,* la première personne de la Sainte-Trinité. → **Notre-Père.** **6·** Fig. *Le père de qqch.* → **créateur, fondateur, inventeur.** **7·** Celui qui se comporte comme un père, est considéré comme un père. *Père légal, adoptif. Il a été un père pour moi.* **8·** (Titre de respect) Nom donné à certains religieux. *Les Pères Blancs.* – *Le Saint-Père, notre saint-père le pape.* – *Les Pères de l'Église,* les docteurs de l'Église (du Iᵉʳ au VIᵉ siècle). – *Mon Père,* se dit en s'adressant à certains religieux. – (Avant le prénom) *Le père Jean.* **9·** Fam. (Avant le nom de famille) Désignant un homme mûr de condition modeste. *Le père Goriot.* – Loc. *Le coup du père François,* un coup sur la nuque. – *Le père Noël.* – Loc. *Un gros père,* un gros homme placide. → fam. **pépère.** Fam. *Alors, mon petit père, comment ça va ? Un père tranquille,* un homme paisible. ▷ **beau-père, compère, grand-père, pépère, saint-père ;** mots en **patern-**

pérégrination [peʀegʀinasjɔ̃] n. f. Surtout au plur. Déplacements incessants sur de longues distances et en de nombreux endroits.

péremption [peʀɑ̃psjɔ̃] n. f. **1·** En droit. Anéantissement (des actes de procédure) après un certain délai. **2·** *Date de péremption,* au-delà de laquelle un produit est considéré comme périmé. → **périmer.** ≠ prescription.

péremptoire [peʀɑ̃ptwaʀ] adj. Qui détruit d'avance toute objection ; contre quoi on ne peut rien répliquer. → **décisif, tranchant.** *Argument péremptoire. Elle a adopté un ton péremptoire.* – *Il a été péremptoire.* ▶ **péremptoirement** adv.

pérennité [peʀenite] n. f. Littér. État, caractère de ce qui dure toujours → **continuité, immortalité,** ou très longtemps. *Assurer la pérennité des institutions.* ▶ **pérenniser** v. tr. < conjug. 1 > Rendre durable, permanent. *Pérenniser une tradition.*

péréquation [peʀekwasjɔ̃] n. f. Répartition égalitaire de charges ou de moyens.

perestroïka [peʀestʀɔjka] n. f. En histoire. Politique prônée en U. R. S. S., visant à une reconstruction socio-économique du pays.

perfectible [pɛʀfɛktibl] adj. Susceptible d'être amélioré. / contr. imperfectible / *La science est perfectible.*

perfectif, ive [pɛʀfɛktif, iv] adj. En grammaire. *Verbe perfectif,* qui suppose un aboutissement, une fin (opposé à *imperfectif*). *« Naître », « trouver » sont des verbes perfectifs. Aspect perfectif.*

perfection [pɛʀfɛksjɔ̃] n. f. **1·** État, qualité de ce qui est parfait. / contr. imperfection / *Atteindre un haut degré de perfection. La perfection de son travail est étonnante.* **2·** ***À la perfection*** loc. adv. : d'une manière parfaite, excellente. → **parfaitement.** *Elle danse à la perfection.* **3·** Au plur. Littér. Qualités remarquables. *On ne voit que des perfections chez la personne qu'on aime.* **4·** ***Une perfection*** : personne parfaite qui a toutes les qualités requises. *Cette jeune fille est une perfection.* → **perle.** ▶ **perfectionner** v. tr. < conjug. 1 > **I·** Rendre meilleur, plus proche de la perfection. → **améliorer, parfaire.** *Perfectionner un procédé, une technique.* **II·** ***Se perfectionner*** v. pron. : acquérir plus de qualités, de valeur. *Les techniques se perfectionnent.* – (Personnes) *Se perfectionner en anglais.* → **progresser.** ▶ **perfectionné, ée** adj. Muni des dispositifs les plus modernes. *Une machine perfectionnée.* → **sophistiqué.** ▶ **perfectionnement** n. m. Action de perfectionner, de rendre meilleur ; amélioration. → **progrès.** *Le perfectionnement des moyens de production. Stage de perfectionnement. Un perfectionnement de détail.* ▶ **perfectionnisme** n. m. Recherche excessive de la perfection. ▶ **perfectionniste** n. et adj. Personne qui cherche la perfection dans ce qu'elle fait, qui fignole son travail. *C'est une perfectionniste.* – Adj. *Tu es trop perfectionniste.* ▷ **imperfection**

perfide [pɛʀfid] adj. et n. Littér. **1·** Qui manque à sa parole, trahit la personne qui lui faisait confiance. → **déloyal,** 1 **infidèle.** *Un conseiller perfide.* **2·** (Choses) Dangereux, nuisible sans qu'il y paraisse. *De perfides promesses.* → **fallacieux.** *Une insinuation perfide.* → **sournois.** ▶ **perfidement** adv. Littér. *Il nous a perfidement induits en erreur.* ▶ **perfidie** n. f. Littér. **1·** Action, parole perfide. **2·** Caractère perfide. → **déloyauté, fourberie.** *Un hypocrite d'une étonnante perfidie.*

perforer [pɛʀfɔʀe] v. tr. < conjug. 1 > Traverser en faisant un ou plusieurs petits trous. → **percer, trouer.** *La balle lui a perforé l'intestin.* – *Machine à perforer,* composteur, poinçonneuse ; perforatrice. ▶ **perforé, ée** adj. **1·** Percé. **2·** Informatique. *Cartes, bandes perforées,* qui commandaient le travail ou le calcul d'une machine selon le programme ainsi transmis. → **bande.** ▶ **perforateur, trice** adj. et n. m. **I·** Adj. Qui perfore. *Pince perforatrice.* **II·** N. m. **1·** Outil de bureau servant à perforer. **2·** Personne travaillant à la perforatrice (1, 2). ▶ **perforatrice** n. f. Machine-outil destinée à percer profondément les roches, le sol. *Perforatrice à air comprimé.* ▶ **perforation** n. f. **1·** Action de perforer. **2·** Ouverture accidentelle dans un organe. *Perforation intestinale.* **3·** Petit trou (d'une carte, d'une bande perforée).

1 **performance** [pɛʀfɔʀmɑ̃s] n. f. **1·** Résultat obtenu par un cheval de course, un athlète, dans une compétition. *Les performances d'un champion. Sa performance sera peut-être homologuée comme record*.* **2·** Exploit, succès. *C'est une belle performance !* **3·** Résultat obtenu dans un domaine précis. *Élève, voiture qui améliore ses performances.* **4·** Production réelle (notamment du discours), opposé à *compétence.* ▶ **performant, ante** adj. Anglic. Dont le niveau de performances est, peut être élevé. *Un ordinateur très performant.* – (Personnes) *Un directeur des ventes très performant.* ▷ **contre-performance**

2 **performance** n. f. Anglic. Œuvre artistique conçue comme un événement, une action en train de se faire. ▶ **performeur, euse** n.

perfusion [pɛʀfyzjɔ̃] n. f. Injection lente et continue de sérum. *Le blessé est placé sous perfusion.*

pergola [pɛʀgɔla] n. f. Petite construction de jardin qui sert de support à des plantes grimpantes. → **tonnelle.** ≠ treille.

péri- Élément signifiant « autour » (ex. : *périmètre, périphérie, périscope*).

péricarde [peʀikaʀd] n. m. En anatomie. Membrane qui enveloppe le cœur et l'origine des gros vaisseaux.

péricarpe [peʀikaʀp] n. m. Botanique. Partie du fruit qui enveloppe la graine (ou les graines).

péricliter [peʀiklite] v. intr. < conjug. 1 > Aller à sa ruine, à sa fin. *Son affaire, son commerce périclite.* → **décliner, dépérir.** / contr. prospérer /

péridural, ale, aux [peʀidyʀal, o] adj. *Anesthésie péridurale,* anesthésie (d'une région du corps) par injection d'anesthésique entre les vertèbres et la dure-mère. – N. f. *Elle a choisi d'accoucher sous péridurale.*

péri-informatique [peʀiɛ̃fɔʀmatik] n. f. Ensemble des activités et des matériels liés aux périphériques d'ordinateurs.

péril [peʀil] n. m. **1·** Littér. Situation où l'on court de grands risques ; ce qui menace l'existence. → (plus cour.) **danger.** *S'exposer au péril. Affronter les périls avec audace. Navire en péril.* → **détresse.** **2·** *(Un, des périls)* Risque qu'une chose fait courir. *Les périls d'une situation.* **3·** Loc. ***Au péril de*** *sa vie* : en risquant sa vie. – *Faire qqch. à ses risques et périls,* en acceptant d'en subir toutes les conséquences. – ***Il y a péril en la demeure*** : il y a du danger à rester, à demeurer dans la situation. ▶ **périlleux, euse** [peʀijø, øz] adj. **1·** Littér. Où il y a des risques, du danger. → **dangereux, difficile, risqué.** / contr. sûr / *Une entreprise périlleuse.*

Vous abordez là un sujet périlleux. → **délicat.** 2· Loc. ***Saut périlleux*** : où le corps fait un tour complet sur lui-même, dans un plan vertical. *Deux sauts périlleux arrière*, en arrière.

périmé, ée [peʀime] adj. 1· Qui n'a plus cours. → **ancien, caduc, démodé, obsolète, vieillot.** / contr. actuel / *Des conceptions périmées.* 2· Dont le délai de validité est expiré. / contr. valide / *Passeport, billet périmé.* 3· Dont la date limite de consommation est dépassée (→ **péremption**). *Des yaourts périmés.* ▶ **se périmer** v. pron. < conjug. 1 > Être annulé après l'expiration du délai fixé. – (Avec ellipse de *se*) *Laisser périmer un billet de train.*

périmètre [peʀimɛtʀ] n. m. 1· Ligne qui délimite le contour d'une figure plane. *π 2 R, le périmètre du cercle.* 2· L'intérieur de ce périmètre. *Mise en culture des périmètres irrigués.*

périnatal, ale, als [peʀinatal] adj. Qui concerne la période qui précède et suit immédiatement la naissance. *Médecine périnatale.* ▶ **périnatalité** n. f.

périnée [peʀine] n. m. Partie du corps (humain) située entre l'anus et les parties génitales.

1 **période** [peʀjɔd] n. f. 1· Espace de temps. → **durée.** *La période des vacances. En période de crise.* → **temps.** 2· *Période électorale*, qui précède le jour du scrutin. 3· Tranche chronologique marquée par des événements importants. → **époque.** *La période révolutionnaire.* 4· Espace de temps, de durée déterminée, caractérisé par un certain phénomène. → **phase, stade.** *Les périodes d'une évolution, d'un cycle.* 5· En sciences. Temps qui s'écoule entre deux états (même position, même vitesse) d'une onde. → **périodique** (3). ▷ **périodique**

2 **période** n. f. Didact. *Période oratoire*, phrase longue, fortement cadencée, destinée à impressionner, à émouvoir les auditeurs.

périodique [peʀjɔdik] adj. 1· Qui se reproduit à des intervalles réguliers. *Alternance périodique de prospérité et de crise.* 2· Qui paraît chaque semaine, chaque mois, etc. ≠ quotidien. *Un journal périodique. Presse périodique.* – N. ***Un périodique.*** → **hebdomadaire, magazine, mensuel, revue.** 3· En sciences. *Mouvement, fonction périodique*, qui reprend la même valeur à intervalles réguliers. → **période** (5) ; **onde.** ▶ **périodicité** n. f. Caractère de ce qui est périodique, retour d'un fait à des intervalles plus ou moins réguliers. ▶ **périodiquement** adv. Régulièrement, par périodes.

périoste [peʀjɔst] n. m. Anatomie. Membrane fibreuse qui constitue l'enveloppe des os.

péripatéticienne [peʀipatetisjɛn] n. f. Plaisant. Prostituée (qui marche dans la rue).

péripétie [peʀipesi] n. f. 1· Changement subit de situation dans une action dramatique, un récit. → **rebondissement.** *Péripétie centrale.* → **nœud.** 2· Événement imprévu. → **incident.** *Une vie pleine de péripéties.*

périphérie [peʀifeʀi] n. f. 1· Ligne (surface) qui délimite une surface (un volume). → **bord, contour, périmètre, pourtour.** / contr. centre / 2· Les quartiers extérieurs à une ville. *Les usines, les grands ensembles de la périphérie.* → **banlieue, faubourg.** ▶ **périphérique** adj. 1· Qui est situé à la périphérie. *Quartiers périphériques.* – *Le boulevard périphérique* ou, n. m., *le périphérique* (fam. *le périf*), voie rapide qui fait le tour de Paris. → **circulaire.** 2· N. m. Élément de matériel distinct de l'unité de traitement (d'un ordinateur). *L'imprimante, le modem sont des périphériques.*

périphrase [peʀifʀɑz] n. f. Expression par plusieurs mots d'une notion qu'un seul mot pourrait exprimer. → **circonlocution, détour.** *« La capitale de la France » est une périphrase pour « Paris ». User de périphrases pour toucher à un sujet délicat.* ≠ paraphrase.

périple [peʀipl] n. m. 1· Voyage d'exploration maritime autour d'une mer, d'un continent. *Le périple de Magellan* (autour du monde). 2· Voyage, randonnée (où l'on revient à son point de départ). *Faire un périple en Grèce pendant les vacances.*

périr [peʀiʀ] v. intr. < conjug. 2 > Littér. 1· Mourir. *Périr en mer.* – *Il périt d'ennui, il s'ennuie à périr.* → **dépérir.** 2· (Choses) Disparaître. → **s'anéantir, finir.** *Les civilisations périssent.* – REM. *Mourir* est toujours plus courant. ▷ **dépérir, périssable, périssoire**

périscope [peʀiskɔp] n. m. Instrument d'optique permettant de voir autour de soi par-dessus un obstacle. *Le périscope d'un sous-marin.*

périssable [peʀisabl] adj. 1· Littér. Qui est sujet à périr ; qui n'est pas durable. → **court, éphémère, fugace.** / contr. impérissable / *Les sentiments les plus sincères sont périssables.* 2· Cour. ***Denrée périssable*** : qui se conserve difficilement (opposé à *non périssable*). ▷ **impérissable**

périssoire [peʀiswaʀ] n. f. Embarcation plate, longue et étroite qui se manœuvre à la pagaie double ou à la perche. *Aller en périssoire dans les marais.* ≠ kayak.

péristaltique [peʀistaltik] adj. Se dit des mouvements, des contractions qui font progresser les aliments dans le tube digestif.

péristyle [peʀistil] n. m. Colonnade entourant la cour intérieure d'un édifice ou disposée autour d'un édifice. – Colonnade qui décore la façade d'un édifice.

péritoine [peʀitwan] n. m. Membrane qui tapisse les parois intérieures de l'abdomen et les surfaces extérieures des organes qui y sont contenus. ▶ **péritonite** n. f. Inflammation du péritoine. *La péritonite peut résulter d'une appendicite.*

perle [pɛʀl] n. f. **1·** Petite bille de nacre, de forme et de couleur variables, formée autour d'un corps étranger par certaines huîtres des mers chaudes. *Perle fine,* utilisée en bijouterie. *Perle baroque,* aux formes irrégulières. *Perle de culture,* obtenue en plaçant un grain de nacre dans une huître d'élevage vivante. *Pêcheurs de perles,* d'huîtres perlières. *Collier de perles.* – Loc. *Jeter des perles aux cochons,* accorder à qqn une chose dont il (elle) est incapable d'apprécier la valeur. **2·** Petite boule percée d'un trou. *Les perles d'un chapelet.* → **grain.** *Perle de verre.* **3·** Personne de grand mérite. *Ce collaborateur est une perle.* → **perfection** (4). **4·** Jeu de mot involontaire et naïf, absurdité due à un contresens ou à une faute d'orthographe. *Perles relevées dans des devoirs scolaires.* ▶ **perlier, ière** adj. *Industrie perlière.* – *Huître perlière,* d'une variété qui donne des perles ; cultivée et traitée pour provoquer le développement d'une perle. ▷ **emperler, perler**

perlé, ée [pɛʀle] adj. ***Grève perlée*** : qui interrompt l'activité d'une entreprise par une succession de petits arrêts de travail.

perler [pɛʀle] v. < conjug. 1 > **I·** V. tr. Exécuter avec un soin minutieux. *Perler un travail.* – Au p. p. adj. *Travail perlé.* **II·** V. intr. Se présenter sous forme de petites gouttes. → **suinter.** *Quelques gouttes de sueur perlaient sur son front.* ▷ **perlé**

perlingual, ale, aux [pɛʀlɛ̃gwal, o] adj. *Médicament administré par voie perlinguale,* en le plaçant sous la langue.

permanence [pɛʀmanɑ̃s] n. f. **1·** Caractère de ce qui est durable ; longue durée (de qqch.). → **continuité, stabilité.** *La permanence des institutions.* → **pérennité. 2·** Service chargé d'assurer le fonctionnement ininterrompu (d'un organisme). *Assurer, tenir une permanence. La permanence d'un commissariat de police.* → ⓘ **garde. 3·** Dans un collège, un lycée. Salle d'études où les élèves se regroupent lorsqu'ils n'ont pas de cours. *Il fait ses devoirs en, à la permanence.* **4·** ***En permanence*** loc. adv. : sans interruption. → **constamment, toujours.** *Assemblée qui siège en permanence.* ▶ **permanent, ente** adj. **1·** Qui dure ou se reproduit de façon identique ; qui ne cesse pas, ne change pas. → **constant, continu.** / contr. éphémère, provisoire / *Il prend la vie pour une aventure permanente.* – *Cinéma permanent,* où le même film est projeté plusieurs fois de suite. **2·** Qui exerce une activité permanente. *Un comité permanent.* – (Opposé à *spécial, extraordinaire*) *Le représentant permanent de la France à l'O. N. U.* – N. *Les permanents d'un syndicat, d'un parti,* membres rémunérés pour se consacrer à l'administration. ▶ **permanente** n. f. Traitement qui permet d'onduler les cheveux de façon durable. → **indéfrisable.**

permanganate [pɛʀmɑ̃ganat] n. m. Sel violet d'un acide (dit *permanganique,* adj.) et du potassium, pour désinfecter l'eau.

perme [pɛʀm] n. f. → **permission.**

perméable [pɛʀmeabl] adj. **1·** Qui se laisse traverser ou pénétrer par un liquide, un gaz. → **poreux.** / contr. étanche, imperméable / *Roches, terrains perméables.* **2·** Qui reçoit facilement (des impressions, etc.). *Un homme perméable à toutes les influences.* ▶ **perméabilité** n. f. Propriété des corps perméables. / contr. imperméabilité / *La perméabilité du sol.* ▷ **imperméable**

permettre [pɛʀmɛtʀ] v. tr. < conjug. 56 > **I· 1·** Laisser faire (qqch.), ne pas empêcher. → **autoriser, tolérer.** / contr. défendre, empêcher, interdire / *Permettre les sorties* (à un malade). – (Suj. chose) *Si les circonstances le permettent.* – ***Permettre que*** (+ subjonctif). → **admettre, consentir.** *Ma mère ne permet pas que je sorte avec toi.* – ***Permettre*** *qqch.* ***à*** *qqn.* → **accorder, autoriser.** *Son médecin lui permet un peu de vin.* – Au passif. *Il se croit tout permis.* – ***Permettre de*** (+ infinitif) : donner le droit, le pouvoir de. *Je ne vous permets pas de me parler sur ce ton.* **2·** (Suj. chose) → **autoriser.** *Sa santé ne lui permet aucun excès.* – ***Permettre*** *à qqn* ***de*** (+ infinitif). *Mes moyens ne me permettent pas d'acheter une voiture.* – Impers. *Autant qu'il est permis d'en juger.* → **possible. 3·** *Permettez ! Vous permettez ?,* formules faussement polies pour contredire qqn, protester ou agir à sa place. – *Permettez-moi de vous présenter M. X,* acceptez que je vous le présente. **II·** ***Se permettre*** v. pron. **1·** S'accorder (qqch.). *Se permettre quelques petites douceurs.* **2·** ***Se permettre de*** (+ infinitif) : prendre la liberté de. → **s'aviser, oser.** *Elle s'était permis de répliquer.* – (Par politesse) *Puis-je me permettre de vous offrir une cigarette ?* ▶ **permis** n. m. invar. **1·** Autorisation officielle écrite. *Permis de construire. Permis de chasse.* **2·** ***Permis de conduire*** ou ***permis*** : certificat de capacité, nécessaire pour la conduite des automobiles, motocyclettes... *Il s'est fait retirer son permis.* (En France) ***Permis à points,*** assorti à un système de points dont le retrait est fonction de la gravité des infractions commises.

Il n'a plus de points sur son permis. – Épreuves (théorie et pratique) qui donnent le permis. *Passer son permis.* ▶ **permissif, ive** adj. Qui permet trop facilement, qui tolère beaucoup. *Sa mère est très permissive.* ▶ **permission** n. f. **1·** Action de permettre ; autorisation. *Obtenir la permission de faire qqch. Il est sorti sans permission. Avec votre permission* (formule de politesse), si vous le permettez. **2·** Congé accordé à un militaire (abrév. fam. : ***perme***). ▶ **permissionnaire** n. m. Soldat en permission. ▶ **permissivité** n. f. Fait d'être permissif.

permuter [pɛʀmyte] v. < conjug. 1 > **1·** V. tr. Mettre une chose à la place d'une autre (et réciproquement). *Permuter deux mots dans la phrase.* → **intervertir.** **2·** V. intr. Échanger sa place. *Ces deux officiers veulent permuter.* ▶ **permutation** n. f. **1·** Interversion complète de deux choses (ou de plusieurs paires). *Permutations de lettres ou de syllabes.* → **contrepèterie.** **2·** Échange d'un emploi, d'un poste contre un autre. *Procéder à la permutation de deux fonctionnaires.*

pernicieux, euse [pɛʀnisjø, øz] adj. **1·** (Choses) Dangereux pour la santé. *Une habitude pernicieuse. La drogue est pernicieuse.* **2·** Littér. Nuisible moralement. → **mauvais, nocif.** *Erreur pernicieuse. Doctrines, théories pernicieuses.*

péroné [peʀɔne] n. m. Os long et mince qui forme avec le tibia l'ossature de la jambe. *Fracture du péroné.*

péronnelle [peʀɔnɛl] n. f. Fam. Jeune femme, jeune fille sotte et bavarde.

péroraison [peʀɔʀɛzɔ̃] n. f. Conclusion (d'un discours). / contr. exorde /

pérorer [peʀɔʀe] v. intr. < conjug. 1 > Discourir, parler d'une manière prétentieuse, avec emphase.

peroxyde [pɛʀɔksid] n. m. Chimie. Oxyde contenant le maximum d'oxygène. *L'eau oxygénée est un peroxyde d'hydrogène.* ▶ **peroxydé, ée** adj. Décoloré au peroxyde d'hydrogène (eau oxygénée). *Cheveux peroxydés.* – *Une blonde peroxydée.* → **platiné.**

perpendiculaire [pɛʀpɑ̃dikylɛʀ] adj. *Perpendiculaire à,* qui fait un angle droit avec (une droite ou un plan). → **orthogonal.** *Plans perpendiculaires* (entre eux). – N. f. *Tirer une perpendiculaire.* ▶ **perpendiculairement** adv. À angle droit.

à perpète, perpette [apɛʀpɛt] loc. adv. Fam. À perpétuité, pour toujours. *Je ne vais pas l'attendre jusqu'à perpète.*

perpétrer [pɛʀpetʀe] v. tr. < conjug. 6 > En droit ou iron. Faire, exécuter (un acte criminel). → **commettre, consommer.** *Le crime fut perpétré à minuit.*

perpétuel, elle [pɛʀpetɥɛl] adj. **1·** Qui dure toujours, indéfiniment. → **éternel.** / contr. éphémère / – *Mouvement perpétuel,* qui, une fois déclenché, continuerait éternellement sans apport extérieur d'énergie (ce qui est impossible). **2·** Qui dure, doit durer toute la vie. *Une perpétuelle jeunesse. Secrétaire perpétuel,* à vie. **3·** Qui ne s'arrête, ne s'interrompt pas. → **incessant, permanent.** / contr. passager / *C'était une obsession, une angoisse perpétuelle.* **4·** Au plur. Qui se renouvellent souvent. → **continuel, habituel.** *Des jérémiades perpétuelles.* ▶ **perpétuellement** adv. **1·** Toujours, sans cesse. **2·** Très fréquemment, très souvent. *Il arrive perpétuellement en retard.* ▶ **perpétuer** v. tr. < conjug. 1 > **I·** Faire durer constamment, toujours ou très longtemps. → **continuer, éterniser.** *Il veut un fils pour perpétuer son nom.* → **transmettre.** *Perpétuer une tradition.* **II·** ***Se perpétuer*** v. pron. : se continuer. → **durer.** *Les espèces se perpétuent.* → **se reproduire.** ▶ **perpétuité** n. f. **1·** Littér. Durée infinie ou très longue. **2·** ***À perpétuité*** loc. adv. : pour toujours. *Réclusion criminelle à perpétuité. Être condamné à perpétuité,* à vie. ▷ **à perpète**

perplexe [pɛʀplɛks] adj. (Personnes) Qui hésite, ne sait pas comment se comporter dans une situation embarrassante. → **inquiet ; hésitant, indécis.** *Cette demande la rend perplexe, l'a laissée perplexe.* – *Un air perplexe.* ▶ **perplexité** n. f. Embarras, incertitude. *Être dans la plus complète perplexité.*

perquisition [pɛʀkizisjɔ̃] n. f. Fouille policière d'un domicile sur ordre judiciaire (*mandat de perquisition*). ▶ **perquisitionner** v. intr. < conjug. 1 > Faire une perquisition. *La police a perquisitionné chez lui pour retrouver le pistolet.*

perron [peʀɔ̃] n. m. Petit escalier extérieur se terminant par une plate-forme et donnant accès à la porte principale d'une maison. *Il nous a accueillis sur le perron.*

1 **perroquet** [peʀɔkɛ] n. m. Oiseau grimpeur au plumage vivement coloré, à gros bec très recourbé, capable d'imiter la parole humaine. *Perroquet d'Amérique* → **ara,** *d'Afrique.* – *Répéter qqch.* ***comme un perroquet*** : sans comprendre (→ **psittacisme**).

2 **perroquet** n. m. Mât gréé sur une hune. Voile carrée supérieure au hunier. *Le grand, le petit perroquet.*

perruche [pe(ɛ)ʀyʃ] n. f. **1·** Oiseau grimpeur, de petite taille, au plumage vivement coloré, à longue queue. *Un couple de perruches en cage.* **2·** Femme bavarde.

perruque [pe(ɛ)ʀyk] n. f. Coiffure de faux cheveux, chevelure postiche. *Aux XVIIe et XVIIIe siècles, les hommes portaient des perruques. Porter une perruque. Porter perruque* (habituellement). ▶ **perruquier, ière** n. Fabricant(e), commerçant(e) de perruques et de postiches.

pers [pɛʀ] adj. m. invar. Littér. Se dit de diverses couleurs où le bleu domine (surtout en parlant des yeux). *Avoir des yeux pers.*

persan, ane [pɛʀsɑ̃, an] adj. et n. **1·** De Perse. → **iranien.** *Tapis persan.* – N. *Un Persan, des Persanes.* **2·** *Le persan,* langue iranienne principale, notée en caractères arabes.

persécuter [pɛʀsekyte] v. tr. < conjug. 1 > **1·** Tourmenter (qqn) sans relâche par des traitements injustes et cruels. → **martyriser, opprimer.** *Louis XIV a persécuté les protestants.* – Au p. p. adj. *Un peuple persécuté.* – N. *Les persécutés et les opprimés.* → **victime. 2·** Poursuivre en importunant. → **harceler.** *Des photographes, des paparazzi qui persécutent une vedette.* ▶ **persécuteur, trice** n. Personne qui persécute. *Il s'est vengé de ses persécuteurs.* → **bourreau, tyran.** ▶ **persécution** n. f. **1·** *(Une, des persécutions)* Traitement injuste et cruel infligé avec acharnement. *Les persécutions subies par les juifs.* – Mauvais traitement. *Il se croit victime de persécutions. Être en butte à des persécutions.* **2·** Loc. *Manie, folie de la persécution, délire de la persécution,* d'une personne qui se croit persécutée. → **paranoïa.**

persévérer [pɛʀsevere] v. intr. < conjug. 6 > Continuer de faire ce qu'on a résolu, par un acte de volonté renouvelé. → **insister, persister, poursuivre.** / contr. abandonner, renoncer / *Persévérer dans l'effort, dans l'erreur.* → **s'acharner.** ▶ **persévérance** n. f. Action de persévérer, qualité, conduite de qqn qui persévère. → **obstination, opiniâtreté.** *Il travaille avec persévérance.* ▶ **persévérant, ante** adj. Qui persévère ; qui a de la persévérance. *Un homme persévérant.* → **obstiné, opiniâtre, patient.** *Tu n'es pas assez persévérant.* / contr. changeant, versatile /

persienne [pɛʀsjɛn] n. f. Volet à double battant ou plus, en bois ou en fer, dont les vantaux sont constitués de lamelles fixes ou orientables. *Des persiennes.* → ② **jalousie, volet.**

persifler [pɛʀsifle] v. tr. < conjug. 1 > Littér. Tourner (qqn) en ridicule en employant un ton de plaisanterie ironique. → **se moquer, railler.** *Persifler les gens avec mépris.* ▶ **persiflage** n. m. → **moquerie, raillerie.** *Des persiflages insolents.* ▶ **persifleur, euse** n. et adj. Personne qui a l'habitude de persifler. – Adj. (plus cour.) *Un ton persifleur.* → **moqueur.**

persil [pɛʀsi] n. m. REM. *L* ne se prononce pas. Plante potagère aromatique, utilisée en assaisonnement. *Un bouquet de persil. Persil plat* (variété). ▶ **persillade** [pɛʀsijad] n. f. Assaisonnement à base de persil haché et d'ail. *Lapin à la persillade.* ▶ ① **persillé, ée** adj. Accompagné de persil haché. *Carottes persillées.*

② **persillé, ée** adj. *Viande persillée* : parsemée d'infiltrations de graisse.

persister [pɛʀsiste] v. intr. < conjug. 1 > **1·** Demeurer inébranlable (dans ses résolutions, ses sentiments, ses opinions). → **s'obstiner, persévérer.** *Je persiste dans mon opinion. Je persiste à croire que tout va s'arranger.* – Loc. *Je persiste et (je) signe,* je maintiens fermement ma position. **2·** (Choses) Durer, rester malgré tout. → **continuer, subsister.** *Si la fièvre persiste, consultez le médecin.* ▶ **persistance** n. f. **1·** Action, fait de persister. → **constance, fermeté.** *C'est ce qu'il affirmait avec persistance.* → **entêtement, obstination. 2·** Caractère de ce qui est durable, de ce qui persiste. *La persistance du mauvais temps.* ▶ **persistant, ante** adj. Qui persiste, continue sans faiblir. → **constant, durable.** *Une odeur persistante.* → **tenace.** *Neige persistante.* → **éternel.** *Feuilles persistantes* (opposé à *caduques*), qui ne tombent pas en hiver.

persona grata [pɛʀsɔnagʀata] toujours en attribut. Invar. Représentant d'un État, lorsqu'il est agréé par un autre État. – (Dans le sens opposé) ***Persona non grata*** [nɔngʀata] : personne indésirable, dont la présence n'est pas souhaitée. *Ce diplomate, soupçonné d'espionnage, a été déclaré persona non grata.*

personnage [pɛʀsɔnaʒ] n. m. **1·** Personne qui joue un rôle social important et en vue. → **personnalité** ; fam. gros **bonnet, manitou, ponte.** *C'est un personnage influent. Un personnage connu.* → **célébrité. 2·** Personne qui figure dans une œuvre théâtrale et qui doit être incarnée par un acteur, une actrice. → **rôle.** *Le personnage principal de la pièce, du film.* → **héros, protagoniste.** *L'arlequin est un personnage de la comédie italienne.* – Fam. *Se mettre, entrer dans la peau de son personnage,* l'incarner avec conviction, vérité. **3·** Personne considérée quant à son comportement. *Un drôle de personnage.* → **type.** – Rôle que l'on joue dans la vie. *Il n'est pas naturel, il joue un personnage.* **4·** Être humain représenté dans une œuvre d'art. *Les personnages d'un tableau. Un personnage de légende, de roman,* qui semble irréel.

personnaliser [pɛʀsɔnalize] v. tr. < conjug. 1 > Rendre personnel. *Personnaliser un contrat,* l'adapter aux besoins du client. – *Personnaliser une voiture, un appartement,* leur donner une note personnelle. – Au p. p. adj. *Crédit personnalisé.* ≠ personnifier.

personnalisme [pɛʀsɔnalism] n. m. Système philosophique pour lequel la personne est la valeur suprême. ▶ **personnaliste** adj. et n. *Un philosophe personnaliste.* – N. *Les personnalistes chrétiens.*

personnalité [pɛʀsɔnalite] n. f. **I·** *La personnalité.* **1·** Ce qui différencie (une personne) de toutes les autres. → **identité.** *La personnalité de qqn. Affirmer, développer sa personnalité. Avoir une forte personnalité. Un être banal, sans personnalité,* sans caractère, sans originalité. **2·** Ce qui fait l'individualité (d'une personne). *Troubles de la personnalité et du comportement. Test de personnalité.* **3·** *Personnalité juridique,* aptitude à être sujet de droit. → ① **personne** (II). **II·** *(Une, des personnalités)* Personne en vue, remarquable par sa situation sociale, son activité. → **notabilité, personnage.**

① **personne** [pɛʀsɔn] n. f. **I· 1·** Individu de l'espèce humaine (lorsqu'on ne peut ou ne veut préciser ni l'apparence, ni l'âge, ni le sexe). → **être.** *Une personne, une femme, un homme ou un enfant.* → **quelqu'un ; on.** *Des personnes, certaines personnes.* → **gens.** *Une ville où habitent dix mille personnes.* → **âme.** *Distribuer une part, une portion* ***par personne.*** → **tête.** *Une personne intelligente. Une personne de connaissance. Une personne âgée.* **2·** Vieilli. *Une jeune personne,* une jeune femme ou jeune fille. **3·** ***Grande personne :*** adulte. *Les enfants et les grandes personnes.* **4·** *La personne de qqn,* la personnalité, le moi. *Faire grand cas de sa personne. La personne et l'œuvre d'un écrivain.* **5·** *Il est bien* ***de sa personne :*** il a une belle apparence physique. **6·** L'individu comme être vivant. *Exposer sa personne,* sa vie. *Payer de sa personne.* **7·** ***En personne :*** soi-même, lui-même. *Le ministre en personne.* – *C'est vraiment le calme en personne,* le calme incarné, personnifié. **8·** Individu qui a une conscience claire de lui-même et qui agit en conséquence. → **moi, sujet.** *Le respect de la personne humaine.* **II·** Être auquel est reconnue la capacité d'être sujet de droit. *Personne civile.* – ***Personne morale :*** association ou entreprise possédant la personnalité morale (opposé à *personne physique, individu*). ▶ ② **personne** n. f. Catégorie grammaticale classant les pronoms, les noms et les verbes, en fonction des rapports qui lient le locuteur, l'interlocuteur, et le reste du monde. *Première personne* (locuteur) : je, me, moi, mon, le mien ; nous, notre, le nôtre. *Deuxième personne* (interlocuteur) : tu, te toi, ton, le tien ; vous, votre, le vôtre. *Troisième personne* (le reste du monde) : il, le, se, lui, son, le sien ; ils, les, ses, leur, le leur ; elle, se, la, lui ; elles, se, les, leur. *À quelle personne ce verbe est-il conjugué ?* ▷ **personnage,** ③ **personne,** ① **personnel,** ② **personnel,** ③ **personnel, personnifier, pèse-personne**

③ **personne** pronom indéf. REM. Attention à l'accord : *je n'ai jamais vu personne d'aussi intelligent.* **1·** Quelqu'un (dans une subordonnée dépendant d'une principale négative). *Il n'est pas question que personne sorte.* – (En phrase comparative) *Vous le savez mieux que personne.* → **quiconque. 2·** (Avec *ne*) Aucun être humain. *Il, elle n'a personne dans sa vie,* il, elle est célibataire. *Que personne ne sorte !* → **nul.** *Il n'y avait personne. Je ne vois plus jamais personne.* – (Sans *ne*) « *Qui m'appelle ? – Personne.* » – *Personne de* (suivi d'un adj. ou participe au masc.). *Personne d'autre que lui. Je ne trouve personne de plus sérieux qu'elle.*

① **personnel, elle** [pɛʀsɔnɛl] adj. **1·** Qui concerne une personne ①, lui appartient en propre. → **individuel, particulier.** / contr. commun, général / *L'intérêt personnel de chacun. Il, elle a une fortune personnelle.* **2·** Qui s'adresse à qqn en particulier. *Lettre personnelle. C'est personnel, ne lisez pas.* **3·** Qui concerne les personnes. *Libertés personnelles. Morale personnelle.* ▶ **personnellement** adv. *Je vais m'en occuper personnellement,* moi-même. *Personnellement, je ne suis pas d'accord.* ▶ ② **personnel, elle** adj. Terme de grammaire. **1·** Se dit des formes du verbe exprimant la personne ②. / contr. impersonnel / « *Il chante* » *est personnel,* « *il neige* » *est impersonnel.* – *Modes personnels du verbe* (opposé à *infinitifs* et *participes*). **2·** ***Pronom personnel :*** qui désigne un être en marquant la personne grammaticale. ▷ **impersonnel, personnaliser, personnalisme, personnalité**

③ **personnel** n. m. Ensemble des personnes qui sont employées dans une maison, une entreprise... *Le personnel d'une usine.* → **main-d'œuvre.** *Chef, directeur, service du personnel.* – Aviation. *Le personnel navigant* (opposé à *personnel au sol*). ▷ **antipersonnel**

personnifier [pɛʀsɔnifje] v. tr. < conjug. 7 > **1·** Évoquer, représenter (une chose abstraite ou inanimée) sous les traits d'une personne. *Harpagon personnifie l'avarice.* **2·** Réaliser dans sa personne (un caractère), d'une manière exemplaire. – Au p. p. adj. *C'est l'honnêteté personnifiée,* il est l'honnêteté même. ≠ personnaliser. ▶ **personnification** n. f. **1·** Action de personnifier, de représenter sous les traits d'un personnage ; ce personnage. *La personnification de Dieu.* **2·** (Personne réelle) *Néron fut la personnification de la cruauté.* → **incarnation, type.**

perspective [pɛʀspɛktiv] n. f. **I·** Concret. **1·** Peinture, dessin. Technique de représentation de l'espace et de ce qu'il contient en fonction de lignes de fuite (généralement convergentes). *Les lois de la perspective.* – *Perspective cavalière,* dont les lignes de fuite ne convergent pas, sont parallèles (employée en géométrie, dans certains plans...). – Loc. fig. *Mettre* (qqch.) *en perspective,* en exposer toutes les dimensions et présenter l'arrière-plan, le contexte. **2·** Aspect esthétique que présente un ensemble, un paysage vu à distance. *Une belle perspective.* → **panorama. II·** Abstrait. **1·** Événement, ou succession d'événements, qui se présente comme probable ou possible. → **expectative ; éventualité.** *La perspective de partir en voyage l'enchantait. Des perspectives d'avenir.* **2·** ***En perspective*** : dans l'avenir ; en projet. *Il a un bel avenir en perspective.* **3·** Aspect sous lequel une chose se présente ; manière de considérer qqch. → **optique, point de vue.** *Dans une perspective à long terme.*

perspicace [pɛʀspikas] adj. Doué d'un esprit pénétrant, subtil. → **intelligent ; clairvoyant.** *Un enquêteur perspicace.* ▶ **perspicacité** n. f. Qualité d'une personne perspicace.

persuader [pɛʀsɥade] v. tr. <conjug. 1> **1·** *Persuader qqn de qqch.,* amener (qqn) à croire, à penser, à vouloir, à faire qqch. par une adhésion complète. → **convaincre.** / contr. dissuader / *Il m'a persuadé de sa sincérité. Il faut le persuader de venir.* → **décider, déterminer.** *Il a fini par persuader beaucoup de gens qu'il était compétent.* – Au p. p. *J'en suis persuadé.* → **certain, convaincu, sûr. 2·** ***Se persuader*** v. pron. : se rendre certain de (même à tort). *Elle s'est persuadée* ou *persuadé que son devoir était de se sacrifier.* ▶ **persuasif, ive** adj. Qui a le pouvoir de persuader. *Un ton persuasif.* → **éloquent.** *Vous êtes si persuasif que je finis par vous croire.* → **convaincant.** ▶ **persuasion** [pɛʀsɥazjɔ̃] n. f. Action de persuader ; fait d'être persuadé. / contr. dissuasion / *Son pouvoir de persuasion a fait des miracles.*

perte [pɛʀt] n. f. **I· 1·** Le fait de perdre (une personne), d'être séparé par la mort. *La perte d'un enfant. La perte cruelle qu'il vient d'éprouver.* – Au plur. Personnes tuées. *Infliger des pertes sévères à l'ennemi,* mettre hors de combat (tuer, blesser, faire prisonniers) de nombreux ennemis. **2·** Le fait d'être privé (d'une chose dont on avait la propriété ou la jouissance), de subir un dommage. *Faire subir une perte à qqn. Perte d'argent.* – *Pertes comptables, financières.* → **déficit.** – Loc. *Passer une chose aux, par **profits et pertes*** : la considérer comme perdue. – *Perte sèche,* qui n'est compensée par aucun bénéfice. **3·** Le fait d'égarer, de perdre (qqch.). *La perte d'un passeport.* **4·** ***À perte de vue*** : si loin que la vue ne peut plus distinguer les objets. **5·** Le fait de gaspiller ; ce qui est perdu, gaspillé. → **gaspillage.** *Une perte de temps et d'argent.* – ***En pure perte*** : inutilement, sans aucun profit. **6·** Quantité (d'énergie, de chaleur) qui se dissipe inutilement. → **déperdition.** Loc. *Avion en perte de vitesse.* **II·** Rare. Le fait de perdre, d'être vaincu. *La perte d'une bataille.* **III·** Le fait de périr, de se perdre. → **ruine.** *Courir à sa perte. Jurer la perte de qqn.* – (Choses) *Perte d'un navire.* → **perdition.**

pertinent, ente [pɛʀtinɑ̃, ɑ̃t] adj. **1·** Qui convient exactement à l'objet dont il s'agit, qui dénote du bon sens. *Une remarque pertinente.* → **judicieux ; approprié.** *Une étude pertinente.* **2·** En sciences. Qui est propre à rendre compte de la structure d'un élément, ou d'un ensemble. *Oppositions pertinentes.* ▶ **pertinemment** [pɛʀtinamɑ̃] adv. *Savoir pertinemment qqch.,* en être informé exactement. ▶ **pertinence** n. f. **1·** Caractère de ce qui est pertinent. *Il a répondu avec pertinence.* **2·** Caractère d'un élément pertinent. ▷ **impertinent**

pertuis [pɛʀtɥi] n. m. invar. **1·** Vx. Passage étroit. **2·** Géographie. Détroit. **3·** Région. Passage de haute montagne, col. ▷ **millepertuis**

pertuisane [pɛʀtɥizan] n. f. Ancienne arme, lance munie d'un long fer triangulaire. → **hallebarde.**

perturber [pɛʀtyʀbe] v. tr. <conjug. 1> Empêcher de fonctionner normalement. → **déranger.** *La grève va perturber les transports.* – Au p. p. adj. Fam. (Personnes) *Il avait l'air perturbé,* troublé. ▶ **perturbateur, trice** n. et adj. Personne qui trouble, crée le désordre. *Expulser les perturbateurs.* – Adj. *Éléments perturbateurs.* ▶ **perturbation** n. f. **1·** Irrégularité dans le fonctionnement d'un système. – *Perturbation atmosphérique,* vent accompagné de pluie, neige, etc. **2·** Bouleversement, agitation sociale.

pervenche [pɛʀvɑ̃ʃ] n. f. et adj. invar. Plante à fleurs bleu-mauve, qui croît dans les lieux ombragés. – Adj. invar. *Des yeux pervenche.*

pervers, erse [pɛʀvɛʀ, ɛʀs] adj. et n. **1·** Littér. Qui se plaît à faire le mal ou à l'encourager. → **corrompu, méchant.** *Une âme perverse.* **2·** *Effet pervers,* détourné de sa fin, non conforme au résultat escompté. **3·** Qui témoigne de perversité ou de perversion. *Il a des tendances perverses. Il est un peu pervers.* **4·** N. Personne qui accomplit systématiquement des actes immoraux, antisociaux. → **perversion** (2), **sadisme.** ▶ **perversité**

n. f. **1·** Goût pour le mal, recherche du mal. *Perversité de mœurs.* → **corruption, dépravation.** **2·** Tendance maladive à accomplir des actes immoraux, agressifs ; malveillance systématique accompagnée de manipulation. ≠ perversion. ▶ **perversion** n. f. **1·** Littér. Action de pervertir ; changement en mal. → **dépravation.** *La perversion des mœurs.* → **corruption, dérèglement.** ≠ perversité. **2·** Déviation des tendances, des instincts, due à des troubles psychologiques. → **anomalie.** *Les perversions sexuelles.* ▶ **pervertir** v. tr. < conjug. 2 > **1·** *Pervertir qqn,* faire changer en mal, rendre mauvais. → **corrompre, débaucher, dépraver, dévoyer.** *Tout cet argent l'a perverti.* **2·** *Pervertir qqch.,* perturber, détourner (de son sens ou de ses buts). → **altérer, dénaturer.** *Il interprète et pervertit la loi.* – Pronominalement. *Se pervertir.* ▶ **pervertissement** n. m. Littér. Perversion (1).

peser [pəze] v. < conjug. 5 > **I·** V. tr. **1·** Déterminer le poids de (qqch.), en le comparant à un poids connu. → **pesage, pesée.** *Peser un objet avec une balance. Peser qqch. dans sa main.* → **soupeser.** *Les trois kilos de pommes que le marchand a pesés* (voir II, 1, REM.). – Pronominalement. *Il se pèse tous les matins.* **2·** (Dans quelques expressions) Apprécier, examiner avec attention. → **considérer, estimer.** *Peser le pour et le contre.* → **comparer.** *Peser ses mots,* faire attention à ce qu'on dit. – Au p. p. adj. *Tout bien pesé,* après mûre réflexion. **II·** V. intr. Concret. **1·** Avoir tel ou tel poids. → **faire.** *Cela pèse plus lourd, pèse plus, moins. Peser peu* (être léger), *beaucoup* (être lourd, pesant). *Les cent kilos qu'il a pesé autrefois.* – REM. Pas d'accord, *cent kilos* étant ici complément de poids et non objet direct de *peser.* **2·** *Peser sur, contre.* → **appuyer.** *Il pesa de toutes ses forces contre la porte.* – *Aliment indigeste, qui pèse sur l'estomac.* **III·** V. intr. Abstrait. **1·** *Peser à :* être pénible, difficile à supporter. → **ennuyer, fatiguer, importuner.** *La solitude lui pèse.* **2·** *Peser sur :* constituer une charge pénible. → **accabler.** *Le remords pèse sur sa conscience, lui pèse sur la conscience.* **3·** Avoir de l'importance. *Cet élément a pesé dans notre décision.* ▶ **pesage** n. m. **1·** Détermination, mesure des poids. → **pesée.** *Appareils de pesage.* → **balance, bascule, pèse-bébé, pèse-lettre, pèse-personne.** **2·** Action de peser les jockeys avant une course. – Endroit où s'effectue ce pesage. *Il y avait foule au pesage.* ▶ **pesant, ante** [pəsɑ̃, ɑ̃t] adj. **1·** Qui pèse lourd. / contr. léger / *Un fardeau pesant.* **2·** Fig. Pénible à supporter. → **lourd.** *Dormir d'un sommeil pesant. Un chagrin pesant.* **3·** Qui donne une impression de lourdeur. *Une architecture pesante. Une marche pesante.* **4·** Qui manque de vivacité. *Un esprit pesant. Il est assez pesant quand il veut plaisanter.* → **lourd.** / contr. agile, vif / ▶ **pesamment** adv. Lourdement. *Retomber pesamment.* ▶ **pesanteur** n. f. **1·** Physique. Caractère de ce qui a un poids. *La pesanteur de l'air.* – Absolt. ***La pesanteur*** *:* la force qui entraîne les corps vers le centre de la Terre. → **attraction, gravitation, gravité.** **2·** Caractère de ce qui paraît lourd, pesant. *Il a la pesanteur d'un bœuf.* / contr. légèreté / – Manque de vivacité. *Pesanteur d'esprit.* ▶ **pèse-bébé** [pɛzbebe] n. m. Balance dont le plateau est disposé de manière qu'on puisse y placer un nourrisson. *Des pèse-bébés.* ▶ **pesée** n. f. **1·** Quantité pesée en une fois. **2·** Opération par laquelle on détermine le poids de qqch. *Effectuer une pesée à l'aide d'une balance.* **3·** Action de peser sur qqch. ou qqn. *De toute la pesée de son corps, il s'efforçait d'ouvrir la porte.* → **poids.** ▶ **pèse-lettre** [pɛzlɛtʀ] n. m. Balance à lettres. *Des pèse-lettres.* ▶ **pèse-personne** n. m. Balance, bascule pour se peser. *Des pèse-personnes.* ▷ **apesanteur, s'appesantir, peson, soupeser**

peseta [pez(s)eta] n. f. Unité monétaire de l'Espagne (avant l'euro). *Des pesetas.*

peso [pez(s)o] n. m. Unité monétaire de plusieurs pays d'Amérique latine. *Des pesos.*

peson [pəzɔ̃] n. m. Balance à levier coudé, munie d'un index se déplaçant devant un cadran ou une fiche graduée. *Le peson est peu fiable.*

pessimisme [pesimism] n. m. Disposition d'esprit qui porte à prendre les choses du mauvais côté, à être persuadé qu'elles tourneront mal. / contr. optimisme / ▶ **pessimiste** adj. et n. Qui est porté à être mécontent du présent et inquiet pour l'avenir. → **défaitiste.** / contr. optimiste / *Ses malheurs l'ont rendue pessimiste. Une vue pessimiste du monde.* – N. *Un, une pessimiste invétéré(e).*

peste [pɛst] n. f. **1·** Très grave maladie infectieuse, épidémique et contagieuse causée par le bacille de Yersin. *Être atteint de la peste.* → **pestiféré.** *La peste de Londres.* **2·** En agriculture. Très grave maladie virale, contagieuse, frappant les animaux d'élevage. *Peste aviaire* (basse-cour), *bovine, porcine.* **3·** Loc. fam. *Fuir, craindre qqch. ou qqn **comme la peste.*** **4·** Vx. Interjection marquant l'étonnement. *Peste ! Ça c'est un homme !* **5·** Femme, fillette insupportable, méchante. → **gale.** *Quelle petite peste !* ▶ **pestiféré, ée** adj. et n. Infecté ou atteint de la peste (1). – N. *On le fuit comme un pestiféré.* ▷ **empester, pestilence**

pester [pɛste] v. intr. < conjug. 1 > Manifester son mécontentement, sa colère, par des paroles. → **fulminer, jurer, maugréer.** *Nous pestions contre le mauvais temps.*

pesticide [pɛstisid] adj. et n. m. Anglic. **1·** Adj. Se dit de produits chimiques destinés à la protection des cultures et des récoltes contre les parasites, champignons (fongicide), mauvaises herbes (herbicide), insectes (insecticide). **2·** N. m. Produit pesticide. *Épandage de pesticides par hélicoptère. Pollution liée à l'utilisation des pesticides.*

pestilence [pɛstilɑ̃s] n. f. Odeur infecte. → **infection, puanteur.** *Pestilence qui se dégage d'un tas d'ordures.* ▶ **pestilentiel, ielle** adj. *Des miasmes pestilentiels.*

pesto [pɛsto] n. m. Sauce italienne à base de basilic, d'ail, de pignons et d'huile d'olive. → **pistou.** *Spaghettis au pesto.*

pet [pɛ] n. m. Fam. Gaz intestinal qui s'échappe de l'anus avec bruit. → **gaz, vent.** *Lâcher un pet.* → **péter.** – Loc. fam. *Ça ne vaut pas un pet, un **pet de lapin*** : cela n'a aucune valeur. – *Filer comme un pet,* rapidement. ▷ **pétarade, pétard, pet-de-nonne, péter**

pétainiste [petenist] adj. et n. Partisan du maréchal Pétain et de sa politique de collaboration active avec l'occupant allemand pendant la Deuxième Guerre mondiale.

pétale [petal] n. m. Chacune des pièces florales, blanche ou colorée, qui composent la corolle d'une fleur. *Les pétales blancs d'une marguerite.*

pétanque [petɑ̃k] n. f. Variante provençale du jeu de boules. → **boules.**

pétant, ante [petɑ̃, ɑ̃t] adj. Fam. (Après *heure*) Exact. *À neuf heures pétantes.* → **sonnant, tapant.**

pétarade [petaʀad] n. f. Suite de détonations. *Les pétarades d'une motocyclette.* ▶ **pétarader** v. intr. < conjug. 1 > Faire entendre une pétarade. *Le camion démarre en pétaradant.* ▶ **pétaradant, ante** adj. *Des motos pétaradantes.*

pétard [petaʀ] n. m. **1·** Petite charge d'explosif placée dans une enveloppe de papier fort (elle « pète »). *Les enfants font claquer des pétards.* – Loc. *Un pétard mouillé,* une révélation qui ne produit pas l'effet spectaculaire espéré. **2·** Fam. Bruit, tapage. *Qu'est-ce qu'ils font comme pétard ! Il va y avoir du pétard !,* de la bagarre. *Être en pétard,* en colère. **3·** Fam. Revolver. *Il avait sorti son pétard.* **4·** Fam. Fesses, derrière. → fam. **cul. 5·** Fam. Cigarette de haschisch. → ③ **joint.**

pétaudière [petodjɛʀ] n. f. Vx ou plaisant. Assemblée où, faute de discipline, règnent la confusion et le désordre. *Cette réunion est une vraie pétaudière.*

pet-de-nonne [pɛdnɔn] n. m. Beignet soufflé fait avec de la pâte à choux. → **chouquette.** *Des pets-de-nonne.*

péter [pete] v. < conjug. 6 > **1·** V. intr. Fam. Faire un pet, lâcher des vents. – Loc. *Péter plus haut que son derrière, que son cul,* être prétentieux. **2·** V. tr. Fam. *Péter le feu, péter du feu, des flammes,* déborder d'entrain, de vitalité. *Ça va péter des flammes,* ça va barder. **3·** Fam. (Suj. chose) Éclater avec bruit. → **exploser ; pétarader.** *Des obus pétaient dans tous les coins.* – Se rompre brusquement, se casser. *Tous les boutons de ma veste ont pété.* – *L'affaire va vous péter à la figure,* échouer, rater. **4·** V. tr. Vulg. Casser. *Il lui a pété la gueule,* cassé la figure. ▶ **pète-sec** [pɛtsɛk] n. invar. et adj. invar. Fam. Personne autoritaire au ton hargneux et cassant. *Une directrice pète-sec.* ▶ **péteux, euse** n. **1·** Fam. Peureux. **2·** Humilié. *Il se sent tout péteux.* ▷ **pétant, pétoire**

pétiller [petije] v. intr. < conjug. 1 > **1·** Éclater avec de petits bruits secs et répétés. *Le feu pétille.* → **crépiter. 2·** (Liquide) Produire de nombreuses bulles en bruissant. *Le champagne pétille dans les coupes.* **3·** Littér. Briller d'un éclat très vif. *La joie pétille dans ses yeux.* – Abstrait. *Il pétille d'esprit,* il a un esprit plein de vivacité et d'agrément. ▶ **pétillant, ante** adj. **1·** *Une eau minérale pétillante.* / contr. plat / **2·** *Avoir le regard pétillant de malice. Un esprit pétillant.* ▶ **pétillement** n. m.

pétiole [pesjɔl] n. m. Partie rétrécie de certaines feuilles vers la tige. → **queue.**

petiot, ote [pətjo, ɔt] adj. et n. Fam. Petit, tout petit. – N. Petit enfant.

① **petit, ite** [p(ə)ti, it] adj. **I·** Au sens physique, matériel. **1·** (Êtres vivants) Dont la taille est inférieure à la moyenne. / contr. grand / *Un homme très petit, mais qui n'est pas nain*.* → **minuscule.** *Rendre qqn plus petit.* → **rapetisser.** – Loc. *Se faire tout petit,* éviter de se faire remarquer. – Qui n'a pas encore atteint toute sa taille. → **jeune.** *Quand j'étais petit.* → **enfant.** *Le petit frère, la petite sœur de qqn,* frère, sœur plus jeune. **2·** (Choses) Dont les dimensions sont inférieures à la moyenne. *Une petite maison. On a fait un petit tour. Il a fait un petit somme.* – (Désignant, avant le nom, une catégorie particulière de la chose) *Des petits pots. Le petit doigt. Du petit-lait.* **3·** Dont la grandeur, l'importance, l'intensité est faible. → **faible, infime.** *Je vous demande une petite minute. Une petite somme.* → **maigre.** *Les petites et moyennes entreprises* (P. M. E.). **4·** (Qualifiant ce qu'on trouve aimable, charmant, attendrissant) Fam. *Comment va cette petite santé ? Un petit coup de rouge. Des bons petits plats.* – (Condescendant : méprisant ou exprimant la familiarité) *Qu'est-ce qu'elle veut, la petite dame ? Quel petit crétin !* – (Affectueux, après un possessif) *Ma petite maman.* – Loc. fam. *Son **petit ami,** sa petite amie.* → **amoureux, flirt. II·** ***Petit, petite*** n. **1·** Enfant ou être humain jeune. *Le petit, ce petit. Les tout-petits.* → **bébé.** *La cour des petits et celle des grands. Hé, petit ! va porter ça à ta mère.* **2·** Jeune animal. *La* *chatte a fait ses petits.* – Loc. fam. *Son argent a **fait des petits*** : a rapporté. **3·** Enfant (d'une personne). *Elle est venue avec ses petites,* ses filles. **III·** Au sens psychologique, ou moral, social. **1·** De peu d'importance. → **minime.** *De petits inconvénients. Encore un petit effort ! Le petit nom.* → **prénom.** **2·** (Personnes) Qui a une condition, une situation peu importante. *Les petites gens. Les petits commerçants.* – N. *Ce sont toujours les petits qui trinquent.* / contr. gros / **3·** Qui a peu de valeur (quant au mérite, aux qualités intellectuelles ou morales). *Les petits poètes.* → **mineur.** **4·** Loc. *Être aux **petits soins**.* → **soin.** ▶ 2 **petit** adv. **1·** ***Petit à petit*** [ptitapti], [pətitɑpəti] : peu à peu. → **progressivement.** *Petit à petit il aménageait sa maison.* – Prov. *Petit à petit, l'oiseau fait son nid.* **2·** ***En petit*** : d'une manière analogue, mais sans grandeur. *Il voit tout en petit. Je voudrais la même chose, mais en plus petit.* → **réduit.** ▶ **petitement** adv. **1·** *Être logé petitement,* à l'étroit. **2·** Fig. Chichement. *Il vivait petitement de son salaire.* **3·** *Se venger petitement,* mesquinement. ▶ **petitesse** n. f. **1·** Caractère de ce qui est de petite dimension. / contr. grandeur, hauteur / *La petitesse de ses mains, de sa taille. La petitesse de ses revenus.* → **modicité.** **2·** Caractère mesquin, sans grandeur. *Petitesse d'esprit.* → **étroitesse, mesquinerie.** **3·** *(Une, des petitesses)* Trait, action dénotant un esprit mesquin. *Les petitesses d'un grand homme.* ▷ **gagne-petit, petiot, petit-, rapetisser, tout-petit**

petit- Élément de mots composés. ▶ **petit-beurre** [p(ə)tibœʀ] n. m. Gâteau sec de forme rectangulaire aux bords dentelés fait au beurre. *Des petits-beurre.* ▶ **petit-bourgeois, petite-bourgeoise** [p(ə)tibuʀʒwa, p(ə)titburʒwaz] n. et adj. Personne qui appartient à la partie la moins aisée de la bourgeoisie (la *petite bourgeoisie*) réputée conformiste et mesquine. *Des petits-bourgeois.* – Adj. Péj. *Des réactions petites-bourgeoises.* ▶ **petit-déjeuner** n. m. → 2 petit **déjeuner** (3).

▶ **petit-fils** [p(ə)tifis], **petite-fille** [p(ə)titfij] n. Fils, fille d'un fils ou d'une fille par rapport à un grand-père ou à une grand-mère. *Ils ont quatre petites-filles et trois petits-fils.* ▶ **petit-four** ou **petit four** [p(ə)tifuʀ] n. m. Petit gâteau très délicat fait par le pâtissier. *Offrir des petits-fours avec le thé.* ▶ **petit-gris** [p(ə)tigʀi] n. m. **1·** Fourrure d'un écureuil de Russie d'un gris ardoise. *Un manteau en petit-gris.* **2·** Variété d'escargot à petite coquille brunâtre. *Des petits-gris.* ▶ **petit-lait** n. m. → **lait.**

▶ **petit-nègre** n. m. → **nègre.**

▶ **petit-neveu** [p(ə)tinvø], **petite-nièce** [p(ə)titnjɛs] n. Fils, fille d'un neveu ou d'une nièce par rapport à un grand-oncle ou à une grand-tante. *Leurs petits-neveux et petites-nièces.* ▶ **petits-enfants** [p(ə)tizɑ̃fɑ̃] n. m. pl. Les enfants d'un fils ou d'une fille. *Les grands-parents et leurs petits-enfants.* ▶ **petit pois** n. m. → **pois.**

▶ **petit-suisse** [p(ə)tisɥis] n. m. Fromage frais à la crème, en forme de petit cylindre. *Des petits-suisses.*

pétition [petisjɔ̃] n. f. Demande adressée, par écrit ou oralement, aux pouvoirs publics, à un organisme, un employeur... *Faire signer une pétition contre un pollueur.* ▶ **pétition de principe** n. f. Faute logique par laquelle on considère comme admis ce qui doit être démontré. ▶ **pétitionnaire** n. Personne qui fait, signe une pétition.

pétoche [petɔʃ] n. f. Fam. Peur. *Avoir la pétoche.* ▶ **pétochard, arde** adj. et n. Fam. Peureux.

pétoire [petwaʀ] n. f. Fam. Mauvais fusil.

peton [pətɔ̃] n. m. Fam. Petit pied. *L'enfant joue avec ses petons.*

pétoncle [petɔ̃kl] n. m. Coquillage comestible, ressemblant à une petite coquille Saint-Jacques, brun et strié. *De gros pétoncles.* – Au Québec. Coquille Saint-Jacques.

pétrel [petʀɛl] n. m. Oiseau palmipède très vorace, qui vit en haute mer.

pétrifier [petʀifje] v. tr. < conjug. 7 > **1·** Changer en pierre. – Rendre minérale (une matière organique). *La silice pétrifie le bois.* – Au p. p. adj. *Crâne pétrifié.* → **fossilisé.** **2·** Recouvrir d'une couche de pierre. – Au p. p. adj. *Concrétions pétrifiées* (stalactites, stalagmites...). **3·** Abstrait. Immobiliser (qqn) par une émotion violente. → **glacer, méduser.** *Cette nouvelle la pétrifia.* – Au passif. *Être pétrifié de terreur.* **4·** ***Se pétrifier*** v. pron. : devenir minéral. ▶ **pétrifiant, ante** adj. (Eaux) Qui a la faculté de pétrifier. *Une fontaine pétrifiante.* ▶ **pétrification** n. f. **1·** Action de pétrifier (1, 2) ; son résultat. **2·** *Une pétrification,* objet entouré d'une couche pierreuse.

pétrin [petʀɛ̃] n. m. **1·** Coffre, dispositif dans lequel on pétrit le pain. *Pétrin mécanique.* **2·** Fam. Situation embarrassante d'où il semble impossible de sortir. *Se fourrer dans le pétrin. Quel pétrin !*

pétrir [petʀiʀ] v. tr. < conjug. 2 > **1·** Presser, remuer fortement et en tous sens (une pâte consistante). *Le boulanger pétrit la pâte en l'aérant* (→ **pétrin**). – *Pétrir de l'argile.* → **façonner, modeler.** **2·** Palper fortement en tous sens. *Il pétrissait son chapeau entre ses doigts. Le masseur lui pétrit les mollets.* **3·** Abstrait. Littér. Donner une forme à, façonner. *Notre éducation nous a pétris ; nous avons été pétris par notre éducation.* **4·** Au passif et p. p. adj. ***Être pétri, ie de*** : formé(e), fait(e) avec.

Être pétri d'orgueil, très orgueilleux. *Il est pétri de bonne volonté.* ▶ **pétrissage** n. m. *Pétrissage à main, mécanique.*

[1] **pétr(o)-** Élément qui signifie « pétrole ». ▶ **pétrochimie** [petʀɔʃimi] n. f. Branche de la chimie qui étudie les dérivés du pétrole ; industrie des dérivés du pétrole. – **REM.** *Pétrolochimie* serait préférable. ▶ **pétrochimique** adj. Qui concerne les dérivés du pétrole ; qui en produit. *Usine, installation pétrochimique.* ▶ **pétrodollars** n. m. pl. Devises en dollars provenant de la vente du pétrole par les pays producteurs.

[2] **pétro-** Élément qui signifie « roche ». ▶ **pétrographie** [petʀɔgʀafi] n. f. Science qui décrit les roches. → **minéralogie.**

pétrole [petʀɔl] n. m. **1·** Huile minérale naturelle combustible, hydrocarbure liquide accumulé dans les roches, en gisements, et utilisée comme source d'énergie, notamment sous forme d'essence. → **or** noir ; **essence, gazole.** *Le pétrole est un combustible fossile. Les gisements de pétrole du Moyen-Orient. Puits de pétrole. Pétrole brut.* **2·** Un des produits obtenus par la distillation du pétrole. *Une lampe à pétrole.* **3·** En appos. *Bleu pétrole*, nuance où entrent du bleu, du gris et du vert. – Adj. invar. *Des vestes bleu pétrole.* ▶ **pétrolette** n. f. Vieilli. Petite moto, vélomoteur. ▶ **pétrolier, ière** n. m. et adj. **I·** N. m. **1·** Navire-citerne conçu pour le transport en vrac du pétrole. *Un pétrolier géant.* → anglic. **tanker.** **2·** Industriel, financier des sociétés pétrolières. **II·** Adj. **1·** Relatif au pétrole. *L'industrie pétrolière.* – *Port pétrolier, terminal pétrolier*, doté d'installations pour charger et décharger les pétroliers (I, 1). **2·** (Personnes) Spécialisé dans la prospection pétrolière. *Géologue pétrolier.* ▶ **pétrolifère** adj. Qui contient naturellement, fournit du pétrole. *Région, gisement, champ pétrolifère.*
▷ [1] **pétro-**

pétulant, ante [petylɑ̃, ɑ̃t] adj. Qui manifeste une ardeur exubérante. → **fougueux, impétueux, turbulent, vif.** *Une bande de petits garçons pétulants.* – *Une joie pétulante.* ▶ **pétulance** n. f. *La pétulance des jeunes gens.* → **fougue, turbulence.**

pétunia [petynja] n. m. Plante ornementale des jardins, à fleurs violettes, roses, blanches. *De beaux pétunias.*

peu [pø] adv. **I·** (En fonction de nom ou de nominal) Faible quantité. **1·** ***Le peu que, de...*** *Le peu que je sais, je le dois à mon père. Son peu de fortune. Le peu de cheveux qui me reste* (insiste sur le manque). *Le peu de cheveux qui me restent* (insiste sur ce qui existe). **2·** ***Un peu de.*** → **brin, grain, miette.** *Un peu de sel. Un peu de vin.* → un **doigt.** *Un tout petit peu de vin.* → une **goutte**, une **larme.** – « *Vous en voulez ? – Un petit peu.* » – ***Pour un peu*** (+ conditionnel) loc. adv. : il aurait suffi de peu de chose pour que. *Pour un peu il se serait mis en colère.* **3·** (Employé seul, sans complément) Loc. *Ce n'est pas peu dire*, c'est dire beaucoup, sans exagération. *Éviter un ennui de peu.* → de **justesse.** *À peu près.* → **près.** Fam. *Très peu pour moi*, formule assez brusque de refus. *Cela laisse un goût de trop peu*, ne comble pas, ne satisfait pas. – (Attribut) *C'est peu, trop peu.* / contr. assez ; trop / – ***Peu à peu*** : en progressant par petites quantités, par petites étapes. → **doucement, petit** à petit, **progressivement.** *Peu à peu le feu gagnait les étages.* **4·** ***Peu de*** (suivi d'un compl.). *En peu de temps. Cela a peu d'importance.* – ***Peu de chose*** : une petite chose, qqch. d'insignifiant. → **bagatelle, rien.** *C'est très peu de chose. À peu de chose près*, presque. – (Compl. au plur.) *Il dit beaucoup en peu de mots.* **5·** Ellipt. Peu de temps. *Dans peu, d'ici peu, sous peu, avant peu.* → **bientôt.** *Depuis peu, il y a peu.* → **récemment.** – Un petit nombre (des choses ou des gens dont il est question). *Bien peu pourraient travailler comme il le fait. Je ne vais pas me décourager pour si peu !* **II·** Adv. **1·** (Avec un verbe) En petite quantité, dans une faible mesure seulement. → **modérément,** à **peine.** / contr. beaucoup, fort / *Cette lampe éclaire peu, très peu.* → **mal.** *Peu importe.* – (Avec un adj.) Pas très. *Ils sont peu nombreux. Il n'était pas peu fier*, il était très fier. (Avec un adv.) *Peu souvent.* – ***Si peu que*** (+ subjonctif). *Si peu que ce soit*, en quelque petite quantité que ce soit. – ***Un tant soit peu*** : assez. → un **tantinet.** *Tu me parais un tant soit peu susceptible.* – ***Pour peu que*** (+ subjonctif) loc. conj. : si peu que ce soit. *Pour peu qu'on le contrarie, il devient agressif.* **2·** ***Un peu*** : dans une mesure faible, mais non négligeable. *Elle l'aime un peu.* ***Un petit peu*** : un peu. *Il va un petit peu mieux.* – Littér. ***Quelque peu*** : assez. *Il se sentait quelque peu malade.* – Fam. ***Un peu*** (pour atténuer un ordre ou souligner une remarque). *Je vous demande un peu ! Sors donc un peu que je te corrige !* – Poli ou iron. Bien trop. *C'est un peu fort ! Un peu beaucoup*, vraiment beaucoup trop. – (Pour accentuer une affirmation) « *Tu ferais ça ? – Un peu ! Un peu que je le ferais !* » (→ et comment !). ▶ **peu ou prou** loc. adv. → **prou.**
▷ **à-peu-près**

peuchère [pøʃɛʀ] interj. Région. (Sud-Est de la France) Exclamation exprimant une commisération affectueuse ou ironique.

peuh [pø] interj. Interjection exprimant le mépris, le dédain ou l'indifférence. *Peuh ! Ça m'est égal.*

peuple [pœpl] n. m. **I·** Ensemble humain réuni par l'appartenance à une société, une culture, une patrie communes, parlant en général la même langue, habitant (ou ayant habité) le même territoire. → **nation, pays, population, société.** *Le droit des peuples à disposer d'eux-mêmes*, à constituer un État. *Le peuple français.* – *Le peuple élu*, le peuple juif. **II· 1·** ***Le peuple, un peuple*** : l'ensemble des personnes soumises aux mêmes lois et qui forment une communauté. *Relatif au peuple.* → **populaire.** *Gouvernement du peuple.* → **démocratie.** *Le peuple* (la nation) *en armes, en guerre.* **2·** ***Le peuple*** : le plus grand nombre (opposé aux *classes supérieures, dirigeantes*, ou aux *éléments les plus cultivés de la société*). → **masse, multitude.** *Le peuple en armes*, en guerre civile. *Le peuple et la bourgeoisie.* → **prolétariat** ; vx ou péj. **plèbe.** *Homme, femme, gens du peuple.* **3·** Adj. invar. Péj. Vieilli. Populaire. *Elle est jolie, mais elle fait peuple.* **III· 1·** Foule, multitude de personnes assemblées. *Une place encombrée de peuple.* – Fam. *Il y a du peuple*, du monde. **2·** Loc. fam. *Se fiche du peuple*, du monde, des gens. *Tu te fous du peuple*, de nous. → **exagérer. 3·** Littér. *Un peuple de...*, un grand nombre de. *S'entourer de tout un peuple d'admirateurs.* ▶ **peuplade** n. f. Groupement humain parfois nomade, petit peuple ne constituant pas une société complexe. → **tribu.** *Une peuplade d'Amazonie.* ▶ **peuplé, ée** adj. Où il y a une population, des habitants. → **habité, populeux, surpeuplé.** / contr. dépeuplé / ▶ **peuplement** n. m. **1·** Action de peupler. *Le peuplement des terres vierges.* – (Animaux) *Le peuplement d'un étang.* → **repeuplement. 2·** État d'un territoire peuplé. *Évolution du peuplement.* → **démographie.** / contr. dépeuplement / ▶ **peupler** v. tr. < conjug. 1 > **I·** Pourvoir (un pays, une contrée) d'une population. / contr. dépeupler / *Peupler une région.* – *Peupler un étang en gardons, de gardons.* **II· 1·** Habiter, occuper (une contrée, un pays). *Les hommes qui peuplent la terre.* **2·** Être présent en grand nombre dans, prendre toute la place dans. *Les étudiants qui peuplent les universités.* – Littér. *Les cauchemars qui peuplaient ses nuits.* → **hanter. 3·** ***Se peupler*** v. pron. : se remplir d'habitants. ▷ **dépeupler, popul-, repeupler, surpeuplé**

peuplier [pøplije] n. m. **1·** Arbre élancé, de haute taille, à petites feuilles. *Peupliers blancs. Route bordée de peupliers. Peuplier tremble.* → **tremble. 2·** Bois de peuplier (bois blanc). ▶ **peupleraie** [pøplәʀɛ] n. f. Plantation de peupliers.

peur [pœʀ] n. f. **1·** ***La peur*** : émotion qui accompagne la prise de conscience d'un danger, d'une menace. → **crainte** (sens plus faible) ; **effroi, épouvante, frayeur, terreur** (sens plus fort) ; fam. **frousse, pétoche, trouille.** *Inspirer de la peur. Être transi, vert, mort de peur*, à cause de la peur. – Loc. *Avoir plus de peur que de mal, en être quitte pour la peur*, ne pas souffrir de ce qui la provoquait. – ***La peur de...*** (suivi du nom de la personne ou de l'animal qui éprouve la peur). *La peur du gibier devant le chasseur. Il cherche à cacher sa peur.* – (Suivi du nom de l'être ou de l'objet qui inspire la peur, ou d'un verbe) *La peur du chasseur fait fuir le gibier. La peur de la mort.* → **appréhension, hantise.** *La peur de mourir.* **2·** ***Une peur*** : l'émotion de peur qui saisit qqn dans une occasion précise. *Une peur bleue, intense.* → **panique.** *J'ai eu, il m'a fait une de ces peurs !*, j'ai eu peur de lui ou pour lui. **3·** Loc. Sans article. *Prendre peur.* – ***Avoir peur.*** → **craindre.** *N'ayez pas peur, n'aie pas peur*, formule pour rassurer. – *Avoir peur pour qqn*, craindre ce qui va lui arriver. – *Avoir peur de qqch. ; de faire qqch.* → **redouter.** *N'avoir peur de rien.* – *Avoir très peur.* – (Sens faible) *N'ayez pas peur d'insister sur ce point*, n'hésitez pas à... – ***Faire peur*** : donner de la peur. *Être laid à faire peur*, horrible. *Faire plus de peur que de mal*, être effrayant, mais inoffensif. *Faire peur à qqn.* → **effrayer, intimider.** *Tout lui fait peur.* **4·** ***Par peur de, de peur de*** loc. prép. : par crainte de. *Il a menti par peur d'une punition.* – (+ infinitif) *Il a menti de peur d'être puni.* – ***De peur que, par peur que*** (+ subjonctif) loc. conj. *Il a menti de peur qu'on (ne) le punisse.* ▶ **peureux, euse** adj. **1·** Qui a facilement peur. → **couard, craintif, lâche, poltron** ; fam. **dégonflé, froussard, trouillard.** / contr. brave, courageux / *Un enfant peureux.* – N. *C'est un peureux.* **2·** Qui est sous l'empire de la peur. → **apeuré.** *Il alla se cacher dans un coin, tout peureux.* ▶ **peureusement** adv. En ayant peur. → **craintivement.** ▷ **apeuré**

peut → **pouvoir.**

peut-être [pøtɛtʀ] adv. **1·** Adverbe indiquant une simple possibilité. / contr. sûrement / *Ils ne viendront peut-être pas. Je vais peut-être partir. Vous partez, peut-être ?* – « *Il a dit ça ? – Peut-être ; peut-être bien.* » *Peut-être..., mais...* → **sans doute.** – (En tête d'énoncé, avec inversion du sujet) *Qui sait ? Peut-être aurons-nous la chance de réussir.* **2·** ***Peut-être que.*** *Peut-être bien que oui, peut-être bien que non* [ptɛtbjɛ̃kwi, ptɛt bjɛ̃knɔ̃]. *Peut-être que je ne pourrai pas venir.* – (+ conditionnel) *Peut-être qu'il viendrait si on lui demandait.*

pèze [pɛz] n. m. sing. Fam. Argent. → fam. **fric.**

pfennig [pfenig] n. m. La centième partie du mark allemand (avant l'euro). *Une pièce de dix pfennigs.*

pff(t) [pf(t)], **pfut** [pfyt] onomat. Interjection exprimant l'indifférence, le mépris. *Pfft... ! il en est bien incapable.*

pH [peaʃ] n. m. invar. Unité de mesure d'acidité, sur une échelle allant de 1 à 14. *Mesurer le pH d'une solution. Un pH neutre* (égal à 7), *acide* (inférieur à 7), *alcalin* (supérieur à 7).

phacochère [fakɔʃɛʀ] n. m. Mammifère ongulé d'Afrique, voisin du sanglier.

-phage, -phagie, -phagique, phag(o)- Éléments savants signifiant « manger » (ex. : *aérophagie, anthropophage, hippophagique*). → **-vore.**

phagocyte [fagɔsit] n. m. Cellule possédant la propriété d'englober et de détruire les microbes en les digérant. *Phagocytes mobiles.* ▶ **phagocyter** v. tr. < conjug. 1 > **1**· Détruire par phagocytose. **2**· Fig. Absorber et détruire. *Ce groupe a été phagocyté par un grand parti.* ≠ noyauter. ▶ **phagocytose** n. f. Processus de défense cellulaire, fonction destructrice des phagocytes.

1 **phalange** [falɑ̃ʒ] n. f. **1**· Dans l'Antiquité. Formation de combat dans l'armée grecque. – Littér. Armée, corps de troupes. **2**· Groupement politique et paramilitaire d'extrême droite.

2 **phalange** n. f. **1**· Chacun des os longs qui soutiennent les doigts et les orteils. **2**· Partie (d'un doigt) soutenue par une phalange. *La seconde phalange de l'index.*

phalanstère [falɑ̃stɛʀ] n. m. Didact. Groupe qui vit en communauté. – Endroit où vit ce groupe.

phalène [falɛn] n. f. ou m. Grand papillon nocturne ou crépusculaire.

phallus [falys] n. m. invar. **1**· Membre viril en érection → **pénis** ; son image symbolique. **2**· *Phallus impudicus,* variété de champignon. ▶ **phallique** adj. Du phallus (1). *Symbole phallique.* ▶ **phallocrate** n. Personne (surtout homme) qui considère les femmes comme inférieures aux hommes. *Un phallocrate.* → **machiste.** Abrév. fam. **un phallo.** – Adj. *Un comportement phallocrate.* ▶ **phallocratie** [falɔkʀasi] n. f. ▶ **phallocratique** [falɔkʀatik] adj.

phanérogame [faneʀɔgam] adj. et n. f. pl. (Plantes) Qui a des fleurs apparentes. – N. f. pl. *Les phanérogames.*

phantasme → **fantasme.**

pharamineux → **faramineux.**

pharaon [faʀaɔ̃] n. m. Ancien souverain égyptien. *Les momies des pharaons. Le pschent, coiffure des pharaons.* ▶ **pharaonique** adj. **1**· Des pharaons. *L'architecture pharaonique.* **2**· Digne des pharaons par sa démesure. *Un budget pharaonique.* → **colossal.**

phare [faʀ] n. m. **1**· Tour élevée sur une côte ou un îlot, munie à son sommet d'un puissant éclairage qui guide les navires. *Phare tournant. Gardien de phare.* **2**· Projecteur placé en général à l'avant d'un véhicule, d'une voiture automobile. *Phares antibrouillard. Faire des appels de phares,* pour signaler. – Position où le phare éclaire le plus (opposé à *code* et à *lanterne*). **3**· Fig. Ce qui sert de repère. – En appos. *Les secteurs phares de l'industrie.* ▷ **gyrophare**

pharisien, ienne [faʀizjɛ̃, jɛn] n. **1**· Antiquité. Membre d'une secte puritaine d'Israël ; chef religieux juif de cette secte. *Les Évangiles présentent les pharisiens comme responsables de la mort de Jésus.* **2**· Littér., péj. Personne hypocrite et sûre d'elle-même.

pharmacie [faʀmasi] n. f. **1**· Science des remèdes et des médicaments, art de les préparer et de les contrôler (→ **allopathie, homéopathie**). *Préparateur en pharmacie.* **2**· Magasin où l'on vend les médicaments, des produits, objets et instruments destinés aux soins du corps et où l'on fait certaines préparations. → **officine.** *Médicament vendu en pharmacie.* **3**· Assortiment de produits pharmaceutiques usuels. *Pharmacie portative.* → **trousse.** *Armoire à pharmacie.* **4**· Local d'un hôpital où l'on range ces produits. ▶ **pharmaceutique** adj. Relatif à la pharmacie. *Produit pharmaceutique.* ▶ **pharmacien, enne** n. Personne qui exerce la pharmacie, est responsable d'une pharmacie (2, 4). → vx **apothicaire.** ▶ **pharmaco-** Élément de mots savants signifiant « remède ». ▶ **pharmacologie** [faʀmakɔlɔʒi] n. f. Étude des médicaments, de leur action (propriétés thérapeutiques, etc.) et de leur emploi. ▶ **pharmacopée** n. f. Liste de médicaments. ▷ **parapharmacie**

pharynx [faʀɛ̃ks] n. m. invar. Cavité où aboutissent les conduits digestifs et respiratoires (→ **bouche, larynx, nez**). ▶ **pharyngien, ienne** adj. Du pharynx. ▶ **pharyngite** n. f. Inflammation, angine du pharynx. ▶ **pharyngo-** Élément de mots de médecine signifiant « pharynx ». ▷ **rhinopharynx**

phase [fɑz] n. f. **1**· Chacun des états successifs (d'une chose en évolution). → **période.** *Les phases d'une maladie.* → **stade.** *Il énuméra les différentes phases de l'opération.* **2**· Chacun des aspects que présentent la Lune et les planètes à un observateur terrestre, selon leur éclairement par le Soleil. *Les phases de la Lune.* → **lunaison.** **3**· *Être **en phase*** : en harmonie, en accord. *Cet écrivain est en phase avec son époque. Ces deux amis sont toujours en phase,* partagent les mêmes idées. → sur la même longueur d'onde. **4**· En chimie. État d'un élément. *Les phases solide, liquide et gazeuse.* **5**· Fam. État passager (d'une personne). *Il est entré dans une phase d'activité, de travail intense.* ▷ **déphasé, monophasé, triphasé**

phénicien, enne [fenisjɛ̃, ɛn] adj. et n. De la Phénicie antique (Méditerranée orientale).

1 **phénix** [feniks] n. m. invar. **1·** Oiseau unique de son espèce, qui, selon la mythologie, vivait plusieurs siècles et, se brûlant lui-même sur un bûcher, renaissait de ses cendres. **2·** Personne unique en son genre, supérieure par ses dons. *Ce n'est pas un phénix !*

2 **phénix** ou **phœnix** [feniks] n. m. invar. Palmier ornemental.

phénol [fenɔl] n. m. **1·** Solide critallisé blanc, soluble dans l'eau, corrosif et toxique, à odeur forte. *Le phénol est un antiseptique.* **2·** *Phénols*, série de composés organiques analogues au phénol. ▶ **phénolique** adj., **phéniqué, ée** adj. Qui contient du phénol. *Eau phéniquée.*

phénomène [fenɔmɛn] n. m. **1·** Didact., surtout au plur. Fait naturel complexe pouvant faire l'objet d'expériences et d'études scientifiques. *Étudier le phénomène des éclipses. Phénomènes physiques et psychologiques.* **2·** Fait observé, événement anormal ou surprenant. *La violence urbaine est devenue un phénomène de société.* **3·** Fam. Individu, personne bizarre ou extraordinaire. → **excentrique, original.** *Quel phénomène tu fais !* ▶ **phénoménal, ale, aux** adj. Qui sort de l'ordinaire. → **étonnant, surprenant.** *Un acrobate phénoménal.* ▶ **phénoménologie** n. f. Didact. Philosophie qui écarte toute interprétation abstraite pour se limiter à la description et à l'analyse des seuls phénomènes perçus. *La phénoménologie de Husserl.* ▷ **épiphénomène**

phénotype [fenɔtip] n. m. Biol. Caractères individuels correspondant à une réalisation du génotype* (d'un individu), en fonction du milieu (→ **hérédité**).

phéromone [feʀɔmɔn] n. f. Physiol. Substance chimique sécrétée par un organisme, qui provoque chez un congénère une réaction spécifique. *Phéromone sexuelle.*

phil-, philo-, -phile, -philie Éléments savants signifiant « ami », ou « aimer ». / contr. -phobe, -phobie / ▶ **philanthrope** [filɑ̃tʀɔp] n. **1·** Personne qui aime l'humanité. / contr. misanthrope / **2·** Personne qui a une conduite désintéressée. *Je suis un commerçant, je ne suis pas un philanthrope !* ▶ **philanthropie** n. f. **1·** Amour de l'humanité. **2·** Désintéressement. ▶ **philanthropique** adj. *Organisation philanthropique.* ▶ **philatélie** [filateli] n. f. Connaissance, « amour » des timbres-poste ; art de les collectionner. ▶ **philatélique** adj. *Association philatélique.* ▶ **philatéliste** n. Collectionneur de timbres-poste. ▶ **philharmonique** [filaʀmɔnik] adj. Se dit de sociétés d'amateurs de musique, d'orchestres. *Orchestre philharmonique.* ▷ **anglophile, bibliophile, cinéphile, discophile, francophile, haltérophile, hémophile, pédophile, spasmophilie,** et les mots en **philo-**

philistin [filistɛ̃] n. m. et adj. m. Littér. Personne de goût vulgaire, fermée aux arts et aux lettres, aux nouveautés. → **béotien.** – Adj. m. *Il est un peu philistin.*

philo [filo] n. f. Fam. Philosophie.

philodendron [filɔdɛ̃dʀɔ̃] n. m. Plante grimpante originaire d'Amérique tropicale, à racines aériennes et à larges feuilles coriaces.

philologie [filɔlɔʒi] n. f. Étude historique d'une langue par l'analyse critique des textes. → **linguistique.** ▶ **philologique** adj. ▶ **philologue** n. Spécialiste de l'étude historique (grammaticale, linguistique, etc.) des textes.

philosophale [filɔzɔfal] adj. f. *Pierre philosophale* : substance recherchée par les alchimistes, qui devait posséder des propriétés merveilleuses (transmuer les métaux en or, etc.).

philosophie [filɔzɔfi] n. f. **I·** *La philosophie.* **1·** Ensemble des questions que l'être humain peut se poser sur lui-même et examen des réponses qu'il peut y apporter ; vision systématique et générale du monde (→ **esthétique, éthique, logique, métaphysique, morale, ontologie, théologie**). *La philosophie et la science.* **2·** Système d'idées qui cherche à établir les fondements d'une science. *La philosophie de l'histoire.* **3·** Matière des classes terminales des lycées où est enseignée la philosophie (abrév. *philo*). **II·** *Une philosophie.* **1·** Se dit d'un ensemble de conceptions (ou d'attitudes) philosophiques. → **doctrine, système, théorie.** Ex. : existentialisme, marxisme, matérialisme, phénoménologie, spiritualisme, théisme, etc. *La philosophie critique de Kant.* **2·** Ensemble des conceptions philosophiques (communes à un groupe social). *La philosophie orientale.* → **pensée. 3·** Conception générale, vision du monde et de la vie. *La philosophie de Hugo.* → **idée(s). 4·** Absolt. Élévation d'esprit, détachement. → **sagesse.** *Supporter les ennuis avec philosophie.* → **résignation.** ▶ **philosophe** n. et adj. **I·** N. **1·** Personne qui élabore une doctrine philosophique. → **penseur.** – Spécialiste de philosophie. **2·** Au XVIIIe siècle. Partisan des Lumières, du libre examen, de la liberté de pensée. **3·** Personne qui pratique la sagesse. → **sage.** *Il vit en philosophe.* – Personne détachée et optimiste. **II·** Adj. Qui montre de la sagesse, du détachement et un certain optimisme. *Soyez un peu plus philosophe !* ▶ **philosopher** v. intr. < conjug. 1 > Penser, raisonner (sur des problèmes philosophiques, abstraits). ▶ **philosophique** adj. **1·** Relatif à la philosophie. *Doctrine philosophi-*

que. – Qui touche à des problèmes de philosophie. *Roman philosophique.* **2·** Qui dénote de la sagesse. *Un mépris philosophique de l'argent.* ▶ **philosophiquement** adv. **1·** D'une manière philosophique, en philosophe. **2·** En philosophe (I, 3). *Accepter philosophiquement son sort.* ▷ **philo**

philtre [filtʀ] n. m. Breuvage magique destiné à inspirer l'amour. *Le philtre que Tristan et Iseut ont bu.* → **charme.** ≠ filtre.

phlébite [flebit] n. f. Inflammation d'une veine.

phlegmon [flɛgmɔ̃] n. m. Inflammation du tissu (conjonctif) qui sépare les organes. → **abcès, anthrax, furoncle, tumeur.** *Phlegmon des doigts.* → **panaris.**

-phobe, -phobie Éléments savants signifiant « qui déteste ; crainte, haine » (ex. : *anglophobe, xénophobe, xénophobie*). / contr. -phile, -philie / ▶ **phobie** [fɔbi] n. f. **1·** Peur morbide, angoisse éprouvée devant certains objets, actes, situations ou idées (*agoraphobie, claustrophobie,* etc.). *Obsessions et phobies.* **2·** Peur ou aversion instinctive. → **haine, horreur.** *Il a la phobie des réunions familiales.* ▶ **phobique** adj. et n. Médecine. Relatif à la phobie. – N. *Les phobiques et les obsédés.* ▷ **agoraphobie, claustrophobie, hydrophobie, xénophobie**

phon-, phono-, -phone, -phonie Éléments savants signifiant « voix, son » (ex. : *aphone, orthophoniste, phonographe, radiophonie, saxophone*). – *-PHONE* signifie aussi « langue » (ex. : *francophone, arabophone*). ▶ **phonème** [fɔnɛm] n. m. Élément sonore du langage parlé, considéré comme une unité distinctive. *Le phonème* [ʃ] *de « chat ». Phonèmes et graphèmes.* ▶ **phonétique** [fɔnetik] adj. et n. f. **1·** Adj. Qui a rapport aux sons du langage. *Alphabet phonétique international. Transcription phonétique.* **2·** N. f. Partie de la linguistique qui étudie les sons de la parole. *Phonétique descriptive.* – *Phonétique fonctionnelle.* → **phonologie.** ▶ **phonéticien, ienne** n. Spécialiste de phonétique. ▶ **phonétiquement** adv. *Texte transcrit phonétiquement.* ▶ **phonologie** [fɔnɔlɔʒi] n. f. Science qui étudie les phonèmes quant à leur fonction dans la langue. ▶ **phonologique** adj. Qui concerne les oppositions de phonèmes (structurant le système oral d'une langue). ▶ **phonothèque** n. f. Établissement qui réunit et conserve des documents sonores (archives de la parole). ▶ **phonothécaire** n. ▷ **anglophone, aphone, cacophonie, dictaphone, dodécaphonisme, électrophone, euphonie, francophone, homophone, hygiaphone, interphone, magnétophone, microphone, polyphonie, orthophonie, parlophone, radiophonie, saxophonie, stéréophonie, symphonie, téléphone, vibraphone, xylophone**

phonographe [fɔnɔgʀaf] ou **phono** [fɔno] n. m. Autrefois. Appareil acoustique qui reproduit les sons enregistrés sur un disque, par des moyens mécaniques. *L'aiguille d'un phonographe. Des phonographes à pavillon.*

phoque [fɔk] n. m. **1·** Mammifère marin des eaux froides, carnassier, aux membres antérieurs courts et palmés, au cou très court, au pelage ras. – Loc. *Souffler comme un phoque,* respirer avec effort, avec bruit. – En appos. *Des bébés-phoques.* **2·** Fourrure de phoque ou d'otarie. *Manteau de phoque.* ≠ foc.

-phore Élément de mots savants signifiant « porter ». ▷ **amphore, doryphore, euphorie, métaphore, périphérie, phosphore, sémaphore, téléphérique**

phosphate [fɔsfat] n. m. *Phosphate de calcium* ou *phosphate,* engrais naturel ou enrichi, souvent appliqué en mélange avec l'azote et la potasse. ▷ **superphosphate**

phosphore [fɔsfɔʀ] n. m. Élément chimique (*phosphore blanc*) très toxique et inflammable, qui brûle doucement en permanence, dégageant une lueur pâle. *Bombe (incendiaire) au phosphore.* ▶ **phosphorique** adj. Qui contient du phosphore. *Acide phosphorique.* ▶ **phosphorescence** [fɔsfɔʀesɑ̃s] n. f. **1·** Luminescence du phosphore. **2·** Propriété qu'ont certains corps d'émettre de la lumière après en avoir reçu. ≠ fluorescence, incandescence. ▶ **phosphorescent, ente** adj. Doué de phosphorescence. *Cadran phosphorescent d'une montre.* ≠ fluorescent. ▷ **phosphorer**

phosphorer [fɔsfɔʀe] v. intr. < conjug. 1 > Fam. Réfléchir, travailler intellectuellement.

photo [foto] n. f. **1·** Photographie. *Des photos d'identité.* – *Prendre en photo* : photographier. – Loc. fam. *Il n'y a pas photo :* il n'y a aucun doute. **2·** Photographique. *Des appareils photos.*

1 **photo-, -phote** Éléments savants signifiant « lumière » (ex. : *photochimie,* n. f. ; *photon,* n. m.). – Voir ci-dessous à l'ordre alphabétique et ▷ **cataphote**

2 **photo-** Élément signifiant « photographie » (ex. : *photogénique*).

photocomposer [fɔtokɔ̃poze] v. tr. < conjug. 1 > Composer (un texte à imprimer) par photographie des caractères. – Au p. p. adj. *Livre photocomposé.* ▶ **photocomposition** n. f. *Atelier de* *photocomposition. Photocomposition programmée par ordinateur.* ≠ typographie. – Abrév. **photocompo,** n. f. ▶ **photocompositeur, trice** n.

photocopie [fɔtokɔpi] n. f. Reproduction photographique (d'un document). ≠ télécopie. ▶ **photocopier** v. tr. < conjug. 7 > *Faire photocopier un diplôme.* ▶ **photocopieur** n. m. ou **photocopieuse** n. f. Machine à photocopier. *Une photocopieuse multifonction.*

photo-électrique [fɔtɔelɛktʀik] adj. 1· *Effet photo-électrique,* phénomène d'émission d'électrons sous l'influence de la lumière. 2· *Cellule photo-électrique,* instrument utilisant l'effet photo-électrique pour mesurer l'intensité lumineuse qu'il reçoit ou déclencher un signal (alarme, ouverture de porte, etc.).

photogénique [fɔtɔʒenik] adj. Qui produit, au cinéma, en photographie, un effet supérieur à l'effet produit au naturel. *Un visage photogénique.*

photographe [fɔtɔgʀaf] n. 1· Personne qui prend des photographies. *Le photographe d'un journal.* – *Les grands photographes sont des artistes.* – *Photographe de presse qui fait des reportages* → **photoreporter.** 2· Professionnel, commerçant qui se charge du développement, du tirage des clichés (et généralement de la vente d'appareils, d'accessoires). *Studio de photographe.* ▶ **photographie** ou **photo** [fɔto] n. f. 1· Procédé, technique permettant d'obtenir l'image durable des objets, par l'action de la lumière sur une surface sensible. 2· (Surtout **photo**) La technique, l'art de prendre des images photographiques. *Aimer la photo, faire de la photo. Appareil (de) photo.* – L'art de la photographie ; les images photographiques considérées comme de l'art. *Histoire de la photo(graphie).* 3· *Une photo :* image obtenue par le procédé de la photographie (le cliché positif). → **épreuve ; diapositive.** *Faire, prendre une photo. Photo d'identité.* – Loc. fig. fam. *Il n'y a pas photo !,* c'est évident. – *En photo. Prendre en photo,* photographier. *Il est mieux en photo qu'au naturel.* → **photogénique.** 4· *Une photographie de,* reproduction, description exacte, fidèle. *Une photographie de l'opinion.* ▶ **photographier** v. tr. < conjug. 7 > Obtenir l'image de (qqn, qqch.) par la photographie. *Se faire photographier.* ▶ **photographique** adj. Relatif à la photographie ; obtenu par la photographie. *Technique photographique. Épreuve photographique.* – Qui donne l'impression d'une photo. *Un tableau d'un réalisme photographique.* ▶ **photographiquement** adv. ▷ **photocomposer, photocopie, photogénique, photogravure, photojournalisme**

photogravure [fɔtɔgʀavyʀ] n. f. Procédé d'impression d'illustrations, dans lequel un négatif est projeté sur une plaque qui sera ensuite gravée par un acide. ▶ **photograveur, euse** n. Spécialiste de la photogravure.

photojournalisme [fɔtoʒuʀnalism] n. m. Reportage photographique. ▶ **photojournaliste** n.

photométrie [fɔtɔmetʀi] n. f. Mesure de l'intensité des rayonnements.

photon [fɔtɔ̃] n. m. Corpuscule, quantum d'énergie dont le flux constitue le rayonnement électromagnétique, la lumière.

photopile [fɔtɔpil] n. f. Dispositif convertissant les rayons du soleil en courant électrique. (On dit aussi, fam., *pile solaire,* et didact., *cellule photovoltaïque.*)

photoreportage [fɔtɔʀəpɔʀtaʒ] n. m. Reportage photographique. ▶ **photoreporter** [fɔtɔʀ(ə)pɔʀtɛʀ] n. Reporter photographique. *Des photoreporters indiscrets* (→ **paparazzi**).

photosensible [fɔtɔsɑ̃sibl] adj. Sensible à la lumière. ▶ **photosensibilité** n. f. ▶ **photosensibilisation** n. f. Le fait d'acquérir une sensibilité anormale à la lumière solaire se manifestant par des allergies.

photostyle [fɔtɔstil] n. m. Dispositif en forme de crayon muni d'un détecteur photo-électrique qui permet de transmettre des informations à un ordinateur en pointant une zone de l'écran.

photosynthèse [fɔtɔsɛ̃tɛz] n. f. Processus par lequel les plantes vertes élaborent des matières organiques (et dégagent de l'oxygène), sous l'effet de la lumière.

phrase [fʀɑz] n. f. 1· Tout assemblage oral ou écrit capable de représenter l'énoncé complet d'une idée. *La phrase peut consister en un mot unique* (ex. : *Oui !* ou *Viens !*), *mais contient habituellement un second terme qui est le sujet de l'énoncé* (ex. : *Tu viens ?*). *Phrase simple ; complexe* (formée de propositions*). *Mélodie, intonation, ponctuation de la phrase. Ordre et construction de la phrase.* → **syntaxe.** *Dire, prononcer une phrase. Échanger quelques phrases.* → **propos.** – Loc. *Petite phrase,* extraite des propos d'un homme public, reprise et commentée par les médias. *Une phrase, une remarque assassine.* 2· Au plur. *Faire des phrases,* avoir recours à des façons de parler recherchées ou prétentieuses. – *Sans phrases,* sans commentaire, sans détour. 3· Succession ordonnée de périodes musicales. *Phrase mélodique.* ▶ **phraséologie** n. f. Didact. 1· Façon de s'exprimer propre à un milieu, une époque. *La* *phraséologie administrative.* **2·** Ensemble des locutions et expressions figées (d'une langue). ▶ **phraser** v. tr. < conjug. 1 > Délimiter ou ponctuer par l'exécution (les périodes successives d'une partition musicale). *Le pianiste a bien phrasé ce passage.* ▶ **phrasé** n. m. Manière de phraser, en musique. ▶ **phraseur, euse** n. Faiseur de phrases, de vains discours. → **bavard.** – Adj. *Il est un peu phraseur.* ▷ **antiphrase, paraphrase, périphrase**

phréatique [fʀeatik] adj. *Nappe phréatique,* nappe d'eau souterraine qui alimente des sources, des puits.

phrygien, enne [fʀiʒjɛ̃, ɛn] adj. De Phrygie [province de l'Asie mineure antique (grecque)]. – Histoire. ***Bonnet phrygien :*** porté par les révolutionnaires de 1789 et par Marianne (personnification de la République française).

phtisie [ftizi] n. f. **1·** Vx. Tuberculose pulmonaire. **2·** ***Phtisie galopante :*** forme rapide, très grave, de la tuberculose ulcéreuse. ▶ **phtisique** adj. et n. Vx. Tuberculeux. ▶ **phtisiologue** n. Médecin spécialiste de la tuberculose pulmonaire.

phyll-, phyllo-, -phylle Éléments savants signifiant « feuille » (ex. : *chlorophylle*).

phylloxéra [filɔkseʀa] n. m. Puceron parasite des racines de la vigne. – Maladie de la vigne due à cet insecte.

phylogenèse [filɔʒənɛz] n. f. Didact. Histoire évolutive des espèces (opposé à *ontogenèse*).

physiatrie [fizjatʀi] n. f. Au Canada. Partie de la médecine qui traite des affections de l'appareil locomoteur. ▶ **physiatre** n.

physicien, ienne [fizisjɛ̃, jɛn] n. Savant qui s'occupe de physique. *Les physiciens et les chimistes. Une physicienne du noyau atomique.*

physicochimique [fizikoʃimik] adj. À la fois physique et chimique. *Les conditions physicochimiques de la vie, des phénomènes biologiques.*

physi(o)- Élément savant signifiant « nature ». (Voir les suivants et *physiatrie*)

physiologie [fizjɔlɔʒi] n. f. Science qui étudie les fonctions et les propriétés des organes et des tissus des êtres vivants ; ces fonctions. *Physiologie végétale, animale, humaine.* ▶ **physiologiste** n. Savant qui fait des recherches de physiologie. *Une physiologiste renommée.* ▶ **physiologique** adj. **1·** Relatif à la physiologie. **2·** (Opposé à *psychique*) *L'état physiologique du malade.* → **physique, somatique.** ▶ **physiologiquement** adv. D'une manière, d'un point de vue physiologique.

physionomie [fizjɔnɔmi] n. f. **1·** Ensemble des traits, aspect du visage (surtout d'après leur expression). → **face, faciès, physique.** *Sa physionomie s'anima. Jeux de physionomie,* mimique. **2·** Aspect particulier (d'une chose, d'un objet). → **apparence.** *La physionomie de ce pays a changé.* ▶ **physionomiste** adj. Qui est capable de reconnaître au premier coup d'œil une personne déjà rencontrée. *Vous ne le reconnaissez pas ? Vous n'êtes pas physionomiste.*

1 **physique** [fizik] adj. et n. m. **I·** Adj. **1·** Qui se rapporte à la nature. → **matériel.** *Le monde physique.* / contr. abstrait, mental / *Géographie physique et humaine.* **2·** Qui concerne le corps humain. *Je suis fatigué, c'est purement physique.* / contr. moral, psychique, psychologique / *Culture physique. Éducation physique (et sportive),* gymnastique, sport. – *État physique,* de santé. *Troubles physiques.* → **organique, physiologique.** *Souffrance physique.* – *Dégoût, horreur physique,* que la volonté ne contrôle pas. Fam. *C'est physique,* je ne peux m'empêcher d'éprouver ce sentiment. **3·** Charnel, sexuel. *Amour physique.* **4·** Qui se rapporte à la nature, à l'exclusion des êtres vivants. *Les sciences physiques,* la physique et la chimie. **5·** Qui concerne la physique 2. *Propriétés physiques et chimiques d'un corps.* → **physicochimique.** **II·** N. m. **1·** Ce qui est physique dans l'être humain. – ***Au physique :*** en ce qui concerne le physique, le corps. *Il est brutal, au physique comme au moral.* **2·** Aspect général (de qqn). → **physionomie.** *Il, elle a un physique agréable.* – Loc. *Avoir* ***le physique de l'emploi :*** un physique adapté à la situation, à la fonction. ▶ **physiquement** adv. **1·** D'une manière physique, d'un point de vue physique. *Une souffrance physiquement supportable.* **2·** En ce qui concerne l'aspect physique d'une personne. *Il est plutôt bien physiquement.* / contr. moralement / ▷ **métaphysique**

2 **physique** n. f. **1·** Science qui étudie les propriétés générales de la matière et établit des lois qui rendent compte des phénomènes matériels (distinguée de *la physiologie,* des *sciences naturelles*). *Physique expérimentale. Physique atomique, nucléaire,* microphysique, science qui étudie la constitution intime de la matière, l'atome, le noyau. *Domaines de la physique,* acoustique, électricité, électronique, magnétisme, mécanique, optique, thermodynamique, etc. **2·** Étude physique d'un problème. *Physique du globe* (géophysique), *des astres* (astrophysique), *de la vie* (biophysique). ▷ **astrophysique, biophysique, microphysique, physicien, physicochimique**

-phyte, phyt(o)- Éléments savants signifiant « plante » (ex. : *phytoplancton* n. m. « plancton végétal »). ▶ **phytohormone** ou **phythormone** [fitɔʀmon ; fitɔʀmon] n. f. Didact. Hormone végétale. ▶ **phytosanitaire** adj. Didact. Relatif aux soins à donner aux végétaux. ▶ **phytothérapie** [fitoteʀapi] n. f. Traitement préventif ou curatif basé sur l'emploi des plantes. *La phytothérapie chinoise* (médecine traditionnelle). ▶ **phytothérapeute** n. ▷ **saprophyte, thallophyte**

pi [pi] n. m. Symbole (π) qui représente le rapport de la circonférence d'un cercle à son diamètre (nombre irrationnel [3,1415926...]). ≠ pie, pis.

piaf [pjaf] n. m. Fam. Moineau ; petit oiseau.

piaffer [pjafe] v. intr. < conjug. 1 > **1·** Se dit d'un cheval qui, sans avancer, frappe la terre des pieds de devant. ≠ ruer. **2·** (Personnes) Frapper du pied, piétiner. *Piaffer d'impatience.* → **trépigner.** ▶ **piaffant, ante** adj. *Ils sont piaffants d'impatience.* ▶ **piaffement** n. m. Mouvement, bruit du cheval qui piaffe.

piailler [pjɑje] v. intr. < conjug. 1 > **1·** Fam. (Oiseaux) Pousser de petits cris aigus. → **piauler. 2·** (Personnes) Fam. *Enfant, marmot qui piaille.* → **crier, pleurer.** ▶ **piaillement** n. m. **1·** Action, fait de piailler. **2·** Cri poussé en piaillant. *Les piaillements d'une bande d'enfants.* ▶ **piailleur, euse** n. et adj. Fam. *Quel piailleur !* – Adj. *Des mioches piailleurs.*

pian [pjɑ̃] n. m. Grave maladie tropicale, contagieuse et endémique (ulcérations de la peau, lésions osseuses aux jambes et aux pieds). *Le pian frappe de nombreux enfants d'Afrique noire.*

1 **piano** [pjano] n. m. Instrument de musique à clavier, dont les cordes sont frappées par des marteaux (et non pincées comme au clavecin*). *Des pianos. Les touches, les pédales d'un piano.* – *Piano droit,* à table d'harmonie verticale. *Piano à queue,* à table d'harmonie horizontale. – *Ce vieux piano est désaccordé.* → fam. **casserole.** *Accorder un piano. Jouer du piano.* – ***Piano mécanique*** : dont les marteaux sont actionnés par un mécanisme (bande perforée, etc.). – *Piano à bretelles.* → **accordéon.** *Piano électrique, électronique.* → **synthétiseur.** ▶ **pianiste** n. Personne dont la profession est de jouer du piano ; personne qui joue du piano avec talent. *Un, une pianiste. Elle est très bonne pianiste.* ▶ **pianoforte** [pjanofɔʀte] n. m. Ancien piano, utilisé au début du XIXe siècle, employé aujourd'hui pour la musique de cette époque. ▶ **pianoter** v. intr. < conjug. 1 > **1·** Jouer du piano maladroitement, sans talent. **2·** Tapoter (sur qqch.) avec les doigts. *Pianoter sur une table.* ▶ **pianotage** n. m. Action de pianoter (1, 2).

2 **piano** adv. et n. m. **1·** En musique. Doucement, faiblement. / contr. forte / *Il faut jouer ce passage piano.* – N. m. Passage joué piano. *Des pianos.* **2·** Fam. → **doucement.** *Vas-y piano !* ▶ **pianissimo** adv. et n. m. En musique. Très doucement. / contr. fortissimo / – N. m. *Des pianissimos.*

piastre [pjastʀ] n. f. **1·** Aux XVIIe et XVIIIe s. Monnaie d'or. **2·** Aujourd'hui. Centième partie de la livre (Égypte, Liban, Soudan, Syrie). **3·** Au Canada français. Fam. Dollar (canadien) (souvent écrit et prononcé *piasse* [pjas] n. f.).

piaule [pjol] n. f. Fam. Chambre, logement. *Rentrer dans sa piaule.*

piauler [pjole] v. intr. < conjug. 1 > **1·** (Petits oiseaux) Crier. → **piailler. 2·** Fam. *Les enfants piaulaient et pleurnichaient.* → **piailler.** ▶ **piaulement** n. m. Piaillement.

P. I. B. ou **PIB** [peibe ; pib] n. m. invar. Produit intérieur brut (d'un pays). → **produit.**

1 **pic** [pik] n. m. Pivert.

2 **pic** n. m. Outil de mineur, pioche à fer(s) pointu(s).

3 **pic** n. m. **1·** Montagne dont le sommet dessine une pointe aiguë ; cette cime. *L'ascension d'un pic. Des pics enneigés.* **2·** Maximum atteint par un phénomène. *Des pics de pollution sont à craindre.* ▶ **à pic** [apik] loc. adv. **1·** Verticalement. *Rochers qui s'élèvent à pic au-dessus de la mer* (→ **à-pic,** n. m.). – Adj. *Montagne à pic.* → **escarpé.** – *Un bateau qui coule à pic,* droit au fond de l'eau. **2·** Loc. fam. À point nommé, à propos. *Vous arrivez à pic. Ça tombe à pic.* ▷ **à-pic**

picador [pikadɔʀ] n. m. Cavalier qui, dans les corridas, fatigue le taureau avec une pique. *Des picadors.*

picaresque [pikaʀɛsk] adj. *Roman picaresque,* qui met en scène des « picaros » ou aventuriers espagnols.

piccolo ou **picolo** [pikɔlo] n. m. Petite flûte en ré. *Des piccolos.*

pichenette [piʃnɛt] n. f. Chiquenaude*, petit coup donné avec un doigt.

pichet [piʃɛ] n. m. Petite cruche à bec ; son contenu. *Boire un pichet de vin.*

pickles [pikœls] n. m. pl. Petits légumes macérés dans du vinaigre aromatisé, servis comme condiment. *Un bocal de pickles.*

pickpocket [pikpɔkɛt] n. m. Voleur à la tire. *Méfiez-vous des pickpockets.*

pick-up [pikœp] n. m. invar. **1·** Anglic. Vieilli Tourne-disque ; électrophone. **2·** Camionnette à plateau découvert. *Une file de pick-up.*

picoler [pikɔle] v. intr. < conjug. 1 > Fam. Boire du vin, de l'alcool avec excès. *Il s'est mis à picoler.* ▶ **picoleur, euse** n. Fam. Buveur, buveuse.

picolo → **piccolo.**

picorer [pikɔʀe] v. < conjug. 1 > **1·** V. intr. (Oiseaux) Chercher sa nourriture avec le bec. *Les poules qui picorent sur le fumier.* **2·** V. intr. (Personnes) Manger très peu, sans appétit. → **pignocher.** **3·** V. tr. Piquer, prendre de-ci, de-là avec le bec. → **becqueter.** *Des poussins qui picorent des miettes de pain.*

picot [piko] n. m. Technique. Pièce mécanique en relief destinée à transmettre un mouvement en s'emboîtant dans une perforation. *Roue à picots.*

picoter [pikɔte] v. tr. < conjug. 1 > **1·** Piquer légèrement et à petits coups répétés. – (Oiseaux) → **becqueter, picorer.** **2·** Irriter comme par de légères piqûres répétées. *La fumée picote les yeux.* ▶ **picotement** n. m. Sensation de légères piqûres répétées. *Éprouver des picotements dans la gorge.*

picotin [pikɔtɛ̃] n. m. Ration d'avoine donnée à un cheval.

picrate [pikʀat] n. m. Fam. Vin rouge de mauvaise qualité. *Un verre de picrate.*

picrique [pikʀik] adj. *Acide picrique :* dérivé nitré du phénol, solide cristallisé jaune, toxique.

picrocholin, ine [pikʀɔkɔlɛ̃, in] adj. Littér. *Guerre picrocholine,* qui oppose Picrochole à Grangousier (dans « Gargantua » de Rabelais) pour un échange de fouaces contre des raisins ; (guerre) menée pour des motifs dérisoires, futiles. – *Conflit picrocholin.*

pict(o)- Élément qui signifie « peindre, colorer ». ▶ **pictogramme** [piktɔgʀam] n. m. Signe, dessin représentant un être, un objet. ≠ idéogramme. ▶ **pictographique** adj. *Écriture pictographique,* utilisant des pictogrammes. ▷ **pictural, pigment**

pictural, ale, aux [piktyʀal, o] adj. Qui a rapport ou appartient à la peinture. *Techniques picturales.*

1 **pie** [pi] n. f. **1·** Passereau au plumage noir et blanc, à longue queue. *La pie jacasse, jase.* **2·** Personne bavarde. *Ta voisine, quelle pie !* ▶ 2 **pie** adj. invar. *Cheval, jument pie,* à robe noire et blanche (comme la pie) ou fauve et blanche. *Des chevaux pie.* ▷ **pie-grièche**

3 **pie** adj. f. Loc. *Œuvre pie.* → **pieux.** ≠ pi, pis. ▷ **expier, impie, pietà, piété, pieux**

1 **pièce** [pjɛs] n. f. **I· 1·** (Seulement dans quelques emplois) Chaque objet, chaque élément ou unité (d'un ensemble). *Marchandises vendues au poids ou à la pièce. Travail **aux pièces** :* rémunéré selon le nombre de pièces exécutées par l'ouvrier. Fam. *On n'est pas aux pièces,* nous avons tout notre temps. – *Les pièces d'une collection.* Loc. *C'est une pièce de musée,* un objet de grande valeur. – *Un costume trois-pièces* (veston, pantalon, gilet). *Un maillot de bains deux-pièces.* → **bikini, deux-pièces.** **2·** Quantité déterminée (d'une substance formant un tout). *Une pièce de soie.* **3·** Loc. *Une pièce de bétail.* → **tête.** **II·** (Emplois spéciaux) **1·** ***Pièce de terre*** : espace de terre cultivable. → **champ.** – ***Pièce d'eau*** : grand bassin ou petit étang. **2·** ***Pièce de vin.*** → **barrique, tonneau.** **3·** ***Pièce montée*** : grand ouvrage de pâtisserie et de confiserie, aux formes architecturales. **4·** ***Pièce (d'artillerie).*** → **canon.** **III·** Écrit servant à établir un droit, à faire la preuve d'un fait. → **acte, document.** *Pièces d'identité.* → **papier(s).** – ***Pièce à conviction*** : tout écrit ou objet permettant d'établir une preuve. – Loc. *Juger, décider sur pièces, avec pièces à l'appui.* **IV· 1·** Chacun des éléments (dont l'agencement, l'assemblage forme un tout organisé). *Les pièces d'une machine. Pièces de rechange.* – *Pièces détachées.* → **kit.** **2·** Élément destiné à réparer une déchirure, une coupure. *Mettre une pièce à un vêtement.* → **rapiécer.** **3·** Loc. *Être fait d'une seule pièce,* ***tout d'une pièce*** : d'un seul tenant. (Personnes) *Être tout d'une pièce,* franc et direct, ou sans souplesse. → **entier.** – *Fait de pièces et de morceaux,* se dit de tout ce qui manque d'unité, d'homogénéité. → de **bric** et de broc, **disparate.** – *Créer, forger, inventer **de toutes pièces*** : entièrement, sans rien emprunter à la réalité. **V·** Loc. Littér. ***Faire pièce à qqn*** : lui faire échec, s'opposer à lui. ▶ 2 **pièce** n. f. Architecture. Chaque unité d'habitation, délimitée par ses murs, ses cloisons (sont exclus les couloirs, les W.-C., la salle de bains et la cuisine). *Un appartement de quatre pièces, avec une chambre, une salle à manger, un salon et un bureau.* – Ellipt. *Un deux-pièces cuisine.* → **F.** ▶ 3 **pièce** n. f. *Pièce (de monnaie),* petit disque de métal revêtu d'une empreinte distinctive et servant de valeur d'échange. *Des pièces d'or. Une pièce de cinq francs, de deux euros.* – Fam. *Donner la pièce à qqn,* lui donner un pourboire. ▶ **piécette** n. f. Petite pièce de monnaie. → **ferraille, mitraille.** ▶ 4 **pièce** n. f. **1·** Ouvrage littéraire ou musical. *Une pièce de vers.* – *Une pièce instrumentale.* **2·** ***Pièce (de théâtre)*** : ouvrage dramatique. *Pièce en cinq actes. Cette jeune troupe monte une pièce de Molière.* ▶ **en pièces** loc. adv.

En morceaux. *Mettre en pièces,* casser, déchirer. *Tailler en pièces l'ennemi,* le détruire. ▷ **deux-pièces, empiècement, emporte-pièce, rapiécer**

①**pied** [pje] n. m. **I· 1·** Partie inférieure articulée à l'extrémité de la jambe humaine, pouvant reposer à plat sur le sol et permettant la station verticale et la marche. → **cou-de-pied, plante, talon.** *Doigts de pied.* → **orteil.** *Pied plat* (malformation). *Se fouler le pied.* → **entorse.** Loc. *Être pieds nus, nu-pieds. Passer une rivière à pied sec,* sans se mouiller les pieds. ***De pied en cap*** *(des pieds à la tête).* Mettre pied à terre. – *Avoir un pied dans la tombe,* être très vieux ou moribond. – ***Coup de pied*** : coup donné avec le pied. *Recevoir un coup de pied.* ≠ cou-de-pied. – Loc. fam. *Tu es bête comme tes pieds,* très bête. *J'ai joué comme un pied,* très mal. – *Marcher sur les pieds de qqn,* lui manquer d'égards, chercher à l'évincer. – *Casser les pieds (de, à qqn).* → **casse-pieds.** – *Ça te fera les pieds,* ce sera pour toi une bonne leçon. – *Mettre les pieds dans le plat,* aborder une question délicate avec une franchise brutale. – *Je n'y ai jamais mis les pieds,* je n'y suis jamais allé. – *Il s'est levé du pied gauche,* il est de mauvaise humeur. – *Pieds et poings liés,* réduit à l'impuissance, à l'inaction totale. – *Faire des pieds et des mains pour* (+ infinitif), ne rien épargner, se démener pour. – *Attendre qqn de pied ferme,* avec détermination. – *Au pied levé,* sans préparation. – → aussi ②**pied. 2·** Loc. (Avec *sur, à, en*) *Sur ses pieds, sur un pied.* → **debout.** – *Retomber sur ses pieds,* se tirer à son avantage d'une situation difficile. – ***Sur pied.*** *Dès cinq heures, il est sur pied,* debout, levé. – *Mettre sur pied une entreprise,* la créer. → **organiser.** – ***À pied*** : en marchant. *Allons-y à pied. Course à pied* (opposé à *course cycliste, automobile...*). – *Il a été mis à pied,* suspendu dans ses fonctions (→ **mise** à pied). – ***À pieds joints*** : en gardant les pieds rapprochés (pour sauter). – ***En pied*** : représenté debout, des pieds à la tête. *Un portrait en pied.* – ***Aux pieds de qqn*** : devant lui (en étant baissé, prosterné). *Se jeter, tomber aux pieds de qqn,* pour le supplier. **3·** Loc. Sans article. *Avoir pied,* pouvoir, en touchant du pied le fond, avoir la tête hors de l'eau. *Perdre pied,* ne plus avoir pied ; abstrait, se troubler, être emporté par qqch. qu'on ne contrôle plus. – *Lâcher pied,* céder, reculer. **4·** *Avoir bon pied, bon œil,* être encore solide, agile, et avoir bonne vue. – *Pied à pied,* pas à pas. **5·** Emplacement des pieds. *Le pied et la tête d'un lit.* **6·** (Chez l'animal) Extrémité inférieure de la jambe (des chevaux), de la patte (des mammifères et oiseaux). → suff. **-pède, -pode.** – *Pieds de veau, de mouton, de porc* (vendus en boucherie). → **pied de grue. II· 1·** Partie par laquelle un objet touche le sol. → **bas, base.** *Caler le pied d'une échelle. Le pied d'un mur. La maison est au pied de la colline.* – En typographie. *Le pied d'une lettre* (opposé à *l'œil*), sa base. – Loc. *Être au pied du mur,* dans l'obligation d'agir. *Être à pied d'œuvre,* en situation d'agir, devant un travail. – (Végétaux) *Fruits vendus sur pied,* avant la récolte. **2·** Chaque individu, chaque plant (de certains végétaux cultivés). *Pied de vigne.* → **cep.** *Des pieds de salade.* **3·** Partie d'un objet servant de support. *Un verre à pied. Pied de table.* **III·** Fig. *Prendre son pied.* → ②**pied.** ▶ **pied-à-terre** [pjetatɛʀ] n. m. invar. Logement qu'on occupe en passant, occasionnellement. *Il a plusieurs pied-à-terre en province.* → **garçonnière.** ▶ **pied bot** → **bot.** ▶ **pied-de-biche** [pjedbiʃ] n. m. Levier à tête fendue. → **pince-monseigneur.** – En couture. Pièce d'une machine qui maintient l'étoffe et entre les branches de laquelle passe l'aiguille. *Des pieds-de-biche.* ▶ **pied-de-poule** [pjedpul] n. m. Tissu à chaîne et trame croisées formant une sorte de damier. *Des pieds-de-poule.* – Adj. invar. *Des manteaux pied-de-poule.* ▶ **pied-noir** [pjenwaʀ] n. et adj. Fam. Français d'Algérie. *Les pieds-noirs rapatriés en 1962.* – *L'humour pied-noir.* ▶ **pied-plat** [pjepla] n. m. Vx. Personne grossière, inculte ou servile. *Des pieds-plats.* ▷ d'**arrache-pied, cale-pied, casse-pieds, chausse-pied,** à **cloche-pied, contre-pied, cou-de-pied, couvre-pieds, croche-pied, marchepied, nu-pieds, piédestal, piétaille, piétiner, piéton,** de **plain-pied, va-nu-pieds, trépied**

②**pied** n. m. **I· 1·** Ancienne unité de mesure de longueur (0,324 m). → **lieue, pouce, toise.** – Loc. fig. *Il aurait voulu être (à) cent pieds sous terre,* il avait envie de se cacher (par honte). Vieilli. *Il tirait un nez d'un pied de long,* il était déçu et honteux (→ **pied de nez**). **2·** Mesure de longueur anglo-saxonne (0,3048 m) ; unité internationale d'altitude en aéronautique. *L'avion vole à 10 000 pieds.* → **mile,** ②**mille,** ③**nœud. II·** Dans des loc. abstraites. Base de mesure. **1·** *Au pied de la lettre.* → **lettre.** – ***Prendre son pied*** (sa part de butin) : jouir. *Quel pied !,* quel plaisir ! *C'est le pied.* **2·** ***Sur*** *(le, un)* ***pied.*** *Être traité, reçu sur le pied de...,* comme..., au rang de... *Sur un pied d'égalité,* comme égal. *Mettre sur le même pied,* sur le même plan. – *Armée sur le pied de guerre,* équipée et préparée pour la guerre. – *Vivre sur un grand pied,* dans le luxe. **3·** ***Au petit pied*** : en réduction, en imitation faible. **III·** ***Pied à coulisse*** : instrument pour mesurer les épaisseurs et les diamètres. ▶ **pied de nez** [pjedne] n. m. Geste de dérision qui consiste à étendre la main, doigts écartés, en posant le pouce sur son nez (le nez a un pied de long). *Des pieds de nez.*

③ **pied** n. m. Poésie. Unité rythmique constituée par un groupement de syllabes d'une valeur déterminée (quantité, accentuation). *Les pieds d'un vers latin.*

piédestal, aux [pjedεstal, o] n. m. **1·** Support isolé, assez élevé (d'une colonne, d'un objet d'art). → **socle. 2·** Loc. fig. *Mettre qqn sur un piédestal,* lui vouer une grande admiration. *Tomber de son piédestal,* perdre tout son prestige.

piège [pjεʒ] n. m. **1·** Fosse → **trappe,** dispositif, engin destiné à prendre les animaux terrestres ou les oiseaux. *Dresser, tendre un piège. Un renard pris au piège.* **2·** Artifice pour mettre qqn dans une situation périlleuse ou désavantageuse ; danger caché où l'on risque de tomber par ignorance ou par imprudence. → **feinte, ruse, traquenard.** *On lui a tendu un piège. Il a été pris au piège. Il est tombé dans le piège.* – En appos. *Des questions pièges.* ▶ **piéger** v. tr. <conjug. 3 et 6> **1·** Chasser, prendre (un animal) au moyen de pièges. **2·** Fam. *Piéger qqn,* le faire tomber dans un piège. *Ils se sont fait piéger.* – Au p. p. adj. *Voiture piégée,* où une bombe a été placée. – *La situation est piégée,* elle comporte un, des piège(s).

pie-grièche [pigʀijεʃ] n. f. **1·** Passereau carnassier, au plumage barré de noir. **2·** Personne acariâtre. *Quelles pies-grièches !*

piercing [piʀsiŋ ; pεʀsiŋ] n. m. Anglic. Fait de percer une partie mince du corps (aile du nez...) pour y placer un ornement ; cet ornement.

pierre [pjεʀ] n. f. **I· 1·** Toute matière minérale solide, dure, qui forme l'écorce terrestre. → **lith(o)-.** *Une collection de pierres. Un bloc de pierre.* → **rocher.** *Pierre de taille,* apte à être taillée. *Escalier, cheminée de pierre, en pierre.* – Loc. *Un cœur de pierre,* dur et impitoyable. – *L'âge de pierre,* la préhistoire. → **néolithique, paléolithique. 2·** *Une pierre,* bloc ou fragment rocheux. → **roc, rocher ; caillou, galet.** *Un tas de pierres. Casseur de pierres. Jeter des pierres à, sur qqn.* → **lapider.** – Loc. *Malheureux comme les pierres,* très malheureux et seul. *Faire d'une pierre deux coups,* obtenir deux résultats par la même action. *Jeter la pierre à qqn,* l'accuser, le blâmer. *C'est un jour à marquer d'une pierre blanche :* un jour important dont il faut se souvenir. **3·** Fragment de pierre servant à un usage particulier. *Une pierre à aiguiser. Pierre ponce.* → **ponce.** – *Pierre de touche :* fragment de céramique utilisé pour évaluer la teneur en or d'un alliage de ce métal (autrefois, du jaspe noir) ; fig. ce qui sert à mesurer la valeur d'une personne ou d'une chose. – *Pierre,* bloc de roche pour la construction. *Une carrière de pierres. Tailleur de pierres. Une maison en pierre de taille. Muret de pierres sèches,* non liées par un mortier. **4·** Bloc constituant un monument. → **mégalithe, monolithe.** *Pierres levées.* → **menhir ; dolmen.** *Inscription gravée sur une pierre tombale.* → **épitaphe. II·** *Pierre (précieuse) :* cristal limpide et rare, dont la pureté fait la valeur, employé en joaillerie. *Pierre brute.* → **gangue.** *Pierre taillée.* → **gemme, pierreries ; diamant, émeraude, rubis, saphir.** *Pierres fines, semi-précieuses* (ex. : *améthyste, opale, topaze, turquoise,* etc.) : employées en bijouterie. **III·** Vieilli. Concrétion qui se forme dans les reins, la vessie ou la vésicule biliaire. *Maladie de la pierre.* → **colique** (1). ▶ **pierraille** n. f. Collectif. **1·** Petites pierres ; éclats de pierre. → **gravier. 2·** Étendue de pierres. → **caillasse.** ▶ **pierreries** n. f. pl. Pierres précieuses taillées, employées comme ornement. → **joyau.** *Une couronne sertie de pierreries.* ▶ **pierreux, euse** adj. **1·** Couvert de pierres. → **rocailleux.** *Chemin pierreux. Le lit pierreux d'un torrent.* → **caillouteux. 2·** Qui ressemble à de la pierre. *Concrétion pierreuse.* → **pétrifier** (1). ▷ **empierrer, lance-pierres**

pierrot [pjεʀo] n. m. **1·** Moineau. → fam. **piaf. 2·** Homme travesti en Pierrot, personnage de pantomime, vêtu de blanc et le visage enfariné. *Des pierrots.*

pietà [pjeta] n. f. invar. Statue ou tableau représentant la Vierge tenant sur ses genoux le corps du Christ mort. *Des pietà.*

piétaille [pjetɑj] n. f. Collectif (ceux qui vont à *pied*). Plaisant. L'infanterie ; les subalternes.

piété [pjete] n. f. **1·** Attachement fervent aux devoirs et aux pratiques de la religion. → **dévotion, ferveur.** / contr. bigoterie, impiété, tiédeur / *Des livres, des actes de piété.* → **pieux ;** ③ **pie. 2·** Littér. *Piété filiale,* attachement, fait de tendresse et de respect, des enfants pour leurs parents. → **affection, amour.**

piétiner [pjetine] v. <conjug. 1> **I·** V. intr. **1·** S'agiter sur place en frappant les pieds contre le sol. *Un enfant qui piétine de colère.* → **trépigner.** – Remuer les pieds sans avancer ou en avançant péniblement. *La foule piétinait sur les trottoirs.* **2·** Abstrait. Avancer peu ; ne faire aucun progrès. *Il a l'impression de piétiner, de perdre son temps. L'enquête piétine.* **3·** (Foule, troupeau) Marcher ou courir en martelant le sol avec un bruit sourd. **II·** V. tr. **1·** Fouler, écraser (qqch.) en piétinant. *Il jeta la lettre et la piétina. Ils piétinent l'herbe.* **2·** Ne pas respecter, malmener. *Dans son article, il piétine les traditions.* ▶ **piétinement** n. m. **1·** Action de piétiner (1). **2·** Absence de progrès, stagnation. **3·** Bruit d'une multitude qui piétine.

piéton, onne [pjetɔ̃, ɔn] n. et adj. **1·** N. m. Personne (homme ou femme) qui circule à pied* dans une ville (opposé à *automobiliste, cycliste...*). *Les piétons marchent sur les trottoirs.* **2·** Adj. Pour les piétons. *Une rue piétonne.* → **piétonnier.** ▶ **piétonnier, ière** adj. (Passage, voie...) Réservé aux piétons. *Des rues piétonnières.*

piètre [pjɛtʀ] adj. Littér. (Toujours devant le nom) Très médiocre. → **dérisoire, minable.** *C'est un piètre réconfort. Il ferait piètre figure.* ▶ **piètrement** adv. *Nous avons été piètrement récompensés.*

1 **pieu** [pjø] n. m. Pièce de bois droite et rigide, dont l'un des bouts est pointu et destiné à être enfoncé en terre. → **épieu, piquet.** *Les pieux d'une clôture.* → **pal.**

2 **pieu** n. m. Fam. Lit. *Au pieu ! il est temps de dormir.* ▶ **se pieuter** v. pron. < conjug. 1 > Fam. Se mettre au lit.

pieuvre [pjœvʀ] n. f. **1·** Poulpe (notamment de grande taille). *Les bras, les tentacules d'une pieuvre. La pieuvre projette des nuages d'encre pour se défendre.* **2·** Personne insatiable qui ne lâche jamais sa proie. → **hydre.**

pieux, pieuse [pjø, pjøz] adj. **1·** Qui est animé ou inspiré par des sentiments de piété. → **dévot.** *C'est une femme très pieuse.* / contr. impie / **2·** Littér. Plein d'une respectueuse affection. *Des soins pieux.* ▶ **pieusement** adv. **1·** Avec piété. **2·** Avec un pieux respect. *Elle conserve pieusement des souvenirs de sa mère.*

piézoélectricité [pjezoelɛktʀisite] n. f. Production de phénomènes électriques dans certains cristaux soumis à des efforts mécaniques. ▶ **piézoélectrique** adj. *Le quartz est un cristal piézoélectrique.*

1 **pif** [pif] interj. Onomatopée (presque toujours redoublée ou suivie de *paf*) exprimant un bruit sec.

2 **pif** n. m. Fam. Nez. ▶ **pifer** ou **piffer** v. tr. REM. Seulement à l'infinitif négatif. Fam. Supporter → **sentir.** *Je ne peux pas le pifer, le piffer, ce type-là.* ▶ **au pifomètre** loc. adv. Fam. Par le simple flair (sans calcul). *J'ai choisi au pifomètre.* ▷ **s'empiffrer**

1 **pige** [piʒ] n. f. **1·** Ancien procédé de mesure des distances ; baguette servant à comparer de courtes distances. **2·** Fam. Année. *Il a bien quarante-cinq piges.* → fam. **balai, berge.**

2 **pige** n. f. Mode de rémunération d'une personne rétribuée à la quantité de texte rédigé. *Une journaliste payée à la pige.* ▷ **pigiste**

3 **pige** n. f. *Faire la pige à qqn* : faire mieux que lui, le dépasser, le surpasser. *Pour le travail, il leur faisait la pige à tous.* ▷ **piger**

1 **pigeon** [piʒɔ̃] n. m. Oiseau au bec grêle, aux ailes courtes, au plumage blanc → **colombe,** gris ou brun ; le mâle adulte (opposé à *pigeonne, pigeonneau*). *Des pigeons roucoulaient. Paris est envahi de pigeons. Pigeon ramier.* → **palombe.** – *Pigeon voyageur* : élevé pour porter des messages entre deux lieux éloignés. ▶ **pigeonnant, ante** adj. Se dit d'une poitrine féminine haute et généreuse, projetée en avant, et du soutien-gorge qui donne cet aspect aux seins. *Des seins pigeonnants.* ▶ **pigeonne** n. f. Femelle du pigeon. ▶ **pigeonneau** n. m. Jeune pigeon. *Des pigeonneaux rôtis.* ▶ **pigeonnier** n. m. **1·** Petit bâtiment où l'on élève des pigeons. → **colombier. 2·** Plaisant. Petit logement situé aux étages supérieurs. ▷ **gorge-de-pigeon,** 2 **pigeon**

2 **pigeon** n. m. Fam. Personne qu'on attire dans une affaire pour la dépouiller. → **dupe.** *Il, elle a été le pigeon dans l'affaire.* ▶ **pigeonner** v. tr. < conjug. 1 > Fam. Duper, rouler. *Elle s'est fait pigeonner.*

piger [piʒe] v. tr. < conjug. 3 > Fam. Saisir, comprendre. *Je n'ai rien pigé à ce livre.* Sans compl. *Tu as pigé ? Pigé !*

pigiste [piʒist] n. et adj. Personne payée à la pige. *Traducteur pigiste.*

pigment [pigmɑ̃] n. m. **1·** Substance chimique donnant aux tissus et liquides organiques leur coloration (ex. : *chlorophylle, hémoglobine*). **2·** Substance colorante insoluble qui ne pénètre pas dans les matières sur lesquelles on l'applique (au contraire des teintures). *Peinture composée d'un diluant, d'une charge et de pigments.* ▶ **pigmentation** n. f. *La pigmentation de la peau,* sa couleur naturelle. ▶ **pigmenté, ée** adj. *Peau foncée, fortement pigmentée.* → **coloré.**

pignocher [piɲɔʃe] v. intr. < conjug. 1 > Fam. Manger sans appétit, du bout des dents. *Elle pignoche dans les plats.* → **grignoter, picorer.**

1 **pignon** [piɲɔ̃] n. m. Partie haute et triangulaire d'un mur, entre les deux versants d'un toit (en façade ou sur le côté). → **fronton.** *Des maisons flamandes à pignons.* – Loc. *Avoir **pignon sur rue*** : être honorablement connu et solvable (parce qu'on est propriétaire).

2 **pignon** n. m. Roue dentée (d'un engrenage). *Les pignons de la boîte de vitesse.*

3 **pignon** n. m. **1·** Graine comestible de la pomme de pin. (On dit aussi *pigne,* n. f.) **2·** En appos. *Pin pignon,* pin parasol.

pignouf [piɲuf] n. m. Fam., péj. Individu mal élevé, grossier. → **goujat, rustre.**

pilaf [pilaf] n. m. Riz au gras, servi fortement épicé, avec des morceaux de mouton, de volaille, de poisson, etc. – En appos. *Riz pilaf.*

pilastre [pilastʀ] n. m. Pilier engagé dans un mur, un support, colonne plate formant une légère saillie. *Cheminée à pilastres.*

1 **pile** [pil] n. f. **1·** Pilier de maçonnerie soutenant les arches (d'un pont). *Les piles du pont.* **2·** Tas plus haut que large (d'objets mis les uns sur les autres). *Une pile d'assiettes, de bois, de livres, de torchons. Mettre en pile,* empiler. ▷ **empiler, pilastre, pilier, pilotis**

2 **pile** n. f. **1·** Appareil transformant de l'énergie chimique en énergie électrique. ≠ accumulateur, batterie. → **photopile.** *La pile d'une lampe de poche. Piles solaires. Piles rechargeables.* → **batterie. 2·** Vx. *Pile atomique,* réacteur nucléaire. ▷ **photopile**

3 **pile** n. f. Fam. Volée de coups. → **rossée.** *Il lui a fichu une pile.* – Défaite écrasante. *Son équipe a reçu une de ces piles !* (On trouve aussi *pilée.*)

4 **pile** n. f. *Pile ou face :* revers ou face (d'une monnaie qu'on jette en l'air) pour remettre une décision au hasard. *Pile,* le coup où la pièce tombe en montrant son revers. *Tirer, choisir, jouer à pile ou face.* – En appos. *Le côté pile.*

5 **pile** adv. *Il s'est arrêté pile,* net, brusquement. *Ça tombe pile,* juste comme il faut. → **à pic.** *On est arrivé pile pour le train de onze heures,* juste. ▶ 1 **piler** v. intr. < conjug. 1 > S'arrêter pile. *Il a pilé sur place.*

2 **piler** v. tr. < conjug. 1 > **1·** Réduire en menus fragments, en poudre, en pâte, par des coups répétés. → **broyer, écraser ; pilon.** *Elle pilait du maïs, de l'ail.* – Fig. *Je le pilerais ! J'ai envie de le piler tellement il m'exaspère.* **2·** Fam. Flanquer une pile à (qqn). → **battre.** *Notre équipe s'est fait piler,* écraser. ▶ **pilage** n. m. *Le pilage du mil.* ▷ 3 **pile, pilon**

pileux, euse [pilø, øz] adj. Qui a rapport aux poils. *Le système pileux,* l'ensemble des poils et des cheveux. ▷ **épiler, pilosité**

pilier [pilje] n. m. **1·** Élément de maçonnerie, support vertical isolé dans une construction. → **colonne, pilastre.** *Les tambours de pierre d'un pilier. Les piliers d'un temple.* – Poteau servant de support. *Piliers de fer.* **2·** Personne ou chose qui assure la solidité, la stabilité. *Les piliers du régime.* **3·** Péj. ou plaisant. Habitué qui fréquente assidûment un lieu. *Un pilier de bar.* **4·** Au rugby. Dans la mêlée. Chacun des deux avants de première ligne.

piller [pije] v. tr. < conjug. 1 > **1·** Dépouiller (une ville, un local) des biens qu'on trouve, d'une façon violente et destructive. → **dévaster, ravager, saccager.** *Ils prirent, pillèrent et rasèrent la ville.* – Au p. p. adj. *Des magasins pillés au cours d'une émeute.* **2·** Voler (un bien) dans un pillage. *Des objets pillés dans une église.* **3·** Emprunter à un auteur qu'on plagie. *Les passages qu'il a pillés dans des travaux japonais pas encore traduits.* ▶ **pillage** n. m. → **razzia, sac.** *Une ville livrée au pillage.* ▶ **pillard, arde** n. et adj. **1·** N. Personne qui pille (1). → **brigand, maraudeur, pirate, voleur.** *Une bande de pillards affamés.* **2·** Adj. Qui pille, a l'habitude de piller. *Des soldats pillards.* ▶ **pilleur, euse** n. Personne qui pille (2, 3). *Un pilleur d'églises.*

pilon [pilɔ̃] n. m. **1·** Instrument cylindrique de bois, de pierre ou de métal arrondi sur une face, servant à piler (généralement dans un mortier). *Broyer de l'ail avec un pilon.* → 2 **piler.** – *Marteau-pilon.* – Loc. *Mettre un livre au pilon,* en détruire l'édition. **2·** Extrémité d'une jambe de bois. **3·** Partie inférieure d'une cuisse (de poulet). ▶ **pilonner** v. tr. < conjug. 1 > **1·** Écraser avec un pilon (1). **2·** Écraser sous les obus, les bombes. *L'artillerie pilonnait les lignes ennemies.* ▶ **pilonnage** n. m. *Le pilonnage d'une ville par l'aviation.*

pilori [pilɔʀi] n. m. **1·** Poteau auquel on attachait le condamné à l'exposition publique. → **carcan.** – *Le pilori :* cette peine. **2·** Loc. *Mettre, clouer qqn au pilori :* le signaler au mépris public.

pilosité [pilozite] n. f. Présence de poils sur une région du corps. → **duvet ; pileux.**

pilote [pilɔt] n. **1·** Marin autorisé à assister les capitaines dans la manœuvre et la conduite des navires, à l'intérieur des ports ou dans des parages difficiles. *Bateau-pilote,* petit bateau du pilote. **2·** Personne qui conduit (un avion, un hélicoptère, etc.). *Le pilote et le copilote* (→ **copilote**) *d'un avion. Elle est pilote de ligne. Pilote d'essai.* **3·** Conducteur d'une voiture de course. **4·** Personne qui se charge d'en guider d'autres dans un lieu qu'elle connaît. → **guide.** *Servir de pilote à qqn.* **5·** Fig. En appos. Qui donne l'exemple ; qui sert de démonstration. *Usine pilote. Des boucheries pilotes. Classe pilote.* → **expérimental.** ▶ **piloter** v. tr. < conjug. 1 > **1·** Conduire en qualité de pilote (un navire, un avion). – Fig. Diriger. *Piloter une entreprise, une réforme.* **2·** Servir de guide à (qqn). *Je l'ai piloté dans Paris.* → **guider.** ▶ **pilotage** n. m. **1·** Manœuvre, art du pilote (1). *Le pilotage des navires dans un canal, un port.* **2·** Action de diriger un avion, un planeur, un hélicoptère, etc. *Poste de pilotage. Pilotage automatique.* ▷ **copilote**

pilotis [pilɔti] n. m. invar. Ensemble de pieux (① piles) enfoncés en terre pour asseoir les fondations d'une construction sur l'eau ou en terrain meuble. *Maison (construite) sur pilotis.*

pilou [pilu] n. m. Tissu de coton pelucheux.

pilule [pilyl] n. f. **1·** Médicament façonné en petite boule et destiné à être avalé. ≠ cachet, comprimé. *Un tube de pilules.* – Loc. fam. *Avaler la pilule,* supporter une parole, une chose désagréable. *Faire passer la pilule,* faire accepter qqch. *Trouver la pilule amère,* trouver qqch. désagréable. *Dorer la pilule à qqn.* → **dorer. 2·** *Pilule contraceptive ;* cour. *la pilule :* contraceptif oral féminin composé de produits hormonaux de synthèse (le plus souvent, association d'œstrogènes et de progestatifs). *Elle prend la pilule.* – *La pilule du lendemain* (contraception d'urgence).

pilum [pilɔm] n. m. Lourd javelot, arme des légionnaires romains. *Des pilums.*

pimbêche [pɛ̃bɛʃ] n. f. Femme, petite fille déplaisante, qui prend de grands airs. → **mijaurée.** *C'est une petite pimbêche.* – Adj. *Elle est un peu pimbêche.*

piment [pimɑ̃] n. m. **1·** Fruit d'une plante des régions chaudes, servant de condiment et de légume. *Piment rouge,* à saveur très forte, brûlante. *Piment en poudre.* → **paprika, poivre** de Cayenne. *Piment doux.* → **poivron.** *Sauce au piment.* → **harissa. 2·** Ce qui relève, donne du piquant. → **sel.** *Ses plaisanteries, ses allusions ont mis du piment dans la conversation.* ▶ **pimenter** v. tr. < conjug. 1 > **1·** Assaisonner de piment rouge, épicer fortement. – Au p. p. adj. *Une cuisine très pimentée.* **2·** Relever, rendre piquant.

pimpant, ante [pɛ̃pɑ̃, ɑ̃t] adj. Qui a un air de fraîcheur et d'élégance. → **fringant, gracieux.** *Une jeune fille pimpante.* – *Une pimpante petite ville.*

pin [pɛ̃] n. m. Arbre résineux (conifère) à aiguilles persistantes. *Pin sylvestre, pin maritime, pin parasol. Pommes de pin.* → **pignon.** ▷ ② **épinette, pinasse, pinède**

pinacle [pinakl] n. m. **1·** Sommet d'un édifice. **2·** Haut degré d'honneurs. *Porter qqn* ***au pinacle*** *:* le porter aux nues. → **louer.**

pinacothèque [pinakɔtɛk] n. f. Nom de certains musées de peinture (en Allemagne...).

pinailler [pinɑje] v. intr. < conjug. 1 > Fam. Insister sur des détails sans importance. → **ergoter.** ▶ **pinailleur, euse** n.

pinard [pinaʀ] n. m. Fam. Vin.

pinasse [pinas] n. f. Région. Longue embarcation (autrefois en *pin,* à fond plat).

pince [pɛ̃s] n. f. **1·** Outil, instrument composé de deux leviers articulés, servant à saisir et à serrer. → **pincette, tenaille.** *Les branches, les mâchoires d'une pince. Pince coupante.* – *Pince à épiler. Pince à sucre. Pince à linge. Pince à feu.* → **pincettes. 2·** Levier, pied de biche. → **pince-monseigneur. 3·** Partie antérieure des grosses pattes de certains crustacés. *Les pinces d'un homard, d'un crabe.* **4·** Fam. *Serrer la pince à qqn,* la main. – *Aller à pinces,* à pied. → fam. **pinceau** (3). **5·** Pli cousu sur l'envers de l'étoffe destiné à diminuer l'ampleur. *Faire des pinces à la taille.* ▶ **pince-monseigneur** n. f. Levier pour ouvrir de force une porte, utilisé par les voleurs. *Des pinces-monseigneur.* ▷ **pincette**

pinceau [pɛ̃so] n. m. **1·** Objet composé d'un faisceau de poils ou de fibres, fixé à l'extrémité d'un manche, dont on se sert pour appliquer des couleurs, du vernis, de la colle, etc. → **brosse.** *Pinceau de peintre. Coup de pinceau.* **2·** *Pinceau lumineux,* faisceau passant par une ouverture étroite. → **rai, rayon. 3·** Fam. Pied. – Loc. *S'emmêler les pinceaux.* → **emmêler.**

pincer [pɛ̃se] v. tr. < conjug. 3 > **1·** Serrer (surtout une partie de la peau, du corps) entre les extrémités des doigts, entre les branches d'une pince ou d'un objet analogue. *Sa sœur l'a pincé jusqu'au sang.* – Pronominalement. *Elle s'est pincée en fermant la porte.* – *Pincer les cordes d'une guitare,* les faire vibrer. **2·** (En parlant du froid) Affecter désagréablement. → **mordre.** – Sans compl. Fam. *Ça pince dur, ce matin !* **3·** Serrer fortement de manière à rapprocher, à rendre plus étroit, plus mince. *Pincer les lèvres.* → **pincé** (2). **4·** Fam. Arrêter, prendre (un malfaiteur) ; prendre en faute. → ① **piquer** (III). *Il s'est fait pincer cette nuit.* – Au p. p. *Être pincé,* être amoureux. **5·** ***En pincer pour qqn*** *:* être amoureux de. *Il en pince pour sa jolie voisine.* ▶ **pincé, ée** adj. **1·** Qui a qqch. de contraint, de prétentieux, ou de mécontent. *Elle est antipathique avec son air pincé. Un sourire pincé.* **2·** Concret. Mince, serré. *Son petit nez pincé. Bouche pincée.* **3·** *Instrument de musique à cordes pincées* (ex. : *clavecin, guitare*). → **pincer** (1). ▶ **pincée** n. f. Quantité (d'une substance en poudre, en grains) que l'on peut prendre entre les doigts. *Une pincée de sel.* – Fig. Petite quantité. → **zeste.** *Une pincée d'humour.* ▶ **pince-fesses** n. m. Fam. Bal, réunion mondaine. *C'est un habitué des pince-fesses.* ▶ **pincement** n. m. **1·** Action de pincer. **2·** *Pincement au cœur,* sensation brève de douleur et d'angoisse. **3·** Action de pincer (les cordes d'un instrument). → **pizzicato.** ▶ **pince-nez** [pɛ̃sne] n. m. invar. Lorgnon qu'un ressort pince sur le nez. *Des pince-nez.* ▶ **pince-sans-rire** [pɛ̃ssɑ̃ʀiʀ] n. invar. Personne qui pratique l'ironie à froid. – Adj. invar. *Ils, elles sont très pince-sans-rire.* ▷ **pince, pincette, pinçon**

pincette n. f. ou **pincettes** [pɛ̃sɛt] n. f. pl. **1**· Petite pince. *Pincette d'horloger.* **2**· Au plur. Longue pince à deux branches pour attiser le feu, déplacer les bûches, les braises. – Loc. *Il n'est pas à prendre avec des pincettes,* il est très sale ; ou de très mauvaise humeur et inabordable.

pinçon [pɛ̃sɔ̃] n. m. Marque qui apparaît sur la peau qui a été pincée. ≠ pinson.

pineau [pino] n. m. **1**· Cépage du Val de Loire. *Pineau rouge, blanc.* **2**· Vin de liqueur des Charentes, mélange de cognac et de jus de raisin frais. → **ratafia.** ≠ pinot.

pinède [pinɛd] n. f. Plantation de pins. *L'odeur de résine des pinèdes.*

pingouin [pɛ̃gwɛ̃] n. m. Gros oiseau marin palmipède, à plumage blanc et noir, habitant les régions arctiques. ≠ manchot.

ping-pong [piŋpɔ̃g] n. m. Tennis de table. *Joueur de ping-pong.* → **pongiste.**

pingre [pɛ̃gʀ] n. et adj. Avare particulièrement mesquin. *C'est un vieux pingre.* – Adj. *Elle est très pingre.* → **ladre.** ▶ **pingrerie** n. f. Avarice mesquine. *Il est d'une pingrerie révoltante.*

pinot [pino] n. m. Cépage entrant (notamment) dans la confection des vins de Champagne et de Bourgogne. *Pinot noir, blanc.* ≠ pineau.

pin-pon [pɛ̃pɔ̃] interj. Onomatopée qui exprime le bruit des avertisseurs des voitures de pompiers.

pin's [pins] n. m. invar. Anglic. Petit insigne décoratif qui se fixe par une pointe retenue par un embout. – REM. Il est recommandé d'employer *épinglette,* n. f.

pinson [pɛ̃sɔ̃] n. m. Petit passereau à plumage bleu verdâtre et noir, à bec conique, bon chanteur. – Loc. *Être gai comme un pinson.* ≠ pinçon.

pintade [pɛ̃tad] n. f. Oiseau gallinacé de la taille de la poule, au plumage sombre semé de taches claires. *Des pintades rôties.* ▶ **pintadeau** n. m. Petit de la pintade. *Des pintadeaux.*

pinte [pɛ̃t] n. f. **1**· Ancienne mesure de capacité pour les liquides (0,93 l). **2**· Mesure de capacité anglo-saxonne (0,568 l). **3**· En Suisse. Café, bistrot. ▶ **pinter** v. < conjug. 1 > Fam. **1**· V. intr. Boire beaucoup. **2**· V. tr. *Pinter qqn,* le forcer à boire, l'enivrer. **3**· V. pron. ***Se pinter*** : s'enivrer. – Au passif. *Il est complètement pinté.*

pin-up [pinœp] n. f. invar. Anglic. **1**· Jolie fille sexuellement attirante. *Des pin-up.* **2**· Photo de jolie fille peu vêtue affichée dans un local.

pioche [pjɔʃ] n. f. **I**· **1**· Outil composé d'un fer à deux pointes opposées, dont une aplatie, et d'un manche de bois assez court, pour creuser un sol dur. *Pioche de terrassier.* **2**· Fam. *Une tête de pioche,* une personne entêtée, qui a la tête dure. **II**· Reste de cartes, de dominos ou de pièces d'un jeu, lot où l'on pioche en cours de partie. → **pot.** ▶ **piocher** v. < conjug. 1 > **I**· V. tr. **1**· Creuser, remuer avec une pioche. *Il piochait la terre.* **2**· Fam. Vieilli. Étudier avec ardeur. → fam. **bûcher.** *Je me mettais à piocher mon histoire.* **II**· V. intr. **1**· Fouiller (dans un tas) pour saisir qqch. **2**· Jeux. Prendre une carte, un domino, une pièce d'un lot jusqu'à trouver ce qui convient. *J'ai perdu parce que j'ai dû piocher.* ▶ **piocheur, euse** n. Fam. Vieilli. Travailleur assidu. → **bûcheur.**

piolet [pjɔlɛ] n. m. Bâton d'alpiniste à bout ferré, garni à l'autre extrémité d'un petit fer de pioche.

① **pion, pionne** [pjɔ̃, pjɔn] n. Fam. Terme d'écolier. Surveillant(e) ; maître d'internat. *Elle est sympa, la pionne !*

② **pion** n. m. **1**· Échecs. Chacune des huit pièces que chaque joueur place au début devant les figures. *La ligne des pions.* – Chacune des pièces au jeu de dames, et à divers autres jeux. → **jeton.** **2**· Loc. *N'être qu'un pion sur l'échiquier,* être manœuvré. *Damer le pion à qqn.* → **damer.**

pioncer [pjɔ̃se] v. intr. < conjug. 3 > Fam. Dormir (surtout : dormir profondément).

① **pionnier** [pjɔnje] n. m. Colon qui s'installe sur des terres vierges pour les défricher.

② **pionnier, ière** n. Personne qui est la première à se lancer dans une entreprise, qui fraye le chemin. → **créateur.** *Hélène Boucher, pionnière de l'aviation.* – Adj. *L'esprit pionnier. Un travail pionnier* : novateur.

pioupiou [pjupju] n. m. Fam. et vx. Simple soldat. *Des pioupious.*

pipe [pip] n. f. **1**· Tuyau terminé par un petit fourneau qu'on bourre de tabac (ou d'une autre substance à fumer). → **bouffarde, brûle-gueule, calumet, narguilé.** *Bourrer une pipe. Une pipe culottée. Un fumeur de pipe. Fumer la, sa pipe.* **2**· Loc. fam. ***Par tête de pipe*** : par personne. – *Casser sa pipe,* mourir. – *Se fendre la pipe,* rire. – *Nom d'une pipe !,* juron familier. ▷ **casse-pipes, cure-pipe, pipette**

pipeau [pipo] n. m. Petite flûte à bec d'un seul tenant. *Des pipeaux.* – Fam. *Du pipeau,* des informations peu sérieuses, des mensonges.

pipelet, ette [piplɛ, ɛt] n. Fam. **1·** Vieilli. Concierge. **2·** N. f. Personne bavarde. *Son frère est une vraie pipelette.*

pipe-line [pajplajn ; piplin] n. m. Anglic. Tuyau servant au transport à grande distance et en grande quantité de produits liquides (pétrole) ou liquéfiés (gaz naturel). → **gazoduc, oléoduc.** *Des pipe-lines.*

piper [pipe] v. < conjug. 1 > **1·** V. intr. *Ne pas piper,* ne rien dire. **2·** V. tr. *Piper des dés, des cartes,* les truquer. – Loc. Au p. p. *Les dés sont pipés,* les chances sont inégales, il y a de la triche.

piperade [pipeʀad] n. f. Plat basque, œufs battus assaisonnés de tomates et de poivrons doux.

pipette [pipɛt] n. f. Petit tube (gradué) dont on se sert en laboratoire pour prélever un échantillon de liquide.

pipi [pipi] n. m. Fam., usuel et lang. enfantin. Urine. – *Faire pipi* : uriner. *Je vais faire pipi* (→ Aller aux cabinets, aux toilettes). → vulg. **pisser.** – *Pipi-room* [pipiʀum], n. m. : les toilettes. – *Du pipi de chat,* une mauvaise boisson ; une chose sans intérêt.

pipistrelle [pipistʀɛl] n. f. Petite chauve-souris commune, à oreilles courtes.

pipole [pipɔl] ; **pipolisation** [pipɔlizasjɔ̃] → **people ; peopolisation.**

piquage [pikaʒ] n. m. Opération consistant à piquer (①, I, 7). *Le piquage d'une veste, en cousant.*

① **piquant, ante** [pikɑ̃, ɑ̃t] adj. **1·** Qui présente une ou plusieurs pointes acérées capables de piquer. → **pointu.** **2·** Qui donne une sensation de piqûre. *L'air était vif et piquant.* – *Sauce piquante,* sauce cuite, au vin blanc, au vinaigre et aux cornichons. **3·** Littér. Qui stimule agréablement l'intérêt, l'attention. → ① **piquer** (II). *Une petite brune piquante. La rencontre est piquante !* → **amusant, plaisant.** – N. m. *Le piquant de l'aventure.* → **sel.**

② **piquant** n. m. Excroissance dure et acérée (des végétaux et animaux) qui peut piquer. → **épine.** *Les piquants des cactus, des oursins.*

① **pique** [pik] n. f. **I·** Arme formée d'un long manche droit et d'un fer plat et pointu. → **hallebarde.** *Les piques des révolutionnaires.* **II·** Parole, allusion qui blesse, « pique ». *Envoyer des piques à qqn.*

② **pique** n. m. Aux cartes. Une des couleurs, représentée par un fer de pique (①, I) stylisé. *La dame de pique. J'ai encore du pique et du trèfle.* – Loc. *Habillé, vêtu comme l'as de pique,* sans soin.

① **piqué, ée** [pike] adj. → ① **piquer.** ▶ ② **piqué** n. m. Tissu à piqûres formant des côtes ou des dessins en relief. *Une robe en piqué de coton.*

③ **piqué** n. m. Mouvement d'un avion qui se laisse tomber presque à la verticale. / contr. chandelle / – *En piqué.* *Bombardement en piqué.*

④ **piqué, ée** adj. (Personnes) Fam. Un peu fou. → fam. **cinglé, dingue, toqué.** *Il est un peu piqué, complètement piqué.*

pique-assiette [pikasjɛt] n. Personne qui se fait inviter partout à dîner. *Une bande de pique-assiettes.*

pique-feu [pikfø] n. m. Tisonnier. *Des pique-feu ou des pique-feux.*

pique-nique [piknik] n. m. Repas en plein air dans la nature. *Des pique-niques.* ▶ **pique-niquer** v. intr. < conjug. 1 > Faire un pique-nique. *On a pique-niqué en forêt.* ▶ **pique-niqueur, euse** n.

① **piquer** [pike] v. tr. < conjug. 1 > **I·** Faire pénétrer une pointe dans (qqch.). **1·** Entamer, percer avec une pointe (un corps vivant). *Piquer la peau, le doigt de qqn. Il m'a piqué le doigt avec une épingle.* – *Elle s'est piqué le doigt.* – *Piquer son cheval avec l'éperon.* Loc. Sans compl. ***Piquer des deux*** (éperons) : partir à cheval à vive allure. **2·** Faire une piqûre (4) à (qqn). – Fam. Vacciner. *On l'a piqué contre la variole.* **3·** (Insectes, serpents) Percer la peau de (qqn) en enfonçant un aiguillon, un crochet à venin. *Un scorpion l'a piqué. Il a été piqué, il s'est fait piquer par une guêpe.* **4·** Percer (qqch.) avec un objet pointu, pour attraper. *Piquer sa viande avec sa fourchette.* **5·** Fixer (qqch.) en traversant par une pointe. *Piquer une photo au mur.* – Au p. p. adj. *Des articles de journaux piqués au mur.* → **épingler.** **6·** Enfoncer par la pointe. *Piquer une fleur dans sa boutonnière.* – Fig. ***Piquer une tête*** : se jeter, plonger la tête la première. **7·** Coudre à la machine (→ **piqûre,** 2, **point**). *Bâtir une robe avant de la piquer.* – Au p. p. adj. *Un couvre-lit piqué,* décoré par des piqûres. **8·** Parsemer de petits trous. *Les vers ont piqué ce livre.* → **ronger.** – Au p. p. ***Piqué, ée.*** *Meuble ancien piqué des vers.* → **vermoulu.** Loc. fam. *Ce n'est pas piqué des hannetons* ou *des vers,* c'est très fort, remarquable en son genre. – Semé de points, de petites taches. *Un visage piqué de taches de rousseur. Glace, miroir piqué.* → **taché.** **9·** ***Se piquer*** v. pron. (personnes) : se blesser avec une pointe. *Elle s'est piquée en cousant.* – Se faire une piqûre (spécialt, médicale ou toxique). *Il se pique, il est toxicomane.* **10·** ***Se piquer*** v. pron. (choses) : avoir des petits trous, des taches. *Les livres se piquent.* – Fig. *Vin qui se pique,* s'aigrit. **II·** Par ext. **1·** Donner une sensation analogue à une piqûre à (une partie du corps, qqn). *La fumée piquait les yeux, lui piquait les yeux. – Ça me pique.* – Fam. (Enfants) Sans compl. *De l'eau qui pique,* gazeuse. **2·** Abstrait. Faire une vive impression sur. → **exciter ;** ① **piquant.** *Son attitude a piqué ma curiosité,* littér. *m'a piqué.* Loc. ***Piquer qqn au vif*** : irriter l'amour-propre de (qqn). *Cette remarque, cette critique m'a piqué au vif.* **3·** ***Se piquer de*** v. pron. : prétendre avoir, faire des efforts pour avoir (une qualité, une aptitude). *Elle se pique de poésie, d'être poète.* **III·** Fig. Attraper, prendre. – (Compl. personne) *Il s'est fait piquer par la police.* → **pincer.** – (Compl. chose) Voler rapidement, furtivement. *On lui a piqué son portefeuille.* → **chiper ; pickpocket. IV·** V. intr. À emploi absolu. Tomber, descendre brusquement. *Un avion qui pique,* qui descend en piqué → ③ **piqué.** – *Il* ***piqua du nez,*** il tomba le nez en avant (parce qu'il s'endormait). – S'enfoncer. *Le navire piquait de l'avant.* ▶ ② **piquer** v. tr. <conjug. 1> Fam. Déclencher subitement (une action). *Piquer un cent mètres,* se mettre à courir vite. – *Piquer un roupillon. Piquer un fard,* se mettre à rougir. *Piquer une crise.* ▷ ①, ②, ③ **pic, picador, picorer, picoter, piquage,** ① **piquant,** ② **piquant,** ① **pique,** ③ **pique, piqué, pique-assiette, pique-feu,** ① **piquet, piqueter,** ① **piquette, piqueur, piqûre, repiquer, surpiquer**

① **piquet** [pikɛ] n. m. **1·** Petit pieu destiné à être fiché («piqué») en terre. *Piquets de tente.* → **piton, sardine.** *Attacher un cheval à un piquet.* → **poteau.** – *Droit, raide, planté comme un piquet,* immobile. **2·** Loc. *Mettre un élève au piquet,* le punir en le faisant rester debout et immobile. → **coin.**

② **piquet** n. m. *Piquet d'incendie,* soldats désignés pour le service de protection contre les incendies. – *Piquet de grève,* grévistes veillant sur place à l'exécution des ordres de grève.

③ **piquet** n. m. Autrefois. Nom d'un jeu de cartes. *Jouer au piquet.*

piqueter [pikte] v. tr. <conjug. 4> Parsemer de points, de petites taches. *Miroir piqueté.* → **piquer** (I, 8). ▶ **piquetage** n. m.

① **piquette** [pikɛt] n. f. Vin ou cidre acide (qui pique), médiocre.

② **piquette** n. f. Fam. Raclée, défaite écrasante. → fam. **pile, pilule.** *On leur a flanqué une de ces piquettes !*

piqueur, euse [pikœʀ, øz] n. et adj. **I·** N. **1·** Chasse à courre. Valet qui poursuit la bête à cheval. **2·** Ouvrier, ouvrière qui pique à la machine. **3·** N. m. Ouvrier travaillant au pic, au marteau-piqueur. **II·** Adj. **1·** *Insectes piqueurs,* qui piquent pour se défendre. **2·** ***Marteau-piqueur*** : machine pneumatique perforatrice.

piqûre [pikyʀ] n. f. **1·** Petite blessure faite par ce qui pique. *Une piqûre d'épingle. Des piqûres de moustiques.* – Sensation produite par ce qui brûle et démange. *Sentir une piqûre d'ortie.* **2·** *Piqûre* ou *point de piqûre,* point servant de couture ou d'ornement. → ② **piqué.** *Piqûres à la machine.* **3·** Petit trou. *Piqûre de ver.* **4·** Introduction d'une aiguille creuse dans une partie du corps pour en retirer un liquide organique → **ponction, prise de sang,** ou pour y injecter un liquide médicamenteux → **injection.** *Je viens de lui faire sa piqûre. Seringue, aiguille à piqûre.* ▷ **surpiqûre**

piranha [piʀana] n. m. Petit poisson carnassier des fleuves de l'Amérique du Sud, réputé pour son extrême voracité. *Des piranhas.*

pirate [piʀat] n. m. **1·** Aventurier qui courait les mers pour piller les navires de commerce sans autorisation royale → **boucanier, flibustier, forban.** ≠ corsaire. – *Bateau pirate,* navire monté par des pirates. **2·** Individu sans scrupules, qui s'enrichit aux dépens d'autrui, dans la spéculation. → **escroc, requin, voleur. 3·** Personne qui copie ou télécharge sans autorisation des produits sous copyright (CD-ROM, logiciels). → ② **cracker. 4·** En appos. Clandestin, illicite. *Radio pirate. Logiciel pirate.* **5·** *Pirate de l'air,* personne qui détourne un avion ou menace sa sécurité pour exercer un chantage. ▶ **pirater** v. tr. <conjug. 1> Copier ou télécharger illégalement (un enregistrement magnétique). – Au p. p. adj. *Un logiciel piraté.* → **pirate** (4). ▶ **piratage** n. m. Action de pirater. *Piratage informatique.* ▶ **piraterie** n. f. **1·** Acte de pirate ; activité d'un pirate. **2·** Escroquerie.

pire [piʀ] adj. **I·** Comparatif. Plus mauvais, plus nuisible, plus pénible. /contr. meilleur, mieux/ *Devenir pire.* → **empirer.** *Le remède est pire que le mal.* – *Je ne connais pas de pire désagrément.* – Pis (2). *Il n'y a rien de pire.* **II·** Superlatif. ***Le pire, la pire, les pires.*** **1·** Adj. Le plus mauvais. *Les pires voyous. La meilleure et la pire des choses.* **2·** N. m. Ce qu'il y a de plus mauvais. → **pis.** *Le pire de tout, c'est l'ennui.* – Absolt. Loc. *Époux unis pour le meilleur et pour le pire. Je m'attends au pire. Craindre le pire. La politique du pire,* celle qui consiste à rechercher le pire pour en tirer parti. ▷ **empirer**

pirogue [piʀɔg] n. f. Longue barque étroite et plate, qui avance à la pagaie ou à la voile, utilisée en Afrique et en Océanie. *Pirogue à balancier(s).* ▶ **piroguier** n. m. Conducteur d'une pirogue.

pirouette [piʀwɛt] n. f. **1·** Tour ou demi-tour qu'on fait sur soi-même, sans changer de place. *Pirouettes de danseur.* **2·** Fig. et fam. Esquive, tour d'adresse intellectuel. – Loc. fam. *Répondre par des* *pirouettes,* éluder une question sérieuse par des plaisanteries. ▶ **pirouetter** v. intr. < conjug. 1 > Faire une, plusieurs pirouettes (1). → **virevolter.**

1 **pis** [pi] n. m. invar. Mamelle (d'une bête laitière). *Le pis, les pis de la vache, de la chèvre.*

2 **pis** [pi] adv. et adj. **I**· Comparatif littér. ou loc. **1**· Adv. Plus mal. / contr. mieux / ***Tant pis*** *:* cela ne fait rien. Loc. *Aller de mal en pis,* empirer. **2**· Adj. neutre. Littér. Plus mauvais, plus fâcheux. *C'est bien pis.* → cour. **pire.** – Loc. ***Qui pis est*** [kipizɛ] : ce qui est plus grave. *Il est paresseux ou, qui pis est, très bête.* **3**· N. m. Une chose pire. Loc. *Dire **pis que pendre** de qqn :* répandre sur lui les pires médisances ou calomnies. **II**· Superlatif. **1**· Littér. ***Le pis*** *:* la pire chose, ce qu'il y a de plus mauvais. → **pire** (II). *Le pis qui puisse vous arriver. Mettre les choses au pis,* les envisager sous l'aspect le plus mauvais. – REM. On emploie le plus souvent *pire,* là où *pis* conviendrait. **2**· Loc. adv. ***Au pis aller*** *:* en supposant que les choses aillent le plus mal possible. ▶ **pis-aller** [pizale] n. m. invar. Personne, solution, moyen à quoi on a recours faute de mieux. *Des pis-aller.* → **palliatif.**

pisci- Élément de mots savants signifiant « poisson ». ▶ **pisciculture** [pisikyltyʀ] n. f. Ensemble des techniques de production et d'élevage des poissons. *Truites de pisciculture* (opposé à *sauvage* ou *de rivière*). ▶ **pisciculteur, trice** n. Éleveur(euse) de poissons. ▷ **pissaladière**

piscine [pisin] n. f. Bassin de natation, et ensemble des installations qui l'entourent. *Une piscine couverte. Piscine olympique,* conforme aux règlements des épreuves olympiques. *Aller à la piscine.*

pisé [pize] n. m. Maçonnerie faite de terre argileuse mélangée de paille hachée, qu'on coule entre des planches de bois. *Des maisons en pisé.*

pissaladière [pisaladjɛʀ] n. f. Plat de cuisine provençale fait de pâte salée sur laquelle on place des tomates, des anchois, etc. ≠ pizza.

pissenlit [pisɑ̃li] n. m. Plante vivace à feuilles longues et dentées, dont les fleurs jaunes donnent naissance à de grosses boules de duvet blanc. *Salade de pissenlit.* – Loc. fam. *Manger les pissenlits par la racine,* être mort.

pisser [pise] v. < conjug. 1 > **1**· V. intr. Vulg. Uriner. → faire **pipi.** – Loc. fam. *Il pleut comme vache qui pisse,* à verse. *Ça l'a pris comme une envie de pisser,* brusquement. *Laisser pisser le mérinos.* → **mérinos.** *C'est comme si on pissait dans un violon,* comme si on faisait une action absurde et inutile. **2**· V. tr. fam. Évacuer avec l'urine. *Pisser du sang.* – Laisser s'écouler (un liquide). *Ce réservoir pisse l'eau de tous les côtés,* fuit. ▶ **pisse** [pis] n. f. Vulg. Urine. → cour. **pipi.** ▶ **pisse-copie** n. Péj. Rédacteur, journaliste payé à la tâche. ▶ **pisse-froid** [pisfʀwa] n. m. invar. Fam. Homme froid et morose, ennuyeux. ▶ **pissement** n. m. *Pissement de sang.* ▶ **pisseur, euse** n. Vulg. Personne qui pisse souvent. – *Pisseuse* n. f. Terme d'injure sexiste. Petite fille. ▶ **pisseux, euse** adj. **1**· Fam. Imprégné d'urine, qui sent l'urine. *Du linge pisseux.* **2**· D'une couleur passée, jaunie. *Des rideaux d'un blanc pisseux.* ▶ **pissotière** [pisɔtjɛʀ] n. f. Fam. Urinoir public, réservé aux hommes. → **sanisette, vespasienne.** (Région. *pissoir,* n. m.) ▷ **pipi, pissenlit**

pistache [pistaʃ] n. f. Fruit du pistachier. – Graine de ce fruit, amande verdâtre qu'on mange salée ou qu'on utilise en confiserie. *Glace à la pistache.* – Adj. invar. *Vert pistache. Des vestes pistache.* ▶ **pistachier** n. m. Arbre résineux des régions chaudes dont le fruit contient la pistache. → **lentisque.**

piste [pist] n. f. **1**· Trace que laisse un animal sur le sol où il a marché. → **foulée, voie.** – Chemin qui conduit à qqn ou à qqch. ; ce qui guide dans une recherche. *Brouiller les pistes,* rendre les recherches difficiles, faire perdre sa trace. *La police est sur sa piste.* → **trousses.** **2**· Partie d'un terrain de sport aménagée pour les courses de chevaux, les épreuves d'athlétisme, les courses cyclistes, etc. *La piste d'un vélodrome.* **3**· Emplacement souvent circulaire, disposé pour certaines activités (spectacles, sports). *La piste d'un cirque. Piste de danse.* **4**· Route non stabilisée, non revêtue. *Après ce village, il n'y a plus de macadam, c'est seulement la piste.* **5**· Parcours aménagé. *Piste cyclable. Piste cavalière. Piste de ski.* **6**· Partie d'un terrain d'aviation aménagée pour le décollage et l'atterrissage des avions. **7**· Ligne tracée sur une surface magnétique par l'enregistrement d'informations ; cette surface. *Enregistreur à quatre pistes. La piste sonore d'un film.* → **bande.** ▶ **pister** v. tr. < conjug. 1 > Suivre la piste ; épier. *Attention, on nous piste !* → **filer.** ▶ **pisteur, euse** n. **1**· Personne chargée d'entretenir et de surveiller les pistes de ski. **2**· En Afrique. Guide de chasse, dans une réserve naturelle, un parc national. ▷ **dépister, hors-piste**

pistil [pistil] n. m. Organe femelle des plantes à fleurs, renfermant l'ovaire.

pistole [pistɔl] n. f. Ancienne monnaie d'or d'Espagne, d'Italie, ayant même poids que le louis (6,75 g).

1 **pistolet** [pistɔlɛ] n. m. **1**· Arme à feu courte et portative ≠ revolver. *Une paire de pistolets de duel. Le chargeur d'un pistolet automatique. Le parabellum est un pistolet.* – Jouet analogue. *Pis-*

tolet à eau, à bouchon, à air comprimé. **2·** Pulvérisateur de peinture, de vernis. *Peinture au pistolet.* ▶ **pistolet-mitrailleur** n. m. Arme automatique individuelle pour le combat rapproché. → **mitraillette.** *Des pistolets-mitrailleurs.* – Abrév. **p. m.** [peɛm].

② **pistolet** n. m. Fam. *Un drôle de pistolet* : un individu bizarre. → **olibrius.**

③ **pistolet** n. m. En Belgique. Pain au lait.

① **piston** [pistɔ̃] n. m. **1·** Pièce qui se déplace dans un tube et transmet une pression. *Les pistons et les cylindres d'un moteur à explosion. Le piston d'une seringue.* **2·** Pièce mobile réglant le passage de l'air dans certains instruments à vent (cuivres). *Cornet à pistons.*

② **piston** n. m. Fam. Appui, recommandation qui décide d'une nomination, d'un avancement. → **protection.** *Pour réussir, il faut avoir du piston.* ▶ **pistonner** v. tr. < conjug. 1 > Appuyer, protéger (un candidat à une place). *Il s'est fait pistonner par le ministre.*

pistou [pistu] n. m. Crème de basilic et d'ail écrasés dans l'huile d'olive (assaisonnement provençal). *Une soupe au pistou.*

pitance [pitɑ̃s] n. f. Péj. Nourriture (pauvre, insuffisante). *On leur servit une maigre pitance. Pour toute pitance, des pommes de terre bouillies.*

pitbull ou **pit-bull** [pitbyl] n. m. Chien issu du croisement de bouledogue et de divers terriers, qui peut être dangereusement agressif.

pitchoun [pitʃun] adj. et n. (Terme provençal d'affection) Petit, petit enfant. – On dit aussi *pitchounet, ette.*

pitchpin [pitʃpɛ̃] n. m. Bois de plusieurs espèces de pins d'Amérique du Nord, de couleur orangée, utilisé en menuiserie. *Une armoire en pitchpin.*

piteux, euse [pitø, øz] adj. Iron. Qui excite une pitié mêlée de mépris par son caractère misérable, dérisoire. → **pitoyable.** *Les résultats sont piteux.* – *En piteux état,* en mauvais état. ▶ **piteusement** adv. *Il a échoué piteusement.*

pithéc(o)-, -pithèque Éléments savants signifiant « singe ». ▶ **pithécanthrope** [pitekɑ̃tʀɔp] n. m. Fossile humain *(Homo erectus),* vieux d'environ un million d'années.

pithiviers [pitivje] n. m. invar. Gâteau feuilleté fourré de crème d'amande (nom de ville). *Un pithiviers.*

pitié [pitje] n. f. ≠ piété. **1·** Sympathie qui naît au spectacle des souffrances d'autrui et fait souhaiter qu'elles soient soulagées. → **commisération, compassion.** *Éprouver de la pitié.* → **s'apitoyer.** *Inspirer, exciter la pitié ; faire pitié. Il me fait pitié. J'ai pitié de lui. Prenez-le en pitié.* – *Par pitié, laissez-moi tranquille,* je vous en prie. *Pitié !,* grâce ! *Sans pitié.* → **impitoyable,** sans **merci.** *Pas de pitié !* → **quartier. 2·** Sentiment de commisération méprisante. *Un sourire de pitié,* condescendant. – *Quelle pitié !,* quelle chose pitoyable, dérisoire ! ▷ **pitoyable**

piton [pitɔ̃] n. m. **I·** Clou, vis dont la tête forme un anneau ou un crochet. *Cadenas passant dans deux pitons. Planter une tente avec des pitons.* → **piquet. II·** Éminence isolée en forme de pointe. → ③ **pic.** *Piton rocheux.*

pitoyable [pitwajabl] adj. **I· 1·** Digne de pitié. → **déplorable.** *Après son accident, il était dans un état pitoyable.* → **triste. 2·** Qui inspire, mérite une pitié méprisante. → **piteux ; lamentable.** *Sa réponse a été pitoyable.* **II·** Vx. Qui éprouve de la pitié, qui s'apitoie*. → **humain.** / contr. impitoyable / ▶ **pitoyablement** adv. D'une manière pitoyable (I). *C'est pitoyablement rédigé.* ▷ **impitoyable**

pitre [pitʀ] n. m. Personne qui fait rire par des facéties (parfois forcées). → **clown.** *Quel pitre ! Arrête de faire le pitre !* ▶ **pitrerie** n. f. Plaisanterie, facétie de pitre. → **clownerie.** *Faire des pitreries.*

pittoresque [pitɔʀɛsk] adj. **1·** Digne d'être mis en peinture ; qui attire l'attention, charme ou amuse par un aspect original. *Un quartier pittoresque. Un personnage pittoresque.* **2·** Qui dépeint bien, exprime les choses d'une manière imagée. *Des expressions, des détails pittoresques.* **3·** N. m. Caractère pittoresque, expressif. → **couleur.** ▶ **pittoresquement** adv.

pivert [pivɛʀ] n. m. Oiseau au plumage jaune et vert, qui se niche dans les trous d'arbres et qui frappe les troncs avec son bec pour en faire sortir les larves dont il se nourrit.

pivoine [pivwan] n. f. Plante à bulbe, cultivée pour ses larges fleurs rouges, roses, blanches ; sa fleur. – Loc. *Elle devint rouge comme une pivoine,* très rouge.

pivot [pivo] n. m. **1·** Cône ou pointe terminant un axe vertical fixe (sur lequel tourne librement une charge). *Le pivot de la boussole.* **2·** Abstrait. Ce sur quoi repose et tourne tout le reste. → **base, centre.** *Il est le pivot de cette entreprise.* **3·** Support d'une dent artificielle, enfoncé dans la racine. *Dent montée sur pivot.* ▶ **pivoter** v. intr. < conjug. 1 > Tourner sur un pivot, comme sur un pivot. *Il pivota sur ses talons.* ▶ **pivotant, ante** adj. *Fauteuil pivotant.*

pixel [piksɛl] n. m. Chaque point d'une image numérique. *La qualité d'une image est propor-*

tionnelle au nombre de pixels par centimètre carré (→ **définition, résolution**). *Matrice de caractère de 30 pixels sur 30.* → **point.** ▶ **pixéliser** [pikselize] v. tr. < conjug. 1 > Rendre apparents les pixels (d'une image numérique). ▶ **pixélisé, ée** adj. *Photo pixélisée.* – *Visage pixélisé*, rendu méconnaissable par l'agrandissement des pixels.

pizza [pidza] n. f. Tarte salée de pâte à pain garnie de tomates, anchois, olives, etc. (plat napolitain). *Une pizza « quatre saisons ». Des pizzas.* ≠ pissaladière. ▶ **pizzaïolo** [pidzajɔlo] n. m. Celui qui confectionne les pizzas dans une pizzeria. ▶ **pizzeria** [pidzeʀja] n. f. Restaurant où l'on sert des pizzas. *Des pizzerias.*

pizzicato [pidzikato] n. m. Manière de jouer d'un instrument à archet en pinçant les cordes. *Les pizzicatos des violons.*

P. J. [peʒi] n. f. invar. Fam. Police judiciaire. *Les inspecteurs de la P. J.*

placage [plakaʒ] n. m. Application sur une matière d'une plaque de matière plus précieuse ; cette plaque. *Bois de placage. Placage de marbre.* → **revêtement.** ≠ plaquage.

1 **placard** [plakaʀ] n. m. **1**· Vx. Écrit qu'on affiche sur un mur, un panneau, pour donner un avis au public. → **écriteau, pancarte.** *Un placard injurieux.* **2**· Insertion d'un texte ou d'illustrations séparé(es), dans un périodique. *Placard publicitaire.* ▶ **placarder** v. tr. < conjug. 1 > *Placarder un avis, une affiche sur un mur.*

2 **placard** n. m. Enfoncement, recoin de mur ou assemblage de menuiserie fermé par une porte et constituant une armoire fixe. *Mettre des vêtements dans un placard. Un placard-penderie.* – Loc. fig. *Mettre* (qqn, qqch.) *au placard*, mettre à l'écart, reléguer.

place [plas] n. f. **I**· **1**· Lieu public, espace découvert, généralement entouré de constructions. → **esplanade, rond-point.** *Une place rectangulaire.* – Loc. *Documents secrets mis sur la place publique*, portés à la connaissance du public. **2**· ***Place forte*** ou, ellipt, *place.* → **forteresse.** *Le commandant d'armes d'une place.* – Loc. littér. *Être maître de la place*, agir en maître, faire ce qu'on veut. *Avoir des complicités dans la place.* **3**· Ensemble des banquiers, des commerçants, des négociants qui exercent leur activité dans une ville. *Sur la place de Paris.* **II**· **1**· Partie d'un espace ou d'un lieu (surtout avec une prép. de lieu). → **emplacement, endroit, lieu.** *À la même place. De place en place, par places.* – ***En place.*** *Ne pas tenir en place*, bouger sans cesse. – ***Sur place.*** *Rester sur place*, immobile. – N. m. *Du sur place. Cycliste qui fait du sur place.* – À l'endroit où un événement a eu lieu. *Faire une enquête sur place. Manger sur place*, où on se trouve. *Une glace, s'il vous plaît ! Sur place ou à emporter ?* **2**· Endroit, position qu'une personne occupe, qu'elle peut ou doit occuper. *Faites-moi une petite place près de vous. Aller s'asseoir à sa place, à la place d'un absent. À vos places ! En place !* – Loc. Sans article. *Prendre place*, se placer. *Faire place à qqn*, se ranger pour lui permettre de passer. *Place !*, laissez passer ! **3**· Sports. Rôle joué au sein d'une équipe. « *à quelle place joue-t-il ? – Ailier gauche.* » **4**· (Emplacement assigné à une personne) Siège qu'occupe ou que peut occuper une personne (dans une salle de spectacle, un véhicule, etc.). *Louer, retenir, réserver sa place dans un train. Payer place entière ou demi-tarif.* – Loc. *Les places sont chères*, la concurrence est dure. – *La place du mort*, à côté du chauffeur de la voiture. – *Tente à deux places.* – Espace public qu'occupe ou peut occuper qqn. *Places assises et debout.* – (Stationnement) *Chercher une place pour se garer.* **5**· Espace libre où l'on peut mettre qqch. *(de la place)* ; portion d'espace qu'une chose occupe *(une place, la place de...). Gain de place. Un meuble encombrant qui tient trop de place.* **6**· Endroit, position qu'une chose occupe, peut ou doit occuper dans un lieu, un ensemble. → **emplacement, position.** *Changer la place des meubles. La place des mots dans la phrase.* → **disposition, ordre.** – ***En place*** : à la place qui convient. *Il faut tout remettre en place.* (→ à sa place.) – ***Mise en place*** : arrangement, installation. **III**· **1**· Le fait d'être admis dans un ensemble, d'être classé dans une catégorie ; situation dans laquelle on se trouve. *Avoir sa place au soleil*, profiter des mêmes avantages que les autres. – Ellipt. *Place aux jeunes !*, il faut donner aux jeunes la place (qu'occupent les vieux). – *Il ne donnerait pas sa place pour un empire, pour tout l'or du monde.* – *Se mettre **à la place** de qqn* : supposer qu'on est soi-même dans la situation où il est. *À votre place, je refuserais*, si j'étais vous. **2**· Position, rang dans une hiérarchie, un classement. *Être reçu dans les premières places.* – Loc. *En bonne place*, en bonne position. **3**· Emploi (généralement modeste). *Une place de vendeuse. Perdre sa place.* – *Être **en place*** : jouir d'un emploi, d'une charge qui confère à son titulaire de l'autorité, de la considération. *Les gens en place.* **4**· (Exprime l'idée de remplacement) *Prendre la place de qqn.* → **se substituer.** *Laisser la place à qqn. Faire place à qqn, qqch.*, être remplacé par. – Loc. ***À la place de*** : au lieu de. → **pour.** *Employer un mot à la place d'un autre.* **5**· *La place de qqn*, celle qui lui convient. *Être à sa place*, être fait pour la fonction qu'on occupe ; être adapté à son milieu, aux circonstances. Loc. *Remettre qqn à sa place,* le rappeler à l'ordre. → **reprendre, réprimander.** ▷ **demi-place, monoplace,** ① **placer, placette**

placebo [plasebo] n. m. Préparation ne contenant pas de principe actif que l'on administre à la place d'un médicament pour son effet psychologique *(l'effet placebo). La recherche pharmaceutique utilise des placebos.*

placenta [plasɛ̃ta] n. m. Organe temporaire qui se développe dans l'utérus pendant la grossesse et qui sert aux échanges sanguins entre la mère et l'enfant. *Expulsion du placenta en fin d'accouchement.* ▶ **placentaire** [plasɛ̃tɛʀ] adj. Du placenta. – Zoologie. Dont le fœtus vit grâce à un placenta. *Mammifères placentaires.* N. m. *Les placentaires.*

placer [plase] v. tr. < conjug. 3 > **I· 1·** Mettre (qqn) à une certaine place, en un certain lieu ; conduire à sa place. → **installer ;** fam. **caser.** *L'ouvreuse au théâtre place les spectateurs.* **2·** Mettre (qqch.) à une certaine place, en un certain lieu ; disposer. → plus cour. **mettre.** *Placer une pendule sur une cheminée. Placer les choses bien en ordre.* → **classer, ordonner, ranger.** / contr. déplacer, déranger / *Placer sa voix.* **II· 1·** Mettre (qqn) dans une situation déterminée. – Au p. p. adj. *L'équipe placée sous mes ordres.* **2·** *Placer qqn,* lui procurer une place, un emploi. *Placer un jeune en apprentissage.* **3·** Abstrait. Mettre (qqch.) dans une situation, à une place ; faire consister en. *Placer le bonheur dans la sagesse.* **4·** Faire se passer (l'objet d'un récit en un lieu, à une époque). → **localiser, situer.** *Les lieux où le metteur en scène a placé l'action de son film...* **5·** Introduire, dans un récit, une conversation. *Placer une réflexion. Il n'a pas pu placer un seul mot,* il n'a rien pu dire. **6·** S'occuper de vendre. *Un représentant qui place des marchandises.* → **placier, V. R. P.** **7·** Employer (un capital) afin d'en tirer un revenu ou d'en conserver la valeur. → **investir ; placement.** *Placer son argent en fonds d'État.* **III·** *Se placer* v. pron. **1·** Se mettre à une place. – (Personnes) → **s'installer.** *Placez-vous de face.* – (Choses) Être placé. **2·** Abstrait. *Se placer à un certain point de vue.* **3·** Prendre une place, un emploi (notamment comme personnel de maison). ▶ **placé, ée** adj. **1·** Mis à une place. **2·** Avec un adv. Qui est dans telle situation. *Personnage haut placé. – Je suis bien placé pour le savoir. C'est de la fierté mal placée,* hors de propos. **3·** Courses hippiques. *Cheval placé,* qui se classe dans les deux premiers s'il y a de quatre à sept partants et dans les trois premiers s'il y a plus de sept partants. ▶ **placement** n. m. **1·** L'action, le fait de placer de l'argent ; l'argent ainsi placé (II, 7). → **investissement.** *Vous avez fait un bon placement.* **2·** Agence, ***bureau de placement*** : qui se charge de répartir les offres et les demandes d'emploi. ▶ **placeur, euse** n. Personne qui place (des spectateurs), qui tient un bureau de placement. ▷ **déplacer, emplacement, irremplaçable, placier, remplacer, replacer**

placet [plasɛ] n. m. Vx. Écrit adressé à un roi, à un ministre pour se faire accorder une grâce, une faveur.

placette [plasɛt] n. f. Petite place (I, 1). *La placette d'un village provençal.*

placide [plasid] adj. Qui est doux et calme. → **paisible.** *Il restait placide sous les injures.* → **flegmatique, imperturbable.** / contr. agité, nerveux / ▶ **placidement** adv. *Il répondit placidement à toutes les attaques.* ▶ **placidité** n. f. Caractère placide. → **calme, flegme, sérénité.**

placier, ière [plasje, jɛʀ] n. Agent qui vend qqch. pour une maison de commerce. → **courtier, représentant, V. R. P.** *Placier en librairie.*

placoter [plakɔte] v. intr. < conjug. 1 > Au Canada. Fam. Bavarder. ▶ **placoteur** ou **placoteux, euse** n. et adj.

plaf [plaf] interj. Onomatopée évoquant le bruit d'une chute, notamment dans l'eau. → **plouf.**

plafond [plafɔ̃] n. m. **I·** Surface solide (plâtre, béton, bois) et horizontale qui clôt en haut une pièce d'habitation parallèlement au sol, au plancher. *Plafond à poutres apparentes. Faux plafond,* cloison horizontale légère suspendue au plafond. *Chambre basse de plafond.* – Loc. fam. *Avoir une araignée au plafond,* être fou. **II· 1·** Limite supérieure d'altitude à laquelle peut voler un avion. **2·** (Opposé à *plancher*) Maximum qu'on ne peut dépasser, limite supérieure d'une fourchette (II, 2). – En appos. *Prix plafond.* ▶ **plafonner** [plafɔne] v. < conjug. 1 > **I·** V. tr. Garnir (une pièce) d'un plafond en plâtre. *Aucune pièce n'est encore plafonnée.* **II·** V. intr. **1·** (Avions) Atteindre son altitude maximale. **2·** Atteindre un plafond (II, 2). *Salaires qui plafonnent.* ▶ **plafonnement** n. m. *Le plafonnement des cotisations.* ▶ **plafonnier** n. m. Appareil d'éclairage fixé au plafond sans être suspendu. *Plafonnier encastré. Le plafonnier de la voiture.* ▷ **déplafonner**

① **plage** [plaʒ] n. f. **1·** Endroit plat et bas d'un rivage où les vagues déferlent. → **grève.** *Plage de sable, de galets.* – Cet endroit, destiné à la baignade. *Plage publique, privée. Nous sommes allés à la plage nous baigner.* – Rive sableuse (d'un lac, d'une rivière). **2·** Lieu, ville où une plage est fréquentée par les baigneurs. *Les casinos des plages à la mode.* ▶ **plagiste** n. Personne qui exploite une plage payante.

2 **plage** n. f. **1·** *Plage lumineuse*, surface éclairée également. **2·** Chacun des espaces gravés (d'un disque) séparés par un intervalle. *La première plage fait quinze minutes.* **3·** Dans une voiture. Espace plat situé entre le tableau de bord et le pare-brise (*plage avant*) ou entre les sièges et la vitre arrière (*plage arrière*). *Les haut-parleurs de l'autoradio sont encastrés dans la plage arrière.*

plagier [plaʒje] v. tr. < conjug. 7 > Copier (un auteur) en s'attribuant indûment des passages de son œuvre. → **imiter, piller.** – *Plagier une œuvre.* ▶ **plagiaire** n. Personne qui pille ou démarque les ouvrages des auteurs. → **imitateur.** ▶ **plagiat** n. m. Action de plagier, vol littéraire. → **copie, imitation.** *Ce chapitre est un plagiat.* ≠ pastiche.

1 **plaid** [plɛd] n. m. Couverture de voyage en lainage écossais. *S'envelopper les jambes dans un plaid.*

2 **plaid** [plɛ] n. m. Tribunal féodal, assemblée judiciaire du haut Moyen Âge. ▷ **plaider**

plaider [plede] v. < conjug. 1 > **I·** V. intr. **1·** Soutenir ou contester qqch. en justice. *Plaider contre qqn*, lui intenter un procès. **2·** Défendre une cause devant les juges. *L'avocat plaide pour son client.* **3·** ***Plaider pour, en faveur de*** : défendre par des arguments justificatifs ou des excuses. *Il a plaidé en ta faveur auprès de tes parents.* – (Suj. chose) *Sa sincérité plaide pour lui, plaide en sa faveur*, joue en sa faveur. **II·** V. tr. **1·** Défendre (une cause) en justice. *L'avocat plaide la cause de l'accusé.* – *Plaider la cause de qqn*, en sa faveur. **2·** Soutenir, faire valoir (qqch.) dans une plaidoirie. *L'avocat a plaidé la légitime défense.* Ellipt. *Plaider coupable, non coupable.* – Loc. *Plaider le faux pour savoir le vrai*, déguiser sa pensée pour amener qqn à dire la vérité, à se découvrir. ▶ **plaideur, euse** n. Personne qui plaide en justice. → 2 **partie.** *Les plaideurs d'un procès.* → **plaignant.** ▶ **plaidoirie** n. f. Action de plaider, exposition orale des faits d'un procès et des prétentions du plaideur (faite en général par son avocat). → **défense, plaidoyer.** / contr. accusation, réquisitoire / *Une longue plaidoirie.* ▶ **plaidoyer** [plɛdwaje] n. m. **1·** Plaidoirie pour défendre les droits de qqn. **2·** Défense passionnée. *Ce roman est un plaidoyer pour les opprimés. Un plaidoyer en faveur des droits de l'homme.*

plaie [plɛ] n. f. **1·** Ouverture dans les chairs. → **blessure, lésion.** *Plaie profonde. Plaie mortelle. Les lèvres de la plaie. Désinfecter, panser une plaie. La plaie se cicatrise.* **2·** Abstrait. Blessure, déchirement. *Les plaies du cœur.* – Loc. *Retourner le fer, le couteau dans la plaie*, faire souffrir en attisant une cause de douleur morale. – *Panser les plaies*, réparer les dégâts. **3·** *Les sept plaies d'Égypte*, fléaux dévastateurs. **4·** Fam. *C'est une vraie plaie, quelle plaie !*, c'est une chose, une personne insupportable.

plaignant, ante [plɛɲɑ̃, ɑ̃t] adj. et n. Qui dépose une plainte en justice. *La partie plaignante, le plaignant, dans un procès.*

plain, plaine [plɛ̃, plɛn] adj. ≠ plein. Vx. Dont la surface est unie. → **plan, plat.** – En composés. → **plain-chant**, de **plain-pied.** *Terre-plain.* → **terre-plein.** ▷ **plaine**, de **plain-pied**

plain-chant [plɛ̃ʃɑ̃] n. m. Musique vocale rituelle de la liturgie catholique romaine. → **grégorien.** *Des plains-chants.*

plaindre [plɛ̃dʀ] v. tr. < conjug. 52 > **I·** V. tr. **1·** Considérer (qqn) avec un sentiment de pitié, de compassion ; témoigner de la compassion à. *Je te plains d'avoir tant de malheurs. Être **à plaindre*** : mériter d'être plaint. *Il est plus à plaindre qu'à blâmer. Elle aime se faire plaindre*, qu'on la plaigne. **2·** Loc. *Il ne plaint pas sa peine*, il travaille avec zèle, sans se ménager. **II·** ***Se plaindre*** v. pron. **1·** Exprimer sa peine ou sa souffrance par des pleurs, des gémissements, des paroles... → **se lamenter ; plainte.** *Il ne se plaignait jamais. Elle se plaint de maux de tête.* **2·** Exprimer son mécontentement (au sujet de qqn, qqch.). → **protester, râler** ; fam. **rouspéter.** *Se plaindre de qqn*, lui reprocher son attitude. *Se plaindre de son sort.* Sans compl. *Il se plaint sans cesse.* – *Se plaindre à qqn*, protester, récriminer auprès de lui, au sujet d'une personne ou d'une chose. *J'irai me plaindre de cet employé (me plaindre de lui) au chef de service. J'irai me plaindre de ce vol (m'en plaindre).* – *Se plaindre de* (+ infinitif). *Elle se plaignit d'avoir trop à faire.* – *Se plaindre que* (+ subjonctif ou indicatif). *Il se plaint qu'on ne lui donnait pas assez à manger.* – *Le professeur se plaint de ce que vous n'obéissez pas.* – *Ne te plains pas s'il te punit* (tu le mérites, tu ne l'auras pas volé). *Je ne m'en plains pas*, j'en suis assez content. ▷ **plaignant, plainte**

plaine [plɛn] n. f. Vaste étendue de pays plat ou faiblement ondulé → **pénéplaine** et moins élevée que les pays environnants. *Une immense plaine. Dans les plaines. Plaines et plateaux.* « *Waterloo* [...], *morne plaine* » (Victor Hugo). – (Collectif) *La plaine et la montagne.* ▷ **pénéplaine**

de plain-pied [d(ə)plɛ̃pje] loc. adv. Au même niveau. *Des pièces ouvertes de plain-pied sur une terrasse.* – Loc. *Être de plain-pied avec qqn*, être sur le même plan d'égalité, en relations aisées et naturelles avec lui.

plainte [plɛ̃t] n. f. **I·** **1·** Expression vocale de la douleur. → **gémissement, hurlement, lamenta-**

tion, pleur ; se **plaindre.** *Les blessés poussaient des plaintes déchirantes.* – *Une plainte muette,* exprimée par le regard, le visage, les gestes. – Son qui évoque la plainte. *La plainte du vent.* **2**· Expression d'un mécontentement. → **blâme, doléance, grief.** *Les plaintes et les revendications des salariés.* **II**· Dénonciation en justice d'une infraction par la personne qui affirme en être la victime. *Elle a déposé une plainte contre son agresseur. Retirer sa plainte.* – Loc. ***Porter plainte*** *pour vol, contre qqn.* ≠ plinthe. ▶ **plaintif, ive** adj. Qui a l'accent, la sonorité d'une plainte (1) généralement douce, faible. *Une voix plaintive.* ▶ **plaintivement** adv. *Elle réclama plaintivement à boire.* ▷ **complainte**

plaire [plɛʀ] v. tr. ind. <conjug. 54> **I**· (Personnes) **1**· *Plaire à :* être d'une fréquentation agréable à (qqn), lui procurer une satisfaction. → **captiver, charmer, séduire.** / contr. déplaire / *Chercher à plaire à qqn. Cet individu ne me plaît pas du tout.* **2**· Éveiller l'amour, le désir de qqn. *Elle lui plut, il l'épousa.* **3**· (Sans objet précisé) Plaire aux autres, aux gens à qui on a affaire. *Il plaît,* il est aimable, charmant. **II**· (Choses) **1**· Être agréable à. → **convenir.** *Cette situation lui plaît. Ce film m'a beaucoup plu.* → **enchanter, ravir, réjouir.** *Si ça vous plaît* (→ Si ça vous chante). → **plaisir.** – Loc. *Cela vous plaît à dire* (mais je n'en crois rien). **2**· Sans compl. *Le film a plu.* → **réussir.** *Un modèle qui plaît.* **III**· Impers. **1**· *Il... plaît. Il me plaît de commander.* → **aimer, vouloir.** *Tant qu'il vous plaira,* tant que vous voudrez. *Faites ce qui vous plaît,* ce que vous voudrez, distinct de *faites ce qu'il vous plaît,* ce que vous aimez. **2**· ***S'il te plaît, s'il vous plaît*** *:* formule de politesse, dans une demande, un conseil, un ordre. → **S. T. P.** (fam.), **S. V. P.** *Comment dites-vous cela, s'il vous plaît ?* **3**· Vieilli. ***Plaît-il ?*** (employé pour faire répéter ce qu'on a mal entendu ou compris). → **comment, pardon.** **4**· Littér. Au subjonctif. ***Plaise..., plût...*** (en tête de phrase). *Plaise, plût à Dieu, au ciel que...,* pour marquer qu'on souhaite qqch. **IV**· ***Se plaire*** v. pron. **REM.** Le participe passé est toujours invar. **1**· (Réfl.) Plaire à soi-même, être content de soi. *Je me plais bien avec les cheveux longs.* **2**· (Récipr.) Se plaire l'un à l'autre. *Ils se sont plu.* **3**· ***Se plaire à :*** prendre plaisir à. → **aimer,** s'**intéresser.** *Il se plaît au travail, à travailler. Elle s'est plu à le dénigrer.* → se **complaire.** **4**· Trouver du plaisir, de l'agrément à être dans (un lieu, une compagnie, un milieu). *Il se plaît beaucoup à la campagne. Je me plais avec (auprès de) toi.* ▷ **complaire, déplaire,** de **plaisance, plaisant, plaisir**

de plaisance [plɛzɑ̃s] loc. adj. invar. *Un bateau de plaisance ; navigation de plaisance,* pour l'agrément ou le sport. – *La plaisance,* la navigation de plaisance. ▶ **plaisancier** n. m. Personne qui pratique la navigation de plaisance.

plaisant, ante [plɛzɑ̃,ɑ̃t] adj. et n. m. **I**· Adj. **1**· Qui plaît, procure du plaisir. → **agréable, attrayant.** / contr. déplaisant / *Une maison plaisante.* → **aimable, gai.** *Ce n'est guère plaisant.* → **engageant.** – (Personnes) *Qui plaît par son agrément. C'est une femme plaisante.* → **aimable.** **2**· Qui plaît en amusant, en faisant rire. → **comique, drôle** ; fam. **rigolo.** *Je vais vous raconter une anecdote assez plaisante.* **3**· Iron et littér. Bizarre, risible. *Je vous trouve plaisant d'oser me dire cela à moi.* **II**· N. m. **1**· Littér. *Le plaisant de qqch.,* ce qui plaît, ce qui amuse. **2**· ***Mauvais plaisant*** *:* personne qui fait des plaisanteries de mauvais goût. → **plaisantin.** *Un mauvais plaisant a remplacé le sucre par du sel.* ▶ **plaisamment** adv. **1**· De façon agréable. *Causer plaisamment.* **2**· D'une manière comique. *Une colère plaisamment simulée.* ▷ **plaisanter**

plaisanter [plɛzɑ̃te] v. <conjug. 1> **I**· V. intr. **1**· Faire ou (plus souvent) dire des choses destinées à faire rire ou à amuser. → **blaguer.** *Je ne suis pas d'humeur à plaisanter. Ils ont plaisanté à propos de tout et sur tout le monde.* **2**· Dire ou faire qqch. par jeu, sans penser être pris au sérieux. *C'est un homme qui ne plaisante pas,* qui prend tout au sérieux. *Ne plaisantez pas avec cela,* n'en riez pas. **II**· V. tr. (Compl. personne) Railler légèrement, sans méchanceté. → **taquiner.** *Il aime bien plaisanter sa sœur sur ses robes.* ▶ **plaisanterie** n. f. **1**· Propos destinés à faire rire, à amuser. *Il ne fait que des plaisanteries de mauvais goût. Savoir manier la plaisanterie* (→ **humour**). – Loc. *Trêve de plaisanterie,* revenons aux choses sérieuses. **2**· Propos ou actes visant à se moquer. → **quolibet, taquinerie.** *C'était une plaisanterie à l'adresse de ta famille. Être victime d'une mauvaise plaisanterie.* → **farce.** *Il ne comprend pas la plaisanterie.* **3**· Chose peu sérieuse, dérisoire, très facile. → **bêtise.** *Faire des réformes ? La bonne plaisanterie !* → **blague.** *Ce sera pour lui une plaisanterie de battre ce record.* → **bagatelle.** ▶ **plaisantin** n. m. Personne (en général, homme) qui plaisante trop, qui fait des plaisanteries d'un goût douteux. → mauvais **plaisant.** *C'est un plaisantin, mais il n'est pas méchant.* – *Vous êtes un petit plaisantin !*

plaisir [pleziʀ] n. m. **I**· Sensation ou émotion agréable, liée à la satisfaction d'un désir, d'un besoin matériel ou mental. **1**· *Le plaisir.* → **bien-être, contentement.** / contr. déplaisir, douleur / *Le plaisir esthétique. La recherche du plaisir. Éprouver du plaisir à... Je vous souhaite bien du plaisir,* formule de politesse ironique. – ***Faire plaisir*** *:* être agréable (à qqn) en rendant service, etc. *Il aime faire plaisir (à...). Voulez-vous me faire le plaisir de dîner avec moi ?* (Par menace) *Fais-moi le plaisir de te taire !* **2·** Absolt. *Le plaisir,* le plaisir dans l'acte sexuel. → **orgasme, volupté.** **3·** ***Un plaisir, les plaisirs :*** émotion, sentiment agréable (correspondant à des circonstances particulières). *Les plaisirs de l'alpinisme.* → **joie.** – *Il prend un malin plaisir à nous embêter.* **4·** ***Le plaisir de*** *qqch.* : le plaisir causé par (une chose, un objet, ou une espèce d'objets). *Le plaisir du devoir accompli.* → **satisfaction.** **5·** Loc. *Prendre plaisir à* (+ infinitif), aimer. *Il prend plaisir à travailler. Avoir du plaisir à* (+ infinitif), être charmé, ravi de. *J'espère que nous aurons bientôt le plaisir de vous voir.* → **avantage.** – *Ce sera un plaisir de les voir.* – *Au plaisir de vous revoir,* formule aimable d'adieu. Ellipt. Fam. *Au plaisir !* **6·** ***Pour le plaisir, pour son plaisir, par plaisir :*** sans autre raison que le plaisir qu'on y trouve. *Il ment pour le plaisir, par plaisir. Il navigue pour le plaisir,* pas pour gagner de l'argent. **7·** ***Avec plaisir.*** *Travailler avec plaisir. « Viendrez-vous ? – Avec grand plaisir. »* **II·** ***Les plaisirs :*** ce qui peut donner une émotion ou une sensation agréable (objets ou actions). → **agrément, amusement, distraction, divertissement.** – Au sing. *C'est un plaisir coûteux.* – *Il court après les plaisirs de la vie. Réserver une part de son budget pour ses* ***menus plaisirs.*** – Au plur. *Mener une vie de plaisirs,* rechercher les boissons, les bons repas, les rapports amoureux. – (Sing. collectif) *Fréquenter les lieux de plaisir.* **III·** (Dans des expressions) **1·** *Si c'est votre plaisir, si c'est votre bon plaisir,* si c'est ce qu'il vous plaît de faire, d'ordonner. *Le* ***bon plaisir*** *du roi :* sa volonté, acceptée sans discussion. **2·** ***À plaisir :*** en obéissant à un caprice, sans justification raisonnable. *Il se lamente à plaisir,* sans raison. ▷ **déplaisir**

① **plan, plane** [plɑ̃, plan] adj. **1·** Sans aspérité, inégalité, ni courbure (d'une surface). → **plain, plat, uni.** /contr. courbe/ *Surface, figure plane.* **2·** *Géométrie plane,* qui étudie les figures planes (opposé à *dans l'espace*). ▶ ② **plan** n. m. **1·** Surface plane (dans quelques emplois). ***Plan incliné.*** *Accès en plan incliné pour les handicapés.* – ***Plan d'eau :*** surface d'eau calme et unie. **2·** En géométrie. Surface infinie contenant trois points non alignés ou deux droites parallèles. *Plans sécants perpendiculaires.* **3·** Chacune des surfaces perpendiculaires à la direction du regard, représentant les profondeurs, les éloignements (dessin, peinture, photo). *Au premier plan,* à peu de distance. – Loc. *Mettre qqch. au premier plan,* lui accorder une importance primordiale, essentielle. *Je les mets tous sur le même plan. En arrière-plan,* derrière. – ***Sur le plan*** *de* (suivi d'un nom), *sur le plan* (suivi d'un adj. abstrait) : au point de vue (de). *Sur le plan logique, moral.* – ***Au plan*** (même sens). → **au niveau, quant** à (en ce qui concerne). – REM. Cet emploi est critiqué. **4·** Image (photo), succession d'images (cinéma) définie par l'éloignement de l'objectif et de la scène à photographier, et par le contenu de cette image (dimension des objets). *Gros plan de visage. Plan américain,* à mi-corps. *Plan général, plan panoramique.* – Prise de vue effectuée sans interruption : les images qui en résultent. *Scène, séquence tournée en dix-huit plans. Plan séquence,* plan qui dure pendant une séquence entière. ▷ **aéroplane, aplanir, arrière-plan, biplan, deltaplane, monoplan, planer, planeur**

③ **plan** n. m. **I· 1·** Représentation (d'une construction, d'un jardin, etc.) en projection horizontale. *Dessiner le plan d'un bâtiment. Tracer un plan.* → **schéma.** **2·** Carte à grande échelle (d'une ville, d'un réseau de communications). *Plan de Paris.* **3·** Reproduction en projection orthogonale (d'une machine). *Plans et notice technique d'un avion.* **II· 1·** Projet élaboré, comportant une suite ordonnée d'opérations destinée à atteindre un but. *Plan d'action. Plan d'épargne. Avoir, exécuter un plan. Un bon plan.* – Fam. Occupation ; bonne trouvaille. *J'ai un plan pour samedi soir.* **2·** *Plan d'une œuvre, d'un ouvrage,* disposition, organisation de ses parties. → **canevas.** *Plan en trois parties.* **3·** Ensemble des dispositions arrêtées en vue de l'exécution d'un projet. → **planification, planning.** *Plan économique. Les services du Plan,* de l'administration qui prépare les grands plans d'équipement, en France (→ **planifier**). **4·** Fam. ***En plan :*** sur place, sans s'en occuper. → **abandonner, planter** là. *Tous les projets sont restés en plan.* → **en suspens.** ▷ **planifier**

① **planche** [plɑ̃ʃ] n. f. **1·** Pièce de bois plane, plus longue que large. → **latte, planchette.** *Débiter en planches un tronc d'arbre. Scier une planche.* – Loc. *Planche à dessin,* panneau de bois parfaitement plan sur lequel on fixe une feuille de papier à dessin. *Planche à laver, à repasser. Planche à pain,* sur laquelle on pose le pain pour le couper. Fam. Femme plate et maigre. – Loc. *Être cloué entre quatre planches,* mort et enfermé dans le cercueil. – Loc. *Planche de salut,* suprême appui ; ultime ressource, dernier moyen. – *Faire la planche,* flotter sur le dos. **2·** ***Les planches :*** le plancher de la scène, au théâtre. *Monter sur les planches,* en scène ; faire du théâtre. **3·** Pièce de bois plate et mince ; plaque, feuille de métal poli, destinée à la gravure. *Planche à billets,* servant à imprimer les billets de banque. **4·** Estampe tirée sur une planche gravée. *Une planche de Dürer.* – Feuille ornée d'une gravure. *Les planches en couleurs d'un livre.* **5·** ***Planche à roulettes :*** munie de roulettes comme un patin ou une patinette. → **skate-board.** – *Planche à voile* : munie d'une dérive, d'un mât et d'une voile (→ **planchiste, véliplanchiste**). ▶ **planchette** n. f. Petite planche. → **tablette.** ▷ ① **plancher, planchiste**

② **planche** n. f. Bande de terre cultivée dans un jardin. *Elle a semé une planche de radis.*

① **plancher** [plɑ̃ʃe] n. m. **1·** Partie d'une construction qui constitue une plate-forme horizontale au rez-de-chaussée, ou une séparation entre deux étages. *Le plancher* (bas) *et le plafond* (haut) *d'une pièce.* **2·** Sol de la pièce constitué d'un assemblage de bois (plus grossier que le parquet). *Les lattes, lames d'un plancher. Plancher de sapin.* – Sol (d'un véhicule, etc.). *Le plancher d'un ascenseur.* – Loc. fam. *Débarrasser le plancher,* sortir, être chassé. – *Le plancher des vaches,* la terre ferme. **3·** Abstrait. Limite inférieure (opposé à *plafond*). – En appos. *Prix plancher,* minimum. ▶ **planchéier** [plɑ̃ʃeje] v. tr. <conjug. 7> Garnir (le sol, les parois intérieures d'une construction) d'un assemblage de planches.

② **plancher** v. intr. <conjug. 1> Terme d'écolier. Subir une interrogation, faire un travail au tableau ou par écrit. *Les candidats ont planché pendant une heure.*

planchiste [plɑ̃ʃist] n. Personne qui pratique la planche à voile. → **véliplanchiste.**

plancton [plɑ̃ktɔ̃] n. m. Collectif. Animaux (crevettes...) et végétaux (algues...) microscopiques vivant en suspension dans l'eau de mer. → **krill.** *Le plancton est la nourriture de certains oiseaux, de poissons et des baleines.* ▷ **phyto-, zooplancton**

planer [plane] v. intr. <conjug. 1> **1·** (Oiseaux) Se soutenir en l'air sans remuer ou sans paraître remuer les ailes. → **voler.** *Des faucons planaient.* – (Avions) Voler, le moteur coupé ou à puissance réduite. – (Planeurs) Voler. **2·** Littér. Considérer de haut, dominer du regard. *L'œil plane sur la ville entière.* **3·** Dominer par la pensée. *Planer au-dessus des querelles.* **4·** Rêver, être perdu dans l'abstraction. *Il a toujours l'air de planer.* – Fam. Être dans une rêverie agréable (→ **planant**). **5·** (Choses) Flotter en l'air. *Une vapeur épaisse planait.* **6·** Abstrait. Constituer une présence menaçante. *Un danger planait sur nous.* ▶ **plané, ée** adj. *Vol plané* (d'un oiseau qui plane ; d'un avion dont les moteurs sont arrêtés). – Fam. *Faire un vol plané,* une chute. ▶ **planant, ante** adj. Fam. Qui fait planer (4). *Musique planante.* ▷ **aéroplane, planeur**

planète [planɛt] n. f. Corps céleste qui tourne autour du Soleil (ou d'une étoile) et n'émet pas de lumière propre. *Les principales planètes (du système solaire) sont Mercure, Vénus, la Terre, Mars, Jupiter, Saturne, Uranus, Neptune* (Pluton n'est plus considéré comme tel). *La Lune n'est pas une planète, mais un satellite de la Terre. La trajectoire d'une planète. Les planètes empruntent leur lumière au Soleil. Certaines planètes ne font pas partie du système solaire.* → **exoplanète.** ▶ **planétaire** adj. **1·** Relatif aux planètes. *Le système planétaire.* **2·** Relatif à toute la planète Terre. → **mondial.** *L'expansion planétaire de la technique moderne.* ▶ **planétarium** [planetaʀjɔm] n. m. Représentation, à des fins pédagogiques, des corps célestes sur la voûte d'un bâtiment. *Des planétariums.* ▷ **exoplanète, interplanétaire**

planeur [planœʀ] n. m. Appareil semblable à un avion léger, mais sans moteur, et destiné à planer. *Pilotage des planeurs,* vol à voile. → **deltaplane.**

planeuse [planøz] n. f. Techniques. Machine à aplanir, à dresser les tôles.

plani- Élément signifiant « ② plan » (ex. : *planisphère*) et « ③ plan » (ex. : *planifier*).

planifier [planifje] v. tr. <conjug. 7> Organiser suivant un plan ③. *Planifier l'économie d'une région.* – Au p. p. adj. *Économie planifiée.* ▶ **planificateur, trice** n. Personne qui organise selon un plan. – Adj. *Mesures planificatrices.* ▶ **planification** n. f. Organisation selon un plan. *La planification de l'économie. Planification des naissances.* → **planning** (2).

planisphère [planisfɛʀ] n. m. Carte où l'ensemble du monde est représenté en projection plane. *Des beaux planisphères.* ≠ mappemonde, globe terrestre.

planning [planiŋ] n. m. Anglic. **1·** Plan de travail détaillé, programme chiffré de l'activité d'une entreprise. *Planning industriel. Des plannings.* **2·** *Planning familial,* planification des naissances dans un foyer. → **contraception.** ▷ **rétroplanning**

planque [plɑ̃k] n. f. **1·** Fam. Lieu où l'on cache qqch. ou qqn. → **cachette.** **2·** Place abritée, peu exposée ; place où le travail est facile. → **combine, filon.** *Il a trouvé une bonne planque.* ▶ **planquer** v. tr. <conjug. 1> **1·** Cacher, mettre à l'abri. *Il a planqué le fric.* **2·** *Se planquer* v. pron. : se mettre à l'abri du danger (surtout en temps de guerre). → **s'embusquer.** – Au p. p. adj. *Planqué, ée.* – N. *Il ne risque rien, c'est un planqué.*

plant [plɑ̃] n. m. **1·** Ensemble de végétaux de même espèce plantés dans un même terrain ; ce terrain. → **pépinière.** *Un plant de carottes.* **2·** Végétal au début de sa croissance, destiné à être repiqué ou qui vient de l'être. *Il faut repiquer les plants de salades.* ≠ plan.

plantage [plɑ̃taʒ] n. m. **1·** Action, manière de planter. → **plantation.** *Le plantage d'un arbre.* **2·** Fam. Fait de se planter. *Le plantage d'un film.* → **échec.** – *Le plantage d'un ordinateur.* → **bug.**

① **plantain** [plɑ̃tɛ̃] n. m. Herbe très commune, dont la semence sert à nourrir les oiseaux.

② **plantain** n. N. m. Variété de bananier dont le fruit se mange cuit. – En appos. *Banane plantain,* servie en légume. N. f. *Une, des plantains,* cette, ces bananes.

plantation [plɑ̃tasjɔ̃] n. f. **I·** Action, manière de planter. *Plantation à la bêche. C'est la saison des plantations.* **II· 1·** Ensemble de végétaux plantés (généralement au plur.). *L'orage a saccagé les plantations.* → **culture. 2·** Terrain, champ planté. *Une plantation de légumes* (potager), *d'arbres fruitiers* (verger). **3·** Exploitation agricole de produits tropicaux. → **planteur.** *Le régisseur de la plantation.* **III·** *La plantation des cheveux,* la manière dont ils sont plantés (I, 4), la ligne qui délimite la chevelure. → **implantation.**

① **plante** [plɑ̃t] n. f. Végétal (surtout végétal à racine, tige, feuilles [opposé à *mousse,* etc.], de petite taille [opposé à *arbre*]). *Les animaux et les plantes. Étude des plantes.* → **botanique.** *Les plantes d'un lieu, d'un pays.* → **flore, végétation.** *Plante grimpante, naine, rampante. Plantes grasses,* les cactus. *Plantes ornementales.* → **fleur.** *Plantes d'appartement, plantes vertes,* sans fleurs, à feuilles toujours vertes.

② **plante** n. f. Face inférieure (du pied) ; la partie comprise entre le talon et la base des orteils. → **plantaire.** *La plante des pieds.* ▶ **plantaire** adj. De la plante des pieds. *Voûte plantaire.* ▷ **plantigrade**

planter [plɑ̃te] v. tr. < conjug. 1 > **I· 1·** Mettre, fixer (un plant, une plante) en terre. / contr. arracher, déraciner / *Planter des salades.* → **repiquer. 2·** Mettre en terre (des graines, bulbes, tubercules). → **semer.** *Planter des haricots.* **3·** *Planter un lieu,* garnir de végétaux qu'on plante par plants ou semences. → **ensemencer.** – Au p. p. adj. *Avenue plantée d'arbres.* **4·** Enfoncer, faire entrer en terre (un objet). → **ficher.** *Planter un pieu. Planter des clous.* – Pronominalement (réfl.). *Une écharde s'est plantée dans son pied.* – Au passif. *Être planté* (cheveux, poils de barbe, dents), pousser d'une certaine façon. – Au p. p. adj. *Cheveux plantés serré.* **5·** Mettre, placer debout, droit. → **dresser.** *Planter sa tente. Planter les décors,* les disposer sur scène. **6·** ***Planter là*** : abandonner brusquement (une personne, une chose en un endroit). *Il l'a planté là et s'est enfui en courant. Elle est décidée à tout planter là.* **II·** ***Se planter*** v. pron. **1·** (Passif) *Arbuste qui se plante en automne.* **2·** S'enfoncer. *La flèche s'est plantée dans la cible.* **3·** (Personnes) Se tenir debout et immobile (par rapport à qqch.). *Il est venu se planter devant nous.* → **se camper. 4·** Fam. (Automobile et passagers) Sortir de la route. *La voiture s'est plantée à la sortie du virage.* – (Abstrait) Échouer. *Elle s'est plantée à son examen.* **5·** Intransitivement. *Ordinateur qui plante,* qui cesse de fonctionner. → **bugger.** *L'ordinateur a planté, est planté.* ▶ **planté, ée** adj. (Personnes) **1·** *Bien planté,* droit et ferme sur ses jambes, bien bâti. **2·** *Planté quelque part,* debout et immobile. *Ne restez pas planté là à me regarder.* ▶ **planteur, euse** n. Agriculteur(trice), arboriculteur(trice) qui possède et exploite une plantation (3) dans les pays tropicaux. *Un riche planteur de café.* ▶ **plantoir** n. m. Outil de jardinage (en bois, en fer, ou en plastique rigide) taillé en pointe pour ouvrir dans le sol le trou qui recevra le plant à repiquer. ▷ **déplanter, implanter, plant, plantage, plantain, plantation,** ① **plante, replanter, transplanter**

plantigrade [plɑ̃tigʀad] adj. et n. m. Qui marche sur la plante des pieds (opposé à *digitigrade*). *L'homme, l'ours sont plantigrades.* – N. m. *Les plantigrades.*

planton [plɑ̃tɔ̃] n. m. **1·** Soldat de service auprès d'un officier supérieur, pour porter ses ordres ; sentinelle sans armes. **2·** Fam. *Faire le planton une heure pour voir qqn,* attendre debout.

plantureux, euse [plɑ̃tyʀø, øz] adj. **1·** Très abondant. *Repas plantureux et bien arrosé.* → **copieux. 2·** *Femme plantureuse,* grande et bien en chair, aux formes généreuses. ▶ **plantureusement** adv.

plaque [plak] n. f. **I· 1·** Feuille d'une matière rigide, plate et peu épaisse. *Plaque d'égout en fonte. Plaque de propreté en plastique, en laiton,* appliquée autour des poignées de portes. *Les plaques chauffantes d'une cuisinière électrique.* – *Plaque de chocolat.* → **plaquette.** – Couche peu épaisse. *Plaque de verglas.* – Loc. fig. fam. *Être à côté de la plaque,* se tromper, être à côté de la question. **2·** Plaque portant une inscription. *Plaque d'identité. Plaque d'immatriculation.* **3·** ***Plaque tournante*** : plate-forme tournante, servant à déplacer le matériel roulant. – Carrefour, centre. *Paris est la plaque tournante de la France.* **4·** En photographie argentique. *Plaque sensible,* support rigide recouvert d'une émulsion sensible. ≠ film, pellicule (qui sont souples). **5·** En géologie. Fraction de l'écorce terrestre formant un bloc. *La tectonique* des plaques.* **II·** Tache. *Avoir des plaques rouges sur le visage.* ▶ **plaquette** n. f. **1·** Petite plaque. *Une plaquette de beurre* (125 g). **2·** Petit livre très mince. *Lire une plaquette de vers.* ▶ **plaquer** v. tr. < conjug. 1 > **I· 1·** Appliquer (une plaque) sur qqch. → **coller. 2·** Mettre (qqch.) à plat.

Elle a plaqué ses cheveux, elle s'est plaqué les cheveux. **3·** *Plaquer un accord,* en produire les notes ensemble avec force. **4·** *Plaquer qqn contre, sur qqch.,* l'y appuyer avec force. – En sports. Faire tomber (le porteur du ballon) en le saisissant par les jambes. → **plaquage. II·** Fam. Abandonner (qqn, qqch.). *Elle a plaqué son mari. Il a tout plaqué pour elle.* → **lâcher. III·** Couvrir (qqch.) d'une couche plate (de métal, de bois...). – Au p. p. adj. *Un meuble plaqué de merisier. Des bijoux plaqués.* → bijoux **fantaisie.** ▶ **plaquage** n. m. **1·** Confection d'un placage. **2·** En sports. Action de plaquer (I, 4) un adversaire. **3·** Fam. Abandon. ≠ placage. ▶ **plaqué** n. m. Métal recouvert d'un autre plus précieux. *Plaqué or.* ▶ **plaquiste** n. Professionnel(le) du bâtiment qui pose des panneaux préfabriqués. ▷ **contreplaqué, placage, placard**

plasma [plasma] n. m. **I·** *Plasma sanguin,* partie liquide du sang. → **sérum. II·** Gaz entièrement ionisé. *Le plasma solaire. Expériences sur les plasmas.* – *Écran (à) plasma,* écran plat utilisant la lumière produite par l'ionisation d'un gaz scellé sous verre. ▶ **plasmatique** adj. Relatif aux plasmas (II). ▶ **plasmique** adj. Relatif au plasma (I) sanguin.

plast-, -plaste, -plastie Éléments signifiant « modeler » (ex. : *galvanoplastie*).

plastic [plastik] n. m. Masse d'explosif ayant la consistance du mastic. *Attentat au plastic.* → **plastiquer.** ≠ plastique. ▷ **plastiquer**

① **plastique** [plastik] adj. et n. f. **I· 1·** Relatif aux arts qui élaborent des formes. *Arts plastiques,* sculpture, architecture, dessin, peinture. *La beauté plastique d'une œuvre.* **2·** N. f. *Les règles de la plastique.* **3·** Beau de forme. *Des gestes plastiques.* **II·** Flexible, malléable, mou. / contr. rigide / *L'argile est plastique.* ▶ **plasticité** [plastisite] n. f. *La plasticité de la cire.* – *La plasticité du caractère de l'enfant.* ▶ **plastiquement** adv.

② **plastique** adj. et n. m. ***Matière plastique*** ou, n. m., ***un plastique*** : mélange contenant une matière de base susceptible d'être moulée (bakélite, cellulose, galalithe, nylon, résine, silicone...). *Seau, règle en matière plastique, en plastique. Des sacs (en) plastique.* ≠ plastic. ▶ **plastifier** v. tr. < conjug. 7 > Donner les propriétés d'une matière plastique à (une substance). – Couvrir, enrober de matière plastique. ≠ plastiquer. – Au p. p. adj. *Une carte d'identité plastifiée.*

plastiquer [plastike] v. tr. < conjug. 1 > Faire exploser au plastic. *Terroristes qui plastiquent une maison.* ≠ plastifier. ▶ **plastiqueur, euse** n. ▶ **plasticage** ou **plastiquage** n. m. Attentat au plastic.

plastron [plastʀɔ̃] n. m. Partie de certains vêtements qui recouvre la poitrine. *Plastron de chemise.* – *Plastron d'escrimeur* (protection). ▶ **plastronner** v. intr. < conjug. 1 > **1·** Bomber le torse. **2·** → **parader, poser.** *Il plastronne pour la galerie.*

① **plat, plate** [pla, plat] adj. **I·** Concret. **1·** Qui présente une surface plane ; horizontal. *Les Anciens croyaient que la Terre était plate. Pays plat,* plaine, plateau. / contr. accidenté, montagneux / **2·** Dont le fond est plat ou peu profond. *Assiette plate. Des huîtres plates.* **3·** Peu saillant. *Poitrine plate. Ventre plat.* ***À plat ventre*** loc. adv. : étendu, couché sur le ventre, la face contre terre. *Se coucher, se mettre à plat ventre,* sur le ventre. *Ils sont à plat ventre devant leurs supérieurs,* ils s'abaissent servilement. **4·** De peu d'épaisseur. *Avoir la bourse plate,* vide. *Talons plats.* / contr. haut / *Chaussures plates,* à talons plats. **5·** ***À plat*** loc. adv. : horizontalement, sur la surface plate. *Posez le tissu bien à plat.* – *Mettre, remettre à plat* (une question, un problème), en réexaminer dans le détail tous les éléments. – *Pneu à plat.* → **dégonflé.** – (Personnes) Fam. *Être à plat,* déprimé, épuisé. *Sa maladie l'a mis à plat.* – *Tomber à plat,* être un échec complet. *Ses plaisanteries tombent toujours à plat.* **6·** *Rimes plates,* alternance de deux vers à rime masculine et deux vers à rime féminine (opposé à *embrassé, croisé*). **II·** Fig. **1·** Sans caractère saillant ni qualité frappante. *Style plat.* → **fade, médiocre. 2·** (Personnes) Obséquieux. *Il est toujours très plat devant ses supérieurs* (→ ci-dessus, à plat ventre). *De plates excuses.* **3·** *De l'eau plate,* non gazeuse, non pétillante. ▷ **aplatir, méplat, omoplate, plafond, ② plat, ③ plat, plate, plateau, plate-bande, plate-forme, platement, ① platine, platitude, rapla-pla**

② **plat** n. m. **1·** La partie plate (de qqch.). *Le plat de la main,* la paume et les doigts non repliés. / contr. dos / *Le plat du dos* (opposé au *creux des reins*). – Partie plate d'une route (opposé à *côte, pente*). *Faire du vélo sur le plat.* **2·** Plongeon manqué où le corps frappe l'eau à plat. *Faire un plat.* **3·** Fam. ***Faire du plat*** *à qqn.* → **courtiser, flatter.** *Faire du plat à une femme,* tenter de la séduire par de belles paroles. **4·** Chacun des deux côtés de la reliure d'un livre.

③ **plat** n. m. **I· 1·** Pièce de vaisselle plus grande que l'assiette, dans laquelle on sert les aliments à table. *Des plats en porcelaine. Plats à poissons.* – *Des œufs au plat, sur le plat,* dont on fait cuire l'intérieur sans les brouiller. **2·** Loc. *Mettre les* *pieds dans le plat,* intervenir maladroitement. *Mettre les petits plats dans les grands,* se mettre en frais en l'honneur de qqn. **3·** ***Plat à barbe :*** plat ovale et creux, marqué d'une échancrure pour le cou, utilisé autrefois par les barbiers. **II·** Mets d'un repas. *Plats régionaux.* → **recette, spécialité.** *Plat garni,* composé de viande ou de poisson et de légumes. *Plat du jour,* au restaurant, plat qui varie selon les jours. *Plat de résistance,* plat principal. *Plat cuisiné.* – Fam. *Faire tout un plat de qqch.,* en faire toute une affaire. ▶ **platée** n. f. Contenu d'un plat. *Une platée de purée.* – Fam. Grosse quantité.

platane [platan] n. m. **1·** Arbre élevé, à large frondaison, à écorce lisse se détachant par plaques irrégulières. *Avenue bordée de platanes.* – Fam. *Rentrer dans un platane,* heurter un arbre (en voiture). **2·** ***Faux platane :*** variété d'érable (sycomore).

plate n. f. Région. Petite embarcation légère, à fond plat.

plateau [plato] n. m. **1·** Support plat servant à poser et à transporter divers objets. *Servir le déjeuner sur un plateau.* – *Plateau repas,* servi dans les avions, les cantines. *Plateau de fromages,* assortiment de fromages servis sur un plateau (à fromages). Loc. *Il voudrait qu'on lui apporte tout sur un plateau* (ou *sur un plat*), sans avoir d'effort à faire. – *Les plateaux d'une balance.* – *Plateau tournant où l'on pose les disques vinyles.* → ① **platine.** – *Plateau de chargement,* plancher mobile pour rassembler des marchandises à charger ou à décharger. ≠ palette. **2·** Étendue de pays assez plate et dominant les environs. *Plateau calcaire.* → **causse.** *Plateau continental,* fond marin proche des côtes, jusqu'à deux cents mètres de profondeur. → **plate-forme** (3). **3·** Plate-forme où est présenté un spectacle, etc. *Le plateau d'un théâtre,* les planches, la scène. *Le plateau d'un studio de cinéma. Être sur le plateau.* – Ensemble des installations, du personnel nécessaires à la prise de vues en studio. *Frais de plateau.*

plate-bande [platbɑ̃d] n. f. Bande de terre cultivée longeant un mur ou encadrant un plant. *Une plate-bande de tulipes.* – Loc. fam. *Marcher sur les plates-bandes de qqn,* empiéter sur son domaine.

plate-forme [platfɔʀm] n. f. **I· 1·** Surface plane, horizontale, plus ou moins surélevée. *Toit en plate-forme.* → **terrasse.** *Plate-forme de quai. Des plates-formes.* **2·** Partie ouverte, non munie de sièges (d'un véhicule public). **3·** Plateau (2). *Plate-forme continentale,* plateau immergé qui borde le continent (terme de géographie). **II·** Fig. Ensemble d'idées, sur lesquelles on s'appuie pour présenter une politique commune. → **base.** *La plate-forme électorale d'un parti.*

platement [platmɑ̃] adv. D'une manière plate (→ ① **plat,** II), banalement. *C'est écrit platement.*

① **platine** [platin] n. f. Support plat. *La platine d'un tourne-disque* et, absolt, *la platine. Des platines laser.* – *Platine de microscope,* lame mince portant l'objet à examiner.

② **platine** n. m. **1·** Métal plus précieux que l'or, blanc grisâtre. **2·** Adj. invar. De la couleur du platine. *Des cheveux platine.* ▶ ① **platiné, ée** adj. (Cheveux) Teint en blond presque blanc. – *Une blonde platinée.* → **peroxydé.**

② **platiné, ée** adj. Automobile. ***Vis platinées :*** pièces de contact pour l'allumage (ce ne sont plus des vis au platine).

platitude [platityd] n. f. **1·** Caractère de ce qui est plat, sans originalité. → **médiocrité ;** ① **plat** (II). **2·** ***Une platitude.*** → **banalité, fadaise.** *Débiter des platitudes.* **3·** Acte qui témoigne de servilité. → **bassesse.** *Il est incapable de faire des platitudes.*

platonicien, ienne [platɔnisjɛ̃, jɛn] adj. Qui s'inspire de la philosophie de Platon (et de ses disciples), appelée *platonisme,* n. m. *Philosophes platoniciens* et, n. m., *les platoniciens.*

platonique [platɔnik] adj. Qui a un caractère purement idéal (à cause de Platon et de sa théorie des idées). *Amour platonique,* où n'entre rien de physique, de sexuel. → **chaste, désintéressé.** – De pure forme. *Une décision platonique et inapplicable.* ▶ **platoniquement** adv. *Il l'aime platoniquement.*

plâtre [plɑtʀ] n. m. **1·** Gypse. *Carrière de plâtre.* **2·** Poudre blanche obtenue par cuisson et broyage du gypse et qui, une fois gâchée dans l'eau, fournit un matériau solide ou un mortier plastique. *Pierre à plâtre,* le gypse. *Sac de plâtre. Carreau de plâtre. Cloison de plâtre. Statuette de plâtre. Plâtre moulé.* → **stuc.** – Fig. *Du plâtre,* fromage insuffisamment fait. → **plâtreux** (3). – Loc. *Battre qqn comme plâtre,* avec violence. **3·** ***Les plâtres :*** les revêtements, les ouvrages de plâtre. *Refaire les plâtres.* Loc. *Essuyer les plâtres.* → **essuyer. 4·** *Un plâtre,* objet moulé en plâtre. **5·** Appareil formé de pièces de tissu imprégnées de plâtre, pour maintenir un organe immobile. *Avoir une jambe dans le plâtre. On lui enlève son plâtre demain.* ▶ **plâtras** [plɑtʀɑ] n. m. invar. **1·** Débris d'un ouvrage en plâtre. → **gravats.** *De gros plâtras se détachaient.* **2·** Chose informe et lourde. *Avoir un plâtras sur l'estomac,* l'estomac chargé. ▶ **plâtrer** v. tr. < conjug. 1 > **1·** Couvrir de plâtre ; sceller avec du plâtre. → **plâtrage.**

2· Mettre (un membre fracturé) dans un plâtre. *Il faudra lui plâtrer l'avant-bras.* – Au p. p. adj. *Une jambe plâtrée.* **3·** V. pron. Fam. ***Se plâtrer*** : se farder de blanc, exagérément et mal. ▶ **plâtrage** n. m. Action de plâtrer. ▶ **plâtrerie** n. f. **1·** Entreprise, usine où l'on fabrique le plâtre. → **plâtrière.** **2·** Travail du plâtrier. → **bâtiment, maçonnerie.** ▶ **plâtreux, euse** adj. **1·** Couvert de plâtre. **2·** D'une blancheur de plâtre. *Teint plâtreux.* **3·** Qui a la consistance du plâtre. *Fromage plâtreux.* / contr. crémeux / ▶ **plâtrier** n. m. Ouvrier qui utilise le plâtre gâché pour le revêtement et divers ouvrages. → **maçon.** *Plâtrier peintre. Elle est plâtrier.* ▶ **plâtrière** n. f. **1·** Carrière de gypse à plâtre. **2·** Four à plâtre ; usine où l'on fabrique le plâtre. ▷ **déplâtrer, emplâtre, replâtrer**

plausible [plozibl] adj. Qui semble devoir être admis. → **admissible, vraisemblable.** *C'est une raison très plausible.* → **probable.**

play-back [plɛbak] n. m. invar. Anglic. Enregistrement du son en plusieurs fois. *Des play-back.* – Spécialt. Interprétation mimée d'un rôle, d'un chant enregistré à l'avance. *Elle chante en play-back devant les caméras.*

play-boy [plɛbɔj] n. m. Anglic. Jeune homme élégant, séducteur, qui mène une vie consacrée aux femmes et aux loisirs. *Des play-boys.*

plèbe [plɛb] n. f. **1·** En histoire. Second ordre du peuple romain (opposé à l'ensemble des *patriciens*). → **plébéien.** **2·** Péj. et littér. Le bas peuple. → **populace, racaille.** ▶ **plébéien, ienne** [plebejɛ̃, jɛn] n. et adj. **1·** Romain(e) de la plèbe. / contr. patricien / **2·** Adj. Littér. *Des goûts plébéiens.* → **populaire.** / contr. aristocratique /

plébiscite [plebisit] n. m. Vote direct du corps électoral par oui ou par non sur un projet présenté par le pouvoir. ≠ référendum. ▶ **plébiscitaire** adj. *Consulter les électeurs par voie plébiscitaire.* ▶ **plébisciter** v. tr. < conjug. 1 > **1·** Voter (qqch.), désigner (qqn) par plébiscite. *Les Français ont plébiscité la fin de la guerre d'Algérie.* **2·** Élire (qqn) ou approuver (qqch.) à une majorité écrasante. *Ce modèle a été plébiscité par notre clientèle.*

-plégie Élément signifiant « paralyser ». ▷ **hémiplégie, paraplégie**

pléiade [plejad] n. f. Groupe de personnes remarquables. *Une pléiade de savants, d'écrivains.* – On écrit *Pléiade(s)* pour le nom propre : groupe d'étoiles ; écrivains du XVIᵉ siècle.

① **plein, pleine** [plɛ̃, plɛn] adj. **I· 1·** Sens fort. Qui contient toute la quantité possible. → **rempli.** / contr. vide / *Un verre plein, plein à ras bords.* Loc. *Une valise pleine à craquer.* – *Parler la bouche pleine. Avoir l'estomac plein.* **2·** (Personnes) *Un convive plein comme une barrique.* → **soûl.** Fam. *Un gros plein de soupe,* un homme gros, vulgaire. **3·** Se dit d'une femelle animale en gestation. → **gros.** *La jument est pleine.* **4·** Avant le nom. *Un plein panier de légumes,* le contenu d'un panier. – Loc. *Saisir qqch. à pleines mains,* sans hésiter, fermement. – *Sentir à plein nez,* très fort. **5·** Qui contient autant de personnes qu'il est possible. → **bondé.** *Les autobus sont pleins.* → **complet.** **6·** (Temps) *Une journée pleine,* complète ou bien occupée. **7·** Qui éprouve entièrement (un sentiment), est rempli (de connaissances, d'idées). *Avoir le cœur plein, gros,* avoir du chagrin. – (Personnes) ***Plein de*** : pénétré de. *Être plein de son sujet, d'une préoccupation.* – *Être plein de soi-même,* occupé et content de sa propre personne. *Il est plein de lui-même.* → **imbu, infatué.** **8·** Fam. ***Plein aux as*** : très riche. **II· 1·** Dont la matière occupe tout le volume. / contr. creux / *Une sphère pleine.* – (Formes humaines) Rond. → **dodu, potelé.** *Des joues pleines.* **2·** Qui est entier, à son maximum. *La pleine lune. Reliure pleine peau,* entièrement en peau. – *Un jour plein,* de 24 heures. *Travailler à plein temps, à temps plein.* / contr. partiel / **3·** Qui a sa plus grande force. → **total.** *Plein succès. Donner pleine satisfaction.* **4·** ***À plein, en plein*** loc. adv. → **pleinement, totalement.** *Argument qui porte à plein.* **5·** ***En plein(e),*** suivi d'un nom : au milieu de. *Vivre en plein air.* → **dehors.** *En pleine mer,* au large. *Se réveiller en pleine nuit.* – Exactement (dans, sur). *Visez en plein milieu.* **6·** Fam. ***En plein sur, en plein dans*** loc. adv. : juste, exactement. *En plein dans le mille. En plein dedans.* **7·** *La pleine mer,* le large. *Le plein air,* l'extérieur. **III·** Sens faible. ***Plein de*** : qui contient, qui a beaucoup de. *Un pré plein de fleurs,* qui abonde, regorge de fleurs. *Des yeux pleins de larmes. Les rues sont pleines de monde.* – (Personnes) *Être plein de santé.* – Fam. ***Tout plein de.*** *Expression toute pleine de candeur.* ▶ ② **plein** n. m. **I·** ***Le plein (de).*** **1·** État de ce qui est plein. *La lune était dans son plein.* **2·** ***Battre son plein*** : être à son point culminant. *Les fêtes battaient leur plein.* **3·** Plénitude, maximum. *C'était le plein de la bousculade.* **4·** *Faire le plein de,* emplir totalement un réservoir. *Faire le plein (d'essence). Donnez moi le plein en sans plomb.* **II·** ***Un plein.*** **1·** Endroit plein (d'une chose). *Les pleins et les vides.* **2·** Trait épais, dans l'écriture calligraphiée. *Un écolier qui fait des pleins et des déliés.* ▶ ③ **plein** prép. et adv. **1·** Prép. En grande quantité dans. *Avoir de l'argent plein les poches,* beaucoup. – Loc. *En avoir plein la bouche* (de qqn, qqch.), en parler fréquemment. Fam. *En avoir plein les bottes,* être fatigué d'avoir marché. *En avoir plein le dos,* en avoir assez. *En mettre plein les yeux, la vue à qqn.* – Fam. Partout sur. *Il avait du poil plein le dos.* **2·** Fam. ***Plein de*** loc. prép. → **beaucoup.** *Il y avait plein de monde.* **3·** Adv. Fam. ***Tout plein.*** → **très.** *C'est mignon tout plein. Elle est tout plein gentille.* ▶ **pleinement** adv. Entièrement, totalement. *Profiter pleinement de ses vacances. Il est pleinement responsable.* → **complètement.** ▶ **plein-emploi** ou **plein emploi** [plɛnɑ̃plwa] n. m. sing. Emploi de la totalité des travailleurs. / contr. chômage, sous-emploi / *Des politiques de plein-emploi.* ▶ **de plein fouet** [d(ə)plɛ̃fwɛ] adv. En plein et avec violence. *Les deux voitures se sont heurtées de plein fouet.* ▶ **plénière** [plenjɛʀ] adj. f. *Assemblée plénière,* où siègent tous les membres. – *Indulgence plénière,* complète, totale. ▷ **plénipotentiaire, plénitude, terre-plein, trop-plein**

plénipotentiaire [plenipɔtɑ̃sjɛʀ] n. m. et adj. Agent diplomatique qui a pleins pouvoirs pour l'accomplissement d'une mission. → **envoyé.** – Adj. *Ministre plénipotentiaire,* titre immédiatement inférieur à celui d'ambassadeur.

plénitude [plenityd] n. f. **1·** Littér. Ampleur, épanouissement. *La plénitude des formes.* **2·** État de ce qui est complet, dans toute sa force. *Un homme, une femme dans la plénitude de ses facultés.* → **intégrité, totalité ; maturité.**

pléonasme [pleɔnasm] n. m. Terme ou expression qui répète ce qui vient d'être énoncé. → **redondance.** *Pléonasme fautif* (ex. : *monter en haut ; prévoir d'avance*). ▶ **pléonastique** adj. Didact. Du pléonasme. *Tour pléonastique.*

plésiosaure [plezjɔzɔʀ] n. m. Grand reptile marin à long cou, saurien fossile de l'ère secondaire.

pléthore [pletɔʀ] n. f. Littér. Abondance, excès. / contr. pénurie / *La pléthore d'un produit sur le marché. Il y a pléthore de produits.* ▶ **pléthorique** adj. Abondant, surchargé. *Classes pléthoriques,* trop pleines.

pleur [plœʀ] n. m. **I·** Vx. Fait de pleurer. – Larmes. *Verser un pleur.* **II·** Au plur. ***Les pleurs.*** Le fait de pleurer, les larmes ; plaintes dues à une vive douleur. *Répandre, verser des pleurs.* – ***En pleurs.*** *Elle était tout en pleurs.*

pleural, ale, aux [plœʀal, o] adj. Qui concerne la plèvre. *Épanchement pleural.*

pleurer [plœʀe] v. intr. < conjug. 1 > **I· 1·** Répandre des larmes, sous l'effet d'une émotion. → **pleurnicher, sangloter ;** fam. **chialer.** / contr. rire / *J'ai envie de pleurer. Il pleurait à chaudes larmes, comme un veau,* beaucoup. – *Elle pleurait de rage. Un bébé qui pleure parce qu'il a faim.* → **crier.** – Loc. *C'est Jean qui pleure et Jean qui rit,* il passe facilement de la tristesse à la gaieté. **2·** ***À pleurer,*** *à faire pleurer* : au point de pleurer, de faire pleurer. → **déplorable.** *C'est triste à pleurer,* extrêmement. **3·** (En parlant d'un réflexe de protection de l'œil) *Le vent me fait pleurer. À force d'éplucher les oignons, on a les yeux qui pleurent.* **II· 1·** Être dans un état d'affliction. *Consoler ceux qui pleurent,* les affligés. – ***Pleurer sur*** : s'affliger à propos de (qqn, qqch.). *Pleurer sur son sort.* → **gémir,** se **lamenter. 2·** Présenter une demande d'une manière plaintive et pressante. *Il va pleurer auprès de son patron pour obtenir une augmentation.* – Fam. *Pleurer après qqch.,* réclamer avec insistance. **III·** Transitivement. **1·** Regretter, se lamenter sur. *Pleurer sa jeunesse enfuie,* la regretter. *Pleurer un enfant* (mort). – Fam. *Pleurer misère,* se plaindre. **2·** Fam. Accorder, dépenser à regret (seulement en locutions). *Pleurer le pain qu'on mange,* être avare. **3·** Laisser couler (des larmes, des pleurs). *Elle pleura des larmes de joie.* → **répandre, verser.** ▶ **pleurard, arde** adj. et n. **1·** Qui pleure à tout propos. → **pleurnicheur.** – N. *Un(e) pleurard(e) insupportable.* **2·** Air, ton *pleurard.* → **plaintif.** ▶ **pleureur** adj. m. ***Saule pleureur*** : dont les branches retombent vers le sol. ▶ **pleureuse** n. f. Femme payée pour pleurer aux funérailles. *Des pleureuses corses.* ▶ **pleurnicher** v. intr. < conjug. 1 > Fam. Pleurer sans raison, d'une manière affectée ; se plaindre sur un ton geignard. → **larmoyer.** ▶ **pleurnichement** n. m. ou **pleurnicherie** n. f. Fam. Le fait de pleurnicher. → **larmoiement.** ▶ **pleurnicheur, euse** ou **pleurnichard, arde** n. et adj. Fam. Personne qui pleurniche. – Adj. *Gamin pleurnicheur.* → **geignard, pleurard.** ▷ **pleur**

pleurésie [plœʀezi] n. f. Inflammation de la plèvre. *Pleurésie sèche,* sans épanchement (ou *pleurite,* n. f.). ▶ **pleurétique** adj. **1·** Relatif à la pleurésie. **2·** Qui souffre de pleurésie. – N. *Un, une pleurétique.*

pleurote [plœʀɔt] n. m. Champignon comestible apprécié, cultivé ou croissant naturellement sur les débris végétaux.

pleutre [pløtʀ] n. m. et adj. Littér. Homme sans courage. → **couard, lâche, poltron.** / contr. courageux / – Adj. *Elle est très pleutre.* ▶ **pleutrerie** n. f. Rare. Lâcheté.

pleuvoir [pløvwaʀ] v. impers. et intr. < conjug. 23 > **I·** V. impers. **1·** (Eau de pluie) Tomber. *Il pleut légèrement.* → **bruiner, pleuviner.** *Il pleuvait à verse, à flots, à seaux, à torrents.* – Fam. *Il pleut comme vache qui pisse,* très fort. *Ça pleut,* il pleut. **2·** Tomber. *Il pleut de grosses gouttes.* – Loc. fam. *Il ramasse de l'argent comme s'il en pleuvait.* → **beaucoup. II·** V. intr. (surtout 3e pers. du plur.) **1·** S'abattre, en parlant de ce que l'on compare à la pluie. *Les coups pleuvaient sur son dos.* **2·** Affluer, arriver en abondance. *Les contraventions pleuvent.* ▶ **pleuvasser, pleuvioter, pleuvoter** v. impers. < conjug. 1 > Pleuvoir légèrement, par petites averses. → **crachiner.** ▶ **pleuviner** ou **pluviner** v. impers. < conjug. 1 > Bruiner, faire du crachin. ▷ **repleuvoir**

plèvre [plɛvʀ] n. f. Chacune des deux membranes séreuses qui enveloppent les poumons (→ **pleural**). *Inflammation de la plèvre.* → **pleurésie.**

plexiglas [plɛksiglas] n. m. invar. Nom déposé. Plastique dur transparent imitant le verre.

plexus [plɛksys] n. m. invar. Réseau de nerfs ou de vaisseaux. *Plexus solaire,* au creux de l'estomac.

pli [pli] n. m. **1·** Partie d'une matière souple rabattue sur elle-même et formant une double ou une triple épaisseur. *Les plis d'un éventail. Jupe à plis.* → **plissé. 2·** Ondulation (d'un tissu flottant). *Les plis des drapeaux déployés dans le vent.* – Mouvement (de terrain) qui forme une ondulation. *Un pli de terrain.* → **plissement, repli. 3·** Marque qui reste à ce qui a été plié. → **pliure.** *Faire le pli d'un pantalon,* le repasser. – ***Faux pli*** ou, absolt, ***pli*** : endroit froissé ou mal ajusté ; pliure qui ne devrait pas exister. – Loc. fam. *Cela ne fait (ne fera) pas un pli,* c'est une affaire faite. **4·** ***Mise en plis*** : opération qui consiste à donner aux cheveux mouillés la forme, la frisure qu'ils garderont une fois secs. ≠ permanente. *Elle s'est fait une mise en plis.* **5·** Loc. ***Prendre un (le) pli*** : acquérir une habitude. *Elle a pris un mauvais pli.* **6·** Endroit de la peau qui forme une sorte de repli ou qui porte une marque semblable ; cette marque. *Les plis et les rides du visage.* **7·** Papier replié servant d'enveloppe. *Envoyer un message sous pli cacheté.* **8·** Levée aux cartes. *Gagner le pli. Faire dix plis.* ▷ **repli**

plie [pli] n. f. Poisson plat comestible. → **carrelet.** *Pêcher une plie, des plies.*

plier [plije] v. < conjug. 7 > **I·** V. tr. **1·** Rabattre (une chose souple) sur elle-même, mettre en double une ou plusieurs fois. / contr. déplier / *Plie ta serviette. Chose pliée en deux.* – Fam. *Plier ses affaires,* les ranger. *Plier bagage,* faire ses bagages, s'apprêter à partir, à fuir. **2·** Courber une chose flexible. → **ployer, recourber.** *Plier une branche.* – Au p. p. *Être plié en deux par l'âge.* → **courbé.** – Fam. *Être plié en deux* (de rire). **3·** Rabattre l'une sur l'autre (les parties d'un ensemble articulé) ; fermer (cet ensemble). → **replier.** *Plier une chaise longue. Plier les genoux.* **4·** (Compl. personne) Forcer à s'adapter. *Il plie ses élèves à une discipline sévère.* **5·** ***Se plier*** v. pron. : suivre, s'adapter par force. → **céder,** se **soumettre.** *Elle se plie à tous ses caprices.* → **obéir.** / contr. résister / *Il faut se plier aux circonstances.* **II·** V. intr. **1·** Se courber, fléchir. → **céder.** *L'arbre plie sous le poids des fruits.* → **s'affaisser. 2·** (Personnes) Céder, faiblir. *Rien ne le fit plier.* → **mollir.** ▶ **pliable** adj. Qui peut être plié sans casser. *Un carton pliable.* ▶ **pliage** n. m. *Le pliage du linge.* / contr. dépliage / ▶ **pliant, ante** adj. et n. m. **1·** Articulé de manière à pouvoir se plier. *Un lit pliant.* **2·** N. m. Siège de toile sans dossier ni bras, à pieds articulés en X. ▶ **plioir** n. m. Instrument, lame d'os ou d'ivoire, servant à travailler le papier. ▷ **déplier, pli, plisser, pliure, replier**

plinthe [plɛ̃t] n. f. Bande plate de menuiserie au bas d'une cloison, d'un lambris. ≠ plainte.

plisser [plise] v. tr. < conjug. 1 > Couvrir de plis. **1·** Modifier (une surface souple) en y faisant un arrangement de plis. *Plisser une jupe.* – Déformer par des faux plis. *Plisser ses vêtements en dormant tout habillé.* → **chiffonner, froisser. 2·** Contracter les muscles de... en formant un pli. → **froncer.** *Plisser les yeux,* fermer à demi les yeux. ▶ **plissage** n. m. Action de former des plis sur (une étoffe). ▶ **plissé, ée** adj. et n. m. **1·** Adj. À plis. *Jupe plissée.* **2·** Qui forme des plis. *Il a la peau toute plissée.* **3·** N. m. Ensemble, aspect des plis. *Le plissé d'une jupe.* ▶ **plissement** n. m. **1·** Action de plisser (la peau de). → **froncement.** *Le plissement de son front. Un plissement d'yeux.* **2·** Déformation des couches géologiques par pression latérale produisant un ensemble de plis. *Le plissement alpin.*

pliure [plijyʀ] n. f. Endroit où se forme un pli, où une partie se replie sur elle-même. *À la pliure du bras.* – Marque formée par un pli. *La pliure d'un ourlet.*

ploc [plɔk] interj. et n. m. Onomatopée traduisant la chute d'un objet qui s'écrase au sol ou s'enfonce dans l'eau. → **floc, plouf.** – N. m. *Avec un ploc sourd.*

ploiement [plwamɑ̃] n. m. Littér. L'action de ployer, de plier (qqch.) ; le fait de se ployer, d'être ployé. / contr. déploiement /

plomb [plɔ̃] n. m. **I·** ***Du plomb.*** **1·** Métal lourd d'un gris bleuâtre, mou, se laissant bien travailler. *Toiture en plomb, tuyau de plomb.* → **plomberie.** – ***Soldats de plomb*** : figurines représentant des soldats (à l'origine, en plomb). – *Mine de plomb,* utilisée pour dessiner. **2·** (Symbole de pesanteur, opposé à *plume*) *Lourd comme du plomb.* Loc. *Avoir du plomb dans l'estomac,* un poids sur l'estomac. *N'avoir pas de plomb dans la tête,* être léger, étourdi. *Ça lui mettra du plomb dans la tête,* ça le rendra plus réfléchi. – ***De plomb, en plomb*** : lourd. *Avoir, se sentir des jambes en plomb.*

Sommeil de plomb, très profond. *Un soleil de plomb.* **II·** ***Un plomb.*** **1·** *Plomb (de sonde),* masse de plomb attachée à l'extrémité d'une corde (pour sonder). **2·** Chacun des grains sphériques qui garnissent une cartouche de chasse. *Des plombs de chasse.* → **chevrotine.** **3·** Grains de plomb lestant un bas de ligne, un filet. *Le plomb et le flotteur.* – Petit disque de plomb portant une marque, qui sert à sceller un colis, un compteur de gaz, etc. → **sceau.** **4·** Baguette de plomb qui maintient les verres d'un vitrail. **5·** *Plomb fusible* ou, ellipt, *plomb,* fusible. *Les plombs ont sauté.* – Loc. fig. et fam. *Péter les plombs,* s'énerver ; devenir fou. **6·** Vx. *Les plombs,* les lieux d'aisance (sans eau courante). **III·** ***À plomb*** loc. adv. : verticalement (terme technique). *Mettre un mur à plomb.* → **aplomb.** *Fil à plomb.* → **fil.** ▷ **aplomb, plomber, plomberie, surplomber**

plomber [plɔ̃be] v. tr. < conjug. 1 > **1·** Garnir de plomb (pour lester, etc.) – Au p. p. adj. *Une ligne plombée.* – *Essence plombée,* qui contient du plomb. **2·** V. pron. Devenir livide. *Sa peau se plombait.* – Au p. p. adj. *Teint plombé.* **3·** Sceller avec un sceau de plomb. *Plomber un compteur de gaz.* – Au p. p. *Camion plombé par les douanes.* **4·** Obturer (une dent) avec un alliage argent-étain (amalgame). – Au p. p. adj. *Une dent plombée.* ▶ **plombage** n. m. Action de plomber (une dent). → **obturation.** – Fam. Amalgame* qui bouche le trou d'une dent. *Mon plombage est parti.*

plomberie [plɔ̃bʀi] n. f. **1·** Industrie de la fabrication des objets de plomb. **2·** Pose des couvertures en plomb, en zinc. – Pose des conduites et des appareils de distribution d'eau, de gaz, d'un édifice. *Entreprise de couverture, plomberie, chauffage.* **3·** Installations, canalisations. *La plomberie est en mauvais état.* ▶ **plombier** n. m. Ouvrier, entrepreneur qui exécute des travaux de plomberie (2). *Plombier-zingueur. Le plombier a réparé les robinets. Elle est plombier.*

plombières [plɔ̃bjɛʀ] n. f. invar. Glace à la vanille garnie de fruits confits. *Une plombières.*

plonger [plɔ̃ʒe] v. < conjug. 3 > **I·** V. tr. **1·** Faire entrer dans un liquide, entièrement → **immerger, noyer** ou en partie → **baigner, tremper.** *Il plongea sa tête dans la cuvette.* – Pronominalement. *Se plonger dans l'eau,* y entrer tout entier. **2·** Enfoncer (une arme). *Il lui plongea son poignard dans le cœur.* **3·** Mettre, enfoncer (une partie du corps, dans une chose creuse ou molle). → **enfouir.** *Plante qui plonge ses racines dans le sol. Plonger la main dans une boîte.* – Mettre (qqn) brusquement dans. *Nous avons été brusquement plongés dans l'obscurité.* **4·** Loc. *Plonger ses yeux, son regard dans,* regarder au fond de. **5·** Mettre (qqn) d'une manière brusque et complète (dans une situation). → **précipiter.** *Vous me plongez dans l'embarras !* – Pronominalement. *Se plonger dans une lecture, dans un livre.* → **s'absorber.** – Au p. p. adj. Entièrement absorbé par. *Il était plongé dans sa douleur.* **II·** V. intr. **1·** S'enfoncer tout entier dans l'eau, descendre au fond de l'eau. → **plongeur.** *Plonger en apnée, avec des bouteilles d'oxygène.* **2·** Se jeter dans l'eau la tête et les bras en avant ; faire un plongeon. *Plonger du grand plongeoir.* **3·** Abstrait. *Plonger dans ses pensées.* **4·** (Regard) S'enfoncer au loin, vers le bas. – Voir aisément (d'un lieu plus élevé). *De cette fenêtre, on plonge chez nos voisins.* ▶ **plonge** n. f. Travail des plongeurs (II), dans un restaurant, etc. *Faire la plonge.* → **vaisselle.** ▶ **plongeant, ante** adj. Qui est dirigé vers le bas (dans quelques expressions). *Vue plongeante.* – *Décolleté plongeant,* très profond. ▶ **plongée** n. f. **1·** Action de plonger et de séjourner sous l'eau (plongeur, sous-marin). *Sous-marin en plongée. Faire de la plongée (sous-marine).* **2·** En photographie et cinéma. Vue plongeante. *Scène filmée en plongée.* / contr. contre-plongée / ▶ **plongeoir** n. m. Tremplin, dispositif au-dessus de l'eau, permettant de plonger. *Il a sauté du deuxième plongeoir.* ▶ **plongeon** n. m. **1·** Action de plonger. *Faire un plongeon. Plongeon acrobatique.* **2·** Loc. *Faire le plongeon,* perdre beaucoup d'argent et être en difficulté. *Faire le grand plongeon,* mourir. **3·** Détente du gardien de but pour saisir ou détourner le ballon, au football. ▶ **plongeur, euse** n. **I·** Personne qui plonge sous l'eau. *Un plongeur qui pêche des perles.* → **pêcheur.** *Plongeur en apnée.* → **apnéiste.** – Personne qui plonge, se jette dans l'eau les bras et la tête en avant. **II·** Personne chargée de laver la vaisselle, de la « plonger » dans l'eau (dans un restaurant). → **plonge.** ▷ **contre-plongée, replonger**

plot [plo] n. m. Pièce de cuivre, de plomb permettant d'établir un contact, une connexion électrique. *Les plots et les cosses d'une batterie.*

plouc [pluk] n. et adj. Terme d'injure. **1·** Paysan(ne). **2·** Personne prétentieuse et grossière. *Quels ploucs !* – Adj. *Il, elle est un peu plouc.*

plouf [pluf] interj. et n. m. Onomatopée évoquant le bruit d'une chute dans l'eau. → **plaf, ploc.** *On entendit trois énormes ploufs.*

plouto- Élément signifiant « richesse ». ▶ **ploutocrate** [plutɔkʀat] n. m. Personnage très riche qui exerce par son argent une influence politique. ▶ **ploutocratie** n. f. Gouvernement par les plus fortunés.

ployer [plwaje] v. < conjug. 8 > **I·** V. tr. Littér. Plier, tordre en abaissant. → **courber.** / contr. déployer / – *Ployer les genoux,* les plier, étant debout.

→ **fléchir.** – Pronominalement. *Les herbes se ployaient à chaque rafale de vent.* **II**· V. intr. **1**· Se courber, se déformer sous une force. → **céder, fléchir.** / contr. résister / *Les arbres ployaient sous le poids des fruits. Ses jambes ployèrent sous lui.* → **faiblir. 2**· Littér. Céder à une force. → **fléchir.** *Ployer sous le joug.* ▷ **déployer, ploiement**

① **plu** Participe passé du verbe *plaire.*

② **plu** Participe passé du verbe *pleuvoir.*

pluche, plucher, plucheux → **peluche, pelucher, pelucheux.**

pluie [plɥi] n. f. **1**· Eau qui tombe en gouttes des nuages sur la terre. → **pleuvoir, pluvi(o)-** ; fam. **flotte.** *La pluie tombe à verse. Gouttes de pluie. Pluie fine.* → **bruine, crachin.** *Pluie diluvienne, battante, torrentielle. Rafales, bourrasque accompagnée(s) de pluie.* → **corde(s), trombe.** *Recevoir la pluie,* en être mouillé. *Se protéger de la pluie avec un parapluie. Le temps est à la pluie,* il va pleuvoir. *Jour de pluie.* → **pluvieux.** *Eau de pluie.* → **pluvial. 2**· Loc. *Ennuyeux comme la pluie,* très ennuyeux. *Après la pluie, le beau temps,* après la tristesse, vient la joie. *Faire la pluie et le beau temps,* être très influent. *Parler de la pluie et du beau temps,* dire des banalités. **3**· ***Une pluie*** : chute d'eau sous forme de pluie. → **averse, déluge, giboulée, grain, ondée** ; fam. **saucée.** *Une petite, une grosse pluie. Des pluies continuelles et torrentielles. La saison sèche et la saison des pluies.* → **hivernage** (en Afrique). **4**· ***En pluie*** : en gouttes dispersées. – *Sable qui retombe en pluie.* **5**· Ce qui tombe d'en haut, comme une pluie. *S'enfuir sous une pluie de pierres.* **6**· Ce qui est dispensé en grande quantité. → **avalanche, déluge, grêle.** *Une pluie de coups, d'injures.* → **bordée.** ▷ **parapluie**

plume [plym] n. f. **I**· **1**· Chacun des appendices qui recouvrent la peau des oiseaux, formé d'un axe (tube) et de barbes (7) latérales, fines et serrées. → **duvet, rémiges.** *Gibier à plume et gibier à poil. L'oiseau lisse ses plumes.* → **plumage. 2**· Loc. fam. *Voler dans les plumes de qqn,* se jeter sur qqn, l'attaquer. – Fam. *Perdre ses plumes,* ses cheveux. → fam. se **déplumer.** *Y laisser, perdre des plumes,* essuyer une perte. – (Symbole de légèreté, opposé à *plomb*) *Léger comme une plume. Se sentir léger comme une plume,* allègre. – En appos. ***Poids plume*** : se dit d'un boxeur pesant de 53,5 à 57 kilos ; fig. personne qui a peu d'autorité, peu d'influence. *Des poids plumes.* **3**· Plume d'oiseau utilisée comme ornement, etc. *Chapeau à plumes.* → **aigrette, panache, plumet.** – *Lit de plume.* Fam. *Se mettre dans les plumes,* dans son lit. → fam. **plumard. II**· **1**· Grande plume de certains oiseaux, dont le tube taillé en pointe servait à écrire. *Plume d'oie.* **2**· Petite lame de métal, terminée en pointe, adaptée à un *porte-plume* ou à un stylo, et qui, enduite d'encre, sert à écrire. *Un stylo à plume* ou *un stylo-plume.* ≠ stylo-bille, feutre, marqueur. **3**· Instrument de la personne qui s'exprime par écrit, de l'écrivain. – *Vivre de sa plume,* faire métier d'écrire. – *Sous la plume de,* dans un écrit de. ▶ **plumage** n. m. L'ensemble des plumes recouvrant le corps d'un oiseau. → **livrée.** ▶ **plumard** ou **plume** n. m. Fam. Lit. *Aller au plumard. Au plume !,* au lit ! ▶ **plumassier, ière** n. Personne qui fabrique ou qui vend les ornements, les garnitures de plumes. ▷ **se déplumer, emplumé, plumeau, plumer, plumet, plumier, plumitif, porte-plume,** se **remplumer**

plumeau [plymo] n. m. Ustensile de ménage formé d'un manche court auquel sont fixées des plumes ou une matière analogue, et qui sert à épousseter. *Donner un coup de plumeau à une étagère.*

plumer [plyme] v. tr. < conjug. 1 > **1**· Dépouiller (un oiseau) de ses plumes en les arrachant. – Au p. p. adj. *Volaille plumée.* **2**· Fam. Dépouiller, voler. *Il s'est laissé plumer.*

plumet [plymɛ] n. m. Touffe (de plumes) garnissant une coiffure. ▷ **plumetis**

plumetis [plymti] n. m. invar. Étoffe de coton légère brodée de petits pois en relief. *Des rideaux de plumetis.*

plumier [plymje] n. m. Boîte oblongue dans laquelle on met plumes (II, 2), porte-plume, crayons, gommes. *Plumier d'écolier.* ≠ trousse.

plumitif [plymitif] n. m. **1**· Péj. Greffier, commis aux écritures (à cause de la *plume,* II) ; bureaucrate. → **gratte-papier. 2**· Fam. Mauvais écrivain.

la **plupart** [laplypaʀ] n. f. **1**· ***La plupart de*** (avec un sing.) : la plus grande part de. *La plupart du temps.* → **ordinairement.** *Je passais la plupart de mon temps dehors.* ***La plupart de*** (avec un plur.) : le plus grand nombre de. → **majorité.** *La plupart des hommes. Dans la plupart des cas,* presque toujours. – Loc. adv. *Pour la plupart,* en majorité. *Les convives étaient, pour la plupart, des marchands.* **2**· Pronom indéf. ***La plupart*** : le plus grand nombre. *La plupart s'en vont,* littér. *s'en va.* / contr. peu /

pluralisme [plyʀalism] n. m. Système politique qui repose sur la reconnaissance de plusieurs façons de penser, de plusieurs partis. / contr. totalitarisme / ▶ **pluraliste** adj. *Démocratie pluraliste,* où il y a plusieurs partis (→ **libéral**). ▶ **pluralité** n. f. Le fait d'exister en grand nombre, de n'être pas unique. → **multiplicité.** *La pluralité des opinions.*

plur(i)- Élément signifiant « plusieurs » (ex. : *pluricellulaire* adj. « qui a plusieurs cellules » ; *pluridisciplinaire* adj. « qui concerne plusieurs disciplines ou sciences »). → **multi-, poly-.** / contr. mono-, uni- /

1 **pluriel** [plyʀjɛl] n. m. **1·** Catégorie grammaticale → **nombre** (opposé à *singulier*) concernant les mots variables (articles ou déterminants, adjectifs, noms communs, verbes, participes et pronoms) accordés entre eux, qui désignent en principe plusieurs êtres, plusieurs objets, plusieurs notions ou y renvoient. ≠ 2 duel. *Les marques du pluriel à l'écrit sont généralement « s » (noms et adj.) et « -nt » (verbes).* **2·** Catégorie de la conjugaison des verbes ayant pour sujet « nous », « vous », « ils (elles) ». *Première personne du pluriel.* ▶ 2 **pluriel, ielle** adj. Dont le contenu est formé d'éléments multiples. En histoire. *La gauche plurielle* (en France).

1 **plus** [ply, plys, plyz] adv. et conj. REM. Dans les cas ambigus, on prononce fam. [plys]. **I·** Adv. Comparatif de supériorité. / contr. moins / **1·** *Plus* (en principe [ply] devant consonne, [plyz] devant voyelle, [plys] à la finale), modifiant un verbe, un adjectif, un adverbe. *Je t'aime plus* [plys], *maintenant.* → **davantage.** *Plus* [ply] *grand. Plus souvent. De plus près.* – ***En plus*** (suivi d'un adj.). *C'est comme chez lui en plus grand.* **2·** ***Plus... que.*** *Il est plus bête que méchant.* → **plutôt.** *Aimer qqch. plus* [ply, plys] *que tout.* → **surtout.** *Plus que jamais. Plus qu'il ne faudrait.* → **trop.** *Un résultat plus qu'honorable.* – ***Plus*** (avec un adv. ou un numéral). *Beaucoup plus* [plys]. *Encore plus. Deux ans plus* [ply] *tôt, plus tard.* – Avec un verbe et **ne** explétif. *Il est plus tard que tu ne penses.* **3·** (En corrélation avec *plus* ou *moins*) *Plus on* [plyzɔ̃] *est de fous, plus on rit. C'est d'autant plus cher qu'on en produit moins* (→ **autant**). **4·** Loc. ***Plus ou moins*** [plyzumwɛ̃]. *Réussir plus ou moins bien,* avec des résultats incertains, ou moyennement. – ***Ni plus ni moins*** [niplynimwɛ̃] : exactement. *C'est du vol, ni plus ni moins.* **5·** ***De plus en plus*** [dəplyzɑ̃ply] : toujours plus, toujours davantage. *Aller de plus en plus vite.* – ***On ne peut plus*** (devant l'adj. ou l'adv.) : au plus haut point. → **extrêmement.** *Je suis on ne peut plus heureux* [plyzœʀø]. **II·** Nominal. **1·** Une chose plus grande, plus importante. Absolt. *Demander plus* [plys]. *Il était plus* [ply] *de minuit.* → **passé.** *Plus d'une fois.* → **plusieurs.** *Pour plus d'une raison.* → **beaucoup, bien.** **2·** ***Plus de*** (avec un complément partitif) : davantage. *Elle avait plus de charme que de beauté.* **3·** ***De plus*** [d(ə)plys] : encore. *Une fois de plus. Une minute de plus.* – ***De plus, qui plus est*** [kiplyzɛ] : en outre. **4·** ***En plus*** [ɑ̃plys] ou [ɑ̃ply]. → **avec, aussi, également.** – Loc. prép. *En plus de.* → **outre.** *En plus de son travail, il suit des cours.* – ***Sans plus*** : sans rien de plus. *Elle est mignonne, sans plus,* elle n'est pas vraiment belle. **5·** N. m. [plys] PROV. *Qui peut le plus peut le moins.* **III· 1·** Conj. de coordination [plys]. En ajoutant. → **et.** *Deux plus trois font, égalent cinq* (2 + 3 5). **2·** S'emploie pour désigner une quantité positive, ou certaines grandeurs au-dessus du point zéro. *Le signe plus* (+). **IV·** Adv. Superlatif. ***Le, la, les plus*** (même prononciation que I et II). **1·** Adverbial. *Ce qui frappe le plus. La plus grande partie.* → **majeur.** *C'est le plus important. Le plus qu'il peut.* – ***Ce que... de plus.*** *Ce que j'ai de plus précieux.* – ***Des plus*** : parmi les plus, très. *Une situation des plus embarrassantes.* **2·** Nominal. ***Le plus de*** : la plus grande quantité. *Les gens qui ont rendu le plus de services.* – ***Au plus, tout au plus*** [tutoplys]. → au **maximum.** *Cent euros au plus.* **V·** N. m. invar. Anglic. ***Un, des plus*** [plys]. Commerce, publicité. Avantage. *Apporter, comporter un plus. Cette version présente de nombreux plus par rapport à la précédente.* → **perfectionnement.** ▷ **plusieurs, plus-que-parfait, plus-value, plutôt, surplus**

2 **plus** [ply], devant voyelle [plyz] adv. de négation. **1·** ***Pas plus que.*** *On ne doit pas mentir, pas plus qu'on ne doit dissimuler. Il n'était pas plus ému* [paplyzemy] *que ça.* **2·** ***Non plus*** : pas plus que (telle autre personne ou chose dont il est question ; remplace *aussi*, en proposition négative). *« Tu n'attends pas ? Moi non plus. »* **3·** ***Ne... plus*** : désormais... ne pas. *On ne comprend plus. Il n'y en a plus. Ne plus dire un mot. Elle n'est plus, elle est morte. Il n'y a plus personne. Il n'y a plus personne que vous pour y croire. Je ne le ferai jamais plus, plus jamais.* – REM. L'absence de *ne* et la prononciation [py] : *y en a pus !*, sont très familières. – ***Sans plus...*** *Sans plus se soucier de rien.* – ***Non plus.*** *Compter non plus par syllabes, mais par mots.* – (Sans **ne** ni verbe) *Plus un mot ! Plus jamais !*

plusieurs [plyzjœʀ] dét. et pronom indéf. **1·** Dét. indéf. Plus d'un, un certain nombre. → **quelques.** *Plusieurs personnes sont venues. Plusieurs fois. En plusieurs endroits.* → **différent, divers.** **2·** Pronom indéf. m. pl. *Nous en avons plusieurs.* – Indéterminé. Plusieurs personnes. → **certains, quelques-uns.** *Plusieurs sont venus. Ils s'y sont mis à plusieurs.*

plus-que-parfait [plyskəpaʀfɛ] n. m. *Plus-que-parfait de l'indicatif,* temps composé à base d'imparfait exprimant généralement une circonstance antérieure à une autre action passée (ex. : quand il *avait dîné*, il nous quittait ; si j'*avais pu*, je vous aurais aidé). *Le plus-que-parfait du subjonctif* (ex. : *bien qu'il eût compris, il ne fit rien transparaître*).

plus-value [plyvaly] n. f. **1·** Augmentation de la valeur d'une chose (bien ou revenu), qui n'a subi aucune transformation matérielle. **2·** Terme marxiste. Différence entre la valeur des biens produits et le prix des salaires, dont bénéficient les capitalistes. *Des plus-values.*

plutonium [plytɔnjɔm] n. m. Élément radioactif inexistant dans la nature. *Plutonium produit à partir d'uranium* (→ **surgénérateur**).

plutôt [plyto] adv. **1·** De préférence. – (Appliqué à une action) *Cette épidémie frappe plutôt les personnes âgées. Plutôt que de se plaindre, il ferait mieux de se soigner. Plutôt mourir !* – (Pour affiner une appréciation) → **plus.** *Plutôt moins que trop.* – *Ou plutôt* : pour être plus précis. *Elle a l'air méchant, ou plutôt dur. **Mais plutôt.** Ce n'est pas lui, mais (bien) plutôt elle qui en porte la responsabilité.* **2·** Passablement, assez. *La vie est plutôt monotone.* – Fam. Très. *Il est plutôt barbant, lui !*

pluvial, ale, aux [plyvjal, o] adj. Qui a rapport à la pluie. *Eaux pluviales*, eaux de pluie.

pluvier [plyvje] n. m. Oiseau échassier migrateur, vivant au bord de l'eau.

pluvieux, euse [plyvjø, øz] adj. Caractérisé par la pluie. / contr. sec / *Temps pluvieux. Les jours pluvieux.* – *Pays pluvieux.*

pluvi(o)- Élément qui signifie « pluie ». ▶ **pluviomètre** [plyvjɔmɛtʀ] n. m. Instrument qui sert à mesurer la quantité de pluie tombée dans un lieu, en un temps donné. ▶ **pluviôse** [plyvjoz] n. m. Cinquième mois du calendrier révolutionnaire (du 20-21 janvier au 18-19 février). ▶ **pluviosité** n. f. Caractère pluvieux. Régime des pluies. ▷ **pluvial, pluvier, pluvieux**

p. m. [piɛm] adj. invar. Anglic. Abréviation de *post meridiem* (après midi), dans le compte des heures en anglais.

P. M. [peɛm] n. invar. **1·** N. m. invar. Pistolet mitrailleur. **2·** N. f. invar. Police militaire. – Préparation militaire.

P. M. E. [peɛmə] n. f. invar. Abréviation de *petite et moyenne entreprise. Les P. M. E. et les P. M. I.* (petites et moyennes industries).

P. M. U. [peɛmy] n. m. invar. Abréviation de *pari mutuel urbain* (courses de chevaux). → **tiercé.**

P. N. B. [peɛnbe] n. m. invar. Abréviation de *produit national brut* (d'un pays).

1 pneu [pnø] n. m. Bandage en caoutchouc armé de tissu ou d'acier, tube circulaire tenu par une jante et contenant de l'air. *Les pneus d'un vélo, d'une voiture. Pneu radial. Pneu sans chambre à air.* → **boyau** (III). *Gonfler un pneu.*

2 pneu ou **pneumatique** n. m. En France, jusqu'en 1985. Lettre rapide, envoyée dans un réseau de tubes à air comprimé par les services postaux de Paris. *Des pneus.*

pneumatique [pnømatik] adj. **1·** Qui fonctionne à l'air comprimé. *Marteau pneumatique.* **2·** Qui se gonfle à l'air comprimé. *Canot pneumatique.* ▷ **1 pneu, 2 pneu**

pneumo- Élément savant signifiant « poumon ». ▶ **pneumocoque** [pnømɔkɔk] n. m. Bactérie responsable d'infections des voies respiratoires. ▶ **pneumologie** n. f. Discipline médicale traitant des maladies des poumons. ▶ **pneumologue** n. Médecin spécialiste des maladies des poumons. ▶ **pneumonie** n. f. Inflammation aiguë du poumon, maladie infectieuse due au pneumocoque. → **fluxion** de poitrine. *Pneumonie double, compliquée.* → **broncho-pneumonie.** ▶ **pneumopathie** n. f. Méd. Affection, maladie pulmonaire. ▶ **pneumothorax** [pnømɔtɔʀaks] n. m. invar. **1·** Méd. Épanchement de gaz dans la cavité pleurale. **2·** *Pneumothorax (artificiel)*, insufflation de gaz dans la cavité pleurale d'un tuberculeux qui était pratiquée pour provoquer la cicatrisation des cavernes du poumon. ▷ **broncho-pneumonie**

pochade [pɔʃad] n. f. **1·** Littér. Croquis en couleur exécuté en quelques coups de pinceau. **2·** Œuvre littéraire burlesque, au ton vif et gai.

pochard, arde [pɔʃaʀ, aʀd] n. Fam. Ivrogne misérable. → **pochetron.**

poche [pɔʃ] n. f. **1·** Petit sac, pièce cousu(e) dans ou sur un vêtement et où l'on met les objets qu'on porte sur soi. *Les poches d'un veston. La poche-revolver d'un pantalon*, placée derrière. *Mettre qqch. dans ses poches.* → **empocher.** *Mettre, avoir, garder les mains dans les poches.* – Fam. *Faire les poches à qqn*, lui prendre ce qui s'y trouve ou en faire l'inventaire. – Loc. *Les mains dans les poches*, sans rien faire (ou sans effort). – *De poche* : de dimensions restreintes, pouvant tenir dans une poche. *Livre de poche* et, abrév. fam., ***un poche***, n. m. – *Argent de poche*, destiné aux petites dépenses des enfants, des adolescents. – Loc. *Se remplir les poches*, s'enrichir (souvent malhonnêtement). *Mettre la main à la poche*, payer. *Payer **de sa poche*** : avec son propre argent. Fam. *En être de sa poche*, subir une perte d'argent. – *Connaître qqch., qqn comme sa poche*, à fond. – (Avec *dans*) Fam. *N'avoir pas les yeux dans sa poche*, être observateur, curieux. *Mettre qqn dans sa poche*, l'utiliser à son profit. Fam. *C'est dans la poche*, c'est une affaire faite, c'est facile. **2·** Déformation de ce qui est détendu, mal tendu. *Ce pantalon fait des poches aux genoux.*

– *Poches sous les yeux,* formées par la peau distendue. **3·** Petit sac en papier, en matière plastique. → **pochette, pochon.** **4·** Partie, compartiment (d'un cartable, d'un portefeuille...). *Les poches d'un sac à dos. Cette valise a une poche extérieure.* **5·** Organe creux, cavité de l'organisme. *Poche ventrale du kangourou femelle.* **6·** Cavité remplie (d'une substance). *Une poche d'eau, de pétrole.* ▶ **pochette** n. f. **1·** Petite enveloppe (d'étoffe, de papier...). *Pochette d'allumettes. **Pochette-surprise** :* qu'on achète ou qu'on gagne sans en connaître le contenu. **2·** Petite pièce d'étoffe qu'on dispose dans la poche de poitrine pour l'orner. ▶ **pochon** n. m. Région. Sac en papier ou en plastique, sans anses. *Pourriez-vous mettre les clémentines dans un pochon ?* ▷ **empocher, vide-poches**

pocher [pɔʃe] v. tr. < conjug. 1 > **1·** *Pocher un œil à qqn,* meurtrir par un coup violent. **2·** Cuire sans faire bouillir. *Pocher un poisson au court-bouillon.* – Au p. p. adj. *Des œufs pochés.*

pochetron, onne [pɔʃtʀɔ̃, ɔn] n. Fam. Ivrogne, pochard*.

pochoir [pɔʃwaʀ] n. m. Feuille à motif découpé sur laquelle on passe une brosse ou qu'on arrose de peinture avec un vaporisateur pour répéter des dessins, des inscriptions. *Un tissu imprimé au pochoir. Des graffiti peints au pochoir.*

pod(o)-, -pode Éléments savants signifiant « pied, organe de locomotion (patte, membre, etc.) » (ex. : *pseudopode*). → **-pède.** ▶ **podiatrie** [pɔdjatʀi] n. f. Au Canada. → **podologie.** ▶ **podiatre** n. Au Canada. → **podologue.** ▶ **podologie** [pɔdɔlɔʒi] n. f. Branche de l'orthopédie qui traite des pieds, de leurs déformations et de leurs affections. ≠ 1 et 2 pédologie. ▶ **podologue** n. ▶ **podotactile** adj. Techn. Dont la surface présente des aspérités servant de repère au sol pour les malvoyants. *Dalles podotactiles en bordure d'un trottoir.* ▷ **antipode, arthropode, céphalopode, gastéropode, myriapode, tétrapode**

podium [pɔdjɔm] n. m. **1·** Plate-forme, estrade sur laquelle on fait monter les vainqueurs après une épreuve sportive. *La première place sur le podium. Les trois marches du podium.* **2·** Estrade aménagée dans une unité mobile (camion) et sur laquelle se présentent les animateurs et les artistes d'un spectacle en plein air, d'une émission télévisée... *Des podiums ambulants.*

podzol [pɔdzɔl] n. m. Sol acide des régions tempérées à climat plutôt froid.

1 **poêle** [pwal] n. m. Appareil de chauffage clos, où brûle un combustible. → **fourneau.** *Poêle de faïence.*

2 **poêle** n. f. Ustensile de cuisine en métal, plat, à bords bas, et muni d'une longue queue. *Une poêle à frire. Faire revenir des légumes à la poêle.* – Loc. *Tenir la queue de la poêle,* avoir la direction d'une affaire. ▶ **poêler** [pwale] v. tr. < conjug. 1 > Cuire dans une casserole fermée, avec un corps gras. *Poêler un morceau de viande.* – Au p. p. adj. *Viande poêlée.* ▶ **poêlon** n. m. Casserole de métal ou de terre à manche creux, dans laquelle on fait revenir (IV) et mijoter. *Poêlon à fondue.*

3 **poêle** n. m. *Tenir les cordons du poêle,* du drap recouvrant le cercueil, pendant les funérailles.

poème [pɔɛm] n. m. **1·** Ouvrage de poésie, en vers ou en prose rythmée (ballade, élégie, épopée, fable, sonnet, etc.). → **poésie** (2). *Les strophes, les quatrains d'un poème. Un recueil de poèmes. Des poèmes en prose de Baudelaire.* – Loc. fam. Iron. *C'est tout un poème,* cela semble extraordinaire. **2·** *Poème symphonique,* œuvre musicale à programme, sans forme fixe, pour orchestre.

poésie [pɔezi] n. f. **1·** Art du langage, visant à exprimer ou à suggérer qqch. par le rythme (surtout le vers), l'harmonie et l'image (opposé à *prose*). *Poésie orale, écrite.* – REM. On parlera de *poésie dramatique* (vieilli) ou de *théâtre en vers. Le vers, la rime* → **prosodie, versification,** *le rythme en poésie. Poésie lyrique (Lamartine), épique (« La Chanson de Roland »).* – Manière propre à un poète, à une école, de pratiquer cet art. *La poésie symboliste.* **2·** Poème. *Réciter une poésie. Un choix de poésies.* → **anthologie.** **3·** Caractère de ce qui éveille l'émotion poétique. → **beauté.** *La poésie des ruines.* **4·** Aptitude d'une personne à éprouver l'émotion poétique. *Il manque de poésie,* il est terre à terre, prosaïque. ▷ 1 **poétique,** 2 **poétique, poétiser**

poète [pɔɛt] n. m. **1·** Écrivain qui fait de la poésie. → **aède, barde, chantre, rapsode, troubadour, trouvère.** *L'inspiration du poète. Les poètes romantiques.* – *Cette femme est un grand poète.* REM. *Poétesse* étant quelquefois un peu péjoratif, on dit aussi *une grande poète.* – Adj. *Il, elle est poète.* **2·** Auteur dont l'œuvre est pénétrée de poésie. *Ce romancier est un poète.* **3·** Personne douée de poésie (4). *Elle est poète.* → **rêveur.** ▶ **poétesse** n. f. Femme poète.

1 **poétique** [pɔetik] adj. **1·** Relatif, propre à la poésie. *Style, image poétique. L'inspiration poétique.* → **muse.** *Art poétique.* → 2 **poétique.** **2·** Empreint de poésie. → **lyrique.** *Une prose poétique.* **3·** *Émotion, état poétique,* analogue à ceux que suscite la poésie chez les personnes qui y sont sensibles. – Qui émeut par la beauté, le charme, la délicatesse. *Un paysage très poétique.* / contr. banal, prosaïque / ▶ **poétiquement** adv. *Cet*

ouvrage n'a poétiquement aucun intérêt. ▶ ② **poétique** n. f. Traité de poésie. Théorie, science de la littérature en général. *La poétique d'Aristote.*

poétiser [pɔetize] v. tr. < conjug. 1 > Rendre poétique (2, 3). → **embellir, idéaliser.** – Au p. p. adj. *Des souvenirs poétisés.* ▷ **dépoétiser**

pognon [pɔɲɔ̃] n. m. Fam. Argent. *Il a du pognon plein les poches.*

pogrom [pɔgʀɔm] n. m. Histoire (d'abord en Russie tsariste). Massacre et pillage des juifs par le reste de la population (souvent encouragée par le pouvoir). *Les survivants des pogroms.*

poids [pwa(ɑ)] n. m. invar. **I·** Force physique ; sa mesure. **1·** Force exercée par un corps matériel, proportionnelle à sa masse et à l'intensité de la pesanteur au point où se trouve le corps. *D'un poids faible* → **léger,** *d'un grand poids* → **lourd, pesant.** – *Poids spécifique,* poids de l'unité de volume. → **densité. 2·** Caractère, effet de ce qui pèse. → **lourdeur, pesanteur.** *Le poids d'un fardeau.* – Loc. *Peser de tout son poids,* le plus possible. **3·** Mesure du poids (de la masse). *Denrée qui se vend au poids ou à la pièce.* – *Poids utile,* que peut transporter un véhicule. – (D'une personne) *Prendre, perdre du poids,* grossir, maigrir. *Surcharge de poids.* → **surpoids.** *Relatif au poids.* → **pondéral. 4·** Catégorie d'athlètes (haltérophiles), de boxeurs, d'après leur poids. *Poids coqs, poids plumes, poids légers, poids moyens, poids lourds.* – Loc. *Il ne fait pas le poids,* il n'a pas les capacités requises (contre un adversaire, dans un rôle). **II· 1·** Corps matériel pesant. → **masse ; charge, fardeau.** *Une horloge à poids.* **2·** Objet de masse déterminée servant à peser (→ **gramme, livre, kilo).** *La balance et les poids.* – Loc. *Faire deux poids, deux mesures,* juger deux choses, deux personnes de façon différente sous l'influence d'un intérêt, d'une circonstance. **3·** Masse de métal d'un poids déterminé, en sports. *Poids et haltères.* – *Le lancement du poids.* **4·** Sensation d'un corps pesant. *Avoir un poids sur l'estomac.* **III·** Fig. **1·** Charge pénible. *Un vieillard courbé sous le poids des années.* – Souci, remords. *Cela m'ôte un poids de la conscience.* – ***Poids mort*** *:* chose, personne inutile, inactive et qui gêne. **2·** Force, influence (de qqch.). *Le poids d'un argument. Un homme de poids,* influent. ▶ **poids lourd** n. m. Véhicule industriel de fort tonnage. → **camion.** – En appos. *Passer son permis poids lourds.* – Fig. Personne qui a beaucoup d'influence dans un domaine. *Les poids lourds de la finance.* ▷ **contrepoids, surpoids**

poignant, ante [pwaɲɑ̃, ɑ̃t] adj. (→ **poindre,** 2) Qui cause une impression très vive et très pénible ; qui serre, déchire le cœur. → **déchirant.** *Un souvenir poignant.*

poignard [pwaɲaʀ] n. m. Arme blanche (couteau*) à lame courte et aiguë. → **dague.** *Manche de poignard. Il le frappa d'un coup de poignard, à coups de poignard.* ▶ **poignarder** v. tr. < conjug. 1 > Frapper, blesser ou tuer avec un poignard, un couteau. ▷ **empoigner, poignard, poignée, poignet**

poigne [pwaɲ] n. f. **1·** La force du poing, de la main, pour empoigner, tenir. *Avoir de la poigne.* **2·** Abstrait. Énergie, fermeté. *Un homme, une femme, un gouvernement à poigne.*

poignée [pwaɲe] n. f. **1·** Quantité (d'une chose) que peut contenir une main fermée. *Une poignée de sel.* – *À poignées, par poignées,* à pleines mains. **2·** Petit nombre (de personnes). *Une poignée de mécontents. Nous n'étions qu'une poignée.* **3·** Partie (d'un objet : arme, ustensile) spécialement disposée pour être tenue avec la main serrée. *Poignée d'épée.* → **manche.** *Une poignée de porte ; la poignée d'une porte.* → **bec-de-cane. 4·** ***Poignée de main*** *:* geste par lequel on serre la main de qqn, pour saluer amicalement.

poignet [pwaɲɛ] n. m. **1·** Articulation qui réunit l'avant-bras à la main. *Poignets et chevilles.* → **attache.** – Loc. *À la force du poignet, des poignets,* en se hissant à la force des bras, et par ses seuls moyens, et en faisant de grands efforts. *Fortune acquise à la force du poignet.* **2·** Extrémité de la manche, couvrant le poignet. *Des poignets de chemise.* – *Poignet de force,* bracelet de cuir large et serré.

poil [pwal] n. m. **I· 1·** Chacune des productions filiformes qui poussent sur la peau de certains animaux (surtout mammifères). *Un chat qui perd ses poils. Les poils d'un pelage, d'une fourrure.* – Poils d'animaux utilisés dans la confection d'objets. *Les poils d'une brosse.* **2·** ***Le poil*** *:* l'ensemble des poils. → **pelage.** *Gibier à poil.* – Loc. fam. *Caresser qqn dans le sens du poil,* chercher à lui plaire. – *Bonnet à poil,* garni de poil d'animaux (et non de fourrure). **3·** Cette production chez l'être humain lorsqu'elle n'est ni un cheveu, ni un cil. *Les poils du visage.* → **barbe, moustache, sourcil ; duvet.** Fam. *Ne pas avoir un poil sur le caillou,* être chauve. *Ne plus avoir un poil de sec,* être trempé (par la pluie, la sueur). – ***Le poil, du poil*** *:* l'ensemble des poils. *Avoir du poil sur le corps.* → **poilu, velu. 4·** Loc. fam. *Avoir un poil dans la main,* être très paresseux. *Tomber sur le poil de qqn,* se jeter brutalement sur lui ; se mettre en colère après lui. – *Reprendre du poil de la bête,* se ressaisir. – *De tout poil* (ou *de tous poils*), de toute espèce (personnes). *Ils reçoivent des gens de tout poil.* – Fam. ***À poil*** : tout nu. *Se mettre à poil*, se déshabiller. – *Être de bon, de mauvais poil*, être de bonne, de mauvaise humeur. **5·** ***Poil à gratter*** : bourre piquante des fruits du rosier (parfois appelés *gratte-cul*, fam.). **6·** Partie velue d'un tissu. *Les poils d'un tapis.* **II·** Fig. **1·** Fam. Une très petite quantité. *Il n'a pas un poil de bon sens.* → **once.** – *À un poil près*, à très peu de chose près. → **cheveu.** **2·** Loc. adv. Fam. ***Au poil*** : exactement. *Ça marche au poil !* *Au quart de poil*, sans erreur. – Adj. Fam. *Elle est au poil, ta copine*, très bien. – Exclam. *Au poil !*, parfait. ▶ ① **poilu, ue** adj. Qui a des poils très apparents. → **velu.** *Il est poilu comme un singe.* / contr. glabre / ▷ **se poiler, ② poilu, à rebrousse-poil**

se poiler [pwale] v. tr. < conjug. 1 > Fam. Rire aux éclats. ▶ **poilant, ante** adj. Fam. Très drôle. *C'était poilant.*

② **poilu** n. m. Soldat combattant de la guerre de 1914-1918.

poinçon [pwɛ̃sɔ̃] n. m. **1·** Instrument métallique terminé en pointe, pour percer, entamer les matières dures. *Poinçon de sellier.* → **alène.** **2·** Tige d'acier trempé terminée par une face gravée, pour imprimer une marque. – La marque gravée. → **estampille.** *Le poinçon d'un bijou contrôlé.* ▶ **poinçonner** [pwɛ̃sɔne] v. tr. < conjug. 1 > **1·** Marquer d'un poinçon (une marchandise, un poids, une pièce d'orfèvrerie). – Au p. p. adj. *Gourmette en or poinçonnée d'une tête d'aigle.* **2·** Autrefois. Perforer avec une pince (un billet de train). – Au p. p. adj. *Billet poinçonné.* ▶ **poinçonnage** n. m. **1·** *Le poinçonnage de l'or.* **2·** Autrefois. *Le poinçonnage des tickets de métro.* ▶ **poinçonneur, euse** n. Autrefois. Employé(e) qui poinçonne les billets de train, de métro, à l'accès des quais (remplacé(e) par les composteurs). → **contrôleur.** ▶ **poinçonneuse** n. f. Machine-outil pour perforer ou découper, munie d'un emporte-pièce.

poindre [pwɛ̃dʀ] v. < conjug. 49 > **I·** V. tr. Littér. **1·** Vx. Piquer. – Prov. *Poignez vilain, il vous oindra, oignez vilain, il vous poindra*, il est dangereux d'être trop conciliant. **2·** Blesser, faire souffrir. *L'angoisse le point, le poignait.* → **poignant.** **II·** V. intr. Littér. Apparaître. → **pointer.** *Vous verrez bientôt poindre les jacinthes.* → **sortir.** *L'aube commence à poindre* (→ ① **point** du jour). / contr. disparaître / ▷ **poignant, ④ point, pointe, pointu**

poing [pwɛ̃] n. m. Main fermée. *Revolver au poing*, dans la main serrée. *Serrer le poing. Donner des coups de poing à qqn.* → **boxer.** – *Dormir à poings fermés*, très profondément. *Montrer le poing*, le tendre en signe de menace. *Faire le coup de poing*, se battre en groupe avec les poings. ▷ **coup-de-poing, poigne, poignée, poignet**

① **point** [pwɛ̃] n. m. **I·** Dans l'espace. (→ ② **ponctuel**) **1·** Rarement sans compl. Endroit, lieu. *Aller d'un point à un autre. Point de chute. Point de mire. Point de repère. Point de départ. Point d'impact. Point de non-retour.* → **non-retour.** *Les quatre points cardinaux.* – ***Point d'attache*** *d'un bateau. C'est son point d'attache*, l'endroit où il demeure. → **port** d'attache. – ***Point d'eau*** : endroit où l'on trouve de l'eau (source, puits). – *Point culminant*, crête, sommet. – *Point de vue* (où l'on voit). → **point de vue.** – ***Point chaud***, endroit où ont lieu des combats, des événements graves ; (en géologie) endroit du globe terrestre où un phénomène volcanique se produit au sein d'une plaque lithosphérique. – *C'est son point faible*, sa faiblesse. – ***Point de côté*** : douleur poignante au creux de l'abdomen. **2·** En géométrie. Intersection de deux droites, n'ayant aucune surface propre et généralement désignée par une lettre. *Les points A, B, C.* **3·** *Le point*, la position d'un navire en mer. → **latitude, longitude.** *Faire, relever le point avec le sextant.* – Loc. ***Faire le point*** : préciser la situation où l'on se trouve. **4·** ***Point mort.*** → **point mort.** **5·** ***Mettre au point*** : régler (un mécanisme), élaborer (un procédé, une technique) de façon complète. *J'ai mis au point une nouvelle recette.* – Au p. p. adj. *Machine bien, mal mise au point.* – Loc. ***Mise au point*** : réglage précis. *As-tu bien réglé la mise au point ?*, le système optique de l'appareil photo. *Ce projet demande une mise au point*, des remaniements, des éclaircissements. *Nous avons eu une mise au point*, une explication. – *Être au point*, réglé pour donner toute satisfaction. *Cette machine n'est pas au point.* **II·** Durée. **1·** ***À point, à point nommé*** : au moment opportun. → **à propos.** *Vous arrivez à point.* **2·** ***Sur le point de*** : au moment de. *Il était sur le point de partir.* → **prêt** à. **3·** ***Le point du jour*** : le moment où le jour commence à poindre (II). **III·** Marque, signe ; unité de compte. **1·** Tache, image petite et aux contours imperceptibles. *Un point lumineux à l'horizon. Un point de rouille.* **2·** Chaque unité attribuée à un joueur (aux jeux, en sports). *Jouer une partie en 500 points. Compter les points*, juger qui est vainqueur dans une lutte. *Marquer des points contre, sur qqn*, prendre un avantage. *Victoire aux points*, accordée à un boxeur après décompte des points. **3·** Chaque unité d'une note attribuée à un élève. *Compter un point par bonne réponse. Douze points sur vingt* (noté 12/20). – ***Bon point*** : image ou petit carton servant de récompense. – Fig. *C'est un bon point en sa faveur*, il a bien agi. **IV·** Typographie, calligraphie. **1·** Signe (.) servant à marquer la fin d'un énoncé (→ **ponctuation**). *Les points et les virgules. Point final. Point suivi d'un alinéa.* → **paragraphe.** *Points de suspension* (...). *Les points d'un pointillé. Le(s) deux-points* (:). *Point-virgule* (;). *Point d'exclamation* (!), *point d'interrogation* (?). **2·** Petit signe qui surmonte les lettres i et j minuscules. Loc. *Mettre les points sur les i,* préciser ou insister. **3·** *Point voyelle,* signe qui, en arabe et en hébreu, est placé au-dessus ou au-dessous d'une consonne, pour noter la voyelle qui suit. **4·** Unité de dimension des caractères d'imprimerie. → **pixel.** ▷ **contrepoint, multipoint, point de vente, point de vue, pointer, pointillé, point mort, rond-point**

2 **point** n. m. (Exprimant un état) **1·** ***À point, au point*** : dans tel état, situation. *Au point où nous en sommes.* – Loc. adv. ***À point*** : dans l'état convenable. *Un steak à point,* entre saignant et bien cuit. – Loc. adj. invar. ***Mal en point*** : en mauvais état, malade. *Elle est très mal en point.* Vx. *Être en bon point.* → **embonpoint. 2·** Dans des expressions et locutions superlatives. *Le plus haut point.* → **apogée, comble, sommet, summum.** – Après **à, au.** *Au plus haut point.* → **éminemment, extrêmement.** *Ils se détestent au plus haut point. À ce point,* aussi, tellement. *Je n'ai jamais souffert à ce point. À quel point,* combien. *Vous voyez à quel point ça va mal. À tel point,* tellement, autant. *À un certain point, jusqu'à un certain point,* dans une certaine mesure. *Au point de. Ce n'est pas grave au point de se désespérer. À ce point, au point, à tel point que,* si bien que, tellement que. **3·** *Point d'ébullition de l'eau,* température et pression nécessaires pour changer l'eau en vapeur.

3 **point** n. m. Partie, élément. **1·** Chaque partie (d'un discours, d'un texte). *Les différents points d'une énumération, d'une loi.* → **article. 2·** Question. *Un point litigieux. Il y a un point noir dans cette affaire,* une question obscure, un obstacle. – *C'est un point commun entre eux,* un caractère commun. – *Sur ce point, je ne suis pas d'accord.* – *En tout point,* absolument. – *De point en point,* à la lettre. *Exécuter des ordres de point en point.*

4 **point** n. m. Action de piquer, de « poindre ». **1·** Chaque longueur de fil entre deux piqûres de l'aiguille. *Bâtir à grands points. Points d'un tricot* (→ 1 **maille**). – *Faire un point à un vêtement,* le réparer sommairement. **2·** Manière d'exécuter une suite de points. *Le point mousse est un point de tricot.*

5 **point** adv. Vx ou littér., ou plaisant, ou région. *Ne... point...,* ne... pas.... *Je n'irai point. Point du tout.* → **nullement.**

pointage [pwɛ̃taʒ] n. m. **1·** Action de pointer (1, I). *Le pointage du personnel à l'entrée d'une usine.* **2·** Le fait de pointer (1, II), de diriger. → **tir.** *Le pointage d'un canon.*

point de vente [pwɛ̃dvɑ̃t] n. m. Succursale d'une chaîne de magasins ; boutique, commerce où un article est vendu. *Voici la liste de nos points de vente en France et à l'étranger.* → **concessionnaire.**

point de vue [pwɛ̃dvy] n. m. **1·** Endroit où l'on doit se placer pour voir un objet le mieux possible. **2·** Endroit d'où l'on jouit d'une vue pittoresque. *De beaux points de vue.* **3·** Manière particulière dont une question peut être considérée. → **aspect, optique, perspective.** *Adopter, choisir un point de vue.* **4·** Opinion particulière. *Je partage votre point de vue,* je suis d'accord. – Loc. prép. ***Au (du) point de vue de.*** *Du point de vue de la politique. Au point de vue social.* → sur le **plan, quant** à (en ce qui concerne, pour ce qui est de). *Elle est très contente de lui, à tout point de vue.* – Fam. (Suivi d'un nom, sans *de*) *Au point de vue santé.*

pointe [pwɛ̃t] n. f. **I· 1·** Extrémité allongée (d'un objet qui se termine par un angle très aigu) servant à piquer, percer. *La pointe d'une aiguille. Aiguiser la pointe d'un outil.* → **tranchant. 2·** Extrémité aiguë ou plus fine. *La pointe d'un paratonnerre. Les pointes d'un col de chemise. En pointe,* pointu. **3·** Partie extrême qui s'avance. *La pointe d'une armée,* son extrémité. – Loc. *Être à la pointe du combat, du progrès.* → **avant-garde. 4·** ***La pointe des pieds*** : l'extrémité. *Marchez sans bruit, sur la pointe des pieds.* **5·** *Les pointes,* chaussons de danse ; chaussures de sport dont la semelle est munie de pointes. **6·** *Pointes,* figure de ballet où la danseuse (le danseur) est en équilibre sur la pointe des pieds. *Faire des pointes.* **II·** Objet pointu. **1·** Objet en forme d'aiguille, de lame. *Casque à pointe. Les pointes de fer d'une grille.* **2·** Clou. *Une livre de pointes à tête plate.* **3·** Outil servant à gratter, percer, tracer, etc. → **poinçon.** – ***Pointe sèche*** ou, absolt, ***pointe*** : outil qui sert à graver sur le cuivre. → **burin.** *Gravure à la pointe sèche.* ≠ eau-forte. *Une pointe sèche,* l'estampe ainsi obtenue. **4·** ***Pointes de feu*** : petites brûlures faites avec un cautère (traitement médical). **III· 1·** Après quelques verbes. Opération qui consiste à avancer en territoire ennemi. *Pousser une pointe jusqu'à,* prolonger son chemin jusqu'à. **2·** Allusion ironique, parole blessante. → **pique.** *Ils se disputent, se lancent des pointes.* **IV·** Petite quantité (d'une chose piquante ou forte). → **soupçon.** *Une pointe d'ail.* – Abstrait. *Une pointe d'ironie. Il parlait avec une pointe d'accent parisien.* **V·** Moment où une activité, un phénomène atteint un maximum d'intensité. *La vitesse de pointe d'une automobile.* – ***Heures de pointe*** : période d'utilisation intense et connue d'un service (énergie, transports). *Le métro est insupportable aux heures de pointe.* ▷ ② pointer

① **pointer** [pwɛ̃te] v. tr. < conjug. 1 > 1· Marquer d'un point, d'un signe (qqch.) pour faire un contrôle. → **cocher ; pointage** (1). *Il lisait la liste des élèves en pointant les noms.* 2· Contrôler les entrées et les sorties (des employés d'un bureau, d'une usine). → **pointage.** 3· Intransitivement. *Un ouvrier sans emploi qui pointe au chômage.* ▶ **pointé, ée** adj. 1· Marqué d'un point, d'un signe. 2· En musique. *Note pointée,* dont la valeur est augmentée de moitié. 3· *Zéro pointé,* éliminatoire. ▶ ① **pointeur, euse** n. et adj. 1· N. Personne qui fait une opération de pointage, enregistre des noms, des résultats. 2· Adj. *Horloge pointeuse* ou, ellipt, n. f., *pointeuse,* machine disposée à l'entrée d'un lieu de travail dans laquelle les employés glissent une carte personnelle sur laquelle s'inscrivent leurs heures d'entrée et de sortie. 3· N. En informatique. Élément graphique (flèche...) qui reproduit à l'écran les déplacements de la souris et permet de sélectionner un élément. → **curseur.** ▷ **pointage**

② **pointer** v. tr. < conjug. 1 > I· 1· Dresser en pointe. *Cheval qui pointe les oreilles.* 2· Intransitivement. *Des cyprès qui pointent vers le ciel.* II· Sortir, montrer à l'extérieur. *Les asperges pointent la tête hors de terre. La souris pointe le, son nez hors de son trou.* – REM. En parlant de l'aube, du jour *(le point du jour),* il y a confusion du verbe *poindre* avec le verbe *pointer.* III· Pronominalement. Fam. ***Se pointer*** : arriver. *Elle s'est pointée à trois heures.* IV· 1· Diriger. *Il pointait son index vers moi.* 2· Braquer, viser. *Pointer un canon vers un objectif.* 3· Aux boules, à la pétanque. Lancer la boule le plus près possible du but (cochonnet). *Tu tires ou tu pointes ?* ▶ ② **pointeur, euse** n. 1· Personne qui procède au pointage (2) d'une bouche à feu. → **artilleur.** 2· Joueur chargé de pointer (IV, 3), opposé à *tireur.*

③ **pointer** [pwɛ̃tœʀ, pwɛ̃tɛʀ] n. m. Chien d'arrêt, à poil ras, excellent chasseur. *Des pointers.*

pointillé [pwɛ̃tije] n. m. 1· Dessin, gravure au moyen de points. *Gravure au pointillé.* 2· Groupe de petits points. *Frontières représentées en pointillé.* – *Il faut savoir lire en pointillé,* comprendre les allusions. 3· Trait formé de petites perforations. *Détachez suivant le pointillé.*

pointilleux, euse [pwɛ̃tijø, øz] adj. Qui est d'une minutie excessive, dans ses exigences. → **chatouilleux, tatillon.** *Il est très pointilleux sur le protocole.* → **formaliste.**

pointillisme [pwɛ̃tijism] n. m. Peinture par petites touches, par points juxtaposés de couleurs pures (on dit aussi *néo-impressionnisme*). ▶ **pointilliste** n. et adj. *Seurat, peintre pointilliste.*

point mort [pwɛ̃mɔʀ] n. m. Position de l'embrayage d'un véhicule automobile lorsqu'aucune vitesse n'est enclenchée. *Au point mort.* – Loc. *L'affaire est au point mort,* elle n'évolue plus.

pointu, ue [pwɛ̃ty] adj. 1· Qui se termine en pointe(s). → **aigu.** *Clocher, clou pointu. Menton pointu.* 2· *Un caractère pointu,* agressif. *Un air pointu,* désagréable et sec. 3· (Son, voix) Qui a un timbre aigu, désagréable. *Parler sur un ton pointu.* – *Accent pointu,* accents du Nord, d'Île-de-France, pour les habitants du midi de la France. 4· Qui est à la pointe du progrès (scientifique, technique). *Une expérience très pointue,* délicate à élaborer et à conduire.

pointure [pwɛ̃tyʀ] n. f. Nombre qui indique la dimension des chaussures, des coiffures, des gants, des vêtements. → **taille.** « *Quelle pointure chaussez-vous ? – La pointure 42* (ou, ellipt, *du 42*). »

poire [pwaʀ] n. f. 1· Fruit du poirier, charnu, à pépins, allongé et ventru. *Poires williams, passe-crassane, des comices... Une tarte aux poires.* – *Un verre de poire,* d'alcool de poire. – Loc. *Garder une poire pour la soif,* économiser pour les besoins à venir ; se réserver un moyen d'action. – Loc. *Couper la poire en deux,* faire un compromis, partager également les risques et les profits. 2· Objet de forme analogue. *Une poire à lavement.* – *Poire électrique,* interrupteur à bouton pendant au bout du fil. 3· Fam. Face, figure. *Il a pris un coup en pleine poire.* 4· Fam. Personne qui se laisse tromper facilement. → **naïf.** *Quelle poire, ce type !* → fam. ① **pomme.** – Adj. *Tu es aussi poire que moi.* ▶ **poiré** n. m. Cidre de poire. ▶ **poirier** n. m. 1· Arbre de taille moyenne, cultivé pour ses fruits (*les poires*). *Des poiriers en espaliers.* 2· Bois de poirier, rougeâtre, utilisé en ébénisterie. *Meubles en poirier.* 3· Loc. *Faire le poirier,* se tenir en équilibre sur les mains, la tête touchant le sol.

poireau [pwaʀo] n. m. 1· Plante, variété d'ail à bulbe peu développé, cultivée pour son pied ; ce pied comestible. *Le poireau est appelé « l'asperge du pauvre ». Botte de poireaux. Soupe aux poireaux.* 2· Loc. fam. *Rester planté comme un poireau, faire le poireau,* attendre. ▶ **poireauter** ou **poiroter** v. intr. < conjug. 1 > Fam. Attendre debout sans se déplacer (→ fam. **poireau,** 2). *Ça fait deux heures que je poirote (poireaute) devant sa porte.*

pois [pwa(ɑ)] n. m. invar. **I· 1·** Plante dont certaines variétés potagères sont cultivées pour leurs graines. **2·** Le fruit (gousse, cosse) d'une de ces plantes ; chacune des graines farineuses enfermées dans cette gousse. *Écosser des pois. Pois verts, pois à écosser* ou, plus cour., ***petits pois****. Petits pois frais, de conserve. Un petit pois.* – *Pois cassés,* pois secs divisés en deux. *Purée de pois cassés.* – Loc. *Purée de pois,* brouillard très épais. **3·** *Pois chiche* : plante à fleurs blanches, à gousses contenant chacune deux graines ; graine jaunâtre, à peau épaisse, de cette plante. **4·** ***Pois de senteur*** (cultivé pour ses fleurs) : nom courant de la gesse odorante. **II·** Petit disque, pastille (sur une étoffe). *Une robe à pois.*

poison [pwazɔ̃] n. m. **1·** Substance capable d'incommoder fortement ou de tuer. *Injecter, faire boire à qqn un poison mortel, violent. Les effets des poisons.* → **empoisonnement, intoxication.** *Remède, antidote contre les poisons.* → **contrepoison.** *Assassiner qqn par le poison.* → **empoisonner.** – Substance dangereuse pour l'organisme (toxines, venins, polluants). **2·** Littér. Ce qui est pernicieux, dangereux. *Le poison de la calomnie.* → **venin. 3·** Fam. ***Un, une poison*** : personne acariâtre ou insupportable. *Cet enfant est un poison.* – Chose très ennuyeuse. *Quel poison de retourner là-bas !* ▷ **contrepoison, empoisonner**

poissard, arde [pwasaʀ, aʀd] adj. et n. f. Littér. **1·** Adj. Qui emploie des mots vulgaires, orduriers. *Un argot poissard.* **2·** Vx. ***Poissarde*** n. f. : femme au langage grossier.

poisse [pwas] n. f. Fam. Malchance. *Quelle poisse !* → **guigne.** *Porter la poisse.*

poisser [pwase] v. tr. < conjug. 1 > **1·** Salir avec une matière gluante. *Se poisser les mains de confiture.* – *Avoir les cheveux tout poissés.* **2·** Fam. Arrêter, attraper, prendre (qqn). *On risque de se faire poisser.* ▶ **poisseux, euse** adj. Gluant, collant (comme de la poix). *Des papiers de bonbons poisseux.* – Sali par une matière poisseuse. *Mains poisseuses.* ▷ **poissard, poisse**

poisson [pwasɔ̃] n. m. **1·** Animal vertébré vivant dans l'eau, muni de nageoires et de branchies. *Les ouïes d'un poisson. Arêtes, écailles, filets, tranches, darnes de poisson. Poissons de rivière ; de mer. Jeunes poissons.* → **alevin.** – Prov. *Petit poisson deviendra grand,* cette personne, cette chose se développera. *Les gros poissons mangent les petits.* – *L'élevage des poissons.* → **pisciculture.** *Prendre, attraper des poissons.* → **pêcher.** *Poissons et fruits de mer.* – ***Du, le poisson,*** collectif. *Prendre du poisson. Marchand de poisson.* – ***Poisson-chat*** : poisson à longs barbillons. ***Poisson volant*** : se dit de certains poissons des mers chaudes, capables de bondir hors de l'eau. ***Poisson rouge*** : le cyprin doré. **2·** Loc. *Être heureux comme un poisson dans l'eau,* se trouver dans son élément. – Fam. *Engueuler qqn comme du poisson pourri,* l'invectiver. – *Un gros poisson,* un personnage éminent, important. – *Finir en* ***queue de poisson*** : sans conclusion satisfaisante. → en eau de **boudin.** – *Automobiliste qui fait une queue de poisson en doublant un véhicule,* qui se rabat brusquement devant lui. ▶ **poissonnerie** n. f. Commerce du poisson et des produits animaux de la mer et des rivières, dits fruits de mer (mollusques, crustacés, etc.). ▶ **poissonneux, euse** adj. Qui contient de nombreux poissons. *Une rivière poissonneuse.* ▶ **poissonnier, ière** n. Personne qui fait le commerce de détail des poissons, des fruits de mer. ▷ **empoissonner, Poissons**

Poissons [pwasɔ̃] n. m. pl. (Avec une majuscule) Douzième signe du zodiaque (du 19 février au 20 mars). *Être du signe des Poissons.* – Ellipt. Invar. *Elle est Poissons.*

poitrail, ails [pwatʀaj] n. m. **1·** Devant du corps (du cheval et de quelques animaux domestiques), entre l'encolure et les pattes de devant. **2·** Plaisant. Poitrine humaine. ▷ **dépoitrailler**

poitrine [pwatʀin] n. f. **1·** Partie du corps humain qui s'étend des épaules à l'abdomen et qui contient le cœur et les poumons. → **thorax ; buste, torse.** *Tour de poitrine,* mesure de la poitrine à l'endroit le plus large. – *Respirer à pleine poitrine,* inspirer fortement. *Il gonflait sa poitrine. Fluxion de poitrine,* pneumonie. **2·** Partie antérieure du thorax. *Bomber la poitrine.* **3·** Partie inférieure du thorax (du bœuf, du veau, du mouton, du porc). *Du lard de poitrine.* **4·** Les deux seins (d'une femme). → **gorge.** *Elle a une jolie poitrine. Elles ont beaucoup de poitrine, la poitrine forte.* ▶ **poitrinaire** adj. Vx. Atteint de tuberculose pulmonaire (de la poitrine). – N. *Un, une poitrinaire.*

poivre [pwavʀ] n. m. **1·** Épice à saveur très forte, piquante, faite des fruits séchés du poivrier. *Poivre en grains. Moulin à poivre. Steak au poivre,* couvert de poivre concassé. **2·** Loc. *Cheveux* ***poivre et sel*** : bruns mêlés de blancs. → **grisonnant. 3·** *Poivre de Cayenne,* condiment fort et piquant tiré d'une espèce de piment. ▶ **poivrade** n. f. Sauce, préparation au poivre. – En appos. *Sauce poivrade.* ▶ **poivré, ée** adj. **1·** Assaisonné de poivre. *Un mets très poivré.* **2·** Abstrait. Grossier ou licencieux. *Une plaisanterie poivrée.* → **salé.** ▶ **poivrer** v. tr. < conjug. 1 > **1·** Assaisonner de poivre. **2·** Pronominalement. Fam. ***Se poivrer*** : s'enivrer (→ **poivrot**). ▶ **poivrier** n. m. **1·** Arbrisseau grimpant des régions tropicales, produisant le poivre. **2·** Moulin à poivre. **3·** Petit flacon de table pour servir le poivre (on dit aussi *poivrière,* n. f.).

poivrière [pwavʀijɛʀ] n. f. Guérite de forme conique (comme certaines boîtes à poivre), à l'angle d'un bastion. – *Toit **en poivrière** :* conique.

poivron [pwavʀɔ̃] n. m. Fruit du piment doux. *La piperade, omelette aux poivrons et à la tomate. Une salade de poivrons verts et rouges.* ≠ piment.

poivrot, ote [pwavʀo, ɔt] n. Fam. Ivrogne.

poix [pwa(ɑ)] n. f. invar. Vx. Colle à base de résine ou de goudron de bois. ▷ **poisser**

poker [pɔkɛʀ] n. m. **I· 1·** Jeu de cartes basé sur des combinaisons (cinq cartes par joueur) et où l'on mise de l'argent. *Jouer au poker.* – Partie de poker. *Faire un poker.* – Loc. *Un coup de poker,* une tentative audacieuse et hasardeuse, fondée sur le bluff. **2·** Carré, ou quatre cartes de même valeur. *Avoir un poker d'as.* **II·** *Poker d'as :* jeu de dés comportant des figures (neuf, dix, valet, dame, roi, as). *Le poker d'as se joue avec cinq dés.*

polaire [pɔlɛʀ] adj. et n. f. **1·** Relatif aux pôles (terrestres, célestes) ; situé près d'un pôle. *Étoile Polaire,* indiquant le nord. *Cercle polaire.* **2·** Propre aux régions arctiques et antarctiques, froides et désertes. *Climat polaire. Ours polaire,* blanc. *Expédition polaire,* au pôle. **3·** Didact. *Coordonnées polaires,* d'un point par rapport à un point d'origine. **4·** En sciences. Relatif aux pôles magnétiques, électriques. ▷ **bipolaire, polariser**

polaque [pɔlak] n. Fam. et péj. (terme xénophobe à éviter). Polonais.

polar [pɔlaʀ] n. m. Fam. Roman ou film policier. *Des polars.*

polariser [pɔlaʀize] v. tr. < conjug. 1 > **1·** Soumettre au phénomène de la polarisation. – Au p. p. adj. *Lumière polarisée.* **2·** Fig. Attirer, réunir en un point. *Ces problèmes polarisent toutes leurs activités.* – Fam. *Être polarisé,* obsédé. ▶ **polarisation** n. f. Didact. **1·** En sciences. Réorganisation simplifiée (d'un corps ou d'une lumière) sous l'effet d'un champ électromagnétique (ou d'un filtre) ; polarité. **2·** Fig. Action de concentrer en un point (des forces, des influences). ▶ **polarité** n. f. Qualité d'un système qui présente deux pôles. *La polarité d'un aimant.* ▶ **polaroïd** [pɔlaʀɔid] n. m. Marque déposée. Procédé de photographie permettant le tirage des photos dans l'appareil de prise de vues ; cet appareil. – Parfois au fém. Image obtenue grâce à ce procédé.

polder [pɔldɛʀ] n. m. Marais littoral endigué et asséché. *Les polders du Zuiderzee.*

-pole, -polite Éléments savants venant du mot grec « polis (la cité) » (ex. : *métropole, nécropole, cosmopolite*), que l'on trouve aussi dans *police, politique.*

pôle [pol] n. m. **1·** Un des deux points de la surface terrestre formant les extrémités de l'axe de rotation de la Terre. *Pôle arctique* (pôle Nord) ; *antarctique, austral* (pôle Sud). **2·** Région géographique située près d'un pôle, entre le cercle polaire et le pôle. *L'aplatissement de la Terre aux pôles.* **3·** *Pôle céleste,* extrémité de l'axe autour duquel la sphère céleste semble tourner. **4·** Chacun des deux points de l'aimant qui correspondent aux pôles Nord et Sud. *Les pôles de l'aiguille aimantée d'une boussole.* → **polarité.** **5·** Chacune des deux extrémités d'un circuit électrique → **électrode,** chargée l'une d'électricité positive (*pôle positif, pôle +* ; → **anode**), l'autre d'électricité négative (*pôle négatif, pôle –* ; → **cathode**). → **polarisation.** **6·** Abstrait. Se dit de deux points principaux et opposés. *Les deux pôles de l'opinion.* ▷ **polaire**

polémique [pɔlemik] adj. et n. f. **1·** Adj. Qui manifeste une attitude critique ou agressive. *Un style polémique.* **2·** N. f. Débat par écrit, vif ou agressif. → **controverse, débat, discussion.** *Une polémique avec les journalistes.* ▶ **polémiquer** v. intr. < conjug. 1 > Faire de la polémique. *Polémiquer contre qqn.* ▶ **polémiste** n. Personne qui pratique, aime la polémique. → **pamphlétaire.**

polenta [pɔlɛnta] n. f. Galette de farine de maïs (Italie) ; mets à base de farine de châtaignes (Corse).

pole position [polpozisjɔ̃] n. f. Anglic. Place située en tête au départ d'une course de formule 1. – Fig. Meilleure place, place de tête. *Des pole positions.*

1 **poli, ie** [pɔli] adj. **1·** Dont le comportement, le langage sont conformes aux règles de la politesse. → **civil, courtois.** / contr. impoli, malappris / *Un enfant poli, bien élevé. Il a été tout juste poli avec moi.* → **correct.** – Loc. prov. *Il est trop poli pour être honnête,* ses manières trop affables font supposer des intentions malhonnêtes. **2·** (Choses) *Un refus poli,* qui s'accompagne des formes de la politesse. *Il leur a opposé un refus poli, mais ferme.* ▷ **impoli, malpoli, poliment, politesse**

2 **poli, ie** adj. et n. m. **1·** Adj. Lisse et brillant. *Un caillou poli.* / contr. rugueux / **2·** N. m. Aspect d'une chose lisse et brillante. *Donner un beau poli à du marbre.* → **polir.**

1 **police** [pɔlis] n. f. **1·** Ensemble d'organes et d'institutions assurant le maintien de l'ordre public et la répression des infractions. *Police judiciaire.* → fam. **P. J.** *Police secrète, polices paral-*

lèles. *Police municipale. Des polices privées.* → **milice.** *Inspecteurs de police ; agents de police.* – En France. *Police secours,* chargée de porter secours dans les cas d'urgence. – *Commissariat de police. Dénoncer qqn à la police. Se faire arrêter par la police.* **2·** Organisation rationnelle de l'ordre public. *La police intérieure d'un groupe, d'un lycée.* → **discipline.** ▷ **policier**

②**police** n. f. **I·** Contrat signé avec une compagnie d'assurances. *Souscrire à une police d'assurances. Primes, conditions et restrictions d'une police.* **II·** Technique. Liste de caractères (lettres et signes) d'imprimerie ; ensemble de caractères d'un certain type permettant l'impression d'un texte. *Le times, le gothique sont des polices courantes.*

policer [pɔlise] v. tr. < conjug. 3 > Littér. Civiliser, adoucir les mœurs par des institutions, par la culture. → **civiliser.** – Au p. p. adj. *Les sociétés les plus policées.*

polichinelle [pɔliʃinɛl] n. m. **1·** Personnage à double bosse de la comédie italienne. *Un polichinelle.* – Loc. *C'est un secret de polichinelle,* un faux secret bien vite connu de tous. **2·** Personne irréfléchie et ridicule. → **guignol.**

policier, ière [pɔlisje, jɛʀ] adj. et n. **I·** Adj. **1·** Relatif à la police ; appartenant à la police. *Mesures policières.* – *Chien policier.* – *Régime policier,* où la police a une grande importance. **2·** Se dit des formes de littérature, de spectacle qui concernent des activités criminelles plus ou moins mystérieuses, et leur découverte. *Un film policier. Un roman policier ;* n. m. *lire des policiers.* → fam. **polar. II·** N. m. Personne qui appartient à un service de police (agent de police, inspecteur, détective privé, etc.). *Un policier en civil.* → fam. **flic.**

policlinique [pɔliklinik] n. f. Clinique municipale. ≠ polyclinique.

poliment [pɔlimɑ̃] adv. D'une manière polie, avec courtoisie. / contr. impoliment / *Refuser poliment.* ▷ **impoliment**

poliomyélite [pɔljɔmjelit] ou **polio** n. f. Maladie causée par une lésion de l'axe gris de la moelle épinière. *La poliomyélite s'accompagne ordinairement de paralysie. Vaccin contre la poliomyélite.* ▶ **poliomyélitique** adj. et n. Qui est relatif à la poliomyélite. – Qui est atteint de poliomyélite. – N. *Un(e) poliomyélitique.*

polir [pɔliʀ] v. tr. < conjug. 2 > **1·** Rendre poli ② par frottement (une substance dure). → **limer, poncer.** / contr. dépolir / *Polir qqch. avec un abrasif. Se polir les ongles.* – Au p. p. adj. *Des ongles soigneusement polis.* → ② **poli. 2·** Parachever (un ouvrage) avec soin. → **parfaire, perfectionner.** *Polir son style.* ▶ **polissage** n. m. Opération qui consiste à donner une apparence lisse et brillante (à une surface). *Le polissage du bois.* → **ponçage.** ▶ **polissoir** n. m. Ustensile de toilette, garni de peau de chamois, servant à polir les ongles. ▷ **dépoli,** ② **poli**

polisson, onne [pɔlisɔ̃, ɔn] n. et adj. **1·** Enfant espiègle, désobéissant. *Cet écolier est un polisson.* – Adj. *Elle est polissonne, cette mioche !* **2·** Adj. (Choses) Un peu grivois, licencieux. → **canaille, égrillard.** *Une chanson polissonne.* – *Des yeux polissons.* → **fripon.** ▶ **polissonnerie** n. f. **1·** Action d'un enfant espiègle, turbulent. **2·** Acte ou propos licencieux.

politesse [pɔlitɛs] n. f. **1·** Ensemble de règles qui régissent le comportement, le langage considérés comme les meilleurs dans une société ; le fait et la manière d'observer ces usages. → **civilité, courtoisie, éducation, savoir-vivre.** / contr. impolitesse / *Formules de politesse,* employées dans la conversation, dans une lettre (ex. : *s'il vous plaît, je vous en prie...*). – Loc. *Brûler la politesse à qqn,* partir brusquement. **2·** *Une politesse :* action, parole exigée par les bons usages. *Rendre une politesse à qqn.* – Au plur. Souvent iron. *Se faire des politesses. Échange de politesses.* ▷ **impolitesse**

politicien, ienne [pɔlitisjɛ̃, jɛn] n. et adj. **1·** N. Personne qui exerce une action politique dans le gouvernement ou dans l'opposition. → homme (femme) d'**État, politique.** – Souvent péj. *Un politicien véreux* (ou *politicard,* n. m.). **2·** Adj. Péj. Purement politique ; qui se borne aux aspects techniques de la politique. *La politique politicienne.*

politico- Élément signifiant « politique », formant des adjectifs (ex. : *politico-économique, -médiatique, -social,* etc.).

①**politique** [pɔlitik] adj. et n. m. **I·** Adj. **1·** Relatif à l'organisation et à l'exercice du pouvoir dans une société organisée. *Pouvoir politique,* pouvoir de gouverner. *Les institutions politiques d'un État.* → **constitution.** *Un homme politique, une femme politique* (plutôt laudatif ; ≠ politicien). **2·** Relatif à la théorie du gouvernement. *La pensée politique d'un chef d'État. Les grandes doctrines politiques.* – Relatif à la connaissance scientifique des faits politiques. *Institut d'études politiques.* **3·** Relatif aux rapports du gouvernement et de son opposition ; au pouvoir et à la lutte autour du pouvoir. *La vie politique française. Les procès politiques. Les partis politiques.* **4·** Relatif à un État, aux États et à leurs rapports. *Unité politique. Géographie politique,* partie de la géographie humaine. **5·** Littér. Habile. *Ce n'est pas très poli-*

tique. → **diplomatique.** 6· *Économie politique.* → **économie.** II· N. m. 1· Littér. Homme ou femme de gouvernement. *Un fin politique. Les grands politiques.* – Personne qui sait gouverner autrui. *Il était trop mauvais politique.* 2· Ce qui est politique. *Le politique et le social.* ▶ **politiquement** adv. 1· En ce qui concerne le pouvoir politique. *Pays unifié politiquement.* 2· Littér. Avec habileté. *Agir politiquement.* 3· Loc. Anglic. *Politiquement correct.* → **correct.** ▷ **apolitique, politiser**

② **politique** n. f. 1· Manière de gouverner un État *(politique intérieure)* ou de mener les relations avec les autres États *(politique extérieure). Politique conservatrice, libérale, de droite, de gauche. La politique d'un parti.* 2· Ensemble des affaires publiques. *S'occuper, se mêler de politique. Faire de la politique.* – La carrière politique. *Il se destine à la politique.* 3· Manière concertée de conduire une affaire. → **tactique.** *Pratiquer la politique du moindre effort.* ▷ **géopolitique, politicien**

politiser [pɔlitize] v. tr. < conjug. 1 > Donner un caractère, un rôle politique à. / contr. dépolitiser / *Politiser des élections syndicales.* ▶ **politisation** n. f. *La politisation des syndicats ouvriers, des grèves.* ▷ **dépolitiser**

polka [pɔlka] n. f. Ancienne danse (et air de danse) d'origine tchèque, à l'allure vive et très rythmée. *Jouer des polkas.*

pollen [pɔlɛn] n. m. Poussière faite de grains minuscules produits par les étamines des fleurs et qui féconde les fleurs femelles. *Les abeilles butinent le pollen. Allergie due aux pollens.* ▶ **pollinique** adj. Du pollen. ▶ **polliniser** v. tr. < conjug. 1 > Féconder par du pollen. ▶ **pollinisation** n. f. Fécondation du pistil des fleurs par le pollen (généralement d'autres fleurs). *Pollinisation artificielle.* ▶ **pollinisateur, trice** adj. 1· Qui produit du pollen. *Variété pollinisatrice,* capable d'en féconder une autre. 2· Qui transporte du pollen. *Insectes pollinisateurs.*

polluer [pɔlɥe] v. tr. < conjug. 1 > Salir en rendant malsain, dangereux. *Les gaz qui polluent l'atmosphère des villes.* – Au p. p. adj. *Eaux polluées. Air pollué,* vicié. ▶ **polluant** n. m. Produit provoquant une pollution. *Les polluants domestiques et industriels.* ▶ **pollueur, euse** adj. et n. Qui pollue. – N. Personne, groupe, industrie qui pollue. ▶ **pollution** n. f. 1· Action de polluer, le fait d'être pollué. *La pollution d'un fleuve par les industries riveraines. Lutter contre la pollution.* 2· *Pollution nocturne* : émission involontaire de sperme pendant le sommeil. ▷ **antipollution, dépolluer**

① **polo** [pɔlo] n. m. Sport dans lequel des cavaliers, divisés en deux équipes, essaient de pousser une boule de bois dans le camp adverse avec un maillet à long manche.

② **polo** n. m. Chemise de sport en maille, à col ouvert. *Des polos en piqué de coton.*

polochon [pɔlɔʃɔ̃] n. m. Fam. Traversin. *Les enfants se battaient à coups de polochon.*

polonais, aise [pɔlɔnɛ, ɛz] adj. et n. 1· Adj. De Pologne. – N. *Les Polonais.* → fam. et péj. **polaque.** – N. m. *Le polonais, langue slave.* 2· Loc. fam. *Être soûl comme un Polonais,* au dernier point. ▶ **polonaise** n. f. 1· Danse nationale des Polonais ; sa musique. *Les polonaises de Chopin.* 2· Gâteau meringué, dont l'intérieur contient des fruits confits.

poltron, onne [pɔltʀɔ̃, ɔn] adj. et n. Qui manque de courage physique. → **couard, lâche, peureux ;** fam. **froussard, trouillard.** / contr. courageux / – N. *Un poltron, une poltronne.* ▶ **poltronnerie** n. f.

poly- Préfixe savant signifiant « nombreux ; abondant » (ex. : *polygame, polygone, polyphonie*). Voir les suivants.

polyamide [pɔliamid] n. m. Corps chimique, constituant de nombreuses matières plastiques (ex. : *nylon*).

polyandre [pɔljɑ̃dʀ ; pɔliɑ̃dʀ] adj. Didact. Qui a plusieurs maris. ≠ polygame. *Une femme polyandre.* ▶ **polyandrie** n. f.

polychrome [pɔlikʀom] adj. Qui est de plusieurs couleurs ; décoré de plusieurs couleurs. / contr. monochrome / *Une statue polychrome.* ▶ **polychromie** n. f. Application de la couleur à la statuaire, à l'architecture.

polyclinique [pɔliklinik] n. f. Clinique où se donnent toutes sortes de soins. ≠ policlinique.

polycopie [pɔlikɔpi] n. f. Procédé de reproduction graphique par report (décalque), encrage et tirage. ≠ photocopie. ▶ **polycopier** v. tr. < conjug. 7 > Reproduire en polycopie. ▶ **polycopié, ée** adj. et n. m. *Cours polycopié.* ▶ **polycopieur** n. m. Appareil à polycopier. *Polycopieur à alcool.*

polyculture [pɔlikyltyʀ] n. f. Culture simultanée de différents produits sur un même domaine, dans une même région. / contr. monoculture /

polyèdre [pɔljɛdʀ ; pɔliɛdʀ] n. m. Géométrie. Solide limité de toutes parts par des polygones plans. *Le cube et la pyramide sont des polyèdres.* ▶ **polyédrique** adj.

polyester [pɔliɛstɛʀ] n. m. Composé chimique (ester) à poids moléculaire élevé

(enchaînement par polymérisation de nombreuses molécules d'esters). *Certains polyesters sont les constituants de matières plastiques.*

polyéthylène [pɔlietilɛn] n. m. Matière plastique obtenue par polymérisation de l'éthylène.

polygame [pɔligam] n. et adj. Homme uni à plusieurs femmes, femme unie à plusieurs hommes à la fois, en vertu de liens légitimes. / contr. monogame / – Adj. *Un musulman polygame.* ▶ **polygamie** n. f. 1· Situation d'une personne polygame. 2· Système social dans lequel un homme peut avoir plusieurs épouses (polygynie) ou une femme plusieurs maris (polyandrie).

polyglotte [pɔliglɔt] adj. et n. Qui parle plusieurs langues. *Interprète polyglotte. – Un(e) polyglotte.*

polygone [pɔligɔn] n. m. 1· Figure fermée par des segments de droite. *Polygone régulier,* à côtés et angles égaux. 2· Polygone formant le tracé d'une place de guerre, d'une fortification. – *Polygone de tir,* champ de tir pour l'artillerie. ▶ **polygonal, ale, aux** adj. Qui a plusieurs angles et plusieurs côtés.

polyhandicapé, ée [pɔliɑ̃dikape] adj. et n. Qui souffre de handicaps (3) multiples.

polymère [pɔlimɛʀ] n. m. Grosse molécule (macromolécule) formée de l'union de plus petites molécules. → Polyester, polyéthylène... ▶ **polymériser** v. tr. < conjug. 1 > Transformer en polymère. ▶ **polymérisation** n. f. Union de plusieurs molécules d'un composé pour former une grosse molécule. *Résines de polymérisation,* matières plastiques.

polymorphe [pɔlimɔʀf] adj. Didact. Qui peut se présenter sous des formes différentes. *Roches polymorphes.* ▶ **polymorphisme** n. m. *Le polymorphisme des virus, d'une maladie.*

polynévrite [pɔlinevʀit] n. f. Névrite qui atteint plusieurs nerfs.

polynôme [pɔlinom] n. m. Expression algébrique constituée par une somme algébrique de monômes (séparés par les signes + et –). *Le binôme, le trinôme sont des polynômes.*

1 **polype** [pɔlip] n. m. Animal (*Cœlentérés*) formé d'un tube dont une extrémité porte une bouche entourée de tentacules. *Une colonie de polypes. La méduse est un polype.* ▶ **polypier** n. m. Squelette calcaire des polypes (ex. : *le corail*).

2 **polype** n. m. Tumeur, excroissance fibreuse ou muqueuse, implantée par un pédicule. *Polype de l'œsophage.*

polyphonie [pɔlifɔni] n. f. Combinaison de plusieurs voix ou parties mélodiques, dans une composition musicale. → **contrepoint.** ▶ **polyphonique** adj. *Pièce polyphonique vocale.*

polysémie [pɔlisemi] n. f. Caractère d'un signe, d'un mot qui possède plusieurs sens. ▶ **polysémique** adj. *« Pièce » est un mot polysémique.*

polystyrène [pɔlistiʀɛn] n. m. *Mousse de polystyrène,* matière plastique généralement blanche, tendre et cassante, très légère, utilisée en emballage industriel et comme isolant thermique. *Déchets de polystyrène sur une plage. Panneau en polystyrène expansé.*

polytechnique [pɔlitɛknik] adj. et n. f. 1· Vx. Qui embrasse plusieurs sciences et techniques. 2· *École polytechnique* ou, n. f., *Polytechnique* (fam. *L'X* [liks]), grande école scientifique française. ▶ **polytechnicien, ienne** n. Élève, ancien(ne) élève de Polytechnique.

polythéisme [pɔliteism] n. m. Doctrine qui admet l'existence de plusieurs dieux. *Le polythéisme grec.* → **panthéon.** / contr. monothéisme / ▶ **polythéiste** n. et adj. *Religion polythéiste.*

polytoxicomanie [pɔlitɔksikomani] n. f. Didact. Toxicomanie caractérisée par la consommation simultanée ou consécutive de plusieurs drogues. ▶ **polytoxicomane** n.

polyuréthane ou **polyuréthanne** [pɔliyʀetan ; pɔljyʀetan] n. m. Résine obtenue par condensation de polyesters. *Mousse de polyuréthane.*

polyvalent, ente [pɔlivalɑ̃, ɑ̃t] adj. et n. m. 1· Adj. Qui a plusieurs fonctions, plusieurs activités différentes. *Salle polyvalente. Un professeur polyvalent.* 2· N. Fonctionnaire chargé(e) de vérifier les déclarations fiscales des entreprises. *Les polyvalents.*

pomélo [pɔmelo] n. m. Fruit (agrume) appelé couramment *pamplemousse. Les pomélos sont parfois acides.*

pommade [pɔmad] n. f. Substance grasse à mettre sur la peau (médicament, etc.). → **crème.** *Un tube de pommade.* – Loc. *Passer de la pommade à qqn,* le flatter grossièrement. ▶ **pommader** v. tr. < conjug. 1 > Plaisant. et péj. Enduire de pommade (les cheveux ; les cheveux de qqn). – Pronominalement. *Se pommader.* – Au p. p. adj. *Il était tout pommadé, gominé.*

1 **pomme** [pɔm] n. f. I· 1· Fruit du pommier, rond, à pulpe ferme et juteuse. *Pomme de reinette, pomme « reine des reinettes ». Pommes à cidre* (opposé à *pommes à couteau*). *Pommes canada, golden, granny(-) smith, belle de Boskoop. Eau-de-vie de pomme.* → **calvados.** *Pommes cuites. Compote de*

pommes. **2·** En appos. Invar. ***Vert pomme*** : assez vif et clair. *Des jupes vert pomme.* **3·** Loc. fam. *Aux pommes*, très bien, très beau. – *Tomber dans les pommes*, s'évanouir. – Fam. *Ma, sa pomme*, moi, lui. *Les ennuis, c'est toujours pour ma pomme !* Fam. Idiot, naïf. *Cette pauvre pomme croit tout ce qu'on lui dit.* → fam. **poire. 4·** ***Pomme d'Adam*** : saillie à la partie antérieure du cou (des hommes). **5·** ***Pomme de pin*** : organe reproducteur du pin, formé d'écailles dures qui protègent les graines. *Pomme de chou, de laitue*, le cœur tendre de ces légumes. **II·** *Pomme d'arrosoir, pomme de douche*, partie arrondie percée de petits trous, qui permet de distribuer l'eau en pluie. ▷ **pommé, pommeau, pomme de terre, pommelé, pommette, pommier**

②**pomme** n. f. Pomme de terre. *Des pommes frites.* → **frite.** *Des pommes vapeur.*

pommé, ée [pɔme] adj. (Plantes) Qui a une forme arrondie. *Un chou pommé.*

pommeau [pɔmo] n. m. Tête arrondie de la poignée (d'un sabre, d'une épée). – Boule à l'extrémité d'une canne, d'un parapluie. *Des pommeaux.*

pomme de terre [pɔmdətɛʀ] n. f. **1·** Tubercule comestible, riche en féculents, d'une plante potagère cultivée en plein champ dans les climats tempérés et tropicaux. → **patate,** ②**pomme.** *Elle épluche des pommes de terre. Pommes de terre à l'eau, sautées. Pommes de terre en robe de chambre ou en robe des champs. Purée de pommes de terre. Pommes de terre frites.* → **frite.** *Des chips de pomme de terre.* – Plaisant. *Nez en pomme de terre*, gros et rond. **2·** La plante cultivée pour ses tubercules. *Champ de pommes de terre. Des fanes de pommes de terre.*

pommelé, ée [pɔmle] adj. **1·** Couvert ou formé de petits nuages ronds. *Un ciel pommelé.* **2·** (Robe du cheval) Couvert de taches rondes grises ou blanches. *Cheval pommelé, gris pommelé.* ▶ **se pommeler** v. pron. < conjug. 4 > (Ciel) Se couvrir de petits nuages ronds. → **moutonner.**

pommette [pɔmɛt] n. f. Partie haute de la joue. *Un visage aux pommettes saillantes.*

pommier [pɔmje] n. m. **1·** Arbre à frondaison arrondie dont le fruit est la pomme. *Pommier commun ; pommier à cidre.* **2·** *Pommier du Japon, de Chine*, variété exotique cultivée pour ses fleurs roses.

①**pompe** [pɔ̃p] n. f. **1·** Littér. Déploiement de faste dans un cérémonial. → **apparat, magnificence.** *Sous Louis XIV, la pompe de Versailles contrastait avec la misère du peuple.* – Loc. *En grande pompe*, avec tout le faste possible. **2·** ***Pompes funèbres*** : service assurant le transport et l'enterrement (ou la crémation) des morts. *Entreprise de pompes funèbres.* **3·** Loc. religieuse. *Renoncer à Satan, à ses pompes et à ses œuvres*, aux péchés et à la tentation. ▷ **pompeux**

②**pompe** n. f. **1·** Appareil destiné à déplacer un liquide, de l'eau. *Pompe aspirante ; foulante. Amorcer une pompe. Aller chercher de l'eau à la pompe. Pompe à incendie. Bateau-pompe*, muni de lances à incendie. *La pompe à essence d'un moteur.* **2·** *Pompe (à essence)* : distributeur d'essence. → **poste** d'essence, **station-service ; pompiste.** *La jauge est à zéro, il faut trouver une pompe. Les pompes d'un garage.* **3·** Appareil déplaçant de l'air. *Pompe de bicyclette.* **4·** Fam. *Avoir le, un* ***coup de pompe*** : se sentir brusquement épuisé. → **pomper** (6). **5·** Fam. ***À toute pompe*** : à toute vitesse. *Je me tire à toute pompe.* **6·** Fam. Chaussure. *Une paire de pompes.* – Loc. *J'en ai plein les pompes.* → **bottes. 7·** Fam. Traction des bras. *Comme punition, vous ferez vingt pompes.* ▷ **autopompe, motopompe, pompiste**

pomper [pɔ̃pe] v. tr. < conjug. 1 > **1·** Déplacer (un liquide, de l'air) à l'aide d'une pompe. *Pomper de l'eau*, en tirer à la pompe. → **puiser.** – Sans compl. *Pompez !* **2·** Aspirer (un liquide). *Les moustiques pompent le sang.* **3·** Intransitivement. Fam. Boire. *Il pompe bien.* **4·** Absorber (un liquide). *Pompe la tache avec un buvard !* **5·** Fam. Copier. *Il a encore pompé sur son voisin.* **6·** Fam. Épuiser. *Cet effort l'a pompé.* – Au p. p. adj. *Pompé, ée* : épuisé. ▶ **pompage** n. m. (→ **pomper,** 1) *Les stations de pompage d'un pipe-line.* ▷ ②**pompe**

pompette [pɔ̃pɛt] adj. Fam. Un peu ivre, éméché. *Il était rentré pompette.*

pompeux, euse [pɔ̃pø, øz] adj. Qui affecte une solennité plus ou moins ridicule (→ ①**pompe**). *Un ton pompeux.* → **déclamatoire, sentencieux.** / contr. simple / ▶ **pompeusement** adv.

①**pompier** [pɔ̃pje] n. m. Personne appartenant au corps des *sapeurs-pompiers*, chargée de combattre incendies et sinistres. *Avertisseur des voitures de pompiers.* → **pin-pon.** *Casques, grande échelle de pompiers. Elle est pompier.* – *Le pompier de service* (dans une salle de spectacle). – Loc. fig. *Jouer les pompiers de service*, intervenir pour régler un conflit. ▷ **sapeur-pompier**

②**pompier, ière** adj. Emphatique et prétentieux (à cause des peintures militaires avec des casques, comparés à ceux des pompiers ①). *Un peintre pompier. Ça fait terriblement pompier.*

pompiste [pɔ̃pist] n. Personne préposée à la distribution de l'essence (par les *pompes* ②, 2, à essence).

pompon [pɔ̃pɔ̃] n. m. 1· Touffe de laine, de soie, servant d'ornement. → **houppe.** *Bonnet à pompon rouge des marins.* 2· En appos. Se dit de fleurs en boules. *Des roses pompons.* 3· Loc. fam. *Avoir le pompon,* l'emporter (souvent iron.). *C'est le pompon !,* c'est le comble ! ▶ **pomponner** v. tr. < conjug. 1 > Parer, orner avec soin. → **bichonner.** – Au p. p. *Elle était pomponnée pour sortir.*

ponant [pɔnɑ̃] n. m. Vx ou littér. *Le ponant :* le couchant (opposé au *levant*). → **occident, ouest.**

ponce [pɔ̃s] adj. f. *Pierre ponce :* roche volcanique poreuse, très légère et très dure. *Des pierres ponces.* ▷ **poncer**

ponceau [pɔ̃so] adj. invar. D'un rouge vif et foncé. *Des rubans ponceau.*

poncer [pɔ̃se] v. tr. < conjug. 3 > Nettoyer, polir (une surface) en frottant à la pierre ponce, à la toile émeri, au papier de verre. *Poncer un plafond avant de le repeindre.* – Au p. p. adj. *Un meuble bien poncé et reverni.* ▶ **ponçage** n. m. → **polissage, rabotage.** *Le ponçage du bois.* ▶ **ponceuse** n. f. Machine servant à poncer les surfaces planes. *Ponceuse vibrante.*

poncho [pɔ̃tʃo] n. m. Manteau formé d'une pièce d'étoffe percée d'un trou pour passer la tête (en usage en Amérique du Sud). *Des ponchos indiens.*

poncif [pɔ̃sif] n. m. Thème, expression littéraire ou artistique dénué(e) d'originalité. → **banalité, cliché, lieu** commun. *Ce film policier enchaîne tous les poncifs du genre.*

ponction [pɔ̃ksjɔ̃] n. f. 1· Opération chirurgicale qui consiste à piquer les tissus vivants enveloppant une cavité pour en retirer le liquide qu'elle contient. *Ponction lombaire,* qui permet de retirer du liquide céphalorachidien. 2· Prélèvement (d'argent, etc.). ▶ **ponctionner** v. tr. < conjug. 1 > *Ponctionner un épanchement pleural.*

ponctuation n. f. → **ponctuer.**

1 **ponctuel, elle** [pɔ̃ktɥɛl] adj. 1· Vieilli. Qui met beaucoup de soin, d'attention à un travail, à une fonction. → **assidu, régulier.** 2· Qui arrive à l'heure, respecte les horaires. *Un employé ponctuel.* / contr. inexact / ▶ **ponctualité** n. f. 1· Soin, précision dans l'accomplissement de ses devoirs. *La ponctualité d'un employé.* → **assiduité.** 2· Plus cour. Qualité d'une personne ponctuelle (2). ▶ **ponctuellement** adv. *Il va déjeuner toujours à midi et demi, ponctuellement.* → **exactement.**

2 **ponctuel, elle** adj. Sciences. Qui peut être assimilé à un point*. *Source lumineuse ponctuelle.* – Qui ne concerne qu'un point, qu'un élément d'un ensemble (opposé à *global*). *Des remarques ponctuelles.*

ponctuer [pɔ̃ktɥe] v. tr. < conjug. 1 > 1· Diviser (un texte) au moyen de la ponctuation. – Au p. p. *Un devoir mal ponctué.* 2· *Ponctuer... de :* marquer (ses phrases) d'une exclamation, d'un geste. *Elle ponctuait ses phrases de soupirs.* ▶ **ponctuation** [pɔ̃ktɥasjɔ̃] n. f. Système de signes servant à indiquer les divisions d'un texte, à noter certains rapports syntaxiques. *Signes de ponctuation,* crochet(s), deux-points, guillemet(s), parenthèse(s), point, point-virgule, tiret, virgule... – Manière d'utiliser ces signes. *Mettre, oublier la ponctuation. Bonne ponctuation. Orthographe* et ponctuation.*

pondérable [pɔ̃deʀabl] adj. Qui peut être pesé ; qui a un poids mesurable. / contr. impondérable / ▶ **pondéral, ale, aux** adj. Relatif au poids. *Surcharge pondérale,* excès de poids (d'une personne). ▷ **impondérable**

pondération [pɔ̃deʀɑsjɔ̃] n. f. Calme, équilibre et mesure dans les jugements. *Faire preuve de pondération.* ▶ **pondéré, ée** adj. Calme, équilibré. *Un esprit pondéré. Elle est énergique, mais pas assez pondérée.* / contr. déraisonnable, extrémiste /

pondérer [pɔ̃deʀe] v. tr. < conjug. 6 > Littér. Équilibrer (les forces). *Pondérer le pouvoir exécutif par un contrôle du Parlement.* – Au p. p. adj. *Forces pondérées.* ≠ pondéré. ▷ **pondérable, pondération, prépondérant**

pondre [pɔ̃dʀ] v. tr. < conjug. 41 > 1· (Femelles ovipares) Déposer, faire (ses œufs). → 1 **ponte.** *Les oiseaux pondent des œufs.* – Au p. p. adj. *Un œuf frais pondu.* 2· Fam. et péj. Écrire, produire (une œuvre). *Il nous pond trois romans par an.* ▶ **pondeur, euse** adj. et n. 1· Qui pond (1) des œufs. *Poule pondeuse,* élevée pour ses œufs. – N. f. *Une bonne pondeuse.* 2· Péj. Qui écrit, produit (une, des œuvres). ▷ 1 **ponte**

poney [pɔnɛ] n. m. Équidé (cheval) d'une race de petite taille. *Des poneys.* – On dit couramment une *ponnette* pour parler de la femelle. ≠ poulain.

pongé [pɔ̃ʒe] n. m. Taffetas de soie léger et souple. *Une doublure de veste en pongé.*

pongiste [pɔ̃ʒist] n. Joueur, joueuse de ping-pong, de tennis de table.

1 **pont** [pɔ̃] n. m. 1· Construction, ouvrage reliant deux points séparés par une dépression ou par un obstacle. → **viaduc.** *Les ponts de Paris, sur la Seine. Pont franchissant un fleuve, une rivière, un canal, une voie ferrée, une autoroute. Levée, parapet et tablier d'un pont. Des clochards qui couchent sous les ponts. Pont suspendu. Pont*

pour les piétons. → **passerelle.** *Franchir, passer, traverser un pont. Pont mobile, tournant, levant* ou *basculant.* → **pont-levis.** – *Pont de graissage,* sur lequel on soulève les automobiles pour les graisser. – Loc. *Il est solide comme le Pont-Neuf* (à Paris), très vigoureux. *Il coulera (passera) de l'eau sous les ponts,* il se passera un long temps. – *Couper, brûler les ponts,* s'interdire tout retour en arrière. **2·** *Ponts et Chaussées* [pɔ̃zeʃose] : en France, service public chargé principalement de la construction et de l'entretien des voies publiques. *Ingénieur des Ponts et Chaussées* ou, ellipt, *des Ponts.* **3·** *Pont aux ânes* [pɔ̃tozɑn] : démonstration mathématique que tout le monde devrait connaître ; fausse difficulté d'un programme scolaire. **4·** *Faire un pont d'or à qqn* : lui offrir une forte somme, pour le décider à occuper un poste. **5·** Ensemble des organes (d'une automobile) qui transmettent le mouvement aux roues. *Pont arrière.* **6·** *Pantalon à pont,* dont la partie supérieure de devant se rabat. **7·** *Faire le pont* : chômer entre deux jours fériés. *Le pont de l'Ascension.* **8·** *Pont aérien* : liaison aérienne d'urgence quasi ininterrompue (pour acheminer des vivres, des secours, des troupes, ou évacuer des réfugiés). **9·** *Tête de pont* : point où une armée prend possession d'un territoire à conquérir. ▷ **pont-levis, ponton, pontonnier**

② **pont** n. m. Ensemble des bordages recouvrant entièrement la coque d'un navire. *Navire à trois ponts.* – *Pont d'envol,* sur un porte-avions. – Absolt. Pont supérieur. *Tout le monde sur le pont !* (appel). ▶ ① **ponter** v. tr. < conjug. 1 > Munir d'un pont (un navire en construction). – Au p. p. adj. *Une barque pontée, non pontée.* ▶ ① **pontage** n. m. Construction d'un pont de navire.

① **ponte** [pɔ̃t] n. f. Action de pondre. *La ponte des poules. La ponte des œufs.* – Les œufs pondus en une fois. *Deux pontes par jour.*

② **ponte** n. m. Au baccara, à la roulette, etc. Chacun des joueurs qui jouent contre le banquier. ▶ ② **ponter** v. < conjug. 1 > **1·** V. intr. Jouer contre la personne qui tient la banque ; être ponte, au baccara, à la roulette. **2·** V. tr. Miser. *Ponter mille euros.*

③ **ponte** n. m. Fam. Personnage important. *C'est un gros ponte.* → ② **pontife.**

③ **ponter** [pɔ̃te] v. tr. Effectuer un pontage sur (qqn). *Il a été ponté.* ▶ ② **pontage** n. m. Opération qui consiste à réunir deux vaisseaux sanguins par greffage sur un troisième segment, pour rétablir une circulation normale. *Pontage veineux, coronarien.*

① **pontife** [pɔ̃tif] n. m. **1·** Dans l'Antiquité. L'un des cinq à seize grands prêtres responsables du culte public de Rome. **2·** Se dit des hauts dignitaires catholiques, évêques ou prélats. *Le souverain pontife,* le pape. ▶ **pontifical, ale, aux** adj. Relatif au souverain pontife, au pape. → **papal.** *Le trône pontifical. Messe pontificale.* ▶ **pontificat** n. m. Dignité de souverain pontife ; règne (d'un pape). *Cardinal élevé au pontificat.* → **papauté.**

② **pontife** n. m. Fam., iron. Personnage plein d'autorité, gonflé de son importance. → **mandarin,** ③ **ponte.** *Les grands pontifes de la Faculté.* ▶ **pontifier** [pɔ̃tifje] v. intr. < conjug. 7 > Faire le pontife, dispenser sa science, ses conseils avec prétention et emphase. *Il pontifiait, entouré de ses disciples.* ▶ **pontifiant, ante** adj. Qui pontifie. *Un ton pontifiant.* → **doctoral.** ▷ ③ **ponte**

pont-l'évêque [pɔ̃levɛk] n. m. invar. Fromage fermenté à pâte molle, de la région de Pont-l'évêque (Calvados). *Des pont-l'évêque.*

pont-levis [pɔ̃lvi] n. m. Au Moyen Âge. Pont mobile basculant qui se lève ou s'abaisse à volonté au-dessus du fossé d'un bâtiment fortifié. *Les ponts-levis d'un château fort.*

ponton [pɔ̃tɔ̃] n. m. **1·** Construction flottante formant plate-forme. *Ponton d'accostage.* **2·** Chaland ponté servant aux gros travaux des ports. *Ponton d'abattage. Ponton-grue.* **3·** Vieux vaisseau désarmé servant de prison (XIXe s.).

pontonnier [pɔ̃tɔnje] n. m. Soldat du génie chargé de la pose, du démontage, de l'entretien, etc., des ponts militaires.

pool [pul] n. m. Anglic. Groupe de personnes associées ou effectuant le même travail dans une entreprise. *Des pools de traducteurs.*

pop [pɔp] adj. invar. Anglic. **1·** *Musique pop,* se dit de la musique rock (1960-1970), puis de musiques analogues, à base d'instruments électriques et de mélodies simples et rythmées. *Musicien pop.* – N. f. *Une idole de la pop.* **2·** Qui concerne le pop art. ▶ **pop art** [pɔpaʀt] n. m. École anglo-saxonne de peinture moderne qui tire son inspiration de produits industriels de masse.

pop-corn [pɔpkɔʀn] n. m. invar. Anglic. Grains de maïs soufflés et sucrés (friandise). *Du pop-corn, des pop-corn.*

pope [pɔp] n. m. Prêtre de l'Église orthodoxe slave.

popeline [pɔplin] n. f. Tissu de coton ou de laine et soie, à armure taffetas. *Chemise en popeline.*

popote [pɔpɔt] n. f. et adj. **I·** N. f. Fam. Soupe, cuisine. *Faire la popote.* **II·** Adj. invar. Fam. Qui est trop exclusivement occupé par les travaux, les devoirs du foyer. → **casanier, pot-au-feu.** *Elles sont très popote.*

popotin [pɔpɔtɛ̃] n. m. Fam. Les fesses, le derrière. – Loc. fam. *Se manier le popotin,* se dépêcher.

populace [pɔpylas] n. f. Péj. Bas peuple. ▶ **populacier, ière** adj. Péj. Propre à la populace. → **commun, vulgaire.** *Langage populacier.* → **poissard.** *Une allure populacière.* → **canaille.**

populaire [pɔpylɛʀ] adj. **1·** Qui émane du peuple. *La volonté populaire. Un soulèvement populaire.* – En politique et d'après Karl Marx. Qui émane du prolétariat, s'oppose à la bourgeoisie. *Démocraties populaires.* – *Front populaire,* union des forces de gauche (en France, en 1936). **2·** Propre au peuple. *Les traditions populaires.* – Langage. Qui est employé surtout par le peuple, n'est guère en usage dans la bourgeoisie. *Mot, expression populaire.* ≠ familier ; argot. **3·** À l'usage du peuple (et qui en émane ou non). *Un spectacle populaire. Art populaire.* → **folklore.** – (Personnes) Qui s'adresse au peuple. *Un romancier populaire.* **4·** Qui se recrute dans le peuple, que fréquente le peuple. *Les milieux populaires. Bals populaires.* **5·** Qui plaît au peuple, au plus grand nombre. → **popularité.** *Ce chanteur est plus populaire en Amérique qu'en France. Henri IV était un roi populaire.* / contr. impopulaire / – Anglic. (à éviter). Qui plaît, est aimé (par ses voisins, ses collègues). ▶ **populairement** adv. D'une manière populaire, dans le langage populaire. *S'exprimer populairement.* ▶ **populariser** v. tr. < conjug. 1 > Faire connaître parmi le peuple, le grand nombre. *Les mots « enliser », « pieuvre » ont été popularisés par Victor Hugo.* → **répandre.** ▶ **popularité** n. f. Le fait d'être connu et aimé du peuple, du plus grand nombre. *La popularité d'un chef d'État.* → **célébrité, gloire, renommée.** / contr. impopularité / – Faveur. *Il jouit d'une certaine popularité dans la maison.* ▷ **impopulaire**

population [pɔpylasjɔ̃] n. f. **1·** Ensemble des personnes qui habitent un espace, une terre (→ **habitant**). *La population de la France. Recensement de la population. Région à population dense.* → **démographie.** **2·** Ensemble des personnes d'une catégorie particulière. *La population active,* les travailleurs. *La population immigrée.* **3·** Ensemble d'animaux vivant en société ou recensés sur un territoire. *La population d'une ruche. Une population de chevreuils.* **4·** En sciences. Ensemble statistique. ▷ **surpopulation**

populeux, euse [pɔpylø, øz] adj. Très peuplé. / contr. désert / *Les villes populeuses. Des rues populeuses.* ≠ populaire.

populisme [pɔpylism] n. m. École littéraire qui cherche, dans les romans, à dépeindre avec réalisme la vie des gens du peuple. – *Un populisme révolutionnaire.* ▶ **populiste** n. et adj. *Un écrivain populiste.*

populo [pɔpylo] n. m. Fam. **1·** Peuple. *C'est encore le populo qui trinque.* **2·** Grand nombre de gens. → **foule.** *Quel populo !*

porc [pɔʀ] n. m. **1·** Animal (mammifère) au corps épais, dont la tête est terminée par un groin, qui est domestiqué et élevé pour sa chair ; se dit surtout du mâle adulte (par oppos. à *truie,* à *goret,* à *porcelet*). → **cochon.** *Porc non châtré.* → **verrat.** *Gardien de porcs.* → **porcher.** *Relatif au porc.* → **porcin.** *Les soies du porc.* – Loc. *Il est gras, sale comme un porc. Manger comme un porc,* salement. – *C'est un vrai porc,* un homme débauché, grossier. **2·** Viande de cet animal. *Un rôti de porc. Graisse de porc.* → **lard, saindoux ; charcuterie, jambon.** **3·** Peau tannée de cet animal. *Une valise en porc.* **4·** Par ext. *Porc sauvage.* → **sanglier.** ≠ pore, port. ▶ **porcelet** n. m. Jeune porc. → **goret.** *Manger du porcelet rôti,* du cochon de lait. ▶ **porc-épic** [pɔʀkepik] n. m. Mammifère rongeur d'Afrique et d'Asie, pouvant peser jusqu'à 30 kilos, au corps recouvert de longs piquants. *Dans le danger, le porc-épic se hérisse. Des porcs-épics* [pɔʀkepik]. – *C'est un véritable porc-épic,* une personne irritable. ▷ **porcher, porcin**

porcelaine [pɔʀsəlɛn] n. f. **1·** Substance translucide, imperméable, résultant de la cuisson du kaolin (à plus de 1 300 °C). *Vaisselle en porcelaine, de porcelaine.* ≠ céramique, faïence. **2·** Objet en porcelaine. *Casser une porcelaine.* **3·** Mollusque, coquillage univalve luisant et poli, aux couleurs vives. ▶ **porcelainier, ière** n. et adj. **1·** Marchand(e), fabricant(e) de porcelaine. **2·** Adj. *L'industrie porcelainière de Limoges.*

porche [pɔʀʃ] n. m. Construction en saillie qui abrite la porte d'entrée (d'un édifice). *Le porche principal d'une cathédrale.* → porte **cochère, portail.**

porcher, ère [pɔʀʃe, ɛʀ] n. Gardien(ienne) de porcs ; ouvrier agricole qui s'occupe des porcs. ▶ **porcherie** n. f. **1·** Bâtiment où l'on élève, où l'on engraisse les porcs. **2·** Local très sale. *C'est une vraie porcherie, ici !*

porcin, ine [pɔʀsɛ̃, in] adj. et n. m. **1·** Relatif au porc. *Élevage porcin. Race porcine.* – N. m. *Un porcin, les porcins.* **2·** Péj. Dont l'aspect rappelle celui du porc ou d'une partie du corps du porc. *Des yeux porcins.*

pore [pɔʀ] n. m. **1·** Chacun des minuscules orifices de la peau par où sortent la sueur, le sébum. *Pore obstrué.* – Loc. *Par tous les pores*, de toute sa personne. *Il respire la joie par tous les pores.* **2·** *Les pores d'une plante.* **3·** Interstice d'une matière poreuse. ≠ porc, port. ▶ **poreux, euse** adj. Qui présente une multitude de pores, de petits trous (roche, matière minérale, terre cuite, etc.). *Sol poreux*, perméable.

porion [pɔʀjɔ̃] n. m. Agent de maîtrise, contremaître dans les mines de charbon.

pornographie [pɔʀnɔgʀafi] n. f. Représentation (par écrits, dessins, peintures, photos) de choses obscènes destinées à être communiquées au public. – Obscénité en littérature, dans les spectacles. ▶ **pornographique** adj. *Des romans, des films pornographiques.* ▶ **porno** adj. et n. m. **1·** Adj. Pornographique. *Des films pornos.* **2·** N. m. Pornographie. *Il déteste le porno.*

porphyre [pɔʀfiʀ] n. m. Roche volcanique à grands cristaux de feldspath, d'une couleur soutenue, rouge, verte, bleue ou noire. *Des colonnes de porphyre.*

porridge [pɔʀidʒ] n. m. Anglic. Bouillie sucrée de flocons d'avoine (courant pour le breakfast anglais). *Manger du porridge le matin.*

1 **port** [pɔʀ] n. m. ≠ porc, pore. **1·** Abri naturel ou artificiel aménagé pour recevoir les navires, pour l'embarquement et le débarquement de leur chargement. *Un port maritime, fluvial. La jetée, les quais et les bassins d'un port. Port pétrolier.* → **terminal.** *Port de commerce, de pêche, de guerre. Port de plaisance.* → anglic. **marina.** *Le port de Montréal. Port d'attache d'un bateau*, où il est immatriculé. *Port franc*, non soumis au service des douanes. *Port autonome.* – Loc. *Arriver **à bon port** :* arriver au but d'un voyage sans accident ; et (choses) arriver à destination en bon état. **2·** Littér. Lieu de repos ; abri. → **havre, refuge.** *Chercher un port après une vie agitée.* **3·** Ville qui possède un port. *Marseille, port de la Méditerranée.* ▷ **aéroport, avant-port, héliport, passeport, portuaire**

2 **port** n. m. Col, dans les Pyrénées. → **passe.** *Saint-Jean-Pied-de-Port, ville des Pyrénées.*

3 **port** n. m. **I·** Action de porter (dans quelques expressions). **1·** Le fait de porter sur soi. *Le port illégal de décorations. Port d'armes*, le fait d'être armé. *Autorisation de port d'armes.* **2·** ***Port d'armes*** : position du soldat qui présente son arme. *Soldat qui se met au port d'armes.* **3·** ***Port de voix*** : passage effectué insensiblement d'un son à un autre. **II·** Prix du transport (d'une lettre, d'un colis). *Un colis expédié franc de port, franco de port. Port dû* (opposé à *payé*). **III·** Manière naturelle de se tenir. → **allure, maintien.** *Elle avait un port de déesse, de reine.* – *Un gracieux port de tête.*

4 **port** n. m. En informatique. Anglic. Prise d'un ordinateur permettant de connecter un périphérique. *Un port USB.*

portable [pɔʀtabl] adj. **1·** (Vêtement) Qu'on peut porter. → **mettable.** *Ce manteau est encore portable.* **2·** Transportable (opposé à *de bureau* ou *de salon*). → **portatif.** *Ordinateur portable, téléphone portable* ; n. m. *un portable.* → **mobile.** ▶ **portabilité** n. f. Qualité d'un logiciel lui permettant de fonctionner sur des ordinateurs de types différents.

portage [pɔʀtaʒ] n. m. Transport à dos d'hommes (qui *portent*). → **porteur.**

portail, ails [pɔʀtaj] n. m. **1·** Grande porte, parfois de caractère monumental. *Le porche et le portail d'une cathédrale. Des portails.* – *Le portail d'un parc.* → **grille.** **2·** Page (écran) d'accueil, regroupant des accès à des sites, des services, sur Internet.

1 **portant, ante** [pɔʀtɑ̃, ɑ̃t] adj. **I·** Dont la fonction est de porter, de soutenir. *Les murs portants d'un édifice.* → **porteur ; soutènement.** **II·** ***Être bien, mal portant*** : en bonne, en mauvaise santé. → **se porter.** – N. *Les bien portants.* ▶ 2 **portant** n. m. **1·** Montant qui soutient un élément de décor, un appareil d'éclairage, au théâtre. – Cette partie de décor. **2·** Montant (d'une ouverture). **3·** Présentoir, souvent à roulettes, formé d'une tringle sur montants, pour accrocher les vêtements.

portatif, ive [pɔʀtatif, iv] adj. Qui peut être utilisé n'importe où, transporté facilement. *Poste de télévision portatif.* → **portable.**

1 **porte** [pɔʀt] n. f. **I·** (D'une ville) **1·** Vx. Ouverture spécialement aménagée dans l'enceinte d'une ville pour permettre le passage. *Les portes furent fermées à cause de la peste.* → **poterne.** *Octroi payé aux portes.* – *L'ennemi est à nos portes*, à nos frontières, tout près. **2·** Lieu où se trouvait autrefois une porte de l'enceinte d'une ville. *La porte Saint-Martin* (à Paris). **II·** **1·** Ouverture plus haute que large spécialement aménagée dans un mur, une clôture, etc., pour permettre le passage ; l'encadrement de cette ouverture. *Les portes d'une maison. La grande porte du château.* → **porche, portail.** *Porte palière. Porte d'entrée. Porte de secours.* → **issue.** *Le seuil d'une porte. Entrer par la porte. Franchir, passer la porte. Sur le pas de sa porte.* Fig. ***Pas de porte*** : bail commercial. – Loc. *De porte en porte*, de maison en maison, d'appartement en appartement. ***Faire du porte à porte*** : se dit d'un agent commercial, d'un quêteur, etc., qui passe de logement en logement. *Le gardien interdit le porte à porte.* – *Ils habitent porte à porte*, dans des immeubles, des

appartements contigus. – *Cela s'est passé à ma porte,* tout près de chez moi. – *Parler à qqn, recevoir qqn entre deux portes,* lui parler rapidement sans le faire entrer. *Mettre, jeter,* fam. *flanquer, fiche qqn à la porte.* → **chasser, congédier, renvoyer.** Ellipt. *À la porte !* – *Être à la porte,* ne pas pouvoir entrer. *Prendre la porte.* → **partir, sortir.** *Entrer, passer par la grande porte,* accéder directement à un haut poste. *Entrer par la petite porte.* – *Se ménager, se réserver, chercher une porte de sortie.* → **échappatoire, issue. 2·** Panneau mobile permettant d'obturer l'ouverture d'une porte (II, 1). *Porte à double battant. Porte battante. Porte coulissante en verre.* → **baie.** *Porte vitrée. Poignée de porte. Les gonds et la serrure d'une porte.* → **huisserie.** *Porte grande ouverte, entrebâillée. Petite porte.* → **portillon.** *Trouver porte close. Écouter aux portes,* derrière les portes. – Loc. *Frapper à la bonne, à la mauvaise porte,* s'adresser au bon, au mauvais endroit, à la bonne, à la mauvaise personne. *Ouvrir, fermer sa porte à qqn,* accepter, refuser de l'admettre chez soi. *C'est la porte ouverte à tous les abus,* l'accès libre. **3·** (D'un véhicule) → **portière.** – (D'un meuble) *La porte d'une armoire, d'un four.* **III· 1·** Passage étroit dans une région montagneuse. → **défilé, gorge. 2·** Espace compris entre deux piquets où le skieur doit passer, dans un slalom. ▶ **porte à porte** n. m. → 1 **porte** (II, 1).

▶ **porte-fenêtre** n. f. Porte vitrée, au moins dans sa partie supérieure. *Des portes-fenêtres.*
▷ **portail, portier, portière, portillon, portique**

2 **porte** adj. f. *Veine porte :* qui ramène au foie le sang des organes digestifs abdominaux.

porte- Élément signifiant « qui porte ». → **-fère, -phore** (ex. : *porte-avions*). – REM. La série des composés de *porte-*a été divisée en trois parties pour conserver l'ordre alphabétique. Voir également après 3 *portée* et après 2 *porter.* ▶ **porte-à-faux** [pɔʀtafo] n. m. invar. **1·** (Sans traits d'union) Disposition d'une chose (construction, assemblage) hors d'aplomb. *Un mur en porte-à-faux.* → **déséquilibre.** – Abstrait. *En porte-à-faux,* dans une situation instable. **2·** (Avec traits d'union) Construction, objet en porte-à-faux. *Des porte-à-faux.* ▶ **porte-avions** n. m. invar. Grand bateau de guerre dont le pont supérieur constitue une plate-forme d'envol et d'atterrissage pour les avions. ▶ **porte-bagages** [pɔʀtbagaʒ] n. m. invar. Dispositif, accessoire (d'un véhicule), destiné à recevoir des bagages. *Le porte-bagages d'une bicyclette.* – Filet métallique où l'on place les bagages, dans un train, un car. → **galerie.** ▶ **porte-bébé** n. m. Dispositif qui sert à transporter un bébé (couffin muni de poignées, siège qui s'adapte sur un vélo ou dans une voiture, sac muni d'un harnais...). *Des porte-bébés.* ▶ **porte-billets** n. m. invar. Petit portefeuille pour les billets de banque. ▶ **porte-bonheur** n. m. invar. Objet que l'on considère comme porteur de chance. → **amulette, fétiche.** / contr. porte-malheur / *Le trèfle à quatre feuilles, le fer à cheval sont des porte-bonheur.* ▶ **porte-bouteilles** n. m. invar. Casier ou égouttoir à bouteilles. *Un, des porte-bouteilles.* ▶ **porte-cartes** [pɔʀtəkaʀt] n. m. invar. Portefeuille à divisions transparentes où l'on range carte d'identité, d'abonnement, permis de conduire, etc. *Un porte-cartes en skaï.* ▶ **porte-cigarettes** [pɔʀtsigaʀɛt] n. m. invar. Étui à cigarettes. *Un porte-cigarettes en or.* ▶ **porte-clefs** ou **porte-clés** [pɔʀtəkle] n. m. invar. Anneau ou étui pour porter des clefs. – Anneau pour clefs, orné d'une breloque. *Un porte-clefs. Collectionner les porte-clés.* ▶ **porte-conteneurs** n. m. invar. Navire conçu pour transporter des conteneurs. ▶ **porte-couteau** [pɔʀtkuto] n. m. Ustensile de table sur lequel on pose la lame du couteau pour ne pas salir la nappe. *Des porte-couteaux en cristal taillé.* ▶ **porte-documents** [pɔʀtdɔkymɑ̃] n. m. invar. Serviette très plate, sans soufflet. *Des porte-documents à fermeture à glissière.* ▶ **porte-drapeau** [pɔʀtdʀapo] n. m. **1·** Celui qui porte le drapeau d'un régiment (vx *porte-enseigne,* n. m. invar.). *Des porte-drapeaux.* **2·** Chef reconnu et actif. *Le porte-drapeau de l'insurrection était un tout jeune homme.*

1 **portée** [pɔʀte] n. f. Ensemble des petits qu'une femelle de mammifère porte et met bas en une fois. *Une portée de chatons. Les lapins d'une même portée.*

2 **portée** n. f. Les cinq lignes horizontales et parallèles qui portent la notation musicale. *Les portées d'une partition musicale. Notes au-dessus de la portée.*

3 **portée** n. f. **1·** Distance à laquelle peut être lancé un projectile ; amplitude du jet. *La portée d'une carabine. Un canon à longue portée.* – *La portée d'une voix.* **2·** Loc. ***À (la) portée (de) :*** à la distance convenable pour que ce dont il est question puisse porter. *Il n'y avait personne à portée de voix. À portée de sa vue,* visible pour lui. *À portée de la main,* accessible sans se déplacer. *À la portée de qqn. Mettre un verre à la portée d'un malade.* – ***Hors de (la) portée.*** *Être hors de portée de voix. Tenez ce produit hors de la portée des enfants.* → **atteinte. 3·** Abstrait. ***À (la) portée, hors de (la) portée de :*** accessible ou non. *Ce plaisir est hors de ma portée.* – *Spectacle à la portée de toutes les bourses,* bon marché. **4·** Capacités intellectuelles. *Cela passe la portée de son esprit.* → **étendue, force.** – ***À la portée*** *de... La vulgarisation met la science à la portée de tous.* → **niveau. 5·** Capacité à convaincre, à toucher ; impact (en

parlant d'une idée, de la pensée). *La portée d'un argument, d'une réflexion. Il n'a pas mesuré la portée de ses paroles.* → **force.** – (D'une action, d'un événement) *Une décision sans portée pratique.* → **effet.** *Il a toujours ignoré la portée incalculable de sa découverte.* → **importance.**

porte- (Suite des composés) ▶ **portefaix** [pɔʀtəfɛ] n. m. Autrefois. Celui qui faisait métier de porter des fardeaux sur son dos. ▶ **portefeuille** [pɔʀtəfœj] n. m. **1·** Objet qu'on porte sur soi, qui se plie et qui est muni de poches où l'on range billets de banque, papiers, etc. → **porte-billets, porte-cartes.** *Un portefeuille de cuir. Mettre la main au portefeuille,* payer. *Avoir un portefeuille bien garni,* être riche. → **porte-monnaie.** Loc. *Il a le cœur à gauche et le portefeuille à droite.* **2·** *Faire un lit en portefeuille,* avec un seul drap plié par le travers du lit (pour faire une farce). **3·** Titre, fonctions de ministre. *Le portefeuille des Affaires étrangères a été attribué à M. Dupuy.* → **maroquin.** **4·** Ensemble des valeurs mobilières et des créances détenues par une personne, une entreprise ou une banque. ▶ **porte-greffe** [pɔʀtəgʀɛf] n. m. Jeune pied de vigne ou arbrisseau sur lequel on fixe le greffon. *Des pommiers utilisés comme porte-greffes.* ▶ **porte-jarretelles** [pɔʀtʒaʀtɛl] n. m. invar. Sous-vêtement féminin qui s'ajuste autour des hanches et qui est muni de quatre jarretelles pour attacher les bas. *Des porte-jarretelles en soie.* ▶ **porte-malheur** [pɔʀtmalœʀ] n. m. invar. Rare. Chose ou personne que l'on considère comme portant malheur. / contr. porte-bonheur (plus cour.) / *Des porte-malheur.* ▶ **portemanteau** [pɔʀtmɑ̃to] n. m. Patère ; ensemble de patères pour suspendre les vêtements. *Mettez votre pardessus au portemanteau. Les portemanteaux et les cintres.* – Fam. *Épaules en portemanteau,* très carrées. ▶ **portemine** [pɔʀtəmin] n. m. Instrument servant à écrire, à dessiner, dans lequel on place des mines de crayon très fines. *Le portemine d'un compas.* → **tire-ligne.** *Des portemines.* ▶ **porte-monnaie** [pɔʀtmɔnɛ] n. m. invar. Petit sac à fermoir rigide ou à glissière, de forme variable, où l'on met l'argent de poche. *Faire appel au porte-monnaie de qqn,* à sa générosité. *Avoir le porte-monnaie bien garni,* être riche. → **portefeuille.** *Faire attention à son porte-monnaie,* ne pas gaspiller, économiser. ▶ **porte-parapluies** [pɔʀtpaʀaplɥi] n. m. invar. Ustensile disposé pour recevoir les parapluies, les cannes. ▶ **porte-parole** [pɔʀtpaʀɔl] n. Personne qui prend la parole au nom de qqn d'autre, d'une assemblée, d'un groupe. *Les porte-parole ou les porte-paroles officiels du ministre. Le, la porte-parole du gouvernement.* – *Cette revue s'est faite le porte-parole de l'opposition.* → **interprète.** ▶ **porte-plume** [pɔʀtəplym] n. m. Tige au bout de laquelle on assujettit une plume à écrire. *Des porte-plumes et un encrier.*

① **porter** [pɔʀte] v. tr. < conjug. 1 > **I·** Supporter le poids de. **1·** Soutenir, tenir (ce qui pèse). *La mère portait son enfant dans ses bras. Porter une valise à la main* (→ **porteur**). **2·** Abstrait. Supporter. *Nous portons la responsabilité de nos fautes.* **3·** (Suj. chose) Soutenir. *Ses jambes ne le portaient plus.* **4·** Produire en soi (un petit, un rejeton). → ① **portée.** *Cet arbre porte les plus beaux fruits.* – Sans compl. *Les juments portent onze mois.* **5·** Avoir en soi, dans l'esprit, le cœur. Loc. *Je ne le porte pas dans mon cœur,* je ne l'aime pas, je lui en veux. **6·** Avoir sur soi. *Porter la barbe.* – *Porter des lunettes. Porter un costume bleu.* **II·** V. tr. Dénommer, indiquer. **1·** (Personnes) *Le nom, le prénom que l'on porte.* **2·** (Choses) *Quel nom porte ce village, cette rivière ?* – Être revêtu d'une inscription, d'une marque. *La lettre porte la date du 20 mai.* **III·** V. tr. Mettre. **1·** Prendre pour emporter, déposer. *Ils la portèrent sur le lit.* → **mettre, transporter.** *Va lui porter ce paquet.* → **apporter.** **2·** Orienter, diriger (le corps, une partie du corps). *Porter le corps en avant. Porter la main sur qqn,* le toucher ou le frapper. → **lever.** **3·** Loc. (Avec un nom sans article) *Porter atteinte à l'honneur, à la réputation de qqn. Porter témoignage. Porter plainte contre qqn.* **4·** Mettre par écrit. → **inscrire.** *Porter une somme sur un registre.* – *Se faire porter malade,* se faire inscrire comme malade. **5·** ***Porter à :*** amener, faire arriver (à un état élevé, extrême). *Porter un homme au pouvoir. Porter qqn aux nues,* le louer beaucoup. **6·** Donner, apporter (un sentiment, une aide,... à qqn). *L'amitié que je lui porte. Cet événement lui porte ombrage.* Prov. *La nuit porte conseil.* – *Porter un jugement sur qqn, qqch.,* le formuler, l'émettre. **7·** ***Porter*** *qqn* ***à*** *qqch. :* pousser, inciter, entraîner qqn à. *Ce climat nous porte à l'apathie.* – ***Porter*** *qqn* ***à*** (+ infinitif). *Tout (me) porte à croire que c'est faux.* – ***Être porté à*** (+ infinitif) : être naturellement poussé à. *Nous sommes portés à croire qu'il a raison.* – ***Être porté sur*** *qqch. :* avoir un goût marqué, un faible pour. → **aimer.** *Être porté sur la boisson.* **IV·** V. intr. Appuyer, toucher. **1·** ***Porter sur :*** peser, appuyer sur (qqch.). *Tout l'édifice porte sur ces colonnes. L'accent porte sur la dernière syllabe,* est placé sur elle. – Fam. *Cela me porte sur les nerfs,* m'agace. – Avoir pour objet. *Une discussion qui porte sur des problèmes politiques.* **2·** Sans compl. (Tir) Avoir une portée (→ ② **portée**). *Un canon qui porte loin.* **3·** Toucher le but. *Le coup a porté juste. Une voix qui porte,* qui s'entend loin. **4·** Avoir de l'effet. *Vos observations ont porté,* on en a tenu compte. **V·** ***Se porter*** v. pron. **1·** *Se porter (bien, mal),* être en bonne, en mauvaise santé. → **aller.**

« *Comment vous portez-vous ? – Je me porte beaucoup mieux.* » **2·** (Vêtement, parure) Être porté. *Les jupes se porteront plus courtes, plus longues cette année.* – *Cela se porte encore,* c'est encore à la mode. **3·** Littér. Se diriger (vers). *Se porter à la rencontre de qqn.* → **aller.** **4·** *Se porter à :* se laisser aller à. *Empêchez-le de se porter à cette extrémité.* **5·** Dans quelques expressions. Se présenter (à, comme). *Se porter acquéreur. Il se porte garant* (→ **répondre**). ▷ **aéroporté, apporter, colporter, se comporter, déporter, emporter, exporter, héliporté, importer,** ③ **port, portable, portage,** ① **portant,** ② **portant, portatif, porte-, portée, porteur, prêt-à-porter, rapporter, remporter, reporter, support, supporter, transporter**

② **porter** [pɔʀtɛʀ] n. m. Bière brune amère voisine du stout (mot anglais).

porte- (Suite et fin des composés) ▶ **porte-savon** [pɔʀtsavɔ̃] n. m. Support ou emplacement destiné à recevoir (porter) un savon. *Les porte-savons d'un lavabo.* ▶ **porte-serviette** [pɔʀtsɛʀvjɛt] n. m. Support pour les serviettes de toilette. *Des porte-serviettes.* ▶ **porte-voix** n. m. invar. Tube, cornet à pavillon évasé, pour *porter* plus loin et amplifier la voix. *Appeler avec un porte-voix.* – *Mettre ses mains en porte-voix,* en cornet autour de la bouche.

porteur, euse [pɔʀtœʀ, øz] n. et adj. **1·** Personne chargée de remettre des lettres, des messages, des colis à leurs destinataires. → **facteur, messager.** *Un porteur de journaux.* **2·** Absolt. *Porteur :* homme d'équipe chargé de porter les bagages des voyageurs, dans une gare, etc. *Appeler un porteur sur le quai d'une gare.* – Homme qui porte les bagages, les équipements. → **coolie, sherpa ; portage.** **3·** Personne qui porte effectivement (un objet). *Le porteur du ballon.* **4·** Personne qui détient (certains papiers, titres). → **détenteur.** *Il était porteur, elle était porteuse de faux papiers.* – N. m. *Chèque au porteur, payable au porteur,* à la personne qui le détient, sans autre indication de bénéficiaire. **5·** Personne ou chose qui apporte, transmet. *Le porteur d'une maladie contagieuse. Un porteur sain,* un sujet cliniquement sain qui porte des germes pathogènes. – Adj. Rare au fém. *Être porteur de microbes.* **6·** Adj. Qui porte. *Mur porteur. Fusée porteuse* (d'un appareil). *Onde porteuse,* qui porte l'information. – Abstrait. *Secteur porteur de l'économie,* qui entraîne les autres par son développement. **7·** *Mère porteuse :* qui, ayant reçu un embryon, mène la grossesse à terme pour le compte de la mère légale de l'enfant. ▷ **triporteur**

portier [pɔʀtje] n. m. Concierge qui surveille les entrées et les sorties à la porte principale d'un établissement ouvert au public. *Le portier de l'hôtel.* → **gardien.**

portière [pɔʀtjɛʀ] n. f. **1·** Tenture qui ferme l'ouverture d'une porte, ou en couvre le panneau. *Une portière en velours.* **2·** Porte (d'une voiture, d'un train). *Ne gênez pas la fermeture automatique des portières. Une portière verrouillée.*

portillon [pɔʀtijɔ̃] n. m. Porte à battant plus ou moins bas. *Des portillons automatiques.* – Loc. fam. *Ça se bouscule au portillon,* il parle trop vite et s'embrouille. – *Se bousculer au portillon,* se précipiter, affluer. *Les candidats ne se bousculent pas au portillon.*

portion [pɔʀsjɔ̃] n. f. **1·** Part qui revient à qqn. *Partager un gâteau en portions égales.* – Partie (d'un mets) destinée à une personne. → **ration.** *Une portion de gâteau.* → **morceau, tranche.** – Part (d'argent, de biens) attribuée à qqn. *Sa portion de l'héritage.* → **lot.** **2·** Partie. *Portion de terrain cultivé.* → **parcelle.** ▶ **portionnable** adj. Qu'on peut partager en portions. *Épinards surgelés portionnables.* ▷ **proportion**

portique [pɔʀtik] n. m. **1·** Galerie unique et ouverte soutenue par deux rangées de colonnes, ou par un mur et une rangée de colonnes. → **péristyle.** *Un portique d'église.* → **narthex.** **2·** Poutre horizontale soutenue à ses extrémités par deux poteaux verticaux, et à laquelle on accroche des agrès. *Balançoire et corde à nœuds suspendues à un portique.*

porto [pɔʀto] n. m. Vin de liqueur portugais très estimé. *Du porto rouge, blanc. Boire un (verre de) porto à l'apéritif. De vieux portos.*

portrait [pɔʀtʀɛ] n. m. **I·** **1·** Représentation (d'une personne réelle) par le dessin, la peinture, la gravure. *Faire le portrait de qqn. Un portrait en pied,* de tout le corps, debout. *Un portrait de face.* – *Le portrait,* le genre du portrait. *Il est meilleur en paysage qu'en portrait.* **2·** Photographie (d'une personne). **3·** Loc. *C'est (tout) le portrait de son père,* il lui ressemble beaucoup. **4·** Fam. Figure. *Se faire abîmer le portrait,* se faire défigurer. **II·** Description orale, écrite (d'une personne). *Il m'a fait le portrait de ses voisins.* ▶ **portraitiste** n. Peintre, dessinateur de portraits. *Van Eyck, ce grand portraitiste flamand.* ▶ **portraiturer** v. tr. < conjug. 1 > Iron. Faire le portrait de. *Se faire portraiturer.*

port-salut [pɔʀsaly] n. m. invar. Nom déposé. Fromage affiné de lait de vache, à pâte ferme et de saveur douce. *Des port-salut.*

portuaire [pɔʀtɥɛʀ] adj. Qui appartient à un port. *Équipement portuaire.*

portugais, aise [pɔʀtygɛ, ɛz] adj. et n. **1·** Du Portugal. *Les côtes portugaises.* – N. *Un Portugais, une Portugaise.* **2·** *Le portugais,* langue romane parlée au Portugal, au Brésil, en Afrique. ▶ **portugaise** n. f. Variété d'huître commune. – Loc. fam. *Avoir les portugaises ensablées,* être dur d'oreille.

portulan [pɔʀtylɑ̃] n. m. Ouvrage manuscrit (XVe, XVIe s.) décrivant un rivage maritime de port en port. – Carte illustrant un tel manuscrit.

1 **pose** [poz] n. f. ≠ pause. Action de poser, mise en place. *Cérémonie de la pose de la première pierre d'un édifice. Pose d'une pièce de rechange.*

2 **pose** n. f. **I· 1·** Attitude que prend le modèle qui pose (2, II). → **position.** *Une pose académique. Garder la pose.* – Attitude du corps. *Prendre une pose, essayer des poses.* → **posture. 2·** *La pose,* affectation dans le maintien, le comportement. → **prétention, recherche, snobisme ; poseur.** / contr. simplicité / **II·** En photographie. Exposition de la surface sensible à l'action des rayons. *Temps de pose,* nécessaire à la formation d'une image correcte. – *Pellicule 36 poses,* permettant de faire 36 photos. ▶ **posemètre** n. m. Appareil de mesure de la lumière qui indique le temps de pose.

posé, ée [poze] adj. **1·** Calme, pondéré. *Un homme posé.* → **réfléchi. 2·** (Voix) *Bien posé, mal posé,* capable ou non d'émettre des sons fermes dans toute son étendue. ▶ **posément** adv. Calmement. *Parler posément.* → **doucement.**

1 **poser** [poze] v. tr. < conjug. 1 > **I· 1·** Mettre (une chose) en un endroit qui peut naturellement la recevoir et la porter. / contr. enlever / *Posez cela par terre. Il posa sa tête sur l'oreiller.* – *Elle posa son regard sur lui.* → **arrêter. 2·** Mettre en place à l'endroit approprié. → **installer ;** 1 **pose.** *Poser des rideaux.* – Écrire (un chiffre dans une opération). *Quatorze, je pose quatre et je retiens un.* **3·** Abstrait. Établir. *Poser un principe,* en faire le fondement de qqch. → **affirmer, énoncer.** – Au p. p. adj. *Ceci posé,* ceci étant admis. → **supposer. 4·** Formuler (une question, un problème). ***Poser une question à qqn*** : l'interroger, le questionner. *Se poser une question.* → **s'interroger.** – (Suj. chose) *Cela pose un problème.* → **soulever. 5·** *Poser sa candidature,* se porter, se déclarer officiellement candidat. **6·** (Suj. chose) Mettre en vue ; donner de l'importance à (qqn). *Une maison comme ça, ça vous pose !* **II·** ***Se poser*** v. pron. **1·** (Réfl.) Se mettre doucement (quelque part). *L'oiseau se pose sur une branche.* / contr. s'envoler / Absolt. *Un avion qui se pose.* → **atterrir.** – S'arrêter. *Son regard se posa sur nous.* **2·** *Se poser comme, en tant que...,* prétendre qu'on est... *Se poser en...,* prétendre jouer le rôle de. → **s'ériger.** *Il se pose en chef.* → 2 **poser** à. **3·** Passif. (Choses) Être, devoir être posé. *Les briques se posent à plat.* – (Question, problème) Exister pour qqn. *La question ne s'est pas encore posée.* ▷ **antéposer, apposer, déposer, disposer, entreposer, exposer, imposer, interposer, juxtaposer, opposer,** 1 **pose, posé,** 2 **poser, position, postposer, préposer, proposer, reposer, superposer, supposer, transposer**

2 **poser** v. intr. < conjug. 1 > **I·** Être posé (sur qqch.). → **porter, reposer.** *Les poutres posent sur une traverse.* **II·** Fig. (Personnes) **1·** Se tenir et rester dans une attitude, pour être peint, dessiné, photographié. → 2 **pose.** *Le peintre la faisait poser pendant des heures.* **2·** Prendre des attitudes étudiées pour se faire remarquer → 2 **pose** (I, 2). *Il pose pour la galerie, il veut se rendre intéressant.* **3·** *Poser à...* : vouloir se faire passer pour... *Il veut poser au justicier.* → **jouer.** ▶ **poseur, euse** n. Personne qui prend une attitude affectée pour se faire valoir. → **poser** (II, 3) ; **fat, pédant.** – Adj. *Elle est un peu poseuse.* → **maniéré, prétentieux.** / contr. naturel, simple / ▷ 2 **pose**

posidonie [pɔzidɔni] n. f. Plante aquatique de Méditerranée qui forme de vastes herbiers sur les fonds marins.

positif, ive [pozitif, iv] adj. et n. m. **I· 1·** Qui affirme qqch. / contr. négatif / *Une réponse positive. Proposition positive.* → **constructif.** – Qui affirme du bien de qqn, de qqch. *La critique de ce film a été positive.* – (Personnes) *Il n'est pas assez positif, il critique tout.* **2·** Qui se produit. → **effectif.** *Cuti-réaction positive,* signe d'infection. **3·** Qui prouve la présence de qqch. (alcool, drogue...). *Contrôle, test positif.* – Par ext. (Personnes) *Elle a été déclarée positive au contrôle antidopage.* **4·** *Nombres positifs,* plus grands que zéro. *Le signe + (plus), symbole des nombres positifs.* – *Température positive,* supérieure à 0 °C. **5·** *Électricité positive. Charge positive* (→ **positon**). *Pôle positif.* **6·** *Épreuve positive,* image photographique finale, directement lisible, dont les valeurs (ombres et lumières) ne sont pas inversées par rapport au sujet. → **diapositive. II· 1·** Qui a un caractère de certitude. → **évident, sûr.** *Un fait positif,* attesté, assuré. / contr. imprécis, vague / *Il n'y a rien de positif dans son rapport.* **2·** Qui a un caractère d'utilité pratique. *Ceci présente des avantages positifs.* → **concret, effectif. 3·** (Personnes) Qui donne la préférence aux faits, aux réalités. *C'est un esprit positif. Soyez plus positif, sinon votre projet n'aboutira pas.* **4·** N. m. ***Le positif*** : ce qui est rationnel. *Il lui faut du positif.* / contr. abstrait, imaginaire / **III·** En philosophie. Qui est imposé à l'esprit par les faits. *Connaissance posi-*

tive, fondée sur l'observation et l'expérience (et non sur l'intuition ou la déduction ; s'oppose à la fois à *métaphysique* et à *formel*). – Qui est fondé sur cette connaissance. → **positivisme.** ▶ **positivement** adv. **1·** D'une manière positive (II, 1). *Je ne le sais pas positivement. C'est positivement insupportable.* → **réellement. 2·** Avec de l'électricité positive. *Particules chargées positivement.* ▶ **positivisme** n. m. Doctrine d'Auguste Comte selon laquelle les sciences positives (III) sont appelées à fonder la philosophie. ▶ **positiviste** adj. et n. Partisan du positivisme. ▷ **diapositive, positon, séropositif**

position [pozisjɔ̃] n. f. **I· 1·** Manière dont une chose, une personne est posée, placée, située ; lieu où elle est placée. → **disposition, emplacement, place.** *Position horizontale, verticale. Position stable, instable ; forte, faible.* – ***Feu de position*** : signalant la position d'un navire, d'un avion, d'une automobile. *Allumez vos feux de position.* **2·** Emplacement de troupes, d'installations ou de constructions militaires. *Position stratégique.* Loc. *Guerre de positions* (opposé à *de mouvement*). → **tranchée. 3·** Maintien du corps ou d'une partie du corps. → **attitude, pose, posture, station.** *Prendre une position, changer de position. La position assise, couchée. Rester dans une position inconfortable. La position réglementaire du soldat.* – ***En position*** : dans telle ou telle position. *On se mit en position de combat.* – Absolt. *En position !* **4·** Abstrait. Ensemble des circonstances où l'on se trouve. *Une position critique, délicate, fausse.* – Loc. *Être en position de* (+ infinitif), pouvoir. **5·** Situation dans la société. → **condition.** *Occuper une position sociale assez importante. Un homme dans sa position ne peut pas se compromettre,* dans sa haute situation. **6·** Ensemble des idées qu'une personne soutient et qui la situe par rapport à d'autres personnes. *Quelle est sa position politique ? Prendre position,* exprimer sa position. *Il prit position pour, contre le ministre de façon violente.* – *Rester sur ses positions,* refuser toute concession. **II·** Le fait de poser comme une chose admise ou à débattre. *La position d'un problème.* ▶ **positionner** v. tr. < conjug. 1 > **1·** Mettre dans une position déterminée. *Positionner un curseur.* **2·** Déterminer la position géographique de (un véhicule qui se déplace). **3·** Définir la position de (un produit) sur un marché. **4·** Pronom. *Se positionner,* acquérir une position ; se situer, se définir. ▶ **positionnement** n. m. ▷ **préposition**

positon [pozitɔ̃] n. m. Physique. Particule élémentaire à charge positive, de même masse que l'électron (négatif).

posologie [pozɔlɔʒi] n. f. Dosage et fréquence de prise des médicaments. – Étude de ce dosage.

posséder [pɔsede] v. tr. < conjug. 6 > **1·** Avoir (qqch.) à sa disposition ; avoir parmi ses biens. → **détenir.** *Il possède une fortune, une maison. Ce pays possède des richesses naturelles.* **2·** Avoir en propre (une chose abstraite). *Il croit posséder la vérité.* → **détenir.** – Avoir (une qualité). *Il possède une mémoire excellente.* **3·** Avoir une connaissance sûre de (qqch.). → **connaître.** *Cet auteur possède parfaitement sa langue.* **4·** *Posséder une femme,* s'unir sexuellement à elle. **5·** Fam. Tromper, duper. *Il nous a bien possédés !* → fam. **avoir, feinter, rouler.** *Se faire posséder.* **6·** (Suj. chose abstraite) Dominer moralement. *La jalousie le possède,* le tient, le subjugue. **7·** Littér. Maîtriser (ses propres états). – Pronominalement. *Se posséder.* → **se dominer,** se **maîtriser,** se **tenir.** *Il ne se possède plus de joie,* il ne peut contenir sa joie. **8·** (Force occulte) S'emparer du corps et de l'esprit (de qqn). *Un démon le possédait.* → **possédé.** ▶ **possédant, ante** adj. et n. Qui possède des biens, des richesses, des capitaux. → **capitaliste.** *La classe possédante.* – N. *Les possédants.* ▶ **possédé, ée** adj. et n. (Personnes) Qui est dominé par une puissance occulte. *On croyait les déments possédés du démon.* – N. *Exorciser un possédé.* – Loc. *Se démener, jurer comme un possédé,* avec une violence incontrôlée. ▶ **possesseur** [pɔsesœʀ] n. **1·** Personne qui possède (un bien). *L'heureuse possesseur de cette maison.* – Au Canada, le fém. est *possesseure.* **2·** Personne qui peut jouir (de qqch.). *Les possesseurs d'un secret.* → **dépositaire.** ▶ **possessif, ive** adj. et n. m. **1·** Qui cherche à garder pour soi seul (qqn, qqch.). *Il est jaloux, très possessif.* – *C'est un possessif.* **2·** En grammaire. Qui marque une relation d'appartenance, un rapport (de possession, de dépendance, etc.). *Déterminants possessifs.* → **mon** (ma, mes), **ton** (ta, tes), **son** (sa, ses), **notre** (nos), **votre** (vos), **leur.** *Pronoms possessifs.* → **mien, tien, sien, nôtre, vôtre, leur.** – N. m. *Un possessif. L'emploi du possessif.* ▶ **possession** n. f. **I· 1·** Le fait, l'action de posséder. *La possession d'une fortune.* – *Possession* (opposé à *usufruit*). → **jouissance.** *S'assurer la possession de,* se procurer. ***En (la, sa...) possession*** (sens actif). *Avoir des biens en sa possession.* → **détenir.** *Gardez-le en votre possession.* – (Sens passif) *Ce tableau est en la possession d'un collectionneur.* → **appartenir, être** à. *Cette somme est-elle en votre possession ?* – ***Prendre possession de*** (un lieu) : s'installer comme chez soi dans. *Prendre possession d'une chambre.* **2·** Abstrait. Le fait de connaître, de maîtriser. *La possession d'un métier, d'un instrument, d'une langue.* → **connaissance, maîtrise. 3·** Le fait de posséder l'amour, l'affection (de qqn). – Le fait de posséder (une femme). **4·** Maîtrise (des facultés, des possibilités humaines). *Il reprit lentement possession de lui-même* (après une émotion violente). *Être **en possession** de toutes ses facultés* : sain de corps et d'esprit. *Être en pleine possession de ses moyens*, dans sa meilleure forme. **5·** Forme de délire dans lequel le malade se croit habité par un démon → **possédé**, avec sentiment de dédoublement et hallucinations. **6·** En grammaire. Mode de relation exprimé par les *possessifs* (ex. : *mon* livre, *sa* mère) ou les prépositions *à* et *de* (ex : c'est *à* moi, la mère *de* cet enfant). **II· 1·** *(Une, des possessions)* Chose possédée par qqn. → 2 **avoir, bien. 2·** Vx. Territoire colonial dépendant d'un État. *Les possessions de la couronne britannique* (→ **dominion**). ▷ **déposséder**

possibilité [pɔsibilite] n. f. **1·** Caractère de ce qui peut se réaliser (→ **possible**). *La possibilité d'une guerre.* → **éventualité.** / contr. impossibilité / *Il n'y a entre eux aucune possibilité d'échanges.* **2·** Chose possible. *Envisager toutes les possibilités.* → **cas.** *Les deux possibilités d'une alternative.* → **option. 3·** Capacité (de faire). → **faculté, moyen, occasion.** *Je viendrai, si j'en ai la possibilité. Il ne m'a pas laissé la possibilité de refuser.* **4·** Au plur. Moyens dont on peut disposer ; ce qu'on peut tirer d'une personne ou d'une chose. *Chacun doit payer selon ses possibilités. Un enfant plein de possibilités.* → **capacité.**

possible [pɔsibl] adj. et n. m. **I·** Adj. **1·** Qui peut être réalisé, qu'on peut faire. → **faisable, réalisable ; effectif, potentiel, virtuel.** / contr. impossible ; invraisemblable / *C'est tout à fait possible.* → **envisageable, facile, pensable.** *Votre plan est à peine possible. Ce n'est pas possible autrement*, il n'y a pas d'autre moyen. *Venez demain si c'est possible*, ellipt *si possible. Il est possible d'y parvenir, qu'on y parvienne.* – (Pour marquer l'étonnement) → **croyable.** *Est-ce possible ? Ce n'est pas possible !*, ellipt et fam. *Pas possible !* **2·** Qui constitue une limite extrême. *Il a fait toutes les sottises possibles et imaginables. Je suis heureux autant qu'il est possible de l'être.* Ellipt. *Il a arrangé cela aussi bien que possible.* – ***Le plus, le moins possible.*** *Parlez le moins possible. Le moins souvent possible.* (Avec un nom au plur., *possible* est adv. et reste invar.) *Le plus, le moins de... possible. Prendre le moins de risques possible.* **3·** Qui peut se réaliser, être vrai ; qui peut être ou ne pas être. *Une aggravation possible de la maladie.* – (Dans une réponse) « *Irez-vous à la mer cet été ? – Possible.* » → **possiblement.** – *Il est possible que* (+ subjonctif), il se peut que. *Il est possible qu'il fasse froid cette nuit.* **4·** Qui est peut-être ou peut devenir (tel). *Un ami possible. C'est un concurrent possible.* → **éventuel. 5·** Fam. (Choses ou personnes) Acceptable, convenable, supportable (emploi restrictif ou négatif). *Ces conditions de travail ne sont vraiment plus possibles.* **II·** N. m. ***Le possible.*** **1·** (Dans quelques emplois) Ce qui est possible. *Dans la mesure du possible*, autant qu'on le peut. *Faire tout son possible (pour...).* – ***Au possible*** loc. adv. → **beaucoup, extrêmement.** *Il est gentil au possible.* **2·** Ce qui est réalisable. *Les limites du possible.* **3·** Au plur. Les choses qu'on peut faire, qui peuvent arriver. *Envisager tous les possibles.* ▶ **possiblement** adv. Rare, sauf au Canada. Peut-être ; vraisemblablement. ▷ **impossible, possibilité**

post [pɔst] n. m. Anglic. Message, sur un forum ou un blog.

post- Élément signifiant « après », dans le temps (ex. : *postérieur ; postérité*) et dans l'espace (ex. : *postposer*). ▶ **postdater** [pɔstdate] v. tr. < conjug. 1 > Dater par une date postérieure à la date réelle (par ex., le 25 mai au lieu du 4 mai). / contr. antidater / – Au p. p. adj. *Lettre postdatée de trois semaines.* ▷ **postface, postnatal, postopératoire, postposer, post-scriptum, postsynchroniser**

1 **poste** [pɔst] n. f. **1·** Administration (en France, *la Poste*, société privée) chargée du service de la correspondance et d'opérations bancaires. *Bureau de poste. Employé de la poste.* → **postier.** *Un colis expédié par la poste.* **2·** Bureau de poste. *Aller à la poste. Mettre une lettre à la poste*, dans la boîte du bureau, ou dans une boîte à lettres publique. → 1 **poster.** – ***Poste restante*** : mention indiquant que la correspondance est adressée au bureau de poste où le destinataire doit venir la chercher. **3·** Autrefois. Relais de chevaux, étape pour le transport des voyageurs et du courrier. *Chevaux de poste. Courir la poste* ; fig. et vx, aller très vite. ▶ **postal, ale, aux** adj. Qui concerne la poste, l'administration des postes. *Service postal. Colis postal. Compte de chèques postaux, compte-chèque postal, compte courant postal.* → **C. C. P., chèque.** *Banque postale.* ▷ 1 **poster, postier, postillon, publipostage**

2 **poste** n. m. **I· 1·** Lieu où un soldat, un corps de troupes se trouve placé par ordre supérieur, en vue d'une opération militaire. *Un poste avancé.* → **avant-poste.** *Poste de commandemen* (P. C.), où se tient le chef. – Loc. *Être, rester **à son poste*** : là où le devoir l'exige, là où il faut être. – Fam. *Être **solide au poste*** : rester à son poste, à son travail sans faiblir ; être d'une santé robuste. **2·** Groupe de soldats, corps de troupes placé en ce lieu. *Relever un poste. Poste de police, poste de garde*, corps de garde à l'entrée d'une caserne, d'un camp, etc. **3·** (Dans une ville) ***Poste de police*** ou ***poste*** : corps de garde d'un commissariat de police. *Conduire un suspect au poste. Le suspect a passé la nuit au poste.* **4·** Emploi auquel on est nommé ; lieu où on l'exerce.

→ **charge, fonction.** *Poste de travail. Professeur titulaire d'un poste. Poste vacant.* – *Les postes de travail,* dans une usine. **II·** (Dans des expressions) Emplacement aménagé pour recevoir des appareils, des dispositifs destinés à un usage particulier. *Le poste de pilotage d'un avion. Des postes d'essence.* → **distributeur,** 2 **pompe.** *Poste d'incendie.* – Ensemble de ces appareils. *Réparer un poste d'incendie.* ▷ **avant-poste,** 2 **poster**

3 **poste** n. m. Appareil récepteur (de radio, de télévision). *Ouvrir le poste,* la radio, la télévision.

1 **poster** [pɔste] v. tr. < conjug. 1 > **1·** Remettre à la poste. *Il a posté le courrier.* **2·** Publier (un message) sur un site Internet. *Poster un commentaire sur un blog.* ▶ **postage** n. m. *Le postage du courrier.*

2 **poster** [pɔste] v. tr. < conjug. 1 > **1·** Placer (des soldats) à un poste déterminé. → **établir.** *Poster des sentinelles.* **2·** *Se poster* v. pron. : se placer (quelque part) pour une action déterminée, pour observer, guetter. – (Passif) *Il était posté à l'entrée du village.* ▶ **posté, ée** adj. *Travail posté,* par équipes qui se relaient sur les mêmes postes de travail, généralement de huit heures en huit heures.

3 **poster** [pɔstɛʀ] n. m. Anglic. Grande photo à afficher. *Des posters de son chanteur préféré.*

1 **postérieur, eure** [pɔsteʀjœʀ] adj. **1·** Comparatif. Qui vient après, dans le temps (opposé à *antérieur*). *Le document est très postérieur à l'année 1800. Nous verrons cela à une date postérieure.* → **futur, ultérieur. 2·** Qui est derrière, dans l'espace. *Membres postérieurs et antérieurs.* ▶ **postérieurement** adv. À une date postérieure. → **après.** *Un acte établi postérieurement à un autre.* / contr. antérieurement / ▶ **postériorité** n. f. Caractère de ce qui est postérieur à qqch. / contr. antériorité /

2 **postérieur** n. m. Fam. Derrière, fesses (d'une personne). → **derrière ;** fam. **cul.** *Tomber sur son postérieur.*

a posteriori → **a posteriori.**

postérité [pɔsteʀite] n. f. **1·** Littér. Suite de personnes du même sang. → **descendant, enfant, fils ; lignée.** *Mourir sans postérité.* – *La postérité d'un artiste,* ceux qui s'inspirent de lui, après lui. **2·** Générations à venir. *Travailler pour la postérité. Œuvre qui passe à la postérité,* qui vit dans la mémoire des hommes. → **immortalité.**

postface [pɔstfas] n. f. Commentaire placé à la fin d'un livre (opposé à *préface*).

posthume [pɔstym] adj. **1·** Qui est né après la mort de son père. *Enfant posthume.* **2·** *Œuvres posthumes,* publiées après la mort de l'écrivain, du musicien. – Qui a lieu après la mort de qqn. *Décoration posthume,* donnée à un mort.

postiche [pɔstiʃ] adj. et n. m. **I· 1·** Adj. Se dit d'un objet que l'on porte pour remplacer artificiellement qqch. de naturel (ne se dit pas des prothèses). → **factice, faux.** *Des cheveux postiches.* → **perruque. 2·** N. m. Mèche que l'on adapte à volonté à sa frange, à ses cheveux. → **moumoute. II·** Adj. Faux, inventé. *Des talents postiches.*

postier, ière [pɔstje, jɛʀ] n. Employé(e) du service des postes. ≠ **facteur.**

1 **postillon** [pɔstijɔ̃] n. m. Autrefois. Conducteur d'une voiture de poste. → **cocher.** *Le postillon de la diligence.*

2 **postillon** n. m. Gouttelette de salive projetée en parlant. *Arrête de m'envoyer des postillons !* ▶ **postillonner** v. intr. < conjug. 1 > Envoyer des postillons. *Il me postillonnait dans la figure.*

post-it [pɔstit] n. m. invar. Anglic. Petit rectangle de papier, partiellement adhésif et repositionnable. *Un bloc de post-it.*

postnatal, ale, als [pɔstnatal] adj. Relatif à la période qui suit la naissance. *Examens médicaux postnatals.*

postopératoire [pɔstɔpeʀatwaʀ] adj. Médecine. Qui se produit ou se fait après une opération.

postposer [pɔstpoze] v. tr. < conjug. 1 > **1·** Didact. Placer après un autre mot. / contr. antéposer / **2·** En Belgique. Remettre à plus tard. ▶ **postposition** n. f. **1·** Position d'un mot après un autre. *La postposition du sujet dans les phrases interrogatives.* → **inversion. 2·** Mot placé après le mot qu'il régit. *En anglais, « up » dans « to get up » est une postposition.*

post-scriptum [pɔstskʀiptɔm] n. m. invar. Complément ajouté au bas d'une lettre, après la signature (abrév. *P.-S.*). *P.-S. : Voici ma nouvelle adresse... Sa lettre se terminait par trois post-scriptum.*

postsynchroniser [pɔstsɛ̃kʀɔnize] v. tr. < conjug. 1 > Enregistrer (les dialogues d'un film) après son tournage. → **doublage.** ▶ **postsynchronisation** n. f.

postulant, ante [pɔstylɑ̃, ɑ̃t] n. Candidat (à une place, un emploi...).

postulat [pɔstyla] n. m. Point de départ indémontrable mais tenu pour incontestable (d'un raisonnement logique).

postuler [pɔstyle] v. tr. < conjug. 1 > **1·** Demander, solliciter (un emploi). **2·** Didact. Poser une proposition comme postulat. ▷ **postulant, postulat**

posture [pɔstyʀ] n. f. **1·** Attitude particulière du corps (surtout lorsqu'elle est peu naturelle). → **position.** *Essayer une posture pour dormir. La posture du scribe accroupi. Dans une posture comique.* **2·** Abstrait. Loc. *Être, se trouver en bonne, en mauvaise posture,* dans une situation favorable ou défavorable.

pot [po] n. m. **I· 1·** Récipient de ménage, destiné surtout à contenir liquides et aliments. *Un pot de terre, de grès.* → **poterie.** *Des pots en étain.* – *Pot à* : destiné à contenir (qqch.). *Pot à lait. Pot à eau* [pɔtao]. *Des pots à eau* [pɔtao]. – *Pot de...* : contenant effectivement (qqch.). *Un pot de yaourt.* – *Pot (de fleurs)* : récipient de terre dans lequel on fait pousser des plantes ornementales. → **jardinière ; dépoter.** *Des fleurs en pots.* – Loc. fig. *C'est le pot de terre contre le pot de fer,* une lutte inégale. – *Découvrir le* ***pot aux roses*** [pɔto ʀoz] : découvrir le secret d'une affaire. – *Payer les pots cassés,* réparer les dommages qui ont été faits. – *Être sourd comme un pot,* très sourd. **2·** Vx. Marmite servant à faire cuire les aliments. → **pot-au-feu.** *Poule au pot,* poule bouillie. – Vx. *Cuiller à pot,* pour écumer la marmite. Loc. fam. *En deux coups de cuiller à pot,* en un tour de main. – *Tourner autour du pot,* parler avec des circonlocutions, ne pas se décider à dire ce que l'on veut dire. **3·** *Pot (de chambre)* : où l'on fait ses besoins. → **vase** de nuit. *Mettre un enfant sur le, sur son pot.* **4·** Contenu d'un pot. Absolt et fam. *Boire, prendre un pot,* une consommation. → **verre.** – Fam. Réunion amicale autour d'une boisson. *Il organise un pot pour son départ en retraite.* **5·** *Pot d'échappement* : tuyau muni de chicanes qui, à l'arrière d'une voiture, d'une moto, laisse échapper les gaz brûlés. → **silencieux.** – Loc. fam. *Plein pot,* à toute vitesse. **6·** Dans les jeux de société. Lot de pièces non distribuées où chaque joueur peut piocher. → **pioche** (II). – Dans les jeux d'argent. Ensemble des mises, des enjeux. **II·** Fam. Postérieur, derrière. *Magne-toi le pot,* dépêche-toi. → fam. **popotin. III·** Fam. Chance, veine. *Un coup de pot. Manque de pot !,* pas de chance. *J'ai eu du pot* (→ du bol). ▷ **cache-pot, dépoter, empoté, popotin, potard, pot-au-feu, pot-de-vin, potée, poterie, potiche, potier, pot-pourri, rempoter**

potable [pɔtabl] adj. **1·** Qui peut être bu sans danger pour la santé. → **buvable.** *Eau non potable.* **2·** Fam. Qui passe à la rigueur ; assez bon. → **acceptable, passable.** *Un travail potable.*

potache [pɔtaʃ] n. m. Collégien, lycéen.

potage [pɔtaʒ] n. m. Bouillon dans lequel on a fait cuire des aliments solides, le plus souvent coupés fin ou passés. → **potée, soupe.** *Prendre du potage, un potage aux légumes.*

potager, ère [pɔtaʒe, ɛʀ] adj. et n. m. **I·** Adj. **1·** (Plantes) Dont certaines parties peuvent être utilisées dans l'alimentation humaine (à l'exclusion des céréales). → **légume.** *Plantes potagères.* **2·** Où l'on cultive des plantes potagères pour la consommation. *Un jardin potager.* – Relatif aux légumes. *Culture potagère.* → **maraîcher. II·** N. m. Jardin destiné à la culture des légumes (et de certains fruits) pour la consommation. ≠ jardin d'agrément.

potamo-, -potame Éléments savants, signifiant « fleuve » (ex. : *potamologie* n. f. « science qui étudie les cours d'eau »).

potasse [pɔtas] n. f. Sel de potassium naturel ou produit par l'industrie, employé dans la fabrication de détergents et d'engrais. ▶ **potassique** adj. Se dit des composés du potassium. *Engrais potassiques.* ▶ **potassium** n. m. Métal alcalin comparable au sodium, très commun sous forme de sels (symb. chimique *K*). *Cyanure de potassium.*

potasser [pɔtase] v. tr. < conjug. 1 > Fam. S'enfermer pour étudier avec acharnement. *Il potasse un examen.*

pot-au-feu [pɔtofø] n. m. invar. **1·** Plat composé de viande de bœuf bouillie avec des carottes, des poireaux, des navets, des oignons, et dont le bouillon est consommé séparément. *Des pot-au-feu.* **2·** Le morceau de bœuf qui sert à faire le pot-au-feu. **3·** Adj. invar. Fam. *Une personne pot-au-feu,* qui aime avant tout le calme et le confort du foyer. → **popote** (II).

pot-de-vin [podvɛ̃] n. m. Somme d'argent qui se donne en dehors du prix convenu, dans un marché, ou pour obtenir qqch. (d'une façon souvent illégale). *Une affaire de pots-de-vin,* un scandale.

pote [pɔt] n. m. Fam. Ami, copain fidèle. *Touche pas à mon pote,* ne cherche pas à lui nuire.

poteau [pɔto] n. m. **I· 1·** Pièce de charpente dressée verticalement pour servir de support. *Des poteaux de bois, de béton.* → **pilier. 2·** Pièce de bois, de métal, etc., dressée verticalement. *Poteau indicateur,* portant la direction des routes. *Poteau électrique,* portant les fils et leurs isolateurs. – Dans une course. *Poteau de départ, d'arrivée.* **3·** *Poteau (d'exécution),* où l'on attache ceux que l'on va fusiller. – ***Au poteau.*** *Mettre, envoyer au poteau,* condamner à la fusillade. *Au poteau !,* à mort ! **II·** Fam. → **pote.**

potée [pɔte] n. f. Variété de pot-au-feu* composé de viande de porc ou de bœuf et de légumes variés. *Potée auvergnate, aux choux.*

potelé, ée [pɔtle] adj. Qui a des formes rondes et pleines. → **dodu, grassouillet.** *Un bébé potelé. Main potelée.*

potence [pɔtɑ̃s] n. f. **1·** En technique. Pièce de charpente constituée par un montant vertical et une traverse placée en équerre. **2·** Instrument de supplice (pour l'estrapade, la pendaison), formé d'une potence (1) soutenant une corde. → **gibet.** – Le supplice lui-même. *Mériter la potence.* → **corde.** – Loc. *Gibier de potence,* individu qui mérite la potence. → **patibulaire.**

potentat [pɔtɑ̃ta] n. m. **1·** Celui qui a la souveraineté absolue dans un grand État. → **monarque, tyran. 2·** Homme qui possède un pouvoir excessif, absolu. → **despote.**

potentiel, elle [pɔtɑ̃sjɛl] adj. et n. m. **I·** Adj. **1·** Qui existe en puissance ou exprime la possibilité (opposé à *actuel*). → **virtuel.** *Établir, révéler les risques potentiels d'une entreprise. Miser sur, solliciter les qualités potentielles de qqn.* → **intrinsèque. 2·** *Énergie potentielle,* celle d'un corps capable de fournir un travail. **II·** *Potentiel* n. m. **1·** *Potentiel électrique,* énergie potentielle des forces électriques. *L'unité pratique de potentiel est le volt.* → **voltage.** *Différence de potentiel* (charge, tension) *entre les bornes d'un générateur.* **2·** Capacité d'action, de production. → **puissance.** *Le potentiel économique et militaire d'un pays.* ▶ **potentialité** n. f. Didact. ou littér. **1·** Caractère de ce qui est potentiel. *Le subjonctif peut exprimer la potentialité.* **2·** *(Une, des potentialités)* Qualité, chose potentielle. → **possibilité, virtualité.** *Développer les potentialités des élèves,* leurs capacités réelles mais cachées. ▷ **potentiomètre**

potentiomètre [pɔtɑ̃sjɔmɛtʀ] n. m. Rhéostat.

poterie [pɔtʀi] n. f. Fabrication des objets utilitaires (pots, etc.) en terre cuite (à 1 000 °C environ). → **céramique, faïence, porcelaine.** – Objet ainsi fabriqué ; matière dont il est fait. *Façonner une poterie au tour.*

poterne [pɔtɛʀn] n. f. Porte dans la muraille de sortie, secrète ou camouflée (d'un château, de fortifications).

potiche [pɔtiʃ] n. f. **1·** Grand vase de porcelaine. *Des potiches chinoises.* **2·** Fam. Personnage à qui l'on donne une place honorifique, sans aucun rôle actif. *Jouer les potiches.*

potier, ière [pɔtje, jɛʀ] n. Personne qui fabrique et vend des objets en céramique, des poteries. → **céramiste.** *Tour, four de potier.*

potin [pɔtɛ̃] n. m. **1·** Surtout au plur. Bavardage, commérage. → **cancan.** *Faire des potins sur qqn,* de petites médisances. *Les potins des commères.* **2·** Au sing. Bruit, tapage, vacarme. *Faire du potin, un potin du diable.* → **boucan.** ▶ **potiner** v. intr. <conjug. 1> Faire des potins (1), des commérages. → **médire.**

potion [posjɔ̃] n. f. Médicament liquide destiné à être bu. *Une potion calmante. Quelle potion !* → **drogue, purge.** *La potion magique d'Astérix.* – *Une potion magique,* un remède miracle.

potiron [pɔtiʀɔ̃] n. m. Grosse courge (variété plus grosse que la citrouille). *Soupe au potiron.*

pot-pourri [popuʀi] n. m. **1·** Pièce de musique légère faite de thèmes empruntés à diverses sources. **2·** Mélange odorant à base de fleurs séchées. *Des pots-pourris.*

potron-minet [pɔtʀɔ̃minɛ] n. m. Littér. Le point du jour, l'aube. *Se lever dès potron-minet.*

pou [pu] n. m. **1·** Insecte qui vit en parasite sur l'homme. *Être couvert de poux.* → **pouilleux.** *Chercher les poux.* → **épouiller.** – Loc. fam. *Être laid comme un pou,* très laid. *Chercher des poux dans (sur) la tête de qqn, à qqn,* le chicaner, lui chercher querelle. – *Être orgueilleux comme un pou* (pour *comme un pouil,* un coq), très orgueilleux. **2·** Insecte parasite des animaux. *Pou du mouton.* ▷ **épouiller, pouilleux**

pouah [pwa] interj. Fam. Exclamation qui exprime le dégoût, le mépris.

poubelle [pubɛl] n. f. **1·** Récipient destiné aux ordures ménagères (d'un immeuble, d'un appartement). *Les poubelles sont vidées par les éboueurs. J'ai jeté les restes à la poubelle.* – **REM.** Ce mot vient du nom du préfet de police de Paris qui imposa ce récipient, par hygiène, en 1884. **2·** Dépotoir. *Plage qui sert de poubelle.*

pouce [pus] n. m. **1·** Le plus gros et le plus court des doigts de la main, opposable aux autres doigts. *Il suçait son pouce.* – Loc. *Mettre les pouces,* cesser de résister. → **céder.** – Fam. *Manger un morceau* ***sur le pouce*** : sans assiette et debout. – *Tourner ses pouces, se tourner les pouces,* rester sans rien faire. *Donner le* ***coup de pouce*** : la dernière main à un ouvrage. *Il a donné un coup de pouce à l'histoire,* il a déformé légèrement la réalité. – *Pouce !,* interjection (employée par les enfants) servant à se mettre momentanément hors du jeu. **2·** Le gros orteil. **3·** Mesure de longueur anglo-saxonne valant 2,54 cm. – Ancienne mesure de longueur, douzième partie du pied, valant 2,707 cm. *Mesurer cinq pieds six pouces* (1,78 m). – Loc. *Ne pas reculer, bouger, avancer d'un pouce,* rester immobile.

pouding → **pudding.**

1 **poudre** [pudʀ] n. f. **1·** Substance solide divisée en très petites particules, pulvérisée. *Poudre fine.* – *Sucre en poudre. Lait en poudre.* → **lyophilisé.** – Loc. *Poudre de perlimpinpin,* que les charlatans vendaient comme une panacée. – Loc. *Jeter de la poudre aux yeux à qqn,* chercher à éblouir. **2·** Substance pulvérulente utilisée sur la peau comme fard (et autrefois sur les cheveux). *Les femmes se fardaient avec de la poudre de riz. Se mettre de la poudre.* → se **poudrer. 3·** Vx. Poussière. Loc. *Réduire qqch. en poudre.* → **pulvériser.** ▶ **poudrer** v. tr. < conjug. 1 > **1·** Couvrir légèrement de poudre. → **saupoudrer. 2·** Couvrir (ses cheveux, sa peau) d'une fine couche de poudre (2). – Pronominalement (réfl.). *Se poudrer.* – Au p. p. adj. ***Poudré, ée*** : au visage poudré. *Une femme fardée, poudrée.* ▶ **poudrage** n. m. Action de poudrer. *Traitement chimique des cultures par poudrage.* ▶ **poudrerie** n. f. Au Canada. Neige chassée par le vent. ▶ **poudreuse** n. f. **1·** Neige poudreuse. *La poudreuse produit des avalanches.* **2·** Instrument servant à répandre une poudre (1). ▶ **poudreux, euse** adj. Qui a la consistance d'une poudre. *Neige poudreuse,* neige fraîche, profonde et molle, dans laquelle on s'enfonce. ▶ **poudrier** n. m. Récipient à poudre (2). *Elle tira un poudrier de son sac.* ▷ **poudroyer**

2 **poudre** n. f. Mélange explosif pulvérulent. *Poudre à canon.* Loc. *Faire parler la poudre,* faire feu. – *Mettre le **feu aux poudres*** : déclencher un événement violent. – *Il n'a pas inventé la poudre,* il n'est pas très intelligent. ▶ **poudrière** n. f. Magasin à poudre, à explosifs. – Abstrait. *Cette région est une poudrière,* la révolte peut y éclater.

poudroyer [pudʀwaje] v. intr. < conjug. 8 > **1·** Littér. Produire de la poussière (on disait : de la *poudre*) ; s'élever en poussière. *Le chemin poudroie au passage d'une voiture.* **2·** Avoir une apparence de poudre brillante, sous l'effet d'un éclairage vif. *Le sable poudroie.* **3·** Faire briller les grains de poussière en suspension. *Le soleil poudroie à travers les volets.* ▶ **poudroiement** n. m. Effet produit par la poussière soulevée et éclairée ou par la lumière éclairant les grains d'une poudre.

pouêt ou **pouet** [pwɛt] interj. Onomatopée, souvent répétée (*pouet, pouet*) évoquant un bruit de trompe, de klaxon.

1 **pouf** [puf] interj. Exclamation exprimant un bruit sourd de chute. *Et pouf ! le voilà qui s'étale par terre.* ▷ **patapouf**

2 **pouf** n. m. Siège bas, gros coussin capitonné, posé à même le sol. *Des poufs et des banquettes.*

pouffer [pufe] v. intr. < conjug. 1 > ***Pouffer de rire*** : éclater de rire malgré soi. → s'**esclaffer.**

pouffiasse ou **poufiasse** [pufjas] n. f. Vulg. Terme d'injure. Femme, fille que l'on trouve vulgaire ou ridicule. *Une grosse pouffiasse.* – Abrév. **Une pouffe.**

pouilles [puj] n. f. pl. Littér., vx. ***Chanter pouilles** à qqn* : l'accabler d'injures, de reproches.

pouilleux, euse [pujø, øz] adj. et n. **1·** Couvert de poux, de vermine. *Un mendiant pouilleux.* **2·** Qui est dans une extrême misère. – N. *Un pouilleux, une pouilleuse.* → **gueux. 3·** (Choses) Misérable, sordide. *Un quartier pouilleux.* **4·** (Après un nom géographique) *La Champagne pouilleuse,* calcaire, la moins fertile (opposée à la *Champagne humide*). ▶ **pouillerie** [pujʀi] n. f. Pauvreté sordide ; lieu, chose misérable.

poulailler [pulɑje] n. m. **1·** Abri où on élève des poules ou d'autres volailles. – Ensemble des poules qui logent dans cet abri. *Le renard a égorgé tout le poulailler.* **2·** Fam. Galerie supérieure d'un théâtre, où sont les places les moins chères. *Prendre une place au poulailler.* – Ensemble des spectateurs assis dans cette galerie. *Le poulailler a sifflé la pièce.*

poulain [pulɛ̃] n. m. **1·** Petit du cheval, mâle ou femelle (jusqu'à trente mois). → **pouliche.** *La jument et son poulain.* ≠ poney. **2·** Sportif, étudiant, écrivain débutant (par rapport à son entraîneur, son professeur, son éditeur). ▷ **poulinière**

à la poulaine [alapulɛn] loc. adj. *Souliers à la poulaine,* chaussures « à la Polonaise », à l'extrémité allongée en pointe (fin du Moyen Âge).

poularde [pulaʀd] n. f. Jeune poule engraissée.

poulbot [pulbo] n. m. Enfant de Montmartre, gavroche (du nom d'un dessinateur). *Les petits poulbots.*

1 **poule** [pul] n. f. **I· 1·** La femelle du coq, volatile, volaille, oiseau de basse-cour, à ailes courtes et arrondies, à queue courte, à crête dentelée et petite. *Une poule qui picore. Le gloussement des poules. Poule pondeuse. Œuf de poule. Les poules couvent dans le poulailler. Ce soir nous mangerons de la poule au riz.* → **poularde. 2·** Loc. *Quand les poules auront des dents,* jamais. *Tuer la poule aux œufs d'or,* détruire par avidité ou impatience la source d'un profit important. *Se coucher, se lever comme (avec) les poules,* très tôt. – ***Mère poule*** : mère affairée et timorée ; mère qui aime à être entourée de ses enfants. *Des mères poules. Papa poule* : père affectueux et protecteur. – ***Poule mouillée*** : personne poltronne, timorée. Adj. *Il est un peu trop poule mouillée.* – *Bouche en cul-de-poule.* → **cul-de-poule. 3·** Femelle de certains gallinacés. *Poule faisane,*

faisan femelle. – *Poule d'eau* : oiseau de la taille d'un pigeon. **II**· Fam. *Poule,* terme d'affection (pour les filles, les femmes). ≠ 1 poulet (II). *Viens, ma poule.* → fam. **cocotte, poulet, poulette.** **III**· Fam. Fille de mœurs légères. *C'est une poule.* → **grue.** (Avec un possessif) Vx et péj. Maîtresse (d'un homme). *Il est avec sa poule.* ▶ 1 **poulet** n. m. **I**· **1**· Petit de la poule, plus âgé que le poussin (de trois à dix mois). *Une poule et ses poulets.* **2**· Jeune poule ou jeune coq (coquelet) destiné à l'alimentation, et souvent châtré. → **chapon.** *Poulet de grain, poulet fermier. Poulet élevé en batterie. Poulet aux hormones,* produit par un élevage forcé, accéléré. *Poulet rôti.* – *Manger du poulet.* **II**· *Mon (petit) poulet,* terme d'affection (pour les deux sexes). ≠ 1 poule (II). ▶ **poulette** n. f. **I**· Jeune poule. **II**· Fam. Jeune fille, jeune femme. *Ma poulette,* terme d'affection. → 1 **poule** (II). ▷ en **cul-de-poule, pied-de-poule, poulailler, poularde**

2 **poule** n. f. **1**· Enjeu déposé au début de la partie ; somme constituée par le total des mises qui revient au gagnant. *Gagner la poule.* → **pot.** **2**· Au rugby. Groupe d'équipes destinées à se rencontrer, dans la première phase du championnat. *Poule A, poule B.*

2 **poulet** n. m. Vx. Billet doux.

3 **poulet** n. m. Fam. Policier. *Il s'est fait pincer par les poulets* (cf. en argot *poulaga*).

pouliche [puliʃ] n. f. Jument qui n'est pas encore adulte (mais qui n'est plus un poulain).

poulie [puli] n. f. **1**· Dispositif mécanique de bois, de métal, muni d'un anneau et d'une roue (appelée *réa* [ʀea], n. m.) tenus ensemble par deux joues et un axe, pour soulever des fardeaux au moyen d'une corde ou d'une chaîne. → **palan.** **2**· Roue à gorge ou à crans servant à transmettre un mouvement. *Poulie et courroie de ventilateur* (dans un moteur d'automobile).

poulinière [pulinjɛʀ] adj. f. *Jument poulinière,* destinée à la reproduction (→ **poulain**). – N. f. *Une poulinière.*

poulpe [pulp] n. m. Mollusque (appelé aussi *pieuvre*) à longs bras armés de ventouses (→ **polype**). *Les tentacules du poulpe.*

pouls [pu] n. m. invar. Battement des artères produit par les vagues successives du sang projeté du cœur (perceptible au toucher, notamment sur la face interne du poignet). *Prendre le pouls (de qqn, à qqn),* en compter les pulsations. Fig. *Prendre le pouls de l'opinion.* – L'endroit où l'on sent le pouls. *Tâter le pouls.*

poumon [pumɔ̃] n. m. **1**· Chacun des deux viscères placés dans la cage thoracique, organes de la respiration où se font les échanges gazeux (→ **pulmonaire**). *Poumon droit et gauche. Cancer du poumon. Maladies du poumon,* pneumonie, tuberculose. *Les poumons et la plèvre. Poumon des animaux de boucherie* (surtout : veau). → 2 **mou.** – *Aspirer à **pleins poumons*** : profondément. *Chanter, crier à pleins poumons.* → **s'époumoner.** **2**· *Poumon artificiel, poumon d'acier* : appareil qui permet d'entretenir la ventilation pulmonaire d'un malade. **3**· Fig. Ce qui fournit de l'oxygène ; ce qui fait vivre. *Cette région est le poumon économique du pays.* ▷ **s'époumoner**

poupard [pupaʀ] n. m. et adj. **1**· N. m. Bébé gros et joufflu. → **poupon.** **2**· Adj. *Une physionomie pouparde.* → **poupin.**

poupe [pup] n. f. Arrière (d'un navire). / contr. proue / → **gaillard** d'arrière. – Loc. fig. *Avoir le vent en poupe,* être poussé vers le succès.

poupée [pupe] n. f. **1**· Figurine humaine servant de jouet d'enfant, d'ornement. *La petite fille joue à la poupée. Poupée de collection. Avoir un visage de poupée.* → **poupin.** – *Jardin, maison de poupée,* en miniature, très petit. **2**· Fam. Jeune femme, jeune fille. → **pépée.** *Une chouette poupée.* **3**· Doigt malade, entouré d'un pansement ; le pansement. ▶ **poupin, ine** adj. Qui a les traits d'une poupée. *Un visage poupin.* → **poupard.** ▶ **poupon** n. m. Bébé, très jeune enfant. → **poupard.** *Un joli poupon rose.* ▶ **pouponner** v. intr. < conjug. 1 > Dorloter maternellement des bébés. *Elle adore pouponner.* ▶ **pouponnière** n. f. Établissement où l'on garde les nouveau-nés, les enfants jusqu'à trois ans. → **crèche.** ▷ **poupard**

pour [puʀ] prép. et n. m. **I**· (Exprimant l'idée d'échange, d'équivalence, de correspondance, de réciprocité) **1**· En échange de ; à la place de. *Vendre qqch. pour telle somme.* → **contre, moyennant.** *Je l'ai eu pour presque rien, pour une bouchée de pain.* Fam. *Pour pas un rond,* gratuitement. – Loc. *Il en a été pour son argent, pour ses frais,* il n'a rien eu en échange. – *Dix... pour cent* (%), *pour mille* (‰). → **pourcentage.** – *Prendre, dire un mot pour un autre,* au lieu de. *Elle l'a pris pour son frère,* confondu avec son frère. – *Risquer le tout pour le tout.* – (Avec le même nom avant et après) *Dans un an, jour pour jour,* exactement. *Elle lui ressemble trait pour trait.* **2**· (Avec un nom ou un infinitif redoublé marquant la possibilité d'un choix entre deux choses) *Mourir pour mourir, autant que ce soit de mort subite.* **3**· (Exprimant un rapport d'équivalence entre deux termes accordés s'il le faut en nombre, en genre). → **comme.** *Avoir la liberté pour principe.* – *Pour tout avantage, pour tous avantages, il avait...,* en fait d'avantage(s). *Prendre pour époux. Avoir M. Durand pour professeur. Il les a pour élèves. Elle passe pour folle. Pour le moins,* au moins, au minimum. – Loc. fam. *Pour de bon,* d'une façon authentique. Fam. *Pour de vrai,* vraiment (opposé à *pour de rire, pour du beurre*). **4·** En prenant la place de. *Payer pour qqn,* à sa place. **5·** En ce qui concerne (qqch.). Loc. *En tout et pour tout,* seulement, uniquement. – Par rapport à. *Il fait froid pour la saison.* **6·** (Servant à mettre en valeur le sujet, l'attribut ou un compl. d'objet) *Pour moi, je pense que...* → **quant** à. *Pour ma part. Pour ce qui est de,* en ce qui concerne. – *Pour un artiste, c'est un artiste ! Pour m'aider, elle m'a aidé !,* pour ce qui est de m'aider. **7·** En ce qui concerne (qqn). *Elle est tout pour moi. Ce n'est un secret pour personne.* **II·** (Exprimant la direction, la destination, le résultat, l'intention) **1·** (Dans la direction de, en allant vers) *Partir pour le Japon. Les voyageurs pour Lyon.* **2·** (Marquant le terme dans le temps) *C'est pour ce soir.* – *Pour six mois,* pendant six mois à partir de maintenant. *Pour le moment,* momentanément. *Pour quand ? Pour dans huit jours.* – Fam. *Alors, c'est pour aujourd'hui ou pour demain ? Pour une fois, pour cette fois, je te pardonne. Pour le coup,* cette fois-ci. **3·** (Marquant la destination figurée, le but...) Destiné à (qqn, qqch.). *C'est pour vous. Film pour adultes.* – Ellipt et fam. *C'est fait pour.* → **exprès.** – Destiné à combattre. → **contre.** *Médicament pour la grippe.* – En vue de. *C'est pour son bien.* – *Pour le cas où,* dans le cas où. – À l'égard de. → **envers.** *Sa haine pour lui. Par égard pour mes parents.* – *Tant mieux, tant pis pour lui. C'est bien fait pour elle !* – En faveur de, pour l'intérêt, le bien de... *Prier pour qqn. Chacun pour soi.* – ***Être pour...*** : être partisan de (qqn, qqch.). / contr. contre / *Je suis pour cette décision ;* ellipt, *je suis pour.* **4·** ***Pour*** (+ infinitif) : afin de pouvoir. *Faire l'impossible pour réussir. Travailler pour vivre. Pour quoi faire ?* ≠ pourquoi. – Loc. fam. *Ce n'est pas pour dire, mais il a du culot,* il a vraiment du culot. *C'est pour rire.* **5·** ***Pour que*** (+ subjonctif dans la subordonnée de but) : afin que. *Il faudra du temps pour que cela réussisse.* Iron. *C'est ça, laisse ton porte-monnaie sur la table, pour qu'on te le vole !* – ***Pour que... ne pas.*** *Il ferma les fenêtres pour que la chaleur ne sorte pas.* **III·** (Exprimant la conséquence) **1·** En ayant pour résultat (qqch.). *Pour son malheur, il a cédé.* – (+ infinitif) Afin de. *Pour réussir, il a besoin d'être plus sûr de lui.* – (Forme négative) *Ce projet n'est pas pour me déplaire,* ne me déplaît pas. **2·** ***Pour que*** (+ subjonctif dans la subordonnée de conséquence). *Assez, trop... pour que... J'ai assez insisté pour qu'il vienne. Il faut, il suffit... pour que... Il suffit que j'en parle pour que ça n'arrive pas.* **IV·** (Exprimant la cause) **1·** À cause de. *On l'admire pour ses qualités. Il a été puni pour ses mensonges. Pour un oui, pour un non,* à toute occasion. *Pour sa peine,* en considération de sa peine. *Pour quoi ? Pour quelle raison ?* → **pourquoi.** *Le magasin est fermé pour cause de maladie.* Absolt. *Et pour cause !,* pour une raison trop évidente. **2·** (+ infinitif passé ou passif) *Il a été puni pour avoir menti,* parce qu'il avait menti. **V·** (Exprimant l'opposition, la concession) **1·** Littér. ***Pour... que*** (+ indicatif ou subjonctif). → **aussi, si, tout ;** avoir **beau.** *Pour intelligent qu'il soit, il ne réussira pas sans travail.* – Loc. *Pour peu que.* → **peu.** *Pour autant que,* dans la mesure où. *Ils ne sont pas plus heureux pour autant.* **2·** *Pour être riches, ils n'en sont pas plus heureux (en sont-ils plus heureux ?),* bien qu'ils soient riches. **VI·** N. m. *Peser, considérer* ***le pour et le contre*** : les bons et les mauvais aspects. ▷ **pourboire, pourcentage, pourquoi, pourtant**

pourboire [puʀbwaʀ] n. m. Somme d'argent remise, à titre de gratification, de récompense, par le client à un travailleur salarié. → fam. **pourliche.** *Le pourboire est compris. Donner un pourboire à la serveuse, au chauffeur de taxi.* → **pièce, service.**

pourceau [puʀso] n. m. Vx ou littér. Cochon, porc, porcelet.

pourcentage [puʀsɑ̃taʒ] n. m. **1·** Taux (d'un intérêt, d'une commission) calculé sur un capital de cent unités. *Il touche un pourcentage sur la recette, dix pour cent je crois.* → pour **cent.** **2·** Proportion pour cent. *Un faible pourcentage d'électeurs.*

pourchasser [puʀʃase] v. tr. <conjug. 1> **1·** Poursuivre, rechercher (qqn) avec obstination. → **chasser, poursuivre.** *Être pourchassé par des créanciers, par la police.* – Pronominalement (récipr.). *Ils se sont pourchassés les uns les autres.* **2·** Poursuivre (qqch.). *Il pourchasse les honneurs.*

pourfendre [puʀfɑ̃dʀ] v. tr. <conjug. 41> **1·** Vx. Fendre complètement, couper. – Au p. p. adj. *Une statuette pourfendue.* **2·** Littér. ou plaisant. Attaquer violemment. *Pourfendre ses adversaires.* ▶ **pourfendeur** n. m. Celui qui pourfend, met à mal ou critique vigoureusement.

se pourlécher [puʀleʃe] v. pron. <conjug. 6> Se passer la langue sur les lèvres (en signe de contentement avant ou après un bon repas). *On s'en pourlèche* (→ se lécher les babines).

pourliche n. m. Fam. Pourboire.

pourparlers [puʀpaʀle] n. m. pl. Conversation entre plusieurs États, groupes, etc., pour arriver à un accord. → **tractation.** *De longs pourparlers. Être en pourparlers.*

pourpoint [puʀpwɛ̃] n. m. Au Moyen Âge. Partie du vêtement d'homme qui couvrait le torse jusqu'au-dessous de la ceinture (→ **justaucorps**). *En chausses et en pourpoint.* ▷ à **brûle-pourpoint**

pourpre [puʀpʀ] n. et adj. **I·** N. f. **1·** Matière colorante d'un rouge vif, extraite d'un mollusque (*le pourpre,* n. m.) et utilisée dans l'Antiquité méditerranéenne. *La toge prétexte, bordée de pourpre.* **2·** Littér. Étoffe teinte de pourpre (chez les Anciens), d'un rouge vif, symbole de richesse ou d'une haute dignité sociale. *La pourpre royale.* – La dignité de cardinal. **3·** Littér. Couleur rouge vif. *La pourpre de ses lèvres* (→ **purpurin**). **II·** N. m. Couleur rouge foncé, tirant sur le violet. → **amarante.** **III·** Adj. D'une couleur rouge foncé. *Velours pourpre.* ▶ **pourpré, ée** adj. Littér. Coloré de pourpre.

① **pourquoi** [puʀkwa] adv. et conj. **REM.** Ne pas confondre avec *pour quoi.* → **pour** (II) et (IV). **1·** (+ point d'interrogation, question directe) Pour quelle raison, dans quelle intention ? *Pourquoi fais-tu des histoires ? Pourquoi partez-vous ? Pourquoi veux-tu donc que j'y aille ?* – (Sans inversion sujet verbe) *Pourquoi est-ce que vous la saluez ?* Fam. *Pourquoi tu cries ?* – (+ infinitif) À quoi bon ? *Mais pourquoi crier ?* – (Sans verbe) *Pourquoi ? Pourquoi non ? Pourquoi pas ?* **2·** (Sans point d'interrogation, question rapportée) Pour quelle cause, dans quelle intention. – **REM.** L'emploi de *est-ce que* est fautif après *pourquoi. Je ne comprenais pas pourquoi je devais me taire. Je vous demande pourquoi vous riez. Explique-moi pourquoi.* **3·** *Voilà, voici pourquoi.* – *C'est pourquoi...,* c'est pour cela que. ▶ ② **pourquoi** n. m. invar. **1·** Cause, motif, raison. *Il demandait le pourquoi de toute cette agitation.* **2·** Question par laquelle on demande la raison d'une chose. *Les pourquoi des enfants.*

pourrir [puʀiʀ] v. < conjug. 2 > **I·** V. intr. **1·** (Matière organique) Se décomposer. → se **corrompre,** se **putréfier.** *Ce bois pourrit à l'humidité.* **2·** (Personnes) Rester dans une situation où l'on se dégrade. *Pourrir dans l'ignorance.* → **croupir.** *On l'a laissé pourrir en prison.* → **moisir.** – (Situation politique, etc.) Se dégrader. *Laisser pourrir une grève.* **II·** V. tr. **1·** Attaquer, corrompre en faisant pourrir. → **gâter.** *La pluie a pourri le foin.* – Pronominalement (réfl.). *Se pourrir,* devenir pourri. **2·** Gâter extrêmement (un enfant). *Sa mère finira par le pourrir.* ▶ **pourri, ie** adj. et n. m. **I·** Adj. **1·** Corrompu ou altéré par la décomposition. *Une planche pourrie.* – (Aliments) *Des fruits pourris.* → **blet.** *De la viande pourrie.* → **avarié.** **2·** Désagrégé. *Pierre pourrie,* humide et effritée. **3·** Humide et mou. *Un climat pourri.* → **malsain.** *Un été pourri,* très pluvieux. **4·** (Personnes) Moralement corrompu. *Une société pourrie.* – N. m. Fam. Terme d'injure. *Bande de pourris ! Flic pourri.* → **ripou.** **5·** Fam. *Pourri de :* rempli de, qui a beaucoup de. *Il est pourri de fric.* **II·** N. m. Ce qui est pourri. *Enlever le pourri. Une odeur de pourri.* → **putride.** ▶ **pourrissant, ante** adj. Qui est en train de pourrir. ▶ **pourrissement** n. m. Dégradation progressive (d'une situation). ▶ **pourriture** n. f. **1·** Altération profonde, décomposition des tissus organiques → **putréfaction ;** état de ce qui est pourri. *Une odeur de pourriture.* **2·** Ce qui est complètement pourri. *Une répugnante pourriture.* **3·** Abstrait. État de grande corruption morale. *La pourriture de la société.* **4·** Terme d'injure. Personne corrompue, ignoble. → **pourri.** *Quelle pourriture, ce type !* ▷ **pot-pourri**

poursuite [puʀsɥit] n. f. **I·** Action de poursuivre (I). **1·** Action de suivre (qqn, un animal) pour le rattraper, l'atteindre, s'en saisir. *Scènes de poursuite d'un film d'aventures. La police s'est lancée à la poursuite du malfaiteur.* **2·** Effort pour atteindre (une chose qui semble inaccessible). → **recherche.** *La poursuite de l'argent, de la vérité.* **3·** Acte juridique dirigé contre qqn qui a enfreint une loi, n'a pas respecté une obligation. *Défense de* (+ infinitif) *sous peine de poursuite(s). Poursuites (judiciaires) contre qqn.* → **accusation.** *Engager des poursuites.* **II·** ***La poursuite de** qqch. :* action de poursuivre (II). *La poursuite d'un travail.* / contr. arrêt /

poursuivre [puʀsɥivʀ] v. tr. < conjug. 40 > **I·** Suivre pour atteindre. **1·** Suivre de près pour atteindre (ce qui fuit). *La police poursuivit les malfaiteurs.* → **courir** après, **pourchasser ; poursuite.** *Poursuivre les fugitifs.* → **traquer.** **2·** Tenter de rejoindre (qqn qui se dérobe). → **presser, relancer.** *Il est poursuivi par ses créanciers.* **3·** Tenter d'obtenir les faveurs amoureuses de (qqn). Loc. *Il la poursuit de ses assiduités.* **4·** *Poursuivre qqn de,* s'acharner contre lui par... → **harceler.** *Elle le poursuivait de sa colère.* **5·** (Suj. chose) Hanter, obséder. *Ces images lugubres me poursuivirent longtemps.* **6·** Agir en justice contre (qqn). → **accuser.** *Je vous poursuivrai devant les tribunaux !* **II·** (Compl. chose) Chercher à obtenir (qqch.). → **briguer, rechercher.** *Poursuivre un intérêt particulier.* **III·** Continuer sans relâche. / contr. abandonner, arrêter / *Poursuivre son voyage, son chemin. Il poursuit ses études. Poursuivre un récit.* – Sans compl. *Poursuivez, cela m'intéresse !* – Pronominalement (réfl.). Se continuer. *La réunion se poursuivit jusqu'à l'aube.* ▶ **poursuivant, ante** n. Personne qui poursuit qqn. *Le voleur a échappé à ses poursuivants.* ▷ **poursuite**

pourtant [puʀtɑ̃] adv. (Opposant deux notions pour mieux les relier) → **cependant, mais, néanmoins, toutefois.** *Tout a l'air de bien se passer, pourtant je suis inquiet. C'est pourtant bien simple. Elle est laide et pourtant quel charme !*

pourtour [puʀtuʀ] n. m. **1·** Ligne formant le tour, le contour d'un objet, d'une surface. → **cir-**

conférence. 2· Partie qui forme les bords (d'un bien). *Le pourtour de la place était planté d'arbres.* / contr. centre /

pourvoi [puʀvwa] n. m. *Pourvoi en cassation,* demande de révision d'un procès par un tribunal de cassation. → **recours** en grâce.

pourvoir [puʀvwaʀ] v. tr. < conjug. 25 > **I**· V. tr. ind. ***Pourvoir à :*** faire ou fournir le nécessaire pour. *Pourvoir à l'entretien de la famille.* → **assurer.** *Pourvoir aux besoins de qqn.* → **subvenir.** *Pourvoir à un emploi,* y mettre qqn. – Impers. passif. *Il a été pourvu à tout,* on a pourvu à tout. **II**· V. tr. dir. **1**· Mettre (qqn) en possession (de ce qui est nécessaire). → **donner** à, **munir, nantir.** *Son père l'a pourvu d'une recommandation.* **2**· ***Se pourvoir de*** v. pron. : faire en sorte de posséder, d'avoir (une chose nécessaire). *Il faut se pourvoir de provisions pour le voyage.* **3**· Munir (une chose). *Pourvoir un atelier de matériel, en matériel.* → **approvisionner, fournir. 4**· (Suj. chose) Littér. *La nature l'a pourvu de grandes qualités.* → **doter, douer. 5**· Au passif et p. p. adj. ***Être pourvu, ue :*** avoir, posséder. / contr. dépourvu / *Le voilà bien pourvu,* il a tout ce qu'il faut. **6**· ***Se pourvoir*** v. pron. : en droit, recourir à une juridiction supérieure ; former un pourvoi. *Elle s'est pourvue en appel, puis en cassation.* ▶ **pourvoyeur, euse** n. *Pourvoyeur de...,* personne qui fournit (qqch.) ou munit (une chose). *Pourvoyeur de drogue.* → **dealer.** ▶ 1 **pourvu, ue** → **pourvoir** (II, 5).
▷ 1 **dépourvu,** 2 au **dépourvu**

2 **pourvu que** [puʀvyk(ə)] loc. conj. **1**· (+ subjonctif) Du moment que, à condition de, si. *Pourvu qu'il ait le nécessaire, il est content. Moi, pourvu que je mange à ma faim...* (sous-entendu : *cela me suffit*). **2**· Espérons que... *Pourvu qu'on arrive à temps !*

poussah [pusa] n. m. **1**· Buste de magot* porté par une boule lestée qui le ramène à la position verticale lorsqu'on le penche. **2**· Gros homme mal bâti. *Des poussahs.*

1 **pousser** [puse] v. tr. < conjug. 1 > **I**· **1**· Soumettre (qqch., qqn) à une pression ou à un choc pour la (le) mettre en mouvement dans une certaine direction. / contr. tirer / *Pousser un meuble dans un coin, contre un mur. Poussez la porte. On nous a poussés dehors. Pousser qqn avec le coude, du coude, du genou,* pour le mettre en garde. – Intransitivement. *Ne poussez pas !* Loc. fam. *Faut pas pousser,* il ne faut pas exagérer. – Loc. adv. Fam. ***À la va comme je te pousse :*** n'importe comment. *Ce travail a été fait à la va comme je te pousse.* **2**· Faire aller (un être vivant) devant soi, dans une direction déterminée, par une action continue. *Le berger pousse son troupeau devant lui.* – (D'une force) Entraîner. *C'est l'intérêt qui le pousse.* – Au p. p. *Poussé par l'intérêt.* **3**· ***Pousser*** *qqn,* ***pousser*** *qqn* ***à :*** inciter. → **conduire, entraîner.** / contr. détourner, retenir / *Pousser qqn à faire qqch. Le patron pousse à la consommation.* – Aider (qqn) ; faciliter la réussite de (qqn). → **favoriser.** *Pousser un élève,* le faire travailler. – ***Pousser à bout :*** acculer, exaspérer (qqn). *La contrariété le poussait à bout.* **4**· Faire avancer (qqch.). *Pousser un landau, un chariot.* – *Pousser l'aiguille,* coudre. **5**· Abstrait. Faire aller jusqu'à un certain point, un certain degré, une limite (une activité, un travail, etc.). *Il poussa ses recherches jusqu'au bout.* → **terminer.** *Il pousse la plaisanterie un peu trop loin.* → **exagérer.** – Au p. p. adj. *Un amour poussé jusqu'à la passion,* qui n'est plus de l'amour, mais de la passion. **6**· Sans compl. ind. Faire parvenir à un degré supérieur de développement, d'intensité. *Pousser son travail.* → faire **avancer, poursuivre.** – Au p. p. adj. *C'est un travail très poussé.* – *Pousser un moteur,* chercher à lui faire rendre le maximum. **7**· ***Se pousser*** v. pron. : s'écarter pour laisser passer. *Pousse-toi !* – Avancer en poussant. **II**· **1**· (Suj. nom d'être animé) Produire avec force ou laisser échapper avec effort par la bouche (un son). *Il poussa de grands cris.* → **crier.** Loc. *Pousser les hauts cris*. Elle poussa un soupir.* → **exhaler.** – Fam. *Un convive poussa la chansonnette.* → **chanter. 2**· Intransitivement. Faire un effort pour expulser de son organisme un excrément. ▶ **pousse-café** n. m. invar. Petit verre d'alcool que l'on prend après le café. *Deux cafés, deux pousse-café et un cigare.* ▶ **poussée** n. f. **1**· Action d'une force. *Sous la poussée, la porte s'ouvrit. La fusée s'élève grâce à la poussée de ses réacteurs.* → **pression.** *Résister aux poussées de l'ennemi.* → **attaque. 2**· Force exercée par un élément pesant (arc, voûte, etc.) sur ses supports et qui tend à les renverser. *La poussée d'une voûte sur les murs.* **3**· Manifestation brutale (d'une force). → **impulsion.** *La poussée des circonstances.* **4**· Manifestation subite (d'un mal). *Une poussée de fièvre.* → **accès, crise.** ▶ **pousse-pousse** ou **pousse** n. m. invar. Voiture légère à deux roues, à une place, tirée par un homme → **coolie** et en usage en Extrême-Orient. *Des pousse-pousse. Des pousse.* ▶ **poussette** n. f. **1**· Petite voiture d'enfant très basse, généralement pliante. – Châssis à roulette pour transporter les provisions. **2**· Fam. Aide d'un cycliste à un autre cycliste, qui consiste à le pousser de la main dans le dos ou par la selle. ▷ **poussif, poussoir, repousser**

2 **pousser** v. intr. < conjug. 1 > **1**· (Végétation) Croître, se développer. *Un bon champ où tout pousse.* → **repousser, venir.** *Faire pousser des légumes.* → **cultiver.** *L'herbe commence à pousser.*

→ ② **pousse.** *Ses premières dents ont toutes poussé.* **2·** (Villes, constructions) S'accroître, se développer. *Des villes qui poussent comme des champignons.* **3·** (Enfants) Grandir. *Il pousse, ce petit.* ▶ ① **pousse** n. f. Action de pousser, développement de ce qui pousse. *Une lotion pour la pousse des cheveux.* ▶ ② **pousse** n. f. Bourgeon naissant, germe de la graine. *Les jeunes pousses des arbres.*

poussier [pusje] n. m. **1·** Poussière de charbon. **2·** Débris poudreux, poussière. *Le poussier de blé a fait explosion.*

poussière [pusjɛʀ] n. f. **1·** Terre desséchée réduite en particules très fines, très légères. *La poussière des routes. Un tourbillon de poussière.* **2·** Fins débris en suspension dans l'air qui se déposent sur les objets. *Couche de poussière sur un meuble. Ôter la poussière.* → **dépoussiérer, épousseter.** *Tomber en poussière,* se désagréger. **3·** Littér. Les restes matériels de l'être humain, après la mort. → **cendre(s), débris. 4·** *Une poussière :* un rien. Fam. *Cela m'a coûté deux cents euros et des poussières :* et un peu plus. *Elle a cinquante ans et des poussières.* **5·** (Collectif) *Une poussière de,* un grand nombre, une multiplicité (d'éléments). *La Voie lactée est une poussière d'étoiles.* **6·** Matière réduite en fines particules. → **poudre.** *Poussière de charbon.* → **poussier.** *Réduire en poussière.* → **pulvériser ;** fig. **anéantir, détruire.** ▶ **poussiéreux, euse** adj. **1·** Couvert, rempli de poussière (2). *Une chambre poussiéreuse.* **2·** Qui semble couvert, gris de poussière. *Un teint poussiéreux.* **3·** Abstrait. Vieux, à l'abandon. *Cette administration poussiéreuse devrait être rénovée.* ▷ **poussier**

poussif, ive [pusif, iv] adj. **1·** Qui respire difficilement, manque de souffle. *Un homme poussif.* **2·** *Une voiture poussive,* qui marche par à-coups.

poussin [pusɛ̃] n. m. **1·** Petit de la poule, nouvellement sorti de l'œuf, encore couvert de duvet. *Une poule entourée de poussins qui piaillent.* ≠ poulet. **2·** Fam. Terme d'affection. *Mon poussin.*

poussoir [puswaʀ] n. m. Bouton sur lequel on appuie (on *pousse*) pour déclencher ou régler un mécanisme. *Les poussoirs d'une montre.*

poutargue ou **boutargue** [putaʀg ; butaʀg] n. f. Masse d'œufs de mulet pressés, salés et enrobés de cire.

poutine [putin] n. f. Au Canada. Plat composé d'un mélange de frites et de petits morceaux de fromage, nappé de sauce brune.

poutre [putʀ] n. f. **1·** Grosse pièce de bois équarrie servant de support (dans une construction, une charpente). → **madrier.** *Un plafond aux poutres apparentes.* → **solive.** *Poutre faîtière. La maîtresse poutre,* la poutre principale. – Loc. prov. *Il voit la paille dans l'œil du voisin et ne voit pas la poutre dans le sien,* il voit et critique les moindres défauts d'autrui et ne se rend pas compte qu'il en a de plus graves. **2·** Élément de construction allongé (en métal, en béton armé, etc.). ▶ **poutrelle** n. f. **1·** Petite poutre. **2·** Barre de fer allongée au profil en I, entrant dans la construction d'une charpente métallique.

poutser ou **poutzer** [putse] v. tr. <conjug. 1> En Suisse. Nettoyer.

① **pouvoir** [puvwaʀ] v. auxiliaire et tr. <conjug. 33> REM. Le p. p. *pu* est invariable. **I·** (Devant un infinitif) **1·** Avoir la possibilité de (faire qqch.). *Puis-je (est-ce que je peux) vous être utile ? Il ne peut pas parler. Je ne pourrai plus le faire. Qui peut savoir ? Dire qu'il a pu faire une chose pareille !, qu'il a pu le faire ! Si vous pouvez ; dès que vous pourrez. Comme ils peuvent.* – Loc. adv. et adj. *On ne peut mieux,* le mieux possible. *On ne peut plus* [ply], le plus possible. *Il est on ne peut plus serviable.* – (Suj. chose) *Qu'est-ce que ça pourra bien lui faire ?* **2·** Avoir le droit, la permission de (faire qqch.). *Les élèves peuvent sortir. On ne peut quand même pas l'abandonner.* – Avoir raisonnablement la possibilité de. *On peut tout supposer. Si l'on peut dire* (pour atténuer ce qu'on vient de dire). **3·** (En parlant de ce qui risque de se produire) *Les malheurs qui peuvent nous arriver.* **4·** Littér. Au subjonctif. *Puisse :* exprime un souhait. *Puisse le ciel nous être favorable ! Puissiez-vous venir demain !,* si seulement vous... **5·** Impers. *Il peut, il pourra.* → **peut-être.** *Il peut y avoir, il ne peut pas y avoir la guerre,* c'est possible, à la rigueur. – (Plus dubitatif) *Il peut ne pas y avoir la guerre.* – *Il peut arriver,* se faire que... – Loc. *Autant que faire se peut,* autant que cela est possible. *Il, cela se peut,* c'est possible. *Il se peut que* (+ subjonctif). *Il se peut qu'il pleuve. Cela ne se peut pas,* c'est impossible. Fam. *Ça se peut ; je ne dis pas le contraire. Ça se pourrait bien.* **II·** V. tr. **1·** (Le pronom neutre *le* remplaçant l'infinitif complément) *Résistez, si vous le pouvez,* si vous pouvez résister. *Dès qu'il le put.* **2·** Être capable, être en mesure de faire (qqch.). *Je fais ce que je peux, j'ai fait ce que j'ai pu. Qu'y puis-je ? On n'y peut rien.* – Prov. *Qui peut le plus peut le moins.* – *Pouvoir* (qqch.) *sur...,* avoir de l'autorité sur. **3·** Loc. *N'en pouvoir plus,* être dans un état d'extrême fatigue, de souffrance ou de nervosité. *Je n'en peux plus, je m'en vais.* – Littér. *N'en pouvoir mais,* n'y pouvoir rien. ▶ ② **pouvoir** n. m. **1·** Le fait de pouvoir (I, 1 et 2), de disposer de moyens qui permettent une action. → **faculté, possibilité.** / contr. impossibilité / *Si j'avais le pouvoir de connaître l'avenir !* → **don.** *Cet élève possède un grand pouvoir de concentration.*

– *Pouvoir d'achat* : valeur réelle (surtout d'un salaire) mesurée par ce qu'il est possible d'acheter avec. – *Cela n'est pas en mon pouvoir. Cela dépasse son pouvoir,* ses possibilités. – Au plur. *Des pouvoirs extraordinaires.* **2·** Capacité légale (de faire une chose). → **droit ; mandat, mission.** *Avoir plein pouvoir, donner plein pouvoir* (ou *pleins pouvoirs*). → **carte** blanche. *Fondé de pouvoir* (d'une société). → **fondé de pouvoir.** – Procuration. *Avoir un pouvoir par-devant notaire. Vérification des pouvoirs avant un vote.* **3·** (Avec un adj.) Propriété physique d'une substance placée dans des conditions déterminées. *Pouvoir calorifique d'une tonne de pétrole,* quantité de chaleur produite par sa combustion complète. **4·** Possibilité d'agir sur qqn, qqch. → **autorité, puissance.** *Le pouvoir moral qu'il a sur nous.* → **ascendant.** *Un pouvoir irrésistible.* – (Avec *en, à*) *Vous êtes en notre pouvoir. Être, tomber au pouvoir de qqn,* sous sa domination. **5·** Situation de la personne, de ceux qui dirigent ; puissance politique. *Le pouvoir suprême, souverain.* → **souveraineté.** *Pouvoir supérieur.* → **hégémonie.** *Pouvoir absolu.* → **toute-puissance.** *Prendre, avoir, détenir, perdre le pouvoir. Être, se maintenir au pouvoir.* – *Pouvoir législatif,* chargé d'élaborer la loi. *Pouvoir exécutif,* chargé du gouvernement et de l'administration. *Pouvoir judiciaire,* chargé de la fonction de juger. → **justice.** *Division, séparation des pouvoirs* (en régime démocratique). – Loc. *Le quatrième pouvoir,* la presse, les médias. **6·** Organes, hommes qui exercent le pouvoir. Au plur. *Les pouvoirs publics,* les autorités pouvant imposer des règles aux citoyens. Absolt. *L'opinion et le pouvoir.* ▷ **contre-pouvoir, fondé de pouvoir, peut-être, puissant, sauve-qui-peut**

pouzzolane [pudzolan] n. f. Roche volcanique légère et poreuse ou substance analogue, isolant ou composant de bétons légers.

P. P. C. M. [pepeseɛm] n. m. invar. Abréviation de *plus petit commun multiple.*

practice [pʀaktis] n. m. Anglic. Au golf. Terrain d'entraînement.

præsidium [pʀezidjɔm] n. m. En histoire. Organisme directeur du Conseil suprême des Soviets (ou Soviet suprême), en U. R. S. S.

pragmatique [pʀagmatik] adj. Qui est adapté à l'action concrète, qui concerne la pratique. → **pratique.** ▶ **pragmatisme** n. m. **1·** En philosophie. Doctrine selon laquelle n'est vrai que ce qui fonctionne réellement. **2·** Attitude d'une personne qui ne se soucie que d'efficacité. → **réalisme.** ▶ **pragmatiste** adj. et n.

praire [pʀɛʀ] n. f. Mollusque comestible, coquillage arrondi, voisin des palourdes.

prairie [pʀeʀi] n. f. **1·** Terrain couvert d'herbe qui fournit du fourrage au bétail. → ② **pré ; herbage, pâturage. 2·** En géographie. Région, type de paysage caractérisé par l'étendue des herbages. → **pampa, steppe.** – Absolt. *La prairie* (partie plate de l'ouest des États-Unis, du Canada). ▶ **prairial** [pʀɛʀjal] n. m. Neuvième mois du calendrier révolutionnaire (du 20 mai au 18 juin).

praline [pʀalin] n. f. **1·** Bonbon fait d'une amande rissolée dans du sucre bouillant. **2·** En Belgique. Bonbon au chocolat. **3·** Fam. Balle d'arme à feu. ▶ **praliné, ée** adj. Rissolé dans du sucre. *Amandes pralinées.* – Mélangé de pralines. *Du chocolat praliné.* – Parfumé à la praline. *Une glace pralinée.*

① **praticable** [pʀatikabl] adj. **1·** Où l'on peut passer sans danger, sans difficulté. *Un chemin praticable pour les voitures.* → **carrossable.** / contr. impraticable / **2·** Que l'on peut mettre à exécution. → **possible, réalisable.** *Un plan difficilement praticable.* ▷ **impraticable**

② **praticable** n. m. **1·** Décor où l'on peut se mouvoir, au théâtre. – Plate-forme supportant des projecteurs, des caméras et le personnel qui s'en occupe (cinéma, télévision). **2·** En sport. Terrain ou espace où se pratiquent l'entraînement et certaines épreuves. *Praticable de gymnastique au sol.*

praticien, ienne [pʀatisjɛ̃, jɛn] n. **1·** Personne qui connaît la pratique d'un art, d'une technique. *Les théoriciens et les praticiens.* **2·** Rare au fém. Médecin qui exerce, qui soigne les malades (opposé à *chercheur, théoricien*). *Praticien généraliste* ou *omnipraticien.* – Personne qui donne des soins médicaux. *La sage-femme est une praticienne.* ≠ patricien.

pratiquant, ante [pʀatikɑ̃, ɑ̃t] adj. et n. Qui observe exactement les pratiques (d'une religion). *Il est croyant mais peu pratiquant.* – N. *Un pratiquant, une pratiquante.*

① **pratique** [pʀatik] n. f. **1·** Activités volontaires visant des résultats concrets. / contr. théorie / *Après dix ans de pratique sur le terrain... Dans la pratique,* dans la vie, en réalité. **2·** Manière concrète d'exercer une activité. / contr. principe, règle / *La pratique d'un sport, d'une langue, d'un art, d'une technique. Je n'en ai pas la pratique. Il a été condamné pour pratique illégale de la médecine.* → **exercice.** – ***En pratique*** : en fait, dans l'exécution. *Des décisions qu'il faut mettre en pratique,* exécuter, réaliser, concrétiser. **3·** Littér. Le fait de suivre une règle d'action (sur le plan moral ou social). *La pratique religieuse.* – *Les pratiques,* les exercices extérieurs de la piété. **4·** *(Une, des pratiques)* Manière habituelle d'agir (propre à une personne, un groupe). *Le travail avec des ordinateurs est devenu une pratique courante.* → **mode, usage.** **5·** Vx. Clientèle. ▷ **praticien**

[2] **pratique** adj. **1·** Épithète seulement. Qui s'applique aux réalités, aux situations concrètes, aux intérêts matériels. *Ce garçon n'a aucun sens pratique.* – (Personnes) Qui a le sens pratique. *Une femme pratique.* → **pragmatique, réaliste.** **2·** Épithète ou attribut. Qui concerne l'action. / contr. théorique ; spéculatif, utopique / *La connaissance pratique d'une langue. Sa réflexion est plus pratique que théorique. Exercices, travaux pratiques* (abrév. *T. P.*), les exercices d'application dans l'enseignement d'une matière. **3·** Qui concerne la réalité matérielle, banale, utilitaire. *La vie pratique,* quotidienne. *Des considérations pratiques.* **4·** (Choses, actions) Ingénieux et efficace, bien adapté à son but. *Un outil pratique. C'est, ce n'est pas pratique. Approchez-vous, ce sera plus pratique.* → **commode.** ▶ **pratiquement** adv. **1·** Dans la pratique. / contr. théoriquement / **2·** En fait. **3·** Quasiment, pour ainsi dire. *Il est pratiquement guéri.*

pratiquer [pʀatike] v. tr. < conjug. 1 > **1·** Mettre en application (une prescription, une règle). → **observer.** *Pratiquer le pardon des injures.* – Sans compl. Observer les pratiques religieuses. → **pratiquant.** *Il ne pratiquait plus.* **2·** Mettre en action, appliquer (une théorie, une méthode). – Exercer (un métier, une activité, un sport...). **3·** Employer (un moyen, un procédé) d'une manière habituelle. *Il pratique le chantage, le bluff.* – Pronominalement (passif). *Comme cela se pratique en général.* **4·** Exécuter (une opération manuelle) selon les règles prescrites. → **opérer.** *Pratiquer une opération chirurgicale.* **5·** Ménager (une ouverture, un abri, etc.). – Au p. p. *De nombreuses fenêtres étaient pratiquées dans les murs.* **6·** Vx. Fréquenter. – Littér. *C'est un auteur, un ouvrage que je pratique,* que je consulte, que j'utilise volontiers. ▷ [1] **praticable, pratiquant,** [1] **pratique**

pré [pʀe] n. m. **1·** Terrain produisant de l'herbe qui sert à la nourriture du bétail. → **prairie.** *Acheter, vendre un pré. Mener les vaches au pré.* → **pâturage.** – Étendue d'herbe à la campagne. *À travers les prés et les champs.* **2·** Vx. *Sur le pré,* sur le terrain (du duel).

pré- Élément signifiant « devant, en avant » et marquant l'antériorité (ex. : *préavis, préhistoire, prénom*). / contr. post- /

préalable [pʀealabl] adj. et n. m. **1·** Qui a lieu, se fait ou se dit avant autre chose, dans une suite de faits liés entre eux. → **préliminaire.** *Cette décision demande une réflexion préalable.* – ***Préalable à**... L'enquête préalable à une opération publicitaire.* **2·** Qui doit précéder (qqch.). *Question préalable.* **3·** N. m. Condition ou ensemble de conditions auxquelles est subordonnée l'ouverture de négociations. *Être prêt à discuter sans préalable.* **4·** ***Au préalable*** loc. adv. → d'**abord, auparavant.** *Il faudrait l'en avertir au préalable.* ▶ **préalablement** adv. Au préalable. *Vous ne ferez rien sans m'avoir préalablement averti.*

préambule [pʀeɑ̃byl] n. m. **1·** Introduction, exposé des motifs et des buts (d'une constitution, d'un traité, d'une loi). – Exposé d'intentions par quoi commence un discours, un écrit. / contr. conclusion, péroraison / *Un interminable préambule.* **2·** Paroles, démarches qui ne sont qu'une entrée en matière. *Assez de préambules ! Il m'a demandé sans préambule ce que je venais faire ici.*

préau [pʀeo] n. m. Partie couverte d'une cour d'école. *Un préau où l'on faisait de la gymnastique. Des préaux.*

préavis [pʀeavi] n. m. invar. Avertissement préalable que la loi impose de donner dans un délai et des conditions déterminés. *Préavis de congé, de licenciement. Le syndicat a déposé un préavis de grève.*

prébende [pʀebɑ̃d] n. f. Revenu fixe qui était accordé à un ecclésiastique. – Revenu facilement acquis.

précaire [pʀekɛʀ] adj. **1·** Dont l'avenir, la durée, la stabilité ne sont pas assurés. → **éphémère, incertain.** *Nous jouissons d'un bonheur précaire. Sa santé est précaire.* → **fragile.** / contr. solide / *Être dans une situation précaire. Emploi, travail précaire,* sans garantie de durée (intérimaires, vacataires) ou présentant un risque important de mise en chômage. **2·** Révocable selon la loi. *Possession précaire, à titre précaire.* ▶ **précariser** v. tr. < conjug. 1 > Rendre précaire, peu durable, peu stable. ▶ **précarisation** n. f. *La précarisation de l'emploi.* ▶ **précarité** n. f. Caractère ou état de ce qui est précaire. → **fragilité, instabilité.**

précambrien [pʀekɑ̃bʀijɛ̃] adj. Géologie. Se dit des terrains les plus anciens, sans fossiles (avant l'ère primaire).

précaution [pʀekosjɔ̃] n. f. **1·** Disposition prise pour éviter un mal ou en atténuer l'effet. → **garantie.** *Prendre des précautions, ses précautions. Avec de grandes précautions. Par précaution contre un accident possible.* **2·** *Agir avec précaution,* prudemment. *Sans précaution,* de façon brutale ou dangereuse. *Il s'exprime sans aucune précaution.* → **circonspection, ménagement.** ▶ se **précautionner** v. pron. < conjug. 1 > Littér. *Se précautionner contre,* prendre ses précautions. → s'**assurer,** se **prémunir.** ▶ **pré-**

cautionneux, euse adj. Qui a l'habitude de prendre des précautions. → **prudent, soigneux ; tatillon.** ▶ **précautionneusement** adv. Avec précaution.

précéder [presede] v. tr. < conjug. 6 > **I·** (Choses) **1·** Exister, se produire avant, dans le temps. / contr. suivre / *Dans la semaine précédant mon arrivée, qui a précédé mon arrivée.* **2·** Être avant, selon l'ordre logique, la place occupée. *L'avant-propos qui précède cet ouvrage.* – Sans compl. *Dans tout ce qui précède.* **3·** Être connu ou perçu avant. *Sa mauvaise réputation l'avait précédé* (→ **antécédent**). – Au p. p. *La voiture arrivait, précédée d'un bruit de ferraille.* **II·** (Personnes) **1·** Exister avant. *Ceux qui nous ont précédés.* → **prédécesseur.** **2·** Être, marcher devant (qqn, qqch.). *Je vais vous précéder pour vous montrer le chemin.* **3·** Arriver à un endroit avant (qqn, qqch.). *Il ne m'a précédé que de cinq minutes.* **4·** Abstrait. Devancer (qqn). *Il l'a précédé dans cette voie.* → **précurseur.** ▶ **précédent, ente** adj. et n. m. REM. Ne pas confondre avec le part. prés. *précédant.* **I·** Adj. Qui précède, s'est produit antérieurement, qui vient avant. / contr. suivant / *Le présent ouvrage s'oppose au précédent.* → **antérieur.** *Le jour précédent*, la veille. *Relisez cette page et la précédente.* **II·** N. m. **1·** Fait antérieur qui permet de comprendre un fait analogue ; décision, manière d'agir dont on peut s'autoriser ensuite dans un cas semblable. *Cette décision va créer un précédent.* → **jurisprudence.** *C'est un précédent dangereux.* **2·** *Sans précédent* : inouï, jamais vu. *C'est un événement sans précédent.* ▶ **précédemment** [presedamɑ̃] adv. Antérieurement, auparavant. *Comme nous l'avons dit précédemment.*

précepte [presɛpt] n. m. **1·** Formule qui exprime un enseignement, une règle (art, science, morale, religion). → **commandement, leçon, principe.** *Les préceptes de la morale, de l'Évangile. Il suit les préceptes de son maître.* **2·** Recommandation pratique. *Les préceptes de la bonne cuisine.*

précepteur, trice [presɛptœr, tris] n. Personne chargée de l'éducation, de l'instruction d'un enfant (de famille noble, riche...) qui ne fréquente pas un établissement scolaire. *Le précepteur d'un jeune prince.*

précession [presesjɔ̃] n. f. *Précession des équinoxes* : avance du moment de l'équinoxe, due à la rotation de la ligne des équinoxes.

préchauffer [preʃofe] v. tr. < conjug. 1 > Procéder au chauffage préliminaire de (un produit, un appareil) pour l'amener à la température désirée. *Préchauffez le four pendant dix minutes.*

prêcher [preʃe] v. < conjug. 1 > **I·** V. tr. **1·** Enseigner (la révélation religieuse). *Prêcher l'Évangile.* – *Prêcher le carême*, prononcer une série de sermons à l'occasion du carême. **2·** Conseiller, vanter (qqch.) par des paroles, des écrits. → **préconiser, prôner.** *Prêcher la haine. Ils prêchaient l'union des travailleurs.* **II·** V. intr. Prononcer un sermon ou une série de sermons. *Le curé a bien prêché* (→ **prédicateur**). **III·** V. tr. *Prêcher qqn* : lui enseigner la parole de Dieu. → **évangéliser.** *Prêcher les infidèles.* – Fam. Essayer de convaincre, faire la morale à (qqn). → **sermonner.** ▶ **prêche** n. m. **1·** Discours religieux prononcé par un pasteur protestant. – Sermon. **2·** Fam. Discours moralisateur et ennuyeux. ▶ **prêcheur, euse** n. et adj. **1·** *Les Frères prêcheurs*, les dominicains. **2·** Péj. Personne qui aime à faire la morale aux autres. *Une vieille prêcheuse.* ▶ **prêchi-prêcha** [preʃipreʃa] n. m. invar. Fam. Radotage d'un sermonneur. *Il nous ennuie avec ses prêchi-prêcha !*

① **précieux, euse** [presjø, øz] adj. **1·** (Après le nom) De grand prix, d'une grande valeur. *Des bijoux précieux.* – *Le métal précieux*, l'or. **2·** Auquel on attache une grande valeur (pour des raisons sentimentales, intellectuelles, morales). *Les droits les plus précieux de l'homme.* – Particulièrement cher ou utile (à qqn). *Mes amis sont ce que j'ai de plus précieux. Perdre un temps précieux. Un précieux collaborateur.* ▶ **précieusement** adv. Avec le plus grand soin, comme pour un objet précieux. *Conserver précieusement une lettre.*

② **précieux, euse** n. f. et adj. **I·** N. f. *Les précieuses*, femmes qui, au XVIIe s. en France, adoptèrent une attitude nouvelle et raffinée envers les sentiments, et un langage recherché. **II·** Adj. Relatif aux précieuses et à leur idéal. *La littérature précieuse.* ▶ **préciosité** n. f. **1·** Ensemble des traits qui caractérisent les précieuses et le mouvement précieux du XVIIe s., en France. – Caractères esthétiques, moraux de mouvements analogues. **2·** Caractère affecté, recherché du langage, du style. → **affectation.** / contr. simplicité /

précipice [presipis] n. m. Vallée ou anfractuosité du sol très profonde, aux flancs abrupts. → **abîme, à-pic, gouffre.** *Une route en corniche au bord d'un précipice.*

① **précipité, ée** [presipite] adj. **1·** Très rapide dans son allure, son rythme (→ ① **précipiter**, II). *Il s'éloigna à pas précipités.* / contr. lent / **2·** Qui a un caractère de précipitation. *Tout cela est bien précipité.* → **hâtif.** ▶ ① **précipitation** n. f. **1·** Grande hâte, hâte excessive. *Il faut décider sans précipitation. Ne confondez pas vitesse et précipitation.* **2·** Caractère hâtif et improvisé. *Dans la précipitation du départ, il a oublié son passeport.*

▶ **précipitamment** adv. En grande hâte ; avec précipitation. *Il est parti précipitamment.* → **brusquement.** / contr. lentement /

② **précipité** n. m. Dépôt obtenu par précipitation et décantation d'un sel en suspension dans un liquide. → ② **précipiter.** ▶ ② **précipitation** n. f. **1·** Phénomène à la suite duquel un précipité se forme dans une solution saturée sous l'effet d'un réactif. **2·** *Précipitations atmosphériques,* chute de pluie, de neige, de grêle ; bruine.

① **précipiter** [pʀesipite] v. tr. < conjug. 1 > **I· 1·** Littér. Jeter ou faire tomber d'un lieu élevé dans un lieu bas ou profond. *Il fut précipité dans le vide.* – Fig. Faire tomber d'une situation élevée ou avantageuse ; entraîner la décadence de... **2·** Pousser, entraîner avec violence. *Ils ont été précipités contre la paroi.* **3·** Faire aller plus vite. → **accélérer, hâter.** *Précipiter ses pas, sa marche.* / contr. ralentir / *Précipiter son départ.* → **avancer, brusquer.** / contr. différer, retarder / *Ne précipitez pas le mouvement, les choses. Il ne faut rien précipiter,* il faut avoir de la patience. **II·** ***Se précipiter*** v. pron. **1·** (Personnes ou choses) Se jeter de haut dans un lieu bas ou profond. → **tomber.** *Le torrent se précipite du haut de la falaise.* **2·** (Personnes) S'élancer brusquement, impétueusement. → **foncer, se lancer, se ruer.** *Elle se leva et se précipita au-devant de sa mère.* → **accourir, courir.** – Sans compl. → **se dépêcher, se hâter.** *Inutile de se précipiter !* **3·** (Choses) Prendre un rythme accéléré. *Les battements du cœur se précipitaient.* ▷ ① **précipité**

② **précipiter** v. < conjug. 1 > **I·** V. tr. Faire tomber, faire se déposer (un corps en solution dans son liquide). **II·** V. intr. Tomber dans son solvant, par précipitation ②. ▷ ② **précipité**

① **précis, ise** [pʀesi, iz] adj. **1·** Qui ne laisse place à aucune indécision dans l'esprit. → **clair.** / contr. imprécis / *Des idées, des indications précises. Renseignez-moi de façon précise. « Que ferez-vous demain ? – Rien de précis. » Sans raison précise.* → **particulier.** *Des faits précis.* **2·** Perçu nettement. *Des contours précis.* – Déterminé avec exactitude. *Un point précis sur la carte.* **3·** Qui est exécuté ou qui opère d'une façon sûre. *Un geste précis. Un homme précis,* qui agit avec précision. **4·** (Grandeurs, mesures) Qui, à la limite, est exact ; qui est exactement calculé. → **exact.** *À quatre heures et demie précises.* → **juste** ; fam. **pile, sonnant, tapant.** ▶ **précisément** adv. **1·** D'une façon précise. *Répondre précisément.* – (Pour corriger une erreur) *Les blessés, les malades plus précisément,* plus exactement, plutôt. **2·** Ellipt. (Dans une réponse) Oui, c'est cela même. *« C'est lui qui vous en a parlé ? – Précisément. »* – (En loc. négative) *Ma vie n'est pas précisément distrayante,* n'est guère, n'est pas distrayante. **3·** (Sens affaibli) S'emploie pour souligner une concordance entre deux séries de faits ou d'idées distinctes. → **justement.** *C'est précisément pour cela que je viens vous voir.* ▶ ② **précis** n. m. invar. **1·** Exposé précis et succinct. → **abrégé.** *Composer un précis des événements,* un bref historique. **2·** Petit manuel. *Acheter un précis de géographie générale.* ▶ **préciser** v. tr. < conjug. 1 > **1·** Exprimer, présenter de façon précise, plus précise. *Précisez votre idée. Il précisa certains points.* → **établir.** – Sans compl. *Précisez !* – Dire de façon plus précise pour clarifier. → **souligner.** *Le témoin de l'accident a précisé qu'il n'avait pas tout vu.* **2·** Pronominalement (réfl.). Devenir plus précis, plus net. *Le danger se précise.* ▶ **précision** n. f. **I· 1·** Caractère, netteté de ce qui est précis. → **clarté.** / contr. imprécision ; confusion / *Des renseignements d'une grande précision. Il revoyait toute la scène avec précision.* **2·** Façon précise d'agir, d'opérer. → **sûreté.** *Une précision mathématique. La précision d'un tir.* → **justesse. 3·** Qualité de ce qui est calculé, mesuré d'une manière précise. → **exactitude.** *La précision d'un calcul. Une balance de précision.* **II·** Au plur. Détails, faits précis, explications précises permettant une information sûre. *Demander des précisions sur tel ou tel point.* ▷ **imprécis**

précoce [pʀekɔs] adj. **1·** (Végétaux) Qui est mûr avant le temps normal ; qui produit des fruits, des fleurs, avant la pleine saison. *Un pêcher précoce.* – (Animaux) Dont la croissance est très rapide. *Races précoces.* **2·** Qui survient, se développe plus tôt que d'habitude. / contr. tardif / *Un hiver précoce. Des rides précoces. Sénilité précoce.* **3·** Qui se produit, se fait plus tôt qu'il n'est d'usage. *Un mariage précoce.* **4·** (Personnes) Dont le développement est très rapide. *Un enfant très précoce.* → **avancé.** / contr. arriéré, attardé / ▶ **précocement** adv. Littér. D'une manière précoce, de bonne heure. / contr. tardivement / ▶ **précocité** n. f. Caractère de ce qui est précoce.

précolombien, ienne [pʀekɔlɔ̃bjɛ̃, jɛn] adj. Relatif à l'Amérique, à son histoire, aux civilisations amérindiennes avant la venue de Christophe Colomb. *Arts précolombiens* (surtout Amérique centrale et du Sud). → **aztèque, inca, maya.**

préconçu, ue [pʀekɔ̃sy] adj. Péj. (Opinion, idée, jugement...) Formé avant toute expérience, sans jugement critique. → **préjugé.** *Il a trop d'idées préconçues.*

préconiser [pʀekɔnize] v. tr. < conjug. 1 > Recommander vivement (une méthode, un remède, etc.). → **prôner.** *Il préconise l'abandon, d'abandonner, qu'on abandonne.*

précontraint, ainte [prekɔ̃tʀɛ̃, ɛ̃t] adj. *Béton précontraint :* soumis à la pression permanente d'une âme d'acier fortement tendue (pour en augmenter la souplesse, la résistance).

précurseur [prekyʀsœʀ] n. et adj. m. **1·** Personne dont la doctrine, les œuvres ont frayé la voie à un grand homme, à un mouvement. *Les précurseurs de Freud, d'Einstein. Les précurseurs de la science moderne.* → **pionnier.** – Au Canada, le fém. est *précurseure.* **2·** Adj. m. Annonciateur. → **avant-coureur.** *Les signes précurseurs de l'orage.*

prédateur [pʀedatœʀ] n. m. (Animaux) Qui se nourrit de proies. *La belette, la fouine, les rapaces sont des prédateurs.*

prédécesseur [pʀedesesœʀ] n. **1·** Personne qui a précédé (qqn) dans une fonction, une charge. / contr. successeur / – Au Canada, le fém. est *prédécesseure.* **2·** Au plur. Ceux qui ont vécu avant nous. → **ancêtres.**

prédestiner [pʀedɛstine] v. tr. < conjug. 1 > **1·** (Suj. Dieu) Fixer à l'avance le salut ou la perte de (Sa créature). **2·** (Sens affaibli ; suj. chose) Vouer à un destin, à une activité particulière. *Rien ne le prédestinait à devenir médecin.* → **prédéterminer.** ▶ **prédestiné, ée** adj. **1·** Qui est soumis à la prédestination divine. **2·** *Prédestiné à... :* voué à (un destin particulier). *Il était prédestiné à devenir artiste.* – *Un nom prédestiné,* qui semble indiquer à l'avance un destin accompli. – Absolt. Voué à un destin exceptionnel. *Le poète romantique se considère comme prédestiné.* ▶ **prédestination** n. f. **1·** Doctrine religieuse selon laquelle Dieu destine certaines créatures au salut par la seule force de sa grâce et voue les autres (quoi qu'ils fassent) à la damnation. **2·** Littér. Détermination préalable d'événements ayant un caractère de fatalité.

prédéterminer [pʀedetɛʀmine] v. tr. < conjug. 1 > Didact. (Cause, raison) Déterminer d'avance (une décision, un acte). ▶ **prédétermination** n. f.

prédicat [pʀedika] n. m. Didact. Ce qui, dans un énoncé, est affirmé à propos d'un autre terme (thème). Ex. : *Le cheval* (thème) *galope* (prédicat). *Le prédicat correspond en général au verbe.*

prédicateur, trice [pʀedikatœʀ, tʀis] n. Personne qui prêche. → **prêcheur.** *Le prédicateur monte en chaire. Une prédicatrice inspirée.* ▶ **prédication** n. f. **1·** Action de prêcher. **2·** Littér. Sermon.

prédiction [pʀediksjɔ̃] n. f. **1·** Action de prédire ; paroles par lesquelles on prédit. *Faire des prédictions.* → **prophétie.** **2·** Ce qui est prédit. *Vos prédictions se sont réalisées.*

prédilection [pʀedilɛksjɔ̃] n. f. Préférence marquée (pour qqn, qqch.). / contr. aversion / *La prédilection d'une mère pour un de ses enfants.* – *De prédilection :* préféré. *C'est mon sport de prédilection.*

prédire [pʀediʀ] v. tr. < conjug. 37, sauf 2e pers. du plur. du présent de l'indicatif et de l'impératif : *prédisez.* > **1·** Annoncer (un événement) comme devant se produire, sans preuves ni indices rationnels. *Elle se flattait de prédire l'avenir. La voyante m'a prédit que je me marierais à trente-deux ans.* **2·** Annoncer (une chose probable) comme devant se produire, en se fondant sur le raisonnement, l'intuition, etc. *On lui prédisait le plus brillant avenir. Je vous l'avais prédit !,* je l'avais prévu. ▷ **prédiction**

prédisposer [pʀedispoze] v. tr. < conjug. 1 > Disposer d'avance (qqn à qqch.), mettre dans une disposition favorable. → **incliner.** *L'attitude de l'accusé ne prédisposait pas le tribunal à l'indulgence.* – Au p. p. adj. *Prédisposé à la paresse.* → **enclin.** ▶ **prédisposition** n. f. Tendance, état d'une personne, prédisposée (à qqch.). → **penchant.**

prédominer [pʀedɔmine] v. intr. < conjug. 1 > (Choses) Être le plus important, avoir le plus d'action. → **l'emporter, prévaloir.** *Ce qui prédomine en lui, c'est l'imagination.* ▶ **prédominance** n. f. Caractère prédominant. *La prédominance d'un groupe social.* → **prépondérance.** ▶ **prédominant, ante** adj. Qui prédomine. → **principal.** *La théorie prédominante, de nos jours...*

prééminence [pʀeeminɑ̃s] n. f. Supériorité absolue de ce qui est au premier rang. → **primauté ; suprématie.** / contr. infériorité / *Donner la prééminence à qqch.,* placer au-dessus. ≠ proéminence. ▶ **prééminent, ente** adj. Littér. Qui a la prééminence. → **supérieur.** ≠ proéminent.

préemption [pʀeɑ̃psjɔ̃] n. f. En droit. Action d'acheter avant un autre. *Le locataire bénéficie d'un droit de préemption sur le logement mis en vente.* ≠ péremption.

préétabli, ie [pʀeetabli] adj. Établi à l'avance, une fois pour toutes. *Réaliser un plan préétabli.*

préexister [pʀeɛgziste] v. intr. < conjug. 1 > Exister antérieurement (à qqch.). ▶ **préexistant, ante** adj. Qui préexiste (à qqch.).

préfabriqué, ée [pʀefabʀike] adj. **1·** Se dit d'éléments de construction fabriqués en série et assemblés ultérieurement sur place. – *Maison préfabriquée,* construite avec des éléments préfabriqués. / contr. en dur / – N. m. *C'est du préfabriqué.* **2**· Péj. Composé à l'avance, peu naturel. *Une décision préfabriquée.* → **artificiel, factice.**

préface [pʀefas] n. f. Texte placé en tête d'un livre et qui sert à le présenter au lecteur. → **avant-propos, avertissement, introduction.** / contr. postface / *Préface de l'auteur à une nouvelle édition. Préface de la nouvelle édition par l'auteur.* ▶ **préfacer** v. tr. < conjug. 3 > Présenter par une préface. *Écrivain qui préface le roman d'un jeune auteur.* ▶ **préfacier, ière** n. Auteur d'une préface (distinct de l'auteur du livre).

préfecture [pʀefɛktyʀ] n. f. En France. **1**· Charge de préfet. – Ensemble des services du préfet ; local où ils sont installés. *Manifestation devant la préfecture.* **2**· Ville où siège cette administration. *Liste des préfectures et sous-préfectures.* → **chef-lieu.** – Circonscription administrée par le préfet (→ **département**). **3**· *Préfecture de police* : à Paris, services de direction de la police. ▶ **préfectoral, ale, aux** adj. Relatif au préfet, à l'administration par les préfets (en France). *Un arrêté préfectoral.* ▷ **sous-préfecture**

préférer [pʀefeʀe] v. tr. < conjug. 6 > Considérer comme meilleure, supérieure, plus importante (une chose, une personne parmi plusieurs) ; se déterminer en sa faveur. → **aimer** mieux. *Préférer une personne, une chose à une autre. Si tu préfères, si vous préférez,* si vous aimez mieux. – *Préférer* (+ infinitif). *Préférer faire qqch.,* aimer mieux. *Je préfère me taire ! Faites comme vous préférez,* comme vous voudrez. *Il préférait souffrir que d'être seul.* – *Se préférer* v. pron. réfl. *Je me préfère avec les cheveux longs.* ▶ **préférable** adj. Qui mérite d'être préféré, choisi. → **meilleur.** *Cette solution me paraît préférable, bien préférable à la première. Partez maintenant, c'est préférable.* → **mieux.** – Impers. *Il est préférable que...* (+ subjonctif), *de* (+ infinitif), il vaut mieux. *Il est préférable qu'il n'ait rien su. Il est préférable de rester.* ▶ **préféré, ée** adj. et n. **1**· Le plus aimé, jugé le meilleur (par qqn). *C'est son film préféré.* **2**· N. Personne qui est préférée, mieux aimée. → **favori.** *Cet élève est son préféré.* → **chouchou.** ▶ **préférence** n. f. **1**· Jugement ou sentiment par lequel on place une personne, une chose au-dessus des autres. *Les préférences de chacun. Il a une préférence nette, marquée pour son fils cadet.* → **prédilection.** – *Je n'ai pas de préférence,* cela m'est égal. – *Accorder, donner la préférence à,* donner l'avantage dans une comparaison, un choix. → **préférer.** – *Par ordre de préférence,* en classant chaque chose selon ses préférences. – *De préférence* loc. adv. : → **plutôt.** *Je sors le matin, de préférence.* – *De préférence à, par préférence à qqch.* loc. prép. → **plutôt** que. **2**· Le fait d'être préféré. *Avoir, obtenir la préférence sur qqn.* → l'**emporter.** ▶ **préférentiel, ielle** [pʀefeʀɑ̃sjɛl] adj. **1**· Qui établit une préférence. *Tarif préférentiel.* → de **faveur ; privilège.** **2**· *Vote préférentiel,* qui permet à l'électeur de changer l'ordre des candidats sur une liste. ▶ **préférentiellement** adv. (Construit avec *à*) → de **préférence.**

préfet [pʀefɛ] n. m. **1**· En France. Fonctionnaire représentant le pouvoir exécutif central à la tête d'un département (→ **préfecture**). *Le préfet et les sous-préfets. Madame le préfet.* – *Préfet de région,* le préfet du département dans lequel se trouve le chef-lieu de région. – *Préfet de police,* placé à la tête de la Préfecture de police (à Paris). **2**· Prêtre chargé de la discipline dans certains collèges religieux. *Préfet des études.* ▶ **préfète** n. f. Femme d'un préfet. *Madame la préfète.* – Femme préfet. ▷ **préfecture, sous-préfet**

préfigurer [pʀefigyʀe] v. tr. < conjug. 1 > Littér. Présenter par avance tous les caractères de (une chose à venir). *Ces troubles préfiguraient les journées révolutionnaires.* ▶ **préfiguration** n. f. Littér. Ce qui préfigure qqch.

préfixe [pʀefiks] n. m. Élément de formation (affixe) placé devant un radical (opposé à *suffixe*). *Le préfixe de « préhistoire » est « pré- » qui signifie « avant ». Plusieurs préfixes peuvent se succéder* (ex. : *in-*, *sur-*, dans *insurmontable*). *Certains préfixes sont reliés au radical par un trait d'union* (ex. : *sous-*). ▶ **préfixer** v. tr. < conjug. 1 > Joindre (un élément) comme préfixe ; composer avec un préfixe. ▶ **préfixation** n. f. Formation d'un mot grâce à un préfixe. *La préfixation de « lire » avec « re- » donne « relire ».*

prégnant, ante [pʀeɲɑ̃, ɑ̃t] adj. Qui s'impose à l'esprit, à la perception. *Forme, couleur prégnante.*

préhension [pʀeɑ̃sjɔ̃] n. f. Didact. Faculté de saisir avec un organe approprié. ▶ **préhenseur** adj. m. Didact. Qui sert à prendre, à saisir. *Organe préhenseur.* ▶ **préhensile** adj. Didact. Qui peut servir à prendre, saisir (alors que la fonction première n'est pas la préhension). *La trompe de l'éléphant est préhensile.*

préhistoire [pʀeistwaʀ] n. f. **1**· Ensemble des événements concernant l'humanité avant l'apparition de l'écriture ; étude de ces événements. → **protohistoire.** **2**· Première période de développement (d'une technique). *La préhistoire de l'aviation, du cinéma.* → **balbutiement.** ▶ **préhistorien, ienne** n. Spécialiste de la préhistoire. ▶ **préhistorique** adj. **1**· Qui appartient à la préhistoire. *Les temps préhistoriques.* → **néolithique,**

paléolithique. – De la préhistoire. *Animaux préhistoriques.* **2·** Très ancien, suranné. → **antédiluvien.** *Une voiture préhistorique.* → **antique.**

préjudice [pʀeʒydis] n. m. **1·** Perte d'un bien, d'un avantage par le fait d'autrui (agissant le plus souvent contre le droit, la justice) ; acte ou événement nuisible aux intérêts de qqn. / contr. **bénéfice, profit** / *Causer un préjudice à qqn. Porter préjudice,* causer du tort. *Subir un préjudice.* → **dommage.** ***Au préjudice*** *de qqn* : contre son intérêt. → **détriment.** **2·** Ce qui est nuisible pour, ce qui va contre (qqch.). *Un grave préjudice causé à la justice.* – *Au préjudice de la vérité.* → **contre.** – Littér. ***Sans préjudice de*** : sans porter atteinte, sans renoncer à. *Sans préjudice des questions qui pourront être soulevées plus tard.* ▶ **préjudiciable** adj. Qui porte, peut porter préjudice (à qqn, à qqch.). → **nuisible.** *Un travail préjudiciable à la santé de qqn.*

préjuger [pʀeʒyʒe] v. tr. ind. < conjug. 3 > Littér. ou terme de droit. ***Préjuger de*** : porter un jugement prématuré sur (qqch.) ; considérer comme résolue une question qui ne l'est pas. *Je ne peux pas préjuger de la décision.* ▶ **préjugé** n. m. **1·** Croyance, opinion préconçue souvent imposée par le milieu, l'époque ; parti pris. *Les préjugés bourgeois. Il est sans préjugés.* → **a priori, prévention.** **2·** Indice qui permet de se faire une opinion provisoire. *C'est un préjugé en sa faveur.*

se prélasser [pʀelɑ(a)se] v. pron. < conjug. 1 > Se détendre, se reposer nonchalamment et béatement. *Se prélasser dans un doux farniente.*

prélat [pʀela] n. m. Haut dignitaire ecclésiastique (cardinal, archevêque, etc.), dans l'Église catholique.

prélatin, ine [pʀelatɛ̃, in] n. m. et adj. Didact. Antérieur à la civilisation latine, au latin (langue). *Mot latin, italien, d'origine prélatine.*

prélavage [pʀelavaʒ] n. m. Lavage préalable, première opération d'un lave-linge, d'un lave-vaisselle.

prèle ou **prêle** [pʀɛl] n. f. Plante à tige creuse et à épis, qui pousse dans des endroits humides.

prélever [pʀelve] v. tr. < conjug. 5 > Prendre (une partie d'un ensemble, d'un total). → **enlever, retenir, retrancher.** *Prélever un échantillon. Prélevez cette somme sur mon compte. Prélever une somme sur ses économies.* → **puiser.** ▶ **prélèvement** n. m. L'action de prélever ; la quantité qu'on prélève. *Payer ses impôts par prélèvement automatique sur son compte en banque. Un prélèvement de sang.* – Absolt. *Faire un prélèvement* (d'organe, de tissu, etc.).

préliminaire [pʀeliminɛʀ] adj. Qui précède, prépare (une autre chose considérée comme essentielle, plus importante). → **préparatoire.** *Discours préliminaire (à un livre, un exposé),* introduction, préambule. → **liminaire.** ▶ **préliminaires** n. m. pl. **1·** Ensemble des négociations qui précèdent et préparent un armistice, un traité de paix. *Les préliminaires de la paix.* **2·** Ce qui prépare un acte, un événement plus important. → **commencement.** *Abréger les préliminaires.* – *Les préliminaires amoureux.*

prélude [pʀelyd] n. m. **1·** Suite de notes qu'on chante ou qu'on joue pour se mettre dans le ton. **2·** Pièce instrumentale ou orchestrale de forme libre. *Les préludes de Chopin.* **3·** Ce qui précède, annonce (qqch.) ; ce qui constitue le début (d'une œuvre, d'une série d'événements...). → **amorce, commencement, prologue.** *Le prélude des hostilités. Ce n'est qu'un prélude (à...).* → **début.** ▶ **préluder** v. < conjug. 1 > **1·** V. intr. *Préluder par,* chanter, jouer (un morceau) pour commencer. **2·** V. tr. ind. (Suj. chose) ***Préluder à*** : se produire avant (une autre chose) en la laissant prévoir. → **annoncer.** *Les incidents qui ont préludé aux hostilités.*

prématuré, ée [pʀematyʀe] adj. **1·** Qu'il n'est pas encore temps d'entreprendre. *Je crains que ce ne soit une démarche prématurée.* – Qui a été fait trop tôt. *Une nouvelle prématurée,* annoncée avant que les événements se soient produits. **2·** Qui arrive avant le temps normal. → **précoce.** / contr. **tardif** / *Une mort prématurée.* **3·** *Un enfant prématuré,* né avant terme. – N. *Un prématuré en couveuse.* ▶ **prématurément** adv. Avant le temps habituel ou convenable.

préméditer [pʀemedite] v. tr. < conjug. 1 > Décider, préparer avec calcul. → **projeter.** *Il avait prémédité sa fuite, de s'enfuir.* – Au p. p. adj. *C'est un crime prémédité.* ▶ **préméditation** n. f. Dessein réfléchi d'accomplir une action (surtout une action mauvaise, délit ou crime). *Meurtre avec préméditation* (circonstance aggravante). → **assassinat.**

prémices [pʀemis] n. f. pl. ≠ prémisses. **1·** Histoire. (Chez les Anciens) Premiers fruits de la terre, premiers animaux nés du troupeau, qu'on offrait à la divinité. → **rogations.** **2·** Littér. Commencement, début. *Les prémices de l'hiver.*

premier, ière [pʀəmje, jɛʀ] adj., n. et adv. **I·** Adj. (Épithète le plus souvent avant le nom) Qui vient avant les autres, dans un ordre (*premier,* second ou deuxième, troisième, quatrième, etc.). / contr. **dernier** / **1·** Qui est le plus ancien ou parmi les plus anciens dans le temps ; qui s'est produit, apparaît avant. → **initial.** *Le premier jour du mois.*

– N. Premier jour. *Le premier janvier, le 1er janvier, le Premier de l'An.* – *Les premiers pas. Son premier amour. La première fois. À sa première venue, il n'a rien dit.* Loc. *Au premier, du premier coup,* au premier essai. *À première vue, au premier abord,* de prime abord. *La première jeunesse,* le commencement de la jeunesse. *Première nouvelle !,* je ne le savais pas ! – (Attribut) *Arriver premier, bon premier,* avant les autres. → en **tête.** – N. *Parler le premier, la première. Il, elle est parmi les premiers.* **2·** Le premier à venir (dans le futur). *À la première occasion.* **3·** Qui se présente avant (dans une série, un ordre conventionnel). *La première personne du singulier, du pluriel. Première partie.* → **commencement, début.** *De la première à la dernière ligne* (→ de A à Z). **4·** (Après le nom) Littér. Qui est dans l'état de son origine, de son début. → **originel, primitif.** *Il ne retrouvait plus sa ferveur première.* – *Les arts premiers,* les arts des civilisations primitives*, notamment d'Afrique, d'Océanie, d'Amérique précolombienne. *Le musée des Arts premiers à Paris.* **5·** Qui se présente d'abord (dans l'espace) par rapport à un observateur, à un point de repère. *La première (rue) à droite. Au premier rang. Montez au premier (étage).* **6·** Qui vient en tête pour l'importance, la valeur, est plus remarquable que les autres. → **meilleur, principal.** *Première qualité, premier choix. De (tout) premier ordre. Jouer le premier rôle. Voyager en première (classe).* – (Personnes) *Le Premier ministre. Premier violon.* (Attribut) Qui vient avant les autres, dans un classement. *Sortir premier d'une école.* **7·** (Après le nom) Qui n'est pas déduit, qui n'est pas défini au moyen d'autre chose. *Les vérités premières.* – *Nombre premier,* divisible uniquement par 1. *3, 7, sont des nombres premiers.* **8·** (Après le nom) Qui contient en soi la raison d'être des autres réalités. *Les causes premières.* **II·** N. **1·** (Personnes) *Le premier. Le premier venu,* le premier qui est venu ou viendra ; n'importe qui. *La première venue.* – ***Le premier, la première*** de sa classe. **2·** ***Jeune premier*** (fém. *jeune première*) : comédien, comédienne qui joue les premiers rôles d'amoureux. **3·** N. m. Premier ministre (en Grande-Bretagne). *Churchill, le Premier britannique de 1940 à 1945.* **4·** N. m. Premier terme d'une charade. *Mon premier..., mon second..., mon tout.* **III·** ***En premier*** loc. adv. : d'abord. *C'est ce qui doit passer en premier,* au premier rang. ▶ **première** n. f. **1·** Première représentation d'une pièce ou projection d'un film. *La générale et la première.* → **avant-première.** – Première fois qu'un événement important se produit. *Une première dans l'histoire de l'alpinisme.* **2·** Loc. fam. *De première !,* de première qualité ; remarquable, exceptionnel. **3·** Classe qui précède les classes terminales des études secondaires. *Entrer en première.* **4·** Première vitesse d'une automobile. *Passer la (en) première.* ▶ **premièrement** adv. D'abord, en premier lieu (dans une énumération). → **primo.** ▶ **premier-né** [pʀəmjene], **première née** [pʀəmjɛʀne] adj. et n. Le premier enfant. → **aîné** (opposé à *dernier-né*). *Les premiers-nés.* ▷ **avant-première**

prémisse [pʀemis] n. f. ≠ prémices. **1·** Chacune des deux propositions initiales d'un syllogisme, dont on tire la conclusion. **2·** Affirmation dont on tire une conclusion ; commencement d'une démonstration.

prémolaire [pʀemɔlɛʀ] n. f. Chacune des dents situées entre la canine et les grosses molaires.

prémonition [pʀemɔnisjɔ̃] n. f. Avertissement inexplicable qui fait connaître un événement à l'avance ou à distance. → **pressentiment.** *Je me méfie de ses prémonitions.* ▶ **prémonitoire** adj. Qui a rapport à la prémonition, constitue une prémonition. *Un rêve prémonitoire. Signe prémonitoire,* annonciateur.

prémunir [pʀemyniʀ] v. tr. <conjug. 2> Littér. Protéger (qqn), mettre en garde (contre qqch.). *Je voudrais vous prémunir contre ce danger.* – Pronominalement (réfl.). *Comment se prémunir contre le froid ?*

prenant, ante [pʀənɑ̃, ɑ̃t] adj. **1·** ***Partie prenante*** : en droit, partie qui reçoit de l'argent ou une fourniture. – Plus cour. Protagoniste. *Les parties prenantes d'un conflit.* **2·** Qui captive en émouvant, en intéressant profondément. *Un film prenant.* → **passionnant.** *Une voix prenante.* **3·** Qui prend beaucoup de temps, qui accapare. *Un métier prenant.*

prénatal, ale, als [pʀenatal] adj. Qui précède la naissance. *Des examens prénatals.*

1 **prendre** [pʀɑ̃dʀ] v. tr. <conjug. 58> **I·** Mettre avec soi ou faire sien. **1·** Mettre dans sa main (pour avoir avec soi, pour faire passer d'un lieu dans un autre, pour utiliser...). *Prendre un objet à pleine main.* → **empoigner, saisir.** – Pronominalement (passif). *Cela se prend par le milieu.* – *Je te défends de prendre ce livre.* → **toucher** à. *Prendre qqch. des mains de qqn.* → **arracher, enlever, ôter, retirer.** – Loc. *Prendre une affaire en main,* décider de s'en occuper. *Prendre qqn par la taille.* → **enlacer.** *Prendre dans ses bras.* → **embrasser. 2·** Mettre avec soi, amener à soi. / contr. laisser / *N'oublie pas de prendre ton parapluie.* → **emporter.** *Il prit son chapeau et ses gants.* → **mettre.** Loc. *Prendre des gants avec qqn,* agir avec délicatesse. *Prendre du pain,* en acheter. – (Compl. personne) → **accueillir.** *Le coiffeur m'a pris à 5 heures.* – *Je passerai vous prendre chez vous.* → **chercher. 3·** ***Prendre*** qqch. ***sur soi,*** *sous sa responsabilité* : en

accepter la responsabilité. → **assumer.** – ***Prendre sur soi de*** : s'imposer de. *Il a pris sur lui de venir malgré sa fatigue.* **4·** Aborder, se mettre à considérer (qqch., qqn) de telle façon. *Prendre la vie du bon côté,* par ce qu'elle a d'agréable. *On ne sait par où le prendre,* il est susceptible. *Il n'est pas à prendre avec des pincettes.* – *Prendre une expression à la lettre.* – (Sans compl. de manière) → **considérer.** *Prenons cet exemple.* – ***À tout prendre*** loc. adv. : somme toute. – ***Prendre bien, mal qqch.*** : l'accepter ou en souffrir → **accueillir.** – *Prendre les choses comme elles viennent. Prendre qqn, qqch. au sérieux, à la légère, à cœur. Le prendre de haut. Si vous le prenez ainsi,* si c'est là votre attitude, votre manière de voir. – ***Prendre en...*** : avoir en. *Prendre qqn en amitié. Prendre qqn, qqch. en horreur, en grippe.* **5·** Faire sien (une chose abstraite). *Il a pris un pseudonyme. Prendre (un) rendez-vous. Prendre une habitude.* **6·** Évaluer, définir (pour connaître). *Prendre des mesures. Prenez votre température.* **7·** Inscrire ou reproduire. *Prendre des notes, une photo.* **8·** S'adjoindre (une personne). *On ne prend plus personne à l'usine.* → **embaucher, engager.** – *Prendre pour, comme, à, en,* s'adjoindre, se servir de (qqn) en tant que... *Il l'a prise comme assistante. Prendre à témoin, prendre pour juge.* **9·** ***Prendre pour*** : croire qu'une personne, une chose est (autre ou autrement). *Prendre une personne pour une autre.* → **confondre.** *On le prenait pour un savant. Pour qui me prenez-vous ? Prendre ses désirs pour des réalités.* **10·** Absorber, manger ou boire. *Prendre son café. Prendre un verre. Que prenez-vous ?* → **boire.** *Vous prenez, vous prendrez de la viande ou du poisson ?* → **choisir.** – *Prendre un cachet.* – Pronominalement (passif). *Médicament qui se prend avant les repas.* – *Prendre le frais. Prendre un bain.* **II·** Agir de façon à avoir, à posséder (qqch., qqn). **1·** Se mettre en possession de ; se rendre maître de. → **s'approprier.** *Prendre qqch. par force, par ruse.* – Loc. *C'est à prendre ou à laisser.* → **laisser. 2·** Demander, exiger. *Combien prend-il ?,* quel est son prix ? – Exiger, employer (du temps). *Ce travail me prendra une heure.* **3·** Fam. Recevoir, supporter. *Il a pris un coup de pied, des gifles.* → **attraper.** *Qu'est-ce qu'il a pris !* **4·** Se rendre maître par force ; conquérir. / contr. perdre / *Prendre d'assaut,* en attaquant de vive force. → **enlever.** *Prendre le pouvoir.* – Loc. fam., au p. p. *C'est autant de pris (sur l'ennemi),* se dit d'un petit avantage dont on est assuré. **5·** ***Prendre qqch. à qqn*** : s'emparer de (ce qui appartient à qqn). → **voler.** *Il lui a pris son argent. Prendre la place de qqn.* **6·** Se saisir de (ce qui fuit, se dérobe : animal, personne). *Prenez-le vivant !* → **attraper, capturer.** *Il s'est fait prendre par la police.* → **arrêter.** – (Passif) Être attrapé. *Être pris dans l'engrenage.* (Choses) *Le navire est pris par (dans) les glaces.* **7·** Amener (qqn) à ses vues, à faire ce qu'on veut. *Prendre qqn par la douceur,* en le traitant doucement. *Il m'a pris en traître,* par traîtrise. → **avoir.** – Sans compl. *Savoir prendre qqn,* agir envers lui avec diplomatie pour obtenir de lui ce qu'on veut. **8·** ***Prendre*** *qqn* (de telle ou telle manière). → **surprendre.** *Prendre qqn en faute, en flagrant délit. Il les a pris au dépourvu. Je vous y prends ! On ne m'y prendra plus !,* je ne serai plus dupe. **9·** (Sensation, sentiment...) Saisir (qqn), faire sentir à (qqn). *Les douleurs la prirent brusquement. Être pris de vertiges.* – Fam. *Qu'est-ce qui vous (te) prend ? Ça vous prend souvent ?,* se dit à une personne dont l'attitude est inattendue ou déplacée. – Impers. *Il me prend l'envie d'aller le voir.* **10·** ***Bien, mal*** *(lui, vous,* etc.) ***prend de*** : cela a de bonnes, de fâcheuses conséquences. *Mal lui a pris de mentir,* il a eu tort, il en subit les conséquences. **III·** Loc. exprimant le commencement ou la progression d'une action. **1·** Se mettre à utiliser, à avoir, à être (sans idée d'appropriation). *Prendre le deuil,* mettre des vêtements de deuil. *Prendre la plume,* écrire. *Prendre le lit,* s'aliter. – Faire usage de (un véhicule). *Prendre l'avion, le train, sa voiture.* – S'engager dans. *Prendre un virage. Prendre la porte,* sortir. *Prendre la mer.* → **s'embarquer.** – Emprunter (une voie de communication). *Prendre la route, un raccourci.* – Sans compl. direct. *Prenez à droite, sur votre gauche, par là.* **2·** User à son gré de. *Prendre le temps de, prendre son temps. Prendre congé.* **3·** Se mettre à avoir, se donner. *Prendre une attitude, une décision. Prendre la fuite. Prendre du repos. Prendre la parole,* commencer à parler. *Prendre l'avantage sur qqn. Prendre possession.* – Compl. sans article. Loc. *Prendre position,* choisir. *Prendre soin de... Prendre garde.* – Formule de politesse. *Prenez la peine d'entrer,* veuillez entrer. **4·** Commencer à avoir (une façon d'être). *Prendre une bonne, une mauvaise tournure.* Loc. *Prendre forme.* – (Personnes ; désignant une action involontaire) *Prendre de l'âge,* vieillir. *Prendre des couleurs, du poids. Prendre du retard, de l'avance. Prendre de l'assurance. Il y prend goût.* Loc. *Prendre peur.* **5·** Subir l'effet de. *Prendre feu,* s'enflammer. *Prendre froid ; prendre du mal.* **IV·** ***Se prendre*** v. pron. **1·** Se laisser attraper. *Moucheron qui se prend dans une toile d'araignée. Il se prenait à son propre jeu.* **2·** ***S'en prendre à*** : s'attaquer à, en rendant responsable. → **incriminer.** *Il ne pourra s'en prendre qu'à lui-même,* il est responsable de ses propres malheurs. **3·** ***Se prendre de*** : se mettre à avoir. *Se prendre d'amitié pour qqn.* → **éprouver. 4·** ***S'y prendre*** : agir d'une certaine manière en vue d'obtenir un résultat. *Il s'y est mal pris.* → **procéder.** *S'y prendre à deux fois,* tâtonner. *Savoir s'y prendre.* – (Avec une précision de temps) Se mettre à s'occuper de. *Il faudra s'y prendre à l'avance.* **5·** Se considérer. *Se prendre au sérieux.* – ***Se prendre pour*** : estimer qu'on est. → se **croire.** *Se prendre pour un génie. Se prendre pour qqn.* – Péj. *Pour qui se prend-il ?* [pʀɑ̃til] **6·** (Récipr.) Se tenir l'un l'autre. *Elles se sont prises par la main.* **7·** (Récipr.) S'ôter l'un à l'autre. *Elles se sont pris leurs affaires.* → **échanger.** ▶ ② **prendre** v. intr. < conjug. 58 > **1·** (Substances) Durcir, épaissir. *La mayonnaise commence à prendre ; elle a pris.* – Attacher, coller. *Aliment qui prend au fond de la casserole.* **2·** (Végétaux) Pousser des racines, continuer sa croissance après transplantation. *La bouture a pris.* **3·** (Feu) Se mettre à consumer une substance. *Le feu prendra si tu ajoutes du papier.* **4·** Produire son effet, l'effet recherché. → **réussir.** *Vaccin qui prend. C'est une mode qui ne prendra pas.* – Être cru, accepté. *À d'autres, ça ne prend pas !* ▷ **apprendre, comprendre, emprise, entreprendre, s'éprendre, malappris, se méprendre, prenant, preneur, pris,** ① **prise,** ② **prise, reprendre, surprendre, surprise**

preneur, euse [pʀənœʀ, øz] n. **1·** Personne qui achète qqch. → **acheteur, acquéreur.** *Je suis preneur.* **2·** Loc. *Preneur de son* (→ **prise** de son).

prénom [pʀenɔ̃] n. m. Chacun des noms personnels qui précèdent le nom de famille. *Elle n'aime pas le prénom que lui ont donné ses parents. Prénom usuel,* donné à une personne dans la vie courante. → petit **nom, nom** de baptême. ▶ **prénommer** v. tr. < conjug. 1 > Appeler d'un prénom. *On l'a prénommé, il est prénommé Jean.* – Pronominalement. *Comment vous prénommez-vous ?* – Au p. p. adj. *Un prénommé Jean.*

prénuptial, ale, aux [pʀenypsjal, o] adj. Qui précède le mariage. *Des examens (médicaux) prénuptiaux.*

préoccuper [pʀeɔkype] v. tr. < conjug. 1 > **1·** Inquiéter fortement. → **tourmenter, tracasser.** *Ces problèmes me préoccupent depuis longtemps.* **2·** Occuper exclusivement (l'esprit, l'attention). → **absorber, obséder.** *Cette idée le préoccupe.* **3·** V. pron. ***Se préoccuper*** : s'occuper (de qqch.) en y attachant un vif intérêt mêlé d'inquiétude. → se **soucier.** / contr. se désintéresser / *Il ne s'en préoccupait guère.* ▶ **préoccupant, ante** adj. Qui préoccupe, inquiète. *La situation est préoccupante mais pas désespérée.* → **inquiétant.** ▶ **préoccupé, ée** adj. Qui est sous l'effet d'une préoccupation. → **absorbé, anxieux, inquiet.** *Il a l'air préoccupé en ce moment.* / contr. indifférent, insouciant / *Préoccupé de...*, soucieux de. ▶ **préoccupation** n. f. Souci, inquiétude qui occupe l'esprit. *C'est leur préoccupation majeure.*

préparer [pʀepaʀe] v. tr. < conjug. 1 > **I· 1·** Mettre en état de fonctionner, de servir. → **apprêter, arranger, disposer.** *Je vais préparer votre chambre. Préparer la table.* → **mettre.** *Préparer la voie, le terrain. Elle prépare le repas* (→ **préparation**). **2·** Faire tout ce qu'il faut pour (une opération, une œuvre, etc.). → **organiser.** *Il a préparé soigneusement son départ* (→ **préparatifs**). *Un coup préparé de longue date.* → **machiner, monter.** – Travailler (à). *Le professeur a préparé son cours. Préparer un examen auquel on veut se présenter.* – *Préparer une grande école,* le concours d'entrée à cette école. **3·** Rendre possible, par son action. *Préparer l'avenir. Préparer qqch. à qqn,* faire que la chose lui arrive. → **réserver.** *On lui a préparé une surprise.* – (Suj. chose) Rendre possible ou probable. *Cela ne nous prépare rien de bon.* **4·** Théâtre, roman, film... Rendre possible ou naturel en enlevant le caractère arbitraire. → **amener, ménager.** *Préparer un dénouement.* – *Préparer ses effets.* **II·** ***Préparer qqn à*** : rendre (qqn) capable de, prêt à, par une action préalable et concertée. *Préparer un élève à l'examen.* – Mettre dans les dispositions d'esprit requises. *On a voulu le préparer à cette terrible nouvelle.* **III·** ***Se préparer*** v. pron. **1·** (Réfl.) Se mettre en état, en mesure de faire (qqch.). *Se préparer au combat, à combattre. Elle se préparait pour le bal.* **2·** (Passif) Être préparé. *La cuisine où se prépare le repas.* **3·** Être près de se produire. *Je crois qu'un orage se prépare.* → **couver ; imminent.** – Impers. *Il se prépare quelque chose de grave.* ▶ **préparateur, trice** n. **1·** Personne attachée à un laboratoire, chargée de préparer des expériences scientifiques. → **laborantin.** **2·** ***Préparateur en pharmacie*** : employé d'une pharmacie. ▶ **préparatifs** n. m. pl. Dispositions prises pour préparer qqch. → **arrangement, disposition.** *Les préparatifs du départ. Ses préparatifs de départ.* ▶ **préparation** n. f. **I· 1·** Action de préparer (qqch.). *La préparation du repas, des plats.* – Chose préparée. → **composition.** *Des préparations pharmaceutiques.* **2·** Arrangement, organisation ayant pour effet de préparer. *La préparation d'une fête. Roman en préparation.* **3·** Littér. Manière de préparer (I, 4). *La préparation d'un dénouement.* **II·** Action de préparer (qqn) ou de se préparer. → **formation.** *La préparation des candidats au baccalauréat.* – *Préparation militaire* : (en France) stage ouvert aux jeunes gens qui veulent découvrir la vie militaire dans l'armée de Terre. ▶ **préparatoire** adj. Qui prépare (qqch., qqn). *Travail préparatoire.* – *Cours préparatoire* (abrév. : *C. P.*), premier cours de l'enseignement primaire élémentaire. *Classes préparatoires aux grandes écoles* (fam. : *prépa,* n. f.).

prépondérant, ante [pʀepɔ̃deʀɑ̃, ɑ̃t] adj. Qui a plus de poids, qui l'emporte en autorité, en influence. → **dominant, prédominant.** *Jouer un rôle prépondérant. La voix du président est prépondérante,* décisive en cas de partage des voix. ▶ **prépondérance** n. f. Le fait d'être plus important.

préposer [pʀepoze] v. tr. < conjug. 1 > *Préposer à...* charger (qqn) d'assurer (un service, une fonction). → **employer.** – Au passif. *Ils étaient préposés au nettoyage de l'immeuble.* ▶ **préposé, ée** n. **1·** Personne qui accomplit une fonction déterminée (généralement subalterne). → **agent, commis, employé.** *La préposée au vestiaire.* **2·** *Préposé(e) aux postes,* nom administratif du facteur, de la factrice. → ② **facteur.**

préposition [pʀepozisjɔ̃] n. f. Mot invariable, indiquant une relation grammaticale et le passage d'un nom, d'un verbe, d'un adjectif, d'un adverbe à son complément (ex. : *à, de*). ▶ **prépositif, ive** adj. *Locution prépositive,* fonctionnant comme une préposition (ex. : *à cause de, à côté de, en dehors de*).

prépuce [pʀepys] n. m. Repli de peau qui entoure le gland de la verge. *Excision du prépuce.* → **circoncision.**

préraphaélite [pʀeʀafaelit] adj. et n. Se dit de peintres anglais (fin XIXe s.) qui s'inspiraient de la peinture italienne d'avant Raphaël.

prérequis [pʀeʀ(ə)ki] n. m. Anglic. Condition à remplir, acquis exigé pour suivre une formation. *Une bonne connaissance de base est un prérequis pour passer ce concours.*

préretraite [pʀeʀətʀɛt] n. f. Prestation versée à un travailleur qui cesse, volontairement ou non, son emploi avant l'âge légal de la retraite ; retraite anticipée. *Partir en préretraite.* ▶ **préretraité, ée** adj. et n.

prérogative [pʀeʀɔgativ] n. f. Avantage ou droit attaché à une fonction, un état. → **privilège.** *Les prérogatives dont jouissaient les nobles. Les prérogatives de l'artiste.*

préromantique [pʀeʀɔmɑ̃tik] adj. Qui précède et annonce l'époque romantique. ▶ **préromantisme** n. m.

près [pʀɛ] adv. Adverbe marquant la proximité, indiquant une petite distance. REM. Rarement employé seul. Ne pas confondre *près (de)* et *prêt (à).* **I· 1·** À une distance (d'un observateur ou d'un point d'origine) considérée comme petite. / contr. loin / *Il habite assez près, tout près. Venez plus près. Pas si près !* **2·** ***De près*** loc. adv. (Dans l'espace) *Regarder de près, de trop près. Se raser de près,* au ras des poils. – *Connaître qqn de près,* très bien. *Examiner de près,* attentivement. Loc. *Ne pas y regarder de si près, de trop près,* se contenter de ce qu'on a. – (Dans le temps) *Deux événements qui se suivent de près.* **II·** ***Près de*** loc. prép. → **proche** de. **1·** (Dans l'espace) À petite distance de. *Près d'ici. Tout près de Paris,* aux abords de. *S'asseoir près de qqn,* auprès de, aux côtés de. *Ils étaient l'un près de l'autre, tout près l'un de l'autre.* – Loc. fam. *Être près de son argent, de ses intérêts,* être intéressé. – (Pour indiquer une mesure approximative) Un peu moins de. *Il en manque près de la moitié.* **2·** (Dans le temps) *Il était près de mourir.* – Impers. *Il est près de midi.* → **presque. III·** (Exprimant l'idée d'une différence, dans des loc.) **1·** ***À peu près*** : indiquant l'approximation. *L'hôtel était à peu près vide.* → **presque.** *À peu près six mille hommes. Il y a à peu près vingt minutes.* **2·** ***À peu de chose(s) près.*** → **presque.** *Il y en a mille, à peu de choses près.* – ***À beaucoup près*** : avec de grandes différences. – ***À cela près*** : cela étant mis à part. → **excepté, sauf.** *Il se sentait heureux, à cela près qu'il n'avait pas un sou.* **3·** ***À qqch. près*** : indiquant le degré de précision d'une évaluation. *Mesure au millimètre près. Calculer au centime près.* – *Il n'en est pas à cent euros près,* une différence de cent euros ne le gêne pas. *Je ne suis pas à ça près !* ▷ **à-peu-près, auprès de**

présage [pʀezaʒ] n. m. **1·** Signe d'après lequel on pense prévoir l'avenir. → **augure.** *Croire aux présages.* **2·** Ce qui annonce (un événement à venir). *Les présages d'une catastrophe.* ▶ **présager** v. tr. < conjug. 3 > **1·** Littér. Être le présage de. → **annoncer.** – Faire présumer, supposer. *Cela ne présage rien de bon.* **2·** Littér. (Personnes) Prévoir. *Cela me laisse présager le pire.*

pré-salé [pʀesale] n. m. Mouton, agneau engraissés dans des pâturages côtiers soumis au vent et aux embruns salés de la mer ; viande (très estimée) de cet animal. *Des prés-salés.*

presbyte [pʀɛsbit] n. et adj. Personne atteinte de presbytie, qui voit mal de près. → **hypermétrope.** *On devient presbyte avec l'âge.* / contr. myope / ▶ **presbytie** [pʀɛsbisi] n. f. Vision trouble des objets rapprochés. / contr. myopie /

presbytère [pʀɛsbitɛʀ] n. m. Habitation du curé, du pasteur dans une paroisse. → **cure.**

presbytérien, ienne [pʀɛsbiteʀjɛ̃, jɛn] n. et adj. Adepte d'une secte protestante issue du calvinisme où des laïcs sont associés à la direction de l'Église.

prescience [pʀesjɑ̃s] n. f. Littér. Connaissance des événements à venir. → **prémonition, pressentiment, prévision.**

préscolaire [pʀeskɔlɛʀ] adj. Relatif à la période qui précède celle de la scolarité obligatoire (de 6 à 16 ans, en France). *L'enseignement préscolaire.*

① **prescription** [pʀeskʀipsjɔ̃] n. f. En droit. *Délai de prescription*, délai prévu par la loi, passé lequel la justice ne peut plus être saisie. – Absolt. *On ne peut plus le poursuivre, il y a prescription. Les crimes contre l'humanité échappent à la prescription.* → **imprescriptible.**

prescrire [pʀeskʀiʀ] v. tr. < conjug. 39 > **1·** Ordonner ou recommander expressément ; indiquer avec précision (ce qu'on exige, ce qu'on impose). *Les formes que la loi a prescrites.* → **fixer.** – Recommander, conseiller formellement. ≠ proscrire. *Le médecin a prescrit des remèdes, un traitement* (→ **ordonnance**). **2·** (Choses) Demander impérieusement. *L'honneur, les circonstances nous prescrivent de continuer notre action.* → **obliger.** ▶ **prescripteur, trice** n. **1·** Personne qui prescrit. – Adj. *Médecin prescripteur.* **2·** N. m. Personne, groupe qui influe sur le choix de produits, de services. ▶ ② **prescription** n. f. Ordre expressément formulé, avec toutes les précisions utiles. *Les prescriptions d'un médecin,* recommandations consignées sur l'ordonnance. ▶ **prescrit, ite** adj. Qui est imposé, fixé. *Au jour prescrit.* – *Ne pas dépasser la dose prescrite* (par le médecin).

préséance [pʀeseɑ̃s] n. f. Droit de précéder (qqn) dans une hiérarchie protocolaire. *Respecter les préséances.*

présélection [pʀeselɛksjɔ̃] n. f. **1·** Première sélection effectuée avant de procéder à un choix. *La présélection des candidats à un jeu télévisé.* **2·** Sélection préalablement établie. *Touches de présélection* (des stations) *d'un autoradio.*

présence [pʀezɑ̃s] n. f. **I· 1·** (Personnes) Le fait d'être physiquement quelque part, auprès de qqn. / contr. absence / *La présence de son ami le réconfortait. La présence de qqn chez, auprès de qqn. Fuir, éviter la présence de qqn. Faire* ***acte de présence*** *:* être présent, sans plus. *Signer la feuille de présence,* la feuille qui atteste la présence effective (à une réunion, etc.). – (Nation) Fait de manifester son influence dans un pays. *La présence française au Liban.* **2·** (Personnes, animaux) Compagnie. *Son vieux chat est la seule présence qu'il supporte.* **3·** (Acteurs) Qualité qui consiste à manifester avec force sa personnalité. *Cette comédienne a de la présence.* **4·** ***Présence d'esprit*** *:* qualité d'esprit qui fait qu'on est toujours prêt à répondre et réagir avec à-propos. **5·** (Choses) Le fait qu'une chose soit dans le lieu où l'on est ou dont on parle. *Les sondages ont révélé la présence de pétrole.* **6·** Fig. Caractère actuel, influent dans le monde culturel (de qqn, de qqch.). *Présence du baroque, de Monteverdi.* **II· 1·** ***En présence de*** loc. prép. : en face de ; devant. *Dresser un acte en présence de témoins. En ma (ta, sa...) présence.* – *Mettre qqn en présence de qqn, qqch.* **2·** ***En présence*** loc. adv. : dans le même lieu, face à face. *Laisser deux personnes en présence.* – Adj. *Les deux armées, les parties en présence,* confrontées. ▷ **omniprésence**

① **présent, ente** [pʀezɑ̃, ɑ̃t] adj. **I·** / contr. absent / **1·** Qui est dans le lieu, le groupe où se trouve la personne qui parle ou de laquelle on parle. *Les personnes ici présentes* ou, n., *les présents. Être présent à une réunion.* → **assister.** *Les élèves présents à l'appel* (qui répondent : *présent !*). – *Être présent en pensée.* **2·** (Choses) *Métal présent dans un minerai.* **3·** Abstrait. *Présent à l'esprit, à la mémoire,* à quoi l'on pense, dont on se souvient. **II·** (Opposé à *futur* ou à *passé*) **1·** Qui existe, se produit au moment, à l'époque où l'on parle ou dont on parle. *Les circonstances présentes.* → **actuel.** *L'instant présent, la minute présente.* **2·** (Avant le nom) Dont il est actuellement question, qu'on fait en ce moment même. → **ce, cette, ces.** *Au moment où s'ouvre le présent récit. La présente lettre.* – N. f. *Par la présente,* par cette lettre. **3·** Qui est au présent ②. *Participe présent.* ▶ **présentement** adv. Littér. Au moment, à l'époque où l'on est. → **actuellement.** *Madame est présentement sortie.* ▷ **omniprésent, présence,** ② **présent, présenter**

② **présent** n. m. **I· 1·** Partie du temps qui correspond à l'expérience immédiate, durée opposable au passé et au futur. *Vivre dans le présent,* sans se préoccuper du passé ni de l'avenir. – Ce qui existe ou se produit dans cette partie du temps. *Le présent me suffit, me satisfait.* **2·** En grammaire. Cette durée prise comme registre d'expression, par opposition au passé. *Le futur et le passé composé sont des temps du présent.* – Temps conjugué du verbe opposé aux autres temps grammaticaux ; série des formes conjuguées sous cette étiquette. *Conjuguer un verbe au présent. Le présent de l'indicatif, du subjonctif, du conditionnel. Présent actif et passif. Tu ne sais pas le présent de « vaincre » ?* **II·** ***À présent*** loc. adv. : au moment où l'on parle ; au moment dont on parle. → **maintenant.** *À présent, allons-nous-en ! Jusqu'à présent, il n'a pas fait ses preuves. Dès à présent.* – ***À présent que*** loc. conj. : maintenant que. *À présent qu'ils dormaient on n'entendait plus rien.* – Littér. ***D'à présent*** loc. adj. : actuel. *La jeunesse d'à présent.*

③ **présent** n. m. Littér. Cadeau.

présenter [pʀezɑ̃te] v. < conjug. 1 > **I·** V. tr. **1·** *Présenter une personne à une autre,* l'amener en sa présence et la faire connaître en énonçant son nom, ses titres, etc., selon les usages de la politesse. → faire les **présentations.** *Permettez-moi de vous présenter mon ami. Cette personne ne m'a pas été présentée.* **2·** Faire inscrire (à un examen, à un concours, à une élection). *Le parti présente des candidats dans la plupart des circonscriptions. Son professeur l'a présentée au concours général.* **3·** Mettre (qqch.) à la portée, sous les yeux de qqn. *Présenter son billet au contrôleur.* → **montrer.** – *Présenter les armes,* rendre les honneurs en restant au garde-à-vous et en tenant les armes d'une certaine manière. – (Suj. chose) *La baie de Naples présente un spectacle splendide.* **4·** Faire connaître au public par une manifestation spécialement organisée. *Présenter une émission, un spectacle,* prononcer quelques mots pour annoncer au public le titre, le nom des acteurs, etc. (→ **présentateur**). **5·** Disposer (ce qu'on expose à la vue du public). *Présenter un étalage.* **6·** Remettre (qqch.) à qqn en vue d'un examen, d'une vérification, d'un jugement, etc. *Présenter une note, un devis.* – *Présenter sa candidature à un poste.* **7·** Exprimer, faire l'exposé de... *Savoir présenter ses idées. Permettez-moi de vous présenter mes condoléances, mes félicitations.* **8·** Montrer, définir comme... *Mieux vaut présenter les choses telles qu'elles sont.* **9·** Avoir telle apparence, tel caractère (par rapport à un observateur, un utilisateur). *Le malade présentait des symptômes inquiétants. Ceci présente des inconvénients.* **II·** V. intr. Fam. (Suj. personne) ***Présenter bien (mal)*** : faire bonne (mauvaise) impression par son physique, sa tenue. **III·** ***Se présenter*** v. pron. **1·** Arriver en un lieu, paraître (devant qqn). *Vous êtes prié de vous présenter d'urgence à la direction.* **2·** Se faire connaître à qqn, en énonçant son nom selon les usages de la politesse. « *Je me présente : Pierre Dupuy.* » **3·** Venir se proposer au choix, à l'appréciation de qqn. *Un candidat s'était présenté.* – Subir les épreuves (d'un examen, d'un concours). → **passer.** *Se présenter au baccalauréat.* – Être candidat. *Il se présente aux prochaines élections.* **4·** (Suj. chose) Apparaître, venir. *Deux noms se présentent aussitôt à l'esprit. Profiter des occasions qui se présentent.* → s'**offrir.** **5·** Apparaître sous un certain aspect ; être disposé d'une certaine manière. *Se présenter bien (mal),* faire bonne (mauvaise) impression dès le début. *Cette affaire se présente plutôt mal.* ▶ **présentable** adj. **1·** (Choses) Qui est digne d'être présenté, donné. *Ce plat n'est pas présentable.* **2·** (Personnes) Qui peut paraître en public. → **sortable.** ▶ **présentateur, trice** n. **1·** Personne qui présente qqch. au public, pour la vente. **2·** Radio, télévision. Personne qui présente (et souvent anime → **animateur**) une émission, un spectacle. *Les présentatrices de la télévision.* ▶ **présentation** n. f. **1·** *Faire les présentations,* présenter une personne à une autre. **2·** Fam. Apparence (d'une personne selon son habillement, ses manières). *Avoir une bonne, une mauvaise présentation.* **3·** Action de présenter (qqch.) à qqn. *La présentation d'une pièce d'identité est obligatoire.* **4·** Manifestation au cours de laquelle on présente qqch. au public. *Assister à une présentation de modèles chez un grand couturier.* **5·** Manière dont une chose est présentée. *La présentation des marchandises dans un magasin* (→ **présentoir**). **6·** Manière de présenter (une thèse, ses idées, etc.). **7·** En médecine. Manière particulière dont le fœtus se présente pour l'accouchement. ▶ **présentoir** n. m. Dispositif pour présenter des marchandises, dans un lieu de vente. *Les présentoirs d'un stand, d'une grande surface.* ▷ **représenter**

préserver [pʀezɛʀve] v. tr. < conjug. 1 > Garantir, mettre à l'abri ou sauver (d'un danger, d'un mal). *Un auvent qui nous préservait de la pluie.* → **abriter.** *Ce produit préserve les lainages des (contre les) mites.* – Pronominalement (réfl.). *Comment se préserver de la contagion.* → se **prémunir.** ▶ **préservatif** n. m. Enveloppe protectrice employée par l'homme contre les maladies sexuellement transmissibles, le sida, et comme moyen anticonceptionnel (contraceptif masculin). → fam. **capote** anglaise. ▶ **préservation** n. f. Action ou moyen de préserver.

préside [pʀezid] n. m. Histoire. Poste fortifié des Espagnols, dans leurs anciennes possessions. – Territoire protégé par l'armée.

président, ente [pʀezidɑ̃, ɑ̃t] n. **1·** Personne qui préside (une assemblée, une réunion, un groupement organisé) pour diriger les travaux. *Le président d'un jury d'examen. La présidente de l'association. Président-directeur général d'une société.* → **P.-D. G. 2·** Le chef de l'État (dans une république). *Le président de la République française, des États-Unis.* – En France. *Être président de l'Assemblée nationale, du Sénat.* – ***Président du Conseil*** : sous les IIIe et IVe Républiques, le Premier ministre. *Le président, la présidente X. Elle est président de..., présidente de... Mme Legrand, présidente (ou président) de la société X.* ▶ **présidentiel, ielle** adj. Relatif au président. *Élections présidentielles* ou, n. f., *les présidentielles.* – *Régime présidentiel,* dans lequel le pouvoir exécutif est entre les mains du président de la République. ▶ **présidence** n. f. **1·** Fonction de président. *La présidence de la République (française).* – Durée de ces fonctions. *Pendant la présidence de Charles de Gaulle.* **2·** Action de présider. *La présidence de la France vous revient.* ▷ **vice-président**

présider [pʀezide] v. tr. < conjug. 1 > **I·** V. tr. dir. **1·** Diriger à titre de président. *Il a été désigné pour présider la séance.* **2·** Occuper la place d'honneur dans (une manifestation). **II·** V. tr. ind. (Choses)

Présider à... : être présent en tant qu'élément actif dans... *La volonté d'aboutir qui a présidé à nos entretiens.* ▷ **président**

présidium → **præsidium.**

presle → **prèle.**

1 **présomption** [pʀezɔ̃psjɔ̃] n. f. Action de présumer ; opinion fondée sur la vraisemblance. → **hypothèse, supposition.** *Vous n'avez que des présomptions, aucune preuve.* ▶ **présomptif, ive** [pʀezɔ̃ptif, iv] adj. En droit. *Héritier présomptif,* qu'on pense devoir succéder à qqn qui est encore en vie.

2 **présomption** n. f. Littér. Opinion trop avantageuse que l'on a de soi-même. → **prétention, suffisance.** *Il est plein de présomption.* / contr. modestie / ▶ **présomptueux, euse** [pʀezɔ̃ptɥø, øz] adj. Qui fait preuve ou témoigne de présomption. *Jeune homme présomptueux.* → **prétentieux.** / contr. modeste / ▶ **présomptueusement** adv.

presque [pʀɛsk] adv. REM. Le *e* final se conserve devant voyelle : *presque autant,* sauf dans *presqu'île.* 1· À peu près ; pas exactement ou pas tout à fait. *C'est presque sûr.* → **quasiment.** *Elle pleurait presque.* → **à moitié.** *Cela fait presque dix kilomètres,* un peu moins de. *Presque toujours. Presque personne, presque rien. Presque pas,* très peu, à peine. – Ellipt. *Tout le monde ou presque. Presque à chaque pas.* 2· Littér. (Modifiant un substantif abstrait) → **quasi.** *La presque totalité des êtres.*

presqu'île [pʀɛskil] n. f. Partie saillante d'une côte, rattachée à la terre par un isthme, une langue de terre. *La presqu'île de Quiberon.* → **cap, péninsule.** *Des presqu'îles.*

pressage [pʀɛsaʒ] n. m. Opération par laquelle on presse, on fabrique des disques (vinyles, CD...).

pressant, ante [pʀɛsɑ̃, ɑ̃t] adj. 1· Qui sollicite avec insistance. *Une demande pressante.* – (Personnes) *Il a beaucoup insisté : il a été pressant.* 2· Qui oblige ou incite à agir sans délai. → **urgent.** *Un pressant besoin d'argent.* – Fam. *Un besoin pressant, une envie pressante,* un besoin naturel urgent.

1 **presse** [pʀɛs] n. f. 1· Mécanisme destiné à exercer une pression sur un solide pour le comprimer ou y laisser une impression. *Presse hydraulique. Presse à emboutir. Presse à balancier.* → **pressoir.** 2· Machine destinée à l'impression typographique. *Presse de graveur.* → **rotative.** – Loc. *Mettre* **sous presse** *:* donner, commencer à imprimer.

2 **presse** n. f. 1· Le fait d'imprimer ; impression de textes. *Liberté de la presse,* liberté d'imprimer et de diffuser. *Délits de presse,* fausses nouvelles, diffamation, etc. 2· *La presse,* l'ensemble des publications périodiques et des organismes qui s'y rattachent. *La grande presse, la presse à grand tirage. La presse du cœur,* les magazines sentimentaux. *Campagne de presse.* – Loc. *Avoir bonne, mauvaise presse,* avoir des commentaires flatteurs ou défavorables dans la presse ; abstrait, avoir bonne, mauvaise réputation. 3· L'ensemble des moyens de diffusion de l'information journalistique. *Presse orale et presse écrite.* – Loc. *Conférence de presse. Agence de presse,* qui recueille l'information pour les rédactions abonnées (journaux, radios, chaînes de télévision). *Attaché(e) de presse.*

3 **presse** n. f. 1· Littér. Foule très dense. 2· Se dit, dans le commerce et l'industrie, des activités plus intenses dans certaines périodes. *Les moments de presse.* → coup de **feu, pointe ; pressé.**

pressé, ée [pʀese] adj. 1· Qui montre de la hâte, qui se presse. *Il, elle est bien pressé(e).* – (+ infinitif) *Il n'a pas l'air pressé de partir.* – (+ subjonctif) *Elle ne semble pas pressée que je parte.* 2· Urgent, pressant. *La réponse est pressée.* – N. m. *Aller, parer au plus pressé,* à ce qui est le plus urgent, le plus important.

presse- Élément formé avec le verbe *presser.* ▶ **presse-citron** [pʀɛssitʀɔ̃] n. m. Ustensile servant à presser les citrons, les oranges pour en extraire le jus. *Des presse-citrons.* ▶ **presse-papiers** n. m. invar. Ustensile de bureau, objet lourd qu'on pose sur les papiers pour les maintenir. *Des presse-papiers en cristal.* ▶ **presse-purée** n. m. invar. Ustensile de cuisine servant à réduire les légumes en purée ; moulin à légumes. *Des presse-purée.*

pressentir [pʀesɑ̃tiʀ] v. tr. < conjug. 16 > 1· Prévoir vaguement. → **deviner, sentir, soupçonner, subodorer.** *Il pressentait un malheur.* – Entrevoir (une intention cachée, une intrigue). *Laisser pressentir ses intentions.* 2· Sonder (qqn) sur ses intentions, sur ses dispositions, avant de lui confier certaines responsabilités. *Nous l'avons pressenti comme sous-directeur. Il a été pressenti pour ce poste.* ▶ **pressentiment** n. m. Connaissance intuitive et vague d'un événement qui ne peut être connu par le raisonnement. → **intuition, prémonition.** *Le pressentiment d'un danger. J'ai le pressentiment qu'il ne viendra pas. Un bon, un mauvais pressentiment.*

presser [pʀese] v. tr. < conjug. 1 > I· 1· Serrer (qqch.) de manière à extraire un liquide. *Presser des citrons.* 2· Serrer pour comprimer, marquer d'une empreinte. *Presser un disque, un CD,* l'éditer à partir d'une matrice. **3·** Serrer ou appuyer fortement. *Il la pressait dans ses bras, contre, sur sa poitrine.* → **étreindre.** – Au p. p. adj. *Pressés les uns contre les autres.* **4·** Exercer une poussée sur. → **appuyer.** *Pressez le bouton, la sonnette.* **II·** Fig. **1·** (Suj. personne) Pousser vivement (qqn) à faire qqch. *Il presse ses amis d'agir.* **2·** (Suj. chose) Faire que (qqn) se dépêche, se hâte. → **bousculer.** *Le programme de travail nous presse. Rien ne vous presse.* **3·** ***Presser** qqn **de** questions* : le questionner avec insistance. → **harceler. 4·** (Compl. chose) Mener plus activement. *Il faut presser les choses.* → **accélérer, activer.** *Presser le pas,* marcher plus vite. **III·** ***Se presser*** v. pron. **1·** S'appuyer fortement. *L'enfant se pressait contre sa mère.* → se **blottir. 2·** Être ou se disposer en foule compacte. → s'**entasser,** se **masser.** *Les gens se pressaient à l'entrée.* **3·** Se hâter. → **pressé.** *Sans se presser,* en prenant son temps. – *Presse-toi de finir ton travail. Pressez-vous un peu !* – Fam. (Ellipse de *nous*) *Allons, pressons !* **IV·** Intransitivement. Être urgent ; ne laisser aucun délai. *Le temps presse. Rien ne presse.* → **urger.** ▷ **compresser, empressé, oppresser, pressage, pressant,** ① **presse,** ① **pressé, presse-,** ② **pression, pression,** ② **presse, pressoir, pressurer, pressuriser**

pressing [pʀesiŋ] n. m. Anglic. Repassage à la vapeur ; établissement où l'on repasse les vêtements à la vapeur. → **teinturerie.** *Des pressings.*

① **pression** [pʀɛsjɔ̃] n. f. **I· 1·** Force qui agit sur une surface donnée ; mesure de la force qui agit par unité de surface. *La pression des gaz, de la vapeur. Le manomètre mesure la pression.* – Pression de vapeur (dans une machine). *Faire monter la pression,* fig. rendre l'atmosphère tendue, contraignante. – Loc. *Il est toujours sous pression,* pressé d'agir. – *Pression atmosphérique,* exercée par l'atmosphère terrestre en un point. *Hautes, basses pressions.* → **anticyclone, cyclone, dépression ; baromètre, millibar, pascal.** – *Pression artérielle du sang.* → **tension. 2·** Action de presser ; force (de ce qui presse). *Une légère pression de la main.* **3·** *Bière (à la) pression,* mise sous pression et tirée directement dans les verres, au café. *Un demi pression.* **II·** Fig. Influence, action insistante qui tend à contraindre. *La pression des événements. Sa famille exerce une très forte pression sur lui. Faire pression sur qqn. Groupe de pression.* → **lobby.**

② **pression** n. f. ou m. Petit bouton métallique en deux parties qui se referme par pression de l'une sur l'autre. → **bouton-pression.**

pressoir [pʀɛswaʀ] n. m. **1·** Machine servant à presser (certains fruits ou graines). *Pressoir à huile, à olives.* – Absolt. Machine à presser les raisins pour la fabrication du vin. **2·** Bâtiment abritant cette machine.

pressurer [pʀesyʀe] v. tr. < conjug. 1 > **1·** Presser (des fruits, des graines) pour en extraire un liquide. (Cette opération est appelée *pressurage,* n. m.) **2·** Tirer de (qqn, qqch.) tout ce qu'on peut tirer. → **exploiter.** *L'occupant pressurait la population.*

pressuriser [pʀesyʀize] v. tr. < conjug. 1 > Maintenir à une pression normale (un avion, un véhicule spatial). – Au p. p. adj. *Cabine pressurisée.* ▶ **pressurisation** n. f. Mise sous pression normale. *Chute de pressurisation à l'atterrissage.*

prestance [pʀɛstɑ̃s] n. f. Aspect imposant (d'une personne). *Il a de la prestance.*

prestation [pʀɛstasjɔ̃] n. f. **I· 1·** Ce qui doit être fourni ou accompli en vertu d'une obligation. → **impôt, tribut.** – *Prestation de service,* vente d'un service. **2·** Allocation en espèces que l'État verse aux assurés dans certaines circonstances. *Les prestations de la Sécurité sociale.* **3·** (Emploi critiqué) Performance publique (d'un athlète, d'un artiste, d'un homme politique). *La dernière prestation télévisée du ministre.* **II·** Action de prêter (serment). *La prestation de serment d'un avocat.* ▶ **prestataire** n. m. **1·** Terme de droit. Contribuable assujetti à la prestation en nature. – Personne qui bénéficie d'une prestation. **2·** *Prestataire de services,* personne, entreprise qui vend des services.

preste [pʀɛst] adj. Littér. Prompt et agile. *Avoir la main preste.* → **leste.** ▶ **prestement** adv. ▶ **prestesse** n. f. Littér. Agilité. ▶ **prestidigitateur, trice** n. Artiste qui, par l'adresse de ses mains, de ses doigts *(digit-)* prestes, et divers truquages, produit des illusions en faisant disparaître, apparaître, changer de place ou d'aspect des objets. → **escamoteur, illusionniste.** *Un tour de prestidigitateur.* ▶ **prestidigitation** n. f. Technique, art du prestidigitateur. *Un numéro de prestidigitation.* → **passe-passe.**

prestige [pʀɛstiʒ] n. m. Attrait particulier de ce qui frappe l'imagination, impose le respect ou l'admiration. *Ce chef d'État a un grand prestige, jouit d'un grand prestige. Perdre (tout) son prestige.* → **gloire.** *Le prestige de l'uniforme.* – Loc. *Politique de prestige,* qui vise à acquérir du prestige par des opérations ou réalisations spectaculaires. ▶ **prestigieux, euse** adj. Qui a du prestige. ▶ **prestigieusement** adv.

presto [pʀesto] adv. et n. m. **1·** Vite (indication de mouvement musical). – N. m. *Des prestos.* **2·** Fam. Rapidement. *Il faut le payer presto.* → **subito.** ▶ **prestissimo** adv. et n. m. En musique. Très vite. – N. m. *Des prestissimos.*

① **présumer** [prezyme] v. tr. <conjug. 1> Supposer comme probable. *Action de présumer.* → ① **présomption, supposition.** *On ne le voit plus, je présume qu'il est vexé.* – (Au passif + attribut) *Tout homme est présumé innocent tant qu'il n'a pas été déclaré coupable.*

② **présumer** v. tr. ind. <conjug. 1> ***Présumer de.*** *(Trop) présumer de...,* avoir trop bonne opinion de, compter trop sur. *Il a trop présumé de ses forces, de son habileté.* → **présomptueux ;** ② **présomption.**

présupposer [presypoze] v. tr. <conjug. 1> Littér. (Choses) Supposer préalablement. *L'adjectif présuppose le nom.* → **impliquer.** ▶ **présupposition** n. f. Littér. Supposition préalable, non formulée (on dit aussi *un présupposé*).

présure [prezyr] n. f. Substance qui fait cailler le lait.

① **prêt, prête** [prɛ, prɛt] adj. REM. Ne pas confondre *prêt (à)* et *près (de).* **1·** Qui est en état, est devenu capable (de faire qqch.) grâce à une préparation matérielle ou morale. *Ils sont prêts, fin prêts.* – « *à vos marques. Prêts ? Partez !* » (formule de départ des courses à pied). – Habillé, paré (pour sortir, paraître en société). *Elle est prête, on peut partir.* – ***Prêt(e) à*** (+ infinitif) : disposé(e) à. *Il est prêt à partir, prêt à la suivre. Prêt à tout,* disposé à n'importe quel acte pour arriver à ses fins ou décidé à tout supporter. **2·** (Choses) Mis en état (pour telle ou telle utilisation). *Tout est prêt pour les recevoir. Le café est prêt.* ▶ **prêt-à-porter** [prɛtapɔrte] n. m. Collectif. Vêtements de confection (opposé à *sur mesure*). *Des prêts-à-porter.* ▷ **apprêter**

② **prêt** n. m. Action de prêter qqch. ; ce qui est prêté. *Prêt à intérêt. Solliciter un prêt à court, à long terme.* → **emprunt.** *Prêt d'honneur,* sans intérêt, qu'on s'engage sur l'honneur à rembourser. *Les prêts à la construction.*

prêté [prete] n. m. Loc. *C'est un prêté pour un rendu,* s'emploie pour constater un échange de bons ou de mauvais procédés.

prétendre [pretɑ̃dr] v. tr. <conjug. 41> **1·** Avoir la ferme intention de (avec la conscience d'en avoir le droit, le pouvoir). → **vouloir ; prétention** (I, 1). *Je prétends être obéi. Que prétendez-vous faire ? Je ne prétends pas faire fortune,* je n'ai pas la prétention de... **2·** Affirmer ; oser donner pour certain (sans nécessairement convaincre autrui). → **déclarer, soutenir.** *Il prétend m'avoir prévenu, qu'il m'a prévenu. À ce qu'il prétend...,* à ce qu'il dit (mais je n'en crois rien). – Pronominalement (réfl.). *Il se prétend persécuté,* il prétend qu'il est persécuté. **3·** V. tr. ind. Littér. ***Prétendre à*** *:* aspirer ouvertement à (ce que l'on considère comme un droit, un dû). *Prétendre à un titre, à une responsabilité,* les revendiquer. ▶ **prétendant, ante** n. **1·** Prince, princesse qui prétend à un trône. **2·** N. m. Littér. ou plaisant. Homme qui prétend épouser une femme. ▶ **prétendu, ue** adj. (Placé avant le nom) Que l'on prétend à tort être tel ; qui passe à tort pour. / contr. authentique, vrai / *La prétendue justice, les prétendues libertés.* ≠ soi-disant. ▶ **prétendument** adv. Faussement. / contr. vraiment / ▷ **prétention**

prête-nom [prɛtnɔ̃] n. m. Personne qui assume personnellement les responsabilités d'une affaire, d'un contrat, où le principal intéressé ne veut ou ne peut pas apparaître. → **mandataire ;** péj. homme de **paille.** *Des prête-noms.*

prétentaine [pretɑ̃tɛn] ou **pretantaine** [prətɑ̃tɛn] n. f. Loc. Vx ou plaisant. ***Courir la prétentaine*** *:* faire sans cesse des escapades, avoir de nombreuses aventures galantes.

prétention [pretɑ̃sjɔ̃] n. f. **I· 1·** Souvent au plur. Revendication de qqch., exigence fondée sur un droit ou un privilège. *Il a des prétentions sur cet héritage. Quelles sont vos prétentions ?,* quel salaire prétendez-vous recevoir ? *Il veut dix mille francs, mais il devra rabattre de ses prétentions.* **2·** Idée que l'on se fait de ses propres capacités. *Sa prétention à l'élégance.* – *Avoir la prétention de,* prétendre. → **ambition.** *Je n'ai pas la prétention d'être savant. Sans prétention(s), sans aucune prétention.* – (Choses) *Un style sans prétention,* simple. **II·** Sans compl. Estime trop grande de soi-même qui pousse à des ambitions excessives. → **fatuité, présomption, suffisance, vanité ; prétentieux.** / contr. modestie, simplicité / *Il est d'une prétention insupportable.* ▶ **prétentieux, euse** adj. Qui affiche de la prétention (II), est trop satisfait de ses mérites. → **présomptueux, suffisant, vaniteux.** / contr. modeste / – N. *C'est un petit prétentieux.* – Qui dénote de la prétention. *Il parlait sur un ton prétentieux.* → **affecté, maniéré.** *Une villa prétentieuse.* ▶ **prétentieusement** adv.

① **prêter** [prete] v. tr. <conjug. 1> **I·** V. tr. dir. **1·** Fournir (une chose) à la condition qu'elle sera rendue. → ② **prêt.** / contr. emprunter / *Prêter de l'argent à qqn.* → **avancer.** – Sans compl. ind. *Il ne prête pas ses livres. Prêter sur gage.* **2·** Mettre (qqch.) à la disposition de qqn pour un temps déterminé. → **donner, fournir.** *Prêter son concours à une entreprise.* Loc. *Prêter attention, prêter l'oreille à qqch. Prêter serment.* → **prestation** (II). – ***Se prêter à*** v. pron. : consentir à, supporter. *Je ne me prêterai pas à cette manœuvre.* (Choses) Pouvoir s'adapter à. *Une terre qui se prête à certaines cultures.* **3·** Attribuer ou proposer d'attribuer (un caractère, un acte) à qqn. → **donner.** *On me prête des propos que je n'ai jamais tenus. Prêter de l'importance à qqch.* Prov. *On ne prête qu'aux riches,* si on prête aux gens certains propos, certaines actions, c'est qu'ils ont souvent fait la preuve qu'ils en étaient capables. **II·** V. tr. ind. *Prêter à :* donner matière à. *Prêter aux commentaires, à discussion. Prêter à rire.* ▶ **prêteur, euse** n. et adj. ≠ préteur. **1·** Personne qui prête de l'argent, consent un prêt. / contr. emprunteur / – Personne qui fait métier de prêter à intérêt. *Un prêteur sur gages.* **2·** Adj. Qui prête. *Elle n'est pas prêteuse.* ▷ **prestation, ② prêt, prêté, prête-nom**

② **prêter** v. intr. < conjug. 1 > (Matière non élastique) Pouvoir s'étirer, s'étendre. *Tissu qui prête à l'usage.*

prétérit [pʀeteʀit] n. m. Forme temporelle du passé, en anglais, en allemand correspondant à l'imparfait ou au passé simple français.

préteur [pʀetœʀ] n. m. Magistrat romain chargé de la justice ; gouverneur de province (→ **prétoire**). ≠ prêteur. ▷ **prétoire, prétorien**

① **prétexte** [pʀetɛkst] n. m. **1·** Raison donnée pour dissimuler le véritable motif d'une action. *Il trouvait toujours des prétextes. Ce n'est qu'un prétexte, un mauvais prétexte. Saisir, prendre un prétexte. Donner, fournir des prétextes à qqn. Notre petit retard leur a servi de prétexte pour refuser.* – *Sous... prétexte. Sous un prétexte quelconque. Ne sortez sous aucun prétexte,* en aucun cas. *Il ne sort plus, sous prétexte qu'il fait trop froid.* **2·** Ce qui permet de faire qqch. ; occasion. *Cet événement fut le prétexte de son roman.* ▶ **prétexter** v. tr. < conjug. 1 > Alléguer, prendre pour prétexte. → **objecter.** *Elle prétexta un malaise, et se retira. Il a prétexté qu'il n'était pas assez riche.* → **prétendre.**

② **prétexte** adj. *Toge prétexte :* toge blanche bordée de pourpre des jeunes patriciens romains.

prétoire [pʀetwaʀ] n. m. **I·** Habitation du préteur. **II·** Littér. Salle d'audience d'un tribunal.

prétorien, ienne [pʀetɔʀjɛ̃, jɛn] adj. *Garde prétorienne,* garde personnelle d'un empereur romain. – N. m. Membre de la haute police d'un régime.

prêtre [pʀɛtʀ] n. m. **1·** Membre du clergé catholique. → **abbé, ecclésiastique ;** fam. **curé.** *Un prêtre qui célèbre la messe. Être ordonné prêtre.* – Loc. *Prêtre-ouvrier :* qui partage la condition des travailleurs dans une entreprise. – *Prêtre de paroisse.* → **curé, vicaire. 2·** Ministre d'une religion, dans une société quelconque (ne se dit pas quand il existe un mot spécial : *pasteur, rabbin,* etc.). *Des prêtres bouddhiques.* ▶ **prêtresse** n. f. Femme ou jeune fille attachée au culte d'une ancienne divinité païenne. ▶ **prêtrise** n. f. La fonction, la dignité de prêtre catholique.

preuve [pʀœv] n. f. **1·** Ce qui sert à établir qu'une chose est vraie. *Donner comme preuve,* alléguer. *Si vous ne me croyez pas, je vous fournirai des preuves.* → **prouver.** Loc. *Démontrer preuve en main,* par une preuve matérielle. *Croire une chose jusqu'à preuve du contraire,* jusqu'à ce qu'on ait la preuve qu'il faut croire le contraire. *Preuve par l'absurde,* qui résulte d'une démonstration par l'absurde*. **2·** Acte qui atteste un sentiment, une intention. *Recevoir une preuve d'amour.* → **marque.** – *À preuve..., la preuve...,* en voici la preuve. *Tu te sens coupable, la preuve, tu as rougi. C'est la preuve que,* cela prouve que. *La preuve en est que,* cela est prouvé par le fait que... – *Faire preuve de :* donner des preuves, des marques de... → **montrer.** *Faire preuve de tolérance.* – *Faire ses preuves,* montrer sa valeur, ses capacités. **3·** Chose, personne qui sert de preuve, d'exemple. *Vous en êtes la preuve, la preuve vivante,* votre cas, votre personne illustre parfaitement cela. **4·** Démonstration de l'existence d'un fait matériel ou d'un acte juridique dans les formes admises par la loi. *Des preuves matérielles. On n'a pu recueillir aucune preuve contre lui.* **5·** *Preuve par neuf :* opération par laquelle on vérifie l'exactitude du résultat d'un calcul. ▷ **épreuve**

preux [pʀø] adj. m. invar. et n. m. invar. Vx. Brave, vaillant. – N. m. invar. *Un preux,* un chevalier. ▷ **prouesse**

prévaloir [pʀevalwaʀ] v. intr. < conjug. 29, sauf subjonctif prés. : *que je prévale, que tu prévales, qu'ils prévalent.* > **1·** Littér. (Choses) L'emporter. *L'éducation ne prévaut pas contre les instincts.* – Sans compl. *Les vieux préjugés prévalaient encore.* **2·** *Se prévaloir de* v. pron. : faire valoir (qqch.) pour en tirer avantage ou parti. *Elles se sont prévalues de leurs droits.* – Tirer vanité (de qqch.). → **s'enorgueillir.** *C'est un homme modeste qui ne se prévaut jamais de ses titres.*

prévarication [pʀevaʀikasjɔ̃] n. f. Didact. Crime ou délit commis par un fonctionnaire dans l'exercice de sa charge (abus d'autorité, détournement de fonds publics, concussion). → **forfaiture.** ▶ **prévaricateur, trice** adj. et n. Qui se rend coupable de prévarication.

prévenant, ante [pʀevnɑ̃, ɑ̃t] adj. Qui prévient (III, 1) les désirs d'autrui, est plein d'attentions délicates. → **attentionné.** ▶ **prévenance** n. f. **1·** Disposition à se montrer prévenant. *Sa pré-*

venance est charmante. **2·** Action, parole qui témoigne de cette disposition. *Elle l'entourait de prévenances.* → **attention, gentillesse, soin.**

prévenir [prevniʀ] v. tr. < conjug. 22 > **REM.** Se conjugue avec l'auxiliaire *avoir.* **I· 1·** Mettre (qqn) au courant d'une chose, d'un fait à venir. → **avertir.** *Tu as été prévenu. Ne fais rien sans me prévenir.* – Au p. p. *Te voilà prévenu, à toi de faire attention.* – Sans compl. *Il est parti sans prévenir,* il n'a prévenu personne. **2·** Informer (qqn) d'une chose fâcheuse ou illégale pour qu'il y remédie. *Prévenez vite le médecin ! On a prévenu la police.* **II·** Littér. *Prévenir contre, en faveur de,* mettre par avance dans une disposition d'esprit hostile ou favorable à. *Des mauvaises langues vous ont prévenu contre lui.* – (Suj. chose) *Son air sérieux nous prévenait en sa faveur.* → **prévention, ② prévenu. III· 1·** Aller au-devant de (un besoin, un désir) pour mieux le satisfaire. *Il essaie de prévenir tous nos désirs.* → **prévenance, prévenant. 2·** Empêcher par ses précautions (un mal, un abus). *Limiter la vitesse pour prévenir les accidents.* → **prévention** (3). Sans compl. *Mieux vaut prévenir que guérir.* – Éviter (une chose considérée comme gênante) en prenant les devants. *Prévenir une objection,* la réfuter avant qu'elle ait été formulée. ▷ **prévenant, préventif, prévention, préventorium, ① prévenu, ② prévenu**

préventif, ive [prevɑ̃tif, iv] adj. **1·** Qui tend à empêcher (une chose fâcheuse) de se produire. → **prévenir** (III, 2). *Prendre des mesures préventives.* – *Médecine préventive,* moyens mis en œuvre pour prévenir le développement des maladies, la propagation des épidémies. **2·** Qui est appliqué aux prévenus ①. *Détention préventive.* → **prévention** (2). ▶ **préventivement** adv. *Se soigner préventivement.*

prévention [prevɑ̃sjɔ̃] n. f. **1·** Opinion, sentiment irraisonné d'attirance ou de répulsion. → **parti** pris, **préjugé.** *Examiner les choses sans prévention. Avoir des préventions contre qqn.* **2·** Situation d'une personne prévenue d'une infraction. – Temps passé en prison entre l'arrestation et le jugement (détention préventive). **3·** Ensemble de mesures préventives contre certains risques ; organisation chargée de les appliquer. *La prévention routière.*

préventorium [prevɑ̃tɔʀjɔm] n. m. Établissement de cure, où sont admis des sujets menacés de tuberculose (pour prévenir l'aggravation de la maladie). → **sanatorium.** *Des préventoriums.*

① **prévenu, ue** [prevny] adj. et n. Qui est considéré comme coupable de... *Être prévenu d'un délit.* – N. Inculpé. *Citer un prévenu devant le tribunal.*

② **prévenu, ue** adj. Qui a de la prévention (1), des préventions (contre ou pour qqn, qqch.). *J'étais prévenu en ta faveur ; contre toi.*

prévision [previzjɔ̃] n. f. **1·** Action de prévoir. *La prévision des recettes et des dépenses dans l'établissement d'un budget. La prévision économique.* → **prospective. 2·** *En prévision de* loc. prép. : pensant que telle chose sera, arrivera. *Elle fit ses valises en prévision de son départ.* **3·** Opinion formée par le raisonnement sur les choses futures (rare au sing.). → **pronostic.** *Se tromper dans ses prévisions. Prévisions météorologiques,* indications données sur l'état probable de l'atmosphère pour le ou les jours à venir. ▶ **prévisible** adj. Qui peut être prévu. *La chose était prévisible.* / contr. imprévisible / ▶ **prévisionnel, elle** adj. Qui est du domaine de la prévision. *Le ministre a demandé une étude prévisionnelle.* ≠ provisionnel. ▶ **prévisionniste** n. Spécialiste de la prévision (notamment économique). ▷ **imprévision**

prévoir [prevwaʀ] v. tr. < conjug. 24 > **1·** Imaginer à l'avance comme probable (un événement futur). *Il faut prévoir le pire. On ne peut pas tout prévoir. Il était facile de prévoir qu'il échouerait.* **2·** Envisager (des possibilités). *Les cas prévus par la loi.* **3·** Organiser d'avance, décider pour l'avenir. *L'État a prévu la construction de logements.* – Au passif et p. p. *Tout était prévu.* Ellipt. *L'opération s'est déroulée comme prévu.* – *Être prévu pour,* être fait pour, destiné à. ▶ **prévoyant, ante** [prevwajɑ̃, ɑ̃t] adj. Qui prévoit avec perspicacité ; qui prend des dispositions en vue de ce qui doit ou peut arriver. → **prudent.** *Une touriste organisée, prévoyante.* / contr. imprévoyant, insouciant / ▶ **prévoyance** n. f. Qualité d'une personne prévoyante. / contr. imprévoyance / *Société de prévoyance,* société privée de secours mutuel. *Caisse de prévoyance.* ▷ **prévision, imprévoyant, imprévoyance**

prévôt [prevo] n. m. **1·** Nom d'officiers, de magistrats, sous l'Ancien Régime. *Étienne Marcel, le prévôt des marchands de Paris.* **2·** Officier du service de gendarmerie aux armées. **3·** Escrime. Second d'un maître d'armes. **4·** Autrefois. Détenu faisant office de surveillant. ▶ **prévôté** n. f. Service de gendarmerie aux armées (police militaire).

prier [prije] v. < conjug. 7 > **I· 1·** V. intr. Élever son âme à Dieu par la prière. *Il priait avec ferveur. Priez pour les morts.* **2·** V. tr. S'adresser à (Dieu, un être surnaturel) par une prière. *Prions le ciel qu'il nous aide.* **II·** V. tr. **1·** S'adresser à (qqn) en lui demandant avec humilité ou déférence. → **supplier.** *Il le priait de passer chez lui.* – *Se faire prier :* n'accorder qqch. qu'après avoir opposé résistance aux prières. *Elle ne se fait pas prier,* elle le fait volontiers. *Sans se faire prier,* sans difficulté, de plein gré. **2·** (Sens faible) Demander à (qqn). *Je te prie, je vous prie, je vous en prie* (formules de politesse ; → s'il vous plaît). *Vous êtes prié d'assister à...,* invité à. – Ellipt. (Après une interrogation) *Dites-moi, je vous prie, où est la mairie.* « *Je peux entrer ? – Je vous en prie.* » (→ Faites donc.) **3·** Demander avec fermeté à (qqn). *Elle me pria de me taire.* – Iron. *Ah non, je t'en prie, ça suffit !* **4·** Littér. Inviter. *Il fut prié à déjeuner.* ▶ **prie-Dieu** [pʀidjø] n. m. invar. Siège bas, au dossier terminé en accoudoir, sur lequel on s'agenouille pour prier. *Des prie-Dieu.* ▶ **prière** [pʀijɛʀ] n. f. **1·** Mouvement de l'âme tendant à une communication spirituelle avec Dieu. *Une prière d'action de grâces. Être en prière,* prier. **2·** Suite de formules, parfois d'attitudes, exprimant ce mouvement de l'âme et consacrées par une Église, un culte (dans différentes religions). *Faire, dire sa prière, des prières. Les prières musulmanes.* **3·** Action de prier qqn ; demande instante. *Il finit par céder à sa prière. C'est une prière que j'ai à vous faire.* – ***À la prière de*** *qqn* : sur sa demande. – Ellipt. *Prière de* : vous êtes prié de. *Prière de répondre par retour du courrier.*

prieur, eure [pʀijœʀ] n. Supérieur(e) de certains couvents. ▶ **prieuré** n. m. Couvent dirigé par un(e) prieur(e) ; église de ce couvent ; maison du prieur.

prima donna [pʀimadɔ(n)na] n. f. invar. Première chanteuse d'un opéra. → **cantatrice, diva.** *Des prima donna.*

1 **primaire** [pʀimɛʀ] adj. **1·** Qui est du premier degré, en commençant. *Élections primaires.* – *Enseignement primaire* et, n. m., *le primaire,* enseignement du premier degré, des classes qui (en France) précèdent la 6e (opposé à *secondaire, supérieur*). *L'école primaire* ou, n. f., *la primaire.* **2·** Qui est, qui vient en premier dans le temps, dans une série. *Couleurs primaires,* non mélangées (bleu, jaune, rouge), opposées aux *secondaires* (vert, orange, violet). → **complémentaire.** – *Ère primaire* et, n. m., *le primaire,* ère géologique, période de formation des terrains (dits *primaires*) où se rencontrent les plus anciens fossiles (opposé à *secondaire, tertiaire* et *quaternaire*). **3·** Se dit des activités économiques productrices de matières non transformées (agriculture, pêche, mines...), opposé à *secondaire* et *tertiaire. Le secteur primaire.*

2 **primaire** adj. (Esprit, idées...) Simpliste et peu ouvert. *Un raisonnement un peu primaire.* – N. *C'est un primaire.*

1 **primat** [pʀima] n. m. Prélat ayant la prééminence sur plusieurs archevêchés et évêchés. *L'archevêque de Lyon est primat des Gaules lyonnaises.* ▶ **primatial, ale, aux** [pʀimasjal, o] adj. *Église primatiale* et, n. f., *une primatiale.* ▷ **primature**

2 **primat** n. m. Littér. Primauté. *Le primat de la pensée.*

primate [pʀimat] n. m. **1·** Didact. Animal (mammifère) à dentition complète et à main préhensile. *Les grands singes et l'homme sont des primates.* **2·** Fam. Homme grossier, inintelligent (comparé à un singe). ▶ **primatologie** n. f. Didact. Science qui étudie les primates. ▶ **primatologue** n.

primature [pʀimatyʀ] n. f. En Afrique et Haïti. **1·** Fonction de Premier ministre. **2·** Services dépendant du Premier ministre ; bâtiments abritant ces services.

primauté [pʀimote] n. f. Caractère, situation de ce qu'on met au premier rang. *La primauté de l'intelligence sur les sentiments.* → **prééminence,** 2 **primat, suprématie.** *Avoir la primauté sur.* → **primer.**

1 **prime** [pʀim] adj. **1·** En loc. Premier (→ **abord, jeunesse**). **2·** Se dit en mathématique d'un symbole (lettre) qui est affecté d'un seul signe (en forme d'accent). *Les points A et A prime (A'). A et A* (A *prime* et A seconde).

2 **prime** n. f. **1·** Somme que l'assuré doit payer à l'assureur. *Elle vient de payer la prime d'assurance de sa moto.* **2·** Somme d'argent allouée à titre d'encouragement, d'aide ou de récompense. *Prime de transport,* destinée à couvrir les frais de transport. *Prime de fin d'année.* – *Prime à l'exportation.* – Iron. Ce qui encourage (à faire qqch.). *C'est une prime à l'agression.* **3·** Objet remis à titre gratuit à un acheteur. *Un paquet de lessive avec un porte-clés en prime.* – Plaisant. ***En prime*** : en plus, par-dessus le marché. **4·** *Faire prime,* être le plus recherché, être considéré comme le plus avantageux. ▶ 1 **primer** v. tr. < conjug. 1 > Récompenser par un prix. *Le jury du Festival de Cannes a primé son film.* – Au p. p. adj. *Film primé à Venise.*

2 **primer** v. intr. < conjug. 1 > (Choses) L'emporter (→ **primauté**). *Chez lui, c'est l'intelligence qui prime.* → **dominer.** – Transitivement. *Il estime que la force prime le droit.*

primerose [pʀimʀoz] n. f. Rose trémière.

primesautier, ière [pʀimsotje, jɛʀ] adj. Qui obéit au premier mouvement, agit, parle spontanément. → **spontané.** ≠ versatile. *Elle était gaie, primesautière.*

prime time [pRajmtajm] n. m. Anglic. Période de plus forte écoute des programmes de télévision, en début de soirée.

primeur [pRimœR] n. f. Littér. Caractère de ce qui est tout nouveau. *Vous en aurez la primeur, je vous en réserve la primeur,* vous serez le premier à l'avoir, à en bénéficier.

primeurs [pRimœR] n. f. pl. Premiers fruits, premiers légumes récoltés dans leur saison. *Marchand de primeurs.*

primevère [pRimvɛR] n. f. Plante herbacée à fleurs jaunes qui fleurit au printemps. → **coucou.**

primi- [pRimi] Élément signifiant «premier, pour la première fois». → **primo-.** ▶ **primipare** [pRimipaR] adj. et n. f. Didact. Qui met bas, accouche pour la première fois (opposé à *multipare*). *Une jument primipare. Une femme primipare.* – N. f. *Une primipare.*

primitif, ive [pRimitif, iv] adj. et n. **I·** Adj. **1·** Qui est à son origine ou près de son origine. *L'homme primitif,* tel qu'il était à l'apparition de l'espèce. **2·** Qui est le premier, le plus ancien. *Dans sa forme primitive.* → **initial, originaire, originel.** / contr. actuel / *Cette étoffe a perdu sa couleur primitive.* **3·** Qui est la source, l'origine (d'une autre chose de même nature). *Le sens primitif d'un mot* (opposé à *extension,* à *sens figuré*). → **étymologique, original, premier. 4·** Se dit (à tort) des groupes humains sans écriture (à tradition orale), et dont les formes sociales et les techniques sont différentes de celles des sociétés plus complexes, dont l'histoire est connue. *Les sociétés primitives, les peuples primitifs.* – Relatif à ces peuples. *L'art primitif.* **5·** Qui a les caractères de simplicité, de grossièreté qu'on attribue aux hommes des sociétés dites (à tort) primitives. → **fruste, inculte.** *Il est un peu primitif.* **II·** N. m. **1·** Personne appartenant à un groupe social dit primitif (I, 4). *Les primitifs d'Australie.* → **aborigène. 2·** Artiste (surtout peintre) antérieur à la Renaissance, en Europe occidentale. *Les primitifs flamands, italiens.* ▶ **primitivement** adv. À l'origine, initialement.

primo [pRimo] adv. D'abord, en premier lieu (opposé à *secundo* et *tertio*). → **premièrement.**

primo- Élément signifiant «premier, pour la première fois». → **primi-.** ▶ **primo-accédant, ante** [pRimoaksedɑ̃, ɑ̃t] n. Personne qui accède à la propriété, acquiert pour la première fois un bien immobilier. *Prêt aux primo-accédants.* ▶ **primo-délinquant, ante** [pRimodelɛ̃kɑ̃, ɑ̃t] n. Délinquant interpellé et jugé pour la première fois. *Les primo-délinquants et les récidivistes.* ▶ **primo-infection** [pRimoɛ̃fɛksjɔ̃] n. f. Infection qui se produit pour la première fois. (Se dit surtout pour la **tuberculose.**) *Des primo-infections.*

primordial, ale, aux [pRimɔRdjal, o] adj. Qui est de première importance. → **capital, essentiel, fondamental.** *Son rôle a été primordial.*

prince [pRɛ̃s] n. m. **1·** Littér. Celui qui possède une souveraineté (à titre personnel et héréditaire) ; celui qui règne. → **monarque, roi, souverain.** *Les courtisans d'un prince.* – Loc. *Le fait du prince,* acte du gouvernement, du pouvoir (surtout considéré comme astreignant et arbitraire). *Les princes qui nous gouvernent,* les dirigeants. – *Être* ***bon prince*** : faire preuve de générosité, de bienveillance, de tolérance. **2·** Celui qui appartient à une famille souveraine, sans régner lui-même ; titre porté par les membres de la famille royale, en France. *Le prince héritier.* → **dauphin.** *Les princes du sang,* les proches parents du souverain. *Le prince de Galles,* le fils aîné du souverain d'Angleterre. – *Le prince charmant* (des contes de fées). Loc. *Être vêtu, habillé comme un prince,* richement. **3·** Celui qui possède un titre conféré par un souverain ; en France, titulaire du plus haut titre de noblesse. **4·** Souverain régnant sur un État portant le nom de principauté. *Le prince de Monaco.* ▶ **prince de galles** [pRɛ̃sdəgal] adj. invar. et n. m. invar. (En hommage au prince de Galles) Tissu de laine, à lignes fines croisées de teinte uniforme sur fond clair. *Un costume en prince de galles.* ▶ **princesse** n. f. **1·** Fille ou femme d'un prince, fille d'un souverain. *La princesse Palatine.* **2·** Souveraine d'une principauté. **3·** Loc. fam. *Aux frais de la princesse,* de l'État, d'une collectivité. *Il fait un voyage aux frais de la princesse.* ▶ **princier, ière** adj. **1·** Littér. De prince, de princesse. *Titre princier.* **2·** Digne d'un prince. → **luxueux, somptueux.** *Un train de vie princier.* ▶ **princièrement** adv. *Il nous a reçus princièrement.*

1 **principal, ale, aux** [pRɛ̃sipal, o] adj. **1·** Qui est le plus important, le premier parmi plusieurs. → **capital, essentiel.** *Les principales puissances du monde.* → **premier.** *Il joue le rôle principal. Résidence principale* (opposé à *secondaire*). – En grammaire. *Proposition principale* ou, n. f., *principale,* qui ne dépend syntaxiquement d'aucune autre, et dont dépendent une ou plusieurs autres (subordonnées). *Dans «Je veux qu'il vienne», «Je veux» est la principale.* → **indépendant. 2·** N. m. (neutre) *C'est le principal,* la chose essentielle. *Le principal est de réussir.* → l'**important. 3·** (Personnes) *Elle est la principale intéressée dans cette affaire.* – *Commissaire princi-*

pal. ▶ **principalement** adv. Avant les autres choses, par-dessus tout. → **surtout.** *Elle en voulait principalement à son père.*

② **principal, aux** n. m. 1· Fonctionnaire de l'administration scolaire qui dirige un collège. *Le principal et le sous-directeur. Madame le principal.* → **proviseur.** 2· Premier clerc (*clerc principal*) d'un notaire.

principauté [prɛ̃sipote] n. f. Petit État indépendant dont le souverain porte le titre de prince ou de princesse. *La principauté d'Andorre.*

principe [prɛ̃sip] n. m. I· 1· Cause première originelle. *Dieu considéré comme le principe de l'univers.* 2· Source, origine (considérée comme naturelle) d'un phénomène observé ; mobile ou moteur d'une conduite humaine. / contr. conséquence, effet / *Nos actions ont pour principe notre liberté. Remonter jusqu'au principe. – Deux qualités qui procèdent du même principe.* 3· *Principe (actif)*, ingrédient principal (dans un mélange, un médicament). II· 1· Proposition première, posée et non déduite (dans un raisonnement, un syllogisme). → **hypothèse, postulat, prémisse.** *Principe posé a priori.* 2· Notion fondamentale, base (d'une science). *Les principes de la physique.* – Au plur. Connaissances de base. → **rudiment.** *Apprendre les premiers principes d'une science.* III· 1· Règle d'action s'appuyant sur un jugement de valeur et constituant un modèle ou un but. → **loi.** *Ériger, poser en principe que... Partir d'un principe.* Loc. *Une déclaration de principe. J'ai toujours eu pour principe de...* – Loc. *Faire, demander qqch.* ***Pour le principe :*** pour une raison théorique (et non par intérêt), sans trop y croire. 2· Au plur. Règles morales auxquelles qqn, un groupe est attaché. *Manquer à ses principes. Il n'est pas dans mes principes de... Faire de qqch. une question de principe.* – Absolt. *Avoir des principes. Une personne sans principes*, sans moralité. IV· Loc. ***Par principe :*** par une décision, une détermination a priori. *Il critique tout par principe.* – ***De principe.*** *Une hostilité de principe.* – ***En principe :*** théoriquement, d'après les principes. *En principe, il est d'accord, mais il peut changer d'avis.* ▷ **pétition de principe**

printemps [prɛ̃tɑ̃] n. m. invar. 1· La première des quatre saisons des climats tempérés, qui va du 21 mars au 21 juin dans l'hémisphère Nord, et où la température s'adoucit, la végétation renaît. *L'équinoxe de printemps. Un printemps précoce, tardif.* 2· Littér. Jeune âge. *Le printemps de la vie.* 3· Littér. Année. *Une jeune fille de seize printemps*, de seize ans. 4· Fig. Période de libéralisation. *Le printemps de Prague. Le printemps arabe.* ▶ **printanier, ière** [prɛ̃tanje, jɛʀ] adj. Du printemps. *Un temps printanier. Une tenue printanière*, légère, claire, fleurie. Fam. *Vous êtes bien printanière, avec cette robe !*

prion [pʀijɔ̃] n. m. Agent infectieux (forme altérée d'une protéine synthétisée naturellement par l'organisme) responsable de maladies par dégénérescence du système nerveux.

a priori → **a priori.**

priorité [pʀijɔʀite] n. f. 1· Qualité de ce qui vient, passe en premier, dans le temps. *Il faut en discuter en priorité*, en premier lieu. 2· Droit de passer le premier. *Laisser la priorité à une voiture.* – *Carte de priorité*, accordée à certaines personnes, dans les files d'attente. 3· Ce qui est prioritaire. *La qualité est notre priorité. La priorité des priorités.* ▶ **prioritaire** adj. Qui a la priorité, bénéficie de la priorité. *Les véhicules prioritaires*, police, pompiers, ambulances... ▶ **prioriser** v. tr. < conjug. 1 > 1· Donner la priorité à. *Il faut prioriser la qualité.* 2· Définir les priorités de. *Prioriser les besoins d'un foyer.*

pris, prise [pʀi, pʀiz] adj. (→ **prendre**) 1· Occupé. / contr. libre / *Cette place est-elle prise ? Il a toute sa semaine prise.* – (Personnes) Qui a des occupations. *Je suis pris toute la semaine.* 2· Littér. *Pris de vin*, ivre. *Un individu pris de boisson* (même sens). 3· Atteint d'une affection. *Avoir la gorge prise*, enflammée. 4· ***Bien pris :*** bien fait, mince. *Elle a la taille bien prise.* 5· Durci, coagulé. *La crème est prise.* → ② **prendre.**

① **prise** [pʀiz] n. f. Action de *prendre* (dans quelques emplois). I· 1· Manière de saisir et d'immobiliser l'adversaire. *Faire une prise de catch, de judo.* – Loc. ***Être aux prises :*** se battre avec, être en lutte contre. *Être aux prises avec qqn. Se trouver aux prises avec des difficultés. Mettre aux prises*, faire s'affronter. – ***Lâcher prise :*** cesser de tenir, de serrer ; abandonner. *Ce n'est pas le moment de lâcher prise !* 2· Endroit, moyen par lequel une chose peut être prise, tenue. – Endroit d'une paroi où l'on peut se tenir, prendre un point d'appui. *L'alpiniste cherchait une bonne prise.* – Loc. ***Donner prise :*** s'exposer, être exposé (à un danger, un inconvénient). *Son silence donne prise aux soupçons.* – ***Avoir prise sur :*** avoir un moyen d'agir sur. *Ils sont si désinvoltes qu'on n'a pas prise sur eux.* 3· Action de s'emparer. *La prise de la Bastille.* – *Prise de corps*, le fait pour la justice d'emprisonner un inculpé. 4· Capture ; personne, animal (en particulier poisson), chose dont on s'est emparé. *Une belle prise.* II· Dans des loc. ne correspondant pas à des loc. du verbe *prendre* (sauf 4). ***Prise de...*** (action d'utiliser, de prendre). 1· ***Prise d'armes :*** parade militaire en présence de soldats en armes pour une revue, une cérémonie. (*Prendre les armes* a un autre sens.) **2·** ***Prise de vues*** : tournage d'un plan, entre le déclenchement de la caméra et son arrêt (cinéma, télévision). – ***Prise de son*** : réglage d'un enregistrement sonore par le preneur de son. **3·** ***Prise de sang*** : prélèvement de sang pour l'analyse, la transfusion. **4·** ***Prise de médicament*** : dose, quantité de médicament administrée en une seule fois (→ **2 prise**). **5·** ***Prise directe*** : position du changement de vitesse d'une automobile dans laquelle la transmission du mouvement moteur est directe (opposé à *point mort*). Loc. *Être en prise directe sur...*, avoir une action directe sur... **III·** ***Prise de...*** (dispositif qui prend). **1·** ***Prise d'eau*** : robinet, tuyau, vanne où l'on peut prendre de l'eau. **2·** ***Prise de courant ; prise*** *(électrique)* : dispositif de contact, permettant de brancher une lampe, un appareil électrique. *Prise mâle ; prise femelle. Prise multiple* (multiprise). **3·** ***Prise de téléphone*** : dispositif de contact permettant de brancher un appareil sur le réseau téléphonique. **IV·** (Locutions nominales dérivées de *prendre*, sans article) Action, fait de se mettre à avoir, à faire. *Prise de contact. Prise de conscience, prise de position. Prise en charge, prise en considération.* ▷ **multiprise**

2 prise n. f. Dose, pincée (de tabac râpé) que l'on aspire par le nez. ▶ **1 priser** v. tr. < conjug. 1 > Aspirer (du tabac) par le nez. *On mettait le tabac à priser dans des tabatières.*

2 priser v. tr. < conjug. 1 > Littér. Apprécier, estimer. – Au p. p. adj. *Une qualité fort prisée*, à laquelle on accorde du prix*, de la valeur.

prisme [pʀism] n. m. **1·** Solide à deux bases parallèles et à faces rectangulaires. *Prisme triangulaire*, dont les bases sont des triangles. **2·** *Prisme (optique)*, prisme triangulaire de verre destiné à renvoyer une image ou à décomposer une lumière. *Le prisme d'un appareil photo reflex.* – Abstrait. *Voir à travers un prisme*, voir la réalité déformée. ▶ **prismatique** adj. **1·** Du prisme ; qui a la forme d'un prisme. **2·** Qui est muni de prismes optiques. *Jumelles prismatiques.* **3·** *Couleurs prismatiques*, résultant de la décomposition de la lumière solaire par un prisme (effet d'arc-en-ciel).

prison [pʀizɔ̃] n. f. **I· 1·** Établissement fermé aménagé pour recevoir des délinquants (condamnés à une peine privative de liberté) ou des prévenus en instance de jugement. *Être en prison.* → fam. **cabane, tôle.** *Mettre qqn en prison*, emprisonner, incarcérer. *Gardien de prison.* → **geôlier, maton.** – *Aimable comme une* ***porte de prison*** loc. fam. : se dit d'une personne très peu aimable. **2·** Local où qqn est ou se sent séquestré, enfermé. *L'otage est resté un an dans sa prison.* – Loc. *Vivre dans une prison dorée*, richement mais privé de liberté. *La princesse s'ennuyait dans sa prison dorée.* **II·** Peine privative de liberté subie dans ce local. → **emprisonnement, réclusion.** *Risquer la prison. Condamné à cinq ans de prison.* **III·** Fig. *Être en prison.* **1·** Jeux (de l'oie...). Devoir passer son tour un certain nombre de fois. **2·** Sports (hockey sur glace). Être exclu du jeu pour avoir commis une faute corporelle. ▶ **prisonnier, ière** n. et adj. **1·** Personne tombée aux mains de l'ennemi et maintenue en captivité. *Un camp de prisonniers. Il a été fait prisonnier. Échanger des prisonniers.* Loc. *Prisonniers de guerre* (pour distinguer du sens 2). **2·** Personne qui est détenue dans une prison. → **détenu.** – Personne que prend, qu'arrête la police. *Se constituer prisonnier*, se livrer à la police. **3·** Adj. Qui est séquestré ou maintenu dans une position où il (elle) perd toute liberté d'action. – Abstrait. *Il était prisonnier de ses préjugés.* → **esclave.** *Le voilà prisonnier de ses mensonges.* ▷ **emprisonner**

privation [pʀivasjɔ̃] n. f. **1·** Action de priver (d'une chose dont l'absence entraîne un dommage) ; le fait d'être privé ou de se priver. → **défaut, manque.** *La privation d'un bien. Être condamné à la privation des droits civils.* **2·** Souvent au plur. Le fait d'être privé de choses nécessaires ou de s'en priver volontairement. *Endurer les pires privations. Elle menait une vie de privations.* ▶ **1 privatif, ive** adj. **1·** En grammaire. Se dit d'un élément qui marque la privation, l'absence d'un caractère donné. *Préfixes privatifs* (→ **a- ; in-, non-, sans-**). **2·** Qui entraîne la privation (de qqch.). *Peine privative de liberté*, la prison.

privautés [pʀivote] n. f. pl. Trop grandes familiarités, libertés excessives (en particulier à l'égard d'une femme). *Prendre des privautés avec qqn.*

privé, ée [pʀive] adj. **1·** Où le public n'a pas accès, n'est pas admis. / contr. public / *Voie privée. Propriété privée, entrée interdite.* – ***En privé*** loc. adv. : seul à seul. *Puis-je vous parler en privé ?* **2·** Individuel, particulier (opposé à *collectif, commun, public*). *Des intérêts privés.* **3·** Personnel. → **intime.** *Sa vie privée ne regarde que lui.* **4·** Qui n'a aucune part aux affaires publiques. *En tant que personne privée*, en tant que simple citoyen. → **particulier.** – (Opposé à *officiel*) *C'est à titre privé qu'il participait à la cérémonie. De source privée, on apprend que...* → **officieux.** **5·** (Opposé à *public*) Qui n'est pas d'État, ne dépend pas de l'État. *Enseignement privé. Les entreprises privées, le secteur privé* (opposé à *secteur public, nationalisé*). – N. m. Fam. *Dans le privé*, dans le secteur privé. **6·** *Détective* privé.* – N. m. *Un privé.* ▶ **2 privatif, ive** adj. Dont on a la jouissance exclusive (sans être propriétaire).

Appartement à louer, avec jardin privatif. ▶ **privatiser** v. tr. < conjug. 1 > (État) Transférer au secteur privé (une entreprise publique). → **dénationaliser.** – Au p. p. *Banque privatisée par un gouvernement prônant le libéralisme.* ▶ **privatisation** n. f. Fait de privatiser, de faire gérer par une entreprise privée. *La privatisation d'une chaîne de télévision publique.* / contr. nationalisation /

priver [pʀive] v. tr. < conjug. 1 > **1·** Empêcher (qqn) de jouir, de profiter (d'un bien, d'un avantage présent ou futur). *Il a été privé de dessert. On l'a privé de ses droits.* – (Suj. chose) *La peur le prive de tous ses moyens.* **2·** ***Se priver*** v. pron. réfl. : renoncer à qqch. volontairement. → se **refuser.** *Il se prive de tout.* – *Elle ne se priva pas de vous dénigrer,* elle vous dénigre souvent. → s'**abstenir.** – Sans compl. S'imposer des privations. *Il n'aime pas se priver.* ▷ **privation**

privilège [pʀivilɛʒ] n. m. **1·** Droit, avantage particulier accordé à un individu ou à une collectivité, en dehors de la loi commune. *Les privilèges des nobles et du clergé sous l'Ancien Régime.* → **prérogative.** *Un privilège exorbitant.* **2·** Avantage (que confère qqch.). *Les privilèges de la fortune.* **3·** Apanage exclusif (d'un être, une chose). *La pensée est le privilège de l'espèce humaine. J'ai eu le privilège de la rencontrer.* ▶ **privilégié, ée** adj. **1·** Qui bénéficie d'un ou de divers privilèges. *Créancier privilégié,* prioritaire. **2·** Qui jouit d'avantages matériels et sociaux considérables. / contr. défavorisé / *Les classes privilégiées.* N. *Les privilégiés.* → **nanti, riche.** – Qui a de la chance. *Nous avons été privilégiés, nous avons eu un temps splendide.* **3·** Littér. (Choses) Qui convient mieux que tout autre (à telle personne, à telle chose). *Un lieu privilégié.* ▶ **privilégier** v. tr. < conjug. 7 > **1·** Avantager. *Personne ne sera privilégié.* → **favoriser.** **2·** Considérer (qqch.) comme privilégié, comme particulièrement favorable. *On a tort de privilégier les mathématiques (aux dépens des autres disciplines).*

prix [pʀi] n. m. invar. **I· 1·** Ce qu'il faut payer pour acquérir un bien, un service. → **coût, valeur.** *Le prix d'une marchandise. À quel prix est ce manteau ?,* combien coûte-t-il, vaut-il ? *Payer le prix de qqch.,* y mettre le prix. *Prix fixe, prix unique* (pour un même produit). *Vendre à bas, à vil prix. Casser les prix. À prix cassés.* → **solde.** *Le dernier prix,* celui qui n'est plus modifié, dans un marchandage. *Un prix exorbitant. Au prix fort,* sans remise ; avant la baisse. *Ça coûte un prix fou,* excessif. *Prix d'ami,* consenti par faveur (plus bas). ***Prix de revient*** : comprenant tout ce qui constitue la valeur du bien avant sa mise en vente au détail. ≠ bénéfice, plus-value. – *Prix T. T. C.,* toutes taxes comprises (opposé à *hors taxes*). *Hausse des prix.* → **inflation.** *N'avoir pas de prix,* être ***hors de prix*** : être de très grande valeur. → **inestimable.** – *Mettre à prix,* proposer en vente. *Mise à prix,* prix initial dans une vente aux enchères. *Mettre à prix la tête de qqn,* promettre une récompense en argent à qui le capturera, le tuera. – *À prix d'or,* contre une forte somme. **2·** Étiquette, marque indiquant le prix d'un objet. *Enlevez le prix, s'il vous plaît, c'est pour un cadeau.* **3·** Vx. *Le prix du sang,* la peine qu'il faut subir pour avoir causé la mort d'une personne. **4·** Ce qu'il en coûte pour obtenir qqch. *Le prix du succès, de la réussite.* → **rançon.** – Loc. *J'apprécie votre geste à son juste prix. Donner du prix à,* de la valeur. – *Ils ne céderont à aucun prix,* quelles que puissent être les compensations. *À tout prix,* quoi qu'il puisse en coûter. *Au prix de,* en échange de (tel ou tel sacrifice). **II· 1·** Récompense destinée à honorer la personne qui l'emporte dans une compétition. *Les prix Nobel. Prix littéraires. Le prix Goncourt.* – Récompenses décernées aux premiers, dans chaque discipline, dans un établissement scolaire. *Prix d'excellence. Distribution des prix.* **2·** Le lauréat. *C'est un premier prix du Conservatoire.* **3·** (En parlant de l'œuvre qui a été récompensée) *Avez-vous lu le prix Goncourt ?* **4·** Épreuve à l'issue de laquelle est décernée cette récompense. *Grand prix automobile.* ▷ **commissaire-priseur, mépris, ② priser**

pro [pʀo] n. et adj. Professionnel. *Une pro. Des pros de la course automobile.* – Adj. *Des mécaniciens très pros.*

pro- Élément signifiant « en avant » (ex. : *propulsion*), « plus loin » (ex. : *prolonger*), « publiquement » (ex. : *proclamer*), ou « en faveur de » (ex. : *profrançais, procommuniste,* etc. → **phil-**). → aussi **proto-.** / contr. anti-, -phobe / ▶ **proactif, ive** [pʀoaktif, iv] adj. Qui anticipe les attentes, prend l'initiative de l'action. *C'est un employé proactif et motivé.* – *Une stratégie proactive.*

probable [pʀɔbabl] adj. **1·** Qui peut être ; qui est plutôt vrai que faux. *Une hypothèse probable.* **2·** Qui peut être prévu raisonnablement. *La réussite probable de ses efforts.* → **vraisemblable.** / contr. improbable / – Impers. *Il est probable qu'il viendra, peu probable qu'il vienne.* – Ellipt. Fam. *Probable,* c'est probable. *Probable que c'est la première fois.* ▶ **probablement** adv. Vraisemblablement. *C'est probablement ce qui va se produire. Probablement que...,* il est probable que. ▶ **probabilisme** n. m. Position philosophique qui renonce à la certitude et se fonde sur la probabilité la plus grande. ▶ **probabilité** n. f. **1·** Caractère de ce qui est probable. *Selon toute probabilité.* → **vraisemblance.** **2·** *Probabilité forte,* *faible, nulle,* chance calculée qu'un événement donné se produise ou n'ait pas lieu (parmi d'autres). – *Calcul des probabilités,* partie des mathématiques qui évalue les chances statistiques qu'un phénomène se produise ou non. **3·** Apparence, indice qui laisse à penser qu'une chose est probable. *Opinion fondée sur de simples probabilités.* ▷ **improbable**

probant, ante [pʀɔbɑ̃, ɑ̃t] adj. Qui prouve sérieusement. *Un argument probant.* → **concluant, convaincant, décisif.** *Ce n'est pas très probant.*

probatoire [pʀɔbatwaʀ] adj. Didact. Qui permet de vérifier le niveau d'un candidat. *Examen, test, stage probatoire.*

probe [pʀɔb] adj. Littér. (Personnes) Honnête, intègre. ▶ **probité** n. f. Vertu qui consiste à observer scrupuleusement les règles de la morale sociale, les devoirs imposés par la justice. → **honnêteté, intégrité.** *Doutez-vous de ma probité ?*

problème [pʀɔblɛm] n. m. **1·** Question à résoudre qui prête à discussion, dans une science. *Poser, soulever un problème, un faux problème. Résoudre un problème. C'est la clef du problème.* – Question à résoudre, portant soit sur un résultat inconnu à trouver à partir de données, soit sur la méthode à suivre pour obtenir un résultat supposé connu. *Énoncé, solution d'un problème. Faire un problème d'algèbre.* **2·** Difficulté qu'il faut résoudre pour obtenir un résultat ; situation instable ou dangereuse exigeant une décision. → **question.** *Les problèmes de la circulation. Les problèmes sociaux, de politique étrangère.* – Loc. *Faire, poser problème,* présenter des difficultés. – (Sens affaibli) *Un problème, des problèmes d'argent.* → **ennui.** – Fam. *Il n'y a pas de problème,* c'est une chose simple, évidente. *Sans problème* (en réponse), facilement. – *Problèmes psychologiques* ou, absolt, *problèmes,* conflit affectif, difficulté à trouver un bon équilibre psychologique. *Il est à l'âge où l'on a des problèmes.* ▶ **problématique** adj. et n. f. **1·** Dont l'existence, la vérité, la réussite est douteuse. *La victoire est problématique.* **2·** N. f. Ensemble de questions posées dans un domaine de la science, de la philosophie, de la politique.

procédé [pʀɔsede] n. m. **1·** Façon d'agir à l'égard d'autrui. → **comportement, conduite.** *Je n'ai pas apprécié ses procédés.* – Loc. *Échange de bons procédés,* services rendus réciproquement. **2·** Méthode employée pour parvenir à un certain résultat. *Un procédé technique.* – Péj. *Cela sent le procédé,* la recette, l'artifice.

① **procéder** [pʀɔsede] v. intr. < conjug. 6 > Littér. *Procéder de :* tirer son origine de. → **découler, dépendre.** *Ces œuvres procèdent du même courant d'idées, de la même veine.*

② **procéder** v. tr. ind. < conjug. 6 > **1·** *Procéder à :* faire, exécuter (un travail complexe, une opération). *Les constructeurs ont d'abord fait procéder à une étude géologique. On a procédé à une enquête.* **2·** Intransitivement. Agir d'une certaine manière. *Procédons par ordre.* ▷ **procédé, procédure**

procédure [pʀɔsedyʀ] n. f. **1·** Manière de procéder juridiquement ; série de formalités qui doivent être remplies. *Quelle est la procédure à suivre ? Procédure de divorce. Engager, intenter, introduire une procédure.* **2·** Branche du droit qui détermine ou étudie les règles d'organisation judiciaire (compétence, instruction des procès, exécution des décisions de justice...). *Code de procédure civile.* ▶ **procédurier, ière** adj. Péj. Qui est enclin à la procédure, à la chicane.

① **procès** [pʀɔsɛ] n. m. invar. **1·** Litige soumis à un tribunal. → ① **instance.** *Faire, intenter un procès à qqn. Être en procès avec qqn. Gagner, perdre un procès.* **2·** Fig. *Faire le procès de,* faire la critique systématique de (une personne, une chose). → **accuser, attaquer, condamner.** **3·** Loc. *Sans autre forme de procès,* sans autre formalité, purement et simplement. *On l'a renvoyé sans autre forme de procès.* ▷ **procès-verbal**

② **procès** n. m. invar. Didact. Processus ; action, état qu'exprime un verbe.

processeur [pʀɔsesœʀ] n. m. Organe (d'un ordinateur) qui interprète et exécute les instructions. ▷ **microprocesseur**

procession [pʀɔsesjɔ̃] n. f. **1·** Défilé religieux qui s'effectue en chantant et en priant. *La procession de la Fête-Dieu.* **2·** Longue suite de personnes qui marchent à la file ou qui se succèdent à brefs intervalles. *Que de visites ! une vraie procession.*

processus [pʀɔsesys] n. m. invar. **1·** Ensemble des phénomènes convergents et successifs, qui correspondent à un changement, ont une unité, un but. → **évolution,** ② **procès.** *Un processus biologique, industriel, économique* (→ **procédé,** 2). **2·** Suite d'opérations aboutissant à un résultat. *Le processus de paix.*

procès-verbal, aux [pʀɔsɛvɛʀbal, o] n. m. **1·** Acte dressé par une autorité compétente et qui constate un fait entraînant des conséquences juridiques. → **constat.** *Rédiger, dresser un procès-verbal.* → **verbaliser.** *L'huissier est venu faire le procès-verbal de la saisie. Avoir un procès-verbal pour excès de vitesse* → **contravention** ; fam.

② contredanse, p.-v. *Des procès-verbaux.* **2·** Relation officielle écrite de ce qui a été dit ou fait dans une réunion, une assemblée, etc.

① **prochain, aine** [pʀɔʃɛ̃, ɛn] adj. **1·** Vx. (Dans l'espace) Qui est proche. *Dans la forêt prochaine.* → **voisin.** **2·** (Dans le temps) Qui est près de se produire. *J'irai à la prochaine occasion. Un jour prochain, un prochain jour.* → **proche.** **3·** Qui suit immédiatement (le moment présent). *La semaine prochaine. L'été prochain. La prochaine fois,* la première fois que la chose se reproduira. *À la prochaine fois* ; fam. *À la prochaine !* (formule de départ, de séparation). *Le prochain train part dans une heure et le suivant demain seulement. Je descends à la prochaine station. Vous descendez à la prochaine* (station) ? ▶ **prochainement** adv. → **bientôt.** *Je reviendrai prochainement.*

② **prochain** n. m. sing. Personne, être humain considéré comme un semblable. *L'amour du prochain. Dire du mal de son prochain,* des autres. ≠ proche (4).

proche [pʀɔʃ] adj. **I·** Qui est à peu de distance (→ **proximité, rapprochement**). / contr. lointain ; éloigné / **1·** (Dans l'espace) Voisin. *La gare est proche, tout proche, toute proche de la ville.* **2·** (Dans le temps) Littér. Qui va bientôt arriver, qui est arrivé il y a peu de temps. *La fin est proche.* → **approcher.** *Des événements tout proches de nous.* **3·** Abstrait. Qui est peu différent. *Mon opinion est proche de la vôtre.* **4·** Qui a des affinités avec, de la sympathie pour (qqn, un groupe). *Un ami très proche.* – N. Personne qui partage les idées de qqn, qui travaille en étroite collaboration avec qqn. *Un proche du ministre.* **5·** Dont les liens de parenté sont étroits. *Un proche parent.* – N. *Les proches :* les parents. *Tous ses proches l'ont abandonné.* ≠ ② prochain. **II·** *De proche en proche* loc. adv. En avançant par degré, peu à peu. ▷ **approcher,** ① **prochain**

proclamer [pʀɔklame] v. tr. < conjug. 1 > **1·** Publier ou reconnaître solennellement (comme une chose positive) par un acte officiel. *Proclamer le résultat d'un scrutin. L'indépendance est proclamée !* **2·** Annoncer ou déclarer hautement auprès d'un vaste public. → **clamer, crier.** *L'accusé a proclamé son innocence. Ils proclament que la justice triomphera.* ▶ **proclamation** n. f. **1·** Action de proclamer. → **annonce, déclaration, publication.** *La proclamation de la République.* **2·** Discours ou écrit public contenant ce qu'on proclame. *Afficher une proclamation.* ▷ **s'autoproclamer**

proconsul [pʀɔkɔ̃syl] n. m. Dans l'Antiquité. Titre, nom donné aux gouverneurs des provinces romaines (en principe anciens consuls). ▶ **proconsulat** n. m.

procréer [pʀɔkʀee] v. tr. < conjug. 1 > Littér. (Espèce humaine) Engendrer. ▶ **procréateur, trice** adj. et n. ▶ **procréation** n. f.

procurateur [pʀɔkyʀatœʀ] n. m. Dans l'Antiquité romaine. Représentant de l'empereur dans une province. *Ponce-Pilate, procurateur de Judée.* ≠ procureur.

procuration [pʀɔkyʀɑsjɔ̃] n. f. **1·** Document par lequel on autorise autrui à agir à sa place. → **mandat.** *Je vais vous signer une procuration.* **2·** *Par procuration :* en remettant à un autre le soin d'agir, de parler à sa place.

procurer [pʀɔkyʀe] v. tr. < conjug. 1 > **1·** Obtenir pour qqn (qqch. d'utile ou d'agréable). → **donner, fournir.** *Il faut lui procurer un emploi.* → **trouver.** **2·** *Se procurer* v. pron. : obtenir pour soi. → **acquérir.** *Se procurer de l'argent. Elle s'est procuré ce livre.* **3·** (Suj. chose) Être la cause ou l'occasion de (pour qqn qui en retire l'avantage). → **causer, occasionner.** *Le plaisir que nous procure la lecture.* ▷ **procuration, procureur**

procureur n. ou, au fém., **procureure** [pʀɔkyʀœʀ] **1·** Rare. Titulaire d'une procuration juridique. **2·** *Procureur de la République :* représentant du ministère public près du tribunal de grande instance. *Le procureur de la République reçoit les plaintes.* → ② **parquet.** *Procureur général,* représentant du ministère public devant la Cour de cassation, la Cour des comptes et les cours d'appel. *Elle est procureur ou procureure.* ≠ procurateur.

prodigalité [pʀɔdigalite] n. f. **1·** Caractère d'une personne prodigue. / contr. avarice / **2·** Souvent au plur. Dépense excessive. *Il s'est ruiné par ses prodigalités.*

prodige [pʀɔdiʒ] n. m. **I· 1·** Événement extraordinaire, de caractère magique ou surnaturel. → **miracle.** – Loc. *Tenir du prodige,* se dit d'une chose extraordinaire dans son genre, inexplicable. **2·** Action très difficile qui émerveille. *Vous avez fait des prodiges ! Un, des prodiges de,* action, chose extraordinaire en matière de... *Des prodiges de courage.* **II·** Personne extraordinaire par ses dons, ses talents. *C'est un petit prodige.* – En appos. *Enfant prodige,* exceptionnellement doué pour son âge. *Des enfants prodiges.* ≠ prodigue. ▶ **prodigieux, euse** adj. Extraordinaire. → **étonnant, surprenant.** *Une quantité prodigieuse.* → **considérable.** *Sa force était prodigieuse. Un artiste, un talent prodigieux.* ▶ **prodigieusement** adv. Extraordinairement.

prodigue [pʀɔdig] adj. **1·** Qui fait des dépenses excessives ; qui dilapide son bien. → **dépensier ; prodigalité.** – *L'enfant prodigue,* qui revient chez son père après avoir dilapidé sa fortune (allusion à l'Évangile selon saint Luc). – PROV. *À père avare, fils prodigue.* ≠ prodige. **2·** *Prodigue de :* qui distribue, donne abondamment (qqch.). → **prodiguer.** *Il est prodigue de compliments.* / contr. économe / ▶ **prodiguer** v. tr. < conjug. 1 > **1·** Accorder, distribuer sans compter, en grand nombre. *On lui a pourtant prodigué des recommandations. Les soins que sa mère lui a prodigués.* **2·** *Se prodiguer* v. pron. : se dépenser sans compter. ▷ **prodigalité**

prodrome [pʀɔdʀom] n. m. **1·** Littér. Ce qui annonce un événement. *Les prodromes d'une guerre.* **2·** Au plur. En médecine. Premiers symptômes d'une maladie.

producteur, trice [pʀɔdyktœʀ, tʀis] adj. et n. **I·** Adj. Qui produit, qui crée (qqch.). *Les forces productrices. Pays producteur d'électricité.* **II·** N. **1·** (Opposé à *consommateur*) Personne ou entreprise qui produit des biens ou assure des services. *Directement du producteur au consommateur,* sans intermédiaire. **2·** Personne ou société qui assure le financement d'un film, d'une émission télévisée. ▷ **coproducteur, reproducteur**

productif, ive [pʀɔdyktif, iv] adj. Qui produit, crée ; qui est d'un bon rapport. / contr. improductif / *Un travail productif. Capital productif d'intérêts.* ▶ **productivité** n. f. **1·** Caractère productif. *La productivité d'un placement.* **2·** Rapport du produit aux coûts de production. *Accroître la productivité en remplaçant les ouvriers par des machines, en formant professionnellemnt les ouvriers. Investissement et productivité.* ▷ **improductif**

production [pʀɔdyksjɔ̃] n. f. **1·** Action de provoquer (un phénomène) ; fait ou manière de se produire. *Il y a eu production de gaz carbonique.* **2·** Ouvrage (de l'art ou de l'esprit) ; ensemble des œuvres (d'un artiste, d'un genre ou d'une époque). *La production dramatique du XVIIe siècle.* **3·** (Terre, entreprise) Le fait de produire (plus ou moins) ; les biens créés par l'agriculture ou l'industrie. *Une production élevée. La production annuelle de cette entreprise. Les productions du sol, du sous-sol.* → **produit.** *La production d'un nouveau modèle.* → **fabrication.** – Absolt. (Opposé à *la consommation*) Le fait de produire des biens matériels et d'assurer des services ; l'ensemble des activités, des moyens qui le permettent. *Les moyens de production,* terre, instruments, machines. *Les forces de production,* capital, travail, technique. **4·** Le fait de produire (un film, une émission de télévision). *La société X a assuré la production de ce film.* – Le film lui-même. *Une production à grand spectacle* (dite *superproduction*). ▷ **coproduction, reproduction, surproduction**

produire [pʀɔdɥiʀ] v. tr. < conjug. 38 > **I· 1·** Causer, provoquer (un phénomène). *Cette nouvelle produisit sur lui une vive impression.* → **faire.** – Au p. p. adj. *L'effet produit a été désastreux.* **2·** Composer (une œuvre). → **écrire.** – Sans compl. *Un romancier qui produit beaucoup.* **3·** Former naturellement, faire naître. *Cet arbre produit de beaux fruits.* → **donner.** *L'E. N. A. produit la plupart des hauts fonctionnaires.* **4·** Faire exister, par une activité économique. *Ce pays produit dix millions de tonnes d'acier par an.* → **producteur.** / contr. consommer / **5·** Assurer la réalisation matérielle de (un film, une émission), par le financement et l'organisation. → **producteur** (II, 2), **production** (4). **II·** Présenter (un document). *Produire un certificat.* → **fournir. III·** *Se produire* v. pron. **1·** Jouer, paraître en public au cours d'une représentation. *C'est la première fois qu'il se produit sur cette scène.* **2·** (Choses) Arriver, survenir. *Cela peut se produire.* Impers. *Il se produisit un incident.* ▷ **producteur, productif, production, produit, reproduire**

produit [pʀɔdɥi] n. m. **I·** *Le produit de.* **1·** Ce que rapporte (une propriété, une activité). → **bénéfice, profit, rapport.** *Vivre du produit de ses terres. Produit brut,* avant déduction des taxes, des frais. *Produit net,* après déduction des charges et des frais. – *Produit intérieur brut* (abrév. *P. I. B.*), somme des valeurs créées en un an par un pays à l'intérieur de ses frontières. *Produit national brut* (abrév. *P. N. B.*), somme du P. I. B. et des valeurs créées à l'étranger. **2·** Nombre qui est le résultat d'une multiplication. *Le produit de deux facteurs.* – Résultat (d'opérations mathématiques). **II· 1·** *Un, les produits de :* chose qui résulte d'un processus naturel, d'une opération humaine. *Les produits de la terre. Les produits de la distillation du pétrole.* – *Le produit de son imagination.* → **fruit. 2·** Production de l'agriculture ou de l'industrie. *Produits fabriqués, manufacturés* (opposé à *matières premières*). *Produits bruts, semi-finis, finis. Produits pharmaceutiques, chimiques. Produits d'entretien,* nécessaires à l'entretien des objets ménagers. *Un nouveau produit pour la vaisselle.* ▷ **écoproduit, sous-produit**

proéminent, ente [pʀɔeminɑ̃, ɑ̃t] adj. Qui dépasse en relief ce qui l'entoure, forme une avancée. → **saillant.** *Nez, front proéminent.* ≠ prééminent. ▶ **proéminence** n. f. Littér. Caractère proéminent ; protubérance, saillie. ≠ prééminence.

prof [pʀɔf] n. Fam. → **professeur.** *Un, une prof. Des profs.*

profane [pʀɔfan] adj. et n. **1**· Littér. Qui est étranger à la religion (opposé à *religieux, sacré*). *L'art profane.* – N. m. *Le profane et le sacré.* **2**· N. m. et f. Personne qui n'est pas initiée à une religion. **3**· Adj. Qui n'est pas initié à un art, une science, etc. → **ignorant.** *Expliquez-moi, je suis profane en la matière.* – N. *Je suis une profane en musique.* / contr. connaisseur / – N. m. (Collectif) *Aux yeux du profane,* des gens profanes. ▷ **profaner**

profaner [pʀɔfane] v. tr. < conjug. 1 > **1**· Traiter sans respect (un objet, un lieu), en violant le caractère sacré. *Les vandales ont profané plusieurs tombes.* **2**· Faire un usage indigne, mauvais de (qqch.), en violant le respect qui est dû. → **avilir, dégrader.** *C'est profaner les plus beaux sentiments.* ▶ **profanateur, trice** n. et adj. Personne qui profane. ▶ **profanation** n. f. Action de profaner. *Profanation de sépulture.*

proférer [pʀɔfeʀe] v. tr. < conjug. 6 > Articuler à voix haute, prononcer avec force. *Il partit en proférant des menaces, des injures.*

professer [pʀɔfese] v. < conjug. 1 > **1**· V. tr. Littér. Déclarer hautement avoir (un sentiment, une opinion). *Ils professaient envers leur maître la plus vive admiration.* → faire ① **profession.** **2**· V. intr. Vx. Enseigner en qualité de professeur. *Il professe dans un lycée parisien.* ▶ **professeur** n. Personne rémunérée pour enseigner une discipline, un art, une technique ou des connaissances, d'une manière habituelle. → **enseignant,** fam. **prof.** *Professeur de collège, de lycée, de faculté. Elle est professeur d'anglais.* – Au Québec, n. f., **elle est professeure.** – *Professeur des écoles.* → **instituteur, maître.** ▶ **professoral, ale, aux** adj. Propre aux professeurs. *Le corps professoral.* – Péj. *Un ton professoral,* pédant. ▶ **professorat** n. m. État de professeur. → **enseignement.** ▷ **prof,** ① **profession**

① **profession** [pʀɔfɛsjɔ̃] n. f. **1**· Littér. Loc. *Faire profession de* (une opinion, une croyance), la déclarer publiquement, ouvertement. → **professer** (I). **2**· *Profession de foi :* manifeste. – Dans la religion catholique. *Profession de foi,* cérémonie au cours de laquelle le jeune chrétien renouvelle sa foi.

② **profession** n. f. **1**· Occupation déterminée dont on peut tirer ses moyens d'existence. → **métier.** *Quelle est votre profession ? Ma mère est sans profession. La profession de chef d'entreprise.* **2**· Métier qui a un certain prestige social ou intellectuel. → **carrière.** *La profession d'avocat. Les professions libérales. Embrasser, exercer une profession.* **3**· *De profession :* professionnel. *Un chanteur de profession.* ▶ **professionnel, elle** adj. et n. **1**· Relatif à la profession, au métier. *L'orientation professionnelle. Enseignement professionnel.* → **technique.** – (En France) *Certificat d'aptitude professionnelle* (C. A. P.), diplôme qui sanctionne le premier niveau d'apprentissage d'un métier. *Brevet d'études professionnelles* (B. E. P.), diplôme de qualification de l'ouvrier professionnel. **2**· De profession. *Sportif professionnel.* – N. (Football, cyclisme, tennis, etc.) *Les professionnels* (opposé à *amateur*). → fam. **pro.** – Iron. Se dit d'une habitude invétérée. *Un farceur professionnel.* **3**· N. Personne de métier (opposé à *amateur*). *C'est un vrai professionnel ;* fam. *Un vrai pro.* – Ouvrier spécialisé (appelé *P1, P2,* etc.). ▶ **professionnellement** adv. De façon professionnelle ; du point de vue de la profession. ▶ **professionnalisme** n. m. **1**· Condition des sportifs professionnels (opposé à *amateurisme*). **2**· Qualité de professionnel. → **compétence, sérieux.** *Un professionnalisme sans faille.* ▷ **socioprofessionnel**

profil [pʀɔfil] n. m. **1**· Aspect du visage vu par un de ses côtés. → **contour.** *Dessiner le profil de qqn.* → **silhouette.** *Profil grec,* conforme aux règles de la beauté antique. **2**· ***De profil*** *:* en étant vu par le côté (en parlant d'un visage, d'un corps). *Un portrait de profil. De face, de dos, de profil.* **3**· Représentation ou aspect (d'une chose dont les traits, le contour se détachent). → **silhouette.** *Le profil de la cathédrale se découpait sur le ciel.* **4**· Coupe perpendiculaire (d'un bâtiment ou d'une de ses parties). – Coupe géologique. *Le profil d'un lit de rivière.* **5**· Ensemble d'aptitudes, de qualités (requises pour un emploi). *Le profil moyen des candidats. Il n'a pas le bon profil pour ce poste.* **6**· Dessin d'une courbe statistique. Fam. *Un profil bas,* une attitude réservée (en politique). ▷ **profiler**

profiler [pʀɔfile] v. tr. < conjug. 1 > **I**· **1**· (Choses) Présenter (ses contours) avec netteté. **2**· Établir en projet ou en exécution le profil de. *Profiler une carlingue.* **II**· ***Se profiler*** v. pron. **1**· (Construction) Avoir un profil déterminé. **2**· Se montrer en silhouette, avec des contours précis. → se **découper,** se **dessiner,** ① se **détacher.** *Les tours se profilaient sur le ciel.* ▶ **profilé, ée** adj. et n. m. Auquel on a donné un profil déterminé. – N. m. Pièce fabriquée suivant un profil déterminé. *Profilés métalliques.*

profileur, euse [pʀofilœʀ, øz] n. anglic. Spécialiste qui dresse le profil psychologique d'un criminel pour chercher à l'identifier.

profit [pʀɔfi] n. m. **1**· Augmentation des biens que l'on possède, ou amélioration de situation qui résulte d'une activité. → **avantage, bénéfice.** / contr. dommage, perte / *Il ne cherche que son profit.* – Loc. *Il y a du profit, il y a profit à* (telle chose, faire telle chose). *Faire qqch. avec (sans) profit. Avoir le profit de qqch.,* en profiter. *Tirer profit* *de qqch.*, en faire résulter qqch. de bon pour soi. → **exploiter, utiliser.** *Mettre à profit,* utiliser de manière à tirer tous les avantages possibles. – ***Au profit de** qqn, qqch.* : (a) de sorte que la chose en question profite à. / contr. aux dépens, au détriment, au préjudice / *Fête donnée au profit d'œuvres humanitaires.* → au **bénéfice.** (b) En agissant pour le bien, l'intérêt de qqn. *Trahir qqn au profit de qqn d'autre.* – Fam. (Choses) *Faire du profit, beaucoup de profit,* être d'un usage économique. → **durer, servir. 2·** *(Un, des profits)* Gain, avantage financier que l'on retire d'une chose ou d'une activité. *Grand(s), petit(s) profit(s).* – *Le profit,* ce que rapporte une activité économique. *Salaires et profits.* → **plus-value.**

profiter [pʀɔfite] v. tr. ind. < conjug. 1 > **1·** ***Profiter de*** : tirer avantage de. / contr. gâcher, négliger / *Il faut profiter de l'occasion.* → **saisir.** – ***Profiter de** qqch.* ***pour*** : y trouver une occasion pour. *Il a profité de l'absence de gardes pour se sauver. Il en a profité. Il profita de ce que je ne le voyais pas.* – ***Profiter de** qqn* : tirer le maximum de lui. **2·** Fam. Se développer, se fortifier. *Cet enfant a bien profité.* **3·** (Choses) ***Profiter à** qqn* : apporter du profit ; être utile (à). → **servir.** *Vos conseils nous ont bien profité.* – Sans compl. Loc. prov. *Bien mal acquis ne profite jamais.* – Fam. ou région. Être d'un usage avantageux, économique. *C'est un plat qui profite.* ▶ **profitable** adj. Qui apporte un profit, un avantage. → **avantageux, bénéfique, utile.** *Cette leçon lui sera peut-être profitable.* / contr. néfaste / ▶ **profiteur, euse** n. Péj. Personne qui tire des profits malhonnêtes ou immoraux (de qqch.). *Les profiteurs de guerre.* ▷ **profit**

profiterole [pʀɔfitʀɔl] n. f. Petit chou fourré de glace à la vanille et nappé de chocolat chaud. *Elle adore les profiteroles.*

profond, onde [pʀɔfɔ̃, ɔ̃d] adj. **I· 1·** Dont le fond est très bas par rapport à l'orifice, aux bords. *Un puits profond, peu profond* (il n'y a pas de contraire). *Profond de dix mètres,* qui a une profondeur de dix mètres. – (Eaux) Dont le fond est très loin de la surface. *Un endroit profond,* un bas-fond, où il y a du fond. **2·** Qui est loin au-dessous de la surface du sol ou de l'eau. → **bas.** *Une cave profonde. Racines profondes.* / contr. superficiel / – Loc. *Au plus profond de,* tout au fond de. **3·** Dont le fond est loin de l'orifice, des bords, dans quelque direction que ce soit. *Un placard profond. La rade est profonde. Un fauteuil profond.* **4·** (Trace, empreinte...) Très marqué. *Des rides profondes.* **5·** Qui évoque la profondeur de l'eau. *Un regard profond. Une nuit profonde.* → **épais.** *D'un vert profond,* foncé, intense. → **soutenu. 6·** (Mouvement, opération) Qui descend très bas ou pénètre très avant. *Un forage profond. Un profond salut,* où l'on s'incline très bas. **7·** Qui va au fond ou vient du fond des poumons. *Une aspiration profonde. Une voix profonde.* → **grave. II·** Abstrait. **1·** Qui va au fond des choses (en parlant de l'esprit, de ses activités). *C'est un esprit profond.* → **pénétrant.** / contr. superficiel / *De profondes réflexions.* **2·** Intérieur, difficile à atteindre. *La signification profonde d'une œuvre. Nos tendances profondes.* – *La France profonde,* la partie de la population qui représente la réalité la plus stable de la culture française. **3·** Très grand, extrême en son genre. *Un profond silence. Tomber dans un profond sommeil. Une profonde erreur. Éprouver une joie profonde.* → **intense. III·** Adv. Profondément ; bas. *Creuser très profond.* ▶ **profondément** adv. D'une manière profonde. *Creuser profondément la terre.* → **profond** (III). – *Dormir profondément. Respirez profondément,* à fond. *J'en suis profondément convaincu.* → **intimement.** *Je l'aime profondément.* → **vivement.** – *C'est profondément différent.* → **foncièrement.** *Il est profondément vexé.* → **extrêmement.** ▶ **profondeur** n. f. **I· 1·** Caractère de ce qui a le fond très bas ou éloigné des bords. *La profondeur du fossé.* – Endroit profond, très au-dessous de la surface. *Les profondeurs de l'océan* (→ **fonds**), *de la mine.* **2·** Dimension verticale (d'un corps, d'un espace à trois dimensions), mesurée de haut en bas. *Longueur, largeur et profondeur d'une boîte, d'un tiroir.* – Distance au-dessous de la surface (du sol, de l'eau). *À deux mètres de profondeur. La profondeur d'un puits.* – Dimension (horizontale) perpendiculaire à la face extérieure. *Hauteur, largeur et profondeur d'un tiroir.* – ***Profondeur de champ** d'un objectif photographique, d'une caméra* : espace dans les limites duquel les images sont nettes. **3·** Suggestion d'un espace à trois dimensions sur une surface. *La profondeur est rendue par la perspective.* **4·** Caractère de ce qui s'enfonce. *La profondeur d'un forage.* **II·** Abstrait. **1·** Qualité de ce qui va au fond des choses, au-delà des apparences. *Un esprit, une œuvre sans profondeur.* **2·** (Vie affective) Caractère de ce qui est durable, intense. *La profondeur d'un sentiment.* **3·** Loc. adv. ***En profondeur*** : de façon approfondie, jusqu'au fond des choses. *Nous devons agir en profondeur.* **4·** Partie la plus intérieure et la plus difficile à pénétrer. *La psychologie des profondeurs,* de l'inconscient (la psychanalyse).

profus, use [pʀɔfy, yz] adj. Littér. Qui se répand en abondance. → **abondant.** *Une lumière profuse.* ▶ **profusément** adv. De manière profuse. ▶ **profusion** n. f. **1·** Grande abondance. *Une profusion de cadeaux.* – Abondance excessive. → **surabondance.** *Une profusion d'ornements, de détails.* → **débauche. 2·** ***À profusion*** loc. adv. : en abondance. *Vous aurez tout à profusion.*

progéniture [pʀɔʒenityʀ] n. f. Littér. Les êtres engendrés (par un homme, un animal). → **enfant, petit.** – Plaisant. *Le père promenait sa progéniture.*

progestérone [pʀɔʒɛsteʀɔn] n. f. Hormone sécrétée après l'ovulation et pendant la grossesse. *La progestérone favorise la gestation.* ▶ **progestatif** n. m. Substance qui favorise le déroulement de la grossesse. *Progestatifs naturels* (ex. : la progestérone), *de synthèse.*

progiciel [pʀɔʒisjɛl] n. m. Programme informatique, logiciel vendu dans le commerce. *Un progiciel de comptabilité. Des progiciels.*

prognathe [pʀɔgnat] adj. Didact. (Êtres humains, certains animaux : singes...) Qui a les maxillaires proéminents. *Un visage prognathe.* – Qui a le maxillaire inférieur proéminent. *Elle est prognathe.*

programme [pʀɔgʀam] n. m. **1**· Écrit annonçant et décrivant les diverses parties d'une cérémonie, d'un spectacle, etc. *Un programme de télévision.* – Ce qui est ainsi annoncé. *Changement de programme.* **2**· Ensemble des matières qui sont enseignées dans un cycle d'études et sur lequel les candidats à un examen ou à un concours peuvent être interrogés. *Le programme de la sixième. Programme de mathématique. Ce point est hors programme. Question de, du programme.* **3**· Suite d'actions que l'on se propose d'accomplir pour arriver à un résultat. → **projet.** *Elle s'est donné un programme de travail. C'est tout un programme,* se dit d'une annonce qui suffit à faire prévoir la suite. **4**· Exposé général des intentions, des objectifs (d'un homme ou d'un parti politique). *Un programme de réformes.* **5**· Suite ordonnée d'instructions, d'opérations, qu'une machine est chargée d'effectuer. *Machine à laver à programme. Rédiger un programme pour son ordinateur. Copier un programme sur disquette.* → **logiciel, progiciel.** *Le menu* proposé par un programme.* ▶ **programmer** v. tr. < conjug. 1 > **1**· Inclure dans un programme de cinéma, de radio. *Cette émission a été programmée à une heure trop tardive.* **2**· Élaborer un programme (5) ; commander une machine grâce à un programme. – Au p. p. adj. *Machine programmée à commande numérique.* → **robot.** **3**· Organiser, planifier selon un ordre strict. *J'ai programmé ma journée.* ▶ **programmable** adj. Que l'on peut programmer ; dont on peut régler le fonctionnement à l'avance. *Four, machine à laver programmable.* ▶ **programmation** n. f. **1**· Établissement, organisation des programmes (de cinéma, radio, télévision). **2**· Élaboration et codification de la suite d'opérations formant un programme sur machine. *Langage de programmation* (→ **basic**). ▶ **programmateur, trice** n. **1**· Personne chargée de la programmation (d'un spectacle). **2**· N. m. Système qui commande le déroulement d'une série d'opérations simples. *Le programmateur d'une machine à laver.* ▶ **programmeur, euse** n. Spécialiste qui établit le programme d'un ordinateur. – En appos. *Des analystes programmeurs.* ▷ **déprogrammer**

progrès [pʀɔgʀɛ] n. m. invar. **1**· Changement d'état qui consiste en un passage à un degré supérieur. → **développement.** / contr. recul / *La criminalité est en progrès, fait des progrès.* → **progresser.** *Les progrès de la maladie.* **2**· Développement en bien. → **amélioration.** *Cet étudiant a fait de gros (grands) progrès. Le progrès social, scientifique.* – Fam. *Il y a du progrès,* cela va mieux. **3**· Absolt. *Le progrès,* l'évolution de l'humanité, de la civilisation (vers un terme idéal). *Croire au progrès, craindre, nier le progrès.* **4**· Le fait de se répandre, de s'étendre dans l'espace, de gagner du terrain. → **propagation.** *Les progrès de l'incendie, d'une épidémie.* ▶ **progresser** v. intr. < conjug. 1 > **1**· Se développer, être en progrès. / contr. décroître, reculer / *Le mal progresse.* → **empirer.** – (Personnes) Faire des progrès, être dans un état meilleur. *Cet élève a beaucoup progressé.* / contr. régresser / **2**· Avancer, gagner régulièrement du terrain. *L'ennemi progresse.* ▶ **progressif, ive** adj. **1**· Qui s'effectue d'une manière régulière et continue. → **graduel.** *Un développement progressif.* / contr. subit / **2**· Qui suit une progression. *Impôt progressif.* / contr. dégressif / ▶ **progressivement** adv. D'une manière progressive, peu à peu, petit à petit. → **graduellement.** ▶ **progressivité** n. f. *La progressivité de l'impôt.* ▶ **progression** n. f. **1**· Suite de nombres dans laquelle chaque terme est déduit du précédent par une loi constante. *Progression arithmétique* (2, 4, 6, 8...), *géométrique* (2, 6, 18, 54...). **2**· Mouvement dans une direction déterminée, mouvement en avant. *La lente progression des glaciers.* – *La progression d'une armée.* → **avance, marche.** **3**· Développement par degrés, régulier et continu. → **progrès.** (S'oppose à *régression.*) ▶ **progressiste** adj. et n. Qui est partisan du progrès politique, économique et d'une plus grande justice sociale, obtenue par des réformes. *Parti progressiste* (mot qui désigne, selon les pays et les époques, des positions politiques diverses). / contr. conservateur, réactionnaire /

prohiber [pʀɔibe] v. tr. < conjug. 1 > Défendre, interdire par une mesure légale. / contr. autoriser / ▶ **prohibé, ée** adj. Interdit par la loi. *Armes prohibées,* dont l'usage, le port sont interdits. ▶ **prohibition** n. f. **1**· Interdiction légale. / contr. autorisation / *Prohibition du port d'armes.* **2**· Interdiction d'importer, de fabriquer, de vendre certaines marchandises, certaines denrées. – Absolt. ***La prohibition*** : celle de l'alcool, de 1919 à 1933, aux États-Unis. ▶ **prohibitif, ive** adj. **1·** Littér. Qui défend, interdit légalement. *Des mesures prohibitives.* **2·** *Droits, tarifs douaniers prohibitifs*, si élevés qu'ils équivalent à la prohibition d'une marchandise. → **protectionnisme.** – Cour. (Prix) Trop élevé, excessif ; trop cher. *Ce magasin vend ses articles à des prix prohibitifs.*

proie [pʀwa(ɑ)] n. f. **1·** Être vivant dont un animal s'empare pour le dévorer. *Le tigre bondit sur sa proie. Fondre sur une proie.* – ***De proie*** : qui se nourrit surtout de proies vivantes. ***Oiseau de proie*** : rapace. → **prédateur.** – Loc. *Lâcher la proie pour l'ombre.* → **ombre. 2·** Bien dont on s'empare par la force ; personne qu'on dépouille. *La vieille dame était une proie facile pour les escrocs.* → **victime. 3·** ***Être la proie de*** : (Personnes) être absorbé, pris par (un sentiment, une force hostile). *Être la proie de, du remords.* – (Choses) Être livré à, détruit par. *La forêt fut en un instant la proie des flammes.* **4·** ***En proie à*** : tourmenté par (un mal, un sentiment, une pensée). *Il était en proie au désespoir.*

projecteur [pʀɔʒɛktœʀ] n. m. **1·** Appareil d'optique dans lequel les rayons d'une source lumineuse intense sont réfléchis et projetés en un faisceau parallèle. *Des projecteurs de théâtre.* → **spot.** – Loc. fig. *Être sous les projecteurs (de l'actualité)*, occuper pour un temps le devant de la scène (dans les médias). **2·** Appareil servant à projeter des images sur un écran. – Fam. *Projecteur-diapo*, pour projeter des diapositives. ▷ **rétroprojecteur**

projectif, ive [pʀɔʒɛktif, iv] adj. **1·** Qui concerne une projection (2). **2·** Qui projette des états intérieurs, suscite cette projection (4). *Test projectif.*

projectile [pʀɔʒɛktil] n. m. Objet lancé en avant et avec force. *Des projectiles divers, assiettes, casseroles, couverts.* – Spécialt. *Projectiles d'artillerie*, obus, bombes.

projection [pʀɔʒɛksjɔ̃] n. f. **1·** Action de projeter, de lancer en avant ; lancement (de projectiles). *L'éruption commença par une projection de cendres.* – Au plur. Matières projetées. **2·** Opération par laquelle on fait correspondre à un point (ou à un ensemble de points) de l'espace, un point (ou un ensemble de points) d'une droite ou d'une surface suivant un procédé géométrique défini ; le point ou l'ensemble de points ainsi définis. *Projection orthogonale.* **3·** Action de projeter une image, un film sur un écran. *Appareil de projection.* → **projecteur.** *La projection d'un documentaire.* **4·** En psychologie. Action de projeter (①, 3) un sentiment sur qqn. ▶ **projectionniste** n. Technicien(ienne) chargé(e) de la projection des films.

projet [pʀɔʒɛ] n. m. **1·** Image d'une situation, d'un état que l'on pense atteindre. → **dessein, intention, plan.** *Projet détaillé, élaboré.* → **programme.** *Faire des projets au lieu d'agir. Nous allons réaliser nos projets. Quels sont vos projets pour cet été ? Projets de vacances.* **2·** Brouillon, ébauche, premier état. *Ce travail est resté à l'état de projet. Un projet de roman.* – ***Projet de loi*** : texte de loi rédigé par un ministre et déposé sur le bureau d'une assemblée qui décidera de son adoption. ≠ proposition de loi. – Dessin, dossier d'architecte présentant un bâtiment à construire, un aménagement urbain. – Dessin, modèle antérieur à la réalisation. *L'étude d'un projet.* – Décision officielle annoncée. *Projet de centrale nucléaire.*

① **projeter** [pʀɔʒte] v. tr. < conjug. 4 > **1·** Jeter en avant et avec force. → **lancer.** *Le volcan projetait une pluie de pierres.* **2·** Envoyer sur une surface (des rayons lumineux, une image). – Au p. p. adj. *Les silhouettes projetées sur le mur.* – *Projeter un film.* **3·** En psychologie. *Projeter un sentiment sur qqn*, lui attribuer un sentiment qu'on a soi-même. **4·** Pronominalement. *Se projeter dans l'avenir*, s'imaginer dans une situation future. ▷ **projecteur, projectif, projectile, projection, projet**

② **projeter** v. tr. < conjug. 4 > Former l'idée de (ce que l'on veut faire et les moyens pour y parvenir). → **projet.** *Il projetait un voyage. Ils projetèrent de monter une affaire ensemble.*

prolapsus [pʀɔlapsys] n. m. invar. Descente (d'un organe, d'un tissu) consécutive au relâchement des structures de soutien. → **ptose.**

prolégomènes [pʀɔlegɔmɛn] n. m. pl. Littér. ou didact. **1·** Ample préface. **2·** Principes préliminaires à l'étude d'une question.

prolétaire [pʀɔletɛʀ] n. **1·** Dans l'Antiquité. Personne dont la seule fortune est constituée par les enfants qu'elle peut avoir (même radical que *prolifique*). – Aujourd'hui. Ouvrier, paysan, employé qui ne vit que de son salaire (terme marxiste). / contr. capitaliste ; bourgeois / **2·** Salarié aux revenus modestes. – Abrév. fam. **un, une prolo.** ▶ **prolétariat** n. m. Classe sociale des prolétaires. *Le prolétariat urbain.* ▶ **prolétarien, ienne** adj. Relatif au prolétariat ; formé par le prolétariat. *La révolution prolétarienne.* ▶ **prolétariser** v. tr. < conjug. 1 > Réduire à la condition de prolétaire (d'anciens producteurs indépendants, artisans, paysans, etc.). ▶ **prolétarisa-**

tion n. f. Action de prolétariser ; résultat de cette action. *La prolétarisation des petits paysans propriétaires.*

proliférer [pʀɔlifeʀe] v. intr. <conjug. 6> **1·** Se multiplier en abondance, rapidement. *Le gibier prolifère dans cette région.* **2·** Naître en grand nombre, foisonner. *On voit proliférer les agences immobilières.* ▶ **prolifération** n. f. Le fait de proliférer. ▶ **prolifique** adj. **1·** Qui se multiplie rapidement. *Les lapins sont prolifiques.* **2·** Plaisant. *Un romancier prolifique,* particulièrement fécond.

prolixe [pʀɔliks] adj. Qui est trop long, qui a tendance à délayer dans ses écrits ou ses discours. → **bavard, verbeux.** *Un orateur prolixe.* – *Style prolixe.* / contr. concis, sobre / ▶ **prolixité** n. f. Littér. *Expliquer qqch. avec prolixité.* → **volubilité.** / contr. laconisme /

prologue [pʀɔlɔg] n. m. **1·** Première partie (d'un roman, d'une pièce) présentant des événements antérieurs à l'action proprement dite. / contr. épilogue / *Le prologue d'un film* (avant le générique). **2·** Texte introductif. → **introduction.** – Préliminaire, prélude. *Cette rencontre fut un prologue à la conférence.*

prolonger [pʀɔlɔ̃ʒe] v. tr. <conjug. 3> **1·** Faire durer plus longtemps (→ **prolongation**). / contr. abréger, interrompre / *Nous allons prolonger notre séjour.* – Pronominalement (réfl.). Durer plus longtemps que prévu. *La séance s'est prolongée jusqu'à minuit.* **2·** Faire aller plus loin dans le sens de la longueur (→ **prolongement**). *Prolonger une autoroute.* – *Les trains de banlieue prolongent le métro.* – Pronominalement. Aller plus loin. → **continuer.** *Le chemin se prolonge jusqu'à la route.* **3·** (Choses) Être le prolongement de. *Les bâtiments qui prolongent les ailes du château.* ▶ **prolongé, ée** adj. **1·** Qui se prolonge dans le temps. **2·** Fam. *Un adolescent prolongé,* un homme sans maturité. → **attardé.** ▶ **prolongateur** n. m. Cordon électrique muni de deux prises (mâle et femelle). → **rallonge.** ▶ **prolongation** n. f. **1·** Action de prolonger dans le temps ; report d'une échéance, d'un délai ; résultat de cette action. *Obtenir une prolongation de congé.* **2·** En sports. Chacune des deux périodes supplémentaires qui prolongent un match de football en vue de départager deux équipes à égalité. *Jouer les prolongations* ; fig. faire durer une situation. ▶ **prolongement** n. m. **1·** Action de prolonger dans l'espace ; augmentation de longueur. → **allongement.** *Le prolongement de la route jusqu'à la ferme. Demander le prolongement d'une ligne électrique.* / contr. raccourcissement / **2·** Ce par quoi on prolonge (une chose) ; ce qui prolonge la partie principale (d'une chose). *Les prolongements de la cellule nerveuse.* **3·** *Dans le prolongement de,* dans la direction qui prolonge... – Abstrait. *Dans le prolongement de cette politique,* comme une suite de cette politique. **4·** Ce par quoi un événement, une situation se prolonge. → **continuation, suite.** *Les prolongements d'une affaire.*

promener [pʀɔmne] v. tr. <conjug. 5> **I·** V. tr. **1·** Faire aller dans plusieurs endroits, pour le plaisir, le délassement. *Je dois promener un ami étranger à travers, dans Paris, à Versailles. Promener son chien.* – Fam. *Cela vous promènera,* cela vous fera faire une promenade. **2·** Déplacer, faire aller et venir (qqch.). *Promener un archet sur les cordes. Je promenais mon regard sur le paysage.* **3·** Faire aller avec soi. *Il promène partout son ennui.* **II·** ***Se promener*** v. pron. **1·** Aller d'un lieu à un autre pour se détendre, prendre l'air, etc. → se **balader, marcher.** *Je vais me promener un peu.* → **sortir.** *Viens te promener avec papa.* **2·** Fam. (Sans pronom) ***Envoyer promener*** *qqn* : le repousser sans ménagement. – *J'ai tout envoyé promener,* j'ai tout abandonné, j'ai complètement renoncé. ▶ **promenade** n. f. **1·** Action de se promener ; trajet que l'on fait en se promenant. → **balade, excursion, tour** ; fam. **vadrouille, virée.** *Faire une promenade à pied, en voiture. Les enfants sont partis, allés, sortis en promenade.* **2·** Lieu aménagé dans une ville pour les promeneurs. → **avenue, cours.** *La promenade des Anglais, à Nice.* ▶ **promeneur, euse** n. Personne qui se promène à pied, dans les rues et les promenades publiques. → **flâneur, passant.** *Il y avait encore quelques promeneurs attardés.* ▶ **promenoir** n. m. **1·** Lieu destiné à la promenade dans un couvent, un hôpital, une prison. **2·** Partie de certaines salles de spectacle où les spectateurs, à l'origine, se tenaient debout et pouvaient circuler.

promesse [pʀɔmɛs] n. f. **1·** Action de promettre ; ce que l'on s'engage à faire. *Il m'a fait des promesses qu'il n'a pas tenues. Manquer à sa promesse.* → **parole.** *J'ai votre promesse,* vous me l'avez promis. **2·** Engagement de contracter une obligation ou d'accomplir un acte. *Nous avons signé la promesse de vente pour la maison. Promesse d'achat. Promesse de mariage.* **3·** Littér. Espérance que donne qqch. *Un livre plein de promesses,* qui laisse espérer de belles œuvres.

promettre [pʀɔmɛtʀ] v. tr. <conjug. 56> **I· 1·** S'engager envers qqn à... *Il lui a promis de l'aider. Il lui a promis son aide. Elle lui a promis qu'elle l'aiderait. L'aide qu'il lui a promise.* **2·** Affirmer, assurer. *Je vous promets qu'il s'en repentira. Je te le promets, je te promets.* → **jurer.** **3·** S'engager envers qqn à donner (qqch.). *On leur promet une récompense.* Loc. *Promettre la lune, monts et merveilles,* des choses impossibles. **4·** Annoncer, prédire. *Je vous promets du beau temps pour* *demain.* **5·** (Choses) Faire espérer (un développement, des événements). *Ce nuage ne promet rien de bon.* **6·** *Promettre beaucoup* ou, sans compl., *promettre,* donner de grandes espérances. *C'est un enfant qui promet.* – Fam. *De la neige en septembre, ça promet pour cet hiver !,* ça va être encore pire. **II·** ***Se promettre*** v. pron. **1·** (Réfl. ind.) Espérer, compter sur. *Les joies qu'il s'était promises.* – *Se promettre de* (+ infinitif), faire le projet de. *Il se promit de ne plus recommencer.* **2·** (Récipr.) Se faire des promesses mutuelles. *Elles se sont promis de garder le secret.* ▶ **prometteur, euse** adj. Plein de promesses. *Ce chanteur, ce groupe ont fait des débuts prometteurs,* ils vont vers le succès. ▶ **promis, ise** adj. **I· 1·** Loc. *Chose promise, chose due,* on doit faire, donner ce qu'on a promis. – *La* ***Terre promise*** : la terre de Chanaan que Dieu avait promise au peuple hébreu ; fig. pays, milieu dont on rêve. **2·** ***Promis à*** : destiné à, voué à. *Jeune homme promis à un brillant avenir.* **II·** N. Région. Fiancé(e). *Il est venu avec sa promise.* ▷ **promesse**

promiscuité [pʀɔmiskɥite] n. f. Situation qui oblige des personnes à vivre côte à côte et à se mêler malgré elles ; voisinage choquant ou désagréable. *Ils dorment tous dans la même chambre, quelle promiscuité !*

promontoire [pʀɔmɔ̃twaʀ] n. m. Pointe de terre (→ **cap, presqu'île**), de relief élevé, s'avançant en saillie dans la mer.

promoteur, trice [pʀɔmɔtœʀ, tʀis] n. **1·** Littér. Personne qui donne la première impulsion (à qqch.). → **instigateur.** *Il a été le promoteur de cette réforme.* **2·** *Promoteur (immobilier),* homme d'affaires qui assure et finance la construction d'immeubles. *Une promotrice immobilière.* – Adj. *Société promotrice.*

promotion [pʀɔmosjɔ̃] n. f. **1·** Accession à un grade, un emploi supérieur. → **avancement.** – *Promotion sociale,* accession à un rang social supérieur. *Obtenir une (sa) promotion. Promotion technique.* → **qualification. 2·** Ensemble des candidats admis la même année à certaines grandes écoles (abrév. fam. ***promo,*** n. f.). *Camarades de promotion. La promotion Jean-Moulin.* **3·** ***Promotion des ventes*** : développement des ventes, par la publicité, les efforts de vente exceptionnels ; ensemble des techniques, des services chargés de ce développement. *Produit en promotion.* → **réclame, solde. 4·** Action de promouvoir (2). *La promotion du travail manuel, de la recherche scientifique.* ▶ **promotionnel, elle** adj. (Mot critiqué) Qui favorise l'expansion des ventes (→ **promotion,** 3). *Vente promotionnelle.*

promouvoir [pʀɔmuvwaʀ] v. tr. < conjug. 27 > **REM.** Rare, sauf à l'infinitif et au part. passé. **1·** Élever à une dignité, un grade... supérieur. *Il vient d'être promu à la direction des ventes, promu directeur.* **2·** Encourager (qqch.), provoquer la création, l'essor de. *Il est indispensable de promouvoir la recherche scientifique.* ▷ **promoteur, promotion**

prompt, prompte [pʀɔ̃, pʀɔ̃(p)t] adj. **I· 1·** Littér. Qui agit, fait (qqch.) sans tarder. / contr. **lent** / – ***Prompt à...*** : que son tempérament entraîne rapidement à... *Il était prompt à la colère, à riposter.* **2·** (Choses) Qui ne tarde pas à se produire. *Je vous souhaite un prompt rétablissement.* – *Ciment prompt,* à prise rapide. **II· 1·** Littér. (Personnes) Qui met peu de temps à ce qu'il fait, se meut avec rapidité. *Prompt comme l'éclair, comme la foudre,* très rapide, instantané. **2·** (Choses) Qui se produit en peu de temps. → **brusque, soudain.** *Une prompte riposte.* ▶ **promptement** [pʀɔ̃tmɑ̃, pʀɔ̃ptəmɑ̃] adv. Littér. *Obéir promptement.* ▶ **promptitude** [pʀɔ̃(p)tityd] n. f. Littér. **1·** Manière d'agir, réaction d'une personne prompte. → **rapidité.** / contr. **lenteur** / **2·** Caractère de ce qui survient vite ou se fait en peu de temps. *La promptitude de leur riposte.* ▷ **impromptu**

prompteur [pʀɔ̃ptœʀ] n. m. Anglic. Appareil qui fait défiler un texte sur un écran au-dessus ou à côté d'une caméra de télévision, de sorte qu'une personne puisse le lire en regardant la caméra (et semble improviser).

promulguer [pʀɔmylge] v. tr. < conjug. 1 > *Promulguer une loi,* la décréter valable. – Au p. p. adj. *La loi promulguée est publiée au Journal officiel et prend alors effet.* ▶ **promulgation** n. f. En France. Décret par lequel le président de la République entérine une loi votée par le Parlement ; action de promulguer (une loi).

prône [pʀon] n. m. Terme de religion. Sermon du dimanche. ▶ **prôner** [pʀone] v. tr. < conjug. 1 > Vanter et recommander sans réserve et avec insistance. *Ils prônent la tolérance.* → **exalter, préconiser.**

pronom [pʀɔnɔ̃] n. m. Grammaire. Mot qui a les fonctions du nom et qui, à la troisième personne ou s'agissant d'un objet, d'un concept, remplace le nom. *Pronoms démonstratifs* (ceci, cela, ça, celui-ci...), *indéfinis* (on, certains, tous...) *interrogatifs* (qui, quoi...), *personnels* (je, tu, il...), *possessifs* (le mien, le tien, le sien...), *relatifs* (que, qui, lequel, auquel, desquels...). – **REM.** Il y a aussi des adjectifs* démonstratifs, possessifs. ▶ **pronominal, ale, aux** adj. **1·** Relatif au pronom. *L'emploi pronominal de « tout ». Locution pronominale.* **2·** *Verbe pronominal,* verbe qui est précédé d'un pronom personnel réfléchi (ex. : je *me* promène, tu *te* promènes, etc.) et qui, en français, se conjugue obligatoirement avec l'auxiliaire *être* aux temps composés. *Verbe pronominal réfléchi* (je me baigne), *réciproque* (elles se sont fâchées), *à sens passif* (ce plat se mange froid). *Verbe essentiellement pronominal* (s'évanouir, se souvenir). – *Faux pronominal,* où le pronom représente le complément (*se laver les mains* : laver les mains « de soi », *laver ses mains*). ▶ **pronominalement** adv. En emploi pronominal ; à la forme pronominale.

prononcé, ée [pʀɔnɔ̃se] adj. Très marqué, très visible, → **accentué.** *Avoir les traits du visage très prononcés. Un goût prononcé pour la musique.*

prononcer [pʀɔnɔ̃se] v. < conjug. 3 > **I**· V. tr. **1**· Dire (un mot, une phrase). *Elle ne pouvait prononcer un mot.* **2**· Articuler d'une certaine manière (les sons du langage). → **prononciation.** *Il prononce les « o » très ouverts. Il prononce correctement l'anglais.* – Articuler (tel mot). *C'est un mot impossible à prononcer,* imprononçable. – Pronominalement (passif). *Ce mot s'écrit comme il se prononce.* **3**· Faire entendre, dire ou lire publiquement (un texte). *Le maire prononça un discours.* **4**· En droit. Rendre, lire (un jugement) ; faire connaître (une décision). *Le président a prononcé la clôture des débats.* – Au p. p. adj. *Jugement prononcé.* **II**· V. intr. Rendre un arrêt, un jugement. *Le tribunal n'a pas encore prononcé.* → **juger. III**· *Se prononcer* v. pron. : se décider, se déterminer. *Se prononcer en faveur de qqn, pour, contre qqch.* ▶ **prononçable** adj. Qu'on peut prononcer. / contr. imprononçable / ▶ **prononciation** n. f. La manière dont les sons du langage sont articulés, dont un mot est prononcé ; les sons qui correspondent dans le langage parlé à une lettre ou à un groupe de lettres (→ **phonétique**). *Corriger la prononciation des « u ».* – Manière d'articuler, de prononcer (propre à une personne, un milieu, une région, une époque). *Prononciation régionale.* → **accent.** *Avoir un défaut de prononciation.* → **élocution.** ▷ **imprononçable**

pronostic [pʀɔnɔstik] n. m. **1**· Jugement que porte un médecin (après le diagnostic) sur la durée et l'issue d'une maladie. **2**· Souvent au plur. Conjecture, hypothèse sur ce qui doit arriver, sur l'issue d'une affaire, etc. → **prédiction, prévision.** *Se tromper dans ses pronostics.* – Spécialt. Hypothèses faites sur l'ordre d'arrivée des chevaux (dans une course). *Lire les pronostics du tiercé dans le journal.* ▶ **pronostiquer** v. tr. < conjug. 1 > **1**· Faire un pronostic, en médecine. **2**· Donner un pronostic sur (ce qui doit arriver). → **annoncer, prévoir.** *Les journaux avaient pronostiqué la victoire de ce boxeur.* ▶ **pronostiqueur, euse** n. Personne qui fait des pronostics (spécialt qui établit les pronostics sportifs, dans un journal, à la radio, etc.).

propagande [pʀɔpagɑ̃d] n. f. Action exercée sur l'opinion pour l'amener à avoir et à appuyer certaines idées (religieuses, politiques, sociales...). *La propagande électorale. Instruments, moyens de propagande. Faire de la propagande pour qqch., qqn.* – *C'est de la propagande !,* des affirmations ou des nouvelles peu sérieuses, faites pour influencer l'opinion. → **désinformation.** ▶ **propagandiste** n. Personne, partisan qui fait de la propagande.

propager [pʀɔpaʒe] v. tr. < conjug. 3 > **I**· Répandre, faire accepter, faire connaître à de nombreuses personnes, en de nombreux endroits. *Propager une nouvelle.* → **colporter, diffuser, transmettre.** *C'est la presse féminine qui a propagé cette mode.* **II**· V. pron. **1**· Se multiplier par reproduction. *Cette espèce s'est propagée en France.* **2**· Se répandre. *L'incendie se propage.* → **s'étendre, gagner.** *La nouvelle s'est propagée rapidement.* **3**· (Phénomène vibratoire, influx, etc.) S'éloigner de son origine. *La vitesse à laquelle le son se propage.* ▶ **propagateur, trice** n. Personne qui propage (une religion, une opinion, une méthode...). ▶ **propagation** n. f. **1**· Le fait de propager. *La propagation de la foi chrétienne par les missionnaires.* **2**· Le fait de se propager ; progression par expansion, communication dans un milieu. *La propagation de l'épidémie. La propagation du son, de la lumière.* ▷ **propagande**

propane [pʀɔpan] n. m. Gaz naturel ou sous-produit de raffinage d'hydrocarbure, vendu en bouteilles pour le chauffage, le travail des métaux. ≠ méthane.

propédeutique [pʀɔpedøtik] adj. Didact. Qui prépare. – N. f. Année préparatoire à la licence de lettres ou de sciences, en France de 1948 à 1966.

propension [pʀɔpɑ̃sjɔ̃] n. f. Tendance naturelle. → **inclination, penchant.** *Il a une certaine propension à la mélancolie, à douter de lui.*

propergol [pʀɔpɛʀgɔl] n. m. Substance dont la décomposition ou la réaction chimique produit de l'énergie utilisée pour la propulsion des fusées.

prophète, prophétesse [pʀɔfɛt, pʀɔfetɛs] n. **1**· Personne inspirée par la divinité, qui prédit l'avenir et révèle des vérités cachées. → **augure, devin, oracle.** *Les prophètes hébreux.* – *Le Prophète,* Mahomet, prophète de l'islam. *Le tombeau du Prophète.* – ***Faux prophètes*** : imposteurs. **2**· (Sens affaibli) Loc. prov. *Nul n'est prophète en son pays,* il est plus difficile d'être écouté, considéré par ses compatriotes ou ses proches que par les étrangers. Fam. *Pas besoin d'être prophète pour prévoir, pour savoir que...*, tout le monde peut prévoir que... – *Prophète de malheur*, celui qui annonce, prédit des événements fâcheux. ▶ **prophétie** [pʀɔfesi] n. f. **1·** Action de prophétiser ; ce qui est prédit par un prophète. *Le don de prophétie. Les prophéties de la Pythie de Delphes.* **2·** Ce qui est annoncé par des personnes qui prétendent connaître l'avenir. → **divination, vaticination. 3·** Expression d'une conjecture, d'une hypothèse sur des événements à venir. → **prédiction.** *Tes prophéties se sont réalisées.* ▶ **prophétique** adj. Qui a rapport à un prophète, a le caractère de la prophétie. *Il prononça alors ces paroles prophétiques...*, que l'avenir devait confirmer. ▶ **prophétiser** v. tr. < conjug. 1 > **1·** Prédire, en se proclamant inspiré de Dieu. *Ils prophétisaient la venue du Messie.* – Parler au nom de Dieu. *Alors Ézéchiel prophétisa.* **2·** Prédire, annoncer (ce qui va arriver).

prophylaxie [pʀɔfilaksi] n. f. Ensemble des mesures à prendre pour prévenir les maladies. → **hygiène, prévention, vaccination.** *Les travaux de Pasteur ont permis de découvrir la prophylaxie.* ▶ **prophylactique** adj. *Prendre des mesures d'hygiène prophylactiques.* → **préventif.**

propice [pʀɔpis] adj. **1·** Littér. (Divinité) Bien disposé, favorable. *Que le sort nous soit propice !* **2·** (Choses) *Propice à...*, qui se prête tout particulièrement à. → **bon, heureux.** *Un climat propice à sa santé.* – Opportun, favorable. *L'occasion était propice. Choisir le moment propice.* ▶ **propitiatoire** [pʀɔpisjatwaʀ] adj. Littér. Qui a pour but de rendre la divinité propice. *Une offrande propitiatoire.*

proportion [pʀɔpɔʀsjɔ̃] n. f. **1·** (Qualité) Rapport esthétiquement satisfaisant entre deux éléments d'un ensemble ; équilibre des surfaces, des masses, des dimensions. / contr. disproportion / *La proportion entre la hauteur et la largeur d'une façade.* – Au plur. Formes. *Une statue aux proportions harmonieuses.* → bien **proportionné.** *Mauvaises proportions.* → **difforme. 2·** (Quantité) Rapport (entre deux ou plusieurs choses). *Il y a une proportion égale de réussites et d'échecs. La proportion des décès avant 50 ans est élevée dans ce pays.* → **pourcentage, taux.** – *Respectez les proportions données par la recette.* → **quantité.** – Loc. ***À proportion de...*** : suivant l'importance, la grandeur relative de. → **proportionnellement.** *Chose qui augmente à proportion de*, en raison directe de. ***À proportion que*** : à mesure que (et dans la mesure où). ***À proportion*** : suivant la même proportion. *La clientèle a augmenté et le travail à proportion.* – ***En proportion de.*** → **selon, suivant.** *Le travail était payé en proportion des risques. C'est peu de chose, en proportion du service qu'il vous avait rendu.* → **en comparaison, relativement.** ***En proportion*** : suivant la même proportion. *Il est grand, et gros en proportion.* – ***Hors de proportion, hors de toute proportion*** : qui n'est pas en proportion. → **disproportionné. 3·** Au plur. Dimensions (par référence implicite à une échelle, une mesure). *Le déficit a pris des proportions considérables.* ▶ **proportionnel, elle** adj. **1·** *Suite proportionnelle*, chacune des fractions (dont aucun terme n'est égal à 0) donnée pour égale à une autre (ex. : $\frac{a}{b}=\frac{c}{d}=\frac{e}{f}$...). – *Moyenne, grandeur proportionnelle*, calculée à partir de suites proportionnelles. **2·** Qui est, reste en rapport avec, varie dans le même sens que (qqch.). *Un traitement proportionnel à l'ancienneté.* – Absolt. Déterminé par une proportion. *Impôt proportionnel*, à taux invariable (opposé à *progressif*). **3·** *Représentation proportionnelle* et, n. f., *la proportionnelle*, système électoral où les élus de chaque liste sont en nombre proportionnel à celui des voix obtenues par cette liste. ▶ **proportionnalité** n. f. En droit ou didact. **1·** Caractère des grandeurs qui sont ou restent proportionnelles entre elles. **2·** Le fait de répartir (qqch.) selon une juste proportion. *La proportionnalité de l'impôt.* ▶ **proportionnellement** adv. Suivant une proportion ; d'une manière proportionnelle. *Il calcule ses dépenses proportionnellement à son salaire. Un petit État peut être proportionnellement plus fort qu'un grand.* → **comparativement, relativement.** ▶ **proportionner** v. tr. < conjug. 1 > Rendre (une chose) proportionnelle (à une autre) ; établir un rapport convenable, normal entre (plusieurs choses). ▶ **proportionné, ée** adj. **1·** *Proportionné à*, qui a un rapport normal avec. **2·** ***Bien proportionné*** : qui a de belles proportions (1), bien fait. ▷ **disproportion**

1 **propos** [pʀɔpo] n. m. invar. **I·** Littér. Ce qu'on propose ; ce qu'on se fixe pour but. → **dessein, intention.** *Son propos est de* (+ infinitif). **II·** ***Un, des propos*** : paroles dites au sujet de qqn, qqch., mots échangés. → **parole.** *Ce sont des propos en l'air. Il lui tint des propos blessants.* ▷ **avant-propos**

2 **propos** n. m. invar. (Dans des expressions avec à) **1·** ***À propos de*** : au sujet de. → **concernant.** *Je n'ai rien à ajouter à propos de cette affaire, à ce propos. À quel propos ? – À propos de tout et de rien*, sans motif. – *Il se met en colère **à tout propos*** : pour n'importe quelle raison (→ à tout bout de champ), pour un oui ou pour un non. – ***À propos, à ce propos*** : sert à introduire dans la suite du discours une idée qui surgit brusquement à l'esprit. ≠ au fait, à ce sujet. *Ah ! à propos, je voulais vous demander...* – *Mal à propos*, de manière intempestive, inopportune. **2·** ***À propos*** : de la

manière, au moment, à l'endroit convenable ; avec discernement. *Voilà qui tombe à propos. Il a jugé à propos de démissionner,* il a jugé convenable, opportun. **3·** *Hors de propos* : mal à propos. → à **contretemps.** *Il est hors de propos de répondre.* → hors de **question.** ▷ **à-propos**

proposer [pʀɔpoze] v. tr. < conjug. 1 > **I·** *Proposer qqch. à qqn.* **1·** Faire connaître à qqn, soumettre à son choix. *Quel menu nous proposez-vous ? On leur proposa un nouveau projet.* → **présenter.** – *Proposer une solution.* → **avancer, suggérer.** – *Proposer de* (+ infinitif). *Proposer de partir.* – (+ subjonctif) *Il a proposé que tu partes.* **2·** Soumettre (un projet) en demandant d'y prendre part. *Il nous a proposé un arrangement, de partager les frais.* **3·** Demander à qqn d'accepter. *Il m'a proposé de l'argent.* → **offrir.** *Les solutions qu'il m'a proposées.* **4·** Donner (un sujet, un thème). – Au p. p. adj. *Le sujet proposé cette année aux candidats.* **II· 1·** Faire connaître, promettre de donner. *Proposer une prime de cent euros aux employés.* **2·** Désigner (qqn) comme candidat pour un emploi. *On l'a proposé pour ce poste.* **III·** *Se proposer* v. pron. **1·** Se fixer (un but) ; former le projet de (faire). *Elles se sont proposé un objectif audacieux. Les buts qu'elle s'est proposé d'atteindre.* **2·** Poser sa candidature à un emploi, offrir ses services. *Elle s'est proposée pour garder les enfants.* ▶ **proposition** n. f. **1·** Action de proposer, d'offrir, de suggérer qqch. à qqn ; ce qui est proposé. → **offre.** *Ils ont fait des propositions. Accepter, rejeter une proposition. Faire des propositions (malhonnêtes) à une femme* : lui proposer des relations sexuelles. *Sur la proposition de Jean,* conformément à ce qu'a proposé Jean, sur son conseil. *Sur proposition du gouvernement,* à l'initiative du gouvernement. – *Proposition de loi* : en France, texte qu'un ou plusieurs parlementaires déposent sur le bureau de leur assemblée pour qu'il soit transformé en loi après un vote du Parlement. ≠ projet de loi. **2·** En logique. Assertion considérée dans son contenu ; signification de cette assertion. *Démontrer qu'une proposition est vraie, fausse, contradictoire.* **3·** En grammaire. Énoncé constituant une phrase simple ou entrant dans la formation d'une phrase complexe. *Sujet, verbe d'une proposition. Proposition principale, subordonnée, indépendante.* ▷ **contreproposition**

1 **propre** [pʀɔpʀ] adj. et n. m. **I· 1·** (Après le nom) Qui appartient d'une manière exclusive ou particulière à une personne, une chose. *Vous lui remettrez ces papiers en mains propres.* – *Nom propre* (opposé à *nom commun*) : nom qui s'applique à une personne, à un lieu, etc., qu'il désigne. *Jean, Charles de Gaulle, Paris, S. N. C. F. sont des noms propres.* – *Sens propre* (opposé à *sens figuré*) : sens d'un mot considéré comme antérieur aux autres (logiquement ou historiquement). → **littéral.** – *Propre à...* *C'est un trait de caractère qui lui est propre. Un défaut propre à la jeunesse.* → **spécifique. 2·** (Sens affaibli, avec un possessif et avant le nom) *Il rentrera par ses propres moyens. Dans leur propre intérêt. Il l'a vu de ses propres yeux.* – *Ce sont ses propres mots,* exactement les mots qu'il a employés. → **même. 3·** (Après le nom) Qui convient particulièrement. → **approprié, convenable.** / contr. impropre / *Le mot propre.* → **exact, juste.** *Une atmosphère propre au recueillement.* – (Personnes) Apte, par sa personnalité, ses capacités. *Je le crois propre à remplir cet emploi.* – N. *Un, une propre-à-rien* : personne qui ne sait rien faire ou ne veut rien faire, qui ne peut se rendre utile. → **incapable.** *Quels propres-à-rien !* [pʀɔpʀaʀjɛ̃]. **II·** N. m. **1·** *En propre* : possédé à l'exclusion de tout autre. *Avoir un bien en propre,* à soi. → **propriété. 2·** *Le propre de* : la qualité distinctive qui caractérise, qui appartient à (une chose, une personne). *C'est le propre du régime actuel.* → **particularité. 3·** *Au propre* : au sens propre, littéral. *Se dit au propre et au figuré.* ▶ 1 **proprement** adv. **1·** D'une manière spéciale à qqn ou à qqch. ; en propre. *Le gouvernement affirme que c'est une affaire proprement française.* → **exclusivement, strictement. 2·** Littér. Au sens propre du mot, à la lettre. → **exactement, précisément.** – *À proprement parler* : en nommant les choses exactement par le mot propre. *Ce château est à proprement parler une grande maison.* – *Proprement dit(e)* : au sens exact et restreint, au sens propre. *L'histoire proprement dite se résume en dix lignes.* ▷ **amour-propre, approprié, exproprier, impropre, propriété**

2 **propre** adj. **1·** (Choses) Qui n'a aucune trace de saleté, de souillure. → **impeccable, net.** / contr. malpropre, sale / *Un hôtel modeste mais propre. Des draps bien propres.* → **immaculé.** *Avoir les mains propres.* – (D'une action, d'une occupation) *Ne mange pas avec les doigts, ce n'est pas propre.* **2·** (Personnes) Qui se lave souvent ; dont le corps et les vêtements sont débarrassés de toute trace de saleté. Loc. *Propre comme un sou neuf,* très propre. – Abstrait. Iron. *Nous voilà propres !,* dans une mauvaise situation (→ dans de beaux draps). → **frais. 3·** Qui a l'aspect convenable, net. / contr. négligé / *Une copie propre.* – N. m. *Recopier au propre* (opposé à *au brouillon*). – Fait convenablement. *Voilà du travail propre,* correct (sans plus). / contr. bâclé / **4·** (Personnes) Qui est honnête, dont la réputation est sans tache. Fam. *Je le connais, c'est pas grand-chose de propre,* il est malhonnête, méprisable. – (Choses) *Une affaire pas très propre.* N. m. *C'est du propre !,* se dit ironiquement d'un comportement indécent, immoral (→ c'est du

beau, du joli !). ▶ [2] **proprement** adv. **1·** D'une manière propre, soigneuse. / contr. salement / *Veux-tu manger proprement ! Il était proprement vêtu. L'appartement est tenu très proprement.* **2·** Comme il faut, sans plus. → **convenablement, correctement.** / contr. mal / *Un travail proprement exécuté.* **3·** Avec honnêteté, décence. *Il s'est conduit proprement dans cette affaire.* → **correctement.** ▶ **propret, ette** adj. Bien propre dans sa simplicité. *Une petite auberge proprette.* ▶ **propreté** n. f. **1·** État, qualité de ce qui n'est pas sale. / contr. malpropreté, saleté / *La propreté des maisons hollandaises.* **2·** Qualité d'une personne qui est propre, qui veille à ce que les objets dont elle se sert soient propres. *Manger avec propreté.* ▷ **malpropre, malpropreté**

propriété [pʀɔpʀijete] n. f. **I· 1·** Fait de posséder en propre (→ [1] **propre**), complètement et légitimement ; droit de jouir et de disposer des choses de la manière la plus absolue. → **copropriété.** *Le goût, l'amour de la propriété,* de la possession. – Monopole temporaire d'exploitation d'une œuvre, d'une invention par son auteur*. *Propriété littéraire, artistique.* → **copyright. 2·** Ce qu'on possède en vertu de ce droit. *C'est ma propriété, la propriété de l'État.* → **appartenir. 3·** Terre, construction ainsi possédée. *Il vit du revenu de ses propriétés.* – (Collectif) *La grande propriété et la petite.* **4·** Riche maison d'habitation avec un jardin, un parc. *Il habite une superbe propriété dans les environs de Paris.* **II·** Abstrait. **1·** Qualité propre d'une chose. *Les propriétés de la matière. Propriétés physiques, chimiques. Posséder, présenter la propriété de* (+ infinitif). **2·** Qualité du mot propre, de l'expression qui convient exactement. / contr. impropriété / ▶ **propriétaire** n. **1·** *Le propriétaire de qqch.*, la personne qui possède en propriété. *La propriétaire d'une voiture. Rendez ce chien à son propriétaire.* – Loc. *Faire le tour du propriétaire,* visiter sa maison, son domaine. **2·** *Un, une propriétaire,* personne qui possède en propriété des biens immeubles. *Propriétaire terrien. Les grands, les petits propriétaires.* **3·** Personne qui possède une maison en propriété et la loue. → fam. **proprio.** ≠ locataire ; fermier. *Le loyer dû au, à la propriétaire.* ▶ **proprio** [pʀɔpʀijo] n. Fam. Propriétaire. *Il a payé le loyer à sa proprio. Des proprios.* ▷ **copropriété, nue-propriété**

propulser [pʀɔpylse] v. tr. <conjug. 1> **1·** Faire avancer par une poussée (→ **propulsion**). – Au p. p. *Missile propulsé par une fusée.* **2·** Projeter au loin, avec violence. **3·** Fam. *Se propulser* v. pron. : se déplacer, se promener. ▶ **propulseur** n. m. **1·** Terme d'histoire. Bâton à encoche servant à lancer une arme de trait. **2·** Engin de propulsion assurant le déplacement d'un bateau, d'un avion. *Propulseur à hélice, à réaction.* ▶ **propulsion** n. f. Action de pousser en avant, de mettre en mouvement. – Production d'une force qui assure le déplacement d'un mobile. *La propulsion par réaction.* – Source d'énergie appliquée aux moteurs. *Sous-marin à propulsion nucléaire.*

au prorata [opʀɔʀata] loc. prép. En proportion de, proportionnellement à. *Le partage des bénéfices se fait au prorata (des fonds engagés).*

proroger [pʀɔʀɔʒe] v. tr. <conjug. 3> **1·** Renvoyer à une date ultérieure. *Proroger l'échéance d'un crédit.* – Faire durer au-delà de la date d'expiration fixée. → **prolonger.** *Proroger un passeport. Le traité a été prorogé.* **2·** *Proroger une assemblée,* en suspendre les séances et en reporter la suite à une date ultérieure. ▶ **prorogation** n. f. Action de proroger. *La prorogation du bail.*

prosaïque [pʀozaik] adj. Qui manque d'idéal, de noblesse. → **commun, plat.** / contr. poétique / *Nous menons une vie prosaïque. C'est un homme prosaïque,* terre à terre. ▶ **prosaïquement** adv. ▶ **prosaïsme** n. m. Littér. Caractère prosaïque. *Le prosaïsme de la vie quotidienne.*

prosateur [pʀozatœʀ] n. m. Auteur qui écrit en prose. *Les prosateurs et les poètes.*

proscrire [pʀɔskʀiʀ] v. tr. <conjug. 39> **1·** Vx. Bannir, exiler (→ **proscription, 1**). **2·** Littér. Interdire formellement (une chose que l'on condamne, l'usage de qqch.). *Il voudrait que l'on proscrive le tabac, l'alcool.* / contr. autoriser, prescrire / ▶ **proscription** [pʀɔskʀipsjɔ̃] n. f. **1·** Autrefois. Mesure de bannissement, prise à l'encontre de personnes, de choses, d'attitudes en période d'agitation civile ou de dictature → **exil.** ≠ prescription. **2·** Littér. Action de proscrire (2) qqch. ; son résultat. → **condamnation, interdiction.** ▶ **proscrit, ite** adj. et n. Qui est frappé de proscription. → **banni, exilé.** *Des lectures proscrites,* interdites. – N. *Une proscrite.*

prose [pʀoz] n. f. **1·** Forme ordinaire du discours oral ou écrit ; manière de s'exprimer qui n'est soumise à aucune des règles de la versification. / contr. poésie, vers / *Un drame en prose.* – Style ; texte en prose. *La prose française du* XVIIIe *siècle.* **2·** Fam. Souvent iron. Manière (propre à une personne ou à certains milieux) d'utiliser le langage écrit ; texte où se reconnaît cette manière. *La prose administrative. Je reconnais sa prose.* → **style.** *J'ai lu votre prose,* votre lettre, votre texte. ▷ **prosaïque, prosateur**

prosélyte [pʀɔzelit] n. **1·** Nouveau converti à une religion. **2·** Personne récemment gagnée à une doctrine, un parti, une nouveauté.

→ **adepte, néophyte.** ▶ **prosélytisme** n. m. Zèle déployé pour faire des prosélytes, recruter des adeptes. → **apostolat, propagande.**

prosodie [pʀɔzɔdi] n. f. **1·** Didact. Durée, mélodie et rythme des voyelles d'un poème ; règles poétiques concernant les voyelles. → **métrique.** *La prosodie latine.* **2·** Règles fixant les rapports entre paroles et musique du chant. **3·** Intonation et débit propres à une langue. *Phonétique et prosodie.* ▶ **prosodique** adj. Didact. De la prosodie.

prospecter [pʀɔspɛkte] v. tr. < conjug. 1 > **1·** Examiner, étudier (un terrain) pour rechercher les richesses naturelles. *Prospecter une concession de pétrole.* **2·** Parcourir (une région) pour y découvrir une source de profit. *Nos agents commerciaux ont prospecté cette région.* ▶ **prospecteur, trice** n. Personne qui prospecte. ▶ **prospection** [pʀɔspɛksjɔ̃] n. f. Recherche, voyage d'une personne qui prospecte. ▷ **prospectif**

prospectif, ive [pʀɔspɛktif, iv] adj. Qui concerne l'avenir, sa connaissance. / contr. rétrospectif / ▶ **prospective** n. f. Ensemble de recherches concernant l'évolution future des sociétés et permettant de dégager des éléments de prévision. → **futurologie.** ≠ anticipation.

prospectus [pʀɔspɛktys] n. m. invar. Publication publicitaire (brochure ou simple feuille, dépliant) destinée à vanter un produit, un commerce, une affaire... → **réclame, tract.** *Les prospectus d'un hôtel.* → **dépliant.**

prospère [pʀɔspɛʀ] adj. Qui est dans un état heureux, de prospérité. → **florissant.** *Une santé prospère. Une mine prospère,* resplendissante. *Région prospère.* → **opulent.** ▶ **prospérer** v. intr. < conjug. 6 > **1·** Être, devenir prospère. *Un terrain où prospèrent les mauvaises herbes.* **2·** (Affaire, entreprise...) Réussir, progresser dans la voie du succès. → se **développer, marcher.** *Une entreprise qui prospère.* / contr. péricliter / ▶ **prospérité** n. f. **1·** Bonne santé, fortune heureuse, situation favorable (d'une personne). *Je vous souhaite bonheur et prospérité.* **2·** Augmentation des richesses d'une collectivité ; heureux développement d'une production, d'une entreprise ; progrès dans le domaine économique. / contr. marasme / *Une industrie en pleine prospérité.* → **essor.** / contr. déclin, stagnation /

prostate [pʀɔstat] n. f. Organe glandulaire, chez l'homme, situé sous la vessie. *Opération de la prostate* (appelée *prostatectomie,* n. f.), ablation de la prostate ou de tumeurs de la prostate. ▶ **prostatique** adj. et n. m. **1·** Adj. De la prostate. **2·** N. m. Homme atteint d'une maladie de la prostate.

se **prosterner** [pʀɔstɛʀne] v. pron. < conjug. 1 > **1·** S'incliner en avant et très bas dans une attitude d'adoration, de supplication, d'extrême respect. *Les fidèles se sont prosternés devant l'autel.* **2·** Fig. *Se prosterner devant qqn,* faire preuve d'une humilité excessive, de servilité envers lui (elle). → s'**humilier.** *Pourquoi se prosterner devant le pouvoir ?* ▶ **prosternation** n. f. ou **prosternement** n. m.

prostituer [pʀɔstitɥe] v. tr. < conjug. 1 > **1·** Livrer (une personne) ou l'inciter à se livrer aux désirs sexuels de qqn pour en tirer profit. – Faire de (une personne) un(e) prostitué(e) (→ **proxénétisme**). – *Se prostituer* v. pron. : se livrer à la prostitution. **2·** Littér. Déshonorer, avilir. *Prostituer son talent, sa plume,* l'abaisser à des besognes indignes, déshonorantes. – Pronominalement (réfl.). S'abaisser, se dégrader. ▶ **prostitué, ée** n. Personne qui se livre à la prostitution, en se donnant à quiconque la paie. → ②**fille, péripatéticienne ;** fam. et injurieux **putain.** *Une prostituée qui fait le trottoir. Un prostitué homosexuel, travesti.* ▶ **prostitution** n. f. **1·** Le fait de livrer son corps aux plaisirs sexuels d'autrui pour de l'argent et d'en faire métier ; l'exercice de ce métier et le phénomène social qu'il représente. *La réglementation de la prostitution. Maison de prostitution.* → **maison** (II). **2·** Littér. Action d'avilir, de s'avilir dans un comportement dégradant.

prostré, ée [pʀɔstʀe] adj. Qui est dans un état de prostration. → **abattu, accablé, effondré.** *On l'a retrouvé prostré dans un coin de sa chambre.* ▶ **prostration** n. f. État d'abattement physique et psychologique extrême, de faiblesse et d'inactivité totale.

protagoniste [pʀɔtagɔnist] n. m. Personne qui joue le premier rôle dans une affaire. *Les protagonistes du drame.* → **héros.**

prote [pʀɔt] n. m. Contremaître dans un atelier d'imprimerie typographique.

protéagineux, euse adj. (Végétal) Qui contient une grande proportion de protéines, est riche en protéines. – N. m. *Un protéagineux. Protéagineux et oléagineux*.* ▷ **oléoprotéagineux**

protecteur, trice [pʀɔtɛktœʀ, tʀis] n. et adj. **I·** N. **1·** Personne qui protège, qui défend (les faibles, les pauvres, etc.). *L'enfant battu a trouvé un protecteur.* Loc. iron. *Le protecteur de la veuve et de l'orphelin.* → **défenseur.** / contr. oppresseur, persécuteur / **2·** Personne qui protège, qui patronne qqn. *Un protecteur puissant.* – *Le protecteur d'une prostituée,* son souteneur. **3·** Personne qui favorise la naissance ou le développement (de qqch.). *Il s'est fait le protecteur des arts.* → **mécène. II·** Adj. **1·** Qui remplit son rôle de protection à l'égard de qqn, qqch. *Société protectrice des animaux* (abrév. *S. P. A.*). **2·** Péj. Qui exprime une intention bienveillante et condescendante. *Un ton protecteur.*

protection [pʀɔtɛksjɔ̃] n. f. **1·** Action de protéger, de défendre qqn ou qqch. (contre un agresseur, un danger, etc.) ; le fait de se protéger ou d'être protégé. → **aide, défense, secours.** *Protection maternelle et infantile* (de la mère et de l'enfant). *Prendre qqn sous sa protection. La protection contre les maladies. La protection de la nature.* → **préservation, sauvegarde.** – *De protection*, servant à protéger. *Écran de protection*, protecteur. **2·** Personne ou chose qui protège. *C'est une bonne protection contre le froid.* – *Protections périodiques, féminines*, utilisées pendant les règles. **3·** Action d'aider, de patronner qqn. → fam. **piston.** *C'est une place qu'il a eue par protection*, grâce aux appuis dont il dispose. **4·** Action de favoriser la naissance ou le développement de qqch. *Une œuvre qui bénéficie de la protection de l'État.* ▶ **protectionnisme** n. m. Politique douanière qui vise à protéger l'économie nationale contre la concurrence étrangère. / contr. libre-échange / ▶ **protectionniste** adj. et n. Relatif au protectionnisme (opposé à *libre-échangiste*). *Frapper les importations de taxes protectionnistes.* – Partisan du protectionnisme.

protectorat [pʀɔtɛktɔʀa] n. m. Forme de colonisation dans laquelle un pays est soumis à la protection d'un autre (diplomatie, défense) tout en gardant son autonomie politique intérieure ; ce pays. *Jusqu'en 1956, le Maroc était un protectorat français.*

protéger [pʀɔteʒe] v. tr. < conjug. 6 et 3 > **1·** Aider (une personne) de manière à la mettre à l'abri d'une attaque, des mauvais traitements, du danger physique ou moral. → **défendre, secourir ; protecteur, protection.** / contr. attaquer, menacer / *Il a protégé des juifs, il les a protégés des nazis pendant l'Occupation. Que Dieu vous protège !* (formule de souhait). → **assister, garder. 2·** Défendre contre toute atteinte. *La loi doit protéger les libertés individuelles.* **3·** (Choses) Couvrir de manière à arrêter ce qui peut nuire, à mettre à l'abri. → **abriter, garantir, préserver.** *Une crème qui protège la peau. Des arbres qui nous protègent du vent, du soleil, contre le vent, contre le soleil...* **4·** Aider (une personne), faciliter la carrière, la réussite de (qqn) par des recommandations, un appui matériel ou moral. → **patronner, recommander** ; fam. **pistonner. 5·** Favoriser la naissance ou le développement de (une activité). → **encourager, favoriser.** *Laurent de Médicis, Louis XIV ont protégé les arts.* **6·** Favoriser la production, la vente de (produits) par des mesures protectionnistes. ▶ **protégé, ée** n. La personne qu'on prend sous sa protection. *C'est mon petit protégé.* ▶ **protège-cahier** [pʀɔtɛʒkaje] n. m. Couverture en matière souple qui sert à protéger un cahier d'écolier. *Des protège-cahiers.* ▶ **protège-dents** n. m. invar. Appareil en forme de gouttière que les boxeurs, certains lutteurs, placent dans leur bouche pour protéger les dents. ▶ **protège-slip** n. m. Petite protection féminine qui se fixe au fond du slip. *Des protège-slips.* ▶ **protège-tibia** n. m. Appareil de protection des tibias, porté par les joueurs de football, de rugby... *Des protège-tibias.* ▷ **protecteur, protectorat, protection**

protéiforme [pʀɔteifɔʀm] adj. Qui (comme *Protée* dans la mythologie) peut prendre de multiples formes, se présente sous les aspects les plus divers. *Un génie protéiforme.*

protéine [pʀɔtein] n. f. Grosse molécule complexe d'acides aminés, constituant essentiel des matières organiques et des êtres vivants (on dit aussi, en sciences, *protéide*, n. f.). *Le blanc d'œuf est très riche en protéines.* ≠ protide. ▶ **protéiné, ée** adj. Enrichi en protéines. *Boisson protéinée.*

protestant, ante [pʀɔtɛstɑ̃, ɑ̃t] n. et adj. Chrétien appartenant à la religion réformée, qui s'est détachée du catholicisme et opposée au pape (Réforme). → **anglican, calviniste, évangéliste, luthérien, presbytérien, puritain ;** histoire **camisard, huguenot.** – Adj. *Temple, culte protestant. Ministre protestant.* → **pasteur.** ▶ **protestantisme** n. m. **1·** La religion réformée, ses croyances ; l'ensemble des Églises protestantes. **2·** Les protestants (d'une région, d'un pays). *Le protestantisme français.*

① **protester** [pʀɔtɛste] v. < conjug. 1 > **1·** V. tr. ind. Littér. *Protester de* : donner l'assurance formelle de. *L'accusé protestait de son innocence.* **2·** V. intr. Déclarer formellement son opposition, son refus. / contr. approuver / – Exprimer son opposition à qqch. *Ils protestèrent avec indignation contre cette injustice. Vous avez beau protester, cela ne changera rien.* → fam. **rouspéter.** *Vous avez été courageux, si, si, ne protestez pas !*, ne refusez pas ce compliment. (En incise) *Mais non, protesta-t-il.* ▶ **protestataire** adj. Littér. Qui proteste. → **contestataire.** – N. *Les protestataires.* ▶ **protestation** n. f. **1·** Déclaration par laquelle on atteste (ses bons sentiments, sa bonne volonté envers qqn). *Il me faisait des protestations d'amitié.* → **démonstration. 2·** Déclaration formelle par laquelle on s'élève contre ce qu'on déclare illégitime, injuste. *Rédiger, signer une protestation.* → **pétition. 3·** Témoignage de désapprobation, d'opposition, de refus. *Élever une protestation* *énergique. Il se contenta d'un geste de protestation.* / contr. approbation, assentiment / ▷ **protestant, protêt**

protêt [pʀɔtɛ] n. m. En finances. Acte par lequel le (la) bénéficiaire d'un chèque, d'une lettre de change, fait constater (par un huissier) qu'il (elle) n'a pas été payé(e) à l'échéance. ▶ 2 **protester** v. tr. < conjug. 1 > Faire un protêt contre (un chèque, une lettre) de change. *Protester un chèque sans provision.*

prothèse [pʀɔtɛz] n. f. **1·** Remplacement d'organes, de membres (en tout ou en partie) par des appareils artificiels. *Des appareils de prothèse.* **2·** Appareil de ce genre. *Une prothèse dentaire. Sa jambe gauche est une prothèse.* ▶ **prothésiste** n. Technicien(ne) qui réalise des prothèses.

protide [pʀɔtid] n. m. Substance nécessaire à l'alimentation, du groupe des acides aminés ou des corps qui les libèrent (peptides, protéines...).

protiste [pʀɔtist] n. m. Être vivant constitué d'une seule cellule et d'un noyau (organisme plus complexe que la bactérie). → **protozoaire.**

prot(o)- Élément savant signifiant «premier, primitif» (ex. : *prototype, protozoaire*). ▷ **protoétoile, protohistoire**

protocole [pʀɔtɔkɔl] n. m. **1·** Document portant les résolutions d'une assemblée, d'une conférence internationale, le texte d'un engagement. *Un protocole d'accord sur les salaires.* **2·** Recueil de règles à observer en matière d'étiquette 2, de préséances, dans les cérémonies et les relations officielles. – Service chargé des questions d'étiquette. *Chef du protocole.* **3·** Sciences, techniques. Ensemble de règles et d'opérations à respecter dans la conduite d'une expérience ; description précise du déroulement de cette expérience. – *Protocole opératoire* (en chirurgie). *Protocole thérapeutique. Protocole compassionnel**. – *Protocole de communication* (entre ordinateurs, en informatique). ▶ **protocolaire** adj. **1·** Relatif au protocole. **2·** Conforme au protocole. **3·** Respectueux du protocole, des usages dans la vie sociale. *Il a une manière de recevoir qui n'est pas très protocolaire.*

protoétoile [pʀotoetwal] n. f. Didact. Étoile en formation.

protohistoire [pʀotoistwaʀ] n. f. Période de transition entre la préhistoire et l'histoire ; fin du néolithique. ▶ **protohistorique** adj.

proton [pʀɔtɔ̃] n. m. Particule élémentaire de charge positive, constitutive du noyau atomique. *Les protons et les neutrons ont des masses comparables.* ▶ **protonique** adj.

protoplasme [pʀɔtɔplasm] n. m. Matière vivante active, en général. ▶ **protoplasmique** adj.

prototype [pʀɔtɔtip] n. m. **1·** Premier exemplaire d'un modèle (de mécanisme, de véhicule) construit avant la fabrication en série. *Les essais d'un prototype de voiture.* **2·** Littér. Type, modèle originel ou principal. *Le prototype d'un moulage.* **3·** Exemple parfait. *C'est le prototype même de la bêtise.* → **archétype.**

protozoaire [pʀɔtɔzɔɛʀ] n. m. Protiste* dépourvu de chlorophylle, à reproduction sexuée. *Les amibes sont des protozoaires.*

protubérant, ante [pʀɔtybeʀɑ̃, ɑ̃t] adj. Qui forme saillie. *Une pomme d'Adam protubérante.* → **proéminent, saillant.** ▶ **protubérance** n. f. **1·** Saillie à la surface d'un os, d'un organe, d'un tissu. → **excroissance.** / contr. cavité / **2·** *Protubérances solaires*, jets de gaz enflammés à la surface du Soleil.

peu ou prou [pøupʀu] loc. adv. Littér. Plus ou moins. *Il est peu ou prou ruiné.*

proue [pʀu] n. f. Avant d'un navire (opposé à *poupe*). *Une figure de proue, sculptée à la proue.*

prouesse [pʀuɛs] n. f. **1·** Littér. Acte de courage, d'héroïsme (des *preux*) ; action d'éclat. → **exploit.** *Des prouesses techniques.* **2·** Souvent iron. Action remarquable. *Il raconte partout ses prouesses sportives.*

prouver [pʀuve] v. tr. < conjug. 1 > **1·** Faire apparaître ou reconnaître (qqch.) comme vrai, réel, certain, au moyen de preuves, d'arguments. → **démontrer, établir.** *Prouver que deux et deux font quatre. Prouver son innocence. Prouvez-le ! Cela reste à prouver.* – Impers. *Il est prouvé que...* → **avéré.** – Pronominalement (passif). *C'est une chose qui ne peut se prouver*, être prouvée. **2·** Exprimer (une chose) par une attitude, des gestes, des paroles. → **montrer.** *Comment vous prouver ma reconnaissance ? Cet enfant prouve qu'il a le sens de l'humour.* **3·** (Suj. chose) Servir de preuve, être (le) signe de. → **montrer, révéler, témoigner.** *Les derniers événements prouvent que la crise n'est pas terminée. Qu'est-ce que cela prouve ?* ▷ **éprouver, preuve**

provenance [pʀɔvnɑ̃s] n. f. **1·** Endroit d'où vient ou provient une chose. *J'ignore la provenance de cette lettre. Un vol, un avion* ***en provenance de*** *Paris* (opposé à *à destination de*). – Origine. *Des éléments de toutes provenances.*

2· *Pays de provenance,* celui d'où une marchandise est importée (qui peut être distinct du pays d'origine).

provençal, ale, aux [pʀɔvɑ̃sal, o] adj. et n. **1·** Qui appartient ou qui a rapport à la Provence. *La cuisine provençale.* – N. *Les Provençaux.* **2·** N. m. *Le provençal,* la langue d'oc → **occitan ;** sa variété parlée en Provence. **3·** *À la provençale* loc. adv. : revenu dans l'huile d'olive, avec de l'ail, du persil et des épices. *Tomates à la provençale.* – En appos. Invar. *Des escargots provençale.*

provenir [pʀɔvniʀ] v. intr. < conjug. 22 > **1·** (Choses) Venir (de). *D'où provient cette lettre ?* **2·** (Choses) Avoir son origine dans, tirer son origine de. *Personne ne savait d'où provenait leur fortune. Tableau provenant d'une collection privée. Cette douleur provient du foie. Mot provenant du latin.* → **dériver.** – (Sentiments, idées) Découler, émaner. *Les habitudes proviennent de l'éducation.* ▷ **provenance**

proverbe [pʀɔvɛʀb] n. m. Conseil de sagesse exprimé en une formule généralement imagée (ex. : *Qui vole un œuf vole un bœuf*). → **adage, aphorisme, dicton.** *Comme dit le proverbe. Passer en proverbe,* devenir proverbial. ▶ **proverbial, iale, iaux** adj. **1·** Qui est de la nature du proverbe. *Phrase proverbiale.* – Qui tient du proverbe par la forme, l'emploi. *« La paille et la poutre », « le pot de fer contre le pot de terre » sont des expressions proverbiales. Locution proverbiale.* **2·** Qui est aussi généralement connu et aussi frappant qu'un proverbe ; qui est cité comme type, comme exemplaire. *Sa bonté est proverbiale.*

providence [pʀɔvidɑ̃s] n. f. **1·** Sage gouvernement de Dieu sur la création ; (avec une majuscule) Dieu gouvernant la création. *Les décrets de la Providence.* **2·** *Être la providence de qqn,* être la cause de son bonheur, combler ses désirs. ▶ **providentiel, elle** adj. **1·** Qui est un effet heureux de la providence. **2·** Qui arrive opportunément, par un heureux hasard (pour secourir, tirer d'embarras). *Il fit alors une rencontre providentielle.* – *Homme providentiel,* grand homme dont l'action apparaît providentielle. ▶ **providentiellement** adv. *Il nous a providentiellement aidés.*

province [pʀɔvɛ̃s] n. f. **I· 1·** Région avec ses coutumes et ses traditions particulières. – En France. Ancienne subdivision administrative du royaume. *La Bretagne, la Normandie, la Provence... provinces françaises.* – En Belgique. Division administrative dirigée par un conseil provincial. *Les dix provinces de Belgique.* **2·** Péj. Partie d'un pays ayant un caractère propre, à l'exclusion de la capitale. *Il arrive de sa province.* → **campagne.** – *La province :* en France, l'ensemble du pays, les villes, les bourgs, à l'exclusion de la capitale. *Vivre en province.* **3·** Adj. Fam. et péj. Provincial. *Cela fait province.* **II·** Anglic. État fédéré du Canada. *La province de l'Ontario, du Québec, du Nouveau-Brunswick* (Acadie). ▶ **provincial, ale, aux** adj. et n. **I· 1·** Adj. Qui appartient, est relatif à la province dans ce qu'on lui trouve de typique. *La vie provinciale.* – Péj. *Avoir des manières provinciales,* qui ne sont pas à la mode de Paris. **2·** N. Personne qui vit en province. *Les provinciaux et les Parisiens.* **II·** Au Canada. D'une province (II). *Les gouvernements provinciaux.* / contr. fédéral /

proviseur n. ou, au fém., **proviseure** [pʀɔvizœʀ] Fonctionnaire de l'administration scolaire qui dirige un lycée. *Madame le proviseur* ou *Madame la proviseure.* → **directeur,** ② **principal.**

provision [pʀɔvizjɔ̃] n. f. **I· 1·** Réunion de choses utiles ou nécessaires en vue d'un usage ultérieur. → **approvisionnement, réserve, stock.** *Avoir une provision de fuel pour l'hiver. Faire provision de qqch.* : s'en pourvoir en abondance. *Avoir des provisions.* → **vivres. 2·** Au plur. Achat de choses nécessaires à la vie courante (nourriture, produits d'entretien) ; les choses que l'on achète. *Faire des, ses provisions.* → **course(s).** *Un filet à provisions.* **II· 1·** Somme versée à titre d'acompte (à un avocat, un conseiller juridique...). **2·** Somme déposée chez un banquier pour assurer le paiement d'un titre. – *Chèque sans provision,* tiré sur un compte insuffisamment alimenté (délit). ▶ **provisionnel, elle** adj. Qui constitue une provision (II). *Acompte, tiers provisionnel,* défini par rapport aux impôts de l'année précédente et payé d'avance. ≠ prévisionnel. ▷ **approvisionner**

provisoire [pʀɔvizwaʀ] adj. **1·** Qui existe, qui se fait en attendant autre chose, qui est destiné à être remplacé. / contr. définitif / → **transitoire.** *Une solution provisoire.* → **expédient, palliatif.** *À titre provisoire,* provisoirement. – *Gouvernement provisoire,* destiné à gouverner pendant un intervalle, avant la constitution d'un régime stable. – *Une installation provisoire.* → de **fortune.** – N. m. *Le provisoire risque de durer !* **2·** En droit. Prononcé ou décidé avant le jugement définitif. *On l'a mis en liberté provisoire.* ▶ **provisoirement** adv. → **momentanément.** *Je me suis installé chez lui provisoirement.*

① **provoquer** [pʀɔvɔke] v. tr. < conjug. 1 > *Provoquer qqn à.* **1·** Inciter, pousser (qqn) par une sorte de défi ou d'appel, particulièrement à une action violente (meurtre, émeute...). → **entraîner, inciter.** *Provoquer qqn en duel.* – Sans compl. second. *Provoquer qqn,* l'inciter à la violence. → **attaquer, défier.** *Arrête, ne le provoque pas.* **2·** Exciter le désir de (qqn) par son attitude. → **aguicher ; provocant.** ▶ **provocant, ante** adj. **1·** Qui provoque ou tend à provoquer qqn, à le pousser à des sentiments ou à des actes violents. *Attitude provocante.* → **agressif.** **2·** Qui incite au désir, au trouble des sens (rare au masculin). *C'est une femme provocante.* ▶ **provocateur, trice** n. et adj. **1·** Rare au fém. Personne qui provoque, incite à la violence, aux troubles. → **agitateur.** **2·** Personne qui incite qqn ou un groupe à la violence, à l'illégalité, dans l'intérêt du pouvoir ou d'un parti opposé pour lequel il travaille secrètement. – Adj. *Agent provocateur.* ▶ **provocation** n. f. **1·** Action de provoquer. → **appel, incitation.** *Provocation au meurtre, à la débauche. Une provocation en duel.* – Absolt. Défi. *Elle y mettait de la provocation.* **2·** Action, parole qui provoque, qui émane d'un provocateur (abrév. fam. *provoque,* n. f.). *Les manifestants ont été mis en garde contre toute provocation.*

2 **provoquer** v. tr. <conjug. 1> (Suj. personne) Être volontairement ou non la cause de (qqch.). *Nous avons eu une franche explication, que j'avais d'ailleurs provoquée.* → **causer, susciter.** *Provoquer la colère, des troubles.* → **attirer.** – (Suj. chose) *Les bouleversements que provoque une invention.* → **apporter, occasionner.**

proxénète [pʀɔksenɛt] n. **1·** Littér. Entremetteur, entremetteuse. **2·** N. Personne qui tire des revenus de la prostitution d'autrui. → **souteneur ;** fam. **maquereau.** ▶ **proxénétisme** n. m. Le fait de tirer des revenus de la prostitution d'autrui. *La loi interdit le proxénétisme.*

proximité [pʀɔksimite] n. f. **1·** Littér. Situation d'une chose qui est à peu de distance d'une ou plusieurs autres, qui est proche*. → **contiguïté.** / contr. éloignement / *La proximité de la ville.* **2·** *À proximité* loc. adv. : tout près. – *À proximité de* loc. prép. : à faible distance de. → **auprès,** aux **environs, près.** *Il habite à proximité de son bureau,* son bureau est proche de son domicile. – *De proximité* loc. adj. : situé dans le proche voisinage. *Commerce de proximité.* – Au contact des réalités locales. *Radio de proximité.* – Proche des préoccupations quotidiennes. *Emplois de proximité* (garde d'enfants, ménages...). **3·** Caractère de ce qui est proche dans le temps, passé ou futur. *Il avait conscience de la proximité du danger.* → **imminence.** ▷ **approximation**

proxy [pʀɔksi] n. m. Anglic. En informatique. *Serveur proxy,* serveur relais qui, sur Internet, stocke les données pour faciliter leur accès. *Des serveurs proxys.*

prude [pʀyd] adj. Qui est d'une pudeur affectée et outrée. → **bégueule, pudibond.** – N. f. *Jouer les prudes.* → **sainte nitouche.** ▶ **pruderie** n. f. Littér. *Elle est d'une pruderie ridicule.* → **pudibonderie.**

prudent, ente [pʀydɑ̃, ɑ̃t] adj. **1·** Qui a de la prudence, montre de la prudence. → **circonspect, prévoyant.** / contr. imprudent / *Il était trop prudent pour brusquer les choses. Soyez prudents, ne roulez pas trop vite.* **2·** (Choses) Inspiré par la prudence, empreint de prudence. / contr. dangereux, imprudent / *Une démarche prudente. Prenez une assurance tous risques, c'est plus prudent. Ce n'est pas prudent. Il jugea prudent de se retirer.* – Impers. *Il est prudent de* (+ infinitif). ▶ **prudemment** [pʀydamɑ̃] adv. Avec prudence. *Conduire prudemment.* ▶ **prudence** [pʀydɑ̃s] n. f. Attitude d'esprit d'une personne qui, réfléchissant aux conséquences de ses actes, prend ses dispositions pour éviter des erreurs, des malheurs possibles, s'abstient de tout ce qui peut être source de dommage. / contr. imprudence / *Annoncez-lui la nouvelle avec beaucoup de prudence.* → **ménagement, précaution.** *Conseils de prudence aux automobilistes. Je vais me faire vacciner par (mesure de) prudence.* Prov. *Prudence est mère de sûreté.* – (Animaux) *La ruse du renard et la prudence du serpent.* ▷ **imprudent**

prud'homme [pʀydɔm] n. m. En droit. Membre élu d'un *conseil des prud'hommes,* qui est chargé de juger les litiges entre salariés et employeurs concernant le contrat de travail. *Elle est prud'homme.* – *Les prud'hommes* : ce conseil. *Aller aux prud'hommes.* ▶ **prud'homal, ale, aux** adj. REM. S'écrit avec un seul *m. En matière prud'homale.*

prudhommesque adj. Littér. Qui a (comme le Joseph *Prudhomme* du dessinateur H. Monnier) un caractère de banalité emphatique et ridicule.

pruine [pʀɥin] n. f. Fine pellicule cireuse, naturelle, à la surface de certains fruits (prune, raisin).

prune [pʀyn] n. f. et adj. **1·** Fruit du prunier, de forme ronde ou allongée, à peau fine, de couleur variable, à chair juteuse et sucrée. → **mirabelle,** 1 **prunelle, quetsche, reine-claude.** *Tarte aux prunes. Eau-de-vie de prune. Un petit verre de prune,* d'eau-de-vie de prune. **2·** *Pour des prunes* loc. fam. : pour rien. *Je me suis dérangé pour des prunes.* **3·** Adj. invar. D'une couleur violet foncé rappelant celle de certaines prunes. *Des robes prune.* ▶ **pruneau** n. m. **1·** Prune séchée. *Pruneaux d'Agen.* – Fam. *Elle est noire comme un pruneau.* **2·** Fam. Projectile, balle de fusil. ▶ 1 **prunelle** n. f. Fruit du prunellier, petite prune bleu ardoise, de saveur âcre, dont on tire une eau-de-vie. *Il est allé cueillir des prunelles dans la haie.* ▶ **prunellier** [pʀynɛlje] n. m. Arbrisseau épineux qui produit les prunelles. ▶ **prunier** n. m. Arbre fruitier qui produit les prunes. – Loc. fam. *Secouer qqn comme un prunier*, très vigoureusement. – *Prunier du Japon*, cultivé pour ses fleurs. ▶ **prunus** n. m. invar. Prunier ornemental à feuilles pourpres.

② **prunelle** n. f. La pupille (→ ② pupille) de l'œil, considérée surtout quant à son aspect. *Avoir les prunelles fixes, dilatées.* – Loc. *Il y tient comme à la prunelle de ses yeux*, tout particulièrement, plus qu'à tout.

prurit [pʀyʀit] n. m. **1·** Sensation irritante à la surface de la peau, entraînant le besoin de se gratter ; démangeaison. *Prurit allergique. Des prurits.* **2·** Abstrait. Littér. et péj. Désir irrépressible. *Le prurit de la gloire.*

prussique [pʀysik] adj. Vx. *Acide prussique*, cyanhydrique (→ **cyanure**).

prytanée [pʀitane] n. m. Établissement d'éducation gratuite (pensionnat) pour fils de militaires.

P.-S. [peɛs] n. m. invar. Post-scriptum.

psalmodier [psalmɔdje] v. < conjug. 7 > **1·** V. intr. Dire ou chanter les psaumes. – Transitivement. *Psalmodier les offices.* **2·** V. tr. Réciter ou dire d'une façon monotone. *Il psalmodiait des vers, une prière...*

psaume [psom] n. m. **1·** L'un des poèmes religieux qui constituent un livre de la Bible et qui servent de prières et de chants religieux dans la liturgie juive et chrétienne. *Chanter, réciter des psaumes. Les psaumes de David.* **2·** Composition musicale (vocale), sur le texte d'un de ces poèmes. ▶ **psautier** [psotje] n. m. Recueil de psaumes. *Psautier et antiphonaire.*

pschent [pskɛnt] n. m. Coiffure rituelle des pharaons.

pschitt [pʃit] interj. Onomatopée évoquant le bruit d'un liquide qui jaillit. *Boisson gazeuse qui fait pschitt.*

pseud(o)- Élément savant signifiant « faux » et qui sert librement à former des adjectifs et des noms (ex. : *pseudo-malade, pseudo-liberté*).

pseudonyme [psødɔnim] n. m. Nom choisi par une personne pour masquer son identité (dans les arts ou la clandestinité). *Stendhal, George Sand sont des pseudonymes célèbres.*

pseudopode [psødɔpɔd] n. m. Chacun des prolongements rétractiles de certains protozoaires, qui leur permettent de se déplacer, de se nourrir.

psitt [psit] ou **pst** [pst] interj. Fam. Interjection servant à appeler, à attirer l'attention, etc.

psittacisme [psitasism] n. m. Didact. Répétition mécanique de phrases, de notions que la personne qui les dit ne comprend pas (→ répéter comme un perroquet).

psoriasis [psɔʀjazis] n. m. invar. Maladie de la peau, caractérisée par des plaques rouges à croûtes blanchâtres.

psy [psi] n. et adj. invar. Abréviation familière de *psychiatre, psychiatrie, psychologie, psychanalyste. Il va chez son psy.*

psych(o)- Élément savant signifiant « âme, esprit ». ▷ **métempsychose**, et dérivés ci-dessous

psychanalyse [psikanaliz] n. f. **1·** Méthode de psychologie clinique, investigation des processus psychiques profonds, de l'inconscient ; ensemble des travaux de Freud et de ses continuateurs (Adler, Jung, Lacan...) concernant le rôle de l'inconscient. *La psychanalyse et la psychiatrie.* **2·** Traitement de troubles psychiques (surtout névroses) et psychosomatiques par cette méthode. → **analyse, psychothérapie.** **3·** Étude psychanalytique (d'une œuvre d'art, de thèmes...). *La psychanalyse des textes littéraires.* ▶ **psychanalyser** ou **analyser** v. tr. < conjug. 1 > **1·** Traiter par la psychanalyse. *Se faire psychanalyser.* **2·** Étudier, interpréter par la psychanalyse. ▶ **psychanalyste** ou **analyste** n. Spécialiste de la psychanalyse ; personne qui exerce la thérapeutique par la psychanalyse. ▶ **psychanalytique** ou **analytique** adj. Propre ou relatif à la psychanalyse.

psyché [psiʃe] n. f. Grande glace mobile montée sur un châssis à pivots.

psychédélique [psikedelik] adj. Qui évoque l'état résultant de l'absorption de substances hallucinogènes. *Une musique psychédélique.*

psychiatre [psikjatʀ] n. Médecin spécialiste des maladies mentales. → **aliéniste.** *Psychiatre expert près les tribunaux.* ▶ **psychiatrie** n. f. Partie de la médecine qui étudie et traite les maladies mentales, les troubles pathologiques de la vie psychique. → **neurologie, psychopathologie, psychothérapie.** *Psychiatrie physiologique ou neuropsychiatrie. Psychiatrie et psychanalyse.* ▶ **psychiatrique** adj. Relatif à la psychiatrie. *Hôpital psychiatrique.*

psychique [psiʃik] adj. Didact. Qui concerne l'esprit, la pensée, en tant que principe auquel on rattache une catégorie de faits d'expérience. → **mental, psychologique.** *Phénomènes psychiques et organiques à la fois.* → **psychosomatique.** ▶ **psychiquement** adv. ▶ **psychisme** [psiʃism]

n. m. Didact. **1·** La vie psychique. **2·** Ensemble particulier de faits psychiques. *Le psychisme morbide.*

psychodrame [psikɔdʀam] n. m. Représentation théâtrale thérapeutique où le patient joue lui-même un rôle approprié à sa situation. – Ambiance qui évoque cette représentation. *La réunion a fini en psychodrame.*

psychologie [psikɔlɔʒi] n. f. **1·** Étude scientifique des phénomènes de l'esprit (au sens le plus large). *Psychologie subjective. Psychologie expérimentale. – Psychologie génétique, descriptive. La psychologie des profondeurs,* la psychanalyse. *Licence de psychologie.* (Abrév. fam. **psycho.**) **2·** Connaissance spontanée des sentiments d'autrui ; aptitude à comprendre, à prévoir les comportements. → **intuition ; psychologue** (2). *Il manque de psychologie.* **3·** Analyse des états de conscience, des sentiments, dans une œuvre. **4·** Ensemble d'idées, d'états d'esprit caractéristiques d'une collectivité. – Fam. Mentalité (d'une personne). ▶ **psychologique** adj. **1·** Qui appartient à la psychologie. *L'analyse psychologique. Un roman psychologique.* **2·** Étudié par la psychologie ; qui concerne les faits psychiques, la pensée. → **mental, psychique.** / contr. organique, physiologique, physique, somatique / ▶ **psychologiquement** adv. Du point de vue psychologique. ▶ **psychologue** n. **1·** Spécialiste de la psychologie, en particulier de la psychologie appliquée (psychotechnique, psychologie de l'enfant, psychothérapie, etc.). *Une psychologue scolaire.* **2·** Adj. Qui a une connaissance empirique des sentiments, des réactions d'autrui. *Vous n'êtes pas très psychologue !,* vous n'avez rien compris à son comportement.

psychomoteur, trice [psikɔmɔtœʀ, tʀis] adj. Didact. Qui concerne à la fois les fonctions motrices et psychiques. *Troubles psychomoteurs de la parole.* → **dyslexie.** ▶ **psychomotricien, ienne** n. Personne chargée de la rééducation d'enfants atteints de troubles psychomoteurs.

psychopathe [psikɔpat] n. **1·** Vx. Malade mental. **2·** Malade atteint d'un trouble de la personnalité qui ne lui permet pas de contrôler ses émotions et ses impulsions et le pousse à adopter un comportement antisocial. – Adj. *Un tueur psychopathe.* ▶ **psychopathie** n. f.

psychopathologie [psikɔpatɔlɔʒi] n. f. Didact. Étude des troubles mentaux, base de la psychiatrie.

psychophysiologie [psikɔfizjɔlɔʒi] n. f. Didact. Étude scientifique des rapports entre l'activité physiologique et le psychisme.

psychose [psikoz] n. f. **1·** Maladie mentale ignorée de la personne qui en est atteinte (qui l'interprète autrement, à la différence des névroses) et qui provoque des troubles de la personnalité. *La paranoïa, la schizophrénie sont des psychoses.* → **folie. 2·** Obsession, idée fixe. *Psychose collective.* ▶ **psychotique** [psikɔtik] adj. et n. Qui a une psychose (1) ; malade mental.

psychosomatique [psikɔsɔmatik] adj. Qui concerne les maladies physiques liées à des causes psychiques, à des conflits psychologiques (généralement inconscients).

psychotechnique [psikɔtɛknik] n. f. et adj. Discipline qui mesure les aptitudes physiques et mentales (orientation professionnelle, recrutement de salariés...). – Adj. *Examens psychotechniques.* → **test.** ▶ **psychotechnicien, ienne** n. Spécialiste de la psychotechnique.

psychothérapie [psikɔteʀapi] n. f. Didact. Thérapeutique des troubles psychiques ou somatiques, lorsqu'ils peuvent être psychosomatiques, par des procédés psychiques (psychanalyse et pratiques dérivées). *Psychothérapie de groupe.* ▶ **psychothérapeute** n. *Il consulte une psychothérapeute.*

psychotrope [psikɔtʀɔp] adj. Qui agit sur le psychisme. – N. m. *L'alcool, les antidépresseurs sont des psychotropes.*

ptér(o)- Élément savant signifiant « aile ». ▶ **ptérodactyle** [pteʀɔdaktil] adj. et n. m. **1·** Adj. Qui a les doigts reliés par une membrane. **2·** N. m. Reptile volant fossile du jurassique.

ptose ou **ptôse** [ptoz] n. m. Descente, situation anormalement basse (d'un organe). → **prolapsus.** *Ptose mammaire.*

P. T. T. [petete] ou **P et T** [peete] n. f. pl. Ancien sigle de l'administration française des postes. → 1 **poste.**

pu Participe passé du verbe *pouvoir.*

puant, ante [pɥɑ̃, ɑ̃t] adj. **1·** Qui pue. → **fétide, pestilentiel. 2·** Fig. (Personnes) Qui est odieux de prétention, de vanité. ▶ **puanteur** n. f. Odeur infecte. → **infection.** *Une puanteur d'égouts.*

1 **pub** [pœb] n. m. En Grande-Bretagne, etc. Établissement public où l'on sert des boissons alcoolisées. – En France. Bar imitant un tel établissement. *Des pubs.*

2 **pub** [pyb] n. f. Fam. Publicité. *J'ai vu cette pub à la télé. Il travaille dans la pub. Des pubs.*

puberté [pybɛʀte] n. f. Passage de l'enfance à l'adolescence ; ensemble des modifications physiologiques et psychologiques qui se produisent à cette époque. ▶ **pubère** adj. Qui a atteint l'âge de la puberté. / contr. impubère, nubile / ▷ **impubère**

pubis [pybis] n. m. invar. Renflement triangulaire à la partie inférieure du bas-ventre. *Les poils du pubis.* ▶ **pubien, enne** adj. Du pubis. *La pilosité pubienne.*

① **public, ique** [pyblik] adj. **1·** Qui concerne le peuple pris dans son ensemble ; relatif à la nation, à l'État (→ **république**). *L'ordre public et la paix sociale. La vie, les affaires publiques.* → **politique.** *L'intérêt public.* → **commun, général.** / contr. privé ; particulier / *L'opinion publique.* – Relatif aux collectivités sociales juridiquement définies, à l'État. *Les pouvoirs publics. L'instruction publique. Les services publics.* → **fonction** publique. *École publique.* → **laïque. 2·** Accessible, ouvert à tous. *La voie publique. Jardin public. Les lieux publics. Réunion publique.* – Vx. *Femme, fille publique,* prostituée. **3·** Qui a lieu en présence de témoins, n'est pas secret. *Scrutin public.* **4·** Qui concerne la fonction, plus ou moins officielle, qu'on remplit dans la société. *La vie publique et la vie privée.* – *Un homme public, une femme publique,* investi(e) d'une fonction officielle. **5·** Connu de tous. → **notoire, officiel.** *Le scandale est devenu public* (→ **publicité ; publier**). ▶ **publiquement** adv. En public, au grand jour. *Il l'a injurié publiquement.* / contr. secrètement / ▶ ② **public** n. m. **1·** Les gens, la masse de la population. *Le public est informé des décisions du gouvernement. Bâtiments interdits au public. Le grand public,* la population en général (opposé aux *experts,* aux *spécialistes,* aux *personnes bien informées*). – En appos. *Des films grand public.* **2·** L'ensemble des gens qui lisent, voient, entendent (les œuvres littéraires, artistiques, musicales, les spectacles). *Livrer son ouvrage au public. Il a son public,* un public qu'il touche, qui le suit. **3·** Ensemble de personnes qui assistent effectivement (à un spectacle, une réunion...). → **assistance, auditoire ; spectateur.** *Le public applaudissait. Un bon public.* – Les personnes devant lesquelles on parle ou on se donne en spectacle. → **galerie.** *Il lui faut toujours un public.* **4·** *En public* loc. adv. : en présence d'un certain nombre de personnes. *Parler en public.* ▷ **publication, publiciste, publicité, république**

publication [pyblikɑsjɔ̃] n. f. **1·** Action de publier (un ouvrage, un écrit) ; son résultat. *Dès la publication de son dernier roman.* → **apparition, parution, sortie.** – Écrit publié (brochures, périodiques). *Publications scientifiques.* **2·** Action de publier (2), de porter à la connaissance de tous. *La publication des résultats d'un examen. Les publications de mariage. La publication des bans.*

publiciste [pyblisist] n. **1·** Littér. Journaliste. **2·** Abusivt. Agent de publicité. → **publicitaire.**

publicité [pyblisite] n. f. **I· 1·** Le fait, l'art d'exercer une action psychologique sur le public à des fins commerciales. → **réclame.** *Publicité et marketing. Agence de publicité. Une campagne de publicité et de promotion.* **2·** Affiche, texte, etc., à caractère publicitaire. *Il y a dix pages de publicité dans ce journal. J'ai vu cette publicité à la télévision.* → ② **pub. II·** Caractère de ce qui est public, connu de tous. *Donner une regrettable publicité à une affaire privée.* ▶ **publicitaire** adj. et n. **1·** Qui sert à la publicité, présente un caractère de publicité. *Un film, un spot publicitaire. Vente publicitaire.* **2·** Qui s'occupe de publicité. *Rédacteur, dessinateur publicitaire.* – N. *Un, une publicitaire.* ▷ **contre-publicité**

publier [pyblije] v. tr. <conjug. 7> **1·** Faire paraître (un texte) dans un livre, un journal. → **éditer.** *Publier un article dans une revue. Cet éditeur publie des dictionnaires.* – (Compl. personne) *Gallimard a publié Malraux ; Malraux est publié chez (par) Gallimard.* **2·** Faire connaître au public ; annoncer publiquement. → **divulguer.** *On a publié les bans à la mairie.* ▷ **impubliable, publication**

publipostage [pyblipɔstaʒ] n. m. Prospection publicitaire (ou vente) par correspondance (pour remplacer *mailing,* anglic.).

publiquement adv. → ① **public.**

① **puce** [pys] n. f. **1·** Insecte sauteur, de couleur brune, parasite de l'homme et de quelques animaux. *Être piqué, mordu par une puce.* Fam. *Sac à puces,* lit, habits sales ; chien. **2·** Loc. fam. *Mettre la puce à l'oreille à qqn,* l'intriguer, éveiller ses doutes ou ses soupçons. – *Secouer ses puces, se secouer les puces,* s'agiter, se dépêcher. *Secouer les puces à qqn,* le réprimander, l'attraper. – *Le marché aux puces* et, ellipt, *les puces,* marché où l'on vend toutes sortes d'objets d'occasion. *Les puces de Saint-Ouen, à la périphérie de Paris.* **3·** Fam. Personne de très petite taille. – Terme d'affection. *Ça va, ma puce ?* **4·** En appos. Invar. D'un brun-rouge assez foncé (rappelant la couleur de la puce). *Des habits puce.* ▶ **puceron** [pysʀɔ̃] n. m. Petit insecte parasite des plantes. *Puceron du rosier.* – Fam. Enfant très petit.

② **puce** n. f. Microprocesseur, circuit intégré de très petite taille, placé au cœur d'une machine informatique (ordinateur, appareil photo, robot industriel...). *Carte à puce.* ▶ **pucer** v. tr. <conjug. 3> *Faire pucer un animal,* lui implanter une puce électronique sous la peau pour pouvoir l'identifier. *Heureusement que son chien était pucé ! on a pu le lui ramener.* ▶ **puçage** n. m.

pucelle [pysɛl] n. f. 1· Vx ou plaisant. Jeune fille. *La pucelle d'Orléans,* Jeanne d'Arc. 2· Fam. Fille vierge. ▶ **puceau** n. m. et adj. m. Fam. Garçon, homme vierge. *Ils sont puceaux.* ▶ **pucelage** n. m. Fam. Virginité. ▷ **dépuceler**

pudding [pudiŋ] n. m. 1· Gâteau à base de farine, d'œufs, de graisse de bœuf et de raisins secs, traditionnel en Angleterre. *Des puddings.* 2· Gâteau à base de pain, de cannelle, de raisins secs. – REM. On écrit aussi *pouding* [pudiŋ].

pudeur [pydœʀ] n. f. 1· Sentiment de honte, de gêne qu'une personne éprouve à faire, à envisager des choses de nature sexuelle ; disposition permanente à éprouver un tel sentiment. → **chasteté, décence, pudicité ; pudique.** / contr. impudeur / *Des propos qui blessent la pudeur.* – (Autrefois). ***Attentat à la pudeur*** (puni par la loi) : exhibitionnisme, viol... → **atteinte.** 2· Sentiment de gêne à se montrer nu. – Gêne qu'éprouve une personne délicate devant ce que sa dignité semble lui interdire. → **discrétion, réserve, retenue.** *Ayez au moins la pudeur de vous taire ! Elle cachait son chagrin par pudeur.* – *Sans pudeur.* → **cyniquement.** ▷ **pudique**

pudibond, onde [pydibɔ̃, ɔ̃d] adj. Qui a une pudeur exagérée jusqu'au ridicule. → **prude.** ▶ **pudibonderie** n. f. Littér. Pruderie.

pudique [pydik] adj. 1· Qui a de la pudeur, montre de la pudeur. → **chaste, sage.** *Une femme pudique. Un geste pudique.* / contr. impudique, provocant / 2· Plein de discrétion, de réserve. *Il a fait une allusion pudique à leurs querelles.* ▶ **pudicité** n. f. Littér. Pudeur, caractère pudique. / contr. impudicité / ▶ **pudiquement** adv. 1· D'une manière pudique. *Elle tourna la tête pudiquement.* 2· Par euphémisme. *Ce qu'on appelle pudiquement « rétablir l'ordre ».*

puer [pɥe] v. < conjug. 1 > REM. Verbe de sens fort, péjoratif. 1· V. intr. Sentir très mauvais, exhaler une odeur infecte. → **empester ; puant.** 2· V. tr. Répandre une très mauvaise odeur de... *Il a encore bu, il pue l'alcool.* ▷ **puant**

puér(i)- Élément qui signifie « enfant ». → **péd-.** ▶ **puériculture** [pɥeʀikyltyʀ] n. f. Ensemble des méthodes propres à assurer la croissance et le plein épanouissement du nouveau-né et de l'enfant (jusque vers trois ou quatre ans). ▶ **puériculteur, trice** n. Personne diplômée spécialiste de puériculture. ▷ **puéril, puerpéral**

puéril, ile [pɥeʀil] adj. Qui ne convient qu'à un enfant, n'est pas digne d'un adulte ; qui manque de sérieux. → **enfantin, infantile.** / contr. adulte / *Des propos, des arguments puérils.* ▶ **puérilement** adv. D'une manière puérile. ▶ **puérilité** n. f. 1· Caractère puéril, peu sérieux. → **futilité.** 2· Littér. Action, parole, idée puérile. → **enfantillage.** *Cessez vos puérilités !*

puerpéral, ale, aux [pɥɛʀpeʀal, o] adj. En médecine. Relatif à l'accouchement. *Fièvre puerpérale,* due à une infection de l'utérus.

pugilat [pyʒila] n. m. Bagarre à coups de poing. → **rixe.** *Un pugilat en règle.* ▶ **pugiliste** n. m. Littér. Boxeur. – Lutteur ou catcheur.

pugnace [pygnas] adj. Littér. Qui aime le combat, la lutte. – *Une attitude pugnace.* ▶ **pugnacité** n. f.

puîné, ée [pɥine] adj. et n. Vieilli. Qui est né après un frère ou une sœur. *Frère puîné.* – N. *Une puînée.*

puis [pɥi] adv. 1· (Succession dans le temps) Littér. Après cela, dans le temps qui suit. → **ensuite.** *Ils entraient, puis ils sortaient (et puis ils sortaient). Il convoqua sa secrétaire, puis le chef du personnel.* 2· Littér. Plus loin, dans l'espace. → **après.** *On aperçoit la cathédrale, puis les tours du château.* 3· ***Et puis*** (introduisant le deuxième, le troisième... terme d'une énumération). → **et.** *Il y avait ses amis, son frère et puis sa sœur.* 4· ***Et puis*** (servant à introduire une nouvelle raison). → **d'ailleurs.** *Je n'ai pas le temps, et puis ça m'embête.* – *Et puis ?,* s'emploie pour demander quelle importance peut bien avoir la chose en question. Fam. (Dans le même sens) *Et puis quoi ? et puis après ?* ▷ **depuis, puisque**

puis-je → **pouvoir.**

puisard [pɥizaʀ] n. m. Puits en pierres sèches destiné à recevoir et absorber les résidus liquides. → **égout, fosse.**

puisatier, ière [pɥizatje, jɛʀ] n. Personne ou entreprise qui creuse des puits.

puiser [pɥize] v. tr. < conjug. 1 > 1· Prendre dans une masse liquide (une portion de liquide). *Puiser de l'eau à une source.* 2· Sans compl. dir. *Puiser dans son sac, dans son porte-monnaie,* y prendre de l'argent. – *Puiser dans ses économies, dans ses réserves.* → **prélever.** 3· Fig. Emprunter, prendre. *Il a puisé ses exemples dans les auteurs classiques.* – Au p. p. adj. *Une documentation puisée à la source, dans une revue.*

puisque [pɥisk(ə)] conj. REM. *Puisqu'* devant *ainsi, elle(s), il(s), en, on, un(e).* Conjonction de subordination à valeur causale. 1· (Introduisant une cause, en faisant reconnaître comme logique le rapport de cause à effet) Dès l'instant où, du moment que... *Puisque vous insistez, je cède. Puisque vous êtes ici, restez à dîner !,* étant donné que... 2· (Servant à justifier une assertion) *Puisque je vous le dis.* – (Reprenant un terme) *Son départ, puisque départ il y a, est fixé à midi.*

puissance [pɥisɑ̃s] n. f. **I· 1·** Situation, état d'une personne, d'un groupe qui peut beaucoup, qui a une grande action sur les personnes, les choses ; domination qui en résulte. *Qui a de la puissance.* → **puissant.** *Une grande volonté de puissance,* de dominer les gens et les choses. *La puissance temporelle* (opposée à la *puissance spirituelle*). → **pouvoir. 2·** Grand pouvoir de fait exercé dans la vie politique d'une collectivité. *La puissance d'un parti, d'un courant d'opinion, d'une classe sociale.* **3·** Caractère de ce qui peut beaucoup, de ce qui produit de grands effets. → **efficacité, force.** *La puissance de l'imagination, de la parole.* – *Puissance sexuelle.* / contr. impuissance / **4·** Quantité de travail fourni par unité de temps. *La puissance électrique est mesurée en watts.* **5·** Pouvoir d'action (d'un appareil) ; intensité (d'un phénomène). *La puissance d'un microscope. Augmenter, diminuer la puissance de la radio.* **6·** En mathématiques. Produit de plusieurs facteurs égaux, le nombre de facteurs étant indiqué par l'exposant. *10 × 10 × 10 × 10 × 10* 10^5 *(« dix puissance cinq »). élever un nombre à la puissance deux* → **carré,** *trois* → **cube.** Fam. *Il est bête à la puissance dix,* au plus haut degré. **II·** *(Une, des puissances)* **1·** Littér. Chose qui a un grand pouvoir, produit de grands effets. *L'or est une puissance.* **2·** Catégorie, groupement de personnes qui ont un grand pouvoir de fait dans la société. *Les puissances d'argent.* **3·** État souverain. → **nation, pays.** *Les grandes puissances.* **III·** ***En puissance*** loc. adj. : qui existe sans produire d'effet, sans se réaliser. *C'est un talent en puissance. Un criminel en puissance.* → **graine** de, en **herbe.** ▷ **impuissance, superpuissance, toute-puissance**

puissant, ante [pɥisɑ̃, ɑ̃t] adj. **1·** Qui a un grand pouvoir, de la puissance. *Un personnage puissant.* → **considérable, influent, omnipotent, tout-puissant.** – N. *Les puissants de ce monde.* – Qui a de grands moyens militaires, techniques, économiques. *Ces pays dépendent de leur puissant voisin.* **2·** Qui est très actif, qui produit de grands effets. *Administrer un remède puissant.* → **énergique.** *Un sentiment puissant.* → **profond.** *Des efforts puissants.* / contr. impuissant / – (Personnes) Qui s'impose par sa force, son action. / contr. faible / *Une puissante personnalité.* **3·** Qui a de la force physique (quand cette force semble permanente, en réserve). *Des muscles puissants.* **4·** (Moteur, machine) Qui a de la puissance, de l'énergie. *Une voiture puissante. Attention, freins puissants !* (inscription à l'arrière de camions). **5·** Qui a une grande intensité. → **fort.** *Il parlait d'une voix puissante.* → **haut.** ▶ **puissamment** adv. **1·** Avec des moyens puissants, avec une action efficace. / contr. faiblement / **2·** Avec force, intensité. Iron. *C'est puissamment raisonné !,* fortement. ▷ **impuissant, puissance, surpuissant, tout-puissant**

puits [pɥi] n. m. invar. **1·** Cavité circulaire, profonde et étroite, à parois maçonnées, pratiquée dans le sol pour atteindre une nappe d'eau souterraine. *Puiser, tirer de l'eau au puits.* **2·** Excavation pratiquée dans le sol ou le sous-sol pour l'exploitation d'un gisement. *Puits de mine.* – *Le forage d'un puits de pétrole.* **3·** Loc. fig. *Un **puits de science*** : une personne d'un immense savoir. ▷ **puisard, puisatier, puiser**

pullman [pulman ; pylman] n. m. **1·** Voiture de luxe, dans un train. *Des pullmans.* **2·** Appos. *Autocar pullman,* de grand confort.

pull-over [pulɔvœʀ ; pylɔvɛʀ] ou **pull** [pyl] n. m. Tricot de laine ou de coton, qu'on met en le passant par la tête. *Des pull-overs ; des pulls.* → **chandail.**

pulluler [pylyle] v. intr. < conjug. 1 > **1·** Se multiplier ; se reproduire en grand nombre et très vite. *Des égouts où pullulent les rats.* **2·** Se manifester en très grand nombre. → **grouiller, proliférer.** *Les policiers pullulent dans ce quartier.* – (Choses) Abonder, foisonner. ▶ **pullulement** n. m. Fait de pulluler. – Ce qui pullule.

pulmonaire [pylmɔnɛʀ] adj. **1·** Qui affecte, atteint le poumon. *Congestion pulmonaire. Tuberculose pulmonaire.* – N. Personne atteinte de tuberculose pulmonaire. → **tuberculeux. 2·** Qui appartient au poumon. *Les alvéoles pulmonaires.*

pulpe [pylp] n. f. **1·** *La pulpe des dents,* le noyau tendre (opposé à *ivoire* et à *émail*). *Les nerfs de la pulpe rendent les caries douloureuses.* **2·** Partie juteuse (des fruits charnus). → **chair.** – Partie charnue et comestible (de certains légumes). *La peau et la pulpe.* ▶ **pulpeux, euse** adj. *Un fruit pulpeux.* – Fig. *Une belle fille pulpeuse,* aux formes rondes et pleines. → **plantureux.**

pulsation [pylsasjɔ̃] n. f. **1·** Battement (du cœur, des artères). → **pouls. 2·** Battement régulier.

pulsé [pylse] adj. m. *Air pulsé,* poussé par une soufflerie.

pulsion [pylsjɔ̃] n. f. En psychologie. Tendance instinctive partielle ; élément dynamique de l'activité psychique inconsciente. *Pulsions sexuelles.* → **libido.** ▷ **compulsion, impulsion**

pulvériser [pylveʀize] v. tr. < conjug. 1 > **1·** Réduire (un solide) en poudre, en très petites parcelles ou miettes. → **broyer, piler.** – Au p. p. adj. *Du charbon pulvérisé.* **2·** Projeter (un liquide sous pression) en fines gouttelettes. → **vaporiser.** *Il faut pulvériser de l'insecticide sur les arbres.* **3·** Faire éclater en petits morceaux. *Le pare-brise a été pulvérisé.* – Fig. Détruire complètement, réduire à néant. → **anéantir.** *Il a pulvérisé vos arguments.* – Fam. *Le record a été pulvérisé,* battu de beaucoup. ▶ **pulvérisateur** n. m. Appareil servant à projeter une poudre, un liquide pulvérisé. → **atomiseur, vaporisateur.** ▶ **pulvérisation** n. f. **1·** Action de pulvériser. **2·** Prise de médicament en aérosol (nez, gorge). *As-tu fait tes pulvérisations ?* ▶ **pulvérulent, ente** adj. Qui a la consistance de la poussière, d'une poudre ou se réduit facilement en poudre. *La chaux vive est pulvérulente.*

puma [pyma] n. m. Mammifère carnassier d'Amérique de la famille des félins, à pelage fauve et sans crinière. → **couguar.** *Des pumas femelles.*

1 **punaise** [pynɛz] n. f. **1·** Petit insecte à corps aplati et d'odeur infecte. *Punaise des bois. Punaise des lits,* parasite de l'homme. *Une chambre sordide, pleine de punaises.* **2·** Région. (sud-est de la France). *Punaise !,* interjection exprimant la surprise ou le dépit.

2 **punaise** n. f. Petit clou à large tête ronde, à pointe courte servant à fixer des feuilles de papier sur un mur, une planche... ▶ **punaiser** v. tr. <conjug. 1> Fixer à l'aide de punaises.

1 **punch** [pɔ̃ʃ] n. m. Boisson alcoolisée à base de rhum, de sirop de canne, de jus de fruits... *Des punchs.* ≠ grog.

2 **punch** [pœnʃ] n. m. **1·** Aptitude d'un boxeur à porter des coups secs et décisifs. **2·** Efficacité, dynamisme. *Il manque de punch.* ▶ **puncheur** n. m. Boxeur qui a du punch. ▶ **punching-ball** [pœnʃiŋbol] n. m. Ballon fixé par des attaches élastiques, servant à l'entraînement des boxeurs. *Des punching-balls.* – Fam. *Je ne vais pas te servir de punching-ball,* de tête de Turc.

punique [pynik] adj. De Carthage ; carthaginois. *Les guerres puniques,* menées par Rome contre Carthage.

punir [pyniʀ] v. tr. <conjug. 2> **1·** Frapper (qqn) d'une peine pour avoir commis un délit ou un crime. → **châtier, condamner.** *La justice punit les coupables. Être puni de prison.* – Frapper (qqn) d'une sanction pour une faute répréhensible. / contr. récompenser / *Sa mère l'a puni d'avoir (pour avoir) menti.* **2·** Sanctionner (une faute) par une peine, une punition. *Punir une infraction.* **3·** Au passif, au p. p. adj. *Il est bien puni de sa curiosité,* il supporte les conséquences fâcheuses de sa curiosité. *Être puni par où l'on a péché,* trouver sa punition dans la faute ou l'erreur même qu'on a commise. ▶ **puni, ie** adj. et n. Qui subit une punition. *Coupables punis. Faute punie.* / contr. impuni / – N. Personne punie. *Les punis feront tout pour se racheter.* Spécialt. Soldat puni. ▶ **punissable** adj. Qui entraîne ou peut entraîner une peine. *Un crime punissable de prison. Une action punissable.* → **répréhensible.** ▶ **punitif, ive** adj. Propre ou destiné à punir, à réprimer (rare, sauf *expédition punitive*). *Faire une expédition punitive contre des rebelles.* ▶ **punition** n. f. **1·** Action de punir. → **châtiment.** *En punition de ses péchés.* → **pénitence. 2·** Ce que l'on fait subir à l'auteur d'une simple faute (non d'un crime ou délit grave). / contr. récompense / *Infliger une punition à qqn. Pour ta punition, tu resteras dans ta chambre. Il est en punition dans sa chambre.* **3·** Travail supplémentaire infligé en punition. *As-tu fait ta punition ?* **4·** Conséquence pénible (d'une faute, d'un défaut dont on semble puni). *Son impopularité est la punition de ses mensonges.* ▷ **impunément, impuni**

punk [pœ̃k, pœnk] adj. et n. Anglic. **1·** Adj. Se dit d'un mouvement musical issu du rock anglais et d'un mode de vie qui affiche des signes provocateurs (coiffures, bijoux...). *Elle se donne des allures punks* ou *punk. La musique punk.* **2·** N. Personne qui se réclame de ce mouvement, de ce mode de vie. *Des punks. Une punk anglaise.*

1 **pupille** [pypil] ; cour. [pypij] n. **1·** Orphelin(e) mineur(e) en tutelle. *Le, la pupille et son tuteur.* **2·** *Pupille de la Nation,* orphelin de guerre pris en tutelle par l'État.

2 **pupille** [pypil] ; cour. [pypij] n. f. Zone centrale de l'iris de l'œil, par où passent les rayons lumineux. → **prunelle.**

pupitre [pypitʀ] n. m. **1·** Petit meuble à tableau incliné sur un ou plusieurs pieds, où l'on pose, à hauteur de vue, un livre, du papier. *Pupitre d'orchestre. Pupitre de chœur.* → **lutrin. 2·** Petite table, casier à couvercle incliné servant à écrire. *Des pupitres d'écoliers.* **3·** Console, tableau de commandes. *Le pupitre d'un studio d'enregistrement.*

pur, pure [pyʀ] adj. **I·** Concret **1·** Qui n'est pas mêlé avec autre chose, qui ne contient aucun élément étranger. *Du vin pur,* sans eau. *Substance, eau chimiquement pure. De l'or à l'état pur.* – Fig. *À l'état pur,* absolu, total, sans mélange. *Le plaisir, la bêtise à l'état pur.* – (Devant un nom de produit, formant une loc. adj.) *Confiture pur fruit, pur sucre,* sans additifs ni adjuvants. *Tissu pure laine,* 100 % en laine. → **cent** pour cent. – *Métal pur,* sans alliage. – *Couleur pure,* franche. *Son pur,* simple. – *Cheval de pur sang.* → **pur-sang. 2·** Qui ne renferme aucun élément mauvais ou défectueux. *Eau pure,* claire, bonne à boire. *Air pur,* salubre. / contr. pollué, vicié / *Ciel pur,* sans nuages ni fumées. → **limpide.** *L'air, le ciel est pur.* **II·** Abstrait. **1·** Qui est sans mélange, s'interdit toute préoccupation étrangère à sa nature. → **absolu.** *Science pure* (opposé à *appliquée*). *Recherche pure,* fondamentale. *Musique pure* (opposé à *descriptive*). *Poésie pure.* **2·** (Devant le nom) Qui est seulement et complètement tel. *Ton ami est un pur imbécile.* → **complet, parfait, simple, véritable.** *Un ouvrage de pure imagination. Un pur hasard.* Loc. *De pure forme. En pure perte.* – (Après le nom) ***Pur et simple*** : sans restriction. *Je vous demande une acceptation pure et simple.* **3·** N. Personne rigoureusement fidèle à un parti, à une orthodoxie, sans mélange ni concession. *C'est un pur (un pur et dur). Une pure.* **4·** Sans défaut d'ordre moral, sans corruption, sans tache. → **innocent.** / contr. impur / *Un cœur pur. Ses intentions étaient pures,* bonnes et désintéressées. *Il était pur de tout soupçon,* à l'abri de tout soupçon. **5·** Chaste. *Une jeune fille pure.* **6·** Sans défaut d'ordre esthétique. → **parfait.** *Un profil, des traits purs.* – (Langue, style) D'une correction élégante. → **châtié, épuré ; purifier, purisme.** ▶ **purement** adv. Intégralement, exclusivement (→ **pur,** II, 2). *Une réaction purement instinctive.* – Loc. ***Purement et simplement*** : sans condition ni réserve. *Il a purement et simplement menti,* sans aucun doute possible. ▷ **dépuratif, épurer, impur, pureté, purifier, purisme, puritain, pur-sang**

purée [pyʀe] n. f. **1·** Légumes cuits et écrasés. *De la, une purée de pommes de terre, de pois cassés...* – En appos. Invar. *Pommes purée.* → **mousseline.** – ***Purée de pois*** loc. fig. : brouillard très épais. **2·** Fam. *Être dans la purée,* dans la gêne, la misère. → **mouise, panade.** – Exclam. Fam. *Purée !,* misère ! ▷ **presse-purée**

pureté [pyʀte] n. f. **I· 1·** État d'une substance chimique pure. – État d'une substance pure (I, 2). *Une eau d'une grande pureté.* **2·** État de ce qui est sans défaut, sans altération. → **limpidité, netteté.** *Ce diamant est d'une pureté absolue. La pureté de l'air des montagnes. La pureté de sa voix.* **II· 1·** Littér. État de ce qui est pur, sans souillure morale. → **honnêteté, innocence.** *La pureté d'une sainte.* – Chasteté. **2·** État de ce qui est sans mélange. *C'est la foi dans toute sa pureté.* **3·** État de ce qui se conforme avec élégance à des règles, à un type de perfection. → **correction.** *Veiller à la pureté de la langue* (→ **purisme**). ▷ **impureté**

purgatif, ive [pyʀgatif, iv] adj. et n. m. Qui a la propriété de purger. → **dépuratif, laxatif.** – N. m. *Un purgatif.*

purgatoire [pyʀgatwaʀ] n. m. **1·** D'après la théologie catholique. Lieu où les âmes qui n'ont pas été condamnées à l'enfer expient leurs péchés avant d'accéder au paradis. **2·** Lieu ou temps d'épreuve, d'expiation. *Faire son purgatoire sur terre.* **3·** Disgrâce d'un homme politique. *Le purgatoire d'un ancien ministre* (→ **traversée du désert***).

purger [pyʀʒe] v. tr. < conjug. 3 > **1·** Débarrasser de ce qui gêne. *Purger un radiateur,* en évacuer l'air qui gêne le fonctionnement. *Purger un moteur,* vidanger l'huile avant un démontage, un nettoyage. **2·** Littér. Débarrasser (d'une chose mauvaise ou d'êtres considérés comme dangereux). *Il faut purger la société de tous ces profiteurs.* **3·** Administrer un purgatif à... – Pronominalement (réfl.). *Se purger,* prendre un purgatif. **4·** Faire disparaître en subissant (une condamnation, une peine). *Il est en prison, il purge une peine de cinq ans.* ▶ **purge** n. f. **1·** Action de purger ; remède purgatif. *Prendre une purge.* **2·** Évacuation d'un liquide, d'un gaz dont la présence dans une conduite nuit au bon fonctionnement d'un appareil. → **vidange.** *Robinet de purge.* **3·** Élimination autoritaire d'éléments politiquement indésirables. → **épuration.** *Les grandes purges staliniennes.* ▶ **purgeur** n. m. Robinet ou dispositif automatique de purge (d'une tuyauterie, d'une machine). ▷ **expurger, purgatif, purgatoire**

purifier [pyʀifje] v. tr. < conjug. 7 > **1·** Débarrasser (une substance) de ses impuretés. → **clarifier, épurer, filtrer.** **2·** Littér. Rendre pur, débarrasser de la corruption, de la souillure morale. *La souffrance l'avait purifié.* – Pronominalement (réfl.). *Se purifier,* se rendre pur par des rites purificatoires. **3·** Rendre plus pur, plus correct (la langue, le style). ▶ **purificateur, trice** adj. Qui purifie. ▶ **purification** n. f. Action de purifier, de se purifier. – Relig. *Fête de la Purification de Marie.* → **chandeleur.** – *Purification ethnique**. ▶ **purificatoire** adj. Littér. Propre à la purification. → **lustral.** *Rites purificatoires.*

purin [pyʀɛ̃] n. m. Partie liquide du fumier, constituée par les urines et la décomposition des parties solides. *Une fosse à purin.*

purine [pyʀin] n. f. Substance chimique de l'organisme qui participe à la constitution du code génétique. ▶ **purique** adj. *Base purique,* base azotée dérivée de la purine, constituant des acides nucléiques.

purisme [pyʀism] n. m. **1·** Souci excessif de la pureté du langage, de la correction grammaticale, cherchant à se conformer à un modèle idéal. **2·** Souci de pureté, de conformité totale à un type idéal (art, idées, etc.). / contr. laxisme / ▶ **puriste** adj. et n. *Un grammairien puriste. Un dictionnaire puriste.* → **normatif.**

puritain, aine [pyritɛ̃, ɛn] n. et adj. **1·** Membre d'une secte protestante anglaise et hollandaise qui voulait pratiquer un christianisme plus pur. → **presbytérien.** *Les puritains qui émigrèrent en Amérique.* **2·** Personne qui montre ou affiche une pureté morale scrupuleuse, un respect rigoureux des principes. → **rigoriste.** – Adj. *Il a reçu une éducation puritaine.* → **austère, rigide.** ▶ **puritanisme** n. m. Esprit, conduite des puritains.

pur-sang [pyrsɑ̃] n. m. invar. Cheval de race pure. – Spécialt (en France). Race française, d'origine anglaise, de chevaux de course ; cheval de cette race. *Des pur-sang.*

purulent, ente [pyrylɑ̃, ɑ̃t] adj. Qui contient ou produit du pus. *Une plaie purulente.* ▶ **purulence** n. f. Didact. État purulent.

pus [py] n. m. invar. Liquide blanchâtre ou jaunâtre, contenant des microbes, qui se forme aux points d'infection de l'organisme. → **suppuration ; abcès, anthrax, bouton, clou, furoncle, pustule ; pyo-.** *Écoulement de pus.* → **purulent.** ▷ **purulent, pustule, suppurer**

pusillanime [pyzi(l)lanim] adj. Littér. Qui manque d'audace, craint le risque, les responsabilités. → **craintif, timoré.** / contr. audacieux / ▶ **pusillanimité** n. f. *Sa pusillanimité l'empêche de prendre une décision.*

pustule [pystyl] n. f. **1·** Petite bulle de pus à la surface de la peau. → **bouton.** *Les pustules de la variole.* **2·** Chacune des petites vésicules ou saillies qui couvrent le dos du crapaud, les feuilles ou tiges de certaines plantes. ▶ **pustuleux, euse** adj. *Éruption pustuleuse.*

putain [pytɛ̃] n. f. et adj. **1·** Péj. Prostituée. **2·** Péj. et vulg. Vieilli. Femme qui a une vie sexuelle très libre. **3·** Adj. Fam. (Homme ou femme) Qui se prostitue, cherche à plaire à tout le monde. *Il n'est pas sans talent, mais il est très putain.* **4·** (Suivi de *de* et d'un nom) S'emploie pour maudire qqch. qu'on déteste. *Putain de temps !* **5·** Fam. *Putain !*, exclamation marquant l'étonnement, l'admiration. *Putain de film !* ▶ **pute** [pyt] n. f. et adj. Putain (1, 2, 3). *Aller aux putes.*

putatif, ive [pytatif, iv] adj. En droit. *Enfant, père putatif,* personne qui est supposée être l'enfant, le père de qqn.

putois [pytwa] n. m. invar. **1·** Petit mammifère carnivore, à fourrure brune, à odeur nauséabonde. – Loc. *Crier comme un putois,* crier, protester très fort. **2·** Fourrure de cet animal.

putréfaction [pytrefaksjɔ̃] n. f. Décomposition des matières organiques sous l'action des bactéries. → **pourriture.** *Un cadavre en état de putréfaction avancée.* ▶ **putréfier** v. tr. <conjug. 7> Faire tomber en putréfaction. – Pronominalement (réfl.). Se décomposer, pourrir. ▶ **putrescible** [pytresibl] adj. Qui peut se putréfier. / contr. imputrescible / ▶ **putride** adj. **1·** Qui est en putréfaction. **2·** (Miasme, odeur) Qui résulte de la putréfaction. ▷ **imputrescible**

putsch [putʃ] n. m. Soulèvement, coup de main d'un groupe politique armé, en vue de prendre le pouvoir. → coup d'**État.** *Un putsch contre-révolutionnaire. Plusieurs putschs militaires ont eu lieu.* ▶ **putschiste** [putʃist] adj. et n. Qui organise un putsch ou qui y participe. *Les généraux putschistes.*

puy [pɥi] n. m. Montagne, en Auvergne. *Le Puy de Sancy.*

puzzle [pœz(ə)l] ou [pyzl] n. m. **1·** Jeu de patience, composé d'éléments à assembler pour reconstituer un dessin, une photographie. **2·** Multiplicité d'éléments sans ordre apparent qu'un raisonnement logique doit assembler pour reconstituer la réalité des faits. *Les pièces du puzzle commençaient à s'ordonner dans sa tête.*

p.-v. [peve] n. m. invar. Fam. Procès-verbal, contravention. *Attraper un p.-v.*

pygmée [pigme] n. m. **1·** Personnes appartenant à certaines populations de petite taille (autour de 1,50 m) habitant la forêt équatoriale du centre de l'Afrique. **2·** Littér. Homme tout petit, ou tout à fait insignifiant. / contr. géant /

pyjama [piʒama] n. m. Vêtement léger de nuit ou d'intérieur. – REM. On dit *un* ou *des pyjamas.* → **culotte, pantalon.** *Veste, pantalon de pyjama. Être en pyjama(s).*

pylône [pilon] n. m. **1·** Structure élevée, métallique ou en béton armé, servant de support à des cables, des antennes, etc. *Des pylônes électriques.* **2·** Chacun des deux piliers quadrangulaires ornant l'entrée d'une avenue, d'un pont. *Les pylônes du pont Alexandre-III* (à Paris).

pylore [pilɔr] n. m. Orifice faisant communiquer l'estomac avec le duodénum.

pyo- Élément savant signifiant « pus ». ▶ **pyorrhée** [pjɔre] n. f. Écoulement de pus.

pyramide [piramid] n. f. **1·** Grand monument à base carrée et à faces triangulaires (qui servait de tombeau aux pharaons d'Égypte, de base aux temples aztèques, incas du Mexique etc.). → **ziggourat.** *La pyramide de Khéops.* **2·** Polyèdre qui a pour base un polygone et pour faces des triangles possédant un sommet commun. **3**· Entassement (d'objets) qui repose sur une large base et s'élève en s'amincissant. *Des pyramides de fruits et de légumes.* **4**· Représentation graphique d'une statistique, où les éléments sont de plus en plus rares vers le haut. *La pyramide des âges, des salaires. La pyramide alimentaire.* ▶ **pyramidal, ale, aux** adj. En forme de pyramide.

pyrimidine [piʀimidin] n. f. Substance chimique de l'organisme, dont la structure comporte une chaîne fermée. ▶ **pyrimidique** adj. *Base pyrimidique,* base azotée dérivée de la pyrimidine, constituant des acides nucléiques.

pyr(o)- Élément savant signifiant « feu ». ▶ **pyrex** [piʀɛks] n. m. invar. (Nom déposé) Verre très résistant pouvant aller au feu. ▶ **pyrogravure** n. f. Procédé de décoration du bois consistant à graver un dessin à l'aide d'une pointe métallique incandescente. ▶ **pyrograver** v. tr. < conjug. 1 > Décorer, exécuter à la pyrogravure. ▶ **pyrograveur, euse** n. Artiste en pyrogravure. ▶ **pyrolyse** n. f. Décomposition chimique sous l'effet de la chaleur. *Four à pyrolyse,* dont les parois se nettoient en brûlant les graisses déposées lors de la cuisson. ▶ **pyromane** n. Personne qu'une impulsion morbide (dite *pyromanie,* n. f.) pousse à allumer des incendies. → **incendiaire.** ▶ **pyrotechnie** [piʀɔtɛkni] n. f. Technique de la fabrication et de l'utilisation des matières explosives et des pièces d'artifice. ▶ **pyrotechnicien, ienne** n. → **artificier.** ▶ **pyrotechnique** adj. *Spectacle pyrotechnique,* feu d'artifice. ▷ **pyrimidine**

pyrrhonisme [piʀɔnism] n. m. Scepticisme philosophique (des *Pyrrhoniens,* partisans du philosophe grec *Pyrrhon*).

pythie [piti] n. f. Didact. (Avec une majuscule) Prêtresse de l'oracle d'Apollon à Delphes. *L'oracle de la Pythie.* – Littér. *Une pythie,* une prophétesse. → **pythonisse.**

python [pitɔ̃] n. m. Serpent des forêts tropicales d'Afrique et d'Asie, de très grande taille (jusqu'à 10 m), qui broie sa proie entre ses anneaux avant de l'avaler. ≠ piton.

pythonisse [pitɔnis] n. f. Littér. ou plaisant. Prophétesse, voyante.

qQ

q [ky] n. m. invar. Dix-septième lettre, treizième consonne de l'alphabet. – REM. Le groupe *qu* se prononce [k] *quarante* ; [kw] *équation* ; ou [kɥ] *équilatéral.*

Q. G. [kyʒe] n. m. invar. Fam. Quartier général.

Q. I. [kyi] n. m. invar. Fam. Quotient intellectuel.

qi gong [tʃikɔ̃g] n. m. Discipline traditionnelle chinoise, gymnastique associant mouvements fluides, exercices respiratoires et concentration de l'esprit.

quad [kwad] n. m. Anglic. Véhicule tout terrain, sorte de moto à quatre roues. *Faire une course de quads.*

quadr-, quadri-, quadru- Éléments signifiant « quatre ». → **tétra-**. ▷ **quadragénaire, quadriennal, quadrilatère, quadrimoteur, quadrumane, quadrupède**

quadragénaire [kwadʀaʒenɛʀ] adj. et n. Dont l'âge est compris entre quarante et quarante-neuf ans. *Elle est quadragénaire.* – N. *Elle épouse un quadragénaire.* Abrév. fam. **quadra.** *Une équipe de quadras.*

quadrature [kwadʀatyʀ] n. f. Opération qui consiste à construire un carré de même surface que celle d'une figure curviligne. – Loc. *La quadrature du cercle,* problème insoluble, chose irréalisable.

quadriennal, ale, aux [k(w)adʀijenal, o] adj. **1·** Qui dure quatre ans. **2·** Qui revient tous les quatre ans.

quadrige [kadʀiʒ ; kwadʀiʒ] n. m. Char antique attelé de quatre chevaux de front.

quadrilatère [k(w)adʀilatɛʀ] n. m. Polygone à quatre côtés. → **carré, losange, parallélogramme, rectangle, trapèze.**

quadrille [kadʀij] n. m. Contredanse □ à la mode au XIXe s. *Le quadrille des lanciers.*

quadriller [kadʀije] v. tr. < conjug. 1 > **1·** Couvrir une surface de lignes entrecroisées en carrés, en rectangles. – Au p. p. adj. *Papier quadrillé.* **2·** Diviser (un territoire) en compartiments où l'on répartit des troupes, pour en garder le contrôle. ▶ **quadrillage** n. m. **1·** Dessin d'une surface quadrillée. **2·** Action de quadriller (2). *Le quadrillage d'une ville en insurrection.*

quadrimoteur [k(w)adʀimɔtœʀ] adj. et n. m. (Avion) Muni de quatre moteurs.

quadriréacteur [k(w)adʀiʀeaktœʀ] adj. et n. m. (Avion) Muni de quatre réacteurs.

quadrumane [k(w)adʀyman] adj. et n. Dont les quatre membres sont terminés par une main. – N. *Un quadrumane,* un singe.

quadrupède [k(w)adʀypɛd] adj. et n. (Animaux) Qui a quatre pattes. – N. *Un quadrupède,* mammifère terrestre possédant quatre pattes (excluant le quadrumane). ≠ tétrapode.

quadruple [k(w)adʀypl] adj. et n. m. Qui est répété quatre fois, qui vaut quatre fois (la quantité désignée). *Une quadruple rangée de barbelés.* – N. m. *Huit est le quadruple de deux.* ▶ **quadrupler** v. < conjug. 1 > **1·** V. tr. Multiplier par quatre. *Quadrupler la production.* **2·** V. intr. Devenir quatre fois plus élevé. *Les prix ont quadruplé.* ▶ **quadruplés, ées** n. pl. Les quatre enfants (jumeaux) issus d'une même grossesse.

quai [ke] n. m. **1·** Mur où accostent les bateaux, chaussée aménagée au bord de l'eau. *Quai de débarquement, d'embarquement.* → **débarcadère, embarcadère.** ≠ ponton. *Le navire est à quai,* rangé le long du quai. **2·** Voie publique, rive, passage aménagé sur cette chaussée. *Se promener sur les quais.* **3·** Plate-forme longeant la voie dans une gare. *Le quai n° 4.*

quaker, quakeresse [kwɛkœʀ, kwɛkʀɛs] n. Membre d'un mouvement religieux protestant, fondé au XVIIe siècle, prêchant le pacifisme, la philanthropie et la simplicité des mœurs. *Des quakers.*

qualifier [kalifje] v. tr. < conjug. 7 > **1·** Caractériser par un mot, une expression. → **appeler, désigner, nommer.** *Comment qualifier sa conduite ? Elle est inqualifiable ! – **Qualifier de*** (+ attribut). *Il m'a qualifiée d'idiote !* **2·** Faire que (qqn, un concurrent) soit admis aux épreuves suivantes d'une compétition. *Ce but a qualifié leur équipe pour le championnat.* / contr. disqualifier / – Pronominalement (réfl.). Obtenir sa qualification. *Ils se sont qualifiés pour la finale.* **3·** (Compl. personne) Donner qualité de faire qqch. *Son diplôme ne le qualifie pas pour ce travail.* ▶ **qualificatif, ive** [kalifikatif, iv] adj. et n. m. **1·** Adj. Qui sert à qualifier, à exprimer une qualité. *Adjectif qualificatif.* **2·** N. m. Mot ou groupe de mots servant à qualifier qqn ou qqch. → **épithète.** ▶ **qualification** n. f. **1·** Action ou manière de qualifier. → **appellation, épithète, nom, titre.** **2·** Fait, pour un concurrent à une compétition, d'être qualifié (2). / contr. disqualification, élimination / **3·** *Qualification professionnelle,* formation, aptitudes qui qualifient (3) pour un emploi. ▶ **qualifié, ée** adj. **1·** *Ouvrier qualifié,* ayant une formation professionnelle poussée. **2·** *Vol qualifié,* en droit, vol assimilé à un crime ; cour. vol évident, manifeste. ▷ **disqualifier, inqualifiable**

qualité [kalite] n. f. **I· 1·** (Choses) Manière d'être caractéristique et qui donne une valeur plus ou moins grande. *Marchandise de bonne, de mauvaise qualité ; de première qualité. Améliorer la qualité de qqch.* – Sans compl. *La qualité* (opposé à *quantité*). **2·** Bonne qualité (1). *Un produit de qualité,* excellent, supérieur. *Tout le monde s'accorde sur la qualité de ses travaux.* **3·** Trait de caractère auquel on attribue une valeur morale. / contr. défaut / *La bonté, la patience sont des qualités.* → **vertu.** *Elle a toutes les qualités.* **II·** (Personnes) **1·** Condition sociale, civile, juridique. → **état** (III). *Nom, prénom, qualité.* – ***En sa qualité de*** : comme ayant telle qualité. → à **titre** de. *En sa qualité de chef du gouvernement.* **2·** Vx. *Une personne de qualité,* de la noblesse. ▶ **qualitatif, ive** adj. Relatif à la qualité, qui est du domaine de la qualité. / contr. quantitatif / ▶ **qualitativement** adv.

quand [kɑ̃] conj. et adv. **I·** Conj. **1·** À (ce) moment. → **comme** (II, 2) ; **lorsque, où** (I, 3). ≠ quant à. *J'attendais depuis dix minutes, quand il* [kɑ̃til] *est arrivé.* – Ellipt. *Quand je pense que son fils a 20 ans !* (je suis étonné). *Quand je vous le disais !* (j'avais raison). – Fam. *Je n'aime pas quand vous criez.* **2·** Chaque fois que, toutes les fois que. *Quand l'un disait oui, l'autre disait non.* **3·** Littér. (+ conditionnel) En admettant que. *Quand il l'aurait voulu, il ne l'aurait pas pu* (même s'il l'avait voulu). – ***Quand (bien) même...*** (même sens). – ***Quand même*** loc. adv. : cependant, pourtant. *Il l'aime quand même.* – Fam. Tout de même. *Ce serait quand même plus agréable si vous veniez. Quand même ! il exagère !* **II·** Adv. (d'interrog. sur le temps). À quel moment ? *Quand partez-vous ? Jusqu'à quand ? C'est pour quand ? Alors, à quand le mariage ?* – *Je ne sais pas quand.*

quant à [kɑ̃ta] loc. prép. Pour ce qui est de, en ce qui concerne. ≠ quand. *Quant à vous, attendez ici.* ▶ **quant-à-soi** [kɑ̃taswa] n. m. sing. Réserve un peu fière d'une personne qui garde pour elle ses sentiments. *Rester sur son quant-à-soi,* garder ses distances.

quanta [k(w)ɑ̃ta] n. m. pl. *Théorie des quanta,* qui suppose que la lumière, l'énergie se manifestent par petites quantités discontinues (particules). ▶ **quantique** [kwɑ̃tik] adj. Des quanta ; de la théorie des quanta. *Mécanique quantique.*

quantième [kɑ̃tjɛm] n. m. Didact. Désignation du jour du mois par son chiffre.

quantifier [kɑ̃tifje] v. tr. < conjug. 7 > Attribuer une grandeur mesurable à (qqch.). *Il est difficile de quantifier le coût de cette réforme.* ▶ **quantifiable** adj. *Des données quantifiables.*

quantité [kɑ̃tite] n. f. **1·** Nombre plus ou moins grand (de choses, de personnes) ; mesure qui sert à évaluer l'importance (d'une collection, d'un ensemble). *Quelle quantité de farine doit-on mettre ? En grande, en petite quantité.* → **beaucoup, peu.** *Une petite quantité.* → **atome, brin, grain, miette, once, parcelle, pincée, zeste.** **2·** *Une, des quantité(s) de,* grand nombre, abondance. → **foule, masse, palanquée.** *Une quantité de livres. Quantité de gens le pensent.* → **beaucoup.** – ***En quantité*** : en abondance. **3·** Qualité de ce qui peut être mesuré ; la chose mesurable elle-même. – Loc. *Considérer qqn comme une quantité négligeable,* ne pas en tenir compte. **4·** ***La quantité*** : l'ensemble des valeurs mesurables (opposé à *la qualité*). *« Beaucoup », « peu », « plus » sont des adverbes de quantité.* ▶ **quantitatif, ive** adj. Qui appartient au domaine de la quantité et des valeurs numériques. / contr. qualitatif / ▶ **quantitativement** adv. ▷ **quanta, quantifier**

quarante [kaʀɑ̃t] dét. invar., adj. invar. et n. m. invar. **1·** Dét. num. cardinal invar. Quatre fois dix (40). *Un trajet de quarante minutes.* – Adj. num. ordinal invar. Quarantième. *Page quarante.* **2·** N. m. invar. *J'habite au quarante.* ▶ **quarantième** adj. et n. **1·** Adj. num. ordinal. Qui a le numéro quarante pour rang. *Dans sa quarantième année.* – N. *Elle est la quarantième du classement.* **2·** Se dit de ce qui est contenu quarante fois dans un tout. *La quaran-*

tième partie. – N. m. *Deux quarantièmes.* ▶ [1] **quarantaine** n. f. **1**· Nombre d'environ quarante. *Une quarantaine de personnes.* **2**· Âge d'environ quarante ans. *Il frise la quarantaine.* → **quadragénaire.** ▶ [2] **quarantaine** n. f. **1**· Isolement de durée variable (de quarante jours à l'origine) qu'on impose aux voyageurs, aux animaux et aux marchandises en provenance de pays où règnent des maladies contagieuses. **2**· Loc. *Mettre, laisser qqn* ***en quarantaine*** : mettre à l'écart, refuser d'avoir des relations avec qqn.

quart [kaʀ] n. m. **I**· Fraction d'un tout divisé en quatre parties égales. *Chacun a reçu un quart de la succession.* – Vieilli. *Un quart de beurre,* cent vingt-cinq grammes (le quart d'une livre). – ***Quart d'heure*** : quinze minutes. *Une heure moins le quart, deux heures et quart. Il est moins le quart ; il est le quart.* Loc. *Il a passé un mauvais quart d'heure,* un moment pénible, une épreuve. – *Au quart de tour,* immédiatement. *Démarrer au quart de tour.* **II**· **1**· Période de quatre heures, pendant laquelle une partie de l'équipage est de service. *Officier, matelot de quart,* de service. *Prendre le quart.* **2**· Partie appréciable de (qqch.). *Je n'ai pas fait le quart de ce que j'avais à faire.* – ***Les trois quarts*** : la plus grande partie. *Les trois quarts du temps,* le plus souvent. – *Portrait* ***de trois quarts*** : où le sujet présente à peu près les trois quarts du visage. *Il l'a photographiée de trois quarts.* ▶ **quarte** [kaʀt] n. f. En musique. Intervalle de quatre degrés dans la gamme diatonique (ex. : *do-fa*). ▶ **quarté** [kaʀte] n. m. Forme de pari mutuel où l'on parie sur quatre chevaux dans une course. *Les résultats du tiercé et du quarté.* ▶ **quarteron, onne** n. Personne née de l'union d'un blanc et d'une mulâtresse ou d'un mulâtre et d'une blanche (qui a un quart de sang noir). ▶ **quartette** [kwaʀtɛt] n. m. Ensemble de jazz à quatre musiciens. → **quatuor.** ▶ [1] **quartier** [kaʀtje] n. m. **1**· Portion d'environ un quart (de fruits, animaux de boucherie). *Un quartier de pomme. Un quartier de bœuf.* **2**· Phase de la Lune où elle apparaît comme un croissant. *Premier, dernier quartier.* ▷ **in-quarto, quatre-quarts**

[2] **quartier** n. m. **1**· Partie d'une ville ayant une certaine unité. *Le Quartier latin, à Paris. Les beaux, les vieux quartiers. Cinéma de quartier,* fréquenté par les gens du quartier. *La vie de quartier. Je ne suis pas du quartier.* – Au plur. *Les quartiers ; les quartiers défavorisés.* → **cité.** **2**· Au plur. Loc. Cantonnement. ***Quartiers d'hiver*** : lieu où logent les troupes pendant l'hiver. – ***Quartier général*** : emplacement où sont installés les logements et bureaux du commandant d'une armée et de son état-major. → **Q. G.** **3**· Loc. *Avoir* ***quartier libre,*** être autorisé à sortir de la caserne. *Elle a quartier libre, maintenant,* un moment de liberté. – *Ne pas faire de quartier,* massacrer tout le monde ; traiter sans ménagement. ▶ **quartier-maître** [kaʀtjemɛtʀ] n. m. (Du *quartier,* cantonnement) Marin du premier grade au-dessus de celui de matelot, correspondant au grade de caporal de l'armée de terre. *Des quartiers-maîtres.*

quart-monde [kaʀmɔ̃d] n. m. Partie la plus défavorisée de la population, dans les pays riches. *Des quarts-mondes.*

quartz [kwaʀts] n. m. invar. Forme la plus courante de la silice naturelle cristallisée. → **cristal** de roche. *Des montres à quartz.*

quasar [kazaʀ] n. m. Source céleste produisant une émission d'ondes radio, comparable à celle des étoiles (quasi-étoiles).

[1] **quasi(-)** [kazi] adv. Région. (sans trait d'union devant un adj.) Presque, pour ainsi dire. *Le raisin est quasi mûr.* – (Avec un trait d'union devant un nom) *Quasi-certitude, quasi-totalité. Des quasi-synonymes.* ▶ **quasiment** [kazimɑ̃] adv. Fam. ou région. Presque, à peu près. *Elle a quasiment le double de mon âge.*

[2] **quasi** [kazi] n. m. Morceau du haut de la cuisse du veau, très apprécié. *Un rôti dans le quasi.*

quaternaire [kwatɛʀnɛʀ] adj. **1**· Formé de quatre éléments. **2**· *Ère quaternaire* ou, n. m., *le quaternaire,* ère géologique la plus récente (environ deux millions d'années) où est apparu l'homme.

quatorze [katɔʀz] dét. invar., adj. invar. et n. m. invar. **1**· Dét. num. cardinal invar. Dix plus quatre (14). – Adj. num. ordinal invar. Quatorzième. *Louis XIV* (quatorze). **2**· N. m. invar. Le nombre, le numéro ainsi désigné. ▶ **quatorzième** adj. et n. **1**· Adj. num. ordinal. Qui suit le treizième. *Le quatorzième siècle.* – N. *Il est le quatorzième du classement.* **2**· Se dit d'une partie d'un tout également divisé en quatorze. – N. m. *Un quatorzième de la somme.* ▶ **quatorzièmement** adv.

quatrain [katʀɛ̃] n. m. Strophe de quatre vers. *Le premier quatrain d'un sonnet.*

quatre [katʀ] dét. invar., adj. invar. et n. m. invar. **I**· **1**· Dét. num. cardinal invar. Trois plus un (4). → **quadri-, tétra-.** *Les quatre saisons.* – Loc. *Se mettre en quatre,* se donner beaucoup de mal. → **se décarcasser.** *Manger comme quatre,* énormément. *Descendre un escalier quatre à quatre,* très vite (quatre marches à la fois). **2**· Adj. num. ordinal invar. Quatrième. *Page quatre.* **II**· N. m. invar. Le nombre, le numéro ainsi désigné. *Habiter au quatre.* – Carte, face de dé, de domino présentant quatre marques. ▶ **quatrième** [katʀijɛm] adj. num. ordinal Qui vient après le troisième. *Habiter au quatrième (étage).* – Loc. *En quatrième vitesse,* très vite. – N. *Il est le quatrième sur la liste.* – N. f. En France. *La quatrième,* classe du collège qui suit la cinquième. ▶ **quatrièmement** adv. ▶ **quatre-vingt(s)** [katʀəvɛ̃] dét., adj. et n. m. **1·** Dét. num. cardinal. Huit fois dix (80). *Âgé de quatre-vingts ans* → **octogénaire,** *de quatre-vingt-deux ans.* (En Suisse, on dit **huitante**) – ***Quatre-vingt-dix*** : neuf fois dix (90). (En Suisse, en Belgique et en Afrique noire, on dit **nonante**) – Adj. num. ordinal. Quatre-vingtième. *Page quatre-vingt.* **2·** N. m. Le nombre, le numéro ainsi désigné. ▶ **quatre-vingtième** adj. et n. ▶ **quatre-cent-vingt-et-un** [kat(ʀə)sɑ̃vɛ̃teœ̃] n. m. invar. Jeu de dés où la combinaison la plus forte est composée d'un quatre, d'un deux et d'un as. – Abrév. **quatre-vingt-et-un** [katvɛ̃teœ̃]. ▶ **quatre-heures** n. m. invar. Fam. (enfants) Goûter, collation du milieu de l'après-midi. *N'oublie pas ton quatre-heures.* ▶ **quatre-quarts** [katkaʀ] n. m. invar. Gâteau où entrent à poids égal du beurre, de la farine, du sucre et des œufs. *Des quatre-quarts bretons.* ▶ **quatre-quatre** n. m. ou f. invar. Grosse automobile tout-terrain à quatre roues motrices. *Des quatre-quatre.* – REM. On écrit aussi *4 × 4.*

quatuor [kwatɥɔʀ] n. m. **1·** Œuvre de musique écrite pour quatre instruments ou quatre voix. *Quatuor à cordes,* pour deux violons, alto et violoncelle. **2·** Les quatre musiciens ou chanteurs qui exécutent un quatuor. → **quartette.**

1 **que** [k(ə)] conj. **1·** Introduisant une subordonnée complétive (à l'ind. ou au subj. selon le verbe de la principale, ou la nuance à rendre). *Je crois qu'elle est là. Je pense que tout ira bien. C'est dommage qu'il soit malade.* **2·** Servant à former des locutions conjonctives. *À condition, à mesure que...* **3·** Introduisant une proposition circonstancielle. – (Temporelle) *Il avait à peine fini qu'il s'en allait.* – (Finale) *Venez là que nous causions.* – (Causale) *Il reste au lit, non qu'il soit vraiment malade, mais il le croit.* – (Hypothétique) *Qu'il fasse beau ou non...* – ***Ne... que... ne...*** : sans que, avant que. *Il ne se passe pas une semaine qu'il ne vienne.* **4·** Substitut d'un autre mot grammatical *(quand, si, comme...),* dans une coordonnée. *Quand il la rencontra et qu'elle lui apprit la nouvelle, il blêmit.* **5·** Introduisant le second terme d'une comparaison. *Autant, plus, moins que,* etc. **6·** En corrélation avec *ne,* pour marquer la restriction. ***Ne... que...*** → **seulement.** *Je n'aime que toi. Cela ne fait que dix euros.* – (Renforcement) *Il n'en est que plus furieux.* **7·** Introduisant une indépendante au subjonctif (ordre, souhait...). *Qu'il entre !* ▷ **alors que, bien que, est-ce que, lorsque, parce que, plus-que-parfait, puisque, quoique, tandis que**

2 **que** [k(ə)] adv. **1·** Interrog. (En loc.). Pourquoi, en quoi ? *Que m'importe son opinion ?* Littér. *Que ne venez-vous ?,* (souhait) si vous pouviez venir ! **2·** Exclam. Comme, combien ! *Que c'est beau ! Que de monde !* Fam. *Ce qu'il est bête !*

3 **que** [k(ə)] pronom **I·** Pronom relatif désignant une personne ou une chose (au masc. ou au fém., au sing. ou au plur.). **1·** (Objet direct) *Celle que j'aime. Les cadeaux que tu lui as faits.* **2·** (Compl. indir. ou circonstanciel). *Depuis dix ans que nous habitons ici. L'été qu'il a fait si chaud,* où* il a fait si chaud. **3·** (Attribut) *L'homme que vous êtes.* **II·** Pronom interrogatif (désignant une chose). **1·** (Objet direct) Quelle chose ? *Que faisiez-vous ? Qu'en dites-vous ?* (en concurrence avec *qu'est-ce que...*) *Que faire ? Que se passe-t-il ? Qu'y a-t-il ?* – (Interrog. indirect) → **quoi.** *Il ne savait plus que dire.* **2·** (Attribut) *Qu'est-ce ? Que deviens-tu ?* – (Avec *est-ce que*) *Qu'est-ce que vous dites ? Qu'est-ce que c'est que ça ?* – ***Qu'est-ce qui...*** ? *Qu'est-ce qui te prend ?* ▷ **quelque,** quelque **chose, quelquefois, quelqu'un, qu'en-dira-t-on**

québécisme [kebesism] n. m. Fait de langue propre au français du Québec.

québécois, oise [kebekwa,waz] adj. et n. De la ville, de la province de Québec ; du Québec. *La littérature québécoise et acadienne. Le cinéma québécois.* – N. *Les Québécois. Québécois francophone, anglophone.* – N. m. *Le québécois* : le français propre au Québec.

quechua [ketʃwa] ou **quichua** [kitʃwa] n. m. Langue amérindienne parlée au Pérou et en Bolivie. *Le quechua, langue des Incas.*

quel, quelle [kɛl] dét., pronom et adj. **I·** Dét. interrogatif (servant généralement à questionner sur la nature ou l'identité d'une personne ou d'une chose). **1·** Interrog. dir. (Attribut) *Quelle est donc cette personne ?* → **qui.** – (Épithète) *Quels amis inviterez-vous ? Quelle heure est-il ? Il a fait des remarques, mais quelles remarques ?* **2·** Interrog. indir. *J'ignore quelles remarques il a faites. Il ne savait pas quelle route prendre.* **3·** Exclam. *Quelle jolie maison ! Quel dommage qu'elle soit partie ! Quelle idée !* (absurde, saugrenue). **II·** Pronom interrogatif (seulement avec un partitif). → **lequel, qui.** *De nous deux, quel est le plus grand ?* **III·** Adjectif relatif. ***Quel... que,*** avec le v. *être* au subjonctif (loc. concessive). *Quelle que soit la route à prendre.* ≠ quelque. ▷ **lequel, quelconque, quelque,** quelque **chose, quelquefois, quelqu'un**

quelconque [kɛlkɔ̃k] dét. et adj. **1·** Dét. indéf. N'importe lequel, quel qu'il soit. *Un point quel-*

conque du cercle. Pour une raison quelconque. Un quelconque individu. – Qui n'a aucune propriété particulière. *Triangle quelconque.* **2·** Adj. Tel qu'on peut en trouver partout, sans qualité ou valeur particulière. *Un homme quelconque,* insignifiant. *C'est très quelconque.* → **banal, médiocre.** / contr. **remarquable** /

quelque [kɛlk(ə)] adj. et dét. **I·** Littér. ***Quelque... que*** (concessif). **1·** (Qualifiant un nom) *Quelque doute (quelques doutes) que tu aies, il te faudra une preuve,* quel que soit le doute, quels que soient les doutes. **2·** (Adverbial, qualifiant un adj.) → **aussi, pour, si.** *Quelque bizarres que paraissent ces propos, ils sont sensés.* **II·** Dét. indéf. **1·** ***Quelque*** : un, certain. *Il sera allé voir quelque ami. Quelque part. Quelque autre chose.* – Un peu de... *Depuis quelque temps.* **2·** ***Quelques*** : un petit nombre, un certain nombre de... → **plusieurs.** *J'ai vu quelques amis. Cent et quelques euros.* **3·** Adv. invar. Environ. *Un livre de quelque trois cents pages.*

quelque chose → **chose.**

quelquefois [kɛlkəfwa] adv. Un certain nombre de fois. *Il est venu quelquefois.* – Dans un certain nombre de cas. → **parfois.** *Il est quelquefois drôle.*

quelqu'un, une [kɛlkœ̃, kɛlkyn] ; **quelques-uns, -unes** [kɛlkəzœ̃, kɛlkəzyn] pronom indéf. **I·** Au sing. **1·** Une personne (absolument indéterminée). *On dirait que quelqu'un joue du piano quelque part. Il y a quelqu'un ?* **2·** (Avec *de* et un qualificatif) *Il faut trouver quelqu'un de sûr,* quelqu'un qui soit sûr. **3·** Un homme ou une femme de valeur, remarquable. *Ah, c'est quelqu'un !* **II·** Au plur. *Quelques-uns de(s)...* Un petit nombre indéterminé de... (parmi plusieurs). *Quelques-uns des assistants se mirent à rire. Quelques-unes de ses poésies sont belles.* – Sans compl. *Quelques-uns,* un petit nombre indéterminé de personnes. *C'est l'avis de quelques-uns.* → **certains.**

quémander [kemɑ̃de] v. tr. < conjug. 1 > Demander humblement et avec insistance (de l'argent, une faveur). ▶ **quémandeur, euse** n. Personne qui quémande.

qu'en-dira-t-on [kɑ̃diʀatɔ̃] n. m. sing. L'opinion malveillante d'autrui, de la société. *Avoir peur du, se moquer du qu'en-dira-t-on.* → **on-dit.**

quenelle [kənɛl] n. f. Préparation de farce fine de viande blanche ou de poisson liée avec de l'œuf, de la farine et façonnée en petits boudins. *Des quenelles de brochet.*

quenotte [kənɔt] n. f. Fam. Petite dent (d'enfant).

quenouille [kənuj] n. f. Petit bâton garni en haut d'une matière textile, que les femmes filaient en la dévidant au moyen du fuseau ou du rouet. – Loc. *Tomber en quenouille,* être abandonné ; échouer.

querelle [kəʀɛl] n. f. Vif désaccord (en paroles, en actes) entre personnes. → **dispute, dissension.** *Querelle de famille.* – Loc. *Chercher querelle à qqn,* le provoquer. → **noise.** ▶ **quereller** v. tr. < conjug. 1 > **1·** Littér. Adresser des reproches à (qqn). → **gronder.** **2·** ***Se quereller*** v. pron. : (récipr.) avoir une querelle, une dispute vive. → **se chamailler, se disputer.** *Jamais ils ne se querellent.* – (Réfl.) *Se quereller avec qqn.* ▶ **querelleur, euse** adj. Qui aime les querelles. → **batailleur.** *D'humeur querelleuse,* agressive.

quérir [keʀiʀ] v. tr. **REM.** Ne s'emploie qu'à l'infinitif. Vx. ***Allez quérir*** *qqn, qqch.* : aller chercher. ▷ **acquérir, conquérir, requérir**

questeur [kɛstœʀ] n. m. Membre du bureau d'une assemblée parlementaire, qui règle les débats.

question [kɛstjɔ̃] n. f. **1·** Demande qu'on adresse à qqn en vue d'apprendre qqch. de lui. → **interrogation.** *Poser une question à qqn. Elle s'est posé des questions.* – Ce qu'un examinateur demande au candidat qu'il interroge. – Demande d'explication à un ministre, adressée par un parlementaire. **2·** Sujet qui implique des difficultés, donne lieu à discussion. → **affaire, matière, point, problème.** *La question est difficile. Les divers aspects d'une question. Les questions économiques, sociales.* Loc. *Mettre, remettre en question,* soumettre à un examen (1), à une discussion. *Elle ne s'est jamais remise en question.* – *C'est toute la question,* c'est là la difficulté essentielle. *Il n'y a pas de question,* c'est sûr, il n'y a pas de problème. *Ce n'est pas la question,* il ne s'agit pas de cela. Impers. *Il est question de...,* on parle de... il s'agit de... *En première page, il était question des élections.* – (Introduisant une éventualité qu'on envisage) *Il est question de lui comme directeur. Il n'est pas question que l'État prenne à sa charge cette dépense,* on ne peut envisager que... – ***En question.*** *La personne, la chose en question,* dont il s'agit. **3·** Autrefois. Torture infligée aux accusés ou aux condamnés pour leur arracher des aveux. *Infliger la question. Soumettre qqn à la question.* ▶ **questionnaire** n. m. Liste de questions (1) méthodiquement posées en vue d'une enquête, d'un jeu ; formulaire. *Remplissez ce questionnaire.* ▶ **questionner** v. tr. < conjug. 1 > Poser des questions (1) à (qqn), d'une manière suivie. → **interroger.** *Questionner un candidat.*

[1] **quête** [kɛt] n. f. Action de demander et de recueillir de l'argent pour des œuvres pieuses ou charitables. *Faire une quête pour les défavorisés.* ▶ **quêter** [kete] v. < conjug. 1 > **1**· V. intr. Faire la quête. **2**· V. tr. Demander ou rechercher comme un don, une faveur. → **mendier, solliciter.** *Son regard quête une approbation.* ▶ **quêteur, euse** n. Personne chargée de faire la quête.

[2] **quête** n. f. Vx. Recherche. *La quête du Graal.* – Loc. ***En quête de...*** : à la recherche de... *Il se met en quête d'un restaurant.*

quetsche [kwɛtʃ] n. f. Grosse prune oblongue de couleur violet sombre. *Tarte aux quetsches.* – Eau-de-vie tirée de cette prune.

queue [kø] n. f. **I**· **1**· Appendice plus ou moins long et poilu qui prolonge la colonne vertébrale de nombreux mammifères. *La queue d'un chat, d'un écureuil.* – Loc. *Rentrer la queue basse,* piteusement. – ***À la queue leu leu*** loc. adv. : l'un derrière l'autre. → en **file** indienne. **2**· Extrémité postérieure allongée du corps des poissons, reptiles, etc. *La queue du lézard. Queues de langoustines,* l'abdomen (qui est la meilleure partie). **3**· Ensemble des plumes du croupion (d'un oiseau). **4**· Loc. ***Queue-de-morue, -de-pie*** : longues basques d'une veste d'habit. – ***Queue de cheval*** : formée par les cheveux (coiffure féminine). *Des queues de cheval.* – ***Queue de poisson.*** *Finir en queue de poisson,* brusquement, sans conclusion. → **tourner** court. *Faire une queue de poisson,* se rabattre brusquement devant un véhicule. *Ce motard m'a fait une queue de poisson.* **5**· Tige d'une fleur, d'une feuille. – Attache d'un fruit. *Tisane de queues de cerises.* **6**· Très fam. Pénis. **II**· **1**· Partie terminale, prolongement. *La queue d'une comète,* la traînée lumineuse qui la suit. – *La queue d'un avion,* la partie postérieure du fuselage. – ***Piano à queue*** : grand piano dont les cordes disposées horizontalement forment un prolongement au clavier. **2**· *Queue de billard,* long bâton arrondi qui sert à pousser les billes. *La queue d'une poêle.* → **manche. III**· **1**· Derniers rangs, dernières personnes (d'un groupe). *La tête et la queue du cortège. Il est à la queue de sa classe,* parmi les plus mauvais. **2**· File de personnes qui attendent leur tour. *Il y a toujours une queue de vingt mètres devant ce cinéma. Faire la queue.* **3**· Arrière d'une file de véhicules (surtout : *de queue, en queue*). *Les wagons de queue. Monter en queue.* **4**· Loc. *Sans queue ni tête,* dénué de sens, incohérent. ▷ **équeuter, tête-à-queue**

queux [kø] n. m. invar. Vx. ***Maître queux*** : cuisinier.

qui [ki] pronom **I**· Pronom relatif des deux nombres, masculin ou féminin, désignant une personne ou une chose. **1**· (Sujet ; avec antécédent exprimé) *Prenez la rue qui monte. Ceux qui s'en vont. Toi qui es si malin. La voilà qui arrive.* – (Sans antécédent exprimé) Quiconque ; celui qui. *Qui va lentement va sûrement. Nous sommes attirés par qui nous flatte. C'était à qui des deux serait le plus aimable.* – Ce qui. *Voilà qui doit être très agréable.* **2**· (Compl.) Celui, celle que... *Embrassez qui vous voudrez. Qui vous savez,* la personne (connue) qu'on ne veut pas nommer. – (Compl. indir. ou circonst.) → **lequel.** *L'homme à qui j'ai parlé, de qui je vous parle* → **dont,** *pour qui je vote.* **II**· Pronom interrogatif singulier désignant une personne. **1**· (Interrog. dir. ; sujet, attribut) *Qui te l'a dit ? Qui sait ? Qui sont ces gens ? Qui est-ce ?,* quelle personne est-ce ? – (Compl.) *Qui demandez-vous ? De qui parlez-vous ?* **2**· (Interrog. indir.) *Dis-moi qui tu fréquentes, et je te dirai qui tu es.* **3**· ***Qui que*** (+ subjonctif). *Qui que tu sois, écoute-moi,* que tu sois tel ou tel. *Qui que ce soit,* n'importe qui. ▷ **qui-vive, sauve-qui-peut**

quiche [kiʃ] n. f. Tarte salée garnie d'une préparation à base de crème, d'œufs et de lard. *Quiche lorraine.*

quiconque [kikɔ̃k] pronom rel. et indéf. **1**· (Relatif) Toute personne qui... ; qui que ce soit qui. *Quiconque m'aime, me suive.* → **qui** (I, 1). *Donnez-le à quiconque le voudra.* **2**· (Indéfini) N'importe qui, personne. *Je n'en parlerai à quiconque.*

quid [kɥid ; kwid] pron. interrog. Fam. Qu'en est-il, que penser (de) ? *Quid de ton déménagement ?*

quidam [k(ɥ)idam] n. m. Plaisant. Un certain individu (toujours un homme). *Qui est ce quidam ? Des quidams.*

quiet, quiète [kjɛ, kjɛt] adj. Vx. Paisible, tranquille. ▶ **quiétude** [kjetyd] n. f. Littér. Calme paisible. → **sérénité.** Loc. *En toute quiétude,* en toute tranquillité. / contr. agitation, inquiétude / ▷ **inquiéter**

quignon [kiɲɔ̃] n. m. ***Quignon (de pain)*** : morceau de pain contenant beaucoup de croûte. *Un vieux quignon de pain.*

[1] **quille** [kij] n. f. **1**· Chacune des pièces de bois cylindriques qu'on dispose debout à une certaine distance pour les renverser avec une boule lancée à la main. *Un jeu de quilles.* → **bowling.** – *Comme un chien* dans un jeu de quilles.* **2**· Fam. Jambe.

[2] **quille** n. f. Pièce située à la partie inférieure d'un bateau, dans l'axe de la longueur, et qui sert à l'équilibrer. *Barque retournée, la quille en l'air.*

3 **quille** n. f. Arg. milit. Libération de la classe, fin du service. → **classe.** *Vive la quille !*

quincaillerie [kɛ̃kajʀi] n. f. **1·** Ensemble des ustensiles et des petits produits utilitaires en métal. *Quincaillerie d'outillage, d'ameublement.* **2·** Industrie de ces objets ou magasin où ils sont vendus. **3·** Fam. Bijoux faux ou de mauvais goût. *Tes bagues, c'est de la quincaillerie !* Abrév. fam. **quincaille.** ▶ **quincaillier, ière** [kɛ̃kaje, jɛʀ] n. Personne qui vend de la quincaillerie.

quinconce [kɛ̃kɔ̃s] n. m. ***En quinconce*** : se dit d'objets disposés par groupes de cinq, dont quatre aux quatre angles d'un quadrilatère et le cinquième au centre. *Plantation d'arbres en quinconce.* – *La place des Quinconces,* à Bordeaux.

quinine [kinin] n. f. Produit extrait de l'écorce de quinquina, qui sert de remède contre le paludisme.

quinqu(a)- Élément signifiant « cinq ». → **pent(a)-.** ▶ **quinquagénaire** [kɛ̃kaʒenɛʀ] adj. et n. Âgé de cinquante à cinquante-neuf ans. ▶ **quinquennal, ale, aux** [kɛ̃kenal, o] adj. **1·** Qui a lieu tous les cinq ans. **2·** Qui dure, qui s'étale sur cinq ans. *Plan quinquennal.*

quinquet [kɛ̃kɛ] n. m. **1·** Ancienne lampe à huile à réservoir. **2·** Fam. Vieilli. Œil (surtout avec *ouvrir, fermer*).

quinquina [kɛ̃kina] n. m. Écorce amère aux propriétés toniques et fébrifuges. – Vin apéritif contenant du quinquina. ▷ **quinine**

quintal, aux [kɛ̃tal, o] n. m. Unité de masse valant cent kilogrammes (symb. *q*).

1 **quinte** [kɛ̃t] n. f. **1·** Intervalle de cinq degrés dans la gamme diatonique. **2·** *Quinte,* au poker *quinte flush,* suite de cinq cartes de même couleur.

2 **quinte** n. f. ***Quinte (de toux)*** : accès de toux.

quintessence [kɛ̃tesɑ̃s] n. f. Ce en quoi se résument l'essentiel et le plus pur de qqch. → **le meilleur, le principal.**

quintette [k(ɥ)ɛ̃tɛt] n. m. **1·** Œuvre de musique écrite pour cinq instruments ou cinq voix. **2·** Orchestre de jazz composé de cinq musiciens.

quintuple [kɛ̃typl] adj. **1·** Qui est répété cinq fois, qui vaut cinq fois plus. *Nombre quintuple d'un autre.* – N. m. *Le quintuple.* **2·** Constitué de cinq éléments semblables. ▶ **quintupler** v. <conjug. 1> **1·** V. tr. Rendre quintuple. **2·** V. intr. Devenir quintuple. *Les prix ont quintuplé.* ▶ **quintuplés, ées** n. pl. Les cinq enfants (jumeaux) issus d'une même grossesse.

quinze [kɛ̃z] dét. invar., adj. invar. et n. m. invar. **I· 1·** Dét. num. cardinal invar. Quatorze plus un (15). *Quinze minutes.* → **quart** d'heure. *Quinze cents euros* (ou mille cinq cents). – *Quinze jours.* → **quinzaine. 2·** Adj. num. ordinal invar. Quinzième. *Page quinze.* **II·** N. m. invar. **1·** Le nombre, le numéro ainsi désigné. **2·** Au rugby, équipe de quinze joueurs. *Les tournois internationaux du Quinze de France.* ▶ **quinzième** adj. et n. **1·** Adj. num. ordinal. Qui suit le quatorzième. *Le quinzième siècle.* – N. *Elle est la quinzième du classement.* **2·** Se dit d'une partie d'un tout également partagé en quinze. – N. m. *Un quinzième du capital.* ▶ **quinzièmement** adv. ▶ **quinzaine** [kɛ̃zɛn] n. f. **1·** Nombre de quinze ou environ. **2·** Intervalle d'environ deux semaines. *Dans une quinzaine.*

quiproquo [kipʀɔko] n. m. Erreur qui consiste à prendre une personne ou une chose pour une autre ; le malentendu qui en résulte. *Des quiproquos comiques.*

quitte [kit] adj. **1·** (Surtout avec le v. *être*) Libéré d'une obligation juridique, d'une dette (matérielle ou morale). *Me voilà quitte envers lui. Nous sommes quittes.* **2·** (Avec quelques verbes : *tenir, considérer, estimer,* etc.) Libéré d'une obligation morale (par l'accomplissement de ce qu'on doit). *S'estimer quitte envers qqn.* **3·** ***Être quitte (de)*** : débarrassé (d'une situation désagréable, d'obligations). *J'en suis quitte à bon compte,* je m'en tire à bon compte. – Loc. *En être quitte pour la peur,* n'avoir que la peur (et pas de mal). ***Quitte à*** (+ infinitif) : au risque de. *Il va se baigner par tous les temps, quitte à prendre froid.* **4·** Loc. *Jouer à* ***quitte ou double*** : une partie qui peut annuler ou doubler les résultats des précédentes. (→ Le tout pour le tout.) ▶ **quittance** [kitɑ̃s] n. f. Attestation écrite du paiement d'une somme due (après laquelle on est *quitte*). → **récépissé.** *Quittance de loyer.* ▷ **acquitter, quitus**

quitter [kite] v. tr. <conjug. 1> **1·** Laisser (qqn) en s'éloignant, en prenant congé. *Je te quitte, à bientôt.* → **aller,** s'en **aller. 2·** Laisser (qqn) pour très longtemps, rompre avec (qqn). – Pronominalement. *Ils viennent de se quitter.* **3·** (Suj. chose) Cesser d'habiter, d'affecter (qqn). *Cette pensée ne le quitte pas,* l'obsède. **4·** Laisser (un lieu) en s'éloignant, cesser d'y être. → **partir.** *Quitter son pays.* → **émigrer.** *Le médecin lui interdit de quitter la chambre,* de sortir de la chambre. **5·** Loc. *Ne pas quitter des yeux,* regarder longuement. – *Ne quittez pas !* (au téléphone). **6·** (Surtout négatif) Cesser d'avoir sur soi, avec soi. → **enlever, ôter.**

Elle ne quitte jamais ses gants. **7·** Abandonner (une activité, un genre de vie). *Il a quitté son métier, sa situation.* / contr. garder /

quitus [kitys] n. m. invar. Reconnaissance d'une gestion conforme aux obligations, avec décharge des responsabilités. *Les copropriétaires ont donné quitus au syndic.*

qui-vive [kiviv] loc. interj. et n. m. invar. **1·** Interj. Cri par lequel une sentinelle, une patrouille interroge en entendant ou en voyant qqch. de suspect. **2·** N. m. ***Sur le qui-vive*** loc. adv. : sur ses gardes. *Elle est sans arrêt sur le qui-vive.*

quiz [kwiz] n. m. Anglic. Jeu par questions et réponses.

quoi [kwa] pronom rel. et interrog. **I·** Relatif désignant une chose. (Toujours précédé d'une préposition) **1·** *Voilà de quoi il s'agit.* – (Se rapportant à l'idée que l'on vient d'exprimer) → **cela.** *Il fallut d'abord payer l'amende ; après quoi on nous a laissés partir. Réfléchis bien, sans quoi tu vas te tromper. Faute de quoi.* → **autrement, sinon.** *Moyennant quoi*, en contrepartie. **2·** (Dans une relative à l'infinitif) *Il n'a pas de quoi vivre*, ce qu'il faut pour vivre. « *Je vous remercie beaucoup. – Il n'y a pas de quoi.* » **II·** Interrogatif désignant une chose. **1·** (Interrog. indirecte) *Je ne vois pas en quoi cela te gêne. Je saurai à quoi m'en tenir.* **2·** (Interrog. directe) *Quoi faire ? à quoi penses-tu ?* **3·** Fam. Pour demander un complément d'information. *Quoi, qu'est-ce que tu dis ?* → **comment.** – Fam. *De quoi ?*, expression de menace, de défi. **4·** Interjection. → **comment.** *Quoi ! Vous osez protester ?* **5·** ***Quoi que*** (loc. concessive). *Quoi qu'il arrive*, quel que soit ce qui arrive. *Quoi qu'il en soit*, de toute façon. – *Quoi que ce soit*, qqch. de quelque nature que ce soit. *Il n'a pas pu vendre quoi que ce soit.* ≠ **quoique.** ▷ **je-ne-sais-quoi, pourquoi**

quoique [kwak] conj. **1·** Introduisant une proposition circonstancielle d'opposition ou de concession (+ subjonctif). → **bien** que, **encore** que. *Je lui confierai bien ce travail quoiqu'il soit bien jeune.* – (Avec ellipse du verbe) *Il était simple, quoique riche.* **2·** Introduisant une objection faite après coup. *Nous passons nos vacances à la montagne, quoique aimant bien la mer (quoique nous aimons bien, nous aimions bien ; quoique nous aimerions autant la mer).* ≠ quoi que.

quolibet [kɔlibɛ] n. m. Littér. Propos moqueur à l'adresse de qqn. → **raillerie.**

quorum [k(w)ɔʀɔm] n. m. Politique, administration. Nombre minimum de membres présents pour qu'une assemblée puisse valablement délibérer. *Des quorums.*

quota [k(w)ɔta] n. m. Terme administratif. Contingent ou pourcentage déterminé. *Des quotas d'importation.*

quote-part [kɔtpaʀ] n. f. Part qui revient à chacun dans une répartition. *Payer, toucher sa quote-part. Des quote-parts élevées.*

quotidien, enne [kɔtidjɛ̃, ɛn] adj. et n. m. **I·** Adj. De chaque jour ; qui se fait, revient tous les jours. *Son travail quotidien.* → **habituel, journalier.** – N. m. *Le quotidien*, ce qui appartient à la vie de tous les jours. Loc. *Au quotidien*, tous les jours. **II·** N. m. Journal qui paraît chaque jour. *Les quotidiens, les hebdomadaires et les mensuels.*
▶ **quotidiennement** adv. Tous les jours.

quotient [kɔsjɑ̃] n. m. **1·** En arithmétique, en algèbre. Résultat d'une division. **2·** *Quotient intellectuel*, rapport statistique de l'âge mental à l'âge réel, mesuré par des tests. → **Q. I.**

quotité [kɔtite] n. f. Montant d'une quote-part.

rR

r [ɛʀ] n. m. invar. Dix-huitième lettre, quatorzième consonne de l'alphabet. *Rouler les r. R grasseyé* [ʀ]. – Loc. *Les mois en R*, ceux dont le nom contient un *r*, pendant lesquels il est préférable de consommer les huîtres (de septembre à avril).

rab [ʀab] n. m. Fam. → **rabiot.** *Il y a du rab. Faire du rab.* – Loc. ***En rab*** : en surplus. *Des frites en rab.*

rabâcher [ʀabaʃe] v. < conjug. 1 > **1·** V. intr. Revenir sans cesse sur ce qu'on a déjà dit. *Ces vieux bonshommes rabâchent.* → **radoter. 2·** V. tr. Répéter continuellement, d'une manière fastidieuse. *Il rabâche toujours les mêmes choses.* → **ressasser.** – Apprendre en répétant sans cesse. *Rabâcher ses leçons.* ▶ **rabâchage** n. m. ▶ **rabâcheur, euse** n. Personne qui a l'habitude de rabâcher. → **radoteur.**

rabais [ʀabɛ] n. m. invar. Diminution faite sur le prix d'une marchandise, le montant d'une facture. → **réduction.** *Consentir un rabais sur le prix de qqch.* – ***Au rabais.*** *Vente au rabais.* → **solde.** Péj. *Tu l'as eue au rabais, ta nouvelle moto,* tu n'as pas dû la payer cher.

rabaisser [ʀabese] v. tr. < conjug. 1 > **1·** Diminuer. *Rabaisser les prétentions, l'orgueil de qqn.* **2·** Ramener à un état ou à un degré inférieur. → **abaisser, ravaler.** *Rabaisser l'homme au niveau de l'animal.* – Estimer ou mettre très au-dessous de la valeur réelle. → **déprécier ; dénigrer.** *Rabaisser les mérites de qqn.* – Pronominalement. *Se rabaisser.* → **s'humilier.** *Elle a tendance à se rabaisser.*

rabane [ʀaban] n. f. Tissu de raphia. *Une natte de plage en rabane.*

1 **rabattre** [ʀabatʀ] v. tr. < conjug. 41 > **1·** Diminuer en retranchant (une partie de la somme). → **déduire, défalquer.** *Il n'a pas rabattu un centime sur la somme, de la somme demandée.* – ***En rabattre*** : abandonner de ses prétentions ou de ses illusions. *Il a dû en rabattre.* **2·** Amener vivement à un niveau plus bas, faire retomber. *Rabattre son chapeau sur ses yeux.* **3·** Mettre à plat, appliquer contre qqch. *Je rabats le col de mon pardessus.* – Refermer. *Rabattre un couvercle, le capot d'une voiture.* – Pronominalement (passif). *Le siège avant se rabat, peut se rabattre.* ▶ **rabat** [ʀaba] n. m. **1·** Large cravate formant plastron, portée par les magistrats, les professeurs en toge. **2·** Partie rabattue ou qui peut se replier. *Poche à rabat. Le rabat d'un sac à main.* ▶ **rabat-joie** [ʀabaʒwa] n. invar. et adj. invar. Personne chagrine, qui trouble la joie des autres. → **trouble-fête.** *Quels rabat-joie !* – Adj. invar. *Elles sont un peu rabat-joie.* ▶ **rabattu, ue** adj. Qui est abaissé, ou replié. *Un chapeau rabattu, aux bords rabattus. Poches rabattues* (→ **rabat**).

2 **rabattre** v. tr. < conjug. 41 > **1·** Ramener par force dans une certaine direction. *Rabattre le gibier* (vers les chasseurs). – Pronominalement. Changer de direction en se portant brusquement de côté. *La voiture s'est rabattue après avoir doublé le camion.* **2·** V. pron. ***Se rabattre sur qqn, qqch.*** : en venir à accepter, faute de mieux. *Après ce mauvais repas, il s'est rabattu sur les desserts.* ▶ **rabattage** n. m. Action de rabattre (le gibier). ▶ **rabatteur, euse** n. **1·** Personne chargée de rabattre le gibier. **2·** Péj. Personne qui fournit des clients à un vendeur, des marchandises à un acheteur. → **racoleur** (1).

rabbin [ʀabɛ̃] ou **rabbi** [ʀabi] n. m. Chef religieux d'une communauté juive, qui préside au culte. *Grand rabbin,* chef d'un consistoire israélite. ▶ **rabbinique** adj. Qui concerne les rabbins. *École rabbinique.*

rabelaisien, ienne [ʀablɛzjɛ̃, jɛn] adj. Qui rappelle la verve truculente de Rabelais. → **gaulois.** *Style rabelaisien.*

rabibocher [ʀabibɔʃe] v. tr. < conjug. 1 > Fam. **1·** Vx. Rafistoler. **2·** Réconcilier. – Pronominalement. *Ils se sont rabibochés.* ▶ **rabibochage** n. m.

rabiot [ʀabjo] n. m. Fam. **1·** Supplément ou surplus dans une distribution (de vivres). *Un rabiot de purée, de frites. Il y a du rabiot.* → fam. **rab.** **2·** Temps de travail supplémentaire. *Faire du rabiot.* ▶ **rabioter** v. < conjug. 1 > Fam. **1·** V. intr. Faire des petits profits supplémentaires. *Il cherche toujours à rabioter.* **2·** V. tr. S'approprier à titre de petit profit. *Rabioter un jour de congé.*

rabique [ʀabik] adj. Qui concerne la rage (②). *Le virus rabique.*

râble [ʀɑbl] n. m. **1·** Partie charnue du dos, chez certains quadrupèdes (lapin, lièvre). *Un râble à la moutarde.* **2·** Loc. fam. ***Sur le râble*** : sur le dos. *Ils nous sont tombés sur le râble,* ils nous ont attaqués. ▶ **râblé, ée** adj. **1·** Qui a le râble épais. *Cheval râblé.* **2·** (Personnes) Trapu et vigoureux. *Un garçon râblé.*

rabot [ʀabo] n. m. Outil de menuisier, servant à enlever les inégalités d'une surface de bois. → **varlope.** *Le passage du rabot produit des copeaux.* ▶ **raboter** v. tr. < conjug. 1 > Aplanir au rabot. *Raboter une pièce de bois.* – Au p. p. adj. *Plancher raboté.* ▶ **rabotage** n. m. ▶ **raboteux, euse** adj. Qui présente des inégalités, des aspérités (surface, sol). → **inégal.** *Plancher raboteux.* → **rugueux.** – Abstrait. *Un style raboteux.*

se rabougrir [ʀabugʀiʀ] v. pron. < conjug. 2 > Se recroqueviller sous l'effet de la sécheresse (végétaux), de l'âge (personnes). → **s'étioler.** *Cet été, l'herbe s'est rabougrie.* ▶ **rabougri, ie** adj. **1·** (Plantes) Qui s'est peu développé. *Arbuste rabougri.* **2·** (Personnes) Mal conformé, chétif. → **ratatiné.** *Enfant rabougri. Des vieillards tout rabougris.* ▶ **rabougrissement** n. m.

rabrouer [ʀabʀue] v. tr. < conjug. 1 > Traiter avec rudesse (qqn qu'on désapprouve, dont on veut se débarrasser). → **rembarrer.** *Il s'est fait vertement rabrouer.* ▶ **rabrouement** n. m. Littér. Action de rabrouer.

racaille [ʀakaj] n. f. Péj. Ensemble d'individus louches, craints ou méprisés. → **canaille, fripouille.** *La racaille du quartier.* – *Une racaille* : une personne peu recommandable ; spécialt un jeune délinquant. → **lascar.**

① **raccommoder** [ʀakɔmɔde] v. tr. < conjug. 1 > Réparer à l'aiguille (du linge, des vêtements). → **rapiécer, ravauder, repriser.** *Raccommoder un lainage.* – Au p. p. adj. *Gants raccommodés.* ▶ **raccommodage** n. m. Action de raccommoder, manière dont est raccommodé (le linge, un vêtement). → **rapiéçage, ravaudage, reprise.** *Faire du raccommodage. Un raccommodage hâtif.* ▶ **raccommodeur, euse** n. **1·** Ouvrier, ouvrière qui raccommode (du linge, des vêtements). *Raccommodeur de filets de pêche.* **2·** Vx. Réparateur. *Un raccommodeur de faïence et de porcelaine.*

② **raccommoder** v. tr. < conjug. 1 > Fam. Réconcilier. *Raccommoder deux amis.* – ***Se raccommoder*** v. pron. (réfl.). *Il s'est raccommodé avec son frère.* – (Récipr.) *Ils se sont raccommodés.* → **se réconcilier** ; fam. **se rabibocher.** ▶ **raccommodement** n. m. Fam. → **réconciliation.**

raccompagner [ʀakɔ̃paɲe] v. tr. < conjug. 1 > Accompagner (qqn qui s'en retourne, rentre chez lui). → **reconduire.** *Elle s'est fait raccompagner en voiture.*

raccorder [ʀakɔʀde] v. tr. < conjug. 1 > **1·** Relier par un raccord (des choses dissemblables ou disjointes). *Raccorder deux tuyaux.* – (Choses) Former raccord. *Le tronçon qui raccorde les deux voies.* **2·** ***Se raccorder*** v. pron. *Ce chemin se raccorde à la route.* – Abstrait. Se rattacher. *Un discours qui ne se raccorde à rien.* ▶ **raccord** [ʀakɔʀ] n. m. **1·** Le fait d'établir une liaison, une continuité entre deux choses, deux parties. *Un raccord de maçonnerie.* – *Faire un raccord,* refaire un peu son maquillage. **2·** *Raccord (de plans),* manière dont deux plans d'un film s'enchaînent. **3·** Pièce servant à réunir deux éléments qui doivent communiquer. → **assemblage.** *Un raccord de pompe, de tuyau.* ▶ **raccordement** n. m. Action, manière de raccorder. *Voie de raccordement,* voie de chemin de fer qui en relie deux autres.

raccourci [ʀakuʀsi] n. m. **1·** Loc. ***En raccourci*** : en abrégé. *Voici l'histoire en raccourci.* **2·** Ce qui est exprimé de façon ramassée, elliptique. *De saisissants raccourcis.* **3·** Chemin plus court que le chemin ordinaire pour aller quelque part. *Prendre un raccourci, (par) le raccourci.* **4·** En informatique. *Raccourci clavier* : combinaison de touches permettant une action sans passage par un menu.

raccourcir [ʀakuʀsiʀ] v. < conjug. 2 > **1·** V. tr. Rendre plus court. *Raccourcir une robe.* – Au p. p. adj. *Jupe raccourcie.* – *Il faut raccourcir ce texte.* → **abréger.** **2·** V. intr. Devenir plus court. *Cette jupe a raccourci au lavage.* – Fam. *Les robes raccourcissent cette année,* se portent plus courtes. – (Durée) *Les jours raccourcissent.* → **diminuer.** / contr. rallonger / ▶ **raccourcissement** n. m. *Le raccourcissement d'un texte.* → **abrégement.** ▷ **raccourci**

par raccroc [paʀʀakʀo] loc. adv. Par un heureux hasard, sans l'avoir prévu. *Il a réussi par raccroc.* → **accroc.**

raccrocher [ʀakʀɔʃe] v. tr. < conjug. 1 > **1·** Remettre en accrochant (ce qui était décroché). *Raccrocher un tableau.* – *Raccrocher le combiné* (d'un téléphone fixe). – Sans compl. *Il a raccroché,* il a reposé le combiné sur son support ; il a coupé la communication. *Il m'a raccroché au nez.* – Loc. *Raccrocher (les gants, les crampons),* renoncer à la compétition ; cesser son activité. **2·** Arrêter pour retenir (qqn qui passe). → **racoler.** *Le camelot raccrochait les passants. Raccrocher les clients.* **3·** *Se raccrocher* v. pron. : se retenir (à un point d'appui). *Se raccrocher à une branche.* – *Il se raccroche à l'idée de partir.* → se **cramponner.** *Se raccrocher à qqn* (comme à une bouée de sauvetage). – (Suj. chose) Se rapporter, se rattacher à. *Cette idée se raccroche bien au sujet.* ▶ **raccrochage** n. m. Action de raccrocher (qqn ; qqch.). → **racolage.**

race [ʀas] n. f. **I· 1·** Famille illustre, considérée dans sa continuité. → **sang.** *La race des Capétiens.* – Loc. adj. invar. *Fin de race,* décadent. *Des gens distingués, un peu fin de race.* – L'ascendance. *Être de race noble, de race paysanne.* → **origine, souche.** – Vx. Génération. *Les races futures.* **2·** Catégorie de personnes apparentées par des comportements communs. → **espèce.** *Être de la race des vainqueurs. Nous ne sommes pas de la même race. C'est une race qui s'éteint.* Fam. *Quelle sale race !* → **engeance. II·** Subdivision de l'espèce zoologique, constituée par des individus réunissant des caractères communs héréditaires. *Les différentes races de chiens, de chats. Races chevalines. Animal de race pure.* → **pur-sang.** / contr. bâtard / – Loc. adj. *De race,* de race pure. *Animal, chiens de race.* **III·** Sans fondement scientifique. **1·** Ensemble d'êtres humains qui ont en commun la couleur naturelle de la peau. → **type** (2) ; **racisme.** *Race blanche, jaune, noire. Croisement entre races,* métissage. **2·** Abusivt. Groupe naturel d'hommes qui ont des caractères semblables (physiques, psychiques, culturels, etc.) provenant d'un passé commun, souvent classé dans une hiérarchie. → **ethnie, peuple.** *Race latine, alpine...* **3·** Loc. *Avoir de la race,* de la classe. → **racé** (2). ▶ **racé, ée** adj. **1·** (Animaux) Qui présente les qualités propres à sa race. *Un cheval racé.* **2·** (Personnes) Qui a une distinction, une élégance naturelles. *Une femme racée.* ▷ **antiraciste, racial, racisme**

① **racheter** [ʀaʃte] v. tr. < conjug. 5 > **1·** Acheter de nouveau. *Il faudra que je rachète du pain.* – Récupérer par achat (un bien vendu). *Faire racheter un immeuble.* / contr. revendre / **2·** Acheter à qqn qui a acheté. *Vous l'avez payé cent euros, je vous le rachète cent cinquante.* **3·** Obtenir, contre rançon, la mise en liberté de (qqn). *Racheter des prisonniers.* ▶ ① **rachat** n. m. Action de racheter qqn, qqch.

② **racheter** v. tr. < conjug. 5 > **1·** Sauver (l'humanité) par la rédemption (en parlant de Dieu). **2·** Réparer, effacer par sa conduite ultérieure (ses fautes, ses erreurs). *Il a racheté ses erreurs de jeunesse. Ceci rachète cela,* fait pardonner, oublier cela. → **compenser. 3·** *Se racheter* v. pron. : se réhabiliter (après une faute), faire oublier par sa conduite les erreurs passées. *Se racheter par des gentillesses.* ▶ ② **rachat** n. m. Fait de se racheter, d'être racheté.

rachis [ʀaʃis] n. m. invar. Colonne vertébrale. *Radiographie du rachis.* ▶ **rachidien, ienne** adj. De la colonne vertébrale. *Bulbe rachidien. Canal rachidien,* canal formé par la totalité des trous vertébraux, et qui contient la moelle épinière et ses annexes.

rachitisme [ʀaʃitism] n. m. Maladie de la période de croissance, qui se manifeste par diverses déformations du squelette. *Petit enfant atteint de rachitisme.* – Développement incomplet (d'un végétal). ▶ **rachitique** adj. Atteint de rachitisme, très malingre, chétif.

racial, iale, iaux [ʀasjal, jo] adj. Relatif à la race, aux races (III). *Caractères raciaux. La question, la politique raciale* (dans certains États). *Discrimination raciale* (ségrégation) *et racisme. Conflits raciaux.*

racine [ʀasin] n. f. **I· 1·** Partie des végétaux par laquelle ils se fixent au sol et absorbent les éléments dont ils se nourrissent. *Racines comestibles* (carottes, navets...). *Les radicelles* d'une racine.* **2·** Loc. *Prendre racine :* rester longtemps debout au même endroit. *Te voilà enfin ! je commençais à prendre racine !* **3·** Littér. Principe profond, origine. *Les racines de l'orgueil. Attaquer, détruire le mal à la racine.* **4·** Littér. Lien, attache. *Un émigré coupé de ses racines.* **II·** Partie par laquelle un organe est implanté. *La racine du nez.* – *La racine d'une dent,* fixée au maxillaire dans un alvéole. *Dents à une, deux, trois racines.* – *La racine des cheveux,* partie implantée dans le cuir chevelu. **III· 1·** *Racine carrée, cubique d'un nombre N,* nombre dont le carré, le cube est égal à N. *Racine carrée de 4* ($\sqrt{4}$). *Racine cubique de 8* ($\sqrt[3]{8}$). *4 est la racine carrée de 16. Extraire une racine,* la calculer. → ② **radical** (2). **2·** Élément irréductible d'un mot, obtenu par élimination des désinences, des préfixes ou des suffixes. → ② **radical** (1). ▷ **déraciner, enraciner**

racisme [ʀasism] n. m. **1·** Idéologie postulant une hiérarchie des « races » humaines. *Le racisme n'a aucune base scientifique.* – Ensemble des réactions qui, consciemment ou non, s'accordent avec cette idéologie. *Ligue internationale contre le racisme et l'antisémitisme.* **2·** Hostilité violente contre un groupe social. *Racisme anti-jeunes. Racisme et antisémitisme.* ▶ **raciste** n. et adj. Partisan du racisme. *C'est un, une raciste ; il, elle est raciste. Politique raciste. Injure raciste.* / contr. antiraciste /

racket [ʀakɛt] n. m. Anglic. Extorsion d'argent, d'objets par chantage, intimidation ou terreur. – *Racket scolaire,* entre enfants. ▶ **racketter** v. tr. < conjug. 1 > Anglic. Soumettre (qqn) à un racket. *Ces commerçants se font racketter par des truands.*

raclée [ʀɑkle] n. f. Fam. **1·** Volée de coups. → **correction.** *Recevoir, flanquer une raclée.* **2·** Fig. Défaite complète. *Ils ont pris une belle raclée aux élections.*

racler [ʀɑkle] v. tr. < conjug. 1 > **1·** Frotter rudement (une surface) avec qqch. de dur ou de tranchant, de manière à égaliser ou à détacher ce qui adhère. → **gratter.** *Le chirurgien a dû racler l'os. Racler une casserole, un plat,* en gratter le fond. → **récurer.** *Racler la semelle de ses souliers.* – Loc. fam. *Racler les fonds de tiroirs.* → **tiroir.** – *Se racler la gorge,* la débarrasser de ses mucosités par une expiration brutale. **2·** Enlever (qqch.) en frottant de cette façon. *Racler une tache de boue sur son pantalon.* **3·** Frotter en entrant rudement en contact. *Les pneus raclent le bord du trottoir.* – *Ce vin racle le gosier.* → **râper. 4·** Jouer en raclant les cordes maladroitement. *Racler un violon, du violon.* ▶ **raclage** n. m. Action de nettoyer en raclant. *Le raclage des peaux.* ▶ **raclement** n. m. Action de racler ; bruit qui en résulte. *Un raclement de gorge.* ▶ **raclette** n. f. Plat suisse, savoyard, fait de fromage du pays exposé devant une source de chaleur, et dont on racle au fur et à mesure la partie ramollie pour la manger. *Raclette et fondue.* ▶ **raclure** n. f. Déchet de ce qui a été raclé. → **rognure.** ▷ **raclée**

racoler [ʀakɔle] v. tr. < conjug. 1 > **1·** Attirer, recruter par des moyens publicitaires ou autres. *Racoler des partisans, des clients.* **2·** (Personnes se livrant à la prostitution) Accoster (qqn) en vue de l'attirer. → **raccrocher.** ▶ **racolage** n. m. Action de racoler. *Faire du racolage pour un parti.* – *Prostituées poursuivies pour racolage.* ▶ **racoleur, euse** n. et adj. **1·** N. m. Recruteur ou propagandiste peu scrupuleux. **2·** N. Personne qui racole (2). **3·** Adj. Qui cherche à retenir l'intérêt d'une façon équivoque et grossière. *Affiche racoleuse. Sourire racoleur.*

raconter [ʀakɔ̃te] v. tr. < conjug. 1 > **1·** Exposer par un récit (des faits vrais ou présentés comme tels). → **conter, narrer, relater ; rapporter.** *Raconter une histoire. Raconter ce qui s'est passé. Raconter que...* (+ indicatif). *Il m'a raconté comment il avait eu ce poste.* **2·** Dire, débiter à la légère ou de mauvaise foi. *Je sais ce qu'on raconte.* → **dire.** *Qu'est-ce que tu me racontes là ?* → **chanter. 3·** *Se raconter* v. pron. : (réfl.) se décrire, se dépeindre. *Se raconter avec complaisance,* aimer parler de soi. – (Passif) *Cela ne se raconte pas.* ▶ **racontable** adj. Qui peut être raconté (surtout au négatif). *Cela n'est guère racontable en public.* / contr. inracontable / ▶ **racontar** n. m. Surtout au plur. Propos médisant ou sans fondement sur le compte de qqn. → **bavardage, cancan, commérage, ragot.** *Ce ne sont que des racontars.* ▶ **raconteur, euse** n. (Avec un compl.) *Un intarissable raconteur d'histoires.* ▷ **inracontable**

racornir [ʀakɔʀniʀ] v. tr. < conjug. 2 > Rendre dur comme de la corne ; dessécher. *La chaleur a racorni ce cuir.* – Pronominalement. *La viande s'est racornie à la cuisson.* ▶ **racorni, ie** adj. **1·** Durci comme de la corne. *Un vieux bout de viande tout racorni,* desséché. **2·** (Cœur, esprit...) Rendu insensible, sec. ▶ **racornissement** n. m.

radar [ʀadaʀ] n. m. Système ou appareil de détection, qui émet à intervalles réguliers des signaux (ondes électromagnétiques) très brefs et en reçoit l'écho, permettant ainsi de déterminer la direction et la distance d'un objet (avion, etc.). *Un écran de radar. Des radars.* – En appos. *Des contrôles radar(s).*

rade [ʀad] n. f. **1·** Grand bassin naturel ou artificiel, ayant une issue vers la mer et où les navires peuvent mouiller. *La flotte est en rade à Toulon. La rade de Brest.* **2·** Loc. fam. ***En rade*** : à l'abandon. *Laisser qqn, qqch. en rade. Le projet est resté en rade,* a été abandonné. *Tomber en rade.* → **en panne.**

radeau [ʀado] n. m. Plate-forme formée de pièces de bois assemblées, servant au transport de personnes ou de marchandises sur l'eau. *Un radeau de fortune. Des radeaux.*

1 **radial, ale, aux** [ʀadjal, o] adj. Relatif au rayon d'un cercle ; disposé selon un rayon. – *Voie radiale* ou, n. f., *radiale,* route qui joint une voie centrale à une voie périphérique.

2 **radial, ale, aux** adj. Qui a rapport au radius ou à sa région. *Nerf radial. Veine radiale.*

radian [ʀadjɑ̃] n. m. Unité de mesure des angles plans.

radiant, ante [ʀadjɑ̃, ɑ̃t] adj. Qui se propage par radiation ; qui émet des radiations. *Chaleur radiante.*

① **radiateur** [ʀadjatœʀ] n. m. Appareil de chauffage à grande surface de rayonnement. *Radiateur de chauffage central. Radiateur électrique.*

② **radiateur** n. m. Organe de refroidissement des moteurs à explosion (tubes où l'eau circule et se refroidit). *Le radiateur de sa voiture fuit.*

① **radiation** [ʀadjɑsjɔ̃] n. f. Action de radier qqn ou qqch. d'une liste, d'un registre (souvent par une sanction). / contr. inscription / *La radiation d'un médecin par le Conseil de l'Ordre.*

② **radiation** n. f. Énergie émise et propagée sous forme d'ondes à travers un milieu matériel. → **rayonnement.** *Période, fréquence, longueur d'onde d'une radiation.* ▷ ① **radiateur,** ② **radiateur, irradier**

① **radical, ale, aux** [ʀadikal, o] adj. et n. **I**· Adj. **1**· Qui tient à l'essence, au principe (d'une chose, d'un être). → **foncier, fondamental ; essentiel.** *Une impuissance radicale à agir. Changement radical.* → **total. 2**· Qui vise à agir sur la cause profonde de ce que l'on veut modifier. *Méthode radicale. Prendre des mesures radicales. Moyen radical.* **II**· Adj. Relatif au radicalisme politique. En France. Partisan de réformes modérées, laïque et démocrate. *Parti radical.* – N. *Les radicaux.* ▶ **radicalement** adv. Dans son principe, d'une manière radicale. → **absolument, complètement, totalement.** *Des opinions radicalement opposées. Il a été radicalement guéri.* ▶ **radicaliser** v. tr. < conjug. 1 > Rendre radical, plus intransigeant. – Pronominalement. *Le mécontentement se radicalise.* ▶ **radicalisation** n. f. Action de radicaliser, fait de se radicaliser. ▶ **radicalisme** n. m. Doctrine politique des radicaux et radicaux-socialistes (*radical-socialisme*). ▶ **radical-socialiste** adj. En France. Qui est propre au *Parti républicain radical et radical-socialiste.* – N. *Les radicaux-socialistes.*

② **radical** n. m. **1**· Toute forme particulière prise par la racine d'un mot. *« Peuple », « popul... » sont deux radicaux de la même racine.* → **racine. 2**· Symbole ($\sqrt[n]{\ }$) qui indique, en algèbre, qu'on doit extraire la racine de degré *n* de la quantité qui se trouve sous la barre horizontale du signe.

radicelle [ʀadisɛl] n. f. Petit filament d'une racine.

radier [ʀadje] v. tr. < conjug. 7 > Faire disparaître d'une liste, d'un registre, d'un compte. → **effacer, rayer ;** ① **radiation.** *Il a été radié de l'Ordre des médecins.* / contr. inscrire / ▷ ① **radiation**

radiesthésie [ʀadjɛstezi] n. f. Réceptivité particulière à des radiations qu'émettraient différents corps ; procédé de détection fondé sur cette réceptivité. ▶ **radiesthésiste** n. Personne qui pratique la radiesthésie. → **sourcier.** *Le pendule du radiesthésiste.*

radieux, euse [ʀadjø, øz] adj. **1**· Qui rayonne, brille d'un grand éclat. → **brillant.** *Un soleil radieux.* – Très lumineux. *Une journée radieuse.* **2**· (Personnes) Rayonnant de joie, de bonheur. *Une jeune femme radieuse.* – *Visage, sourire radieux.* → **lumineux, resplendissant.** ▶ **radieusement** adv.

radin, ine [ʀadɛ̃, in] adj. Fam. Un peu avare. *Ce qu'elle est radine* ou *radin !* ▶ **radinerie** n. f. Fam. Avarice.

radiner [ʀadine] v. intr. ou **se radiner** v. pron. < conjug. 1 > Fam. Arriver, venir.

① **radio** [ʀadjo] n. f. **1**· Abréviation de *radiodiffusion. Écouter la radio. La Maison de la Radio* (à Paris). *Passer à la radio,* participer à une émission. – Loc. *Silence* radio.* **2**· Poste récepteur de radio. *Il a deux radios. Radio portative.* → **transistor.** *Allumer, mettre, éteindre la radio.* **3**· *Radio-trottoir,* les nouvelles transmises de bouche à oreille. ▷ **autoradio, radiocassette, radioreportage, radio-taxi, radiotélévisé, radio-réveil**

② **radio** n. m. Spécialiste qui assure les liaisons par radio, à bord d'un avion, d'un bateau, ou à terre. *Le pilote et le radio.*

③ **radio** n. f. Radioscopie ou radiographie. – *La radio de ses poumons est normale.*

radi(o)- Élément signifiant « radiation ② » (→ **radiesthésie, radium**), et spécialt « de la radiodiffusion » (→ ① **radio**), dans *radio-taxi,* etc.

▶ **radioactif, ive** [ʀadjɔaktif, iv] adj. Capable de se désintégrer par radioactivité. *Éléments radioactifs, substances radioactives* (radium, uranium, plutonium, etc.). *Déchets radioactifs. Retombées radioactives.* ▶ **radioactivité** n. f. Propriété qu'ont certains noyaux atomiques de se transformer spontanément en émettant divers rayonnements. – *Radioactivité artificielle,* provoquée sur des noyaux stables à l'état naturel.

▶ **radiobalise** n. f. → **balise.**

▶ **radiocassette** n. f. Appareil constitué d'un récepteur de radio et d'un lecteur de cassettes.

▶ **radiodiffusion** n. f. Émission et transmission, par ondes hertziennes, de programmes variés ; organisation qui prépare et effectue cette transmission. *Programmes, chaînes de radiodiffusion.*

▶ **radiodiffuser** v. tr. < conjug. 1 > Émettre et transmettre par radiodiffusion. *Radiodiffuser un concert.* – Au p. p. adj. *Conférence radiodiffusée.*

▶ **radioélectrique** adj. *Ondes radioélectriques,* ondes électromagnétiques de longueur supérieure aux radiations visibles et infrarouges.

– Qui se rapporte à ces zones, à leur utilisation. → **hertzien.** ▶ **radioélément** n. m. Élément chimique radioactif. *Radioélément naturel, artificiel.* ▶ **radiogoniomètre** n. m. Appareil récepteur permettant de déterminer l'angle et la direction d'un signal sonore. ▶ **radiographie** [ʀadjɔgʀafi] n. f. Enregistrement photographique de la structure interne d'un corps traversé par des rayons X. → ③ **radio.** ▶ **radiographier** v. tr. <conjug. 7> Faire une radiographie de. *Radiographier un malade, un organe. Elle s'est fait radiographier.* ▶ **radioguidage** n. m. **1·** Guidage des navires, des avions à l'aide d'ondes radioélectriques. **2·** Information radiophonique sur la circulation routière, destinée aux automobilistes. ▶ **radio-isotope** n. m. Isotope radioactif (d'un élément chimique). ▶ **radiologie** n. f. Science traitant de l'étude et des applications (médicales, industrielles, scientifiques) de diverses radiations (notamment des rayons X et γ [gamma]). → **radiographie, radioscopie, radiothérapie.** *Le service de radiologie d'un hôpital.* ▶ **radiologue** [ʀadjɔlɔg] n. Spécialiste de la radiologie. – Médecin spécialiste de la radiographie et de la radioscopie. ▶ **radiophonique** [ʀadjɔfɔnik] adj. Qui concerne la radiodiffusion. *Programmes radiophoniques* ou *de radio* ①. ▶ **radioreportage** n. m. Reportage radiodiffusé. ▶ **radioreporter** n. *Un, une radioreporter.* ▶ **radioréveil** n. m. Appareil de radio à déclenchement programmable pouvant de ce fait servir de réveil. *J'ai programmé le radioréveil à 7 heures pour avoir les nouvelles du matin. Des radioréveils.* ▶ **radioscopie** n. f. Examen de l'image que forme, sur un écran fluorescent, un corps traversé par des rayons X. *Passer à la radioscopie.* → ③ **radio.** ▶ **radio-taxi** n. m. Taxi muni d'un poste récepteur-émetteur de radio relié à une station centrale qui lui indique l'adresse des clients qu'il doit aller chercher. *Des radio-taxis.* ▶ **radiotélégraphie** n. f. Télégraphie sans fil, transmission par ondes hertziennes de messages en alphabet morse. ▶ **radiotélescope** n. m. Télescope permettant d'obtenir une image des corps célestes très éloignés par réception et analyse des ondes qu'ils émettent. *Étudier les quasars au radiotélescope.* ▶ **radiotélévisé, ée** adj. Qui est à la fois radiodiffusé et télévisé. *Allocution radiotélévisée.* ▶ **radiothérapie** n. f. Didact. Application thérapeutique des rayons X.

radis [ʀadi] n. m. invar. **1·** Plante cultivée pour ses racines comestibles ; cette racine que l'on mange crue. *Une botte de radis. Des radis (roses).* – *Un radis noir.* **2·** Loc. fam. *N'avoir plus un radis,* plus un sou, plus d'argent.

radium [ʀadjɔm] n. m. Élément radioactif (symb. *Ra*), de la famille de l'uranium. *Le radium a été découvert par Pierre et Marie Curie.*

radius [ʀadjys] n. m. invar. En anatomie. Os long, situé à la partie externe de l'avant-bras. *Une fracture du radius et du cubitus.* ▷ ② **radial**

radjah [ʀadʒa] n. m. → **rajah.**

radoter [ʀadɔte] v. intr. <conjug. 1> Tenir, par sénilité, des propos décousus et peu sensés. *Vieillard qui radote.* – Rabâcher. *Cesse donc de radoter !* ▶ **radotage** n. m. → **rabâchage.** ▶ **radoteur, euse** n. Personne qui radote. → **rabâcheur.**

radouber [ʀadube] v. tr. <conjug. 1> Réparer la coque de (un navire) dans un bassin spécial, appelé ***bassin de radoub*** [ʀadu], n. m. → **calfater, caréner.**

radoucir [ʀadusiʀ] v. tr. <conjug. 2> **1·** Rendre plus doux (le temps). *Le vent d'ouest a radouci le temps.* → **réchauffer.** **2·** ***Se radoucir*** v. pron. : devenir plus doux. *La température s'est beaucoup radoucie.* – (Personnes) *Sa colère tomba soudain et il se radoucit. Son ton se radoucit,* devint plus aimable. ▶ **radoucissement** n. m. *Un brusque radoucissement* (du temps). → **redoux.**

rafale [ʀafal] n. f. **1·** Coup de vent soudain et brutal. → **bourrasque.** *Une rafale de pluie, de neige. Le vent souffle par rafales, en rafales.* **2·** Succession de coups tirés rapidement (par une batterie, une arme automatique). → **bordée, salve.** *Une rafale de mitrailleuse. Tirer par courtes rafales.* – *Les journalistes lui ont posé une rafale de questions.* ▶ **rafaler** v. intr. <conjug. 1> Au Canada. Souffler en rafales (vent), tourbillonner (neige).

raffermir [ʀafɛʀmiʀ] v. tr. <conjug. 1> **1·** Rendre plus ferme. → **affermir, durcir.** *La douche froide raffermit les tissus.* – Pronominalement. *La pâte s'est raffermie. Sa santé se raffermissait de jour en jour.* **2·** Remettre dans un état plus stable. → **fortifier.** – Au p. p. adj. *Le gouvernement est sorti raffermi de la crise.* – Pronominalement. Retrouver son assurance. *Il parut hésiter, puis se raffermit.* ▶ **raffermissement** n. m.

① **raffiner** [ʀafine] v. tr. <conjug. 1> Procéder au raffinage de (une substance, un corps brut). – Au p. p. adj. *Sucre raffiné. Pétrole raffiné.* / contr. brut / ▶ **raffinage** n. m. Ensemble des traitements opérés sur un corps brut ou un mélange de substances, de manière à obtenir un corps pur ou un mélange doué de propriétés déterminées. → **épuration.** *Le raffinage du sucre. Le raffinage du pétrole,* permettant d'en obtenir des produits finis (essences, huiles...). → **distillation.** ▶ **raffinerie** n. f. Usine où s'effectue le raffinage (du sucre, du pétrole).

2 **raffiner** v. intr. < conjug. 1 > Rechercher la délicatesse ou la subtilité la plus grande. *Ne cherchons pas à raffiner.* – ***Raffiner sur*** *qqch. Raffiner sur l'élégance, sur la présentation,* y apporter un excès de recherche. ▶ **raffiné, ée** adj. Qui est d'une extrême délicatesse, témoigne d'une recherche ou d'une subtilité remarquable. *Politesse, élégance raffinée. Une éducation raffinée.* / contr. grossier / – (Personnes) *Un homme raffiné.* → **distingué.** ▶ **raffinement** n. m. **1**· Caractère de ce qui est raffiné. *Le raffinement de son langage, de ses manières.* – (Un, des raffinements) Acte, chose qui dénote ou exige de la recherche, une grande finesse de goût. **2**· *Un raffinement de...,* manifestation extrême (d'un sentiment).

rafflesia [raflezja] n. m. ou **rafflésie** [raflezi] n. f. Plante d'Asie du Sud-Est, sans racines et sans chlorophylle, parasite des lianes, dont la fleur est la plus grosse connue. *Des rafflesias* ou *des rafflésies.*

raffoler [rafɔle] v. tr. ind. < conjug. 1 > ***Raffoler de*** : aimer à la folie, avoir un goût très vif pour (qqn, qqch.). → **adorer.** *Elles raffolent toutes de lui. Cet enfant raffole des sucreries.*

raffut [rafy] n. m. Fam. Tapage, vacarme. → fam. **boucan.** *Tu fais trop de raffut. Quel raffut !*

rafiot [rafjo] n. m. Mauvais bateau. *Un vieux rafiot.*

rafistoler [rafistɔle] v. tr. < conjug. 1 > Fam. Raccommoder, réparer grossièrement avec des moyens de fortune. *Rafistoler une chaise.* ▶ **rafistolage** n. m. *C'est du rafistolage, mais ça ira provisoirement.*

rafle [rɑfl] n. f. Arrestation massive opérée à l'improviste par la police. → **descente** de police. *Être pris dans une rafle.*

rafler [rɑfle] v. tr. < conjug. 1 > Fam. Prendre et emporter promptement sans rien laisser. *Ils ont raflé tous les bijoux.*

rafraîchir [rafreʃir] v. < conjug. 2 > **I**· V. tr. **1**· Rendre frais, refroidir modérément. *La pluie a rafraîchi l'atmosphère.* / contr. radoucir, réchauffer / – Pronominalement. *Le temps s'est bien rafraîchi.* **2**· Donner une sensation de fraîcheur à (qqn). *Cette boisson m'a rafraîchi.* – Pronominalement. *Se rafraîchir,* boire un rafraîchissement. **II**· V. tr. **1**· Rendre la fraîcheur, l'éclat du neuf à (qqch.). *Rafraîchir un blouson en le faisant teindre.* – *Rafraîchir les cheveux,* les couper légèrement. **2**· Fam. *Je vais te rafraîchir la mémoire, les idées,* te rappeler ce que tu sembles avoir oublié (se dit aussi par menace). **III**· V. intr. Devenir plus frais. *Mettre du vin, un melon à rafraîchir.* ▶ **rafraîchi, ie** adj. Rendu frais. *Champagne rafraîchi.* → **frappé.** *Servir des fruits rafraîchis* (et mélangés). ▶ **rafraîchissant, ante** adj. Qui rafraîchit, donne une sensation de fraîcheur. *Une petite brise rafraîchissante.* – Qui désaltère. *Boissons rafraîchissantes* (jus de fruit, limonades, etc.). → **rafraîchissement** (2). – Abstrait. *Une impression rafraîchissante,* agréable et fraîche. ▶ **rafraîchissement** n. m. **1**· Action de rafraîchir ; fait de devenir plus frais. *On assiste à un rafraîchissement de la température.* / contr. réchauffement / **2**· Boisson fraîche prise en dehors des repas. *Prendre un rafraîchissement dans un café.* – Au plur. Boissons fraîches, glaces, fruits rafraîchis, etc., offerts à des invités. *Servir des rafraîchissements.*

raft [raft] n. m. Anglic. Embarcation gonflable insubmersible, manœuvrée à la pagaie. ▶ **rafting** [raftiŋ] n. m. Anglic. Sport consistant à descendre des rapides en raft.

ragaillardir [ragajardir] v. tr. < conjug. 2 > Rendre de la vitalité, de l'entrain à (une personne fatiguée, déprimée). → **réconforter, revigorer.** *Cette nouvelle nous a ragaillardis.* – Au p. p. adj. *Se sentir tout ragaillardi.* / contr. ramolli /

1 **rage** [raʒ] n. f. **1**· État, mouvement de colère, de dépit extrêmement violent, qui rend agressif. → **fureur.** *Être fou de rage, ivre de rage. Cri de rage. Être, se mettre en rage. Il était dans une rage folle. Avoir la rage.* **2**· ***Rage de...*** : envie violente, besoin passionné de... → **fureur.** *La rage de vaincre.* – Loc. fam. *C'est (ce n'est) plus de l'amour, c'est de la rage,* c'est une passion déchaînée. **3**· *Rage de dents,* mal de dents insupportable. **4**· ***Faire rage*** (suj. chose) : se déchaîner, atteindre la plus grande violence. *La tempête faisait rage. L'incendie fait rage.* ▶ **rager** v. intr. < conjug. 3 > Fam. Enrager. *Cela me fait rager,* cela m'exaspère. ▶ **rageant, ante** adj. Qui fait rager. *Un contretemps rageant.* ▶ **rageur, euse** adj. **1**· Sujet à des accès de colère. *Un enfant rageur.* → **hargneux.** **2**· Qui dénote la colère, la mauvaise humeur. *Ton rageur.* ▶ **rageusement** adv. ▷ **enrager**

2 **rage** n. f. Maladie mortelle transmise à l'homme par la morsure de certains animaux (chiens, surtout), caractérisée par des convulsions ou de la paralysie. *De la rage.* → **rabique.** *Vaccin contre la rage,* dit *antirabique.* ▷ **enragé**

raglan [raglɑ̃] n. m. Pardessus assez ample, dont les emmanchures remontent jusqu'au col en couvrant les épaules. *Des raglans.* – Adj. invar. *Des manches raglan. Un imperméable raglan,* à manches raglan.

ragondin [ragɔ̃dɛ̃] n. m. Mammifère rongeur (originaire d'Amérique du Sud), vivant au bord des étangs, se nourrissant de poissons dont la chair et la fourrure sont très estimées. *Un pâté de ragondin.* – Cette fourrure. *Un manteau de ragondin.*

ragot [Rago] n. m. Fam. Surtout au plur. Bavardage malveillant, racontar. → **cancan.** *Faire des ragots.*

ragoût [Ragu] n. m. Plat composé de morceaux de viande (bœuf, veau, mouton) et de légumes cuits ensemble, avec une sauce. *Un ragoût de mouton.*

ragoûtant, ante [Ragutɑ̃, ɑ̃t] adj. En emploi négatif. Appétissant, plaisant. *Un mets peu ragoûtant. Une histoire peu ragoûtante.* / contr. **dégoûtant** /

rai n. m., ou rare **rais** [Rɛ] n. m. invar. Littér. Rayon (de lumière). *Un rai de lumière passe sous la porte.* ≠ raie. ▷ ① **rayon,** ② **rayon, enrayer**

raï [Raj] n. m. Musique populaire moderne originaire d'Algérie. *Le raï.*

raid [Rɛd] n. m. **1·** Opération très rapide en territoire ennemi, menée par des éléments très mobiles. → **incursion.** *Commando qui effectue un raid.* – Attaque aérienne. *Un raid de bombardiers.* **2·** Épreuve de longue distance, destinée à mettre en valeur la résistance du matériel et l'endurance des participants. *Raid automobile.* → **rallye. 3·** Opération financière menée par un raider. ≠ raide.

raide [Rɛd] adj. **I· 1·** Qui ne se laisse pas plier, manque de souplesse. → **rigide.** *Tissu raide.* – *Cheveux raides* (opposé à *bouclés, ondulés*). **2·** Qui a perdu sa souplesse. *Il a le dos raide, le cou raide.* – Raidi, engourdi. *Avoir les jambes raides. Doigts raides de froid.* **3·** (Personnes) Qui se tient droit et ferme sans plier. *Il est, il se tient raide comme un échalas, comme un piquet, comme la justice.* – Qui manque de grâce, de souplesse. *Danseur trop raide.* – *Maintien raide.* → **guindé. 4·** Tendu au maximum. *Une corde raide.* – Loc. *Être sur la corde* raide.* **5·** Très incliné par rapport au plan horizontal, difficile à gravir ou à descendre. → **abrupt.** *Un escalier, une pente très raide.* **II·** Abstrait. Fam. (Choses) Difficile à accepter, à croire ou à supporter. → **fort.** *Elle est raide celle-là ! C'est un peu raide !* **III·** Adv. Vx. **1·** Violemment, sèchement. → **fort. 2·** En pente raide. *Un sentier qui grimpe raide.* → **dur. 3·** *Raide mort* (s'accorde comme un adj.) : mort soudainement. *Elles sont tombées raides mortes.* – *Il est raide dingue d'elle,* complètement fou d'elle. ▶ **raideur** n. f. **1·** État de ce qui est raide ou raidi. → **rigidité.** *La blessure lui avait laissé une certaine raideur dans le bras.* **2·** Abstrait. Caractère de ce qui est rigide. *La raideur de ses principes.* → **rigueur.** ▶ **raidillon** [Redijɔ̃] n. m. Partie d'un chemin qui est en pente raide sur une faible longueur. → **côte.** *Gravir un raidillon.* ▶ **raidir** v. tr. < conjug. 2 > **1·** Faire devenir raide ou tendu, priver de souplesse. *Raidir ses muscles.* → ③ **contracter. 2·** *Se raidir* v. pron. : tendre ses forces pour résister. *Se raidir contre la douleur.* – Se montrer plus intransigeant. *Des deux côtés on se raidit, la négociation risque d'échouer.* ▶ **raidissement** n. m. Action de raidir, de se raidir.

raider [Rɛdœr] n. m. Anglic. Personne, société qui lance une O. P. A. sur une société pour en prendre le contrôle ou pour faire une plus-value en la revendant.

① **raie** [Rɛ] n. f. **1·** Ligne droite, bande mince et longue tracée sur qqch. → **rayure, trait.** *De fines raies blanches. Un tissu à raies,* rayé. – Sillon naturel. *La raie des fesses.* **2·** Ligne de séparation entre les cheveux, où le cuir chevelu est apparent. *Porter la raie au milieu.* ≠ rai. ▷ **rayer**

② **raie** n. f. Poisson cartilagineux, au corps aplati en losange, à queue hérissée de piquants, à la chair délicate. *Raie au beurre noir.*

raifort [Rɛfɔr] n. m. Plante cultivée pour sa racine au goût piquant ; condiment à goût de moutarde extrait de cette racine. *Sauce au raifort. Raifort japonais.* → **wasabi.** – Radis noir d'hiver.

rail [Rɑj] n. m. **1·** Chacune des barres d'acier installées en deux lignes parallèles sur des traverses pour constituer une voie ferrée ; chacune des bandes continues ainsi formées. → **voie.** *Remplacer un rail. L'écartement des rails. Les rails mobiles d'un aiguillage. Le train est sorti des rails.* → **dérailler.** – Loc. *Remettre sur les rails,* sur la bonne voie ; rendre capable (qqn, une entreprise, etc.) de marcher à nouveau. **2·** Au sing. Transport par voie ferrée. → **chemin de fer.** *La concurrence entre le rail et la route. Les ouvriers du rail.* → **cheminot.** ▷ **autorail, dérailler**

railler [Rɑje] v. tr. < conjug. 1 > Littér. Tourner en ridicule (qqn, qqch.) par des moqueries, des plaisanteries. → **brocarder, se moquer.** – Sans compl. *Aimer (à) railler.* ≠ rallier. ▶ **raillerie** [RɑjRi] n. f. **1·** Habitude, art de railler (les gens, les choses). → **moquerie, persiflage.** *Un ton de raillerie.* **2·** *(Une, des railleries)* Propos ou écrit par lequel on raille (qqn ou qqch.). → **brocard, quolibet, sarcasme.** ▶ **railleur, euse** adj. Qui raille, exprime la raillerie. → **ironique, narquois, persifleur.** *Un ton, un air railleur.*

rainette [Rɛnɛt] n. f. Petite grenouille verte vivant dans les terrains humides. *La rainette peut grimper sur les arbustes grâce à ses doigts munis de ventouses.* ≠ reinette.

rainure [RenyR] n. f. Entaille faite en long (à la surface d'un objet). *Les rainures du parquet. La rainure d'une poulie. Panneau qui glisse dans des rainures.* → **coulisse.**

rais → **rai.**

raisin [REZẼ] n. m. *Le raisin* (collectif), *les raisins,* fruit de la vigne, ensemble de baies (*grains*) réunies en grappes. *Du raisin blanc, noir.* – *Cueillir, manger du raisin, des raisins.* – *Raisins secs* (de Corinthe, de Malaga...). *Un petit pain aux raisins.* – *Jus de raisin. Les raisins servent à faire du vin* (→ **vin**). ▶ **raisiné** [Rezine] n. m. Confiture préparée avec du jus de raisin concentré (auquel on peut ajouter d'autres fruits). ▶ **raisinet** [Rezine] n. m. En Suisse. Groseille.

raison [REZɔ̃] n. f. **I**· (Pensée, jugement) **1**· La faculté qui permet à l'être humain de connaître, juger et agir conformément à des principes → **compréhension, entendement, esprit, intelligence,** et spécialt de bien juger et d'appliquer ce jugement à l'action → **discernement, jugement,** bon **sens.** *Un choix conforme à la raison.* → **raisonnable, rationnel.** *Contraire à la raison.* → **déraisonnable.** – Loc. *L'âge de raison,* l'âge auquel on considère que l'enfant possède l'essentiel de la raison (environ 7 ans). *Ramener qqn à la raison,* à une attitude raisonnable. *Mettre qqn à la raison,* le contraindre par la force ou l'autorité à une attitude raisonnable. – (Opposé à *instinct, intuition, sentiment*) Pensée logique. *La raison et la passion. Un mariage de raison* (et non d'amour). **2**· Les facultés intellectuelles (d'une personne), dans leur fonctionnement normal. *La raison de qqn, sa raison.* → **lucidité.** *Perdre la raison,* devenir fou. *Il n'a plus toute sa raison.* **3**· Loc. ***Plus que de raison*** : au-delà de la mesure raisonnable. *Il a bu plus que de raison.* → à l'**excès.** – Littér. ***Comme de raison*** : comme la raison le suggère. **4**· Connaissance à laquelle l'être humain accède sans l'intervention d'une foi ou d'une révélation. *Mysticisme et raison.* → **rationalisme.** *Le culte de la Raison, sous la Révolution française.* **5**· (Dans des loc. où le mot est opposé à *tort*) Jugement, comportement en accord avec les faits. ***Avoir raison*** : être dans le vrai, ne pas se tromper. *Je te prouverai que j'ai raison.* – *Vous avez raison de dire...,* vous êtes dans le vrai en disant... – ***Donner raison à qqn*** : reconnaître qu'il a raison. *Je te donne raison sur ce point.* **II**· (Principe, cause) **1**· Ce qui permet d'expliquer (l'apparition d'un événement, d'un fait). *Ma voiture ne démarre pas, je n'en comprends pas la raison.* → **cause.** – Ce qui permet d'expliquer (un acte, un sentiment). → **motif.** *Un mouvement d'humeur dont on s'explique mal la raison. Il s'est absenté sans donner de raison.* – Loc. ***Par, pour la raison que.*** → **parce que.** *Je ne l'ai pas vu pour la (simple) raison que je me trouvais absent. Pour quelle raison ?* → **pourquoi.** *Pour une raison ou pour une autre,* sans raison connue. – ***En raison de...*** en considération de... → à **cause.** *Le départ est retardé en raison du mauvais temps.* – ***Se faire une raison*** : se résigner à admettre ce qu'on ne peut changer, prendre son parti. *S'il le faut, je me ferai une raison.* **2**· Motif légitime qui pousse à faire (qqch.). → **fondement, sujet.** *Avoir une raison d'agir, d'espérer. Cet enfant est sa raison de vivre.* → **but.** *Avoir de bonnes, de fortes raisons de croire, de penser que* (+ indicatif). – *Ce n'est pas une raison,* ce n'est pas une bonne excuse. *Il n'y a pas de raison. Raison de plus pour que* (+ subjonctif), c'est une raison de plus pour. – Loc. (au sing.) ***Avec (juste) raison*** : en ayant une raison valable. → à juste **titre.** – ***À plus forte raison*** : avec des raisons encore plus fortes, meilleures. → a **fortiori.** ***Sans raison*** : sans motif, sans justification raisonnable. *Il s'est fâché, non sans raison,* avec raison. **3**· Au plur. Arguments destinés à prouver. *Se rendre aux raisons de qqn,* à ses arguments. **4**· ***Avoir raison de*** *qqn, qqch.* loc. verb. : vaincre la résistance, venir à bout de (qqn, qqch.). *Les excès ont eu raison de sa santé.* **III**· ***La raison sociale*** *d'une société* : le nom, la désignation de cette société. **IV**· Sciences. Proportion*, rapport. *La raison de la progression est 2 dans 1, 3, 5, 7,* (+ 2) *et 2, 4, 8, 16* (× 2). – *Augmenter, changer* ***en raison directe, inverse*** *de...* – ***À raison de*** loc. prép. : en comptant, sur la base de. *Dix paquets à raison de dix euros le paquet.* ▶ **raisonnable** [REZɔnabl] adj. **1**· Doué de raison (I), de jugement. → **intelligent, pensant.** *L'homme, animal raisonnable.* **2**· (Personnes) Qui pense et agit selon la raison. → **réfléchi, sensé.** *Un enfant raisonnable. Sois raisonnable !* – (Choses) Conforme à la raison. *Opinion, conduite raisonnable.* → **judicieux, sage.** – Attribut ; impersonnel. *Il est raisonnable de croire que, de dire que* (+ indicatif). → **naturel, normal.** **3**· Qui consent des conditions modérées, en affaires. *Le vendeur a été très raisonnable.* – *Prix raisonnable.* → **acceptable.** ▶ **raisonnablement** adv. D'une manière raisonnable. *Agir raisonnablement.* – *C'est ce qu'on peut raisonnablement demander,* sans prétention excessive. ▶ **raisonnement** n. m. **1**· *Le raisonnement,* l'activité de la raison (I), la manière dont elle s'exerce. *Opinion fondée sur le raisonnement* → **théorique** *ou sur l'expérience.* – *Le raisonnement* (opposé à *la foi, la passion, l'intuition*). **2**· Le fait de raisonner en vue de parvenir à une conclusion. *Les prémisses, la conclusion d'un raisonnement. Un raisonnement juste ; faux.* – Fam. *Ce n'est pas un raisonnement !,* votre raisonnement est mauvais. *D'après ce raisonnement...,* à ce compte-là... ▶ **raisonner** v.

< conjug. 1 > **I·** V. intr. **1·** Faire usage de sa raison pour former des idées, des jugements. → **penser.** *Raisonner sur des questions générales.* → **philosopher.** *Raisonner sur des détails.* → **ratiociner.** – Au p. p. *Voilà qui est bien, mal raisonné,* conforme ou non aux règles du raisonnement. **2·** Employer des arguments pour convaincre, prouver ou réfuter. *Il a la manie de raisonner.* → **raisonneur.** – Loc. fam. *Raisonner comme un panier percé, comme une pantoufle,* mal. **3·** Enchaîner les diverses parties d'un raisonnement pour aboutir à une conclusion. *Raisonner faux, juste.* **II·** V. tr. **1·** *Raisonner qqn,* chercher à l'amener à une attitude raisonnable. *On ne peut pas le raisonner.* **2·** V. pron. ***Se raisonner*** : écouter la voix de la raison. *Tâche de te raisonner.* – Passif (Sentiment, impulsion) Pouvoir être contrôlé par la raison. *L'amour ne se raisonne pas.* ≠ résonner. ▶ **raisonnant, ante** adj. *Folie raisonnante,* délire nourri de raisonnements. ▶ **raisonné, ée** adj. **1·** Soutenu par des raisons (II), des preuves. *Projet raisonné,* étudié, réfléchi. / contr. irraisonné / **2·** Qui explique par des raisonnements (et ne se contente pas d'affirmer). → **rationnel.** *Méthode raisonnée de grammaire, d'anglais.* ▶ **raisonneur, euse** n. et adj. Personne qui discute, réplique. *Faire la raisonneuse. Un insupportable raisonneur.* – Adj. *Il est très raisonneur.* ▷ **arraisonner, déraison, irraisonné**

rajah [ʀaʒa] ou **radja, radjah** [ʀadʒa] n. m. Prince hindou. → **maharadjah.** *Des rajahs, des radjahs.*

rajeunir [ʀaʒœniʀ] v. < conjug. 2 > **I·** V. tr. **1·** Rendre une certaine jeunesse à (qqn). *Son séjour au grand air l'a rajeunie.* **2·** Attribuer un âge moins avancé à (qqn). *Vous me rajeunissez de cinq ans !* – Loc. *Cela ne me (te...) rajeunit pas !,* c'est un événement (anniversaire) qui souligne mon (ton...) âge. **3·** Faire paraître (qqn) plus jeune (aspect physique). *Cette coiffure la rajeunit.* – ***Se rajeunir*** v. pron. : se faire paraître plus jeune qu'on n'est. *Il essaie de se rajeunir par tous les moyens.* **4·** (Compl. chose) Ramener à un état de nouveauté. *Rajeunir une installation, un équipement.* → **moderniser.** **5·** Abaisser l'âge de recrutement de (un groupe,...). *Rajeunir les cadres d'une entreprise.* **II·** V. intr. Reprendre les apparences de la jeunesse. *Elle a rajeuni, rajeuni de dix ans.* – Au p. p. adj. *Je le trouve rajeuni.* / contr. vieillir / ▶ **rajeunissant, ante** adj. Propre à rajeunir. *Suivre un traitement rajeunissant.* ▶ **rajeunissement** n. m. Action de rajeunir ; résultat de cette action. *Une cure de rajeunissement. Son rajeunissement est flagrant.*

rajouter [ʀaʒute] v. tr. < conjug. 1 > **1·** Ajouter de nouveau. *Rajouter du sel, du poivre.* – *Rajouter quelques détails.* / contr. supprimer / **2·** ***En rajouter*** : en dire ou en faire plus qu'il n'en faut. → **en remettre.** *Il faut toujours qu'il en rajoute !* ▶ **rajout** [ʀaʒu] n. m. Ce qui est rajouté. *Faire des rajouts en marge d'un texte.*

rajuster [ʀaʒyste] v. tr. < conjug. 1 > **1·** Remettre (qqch.) en bonne place, en ordre. *Rajuster ses lunettes (sur son nez).* – Pronominalement. *Se rajuster,* remettre en bon ordre la tenue que l'on a sur soi. **2·** Remettre en accord, en harmonie. *Rajuster* (ou, plus cour., *réajuster* [ʀeaʒyste] < conjug. 1 >) *les salaires,* les relever pour qu'ils demeurent proportionnés au coût de la vie. ▶ **rajustement** ou, plus cour., **réajustement** n. m. Le fait de rajuster (surtout 2).

① **râle** [ʀɑl] n. m. **1·** Bruit rauque de la respiration chez certains moribonds (→ ① **râler**). *Les râles d'un agonisant.* **2·** Altération du bruit respiratoire, qui signale une affection pulmonaire.

② **râle** n. m. Petit échassier migrateur. *Râle d'eau. Râle des genêts.*

ralentir [ʀalɑ̃tiʀ] v. < conjug. 2 > **I·** V. tr. **1·** Rendre plus lent (un mouvement, une progression dans l'espace). / contr. accélérer / *Ralentir le pas, l'allure.* **2·** Rendre plus lent (le déroulement d'un processus). *Les difficultés qui ralentissent l'expansion, la production.* **II·** V. pron. ***Se ralentir.*** *Le rythme se ralentit. La production s'est ralentie.* **III·** V. intr. Réduire la vitesse du véhicule que l'on conduit. → **freiner.** *Il ralentissait à chaque croisement. Ralentir, travaux.* ▶ **ralenti, ie** adj. et n. m. **I·** Adj. Dont le rythme est plus lent. *Mouvement ralenti.* / contr. accéléré / **II·** N. m. **1·** Régime le plus bas d'un moteur. *Régler le ralenti.* **2·** Cinéma. Procédé qui fait paraître les mouvements beaucoup plus lents à la projection que dans la réalité. **3·** Loc. ***Au ralenti*** : en ralentissant le rythme, l'action. *Il travaille au ralenti,* sans se presser. ▶ **ralentissement** n. m. *Le ralentissement d'un véhicule ; de l'expansion.* / contr. accélération / ▶ **ralentisseur** n. m. **1·** Mécanisme destiné à ralentir un véhicule. *Ralentisseur de camion.* **2·** Petit dos d'âne aménagé en travers de la chaussée pour empêcher les véhicules d'aller trop vite.

① **râler** [ʀɑle] v. intr. < conjug. 1 > Faire entendre un râle (1) en respirant. *Le moribond râlait.* ▷ ① **râle**

② **râler** v. intr. < conjug. 1 > Fam. Manifester sa mauvaise humeur ; protester. → **grogner, maugréer.** *Ça me fait râler.* → **enrager.** ▶ **râleur, euse** n. et adj. Fam. Personne qui proteste, râle à tout propos. *Quelle râleuse !* – Adj. *Ce qu'il peut être râleur !*

rallier [ʀalje] v. tr. < conjug. 7 > **I· 1·** Regrouper (des gens dispersés). *Le chef rallie ses soldats, ses troupes.* → **rassembler. 2·** Unir (des personnes) pour une cause commune ; convertir à sa cause. → **gagner.** *Il a rallié les indécis.* – (Suj. chose) *Cette proposition a rallié tous les suffrages.* **3·** Rejoindre (une troupe, un parti, etc.). *Les opposants ont rallié la majorité.* **II·** V. pron. **1·** Se regrouper. *Les troupes se rallient.* **2·** *Se rallier à,* adhérer à. *Se rallier à un parti.* – *Se rallier à l'avis de qqn.* → **se ranger.** ≠ railler. ▶ **ralliement** [ʀalimɑ̃] n. m. **1·** Le fait de rallier une troupe, de se rallier. → **rassemblement.** – *Point de ralliement,* lieu convenu pour se retrouver. *Ce café sera notre point de ralliement.* – *Signe de ralliement,* drapeau, enseigne, etc., autour duquel les soldats devaient se rallier dans la bataille ; objet qui sert aux membres d'une association à se reconnaître. **2·** Le fait de se rallier (à un parti, une cause, etc.). → **adhésion.**

rallonger [ʀalɔ̃ʒe] v. < conjug. 3 > **1·** V. tr. Transformer (qqch.) pour le rendre plus long. → **allonger.** *Rallonger une robe.* **2·** V. intr. Fam. Allonger. *Les jours rallongeant, on veille plus tard.* / contr. diminuer, raccourcir / **3·** V. tr. Fam. (Compl. personne) Être plus long pour (qqn). *Si vous prenez ce chemin, ça va vous rallonger de 5 km,* votre route sera plus longue de 5 km. ▶ **rallonge** n. f. **1·** Planche qui sert à augmenter la surface d'une table. *Table à rallonges.* **2·** Prolongation électrique. *La prise est trop loin, il faut une rallonge.* **3·** Loc. fam. *Nom à rallonges,* nom noble, à particule, à plusieurs éléments. **4·** Fam. Ce qu'on paye ou qu'on reçoit en plus du prix convenu ou officiel. → **supplément.** *Les ouvriers ont obtenu une rallonge pour travaux dangereux.* → **prime.** ▶ **rallongement** n. m.

rallumer [ʀalyme] v. tr. < conjug. 1 > **1·** Allumer de nouveau (ce qui s'est éteint, ce qu'on a éteint). *Il ralluma le feu, éteint par le vent. Rallumer sa cigarette.* – Sans compl. *Rallumer,* redonner de la lumière. **2·** Redonner de l'ardeur, de la vivacité à. → **ranimer.** *Rallumer un conflit.* – Pronominalement. *Les haines se sont rallumées.* ▶ **rallumage** n. m. Action de rallumer.

rallye [ʀali] n. m. Course d'endurance par étapes pour engins motorisés (autos, motos → **enduro,** avions...). *Les rallyes sont souvent aussi éprouvants pour les hommes que pour les machines.*

ramadan [ʀamadɑ̃] n. m. Mois pendant lequel les musulmans doivent observer, entre autres prescriptions, un jeûne strict entre le lever et le coucher du soleil. → **carême.** *Avant, pendant le ramadan.* – *Faire le ramadan,* observer les prescriptions de ce mois. ▷ **ramdam**

ramage [ʀamaʒ] n. m. Littér. Chant des oiseaux. → **gazouillement.**

ramages [ʀamaʒ] n. m. pl. Dessins décoratifs de rameaux fleuris et feuillus. *Tissu à ramages.*

ramancher [ʀamɑ̃ʃe] v. tr. < conjug. 1 > Au Canada. **1·** Réparer, rafistoler. *Ramancher un outil.* **2·** Soigner, guérir (qqn). – Remettre en place (une articulation). ▶ **ramancheur, euse** ou fam. **ramancheux, euse** n. Rebouteux.

ramasser [ʀamɑse] v. tr. < conjug. 1 > **I· 1·** Resserrer, tenir serré (surtout au p. p. *ramassé,* et pronominalement). – *Se ramasser,* se mettre en masse, en boule. → se **pelotonner.** *Le chat se ramassa, puis bondit.* **2·** Réunir (des choses éparses). *Ramasser les ordures.* → **enlever.** *Le professeur ramasse les copies. Ramasser de l'argent à une quête.* **3·** Fam. *Ramasser qqn* : l'arrêter (en parlant de la police, des autorités). *Elle s'est fait ramasser par la police.* **II· 1·** Prendre par terre (des choses éparses) pour les réunir. → **amasser.** *Ramasser du bois, des marrons.* – Au p. p. adj. *Des champignons ramassés dans les bois.* → **cueillir. 2·** Prendre par terre (une chose qui s'y trouve naturellement ou qui est tombée). *Ramasser un caillou. Ramasser une balle de tennis, un mouchoir.* – (Compl. personne) *On l'a ramassé ivre mort.* – Loc. fam. *Être à ramasser à la petite cuiller,* être en piteux état. **3·** Pronominalement. Fam. *Se ramasser* : se relever lorsqu'on est tombé. Fig. Échouer. *Je me suis ramassé à cet examen.* **4·** Prendre (des coups) ; attraper (un mal). *Il a ramassé une volée. J'ai ramassé un de ces rhumes !* ▶ **ramassage** n. m. **1·** Action de ramasser. *Le ramassage du foin, des ordures ménagères.* **2·** Opération par laquelle un service routier transporte les ouvriers, les écoliers résidant dans des endroits éloignés ou isolés vers leur lieu de travail, leur école. *Services de ramassage. En hiver, le car de ramassage scolaire est souvent retardé par la neige ou le verglas.* ▶ **ramasse** n. f. Loc. fam. *Être à la ramasse,* à la traîne, dépassé. ▶ **ramassé, ée** adj. Resserré en une masse, roulé en boule. → **pelotonné.** *Un aspect ramassé.* → **trapu.** – *Style ramassé,* condensé, concis. ▶ **ramasse-miettes** n. m. invar. Ustensile pour nettoyer les miettes sur une table. *Des ramasse-miettes.* ▶ **ramasseur, euse** n. **1·** Personne qui ramasse. *Un ramasseur de balles* (au tennis). **2·** Personne qui va chercher chez les producteurs (les denrées destinées à la vente). *Ramasseur de lait.* ▶ **ramassis** [ʀamɑsi] n. m. invar. Péj. Réunion (de choses ou de gens de peu de valeur). *Un ramassis d'incapables et de paresseux.* → **tas.**

rambarde [ʀɑ̃baʀd] n. f. Garde-corps placé autour des gaillards et des passerelles d'un navire. – Rampe métallique, garde-fou. *La rambarde d'une jetée.*

ramdam [ʀamdam] n. m. Fam. Tapage, vacarme. *Ils ont fait un de ces ramdams ! Quel ramdam !*

1 **rame** [ʀam] n. f. Longue barre de bois aplatie à une extrémité, qu'on manœuvre pour diriger une embarcation. → **aviron.** *Une paire de rames.* – Loc. fam. *Ne pas en fiche une rame, une ramée,* ne rien faire. ▷ **ramer**

2 **rame** n. f. **1**· Vx. Branche d'arbre. **2**· Treillis fiché en terre pour guider une plante potagère grimpante. *Une rame de haricots.* ▷ **ramages, rameau, ramée, ramier, ramifier, ramure**

3 **rame** n. f. **1**· Ensemble de cinq cents feuilles (de papier). **2**· File de wagons attelés (surtout du métro). *La dernière rame vient de passer.* ▷ **ramette**

rameau [ʀamo] n. m. Petite branche d'arbre. *Des rameaux d'olivier. Branches et rameaux.* → **ramure.**

ramée [ʀame] n. f. Littér. Ensemble des branches à feuilles d'un arbre. → **feuillage, ramure.** *S'étendre sous la ramée.*

ramener [ʀamne] v. tr. < conjug. 5 > **I**· **1**· Amener de nouveau. *Ramenez-moi le malade après-demain.* **2**· Faire revenir (qqn, un animal, un véhicule) au lieu qu'il avait quitté. *Je vais le ramener chez lui.* → **reconduire, remmener.** *Ramener un cheval à l'écurie. Je te ramènerai la voiture demain.* ≠ rapporter. – Provoquer le retour de... *Le mauvais temps le ramena à la maison.* **3**· Faire revenir (à un sujet). *Ceci nous ramène à notre sujet.* – Faire revenir (à un état). *On l'a ramené à la vie, ramené à lui.* → **ranimer.** *Ramener qqn à de meilleurs sentiments.* – (Compl. chose) *Ramener tout à soi,* faire preuve d'égocentrisme. **4**· Faire renaître, revenir (une chose là où elle s'était manifestée). *Des tentatives pour ramener la paix.* → **restaurer, rétablir.** **5**· Amener (qqn), apporter (qqch.) avec soi, au lieu qu'on avait quitté. *Elle a ramené d'Allemagne un fiancé sympathique.* – Au p. p. adj. *Des souvenirs ramenés du Japon.* **6**· Faire prendre une certaine position à (qqch.) ; remettre en place. *Ramener la couverture sur ses pieds.* – Au p. p. adj. *Cheveux ramenés derrière les oreilles.* **7**· Porter à un certain point de simplification ou d'unification. → **réduire.** *Ramener une fraction à sa plus simple expression.* **8**· Loc. fam. *Ramener sa fraise, la ramener,* être prétentieux. **II**· ***Se ramener*** v. pron. **1**· Se réduire, être réductible. *Toutes ces difficultés se ramènent à une seule. Tout ça se ramène à une question d'argent.* **2**· Fam. Venir. *Alors, tu te ramènes ?*

ramequin [ʀam(ə)kɛ̃] n. m. Petit récipient individuel qui supporte la chaleur de cuisson.

ramer [ʀame] v. intr. < conjug. 1 > Manœuvrer les rames, avancer à la rame. – Fam. Travailler dur. ▶ **rameur, euse** n. Personne qui rame, qui est chargée de ramer. *Un rang, un banc de rameurs.*

ramette [ʀamɛt] n. f. Rame de papier de petit format.

rameuter [ʀamøte] v. tr. < conjug. 1 > Regrouper de nouveau. → **ameuter.** *Rameuter la foule.*

rami [ʀami] n. m. Jeu de cartes consistant à réunir des combinaisons de cartes qu'on étale sur la table. *Faire un rami.*

ramier [ʀamje] n. m. Gros pigeon sauvage qui niche dans les arbres. – Adj. *Pigeon ramier.*

se ramifier [ʀamifje] v. pron. < conjug. 7 > **1**· Se diviser en plusieurs branches ou rameaux. *La tige s'est ramifiée.* **2**· Se subdiviser. *Les veines, les nerfs se ramifient.* – Au p. p. adj. *Les prolongements ramifiés de la cellule nerveuse.* **3**· Abstrait. Avoir des prolongements secondaires. *Une secte qui se ramifie.* ▶ **ramification** [ʀamifikɑsjɔ̃] n. f. **1**· Fait de se ramifier ; son résultat. *La ramification d'un tronc d'arbre.* **2**· Subdivision des artères, des veines, des nerfs... *Ramifications nerveuses.* – *Les ramifications d'un souterrain, d'une voie ferrée.* **3**· Groupement secondaire dépendant d'un organisme central. *Cette société a des ramifications à l'étranger.*

ramollir [ʀamɔliʀ] v. tr. < conjug. 2 > Rendre mou ou moins dur. → **amollir.** *Ramollir du beurre.* – Pronominalement. Devenir plus mou ; devenir ramolli. ▶ **ramolli, ie** adj. **1**· (Choses) Devenu mou. *Des biscuits tout ramollis.* – Fam. *Cerveau ramolli,* faible, sans idées. **2**· Fam. (Personnes) Dont le cerveau est ramolli. → **gâteux.** – Sans énergie. *Il est un peu ramolli !* ▶ **ramollissement** n. m. Action de se ramollir, état de ce qui est ramolli. – *Ramollissement cérébral,* lésion qui prive une partie du cerveau de l'irrigation sanguine. ▶ **ramollo** adj. et n. Fam. Ramolli (2). *Elles sont un peu ramollos.*

ramoner [ʀamɔne] v. tr. < conjug. 1 > Nettoyer en raclant pour débarrasser de la suie (les cheminées, les tuyaux). ▶ **ramonage** n. m. ▶ **ramoneur** n. m. Celui dont le métier est de ramoner les cheminées.

1 **rampe** [ʀɑ̃p] n. f. **1**· Plan incliné qui sert de passage entre deux plans horizontaux. *Rampe pour voitures dans un garage.* – Partie en pente

d'un terrain, d'une route, d'une voie ferrée. *Gravir, monter une rampe.* → **montée.** **2·** Plan incliné servant au lancement d'avions propulsés, de fusées. *La rampe de lancement d'une fusée.*

2 **rampe** n. f. **1·** Balustrade à hauteur d'appui ; barre sur laquelle on peut s'appuyer, le long d'un escalier. *Sa main s'accroche à la rampe.* – Loc. fam. *Tenir bon la rampe,* tenir bon, s'accrocher. **2·** Rangée de lumières disposées au bord d'une scène de théâtre. *Les feux de la rampe.* Fig. *Sous les feux de la rampe,* en vedette. – Loc. *Ne pas passer la rampe,* ne pas produire son effet, ne pas atteindre son public, lors d'un spectacle. *Acteur, réplique qui ne passe pas la rampe.*

ramper [ʀɑ̃pe] v. intr. < conjug. 1 > **1·** (Reptiles, vers, etc.) Progresser en se traînant sur le ventre, par un mouvement de reptation*. – (Animaux, personnes). Progresser lentement le ventre au sol, en s'aidant de ses membres. *Le tigre rampe en épiant sa proie.* **2·** (Plantes) Se développer au sol ou s'étendre sur un support en s'y accrochant. *Vigne, lierre qui rampe le long d'un mur.* **3·** (Personnes) Péj. S'abaisser, être humblement soumis. *Ils rampent devant leur chef.* ▶ **rampant, ante** adj. **1·** Qui rampe. *Le serpent est un animal rampant.* – *Plantes rampantes.* **2·** (Personnes) Péj. Obséquieux, servile. – *Caractère rampant.*

ramure [ʀamyʀ] n. f. **1·** Littér. Ensemble des branches et rameaux (d'un arbre). → **branchage, ramée.** **2·** Ensemble des bois des cervidés. → **andouiller.**

rancard [ʀɑ̃kaʀ] n. m. Fam. **1·** Vieilli. Renseignement confidentiel. → **tuyau.** *Il m'a passé un rancard pour les courses.* **2·** Rendez-vous. *Elle m'a donné rancard à 8 heures devant le cinéma.* ≠ rancart. ▶ **rancarder** v. tr. < conjug. 1 > Fam. **1·** Renseigner discrètement. *Le banquier m'a rancardé sur une prochaine dévaluation.* **2·** Pronominalement. Se renseigner. *Rancarde-toi à la gare pour connaître l'horaire des trains.* – Se donner rendez-vous. *On s'était rancardé devant les autos tamponneuses.*

rancart [ʀɑ̃kaʀ] n. m. Loc. fam. *Mettre au rancart,* jeter, se débarrasser de (qqn ou qqch. qui est devenu inutilisable). → **rebut.** – *Un projet mis au rancart,* abandonné. ≠ rancard.

rance [ʀɑ̃s] adj. et n. m. (Corps gras) Qui a pris une odeur forte et un goût âcre. *Beurre rance.* – N. m. *Ce beurre sent le rance.* ▶ **rancir** v. intr. < conjug. 2 > Devenir rance. *L'huile a ranci.* – Au p. p. adj. *Huile rancie.*

ranch [ʀɑ̃tʃ] n. m. Ferme de la prairie, aux États-Unis ; exploitation d'élevage qui en dépend. *Des ranchs* ou *des ranches.*

rancœur [ʀɑ̃kœʀ] n. f. Littér. Ressentiment, amertume que l'on garde après une désillusion, une injustice, etc. → **aigreur, rancune.** *Avoir de la rancœur contre qqn. Oublier sa rancœur. Des propos pleins de rancœur. Des rancœurs tenaces.*

rançon [ʀɑ̃sɔ̃] n. f. **1·** Prix que l'on exige pour délivrer une personne captive, des otages. *Payer une rançon. Les ravisseurs exigent une rançon.* **2·** *La rançon de...,* les inconvénients que comporte (un avantage, un plaisir). → **contrepartie, envers.** *C'est la rançon de la gloire.* ▶ **rançonner** v. tr. < conjug. 1 > Exiger de (qqn) une certaine somme d'argent sous la contrainte. *Des brigands rançonnaient les voyageurs.* ▶ **rançonnement** n. m.

rancune [ʀɑ̃kyn] n. f. Souvenir tenace que l'on garde d'une offense, d'un préjudice, avec de l'hostilité et un désir de vengeance. → **rancœur, ressentiment.** *J'ai de la rancune contre lui. Garder rancune à qqn de qqch. Entretenir, nourrir sa rancune.* – Ellipt. *Sans rancune !,* formule de réconciliation. ▶ **rancunier, ière** adj. Porté à la rancune. → **vindicatif.**

randonnée [ʀɑ̃dɔne] n. f. Longue promenade. *Une randonnée à bicyclette, en auto, à pied.* – *Faire de la randonnée. Une randonnée en montagne.* → **trekking.** – *Chemins de grande randonnée* (abrév. *G. R.*), balisés pour les marcheurs. ▶ **randonner** v. intr. < conjug. 1 > Effectuer une, des randonnées. ▶ **randonneur, euse** n. Personne qui pratique la randonnée.

rang [ʀɑ̃] n. m. **I· 1·** Suite (de personnes, de choses) disposée sur une même ligne, en largeur (opposé à *file,* disposée en longueur). → **rangée.** *Collier à trois rangs de perles. Les rangs d'un cortège.* – *Se mettre* ***en rang(s)*** : sur un ou plusieurs rangs. *Mettez-vous en rang par deux.* – Ligne de sièges les uns à côté des autres. *Elle s'est assise au premier rang ; au dernier rang.* – Suite de mailles constituant une même ligne d'un ouvrage de tricot, de crochet. *Un rang (tricoté) à l'endroit, un rang à l'envers.* **2·** Suite de soldats placés les uns à côté des autres. → **front.** *En ligne sur deux rangs. Sortir des rangs.* **3·** ***Les rangs.*** *Les rangs d'une armée* : les hommes qui y servent. *Servir dans les rangs de tel régiment.* – Masse, nombre. *Ils vont grossir les rangs des mécontents. Nous l'avons admis dans nos rangs,* parmi nous. – Loc. ***Être, se mettre sur les rangs*** : entrer en concurrence avec d'autres (pour obtenir qqch., un poste). **4·** ***Le rang*** : l'ensemble des hommes de troupes. – Loc. *Rentrer dans le rang,* se soumettre à une discipline. **5·** Au Québec et en Ontario. Partie du territoire d'une municipalité rurale comprenant un alignement d'exploitations agricoles s'étendant en bandes parallèles perpendiculaires à une rivière, à une route. **II· 1·** Situation dans une série ordonnée. → **ordre.** *Livres classés par rang de taille.* – Jeux de hasard. Classement selon le nombre de numéros trouvés. *Les gagnants du troisième rang touchent 1 000 €.* – Place d'un dignitaire, d'un fonctionnaire, dans l'ordre des préséances. *Avoir rang avant, après qqn. Se présenter par rang d'ancienneté, d'âge.* **2·** Place, position dans un ordre, une hiérarchie. → **classe, échelon.** *Le rang le plus bas, le plus haut. Un officier d'un certain rang.* → **grade.** **3·** Place (d'une personne) dans la société, de par sa naissance, sa fonction, sa puissance. → **condition, niveau, place.** *Le rang social de qqn.* – (Se dit surtout des rangs les plus élevés) *Un titre qui confère un haut rang. Garder, tenir son rang.* – Loc. (Se dit de personnes ou de choses) *Être du même rang,* de même valeur. *Mettre sur le même rang,* sur le même plan. **4·** Place dans un groupe, un ensemble (sans idée de hiérarchie). Loc. ***Mettre au rang de*** : compter parmi. → **ranger** (I, 2). ▶ **rangée** n. f. Suite (de choses ou de personnes) disposée côte à côte sur la même ligne. → **alignement, rang** (I). *Une double rangée d'arbres. Une rangée de fauteuils.* ▶ ① **ranger** v. tr. < conjug. 3 > **I· 1·** Disposer à sa place, avec ordre. → **classer, ordonner** (I). *Ranger ses affaires.* – Au p. p. *Tout est bien rangé. Mots rangés par ordre alphabétique.* **2·** Mettre au nombre de, au rang de. *Cet auteur est à ranger parmi les classiques.* **3·** Mettre de côté pour laisser le passage. *Ranger sa voiture sur le bas-côté.* → **garer. II·** ***Se ranger*** v. pron. (Suj. personne, véhicule) **1·** Se placer, se disposer. *Se ranger autour d'une table.* **2·** Se mettre en rangs (I). *Rangez-vous par trois !* **3·** S'écarter pour laisser le passage. *Le taxi se rangea contre le trottoir.* → **se garer. 4·** Loc. ***Se ranger du côté de*** *qqn* : prendre son parti. – ***Se ranger à l'avis de*** *qqn* : se déclarer de son avis. → **adopter. 5·** Absolt. Adopter un genre de vie plus régulier, une conduite plus raisonnable. *Elle a fini par se ranger.* ▶ **rangé, ée** adj. **1·** *Bataille rangée.* → **bataille. 2·** Qui s'est rangé (II, 5). → **sérieux.** *Un homme rangé.* Fam. *Être rangé des voitures,* être assagi. – *Vie rangée.* ▶ **rangement** n. m. Action de ranger (I, 1), de mettre en ordre ; son résultat. *Faire du rangement, des rangements.* ▷ **arranger, déranger**

② **ranger** [rɑ̃dʒɛʀ ; rɑ̃dʒœʀ] n. m. Anglic. **1·** Garde dans une réserve, un parc national, aux États-Unis. **2·** Soldat de l'infanterie américaine. *Les marines et les rangers.* **3·** Brodequin militaire.

ranimer [ʀanime] v. tr. < conjug. 1 > **1·** Rendre la conscience, le mouvement à. *Ranimer une personne évanouie.* → **réanimer.** – Revigorer. *Cet air vivifiant m'a ranimé.* **2·** Au moral. Redonner de l'énergie à. → **réconforter.** *Ce discours ranima les troupes.* – *Ranimer l'ardeur de qqn. Ranimer de vieilles rancunes.* → **réveiller. 3·** Redonner de la force, de l'éclat (au feu). → **attiser, rallumer.** *Ranimer le feu.* ▶ **ranimation** n. f. → **réanimation.**

raout [ʀaut] n. m. Vx. Fête mondaine.

rap [ʀap] n. m. Anglic. Musique au rythme martelé, basé sur des paroles scandées. *Chanteur de rap.* → **rappeur.** ▷ **rapper**

rapace [ʀapas] n. m. et adj. **1·** N. m. Oiseau carnivore, aux doigts armés de serres, au bec puissant, arqué et pointu. *Rapaces diurnes,* qui chassent de jour (aigle, vautour...), *nocturnes,* qui chassent de nuit (chouette, hibou...). **2·** Adj. Qui cherche à s'enrichir rapidement et brutalement, au détriment d'autrui. → **avide, cupide.** *Un homme d'affaires rapace.* ▶ **rapacité** n. f. Avidité brutale.

rapatrier [ʀapatʀije] v. tr. < conjug. 7 > Assurer le retour de (une personne) sur le territoire du pays auquel elle appartient par sa nationalité. *Rapatrier des prisonniers de guerre. Il a dû se faire rapatrier d'urgence.* ▶ **rapatrié, ée** adj. et n. Qu'on a fait rentrer dans son pays. *Un malade rapatrié.* – N. Dans un contexte de guerre, de conflit, de décolonisation. *L'aide aux rapatriés.* ▶ **rapatriement** n. m. *Le rapatriement des prisonniers de guerre.*

râpe [ʀɑp] n. f. **1·** Lime à grosses entailles. *Une râpe de menuisier.* **2·** Ustensile de cuisine qui sert à râper un aliment, un condiment. *Une râpe à fromage.* ▶ **râper** v. tr. < conjug. 1 > **1·** Réduire en poudre grossière, en filaments (au moyen d'une râpe). *Râper des carottes.* – Au p. p. adj. *Gruyère râpé* ; n. m. *du râpé.* **2·** Travailler à la râpe (1). *Râper une planche.* – Irriter. *Vin qui râpe la gorge, le gosier.* → **racler.** ▶ ① **râpé, ée** adj. (Tissu) Usé par le frottement, qui a perdu ses poils, son velouté. *Vêtement râpé.* → **élimé.** ▷ ② **râpé, râpeux**

② **râpé** adj. Loc. fam. *C'est râpé !,* se dit à l'occasion d'un contretemps, d'un espoir déçu. *Pour ce qui est de mon voyage, c'est râpé ; je n'ai plus un sou.* → fam. **cuit, fichu.** ≠ raté.

rapetasser [ʀaptase] v. tr. < conjug. 1 > Fam. Réparer sommairement, grossièrement (un vêtement, etc.). → **raccommoder, rapiécer.** *Rapetasser de vieux souliers.* ▶ **rapetassage** n. m. → **raccommodage.**

rapetisser [ʀaptise] v. < conjug. 1 > **I·** V. tr. **1·** Faire paraître plus petit, par un effet d'optique. *La distance rapetisse les objets.* **2·** Diminuer le mérite de (qqn). *On a voulu rapetisser cet homme célèbre.* **II·** V. intr. Devenir plus petit, plus court, dans l'espace ou dans le temps. *On rapetisse avec l'âge. Mon pull a rapetissé au lavage.* → **rétrécir.** ▶ **rapetissement** n. m.

râpeux, euse [ʀɑpø, øz] adj. **1·** Hérissé d'aspérités, rude au toucher comme une râpe. → **rugueux.** *La langue râpeuse d'un chat. Tissu râpeux.* → **rêche.** **2·** Qui râpe la gorge. → **âpre.** *Un vin râpeux.*

raphia [ʀafja] n. m. Palmier d'Afrique et d'Amérique équatoriale, à feuilles longues. – Fibre textile tirée de ces feuilles. *Sac en raphia.* → **rabane.**

rapiat, ate [ʀapja, at] adj. et n. Fam. Avare, cupide (de façon mesquine). *Elle est rapiat* ou *rapiate.* – N. *Un vieux rapiat.*

① **rapide** [ʀapid] adj. **I· 1·** Qui se déplace, se meut ou peut se mouvoir à une vitesse élevée. / contr. lent / *Il est rapide à la course. Rapide comme une flèche. Voiture rapide et nerveuse. Train rapide.* → ② **rapide.** *Le courant rapide d'une rivière.* **2·** (Sans idée de déplacement) Qui exécute vite. *Il est rapide dans son travail.* → **expéditif, prompt.** – Qui comprend vite. *Esprit rapide.* → **vif.** **3·** (Allure, mouvement) Qui s'accomplit à une vitesse, une cadence accélérée. *Allure, pas rapide.* – *Pouls rapide,* dont les battements sont très rapprochés. *Respiration rapide.* **4·** (En parlant d'une action, de qqch. qui évolue) Qui atteint son terme en peu de temps, qui a un rythme vif. → **prompt.** *Un travail rapide mais soigné. Guérison rapide. Nous espérons une réponse rapide. Sa décision a été bien rapide.* – Qui conduit vite au but désiré. *Méthode rapide.* / contr. lent / **II·** Fortement incliné par rapport au plan horizontal. *Pente rapide.* → **abrupt, raide.** *Descente rapide.* ▶ ② **rapide** n. m. **1·** Partie d'un cours d'eau où le courant est rapide et agité de tourbillons. *Les rapides du Saint-Laurent. La descente d'un rapide en kayak.* **2·** Train qui ne s'arrête qu'aux gares importantes (opposé à *omnibus*). ≠ express, direct, T. G. V. *Le rapide part à 12 h 23.* ▶ **rapidement** adv. D'une manière rapide, à une grande vitesse, en un temps bref. → **vite.** / contr. lentement / ▶ **rapidité** n. f. Caractère de ce qui est rapide (personnes, choses, actes...). *Agir avec rapidité.* → **promptitude.** / contr. lenteur / *La rapidité des mouvements de qqn. Rapidité d'esprit. Ses progrès sont d'une rapidité déconcertante.* ▷ **ultrarapide**

rapiécer [ʀapjese] v. tr. < conjug. 3 et 6 > Réparer ou raccommoder en mettant une, des pièce(s). *Rapiécer du linge, des chaussures.* → **rapetasser, ravauder, repriser.** – Au p. p. adj. *Vêtement tout rapiécé. Pneu rapiécé.* ▶ **rapiéçage** n. m.

rapière [ʀapjɛʀ] n. f. Ancienne épée longue et effilée. *Un coup de rapière.*

rapin [ʀapɛ̃] n. m. Vieilli. Artiste peintre (au XIXe siècle).

rapine [ʀapin] n. f. Littér. Vol, pillage. *Vivre de rapines.*

raplapla [ʀaplapla] adj. invar. Fam. Fatigué, sans force, « à plat ». *Elles se sentaient toutes raplapla.* / contr. en forme, ragaillardi /

① **rappeler** [ʀaple] v. tr. < conjug. 4 > **I· 1·** Appeler pour faire revenir. *Rappeler son chien en le sifflant.* – *On l'a rappelé auprès de sa mère malade.* – Au p. p. *Ambassadeur rappelé d'urgence.* – Loc. *Dieu l'a rappelé à lui* (euphémisme), il est mort. **2·** *Rappeler qqn à :* le faire revenir à. *Rappeler qqn à la vie, à lui,* le faire revenir d'un évanouissement. – *Rappeler qqn à la raison. Elle s'est fait rappeler à l'ordre.* **II· 1·** Faire revenir à l'esprit, à la conscience (le passé...). *Je rappelle à moi tous mes souvenirs. Ne rappelons pas le passé.* **2·** Faire souvenir de. *Je te rappelle ta promesse de venir ; je te rappelle que tu m'as promis de venir. Rappelle-moi à son bon souvenir.* **3·** (Suj. chose) Faire venir à l'esprit par associations d'idées. → **évoquer.** *Ces lieux me rappellent mon enfance. Cela ne te rappelle rien ?* – Faire penser, ressembler à. *Un paysage qui rappelle les bords de la Loire.* **4·** *Se rappeler.* v. pron. : rappeler (un souvenir) à sa mémoire, avoir présent à l'esprit. → se **souvenir,** se **remémorer.** – REM. On dit *se rappeler qqch.,* et *se souvenir de qqch. Je me le rappelle ; l'histoire, que je me rappelle bien ;* mais : *Une histoire dont on se rappelle la fin (se rappeler la fin de...).* La construction *se rappeler de* est correcte avec un compl. personne : *je me rappelle de lui. Se rappeler de qqch.* est critiqué mais courant : *je m'en rappelle. Je ne me rappelle plus rien,* j'ai oublié. *Rappelle-toi qu'on t'attend.* – *Se rappeler à :* faire souvenir de soi. *Je me rappelle à votre bon souvenir.* ▶ **rappel** n. m. **I· 1·** Action d'appeler (①, 3) pour faire revenir. *Le rappel d'un exilé. Le rappel des réservistes (sous les drapeaux).* → **mobilisation.** – Loc. *Battre le rappel :* essayer de réunir les gens ou les choses nécessaires. *Il a battu le rappel de ses amis.* – Au plur. Applaudissements par lesquels on fait revenir sur scène un artiste pour l'acclamer. → ② **bis.** *Son numéro achevé, il eut de nombreux rappels.* **2·** *Rappel à :* action de faire revenir ; action de rappeler (I, 2). *Rappel à l'ordre,* à ce qu'il convient de faire. *Rappel au calme, à la réalité.* **3·** Répétition qui renvoie à une même chose. *Un rappel de couleurs.* – *Injection de rappel* (ou, ellipt, *rappel*), destinée à prolonger l'immunité conférée lors d'une première injection (vaccination). **4·** Paiement d'une portion d'appointements, etc., restée en suspens. *Toucher un rappel.* **5·** Alpinisme. Procédé de descente au moyen d'une corde que l'on ramène à soi en fin de parcours. *Faire du rappel. Descendre en rappel.* **II·** Action de rappeler (qqch.). → **évocation.** *Il rougit au rappel de cette aventure.* – Action de faire penser de nouveau à. *Signal de rappel de limitation de vitesse.*

② **rappeler** v. tr. < conjug. 4 > Appeler de nouveau au téléphone. *Je te rappellerai plus tard.* – Pronominalement (récipr.). *On se rappelle ce soir ?*

rapper [Rape] v. intr. < conjug. 1 > Jouer, chanter ou danser du rap. ▶ **rappeur, euse** n. Personne qui rappe.

rappliquer [Raplike] v. intr. < conjug. 1 > Fam. Venir, arriver. *Ils ont rappliqué à l'improviste.*

① **rapporter** [RapɔRte] v. tr. < conjug. 1 > **I· 1·** Apporter (une chose qui avait été déplacée) à l'endroit initial. → **remettre** à sa place. *Rapporter ce qu'on a pris.* → **rendre. 2·** Apporter (qqch.) d'un lieu en revenant. *Tu rapporteras du pain. Rapporte-moi la réponse dès que possible.* **3·** Ajouter (une chose) pour compléter qqch. *Rapporter une poche, un morceau de tissu...,* les coudre sur un autre. – Au p. p. adj. *Veste à poches rapportées.* **4·** *Rapporter un angle,* le tracer, après l'avoir mesuré sur un objet (→ ① **rapporteur**). **II·** (Suj. chose) Produire un gain, un bénéfice. *Rapporter un revenu. Argent qui ne rapporte rien.* – *Ce métier me rapporte.* ▶ ① **rapport** [RapɔR] n. m. Le fait de rapporter (II) un profit. → **rendement.** *Il vit du rapport de ses terres. Ce placement est d'un bon rapport.* Loc. *Immeuble, maison **de rapport** :* dont le propriétaire tire profit par la location. – Jeux. Gain produit en fonction de la mise. « *Connais-tu le rapport du tiercé de samedi ? – Oui, il est de 1 234 € pour 1 €.* » ▶ ① **rapporteur** n. m. Demi-cercle gradué qui sert à mesurer ou à tracer les angles.

② **rapporter** v. tr. < conjug. 1 > **1·** Venir dire, répéter (ce qu'on a appris, entendu). *On m'a rapporté que* (+ indicatif). – *Citer, rapporter un mot célèbre.* **2·** Répéter par indiscrétion ou malice une chose de nature à nuire à qqn. – Fam. Sans compl. Dénoncer (→ ② **rapporteur**). ▶ ② **rapport** n. m. **1·** Action de rapporter (ce qu'on a vu, entendu) ; ce que l'on rapporte. → **récit, relation, témoignage.** *Des rapports indiscrets.* – Compte rendu plus ou moins officiel. *Faire un rapport écrit, oral sur une question.* → **exposé.** *Rédiger un rapport. Rapport confidentiel, secret. Un rapport de police. Le rapport du médecin légiste.* **2·** Armée. Communication d'instructions, distribution du courrier, etc. *Au rapport !* ▶ **rapportage** n. m. Fam. (Lang. des écoliers) Action de rapporter (2). ▶ ② **rapporteur, euse** adj. et n. **1·** (Personnes) Qui rapporte (2). → **mouchard.** *Elle est rapporteuse.* – N. *Oh, le rapporteur !* **2·** N. m. Personne qui rend compte d'un procès au tribunal, d'un projet de loi devant une assemblée. *Désigner un rapporteur.*

③ **rapporter** v. tr. < conjug. 1 > **I·** *Rapporter qqch. à :* rattacher (une chose à une autre) par une relation logique. *On ne peut comprendre cet événement sans le rapporter à son époque.* → **situer. II·** *Se rapporter* v. pron. **1·** Avoir rapport à, être en relation logique avec. → **concerner.** *La réponse ne se rapporte pas à la question.* **2·** *S'en rapporter à qqn :* lui faire confiance pour décider, juger, agir. → s'en **remettre** à. *Je m'en rapporte à vous, à votre jugement.* → se **fier** à. ▶ ③ **rapport** n. m. **I· 1·** Lien entre plusieurs objets distincts. → ① **relation.** *Rapports de parenté. Pouvons-nous établir un rapport entre ces deux faits ?* – ***Avoir rapport à*** : se rapporter à. *Ce texte a rapport à ce que vous cherchez,* il répond à. → **concerner. 2·** Relation de ressemblance ; traits, éléments communs. → **affinité, analogie, parenté.** *Il n'y a pas beaucoup de rapport entre leurs deux façons de voir. Être sans rapport avec autre chose,* être tout à fait différent. – ***En rapport avec*** : qui correspond, convient à. *Il cherche une place en rapport avec ses goûts,* en conformité, en harmonie avec. *Un salaire en rapport avec ses diplômes.* **3·** Relation de cause à effet. → **corrélation.** *Je ne vois pas le rapport. Ces deux choses n'ont aucun rapport.* **4·** Quotient de deux grandeurs de même espèce. → **fraction.** *Nombres dans le rapport de un à dix, de cent contre un. Un bon rapport qualité-prix.* **5·** ***Par rapport à*** loc. prép. : en comparant. → **relativement** à. *Considérons ces deux œuvres l'une par rapport à l'autre. Par rapport à sa sœur, elle est petite.* **6·** Fam. (Emploi fautif) ***Rapport à...*** : en ce qui concerne, à propos de... *Je t'écris, rapport à ma sœur.* **7·** ***Sous le rapport de*** : du point de vue de, en ce qui concerne. *Étudier un projet sous le rapport de sa rentabilité.* → **aspect.** *Sous tous (les) rapports,* à tous égards. *Une jeune fille très bien sous tous rapports.* **II·** Au plur. **1·** Relation entre des personnes. → **commerce** (II). *Les rapports sociaux. Entretenir de bons rapports.* – Absolt. Relations sexuelles. *Ils n'ont plus de rapports.* **2·** Relation avec des collectivités. *Les rapports entre les États, entre les peuples.*

④ **rapporter** v. tr. < conjug. 1 > *Rapporter une décision, une mesure...,* annuler, supprimer. → **abroger.**

rapprendre [RapRɑ̃dR] ou **réapprendre** [ReapRɑ̃dR] v. tr. < conjug. 58 > Apprendre de nouveau. *Il faudra qu'il réapprenne sa leçon. Le kinésithérapeute a dû lui réapprendre à marcher.*

rapprocher [RapRɔʃe] v. tr. < conjug. 1 > **I· 1·** Mettre plus près de (qqn, qqch.), rendre plus proche*. / contr. éloigner / *Rapproche ton siège* *du mien.* – Diminuer l'espace entre. / contr. écarter / *Rapprocher les bords d'une plaie.* – Faire paraître plus proche. *Jumelles qui rapprochent les objets.* **2·** Faire approcher (d'un moment, d'un état à venir). *Chaque jour nous rapproche de la mort.* **3·** Disposer (des personnes) à des rapports amicaux. *Le besoin rapproche les hommes.* **4·** Rattacher par des rapports de ressemblance ; comparer. *Ce sens est à rapprocher du précédent.* **II·** ***Se rapprocher*** v. pron. **1·** Venir plus près. *Elle s'est rapprochée de lui. Se rapprocher les uns des autres.* **2·** Devenir plus proche. *L'orage se rapproche.* **3·** En venir à des relations meilleures. *Depuis quelque temps ils se sont rapprochés.* **4·** Tendre à être plus près (d'un but, d'un principe). *Se rapprocher de son idéal.* **5·** ***Se rapprocher de*** : être près de, par la ressemblance. *C'est ce qui se rapproche le plus de la vérité.* ▶ **rapproché, ée** adj. **1·** Proche (de qqch.) ; au plur. proches l'un de l'autre. *Avoir les yeux très rapprochés.* **2·** Qui se produit à peu d'intervalle. *Il y eut deux coups de feu rapprochés.* ▶ **rapprochement** n. m. **1·** Action de rapprocher, de se rapprocher. *Le rapprochement de deux objets.* **2·** Plus cour. Établissement ou rétablissement de relations plus cordiales. *Travailler au rapprochement de deux nations.* **3·** Action d'établir un rapport ; ce rapport. *Un rapprochement de mots.* → **association.** *Je n'avais pas fait le rapprochement entre ces deux événements.* → **relation.**

rapt [Rapt] n. m. Enlèvement illégal (d'une personne). *Le rapt d'un enfant.* → **kidnapping.**

raquette [Rakɛt] n. f. **1·** Instrument formé d'un cadre ovale ou arrondi adapté à un manche, et permettant de lancer une balle. *Les cordes d'une raquette de tennis. Raquette de ping-pong.* **2·** Large semelle ovale à claire-voie, pour marcher sur la neige.

rare [Ra(ɑ)R] adj. **1·** (Après le nom) Qui se rencontre peu souvent, dont il existe peu d'exemplaires. / contr. commun, courant / *Objet rare. Plantes, animaux rares.* – *Un sentiment rare,* peu commun. – (Dans une situation, des circonstances données) *La main-d'œuvre était rare à cette époque-là.* – Au plur. (Avant le nom) Peu nombreux, en petit nombre. *À de rares exceptions près.* – *Un(e) des rares* (+ nom + *que* + subjonctif). *Un des rares films que j'aie vu trois fois.* **2·** Qui se produit peu souvent. → **exceptionnel.** / contr. fréquent / *Une occasion rare. Vos visites se font rares.* – (Personnes) *Tu deviens rare, tu te fais rare,* on te voit peu, moins qu'avant. – *Cela arrive, mais c'est rare. Il est rare de pouvoir faire exactement ce qu'on veut. Il est rare que nous puissions nous absenter en semaine.* **3·** ***D'un rare, d'une rare*** (suivi d'un nom) : qui sort de l'ordinaire. → **remarquable.** *Il est d'une rare énergie. Un peintre d'un rare talent.* **4·** Peu abondant. *Cheveux rares. Herbe rare.* → **clairsemé.** *Une lumière rare,* parcimonieuse. ▶ **rarement** adv. Peu souvent. ▶ **rareté** n. f. **1·** Qualité de ce qui est rare, peu commun. *Un métal d'une grande rareté.* **2·** Caractère de ce qui arrive peu souvent. *La rareté de ses visites.* ▶ **rarissime** adj. Extrêmement rare. *Une pièce rarissime.* ▶ **raréfier** v. tr. < conjug. 7 > **1·** Rendre rare, moins dense. – Au p. p. adj. *Gaz raréfié,* gaz sous une très faible pression. **2·** ***Se raréfier*** v. pron. : devenir rare. *En altitude l'oxygène se raréfie. Ces denrées se raréfient sur le marché.* ▶ **raréfaction** n. f. Fait de devenir rare. *La raréfaction des denrées en temps de guerre.*

ras, rase [Rɑ, Rɑz] adj. **1·** Tondu. *Tête rase.* – *Cheveux ras,* coupés près de la racine. / contr. long / – *Animal à poil ras,* dont le poil est naturellement très court. – (Végétation) Qui s'élève peu au-dessus du sol. *Herbe rase.* – Qui ne dépasse pas les bords. *Une cuillerée rase de sucre.* **2·** Loc. ***En rase campagne*** : en terrain découvert (plat, uni). **3·** ***Ras, à ras*** loc. adv. : de très près, très court. *Cheveux coupés ras, à ras. Pelouse tondue ras* (mais : *pelouse rase*). – ***À ras bord(s)*** : jusqu'au niveau des bords. *Verre rempli à ras bord.* **4·** ***À ras, au ras de*** loc. prép. : au plus près de la surface de, au même niveau. *Au ras de l'eau, du sol. À ras de terre.* **5·** *Pull-over ras du cou,* dont l'encolure s'arrête juste à la naissance du cou. **6·** Loc. fam. *En avoir **ras le bol*** : en avoir assez (→ plein le dos, par-dessus la tête). *J'en ai ras le bol de ses étourderies.* – N. m. invar. *Un ras-le-bol généralisé.* ▶ **rasade** [Razad] n. f. Quantité de boisson servie à ras bords. *Rasade de vin. Boire une grande rasade.* ▷ 4 **raser**

rasage → 1 **raser.**

rasant → 2 **raser,** 4 **raser.**

rascasse [Raskas] n. f. Poisson comestible, à la tête hérissée d'épines qu'on pêche en Méditerranée.

rase-mottes → 4 **raser.**

1 **raser** [Rɑze] v. tr. < conjug. 1 > **1·** Couper (le poil) au ras de la peau. → **tondre.** *Raser la barbe, les cheveux de qqn.* – Couper le poil de. *Raser le menton de qqn. Elle s'est rasé les jambes. Crème à raser,* passée sur la peau avant le rasoir. **2·** Couper à ras les cheveux de (qqn). *Coiffeur qui rase un client.* → **rasage.** – ***Se raser*** v. pron. : se faire la barbe. – Au p. p. *Tu es mal rasé.* ▶ **rasage** n. m. ▶ 1 **rasoir** n. m. Instrument servant à raser, à se raser. *Rasoir jetable. Rasoir électrique.* ▷ **abrasif, après-rasage, ras,** 3 **raser,** 4 **raser**

2 **raser** v. tr. < conjug. 1 > Fam. Ennuyer, fatiguer. *Il nous rase avec ses histoires interminables.*

→ **assommer, barber, embêter.** *Ça me rase d'aller les voir.* – Pronominalement. *Se raser,* s'ennuyer. ▶ 1 **rasant, ante** adj. Fam. Ennuyeux. → **barbant,** 2 **rasoir.** *Un discours, un auteur rasant.* ▶ **raseur, euse** n. et adj. Fam. Personne qui ennuie. ▶ 2 **rasoir** adj. invar. Fam. Ennuyeux, assommant. *Elles sont plutôt rasoir, tes sœurs. Ce que c'est rasoir !*

3 **raser** v. tr. < conjug. 1 > Abattre à ras de terre. *Raser une fortification.* → **démolir, détruire.** *Tout le quartier a été rasé par un bombardement.*

4 **raser** v. tr. < conjug. 1 > Passer très près de (qqch.). → **frôler.** *Raser les murs pour n'être pas vu. L'avion rase le sol* (→ **rase-mottes**). ▶ 2 **rasant, ante** adj. Qui rase, passe tout près. *Lumière rasante. Balles rasantes,* à trajectoire horizontale. ▶ **rase-mottes** n. m. invar. *Vol en rase-mottes,* très près du sol. *Faire du rase-mottes.* ▶ **raseteur, euse** ou **razeteur, euse** n. Dans les courses camarguaises. Personne qui essaie de décrocher la cocarde entre les cornes du taureau ou de la vache. ▶ **rasibus** [ʀazibys] adv. Fam. À ras, tout près. *Passer rasibus.*

ras-le-bol [ʀɑlbɔl] n. m. invar. → **ras** (6).

rassasier [ʀasazje] v. tr. < conjug. 7 > **1·** Satisfaire entièrement la faim de (qqn). *On ne peut pas le rassasier* (→ **insatiable**). – *Un plat qui rassasie.* – Pronominalement. *Je me rassasie vite.* **2·** Littér. Satisfaire pleinement les aspirations (de l'âme, du cœur). *Rassasier sa vue d'un beau spectacle.* – *Je n'en suis pas rassasié,* ou pronominalement, *je ne m'en rassasie pas,* j'en tire toujours autant de plaisir, sans me lasser. ▶ **rassasiement** n. m. Littér. Satisfaction qui va jusqu'à la satiété.

rassembler [ʀasɑ̃ble] v. tr. < conjug. 1 > **1·** Faire venir au même endroit (des personnes séparées). *Le général rassemble ses troupes avant l'attaque.* – Au p. p. adj. *Famille rassemblée pour le repas.* → **réunir.** – Recruter pour une action commune. *Rassembler tous les mécontents.* → **grouper, unir.** – Pronominalement. → s'**assembler.** *La foule se rassemble sur la place.* **2·** Mettre ensemble (des choses concrètes). → **réunir.** *Rassembler des papiers épars, des matériaux.* **3·** Réunir (ses facultés, etc.). *Rassembler ses idées. Rassembler ses esprits,* reprendre son sang-froid. – *Rassembler son courage,* faire appel à son courage. ▶ **rassemblement** n. m. **1·** Action de rassembler (des choses dispersées). *Le rassemblement des pièces nécessaires.* **2·** Le fait de se rassembler ; le groupe ainsi formé. *Disperser un rassemblement.* **3·** Action de rassembler des troupes ; sonnerie pour les rassembler. *Faites sonner le rassemblement. Rassemblement !* **4·** Union pour une action commune. *Le rassemblement de la gauche.* – Parti politique qui groupe divers éléments. ▶ **rassembleur, euse** n. et adj. **1·** Personne qui rassemble, qui sait réunir des gens pour une action commune. *C'est un grand rassembleur.* **2·** Adj. Qui invite au rassemblement, à l'unité. *Un discours rassembleur.*

se rasseoir [ʀaswaʀ] v. pron. < conjug. 26 > S'asseoir de nouveau. *Elle s'est levée et s'est rassise aussitôt.* – (Avec ellipse de *se*) *Faire rasseoir qqn.*

rasséréner [ʀaseʀene] v. tr. < conjug. 6 > Littér. Ramener au calme, à la sérénité (surtout p. p. et pronominalement). – Au p. p. *Je me sens rasséréné par vos bonnes paroles.* – Pronominalement. Devenir calme. *Son visage s'est rasséréné.*

rassir [ʀasiʀ] v. intr. et pron. < conjug. 2 > Devenir rassis. *Ce pain commence à rassir, à se rassir.* ▶ 1 **rassis, ise** [ʀasi, iz] adj. Qui n'est plus frais sans être encore dur. *Du pain rassis. Une brioche rassise,* ou (plus cour., fam.) *rassie.*

2 **rassis, ise** adj. Littér. Pondéré, réfléchi. *Un homme de sens rassis,* qui a un jugement équilibré. *Un esprit rassis.*

rassurer [ʀasyʀe] v. tr. < conjug. 1 > Rendre la confiance, la tranquillité d'esprit à (qqn). → **tranquilliser.** / contr. inquiéter / *Le médecin l'a rassuré. Cela me rassure.* – Au p. p. *Je n'étais pas rassuré,* j'avais peur. – ***Se rassurer*** v. pron. : se libérer de ses craintes. *Rassure-toi, je ne te reproche rien.* ▶ **rassurant, ante** adj. De nature à rassurer. *Recevoir des nouvelles rassurantes. Un individu peu rassurant,* menaçant.

rasta [ʀasta] adj. et n. Adepte du retour culturel à l'Afrique et de la musique reggae. *Les rastas.*

1 **rat** [ʀa] n. m. **1·** Petit mammifère rongeur, à museau pointu et à très longue queue ; le mâle adulte de cette espèce. *Rat d'égout,* d'espèce commune. *Elle a été mordue par un rat. Rat femelle* (RATE n. f.). *Jeune rat.* → **raton.** – Loc. *Être fait comme un rat,* être pris au piège. – Loc. prov. *Les rats quittent le navire,* les lâches s'empressent de partir dès que la situation devient dangereuse. – Terme d'affection. *Mon rat, mon petit rat.* – *Face de rat* (terme d'injure). **2·** Nom donné couramment à certains animaux ressemblant au rat. *Rat musqué, rat d'Amérique.* → **ragondin.** **3·** ***Rat d'hôtel*** : personne (souvent, jeune femme) qui s'introduit dans les chambres des grands hôtels pour dévaliser les clients. **4·** ***Petit rat*** *(de l'Opéra)* : jeune danseur(euse) de la classe de danse, employé(e) dans la figuration. ▷ **dératiser, mort-aux-rats, ratier, ratière, raton, ratte**

2 **rat** adj. m. Radin. *Ce qu'il, elle peut être rat !* → **avare, rapiat.**

rata [Rata] n. m. Vx. Ragoût grossier servi aux soldats, autrefois. → **ratatouille.**

ratage [Rataʒ] n. m. Échec.

rataplan [Rataplɑ̃] interj. Onomatopée exprimant le roulement du tambour (aussi *rantanplan*).

se ratatiner [Ratatine] v. pron. < conjug. 1 > Se réduire, se tasser en se déformant. *La fleur se ratatine et meurt.* ▶ **ratatiné, ée** adj. **1·** Rapetissé et déformé. *Une pomme toute ratatinée.* **2·** Fam. Démoli, hors d'usage. *Nous sommes sains et saufs, mais la voiture est complètement ratatinée.*

ratatouille [Ratatuj] n. f. **1·** Vx et fam. Ragoût grossier. → **rata. 2·** *Ratatouille niçoise,* plat fait de légumes (aubergines, courgettes, tomates...) cuits à l'étouffée.

rate [Rat] n. f. Glande située en arrière de l'estomac, sous la partie gauche du diaphragme. – Loc. fam. : ***Dilater la rate,*** faire rire. *Je me suis dilaté la rate,* j'ai bien ri. ≠ ratte. ▷ **dératé**

râteau [Rɑto] n. m. Outil fait d'une traverse munie de dents séparées, ajustée en son milieu à un long manche. *Ramasser des feuilles, ratisser* une allée avec un râteau.* ▶ [1] **râtelier** [Rɑtəlje] n. m. **1·** Sorte d'échelle, placée horizontalement contre un mur et inclinée, qui sert à recevoir le fourrage du bétail. *Mettre de la paille, du foin dans le râtelier.* **2·** Loc. *Manger à tous les râteliers,* tirer profit de plusieurs situations, sans hésiter à servir des camps opposés. ▶ [2] **râtelier** n. m. Fam. Dentier. ▷ **ratisser**

rater [Rate] v. < conjug. 1 > **I·** V. intr. **1·** (Coup de feu, arme) Ne pas partir. *Un coup de fusil qui rate.* **2·** Échouer. *L'affaire a raté.* – Fam. *Ça n'a pas raté !,* c'était inévitable, prévisible. **II·** V. tr. **1·** Ne pas atteindre (ce qu'on vise, ce qu'on cherche à obtenir). *Chasseur qui rate un lièvre. J'ai raté la balle.* – *Rater son train.* → **louper.** – *Rater qqn,* ne pas le rencontrer. – Pronominalement. *Nous nous sommes ratés à la gare.* – Fam. *Je ne vais pas le rater !,* je vais lui donner la leçon qu'il mérite ! – *Rater une occasion.* Fam. et iron. *Il n'en rate pas une,* il n'arrête pas de faire des gaffes. **2·** Ne pas réussir, ne pas mener à bien. *Rater son affaire, son coup, son effet.* – *Rater sa vie* (→ **raté, II**). – Au p. p. adj. *Une photo ratée. C'est complètement raté.* ≠ râpé. ▶ **raté, ée** n. **I·** N. m. Bruit anormal révélant le mauvais fonctionnement d'un moteur à explosion. *Le moteur a des ratés.* **II·** N. Personne qui a raté sa vie, sa carrière. *Ce n'est qu'un raté. Une ratée.* ▷ **ratage**

ratiboiser [Ratibwaze] v. tr. < conjug. 1 > **1·** Fam. Rafler au jeu ; prendre, voler. *Ils m'ont ratiboisé cent euros.* **2·** Fam. Ruiner (qqn). – Au p. p. *Il est complètement ratiboisé,* il a perdu tout son argent.

ratier [Ratje] n. m. et adj. m. Chien qui chasse les rats. – Adj. *Un chien ratier.*

ratière [RatjɛR] n. f. Piège à rats. → **souricière.**

ratifier [Ratifje] v. tr. < conjug. 7 > **1·** Approuver, confirmer dans les formes requises par la loi. **2·** Littér. Confirmer formellement, reconnaître comme vrai. *Je ratifie tout ce qui vous a été promis de ma part.* ▶ **ratification** n. f. Action de ratifier. *La ratification d'un traité, d'un contrat, d'une alliance.*

ratine [Ratin] n. f. Tissu de laine épais, dont le poil est tiré en dehors et frisé. *Un manteau de ratine.*

ratiociner [Rasjɔsine] v. intr. < conjug. 1 > **REM.** La prononciation avec *t* [Ratjɔsine] est fautive. Littér. Se perdre en raisonnements trop subtils et interminables. → **ergoter.** ▶ **ratiocination** [Rasjɔsinɑsjɔ̃] n. f.

ration [Rɑ(a)sjɔ̃] n. f. **1·** Quantité (d'aliments) qui revient à un homme, à un animal pendant une journée. *Une maigre ration. Rations imposées en temps de guerre* (→ **rationner**). **2·** *Ration alimentaire,* quantité et nature des aliments nécessaires à l'organisme pour une durée de vingt-quatre heures. **3·** ***Ration de :*** quantité exigée, normale. *J'ai reçu ma ration (d'épreuves, d'ennuis).* → **dose, lot.** ▷ **rationner**

rationnel, elle [Ra(ɑ)sjɔnɛl] adj. **I· 1·** Qui appartient à la raison, relève de la raison. *L'activité rationnelle,* le raisonnement (1). *La pensée rationnelle.* – Qui provient de la raison et non de l'expérience. *Philosophie rationnelle.* **2·** Conforme au bon sens, organisé avec méthode. → **logique, raisonnable, sensé.** / contr. irrationnel / *Méthode rationnelle. Procédons d'une manière rationnelle.* **II·** Maths. *Nombre rationnel,* qui peut être mis sous la forme d'un rapport entre deux nombres entiers. / contr. irrationnel / ▶ **rationaliser** [Rasjɔnalize] v. tr. < conjug. 1 > **1·** Organiser rationnellement, scientifiquement. *Rationaliser le travail, la production.* **2·** Justifier (un comportement, un désir) par des motifs rationnels. – Sans compl. *Tu rationalises trop.* ▶ **rationalisation** n. f. *La rationalisation de la production.* ▶ **rationalisme** [Rasjɔnalism] n. m. **1·** Doctrine philosophique selon laquelle la raison est la source de toute connaissance certaine (opposé à *empirisme*). **2·** Croyance et confiance dans la raison (opposé à *mysticisme, révélation religieuse*). *Le rationalisme des philosophes du XVIIIe siècle.* ▶ **rationaliste** adj. et n. ▶ **rationalité** n. f. Caractère de ce qui est rationnel, en philosophie. ▶ **rationnellement** adv. *Agir rationnellement,* raisonnablement. *Organiser rationnellement la production.* ▷ **irrationnel, ratiociner**

rationner [Ra(ɑ)sjɔne] v. tr. < conjug. 1 > **1·** Distribuer des rations limitées de (qqch.). *Rationner les vivres, l'eau potable, l'essence.* **2·** Mesurer à (qqn) la nourriture. *Rationner des pensionnaires.* – Pronominalement. *Se rationner,* s'imposer des restrictions (alimentaires ou autres). ▶ **rationnement** n. m. Action de rationner ; son résultat. *Cartes, tickets de rationnement.*

ratisser [Ratise] v. tr. < conjug. 1 > **1·** Nettoyer à l'aide d'un râteau, passer le râteau sur. *Ratisser une allée.* – Recueillir en promenant le râteau. *Ratisser les feuilles mortes.* **2·** Fam. *Se faire ratisser au jeu.* → **ruiner** ; fam. **ratiboiser. 3·** (Armée, police) Fouiller méthodiquement. *La police a ratissé tout le quartier.* ▶ **ratissage** n. m. Action de ratisser (1, 3).

raton [Ratɔ̃] n. m. **1·** Jeune rat. **2·** ***Raton laveur*** : mammifère carnivore qui lave ses aliments (poissons, mollusques) avant de les absorber. *Des ratons laveurs.* **3·** Péj. (injure raciste) Maghrébin. ▶ **ratonnade** n. f. Expédition répressive, brutalités exercées contre des Maghrébins. – Brutalités exercées contre un groupe ethnique ou social.

rattacher [Rataʃe] v. tr. < conjug. 1 > **1·** Attacher de nouveau (un être, une chose). / contr. **détacher** / *Rattacher un chien après l'avoir laissé courir.* – *Rattacher ses lacets, ses cheveux.* **2·** Attacher, lier entre eux (des objets). – Au p. p. *Os rattachés par des ligaments.* – *Rattacher un territoire à un État.* → **incorporer.** – (Choses) Constituer une attache. *Le dernier lien qui le rattachait à la vie.* **3·** Abstrait. Attacher, relier. *Rattacher une œuvre à une certaine tendance.* – Pronominalement. *Ce mouvement se rattache au romantisme.* ▶ **rattachement** n. m. *Le rattachement de l'Alsace à la France, de la Sarre à l'Allemagne.*

ratte [Rat] n. f. Pomme de terre de petite taille, de forme allongée. ≠ rate.

rattraper [RatRape] v. tr. < conjug. 1 > **I· 1·** Attraper de nouveau (qqn ou qqch. qu'on avait laissé échapper). → **reprendre.** *Rattraper un prisonnier évadé. Rattraper une maille.* **2·** Regagner, récupérer. *On ne peut rattraper le temps perdu. Rattraper un retard.* **3·** *Rattraper une imprudence* (qui a échappé), *une erreur.* → **réparer. 4·** Rejoindre (qqn ou qqch. qui a de l'avance). → **atteindre.** *Pars devant, je te rattraperai.* – (Langue scolaire) *Il a rattrapé les meilleurs élèves,* il a rejoint leur niveau. **II·** ***Se rattraper*** v. pron. **1·** ***Se rattraper à qqch*** : se raccrocher à. *Elle s'est rattrapée à la branche.* **2·** Agir pour combler un retard, regagner ce qu'on avait manqué. *J'ai peu dormi hier, mais je compte bien me rattraper.* **3·** Réparer ou éviter in extremis (une bévue, une gaffe). *Se rattraper à temps.* ▶ **rattrapage** n. m. *Cours de rattrapage,* destinés à des élèves retardés dans leurs études. ▷ **irrattrapable**

rature [RatyR] n. f. Trait que l'on tire sur un ou plusieurs mots pour les annuler. *Devoir couvert de ratures. Faire une rature. Ratures et corrections.* ▶ **raturer** v. tr. < conjug. 1 > Annuler par des ratures. → **barrer, biffer, rayer.** *Raturer un mot.* – Corriger par des ratures. *Raturer un manuscrit.*

rauque [Rok] adj. (Voix) Qui est rude et âpre, qui produit des sons voilés. → **éraillé.** *Un cri rauque.*

ravage [Ravaʒ] n. m. **REM.** Surtout au plur. **1·** Dégâts importants causés par des hommes avec violence et soudaineté. → **dévastation.** *Les ravages de la guerre.* → **ruine. 2·** Destructions causées par les forces de la nature. *Les ravages d'un incendie.* – (Sing. collectif) *La grêle a fait du ravage.* – Littér. *Les ravages du temps,* dus au vieillissement. **3·** Fam. *Faire des ravages,* se faire aimer et faire souffrir (→ être un bourreau des cœurs). ▶ **ravager** v. tr. < conjug. 3 > **1·** Faire des ravages dans. → **dévaster.** *Animaux qui ravagent les cultures.* – (Suj. chose) *La guerre a ravagé la contrée. Le feu ravage les forêts.* → **détruire. 2·** Apporter à (qqn) de graves perturbations physiques ou morales. *Toutes ces épreuves l'ont ravagé.* ▶ **ravagé, ée** adj. **1·** *Visage ravagé,* profondément marqué par les épreuves, les excès. **2·** Fam. (Personnes) Fou, cinglé. ▶ **ravageur, euse** adj. **1·** Qui détruit, ravage. *Les insectes ravageurs du blé.* **2·** Qui ravage (2). *Passion ravageuse,* dévastatrice.

1 **ravaler** [Ravale] v. tr. < conjug. 1 > Nettoyer, refaire le parement de (un immeuble, un ouvrage de maçonnerie). *Ravaler un mur.* ▶ **ravalement** n. m. *Le ravalement des façades.*

2 **ravaler** v. tr. < conjug. 1 > Littér. Abaisser, déprécier. *Ravaler la dignité humaine.* – Au p. p. *Être, se sentir ravalé au rang de la bête.* – ***Se ravaler*** v. pron. : s'abaisser, s'avilir moralement.

3 **ravaler** v. tr. < conjug. 1 > **1·** Avaler de nouveau, avaler (ce qu'on a dans la bouche). *Ravaler sa salive.* – Loc. *Faire ravaler à qqn ses paroles,* l'obliger à se repentir de ses paroles, à les rétracter. **2·** S'empêcher d'exprimer. *Ravaler sa colère, son dégoût.*

ravauder [Ravode] v. tr. < conjug. 1 > Vx. Raccommoder à l'aiguille. → **rapiécer, repriser.** *Ravauder des vieilles chaussettes.* ▶ **ravaudage** n. m.

1 **rave** [Rav] n. f. (Nom commun à plusieurs espèces) Plante potagère cultivée pour sa racine comestible. – En appos. *Céleri rave.* ▷ **betterave, chou-rave**

② **rave** [ʀɛv] n. f. Anglic. Fête nocturne, souvent clandestine, dédiée à la danse et à la musique techno. ▶ **raveur, euse** n. Personne qui participe à une rave.

ravi, ie [ʀavi] adj. Très content. → **enchanté.** / contr. navré / *Je suis ravie de mon séjour, ravie d'avoir fait ce séjour. Nous sommes ravis que vous puissiez venir. Vous m'en voyez ravi. – Un air ravi.* → **radieux.**

ravier [ʀavje] n. m. Petit plat creux et oblong, dans lequel on sert les hors-d'œuvre.

ravigoter [ʀavigɔte] v. tr. < conjug. 1 > Fam. Rendre plus vigoureux, redonner de la force à (qqn). → **revigorer.** *Un air frais qui vous ravigote.* – Au p. p. *Se sentir tout ravigoté.* ▶ **ravigotant, ante** adj. Fam. Qui ravigote. ▶ **ravigote** n. f. Sauce vinaigrette très relevée. – En appos. *Sauce ravigote.*

ravin [ʀavɛ̃] n. m. Petite vallée étroite très profonde, à versants raides. *Tomber au fond d'un ravin, dans un ravin.* ▷ **raviner**

raviner [ʀavine] v. tr. < conjug. 1 > **1·** (Eaux) Creuser (le sol) de sillons. *Pluies, ruisseaux qui ravinent la pente d'une colline.* **2·** Au p. p. adj. *Visage raviné,* marqué de rides profondes. ▶ **ravinement** n. m.

ravioli [ʀavjɔli] n. m. Petit carré de pâte farci de viande hachée ou de légumes. *Des raviolis à la sauce tomate.*

① **ravir** [ʀaviʀ] v. tr. < conjug. 2 > Plaire beaucoup à. *Ce spectacle m'a ravi.* → **enchanter, enthousiasmer** ; fam. **emballer.** – *À ravir* loc. adv. : admirablement, à merveille. *Sa coiffure lui va à ravir.* ▶ **ravissant, ante** adj. Qui plaît beaucoup, touche par la beauté, le charme. *Une robe, une aquarelle ravissante.* – (Enfant, femme) Très joli. *Cette petite fille est ravissante.* ▶ **ravissement** n. m. Émotion éprouvée par une personne transportée de joie. → **enchantement.** *Il l'écoutait chanter avec ravissement.* ▷ **ravi**

② **ravir** v. tr. < conjug. 2 > Littér. Prendre, enlever de force. *La mort l'a ravi à l'affection des siens.* ▶ **ravisseur, euse** n. Personne qui a commis un rapt. *Elle a échappé à ses ravisseurs.* – REM. On n'emploie pas *ravir* dans ce sens.

se raviser [ʀavize] v. pron. < conjug. 1 > Changer d'avis, revenir sur sa décision. *Elle s'est ravisée au dernier moment.*

ravitailler [ʀavitɑje] v. tr. < conjug. 1 > **1·** Fournir (un groupe, une communauté) en vivres, en denrées diverses. *Ravitailler une ville en viande. Ravitailler une place forte en munitions. – Ravitailler un avion en vol,* lui fournir du carburant en vol. **2·** *Se ravitailler* v. pron. *Avoir du mal à se ravitailler.* → s'**approvisionner.** ▶ **ravitaillement** n. m. **1·** Action de ravitailler (une armée, etc.). **2·** Approvisionnement (d'une personne, d'une communauté) en vivres, denrées. *Le ravitaillement des grandes villes.* – Fam. *Aller au ravitaillement,* aller faire ses provisions, son marché. ▶ **ravitailleur** n. m. Soldat, véhicule, navire, avion employés au ravitaillement.

raviver [ʀavive] v. tr. < conjug. 1 > **1·** Rendre plus vif. *Raviver le feu, la flamme.* → **ranimer.** *Raviver des couleurs.* → **aviver.** **2·** Littér. Ranimer, faire revivre. *Raviver une douleur, un espoir, un souvenir.* → **réveiller.**

ravoir [ʀavwaʀ] v. tr. REM. Ne s'emploie qu'à l'infinitif. **1·** Avoir de nouveau (qqch.). → **récupérer.** *Il voudrait bien ravoir son jouet.* **2·** Fam. Remettre en bon état de propreté. *Je ne peux pas ravoir cette casserole.*

rayer [ʀeje] v. tr. < conjug. 8 > **1·** Marquer de raies* (en entamant la surface, etc.). *Le diamant raye le verre.* **2·** Tracer un trait sur (un mot, un groupe de mots, etc.) pour l'annuler. → **barrer, raturer.** – Ôter le nom de (qqn) sur une liste ou un registre. → **radier.** *Rayer qqn d'une liste.* → **exclure.** – Loc. *Rayer* (un lieu) *de la carte* : détruire entièrement. *L'avalanche a failli rayer de la carte ce village de montagne.* ▶ **rayé, ée** adj. **1·** Qui porte des raies, des rayures. *Pantalon rayé. Papier rayé.* **2·** Qui porte des éraflures. *La carrosserie est rayée. Disque rayé.* **3·** Annulé, supprimé d'un trait. *Mot rayé.* ▷ **rayure**

① **rayon** [ʀɛjɔ̃] n. m. **1·** Trace de lumière en ligne ou en bande. → **rai.** *Un rayon de soleil, de lune. Les rayons du soleil,* la clarté, la lumière. *Émettre, répandre des rayons.* **2·** Ligne, trajectoire, suivant laquelle une radiation lumineuse se propage. *Rayons convergents. Rayons divergents.* → **faisceau.** *Rayons réfractés, réfléchis.* **3·** Au plur. ***Rayons*** : radiations. → **radi(o)-.** *Rayons infrarouges, ultraviolets. Rayons X* [ʀɛjɔ̃iks], rayonnement électromagnétique de faible longueur d'onde → **radiographie, radioscopie.** *Rayons gamma,* rayonnements radioactifs très pénétrants, de fréquence élevée. **4·** Abstrait. Ce qui éclaire, répand la connaissance, le bonheur, etc. *Un rayon d'espérance, de joie.* → **lueur.** – Loc. *Un rayon de soleil,* chose ou personne qui remplit le cœur de joie. ▶ ① **rayonner** [ʀɛjɔne] v. intr. < conjug. 1 > **1·** Émettre des rayons lumineux, des radiations. → **irradier.** **2·** Se propager par rayonnement. *La chaleur rayonne.* **3·** Émettre comme une lumière, un rayonnement. → **rayonnant** (2). *Elle rayonnait de joie, de bonheur.* ▶ **rayonnant, ante** adj. **1·** Qui se propage par rayonnement. *Chaleur rayonnante.* **2·** Qui rayonne (3). *Une* *beauté rayonnante.* → **éclatant.** – ***Rayonnant de*** : qui exprime vivement (qqch. d'heureux ou de bienfaisant). *Visage rayonnant de joie. Un enfant rayonnant de santé.* – *Il était rayonnant,* il avait un air de parfait bonheur. ▶ **rayonnement** [ʀɛjɔnmɑ̃] n. m. **1**· Action de rayonner → **radiation.** *Le rayonnement solaire. Rayonnements radioactifs.* **2**· Influence heureuse, éclat excitant l'admiration. *Le rayonnement qui émane de sa personne. Le rayonnement d'une œuvre, d'une culture.*

② **rayon** n. m. **1**· Chacune des pièces divergentes qui relient le moyeu (d'une roue) à la jante. *Les rayons métalliques d'une roue de bicyclette.* – Chacun des éléments qui s'écartent à partir d'un centre. *Rues disposées en rayons.* **2**· Segment de valeur constante joignant un point quelconque (d'un cercle ou d'une sphère) à son centre. *Le rayon est égal à la moitié du diamètre.* – Loc. ***Dans un rayon de*** : dans un espace circulaire déterminé à partir d'un point d'origine. *Dans un rayon de dix, vingt kilomètres.* – ***Rayon d'action*** : distance maximum qu'un navire, un avion peut parcourir sans être ravitaillé en combustible ; zone d'activité. *Cette entreprise a étendu son rayon d'action.* ▶ ② **rayonner** v. intr. < conjug. 1 > **1**· Être disposé en rayons, en lignes divergentes autour d'un centre. *Une place d'où rayonnent de grandes avenues.* – Se répandre, se manifester dans toutes les directions. *La douleur rayonne.* → **irradier. 2**· Se déplacer dans un certain rayon (à partir d'un point d'attache). *Nous rayonnerons dans la région.*

③ **rayon** n. m. **I**· Gâteau de cire fait par les abeilles. *Les rayons d'une ruche.* **II**· Planche, tablette de rangement. → **étagère, rayonnage.** *Les rayons d'une bibliothèque.* **III**· **1**· Partie d'un grand magasin affectée au même type de marchandise. *Le rayon (de la) parfumerie. Chef de rayon.* **2**· Domaine particulier. *Je regrette, ce n'est pas mon rayon,* ce n'est pas de ma compétence (ou cela ne me regarde pas). ▶ **rayonnage** n. m. Ensemble des rayons (II) d'un meuble de rangement ; rayons assemblés. → **étagère.**

rayonne [ʀɛjɔn] n. f. Textile artificiel, dit aussi *soie artificielle.*

rayure [ʀejyʀ] n. f. **1**· Chacune des bandes, des lignes qui se détachent sur un fond de couleur différente. *Étoffe à rayures.* → **rayé.** *Rayures sur le pelage d'un animal.* → **zébrure. 2**· Éraflure ou rainure (sur une surface). *Rayures sur un meuble.*

raz de marée [ʀɑdmaʀe] n. m. invar. Vague isolée et très haute, d'origine sismique (tremblement de terre) ou volcanique, qui pénètre profondément dans les terres. → **tsunami.** *Des raz de marée.* – Fig. Bouleversement social ou politique irrésistible. *Un raz de marée électoral.*

razzia [ʀazja] ou [ʀadzja] n. f. **1**· Attaque de nomades pillards, en pays arabe. *Des razzias.* **2**· Fam. *Faire une razzia sur,* s'abattre sur (des choses qu'on emporte, qu'on prend rapidement). *On a fait une razzia sur le buffet.* ▶ **razzier** v. tr. < conjug. 7 > Prendre dans une razzia ; rafler.

re-, ré-, r- Éléments qui expriment « le fait de ramener en arrière » (ex. : *rabattre*), « le retour à un état antérieur » (ex. : *rhabiller*), « la répétition ou la reprise de l'action avec progression » (ex. : *redire, refaire*), « le renforcement, l'achèvement » (ex. : *réunir, ramasser*).

ré [ʀe] n. m. invar. Deuxième note de la gamme d'ut ; ton correspondant. *Sonate en ré mineur.*

réabonner [ʀeabɔne] v. tr. < conjug. 1 > Abonner de nouveau. – Pronominalement. *Se réabonner à un journal.* ▶ **réabonnement** n. m. Action de réabonner, de se réabonner.

réaccoutumer [ʀeakutyme] v. tr. < conjug. 1 > Littér. Réhabituer.

réacteur [ʀeaktœʀ] n. m. **1**· Moteur, propulseur à réaction ①. **2**· *Réacteur nucléaire,* appareil dans lequel se produisent des réactions nucléaires. ▷ **quadriréacteur**

réactif [ʀeaktif] n. m. Substance qui peut entrer en réaction avec une ou plusieurs espèces chimiques.

① **réaction** [ʀeaksjɔ̃] n. f. **I**· **1**· Force qu'un corps agissant sur un autre détermine en retour chez celui-ci. *Principe de l'égalité de l'action et de la réaction.* – *Propulsion par réaction,* dans laquelle des gaz chassés vers l'arrière d'un engin le projettent par réaction vers l'avant (→ **réacteur**). *Avion à réaction,* à un ou plusieurs réacteurs → anglic. ② **jet. 2**· Action réciproque de deux ou plusieurs substances, qui entraîne des transformations chimiques. *L'acide entre en réaction avec le calcaire.* – *Réaction nucléaire,* désintégration des noyaux atomiques. – *Réaction en chaîne,* réaction par étapes pouvant se reproduire indéfiniment ; fig., suite de répercussions provoquée par un fait initial. **3**· Modification (d'un organe, d'un organisme), produite par une excitation, une cause morbide, un remède, etc. *Les réactions de défense de l'organisme.* **II**· **1**· Réponse à une action par une action contraire tendant à l'annuler. *Agir en réaction contre, par réaction contre qqn, qqch.* **2**· Comportement d'une personne qui répond à une action extérieure. *La réaction de qqn à une catastrophe, à une injure.*

Elle a eu une réaction de peur, de colère. Réaction lente ; vive, soudaine → **réflexe, sursaut.** *Être sans réaction,* rester inerte. *« Il a protesté ? – Non, aucune réaction. » Provoquer des réactions.* **3·** Réponse (d'une machine, d'un véhicule) aux commandes. *Cette voiture a de bonnes réactions.*

2 **réaction** n. f. Péj. Action politique qui s'oppose aux changements, au progrès social. *Les forces de la réaction.* – La droite politique, les réactionnaires. ▶ **réactionnaire** adj. et n. Péj. Qui concerne ou soutient la réaction. *Opinions réactionnaires. Écrivain réactionnaire.* – N. *Un vieux réactionnaire. Réactionnaires et conservateurs.* – Abrév. **réac,** adj. et n.

réactiver [ʀeaktive] v. tr. < conjug. 1 > **1·** Activer de nouveau. *Réactiver un feu de cheminée.* **2·** Redonner de l'activité, de la vigueur à (qqch.). *Réactiver une association.*

réadapter [ʀeadapte] v. tr. < conjug. 1 > Adapter (qqn, qqch. qui n'était plus adapté). – Pronominalement. *Laissez-lui le temps de se réadapter.* ▶ **réadaptation** n. f. Retour à l'adaptation. *La réadaptation d'un détenu à la vie en société.* → **réinsertion.**

réaffirmer [ʀeafiʀme] v. tr. < conjug. 1 > Affirmer de nouveau, dans une autre occasion.

réagir [ʀeaʒiʀ] v. tr. ind. < conjug. 2 > **I·** *Réagir sur, contre :* avoir une réaction, des réactions (mécanique, chimique, biologique). *L'organisme réagit contre les maladies infectieuses.* **II· 1·** *Réagir sur qqn, qqch. :* agir en retour ou réciproquement sur. *Les chocs psychologiques réagissent sur l'organisme.* → se **répercuter. 2·** *Réagir contre :* s'opposer à (une action) par une action contraire. *Réagir contre une mode, un usage.* – Sans compl. *Ils essayèrent de réagir et de rétablir l'ordre.* – Faire effort pour sortir d'une situation pénible. → se **secouer.** *Réagis ! ne te laisse pas abattre !* **3·** *Réagir à :* avoir une réaction à. *Il n'a pas réagi à notre provocation.* – *Réagir brutalement, violemment... Je ne sais pas comment je réagirais,* quelle serait ma réaction.

réajustement → **rajustement.**

réajuster → **rajuster** (2).

1 **réaliser** [ʀealize] v. tr. < conjug. 1 > **I· 1·** Faire passer à l'état de réalité concrète (ce qui n'existait que dans l'esprit). → **accomplir, exécuter.** *Réaliser un projet,* le rendre effectif. *Réaliser une ambition, un idéal.* → **atteindre.** – Pronominalement. *Ses prévisions se sont réalisées.* **2·** *Réaliser (en soi) le type, le modèle de...,* en présenter un exemple réel, concret. → **personnifier. 3·** *Se réaliser* v. pron. : devenir ce que l'on a rêvé d'être. **II· 1·** Faire. *Réaliser un achat, une vente.* – *Réaliser un film,* en être le réalisateur. **2·** Convertir, transformer en argent. *Réaliser des biens, un capital.* → **vendre.** ▶ **réalisable** adj. **1·** Susceptible d'être réalisé, de se réaliser. → **possible.** *Plan, projet réalisable.* / contr. irréalisable / **2·** Transformable en argent. *Un héritage totalement réalisable.* ▶ **réalisateur, trice** n. **1·** Personne qui réalise, sait réaliser (un projet, une œuvre...). **2·** Personne responsable de la réalisation d'un film ou d'une émission. → **metteur** en scène. ▶ **réalisation** n. f. **1·** Action de rendre réel, effectif. **2·** Chose réalisée ; création, œuvre. **3·** Transformation (d'un bien) en argent. **4·** Ensemble des opérations nécessaires à la préparation et à l'exécution (d'un film, d'une émission de radio ou de télévision).

2 **réaliser** v. tr. < conjug. 1 > (Emploi critiqué) Se rendre compte avec précision ; se faire une idée nette de. *Je réalise soudain qu'il est trop tard.* – *Tu réalises ?,* tu saisis, tu te rends compte ?

réalisme [ʀealism] n. m. **1·** Conception selon laquelle l'artiste doit peindre la réalité telle qu'elle est, en évitant de l'idéaliser. *Réalisme et naturalisme, au XIXᵉ siècle.* – Caractère d'une œuvre qui répond à cette conception. *Un portrait d'un réalisme saisissant.* **2·** Attitude d'une personne qui tient compte de la réalité, l'apprécie avec justesse. *Faire preuve de réalisme.* / contr. irréalisme / ▶ **réaliste** n. et adj. **1·** Qui représente le réalisme, en art, en littérature ; qui dépeint le réel sans complaisance. *Un écrivain, un peintre réaliste. Portrait réaliste.* **2·** Qui a le sens des réalités. *Un homme d'État réaliste.* → **pragmatique.** N. *Un(e) réaliste.* – *Une analyse réaliste de la situation.* ▷ **hyperréalisme, irréaliste**

réalité [ʀealite] n. f. **1·** Caractère de ce qui est réel, de ce qui existe effectivement (et n'est pas seulement une invention ou une apparence). → **vérité.** / contr. irréalité / *Douter de la réalité d'un fait.* **2·** *La réalité,* ce qui est réel. *La science cherche à connaître et à décrire la réalité.* **3·** La vie, l'existence réelle (opposé à *désirs, illusion, rêve*). *Le rêve et la réalité. La réalité quotidienne.* – Ce qui existe (opposé à *l'imagination*). *La réalité dépasse la fiction,* est plus extraordinaire que ce que l'on peut imaginer. *Dans la réalité,* dans la vie réelle. *Dans la réalité, cela se passe autrement.* – *Réalité virtuelle,* technique simulant un environnement en trois dimensions à l'aide d'un ordinateur ; le monde ainsi créé. *Réalité augmentée,* technique qui superpose des objets virtuels à des images réelles. – ***En réalité :*** en fait, réellement. **4·** *(Une, des réalités)* Chose réelle, fait réel. *Les réalités de tous les jours. Avoir le sens des réalités* (→ **réaliste**). Loc. *Prendre ses désirs pour des réalités,* se faire des illusions. ▷ **téléréalité**

reality show [ʀealitiʃo] n. m. Anglic. Émission de télévision présentant de façon spectaculaire, pathétique, les difficultés de la vie quotidienne. *Des reality shows.* → **téléréalité.**

réanimer [ʀeanime] v. tr. < conjug. 1 > Procéder à la réanimation de (qqn). → **ranimer.** ▶ **réanimation** n. f. Action qui consiste à rendre les mouvements au cœur ou à l'appareil respiratoire venant de s'arrêter. *La réanimation d'un asphyxié par le bouche-à-bouche.* – Service de réanimation (d'un hôpital, d'une clinique). *Il est resté un jour en réanimation après l'opération.* – Abrév. **réa.**

réapparaître [ʀeapaʀɛtʀ] v. intr. < conjug. 57 > Apparaître, paraître de nouveau. *La lune a réapparu, est réapparue.* ▶ **réapparition** n. f.

réapprendre → **rapprendre.**

réapprovisionner [ʀeapʀɔvizjɔne] v. tr. < conjug. 1 > Approvisionner de nouveau.

réarmer [ʀeaʀme] v. < conjug. 1 > **1**· V. tr. Recharger (une arme). *Réarmer un fusil, un pistolet.* **2**· V. intr. (En parlant d'un État) Recommencer à s'équiper pour la guerre. / contr. désarmer (2) / ▶ **réarmement** n. m. *La politique du réarmement.* / contr. désarmement /

réassortir [ʀeasɔʀtiʀ] v. tr. < conjug. 2 > **1**· Reconstituer un assortiment, en remplaçant ce qui manque. *Ils réassortissent leurs couverts.* **2**· Fournir un nouvel assortiment (d'un certain modèle). ▶ **réassort** ou **réassortiment** n. m. Nouvel assortiment.

rebaptiser [ʀ(ə)batize] v. tr. < conjug. 1 > Nommer d'un autre nom. *La rue a été rebaptisée.*

rébarbatif, ive [ʀebaʀbatif, iv] adj. Qui rebute par un aspect rude, désagréable. *Mine rébarbative.* – Difficile et ennuyeux. *Études, sujets rébarbatifs.* → **ingrat.**

rebâtir [ʀ(ə)bɑtiʀ] v. tr. < conjug. 2 > Bâtir de nouveau (ce qui était détruit). → **reconstruire.** *Rebâtir une maison.* – *Il voudrait rebâtir la société.* → **refaire.**

rebattre [ʀ(ə)batʀ] v. tr. < conjug. 41 > Loc. ***Rebattre les oreilles*** *à qqn de qqch.* : lui en parler continuellement jusqu'à l'excéder. *Il me rebat les oreilles de ses prouesses.* ≠ rabattre. ▶ **rebattu, ue** adj. Dont on a parlé inlassablement. *Sujet, thème rebattu,* ressassé. → **éculé.**

rebelle [ʀəbɛl] adj. et n. **1**· ***Rebelle à*** : qui ne reconnaît pas l'autorité de, se révolte contre (qqn). *Des sujets rebelles à leur souverain.* – Absolt. *Troupes rebelles.* – N. *Négocier avec des rebelles.* → **insurgé.** **2**· ***Rebelle à*** : qui est réfractaire à (qqch.). *Il est rebelle à toute discipline, à tout effort.* → **opposé.** *Il est rebelle aux mathématiques.* → **fermé.** – (Choses) Qui résiste à. *Mon estomac est rebelle à ce remède.* – Absolt. *Fièvre rebelle,* qui ne se laisse pas vaincre. **3**· (Choses concrètes) Sans compl. Qui ne se laisse pas facilement manier. *Mèches de cheveux rebelles.* → **indiscipliné.** ▶ **se rebeller** [ʀ(ə)bele] v. pron. < conjug. 1 > Faire acte de rebelle (1) en se révoltant. → **s'insurger.** *Se rebeller contre l'autorité paternelle.* → **braver.** – Protester, regimber. *À la fin je me suis rebellé, je lui ai dit ce que je pensais.* ▶ **rébellion** [ʀebeljɔ̃] n. f. REM. Attention à l'accent aigu. Action de se rebeller ; acte de rebelle (1). → **insurrection, révolte.** – Tendance à se rebeller. → **désobéissance, insubordination.** *Quel est cet esprit de rébellion ?*

rebelote [ʀəbəlɔt] interj. *(Et) rebelote,* ça recommence, la situation se répète. *Il se rassoit et, rebelote, la chaise se renverse !*

se rebiffer [ʀ(ə)bife] v. pron. < conjug. 1 > Fam. Refuser brusquement, avec vivacité de se laisser mener ou humilier. → **se révolter.** *Le gosse, qu'on envoyait faire toutes les courses, s'est rebiffé.*

rebiquer [ʀ(ə)bike] v. intr. < conjug. 1 > Fam. Se dresser, se retrousser en faisant un angle. *Les pointes de son col rebiquent.*

reblochon [ʀəblɔʃɔ̃] n. m. Fromage à pâte grasse, de saveur douce, fabriqué en Savoie. *Plat à base de reblochon.* → **tartiflette.**

reboiser [ʀ(ə)bwaze] v. tr. < conjug. 1 > Planter d'arbres (un terrain qui a été déboisé). ▶ **reboisement** n. m.

rebondi, ie [ʀ(ə)bɔ̃di] adj. De forme arrondie (se dit d'une partie du corps). → **dodu, gras, rond.** *Joues rebondies.* → **plein.** – (Personnes) Gros et gras. → **replet.**

rebondir [ʀ(ə)bɔ̃diʀ] v. intr. < conjug. 2 > **1**· Faire un ou plusieurs bonds après avoir heurté un obstacle. *La balle rebondissait sur le sol. Rebondir très haut.* **2**· Prendre un nouveau développement après un arrêt, une pause. → **repartir.** *Les derniers témoignages pourraient faire rebondir l'affaire. L'action rebondit au troisième acte.* **3**· Retrouver une position favorable, après une période de difficultés. ▶ **rebond** n. m. **1**· Le fait de rebondir (1) ; mouvement d'un corps qui rebondit. *Les rebonds d'une balle.* **2**· Le fait de rebondir (2, 3). ▶ **rebondissement** n. m. Action de rebondir (surtout 2). *Les rebondissements d'une affaire.*

rebord [ʀ(ə)bɔʀ] n. m. Bord en saillie. *Le rebord d'une fenêtre.*

reboucher [ʀ(ə)buʃe] v. tr. < conjug. 1 > Boucher de nouveau. *Rebouchez le flacon après usage. Reboucher un trou.*

à rebours [aʀ(ə)buʀ] loc. adv. **1·** Dans le sens contraire au sens normal, habituel ; à l'envers. *Tourner les pages d'un livre à rebours. Brosser une étoffe à rebours ; caresser un chat à rebours,* à rebrousse-poil. *Prendre l'ennemi à rebours,* l'attaquer par-derrière. – Loc. ***Compte à rebours*** : vérification successive des opérations de mise à feu d'un engin, d'une fusée, aboutissant au zéro du départ (...4, 3, 2, 1, 0). **2·** D'une manière contraire à la nature, à la raison, à l'usage. *Faire tout à rebours.* – Loc. prép. ***À rebours de,*** VX ***au rebours de*** : contrairement à, à l'inverse de. *Il agit à rebours du bon sens.*

rebouteux, euse [ʀ(ə)butø, øz] n. Fam. Guérisseur(euse) qui fait métier de remettre les membres démis, etc.

reboutonner [ʀ(ə)butɔne] v. tr. <conjug. 1> Boutonner de nouveau (un vêtement). – Pronominalement. *Se reboutonner,* reboutonner ses vêtements.

rebrousser [ʀ(ə)bʀuse] v. tr. <conjug. 1> **1·** Relever (les cheveux, le poil) dans un sens contraire à la direction naturelle. *Rebrousser les poils d'un tapis.* – Pronominalement. *Le poil de sa moustache se rebrousse.* **2·** Loc. ***Rebrousser chemin*** : s'en retourner en sens opposé. *La rue était barrée, il dut rebrousser chemin,* revenir sur ses pas. ▶ **à rebrousse-poil** [aʀbʀuspwal] loc. adv. En rebroussant le poil. *Caresser un chat à rebrousse-poil.* → **à rebours.** – Fam. *Prendre qqn à rebrousse-poil,* de telle sorte qu'il se hérisse, se rebiffe.

rebuffade [ʀ(ə)byfad] n. f. Littér. Refus hargneux, méprisant. *Essuyer une rebuffade.*

rébus [ʀeby(s)] n. m. invar. **1·** Suite de dessins, de mots, de chiffres, de lettres évoquant par le son ce qu'on veut exprimer (ex. : *nez rond, nez pointu, main = Néron n'est point humain*). *Des rébus.* **2·** Se dit de paroles énigmatiques, d'une écriture difficile à lire. *Ta lettre est un vrai rébus !*

rebut [ʀəby] n. m. **1·** Ce qu'il y a de plus mauvais (dans un ensemble). *Le rebut du genre humain.* → **lie.** *Des objets de rebut.* **2·** Loc. *Mettre qqch.* ***Au rebut*** : s'en débarrasser. → fam. au **rancart.**

rebuter [ʀəbyte] v. tr. <conjug. 1> **1·** Dégoûter (qqn) par les difficultés ou le caractère ingrat d'une entreprise. *Ce travail me rebute. Rien ne le rebute.* → **décourager. 2·** Choquer (qqn), inspirer de la répugnance à. *La vulgarité de ses façons me rebute.* ▶ **rebutant, ante** adj. *Aspect rebutant. Tâches rebutantes.*

recadrer [ʀəkadʀe] v. tr. <conjug. 1> **1·** Modifier le cadrage de (une photo). **2·** Redéfinir le cadre, l'orientation de (une action, un projet...). → **recentrer.** *Recadrer une politique.* – *Il a dépassé les bornes, on a dû le recadrer,* redéfinir les limites. ▶ **recadrage** n. m.

récalcitrant, ante [ʀekalsitʀɑ̃, ɑ̃t] adj. et n. Qui résiste avec entêtement. *Cheval récalcitrant.* → **rétif.** *Caractère, esprit récalcitrant.* → **indocile, rebelle.** – N. *Tenter de convaincre les récalcitrants.*

recaler [ʀ(ə)kale] v. tr. <conjug. 1> Fam. Refuser (qqn) à un examen. → **coller** (I, 5). *Elle s'est fait recaler au bac.* / contr. recevoir / – Au p. p. *Il est recalé.* – N. *Les recalés de la session de juillet.*

récapituler [ʀekapityle] v. tr. <conjug. 1> Répéter en énumérant les points principaux. → **résumer.** *Récapituler un exposé.* – Redire en examinant de nouveau, point par point. *Récapitulons les faits !* – Sans compl. *Récapitulons !* ▶ **récapitulatif, ive** adj. Qui sert à récapituler. *Liste récapitulative.* ▶ **récapitulation** n. f.

recaser [ʀ(ə)kɑze] v. tr. <conjug. 1> Fam. Caser de nouveau (qqn qui a perdu sa place).

receler [ʀəs(ə)le] v. tr. <conjug. 5> **1·** (Choses) Garder, contenir en soi (qqch. de caché, de secret). → **renfermer.** *Cet ouvrage recèle de grandes beautés.* **2·** Détenir, garder (des choses volées par autrui). *Receler des objets volés.* ▶ **recel** [ʀəsɛl] n. m. Action de receler (2). *Il est accusé de recel de bijoux.* ▶ **receleur, euse** [ʀəs(ə)lœʀ, øz] n. Personne qui se rend coupable de recel.

récemment → **récent.**

recenser [ʀ(ə)sɑ̃se] v. tr. <conjug. 1> Dénombrer en détail, avec précision. *Recenser la population d'une commune.* ▶ **recensement** n. m. Compte ou inventaire détaillé. *Le recensement général des ressources.* – Dénombrement détaillé (des habitants d'un pays). *Recensement par catégories.* ▶ **recension** n. f. Didact. Examen critique (d'un texte).

récent, ente [ʀesɑ̃, ɑ̃t] adj. Qui s'est produit ou qui existe depuis peu de temps. / contr. ancien, vieux / *Les événements récents. Une nouvelle toute récente.* → **frais.** *Film assez récent.* → **nouveau.** ▶ **récemment** [ʀesamɑ̃] adv. À une époque récente. → **dernièrement.** *Quelqu'un m'a dit récemment... Tout récemment.*

recentrer [ʀ(ə)sɑ̃tʀe] v. tr. <conjug. 1> **1·** Remettre au centre. **2·** Regrouper autour d'un objectif. **3·** Ramener à ce qui est important, essentiel. *Recentrer le débat.*

récépissé [ʀesepise] n. m. Écrit par lequel on reconnaît avoir reçu des objets, de l'argent, etc. → **reçu.** *Des récépissés.*

réceptacle [ʀesɛptakl] n. m. Contenant qui reçoit son contenu de diverses provenances. *La mer est le réceptacle des eaux fluviales.*

① **récepteur** [ʀesɛptœʀ] n. m. Appareil qui reçoit et amplifie les ondes. *Un récepteur de radio.* → **poste.** *Le récepteur d'un téléphone (fixe),* la partie mobile de l'appareil téléphonique où l'on écoute (et parle). → **combiné.** *Décrocher le récepteur.* ▶ ② **récepteur, trice** adj. Qui reçoit (des ondes). / contr. émetteur / *L'organe récepteur de l'oreille interne. Antenne réceptrice.*

réceptif, ive [ʀesɛptif, iv] adj. Susceptible de recevoir des impressions. *Son émotivité la rend très réceptive.* – ***Réceptif à** qqch. Les enfants sont particulièrement réceptifs à la suggestion.* ▷ **réceptivité**

réception [ʀesɛpsjɔ̃] n. f. **I· 1·** Action de recevoir (une marchandise transportée). / contr. envoi, expédition / *La réception d'une commande. Accuser réception d'un paquet.* **2·** Action de recevoir (des ondes). / contr. émission / → **récepteur. II· 1·** Action de recevoir (une personne). → **accueillir.** *Être chargé de la réception d'un ambassadeur, d'un chef d'État.* – Manière de recevoir, d'accueillir (qqn). *Faire à qqn une cordiale réception.* → **accueil. 2·** Absolt. Local et employés affectés à la réception des clients. *La réception d'un hôtel. Adressez-vous à la réception.* **3·** Action de recevoir des invités chez soi. – Réunion mondaine (chez qqn). *Donner une grande réception. Salle de réception,* ou ellipt. *réception,* pièce où l'on donne des réceptions. → **salon. 4·** Le fait de recevoir ou d'être reçu dans une assemblée, un cercle, etc., en tant que membre ; la cérémonie qui a lieu à cette occasion. *La réception d'un écrivain à l'Académie française. Séance, discours de réception.* ▶ **réceptionner** v. tr. < conjug. 1 > Recevoir, vérifier et enregistrer (une livraison). *Réceptionner des marchandises.* ▶ **réceptionniste** n. Personne affectée à la réception (II, 2). *La réceptionniste va vous renseigner.* ▷ **accusé de réception**

réceptivité [ʀesɛptivite] n. f. **1·** Caractère de ce qui est réceptif. → **sensibilité.** *Être en état de réceptivité,* sensibilisé à une influence. **2·** Aptitude à contracter (une maladie). / contr. résistance / *La réceptivité de l'organisme (à un germe, une contagion, etc.).*

récession [ʀesesjɔ̃] n. f. Régression des ventes, de la production, des investissements. → **crise.**

① **recette** [ʀ(ə)sɛt] n. f. **1·** Total des sommes d'argent reçues. *La recette journalière d'un théâtre. Toucher un pourcentage sur la recette.* → **bénéfice.** – Loc. (Spectacle, exposition...) *Faire recette,* avoir beaucoup de succès. *Un film qui fait recette.* – Au plur. Rentrées d'argent. *Les recettes couvrent les dépenses.* **2·** Bureau d'un receveur des impôts. *La recette des contributions directes.*

② **recette** n. f. **1·** Procédé pour mener à bien la confection (d'un plat, d'un mets) ; indication détaillée qui s'y rapporte. *Donner la recette d'un gâteau. Un livre de recettes (de cuisine).* **2·** Moyen, procédé. *Une recette infaillible pour réussir.*

recevoir [ʀəsvwaʀ], dans certains contextes [ʀsəvwaʀ] ou [ʀəsəvwaʀ] v. tr. < conjug. 28 > **I·** (Sens passif) ***Recevoir** qqch.* **1·** Être mis en possession de (qqch.) par un envoi, un don, un paiement, etc. *Recevoir une lettre, un colis.* / contr. envoyer / *Recevoir de l'argent, un salaire. Elle a reçu un prix.* → **obtenir.** *Recevoir un coup de téléphone, un courriel.* – *Nous ne recevons pas toutes les chaînes de télévision.* → **capter.** – Abstrait. *Recevoir un conseil. Recevez, Monsieur, mes salutations* (formule). → **agréer. 2·** Être atteint par (qqch. que l'on subit, que l'on éprouve). *Recevoir des coups, des blessures. Qu'est-ce qu'il a reçu !* → **attraper.** *Recevoir la pluie.* – *Recevoir un affront* → **essuyer,** *des injures.* – (Suj. chose abstraite) Être l'objet de. *Le projet initial a reçu quelques modifications.* **II·** (Sens actif) ***Recevoir** qqn, qqch.* **1·** Laisser ou faire entrer (qqn qui se présente). → **accueillir.** *Recevoir qqn à dîner, à sa table. Il s'est levé pour recevoir son ami.* – Réserver un accueil (bon ou mauvais). → **traiter.** *Recevoir qqn avec empressement.* – Au p. p. *Être bien, mal reçu.* – Sans compl. Accueillir habituellement des amis, des invités ; donner une réception. *Ils reçoivent très peu.* – Accueillir les clients, les visiteurs. *Médecin qui reçoit tous les matins sur rendez-vous.* – Fig. (compl. chose) *Son initiative a été mal reçue.* **2·** Laisser entrer (qqn) à certaines conditions, après certaines épreuves. → **admettre.** – Surtout au passif. *Être reçu à un examen, un concours.* – Au p. p. adj. *Candidats admissibles, reçus.* **3·** Admettre (qqch.) en son esprit (comme vrai, légitime). → **accepter.** *Recevoir les suggestions de qqn. Recevoir des excuses.* – Au p. p. adj. *Selon les usages reçus. Idée reçue,* que tout le monde admet sans examen. **4·** (Suj. chose) ***Recevoir*** (qqch., des personnes) : laisser entrer. *Pièce qui reçoit le jour. Ce salon peut recevoir plus de cinquante personnes.* → **contenir. III·** ***Se recevoir*** v. pron. **1·** Récipr. *Ils se reçoivent beaucoup.* **2·** Réfl. Retomber d'une certaine façon, après un saut. *Elle s'est reçue sur la jambe droite.* ▶ **recevable** adj. Qui peut être reçu (II, 3), accepté. *Cette excuse n'est pas recevable.* → **acceptable, admissible.** ▶ **receveur, euse** n. **1·** Comptable public chargé d'effectuer les recettes et certaines dépenses publiques. *Receveur des contributions* (→ ① **recette,** 2). *Le receveur des postes.* **2·** Employé qui perçoit le coût du parcours dans les transports publics. **3·** Personne qui reçoit du sang (dans une transfusion), un organe, un fragment de tissu (dans une transplantation, une greffe). *Le donneur et le receveur.* ▷ **irrecevable, réceptif, récepteur, réception, reçu**

de rechange [dəʀ(ə)ʃɑ̃ʒ ; dʀəʃɑ̃ʒ] loc. adj. Qui est destiné à remplacer un objet ou un élément identique. *Pièces de rechange. Vêtements de rechange.* – *Roue de rechange,* de secours. – De remplacement. *Une solution de rechange.*

réchapper [ʀeʃape] v. tr. ind. < conjug. 1 > *Réchapper de...* (surtout *en réchapper*) : échapper à un péril pressant, menaçant. *Ils en ont tous réchappé,* ils en sont tous sortis vivants. – (Insiste sur l'état) *Pas un n'en est réchappé.* – Vx. Au p. p. adj. → **rescapé.**

recharger [ʀ(ə)ʃaʀʒe] v. tr. < conjug. 3 > **1·** Charger de nouveau, ou davantage. *Recharger un camion.* **2·** Remettre une charge dans (une arme). *Il rechargea son fusil.* – Approvisionner de nouveau. *Recharger un appareil photographique, un briquet.* ▶ **recharge** n. f. Deuxième charge que l'on met dans une arme, dans un ustensile. *Une recharge de stylo.* ▶ **rechargeable** adj. Qui peut être rechargé. *Stylo à bille rechargeable.* ▷ **écorecharge**

réchaud [ʀeʃo] n. m. Ustensile de cuisine portatif, servant à chauffer ou à faire cuire les aliments. *Réchaud à alcool, à gaz.*

réchauffer [ʀeʃofe] v. tr. < conjug. 1 > **1·** Chauffer (ce qui s'est refroidi). *Réchauffer un potage. Se réchauffer les mains.* – Au p. p. adj. *Dîner réchauffé.* – Sans compl. *La marche, ça réchauffe !* **2·** Ranimer (les esprits, les sentiments...). *Cela réchauffe le cœur.* → **réconforter. 3·** ***Se réchauffer*** v. pron. : redonner de la chaleur à son corps. *Courir pour se réchauffer.* – Devenir plus chaud. *La température se réchauffe.* / contr. refroidir / ▶ **réchauffé** n. m. Fig. *Du réchauffé,* se dit d'une chose vieille, trop connue, qui ne peut plus faire effet (→ **éculé**). *Un gag qui sent le réchauffé.* ▶ **réchauffement** n. m. Action de réchauffer, de se réchauffer. *Le réchauffement de la température. Le thème écologique du réchauffement de la planète.*

rêche [ʀɛʃ] adj. Rude au toucher, légèrement râpeux. *Une laine un peu rêche.*

rechercher [ʀ(ə)ʃɛʀʃe] v. tr. < conjug. 1 > **1·** Chercher à découvrir, à retrouver (qqn ou qqch.). → **chercher ; recherche.** *On recherche les témoins de l'accident.* – Au passif. *Il est recherché pour meurtre.* – *Rechercher un objet égaré, une lettre.* **2·** Chercher à connaître, à découvrir. *Rechercher la cause d'un phénomène. Rechercher comment, pourquoi.* **3·** Reprendre (qqn ou qqch. qu'on a laissé pour un temps). *Je te confie ma valise, je viendrai la rechercher ce soir.* → **chercher. 4·** Tenter d'obtenir, d'avoir. *Rechercher l'amour de qqn, une faveur.* ▶ 1 **recherche** n. f. **1·** Effort pour trouver (qqch.). *Une recherche de renseignements,* une enquête. – Action de rechercher (qqn). *Il a échappé aux recherches de la police.* – Absolt. *Les sauveteurs ont dû abandonner les recherches.* **2·** Effort de l'esprit vers la connaissance. *La recherche de la vérité.* – (Une, des recherches) Les travaux faits pour trouver des connaissances nouvelles (dans un domaine déterminé). *Recherches scientifiques.* **3·** ***La recherche*** : l'ensemble des travaux qui tendent à la découverte de connaissances nouvelles. *Goût pour la recherche. Elle fait de la recherche scientifique.* → **chercheur.** *Le Centre national de la recherche scientifique,* en France (C. N. R. S.). **4·** Action de chercher à obtenir. *La recherche du bonheur, de la gloire.* → **poursuite. 5·** Loc. ***Être à la recherche de.*** → **en quête** de. *Il est à la recherche d'un emploi.* ▶ 1 **recherché, ée** adj. Que l'on cherche à obtenir ; à quoi l'on attache du prix. *Édition recherchée.* → **rare.** – (Personnes) Que l'on cherche à voir, à connaître, à employer. *Un acteur très recherché.* ▶ 2 **recherche** n. f. Manière étudiée, raffinée, de présenter qqch. → **raffinement.** *Elle s'habille avec recherche, avec une certaine recherche. Recherche dans le style.* → **préciosité.** ▶ 2 **recherché, ée** adj. Qui témoigne de recherche. → **raffiné.** *Une mise recherchée.* ▶ **recherchiste** n. Au Canada. Personne qui fait des recherches documentaires (pour les médias).

rechigner [ʀ(ə)ʃiɲe] v. tr. ind. < conjug. 1 > ***Rechigner à*** : témoigner de la mauvaise volonté pour. *Rechigner à la besogne.* → **renâcler.** *Faire qqch. en rechignant.*

rechute [ʀ(ə)ʃyt] n. f. Nouvel accès d'une maladie qui était en voie de guérison. *Faire, avoir une rechute.* ≠ récidive. ▶ **rechuter** v. intr. < conjug. 1 > Faire une rechute. *Elle est retournée travailler trop tôt, et elle a rechuté.*

récidive [ʀesidiv] n. f. **1·** Le fait de commettre une nouvelle infraction, après une condamnation. *Escroquerie avec récidive.* – Le fait de retomber dans la même faute, la même erreur. *En cas de récidive, vous serez sanctionné.* **2·** Réapparition d'une maladie qui était guérie. ≠ rechute. ▶ **récidiver** v. intr. < conjug. 1 > **1·** Se rendre coupable de récidive. **2·** (Maladie) Réapparaître. ▶ **récidiviste** n. Personne qui est en état de récidive. *Une récidiviste trois fois condamnée.* ▷ **multirécidiviste**

récif [ʀesif] n. m. Rocher ou groupe de rochers à fleur d'eau, dans la mer. → **écueil.** *Faire naufrage sur un récif, sur des récifs. Un récif de corail.*

récipiendaire [ʀesipjɑ̃dɛʀ] n. Littér. 1· Personne qui vient d'être reçue officiellement dans une assemblée, une compagnie. 2· Personne qui reçoit un diplôme, une nomination, etc. *La signature du (de la) récipiendaire.*

récipient [ʀesipjɑ̃] n. m. Ustensile creux qui sert à recueillir, à contenir des substances solides, liquides ou gazeuses. *Remplir, vider un récipient. Les bouteilles, les pots, les vases... sont des récipients.*

réciproque [ʀesipʀɔk] adj. et n. f. I· Adj. 1· Qui implique entre deux personnes, deux groupes, deux choses, un échange de même nature. → **mutuel.** *Confiance réciproque. Époux qui se font des concessions réciproques. Un amour réciproque.* → **partagé.** 2· En grammaire. *Verbe (pronominal) réciproque,* qui indique une action exercée par plusieurs sujets les uns sur les autres (ex. : séparer deux enfants qui *se battent*). II· N. f. *La réciproque,* l'inverse. *Il aime Lise, mais la réciproque n'est pas vraie. – Rendre la réciproque à qqn,* la pareille. ▶ **réciprocité** n. f. Caractère de ce qui est réciproque (I, 1). *La réciprocité d'un sentiment. À charge, à titre de réciprocité.* ▶ **réciproquement** adv. 1· Mutuellement. 2· *Et réciproquement :* et la réciproque est vraie. → **vice versa.** *Il aime tout le monde, et réciproquement* (et il est aimé de tous).

récit [ʀesi] n. m. Relation orale ou écrite (de faits vrais ou imaginaires). → **exposé, narration.** *Il nous a fait le récit de ses aventures. Un récit véridique des faits.* – REM. On ne *récite* pas un *récit* ; on le *raconte.* ▷ **récit, récital, récitant, récitatif**

récital, als [ʀesital] n. m. Séance musicale, artistique au cours de laquelle un seul artiste se fait entendre, se produit. *Récital de piano, de chant, de danse. Donner des récitals.*

récitant, ante [ʀesitɑ̃] n. 1· Personne qui chante un récitatif. 2· Personne qui récite, déclame un texte narratif ou poétique. *Tenir le rôle du récitant dans une pièce de théâtre.*

récitatif [ʀesitatif] n. m. Dans la musique dramatique. Chant qui se rapproche des inflexions de la voix parlée. *Un récitatif d'opéra.*

réciter [ʀesite] v. tr. < conjug. 1 > Dire à haute voix (ce qu'on sait par cœur). *Réciter sa prière. Réciter un poème à qqn. Il se récite tout bas ses leçons.* ▶ **récitation** n. f. 1· *La récitation de,* action de réciter (qqch.). *La récitation d'une leçon.* 2· Exercice scolaire qui consiste à réciter un texte littéraire appris par cœur ; ce texte. *Apprendre une, sa récitation.*

réclamation [ʀekla(ɑ)mɑsjɔ̃] n. f. 1· Action de réclamer, de s'adresser à une autorité pour faire reconnaître l'existence d'un droit. → **plainte, revendication.** *Faire, déposer une réclamation.* 2· Protestation. *Assez de réclamations !* → **récrimination.**

réclame [ʀekla(ɑ)m] n. f. 1· Vx. *Une, des réclames :* article publicitaire recommandant qqch. ou qqn, inséré dans un journal. → **publicité.** *Une réclame pour une marque d'automobiles.* – Tout moyen particulier de faire de la publicité (affiches, prospectus...). *Des réclames lumineuses.* 2· Vieilli *La réclame :* la publicité. *Faire de la réclame* (pour une marque, un produit). 3· Vieilli *En réclame :* en vente à prix réduit. *Articles en réclame.* → en **promotion.** 4· Ce qui fait valoir, ce qui assure le succès. *Cela ne lui fait pas de réclame.*

réclamer [ʀekla(ɑ)me] v. < conjug. 1 > I· V. tr. 1· Demander (comme une chose indispensable) en insistant. *On lui a donné ce qu'il réclamait. Réclamer le silence. Réclamer qqn,* sa présence. *L'enfant réclamait sa mère.* 2· Demander comme dû, comme juste. → **exiger, revendiquer.** *Réclamer sa part. Il réclame une indemnité à la compagnie d'assurances.* 3· (Suj. chose) Requérir, exiger, nécessiter. *Ce travail réclame beaucoup de soin.* II· V. intr. Faire une réclamation. → **protester.** – Fam. *J'ai l'estomac qui réclame,* j'ai faim. III· *Se réclamer (de...)* v. pron. : invoquer en sa faveur le témoignage ou la caution de (qqn). → se **recommander.** *Vous avez bien fait de vous réclamer de moi.* ▷ **réclamation, réclame**

reclasser [ʀ(ə)klɑse] v. tr. < conjug. 1 > 1· Classer de nouveau, selon une nouvelle méthode. *Reclasser des fiches.* 2· Procéder au reclassement (2) de (qqn). *Reclasser des fonctionnaires, des chômeurs.* ▶ **reclassement** n. m. 1· Nouveau classement. 2· Classement d'après une nouvelle échelle des salaires (dans la fonction publique). – Nouvelle affectation de personnes qui ne sont plus aptes à exercer leur emploi. *Le reclassement des victimes d'accidents du travail.*

reclus, use [ʀəkly, yz] n. et adj. Littér. Personne qui vit enfermée, retirée du monde. *Il ne sort plus, il vit en reclus ; il mène une vie de reclus. – Existence recluse.* ▶ **réclusion** [ʀeklyzjɔ̃] n. f. Privation de liberté, avec obligation de travailler. → **détention, prison.** *Réclusion à perpétuité. Il est condamné à dix ans de réclusion criminelle.*

recoiffer [ʀ(ə)kwafe] v. tr. < conjug. 1 > Coiffer de nouveau. – Pronominalement. *Elle s'est recoiffée avant de sortir.*

recoin [ʀəkwɛ̃] n. m. 1· Coin caché, retiré. *Les recoins d'un grenier. Explorer les coins et les recoins.* 2· Abstrait. Partie secrète, intime. → **repli.** *Les recoins de la mémoire.*

récollection [ʀekɔlɛksjɔ̃] n. f. Littér. Action de se recueillir (1) ; retraite spirituelle. → ② **retraite** (3).

recoller [ʀ(ə)kɔle] v. tr. < conjug. 1 > Coller de nouveau ; réparer en collant. *Recoller une assiette cassée.* – *Il va falloir recoller les morceaux* ; au fig., arranger les choses, après une rupture.

récolte [ʀekɔlt] n. f. 1· Action de recueillir (les produits de la terre). *Faire la récolte des pêches.* 2· Les produits recueillis. *L'abondance des récoltes. Bonne, mauvaise récolte.* 3· Ce qu'on recueille à la suite d'une recherche. *Une récolte de documents.* ▶ **récolter** v. tr. < conjug. 1 > 1· Faire la récolte de. → **cueillir, recueillir.** *Récolter des fruits, des pommes de terre.* – Pronominalement (passif). *Ces fraises se récoltent en juin.* 2· Gagner, recueillir. *Récolter des renseignements. Je n'y ai récolté que des ennuis.* – Fam. Recevoir. *Récolter des coups.*

recombinaison [ʀəkɔ̃binɛzɔ̃] n. f. Brassage de gènes (pouvant entraîner l'apparition, dans la descendance, de traits qui n'existaient ensemble chez aucun des parents). ▶ **recombinant, ante** [ʀəkɔ̃binɑ̃, ɑ̃t] adj. *A. D. N. recombinant*, obtenu par recombinaison de fragments d'origines différentes. – *Protéine recombinante.*

recommander [ʀ(ə)kɔmɑ̃de] v. tr. < conjug. 1 > I· 1· Désigner (qqn) à l'attention bienveillante, à la protection d'une personne. *Recommander un ami à un employeur. Il a été chaudement recommandé auprès du ministre.* → **appuyer, pistonner.** – *Recommander son âme à Dieu*, prier pour son âme avant de mourir ; se préparer à mourir. 2· Désigner (une chose) à l'attention de qqn ; vanter les avantages de. → **conseiller, préconiser.** *Recommander un produit, une méthode.* 3· Demander avec insistance (qqch.) à qqn. *Je te recommande la plus grande prudence. Je vous recommande de bien l'accueillir.* – Impers. *Il est recommandé de se laver les mains avant de manger.* – Au p. p. *Ce n'est pas très recommandé*, c'est déconseillé. 4· Soumettre (un envoi postal) à une taxe spéciale qui garantit son bon acheminement. *Recommander un paquet.* – Au p. p. adj. *Lettre recommandée.* – N. m. *Envoi en recommandé. Un recommandé avec accusé de réception.* II· *Se recommander* v. pron. 1· *Se recommander de*, invoquer l'appui, le témoignage de. → se **réclamer.** *Vous pouvez vous recommander de moi.* 2· *Se recommander à*, réclamer la protection de. *Se recommander à Dieu.* ▶ **recommandable** adj. Digne d'être recommandé, estimé. *Il, elle est recommandable à tous égards.* – (Plus courant au négatif et avec *peu*) *Un individu peu recommandable.* ▶ **recommandation** n. f. 1· Action de recommander qqn. → **appui, protection** ; fam. **piston.** *Je me suis adressé au directeur sur votre recommandation. Des lettres de recommandation.* 2· Action de recommander (qqch.) avec insistance. → **exhortation.** *Faire des recommandations à qqn.*

recommencer [ʀ(ə)kɔmɑ̃se] v. < conjug. 3 > I· V. tr. 1· Commencer de nouveau (ce qu'on avait interrompu, abandonné ou rejeté). → **reprendre.** *Recommencer la lutte.* – Sans compl. Reprendre au commencement. *J'ai oublié où j'en étais, je recommence.* – ***Recommencer à*** (+ infinitif). → se **remettre.** *Il recommença à gémir.* – Impers. *Voilà qu'il recommence à pleuvoir !* 2· Faire de nouveau depuis le début (ce qu'on a déjà fait). → **refaire.** *Recommencer un travail mal fait. Recommencer dix fois la même chose. Tout est à recommencer ! Si c'était à recommencer...* (j'agirais tout autrement). II· V. intr. 1· Littér. Avoir de nouveau un commencement. *Tout renaît et recommence.* → se **renouveler.** 2· Se produire de nouveau (après une interruption). → **reprendre.** *L'orage recommence.* / contr. cesser / ▶ **recommencement** n. m. Action de recommencer. *Un perpétuel recommencement.*

récompense [ʀekɔ̃pɑ̃s] n. f. Bien matériel ou moral donné ou reçu pour une bonne action, un service rendu, des mérites. *Donner, recevoir une récompense. La récompense de qqn*, celle qu'il reçoit. *Il a reçu un livre en récompense. Cent euros de récompense à qui retrouvera mon chien.* ▶ **récompenser** v. tr. < conjug. 1 > Gratifier d'une récompense. *Récompenser qqn de (ou pour) ses efforts ; le récompenser d'avoir fait des efforts.* – Au passif. *Être récompensé de ses efforts.* – (Compl. chose) *Récompenser le travail de qqn.* – *Sa patience est enfin récompensée.*

recomposé, ée [ʀ(ə)kɔ̃poze] adj. *Famille recomposée*, dans laquelle certains des enfants sont issus d'une union antérieure d'au moins l'un des parents.

recompter [ʀəkɔ̃te] v. tr. < conjug. 1 > Compter de nouveau. *Il recompta ce qu'il avait en poche.*

réconcilier [ʀekɔ̃silje] v. tr. < conjug. 7 > 1· Remettre en accord, en harmonie (des personnes qui étaient brouillées). → **raccommoder.** *Réconcilier deux personnes. Je veux réconcilier Pierre et Jean, Pierre avec Jean.* – Pronominalement. *Se réconcilier avec qqn. Ils se sont réconciliés.* 2· Concilier (des opinions, des doctrines foncièrement différentes). *Réconcilier la politique et la morale.* – Faire revenir (qqn) sur une opinion ou un préjugé défavorables. *Cette exposition me réconcilie avec la peinture moderne.* ▶ **réconciliation** n. f. Action de réconcilier ; fait de se réconcilier. → **raccommodement.**

① **reconduire** [ʀ(ə)kɔ̃dɥiʀ] v. tr. < conjug. 38 > REM. Part. passé *reconduit(e).* 1· Accompagner (une personne) à son domicile. → **raccompagner, ramener.** – *Reconduire des immigrés clandestins à la frontière,* les expulser. **2·** Accompagner (un visiteur qui s'en va) jusqu'à la porte, par civilité.

②**reconduire** v. tr. < conjug. 38 > REM. Part. passé *reconduit(e).* En terme de droit, d'administration. Renouveler ou proroger (un contrat, etc.). *Reconduire des mesures temporaires, un bail, une grève.* ▶ **reconductible** adj. Qui peut être reconduit. *Contrat reconductible.* ▶ **reconduction** n. f. Acte par lequel on continue, on renouvelle (une location, un bail à terme...). *Tacite reconduction,* qui se fait par accord tacite.

réconfort [ʀekɔ̃fɔʀ] n. m. Ce qui redonne du courage, de l'espoir. → **consolation.** *Avoir besoin de réconfort. Ta visite m'a apporté un grand réconfort.* ▶ **réconforter** v. tr. < conjug. 1 > **1·** Donner, redonner (à qqn qui en a besoin) du courage, de l'énergie. → **soutenir.** *Réconforter un ami dans la peine. Ton exemple me réconforte.* **2·** Redonner momentanément des forces physiques à (qqn d'affaibli). → **remonter, revigorer.** *Cette tasse de thé m'a réconforté. J'ai besoin de me réconforter,* de manger, de boire qqch. ▶ **réconfortant, ante** adj. Qui réconforte, console. *Nouvelles réconfortantes.* – Qui revigore. – N. m. *Un réconfortant,* une boisson qui ranime. → **remontant.**

①**reconnaître** [ʀ(ə)kɔnɛtʀ] v. tr. < conjug. 57 > **I· 1·** Identifier (qqn, qqch.) à l'aide de la mémoire. → se **souvenir.** *Je reconnais cet endroit, j'y suis déjà venu. Il avait laissé pousser sa barbe, aussi je ne l'ai pas reconnu tout de suite. Le chien reconnaît son maître.* **2·** Identifier (qqn, qqch.) en tant qu'appartenant à une catégorie. *Reconnaître une plante,* l'espèce à laquelle elle appartient. *Reconnaître une voix,* en identifiant la personne qui parle. *Reconnaître l'injustice là où elle se manifeste.* – Avec un compl. au plur. *Des jumeaux impossibles à reconnaître.* → **distinguer.** – Retrouver (une chose, une personne) telle qu'on l'a connue. *Je reconnais bien là sa paresse. On ne le reconnaît plus,* il a changé. – ***Reconnaître*** *qqn, qqch.* ***à*** *:* l'identifier grâce à (tel caractère, tel signe). *Reconnaître qqn à sa démarche, un arbre à ses feuilles.* **II·** ***Se reconnaître*** v. pron. **1·** (Réfl.) Retrouver son image, s'identifier. *Je ne me reconnais pas du tout sur cette photo.* – *Se reconnaître dans qqn,* se trouver des points de ressemblance avec lui. *Les jeunes se reconnaissent dans le héros de ce film.* **2·** Reconnaître les lieux où l'on se trouve. → se **retrouver.** *Comment se reconnaître dans ce dédale de ruelles ? Ne plus s'y reconnaître.* **3·** (Récipr.) *Ils ne se sont pas reconnus, après dix ans de séparation.* **4·** (Passif) Être reconnu ou reconnaissable. *Le rossignol se reconnaît à son chant.* ▶ **reconnaissable** adj. Qui peut être aisément reconnu, distingué. *Son parfum est reconnaissable entre tous. Il est reconnaissable à sa calvitie. Il est à peine reconnaissable, tant il est changé.* → **méconnaissable.** ▶ ①**reconnaissance** n. f. Action de reconnaître. – *Signe de reconnaissance,* par lequel des personnes se reconnaissent.

②**reconnaître** v. tr. < conjug. 57 > **1·** Admettre, avouer (un acte blâmable qu'on a commis). → **confesser.** *Reconnaître ses torts. L'accusé a reconnu les faits. Il reconnaît avoir menti, qu'il a menti.* **2·** Admettre (qqn) pour chef, pour maître. *C'est le chef reconnu de la rébellion.* **3·** Admettre (qqch.). *Reconnaître la valeur, la supériorité de qqn.* – *Reconnaissons qu'il a fait ce qu'il a pu.* → **convenir** de. – *Reconnaître une qualité à qqn,* considérer qu'il la possède. **4·** Admettre, après une recherche. → **constater, découvrir.** *Reconnaître peu à peu les difficultés d'un sujet.* **5·** Effectuer une reconnaissance(I, 2) dans (un lieu). *Reconnaître le terrain, les positions.* **6·** Admettre officiellement l'existence juridique de. *Reconnaître un gouvernement, la compétence d'un tribunal.* – *Reconnaître un enfant* (→ **reconnaissance,** I, 3). *Reconnaître une dette.* ▶ ②**reconnaissance** n. f. **I·** Action de reconnaître, d'accepter, d'admettre. **1·** Littér. Aveu, confession (d'une faute). *La reconnaissance de ses erreurs.* **2·** Examen (d'un lieu). → **exploration.** *La reconnaissance d'une contrée inconnue, d'une côte inexplorée.* – Opération militaire dont le but est de recueillir des renseignements. *Mission, patrouille de reconnaissance.* – Loc. ***En reconnaissance.*** *Envoyer un détachement en reconnaissance. Partir en reconnaissance.* **3·** Action de reconnaître formellement, juridiquement. *La reconnaissance d'un État par un autre État.* – *Reconnaissance d'enfant,* acte par lequel une personne reconnaît être le père ou la mère d'un enfant. – *Signer une reconnaissance de dette.* **II· 1·** Action de reconnaître (un bienfait reçu). *Il l'a faite son héritière en reconnaissance de ses services.* **2·** Gratitude. *Éprouver de la reconnaissance.* – Fam. *La reconnaissance du ventre,* celle que l'on éprouve envers qqn qui vous a nourri. ▶ **reconnaissant, ante** adj. Qui a de la reconnaissance (II, 2). *Je vous suis très reconnaissant de m'avoir aidé.* ▶ **reconnu, ue** adj. Admis pour vrai. *C'est un fait reconnu,* certain, avéré.

reconquérir [ʀ(ə)kɔ̃keʀiʀ] v. tr. < conjug. 21 > **1·** Reprendre par une conquête. – Au p. p. adj. *Un village conquis, perdu et reconquis.* **2·** Conquérir de nouveau par une lutte. *Reconquérir sa liberté.* ▶ **reconquête** n. f. Action de reconquérir.

reconsidérer [ʀ(ə)kɔ̃sideʀe] v. tr. < conjug. 6 > Considérer de nouveau (une question, un projet). *Il faut reconsidérer le problème.*

reconstituer [ʀ(ə)kɔ̃stitɥe] v. tr. < conjug. 1 > **1·** Constituer, former de nouveau. *Reconstituer une armée. Il a reconstitué sa fortune.* – Pronominalement. *Le parti s'est reconstitué.* **2·** Rétablir dans sa forme, dans son état d'origine, en réalité ou par la pensée (une chose disparue). *Reconstituer fidèlement un quartier d'une ville détruite. L'enquête a permis de reconstituer les faits.* **3·** Rétablir dans son état antérieur et normal. *Reconstituer ses forces.* → **régénérer.** ▶ **reconstituant, ante** adj. et n. m. Propre à reconstituer, à redonner des forces à l'organisme. *Aliment, régime reconstituant.* – N. m. *Un reconstituant.* → **tonique.** ▶ **reconstitution** n. f. Action de reconstituer, de se reconstituer. *Une reconstitution historique* (dans un spectacle, etc.), une évocation historique précise et fidèle. – *La reconstitution d'un crime, d'un accident.*

reconstruire [ʀ(ə)kɔ̃stʀɥiʀ] v. tr. < conjug. 38 > REM. Part. passé *reconstruit(e).* **1·** Construire de nouveau (ce qui était démoli). *Reconstruire une ville.* → **rebâtir.** – Au p. p. adj. *Cité reconstruite après une guerre.* **2·** Réédifier, refaire. *Reconstruire sa fortune. Il veut reconstruire la société à son idée.* ▶ **reconstructeur, trice** adj. *Chirurgie reconstructrice.* → **réparateur.** ▶ **reconstruction** [ʀ(ə)kɔ̃stʀyksjɔ̃] n. f.

reconversion [ʀ(ə)kɔ̃vɛʀsjɔ̃] n. f. **1·** *Reconversion économique, technique,* adaptation à des conditions nouvelles (notamment quand on revient de l'économie de guerre à l'économie de paix). **2·** Affectation (de qqn) à un nouvel emploi. → **recyclage.** ▶ **reconvertir** v. tr. < conjug. 2 > Procéder à la reconversion de (qqn, qqch.). – ***Se reconvertir*** v. pron. : changer de métier. *Déçue par l'enseignement, elle s'est reconvertie dans la recherche.* → **se recycler.**

recopier [ʀ(ə)kɔpje] v. tr. < conjug. 7 > Copier (un texte déjà écrit). → **transcrire.** *Recopier une adresse dans son nouvel agenda.* – Mettre au propre (un brouillon). *Recopier un devoir.* ▶ **recopiage** n. m.

record [ʀ(ə)kɔʀ] n. m. **1·** Exploit sportif qui dépasse ce qui a été fait avant dans la même spécialité. *Établir, détenir, améliorer, battre, pulvériser un record. Record d'Europe, du monde.* – *Battre tous les records,* l'emporter sur les autres ; fam. dépasser tout ce que l'on peut imaginer. *Sa paresse bat tous les records !* **2·** En appos. Jamais atteint. *Production record. Atteindre le chiffre record de... Des ventes record(s).*

recoucher [ʀ(ə)kuʃe] v. tr. < conjug. 1 > Coucher de nouveau (qqn qui vient de se lever). – Pronominalement. *Se recoucher.*

recoudre [ʀ(ə)kudʀ] v. tr. < conjug. 48 > Coudre (ce qui est décousu). *Recoudre un bouton.* – Coudre les lèvres d'une plaie, d'une incision. *Recoudre la peau du visage.* – Au p. p. adj. *Son visage est tout recousu.*

1 **recouper** [ʀ(ə)kupe] v. tr. < conjug. 1 > **1·** Couper de nouveau. – *Recouper un habit,* en modifier la coupe. **2·** Sans compl. Couper une seconde fois les cartes.

2 **recouper** v. tr. < conjug. 1 > (Suj. chose abstraite, discours) **1·** Coïncider en confirmant. *Votre témoignage recoupe le sien.* **2·** ***Se recouper*** v. pron. : coïncider en un ou plusieurs points. *Les déclarations des deux témoins se recoupent.* ▶ **recoupement** n. m. Rencontre de renseignements de sources différentes qui permettent d'établir un fait ; vérification du fait par ce moyen. *Procéder par recoupement. Faire un recoupement.*

recourber [ʀ(ə)kuʀbe] v. tr. < conjug. 1 > Courber à son extrémité, rendre courbe. *Recourber une branche, une tige de métal.* – Au p. p. adj. *Bec recourbé.* → **crochu.**

1 **recourir** [ʀ(ə)kuʀiʀ] v. tr. ind. < conjug. 11 > ***Recourir à.*** **1·** Demander une aide à (qqn). *Recourir à un ami. Nous avons recouru à une agence pour trouver un logement.* → **s'adresser.** **2·** Mettre en œuvre (un moyen). *Recourir à un mensonge. Il a fallu recourir à un expédient.* ▶ **recours** [ʀ(ə)kuʀ] n. m. invar. **1·** Action de recourir à (qqn, qqch.). *Le recours à la violence.* – ***Avoir recours à*** loc. verb. : faire appel à. *Avoir recours à qqn.* → **s'adresser, recourir.** *Il a eu recours à des moyens extrêmes.* **2·** Ce à quoi on recourt, dernier moyen efficace. → **ressource.** *C'est notre dernier, notre suprême recours. C'est sans recours,* c'est irrémédiable. **3·** Procédé destiné à obtenir d'une juridiction le nouvel examen d'une question. → **pourvoi.** *Recours en cassation.* – *Recours en grâce,* adressé au chef de l'État.

2 **recourir** v. < conjug. 11 > **1·** V. intr. Se remettre à courir. *Il n'a pas recouru depuis son accident.* **2·** V. tr. *Recourir un cent mètres.*

recouvrer [ʀ(ə)kuvʀe] v. tr. < conjug. 1 > **1·** Littér. Rentrer en possession de (qqch.). *Il a recouvré son bien.* → **récupérer.** *Recouvrer ses droits. J'espère que tu recouvreras la santé,* que tu guériras. **2·** Recevoir le paiement de (une somme due). → **encaisser.** ≠ recouvrir. ▶ 1 **recouvrement** n. m. Action de recouvrer (des sommes dues). *Le recouvrement d'une créance.*

recouvrir [R(ə)kuvRiR] v. tr. < conjug. 18 > **I·** Couvrir de nouveau (ce qui est découvert). *Il a recouvert la casserole.* – *Recouvrir qqn dans son lit,* remettre une couverture sur lui. **II· 1·** (Suj. chose) Couvrir entièrement. *La neige recouvre le sol.* **2·** (Suj. personne) Couvrir toute la surface de (qqch.) en la touchant. *Recouvrir un mur de papier peint.* → **tapisser.** *Recouvrir des sièges* (de tissu). → **garnir.** *As-tu recouvert tes livres de classe ?* **3·** (Suj. chose) Cacher, masquer. *Sa désinvolture recouvre une grande timidité.* **4·** Abstrait. S'appliquer à, correspondre à. *La notion de réalisme recouvre plusieurs aspects.* → **embrasser.** ≠ recouvrer. ▶ 2 **recouvrement** n. m. Action de recouvrir ; (technique) ce qui recouvre.

recracher [R(ə)kRaʃe] v. tr. < conjug. 1 > Rejeter de la bouche (ce qu'on y a mis). *Recracher un bonbon.*

recréer [R(ə)kRee] v. tr. < conjug. 1 > Reconstruire, reconstituer, faire revivre (ce qui n'est plus). *Recréer une ambiance.* – Abstrait. Réinventer. *L'imagination recrée le monde.* ≠ se récréer. ▶ **recréation** n. f. Action de recréer. *La recréation d'un personnage historique.* ≠ récréation.

se récréer [RekRee] v. pron. < conjug. 1 > Littér. Se délasser par une occupation agréable. → **amuser, distraire,** se **divertir.** ≠ recréer. ▶ **récréatif, ive** adj. Qui a pour objet ou pour effet de divertir. *Séance récréative organisée pour des enfants.* ▶ **récréation** n. f. **1·** Temps de liberté accordé aux élèves pour qu'ils puissent jouer, se délasser. *Aller, être en récréation. La cour de récréation.* – Abrév. fam. **récré** n. f. **2·** Littér. Délassement, divertissement. *S'octroyer une petite récréation.* ≠ recréation.

se récrier [RekRije] v. pron. < conjug. 7 > Littér. S'exclamer sous l'effet d'une vive émotion. *Elles se sont récriées d'admiration.* – Sans compl. *À ces mots, il se récria.* → **protester.**

récriminer [RekRimine] v. intr. < conjug. 1 > *Récriminer contre qqn, qqch.,* critiquer avec amertume et âpreté. → **protester.** – Sans compl. *Inutile de récriminer.* ▶ **récrimination** n. f. Le fait de récriminer. → **protestation, réclamation.**

récrire [RekRiR] ou **réécrire** [ReekRiR] v. tr. < conjug. 39 > **1·** Écrire de nouveau. *Je te récrirai (réécrirai) la semaine prochaine.* **2·** Rédiger de nouveau. – Au p. p. adj. *Scénario réécrit de bout en bout.*

se recroqueviller [R(ə)kRɔkvije] v. pron. < conjug. 1 > **1·** Se rétracter, se recourber en se desséchant. → se **racornir,** se **ratatiner.** *Le cuir se recroqueville à la chaleur. Les feuilles mortes se sont recroquevillées.* **2·** (Suj. personne) Se replier, se ramasser sur soi-même. – Au p. p. adj. *Un malade recroquevillé dans son lit.* **3·** V. tr. *Le froid recroqueville les plantes.*

recru, ue [R(ə)kRy] adj. Littér. Fatigué jusqu'à l'épuisement. → **éreinté, fourbu.** *Bête de somme recrue.* – REM. On dit surtout : **Être recru, ue de fatigue.** ≠ recrue n. f.

recrudescence [R(ə)kRydesɑ̃s] n. f. **1·** Aggravation (d'une maladie) après une amélioration. *Une recrudescence de fièvre. La recrudescence d'une épidémie,* augmentation du nombre des cas. **2·** Brusque réapparition, sous une forme plus intense. *La recrudescence des combats, d'un incendie.* ▶ **recrudescent, ente** adj. Littér. Qui est en recrudescence. *Criminalité recrudescente.*

recrue [R(ə)kRy] n. f. **1·** Soldat qui vient d'être recruté. → **conscrit.** *Les nouvelles recrues.* **2·** Personne qui vient s'ajouter à un groupe. *Faire une nouvelle recrue* (dans un cercle, un parti...). ≠ recru(e) adj. ▶ **recruter** v. tr. < conjug. 1 > **1·** Engager (des hommes) pour former une troupe ; former (une troupe). *Recruter une armée.* – Au p. p. adj. *Soldat nouvellement recruté.* → **recrue.** – Amener (qqn) à faire partie d'un groupe. *Recruter des partisans, des collaborateurs.* **2·** *Se recruter* v. pron. : être recruté. *Membres qui se recrutent par élection. Se recruter dans, parmi...,* provenir de. *Leurs adhérents se recrutent dans tous les milieux.* ▶ **recrutement** n. m. Action de recruter (des soldats, du personnel, etc.). *Bureau, service de recrutement.* ▶ **recruteur, euse** n. et adj. Personne qui est chargée de recruter. – Adj. *Agent recruteur.* → **chasseur** de têtes.

recta [Rɛkta] adv. Fam. Ponctuellement, très exactement. *Payer recta.*

rectal, ale, aux [Rɛktal, o] adj. Du rectum. → **anal.** *Température rectale.*

rectangle [Rɛktɑ̃gl] adj. et n. m. **1·** Adj. Dont un angle au moins est droit. *Triangle rectangle.* **2·** N. m. Figure à quatre angles droits dont les côtés sont égaux deux à deux (s'ils le sont tous, c'est un *carré*). ▶ **rectangulaire** adj. Qui a la forme d'un rectangle. *Pièce rectangulaire.*

recteur, trice [RɛktœR, tRis] n. **1·** Universitaire qui est à la tête d'une académie. → **rectorat.** *Elle a été nommée recteur* ou *rectrice de l'Académie de Paris.* **2·** N. m. (Autrefois). Supérieur d'un collège religieux. – Région. En Bretagne. Curé. ▷ **rectorat**

rect(i)- Élément signifiant « 1 droit ».

rectifier [Rɛktifje] v. tr. < conjug. 7 > **1·** Rendre droit. *Rectifier un alignement.* **2·** Modifier (qqch.) pour le rendre conforme à son emploi, à ce qu'il doit être. *Rectifier un tracé. Rectifier la position,* (soldat) reprendre la position réglementaire. – Loc. Abstrait. ***Rectifier le tir*** : changer sa façon d'agir pour mieux réussir. **3·** Rendre exact. → **corriger.** *Rectifier un calcul. Texte à rectifier.* **4·** Faire disparaître en corrigeant. *Rectifier une erreur.* – Sans compl. *Ce que tu dis là est inexact, permets-moi de rectifier.* ▶ **rectifiable** adj. Qui peut être rectifié. ▶ **rectificatif, ive** adj. et n. m. Qui a pour objet de rectifier (une chose inexacte). *Compte rectificatif.* – N. m. *Communiquer à la presse un rectificatif,* une note rectificative. ▶ **rectification** n. f. **1·** Action de rectifier. **2·** Correction. *Veuillez noter cette rectification.*

rectiligne [ʀɛktiliɲ] adj. **1·** Qui est ou se fait en ligne droite. *Allées rectilignes. Mouvement rectiligne.* **2·** Limité par des droites ou des segments de droite. *Figure géométrique rectiligne.*

rectitude [ʀɛktityd] n. f. Littér. Qualité de ce qui est droit, rigoureux (intellectuellement et moralement). *Faire preuve de rectitude morale.* → **droiture.** *La rectitude d'un raisonnement.* → **justesse.**

recto [ʀɛkto] n. m. Première page d'un feuillet (dont l'envers est appelé *verso*). → ② **endroit.** *Le début est au recto. Des rectos.* – Loc. adv. ***Recto verso*** : au recto et au verso.

rectorat [ʀɛktɔʀa] n. m. **1·** Charge de recteur (1). – Durée de cette charge. **2·** Bureaux du recteur (1).

rectum [ʀɛktɔm] n. m. Anatomie. Portion terminale du gros intestin, qui aboutit à l'anus. ▷ **rectal**

① **reçu, ue** Participe passé du verbe *recevoir.*

② **reçu** [ʀ(ə)sy] n. m. Écrit par lequel une personne reconnaît avoir reçu (qqch.) à titre de paiement, de prêt, etc. → **quittance, récépissé.** *Donner, remettre un reçu. Signez et datez les reçus.*

① **recueillir** [ʀ(ə)kœjiʀ] v. tr. < conjug. 12 > **I·** ***Recueillir*** *qqch.* **1·** Prendre en cueillant ou en ramassant, pour utiliser ultérieurement. *Les abeilles recueillent le pollen.* – Abstrait. → **récolter.** *Quand recueillerons-nous le fruit de nos efforts ?* **2·** Rassembler, réunir (des éléments dispersés). → **collecter.** *Recueillir des matériaux, de l'argent, des souscriptions.* **3·** Faire entrer et séjourner dans un récipient. *Recueillir les eaux de pluie dans une citerne.* **4·** Recevoir pour conserver (une information). → **enregistrer.** *Recueillir des renseignements, les dépositions des témoins.* **5·** Recevoir (par voie d'héritage, etc.). *Recueillir des biens laissés par un vieil oncle.* – Obtenir. *Recueillir des voix, des suffrages* (dans une élection). **II·** ***Recueillir*** *qqn* : offrir un refuge et une protection à (qqn dans le besoin, le malheur). *Recueillir un enfant de l'Assistance.* – *Il recueille les chiens errants.* ▶ **recueil** [ʀ(ə)kœj] n. m. Ouvrage réunissant des écrits, des documents. *Un recueil de poèmes. Recueil de morceaux choisis.* → **anthologie.** *Des recueils de chansons.*

② **se recueillir** v. pron. < conjug. 12 > **1·** Concentrer sa pensée sur la vie spirituelle (→ **récollection**). **2·** S'isoler du monde extérieur pour mieux réfléchir, se concentrer. → **rentrer** en soi-même. *Avoir besoin de se recueillir.* ▶ **recueillement** n. m. **1·** Action de se recueillir. → **méditation.** **2·** État de l'esprit qui s'isole du monde extérieur. *Écouter de la musique avec recueillement.* ▶ **recueilli, ie** adj. Qui a, qui manifeste du recueillement. *Des communiants recueillis. Un air recueilli et méditatif.*

recuire [ʀ(ə)kɥiʀ] v. intr. < conjug. 38 > **REM.** Part. passé *recuit(e).* Subir une nouvelle cuisson. *Faire recuire un gigot trop saignant.*

recul [ʀ(ə)kyl] n. m. **1·** (Mécanisme) *Le recul d'un canon, d'une arme à feu,* le mouvement vers l'arrière après le départ du coup. **2·** Action de reculer, mouvement ou pas en arrière. / contr. progression / *Le recul d'une armée.* → ② **repli.** *Avoir un recul, un mouvement de recul.* – Abstrait. Régression. *On constate un certain recul de la tuberculose.* **3·** Position éloignée (dans l'espace ou dans le temps) permettant une appréciation meilleure. *Prendre du recul pour apprécier un tableau. Je n'ai compris cela que beaucoup plus tard, avec le recul.* – Le fait de se détacher mentalement d'une situation actuelle pour mieux l'évaluer. *Prenons du recul. Manquer de recul.* **4·** Espace libre, permettant (au tennis, au ping-pong) de reculer pour reprendre la balle. *Ce court n'a pas assez de recul.* ▶ **reculer** v. < conjug. 1 > **I·** V. intr. **1·** Aller, faire mouvement en arrière. / contr. avancer / *Reculer d'un pas. Reculer d'horreur.* – *Voiture qui recule.* – Loc. *Reculer pour mieux sauter,* éviter sur le moment une difficulté qu'il faudra affronter de toute façon. **2·** (Choses) Perdre du terrain. *L'épidémie a reculé.* **3·** Abstrait. Se dérober devant une difficulté ; revenir à une position plus sûre. → **renoncer.** *Il s'est trop avancé pour reculer. Plus moyen de reculer !* – ***Reculer devant*** *qqch.* : craindre, fuir (un danger, une difficulté). *Il ne recule devant rien.* – Hésiter (à faire qqch.). *Il y a de quoi faire reculer les plus audacieux.* **II·** V. tr. **1·** Porter en arrière. *Recule un peu ta chaise.* – Pronominalement. *Elle se recula pour mieux voir.* – Reporter plus loin. *Reculer les frontières d'un pays.* → **repousser.** **2·** Reporter à plus tard. → **ajourner, différer.** *Reculer une décision, une échéance.* / contr. avancer / ▶ **reculade** n. f. Péj. et littér. Action de qqn qui recule, cède. → **dérobade.** *Honteuse, lâche reculade.* ▶ **reculé, ée** adj. **1·** Lointain et difficile d'accès. → **isolé.** *Village reculé.* **2·** Éloigné (dans le temps). → **ancien.** *À une époque très reculée.* ▶ **à reculons** [aʀkylɔ̃] loc. adv. En reculant, en allant en arrière. *S'éloigner à reculons.* – *Aller, marcher à reculons.* → **rétrograder** (I).

récupérer [ʀekypeʀe] v. tr. < conjug. 6 > **I·** *Récupérer qqch.* **1·** Rentrer en possession de (ce qu'on avait perdu, dépensé). *Récupérer de l'argent, ses affaires, un livre prêté.* – *Récupérer ses forces.* – Sans compl. *Laisse-moi le temps de récupérer. Athlète qui récupère vite* (après un grand effort). **2·** Recueillir (ce qui serait perdu ou inutilisé). *Récupérer de la ferraille, du matériel.* **3·** *Récupérer des heures, des journées de travail,* les faire en remplacement d'heures, de journées non effectuées. **II·** *Récupérer qqn.* **1·** Conserver, en l'employant autrement (qqn qui n'est plus apte à poursuivre son activité passée). *Récupérer et reclasser des accidentés.* **2·** Fam. Retrouver et prendre avec soi (qqn) après une séparation. *C'est elle qui récupérera les enfants à la gare.* **3·** Fam. Retrouver et employer de nouveau. *J'ai récupéré ma secrétaire de l'an dernier.* **4·** Détourner de l'orientation initiale pour utiliser à son profit. *Le gouvernement cherche à récupérer ce mouvement populaire.* – (Passif) *Les grévistes ne veulent être récupérés par aucun parti.* ▶ **récupérable** adj. Qui peut être récupéré. *Heures (de travail) récupérables.* – (Personnes) Qui est susceptible de reprendre dans un groupe, dans la société, la place qu'il avait perdue. / contr. irrécupérable / ▶ ① **récupérateur** n. m. Appareil destiné à améliorer le rendement d'un système productif d'énergie (électrique, calorifique,...). *Elle a fait installer une cheminée à récupérateur de chaleur.* ▶ ② **récupérateur, trice** n. Personne qui collecte des matériaux ou objets usagés (voitures, électroménager, cartons,...) afin, soit d'en retirer et de revendre les parties en bon état, soit de les rendre aptes à être transformés de nouveau en matières premières. → **ferrailleur.** ▶ **récupération** n. f. Action de récupérer (surtout au sens I, 2). – Abrév. **récup.** *Cette lampe, c'est de la récup.* ▷ **irrécupérable**

récurer [ʀekyʀe] v. tr. < conjug. 1 > Nettoyer en frottant. *Récurer des casseroles, un évier. Poudre à récurer.* ▶ **récurage** n. m.

récurrent, ente [ʀekyʀɑ̃, ɑ̃t] adj. Qui revient, réapparaît, se répète. *Fièvre récurrente. Un phénomène récurrent.*

récuser [ʀekyze] v. tr. < conjug. 1 > **1·** Refuser d'accepter (qqn) comme juge, arbitre, témoin. *Récuser un témoin. Récuser la compétence d'un tribunal.* **2·** Repousser comme inexact. *Récuser un argument. Ce témoignage ne peut être récusé.* **3·** *Se récuser* v. pron. : affirmer son incompétence sur une question. ▶ **récusable** adj. En droit. Qu'on peut récuser. *Juge récusable.* – Auquel on n'accorde pas confiance. *Témoignage récusable.* / contr. irrécusable / ▶ **récusation** n. f. ▷ **irrécusable**

recyclage [ʀ(ə)siklaʒ] n. m. **1·** Changement de l'orientation scolaire (d'un enfant) vers un autre cycle d'études. **2·** Formation complémentaire pour adapter qqn à de nouvelles fonctions ou de nouvelles connaissances. *Stage de recyclage.* → **reconversion. 3·** Action de récupérer des déchets, de leur faire subir un traitement et de les réintroduire dans le cycle de production. *Le recyclage du verre.* → **tri** sélectif. ▶ **recycler** v. tr. < conjug. 1 > **1·** Effectuer le recyclage de (qqn). – Pronominalement. *Elle cherche à se recycler.* **2·** Soumettre à un recyclage (3). *Recycler des matériaux.* – Au p. p. adj. *Papier recyclé.* ▶ **recyclable** adj. Que l'on peut recycler (2). *L'aluminium est un matériau recyclable.*

rédaction [ʀedaksjɔ̃] n. f. **1·** Action ou manière de rédiger un texte. *La rédaction d'un article.* **2·** Ensemble des rédacteurs d'un journal, d'une œuvre collective ; locaux où ils travaillent. *Salle de rédaction.* **3·** Exercice scolaire élémentaire, pour apprendre aux élèves à rédiger. → **composition** française. ▶ **rédacteur, trice** n. Professionnel(le) de la rédaction d'un texte (publicitaire, littéraire) ou d'articles de journaux. → **journaliste.** – *Rédacteur en chef,* directeur de la rédaction d'un journal. ▶ **rédactionnel, elle** adj. Relatif à la rédaction.

reddition [ʀedisjɔ̃] n. f. Le fait de se rendre, de capituler. → **capitulation.** ≠ réédition. *La reddition d'une armée.*

redemander [ʀədmɑ̃de ; ʀ(ə)dəmɑ̃de] v. tr. < conjug. 1 > **1·** Demander de nouveau. *Redemander d'un plat à table.* **2·** Demander (ce qu'on a laissé, ce qu'on a prêté à qqn). *Je lui ai redemandé mon stylo.*

rédemption [ʀedɑ̃psjɔ̃] n. f. Relig. Rachat du genre humain par le Christ. → **salut.** *Le mystère de la Rédemption.* – Le fait de racheter, de se racheter (au sens religieux ou moral). *La rédemption des péchés.* ▶ **rédempteur, trice** [ʀedɑ̃ptœʀ, tʀis] n. et adj. **1·** N. m. *Le Rédempteur,* le Christ (en tant qu'il a racheté le genre humain par sa mort, selon la doctrine chrétienne). → **sauveur. 2·** Adj. Qui rachète, au sens moral ou religieux. *Souffrance rédemptrice.*

redescendre [ʀ(ə)desɑ̃dʀ] v. < conjug. 41 > **I·** V. intr. Descendre après être monté. *Nous sommes montés en ascenseur, et puis nous sommes redescendus à pied.* **II·** V. tr. *Redescendre des bagages.* – *Le cortège a redescendu la rue.* ▶ **redescente** n. f.

redevable [Rədvabl ; R(ə)dəvabl] adj. **1·** Qui est ou qui demeure débiteur de qqn. *Être redevable d'une somme à un créancier.* **2·** *Être redevable de qqch. à qqn,* avoir une obligation envers lui. *Je vous suis redevable de mon succès.*

redevance [Rədvɑ̃s ; R(ə)dəvɑ̃s] n. f. **1·** Somme qui doit être payée à échéances déterminées (à titre de rente, de dette). *Percevoir des redevances.* **2·** Taxe due en contrepartie de l'utilisation d'un service public. *Redevance audiovisuelle.* – Fam. *La redevance télé* (de télévision).

redevenir [R(ə)dvəniR ; R(ə)dəvniR] v. intr. < conjug. 22 > Devenir de nouveau, recommencer à être (ce qu'on était et qu'on a cessé d'être). *À soixante ans, elle est redevenue étudiante.*

rédhibitoire [Redibitwar] adj. Littér. ou didact. Qui constitue un défaut, un empêchement auquel on ne peut passer outre. *Annuler une vente pour vice de fabrication rédhibitoire. Infirmité rédhibitoire.*

rediffuser [R(ə)difyze] v. tr. < conjug. 1 > (Radio, télévision) Diffuser de nouveau, une autre fois. ▶ **rediffusion** n. f. Nouvelle diffusion. – Émission rediffusée.

rédiger [Rediʒe] v. tr. < conjug. 3 > Écrire (un texte) sous la forme définitive, selon la formule voulue (→ **rédacteur, rédaction**). *Rédiger un article de journal, une ordonnance.* – Au p. p. adj. *Un devoir très bien rédigé.* – Sans compl. *Il rédige bien.* → **écrire.**

redingote [R(ə)dɛ̃gɔt] n. f. **1·** Autrefois. Long vêtement d'homme, à basques. **2·** Mod. Manteau ajusté à la taille.

redire [R(ə)diR] v. tr. < conjug. 37 > **I· 1·** Dire (qqch.) plusieurs fois. → **répéter.** *Il redit toujours la même chose.* → **rabâcher, ressasser. 2·** Dire (ce qu'un autre a déjà dit). → **répéter.** *Redites-le après moi. Ne va pas le lui redire !* → **rapporter. II·** V. tr. ind. *Avoir, trouver,... **à redire à** :* avoir, trouver qqch. à blâmer, à critiquer dans. *Je ne vois rien à redire à cela. Trouver à redire à tout.* – *C'est parfait, il n'y a rien à redire.* ▷ **redite**

redistribuer [R(ə)distRibɥe] v. tr. < conjug. 1 > Distribuer une seconde fois et autrement. *Il y a maldonne, redistribue les cartes.* – Répartir une seconde fois et autrement. *Redistribuer des terres.* ▶ **redistribution** n. f. Nouvelle répartition. *La redistribution des tâches.*

redite [R(ə)dit] n. f. Chose répétée inutilement (dans un texte, un discours). *Un texte plein de redites. Évitez les redites !*

redondance [R(ə)dɔ̃dɑ̃s] n. f. Abondance excessive dans le discours (développements, redites). → **verbiage.** – Ces développements, répétitions. *Ce discours est plein de redondances.* ▶ **redondant, ante** adj. Qui présente des redondances. *Style redondant.* – *Terme redondant.* → **superflu.**

redonner [R(ə)dɔne] v. tr. < conjug. 1 > **1·** Rendre (à qqn qqch. qu'on lui avait pris). → **restituer.** *Redonne-lui son stylo.* – Rendre (à qqn qqch. qu'il n'avait plus). *Redonner confiance à qqn.* – *Médicament qui redonne des forces.* **2·** Donner de nouveau. *Il redonnera une série de concerts le mois prochain.*

redoubler [R(ə)duble] v. < conjug. 1 > **I·** V. tr. **1·** Rendre double. → **doubler.** *Redoubler une syllabe.* **2·** Recommencer. *Redoubler (une classe),* suivre une seconde année de (cette classe). *Elle a redoublé sa seconde.* **3·** Renouveler en augmentant sensiblement. *Redoubler ses efforts.* **II·** V. tr. ind. ***Redoubler de...*** : apporter, montrer encore plus de... *Redoubler d'amabilité, d'efforts.* – (Suj. chose) *Le vent redouble de fureur.* **III·** V. intr. Recommencer de plus belle, augmenter de beaucoup. *La tempête redouble.* ▶ **redoublant, ante** n. Élève qui redouble une classe. ▶ **redoublé, ée** adj. Répété deux fois. *Syllabe redoublée.* – *Marcher à pas redoublés,* deux fois plus vite. *Frapper à coups redoublés,* plus violents et précipités. ▶ **redoublement** n. m. Action de redoubler. *Le redoublement d'une lettre. Un redoublement d'attention, d'efforts.*

redouter [R(ə)dute] v. tr. < conjug. 1 > **1·** Craindre beaucoup. *Redouter qqn. Redouter le jugement de qqn.* – Au p. p. *C'est un chef très redouté de son personnel.* **2·** Appréhender (2). *Redouter l'avenir.* – ***Redouter de...*** (+ infinitif), ***redouter que...*** (+ subjonctif). *Elle redoutait d'être surprise, qu'on la surprenne.* ▶ **redoutable** adj. Qui est à redouter. *Adversaire redoutable.* → **dangereux.** *Une arme redoutable.*

redoux [Rədu] n. m. invar. Période brève où le temps se radoucit, dans une saison froide.

redresser [R(ə)dRese] v. tr. < conjug. 1 > **1·** Remettre dans une position droite. *Redresser un poteau, redresser la tête,* remettre en position verticale. – Hausser le nez de (un avion) à l'envol et à l'atterrissage. *Redresser l'appareil avant d'atterrir.* – Remettre (les roues d'une voiture) en ligne droite après un virage. *Braquer et redresser les roues.* Ellipt. *Redresse !* **2·** Redonner une forme droite à. *Redresser une tôle tordue, déformée.* **3·** Remettre droit ou corriger (qqch.). *Redresser la situation,* rattraper une situation compromise. **4·** ***Se redresser*** v. pron. : se remettre droit, vertical, debout. → **se relever.** – Fig. *L'économie du pays s'est redressée après la crise,* a retrouvé son niveau normal. – (Personnes) Se tenir très droit. *Redresse-toi !* ▶ **à la redresse** [alaʀdʀɛs] loc. adj. Fam. Qui se fait respecter par la force. *Un gars à la redresse.* ▶ **redressement** n. m. Action de redresser ou de se redresser. *Le redressement du pays, de l'économie.* – Loc. (Autrefois). *Maison de redressement,* où étaient détenus les enfants délinquants. → VX maison de **correction** ; centre de **rééducation.** ▶ **redresseur, euse** n. et adj. 1· N. Iron. *Redresseur de torts :* personne qui s'érige en justicier. 2· Adj. Technique. Qui redresse (1). *Mécanisme redresseur.*

réducteur, trice [ʀedyktœʀ,tʀis] adj. Qui réduit, simplifie trop. *Une analyse réductrice.*

réductible [ʀedyktibl] adj. 1· Qui peut être ramené à une forme plus simple (→ ① **réduire** I, 2). *Fraction réductible.* 2· Qui peut être diminué. *Quantité, somme réductible.*

réduction n. f. → ① et ② **réduire.**

① **réduire** [ʀedɥiʀ] v. tr. < conjug. 38 > REM. Part. passé *réduit(e).* I· 1· *Réduire qqn à, en :* amener à, dans (un état d'infériorité, de soumission). *Réduire des populations en esclavage, au désespoir. Sa maladie le réduit à l'inaction.* → **contraindre.** *Réduire qqn au silence.* – Sans compl. second. Anéantir. *Réduire une résistance, l'opposition.* – *En être réduit à :* n'avoir plus d'autre ressource que de. *Il en est réduit à mendier.* 2· *Réduire qqch. à :* ramener à ses éléments, à un état plus simple ou plus maniable (→ **réductible** (1), **réduction**). *Réduire des fractions au même dénominateur.* – Loc. *Réduit à sa plus simple expression,* simplifié à l'extrême. – *Réduire un jus, une sauce,* les faire épaissir par évaporation. → **concentrer.** 3· *Réduire qqch. en :* mettre (en petites parties). *Réduire un objet en miettes, en morceaux, en pièces ; en bouillie, en poudre,* briser, broyer, pulvériser. II· Diminuer (une quantité). → **limiter, restreindre.** *Réduire le nombre de trains. J'ai réduit mes frais. Réduire la vitesse.* – Diminuer la dimension de. *Réduire un dessin, une photographie,* les reproduire en un format inférieur. / contr. agrandir / – Écourter, abréger. *Réduire un texte.* III· *Se réduire* v. pron. 1· *Se réduire à :* se ramener à. *Ses espoirs se sont réduits à rien.* – Consister seulement en. *Ses économies se réduisent à peu de chose.* 2· *Se réduire en :* se transformer en (éléments très petits). *Se réduire en poudre, en cendres.* 3· (Personnes) *Se réduire,* restreindre ses dépenses. *Je vais être obligé de me réduire.* ▶ ① **réduction** [ʀedyksjɔ̃] n. f. 1· Le fait de résoudre, de réduire (une chose en une autre plus simple). *Réduction à des éléments simples.* → **analyse.** *Réduction de fractions au même dénominateur,* recherche du dénominateur commun le plus faible. 2· Action de réduire en quantité. → **diminution.** *La réduction des dépenses, du personnel.* → **compression.** – Absolt. Diminution accordée sur un prix. → **rabais, remise, ristourne.** *Faire une réduction. Carte de réduction.* 3· Reproduction selon un format réduit. *La réduction d'une carte, d'une gravure.* – *En réduction* loc. adv. : en plus petit, en miniature. ▶ ① **réduit, ite** adj. 1· Rendu plus petit. *Format réduit.* – Reproduit à petite échelle. *Un modèle réduit* (d'avion, de voiture...). → **maquette.** 2· Pour lequel on a consenti une diminution, une réduction (2). *Prix, tarif réduit.* 3· Restreint (en nombre, en importance). *Capacité réduite. Vitesse réduite.* → **faible.** ▶ ② **réduit** n. m. 1· Local exigu, généralement sombre et pauvre. *Ils vivent à dix dans un réduit.* 2· Recoin, renfoncement dans une pièce. *Un réduit servant de placard.* ▷ **réducteur, réductible, irréductible**

② **réduire** v. tr. < conjug. 38 > REM. Part. passé *réduit(e).* Médecine. Remettre en place (un os, un organe déplacé). *Réduire une fracture.* ▶ ② **réduction** n. f. *La réduction d'une fracture.*

rééchelonnement [ʀeeʃlɔnmɑ̃] n. m. Nouveau plan de remboursement (d'une dette) sur une plus longue période.

réécrire → **récrire.**

rééditer [ʀeedite] v. tr. < conjug. 1 > 1· Donner une nouvelle édition de. *Rééditer un ouvrage épuisé.* 2· Fam. Répéter. *Il a réédité sa crise de nerfs de la veille.* ▶ **réédition** n. f. Nouvelle édition. – Fam. Répétition (d'une situation). ≠ reddition.

rééduquer [ʀeedyke] v. tr. < conjug. 1 > 1· Refaire l'éducation de (une fonction, un organe lésé). *Rééduquer sa voix, son bras.* – *Rééduquer un dyslexique.* – *Rééduquer une cheville après une entorse* (en l'entraînant à certains mouvements). 2· Éduquer (moralement, idéologiquement) une nouvelle fois et différemment. ▶ **rééducation** n. f. *La rééducation des blessés, des handicapés.* – *La rééducation des délinquants. Centre de rééducation.*

réel, elle [ʀeɛl] adj. et n. m. I· Adj. 1· Qui existe en fait. *Personnage réel.* / contr. imaginaire, irréel / *Des difficultés réelles. Un fait réel et incontestable.* → **authentique.** *Des avantages bien réels.* → **tangible.** 2· Qui est bien conforme à sa définition. → **véritable, vrai.** / contr. faux / *La valeur, la signification réelle* (d'un mot, d'une chose...). *Salaire réel* (comprenant les primes, suppléments, etc., et compte tenu des sommes retenues). → **net.** 3· (Avant le nom) Sensible, notable. *Éprouver un réel bien-être, un réel plaisir.* 4· En mathématiques. *Nombres réels* (opposé à *imaginaire*). II· N. m. Les faits réels, la vie réelle, ce qui est, existe réellement. → **réalité.** *Le réel et l'imaginaire.* ▶ **réellement** adv. En fait, en réalité. → **effectivement,**

véritablement. *Voir qqn tel qu'il est réellement. Réellement, je ne pense pas que...* → **vraiment.** ▷ **réaliser, réalisme, réalité**

réélire [ReeliR] v. tr. < conjug. 43 > Élire de nouveau (qqn) à une fonction à laquelle il(elle) avait déjà été élu(e). *Réélire un député.* – Au p. p. adj. *Président réélu.* ▶ **réélection** [Reelɛksjɔ̃] n. f. ▶ **rééligible** adj. Légalement apte à être réélu.

réemployer [Reɑ̃plwaje] ou **remployer** [Rɑ̃plwaje] v. tr. < conjug. 8 > Employer de nouveau. ▶ **réemploi** ou **remploi** n. m. Le fait d'employer de nouveau (notamment de placer à nouveau des capitaux disponibles). – REM. Les formes en *ré-* sont plus courantes.

réengager → **rengager.**

réentendre [Reɑ̃tɑ̃dR] v. tr. < conjug. 41 > Entendre de nouveau.

réévaluer [Reevalɥe] v. tr. < conjug. 1 > Évaluer sur de nouvelles bases. – Revaloriser (une monnaie). *Réévaluer l'euro.* ▶ **réévaluation** n. f. Action de réévaluer (la valeur financière de qqch.). *La réévaluation des loyers.*

réexaminer [Reɛgzamine] v. tr. < conjug. 1 > Procéder à un nouvel examen de. *Réexaminons la question.* → **reconsidérer.** ▶ **réexamen** n. m. Nouvel examen.

réexpédier [Reɛkspedje] v. tr. < conjug. 7 > Expédier à une nouvelle destination. – Renvoyer (une chose) d'où elle vient. *Réexpédier du courrier.* ▶ **réexpédition** n. f.

refaire [R(ə)fɛR] v. tr. < conjug. 60 > **I· 1·** Faire de nouveau (ce qu'on a déjà fait ou ce qui a déjà été fait). → **recommencer.** *Cet été, referas-tu un voyage ? Pansement à refaire tous les jours.* **2·** Faire tout autrement. *Ton éducation est à refaire. Refaire sa vie. Si c'était à refaire !,* si je pouvais recommencer. **3·** Remettre en état. → **réparer, restaurer ; réfection.** *Donner des fauteuils à refaire. Faire refaire une toiture. Refaire son maquillage.* – Au p. p. adj. *Immeuble refait à neuf.* – *Refaire ses forces, sa santé.* → **rétablir.** *Elle s'est refait une santé.* **4·** Fam. *Refaire qqn.* → **duper, rouler.** *Je suis refait !* **II·** *Se refaire* v. pron. **1·** Au jeu. Rétablir sa situation financière. **2·** (Emploi négatif) Se faire autre qu'on est, changer complètement. *Je suis comme ça, je ne peux pas me refaire. On ne se refait pas !*

réfection [Refɛksjɔ̃] n. f. Action de refaire (3), de réparer, de remettre à neuf. *La réfection d'un mur, d'une route.*

réfectoire [RefɛktwaR] n. m. Salle à manger réservée aux membres d'une communauté. *Le réfectoire d'une école.* → **cantine.**

référé [RefeRe] n. m. Droit. Procédure d'urgence pour régler provisoirement un litige. *Assigner qqn, plaider en référé.* – Arrêt rendu selon cette procédure. *Des référés.*

référence [RefeRɑ̃s] n. f. **1·** Action de se référer (à un texte, à une opinion, etc.). *Faire référence à un auteur. Ouvrages de référence,* faits pour être consultés (dictionnaires, encyclopédies, etc.). **2·** Indication par laquelle on détermine ce à quoi l'on renvoie. *Fournir la référence d'une citation* (le nom de l'auteur, le titre de l'ouvrage, etc.). *Références au bas des pages, en marge,* en note. *La référence d'une lettre, d'une facture. Numéro de référence.* **3·** Loc. ***Par référence*** : par rapport. *Indemnité calculée par référence au salaire.* – En géométrie. *Système **de référence*** : système d'axes par rapport auquel on détermine les coordonnées des points considérés. **4·** Au plur. ***Références*** : attestation servant de garantie, fournie par qqn (qui cherche un emploi, propose une affaire, etc.). *Avoir de sérieuses références. Références exigées.* → **certificat. 5·** Fait permettant de reconnaître la valeur de qqn. *Être loué par ce critique, ce n'est pas une référence !* ▶ **référencer** v. tr. < conjug. 1 > **1·** Pourvoir d'une référence. – Au p. p. adj. *Citation référencée.* **2·** Commerce. Introduire la référence de (un article) dans la liste des produits en vente. **3·** Procéder à l'enregistrement de (un site Internet) dans les moteurs de recherche. ▶ **référencement** n. m.

référendum [RefeRɛ̃dɔm] n. m. Vote de l'ensemble des citoyens pour approuver ou rejeter une mesure proposée par le pouvoir exécutif. *Des référendums.* ≠ plébiscite. ▶ **référendaire** adj. *Un projet de loi référendaire.*

référer [RefeRe] v. < conjug. 6 > **1·** ***Se référer à** qqn, qqch.* v. pron. : recourir à, comme à une autorité. *Se référer à l'avis de qqn. Se référer à une définition, à un texte,* les prendre comme référence. – (Suj. chose) Se rapporter. *Ce passage se réfère à un événement récent.* **2·** V. tr. ind. ***En référer à** qqn* : lui soumettre un cas pour qu'il décide. *Nous en référerons à notre chef.* ▶ **référent** n. m. Personne qui sert d'interlocuteur (auprès d'un organisme, d'une autorité). *Référent éducatif.* – En apposition. (En France). *Médecin référent,* choisi par un patient pour coordonner ses soins de santé. – *Éducateur référent* ou *référent* n. m.

refermer [R(ə)fɛRme] v. tr. < conjug. 1 > Fermer (ce qu'on avait ouvert ou ce qui s'était ouvert). *Refermer la porte, un livre.* – ***Se refermer*** v. pron. *Sa plaie se referme.* ▶ **refermable** adj. *Sachet de parmesan refermable.*

refiler [ʀ(ə)file] v. tr. < conjug. 1 > Fam. Remettre, donner (qqch. dont on veut se débarrasser). *On m'a refilé un faux billet.* – Donner. *Elle m'a refilé son rhume.* → **transmettre.**

① **réfléchir** [ʀefleʃiʀ] v. tr. < conjug. 2 > Renvoyer par réflexion ①. *La Lune réfléchit une partie de la lumière qu'elle reçoit du Soleil. Glace qui réfléchit une image.* → **refléter ; réflecteur.** – Pronominalement. *Le ciel se réfléchissait dans le lac.* – Au p. p. adj. *Image réfléchie.* ▶ ① **réfléchi, ie** adj. En grammaire. *Verbe pronominal réfléchi,* exprimant que l'action émanant du sujet fait retour à lui-même (ex. : *je me lave*). – *Pronom réfléchi,* pronom personnel représentant, en tant que complément, la personne qui est sujet du verbe (ex. : je *me* suis trouvé un appartement ; tu ne penses qu'à *toi*). ▶ **réfléchissant, ante** adj. Qui réfléchit (la lumière, une onde). *Surface réfléchissante.*

② **réfléchir** v. intr. < conjug. 2 > **1·** Faire usage de la réflexion ②. → **penser ; se concentrer ; méditer.** *Il rêvassait au lieu de réfléchir. Réfléchir avant de parler, d'agir. Il a agi sans réfléchir.* → **étourdiment.** *Prendre le temps de réfléchir. Cela donne à réfléchir,* cela engage à la prudence. *Je réfléchirai, je demande à réfléchir,* je déciderai plus tard. **2·** V. tr. ind. ***Réfléchir à** qqch.* → **examiner, peser.** *Réfléchis bien à ma proposition, à ce que je te propose.* → **songer.** – ***Réfléchir sur** qqch.* → **délibérer, méditer.** *Réfléchir sur un sujet. Nous avons à réfléchir là-dessus.* **3·** V. tr. ***Réfléchir que** :* s'aviser, juger après réflexion. *Je réfléchis que ta présence peut nous être utile. Je n'avais pas réfléchi qu'il faudrait prendre la voiture.* → **penser.** ▶ ② **réfléchi, ie** adj. Qui a l'habitude de la réflexion, marque de la réflexion ②. *Un homme réfléchi.* → **pondéré, prudent, raisonnable.** *Action, décision réfléchie.* – Loc. *Tout bien réfléchi,* tout bien pesé. *C'est tout réfléchi* (ma décision est prise). ▷ **irréfléchi**

réflecteur [ʀeflɛktœʀ] n. m. Appareil destiné à réfléchir des ondes au moyen de miroirs, de surfaces prismatiques. *Réflecteur optique.*

reflet [ʀ(ə)flɛ] n. m. **1·** Lumière atténuée réfléchie par un corps. *Reflets métalliques. Cheveux à reflets roux.* – *Des reflets d'incendie.* **2·** Image réfléchie. *Le reflet d'un visage dans la vitre.* **3·** Abstrait. Image, représentation affaiblie. → **écho.** *L'écriture, reflet de la personnalité. Il n'est plus que le reflet de lui-même.* → **ombre.** ▶ **refléter** v. tr. < conjug. 6 > **1·** Réfléchir (un corps) en produisant des reflets. *Ce miroir reflète les objets.* – Pronominalement. *Les nuages se reflétaient dans l'étang.* **2·** Être, présenter une image de. → **traduire.** *Mes paroles ne reflètent pas mes sentiments. Son visage ne reflète rien.* → **exprimer.** – Pronominalement. *La joie se reflétait sur son visage.*

refleurir [ʀ(ə)flœʀiʀ] v. intr. < conjug. 2 > Fleurir de nouveau. *Le rosier a refleuri.* – Abstrait. Littér. *Une amitié qui refleurit.*

reflex [ʀeflɛks] adj. invar. et n. m. invar. *Appareil reflex,* appareil photo, caméra, qui fournit dans le viseur l'image exacte qui sera enregistrée sur la pellicule, grâce au jeu d'un miroir. – N. m. *Un reflex,* appareil reflex.

réflexe [ʀeflɛks] n. m. **1·** Réaction automatique et involontaire d'un organisme vivant à une excitation. *Réflexe rotulien.* – *Réflexe conditionné,* réflexe provoqué, en l'absence de l'excitation normale, par une autre excitation qui lui a été associée (chien qui salive quand il entend un son que l'on a associé à la présentation de viande [expérience de Pavlov]). – Adj. *Mouvement réflexe.* **2·** Réaction spontanée à une situation nouvelle. *Avoir de bons réflexes en conduisant. Manquer de réflexe. Avoir le réflexe de* (+ infinitif).

① **réflexion** [ʀeflɛksjɔ̃] n. f. Changement de direction des ondes (lumineuses, sonores, etc.) qui rencontrent un corps interposé (→ ① **réfléchir**). *La réflexion de la lumière par un miroir. Réflexion et réfraction. La réflexion des ondes sonores.* → **écho.**

② **réflexion** n. f. **1·** Retour de la pensée sur elle-même en vue d'examiner plus à fond une idée, une situation, un problème. → **délibération, méditation ;** ② **réfléchir.** *Accorde-moi une minute de réflexion. Il s'absorba dans ses réflexions. Il y a là matière à réflexion ;* cela *donne matière à réflexion. J'en étais là de mes réflexions quand le téléphone sonna.* – Loc. ***Réflexion faite** :* après y avoir réfléchi. *Réflexion faite, je ne partirai pas aujourd'hui.* ***À la réflexion** :* quand on y réfléchit bien, tout compte fait. *À la réflexion, c'est peut-être mieux ainsi.* **2·** ***La réflexion** :* la capacité de réfléchir. → **discernement, intelligence.** *Affaire menée avec réflexion. Il a agi sans réflexion, à l'étourdie.* **3·** ***Une, des réflexion(s)** :* pensée, exprimée oralement ou par écrit, d'une personne qui a réfléchi. *Recueil de réflexions.* → **maxime, pensée.** *Cela m'amène à certaines réflexions.* → **remarque.** – Remarque adressée à qqn et qui le concerne personnellement. *Une réflexion désobligeante.*

refluer [ʀ(ə)flye] v. intr. < conjug. 1 > Se mettre à couler en sens contraire. *L'eau reflue à marée descendante.* → **se retirer ; reflux.** / contr. affluer / *Il lui sembla que son sang refluait vers le cœur.* – (D'un flot de personnes) *La foule refluait lentement. Faire refluer,* faire reculer. → **refouler.** ▶ **reflux** [ʀəfly] n. m. invar. **1·** Mouvement des eaux qui refluent. *Le flux et le reflux de la mer.* **2·** Mouvement en arrière (de gens, etc.) qui succède à un mouvement en avant. *Le reflux de la foule.* – *Période de reflux,* de recul (pour un mouvement, une action collective...).

refonder [R(ə)fɔ̃de] v. tr. < conjug. 1 > Reconstruire (un mouvement politique, syndical) sur des bases, des valeurs nouvelles. ▶ **refondateur, trice** adj. et n. ▶ **refondation** n. f.

refondre [R(ə)fɔ̃dR] v. tr. < conjug. 41 > Refaire, remanier (un texte, un ouvrage). – Au p. p. adj. *Dictionnaire refondu et mis à jour.* ▶ **refonte** n. f. *La refonte d'un ouvrage.*

reforestation [RəfɔRɛstɑsjɔ̃] n. f. Reconstitution d'une forêt, d'une zone boisée. / contr. déforestation /

1 **réforme** [RefɔRm] n. f. **1·** Changement qu'on apporte (dans les mœurs, les lois, les institutions) dans l'espérance d'en obtenir de meilleurs résultats (→ 1 **réformer**). *Réformes sociales. La réforme de l'orthographe. Prôner des réformes.* → **amélioration.** – Changement progressif (opposé à *révolution*). **2·** *La Réforme :* mouvement religieux du XVIe s., qui fonda le protestantisme. ▶ **réformé, ée** adj. Issu de la Réforme (2). *Religion réformée.* → **protestant.** ▷ **Contre-Réforme**

2 **réforme** → 2 **réformer.**

reformer [R(ə)fɔRme] v. tr. < conjug. 1 > Former de nouveau, refaire (ce qui était défait). → **reconstituer.** – Pronominalement. *Le groupe se reforma un peu plus loin.*

1 **réformer** [RefɔRme] v. tr. < conjug. 1 > **1·** *Réformer un culte, un ordre religieux,* le rétablir dans sa forme primitive. **2·** Vx et littér. Corriger, ramener (qqn) à la vertu. **3·** Changer en mieux (une institution). → **améliorer ;** 1 **réforme.** *Réformer la constitution.* **4·** Vieilli. Supprimer pour améliorer. *Réformer les abus.* ▶ **réformable** adj. Qui peut ou doit être réformé. ▶ **réformateur, trice** n. et adj. **1·** N. Personne qui réforme ou veut réformer. *Un réformateur des mœurs, de la société.* – Fondateur d'une Église réformée. *Luther, Calvin et les autres réformateurs.* **2·** Adj. Qui réforme. *Des mesures réformatrices.* ▶ **réformisme** n. m. Doctrine politique de ceux qui préconisent des réformes plutôt qu'une transformation radicale des structures. ▶ **réformiste** n. Partisan du réformisme (opposé à *révolutionnaire*). – Adj. *Socialisme réformiste.* ▷ 1 **réforme**

2 **réformer** v. tr. < conjug. 1 > Libérer (qqn) des obligations militaires pour inaptitude. *Il s'est fait réformer à cause de son asthme.* – Au p. p. adj. *Soldat réformé* et, n. m., *un réformé.* ▶ 2 **réforme** n. f. Position du militaire réformé ; dispense des obligations militaires. *Conseil de réforme. Réforme temporaire, définitive.*

refouler [R(ə)fule] v. tr. < conjug. 1 > **1·** Faire reculer, refluer (des personnes). *Refouler des envahisseurs.* → **chasser, repousser. 2·** Faire rentrer en soi (ce qui veut s'extérioriser). → **réprimer, retenir.** *Refouler ses larmes.* – Au p. p. adj. *Colère refoulée.* – Soumettre au refoulement (2). – Au p. p. adj. *Tendances refoulées.* ▶ **refoulé, ée** adj. Fam. (Personnes) Qui a refoulé ses instincts (notamment sexuels). *Un vieux garçon refoulé.* – N. *Un, une refoulé(e).* ▶ **refoulement** n. m. **1·** Action de refouler (des personnes). **2·** Mécanisme inconscient par lequel on refuse l'accès à la conscience (de désirs que l'on ne peut ou ne veut pas satisfaire). / contr. défoulement / – Refus des pulsions sexuelles.

réfractaire [RefRaktɛR] adj. **I·** (Personnes) **1·** *Réfractaire à :* qui résiste à, refuse de se soumettre à. → **rebelle.** *Être réfractaire à la loi.* – N. *Un, une réfractaire,* personne qui refuse d'obéir. – Qui est fermé à, insensible à. *Être réfractaire aux mathématiques ; à toute émotion.* **2·** Histoire. *Prêtre réfractaire,* qui avait refusé de prêter serment à la Constitution civile du clergé (en 1790). **II·** (Choses) Qui résiste à de très hautes températures. *Brique réfractaire.*

réfraction [RefRaksjɔ̃] n. f. Déviation d'une onde électromagnétique (rayon lumineux, etc.) qui franchit la surface de séparation de deux milieux où la vitesse de propagation est différente (→ **réfringent**). ≠ 1 réflexion. *Angle de réfraction,* que forme le rayon réfracté avec la normale à la surface de séparation. *L'arc-en-ciel est dû à la réfraction de la lumière au travers d'un rideau de pluie.* ▶ **réfracter** v. tr. < conjug. 1 > Faire dévier (un rayon) par réfraction. – Pronominalement. *Lumière qui se réfracte.*

refrain [R(ə)fRɛ̃] n. m. **1·** Suite de mots ou de phrases répétés à la fin de chaque couplet d'une chanson. *Reprenons le refrain en chœur.* **2·** Paroles, idées qui reviennent sans cesse. → **rengaine.** *Avec lui, c'est toujours le même refrain.* → **chanson** (3). *Changez de refrain !,* parlez d'autre chose !

refréner [R(ə)fRene ; RefRene] v. tr. < conjug. 6 > **REM.** On écrit parfois à tort *réfréner,* la prononciation en *ré-* [RefRene] étant plus courante. Réprimer par une contrainte ; mettre un frein à. → **freiner.** *Refrène ton impatience. Il refréna son envie.* – Pronominalement. *Essaie de te refréner.*

réfrigérer [RefRiʒeRe] v. tr. < conjug. 6 > **1·** Refroidir artificiellement. → **congeler, frigorifier.** *Réfrigérer du poisson.* – Au p. p. adj. Fam.

Refroidi, gelé. *Ses remarques m'ont réfrigérée.* 2· Fam. Fig. Refroidir, glacer (qqn). *Ses sarcasmes m'ont réfrigéré.* ▶ **réfrigérant, ante** adj. 1· Qui sert à produire du froid. *Mélange réfrigérant.* 2· Fam. (Personnes, comportements) Qui refroidit, glace. → **glacial.** *Un accueil, un air réfrigérant.* ▶ **réfrigérateur** n. m. Appareil muni d'un organe producteur de froid et destiné à conserver certaines denrées. → **frigidaire.** *Dégivrer un réfrigérateur.* ▶ **réfrigération** n. f. Abaissement de la température par un moyen artificiel. → **congélation.** *Appareils de réfrigération,* glacières, réfrigérateurs.

réfringent, ente [ʀefʀɛ̃ʒɑ̃, ɑ̃t] adj. Qui produit la réfraction*. *La cornée est un milieu réfringent.*

refroidir [ʀ(ə)fʀwadiʀ] v. < conjug. 2 > I· V. tr. 1· Rendre plus froid ou moins chaud ; faire baisser la température de (qqch.). *Refroidir une substance au-dessous de zéro.* → **congeler, geler, glacer, réfrigérer.** / contr. réchauffer / *Pluies qui refroidissent l'atmosphère.* 2· ***Se refroidir*** v. pron. : devenir plus froid. *Le temps se refroidit.* / contr. se réchauffer / – (Personnes) Prendre froid. *N'attends pas dehors, tu vas te refroidir* (→ **refroidissement**). 3· Fig. *Refroidir qqn,* diminuer son ardeur. *Son accueil nous a refroidis.* → **glacer, réfrigérer.** *Refroidir l'enthousiasme, le zèle de qqn.* – Pronominalement. *Son zèle s'est bien refroidi.* II· V. intr. Devenir plus froid, moins chaud. *Mange, avant que ça (ne) refroidisse. Laisser refroidir une tarte. Ton café refroidit.* → **tiédir.** ▶ **refroidissement** n. m. 1· Abaissement de la température. *Refroidissement de l'air.* / contr. réchauffement / 2· Malaise causé par un abaissement de la température (grippe, rhume...). *Attraper un refroidissement.* 3· Diminution (des sentiments). *Le refroidissement d'une amitié.*

refuge [ʀ(ə)fyʒ] n. m. 1· Lieu où l'on se retire pour échapper à un danger, se mettre en sûreté. → **abri, asile.** *Chercher refuge quelque part. Demander refuge à qqn.* – Abstrait. *Son travail lui est un refuge. Un refuge contre la détresse.* 2· Lieu où se rassemblent des personnes qui ne peuvent ou ne veulent pas aller ailleurs. *Son salon était le refuge de l'aristocratie.* 3· Emplacement aménagé au milieu de la chaussée, qui permet aux piétons de se mettre à l'abri des voitures. 4· Abri de haute montagne dans lequel les alpinistes peuvent passer la nuit. ▶ **se réfugier** [ʀefyʒje] v. pron. < conjug. 7 > Se retirer (en un lieu) pour s'y mettre à l'abri (→ **refuge**). *Se réfugier à l'étranger. Surprise par la pluie, elle s'est réfugiée sous un arbre. L'enfant courut se réfugier dans les bras de son frère.* → se **blottir.** – Fig. *Se réfugier dans l'indifférence, dans le travail...* (pour oublier, etc.). ▶ **réfugié, ée** adj. et n. (Personnes) Qui a dû fuir son pays afin d'échapper à un danger (guerre, persécutions, etc.). – N. *Des réfugiés politiques. Aide aux réfugiés.*

refuser [ʀ(ə)fyze] v. tr. < conjug. 1 > I· V. tr. 1· Ne pas accorder (ce qui est demandé). / contr. accorder / *Refuser une permission à un soldat, une augmentation à une salariée.* – Vx. *Refuser à boire à qqn.* – *Il ne se refuse rien !,* il satisfait tous ses caprices. 2· Ne pas vouloir reconnaître (une qualité) à qqn. → **contester.** *On ne peut lui refuser une certaine compétence.* 3· ***Refuser de*** (+ infinitif) : ne pas consentir à (faire qqch.). *Refuser d'obéir. Elle refuse de reconnaître ses torts.* – Sans compl. *Il refusera sûrement* (de faire ce qui est demandé). → s'**opposer.** 4· Ne pas accepter (ce qui est offert). *Refuser un cadeau, une invitation.* – *Refuser le combat,* ne pas l'accepter. 5· Ne pas accepter (ce qui semble défectueux ou insuffisant). *Refuser une marchandise. L'éditeur refuse ce manuscrit.* 6· (Compl. personne) Ne pas laisser entrer. *La pièce marche bien, on refuse du monde.* – Ne pas recevoir à un examen. *Refuser un candidat.* → **coller** ; fam. **recaler.** *Il est refusé.* II· ***Se refuser*** v. pron. 1· (Passif) *Ça ne se refuse pas,* ce n'est pas une chose qu'on refuse. 2· ***Se refuser à...*** : ne pas consentir à (faire qqch.), à admettre... *Je me refuse à envisager cette solution.* ▶ **refus** [ʀ(ə)fy] n. m. invar. L'action, le fait de refuser. / contr. acceptation / *Le refus des louanges. Refus d'obéir, d'obéissance.* – *Opposer un refus à qqn. Se heurter à un refus.* – Loc. fam. *Ce n'est, c'est pas de refus,* j'accepte volontiers.

réfuter [ʀefyte] v. tr. < conjug. 1 > Repousser (un raisonnement) en prouvant sa fausseté. / contr. approuver / *Réfuter une théorie, des objections.* – *Réfuter un auteur.* ▶ **réfutation** n. f. Action de réfuter, raisonnement par lequel on réfute. *La réfutation d'un argument.* / contr. approbation / ▷ **irréfutable**

regagner [ʀ(ə)gaɲe] v. tr. < conjug. 1 > I· Reprendre, retrouver (ce qu'on avait perdu : argent, temps, terrain...). II· Revenir, retourner à un endroit. *Regagner sa place.*

1 **regain** [ʀ(ə)gɛ̃] n. m. Herbe qui repousse dans une prairie après la première coupe. *Faucher le regain.*

2 **regain** n. m. ***Regain de...*** : retour (de ce qui était compromis, avait disparu). *Regain de vie, d'activité... Spectacle qui connaît un regain de faveur.*

régal, als [ʀegal] n. m. 1· Nourriture délicieuse. *Cette glace est un régal.* → **délice.** *Des régals.* 2· Fam. Ce qui cause un grand plaisir. *Un régal pour les yeux.* ▷ **régaler**

à la régalade [alaʀegalad] loc. adv. *Boire **à la régalade** :* en renversant la tête en arrière et en faisant couler le liquide dans la bouche sans que le récipient touche les lèvres.

régaler [ʀegale] v. tr. < conjug. 1 > **1·** Offrir un bon repas, un bon plat à (qqn). *Elle les a régalés d'un gâteau.* – Sans compl. Payer à boire ou à manger. *Profites-en, c'est moi qui régale.* **2·** Plus cour. ***Se régaler*** v. pron. : prendre du plaisir à manger qqch. *Je me régale !* – Se donner, éprouver un grand plaisir. *Quand j'entends cet air, je me régale.* ▷ à la **régalade**

regarder [ʀ(ə)gaʀde] v. tr. < conjug. 1 > **I·** V. tr. dir. **1·** Faire en sorte de voir, s'appliquer à voir (qqn, qqch.). → **examiner, observer.** *Regarder sa montre* (pour *regarder l'heure*). – Sans compl. dir. *Regarder par la fenêtre. Regarder dans, sur qqch. Regarde devant toi ! J'ai regardé partout.* → **chercher.** – *Regarder qqn avec attention, insistance.* → **dévisager.** *Regarder qqn, qqch. du coin de l'œil, à la dérobée, par en dessous.* → **lorgner.** *Regarder qqn de travers,* avec hostilité. – Loc. fam. *Regarde voir ! regarde-moi ce travail !,* constate, juge toi-même. – *Tu ne m'as pas regardé !,* ne compte pas sur moi ! **2·** Sans compl. Observer. *Savoir regarder.* – (Choses) Être orienté. *Façade qui regarde vers le sud.* **3·** ***Regarder*** (+ infinitif). *Regarde-moi faire. Il regardait la pluie tomber, tomber la pluie.* **4·** Envisager (qqch. de telle ou telle façon). *Regarder le danger en face,* l'affronter fermement. *Regarder les choses telles qu'elles sont. Regarder la vie par ses bons côtés.* → **voir.** – Considérer. *Il ne regarde que son intérêt.* → **rechercher.** – *Regarder qqn, qqch. comme...* → **juger, tenir** pour. *On l'avait toujours regardée comme une incapable.* **5·** (Suj. chose) ***Regarder*** *qqn :* avoir rapport à. → **concerner.** *Cela ne te regarde pas,* ce n'est pas ton affaire. *Mêle-toi de ce qui te regarde !* **II·** V. tr. ind. ***Regarder à*** *qqch.* : considérer attentivement, tenir compte de... *Ne regardez pas à la dépense. Y regarder de près, y regarder à deux fois,* avant de juger, de se décider. **III·** ***Se regarder*** v. pron. **1·** (Réfl.) *Se regarder dans la glace.* – Loc. *Il ne s'est pas regardé !,* il a justement les défauts qu'il reproche aux autres. **2·** (Récipr.) *Ils ne peuvent pas se regarder sans rire.* ▶ **regard** n. m. **I· 1·** Action de regarder ; expression des yeux de celui qui regarde. *Parcourir, fouiller, suivre qqn, qqch. du regard,* examiner, explorer. *Dérober, soustraire aux regards,* cacher. *Sa beauté attire tous les regards.* – ***Le regard (de*** *qqn).* Son regard se posa sur moi. – L'expression habituelle des yeux. *Regard doux, dur.* – ***Un regard :*** un coup d'œil. *Ils s'aimèrent au premier regard. Un regard rapide, furtif, en coin.* – *Lancer, jeter, porter un regard sur qqch. Tourner ses regards vers qqch. Échanger un regard avec qqn. Un regard complice.* – *Un regard étonné, inquiet. Un regard noir,* furieux. – Fig. *Un regard,* façon de voir, point de vue. *Un regard nouveau.* **2·** Loc. *Avoir (un) droit de regard sur,* avoir le droit de surveiller, de contrôler. *Il a un droit de regard sur la gestion de l'entreprise.* **3·** Loc. prép. ***Au regard de :*** en ce qui concerne, par rapport à. *Être en règle au regard de la loi.* – ***En regard de :*** comparativement à. *Les résultats sont faibles en regard du travail fourni.* – ***En regard*** loc. adv. : en face, vis-à-vis. *Texte latin avec la traduction en regard.* **II·** Ouverture facilitant les visites, les réparations (dans un conduit, une cave...). ▶ **regardable** adj. Surtout négatif. Supportable à regarder. *Ce film, cette émission n'est pas regardable.* ▶ **regardant, ante** adj. Qui regarde (II) à la dépense ; qui est très économe.

régate [ʀegat] n. f. Souvent au plur. Course de bateaux à voiles, à moteur ou à rames, sur mer (le long des côtes), rivières ou plans d'eau, disputée en plusieurs épreuves ou plusieurs étapes. ▶ **régater** v. intr. < conjug. 1 > Participer à une régate. ▶ **régatier, ière** n. Personne qui participe à une (des) régate(s).

régence [ʀeʒɑ̃s] n. f. **1·** Gouvernement d'une monarchie par un régent*. *Exercer la régence pendant la minorité du roi.* – *La Régence* (du duc d'Orléans, 1715-1723). *Les mœurs dissolues de la Régence.* **2·** En appos. Invar. Qui appartient à l'époque de la Régence ou en rappelle le style souple et gracieux. *Style Régence. Des meubles Régence.*

régénérer [ʀeʒeneʀe] v. tr. < conjug. 6 > Renouveler en redonnant les qualités perdues. *Régénérer la société.* – *Ce séjour au grand air l'a régénéré.* ▶ **régénérant, ante** adj. *Sel régénérant,* qui régénère les résines d'un adoucisseur d'eau. – *Crème de beauté régénérante,* qui aide à renouveler les tissus. → **régénérateur.** ▶ **régénérateur, trice** adj. Qui régénère. *Crème régénératrice.* ▶ **régénération** n. f.

régent, ente [ʀeʒɑ̃, ɑ̃t] n. **1·** Personne qui assume la responsabilité du pouvoir politique (régence) pendant la minorité ou l'absence du souverain. – Adj. *La reine régente. Le prince régent. Le Régent,* le duc d'Orléans (→ **régence,** 1). **2·** Personne qui régit, administre. *Le régent de la Banque de France.* ▶ **régenter** v. tr. < conjug. 1 > Diriger avec une autorité excessive ou injustifiée. *Il veut tout régenter.* ▷ **régence**

reggae [ʀege] n. m. Musique des Noirs de la Jamaïque, à rythme marqué. *Des reggaes.* – Adj. *Un groupe reggae.*

régicide [ʀeʒisid] n. et adj. **1·** N. m. et f. Assassin d'un roi. *Le régicide Ravaillac.* – Adj. *Les révolutions régicides.* **2·** N. m. Meurtre (ou condamnation à mort) d'un roi. *Commettre un régicide.*

régie [ʀeʒi] n. f. **1·** Entreprise gérée par les fonctionnaires d'une collectivité publique. *La Régie française des tabacs ; cigarettes de la Régie.* – Nom d'entreprises nationalisées. *La Régie autonome des transports parisiens* (R. A. T. P.). **2·** Administration chargée de l'organisation matérielle d'un spectacle. *Adressez-vous à la régie* (→ **régisseur,** 2). **3·** Local où sont groupées les commandes nécessaires à la réalisation d'une émission de radio ou de télévision.

regimber [ʀ(ə)ʒɛ̃be] v. intr. < conjug. 1 > Résister en refusant. *Inutile de regimber.*

1 **régime** [ʀeʒim] n. m. **1·** Organisation politique, économique, sociale (d'un État). *Les régimes successifs de la France. L'Ancien Régime,* celui de la monarchie avant 1789. *Changement de régime. Régime constitutionnel, parlementaire, présidentiel. Régime libéral ; totalitaire. Régime féodal, capitaliste, socialiste. Les opposants au régime.* **2·** Ensemble de dispositions qui organisent une institution ; cette organisation. *Régime dotal* (du mariage). *Régime fiscal, douanier. Régime pénitentiaire.*

2 **régime** n. m. **1·** Conduite à suivre en matière d'hygiène, de nourriture. *Le régime d'entraînement d'un sportif.* – *À ce régime, il ne tiendra pas longtemps.* **2·** Alimentation raisonnée. *Suivre, faire un régime pour maigrir. Se mettre, être au régime. Régime draconien. Régime sans sel.* – *Régime sec,* sans alcool.

3 **régime** n. m. Manière dont se produisent certains mouvements, certains phénomènes physiques (météorologiques, hydrographiques). *Le régime d'écoulement d'un fluide. Le régime d'un moteur,* le nombre de tours en un temps donné ; allure de fonctionnement. → **marche.** *Régime normal, ralenti. Lancer le moteur à plein régime.* Loc. *À plein régime,* à pleine force. – *Le régime d'un fleuve,* l'ensemble des variations que subit son débit. – *Le régime des pluies.*

4 **régime** n. m. Ensemble des fruits, réunis en grappe, de certains arbres (bananiers, dattiers). *Faire mûrir un régime de bananes.*

régiment [ʀeʒimɑ̃] n. m. **1·** Corps de troupe placé sous la direction d'un colonel. *Un régiment d'infanterie, de chars.* – Fam. *Le régiment,* l'armée. *Partir pour le régiment. Aller au régiment,* être incorporé. **2·** Grand nombre (de personnes, de choses). → **quantité** (2) ; fam. **bataillon, ribambelle.** *Un régiment de gamins turbulents.* – *Il y en a pour un régiment,* pour beaucoup de gens. ▷ **enrégimenter**

région [ʀeʒjɔ̃] n. f. **1·** Territoire qui se distingue des territoires voisins par des caractères particuliers. → **contrée, province.** *Région désertique. Région à forte population.* – *Dans nos régions,* nos climats, nos pays. – (Avec majuscule). Unité territoriale administrative groupant plusieurs départements (en France). *La Région Rhône-Alpes.* **2·** Étendue de pays autour d'une ville. *Ils vont en vacances dans la région de Pau.* – *Habitez-vous (dans) la région ?* **3·** Abstrait. Domaine, sphère (de la pensée, la science...). *Les hautes régions de la philosophie.* **4·** Zone déterminée (d'un organisme, d'un organe). *Douleurs dans la région du cœur.* ▶ **régional, ale, aux** adj. **1·** Relatif à une région, une province. *Les parlers régionaux. Coutumes régionales.* → **folklore.** – *Réseau express régional,* le R. E. R. *Train express régional.* → **TER.** **2·** Qui groupe plusieurs nations voisines (opposé à *mondial*). *Les accords régionaux de l'Union européenne.* ▶ **régionalisation** n. f. Réforme administrative allant dans le sens du régionalisme. → **décentralisation.** ▶ **régionalisme** n. m. Tendance à favoriser les traits particuliers d'une région ; à donner aux régions, aux provinces, une certaine autonomie. – En linguistique. Fait de langue propre à une région, à une partie seulement des territoires où on parle une langue. ▶ **régionaliste** adj. et n. Partisan du régionalisme. – *Écrivain régionaliste,* dont les œuvres concernent une région en tant que telle.

régir [ʀeʒiʀ] v. tr. < conjug. 2 > **1·** Vx. Diriger, gouverner. – Administrer, gérer. **2·** (Lois, règles) Déterminer. *Les lois qui régissent le mouvement des astres.* – Au p. p. *Association régie par la loi de 1901.* ▶ **régisseur, euse** n. **1·** Personne qui administre, qui gère (une propriété). → **intendant.** **2·** *Le régisseur d'un théâtre,* personne qui organise matériellement les représentations. *Elle est régisseuse du théâtre X.* ▷ **régent, régie,** 1 **régime**

1 **registre** [ʀəʒistʀ] n. m. Gros cahier sur lequel on note des faits, des noms, des chiffres dont on veut garder le souvenir. → **livre, répertoire.** *Inscrire sur, dans un registre.* → **enregistrer.** *Tenir un registre.* – *Le registre du commerce,* où doivent s'inscrire les commerçants. *Registres publics d'état civil.* – *Registre des réclamations.* ▷ **enregistrer**

2 **registre** n. m. **1·** Chacun des étages de la voix d'un chanteur, quant à la hauteur des sons. *Le registre aigu, haut, moyen, grave.* – Étendue de l'échelle musicale (d'une voix, d'un instrument). → **tessiture.** **2·** Caractères particuliers (d'une

œuvre, du discours). → **ton.** *C'est écrit dans un registre plaisant. Le registre familier, didactique, dans une langue.*

réglable, réglage → ② **régler.**

① **règle** [ʀɛgl] n. f. Instrument allongé qui sert à tirer des traits, à mesurer une longueur, etc. *Tracer des lignes à la règle, avec une règle. Règle graduée.* – *Règle à calcul,* permettant d'effectuer rapidement certaines opérations. ▷ ① **régler**

② **règle** n. f. **I· 1·** Ce qui est imposé ou adopté comme ligne directrice de conduite ; formule qui indique ce qui doit être fait dans un cas déterminé. → **loi, principe.** *Un ensemble de règles.* → **règlement, réglementation.** *Adopter une règle de conduite.* → **ligne.** – *Avoir pour règle de* (+ infinitif), pour principe. *Se faire une règle de,* se faire une obligation de. *Elle s'est fait une règle d'être toujours ponctuelle. Les règles de la politesse, de la bienséance. Les règles de (la) grammaire.* – Loc. *La règle, les règles du jeu,* celles en usage dans une certaine situation, une certaine activité. – *Établir, prescrire une règle. Observer la règle.* **2·** Loc. *Selon les règles, dans les règles, dans les règles de l'art,* comme il se doit. *Plat cuisiné dans les règles de l'art.* – *En règle générale,* dans la majorité des cas. → **généralement.** *C'est la règle,* c'est ainsi (que les choses se passent). – ***De règle*** : conforme aux usages. *Il est de règle qu'on fasse cela.* – ***En règle*** loc. adj. : conforme aux règles, aux usages ; qui est fait d'une manière méthodique. *Une bataille en règle. Faire une cour en règle à une femme. C'est de la provocation en règle.* – Établi, exécuté conformément aux prescriptions légales. *Avoir ses papiers en règle. Être, se mettre en règle avec...,* dans la situation requise par le règlement (→ **régulier,** I, 1). **3·** Ensemble des préceptes disciplinaires auxquels est soumis un ordre religieux (→ **régulier,** II, 1). **4·** En arithmétique. Procédé, formule qui permet de résoudre certains problèmes. *Faire la règle de trois*.* **II·** Au plur. Écoulement menstruel. → **menstrues.** *Elle a ses règles.* ▶ **réglé, ée** adj. **1·** Soumis à des règles. *Une vie réglée.* → **organisé.** – Fam. (jeu de mots avec ① *régler*) *C'est réglé comme du papier à musique,* cela arrive avec une régularité mathématique. **2·** Adj. f. Qui a ses règles (II). → **nubile, pubère.** ▷ **réglo**

règlement [ʀɛgləmɑ̃] n. m. **I· 1·** Le fait, l'action de régler ② une affaire, un différend. *Le règlement d'un conflit.* **2·** Action de régler (un compte). *Le règlement d'une dette. Faire un règlement par chèque.* **II· 1·** Décision administrative qui pose une règle générale. → **arrêté, décret.** *Règlement de police.* **2·** Ensemble de règles, auxquelles sont soumis les membres d'un groupe, d'un organisme. *Le règlement intérieur d'une association.* → **statut.** *Le règlement, c'est le règlement.* → **consigne.** *Enfreindre le règlement.* ▶ **réglementaire** adj. Conforme au règlement ; imposé, fixé par un règlement. *Ce certificat n'est pas réglementaire.* → **régulier** (I, 1). *La tenue réglementaire d'un soldat.* ▶ **réglementairement** adv. ▶ **réglementer** v. tr. < conjug. 1 > Assujettir à un ensemble de règles, organiser. *Réglementer le droit de grève.* ▶ **réglementation** n. f. **1·** Action de réglementer. *La réglementation des prix.* → **taxation. 2·** Ensemble de règlements qui concernent un domaine particulier. *La réglementation du travail.* ▷ **déréglementer**

① **régler** [ʀegle] v. tr. < conjug. 6 > Couvrir (du papier...) de lignes droites parallèles (appelées *réglures* [ʀeglyʀ], n. f.). – Surtout au p. p. adj. *Papier réglé ou quadrillé.*

② **régler** v. tr. < conjug. 6 > **I· 1·** *Régler... sur.* *Régler sa conduite sur qqn.,* le, la prendre pour modèle. *Je règle mon pas sur le vôtre,* je lui imprime la même cadence. – Pronominalement. *Se régler sur qqn.* → **suivre. 2·** Fixer, définitivement ou exactement. *Régler les modalités d'une entrevue.* → **établir. 3·** Mettre au point le fonctionnement de (un mouvement, un dispositif, un mécanisme, etc.). → **réglage.** / contr. dérégler / *Régler le débit d'un robinet, le régime d'une machine.* → **régulariser** (2). *Régler sa montre. Régler le tir.* – Au p. p. adj. *Un carburateur mal réglé.* **II· 1·** Résoudre définitivement, terminer. *Régler une question, un problème* (→ **règlement**). *Régler une affaire.* – Pronominalement. *L'affaire s'est réglée à l'amiable.* – Au p. p. adj. *C'est une affaire réglée,* conclue, sur laquelle il n'y a pas à revenir. **2·** *Régler un compte,* l'arrêter et le payer. – Payer (une note). *Régler sa note d'hôtel, ses factures.* → **acquitter.** Sans compl. *Réglerez-vous par chèque ? Il règle en espèces.* – Payer (un fournisseur). *Régler le boucher, le boulanger.* ▶ **réglable** adj. **1·** Qu'on peut régler (I, 3). *Sièges réglables.* **2·** Qui doit être payé (dans certaines conditions de lieu, de temps...). *Facture réglable à quatre-vingt-dix jours.* ▶ **réglage** n. m. Opération qui consiste à régler (un appareil, un mécanisme). *Le réglage d'une machine. Le réglage du tir.* – Manière dont un appareil, un mécanisme est réglé. *Mauvais réglage du carburateur.* ▷ **dérégler,** ② **règle, règlement**

règles n. f. pl. → ② **règle** (II).

réglisse [ʀeglis] n. f. Plante à racine brune, jaune au-dedans, comestible. *Récolter la réglisse. Mâcher un bâton de réglisse.* – *Pâte de réglisse,* tirée de la réglisse. *Bonbons à la réglisse,* faits de cette pâte. *Sucer de la réglisse.*

réglo [reglo] adj. Fam. Conforme à la règle. *C'est réglo.* – (Personnes) Qui respecte la règle en vigueur. *Des mecs réglos. Elle a été réglo.* → **régulier** (II, 4).

règne [rɛɲ] n. m. **I**· **1**· Exercice du pouvoir souverain ; période pendant laquelle s'exerce ce pouvoir. *Le règne de Louis XIV. Sous le règne de Napoléon. Un long règne.* **2**· Pouvoir absolu (d'une personne ou d'une chose). *Le règne de l'argent, des banquiers. Le règne de la corruption, de la facilité.* **II**· *Règne minéral, végétal, animal,* les trois grandes divisions de la nature. ▶ **régner** v. intr. < conjug. 6 > **I**· Exercer le pouvoir monarchique (→ **règne, I**). *Régner (pendant) vingt ans. Les vingt ans qu'il a régné.* – Loc. prov. *Diviser pour régner,* créer des rivalités entre ceux qu'on gouverne, pour mieux les dominer. **II**· **1**· Exercer un pouvoir absolu. → **dominer.** *Il règne en maître dans la maison. Elle règne sur toute la maisonnée.* **2**· (Choses) Avoir une influence prédominante. *Il voudrait faire régner la justice sur le monde.* – (Opinions) Avoir cours. **III**· (Sens affaibli ; suj. chose) Exister, s'être établi (quelque part). *Le bon accord qui règne entre nous. Faire régner l'ordre, le silence.* – Iron. « *Vous vérifiez tous les comptes ? La confiance règne !* » ▶ **régnant, ante** adj. Qui règne (I). *Le prince régnant. Famille régnante,* dont un membre règne. ▷ **interrègne**

regonfler [ʀ(ə)gɔ̃fle] v. tr. < conjug. 1 > Gonfler (qqch. qui s'est dégonflé). *Regonfler un ballon, des pneus.* – Fam. *Regonfler qqn, le moral de qqn,* lui redonner du courage. – Au p. p. adj. *Me voilà regonflée à bloc !*

regorger [ʀ(ə)gɔʀʒe] v. intr. < conjug. 3 > *Regorger de* : avoir en surabondance. → **abonder.** *Région qui regorge de richesses.*

régression [ʀegʀesjɔ̃] n. f. Évolution qui ramène à un degré moindre. → **recul.** *La mortalité infantile est en régression, en voie de régression.* → **diminution.** / contr. progression / ▶ **régresser** v. intr. < conjug. 1 > Subir une régression. / contr. progresser / *La douleur régressait enfin.* – *Cet enfant régresse, il recommence à mouiller son lit.* ▶ **régressif, ive** adj. Qui constitue une régression. *Phénomène régressif.*

regret [ʀ(ə)gʀɛ] n. m. **I**· État de conscience douloureux causé par la perte d'un bien. *Le regret du pays natal. Le regret du passé.* → **nostalgie.** *Regrets éternels,* formule d'inscription funéraire. *Quitter qqn avec regret ; le quitter sans regret.* **II**· **1**· Mécontentement ou chagrin (d'avoir fait, de n'avoir pas fait, dans le passé). → **remords, repentir.** *Je n'ai qu'un regret, c'est d'avoir été si long à comprendre.* – *Le regret d'une faute, d'avoir commis une faute.* **2**· Déplaisir causé par une réalité contrariante. *Le regret de n'avoir pas réussi.* – ***À regret*** loc. adv. : contre son désir. *Accepter à regret. À mon grand regret, j'ai dû partir.* **3**· Déplaisir qu'on exprime d'être dans la nécessité de. *J'ai le regret de ne pouvoir vous recevoir. Tous mes regrets.* → **excuse.** – (Formule administrative) *Nous sommes au regret de vous informer...* ▶ **regretter** [ʀ(ə)gʀete] v. tr. < conjug. 1 > **I**· Éprouver le désir douloureux de (un bien qu'on a eu et qu'on n'a plus). *Regretter le temps passé, sa jeunesse.* – *Nous le regretterons longtemps,* nous regretterons son absence, sa mort. – Au p. p. adj. *Notre regretté confrère,* notre confrère mort récemment. **II**· **1**· Être mécontent (d'avoir fait ou de n'avoir pas fait). → **se repentir.** *Elle regrette d'être venue. Je ne regrette rien. Il me ferait regretter ma patience.* – (Pour menacer) *Tu le regretteras !* – (Pour inciter à agir) *Viens ! Tu ne le regretteras pas !* – Désavouer (sa conduite passée). *Je regrette mon geste.* **2**· Être mécontent de (ce qui contrarie une attente, un désir). → **déplorer.** *Je regrette cette décision.* – ***Regretter que*** (+ subjonctif). *Je regrette qu'il ne soit pas venu.* **3**· ***Regretter de*** (+ infinitif) : faire savoir qu'on éprouve du regret. / contr. se féliciter / *Je regrette de vous avoir fait attendre,* je m'en excuse. *Je regrette,* formule pour contredire ou s'excuser. → **pardon.** *Je regrette, je n'ai pas du tout dit cela.* ▶ **regrettable** adj. Qui est à regretter. → **fâcheux.** *Un incident, une erreur regrettable. Conséquences regrettables.* → **déplorable.** *Il est regrettable que vous ne puissiez pas venir.* → **dommage, malheureux.**

regrouper [ʀ(ə)gʀupe] v. tr. < conjug. 1 > **1**· Grouper de nouveau (ce qui s'était dispersé). *Regrouper les membres d'un parti.* – Pronominalement. *Se regrouper autour de qqn, derrière qqn.* **2**· Grouper (des éléments dispersés), réunir. *Regrouper les populations.* – *Parti qui regroupe tous les mécontents.* → **rassembler, réunir.** ▶ **regroupement** n. m. Action de regrouper, de se regrouper ; son résultat.

régulariser [ʀegylaʀize] v. tr. < conjug. 1 > **1**· Rendre conforme aux lois ; mettre en règle. *Régulariser sa situation* (financière, administrative...). **2**· Rendre régulier (ce qui est inégal, intermittent). *Régulariser le fonctionnement d'un appareil* (☞ régler, I, 3). *Régulariser le régime d'un fleuve.* ▶ **régularisation** n. f. *Statut, situation en voie de régularisation.* ≠ régulation.

régularité [ʀegylaʀite] n. f. **1**· Caractère régulier (d'un mouvement). *La régularité de son pas, de son allure.* / contr. irrégularité / – Caractère égal, uniforme. *Faire preuve de régularité dans son travail. Une régularité d'horloge.* **2**· Le fait de présenter des proportions régulières. *La régularité d'une façade* (→ **symétrie**). **3**· Conformité aux règles. *La régularité d'une élection.*

régulateur, trice [ʀegylatœʀ, tʀis] adj. et n. m. **I**· Adj. Qui règle (②, I, 3), qui régularise. *Force régulatrice. Le mécanisme régulateur d'une horloge.* **II**· N. m. Système de commande destiné à maintenir la régularité d'un mécanisme. *Régulateur de vitesse, de température.* ▶ **régulation** [ʀegylasjɔ̃] n. f. Le fait d'assurer le fonctionnement correct (d'un système complexe). *La régulation du trafic routier, ferroviaire... La régulation des naissances.* → **contrôle ; contraception.** – *Régulation thermique*, processus qui maintient la chaleur à un degré uniforme chez les mammifères et les oiseaux. ≠ régularisation. ▷ **thermorégulation**

régulier, ière [ʀegylje, jɛʀ] adj. et n. m. **I**· (Choses) **1**· Qui est conforme aux règles. → **normal.** / contr. irrégulier / *Verbes réguliers*, qui suivent les règles ordinaires de la conjugaison (pour le français, verbes du premier et du deuxième groupe, en *-er* et *-ir*). – Établi ou accompli conformément aux dispositions légales, réglementaires. *Gouvernement régulier. Coup régulier*, permis (au jeu). – Fam. Loyal, correct. *Le coup est dur, mais régulier.* **2**· Qui présente un caractère de symétrie, d'ordre. *Une façade aux formes régulières. Écriture régulière*, bien formée, nette. *Visage régulier.* **3**· (Mouvement, phénomène) Qui se déroule de façon uniforme. *Vitesse régulière*, constante. *Rythme régulier*, égal. *Progrès réguliers*, suivis. **4**· Qui se renouvelle à intervalles égaux. *Frapper des coups réguliers. Visites, inspections régulières.* Loc. *À intervalles réguliers*, régulièrement. **5**· Qui n'est pas occasionnel, mais habituel. *Être en correspondance régulière avec qqn. Un service régulier de cars.* **6**· Qui reste conforme aux mêmes principes, ne change pas. *Habitudes régulières. Vie régulière.* **II**· (Personnes) **1**· Qui appartient à un ordre religieux. *Clergé régulier et clergé séculier* (→ ② **règle**, I, 3). **2**· *Armées, troupes régulières*, contrôlées par le pouvoir central (opposé à *troupes improvisées, milices, francs-tireurs*, etc.). **3**· Ponctuel, réglé. *Il est régulier dans ses habitudes, dans son travail.* – Qui obtient des résultats d'un niveau constant. *Élève régulier.* **4**· Fam. Qui respecte les règles en vigueur dans une profession, une activité. *Un homme très régulier en affaires.* → **correct** ; fam. **réglo.** ▶ **régulièrement** adv. **1**· D'une manière régulière, légale. *Fonctionnaire régulièrement nommé.* / contr. irrégulièrement / **2**· Avec régularité. *Couche de terre répartie régulièrement.* → **uniformément.** *S'approvisionner régulièrement au même endroit. Client qui vient très régulièrement.* **3**· Fam. (En tête de phrase) Normalement. *Régulièrement, c'est toi qui dois gagner.* ▷ **irrégularité, irrégulier, régulariser, régularité, régulateur**

régurgiter [ʀegyʀʒite] v. tr. < conjug. 1 > **1**· Didact. Faire revenir de l'estomac dans la bouche. / contr. ingurgiter / *Régurgiter des aliments, un repas.* → **vomir. 2**· Répéter sans modification (ce qu'on vient d'apprendre). ▶ **régurgitation** n. f.

réhabiliter [ʀeabilite] v. tr. < conjug. 1 > **1**· Rendre à (un condamné) ses droits perdus et l'estime publique, en reconnaissant son innocence. *Finalement, on réhabilita Dreyfus.* **2**· Rétablir dans l'estime, dans la considération d'autrui. *Réhabiliter la mémoire d'un ami. Sa conduite l'a réhabilité.* – Pronominalement. *Se réhabiliter.* → se **racheter. 3**· Remettre en bon état pour l'habitation. → **rénover.** – Au p. p. adj. *Immeuble ancien, quartier réhabilité.* ▶ **réhabilitation** n. f. Le fait de réhabiliter.

réhabituer [ʀeabitɥe] v. tr. < conjug. 1 > Faire reprendre à (qqn) une habitude perdue. → **réaccoutumer.** / contr. déshabituer / – Pronominalement. *Elle s'est réhabituée à se lever tôt.*

rehausser [ʀəose] v. tr. < conjug. 1 > **1**· Hausser davantage ; élever à un plus haut niveau. *Rehausser un mur.* → **surélever.** – Faire valoir davantage. *Il nous faut rehausser le prestige de l'équipe.* **2**· (Suj. chose) Faire valoir davantage par sa présence. *Le fard rehausse l'éclat de son teint.* – Au p. p. ***Rehaussé, ée de*** : mis(e) en valeur par, orné(e) de. *Habit rehaussé de broderies.* **3**· Donner plus de relief à (un dessin) en accentuant certains éléments. – Au p. p. *Portrait rehaussé de couleurs vives.* ▶ **rehausseur** n. m. Dispositif qui surélève un enfant sur la banquette arrière d'une voiture. – En apposition. *Coussin rehausseur, siège rehausseur.* ▶ **rehaut** [ʀəo] n. m. Terme technique. Touche claire qui accuse les lumières, en peinture.

réhydrater [ʀeidʀate] v. tr. < conjug. 1 > Hydrater de nouveau (ce qui est déshydraté). *Réhydrater la peau.* – *Se réhydrater après un effort.* ▶ **réhydratation** n. f.

réimpression [ʀeɛ̃pʀesjɔ̃] n. f. Nouvelle impression (d'un livre) sans changements. ≠ réédition. ▶ **réimprimer** v. tr. < conjug. 1 > Imprimer de nouveau. – Au p. p. adj. *Un livre souvent réimprimé.*

rein [ʀɛ̃] n. m. **1**· Au plur. ***Les reins*** : la partie inférieure du dos, au niveau des vertèbres lombaires. → **lombes.** *La cambrure des reins. Une belle chute de reins.* – *Coup de reins*, violent effort des muscles de la région lombaire. – Loc. *Tour de reins*, lumbago. – Fig. *Avoir les reins solides*, être de taille à triompher d'une épreuve. *Casser les reins à qqn,* briser sa carrière. **2·** L'un des deux organes qui élaborent l'urine. → **néphr(o)-.** *Rein droit, gauche. Rein flottant,* mobile. *Une greffe du rein. Rein artificiel. Reins comestibles d'un animal.* → **rognon.** ▷ **éreinter, rénal, surrénal**

se réincarner [ʀeɛ̃kaʀne] v. pron. < conjug. 1 > Religion. S'incarner dans un nouveau corps. *Se réincarner dans un animal.* ▶ **réincarnation** n. f. Nouvelle incarnation (d'une âme qui avait été unie à un autre corps). → **métempsychose.** *Le cycle des réincarnations, dans la religion hindoue.*

reine [ʀɛn] n. f. **1·** Épouse d'un roi. *Le roi et la reine.* – *La reine mère,* mère du souverain régnant ; plaisant. la belle-mère (ou la mère de famille). *Pas un mot à la reine mère !* **2·** Femme qui détient l'autorité souveraine dans un royaume. → **souveraine.** *La reine Victoria.* – Loc. *Avoir un port de reine,* un maintien majestueux, imposant. *Une dignité de reine offensée,* exagérée et pointilleuse. **3·** La deuxième pièce du jeu d'échecs, à l'action la plus étendue. **4·** *La, une reine de...,* femme qui l'emporte sur les autres par une éminente qualité. *La reine du bal, de la fête.* – *Reine de beauté.* → **miss** (2). – (Choses) *Reine des reinettes* (nom d'une pomme → **reinette**). **5·** Femelle féconde (d'abeille, de guêpe, etc.) unique dans la colonie. ▶ **reine-claude** n. f. Variété de prune, verte, à chair fondante. *Des reines-claudes.* ▶ **reine-marguerite** n. f. Plante aux fleurs roses ou mauves ; ces fleurs. *Des reines-marguerites.*

reinette [ʀɛnɛt] n. f. Variété de pomme très parfumée. *Un kilo de reinettes. Reinette grise. Reinette du Canada,* très grosse et verte. *La reine des reinettes* (jaune et rouge). ≠ rainette.

réinsérer [ʀeɛ̃seʀe] v. tr. < conjug. 6 > Fournir à (qqn) les moyens de se réadapter à la vie sociale. – Pronominalement. *Cette association aide les anciens détenus à se réinsérer.* ▶ **réinsertion** n. f. *La réinsertion des délinquants.*

réinstaller [ʀeɛ̃stale] v. tr. < conjug. 1 > Installer de nouveau. *On l'a réinstallé dans ses fonctions.* ▶ **réinstallation** n. f.

réintégrer [ʀeɛ̃tegʀe] v. tr. < conjug. 6 > **1·** (Compl. chose) Revenir dans (un lieu qu'on avait quitté). *Réintégrer son logis. Réintégrer le domicile conjugal,* reprendre la vie commune avec son conjoint. **2·** Rétablir (qqn) dans la jouissance d'un bien, d'un droit. *Réintégrer un fonctionnaire après une mise en congé.* ▶ **réintégration** n. f.

réintroduire [ʀeɛ̃tʀɔdɥiʀ] v. tr. < conjug. 38 > Introduire de nouveau. ▶ **réintroduction** n. f.

réitérer [ʀeiteʀe] v. tr. < conjug. 6 > Faire de nouveau, faire plusieurs fois. → **renouveler.** *Réitérer une promesse. Je vous réitère ma demande.* – Sans compl. → **recommencer.** *Il avait juré de ne plus boire, mais il a réitéré.* – Au p. p. adj. *Attaques réitérées, efforts réitérés,* répétés. ▶ **réitérant, ante** adj. Qui a été interpellé plusieurs fois pour des actes de délinquance. ≠ récidiviste. ▶ **réitération** n. f. Renouvellement (d'une action).

rejaillir [ʀ(ə)ʒajiʀ] v. intr. < conjug. 2 > **1·** (Liquide) Jaillir en étant renvoyé par un obstacle ou sous l'effet d'une pression, d'un choc. *La boue rejaillissait sous les roues de la voiture.* **2·** Abstrait. ***Rejaillir sur*** *qqn* : se reporter sur (par un prolongement de l'effet). *Sa honte a rejailli sur nous tous.* ▶ **rejaillissement** n. m.

① **rejet** n. m. Nouvelle pousse (d'un arbre), provenant d'une souche ou d'une tige. *Un rejet de souche. Des rejets de châtaignier. L'ensemble des rejets forme le taillis.* → **rejeton** (1). ▶ **rejeton** [ʀəʒtɔ̃ ; ʀ(ə)ʒətɔ̃] n. m. **1·** Nouvelle pousse sur la souche d'un arbre. → ① **rejet.** **2·** Fam. ou iron. Enfant, fils. *Être fier de ses rejetons.*

rejeter [ʀəʒte ; ʀ(ə)ʒəte] v. tr. < conjug. 4 > **I· 1·** Jeter en sens inverse (ce qu'on a reçu, ce qu'on a pris). → **relancer.** *Rejeter un poisson à la mer. La mer rejette les épaves à la côte.* **2·** Évacuer, expulser. *Le malade rejeta un caillot de sang. Son estomac rejette toute nourriture.* → **rendre** (II, 1), **vomir. 3·** Abstrait. Faire retomber (sur un autre). *Rejeter les torts, la responsabilité sur qqn.* **II·** Jeter, porter ou mettre ailleurs. *Rejeter un mot à la fin d'une phrase.* – (En changeant la position) *Rejeter la tête, les épaules en arrière.* – Pronominalement. *Se rejeter en arrière.* **III·** Ne pas admettre. **1·** Écarter (qqch.) en refusant. *Rejeter une offre, une proposition.* → **décliner.** *L'Assemblée a rejeté ce projet de loi.* → **repousser. 2·** Écarter (qqn) en repoussant. – Au p. p. *Elle se sent rejetée par ses proches.* ▶ ② **rejet** [ʀ(ə)ʒɛ] n. m. **1·** Action de rejeter, d'évacuer ; son résultat. *Le rejet des matières fécales.* – *Réaction, phénomène de rejet,* d'intolérance de l'organisme à l'assimilation (d'un organe greffé). **2·** Renvoi au début du vers suivant d'un ou plusieurs mots de la proposition, dans un souci d'expressivité (ex. : *« C'est bien à l'escalier/Dérobé... »,* Hugo). **3·** Action de rejeter, de refuser ; son résultat. → **abandon.** *Le rejet d'une requête, d'un recours en grâce.*

rejoindre [ʀ(ə)ʒwɛ̃dʀ] v. tr. < conjug. 49 > **1·** Se joindre, aller retrouver (une ou plusieurs personnes). *Rejoindre sa famille. Il a rejoint son régiment.* – Pronominalement. *Nous devons nous rejoindre chez lui.* → **se retrouver. 2·** Regagner (un lieu). *Il est temps de rejoindre la maison.* – (Choses) Venir en contact avec. *La rue rejoint le boulevard à cet endroit.* – S'ajouter à. *Cette vieille chaise ira rejoindre les meubles cassés à la cave.* **3·** Avoir une grande ressemblance, des points communs avec. *Cela rejoint ce que tu disais au début.* **4**· Atteindre (qqn qui a de l'avance). → **rattraper.** *Pars devant, je te rejoindrai.*

réjouir [ʀeʒwiʀ] v. tr. < conjug. 2 > **I**· V. tr. Rendre joyeux. → faire **plaisir.** *Choses qui réjouissent le cœur, le regard.* – Mettre en gaieté. → **amuser, égayer.** *Ses blagues ont réjoui l'assemblée.* **II**· ***Se réjouir*** v. pron. : éprouver de la joie, de la satisfaction. *Se réjouir du malheur des autres.* – *Il n'y a pas lieu de se réjouir.* – ***Se réjouir à.*** → **jubiler.** *Je me réjouis à la pensée de vous revoir.* – ***Se réjouir de.*** *Je me réjouis de ton succès.* → se **féliciter.** *Il se réjouissait de l'entendre. Je me réjouis que tu sois là.* – Au p. p. adj. *Une mine réjouie.* → **gai, joyeux.** ▶ **réjouissance** n. f. **1**· Joie collective. *Les occasions de réjouissance ne manquaient pas.* **2**· Au plur. Fêtes. *Réjouissances publiques, officielles. Le programme des réjouissances,* des distractions. ▶ **réjouissant, ante** adj. Qui réjouit, est propre à réjouir. *Une nouvelle qui n'a rien de réjouissant.* – Iron. *Eh bien, c'est réjouissant !* (en parlant d'une chose désagréable). → **gai.**

① **relâche** [ʀ(ə)lɑʃ] n. m. ou f. **1**· Vx. Répit. *Prendre un peu de relâche.* – Loc. ***Sans relâche*** : sans répit. → **interruption, trêve.** *Travailler sans relâche.* **2**· Fermeture momentanée d'une salle de spectacle. *Jour de relâche. Faire relâche.*

① **relâcher** [ʀ(ə)lɑʃe] v. < conjug. 1 > **I**· V. tr. **1**· Rendre moins tendu ou moins serré. → **détendre, desserrer.** *Relâcher son étreinte.* – *Relâcher ses muscles,* les décontracter. **2**· Reposer et détendre. *Relâcher son attention.* **3**· Remettre (qqn) en liberté. *Relâcher un prisonnier.* → **libérer,** ② **relaxer.** **II**· ***Se relâcher*** v. pron. **1**· Devenir plus lâche. *Les liens entre nous se sont relâchés avec les années.* **2**· Devenir moins rigoureux. → **faiblir.** *La discipline s'est relâchée.* – (Personnes) Montrer moins d'ardeur, d'exactitude. *Se relâcher dans son travail.* ▶ **relâché, ée** adj. Qui a perdu de sa vigueur, ou de sa rigueur. *Style relâché. Conduite, morale relâchée.* → **laxisme.** / contr. strict / ▶ **relâchement** n. m. *Le relâchement de l'attention, de la discipline.*

② **relâcher** v. intr. < conjug. 1 > Marine. S'arrêter dans un port, faire escale. *Le bateau dut relâcher à Brest.* ▶ ② **relâche** n. f. Action de relâcher (dans un port). *Notre bateau a fait relâche à Madère.*

relais [ʀ(ə)lɛ] n. m. invar. **1**· Autrefois. Lieu où des chevaux étaient postés pour remplacer les chevaux fatigués. *Un relais de poste.* – Mod. Auberge ou hôtel près d'une grande route. *Relais routier.* **2**· *Course de relais,* ou *relais,* épreuve disputée entre équipes de plusieurs coureurs qui se relayent* à des distances déterminées. – *Le relais 4 fois cent mètres.* **3**· Mode d'organisation d'un travail continu où les personnes se remplacent par roulement. *Équipes de relais.* – Loc. ***Prendre le relais de*** : remplacer. → **relayer.** **4**· Étape (entre deux points de l'espace). – En appos. *Ville relais.* – Intermédiaire (entre deux personnes). *Servir de relais dans une transaction.* – En appos. *Prêt relais,* à court terme, en attendant une rentrée d'argent. **5**· Dispositif servant à retransmettre un signal radioélectrique en l'amplifiant. *Un relais de télévision.* – En appos. *Antenne relais de téléphonie mobile.*

relancer [ʀ(ə)lɑ̃se] v. < conjug. 3 > **I**· V. tr. **1**· Lancer à son tour (une chose reçue). *Il me relança la balle.* → **renvoyer.** **2**· Remettre en marche, en route, lancer de nouveau. *Relancer un moteur.* – *Relancer un projet. Relancer l'économie du pays.* **3**· Poursuivre (qqn) avec insistance, pour obtenir de lui qqch. *J'ai dû le relancer pour qu'il me rembourse.* **II**· V. intr. Jeux. Mettre un enjeu supérieur à celui de l'adversaire. ▶ **relance** n. f. **1**· Jeux. Action de relancer (II). *Limiter la relance dans une partie de poker.* **2**· Reprise, nouvelle impulsion. *La relance de l'économie. Mesures de relance.*

relaps, apse [ʀ(ə)laps] adj. Religion. Retombé dans une hérésie, après l'avoir abjurée. *Jeanne d'Arc fut brûlée comme relapse.*

relater [ʀ(ə)late] v. tr. < conjug. 1 > Littér. Raconter d'une manière précise et détaillée. → **rapporter.** *Les historiens relatent le fait, relatent que...* – *Chroniques qui relatent des événements importants.* ▷ ② **relation**

relatif, ive [ʀ(ə)latif, iv] adj. **I**· **1**· Qui est défini par rapport à une autre chose, n'est ni absolu, ni indépendant (→ ① **relation**). *Toute connaissance est relative. Valeur relative,* évaluée par comparaison. *Tout est relatif,* on ne peut juger de rien en soi. – *Relatif à...,* en relation avec. – Au plur. Qui ont une relation mutuelle. *Positions relatives,* considérées l'une par rapport à l'autre. → **respectif.** **2**· Incomplet, imparfait. → **partiel.** *Il est d'une honnêteté relative, d'une relative honnêteté. Vivre dans un luxe relatif.* **3**· ***Relatif à...*** (sens faible) : se rapportant à..., concernant. *Documents relatifs à tel sujet, à telle période.* **II**· En grammaire. Se dit des mots servant à établir une relation entre un nom ou un pronom qu'ils représentent et une subordonnée. *Pronoms relatifs (qui, que, dont, quoi, où, lequel, quiconque). Adjectifs relatifs (lequel, quel). Proposition relative* ou, n. f., ***relative*** : proposition introduite par un pronom relatif. ▶ **relativement** adv. **1**· D'une manière relative. *C'est relativement rare.* – *Il est relativement honnête,* jusqu'à un certain point.

2· *Relativement à* : par une relation, un rapport de comparaison. *Relativement au prix du quartier, ce n'est pas cher.* → par **rapport.** ▶ **relativiser** v. tr. < conjug. 1 > Faire perdre son caractère absolu à (qqch.) en le mettant en rapport avec qqch. d'analogue, avec un ensemble, un contexte. ▶ **relativité** n. f. **I·** Caractère de ce qui est relatif (I, 1). *La relativité de la connaissance, du jugement humain.* **II·** *Théorie de la relativité* d'Einstein (1905), selon laquelle les mesures de distance et de temps sont relatives (à la position et au mouvement de l'observateur) ; seule est constante et absolue la vitesse de la lumière. *La relativité fait du temps la quatrième dimension. On distingue la relativité et la relativité généralisée.*

① **relation** [ʀ(ə)lɑsjɔ̃] n. f. **1·** Rapport de dépendance entre des choses, des phénomènes... *Relation de cause à effet. Étroite relation entre les diverses parties d'un tout. En relation avec...* → **relatif** à. *Ce que je dis est sans relation avec ce qui précède.* **2·** Surtout au plur. Lien de dépendance ou d'influence réciproque (entre personnes) ; fait de se fréquenter. → **commerce** (II), **contact, rapport.** *Les relations humaines. Relations d'amitié ; relations amoureuses. Relations professionnelles, mondaines. Nouer, avoir des relations avec qqn. Avoir de bonnes, mauvaises relations avec qqn* (→ être en bons, en mauvais termes). *Cesser, interrompre ses relations avec qqn.* – *Relations épistolaires.* → **correspondance.** – Loc. ***En relation.*** *Être, se mettre, rester en relation avec qqn.* **3·** Au plur. Le fait de connaître, de fréquenter des gens influents. *Il cultive ses relations. Obtenir un poste par relations.* **4·** Personne avec laquelle on est en relation, avec qui on a des relations d'habitude, d'intérêt. → **connaissance(s)** (II, 2). *Ce n'est pas un ami, seulement une relation. Il ne fait pas partie de mes relations.* **5·** Lien officiel entre groupes (peuples, nations). *Tension, détente dans les relations internationales. Relations diplomatiques. Relations culturelles entre pays.* – ***Relations publiques*** : ensemble des activités destinées à favoriser les contacts à l'intérieur de l'entreprise, à informer le public des réalisations de l'entreprise. → **propagande, publicité.** *Être dans les relations publiques.* REM. *Public relation* est de l'anglais. **6·** En sciences. Tout ce qui implique une interdépendance, une interaction (entre un être vivant et un milieu). *L'étude des relations des êtres vivants avec leur milieu* (→ **écologie**). ▶ **relationnel, elle** adj. **1·** Qui concerne les relations entre les personnes. *Il a un problème relationnel.* **2·** *Base de données relationnelle,* dans laquelle les données sont structurées par un ensemble de relations.

② **relation** n. f. Le fait de relater* ; récit. *Selon la relation d'un témoin.* → **témoignage.** *Faire la relation des événements.* – Récit fait par un voyageur, un explorateur. *La relation d'un voyage en Chine.*

relax (invar.) ou **relax, relaxe** [ʀəlaks] adj. et n. Anglic. Fam. Qui favorise la détente. → **décontracté, détendu.** *Une soirée plutôt relax* ou *relaxe.* – *Un type plutôt relax.* → **cool.** / contr. stressé / – En appos. *Fauteuil(-)relax* ou, n. m. invar., ***relax*** : fauteuil, chaise longue confortable. *Des relax.* ▶ **relaxation** n. f. Anglic. Méthode thérapeutique destinée à supprimer la tension musculaire ou nerveuse par des procédés psychologiques actifs. – Fam. Repos, détente. ▶ ① **se relaxer** v. pron. < conjug. 1 > Anglic. Fam. Se détendre physiquement et intellectuellement. → **se décontracter.** ▶ **relaxant, ante** adj. Qui procure une détente. *Ambiance relaxante.*

② **relaxer** v. tr. < conjug. 1 > En droit. Remettre en liberté (un détenu), par une décision (appelée *relaxe,* n. f.).

relayer [ʀ(ə)leje] v. tr. < conjug. 8 > **1·** Remplacer (qqn) dans une activité qui ne peut être interrompue. *Quand tu seras fatigué de ramer, je te relaierai.* **2·** ***Se relayer*** v. pron. : se remplacer l'un l'autre, alternativement (dans une activité, une course...). *Elles se sont relayées toute la nuit auprès du malade.* ▷ **relais**

relecture [ʀ(ə)lɛktyʀ] n. f. Action de relire. *Relecture des épreuves d'imprimerie.*

reléguer [ʀ(ə)lege] v. tr. < conjug. 6 > **1·** Envoyer, maintenir (qqn dans un endroit écarté ou médiocre). → **exiler.** *On le relégua dans la chambre du fond.* – (Choses) *Reléguer un objet au grenier.* **2·** Fig. *On l'a relégué dans une fonction subalterne.* – Au p. p. *Se sentir relégué au second plan.* ▶ **relégation** n. f. En droit pénal. Peine qui consistait à exiler qqn hors du territoire métropolitain. *La relégation fut supprimée, en France, en 1970.*

relent [ʀ(ə)lɑ̃] n. m. **1·** Mauvaise odeur qui persiste. *Des relents d'alcool, de friture.* **2·** Abstrait. Trace, soupçon. *Son histoire a des relents de racisme.*

relève [ʀ(ə)lɛv] n. f. **1·** Remplacement (d'une ou plusieurs personnes) par d'autres, dans un travail continu. *La relève de la garde. Assurer, prendre la relève.* – Les personnes qui assurent ce remplacement. – *Enfin ! voilà la relève !* **2·** Remplacement (dans une action, une tâche collective). *La jeunesse prendra la relève.*

relevé [ʀəlve] n. m. Action de relever (→ ① **relever,** III, 3), de noter ; ce qu'on a noté. *Le relevé des dépenses. Un relevé d'identité bancaire* (abrév. R. I. B.). – *Faire le relevé d'un compteur.*

relèvement [ʀ(ə)lɛvmɑ̃] n. m. **1·** Redressement, rétablissement. *Le relèvement d'un pays, d'une économie.* **2·** Action de relever (1, II), de hausser. / contr. abaissement / *Le relèvement d'un sol.* – Action d'augmenter. *Le relèvement des salaires.* → **hausse, majoration.**

1 **relever** [ʀəlve ; ʀ(ə)ləve] v. tr. < conjug. 5 > **I· 1·** Remettre debout, dans sa position naturelle (qqn, qqch. qui est tombé). **2·** Remettre en bon état (ce qui est au plus bas). *Il nous faut relever le pays, l'économie. Relever le moral de qqn.* **3·** → **ramasser.** *Professeur qui relève les cahiers, les copies.* – Loc. *Relever le défi,* y répondre. **II·** Remettre plus haut. **1·** Diriger, orienter vers le haut (une partie du corps, du vêtement). *Relever la tête, le front. Relever son col, ses jupes.* → **retrousser.** / contr. rabattre / – Au p. p. adj. *Manches relevées.* – *Virage relevé,* dont l'extérieur est plus haut que l'intérieur. **2·** Donner plus de hauteur à, porter à un niveau supérieur. → **élever ; relèvement.** *Relever le niveau de vie, les salaires.* – Au p. p. adj. *Plaisanterie, film d'un niveau pas très relevé,* médiocre, de mauvais goût. **3·** Littér. Donner une valeur plus haute à (qqn, qqch.). → **rehausser.** *Cet exploit le relève à ses propres yeux.* **4·** Donner plus de goût à, par des condiments, des épices. *Relever une sauce.* – Au p. p. adj. *Un plat relevé.* → **épicé. 5·** Littér. Donner du relief à..., mettre en valeur. *Relever un récit de (par des) détails piquants.* → **agrémenter, pimenter. III· 1·** Faire remarquer ; mettre en relief. → **noter, souligner.** *Relever des erreurs, des fautes dans un texte. On ne peut relever aucune charge contre lui.* **2·** Répondre vivement à (une parole). *Cette accusation ne mérite pas d'être relevée. Je n'ai pas voulu relever l'allusion.* **3·** Noter par écrit, ou par un croquis (→ **relevé**). *Relever une adresse, une recette de cuisine. Relever le plan d'un appartement.* – *Relever un compteur,* le chiffre d'un compteur (de gaz, d'eau...). Fam. *Relever le gaz, l'électricité.* **IV· 1·** Assurer la relève de (qqn). → **relayer.** *Relever une sentinelle. Équipe qui en relève une autre.* **2·** *Relever qqn de :* le, la libérer (d'une obligation). *Relever un religieux de ses vœux.* → **délier.** *Relever qqn de ses fonctions.* → **destituer. V·** *Se relever* v. pron. **1·** Se remettre debout, reprendre la position verticale. *Aider qqn à se relever.* – Fig. Se remettre d'une situation difficile, pénible. *Pays qui se relève (de ses ruines, de ses cendres). Je ne m'en relèverai jamais.* **2·** Se diriger vers le haut. *Les coins de sa bouche se relèvent.* – (Passif) Être ou pouvoir être dirigé vers le haut. *Ces accoudoirs se relèvent.* **VI·** Intransitivement. (Suj. personne) *Relever de :* se rétablir, se remettre de. *Relever de maladie. Relever de couches.* ▶ **releveur, euse** adj. et n. **I·** En anatomie. Qui relève (un organe, etc.). *Le muscle releveur de la paupière.* **II·** N. Professionnel qui relève (III, 3), note. *Le releveur des compteurs.* ▷ **relevé, relève, relèvement**

2 **relever** v. tr. ind. < conjug. 5 > *Relever de.* **1·** Dépendre (d'une autorité). *Les seigneurs relevaient directement du roi.* **2·** Être du ressort, de la compétence de. *Une affaire qui relève du tribunal correctionnel.* **3·** Être du domaine de. *Cette théorie relève de la pure fantaisie.*

relief [ʀəljɛf] n. m. **1·** *Un relief :* ce qui fait saillie sur une surface. *La paroi ne présentait aucun relief.* – *En relief.* *Les caractères en relief du braille.* **2·** Ouvrage comportant des éléments qui se détachent plus ou moins sur un fond plan. *Façade ornée de reliefs* (→ **bas-relief**). *Le haut-relief se détache presque complètement du fond.* **3·** Forme de la surface terrestre, comportant des saillies et des creux. *Le relief de la France.* **4·** Caractère (d'une image) donnant l'impression d'une profondeur de plans différents ; perception qui y correspond. *Le relief d'une peinture. Sensation de relief.* – *Photographie, cinéma **en relief** :* qui donne l'impression du relief. **5·** Abstrait. Apparence plus nette, plus vive, du fait des oppositions. *Un style qui manque de relief.* – *Mettre en relief,* faire valoir en mettant en évidence. ▷ **bas-relief**

reliefs [ʀəljɛf] n. m. pl. Vx ou plaisant. Ce qui reste d'un repas. → **reste(s).** *Des reliefs de poulet.*

1 **relier** [ʀəlje] v. tr. < conjug. 7 > Attacher ensemble (les feuillets formant un ouvrage) et les couvrir avec une matière rigide ou souple. *Relier une thèse, une collection de revues. Faire relier un livre en basane, en maroquin.* – Au p. p. adj. *Livre relié,* relié avec une matière rigide (opposé à *broché*), généralement plus riche que le carton (opposé à *cartonné*). ▶ **relieur, euse** n. Personne dont le métier est de relier des livres. *Relieur d'art.* ▷ **reliure**

2 **relier** v. tr. < conjug. 7 > **1·** Lier ensemble. → **attacher.** *Relier deux maillons, un maillon à un autre.* **2·** Mettre en communication avec. → **joindre, raccorder.** *Route qui relie deux villes.* **3·** Fig. Mettre en rapport avec (autre chose). *Relier des événements.* – Au p. p. *Mots reliés par une conjonction.*

religieuse [ʀ(ə)liʒjøz] n. f. Pâtisserie faite de pâte à choux fourrée de crème pâtissière (au café, au chocolat).

religieux, euse [ʀ(ə)liʒjø, øz] adj. et n. **I·** Adj. **1·** Qui concerne la religion, les rapports entre les êtres humains et un pouvoir surnaturel. *Le sentiment religieux. Pratiques religieuses. Édifice religieux* (église, mosquée, synagogue, pagode, temple...). *Cérémonies religieuses. Mariage reli-*

gieux (opposé à *civil*). *École religieuse* (opposé à *laïque*). → **libre, privée.** *Art religieux.* → **sacré.** / contr. profane / – *Conceptions religieuses.* → **dogme, théologie.** *Le fanatisme religieux.* **2·** (Personnes ou choses) Consacré à la religion, à Dieu, par des vœux. *La vie religieuse.* → **monastique.** – *Communautés, congrégations religieuses ; ordres religieux.* **3·** (Personnes) Qui pratique une religion, a de la religion. → **croyant.** *Il est religieux sans être dévot.* **4·** Qui présente les caractères du sentiment ou du comportement religieux. *Avoir pour qqn une vénération religieuse. Un silence religieux,* respectueux et attentif. **II·** N. Personne qui a prononcé des vœux dans un ordre monastique. → **moine, nonne, sœur.** *Une communauté de religieux, de religieuses.* → **congrégation, couvent, monastère, ordre.** *On dit « Ma sœur » aux religieuses.* ▶ **religieusement** adv. **1·** Avec religion ; selon les rites d'une religion. *Être enterré religieusement.* **2·** Avec une exactitude religieuse. → **scrupuleusement.** *Observer religieusement le règlement.* **3·** Avec une attention recueillie. *Écouter religieusement un concert.* ▷ **irréligieux, religiosité**

religion [ʀ(ə)liʒjɔ̃] n. f. **1·** *La religion* : reconnaissance par l'être humain d'un principe supérieur de qui dépend sa destinée ; attitude intellectuelle et morale qui en résulte. *Être tolérant en matière de religion.* – *Une guerre de religion.* – Croyance, conviction religieuse. → **foi.** *Sa religion est profonde, sincère.* – *Avoir de la religion,* être croyant, pieux. – Iron. *Ma religion m'interdit de me lever tôt.* **2·** *Une religion* : système de croyances et de pratiques propre à un groupe social. → **culte.** *Pratiquer une religion. Se convertir à une religion. Les adeptes d'une religion. Ministres, prêtres des diverses religions.* – *Religions révélées. Religion animiste, polythéiste, monothéiste.* → **animisme, polythéisme, monothéisme.** *Religion chrétienne* → **christianisme,** *musulmane* → **islamisme,** *juive* → **judaïsme.** *La religion catholique. La religion réformée.* → **protestantisme.** *Les religions orientales.* → **bouddhisme, hindouisme.** **3·** Culte, attachement mystique (à certaines valeurs). *Une religion de la science, de l'art.* **4·** Loc. *Entrer en religion,* prononcer ses vœux de religieux, entrer dans les ordres. **5·** Fig. Conviction. ▶ **religiosité** n. f. Inclination sentimentale vers la religion. ▷ **irréligion, religieux**

reliquat [ʀ(ə)lika] n. m. Ce qui reste d'une somme (à payer, à percevoir). → **reste.** *Toucher un reliquat, le reliquat d'une dette.*

relique [ʀ(ə)lik] n. f. **1·** Fragment du corps d'un saint (ou objet supposé lié à la vie du Christ ou d'un saint) auquel on rend un culte. *La vénération des reliques.* – *Garder un objet comme une relique,* soigneusement, précieusement. **2·** Objet témoignant du passé auquel on attache moralement le plus grand prix. ▶ **reliquaire** n. m. Coffret précieux renfermant des reliques. → **châsse.**

relire [ʀ(ə)liʀ] v. tr. < conjug. 43 > **1·** Lire de nouveau (ce qu'on a déjà lu). *J'ai relu ce livre avec plaisir.* **2·** Lire en vue de corriger, de vérifier (ce qu'on a écrit ou ce que qqn a écrit). *Il faut que tu relises ton devoir.* – Pronominalement. *Se relire avant de cacheter sa lettre.* ▷ **relecture**

reliure [ʀəljyʀ] n. f. **1·** Action ou art de relier (les feuillets d'un livre). *Donner un livre à la reliure.* **2·** Manière dont un livre est relié ; couverture d'un livre relié. *Les plats, le dos d'une reliure. Reliure pleine peau. Des reliures anciennes en vélin.*

reloger [ʀ(ə)lɔʒe] v. tr. < conjug. 3 > Procurer un nouveau logement à (qqn qui a perdu le sien). *Le propriétaire devra reloger les locataires expulsés.* ▶ **relogement** n. m. Action de reloger (qqn).

relooker [ʀ(ə)luke] v. tr. < conjug. 1 > Anglic. Fam. Donner un nouveau look, une nouvelle apparence à. *Relooker des produits.* – *Il s'est fait relooker.* ▶ **relooking** ou **relookage** n. m.

relu, ue Participe passé du verbe *relire.*

reluire [ʀəlɥiʀ] v. intr. < conjug. 38 > Luire en réfléchissant la lumière, en produisant des reflets. → **briller.** – Briller après avoir été soigneusement nettoyé et frotté. *Faire reluire des cuivres, des meubles. Brosse à reluire.* → **brosse.** ▶ **reluisant, ante** adj. **1·** Qui reluit de propreté. **2·** (En phrase négative) Fig. → **brillant.** *Un avenir peu reluisant. Une équipe pas très reluisante.*

reluquer [ʀ(ə)lyke] v. tr. < conjug. 1 > Fam. Regarder du coin de l'œil, avec intérêt et curiosité. → **lorgner.** *Reluquer les filles.* – Considérer avec convoitise. → **guigner.** *Il reluque votre héritage.*

remâcher [ʀ(ə)mɑʃe] v. tr. < conjug. 1 > Faire revenir sans cesse ses pensées sur (qqch. qui inspire de l'amertume). → **ressasser, ruminer.** *Remâcher ses soucis, sa rancune.*

remailler [ʀəmɑje] v. tr. < conjug. 1 > Réparer les mailles de (un tricot, un filet, etc.). → **remmailler.**

remake [ʀimɛk] n. m. Anglic. Nouvelle version (d'un film, d'une œuvre littéraire). *Des remakes.*

rémanent, ente [ʀemanɑ̃, ɑ̃t] adj. En sciences. Qui subsiste après la disparition de la cause. *Magnétisme rémanent, aimantation rémanente.* ▶ **rémanence** n. f. Persistance (d'un phénomène) après disparition de sa cause.

remanier [R(ə)manje] v. tr. < conjug. 7 > **1**· Modifier (un ouvrage de l'esprit) par un nouveau travail. → **corriger, retoucher.** *Remanier un texte.* **2**· Modifier la composition de (un groupe). *Remanier le ministère.* – Au passif. *L'équipe de France a été profondément remaniée.* ▶ **remaniement** [R(ə)manimɑ̃] n. m. *Remaniement ministériel.*

se **remarier** [R(ə)maRje] v. pron. réfl. < conjug. 7 > Se marier à nouveau. *Elle ne s'est jamais remariée.* ▶ **remariage** n. m.

remarquer [R(ə)maRke] v. tr. < conjug. 1 > **1**· Avoir la vue, l'attention frappée par (qqch.). → **apercevoir, découvrir.** *Remarquer qqch. du premier coup d'œil. Remarquer la présence, l'absence de qqn. Avez-vous remarqué comment elle était habillée, si elle était seule ? Je n'ai rien remarqué.* – Pronominalement (passif). *Détails qui se remarquent à peine.* – ***Remarquer que*** (+ indicatif). *Il a probablement remarqué que tu étais fatiguée.* – (En tournure négative : + subjonctif ou indicatif) *Je n'ai pas remarqué qu'il était (qu'il fût) déçu. Je n'ai pas remarqué qu'il vous faisait la cour.* – *Remarquez, remarquez bien que...*, j'attire spécialement votre attention sur le fait que... → **noter.** *Permettez-moi de vous faire remarquer que...*, de vous faire observer... **2**· Distinguer particulièrement (une personne, une chose parmi d'autres). *J'ai remarqué un individu à la mine louche.* – (Suj. chose) ***Faire remarquer*** *qqn. L'excentricité de son caractère le fait remarquer partout.* **3**· Péj. ***Se faire remarquer*** : attirer sur soi l'attention. *Il cherche à se faire remarquer.* ▶ **remarquable** adj. **1**· Digne d'être remarqué, d'attirer l'attention. → **marquant, notable.** *Un événement remarquable. Être remarquable par...* → se **signaler.** *Un artiste remarquable par son talent. Il est remarquable que* (+ subjonctif). *Il est remarquable que tu aies réussi à les réconcilier. C'est très remarquable.* **2**· Digne d'être remarqué par son mérite, sa qualité. → **éminent.** *Un des hommes les plus remarquables de ce temps. Exploit remarquable.* → **extraordinaire.** *Une adresse remarquable.* ▶ **remarquablement** adv. D'une manière remarquable. *Une fille remarquablement belle.* → **très.** *Il a remarquablement réussi.* ▶ **remarque** n. f. **1**· Action de remarquer (qqch.). *C'est une remarque que j'ai souvent faite,* une chose que j'ai souvent remarquée. *Digne de remarque,* remarquable. **2**· Mots prononcés pour attirer l'attention de qqn sur qqch. et comportant notamment une critique. *Faire une remarque à qqn.* → **observation.** *Je l'ai trouvé complètement transformé et je lui en ai fait la remarque. Faire une remarque désobligeante à qqn.* → **réflexion.** **3**· Notation, réflexion qui attire l'attention du lecteur. *Ce livre est plein de remarques pertinentes. Remarque sur une difficulté grammaticale.*

▶ **remarqué, ée** adj. Qui est l'objet de l'attention, de la curiosité. / contr. ② discret / *Elle a fait une entrée très remarquée.*

remballer [Rɑ̃bale] v. tr. < conjug. 1 > Remettre dans son emballage (ce qu'on a déballé). *Le représentant a remballé sa marchandise.* – Fig. et fam. *Remballer ses compliments,* les garder pour soi. ▶ **remballage** n. m. Action de remballer (qqch.).

rembarquer [Rɑ̃baRke] v. < conjug. 1 > **1**· V. tr. Embarquer de nouveau (ce qu'on avait débarqué). **2**· *Se rembarquer* v. pron. réfl. ou *rembarquer* v. intr., s'embarquer de nouveau. ▶ **rembarquement** n. m. *Le rembarquement des troupes.*

rembarrer [Rɑ̃ba(ɑ)Re] v. tr. < conjug. 1 > Repousser brutalement (qqn) par un refus, une réponse désobligeante. *Il s'est fait rembarrer sèchement.* → **rabrouer.**

remblai [Rɑ̃blɛ] n. m. **1**· Opération de terrassement, consistant à rapporter des terres pour faire une levée ou combler une cavité. *Travaux de remblai.* **2**· Terres rapportées à cet effet. *Le mur de soutènement d'un remblai.* ▶ **remblayer** [Rɑ̃bleje] v. tr. < conjug. 8 > Faire des travaux de remblai sur... *Remblayer une route* (la hausser), *un fossé* (le combler). / contr. **déblayer** /

rembobiner [Rɑ̃bɔbine] v. tr. < conjug. 1 > Bobiner, enrouler de nouveau. *Rembobiner un film.*

remboîter [Rɑ̃bwate] v. tr. Remettre en place (ce qui était déboîté). *Remboîter une articulation.*

rembourrer [Rɑ̃buRe] v. tr. < conjug. 1 > Garnir (qqch.) d'une matière molle (laine, crin, etc.). → **capitonner, matelasser.** *Rembourrer un siège.* – Au p. p. adj. *Un coussin bien rembourré.* ▶ **rembourrage** n. m. Action de rembourrer. – Matière servant à rembourrer. *Fauteuil usé qui laisse voir le rembourrage.*

rembourser [Rɑ̃buRse] v. tr. < conjug. 1 > **1**· ***Rembourser*** *qqch.* : rendre à qqn (la somme qu'il a déboursée). *Rembourser une dette, à qqn.* – Au p. p. adj. *Billets de loterie remboursés.* – *Remboursez !* (les places), cri de mécontentement, à un mauvais spectacle. **2**· ***Rembourser*** *qqn* : lui rendre ce qu'il a déboursé. *Rembourser tous ses créanciers.* – *Rembourser qqn de qqch. On l'a remboursé de tous ses frais.* ▶ **remboursable** adj. Qui peut ou qui doit être remboursé. *Emprunt remboursable en quinze ans.* ▶ **remboursement** n. m. Action de rembourser. *Le remboursement d'un emprunt.* – *Envoi* ***contre remboursement*** : contre paiement à la livraison. ▷ **dérembourser**

se rembrunir [ʀɑ̃bʀyniʀ] v. pron. réfl. < conjug. 2 > Prendre un air sombre, chagrin. → se **renfrogner.** / contr. s'éclairer / *À ces mots, elle se rembrunit. Son visage s'est rembruni.*

remède [ʀ(ə)mɛd] n. m. **1·** Substance employée au traitement d'une maladie. → **médicament.** *La préparation, la composition d'un remède. Prescrire, administrer un remède. Prendre un remède. Un remède énergique. Un remède universel.* → **panacée.** Loc. *Remède de bonne femme,* simple et populaire. *Remède de cheval,* brutal. **2·** Ce qui est employé pour atténuer ou guérir une souffrance morale. Loc. prov. *Aux grands maux, les grands remèdes,* quand le mal est grave, il faut employer un remède énergique. – *Un remède à l'ennui, contre l'ennui,* qui guérit de l'ennui. *Porter remède à...* → **remédier.** – *C'est un remède contre l'amour,* se dit d'une personne très laide. – *Sans remède,* irrémédiable.

remédier [ʀ(ə)medje] v. tr. ind. < conjug. 7 > ***Remédier à.*** Apporter un remède (2) à. *Remédier à des abus. Pour remédier à cette situation.* ▶ **remédiation** n. f. Didact. Dispositif pédagogique mis en place après évaluation d'un élève, pour combler ses lacunes, corriger des apprentissages erronés. *Séances de remédiation.* ▷ **irrémédiable**

remembrement [ʀ(ə)mɑ̃bʀəmɑ̃] n. m. Regroupement des parcelles de terre disposées afin de constituer un domaine d'un seul tenant. / contr. démembrement, morcellement /

se remémorer [ʀ(ə)memɔʀe] v. pron. réfl. < conjug. 1 > Reconstituer avec précision dans sa mémoire. → se **rappeler.** *J'essaie de me remémorer toute cette histoire.*

① **remercier** [ʀ(ə)mɛʀsje] v. tr. < conjug. 7 > Dire merci, témoigner de la reconnaissance à (qqn). *Tu le remercieras de ma part. Je ne sais comment vous remercier. Voilà comment il me remercie !,* se dit de qqn qui fait preuve d'ingratitude. – ***Remercier** qqn **de, pour.*** *Je vous remercie de votre gentillesse, pour votre cadeau. Il l'a remercié d'être venu.* – *Je vous remercie,* formule de refus poli : *non, merci.* ▶ **remerciement** n. m. *Avec tous mes remerciements. Lettre de remerciement.*

② **remercier** v. tr. < conjug. 7 > Congédier (qqn). → **renvoyer.** *Il a remercié sa secrétaire.*

remettre [ʀ(ə)mɛtʀ] v. tr. < conjug. 56 > **I·** Mettre de nouveau. **1·** Mettre à sa place antérieure. *Remettre une chose en place, à sa place. Remets ce livre où tu l'as trouvé. Il a remis son mouchoir dans sa poche.* – (Compl. personne) *Remettre un enfant au lit.* – Loc. *Remettre qqn en liberté,* libérer. – Abstrait. *Remettre qqn sur la bonne voie. Remettre qqn à sa place,* le rabrouer. **2·** *Remettre en esprit, en mémoire,* rappeler (une chose oubliée). *Je vais vous remettre cette affaire en esprit. Remettre qqn,* le reconnaître. *Ah, maintenant, je vous remets !* **3·** Replacer (dans la position antérieure). *Remettre une chose d'aplomb, debout,* la redresser. **4·** Porter de nouveau sur soi. *Remettre son chapeau, ses gants.* **5·** Rétablir. *Remettre le courant. Remettre de l'ordre.* **6·** Mettre une seconde fois, mettre encore. → **ajouter.** *Remettre de l'eau dans un radiateur.* – Fam. ***En remettre*** : faire ou dire plus qu'il n'est utile, exagérer. → en **rajouter. 7·** Fam. ***Remettre ça*** : recommencer. *Je croyais que c'était fini, mais non, il faut remettre ça. On remet ça ?,* on recommence ? ; spécialt, on boit une autre tournée ? **8·** ***Remettre** qqch. **à..., en...*** : passer dans un autre état, ou à l'état antérieur. *Remettre une pendule à l'heure, un moteur en marche. Remettre qqch. en état, en ordre.* – Loc. *Remettre qqch., qqn en cause, en question.* → **reconsidérer.** – Au p. p. adj. *Moteur remis en marche, en état.* **9·** ***Se remettre*** v. pron. réfl. : se mettre de nouveau. *Il s'est remis en route. Le temps s'est remis au beau.* – ***Se remettre à*** (+ nom d'activité ou infinitif) : reprendre (une activité). → **recommencer.** *Se remettre au tennis, à l'anglais. Il s'est remis à fumer. Je m'y suis remis.* – *Se remettre avec qqn,* vivre de nouveau avec lui (elle). *Ils se sont remis ensemble.* **II· 1·** Mettre (qqch.) en la possession ou au pouvoir de qqn qui doit le recevoir. *Remettre un paquet au destinataire. Remettre un coupable à la justice.* – *Remettre sa démission.* → **donner.** *Je remets mon sort entre vos mains.* **2·** Faire grâce de (une obligation). *Je vous remets votre dette,* je vous en tiens quitte. *Dieu remet les péchés.* → **absoudre, pardonner ; rémission. III·** Renvoyer (qqch.) à plus tard. → **ajourner, différer.** *Remettre une chose, son départ au lendemain. Il a remis son départ de quelques jours.* – Au passif. *L'opération est remise.* – Être renvoyé (à plus tard). *La décision est remise à plus tard.* – Au passif et au p. p. adj. ***(Être) remis, ise.*** *Décision remise.* **IV·** ***Se remettre*** v. pron. réfl. **1·** (Idée de retour) ***Se remettre de*** : revenir à un état meilleur après (une maladie, une épreuve). *Se remettre d'une maladie, de ses fatigues.* → se **rétablir.** – Sans compl. *Il se remet très vite.* – Au p. p. adj. *Malade remis.* – *Il (s')est remis de son émotion, de sa frayeur. Il ne s'en est jamais remis.* – Sans compl. *Allons, remettez-vous !,* reprenez vos esprits. **2·** (Idée de remise) ***S'en remettre à** qqn, à sa décision, à son avis* : lui faire confiance, s'y fier. → se **fier,** s'en **rapporter.** *S'en remettre à qqn du soin de...,* lui laisser le soin. *Je m'en remets à votre jugement.* ▷ ① **remise, rémission**

rémige [ʀemiʒ] n. f. Grande plume de l'aile (des oiseaux).

remilitariser [ʀ(ə)militaʀize] v. tr. <conjug. 1> Militariser de nouveau (un pays démilitarisé). → **réarmer.** / contr. démilitariser / ▶ **remilitarisation** n. f.

réminiscence [ʀeminisɑ̃s] n. f. Littér. Souvenir imprécis, où domine la tonalité affective. *Je n'en ai que des réminiscences. Une œuvre pleine de réminiscences.*

remis, ise Participe passé du verbe *remettre.*

① **remise** [ʀ(ə)miz] n. f. Action de remettre. **1·** *Remise en... :* action de mettre à sa place antérieure, dans son état antérieur. *La remise en place, en marche, en ordre (de qqch.).* – *Une remise en question, en jeu.* **2·** Action de mettre en la possession de (qqn). → **distribution, livraison.** *La remise d'un colis à son destinataire. Remise des prix aux lauréats.* **3·** Renonciation à (une créance). *Remise de dette.* **4·** Diminution de prix. → **rabais, réduction.** *Faire, consentir une remise à qqn. Remise de 5 % sur tous nos articles.* – ***Remise de peine*** *:* réduction de la peine infligée à un condamné.

② **remise** n. f. Local où l'on peut abriter des voitures, des objets, des instruments divers. → **resserre.** *Les remises d'une ferme.* ▶ **remiser** v. tr. <conjug. 1> Ranger (un véhicule) dans une remise. → **garer.** – Ranger (une chose dont on ne se sert pas pendant un certain temps). *Remiser sa valise au grenier.*

rémission [ʀemisjɔ̃] n. f. **1·** Action de remettre, de pardonner (les péchés). *La rémission des péchés.* → **absolution.** **2·** Loc. ***Sans rémission*** *:* sans plus d'indulgence, de faveur. *Je vous accorde encore 24 heures, sans rémission. C'est sans rémission !,* sans appel. **3·** Diminution momentanée (d'un mal).

remmailler [ʀɑ̃maje] v. tr. <conjug. 1> Réparer en reconstituant, en remontant les mailles. → **remailler.** *Remmailler le bas d'une manche d'un pull.* ▶ **remmaillage** n. m. ▶ **remmailleuse** n. f. Ouvrière qui remmaille.

remmener [ʀɑ̃m(ə)ne] v. tr. <conjug. 5> Emmener (qqn) au lieu d'où on l'a amené. → **ramener.** *Remmener un enfant chez lui.*

remodeler [ʀ(ə)mɔdle] v. tr. <conjug. 5> Transformer en améliorant la forme de (qqch.). *Remodeler une statue ; un visage* (par la chirurgie esthétique). – Abstrait. Modifier l'organisation de (qqch.). → **remanier.** *Remodeler l'organisation d'un service administratif.*

① **remonter** [ʀ(ə)mɔ̃te] v. tr. <conjug. 1> **I· 1·** Monter (ce qui était démonté). *J'ai eu du mal à remonter le carburateur.* **2·** Reconstituer, rendre complet (ce qui était devenu incomplet, insuffisant). *Il faut que je remonte ma garde-robe.* **II· 1·** Tendre le ressort de (un mécanisme). *Remonter une horloge, une montre.* **2·** (Personnes) Rendre l'énergie à. *Remonter le moral à qqn.* – Redonner de la force physique ou morale à. *Ce petit café va vous remonter.* → **ragaillardir.** ▶ **remontage** n. m. Action de remonter (un mécanisme, un moteur... qu'on avait démonté). ▶ **remontant, ante** adj. et n. m. Qui remonte, redonne de la vigueur. → **fortifiant, reconstituant.** – N. m. ***Un remontant*** *:* remède, boisson qui redonne des forces. → **tonique.** *J'aurais besoin d'un petit remontant.* ▶ **remontoir** n. m. Dispositif pour remonter (II, 1) un mécanisme. *Montre à remontoir.*

② **remonter** v. <conjug. 1> **I·** V. intr. **1·** Monter de nouveau ; regagner l'endroit d'où l'on est descendu. / contr. redescendre / *Il est remonté au grenier. Remonter au premier étage. Remonter en voiture. Tu remontes par l'ascenseur ou à pied ?* **2·** (Choses) Aller de nouveau en haut. *Remonter à la surface.* Sans compl. *Le baromètre remonte.* – (En parlant de ce qui ne reste pas à sa place) *Sa jupe remonte.* – S'élever de nouveau. *La route descend, puis remonte.* **3·** Aller vers la source, à contre-courant, en amont (d'un fleuve) ; fig. aller vers l'origine, la cause première (de qqch.). – *Remonter de l'effet à la cause.* **4·** ***Remonter à*** *:* être aussi ancien que, avoir son origine à (une époque passée). → **dater.** *Souvenirs qui remontent à l'enfance. Cette légende remonte aux croisades.* – Loc. *Remonter au déluge.* **II·** V. tr. **1·** Parcourir de nouveau vers le haut. *Remonter l'escalier.* – (Dans une course) *Remonter le peloton,* regagner le terrain perdu sur lui. **2·** Aller vers l'amont de (un cours d'eau). *Remonter le Rhône. Les bateaux remontent le fleuve.* – Loc. *Remonter le courant,* redresser une situation compromise. **3·** Porter de nouveau en haut. *Remonter une malle au grenier.* **4·** Mettre à un niveau plus élevé. *Remonter son pantalon, son col.* → **relever.** ▶ **remontée** n. f. **1·** Action de remonter. *La remontée de l'eau dans un siphon.* – Le fait de remonter (une pente, une rivière). **2·** Action de regagner du terrain perdu. *Ce cycliste a fait une belle remontée.* **3·** Dispositif servant à remonter les skieurs. *Les* ***remontées mécaniques*** *:* remonte-pentes, télésièges, etc. ▶ **remonte-pente** n. m. Câble servant à hisser les skieurs en haut d'une pente, au moyen d'amarres. → **remontée, télésiège, téléski** ; fam. **tire-fesses.** *Des remonte-pentes.*

① **remontrer** [ʀ(ə)mɔ̃tʀe] v. tr. <conjug. 1> Montrer de nouveau. *Remontrez-moi ce modèle.*

② **remontrer** v. tr. <conjug. 1> ***En remontrer à qqn*** *:* se montrer supérieur, être capable de donner des leçons à... *Il prétend en remontrer à son maître.* ▶ **remontrance** n. f. Littér. Observation adressée directement à qqn, comportant une critique raisonnée et une exhortation à se corriger. → **réprimande.** *Faire des remontrances à un élève.*

remords [R(ə)mɔR] n. m. invar. Sentiment douloureux, accompagné de honte, que cause la conscience d'avoir mal agi. → **regret, repentir.** *Avoir des remords. Être en proie au remords. Plaisir mêlé de remords. Le remords de son crime le poursuivait.*

remorque [R(ə)mɔRk] n. f. **1**· Véhicule sans moteur, destiné à être tiré par un autre. *Remorque de camion. Remorque de camping.* → **caravane.** **2**· Loc. *Prendre **en remorque*** : remorquer (un bateau, un véhicule). **3**· Loc. *Être, se mettre à la remorque de qqn,* se laisser mener par lui. *Être toujours à la remorque,* en arrière, à la traîne. **4**· Câble de remorquage. *La remorque vient de casser.* ▶ **remorquer** v. tr. < conjug. 1 > **1**· Tirer (un bateau) au moyen d'une remorque (4). → **remorqueur.** **2**· Tirer (un véhicule sans moteur ou en panne). *Camion qui remorque une voiture accidentée.* **3**· Fam. Tirer, traîner derrière soi (qqn). *Il faut toujours le remorquer.* ▶ **remorquage** n. m. *Le remorquage des péniches.* → **halage.** ▶ **remorqueur** n. m. Navire de faible tonnage, à machines puissantes, muni de dispositifs de remorquage. *Le pilote du remorqueur.* ▷ **semi-remorque**

rémoulade [Remulad] n. f. Sauce piquante, faite d'huile, de moutarde, d'ail, etc. – En appos. Invar. *Céleris rémoulade.*

rémouleur, euse [RemulœR, øz] n. Artisan, souvent ambulant, qui aiguise (→ moudre) les instruments tranchants.

remous [R(ə)mu] n. m. invar. **1**· Tourbillon qui se produit à l'arrière d'un navire. – Tourbillon provoqué par le refoulement de l'eau au contact d'un obstacle. *Les remous d'une rivière.* – Tourbillon dans un fluide quelconque. *Les remous de l'atmosphère.* **2**· Mouvement confus et massif (d'une foule). *Son discours a suscité divers remous dans l'auditoire.* **3**· Fig. Agitation. *Les grands remous sociaux.*

rempailler [Rɑ̃paje] v. tr. < conjug. 1 > Garnir (un siège) d'une nouvelle paille. *Rempailler des chaises.* ▶ **rempaillage** n. m. ▶ **rempailleur, euse** n. Personne qui rempaille des sièges.

rempart [Rɑ̃paR] n. m. **1**· Forte muraille qui forme l'enceinte (d'une forteresse, d'une ville fortifiée). *Les remparts d'un château fort.* **2**· Au plur. Zone comprise entre cette enceinte et les habitations les plus proches. *Se promener sur les remparts.* **3**· Littér. Ce qui sert de défense, de protection. → **bouclier.** *Se faire un rempart du corps de qqn.* – Abstrait. Littér. *Le rempart de la foi.*

rempiler [Rɑ̃pile] v. < conjug. 1 > **1**· V. tr. Empiler de nouveau. *Elle rempila ses dossiers.* **2**· V. intr. Fam. Se rengager (dans l'armée). *Sous-officier qui rempile pour deux ans.*

remplacer [Rɑ̃plase] v. tr. < conjug. 3 > **1**· *Remplacer qqch.,* mettre une autre chose à sa place. *Remplacer des rideaux par des stores.* – *Remplacer qqn,* lui donner un remplaçant, un successeur. *Remplacer un employé malade par un intérimaire.* – Mettre à la place de (qqch.) une chose semblable et en bon état. *Remplacer un carreau cassé. Remplacer sa vieille voiture.* → **changer.** **2**· Être mis, venir à la place de (qqch., qqn). → **succéder** à. *Les calculettes ont remplacé les bouliers.* **3**· Tenir la place de. → **suppléer.** *Le miel remplace le sucre,* tient lieu de... **4**· Exercer temporairement les fonctions de (qqn). *Il n'est pas capable de remplacer le comptable. Acteur qui se fait remplacer.* → **doubler.** ▶ **remplaçable** adj. Qui peut être remplacé. / contr. irremplaçable / *Objet, personne facilement remplaçable.* ▶ **remplaçant, ante** n. Personne qui en remplace une autre (à un poste, une fonction). → **suppléant.** *Notre médecin a pris un remplaçant pendant les vacances.* – *Être nommé à titre de remplaçant.* ▶ **remplacement** n. m. L'action, le fait de remplacer (chose ou personne). *Le remplacement d'un carreau cassé, des pneus usés. En remplacement de qqch., qqn,* à la place de. *Produit de remplacement.* → **ersatz, succédané.** – *Faire un remplacement.* → **intérim, suppléance.** *Médecin qui fait des remplacements.* ▷ **irremplaçable**

1 **remplir** [Rɑ̃pliR] v. tr. < conjug. 2 > **I**· **1**· Rendre (un espace disponible) plein (d'une substance, d'éléments quelconques). → **emplir.** *Remplir une casserole d'eau. Remplir un récipient à moitié, à ras bord.* – *Remplir une salle* (de spectateurs, d'auditeurs). – Pronominalement (passif). *La salle commence à se remplir.* – *Remplir qqn de* (un sentiment), rendre plein de. *Ce succès l'a rempli d'orgueil.* **2**· Faire en sorte qu'une chose contienne beaucoup de. *Remplir un discours de citations.* **3**· Compléter par des indications dans les espaces laissés en blanc. *Remplir un questionnaire.* **II**· **1**· Rendre plein par sa présence (une portion d'espace). *L'eau remplissait les réservoirs.* – *Remplir un vide.* → **combler.** – Envahir. *Peu à peu la foule remplissait la place.* **2**· Abstrait. Occuper entièrement. *La colère qui remplit son cœur.* – (Temps) *Toutes les occupations qui remplissent sa vie.* **3**· Couvrir entièrement (une feuille, une page, etc.). *Remplir des pages et des pages.* → **cou-**

vrir d'écriture. ▶ **rempli, ie** adj. **1·** Plein (de qqch.). *Un bol rempli de lait.* – (Temps) Occupé dans toute sa durée. *Journée bien remplie.* – Littér. *Il est tout rempli de son importance.* → **gonflé.** **2·** Qui contient en grande quantité. *Un texte rempli d'erreurs.* → **bourré.** *Un jardin rempli de fleurs.* ▶ **remplissage** n. m. **1·** Opération qui consiste à remplir (un récipient, etc.) ; le fait de se remplir. *Le remplissage d'une cuve. Cuve en cours de remplissage.* **2·** Péj. Ce qui allonge un texte inutilement. *Faire du remplissage.*

② **remplir** v. tr. <conjug. 2> (Suj. personne ou chose) Exercer, accomplir effectivement. *Remplir une fonction. Il a rempli ses engagements.* → **tenir.** *La tragédie classique devait remplir certaines conditions.* → **satisfaire** à.

se remplumer [ʀɑ̃plyme] v. pron. réfl. <conjug. 1> Fam. **1·** Rétablir sa situation financière. **2·** Reprendre du poids après un amaigrissement sensible. *Convalescent qui commence à se remplumer.*

① **remporter** [ʀɑ̃pɔʀte] v. tr. <conjug. 1> Emporter (ce qu'on avait apporté). *Le livreur a dû remporter la marchandise.*

② **remporter** v. tr. <conjug. 1> Obtenir, s'assurer après compétition. → **gagner.** *Remporter une victoire, un prix, un succès. La pièce remporta un grand succès.*

rempoter [ʀɑ̃pɔte] v. tr. <conjug. 1> Changer (une plante) de pot. *Dépoter et rempoter des boutures.*

remuer [ʀ(ə)mɥe] v. <conjug. 1> **I·** V. tr. **1·** Faire changer de position. → **bouger, déplacer.** *Objet lourd à remuer.* – Mouvoir (une partie du corps). *Remuer les lèvres. Le chien remuait la queue.* – Loc. *Ne pas remuer le petit doigt,* ne pas intervenir. **2·** Déplacer (qqch.) dans ses parties, ses éléments. *Remuer la terre.* → **retourner.** *Remuer la pâte.* → **pétrir.** *Remuer la salade.* → **retourner.** – Loc. *Remuer ciel et terre pour obtenir qqch.,* s'agiter, intervenir de tous côtés. **3·** Agiter moralement, émouvoir. *Le récit de ses malheurs nous a profondément remués.* – Au p. p. *Elle était toute remuée.* **II·** *Se remuer* v. pron. réfl. : se mouvoir, faire des mouvements. *Avoir de la peine à se remuer.* – Agir en se donnant de la peine. → se **démener,** se **dépenser.** *Se remuer pour faire aboutir un projet.* Fam. *Allons, remue-toi !* → se **grouiller.** **III·** V. intr. **1·** Bouger, changer de position. *Il souffre dès qu'il remue. Il ne peut rester sans remuer.* Fam. *Ton nez remue !,* tu mens. **2·** (D'un groupe d'opposants) S'agiter, menacer de passer à l'action. → **bouger.** *Les syndicats commencent à remuer.* ▶ **remuant, ante** adj. (Personnes) Qui remue beaucoup, s'agite. *Un enfant remuant.* – Qui a des activités multiples et un peu brouillonnes. ▶ **remue-ménage** n. m. invar. Mouvements, déplacements bruyants et désordonnés. *Il fait un de ces remue-ménage !* → **chahut.** – Agitation (dans un groupe, un parti...). ▶ **remue-méninges** n. m. invar. Réunion organisée pour chercher collectivement des idées. ▶ **remuement** [ʀ(ə)mymɑ̃] n. m. Mouvement de ce qui remue.

remugle [ʀ(ə)mygl] n. m. Littér. Odeur désagréable de renfermé. *La chambre du malade sentait le remugle.*

rémunérer [ʀemyneʀe] v. tr. <conjug. 6> Récompenser en argent, payer (un travail, qqn pour un travail). → **rétribuer.** *Mal rémunérer un travail, un collaborateur.* – Au p. p. adj. *Travail bien, mal rémunéré.* ▶ **rémunérateur, trice** adj. Qui paie bien, procure des bénéfices. *Un travail rémunérateur.* → **lucratif.** ▶ **rémunération** n. f. Rétribution (d'un travail). → **salaire.**

renâcler [ʀ(ə)nɑkle] v. intr. et tr. ind. <conjug. 1> Témoigner de la répugnance (devant une contrainte, une obligation). → **rechigner.** *Il a accepté la corvée sans renâcler. Renâcler devant un travail, à un travail.*

renaissance [ʀ(ə)nɛsɑ̃s] n. f. **I·** Réapparition ou nouvel essor (d'une chose humaine). → **renouveau.** *La renaissance de la poésie française au XIXe siècle.* **II·** (Avec une majuscule) *La Renaissance* : essor intellectuel et artistique provoqué, à partir du XVe s. en Italie, puis dans toute l'Europe, par le retour aux idées et à l'art antiques. – Période historique allant du XIVe ou du XVe s. à la fin du XVIe s. *Tableau, édifice de la Renaissance.* – En appos. Invar. *Les châteaux Renaissance des bords de la Loire.* ▶ ① **renaissant, ante** adj. En arts. De la Renaissance.

renaître [ʀ(ə)nɛtʀ] v. intr. <conjug. 59> **REM.** Le part. passé n'est pas employé. **1·** Littér. *Renaître à* : revenir dans (tel ou tel état). *Renaître à la vie,* recouvrer la santé, la joie de vivre. *Renaître à l'espoir.* **2·** Revivre, reprendre des forces (au physique ou au moral). *Se sentir renaître.* – Loc. *Renaître de ses cendres,* revivre, se ranimer, réapparaître. **3·** (Choses) Recommencer à vivre, à se développer. → **reparaître.** *L'espoir renaît.* – *Faire renaître le passé,* le faire revivre. – Recommencer à croître. → **repousser.** *Tout renaît au printemps.* ▶ ② **renaissant, ante** adj. (Choses abstraites) Qui renaît. *Des discussions sans cesse renaissantes.*

rénal, ale, aux [ʀenal, o] adj. Relatif au rein, à la région du rein. *Calculs rénaux.* ▷ **surrénal**

renard [ʀ(ə)naʀ] n. m. **1·** Mammifère carnivore à la tête triangulaire et effilée, à la queue touffue ; le mâle adulte. *Renard argenté, bleu.* – Loc. *Rusé comme un renard.* – *Renard des sables.* → **fennec.** 2· Fourrure de cet animal. *Manteau à col de renard.* 3· Personne rusée, subtile. *Un vieux renard.* ▶ **renarde** n. f. Femelle du renard. ▶ **renardeau** n. m. Petit du renard. *Une portée de renardeaux.*

rencard → **rancard.**

1 **renchérir** [ʀɑ̃ʃeʀiʀ] v. intr. < conjug. 2 > Littér. Devenir encore plus cher. *Les prix ont renchéri.* ▶ **renchérissement** n. m. Hausse de prix. *Le renchérissement des matières premières.* / contr. baisse /

2 **renchérir** v. intr. < conjug. 2 > Littér. ***Renchérir sur*** : aller encore plus loin, en action ou en paroles. → 2 **surenchérir.** *Il renchérit sur tout ce que dit son frère.*

rencontrer [ʀɑ̃kɔ̃tʀe] v. tr. < conjug. 1 > I· 1· Se trouver en présence de (qqn) par hasard. *Je l'ai rencontré au coin de la rue.* → **tomber** sur. 2· Se trouver en contact avec (qqn) après en être convenu, avoir pris rendez-vous. *Rencontrer un envoyé, un client étranger.* – Être opposé en compétition à (un adversaire). 3· Se trouver pour la première fois avec (qqn). → faire la **connaissance.** *Je l'ai rencontré chez des amis, dans un bal.* 4· Trouver (parmi d'autres). *Un ami comme on n'en rencontre plus* (→ comme on n'en fait* plus). II· (Compl. chose) Se trouver en présence de, en contact avec (qqch.). *Un des plus beaux sites qu'il m'ait été donné de rencontrer.* → **voir.** – (D'un obstacle) *Sa tête a rencontré le mur.* → **heurter.** – Abstrait. *Le projet a rencontré une forte opposition.* III· ***Se rencontrer.*** v. pron. 1· (Personnes) Se trouver en même temps au même endroit. *Ils se sont rencontrés dans la rue.* – Faire connaissance. *Nous nous sommes déjà rencontrés.* – Avoir une entrevue. *Les ministres européens se rencontrent régulièrement à Bruxelles.* → se **réunir.** 2· (Personnes) Partager, exprimer les mêmes idées, les mêmes sentiments. Loc. iron. *Les grands esprits se rencontrent,* se dit quand deux personnes émettent le même avis. 3· (Choses) Entrer en contact. *Leurs regards se rencontrèrent.* 4· Au passif. Se trouver, être constaté. → **exister.** *Les petitesses qui se rencontrent dans les grands caractères.* – Impers. *Il se rencontre des gens qui...* → **trouver.** ▶ **rencontre** n. f. 1· Le fait, pour deux personnes, de se trouver (par hasard ou non) en contact. *Rencontre inattendue. Mauvaise rencontre,* celle d'une personne dangereuse. *Ménager une rencontre entre deux personnes.* → **entrevue, rendez-vous.** – ***À la rencontre de*** *qqn* : au-devant de. *Aller à la rencontre de qqn, à sa rencontre.* 2· Engagement, combat, match. *Organiser une rencontre de boxe.* 3· (Choses) Le fait de se trouver en contact. → **jonction.** *Point de rencontre de deux cours d'eau. Rencontre brutale.* → **choc, collision.** 4· Loc. adj. Littér. ***De rencontre*** : formé par le hasard, fortuit ; rencontré par hasard. *Des amitiés de rencontre.*

rendement [ʀɑ̃dmɑ̃] n. m. 1· Production de la terre, évaluée par rapport à l'unité de surface cultivée. *Les progrès techniques ont amélioré le rendement à l'hectare de ces terres à blé.* – Production évaluée par rapport à des données de base (matériel, capital, travail, etc.). → **productivité.** *Diminuer, augmenter le rendement dans une entreprise. Le rendement augmente lorsque le matériel est utilisé rationnellement.* 2· Produit effectif d'un travail. → **efficacité.** *Il s'applique, mais le rendement est faible. La division du travail a entraîné un accroissement du rendement individuel.*

rendez-vous [ʀɑ̃devu] n. m. invar. 1· Rencontre convenue entre deux ou plusieurs personnes (qui *se rendent* au même endroit). *Avoir (un) rendez-vous avec qqn. Rendez-vous manqué. Je lui ai donné rendez-vous. J'ai pris rendez-vous avec mon médecin. Recevoir sur rendez-vous.* – *Rendez-vous amoureux, galant.* – *Maison de rendez-vous,* qui accueille des couples de rencontre. 2· Lieu fixé pour cette rencontre. *Être le premier au rendez-vous.* – Loc. *Être au rendez-vous,* être là au moment souhaité. *La chance n'était pas au rendez-vous.* – Lieu où certaines personnes se rencontrent habituellement. *Ce café est le rendez-vous des étudiants.* – *Rendez-vous de chasse,* pavillon où les chasseurs se retrouvent.

se rendormir [ʀɑ̃dɔʀmiʀ] v. pron. réfl. < conjug. 16 > Recommencer à dormir après avoir été réveillé. *J'ai eu du mal à me rendormir. Elle s'est vite rendormie.*

1 **rendre** [ʀɑ̃dʀ] v. < conjug. 41 > I· V. tr. ***Rendre*** *qqch.* ***à*** *qqn.* 1· Donner en retour (ce qui est dû). *Je vous rends votre argent, votre livre.* 2· Donner (sans idée de restitution). *Rendre des services à un ami.* – (Sans compl. second) *Rendre un jugement, un arrêt.* → **prononcer.** – Loc. *Rendre grâce,* remercier. *Le culte qu'on rend à la Sainte Vierge.* 3· Redonner (ce qui a été pris ou reçu). → **restituer.** *Rendre ce qu'on a volé. Rendre un cadeau,* le renvoyer. – *Rendre à qqn sa parole,* le délier d'un engagement. 4· Rapporter au vendeur (ce qu'on a acheté). *Article qui ne peut être ni rendu ni échangé.* 5· (Suj. chose) Donner à nouveau (à son possesseur ce qu'il a perdu). → **redonner.** *Ce traitement m'a rendu des forces, m'a rendu le sommeil.* 6· Donner (une chose semblable, en échange de ce qu'on a reçu). *Recevoir un coup et le rendre.* Loc. *Rendre coup pour coup. Rendre la monnaie* (sur un billet). – *Rendre à qqn la monnaie de sa pièce,* lui rendre le mal qu'il a fait. – *Rendre un salut. Rendre à qqn sa visite.* – *Dieu*

vous le rendra au centuple. **II·** V. tr. Laisser échapper (ce qu'on ne peut garder, retenir). **1·** Vomir. *Il a rendu tout son dîner.* – Sans compl. *Avoir envie de rendre.* **2·** Loc. *Rendre l'âme, le dernier soupir,* mourir. **3·** Faire entendre, émettre (un son). *Instrument qui rend des sons grêles.* **4·** Céder, livrer. *Rendre les armes. Le commandant a dû rendre la place.* **III·** V. tr. Présenter après interprétation. **1·** Traduire. *Il est difficile de rendre en français cette tournure.* **2·** Exprimer par le langage. *Le mot qui rend le mieux ma pensée...* **3·** Représenter par un moyen plastique, graphique. *Rendre avec vérité un paysage.* **IV·** V. intr. Rapporter. *Ces terres rendent peu.* → **rendement.** *La pêche a bien rendu.* – Fam. *Ça n'a pas rendu,* ça n'a pas marché, ça n'a rien donné. **V·** ***Se rendre*** v. pron. réfl. **1·** *Se rendre à,* se soumettre, céder. *Se rendre aux prières, aux ordres de qqn.* → **obéir. 2·** Sans compl. Se soumettre (en rendant ses armes). *Mourir plutôt que de se rendre. Se rendre sans conditions.* → **capituler.** – (D'un criminel) Se livrer (→ **reddition**). ▶ [1] **rendu** n. m. **1·** Loc. *C'est un prêté pour un rendu.* → **prêté.** **2·** Objet rendu à un commerçant. ▷ **compte rendu, rendement, rendez-vous**

[2] **rendre** v. < conjug. 41 > **I·** V. tr. (+ attribut du complément) Faire devenir. *Il me rendra fou. Rendre une personne heureuse. Cela va rendre le travail difficile.* – Au passif. *Le jugement a été rendu public.* **II·** ***Se rendre*** v. pron. réfl. : se faire tel, devenir par son propre fait. *Chercher à se rendre utile. Vous allez vous rendre malade. Il se rend insupportable par son mauvais caractère.*

[3] **se rendre** v. pron. réfl. < conjug. 41 > Se transporter, aller. *Se rendre à son travail. Se rendre à l'étranger. Elle s'est rendue chez lui.* ▶ [2] **rendu, ue** p. p. et adj. **1·** Arrivé. *Nous voilà rendus.* **2·** Très fatigué. *Ils étaient rendus (de fatigue).* ▷ **rendez-vous**

rêne [ʀɛn] n. f. Chacune des courroies fixées aux harnais d'une bête de selle, et servant à la diriger. *Tenir les rênes.* → **bride, guide.** – Loc. fig. *Prendre les rênes d'une affaire,* la diriger. *Lâcher les rênes,* tout abandonner. ≠ reine, renne.

renégat, ate [ʀənega, at] n. Personne qui a renié sa religion. → **apostat.** – Personne qui a trahi ses opinions, son parti, sa patrie, etc. → **déserteur, traître** à.

renfermer [ʀɑ̃fɛʀme] v. tr. < conjug. 1 > **1·** (Choses) Tenir contenu dans un espace, en soi. *Les roches renferment des minéraux. Ce tiroir renferme des papiers importants.* – Comprendre, contenir. *Combien cette phrase renferme-t-elle de mots ?* **2·** Tenir caché (un sentiment). → **dissimuler.** *Il renferme son chagrin.* – Pronominalement (réfl.). *Se renfermer en soi-même,* ne rien livrer de ses sentiments (→ **renfermé**). ▶ [1] **renfermé, ée** adj. Qui ne montre pas ses sentiments. → **dissimulé, secret.** *Il est assez renfermé.* ▶ [2] **renfermé** n. m. Mauvaise odeur d'un lieu mal aéré. *Cette chambre sent le renfermé.* → **remugle.**

renfler [ʀɑ̃fle] v. tr. < conjug. 1 > Rendre convexe, bombé. – Pronominalement. *Se renfler.* ▶ **renflé, ée** adj. Qui présente une partie bombée. → **pansu.** *La forme renflée d'un vase.* ▶ **renflement** n. m. État de ce qui est renflé ; partie renflée.

renflouer [ʀɑ̃flue] v. tr. < conjug. 1 > **1·** Remettre en état de flotter. *Renflouer un navire échoué.* – Au p. p. adj. *Bateau renfloué.* **2·** Sauver (qqn, une entreprise...) de difficultés financières en fournissant des fonds. ▶ **renflouage** ou **renflouement** n. m. Action de renflouer (1, 2).

renfoncement [ʀɑ̃fɔ̃smɑ̃] n. m. (→ **enfoncer**) Ce qui forme un creux. *Se cacher dans le renfoncement d'une porte.* – Recoin, partie en retrait.

renforcer [ʀɑ̃fɔʀse] v. tr. < conjug. 3 > **1·** Rendre plus fort, plus résistant. → **consolider.** *Renforcer un mur.* – Au p. p. adj. *Chaussettes à talons renforcés.* **2·** Rendre plus fort, plus efficace. *Renforcer une armée, une équipe.* **3·** Rendre plus intense, plus énergique. *Mot qui sert à renforcer l'expression.* **4·** Rendre plus certain, plus solide. → **fortifier.** *Ceci renforce mes soupçons.* – *Renforcer qqn dans une opinion,* lui fournir de nouvelles raisons de s'y tenir. ▶ **renforcement** n. m. *Le renforcement d'un mur.* – *Le renforcement de la monarchie pendant le règne de Louis XIV.* → **raffermissement.** ▶ **renfort** n. m. **1·** Effectifs et matériel destinés à renforcer une armée. *Envoyer des renforts. Les renforts arrivent.* – Fam. Aide. *J'aurais besoin de renforts pour ma réception de ce soir.* **2·** ***À grand renfort de*** : à l'aide d'une grande quantité de. *Il discutait à grand renfort de gestes.*

se renfrogner [ʀɑ̃fʀɔɲe] v. pron. réfl. < conjug. 1 > Témoigner son mécontentement par une expression contractée du visage. *À cette proposition, il se renfrogna.* ▶ **renfrogné, ée** adj. **1·** Contracté par le mécontentement. *Visage renfrogné.* **2·** (Personnes) Maussade, revêche.

rengager [ʀɑ̃gaʒe] ou **réengager** [ʀeɑ̃gaʒe] v. tr. < conjug. 3 > **1·** Engager de nouveau. *Rengager du personnel.* **2·** ***Se rengager (réengager)*** v. pron. réfl. : reprendre du service volontaire dans l'armée. → **rempiler.** – Au p. p. adj. *Soldat rengagé.* – N. *Un rengagé.*

rengaine [ʀɑ̃gɛn] n. f. **1·** Formule répétée à tout propos. *C'est toujours la même rengaine.*

→ **antienne, refrain.** *Change un peu de rengaine !* → **disque.** 2· Chanson ressassée. *Une rengaine à la mode.*

rengainer [Rɑ̃gene] v. tr. < conjug. 1 > 1· Remettre dans la gaine, au fourreau. *Rengainer son épée.* / contr. dégainer / 2· Fam. Rentrer (ce qu'on avait l'intention de manifester). *Rengainer son compliment, son discours.* → **remballer.**

se rengorger [Rɑ̃gɔRʒe] v. pron. réfl. < conjug. 3 > 1· (Oiseaux) Avancer la gorge en ramenant la tête en arrière. *Le paon se rengorge.* 2· (Suj. personne) Prendre une attitude avantageuse, manifester une satisfaction vaniteuse. *Depuis ce succès, il se rengorge.*

renier [Rənje] v. tr. < conjug. 7 > 1· Déclarer faussement qu'on ne connaît pas ou plus (qqn). *Saint Pierre renia trois fois Jésus. Renier sa famille* (par honte). 2· Renoncer à (ce à quoi on aurait dû rester fidèle). *Renier sa foi.* → **abjurer.** *Renier ses opinions, sa signature.* → **désavouer.** *Renier ses engagements,* s'y dérober. – Pronominalement. *Se renier,* renier ses opinions. ▶ **reniement** n. m. *Un reniement honteux.*

renifler [R(ə)nifle] v. < conjug. 1 > 1· V. intr. Aspirer bruyamment par le nez. *Cesse de renifler et mouche-toi.* 2· V. tr. Aspirer fort par le nez, sentir (qqch.). *Chien qui renifle une odeur. Renifler un plat.* – Abstrait. *Renifler quelque chose de louche. Il a reniflé une bonne affaire.* → **flairer.** ▶ **reniflement** n. m. Action de renifler ; bruit que l'on fait en reniflant.

renne [Rɛn] n. m. Mammifère ruminant de grande taille, aux bois aplatis, qui vit dans les régions froides de l'hémisphère Nord. *Les troupeaux de rennes des Lapons.* – *Renne du Canada.* → **caribou.** ≠ reine, rêne.

renom [R(ə)nɔ̃] n. m. 1· Littér. Opinion répandue dans le public (sur qqn ou qqch.). → **réputation.** *Il a acquis un certain renom ; son renom est grand.* 2· Opinion favorable et largement répandue. → **célébrité, renommée.** *Le renom des grandes écoles.* – Loc. *En renom, de grand renom,* réputé, célèbre. *Une maison en renom.* ▶ **renommé, ée** adj. Qui a du renom. → **célèbre, réputé.** *La mode française est renommée dans le monde entier. Un restaurant renommé pour sa cave.* ▶ **renommée** n. f. 1· Littér. Opinion publique répandue. *Si l'on en croit la renommée.* 2· Le fait (pour une personne, une chose) d'être très favorablement et largement connu. → **célébrité, gloire, notoriété, renom.** – *Un savant de renommée internationale. La renommée dont jouit la cuisine française.* – Prov. *Bonne renommée vaut mieux que ceinture dorée* (que la richesse).

renoncer [R(ə)nɔ̃se] v. tr. ind. < conjug. 3 > *Renoncer à qqch.* 1· Abandonner un droit sur (qqch.). *Renoncer à une succession.* – Abandonner l'idée de. *Renoncer à un voyage, à un projet.* – (+ infinitif) *Je renonce à comprendre ! C'est impossible, j'y renonce !* 2· Abandonner volontairement (ce qu'on a). → se **dépouiller.** *Renoncer au pouvoir,* abdiquer. *Il devra renoncer à ses prétentions.* – (+ infinitif) Cesser volontairement de. *Renoncer à fréquenter qqn.* 3· Cesser de pratiquer, d'exercer. *Renoncer à un métier, à ses habitudes.* 4· Cesser d'employer. *Renoncer au tabac, au vin.* 5· En terme de religion. *Renoncer au monde,* cesser d'être attaché aux choses de ce monde. Loc. *Renoncer à Satan, à ses pompes et à ses œuvres,* au péché et aux occasions de pécher. 6· *Renoncer à qqn,* cesser de rechercher sa compagnie. *Renoncer à celle qu'on aime. Elle avait renoncé à lui depuis longtemps.* 7· V. intr. Abandonner un projet par impossibilité ou difficulté de réussir. *Savoir renoncer. Avoir le courage de renoncer, d'accepter l'échec.* ▶ **renoncement** n. m. Littér. Le fait de renoncer volontairement aux biens terrestres. *Vivre dans le renoncement. Le renoncement à soi-même,* l'abnégation, le sacrifice. ▶ **renonciation** n. f. 1· Le fait de renoncer (à un droit, une charge) ; l'acte par lequel on y renonce. → **abandon.** *Renonciation à une succession.* – *Renonciation au trône.* → **abdication.** 2· Action de renoncer (à un bien moral). *La renonciation de tout un peuple à la liberté.*

renoncule [R(ə)nɔ̃kyl] n. f. Plante herbacée, à petites fleurs serrées de couleurs vives, en particulier jaunes (→ **bouton-d'or**).

renouer [Rənwe] v. tr. < conjug. 1 > 1· Refaire un nœud à ; nouer (ce qui est dénoué). *Renouer ses lacets de chaussures.* 2· Abstrait. Rétablir après une interruption. *Renouer la conversation.* 3· Intrans. *Renouer avec...* : reprendre des relations avec... *Renouer avec un ami après une brouille.* – *Cet artiste renoue avec les traditions populaires.*

renouveau [R(ə)nuvo] n. m. 1· Apparition de formes entièrement nouvelles. → **renaissance.** *Le théâtre connaît un renouveau.* 2· Littér. Retour du printemps.

renouveler [R(ə)nuvle] v. tr. < conjug. 4 > I· 1· Remplacer par une chose nouvelle et semblable (ce qui a servi, est altéré, diminué). → **changer.** *Renouveler l'air d'une pièce. Il faudrait renouveler le matériel, l'outillage.* – Remplacer une partie des membres de (un groupe). *Renouveler le personnel d'une entreprise. Renouveler le Sénat.* → **réélire.** 2· Rendre nouveau en transformant. *L'auteur a renouvelé le genre.* → **rajeunir.** 3· Donner une validité nouvelle à (ce qui expire). *Renouveler un passeport. Renouveler un bail.*

4· Faire de nouveau. → **réitérer.** *Je vous renouvelle ma question, ma demande, mes compliments. Il a renouvelé sa promesse.* – Terme de religion. *Renouveler (sa communion)*, refaire sa communion solennelle un an après la cérémonie. → **renouvellement** (4). **II**· ***Se renouveler*** v. pron. réfl. **1**· Être remplacé par des éléments nouveaux et semblables. *Les membres de cette assemblée se renouvellent par tiers chaque année. La nature se renouvelle au printemps.* **2**· Apporter des changements dans son activité créatrice, se montrer inventif. *Dans ce métier, il faut sans cesse se renouveler.* **3**· Recommencer. → se **reproduire.** *Souhaitons que cet incident ne se renouvelle pas.* ▶ **renouvelable** adj. Qui peut être renouvelé. *Bail renouvelable.* – ***Énergies renouvelables,*** provenant de sources naturelles inépuisables (soleil, vent, marées...). ▶ **renouvellement** n. m. **1**· Action de renouveler. *Le renouvellement d'un stock.* **2**· Changement complet des formes qui crée un état nouveau. *Besoin de renouvellement de certaines structures. Le renouvellement d'un genre littéraire.* **3**· Remise en vigueur. *Le renouvellement d'un bail.* **4**· Confirmation de la communion solennelle (par les jeunes catholiques qui renouvellent [I, 4] appelés *renouvelants*, n.).

rénover [Renɔve] v. tr. < conjug. 1 > **1**· Améliorer en donnant une forme nouvelle, moderne. → **moderniser, transformer.** *Rénover l'enseignement des langues.* **2**· Remettre à neuf. *Rénover un immeuble vétuste.* → **réhabiliter.** – Au p. p. adj. *Un local entièrement rénové.* ▶ **rénovateur, trice** n. et adj. Personne qui rénove. *Les rénovateurs d'un parti.* ▶ **rénovation** n. f. Remise à neuf. *La rénovation d'un quartier.*

renseigner [Rɑ̃seɲe] v. tr. < conjug. 1 > Éclairer sur un point précis, fournir un renseignement à... → **informer, instruire.** *Je regrette de ne pouvoir vous renseigner. C'est son domaine, il pourra nous renseigner sur ce sujet.* – Au passif et p. p. *Être bien, mal renseigné,* savoir ou ignorer ce dont il est question. – (Choses) Constituer une source d'information. *Ce détail nous renseigne utilement.* – ***Se renseigner*** v. pron. réfl. : prendre, obtenir des renseignements. *Se renseigner auprès de qqn.* → s'**informer, interroger.** *Renseignez-vous avant de signer le contrat.* ▶ **renseignement** [Rɑ̃sɛɲ(ə)mɑ̃] n. m. **1**· Ce par quoi on renseigne (qqn) ; la chose portée à sa connaissance. → **information** ; fam. **tuyau.** *Donner, fournir un renseignement à qqn. Chercher des renseignements sur qqch. On a trouvé, récolté de nombreux renseignements sur ce sujet, à propos de cette affaire.* → **documentation.** *Demander à titre de renseignement,* à titre indicatif. *Aller aux renseignements,* à leur recherche. – *Prendre des renseignements sur le compte d'une personne, d'une entreprise,* pour juger de sa valeur. *Fournir de bons renseignements,* des références. – Commerce, administration. *Bureau, service de renseignements.* → **accueil. 2**· Information concernant la sécurité du territoire ; recherche de telles informations. *Agent, service de renseignements.* → **espionnage.**

rentable [Rɑ̃tabl] adj. **1**· Qui donne un bénéfice suffisant. *Une affaire rentable.* **2**· Fam. Qui donne des résultats. → **payant.** ▶ **rentabiliser** v. tr. < conjug. 1 > Rendre rentable (1). *Rentabiliser un investissement.* ▶ **rentabilité** n. f. Caractère de ce qui est rentable. *La rentabilité d'un placement.*

rente [Rɑ̃t] n. f. **1**· Revenu périodique d'un bien, d'un capital. *Avoir des rentes.* – Loc. *Vivre de ses rentes,* ne pas travailler. **2**· Somme d'argent qu'une personne est tenue de donner périodiquement à une autre personne. – *Rente viagère,* pension payable pendant la vie de celui qui la reçoit. **3**· Emprunt de l'État, représenté par un titre qui donne droit à un intérêt. *Le cours de la rente.* ▶ **rentier, ière** n. Personne qui a des rentes, qui vit de ses rentes. Loc. *Mener une vie de rentier,* ne pas travailler. ▷ **rentable**

rentre-dedans [Rɑ̃t(Rə)dədɑ̃] n. m. invar. Fam. Attitude de séduction insistante, et peu discrète. *Faire du rentre-dedans à qqn.*

rentrée [Rɑ̃tRe] n. f. **I**· (Êtres vivants) **1**· Le fait de rentrer. / contr. sortie / *La rentrée des vacanciers à Paris. Heure de rentrée.* **2**· Reprise des activités de certaines institutions après une interruption. *La rentrée parlementaire.* – *La rentrée des classes,* après les grandes vacances. Sans compl. *Le jour de la rentrée.* – ***La rentrée*** : époque de l'année, après les grandes vacances, où l'ensemble des activités reprennent. *Les livres, les spectacles de la rentrée. Nous reparlerons de cela à la rentrée.* **3**· Retour (d'un acteur) à la scène, après une interruption. *Faire sa rentrée sur une scène parisienne.* – *Préparer sa rentrée politique.* **II**· (Choses) **1**· Mise à l'abri (de ce qui était dehors). *La rentrée des foins.* **2**· *Rentrée d'argent,* somme d'argent qui entre en caisse. → **recette.** / contr. sortie / – Absolt. *Il attend des rentrées importantes. Les rentrées de l'impôt.*

rentrer [Rɑ̃tRe] v. < conjug. 1 > **I**· V. intr. (Avec l'auxil. *être*) **1**· Entrer de nouveau (dans un lieu où l'on a déjà été). / contr. ressortir / *Je l'ai vu sortir, puis rentrer précipitamment dans la maison.* – Abusivt. Entrer (sans idée de répétition ni de retour). *Rentrer dans un magasin.* **2**· Revenir chez soi. *Je vais rentrer chez moi. Il est rentré à Genève. Il vient de rentrer de voyage. Nous rentrerons tard. Rentrer dîner.* **3**· Reprendre ses activités, ses fonctions. *Les tribunaux, les lycées rentrent à telle date.* **4**· Loc. *Rentrer dans ses droits.* → **recouvrer.** *Rentrer dans* *ses dépenses, dans ses frais,* les récupérer ou en retrouver l'équivalent. – (Choses) *Tout est rentré dans l'ordre,* l'ordre est revenu. **5·** Littér. *Rentrer en soi-même,* faire retour sur soi-même. → se **recueillir. 6·** Se jeter avec violence. *Sa voiture est rentrée dans un arbre. Rentrer dedans**. – *Faire rentrer qqch. dans la tête (de qqn),* faire comprendre ou apprendre avec peine, en insistant. **7·** (Choses) S'emboîter, s'enfoncer. *La clé rentre dans la serrure.* – *Le cou lui rentre dans les épaules.* Fig. *Les jambes lui rentraient dans le corps* (de fatigue). **8·** Être compris dans. → **entrer.** *Cela ne rentre pas dans mes attributions.* **9·** (Argent) Être perçu, gagné. *Faire rentrer l'impôt.* **II·** V. tr. (Avec l'auxil. *avoir*) **1·** Mettre ou remettre à l'intérieur, dedans. *Rentrer les foins. Il a rentré sa voiture* (au garage). – *Rentrer le ventre,* le faire plat. **2·** Dissimuler, faire disparaître sous (ou dans). *Rentrer sa chemise dans son pantalon. Le chat rentre ses griffes.* – Refouler. *Rentrer ses larmes, sa rage.* **III·** *Rentré, ée* adj. **1·** Qui est réprimé, ne peut se manifester. *Colère rentrée.* **2·** *Yeux rentrés,* enfoncés. ▶ **rentrant, ante** adj. **1·** Qui peut être rentré. *Train d'atterrissage rentrant.* → **escamotable. 2·** *Angle rentrant :* de plus de 180° (opposé à *saillant*). ▷ **rentre-dedans, rentrée**

renverser [ʀɑ̃vɛʀse] v. tr. < conjug. 1 > **I·** V. tr. **1·** Mettre de façon que la partie supérieure devienne inférieure. *Renverser un seau.* **2·** Disposer ou faire mouvoir en sens inverse. → **inverser.** *Renverser l'ordre des mots dans une phrase. Renverser les termes d'une proposition. Renverser le courant, la vapeur.* **3·** Faire tomber à la renverse, jeter à terre (qqn). *C'est une camionnette qui l'a renversé.* – Faire tomber (qqch.). *Renverser une chaise.* – Répandre (un liquide) en faisant tomber le récipient. *Renverser du vin sur la nappe. Il a renversé son bol de soupe.* **4·** Faire tomber, démolir. → **abattre.** *Renverser tous les obstacles.* – *Renverser un ministre, un cabinet,* le faire démissionner en lui refusant la confiance. **5·** Incliner en arrière. / contr. courber / *Renverser la tête, le buste.* **6·** (Compl. personne) Étonner extrêmement. *Cela me renverse* (→ **renversant**). **II·** V. pron. réfl. **1·** (Suj. chose) Se retourner. *La barque s'est renversée.* – Basculer, tomber. *La bouteille s'est renversée.* **2·** (Suj. personne) *Il se renversa sur son siège.* ▶ **renversé, ée** adj. **1·** À l'envers ; le haut mis en bas. *Une image renversée. Pyramide renversée.* – *Crème renversée :* qui a pris et qu'on retourne sur un plat pour la servir. **2·** Qu'on a fait tomber. *Meubles renversés.* **3·** Incliné en arrière. *Ils buvaient la tête renversée.* **4·** Stupéfait. *Je suis renversé !* ▶ **renversant, ante** adj. Qui renverse (6), frappe de stupeur. *Une nouvelle renversante. C'est absolument renversant !* ▶ **à la renverse** loc. adv. *Tomber à la renverse,* sur le dos. ▶ **renversement** n. m. **I·** Action de mettre à l'envers. **1·** Passage en bas de la partie haute. *Le renversement des images.* **2·** Passage à un ordre inverse. **3·** Changement complet en l'inverse. *Le renversement des alliances,* lorsque les alliés deviennent ennemis et inversement. *On assiste au renversement de la situation.* → **retournement. II· 1·** Le fait de renverser, de jeter bas. *Le renversement du régime.* → **chute. 2·** Rejet en arrière (d'une partie du corps).

① **renvoi** [ʀɑ̃vwa] n. m. Envoi par la bouche de gaz de l'estomac. → littér. **éructation** ; fam. **rot.** *Avoir des renvois. Un renvoi bruyant.*

renvoyer [ʀɑ̃vwaje] v. tr. < conjug. 8, sauf au futur *je renverrai,* et au conditionnel *je renverrais.* > **1·** Faire retourner (qqn) là où il était précédemment. *Il est guéri, vous pouvez le renvoyer en classe.* – Faire repartir (qqn) dont on ne souhaite plus la présence. *Elle désirait se reposer et elle a renvoyé tout le monde.* **2·** Faire partir (en faisant cesser une fonction). → **chasser, congédier, remercier.** *Renvoyer un employé.* → **licencier.** – Au passif. *Il a été renvoyé du lycée.* **3·** Faire reporter (qqch. à qqn). *Renvoyer un cadeau. Je vous renvoie vos documents.* → **rendre. 4·** Relancer (un objet qu'on a reçu). *Renvoyer un ballon. Le mur a renvoyé la balle,* la balle a rebondi sur le mur. – Réfléchir, répercuter (la lumière, le son). *L'écho renvoyait les coups de tonnerre.* **5·** Envoyer, adresser (qqn) à une autorité plus compétente. *On m'a renvoyé à un autre service. Renvoyer un prévenu devant la cour d'assises.* – Faire se reporter. *Je renvoie le lecteur à mon précédent ouvrage.* – (Suj. chose) *Notes qui renvoient à certains passages.* → ② **renvoi. 6·** Remettre à une date ultérieure. → **ajourner, différer.** *Renvoyer une affaire à huitaine.* ▶ ② **renvoi** n. m. Action de renvoyer. **1·** *Le renvoi de qqn à son lieu de départ.* **2·** Le fait de renvoyer (2) qqn. → **congédiement, expulsion, licenciement.** *Renvoi collectif. Le renvoi d'un employé.* **3·** Le fait de renvoyer à l'expéditeur. *Le renvoi d'une lettre.* **4·** Fait de relancer. *Le renvoi d'un ballon.* **5·** Le fait d'envoyer à l'autorité compétente. *Renvoi aux assises.* **6·** Indication invitant le lecteur à se reporter (à un passage). **7·** Ajournement, remise à plus tard. *Le renvoi d'une décision à une date ultérieure.*

réoccuper [ʀeɔkype] v. tr. < conjug. 1 > Occuper de nouveau. *Réoccuper un territoire.* ▶ **réoccupation** n. f. *La réoccupation d'un territoire par l'armée.*

réorganiser [ʀeɔʀganize] v. tr. < conjug. 1 > Organiser de nouveau, d'une autre manière. *Réorganiser un service.* ▶ **réorganisation** n. f. *La réorganisation d'une administration.*

réouvrir v. tr. → **rouvrir.** ▶ **réouverture** [ʀeuvɛʀtyʀ] n. f. Le fait de rouvrir (un établissement qui a été quelque temps fermé). *La réouverture d'un théâtre.*

repaire [ʀ(ə)pɛʀ] n. m. **1·** Lieu qui sert de refuge aux bêtes sauvages (surtout féroces). → **antre, tanière. 2·** Lieu qui sert de refuge à des individus dangereux. *Un repaire de brigands.* ≠ repère.

repaître [ʀəpɛtʀ] v. tr. < conjug. 57 > **I·** Abstrait. Littér. Nourrir, rassasier (ses yeux, son esprit). *Repaître ses yeux d'un spectacle. Repaître qqn de fausses espérances.* **II·** ***Se repaître*** v. pron. réfl. **1·** (Animaux) Assouvir sa faim. **2·** Littér. *Ce tyran ne se repaît que de sang et de carnage. Se repaître de chimères, d'illusions.* ▷ **repu**

répandre [ʀepɑ̃dʀ] v. tr. < conjug. 41 > **I· 1·** Faire tomber (un liquide). *Répandre du vin sur une nappe.* → **renverser.** *Répandre des larmes,* pleurer. → **verser. 2·** (Choses) Produire et envoyer autour de soi (de la lumière, de la chaleur, etc.). → **diffuser, émettre.** *Répandre une odeur.* → **dégager, exhaler. II· 1·** Littér. Donner avec profusion (une chose abstraite). → **dispenser, prodiguer.** *Répandre des bienfaits.* **2·** Faire régner (un sentiment) autour de soi. *Répandre l'effroi.* → **jeter, semer.** *Répandre la joie, l'allégresse.* **3·** Diffuser, étendre à un plus grand nombre. *Répandre une doctrine, une mode (dans le public, parmi des gens...).* → **propager, vulgariser. 4·** Rendre public. *Répandre une nouvelle, un bruit.* → **colporter. III·** ***Se répandre*** v. pron. **1·** (Choses) Couler, s'étaler sur un plus grand espace. *Près de la grange, une odeur de paille se répandait. La fumée se répand dans la pièce.* – Fig. *La consternation se répandit sur tous les visages.* **2·** Se propager. *L'épidémie risque de se répandre. Cet usage se répand peu à peu.* → **gagner.** – *Le bruit s'est répandu qu'il avait disparu.* → **courir. 3·** (Personnes) *Se répandre* (ou *être répandu*) *dans la société,* avoir une vie mondaine très active. **4·** (Personnes) ***Se répandre en...*** : extérioriser ses sentiments par une abondance de... *Se répandre en injures, en menaces, en louanges.* ▶ **répandu, ue** adj. **1·** Épars, dispersé. **2·** (Pensées, opinions) Qui est commun à un grand nombre de personnes. → **courant.** *Un préjugé très répandu.*

reparaître [ʀ(ə)paʀɛtʀ] v. intr. < conjug. 57 > **1·** Se montrer de nouveau à la vue. → **apparaître** de nouveau, **réapparaître.** *Le soleil a reparu, vient de reparaître.* – Paraître de nouveau (devant qqn). *Ne reparais jamais devant moi !* **2·** Redevenir sensible, se manifester de nouveau. *Ce caractère peut reparaître après plusieurs générations.*

réparer [ʀepaʀe] v. tr. < conjug. 1 > **1·** Remettre en état (ce qui a été endommagé, ce qui s'est détérioré). *Réparer un poste de radio, une bicyclette. Donner ses chaussures à réparer. Réparer un meuble ancien.* → **restaurer.** – Au passif et p. p. adj. *(Être) réparé.* **2·** *Réparer ses forces, sa santé,* se rétablir. **3·** Faire disparaître (les dégâts causés à qqch.). *Réparer un accroc.* – Corriger (en supprimant les conséquences). *Réparer une perte, un oubli.* → **remédier** à. *Réparer sa faute, ses torts.* ▶ **réparable** adj. **1·** Qu'on peut réparer. *Cette montre est réparable.* **2·** Qu'on peut corriger, compenser, etc. *C'est une perte facilement réparable.* ▶ **réparateur, trice** n. et adj. **1·** N. Artisan qui répare des objets. *Un réparateur de tapis, de télévisions.* **2·** Adj. Qui répare les forces. *Sommeil réparateur.* – *Chirurgie réparatrice,* qui reconstitue les formes, après une lésion grave. ▶ **réparation** n. f. **1·** Opération, travail qui consiste à réparer qqch. *La réparation d'une montre.* – *En réparation,* qu'on est en train de réparer. *L'ascenseur est en réparation.* – Au plur. Travaux effectués pour réparer ou entretenir un bâtiment. *Il a fait de grosses réparations dans sa maison.* **2·** L'action de réparer (un accident, etc.). *La réparation d'une avarie, d'une panne.* **3·** Action de réparer (une faute, une offense, etc.). → **expiation.** Loc. *Demander, obtenir réparation* (d'une offense). → **satisfaction.** – *Surface de réparation,* partie du terrain de football où une faute donne lieu à un coup de pied de pénalité. **4·** Dédommagement, indemnité. *Réparations imposées à un pays vaincu.* ▷ **irréparable**

reparler [ʀ(ə)paʀle] v. intr. < conjug. 1 > Parler de nouveau (de qqch. ou de qqn). *Nous aurons le temps d'en reparler.* Fam. *On en reparlera,* se dit pour exprimer son scepticisme et marquer que l'avenir risque de donner tort à l'interlocuteur.

① **repartir** [ʀ(ə)paʀtiʀ] v. intr. < conjug. 16 > **1·** Partir pour l'endroit d'où l'on vient. *Ils sont repartis le lendemain de leur arrivée.* **2·** Partir de nouveau (après un temps d'arrêt). *Le train va repartir.* **3·** Fig. Recommencer. *Nous avons dû repartir à, de zéro.* – (Choses) Reprendre. *L'affaire repart bien.*

② **repartir** v. intr. < conjug. 16 > Littér. Répliquer, répondre. *« C'est impossible » repartit Jean.* ≠ répartir. ▶ **repartie** [ʀəpaʀti ; ʀepaʀti] n. f. **REM.** *Repartie* s'écrit sans accent. Réponse rapide et juste. → **réplique, riposte.** *Il a de la repartie.* – *Esprit de repartie.*

répartir [ʀepaʀtiʀ] v. tr. < conjug. 2 > **I· 1·** Partager selon des conventions précises (une quantité ou un ensemble). *Répartir une somme, un travail entre plusieurs personnes.* **2·** Distribuer dans un espace. → **disposer.** *Répartir ses troupes.* – Au p. p. adj. *Chargement mal réparti.* **3·** Étaler (dans le temps). *Répartir un programme sur plusieurs* *années.* → **échelonner.** **4·** Classer, diviser. *On a réparti les élèves en deux groupes de travail.* **II·** ***Se répartir*** v. pron. réfl. : se diviser. *La société, sous l'Ancien Régime, se répartissait en trois ordres. Les rôles se répartiront ainsi,* seront répartis ainsi. ▶ **répartition** n. f. **1·** Opération qui consiste à répartir qqch. ; manière dont une chose est répartie. → **distribution.** *Procéder à la répartition des emplacements. La répartition de la richesse nationale.* **2·** Distribution dans un espace, à l'intérieur d'un volume. → **disposition.** *La répartition géographique d'une espèce.*

repas [ʀ(ə)pɑ] n. m. invar. **1·** Nourriture prise en une fois à heures réglées. *Faire un repas copieux, plantureux, pantagruélique.* → **festin.** *Repas léger.* → **casse-croûte.** *Repas froid,* fait de plats froids. *Préparer, servir le repas.* – *Repas à la carte, à prix fixe* (dans un restaurant). **2·** Action de se nourrir, répétée quotidiennement à heures réglées. *Prendre ses repas chez soi. Faire trois repas par jour. Repas du matin* (petit déjeuner), *de midi* → **déjeuner, dîner** (au Québec), *du soir* → **dîner, souper.** – Le déjeuner ou le dîner. *Être chez soi à l'heure des repas.* – *Repas de noces.* → **banquet.** *Repas champêtre.* → **pique-nique.**

① **repasser** [ʀ(ə)pɑse] v. < conjug. 1 > **I·** V. intr. Passer de nouveau. *Je repasserai à cet endroit demain. Je repasserai vous voir.* → **revenir.** Fam. *Il peut toujours repasser !,* il n'aura rien, quoi qu'il fasse. *Vous n'êtes pas obligé de repasser par le même chemin. Il passe et repasse devant la boutique, sans se décider à entrer.* – *Le film repasse,* est projeté à nouveau. – Fig. *Des souvenirs repassaient dans sa mémoire.* **II·** V. tr. **1·** Passer, franchir de nouveau ou en retournant. *Repasser les monts, les mers.* – *Repasser un examen,* en subir de nouveau les épreuves. **2·** Passer de nouveau (qqch. à qqn). *Repasse-moi le plat, le pain.* – Faire passer à nouveau (dans son esprit). → **évoquer.** *Repasser les événements de sa vie.* **3·** Fam. Passer (ce qu'on a reçu de qqn d'autre). → fam. **refiler.** *Repasser un travail à qqn.*

② **repasser** v. tr. < conjug. 1 > **I·** Affiler, aiguiser (une lame). *Repasser des ciseaux.* **II·** Rendre lisse et net (du linge, du tissu, etc.), au moyen d'un instrument approprié. *Repasser une chemise.* – Sans compl. *Fer à repasser.* ▶ **repassage** n. m. *Faire du repassage. Mon repassage est fini.* ▶ **repasseuse** n. f. Ouvrière qui repasse le linge, les vêtements. → **blanchisseuse.**

③ **repasser** v. tr. < conjug. 1 > Relire, apprendre en revenant plusieurs fois sur le même sujet. → **potasser.** *Repasser ses leçons.* – *Repasser son rôle, un pas de danse,* le répéter.

repêcher [ʀ(ə)peʃe] v. tr. < conjug. 1 > **1·** *Repêcher un noyé,* le retirer de l'eau. **2·** Fam. *Repêcher un candidat,* le recevoir malgré un total de points inférieur au total exigé. – *Repêcher un concurrent,* le qualifier pour les épreuves suivantes quand il n'a pas été désigné directement par les éliminatoires. ▶ **repêchage** n. m. **1·** Action de repêcher. *Le repêchage d'un noyé.* **2·** *Examen, épreuve de repêchage,* organisé pour permettre aux candidats (qui seraient normalement éliminés) d'être admis.

repeindre [ʀ(ə)pɛ̃dʀ] v. tr. < conjug. 52 > Peindre de nouveau, peindre à neuf. *Repeindre, faire repeindre son appartement.* – Au p. p. adj. *Appartement entièrement repeint.* ▶ **repeint** n. m. Partie d'un tableau qui a été repeinte. *Les repeints d'une fresque.*

repenser [ʀ(ə)pɑ̃se] v. tr. < conjug. 1 > **1·** V. tr. ind. Penser de nouveau, réfléchir encore plus (à qqch.). *J'y repenserai.* **2·** V. tr. dir. Reconsidérer. *Repenser un problème.*

① **se repentir** [ʀ(ə)pɑ̃tiʀ] v. pron. réfl. < conjug. 16 > **1·** Ressentir le regret (d'une faute), avec le désir de ne plus la commettre, de réparer. → **regretter.** *Se repentir d'une faute, d'avoir commis une faute.* – Sans compl. *Elle s'est repentie.* **2·** Regretter vivement, souhaiter n'avoir pas fait ou dit (qqch.). *Se repentir d'un acte. Se repentir amèrement d'avoir trop parlé.* – *Il s'en repentira,* se dit par menace. ▶ **repentant, ante** adj. En religion. Qui se repent de ses fautes, de ses péchés. → **contrit.** *Un pécheur repentant.* – *Un air repentant.* ▶ **repenti, ie** adj. Qui s'est repenti de ses fautes, qui a commencé à réparer. *Pécheur repenti.* ▶ ② **repentir** n. m. **1·** Vif regret d'une faute, accompagné d'un désir d'expiation, de réparation. → **remords ; contrition.** *Un repentir sincère.* **2·** Regret d'une action quelconque. **3·** Littér. Changement apporté à une œuvre d'art en cours d'exécution. → **correction.** *Les repentirs d'un peintre.* ≠ repeint.

repérage [ʀ(ə)peʀaʒ] n. m. Opération par laquelle on repère. *Le repérage des avions par radar.* – Cinéma. *Le repérage des extérieurs. Partir en repérages.*

répercuter [ʀepɛʀkyte] v. tr. < conjug. 1 > **1·** Renvoyer dans une direction nouvelle (un son, une onde). → **réfléchir.** *Les parois de la caverne répercutent le son. Chant que l'écho répercute.* – Au p. p. *Échos répercutés par les montagnes.* **2·** Abstrait. ***Se répercuter*** v. pron. : se transmettre, se propager par une suite de réactions. *Le coût des transports se répercute sur le prix des marchandises.* ▶ **répercussion** n. f. Le fait d'être renvoyé, répercuté.

La répercussion d'un son par l'écho. – Conséquences indirectes (d'un événement ou d'une décision). → **incidence.**

repère [R(ə)pɛR] n. m. ≠ repaire. **1·** Marque, signe... utilisé pour retrouver un endroit dans un travail avec précision. *Tracer des repères sur des pièces de bois. Choisir un repère.* **2·** ***Point de repère, repère*** *:* objet ou endroit précis reconnu et choisi pour s'orienter, se retrouver (dans l'espace ou dans le temps). – Abstrait. *L'homme moderne en quête de repères.* ▶ **repérer** v. tr. <conjug. 6> **1·** Situer avec précision, en se servant de repères ou par rapport à des points de repère. *Repérer un emplacement, une batterie ennemie.* **2·** Fam. Découvrir (qqch.) ; reconnaître (qqn). *Repérer un coin tranquille. Repérer qqn dans la foule.* → **apercevoir, remarquer.** – *Être repéré, se faire repérer,* être découvert (alors qu'on cherche à échapper à une surveillance). **3·** Fam. ***Se repérer*** v. pron. : reconnaître où l'on est, grâce à des repères. *Se repérer facilement dans une ville.* – Abstrait. *Je n'arrive pas à me repérer dans cette histoire.* ▷ **repérage**

répertoire [RepɛRtwaR] n. m. **1·** Inventaire (liste, recueil...) où les matières sont classées dans un ordre qui permet de les retrouver facilement. *Répertoire alphabétique.* → **dictionnaire, index, lexique.** – Carnet permettant une consultation rapide. *Répertoire d'adresses.* **2·** Liste des pièces qui forment le fonds d'un théâtre et sont susceptibles d'être reprises. *Le répertoire de la Comédie-Française.* – *Le répertoire d'un artiste,* l'ensemble des œuvres qu'il a l'habitude d'interpréter. – Fam. *Tout un répertoire d'injures.* ▶ **répertorier** v. tr. <conjug. 7> Inscrire dans un répertoire.

répéter [Repete] v. tr. <conjug. 6> **I· 1·** Dire de nouveau (ce qu'on a déjà dit). → **redire.** *Répéter toujours la même chose.* → **rabâcher, ressasser.** – ***Répéter de*** (+ infinitif). *Je vous ai répété cent fois de ne pas toucher à cet appareil.* – ***Répéter que*** (+ indicatif). *Il avait beau nous répéter qu'il ne risquait rien...* **2·** Exprimer, dire (ce qu'un autre a dit). *Je ne fais que répéter ses paroles.* → **citer.** *Répéter qqch. mot pour mot.* – Dire (ce qu'un autre a dit) en divulguant. → **rapporter.** *Ceci ne doit pas être répété. Je vous confie un secret, ne le répétez pas.* – Exprimer comme étant de soi (qqch. emprunté à qqn d'autre). *Il répète ce qu'il a entendu dire.* **3·** (Personnes) Recommencer (une action, un geste). *Répéter une expérience.* → **recommencer.** *Répéter les essais, les tentatives.* **4·** Redire ou refaire pour s'exercer, pour fixer dans sa mémoire. → **apprendre, repasser.** *Répéter un rôle.* – Sans compl. *Les comédiens sont en train de répéter* (→ **répétition**). **II·** ***Se répéter*** v. pron. **1·** (Personnes) Redire les mêmes choses sans nécessité. *Vous vous répétez !* **2·** Sens passif. (Suj. chose) Être répété ; se reproduire. *Que cet incident ne se répète pas !* ▶ **répété, ée** adj. Qui se produit en série. *Coups de tonnerre répétés.* – *Il a fait des tentatives répétées,* nombreuses et fréquentes. ▶ **répétiteur, trice** n. Personne qui explique à des élèves la leçon d'un professeur, les fait travailler. ▶ **répétitif, ive** adj. Qui se répète d'une manière régulière et monotone. *Un travail répétitif et ennuyeux.* ▶ **répétition** n. f. **1·** Le fait (pour un mot, une idée...) d'être dit, exprimé plusieurs fois. → **redite, redondance.** *La répétition d'un mot. Des répétitions inutiles.* – *La répétition d'un thème.* → **leitmotiv. 2·** Le fait de recommencer (une action, un processus). *La répétition d'un acte crée l'habitude.* – (D'un mécanisme) Loc. *Armes à répétition,* pouvant tirer plusieurs coups sans être rechargées. **3·** Le fait de répéter pour s'exercer. *La répétition d'un rôle, d'un numéro de cirque.* – Séance de travail pour mettre au point les divers éléments d'un spectacle. *Pièce en répétition. Répétition générale.* → ① **général** (2). **4·** Leçon particulière (→ **répétiteur**).

repeupler [Rəpœple] v. tr. <conjug. 1> Peupler de nouveau. *Les immigrants qui repeuplèrent ce pays.* – Regarnir (un lieu) d'animaux, de végétation. *Repeupler une forêt. Repeupler un étang* (de poissons). ▶ **repeuplement** n. m.

① **repiquer** [R(ə)pike] v. tr. <conjug. 1> **1·** Mettre en terre (des plants provenant de semis, de pépinière). → **replanter.** *Repiquer des salades.* **2·** Copier en faisant un nouvel enregistrement. *Repiquer un CD.* ▶ **repiquage** n. m. *Le repiquage du riz.* – *Le repiquage d'un enregistrement ancien.*

② **repiquer** v. tr. ind. <conjug. 1> Fam. ***Repiquer à*** *:* reprendre de (un plat), revenir à (une occupation).

répit [Repi] n. m. Arrêt d'une chose pénible, temps pendant lequel on cesse d'être menacé ou accablé par elle. → **repos.** *Je n'ai pas un instant de répit.* – ***Sans répit*** *:* sans arrêt, sans cesse. *Au-dessus de nos têtes, des avions passaient sans répit. Travailler sans répit.*

replacer [R(ə)plase] v. tr. <conjug. 3> Remettre en place, à sa place. → **ranger.** *Replacer un bijou dans un écrin, dans un coffret. Replacer une histoire dans son cadre, dans son époque.*

replanter [R(ə)plɑ̃te] v. tr. <conjug. 1> **1·** Planter de nouveau dans une autre terre. → **repiquer. 2·** Repeupler de végétaux. *Replanter une forêt en chênes.*

replâtrer [R(ə)plɑtRe] v. tr. <conjug. 1> **1·** Plâtrer de nouveau ; reboucher avec du plâtre. *Replâtrer* *un mur, une fissure.* **2·** Fam. Réparer ou remanier d'une manière superficielle, maladroite (une œuvre humaine). *Replâtrer un manuel.* – Au p. p. adj. *Une amitié replâtrée.* ▶ **replâtrage** n. m. Fam. Arrangement sommaire. – *Replâtrage ministériel,* remaniement sommaire, avec une nouvelle distribution des portefeuilles. – Réconciliation fragile (d'un couple).

replet, ète [ʀəplɛ, ɛt] adj. Qui est bien en chair, qui a assez d'embonpoint. → **dodu, grassouillet.** *Une petite fille replète. Visage replet.*

réplication [ʀeplikɑsjɔ̃] n. f. Phénomène physiologique par lequel le matériel génétique (d'une cellule) se dédouble, avant la division.

① **replier** [ʀ(ə)plije] v. tr. < conjug. 7 > **1·** Plier de nouveau (ce qui avait été déplié). *Replier un journal.* **2·** Ramener en pliant (ce qui a été étendu, déployé). *L'oiseau replie ses ailes.* – Au p. p. adj. *Il dort les jambes repliées.* ▶ ① **repli** n. m. **1·** Pli qui se répète (d'une étoffe, d'un drapé). *Les replis de rideaux de fenêtres.* – *Les replis de l'intestin. Plis et replis d'un double menton.* **2·** Abstrait. Partie dissimulée, secrète. *Les replis du cœur, de la conscience.*

② **replier** v. tr. < conjug. 7 > **1·** Ramener en arrière, en bon ordre (une troupe en contact avec l'ennemi). *Replier son armée.* **2·** ***Se replier*** v. pron. réfl. : reculer en bon ordre. *Ordre aux troupes de se replier.* – Abstrait. *Se replier sur soi-même,* rentrer en soi-même, s'isoler de l'extérieur. → **se renfermer.** ▶ ② **repli** n. m. (Troupes) Action de se replier. → **recul.** *Repli stratégique* (euphémisme pour *retraite*).

① **réplique** [ʀeplik] n. f. **1·** En art. Nouvel exemplaire (d'une œuvre), anciennement exécuté dans la tradition de l'original. *Les répliques romaines des statues grecques.* → **copie.** **2·** Chose ou personne qui semble être le double d'une autre. → **sosie.** *C'est une vivante réplique de son frère.*

répliquer [ʀeplike] v. < conjug. 1 > **1·** V. tr. dir. ***Répliquer*** *qqch.* ***à*** *qqn* : répondre à qqn par une réplique. *Que pouvais-je lui répliquer ? Je lui ai répliqué qu'il mentait.* **2·** V. tr. ind. ***Répliquer à*** : répondre avec vivacité, en s'opposant à. *Répliquer à une critique.* **3·** V. intr. Répondre avec impertinence. *Je te défends de répliquer !* – Riposter. *Il a répliqué par un direct du gauche.* ▶ ② **réplique** n. f. **1·** Réponse vive, marquant une opposition. → **riposte.** – Objection. *Des arguments sans réplique. Obéissez sans réplique,* sans protestation ni discussion. **2·** Ce qu'un acteur doit dire en réponse aux paroles qui lui sont adressées ; chaque élément du dialogue. *Oublier une réplique.* **3·** Loc. ***Donner la réplique*** *à qqn* : lire, réciter un rôle pour permettre à un acteur de dire le sien. – *Se donner la réplique,* se répondre, discuter.

replonger [ʀ(ə)plɔ̃ʒe] v. tr. < conjug. 3 > Plonger de nouveau (qqch.). *Replonger qqch. dans un liquide ; un pays dans l'anarchie.* – Pronominalement (réfl.). *Il s'est replongé dans sa lecture. Se replonger dans l'atmosphère familiale.* → **se retremper.**

répondant, ante [ʀepɔ̃dɑ̃, ɑ̃t] n. Personne qui donne une garantie pour qqn. → **caution, garant.** *Servir de répondant à qqn.* – Fam. *Avoir du répondant,* de l'argent derrière soi.

répondeur [ʀepɔ̃dœʀ] n. m. Appareil capable de répondre, au moyen d'un enregistrement sur cassette, à un appel téléphonique en cas de non-réponse du destinataire, et d'enregistrer un message du demandeur (*répondeur-enregistreur*).

① **répondre** [ʀepɔ̃dʀ] v. tr. dir. et ind. < conjug. 41 > **I·** ***Répondre à*** *qqn* (verbalement ou par écrit) : faire connaître en retour sa pensée (à celui qui s'adresse au sujet). *Répondez-moi par oui ou par non. Répondez-moi franchement. Répondre sèchement, distraitement. Répondre par un sourire.* – (En s'opposant) → **répliquer, riposter.** *Il répond à son père.* **II·** ***Répondre à*** *qqch.* **1·** *Répondre à une question, à une lettre.* – (En se défendant) *Répondre à des objections, à des attaques.* **2·** (Suj. chose) Se faire entendre tout de suite après. *Bruit auquel répond l'écho.* – Pronominalement (récipr.). *Les chants des oiseaux se répondent dans la forêt.* **3·** Réagir (à un appel). *Nous avons sonné, personne n'a répondu. Ça ne répond pas* (au téléphone). *Répondre au nom de Jean,* avoir pour nom Jean. **III·** ***Répondre*** *qqch.* ***à*** *qqn* : dire ou écrire (à celui qui s'adresse à vous). *Et que lui répondrez-vous ? Il ne savait que répondre.* « *C'est ta faute* » *répondit-il.* Fam. *Bien répondu ! Répondre présent à l'appel* (soldat, élève). – ***Répondre que*** (+ indicatif), ***de*** (+ infinitif). → **dire, rétorquer.** *Je vais lui répondre que je ne peux pas venir. Il m'a répondu de faire ce que je voulais.* ▷ **répondeur, répons, réponse**

② **répondre** v. tr. ind. < conjug. 41 > **I·** ***Répondre à.*** **1·** (Choses) Être en accord avec, conforme à (une chose). → **correspondre.** *Sa voix répondait à sa physionomie. Cette politique répond à un besoin.* **2·** (Personnes) Réagir par un certain comportement à... *Répondre à la force par la force.* – *Répondre à un salut.* → **rendre.** *Répondre aux avances de qqn.* **3·** (Choses) Produire les effets attendus, après une stimulation. *L'organisme répond aux excitations extérieures.* – Sans compl. *Des freins qui répondent bien.* **II·** (Personnes) ***Répondre de.*** **1·** S'engager en faveur de (qqn) envers un tiers. *Je réponds de lui* (→ **répondant**).

2· Se porter garant de (qqch.). *Répondre de l'innocence de qqn. Je ne réponds pas des dettes de ma femme. Je ne réponds pas de pouvoir maintenir l'ordre.* **3·** S'engager en affirmant. → **assurer, garantir.** *Je ne réponds de rien,* je ne vous garantis rien. Fam. *Je vous en réponds* (renforce une affirmation). – *Je vous réponds que ça ne se passera pas comme cela !* ▷ **répondant**

répons [ʀepɔ̃] n. m. invar. Chant liturgique exécuté par un soliste et répété par le chœur (en réponse).

réponse [ʀepɔ̃s] n. f. **I· 1·** Action de répondre (verbalement ou par écrit) ; son résultat. *Vous devez me donner, me faire une réponse avant lundi. Obtenir, recevoir une réponse. Notre demande est restée sans réponse. Réponse affirmative* (oui), *négative* (non). *Réponse de Normand,* équivoque (ni oui ni non). *En réponse à votre lettre du 20 mai.* – Loc. ***Avoir réponse à tout*** : avoir de la repartie ; faire face à toutes les situations. **2·** Solution apportée à une question par le raisonnement. *Noter les réponses d'un élève.* **3·** Réfutation qu'on oppose aux attaques, aux critiques de qqn. – ***Droit de réponse*** : droit de faire insérer une réponse dans un journal. **II· 1·** Riposte. *Ce sera ma réponse à ses manœuvres.* **2·** Réaction à un appel. *J'ai sonné, mais pas de réponse.* **3·** En sciences. Réaction à une excitation, à une stimulation. *Réponse musculaire.* → **réflexe.**

report [ʀ(ə)pɔʀ] n. m. **1·** Le fait de reporter, de renvoyer à plus tard. → **ajournement, renvoi.** *Le report de la date d'ouverture du congrès.* **2·** Le fait de reporter ailleurs, sur un autre document. *Report d'écritures.* – Opération qui consiste à reporter un total en haut d'une nouvelle colonne. *Faire un report. Report à nouveau.*

reportage [ʀ(ə)pɔʀtaʒ] n. m. **1·** Article ou ensemble d'articles où un(e) journaliste relate de manière vivante ce qu'il (elle) a vu et entendu. *Faire un reportage.* – (Par l'image) *Reportage télévisé.* **2·** Le métier de reporter ; le genre journalistique qui s'y rapporte. *Il a débuté dans le reportage.* ▶ ① **reporter** [ʀ(ə)pɔʀtɛʀ] n. m. Journaliste spécialisé(e) dans le reportage. *Des reporters photographes. Elle est grand reporter.* ▷ **photoreportage**

② **reporter** [ʀ(ə)pɔʀte] v. tr. < conjug. 1 > **I·** Porter (une chose) à l'endroit où elle se trouvait. → **rapporter.** *Je vais reporter la malle au grenier.* **II·** Porter plus loin ou ailleurs (espace ou temps). **1·** Faire un report (2). *Reporter le solde d'un compte.* **2·** Renvoyer à plus tard. → **différer, remettre.** *Il a reporté son voyage. La cérémonie a été reportée.* **3·** ***Reporter sur*** : appliquer à une chose ou à une personne (ce qui revenait à une autre). *J'ai reporté sur lui l'affection que j'avais pour vous. Reporter ses voix sur un autre candidat.* – Miser (un gain sur un nouveau numéro, un nouveau cheval). **4·** ***Se reporter*** v. pron. réfl. : revenir en esprit (à une époque antérieure). *Il faut se reporter à l'époque pour bien comprendre cette œuvre.* – Se référer (à qqch.). *Se reporter au texte d'une loi.*

repos [ʀ(ə)po] n. m. invar. **1·** Le fait de se reposer, l'état d'une personne qui se repose ; le temps pendant lequel on se repose. *Prendre du repos, un jour de repos. Maison de repos,* clinique où des gens malades, surmenés se reposent. **2·** L'une des positions militaires réglementaires ; commandement ordonnant cette position. *Garde à vous !... Repos !* **3·** Loc. ***En repos*** : dans l'inaction. *Ne pas pouvoir rester en repos,* tranquille. – ***Au repos*** : immobile. *Animal au repos.* **4·** État d'une personne que rien ne vient troubler, déranger. → **paix, tranquillité.** *Ne pas pouvoir trouver le repos. Laissez-moi en repos.* – ***De tout repos*** : sûr, assuré. *C'est une situation, une affaire de tout repos. Ce n'est pas de tout repos.* **5·** Moment de calme (dans les événements, la nature, etc.). → **accalmie, détente, répit. 6·** Littér. *Le repos de la mort.* – Relig. *Le repos éternel,* l'état de béatitude des âmes qui sont au ciel.

① **reposer** [ʀ(ə)poze] v. < conjug. 1 > **I·** V. intr. **1·** Littér. Rester immobile ou allongé de manière à se délasser. REM. *Se reposer* (III) est plus courant. *Il ne dort pas, il repose.* – (Suj. chose) *Tout reposait dans la ville.* → **dormir. 2·** Être étendu mort. – Être enterré (à tel endroit). *Ici repose...* → **ci-gît.** *Qu'il repose en paix !* **3·** ***Reposer sur*** : être établi sur (un support), être fondé sur. *Statue qui repose sur un piédestal. La tour Eiffel repose sur quatre piliers.* – Abstrait. *Cette affirmation ne repose sur rien.* **4·** *Laisser reposer un liquide,* le laisser immobile afin qu'il se clarifie. *Laisser reposer la pâte,* cesser de la travailler. **II·** V. tr. **1·** Mettre dans une position qui délasse ; appuyer (sur). *Reposer sa tête sur un oreiller, sur l'épaule de qqn.* **2·** Délasser (le corps, l'esprit). *Cette lumière douce repose la vue.* – Sans compl. *Ça repose.* → **reposant. III·** ***Se reposer*** v. pron. réfl. **1·** Cesser de se livrer à une activité fatigante. → se **délasser,** se **détendre.** *Laissez-moi un peu me reposer.* → **souffler. 2·** *Laisser (se) reposer la terre,* la laisser en jachère. **3·** ***Se reposer sur qqn*** : faire confiance à (une personne), se décharger sur elle d'un travail. → **compter** sur. *Il se repose entièrement sur moi.* ▶ **reposant, ante** adj. Qui repose. → **délassant.** *Des vacances reposantes.* /contr. fatigant/ ▶ **reposé, ée** adj. **1·** Qui s'est reposé, qui est frais. – *Visage reposé.* **2·** Qui est dans un état de calme, de repos. – Loc. adv. ***À tête reposée*** : à loisir, en prenant le temps de réfléchir. *Prendre une décision à tête reposée.* ▶ **repose-** Premier élément de composés désignant des objets où l'on peut poser qqch. *Des repose-pieds. Des repose-têtes.* ▷ **repos, reposoir**

② **reposer** v. tr. < conjug. 1 > **1·** Poser de nouveau (ce qu'on a soulevé). *Il reposa à terre la caisse qu'il portait sur les épaules. Il reposa son verre bruyamment.* – *Reposez arme !,* commandement militaire. **2·** Poser de nouveau (ce qu'on a enlevé) ; remettre en place. **3·** Poser de nouveau (une question). – Pronominalement. *Le problème se repose dans les mêmes termes.*

repositionnable [ʀ(ə)pɔzisjɔnabl] adj. Anglic. *Adhésif repositionnable,* que l'on peut coller et décoller à plusieurs reprises.

reposoir [ʀ(ə)pozwaʀ] n. m. Support en forme d'autel sur lequel le prêtre dépose (fait *reposer*) le saint sacrement au cours d'une procession.

① **repousser** [ʀ(ə)puse] v. tr. < conjug. 1 > **I· 1·** Pousser (qqn) en arrière, faire reculer loin de soi. → **écarter, éloigner.** *Il l'a repoussé d'une bourrade contre le mur. Repousser l'ennemi, les attaques.* **2·** Ne pas accueillir, ou accueillir mal. → **éconduire, rabrouer.** *Repousser qqn avec dédain.* **3·** Pousser (qqch.) en arrière ou en sens contraire. *Repousser les objets qui encombrent la table.* – Pronominalement (récipr.). *Les corps électrisés s'attirent ou se repoussent.* **4·** Refuser d'accepter (qqch.), de céder à (qqn). → **rejeter.** *Repousser les offres de qqn.* → **décliner. 5·** Faire reculer (par un sentiment de répulsion*). *Cette odeur m'a repoussé* (→ **repoussant**). **II·** Remettre à plus tard. → **différer.** *Voulez-vous que nous repoussions le rendez-vous ?* ▶ **repoussant, ante** adj. Qui inspire la répulsion. → **dégoûtant, répugnant.** *Il est d'une laideur repoussante, il est repoussant. Il est repoussant de saleté. Un personnage laid, malpropre et repoussant.* ▶ **repoussé** adj. m. *Cuir, métal repoussé,* travaillé pour y faire apparaître des reliefs. ▷ **repoussoir**

② **repousser** v. intr. < conjug. 1 > Pousser de nouveau. *Les feuilles repoussent. Laisser repousser sa barbe.*

repoussoir [ʀ(ə)puswaʀ] n. m. Chose ou personne qui en fait valoir une autre par contraste. *Servir de repoussoir à qqn.* – Fam. *C'est un vrai repoussoir,* se dit d'une personne laide ou sale.

répréhensible [ʀepʀeɑ̃sibl] adj. (Actions) Qui mérite d'être blâmé, repris ②. → **blâmable, condamnable ;** ② **reprendre.** *Actes, conduites répréhensibles.*

① **reprendre** [ʀ(ə)pʀɑ̃dʀ] v. < conjug. 58 > **I·** V. tr. **1·** Prendre de nouveau (ce qu'on a cessé d'avoir ou d'utiliser). *Reprendre ses instruments de travail après la pause. Reprendre sa (la) route. Reprendre courage, confiance.* – Loc. *Reprendre ses esprits.* → **revenir** à soi. *Reprendre son souffle. Reprendre baleine,* se reposer un instant. – Prendre (qqn, qqch. qu'on avait laissé temporairement quelque part). *Il a repris son vélo et il a filé.* **2·** Prendre à nouveau (ce qu'on avait donné ou perdu). *Reprenez votre livre, je n'en ai plus besoin. Il a repris sa liberté.* – *Reprendre des forces.* **3·** Prendre et rembourser le prix de (ce qui a été vendu). *Cet article ne peut être ni échangé ni repris.* – Racheter d'occasion. *Le garagiste m'a repris ma vieille voiture.* **4·** ***Reprendre de*** *qqch.* : en prendre une seconde fois. *Reprendre d'un plat. Je reprendrai bien du café.* **5·** Prendre de nouveau (qqn qu'on avait abandonné ou laissé échapper). *Le prisonnier évadé a été repris, la police l'a repris.* – Loc. *On ne m'y reprendra plus,* je ne me laisserai plus prendre, tromper. – *Que je ne vous y reprenne pas !* (menace), ne recommencez pas. – (Suj. chose) *Mon rhumatisme m'a repris. Voilà que ça le reprend !* **6·** Recommencer après une interruption. → se **remettre** à. *Reprendre un travail, la lutte. Reprendre ses études. Reprendre une pièce,* la jouer de nouveau. – (Suj. chose) *La vie reprend son cours.* **7·** Prendre de nouveau la parole pour dire (qqch.). *Il reprit d'une voix sourde... ; «oui», reprit-il.* – Redire, répéter. *Reprendre un refrain en chœur. Reprenons l'histoire depuis le début.* **8·** Remettre la main à (qqch.) pour améliorer. *Reprendre un article,* le corriger, le refaire. → **remanier. 9·** Adopter de nouveau en adaptant. *Reprendre un programme.* – Prendre la direction de (une entreprise) pour continuer l'activité. *Il a repris la scierie fondée par son père.* → **repreneur. II·** V. intr. **1·** Reprendre vie, vigueur (après un temps d'arrêt, de faiblesse). *Le petit a bien repris. Les affaires reprennent.* **2·** Recommencer. *Les cours reprendront à telle date. La pluie reprit de plus belle.* **III·** ***Se reprendre*** v. pron. **1·** Se ressaisir en retrouvant la maîtrise de soi ou en corrigeant ses erreurs. – Rectifier ce qu'on a dit. *Elle a dit une énormité, mais elle s'est vite reprise.* **2·** *S'y reprendre à deux fois, à plusieurs fois,* recommencer. *On se reprend à espérer,* on se remet à... ▶ **repreneur, euse** n. Personne qui reprend, rachète une entreprise. ▷ **reprise**

② **reprendre** v. tr. < conjug. 58 > Littér. *Reprendre qqn,* lui faire une observation sur une erreur ou une faute commise. → **critiquer, réprimander.** *Il s'est souvent fait reprendre.* – *Reprendre qqch.* → **blâmer, condamner.** *Il n'y a rien à reprendre à sa conduite. Cela mérite d'être repris.* → **répréhensible.** ▷ **repris de justice**

représailles [R(ə)pRezaj] n. f. pl. **1·** Mesures de violence prises par un État pour répondre à un acte jugé illicite d'un autre État. – Loc. *Par, en représailles*, en guise de représailles. **2·** Se dit de toute riposte individuelle à un mauvais procédé. *Exercer des représailles contre qqn.* → **se venger.**

représenter [R(ə)pRezɑ̃te] v. tr. < conjug. 1 > **I· 1·** Présenter à l'esprit (un objet absent ou une chose abstraite) au moyen d'un autre objet (signe) qui lui correspond. → **évoquer, exprimer.** *Le glaive représente la guerre.* → **symboliser.** – (En parlant du signe lui-même) *La monnaie représente la valeur des biens.* **2·** Évoquer par un procédé graphique, plastique. → **dessiner, figurer, peindre.** *Représenter un objet, un paysage.* – (En parlant de l'image) *Ce tableau représente des ruines.* **3·** Faire apparaître, à l'esprit, par le moyen du langage. → **décrire, dépeindre.** *Représenter les faits dans toute leur complexité.* **4·** Rendre présent à l'esprit, à la conscience (un objet qui n'est pas perçu directement). *Ce que représente un mot.* – ***Se représenter*** *qqch.* : former dans son esprit (l'image d'une réalité absente), évoquer (une réalité passée). → **concevoir, s'imaginer.** *Je me représente mal cette situation. Représentez-vous ma surprise.* **5·** Présenter (une chose) à l'esprit par simple association d'idées, être un bon exemple de. → **évoquer, symboliser.** *Il représente pour moi la société d'avant-guerre. Ce film représente un tournant dans l'histoire du cinéma.* – (Choses équivalentes) → **constituer.** *L'épargne représente une privation. Cela représente plus d'un million.* **6·** Montrer (une action) à un public par des moyens scéniques. *Troupe qui représente une pièce.* → **interpréter, jouer. 7·** V. intr. Littér. Donner à autrui une impression d'importance par son maintien, son comportement social. → en **imposer.** *Elle représente bien.* → **présenter** bien. **II·** V. tr. **1·** Tenir la place de (qqn), agir en son nom, en vertu d'un droit, d'une charge qu'on a reçu(e). *Le ministre s'était fait représenter.* **2·** Être représentant de. *Il représente diverses compagnies d'assurances.* **III· 1·** Présenter (I, 2) de nouveau. *Le parti représente le même candidat.* **2·** ***Se représenter*** v. pron. *Se représenter à un examen.* – (Choses) *Si l'occasion se représente.* ▶ **représentant, ante** n. **I· 1·** Personne qui représente qqn et agit en son nom. → **agent, délégué, mandataire.** *La mission d'un représentant, d'une représentante.* **2·** Personne désignée par un groupe, une société, etc., pour agir en son nom. *Le représentant d'un syndicat.* – Personne élue par le peuple pour le représenter. → **député. 3·** Personne désignée pour représenter un État, un gouvernement, auprès d'un autre (→ **ambassadeur, consul...**). *Le représentant de la France a fait valoir que...* **4·** Personne qui représente une ou plusieurs maisons de commerce. → **voyageur** de commerce ; **V. R. P.** *Il est représentant de commerce. Une représentante en pharmacie.* **II·** Personne, animal, chose que l'on considère comme type (d'une classe, d'une catégorie). *L'un des meilleurs représentants de l'école expressionniste.* ▶ **représentatif, ive** adj. **1·** Qui représente, rend sensible (qqch. d'autre). *Emblème représentatif d'une idée.* **2·** Qui concerne, assure la représentation du peuple, d'un groupe... par des élus. *Assemblée représentative. Le système représentatif.* → **parlementaire. 3·** Propre à représenter (une classe, un ensemble de personnes), qui représente bien. → **typique.** *Un garçon représentatif de la jeune génération.* ▶ **représentativité** n. f. Didact. Caractère représentatif (2, 3). ▶ **représentation** n. f. **I· 1·** Le fait de rendre sensible (un objet absent ou un concept) au moyen d'une image, d'un signe, etc. – Action de représenter (la réalité extérieure) dans les arts plastiques ; l'image, le signe qui représente. *Une représentation réaliste, stylisée...* **2·** En psychologie. Processus par lequel une image est présentée aux sens. → **perception. 3·** Le fait de représenter une pièce en public. → **spectacle.** *Donner des représentations. Première représentation après la répétition générale.* → **première. II·** Train de vie auquel certaines personnes sont tenues, en raison de leur situation. *Allocation pour frais de représentation.* **III· 1·** Le fait de représenter (le peuple, la nation), dans l'exercice du pouvoir. → **délégation, mandat.** – Ceux qui représentent le peuple. → **représentant(s).** *La représentation nationale.* **2·** Métier de représentant de commerce. *Faire de la représentation.*

répression [RepResjɔ̃] n. f. **1·** Action de réprimer. → **châtiment, punition.** *La répression d'un crime, des agressions.* **2·** Le fait d'arrêter par la violence un mouvement de révolte collectif. *Police, troupes chargées de la répression.* ▶ **répressif, ive** adj. Qui réprime, sert à réprimer. *Loi répressive.*

réprimande [RepRimɑ̃d] n. f. Blâme adressé avec sévérité. → **observation, remontrance, reproche.** *Faire une réprimande à un enfant.* ▶ **réprimander** v. tr. < conjug. 1 > Faire des réprimandes à (qqn). → **blâmer.** *Son père le réprimanda sévèrement.*

réprimer [RepRime] v. tr. < conjug. 1 > **1·** Empêcher (un sentiment, une tendance) de se développer, de s'exprimer. → **contenir, refréner.** *Réprimer sa colère, son envie.* **2·** Empêcher (une chose dangereuse pour la société) de se manifester, de se développer. → **châtier, punir.** *Réprimer des abus. La révolte a été durement réprimée. Réprimer une insurrection.* ▷ **irrépressible, répression, réprimande**

repris, ise Participe passé du verbe *reprendre.*

repris de justice [R(ə)pRidʒystis] n. m. invar. Individu qui a été précédemment l'objet d'une ou de plusieurs condamnations pour infraction à la loi pénale. → **récidiviste.** *Des repris de justice.*

1 **reprise** [R(ə)pRiz] n. f. **I**· **1**· Action de prendre (ce qu'on avait laissé, donné...). **2**· Action de faire de nouveau après une interruption ; résultat de cette action. *La reprise des hostilités. La reprise des cours.* – *Reprise d'une pièce de théâtre,* le fait de la jouer de nouveau. – Loc. *À deux, trois..., plusieurs, maintes **reprises**.* → **fois. 3**· Chaque partie (d'une action qui se déroule en plusieurs fois : leçon d'équitation, assaut d'escrime, match de boxe...). *Combat en trois reprises.* → **round. 4**· (Automobile, moteur) Accélération après un ralentissement. *Ta voiture a de bonnes reprises.* **5**· Objets mobiliers rachetés ou somme d'argent équivalente versée pour succéder au locataire d'un appartement. *Payer une grosse reprise.* **II**· Le fait de prendre un nouvel essor après un moment de crise. *La reprise des affaires.*

2 **reprise** n. f. Raccommodage d'un tissu dont on cherche à reconstituer le tissage. *Faire des reprises à un pantalon.* ▶ **repriser** v. tr. < conjug. 1 > Raccommoder en faisant une ou plusieurs reprises. *Repriser des chaussettes.* – Au p. p. *Des chaussettes toutes reprisées.* – Sans compl. *Aiguille à repriser.*

réprobation [RepRɔbasjɔ̃] n. f. Désapprobation vive, sévère ; fait d'être réprouvé*. → **condamnation.** *Encourir la réprobation de ses amis.* ▶ **réprobateur, trice** adj. Qui exprime la réprobation. *Ton, regard réprobateur.*

reprocher [R(ə)pRɔʃe] v. tr. < conjug. 1 > *Reprocher qqch. à qqn,* blâmer qqn pour une chose dont on le tient pour coupable ou responsable. *On lui reproche sa désinvolture. Je ne vous reproche rien,* se dit pour atténuer une observation qui pourrait passer pour un reproche. – (Avec *de* + infinitif) *Elle lui reproche de s'être laissé impressionner, d'avoir laissé passer l'occasion.* – ***Se reprocher** qqch.* : se considérer comme responsable de qqch. *Il n'a rien à se reprocher. Je me reproche d'avoir manqué de courage.* – (Avec un compl. de chose) *Ce que je reproche à cette théorie, c'est sa banalité.* ▶ **reproche** n. m. **1**· Blâme formulé pour inspirer la honte ou le regret. → **remontrance, réprimande ; observation, remarque.** *Faire des reproches à qqn. Il nous a adressé de vifs reproches. Accabler (qqn) de reproches.* – ***Sans reproche*** : à qui on ne peut adresser de reproches. → **irréprochable.** *Une vie sans reproche. Le chevalier sans peur et sans reproche,* surnom de Bayard. – Loc. adv. Sans prétendre faire de reproches. *Soit dit sans reproche.* **2**· Littér. *Être un vivant reproche (pour qqn),* se dit d'une chose, d'une personne qui a l'air de reprocher à qqn sa conduite. ▷ **irréprochable**

reproduire [R(ə)pRɔdɥiR] v. tr. < conjug. 38 > **I**· **1**· Répéter, rendre fidèlement (qqch.). → **imiter, représenter.** *Un récit qui reproduit la réalité. Ce portrait ne reproduit pas l'impression que fait l'original.* **2**· Faire qu'une chose déjà produite paraisse de nouveau ; faire exister, par un procédé technique approprié, des choses semblables à (un modèle). → **copier.** *Reproduire un dessin, un texte à des milliers d'exemplaires.* **3**· Constituer une image de. *Les objets qui reproduisent un modèle.* **II**· ***Se reproduire*** v. pron. réfl. **1**· Produire des êtres vivants semblables à soi-même, par la génération. → se **multiplier, proliférer.** *Les insectes se reproduisent très rapidement.* **2**· Se produire de nouveau. → **recommencer.** *Veillez à ce que cela ne se reproduise plus.* ▶ **reproducteur, trice** adj. Qui sert à la reproduction (animale, végétale). *Organes reproducteurs.* ▶ **reproduction** [R(ə)pRɔdyksjɔ̃] n. f. **I**· Fonction par laquelle les êtres vivants se reproduisent ; action de se reproduire. *Reproduction asexuée, sexuée.* **II**· **1**· Action de reproduire fidèlement (une chose existante) ; ce qui est ainsi reproduit. *La reproduction de l'image, du son. La reproduction de documents par la photocopie. Procédés de reproduction* (numérisation, reprographie...). *Reproduction illicite.* → **piratage.** – Image obtenue à partir d'un original. *Une excellente reproduction.* **2**· Nouvelle publication (d'un texte). *La reproduction d'un article dans un recueil.* – Copie (d'un écrit, d'un objet). *Reproduction interdite.*

reprographie [R(ə)pRɔgRafi] n. f. Ensemble des procédés de reproduction des documents écrits sur papier. *Numérisation et reprographie.* ▶ **reprographier** v. tr. < conjug. 7 > ▶ **reprographique** adj.

réprouver [RepRuve] v. tr. < conjug. 1 > **1**· Rejeter en condamnant (qqch., qqn). → **blâmer, désapprouver.** *Action de réprouver.* → **réprobation.** / contr. approuver / *Ceux que la société réprouve.* – *Réprouver l'attitude de qqn.* **2**· Rejeter et destiner aux peines éternelles. → **maudire.** ▶ **réprouvé, ée** n. Personne rejetée par la société. *Vivre en réprouvé.* – Personne rejetée par Dieu. → **damné.**

reps [Rɛps] n. m. invar. Tissu d'ameublement en grosse toile.

reptation [Rɛptasjɔ̃] n. f. (Animaux, reptiles...) Mode de locomotion dans lequel le corps progresse sur sa face ventrale, par des mouvements d'ensemble (→ **ramper**).

reptile [ʀɛptil] n. m. **1·** *Un reptile :* un serpent (qui rampe → **reptation**). **2·** N. m. pl. *Les reptiles :* classe d'animaux vertébrés, à peau couverte d'écailles (serpents, lézards, tortues...). *Les reptiles actuels sont des représentants d'un groupe d'animaux plus important (reptiles fossiles de l'ère secondaire, dinosaures, etc.).*

repu, ue [ʀəpy] adj. (→ **repaître**) Qui a mangé à satiété. → **rassasié.** *Les fauves repus s'endormirent.*

républicain, aine [ʀepyblikɛ̃, ɛn] adj. et n. **1·** Qui est partisan de la république. *Un journal républicain interdit dans une dictature.* – N. *Des républicains convaincus.* **2·** Relatif à une république ; de la république. *Constitution républicaine.*

république [ʀepyblik] n. f. Forme de gouvernement où le chef de l'État → **président** n'est pas seul à détenir le pouvoir qui n'est pas héréditaire. *République démocratique, populaire, socialiste.* – Fam. *On est en république !*, se dit pour protester contre une interdiction, une contrainte. – ***La République française,*** le régime politique français actuel ; la France sous ce régime. – État qui est en république. *Les républiques de la Grèce antique. La république populaire de Chine.*

répudier [ʀepydje] v. tr. < conjug. 7 > **1·** Dans certaines civilisations. Renvoyer (sa femme) en rompant le mariage selon les formes fixées par la loi et de manière unilatérale. **2·** Littér. Rejeter, repousser (un sentiment, une idée, etc.). *Répudier ses engagements.* → **renier.** ▶ **répudiation** n. f. *La répudiation d'une épouse.*

répugner [ʀepyɲe] v. tr. < conjug. 1 > **I·** V. tr. ind. ***Répugner à.*** **1·** Littér. Éprouver de la répugnance pour (qqch.). *Il ne répugnait pas à cette perspective, à admettre cette perspective.* **2·** Inspirer de la répugnance à (qqn) ; faire horreur. *Cette nourriture lui répugne.* → **dégoûter.** *Ce type me répugne !* **II·** V. tr. dir. Rare. Dégoûter, rebuter (qqn). *La puanteur répugnait tout le monde.* ▶ **répugnance** n. f. **1·** Vive sensation d'écœurement que provoque une chose dont on ne peut supporter la vue, l'odeur, le contact. → **répulsion.** *Il a une véritable répugnance pour le lait.* **2·** Abstrait. Vif sentiment de mépris, de dégoût qui fait qu'on évite (qqn, qqch.). → **horreur.** *Avoir une grande répugnance pour le mensonge.* – Manque d'enthousiasme ou difficulté psychologique (à faire qqch.). *Éprouver une invincible répugnance à faire, à dire qqch.* ▶ **répugnant, ante** adj. **1·** Qui inspire de la répugnance physique. → **dégoûtant, écœurant, repoussant.** *Une maison d'une saleté répugnante. Une laideur répugnante. Il fait un travail répugnant.* **2·** (Au moral) Abject, ignoble. *Un individu répugnant.*

répulsion [ʀepylsjɔ̃] n. f. Répugnance* physique ou morale à l'égard d'une chose ou d'un être qu'on repousse. → **dégoût, écœurement.** *Elle éprouve une répulsion irrésistible à l'égard des, pour les serpents.* ▶ **répulsif, ive** adj. Qui inspire de la répulsion. → **repoussant.** *Une odeur répulsive.* / contr. attirant /

réputer [ʀepyte] v. tr. < conjug. 1 > **1·** Littér. (+ attribut) Tenir pour, considérer comme. *On le répute excellent nageur.* **2·** ***(Être) réputé, ée :*** avoir la réputation de, passer pour. *Des terres réputées incultes.* – (Avec *pour* et le v. *être*) *Il est réputé pour être intelligent,* on le dit intelligent. ▶ **réputation** n. f. **1·** Le fait d'être honorablement connu du point de vue moral. *Nuire à la réputation de qqn. Perdre qqn de réputation,* le, la déshonorer. – *La réputation d'une femme,* son honneur. **2·** Le fait d'être connu, célèbre. → **renommée** (plus fort). *Il doit soutenir sa réputation. La réputation d'une entreprise. Son dernier livre consacra sa réputation.* → **renom. 3·** Le fait d'être connu (honorablement ou fâcheusement). *Avoir bonne, mauvaise réputation. Connaître qqn de réputation,* pour en avoir entendu parler (et ne pas le connaître personnellement). **4·** ***Réputation de :*** fait d'être considéré comme..., de passer pour... *Une réputation d'homme d'esprit. On lui fait une réputation de tricheur.* ▶ **réputé, ée** adj. Qui jouit d'une grande réputation. → **célèbre, connu, fameux.** *Un vin réputé.* – *Réputé pour,* bien connu en raison de. *Une ville réputée pour ses musées.*

requérir [ʀəkeʀiʀ] v. tr. < conjug. 21 > **1·** Littér. Demander, solliciter (une chose abstraite). *Requérir l'aide de qqn.* **2·** En droit. Réclamer au nom de la loi (→ **réquisitoire**). *Le procureur requiert la peine de mort pour l'accusé.* **3·** Littér. (Suj. chose) Demander, réclamer. *Ce travail requiert toute notre attention. La vendange requiert tous les bras.* ▶ **requérant, ante** adj. En droit. Qui réclame en justice. *La partie requérante.* ▶ **requête** n. f. **1·** Littér. Demande instante, verbale ou écrite. → **prière.** *Présenter, adresser une requête à qqn. Requête pour obtenir une faveur.* – *À, sur la requête de,* à la demande de. **2·** En droit. Demande écrite présentée sous certaines formes juridiques. *Requête en cassation, soumise à la Chambre des requêtes. Citations faites à la requête du ministère public.* **3·** En informatique. Demande envoyée à une base de données pour en extraire des informations. ▶ **requis, ise** adj. et n. m. **1·** Demandé, exigé comme nécessaire. → **prescrit.** *Satisfaire aux conditions requises. Avoir tout juste l'âge requis.* **2·** N. m. Civil mobilisé pour un travail, par réquisition. *Les requis du travail obligatoire* (pendant l'Occupation). ▷ **réquisition, réquisitoire**

requiem [rekɥijɛm] n. m. invar. **1**· Prière, chant pour les morts, dans la liturgie catholique. *Messe de requiem*, pour le repos de l'âme d'un mort. **2**· Partie de la messe des morts mise en musique. *Les requiem de Mozart, Verdi, Fauré, Brahms.*

requin [ʀ(ə)kɛ̃] n. m. **1**· Poisson du type squale, de grande taille, très fort et très vorace. *Le requin blanc est dangereux pour l'homme.* **2**· Personne cupide et impitoyable en affaires. *Les requins de la finance.*

requinquer [ʀ(ə)kɛ̃ke] v. tr. < conjug. 1 > Fam. Redonner des forces, de l'entrain. *Ces vitamines vont te requinquer.* → **remonter.** – ***Se requinquer*** v. pron. réfl. : reprendre des forces, retrouver sa forme. *Elle s'est bien requinquée.*

réquisition [ʀekizisjɔ̃] n. f. Opération par laquelle l'Administration exige qu'une personne ou un bien soit mis à sa disposition pour une cause publique. *En temps de guerre, l'État peut faire la réquisition de véhicules.* ▶ **réquisitionner** v. tr. < conjug. 1 > **1**· Se procurer (une chose) par voie de réquisition. *Les autorités ont réquisitionné des locaux pour les réfugiés.* **2**· Utiliser par réquisition les services de (une personne). *Le gouvernement a réquisitionné les mineurs en grève.* – Fam. Utiliser d'autorité (une personne). *Je vous réquisitionne tous pour m'aider.*

réquisitoire [ʀekizitwaʀ] n. m. **1**· Le fait, pour le représentant du ministère public, de développer une accusation contre qqn, de requérir* (2). *Le procureur a prononcé un violent réquisitoire.* **2**· Discours, écrit contenant de violentes attaques. *Un réquisitoire contre le racisme, la violence.*

R. E. R. [ɛʀøɛʀ] n. m. invar. Réseau express régional, métro desservant Paris et sa région. *Prendre le R. E. R.*

rescapé, ée [ʀɛskape] n. **1**· Personne qui est réchappée d'un accident, d'un sinistre. *Les rescapés d'un naufrage.* **2**· Personne qui arrive au terme d'une épreuve sportive longue et difficile, qui n'a pas été éliminée. *Les rescapés du Tour de France.*

à la **rescousse** [alaʀɛskus] loc. adv. (Avec des verbes comme *appeler, venir...*) Au secours, à l'aide. *Il appela son grand frère à la rescousse. Des renforts sont venus à la rescousse.*

réseau [ʀezo] n. m. **1**· Ensemble de lignes, de bandes, de fils, etc., entrelacés plus ou moins régulièrement. *Le réseau des mailles d'un filet. Réseau de veines apparentes sous la peau.* **2**· Ensemble de voies de communication, conducteurs électriques, etc., qui desservent une même unité géographique, dépendent de la même compagnie. *Un réseau ferroviaire, routier. Le réseau téléphonique.* **3**· Répartition des éléments d'une organisation en différents points ; ces éléments. *Réseau commercial. Réseau de télévision* (stations émettrices et relais). – Organisation clandestine formée par un certain nombre de personnes obéissant aux mêmes directives. *Organiser un réseau d'espionnage, de résistance.* – *Réseau social*, communauté d'individus liés par des centres d'intérêts communs. *Création de réseaux sociaux sur Internet.* **4**· Ensemble d'ordinateurs et de terminaux reliés entre eux par un système de télécommunications. *Accès à un réseau. Un réseau local.* **5**· Littér. Ce qui retient, serre comme un filet. *Un réseau d'habitudes.* ▶ **réseauter** v. intr. < conjug. 1 > Développer son réseau de relations à des fins professionnelles. ▶ **réseautage** n. m.

résection [ʀesɛksjɔ̃] n. f. Opération chirurgicale qui consiste à couper, enlever (à *réséquer* [ʀeseke] v. tr. < conjug. 6 >) une partie d'organe ou de tissu. *La résection de portions du côlon.*

réséda [ʀezeda] n. m. Plante aux fleurs odorantes disposées en grappes. *Des résédas.*

réservation [ʀezɛʀvasjɔ̃] n. f. Le fait de réserver une place, une chambre..., sans faire de location ferme.

① **réserve** [ʀezɛʀv] n. f. **I**· Le fait de garder pour l'avenir. **1**· *Faire, émettre des réserves* (sur une opinion, un projet...), ne pas donner son approbation pleine et entière. *Les scientifiques ont fait de sérieuses réserves sur cette prétendue découverte.* – Loc. ***Sous toutes réserves*** : sans garantie. *Nouvelle donnée sous toutes réserves.* – ***Sous réserve de*** : en réservant (un recours), en mettant à part (une éventualité). *J'accepte sous réserve de vérification.* **2**· ***Sans réserve*** loc. adv. et adj. : sans restriction, sans réticence. *Il lui est dévoué sans réserve. Une admiration sans réserve.* **II**· **1**· Quantité accumulée pour en disposer au moment le plus opportun. → **provision.** *Avoir des réserves de vivres, d'argent. Les réserves de graisse de l'organisme. Certains oiseaux se constituent des réserves alimentaires en cachant des graines sous terre.* – Quantité non encore exploitée (d'une substance minérale). *Les réserves mondiales de pétrole.* **2**· Loc. *Avoir, mettre, tenir qqch.* ***En réserve.*** → de **côté.** – ***De réserve*** : qui constitue une réserve. *Vivres de réserve.* **3**· *Les* ***réserves*** : troupe qu'on garde disponible pour la faire intervenir au moment voulu. – ***La réserve*** (opposé à *l'armée active*) : portion des forces militaires d'un pays qui n'est pas maintenue sous les drapeaux mais peut y être rappelée. → **réserviste.** *Officiers de réserve.* **III· 1·** Territoire choisi pour la protection de la flore et de la faune. *Réserve zoologique.* **2·** En Amérique du Nord. Territoire réservé aux Indiens et soumis à un régime spécial. *Visiter une réserve indienne.* **3·** Local (d'une bibliothèque, d'un musée...) où l'on garde à part certains objets.

2 **réserve** n. f. Qualité qui consiste à se garder de tout excès dans les propos, les jugements. → **circonspection, discrétion.** *Garder une certaine réserve.* Loc. *Se tenir sur la réserve,* garder une attitude réservée. – (Conduite) → **décence, retenue.** *Sa conduite manque de réserve.* ▶ 1 **réservé, ée** adj. (Personnes) Qui fait preuve de réserve. → **discret, prudent.** *Un homme réservé. Il est très réservé dans ses jugements.* – *Garder une attitude réservée.*

réserver [ʀezɛʀve] v. tr. < conjug. 1 > **I·** V. tr. **1·** Destiner exclusivement ou spécialement (à une personne ou un groupe). *On vous a réservé ce bureau.* **2·** S'abstenir d'utiliser immédiatement (qqch.), en vue d'une occasion plus favorable. → **garder.** *Réserver le meilleur pour la fin. Réserver son jugement, son pronostic,* le remettre à plus tard. – *Réserver l'avenir,* faire en sorte de garder sa liberté d'action pour l'avenir. **3·** Mettre de côté (une marchandise, une place, pour la tenir à la disposition de qqn). *Pouvez-vous me réserver deux mètres de cette étoffe ?* – Faire mettre à part (ce qu'on veut trouver disponible). *Il est prudent de réserver ses places dans le train.* → **louer.** *Avez-vous pensé à réserver une table au restaurant ?* → **retenir. 4·** Destiner (qqch. à qqn) ; causer (un effet pour, chez qqn). *Le sort, l'accueil qui nous est réservé. Cette soirée me réservait bien des surprises.* **II·** ***Se réserver*** v. pron. **1·** S'abstenir d'agir, de s'engager, de manière à conserver toutes possibilités pour plus tard. *Je préfère me réserver pour une meilleure occasion.* → **attendre. 2·** Réserver pour soi-même. *Je me réserve le droit de refuser.* – ***Se réserver de*** (+ infinitif) : conserver pour l'avenir le droit ou la possibilité de (faire qqch.). *Il se réserve de prendre les dispositions qui s'imposent.* ▶ 2 **réservé, ée** p. p. adj. **1·** Qui a été attribué à qqn exclusivement. *Droits de traduction réservés pour tous pays.* **2·** Dont l'usage, l'accès est destiné exclusivement à qqn. *Rue réservée aux piétons.* **3·** Qui a été retenu. *Avoir une place réservée dans le train, une table réservée au restaurant.* ▷ **réservation,** 1 **réserve, réservoir**

réserviste [ʀezɛʀvist] n. Militaire de l'armée de réserve. *Rappel de réservistes.*

réservoir [ʀezɛʀvwaʀ] n. m. **1·** Cavité où un liquide peut s'accumuler, être gardé en réserve. *Réservoir d'eau.* → **citerne.** *Réservoir d'essence* (d'une voiture). **2·** Endroit contenant en réserve (un grand nombre de personnes, de choses). *Un inépuisable réservoir de talents.*

résider [ʀezide] v. intr. < conjug. 1 > **1·** (Personnes) Être établi d'une manière habituelle dans un lieu ; y avoir sa résidence. → **demeurer.** *Il réside actuellement en province.* **2·** (Choses abstraites) Avoir son siège, son principe. → **consister.** *La difficulté réside en ceci.* ▶ **résidence** n. f. **1·** Le fait de demeurer habituellement en un lieu ; ce lieu. → **demeure, habitation.** *Changer de résidence.* – Lieu où une personne habite effectivement durant un certain temps. *Certificat de résidence. Résidence principale,* le lieu d'habitation. *Résidence secondaire,* maison de campagne, de vacances. **2·** Lieu construit, généralement luxueux, où l'on réside. *Une somptueuse résidence.* – Groupe d'immeubles résidentiels assez luxueux. *La résidence X.* **3·** En droit. Séjour obligatoire. *Être assigné à résidence. Résidence surveillée.* ▶ **résident, ente** n. **1·** Personne établie dans un autre pays que son pays d'origine. → **étranger.** *Les résidents espagnols en France.* **2·** Habitant d'une résidence. *Les résidents d'une cité universitaire.* ▶ **résidentiel, ielle** adj. Propre à l'habitation, à la résidence (en parlant des beaux quartiers). *Immeubles, quartiers résidentiels.*

résidu [ʀezidy] n. m. **1·** Péj. Reste peu utilisable, sans valeur. → **déchet, détritus.** *Il y a quelques résidus de bois dans la remise.* **2·** Ce qui reste après une opération physique ou chimique. *Utilisation des résidus par l'industrie.* ▶ **résiduel, elle** adj. Qui forme un reste, un résidu. *Argiles résiduelles résultant de la décalcification des craies.*

1 **se résigner** [ʀeziɲe] v. pron. réfl. < conjug. 1 > ***Se résigner (à)*** : accepter sans protester (une chose pénible mais inévitable). *Je ne peux me résigner à son départ, à la voir partir.* – Sans compl. Adopter une attitude d'acceptation ; se soumettre. → **s'incliner.** *Il faut se résigner, c'est la vie !* ▶ **résigné, ée** adj. Qui accepte avec résignation, est empreint d'une soumission sans protestation. *Il est résigné* (à son sort). *Un courage résigné.* – N. *Des résignés.* / contr. révolté / ▶ **résignation** n. f. Le fait d'accepter sans protester (la volonté d'un supérieur, de Dieu, le sort) ; tendance à se soumettre, à subir sans réagir. → **soumission.** *Tout supporter avec résignation. Une résignation passive, courageuse.* ▷ 2 **résigner**

2 **résigner** v. tr. < conjug. 1 > Littér. Abandonner (une fonction). → se **démettre.** *Résigner sa place, son emploi.*

résilience [ʀeziljɑ̃s] n. f. En psychologie (emplois antérieurs en sciences). Capacité à vivre et à se développer, après un traumatisme.

résilier [ʀezilje] v. tr. < conjug. 7 > Dissoudre (un contrat) soit par l'accord des parties, soit par la volonté d'un seul. *Résilier un bail, un marché.* ▶ **résiliation** n. f. *La résiliation d'un contrat.*

résille [ʀezij] n. f. Tissu de mailles formant une poche dans laquelle on enserre les cheveux. → **filet.** – En appos. Invar. *Des bas résille(s),* dont le dessin forme une sorte de grille (de réseau*) imitant celui de cette poche.

résine [ʀezin] n. f. **1**· Produit collant et visqueux qui suinte de certains végétaux, notamment des conifères. *Résine du pin. On obtient les résines par incision de l'écorce des arbres qui les produisent.* **2**· Se dit de nombreuses matières plastiques. *Résines synthétiques. Dent artificielle en résine.* ▶ **résineux, euse** adj. et n. m. **1**· Qui produit de la résine, contient de la résine (1). *Arbres, bois résineux.* – N. m. pl. *Les résineux,* les plantes qui produisent de la résine. → **conifère.** *Les pins sont des résineux.* **2**· Propre à la résine (1). *Odeur résineuse.*

résister [ʀeziste] v. tr. ind. < conjug. 1 > – *Résister à.* **I**· Valeur passive. **1**· (Choses) Ne pas céder, ne pas s'altérer sous l'effet de. *Quelques arbres ont résisté à la tempête. Des couleurs qui résistent au lavage.* **2**· (Êtres vivants) Ne pas être détruit, altéré (par ce qui menace l'organisme). *Résister à la fatigue, à la maladie.* → **supporter.** – Supporter sans faiblir (ce qui est moralement pénible). *Elle a résisté à ce malheur.* **3**· (Choses abstraites) Se maintenir, survivre. *L'amour ne résiste pas à l'habitude. L'argument ne résiste pas à l'examen.* **II**· Valeur active. **1**· Faire effort contre l'usage de la force. *Il résista aux agents qui tentaient de l'empoigner.* → se **débattre.** – Sans compl. *Ne résistez pas !* – S'opposer (à une attaque armée). → se **défendre.** *Résister à des assauts répétés.* **2**· S'opposer (à ce qui contrarie les désirs, menace la liberté). → **lutter** contre. *Résister à l'oppression.* → se **révolter.** *Personne n'ose lui résister.* **3**· Repousser les sollicitations de (qqn). *Elle n'a pas su lui résister. Personne ne lui résiste.* → **irrésistible.** **4**· S'opposer (à ce qui plaît, tente...). *Résister à une passion, à une tentation. Je n'ai pas pu résister à l'envie de venir.* ▶ **résistance** n. f. **I**· (Phénomène physique) **1**· Fait de résister, d'opposer une force à (une autre) ; cette force. *Résistance d'un corps au choc. La résistance de l'air.* – Capacité d'annuler ou de diminuer l'effet d'une force. *Résistance mécanique.* ***Résistance des matériaux*** : leur comportement face à des forces, des contraintes ; étude de ce comportement. **2**· *Résistance électrique,* grandeur physique, rapport entre la tension et l'intensité du courant qui parcourt un circuit. *La résistance est mesurée en ohms.* – *Une résistance,* un conducteur qui dégage une puissance thermique déterminée. *Les résistances d'un fer à repasser.* **3**· Qualité (d'un être vivant) qui résiste (à des épreuves, des fatigues). → **force, solidité.** *Manquer de résistance, n'avoir aucune résistance. La résistance au froid, à la chaleur des espèces animales.* **4**· ***Plat de résistance*** (dont on ne vient pas à bout aisément) : plat principal d'un repas. **II**· (Action humaine) **1**· Action par laquelle on essaie de rendre sans effet (une action dirigée contre soi). *La résistance à l'oppression. Il n'opposa aucune résistance. Résistance passive,* refus d'obéir (sans action). – Ce qui s'oppose à notre volonté. → **difficulté, obstacle.** *Se heurter à une forte résistance. Venir à bout d'une résistance.* **2**· Action de s'opposer à une attaque par les moyens de la guerre. *Organiser la résistance. Faire de la résistance.* – (Avec une majuscule) *La Résistance,* l'opposition de certains Français à l'action de l'occupant allemand pendant la Seconde Guerre mondiale, l'organisation qui s'ensuivit. *En 1941, le général de Gaulle fut reconnu comme le chef de la Résistance.* ▶ **résistant, ante** adj. et n. **1**· Qui résiste à une force contraire ; qui résiste à l'effort, à l'usure. *Un tissu très résistant.* → **solide.** / contr. fragile / **2**· (Êtres vivants) Endurant, robuste. *Elle est très résistante.* **3**· *Un résistant, une résistante,* patriote qui appartenait à la Résistance (II, 2), à un mouvement de résistance. *Les résistants refusaient la défaite et l'occupation.* ▶ **résistivité** n. f. Résistance (I, 2) spécifique (d'un conducteur électrique). ▷ **irrésistible**

résolu, ue [ʀezɔly] adj. Qui sait prendre une résolution ① et s'y tenir. → **décidé, déterminé.** / contr. irrésolu / *Le directeur est un homme résolu.* ▶ **résolument** adv. D'une manière résolue. → **énergiquement.** *S'opposer résolument à une décision.* ▷ **irrésolu**

① **résolution** [ʀezɔlysjɔ̃] n. f. **I**· **1**· Décision volontaire arrêtée après délibération. *Prendre la résolution de...* → **décider.** *Bonnes résolutions,* résolutions de bien faire, de se corriger. *Ma résolution est prise.* **2**· Comportement d'une personne résolue. → **détermination, énergie, fermeté.** *Elle resta inébranlable dans sa résolution.* **II**· Solution (d'une difficulté, d'un problème). *La résolution d'une équation.*

② **résolution** n. f. Didact. Transformation physique d'une substance qui se résout ②. *Résolution de l'eau en vapeur.*

résonner [ʀezɔne] v. intr. < conjug. 1 > ≠ raisonner. **1**· Produire un son accompagné de résonances. *Cloche qui résonne. Des pas résonnaient sur la chaussée.* **2**· (Sons, voix) Retentir en s'accompagnant de résonances. **3**· S'emplir d'échos, de résonances. *La rue résonnait de cris* *d'enfants.* ▶ **résonance** n. f. REM. S'écrit avec un seul *n.* **1·** Prolongement ou amplification des sons, des vibrations ; augmentation d'amplitude. *Caisse de résonance.* – Propriété d'un lieu où ce phénomène se produit. *La résonance d'une voûte.* **2·** Littér. Effet de ce qui se répercute dans l'esprit. → **écho.** *Ce thème éveillait en moi des résonances profondes.* ▶ **résonateur** n. m. REM. S'écrit avec un seul *n.* Appareil où peut se produire un phénomène de résonance.

résorber [ʀezɔʀbe] v. tr. < conjug. 1 > **1·** Faire disparaître (dans la circulation sanguine, lymphatique). – Pronominalement. Disparaître par résorption. *Hématome qui se résorbe lentement.* **2·** Faire disparaître par une action interne. *Résorber un déficit.* – Pronominalement. *Les excédents se sont résorbés.* ▶ **résorption** [ʀezɔʀpsjɔ̃] n. f. **1·** Disparition (d'un produit pathologique repris par la circulation sanguine ou lymphatique). *Résorption d'un abcès.* **2·** Suppression (d'un phénomène nuisible). *La résorption du chômage.*

① **résoudre** [ʀezudʀ] v. tr. < conjug. 51 > REM. Part. passé *résolu, ue.* **I·** Découvrir la solution de. *Résoudre un problème, une équation, une énigme, une difficulté.* → ① **résolution.** *Qu'on ne peut résoudre.* → **insoluble.** **II· 1·** Déterminer (qqn) à prendre une résolution. *Il faut le résoudre à abandonner.* – (Surtout au passif) ***(Être) résolu(e) à*** : être fermement décidé(e) à. *Il est résolu à partir. Je suis bien résolue à ce qu'on la laisse entrer. Il est résolu à tout,* prêt à prendre tous les risques. **2·** Décider (qqch. à exécuter). *Je ferai ce que j'ai résolu. J'ai résolu de voyager.* **3·** Pronominalement (réfl.). ***Se résoudre à*** (+ infinitif) : se décider à. *Il ne peut pas se résoudre à y renoncer.* ▷ **résolu,** ① **résolution**

② **résoudre** v. tr. < conjug. 51 > REM. Part. passé *résous, oute.* Transformer en ses éléments. – (Surtout pronominalement) *Brouillard qui se résout en pluie.* → ② **résolution.**

respect [ʀɛspɛ] n. m. **1·** Sentiment qui porte à accorder à qqn de la considération en raison de sa supériorité, son âge, etc. → **déférence.** / contr. irrespect / *Inspirer le respect* (→ **respectable).** *Témoigner du respect à qqn,* être respectueux. *J'ai beaucoup de respect pour lui. Manquer de respect à, envers, à l'égard de qqn,* ne pas le traiter avec le respect qu'on lui doit. *Le respect de soi-même.* → **dignité, honneur.** *Marques de respect.* → **politesse.** – Loc. ***Sauf votre respect,*** *sauf le respect que je vous dois* : se dit pour s'excuser d'une parole trop libre, un peu choquante. **2·** Sentiment de vénération (dû au sacré, à Dieu...). → **culte, piété.** *Le respect pour les morts, dû aux morts.* **3·** Au plur. Témoignage de respect (formule de politesse). *Présenter ses respects à qqn.* **4·** Considération que l'on porte à une chose jugée bonne, avec le souci de ne pas l'enfreindre. *Le respect de la parole donnée.* **5·** Vieilli. ***Respect humain*** [ʀɛspɛymɛ̃] : crainte du jugement des hommes, qui conduit à se garder de certains actes. **6·** *Tenir qqn en respect,* dans une soumission forcée (en montrant sa force, une arme, en menaçant...). ▷ **irrespect, respecter, respectueux**

respecter [ʀɛspɛkte] v. tr. < conjug. 1 > **1·** Considérer avec respect. → **honorer, vénérer.** *Respecter ses parents. Un chef qui sait se faire respecter.* – *Respecter certaines valeurs.* – Au p. p. adj. *Un nom respecté.* **2·** Ne pas porter atteinte à. → **observer.** *Respecter les convenances. Respecter le sommeil de ses voisins,* ne pas le troubler. **3·** ***Se respecter*** v. pron. réfl. : agir de manière à conserver l'estime de soi-même. – Fam. ***Qui se respecte*** : digne de ce nom. *Un employé qui se respecte n'acceptera jamais ces conditions de travail.* ▶ **respectable** adj. **I·** Qui est digne de respect. *Un homme respectable.* → **estimable, honorable.** *Vos scrupules sont respectables.* **II·** (Quantité) Assez important, digne de considération. *Une somme respectable.* ▶ **respectabilité** n. f. État d'une personne respectable, socialement respectée. *Il a le souci de sa respectabilité.*

respectif, ive [ʀɛspɛktif, iv] adj. Qui concerne chaque chose, chaque personne (parmi plusieurs). *Les droits respectifs des époux.* – *La position respective des astres,* de chaque astre par rapport aux autres. ▶ **respectivement** adv. Chacun en ce qui le concerne. *Deux enfants âgés respectivement de six et (de) quatre ans.*

respectueux, euse [ʀɛspɛktɥø, øz] adj. **1·** Qui éprouve ou témoigne du respect, de la déférence. / contr. irrespectueux / *Ils sont respectueux envers leurs parents.* **2·** Qui marque du respect. *Ton respectueux.* – (Formule de politesse) *Veuillez agréer mes sentiments respectueux.* – Loc. *Rester à une distance respectueuse,* à une distance assez grande. **3·** ***Respectueux de*** : soucieux de ne pas porter atteinte à. *Être respectueux des usages.* ▶ **respectueusement** adv. Avec respect. *Il s'est adressé respectueusement au vieux maître.*

respirer [ʀɛspiʀe] v. < conjug. 1 > **I·** V. intr. **1·** Absorber l'air dans la cage thoracique, puis l'en rejeter. → **aspirer, inspirer ; expirer.** *Respirer par le nez, par la bouche. Respirer avec difficulté.* → **haleter.** – Exercer la fonction de la respiration (II). *Les plantes respirent.* **2·** (Personnes) Avoir un moment de calme, de répit, éprouver une sensation de soulagement. → **souffler.** *Laissez-moi respirer ! Ouf ! on respire !,* on se sent mieux. **II·** V. tr. Aspirer, attirer par les voies respiratoires. *Respirer le grand air. On lui fit respirer de l'éther.* → **renifler.** – Sans compl. *Respirer profondément.* **III·** V. tr. Avoir un air de, dégager une impression de. *Il respire la santé. Son visage respire l'intelligence.* ▶ **respirable** adj. Qu'on peut respirer (surtout en emploi négatif : *peu respirable, pas respirable*). / contr. irrespirable / ▶ **respiration** n. f. **I**· **1**· Le fait de respirer. *Respiration difficile, haletante, essoufflée. Respiration rapide.* → **polypnée.** *Respiration bruyante. Retenir sa respiration* (→ **apnée**). **2**· *Respiration artificielle,* ensemble de manœuvres pratiquées pour rétablir les fonctions respiratoires, chez les asphyxiés. **II**· Fonction biologique, absorption d'oxygène, rejet de gaz carbonique et d'eau. *Respiration pulmonaire. Respiration interne* (des cellules vivantes ou des tissus). – Fonction chlorophyllienne des végétaux. ▶ **respiratoire** adj. **1**· Qui permet la respiration. *Appareil respiratoire. Les voies respiratoires* (bronches, larynx, poumons, etc.). **2**· De la respiration. *Les échanges respiratoires des plantes.* ▷ **irrespirable**

resplendir [ʀɛsplɑ̃diʀ] v. intr. < conjug. 2 > Littér. Briller d'un vif éclat (→ **splendeur**). ▶ **resplendissant, ante** adj. Qui resplendit. → **éclatant.** *Un beau soleil, resplendissant. Église resplendissante d'or.* – *Visage resplendissant de bonheur.* → **rayonnant.** *Vous avez une mine resplendissante* (de santé).

responsable [ʀɛspɔ̃sabl] adj. **1**· Qui a des responsabilités, doit répondre de ses actes. *Les experts jugeront si l'accusé est responsable. Être responsable de qqn,* de sa vie, de sa conduite. *Être tenu pour responsable de qqch. Rendre qqn responsable de qqch.,* le considérer comme responsable. **2**· Qui est la cause volontaire et consciente (de qqch.). – N. Fam. → **auteur, coupable.** *Qui est le responsable de cette plaisanterie ?* **3**· Qui doit rendre compte de sa politique. *Le gouvernement est responsable devant le Parlement, en France.* **4**· Chargé de, en tant que chef qui prend les décisions. *Le ministre responsable du travail et de l'emploi.* – N. *Un, une responsable,* dans une organisation, un dirigeant. *Les responsables syndicaux.* **5**· Absolt. Raisonnable, réfléchi, sérieux. *Soyez responsable. Attitude responsable.* ▶ **responsabiliser** v. tr. < conjug. 1 > Donner à (qqn) des responsabilités ; rendre conscient de ses responsabilités. *Responsabiliser un enfant.* ▶ **responsabilité** n. f. **1**· Obligation de réparer le dommage que l'on a causé par sa faute, dans certains cas déterminés par la loi. *La responsabilité de l'employeur dans les accidents du travail.* **2**· Obligation morale de réparer une faute, de remplir un devoir, d'assumer les conséquences de ses actes. *Avoir de lourdes responsabilités. Accepter, assumer une responsabilité. Prendre la responsabilité de qqch.,* accepter d'en être tenu pour responsable. *Prendre ses responsabilités,* agir, se décider en acceptant toutes les conséquences. *Décliner toute responsabilité.* **3**· Situation d'une autorité politiquement responsable. *Le Premier ministre a engagé la responsabilité du gouvernement.* ▷ **irresponsable**

resquiller [ʀɛskije] v. < conjug. 1 > **1**· V. intr. Spectacles, transports. Entrer sans payer. – Obtenir une chose sans y avoir droit, sans rien débourser. **2**· V. tr. Obtenir (qqch.) sans y avoir droit. *Il a resquillé sa place.* ▶ **resquille** n. f. Action de resquiller. *C'est de la resquille.* ▶ **resquilleur, euse** adj. et n. Qui resquille, a l'habitude de resquiller. *Les resquilleurs du métro.*

ressac [ʀəsak] n. m. Retour violent des vagues sur elles-mêmes, après un choc, lorsqu'elles ont frappé un obstacle.

se ressaisir [ʀ(ə)seziʀ] v. pron. réfl. < conjug. 2 > Rentrer en possession de son calme, redevenir maître de soi. *Un instant affolé, il n'a pas tardé à se ressaisir.* – Se rendre de nouveau maître de la situation par une attitude plus ferme. *Le boxeur s'est ressaisi au quatrième round.*

ressasser [ʀ(ə)sase] v. tr. < conjug. 1 > **1**· Revenir sur (les mêmes choses), faire repasser dans son esprit. → **remâcher.** *Il ressasse ses difficultés, ses mécontentements.* **2**· Répéter de façon lassante. → **rabâcher.** *Ressasser les mêmes plaisanteries.* – Au p. p. adj. *Des histoires ressassées.*

ressaut [ʀ(ə)so] n. m. Saillie, petite avancée.

ressembler [ʀ(ə)sɑ̃ble] v. tr. ind. < conjug. 1 > **I**· (Personnes) **1**· (Au physique) Avoir de la ressemblance, des traits communs (avec qqn). *Un enfant qui ressemble à sa mère.* – Fam. *Dis-moi à quoi il ressemble,* comment il est au physique. – Pronominalement (récipr.). *Ils se ressemblent.* Loc. *Se ressembler comme deux gouttes d'eau.* **2**· (Au moral) *Elle ressemble plus à son père qu'à sa mère.* → **tenir** de. *Il lui ressemble, en plus drôle !* – V. pron. récipr. Prov. *Qui se ressemble s'assemble,* les personnes qui ont des traits de caractère communs sont attirées les unes vers les autres. **II**· (Choses) **1**· Avoir de la ressemblance, un aspect semblable... *Une roche blanche qui ressemble à du marbre. Votre question ressemble étrangement à un défi. Ressembler vaguement, un peu à...* – Loc. *Cela ne ressemble à rien,* c'est très original. Péj. C'est informe. *Je vous demande un peu à quoi ça ressemble !* (même sens). – V. pron. récipr. *Toutes les maisons de ce lotissement se ressemblent.* Prov. *Les jours se suivent et ne se ressemblent pas,* une situation change d'un jour à l'autre (en bien ou en mal). **2**· Présenter de la ressemblance (3) avec (un modèle). *Ce portrait lui ressemble* (→ **ressemblant**). **3**· Être conforme au caractère de (qqn), digne de (qqn). *Cela lui ressemble tout à* *fait*, c'est bien de lui, d'elle. *Cela ne lui ressemble pas*, il, elle n'a pas l'habitude de se comporter ainsi. ▶ **ressemblance** n. f. **1·** Rapport entre des objets présentant des éléments identiques, semblables, en nombre suffisant. → **similitude.** / contr. différence / *La ressemblance de deux objets, entre deux objets, d'un objet avec un autre.* – Au plur. Traits communs. *Ils ont des ressemblances.* **2·** (Personnes) Similitude de traits physiques (surtout ceux du visage) ou de traits de caractère. *Il y a une ressemblance frappante entre la mère et la fille.* **3·** Rapport entre la chose et son modèle. *Ce portraitiste cherche la ressemblance.* ▶ **ressemblant, ante** adj. Qui a de la ressemblance avec son modèle. *Un portrait très ressemblant.* – Fam. *Il est très ressemblant* (sur une photo, une caricature...), on le reconnaît bien (→ C'est bien lui).

ressemeler [ʀ(ə)səmle] v. tr. < conjug. 4 > Garnir de semelles neuves. *Faire ressemeler ses chaussures chez le cordonnier.* ▶ **ressemelage** n. m. *Combien coûte le ressemelage ? Un ressemelage solide.*

ressentiment [ʀ(ə)sɑ̃timɑ̃] n. m. Le fait de se souvenir des torts qu'on a subis avec le désir de se venger (comme si on les ressentait, ou les « sentait » encore). → **rancœur, rancune.** *Éprouver, garder du ressentiment de qqch., contre qqn. Il garde un profond ressentiment des torts qu'on lui a faits.*

ressentir [ʀ(ə)sɑ̃tiʀ] v. tr. < conjug. 16 > **I· 1·** Littér. Éprouver vivement l'effet de... *Ressentir une injure, une privation.* **2·** Être pleinement conscient de (un état affectif qu'on éprouve). *Ressentir de la sympathie, de la colère pour, à l'égard de qqn.* **3·** Éprouver (une sensation physique). *Ressentir la faim. Ressentir une douleur.* **II·** ***Se ressentir de*** v. pron. réfl. **1·** Subir l'influence de. *Son travail se ressent de son humeur.* **2·** Continuer à éprouver les effets (d'une maladie, d'un mal). *Se ressentir d'une chute, d'une opération. Le pays se ressent de la crise.* ▷ **ressentiment**

resserre [ʀ(ə)sɛʀ] n. f. Endroit où l'on range certaines choses. → **remise.** *Ranger du bois, des outils dans une resserre.*

resserrer [ʀ(ə)seʀe] v. tr. < conjug. 1 > **1·** Diminuer le volume, la surface de (qqch.), en rapprochant les éléments. → **contracter.** *Lotion astringente qui resserre les pores. Les badauds resserraient le cercle autour du camelot.* **2·** Rapprocher de nouveau ou davantage (des parties disjointes, les éléments d'un lien) ; serrer* davantage. / contr. desserrer / *Resserrer un nœud, un boulon.* – *Ce malheur a resserré leurs liens*, les a unis davantage. **3·** ***Se resserrer*** v. pron. réfl. : se rapprocher de plus en plus. *L'étau se resserre. Leurs relations se sont resserrées.* ▶ **resserrement** [ʀ(ə)sɛʀmɑ̃] n. m. *Le resserrement des liens. Resserrement d'une amitié.*

resservir [ʀ(ə)sɛʀviʀ] v. < conjug. 14 > **1·** V. tr. Servir de nouveau (un plat). – Fam. *Ce sont les mêmes boniments qu'il nous ressert depuis dix ans !* **2·** V. intr. Être encore utilisable. *Cela peut resservir.*

① **ressort** [ʀ(ə)sɔʀ] n. m. **1·** Pièce d'un mécanisme qui utilise les propriétés élastiques de certains corps pour produire un mouvement. *Tendre un ressort. Ressort à boudins, à lames. Ressort d'une montre, d'un jouet mécanique. Ressorts de sommier. Matelas à ressorts. Ressorts de suspension d'une voiture.* **2·** Littér. Énergie, force (généralement occulte) qui fait agir. *Les ressorts cachés de nos actes.* **3·** Loc. *Avoir du ressort*, une grande capacité de résistance morale ou de réaction. *Un être sans aucun ressort.*

② **ressort** n. m. **1·** Loc. ***En dernier ressort*** : sans qu'on puisse faire appel à une juridiction supérieure. – En définitive, finalement. *En dernier ressort, il l'a emporté.* **2·** Loc. ***Du ressort de*** : de la compétence, du domaine de... *Cette affaire est du ressort de la cour d'appel.* → ② **ressortir.** *Cela n'est pas de mon ressort.* ▷ ② **ressortir**

① **ressortir** [ʀ(ə)sɔʀtiʀ] v. < conjug. 16 > **I·** V. tr. (Auxiliaire *avoir*) Mettre de nouveau hors d'un endroit (où qqch. était rangé). *Il a ressorti ses vieux disques.* **II·** V. intr. (Auxiliaire *être*, comme *sortir*) **1·** Sortir à nouveau (d'un lieu) ; sortir peu après être entré. – (Personnes) *Il ressortait de chez lui.* – (Choses) *La balle est ressortie par le cou.* **2·** Paraître avec plus de relief, être saillant. → **se détacher.** – Paraître nettement, par contraste. *La couleur ressort mieux sur ce fond. Faire ressortir qqch.*, mettre en évidence, en valeur. *Cette coiffure fait ressortir la finesse de ses traits.* **3·** Apparaître comme conséquence. → **résulter.** *Il ressortait, il est ressorti de nos échanges de vues que nous étions d'accord sur les objectifs.*

② **ressortir** v. tr. ind. < conjug. 2 > ***Ressortir à.*** **1·** En droit. Être du ressort ②, de la compétence de (une juridiction). *Ce procès ressortissait à une autre juridiction.* **2·** Littér. Être naturellement relatif à. → **dépendre, relever** de. *Tout ce qui ressortit au théâtre.* ▶ **ressortissant, ante** n. Personne qui, dans un pays, relève de l'autorité d'un autre pays.

ressource [ʀ(ə)suʀs] n. f. **I·** ***Une ressource*** : ce qui peut améliorer une situation fâcheuse. → **expédient, recours.** *Je n'ai d'autre ressource que de partir.* ***Sans ressource*** : sans remède. *Cette situation apparaît sans ressource.* **II·** ***Des ressources.*** **1·** Moyens matériels d'existence. → **argent, fortune, richesse(s).** *Ses ressources sont* *modestes. Être sans ressources.* → **pauvre.** *Les ressources de l'État.* **2·** Moyens (en hommes, en matériel, en réserves d'énergie...) dont dispose ou peut disposer une collectivité. *Les ressources naturelles d'un pays, ses ressources minières, pétrolières... – Ressources humaines* (d'une entreprise), l'ensemble du personnel. *Direction des ressources humaines* (D. R. H.). **3·** Moyens intellectuels et possibilités d'action qui en découlent. *Il a dû faire appel à toutes les ressources de son talent.* – Loc. *Une personne de ressources,* habile, apte à trouver des expédients en toute circonstance. – Au sing. *Il a de la ressource,* il n'a pas épuisé ses moyens. *Avec lui, il y a de la ressource. – Les ressources d'un art, d'une technique,* ses possibilités. *Les ressources d'une langue,* les moyens d'expression qu'elle fournit à l'utilisateur. ▶ **se ressourcer** v. pron. <conjug. 3> Retourner aux sources, aux valeurs fondamentales pour reprendre des forces morales.

se **ressouvenir** [R(ə)suvniR] v. pron. réfl. <conjug. 22> Littér. Se souvenir (d'une chose très ancienne ou que l'on a momentanément oubliée). *Elle s'est ressouvenue de cet épisode.*

ressusciter [Resysite] v. <conjug. 1> **I·** V. intr. **1·** Être de nouveau vivant. → **résurrection.** – Au p. p. adj. *Le Christ ressuscité.* **2·** Revenir à la vie normale, après une grave maladie. – Reprendre vie, manifester une vie nouvelle. *Pays qui ressuscite après une catastrophe.* → se **relever.** **II·** V. tr. **1·** Ramener de la mort à la vie. *Ressusciter les morts. Le Christ a ressuscité Lazare, selon l'Évangile.* **2·** (Suj. chose) Guérir d'une grave maladie, sortir d'un état de mort apparente. *Ce traitement l'a ressuscité.* **3·** Faire revivre en esprit, par le souvenir. *Ressusciter les héros du passé.* – Faire renaître. *Ressusciter un art, une mode.*

① **restant** [Rɛstɑ̃] n. m. Reste (d'une somme, d'une quantité). *Je vous paierai le restant dans un mois.* → ② **solde.**

② **restant, ante** adj. **1·** Qui reste, qui est encore disponible. *Les dix euros restants. La seule personne restante.* **2·** *Poste restante.* → **poste.**

restaurant [Rɛstɔʀɑ̃] n. m. Établissement où l'on sert des repas moyennant paiement. → **auberge, hôtel.** *Aller au restaurant. Un bon restaurant. Café-restaurant.* → **bistrot, brasserie ;** anglic. **snack-bar.** *Restaurant libre-service.* → anglic. **self-service.** – *Les restaurants du cœur* (gratuits, pour les exclus). – Abrév. fam. **restau, resto** [Rɛsto]. ▶ ① **restaurateur, trice** n. Personne qui tient un restaurant. → **hôtelier.** ▶ ① **restauration** n. f. Métier de restaurateur. – *Restauration rapide.* → anglic. **fast-food.** ▷ **restoroute, wagon-restaurant**

① **restaurer** [Rɛstɔʀe] v. tr. <conjug. 1> **1·** Littér. Rétablir en son état ancien ou en sa forme première (des choses abstraites). *Restaurer la liberté, la paix.* → **ramener. 2·** Réparer (des objets d'art ou des monuments anciens) en respectant l'état primitif, le style. *Restaurer une cathédrale, une statue, une fresque. Restaurer un vieux quartier.* → **réhabiliter.** ▶ ② **restaurateur, trice** n. Spécialiste de la restauration des œuvres d'art. ▶ ② **restauration** n. f. **1·** Action de restaurer (une dynastie, un régime). – Sans compl. (Avec une majuscule) *La Restauration,* celle des Bourbons, après la chute du premier Empire (1814-1830). **2·** Action de restaurer (une œuvre d'art, un monument). *Restauration d'une mosaïque romaine.*

② se **restaurer** v. pron. <conjug. 1> Reprendre des forces en mangeant. → se **sustenter.** ▷ **restaurant**

reste [Rɛst] n. m. **I·** *Le reste de... :* ce qui reste de (un tout dont une ou plusieurs parties ont été retranchées). **1·** (D'un objet ou d'une quantité mesurable) *Le reste d'une somme d'argent.* → **reliquat,** ① **restant, solde.** *Mettez le reste du lait dans un pot.* – Loc. *Partir **sans demander son reste** :* sans insister, comme qqn qui a son compte (de reproches, d'ennuis, etc.). **2·** (D'un espace de temps) *Le reste de sa vie.* – Loc. adv. ***Le reste du temps*** : aux autres moments, dans les autres occasions. **3·** (D'une pluralité d'êtres ou de choses) *Vivre isolé du reste des hommes, du monde.* – **REM.** Lorsque *le reste de* est suivi d'un nom au pluriel, le verbe s'accorde au sing. ou parfois au plur. *Le reste des figurants se mettra,* ou *se mettront à genoux. Le reste (des gens) se casa où il put.* **4·** (D'une chose non mesurable) *Le reste de l'ouvrage. Laissez-moi faire le reste.* **5·** Absolt. ***Le reste*** : tout ce qui n'est pas la chose précédemment mentionnée. *Ne t'occupe pas du reste. Pour le reste, quant au reste.* – (En fin d'énumération) *Et le reste,* et ce qui s'ensuit. → **et cætera. II·** Loc. adv. ***De reste*** : plus qu'il n'en faut. *Avoir de l'argent, du temps de reste,* en avoir à perdre et les prodiguer inutilement. – ***En reste.*** *Être, demeurer en reste,* être le débiteur, l'obligé (de qqn). – ***Au reste*** (littér.), ***du reste*** quant au reste, quant à ce qui n'est pas mentionné (s'emploie quand on ajoute qqch. qui a un rapport avec ce qui a été dit). → d'**ailleurs,** au **surplus.** *Elle vivait, du reste, très simplement.* **III·** ***Un, des restes*** : élément(s) restant (en plus ou moins grand nombre) d'un tout qui a disparu. **1·** Concret. *Les restes d'une vieille cité* → **ruine,** *d'une fortune* → **vestige,** *d'un repas...* → **débris, rogatons.** *Un reste de beurre,* un peu de beurre qui reste. Absolt. *Utilisation des restes en cuisine.* – Loc. *Avoir de beaux restes,* des éléments qui attestent sa beauté passée (en parlant d'une femme qui n'est plus toute jeune). **2·** Littér. *Les restes de qqn,* son cadavre. **3·** Abstrait. *C'est un reste de l'ancien langage. Aucun reste d'espoir.* **4·** Péj. *Les restes de qqn, ses restes,* ce qu'il a négligé, méprisé. *Il n'a eu que vos restes !* **5·** Dans un calcul. Élément restant d'une quantité, après soustraction → **différence** ou après division. *Onze divisé par trois laisse un reste de deux.*

rester [ʀɛste] v. intr. < conjug. 1 > **I·** Continuer d'être dans un lieu. → **demeurer. 1·** (Suj. personne) *Il est resté à Paris. Nous sommes restés là plus d'une heure. Rester au lit, à table. Rester auprès de qqn.* – Loc. fam. *Il a failli y rester,* mourir. *Rester en chemin,* fam. *en plan,* ne pas aller jusqu'au bout. – Sans compl. (Opposé à *partir, s'en aller*) *Je resterai (pour) garder la maison. Restez donc dîner avec nous.* **2·** (Suj. chose) *La voiture est restée au garage. L'arête est restée en travers de sa gorge.* – Loc. *Cela me reste sur l'estomac,* je ne peux le digérer. *Cela m'est resté sur le cœur,* j'en garde du ressentiment. *Cela doit rester entre nous* (d'un secret, d'une chose confiée). **II·** Continuer d'être (dans une position, une situation, un état). *Rester debout, sans bouger. Rester en place, en fonction. Elle resta un moment sans parler. La voiture est restée en panne sur la route. Rester dans l'ignorance.* → **croupir.** – ***Rester à*** (+ infinitif) : en passant son temps à. *Elle resta seule à attendre. Cela reste à prouver.* – (+ attribut) *Elle est restée coincée dans l'ascenseur. Rester immobile. Le magasin restera ouvert en août.* – Impers. *Il reste entendu que...* **III·** Subsister à travers le temps. *C'est une œuvre qui restera.* → **durer.** Prov. *Les paroles s'envolent, les écrits restent.* **IV·** ***Rester à qqn*** : continuer d'être, d'appartenir à qqn. *L'avantage est resté à nos troupes. Ce nom lui est resté longtemps.* – Impers. *Il me reste du pain.* **V·** ***En rester à*** : s'arrêter, être arrêté à (un moment d'une action, d'une évolution). *Où en es-tu resté de ta lecture ? Dans ce pays, ils en sont restés à la voiture à cheval.* – ***En rester là*** : ne pas aller plus loin, ne pas continuer. → s'en **tenir** là. *Inutile de poursuivre, restons-en là.* – ***Rester sur*** : conserver. *Rester sur sa faim.* → **faim.** – *Rester sur une impression,* avoir encore cette impression. **VI·** Vieilli ou région. Habiter. *Il reste en banlieue.* **VII·** (En parlant d'éléments d'un tout) **1·** Être encore présent (après élimination des autres éléments). → **subsister.** *Rien ne reste de cette œuvre. Le seul bien qui me reste.* – Impers. *Il en reste un fond de bouteille. Il nous reste encore de quoi vivre.* **2·** ***Rester à*** (+ infinitif). *Une trentaine de mille euros restaient à payer,* étaient encore à payer. *Le plus dur reste à faire.* – Impers. *Il reste beaucoup à faire. Le temps qu'il me reste à vivre. Il ne me reste plus qu'à vous remercier,* je dois encore vous remercier (formule de remerciement). *Il reste à savoir si..., reste à savoir si... Reste à trouver la meilleure solution.* **3·** ***Il reste que, il n'en reste pas moins que*** (+ indicatif) : il n'en est pas moins vrai que... → **toujours** est-il que. *Il n'en reste pas moins que tu as été imprudent.* ▷ 1 **restant,** 2 **restant, reste**

restituer [ʀɛstitɥe] v. tr. < conjug. 1 > **1·** Rendre à qqn (une chose dérobée ou retenue indûment). *Le receleur dut restituer les objets volés.* **2·** Reconstituer à l'aide de fragments subsistants, de documents, etc. *Restituer un texte altéré, une inscription.* **3·** Libérer (ce qui a été absorbé, accumulé). *Énergie restituée par un système mécanique.* ▶ **restitution** n. f. *La restitution d'un monument disparu.*

resto → **restaurant.**

restoroute ou **restauroute** [ʀɛstoʀut] n. m. Restaurant d'autoroute.

restreindre [ʀɛstʀɛ̃dʀ] v. tr. < conjug. 52 > **1·** Rendre plus petit, ramener à des limites plus étroites. → **diminuer, limiter, réduire.** / contr. accroître, étendre / *Restreindre ses dépenses, ses ambitions.* **2·** ***Se restreindre*** v. pron. : devenir plus petit, moins étendu. *Le champ de nos recherches se restreint.* – *Se restreindre dans ses dépenses.* – Sans compl. *Il va falloir se restreindre.* ▶ **restreint, einte** adj. **1·** Étroit ; limité. *Auditoire, personnel restreint.* **2·** ***Restreint à*** : limité à. *Modernisation restreinte à un secteur de l'économie.*

restriction [ʀɛstʀiksjɔ̃] n. f. **1·** Ce qui restreint le développement, la portée de qqch. *Il faut apporter des restrictions à ce principe.* – *Faire des restrictions,* faire des réserves, des critiques. – ***Sans restriction*** loc. adv. : entièrement ; sans réserve. *Je l'admire, sans restriction.* – *Restriction mentale,* acte mental par lequel on donne à sa phrase un sens différent de celui que l'interlocuteur va vraisemblablement lui donner, afin de l'induire en erreur. → **équivoque. 2·** Action de restreindre ; fait de devenir moindre, moins étendu. → **limitation.** *Restriction des naissances.* **3·** Au plur. Mesures propres à réduire la consommation en période de pénurie ; privations qui en résultent. → **rationnement.** *Les restrictions en temps de guerre.* ▶ **restrictif, ive** [ʀɛstʀiktif, iv] adj. Qui restreint, qui apporte une restriction. → **limitatif.** *Clause, condition restrictive. Expression restrictive* (ex. : *ne... que...*).

restructurer [ʀəstʀyktyʀe] v. tr. < conjug. 1 > Donner une nouvelle structure à (qqch.) ; organiser sur de nouvelles bases. ▶ **restructuration** n. f. Fait de restructurer (qqch.) ; son résultat. *Entreprise en cours de restructuration.*

resucée [ʀ(ə)syse] n. f. Fam. REM. Ne prend qu'un seul *s*. **1·** Nouvelle quantité (d'une chose qu'on boit). *Encore une petite resucée ?* **2·** Reprise (d'un sujet déjà traité). *Son livre est une resucée de ses dernières conférences.*

résultat [ʀezylta] n. m. **1·** Tout ce qui arrive et qui est produit par une cause. → **conséquence, effet.** *Cela a eu un résultat heureux, désastreux. Avoir pour résultat,* produire, causer. Fam. *Elle a sauté par la fenêtre ; résultat, elle s'est foulé la cheville.* **2·** Ce que produit une activité consciente dirigée vers une fin ; cette fin. *Le résultat d'une expérience. Arriver à un bon résultat.* → **réussite, succès.** – Au plur. Réalisations concrètes. *Exiger, obtenir des résultats.* **3·** Solution (d'un problème). – Ce qui sort d'une opération mathématique. *Le résultat d'une division.* **4·** Au plur. L'admission ou l'échec à un examen ; la liste de ceux qui ont réussi. *Affichage, proclamation des résultats.* – Issue (d'une compétition). *Les résultats d'une élection. Résultats d'un match, des courses.* ▶ **résulter** v. intr. < conjug. 1 > REM. Ne s'emploie qu'à l'infinitif, au part. prés. et aux 3ᵉˢ pers. du sing. et du plur. – ***Résulter de.*** **1·** Être le résultat de. → **découler, naître, provenir.** *Sa dépression résulte du surmenage. Je ne sais ce qui en résultera.* **2·** Impers. ; avec *que* + indicatif. *Il résulte de ceci que, il en est résulté que...* → ① **ressortir.** ▶ **résultante** n. f. Conséquence, résultat de plusieurs facteurs (surtout quand il s'agit de forces, d'actions complexes). *La résultante de deux forces.*

résumer [ʀezyme] v. tr. < conjug. 1 > **1·** Rendre en moins de mots. → **abréger.** *Résumer un discours, la pensée d'un auteur.* – Présenter brièvement. *Je vais essayer de résumer la situation.* **2·** ***Se résumer*** v. pron. réfl. : reprendre en peu de mots ou abréger ce qu'on a dit. *Pour nous résumer...* – (Passif) Se manifester par un seul caractère. *Sa vie se résume à son travail. En lui se résume toute une époque.* ▶ **résumé** n. m. **1·** Abrégé, condensé. *Faire le résumé d'un livre. Un résumé succinct. Le résumé des nouvelles.* – Ouvrage succinct, aide-mémoire. **2·** ***En résumé*** loc. adv. : en peu de mots. → en **bref.** *En résumé, tout le travail est à refaire.* – À tout prendre, somme toute. *En résumé, il est assez satisfait.*

résurgence [ʀezyʀʒɑ̃s] n. f. Didact. Eaux souterraines qui ressortent à la surface. *Résurgences qui se forment au pied d'un plateau calcaire.* – Fig. Fait de réapparaître, de surgir de nouveau. *La résurgence d'une idéologie.*

resurgir [ʀ(ə)syʀʒiʀ] v. intr. < conjug. 2 > Surgir, apparaître brusquement, de nouveau.

résurrection [ʀezyʀɛksjɔ̃] n. f. **1·** Retour de la mort à la vie (→ **ressusciter**). *La résurrection du Christ.* Absolt. *Le mystère de la Résurrection.* – Dans le dogme chrétien, musulman. *La résurrection de la chair, des corps.* **2·** Retour quasi miraculeux à la vie, guérison surprenante. – Fait de ressusciter (le passé). *L'histoire conçue comme résurrection du passé.*

retable [ʀətabl] n. m. Partie postérieure et décorée d'un autel, qui surmonte verticalement la table ; la peinture qui la décore. *Un retable du Moyen Âge en bois sculpté.*

rétablir [ʀetabliʀ] v. tr. < conjug. 2 > **I· 1·** Établir de nouveau (ce qui a été oublié, altéré). *Rétablir un texte dans son intégralité.* → **restituer.** *Rétablir les faits, la vérité.* **2·** ***Rétablir** qqn, qqch.* ***dans*** : remettre en une situation, un état (ce qui n'y était plus). *On l'a rétabli dans son emploi, dans ses droits.* **3·** Faire exister ou fonctionner de nouveau. *Rétablir des communications, le courant. Le contact est rétabli. Rétablir l'ordre.* → **ramener. II·** Remettre (qqn) en bonne santé. *Ce traitement le rétablira en peu de temps.* **III·** ***Se rétablir*** v. pron. **1·** Se produire de nouveau. → **revenir.** *Le silence se rétablit.* **2·** Guérir, se remettre. *Malade qui se rétablit.* **3·** Faire un rétablissement (3). *Se rétablir sur la barre.* ▶ **rétabli, ie** adj. *Sa santé est maintenant rétablie.* – (Personnes) *Il est tout à fait rétabli.* ▶ **rétablissement** n. m. **1·** Action de rétablir (ce qui était altéré, interrompu, compromis...). *Le rétablissement des relations diplomatiques entre deux pays.* **2·** Retour à la santé. → **guérison.** *Je fais des vœux pour votre prompt rétablissement.* **3·** Mouvement de gymnastique qui consiste, pour une personne suspendue par les mains, à se hisser par la force des bras jusqu'à ce qu'elle se retrouve les bras à la verticale, les mains en bas et en appui. – Abstrait. *Opérer un rétablissement,* retrouver l'équilibre après une crise.

① **rétamer** [ʀetame] v. tr. < conjug. 1 > Étamer de nouveau (un ustensile). *Faire rétamer des casseroles.* – Au p. p. adj. *Une casserole mal rétamée.* ▶ **rétamage** n. m. ▶ **rétameur, euse** n. Personne qui rétame les ustensiles.

② **rétamer** v. tr. < conjug. 1 > Fam. **1·** Enivrer, épuiser. *Vous m'avez rétamé !* **2·** Démolir, esquinter. – Dépouiller au jeu. *Ils m'ont rétamé !* ▶ **rétamé, ée** adj. Fam. **1·** Épuisé. *Je me sens complètement rétamé.* – Ivre. *Il était complètement rétamé.* **2·** Démoli, hors d'usage. *Ma voiture est complètement rétamée.*

retape [ʀ(ə)tap] n. f. Fam. Racolage.

retaper [ʀ(ə)tape] v. tr. < conjug. 1 > **1·** Remettre dans sa forme. *Retaper un lit,* taper, défroisser la literie. **2·** Réparer, arranger sommairement. *Retaper une vieille maison.* **3·** Fam. *Se retaper,* se rétablir, retrouver ses forces. *Il a bien besoin de se retaper !* ▷ **retape**

retard [R(ə)taR] n. m. **1·** Le fait d'arriver trop tard, après le moment fixé, attendu. / contr. avance / *Le retard d'un train. Arriver, être* ***en retard*** *à un rendez-vous* (→ **retardataire**). *Se mettre en retard.* – Temps écoulé entre le moment où une personne, une chose arrive et le moment où elle aurait dû arriver. *Un retard d'une heure, de dix minutes. Avoir du retard, une heure de retard.* **2·** Le fait d'agir trop tard, de n'avoir pas encore fait ce qu'on aurait dû faire. *Retard dans un paiement. J'ai du courrier en retard.* – ***En retard sur*** *qqn, qqch.* : plus lent que. *Je suis en retard sur lui.* **3·** Fait de fonctionner à une allure plus lente que la normale. *Montre qui prend du retard.* – Mécanisme qui permet de ralentir la marche d'une horloge, d'une montre. **4·** Action de retarder, de remettre à plus tard. → **ajournement, atermoiement.** *Il s'est décidé après bien des retards.* – ***Sans retard*** : sans délai, sans tarder. *Écrivez-lui sans retard.* **5·** État de celui qui est moins avancé dans un développement, un progrès ; temps qui sépare le moins avancé des autres. *Comment rattraperai-je mon retard ? Ce pays a du retard sur le nôtre. Un pays en retard de cinquante ans.* – Le fait d'être à un niveau de développement inférieur à la normale. *Retard mental,* développement incomplet des facultés intellectuelles. *Retard affectif. Un enfant en retard.* → **retardé ; arriéré.**

retardataire [R(ə)taRdatɛR] adj. et n. **1·** Qui arrive en retard. – N. *Les retardataires seront punis.* **2·** Qui a du retard dans son développement. *Enfants retardataires,* en retard dans leurs études. – *Une pédagogie retardataire.* → **archaïque.**

retarder [R(ə)taRde] v. < conjug. 1 > **I·** V. tr. **1·** Faire arriver en retard. *Je ne veux pas vous retarder.* → **attarder.** – Pronominalement (réfl.). Se mettre en retard. – (Suj. chose) *Cet incident m'a retardée.* – *Retarder qqn dans* (une activité), faire aller plus lentement. *Ne le retardez pas dans son travail.* **2·** *Retarder une montre,* la mettre à une heure moins avancée que celle qu'elle indique. / contr. avancer / **3·** Faire se produire plus tard. → **ajourner, différer, remettre.** *Retarder le départ de qqn.* **II·** V. intr. **1·** (Horloge, pendule) Aller trop lentement, marquer une heure moins avancée que l'heure réelle. *Ma montre retarde de cinq minutes.* – Fam. *Je retarde,* ma montre retarde. **2·** *Retarder sur son temps,* ne pas avoir les idées, le goût de son temps. **3·** Fam. *Retarder,* n'être pas au courant, découvrir qqch. longtemps après les autres. *Sa femme ? Vous retardez, il a divorcé l'an dernier.* ▶ **retardé, ée** adj. Qui est en retard dans ses études, son développement. *Un enfant retardé.* → **arriéré, attardé.** – N. *Un retardé.* ▶ **à retardement** loc. adj. et adv. *Engin à retardement,* dont la déflagration est différée et réglée par un mécanisme spécial. *Bombe à retardement.* – Fam. D'une manière tardive, trop tard. *Comprendre à retardement.* ▷ **retard, retardataire**

retenir [Rətnir ; R(ə)tənir] v. tr. < conjug. 22 > **I· 1·** Garder (une partie d'une somme) pour un usage particulier. → **déduire, prélever.** *On lui retient dix pour cent de son salaire.* → **retenue.** **2·** Faire réserver (ce qu'on veut trouver disponible). *Retenir une chambre dans un hôtel.* – Engager d'avance (qqn pour un travail). – Fam. Iron. *Celui-là, je le retiens !,* je n'aurai plus recours à ses services. **3·** Conserver dans sa mémoire. → **se souvenir.** *Retenir sa leçon. Retenez bien ce que je vais vous dire. Je ne retiens pas facilement les dates.* **4·** Prendre comme élément d'appréciation ou objet d'étude. *Nous regrettons de ne pouvoir retenir votre proposition. Retenir une accusation contre qqn.* **5·** Faire une retenue (arithmétique). *Je pose 4 et je retiens 3.* **II· 1·** Faire rester (qqn) avec soi. → **garder.** *Il m'a retenu plus d'une heure. Retenir qqn à dîner. Je ne vous retiens pas,* vous pouvez partir (formule de congédiement). – *Retenir qqn prisonnier.* – (Choses) → **immobiliser.** *Le mauvais temps nous a retenus ici.* **2·** Être un objet d'intérêt pour (le regard, l'attention... de qqn). *Votre offre a retenu notre attention.* **3·** Maintenir (qqch.) en place, dans une position fixe. → **attacher, fixer.** *La corde qui retenait le chargement s'est rompue.* – Au p. p. *Cheveux retenus par un ruban.* **4·** (Suj. chose) Ne pas laisser passer ; contenir. *Une écluse retient l'eau.* **5·** (Suj. personne) S'empêcher d'émettre, de prononcer... *Retenir son souffle. Retenir un cri, une insulte.* – *Retenir sa langue,* s'abstenir de trop parler. **6·** Maintenir, tirer en arrière, afin d'empêcher de tomber, d'aller trop vite. → **arrêter.** *Retenir qqn par le bras.* – *Retenir un cheval,* modérer son allure. **7·** ***Retenir de*** : empêcher d'agir (une personne sur le point de faire qqch.). *Retenir qqn de faire une bêtise. Retenez-moi ou je fais un malheur !* – (Suj. chose) Empêcher d'agir, de parler. *Une invincible timidité me retenait. Je ne sais pas ce qui me retient de te flanquer une gifle !* **III·** ***Se retenir*** v. pron. réfl. **1·** Faire effort pour ne pas tomber. *Se retenir sur une pente. Se retenir à qqch.* → s'**accrocher.** **2·** Différer de céder à un désir, une impulsion. → se **contenir.** *Elle se retenait pour ne pas pleurer.* – Différer de satisfaire ses besoins naturels. *Il ne sait pas encore se retenir, il fait pipi au lit.* ▶ **retenu, ue** adj. **1·** Qui a été réservé. *Places retenues.* / contr. libre / **2·** (Personnes) Qui est dans l'impossibilité de faire qqch. *Madame Dupuy, retenue, vous prie de l'excuser.* ▷ **rétention,** [1] **retenue,** [2] **retenue**

rétention [Retɑ̃sjɔ̃] n. f. **1·** En médecine. Se dit du séjour prolongé dans une cavité ou un conduit de l'organisme d'une substance destinée à être évacuée ou expulsée. *Rétention d'urine. Faire de la rétention d'eau.* **2·** Immobilisation de l'eau des précipitations.

retentir [R(ə)tɑ̃tiR] v. intr. < conjug. 2 > **1·** (Son) Se faire entendre avec force. → **résonner.** *Le timbre de l'entrée retentit.* **2·** Littér. *Retentir de* : être rempli par (un bruit). *La salle retentissait d'acclamations.* **3·** Abstrait. *Retentir sur...*, avoir un retentissement, une répercussion sur... ▶ **retentissant, ante** adj. **1·** Qui retentit, résonne. → **bruyant, sonore.** *Des voix retentissantes.* **2·** Qui a un grand retentissement dans l'opinion. *La pièce a eu un succès retentissant.* → **éclatant.** *Un échec retentissant.* ▶ **retentissement** n. m. **1·** Littér. Bruit, son répercuté. **2·** Effet indirect ou effet en retour ; série de conséquences. → **contrecoup, répercussion.** *Ces mesures auront un retentissement sur la situation économique. La Révolution française a eu un immense retentissement dans toute l'Europe.* **3·** Le fait de susciter l'intérêt ou les réactions du public. *Ce manifeste a eu un grand retentissement.*

① **retenue** [Rətny ; Rtəny] n. f. **I· 1·** Prélèvement sur une rémunération. *Les retenues pour la retraite, la Sécurité sociale.* **2·** Chiffre qu'on réserve pour l'ajouter à la colonne suivante, dans une addition, une soustraction, etc. *Ton addition est fausse, tu as oublié la retenue.* **II·** Le fait, l'action de retenir une personne ou une chose. – Punition scolaire qui consiste à faire rester ou revenir un élève en dehors des heures de cours, à le priver de sortie. → **colle, consigne.** *Deux heures de retenue. Être en retenue.* **III·** Fait de retenir l'eau ; eau ainsi retenue. *Établir une retenue d'eau sur une rivière, par un barrage.*

② **retenue** n. f. Attitude d'une personne qui sait se contenir, se modérer. → **mesure, réserve.** *Il a beaucoup de retenue.* – *Rire sans retenue,* sans se retenir.

rétiaire [RetjɛR] n. m. Gladiateur romain qui combattait armé d'un filet, d'un trident et d'un poignard.

réticent, ente [Retisɑ̃, ɑ̃t] adj. **1·** Qui comporte des réticences. *Être réticent,* ne pas dire tout ce qu'on devrait. *Elle s'est montrée assez réticente.* **2·** Qui manifeste de la réticence, des hésitations. *Il a donné son accord, mais je l'ai senti réticent.* ▶ **réticence** n. f. **1·** Omission volontaire d'une chose qu'on devrait dire ; la chose omise. → **sous-entendu.** *Il y a bien des réticences dans cette partie de ses mémoires. Parler sans réticence.* **2·** Témoignage de réserve, dans les discours, le comportement. → **hésitation.** *Montrer une certaine réticence.*

① **réticule** [Retikyl] n. m. Sciences. Système de fils croisés placé dans le plan focal d'un instrument d'optique. ▶ ② **réticule** n. m. Petit sac à main (de femme).

rétif, ive [Retif, iv] adj. **1·** (Monture) Qui s'arrête, refuse d'avancer. / contr. docile / *Un cheval rétif.* **2·** (Personnes) Qui est difficile à entraîner, à conduire, à persuader. → **récalcitrant.** *Enfant rétif.*

rétine [Retin] n. f. Tunique interne de l'œil, membrane destinée à recevoir les impressions lumineuses et à les transmettre au nerf optique. *Formation des images sur la rétine.* ▶ **rétinien, ienne** adj. De la rétine. *Les bâtonnets, cellules rétiniennes.*

retirer [R(ə)tiRe] v. tr. < conjug. 1 > **I· 1·** *Retirer qqch. à* (un être vivant) : enlever. *On lui a retiré son permis. Retirer sa selle à un cheval.* **2·** Enlever ce qui garnit, ce qui couvre. *Retirer l'emballage d'un colis.* Enlever (ses propres vêtements). → **ôter.** *Retirer ses gants, ses lunettes.* **II·** *Retirer qqn, qqch. de.* **1·** Faire sortir de. *Retirer un corps des décombres.* → **dégager.** – *Elle retira son fils du collège.* – (Compl. chose) *Retirer une casserole du feu.* – Fam. *On me retirera difficilement de l'idée que...,* quoi qu'on fasse, je continuerai à penser que... **2·** Faire sortir à son profit (un objet qui était déposé, engagé). *Retirer de l'argent de la banque. Retirer une valise de la consigne, un paquet au bureau de poste.* **3·** Éloigner, faire reculer. *Retire tes doigts !* **4·** Cesser de formuler, de présenter. → **annuler ; retrait.** *Retirer sa candidature, une plainte. Je retire ce que j'ai dit.* → **se rétracter.** **III·** *Retirer qqch. de* : obtenir pour soi qqch. qui provient de... → **recueillir.** *Retirer un bénéfice d'une affaire. Je n'en ai retiré que des désagréments.* **IV·** *Se retirer* v. pron. réfl. **1·** Partir, s'éloigner. *Il est temps de se retirer. Se retirer discrètement.* **2·** Aller (dans un lieu) pour y trouver un abri, un repos. *Se retirer dans sa chambre.* – Prendre sa retraite. *Il s'est retiré dans sa maison de campagne.* **3·** *Se retirer de* : quitter (une activité). *Se retirer de la partie, des affaires.* **4·** (Liquide, gaz) Refluer, revenir vers son origine. *Les eaux se retirent. La mer se retire* (→ **reflux**). ▶ **retiré, ée** adj. **1·** (Personnes) Qui s'est retiré (du monde, des affaires...). *Vivre retiré,* loin des hommes. *Vie retirée.* → **solitaire.** **2·** (Choses) Éloigné, situé dans un lieu isolé. *Elle habite dans un quartier retiré et tranquille.* → **écarté.**

retombée [R(ə)tɔ̃be] n. f. REM. Rare au sing. **1·** *Retombées radioactives,* substances radioactives qui retombent après l'explosion d'une bombe atomique ou la fuite accidentelle de vapeurs hors d'une centrale nucléaire. **2·** Conséquences directes ou indirectes, applications possibles (de recherches, d'une affaire). → **répercussion.** *Les retombées imprévisibles d'une découverte scientifique. Ce scandale a eu pour principale retombée la démission du ministre. Retombées économiques.*

retomber [ʀ(ə)tɔ̃be] v. intr. < conjug. 1 > **I·** (Êtres vivants) **1·** Tomber de nouveau. *Elle se releva, mais retomba aussitôt.* – Toucher terre après s'être élevé. *La judoka est mal retombée et s'est fait une fracture à un poignet. Le chat est retombé sur ses pattes.* – Fam. ***Retomber sur ses pieds*** : rétablir une situation, une affaire en difficulté. **2·** Tomber de nouveau dans une situation mauvaise (après en être sorti). *Elle est retombée malade* (→ **rechute**). – (Sens moral) *Retomber dans l'erreur.* **II·** (Choses) **1·** Tomber après s'être élevé. → **redescendre.** *La fusée est retombée.* – Fam. *Ça lui retombera sur le nez,* il en sera puni, il en subira les conséquences. **2·** S'abaisser (après avoir été levé). *Laisser retomber les bras.* **3·** Pendre (en parlant de ce qui est soutenu par le haut). *Ses cheveux retombent sur les épaules.* **4·** Revenir (dans un état, une situation). *Retomber dans l'oubli.* – Cesser de se soutenir, d'agir. *L'intérêt ne doit pas retomber.* **5·** Abstrait. ***Retomber sur qqn*** : être rejeté sur. → **incomber** à, **rejaillir** sur. *C'est sur lui que retombent toutes les responsabilités.* ▷ **retombée**

retoquer [ʀ(ə)tɔke] v. tr. < conjug. 1 > **1·** Fam. Vx. Refuser à un examen. – Refuser (un candidat) à un poste. **2·** Rejeter, refuser (une proposition, un projet). *Les députés ont retoqué l'amendement.* ▶ **retoquage** n. m.

retordre [ʀ(ə)tɔʀdʀ] v. tr. < conjug. 41 > **1·** Terme technique. Assembler (des fils) en les tordant. **2·** *Donner du fil à retordre.* → **fil.** ▷ **retors**

rétorquer [ʀetɔʀke] v. tr. < conjug. 1 > **1·** Vx. Retourner contre qqn (un argument). **2·** *Rétorquer que...*, répliquer que. → **objecter, répondre.** *On m'a rétorqué que je n'avais pas à me mêler de cette affaire.* ▷ **rétorsion**

retors, orse [ʀətɔʀ, ɔʀs] adj. Plein de ruse, d'une habileté tortueuse. → **malin, rusé.** / contr. droit / *Un homme de loi retors.* – *Des manières, des manœuvres retorses.*

rétorsion [ʀetɔʀsjɔ̃] n. f. Le fait, pour un État, de prendre contre un autre État des mesures coercitives analogues à celles que celui-ci a prises contre lui. *Mesures de rétorsion.* → **représailles.** *Rétablir des barrières douanières par mesure de rétorsion.*

retoucher [ʀ(ə)tuʃe] v. tr. < conjug. 1 > **1·** Reprendre (un travail, une œuvre) en faisant des changements partiels. → **corriger, remanier.** *Il a retouché son tableau, son texte.* – Au p. p. adj. *Photo retouchée.* **2·** Faire des retouches à (un vêtement). ▶ **retouche** n. f. **1·** Action de retoucher, correction. **2·** Modification partielle d'un vêtement de confection, pour l'adapter aux mesures de l'acheteur. *Faire une retouche à une robe.* ▶ **retoucheur, euse** n. Spécialiste qui effectue des retouches. *Retoucheur photographe.*

retour [ʀ(ə)tuʀ] n. m. **I·** (Personnes) **1·** Le fait de repartir pour l'endroit d'où l'on est venu. *Il faut songer au retour. Sans esprit de retour,* sans intention de revenir. *Être sur le chemin du retour.* – Voyage que l'on fait, temps qu'on met pour revenir à son point de départ. *Les enfants ont dormi durant tout le retour. L'aller* et le retour. Prendre un (billet d') aller et retour.* **2·** Le fait de retourner, d'être revenu à son point de départ. *Le retour de qqn. Depuis son retour, je ne l'ai plus vu.* – Loc. ***À mon, ton... retour ; au retour de...*** : au moment du retour ou après le retour. *Je vous verrai à mon retour de vacances.* – ***Être de retour*** : être revenu. *Quand il fut de retour chez lui...* – ***Retour de*** : au retour de (tel endroit). *Retour d'Amérique, j'ai changé de situation.* – ***Par retour (du courrier)*** : par le courrier qui suit immédiatement. *Répondre par retour du courrier,* immédiatement. – ***Cheval de retour*** : récidiviste. **II·** (Choses) Mouvement inverse d'un précédent. **1·** ***Retour offensif*** (d'une armée) : qui attaque après avoir reculé. *Retour offensif du froid* (après un début d'amélioration). – ***Retour de flamme*** : mouvement accidentel de gaz enflammés, qui jaillissent hors du foyer d'une chaudière ou qui remontent vers le carburateur ; abstrait, contrecoup d'une action qui se retourne contre son auteur. – ***Retour de manivelle*** : (voitures anciennes) mouvement brutal en sens inverse de la manivelle, qui peut se produire quand on met en marche un moteur à explosion ; abstrait, revirement, changement brutal. **2·** ***Match retour*** : match opposant deux équipes qui se sont déjà rencontrées dans la première partie d'un championnat (opposé à *match aller*). *Des matchs retours.* **3·** *Effet, action, choc* ***en retour*** : qui s'exerce une deuxième fois en sens inverse de la première. → **contrecoup. 4·** L'action de retourner, le fait d'être réexpédié. → **réexpédition.** *Retour à l'envoyeur* (d'un objet, d'une lettre, etc.). **III·** Abstrait. **1·** ***Retour à*** : le fait de retourner ou d'être retourné (à son état habituel, à un état antérieur). *Le retour au calme. Retour aux sources.* **2·** ***Être sur le retour*** (de l'âge) : commencer à prendre de l'âge, vieillir. – ***Retour d'âge*** : l'âge de la ménopause. **3·** *Retour en arrière,* le fait de remonter à un point antérieur d'une narration. *Faire un retour en arrière dans un récit. Le retour en arrière est une technique romanesque, cinématographique.* → anglic. **flash-back.** – *Retour sur soi-*

même, réflexion sur sa conduite, sur sa vie passée. **4·** Loc. *Par un juste retour des choses,* par un juste retournement de la situation. **5·** Le fait de revenir, de réapparaître. *Le retour de la belle saison. Le retour de la paix.* – Répétition, reprise. *Retour régulier, périodique.* → **rythme.** – Loc. ***L'éternel retour*** *des événements, des choses* (par lequel tout recommencerait). **6·** ***En retour*** loc. adv. : en échange, en compensation. *Je lui ai rendu de nombreux services, en retour il a promis de m'aider.* ▷ **non-retour**

retourner [ʀ(ə)tuʀne] v. < conjug. 1 > **I·** V. tr. **1·** Tourner en sens contraire, à l'envers. *Retourner un matelas. Retourner un morceau de viande sur le gril. Retourner une carte* (pour la faire voir, et notamment fixer l'atout). – *Retourner la terre,* la travailler de manière à la mettre sens dessus dessous. → **labourer.** *Retourner la salade.* – Fam. *Il a retourné toute la maison* (pour trouver ce qu'il cherchait). **2·** Mettre la face intérieure à l'extérieur. *Retourner ses poches. Retourner un vêtement,* en mettant l'envers de l'étoffe à l'endroit. – Loc. fig. *Retourner sa veste.* → **veste.** – Fam. *Retourner qqn,* le faire changer d'avis. *On l'a retourné comme une crêpe.* – Changer complètement. *Il a su retourner la situation en sa faveur.* **3·** Modifier (une phrase) par la permutation des éléments. *On peut retourner le proverbe et dire...* **4·** Diriger dans le sens opposé à la direction antérieure (une arme, un argument...). *On peut retourner l'argument contre vous.* **5·** Renvoyer. *Retourner une marchandise.* → **réexpédier.** **6·** Loc. *Tourner* et retourner une idée, une pensée dans sa tête.* **7·** Bouleverser (qqn) → **émouvoir.** *Cette nouvelle m'a retourné.* – Au p. p. *J'en suis encore toute retournée !* **II·** V. intr. **1·** Aller au lieu d'où l'on est venu, où l'on est habituellement (et qu'on a quitté). → **rentrer ; revenir.** *Retourner chez soi, dans son pays, en France. Retourner à son poste, à sa place, dans sa maison.* → **regagner, réintégrer.** – (+ infinitif) *Demain, je retourne travailler.* **2·** Aller de nouveau (là où on est déjà allé). *Je retournerai à Venise cette année.* **3·** Abstrait. ***Retourner à*** : retrouver (son état initial), se remettre à (une activité). *Retourner à la vie sauvage. Retourner à son ancien métier, à ses premières amours.* **4·** Impers. *Savoir de quoi il retourne,* savoir de quoi il s'agit, quelle est la situation. **III·** ***Se retourner*** v. pron. réfl. **1·** ***S'en retourner*** : repartir pour le lieu d'où l'on est venu. → **revenir.** *S'en retourner quelque part, chez soi.* S'en aller. *S'en retourner comme on est venu,* sans avoir rien obtenu, rien fait. **2·** Changer de position en se tournant dans un autre sens, dans le sens inverse. *Se retourner sur le dos. Il se retournait dans son lit sans pouvoir s'endormir. La barque s'est retournée,* renversée. → **chavirer.** – Abstrait. *Laissez-moi le temps de me retourner,* de m'adapter à cette situation nouvelle. **3·** Tourner la tête en arrière (pour regarder). *Il est parti sans se retourner. On se retournait sur son passage. Se retourner vers qqn pour lui parler.* **4·** ***Se retourner contre*** : combattre (qqn, qqch. dont on avait pris le parti). *Son associé s'est retourné contre lui.* – (Choses) *Ses procédés se retourneront contre elle.* ▶ **retournement** n. m. **1·** Changement brusque et complet d'attitude, d'opinion. → **revirement, volte-face.** **2·** (Choses) Transformation soudaine et complète (d'une situation). → **renversement.** *Retournement de situation.* ▷ **retour**

retracer [ʀ(ə)tʀase] v. tr. < conjug. 3 > Raconter de manière à faire revivre. *Retracer la vie d'un grand homme.*

① **rétracter** [ʀetʀakte] v. tr. < conjug. 1 > **1·** Littér. Nier, retirer (ce qu'on avait dit). *Rétracter des propos calomnieux.* **2·** ***Se rétracter*** v. pron. réfl. : revenir sur des aveux, des déclarations qu'on ne reconnaît plus pour vrais. → **se dédire.** *Après ses aveux, il s'est rétracté,* il est revenu* sur ses aveux. ▶ **rétractation** n. f. Littér. → **désaveu.** *Il avait fait des aveux, mais sa rétractation est complète.*

② **rétracter** v. tr. < conjug. 1 > Contracter en tirant en arrière. *L'escargot rétracte ses cornes.* – Pronominalement (réfl.). *Se rétracter,* se contracter. *Le muscle s'est rétracté* ; au passif et p. p. adj. *est rétracté.* ▶ **rétractile** adj. **1·** (Ongles, griffes...) Que l'animal peut rentrer. **2·** Susceptible de rétraction. *Organes rétractiles.* ▶ **rétraction** n. f. Acte par lequel certains animaux, certains organes se rétractent en présence de situations déterminées. – Raccourcissement et rétrécissement que présentent certains tissus ou organes malades. → **contraction.** *Rétraction musculaire.* ▶ **rétracteur** adj. *Muscle rétracteur,* qui permet à une partie du corps de se rétracter.

retrait [ʀ(ə)tʀɛ] n. m. **I·** Le fait de se retirer. **1·** (Choses) *Retrait des eaux après une inondation.* **2·** (Personnes) *Le retrait des troupes d'occupation.* → **évacuation.** – *Il annonça son retrait de la compétition.* **3·** Loc. ***En retrait*** : en arrière de l'alignement. *Maison construite en retrait* (par rapport à la route). – Abstrait. *Être, rester en retrait,* ne pas se mettre en avant. **II·** Action de retirer (un objet déposé, confié...). *Retrait des bagages de la consigne. Retrait du permis de conduire. Faire un retrait à la banque* (opposé à *dépôt*). ▷ ① **retraite,** ② **retraite**

① **retraite** [ʀ(ə)tʀɛt] n. f. **1·** Recul délibéré et méthodique d'une armée qui ne peut se maintenir sur ses positions. → **repli.** – ***Battre en retraite*** : reculer ; céder momentanément devant un adversaire, abandonner provisoirement certaines prétentions. *Il a prudemment battu en retraite.* **2·** ***Retraite aux flambeaux*** : défilé populaire avec des lampions.

2 **retraite** n. f. **1·** Action de se retirer de la vie active. *Une période de retraite forcée.* **2·** État d'une personne qui s'est retirée d'un emploi, et qui a droit à une pension. *Prendre sa retraite. Être à la retraite.* → **retraité.** *Avoir l'âge de la retraite, de la mise à la retraite.* – Pension assurée aux personnes admises à la retraite. *Toucher une retraite. Les caisses de retraite des cadres. Assurance retraite.* **3·** Période passée dans la prière et le recueillement. → **récollection.** *Faire, suivre une retraite.* **4·** Littér. Lieu où l'on se retire, pour échapper aux dangers, aux tracas ou aux mondanités. → **asile, refuge.** ▶ **retraité, ée** adj. et n. Qui est à la retraite (2). *Un salarié retraité.* – N. *Un, une retraité(e).* ▷ **préretraite**

retrancher [R(ə)tʀɑ̃ʃe] v. tr. < conjug. 1 > **I·** Enlever d'un tout (une partie, un élément). → **éliminer, enlever, ôter.** **1·** Enlever d'un texte. *Retrancher certains détails, certains passages d'un texte.* → **biffer.** **2·** Enlever d'une quantité. → **déduire, prélever.** / contr. ajouter / *Retrancher dix euros d'une somme.* → **soustraire.** **II·** ***Se retrancher*** v. pron. réfl. : se fortifier, se protéger par des moyens de défense. *Nos troupes se sont retranchées derrière le fleuve.* – Abstrait. *Se retrancher dans un mutisme farouche, derrière des hochements de tête, des soupirs. Se retrancher derrière l'autorité d'un chef, derrière le secret professionnel.* ▶ **retranchement** n. m. Position utilisée pour protéger les défenseurs (dans une place de guerre) ; obstacle, fortification employés à la défense. *Retranchements creusés.* → **tranchées.** – Loc. *Attaquer, forcer, poursuivre, pousser qqn dans ses derniers retranchements,* l'attaquer violemment, l'acculer.

retransmettre [R(ə)tʀɑ̃smɛtʀ] v. tr. < conjug. 56 > Diffuser plus loin, sur un autre réseau (un message, une émission, etc.). *Retransmettre un discours à la télévision.* ▶ **retransmission** n. f. *La retransmission d'un match en direct, en différé.*

rétrécir [ʀetʀesiʀ] v. < conjug. 2 > **I·** V. tr. **1·** Rendre plus étroit, diminuer la largeur de (qqch.). / contr. élargir / *Rétrécir une jupe.* **2·** Abstrait. *Son endoctrinement lui a rétréci l'esprit.* **II·** V. intr. Devenir plus étroit, plus court. *Ce tissu rétrécit au lavage.* **III·** ***Se rétrécir*** v. pron. réfl. : devenir de plus en plus étroit. *Passage qui va en se rétrécissant.* → **se resserrer.** ▶ **rétréci, ie** adj. **1·** Devenu plus étroit. *Route rétrécie.* **2·** *Idées rétrécies, esprit rétréci,* borné, étriqué. / contr. large / ▶ **rétrécissement** n. m. **1·** Le fait de se rétrécir. *Le rétrécissement d'un vêtement, d'une rue.* **2·** Diminution permanente des dimensions (d'un conduit, d'un orifice naturel). *Souffrir d'un rétrécissement de l'aorte.*

se retremper [R(ə)tʀɑ̃pe] v. pron. < conjug. 1 > *Se retremper dans,* se replonger dans (un milieu). *Se retremper dans le milieu familial.*

rétribuer [ʀetʀibɥe] v. tr. < conjug. 1 > **1·** Donner de l'argent en contrepartie de (un service, un travail). → **payer, rémunérer.** – Au p. p. adj. *Travail bien, mal rétribué.* **2·** *Rétribuer qqn,* le payer pour un travail. → **appointer.** ▶ **rétribution** n. f. Ce qui est donné en échange d'un service, d'un travail (en général de l'argent). → **appointement, paiement, rémunération, salaire, traitement.**

rétro [ʀetʀo] adj. invar. et n. m. Qui imite un style passé, démodé (en particulier de la première partie du XXe siècle). *Des modes rétro. Une coiffure, une robe rétro.* – N. m. *Un amateur de rétro.*

rétro- Élément savant signifiant « en arrière ».

rétroactif, ive [ʀetʀɔaktif, iv] adj. (Loi, acte juridique...) Qui exerce une action sur ce qui est antérieur, sur le passé. *Effet rétroactif.* ▶ **rétroactivité** n. f. *La rétroactivité d'une mesure.*

rétrocéder [ʀetʀɔsede] v. tr. < conjug. 6 > Céder à qqn (un bien, un droit qu'on avait reçu de lui). → **rendre.** *Rétrocéder un don.* ▶ **rétrocession** n. f. *Rétrocession d'un droit* (à celui qui l'avait cédé).

rétrofusée [ʀetʀɔfyze] n. f. Fusée servant au freinage ou au recul. *Les rétrofusées d'un engin spatial.*

1 **rétrograder** [ʀetʀɔgʀade] v. tr. < conjug. 1 > Faire reculer (qqn) dans une hiérarchie, un classement. – Au passif et p. p. adj. *Ce haut fonctionnaire a été rétrogradé. Coureur, cheval rétrogradé.* ▶ **rétrogradation** n. f. **1·** Mesure disciplinaire par laquelle qqn doit reculer dans la hiérarchie. **2·** Sanction par laquelle on fait reculer (un cheval, un coureur) dans le classement d'une course.

2 **rétrograder** v. intr. < conjug. 1 > **1·** Rare. Marcher vers l'arrière, revenir en arrière. → **reculer.** *Les troupes ont dû rétrograder.* **2·** Aller contre le progrès ; perdre les acquisitions apportées par une évolution. → **régresser.** *Une civilisation menacée de rétrograder.* **3·** Passer à la vitesse inférieure, en conduisant une voiture. *Rétrograde avant le virage.* ▶ **rétrograde** adj. **1·** Didact. Qui revient vers son point de départ. *Mouvement, marche rétrograde.* **2·** Abstrait. Qui veut rétablir un état passé, précédent, en s'opposant à l'évolution, au progrès. → **réactionnaire.** *Une politique rétrograde. Un esprit rétrograde. Il est rétrograde dans ses idées.*

rétroplanning [retroplaniŋ] n. m. Calendrier prévisionnel établi en partant de la date à laquelle un travail doit être terminé.

rétroprojecteur [retroprɔʒɛktœr] n. m. Projecteur qui permet de reproduire des images sur un écran placé derrière l'utilisateur.

rétrospectif, ive [retrɔspɛktif, iv] adj. 1· Qui regarde en arrière, dans le temps ; qui concerne le passé. *L'examen rétrospectif des événements.* 2· Se dit d'un sentiment actuel qui s'applique à des faits passés. *Jalousie, peur rétrospective.* ▶ **rétrospectivement** adv. *Je suis indigné rétrospectivement quand j'y repense.* ▶ **rétrospective** n. f. Exposition présentant l'ensemble des œuvres d'un auteur, d'une école, depuis ses débuts. *Rétrospective consacrée à l'œuvre d'un peintre.* – Présentation des films d'un réalisateur, d'un acteur célèbre.

retrousser [r(ə)truse] v. tr. < conjug. 1 > Replier vers le haut et vers l'extérieur. → **relever.** *Retrousser son pantalon pour marcher dans l'eau. Retroussons nos manches !* (pour travailler). – Pronominalement (réfl.). *Se retrousser,* retrousser ses jupes, sa robe. ▶ **retroussé, ée** adj. 1· Qui est remonté, relevé. *Manches retroussées.* 2· *Nez retroussé,* court et au bout relevé.

retrouver [r(ə)truve] v. tr. < conjug. 1 > I· 1· Voir se présenter de nouveau. *C'est une occasion que tu ne retrouveras pas.* – Pronominalement (passif). *La faute se retrouve plusieurs fois dans ce texte.* 2· Découvrir de nouveau (ce qui a été découvert, puis oublié). *Retrouver un secret de fabrication.* 3· Trouver (qqn) de nouveau (quelque part, en un état). *Gare à vous si je vous retrouve ici.* 4· Trouver quelque part (ce qui existe déjà ailleurs). *On retrouve chez le fils l'expression du père.* → **reconnaître.** – Pronominalement (passif). *Ce mot se retrouve dans plusieurs langues.* II· 1· Trouver (une personne qui s'est échappée, qui est partie). *On a retrouvé les fugitifs.* – (Avec un attribut) *On l'a retrouvé à demi mort.* – (Choses) *Retrouver une voiture volée.* – Loc. prov. *Une chienne n'y retrouverait pas ses petits ; une poule n'y retrouverait pas ses poussins,* se dit d'un endroit en désordre. 2· Recouvrer (une qualité, un état perdu). *Retrouver le sommeil.* 3· Être de nouveau en présence de (qqn dont on était séparé). *J'irai les retrouver là-bas à la fin du mois.* → **rejoindre.** – (Avec un attribut) Revoir sous tel aspect. *Elle le retrouva grandi.* III· *Se retrouver* v. pron. 1· (Récipr.) Être de nouveau en présence l'un de l'autre. *Tiens ! comme on se retrouve !* (dans une rencontre inattendue). – *On se retrouvera !,* j'aurai ma revanche (menace). 2· (Réfl.) Retrouver son chemin après s'être perdu. – Abstrait. *Se retrouver dans ; s'y retrouver,* s'y reconnaître. *Il faut organiser cette bibliothèque, on a du mal à s'y retrouver.* 3· Fam. *S'y retrouver,* rentrer dans ses débours ; tirer profit, avantage. *Il a des frais, mais il s'y retrouve.* 4· Être de nouveau (dans un lieu qu'on a quitté, dans une situation qui avait cessé). *Il se retrouva à son point de départ.* – Se trouver soudainement (dans une situation fâcheuse). *Se retrouver seul, se retrouver sans travail, au chômage.* ▶ **retrouvailles** [r(ə)truvaj] n. f. pl. Le fait, pour des personnes séparées, de se retrouver. *Il nous faut fêter nos retrouvailles.*

rétrovirus [retrovirys] n. m. invar. Virus dont la famille comprend le virus responsable du sida. ▶ **rétroviral, ale, aux** adj. *Une infection rétrovirale. Traitements rétroviraux.*

rétroviseur [retrɔvizœr] n. m. Petit miroir qui permet au conducteur d'un véhicule de voir derrière lui sans avoir à se retourner. *Rétroviseur intérieur, extérieur.* – Abrév. fam. *Regarder dans le rétro. Des rétros.*

rets [rɛ] n. m. invar. Vx. Filet pour la chasse.

réunifier [reynifje] v. tr. < conjug. 7 > Rétablir l'unité de (un pays, un groupe divisé). *Réunifier un parti.* ▶ **réunification** n. f. En histoire. *La réunification de l'Allemagne.*

réunion [reynjɔ̃] n. f. I· (Choses) 1· Le fait de réunir (une province à un État). → **annexion, rattachement.** 2· Le fait de réunir (des choses séparées), de rassembler (des choses éparses). → **assemblage, combinaison.** *La réunion de documents, d'éléments divers.* II· (Personnes) 1· Le fait de se retrouver ensemble. *La réunion des hommes en groupes.* → **rassemblement.** 2· Fait de réunir des personnes (pour le plaisir ou le travail) ; les personnes ainsi réunies ; temps pendant lequel elles sont ensemble. → **assemblée.** *Organiser une réunion. Participer à une réunion. Réunion d'athlétisme.* → **rencontre.** *La réunion s'est prolongée.* – *Être **en réunion**. Le président est en réunion, il ne pourra pas vous recevoir.* – Groupement momentané de personnes, hors de la voie publique. *Réunions privées,* sur invitations. *Réunions publiques,* où tout le monde peut se rendre. *Réunion électorale. Réunion politique.* → **meeting.**

réunir [reynir] v. tr. < conjug. 2 > I· 1· Mettre ensemble (des choses séparées) ; joindre ou rapprocher suffisamment pour unir (des choses entre elles). → **assembler, grouper, rassembler.** *Réunir dans une vitrine des pièces de collection. Réunir les fonds nécessaires à une entreprise.* 2· Rapprocher (des éléments abstraits). → **rassembler.** *Réunir des renseignements, des faits, des preuves.* 3· Comporter (plusieurs éléments d'origines diverses et parfois opposés). *Il réunit en lui d'étonnants contrastes.* II· Mettre ensemble, faire communiquer (des personnes). *Réunir des amis autour d'une table. Le destin qui les avait séparés les a à nouveau réunis.* **III·** ***Se réunir*** v. pron. **1·** Se rapprocher ou se joindre de façon à être ensemble. *États qui se réunissent en une fédération.* → s'**associer.** **2·** Avoir une réunion. *Nous nous réunissons dans cette salle.* – *Se réunir entre amis, avec des amis.* → se **retrouver.** Sans compl. *L'assemblée va se réunir,* tenir sa séance. ▷ **réunion**

réussir [ReysiR] v. < conjug. 2 > **I·** V. intr. **1·** (Choses) Avoir une heureuse issue, un bon résultat, du succès. / contr. échouer, rater / *L'affaire, l'entreprise a réussi.* – ***Réussir à** qqn* : avoir (pour lui) d'heureux résultats. *Tout lui réussit. Le climat de ce pays vous réussit bien. Ce mode de vie ne vous réussit pas,* ne vous convient pas. **2·** (Personnes) Obtenir un bon résultat. *Réussir dans une entreprise. Il est convaincu qu'il va réussir où les autres ont échoué.* – (Tr. ind.) ***Réussir à*** (+ infinitif). → **arriver, parvenir.** *Il n'a pas réussi à me convaincre. Réussir à un examen.* / contr. échouer / **3·** (Personnes) Avoir du succès (dans un milieu social, une profession). *Ses enfants ont tous réussi. Réussir dans les affaires.* **II·** V. tr. Exécuter, faire avec bonheur, avec succès. *Il réussit tout ce qu'il entreprend.* → **mener** à bien. *Réussir un plat. Réussir son coup.* ▶ **réussi, ie** adj. Exécuté avec bonheur, succès. *Une œuvre très réussie. Une soirée réussie, un spectacle réussi,* excellent, qui a du succès. – Fam. Iron. *Eh bien, c'est réussi !* (le résultat est contraire à celui qu'on cherchait). ▶ **réussite** n. f. **I· 1·** Succès (de qqch.). *La réussite du projet est complète. La réussite d'une expérience.* – *C'est une réussite,* une chose réussie. **2·** Le fait, pour qqn, de réussir ou d'avoir réussi. *Il est fier de sa réussite. Réussite éclatante, méritée. Une brillante réussite.* / contr. échec / **II·** Combinaison de cartes soumise à des règles définies ; jeu qui consiste à réussir cette combinaison. *Faire une réussite pour se distraire.* → **patience** (II).

revaloir [R(ə)valwaR] v. tr. < conjug. 29 > **REM.** Rare sauf à l'infinitif, au futur et au conditionnel. Rendre la pareille à qqn, en bien (récompenser, remercier) ou en mal (se venger). *Je vous revaudrai ça un jour. Je te le revaudrai.*

revaloriser [R(ə)valɔRize] v. tr. < conjug. 1 > **1·** Rendre sa valeur à (une monnaie). / contr. déprécier, dévaloriser / – Rendre son pouvoir d'achat à (un salaire). **2·** Donner une plus grande importance, accorder un nouvel intérêt à. *Revaloriser une doctrine, une idée.* ▶ **revalorisation** n. f. *La revalorisation du travail manuel.*

revanche [R(ə)vɑ̃ʃ] n. f. **1·** Le fait de reprendre l'avantage (sur qqn) après avoir eu le dessous. → **vengeance.** *Prendre sa revanche, une éclatante revanche sur qqn. Il n'a pas eu sa juste revanche.* **2·** Jeux, sports. Partie, match qui donne au perdant une nouvelle chance de gagner. *La première manche, la revanche et la belle.* **3·** Loc. ***À charge de revanche*** : à condition qu'on rendra la pareille. *Je t'aiderai, mais à charge de revanche.* **4·** ***En revanche*** loc. adv. : en contrepartie. *Il y fait froid, mais en revanche c'est très vivifiant.* – Inversement. *C'est un homme agréable, en revanche sa femme est assez renfermée.* → par **contre** (critiqué). ▶ **revanchard, arde** adj. et n. Péj. Qui cherche à prendre une revanche (surtout d'ordre militaire). *Politique revancharde.* – N. *Les revanchards.*

rêvasser [Rɛvase] v. intr. < conjug. 1 > Penser vaguement à des sujets imprécis, s'abandonner à une rêverie. *Aimer à rêvasser.* ▶ **rêvasserie** n. f. Le fait de rêvasser. – Idée imprécise et peu réaliste. → **rêve** (2).

rêve [Rɛv] n. m. **1·** Suite de phénomènes psychiques (d'images, en particulier) se produisant pendant le sommeil. *Rêve agréable. Rêve pénible.* → **cauchemar.** Loc. *S'évanouir, disparaître comme un rêve,* sans laisser de trace. – ***Le rêve*** : l'activité psychique pendant le sommeil. *Théorie freudienne du rêve.* Loc. *En rêve,* au cours d'un rêve. → **songe. 2·** Construction imaginaire destinée à échapper au réel, à satisfaire un désir, à refuser une réalité pénible. → **fantasme.** *Caresser, poursuivre un rêve. Rêves irréalisables, fous.* → **chimère, utopie.** *J'allais enfin réaliser un rêve de jeunesse : visiter l'Amérique. C'était un beau rêve,* un projet trop beau pour se réaliser. → **illusion.** – Loc. *La femme de ses rêves,* celle qu'il avait rêvée, la femme idéale. – *De rêve,* qui paraît irréel à force de perfection. *Une voiture de rêve.* – ***Le rêve*** : l'imagination créatrice, la faculté de former des représentations imaginaires. *Le rêve et la réalité.* **3·** Fam. Chose ravissante. *C'est le rêve, ce n'est pas le rêve,* l'idéal.

rêvé, ée adj. → **rêver.**

revêche [Rəvɛʃ] adj. Peu accommodant, qui manifeste un mauvais caractère. → **acariâtre, hargneux.** *À l'entrée de l'immeuble, un gardien revêche nous a interpellés.*

1 **réveil** [Revɛj] n. m. **1·** Passage du sommeil à l'état de veille. *Un réveil brusque. Elle a des réveils difficiles, pénibles.* – ***Au réveil*** : au moment du réveil. **2·** Le fait de reprendre une activité. *Le réveil des nationalismes, après la Seconde Guerre mondiale. Le réveil de la nature,* le retour du printemps. *Le réveil d'un volcan éteint.* **3·** Le fait de revenir à la réalité (après un beau rêve). *N'ayez pas trop d'illusions, le réveil serait pénible.* ▶ 2 **réveil** n. m. Réveille-matin. *Mettre son réveil à sept heures. Des réveils électroniques.* ▷ **radio-réveil**

réveiller [Reveje] v. tr. < conjug. 1 > **I· 1·** Tirer (qqn, un animal) du sommeil. → **éveiller** (moins cour.). *Vous me réveillerez à six heures. La sonnerie du téléphone m'a réveillé en sursaut.* PROV. *Il ne faut pas réveiller le chat qui dort,* ranimer une affaire désagréable qui est en sommeil. LOC. fam. *Un bruit à réveiller les morts,* très fort. **2·** Ramener à l'activité (une personne). *Réveiller qqn de sa torpeur.* – (Compl. chose) *Réveiller une douleur, de vieux souvenirs.* → **ranimer. II·** ***Se réveiller*** v. pron. réfl. **1·** Sortir du sommeil. → **s'éveiller.** *Se réveiller en sursaut.* **2·** Reprendre une activité après une longue inaction. *Allons, réveille-toi, secoue-toi !* – (Choses) Reprendre de la vigueur. *Toute leur animosité s'est réveillée.* ▶ **réveille-matin** n. m. invar. Pendule munie d'une sonnerie qui se déclenche à l'heure que l'on a déterminée. *Des réveille-matin.* → ② **réveil.** ▷ ① **réveil, réveillon**

réveillon [Revɛjɔ̃] n. m. Repas de fête que l'on fait la nuit de Noël et la nuit de la Saint-Sylvestre, le 31 décembre ; la fête elle-même. ▶ **réveillonner** v. intr. < conjug. 1 > Faire (un) réveillon.

révéler [Revele] v. tr. < conjug. 6 > **I· 1·** Faire connaître (ce qui était inconnu, secret). → **dévoiler.** *Il n'a pas encore révélé ses véritables intentions. Les difficultés de la vie nous révèlent à nous-mêmes,* nous apprennent ce que nous sommes réellement. *La presse vient de révéler que l'accusé est (était) innocent.* **2·** Faire connaître d'une manière surnaturelle. *Ce que prétend révéler la magie, l'astrologie.* – Faire connaître par révélation (2) divine. **3·** (Suj. chose) Faire connaître, laisser deviner (par un signe manifeste). → **indiquer, témoigner.** *Une démarche qui révèle de bons sentiments.* **II·** ***Se révéler*** v. pron. réfl. **1·** (Divinité) Se manifester par une révélation. **2·** Se manifester par des signes, des résultats. *Son talent s'est révélé cette année.* – (Avec un attribut) *Ce travail s'est révélé plus facile qu'on ne pensait.* **III·** ***(Être) révélé*** passif et p. p. adj. : (être) connu par une révélation. – Adj. *Vérité révélée. Religion révélée,* fondée par une révélation. ▶ **révélateur, trice** n. m. et adj. **I·** N. m. Solution chimique employée pour le développement photographique et qui rend visible l'image latente. **II·** Adj. Qui révèle qqch. → **caractéristique, significatif.** *Son attitude est révélatrice de ses intentions. Un silence révélateur.* → **éloquent.** ▶ **révélation** n. f. **1·** Le fait de révéler (ce qui était secret). → **divulgation.** *La révélation d'un secret.* – Information qui apporte des éléments nouveaux, permet d'éclaircir une question obscure. *Ouvrage précieux pour les révélations qu'il contient. Faire des révélations à la police.* **2·** Phénomène par lequel des vérités cachées sont révélées aux hommes d'une manière surnaturelle. – *La Révélation,* les vérités révélées par Dieu. **3·** Ce qui apparaît brusquement comme une connaissance nouvelle, un principe d'explication ; cette prise de conscience. *Il eut soudain la révélation de son erreur, qu'il s'était trompé. Cela a été pour moi une véritable révélation.* **4·** Personne qui révèle soudain de grands talents. *Il a été la révélation de la saison musicale.*

revenant, ante [Rəvnɑ̃, ɑ̃t] n. **1·** Âme d'un mort qu'on suppose revenir de l'autre monde sous une forme physique. *Il croyait que la maison était hantée par des revenants.* → **apparition, fantôme.** **2·** Personne qui revient (après une longue absence). *Tiens, voilà un revenant !*

revendeur, euse [R(ə)vɑ̃dœR, øz] n. Personne qui vend au détail des marchandises achetées à un grossiste, ou des articles d'occasion. *Les revendeurs et brocanteurs des marchés aux puces.*

revendiquer [R(ə)vɑ̃dike] v. tr. < conjug. 1 > **1·** Réclamer (une chose sur laquelle on a un droit). *Revendiquer sa part d'héritage. Galilée revendiquait la liberté du savoir.* **2·** (Groupe, collectivité) Demander avec force, comme un dû. → **exiger.** *Les syndicats revendiquent une augmentation de salaire.* – Assumer pleinement. *Revendiquer une responsabilité.* – Assumer la responsabilité de (un acte criminel). *Une organisation terroriste revendique cet attentat.* Au p. p. adj. *Attentat revendiqué.* **3·** Prétendre avoir. *Parti qui revendique de nombreux militants.* ▶ **revendicatif, ive** adj. Qui comporte des revendications (sociales). *Mouvement revendicatif.* ▶ **revendication** n. f. Le fait de revendiquer (un bien, un droit, une chose considérée comme due) ; ce qu'on revendique. *Les revendications salariales.*

revendre [R(ə)vɑ̃dR] v. tr. < conjug. 41 > **1·** Vendre ce qu'on a acheté (notamment, sans être commerçant soi-même). *J'ai pu revendre ma voiture.* **2·** LOC. ***Avoir qqch. à revendre*** : en avoir en excès. *Des barrettes, des crayons, j'en ai à revendre.* – *Il a de l'esprit à revendre.* ▷ **revendeur**

revenez-y [Rəvnezi ; R(ə)vənezi] n. m. invar. Fam. *Un goût de revenez-y,* un goût agréable, qui incite à en reprendre, à recommencer.

revenir [RəvniR ; R(ə)vəniR] v. intr. < conjug. 22 > **I· 1·** Venir de nouveau là où l'on était déjà venu. → **repasser.** *Le docteur promit de revenir le lendemain. Je reviendrai vous voir.* **2·** (Choses) Apparaître ou se manifester de nouveau. *Un mot qui revient souvent dans la conversation. Voilà le mauvais temps qui revient.* **II· 1·** (Personnes) Retourner dans un lieu. *Revenir chez soi, à la maison.* → **rentrer, retourner.** *Revenir dans son pays, en France. Revenir à sa place.* – Sans compl.

Je reviens dans une minute. – Loc. *Revenir sur ses pas*, en arrière. **2·** ***S'en revenir*** v. pron. réfl. Littér. *Ils s'en revenaient tranquillement.* **III·** ***Revenir à.*** **1·** (Suj. personne) *Revenir à qqn*, retourner avec qqn. *Il est revenu à sa femme.* **2·** Abstrait. Reprendre (ce qu'on avait laissé). *Revenir aux anciennes méthodes. Revenons(-en) à notre sujet. Nous y reviendrons*, nous en parlerons plus tard. **3·** (Chose abstraite) Se présenter de nouveau (après être sorti de l'esprit). *Ça me revient !*, je m'en souviens à l'instant. **4·** (Rumeur, nouvelle) Être rapporté à qqn. *Cela lui revint aux oreilles. Il me revient que*, j'ai appris que. **5·** (Suj. personne) ***Revenir à soi*** : reprendre conscience. *Elle est revenue à elle après un long évanouissement.* **6·** (Suj. chose) Devoir être donné (à titre de profit, d'héritage). → **échoir.** *La propriété doit lui revenir à sa majorité. Il me revient tant.* → **revenu.** – Être à qqn, en vertu d'un droit, d'une prérogative. → **appartenir.** *Cet honneur vous revient.* Impers. *C'est à lui qu'il revient de.* → **incomber.** **7·** Plaire (surtout négatif ; avec un pronom). *Il a une tête qui ne me revient pas*, il ne m'est pas sympathique. **8·** En loc. Équivaloir. *Cela revient au même*, c'est la même chose. *Cela revient à dire que*, c'est comme si on disait que. **9·** Coûter au total (à qqn). *Le dîner m'est revenu à cinquante euros. Sa maison de campagne lui revient cher en entretien.* **IV·** ***Revenir de.*** **1·** → **rentrer.** *Les enfants reviennent de l'école. Les acteurs sont revenus épuisés de leur tournée.* – Loc. *Il revient de loin*, il a failli perdre, mourir. **2·** Sortir (d'un état). *Revenir de son étonnement, de sa surprise.* – ***N'en pas revenir*** : être très étonné. *Il n'en revenait pas. Je n'en reviens pas de son manque de perspicacité, qu'il se soit laissé manœuvrer.* – Abandonner, cesser d'entretenir en soi (une erreur, une illusion). *Il est revenu de tout*, il est désabusé, blasé. *J'en suis bien revenu !*, j'en suis bien dégoûté, je n'y crois plus. **V·** ***Revenir sur.*** **1·** Examiner à nouveau, reprendre (une question, une affaire). *À quoi bon revenir là-dessus ? Ne revenons pas sur le passé.* **2·** Annuler (ce qu'on a dit, promis). → se **dédire.** *Revenir sur sa décision, sur ses déclarations, sur des aveux.* → se **rétracter.** ***Faire revenir*** *un aliment* : le passer dans un corps gras chaud pour en dorer et en rendre plus ferme la surface, avant de le cuire. → **rissoler.** *Faire revenir des oignons dans une cocotte.* ▷ **revenant, revenez-y, revenu,** prix de **revient**

revenu [Rəvny ; R(ə)vəny] n. m. Ce qui revient à qqn, à titre d'intérêt, de rente, de salaire, etc. *Revenu d'un capital*, ce qu'il rapporte. → **intérêt.** *Impôt sur le revenu*, calculé sur les revenus annuels d'un contribuable. – *Revenu national*, ensemble des biens et des services obtenus par une économie nationale pendant une période donnée. – Au plur. ***Les revenus*** *de qqn* : l'argent dont une personne dispose. *Les familles consacrent une part importante de leurs revenus à se loger.*

rêver [Reve] v. < conjug. 1 > **I·** V. intr. **1·** Faire des rêves. *Je rêve rarement.* Loc. *Je me demande si je rêve* (tant ce que je perçois est incroyable). *On croit rêver*, c'est une chose incroyable (exprime souvent l'indignation). – Transitivement (ind.). ***Rêver de.*** *Rêver d'une personne, d'une chose*, la voir, l'entendre en rêve. *Il en rêve la nuit*, cela l'obsède. **2·** Laisser aller son imagination. → **rêvasser.** *Un élève qui rêve au fond de la classe* (→ **rêveur**). – Transitivement (ind.). ***Rêver à*** : penser vaguement à, imaginer. *À quoi rêvez-vous ? Je rêve aux vacances.* **3·** S'absorber dans ses désirs, ses souhaits. *On rêve, on fait des châteaux en Espagne.* – Transitivement (ind.). ***Rêver de*** : songer à, en souhaitant ardemment. *Il rêve d'un sort meilleur. La maison dont je rêve.* (+ infinitif) *Tout enfant, il rêvait déjà de voyager à travers le monde.* **II·** V. tr. **1·** (Compl. indéterminé) Former en dormant (telle image, telle représentation). *Nous avons rêvé la même chose.* – ***Rêver que*** (+ indicatif). *J'ai rêvé que je m'envolais.* **2·** Littér. Imaginer, désirer idéalement. *Ce n'est pas la vie que j'avais rêvée.* ▶ **rêvé, ée** adj. **1·** Qui existe en rêve, dans un rêve. *Une image rêvée, mais très nette.* **2·** Qui convient tout à fait. → **idéal.** *C'est l'endroit rêvé pour passer des vacances tranquilles.* ▷ **rêvasser, rêve, rêverie, rêveur**

réverbère [ReveRbɛR] n. m. Appareil destiné à l'éclairage de la voie publique. → **lampadaire.** *Réverbères à gaz, électriques.* → **bec** de gaz.

réverbérer [ReveRbeRe] v. tr. < conjug. 6 > Renvoyer (la lumière, la chaleur). → **réfléchir.** *Le mur blanc réverbérait la chaleur.* ▶ **réverbération** n. f. *Être ébloui par la réverbération du soleil sur la neige. La réverbération d'un mur blanchi à la chaux.* ▷ **réverbère**

reverdir [R(ə)vɛRdiR] v. intr. < conjug. 2 > Redevenir vert, retrouver sa verdure. *Les arbres reverdissent au printemps.*

1 **révérence** [Reverɑ̃s] n. f. Salut cérémonieux, conservé pour les femmes en certains cas, et qu'on exécute en inclinant le buste et en pliant les genoux. *Faire la, une révérence devant la reine d'Angleterre.* – Loc. fam. ***Tirer sa révérence*** *à qqn* : le quitter, s'en aller.

révérend, ende [Reverɑ̃, ɑ̃d] adj. **1·** Épithète honorifique devant les mots « père », « mère » (en parlant de religieux). *La révérende Mère.* – N. *Mon révérend.* **2·** Titre des pasteurs dans l'Église anglicane.

révérer [ʀeveʀe] v. tr. < conjug. 6 > Littér. Traiter avec un grand respect, honorer particulièrement. → **respecter.** *Révérer les saints.* → **vénérer.** – Au p. p. adj. *Un maître révéré.* ▶ 2 **révérence** n. f. Littér. Grand respect → **déférence.** *S'adresser à qqn avec révérence.* / contr. irrévérence / ▶ **révérencieux, euse** adj. Littér. Qui a, qui manifeste de la révérence. → **déférent, respectueux.** ▷ **irrévérence,** 1 **révérence, révérend**

rêverie [ʀɛvʀi] n. f. 1· Activité de l'esprit qui n'est pas dirigée par l'attention, et qui se complaît dans des pensées vagues, des imaginations. – Manifestation de cette activité. → **imagination, songerie.** *Se laisser aller à la rêverie.* 2· Péj. Idée vaine et chimérique. → **illusion.** *Ces rêveries ne mèneront à rien.*

revers [ʀ(ə)vɛʀ] n. m. invar. I· 1· Le côté opposé à celui qui se présente d'abord ou est considéré comme le principal. → **envers, verso.** *Le revers de la main,* le dos (opposé à *paume*). 2· Côté (d'une médaille, d'une monnaie) qui est opposé à la face principale (appelée aussi *avers* [avɛʀ], n. m. invar.). → 4 **pile.** – Loc. *Le **revers de la médaille** :* l'aspect déplaisant d'une chose qui paraissait sous son beau jour. 3· Partie d'un vêtement qui est repliée et montre l'autre face du tissu. *Le revers d'une manche. Pantalon à revers.* – Chacune des deux parties rabattues sur la poitrine, qui prolongent le col. *Les revers d'un veston.* 4· Loc. *Prendre **à revers** :* de flanc ou par derrière. → **tourner.** *Il prit les troupes ennemies à revers.* 5· ***Revers de main*** : geste par lequel on écarte, on frappe, etc., avec le dos de la main. – Loc. fig. *Écarter d'un revers de main,* sans se donner la peine d'examiner. – Au tennis, ping-pong. Coup de raquette effectué le dos de la main en avant. *Un revers à deux mains.* II· Événement inattendu, qui change une situation en mal. → **défaite, échec.** *Revers militaires. Revers de fortune. Essuyer un revers, des revers.* ▷ **réversible**

reverser [ʀ(ə)vɛʀse] v. tr. < conjug. 1 > 1· Verser de nouveau (un liquide) ou le remettre dans le même récipient. 2· Reporter. *Reverser un excédent sur un compte.*

réversible [ʀevɛʀsibl] adj. 1· Qui peut se reproduire en sens inverse. *Mouvement réversible. L'histoire n'est pas réversible.* / contr. irréversible / 2· Qui peut se porter à l'envers comme à l'endroit ; qui n'a pas d'envers. *Étoffe, manteau réversible.*

revêtement [ʀ(ə)vɛtmɑ̃] n. m. Élément extérieur qui recouvre une surface, pour la protéger, la consolider. *Le revêtement d'une paroi, d'une route, d'un four. Revêtement de sol, revêtement mural.*

revêtir [ʀ(ə)vetiʀ] v. tr. < conjug. 20 > I· 1· Couvrir (qqn) d'un vêtement particulier. → **parer.** *La chemise blanche dont on revêtait les pénitents.* – Pronominalement (réfl.). *Elle s'est revêtue de ses plus beaux habits.* 2· Abstrait. Investir. *Revêtir qqn d'une dignité, d'une autorité.* – Couvrir d'un aspect. *Il revêt sa théorie d'une apparence paradoxale.* 3· Mettre sur (un acte, un document) les signes matériels de sa validité. *Revêtir un dossier des signatures prévues par la loi.* II· Orner ou protéger par un revêtement. → **couvrir, garnir, recouvrir.** III· 1· Mettre sur soi (un habillement spécial). → **endosser.** *Revêtir l'uniforme.* 2· Avoir, prendre (un aspect). *Le conflit revêtait un caractère dangereux.* IV· ***(Être) revêtu, ue.*** 1· Vêtu. *Acteur revêtu de son costume de scène.* – Abstrait. *Être revêtu d'un pouvoir.* 2· Recouvert. *Canapé revêtu de velours grenat. Coupole revêtue de mosaïques.* ▷ **revêtement**

rêveur, euse [ʀɛvœʀ, øz] adj. et n. 1· Qui se laisse aller à la rêverie. *Un enfant rêveur et distrait. Un air rêveur.* → **songeur.** – N. *C'est un rêveur, un poète.* – Péj. Penseur chimérique, dépourvu de réalisme. → **utopiste.** 2· Loc. *Cela me laisse rêveur, rêveuse,* perplexe. ▶ **rêveusement** adv. D'une manière rêveuse ; avec perplexité. *Il regardait rêveusement le paysage.*

prix de revient [pʀidʀəvjɛ̃] n. m. invar. Prix auquel un objet fabriqué revient (III, 9) au fabricant, tous frais compris. *Le prix de vente est égal au prix de revient augmenté du bénéfice.*

revigorer [ʀ(ə)vigɔʀe] v. tr. < conjug. 1 > Redonner de la vigueur à (qqn). → **ragaillardir, ravigoter, remonter.** *Cette bonne douche m'a revigoré.* ▶ **revigorant, ante** adj. Qui revigore. *Un froid sec et revigorant.*

revirement [ʀ(ə)viʀmɑ̃] n. m. Changement brusque et complet dans les dispositions, les opinions. → **retournement, virevolte** (2), **volte-face.** *Un revirement d'opinion. Les revirements d'un homme politique.*

réviser [ʀevize] v. tr. < conjug. 1 > 1· Procéder à la révision de. → **modifier.** *Réviser un traité, la Constitution.* – *Réviser son jugement,* le modifier d'après ce qu'on a appris. 2· Revoir (ce qu'on a appris). → **repasser, revoir.** *Réviser sa leçon. Réviser des matières d'examen.* 3· Vérifier le fonctionnement de (qqch.). *Réviser un moteur.* ▶ **réviseur, euse** n. Personne qui révise ou qui revoit. *Réviseur de traductions.* ▶ **révision** n. f. 1· Action d'examiner de nouveau en vue de corriger ou de modifier (un texte). *Préparer une révision de la Constitution.* – Acte par lequel une juridiction supérieure peut infirmer, après examen, la décision d'une juridiction inférieure. *La* *révision d'un procès, d'un jugement.* **2·** Mise à jour par un nouvel examen. *Révision des listes électorales,* permettant l'inscription d'électeurs nouveaux. **3·** Examen par lequel on vérifie qu'une chose est bien dans l'état où elle doit être. *Procéder à la révision d'un véhicule.* **4·** Action de revoir (un programme d'études) en vue d'une composition, d'un examen. *Faire des révisions.* ▶ **révisionnisme** n. m. **1·** Position idéologique préconisant la révision d'une doctrine. **2·** Position idéologique tendant à minimiser le génocide des juifs par les nazis. → **négationnisme.** ▶ **révisionniste** adj. et n. **1·** Qui est partisan d'une révision de la Constitution ou d'une doctrine politique. *Les marxistes orthodoxes le traitent de révisionniste.* **2·** Partisan du révisionnisme (2).

revisiter [ʀ(ə)vizite] v. tr. < conjug. 1 > Considérer, interpréter autrement, d'une manière nouvelle (une œuvre, un auteur).

revivre [ʀəvivʀ] v. < conjug. 46 > **I·** V. intr. **1·** Vivre de nouveau (après la mort). → **ressusciter.** – Littér. Se continuer (en la personne d'un autre). *Il revit dans son fils,* son fils lui ressemble, agit comme lui. **2·** Recouvrer ses forces, son énergie. *Je commence à revivre depuis que j'ai reçu de ses nouvelles.* → **respirer. 3·** *Faire revivre* : redonner vie à (qqch. de passé) dans les institutions ou les œuvres d'art. *Il a fait revivre la Révolution française dans son livre, dans son film.* **II·** V. tr. Vivre ou ressentir de nouveau (qqch.). *Je ne veux pas revivre cette épreuve.*

révocable [ʀevɔkabl] adj. Qui peut être révoqué. / contr. irrévocable /

révocation [ʀevɔkasjɔ̃] n. f. Action de révoquer (une chose, une personne). *La révocation de l'édit de Nantes.* → **abrogation.** *La révocation d'un fonctionnaire.* → **destitution, licenciement, renvoi.**

revoici [ʀ(ə)vwasi] prép. Fam. Voici de nouveau. *Me revoici, c'est encore moi !*

revoilà [ʀ(ə)vwala] prép. Fam. Voilà de nouveau. *Nous revoilà dans la même situation.*

revoir [ʀ(ə)vwaʀ] v. tr. < conjug. 30 > **I· 1·** Être de nouveau en présence de (qqn). → **retrouver.** *Je l'ai souvent revu depuis* (cette époque). *Au plaisir de vous revoir !* (en prenant congé de qqn). – Pronominalement (récipr.). *Ils ne se sont jamais revus.* – *Au revoir* [ɔʀvwaʀ] : locution interjective par laquelle on prend congé de qqn que l'on pense revoir. *Au revoir Monsieur.* → fam. à la **revoyure.** *Dire au revoir.* – N. m. invar. *Ce n'est qu'un au revoir et non un adieu.* **2·** Retourner dans (un lieu qu'on avait quitté). *L'exilé n'a jamais revu sa patrie.* **3·** Regarder de nouveau, assister de nouveau à (un spectacle). *Un film qu'on aimerait revoir.* **4·** Voir de nouveau en imagination, par la mémoire. *Je revois les lieux de mon enfance.* – Pronominalement (réfl.). *Il se revoit errant dans la ville, désespéré.* **II· 1·** Examiner de nouveau pour parachever, corriger. *Revoir un texte de près* (→ **réviseur**). – Au p. p. adj. *Édition revue et corrigée.* **2·** Apprendre de nouveau pour se remettre en mémoire. → **repasser, réviser.** *J'ai revu tout le programme.* ▷ à la **revoyure,** 1 **revue,** 2 **revue**

révolter [ʀevɔlte] v. tr. < conjug. 1 > **I·** Soulever (qqn) d'indignation, remplir de réprobation. → **écœurer ; indigner.** *Ces procédés me révoltent.* **II·** *Se révolter* v. pron. réfl. : se dresser, entrer en lutte contre le pouvoir, l'autorité établie. → **s'insurger,** se **soulever.** *Le peuple s'est révolté contre le dictateur. Les minorités opprimées se révoltent.* – Se dresser contre (une autorité). *Enfant qui se révolte contre ses parents.* – *Toute sa nature se révoltait,* rejetait violemment (cette contrainte, cette réalité...). ▶ **révolté, ée** adj. et n. **1·** Qui est en révolte contre (l'autorité, le pouvoir). → **dissident, insurgé, rebelle.** *Des soldats révoltés.* N. *Les révoltés.* – Qui a une attitude de révolte contre (une autorité, une contrainte). *Adolescent révolté contre la société.* N. *C'est un révolté.* **2·** Rempli d'indignation. → **outré.** *Vous me voyez révolté !* ▶ **révoltant, ante** adj. Qui révolte. *Une injustice révoltante.* → **criant.** *Des abus révoltants.* → **honteux.** ▶ **révolte** n. f. **1·** Action violente par laquelle un groupe se révolte contre l'autorité politique, la règle sociale établie. → **émeute, guerre** civile, **insurrection, rébellion, révolution.** *Une révolte de paysans.* → **jacquerie.** *Inciter, pousser qqn à la révolte.* **2·** Attitude de refus et d'hostilité devant une autorité, une contrainte. *Esprit de révolte. Cri, sursaut de révolte.* → **indignation.** – *La révolte des sens, de l'instinct* (contre la raison).

révolu, ue [ʀevɔly] adj. (Espace de temps) Écoulé, terminé. *À l'âge de 18 ans révolus. Une époque révolue.* → **disparu.**

1 **révolution** [ʀevɔlysjɔ̃] n. f. **1·** Retour périodique d'un astre à un point de son orbite ; mouvement d'un tel astre, temps qu'il met à l'accomplir. *Les révolutions de la Terre.* **2·** Rotation complète d'un corps mobile autour de son axe (*axe de révolution*).

2 **révolution** n. f. **1·** Changement très important dans les sociétés humaines, dans l'Histoire. → **bouleversement, transformation ; évolution.** *Une révolution morale, artistique. La révolution industrielle de la fin du XIXe s. La révolution culturelle* (en Chine, de 1965 à 1968). **2·** Ensemble d'événements historiques qui ont lieu lorsqu'un groupe renverse le régime en place et que des changements profonds se produisent dans la

société. *La Révolution française* (de 1789). – Absolt. En France. *Avant la Révolution,* sous l'Ancien Régime. *La Révolution russe* (de 1917). – Les forces révolutionnaires, le pouvoir issu d'une révolution. *La victoire de la révolution sur la réaction.* **3·** Fam. Grande agitation. *Tout le quartier est en révolution.* → **ébullition, effervescence.** ▶ **révolutionnaire** adj. et n. **1·** Qui vise à une révolution. / contr. conservateur / *Mouvement, parti révolutionnaire.* – Issu de la révolution, propre à la révolution (française en particulier). *Le gouvernement révolutionnaire. Les chants révolutionnaires.* – N. Personne qui fait la révolution. *Les révolutionnaires ont pris le pouvoir.* **2·** Qui apporte des changements radicaux et soudains, dans quelque domaine que ce soit. *Une théorie, une technique révolutionnaire.* ▶ **révolutionner** v. tr. < conjug. 1 > **1·** Agiter violemment, mettre en émoi. *Cette nouvelle a révolutionné le quartier.* **2·** Transformer radicalement, profondément. → **bouleverser.** *L'invention de la machine à vapeur a révolutionné l'industrie.* ▷ **contre-révolution**

revolver [ʀevɔlvɛʀ] n. m. Arme à feu courte et portative, à barillet. – **REM.** Se dit par erreur pour *pistolet.*

révoquer [ʀevɔke] v. tr. < conjug. 1 > **1·** Destituer (un fonctionnaire, un magistrat...). → **casser** (I), **relever** de ses fonctions. **2·** Annuler (un acte juridique) au moyen de formalités déterminées. *Révoquer un testament.* ▷ **irrévocable, révocable, révocation**

à la **revoyure** [alaʀvwajyʀ] loc. interj. Fam. Au revoir.

① **revue** [ʀ(ə)vy] n. f. **I·** Examen qu'on fait (d'un ensemble matériel ou abstrait) en considérant successivement chacun des éléments. → **inventaire.** *Faire la revue de son matériel de camping.* – *La revue de la presse, une revue de presse,* ensemble d'extraits d'articles qui donne un aperçu des différentes opinions sur l'actualité. **II· 1·** Cérémonie militaire au cours de laquelle les troupes sont présentées à des personnalités civiles ou militaires. → **défilé, parade.** *La revue du 14 Juillet. En revenant de la revue.* – ***Passer en revue*** : inspecter des militaires qui stationnent ou défilent à cette intention. *Le général passa le régiment en revue.* **2·** Loc. fig. ***Passer en revue*** : examiner successivement. *Nous avons passé en revue les divers problèmes.* – Fam. ***Être de la revue*** : être frustré, n'avoir rien obtenu. **III·** Loc. fam. ***Être de revue*** : avoir l'occasion de se revoir. *Ce sera pour une autre fois, nous sommes de revue.* **IV·** Pièce satirique passant en revue l'actualité. – Spectacle de variétés ou de music-hall. *Une revue à grand spectacle.*

② **revue** n. f. Publication périodique (mensuelle, trimestrielle, etc.). → **magazine, périodique.** *Revue littéraire, scientifique. S'abonner à une revue.*

révulser [ʀevylse] v. tr. < conjug. 1 > **1·** Indigner avec force. *Ça me révulse !* **2·** ***Se révulser*** v. pron. réfl. : se contracter violemment (sous l'effet d'une émotion). *Visage qui se révulse.* ▶ **révulsé, ée** adj. (Visage, yeux) Qui a une expression bouleversée. *Yeux révulsés,* tournés de telle sorte qu'on ne voit presque plus la pupille. ▶ **révulsion** n. f. Procédé thérapeutique qui consiste à produire un afflux de sang dans une région déterminée afin de dégager un organe atteint de congestion ou d'inflammation. ▶ **révulsif** n. m. Remède qui produit la révulsion (cataplasme, friction, etc.).

rez-de-chaussée [ʀedʃose] n. m. invar. Partie d'un édifice dont le plancher est sensiblement au niveau de la rue, du sol. *Il habite au rez-de-chaussée. Des rez-de-chaussée.* – Abrév. **RdC.** ▶ **rez-de-jardin** n. m. invar. Partie d'un édifice qui se trouve de plain-pied avec un jardin.

rhabiller [ʀabije] v. tr. < conjug. 1 > Habiller de nouveau. *Rhabiller un enfant.* – Pronominalement (réfl.). *Les baigneurs se rhabillaient.* – Fam. ***Il peut aller se rhabiller*** : se dit d'un artiste, d'un athlète qui est mauvais, et qu'on engage à retourner au vestiaire, ou de qqn qui n'a plus qu'à s'en aller, à renoncer. *Va te rhabiller !*

rhapsode [ʀapsɔd] n. m. Chanteur de la Grèce antique qui allait de ville en ville récitant des poèmes épiques. ▷ **rhapsodie**

rhapsodie [ʀapsɔdi] n. f. Pièce musicale instrumentale de composition très libre et d'inspiration nationale et populaire. *Les rhapsodies hongroises de Liszt.*

rhénan, ane [ʀenɑ̃, an] adj. Relatif au Rhin, à la Rhénanie (en République fédérale d'Allemagne). *Le pays rhénan.*

rhéostat [ʀeɔsta] n. m. Appareil qui, intercalé dans un circuit, permet de régler l'intensité du courant électrique.

rhésus [ʀezys] n. m. invar. **I·** Sciences naturelles. Singe du genre macaque, qui vit dans le nord de l'Inde. – En appos. *Des singes rhésus.* **II·** En médecine. ***Facteur rhésus*** : substance découverte dans le sang du singe rhésus, présente dans 85 % des sangs humains et qui rend incompatibles du sang à *rhésus positif* et du sang à *rhésus négatif* (qui n'a pas cette substance).

rhéteur [ʀetœʀ] n. m. **1·** Dans l'Antiquité. Maître de rhétorique. **2·** Péj. Orateur, écrivain sacrifiant à la rhétorique (2). → **phraseur.** ▶ 1 **rhétorique** n. f. **1·** Art de bien parler ; technique de la mise en œuvre des moyens d'expression (par la composition, les figures). *Les anciens traités de rhétorique.* **2·** Péj. Éloquence creuse, purement formelle. → **déclamation, emphase.** ▶ 2 **rhétorique** adj. *Un raisonnement, une formule rhétorique.* ▶ **rhétoricien, ienne** n. Spécialiste de rhétorique.

rhin-, rhino- Élément savant signifiant « nez ». ▶ **rhinite** n. f. Inflammation de la muqueuse des fosses nasales. *Rhinite aiguë* → **coryza,** *allergique.* ▶ **rhinopharynx** [rinofarɛ̃ks] n. m. invar. Partie supérieure du pharynx. ▶ **rhinopharyngite** n. f. Affection du rhinopharynx. – Abrév. **rhino.** ▷ **oto-rhino-laryngologie, rhinocéros**

rhinocéros [rinɔserɔs] n. m. invar. Mammifère de grande taille au corps couvert d'une peau épaisse et rugueuse, armé d'une ou de deux cornes sur le nez. – Abrév. **Un rhino.** *Des rhinos.*

rhizome [rizom] n. m. Didact. Tige souterraine (de certaines plantes, comme l'iris).

rhodanien, ienne [rɔdanjɛ̃, jɛn] adj. Du Rhône. *Le couloir rhodanien.*

rhododendron [rɔdɔdɛ̃drɔ̃] n. m. Arbuste à feuilles persistantes, à fleurs roses ou rouges.

rhodoïd [rɔdɔid] n. m. Matière plastique transparente et incombustible.

rhombo- Élément savant signifiant « losange ».

rhubarbe [rybarb] n. f. Plante à larges feuilles portées par de gros pétioles comestibles. *Confiture de rhubarbe. Tarte à la rhubarbe.*

rhum [rɔm] n. m. Eau-de-vie obtenue par fermentation et distillation du jus de canne à sucre, ou de mélasses. *Boisson au rhum.* → **grog,** 1 **punch.** *D'excellents vieux rhums.* ▶ **rhumerie** [rɔmri] n. f. **1·** Distillerie de rhum. **2·** Café spécialisé dans les boissons au rhum.

rhumatisme [rymatism] n. m. Affection aiguë ou chronique, caractérisée généralement par des douleurs dans les articulations. → **arthrite,** 3 **goutte.** ▶ **rhumatisant, ante** adj. et n. Atteint de rhumatisme, sujet aux rhumatismes. *Vieillard rhumatisant.* – N. *Un rhumatisant.* ▶ **rhumatismal, ale, aux** adj. Propre au rhumatisme. *Douleurs rhumatismales.* ▶ **rhumatologie** n. f. Médecine des rhumatismes. ▶ **rhumatologue** n. Spécialiste des rhumatismes.

rhume [rym] n. m. Inflammation générale des muqueuses des voies respiratoires (nez, gorge, bronches). *Rhume de cerveau,* inflammation des fosses nasales. → **coryza.** *Avoir, attraper un rhume, un gros rhume. Son rhume le fait éternuer.* ▷ **enrhumer**

riad [rijad] n. m. (Au Maroc). Maison urbaine traditionnelle construite autour d'un patio. *Ils ont loué une chambre d'hôte dans un riad de Marrakech.*

riant, riante [rijɑ̃, rijɑ̃t] adj. **1·** Qui exprime la gaieté. → **gai.** / contr. triste / *Visage riant.* **2·** Qui semble respirer la gaieté et y inciter. / contr. morne / *Une campagne riante.*

ribambelle [ribɑ̃bɛl] n. f. Longue suite (de personnes ou de choses en grand nombre). *Une ribambelle d'enfants.*

ribonucléique [ribonykleik] adj. *Acide ribonucléique* : A. R. N. ▷ **désoxyribonucléique**

ricaner [rikane] v. intr. < conjug. 1 > **1·** Rire à demi de façon méprisante ou sarcastique. *L'individu me regarda d'un air féroce et se mit à ricaner.* **2·** Rire de façon stupide, sans motif ou par gêne. *Pour toute réponse, il se contenta de ricaner.* ▶ **ricanement** n. m. ▶ **ricaneur, euse** adj. et n. Qui ricane.

riche [riʃ] adj. et n. m. **1·** Adj. Qui a de la fortune, possède des richesses. → **fortuné, opulent ;** fam. **rupin.** / contr. pauvre / *Il, elle est riche. Il est aisé, mais pas vraiment riche. Ce sont des gens très riches.* → **richissime.** *Faire un riche mariage,* se marier avec une personne riche. *Les pays riches, industrialisés et les pays pauvres, en voie de développement.* **2·** N. m. *Les riches.* → **milliardaire, millionnaire, richard.** – *Nouveau riche* : personne récemment enrichie, qui étale sa fortune sans modestie et sans goût. → **parvenu.** – Péj. *Gosse de riche(s)* : enfant de personnes riches, plus ou moins gâté. **3·** (Choses ; souvent avant le nom) Qui suppose la richesse, a l'apparence de choses coûteuses. → **somptueux.** *De riches tapis.* Fam. *Ça fait riche.* **4·** (Choses) *Riche en* : qui possède beaucoup de (choses utiles ou agréables). *Un aliment riche en vitamines.* – *Riche de* (surtout abstrait) : qui a beaucoup de, est plein de. *Un livre riche d'enseignements.* **5·** (Choses) Qui contient de nombreux éléments, ou des éléments importants en abondance. *Un sol, une terre riche.* → **fertile.** *Langue riche* (en moyens d'expression). – Fam. *C'est une riche nature* : une personne pleine de possibilités, énergique. *Une riche idée,* excellente. ▶ **richement** adv. **1·** De manière à rendre ou à devenir riche. *Il a marié richement ses filles.* **2·** Avec magnificence. *Richement vêtu.* / contr. pauvrement / ▶ **richesse** n. f. **I· 1·** Possession de grands biens (en nature ou en argent). → **argent, fortune, opulence.** / contr. pauvreté / *Vivre dans la richesse.* **2·** Qualité de ce qui est coûteux ou le paraît. *La richesse des tentures, du décor.*

3· *Richesse en* : état de ce qui est riche en. *La richesse de ce pays en pétrole.* 4· Qualité de ce qui a en abondance les éléments requis. *Richesse du sous-sol. La richesse de sa documentation.* → **abondance, importance.** II· *Les richesses.* 1· L'argent, les possessions matérielles. *Accumuler les richesses.* – Objets de grande valeur. *Les richesses d'un musée.* 2· Ressources d'un pays ; produits de l'activité économique dont profite la collectivité. *La répartition des richesses.* 3· Abstrait. Biens, ressources (d'ordre intellectuel, esthétique). → **trésor.** *Les richesses d'un style architectural.* ▶ **richard, arde** n. Fam. et péj. Personne riche. *Un gros richard.* ▶ **richissime** adj. Extrêmement riche. ▷ **enrichir**

richelieu [Riʃəljø] n. m. Chaussure basse lacée. *Une paire de richelieux* (ou *de richelieus*).

ricin [Risɛ̃] n. m. Plante dont le fruit renferme des graines oléagineuses. – *Huile de ricin* : employée comme purgatif.

ricochet [Rikɔʃɛ] n. m. 1· Rebond d'une pierre lancée obliquement sur la surface de l'eau, ou d'un projectile renvoyé par un obstacle. *Ramasser des cailloux pour faire des ricochets.* – *Projectile qui fait ricochet sur le sol.* 2· *Par ricochet* : par contrecoup, indirectement. ▶ **ricocher** v. intr. < conjug. 1 > Faire ricochet. → **rebondir.** *La balle a dû ricocher sur le mur.*

ric-rac [RikRak] loc. adv. Fam. Exactement ; tout juste. *C'est compté ric-rac. Côté finances, c'est ric-rac, ce mois-ci,* juste suffisant.

rictus [Riktys] n. m. invar. Contraction de la bouche, qui donne l'aspect de rire forcé, de sourire grimaçant. *Des rictus de colère.*

ride [Rid] n. f. 1· Petit pli de la peau du front, de la face et du cou (dû à l'âge, à l'amaigrissement, ou au froncement). → **ridule.** *Visage sillonné de rides.* 2· Légère ondulation à la surface de l'eau ; pli, sillon sur une surface. ▷ **ridicule**

rideau [Rido] n. m. 1· Pièce d'étoffe (mobile) destinée à tamiser la lumière, à abriter ou décorer qqch. *Rideaux de fenêtres.* → **voilage.** *Doubles rideaux,* rideaux en tissu épais, par-dessus des rideaux transparents. – *Fermer, ouvrir, écarter, tirer les rideaux.* 2· Grande draperie (ou toile peinte) qui sépare la scène de la salle. *Lever, baisser le rideau. Rideau !,* exclamation des spectateurs mécontents (pour demander qu'on baisse le rideau). 3· *Rideau de fer* : rideau métallique séparant la scène de la salle en cas d'incendie ; fermeture métallique de la devanture d'un magasin. *Baisser le rideau de fer.* – En Histoire. Ligne qui isolait en Europe les pays communistes des pays non communistes. *Au-delà du rideau de fer.* 4· Loc. *Tirer le rideau sur qqch.* : cesser de s'en occuper, d'en parler. 5· *Rideau de* : chose capable d'intercepter la vue, de mettre à couvert. → **écran.** *Un rideau de verdure. Un rideau de fumée,* fig. ce qui cache qqch.

ridelle [Ridɛl] n. f. Châssis à claire-voie disposé de chaque côté d'une charrette, d'un camion, etc., afin de maintenir la charge. *Des wagons à ridelles.*

rider [Ride] v. tr. < conjug. 1 > 1· Marquer, sillonner de rides. → **flétrir.** – Pronominalement. *Peau qui se ride.* 2· Marquer d'ondulations, de plis. *La brise ridait l'eau, la surface du lac.* – Pronominalement. *Les pommes commencent à se rider.* ▶ **ridé, ée** adj. Marqué de rides. *Visage ridé et flétri. Une petite vieille toute ridée. Une pomme ridée.* ▷ **antirides, dérider, ride, rideau**

ridicule [Ridikyl] adj. et n. m. I· Adj. 1· Qui mérite d'exciter le rire et la moquerie, qui fait rire par un caractère de laideur, d'absurdité, de bêtise. → **dérisoire, risible.** *Une personne ridicule, qui se rend ridicule. Cette mode est ridicule. Un accoutrement ridicule.* – (Comportements) Dénué de bon sens. → **absurde, déraisonnable.** *Une prétention ridicule.* – (Personnes) *Ils sont ridicules de prétention. Tu es ridicule de dire cela.* – Impers. *Il est, c'est, il serait ridicule de* (+ infinitif), *que* (+ subjonctif). *Il serait ridicule de laisser passer une pareille occasion, qu'il ne saisisse pas l'occasion.* 2· Insignifiant. *Une somme, une quantité ridicule.* → **dérisoire.** II· N. m. 1· Loc. *Tourner qqn en ridicule* : le rendre ridicule. → **se moquer, ridiculiser.** 2· Trait qui rend ridicule, ce qu'il y a de ridicule. *Montrer les ridicules (de qqn).* → **défaut.** *Sentir tout le ridicule d'une situation. Se donner le ridicule de discuter sans rien savoir,* se rendre ridicule en discutant... – Absolt. *Le ridicule,* ce qui excite le rire et la risée. *C'est le comble du ridicule. Avoir la peur, le sens du ridicule.* – Prov. *Le ridicule tue (ne tue pas),* on ne se relève pas (on supporte très bien) d'avoir été ridicule. ▶ **ridiculement** adv. De manière ridicule. *Être ridiculement accoutré.* – Dans des proportions dérisoires. *Salaire ridiculement bas.* ▶ **ridiculiser** v. tr. < conjug. 1 > Rendre ridicule. → **moquer.** – Pronominalement (réfl.). *Il se ridiculise.*

ridule [Ridyl] n. f. Petite ride.

rien [Rjɛ̃] pronom indéf., n. m. et adv. I· Nominal indéfini. REM. Dans cet emploi, on fait la liaison, ex. : *rien à dire* [Rjɛ̃nadiR] — *Rien,* objet direct, suit le verbe ou l'auxiliaire ; ex. : *je ne comprends rien, je n'ai rien compris.* Il se place aussi devant l'infinitif : *il est parti sans rien dire.* 1· Quelque chose (dans un contexte négatif). *Il fut incapable de rien dire,* de dire quoi que ce soit. *Je ne crois pas qu'il puisse rien prouver contre moi.*

Rester sans rien dire. A-t-on jamais rien vu de pareil ? **2·** (Employé avec *ne*) Aucune chose, nulle chose. *Je n'ai rien vu. Il n'en sait rien. Je n'y comprends rien. Il n'y a rien à craindre.* PROV. *Qui ne risque rien n'a rien. Vous n'aurez rien du tout,* absolument rien. *Il ne comprend rien à rien. Cela ne fait rien,* cela n'a pas d'importance. *Ça ne sert à rien. On n'y peut rien. Ils ne s'entendent sur rien.* ***Rien que.*** *Je n'ai rien que mon salaire.* → **seulement.** ***Rien de*** (+ adj. ou adv. *moins, plus, mieux, pis,* etc.). *Il n'y a rien de mieux, de tel. Il n'y a rien de plus facile.* – ***Rien qui, que*** (le plus souvent + subjonctif). *Je n'ai rien trouvé qui vaille la peine. Il n'y a rien que tu puisses faire.* – ***N'avoir rien de...*** : aucun des caractères de... *Elle n'a rien d'une ingénue.* (+ adj.) N'être pas du tout. *Cela n'a rien d'impossible.* – (Comme sujet) *Rien n'est trop beau pour lui. Rien ne motive son absence. Rien ne va plus* (au jeu : il est trop tard pour miser). – (En attribut) ***N'être rien*** : n'avoir aucun pouvoir, aucune importance. *N'être rien en comparaison de qqn, qqch. Elle n'est rien pour moi,* elle ne compte pas. *Ce n'est rien,* c'est sans importance, sans gravité. *Ce n'est pas rien,* c'est important. *Il n'en est rien,* ce n'est pas vrai du tout. – Littér. ***Rien moins (que).*** *Ce n'est rien moins que sûr,* ce n'est pas du tout sûr. – Pas moins. *Il ne s'agissait de rien moins que de...* ou (dans le même sens) *de rien de moins que de...* **3·** Loc. adv. ***En rien*** (positif) : en quoi que ce soit. *Sans gêner en rien son action.* – ***Ne... en rien*** : d'aucune manière, pas du tout. *Cela ne nous touche en rien.* **4·** (Sans particule négative, dans une phrase elliptique, une réponse) Nulle chose. *« à quoi penses-tu ? – à rien. »* – *Rien à dire. Rien de tel pour se distraire,* rien n'est si bien. *Rien d'étonnant si l'affaire a raté, que l'affaire ait raté.* ***Rien à faire*** : la chose est impossible. *Rien à faire pour faire démarrer ce moteur. « Je vous remercie. – De rien »,* je vous en prie. *C'est tout ou rien,* il n'y a pas de demi-mesure. *C'est cela ou rien,* il n'y a pas d'autre choix. *Ce que nous faisons ou rien, c'est la même chose,* nous ne faisons rien d'utile. *Rien de plus, rien de moins,* exactement (ceci). *C'est mieux que rien,* c'est quelque chose. *C'est moins que rien,* c'est nul. *En moins de rien,* en très peu de temps, très rapidement. – ***Rien que...*** → **seulement.** *C'est à moi, rien qu'à moi.* → **uniquement.** *Rien que d'y penser,* à cette seule pensée. **5·** (Après une prép.) Chose ou quantité (quasi) nulle. *Faire qqch. de rien. Se réduire à rien.* → à **zéro.** – ***Pour rien*** : pour un résultat nul. → **inutilement.** *Se déranger pour rien. Ce n'est pas pour rien que...,* ce n'est pas sans raison que... – Sans payer. → **gratuitement.** *Je l'ai eu pour rien. On n'a rien pour rien.* – *C'est pour rien !,* ce n'est pas cher (→ C'est donné). – ***De rien, de rien du tout*** (compl. de nom) : sans valeur, sans importance. *Un petit bobo de rien du tout.* – Vieilli. *Une fille de rien,* de mauvaise conduite. – *C'est deux, trois fois rien,* une chose insignifiante. – Loc. ***Comme si de rien n'était*** : comme si rien ne s'était passé. **II·** N. m. REM. Dans cet emploi, on ne fait pas de liaison : *un rien effraie* [rjɛ̃efʀɛ] *cet enfant.* **1·** ***Un rien*** : peu de chose. *Un rien l'amuse, l'habille.* – Au plur. *Perdre son temps à des riens.* → **bagatelle, bêtise, niaiserie.** – ***Pour un rien*** : pour une raison insignifiante. *Il se fait de la bile pour un rien.* – Fam. ***Comme un rien*** : très facilement. *Il saute 1,50 m comme un rien.* **2·** ***Un rien de*** : un petit peu de. *« En reprenez-vous ? – Un rien »,* une goutte, une miette. *Un rien, un petit rien de fantaisie.* – ***En un rien de temps*** : en très peu de temps. → **promptement.** – ***Un rien*** loc. adv. : un petit peu, légèrement. *C'est un rien trop grand.* **3·** N. invar. ***Un, une rien du tout*** : une personne méprisable (socialement, moralement). *Ce sont des rien du tout.* **III·** Adv. *Rien.* Fam. (Par antiphrase) Très. → **rudement.** *C'est rien chouette ici !* ▷ **vaurien**

rieur, rieuse [ʀjœʀ, ʀjøz ; ʀijœʀ, ʀijøz] n. et adj. **1·** N. Personne qui rit, est en train de rire. – Loc. *Avoir, mettre les rieurs de son côté, avec soi,* faire rire aux dépens de son adversaire. **2·** Adj. Qui aime à rire, à s'amuser. → **gai ; enjoué.** *Un enfant rieur.* – Qui exprime la gaieté. *Yeux rieurs. Expression rieuse.*

rififi [ʀififi] n. m. Fam. Vieilli. Bagarre. *Il y a du rififi dans la rue.*

riflard [ʀiflaʀ] n. m. Fam. Vieilli. Parapluie. → fam. ③ **pépin.**

rigide [ʀiʒid] adj. **1·** (Choses) Qui garde sa forme, ne se déforme pas. → **raide.** / contr. souple / *Armature rigide. Livre à couverture rigide.* **2·** (Personnes) Qui se refuse aux concessions, aux compromis. → **inflexible, rigoureux.** *Un moraliste rigide.* – Qui manque de souplesse. *Ce parti a une organisation très rigide. Une morale rigide.* ▶ **rigidité** n. f. **1·** Raideur. *Rigidité d'un papier. La rigidité cadavérique.* **2·** *Rigidité des principes.* → **austérité, rigorisme.** / contr. souplesse /

rigole [ʀigɔl] n. f. **1·** Petit conduit creusé dans une pierre, ou petit fossé aménagé dans la terre pour l'écoulement des eaux. → **caniveau, ruisseau. 2·** Filet d'eau qui ruisselle par terre. *La pluie forme des rigoles.*

rigoler [ʀigɔle] v. intr. <conjug. 1> Fam. Rire, s'amuser. *On a bien rigolé.* – Plaisanter. *Il ne faut pas rigoler avec ça* (→ **rigolade**). ▶ **rigolade** [ʀigɔlad] n. f. Fam. **1·** Amusement, divertissement. *Prendre qqch. à la rigolade,* comme une plaisanterie. **2·** Chose ridicule, ou sans importance. → **farce.** *C'est une vaste rigolade.* → **blague.** **3·** *C'est de la rigolade,* c'est facile à réaliser.

▶ **rigolard, arde** adj. Fam. Gai. *Un air rigolard.* ▶ **rigolo, ote** adj. et n. Fam. **1·** Qui amuse, fait rire, rigoler. → **amusant, drôle ;** fam. **marrant.** *Elle est rigolote.* – N. Personne amusante. Péj. *C'est un petit rigolo,* un farceur. **2·** Curieux, étrange.

rigorisme [RigɔRism] n. m. Respect exagéré des règles de la religion ou des principes moraux. → **austérité, puritanisme, rigidité.** ▶ **rigoriste** n. et adj. N. *Un rigoriste.* – Adj. → **intransigeant, sévère.** *Attitude rigoriste.*

rigueur [RigœR] n. f. **1·** Sévérité, dureté extrême. *La rigueur de la répression. La rigueur d'une punition. Punir avec trop de rigueur.* – Loc. ***Tenir rigueur** à qqn* : ne pas lui pardonner, lui garder rancune. – Au plur. Littér. *Les rigueurs de l'hiver.* **2·** Exactitude, logique implacable. *La rigueur d'un raisonnement. Son exposé manque de rigueur.* **3·** ***De rigueur*** : imposé par les usages, les règlements. → **obligatoire.** *Tenue de soirée de rigueur.* **4·** ***À la rigueur*** loc. adv. : en cas de nécessité absolue. *On peut à la rigueur se passer de lui.* ▶ **rigoureux, euse** adj. **1·** Qui fait preuve de rigueur. *Une morale rigoureuse.* → **rigide ; rigoriste. 2·** Dur à supporter. *Un hiver rigoureux.* → **rude. 3·** D'une exactitude inflexible. *Observation rigoureuse des consignes.* → **étroit, strict.** *Une rigoureuse neutralité.* → **absolu.** – Mené avec précision. *Un raisonnement rigoureux.* – (Personnes) *Être rigoureux dans une démonstration.* ▶ **rigoureusement** adv. **1·** D'une manière rigoureuse, stricte. *Il est rigoureusement interdit de fumer.* → **formellement, strictement. 2·** Absolument, totalement. *C'est rigoureusement exact.* – Avec exactitude, minutie. *Il a respecté rigoureusement les consignes.* ▷ **rigorisme.**

rikiki → **riquiqui.**

rillettes [Rijɛt] n. f. pl. Charcuterie faite de viande de porc ou d'une autre viande, hachée et cuite dans la graisse. *Un pot de rillettes. Rillettes d'oie, de canard. Une tartine de rillettes.*

rillons [Rijɔ̃] n. m. pl. Résidus de viande de porc que l'on cuit dans leur graisse et que l'on mange froids.

rime [Rim] n. f. **1·** Disposition de sons identiques à la finale de mots placés à la fin de deux ou plusieurs vers. *Rime riche,* comprenant au moins une voyelle et sa consonne d'appui (ex. : *image – hommage*). *Rime pauvre* (ex. : *ami – pari*). *Rimes plates,* qui ont la forme a-a-b-b ; *rimes croisées,* qui ont la forme a-b-a-b. – *Rime féminine, masculine,* terminée par *e* muet ou non. **2·** ***Sans rime ni raison*** : d'une manière incompréhensible, absurde. *Ça n'a ni rime ni raison,* aucun sens. ▶ **rimer** v. <conjug. 1> **I·** V. intr. **1·** Faire des vers. **2·** Constituer une rime. « *Vent* » *rime avec* « *souvent* ». – Loc. *Cela ne rime à rien,* n'a aucun sens. **II·** V. tr. Mettre en vers rimés. *Rimer une chanson.* ▶ **rimé, ée** adj. Pourvu de rimes. *Poésie rimée.* ▶ **rimeur, euse** n. Poète sans inspiration (variante péj. ***rimailleur***).

rimmel [Rimɛl] n. m. (Marque déposée) Fard pour les cils. → **mascara.**

rinceau [Rɛ̃so] n. m. Ornement architectural en forme d'arabesque. *Des rinceaux.*

rincer [Rɛ̃se] v. tr. <conjug. 3> **1·** Nettoyer à l'eau (un récipient). → **laver.** *Rincer des verres, des bouteilles.* **2·** Passer à l'eau (ce qui a été lavé) pour enlever les produits de lavage. *Rincer du linge.* – *Elle s'est rincé la bouche après s'être lavé les dents.* **3·** Fam. ***Se rincer l'œil*** : regarder avec plaisir ce qui excite les sens. ▶ **rinçage** n. m. *Le rinçage des verres.* ▶ **rince-doigts** n. m. Petit récipient contenant de l'eau (parfumée de citron, etc.), servant à se rincer les doigts au cours d'un repas. ▶ **rinçure** n. f. Eau sale qui a servi à rincer.

ring [Riŋ] n. m. Estrade entourée de trois rangs de cordes, sur laquelle combattent des boxeurs, des catcheurs. *Monter sur le ring. Des rings.* – La boxe. *L'une des plus grandes figures du ring.*

ringard, arde [Rɛ̃gaR, aRd] n. et adj. Fam. **1·** N. Acteur(trice), chanteur(euse) démodé(e). – Individu incapable. *Une bande de ringards.* **2·** Adj. Démodé, médiocre. *Un roman ringard.* – (Personnes) Médiocre, incapable. ▶ **ringardiser** v. tr. <conjug. 1> Fam. Rendre ringard. ▶ **ringardise** n. f. Caractère ringard, démodé.

ripaille [Ripaj] n. f. Fam. Repas où l'on mange beaucoup et bien. → **festin.** *Faire ripaille.* → **bombance, bombe.** ▶ **ripailler** v. intr. <conjug. 1> Faire ripaille.

riper [Ripe] v. <conjug. 1> **1·** V. tr. Faire glisser une chose lourde. *Riper une caisse.* **2·** V. intr. Glisser, déraper. *L'outil a ripé. Faire riper une pierre.*

ripolin [Ripɔlɛ̃] n. m. (Marque déposée). Peinture laquée. ▶ **ripoliner** v. tr. <conjug. 1> Peindre au ripolin. – Au p. p. adj. *Murs ripolinés.*

riposte [Ripɔst] n. f. **1·** Réponse vive, instantanée, faite à un interlocuteur agressif. *Être prompt à la riposte.* **2·** Vive réaction de défense, contre-attaque vigoureuse. *Une riposte foudroyante.* ▶ **riposter** v. intr. <conjug. 1> **1·** Adresser une riposte. → **répondre.** – Transitivement. *Il riposta qu'il n'en savait rien.* → **répliquer, rétorquer. 2·** Répondre par une attaque (à une attaque). → **contre-attaquer, se défendre.** *Riposter à coups de grenade.*

ripou [Ripu] adj. et n. Fam. (verlan de *pourri*) Corrompu. – N. Policier corrompu. *Des ripous.*

riquiqui ou **rikiki** [rikiki] adj. Fam. Petit, mesquin, pauvre. *Ça fait un peu riquiqui. Des budgets riquiquis.*

① **rire** [riʀ] v. < conjug. 36 > **I**· V. intr. **1**· Exprimer la gaieté par un mouvement de la bouche, accompagné d'expirations saccadées plus ou moins bruyantes. → s'**esclaffer** ; fam. se **marrer**, **rigoler**. *Se mettre à rire. Rire aux éclats, à gorge déployée, aux larmes.* → fam. se **bidonner**, se **gondoler**, se **tordre**. *Rire comme une baleine, comme un bossu. Avoir toujours le mot pour rire,* plaisanter à tout propos. *Il m'a bien fait rire. Avoir envie de rire.* – (Verbe + *de rire*) *Éclater, pouffer, se tordre de rire. C'est à mourir de rire. Pleurer de rire.* ***Rire de*** : à cause de. *Nous avons bien ri de ces plaisanteries. Il n'y a pas de quoi rire.* **2**· Se réjouir. – Loc. prov. *Rira bien qui rira le dernier,* se dit pour marquer qu'on prendra sa revanche sur la personne qui a l'air de triompher maintenant. – S'amuser. → se **divertir**. *Elle ne pense qu'à rire.* **3**· Dans des loc. Ne pas parler ou ne pas faire qqch. sérieusement. → **badiner, plaisanter**. *Vous voulez rire ? C'est pour rire.* – *Histoire de rire,* en manière de plaisanterie. – *Sans rire, est-ce que... ?,* sérieusement... **4**· ***Rire de*** : se moquer de (qqn). → **railler, ricaner ; dérision**. *Faire rire de soi.* Loc. *Il vaut mieux en rire qu'en pleurer.* – Sans compl. *Vous me faites rire,* je me moque de ce que vous dites. **5**· Littér. Avoir un aspect joyeux. → **riant**. *Avoir les yeux qui rient.* **II**· Littér. ***Se rire de*** v. pron. : se jouer de. *Elle s'est ri des difficultés.* ▶ ② **rire** n. m. Action de rire. *Un rire bruyant. Un gros rire. Éclater d'un gros rire.* → éclater de ① **rire**. *Un rire bête. Un rire moqueur,* ironique. – *Avoir le fou rire,* ne plus pouvoir s'arrêter de rire. – *Un éclat de rire.* – *Rire nerveux, forcé, méchant.* → **ricanement**. *Déclencher, attirer les rires.* ▷ **dérision, dérisoire, riant, ridicule, rieur, pince-sans-rire, risée, risette, risible, sourire**

ris [ʀi] n. m. invar. Glande du cou (thymus) du veau, de l'agneau, qui constitue un mets apprécié. *Du ou des ris de veau. Rognons et ris de veau.* ≠ riz.

risée [ʀize] n. f. Moquerie collective envers une personne (dans quelques expressions). *Être un objet de risée. S'exposer à la risée du public.* – *Être la risée de tous,* être un objet de risée.

risette [ʀizɛt] n. f. *Faire risette, des risettes à qqn,* des sourires (surtout en parlant des enfants). – Surtout au plur. Fam. Sourire de commande, de flatterie. *Faire des risettes et des courbettes aux gens.*

risible [ʀizibl] adj. Propre à exciter une gaieté moqueuse. → **ridicule**. *Il est risible. Attitude risible.*

risotto [ʀizɔto] n. m. Riz préparé à l'italienne (souvent assaisonné de parmesan). *Des risottos. Risotto aux fruits de mer.*

risque [ʀisk] n. m. **1**· Danger éventuel plus ou moins prévisible. *Une entreprise pleine de risques. Ce sont les risques du métier.* → **inconvénient**. *C'est un risque à courir,* c'est risqué, mais il faut le tenter. – Loc. *À vos risques et périls**. – ***Risque de***. *Un risque d'aggravation. Courir le risque de se voir trahi,* s'exposer à... – *Au risque de,* en s'exposant à. *Au risque de se tuer, il sauta dans le vide.* – Loc. adj. *À risques,* prédisposé, exposé à un risque, un danger. *Une grossesse à risques. À hauts risques,* très dangereux. **2**· Éventualité d'un événement préjudiciable à la santé, la vie de qqn, la possession de qqch. *Les risques d'incendie. Assurance tous risques.* **3**· Le fait de s'exposer à un danger (dans l'espoir d'obtenir un avantage). *Avoir le goût du risque. Prendre un risque, des risques.* → **oser**. ▶ **risquer** v. tr. < conjug. 1 > **I**· **1**· Exposer à un risque. → **aventurer**. *Risquer sa vie,* s'exposer à la mort. Loc. *Risquer le paquet, le tout pour le tout,* tout ce qu'on peut. *Risquer une somme considérable dans une affaire. Risquer de l'argent à la roulette.* Prov. *Qui ne risque rien n'a rien.* – Sans compl. *Risquer gros,* en jouant gros jeu, en prenant des risques. – Fam. Mettre (une partie du corps) là où il y a risque d'être surpris, vu, etc. *Risquer un œil à la fenêtre.* **2**· Tenter (qqch. qui comporte des risques). → **entreprendre**. *Je ne suis pas d'avis de risquer le coup. Je veux bien risquer une démarche en ce sens.* – Avancer (un mot, une remarque) avec la conscience du risque couru. *Si je peux risquer cette comparaison.* **3**· S'exposer ou être exposé à (un danger, un inconvénient). *Je risquais la mort, les pires ennuis. Après tout, qu'est-ce qu'on risque ?* – (Choses) *Tes affaires ne risquent rien ici.* **4**· ***Risquer de*** (+ infinitif). – (Suj. personne) Courir le risque de. *Tu risques de tomber, de t'estropier. Il risque de perdre son emploi.* – (Suj. chose) Pouvoir (en tant que possibilité dangereuse ou fâcheuse). *Le rôti risque de brûler.* – (Sans idée d'inconvénient ; emploi critiqué) Avoir une chance de. *La seule chose qui risque de l'intéresser, c'est de gagner cet argent.* – ***Risquer que*** (+ subjonctif). *Tu risques qu'il te voie,* d'être vu par lui. **II**· ***Se risquer*** v. pron. **1**· S'exposer à un risque. *Je ne me risquerai pas dans cette affaire.* **2**· ***Se risquer à*** *qqch.* : se hasarder à dire, à faire qqch. *Je ne me risquerai pas à le contredire. Je ne m'y risquerai pas,* c'est un danger auquel je ne m'exposerai pas. ▶ **risqué, ée** adj. Plein de risques. → **dangereux, hasardeux**. *Démarche risquée. C'est trop risqué.* – Scabreux, osé. *Plaisanteries risquées.* ▶ **risque-tout** n. invar. Personne qui pousse l'audace jusqu'à l'imprudence. → **casse-cou**. *C'est une risque-tout.* ▷ **multirisque**

rissoler [risɔle] v. tr. < conjug. 1 > Faire cuire (une viande, des légumes, etc.) de manière à en dorer la surface. – Au p. p. adj. *Pommes de terre rissolées.* ▶ **rissole** n. f. Petit pâté frit.

ristourne [risturn] n. f. Commission, remise consentie sur un produit. *Faire une ristourne à qqn.* ▶ **ristourner** v. tr. < conjug. 1 > Remettre (une somme) à titre de ristourne.

rital, ale, als [rital] adj. et n. Fam. Péj. Italien.

rite [rit] n. m. **1·** Ensemble des cérémonies en usage dans une communauté religieuse ; organisation traditionnelle de ces cérémonies. → **culte.** – REM. On écrit aussi **rit** [rit], en religion. – *Rites secrets pratiqués chez certains peuples.* **2·** Cérémonie réglée ou geste particulier prescrit par la liturgie d'une religion. → **rituel.** *Rites funèbres. Les masques des rites funéraires africains. Rites destinés à assurer le succès de la récolte.* **3·** Pratique réglée, invariable. → **usage.** *Les rites de la politesse. C'est devenu un rite,* une habitude. ▶ **rituel, elle** adj. et n. m. **I·** Adj. Qui constitue un rite ; a rapport aux rites. *Chants rituels.* – Réglé comme par un rite, habituel et précis. *Il faisait sa promenade rituelle.* **II·** N. m. **1·** Livre liturgique, recueil des divers rites du culte (catholique). **2·** Ensemble d'habitudes, de règles immuables. *Selon le rituel.* ▶ **rituellement** adv. **1·** Selon le rite. *Animal abattu rituellement.* **2·** Invariablement, régulièrement.

ritournelle [riturnɛl] n. f. Air à couplets répétés. – Loc. *C'est toujours la même ritournelle,* le même refrain.

rivage [rivaʒ] n. m. **1·** Partie de la terre qui borde une mer. → **côte, littoral.** *S'éloigner du rivage.* **2·** Zone soumise à l'action des vagues, des marées. → **grève, plage.** *Épaves rejetées sur le rivage.*

rival, ale, aux [rival, o] n. et adj. **I·** N. **1·** Personne qui dispute à autrui ce qu'un seul peut obtenir. → **adversaire, concurrent.** *Il a évincé tous ses rivaux.* – Personne qui dispute à une autre l'amour, les faveurs d'une personne. **2·** Personne qui dispute le premier rang ; qui est égale ou comparable. *N'avoir pas de rival en qqch.* – *Sans rival,* inégalable. *Rome, la ville sans rivale du monde antique.* **II·** Adj. Qui est opposé (à qqn ou à qqch.) pour disputer un avantage, sans recourir à la violence. *Nations rivales.* ▶ **rivaliser** v. intr. < conjug. 1 > Être en concurrence (avec qqn), chercher à égaler, à surpasser. *Il rivalise avec son frère. Rivaliser (avec qqn) d'élégance, de générosité. Ils rivalisaient d'ingéniosité.* ▶ **rivalité** n. f. Situation d'une personne rivale d'une ou plusieurs autres (dans un domaine déterminé). → **compétition, concurrence.** *Rivalité politique, amoureuse.* – *Une rivalité.* → **opposition.** *Des rivalités d'intérêts.*

rive [riv] n. f. **1·** Bande de terre qui borde un cours d'eau important. → **berge, bord.** *La rive droite et la rive gauche* (dans le sens du courant) *d'un fleuve, d'une rivière*. Habiter rive gauche,* dans l'un des quartiers de la rive gauche de la Seine, à Paris (le Quartier latin, Montparnasse...). **2·** Bord (d'une mer fermée, d'un lac, d'un étang). *La maison est sur la rive du lac, près de la rive.* ▷ **arriver, 1 dériver, 2 dériver, rivage, river, rivière**

river [rive] v. tr. < conjug. 1 > **I· 1·** *River un clou, une pointe,* recourber ou aplatir son extrémité et la rabattre sur le bord de la pièce traversée et ainsi fixée. – Loc. *River son clou à qqn,* le réduire au silence par une critique, une réponse. **2·** Fixer, assujettir par des rivets, des clous que l'on rive. → **riveter.** *River deux plaques de tôle.* – Au p. p. adj. *Tôles rivées.* **II· 1·** Attacher solidement et étroitement, au moyen de pièces de métal. → **enchaîner.** *On rivait les forçats à des chaînes.* **2·** Abstrait. Attacher fermement, fixer. – Surtout au passif et p. p. adj. *Il est, il reste rivé à son travail.* – *Le regard rivé sur un objet,* fixé. ▶ **rivet** [rivɛ] n. m. Tige cylindrique munie d'une tête à une extrémité et dont l'autre extrémité est aplatie (*rivée*) au moment de l'assemblage. *Assemblage, fixation par rivets.* ▶ **riveter** v. tr. < conjug. 4 > Fixer au moyen de rivets. → **river.**

riverain, aine [rivʀɛ̃, ɛn] n. **1·** Personne qui habite sur la rive d'un cours d'eau, d'un lac. **2·** *Les riverains d'une rue, d'une route,* ceux dont les maisons, les terres bordent cette rue.

rivière [rivjɛʀ] n. f. **1·** Cours d'eau naturel de moyenne importance ou qui se jette dans un autre cours d'eau (opposé à *fleuve*). *Cette rivière est l'affluent d'un fleuve. Les bords de la rivière.* → **berge, rive.** *Rivière navigable. Se baigner dans la rivière. Poissons de rivière.* **2·** Fossé rempli d'eau que doivent sauter les chevaux dans un steeple-chase ou un concours hippique. **3·** Littér. Flots, ruisseau. *Des rivières de sang.* **4·** ***Rivière de diamants*** : collier de diamants. ▷ **riverain**

rixe [riks] n. f. Querelle violente accompagnée de coups, dans un lieu public. → **bagarre.**

riz [ri] n. m. invar. **1·** Céréale (*Graminées*) originaire d'Extrême-Orient, riche en amidon. *Chapeau en paille de riz.* **2·** Le grain de cette plante décortiqué et préparé pour la consommation. *Poule au riz. Riz à l'espagnole* (plat) → **paella,** *à l'italienne* → **risotto.** *Riz pilaf*. Riz créole,* cuit à l'eau, séché et accompagné soit de fruits, soit de poivrons et de tomates. *Riz blanc,* accompagnant la nourriture, en Extrême-Orient. *Riz cantonais*. Riz au curry.* – *Riz au lait,* sucré et servi comme entremets. *Gâteau de riz.* ▶ **rizière** n. f. Terrain périodiquement inondé où l'on cultive le riz. ▶ **riziculture** n. f. Culture du riz. ▶ **riziculteur, trice** n.

***R. M. I.** [ɛʀɛmi] n. m. invar. *(Revenu minimum d'insertion)* Allocation qui était versée aux personnes ne disposant d'aucun revenu, destinée à favoriser l'insertion professionnelle des bénéficiaires. ▶ ***RMiste** ou ***RMIste** [ˈɛʀemist] n. → **érémiste.**

robe [ʀɔb] n. f. **I**· **1**· Vêtement féminin de dessus, d'un seul tenant, avec ou sans manches, de longueur variable. *Une robe longue, courte. Robe de lainage, de soie.* – *Robe du soir, robe de bal.* – *Robe de mariée.* **2**· Vêtement d'enfant en bas âge. *La robe de baptême d'un bébé.* **3**· Vêtement distinctif de certains états ou professions (hommes ou femmes). *Robe de magistrat, d'avocat.* – ***La robe*** : sous l'Ancien Régime, les hommes de loi, la justice. *Les gens de robe* (on disait aussi les *robins,* n. m.). **4**· ***Robe de chambre*** : long vêtement d'intérieur, pour homme ou femme, à manches, non ajusté. → **déshabillé, peignoir.** *Des robes de chambre.* – *Pommes de terre en robe de chambre* (ou *des champs*), cuites avec leur peau. **II**· Pelage de certains animaux (cheval, fauves...). *La robe d'une panthère.* ▷ **enrober, garde-robe**

robinet [ʀɔbinɛ] n. m. Appareil placé sur un tuyau de canalisation permettant de régler à volonté le passage d'un fluide. *Robinet d'eau froide, d'eau chaude. Robinet à gaz. Le robinet du gaz.* – *Ouvrir, fermer un robinet.* Fam. *C'est un vrai robinet,* il, elle est très bavard(e). ▶ **robinetterie** n. f. Ensemble des robinets d'un dispositif qui en comporte plusieurs.

roboratif, ive [ʀɔbɔʀatif, iv] adj. Littér. Qui redonne des forces, de l'énergie.

robot [ʀɔbo] n. m. **1**· Mécanisme automatique complexe pouvant se substituer à l'homme pour effectuer certaines opérations. *L'utilisation des robots dans l'exploration spatiale, dans l'industrie.* → **cybernétique, robotique.** *Avion-robot,* sans pilote, téléguidé. – Appareil ménager à utilisations multiples (moulin, batteur, mixer). **2**· ***Portrait-robot*** : portrait d'un individu, établi sur la base de témoignages par combinaison de types de physionomie déterminés. **3**· Machine automatique, à aspect humain. *Le personnage du robot dans les films d'anticipation.* **4**· Personne réduite à l'état d'automate, sans liberté d'action. ▶ **robotique** n. f. Étude et mise au point d'appareils automatiques (robot, 1) capables d'exécuter des opérations selon un programme fixé à l'avance. *Introduire l'informatique et la robotique dans une usine.* ▶ **roboticien, ienne** n. ▶ **robotiser** v. tr. < conjug. 1 > **1**· Équiper de robots. – Au p. p. adj. *Chaîne de montage robotisée.* **2**· Transformer (qqn) en robot (4). ▶ **robotisation** n. f.

robuste [ʀɔbyst] adj. **1**· Fort et résistant, de par sa solide constitution. *Un homme robuste.* → **costaud, vigoureux.** / contr. faible, fragile / *Avoir une santé robuste. Plante robuste.* → **vivace.** **2**· (Choses) *Un moteur robuste.* → **solide.** – Abstrait. *Avoir une foi robuste.* ▶ **robustesse** n. f. Qualité de ce qui est robuste. → **force, résistance, solidité.** *La robustesse d'une machine.*

roc [ʀɔk] n. m. **1**· Littér. Rocher. – Loc. *Un homme dur, ferme comme un roc. Solide comme un roc. C'est un roc !* **2**· ***Le roc*** : matière rocheuse et dure. *Corniche taillée dans le roc.* → **roche.** ▷ **rocaille**

rocade [ʀɔkad] n. f. Voie de communication (parallèle à une autre) utilisée comme dérivation. *Emprunter une rocade.*

rocaille [ʀɔkaj] n. f. **1**· Pierres qui jonchent le sol ; terrain plein de pierres. → **pierraille.** **2**· Pierres cimentées, utilisées avec des coquillages, etc., pour construire des décorations de jardin (grottes, etc.). *Fontaine en rocaille.* **3**· *Style rocaille,* style ornemental (en vogue sous Louis XV), variété de baroque caractérisée par la fantaisie des lignes contournées. → **rococo.** ▶ **rocailleux, euse** adj. **1**· Qui est plein de pierres. → **pierreux ; caillouteux.** *Chemin rocailleux.* **2**· Dur et heurté. *Un style rocailleux. Une voix rocailleuse,* rauque. ▷ **rococo**

rocambolesque [ʀɔkɑ̃bɔlɛsk] adj. Extravagant, plein de péripéties extraordinaires (dignes de Rocambole, héros de roman). *Aventures rocambolesques.*

roche [ʀɔʃ] n. f. **1**· Littér. Rocher. *Des éboulis de roches.* **2**· ***La roche*** : la pierre (surtout dure). *Un morceau, un quartier de roche.* – Loc. ***Eau de roche*** : eau de source très limpide. *C'est clair comme de l'eau de roche,* c'est évident. **3**· Assemblage de minéraux définis par leurs éléments chimiques. *Étude des roches.* → **géologie, minéralogie, pétrographie.** *Les roches de l'écorce terrestre. Roches sédimentaires* (calcaire, sable...), *volcaniques* (basalte...). ▶ **rocher** n. m. **1**· Grande masse de roche formant une éminence généralement abrupte. *Les rochers de la forêt de Fontainebleau.* **2**· ***Le rocher*** : la paroi rocheuse. *À flanc de rocher.* – *Faire du rocher,* de l'escalade de rocher. → **varappe.** **3**· Partie massive de l'os temporal. *Une fracture du rocher.* ▶ **rocheux, euse** adj. **1**· Couvert, formé de rochers. *Côte rocheuse.* **2**· Formé de roche, de matière minérale dure. *Un fond rocheux.* ▷ **roc**

rock and roll [ʀɔkɛnʀɔl] ou **rock** [ʀɔk] n. m. et adj. Anglic. Danse à deux ou quatre temps sur un rythme très marqué. – Musique populaire d'origine nord-américaine, issue du jazz. – Adj. *Des albums rocks* ou *rock.* ▶ **rocker** [ʀɔkœʀ] n. m. ou **rockeur, euse** [ʀɔkœʀ, øz] Chanteur(euse) de rock. – Adepte du rock. *Des rockers.*

rocking-chair [ʀɔkiŋ(t)ʃɛʀ] n. m. Fauteuil à bascule que l'on peut faire osciller d'avant en arrière par un simple mouvement du corps. *Des rocking-chairs.*

rococo [ʀɔkɔko ; ʀokoko] n. m. et adj. invar. **1·** N. m. Style rocaille du XVIIIe s. → **rocaille** (3). *Le rococo a succédé au baroque. Le rococo dans l'ameublement.* – Adj. invar. *L'art rococo. Des pendules rococo.* **2·** Adj. invar. Démodé et un peu ridicule. → fam. **ringard.**

rodeo ou **rodéo** [ʀɔdeo] n. m. En Amérique du Nord, puis dans d'autres régions. Fête donnée pour le marquage du bétail, et qui comporte des jeux (maîtriser un cheval sauvage, un bœuf, en se tenant d'une main, etc.).

roder [ʀɔde] v. tr. < conjug. 1 > ≠ rôder. **1·** Faire fonctionner (un moteur neuf, une voiture neuve) avec précaution, de manière que les pièces puissent s'user régulièrement et s'adapter ainsi les unes aux autres. *Il n'a pas fini de roder sa voiture.* **2·** Fam. Mettre au point (une chose nouvelle) par des essais, par la pratique. *Encore quelques jours pour roder le spectacle.* – (Personnes) Au passif et p. p. adj. *Être rodé,* au courant, capable de remplir une fonction. ▶ **rodage** n. m. Le fait de roder (un moteur, un véhicule). *Voiture en rodage,* dont le moteur n'est pas encore rodé.

rôder [ʀode] v. intr. < conjug. 1 > ≠ roder. **1·** Errer avec des intentions suspectes. *Voyou qui rôde dans une rue.* **2·** Errer au hasard. → **vagabonder.** ▶ **rôdeur, euse** n. Personne qui rôde en quête d'un mauvais coup. *Crime de rôdeur.*

rodomontade [ʀɔdɔmɔ̃tad] n. f. Action, propos de *rodomont* (vx), de fanfaron. → **vantardise.**

rogations [ʀɔgɑsjɔ̃] n. f. pl. En religion catholique. Cérémonies dont le but est d'attirer les bénédictions divines sur les travaux des champs.

rogatoire [ʀɔgatwaʀ] adj. Terme de droit. *Commission rogatoire,* adressée à un tribunal par un autre pour un acte de procédure ou d'instruction dont il ne peut se charger.

rogatons [ʀɔgatɔ̃] n. m. pl. Fam. Bribes de nourriture ; restes d'un repas.

rogne [ʀɔɲ] n. f. Fam. *En rogne,* en colère, de mauvaise humeur. *Être en rogne. Ça m'a mis en rogne.* ▶ 1 **rogner** v. intr. < conjug. 1 > Fam. Être en rogne. → **rager.**

2 **rogner** v. tr. < conjug. 1 > **1·** Couper sur les bords, de manière à rectifier les contours ou à prélever une partie. *Le relieur a rogné les feuillets.* → **massicoter.** – *Rogner les griffes à un chat.* **2·** Diminuer d'une petite quantité (pour un profit mesquin). *L'État va encore rogner leurs économies.* **3·** Sans compl. dir. ***Rogner sur*** *qqch.* : retrancher difficilement qqch. de (une somme...). *Rogner sur un budget.* ▶ **rognure** n. f. **1·** Surtout au plur. Ce que l'on enlève, ce qui tombe quand on rogne qqch. → **déchet.** *Des rognures de cuir.* **2·** Chose sans valeur, résidu.

rognon [ʀɔɲɔ̃] n. m. Rein d'un animal destiné à la cuisine. *Des rognons de bœuf, de porc. Rognons et ris de veau.*

rogue [ʀɔg] adj. Littér. Qui est plein de morgue, à la fois méprisant, froid et rude. – *Un ton rogue.* → **arrogant, hargneux.**

roi [ʀwa ; ʀwɑ] n. m. **1·** Chef souverain (homme) de certains États → **royaume,** accédant au pouvoir par voie héréditaire. → **dynastie.** *Les rois et les reines.* → **souverain.** *Le Roi-Soleil,* Louis XIV. *Le roi très-chrétien,* autrefois, le roi de France. – *Les Rois mages.* → **mage.** *La fête des Rois.* → **Épiphanie.** *Tirer les Rois,* se réunir pour manger la galette traditionnelle (*galette des Rois*) à la fête de l'Épiphanie. – Loc. *Morceau de roi,* de choix. – Vieilli. *Travailler pour le roi de Prusse,* pour un profit nul. **2·** Celui qui règne quelque part, dans un domaine. *L'homme a été appelé le roi de la création.* – Personne riche et puissante, qui s'est assuré la maîtrise (d'un secteur économique). *Les rois du pétrole.* → **magnat. 3·** Chef, représentant éminent (d'un groupe ou d'une espèce). *Le roi des animaux,* le lion. – Fam. Le plus grand de. *C'est le roi des imbéciles.* **4·** Aux échecs. La pièce la plus importante, qu'il s'agit de mettre échec et mat. *Échec au roi.* – Carte figurant un roi. *Roi de carreau.* **5·** En appos. Invar. *Bleu roi,* bleu très vif, outremer. ▶ 1 **roitelet** [ʀwatlɛ] n. m. Roi peu important. ▷ 2 **roitelet, royal, vice-roi**

2 **roitelet** n. m. Oiseau passereau plus petit que le moineau.

rôle [ʀol] n. m. **I· 1·** Partie d'un texte que doit dire sur scène un acteur ; le personnage qu'il représente. *Rôle tragique, comique. Jouer, interpréter un rôle. Avoir le premier rôle,* le rôle principal. *Le rôle titre d'une pièce* (Macbeth, Phèdre), *d'un opéra.* → **éponyme. 2·** Conduite de qqn qui joue dans la société un certain personnage. *Tenir son rôle.* – Loc. *Avoir* ***le beau rôle*** : apparaître à son avantage dans une situation. **3·** Influence que l'on exerce, fonction que l'on remplit. *Avoir, jouer un rôle important dans une affaire. Un rôle de premier plan. Ce n'est pas mon rôle de* (+ infinitif), ce n'est pas à moi de... – *Jeu de rôle,* jeu dans lequel les joueurs incarnent des personnages ; technique consistant à faire jouer des rôles aux membres d'un groupe. – (Choses) Fonction. *Le rôle du verbe dans la phrase. Dans la stratégie du* XVIIe *siècle, les places fortes jouent un rôle essentiel.* **II· 1·** En droit. Registre où sont portées les affaires qui doivent venir devant un tribunal. – Liste des contribuables avec mention de leur impôt. – (Autrefois). Liste des appelés au service militaire. **2·** ***À tour de rôle*** loc. adv. : chacun à son tour. *Vous entrerez à tour de rôle. Ils veillaient le malade à tour de rôle.* ▷ **enrôler**

roller [ʀɔlœʀ] n. m. Anglic. Patin à roulettes en ligne fixées sur une chaussure rigide. *Une paire de rollers.* – Sport pratiqué avec ces patins.

rollmops [ʀɔlmɔps] n. m. invar. Filet de hareng mariné au vinaigre. *Un bocal de rollmops.*

rom [ʀɔm] n. et adj. **1·** Membre d'un peuple nomade originaire de l'Inde, apparu en Europe centrale au XIVe siècle. → **bohémien, gitan, tsigane.** *Les Roms.* – Adj. *Le peuple rom.* **2·** N. m. Langue indo-européenne de ce peuple. Syn. : **romani** n. m.

romain, aine [ʀɔmɛ̃, ɛn] adj. **1·** Qui appartient à l'ancienne Rome et à son empire. → **latin.** *L'Empire romain. La sculpture romaine. Chiffre* romain* (opposé à *chiffre arabe*). – N. *Les Romains.* Loc. *Un **travail de Romain** :* une œuvre longue et difficile, supposant un énorme effort. **2·** Qui appartient à la Rome moderne (depuis la chute de l'Empire romain). *La campagne romaine.* – *Caractères romains,* à traits perpendiculaires, les plus courants en typographie. N. m. *Imprimer un texte en romain et en italique.* **3·** Qui a rapport à Rome, siège de la papauté. *L'Église catholique, apostolique et romaine.* ▷ **gallo-romain, gréco-romain, romaine**

romaine [ʀɔmɛn] n. f. Variété de laitue, à feuilles allongées et croquantes.

1 **roman** [ʀɔmɑ̃] n. m. **1·** Œuvre d'imagination en prose qui présente des personnages donnés comme réels. *Les nouvelles* sont plus brèves que les romans. Roman d'amour, d'aventures. Roman policier.* → fam. **polar.** *Roman fantastique, d'anticipation.* – ***Roman-fleuve*** : très long, avec de nombreux personnages de plusieurs générations. – Loc. *Cela n'arrive que dans les romans,* c'est invraisemblable. *C'est tout un roman,* une longue histoire invraisemblable ou très compliquée. **2·** Le genre littéraire que constituent ces œuvres. → **fiction.** *Balzac, créateur du roman réaliste. Il a réussi au théâtre plus que dans le roman.* – *Le **nouveau roman*** : tendance du roman français contemporain, hostile au roman psychologique et narratif. **3·** En histoire littéraire. Poème médiéval contant les aventures de héros. *Les romans de chevalerie.* ▶ **romancer** v. tr. < conjug. 3 > Présenter sous forme de roman, en déformant plus ou moins les faits. *Romancer l'histoire de la Révolution française.* – Au p. p. adj. *Biographie romancée.* ▶ **romancier, ière** n. Auteur de romans. ▶ **roman-photo** n. m. Récit présenté sous forme d'une série de photos accompagnées de textes succincts. *Des romans-photos.* ▷ **romanesque**

2 **roman, ane** adj. **I·** *La langue romane* ou, n. m., *le roman,* la langue issue du latin qui a précédé l'ancien français. – *Les langues romanes,* issues du latin populaire (français, italien, espagnol, catalan, portugais, roumain, etc.). **II·** Relatif à l'art médiéval d'Europe occidentale (notamment l'architecture), de la fin de l'État carolingien à la diffusion du style gothique. *L'art roman. Églises romanes.* ▶ **romaniste** n. Linguiste spécialiste des langues romanes. ▷ **gallo-roman**

romance [ʀɔmɑ̃s] n. f. Chanson sentimentale. *Pousser la romance.*

romanche [ʀɔmɑ̃ʃ] n. m. Langue romane en usage notamment dans les Grisons. *Le romanche est une langue nationale en Suisse.*

romand, ande [ʀɔmɑ̃, ɑ̃d] adj. Se dit de la partie de la Suisse où l'on parle le français. *La Suisse romande.*

romanesque [ʀɔmanɛsk] adj. **1·** Qui offre les caractères du roman traditionnel (aventures et sentiments extraordinaires). *Une passion romanesque.* – Qui a des idées, des sentiments dignes des romans. *Une personne romanesque.* → **sentimental ; romantique** (3). **2·** Littér. Propre au roman en tant que genre littéraire. *Le récit romanesque.*

romanichel, elle [ʀɔmaniʃɛl] n. Péj. Tsigane nomade. → **rom ; bohémien.**

romantique [ʀɔmɑ̃tik] adj. **1·** Qui appartient au romantisme, en a les caractères. *La poésie romantique.* – N. *Les classiques et les romantiques.* **2·** Qui évoque les attitudes et les thèmes chers aux romantiques (sensibilité, exaltation, rêverie, etc.). *Un paysage, une beauté romantique.* **3·** Qui manifeste de l'idéalisme, de la sentimentalité. → **romanesque.** *Une âme romantique. Une histoire romantique.* ▶ **romantisme** n. m. **1·** Mouvement de libération littéraire et artistique qui s'est développé dans la première moitié du XIXe s., par réaction contre le caractère classique et rationaliste des siècles précédents. *Le romantisme français, allemand.* **2·** Caractère, esprit romantique. *Le romantisme de l'adolescence.* ▷ **préromantique**

romarin [ʀɔmaʀɛ̃] n. m. Petit arbuste aromatique ; feuilles de cet arbuste.

rombière [ʀɔ̃bjɛʀ] n. f. Péj. Bourgeoise d'âge mûr, ennuyeuse, prétentieuse, un peu ridicule. *Des vieilles rombières.*

rompre [ʀɔ̃pʀ] v. < conjug. 41 > **I·** V. tr. **1·** Littér. Casser. *Rompre le pain,* le partager à la main. *Les esclaves ont rompu leurs chaînes.* – Loc. *Applaudir à tout rompre,* très fort. **2·** Littér. Enfoncer par un effort violent. *La mer a rompu les digues.* **3·** Défaire un arrangement, un ordre (de personnes ou de choses). ***Rompre les rangs*** : les quitter de manière à ne plus former un rang. – Sans compl. *Rompez !,* ordre donné à une troupe ou à un soldat de se disperser, de partir. **4·** Arrêter le cours de. → **interrompre.** *Rompre le jeûne. Rompre le silence,* le faire cesser en parlant. *Rompre l'équilibre,* le faire perdre. *Rompre un charme,* l'empêcher d'agir. Loc. *Le charme* est rompu.* – Interrompre (des relations). *Rompre les relations diplomatiques.* – Cesser de respecter (un engagement, une promesse). → **rupture.** *Rompre un traité, un marché. Rompre des fiançailles.* → **annuler. 5·** Littér. *Rompre qqn à un exercice,* l'y accoutumer. → **rompu** (2). **II·** V. intr. **1·** Littér. Casser. *La corde a rompu.* **2·** Escrime, boxe. Reculer. **3·** Renoncer soudain à des relations d'amitié (avec qqn). → se **brouiller.** *Il a rompu avec sa famille.* – Se séparer (en parlant d'amoureux). *Il n'a pas le courage de rompre. Ils ont rompu.* – *Rompre avec qqch.,* cesser de pratiquer. *Rompre avec des traditions.* **III·** V. pron. Littér. Se briser, se casser. *Les attaches se sont rompues.* ▶ **rompu, ue** adj. **1·** (Personnes) Extrêmement fatigué. → **fourbu.** *Être rompu de fatigue.* **2·** Littér. ***Rompu à*** : qui a une grande expérience de (un art, un métier, une discipline...). **3·** Loc. *À bâtons* rompus.* ▷ **interrompre, rupteur, rupture**

romsteck [ʀɔmstɛk] n. m. Partie de l'aloyau qui se mange rôtie ou braisée. *Des romstecks.* – **REM.** On écrit aussi *rumsteck.*

ronce [ʀɔ̃s] n. f. **1·** Mûrier sauvage, arbuste épineux aux fruits comestibles (→ **mûre**). *Un buisson de ronces* (un *roncier,* n. m.). **2·** Branche épineuse. *S'égratigner en passant dans des ronces.* **3·** Nœuds, veines de certains bois ; ces bois. *Meuble en ronce de noyer.* ▶ **ronceraie** n. f. Terrain inculte où croissent les ronces (1).

ronchonner [ʀɔ̃ʃɔne] v. intr. < conjug. 1 > Fam. Manifester son mécontentement en protestant avec humeur. → **bougonner, grogner, râler.** *Il est toujours en train de ronchonner.* ▶ **ronchon** n. et adj. Fam. Ronchonneur, euse. *C'est une vieille ronchon.* ▶ **ronchonnement** n. m. ▶ **ronchonneur, euse** n. et adj. Personne qui ronchonne sans cesse. *C'est une sacrée ronchonneuse.* → **ronchon.**

rond, ronde [ʀɔ̃, ʀɔ̃d] adj. et n. m. **I·** Adj. **1·** Dont la forme extérieure constitue (à peu près) une circonférence. → **circulaire, sphérique.** *Caractère de ce qui est rond.* → **rotondité.** *La Terre est ronde. Une table ronde. Le ballon rond,* ballon de football (opposé à *ovale*). – *Des yeux ronds,* écarquillés (par l'étonnement, etc.). **2·** En arc de cercle. *Tuiles rondes.* – Arrondi, voûté. *Avoir le dos rond.* **3·** (Parties du corps) Charnu, sans angles. *Des joues rondes.* → **rebondi.** – (Personnes) Gros et court. *Un petit bonhomme tout rond.* → **rondelet. 4·** (Quantité) Entier, sans décimales, et se terminant de préférence par un ou plusieurs zéros. *Le vendeur m'a fait un compte rond.* → **arrondir. 5·** (Personnes) Qui agit sans détours. *Un homme rond en affaires.* **6·** Fam. Ivre, soûl. *Il était complètement rond.* **II·** Loc. adv. ***Tourner rond*** : d'une manière régulière. *Moteur qui tourne rond.* – *Ça ne tourne pas rond,* il y a qqch. d'anormal. – *Ça fait dix euros tout rond.* **III·** N. m. **1·** Figure circulaire. → **cercle, circonférence.** *Tracer un rond. Faire des ronds dans l'eau,* des ondes circulaires et concentriques. – ***En rond*** loc. adv. : en cercle. *S'asseoir en rond autour d'une table.* Loc. *Tourner en rond,* ne pas progresser. **2·** Objet matériel de forme ronde. *Rond de serviette,* anneau pour enserrer une serviette roulée. – Loc. fam. *En baver des ronds de chapeau,* être au plus haut degré de l'admiration, de l'étonnement. **3·** Tranche ronde. → **rondelle.** *Manger quelques ronds de saucisson.* **4·** En termes de danse. *Rond de bras, de jambe,* mouvement circulaire (des bras, des jambes). – Loc. *Faire des **ronds de jambe*** : des politesses exagérées. **5·** Fam. *Ils ont des ronds,* de l'argent. *Il n'a pas le rond.* → **sou.** ▶ **ronde** n. f. **1·** Loc. ***À la ronde*** : dans un espace circulaire. → **alentour.** *À dix lieues à la ronde.* – Tour à tour, parmi des personnes installées en rond. *Servir à la ronde.* **2·** Inspection militaire pour s'assurer que tout va bien. *Faire une ronde.* – Visite de surveillance. *La ronde d'un gardien de nuit.* **3·** Danse où plusieurs personnes forment un cercle et tournent. *Entrer dans la ronde.* – Chanson de cette danse. *Ronde enfantine.* **4·** Écriture à jambages courbes, à boucles arrondies. **5·** Figure de note évidée et sans queue. *La ronde vaut deux blanches.* ▶ **rond-de-cuir** [ʀɔ̃dkɥiʀ] n. m. Péj. Employé de bureau (par allusion aux ronds de cuir qui garnissaient les sièges des bureaux). *Des ronds-de-cuir.* ▶ **ronde-bosse** ou **ronde bosse** [ʀɔ̃dbɔs] n. f. Sculpture en relief qui se détache du fond. *Des rondes-bosses.* ≠ bas-relief. *Sculptures en ronde bosse.* ▶ **rondelet, ette** [Rɔ̃dlɛ, ɛt] adj. Qui a des formes arrondies. → **dodu, potelé, rondouillard.** *Une femme rondelette.* – *Une somme rondelette,* assez importante. → **coquet** (II). ▶ **rondelle** n. f. 1· Pièce ronde, peu épaisse, généralement évidée. *Rondelle en caoutchouc.* 2· Petite tranche ronde. *Une rondelle de saucisson. Couper des carottes en rondelles.* → **rond.** ▶ **rondement** adv. 1· Avec vivacité et efficacité. *Une affaire rondement menée.* 2· D'une manière franche et directe. *Parler rondement.* → **franchement.** ▶ **rondeur** n. f. 1· Forme ronde (d'une partie du corps). *La rondeur des bras.* – ***Une rondeur*** : partie ronde. Fam. *Elle a des rondeurs bien placées.* 2· Caractère rond (→ **bonhomie**). *Il m'a répondu avec rondeur,* sans façon. ▶ **rondin** n. m. 1· Morceau de bois de chauffage (cylindrique). 2· Tronc d'arbre employé dans les travaux de construction. *Une cabane en rondins.* ▶ **rondouillard, arde** adj. Fam. et iron. Qui a de l'embonpoint. → **grassouillet, rond, rondelet.** ▶ **rond-point** n. m. Place circulaire d'où rayonnent plusieurs avenues. → **carrefour.** *Des ronds-points.* ▷ **arrondir, rondeau**

rondeau [Rɔ̃do] n. m. Poème à forme fixe, sur deux rimes avec des vers répétés (destiné d'abord à être chanté). *Les rondeaux de Charles d'Orléans.* ≠ rondo.

rondo [Rɔ̃do] n. m. En musique. Pièce brillante servant de finale, dans la sonate et la symphonie classiques. *Des rondos de Mozart.* ≠ rondeau.

ronéo [Rɔneo] n. f. Autrefois. Marque déposée de machine à reproduire un texte dactylographié au moyen de stencils. ▶ **ronéotyper** v. tr. < conjug. 1 > Autrefois. Reproduire à la ronéo.

ronflant, ante [Rɔ̃flɑ̃, ɑ̃t] adj. Fam. Grandiloquent, plein d'emphase. → **pompeux.** *Phrases ronflantes. Titre ronflant.* → **prétentieux.**

ronfler [Rɔ̃fle] v. intr. < conjug. 1 > Faire, en respirant pendant le sommeil, un fort bruit du nez. – (Choses) Produire un bruit comparable. → **ronronner, vrombir.** *Le poêle commence à ronfler.* ▶ **ronflement** n. m. Action de ronfler ; bruit que fait une personne qui ronfle. *Des ronflements sonores. Le ronflement sourd du feu dans la cheminée.* – *Le ronflement du moteur.* → **ronron.** ▶ **ronfleur, euse** n. Personne qui a l'habitude de ronfler. ▷ **ronflant**

ronger [Rɔ̃ʒe] v. tr. < conjug. 3 > 1· User en coupant avec les dents (incisives) par petits morceaux. *Souris qui ronge du pain.* → **grignoter.** *Le chien rongeait un os. Se ronger les ongles.* – (Vers, insectes) Détériorer peu à peu. *Vers qui rongent le bois.* – Au passif et p. p. adj. *(Être) rongé par, de... Meuble rongé par les vers.* → **vermoulu.** *Ongles rongés.* – Mordiller (un corps dur). *Le cheval rongeait son frein, son mors.* Loc. *Ronger son frein.* → **frein** (3). 2· (Choses) Détruire peu à peu (qqch.). *La rouille ronge le fer.* – *Le mal qui le ronge.* → **miner.** *Cette pensée me ronge. L'impatience le ronge. Le chagrin, le remords le ronge.* → **torturer.** Fam. *Se ronger (les sangs),* se faire du souci, se tourmenter. – Au passif. *Être rongé de remords, par le remords, l'inquiétude,* tourmenté, dévoré. ▶ **rongeur, euse** adj. et n. 1· Qui ronge. *Des bêtes rongeuses.* 2· N. m. pl. Ordre de mammifères dépourvus de canines, munis d'incisives tranchantes *(écureuil, rat,...).* – Au sing. *Un rongeur.*

ronron [Rɔ̃Rɔ̃] n. m. 1· Fam. Ronflement sourd et continu. → **ronronnement.** *Le ronron d'un moteur.* 2· Petit grondement continu et régulier du chat lorsqu'il est content. *Faire ronron.* → **ronronner.** 3· Abstrait. *Le ronron de la vie quotidienne,* sa monotonie assoupissante. ▶ **ronronner** v. intr. < conjug. 1 > *Le chat ronronne quand on le caresse.* ▶ **ronronnement** n. m. Ronron.

roquefort [Rɔkfɔʀ] n. m. Fromage fait de lait de brebis et ensemencé d'une moisissure spéciale. *Des roqueforts. Le roquefort, le bleu, le gorgonzola se ressemblent.*

roquer [Rɔke] v. intr. < conjug. 1 > Aux échecs. Placer l'une de ses tours à côté du roi et faire passer ce dernier de l'autre côté de la tour, lorsqu'il n'y a aucune pièce entre eux.

roquet [Rɔkɛ] n. m. 1· Petit chien hargneux qui aboie pour un rien. 2· Fig. Personne hargneuse et peu redoutable.

roquette [Rɔkɛt] n. f. Projectile autopropulsé. → **fusée.** *Roquette antichar. Tube lance-roquettes.* → **bazooka.** ▷ **lance-roquettes**

rorqual, als [Rɔʀk(w)al] n. m. Grand cétacé des mers froides.

rosace [Rozas] n. f. 1· Figure symétrique faite de courbes inscrites dans un cercle. – Ornement qui a cette forme. *Plafond à rosace.* 2· Grand vitrail d'église, de forme circulaire.

rosacées [Rozase] n. f. pl. Botanique. Famille de plantes à feuilles découpées (dentées), dont la fleur porte des étamines nombreuses soudées à la base (ex. : *aubépine, rosier*). – Au sing. *Une rosacée.*

rosaire [RozɛR] n. m. Grand chapelet composé de quinze dizaines d'Ave Maria précédées chacune d'un Pater. – Les prières elles-mêmes. *Dire, réciter son rosaire.*

rosâtre [RozɑtR] adj. Qui est d'un rose peu franc.

rosbif [ʀɔsbif] n. m. Morceau de bœuf rôti, généralement coupé dans l'aloyau. *Une tranche de rosbif.*

① **rose** [ʀoz] n. f. **1·** Fleur du rosier, décorative et odorante. *Des roses rouges, blanches. Rose pompon,* de petite taille. *Bouton de rose. Rose sauvage.* → **églantine.** – *Eau de rose :* essence de roses diluée dans l'eau. Fig. *Un roman à l'eau de rose,* sentimental et mièvre. – Loc. *Être frais, fraîche comme une rose,* avoir un teint éblouissant. *Pas de roses sans épines,* toute joie comporte une peine. Fam. *Envoyer qqn sur les roses :* l'envoyer au diable. **2·** *Rose trémière :* nom courant de la guimauve rose. **3·** *Bois de rose,* bois de placage de couleur rosée utilisé en ébénisterie et en marqueterie. **4·** *Rose des vents :* étoile à 32 divisions représentant les trente-deux aires du vent sur le cadran d'une boussole. **5·** *Rose de sable :* cristallisation de gypse, en forme de rose, dans le Sahara. ▶ ② **rose** adj. et n. m. **1·** Adj. Qui est d'un rouge très pâle, comme de nombreuses roses. *Des robes roses. Son visage devenait tout rose.* → **rosir. 2·** Loc. *Ce n'est pas rose,* ce n'est pas gai, pas agréable (difficultés, corvées). **3·** Qui a rapport au commerce sexuel, à la pornographie. *Messageries roses.* **4·** Socialiste. *La vague rose.* **5·** N. m. Couleur rose. *Être habillé de rose. Traditionnellement, le rose est pour les filles, le bleu pour les garçons. Une écharpe d'un rose vif, pâle. Rose bonbon,* vif. *Voir la vie en rose, voir tout en rose,* avec optimisme (opposé à *en noir*). ▶ **rosé, ée** adj. Légèrement teinté de rose. *Beige rosé.* – *Vin rosé* et, n. m., *du rosé,* vin rouge clair. *Rosé de Provence, d'Anjou.* ▷ **primerose, rosace, rosacées, rosaire, rosâtre, roséole, rosette, rosier, rosière, rosir**

roseau [ʀozo] n. m. Plante aquatique à tige droite et lisse. *Des roseaux au bord d'un étang. « Le Chêne et le Roseau », fable de La Fontaine.*

rosée [ʀoze] n. f. Condensation de la vapeur en fines gouttelettes d'eau, sous l'effet du rayonnement de la terre ; ces gouttelettes. *Herbe humide de rosée.*

roséole [ʀozeɔl] n. f. Éruption de taches rosées qui s'observe dans certaines maladies infectieuses et intoxications.

roseraie [ʀozʀɛ] n. f. Plantation de rosiers.

① **rosette** [ʀozɛt] n. f. **1·** Insigne (en forme de rose) du grade d'officier, dans certains ordres. → **décoration.** – Absolt. (en France). *Avoir la rosette* (de la Légion d'honneur). **2·** Nœud formé d'une ou deux boucles. *Faire une rosette à ses lacets.*

② **rosette** n. f. Saucisson sec de Lyon. *La rosette est un saucisson de porc.*

roseval, als [ʀozval] n. f. Pomme de terre à peau rose.

rosier [ʀozje] n. m. Arbrisseau épineux portant les roses. *Rosier grimpant. Rosier sauvage.* → **églantier.** *Les rosiers d'une roseraie.* ▶ **rosiériste** n. Spécialiste de la culture des rosiers. ▷ **roseraie**

rosière [ʀozjɛʀ] n. f. Jeune fille à laquelle on décernait une couronne de roses en récompense, pour sa réputation de vertu. *Ce n'est pas une rosière,* elle n'est pas très vertueuse.

rosir [ʀoziʀ] v. < conjug. 2 > **1·** V. intr. Prendre une couleur rose. *Son visage rosit de plaisir.* **2·** V. tr. Rendre rose. *Le froid rosit les joues.*

① **rosse** [ʀɔs] n. f. Vieilli. Mauvais cheval.

② **rosse** n. f. et adj. Personne dont on subit les méchancetés, la dureté. → fam. **chameau, vache.** *Sale rosse. Ah ! les rosses !* – Adj. Dur et injuste. *Vous avez été rosse avec lui.* ▶ **rosserie** n. f. Parole ou action rosse. → **méchanceté.**

rosser [ʀɔse] v. tr. < conjug. 1 > Battre violemment. *Se faire rosser.* → **cogner.** ▶ **rossée** n. f. Fam. Volée de coups. *Flanquer, recevoir une rossée.* → fam. **raclée, trempe.**

① **rossignol** [ʀɔsiɲɔl] n. m. Oiseau passereau, au chant varié et très harmonieux.

② **rossignol** n. m. Instrument pour crocheter les portes. → **crochet.** *Rossignol de cambrioleur.*

③ **rossignol** n. m. Fam. Livre invendu, sans valeur. – Objet démodé. *De vieux rossignols en solde.*

rösti ou **rœsti** [ʀøsti] n. m. En Suisse. Galette de pommes de terre râpées rissolée à la poêle. *Des röstis.*

rostre [ʀɔstʀ] n. m. Éperon des navires antiques. ▶ **rostral, ale, aux** adj. Dans l'Antiquité romaine. *Colonne rostrale,* érigée en souvenir d'une victoire navale.

rot [ʀo] n. m. Fam. Expulsion plus ou moins bruyante de gaz de l'estomac par la bouche. → **éructation,** ① **renvoi.** *Faire faire son rot à un bébé.* ≠ rôt. ▷ **roter**

rôt [ʀo] n. m. Littér. Rôti. *Le fumet du rôt.* ≠ rot.

rotation [ʀɔtasjɔ̃] n. f. **1·** Didact. Mouvement d'un corps autour d'un axe (matériel ou non). *Rotation de la Terre.* – Mouvement circulaire. → **cercle, tour.** *Exécuter, faire une rotation.* **2·** Abstrait. Le fait d'alterner, de remplacer périodiquement. *La rotation des équipes.* – Fréquence des voyages à partir d'un même lieu. *La rotation des avions d'une ligne.* – *Rotation du stock,* succession des renouvellements d'un stock (de marchandises). *Rotation des cultures.* → **assolement.** ▶ **rotatif, ive** adj. Qui agit en tournant, par une rotation. *Foreuse rotative.* ▶ **rotative** n. f. Presse à imprimer continue, agissant au moyen de cylindres. *Les rotatives qui impriment les journaux.* ▶ **rotatoire** adj. Qui est caractérisé par une rotation. *Mouvement rotatoire.* → **circulaire.**

roter [ʀɔte] v. intr. < conjug. 1 > Fam. Faire un, des rot(s). → **éructer.**

rôti [ʀo(ɔ)ti] n. m. Morceau de viande de boucherie, cuit à sec et à feu vif. → **rôt.** *Rôti de bœuf, de veau.*

rôtie [ʀo(ɔ)ti] n. f. Vieilli ou région. Tranche de pain grillé. → **toast.**

1 **rotin** [ʀɔtɛ̃] n. m. Partie de la tige, des branches d'une variété de palmier, utilisée pour faire des sièges cannés. *Meubles en rotin.*

2 **rotin** n. m. Vieilli. Sou, petite somme d'argent. (En emploi négatif). *Vous n'aurez pas un rotin !*

rôtir [ʀo(ɔ)tiʀ] v. < conjug. 2 > 1· V. tr. Faire cuire (de la viande) à feu vif. *Rôtir un canard.* – Au p. p. adj. *Poulet rôti.* – Fam. Exposer à une forte chaleur. – Pronominalement (réfl.). *Se rôtir au soleil.* → se **dorer.** 2· V. intr. Cuire à feu vif. *Mettre la viande à rôtir. Le rosbif rôtit depuis un quart d'heure.* – Fam. Supporter une chaleur qui incommode. *On rôtit, ici.* → **cuire.** ▶ **rôtisserie** n. f. Nom de certains restaurants où l'on mange des viandes rôties. – Magasin où l'on prépare des viandes rôties. ▶ **rôtisseur, euse** n. Personne qui prépare et vend des viandes rôties. ▶ **rôtissoire** n. f. 1· Ustensile de cuisine, de rôtisserie qui sert à faire rôtir la viande. 2· Four muni d'un tournebroche. ▷ **rôt, rôti, rôtie**

rotonde [ʀɔtɔ̃d] n. f. Édifice circulaire (à dôme et à colonnes).

rotondité [ʀɔtɔ̃dite] n. f. 1· Littér. Caractère de ce qui est rond, sphérique. *La rotondité d'un globe.* 2· Fam. Rondeur d'une personne assez grosse. → **embonpoint.**

rotor [ʀɔtɔʀ] n. m. Partie rotative d'un moteur, d'une turbine, et spécialt, ensemble moteur d'un hélicoptère, formé de pales tournant autour d'un axe.

rotule [ʀɔtyl] n. f. Os court, plat, situé à la partie antérieure du genou. – Loc. fam. *Être sur les rotules,* très fatigué. ▶ **rotulien, ienne** adj. Relatif à la rotule. *Réflexe rotulien,* mouvement de la jambe obtenu en frappant la rotule.

roture [ʀɔtyʀ] n. f. Littér. Condition, classe des roturiers (opposé à *noblesse*). ▶ **roturier, ière** adj. et n. Qui n'est pas noble, qui est de condition inférieure, dans la société féodale et sous l'Ancien Régime. – N. *Un roturier, une roturière.* → **bourgeois, manant.**

rouage [ʀwaʒ] n. m. 1· Chacune des pièces (petites roues) d'un mécanisme (d'horlogerie, etc.). *Les rouages d'une montre.* 2· Abstrait. Chaque partie essentielle d'une chose qui fonctionne. *Les rouages de la machine sociale. Les rouages de l'économie, du capitalisme.*

roublard, arde [ʀublaʀ, aʀd] adj. et n. Fam. Qui fait preuve d'astuce et de ruse dans la défense de ses intérêts. → **malin, rusé.** *C'est un vieux roublard.* ▶ **roublardise** n. f. Caractère, conduite de roublard. → **rouerie.**

rouble [ʀubl] n. m. Unité monétaire de la Russie et de l'ex-U. R. S. S. *Un rouble vaut cent kopecks.*

roucouler [ʀukule] v. intr. < conjug. 1 > 1· (Pigeon, tourterelle) Faire entendre son cri. 2· Tenir des propos tendres et langoureux. *Des amoureux qui roucoulent.* ▶ **roucoulement** n. m. *Le roucoulement des tourterelles.* – *Des roucoulements d'amoureux.*

roue [ʀu] n. f. 1· Disque plein ou évidé tournant sur un axe* et utilisé comme organe de déplacement. *Les roues d'une voiture, d'une bicyclette. Véhicule à deux, quatre roues. Roues avant, arrière. Roue de secours,* de rechange. *Chapeau de roue,* pièce qui protège le moyeu. Fam. *Virage sur les chapeaux de roue,* à toute allure. ***Roue libre :*** dispositif permettant au cycliste de rouler sans pédaler. – Loc. *Pousser à la roue,* aider qqn à réussir. *Être la cinquième roue du carrosse, de la charrette,* être inutile, insignifiant. 2· Disque tournant sur son axe, servant d'organe de transmission, d'élévation, etc. → **poulie, rouage.** *Roues dentées.* 3· *Supplice de la roue,* qui consistait à attacher le criminel sur une roue après lui avoir rompu les membres. → **rouer.** 4· Disque tournant. *Roue de loterie,* disque vertical portant des numéros, que l'on fait tourner. 5· ***Faire la roue :*** tourner latéralement sur soi-même en faisant reposer le corps alternativement sur les mains et sur les pieds. – (Oiseaux) Déployer en rond les plumes de la queue. *Paon qui fait la roue.* – Péj. Déployer ses séductions. → se **pavaner.** ▶ **rouelle** [ʀwɛl] n. f. Partie de la cuisse de veau au-dessus du jarret, coupée en rond. ▶ **rouer** [ʀwe] v. tr. < conjug. 1 > 1· Autrefois. Supplicier sur la roue (3). 2· Loc. *Rouer qqn de coups,* le frapper à coups redoublés. → **battre, rosser.** ▶ **rouet** [ʀwɛ] n. m. Autrefois. Machine à roue servant à filer (chanvre, laine, lin, etc.). *Une fileuse à son rouet.* ▷ **deux-roues, rouage, rouleau, rouler, roulette ; rotation**

roué, ée [Rwe] n. et adj. Littér. N. Personne rusée qui ne s'embarrasse d'aucun scrupule pour arriver à ses fins. – Adj. → **malin, rusé.** ▶ **rouerie** [RuRi] n. f. Finesse et habileté sans scrupule. → **ruse.**

rouf [Ruf] n. m. Terme de marine. Petite construction élevée sur le pont d'un navire.

rouflaquettes [Ruflakɛt] n. f. pl. Fam. Favoris, poils que les hommes laissent pousser sur les côtés du visage.

rouge [Ruʒ] adj. et n. **I·** Adj. **1·** Qui est de la couleur du sang, du rubis, etc. (extrémité du spectre solaire). → **carmin, écarlate, pourpre.** *Corriger un texte au crayon rouge. Rose rouge. Le drapeau rouge,* révolutionnaire. – ***Vin rouge*** : fait avec des raisins ayant leur peau (souvent des raisins noirs), avec macération complète. *Un bordeaux rouge.* – N. m. *Boire un coup de rouge.* **2·** Qui a pour emblème le drapeau rouge ; qui est d'extrême gauche. → **communiste.** *La banlieue rouge.* – En histoire. *L'Armée rouge.* → **soviétique. 3·** Qui est porté à l'incandescence. *Fer rouge.* → **fer. 4·** (Personnes) Dont la peau (claire) devient de cette couleur, par l'afflux du sang (opposé à *blanc, pâle*). → **congestionné, rougeaud ; rubicond.** *Être rouge comme un coq, un coquelicot, une pivoine,* rouge d'émotion, de confusion. *Être rouge de colère.* – Adv. *Se fâcher tout rouge,* devenir rouge de colère. *Voir rouge,* avoir un accès de colère qui incite au meurtre (voir du sang). **II·** N. m. ***Le rouge.*** **1·** La couleur rouge. *Peindre une grille en rouge. Un rouge vif, foncé. Des pétales d'un rouge vif.* **2·** Colorant rouge ; pigment donnant une couleur rouge. *Broyer du rouge sur sa palette.* – Fard rouge. ***Rouge à lèvres*** : pour les lèvres. *Tube de rouge.* **3·** Couleur, aspect du métal incandescent. *Barre de fer portée au rouge.* **4·** Teinte rose ou rouge que prennent les peaux claires sous l'effet d'une émotion. → **feu.** *Le rouge lui montait aux joues, au front.* **5·** Loc. fig. *Être dans le rouge,* être dans une situation difficile, critique ; en déficit, à découvert. *Sortir du rouge. Entreprise qui sort du rouge.* ▶ **rougeâtre** [Ruʒɑtʀ] adj. Légèrement rouge. *Lueur rougeâtre.* ▶ **rougeaud, aude** [Ruʒo, od] adj. Haut en couleur (teint) ; qui a le teint trop rouge. → **congestionné, rubicond.** *Une figure rougeaude.* ▶ **rouge-gorge** [Ruʒgɔʀʒ] n. m. Oiseau de petite taille, dont la gorge et la poitrine sont d'un roux vif. *Des rouges-gorges.* ▶ **rougeole** [Ruʒɔl] n. f. Maladie infectieuse caractérisée par une éruption de taches rouges sur la peau. → **rubéole.** ▶ **rougeoleux, euse** adj. et n. *Un enfant rougeoleux.* ▶ **rougeoyer** [Ruʒwaje] v. intr. < conjug. 8 > Prendre une teinte rougeâtre ; produire des reflets rougeâtres. *Incendie qui rougeoie dans la nuit.* ▶ **rougeoiement** [Ruʒwamɑ̃] n. m. *On apercevait au loin le rougeoiement des torches.* ▶ **rougeoyant, ante** [Ruʒwajɑ̃, ɑ̃t] adj. *Ciel rougeoyant au coucher du soleil.* ▶ **rouget** n. m. Poisson de mer de couleur rouge, très estimé. *Une friture de rougets.* ▶ **rougeur** n. f. **1·** Coloration du visage causée par la chaleur, l'émotion. *Une brusque rougeur.* **2·** ***Rougeurs*** : taches rouges sur la peau, de nature inflammatoire. → **érythème.** ▶ **rougir** v. < conjug. 2 > **I·** V. intr. **1·** Devenir rouge, plus rouge. *Les écrevisses rougissent à la cuisson.* **2·** (Personnes) Devenir rouge sous l'effet d'une émotion. / contr. pâlir / *Elle a rougi jusqu'aux oreilles,* beaucoup. → piquer un **fard.** *Rougir de colère, de honte,* sous l'effet de... – Au p. p. adj. *Des yeux rougis* (de pleurs). – (Par pudeur) *Ces propos grivois la faisaient rougir.* **3·** Éprouver un sentiment de culpabilité, de confusion. *Je n'ai pas à rougir de cela.* **II·** V. tr. Rendre rouge. – Littér. *Rougir ses mains* (de sang), commettre un crime. – *Rougir une barre de fer,* chauffer au rouge. – *Rougir son eau,* y mettre un peu de vin rouge. ▶ **rougissant, ante** adj. Qui rougit d'émotion. *Un garçon timide et rougissant.* ▷ **infrarouge, peau-rouge**

① **rouille** [Ruj] n. f. **1·** Produit de la corrosion du fer en présence de l'oxygène de l'air, en milieu humide. *Tache de rouille. Couvert, rongé de rouille.* – Adj. invar. D'un rouge-brun. → **roux. 2·** Nom de certaines maladies des végétaux. ▶ **rouiller** v. < conjug. 1 > **I·** V. intr. Se couvrir de rouille. *Ces outils ont rouillé sous la pluie.* **II·** V. tr. **1·** Provoquer la formation de la rouille sur (qqch.). *L'humidité rouille le fer.* – Pronominalement. *La grille commence à se rouiller.* **2·** Fig. Rendre moins alerte (le corps, l'esprit) par manque d'exercice. *La paresse rouille l'esprit.* Pronominalement. *Il s'est rouillé faute d'exercice.* **III·** Au passif et p. p. adj. ***(Être) rouillé, ée.*** **1·** Taché, couvert de rouille. *Les gonds de la fenêtre sont tout rouillés. Un clou rouillé.* **2·** Fig. *Avoir les jambes rouillées, la mémoire rouillée. Être rouillé.* ▷ ② **dérouiller**

② **rouille** n. f. Mayonnaise à l'ail → **ailloli,** relevée de piment rouge. *Une bouillabaisse accompagnée de rouille.*

rouir [RwiR] v. tr. < conjug. 2 > En technique. Faire macérer (certains textiles : lin, chanvre).

roulade [Rulad] n. f. **1·** Succession de notes chantées rapidement et légèrement sur une seule syllabe. *Faire des roulades.* **2·** Mouvement de gymnastique qui consiste à s'enrouler sur soi-même, en avant ou en arrière. → **galipette.**

roulage [Rulaʒ] n. m. Transport de marchandises par voitures automobiles ; camionnage (→ **roulier**).

roulant, ante [rulɑ̃, ɑ̃t] adj. **1·** Qui roule (sur roues, roulettes). *Table roulante,* servant de desserte, de bar, etc. *Fauteuil roulant pour handicapé moteur.* – *Matériel roulant* (opposé à *matériel fixe*), dans les chemins de fer, les mines, etc. – *Le personnel roulant* ou n., fam., *les roulants,* ceux qui se déplacent (agents de conduite, etc.). **2·** Se dit de surfaces animées d'un mouvement continu, servant à transporter d'un point à un autre. *Un pont roulant* (dans une usine → **portique**). *Trottoir, escalier roulant* ou *mécanique.* **3·** (Route, voie) Où l'on roule avec facilité. **4·** *Feu roulant,* tir continu. – Fig. *Un feu roulant de questions.*

rouleau [rulo] n. m. **I· 1·** Bande enroulée de forme cylindrique. *Rouleau de papier peint. Rouleau de pellicules photographiques.* → **bobine.** – *Être au bout de son rouleau, du rouleau,* n'avoir plus rien à dire ; plus d'argent, plus d'énergie. **2·** Ensemble d'objets roulés en forme de cylindre. *Rouleau de pièces de monnaie.* – Cheveux enroulés. **3·** Grosse vague qui se brise après s'être recourbée. **4·** Technique de saut en hauteur au cours duquel le corps roule au-dessus de la barre. *Rouleau dorsal, ventral.* **II· 1·** Cylindre allongé de bois, de métal, etc., que l'on fait rouler. *Rouleau à pâtisserie.* – *Rouleau compresseur,* servant à aplanir le revêtement d'une route. – *Rouleau de peintre en bâtiment,* servant à appliquer la peinture. **2·** Objet cylindrique destiné à recevoir ce qui s'enroule. *Rouleau à mise en plis, pour les cheveux.* → **bigoudi.**

① **rouler** [rule] v. <conjug. 1> **I·** V. tr. **1·** Déplacer (un corps arrondi) en le faisant tourner sur lui-même (→ **roue**). *Rouler un tonneau.* – *Rouler des croquettes dans la farine.* – Loc. *Rouler sa bosse,* voyager beaucoup. → **bourlinguer. 2·** Déplacer (un objet muni de roues, de roulettes). *Roulez la table jusqu'ici.* **3·** Mettre en rouleau. *Rouler des tapis. Rouler une cigarette,* en enroulant le tabac dans la feuille de papier. **4·** Imprimer un mouvement circulaire, rotatoire à. *Rouler les hanches en marchant.* – Fam. *Rouler les mécaniques,* les muscles des épaules pour montrer sa force. – *Se rouler les pouces* (fam. *se les rouler*), se tourner les pouces, ne rien faire. **5·** Littér. Tourner et retourner. *Rouler mille projets dans sa tête.* **6·** *Rouler les r,* les faire vibrer. **II·** ***Se rouler*** v. pron. réfl. **1·** Se tourner de côté et d'autre en position allongée. *Se rouler par terre, dans l'herbe.* – Loc. *C'est à se rouler par terre (de rire),* à se tordre de rire. → ② **roulant. 2·** S'envelopper (dans). → **s'enrouler.** *Se rouler dans une couverture.* **III·** V. intr. **1·** Avancer en tournant sur soi-même. *Faire rouler un cerceau. Larme qui roule sur la joue.* → **couler.** – Tomber et tourner sur soi-même par l'élan pris dans la chute. → **dégringoler.** *Rouler du haut d'un talus.* **2·** (Suj. chose) Avancer au moyen de roues, de roulettes. *La voiture roulait à 100 à l'heure.* – (Suj. personne) Voyager dans un véhicule à roues. *Nous avons roulé toute la journée. Vous roulez trop vite.* → **conduire. 3·** (Bateau) Être agité de roulis. *Le bateau tangue et roule.* **4·** (Personnes) Errer de lieu en lieu sans s'arrêter. *Elle a pas mal roulé dans sa vie.* **5·** (Argent) Circuler (→ **roulement,** 4). **6·** (Bruit) Se prolonger. *Le tonnerre roule.* **7·** (Conversation, propos...) ***Rouler sur*** : avoir pour sujet. → **porter** sur. *L'entretien a roulé sur la politique.* ▶ **roulé, ée** adj. **1·** Enroulé ; mis en rouleau. *Pull à col roulé. Épaule roulée* (viande de boucherie), désossée et enroulée. **2·** Fam. (Personnes) ***Bien roulé,*** bien fait, qui a un beau corps. ▶ **roulé-boulé** n. m. Culbute par laquelle on tombe en se roulant en boule pour amortir le choc fait. *Des roulés-boulés.* ▶ **roulement** n. m. **1·** Action de rouler (III, 1). – *Roulement à billes.* → **bille. 2·** Bruit d'un véhicule, etc., qui roule, ou bruit analogue. *On entendait un roulement de chariots, de barriques.* – *Un roulement de tambour.* **3·** Mouvement de ce qui tourne. *Roulement d'yeux.* **4·** (Argent) Fait de circuler. *Le roulement des capitaux. Fonds de roulement.* **5·** Alternance de personnes qui se relayent dans un travail. *Ils travaillent par roulement.* ▷ **dérouler, enrouler, roulade, roulage,** ① **roulant,** ② **roulant,** ② **rouler, roulier, roulis, roulotte**

② **rouler** v. tr. <conjug. 1> Fam. Duper (qqn). → **avoir, posséder.** *Il a voulu me rouler. Vous vous êtes fait rouler.*

roulette [rulɛt] n. f. **1·** Petite roue permettant le déplacement d'un objet. *Table, patins à roulettes. Marcher, aller comme sur des roulettes,* (affaire) très bien, sans difficultés. **2·** Fraise (de dentiste). – Petit outil à roue dentée. *Roulette de pâtissier.* **3·** Jeu de hasard où une petite boule d'ivoire, lancée dans une cuvette tournante à cases numérotées rouges ou noires, décide du gagnant. *Jouer un numéro à la roulette.*

roulier [rulje] n. m. Autrefois. Voiturier (→ **roulage**).

roulis [ruli] n. m. invar. Mouvement d'un bateau qui penche alternativement à droite et à gauche sous l'effet de la houle. *Roulis et tangage**. *Un coup de roulis.*

roulotte [rulɔt] n. f. Voiture aménagée en maison, où vivent des nomades (forains, bohémiens). → **caravane.**

roumain, aine [rumɛ̃, ɛn] adj. et n. De Roumanie. *La grande plaine roumaine.* – N. *Les Roumains.* – *Le roumain,* la langue romane parlée en Roumanie.

round [ʀawnd ; ʀund] n. m. **1·** Reprise d'un combat de boxe. *Combat en dix rounds.* **2·** Phase (d'un débat, d'une négociation). *Un round d'observation.*

1 **roupie** [ʀupi] n. f. Vx. Morve. – Loc. fam. *De la roupie de sansonnet,* une chose insignifiante.

2 **roupie** n. f. Unité monétaire de l'Inde, du Pakistan, de l'île Maurice, du Népal, du Sri Lanka, etc.

roupiller [ʀupije] v. intr. < conjug. 1 > Fam. Dormir. ▶ **roupillon** n. m. Fam. Petit somme. *Faire, piquer un roupillon.*

rouquin, ine [ʀukɛ̃, in] adj. et n. Fam. Qui a les cheveux roux. *Il est rouquin.* – N. *Une belle rouquine.*

rouscailler [ʀuskɑje] v. intr. < conjug. 1 > Fam. Rouspéter.

rouspéter [ʀuspete] v. intr. < conjug. 6 > Fam. Protester, réclamer (contre qqch.). → **grogner, protester** ; fam. **râler, rouscailler.** *Il rouspète toute la journée.* ▶ **rouspétance** n. f. *Assez de rouspétance !* ▶ **rouspéteur, euse** n. Personne qui aime à rouspéter. → **râleur.**

roussâtre [ʀusɑtʀ] adj. Qui tire sur le roux.

rousse → **roux.**

roussette [ʀusɛt] n. f. **1·** Poisson (squale), appelé aussi *saumonette.* **2·** Grande chauve-souris des régions tropicales.

rousseur [ʀusœʀ] n. f. **1·** Couleur rousse. – ***Tache de rousseur*** : tache rousse qui peut apparaître sur la peau (du visage, des mains...). → **éphélide. 2·** Tache roussâtre qui apparaît avec le temps sur le papier.

roussir [ʀusiʀ] v. < conjug. 2 > **1·** V. tr. Rendre roussâtre (surtout en brûlant légèrement). *Roussir du linge en repassant.* **2·** V. intr. Devenir roux. *Faire roussir des oignons dans le beurre.* → **revenir.** ▶ **roussi** n. m. Odeur d'une chose qui a légèrement brûlé. – Loc. ***Sentir le roussi*** : se dit d'une affaire qui tourne mal, d'une situation qui se gâte.

routage [ʀutaʒ] n. m. Expédition d'imprimés groupés. → **publipostage** ; anglic. **mailing.**

route [ʀut] n. f. **1·** Voie de communication terrestre de première importance. *Une bonne, une mauvaise route. Route côtière, route de montagne, route panoramique. Routes nationales, départementales. La route de Bruxelles,* qui va à Bruxelles. *La grande* (ou *grand-*) *route,* nom donné, à la campagne, à la route principale. – Absolt. *La route,* l'ensemble des routes ; le moyen de communication qu'elles constituent. *Arriver par la route,* par voiture, autocar. *Faire de la route,* rouler beaucoup. *Accidents de la route.* **2·** Chemin à suivre dans une direction déterminée pour parcourir un espace. → **itinéraire.** *Changer de route. Perdre sa route. Nous sommes sur la bonne route,* dans la bonne direction. – Ligne que suit un navire, un avion. *La route des Indes, du pôle. Le navire a dû changer de route,* a été dérouté. – ***Faire fausse route*** : se tromper dans les moyens à employer pour parvenir à ses fins. **3·** Marche, voyage. *Faire route vers Montréal,* aller, voyager vers Montréal. – ***En route.*** *Se mettre en route. En route ! En cours de route,* pendant le voyage. – *Bonne route !* – *Feuille de route,* délivrée à des militaires se déplaçant isolément. **4·** ***Mettre en route*** : mettre en marche (un moteur, une machine). *Mettre en route sa voiture ; mettre sa voiture en route.* Absolt. *Au moment de mettre en route.* → **démarrer.** – Abstrait. *Mise en route,* mise en train (d'une affaire). *Avoir qqch. en route,* être en train d'exécuter qqch. **5·** Abstrait. Chemin. *La route est toute tracée,* on sait ce qu'il faut faire. *Nos routes se croisent,* nos destins... ▶ 1 **routier, ière** adj. et n. m. **1·** Adj. Relatif aux routes. *Réseau routier. Carte routière. Gare routière,* pour les services d'autocars. – Qui se fait sur route. *Transports routiers.* **2·** N. m. Conducteur de poids lourds effectuant de longs trajets. → **camionneur.** *Restaurant de routiers.* ▶ **routard, arde** n. **1·** Personne qui prend la route, voyage et vagabonde librement. **2·** Personne qui pratique la moto sur route. ▷ **autoroute, dérouter, ferroutage, restoroute, routage, routine**

2 **routier** n. m. *Vieux routier,* homme habile, plein d'expérience. *Un vieux routier de la politique.*

routine [ʀutin] n. f. **1·** Habitude d'agir ou de penser devenue mécanique. → **train-train.** *Son travail est devenu une espèce de routine.* – *La routine,* l'ensemble des habitudes et des préjugés, considérés comme faisant obstacle au progrès. *La routine qui règne dans l'administration.* **2·** Anglic. *Examen, opérations de routine,* habituels. ▶ **routinier, ière** adj. Qui agit par routine, se conforme à la routine. *C'est un esprit étroit et routinier.*

rouvrir [ʀuvʀiʀ] v. < conjug. 18 > **I·** V. tr. Ouvrir de nouveau (ce qui a été fermé). / contr. **refermer** / *Rouvrir son magasin pour un client attardé. Rouvrir les yeux.* – Pronominalement. *La plaie s'est rouverte.* – *Rouvrir un débat.* **II·** V. intr. Être de nouveau ouvert après une période de fermeture. → **réouverture.** *La boulangerie rouvre demain.*

roux, rousse [ʀu, ʀus] adj. et n. **1·** D'une couleur entre l'orangé et le rouge. → **roussâtre.** *Des cheveux roux.* – N. m. *Le roux,* la couleur rousse.

2· Dont les cheveux sont roux. *Une belle fille rousse.* – N. *Un roux, une rousse.* → **rouquin.** 3· N. m. *Un roux,* sauce faite de farine roussie dans du beurre. 4· ***Lune rousse*** : la lune d'avril (qui est censée roussir, geler la végétation). ▷ **rouquin, roussâtre, roussette, rousseur, roussir**

royal, ale, aux [ʀwajal, o] adj. 1· Du roi ; qui concerne le roi. *Palais royal. Prince royal,* héritier présomptif. *La famille royale.* – Loc. *La voie royale,* la voie la plus glorieuse, celle qui mène le plus directement au but. 2· Qui est digne d'un roi. → **magnifique.** *Un cadeau royal.* – *Un salaire royal,* très élevé. *Une indifférence royale,* parfaite. ▶ **royalement** adv. 1· Avec magnificence. *Être royalement traité.* 2· Fam. *S'en moquer royalement,* tout à fait. ▶ **royalisme** n. m. Attachement à la monarchie, à la doctrine monarchiste. ▶ **royaliste** n. et adj. Partisan du roi, du régime monarchique. → **monarchiste.** – Loc. *Être plus royaliste que le roi,* défendre les intérêts de qqn, d'un parti, avec plus d'ardeur qu'il ne le fait lui-même. ▷ **royaume, royauté**

royalties [ʀwajalti] n. f. pl. Anglic. Somme que l'utilisateur d'un brevet étranger verse à l'inventeur. – Redevance payée au pays producteur par une compagnie pétrolière étrangère. – Droit proportionnel aux ventes.

royaume [ʀwajom] n. m. 1· État gouverné par un roi, une reine ; territoire d'une monarchie. – *Le Royaume-Uni* (la Grande-Bretagne et l'Irlande du Nord). 2· *Le royaume de Dieu, des cieux,* le règne de Dieu dans le ciel.

royauté [ʀwajote] n. f. 1· Dignité de roi. *Aspirer à la royauté.* → **couronne, trône.** 2· Pouvoir royal. → **monarchie.** *Chute de la royauté.*

-rragie Élément savant signifiant « épanchement » (ex. : *hémorragie*).

-rrhée Élément savant signifiant « écoulement, flux » (ex. : *séborrhée*).

R. T. T. ou **RTT** [ɛʀtete] n. f. En France. Réduction du temps de travail (légale et négociée). – Congé pris à ce titre. *Jours de R. T. T., de RTT.*

ru [ʀy] n. m. Région. Petit ruisseau. *De petits rus.* → **ruisselet.**

ruade [ʀɥad] n. f. Mouvement par lequel les chevaux, les ânes, etc., lancent vivement en arrière leurs membres postérieurs en soulevant leur train arrière. *Lancer une ruade.* → **ruer** (II).

ruban [ʀybɑ̃] n. m. 1· Étroite bande de tissu, servant d'ornement, d'attache. *Ses cheveux sont retenus par un ruban de velours. Nœud de rubans.* 2· Bande de tissu servant d'insigne à une décoration. *Le ruban d'une décoration.* – (En France) *Il a le ruban* (de la Légion d'honneur). 3· Bande mince et assez étroite d'une matière flexible. *Ruban encreur de caisse enregistreuse.* ▷ **enrubanner**

rubéole [ʀybeɔl] n. f. Maladie éruptive contagieuse proche de la rougeole.

rubicond, onde [ʀybikɔ̃, ɔ̃d] adj. (Visage) Très rouge de peau. *Une face rubiconde.*

rubis [ʀybi] n. m. invar. 1· Pierre précieuse d'un beau rouge ; cette pierre taillée en bijou. 2· Monture de pivot en pierre dure, dans un rouage d'horlogerie. *Montre trois rubis.* 3· Loc. *Payer* ***rubis sur l'ongle*** : payer ce qu'on doit jusqu'au dernier sou et séance tenante. → **comptant.**

rubrique [ʀybʀik] n. f. 1· Titre indiquant la matière des articles de presse. *La rubrique des spectacles, des sports.* – Série régulière d'articles sur un sujet déterminé. *Tenir la rubrique littéraire.* 2· ***Sous (telle) rubrique*** : sous tel titre, telle désignation. *Classer, mettre deux choses différentes sous la même rubrique.*

ruche [ʀyʃ] n. f. 1· Abri aménagé pour un essaim d'abeilles. *Ruche en paille, en bois.* 2· La colonie d'abeilles qui habite une ruche. *Bourdonnement d'une ruche.* – (Symbole d'activité collective) *Le centre de la ville est une véritable ruche où chacun s'affaire.* ▶ **rucher** [ʀyʃe] n. m. Emplacement où sont disposées des ruches ; ensemble de ruches. ▷ **ruché**

ruché [ʀyʃe] n. m. Garniture de vêtement faite d'une étoffe plissée, froncée (on dit parfois *ruche,* n. f.).

rude [ʀyd] adj. Littér., sauf dans quelques emplois et sens III. I· (Personnes) 1· Simple et grossier. *Un homme rude.* → **fruste.** – (Comportement) *Un montagnard aux manières un peu rudes.* / contr. **délicat, raffiné** / 2· Littér. Dur, sévère. – Redoutable. *Un rude adversaire.* II· (Choses) 1· Qui donne du mal, est dur à supporter. → **pénible.** *Un métier rude. Les travaux des champs sont rudes.* – Loc. *Être à rude épreuve.* – N. f. pl. *En voir de rudes,* en supporter beaucoup, de dures. – Cour. *Un climat particulièrement rude. L'hiver fut rude cette année.* → **rigoureux.** 2· Dur au toucher (opposé à *doux*). → **rugueux.** *Toile rude.* → **rêche.** – Dur ou désagréable à l'oreille. *Une voix rude.* III· Fam. (Avant le nom) Remarquable en son genre. → **drôle, fameux, sacré.** *Il a eu une rude veine. Un rude appétit.* → **solide.** ▶ **rudement** adv. I· Littér. 1· De façon brutale. *Heurter rudement.* 2· Avec dureté, sans ménagement. *Traiter qqn rudement.* → **rudoyer.** II· Fam. Beaucoup, très. → **drôlement.** *C'est rudement bon. Il est rudement bien. Elle a* *rudement changé.* ▶ **rudesse** n. f. **1·** (Personnes) Caractère rude (I, 1 ou 2) ; sévérité. *Rudesse du ton.* → **brutalité, dureté.** *Traiter qqn avec rudesse.* / contr. douceur / **2·** (Choses) Caractère de ce qui est rude (II, 1). *La rudesse de leurs mœurs.* / contr. raffinement / ▶ **rudoyer** [ʀydwaje] v. tr. < conjug. 8 > Traiter rudement, avec des paroles dures. *Il rudoyait ses employés.* ▷ **rudiment**

rudiment [ʀydimɑ̃] n. m. **I·** Ébauche ou reste (d'un organe). *Un rudiment de queue.* **II·** Au plur. ***Les rudiments.*** **1·** Notions élémentaires (d'une science, d'un art). → **abc.** *Rudiments de grammaire.* **2·** Premiers éléments (d'une organisation, d'un système...). ▶ **rudimentaire** adj. **1·** (Organe) Qui est à l'état d'ébauche ou de résidu. **2·** Qui n'a atteint qu'un développement très limité. → **élémentaire.** *L'architecture rudimentaire de l'homme préhistorique.* – Sommaire, insuffisant. *Connaissances rudimentaires.*

rue [ʀy] n. f. **1·** Voie bordée de maisons, dans une agglomération. → **artère, avenue, boulevard, impasse.** *Les rues de Paris. La rue de Rivoli. Une rue calme, animée, commerçante. La rue principale d'un village, la grande rue, la grand-rue. Une rue large, étroite. Une petite rue.* → **ruelle.** *Marcher, se promener dans les rues. Prendre une rue. Traverser la rue. Au coin de deux rues. Au coin de la rue.* – Loc. *À tous les coins de rue,* partout. **2·** *La rue, les rues,* symbole de la vie urbaine, des milieux populaires. *Scènes de la rue. L'homme de la rue.* – *Fille des rues,* prostituée. – *En pleine rue, dans la rue,* dans la ville. *Descendre, manifester dans la rue.* – Population de la ville. *La rue s'agitait, se soulevait.* **3·** Loc. *Être **à la rue** :* sans domicile, sans abri. *Jeter qqn à la rue,* dehors. ▶ **ruelle** [ʀɥɛl] n. f. **I·** Petite rue étroite et relativement courte. → **venelle. II·** Espace libre entre un lit et le mur ou entre deux lits. – Au XVIIe s. Chambre, alcôve où certaines femmes de haut rang recevaient.

ruer [ʀɥe] v. < conjug. 1 > **I·** ***Se ruer*** v. pron. réfl. S'élancer avec violence, impétuosité. → **se précipiter.** *Fou de colère, il s'est rué sur moi.* – (En masse) *Les gens se ruaient vers la sortie, sur le buffet. Les troupes se ruèrent à l'assaut.* **II·** V. intr. Lancer une, des ruade(s). *Les chevaux ruaient.* – Loc. *Ruer dans les brancards,* regimber, opposer une vive résistance à un ordre, à une discipline. ▶ **ruée** [ʀɥe] n. f. Mouvement rapide d'un grand nombre de personnes dans la même direction. *La ruée vers les gares à l'époque des départs en vacances. La ruée vers l'or,* au XIXe siècle en Californie. ▷ **ruade**

ruffian ou **rufian** [ʀyfjɑ̃] n. m. Autrefois. Entremetteur, souteneur.

rugby [ʀygbi] n. m. Sport d'équipe dans lequel il faut poser un ballon ovale derrière la ligne de but de l'adversaire → **essai,** ou le faire passer entre les poteaux de but. *Terrain de rugby. Le ballon ovale du rugby. Équipe de rugby.* → **quinze** (II, 2). *Joueur de rugby* → **rugbyman,** *joueuse de rugby.* – *Rugby à treize,* joué avec des équipes de treize joueurs (on dit plus souvent *jeu à treize*). *Rugby* (ou *football*) *américain* (avec d'autres règles). – REM. On dit *football,* en français du Canada. ▶ **rugbyman** [ʀygbiman] n. m. Joueur de rugby. *Des rugbymen* [ʀygbimɛn].

rugir [ʀygiʀ] v. < conjug. 2 > **1·** V. intr. (Lion, fauves) Pousser des rugissements. – (Personnes) Pousser des cris terribles. → **hurler.** *Rugir de colère, de rage.* – (Choses) Produire un bruit sourd et violent. *Le vent rugissait.* **2·** V. tr. Proférer avec violence (des menaces, des injures...). ▶ **rugissement** n. m. **1·** Cri du lion et de certains fauves (tigres, panthères, etc.). *Le lion ouvrit la gueule et poussa un formidable rugissement.* **2·** Cri rauque. *Des rugissements de colère.* **3·** (Choses) Grondement sourd et violent. → **mugissement.** *Le rugissement de la tempête.*

rugueux, euse [ʀygø, øz] adj. Dont la surface présente de petites aspérités, et qui est rude au toucher. → **raboteux, râpeux, rêche, rude.** / contr. lisse / *Peau rugueuse. Écorce rugueuse. Toile rugueuse.* ▶ **rugosité** n. f. État d'une surface rugueuse ; petite aspérité sur cette surface.

ruine [ʀɥin] n. f. **I·** *(Une, des ruines)* **1·** Débris d'un édifice ancien ou écroulé. → **décombres, vestige.** *Des ruines gallo-romaines. Les habitants ont été ensevelis sous les ruines. Pays qui se relève de ses ruines,* répare les dommages subis. **2·** Personne qui a perdu la plus grande partie de ses forces, de ses facultés. *C'est une véritable ruine.* → **loque. II·** *(La ruine)* **1·** Écroulement partiel ou total d'un édifice ; état de ce qui s'écroule (→ **délabrement, vétusté**). *Château en ruine. La maison tombe en ruine,* se dégrade et s'écroule par morceaux. – Loc. ***Menacer ruine.*** *Ce mur menace ruine,* menace de s'écrouler. **2·** Destruction, perte. *Le régime a précipité sa ruine. C'est la ruine de ses espérances.* → **anéantissement. 3·** Perte des biens, de la fortune. → **faillite.** *Être au bord de la ruine.* – *Une ruine,* une cause de ruine. → **ruineux.** *Cette propriété, quelle ruine !* ▶ **ruiner** v. tr. < conjug. 1 > **1·** Endommager gravement. *Ruiner sa santé.* → **altérer. 2·** Causer la ruine, la perte de. → **anéantir, détruire.** *Cet échec a ruiné tous ses espoirs.* **3·** Faire perdre la fortune à (qqn). *Ruiner un concurrent.* – Au p. p. *Il est complètement ruiné.* – Par exagér. *Tu veux me ruiner !,* tu me fais faire une dépense excessive. *Ce n'est pas ça qui nous ruinera,* ce n'est pas cher.

4· ***Se ruiner*** v. pron. réfl. : causer sa propre ruine (argent). *Il s'est ruiné au jeu.* – Dépenser trop. *Se ruiner en cadeaux de Noël.* ▶ **ruineux, euse** adj. 1· Qui amène la ruine (II, 3), la faillite. *Dépenses ruineuses.* 2· Coûteux. *Ce n'est pas ruineux.*

ruisseau [ʀɥiso] n. m. 1· Petit cours d'eau. – PROV. *Les petits ruisseaux font les grandes rivières,* plusieurs petites sommes réunies finissent par en faire une grosse. – Par exagér. *Des ruisseaux de sang, de larmes.* → **torrent.** 2· Eau qui coule le long des trottoirs pour se jeter dans les égouts ; caniveau destiné à recevoir cette eau. – LOC. *Tomber, rouler dans le ruisseau,* dans une situation dégradante. *Sortir qqn du ruisseau.* ▶ **ruisselet** [ʀɥislɛ] n. m. Petit ruisseau. → **ru.**

ruisseler [ʀɥisle] v. intr. <conjug. 4> 1· Couler sans arrêt en formant des ruisseaux. *La pluie ruisselle. Les larmes ruisselaient le long de ses joues.* – Se répandre à profusion. *Une pièce où ruisselle le soleil.* 2· ***Ruisseler de*** : être couvert d'un liquide qui ruisselle. *La vitre ruisselait de pluie. Il ruisselait de sueur.* ▶ **ruisselant, ante** adj. Qui ruisselle. *Ruisselant d'eau,* trempé. *Ruisselant de sueur.* → **inondé.** ▶ **ruissellement** [ʀɥisɛlmɑ̃] n. m. *Eaux de ruissellement,* eaux fluviales qui s'écoulent à la surface du sol et alimentent les ruisseaux, les cours d'eau. – *Un ruissellement de lumière.*

rumba [ʀumba] n. f. Danse d'origine cubaine ; musique de cette danse. *Des rumbas endiablées.*

rumeur [ʀymœʀ] n. f. 1· Bruit confus de voix, de sons assourdis. *La rumeur de la ville.* – Bruit de voix qui protestent. *Des rumeurs s'élevaient dans le public.* 2· Bruit, nouvelle de source incontrôlée qui se répand. *Ce n'est encore qu'une vague rumeur. Je l'ai appris par la rumeur publique, par la rumeur.*

ruminer [ʀymine] v. tr. <conjug. 1> 1· (Ruminants) Mâcher de nouveau des aliments revenus de l'estomac, avant de les avaler définitivement. *Les vaches ruminent l'herbe* (ou, sans compl., *ruminent*). 2· (Personnes) Tourner et retourner lentement dans son esprit. → **remâcher.** *Ruminer son chagrin. Ruminer un projet. Il rumine ses anciens griefs.* ▶ **ruminant** n. m. *Un ruminant,* un animal qui rumine. – ***Les ruminants*** : groupe de mammifères dont l'estomac complexe permet aux aliments de remonter dans la bouche pour une seconde mastication.

rumsteck → **romsteck.**

rupestre [ʀypɛstʀ] adj. 1· Qui vit dans les rochers. *Plantes rupestres.* 2· (Œuvre plastique) Qui est exécuté sur une paroi rocheuse. *Les peintures rupestres de la préhistoire. Art rupestre.*

rupin, ine [ʀypɛ̃, in] adj. et n. Fam. et vieilli. Riche.

rupteur [ʀyptœʀ] n. m. Dispositif qui interrompt le courant électrique. → **interrupteur.**

rupture [ʀyptyʀ] n. f. 1· Fait de se casser, de se rompre*. *La rupture d'un câble.* 2· Cessation brusque (de ce qui durait). *La rupture des relations diplomatiques entre deux pays.* – Opposition entre des choses qui se suivent. *Rupture de rythme,* changement brusque. – ***En rupture avec*** : en opposition affirmée à. *Être en rupture avec la société.* – ***En rupture de stock*** : situation où le niveau des marchandises en stock est insuffisant pour satisfaire la demande. *Nous sommes en rupture de stock.* – Annulation (d'un engagement). *Rupture de contrat, de fiançailles.* 3· Séparation plus ou moins brusque entre des personnes qui étaient unies. → **brouille.** *Scène de rupture.*

rural, ale, aux [ʀyʀal, o] adj. Qui concerne la vie dans les campagnes. → **rustique** (1). / contr. urbain / *Exploitation rurale.* → **agricole.** *Communes rurales. L'exode rural,* le dépeuplement des milieux ruraux. – N. m. pl. Habitants de la campagne. *Les ruraux.* → **paysan.** ▷ **néorural**

ruse [ʀyz] n. f. 1· Procédé habile pour tromper. → **artifice, feinte, machination, manœuvre, piège, subterfuge.** *Ruses de guerre,* par lesquelles on surprend l'ennemi, un adversaire. LOC. *Des ruses de Sioux,* très habiles. 2· ***La ruse*** : art de dissimuler, de tromper. → **habileté, rouerie.** *Recourir à la ruse. Obtenir qqch. par (la) ruse.* ▶ **rusé, ée** adj. Qui a ou exprime de la ruse. → **malin, roublard.** *C'est assez rusé, comme manœuvre.* – N. *C'est une rusée. Petit rusé.* ▶ **ruser** v. intr. <conjug. 1> User de ruses, agir avec ruse. *Être obligé de ruser pour obtenir qqch.*

rush [ʀœʃ] n. m. Anglic. 1· Sports. Accélération d'un concurrent en fin de course. → **sprint.** 2· Afflux brusque d'un grand nombre de personnes. → **ruée.** *C'est le grand rush vers les plages.* 3· Au plur. La totalité des plans d'un tournage avant le choix pour le montage du film. *Visionner des rushes.*

russe [ʀys] adj. et n. De Russie. *La révolution russe.* LOC. *Danse russe,* dans laquelle le danseur accroupi lance une jambe puis l'autre en avant, sur le côté. – *Boire à la russe,* en faisant cul sec et en jetant le verre. – N. *Les Russes. Un Russe blanc,* un émigré russe (opposant au régime soviétique). – N. m. *Le russe,* la langue slave parlée en Russie.

russule [ʀysyl] n. f. Champignon à lamelles, dont plusieurs variétés sont comestibles. *La russule émétique* (indigeste).

rustaud, aude [Rysto, od] adj. et n. Qui a des manières grossières et maladroites. – N. *Une espèce de gros rustaud.* → **rustre.** *Quelle rustaude !*

rustine [Rystin] n. f. Petite rondelle de caoutchouc qui sert à réparer une chambre à air de bicyclette, un canot pneumatique...

rustique [Rystik] adj. **1·** Littér. De la campagne. → **agreste, champêtre, rural.** *La vie rustique.* – Péj. Très simple et peu raffiné. → **campagnard.** **2·** *Meuble rustique,* fabriqué à la campagne ou dans le style traditionnel de la province. – N. m. *Se meubler en rustique.* **3·** (Plante) Qui demande peu de soins. → **résistant.** ▶ **rusticité** n. f. Littér. Caractère de ce qui est rustique.

rustre [RystR] n. m. Homme grossier et brutal. → **brute, goujat, malotru, rustaud.** *Quel rustre !*

rut [Ryt] n. m. Période d'activité sexuelle où les animaux (mammifères) cherchent à s'accoupler. *Femelle en rut,* en chaleur.

rutabaga [Rytabaga] n. m. Plante dont la racine comestible (proche du navet) sert surtout à la nourriture du bétail ; cette racine.

rutiler [Rytile] v. intr. < conjug. 1 > Être rutilant, briller d'un vif éclat. ▶ **rutilant, ante** adj. Qui brille, reluit. *Une rutilante voiture de sport.*

rythme [Ritm] n. m. REM. On a écrit *rhythme.* **1·** Retour à intervalles égaux ou calculés d'un repère constant (geste répété, rime). – Alternance de temps forts et de temps faibles. – En poésie. Mouvement du discours réglé par la métrique. Répartition des accents. *Le rythme d'une strophe, d'une phrase. Rythme et style.* – En musique. Répartition des sons dans le temps. → **mouvement.** ≠ mesure. *Rythme régulier. Avancer au rythme d'une musique militaire. Rythme souple, variable.* – Absolt. Rythme régulier et marqué. *Avoir du rythme, manquer de rythme* (se dit de la musique, d'un musicien). **2·** Mouvement périodique, régulier. *Le rythme des vagues. Le rythme cardiaque.* – *Rythme biologique* (ou *biorythme,* n. m.). **3·** Allure à laquelle s'exécute une action, se déroule un processus. → **cadence, vitesse.** *Le rythme de la production. Ne pas pouvoir suivre le rythme.* – ***Au rythme de :*** à la cadence de. *Il écrit au rythme de 6 à 10 pages par jour.* – *Travailler à un rythme accéléré.* ▶ **rythmer** v. tr. < conjug. 1 > **1·** Soumettre à un rythme régulier et marqué. *Rythmer sa marche en chantant.* – Au p. p. adj. *Prose rythmée. La musique très rythmée du jazz.* **2·** Souligner le rythme de (une phrase, un poème, un morceau de musique). → **scander.** *Rythmer un air en claquant des mains.* ▶ **rythmique** adj. **1·** Qui est soumis à un rythme régulier. – *Gymnastique rythmique,* par mouvements rythmés et enchaînés. *Danse rythmique* ou, n. f., *la rythmique,* intermédiaire entre la danse classique et la gymnastique. **2·** Qui est relatif au rythme. *Accent rythmique. Les valeurs rythmiques de la musique chinoise, indienne, occidentale.* **3·** Qui utilise les effets du rythme. *Versification rythmique,* fondée sur l'accent tonique. – N. f. *La rythmique,* l'étude des rythmes dans la langue. ▷ **biorythme**

sS

s [ɛs] n. m. invar. **1·** Dix-neuvième lettre, quinzième consonne de l'alphabet. *L's ou le s.* – REM. Le *s* se prononce [s] ou [z] ; *ss* se prononcent [s]. **2·** *S'.* → **se. 3·** Forme sinueuse du s. *Un virage en S.*

sa → [1] **son.**

sabayon [sabajɔ̃] n. m. Crème onctueuse à base de vin, de sucre et de jaunes d'œufs. *Sabayon au malaga.*

sabbat [saba] n. m. **1·** Repos que les juifs pratiquants doivent observer le samedi. *Observer le sabbat.* – Variante : **shabbat** [ʃabat] n. m. **2·** Assemblée nocturne et bruyante de sorciers et sorcières, dans les légendes anciennes. ▶ **sabbatique** adj. Qui a rapport au sabbat (1). – Loc. *Année sabbatique,* année de congé accordée pour des recherches personnelles, dans des universités (d'abord aux États-Unis), à l'origine tous les sept ans. *Prendre un congé sabbatique.*

sabir [sabiʀ] n. m. Jargon mêlé d'arabe, de français, d'espagnol, d'italien, qui était parlé en Afrique du Nord et dans le Levant. → **lingua franca.** – Péj. Langue mêlée, remplie d'éléments étrangers.

sable [sɑbl] n. m. **1·** Ensemble de petits grains minéraux (quartz) séparés, recouvrant le sol. *Du sable. Marcher dans le sable. Une plage de sable fin. Mer de sable,* ensemble de dunes. *Sables mouvants,* sable mouillé qui s'enfonce sous un poids et où on peut s'enliser. – *Bac à sable.* **2·** Loc. ***Bâtir sur le sable :*** entreprendre sur des bases peu solides. – Fam. ***Être sur le sable :*** se retrouver sans argent, être sans travail. – *Grain de sable,* action, événement minuscule qui enraye, gêne un processus. – *Le marchand de sable est passé,* les enfants ont sommeil (les yeux leur piquent). **3·** Adj. invar. Beige très clair. *Des gants sable.* ▶ **sablé, ée** n. m. et adj. **1·** N. m. Petit gâteau sec à pâte friable (comme du sable). *Un paquet de sablés.* **2·** Adj. Qui a la texture de ce gâteau. *Pâte sablée et pâte feuilletée.* ▶ [1] **sabler** v. tr. < conjug. 1 > Couvrir de sable. *Sabler une route.* – Au p. p. adj. *Allée sablée.* ▶ **sablage** n. m. ▶ **sableur, euse** n. **1·** Ouvrier qui fait les moules en sable dans une fonderie. **2·** N. f. Machine servant à décaper, dépolir par projection d'un jet de sable. ▶ **sablier** [sɑ(a)blije] n. m. Instrument fait de deux petits vases de verre superposés communiquant par un étroit conduit, le vase supérieur étant rempli de sable qui coule doucement dans l'autre (pour mesurer le temps). ▶ **sablière** n. f. Carrière de sable. ▶ **sablonneux, euse** adj. Naturellement couvert ou constitué de sable. *Terrains sablonneux.* ▷ **s'ensabler,** [2] **sabler**

[2] **sabler** v. tr. < conjug. 1 > Loc. ***Sabler le champagne :*** boire du champagne en abondance, lors d'une réjouissance. ≠ sabrer.

sabord [sabɔʀ] n. m. Ouverture rectangulaire servant, sur les vaisseaux de guerre, de passage à la bouche des canons. – *Mille sabords !,* juron familier de marins. ▶ **saborder** v. tr. < conjug. 1 > **1·** Percer (un navire) au-dessous de la flottaison pour le faire couler. – Pronominalement. *Se saborder,* couler volontairement son navire. **2·** *Saborder son entreprise,* (pronominalement) *se saborder,* mettre fin volontairement aux activités de son entreprise. *Le journal s'est sabordé.* ▶ **sabordage** n. m. Action de saborder, de se saborder.

sabot [sabo] n. m. **1·** Chaussure paysanne faite d'une seule pièce de bois évidée, ou d'une semelle de bois et d'un dessus de cuir → **galoche** ou de toile. – Loc. *Je le vois* (ou *je l'entends*) *venir* ***avec ses gros sabots :*** ses allusions sont un peu trop grosses, ses intentions trop claires. **2·** Enveloppe cornée qui entoure l'extrémité des doigts chez les ongulés. *Garnir de fers les sabots d'un cheval.* → **ferrer. 3·** *Sabot* (*de frein*), pièce mobile servant à freiner un véhicule. – *Sabot de Denver,* pince que la police ajuste à la roue d'un véhicule en stationnement interdit pour l'immobiliser. **4·** En appos. *Baignoire sabot,* baignoire courte où l'on se baigne assis. *Des baignoires sabots.* **5·** Vx. Instrument de musique, véhicule de mauvaise qualité. – Loc. ***Travailler,***

jouer comme un sabot : très mal. ▶ **sabotier, ière** n. Personne qui fabrique, qui vend des sabots. ≠ savetier. ▷ saboter

saboter [sabɔte] v. tr. < conjug. 1 > **1**· Faire vite et mal. → **bâcler.** *L'orchestre a saboté ce morceau,* l'a très mal exécuté. – Au p. p. adj. *Un travail saboté.* **2**· Détériorer ou détruire par un acte visant à empêcher le fonctionnement d'une machine, d'une installation. *Saboter un avion ennemi.* – Chercher à contrarier ou à neutraliser par malveillance. *Saboter un projet, une négociation.* ▶ **sabotage** n. m. Action de saboter. *Sabotage industriel.* ▶ **saboteur, euse** n. Personne qui sabote.

sabre [sɑbʀ] n. m. Arme blanche, à pointe et à simple tranchant, à lame plus ou moins recourbée. → **cimeterre, yatagan.** *Sabre de cavalerie.* – *Faire du sabre,* pratiquer l'escrime au sabre. – Loc. péj. *Traîneurs de sabre,* militaires fanfarons et belliqueux. – Loc. ***Le sabre et le goupillon*** : l'armée et l'Église. ▶ **sabrer** v. tr. < conjug. 1 > **1**· Frapper à coups de sabre. *Sabrer l'ennemi.* **2**· Pratiquer de larges coupures dans. *La rédaction a sabré l'article de son correspondant.* **3**· Fam. *Sabrer des candidats,* les refuser impitoyablement. → **sacquer.** *Il s'est fait sabrer,* renvoyer, licencier. ▶ **sabreur, euse** n. Celui, celle qui se bat au sabre. – Sportif qui pratique l'escrime au sabre.

1 **sac** [sak] n. m. **I**· **1**· Contenant formé d'une matière souple et ouvert seulement par le haut. → **poche.** *Un sac de toile, de papier. Un sac en plastique. Un sac de charbon, de blé,* contenant du charbon, du blé. *Sac à provisions.* – Loc. ***Sac de couchage*** : fait de duvet naturel ou synthétique, pour dormir. **2**· Loc. *Être ficelé, fagoté comme un sac,* être mal habillé. – *Mettre dans le même sac* (des personnes, des choses abstraites), les englober dans la même réprobation. *Prendre qqn la main dans le sac,* le surprendre, le prendre sur le fait. *Il a plus d'un tour dans son sac,* il est malin. *L'affaire est dans le sac,* le succès est assuré. – Fam. ***Vider son sac*** : dire le fond de sa pensée ; avouer. – Fam. ***Un sac de nœuds*** : une affaire confuse et embrouillée. – ***Un sac à vin*** : un ivrogne. **3**· Objet souple, fabriqué pour servir de contenant, où l'on peut ranger, transporter diverses choses. → **cartable, musette, sacoche.** *Un sac de soldat, d'alpiniste, de campeur, d'écolier,* sacs portés sur le dos à l'aide de bretelles. *Sac à dos.* → **havresac.** *Sac de voyage,* bagage à main souple et sans couvercle (à la différence de la valise). – ***Sac à main*** et, absolt, ***sac*** : sac où les femmes mettent l'argent, les papiers, les petits accessoires de toilette. *Elle porte son sac en bandoulière.* **4**· Contenu d'un sac de dimension déterminée. *Moudre cent sacs de blé.* – Fam. Vieilli. *Le sac,* l'argent, la richesse. – Autrefois. Fam. *Dix sacs, vingt sacs,* cent francs, deux cents francs. **II**· Cavité ou enveloppe en forme de poche. *Sac lacrymal,* à l'angle interne de l'œil. ▷ **besace, cul-de-sac, ensacher, havresac, sachet, sacoche, sacquer**

2 **sac** n. m. Pillage (d'une ville, d'une région). → **saccage.** *Le sac de Rome en 1527.* – Loc. ***Mettre une ville à sac*** : piller. → **saccager.** ▷ **saccager**

saccade [sakad] n. f. Surtout au plur. Mouvement brusque et irrégulier, en général répété. → **à-coup, secousse, soubresaut.** *La voiture avançait par saccades.* ▶ **saccadé, ée** adj. Qui procède par saccades. *Des gestes saccadés,* heurtés.

saccager [sakaʒe] v. tr. < conjug. 3 > **1**· Littér. Mettre à sac, en détruisant et en volant. → **piller, ravager.** **2**· Mettre en désordre, abîmer. *Les vandales ! Ils ont tout saccagé !* ▶ **saccage** n. m. Littér. Action de saccager ; son résultat.

sacchar- Élément qui signifie « sucre ». → **gluc(o)-.** ▶ **saccharine** [sakaʀin] n. f. Substance blanche utilisée comme succédané du sucre. ▶ **saccharose** [sakaʀoz] n. m. Nom scientifique du sucre de canne ou de betterave. *Le saccharose est fusible à partir de 160 °C.*

sacerdoce [sasɛʀdɔs] n. m. **1**· Dans la religion chrétienne. Dignité ou fonction du ministre de Dieu. *Ce prêtre exerce son sacerdoce avec ferveur.* **2**· Fonctions auxquelles on peut attacher un caractère quasi religieux. *Pratiquer la médecine est pour lui un sacerdoce.* ▶ **sacerdotal, ale, aux** adj. Propre aux prêtres. *Les habits sacerdotaux.*

sachem [saʃɛm] n. m. Chez les Amérindiens, Ancien qui avait une fonction de conseiller et de chef.

sachet [saʃɛ] n. m. Petit sac (1). *Un sachet de bonbons. Levure en sachet.* – Petit emballage poreux utilisé tel quel. *Un sachet de thé.*

sacoche [sakɔʃ] n. f. **1**· Sac de cuir ou de toile forte qu'une courroie permet de porter. *La sacoche du facteur. Sacoche à outils.* **2**· Sac accroché au porte-bagages d'un véhicule à deux roues. *Une paire de sacoches.* **3**· Petit sac à main plat où les hommes rangent leurs papiers d'identité, cartes de crédit, portefeuille, etc.

sacquer ou **saquer** [sake] v. tr. < conjug. 1 > Fam. **1**· Renvoyer (un employé) ; refuser (un candidat). → fam. **sabrer.** *Elle s'est fait saquer.* **2**· *Ne pas pouvoir sacquer qqn,* le détester.

sacraliser [sakʀalize] v. tr. < conjug. 1 > Didact. Attribuer un caractère sacré à. *Certains peuples sacralisent leurs ancêtres.* – *Sacraliser le travail.* ▶ **sacralisation** n. f. Fait de sacraliser.

sacramentel, elle [sakʀamɑ̃tɛl] adj. Qui appartient à un sacrement, aux sacrements. *Les formules sacramentelles.*

sacre [sakʀ] n. m. **1·** Cérémonie par laquelle l'Église consacre un souverain, un évêque. **2·** Consécration solennelle. *Le sacre du printemps.*

sacrement [sakʀəmɑ̃] n. m. Dans la religion chrétienne. Signe et rite sacrés institués par Jésus-Christ, pouvant produire ou augmenter la grâce dans les âmes. *Les sept sacrements. Les derniers sacrements,* les sacrements administrés à un mourant. *Le saint sacrement (de l'autel),* l'eucharistie. – Loc. *Porter, tenir qqch. **Comme le saint sacrement** :* comme une chose très précieuse. → **sacramentel.** ▷ **sacramentel**

sacrer [sakʀe] v. tr. < conjug. 1 > **1·** Consacrer (qqn) par la cérémonie du sacre. *Il a été sacré roi dans la basilique.* **2·** Déclarer solennellement. *Le jury l'a sacrée meilleure actrice de l'année.* ▶ ① **sacré, ée** adj. **1·** Qui appartient à un domaine interdit et inviolable (au contraire de ce qui est *profane*) et fait l'objet d'une vénération religieuse. → **saint, tabou.** *Les livres, les vases sacrés.* – Qui appartient à la liturgie. *La musique sacrée.* → **religieux.** – N. m. *Le sacré et le profane.* **2·** Qui est digne d'un respect absolu, qui a un caractère de valeur absolue. → **inviolable, sacro-saint.** *Un droit sacré. Les dettes de jeu sont sacrées.* – Fam. *Ma petite sieste, c'est sacré !* ▶ **Sacré-Cœur** n. m. Cœur de Jésus-Christ, auquel l'Église catholique rend un culte. *La fête du Sacré-Cœur. La basilique du Sacré-Cœur.* ▶ ② **sacré, ée** adj. Fam. (Avant le nom) Renforce un nom, avec le sens de « grand ». *Tu es un sacré menteur ! Tu as un sacré culot, une sacrée chance.* → fam. **fichu, foutu.** ▶ **sacrément** adv. Beaucoup, très. *Il est sacrément prétentieux.* ▷ **consacrer, sacraliser, sacre, sacrement, sacrifier, sacrilège, sacristie, sacro-saint, saperlotte, sapristi**

sacrificateur, trice [sakʀifikatœʀ, tʀis] n. Prêtre(esse) préposé(e) aux sacrifices.

sacrifice [sakʀifis] n. m. **1·** Offrande rituelle à la divinité, caractérisée par la destruction (réelle ou symbolique) ou l'abandon volontaire de la chose offerte. *Sacrifices humains,* d'êtres humains. *Offrir des mets, des animaux en sacrifice.* **2·** Renoncement ou privation volontaire dans une intention religieuse ou morale. *Aller jusqu'au sacrifice de sa vie.* – Dépenses que l'on s'impose. *C'est pour moi un gros sacrifice ! Je ne reculerai devant aucun sacrifice.* **3·** *Le sacrifice,* le fait de se sacrifier. → **abnégation, dévouement, renoncement.** *Le goût du sacrifice. L'esprit de sacrifice.*

sacrifier [sakʀifje] v. < conjug. 7 > **I·** V. tr. **1·** Offrir en sacrifice. → **immoler.** *Sacrifier un bélier à une divinité.* **2·** Abandonner ou négliger (qqch. ou qqn) en considération de ce qu'on fait passer avant. *Il a sacrifié sa santé à sa carrière, ses proches à son travail. Merci de m'avoir sacrifié un peu de votre temps.* **3·** Fam. Se défaire avec peine, ou à perte, de (qqch.). – Au p. p. adj. *Marchandises sacrifiées,* soldées à très bas prix. **II·** V. intr. ***Sacrifier à*** : offrir des sacrifices à (une divinité). *Sacrifier aux idoles.* – Littér. (Compl. chose) Se montrer soumis à..., obéir fidèlement à... *L'auteur a sacrifié à la mode.* **III·** ***Se sacrifier*** : se dévouer par le sacrifice de soi, de ses intérêts. *Ceux qui se sacrifient à de nobles causes. Elle s'est toujours sacrifiée à sa famille, pour sa famille.* ▷ **sacrifice, sacrificateur**

sacrilège [sakʀilɛʒ] n. et adj. **1·** N. m. Profanation d'objets, de lieux, de personnes revêtus d'un caractère sacré. → **blasphème.** *Commettre un sacrilège.* – Attentat contre ce qui est particulièrement respectable. *C'est un sacrilège d'avoir démoli ce château.* **2·** N. *Un, une sacrilège,* personne qui a commis un sacrilège. → **profanateur.** – Adj. Qui a un caractère de sacrilège. *Un attentat sacrilège.*

sacripant [sakʀipɑ̃] n. m. Vx et fam. Mauvais sujet, chenapan. → **vaurien.**

sacristie [sakʀisti] n. f. Annexe d'une église, où sont déposés les vases sacrés, les vêtements sacerdotaux. – Loc. fam. ***Punaise de sacristie*** : dévote qui hante les sacristies, les églises. ▶ **sacristain** n. m. Personne qui est préposée à la sacristie, à l'entretien de l'église. → **bedeau.**

sacro-saint, sacro-sainte [sakʀosɛ̃, sakʀosɛ̃t] adj. Qui fait l'objet d'un respect exagéré ou même absurde. *Toi et tes sacro-saintes manies !*

sacrum [sakʀɔm] n. m. Os formé par la réunion de cinq vertèbres (dites *sacrées*), situé à la partie inférieure de la colonne vertébrale. *Le coccyx et le sacrum. Des sacrums.*

sadisme [sadism] n. m. **1·** Perversion sexuelle où le plaisir est obtenu par la souffrance infligée à l'objet du désir. *Sadisme et masochisme*.* **2·** Plaisir moral qu'on prend à la souffrance d'autrui. *Punition pleine de sadisme.* → **cruauté.** ▶ **sadique** adj. *Il est sadique. Plaisir sadique.* – N. *Un, une sadique.* ▶ **sadomasochisme** [sadɔmazɔʃism] n. m. Sadisme combiné au masochisme chez le même individu. ▶ **sadomasochiste** adj. et n. À la fois sadique et masochiste.

safari [safaʀi] n. m. Expédition de chasse aux gros animaux sauvages, en Afrique noire. – *Safari-photo :* excursion organisée à la manière d'un safari, au cours de laquelle on photographie les animaux. *Des safaris-photos.*

1 **safran** [safʀɑ̃] n. m. **1·** Poudre aromatique orangée provenant d'une fleur du genre crocus. *Le riz au safran d'une paella.* **2·** Matière colorante jaune clair tirée de la même fleur. – Couleur jaune clair. – Adj. invar. *Des soieries safran.*

2 **safran** n. m. Pièce principale d'un gouvernail de navire, qui agit sur l'eau.

saga [saga] n. f. **1·** Récit historique ou mythologique de la littérature médiévale scandinave. *La saga d'Erik le Rouge.* **2·** Histoire, récit plus ou moins légendaire. *Écrire la saga d'une famille.* – Longue histoire mouvementée. *Une saga judiciaire.* → **aventure, feuilleton.** *Des sagas.*

sagace [sagas] adj. Littér. Doué de perspicacité et d'intuition. → **clairvoyant, subtil.** ▶ **sagacité** n. f. Pénétration, perspicacité. → **finesse.** *Faire preuve de sagacité.*

sagaie [sagɛ] n. f. Lance, javelot utilisé par les chasseurs, les guerriers dans certaines civilisations traditionnelles. *Lancer des sagaies.*

sage [saʒ] adj. **1·** Réfléchi et modéré. → **prudent, raisonnable, sensé, sérieux.** / contr. déraisonnable, fou / *De sages conseils.* → **judicieux.** – N. m. *C'est un sage. Agir en sage.* → **sagement.** **2·** Littér. Qui a un art de vivre supérieur, qui peut être considéré comme un modèle. *Le penseur, homme sage.* – N. m. *Sa vie fut celle d'un sage.* **3·** Honnête et réservé dans sa conduite sexuelle. → **chaste.** *Elle est aussi sage que belle.* **4·** (Après le nom) Calme et docile. *Un enfant sage, sage comme une image.* **5·** (Choses) Qui est mesuré, fuit tout excès. *Des goûts sages.* – Fam. *Une petite robe toute sage.* / contr. hardi / ▶ **sagement** adv. *Il a agi très sagement. – Attends-moi bien sagement ici.* ▶ **sagesse** n. f. **1·** Modération et prudence dans la conduite. *Avoir la sagesse d'attendre. La voix de la sagesse.* → **raison** (I, 1). **2·** Littér. Philosophie de sage (2). – Prudence éclairée. *La sagesse du législateur. La sagesse des nations,* remarques, conseils de bon sens, résultant d'une longue expérience, que les nations mettent en proverbes. **3·** Tranquillité, docilité (d'un enfant). *Il a été d'une sagesse exemplaire, aujourd'hui.* **4·** (Choses) Absence d'excès, d'innovation. *Un projet d'une trop grande sagesse.*
▷ **assagir, sage-femme**

sage-femme [saʒfam] n. f. Praticienne qui surveille la grossesse, l'accouchement et les suites de couches. → **accoucheuse.** *Les sages-femmes d'un hôpital. Homme qui fait le métier de sage-femme.* → **maïeuticien.**

Sagittaire [saʒitɛʀ] n. m. invar. Neuvième signe du zodiaque (22 novembre-20 décembre). *Être du signe du Sagittaire.* – Ellipt. Invar. *Elles sont Sagittaire.*

sagittal, ale, aux [saʒital, o] adj. **1·** En forme de flèche. **2·** *Plan sagittal,* vertical et perpendiculaire au plan vu de face. – *Coupe sagittale,* menée selon ce plan.

sagouin, ouine [sagwɛ̃, win] n. **1·** Vx. Ouistiti (singe). **2·** Personne, enfant malpropre. – Injure. *Tas de sagouins !*

saharienne [saaʀjɛn] n. f. Veste de toile à manches courtes.

saigner [seɲe] v. < conjug. 1 > **I·** V. intr. (Corps, organe) Perdre du sang. *Il saignait comme un bœuf,* abondamment. *Le doigt, la plaie saigne. – Saigner du nez,* avoir le nez qui saigne. – Littér. *Son cœur saigne,* il souffre, il a beaucoup de peine. **II·** V. tr. **1·** Vx. Faire une saignée à (qqn). – Loc. fig. *Saigner à blanc,* priver de toutes ressources. **2·** Tuer (un animal) en le privant de son sang, par égorgement. → **égorger.** *Saigner un porc.* **3·** Épuiser (qqn) en lui retirant ses ressources. *Il a saigné ses parents.* – Pronominalement. Loc. ***Se saigner aux quatre veines :*** se priver en donnant tout ce qu'on peut. ▶ **saignant, ante** adj. Se dit de la viande rôtie ou grillée, lorsqu'elle est peu cuite et qu'il y reste du sang. → **rouge.** *Les biftecks, saignants ou à point ? Très saignant.* → **bleu** (I, 1). ▶ **saignée** n. f. **I· 1·** Évacuation provoquée d'une certaine quantité de sang. *Les anciens médecins faisaient des saignées.* **2·** Pertes humaines que subit un pays (par la guerre, l'émigration, etc.). *La saignée subie par la France en 1914.* **II· 1·** Pli entre le bras et l'avant-bras. *Pincer qqn à la saignée du bras.* **2·** Entaille longitudinale ou horizontale. *Faire une saignée dans un mur, dans un sol pour passer des câbles électriques.* ▶ **saignement** n. m. *Saignement de nez,* hémorragie nasale.

1 **saillir** [sajiʀ] v. intr. < conjug. 13 > Avancer en formant un relief. *Ses veines saillent. Ses muscles saillaient.* ▶ **saillant, ante** adj. **1·** Qui avance, dépasse. → **proéminent.** *Des pommettes saillantes. – Angle saillant,* de moins de 180° (opposé à *rentrant*). **2·** Abstrait. Qui est en évidence, s'impose à l'attention. → **frappant, remarquable.** *Les traits, les événements saillants de cette période.* ▶ 1 **saillie** [saji] n. f. Partie qui avance, dépasse le plan, l'alignement. → **avancée, relief.** *Les saillies d'un mur. Un balcon formant saillie, faisant saillie, en saillie.* → **saillant** (1).

2 **saillir** v. tr. < conjug. 2 > (Suj. animal mâle) Monter (la femelle). *Le bouc saillissait une chèvre.* → **couvrir.** ▶ 2 **saillie** n. f. (Animaux) Action du mâle qui monte la femelle. ▷ **salace**

③ **saillir** v. intr. < conjug. 2 > REM. Ne s'emploie qu'à l'infinitif et à la 3e personne. Vx. S'élancer, jaillir. – REM. Même origine que *sauter*. ▶ ③ **saillie** n. f. Littér. Trait brillant et inattendu (dans la conversation, le style). → **boutade, trait** d'esprit *Une repartie pleine de saillies*. ▷ **assaillir, tressaillir**

sain, saine [sɛ̃, sɛn] adj. 1· Qui est en bonne santé (opposé à *malade*). *Arbre sain. Être sain de corps et d'esprit*, en bonne santé physique et morale. – Loc. ***Sain et sauf*** : en bon état physique, exempt de dommage, après un danger, une épreuve. *Ils sont arrivés sains et saufs* [sɛ̃esof]. *Saines et sauves* [sɛn(z)esov]. 2· Qui jouit d'une bonne santé morale. *Un enfant parfaitement sain et équilibré*. – Considéré comme bon et normal. *Un jugement sain. Des idées saines*. / contr. malsain / 3· (Choses) Qui contribue à la bonne santé physique. *Un climat très sain*. → **salubre.** *Une nourriture saine et abondante*. 4· Normal, qui ne présente rien de dangereux ou de suspect. *C'est une affaire saine*. ≠ saint. ▶ **sainement** adv. *Vivre sainement. – Juger sainement*. ▷ **assainir, insane, malsain, sainfoin, sanatorium, santé**

saindoux [sɛ̃du] n. m. invar. Graisse de porc fondue. *Du saindoux*.

sainfoin [sɛ̃fwɛ̃] n. m. Plante à fleurs rouges ou jaunâtres, cultivée comme fourrage.

saint, sainte [sɛ̃, sɛ̃t] n. et adj. I· N. 1· Personne qui est après sa mort l'objet, de la part de l'Église catholique, d'un culte public, en raison de la perfection chrétienne qu'elle a atteinte durant sa vie. *Mettre au rang des saints*. → **canoniser ; élu** (II, 1). ≠ bienheureux (2). – Loc. ***Prêcher pour son saint*** : avoir en vue son intérêt personnel en vantant qqn ou qqch. *Ne savoir **à quel saint se vouer*** : ne plus savoir comment se tirer d'affaire. *Ce n'est pas un saint*, il n'est pas parfait. *Ce n'est pas un petit saint*, il n'est ni naïf ni vertueux. – *Il vaut mieux s'adresser à Dieu qu'à ses saints*, il vaut mieux s'adresser au supérieur plutôt qu'aux subordonnés. 2· (Dans d'autres religions) *Les saints de l'islam, du bouddhisme*. 3· Personne d'une vertu, d'une patience exemplaires. *Cette femme, c'est une sainte !* 4· N. m. *Le saint des saints*, l'enceinte du Temple la plus sacrée. – Loc. ***Le saint des saints*** : l'organisme le plus secret et le plus important d'une collectivité. II· Adj. ≠ sain. 1· S'emploie (avant le prénom) pour désigner un saint, des saints. *L'Évangile selon saint Jean. – La sainte Famille*, Jésus, Joseph et Marie. – (Avec une majuscule) *La Sainte Vierge. – La Saint-Sylvestre*, la veille du Jour de l'An. 2· Qui mène une vie en tous points conforme aux lois de la morale et de la religion. *Un saint homme, une sainte femme*. 3· (Choses) Qui a un caractère sacré, religieux ; qui appartient à l'Église. *Rendre saint*. → **sanctifier.** *La sainte table. L'histoire sainte. Les Lieux saints, la Terre sainte*, où le Christ a vécu. – Loc. ***Toute la sainte journée*** : pendant toute la journée, sans arrêt. – *Guerre sainte*, guerre menée au nom de motifs religieux. 4· Qui est inspiré par la piété. *Une sainte colère*, colère éminemment morale. ▶ **saintement** adv. D'une manière sainte (I, 2). ▶ **sainteté** [sɛ̃tte] n. f. 1· Caractère d'une personne ou d'une chose sainte. 2· *Sa, Votre Sainteté*, titre de respect qu'on emploie en parlant du pape ou en s'adressant à lui. ▷ **sacro-saint, sanctifier, sanctuaire, santon, Toussaint,** et ci-dessous les mots en **saint-**

saint-bernard [sɛ̃bɛʀnaʀ] n. m. invar. Race de grands chiens de montagne, dressés à porter secours aux voyageurs qui s'y sont égarés (du nom du col du *Grand-Saint-Bernard*). *Des saint-bernard*. – Fig. *C'est un vrai saint-bernard*, une personne toujours prête à secourir les autres.

saint-cyrien [sɛ̃siʀjɛ̃] n. m. Élève de l'école militaire française créée à Saint-Cyr. *Des saint-cyriens*.

sainte nitouche [sɛ̃tnituʃ] n. f. Femme, fillette qui affecte l'innocence (→ c'est une petite sainte). *Des saintes nitouches*.

saint-frusquin [sɛ̃fʀyskɛ̃] n. m. Fam. et vx. Ce qu'on a d'argent, d'effets. – Fam. (à la fin d'une énumération) *...et tout le saint-frusquin*, et tout le reste.

à la saint-glinglin [alasɛ̃glɛ̃glɛ̃] loc. adv. Fam. À une date indéfiniment reportée. *Il me remboursera à la saint-glinglin. Je ne vais pas l'attendre jusqu'à la saint-glinglin*.

saint-honoré [sɛ̃tɔnɔʀe] n. m. invar. Gâteau garni de crème Chantilly et de petits choux. *Des saint-honoré*.

saint-nectaire [sɛ̃nɛktɛʀ] n. m. Fromage d'Auvergne, à base de lait de vache, à pâte pressée. *Des saint-nectaires*.

saint-paulin [sɛ̃polɛ̃] n. m. Fromage à pâte pressée, voisin du port-salut. *Des saint-paulins*.

Saint-Père → **père** (8).

saint-pierre [sɛ̃pjɛʀ] n. m. Poisson de mer à la chair savoureuse. *Des saint-pierre* ou *des saint-pierres*.

Saint-Siège [sɛ̃sjɛʒ] n. m. *Le Saint-Siège*, la papauté.

saisine [sezin] n. f. Prérogative de saisir un autre organe, une autre personne afin de faire exercer ses droits. *La saisine d'un tribunal, d'un juge*.

saisir [seziʀ] v. tr. < conjug. 2 > I· 1· Mettre en sa main (qqch.) avec force ou rapidité. → **attraper,**

empoigner, prendre. *Le gardien de but a pu saisir le ballon.* – Prendre (qqn, un animal), retenir brusquement ou avec force. *Saisir qqn à bras le corps.* **2·** Se mettre promptement en mesure d'utiliser, de profiter de. *Il faut saisir l'occasion. Occasion à saisir ! Il saisira le moindre prétexte.* **3·** Parvenir à comprendre, connaître (qqch.) par les sens, par la raison. *Je ne saisissais que des bribes de la conversation.* – Fam. *Tu saisis ?,* tu comprends ? **4·** (Sensations, émotions, etc.) S'emparer brusquement des sens, de l'esprit de (qqn). → **prendre.** *Un frisson de peur la saisit.* – Faire une impression vive et forte sur (qqn). → **émouvoir, frapper, impressionner ; saisissant, saisissement.** *Sa pâleur m'a saisi.* **5·** Exposer d'emblée à un feu vif (ce qu'on fait cuire). – Au p. p. adj. *Viande bien saisie.* **6·** Procéder à la saisie (I) de (certains biens). *On a saisi ses meubles.* – *Saisir qqn,* saisir ses biens. – *Saisir un numéro de journal.* **7·** En informatique. Effectuer la saisie (II) de (données...). *J'ai saisi ce texte hier soir.* → **taper.** **II·** *Saisir... de... :* porter devant (une juridiction). – (Souvent au passif) *Le Conseil de sécurité a été saisi de la plainte de tel pays.* **III·** *Se saisir de* v. pron. : mettre vivement en sa possession. → **s'emparer** de. *Les parachutistes se sont saisis d'un aérodrome. Saisissez-vous de ce traître !* ▶ **saisie** n. f. **I· 1·** Procédure par laquelle des biens sont remis à la justice ou à l'autorité administrative, dans un intérêt privé (d'un créancier) ou public. *Être sous le coup d'une saisie. L'huissier a ordonné la saisie des biens du débiteur.* **2·** Prise de possession (d'objets interdits par l'autorité publique). *La saisie d'un journal.* **II·** En informatique. Enregistrement de données dans la mémoire d'un ordinateur. *Faire la saisie d'un texte au clavier* (→ **saisir,** 7). ▶ **saisissant, ante** adj. Qui surprend. → **étonnant, frappant.** *Un contraste saisissant. Une ressemblance saisissante. Un froid saisissant.* ▶ **saisissement** n. m. Effet soudain d'une sensation (surtout de froid), ou d'une émotion. *Il était muet de saisissement.* ▷ **dessaisir, insaisissable,** se **ressaisir, saisine**

saison [sɛzɔ̃] n. f. **1·** Chacune des quatre grandes divisions de l'année : printemps, été, automne et hiver (dans les régions tempérées) ; saison sèche et saison des pluies (hivernage), en climat tropical et équatorial. *Le retour des saisons.* ***En toute(s) saison(s)*** : toute l'année. **2·** Époque de l'année caractérisée par un certain climat et un certain état de la végétation. *La belle, la mauvaise saison. La saison des pluies en Afrique.* → **hivernage.** *Marchand(e) des* ***quatre saisons*** : qui vend des fruits et des légumes frais sur les marchés. *La saison des foins. Manger des fruits de saison,* de la saison en cours. *La saison des amours,* la période où les animaux s'accouplent. **3·** Époque de l'année propice à une activité. → **période.** *La saison des vacances. La saison des soldes.* – Loc. ***Être de saison*** : (suj. chose abstraite) être de circonstance. **4·** Chacune des époques où se renouvelle la mode. *Les nouveautés de la saison.* **5·** Époque où une activité est pratiquée, un lieu fréquenté. *La saison théâtrale. La saison s'annonce bonne pour les hôteliers. Haute, basse saison. Les prix baissent hors saison.* ▶ **saisonnier, ière** adj. **1·** Propre à une saison. *Cultures saisonnières.* **2·** Qui ne dure qu'une saison, qu'une partie de l'année. *Un service saisonnier de cars.* – *Ouvrier saisonnier* ou, n. m., *saisonnier,* qui loue ses services pour une saison, une récolte, les vendanges... – *Les saisonniers,* les vacanciers. ▷ **arrière-saison, assaisonner, demi-saison, morte-saison**

saké [sake] n. m. Boisson alcoolisée japonaise obtenue par fermentation du riz. *Le saké se boit tiède ou chaud.*

salace [salas] adj. Littér. (Hommes) Porté à l'acte sexuel. → **lascif, lubrique.** ▶ **salacité** n. f. Littér. → **lubricité.**

salade [salad] n. f. **1·** *De la salade, une salade,* mets fait de feuilles d'herbes potagères crues, assaisonnées d'huile, de vinaigre, de sel (d'où son nom), etc. *Une salade de laitue, d'endives.* **2·** Plante cultivée dont on fait la salade (surtout laitue, scarole, frisée...). *Repiquer la salade. Des salades braisées.* **3·** Plat froid fait de salade (2), de légumes, de viande (ou d'œufs, de crustacés, etc.) assaisonnés d'une vinaigrette. *Une salade de maïs. Salade niçoise* (olives, tomates, anchois, etc.). ***Salade russe*** : macédoine de légumes à la mayonnaise. – ***En salade*** : accommodé comme une salade. *Des tomates en salade.* **4·** *Salade de fruits,* fruits coupés, servis froids avec un sirop, une liqueur. **5·** Fam. Mélange confus. *On ne s'y retrouve plus, quelle salade !* **6·** Fam. *Vendre sa salade,* chercher à convaincre par des boniments. *N'essaie pas de me vendre ta salade !* – Au plur. Fam. Histoires, mensonges. *Assez de salades !* ▶ **saladier** n. m. Récipient, jatte où l'on sert la salade (1), et d'autres mets ; son contenu. *Il a mangé un plein saladier de tomates.*

salaire [salɛʀ] n. m. **1·** Rémunération d'un travail, d'un service. → **appointements, traitement.** – Somme d'argent payable régulièrement par l'employeur à la personne qu'il emploie (opposé à *émoluments, honoraires, indemnités*). *Toucher un salaire, son salaire. Demander une augmentation de salaire. Salaire brut ; salaire net. Salaire minimum.* → **S. M. I. C.** *Bulletin de salaire. Un salaire de famine, de misère,* très bas. **2·** Littér. Ce par quoi

télétravail [teletRavaj] n. m. Activité professionnelle exercée hors de l'entreprise (notamment à domicile) grâce à la télématique.

télévangéliste [televɑ̃ʒelist] n. Anglic. Aux États-Unis. Prédicateur qui anime des émissions religieuses à la télévision.

télévision [televizjɔ̃] n. f. **1·** Ensemble des procédés et techniques employés pour la transmission des images instantanées d'objets, par ondes hertziennes ou réseau câblé. → **télé.** *Télévision par câble. Télévision haute définition. Télévision numérique terrestre (T. N. T.). Caméra de télévision.* **2·** Ensemble des activités et des services assurant l'élaboration et la diffusion d'informations et de spectacles à un grand nombre de personnes par le procédé de la télévision (1). *Studios de télévision. Émissions, programmes, chaînes, canaux de télévision. Télévision privée, publique. Film pour la télévision.* → **téléfilm. 3·** Fam. Poste récepteur de télévision. → **téléviseur.** *Acheter une télévision à écran plat. Le tube cathodique des anciennes télévisions. Ils restent des heures devant la télévision.* → petit **écran, télé.** ▶ **téléviser** v. tr. < conjug. 1 > Transmettre (des images, un spectacle) par télévision. – Au p. p. adj. *Les spectacles télévisés. Journal télévisé. Publicité télévisée.* ▶ **téléviseur** n. m. Poste récepteur de télévision. → **télé, télévision** (3). *Un téléviseur L. C. D.* ▶ **télévisuel, elle** adj. De la télévision. ▷ **télé, télédiffuser, télé-enseignement, téléfilm, téléspectateur**

télex [telɛks] n. m. invar. Service de dactylographie à distance avec le téléscripteur ; message ainsi transmis. *Journaliste qui reçoit des télex.*

tellement [tɛlmɑ̃] adv. **1·** À un degré si élevé. → **si.** *C'est un spectacle tellement original. Elle l'aime tellement. Tellement plus, mieux, moins.* Fam. *Pas tellement, plus tellement,* pas très, pas beaucoup. *« Vous aimez ça ? – Pas tellement. » Il ne travaille pas tellement.* – ***Tellement... que...*** *Il allait tellement vite qu'il ne nous a pas vus.* → **si.** – Littér. (+ subjonctif, à la négative) *Il n'est pas tellement vieux qu'il ne puisse travailler.* **2·** Fam. ***Tellement de...*** → **tant.** *J'ai tellement de soucis.* **3·** (+ proposition de cause) Tant. *Je ne le reconnais plus, tellement il a changé.*

tellurique [telyRik] adj. *Secousse tellurique,* tremblement de terre. → **séisme.**

téméraire [temeRɛR] adj. **1·** Hardi à l'excès, avec imprudence. → **audacieux, aventureux.** / contr. lâche, timoré / *Il est téméraire dans ses jugements.* **2·** Plus cour. (Choses) Qui dénote une hardiesse imprudente. *Une entreprise téméraire.* → **hasardeux, dangereux.** / contr. prudent, sage / *Jugement téméraire,* porté à la légère, sans réflexion. *Il est téméraire de se lancer dans cette aventure.* ▶ **témérité** n. f. Littér. Disposition à oser, à entreprendre sans réflexion ou sans prudence. → **audace, hardiesse.** / contr. circonspection, prudence / *Une folle, une dangereuse témérité.*

témoigner [temwaɲe] v. tr. < conjug. 1 > **I·** V. tr. dir. **1·** Certifier qu'on a vu ou entendu. (Avec *que* ou l'infinitif) → **attester ; témoignage.** *Il a témoigné qu'il l'a vu, l'avoir vu.* – Sans compl. dir. Déposer en tant que témoin. *Témoigner en justice. Ils ont témoigné en sa faveur. Témoigner contre qqn.* **2·** Exprimer, faire connaître ou faire paraître. → **manifester, montrer.** *Il lui témoignait ses sentiments par des petites attentions.* **3·** (Choses) Littér. (Avec *que, combien*) Être l'indice, la preuve, le signe de... → **attester, montrer, révéler.** *Ce geste témoigne qu'il vous est attaché, combien il vous est attaché.* **II·** V. tr. ind. ***Témoigner de.*** **1·** (Suj. personne) Confirmer la vérité, la valeur de (qqch.), par des paroles, ou simplement par ses actes, son existence même. → **témoin.** *Il peut témoigner de ma bonne foi. Il était d'accord, je peux en témoigner.* **2·** (Suj. chose) Être la marque, le signe de. *Ses œuvres témoignent d'une grande imagination. Il est courageux, sa conduite en témoigne.* ▶ **témoignage** n. m. **1·** Déclaration de ce qu'on a vu, entendu, servant à l'établissement de la vérité. → **attestation, rapport.** *Invoquer le témoignage de qqn* (pour prouver qqch.). *Selon son témoignage, cela s'est passé ainsi. Un témoignage irrécusable. J'ai besoin de votre témoignage.* ***Rendre témoignage à, pour qqn*** : témoigner en sa faveur. **2·** Déclaration d'un témoin en justice. → **déposition.** *Des témoignages écrasants. Faux témoignage,* témoignage inexact et de mauvaise foi (fait par un *faux témoin*). **3·** Le fait de donner des marques extérieures ; ces marques (paroles ou actes). → **démonstration, manifestation, preuve.** *Les premiers témoignages d'une navigation, d'une civilisation d'agriculteurs. Je lui ai toujours donné des témoignages d'affection.* – *Recevez ce cadeau, en témoignage de mon amitié.* → **gage.** – Cadeau qui matérialise un sentiment. *Acceptez ce modeste témoignage de ma reconnaissance.* ▷ **témoin**

témoin [temwɛ̃] n. m. **I· 1·** Personne qui certifie ou peut certifier qqch., qui peut en témoigner. *Un témoin oculaire, direct. Un témoin impartial. Cette dame est le seul témoin de l'accident.* – Loc. ***Prendre à témoin*** : invoquer le témoignage de. *Je vous prends à témoin que je ne suis pas responsable.* **2·** Personne en présence de qui s'est accompli un fait et qui est appelée à l'attester en justice. *Comparution, déposition des témoins au cours d'une enquête. Témoin à charge,* qui dépose à l'appui de l'accusation. *Les témoins de l'accusation, de la défense.* – ***Faux témoin*** : personne qui fait un faux témoignage. **3·** Personne qui doit certifier les identités, l'exactitude des déclarations, lorsqu'un acte est dressé. *Les témoins d'un mariage.* **4·** *Témoin (de)...*, personne qui assiste involontairement à un événement, un fait. *J'ai été témoin de leurs disputes.* → **assister, voir.** *Des témoins gênants. Parlons sans témoins,* en privé. **II·** Ce qui sert de preuve. **1·** Littér. Ce qui, par sa présence, son existence, atteste, permet de constater, de vérifier. *Les derniers témoins d'une civilisation disparue.* – En géologie. ***Butte témoin*** : qui a échappé à l'érosion. **2·** Élément qui sert de repère, de point de comparaison. *Animaux témoins, sur lesquels on n'a pas fait d'expérience et que l'on compare à ceux qui en ont subi.* **3·** Bâtonnet que doivent se passer les coureurs de relais. *Le passage du témoin.* **III·** (En tête de phrase) Invar. À preuve. *Ils ne sont pas unis ; témoin leurs déclarations contradictoires.*

tempe [tɑ̃p] n. f. Côté de la tête, entre le coin de l'œil et le haut de l'oreille. *Cheveux ramenés sur les tempes. Un homme mûr, aux tempes grisonnantes,* aux cheveux grisonnants sur les tempes. ▷ **temporal**

① **tempérament** [tɑ̃peʀamɑ̃] n. m. **1·** Constitution physiologique de l'individu et traits de caractère résultant de cette constitution. → **nature.** *Un tempérament nerveux ; sanguin et colérique. Il est d'un tempérament romanesque.* → **caractère.** *Un tempérament actif, faible.* → **personnalité.** – Sans compl. *C'est un tempérament,* une forte personnalité. **2·** *Avoir du tempérament,* des appétits sexuels. → **sensualité.**

② **tempérament** n. m. **I·** *Vente **à tempérament*** : où le règlement du prix par l'acheteur est réparti en plusieurs paiements partiels. *Achats à tempérament,* à crédit. **II·** En musique. Organisation de l'échelle des sons, qui donne une valeur commune au dièse d'une note et au bémol de la note immédiatement supérieure (ex. : *sol* dièse et *la* bémol). → ① **tempéré.**

tempérance [tɑ̃peʀɑ̃s] n. f. **1·** Littér. Modération dans les plaisirs. → **mesure.** / contr. excès, intempérance / **2·** Modération dans la boisson (surtout dans la consommation d'alcool) et la nourriture. → **frugalité, sobriété.** ▶ **tempérant, ante** adj. Littér. Qui a de la tempérance. → **frugal, sobre.** / contr. intempérant / ▷ **intempérance**

température [tɑ̃peʀatyʀ] n. f. **1·** Degré de chaleur ou de froid de l'atmosphère en un lieu. → **thermo-.** *Courbes des températures. Température en hausse, en baisse. La douceur de la température. La température ambiante.* **2·** Chaleur du corps. *Animaux à température constante* (à «sang chaud» ou *homéothermes*), *variable* (à «sang froid»). *Régulation de la température interne du corps.* → **thermorégulation.** *Prendre sa température avec un thermomètre.* – Loc. *Prendre la température d'une assemblée, d'un groupe, etc.,* prendre connaissance de son état d'esprit. **3·** Chaleur excessive de l'organisme. *Avoir, faire de la température.* → **fièvre.**

① **tempéré, ée** adj. Musique. Qui est réglé par le tempérament ②. *Le clavier bien tempéré* (de J.-S. Bach).

tempérer [tɑ̃peʀe] v. tr. < conjug. 6 > **1·** Adoucir l'intensité (du froid, de la chaleur). **2·** Littér. Adoucir et modérer. → **atténuer.** *Tempérer l'ardeur de qqn. Il faut tempérer son agressivité.* → **assagir, calmer.** ▶ ② **tempéré, ée** adj. *Climat tempéré,* ni très chaud ni très froid. → **doux.** *Zone tempérée,* où règne ce climat. *Les pays tempérés.* ▷ **tempérance**

tempête [tɑ̃pɛt] n. f. **1·** Violente perturbation atmosphérique ; vent rapide qui souffle en rafales, souvent accompagné d'orage. → **bourrasque, cyclone, ouragan, tourmente.** – Ce temps sur la mer, qui provoque l'agitation des eaux. / contr. calme / *La tempête se lève. Affronter, essuyer des tempêtes.* – *Tempête de neige,* chutes de neige avec un vent violent. – En appos. *Lampe-tempête, briquet-tempête,* dont la flamme protégée ne s'éteint pas par grand vent. **2·** Loc. *Une tempête dans un verre d'eau,* beaucoup d'agitation pour rien. *Déchaîner la tempête, des tempêtes, soulever une tempête,* provoquer de vives protestations, beaucoup d'agitation. – Prov. *Qui sème le vent récolte la tempête,* celui, celle qui incite à la violence, à la révolte, s'expose à de grands périls. **3·** *Une tempête d'applaudissements, d'injures,* une explosion subite de... ▶ **tempétueux, euse** adj. Littér. Où les tempêtes sont fréquentes. ▷ **tempêter**

tempêter [tɑ̃pete] v. intr. < conjug. 1 > Manifester à grand bruit son mécontentement, sa colère. → **fulminer ;** fam. **gueuler.** *Il tempêtait contre toute sa famille.*

temple [tɑ̃pl] n. m. **1·** Édifice public consacré au culte d'une divinité. → **église, mosquée, pagode, synagogue.** *Profaner un temple. Les temples grecs, romains. Un temple bouddhiste, hindouiste.* **2·** Édifice où les protestants célèbrent le culte. *Aller au temple.* **3·** *Le Temple,* en histoire, ordre fondé lors des premières croisades près de l'emplacement du temple de Jérusalem. **4·** Lieu célèbre pour sa spécialité. *Le temple de l'opérette, de la cuisine japonaise.* ▶ **templier** n. m. Chevalier de l'ordre religieux et militaire du *Temple,* au Moyen Âge.

on est payé (récompensé ou puni) de ce qu'on a fait. *Voilà le salaire de nos erreurs.* ▷ **salarial, salarié, S. M. I. C.**

salaison [salɛzɔ̃] n. f. **1·** Opération par laquelle on sale (un produit alimentaire) pour le conserver. *La salaison du poisson.* **2·** Denrée alimentaire conservée par le sel. *Des salaisons de porc.*

salamalecs [salamalɛk] n. m. pl. Fam. Saluts, politesses exagérées. *Pas tant de salamalecs !*

salamandre [salamɑ̃dʀ] n. f. **1·** Petit batracien noir taché de jaune, dont la peau sécrète une substance venimeuse. **2·** Poêle à combustion lente qui se place dans une cheminée.

salami [salami] n. m. Gros saucisson sec. *En entrée, du salami.* ≠ **salmis.** *Des salamis.*

salant [salɑ̃] adj. m. *Marais salant.* → **marais** (2).

salarial, ale, aux [salaʀjal, o] adj. Du salaire, relatif aux salaires. *Masse salariale. Conventions salariales.*

salarié, ée [salaʀje] adj. et n. Qui reçoit un salaire. – N. *Un salarié, une salariée.* → **cadre, employé, ouvrier.** ▶ **salariat** n. m. **1·** Condition de salarié. **2·** Ensemble des salariés (opposé à *patronat*). *Les revendications du salariat.*

salaud [salo] n. m. Fam. Se dit d'un homme qui agit de façon méprisable et révoltante ou, simplement, dont on est très mécontent. → fam. **saligaud, salopard.** *Quel salaud ce chauffard !* – Adj. *Ils ont été salauds avec elle.* – (Sans valeur injurieuse) *Eh bien mon salaud, tu ne te refuses rien !* – REM. Au féminin, on emploie le mot *salope**.

sale [sal] adj. **I·** Concret. (Après le nom) **1·** Qui n'est pas propre. → **crasseux, dégoûtant, malpropre ;** fam. **dégueulasse.** *Avoir les mains sales. Du linge sale.* – (Personnes) Mal tenu, qui se lave insuffisamment. *Il était sale comme un porc, comme un peigne.* **2·** *Couleur sale,* qui n'est pas franche, qui est ternie. **II·** Abstrait. **1·** Qui provient d'une activité condamnée par la loi. *Blanchir de l'argent sale.* **2·** (Avant le nom) Très désagréable. *Il fait un sale temps.* → **vilain ;** fam. **moche.** *C'est une sale histoire, un sale coup.* → **fâcheux, vilain.** Fam. *Il a une sale gueule,* très antipathique ; il a mauvaise mine. – (Personnes, animaux) Mauvais, désagréable, méprisable. *Un sale type* → **salaud.** *Quel sale bonhomme ! Les sales gosses ! La sale bête m'a piqué.* ▶ **salement** adv. **1·** D'une manière sale, en salissant. /contr. proprement/ *Il mange salement.* **2·** (Devant un adjectif) Fam. Très. *Je suis salement embêté.* → fam. **vachement.** ▶ **saleté** n. f. **1·** Caractère de ce qui est sale. → **malpropreté.** *Chose, personne d'une saleté repoussante.* **2·** Ce qui est sale, mal tenu ; ce qui salit. → **crasse, ordure.** *Ils vivent dans la saleté. Tu en as fait des saletés, avec ta peinture !* – (Euphémisme) Excrément. *Le chat a fait ses saletés sur le parquet.* **3·** Fam. Chose immorale, indélicate. → fam. **crasse, saloperie.** **4·** Fam. Chose sans aucune valeur, qui déplaît. *Pourquoi acheter toutes ces saletés ?* – Chose mauvaise au goût. *Manger des saletés pareilles !* ▷ **salaud, saligaud, salir, salope**

saler [sale] v. tr. < conjug. 1 > **1·** Assaisonner avec du sel. *Saler la soupe.* – Imprégner de sel, pour conserver. *Saler des poissons.* /contr. dessaler/ **2·** *Saler la chaussée,* pour la rendre moins glissante. **3·** *Saler la note,* demander un prix excessif. → ① **salé** (II, 2). ▶ ① **salé, ée** adj. **I·** Qui contient naturellement du sel. *Eau salée* (opposé à *eau douce*). – Assaisonné ou conservé avec du sel. *Cacahuètes salées.* **II· 1·** Qui a un caractère licencieux, grivois. → **cru, osé.** *Une histoire assez salée.* **2·** Fam. Exagéré. *L'addition, la note est salée,* trop élevée. ▶ ② **salé** n. m. Porc salé. – ***Petit salé*** : morceau de poitrine de porc salée, que l'on mange bouilli. *Petit salé aux lentilles.* ▷ **dessaler, pissaladière, pré-salé, salade, salaison, salant, saloir**

salers [salɛʀs] n. f. et m. **1·** N. f. Race de vache originaire du Cantal élevée pour son lait et sa viande. – Vache de cette race. **2·** N. m. Fromage du Cantal → **cantal,** au lait cru entier.

salicaire [salikɛʀ] n. f. Plante des terrains humides, à grands épis de fleurs roses.

salicorne [salikɔʀn] n. f. Plante qui pousse dans les terrains salés.

salicylique [salisilik] adj. *Acide salicylique,* acide utilisé pour fabriquer l'aspirine.

① **salière** [saljɛʀ] n. f. Petit récipient dans lequel on met le sel et qu'on place sur la table du repas. *Salière et poivrière.* ▷ ② **salière**

② **salière** n. f. Creux derrière les clavicules, chez les personnes maigres.

saligaud [saligo] n. m. Fam. Insulte. Salaud. *Petits saligauds !*

salin, ine [salɛ̃, in] adj. Qui contient naturellement du sel, est formé de sel. *Roche saline.* – *Air salin,* près de l'océan. ▶ **salinité** n. f. Proportion de sels dans l'eau.

saline n. f. Entreprise de production du sel. ▷ **saunier**

salique [salik] adj. Histoire. ***Loi salique*** : loi qui excluait les femmes de la succession à la couronne de France.

salir [saliʀ] v. tr. < conjug. 2 > **1·** Rendre sale. → **souiller, tacher.** *Tu as sali tes gants. Elle s'est sali les mains.* – Pronominalement (réfl.). *Elle s'est salie en tombant. Un tissu clair qui se salit vite.* → **salissant** (1). **2·** Abstrait Abaisser, souiller moralement. *Chercher à salir la réputation de qqn, à le salir.* ▶ **salissant, ante** adj. **1·** Qui se salit aisément. *Une couleur salissante.* **2·** Qui salit, où on se salit. *Un métier salissant.* ▶ **salissure** n. f. Ce qui salit en surface.

salive [saliv] n. f. Liquide produit par les glandes dites *salivaires*, dans la bouche. *Jet de salive.* → ② **postillon.** – Loc. Abstrait. *Avaler sa salive,* se retenir de parler. Fam. ***Dépenser sa salive*** : parler beaucoup. ***Perdre, user sa salive*** : parler en vain. ▶ **saliver** v. intr. < conjug. 1 > Sécréter de la salive. *Une odeur de cuisine qui fait saliver* (→ faire venir l'eau à la bouche).

salle [sal] n. f. **1·** Nom de certaines pièces, dans un appartement, une maison. ***Salle à manger*** : pièce disposée pour y prendre les repas. ***Salle de bains*** : pièce aménagée pour y prendre des bains. ***Salle d'eau*** : aménagée pour la toilette (sans baignoire). *Des salles d'eau.* – ***Salle de séjour*** : grande pièce où l'on se tient habituellement. → **séjour** (2) ; anglic. **living-room.** *Des salles de séjour.* **2·** Vaste local, dans un édifice ouvert au public. *Les salles d'un musée. Salle de classe, d'audience, d'attente... Salle de cinéma. Les salles de spectacle d'une ville.* – *Salle d'armes,* où l'on enseigne et pratique l'escrime. – Loc. ***Les salles obscures*** : les salles de cinéma. **3·** Le public d'une salle de spectacle. *Une bonne salle. La salle se leva d'un bloc.* ▷ **multisalle, salon**

salmigondis [salmigɔ̃di] n. m. invar. Littér. Mélange, assemblage disparate et incohérent. *Quel salmigondis !* → fam. **salade** (5).

salmis [salmi] n. m. invar. Plat de gibier rôti servi avec une sauce spéciale. *Un salmis de pintade.* ≠ salami.

salmonellose [salmɔneloz] n. f. Maladie infectieuse causée par une bactérie (la *salmonelle*, n. f.), provoquant des troubles digestifs.

saloir [salwaʀ] n. m. Coffre, pot ou local destiné aux salaisons.

salon [salɔ̃] n. m. **I· 1·** Pièce de réception (dans un logement privé). *Le canapé du salon.* – Mobilier de cette pièce. *Un salon Louis XV.* – *Salon d'attente* (d'un médecin, d'un dentiste, etc.). **2·** Lieu de réunion, dans une maison où l'on reçoit régulièrement ; la société qui s'y réunit. *Les salons littéraires du XVIIIe s.* – *Faire salon,* réunir des personnes pour converser. – Loc. ***Le dernier salon où l'on cause*** : un lieu où l'on bavarde (au lieu de travailler). **3·** Salle (d'un établissement ouvert au public). *Salon de coiffure,* boutique de coiffeur. – ***Salon de thé*** : pâtisserie où l'on sert des consommations. **4·** *Les salons,* la société mondaine. – ... ***de salon.*** → **mondain.** *Une conversation, une gloire de salon.* **II· 1·** Exposition périodique d'œuvres d'artistes vivants. *Exposer au Salon d'automne.* **2·** Exposition où l'on présente de nouveaux modèles, des productions récentes. *Le Salon de l'auto. Le Salon du livre.* ▶ **salonnard, arde** n. Péj. Habitué(e) des salons mondains.

saloon [salun] n. m. Anglic. Bar, tripot (spécialt, en parlant du Far West). *Des saloons.*

salope [salɔp] n. f. Fam. Insulte. Équivalent, au féminin, de *salaud**. ▶ **salopard** n. m. Fam. Insulte. Salaud. ▶ **saloper** v. tr. < conjug. 1 > Fam. Faire très mal (un travail). – Au p. p. adj. *Un travail salopé.* ▶ **saloperie** n. f. Fam. Saleté (aux sens 2, 3, 4). ▷ **salopette**

salopette [salɔpɛt] n. f. **1·** Vêtement de travail qu'on met par-dessus ses vêtements (pour ne pas les salir). → **bleu** (II, 7), **combinaison. 2·** Pantalon à bretelles et à plastron sur le devant.

salpêtre [salpɛtʀ] n. m. Couche de nitrates pulvérulente qui se forme sur les murs humides.

salpingite [salpɛ̃ʒit] n. f. Médecine. Inflammation d'une trompe de l'utérus ou des deux.

salsa [salsa] n. f. Musique et danse afro-cubaines au rythme marqué.

salsifis [salsifi] n. m. invar. Plante potagère cultivée pour sa longue racine charnue ; cette racine. *Des beignets de salsifis.*

saltimbanque [saltɛ̃bɑ̃k] n. Personne qui fait des tours d'adresse, des acrobaties en public. → **bateleur.** *Un, une saltimbanque.*

salto [salto] n. m. En sports. Saut périlleux. *Faire des saltos avant, arrière.*

salubre [salybʀ] adj. (Air, climat, milieu...) Qui a une action favorable sur l'organisme. → **sain.** / contr. insalubre / ▶ **salubrité** n. f. **1·** Caractère de ce qui est salubre. *La salubrité d'une maison.* **2·** *Salubrité publique,* bien-être d'une population ; ensemble des mesures d'hygiène prises pour assurer ce bien-être. → **hygiène.** ▷ **insalubre**

saluer [salɥe] v. tr. < conjug. 1 > **1·** Adresser un salut à (qqn). *Saluer un ami. Saluer qqn d'un geste de la main.* → ② **salut.** – *J'ai bien l'honneur de vous saluer,* formule assez sèche pour conclure une lettre, un entretien. **2·** Manifester du respect par des pratiques réglées. *Saluer le drapeau.* – Faire le salut militaire à (un autre soldat). **3·** Accueillir par des manifestations extérieures. *Son apparition a été saluée par des (ou d') applaudissements, par des (ou de) sifflets.* **4·** *Saluer qqn comme..., saluer en lui...,* l'honorer comme. *Je salue en lui un précurseur.* ▷ **salutation**

① **salut** [saly] n. m. **1·** Le fait d'échapper à la mort, au danger (→ ① sauf, sauver), de garder ou de recouvrer un état heureux, prospère. *Chercher son salut dans la fuite. Elle n'a dû son salut qu'à son courage,* elle n'en a réchappé que grâce à son courage. – *Le* ***salut public*** *:* la sauvegarde de la nation. **2·** Religion. Le fait d'être sauvé de l'état naturel de péché et de la damnation qui en résulterait. *Pour le salut de son âme.* – ***L'Armée du Salut*** *:* association protestante à but religieux et philanthropique. – Loc. *Hors de l'Église, point de salut.* ▶ **salutaire** adj. Qui a une action favorable, dans le domaine physique ou moral. → **bienfaisant, bon, utile.** / contr. fâcheux, mauvais / *Un effet salutaire.* ▶ **salutiste** n. et adj. Membre de l'Armée du Salut. ▷ **salubre,** **2 salut**

2 salut n. m. **1·** Littér. Formule exclamative par laquelle on rend hommage à qqch., à qqn ; on le salue. *Salut à toi, ô César !* **2·** Fam. Formule brève d'accueil → **bonjour** ou d'adieu → **bye-bye.** *Salut les gars !* **3·** Démonstration de civilité (par le geste ou par la parole) qu'on fait en rencontrant qqn. → **courbette, inclination** de tête. *Adresser, faire, rendre un salut à qqn.* **4·** *Salut militaire,* généralement geste de la main droite, portée à la tempe, à la coiffure. *Salut fasciste,* le bras tendu. **5·** Court office catholique chanté pendant lequel on expose, on « salue » le saint sacrement. *Le salut se termine par une bénédiction.* ▷ **saluer**

salutation [salytasjɔ̃] n. f. **1·** Manière de saluer exagérée. *Il lui a fait de grandes salutations.* **2·** (Au plur., dans les formules de politesse écrites) *Veuillez agréer mes salutations distinguées.*

salvateur, trice [salvatœʀ, tʀis] adj. Littér. Qui sauve.

salve [salv] n. f. **1·** Décharge simultanée d'armes à feu ou coups de canon successifs. *Une salve d'artillerie.* **2·** *Des salves d'applaudissements,* des applaudissements qui éclatent comme des salves.

samba [sɑ̃mba] n. f. Danse à deux temps d'origine brésilienne ; sa musique. *Des sambas.*

samedi [samdi] n. m. Jour de la semaine qui précède le dimanche. *Tous les samedis.* – Adv. *Je pars samedi,* samedi prochain.

samouraï [samuʀaj] n. m. Guerrier japonais des siècles passés. *La caste des samouraïs.*

samoussa [samusa] ou **samosa** [samɔsa] n. m. Beignet triangulaire garni de légumes ou de viande, spécialité de la cuisine indienne. *Des samoussas aux légumes.*

samovar [samɔvaʀ] n. m. Bouilloire russe utilisée surtout pour la confection du thé. *Des samovars en cuivre.*

sampan [sɑ̃pɑ̃] n. m. Petite embarcation chinoise. *Des sampans et des jonques.*

sanatorium [sanatɔʀjɔm] ou, abrév. fam., **sana** n. m. Maison de santé située dans des conditions climatiques déterminées, où l'on traite les tuberculeux pulmonaires. *Des sanatoriums* ; fam. *des sanas.*

sanctifier [sɑ̃ktifje] v. tr. < conjug. 7 > **1·** Rendre saint (II, 3). *Sanctifier un lieu.* **2·** Révérer comme saint. *Sanctifier le dimanche,* le célébrer suivant la loi de l'Église. ▶ **sanctifiant, ante** adj. *Grâce sanctifiante.* ▶ **sanctification** n. f. Action de sanctifier ; son résultat.

1 sanction [sɑ̃ksjɔ̃] n. f. **1·** Acte par lequel le chef du pouvoir exécutif approuve une mesure législative. **2·** Approbation, ratification. *Locution qui reçoit la sanction de l'usage,* qui est consacrée par l'usage. ▶ **1 sanctionner** v. tr. < conjug. 1 > Confirmer par une sanction (1, 1). – Confirmer légalement ou officiellement. → **entériner, homologuer, ratifier.** *Le bac sanctionne les études secondaires.* ▷ **2 sanction**

2 sanction n. f. Peine établie par une autorité pour réprimer un acte. → **condamnation.** *Le gouvernement a pris des sanctions à l'encontre des* (ou *contre les*) *pirates informatiques.* – *Sanctions scolaires.* → **punition.** – **REM.** Se disait autrefois des récompenses aussi bien que des punitions attachées par la loi à un acte. ▶ **2 sanctionner** v. tr. < conjug. 1 > Punir par une sanction. *Les actes d'indiscipline seront sanctionnés.*

sanctuaire [sɑ̃ktɥɛʀ] n. m. **1·** Lieu le plus saint d'un temple, d'une église. **2·** Édifice consacré aux cérémonies du culte, lieu saint. *Delphes, sanctuaire d'Apollon.*

sandale [sɑ̃dal] n. f. Chaussure légère faite d'une simple semelle qui s'attache au pied par des cordons ou des lanières. → **nu-pieds.** *Mettre ses sandales.* ▶ **sandalette** n. f. Sandale légère.

sandow [sɑ̃do] n. m. Câble élastique muni d'un crochet à chaque extrémité.

sandre [sɑ̃dʀ] n. m. Poisson d'eau douce, voisin de la perche. ≠ cendre.

sandwich [sɑ̃dwitʃ] n. m. **1·** Mets constitué de deux tranches de pain, entre lesquelles on place des aliments froids (jambon, saucisson, salade, etc.). → **casse-croûte.** *Des sandwichs* ou *des sandwiches. Un sandwich au jambon. Un sandwich jambon-beurre* ou *un jambon-beurre.* **2·** Fam. ***Être pris en sandwich*** *:* serré, coincé entre deux choses ou deux personnes (abstrait ou concret). ▷ **homme-sandwich**

sang [sɑ̃] n. m. **1·** Liquide visqueux, de couleur rouge, qui circule dans les vaisseaux, à travers tout l'organisme, où il joue des rôles essentiels et multiples. → **hémat(o)- ; -émie ; sanguin.** *La circulation du sang. Animaux à sang chaud,* à température constante ; *à sang froid,* à température variable. *Sang artériel, veineux. Couleur de sang.* – En appos. Invar. *Rouge sang.* – Loc. *Le sang lui monte au visage,* il devient tout rouge. – *Mon sang n'a fait qu'un tour,* j'ai été bouleversé (indignation, peur, etc.). – ***Coup de sang*** : congestion. – *Avoir le sang chaud,* être irascible, impétueux, ou facilement amoureux. – *Avoir du sang dans les veines,* être courageux, résolu. Fam. *Avoir du sang de navet,* être sans vigueur, être lâche. *Un apport de sang frais,* une arrivée d'éléments nouveaux, jeunes ; un apport de capitaux. – ***Mauvais sang.*** *Se faire du mauvais sang,* s'inquiéter, se tourmenter dans l'incertitude et l'attente. – *Se faire un* ***sang d'encre*** : s'inquiéter énormément. **2·** (Blessure) *Perdre du sang.* → **saigner.** *Verser, faire couler le sang.* → **tuer.** *Cette bagarre va se terminer dans un bain de sang.* – Loc. *Avoir du sang sur les mains,* avoir commis un crime. – ***En sang*** : ensanglanté. – *Jusqu'au sang,* jusqu'à ce que le sang coule. **3·** Le sang considéré comme porteur des caractères héréditaires. *Un personnage de sang royal. Les liens du sang.* – Loc. *Avoir du* ***sang bleu*** : être d'origine noble. – ***Il a ça dans le sang*** : c'est une tendance profonde. *La voix du sang,* instinct affectif familial. **4·** ***Bon sang !*** : juron familier. ▷ **consanguin, exsangue, pur-sang, saigner, sang-froid, sanglant, sang-mêlé, sangsue, sanguin, sanguinaire, sanguinolent**

sang-froid [sɑ̃fʀwa(ɑ)] n. m. sing. Maîtrise de soi qui permet de ne pas céder à l'émotion et de garder sa présence d'esprit. → **calme, froideur, impassibilité.** *Garder, perdre son sang-froid. Il l'a tué de sang-froid,* de façon délibérée et en pleine conscience de son acte.

sanglant, ante [sɑ̃glɑ̃, ɑ̃t] adj. **1·** En sang, couvert de sang. *Glaive sanglant.* → **ensanglanté. 2·** Qui fait couler le sang, s'accompagne d'effusion de sang. → **meurtrier.** *Une bataille sanglante.* **3·** Extrêmement dur et outrageant. *Des reproches sanglants.* ▷ **ensanglanter**

sangle [sɑ̃gl] n. f. Bande large et plate (de cuir, de toile, etc.) qu'on tend pour maintenir ou serrer qqch. *Livres de classe retenus par une sangle.* – Bande de toile forte formant le fond d'un siège, d'un lit. *Un lit de sangles.* ▶ **sangler** v. tr. < conjug. 1 > **1·** *Sangler un cheval,* serrer la sangle qui maintient sa selle. **2·** Serrer fortement comme avec une sangle. – Au p. p. *Il était sanglé dans son uniforme.*

sanglier [sɑ̃glije] n. m. Porc sauvage au corps massif, à peau épaisse garnie de soies dures, vivant dans les forêts. → **solitaire** (II, 2) ; **laie, marcassin.** *La hure du sanglier. Une battue au sanglier.*

sanglot [sɑ̃glo] n. m. Respiration convulsive et bruyante, due à des contractions du diaphragme, qui se manifeste généralement dans les crises de larmes. *Il était secoué de sanglots. Éclater en sanglots. Avoir des sanglots dans la voix,* une voix étranglée par des sanglots retenus. *Voix entrecoupée de sanglots.* ▶ **sangloter** v. intr. < conjug. 1 > Pleurer avec des sanglots. *Sangloter désespérément.* – *Sangloter de joie.*

sang-mêlé [sɑ̃mele] n. invar. Vieilli. Personne issue du croisement de races (III, 1) différentes. → **métis.** *Des sang-mêlé. Un, une sang-mêlé.*

sangria [sɑ̃gʀija] n. f. Boisson d'origine espagnole obtenue en faisant macérer des fruits frais (notamment des oranges) dans du vin rouge. Syn. : **vin d'orange.**

sangsue [sɑ̃sy] n. f. **1·** Genre de ver d'eau. *Sangsue médicinale,* utilisée autrefois pour les saignées locales. *Les sangsues sucent le sang.* **2·** Fam. Personne importune, « collante ». *Il est du genre sangsue. Quelle sangsue !*

sanguin, ine [sɑ̃gɛ̃, in] adj. **1·** Du sang, qui a rapport au sang, à sa circulation. *Les vaisseaux sanguins. Groupes sanguins.* **2·** *Tempérament sanguin,* défini par une forte corpulence, une face rouge, et un caractère irascible. – N. m. *C'est un sanguin.* ▷ **sanguine**

sanguinaire adj. Qui se plaît à répandre le sang, à tuer. → **cruel.** *Dictateur sanguinaire.*

sanguine [sɑ̃gin] n. f. **I·** Variété d'oxyde de fer, rouge (comme le sang). – Crayon fait de cette matière (d'un rouge ocre ou pourpre). – Dessin exécuté avec ce crayon. *Une sanguine de Watteau.* **II·** Variété d'orange dont la pulpe est rouge sang.

sanguinolent, ente adj. Couvert, teinté de sang. *Des pansements sanguinolents.*

sanie [sani] n. f. Pus mêlé de sang, qui s'écoule des plaies infectées.

sanisette [sanizɛt] n. f. (Nom déposé) Toilettes publiques dont l'entretien est automatique.

sanitaire [sanitɛʀ] adj. **1·** Relatif à la santé publique et à l'hygiène. *Service sanitaire. Action sanitaire et sociale.* **2·** Se dit des appareils et installations d'hygiène destinés à distribuer et à évacuer l'eau dans les habitations. *Appareils,* *installations sanitaires,* baignoires, bidets, lavabos, éviers, W.-C., etc. – N. m. pl. *Les sanitaires,* ces installations. ▷ **phytosanitaire**

sans [sɑ̃] prép. **1·** Préposition qui exprime l'absence, le manque, la privation ou l'exclusion. *J'irai sans toi.* / contr. avec / *Être sans argent. Un film sans intérêt. Un homme sans scrupule.* – *Sans toi, j'étais mort !,* si tu n'avais pas été là, j'étais mort. *J'étais malade, sans quoi* (ou *sans cela*) *je serais venu.* → **autrement, sinon.** – (Dans des loc. de valeur négative) *Sans cesse, sans exception. Non sans* (et subst. abstrait), avec. *Non sans peine.* – (+ infinitif) *Il partit sans dire un mot.* Loc. ***Cela va sans dire*** : c'est évident. *Vous n'êtes pas sans savoir que,* vous n'ignorez pas que. – ***Sans plus*** (+ infinitif). *Partons sans plus attendre.* **2·** Loc. conj. ***Sans que*** (+ subjonctif). *Sans qu'on s'en soit aperçu,* de telle manière qu'on ne s'en est pas aperçu. **3·** Fam. (Employé comme adv.) *Il avait son parapluie, il ne sort jamais sans.* ▶ **sans-abri** [sɑ̃zabʀi] n. invar. Personne qui n'a plus aucun logement. → **sans-logis, S. D. F.** *Reloger les sans-abri.* ▶ **sans-cœur** [sɑ̃kœʀ] n. et adj. invar. Fam. Personne qui est insensible à la souffrance d'autrui. *Elles sont sans-cœur.* ▶ **sans-culotte** n. m. Nom que se donnaient les républicains les plus ardents sous la Révolution française (qui ne portaient pas une *culotte,* comme les aristocrates, mais un *pantalon*). *Les sans-culottes.* ▶ **sans-emploi** n. invar. Personne sans emploi, chômeur. ▶ **sans-faute** n. m. invar. Parcours effectué sans faute. – Prestation parfaite. *Réussir un sans-faute.* ▶ **sans-fil** n. m. invar. (Autrefois). Message radio (transmis par télégraphie sans fil). *Envoyer des sans-fil.* ▶ **sans-filiste** n. **1·** Opérateur de T. S. F. → ② **radio. 2·** Personne qui pratique la T. S. F. (en amateur). *Des sans-filistes.* ▶ **sans-gêne** adj. invar. et n. invar. **1·** Adj. Qui agit avec une liberté, une familiarité excessives. *Elles sont un peu sans-gêne.* – N. *C'est un, une sans-gêne.* **2·** N. m. Attitude d'une personne qui ne se gêne pas pour les autres. → **désinvolture, impolitesse.** / contr. discrétion / *Il est d'un sans-gêne !* ▶ **sans-le-sou** [sɑ̃lsu] n. invar. Fam. Personne sans argent. *Des sans-le-sou.* ▶ **sans-logis** n. invar. Personne qui ne dispose pas d'une habitation. → **sans-abri, S. D. F.** ▶ **sans-papiers** n. invar. Personne qui ne possède pas les documents d'identité nécessaires, et est de ce fait en situation irrégulière. → aussi **clandestin.** ▶ **sans-souci** adj. invar. Qui est insouciant par nature. *Elles sont sans-souci.* ▶ **sans-travail** n. invar. Personne sans travail. → **chômeur.** *L'aide aux sans-travail.* ▷ **pince-sans-rire**

sanskrit, ite ou **sanscrit, ite** [sɑ̃skʀi, it] n. m. et adj. **1·** N. m. Langue indo-européenne, langue classique de la civilisation brahmanique de l'Inde. *Les védas sont rédigés en sanskrit.* **2·** Adj. Relatif à cette langue.

sansonnet [sɑ̃sɔnɛ] n. m. Autre nom de l'étourneau. – Loc. fam. *De la roupie de sansonnet.* → ① **roupie.**

santal, als [sɑ̃tal] n. m. Arbre exotique, à bois dur et jaunâtre, dont on tire des parfums. *Des santals.* – Son bois. *Faire brûler du santal.* – Parfum qui en est extrait.

santé [sɑ̃te] n. f. **1·** Bon état physiologique de ce qui est sain* ; fonctionnement régulier et harmonieux de l'organisme humain pendant une période appréciable. *Être plein de santé. Elle n'a pas de santé.* – Loc. fam. *Le travail c'est la santé. C'est mauvais pour la santé.* – Fam. *Il a la santé !* – *Boire à la santé de qqn,* en son honneur. → **trinquer.** *À ta santé !* **2·** Fonctionnement plus ou moins harmonieux de l'organisme, sur une période assez longue. *Être en bonne, excellente, parfaite santé. Jouir d'une bonne santé. Sa santé se rétablit.* → **convalescence.** *Être en mauvaise santé. Avoir une mauvaise santé. Magasin fermé pour raison de santé. Comment va la santé ?* **3·** Équilibre psychique. *Santé mentale. Maison de santé.* **4·** État sanitaire d'une société. *Le ministère de la Santé publique.* ▷ **sanitaire**

santiag [sɑ̃tjag] n. f. Fam. Botte de cuir, de style américain, à piqûres décoratives, à bout effilé et à talon oblique.

santon [sɑ̃tɔ̃] n. m. Figurine provençale ornant les crèches de Noël.

santour [sɑ̃tuʀ] n. m. Cithare d'Iran et d'Inde, dont on frappe les cordes avec deux fines baguettes.

saoul → **soûl.**

sapajou [sapaʒu] n. m. Petit singe de l'Amérique centrale et du Sud, à pelage court et à longue queue. *Des sapajous.*

① **saper** [sape] v. tr. < conjug. 1 > **1·** Détruire les assises de (une construction) pour faire écrouler. **2·** Abstrait. Attaquer les bases, les principes pour ruiner. → **ébranler, miner.** *Saper l'autorité des parents.* – Fam. *Saper le moral de qqn.* ▶ **sape** n. f. **1·** Tranchée ou fosse creusée sous une construction pour la faire écrouler. **2·** Action de saper. *Travaux de sape.* – Abstrait. *Faire, mener un travail de sape.* → ① **saper** (2). ▷ **sapeur**

② **se saper** [sape] v. pron. < conjug. 1 > Fam. S'habiller. – Au p. p. adj. *Elle est bien sapée.* – S'habiller avec recherche. *Il faut que je me sape pour ce dîner.* ▶ **sapes** n. f. pl. Fam. Vêtements.

saperlipopette [sapɛʀlipɔpɛt] ou **saperlotte** [sapɛʀlɔt] interj. Juron familier et vieilli.

sapeur [sapœʀ] n. m. Soldat du génie employé à la sape et à d'autres travaux. ▷ **sapeur-pompier**

sapeur-pompier [sapœʀpɔ̃pje] n. m. Nom administratif des pompiers. *Des sapeurs-pompiers.*

saphir [safiʀ] n. m. **1·** Pierre précieuse très dure, transparente et bleue. – *Un saphir,* cette pierre taillée en ornement. **2·** Petite pointe de cette matière qui constitue la tête de lecture d'une platine (→ **diamant**).

sapidité [sapidite] n. f. Caractère de ce qui a du goût, de la saveur. *Agent de sapidité* (additif alimentaire).

sapin [sapɛ̃] n. m. **1·** Arbre résineux (conifère) à tronc droit, à écorce épaisse, écailleuse, à branches inclinées et à feuilles persistantes. *Un sapin de Noël,* petit résineux (souvent épicéa) qu'on décore pour les fêtes de Noël. **2·** Bois de cet arbre. *Une planche de sapin.* – Loc. fam. (Par allusion au bois des cercueils) *Ça sent le sapin,* il, elle n'a plus longtemps à vivre. ▶ **sapinage** n. m. Au Canada. Branches de sapin, de conifère. *Ramasser du sapinage pour faire une cabane.* ▶ **sapinière** n. f. Forêt, plantation de sapins.

saponaire [sapɔnɛʀ] n. f. Plante à fleurs roses contenant une substance qui mousse comme du savon.

saponifier [sapɔnifje] v. tr. < conjug. 7 > Didact. Transformer en savon (par une réaction chimique, appelée *saponification,* n. f.).

sapristi [sapʀisti] interj. Juron familier, exprimant l'étonnement, l'exaspération.

saquer → **sacquer.**

sarabande [saʀabɑ̃d] n. f. **1·** Ancienne danse populaire d'origine espagnole, au rythme vif. – En musique. Air de danse ancien, grave et lent. *Une sarabande de Bach.* **2·** *Danser, faire la sarabande,* faire du tapage, du vacarme. – Succession rapide et désordonnée. *Une sarabande d'images défilaient dans sa tête.* → **ribambelle.**

sarbacane [saʀbakan] n. f. Tube creux servant à lancer de petits projectiles, par la force du souffle.

sarcasme [saʀkasm] n. m. Moquerie, raillerie insultante. → **dérision.** – Trait d'ironie mordante. *Décocher des sarcasmes.* ▶ **sarcastique** adj. Moqueur et méchant. *Un air, un sourire sarcastique.* → **sardonique.** ▶ **sarcastiquement** adv.

sarcelle [saʀsɛl] n. f. Oiseau palmipède, plus petit que le canard commun.

sarcler [saʀkle] v. tr. < conjug. 1 > **1·** Arracher en extirpant les racines, avec un outil (dit *sarcloir,* n. m.). *Sarcler le chiendent.* **2·** Débarrasser (un terrain de culture, des plantes cultivées) des herbes nuisibles avec un outil. *Sarcler un potager.* ▶ **sarclage** n. m. *Sarclage à la houe.*

sarcome [saʀkom] n. m. Médecine. Tumeur maligne, développée aux dépens du tissu conjonctif.

sarcophage [saʀkɔfaʒ] n. m. Cercueil de pierre. *Les sarcophages des pharaons.*

sardane [saʀdan] n. f. Danse catalane à plusieurs danseurs formant un cercle.

sardine [saʀdin] n. f. **1·** Petit poisson de mer, consommé surtout en conserve ou grillé. *Un banc de sardines. Une boîte de sardines à l'huile. Beurre de sardines.* – Loc. ***Être serrés comme des sardines (en boîte)*** : très serrés, dans un endroit comble. **2·** Piquet d'une tente de camping. ▶ **sardinier, ière** adj. et n. **1·** Relatif à la pêche, à l'industrie de la conserve des sardines. *Bateau sardinier* et, n. m., *sardinier.* **2·** N. Pêcheur, pêcheuse de sardines. – Ouvrier(ière) d'une conserverie de sardines.

sardonique [saʀdɔnik] adj. Qui exprime une moquerie amère, froide et méchante. *Rire, rictus sardonique.* → **sarcastique.**

sargasse [saʀgas] n. f. Algue brune très répandue au nord des Antilles (*mer des Sargasses*).

sari [saʀi] n. m. Longue étoffe drapée que portent traditionnellement les femmes indiennes. *Des saris.*

sariette n. f. → **sarriette.**

sarigue [saʀig] n. f. Petit mammifère de l'ordre des marsupiaux, à queue longue et préhensile. → **opossum.** *Une sarigue mâle.*

sarin [saʀɛ̃] n. m. *Gaz sarin* ou *sarin,* gaz toxique employé comme arme chimique.

sarment [saʀmɑ̃] n. m. Rameau de vigne lorsqu'il est devenu ligneux. *Faire un feu de sarments.*

sarouel [saʀwɛl] n. m. Pantalon flottant à large fond porté à l'origine dans certains pays arabes.

1 **sarrasin, ine** [saʀazɛ̃, in] n. et adj. N. Au Moyen Âge. Musulman d'Orient, d'Afrique ou d'Espagne. *Un Sarrasin, une Sarrasine.* → **Arabe, Maure.** – Adj. Des Sarrasins. *Invasions sarrasines.* ▷ 2 **sarrasin**

2 **sarrasin** [saʀazɛ̃] n. m. Céréale, appelée aussi *blé noir.* – Farine de cette céréale. *Galettes de sarrasin* (opposé à *de froment*).

sarrau [saʀo] n. m. Blouse de travail en grosse toile, courte et ample, portée par-dessus les vêtements. *Un sarrau de peintre. Des sarraus.*

sarriette ou **sariette** [saʀjɛt] n. f. Plante dont on cultive une variété pour ses feuilles aromatiques. *Du lapin à la sarriette.*

sas [sɑ] ou [sas] n. m. invar. Terme technique. **1·** Tamis de crin, de soie, etc., cerclé de bois, servant à passer des matières liquides ou pulvérulentes. → **crible.** *Passer du plâtre au sas.* → **sasser** (1). **2·** Bassin compris entre les deux portes d'une écluse. *La péniche attend dans le sas.* **3·** Petite pièce étanche entre deux milieux différents, qui permet le passage. *Le sas d'un engin spatial.* ▶ **sasser** v. tr. < conjug. 1 > **1·** Passer au sas, au sasseur. → **cribler, tamiser. 2·** Faire passer par le sas d'une écluse. ▶ **sasseur** n. m. Machine qui sépare des produits par l'action d'un courant d'air. ▷ **ressasser**

sashimi [saʃimi] n. m. Fines tranches de poisson cru (plat japonais). *Des sashimis de saumon, de thon.*

satané, ée [satane] adj. ≠ satanique. (Épithète et avant le nom) Maudit (2). → ② **sacré.** *Avec ces satanés embouteillages, je suis arrivé en retard.*

satanique [satanik] adj. ≠ satané. **1·** De Satan, inspiré par Satan. → **démoniaque, diabolique.** *Culte satanique.* **2·** Qui évoque Satan, est digne de Satan. → **infernal.** *Un rire satanique.*

satellite [sate(ɛl)lit] n. m. **I·** Corps céleste gravitant sur une orbite elliptique autour d'une planète. *La Lune est le satellite de la Terre.* – *Satellite artificiel,* engin lancé en orbite autour de la Terre et porteur d'équipements à destination scientifique, économique ou militaire. *Télévision par satellite.* **II·** Bâtiment annexe d'un autre, auquel il est relié par un couloir. *Les satellites d'une aérogare.* **III·** Personne ou nation qui vit sous l'étroite dépendance d'une autre et gravite autour d'elle. – En appos. *Les pays satellites d'une grande puissance.* ▶ **satellitaire** adj. **1·** *Images, données satellitaires,* obtenues par satellite. **2·** Qui utlise les liaisons par satellite. *Téléphone satellitaire. Réseau satellitaire.* ▶ **satelliser** v. tr. < conjug. 1 > Transformer en satellite (I), mettre en orbite autour de la Terre. – Au p. p. adj. *Une fusée porteuse satellisée.*

satiété [sasjete] n. f. État où se trouve une personne dont un besoin, un désir est amplement satisfait (jusqu'à en être indifférente ou dégoûtée). *L'excès amène la satiété.* → **rassasiement, saturation.** – *À satiété* : jusqu'à la satiété. *Manger, boire à satiété. Répéter une chose à satiété,* jusqu'à fatiguer, incommoder l'auditoire. ▷ **insatiable**

satin [satɛ̃] n. m. Étoffe de soie ou de coton, lisse et brillante sur l'endroit, sans trame apparente. *Satin uni, broché, lamé. Une doublure en satin. Du satin de coton.* – Fig. *Une peau de satin,* douce comme du satin. ▶ **satiné, ée** adj. Lisse et doux au toucher. *Peinture satinée. Peau satinée.* ▶ **satiner** v. tr. < conjug. 1 > Lustrer (une étoffe, un papier) pour donner l'apparence du satin. ▶ **satinette** n. f. Étoffe de coton qui a sur l'endroit l'aspect du satin. *Pyjama en satinette.*

satire [satiʀ] n. f. ≠ satyre. **1·** Poème où l'auteur attaque les vices, les ridicules de ses contemporains. *Les satires de Boileau.* **2·** Écrit, discours qui s'attaque à qqch., à qqn, en s'en moquant. → **pamphlet.** – Critique moqueuse. *Proust a fait la satire de la société mondaine.* ▶ **satirique** adj. Qui appartient à la satire, constitue une satire. *Des chansons satiriques.*

satisfaction [satisfaksjɔ̃] n. f. **1·** Acte par lequel qqn obtient la réparation d'une offense. – Acte par lequel on accorde à qqn ce qu'il demande. *Avoir, obtenir satisfaction.* → **gain** de cause. *Les grévistes ont obtenu satisfaction.* **2·** Sentiment de bien-être, plaisir qui résulte de l'accomplissement de ce qu'on juge souhaitable. → **contentement, joie.** *Tout est résolu à la satisfaction générale. Je constate avec satisfaction que...* – Loc. ***Donner satisfaction.*** *Il donne toute satisfaction à son professeur. Est-ce que ce nouveau projet vous donne satisfaction ?* – ***Une satisfaction*** : un plaisir, une occasion de plaisir. *Laissons-lui quelques satisfactions d'amour-propre.* **3·** Action de satisfaire (un besoin, un désir). *La satisfaction d'un penchant.* → **assouvissement.** ▷ **autosatisfaction, insatisfaction**

satisfaire [satisfɛʀ] v. tr. < conjug. 60 > **I·** V. tr. dir. **1·** Faire ou être pour (qqn) ce qu'il demande, ce qui lui convient. *Il a pu satisfaire ses créanciers. Cet état de choses ne nous satisfait pas.* → **convenir, plaire.** – Pronominalement. *Il se satisfait de peu.* → **se contenter. 2·** Contenter (un besoin, un désir). *Je vais satisfaire ta curiosité.* / contr. décevoir / *Satisfaire ses besoins* (→ **rassasier ; satiété**). **II·** V. tr. ind. ***Satisfaire à...*** : s'acquitter (de ce qui est exigé par qqn), remplir (une exigence). *Vous devez satisfaire à vos engagements.* / contr. manquer à. / – (Suj. chose) *Le bâtiment prévu devra satisfaire à trois conditions.* ▶ **satisfaisant, ante** [satisfəzɑ̃, ɑ̃t] adj. Qui satisfait, est conforme à ce qu'on peut attendre. → **acceptable, bon, honnête.** *Des résultats satisfaisants.* ▶ **satisfait, aite** adj. **1·** Qui a ce qu'il veut. → **comblé.** *Je m'estime satisfait.* / contr. insatisfait / *Il n'est jamais satisfait.* → **insatiable. 2·** ***Satisfait de*** : content de (qqn, qqch.).

Être satisfait de son sort. – *Un air satisfait,* content de soi. **3·** Qui est assouvi, réalisé. *Son envie est enfin satisfaite.* ▷ **insatisfait, satisfaction, satisfecit**

satisfecit [satisfesit] n. m. invar. Littér. Attestation, témoignage de satisfaction. *Donner, recevoir des satisfecit.* ▷ **satisfaction**

satrape [satʀap] n. m. **1·** Gouverneur d'une province (dite *satrapie,* n. f.) dans l'ancien Empire perse. **2·** Littér. Homme despotique, riche et voluptueux.

saturer [satyʀe] v. tr. < conjug. 1 > Remplir complètement ; rendre saturé. *Saturer une éponge d'eau. Saturer le marché.* ▶ **saturé, ée** adj. **1·** (Liquide, solution) Qui, à une température et une pression données, renferme la quantité maximale d'une substance dissoute. **2·** Qui ne peut contenir plus. → **rempli.** *Une éponge saturée d'eau. Marché saturé* (d'un produit). *Le périphérique est saturé.* **3·** Abstrait. *Être saturé de qqch.,* être dégoûté par son excès (→ **satiété**). *Il est saturé de télévision.* ▶ **saturateur** n. m. Dispositif rempli d'eau, destiné à humidifier l'atmosphère par évaporation. ▶ **saturation** n. f. État de ce qui est saturé. *Le point de saturation d'une solution chimique.* – *Le marché des téléviseurs arrive à saturation. Il a mangé de la glace jusqu'à saturation.*

saturnisme [satyʀnism] n. m. Intoxication par le plomb ou les sels de plomb.

satyre [satiʀ] n. m. **1·** Mythologie grecque. Divinité de la terre, à corps humain, à cornes et parfois à pieds de bouc. → ② **faune. 2·** Homme lubrique, qui entreprend brutalement les femmes ; exhibitionniste, voyeur. ≠ satire.

sauce [sos] n. f. Préparation liquide ou onctueuse, qui sert à accommoder certains mets. *Sauce tomate. Sauce blanche,* à base de beurre et de farine. *Viande en sauce,* accommodée avec une sauce. – En appos. *Rognons sauce madère.* – Loc. *À quelle sauce serons-nous mangés ?,* de quelle façon serons-nous vaincus, dupés ? – *Mettre qqn **à toutes les sauces*** : l'employer à toutes sortes d'activités. – ***Allonger la sauce*** : amplifier un texte, un discours. ▶ **saucer** v. tr. < conjug. 3 > **1·** Essuyer en enlevant la sauce (pour la manger). *Saucer son assiette avec un morceau de pain.* **2·** Fam. *Se faire saucer, être saucé,* recevoir la pluie. ▶ **saucée** n. f. Fam. Averse, forte pluie qui trempe. *Nous allons avoir une jolie saucée !* ▶ **saucette** n. f. Au Canada. Baignade. → **trempette.** ▶ **saucier** n. m. **1·** Cuisinier spécialisé dans la préparation des sauces. **2·** Appareil servant à confectionner des sauces. ▶ **saucière** n. f. Récipient dans lequel on sert les sauces, les jus. ▷ **gâte-sauce**

saucisse [sosis] n. f. **1·** Préparation de viande maigre hachée et de gras de porc (*chair à saucisse*), assaisonnée, et entourée d'un boyau, que l'on fait cuire ou chauffer. *Saucisses de Morteau, de Strasbourg, de Francfort. Saucisse pimentée.* → **merguez.** – *Saucisse sèche,* genre de saucisson. – Loc. fam. *Il n'attache pas son chien avec des saucisses,* il est avare. **2·** Ballon captif de forme allongée. ▷ **saucisson**

saucisson [sosisɔ̃] n. m. **1·** Préparation de charcuterie (porc, bœuf haché et cuit dans un boyau → **saucisse**) destinée à être mangée froide et sans cuisson. *Une tranche, une rondelle de saucisson. Saucisson sec ; saucisson à l'ail. C'est du saucisson pur porc.* – Loc. fam. ***Être ficelé comme un saucisson*** : mal habillé. → **saucissonné. 2·** Pain de forme cylindrique. ▶ **saucissonné, ée** adj. Fam. Serré, ficelé dans ses vêtements. → **boudiné.** ▶ **saucissonner** v. intr. < conjug. 1 > Fam. Manger du saucisson ou un repas froid sur le pouce. *Saucissonner sur l'herbe.* → **pique-niquer.**

① **sauf, sauve** [sof, sov] adj. Indemne, sauvé (dans quelques expressions). *Sain* et sauf. Laisser la vie sauve à qqn,* l'épargner. *L'honneur est sauf. La morale est sauve.* ▶ **sauf-conduit** [sofkɔ̃dɥi] n. m. Document délivré par une autorité et qui permet de se rendre en un lieu, de traverser un territoire, etc. → **laissez-passer.** *Des sauf-conduits.* ▷ **sauvegarde, sauver**

② **sauf** prép. **1·** À l'exclusion de. → **excepté.** *Tous, sauf lui, sauf un.* → à **part.** – ***Sauf si*** (+ indicatif). *J'irai, sauf s'il pleut,* à moins qu'il ne pleuve. – ***Sauf que*** (+ indicatif) : avec cette réserve que. *C'est un bon film, sauf qu'il est trop long.* – À moins de, sous réserve de. *Sauf avis contraire. Sauf erreur de notre part.* **2·** Loc. *Sauf le respect que je vous dois,* sans qu'il soit porté atteinte au respect... **3·** Littér. ***Sauf à*** (+ infinitif) : sans que soit exclu le risque ou la possibilité de. → **quitte** à. *Il acceptera, sauf à s'en repentir plus tard.*

sauge [soʒ] n. f. Plante aromatique aux nombreuses variétés. *Infusion de sauge. Sauge officinale. Sauge des prés.*

saugrenu, ue [sogʀəny] adj. Inattendu et quelque peu ridicule. → **absurde, bizarre.** *Quelle idée saugrenue !*

saule [sol] n. m. Arbre ou arbrisseau qui croît dans les lieux humides. *Saule pleureur,* à branches tombantes.

saumâtre [somɑtʀ] adj. **1·** *Eau saumâtre,* qui est mélangée d'eau de mer, a un goût salé. **2·** Loc. fam. ***La trouver saumâtre*** : trouver (la situation, la plaisanterie) amère.

saumon [somɔ̃] n. m. **1·** Gros poisson migrateur à chair rose, qui abandonne la mer et remonte les fleuves au moment du frai. *Une tranche de saumon fumé.* **2·** Adj. invar. D'un rose tendre tirant légèrement sur l'orangé. *Des rideaux saumon.* ▶ **saumoné, ée** adj. **1·** *Truite saumonée,* qui a la chair rose comme le saumon. **2·** (Couleur) *Rose saumoné,* rose légèrement orangé. ▶ **saumonette** n. f. Autre nom de la roussette (1).

saumure [somyʀ] n. f. Eau très fortement salée dans laquelle on met des aliments pour en faire des conserves. *Mettre des olives dans la saumure.*

sauna [sona] n. m. Bain de vapeur à la manière finlandaise. *Des saunas finlandais. Prendre un sauna.* – Établissement où l'on prend ces bains. *Aller au sauna.* → **hammam.**

saunier, ière [sonje, jɛʀ] n. **1·** Exploitant (ante) d'un marais salant (saline). – Ouvrier qui travaille à l'extraction du sel dans une saline. **2·** ***Faux saunier*** n. m. : personne qui faisait la contrebande du sel.

saupoudrer [sopudʀe] v. tr. < conjug. 1 > Couvrir d'une légère couche d'une substance pulvérulente. *Saupoudrer qqch. de sucre, de sel.* ▶ **saupoudrage** n. m. Action de saupoudrer ; son résultat.

saur [sɔʀ] adj. m. *Hareng saur,* hareng fumé. *Des harengs saurs.*

saurien [sɔʀjɛ̃] n. m. Animal appartenant à un sous-ordre de reptiles. *Le lézard, l'orvet, l'iguane, le crocodile sont des sauriens.* ▶ **-saure** Élément servant à former des mots désignant des sauriens fossiles (ex. : *brontosaure, dinosaure*).

saut [so] n. m. **1·** Mouvement ou ensemble de mouvements par lesquels un homme, un animal s'élève au-dessus du sol ou se projette à distance de son appui. → **bond.** *Faire un saut par-dessus un obstacle. Faire du saut à la corde. Saut périlleux,* où le corps du sauteur effectue un tour complet. → **salto.** *Saut de la mort,* exercice de voltige très dangereux, au trapèze. *Saut en hauteur, à la perche, en longueur ; triple saut,* épreuves athlétiques. *Saut de l'ange,* plongeon avec les bras tendus et écartés comme des ailes. *Saut en parachute.* – Loc. ***Faire le saut*** : prendre une décision, une résolution hasardeuse. – Fam. ***Le grand saut*** : la mort. *Il a fait le grand saut,* il est mort. **2·** Mouvement, déplacement brusque (pour changer de position). *Il s'est levé d'un saut.* – Loc. ***Au saut du lit*** : au sortir du lit, au lever. **3·** Action d'aller très rapidement et sans rester. *Faire un saut chez qqn.* **4·** Abstrait. Passage d'un point à un autre sans intermédiaire. *Le narrateur fait ici un saut de deux années.* ▷ **assaut, primesautier, sauter, soubresaut, sursaut**

sauter [sote] v. < conjug. 1 > **I·** V. intr. **1·** Faire un saut. *Sauter haut. Il sauta à pieds joints sur le banc. Sauter dans l'eau, dans le vide. Sauter à cloche-pied. Affolé, il a sauté par la fenêtre. Il sautait de joie,* il était tout joyeux (au point de sauter sur place). – Loc. ***Sauter au plafond*** : avoir une réaction très vive, de colère ou de surprise. **2·** Monter, descendre, se lever... vivement. *Il a sauté (à bas) du lit.* – Se jeter, se précipiter. *Elle lui a sauté au cou,* pour l'embrasser. *Sauter sur qqn, lui sauter dessus.* – (Suj. chose) Loc. ***Sauter aux yeux*** : frapper la vue, être ou devenir évident. *La solution saute aux yeux.* **3·** Abstrait. Aller, passer vivement (d'une chose à une autre) sans intermédiaire. *L'auteur saute d'un sujet à un autre.* **4·** (Choses) Être déplacé ou projeté avec soudaineté. *Attention, le bouchon va sauter.* → **partir.** *La chaîne du vélo sautait tout le temps.* – Fam. *Et que ça saute !,* que cela soit vite fait. **5·** Exploser. *Le navire a sauté sur une mine. On fera sauter les ponts. Les plombs ont sauté,* ont fondu (par un court-circuit). – Fam. *Le directeur risque de sauter,* de perdre son poste. – *Se faire sauter la cervelle,* se tuer d'un coup de revolver. **6·** ***Faire sauter*** (un aliment) : le faire revenir à feu très vif (→ **sauté**). **II·** V. tr. **1·** Franchir par un saut. *Le cheval a bien sauté l'obstacle. Sauter un mur. Sauter le mur,* escalader un mur pour s'échapper. – Loc. Abstrait. ***Sauter le pas*** : se décider. **2·** Omettre, ne pas faire (qqch. par-dessus quoi on passe). *Tu as sauté un mot, une page. Sauter un repas. Un bon élève qu'on a autorisé à sauter une classe.* ▶ **saute** [sot] n. f. (Dans des expressions) Brusque changement. *Des sautes de vent, de température.* – *Avoir des sautes d'humeur.* ▶ **sauté, ée** adj. et n. m. **1·** Adj. Cuit à la poêle ou à la cocotte, à feu vif et en remuant. *Pommes de terre sautées.* **2·** N. m. Aliment cuit dans un corps gras, à feu vif. *Un sauté de veau.* ▶ **saute-mouton** [sotmutɔ̃] n. m. Jeu où l'on saute par-dessus un autre joueur, qui se tient courbé (le « mouton »). *Jouer à saute-mouton.* ▷ **ressaut, saltimbanque, sauterelle, sauterie, sauteur, sauteuse, sautiller,** 1 **sautoir,** 2 **sautoir, tressauter**

sauterelle [sotʀɛl] n. f. **1·** Insecte sauteur vert ou gris à grandes pattes postérieures repliées et à tarière. **2·** Abusivt. Criquet pèlerin. *Un nuage de sauterelles.* **3·** Personne maigre et sèche.

sauterie [sotʀi] n. f. Vx ou plaisant. Réunion sans prétention où l'on danse entre amis. *Elles ont organisé une petite sauterie.* → **surprise-partie.**

sauteur, euse [sotœʀ, øz] n. Spécialiste du saut. *Un sauteur, une sauteuse en longueur.* – En appos. *Les insectes sauteurs,* qui se déplacent en sautant (opposé à *marcheurs*).

sauteuse n. f. **1·** Casserole plate dans laquelle on fait sauter les viandes, les légumes. **2·** *Sauteuse* ou *scie sauteuse,* scie à bois mue par un moteur, qui effectue des travaux complexes.

sautiller [sotije] v. intr. < conjug. 1 > Faire des petits sauts successifs. *Boxeur qui sautille.* ▶ **sautillant, ante** adj. Qui sautille. – *Musique sautillante,* au rythme rapide et saccadé. ▶ **sautillement** n. m. *Le sautillement d'un moineau.*

① **sautoir** [sotwaʀ] n. m. Longue chaîne ou long collier qui se porte sur la poitrine. *Un sautoir de perles.* – *En sautoir,* porté en collier sur la poitrine.

② **sautoir** n. m. Emplacement aménagé pour les sauts des athlètes.

sauvage [sovaʒ] adj. et n. **I· 1·** (Animaux) Qui vit en liberté dans la nature. *On peut apprivoiser certains animaux sauvages.* – Non domestiqué (dans une espèce qui comporte des animaux domestiques). *Canard sauvage.* **2·** Vx ou péj. (Êtres humains) Primitif (opposé à *civilisé*). – N. *La théorie du « bon sauvage »* (de Montaigne à Diderot). – Autrefois. *Les sauvages,* les Indiens (au Canada). **3·** (Végétaux) Qui pousse et se développe naturellement sans être cultivé. *Fleurs sauvages.* **4·** (Lieux) Que la présence humaine n'a pas marqué ; d'un aspect peu hospitalier, parfois effrayant. *Île sauvage. Étendues sauvages.* **II· 1·** Qui fuit toute relation avec les hommes. → **farouche, insociable.** *Cet enfant est très sauvage,* timide. – N. *C'est un vieux sauvage.* → **ours. 2·** N. Personne d'une nature rude ou même brutale. *Il s'est conduit comme un sauvage.* → **brute.** *Faites attention, bande de sauvages !* **3·** Qui a quelque chose d'inhumain, de barbare. *Des cris sauvages.* **4·** Spontané, ni contrôlé ni organisé. *Une grève sauvage. Camping sauvage,* en dehors des lieux surveillés. ▶ **sauvagement** adv. D'une manière sauvage, barbare, cruelle. *Frapper qqn sauvagement.* ▶ **sauvageon, onne** [sovaʒɔ̃, ɔn] n. **1·** N. m. Arbre non greffé, employé comme sujet à greffer. **2·** N. Enfant qui a grandi sans éducation, comme un petit animal. *Va te coiffer, tu as l'air d'une sauvageonne.* ▶ **sauvagerie** n. f. **1·** Caractère sauvage (II, 1), peu sociable. *Sa sauvagerie l'isole de ses semblables.* **2·** Caractère brutal et cruel. *L'agresseur l'a frappé avec sauvagerie.* → **barbarie, cruauté.** ▶ **sauvagine** n. f. Littér. Nom collectif donné par les chasseurs aux oiseaux sauvages des zones aquatiques. *Chasse à la sauvagine.*

sauvegarde [sovgaʀd] n. f. **1·** Protection et garantie (de la personne, des droits) assurées par l'autorité ou les institutions. → **tutelle.** *Être, se mettre sous la sauvegarde de la justice.* **2·** Protection, défense. *Travailler à la sauvegarde de la paix.* **3·** Copie de sécurité destinée à protéger un ensemble de données informatiques. ▶ **sauvegarder** v. tr. < conjug. 1 > **1·** Assurer la sauvegarde de. → **défendre, préserver, protéger.** *Sauvegarder les libertés.* **2·** Faire une sauvegarde de (données informatiques). *Sauvegarder un fichier.*

sauver [sove] v. tr. < conjug. 1 > **I·** V. tr. **1·** Faire échapper (qqn) à quelque grave danger. *Il a pu sauver l'enfant qui se noyait. Il est sauvé,* hors de danger. → **sain** et sauf. – Relig. chrétienne. Assurer le salut éternel de... *Le Christ est venu sauver les hommes.* – ***Sauver** qqn **de*** : soustraire à..., préserver de (un danger). *Sauver qqn de la faillite.* → **tirer de. 2·** Empêcher la destruction, la perte de (qqch.). *Il m'a sauvé la vie.* Fam. *Il a réussi à sauver sa peau.* – Loc. fam. ***Sauver les meubles*** : sauver l'essentiel, ne pas tout perdre. – *Les acteurs ont du mal à sauver la pièce,* à l'empêcher d'échouer. – *Sauver une entreprise de la faillite.* **II·** ***Se sauver*** v. pron. **1·** S'enfuir pour échapper au danger. *Il se sauva à toutes jambes.* – Fam. Prendre congé promptement. *Sauve-toi vite, tu vas être en retard.* **2·** (Lait) Déborder du récipient en bouillant. *Zut, le lait s'est sauvé !* ▶ **sauve-qui-peut** [sovkipø] n. m. invar. **1·** Cri de *sauve qui peut* (que se sauve qui le peut !). *Des « sauve-qui-peut ! » éclatent tout autour.* **2·** Fuite générale et désordonnée où chacun se tire d'affaire comme il le peut. → **débandade.** *À l'annonce de l'incendie, ça a été le sauve-qui-peut général.* ▶ **sauvetage** n. m. Action de sauver (les occupants d'un navire en détresse, ou toute personne qui se noie). *Le sauvetage des naufragés. Bateau de sauvetage ; bouée, ceinture, gilet de sauvetage.* – Action de sauver d'un sinistre quelconque (incendie, inondation...) des hommes ou du matériel. ▶ **sauveteur** n. m. Personne qui prend part à un sauvetage. *L'équipe des sauveteurs.* – REM. Le fém. *sauveteuse* est rare. ▷ à la **sauvette, sauveur**

à la **sauvette** [alasovɛt] loc. adv. *Vendre à la sauvette,* vendre en fraude sur la voie publique (des marchandises présentées de telle sorte que les *marchands à la sauvette* peuvent facilement *se sauver* en les emportant, en cas d'alerte). – *À la sauvette,* à la hâte, pour ne pas attirer l'attention. *Ils l'ont jugé à la sauvette.*

sauveur, euse [sovœʀ, øz] n. **1·** N. m. Relig. chrétienne. Celui qui a sauvé les hommes. → **messie, rédempteur.** *Le Sauveur* (nom donné à Jésus-Christ). **2·** N. Personne qui sauve (une personne, une collectivité). *Vous êtes mon sauveur ! Elle a été notre sauveuse. Le sauveur de la patrie.*

savane [savan] n. f. Vaste prairie des régions tropicales, pauvre en arbres et en fleurs, et riche en animaux variés. *Les hautes herbes de la savane.*

savant, ante [savɑ̃, ɑ̃t] adj. et n. **I·** Adj. **1·** Qui sait beaucoup, en matière d'érudition ou de science. → **docte, érudit, instruit.** ≠ sage. *Un savant professeur. Il est très savant en la matière.* → **compétent, fort.** / contr. ignorant / – Habile. *Chien savant,* dressé à faire des tours d'adresse. **2·** Où il y a de l'érudition. *Une édition savante.* – En linguistique. *Mot savant,* mot emprunté au grec ou au latin et qui n'a pas évolué phonétiquement comme les formes dites *populaires* (ex. : le mot latin *lac, lactis,* a donné *lait* et *laiteux* [mots *populaires*], et *lacté* [mot *savant*]). **3·** Qui, par sa difficulté, n'est pas accessible à tous. → **compliqué, difficile.** *C'est trop savant pour moi.* / contr. simple / **4·** Fait avec science, art ; où il y a une grande habileté. *Un arrangement savant. De savantes précautions.* / contr. facile, naïf / **II·** N. m. Personne qui, par ses connaissances et ses recherches, contribue à l'élaboration, au progrès d'une science et, plus spécialement, d'une science expérimentale ou exacte. → **chercheur.** *Marie Curie fut un grand savant.* ▶ **savamment** adv. **1·** D'une manière savante, avec érudition. → **doctement.** *Ils discutaient savamment.* – Fam. *J'en parle savamment,* en connaissance de cause. **2·** Avec une grande habileté. *Le gouvernement a savamment manœuvré.*

savarin [savaʀɛ̃] n. m. Gâteau en forme de couronne, fait d'une pâte molle imbibée d'un sirop à la liqueur (cuit dans un *moule à savarin*). → [2] **baba.**

savate [savat] n. f. **1·** Vieille chaussure ou vieille pantoufle qui ne tient plus au pied. – Loc. fam. ***Traîner la savate*** : vivre misérablement. **2·** Fam. Personne maladroite. *Il joue comme une savate !* **3·** Sport de combat où l'on peut porter des coups de pied à l'adversaire. *La savate a été supplantée par la boxe* française.* ▶ **savetier** [savtje] n. m. Vx. Cordonnier. ≠ sabotier.

saveur [savœʀ] n. f. **1·** Qualité perçue par le sens du goût. → **goût.** *Une saveur agréable. Une viande sans saveur,* fade. → **insipide. 2·** Abstrait. Qualité comparable à qqch. d'agréable au goût. *La saveur de la nouveauté.* → **piment.** ▷ **insipide, savourer, savoureux**

[1] **savoir** [savwaʀ] v. tr. < conjug. 32 > REM. Part. passé *su, sue.* **I· 1·** Avoir présent à l'esprit (qqch. qu'on identifie et qu'on tient pour réel) ; pouvoir affirmer l'existence de. → **connaître ; connaissance, science.** *Je ne sais pas son nom. Il n'en sait rien.* – ***Faire savoir.*** → **annoncer, communiquer.** *Je te ferai savoir la date de mon retour.* – *Avez-vous su la nouvelle ?* → **apprendre.** – Pronominalement. *Tout finit par se savoir,* par être su, connu. *Ça se saurait !* (si cela était vrai, on en aurait entendu parler). – (Suivi d'une subordonnée) *Je sais qu'il est en voyage. Je sais bien que c'est dur, mais fais-le. Nous croyons savoir que...,* s'emploie quand l'information n'est pas absolument sûre. *Savez-vous s'il doit venir ?* – (Suivi d'un attribut) *Je le sais honnête.* **2·** Être conscient* de ; connaître la valeur, la portée de (tel acte, tel sentiment). *Il ne sait plus ce qu'il dit. Il est poète sans le savoir. Je ne veux pas le savoir !,* je ne veux pas connaître tes raisons. – Pronominalement (suivi d'un attribut). *Elle se sait condamnée.* **3·** Avoir dans l'esprit (des connaissances). *On disait qu'il savait tout et ne comprenait rien. Que sais-je ? Qu'en savons-nous ?* **4·** Être en mesure d'utiliser, de pratiquer. *Il sait son métier.* **5·** Avoir présent à l'esprit dans tous ses détails, de manière à pouvoir répéter. *Il sait son rôle, sa leçon. Savoir qqch. par cœur.* **II·** Loc. *Vous n'êtes pas sans savoir que...,* vous n'ignorez pas que... – *Sachez que...,* apprenez que... – (Souligne une affirmation) *Il est gentil, vous savez. Et puis, tu sais, nous t'aimons bien.* – ***À savoir*** ou vx ***savoir*** : c'est-à-dire. *Nos cinq sens, à savoir : l'ouïe, la vue...* – ***Savoir si*** : reste à savoir si. *Savoir si ça va marcher !,* je me demande si ça va marcher. *Qui sait ?,* ce n'est pas impossible. → **peut-être.** – (Avec **ne**) *Il est on ne sait où. Il y a je ne sais combien de temps,* très longtemps. – *Ne savoir que faire, quoi faire. Ne savoir que devenir, où se mettre...* – ***...que je sache*** : autant que je puisse savoir, en juger. *Tu n'es pas venu au cours, que je sache.* **III·** *Savoir* (+ infinitif). **1·** Être capable, par un apprentissage, par l'habitude, de (faire qqch.). *Il ne sait pas nager. Il sait s'y prendre ;* fam. *il sait y faire.* **2·** S'appliquer à, par effort de volonté. *C'est qqn qui sait écouter.* **3·** (Au conditionnel et en tour négatif avec *ne* seul) Pouvoir. *On ne saurait penser à tout,* il est impossible de penser à tout. ▶ [2] **savoir** n. m. Ensemble de connaissances. → **culture, instruction, science.** *Le savoir d'une époque. L'étendue de son savoir.* ▶ **savoir-faire** n. m. invar. Habileté à résoudre les problèmes pratiques ; compétence, expérience dans l'exercice d'une activité artistique ou intellectuelle. → **adresse, art.** *Le savoir-faire d'un artisan.* ▶ **savoir-vivre** n. m. invar. Qualité d'une personne qui connaît et sait appliquer les règles de la politesse. → **éducation, tact.** *Manquer de savoir-vivre.* ▷ **à l'insu de, je-ne-sais-quoi, savant, au su de**

savon [savɔ̃] n. m. **1·** Produit utilisé pour le dégraissage et le lavage, obtenu par l'action d'un alcali sur un corps gras. *Du savon de toilette. Un savon à barbe.* **2·** *Un savon,* morceau moulé de ce produit. *Des savons de Marseille.* **3·** Loc. fam.

Passer un savon à qqn : l'attraper, le réprimander (→ laver, savonner la tête à qqn). ▶ **savonner** v. tr. < conjug. 1 > Laver en frottant avec du savon. *Savonner et rincer.* – Pronominalement. *Savonne-toi bien.* ▶ **savonnée** n. f. En Belgique. Eau savonneuse. ▶ **savonnage** n. m. ▶ **savonnerie** n. f. Usine où l'on fabrique du savon. ▶ **savonnette** n. f. Petit savon (2) pour la toilette. ▶ **savonneux, euse** adj. Qui contient du savon. *Une eau savonneuse.* ▷ **porte-savon, saponifier**

savourer [savuʀe] v. tr. < conjug. 1 > **1·** Manger, boire avec toute la lenteur et l'attention requises pour apprécier pleinement. → **déguster.** *Il savourait son sorbet, son cognac.* **2·** Apprécier en prolongeant le plaisir. *J'espère que tu as savouré la scène !*

savoureux, euse [savuʀø, øz] adj. **1·** Qui a une saveur agréable, riche et délicate. → **appétissant, succulent.** / contr. insipide / *Des fruits savoureux.* **2·** Abstrait. Qui a de la saveur, du piquant. *Une anecdote savoureuse.* ▶ **savoureusement** adv. D'une façon savoureuse.

saxifrage [saksifʀaʒ] n. f. Plante qui pousse dans les fissures des rochers et des murs.

saxophone [saksɔfɔn] n. m. Instrument à vent, à anche simple et à clefs. *Saxophone ténor, alto* (abrév. *saxo ténor, alto*). ▶ **saxophoniste** n. Joueur de saxophone. *Un, une saxophoniste.* – Abrév. fam. **saxo.** *Des saxos.*

saynète [sɛnɛt] n. f. Sketch.

sbire [sbiʀ] n. m. Péj. Policier sans scrupule ; homme de main. → **nervi.**

scabieuse [skabjøz] n. f. Plante herbacée à fleurs mauves, employée en médecine pour ses propriétés dépuratives.

scabreux, euse [skabʀø, øz] adj. **1·** Littér. Embarrassant, délicat. *C'est un sujet scabreux.* – *Une affaire scabreuse,* louche. **2·** Qui choque la décence. *Une histoire scabreuse.* → **indécent, licencieux.**

scalaire [skalɛʀ] adj. Mathématiques. *Grandeur scalaire,* qui se mesure par un nombre (s'oppose à *vectoriel*).

scalène [skalɛn] adj. Géométrie. *Triangle scalène,* dont les trois côtés sont inégaux (opposé à *isocèle, équilatéral*).

scalpel [skalpɛl] n. m. Petit couteau à manche plat destiné aux dissections. *Le bistouri et le scalpel.*

scalper [skalpe] v. tr. < conjug. 1 > Dépouiller (qqn) du cuir chevelu par incision de la peau. *Les Indiens scalpaient leurs ennemis.* ▶ **scalp** n. m. **1·** Action de scalper. *Danse du scalp,* danse guerrière exécutée par les Indiens d'Amérique autour de la victime qui allait être scalpée. **2·** Trophée constitué par la peau du crâne avec sa chevelure.

scampi [skɑ̃pi] n. m. Langoustine, grosse crevette frite en beignet. *Des scampis ou des scampi.*

scandale [skɑ̃dal] n. m. **1·** Effet produit par des actes, des propos condamnables, de mauvais exemples. *Sa tenue a provoqué un scandale. Un livre, un film qui fait scandale.* – Émotion indignée qui accompagne cet effet. *Au grand scandale de sa famille.* → au grand **dam. 2·** Désordre, tapage. *Il a fait du scandale sur la voie publique. Si ça continue, je fais un scandale !* **3·** Grave affaire publique où des personnalités sont compromises. *Un scandale financier, politique.* **4·** Fait immoral, injuste, révoltant. → **honte.** *Cette condamnation est un scandale !* ▶ **scandaleux, euse** adj. **1·** Qui cause du scandale. *Une conduite scandaleuse.* **2·** Qui constitue un scandale (+ → **honteux, révoltant**). *Le prix des loyers est scandaleux.* ▶ **scandaliser** v. tr. < conjug. 1 > Apparaître scandaleux à... → **choquer, indigner.** *Son attitude a scandalisé tout le monde.* – Pronominalement. S'indigner comme d'une chose scandaleuse. *Pourquoi se scandaliser d'une chose si naturelle ?*

scander [skɑ̃de] v. tr. < conjug. 1 > **1·** Déclamer (un vers) en analysant ses éléments métriques. *Scander des alexandrins.* **2·** Prononcer en détachant les syllabes, les groupes de mots. *Scander un refrain, un slogan politique.* ▶ **scansion** [skɑ̃sjɔ̃] n. f. Didact. Action de scander (1).

scandinave [skɑ̃dinav] adj. De Scandinavie. *Les pays scandinaves,* Norvège, Suède, Danemark... – N. *Les Scandinaves.*

1 **scanner** [skanɛʀ] n. m. Anglic. **1·** Appareil d'imagerie médicale composé d'un système de tomographie et d'un ordinateur qui reconstitue les images. **2·** Appareil servant à numériser un document. *Des scanners.* ▶ 2 **scanner** [skane] v. tr. < conjug. 1 > Balayer (un document) au scanner pour obtenir une image. – Au p. p. adj. *Un texte scanné.* ▶ **scanographie** n. f. Examen radiologique réalisé à l'aide d'un scanner à rayons X. → **tomodensitomètre.**

scaphandre [skafɑ̃dʀ] n. m. Équipement de plongée individuel à casque étanche. *Scaphandre autonome,* pourvu d'une bouteille à air comprimé. – Appareil semblable pour les voyages spatiaux. *Le scaphandre des cosmonautes.* ▶ **scaphandrier** n. m. Plongeur muni d'un scaphandre. → **homme-grenouille.** – REM. Le fém. *scaphandrière* est rare.

scapulaire [skapylɛʀ] n. m. Dans la religion catholique. Objet de dévotion composé de deux petits morceaux d'étoffe bénits reliés par des cordons.

scarabée [skaʀabe] n. m. Coléoptère noir à reflets mordorés. → **bousier.**

scarifier [skaʀifje] v. tr. <conjug. 7> Médecine. Inciser superficiellement (la peau). ▶ **scarification** n. f. *Vaccination par scarification.*

scarlatine [skaʀlatin] n. f. Maladie contagieuse, caractérisée par une éruption sur les muqueuses de la bouche et sur la peau, en larges plaques écarlates.

scarole [skaʀɔl] n. f. Salade à larges feuilles peu découpées et croquantes.

scato- Élément savant signifiant «excrément». ▶ **scatologique** [skatɔlɔʒik] adj. Où il est question d'excréments. *Plaisanterie scatologique.*

sceau [so] n. m. **1·** Cachet officiel dont l'empreinte est apposée sur des actes pour les rendre authentiques ou les fermer de façon inviolable. *Le garde des Sceaux* (en France, le [la] ministre de la Justice). **2·** Empreinte faite par ce cachet ; cire, plomb portant cette empreinte. *Mettre, apposer son sceau sur un document.* → **sceller. 3·** Littér. Marque qui authentifie, confirme. *Son récit est marqué du, au sceau de la bonne foi.* – Loc. ***Sous le sceau du secret*** : à la condition que le secret sera bien gardé. ≠ seau. ▷ **sceller**

scélérat, ate [seleʀa, at] n. Littér. Bandit, criminel. → **coquin** (1). – Adj. *Des lois scélérates.* ▶ **scélératesse** n. f. Littér. Caractère, comportement de scélérat. → **perfidie.** – Action scélérate. *Commettre une scélératesse.*

sceller [sele] v. tr. <conjug. 1> **I· 1·** Marquer (un acte) d'un sceau. *Le testament a été scellé.* – Fermer au moyen d'un sceau, d'un scellé. *Sceller un local.* **2·** Abstrait. Confirmer, comme par un sceau. *Sceller un pacte. Poignée de main qui scelle une réconciliation.* **II· 1·** Fermer hermétiquement (un contenant, une ouverture). *Sceller des boîtes de conserve.* **2·** Fixer avec du ciment, du plâtre... *Sceller un anneau dans un mur.* – Au p. p. adj. *Fenêtre à barreaux scellés.* ▶ **scellé** n. m. Surtout au plur. Cachet de cire sur bande de papier ou d'étoffe, au sceau de l'État, apposé par l'autorité de justice sur une fermeture. *Mettre les scellés. Local mis sous scellés. Lever les scellés.* ≠ seller. ▷ **desceller**

scénario [senaʀjo] n. m. **1·** Description de l'action (d'un film), comprenant généralement des indications techniques et les dialogues. → **script** (2). *Écrire des scénarios.* – Processus qui se déroule selon un plan préétabli. *Leurs disputes suivent toujours le même scénario.* **2·** Texte d'une bande dessinée. ▶ **scénariste** n. Personne qui écrit des scénarios. ▶ **scénariser** v. tr. <conjug. 1> Introduire un scénario dans (une production audiovisuelle). *Scénariser un clip.* ▶ **scénarisation** n. f.

scène [sɛn] n. f. **I· 1·** Emplacement d'un théâtre où les acteurs paraissent devant le public. → **planche(s), plateau.** *L'ordre d'entrée en scène des acteurs. En scène ! Sortir de scène. Elle fait ses débuts sur la scène, sur scène.* ***Mettre en scène*** : représenter par l'art dramatique. *Metteur en scène ; mise en scène.* → **scénographie** (2). *Porter une pièce de théâtre à la scène ; adapter un texte pour la scène.* – *Mettre en scène un film,* le réaliser (→ porter à l'écran). – Abstrait. Le monde, considéré comme un théâtre. *Il occupe le* ***devant de la scène*** : une position importante, en vue. – *La scène politique.* → **paysage. 2·** Le théâtre, l'art dramatique. *Les vedettes de la scène et de l'écran.* **3·** Décor du théâtre. *La scène représente une forêt. La scène a changé.* – L'action. *La scène se passe à Londres, au XVIe s.* **II· 1·** Partie, division d'un acte ; l'action qui s'y déroule. *Acte III, scène II. La grande scène du second acte.* – Loc. ***Jouer la grande scène (du deux)*** : faire une démonstration théâtrale (de colère, de douleur, d'indignation...). **2·** Toute action partielle ayant une unité, à l'intérieur d'un livre, d'un film... *Le roman se termine par une scène tragique. Une scène de film.* → **séquence. 3·** Composition représentée en peinture, lorsqu'elle suggère une action. *Une scène de genre, une scène d'intérieur, de mœurs.* **4·** Action, événement dont on se trouve spectateur. *J'ai été témoin de la scène. Une scène comique.* **5·** Explosion de colère, dispute bruyante. *Il m'a fait une scène à cause de mon retard. Une scène de ménage,* dans un couple. *Enfant qui fait des scènes,* des colères, des caprices. ≠ cène. ▶ **scénique** [senik] adj. Propre à la scène, au théâtre. *Un effet scénique.* ▷ **avant-scène**

scénographie [senɔgʀafi] n. f. **1·** Art de représenter en perspective. **2·** Art et technique de l'aménagement des théâtres. (On dit aussi **scénologie.**) ▶ **scénographique** adj. ▶ **scénographe** n.

sceptique [sɛptik] n. et adj. **I·** N. **1·** Philosophe qui pratique le doute, l'examen critique systématique. **2·** Personne qui adopte une attitude de scepticisme (2, 3). *Un, une sceptique.* **II·** Adj. **1·** Qui professe le scepticisme philosophique. **2·** Qui doute, est empreint de scepticisme. *Je reste sceptique quant à l'issue du projet. Il a eu un sourire sceptique.* ≠ septique. ▶ **scepticisme** n. m. **1·** Doctrine des anciens philosophes sceptiques grecs, selon lesquels l'esprit humain ne peut atteindre aucune vérité générale. / contr. **dogmatisme** / **2·** Mise en doute des dogmes religieux. → **incrédulité.** **3·** Attitude critique faite de méfiance, de refus de toute illusion. / contr. **conviction** / *Il parle de notre influence avec scepticisme.* ▷ **eurosceptique**

sceptre [sɛptʀ] n. m. **1·** Bâton de commandement, signe d'autorité suprême. *Le sceptre du roi.* **2·** Abstrait. Littér. L'autorité souveraine, la royauté.

schah ou **shah** [ʃɑ] n. m. Souverain de la Perse (puis de l'Iran moderne) avant 1979. *Le shah de Perse, le shah d'Iran* (pléonasmes).

schako → **shako.**

scheik → **cheik.**

schelem → **chelem.**

schéma [ʃema] n. m. **1·** Figure donnant une représentation simplifiée et fonctionnelle (d'un objet, d'un mouvement, d'un processus, d'un organisme). → **diagramme.** *Schéma de la nutrition chez les plantes. Le schéma d'un moteur.* **2·** Description ou représentation mentale réduite aux traits essentiels. → **esquisse.** *Voici en gros le schéma de l'opération. Des schémas directeurs.* ▶ **schématique** adj. **1·** Qui constitue un schéma, est propre aux schémas. *Une coupe schématique.* **2·** Trop simplifié, qui manque de nuances. *Un compte rendu schématique de la situation.* ▶ **schématiquement** adv. *Voici schématiquement de quoi il s'agit.* → **grosso modo.** ▶ **schématiser** v. tr. < conjug. 1 > **1·** Présenter en schéma. **2·** Présenter de façon schématique, simplifiée. *En schématisant, on peut dire que...* ▶ **schématisation** n. f. Action de schématiser, de réduire à l'essentiel. ▶ **schème** n. m. Représentation abstraite, structure d'ensemble (d'un objet, d'un processus). *Les schèmes de la pensée.*

scherzo [skɛʀtso ; -dzo] n. m. Morceau musical vif et gai, au mouvement rapide. *Le scherzo d'une sonate. Des scherzos.*

schilling [ʃiliŋ] n. m. Unité monétaire de l'Autriche (avant l'euro). ≠ **shilling.**

schisme [ʃism] n. m. **1·** Séparation des fidèles d'une religion, qui reconnaissent des autorités différentes. *Le schisme d'Orient* (entre les Églises d'Occident et d'Orient). **2·** Scission* (d'un groupe organisé). → **dissidence.** *Un schisme politique.* ▶ **schismatique** [ʃismatik] adj. Qui forme schisme. *Groupe schismatique.*

schiste [ʃist] n. m. Roche qui présente une structure feuilletée. *Des lames de schiste.* ▶ **schisteux, euse** [ʃistø, øz] adj. *L'ardoise est une roche schisteuse.*

schizophrénie [skizɔfʀeni] n. f. Psychose caractérisée par une grave division de la personnalité et une inadaptation du malade au réel. *Schizophrénie et autisme.* ▶ **schizophrène** adj. et n. Atteint de schizophrénie.

schlass ou **chlass** [ʃlɑ(a)s] adj. invar. Fam. Ivre. *Elle est complètement schlass.* – REM. On peut écrire *schlasse. Il est schlasse.*

schlinguer ou **chlinguer** [ʃlɛ̃ge] v. intr. < conjug. 1 > Fam. Puer. *Ça schlingue, ici !*

schlitte [ʃlit] n. f. Région. Traîneau qui sert (en Forêt-Noire, dans les Vosges) à descendre le bois des montagnes.

schnaps [ʃnaps] n. m. invar. Eau-de-vie de pomme de terre ou de grain, fabriquée dans les pays germaniques.

schnock ou **chnoque** [ʃnɔk] n. Fam. Imbécile. *Quel vieux schnock !*

schuss [ʃus] n. m. invar. Descente directe à skis en suivant la plus grande pente. *Descendre en schuss.* – Adv. *Descendre (tout) schuss.*

sciage [sjaʒ] n. m. Action, manière de scier (le bois, la pierre, les métaux...).

sciatique [sjatik] adj. et n. f. **1·** Adj. En anatomie. Du bassin, de la hanche. *Nerf sciatique.* **2·** N. f. Douleur violente qui se fait sentir à la hanche et dans la jambe, le long du trajet du nerf sciatique. *Crise de sciatique.* ▶ **sciatalgie** n. f. → **sciatique** (2).

scie [si] n. f. **1·** Outil ou machine servant à couper des matières dures par l'action d'une lame dentée. *Scie à bois, à métaux. Scie circulaire,* scie à moteur formée d'un disque à bord denté qui tourne à grande vitesse. **2·** *Poisson-scie* ou *scie :* squale voisin du requin dont le museau s'allonge en lame droite, flexible, portant deux rangées de dents. *Des poissons-scies.* **3·** *Scie musicale :* instrument de musique fait d'une lame d'acier qu'on fait vibrer en la pliant. **4·** Chanson, refrain ressassés et usés. → **rengaine.** *On entend cette scie sur toutes les ondes.* **5·** Personne, chose désagréable ou ennuyeuse. *Quelle scie !* ▷ **couteau-scie**

sciemment [sjamɑ̃] adv. En connaissance de cause, volontairement. / contr. **involontairement** / *Il n'a pas pu faire cela sciemment.* → **consciemment.**

science [sjɑ̃s] n. f. **I· 1·** Vieilli. Ensemble des connaissances générales (de qqn). → ② **savoir.** *Sa science est étendue.* – Loc. *C'est un **puits de science** :* une personne très savante. **2·** Littér.

Savoir-faire que donnent les connaissances, l'expérience, l'habileté. → **art.** *Il a manœuvré avec une science consommée. Sa science des couleurs, de la toilette.* **II· 1·** Plus cour. *Une science, les sciences :* ensemble de connaissances, de travaux d'une valeur universelle, ayant pour objet l'étude de faits et de relations vérifiables, selon des méthodes déterminées (comme l'observation, l'expérience, ou les hypothèses et la déduction) (→ **épistémologie**). *Sciences exactes* ou *pures,* ensemble des mathématiques. *Sciences appliquées,* au service de la technique. *Sciences expérimentales,* où l'objet d'étude est soumis à l'expérience (physique, chimie...). *Sciences naturelles,* sciences d'observation qui étudient les êtres vivants et les corps dans la nature. *Les sciences humaines,* qui étudient l'homme (psychologie, sociologie, linguistique...). – *Sciences de la vie* (biologie, botanique...) et *sciences de la Terre* (géologie, écologie...), disciplines de l'enseignement, en France (réunies sous le nom de *sciences de la vie et de la Terre ;* abrév. *S. V. T.* ou *SVT*). – Absolt. *Les sciences :* les sciences où le calcul, la déduction et l'observation ont une grande part (mathématiques, astronomie, physique, chimie, biologie...). *Les sciences et les lettres. Faculté des sciences. Des sciences.* → **scientifique.** **2·** *La science :* ensemble des travaux des sciences ; connaissance exacte, universelle et vérifiable exprimée par des lois. *Dans l'état actuel de la science. Les progrès de la science et de la technique.* ▶ **science-fiction** n. f. Genre littéraire et artistique qui décrit un état futur du monde → **anticipation,** en faisant appel à l'imagination scientifique. *Un film de science-fiction.* – Abrév. fam. **S.-F.** ▶ **scientifique** adj. et n. **1·** Qui appartient à la science, concerne les sciences (spécialt opposé aux *lettres*). *Revue scientifique. La recherche scientifique.* **2·** Qui est conforme aux exigences d'objectivité, de précision, de méthode de la science. *Ce n'est pas une explication scientifique.* **3·** N. Personne qui étudie les sciences, savant spécialiste d'une science. *Un, une scientifique.* → **chercheur, savant.** *Les littéraires et les scientifiques.* ▶ **scientifiquement** adv. *Phénomène étudié scientifiquement.* ▶ **scientiste** adj. Qui prétend résoudre tous les problèmes philosophiques par la science. – N. *La philosophie des scientistes* (ou *scientisme,* n. m.). ▷ **antiscientifique, conscient, nanosciences, neurosciences, omniscience, préscience, sciemment**

scier [sje] v. tr. < conjug. 7 > **1·** Couper avec une scie, une tronçonneuse. *Scier du bois.* **2·** Vx. Ennuyer par qqch. de monotone. – Fam. Stupéfier. *Alors là, tu me scies !* – Au p. p. adj. *Je suis scié !* ▶ **scierie** [siʀi] n. f. Atelier, usine où des scies mécaniques débitent le bois. ▶ **scieur** [sjœʀ] n. m. Celui dont le métier est de scier (le bois). – Loc. *Scieur de long :* scieur de bois de charpente, qui scie les troncs en long. ▷ **sciage, scie, sciure**

scinder [sɛ̃de] v. tr. < conjug. 1 > Couper, diviser (qqch. qui n'est pas d'ordre matériel). *Scinder un parti.* – Pronominalement (emploi le plus courant). *Le parti s'est scindé en deux après le vote.* → **scission.**

scintigraphie [sɛ̃tigʀafi] n. f. Technique d'imagerie médicale utilisant les radiations émises par un radioélément introduit dans l'organisme. Abrév. **scinti** n. f.

scintiller [sɛ̃tije] v. intr. < conjug. 1 > **1·** (Astres) Briller d'un éclat caractérisé par le phénomène de la scintillation. *Les étoiles scintillaient.* **2·** Briller d'un éclat intermittent. *Diamants, paillettes qui scintillent.* ▶ **scintillant, ante** adj. et n. m. **1·** Qui scintille. *Lumière scintillante.* **2·** N. m. Décoration brillante (étoile, guirlande...) pour orner les arbres de Noël. ▶ **scintillation** n. f. **1·** Modification rapide et répétée de l'intensité et de la coloration de la lumière des étoiles (à cause des irrégularités de la réfraction dans l'atmosphère terrestre). **2·** Lumière qui scintille (2). ▶ **scintillement** n. m. Éclat de ce qui scintille. *Le scintillement des braises.* ▷ **scintigraphie**

scission [sisjɔ̃] n. f. Action de se scinder. → **division, schisme, séparation.** *Le groupe qui a fait scission* (les *scissionnistes*).

scissiparité [sisipaʀite] n. f. Didact. Reproduction par simple division de l'organisme.

scissure [sisyʀ] n. f. Sillon présent sur la surface de certains organes (cerveau, poumons).

sciure [sjyʀ] n. f. Poussière d'une matière qu'on scie, en particulier du bois. *L'odeur de la sciure.*

sclérose [skleʀoz] n. f. **1·** Durcissement pathologique d'un organe ou d'un tissu organique. – *Sclérose en plaques,* grave maladie des centres nerveux, à la surface desquels se forment des plaques de sclérose. **2·** Abstrait. État, défaut de ce qui ne sait plus évoluer ni s'adapter, qui a perdu toute souplesse. → **vieillissement.** *La sclérose des institutions.* ▶ **se scléroser** v. pron. < conjug. 1 > **1·** (Organe, tissu) Se durcir, être atteint de sclérose. **2·** Abstrait. Se figer, ne plus évoluer. *Un parti, une bureaucratie qui se sclérose.* ▶ **sclérosé, ée** adj. **1·** Atteint de sclérose (1). *Des artères sclérosées.* **2·** Abstrait. Qui n'évolue plus. → **figé.** *Économie sclérosée.* ▷ **artériosclérose**

sclérotique [skleʀɔtik] n. f. Anatomie. Membrane fibreuse qui entoure le globe oculaire avec une ouverture dans laquelle se trouve la cornée. → **blanc** de l'œil.

scolaire [skɔlɛʀ] adj. **1·** Relatif ou propre aux écoles, à l'enseignement et aux élèves. *Établissement, groupe scolaire. Programmes scolaires. Année scolaire,* période allant de la rentrée à la fin des classes (de septembre à juin, en France). *Obligation scolaire,* d'aller à l'école. *Âge scolaire,* âge légal de l'obligation scolaire (de six à seize ans en France). **2·** Péj. Qui évoque les exercices de l'école par son côté livresque ; qui traduit un manque de réflexion personnelle. *Cet exposé est trop scolaire.* ▶ **scolariser** v. tr. < conjug. 1 > Soumettre à un enseignement scolaire régulier. – Au p. p. *Enfants en âge d'être scolarisés.* ▶ **scolarisation** n. f. *Le problème de la scolarisation des enfants de forains.* ▶ **scolarité** n. f. Le fait de suivre régulièrement les cours d'un établissement d'enseignement. *Certificat de scolarité.* – Temps pendant lequel joue l'obligation scolaire. *Le gouvernement va-t-il prolonger la scolarité ?* ▷ **déscolarisé, parascolaire, préscolaire, scolarité**

scolastique [skɔlastik] n. f. et adj. Didact. **I·** N. f. Philosophie et théologie enseignées au Moyen Âge par l'Université ; enseignement et méthode qui s'y rapportent. **II·** Adj. **1·** Relatif ou propre à la scolastique. **2·** Littér. Qui rappelle la scolastique décadente, par son abus de la dialectique et son formalisme. *Esprit scolastique.*

scoliose [skɔljoz] n. f. Déviation pathologique de la colonne vertébrale sur le côté.

① **scolopendre** [skɔlɔpɑ̃dʀ] n. f. Fougère à feuilles entières, très allongées, qui croît dans les lieux humides. *Sous les feuilles de la scolopendre s'alignent des bandes de sporanges.*

② **scolopendre** n. f. Mille-pattes des régions chaudes, dont la morsure est douloureuse pour l'homme.

sconse [skɔ̃s] ou **skunks** [skɔ̃ks] n. m. Fourrure d'un petit mammifère d'Amérique (mouffette, proche du putois). – REM. On écrit aussi *scons, sconce.*

scoop [skup] n. m. Anglic. Nouvelle importante donnée en exclusivité par une agence de presse, un journal. *Un journaliste à l'affût des scoops.*

scooter [skutœʀ ; skutɛʀ] n. m. Deux-roues motorisé, léger, caréné, à cadre ouvert et à plancher. *Des scooters.* – Abrév. **scoot** [skut].

-scope, -scopie Éléments de mots savants, servant à désigner des instruments et des techniques d'observation.

scorbut [skɔʀbyt] n. m. Maladie provoquée par l'absence ou l'insuffisance dans l'alimentation de vitamine C. *Marin atteint du scorbut.* ▶ **scorbutique** adj. Atteint du scorbut. – N. *Un, une scorbutique.*

score [skɔʀ] n. m. Marque, décompte des points au cours d'un match, d'une compétition ; résultat indiqué par la marque. *Faire un beau score.*

scories [skɔʀi] n. f. pl. **1·** Résidu solide provenant de la fusion de minerais métalliques, de la combustion de la houille → **mâchefer**, etc. **2·** *Scories volcaniques,* lave légère et fragmentée ressemblant au mâchefer. **3·** Abstrait. Déchets, partie médiocre ou mauvaise. *Débarrasser un texte de ses scories.*

scorpion [skɔʀpjɔ̃] n. m. **1·** Petit animal (famille des araignées) dont la queue est armée d'un aiguillon crochu et venimeux. *Piqûre de scorpion.* **2·** (Avec une majuscule) Huitième signe du zodiaque (23 octobre-21 novembre). *Être du signe du Scorpion, être du Scorpion.* – Ellipt. Invar. *Elles sont Scorpion.*

① **scotch** [skɔtʃ] n. m. Whisky écossais. *Des scotchs ou des scotches.*

② **scotch** n. m. Nom déposé. Ruban adhésif transparent (de cette marque). *Un rouleau de scotch. Du scotch invisible.* ▶ **scotcher** v. tr. < conjug. 1 > **1·** Coller avec du ruban adhésif. – Au p. p. adj. *Une photo scotchée au mur.* **2·** (Au passif et au p. p.). Fam. Immobiliser. *Rester scotché devant la télé.* – *Son culot nous a scotchées,* étonnées, surprises. → **clouer** sur place.

scoubidou [skubidu] n. m. Colifichet que les enfants confectionnent à l'aide de quatre fils de plastique semi-rigide tressés. *Des scoubidous multicolores.*

scout, scoute [skut] n. m. et adj. **1·** Jeune qui fait partie d'une organisation de scoutisme. → **boy-scout.** *Les louveteaux et les scouts. Réunion de scouts.* → **jamboree.** – Adj. *Un camp scout. La fraternité scoute.* **2·** N. Personne d'un idéalisme naïf. *Il a un côté scout dans son attitude.* ▶ **scoutisme** n. m. Mouvement éducatif destiné à compléter la formation de l'enfant, en offrant aux jeunes des activités de plein air et des jeux. *Elle a fait du scoutisme, elle était guide.*

scrabble [skʀab(œ)l] n. m. Jeu de société qui consiste à placer sur une grille des jetons portant une lettre, pour former des mots.

scratch [skʀatʃ] n. m. Fermeture velcro. *Tennis à scratchs.*

scribe [skʀib] n. m. **1·** Celui qui écrivait les textes officiels, copiait les écrits, dans des civilisations sans imprimerie et où les lettrés étaient rares. → **copiste.** *Les scribes égyptiens de l'Anti-*

quité. **2·** Clerc de la classe sacerdotale juive qui, vers le temps de Jésus, était docteur de la Loi et maître d'école. ▷ **scribouillard**

scribouillard, arde [skʀibujaʀ, aʀd] n. Péj. Fonctionnaire, commis aux écritures. → **gratte-papier.**

script [skʀipt] n. m. **1·** Type d'écriture à la main, proche des caractères d'imprimerie. *Écrire en script.* **2·** Scénario d'un film, d'une émission, comprenant le découpage technique et les dialogues. *Des scripts.* ▶ **scripte** [skʀipt] n. Cinéma, télévision. Auxiliaire du metteur en scène, du réalisateur qui note les détails techniques et artistiques de chaque prise de vues (→ **script,** 2), afin d'assurer la continuité du film. *Le scripte travaille sur le plateau (de cinéma, de télévision). Une scripte* ou, vx, *une script-girl. Des script-girls.*

scrofuleux, euse [skʀɔfylø, øz] adj. **1·** Vx. Qui a des écrouelles. **2·** Qui est prédisposé aux affections tuberculeuses de la peau, des muqueuses. *Un enfant scrofuleux.*

scrotum [skʀɔtɔm] n. m. Enveloppe cutanée des testicules. → **bourses.**

scrupule [skʀypyl] n. m. **1·** Incertitude d'une conscience exigeante sur la conduite à adopter ; inquiétude sur un point de morale. → **cas** de conscience. *Un scrupule me retient. Être dénué de scrupules, sans scrupule,* agir sans se poser de problèmes moraux. *Les scrupules ne l'étouffent pas ; il n'a aucun scrupule.* – Littér. *Se faire (un) scrupule de qqch.*, hésiter (par scrupule) à faire qqch. *Il ne se ferait aucun scrupule de tout nier.* **2·** Exigence morale très poussée ; tendance à juger avec rigueur sa propre conduite. *Exactitude poussée jusqu'au scrupule.* ▶ **scrupuleux, euse** adj. **1·** Qui a fréquemment des scrupules, qui est exigeant sur le plan moral. → **consciencieux.** *Un homme d'affaires scrupuleux.* → **honnête.** – (Choses) Qui témoigne d'une grande exigence morale. *Recherches scrupuleuses.* **2·** Qui respecte strictement les règles qu'il s'impose dans son action, son travail. *Un élève, un employé scrupuleux.* → **méticuleux.** ▶ **scrupuleusement** adv. D'une manière scrupuleuse.

scruter [skʀyte] v. tr. < conjug. 1 > Examiner avec soin, pour découvrir ce qui est caché. *Scruter les intentions de qqn.* → **sonder.** – Examiner attentivement par la vue ; fouiller du regard. *Scruter l'horizon.* ▶ **scrutateur, trice** adj. et n. **I·** Adj. (→ **scruter**) Qui examine attentivement. *Un regard scrutateur.* → **inquisiteur. II·** N. Personne qui participe au dépouillement d'un scrutin*. ▶ **scrutin** n. m. **1·** Vote au moyen de bulletins déposés dans un récipient fermé (urne) d'où on les retire ensuite pour les compter. **2·** L'ensemble des opérations électorales ; modalités particulières des élections. *L'ouverture, la clôture d'un scrutin. Scrutin uninominal,* où l'électeur choisit un seul candidat. *Scrutin de liste,* où l'on vote pour plusieurs candidats choisis sur une liste. *Scrutin proportionnel. Scrutin majoritaire. Dépouiller le scrutin* (→ **scrutateur,** II).

sculpter [skylte] v. tr. < conjug. 1 > **1·** Produire (une œuvre d'art) par l'un des procédés de la sculpture. *Sculpter un buste.* **2·** Façonner (une matière dure) par une des techniques de la sculpture. *Sculpter de la pierre.* – Au p. p. adj. *Armoire sculptée,* ornée de sculptures. ▶ **sculpteur, trice** [skyltœʀ, tʀis] n. Personne qui pratique l'art de la sculpture. *Elle est sculptrice.* ▶ **sculpture** [skyltyʀ] n. f. **1·** Représentation d'un objet dans l'espace, au moyen d'une matière à laquelle on impose une forme esthétique ; techniques qui permettent cette représentation. *La sculpture grecque, romane. Faire de la sculpture sur bois.* **2·** *Une sculpture,* une œuvre sculptée. *Une sculpture en bois.* ▶ **sculptural, ale, aux** adj. **1·** Relatif à la sculpture. → **plastique. 2·** Dont les formes rappellent la sculpture classique. *Une beauté sculpturale.*

S. D. F. [ɛsdeɛf] n. invar. (abrév. de *sans domicile fixe*). Personne sans ressources, qui n'a pas de logement régulier et mène une vie misérable. → **sans-abri.**

se ou **s'** [s(ə)] pronom pers. Pronom personnel réfléchi de la 3e personne du sing. et du plur. *Il se lave. Il se donne de la peine. Elle s'est fait réprimander. Elle s'est lavé les mains. Ils se sont rencontrés. Elles se sont donné des coups. Les coups qu'elles se sont donnés.* – Impers. *Cela ne se fait pas. Comment se fait-il que... ?*

séance [seɑ̃s] n. f. **1·** Réunion des membres d'un corps constitué siégeant en vue d'accomplir certains travaux ; durée réglée de cette réunion. *Les séances du Parlement.* → **débat, session.** – *Être en séance. Ouvrir la séance. La séance est levée,* terminée. **2·** Loc. adv. *Séance tenante :* immédiatement et sans retard. *Il a obéi séance tenante.* **3·** Durée déterminée consacrée à une occupation qui réunit deux ou plusieurs personnes. *Une séance de travail, de pose, de massage, de psychanalyse.* **4·** Temps consacré à certains spectacles. – Le spectacle lui-même. *Une séance de cinéma. La première séance est à midi.*

① **séant** [seɑ̃] n. m. Loc. *Se dresser, se mettre sur son séant :* s'asseoir brusquement, en parlant d'une personne qui était allongée, couchée. ≠ céans.

② **séant, ante** [seɑ̃, ɑ̃t] adj. Littér. Qui sied → **seoir,** est convenable. *Il n'est pas séant de quitter déjà la réunion.* ▷ **bienséant, malséant, seyant**

seau [so] n. m. Récipient cylindrique muni d'une anse servant à transporter des liquides ou diverses matières. *Seau en plastique. Seau hygiénique. Seau à charbon. Seau à glace,* servant à contenir des glaçons. – Son contenu. *Un demi-seau d'eau.* – Loc. fam. *Il **pleut à seaux** :* abondamment. ≠ sceau.

sébile [sebil] n. f. Vieilli. Petite coupe destinée à recevoir de l'argent. *La sébile d'un mendiant, d'un quêteur.*

sébum [sebɔm] n. m. Matière grasse sécrétée en certains endroits du corps par des glandes de la peau, appelées *glandes sébacées.* ▶ **séborrhée** [sebɔʀe] n. f. Augmentation excessive de la sécrétion de sébum.

sec, sèche [sɛk, sɛʃ] adj. **I· 1·** Qui n'est pas ou qui est peu imprégné de liquide. / contr. humide, mouillé / *Du bois sec. Le linge est déjà sec.* – Sans humidité atmosphérique, sans pluie. *Un froid sec.* – *Avoir la gorge sèche,* avoir soif. **2·** Déshydraté, séché en vue de la conservation. *Raisins secs. Légumes secs* (opposé à *frais*). **3·** Qui n'est pas accompagné de ce à quoi il est généralement associé. *Orage sec,* sans pluie. *Mur de pierres sèches,* sans ciment. *Toux sèche,* sans expectoration. – *Panne sèche.* – *Perte sèche. Licenciement sec,* sans mesure sociale d'accompagnement. **4·** (Parties du corps) Qui a peu de sécrétions. *Peau sèche, cheveux secs* (opposé à *gras*). *Ses yeux étaient secs,* sans larmes. – Loc. ***Regarder d'un œil sec*** *:* sans être ému. **5·** Qui a peu de graisse, qui est peu charnu. *Un petit vieillard tout sec.* Loc. *Être sec comme un coup de trique,* très maigre. **6·** Qui manque de moelleux ou de douceur. *Une voix sèche. Coup sec,* rapide et bref. *Tissu sec,* à tissage bien marqué. – *Vin sec,* peu sucré (opposé à *vin doux*). **II·** Abstrait. **1·** Qui manque de sensibilité, de gentillesse. → **dur.** *Un cœur sec. Répondre d'un ton sec,* cassant, désobligeant. → **tranchant.** / contr. chaleureux / **2·** Qui manque de grâce, de charme. → **austère.** *Un style un peu sec.* **3·** Fam. *Rester sec,* ne savoir que répondre. → **sécher** (II, 3). **III·** N. m. **1·** Sécheresse ; endroit sec. *Mettre, tenir qqch. au sec.* **2·** ***À sec*** *:* sans eau. → **tari.** *La rivière est à sec.* – Fam. Sans argent. *Ils sont à sec.* **IV·** Adv. **1·** *Boire (un vin, un alcool) sec,* ne pas y mettre d'eau. – Sans compl. *Il boit sec,* beaucoup. **2·** Rudement et rapidement. *Boxeur qui frappe sec.* **3·** Loc. adv. Fam. ***Aussi sec*** *:* immédiatement, sans hésiter et sans tarder. ▷ **pète-sec, sèche, sèchement, sécher, sécheresse**

sécable [sekabl] adj. Qui peut être coupé, divisé. *Comprimé sécable.*

sécant, ante [sekɑ̃, ɑ̃t] adj. et n. f. **1·** Adj. Géométrie Qui coupe (une ligne, un plan, un volume). *Plan sécant. Figures sécantes,* qui ont au moins un point d'intersection. **2·** ***Sécante*** n. f. : droite sécante.

sécateur [sekatœʀ] n. m. Gros ciseaux à ressort servant au jardinage.

sécession [sesesjɔ̃] n. f. Action par laquelle une partie de la population d'un État se sépare de l'ensemble de la collectivité en vue de former un État distinct. → **dissidence.** *Faire sécession.* – *La guerre de Sécession,* entre le nord et le sud des États-Unis (1861-1865). ▶ **sécessionniste** adj. Qui fait sécession, lutte pour la sécession. *Mouvement sécessionniste.* → **séparatiste.**

séchage [seʃaʒ] n. m. Action de faire sécher, de sécher. *Colle à séchage rapide. Séchage à froid.*

sèche [sɛʃ] n. f. Fam. Cigarette.

sèchement [sɛʃmɑ̃] adv. **1·** D'une manière sèche, sans douceur. *Frapper sèchement la balle.* **2·** Avec froideur, dureté. *Il a répliqué sèchement.*

sécher [seʃe] v. < conjug. 6 > **I·** V. tr. **1·** Rendre sec. / contr. mouiller / *Le froid sèche la peau.* → **dessécher.** *Se sécher les cheveux.* – Pronominalement. *Sèche-toi vite !* → **s'essuyer.** – Au p. p. adj. *Du poisson séché,* déshydraté. *Des algues séchées.* → **lyophyliser. 2·** Absorber ou faire s'évaporer (un liquide). *Sécher ses larmes.* **3·** Fam. Manquer volontairement et sans être excusé (un cours, la classe...). *Il sèche le cours pour aller au cinéma.* **II·** V. intr. **1·** Devenir sec par une opération ou naturellement. *Mettre du linge à sécher.* – Loc. ***Sécher sur pied*** (plante) ; fig. (personnes) s'ennuyer, se morfondre. **2·** Abstrait. Dépérir, languir. *Il sèche d'impatience.* **3·** Fam. (Candidat) Rester sec, être embarrassé pour répondre. *Il a séché en histoire.* → **sec** (II, 3). ▶ **sèche-cheveux** [sɛʃʃəvø] n. m. invar. Appareil électrique manuel qui, en envoyant de l'air chaud, sert à sécher les cheveux mouillés. → **séchoir.** ≠ casque. *Des sèche-cheveux.* ▶ **sèche-linge** n. m. invar. Appareil qui sert à sécher le linge après le lavage. ▷ **assécher, dessécher, séchage, séchoir**

sécheresse [sɛ(e)ʃʀɛs] n. f. **1·** État de ce qui est sec, de ce qui manque d'humidité. → **aridité.** *La sécheresse d'un sol.* – Temps sec, absence ou insuffisance des pluies. *Un pays où sévit la sécheresse.* **2·** Littér. Dureté, insensibilité. *Répondre avec sécheresse.* → **sèchement. 3·** Caractère de ce qui manque de charme, de richesse. *La sécheresse du style.* → **austérité.**

séchoir [seʃwaʀ] n. m. **1·** Lieu aménagé pour le séchage. *Séchoir agricole. Séchoir à linge.* **2·** Appareil servant à faire sécher des matières humides par évaporation accélérée. *Séchoir électrique. Séchoir à cheveux* ou *séchoir.* → **casque, sèche-cheveux.**

second, onde [s(ə)gɔ̃, ɔ̃d] adj. et n. **I**· Adj. et n. **1**· Qui vient après une chose de même nature ; qui suit le premier. → **deuxième.** *Pour la seconde fois. En second lieu,* après, ensuite, d'autre part. → **deuxièmement.** *Obtenir qqch. **De seconde main*** : d'occasion (opposé à *de première main*). *Habiter au second étage* [s(ə)gɔ̃tetaʒ] ou, n. m., *au second. Passer la seconde vitesse* ou, n. f., *la seconde. Enseignement du second degré.* → **secondaire** (2). **2**· Qui n'a pas la primauté, qui vient après le plus important, le meilleur (opposé à *premier*). *Article de second choix. Billet de seconde classe* ou, n. f., *de seconde. Voyager en seconde* (ou *en deuxième*). – ***En second*** loc. adv. : en tant que second dans un ordre, une hiérarchie. *Passer en second,* passer après. **3**· Qui constitue une nouvelle forme de qqch. d'unique. → **autre.** *L'habitude est une seconde nature. Il a été un second père pour moi.* – N. Littér. ***Sans second, sans seconde*** : unique, sans pareil, inégalable. *Une beauté sans seconde.* **4**· *État second,* état pathologique d'une personne qui se livre à une activité étrangère à sa personnalité manifeste, et généralement oubliée lorsque cet état cesse. *L'état second des somnambules.* – Cour. *Être dans un état second,* anormal. **II**· N. Celui qui aide qqn. → **adjoint, assistant, collaborateur.** – N. m. Officier de marine qui commande à bord, immédiatement après le commandant. ▶ ① **seconde** n. f. Classe de l'enseignement secondaire qui précède la première. *Il est en seconde.* ▶ **secondaire** [s(ə)gɔ̃dɛʀ] adj. **1**· Qui ne vient qu'au second rang, est de moindre importance. / contr. capital / *La question est tout à fait secondaire.* / contr. primordial / *Personnages secondaires d'un film, d'un roman...* (opposé à *principaux*). **2**· Qui constitue un second ordre dans le temps (opposé à *primaire*). *L'enseignement secondaire* ou, n. m., *le secondaire,* de la sixième à la terminale. – *Ère secondaire* ou, n. m., *le secondaire,* ère géologique qui succède au primaire, comprenant le trias, le jurassique et le crétacé. **3**· Qui se produit en un deuxième temps, une deuxième phase dérivant de la première. *Les effets secondaires d'un médicament.* – *Secteur secondaire* ou, n. m., *le secondaire,* les activités productrices de matières transformées (opposé à *primaire* et *tertiaire*). ▶ **secondement** [segɔ̃dmɑ̃] adv. Deuxièmement. → **secundo.** ▶ **seconder** [s(ə)gɔ̃de] v. tr. < conjug. 1 > **1**· Aider (qqn) en tant que second. → **assister.** – Au p. p. *Chirurgien secondé par une bonne équipe.* **2**· Favoriser (les actions de qqn). *J'ai secondé ses démarches.*

② **seconde** [s(ə)gɔ̃d] n. f. **1**· Soixantième partie de la minute (symb. *s*). – Temps très bref. → **instant.** *Je reviens dans une seconde. Une seconde !,* attendez un instant. **2**· Unité d'angle égale au 1/60 de la minute (symb. ").

secouer [s(ə)kwe] v. tr. < conjug. 1 > **1**· Remuer avec force, dans un sens puis dans l'autre (et généralement à plusieurs reprises). → **agiter.** *Secouez le flacon avant usage. Secouer la salade. La voiture nous secouait.* **2**· Mouvoir brusquement et à plusieurs reprises (une partie de son corps). *Secouer la tête,* en signe de négation, d'approbation, ou de doute. → **hocher.** **3**· Se débarrasser de (qqch.) par des mouvements vifs et répétés. *Secoue la neige de ton manteau.* – Loc. ***Secouer le joug*** : se libérer de l'oppression. **4**· Ébranler par une commotion, une vive impression. *Cette opération l'a beaucoup secoué.* – Fam. *Secouer qqn, lui secouer les puces,* le réprimander, l'inciter à l'action. – Pronominalement. *Se secouer,* sortir de son apathie, faire un effort. *Allons, secoue-toi !* ▷ **secousse**

secourir [s(ə)kuʀiʀ] v. tr. < conjug. 11 > Aider (qqn) à se tirer d'un danger pressant ; assister dans le besoin. *Secourir un blessé. Secourir un ami dans la gêne.* → prêter **main-forte.** ▶ **secourable** adj. Littér. Qui secourt, aide volontiers les autres. → **obligeant.** – Loc. *Prêter, tendre une **main secourable** à qqn.* ▷ **secours**

secouriste [s(ə)kuʀist] n. Personne qui fait partie d'une organisation de secours aux blessés. → **sauveteur.** ▶ **secourisme** n. m. Méthode de sauvetage et d'aide aux victimes d'accidents, aux blessés... *Il a le brevet de secourisme, il sait donner les premiers soins.*

secours [s(ə)kuʀ] n. m. invar. **1**· Tout ce qui sert à qqn pour sortir d'une situation difficile, et qui vient d'un concours extérieur. → **aide, appui, assistance, soutien.** *Au secours !,* cri d'appel à l'aide. *Porter secours à qqn. Je vais à ton secours.* **2**· Aide matérielle ou financière. *Secours mutuel.* → **entraide.** *Associations de secours mutuel,* d'assistance et de prévoyance. *Envoyer des secours à des sinistrés,* des dons. **3**· Renfort en hommes, en matériel, pour porter assistance aux personnes en danger. *Secours en mer, en montagne. Attendre les secours. Les secours arrivent.* **4**· Soins qu'on donne à un malade, à un blessé dans un état dangereux. *Premiers secours aux noyés.* → **sauvetage.** – *Poste de secours,* où l'on peut trouver médicaments, soins, etc. **5**· Aide surnaturelle. *Les secours de la religion,* les sacrements. **6**· (Dans *d'un... secours*) Ce qui est utile dans une situation délicate. *Tu m'as été d'un grand secours. Sa force ne lui a été d'aucun secours.* → **utilité.** **7**· (Choses) ***De secours*** : qui est destiné à servir en cas de nécessité, d'urgence, de danger. *Sortie de secours* [sɔrtidsəkur]. *Roue de secours*, de rechange. ▷ **secouriste**

secousse [s(ə)kus] n. f. **1·** Mouvement brusque qui ébranle, met en mouvement un corps. → **choc ; secouer.** *Une violente secousse. Prendre une secousse électrique.* → ③ **décharge** (2). *Secousse sismique, tellurique,* tremblement de terre (→ **séisme**). **2·** Choc psychologique. *Ça a été pour lui une terrible secousse.* **3·** Loc. ***Par secousses*** : d'une manière irrégulière ; par accès.

① **secret, ète** [səkrɛ, ɛt] adj. **1·** Qui n'est connu que d'un nombre limité de personnes ; qui est ou doit être caché au public. *Garder, tenir une chose secrète. Un rendez-vous secret. Des documents secrets.* → **confidentiel.** *Documents très secrets* (*top secret*, anglic.). – ***Police secrète*** ou, n. f., ***la secrète*** : l'ensemble des policiers en civil dépendant de la Sûreté nationale, de la Préfecture de police. → **parallèle.** *Un agent secret. Les services secrets.* **2·** Qui appartient à un domaine réservé, ésotérique. *Rites secrets. Sciences secrètes.* → **occulte.** **3·** Qui n'est pas facile à trouver. → **dérobé, caché.** *Un tiroir secret.* **4·** Qui ne se manifeste pas, qui correspond à une réalité profonde. → **intérieur.** *Sa vie, ses pensées secrètes.* → **intime.** **5·** (Personnes) Littér. Qui ne se confie pas, sait se taire. → **renfermé, réservé.** *Un homme secret et silencieux.* ▶ ② **secret** n. m. **1·** Ensemble de connaissances, d'informations qui doivent être réservées à quelques-uns et que le détenteur ne doit pas révéler. *Confier un secret à qqn. Garder, trahir un secret. Je n'ai pas de secret pour toi,* je ne te cache rien. *C'est un secret,* je ne peux vous le dire. *Il est muté, ce n'est un secret pour personne,* tout le monde le sait. Loc. *C'est le* ***secret de polichinelle*** : un faux secret, connu de tous. – ***Un secret d'État*** : information dont la divulgation, nuisible aux intérêts de l'État, est punie. Loc. fam. *Faire de qqch. un secret d'État,* un grand mystère. **2·** *Être* ***dans le secret*** : dans la confidence. Loc. fam. *Être dans le secret des dieux.* **3·** Ce qui ne peut pas être connu ou compris. → **mystère.** *Les secrets de la nature. Dans le secret de son cœur.* → **tréfonds.** **4·** Explication, raison cachée. *Trouver le secret de l'affaire.* → **clef.** **5·** Moyen pour obtenir un résultat, connu seulement de quelques personnes qui se refusent à le répandre. *Le secret du bonheur.* → ② **recette** (2). *Un secret de fabrication.* Loc. *Une de ces formules dont il avait le secret,* qu'il était seul à connaître. **6·** ***En secret*** : sans que personne le sache. *Il est venu en secret.* **7·** *Mettre qqn* ***au secret*** : l'emprisonner dans un lieu caché, sans communication avec l'extérieur. *L'espion a été mis au secret.* **8·** Discrétion, silence sur une chose qui a été confiée ou que l'on a apprise. *Le ministre a exigé le secret absolu. Promets-moi le secret sur cette affaire. Secret professionnel,* obligation (pour les médecins, avocats...) de ne pas divulguer des faits confidentiels appris dans l'exercice de la profession. **9·** Mécanisme qui ne joue que dans certaines conditions connues de quelques personnes. *Une serrure à secret.* ▷ **secrètement**

① **secrétaire** [s(ə)kretɛr] n. m. et f. **1·** Nom donné à divers personnages qui relevaient directement d'une haute autorité politique. – ***Secrétaire d'État*** : titre de la personne qui remplit la charge de chef politique d'un département ministériel. *Elle est secrétaire d'État aux Finances.* ***Secrétaire d'ambassade*** : agent diplomatique d'un grade inférieur à celui d'ambassadeur. *Un, une secrétaire d'ambassade. Le premier secrétaire* (de l'ambassade). **2·** Personne qui s'occupe de l'organisation et du fonctionnement (d'une assemblée, d'une société, d'un service administratif). *Le (la) secrétaire perpétuel(le) de l'Académie française. Le secrétaire d'une section, d'une fédération* (politique, syndicale). – ***Secrétaire général*** : fonctionnaire, cadre qui assiste un directeur, un président. – ***Secrétaire de rédaction*** (d'un journal) : qui assiste le rédacteur en chef. **3·** Employé(e) chargé(e) d'assurer la rédaction du courrier, de répondre aux communications téléphoniques, etc., pour le compte d'un patron. *Un, une secrétaire de direction. Secrétaire médical(e),* qui assiste un médecin, un dentiste. ▶ **secrétariat** n. m. **1·** Fonction de secrétaire ; durée de cette fonction. **2·** Services dirigés par un secrétaire. – Le personnel d'un tel service. *Adressez-vous au secrétariat.* **3·** Métier de secrétaire (3). *École de secrétariat.* – *À la maison, elle assure tout le secrétariat.* ▷ ② **secrétaire**

② **secrétaire** n. m. Meuble à tiroirs destiné à ranger des papiers et pourvu d'un panneau qui, rabattu, sert de table à écrire. *Un secrétaire Louis XV.*

secrètement [səkrɛtmɑ̃] adv. **1·** D'une manière secrète, en secret. → **en cachette, clandestinement, furtivement.** **2·** Littér. D'une manière non apparente, sans rien exprimer. *Il était secrètement déçu.* → **intérieurement.**

sécrétion [sekresjɔ̃] n. f. **1·** Phénomène physiologique par lequel un tissu produit une substance spécifique. *Glandes à sécrétion interne* (ou *glandes endocrines*), *à sécrétion externe.* **2·** La substance ainsi produite (diastase, hormone, etc.). *Le lait, la sueur sont des sécrétions.* ▶ **sécréter** v. tr. < conjug. 6 > REM. Accent aigu sur les deux *e*. Produire (une substance) par sécrétion. – Abstrait. *Ce film sécrète l'ennui.* → **distiller.**

sectateur, trice [sɛktatœʀ, tʀis] n. Vx. Adepte, partisan.

secte [sɛkt] n. f. **1·** Groupe organisé de personnes qui ont une même doctrine au sein d'une religion. – Communauté d'inspiration religieuse ou mystique, réunie autour de maîtres, de gourous, et dont les ressources proviennent des membres et de leurs familles, parfois influencés. *Les membres d'une secte.* **2·** Péj. Coterie, clan (→ **sectateur**). ▶ **sectaire** n. et adj. Personne qui professe des opinions étroites, fait preuve d'intolérance (en politique, religion, philosophie comme dans une *secte*). → **fanatique.** – Adj. *Une attitude sectaire.* ▶ **sectarisme** n. m. Attitude sectaire.

secteur [sɛktœʀ] n. m. **1·** Partie du front d'une armée ou d'un territoire qui constitue le terrain d'opérations d'une unité, en position défensive. *Un secteur agité.* – Fam. Endroit. *Il va falloir changer de secteur.* → **coin** (2). **2·** Division artificielle d'un territoire (en vue d'organiser une action d'ensemble, de répartir les tâches). → **zone ; section** (I, 2). *Distribution de prospectus par secteurs.* – Subdivision administrative (d'une ville). *Candidat aux élections dans le 5ᵉ secteur de Paris.* – Subdivision d'un réseau de distribution d'électricité. *Une panne de secteur. Poste de radio branché sur le secteur.* **3·** Ensemble d'activités et d'entreprises qui ont un objet commun ou entrent dans la même catégorie. *Secteur primaire, secondaire, tertiaire. Secteur privé,* ensemble des entreprises privées. *Secteur public, nationalisé,* ensemble des entreprises qui dépendent d'une collectivité publique, de l'État. *Le secteur semi-public.* **4·** *Secteur de cercle* : en géométrie, portion délimitée par deux rayons et l'arc de cercle correspondant. ▶ **sectoriel, elle** adj. Relatif à un secteur (3). *Revendications sectorielles.* ▶ **sectoriser** v. tr. < conjug. 1 > Organiser, répartir par secteurs. ▷ **bissectrice**

section [sɛksjɔ̃] n. f. **I· 1·** Élément, partie (d'un groupe, d'un ensemble). *La section locale d'un parti.* – *Une section d'infanterie.* **2·** Partie, division administrative. → **secteur** (2). *Section de vote,* ensemble des électeurs qui votent dans un même bureau ; ce bureau. – *Sections littéraires, scientifiques...* (dans le secondaire). **II· 1·** Figure géométrique qui résulte de la coupe d'un volume par un plan (→ **sécant**). *Les diverses sections du cube* (carré, rectangle, hexagone...). **2·** Forme, surface présentée par une chose à l'endroit où elle est coupée selon un plan transversal. *La section circulaire d'un tube. Un tuyau de 6 cm de section.* – Dessin en coupe. **III·** Rare. Action de couper. *La section d'un tuyau.* – Aspect que présente une chose sectionnée à l'endroit de la coupure. *Une section nette.* ▶ **sectionner** [sɛksjɔne] v. tr. < conjug. 1 > **1·** Abstrait. Diviser (un ensemble) en plusieurs sections (I). → **fractionner. 2·** Couper net. – Au p. p. *Il a eu un doigt sectionné par la machine.* ▶ **sectionnement** n. m. Fait de couper net, d'être coupé net. ▷ **intersection, vivisection**

séculaire [sekylɛʀ] adj. Qui existe depuis un siècle → **centenaire,** plusieurs siècles. *Chêne séculaire. Traditions séculaires.*

séculier, ière [sekylje, jɛʀ] adj. **1·** Qui appartient au « siècle » (4), à la vie laïque (opposé à *ecclésiastique*). → **laïque.** *Tribunaux séculiers.* **2·** Qui vit dans le siècle, dans le monde, n'est pas soumis à une règle monastique (opposé à *régulier* II, 1). *Le clergé séculier.* – N. *Un séculier,* un prêtre séculier. ▶ **séculariser** v. tr. < conjug. 1 > Relig. Faire passer à l'état séculier ou laïque (qqn, qqch.).

secundo [s(ə)gɔ̃do] adv. En second lieu (s'emploie en corrélation avec *primo*). → **deuxièmement, secondement.**

sécurité [sekyʀite] n. f. **1·** État d'esprit confiant et tranquille de celui qui se croit à l'abri du danger. → **assurance, tranquillité ; sûr.** *Sentiment de sécurité.* / contr. insécurité / **2·** Situation tranquille qui résulte de l'absence réelle de danger. *Être en sécurité.* → en **sûreté.** *Rechercher la sécurité matérielle, la sécurité de l'emploi.* – Cette situation dans la mesure où elle dépend de conditions politiques, d'une organisation collective. *La sécurité nationale, internationale. Conseil de sécurité,* un des organes principaux de l'O. N. U. – *Sécurité publique. Mesures de sécurité,* de sécurité publique. **3·** *Sécurité sociale,* organisation destinée à garantir les travailleurs contre les risques (maladies, accidents...). **4·** *De sécurité* : capable d'assurer la sécurité des intéressés. → **sûreté.** *Ceinture de sécurité* (pour automobiliste). *Agent de sécurité.* ▶ **sécuriser** v. tr. < conjug. 1 > Donner une impression de sécurité. – Au p. p. adj. *Se sentir sécurisé.* ▶ **sécurisant, ante** adj. *Un milieu sécurisant.* / contr. angoissant / ▶ **sécuritaire** adj. Qui concerne la sécurité publique, la défense contre le vol et la violence. ▷ **insécurité**

sédatif, ive [sedatif, iv] adj. et n. m. Calmant. / contr. excitant / *Propriétés sédatives.* – N. m. *Un sédatif,* un remède calmant.

sédentaire [sedɑ̃tɛʀ] adj. **1·** Qui se passe, s'exerce dans un même lieu, n'entraîne aucun déplacement. *Une vie, un métier sédentaire.* **2·** (Personnes) Qui ne quitte guère son domicile. → **casanier.** – Dont l'habitat est fixe (opposé à *itinérant, nomade*). *Une population sédentaire.* ▶ **sédentariser** v. tr. < conjug. 1 > Rendre sédentaire. – Au p. p. adj. *Des nomades sédentarisés.*

sédiment [sedimɑ̃] n. m. **1·** Dépôt dû à la précipitation de matières en suspension dans un liquide organique. *Sédiment urinaire.* **2·** Surtout au plur. Dépôt naturel dont la formation est due à l'action des agents externes. → **alluvion.** *Les sédiments fluviaux.* ▶ **sédimentaire** adj. Produit ou constitué par un sédiment. *Roches sédimentaires.* ▶ **sédimentation** n. f. **1·** Formation de sédiment (1). *Vitesse de sédimentation,* vitesse à laquelle s'effectue le dépôt des globules rouges dans un tube, et qui permet de mesurer l'importance d'une maladie infectieuse ou inflammatoire. **2·** Formation des sédiments (2).

sédition [sedisjɔ̃] n. f. Littér. Révolte concertée contre l'autorité publique. → **insurrection.** ▶ **séditieux, euse** adj. Littér. Qui prend part à une sédition. → **factieux.** *Troupes séditieuses.* – Qui tend à la sédition. *Attroupements séditieux. Écrits séditieux.*

séduire [sedɥiʀ] v. tr. < conjug. 38 > REM. Part. passé *séduit, ite.* **1·** Gagner (qqn), en persuadant ou en touchant, en employant tous les moyens de plaire. → **conquérir.** / contr. déplaire / *Elle séduit tous les hommes. Il séduisait même ses adversaires.* **2·** Vx. Amener (une femme) à des rapports sexuels hors mariage. *Elle a été séduite et abandonnée avec son enfant* (→ **séducteur,** 2). **3·** (Choses) Attirer de façon puissante, irrésistible. → **captiver, charmer, fasciner, plaire.** *J'avoue que ses projets m'ont séduit.* ▶ **séduisant, ante** adj. **1·** Qui séduit, ou peut séduire (1) grâce à son charme. → **charmant.** *Une femme très séduisante.* **2·** (Choses) Qui attire ou tente fortement. *Un visage séduisant.* → **attrayant.** *Offre séduisante.* → **tentant.** ▶ **séducteur, trice** [sedyktœʀ, tʀis] n. **1·** Personne qui séduit, qui fait habituellement des conquêtes. *Un séducteur.* → **charmeur, don Juan.** *Une grande séductrice.* → **femme fatale, vamp.** – Adj. *Sourire séducteur,* qui cherche à ensorceler. → **enjôleur.** **2·** Vx. Homme qui séduisait (2) une jeune fille. → **suborneur.** ▶ **séduction** [sedyksjɔ̃] n. f. **1·** Action de séduire, d'entraîner. → **attirance, fascination.** *Exercer une séduction irrésistible.* **2·** Charme ou attrait. *Les séductions de la nouveauté.*

séga [sega] n. m. Genre musical et danse de couple traditionnels dans certaines îles de l'océan Indien.

segment [sɛgmɑ̃] n. m. **1·** Portion (d'une figure géométrique). *Segment de droite. Les extrémités d'un segment.* **2·** Partie distincte (d'un organe). *Les segments des membres des insectes.* **3·** Nom de diverses pièces mécaniques. *Des segments de piston.* ▶ **segmenter** v. tr. < conjug. 1 > Partager en segments. – Pronominalement. → se **diviser.** *Œuf fécondé qui se segmente.* ▶ **segmentation** n. f. Division en segments. → **fractionnement, fragmentation.**

ségrégation [segʀegɑsjɔ̃] n. f. Séparation organisée et réglementée d'un groupe social d'avec les autres groupes (du fait de sa couleur de peau, de sa religion...). → **discrimination.** *L'Afrique du Sud pratiquait la ségrégation raciale.* → **apartheid.** *Ségrégation sociale, sexuelle.* ▶ **ségrégationniste** adj. et n. Partisan de la ségrégation.

seiche [sɛʃ] n. f. Mollusque céphalopode à coquille interne (*os de seiche*), capable, en cas d'attaque, de projeter un liquide noirâtre qui rend l'eau trouble.

séide [seid] n. m. Didact., littér. Homme fanatiquement dévoué à un chef. → **homme de main, sbire.**

seigle [sɛgl] n. m. Céréale dont les grains produisent une farine ; cette farine. *Pain de seigle.*

seigneur [sɛɲœʀ] n. m. **1·** Maître, dans le système des relations féodales. *Le seigneur et ses vassaux.* – Loc. plaisant. *Mon **seigneur et maître*** : mon mari. – PROV. *À tout seigneur tout honneur,* à chacun selon son rang, à chacun ce qu'on lui doit. **2·** Titre honorifique donné aux grands personnages de l'Ancien Régime. → **gentilhomme, noble.** – Ancien terme de civilité (Monsieur). **3·** Loc. fig. *Grand seigneur.* Loc. *Vivre en grand seigneur,* dans le luxe. *Faire le grand seigneur,* être très généreux, ne pas compter. **4·** Religion catholique. Nom donné par les croyants à celui qu'ils considèrent comme le fils de Dieu. *Notre-Seigneur Jésus-Christ.* – Appellation du dieu des chrétiens lui-même. *Le jour du Seigneur,* le dimanche. – *Seigneur Dieu ! Seigneur !,* exclamations (avec ou sans connotation religieuse). ▶ **seigneurial, ale, aux** adj. Du seigneur. *Terres seigneuriales.* – Littér. Digne d'un seigneur. → **noble, magnifique.** *Une réception seigneuriale.* ▶ **seigneurie** n. f. **1·** Pouvoir, terre des anciens seigneurs. **2·** (Précédé d'un adj. poss. : **Votre, Sa Seigneurie**) Titre donné autrefois à certains dignitaires. ▷ **monseigneur**

sein [sɛ̃] n. m. **1·** Littér. La partie antérieure de la poitrine. *Serrer, presser qqn, qqch. sur, contre son sein.* – Abstrait. Cœur. *Le sein de Dieu,* le paradis. *Le sein de l'Église,* communion (2) des fidèles de l'Église catholique. **2·** Chacune des mamelles de la femme. *Sein gauche, sein droit.* → fam. **néné, nichon.** *Les seins.* → **poitrine.** *Donner le sein à un enfant,* l'allaiter. *Enfant nourri au sein.* **3·** Littér. Partie du corps féminin où l'enfant est conçu, porté. → **entrailles, flanc.** *Dans le sein de sa mère.* → **ventre.** **4·** Littér. La partie intérieure, le milieu de. *Le sein de la terre. Au sein des flots.* – Loc. abstr.

Cour. ***Au sein de :*** dans. *Chaque État garde son autonomie au sein de la fédération. Il y a des dissensions au sein de l'équipe.* → **cœur, milieu.**

seing [sɛ̃] n. m. Vx. Signature. – Loc. ***Seing privé :*** signature d'un acte non enregistré devant notaire. *Des actes sous seing privé.*

séisme [seism] n. m. Didact. **1·** Tremblement de terre. → **secousse** sismique, tellurique. *Un séisme de force 7. Séisme sous-marin.* → **tsunami. 2·** Fig. Bouleversement. ▷ **sism(o)-**

seize [sɛz] dét. invar., adj. invar. et n. m. invar. Dét. num. cardinal invar. Quinze plus un (16). *Elle a seize ans.* – Adj. num. ordinal invar. *La page seize.* – N. m. *Le seize du mois. Il habite au seize,* au numéro 16. ▶ **seizième** adj. et n. **1·** Adj. num. ordinal. Qui suit le quinzième. – N. m. *Le seizième,* le seizième siècle ; le seizième arrondissement de Paris. – N. *Il est le seizième du classement.* **2·** Se dit d'une partie d'un tout divisé également en seize. – N. m. *Le seizième d'une somme.* – En sport. *Les seizièmes de finale.* ▶ **seizièmement** adv.

séjour [seʒuʀ] n. m. **1·** Le fait de séjourner, de demeurer un certain temps en un lieu. → **résidence.** *On leur a accordé le droit de passage, non de séjour. Carte de séjour* (pour les étrangers). – Temps où l'on séjourne. *Nous avons prolongé notre séjour à la campagne.* **2·** ***Salle de séjour*** ou ***séjour :*** pièce principale servant de salon, salle à manger. → anglic. **living-room.** *À louer deux pièces, comprenant un séjour et une chambre.* **3·** Littér. Le lieu où l'on séjourne pendant un certain temps. *Passer l'été dans un séjour agréable, charmant, enchanteur.*

séjourner [seʒuʀne] v. tr. < conjug. 1 > **1·** Rester assez longtemps dans un lieu pour y avoir sa demeure, sans toutefois y être fixé. → **habiter.** *Nous avons séjourné chez des amis, à l'hôtel.* **2·** (Choses) Rester longtemps à la même place. *Une cave où l'eau séjourne.* ▷ **séjour**

sel [sɛl] n. m. **1·** Substance blanche, friable, soluble dans l'eau, d'un goût piquant, et qui sert à l'assaisonnement, à la conservation des aliments (chlorure de sodium). *Sel gemme. Sel marin. Fleur de sel,* cristaux de sel très blancs qui se forment à la surface des marais salants (contrairement au gros sel qui se cristallise au fond). *Sel de cuisine* ou *gros sel.* – En appos. *Bœuf gros sel.* – *Sel de table* ou *sel fin.* – *Sel de céleri.* **2·** Abstrait. Ce qui donne du piquant, de l'intérêt. *Une plaisanterie pleine de sel.* → **esprit** (IV). *Cela ne manque pas de sel.* → **piquant. 3·** Composé chimique qui se forme par action d'un acide sur une base. *Un sel est constitué d'ions de signes opposés.* – Au plur. *Des sels,* composé volatil qu'on faisait respirer à qqn qui se sentait mal. – *Sels de bain.* ▷ à la **croque-au-sel, demi-sel, esprit-de-sel, salade, salaison, salami, saler,** ▯ **salière, salin, saline, salpêtre, saumâtre, saumure, saupoudrer**

sélect, ecte [selɛkt] adj. Fam. Choisi, distingué. *Une clientèle sélecte.* → **chic, élégant.** *Des bars sélects.*

sélecteur [selɛktœʀ] n. m. **1·** Appareil, dispositif permettant d'effectuer une sélection. *Un sélecteur d'ondes, de programmes.* **2·** Pédale de changement de vitesse (d'une motocyclette).

sélectif, ive [selɛktif, iv] adj. **1·** Qui constitue ou opère une sélection. *Épreuve sélective. Tri sélectif des déchets ménagers.* **2·** *Poste récepteur sélectif,* doué de sélectivité. ▶ **sélectivité** n. f. Qualité d'un récepteur de radio capable d'opérer une bonne séparation des ondes de fréquences voisines. *La sélectivité d'un tuner.*

sélection [selɛksjɔ̃] n. f. **1·** Action de choisir les objets, les individus qui conviennent le mieux. *Faire, opérer une sélection. Épreuve sportive de sélection.* – *Sélection naturelle,* théorie évolutionniste selon laquelle l'élimination naturelle des individus les moins aptes dans la « lutte pour la vie » permettrait à l'espèce de se perfectionner de génération en génération. – *Sélection artificielle,* opérée par l'homme pour améliorer une espèce animale ou végétale. **2·** Ensemble des choses choisies. → **choix.** *Une sélection de films.* ▶ **sélectionner** v. tr. < conjug. 1 > Choisir par sélection. ▶ **sélectionné, ée** adj. **1·** Qui a été choisi après une épreuve. *Les joueurs sélectionnés de l'équipe de France.* **2·** (Choses) Qui a été trié, choisi. *Des graines sélectionnées.* ▶ **sélectionneur, euse** n. Personne dont le métier est de sélectionner (des choses, des gens). *Le sélectionneur d'une équipe de football.* ▶ **sélectionnisme** n. m. Théorie selon laquelle l'évolution se fait par sélection naturelle. ▷ **présélection, sélecteur, sélectif**

sélénium [selenjɔm] n. m. Corps simple, métalloïde qui existe sous diverses formes. *Le sélénium est un semi-conducteur photosensible.*

self [sɛlf] n. m. Abréviation de (restaurant) *self-service. Des selfs.*

self-made-man [sɛlfmɛdman] n. m. Anglic. Homme qui ne doit sa réussite matérielle et sociale qu'à lui-même. *Des self-made-men* [-mɛn]. **REM.** Le fém. est *self-made-woman* [sɛlfmɛdwuman]. ≠ autodidacte.

self-service [sɛlfsɛʀvis] n. m. Anglic. Magasin à libre service. *Des self-services.* – En appos. *Un restaurant self-service.* → **self.** ▷ **self**

▯ **selle** [sɛl] n. f. **1·** Pièce de cuir incurvée, placée sur le dos du cheval et qui sert de siège au cavalier. *Cheval de selle,* qui sert de monture. – ***En*** *selle* : sur la selle ; à cheval. *Se mettre en selle,* monter à cheval. – Loc. *Mettre qqn en selle,* l'aider à commencer une entreprise. **2·** Petit siège de cuir muni de ressorts, adapté à une bicyclette, une moto. **3·** Partie de la croupe (du mouton, du chevreuil) entre le gigot et la première côte. *De la selle d'agneau.* ▶ **seller** v. tr. < conjug. 1 > Munir (un cheval) d'une selle. *Brider et seller un cheval.* ≠ sceller. ▶ **sellier** n. m. Fabricant et marchand de selles, de harnais. → **bourrelier.** – REM. Le fém. *sellière* est rare. ▶ **sellerie** n. f. **1·** Métier, commerce du sellier. **2·** Ensemble des selles et des harnais ; lieu où on les range. ▷ **desseller, sellette**

② **selle** n. f. **1·** *Aller à la selle* : expulser les matières fécales. → **déféquer. 2·** *Les selles,* les matières fécales.

sellette [sɛlɛt] n. f. **1·** Vx. Petit siège sur lequel on faisait asseoir les accusés. **2·** Loc. *Être **sur la sellette*** : être la personne dont on parle, qu'on juge.

selon [s(ə)lɔ̃] prép. **1·** En se conformant à ; en prenant pour modèle. → **conformément** à, **suivant.** *Faire qqch. selon les règles.* – En prenant (telle forme), en suivant (tel chemin), en obéissant à (telle loi naturelle), etc. *La Terre tourne autour du Soleil selon une orbite elliptique.* – En proportion de. *À chacun selon ses mérites.* **2·** Si l'on se rapporte à. *Selon l'expression consacrée.* – D'après. *Il a fait, selon moi, une bêtise. Évangile selon saint Luc.* – Si l'on juge d'après tel principe, tel critère. *Selon toute vraisemblance.* **3·** (Employé dans une phrase marquant l'alternative) *C'est rapide ou lent, selon les cas.* – ***Selon que*** (+ indicatif). *Son humeur change selon qu'il se sent admiré ou critiqué.* **4·** Fam. ***C'est selon*** : cela dépend des circonstances.

semailles [s(ə)maj] n. f. pl. Travail qui consiste à semer ; période de l'année où l'on sème.

semaine [s(ə)mɛn] n. f. **1·** Chacun des cycles de sept jours dont la succession partage conventionnellement le temps en périodes égales. *Le lundi, premier jour de la semaine. En début, en fin de semaine. À la semaine prochaine ! Qui a lieu une fois par semaine.* → **hebdomadaire.** *La **semaine sainte*** : la semaine qui précède le jour de Pâques. **2·** Cette période, considérée du point de vue du nombre et de la répartition des heures de travail. *La semaine de trente-neuf, de trente-cinq heures.* Vieilli. *La semaine anglaise,* où le samedi est jour de repos (avec le dimanche). – L'ensemble des jours ouvrables. *C'est une route moins encombrée en semaine que le week-end.* **3·** Période de sept jours, quel que soit le jour initial. *Ce sera fini dans une semaine* → **huitaine,** *dans deux semaines* → **quinzaine.** – ***À la semaine*** : pour une période d'une semaine, renouvelable. *Chambre louée à la semaine.* – ***À la petite semaine*** : sans plan d'ensemble, sans prévisions à long terme (→ au jour le jour). – ***Être de semaine*** : assurer son service à son tour, pendant une semaine. **4·** Salaire d'une semaine de travail. *Toucher sa semaine.* ▶ **semainier** n. m. Agenda divisé en semaines.

sémantique [semɑ̃tik] n. f. et adj. **1·** N. f. Étude du sens, de la signification des signes, notamment dans le langage. → **sémiologie. 2·** Adj. Qui concerne le sens, la signification. *Analyse sémantique. Champ sémantique et champ lexical.* – Loc. *Querelle sémantique,* de mots.

sémaphore [semafɔʀ] n. m. **1·** Poste établi sur le littoral, permettant de communiquer par signaux optiques avec les navires. **2·** Dispositif qui indique si une voie de chemin de fer est libre ou non.

semblable [sɑ̃blabl] adj. **1·** *Semblable à,* qui ressemble à. → **analogue, comparable, similaire.** / contr. différent / *Une maison banale, semblable à beaucoup d'autres. Considérer comme semblable, rendre semblable.* → **assimiler.** – Qui ressemble à la chose en question. → **pareil.** *En semblable occasion.* **2·** Au plur. Qui se ressemblent entre eux. / contr. dissemblable / *Des goûts semblables. Relation unissant deux choses semblables.* → **ressemblance, similitude.** *Triangles semblables,* dont les angles sont égaux deux à deux et les côtés homologues proportionnels. **3·** Littér. (Souvent avant le nom) De cette nature. → **tel.** *De semblables propos sont inadmissibles.* **4·** N. m. Être, personne semblable. *Vous et vos semblables. Il n'a pas son semblable pour raconter des blagues.* → **égal, pareil.** – Être humain considéré comme semblable aux autres. → **prochain.** *Partager le sort de ses semblables.* → **congénère.** ▷ **dissemblable, vraisemblable**

semblant [sɑ̃blɑ̃] n. m. **1·** Littér. ***Faux-semblant*** : apparence trompeuse. – *Un semblant de...,* qqch. qui n'a que l'apparence de... → **simulacre.** *Manifester un semblant d'intérêt.* **2·** Loc. verb. ***Faire semblant de...*** : se donner l'apparence de, faire comme si. → **feindre, simuler.** *J'ai fait semblant d'avoir oublié.* – *Ne faire semblant de rien,* feindre l'ignorance ou l'indifférence.

sembler [sɑ̃ble] v. intr. < conjug. 1 > **I·** (Suivi d'un attribut) Avoir l'air, présenter (une apparence) pour qqn. → **paraître.** *Les heures m'ont semblé longues. Elle semble fatiguée.* – (+ infinitif) Donner l'impression, l'illusion de... *Tu sembles le regretter.* **II·** Impers. **1·** (Avec adj. attribut) *Il me semble inutile de revenir là-dessus.* – ***Sembler bon*** : convenir, plaire. *Venez quand bon vous semblera. Il travaille* *quand (comme, si) bon lui semble.* **2·** ***Il semble que***... : les apparences donnent à penser que..., on a l'impression que... *Il semble qu'il n'y a plus rien à faire* (c'est certain). *Il semble qu'il n'y ait plus rien à faire* (ce n'est pas certain). *Il n'y a plus rien à faire, semble-t-il.* **3·** ***Il me (te...) semble que***... (+ indicatif) : je (tu...) crois que... *Il me semble que c'est assez grave.* **4·** ***Il me (te...) semble***... (+ infinitif). *Il lui semblait connaître ce garçon.* **5·** Littér. *Que vous semble de... ?*, que pensez-vous de... ? *Que t'en semble ?* ▷ **ressembler, semblable, semblant**

semelle [s(ə)mɛl] n. f. **1·** Pièce constituant la partie inférieure de la chaussure. *Des semelles de cuir, de caoutchouc. Des semelles de corde,* des espadrilles. – Pièce découpée (de feutre, liège...) qu'on met à l'intérieur d'une chaussure. *Semelles orthopédiques.* – Partie d'un bas, d'une chaussette, correspondant à la plante du pied. **2·** Loc. ***Ne pas quitter*** *qqn* ***d'une semelle*** : rester constamment avec lui. ▷ **ressemeler**

semence [s(ə)mɑ̃s] n. f. **I· 1·** Graines qu'on sème ou qu'on enfouit. *Trier des semences.* **2·** *La semence,* le sperme. → liquide **séminal. II·** Petit clou pyramidal à tête plate. ▶ **semencier, ière** adj. et n. Qui concerne les semences (1) ; qui produit des semences. – N. *Un, une semencier(ère).* ▷ **ensemencer**

semer [s(ə)me] v. tr. < conjug. 5 > **1·** Répandre en surface ou mettre en terre (des semences). *Semer du blé.* – Pronominalement (passif). *La salade se sème au printemps.* – Loc. *Semer le bon grain,* répandre de bons principes, des idées fructueuses. – Prov. *Qui sème le vent récolte la tempête,* en prêchant la révolte on risque de déchaîner des catastrophes. **2·** Répandre en dispersant. → **disséminer.** *Semer des pétales de fleurs sur le passage de qqn.* – Fig. *Semer la discorde, la ruine, la zizanie.* **3·** *Semer* (un lieu) *de,* parsemer de. Au p. p. *Une mer semée d'écueils.* **4·** Fam. Se débarrasser de la compagnie de (qqn qu'on devance, qu'on prend de vitesse). *Semer ses poursuivants, ses concurrents.* → **lâcher.** ▶ **semeur, euse** n. **1·** Personne qui sème du grain. **2·** *Semeur de...,* personne qui répand, propage. *Un semeur de discorde.* ▷ **clairsemé, parsemer, semailles, semis, semoir**

semestre [s(ə)mɛstʀ] n. m. **1·** Première ou seconde moitié d'une année (civile ou scolaire) ; période de six mois consécutifs. **2·** Rente, pension qui se paye tous les six mois. ▶ **semestriel, ielle** adj. Qui a lieu, se fait chaque semestre. *Bulletin semestriel.*

semi- Élément de mots composés signifiant « demi ». ▶ **semi-automatique** [səmiɔtɔmatik] adj. Qui est en partie automatique. *Boîte de vitesses semi-automatique.* – En informatique. *Saisie semi-automatique* (lorsque certaines informations sont gardées en mémoire). ▶ **semi-auxiliaire** adj. et n. m. (Verbe) Qui peut servir d'auxiliaire, avec un infinitif. – N. m. « *Aller* », « *devoir* », « *faire* » *sont des semi-auxiliaires.* ▶ **semi-circulaire** adj. *Canaux semi-circulaires,* tubes osseux de l'oreille interne, jouant un rôle important dans le maintien de l'équilibre du corps. ▶ **semi-conducteur** n. m. Corps non métallique qui conduit imparfaitement l'électricité. *Les semi-conducteurs ont de nombreuses applications techniques (transistors, etc.).* ▶ **semi-conserve** n. f. Conserve partiellement stérilisée qui doit être gardée au frais. ▶ **semi-consonne** n. f. Voyelle ou groupe vocalique qui a une fonction de consonne (ex. : [j] dans *pied*). *Des semi-consonnes.* – REM. On dit aussi *semi-voyelle* n. f. ▶ **semi-précieux, euse** adj. *Pierres semi-précieuses.* → **pierre.** ▶ **semi-remorque** n. **1·** N. f. Remorque de camion dont la partie antérieure, sans roues, s'adapte au dispositif de traction. **2·** N. f. ou m. Camion à semi-remorque. *De gros semi-remorques.* – Abrév. fam. **Un semi, des semis.**

sémillant, ante [semijɑ̃, ɑ̃t] adj. Littér. D'une vivacité, d'un entrain qui se remarque. → **fringant.** *Une sémillante jeune personne.*

séminaire [seminɛʀ] n. m. **1·** Établissement religieux où étudient les jeunes clercs qui doivent recevoir les ordres (dit aussi *grand séminaire*). – *Petit séminaire,* école secondaire catholique qui préparait au grand séminaire. **2·** Groupe de travail d'étudiants. – Réunion d'ingénieurs, de techniciens, pour l'étude de certaines questions. → **colloque.** *Séminaire de ventes.* ▶ **séminariste** n. m. Élève d'un séminaire religieux.

séminal, ale, aux [seminal, o] adj. Relatif au sperme, à la semence (I, 2). *Liquide séminal,* le sperme. *Canaux séminaux.*

sémio- Élément de mots savants signifiant « signe, signification, sens ; symptôme ». ▶ **sémiologie** [semjɔlɔʒi] n. f. **1·** Partie de la médecine qui étudie les signes (symptômes) des maladies. **2·** Science étudiant les systèmes de signes (langage et autres systèmes). → **sémiotique.** *La sémiologie du geste.* ▶ **sémiologique** adj. Relatif à la sémiologie (2). ▶ **sémiologue** n. ▶ **sémiotique** n. f. et adj. N. f. Sémiologie (2). – Adj. Sémiologique.

semi-remorque → **semi-.**

semis [s(ə)mi] n. m. invar. **1·** Action, manière de semer, en horticulture. *Semis en lignes.* **2·** Terrain ensemencé et jeunes plantes qui y poussent. **3·** Ornement fait d'un petit motif répété. *Une robe ornée d'un semis de fleurs.*

sémite [semit] n. 1· Membre d'un groupe ethnique originaire d'Asie occidentale et parlant des langues apparentées. 2· Abusivt. Juif. ▶ **sémitique** adj. Qui appartient à un groupe de langues possédant des racines de trois consonnes servant de support aux éléments vocaliques. *L'hébreu, l'arabe sont des langues sémitiques.* ▷ **antisémite**

semoir [səmwaʀ] n. m. Machine agricole destinée à semer le grain.

semonce [səmɔ̃s] n. f. 1· Ordre donné à un navire de montrer ses couleurs, de s'arrêter. ***Coup de semonce*** : coup de canon appuyant cet ordre. – Acte d'intimidation. *La grève a été un coup de semonce pour le gouvernement.* 2· Avertissement sous forme de reproches. → **réprimande.** *Il a reçu une verte semonce,* on lui a fait des reproches vigoureux.

semoule [s(ə)mul] n. f. Farine granulée qu'on tire des blés durs. *Gâteau de semoule. Semoule de couscous.* – En appos. *Sucre semoule,* sucre en poudre.

sempiternel, elle [sɛ̃(ɑ̃)pitɛʀnɛl] adj. Continuel et lassant. → **perpétuel.** *Il nous ennuie avec ses sempiternelles récriminations.* ▶ **sempiternellement** adv. D'une manière sempiternelle.

sénat [sena] n. m. 1· Conseil souverain de la Rome antique (dont les empereurs limitèrent considérablement les pouvoirs). → ① **curie.** *Décret du sénat.* → **sénatus-consulte.** 2· Nom donné à certains anciens conseils ou assemblées. *Le sénat d'Athènes.* 3· Assemblée législative élue au suffrage indirect ou dont les membres représentent des collectivités territoriales ; l'édifice où elle siège. *Le président du Sénat.* ▶ **sénateur, trice** [senatœʀ, tʀis] n. Membre d'un sénat. *Madame X, sénatrice de l'Isère.* – Loc. *Démarche, train de sénateur* : allure majestueuse et lente. ▶ **sénatorial, ale, aux** adj. Relatif à un sénat, aux sénateurs. *Délégués sénatoriaux.*

sénatus-consulte [senatyskɔ̃sylt] n. m. Décret, décision du sénat romain. – (Consulat, Empire) Acte émanant du sénat et qui avait force de loi. *Des sénatus-consultes.*

sénéchal, aux [seneʃal, o] n. m. Sous l'Ancien Régime. Officier du roi.

sénescence *[senesɑ̃s] n. f.* Didact. Ralentissement de l'activité vitale chez les individus âgés. → **sénilité, vieillissement.**

sénevé [sɛnve] n. m. Moutarde sauvage ; graine de cette plante.

sénile [senil] adj. De vieillard, propre à la vieillesse. *Tremblement sénile.* ▶ **sénilité** n. f. Ensemble des aspects pathologiques caractéristiques de la vieillesse avancée (→ **sénescence**). *Sénilité précoce.*

senior [senjɔʀ] n. et adj. 1· Sportif qui a cessé d'être junior et appartient à la catégorie adulte. *Une senior. Des seniors.* 2· Personne âgée de plus de 45 ans.

① **sens** [sɑ̃s] n. m. invar. I· 1· Faculté d'éprouver les impressions que font les objets matériels, correspondant à un organe récepteur spécifique (→ **sentir,** I, 1). *Les cinq sens traditionnels* (vue, ouïe, odorat, goût, toucher). *Reprendre (l'usage de) ses sens,* reprendre connaissance après un évanouissement, une émotion violente. *Sixième sens,* l'intuition. – Loc. ***Tomber sous le sens*** : être évident. 2· Au plur. Littér. ***Les sens*** : chez les êtres humains, instinct sexuel, besoin de le satisfaire (→ **sensualité**). *Troubler les sens.* 3· ***Le sens de...*** : faculté de connaître d'une manière immédiate et intuitive. → **instinct.** *Elle a le sens du rythme. Tu n'as pas le sens du ridicule. Avoir le sens pratique ; le sens de l'humour.* – *Le sens moral,* la conscience morale. II· 1· ***Bon sens*** : capacité de bien juger. → **raison, sagesse.** *Un homme de bon sens. Avoir du bon sens.* → **sensé.** *Manquer de bon sens.* 2· ***Sens commun*** : manière d'agir, de juger commune et raisonnable (qui équivaut au *bon sens*). *Ça n'a pas le sens commun,* c'est déraisonnable. → **insensé.** 3· Dans des loc. Manière de juger (d'une personne). → **opinion, sentiment.** *À mon sens,* à mon avis. – Manière de voir. *En un sens,* d'un certain point de vue. III· 1· Idée ou ensemble intelligible d'idées que représente un signe ou un ensemble de signes. → **signification.** *Le sens d'une mimique, d'un texte. Ce symbole a un sens profond. Étude du sens.* → **sémantique.** – Idée générale à laquelle correspond un mot (objet, sentiment, relation, etc.). → **acception, valeur.** *Ce mot a plusieurs sens. Sens propre, figuré. Paroles à double sens,* ambiguës. 2· Idée intelligible servant d'explication, de justification. *Ce qui donne un sens à la vie. Ça n'a pas de sens, ça n'a aucun sens* : c'est absurde. – REM. *Sensation, sensible* viennent de *sentir.* ▷ **contresens, non-sens, sensé, sensitif, sensoriel, sensualisme, sensuel, sentir, stricto sensu**

② **sens** n. m. invar. 1· Direction ; position d'une droite dans un plan, d'un plan dans un volume. *Dans le sens de la longueur. Retourner qqch. dans tous les sens. Tailler dans le sens du bois,* en suivant les fibres. – ***Sens dessus dessous*** [sɑ̃dsydsu] : (choses) dans une position telle que ce qui devrait être dessus se trouve dessous et inversement ; dans un grand désordre, une grande confusion ; (personnes) dans un grand trouble. – ***Sens devant derrière*** [sɑ̃dvɑ̃dɛʀjɛʀ]. *Il a mis son* *pull sens devant derrière.* **2·** Ordre dans lequel un mobile parcourt une série de points ; mouvement orienté. *Voie à sens unique ; à double sens. Panneau de sens interdit. Sens giratoire*. Refaire un chemin en sens inverse. Tourner le bouton dans le sens des aiguilles d'une montre.* **3·** Abstrait. Direction que prend une activité. *Nous devons travailler dans le même sens.* – Direction générale, prise de façon irréversible. *Le sens de l'histoire.* ▷ à **contresens**

sensation [sɑ̃sasjɔ̃] n. f. **1·** Impression perçue directement par les organes des sens. → 1 **sens.** *Sensations auditives, olfactives, etc. Éprouver une sensation de faim, de froid. Philosophie des sensations.* → **sensualisme.** ≠ sentiment. **2·** État psychologique qui résulte des impressions reçues (distinct du sentiment par son caractère immédiat et simple). *Il avait la sensation d'être traqué, qu'on le traquait. C'était une sensation pénible. Aimer les sensations fortes.* → **émotion. 3·** Forte impression produite sur plusieurs personnes. *Son intervention a fait sensation.* – Loc. *À sensation :* qui fait ou est destiné à faire sensation. *La presse à sensation.* ▶ **sensationnel, elle** adj. **1·** Qui fait sensation (3). *Une nouvelle sensationnelle.* **2·** Fam. Remarquable, d'une valeur exceptionnelle. → **formidable** ; fam. **super, terrible.**

sensé, ée [sɑ̃se] adj. Qui a du bon sens. → **raisonnable, sage.** / contr. insensé / – (Choses) Conforme à la raison. → **judicieux.** *Des observations justes, sensées.* ≠ censé. ▷ **insensé**

sensibiliser [sɑ̃sibilize] v. tr. < conjug. 1 > **1·** Rendre sensible à l'action de la lumière (une émulsion photographique). **2·** Provoquer une sensibilisation (2) chez (un être vivant). **3·** Rendre (qqn, l'opinion) sensible à. – Au p. p. *L'opinion publique n'est pas encore sensibilisée à ce problème.* ▶ **sensibilisation** n. f. **1·** Action de sensibiliser (une émulsion photographique). **2·** Modification de l'organisme, qui réagit à une agression. → **allergie. 3·** Action de sensibiliser (qqn, l'opinion).

sensibilité [sɑ̃sibilite] n. f. **1·** Propriété (d'un être vivant, d'un organe) de réagir d'une façon adéquate aux modifications du milieu. → **excitabilité.** *La sensibilité de la rétine.* **2·** Propriété de l'être humain sensible, traditionnellement distinguée de l'*intelligence* et de la *volonté.* → **affectivité, cœur.** / contr. insensibilité / *Une vive sensibilité. Un artiste qui manque de sensibilité. Un ouvrage plein de sensibilité* (→ **senti**). – Faculté d'éprouver la compassion, la sympathie. → **pitié, tendresse. 3·** Propriété d'un objet sensible qui réagit rapidement. *La sensibilité d'une balance, d'un appareil.* ▷ **électrosensible, hypersensibilité**

1 **sensible** [sɑ̃sibl] adj. **1·** Capable de sensation et de perception. / contr. insensible (1) / *Les êtres sensibles. L'oreille n'est pas sensible à certains sons.* **2·** (Choses) Que le moindre contact rend douloureux. *Endroit sensible. Il a les pieds sensibles. Le point sensible de qqn, qqch.,* son point faible. – (Personnes) Fragile. *Il est sensible du foie.* **3·** Capable de sentiment, apte à ressentir profondément les impressions. *C'est un enfant très sensible.* → **émotif, impressionnable.** – *Sensible à... :* qui se laisse toucher par, ressent vivement. *Je suis sensible à vos attentions.* **4·** (Objets) Capable de réaction. *Plaque sensible. – Balance très sensible,* qui indique des mesures très fines. *Film, pellicule plus ou moins sensible.* ▶ **sensiblerie** n. f. Sensibilité (2) exagérée et déplacée ; compassion un peu ridicule. *Je t'en prie, pas de sensiblerie !* ▷ **hypersensible,** 1 **insensible, sensibiliser, sensibilité, ultrasensible**

2 **sensible** adj. **1·** Qui peut être perçu par les sens. → **tangible.** *La réalité sensible.* **2·** Qui peut être perçu et, par suite, non négligeable. → **appréciable, notable.** *Une baisse sensible des prix.* **3·** Très délicat, qui requiert une attention particulière. *Dossier, quartier sensible.* ▶ **sensiblement** adv. **1·** Autant que les sens ou l'intuition puissent en juger. *Nous étions sensiblement de la même taille,* à peu près de la même taille. **2·** D'une manière appréciable. → **notablement.** *La situation s'est sensiblement améliorée.* ▷ **désensibiliser,** 2 **insensible**

sensitif, ive [sɑ̃sitif, iv] adj. et n. **1·** Adj. Qui transmet les sensations. *Nerfs sensitifs.* **2·** N. Littér. et vx. Personne particulièrement sensible, qu'un rien peut blesser. *Un sensitif, une sensitive.* → **hypersensible.** ▷ **sensitive**

sensitive n. f. Variété de mimosa très sensible (4), dont les feuilles se rétractent au contact.

sensoriel, elle [sɑ̃sɔʀjɛl] adj. Qui concerne la sensation, les organes des sens. *Les organes sensoriels.*

sensualisme [sɑ̃sɥalism] n. m. Doctrine philosophique d'après laquelle toutes les idées viennent des sensations et non de la raison. ▶ **sensualiste** adj.

sensuel, elle [sɑ̃sɥɛl] adj. **1·** Propre aux sens, émanant des sens. → **charnel.** *L'amour sensuel.* **2·** (Personnes) Porté à rechercher et à goûter tout ce qui flatte les sens (en particulier en amour). **3·** Qui annonce ou évoque un tempérament voluptueux. *Une bouche sensuelle. Un sourire sensuel.* ▶ **sensualité** [sɑ̃sɥalite] n. f. Attirance pour les plaisirs des sens, pour le plaisir sexuel. *L'éveil de la sensualité. – Une danse pleine de sensualité.*

sent-bon [sɑ̃bɔ̃] n. m. invar. Fam. *Du sent-bon* : parfum, eau de toilette.

sente [sɑ̃t] n. f. Région. Petit chemin. ▷ **sentier**

sentence [sɑ̃tɑ̃s] n. f. **1·** Décision d'un juge, d'un arbitre. → **arrêt, jugement, verdict.** *Juge qui prononce, qui fait exécuter une sentence.* **2·** Littér. Maxime. ▶ **sentencieux, euse** adj. Qui s'exprime comme par sentences (2), avec qqch. de solennel et d'affecté. *Un ton sentencieux.* → **moralisateur.** ▶ **sentencieusement** adv. D'une manière sentencieuse.

senteur [sɑ̃tœʀ] n. f. Littér. Odeur agréable, parfum qu'on sent (I). *Les senteurs d'un soir d'été.*

senti, ie [sɑ̃ti] adj. Littér. Empreint de sincérité, de sensibilité. *Une description sentie.* – ***Bien senti*** : exprimé avec conviction et habilement présenté. *Il a placé quelques mots bien sentis.*

sentier [sɑ̃tje] n. m. Chemin étroit (en montagne, à travers prés...) pour les piétons et les bêtes. *Sentiers de randonnée.* – Loc. Abstrait. *Les **sentiers battus*** : les voies, les usages communs. *Suivre les sentiers battus. S'écarter, s'éloigner des sentiers battus.*

sentiment [sɑ̃timɑ̃] n. m. **I· 1·** Conscience plus ou moins claire, connaissance comportant des éléments affectifs et intuitifs. → **impression.** ≠ sensation. *Avoir le sentiment de sa force. Il éprouvait un sentiment de solitude.* **2·** Capacité d'apprécier (un ordre de choses ou de valeurs). → **sens** (I, 3). *Il a le sentiment du comique.* **3·** Littér. Avis, opinion. *C'est aussi mon sentiment.* **II· 1·** État affectif complexe, assez stable et durable. → **émotion, passion.** *L'amour, l'espoir sont des sentiments fondamentaux. Manifester, dissimuler ses sentiments. Le sentiment religieux, esthétique.* – Amour. *Un sentiment partagé.* Loc. fam. *Ça n'empêche pas les sentiments,* ça ne veut pas dire qu'il n'y ait pas d'affection (souv. iron.). – *Les sentiments, les bons sentiments,* les sentiments généreux, les inclinations altruistes. – (Dans les formules de politesse) *Recevez l'expression de mes sentiments respectueux, de mes sentiments les meilleurs.* **2·** Absolt. La vie affective, la sensibilité (opposé à *l'action* ou à *la réflexion*). *Le sentiment ne suffit pas !* – Démonstrations sentimentales. *Pas tant de sentiment ! Faire du sentiment.* – Fam. *Avoir qqn **au sentiment*** : réussir à l'apitoyer, à l'attendrir. – Expression de la sensibilité. *Elle a chanté avec beaucoup de sentiment.* ▶ **sentimental, ale, aux** adj. **1·** Qui concerne la vie affective, l'amour. → **amoureux.** *Sa vie sentimentale est assez agitée.* **2·** Qui provient de causes d'ordre affectif, n'est pas raisonné. *Un point de vue sentimental* (opposé à *réaliste*). – *La valeur sentimentale d'un objet.* **3·** Qui est sensible, rêveur, donne de l'importance aux sentiments tendres et les manifeste volontiers. → **romanesque.** – N. *C'est un(e) sentimental(e).* **4·** Empreint d'une sensibilité mièvre, de sentiments romanesques. *Des romances sentimentales.* ▶ **sentimentalement** adv. ▶ **sentimentalité** n. f. Caractère sentimental (3, 4). ▷ **assentiment, dissentiment, ressentiment**

sentine [sɑ̃tin] n. f. **1·** Endroit de la cale d'un navire où s'amassent les eaux. **2·** Littér. Lieu sale et humide. → **cloaque.**

sentinelle [sɑ̃tinɛl] n. f. Soldat qui a la charge de faire le guet devant un lieu occupé par l'armée, de protéger un lieu public, etc. → **factionnaire, guetteur.** *Relever les sentinelles.* – *En sentinelle,* en faction.

sentir [sɑ̃tiʀ] v. tr. < conjug. 16 > **I· 1·** Connaître, pouvoir réagir à (un objet, un fait, une qualité) par des sensations. → **percevoir ;** ⓘ **sens.** *Je sens un courant d'air. Il ne sentait pas la fatigue.* – Fam. *Ne plus sentir ses jambes,* les avoir presque insensibles à cause d'un excès de fatigue. – Avoir la sensation de (une odeur, l'odeur de qqch.). → **flairer.** *Sens ce parfum !* → **humer.** – Loc. fam. ***Ne pas pouvoir sentir** qqn* : le détester. **2·** Abstrait. Avoir ou prendre conscience plus ou moins nettement de... → **pressentir.** *Il sentait le danger ; il sentait que c'était grave. Ce sont des choses qu'on sent, qui se sentent.* – Fam. *Fais comme tu le sens.* **3·** Avoir un sentiment esthétique de (qqch.). → **apprécier, goûter.** *Il sentait la beauté de cette musique.* **4·** Être affecté agréablement ou désagréablement par (qqch.). → **éprouver, ressentir.** *Il ne sent jamais rien,* il est insensible. – Sans compl. *Nos manières de sentir sont très proches.* **5·** ***Faire sentir...*** : faire qu'on se rende compte de... *Il m'a fait sentir que j'étais de trop. Se faire sentir,* devenir sensible, se manifester. *Les effets se feront bientôt sentir.* **II· 1·** Dégager, répandre une odeur de... → **senteur.** *Cette pièce sent le renfermé. Ces fleurs sentent bon.* → **embaumer.** *Tu sens mauvais.* → **puer.** – Sentir mauvais. *Il sent des pieds.* **2·** Donner une impression de, évoquer à l'esprit l'idée de. *Des manières qui sentent le parvenu.* **III·** V. pron. **1·** *Ne pas se sentir de,* être transporté de... *Il ne se sentait plus de joie.* Fam. *Il ne se sent plus,* il est prétentieux. – (Avec un attribut) Avoir l'impression, le sentiment d'être. *Il se sentait mieux.* – (+ infinitif) *Elle s'est sentie tomber.* **2·** Fam. *Ils ne peuvent pas se sentir,* ils se détestent. ▷ **consentir, dissension, dissentiment, pressentir, sensation,** ⓘ **sensible,** ⓶ **sensible, sent-bon, senteur, senti, sentiment, ressentir**

seoir [swaʀ] v. intr. < conjug. 26 > **REM.** Seulement à la 3e pers. prés., imp., fut., condit., et p. prés. Littér. Convenir. *Cette robe vous sied à merveille.*

→ **seyant.** – Impers. *Comme il sied ; comme il vous siéra.* REM. Ce verbe avait également, dans la langue classique, le sens de *être assis ; siéger* (→ séance). ▷ **asseoir, assiette, assis, assise, bienséant, se rasseoir, rassis, séance, séant, siège, sis, surseoir, sursis**

sépale [sepal] n. m. Chaque pièce du calice d'une fleur. ≠ pétale. *Les sépales restent verts.*

séparer [sepaʀe] v. tr. < conjug. 1 > **I·** **1·** Faire cesser (une chose) d'être avec une autre ; faire cesser (plusieurs choses) d'être ensemble. → **détacher, disjoindre, isoler.** / contr. unir / *Séparer une chose d'une autre, une chose d'avec une autre.* **2·** Faire en sorte que (des personnes) ne soient plus ensemble, ne soient plus en contact. *On a dû la séparer de ses enfants. On a séparé les combattants.* – Au p. p. adj. *Des époux séparés. Ils vivent séparés.* **3·** Considérer (deux qualités ou notions) comme étant à part, comme ne devant pas être confondues. → **différencier, distinguer.** / contr. confondre / *Tu as tort de séparer théorie et pratique.* **4·** (Suj. chose) Constituer une séparation entre (deux choses, deux personnes). *La cloison qui sépare les deux pièces.* **5·** (Suj. chose) Faire que (des personnes) ne soient pas, ou plus, en harmonie. *Leurs goûts les séparent. La politique nous a séparés.* / contr. rapprocher / **II·** V. pron. **1·** *Se séparer de* : cesser d'être avec, de vivre avec (qqn). → **quitter.** *Elle s'est séparée de son mari.* – Ne plus garder avec soi. *J'ai dû me séparer de mon vélo.* **2·** Cesser de vivre ensemble, de collaborer. *Ils se sont séparés à l'amiable.* ▶ **séparable** adj. Qui peut être séparé (d'autre chose, d'un ensemble). → **dissociable.** / contr. inséparable / ▶ **séparation** n. f. **1·** Action de séparer, de se séparer ; fait d'être séparé. *La séparation des éléments d'un mélange. La séparation de l'Église et de l'État.* / contr. unification / **2·** (Personnes) Fait de se séparer, de se quitter (par suite d'un départ, ou d'une rupture). / contr. union / *Leur séparation a été pénible. Séparation (à l')amiable.* **3·** Ce qui est entre deux choses pour empêcher l'union ou le contact. *Haie qui sert de séparation entre deux jardins.* ▶ **séparatiste** n. Personne qui réclame une séparation d'ordre politique (attitude appelée *séparatisme*, n. m.). → **autonomiste, dissident.** – Adj. *Organisation séparatiste.* ▶ **séparément** adv. De façon séparée, à part l'un de l'autre. *Je les recevrai séparément.* / contr. ensemble / ▷ **inséparable**

sépia [sepja] n. f. **1·** Matière colorante d'un brun très foncé. *Un lavis à la sépia.* – En appos. Invar. Cette couleur brune. *Des teintes sépia.* **2·** Dessin, lavis exécuté avec cette matière. *Des sépias.*

sept [sɛt] dét. invar., adj. invar. et n. m. invar. Dét. num. cardinal invar. Six plus un. → **hepta-.** *Les sept jours de la semaine.* – Adj. num. ordinal invar. Septième. *Chapitre sept.* – N. m. invar. *Il habite au sept,* au numéro sept. – Carte qui présente sept marques. *Le sept de carreau. J'ai les quatre sept.* ▷ **dix-sept, septennat, septième, septuagénaire, septuple**

septante [sɛptɑ̃t] dét. invar., adj. invar. et n. m. invar. Région. (Belgique, Suisse, Afrique [anciennes colonies belges]) Soixante-dix. *Septante-un, septante-deux* (soixante et onze, soixante-douze...). ▶ **septantaine** n. f. Nombre de soixante-dix ou environ. – *Il a passé la septantaine,* il a plus de soixante-dix ans. ▶ **septantième** adj. et n.

septembre [sɛptɑ̃bʀ] n. m. Neuvième mois de l'année. *La douceur des septembres.*

septennat [sɛptena] n. m. Durée de sept ans d'une fonction.

septentrional, ale, aux [sɛptɑ̃tʀijɔnal, o] adj. Du nord, situé au nord (appelé autrefois *septentrion*, n. m.). *L'Europe septentrionale* (opposé à *méridional*).

septicémie [sɛptisemi] n. f. Nom générique des maladies provoquées par l'introduction dans le sang d'un agent infectieux qui s'y développe sans susciter de réaction locale (appelées aussi *empoisonnement du sang*).

septième [sɛtjɛm] adj. et n. **1·** Adj. num. ordinal. Qui suit le sixième. *Le septième art,* le cinéma. – N. *Elle est la septième du classement.* **2·** Se dit d'une fraction d'un tout divisé également en sept. – N. m. *Un septième de cette somme.* ▶ **septièmement** adv. En septième lieu.

septique [sɛptik] adj. **1·** Qui produit l'infection. / contr. antiseptique, aseptique / *Les bactéries septiques.* **2·** *Fosse septique,* fosse d'aisances aménagée pour que les excréments s'y transforment, sous l'action de microbes anaérobies, en composés minéraux. ≠ sceptique.

septuagénaire [sɛptɥaʒenɛʀ] adj. Dont l'âge est compris entre soixante-dix et soixante-dix-neuf ans. – N. *Un, une septuagénaire.*

septuple [sɛptypl] adj. Qui vaut sept fois (la quantité désignée). – N. m. *Le septuple.*

sépulcre [sepylkʀ] n. m. **1·** Tombeau du Christ (ou *Saint-Sépulcre*). – Littér. Tombeau. **2·** Loc. *Des sépulcres blanchis* : des gens corrompus sous leur apparence brillante. ▶ **sépulcral, ale, aux** adj. Qui évoque la mort. → **funèbre.** *Une voix sépulcrale.*

sépulture [sepyltyʀ] n. f. **1·** Littér. Inhumation, considérée surtout dans les formalités et cérémonies qui l'accompagnent. – *Rester sans sépulture,* ne pas être inhumé. **2·** Lieu où est déposé le corps d'un défunt. *Violation de sépulture.*

séquelle [sekɛl] n. f. Surtout au plur. Suites et complications plus ou moins tardives et durables d'une maladie, d'un accident. *Cette chute lui* *a laissé des séquelles.* – Effet ou contrecoup inévitable, mais isolé et passager, d'un événement. *Les séquelles de la dévaluation.*

séquence [sekɑ̃s] n. f. **1**· Jeux. Série d'au moins trois cartes de la même couleur qui se suivent ou de cinq d'une couleur quelconque. **2**· Cinéma. Succession de plans formant un tout, une scène, même s'ils ne sont pas tournés dans le même décor. **3**· Sciences. Suite ordonnée d'éléments, d'opérations. ▶ **séquentiel, ielle** adj. Divisé, organisé en séquences.

séquestre [sekɛstʀ] n. m. Dépôt (d'une chose dont la possession est discutée) entre les mains d'un tiers en attendant le règlement de la contestation. Loc. ***Sous séquestre.*** *Des biens mis sous séquestre.* ▷ **séquestrer**

séquestrer [sekɛstʀe] v. tr. <conjug. 1> Enfermer et isoler rigoureusement (qqn). *Il séquestrait sa femme.* – Tenir arbitrairement et illégalement (qqn) enfermé. *Les salariés ont séquestré le P.-D. G.* ▶ **séquestration** n. f. *La séquestration des otages.*

sequin [səkɛ̃] n. m. **1**· Ancienne monnaie d'or de Venise. **2**· Petit disque métallique brillant qie l'on coud sur une étoffe pour la décorer.

séquoia [sekɔja] n. m. Arbre (conifère) originaire de Californie, aux dimensions gigantesques. *Une forêt de séquoias.*

sérac [seʀak] n. m. Bloc de glace entouré de crevasses, dans un glacier. *Les séracs sont dangereux à franchir.*

sérail, ails [seʀaj] n. m. **1**· Palais du sultan, dans l'ancien Empire ottoman. – Histoire. Gouvernement du sultan turc. **2**· Vx. Harem. *Des sérails.*

séraphin [seʀafɛ̃] n. m. Religion chrétienne. Ange de la première hiérarchie. ▶ **séraphique** [seʀafik] adj. Angélique.

1 **serein, eine** [səʀɛ̃, ɛn] adj. **1**· Littér. (Ciel, temps) Qui est à la fois pur et calme. → **beau.** *Une nuit sereine.* **2**· Abstrait. Dont le calme provient de la paix morale. → **paisible, tranquille.** *Il reste serein devant la mort. Visage serein.* – Insensible aux passions. → **impartial.** *Un jugement serein.* ≠ serin. ▶ **sereinement** adv. D'une manière sereine, impartiale. ▷ **rasséréner, sérénité**

2 **serein** n. m. Littér. ou région. Humidité qui tombe avec le soir après une belle journée. ≠ serin.

sérénade [seʀenad] n. f. **1**· Concert qui se donnait la nuit sous les fenêtres d'une femme aimée (opposé à *aubade*). *Donner une sérénade à sa belle.* – Composition musicale (de préférence pour instruments à vent). *Une sérénade de Mozart.* **2**· Fam. Charivari, tapage.

sérénissime [seʀenisim] adj. Titre honorifique donné à certains princes ou hauts personnages. *Altesse sérénissime.*

sérénité [seʀenite] n. f. État, caractère d'une personne sereine. → **calme.** – Caractère d'un jugement serein, objectif.

séreux, euse [seʀø, øz] adj. et n. f. Qui ressemble au sérum, qui renferme du sérum. *Liquide séreux. Otite séreuse. Membrane séreuse,* qui tapisse certaines cavités internes de l'organisme *(cavités séreuses).* – N. f. *La séreuse de la plèvre.* ▷ **sérosité**

serf, serve [sɛʀ(f), sɛʀv] n. Dans les sociétés féodales. Personne qui n'avait pas de liberté personnelle, était attachée à une terre et assujettie à des obligations (→ **corvée,** 1, 1 **taille,** 3). *Affranchir des serfs.* – Adj. *La condition serve.* ≠ cerf. ▷ **asservir, servage**

serge [sɛʀʒ] n. f. Étoffe de laine formant des côtes obliques.

sergent [sɛʀʒɑ̃] n. m. **1**· Autrefois. Officier de justice. ***Sergent de ville*** : ancien nom de l'agent de police. **2**· Sous-officier du grade le plus bas (dans ce sens, fém. rare *sergente*). *Sergent-chef,* d'un grade immédiatement supérieur à celui de sergent. *Des sergents-chefs. Sergent-major,* sous-officier qui était chargé de la comptabilité d'une compagnie. *Des sergents-majors.*

sériciculture [seʀisikyltyʀ] n. f. Élevage des vers à soie. ▶ **sériciculteur, trice** n.

série [seʀi] n. f. **1**· Suite déterminée et limitée (de choses de même nature). *Émission d'une série de timbres. Une série de questions. Une série noire,* une succession de catastrophes. *Des attentats en série.* → **cascade** (2). *Tueur en série,* qui commet plusieurs meurtres selon le même mode opératoire. – En sciences. Suite de nombres, de composés chimiques, etc., répondant à une loi. – Spécialt. Collection de vêtements de confection, de chaussures, etc., comportant toutes les tailles. *Soldes de fins de séries.* – *Série (télévisée),* cycle de téléfilms ayant une unité narrative ; épisode d'un tel cycle. **2**· Petit groupe constituant une subdivision d'un classement. → **catégorie.** *Film de série B,* à petit budget et tournage plus rapide que les grandes productions. – Chaque groupe de concurrents disputant une épreuve de qualification ; degré dans un classement sportif. **3**· Grand nombre d'objets identiques fabriqués à la chaîne. *Voiture de série. Fabrication en série.* – *Numéro hors-série d'un* *magazine.* → **hors-série.** ▶ **sériel, elle** adj. Musique. Qui utilise les douze demi-tons de la gamme chromatique. → **dodécaphonique.** *La composition sérielle.* ▶ **sérier** v. tr. < conjug. 7 > Classer, disposer par séries selon l'importance. *Il faut sérier les questions.*

sérieux, euse [sɛʀjø, øz] adj. et n. m. **I**· Adj. **1**· (Personnes) Qui prend en considération ce qui mérite de l'être. → **posé, raisonnable, réfléchi.** / contr. fantaisiste / *Un élève sérieux et appliqué.* – Qui est fait dans cet esprit, avec soin. *Un travail sérieux.* **2**· (Personnes) Qui ne rit pas, ne manifeste aucune gaieté. → **grave.** Loc. fam. *Être **sérieux comme un pape*** : très sérieux. – Qui ne plaisante pas, dit la vérité. *Tu n'es pas sérieux, c'est une blague !* **3**· (Choses) Sur qui (ou sur quoi) l'on peut compter. → **sûr.** *S'adresser à une association sérieuse. Un renseignement sérieux.* – Fam. *Ce n'est pas sérieux,* c'est une plaisanterie. **4**· (Personnes) Qui ne prend pas de liberté avec la morale sexuelle. → **rangé, sage.** *Une jeune fille sérieuse.* **5**· Qui ne peut prêter à rire, qui mérite considération. → **important.** / contr. futile / *Revenons aux choses sérieuses.* – Qui compte, par la quantité ou la qualité. *Une sérieuse augmentation.* – Assez inquiétant. *La situation est sérieuse.* → **critique, préoccupant.** **6**· Qui n'est pas fait, dit pour l'amusement. / contr. amusant / *Des lectures sérieuses.* **II**· N. m. **1**· État d'une personne qui ne rit pas. *J'avais de la peine à conserver mon sérieux.* **2**· Qualité d'une personne posée, appliquée. *Il manque de sérieux dans son travail.* **3**· Caractère d'une chose qu'on doit prendre en considération. – ***Prendre** qqch. **au sérieux*** : le prendre pour réel, important. ***Prendre** qqn **au sérieux*** : le prendre pour sincère, fiable, important. – Pronominalement. *Il se prend au sérieux,* il attache une grande importance à ce qu'il dit, à ce qu'il fait. ▶ **sérieusement** adv. **1**· Avec sérieux, avec réflexion et application. → **consciencieusement.** **2**· Sans rire, sans plaisanter. *Tu dis ça sérieusement ?* **3**· Réellement, effectivement. *Il songe sérieusement à changer de métier.* **4**· Fortement. *Il est sérieusement atteint.* → **gravement.**

sérigraphie [seʀigʀafi] n. f. Technique. Procédé d'impression sur toutes sortes de matières à l'aide d'un écran de tissu à mailles quadrillées (soie, etc.). – Œuvre réalisée par ce procédé.

serin [s(ə)ʀɛ̃] n. m. Petit passereau chanteur au plumage généralement jaune, qu'on peut élever en cage. → **canari.** ≠ serein.

seriner [s(ə)ʀine] v. tr. < conjug. 1 > Répéter inlassablement (qqch. à qqn). *Il m'a seriné le même air toute la soirée.*

seringa [s(ə)ʀɛ̃ga] n. m. Arbrisseau à fleurs blanches très odorantes. *Des seringas.*

seringue [s(ə)ʀɛ̃g] n. f. Petite pompe munie d'une aiguille utilisée pour injecter des liquides dans l'organisme ou en prélever. *Faire une piqûre à l'aide d'une seringue.*

sérique [seʀik] adj. Relatif au sérum. *Accident sérique,* consécutif à l'injection de sérum.

serment [sɛʀmɑ̃] n. m. **1**· Affirmation ou promesse solennelle faite en invoquant un être ou un objet sacré, une valeur morale reconnue (→ **jurer** I, 1 et II, 1). *Un serment sur l'honneur.* → **parole.** *Prêter serment. Témoigner **sous serment,** sous la foi du serment.* – Engagement solennel prononcé en public. *Serment professionnel,* prononcé par les magistrats, les officiers ministériels. *Serment d'Hippocrate,* énonçant les principes de déontologie médicale. **2**· Promesse ou affirmation particulièrement ferme. *Je vous en fais le serment.* – Loc. ***Des serments d'ivrogne*** : des promesses jamais tenues. **3**· Vx. Promesse d'amour durable, de fidélité. *Échanger des serments.* ▷ **assermenté, insermenté**

sermon [sɛʀmɔ̃] n. m. **1**· Relig. catholique. Discours prononcé en chaire par un prédicateur. → **prêche.** *Le sermon dominical.* **2**· Péj. Discours moralisant, généralement long et ennuyeux. → **prêchi-prêcha.** *Faire un sermon à qqn.* → **sermonner.** ▶ **sermonner** v. tr. < conjug. 1 > Adresser des conseils ou des remontrances à (qqn). ▶ **sermonneur, euse** adj. et n. Qui aime à sermonner.

sér(o)- Élément qui signifie « liquide organique ; sérum* ». ▶ **sérodiagnostic** [seʀodjagnɔstik] n. m. Diagnostic reposant sur la recherche, dans le sérum du patient, des anticorps spécifiques d'un agent pathogène. *Sérodiagnostic du paludisme, du sida.* ▶ **sérologie** n. m. **1**· Étude des sérums, de leurs propriétés (notamment immunitaires). **2**· Recherche d'anticorps dans le sérum sanguin. ▶ **séronégatif, ive** adj. Dont le sérum sanguin ne contient pas des anticorps spécifiques (spécialt, à propos du sida). – N. *Les séronégatifs.* ▶ **séronégativité** n. f. ▶ **séropositif, ive** adj. Dont le sérum sanguin contient des anticorps spécifiques (spécialt, à propos du sida). – N. *Les séropositifs.* ▶ **séropositivité** n. f. *Le médecin lui a annoncé sa séropositivité.*

sérosité [seʀozite] n. f. Liquide organique sécrété et contenu dans les cavités séreuses*.

serpe [sɛʀp] n. f. Outil formé d'une large lame tranchante recourbée en croissant, montée sur un manche, et servant à tailler le bois, à élaguer, émonder. ≠ faucille. – Loc. *Visage taillé à la serpe, à coups de serpe,* visage anguleux, aux lignes rudes. ▶ **serpette** n. f. Petite serpe.

serpent [sɛʀpɑ̃] n. m. **1·** Reptile à corps cylindrique très allongé, dépourvu de membres apparents. → **ophidiens.** *Une morsure de serpent. Serpent venimeux.* – *Serpent à lunettes,* naja. *Serpent à sonnettes,* crotale. *Serpent d'eau,* espèce de couleuvre. – *Serpent de mer,* monstre marin mythique. – Loc. fig. *Ressortir le serpent de mer,* reparler d'une vieille histoire, reprendre un thème rebattu. **2·** Incarnation du démon qui tenta Ève, dans la Bible (Genèse). **3·** (Par allusion aux caractères attribués au serpent) *Une prudence, une ruse de serpent. Langue de serpent.* → **vipère.** – Loc. littér. *Nourrir, réchauffer un serpent dans son sein,* choyer qqn qui se retournera contre soi. ▷ **serpenter, serpentin**

serpenter [sɛʀpɑ̃te] v. intr. < conjug. 1 > Aller ou être disposé suivant une ligne sinueuse (comme un serpent). → **onduler.** *Le sentier serpente dans la campagne.*

serpentin [sɛʀpɑ̃tɛ̃] n. m. **1·** Tuyau en spirale ou à plusieurs coudes (comparé à un serpent), utilisé dans les appareils de distillation. **2·** Petit rouleau de papier coloré qui se déroule quand on le lance (fêtes, carnaval, etc.). *Confettis et serpentins.*

serpillière [sɛʀpijɛʀ] n. f. Chiffon de grosse toile servant à laver les sols. – **REM.** On emploie d'autres mots régionaux : *wassingue,* n. f. (Nord), etc.

serpolet [sɛʀpɔlɛ] n. m. Variété de thym.

serre [sɛʀ] n. f. Construction vitrée où l'on met les plantes à l'abri, où l'on cultive les végétaux exotiques ou délicats. *Mettre une plante en serre.* – *Effet de serre* (réchauffement de l'atmosphère terrestre).

① **serrer** [se(ɛ)ʀe] v. tr. < conjug. 1 > **I· 1·** Saisir ou maintenir vigoureusement, de manière à comprimer. → **empoigner.** Loc. ***Serrer la main** à qqn, de qqn* : le saluer en lui donnant une poignée de main. – Prendre (qqn) entre ses bras et tenir pressé (contre soi). → **embrasser, étreindre.** *Serrer qqn contre soi, le serrer dans ses bras.* **2·** (Suj. sensation) Faire peser une sorte de pression sur (la gorge, le cœur). *Cela me serre le cœur,* j'en ai de la peine, cela me fait pitié. **3·** Disposer (des choses, des personnes) plus près les unes des autres. → **rapprocher.** *Serrez les rangs !* **4·** Maintenir énergiquement fermé (le poing), rapprocher énergiquement (les mâchoires...). → **contracter.** *Serrer les lèvres.* → **pincer. 5·** Rendre plus étroit (un lien). *Serrez votre ceinture. Serrer le nœud de sa cravate.* – (Choses) Comprimer en entourant ou en s'appliquant. *Cette jupe me serre, me serre la taille.* **6·** Faire mouvoir un organe de fixation, de manière à rapprocher deux choses, à fermer un mécanisme. *Serrer un robinet, un écrou.* – Loc. ***Serrer la vis** à qqn* : le traiter avec sévérité, le mater. **7·** Pousser, coincer (qqn). *Serrer qqn contre un mur.* **8·** *Serrer qqn de près,* être tout près de qqn qu'on suit. *Ses concurrents le serraient de près.* → **talonner.** – *Serrer de près une question, un problème,* l'examiner avec soin, dans les détails. **9·** Intransitivement. *Serrez à droite, à gauche,* rapprochez-vous de la droite, de la gauche (voitures). **II·** V. pron. ***Se serrer*** : se mettre tout près, tout contre (qqn). → se **blottir,** se **coller.** *Se serrer contre qqn.* – Se rapprocher jusqu'à se toucher. *Serrez-vous, faites-nous un peu de place.* ▶ **serré, ée** adj. **1·** Qui s'applique étroitement sur le corps. → **ajusté.** *Un habit serré à la taille.* **2·** Au plur. Placés l'un tout contre l'autre. *Nous étions serrés comme des harengs.* **3·** Dont les éléments sont très rapprochés. → **compact, dense.** *Herbe serrée. Une écriture fine et serrée.* – *Un café serré,* fort. **4·** Abstrait. Qui laisse peu de place à une échappatoire. *Une discussion serrée. La partie est serrée.* → **acharné.** – Adv. *Il nous faut jouer serré.* ▶ **serrage** n. m. Action de serrer ; son résultat. *Collier de serrage.* ▶ **serre-livres** n. m. invar. Objet servant à maintenir plusieurs livres debout. ▶ **serrement** n. m. Action de serrer. *Un serrement de main,* une poignée de main. – Fait d'être serré, contracté. *Serrement de cœur,* angoisse. ▶ **serre-tête** n. m. invar. Bandeau, cercle qui enserre les cheveux. ▷ **desserrer, enserrer, serres, resserrer**

② **serrer** v. tr. < conjug. 1 > Région. Ranger. *Où as-tu serré tes affaires ?* ▷ **resserre, serre, serrure**

serres [sɛʀ] n. f. pl. Griffes ou ongles puissants (qui « serrent ») des oiseaux rapaces.

serrure [seʀyʀ] n. f. Dispositif fixe de fermeture (d'une porte, d'un tiroir...) comportant un mécanisme → **gâchette, pêne,** qu'on manœuvre à l'aide d'une clef. *La clef est dans la serrure.* – *Serrure codée.* ▶ **serrurier, ière** n. **1·** Artisan qui pose des serrures, fabrique des clefs. **2·** Entrepreneur, ouvrier(ère) en serrurerie (2). *Serrurier en bâtiment.* ▶ **serrurerie** [seʀyʀʀi] n. f. **1·** Métier de serrurier ; commerce des serrures, verrous, etc. **2·** Confection d'ouvrages en fer. *Serrurerie d'art,* travail du fer forgé. → **ferronnerie.**

sertir [sɛʀtiʀ] v. tr. < conjug. 2 > Enchâsser (une pierre précieuse). – Au p. p. adj. *Rubis serti dans une monture en or.* – ***Serti de*** : incrusté de. *Coffret serti de gemmes.* ▶ **sertissage** n. m. ▶ **sertisseur, euse** n.

sérum [seʀɔm] n. m. **1·** *Sérum sanguin,* partie du sang formée d'eau. → **plasma. 2·** *Sérum thérapeutique,* préparation à base de sérum (1) provenant d'un animal immunisé ou d'un convalescent, contenant un anticorps spécifique, utilisée en injections sous-cutanées à titre curatif ou préventif. *Sérum antitétanique.* – *Sérum de vérité,* barbiturique → **penthotal** plongeant le sujet dans un état qui permet de découvrir si ce qu'il dit est vrai ou non. – *Sérum physiologique,* solution saline de même composition moléculaire que le plasma sanguin. *Des sérums.* ▷ **séreux, sérique, sér(o)-**

servage [sɛʀvaʒ] n. m. Condition du serf. *L'abolition du servage.*

servant [sɛʀvɑ̃] n. m. **1·** Clerc ou laïque qui assiste, « sert » le prêtre pendant la messe basse. **2·** Soldat chargé d'approvisionner une pièce d'artillerie (canon...).

servante [sɛʀvɑ̃t] n. f. Vieilli. Fille ou femme employée comme domestique, qui « sert » qqn. → **bonne.**

serveur, euse [sɛʀvœʀ, øz] n. **1·** Personne qui sert* les clients dans un café, un restaurant. → **barman, garçon** (II, 2) ; **barmaid.** *On dit « monsieur » ou « garçon » au serveur, « mademoiselle » ou « madame » à la serveuse.* – Personne qu'on engage en extra pour servir à table. **2·** Personne qui distribue les cartes, met la balle en jeu (tennis, etc.). **3·** Organisme assurant la gestion et la diffusion de banques de données. **4·** Ordinateur regroupant les informations à partager sur un réseau informatique.

serviable [sɛʀvjabl] adj. Qui est toujours prêt à rendre service. → **complaisant, obligeant.** ▶ **serviabilité** n. f. Fait d'être serviable. – Caractère serviable.

1 **service** [sɛʀvis] n. m. **I· 1·** Travail particulier que l'on doit accomplir. → **fonction.** *Assurer un service. Pendant les heures de service. Être en service commandé,* occupé à un travail imposé par la fonction. *Être de service ; prendre son service,* prendre son tour dans l'exercice de ses fonctions, à telle heure, tel jour. *Le pompier de service.* – Personnes chargées d'assurer ce travail. ***Le service d'ordre*** : personnes qui assurent le bon ordre, la discipline (dans une assemblée, une manifestation). **2·** ***Service (militaire)*** : temps qu'un citoyen d'un pays doit passer dans l'armée. *En France, le service national obligatoire a été supprimé. Il a fait son service militaire, son service.* – ***États de service*** : carrière d'un militaire. **3·** Relig. Ensemble des devoirs envers la divinité. *Se consacrer au service de Dieu,* être prêtre, religieux. – *Service divin,* messe, office. *Service funèbre.* **4·** Obligations d'une personne dont le métier est de servir un maître ; fonction de domestique. *Être au service de qqn, en service chez qqn. Escalier, porte **de service**.* – Travail de celui qui est chargé de servir des clients. *Service rapide et soigné.* **5·** Action, manière de servir des convives, de servir les plats à table. *Quand il reçoit, il fait lui-même le service.* **6·** Ensemble de repas servis à la fois (dans une cantine, un wagon-restaurant). *Premier, deuxième service.* **7·** Au restaurant, au café, à l'hôtel. Pourcentage de l'addition affecté au personnel. *Menu à douze euros, service compris.* ≠ pourboire. **II· 1·** (Dans des expressions) Fait de se mettre à la disposition de (qqn) par obligeance. *Je suis à votre service.* Fam. *Qu'y a-t-il pour votre service ?,* que puis-je faire pour vous ? **2·** ***Un service*** : ce que l'on fait pour qqn, avantage qu'on lui procure bénévolement. → **aide, faveur.** *J'ai un service, quelques services à te demander. Peux-tu me rendre un petit service ? Rendre un mauvais service à qqn,* lui nuire en croyant agir dans son intérêt. – (Suj. personne ou chose) ***Rendre service** à qqn* : l'aider, lui être utile. **3·** Au plur. Ce qu'on fait pour qqn contre rémunération. *Je vais être obligé de me priver de vos services. Offrir ses services* (à un employeur éventuel). – *Les bons et loyaux services* (de qqn), activité (professionnelle) qui a donné toute satisfaction. **4·** En économie. Activité qui présente une valeur économique sans correspondre à la production d'un bien matériel. → secteur **tertiaire.** *Prestation de services.* **III· 1·** (Dans des locutions) Usage, fonctionnement. *Mettre qqch. **En service**. Appareil **hors service**.* – (Personnes) Fam. *Être hors service,* épuisé (abrév. fam. *H. S.*). **2·** Ensemble d'opérations par lesquelles on fait fonctionner (qqch.). *Le service d'une pièce d'artillerie.* **3·** Coup par lequel on sert la balle (au tennis, au volley-ball...). *Faute de service.* **4·** Expédition, distribution. Loc. ***Service de presse*** (d'un livre aux journalistes). **IV· 1·** Fonction d'utilité commune, publique (SERVICE PUBLIC), activité organisée qui la remplit. *Le service public français de la Sécurité sociale.* **2·** Le travail dans les activités d'utilité publique. *Note de service. Il est à cheval sur le service,* très pointilleux. **3·** Organisation chargée d'une branche d'activités correspondant à une fonction d'utilité sociale. *Chef de service. Services administratifs. Le service de pédiatrie d'un hôpital. Le service informatique d'une entreprise. Service après-vente.* → **après-vente.** **4·** Grande organisation de l'armée (à l'exclusion des unités combattantes). *Service des transmissions, de santé.* ▷ **libre-service, self-service, station-service ; serviable**

2 **service** n. m. **1·** Assortiment d'objets utilisés pour servir à table. *Un service à café, à thé.* **2·** Ensemble assorti de plats, assiettes, saladiers, etc. → **vaisselle.** *Un service de porcelaine.* **3·** Linge de table, nappe et serviettes. *Un service brodé.*

serviette [sɛʀvjɛt] n. f. **1·** Pièce de linge dont on se sert à table ou pour la toilette. *Serviette de table, de toilette.* – *Serviette en papier.* **2·** ***Serviette hygiénique*** : bande de coton utilisée comme protection externe par les femmes pendant les règles. → **tampon. 3·** Sac à compartiments, rectangulaire, généralement pliant, servant à porter des papiers, des livres. *Une serviette en cuir.* → **porte-documents.** ▶ **serviettage** n. m. Technique de loisirs créatifs qui consiste à coller des serviettes ou des morceaux de serviettes en papier colorées et à motifs sur des objets. ▷ **porte-serviettes**

servile [sɛʀvil] adj. **1·** Histoire. Propre aux esclaves et aux serfs. **2·** Littér. Qui a un caractère de soumission avilissante. → **bas, obséquieux.** *Un ton servile. De serviles flatteries.* **3·** Qui est étroitement soumis à un modèle, dépourvu d'originalité. *Une servile imitation.* ▶ **servilement** adv. ▶ **servilité** n. f. Littér. Caractère, comportement servile.

① **servir** [sɛʀviʀ] v. tr. <conjug. 14> **I·** ***Servir qqn.*** **1·** S'acquitter de certaines obligations ou de certaines tâches envers (qqn auquel on obéit). → **travailler** pour. *Il a bien servi son pays, l'État.* – Sans compl. *Servir,* être soldat. – (À titre de domestique) *Se faire servir,* avoir des domestiques. – PROV. *On n'est jamais si bien servi que par soi-même,* le mieux est de faire soi-même les choses. **2·** Pourvoir du nécessaire. *Servir qqn à table,* lui donner à manger. *Servir un client,* lui fournir ce qu'il demande. – Iron. *En fait d'embêtements, nous avons été servis,* nous en avons eu beaucoup. **3·** ***Se servir*** v. pron. : prendre ce dont on a besoin (à table, dans un magasin). *Sers-toi en légumes, de légumes.* – *Se servir chez un commerçant,* acheter habituellement chez lui. **4·** Aider, appuyer (qqn), en y employant sa peine, son crédit. / contr. desservir / *Je vous ai servi, j'ai servi vos intérêts.* – (Suj. chose) Être utile à. → **aider.** *Sa discrétion l'a servi.* **II·** ***Servir qqch.*** **1·** Mettre à la disposition de qqn pour tel ou tel usage. *Sers-moi à boire. Servir des rafraîchissements. Servir du melon en entrée, comme entrée. À table ! C'est servi !* – *Servir (la balle),* la mettre en jeu (au tennis, etc.) – *Servir (les cartes),* les distribuer. *À moi de servir* (→ **serveur,** 2 ; ① **service,** III, 3). – Verser. *On lui sert une petite rente.* → **allouer, donner. 2·** *Servir la messe,* participer matériellement à son déroulement (enfants de chœur). ▷ ① **desservir,** ② **desservir, resservir** (1), **servant, servante, serveur,** ① **service,** ② **servir, serviteur**

② **servir** v. tr. ind. <conjug. 14> **I·** ***Servir à.*** (Suj. chose) **1·** *Servir à qqn,* lui être utile. *Cela peut vous servir à l'occasion.* **2·** *Servir à qqch.,* être utile à, avoir pour but. *À quoi sert cet instrument ? Il sert à ouvrir les bouteilles. Ne pleure pas, cela ne sert à rien.* **3·** *Servir (à qqn) à (faire qqch.),* être utile. *Cette prime va me servir à payer mes dettes.* **4·** (Suj. personne) *Tu ne sers à rien, tu es inutile.* **II·** ***Servir de.*** **1·** Être utilisé comme, tenir lieu de. *La petite pièce sert de débarras. La personne qui lui sert de témoin. Cela te servira de leçon.* **2·** Pronominalement. ***Se servir de*** : utiliser. *Nous nous servons des machines les plus récentes. Elle s'est servie de son expérience.* – Péj. *Se servir de qqn,* l'utiliser, à son insu ou non ; l'exploiter. ▷ ③ **desservir, resservir** (2), **serviette,** ② **service**

serviteur [sɛʀvitœʀ] n. m. **1·** Littér. (Opposé à *maître*) Celui qui sert (qqn envers lequel il a des devoirs). *Un fidèle serviteur de l'État.* – Vx. Domestique. *Les serviteurs et les servantes.* **2·** Vx ou plaisant. (En s'adressant à qqn) *Votre serviteur,* moi-même.

servitude [sɛʀvityd] n. f. **1·** État de dépendance totale d'une personne ou d'une nation soumise à une autre. → **asservissement, sujétion.** *Maintenir qqn dans la servitude.* **2·** Ce qui crée ou peut créer un état de dépendance. → **contrainte.** *Les servitudes d'un métier.* **3·** En droit. Charge que supporte un immeuble, un terrain pour l'utilité commune. *Servitude d'écoulement des eaux.*

servo- Élément qui signifie « automatique ». ▶ **servocommande** [sɛʀvokɔmɑ̃d] n. f. Mécanisme auxiliaire qui, par amplification d'une force, assure automatiquement le fonctionnement d'un ensemble. ▶ **servofrein** n. m. Servocommande de freinage. ▶ **servomécanisme** n. m. Mécanisme automatique capable d'accomplir une tâche complexe en s'adaptant aux consignes reçues.

ses → ① **son.**

① **sésame** [sezam] n. m. Plante oléagineuse originaire de l'Inde. – Graine de cette plante. *Biscuits au sésame.*

② **sésame** n. m. (Allusion au conte d'Ali Baba) *Le sésame, le « sésame ouvre-toi »,* le mot, la formule magique qui fait obtenir qqch. *Des sésames.*

session [sesjɔ̃] n. f. Période pendant laquelle une assemblée délibérante, un tribunal est apte à tenir séance. *Une session extraordinaire du Parlement.* – Période de l'année pendant laquelle siège un jury d'examen. ≠ cession.

sesterce [sɛstɛʀs] n. m. Ancienne monnaie romaine. *Le sesterce était une division du denier.*

set [sɛt] n. m. Anglic. **I·** Manche d'un match de tennis, de ping-pong, de volley-ball. *Remporter un set. Match en trois sets.* **II·** *Set* ou *set de table,* ensemble des napperons d'un service de table ; abusivt, un de ces napperons.

setier [sətje] n. m. Ancienne mesure pour les grains (entre 150 et 300 litres).

setter [setɛʀ] n. m. Chien de chasse à poils longs. *Des setters irlandais.*

seuil [sœj] n. m. **1·** Dalle ou planche recouvrant la partie inférieure de l'ouverture d'une porte. – Entrée d'une maison. → **pas** de la porte. *La gardienne se tenait sur le seuil.* **2·** Abstrait. ***Au seuil de...*** : au commencement de... *Au seuil de l'hiver. Au seuil de la vieillesse.* **3·** Limite au-delà de laquelle se mettent en place de nouvelles conditions. *Seuil de rentabilité,* à partir duquel une affaire est rentable. – *Le seuil de la conscience,* la limite entre l'inconscient et le conscient.

seul, seule [sœl] adj. **I·** Attribut. **1·** Qui se trouve être sans compagnie, séparé des autres. *Peux-tu me laisser seule un instant ?* → s'**isoler.** *Il vit seul. Parler tout seul,* sans interlocuteur. *Être seul avec qqn,* sans autre compagnie. *Il faut que je te parle* ***seul à seul*** : en particulier. → en **tête** à tête. **2·** Qui a peu de relations avec d'autres personnes. → **solitaire.** *Être seul, tout seul au monde.* → **esseulé ; isolé. 3·** Unique. *Il est seul de son espèce.* **II·** Épithète. **1·** Après le nom. Qui n'est pas accompagné. *Il y avait à la table deux femmes seules,* sans compagnons. – Loc. ***Faire cavalier seul*** : agir seul. **2·** Avant le nom. Un (et pas plus). → **unique.** *C'est ma seule joie. D'un seul coup. Il n'y avait plus une seule place. C'est le seul avantage,* il n'y en a pas d'autre. **III·** Valeur adverbiale. **1·** Seulement. – (En fonction d'apposition) *Seuls doivent compter les faits.* – (Renforçant un nom, un pronom) *Lui seul en est capable.* **2·** Sans aide. *Je pourrai le faire seul, tout seul. Débrouille-toi toute seule ! Le feu ne prend pas tout seul,* sans cause extérieure. *Cela ira tout seul,* sans difficulté. **IV·** N. ***Un, une seul(e)*** : une seule personne, une seule chose. *Par la volonté d'un seul... Un seul de ses livres m'a plu.* – ***Le, la seul(e)*** : la seule personne. *Tu n'es pas le seul !,* il y en a bien d'autres dans ton cas ! *Il est le seul à m'avoir aidé.* ▶ **seulement** adv. **1·** Sans rien d'autre que ce qui est mentionné. → **exclusivement, rien que, simplement, uniquement.** *L'homme ne vit pas seulement de pain.* – *Il vient seulement d'arriver,* il vient d'arriver à l'instant même. **2·** (Dans des propos. nég. ou interrog.) Même. *Sans avoir seulement le temps de dire un mot.* **3·** Loc. de souhait. *Si seulement il pouvait faire beau !* **4·** (En tête de proposition) Sert à introduire une restriction. → **mais.** *C'est une bonne voiture, seulement elle coûte cher.* ▷ **esseulé, soliloque, solitaire, solitude, solo**

sève [sɛv] n. f. **1·** Liquide nutritif tiré du sol par les racines, qui circule dans les plantes vasculaires. *La montée de la sève* (d'un arbre, etc.). **2·** Littér. Principe vital, énergie. *Malgré son grand âge, il déborde de sève.*

sévère [sevɛʀ] adj. **1·** Qui n'admet pas qu'on manque à la règle ; prompt à punir ou à blâmer. → **dur, exigeant.** / contr. indulgent / *Des parents sévères. Être sévère avec qqn, envers qqn.* – (Choses) Qui punit, blâme sans indulgence. *Adresser de sévères critiques à qqn.* – Très rigoureux. *Des mesures sévères.* **2·** Littér. Qui ne cherche pas à plaire, qui a qqch. de strict. → **austère.** *La façade est sévère.* **3·** Très grave, très difficile. *Une sévère défaite.* → **lourd.** *La lutte sera sévère.* ▶ **sévèrement** adv. Avec sévérité. *Punir, critiquer sévèrement.* ▶ **sévérité** n. f. **1·** Caractère ou comportement d'une personne sévère. → **dureté.** / contr. indulgence / – Caractère rigoureux (d'une peine, d'une mesure). **2·** Littér. Caractère austère, sérieux. → **austérité.**

sévices [sevis] n. m. pl. Mauvais traitements corporels exercés sur qqn qu'on a sous son autorité, sous sa garde. → **coup, violence.** *Exercer des sévices sur qqn. Se rendre coupable de sévices.*

sévir [seviʀ] v. intr. <conjug. 2> **1·** Exercer la répression avec rigueur. *Les autorités sont décidées à sévir.* → **punir. 2·** (Fléau) Exercer ses ravages. *L'épidémie sévissait depuis plusieurs mois.* ▷ **sévices**

sevrer [səvʀe] v. tr. <conjug. 5> **1·** Cesser progressivement d'alimenter en lait (un enfant, un jeune animal), pour donner une nourriture plus solide. **2·** Littér. ***Sevrer** qqn **de*** : le priver de (qqch. d'agréable). → **frustrer.** – Au p. p. adj. *Une enfant sevrée de tendresse.* ▶ **sevrage** n. m. Action de sevrer (un nourrisson).

sexagénaire [sɛksaʒenɛʀ] adj. et n. Qui a entre soixante et soixante-neuf ans.

sex-appeal [sɛksapil] n. m. Anglic. Charme, attrait à base de sexualité, qui excite le désir.

sexe [sɛks] n. m. **1·** Conformation particulière qui distingue le mâle de la femelle, l'homme de la femme, en leur assignant un rôle déterminé dans la génération. *Enfant du sexe masculin, féminin.* **2·** Qualité d'homme, qualité de femme. *Sans distinction de race ni de sexe.* – Iron. *Le sexe fort,* les hommes. *Le sexe faible, le deuxième sexe, le beau sexe,* les femmes. **3·** Activités sexuelles, sexualité (2). *Parler de sexe.* → **amour** (physique). **4·** Parties sexuelles. *Le sexe de l'homme.* → **pénis, testicule.** *Le sexe de la femme.* → **vulve ; clitoris, vagin. 5·** Constitution et fonction particulière de chacun des deux éléments complémentaires qui interviennent dans la reproduction dite sexuée (→ **femelle, mâle**). *Fleur qui a un sexe* (ou *unisexuée*), *deux sexes* (ou *bisexuée*). ▶ **sexisme** n. m. Attitude de discrimination fondée sur le sexe. → **machisme, misogynie.** ▶ **sexiste** n. et adj. Personne qui manifeste du sexisme. – Adj. *Offres d'emploi sexistes.* ▶ **sexologie** n. f. Science qui étudie les problèmes relatifs à la sexualité des êtres humains. ▶ **sexologue** n. ▷ **cache-sexe, sex-appeal, sex-shop, sex-symbol, sexué, sexuel**

sex-shop [sɛksʃɔp] n. m. ou f. Anglic. Magasin spécialisé dans la vente d'objets érotiques ou pornographiques. *Des sex-shops.*

sex-symbol [sɛkssɛ̃bɔl] n. m. Anglic. Vedette symbolisant un idéal de charme et de sensualité. *Des sex-symbols.*

sextant [sɛkstɑ̃] n. m. Instrument composé d'un sixième de cercle gradué, qui permet de mesurer la hauteur d'un astre à partir d'un navire, d'un avion. *Navigateur qui fait le point à l'aide d'un sextant.*

sextuor [sɛkstɥɔʀ] n. m. Composition musicale à six parties. – Orchestre de chambre formé de six instruments. *Des sextuors.*

sextuple [sɛkstypl] adj. Qui vaut six fois une quantité donnée. – N. m. *Le sextuple.* ▶ **sextupler** v. < conjug. 1 > **1**· V. tr. Multiplier par six. **2**· V. intr. Devenir sextuple.

sexué, ée [sɛksɥe] adj. **1**· Qui est pourvu d'organes sexuels différenciés. *Les végétaux sont sexués.* / contr. asexué / **2**· Qui se fait par la conjonction des sexes. *La reproduction sexuée.* ▷ **asexué, bisexué, unisexué**

sexuel, elle [sɛksɥɛl] adj. **1**· Relatif au sexe, aux conformations et fonctions particulières du mâle et de la femelle. *Parties sexuelles.* → **génital.** **2**· (Chez les humains) Qui concerne les comportements liés à la satisfaction des besoins érotiques. *L'acte sexuel.* → **coït.** *Relations sexuelles.* ▶ **sexualité** n. f. **1**· Caractère de ce qui est sexué, ensemble des caractères propres à chaque sexe. *La sexualité des plantes.* **2**· Ensemble des comportements relatifs à l'instinct sexuel et à sa satisfaction. → **libido, sexe** (3). ▶ **sexuellement** adv. Quant au sexe, à la sexualité. ▷ **bisexuel, hétérosexuel, homosexuel, transsexuel**

sexy [sɛksi] adj. Anglic. **1**· (Personnes) Qui a du sex-appeal, est attirant. *Des acteurs sexys* ou *sexy.* **2**· (Choses) Qui éveille le désir sexuel. *Une jupe fendue très sexy.* **3**· Fam. (hors du contexte sexuel). Agréable, attirant. *Je ne trouve pas la nouvelle maquette très sexy.*

seyant, ante [sɛjɑ̃, ɑ̃t] adj. REM. Part. prés. du v. ② *seoir.* Littér. Qui va bien, flatte la personne qui le porte. *Une robe, une coiffure seyante. Ce n'est pas très seyant.*

shabbat → **sabbat** (1).

shah → **schah.**

shaker [ʃɛkœʀ] n. m. Anglic. Récipient formé d'une double timbale, que l'on utilise pour la préparation des cocktails et boissons glacées. *Secouer un shaker. Des shakers.*

shako ou, vx, **schako** [ʃako] n. m. Coiffure militaire d'apparat, rigide, à visière, imitée de celle des hussards hongrois.

shampoing ou **shampooing** [ʃɑ̃pwɛ̃] n. m. **1**· Lavage des cheveux et du cuir chevelu au moyen d'un produit approprié. *Se faire un shampoing.* – Ce produit. *Une bouteille de shampoing.* **2**· Produit moussant pour laver les tapis, etc. *Shampoing à moquette.* ▶ **shampouiner** ou **shampooiner** [ʃɑ̃pwine] v. tr. < conjug. 1 > Faire un shampoing à. ▶ **shampouineur, euse** ou **shampooineur, euse** n. **1**· Personne qui, dans un salon de coiffure, fait les shampoings. **2**· N. f. Appareil servant à appliquer une mousse nettoyante sur les sols.

shantung ou **shantoung** [ʃɑ̃tuŋ] n. m. Tissu fait de fils de soie noueux, serrés et épais. *Une robe en shantung.*

sharia [ʃaʀja] n. f. → **charia.**

shérif [ʃeʀif] n. m. **1**· Magistrat anglais, responsable de l'application de la loi dans un comté. **2**· Aux États-Unis. Officier de police élu, à la tête d'un comté.

sherpa [ʃɛʀpa] n. m. **1**· Guide de haute montagne, dans les régions himalayennes. *Des sherpas.* **2**· Fam., plaisant. Personne qui participe à la préparation d'un sommet politique.

sherry [ʃeʀi] n. m. Anglic. Xérès. ≠ cherry.

shetland [ʃɛtlɑ̃d] n. m. Tissu de laine d'Écosse. *Pull en shetland.* – Absolt. *(Un, des shetlands)* Un, des pull(s) en shetland.

shiatsu [ʃjatsy ; ʃiatsu] n. m. Méthode de relaxation d'origine japonaise, qui se pratique par pression des doigts sur les points d'acupuncture.

shiite [ʃiit] adj. et n. → **chiite.**

shilling [ʃiliŋ] n. m. Ancienne unité monétaire anglaise, qui valait un vingtième de la livre. ≠ schilling.

shintoïsme [ʃintɔism] n. m. Religion japonaise, polythéisme animiste. ▶ **shintoïste** adj. et n.

shoah [ʃɔa] n. f. Histoire. *La Shoah,* le génocide des juifs par les nazis. → **holocauste.**

shogun [ʃɔgun] n. m. Histoire. Général en chef des armées, au Japon (XIIe au XIXe siècle). *Des shoguns.*

shoot [ʃut] n. m. Anglic. Football. Tir (au but) ou dégagement puissant. *Des shoots.* ▶ **shooter** [ʃute] v. intr. < conjug. 1 > Faire un shoot.

shopping [ʃɔpiŋ] n. m. Anglic. Le fait de parcourir les magasins pour regarder et faire des achats (→ **lèche-vitrines**). *Elle faisait du shopping avec une amie.* – REM. Au Canada, on dit (mieux) *magasinage,* n. m. et *magasiner,* v. intr. (< conjug. 1 >).

short [ʃɔʀt] n. m. Culotte courte (pour le sport, les vacances).

show [ʃo] n. m. Anglic. Spectacle de variétés centré sur une vedette. *Des shows.* ▶ **show-business** [ʃobiznɛs] n. m. Anglic. Industrie, métier du spectacle. – Abrév. fam. Anglic. **show-biz** [ʃobiz].

shunter [ʃœte] v. tr. < conjug. 1 > Anglic. Munir d'une résistance électrique placée en dérivation. – Fam. Court-circuiter (2).

① **si** [si] conj. REM. *Si* devient *s'* devant *il, ils.* **I**· *Si,* hypothétique. **1**· Introduit soit une condition (à laquelle correspond une conséquence dans la principale), soit une simple supposition ou éventualité. → au **cas** où, à **supposer** que. *Si tu es libre, nous irons ensemble. Si tu lui en parlais, il accepterait peut-être. Si j'avais su, je ne serais pas venu. Viendras-tu ? Si oui, préviens-moi à l'avance.* **2**· (En corrélation avec une proposition implicite) *Il se conduit comme s'il était fou,* comme il se conduirait s'il était fou. *Et si ça tourne mal ?* (sous entendu : *que ferons-nous ?*). – Exprime le souhait, le regret. *Si seulement, si au moins je pouvais me reposer ! S'il avait été plus prudent !* **3**· (Dans des loc. figées) *Si on veut.* → ① **vouloir** (I, 4). *Si on peut dire.* – *Si je ne me trompe,* à moins que je me trompe. – ***Si ce n'est...*** : même si ce n'est pas..., en admettant que ce ne soit pas. → **sinon.** *Un des meilleurs, si ce n'est le meilleur.* ***Si ce n'est que...*** : sauf que... *Tout va bien, si ce n'est que j'ai un rhume.* **4**· N. m. invar. Hypothèse, supposition. Loc. prov. *Avec des si, on mettrait Paris dans une bouteille,* on ferait des choses impossibles. **II**· *Si,* non hypothétique. **1**· (Servant à marquer un lien logique) *S'il revient te voir, c'est qu'il n'a pas de fierté.* → **puisque.** **2**· (Introduisant une complétive, une interrogative indirecte) *Je dois m'assurer si tout est fait. Tu me diras si c'est lui. Tu penses, s'ils étaient fiers !* → **combien.** ▷ **sinon**

② **si** adv. **I**· **1**· Littér. ***Si fait*** : mais oui. **2**· S'emploie pour contredire l'idée négative que vient d'exprimer l'interlocuteur. « *Tu n'iras pas.* – *Si !* » (= j'irai !). « *Tu n'en as pas besoin.* – *Mais si ! Que si !* » **II**· (Exprime l'intensité) **1**· À un tel degré. → **tellement.** *Il est si bête !* **2**· (Avec une consécutive) *Ils ont si mal joué qu'ils ont été sifflés.* – Loc. conj. ***Si bien que...*** : de sorte que... *Il n'est pas venu, si bien que la partie n'a pu avoir lieu.* **III**· Adv. de comparaison avec *que.* Au même degré. → **aussi.** *On n'est jamais si bien servi que par soi-même.* – (Avec une concessive) *Il échouera, si malin qu'il soit.* → **quelque.** ▷ **sitôt**

③ **si** n. m. invar. Septième note de la gamme d'ut.

siamois, oise [sjamwa, waz] adj. **1**· Du Siam (ancien nom de la Thaïlande). – N. *Les Siamois.* – *Chat siamois* ou, n., *un siamois, une siamoise,* chat à poil ras et aux yeux bleus. **2**· *Frères siamois, sœurs siamoises,* jumeaux, jumelles rattachés l'un à l'autre par une membrane. – Fig. Amis inséparables.

sibérien, enne [sibeʀjɛ̃, ɛn] adj. De Sibérie. – *Un froid sibérien,* digne de la Sibérie ; extrême. ▷ **transsibérien**

sibylle [sibil] n. f. Devineresse, femme inspirée qui prédisait l'avenir, dans l'Antiquité. → **prophétesse.** *Les oracles de la sibylle de Cumes.* ▶ **sibyllin, ine** [sibilɛ̃, in] adj. Littér. Dont le sens est caché. → **énigmatique, mystérieux, obscur.** *Des propos sibyllins.*

sic [sik] adv. Se met entre parenthèses après un mot ou une expression cités, pour souligner qu'on les cite textuellement, aussi étranges soient-ils.

sicav [sikav] n. f. invar. (Abréviation de *société d'investissement à capital variable*) Portefeuille de valeurs mobilières détenu collectivement par des épargnants et géré par un établissement spécialisé ; fraction de ce portefeuille. *Acheter des sicav.*

sida [sida] n. m. (Abréviation de *syndrome d'immunodéficience acquise*) Maladie très grave d'origine virale, caractérisée par une chute brutale des défenses immunitaires de l'organisme. *Le sida est transmissible par voie sexuelle ou sanguine.* ▶ **sidatique** (vieilli) ou **sidéen, enne** [sideɛ̃, ɛn] adj. et n. Atteint du sida. ▷ **sidologie**

side-car [sajdkaʀ ; sidkaʀ] n. m. Anglic. Habitacle à une roue et pour un passager, monté sur le côté d'une moto ; l'ensemble du véhicule. *Des side-cars.*

sidéral, ale, aux [sideʀal, o] adj. Astronomie. Qui a rapport aux astres. ▷ **intersidéral**

sidérer [sideʀe] v. tr. < conjug. 6 > Fam. Frapper de stupeur. *Cette nouvelle m'a sidéré.* – Au p. p. adj. *Complètement sidéré.* ▶ **sidérant, ante** adj. Fam. → **stupéfiant.**

sidérurgie [sideʀyʀʒi] n. f. Métallurgie du fer, de la fonte, de l'acier et des alliages ferreux ; industrie qui s'y rapporte. ▶ **sidérurgique** adj. *Usine sidérurgique.* ▶ **sidérurgiste** n. Ouvrier(ière), industriel(le) de la sidérurgie.

sidologie [sidɔlɔʒi] n. f. Didact. Branche de la médecine consacrée à l'étude et au traitement du sida. ▶ **sidologue** n. Médecin, chercheur spécialiste du sida.

siècle [sjɛkl] n. m. **1·** Période de cent ans dont le début est déterminé par rapport à un moment arbitrairement défini, en particulier par rapport à l'ère chrétienne. *Le cinquième siècle après Jésus-Christ* (de 401 à 500), *avant J.-C.* (de 499 à 400). *Au siècle dernier.* **2·** Période de cent années environ, considérée comme une unité historique. *Le siècle d'or,* le XVIe siècle espagnol ; époque de prospérité et de culture. *Le Grand Siècle,* le XVIIe siècle français. *Le Siècle des lumières,* le XVIIIe siècle en Europe. – Époque. *Il défendait les idées de son siècle, du siècle.* – Fam. *L'affaire, le contrat du siècle.* **3·** Durée de cent années. *Cet arbre a été planté il y a un siècle* (→ **séculaire**). – Très longue période. *Depuis des siècles,* depuis très longtemps. **4·** Langage religieux. *Le siècle,* le monde temporel (→ **séculier**). ▷ **séculaire, séculier**

① **siège** [sjɛʒ] n. m. **I· 1·** Lieu où se trouve la résidence principale (d'une autorité, d'une société). *Le siège d'un parti.* ***Siège social*** : domicile légal d'une société commerciale. **2·** Lieu où réside, où se trouve la cause (d'un phénomène). *Le siège d'une douleur.* **II·** Lieu où s'établit une armée, pour investir une place forte ; ensemble des opérations menées pour prendre une place forte. *Mettre le siège devant une ville.* → **assiéger.** – *Lever le siège,* cesser d'assiéger ; se retirer. – ***État de siège*** : régime spécial qui soumet les libertés individuelles à une emprise renforcée de l'autorité publique. *L'état de siège a été proclamé.* ▶ **siéger** v. intr. < conjug. 3 et 6 > **1·** Tenir séance, être en séance. *Le juge siégera demain.* **2·** Avoir le siège de sa juridiction à tel endroit. *L'Assemblée nationale siège au Palais-Bourbon.* – (Suj. chose) Littér. Résider, se trouver. *Voilà où siège le mal.* ▷ **assiéger**

② **siège** n. m. **I·** Objet fabriqué, meuble disposé pour qu'on puisse s'y asseoir. *Donner, offrir un siège à qqn. Prends un siège,* assieds-toi. *Les sièges avant, arrière, d'une automobile.* **II· 1·** Place à pourvoir par élection. *Le parti a gagné vingt sièges à l'Assemblée.* **2·** Dignité d'évêque, de pontife. *Siège épiscopal.* ▷ **Saint-Siège, télésiège**

③ **siège** n. m. (Dans des expressions) Partie du corps humain sur laquelle on s'assied. → ② **postérieur.** *Bain de siège. Enfant qui se présente par le siège* (dans un accouchement).

sien, sienne [sjɛ̃, sjɛn] adj. et pronom poss. Possessif de la troisième personne du singulier. **1·** Adj. Littér. *Il a fait siennes les idées de son chef.* **2·** Pronom. *Je préfère mon vélo au sien.* **3·** N. *Il y a mis du sien,* de la bonne volonté. – Fam. ***Faire des siennes*** : commettre des sottises. *Il a encore fait des siennes.* **4·** N. m. pl. *Les siens,* sa famille, ses amis ; ses partisans. *Elle est revenue parmi les siens.*

sierra [sjeʀa] n. f. Dans les pays de langue espagnole. Montagne à relief allongé. *La sierra Nevada, en Andalousie. Les sierras mexicaines.*

sieste [sjɛst] n. f. Repos (accompagné ou non de sommeil) pris après le repas de midi. *Faire la sieste.*

sieur [sjœʀ] n. m. Monsieur (en langage de procédure). – Péj. *À en croire le sieur Un tel...* ▷ **monsieur**

siffler [sifle] v. < conjug. 1 > **I·** V. intr. **1·** Émettre un son aigu, modulé ou non, en faisant échapper l'air par une ouverture étroite (bouche, sifflet...). *Sais-tu siffler ? Asthmatique qui siffle en respirant. Il siffle comme un merle.* – (Animaux) *Le loriot siffle.* **2·** Produire un son aigu par un frottement, par un mouvement rapide de l'air. *Le vent sifflait dans la cheminée.* – *Jet de vapeur qui siffle.* → **chuinter. II·** V. tr. **1·** Moduler (un air) en émettant de tels sons. *Siffler un petit air joyeux.* **2·** Appeler ou signaler par de tels sons. *Siffler son chien. L'arbitre a sifflé une faute.* **3·** (Suj. le public) Désapprouver bruyamment, par des sifflements, des cris, etc. *Le pianiste s'est fait siffler.* → **conspuer, huer.** / contr. applaudir / **4·** Fam. Boire d'un trait. *Il a sifflé trois verres à la suite.* ▶ **sifflant, ante** adj. Qui s'accompagne d'un sifflement. *Respiration sifflante. Consonne sifflante,* dont l'émission est caractérisée par un bruit de sifflement (ex. : [s]). ▶ **sifflement** n. m. **1·** Action de siffler ; son émis en sifflant. *Émettre un sifflement admiratif.* **2·** Production d'un son aigu. *Le sifflement des balles.* – Bruit parasite perçu dans un récepteur de radio. ▶ **sifflet** n. m. **1·** Petit instrument formé d'un tuyau court à ouverture en biseau, servant à émettre un son aigu. → **appeau.** *Le sifflet de l'arbitre.* **2·** *Coup de sifflet* ou, absolt, *sifflet,* son produit en soufflant dans un sifflet ou en sifflant. *J'ai entendu des sifflets. L'orateur fut interrompu par les sifflets du public.* → **huée. 3·** Loc. fam. ***Couper le sifflet** à qqn* : le laisser coi. *Ça m'a coupé le sifflet.* ▶ **siffleur, euse** adj. et n. Qui siffle. *Merle siffleur.* ▶ **siffloter** v. intr. < conjug. 1 > Siffler négligemment en modulant un air. *Siffloter gaiement.* – Transitivement. *Siffloter une rengaine.* ▶ **sifflotement** n. m. Action de siffloter ; air siffloté. ▷ **persifler**

sigisbée [siʒisbe] n. m. Vx ; littér. ou plaisant. Compagnon empressé et galant.

sigle [sigl] n. m. Suite d'initiales servant d'abréviation (ex. : *H. L. M., habitation à loyer modéré*).

signal, aux [siɲal, o] n. m. **1·** Signe convenu (geste, son...) fait par qqn pour indiquer le moment d'agir. *À son signal, tout le monde se leva. Donner le signal du départ.* – Fait qui déclenche une action, un processus en réponse. *Leur arrestation a été le signal de l'insurrection.* **2·** Signe (ou système) conventionnel destiné à transmettre une information. *Signal d'alarme. Signaux optiques, acoustiques. Signaux de chemin de fer* (disques, feux réglant la circulation sur les voies). *Le conducteur n'a pas respecté le signal. Signaux routiers* (→ **signalisation**). – *Un signal fort*, destiné à transmettre une information importante. ▷ **signaler, signaliser**

signaler [siɲale] v. tr. < conjug. 1 > **1·** Annoncer par un signal (ce qui se présente, un mouvement). *Cycliste qui tend le bras pour signaler qu'il va tourner.* – Au p. p. *Le train est signalé*, il va entrer en gare. **2·** Faire remarquer ou connaître en attirant l'attention. *Rien à signaler. On a signalé leur présence à Paris. Permettez-moi de vous signaler que...* **3·** Dénoncer pour faute commise. *Le conseiller d'éducation les a signalés au proviseur.* **4·** Pronominalement. *Se signaler*, se faire remarquer, se distinguer (en bien ou en mal). *Elle s'est signalée par son courage.* ≠ signaliser. ▶ **signalé, ée** adj. (En loc., devant le nom) Remarquable, insigne. *Il m'a rendu un signalé service.* ▶ **signalement** n. m. Description physique d'une personne qu'on veut faire reconnaître. *Son signalement a été donné à tous les aéroports.* ▷ **signalétique**

signalétique [siɲaletik] adj. Qui donne un signalement. *Fiche signalétique.*

signaliser [siɲalize] v. tr. < conjug. 1 > Munir d'un ensemble de signaux coordonnés. *Signaliser une route, un parcours.* ≠ signaler. ▶ **signalisation** n. f. Emploi, disposition des signaux destinés à assurer la bonne utilisation d'une voie et la sécurité des usagers. *Panneaux, feux de signalisation.*

signataire [siɲatɛʀ] n. Personne, autorité qui a signé (une lettre, un acte, un traité). *Les signataires d'un pacte.*

signature [siɲatyʀ] n. f. **1·** Inscription qu'une personne fait de son nom en vue de certifier exact ou authentique, ou d'engager sa responsabilité. → **griffe, parafe, seing.** *Une signature illisible. Apposer sa signature.* → **signer.** – *Honorer sa signature*, l'engagement qu'on a signé. **2·** Action de signer (un écrit, un acte). *L'arrêté va être porté à la signature du ministre.*

signe [siɲ] n. m. **I· 1·** Chose perçue qui permet de conclure à l'existence ou à la vérité (d'une autre chose, à laquelle elle est liée). → **indice, manifestation, marque, signal, symbole, symptôme.** *Un portrait est un signe de la personne représentée.* → **image.** *Un mot est un signe arbitraire de la chose signifiée.* (→ ci-dessous II, 2). *C'est un signe qui ne trompe pas. Signes extérieurs de richesse*, ce qui, dans le train de vie, est pour le fisc un indice de richesse. *Donner des signes de fatigue, de nervosité.* → **manifester, témoigner.** Loc. *Ne pas donner **signe de vie*** : paraître mort ; ne donner aucune nouvelle. *C'est **bon signe**, c'est **mauvais signe*** : c'est l'annonce que ça va bien, mal. *Il est sorti, c'est signe qu'il va mieux*, cela annonce, prouve qu'il va mieux. **2·** Élément ou caractère (d'une personne, d'une chose) qui permet de distinguer, de reconnaître. *Son visage ne présente pas de signes particuliers. Un signe des temps*, une chose qui caractérise l'époque où l'on vit. – Marque faite pour distinguer. *Faire un petit signe sur un livre avant de le prêter.* **II· 1·** Mouvement ou geste destiné à communiquer avec qqn, à faire savoir qqch. → **signal.** *Communiquer par signes* (opposé à *parole*). *La langue des signes, utilisées par les personnes sourdes. Un signe de tête affirmatif, négatif. Il me fit signe que non. Il m'a fait signe d'entrer. Je te ferai signe*, j'entrerai en contact avec toi. – *En signe de...*, pour manifester, exprimer. *Agiter son mouchoir en signe d'adieu.* **2·** Représentation matérielle simple qui se rapporte conventionnellement à une réalité complexe. → **symbole.** *Le noir, signe de deuil.* – En mathématiques. *Le signe « plus » (+), le signe « moins » (–).* – Élément du langage, associant un signifiant à un signifié. *Les mots sont des signes* (→ **sémantique ; sémiologie, sémiotique**). **3·** Emblème, insigne (d'une société, d'une fonction). *Le signe de la croix*, l'emblème des chrétiens. *Faire le signe de la croix, un signe de croix*, le geste qui l'évoque. **4·** Chacune des figures représentant en astrologie les douze constellations du zodiaque. *Être né sous le signe du Bélier, être du signe du Bélier.* – Fam. *Sous le signe de la bonne humeur*, dans une atmosphère de bonne humeur. ▶ ① **signer** v. intr. < conjug. 1 > S'exprimer en langue des signes. *Interprète qui signe pour les personnes sourdes ou malentendantes.* ▷ **assigner, consigner, désigner, ② insigne, signal, ② signer, ③ se signer, signet, signifier**

② **signer** [siɲe] v. tr. < conjug. 1 > Revêtir de sa signature (une lettre, une œuvre d'art, un traité). *Signer un chèque. Signer la paix*, le traité de paix. – Au p. p. adj. *Tableau signé X. Œuvre signée de la main de l'artiste.* – Abstrait. *C'est signé !*, cela porte bien la marque de la personne en question. – *Lettres non signées*, anonymes. Loc. *Persiste et signe.* ▷ **contresigner, signataire, signature, soussigné**

③ **se signer** v. pron. < conjug. 1 > Faire le signe de la croix sur soi. *Elle s'est signée et a fait une prière.*

signet [siɲɛ] n. m. Petit ruban ou bande de papier, de carton, servant à marquer tel ou tel endroit d'un livre. → **marque-page.**

signifier [siɲifje] v. tr. < conjug. 7 > **1·** (Suj. chose) Avoir un sens, être le signe de. → vouloir **dire.** *Je ne sais pas ce que signifie ce mot. Le mot anglais « bed » signifie « lit ». Ta conduite signifie que tu n'as pas confiance en moi. Qu'est-ce que cela signifie ?* (expression de mécontentement). **2·** (Suj. personne) Faire connaître par des signes, des termes parfaitement clairs. *Il nous a signifié ses intentions.* – En droit. Faire savoir légalement. → **notifier.** ▶ **signifiant, ante** adj. et n. m. **1·** Adj. Qui signifie. **2·** N. m. En linguistique. Partie matérielle du signe (phonèmes ou sons, caractères écrits), opposée et liée au *signifié**. ▶ **significatif, ive** adj. Qui signifie, exprime ou renseigne clairement. → **expressif, révélateur.** *Une indication, une remarque très significative.* ▶ **significativement** adv. ▶ **signification** n. f. **1·** Ce que signifie (une chose, un fait). *Quelle est la signification de cette grimace ?* – Sens (d'un signe, d'un ensemble de signes, et notamment d'un mot). *La signification d'un symbole. Les diverses significations d'un mot.* → **acception. 2·** En droit. Action de signifier (un jugement, etc.). → **notification.** ▶ **signifié** n. m. Linguistique. Contenu du signe opposé et lié au *signifiant**. → **sens.** ▷ **insignifiant**

sikh, sikhe [sik] n. et adj. Membre d'une communauté religieuse de l'Inde (opposée au système hindou des castes).

silence [silɑ̃s] n. m. **I· 1·** Fait de ne pas parler ; attitude d'une personne qui reste sans parler. → **mutisme.** *Garder le silence,* se taire. *En silence,* sans rien dire. *Faites silence !,* taisez-vous ! Ellipt. *Silence ! – Minute de silence,* hommage que l'on rend aux morts en demeurant debout, immobile et silencieux. – *(Un, des silences)* Moment pendant lequel on ne dit rien. *Une conversation coupée de silences.* **2·** Le fait de ne pas exprimer, de ne pas divulguer (ce qu'on veut cacher). *Passer qqch. sous silence,* n'en rien dire, ne pas en faire mention. *Promets-moi un silence absolu.* → **secret.** *La loi du silence,* qui interdit aux malfaiteurs de faire des révélations sur leurs complices. → **omerta.** – *Le silence de la loi,* omission, lacune dans un texte juridique. – *Réduire qqn au silence,* l'empêcher de se manifester. **II· 1·** Absence de bruit, d'agitation. *Dans le silence de la nuit. Il régnait un silence de mort, un silence total.* – Loc. *Silence radio,* absence de manifestation, de réaction, de prise de position (alors qu'on en attendrait une). **2·** Interruption du son d'une durée déterminée, indiquée dans la notation musicale ; signe qui l'indique. → **pause, soupir.** ▶ ① **silencieux, euse** adj. **1·** Où le silence et le calme règnent. *Rue silencieuse.* – Qui se fait, fonctionne sans bruit. *Moteur silencieux.* **2·** Qui garde le silence. → **muet.** *Nous restions silencieux.* – Qui ne s'accompagne pas de paroles. *Repas silencieux.* ▶ **silencieusement** adv. Sans faire aucun bruit. – Sans parler. ▶ ② **silencieux** n. m. invar. **1·** Pot d'échappement (d'un véhicule à moteur). **2·** Dispositif qui étouffe le bruit (d'une arme à feu).

silex [silɛks] n. m. invar. **1·** Roche sédimentaire siliceuse, cristallisée (→ **quartz**). **2·** Arme, outil préhistorique fait de cette roche taillée. *Des silex du paléolithique.* ▷ **silice**

silhouette [silwɛt] n. f. **1·** Forme qui se profile en noir sur un fond clair. *La silhouette de la tour se découpe sur le ciel.* – Forme ou dessin aux contours schématiques. *Silhouette des arbres reflétée dans l'eau.* **2·** Allure ou ligne générale d'une personne. *Sa silhouette est très jeune.* ▶ **silhouetter** v. tr. < conjug. 1 > Représenter en silhouette. – Pronominalement. *Se silhouetter.* → se **profiler.**

silice [silis] n. f. Oxyde de silicium, corps solide de grande dureté, blanc ou incolore, entrant dans la composition de nombreux minéraux. *Silice pure cristallisée.* → **quartz.** ≠ cilice. ▶ **silicate** n. m. Combinaison de silice avec divers oxydes métalliques. ▶ **siliceux, euse** adj. ▶ **silicium** [silisjɔm] n. m. Corps simple de couleur grise, métalloïde du groupe du carbone, présent dans la silice et les silicates. ▶ **silicone** n. f. Nom générique des dérivés du silicium se présentant sous forme d'huiles, de résines, de matières plastiques. *Prothèse mammaire en silicone.* ▶ **siliconé, ée** adj. *Seins siliconés,* garnis d'une prothèse en silicone. – *Une starlette siliconée.* ▶ **silicose** n. f. Maladie pulmonaire professionnelle des mineurs, due à l'inhalation de poussières de silice.

sillage [sijaʒ] n. m. **1·** Trace qu'un bateau laisse derrière lui à la surface de l'eau. – Loc. *Être, marcher **dans le sillage** de qqn :* à la suite de, derrière qqn (qui ouvre la voie). **2·** *Le sillage d'une odeur, d'un parfum,* l'odeur laissée par une personne qui passe.

sillon [sijɔ̃] n. m. **1·** Longue tranchée ouverte dans la terre par la charrue. – Poét. Au plur. Les champs cultivés, la campagne. **2·** Ligne, ride. *Menton creusé d'un sillon.* – En anatomie. *Les sillons du cerveau,* les rainures qui séparent les circonvolutions. → **scissure. 3·** Trace produite à la surface d'un disque par l'enregistrement phonographique. → **microsillon.** ▶ **sillonner** v. tr. < conjug. 1 > **1·** Creuser en faisant des sillons, des fentes. – Au p. p. *Front sillonné de rides.* **2·** Traverser d'un bout à l'autre. *Les éclairs sillonnaient le ciel.* – Traverser, parcourir en tous sens. *Les routes qui sillonnent cette région.* ▷ **microsillon, sillage**

silo [silo] n. m. Réservoir où l'on entrepose les produits agricoles pour les conserver. *Des silos à fourrage, à blé.* ▷ **ensiler**

silure [silyʀ] n. m. Poisson d'eau douce à longs barbillons, appelé aussi *poisson-chat.*

simagrée [simagʀe] n. f. Surtout au plur. Façons, petite comédie destinées à tromper. → **grimace, manière.** *Elle s'est laissé prendre à ses simagrées.*

simiens [simjɛ̃] n. m. pl. Sous-ordre de l'ordre des Primates, comprenant les singes proprement dits. *Les anthropoïdes sont des simiens.*

simiesque [simjɛsk] adj. Littér. Qui tient du singe, évoque le singe. *Un visage simiesque.*

similaire [similɛʀ] adj. Qui est à peu près semblable. → **analogue, équivalent.** *Nous n'avons plus ce produit, mais nous pouvons vous proposer quelque chose de similaire.*

simil(i)- Élément qui signifie « pareil, semblable ». → **semblable.** ▶ **similicuir** [similikɥiʀ] n. m. Matière plastique imitant le cuir. → **skaï.** ▶ **similigravure** n. f. Photogravure en demi-teinte au moyen de trames à travers lesquelles sont photographiés les objets ; cliché ainsi obtenu (abrév. *simili*).

similitude [similityd] n. f. Relation unissant deux choses semblables. → **analogie, identité, ressemblance.** – Caractère de deux figures géométriques semblables.

simoun [simun] n. m. Vent violent, chaud et sec, accompagné de tourbillons de sable, qui souffle sur les régions désertiques de l'Arabie, de l'Égypte, du Sahara. → **sirocco.**

1 **simple** [sɛ̃pl] adj. **I·** (Personnes) **1·** Qui agit selon ses sentiments, sans affectation, sans calcul, sans recherche. → **direct.** *Un homme simple et rude.* – *Un cœur simple.* **2·** Dont les manières, les goûts ne dénotent aucune prétention. *Il a su rester simple dans les honneurs.* – *Les gens simples,* de condition modeste. **3·** Péj. Qui a peu de finesse, se laisse facilement tromper. → **crédule, simplet.** *Il est un peu simple.* – ***Simple d'esprit*** : qui n'a pas une intelligence normalement développée. → **arriéré.** N. Débile mental. *Un, une simple d'esprit.* **II·** (Choses) **1·** Qui n'est pas composé de parties, est indécomposable. *Corps chimiques simples. Un billet, un aller simple* (opposé à *aller et retour*). *Les temps simples d'un verbe* (opposé à *composé*). – N. m. *Varier du simple au double,* être multiplié par deux. **2·** (Avant le nom) Indique que le nom est pris au sens strict, à l'exclusion de toute autre idée. *Une simple formalité.* → **pur.** *Un simple soldat,* non gradé. **3·** Qui est formé d'un petit nombre de parties ou d'éléments. → **élémentaire.** / contr. complexe / *L'intrigue de ce roman est simple.* **4·** Qui, étant formé de peu d'éléments, est aisé à comprendre, à utiliser (opposé à *compliqué, difficile*). → **commode, facile.** *Il y a un moyen bien simple. C'est simple comme bonjour* (comme de dire bonjour). *Ce n'est pas si simple.* Fam. *C'est bien simple,* se dit pour ramener une question à une évidence. *C'est bien simple, il suffit d'aller tout droit.* **5·** Qui comporte peu d'éléments ajoutés, peu d'ornements. *Dans le plus simple appareil,* déshabillé, nu. *Une robe toute simple.* / contr. recherché / – Sans décorum, sans cérémonie. *Le mariage a été très simple.* ▶ **simplement** adv. **1·** D'une manière simple, sans complication, sans affectation. → **naturellement.** **2·** Seulement. *Je voulais simplement te dire...* ▶ **simplet, ette** adj. **1·** Qui est un peu simple d'esprit. → **naïf.** **2·** (Choses) D'une excessive simplicité. *Une musique plutôt simplette.* ▶ 2 **simple** n. m. Partie de tennis entre deux adversaires (opposé à *double*). *Un simple messieurs ; un simple dames.* ▷ **simples, simplicité, simplifier, simpliste**

simples n. m. pl. Littér. Plantes médicinales. *Cueillir des simples.*

simplicité [sɛ̃plisite] n. f. **I· 1·** Sincérité sans détour. → **franchise.** – Comportement naturel et spontané. → **naturel.** *Répondre avec simplicité.* **2·** Caractère d'une personne simple (I, 2). – Loc. ***En toute simplicité*** : sans cérémonie. **3·** Littér. Naïveté exagérée. → **candeur.** *Je n'ai pas la simplicité de le croire.* **II·** (Choses) **1·** Caractère de ce qui n'est pas composé ou décomposable. – Caractère de ce qui est facile à comprendre, à utiliser. *Problème, mécanisme d'une grande simplicité.* **2·** Qualité de ce qui n'est pas chargé d'ornements superflus. *La simplicité de sa toilette.*

simplifier [sɛ̃plifje] v. tr. < conjug. 7 > Rendre moins complexe, moins chargé d'éléments accessoires, plus facile. / contr. compliquer / *Cela simplifie la question. Cet appareil me simplifie la vie.* – *Simplifier une fraction,* en réduire également les deux termes. ▶ **simplification** n. f. Action, fait de simplifier.

simpliste [sɛ̃plist] adj. Qui ne considère qu'un aspect des choses et simplifie outre mesure. *Un raisonnement simpliste.*

simulacre [simylakʀ] n. m. Littér. Ce qui n'a que l'apparence de ce qu'il prétend être. → **parodie, semblant.** *Il n'y a eu qu'un simulacre de combat.*

simuler [simyle] v. tr. < conjug. 1 > Faire paraître comme réel, effectif (ce qui ne l'est pas). *Simuler une vente.* – Donner pour réel en imitant l'apparence de (la chose à laquelle on veut faire croire). → **feindre,** faire **semblant** de. *Simuler un malaise.* – Au p. p. adj. *Une indifférence simulée.* ▶ **simulateur, trice** n. 1· Personne qui simule un sentiment. → **hypocrite.** *Un habile simulateur.* – Personne qui simule une maladie. *Le médecin l'a prise pour une simulatrice.* 2· N. m. Appareil qui permet de représenter artificiellement un fonctionnement réel. *Un simulateur de vol.* ▶ **simulation** n. f. 1· Fait de simuler (un acte juridique). 2· Action de simuler (un sentiment, une maladie). 3· Terme technique. Représentation à l'aide d'un simulateur. ▷ **dissimuler, simulacre**

simultané, ée [simyltane] adj. 1· Se dit d'événements distincts ayant lieu au même moment. → **concomitant, synchrone.** / contr. successif / *Mouvements simultanés.* 2· *Interprétation, traduction simultanée,* donnée en même temps que parle l'orateur (opposée à *consécutive*). ▶ **simultanéité** n. f. Caractère simultané ; synchronisme absolu. *La locution conjonctive « au moment où » marque la simultanéité.* ▶ **simultanément** adv. En même temps.

sinanthrope [sinɑ̃tʀɔp] n. m. Grand primate fossile proche de l'homme dont les restes ont été découverts en Chine (d'où son nom → sin(o)-).

sinapisme [sinapism] n. m. Vieilli. Traitement révulsif par application d'un cataplasme à base de farine de moutarde (ou *sinapis,* n. m.) ; ce cataplasme.

sincère [sɛ̃sɛʀ] adj. 1· Qui est disposé à reconnaître la vérité et à faire connaître ce qu'il pense, ce qu'il ressent. → **franc, loyal.** *Il s'est excusé et je le crois sincère.* 2· Qui est tel réellement et en toute bonne foi. → **véritable.** *Ami sincère. Un sincère amateur d'art moderne.* 3· (Choses) Réellement pensé ou senti. *Amour, repentir sincère. Ce n'est pas sincère* (c'est insincère). – (Dans le lang. de la politesse) *Mes sincères condoléances.* ▶ **sincèrement** adv. ▶ **sincérité** n. f. 1· Qualité d'une personne sincère. → **bonne foi, franchise, loyauté.** *Je vous le dis en toute sincérité.* 2· Caractère de ce qui est sincère.

sinécure [sinekyʀ] n. f. Charge ou emploi où l'on est rétribué sans avoir rien (ou presque rien) à faire ; situation de tout repos. *Tu as trouvé une sinécure, avec cet emploi.* – Fam. *Ce n'est pas une sinécure,* ce n'est pas une mince affaire.

sine die [sinedje] loc. adv. Sans fixer de date pour une autre réunion, une autre séance. *Le débat a été ajourné sine die.*

sine qua non [sinekwanɔn] loc. adj. invar. *Condition sine qua non,* absolument indispensable.

singe [sɛ̃ʒ] n. m. 1· Mammifère (primate) caractérisé par une face nue, un cerveau développé, des membres inférieurs plus petits que les membres supérieurs, et des mains. → **simiens ; pithéc(o)-.** *Qui rappelle le singe.* → **simiesque.** – Cet animal mâle (opposé à *guenon*). 2· Prov. *On n'apprend pas à un vieux singe à faire la grimace,* on n'apprend pas les ruses à un homme plein d'expérience. – Loc. *Payer en **monnaie de singe** :* récompenser ou payer par de belles paroles, des promesses creuses. – *Être malin comme un singe.* – *Faire le singe,* se comporter d'une façon déraisonnable ; faire des singeries. 3· Personne laide. *C'est un vieux singe.* 4· Fam. Corned-beef. *Une boîte de singe.* ▶ **singer** v. tr. < conjug. 3 > 1· Imiter (qqn) maladroitement ou d'une manière caricaturale (comme font les singes). → **contrefaire.** *Singer qqn, les manies de qqn.* 2· Feindre, simuler (un sentiment). *Il singeait la passion.* ▶ **singerie** n. f. Grimace, attitude comique. *Pas tant de singeries !*

singulariser [sɛ̃gylaʀize] v. tr. < conjug. 1 > Distinguer des autres par qqch. de peu courant. *Sa tenue voyante la singularise.* – Pronominalement. *Se singulariser,* se faire remarquer par qqch. de bizarre. → se **particulariser.**

singularité [sɛ̃gylaʀite] n. f. Caractère exceptionnel de ce qui se distingue (en bien ou en mal). → **bizarrerie, étrangeté.** – Fait, trait singulier. → **particularité.** *Cet appareil photo présente la singularité de fonctionner sous l'eau.*

singulier, ière [sɛ̃gylje, jɛʀ] adj. et n. m. 1· Qui est digne d'être remarqué (en bien ou en mal) par des traits peu communs. → **bizarre, curieux, étonnant, étrange.** / contr. banal / *Sa réaction a été tout à fait singulière. Singulière façon de voir les choses !* 2· Littér. Différent des autres. → **particulier, spécial.** *Une nature singulière.* 3· *Combat singulier,* duel. 4· N. m. Catégorie grammaticale qui exprime l'unité (opposé à *pluriel*). → 2 **duel ; nombre.** ▶ **singulièrement** adv. 1· Beaucoup, très. *Un cas singulièrement troublant.* 2· Littér. Bizarrement. *Il se conduit singulièrement.* 3· Littér. Notamment, particulièrement. ▷ **singulariser, singularité**

1 **sinistre** [sinistʀ] adj. 1· Qui fait craindre un malheur, une catastrophe. *Des craquements sinistres.* → **effrayant.** – Sombre, inquiétant. *Une allure sinistre. Une rue sinistre.* 2· (Devant le nom) Inquiétant, dangereux. *Un sinistre individu.*

– Intensif. *Un sinistre crétin.* **3·** Triste et ennuyeux. *La soirée a été sinistre.* ▶ **sinistrose** n. f. Pessimisme (collectif) excessif qui porte à tout voir sous un jour défavorable. *Une période de sinistrose.* ▷ 2 **sinistre**

2 **sinistre** n. m. **1·** Événement catastrophique naturel (incendie, inondation, tremblement de terre, etc.). *Le sinistre a fait de nombreuses victimes. Se rendre sur les lieux du sinistre.* **2·** Dommages ou pertes subis par des objets assurés. *Évaluer le sinistre.* ▶ **sinistré, ée** adj. et n. Qui a subi un sinistre. *Région sinistrée.* – (Personnes) N. *Les sinistrés sont aidés par la Croix-Rouge.*

sin(o)- Élément savant signifiant « de la Chine » (ex. : *sinologie*, n. f., « ensemble des études relatives à la Chine »). ▶ **sinologue** [sinɔlɔg] n. Spécialiste de la Chine. *Une sinologue émérite.* ▷ **sinanthrope**

sinon [sinɔ̃] conj. **1·** (Après une propos. négative) En dehors de... → **excepté, sauf.** *Il ne sentait rien, sinon une légère douleur. Je n'ai pas grand-chose à lui reprocher, sinon qu'il est un peu lent.* – (Après une propos. interrogative) Si ce n'est. *Qu'est-ce qu'on peut faire sinon accepter ?* **2·** (Restriction) En admettant que ce ne soit pas. *Sa conduite a rencontré sinon l'approbation, du moins l'indulgence. C'est une de mes passions, sinon la seule,* et même peut-être la seule. **3·** (Emploi absolu) Si la supposition énoncée est fausse ou ne se réalise pas. → **autrement, sans** quoi. *Il n'a pas eu ta lettre, sinon il serait venu. Viendras-tu ? Si oui, tant mieux ; sinon, tant pis.*

sinoque ou **cinoque** [sinɔk] adj. Fam. Fou, folle. → fam. **cinglé.**

sinueux, euse [sinɥø, øz] adj. Qui présente une suite de courbes irrégulières et dans des sens différents. / contr. rectiligne / *Des ruelles étroites et sinueuses.* – Abstrait. Tortueux. *Des raisonnements sinueux.* ▶ **sinuosité** n. f. Ligne sinueuse, courbe. → **détour, méandre.** *Les sinuosités de la rivière.*

1 **sinus** [sinys] n. m. invar. **1·** Cavité irrégulière de l'os du maxillaire et du front, où peut siéger une infection. *Douleur dentaire qui se propage dans les sinus.* **2·** Renflement de certains vaisseaux sanguins. *Le sinus de la carotide.* ▶ **sinusite** [sinyzit] n. f. Inflammation des sinus (1), consécutive à l'inflammation de la muqueuse nasale.

2 **sinus** n. m. invar. *Sinus d'un angle,* rapport entre la longueur d'une perpendiculaire menée d'un côté de l'angle sur l'autre côté et la longueur de l'hypoténuse du triangle rectangle ainsi formé (symb. : *sin*). *Sinus du complément d'un angle.* → **cosinus.** *Fonction sinus* (→ **trigonométrie**). ▶ **sinusoïde** [sinyzɔid] n. f. Courbe représentative de la fonction sinus ou cosinus. ▶ **sinusoïdal, ale, aux** adj. Qui a la forme ondulée d'une sinusoïde. – *Mouvement sinusoïdal.* → **pendulaire.** ▷ **cosinus**

sionisme [sjɔnism] n. m. Mouvement politique et religieux, visant à l'établissement puis à la consolidation d'un État juif en Palestine. *Être pour, contre le sionisme. Il est contre le sionisme mais il n'est pas antisémite.* ▶ **sioniste** adj. et n. Relatif ou favorable au sionisme. – N. *Un, une sioniste.*

sioux [sju] n. invar. et adj. invar. **1·** Personne appartenant à une population indienne de l'Amérique du Nord. *Les Sioux vivent aujourd'hui dans les réserves.* **2·** *Une ruse de Sioux,* très habile.

siphon [sifɔ̃] n. m. **1·** Tube courbé ou appareil permettant de transvaser un liquide ou de faire communiquer deux liquides. – Tube recourbé en forme de S, placé à la sortie des appareils sanitaires, de façon à empêcher la remontée des mauvaises odeurs. **2·** Bouteille contenant sous pression de l'eau gazéifiée et munie d'un bouchon à levier. *Un siphon d'eau de Seltz.* ▶ **siphonner** v. tr. < conjug. 1 > Transvaser (un liquide), vider (un contenant) à l'aide d'un siphon. *Siphonner un réservoir d'essence.* ▷ **siphonné**

siphonné, ée [sifɔne] adj. Fam. Fou. *Tu es complètement siphonné !*

sire [siʀ] n. m. **1·** Ancien titre honorifique. – Loc. *Un **triste sire** :* un individu peu recommandable. **2·** Titre qu'on donne à un souverain quand on s'adresse à lui. ▷ **messire**

1 **sirène** [siʀɛn] n. f. **1·** Dans l'Antiquité. Être fabuleux, à tête et torse de femme et à queue de poisson, qui passait pour attirer, par la douceur de son chant, les navigateurs sur les écueils. – Loc. *Écouter le chant des sirènes,* se laisser charmer, séduire. **2·** Femme douée d'un dangereux pouvoir de séduction. → femme **fatale.** ▷ 2 **sirène**

2 **sirène** n. f. Puissant appareil sonore destiné à produire un signal. *Sirène d'alarme. La sirène d'une usine,* annonçant la reprise et la cessation du travail.

sirocco [siʀɔko] n. m. En Afrique. Vent de sud-est extrêmement chaud et sec, d'origine saharienne. → **simoun.**

sirop [siʀo] n. m. Solution de sucre dans de l'eau, du jus de fruit. *Sirop de groseille. Sirops pharmaceutiques. Sirop contre la toux.* – Fig. fam. *Cette musique, c'est du sirop.* → **sirupeux** (2). ▷ **siroter, sirupeux**

siroter [siʀɔte] v. tr. < conjug. 1 > Fam. Boire à petits coups, en savourant. → **déguster.** *Siroter son café.*

sirupeux, euse [siʀypø, øz] adj. **1·** De la consistance du sirop (du miel, de la mélasse). *Liquide sirupeux.* **2·** Fig. *Musique sirupeuse,* mièvre.

sis, sise [si, siz] adj. Lang. juridique. Situé. *Un domaine sis à tel endroit.*

sisal, als [sizal] n. m. Agave dont les feuilles fournissent une fibre textile ; cette fibre. *Des tapis en sisal. Des sisals.*

sism(o)- Élément savant signifiant « secousse, tremblement ; séisme* ». ▶ **sismicité** [sismisite] n. f. Fréquence et intensité des séismes (d'une région donnée). ▶ **sismique** adj. Relatif aux séismes. *Ondes sismiques. Secousse sismique.* → **tellurique.** ▶ **sismographe** n. m. Instrument de mesure qui enregistre l'heure, la durée et l'amplitude des secousses du sol. ▶ **sismologie** n. f. Étude des séismes. ▶ **sismologue** n. ▷ **parasismique**

sitar [sitaʀ] n. m. Instrument de musique à cordes pincées, utilisé en Inde. ≠ cithare.

sitcom [sitkɔm] n. f. Anglic. Comédie populaire produite pour la télévision, fondée sur le caractère comique ou dramatique des situations.

site [sit] n. m. **1·** Paysage (considéré du point de vue de l'esthétique, du pittoresque). *Un site classé.* **2·** Configuration du lieu où s'élève une ville, manière dont elle est située. – *Site archéologique,* où l'on effectue des fouilles. **3·** Serveur de données auquel on accède par un réseau (notamment Internet). – Ensemble d'informations ou d'outils publiés sur le web (par un organisme, un particulier...) autour d'un sujet donné. *L'adresse d'un site sur Internet. Site d'un journal en ligne. Site de rencontres. Site personnel, institutionnel. Participer à un site collaboratif.* ▷ **situer**

sit-in [sitin] n. m. invar. Anglic. Manifestation non-violente qui consiste à s'asseoir par terre dans les lieux publics en signe de protestation.

sitôt [sito] adv. **1·** (En loc.) Aussitôt*. *Sitôt après. Sitôt entré, il se coucha,* dès qu'il fut entré. *Pas de sitôt,* pas bientôt. *Il ne reviendra pas de sitôt,* il n'est pas près de revenir. – Loc. *Sitôt dit, sitôt fait.* → **aussitôt.** **2·** Loc. conj. ***Sitôt que*** (+ indicatif) : aussitôt que. → **dès** que. *Sitôt qu'il la vit, il sortit.*

1 **situation** [sitɥasjɔ̃] n. f. **1·** Ensemble des circonstances dans lesquelles une personne se trouve. → **condition, position.** *Sa situation est délicate. Leur situation financière s'améliore. Situation de famille* (célibataire, marié...). – Au théâtre. *Des situations comiques.* – Loc. fam. vieillie. *Elle est dans une situation intéressante* : elle attend un enfant. **2·** Emploi, poste rémunérateur régulier et stable. → **fonction, place.** *Il a perdu sa situation. Avoir une bonne, une belle situation.* **3·** Loc. ***Être en situation de...*** (+ infinitif) : en mesure de... ; être bien placé pour... **4·** Ensemble des circonstances dans lesquelles un pays, une collectivité se trouve. *La situation est grave. Tentatives du gouvernement pour dominer la situation.*

situer [sitɥe] v. tr. < conjug. 1 > Placer par la pensée en un lieu → **localiser,** à une époque, à une certaine place dans un ensemble. *L'auteur a situé l'action à Londres au XVIe siècle.* Fam. *On ne le situe pas bien,* on ne voit pas quelle sorte d'homme c'est, quel est son milieu. – Pronominalement. *Avoir du mal à se situer par rapport à qqn, qqch.,* à préciser sa position, à trouver sa place. ▶ **situé, ée** adj. Placé (à tel endroit, de telle ou telle façon). *Maison bien située.* ▶ 2 **situation** n. f. Emplacement (d'un édifice, d'une ville). *Ce port occupe une situation abritée.* → **site** (2). ▷ 1 **situation**

six [sis] dét. invar., adj. invar. et n. m. invar. REM. *Six* se prononce [si] devant consonne, [siz] devant voyelle, [sis] dans les autres cas, sauf exception devant les noms de mois : *le six avril* se prononce [ləsisavʀil] ou [ləsizavʀil] ; *le six mai* [ləsimɛ] ou [ləsismɛ]. **1·** Dét. num. cardinal. Cinq plus un (6). → **demi-douzaine.** *Six et dix.* → **seize.** *Dix fois six.* → **soixante.** *Multiplier par six* (→ **sextuple**). *Les Six Jours,* en France, épreuve cycliste sur piste, disputée pendant six jours par des équipes de deux coureurs qui se relaient. **2·** Adj. num. ordinal. Sixième. *Page six. Charles VI* (six). **3·** N. m. Le nombre, le numéro six. *Sa lettre est du six* (du mois courant). Carte, face de dé, de domino présentant six marques. *Le six de trèfle.* ▶ **sixième** [sizjɛm] adj. et n. **1·** Adj. num. ordinal. Qui suit le cinquième. *Le sixième jour.* – N. *Il est le sixième sur la liste.* – N. f. En France. *La sixième,* classe qui commence l'enseignement secondaire. **2·** Se dit de la fraction d'un tout divisé également en six. – N. m. *Le sixième de la somme.* ▶ **sixièmement** adv. En sixième lieu. ▶ **à la six-quatre-deux** [alasiskatdø] loc. adv. Fam. À la hâte, sans soin. *Faire un travail à la six-quatre-deux,* le bâcler. ▶ **sixte** [sikst] n. f. **1·** Sixième degré de la gamme diatonique. – Intervalle musical de six degrés. **2·** Football. Équipe de six joueurs. *Un tournoi de sixtes.*

skaï [skaj] n. m. (Nom déposé) Tissu enduit de matière synthétique et imitant le cuir. → **similicuir.** *Un sac en skaï.*

skate [skɛt] ou **skate-board** [skɛtbɔʀd] n. m. Anglic. Planche à roulettes. *Des skates ou des skate-boards.* – *Faire du skate.* ▶ **skateur, euse** n.

sketch [skɛtʃ] n. m. Courte scène, généralement comique et rapide, interprétée par un nombre restreint d'acteurs. → **saynète.** *Film à sketches.*

ski [ski] n. m. **1·** Chacun des deux longs patins de bois, de métal ou de matière plastique, relevés à l'avant, dont on se chausse pour glisser sur la neige. *Une paire de skis. Aller en skis, à skis.* – *Le ski,* la locomotion, le sport en skis (descente, slalom, saut...). *Faire du ski. Station de ski,* de sports d'hiver. *Ski de piste. Ski de fond,* sur parcours à faible dénivellation. *Ski de randonnée,* hors des pistes, en haute montagne. **2·** ***Ski nautique :*** sport nautique dans lequel le participant glisse sur l'eau, tiré par un bateau à moteur, et chaussé d'un ou deux longs patins. ▶ **skier** [skje] v. intr. <conjug. 7> Aller en skis, faire du ski. ▶ **skieur, skieuse** n. Personne qui pratique le ski. ▷ **après-ski, monoski, téléski**

skiff [skif] n. m. Bateau de sport très long, effilé, pour un seul rameur. ≠ esquif. *Des skiffs.*

skinhead [skinɛd] n. Anglic. Garçon ou fille partisan d'une idéologie d'agressivité et de violence (xénophobie, antisémitisme, néonazisme...) qui se manifeste aussi dans la tenue (crâne rasé, tenue militaire...). Abrév. **un, une skin** [skin].

skipper n. m. ou **skippeur, euse** [skipœʀ, øz] n. Anglic. Barreur d'un voilier engagé dans une régate.

skunks → **sconse.**

slalom [slalɔm] n. m. Course de ski, descente sinueuse avec passage obligatoire entre plusieurs paires de piquets (les « portes »). *Descente en slalom. Des slaloms.* – Fig. Fam. *Faire du slalom entre les voitures* (moto, vélo...). ▶ **slalomer** v. intr. <conjug. 1> Effectuer un parcours en slalom. ▶ **slalomeur, euse** n. Skieur, skieuse spécialiste du slalom.

slam [slam] n. m. Anglic. Poésie scandée librement, de manière rythmée. ▶ **slameur, euse** n.

slash [slaʃ] n. m. Anglic. Barre oblique (/), utilisée notamment en informatique pour marquer une séparation. *Slashs et antislashs. Double slash.*

slave [slav] adj. et n. Nom générique de peuples d'Europe centrale et orientale dont les langues sont apparentées (bulgare, polonais, russe, serbo-croate, slovaque, slovène, tchèque). *Plusieurs langues slaves sont écrites en alphabet cyrillique.* – Loc. *Le charme slave.*

sleeping [slipiŋ] n. m. Anglic. Vx. Wagon-lit. *Des sleepings confortables.*

slip [slip] n. m. Culotte échancrée sur les cuisses, à ceinture basse, portée comme sous-vêtement ou comme maillot de bain. *Le slip de son bikini. Des slips.* – Fam. *Se retrouver en slip,* être dépouillé de tout, se retrouver sans rien. ▷ **protège-slip**

slogan [slɔgɑ̃] n. m. Anglic. Formule concise et frappante, utilisée par la publicité, la propagande politique, etc. *Lancer, répéter un slogan.*

slovaque [slɔvak] adj. et n. De Slovaquie. *Les peuples tchèque et slovaque.* – N. *Les Slovaques.* – N. m. *Le slovaque* (langue slave).

slovène [slɔvɛn] adj. et n. De Slovénie. *Les Alpes slovènes.* – N. *Les Slovènes.* – N. m. *Le slovène* (langue slave).

slow [slo] n. m. Anglic. Danse lente à pas glissés, où les partenaires se tiennent enlacés ; musique qui accompagne cette danse. *Danser un slow. L'orchestre joua trois slows à la suite.*

smack [smak] interj. et n. m. Anglic. Bruit d'un baiser sonore. – N. m. *Faire des smacks.*

smala [smala] n. f. **1·** Réunion de tentes abritant la famille, les bagages d'un chef arabe qui le suivent dans ses déplacements. **2·** Fam. Famille ou suite nombreuse qui vit aux côtés de qqn, qui l'accompagne partout. *Il est venu avec toute sa smala.*

smartphone [smaʀtfɔn] n. m. (Marque déposée) Anglic. Téléphone portable qui assure des fonctions informatiques et multimédias.

smash [smaʃ] n. m. Anglic. Au tennis, volley-ball, ping-pong. Coup qui rabat violemment une balle haute. *Faire un smash* (ou *smasher,* v. intr., <conjug. 1>). *Des smashes ou des smashs.*

S. M. I. C. [smik] n. m. invar. Sigle de *salaire minimum interprofessionnel de croissance,* le plus bas salaire autorisé par la loi (en France ; depuis 1970). *Être payé au S. M. I. C.* (être *smicard, arde*).

smocks [smɔk] n. m. pl. Anglic. Fronces brodées, en couture. *Robe à smocks.*

smoking [smɔkiŋ] n. m. Anglic. Tenue habillée comportant un veston à revers de soie, un gilet et un pantalon à galon de soie. *Pantalon, veste de smoking. Des smokings.*

SMS ou **S. M. S.** [ɛsɛmɛs] n. m. Anglic. Service de messages écrits entre téléphones mobiles ; message ainsi transmis. *Recevoir, envoyer des SMS.* → ⊡ **texto.**

snack-bar ou **snack** [snak(baʀ)] n. m. Anglic. **1·** Café-restaurant où l'on sert des plats rapidement. *Des snacks. Des snack-bars.* **2·** Au Québec. *Snack :* repas rapide.

snif ou **sniff** [snif] interj. Onomatopée évoquant un bruit de reniflement. ▶ **snifer** ou **sniffer** v. tr. < conjug. 1 > Priser (un stupéfiant). *Snifer de la cocaïne.*

sniper [snajpœʀ] n. m. Anglic. Tireur embusqué et isolé. → **tireur.** *Des snipers.*

snob [snɔb] n. et adj. Personne qui cherche à être assimilée aux gens de la haute société, en faisant étalage de manières, de modes qu'elle lui emprunte, ainsi que des relations qu'elle peut y avoir. *Un, une snob.* – Adj. *Un café snob,* fréquenté par des snobs. ▶ **snober** [snɔbe] v. tr. < conjug. 1 > Traiter (qqn) de haut ; tenir (qqn) à l'écart, par mépris. ▶ **snobinard, arde** adj. et n. Péj. Un peu snob. ▶ **snobisme** n. m. Comportement de snob.

snowboard [snobɔʀd] n. m. Anglic. Sport de glisse qui se pratique sur la neige, debout sur une planche. *Faire du snowboard.* – Cette planche (→ monoski).

soap-opéra [sopɔpeʀa] n. m. Anglic. Feuilleton télévisé populaire. *Les soap-opéras et les sitcoms américains.*

sobre [sɔbʀ] adj. **1·** Qui mange, boit avec modération. → **tempérant.** – Qui boit peu ou ne boit pas d'alcool. **2·** Qui est mesuré, modéré. *Être sobre de gestes ; sobre en paroles.* – (Choses) Qui ne recherche pas l'effet. → **simple.** *Vêtement de coupe sobre. Style sobre.* → **dépouillé.** ▶ **sobrement** adv. ▶ **sobriété** n. f. **1·** Comportement d'une personne, d'un animal sobre. *La sobriété du chameau.* **2·** Mesure, réserve (dans un domaine). *La sobriété d'un décor.*

sobriquet [sɔbʀikɛ] n. m. Surnom familier, souvent moqueur.

soc [sɔk] n. m. Lame de la charrue qui tranche horizontalement la terre. *Des socs de charrue.*

sociable [sɔsjabl] adj. Qui est capable d'avoir des relations humaines faciles, qui recherche la compagnie, aime la vie en société. / contr. insociable, sauvage (II, 1) / – *Caractère sociable.* ▶ **sociabilité** n. f. Caractère d'une personne sociable. ▷ **insociable**

social, ale, aux [sɔsjal, o] adj. **I· 1·** Relatif à une société*, à un groupe d'individus considéré comme un tout, aux rapports de ces individus entre eux. / contr. individuel / *Les rapports sociaux. Les phénomènes sociaux. Les réseaux* sociaux. Le tissu* social. Les sciences sociales,* sciences humaines envisagées d'un point de vue sociologique. **2·** Propre à la société constituée. *Les classes sociales. L'échelle sociale.* **3·** Relatif aux rapports entre les classes de la société (et notamment aux conditions matérielles des travailleurs et à leur amélioration). *Les questions sociales. Conflits sociaux. Une politique, des mesures sociales.* / contr. antisocial / *Avantages sociaux. Travailleurs sociaux.* – N. m. *Le social.* **II·** Relatif à une société commerciale. *Siège* social.* ▶ **socialement** adv. Quant aux rapports entre classes sociales. ▶ **socialiser** v. tr. < conjug. 1 > Mettre sous régime communautaire, sous contrôle de la collectivité (des biens, des moyens de production). → **collectiviser, nationaliser.** ▶ **socialisation** n. f. → **collectivisation.** ▶ **socialisme** n. m. **1·** Doctrine d'organisation sociale qui entend faire prévaloir l'intérêt collectif sur les intérêts particuliers, au moyen d'une organisation concertée (opposé à *libéralisme*). → **collectivisme, communisme.** – En France, les partis de gauche non communistes. **2·** Dans le schéma de l'évolution marxiste. Phase transitoire entre la disparition du capitalisme et l'instauration du communisme. ▶ **socialiste** adj. et n. **1·** Relatif ou propre au socialisme ; qui fait profession de socialisme. *Les partis socialistes* (travaillistes, communistes, etc.). *Un régime, un État socialiste.* – N. *Un, une socialiste.* **2·** En France. Qui appartient au parti socialiste. *Députés socialistes et députés radicaux.* – N. *Les socialistes.* **3·** Relatif au socialisme (2) tel qu'il existe dans certains pays. *Économie socialiste.* ▶ **social-démocrate** adj. et n. Se dit de socialistes réformistes, libéraux (attitude politique appelée *social-démocratie,* n. f.). *Députés sociaux-démocrates. La liste sociale-démocrate.* ▷ **antisocial, asocial, désocialiser, médico-social, national-socialisme, politico-social, radical-socialiste, socio-**

société [sɔsjete] n. f. **I· 1·** Littér. Relations mondaines, sociales. *Aimer la société.* – Loc. ***Jeux de société*** : jeux distrayants qui peuvent se jouer à plusieurs. **2·** Compagnie habituelle. *Se plaire dans la société des femmes.* **3·** Ensemble de personnes qui se réunissent habituellement, en raison d'affinités de classe. *Les usages de la bonne société. La **haute société*** : les couches aisées. – Absolt. *Être introduit, reçu dans la société.* **II· 1·** État particulier à certains êtres vivants, qui vivent en groupes organisés (→ **social,** I). *Les abeilles vivent en société.* **2·** Ensemble des personnes entre lesquelles existent des rapports organisés (avec institutions, sanctions, etc.) ; ensemble des forces du milieu agissant sur les individus. → **communauté.** *L'évolution de la société. Relatif à la société.* → **collectif, public, social.** – ***Une société*** : groupe social limité dans le temps et dans l'espace. *Les sociétés primitives. La civilisation, la culture d'une société. Les sociétés modernes.* – Type d'état social. *La société d'abondance, de consommation.* **III· 1·** Compagnie ou association religieuse. → **congrégation.** *La Société de Jésus.* **2·** Organisation fondée pour un travail commun ou une action commune. → **association.** *Les sociétés savantes. Société secrète,* association qui poursuit en secret des menées subversives. **3·** En droit. Groupement, issu d'un contrat, de personnes ayant mis des biens ou des activités en commun, en vue de partager les bénéfices éventuels ou de profiter d'une économie. *Sociétés civiles* (non commerciales). *Société de crédit,* qui fournit des crédits à ses adhérents. – ***Société (commerciale)*** : qui accomplit des opérations commerciales à but lucratif. → **compagnie, entreprise, établissement.** *Société par actions,* comportant des associés dont la part est représentée par des actions. *Société à responsabilité limitée* (S. A. R. L.), où la responsabilité des associés est limitée au montant de leur apport. *Société anonyme* (S. A.). *Le président, le conseil d'administration de cette société.* **4·** Nom donné à certaines associations entre États (comme l'ancienne *Société des Nations*). → **organisation.** ▶ **sociétaire** adj. et n. Qui fait partie d'une association, d'une société d'acteurs. *Les sociétaires de la Comédie-Française.* ▶ **sociétal, ale, aux** adj. De société (II, 2). *Un problème sociétal.* ▷ **socio-**

socio- Élément qui signifie « social » (ex. : *socioculturel, elle,* adj. ; *sociolinguistique,* n. f.) ou « groupe social, société ». ▷ **sociologie, socioprofessionnel**

sociologie [sɔsjɔlɔʒi] n. f. Étude scientifique des phénomènes sociaux chez les humains. ≠ anthropologie. – Abrév. fam. **socio.** *Une étudiante en socio.* – Étude de toutes les formes de sociétés (II). *Sociologie animale.* ▶ **sociologique** adj. *Analyse sociologique de la mode.* ▶ **sociologue** n. Spécialiste des travaux sociologiques.

socioprofessionnel, elle adj. Se dit des catégories utilisées pour classer une population selon sa profession dans une étude statistique (agriculteur, employé...).

socle [sɔkl] n. m. Base sur laquelle repose une construction, un objet. *Le socle d'une colonne, d'une statue.*

socque [sɔk] n. m. **1·** Didact. Chaussure basse que portaient les acteurs de comédie à Rome. *Le socque et le cothurne.* **2·** Chaussure à semelle de bois. → **sabot.**

socquette [sɔkɛt] n. f. Petite chaussette arrivant au-dessus de la cheville.

socratique [sɔkʀatik] adj. Propre à Socrate, ou qui l'évoque. *L'ironie socratique. Les dialogues socratiques de Platon.*

soda [sɔda] n. m. Boisson à base d'eau gazeuse, additionnée de sirop de fruit ou accompagnant un alcool fort. *Des sodas à l'orange.* – En appos. *Des whiskys sodas.*

sodium [sɔdjɔm] n. m. Corps simple d'un blanc argenté, très mou, qui brûle à l'air et réagit violemment avec l'eau, avec formation de soude et dégagement d'hydrogène (symb. *Na*). *Chlorure de sodium* (sel). *Carbonate de sodium* (soude).

sodomie [sɔdɔmi] n. f. Coït anal (pratiqué sur un homme ou sur une femme). ▶ **sodomiser** v. tr. < conjug. 1 > Pratiquer la sodomie sur (qqn). ▶ **sodomite** n. m. Vieilli. Homme qui pratique la sodomie. ≠ homosexuel.

sœur [sœʀ] n. f. **1·** Personne de sexe féminin, considérée par rapport aux autres enfants des mêmes parents. *Sœur aînée (grande sœur), sœur cadette (petite sœur). Paul et Anne sont frère et sœur.* – Fam. *Et ta sœur ?,* se dit ironiquement pour inviter qqn à se mêler de ce qui le regarde, ou pour couper court à ses propos. – ***Sœur de lait*** : fille d'une nourrice, par rapport à un des nourrissons dont elle a la charge. **2·** Littér. Se dit d'une chose, d'une notion apparentée, quand elle est désignée par un nom féminin. *Théorie et pratique doivent être sœurs.* – ***âme sœur*** : se dit d'une personne qui semble faite pour en bien comprendre une autre de sexe opposé. *Elle n'a pas trouvé l'âme sœur.* **3·** Titre donné aux religieuses. *Au revoir, ma sœur.* – Fam. ***Bonne sœur*** : religieuse d'un ordre charitable ou enseignant. ▶ **sœurette** n. f. Terme d'affection envers une petite sœur. ▷ **belle-sœur, demi-sœur, sororal**

sofa [sɔfa] n. m. Lit de repos à deux ou trois appuis, servant aussi de siège. → **canapé, divan.** *Des sofas confortables.*

soi [swa] pronom pers. réfléchi de la 3e personne. **I·** (Personnes) **1·** (Se rapportant à un sujet indéterminé) *Pour réussir, il faut avoir confiance en soi. La conscience de soi. Comme on est bien chez soi !* **2·** Vx. (Se rapportant à un sujet déterminé) → **lui, elle, eux.** *Il regardait droit devant soi. Une femme sûre de soi.* **II·** (Choses) *C'est un régime qui n'est pas mauvais en soi,* de par sa nature. *Cela va de soi,* c'est bien évident, bien naturel. **III·** ***Soi-même.*** *Ici, on fait tout soi-même. Aimer son prochain comme soi-même. Il faut savoir sortir de soi-même.* ▶ **soi-disant** [swadizɑ̃] adj. invar. **1·** Qui dit, qui prétend être (telle ou telle chose). *Une soi-disant comtesse. Des soi-disant champions.* **2·** (Choses ; emploi critiqué) Prétendu. *Cette soi-disant liberté est une illusion.* **3·** Loc. adv. Prétendument. *Il est venu à Paris, soi-disant pour affaires.* ▷ **chez-soi, quant-à-soi**

soie [swa] n. f. **I· 1·** Substance filiforme sécrétée par quelques chenilles de papillons (*vers à soie* → **sériciculture**), utilisée comme matière textile. *Fil de soie. Chemise, bas de soie. Un foulard pure soie. Une trame de soie.* → **sas.** *Impression par une trame de soie.* → **sérigraphie.** – *Soie sauvage*, produite par certaines chenilles d'Extrême-Orient. **2·** *Papier de soie* : papier fin, translucide et brillant. **II·** Poil long et rude de certains animaux (porc, sanglier). *Un pinceau en soie de sanglier.* ▶ **soierie** [swaʀi] n. f. Tissu de soie. – *La soierie*, l'industrie et le commerce de la soie. → **magnanerie.** ▷ **soyeux**

soif [swaf] n. f. **1·** Sensation correspondant à un besoin de l'organisme en eau. *Avoir soif, très soif*, être assoiffé. *Cette chaleur m'a donné soif.* → **altérer.** – Fig. ***Jusqu'à plus soif*** : à satiété. *Rester sur sa soif*, n'être pas entièrement satisfait. *Ce film m'a laissé sur ma soif.* – (Terre, végétation) *Les rosiers ont soif*, manquent d'eau. **2·** Désir passionné et impatient. *La soif de connaître. J'ai soif d'indépendance.* ▶ **soiffard, arde** adj. et n. Fam. Qui est toujours prêt à boire, qui boit exagérément (du vin, de l'alcool). ▷ **assoiffé**

soigner [swaɲe] v. tr. <conjug. 1> **1·** S'occuper du bien-être et du contentement de (qqn), du bon état de (qqch.). / contr. maltraiter, négliger / *Une maison qui soigne sa clientèle. Il soigne ses outils, ses livres*, il en prend grand soin. – Au p. p. adj. *Des plantes bien soignées. Il est très soigné de sa personne.* – Pronominalement. *Elle devrait se soigner davantage, être plus soignée*, s'occuper davantage de sa beauté, de sa toilette. **2·** Apporter du soin (III) à (ce qu'on fait). / contr. bâcler / *Il faut soigner les détails.* → **fignoler.** – Au p. p. adj. *Un travail soigné.* **3·** S'occuper de rétablir la santé de (qqn), d'entretenir la forme de (un sportif). *Le médecin qui me soigne.* → **traiter ; soin** (II). – Pronominalement. *Soigne-toi bien.* – Fam. *Il faut te faire soigner !*, tu es fou ! – S'occuper de guérir (un mal). *Soigne ton rhume.* – Fam. *Il faut soigner ça !* ou, pronominalement, *ça se soigne !*, se dit à qqn dont on juge le comportement peu normal. ▶ **soignant, ante** adj. Se dit d'une personne chargée de donner les soins. *Le personnel soignant d'un hôpital. Aide soignant(e)*, personne qui assiste les infirmiers et infirmières. ▶ **soigneur, euse** n. Personne qui est chargée de soigner (3) un sportif, un boxeur. ▷ **soin**

soigneux, euse [swaɲø, øz] adj. **1·** Qui est fait avec soin, avec méthode. *Un travail peu soigneux.* **2·** Qui soigne son ouvrage. → **appliqué.** / contr. négligent / *Une élève très soigneuse.* ▶ **soigneusement** adv. Avec soin.

soin [swɛ̃] n. m. **I· 1·** Littér. Préoccupation relative à un objet auquel on s'intéresse. *Son premier soin a été de me prévenir de son arrivée.* – ***Avoir, prendre soin de*** (+ infinitif) : penser à, s'occuper de. → **veiller à.** *J'avais pris soin de l'avertir.* – Travail dont on est chargé. → **charge.** *On lui a confié le soin de la maison.* **2·** ***Avoir, prendre soin de**... qqn, qqch.* : s'occuper du bien-être de (qqn), du bon état de (qqch.). **II·** ***Les soins.*** **1·** Actes par lesquels on veille au bien-être, au bon état (de qqn, qqch.). *L'enfant a besoin des soins d'une mère. Les soins du ménage. Soins de toilette, de beauté. Aux bons soins de M. X*, se dit d'une lettre confiée à qqn. – Loc. *Être **aux petits soins** pour qqn* : être très attentionné. **2·** Actions par lesquelles on conserve ou on rétablit la santé (→ **soigner** (3) ; **curatif, médical, thérapeutique**). *Le blessé a reçu les premiers soins.* **III·** ***Le soin*** : manière appliquée, exacte, scrupuleuse (de faire qqch.). → **soigneux.** *Le soin qu'il met, qu'il apporte à faire son travail.* → **application, sérieux.** / contr. négligence / *Être habillé avec soin.* ▷ **soigneux**

soir [swaʀ] n. m. **1·** Fin du jour, moments qui précèdent et qui suivent le coucher du soleil. *Le soir descend, tombe. Il fait frais le soir.* **2·** Les dernières heures du jour et les premières de la nuit (opposé à *après-midi*). *Prendre un comprimé matin et soir. Il sort souvent le soir, le samedi soir. Tous les lundis soir. Hier (au) soir. À ce soir ! Robe du soir*, de soirée. – Loc. ***Être du soir*** : être actif le soir, aimer se coucher tard. – Loc. ***Le grand soir*** : celui de la révolution sociale. **3·** Dans le décompte des heures. Temps qui va de 4 ou 5 heures de l'après-midi à minuit. *Dix heures du soir* (opposé à *du matin*). ▶ **soirée** n. f. **1·** Temps compris entre le déclin du jour et le moment où l'on s'endort ; durée du soir (2), manière de la passer. *Les chaudes soirées de juillet. Les longues soirées d'hiver.* → **veillée.** *Il passe sa soirée chez des amis. Toute la soirée.* **2·** Réunion mondaine ou intellectuelle, qui a lieu le soir, après le repas du soir. *Aller en soirée. Tenue de soirée*, très habillée. – Séance de spectacle qui se donne le soir (opposé à *matinée*). *Projeter un film en soirée.* ▷ **bonsoir**

soit [swa] conj. et adv. **1·** ***Soit**..., **soit**...* : marque l'alternative. → **ou.** *Soit l'un, soit l'autre. Soit avant, soit après.* – ***Soit que**..., **soit que**...* (+ subjonctif). *Soit que j'aille chez toi, soit que tu viennes.* **2·** ***Soit*** (présentant une hypothèse ou une supposition) : étant donné. *Soit un triangle rectangle.* – À savoir, c'est-à-dire. *Quinze euros, soit cent francs.* **3·** ***Soit*** [swat] adv. d'affirmation (valeur de concession). Bon, admettons. *Soit ! et après ? Eh bien soit !*, d'accord.

soixante [swasɑ̃t] dét. invar., adj. invar. et n. m. invar. **1·** Dét. num. cardinal invar. Six fois dix (60). *Soixante et un, soixante-deux.* – *Soixante et onze, soixante-*

douze, nombres qui suivent soixante-dix (→ **soixante-dix**). *Il, elle a eu soixante ans* → **sexagénaire.** – Adj. num. ordinal invar. *Page soixante.* **2·** N. m. invar. Le nombre, le numéro soixante. ▶ **soixantaine** [swasɑ̃tɛn] n. f. **1·** Nombre de soixante environ. *Une soixantaine d'invités.* **2·** Âge de soixante ans. *Il approche de la soixantaine. Il a la soixantaine*, environ soixante ans. ▶ **soixante-dix** [swasɑ̃tdis] dét. num. cardinal invar. Sept fois dix (70). → **septante.** *Soixante et onze, soixante-douze. Il, elle a plus de soixante-dix ans* → **septuagénaire.** – Ellipt. *La guerre de soixante-dix* : de 1870, entre la France et l'Allemagne. ▶ **soixante-dixième** adj. et n. ▶ **soixante-huitard, arde** adj. et n. Fam. Qui concerne les événements de mai 1968. *L'idéologie soixante-huitarde.* – N. *Les anciens soixante-huitards.* ▶ **soixantième** [swasɑ̃tjɛm] adj. et n. **1·** Adj. num. ordinal. Qui a le numéro soixante pour rang. *La soixantième année.* – N. *Elle est la soixantième du classement.* **2·** Se dit d'une fraction d'un tout divisé également en soixante parties. – N. m. *Un soixantième d'une somme.*

soja [sɔʒa] n. m. Plante légumineuse d'origine exotique, utilisée dans l'alimentation. *Huile, germes de soja. Sauce de soja. Pâte de soja.* → **tofu.** *Soja fermenté.*

1 **sol** [sɔl] n. m. **1·** Partie superficielle de la croûte terrestre, à l'état naturel ou aménagée par l'homme. → **terre.** *Posé au sol, à même le sol. Se jeter au sol.* → par **terre.** *L'avion a touché le sol.* – *Missiles sol-sol, sol-air*, lancés du sol vers un objectif terrestre ou aérien. **2·** Surface de terre, territoire. *Le sol natal. Le droit du sol*, permettant à un individu d'acquérir la nationalité du territoire de naissance. **3·** Surface terrestre, considérée du point de vue géologique ou agricole. *La pédologie, science des sols. Des sols argileux, calcaires.* → **terrain.** *Sol riche, pauvre.* **4·** Couche superficielle de tout corps céleste. *Le sol lunaire.* **5·** Surface plane constituant la limite inférieure d'un bâtiment. *Le sol d'un appartement. Revêtements de sol* (moquette, parquet, carrelage...). *Sol cimenté, en terre battue. Nettoyer une maison du sol au plafond*, entièrement. ▶ **solage** n. m. Au Canada. Fondations (d'une construction). ▷ **entresol, sous-sol**

2 **sol** n. m. invar. Cinquième degré de la gamme de do ; signe qui le représente. ▷ **solfège, solfier**

solaire [sɔlɛʀ] adj. **I· 1·** Relatif au soleil, à sa position ou à son mouvement apparent dans le ciel. *Heure solaire* (opposé à *heure légale*). **2·** Du soleil. *Taches solaires. Énergie solaire. La lumière solaire.* – *Système solaire*, ensemble des corps célestes formé par le soleil et son champ de gravitation (planètes, comètes...). **3·** Qui fonctionne grâce à la lumière, au rayonnement du soleil. *Cadran solaire. Chauffage solaire.* – *Maison solaire.* **4·** Qui protège du soleil. *Crème, filtre solaire.* **II·** Fig. De forme rayonnante. *Plexus solaire.*

solarium [sɔlaʀjɔm] n. m. Emplacement réservé aux bains de soleil dans une piscine, une maison... *Des solariums.*

soldat [sɔlda] n. m. **1·** Homme qui sert dans une armée. → **militaire.** *Le métier de soldat. Un grand soldat*, un grand homme de guerre. – Loc. ***Jouer au petit soldat*** : faire le brave, le malin. **2·** *Simple soldat* ou *soldat*, militaire non gradé des armées de terre et de l'air. *Les soldats et les marins.* – En appos. *Des femmes soldats.* → fam. **soldate.** – *La tombe du Soldat inconnu*, où repose la dépouille anonyme d'un soldat de la guerre de 14-18. **3·** Abstrait. Littér. Combattant, défenseur au service d'une cause. *Les soldats de la foi.* **4·** *Soldats de plomb*, figurines (à l'origine en plomb) représentant des soldats. ▶ **soldate** [sɔldat] n. f. Fam. Femme soldat. ▶ **soldatesque** adj. et n. f. **1·** Adj. Propre aux soldats, à la condition de soldat. **2·** N. f. Péj. Vieilli. Ensemble de soldats brutaux et indisciplinés.

1 **solde** [sɔld] n. f. **1·** Rémunération (versée aux militaires). *Toucher sa solde.* **2·** Loc. péj. ***À la solde de qqn*** : payé par qqn, acheté par qqn. *On l'accusait d'être à la solde de l'étranger.* ▷ **demi-solde, soldat, soudoyer**

2 **solde** [sɔld] n. m. **1·** Différence qui apparaît, à la clôture d'un compte, entre le crédit et le débit. *Solde créditeur, débiteur.* – Absolt. Ce qui reste à payer sur un compte. *Je vous paierai le solde demain.* – Loc. ***Pour solde de tout compte*** : s'écrit sur une facture, etc., lorsque la totalité de la somme due est réglée. **2·** ***En solde*** : vendu au rabais. *Acheter des bottes en solde.* – Au plur. ***Soldes*** : articles mis en solde. *Des soldes intéressants, avantageux* (le fém. est incorrect).

solder [sɔlde] v. tr. < conjug. 1 > **1·** Arrêter (un compte) en établissant le solde. *Solder un compte en banque.* – Pronominalement. (Compte, budget) ***Se solder par*** : faire apparaître à la clôture un solde consistant en (un débit ou un crédit). *Le bilan se solde par un déficit de cinq millions.* – Abstrait. Aboutir en définitive à. *Tous ses efforts se sont soldés par un échec.* **2·** Mettre, vendre en solde. ▶ **soldeur, euse** n. Personne qui fait le commerce d'articles en solde. ▷ 2 **solde**

sole [sɔl] n. f. Poisson plat ovale couvert d'écailles fines, qui vit près des côtes et dont la chair est très estimée. *Des filets de sole. Des soles meunière.*

solécisme [sɔlesism] n. m. Emploi fautif, relativement à la syntaxe, de formes par ailleurs existantes (opposé à *barbarisme*). *« Je veux qu'il vient » (au lieu de « je veux qu'il vienne ») est un solécisme.*

soleil [sɔlɛj] n. m. **I· 1·** Astre qui donne la lumière et la chaleur à la Terre, et qui rythme la vie à sa surface. → **héli(o)-.** *Les rayons, la chaleur du soleil* (→ **solaire**). *Le lever, le coucher du soleil.* – PROV. *Le soleil brille pour tout le monde,* chacun a le droit d'être heureux. *Rien de nouveau sous le soleil,* sur la terre. – (Avec une majuscule) En sciences. Cet astre, en tant qu'étoile de la Galaxie, autour de laquelle gravitent plusieurs planètes dont la Terre. – Le Soleil, en tant qu'objet d'un culte. *Les dieux du Soleil.* **2·** Lumière de cet astre ; temps ensoleillé. *Un beau soleil. Il fait soleil, du soleil,* il fait beau temps. *Les pays du soleil,* ceux où il fait souvent un temps ensoleillé. – Rayons du soleil ; lieu exposé à ces rayons (opposé à *ombre*). *Se mettre au soleil, en plein soleil. Bain* de soleil. Des lunettes de soleil,* qui protègent du soleil. – ***Coup de soleil*** : insolation, ou légère brûlure causée par le soleil. – LOC. *Avoir **une place au soleil*** : une situation où l'on profite de certains avantages. *Avoir des biens au soleil,* des propriétés. **3·** Image de cet astre, cercle entouré de rayons. **4·** Abstrait. ***Rayon de soleil*** : ce qui réjouit, console. **5·** Pièce d'artifice, cercle monté sur pivot, garni de fusées qui le font tourner en lançant leurs feux. **II·** Fig. **1·** Tour acrobatique d'une personne autour d'un axe horizontal. *Faire le grand soleil à la barre fixe.* **2·** Grande fleur à pétales jaune vif entourant un cœur plus foncé. → **tournesol. 3·** Loc. fam. ***Piquer un soleil*** : rougir violemment. ▷ **ensoleiller, insolation, insoler, parasol, pare-soleil, solaire, solarium, solstice,** 1 **tournesol**

solennel, elle [sɔlanɛl] adj. **1·** Qui est célébré avec pompe, par des cérémonies publiques. *Des honneurs solennels lui ont été rendus.* **2·** Accompagné de formalités, d'actes publics qui lui donnent une importance particulière. *Un serment solennel.* **3·** Souvent péj. Qui a une gravité propre aux grandes occasions. *Un ton solennel.* → **cérémonieux, pompeux.** ▶ **solennellement** [sɔlanɛlmɑ̃] adv. ▶ **solennité** [sɔlanite] n. f. **1·** Fête solennelle. **2·** Souvent péj. Caractère solennel, pompeux.

solénoïde [sɔlenɔid] n. m. Sciences, techniques. Bobine constituée par un fil conducteur enroulé et traversé par un courant qui crée sur son axe un champ magnétique.

solfatare [sɔlfataʀ] n. f. Terrain volcanique qui dégage des émanations de vapeur et de gaz sulfureux chaud.

solfège [sɔlfɛʒ] n. m. Étude des principes élémentaires de la musique et de sa notation. *Faire du solfège* (→ **solfier**) ; *étudier le solfège.*

solfier [sɔlfje] v. tr. < conjug. 7 > Chanter (un morceau de musique) en nommant les notes.

solidaire [sɔlidɛʀ] adj. **1·** Se dit de personnes qui sont ou se sentent liées par une responsabilité et des intérêts communs. *Salariés du privé qui se déclarent solidaires des fonctionnaires en grève. Ce couple est solidaire face à l'adversité.* **2·** Se dit de choses qui dépendent l'une de l'autre, de pièces mécaniques liées dans un même mouvement. / contr. indépendant / *La bielle est solidaire du vilebrequin.* ▶ **solidairement** adv. ▶ **se solidariser** v. pron. < conjug. 1 > Se rendre, se déclarer solidaire (de qqn). *Se solidariser avec un collègue,* faire cause commune avec lui. ▶ **solidarité** n. f. **1·** Fait d'être solidaire, relation entre personnes ayant conscience d'une communauté d'intérêts qui entraîne une obligation morale d'assistance mutuelle. *Solidarité de classe. Solidarité professionnelle. Faire appel à la solidarité internationale.* **2·** Interdépendance (de phénomènes, d'éléments). ▷ **se désolidariser**

1 **solide** [sɔlid] adj. et n. m. **I·** Qui a de la consistance, qui n'est pas liquide (tout en pouvant être plus ou moins mou). *Aliments solides et aliments liquides. L'état solide* (opposé à *gazeux* et *liquide*). *Rendre solide.* → **solidifier.** – N. m. *Les solides,* les corps solides. **II·** N. m. Figure géométrique à trois dimensions, limitée par une surface fermée, à volume mesurable. *Le prisme, le cube sont des solides.* ▶ **solidifier** v. tr. < conjug. 7 > Donner une consistance solide (1) à (une substance). / contr. gazéifier, liquéfier / – Pronominalement. *Se solidifier,* passer de l'état liquide à l'état solide. → **durcir.** ▶ **solidification** n. f. Action de solidifier. ▷ 2 **solide**

2 **solide** adj. **1·** Qui résiste aux efforts, à l'usure. → **résistant, robuste.** / contr. fragile / *Des meubles solides.* – N. m. Fam. *Ça, c'est du solide !* – Qui garde sa position. *Être solide sur ses jambes.* → 1 **ferme** (2), **stable. 2·** Abstrait. Sur quoi l'on peut s'appuyer, compter ; qui est à la fois effectif et durable. → **sérieux, sûr.** *Une amitié solide. De solides qualités. J'ai de solides raisons pour croire cela. Il est doué d'un solide bon sens.* **3·** (Personnes) Qui est massif, puissant. → **fort.** *Un solide gaillard.* – Qui a une santé à toute épreuve, une grande endurance. → **vigoureux.** *Il est toujours solide, solide comme un roc. Il n'a pas l'estomac très solide. Être solide au poste.* **4·** Fam. Bon, grand (dans quelques emplois). *Il a un solide appétit.* ▶ **solidement** adv. ▶ **solidité** n. f. **1·** Robustesse, résistance (d'une chose). *Une construction d'une solidité à toute épreuve.* **2·** Abstrait. Caractère de ce

qui est solide (2). – Qualité de ce qui est bien pensé, sérieux. *La solidité d'un raisonnement.* ▷ **consolider, souder**

soliflore [sɔlifl ɔʀ] n. m. Vase destiné à recevoir une seule fleur.

soliloque [sɔlilɔk] n. m. Discours d'une personne seule* qui se parle à elle-même, qui pense tout haut. → **monologue.** *Se livrer à un triste soliloque.* ▶ **soliloquer** v. intr. < conjug. 1 > Se livrer à des soliloques. → **monologuer.**

soliste [sɔlist] n. Musicien ou chanteur qui exécute une partie de solo, ou qui interprète une œuvre écrite pour un seul instrument ou une seule voix. *Un, une soliste* (opposé à *musicien d'orchestre,* à *choriste*).

solitaire [sɔlitɛʀ] adj. et n. **I·** Adj. **1·** Qui vit seul, dans la solitude. – Qui vit dans la solitude et s'y complaît. *Un voyageur, un promeneur solitaire.* **2·** *Ver solitaire.* → **ténia.** **3·** Qu'on accomplit seul, qui se passe dans la solitude. *Une enfance solitaire.* **4·** Où l'on est seul, qui est inhabité. → **écarté, retiré.** *C'est un endroit solitaire.* **II·** N. **1·** N. m. ou f. Ermite ; personne qui a l'habitude de vivre seule. *Un, une solitaire. Vivre en solitaire. Course transatlantique en solitaire,* sans équipage. **2·** N. m. Sanglier mâle (qui a quitté toute compagnie). *Chasser un vieux solitaire.* **3·** N. m. Diamant monté seul, en particulier sur une bague. ▶ **solitairement** adv. Dans la solitude.

solitude [sɔlityd] n. f. **1·** Situation d'une personne qui est seule (de façon momentanée ou durable). → **isolement.** *La solitude lui pèse. Nous avons troublé sa solitude. Solitude à deux,* d'un couple qui s'isole. – Situation d'une personne qui vit habituellement seule, qui a peu de contacts avec autrui. → **retraite.** *Vivre dans la solitude.* **2·** Littér. *Une solitude,* un lieu solitaire. – Atmosphère solitaire (d'un lieu). *Dans la solitude des forêts.*

solive [sɔliv] n. f. Chacune des pièces de charpente s'appuyant sur les poutres ou les murs, et qui soutient le plancher. *Solives en bois ou en fer. Poutres et solives apparentes.*

solliciter [sɔ(l)lisite] v. tr. < conjug. 1 > **1·** (Suj. chose) Appeler, tenter de manière pressante. *La publicité nous sollicite continuellement.* – (Suj. personne) Chercher à éveiller (l'attention, la curiosité). *Solliciter l'attention de qqn par des signes.* **2·** Faire appel à (qqn) de façon pressante en vue d'obtenir qqch. → **assiéger, importuner.** *Solliciter qqn de faire qqch.,* le prier de... **3·** Demander dans les formes officielles (qqch. qu'on veut obtenir d'une autorité). *Solliciter une faveur, une aumône. Solliciter un emploi.* ▶ **sollicitation** n. f. **1·** Littér. Incitation, tentation insistante. **2·** Demande instante, démarche pressante. *Céder aux sollicitations de qqn.* ▶ **solliciteur, euse** n. Personne qui sollicite qqch. d'une autorité, d'un personnage influent. → **quémandeur.** *Éconduire un solliciteur.* ▷ **sollicitude**

sollicitude [sɔ(l)lisityd] n. f. Attention, intérêt affectueux porté à qqn. *Écouter qqn avec sollicitude.*

solo [sɔlo] n. m. Morceau joué ou chanté par un seul interprète (*soliste*). *Des solos de piano.* – En appos. *Des flûtes solos.* ▷ **soliste**

solstice [sɔlstis] n. m. Chacune des deux époques où le Soleil atteint son plus grand éloignement angulaire du plan de l'équateur. *Solstice d'hiver* (21 ou 22 décembre), *d'été* (21 ou 22 juin), jour le plus court et jour le plus long de l'année dans l'hémisphère Nord (dans l'hémisphère Sud, la situation est inversée).

soluble [sɔlybl] adj. **1·** Qui peut se dissoudre (dans un liquide). / contr. insoluble (2) / *Café soluble.* **2·** (Problème) Qui peut être résolu. / contr. insoluble (1) / ▶ **solubiliser** v. tr. < conjug. 1 > Rendre soluble. – Au p. p. adj. *Cacao solubilisé.* ▶ **solubilité** n. f. Caractère de ce qui est soluble.

soluté [sɔlyte] n. m. **1·** Corps dissous dans un solvant*. **2·** Remède liquide contenant une substance en solution (2, 2).

1 **solution** [sɔlysjɔ̃] n. f. **1·** Opération mentale par laquelle on surmonte une difficulté, on résout* un problème ; son résultat. *Trouver la solution. Je cherche la solution de ce problème, une solution à ce problème.* → **résoudre** (le verbe *solutionner* est critiqué). **2·** Ensemble de décisions et d'actes qui peuvent résoudre une difficulté. *Une solution de facilité,* qui exige le moindre effort. *Ce n'est pas une solution !,* cela n'arrange rien ! – Manière dont une situation compliquée se dénoue. → **dénouement, issue.** *La solution de la crise est en vue.* ▶ **solutionner** v. tr. < conjug. 1 > (Mot critiqué) Résoudre. *Solutionner un problème.*

2 **solution** n. f. **1·** Action de dissoudre* (un solide) dans un liquide ; le fait de se dissoudre. → **dissolution ; soluté** (1), **solvant.** *Solution à chaud.* **2·** Mélange homogène de deux ou plusieurs sortes de molécules chimiques. *Une solution saturée.* – Liquide contenant un solide dissous. ▷ **1 solution, solution de continuité**

solution de continuité n. f. Interruption (dans la continuité) ; rupture. *Des solutions de continuité. Sans solution de continuité,* sans interruption, continu.

solvable [sɔlvabl] adj. Qui a les moyens de payer ses créanciers. / contr. insolvable / ▶ **solvabilité** n. f. Le fait d'être solvable. *Sa solvabilité est certaine.* ▷ **insolvable**

solvant [sɔlvɑ̃] n. m. Substance (le plus souvent liquide) qui a le pouvoir de dissoudre d'autres substances. → ② **solution.**

somatique [sɔmatik] adj. Qui concerne le corps, l'organisme (opposé à *psychique*). ▶ **somatiser** v. tr. < conjug. 1 > (Suj. personne) Convertir (un trouble psychologique) en trouble somatique. *Il somatise son angoisse, il a une poussée d'herpès.* ▷ **psychosomatique**

sombre [sɔ̃bʀ] adj. **I·** **1·** Qui est peu éclairé, reçoit peu de lumière. → **noir, obscur.** / contr. clair, éclairé / *Cette pièce est très sombre. Il fait sombre,* il y a peu de lumière. **2·** Foncé. *Une teinte sombre.* **II·** **1·** (Personnes ; choses humaines) Empreint de tristesse, d'inquiétude. → **morne, morose, triste.** *Il était sombre et abattu. Son visage restait sombre. De sombres réflexions.* **2·** (Choses) D'une tristesse tragique ou menaçante. → **inquiétant, sinistre.** *L'avenir est bien sombre. C'est une sombre histoire.* **3·** Fam. Lamentable. *Une sombre brute. Un sombre idiot.* ▷ **assombrir**

sombrer [sɔ̃bʀe] v. intr. < conjug. 1 > **1·** (Bateau) Cesser de flotter, s'enfoncer dans l'eau. → **couler.** **2·** S'enfoncer ou se perdre. *Il a sombré dans un sommeil de plomb. Il a sombré dans la folie, sa raison a sombré.*

sombrero [sɔ̃bʀeʀo] n. m. Chapeau à larges bords, en usage en Espagne, en Amérique du Sud. *Des sombreros mexicains.*

① **sommaire** [sɔ(m)mɛʀ] adj. **1·** Qui est résumé brièvement. → **court.** / contr. détaillé / *Un exposé sommaire,* succinct, élémentaire. **2·** Qui est fait promptement, sans formalité. *Coup d'État suivi d'exécutions sommaires.* **3·** Qui est réduit à sa forme la plus simple. *Connaissances sommaires.* → **rudimentaire.** ▶ **sommairement** adv. D'une manière sommaire. ▶ ② **sommaire** n. m. Résumé des chapitres d'un livre, en table des matières. *Le sommaire d'une revue,* la liste des articles et de leurs auteurs. *Qu'y a-t-il au sommaire ?*

sommation [sɔ(m)mɑsjɔ̃] n. f. Action de sommer qqn (→ **sommer**). *Après la troisième sommation, la sentinelle a tiré.*

① **somme** [sɔm] n. f. **1·** Quantité formée de quantités additionnées ; résultat d'une addition. *Faire la somme de plusieurs nombres.* **2·** Ensemble de choses qui s'ajoutent. → **total.** – Quantité considérée dans son ensemble. → **masse.** *Une somme d'efforts considérable.* – Loc. adv. ***En somme*** : tout bien considéré. ***Somme toute*** : en résumé, après tout. → **finalement.** **3·** *Somme (d'argent),* quantité déterminée d'argent. *Une grosse somme. Arrondir une somme.* **4·** Œuvre qui résume toutes les connaissances relatives à une science, à un sujet. *Ce traité est une somme.* ▷ ① **sommaire, sommer**

② **bête de somme** n. f. Bête de charge qui porte les fardeaux. *Des bêtes de somme.* – *Travailler comme une bête de somme,* durement.

③ **somme** [sɔm] n. m. Action de dormir, considérée dans sa durée. *Faire un petit somme.* → fam. **roupillon.** ▷ **assommer, sommeil**

sommeil [sɔmɛj] n. m. **1·** État d'une personne qui dort, caractérisé essentiellement par la suspension de la conscience et le ralentissement de certaines fonctions. *J'ai besoin de sommeil. Dormir d'un sommeil profond, d'un sommeil de plomb. Avoir le sommeil léger,* s'éveiller facilement. *Le premier sommeil,* les premières heures qui suivent le moment où l'on s'endort. *Sommeil paradoxal**. Privation de sommeil.* → **insomnie.** *Qui provoque le sommeil.* → **somnifère, soporifique.** *Sommeil provoqué.* → **hypnose.** *Faire une cure de sommeil. Maladie du sommeil* (transmise par la mouche tsé-tsé). – *Le sommeil éternel, le dernier sommeil,* la mort. – Envie de dormir. *Avoir sommeil. Tomber de sommeil.* **2·** Ralentissement des fonctions vitales pendant les saisons froides, chez certains êtres vivants. *Le sommeil hivernal de la marmotte.* → **engourdissement, hibernation.** **3·** État de ce qui est provisoirement inactif. *Laisser une affaire en sommeil,* en suspens. ▶ **sommeiller** [sɔmeje] v. intr. < conjug. 1 > **1·** Dormir d'un sommeil léger et pendant peu de temps. → **somnoler.** **2·** Exister à l'état latent. *Une passion qui sommeille.* ▷ **demi-sommeil, ensommeillé,** et aussi les mots en **somn-**

sommelier, ière [sɔməlje, jɛʀ] n. Personne chargée de la cave, des vins, dans un restaurant.

sommer [sɔ(m)me] v. tr. < conjug. 1 > *Sommer qqn à...,* le mettre en demeure, dans les formes établies ; l'avertir par une sommation. *Sommer qqn à comparaître devant la justice.* – *Sommer qqn de...,* lui commander impérativement de. → **enjoindre.** *Je l'ai sommé de répondre.* ▷ **sommation**

sommet [sɔ(m)mɛ] n. m. **1·** Partie qui se trouve en haut, point le plus élevé (d'une chose verticale). → **faîte, haut ;** ① **sommité.** / contr. bas, base / *Monter au sommet de la tour Eiffel.* – Point culminant (d'une montagne). → **cime.** *L'air pur des sommets.* **2·** Ce qui est le plus haut ; degré le plus élevé. → **summum.** *Le sommet de la hiérarchie. Être au sommet de la gloire. Conférence au sommet,* ou *sommet,* entre dirigeants du niveau le plus élevé.

3· En géométrie. Intersection de deux côtés (d'un angle, d'un polygone). *Angles opposés par le sommet.*

sommier [sɔmje] n. m. **1·** Partie souple d'un lit, sur laquelle s'étend le matelas. *Sommier à ressorts, métallique.* **2·** Terme administratif. Gros registre ou dossier. *Les sommiers de la police judiciaire.*

① **sommité** [sɔ(m)mite] n. f. Botanique. Extrémité de la tige d'une plante. *Plante dont on utilise les sommités fleuries en tisane.* ▷ ② **sommité**

② **sommité** n. f. Personnage éminent. → **personnalité** (II). *Les sommités de la science.*

somnambule [sɔmnɑ̃byl] n. et adj. **1·** Personne qui, pendant son sommeil, effectue par automatisme des marches et autres actes coordonnés. *Un, une somnambule.* – Adj. *Il est somnambule.* **2·** Personne qui, dans un sommeil hypnotique, peut agir ou parler. ▶ **somnambulisme** n. m. État d'automatisme inconscient du somnambule. ▶ **somnambulique** adj. *Comportement somnambulique.*

somnifère [sɔmnifɛʀ] n. m. Médicament qui provoque le sommeil. → **soporifique.**

somnoler [sɔmnɔle] v. intr. < conjug. 1 > Être dans un état de somnolence, dormir à demi. ▶ **somnolent, ente** adj. Qui somnole. ▶ **somnolence** n. f. État intermédiaire entre la veille et le sommeil. → **demi-sommeil, torpeur.** – Tendance irrésistible à s'assoupir. *Médicament qui peut amener un état de somnolence.*

somptuaire [sɔ̃ptɥɛʀ] adj. **1·** *Loi somptuaire,* loi qui, à Rome, restreignait les dépenses de luxe. **2·** (Emploi critiqué) *Dépenses somptuaires,* de luxe. ≠ somptueux.

somptueux, euse [sɔ̃ptɥø, øz] adj. Qui est d'une beauté coûteuse, d'un luxe visible. → **fastueux, luxueux, magnifique.** *Un somptueux cadeau.* ≠ somptuaire. ▶ **somptueusement** adv. ▶ **somptuosité** n. f. Beauté de ce qui est riche, somptueux. *La somptuosité d'une fête.*

① **son** [sɔ̃], **sa** [sa], **ses** [se] dét. poss. de la 3e pers. du sing. Qui appartient, est relatif à la personne ou la chose dont il est question. *C'est son parapluie, c'est le sien. Elle a oublié son sac et sa valise. Il finit ses études. Ce n'est pas son genre. Il a comparu devant ses juges.* – *Une œuvre qui a perdu de son actualité, de sa fraîcheur.* – *On n'est jamais content de son sort. Chacun son tour.*

② **son** n. m. Sensation auditive créée par un mouvement vibratoire dans l'air ; ce phénomène. → **bruit ; phon-, sonner.** *Entendre, percevoir un son. Émettre des sons. Sons inarticulés, articulés.* – *Vitesse du son.* → **Mach.** *Sons musicaux. Enregistrement, reproduction du son. Ingénieur du son,* qui s'occupe de la *prise de son.* – En appos. *La bande son d'un film.* ▷ **infrason, sonner, subsonique, supersonique, ultrason, unisson**

③ **son** n. m. **1·** Résidu de la mouture provenant de l'enveloppe des grains. *Farine de son,* mêlée de son. *Pain de son,* fait avec cette farine. **2·** Sciure servant à bourrer. *Poupée de son.* **3·** Loc. *Taches de son :* taches de rousseur.

sonar [sɔnaʀ] n. m. Équipement de détection et de communications sous-marines par réflexion des ultrasons. *Sonars utilisés pour la détection des bancs de poissons.*

sonate [sɔnat] n. f. Composition musicale pour un ou deux instruments, en trois ou quatre mouvements. *Une sonate pour violon et piano.* ▶ **sonatine** n. f. Petite sonate de caractère facile.

sonde [sɔ̃d] n. f. **1·** Instrument, appareil qui sert à déterminer la profondeur de l'eau et la nature du fond. – Appareil de mesure des altitudes. *Sonde aérienne* (ou *ballon-sonde*). **2·** Instrument de chirurgie destiné à explorer les canaux naturels ou accidentels. *On lui a mis une sonde après son opération.* – Instrument servant à l'alimentation artificielle. **3·** Appareil servant aux forages et aux sondages du sol. → **trépan.** **4·** *Sonde spatiale,* engin d'exploration de l'espace non habité. ▶ **sonder** v. tr. < conjug. 1 > **1·** Reconnaître au moyen d'une sonde ou d'un instrument de sondage. *Sonder les grands fonds.* – *Sonder un malade,* prélever l'urine dans la vessie à l'aide d'une sonde. **2·** Abstrait. Chercher à entrer dans le secret de... → **explorer, scruter.** *Sonder qqn,* chercher à connaître ses dispositions d'esprit. *Sonder l'opinion.* ▶ **sondage** n. m. **1·** Exploration locale et méthodique d'un milieu (mer, atmosphère, sol) à l'aide d'une sonde, etc. **2·** Introduction d'une sonde (2) dans l'organisme. **3·** *Sondage (d'opinion),* enquête visant à déterminer la répartition des opinions sur une question, en recueillant des réponses auprès d'un échantillon de population. *Des sondages d'opinion.* ▶ **sondeur, euse** n. Personne qui réalise des sondages* d'opinion. ▷ **insondable**

songe [sɔ̃ʒ] n. m. Littér. Rêve. Prov. *Songes, mensonges.* ▶ **songer** v. tr. ind. < conjug. 3 > **1·** Vx. Rêver ou s'abandonner à la rêverie (→ **songeur**). **2·** *Songer à :* penser à, réfléchir à. *Songez-y bien !* – Avoir présent à l'esprit. *Cela me fait songer que je suis en retard,* cela me le rappelle. – Envisager en tant que projet qui demande réflexion. *Il songe au mariage, à se marier. Il ne faut pas y songer,* c'est impossible. – S'intéresser à... *Il est temps qu'il songe à son avenir.* **3·** Prendre en considération. *Avez-vous songé qu'il y a un gros* *risque ?* ▶ **songerie** n. f. Littér. Rêverie. ▶ **songeur, euse** adj. Perdu dans une rêverie empreinte de préoccupation. → **pensif.** *Cette nouvelle le laissait songeur. Je te trouve bien songeuse.*

sonner [sɔne] v. < conjug. 1 > **I·** V. intr. **1·** Retentir sous un choc. → **résonner, tinter.** *Cela sonne creux,* rend le son d'un objet creux (quand on le frappe). *Les cloches sonnent.* → **carillonner.** **2·** Produire le son commandé par une sonnerie. *Le téléphone a sonné.* – (Heure) *Minuit sonne. Trois heures sonnent.* – Loc. *Sa dernière heure a sonné,* l'heure de sa mort est arrivée. **3·** *Une phrase qui sonne mal,* peu harmonieuse. *Sonner juste, bien. Tout cela sonne faux,* donne une impression de fausseté, d'hypocrisie. **4·** Faire fonctionner une sonnerie. *Entrer sans sonner.* **II·** V. tr. ind. ***Sonner de*** : jouer (du clairon, du cor...). *Sonner de la trompette.* **III·** V. tr. **1·** Faire résonner. *Le sacristain sonnait les cloches.* – Loc. fam. *Se faire sonner les cloches.* → **cloche** (1). **2·** Faire entendre (une sonnerie particulière) ; signaler, annoncer par une sonnerie. *On a sonné le tocsin, l'alarme. L'horloge a sonné onze heures.* **3·** Appeler (qqn) par une sonnerie, une sonnette. *Sonner l'infirmière de garde.* – Loc. fam. ***On ne t'a pas sonné*** : on ne t'a pas appelé, mêle-toi de tes affaires. **4·** Assommer, étourdir d'un coup de poing. – Au p. p. *Le boxeur était sonné.* → **groggy.** ▶ **sonné, ée** adj. **1·** Annoncé par une sonnerie. *Il est midi sonné,* il est plus de midi. *Il est cinq heures sonnées.* – Loc. *Il a soixante ans* ***bien sonnés*** : révolus. → **sonner** (III, 4). **2·** Fam. Fou ; cinglé, toqué. *Il est complètement sonné.* ▶ **sonnaille** n. f. Cloche ou clochette attachée au cou d'un animal domestique. – Au plur. Son de ces cloches. ▶ **sonnant, ante** adj. **1·** Loc. ***Espèces sonnantes et trébuchantes*** : monnaie métallique. **2·** (Heure) Qui est en train de sonner. → **tapant.** *À cinq heures sonnantes. À midi sonnant.* ▶ **sonnerie** n. f. **1·** Son de ce qui sonne ou d'un instrument dont on sonne. *Une sonnerie de clairon. La sonnerie du téléphone.* **2·** Mécanisme qui fait sonner une horloge, un réveille-matin. *Activer la sonnerie d'un réveil.* – Appareil avertisseur. → **sonnette.** *Sonnerie électrique.* ▶ **sonnette** n. f. **1·** Petit instrument métallique (clochette) qui sonne pour avertir. *Le président agitait sa sonnette.* – Timbre, sonnerie électrique ; objet qui sert à déclencher une sonnerie. *Appuyez sur la sonnette. Donnez trois coups de sonnette. Sonnette d'alarme.* **2·** Son produit par une sonnette. *Je n'ai pas entendu la sonnette.* → **sonnerie.** ▶ **sonneur, euse** n. **1·** Personne qui sonne les cloches. – Loc. *Dormir comme un sonneur* (que les cloches ne réveillent pas). **2·** Musicien, personne qui sonne d'un instrument. *Sonneur de cornemuse.* ▷ **assonance, consonance, consonne, dissonance, résonner, sonore**

sonnet [sɔnɛ] n. m. Petit poème à forme fixe (deux quatrains sur deux rimes embrassées et deux tercets).

sonore [sɔnɔʀ] adj. **1·** Qui résonne fort. → **éclatant.** *Il parlait avec une voix sonore.* – *Consonne sonore* et, n. f., *une sonore* (opposé à *sourde*), dont l'émission s'accompagne de vibrations du larynx (ex. : [b]). **2·** Qui renvoie ou propage le son. *Une salle trop sonore.* **3·** Relatif au son, phénomène physique ou sensation auditive. *Ondes sonores. Effets sonores,* bruits, sons spéciaux qui accompagnent l'image. ▶ **sonoriser** v. tr. < conjug. 1 > **1·** Rendre sonore (une consonne sourde). – Pronominalement. [t] *peut se sonoriser en* [d]. **2·** Rendre sonore (un film muet, un spectacle). **3·** Munir (une salle) d'un matériel de diffusion du son. – Au p. p. adj. *Salle sonorisée.* ▶ **sonorisation** n. f. Action de sonoriser. – Matériel de diffusion du son (abrév. fam. *la sono*). ▶ **sonorité** n. f. **1·** Qualité du son. *Cet instrument, cette radio a une belle sonorité.* – Au plur. Inflexions, sons particuliers (d'une voix). **2·** Qualité acoustique (d'un local). *Cette salle de concert a une bonne sonorité.* ▷ **insonore**

-sophe, -sophie Éléments signifiant « savant, sage » et « science, sagesse ».

sophiste [sɔfist] n. m. **1·** Chez les Grecs. Maître de rhétorique et de philosophie qui enseignait l'art de parler en public et de défendre toutes les thèses, même contradictoires, avec des arguments subtils. **2·** Personne qui use de raisonnements spécieux (*sophismes*). ▶ **sophisme** n. m. Argument, raisonnement faux malgré une apparence de vérité.

sophistiqué, ée [sɔfistike] adj. **1·** Alambiqué, affecté. *Un style sophistiqué.* **2·** Qui se distingue par son allure recherchée, artificielle. *Une femme sophistiquée.* **3·** (Emploi critiqué) Complexe, perfectionné. *Machine très sophistiquée.* ▶ **sophistication** n. f. Caractère sophistiqué, artificiel.

sophrologie [sɔfʀɔlɔʒi] n. f. Méthode qui réalise une synthèse de l'hypnose et de la relaxation, utilisée pour modifier l'état de conscience à des fins thérapeutiques. ▶ **sophrologue** n.

soporifique [sɔpɔʀifik] adj. et n. m. **1·** Qui provoque le sommeil. – N. m. *Un soporifique.* → **somnifère.** **2·** Endormant, ennuyeux. *Un discours soporifique.*

soprano [sɔpʀano] n. **1·** N. m. La plus élevée des voix. *Le soprano de la femme, du jeune garçon.* **2·** N.

Soprano ou *soprane,* personne qui a cette voix. *Un, une soprano* ou *un, une soprane. Des sopranos* ou *des sopranes.*

sorbet [sɔʀbɛ] n. m. Glace légère à base de jus de fruit et d'eau. *Un sorbet au citron.* ▶ **sorbetière** [sɔʀbətjɛʀ] n. f. Appareil pour préparer les sorbets et les glaces.

sorbier [sɔʀbje] n. m. Arbre sauvage ou ornemental, à petits fruits rouge orangé (les *sorbes,* n. f.) recherchés des oiseaux. – *Sorbier cultivé,* à fruits comestibles.

sorbonnard, arde [sɔʀbɔnaʀ, aʀd] n. et adj. Péj. Étudiant, professeur de la Sorbonne (la plus ancienne université de Paris). – Adj. *Esprit sorbonnard.*

sorcellerie [sɔʀsɛlʀi] n. f. Pratique des sorciers. *Les anciens procès de sorcellerie.*

sorcier, ière [sɔʀsje, jɛʀ] n. **1**· Personne qui pratique une magie de caractère traditionnel, secret et illicite ou dangereux. → **magicien.** *Les sorciers du Moyen Âge. Sorciers et guérisseurs en Afrique.* → 🄸 **marabout.** *Sorciers et chamans.* **2**· Fam. *(Vieille) sorcière,* femme vieille, laide ou méchante. **3**· Loc. ***Chasse aux sorcières*** *:* poursuite systématique, par un gouvernement ou un parti, de ses opposants. **4**· Adj. m. Fam. *Ce n'est pas sorcier,* ce n'est pas difficile. → **malin.** ▷ **ensorceler, sorcellerie**

sordide [sɔʀdid] adj. **1**· D'une saleté repoussante, qui dénote une misère extrême. *Des taudis sordides.* **2**· Qui est bassement intéressé, d'une mesquinerie ignoble. *Une sordide affaire d'héritage. Crime sordide,* commis par simple intérêt. ▶ **sordidement** adv. ▶ **sordidité** n. f. Littér. Caractère de ce qui est sordide.

sorgho [sɔʀgo] n. m. Graminée des pays tropicaux. *Le sorgho est utilisé comme céréale.*

sornette [sɔʀnɛt] n. f. Surtout au plur. Propos frivoles, affirmations qui ne reposent sur rien. → **baliverne.** *Raconter, débiter des sornettes.*

sororal, ale, aux [sɔʀɔʀal, o] adj. Didact. D'une sœur (correspond à *fraternel*).

sort [sɔʀ] n. m. **1**· Ce qui échoit (à qqn) du fait du hasard, ou d'une prédestination supposée ; situation faite ou réservée (à une personne, une classe). → **destinée.** *Les infirmités sont le sort de la vieillesse. Améliorer le sort des travailleurs. Abandonner qqn à son triste sort.* – Littér. ***Faire un sort à*** *qqch. :* mettre en valeur. Fam. *Faire un sort à un plat, une bonne bouteille,* ne rien en laisser. **2**· Puissance qui est supposée fixer le cours des choses. *C'est un coup, une ironie du sort. Le* ***mauvais sort*** *:* la malchance. *Conjurer le mauvais sort.* – Fam. (Juron méridional) *Coquin de sort !* **3**· Désignation par le hasard (opposé à *choix, élection*). *Le sort décidera.* – *Tirer au sort,* décider, désigner par le recours au hasard. *Le sort en est jeté,* la décision est prise irrévocablement (→ es dés sont jetés). **4**· Loc. ***Jeter un sort*** *à qqn :* pratiquer sur lui une opération de sorcellerie. → **envoûtement, sortilège.** ▷ **sorcier, sortilège**

sortable [sɔʀtabl] adj. Que l'on peut sortir, présenter en public. *Tu n'es vraiment pas sortable.*

sortant, ante [sɔʀtɑ̃, ɑ̃t] adj. **1**· Qui sort d'un tirage au sort. *Les numéros sortants.* → **gagnant.** **2**· Qui cesse de faire partie d'une assemblée (lorsque son mandat arrive à expiration). *Le député sortant a été réélu.* – N. *Les sortants.*

sorte [sɔʀt] n. f. **1**· Ensemble (de gens ou d'objets caractérisés par une certaine manière d'être). → **espèce, genre.** *Il y a plusieurs sortes de problèmes. Cette sorte de gens. On vend ici toutes sortes d'articles de sport. Des fruits de toutes sortes, de la même sorte. Une sorte de fraises tardives.* **2**· ***Une sorte de...*** *:* ce qu'on ne peut qualifier exactement et que l'on rapproche d'autre chose. *C'était une sorte de vagabond.* → une **espèce** de. *Il a une sorte d'autorité naturelle.* **3**· En loc. Façon d'accomplir une action. – ***De la sorte*** *:* de cette façon, ainsi. *Pourquoi ris-tu de la sorte ?* – ***De sorte à*** (+ infinitif) : de manière à. – ***En quelque sorte*** *:* d'une certaine manière, pour ainsi dire. *Tu as eu de la chance, en quelque sorte.* – ***De telle sorte que*** *:* de telle manière que. *Il avait brouillé les pistes de telle sorte qu'on ne l'a jamais retrouvé.* – ***De sorte que*** *:* si bien que. *J'étais en retard, de sorte que j'ai manqué le début du film.* – ***Faire en sorte que*** (+ subjonctif) : s'arranger pour que... *Fais en sorte que tout soit prêt demain.* ***Faire en sorte de*** (+ infinitif). *Fais en sorte d'être à l'heure.* ▷ **assortir**

sorteur, euse [sɔʀtœʀ, øz] ou **sorteux, euse** [sɔʀtø, øz] n. **1**· En Belgique *(sorteur)* et au Canada *(sorteux).* Personne qui aime sortir, se distraire. **2**· N. m. En Belgique. → **videur.**

sortie [sɔʀti] n. f. **I**· **1**· Action de quitter un lieu ; moment où des personnes sortent. / contr. entrée / *C'est l'heure de la sortie des élèves* (des écoles). *La sortie des usines, des bureaux. Viens me chercher à la sortie. À la sortie des théâtres,* lorsque les spectateurs sortent. Loc. *Acteur qui fait une* ***fausse sortie*** *:* qui sort pour rentrer en scène peu après. **2**· Action militaire pour sortir d'un lieu. *Les assiégés ont tenté une sortie.* **3**· Attaque verbale ; parole incongrue. *Elle est capable de n'importe quelle sortie devant les gens.* **4**· Action de sortir pour se distraire, faire une course. *Une sortie en ville.* Fam. *Aujourd'hui, nous sommes* ***de sortie*** *:* nous devons sortir. **5**· (Produits, capitaux) Le fait de sortir d'un pays. *D'importantes sorties de devises.* **6·** Le fait d'être produit, livré au public. *La sortie d'un nouveau modèle de voiture.* **7·** Somme dépensée. *Il y a plus de sorties que de rentrées ce mois-ci.* **8·** (Choses) Action de s'écouler, de s'échapper. *La sortie des gaz d'échappement.* **II·** Porte, endroit par où les personnes, les choses sortent. *Sortie de secours.* → **issue.** *Par ici la sortie ! Les sorties de Paris sont encombrées le samedi.* **III·** ***Sortie de bain*** : peignoir que l'on porte après le bain.

sortilège [sɔʀtilɛʒ] n. m. Artifice de sorcier ; action, influence qui semble magique. → ② **charme** (1). *Sortilège malfaisant.* → **maléfice, sort** (4).

① **sortir** [sɔʀtiʀ] v. < conjug. 16 > **I·** V. intr. (Avec l'auxiliaire *être*) Aller du dedans au dehors. / contr. entrer / **1·** Aller hors (d'un lieu). *Les gens sortaient du cinéma.* – Sans compl. Quitter une maison, une pièce. → **partir,** se **retirer.** *Il est sorti discrètement. Sortez !* **2·** Aller dehors, se promener. *Ce n'est pas un temps pour sortir ! Il est sorti faire un tour.* → **aller.** – Aller hors de chez soi pour se distraire (dans le monde, au spectacle). *Nous sortons beaucoup.* **3·** (Le suj. désigne un objet en mouvement, un fluide) Aller hors de... *Une eau qui sort de terre à 18°.* → s'**échapper.** – Aller hors du contenant ou de l'espace normal. *La rivière est sortie de son lit.* → **déborder.** *La voiture est sortie de la route. Le ballon est sorti en touche.* – *Cela m'est sorti de la tête,* je l'ai oublié. **4·** Apparaître en se produisant à l'extérieur. → ② **pousser ; percer.** *Les bourgeons sortent.* – Être livré au public. → **paraître.** *Ce film sort la semaine prochaine.* **5·** Se produire (au jeu, au tirage au sort). *Un numéro, un tiercé qui n'est pas encore sorti.* **II·** V. intr. (Avec l'auxiliaire *être*) (Personnes) Cesser d'être dans tel lieu, dans tel état. **1·** Quitter le lieu d'une occupation. *Sortir, être sorti de table,* avoir fini de manger. *Sortir de prison.* – Sans compl. *Les élèves sortent à cinq heures.* **2·** Quitter, venir à bout (d'une occupation). *Sortir d'un entretien, d'un travail difficile. J'ai trop à faire, je n'en sors pas.* – Fam. (+ infinitif) *Je sors de lui parler,* je viens de lui parler. *Merci bien, je sors d'en prendre !,* je ne suis pas près de recommencer ! **3·** Quitter (un état), faire ou voir cesser (une situation). *Je sors à peine de maladie,* je suis à peine guéri. *Nous ne sommes pas encore sortis d'affaire, d'embarras, de ce mauvais pas.* – Abandonner (un comportement habituel). *Il n'est pas sorti de sa froideur coutumière.* → se **départir.** **4·** Ne pas se tenir à (une chose fixée). → s'**écarter.** *Tu sors du sujet. Vous sortez de votre rôle.* – Loc. ***Il n'y a pas à sortir de là*** : il faut s'en tenir là. – (Choses) Cesser de faire partie de..., être en dehors de... *Cela sort de ma compétence. C'est une chose qui sort de l'ordinaire,* qui n'est pas ordinaire. **III·** V. intr. (Avec l'auxiliaire *être*) Être issu de... **1·** Avoir son origine, sa source dans. → **venir** de. *Des mots qui sortent du cœur,* sincères. – Provenir en tant que conséquence, résultat. *Je ne sais pas ce qui sortira de nos recherches.* – Impers. *De tous nos efforts, il n'est encore rien sorti.* **2·** (Personnes) Avoir pour ascendance. *Il sort d'une bonne famille.* → **descendre.** *D'où sort-il ?,* se dit de qqn dont les manières ou les propos sont choquants. – Avoir été formé (quelque part). *Les ingénieurs sortent d'une grande école. Officiers sortis du rang.* → **rang** (I, 4). **3·** Avoir été fait, fabriqué (quelque part). *Des robes qui sortent de chez les grands couturiers.* **IV·** V. tr. (Avec l'auxiliaire *avoir*) **1·** Mener dehors (un être qui ne peut ou ne doit pas sortir seul). *Je vais sortir les enfants. Il a sorti le chien.* – Fam. Accompagner (qqn) au spectacle, dans le monde. *Elle voudrait bien que son mari la sorte davantage.* **2·** Mettre dehors (qqch.), tirer (d'un lieu). *As-tu sorti la voiture du garage ?* **3·** Fam. Expulser, jeter dehors (qqn). *À la porte ! Sortez-le !* – Éliminer (un concurrent, une équipe). *Elle s'est fait sortir aux éliminatoires.* **4·** Tirer d'un état, d'une situation. *Il faut le sortir de là.* – Pronominalement. *Se sortir d'un mauvais pas.* – ***S'en sortir*** : venir à bout d'une situation pénible, dangereuse. *Elle s'en est sortie brillamment. Docteur, ai-je des chances de m'en sortir ?* → s'en **tirer.** **5·** Produire pour le public, mettre dans le commerce. *Éditeur qui sort un livre.* → **publier.** **6·** Fam. Dire, débiter. *Qu'est-ce qu'il va encore nous sortir (comme ânerie) ?* ▶ ② **sortir** n. m. Littér. ***Au sortir de*** : en sortant de (un lieu, un état, une occupation). *Au sortir de l'enfance. Au sortir du théâtre.* → à la **sortie.** ▷ ① **ressortir, sortable, sortant, sorteur, sortie**

S. O. S. [ɛsoɛs] n. m. invar. Signal de détresse (d'un bateau, d'un avion). *Envoyer, lancer un S. O. S.* – Appel à secourir d'urgence des personnes en difficulté. *Des S. O. S.*

sosie [sozi] n. m. Personne qui a une parfaite ressemblance avec une autre. *Elle s'est découvert un sosie. C'est ton sosie. Avoir un sosie.*

sot, sotte [so, sɔt] adj. et n. **1·** Littér. Qui a peu d'intelligence et peu de jugement. → **bête, idiot, stupide.** *Je ne suis pas assez sot pour lui en vouloir.* – Privé momentanément de jugement (du fait de la surprise, de l'embarras). → **confus.** *Se trouver tout sot.* → **penaud.** – N. *Tu n'es qu'un sot.* → **âne.** *Une petite sotte.* **2·** (Choses) Littér. Qui ne dénote ni intelligence ni jugement. → **absurde, inepte.** *Rien de plus sot que cette réponse !* ▶ **sottement** adv. D'une manière sotte. → **bêtement.** ▶ **sottise** n. f. **1·** Littér. Manque d'intelligence et de jugement. → **bêtise, stupidité.** **2·** Parole ou action qui dénote peu d'intelligence. *Dire des sottises.* → **ânerie ; absurdité.** *Faire, commettre une sottise.* → **faute, maladresse.** – Acte d'un enfant désobéissant et turbulent. **3·** Mots injurieux. *Il lui a dit des sottises.* ▶ **sottisier** n. m. Recueil de sottises (2) ou de platitudes échappées à des auteurs connus. ▷ **sotie**

sotie [sɔti] n. f. Au Moyen Âge. Farce satirique et allégorique, jouée par des acteurs en costume de bouffon (appelés *sots*). – REM. On a écrit *sottie.*

sou [su] n. m. **1·** Le vingtième de l'ancien franc ou cinq centimes. *Une pièce de cent sous. Machine à sous,* appareil où l'on joue des pièces de monnaie. – Loc. ***Amasser sou à sou, sou par sou.*** *Dépenser jusqu'au dernier sou. N'avoir* ***pas le sou*** *:* pas du tout d'argent. *Être* ***sans le sou*** *:* sans argent. *Un bijou de quatre sous,* sans valeur. *Il n'est pas compliqué* ***pour un sou*** *:* pas compliqué du tout. *Il n'a pas un sou de bon sens.* → **grain, gramme, once.** – REM. *Sou* et sa forme ancienne *sol* sont apparentés à *solde, soldat, soudard, soudoyer.* **2·** Fam. Au plur. Argent. *Il est près de ses sous,* intéressé, avare. *Une question de gros sous,* d'intérêt. ▷ **grippe-sou, sans-le-sou**

soubassement [subasmɑ̃] n. m. **1·** Partie inférieure (d'une construction, d'une colonne). → **base. 2·** Socle sur lequel reposent des couches géologiques.

soubresaut [subʀəso] n. m. **1·** Saut brusque, secousse imprévue. *Le cheval fit un soubresaut.* **2·** Mouvement convulsif et violent du corps. → **haut-le-corps.** *Elle eut un soubresaut.*

soubrette [subʀɛt] n. f. Suivante ou servante de comédie. *Les soubrettes (des comédies) de Molière, de Marivaux.*

souche [suʃ] n. f. **1·** Ce qui reste du tronc avec les racines, quand l'arbre a été coupé. *Brûler de vieilles souches.* – Loc. ***Être, rester comme une souche*** *:* inerte. ***Dormir comme une souche*** *:* très profondément. **2·** En loc. Origine d'une lignée. *Faire souche,* avoir des descendants. *De vieille souche,* de vieille famille. – Origine commune (d'un groupe de peuples, de langues). *Mot de souche latine.* **3·** Partie d'un document qui reste fixée à un carnet, quand on en a détaché la partie à remettre à l'intéressé. → **talon.** *Un chéquier à souche.*

1 **souci** [susi] n. m. **1·** Préoccupation inquiète à propos de qqn ou de qqch. → **contrariété, tracas.** *Se faire du souci. Être rongé, miné par les soucis. Être accablé de soucis. Cela vous épargnerait bien des soucis. Il ne se fait pas de souci, aucun souci,* il est insouciant. → **sans-souci. 2·** Être, chose qui détermine cet état d'esprit. *Sa santé est pour moi un souci continuel.* **3·** Intérêt soutenu. *Il a le souci de la perfection.* ▶ **se soucier** v. pron. < conjug. 7 > (Surtout négatif) Prendre intérêt à, s'inquiéter de, se préoccuper de. *Je ne m'en soucie guère. Il s'en soucie comme de sa première chemise,* pas du tout. ▶ **soucieux, euse** adj. **1·** Qui est absorbé, marqué par le souci. → **inquiet, préoccupé.** *Un air soucieux.* **2·** ***Soucieux de*** *:* qui se préoccupe, se soucie de. *Il est soucieux de notre bien-être.* ▷ **insouciant, insoucieux, sans-souci**

2 **souci** n. m. Petite plante de jardin, à fleurs jaunes ou orangées. *Cueillir des soucis.*

soucoupe [sukup] n. f. **1·** Petite assiette qui se place sous une tasse. → **sous-tasse.** – Loc. *Faire des yeux comme des soucoupes,* les écarquiller d'étonnement. **2·** ***Soucoupe volante*** *:* objet volant non identifié. → **ovni.**

soudain, aine [sudɛ̃, ɛn] adj. et adv. **I·** Adj. Qui arrive, se produit en très peu de temps, sans avoir été prévu. → **brusque, subit.** / contr. lent / *Une mort soudaine.* **II·** Adv. Dans l'instant même, tout à coup. *Soudain, il s'enfuit.* ▶ **soudainement** adv. D'une manière soudaine. → **soudain.** ▶ **soudaineté** n. f. *La soudaineté de sa riposte m'a laissé sans voix.*

soudard [sudaʀ] n. m. Littér. Homme de guerre (→ **soldat**) brutal, grossier.

soude [sud] n. f. **1·** *Soude caustique,* oxyde de sodium, cristaux très corrosifs, toxiques. – *Lessive de soude,* obtenue en dissolvant ces cristaux avec de l'eau. **2·** En pharmacie. Sodium. *Sulfate de soude.*

souder [sude] v. tr. < conjug. 1 > **1·** Joindre, ou faire adhérer (des pièces métalliques, des matières plastiques) en faisant une seule masse. *Souder ou braser des métaux.* **2·** Unir étroitement et solidement. *Il faut souder ces divers groupes au sein d'une organisation.* ▶ **soudage** n. m. Action de souder (opération technique). ▶ **soudeur, euse** n. **1·** Ouvrier spécialiste de la soudure. **2·** N. f. Machine à souder. ▶ **soudure** n. f. **1·** Alliage fusible servant à souder les métaux. **2·** Résultat de l'opération de soudage ; cette opération elle-même. *Soudure autogène,* sans autre matière que celle des parties à souder. *Soudure au chalumeau.* – Partie soudée. **3·** *Faire la soudure,* satisfaire à la demande, entre deux récoltes, deux livraisons. *Faute de faire la soudure, c'est la disette.* – Fam. Assurer la transition (entre deux systèmes, deux personnes). → **intérim.** ▷ **dessouder**

soudoyer [sudwaje] v. tr. < conjug. 8 > S'assurer à prix d'argent et d'une manière immorale le concours de (qqn). → **acheter.**

souffler [sufle] v. < conjug. 1 > **I·** V. intr. **1·** Expulser de l'air par la bouche ou par le nez, par une action volontaire. *Souffler sur le feu,* pour l'attiser. *Souffler sur ses mains, sur la soupe, dans une trompette.* **2·** Respirer avec peine, en expirant fort, après un effort. → **haleter.** *Souffler comme un bœuf, comme un phoque. Laisser souffler son cheval,* lui laisser reprendre souffle. *Laissez-moi le temps de souffler,* prendre un peu de repos. **3·** (Vent) Produire un courant d'air. *Le vent souffle.* **II·** V. tr. **1·** Envoyer un courant d'air sur (qqch.). *Souffler une bougie,* l'éteindre par le souffle. **2·** Fam. ***Souffler** qqch. **à** qqn* : le lui enlever. – *Souffler un pion,* aux dames, le prendre à l'adversaire quand celui-ci ne s'en est pas servi pour prendre alors qu'il le pouvait. Absolt. Prov. *Souffler n'est pas jouer.* **3·** Détruire par l'effet du souffle. – Au p. p. *Maison soufflée par une explosion.* **4·** Envoyer de l'air, du gaz dans (le verre qu'on façonne). – Au p. p. adj. *Verre soufflé.* **5·** Faire sortir en expirant, en soufflant. *Souffler la fumée par le nez.* – Loc. fig. *Souffler le chaud et le froid,* faire alterner la douceur et la menace. **6·** Dire à voix basse. *Souffler qqch. à l'oreille de qqn,* lui dire en confidence. → **chuchoter.** Loc. *Ne pas souffler mot,* ne rien dire. **7·** Dire discrètement à qqn qu'on veut aider (une réplique, une réponse). *Souffler une réplique à un acteur.* → **souffleur.** – Sans compl. *Il a été puni parce qu'il a soufflé.* **8·** Fam. (Compl. personne) Stupéfier, ahurir. *Sa lâcheté nous a soufflés.* ▶ **soufflé, ée** adj. et n. m. **I·** Adj. **1·** Gonflé. *Des pommes (de terre) soufflées,* gonflées à la cuisson. **2·** *Il a des traits soufflés,* bouffis, boursouflés. **3·** Stupéfait, ahuri. *J'en ai été soufflé !* → **époustouflé, sidéré. II·** N. m. Préparation de pâte légère qui se gonfle à la cuisson. *Un soufflé au fromage. Soufflé sucré.* – Loc. fig. *Le soufflé retombe,* les espoirs sont déçus. ▶ **soufflage** n. m. Opération par laquelle on façonne le verre en y insufflant de l'air. ▶ **soufflant, ante** adj. Fam. Qui coupe le souffle. → **étonnant.** ▶ **souffle** n. m. **I· 1·** Mouvement de l'air que l'on produit en soufflant. *On le renverserait d'un souffle,* il est très faible. – Capacité de souffler fort, longtemps. *Pour jouer de la trompette, il faut du souffle.* **2·** Expiration ; air rejeté par la bouche. → **haleine.** *Jusqu'à son **dernier souffle*** : jusqu'à la mort. → **soupir.** – La respiration ; son bruit. *Retenir son souffle. Couper le souffle,* interrompre la respiration régulière ; fig. étonner vivement. *Une virtuosité à vous couper le souffle. Avoir le souffle court,* être vite essoufflé. *Être à bout de souffle,* haletant de fatigue, épuisé. *Coureur qui a du souffle,* qui ne s'essouffle pas facilement. *Il a trouvé son second souffle.* **3·** Force qui anime, crée. → **inspiration.** *Quel souffle chez ce poète ! Ce récit manque de souffle.* **II· 1·** Mouvement d'air moins sensible que le vent ou que la brise. → **bouffée, courant.** *Ces feuilles frémissent au moindre souffle.* **2·** Air, fluide déplacé (par une différence de pression). → **poussée.** *Le souffle d'un réacteur. Effet de souffle d'un explosif.* **3·** En médecine. *Bruit de souffle,* bruit perçu à l'auscultation du cœur ou des poumons. *Avoir un souffle au cœur,* une lésion des valvules déterminant ce bruit. ▶ **soufflement** n. m. Action de souffler (I). *Les soufflements d'un bœuf.* → **souffle.** ▶ **soufflerie** n. f. **1·** Machine servant à souffler et conduire de l'air. *La soufflerie d'une forge.* **2·** Installation permettant d'étudier les mouvements de l'air, de la vapeur d'eau autour d'un matériel qui doit être soumis à de grandes vitesses. *Essais aérodynamiques d'une maquette en soufflerie.* ▷ **boursouflé, essouffler, 1 soufflet, 2 soufflet, souffleur, souffleuse, soufflure**

1 soufflet [suflɛ] n. m. **1·** Instrument composé de deux tablettes reliées par un assemblage de cuir qui se déplie en faisant entrer l'air et se replie en le chassant. **2·** Partie pliante ou souple entre deux parties rigides. *Aller d'un wagon à l'autre en passant par le soufflet.*

2 soufflet n. m. Littér. Gifle. – Abstrait. Insulte grave. ▶ **souffleter** v. tr. < conjug. 4 > Littér. Gifler. *Il l'a souffleté et ils se sont battus en duel.*

souffleur, euse [suflœʀ, øz] n. **1·** Personne chargée d'aider les acteurs qui ont un trou de mémoire en leur soufflant (II, 6) leur rôle. *Le trou du souffleur.* **2·** *Souffleur de verre,* ouvrier qui forme des objets de verre en soufflant.

souffleuse [sufløz] n. f. Au Canada. Chasse-neige qui projette la neige à distance.

soufflure [suflyʀ] n. f. En technique. Bulle de gaz constituant un défaut de fabrication.

souffrance [sufʀɑ̃s] n. f. **1·** Le fait de souffrir ; douleur physique ou morale. **2·** ***En souffrance*** : se dit de marchandises qui n'ont pas été retirées à l'arrivée ou d'une affaire qui reste en suspens.

souffreteux, euse [sufʀətø, øz] adj. Qui est de santé débile, qui est habituellement souffrant. → **maladif, malingre.**

souffrir [sufʀiʀ] v. < conjug. 18 > **I·** V. intr. **1·** Éprouver une souffrance, des douleurs physiques ou morales. *Où souffrez-vous ? Ses rhumatismes le font souffrir. **Souffrir de*** (origine, cause). *Nous avons beaucoup souffert du froid. Il souffre de la (sa) solitude, d'être seul.* – Avoir bien du mal, peiner. *J'ai souffert pour lui expliquer le problème.* **2·** Éprouver un dommage. → **pâtir.** *Pays, plante qui souffre de la sécheresse. Sa réputation en a souffert.* **3·** Transitivement. Loc. *Souffrir le martyre, mille morts,* souffrir beaucoup. **II·** V. tr. **1·** Littér.

Supporter (qqch. de pénible ou de désagréable). → **endurer.** *Il ne peut pas souffrir la plaisanterie.* – (+ subjonctif) *Elle ne peut pas souffrir qu'on la plaisante.* – Fam. (Compl. personne ; tournure négative) *Je ne peux pas souffrir ce type-là !* **2**· Littér. Permettre. *Souffrez que...* (+ subjonctif). – (Choses) Admettre. *Une règle qui ne souffre aucune exception.* ▶ **souffrant, ante** adj. Légèrement malade. → **indisposé.** *Il est souvent souffrant.* → **souffreteux.** ▶ **souffre-douleur** n. m. invar. Personne qui est en butte aux mauvais traitements, aux tracasseries de son entourage. *Des souffre-douleur.* ▷ **souffrance, souffreteux**

soufisme [sufism] n. m. Courant ascétique et mystique de l'islam qui vise au pur amour de Dieu sans crainte de l'enfer ni espoir dans le paradis. ▶ **soufi, ie** adj. et n. Adepte du soufisme. *Les derviches tourneurs sont des soufis.* – Adj. Du soufisme. *La poésie mystique soufie.*

soufre [sufʀ] n. m. Corps simple, solide, jaune citron, entrant dans la composition de minéraux *(sulfures)* et de matières organiques. *Vapeurs de soufre.* → **sulfureux ; solfatare.** – En appos. Invar. *Jaune soufre.* – *Odeur de soufre,* qui passe pour signaler la présence du diable. ▶ **soufrer** v. tr. < conjug. 1 > **1**· Imprégner, enduire de soufre. *Des allumettes soufrées.* **2**· Traiter au soufre, à l'anhydride sulfureux (la vigne, des étoffes...). ▶ **soufrage** n. m. Action de soufrer. ▶ **soufrière** n. f. Mine de soufre. ▷ **solfatare, sulf-, sulfure, sulfureux**

souhaiter [swete] v. tr. < conjug. 1 > Désirer, pour soi ou pour autrui, l'accomplissement de (qqch.). → **espérer.** *Je souhaite sa réussite. Je lui souhaite de réussir,* (+ subjonctif) *qu'il réussisse. Je souhaite le rencontrer. Je souhaite que tout aille bien. Ce n'est pas à souhaiter,* souhaitable. *Je vous souhaite bonne chance.* Iron. *Je vous souhaite bien du plaisir.* – *Souhaiter la bonne année,* offrir ses vœux de Nouvel An. ▶ **souhait** [swɛ] n. m. **1**· Désir d'obtenir qqch., de voir un événement se produire. → **vœu.** *Exprimer, former, faire des souhaits. Tous nos souhaits de réussite vous accompagnent. Les souhaits de bonne année. À tes, vos souhaits !,* se dit à une personne qui éternue. **2**· *À souhait* loc. adv. : autant, aussi bien qu'on peut le souhaiter. *Tout marche à souhait.* ▶ **souhaitable** adj. Qui peut, ou qui doit être souhaité, recherché. → **désirable.** *Il a toutes les qualités souhaitables pour cet emploi.*

souille [suj] n. f. Mare fangeuse où un animal sauvage (sanglier...) aime à se vautrer. ▷ **souiller**

souiller [suje] v. tr. < conjug. 1 > Littér. **1**· Salir. – Au p. p. *Plage souillée de détritus. Linge souillé.* **2**· Abstrait. Salir par le contact d'une chose mauvaise, immorale. *On tente de souiller sa mémoire.* ▶ **souillure** n. f. **1**· Littér. Saleté, tache. **2**· Abstrait. Tache morale, flétrissure. ▶ **souillon** n. f. Littér. Femme, fille négligée, malpropre. *C'est une petite souillon.*

souk [suk] n. m. **1**· En pays arabe. Marché couvert réunissant, dans un dédale de ruelles, des boutiques et ateliers. → **bazar.** – Foire hebdomadaire (en zone rurale). **2**· Fam. Lieu où règne le désordre, le bruit. *Quel souk !*

1 **soûl, soûle** [su, sul] adj. **1**· Ivre. → **plein.** *Il était soûl comme un cochon, comme une grive.* **2**· Fig. *Être soûl de qqch.,* en avoir trop, en être rassasié. *Je suis soûl de grand air.* → **étourdi, grisé.** – REM. On écrit aussi *saoul, saoule.* ▶ 2 **tout mon (ton, son...) soûl** loc. adv. À satiété, autant qu'on veut. *Vous pouvez manger tout votre soûl. Pleurer tout son soûl.* ▷ **soûlard** ou **soûlaud, soûler**

soulager [sulaʒe] v. tr. < conjug. 3 > **1**· Débarrasser (qqn, qqch.) d'une partie d'un fardeau, dispenser de (un effort, une fatigue, un poids). *Donnez-moi cette valise, cela vous soulagera. Soulager l'avant de la voiture.* Plaisant. *Un pickpocket l'a soulagé de son portefeuille.* **2**· Débarrasser partiellement (qqn) de ce qui pèse sur lui (douleur, remords, etc.). *Ce remède a bien soulagé le malade. Parlez, cela vous soulagera.* **3**· Rendre moins pesant, moins pénible à supporter (un mal). *Soulager la peine, la douleur de qqn.* **4**· Pronominalement (réfl.). Fam. Satisfaire un besoin naturel. *Il s'est soulagé derrière une porte cochère.* ▶ **soulagement** n. m. **1**· Action ou manière de soulager ; chose qui soulage. → **adoucissement.** *Il cherche dans les livres le soulagement et l'oubli.* **2**· État d'une personne qui se trouve soulagée. *Pousser un soupir de soulagement.*

soûlard, arde [sulaʀ, aʀd] ou **soûlaud, aude** [sulo, od] n. Fam. Ivrogne.

soûler [sule] v. tr. < conjug. 1 > REM. On écrit aussi *saouler.* **1**· Enivrer. – Pronominalement (réfl.). *Il s'est encore soûlé !* **2**· Littér. Griser. *On l'avait soûlé de beaux discours, de compliments.* **3**· Fam. Ennuyer, fatiguer. *Tu nous soûles avec tes jérémiades !* ▶ **soûlant, ante** adj. Fam. Ennuyeux, lassant. ▶ **soûlerie** n. f. Fam. Le fait de se soûler. → **beuverie, soûlographie.** ▷ **dessoûler, soûlographie, soûlon**

soulever [sulve] v. tr. < conjug. 5 > **1**· Lever à une faible hauteur. *Il soulevait de temps en temps le couvercle de la casserole.* – Relever. *J'ai soulevé le rideau.* **2**· Faire s'élever. *La voiture soulevait de la poussière.* – Pronominalement. *Se soulever,* s'élever. *Ces terrains se sont soulevés à l'ère tertiaire.* – Au p. p. adj. *Terrains soulevés au tertiaire.* **3**· Abstrait. Transporter, exalter (qqn). *L'élan de gratitude* *qui la soulevait.* **4**· Animer (qqn) de sentiments hostiles ; exciter et entraîner à la révolte. *Soulever le peuple contre un dictateur.* – Pronominalement (réfl.). Se révolter. → **soulèvement.** **5**· Exciter puissamment (un sentiment, une réaction). → **provoquer.** *Son discours a soulevé l'enthousiasme.* **6**· Faire que se pose (une question, un problème). → **poser.** *La question sera soulevée à la prochaine réunion.* **7**· Fam. Enlever, prendre. *Il veut lui soulever ses clients.* ▶ **soulèvement** n. m. **1**· Fait de se soulever. élévation de l'écorce terrestre. / contr. affaissement / *Un soulèvement de terrain.* **2**· Mouvement massif de révolte contre un oppresseur (plus qu'une émeute, moins qu'une révolution).

soulier [sulje] n. m. Chaussure à semelle résistante, qui couvre le pied sans monter beaucoup plus haut que la cheville. ≠ chausson, botte, bottine. *Souliers de marche, de sport.* – **REM.** Dans l'usage courant, on dit *chaussure,* sauf en parlant des gros *souliers* de marche. Loc. *Être* ***dans ses petits souliers*** : être mal à l'aise, dans l'embarras.

souligner [suliɲe] v. tr. < conjug. 1 > **1**· Tirer une ligne, un trait sous (des mots qu'on veut signaler à l'attention). *Ce que vous soulignez sera imprimé en italique.* – Au p. p. adj. *Souligné dans le texte,* qui n'est pas souligné par celui qui cite le texte original. – Border d'un trait qui met en valeur. *Des paupières soulignées de noir.* **2**· Fig. Accentuer ; mettre en valeur. → **appuyer.** *Les clins d'œil dont il soulignait ses allusions.* – Faire remarquer avec une insistance particulière. *L'auteur souligne l'importance de cet événement.* ▶ **soulignage** ou **soulignement** n. m. Action de souligner ; trait qui souligne.

soûlographie [sulɔgʀafi] n. f. Fam. Ivrognerie. → **soûlerie.**

soûlon, onne [sulɔ̃, ɔn] n. Région. (Est de la France), Suisse, Canada. Ivrogne.

soulte [sult] n. f. En droit. Somme d'argent qui, dans un partage ou un échange, compense une inégalité.

1 **soumettre** [sumɛtʀ] v. tr. < conjug. 56 > **1**· Mettre dans un état de dépendance, ramener à l'obéissance. *L'armée veut soumettre les rebelles.* **2**· Mettre dans l'obligation d'obéir à une loi, d'accomplir un acte. → **assujettir.** – Au p. p. adj. *Les revenus soumis à l'impôt.* – Exposer à un effet qu'on fait subir. *On l'a soumis à un entraînement sévère.* **3**· Pronominalement (réfl.). Obéir, se conformer. → se **plier.** *Elle se soumet à tous ses caprices.* ▶ **soumis, ise** adj. **1**· Docile, obéissant. **2**· Vx. ***Fille soumise*** : prostituée (qui était soumise à des contrôles). ▶ 1 **soumission** n. f. **1**· Fait de se soumettre, d'être soumis (à une autorité, une loi). → **obéissance.** – Docilité. *Une soumission aveugle,* irresponsable. **2**· Action de se soumettre, d'accepter une autorité contre laquelle on a lutté. *Faire acte de soumission. Les révoltés ont fait leur soumission.* ▷ 2 **soumettre**

2 **soumettre** v. tr. < conjug. 56 > Proposer (qqch.) au jugement, au choix. *Le maire a soumis le cas au préfet. Soumettez-nous vos conditions.* ▶ 2 **soumission** n. f. Devis établi par une entreprise en réponse à un appel d'offres, à l'adjudication publique d'un marché. ▶ **soumissionner** v. tr. < conjug. 1 > Proposer une soumission.

soupape [supap] n. f. Pièce mobile qu'une pression excessive peut ouvrir momentanément. → **clapet, valve.** *Les soupapes d'un moteur d'automobile* (commandant l'admission et l'échappement). *Soupape de sûreté, de sécurité,* placée sur un conduit sous pression pour éviter une explosion. *La soupape d'un autocuiseur.*

soupçon [supsɔ̃] n. m. **I**· Opinion qui fait attribuer à qqn des actes ou intentions blâmables. → **suspicion.** *Nous avons des soupçons à son sujet,* nous le soupçonnons. *Il est* ***au-dessus de tout soupçon*** : son honnêteté ne peut être mise en doute. – Idée, pressentiment. *Je n'en ai pas le moindre soupçon.* **II**· Concret. Apparence qui laisse supposer la présence d'une chose ; très petite quantité. *Elle mettait un soupçon de rouge.* → **ombre.** *C'est une grosse farce, avec un soupçon de vulgarité.* → **pointe.** ▶ **soupçonner** [supsɔne] v. tr. < conjug. 1 > **1**· Faire peser des soupçons sur (qqn). → **suspecter.** *Soupçonner un innocent. On le soupçonne de vol, d'avoir volé.* **2**· Pressentir (qqch.) d'après certains indices. → **entrevoir, flairer.** *Je soupçonne une manœuvre de dernière heure.* ▶ **soupçonnable** adj. Qui peut être soupçonné. / contr. insoupçonnable / ▶ **soupçonneux, euse** adj. Enclin aux soupçons. → **méfiant.** *Un enquêteur soupçonneux. Air, regard soupçonneux.* ▷ **insoupçonnable, insoupçonné**

soupe [sup] n. f. **I**· **1**· Potage ou bouillon épaissi. *Soupe à l'oignon, aux légumes.* – Loc. fam. *Un* ***gros plein de soupe*** : un homme très gros, ventru. – Loc. *C'est une* ***soupe au lait,*** *il est soupe au lait,* il se met facilement en colère (comme la soupe au lait déborde facilement de la casserole). **2**· Repas composé d'un plat unique (surtout de la soupe) qu'on servait aux soldats en campagne. → **rata.** *À la soupe !* – *Soupe populaire,* repas gratuit servi à ceux qui n'ont rien à manger ; local où l'on sert ce repas. **3**· Loc. fam. *Par ici la bonne soupe !,* l'argent. – *Cracher dans la soupe,* critiquer, mépriser ce dont on tire avantage. **II**· Vx. Tranche de pain arrosée de bouillon. *Tremper des soupes.* – Loc. *Être trempé comme une soupe,* complètement trempé. ▶ **soupière** n. f.

Récipient large et profond, dans lequel on sert la soupe ou le potage ; son contenu. ▷ ① **souper,** ② **souper**

soupente [supɑ̃t] n. f. Réduit clos aménagé dans la hauteur d'une pièce ou sous un escalier. *Il couche dans une soupente.* → **mansarde.**

① **souper** [supe] n. m. **1·** Région. ou autrefois. Repas du soir. → **dîner. 2·** Repas ou collation qu'on prend à une heure avancée de la nuit, après le spectacle, au cours d'une soirée. – Repas de nuit fin ou galant. *Un souper aux chandelles.*

② **souper** v. intr. < conjug. 1 > **1·** Région. ou autrefois. Prendre le repas du soir. → **dîner. 2·** Faire un souper (2). *Souper dans un restaurant chic.* – *Souper aux chandelles.* **3·** Fam. *J'en ai soupé,* j'en ai assez.

soupeser [supəze] v. tr. < conjug. 5 > **1·** Soulever et soutenir un moment dans la main (pour juger approximativement du poids). *Soupeser une valise.* **2·** Abstrait. Peser, évaluer. *Soupeser ses arguments.* – Au p. p. adj. *Tout bien pesé et soupesé.*

soupirail, aux [supiʀaj, o] n. m. Ouverture pratiquée dans le bas d'un rez-de-chaussée pour donner de l'air (qui s'exhale, → **soupirer**), de la clarté au sous-sol, aux caves.

soupirer [supiʀe] v. < conjug. 1 > **1·** V. intr. Pousser un soupir, des soupirs. – Littér. *Soupirer après..., pour...,* désirer ardemment (qqch. dont on ressent la privation). **2·** V. tr. (Surtout en incise) Dire en soupirant. *Hélas ! soupira-t-il...* ▶ **soupirant** n. m. Vieilli ou plaisant. Amoureux (qui soupire après celle qu'il aime). *Elle a tout un cortège de soupirants.* → **prétendant.** ▶ **soupir** n. m. **1·** Inspiration ou respiration plus ou moins bruyante, dans les états d'émotion. *Pousser des soupirs, un profond soupir. Rendre le dernier soupir,* mourir. **2·** Littér. Plainte lyrique, mélancolique. **3·** En musique. Silence correspondant à une noire ; signe indiquant ce silence. ▷ **demi-soupir, soupirail**

souple [supl] adj. **1·** Qu'on peut plier et replier facilement, sans casser ni détériorer. → **flexible.** / contr. raide / *Un cuir souple. L'acier est plus souple que le fer.* / contr. cassant, dur / – (Membres, corps, personnes) Qui se plie et se meut avec aisance. *Ce danseur est très souple. Elle est souple comme une anguille.* **2·** (Personnes) Capable de s'adapter adroitement à la volonté d'autrui, aux exigences de la situation. *Un esprit très souple.* – Fam. Accommodant. *Il est très souple, il fermera les yeux.* / contr. rigide, strict / ▶ **souplesse** n. f. **1·** Propriété de ce qui est souple, de ce qui plie ou se meut avec aisance. *La souplesse d'un athlète. La souplesse de poignet d'un escrimeur.* → **élasticité, flexibilité. 2·** Caractère, action d'une personne souple. *Il a manœuvré avec souplesse.* → **adresse.** – Faculté d'adaptation, aisance dans le fonctionnement. *La souplesse d'une langue, d'une construction.* ▷ **assouplir**

souquer [suke] v. < conjug. 1 > **1·** V. intr. Marine. Tirer fortement sur les avirons. *Souquer dur.* **2·** V. tr. Tirer fortement sur. *Souquer une amarre, un nœud.*

sourate [suʀat] n. f. Chapitre du Coran. – REM. On écrit aussi *surate.*

source [suʀs] n. f. **1·** Eau qui sort de terre ; lieu où une eau souterraine se déverse à la surface du sol. → **sourdre.** *Les sources thermales.* – *La source d'un cours d'eau,* celle qui lui donne naissance. *Le fleuve prend sa source à (tel endroit).* **2·** Abstrait. Origine, principe. *La source d'une erreur. Une source de profit, de revenu.* – En appos. *Langue source* (d'un document, d'un discours traduit, opposé à *langue cible*). **3·** Origine (d'une information). *Tenir, savoir de bonne source, de source sûre. Source officielle, officieuse.* – Œuvre antérieure qui a fourni un thème, une idée (à un artiste). *Étudier les sources de Molière.* **4·** Corps, point d'où rayonne (une énergie). *Source de chaleur, source lumineuse.* → **foyer.** ▶ **sourcier, ière** n. Personne à laquelle on attribue l'art de découvrir les sources et les nappes d'eau souterraines. → **radiesthésiste.** *La baguette, le pendule du sourcier.* ≠ sorcier. ▷ se **ressourcer**

sourcil [suʀsi] n. m. Dans l'espèce humaine. Arc garni de poils qui surplombe les yeux ; ces poils. *Avoir de gros sourcils. Froncer les sourcils,* exprimer ainsi son mécontentement. ▶ **sourcilier, ière** adj. Relatif aux sourcils. – *Arcade sourcilière,* saillie de l'os frontal au-dessus de l'orbite, recouverte par le sourcil. ▶ **sourciller** [suʀsije] v. intr. < conjug. 1 > (En emploi négatif) Manifester quelque émotion ou mécontentement. *Il n'a pas sourcillé, il a répondu sans sourciller.* → **ciller.** ▶ **sourcilleux, euse** adj. Littér. Hautain, sévère, exigeant. *Un critique sourcilleux.* → **pointilleux.**

① **sourd, sourde** [suʀ, suʀd] adj. et n. **1·** Qui perçoit insuffisamment les sons ou ne les perçoit pas (→ **surdité**). *Sourd partiel.* → **malentendant.** *Il est sourd d'une oreille.* Loc. *Sourd comme un pot,* complètement sourd (on dit familièrement *sourdingue*). – N. *Un, une sourd(e). Les sourds et les muets.* Loc. *Frapper, cogner, crier comme un sourd,* de toutes ses forces. – *Dialogue de sourds :* où aucun ne comprend l'autre, ne tient compte de ses raisons. Prov. *Il n'est pire sourd que celui qui ne veut pas entendre,* se dit pour condamner qui refuse de comprendre. **2·** Littér. *Sourd à :* qui refuse d'entendre, reste insensible. *Il reste sourd à nos appels.* ▶ **sourd-muet, sourde-muette** n. Personne atteinte de surdité congénitale entraînant la mutité. *Le langage des sourds-muets* (par signes). ▶ 2 **sourd, sourde** adj. (Choses) **1·** Peu sonore, qui ne retentit pas. *Un bruit sourd.* → **étouffé.** – *Consonne sourde* (opposé à *sonore*), dont l'émission ne comporte pas de vibrations du larynx (ex. : [p]). **2·** Qui est peu prononcé, ne se manifeste pas nettement. *Une douleur sourde. Une lutte sourde,* cachée, non déclarée. ▶ **sourdement** adv. Littér. **1·** Avec un bruit sourd. **2·** D'une manière sourde, cachée. ▶ **sourdine** n. f. **1·** Dispositif qu'on adapte à des instruments à vent ou à cordes, pour amortir le son. *Jouer avec la sourdine.* **2·** Loc. ***En sourdine*** : sans bruit, sans éclat. → **discrètement.** *Mettre une sourdine à...,* exprimer moins bruyamment. ▷ **assourdir, surdité**

sourdre [suRdR] v. intr. REM. Seulement *sourdre, il sourd, ils sourdent ; il sourdait, ils sourdaient.* Littér. (Eau) Sortir de terre. – Abstrait. Naître, surgir. *La tristesse qui sourdait en lui.* ▷ **source**

souriant, ante [suRjɑ̃, ɑ̃t] adj. **1·** Qui sourit, est aimable et gai. *Un visage souriant.* **2·** Agréable, plaisant. *Un paysage souriant.*

souriceau [suRiso] n. m. Jeune souris. *Des souriceaux.*

souricière [suRisjɛR] n. f. **1·** Piège à souris. → **ratière. 2·** Piège tendu par la police (qui cerne un endroit après s'être assurée que qqn s'y rendrait).

1 **sourire** [suRiR] v. intr. < conjug. 36 > **1·** Prendre une expression rieuse ou ironique par un léger mouvement de la bouche et des yeux. → **rire.** *Sourire à qqn,* lui adresser un sourire. – *Cela fait sourire,* cela amuse, paraît légèrement ridicule. **2·** (Suj. chose) Être agréable. → **plaire.** *Ce projet ne me sourit guère.* – Être favorable. *Enfin la chance lui a souri.* ▶ 2 **sourire** n. m. Action de sourire, mouvement et expression d'un visage qui sourit. – *Avoir le sourire,* être enchanté de ce qui est arrivé. *Garder le sourire,* rester souriant en dépit d'une déception. ▷ **souriant**

souris [suRi] n. f. invar. **1·** Petit mammifère rongeur. *Souris femelle, souris mâle. Jeune souris.* → **souriceau. 2·** Fam. Jeune fille, jeune femme. **3·** Appareil (boîtier) connecté à un ordinateur, qui permet d'opérer des sélections sur l'écran et de donner des instructions. *Appuyer sur le bouton de la souris.* → anglic. **cliquer. 4·** Muscle charnu à l'extrémité du gigot. *Souris d'agneau confite.* ▷ **chauve-souris, souriceau, souricière**

sournois, oise [suRnwa, waz] adj. Qui dissimule ses sentiments réels dans une intention malveillante. → **dissimulé.** – N. *C'est un sournois.* → **hypocrite.** – Qui dénote de la sournoiserie. *Une méchanceté sournoise.* ▶ **sournoisement** adv. ▶ **sournoiserie** n. f. Littér. → **dissimulation, fourberie.**

sous [su] prép. **I·** Marque la position en bas par rapport à ce qui est en haut, ou en dedans par rapport à ce qui est en dehors. → **dessous.** / contr. sur / **1·** (Chose en contact) *Disposer un oreiller sous la tête d'un malade. Sous l'eau,* sous la surface des eaux. **2·** (Chose qui recouvre) *Une lettre sous enveloppe.* – Abstrait. En prenant. *Sous une forme, sous un nom...* **3·** (Sans contact) *S'abriter sous un parapluie. Sous les fenêtres de qqn,* devant chez lui. – (Chose à quoi on est exposé) *Sous le feu de l'ennemi. Sous les yeux de tout le monde,* en étant vu par... **II· 1·** (Rapport de subordination ou de dépendance) *Sous un régime capitaliste. Sous sa direction. Sous condition,* avec des conditions. – Sous l'action de. *Malade sous perfusion.* **2·** (Temporel) Pendant le règne de. *Sous Louis XIV.* – Avant que ne soit écoulé (un espace de temps). *Je vous répondrai sous huitaine. Sous peu,* bientôt. **3·** Par l'effet de. *Sous la pression des événements.* – *Vu sous cet aspect, sous ce point de vue.* ▷ 1 **dessous,** 2 **dessous, soubassement, soucoupe, soulever, souligner, soumettre, soupeser**

sous- Préfixe marquant la position (ex. : *sous-main, sous-maxillaire, sous-sol*), la subordination (ex. : *sous-préfet*), la subdivision (ex. : *sous-classe, sous-ensemble, sous-genre*), le degré inférieur et l'insuffisance (ex. : *sous-alimenté*). → **hypo-, infra-, sub-.** ▶ **sous-alimenté, ée** [suzalimɑ̃te] adj. Victime de la *sous-alimentation,* d'une alimentation insuffisante capable de compromettre la santé ou la vie. / contr. suralimenté / ▶ **sous-bois** [subwa(ɑ)] n. m. invar. Partie de la forêt où la végétation pousse sous les arbres. ≠ **futaie.** ▶ **sous-chef** n. m. Personne qui vient immédiatement après le chef. *Des sous-chefs de bureau.* – Au fém. *Ma sous-chef.* ▶ **sous-comité** n. m. Comité constitué à l'intérieur d'un comité. ▶ **sous-commission** n. f. Commission secondaire qu'une commission nomme parmi ses membres. ▶ **sous-continent** n. m. *Le sous-continent indien,* unité géographique comprenant l'Inde, le Pakistan, le Bangladesh. ▶ **sous-cutané, ée** adj. Qui est situé ou se fait sous la peau. *Piqûre sous-cutanée* (opposé à *intramusculaire* et *intraveineux*). ▶ **sous-développé, ée** adj. Qui souffre d'une insuffisance d'éducation, de production, d'équipement et d'un excès d'endettement auprès des pays riches (*sous-développement*) et, par suite, qui est pauvre en biens de consommation. *Pays sous-développés,* en voie de développement, nouvellement industrialisés. → **tiers** monde. / contr. développé, industrialisé, riche / ▶ **sous-développement** n. m. État d'un pays sous-développé. ▶ **sous-diacre** n. m. Clerc promu au *sous-diaconat* (supprimé en 1972). *Le sous-diacre gardait le célibat ; il assistait le diacre.* ▶ **sous-directeur, trice** n. Directeur, directrice en second. ▶ **sous-effectif** n. m. Effectif insuffisant pour assurer le bon fonctionnement (d'une opération, d'une entreprise). / contr. sureffectif / *Être en sous-effectif.* ▶ **sous-emploi** [suzɑ̃plwa] n. m. Emploi d'une partie seulement des travailleurs disponibles, les autres restant au chômage (opposé à *plein-emploi*). ▶ **sous-ensemble** n. m. Ensemble dont tous les éléments font partie du même ensemble. ▶ **sous-entendre** [suzɑ̃tɑ̃dʀ] v. tr. < conjug. 41 > Avoir dans l'esprit sans dire expressément. – Impers. *Il est sous-entendu que...,* il va sans dire que... – (En incise) *Il s'est trompé, sous-entendu, c'est un incapable.* ▶ **sous-entendu** n. m. Action de sous-entendre ; ce qui est sous-entendu (souvent dans une intention malveillante). → **allusion, insinuation.** ▶ **sous-estimer** [suzɛstime] v. tr. < conjug. 1 > Estimer au-dessous de sa valeur, de son importance. / contr. surestimer / – Pronominalement (réfl.). *Tu te sous-estimes !* ▶ **sous-estimation** n. f. ▶ **sous-évaluer** v. tr. < conjug. 1 > Estimer au-dessous de sa valeur réelle. / contr. surévaluer / ▶ **sous-exposer** [suzɛkspoze] v. tr. < conjug. 1 > Exposer insuffisamment (une pellicule, un film) à la lumière. / contr. surexposer / ▶ **sous-exposition** n. f. Le fait de sous-exposer (un film). ▶ **sous-fifre** n. m. Fam. Subalterne, petit employé. *Des sous-fifres.* ▶ **sous-jacent, ente** adj. Qui s'étend au-dessous. *La couche sous-jacente.* – Abstrait. Caché, implicite. *Raisonnement sous-jacent.* ▶ **sous-lieutenant** n. m. Officier du premier grade des officiers, au-dessous de lieutenant, chef de section ou de peloton. *Des sous-lieutenants et des aspirants.* ▶ **sous-louer** v. tr. < conjug. 1 > 1· Donner en location (ce dont on est soi-même locataire principal). – Sans compl. *Son propriétaire lui interdit de sous-louer.* 2· Prendre à loyer du locataire principal. ▶ **sous-locataire** n. Personne qui prend un local en sous-location. ▶ **sous-location** n. f. Action de sous-louer ; état de ce qui est sous-loué. ▶ 1 **en sous-main** [ɑ̃sumɛ̃] loc. adv. Littér. En secret ; clandestinement. ▶ 2 **sous-main** n. m. invar. Accessoire de bureau sur lequel on place le papier pour écrire. *Des sous-main en cuir.* ▶ **sous-marin, ine** adj. et n. m. 1· Qui est dans la mer, s'effectue sous la mer. *La pêche sous-marine.* 2· N. m. Navire capable de naviguer sous l'eau, en plongée. → **submersible.** *Des sous-marins nucléaires.* ▶ **sous-marque** n. f. Marque utilisée par un fabricant pour commercialiser des produits moins élaborés, différents. *Les sous-marques d'une grande marque.* ▶ **sous-multiple** adj. et n. m. Se dit d'une grandeur contenue un nombre entier de fois dans une autre. → **diviseur, quotient.** – N. m. *3 et 5 sont des sous-multiples de 15.* ▶ **sous-munition** n. f. Chacune des charges explosives placées dans un conteneur, qui sont dispersées sur une vaste zone lors de l'explosion. *Bombe à sous-munitions.* ▶ **sous-officier** [suzɔfisje] n. m. Militaire d'un grade qui fait de lui un auxiliaire de l'officier. *Hiérarchie des sous-officiers de l'armée française : sergent, sergent-chef, adjudant, adjudant-chef, aspirant.* – Abrév. fam. **sous-off.** ▶ **sous-ordre** n. m. 1· Employé subalterne qui n'a guère de responsabilité. 2· En biologie. Division d'un ordre. ▶ **sous-payer** v. tr. < conjug. 8 > Payer insuffisamment (qqn). – Au p. p. adj. *Main-d'œuvre sous-payée.* ▶ **sous-préfet** n. m. En France. Fonctionnaire représentant le pouvoir central dans un arrondissement (→ **préfet**). *Madame le sous-préfet,* femme qui est sous-préfet. ▶ **sous-préfecture** n. f. En France. Ville (chef-lieu d'arrondissement) où réside le sous-préfet et où sont installés ses services ; bâtiment qui les abrite. ▶ **sous-production** n. f. Production insuffisante. / contr. surproduction / ▶ **sous-produit** n. m. Produit secondaire obtenu au cours de la fabrication du produit principal. – Fig. Mauvaise imitation. ▶ **soussigné, ée** [susiɲe] adj. Qui a signé plus bas, au-dessous. *Je soussigné Michel Dupont déclare...* – N. *Les soussignés s'engagent à respecter les conditions du contrat.* → **partie.** ▶ **sous-sol** n. m. 1· Partie de l'écorce terrestre qui se trouve au-dessous du sol. *Le propriétaire du sol et du sous-sol.* 2· Partie d'une construction aménagée au-dessous du rez-de-chaussée. *Parking au troisième sous-sol. Des sous-sols.* ▶ **sous-tasse** n. f. Soucoupe. *Des sous-tasses.* ▶ **sous-tendre** v. tr. < conjug. 41 > 1· Constituer ou joindre les extrémités de (un arc, une voûte). 2· Abstrait. Servir de base plus ou moins nette à (un raisonnement, une politique). *Les hypothèses qui sous-tendent sa position* (→ **sous-jacent**). ▶ **sous-titre** n. m. 1· Titre secondaire (placé sous ou après le titre principal d'un ouvrage). 2· Traduction condensée du dialogue d'un film (dit *sous-titré*), en bas de l'image. *Vous préférez voir le film doublé ou avec des sous-titres ?* ▶ **sous-titrer** v. tr. < conjug. 1 > *Sous-titrer un film.* – Au p. p. adj. *Version originale sous-titrée.* ▶ **sous-titrage** n. m. ▶ **sous-traiter** v. tr. < conjug. 1 > Faire exécuter par une tierce personne (une partie du travail confié). ▶ **sous-traitance** n. f. Travail confié à un sous-traitant. ▶ **sous-traitant, ante** n. Personne qui est chargée d'une partie du travail concédé à un entrepreneur principal. *L'atelier est débordé de travail et cherche des sous-traitants.* ▶ **sous-verre** n. m. invar. Image, photo que l'on place entre une plaque de verre et un fond rigide ; cet encadrement. *Des sous-*

verre simples, bordés, à griffes. ▶ **sous-vêtement** n. m. Vêtement de dessous (slip, tricot, maillot, culotte, bas, collant, soutien-gorge...). *Des sous-vêtements.*

souscrire [suskʀiʀ] v. tr. < conjug. 39 > **1·** V. tr. dir. S'engager à payer, en signant. *Souscrire un abonnement.* – Au p. p. adj. *Capital entièrement souscrit.* **2·** V. tr. ind. Littér. *Souscrire à* : donner son adhésion. → **acquiescer, consentir.** *Il a dû souscrire à nos exigences.* – S'engager à fournir une somme pour sa part. *Souscrire à une publication,* prendre l'engagement d'acheter, en versant une partie de la somme, un ouvrage en cours de publication. ≠ s'abonner. ▶ **souscripteur, trice** [suskʀiptœʀ, tʀis] n. Personne qui souscrit. ▶ **souscription** [suskʀipsjɔ̃] n. f. Action de souscrire ; somme versée par un souscripteur. *Ouvrage vendu par souscription.*

soustraire [sustʀɛʀ] v. tr. < conjug. 50 > **1·** Retrancher par soustraction (un nombre d'un autre). → **déduire, ôter.** / contr. additionner / **2·** Enlever (qqch., surtout un document) le plus souvent par la ruse, la fraude. → **voler. 3·** Faire échapper (à qqch. à quoi on est exposé). *On a pu soustraire la vedette à la curiosité, aux questions des journalistes.* – Pronominalement (réfl.). Échapper à..., s'affranchir de... → **éviter.** ▶ **soustraction** [sustʀaksjɔ̃] n. f. **1·** Opération inverse de l'addition, par laquelle on retranche un ensemble d'un autre, pour obtenir la « différence » entre les deux. **2·** Action de soustraire (2). → **vol.**

soutache [sutaʃ] n. f. Galon cousu servant d'ornement ; passementerie d'uniforme. → **ganse.** ≠ fourragère.

soutane [sutan] n. f. Longue robe boutonnée par-devant, pièce principale du costume ecclésiastique traditionnel (abandonné par la majorité des prêtres catholiques). *Prêtre en soutane.* Loc. *Prendre la soutane,* devenir prêtre.

soute [sut] n. f. Magasin situé dans la cale d'un navire ou dans le fuselage d'un avion. *Soute à bagages, à combustible.* ▷ **soutier**

souteneur [sutnœʀ] n. m. Proxénète (il « soutient » celles qu'il exploite).

soutenir [sutniʀ] v. tr. < conjug. 22 > **I· 1·** Tenir (qqch.) par-dessous, en servant de support ou d'appui. → **porter.** *De fortes poutres soutiennent les solives.* **2·** Maintenir debout, empêcher (qqn) de tomber. *L'infirmier soutenait le blessé.* **3·** Empêcher de défaillir, en rendant des forces. → **fortifier.** *On lui a fait une piqûre pour soutenir le cœur.* **4·** Réconforter (qqn). → **aider, encourager.** *Son amitié m'a soutenu dans cette épreuve.* **5·** Appuyer, prendre parti en faveur de (qqn, qqch.). *Deux partis ont décidé de soutenir ce candidat.* **6·** Affirmer, faire valoir en appuyant par des raisons. *Il est décidé à soutenir ses droits. Soutenir une thèse,* présenter et défendre devant le jury une thèse de doctorat (→ **soutenance**). *Je soutiens que...,* j'affirme, je prétends que. → **assurer ; soutenable. 7·** Faire que (qqch.) continue sans faiblir. *Il sait soutenir l'intérêt de l'auditoire. Soutenez votre effort !* **II·** Subir sans fléchir (une force, une action qui s'exerce). *Soutenir le regard de qqn,* ne pas baisser les yeux devant lui. ▶ **soutenable** [sutnabl] adj. **1·** Qui peut être soutenu (6). *Sa position n'est guère soutenable.* **2·** Qui peut être supporté. *Ce film est d'une violence difficilement soutenable.* ▶ **soutenance** n. f. Action de soutenir (une thèse de doctorat). ▶ **soutènement** [sutɛnmɑ̃] n. m. Appui, contrefort destiné à soutenir une masse (de terre, d'eau, etc.). *Mur de soutènement.* ▶ **soutenu, ue** adj. **1·** *Style soutenu,* qui se maintient à un certain niveau de pureté, d'élégance. → **élevé, noble. 2·** Qui est constant, régulier. *Une attention soutenue.* **3·** Accentué, prononcé. *Un bleu plus soutenu.* → **intense, profond.** ▶ **soutien** [sutjɛ̃] n. m. **1·** Action ou moyen de soutenir (dans l'ordre financier, politique, militaire). → **aide, appui.** *Notre parti apportera son soutien au gouvernement.* **2·** Personne qui soutient (une cause, un parti). ***Soutien de famille*** : personne dont l'activité est indispensable pour assurer la subsistance de sa famille. ▶ **soutien-gorge** n. m. Sous-vêtement féminin destiné à soutenir les seins. *Bonnets et bretelles de soutien-gorge. Des soutiens-gorge.* ▷ **insoutenable, souteneur**

souterrain, aine [sutɛʀɛ̃, ɛn] adj. et n. m. **1·** Adj. Qui est ou se fait sous terre. *Un passage souterrain. Essai nucléaire souterrain* (opposé à *atmosphérique*). – Abstrait. Caché, obscur. *Une évolution souterraine.* **2·** N. m. Passage souterrain, naturel ou pratiqué par l'homme. *Les souterrains du château.*

soutier [sutje] n. m. Matelot chargé d'alimenter la chaudière en charbon, dans la soute (anciens navires à charbon).

soutirer [sutiʀe] v. tr. < conjug. 1 > **I·** Transvaser doucement (le vin, le cidre) d'un récipient à un autre, de façon à éliminer les dépôts qui doivent rester dans le premier. → **tirer. II·** *Soutirer de l'argent, des informations à qqn,* les lui arracher habilement. → **tirer.** ▶ **soutirage** n. m. Action de soutirer (I).

① **souvenir** [suvniʀ] v. pron. et intr. < conjug. 22 > **I·** V. pron. ***Se souvenir (de).*** **1·** Avoir de nouveau présent à l'esprit (qqch. qui appartient à une expérience passée). → **se rappeler, se ressouvenir.** *Je m'en souviens,* je me le rappelle. / contr. oublier / *Je me souviens de cette rencontre, de l'avoir* *rencontré, que je l'ai rencontré. Faites m'en souvenir,* rappelez-moi cela. (Avec reconnaissance ou rancune) *Je m'en souviendrai !*, se dit par menace. *Se souvenir de qqn,* l'avoir encore présent à l'esprit ou penser à lui. **2·** À l'impératif. Ne pas manquer de considérer, penser à. *Souvenez-vous de nos conventions, que vous me l'avez promis.* **II·** V. intr. Impers. Littér. ***Il me souvient :*** j'ai le souvenir. *Il me souvient d'avoir lu cela, que j'ai lu cela autrefois.* ▶ [2] **souvenir** n. m. **1·** Mémoire ; fait de se souvenir. *Conserver, perdre le souvenir d'un événement.* **2·** Ce qui revient ou peut revenir à l'esprit des expériences passées ; image que garde et fournit la mémoire. → **réminiscence.** *Des souvenirs d'enfance, de lecture. Cette maison éveille en moi bien des souvenirs. J'en garde un mauvais souvenir. Gardez cela* ***en souvenir de*** *moi.* – (Dans les formules de politesse) *Affectueux, meilleurs souvenirs.* – *Écrire ses souvenirs,* ses mémoires. **3·** (Objets concrets) Ce qui fait souvenir, ce qui reste comme un témoignage (de ce qui appartient au passé). *Il y avait là des souvenirs d'un temps ancien.* **4·** Cadeau (qui fait qu'on pense à celui qui l'a donné). *Il nous a rapporté à chacun un petit souvenir.* – Objet commercial qui évoquele souvenir d'un lieu touristique. *Une boutique de souvenirs.* ▶ **souvenance** n. f. Littér. *Avoir, garder souvenance de qqch., qqn,* s'en souvenir. *Je n'en ai pas souvenance.* ▷ **se ressouvenir**

souvent [suvɑ̃] adv. **1·** Plusieurs fois, à plusieurs reprises dans un espace de temps. / contr. jamais / *Peu souvent.* → **rarement.** *Assez souvent, souvent, très souvent.* → **fréquemment.** *J'ai souvent pensé à vous.* – Loc. *Plus souvent qu'à son tour,* plus souvent qu'il n'est normal pour lui. **2·** En de nombreux cas. – Dicton. *On a souvent besoin d'un plus petit que soi.* – *Le plus souvent,* dans la plupart des cas. → **généralement.**

[1] **souverain, aine** [suvʀɛ̃, ɛn] adj. **1·** Qui est au-dessus des autres, dans son genre. → **suprême.** *Une habileté souveraine. Un remède souverain.* **2·** Dont le pouvoir n'est limité par celui d'aucun autre. *Le peuple souverain.* – Loc. *Le souverain pontife,* le pape. – Qui possède la souveraineté (2). *État souverain.* – Qui juge ou décide sans appel. *Assemblée souveraine.* **3·** Extrême (avec un sentiment de supériorité). *Un souverain mépris.* ▶ **souverainement** adv. **1·** Littér. Supérieurement. **2·** *Décider souverainement.* **3·** *Il était souverainement méprisant.* ▶ [2] **souverain, aine** n. Chef d'État monarchique. → **reine, roi.** ▶ **souveraineté** n. f. **1·** Autorité souveraine ([1], 2). *La souveraineté du peuple, fondement de la démocratie.* **2·** Caractère d'un État qui n'est soumis à aucun autre État. → **indépendance.** *La souveraineté de la France dans l'Europe.* ▶ **souverainiste** adj. et n. **1·** Au Canada. Partisan de la souveraineté du Québec. **2·** Partisan d'un respect absolu de la souveraineté des États (au sein d'un ensemble, l'Europe par ex.). ▶ **souverainisme** n. m. ▶ [3] **souverain** n. m. Ancienne monnaie anglaise (environ 7,5 grammes d'or).

soviet [sɔvjɛt] n. m. Histoire. Conseil de délégués ouvriers et soldats au moment de la révolution russe de 1917. – Chambre des représentants de la nation (*Soviet de l'Union*), chambre des républiques fédérées (*Soviet des nationalités*), formant le parlement de l'U. R. S. S. (ou *Soviet suprême*). – Péj. *Les soviets,* la Russie communiste, le communisme. ▶ **soviétique** adj. et n. Histoire. Relatif à l'État fédéral socialiste, né de la révolution de 1917 (nommé *Union des Républiques socialistes soviétiques* [U. R. S. S.] ou *Union soviétique*). – N. *Les Soviétiques.* ▶ **sovkhoze** n. m. Histoire. Exploitation agricole propriété de l'État, en U. R. S. S. ≠ kolkhoze.

soyeux, euse [swajø, øz] adj. et n. m. **1·** Adj. Qui est doux et brillant comme la soie. **2·** N. m. À Lyon. Industriel de la soierie. *De riches soyeux.* ≠ canut.

spacieux, euse [spasjø, øz] adj. Où l'on a de l'espace, où l'on est au large. / contr. étroit / *Une voiture spacieuse. C'est assez spacieux pour trois personnes.* ≠ spatial ; spécieux.

spadassin [spadasɛ̃] n. m. Littér. Autrefois. Assassin à gages. → **nervi, sbire.**

spaghetti [spageti] n. m. Variété de pâtes alimentaires fines et longues. – En général au plur. *Des spaghettis à la sauce tomate.*

spahi [spai] n. m. Autrefois. Soldat des corps de cavalerie indigène organisés par l'armée française en Afrique du Nord. *Les spahis.*

spam [spam] n. m. Anglic. Envoi massif de messages électroniques non désirés ; ce type de messages. *Filtrer, éliminer les spams.*

sparadrap [spaʀadʀa] n. m. Bande adhésive utilisée pour protéger des plaies, souvent combinée avec un petit pansement. *Compresse de gaze maintenue par du sparadrap, par un bout de sparadrap.*

sparterie [spaʀt(ə)ʀi] n. f. Fabrication d'objets en fibres végétales (jonc, alfa, crin) vannées ou tissées. – Ouvrage ainsi fabriqué.

spartiate [spaʀsjat] adj. Qui évoque les anciens citoyens de Sparte (Lacédémone) et leur austérité. *Une vie spartiate.*

spartiates [spaʀsjat] n. f. pl. Sandales faites de lanières de cuir croisées.

spasme [spasm] n. m. Contraction brusque et involontaire d'un ou de plusieurs muscles. → **convulsion, crampe, crispation.** ▶ **spasmodi-**

que adj. Convulsif. *Des frissons spasmodiques.* ▶ **spasmophilie** n. f. Syndrome lié à une excitabilité nerveuse et musculaire excessive. ▷ **antispasmodique**

spath [spat] n. m. Minéral présentant des faces cristallines nettes. *Spath d'Islande* (calcite).

spatial, ale, aux [spasjal, o] adj. **1·** Qui est du domaine de l'espace (opposé à *temporel*). **2·** Relatif à l'espace interplanétaire, interstellaire, à son exploration. → **cosmique.** *La fusée spatiale européenne. Mission spatiale,* envoi dans l'espace d'engins, habités ou non (capsules, satellites, sondes...). ≠ spacieux ▷ **aérospatial**

spationaute [spasjonot] n. Membre de l'équipage d'un engin spatial. → **astronaute, cosmonaute.**

spatule [spatyl] n. f. Ustensile à lame plate, large *(spatule de cuisine, de sculpteur)* ou étroite *(spatule de maçon).*

speaker [spikœʀ] n. m. Anglic. Vieilli. Annonceur, présentateur de radio. *Des speakers.* ▶ **speakerine** [spikʀin] n. f. Annonceuse.

spécial, ale, aux [spesjal, o] adj. **1·** Qui concerne une espèce de choses (opposé à *général*). *Des connaissances spéciales.* **2·** Qui est particulier (à une personne, un groupe) ou destiné à leur usage exclusif. *Ces malades étaient hospitalisés dans un pavillon spécial.* → **particulier.** – Qui constitue une exception, est employé pour les circonstances extraordinaires. *Prendre des mesures spéciales.* – Loc. ***Envoyé(e) spécial(e).*** *L'envoyé spécial d'un grand quotidien* (opposé à *permanent*). **3·** Qui présente des caractères particuliers dans son genre, n'est pas commun, ordinaire. → **étrange, singulier.** *Il prenait alors une voix spéciale.* Fam. *C'est un peu spécial,* bizarre. – Par euphémisme. *Des mœurs spéciales,* d'homosexuel(le). ▶ **spécialement** adv. **1·** D'une manière spéciale, en particulier. → **notamment. 2·** D'une manière adéquate, tout exprès. *Des salles spécialement équipées.* **3·** D'une manière très caractéristique. – Fam. *Il n'est pas spécialement beau,* pas tellement beau. ▶ **spécialiser** v. tr. < conjug. 1 > Employer, cantonner dans une spécialité. – Pronominalement (réfl.). *Il s'est spécialisé dans la littérature médiévale.* – Au p. p. adj. *Chercheurs spécialisés.* → **spécialiste.** *Ouvrier spécialisé.* → **O. S.** ▶ **spécialisation** n. f. Action, fait de se spécialiser (en particulier dans un domaine de la science ou de la technique). ▶ **spécialiste** n. **1·** Personne qui s'est spécialisée, qui a des connaissances approfondies dans un domaine déterminé et restreint (science, technique...). *Un, une spécialiste de l'art précolombien.* → **expert.** – Médecin qui se spécialise dans une branche particulière de la médecine. *Les généralistes et les spécialistes.* **2·** Fam. Personne qui est coutumière (de qqch.). *Un spécialiste de la gaffe.* ▶ **spécialité** n. f. **1·** Ensemble de connaissances sur un objet d'étude limité. → **branche, domaine, partie.** *En dehors de sa spécialité, il ne sait rien.* **2·** Production déterminée à laquelle on se consacre. *Spécialités gastronomiques régionales.* **3·** Fam. Art particulier et personnel. *Les insinuations, c'est sa spécialité.* ▷ **spécifier, spécifique, spécimen**

spécieux, euse [spesjø, øz] adj. Littér. Qui n'a qu'une belle apparence, qui est faux et sans valeur. ≠ spacieux. *Sous un prétexte spécieux. Raisonnement spécieux,* trompeur.

spécifier [spesifje] v. tr. < conjug. 7 > Mentionner de façon précise. → **préciser.** *Vous n'avez pas spécifié la date, spécifié à quelle date...*

spécifique [spesifik] adj. **1·** Didact. Propre à une espèce (commun à tous les individus et aux cas de cette espèce). ≠ générique. *Terme spécifique. Remède spécifique,* propre à guérir une maladie particulière. **2·** Qui a son caractère et ses lois propres, ne peut se rattacher à autre chose. ≠ unique. ▶ **spécificité** n. f. Didact. Caractère spécifique. ▶ **spécifiquement** adv.

spécimen [spesimɛn] n. m. **1·** Individu qui donne une idée de l'espèce ; unité d'un ensemble qui donne une idée du tout. → **exemple, représentant.** *Des spécimens.* **2·** Exemplaire ou feuille publicitaire (d'une revue, d'un manuel).

spectacle [spɛktakl] n. m. **1·** Ensemble de choses ou de faits qui s'offre au regard. → **apparence, tableau, vision.** *La maison dévastée offrait un triste spectacle. Au spectacle de,* à la vue de. – Loc. péj. *Se donner en spectacle,* se faire remarquer. **2·** Représentation (théâtre, cinéma...), ce qu'on présente au public au cours d'une même séance. *Allez-vous souvent au spectacle ? Salle de spectacle.* – L'ensemble des activités concernant le théâtre, le cinéma, le music-hall, etc. *L'industrie du spectacle.* → anglic. **show-business. 3·** *Pièce, revue **à grand spectacle** :* qui comporte une mise en scène somptueuse. ▶ **spectaculaire** adj. Qui parle aux yeux, frappe l'imagination. → **frappant.** *Une réalisation, un exploit spectaculaire.* ▶ **spectateur, trice** n. **1·** Témoin d'un événement, personne qui regarde ce qui se passe. *Aucun des spectateurs du drame n'a voulu témoigner.* → **observateur.** / contr. acteur / **2·** Personne qui assiste à un spectacle (représentation, match, etc.). → **assistance, public.** ▷ **téléspectateur**

① **spectre** [spɛktʀ] n. m. **1·** Apparition effrayante d'un mort. → **fantôme, revenant.** *Une* *pâleur de spectre.* **2·** Littér. Perspective menaçante. *Le spectre de la mort.* ▶ 1 **spectral, ale, aux** adj. De spectre (1). *Une pâleur spectrale.*

2 **spectre** n. m. Image résultant de l'analyse d'un rayonnement par le spectroscope. *Le spectre solaire obtenu à travers un prisme. Étudier les spectres des étoiles* (dont les raies décèlent la composition chimique). ▶ 2 **spectral, ale, aux** adj. Relatif aux spectres, à leur étude. *Raies spectrales.* ▶ **spectroscope** n. m. Instrument pour produire ou examiner des spectres (de l'infrarouge aux rayons X). ▶ **spectroscopie** n. f. En physique. Étude des spectres.

spéculaire [spekylɛʀ] adj. Produit par un miroir. *Image spéculaire.*

spéculer [spekyle] v. intr. <conjug. 1> **I·** Littér. Méditer, se livrer à la recherche abstraite. **II·** Faire des spéculations financières, commerciales. *Spéculer en bourse.* – *Spéculer sur qqch.* : compter dessus pour réussir. ▶ **spéculateur, trice** n. Personne qui fait des spéculations (II) financières ou commerciales (souvent péj.). ▶ **spéculatif, ive** adj. Relatif à la spéculation (I, II). ▶ **spéculation** n. f. **I·** Littér. Théorie, recherche abstraite. **II·** Opération financière ou commerciale, fondée sur les fluctuations du marché ; pratique de ce genre d'opérations. *La spéculation sur les terrains à bâtir.*

spéculos ou **spéculoos** [spekylos] n. m. Biscuit croquant d'origine belge, à la cassonade.

spéculum [spekylɔm] n. m. Instrument dont une face forme miroir, utilisé par les médecins et chirurgiens pour explorer certaines cavités de l'organisme. *Des spéculums.*

speech [spitʃ] n. m. Petite allocution de circonstance (notamment en réponse à un toast). *Des speeches.*

speed ou **speedé, ée** [spide] adj. Anglic. Fam. Agité, hyperactif et excité. / contr. **cool** /

spéléo- Élément savant signifiant «caverne». ▶ **spéléologie** [speleɔlɔʒi] n. f. Exploration et étude scientifique des cavités du sous-sol (grottes, gouffres, eaux souterraines, etc.). ▶ **spéléologique** adj. ▶ **spéléologue** n. Spécialiste de la spéléologie. – Abrév. **un, une spéléo.**

spencer [spɛnsœʀ ; spɛnsɛʀ] n. m. Courte veste ajustée.

sperme [spɛʀm] n. m. Liquide physiologique, formé par les spermatozoïdes et par le produit des sécrétions des glandes génitales mâles. → liquide **séminal.** *Le sperme est éjaculé.* ▶ **spermat(o)-, sperm(o)-, -sperme** Éléments de mots savants signifiant «semence, graine». ▶ **spermatozoïde** [spɛʀmatɔzɔid] n. m. Cellule reproductrice (gamète) mâle formée d'un noyau et d'un long filament. ▶ **spermicide** n. m. et adj. Contraceptif local qui détruit les spermatozoïdes. – Adj. *Crème spermicide.* ▷ **angiospermes, gymnospermes**

sphère [sfɛʀ] n. f. **1·** Surface fermée dont tous les points sont à égale distance (rayon) du centre ; solide limité par cette surface. → **balle, bille, boule.** *Le cercle, le disque et la sphère sont ronds. Sphère céleste,* image sphérique du ciel nocturne. *La sphère terrestre.* → **globe.** ≠ planisphère. *Moitié de sphère.* → **hémisphère. 2·** Fig. Spécialité professionnelle, domaine d'activité (de qqn). *Chacun travaille dans sa sphère.* – (Choses) *Sphère d'action,* espace où se manifeste un agent physique. → **champ.** *Sphère d'influence,* zone dans laquelle une puissance possède un droit d'intervention. ▶ **sphérique** adj. **1·** En forme de sphère (1). → **rond. 2·** Qui appartient à la sphère. *Calotte sphérique.* ▶ **sphéroïde** n. m. Solide à peu près sphérique. *La Terre est un sphéroïde.* ▷ **atmosphère, biosphère, héliosphère, hémisphère, lithosphère, ozonosphère, planisphère, stratosphère, troposphère**

sphincter [sfɛ̃ktɛʀ] n. m. Muscle annulaire disposé autour d'un orifice naturel qu'il ferme en se contractant. *Le sphincter de l'anus.*

1 **sphinx** [sfɛ̃ks] n. m. invar. **1·** Monstre imaginaire, lion ailé à tête et buste de femme, qui tuait les voyageurs quand ils ne résolvaient pas l'énigme qu'il leur proposait. *Le sphinx interrogea Œdipe.* – Statue de lion couché, à tête d'homme, de bélier ou d'épervier, représentant une divinité égyptienne. *Le grand sphinx de Gizeh.* **2·** Personne énigmatique, figée dans une attitude mystérieuse. *Ils jouent les sphinx.* ▷ 2 **sphinx**

2 **sphinx** n. m. invar. Grand papillon du crépuscule aux ailes étroites, au vol puissant. *Des sphinx tête-de-mort* (portant une tache semblable à une tête de mort).

spi n. m. → **spinnaker.**

spin [spin] n. m. Moment cinétique (d'une particule qui tourne sur elle-même).

spinal, ale, aux [spinal, o] adj. Terme d'anatomie. Qui appartient à la colonne vertébrale ou à la moelle épinière.

spinnaker [spinɛkœʀ, -nakɛʀ] n. m. Grande voile creuse, de forme triangulaire, hissée devant le foc par vent arrière. – Abrév. : **spi.** *Voilier sous spi,* dont le spinnaker est déployé.

spirale [spiʀal] n. f. **1·** Courbe plane qui décrit des révolutions autour d'un point fixe (ou pôle), en s'en écartant de plus en plus. **2·** Courbe qui tourne autour d'un axe, dans l'espace (appelée scientifiquement *hélice*). → **volute.** *Des spirales de fumée.* – *En spirale. Escalier en spirale,* en colimaçon. **3·** Montée rapide et irrésistible (d'un phénomène). *La spirale de l'inflation.*

spire [spiʀ] n. f. Tour complet (d'une spirale ou d'une hélice). – Enroulement d'une coquille. ▷ **spirale**

spirite [spiʀit] adj. et n. **1·** Adj. Relatif à l'évocation des esprits des morts. **2·** N. Personne qui évoque les esprits, s'occupe de spiritisme. ▶ **spiritisme** n. m. Science occulte fondée sur l'existence, les manifestations et l'enseignement des esprits.

spiritual → **negro-spiritual.**

1 **spirituel, elle** [spiʀitɥɛl] adj. **1·** Qui est de l'ordre de l'esprit considéré comme distinct de la matière. → **immatériel. 2·** Propre à l'âme, considérée comme un don de Dieu. *La vie spirituelle.* **3·** Qui est d'ordre moral, n'appartient pas au monde physique. *Pouvoir spirituel de l'Église* (opposé à *temporel*). *Les valeurs spirituelles d'une civilisation.* ▶ **spiritualiser** v. tr. < conjug. 1 > Littér. Doter, imprégner de spiritualité. ▶ **spiritualisme** n. m. Doctrine selon laquelle l'esprit constitue une réalité indépendante et supérieure (opposé à *matérialisme*). ▶ **spiritualiste** adj. et n. Tenant du spiritualisme. ▶ **spiritualité** n. f. **1·** Caractère de ce qui est d'ordre spirituel, indépendant de la matière. **2·** Croyances et pratiques qui concernent la vie spirituelle. *La spiritualité hindoue.* ▶ 2 **spirituel, elle** adj. Qui est plein d'esprit (1, IV), de fine drôlerie. → **fin, malicieux.** *Un causeur très spirituel. Une plaisanterie spirituelle.* → **piquant.** / contr. grossier, plat / ▶ **spirituellement** adv. Avec esprit, finesse.

spiritueux, euse [spiʀitɥø, øz] adj. et n. m. Qui contient une forte proportion d'alcool. – N. m. invar. Liqueur forte en alcool. *Vins et spiritueux. Le cognac, le gin, le marc, le whisky sont des spiritueux.* → **alcool.**

spitant, ante [spitɑ̃, ɑ̃t] adj. En Belgique. Pétillant. *Eau spitante.* – Fig. *Esprit spitant,* vif, déluré.

spleen [splin] n. m. Littér. Mélancolie sans cause apparente, caractérisée par le dégoût de toute chose ; vague à l'âme, neurasthénie. → **ennui.** *Avoir le spleen.* → 3 **cafard.**

splendeur [splɑ̃dœʀ] n. f. **1·** Beauté donnant une impression de luxe, de magnificence. → **somptuosité.** – Prospérité, gloire (d'un État, d'une famille). *Athènes au temps de sa splendeur.* Iron. *Voici Dupuy dans toute sa splendeur,* étalant tous ses ridicules. **2·** Chose splendide. *Cette tapisserie est une splendeur.* ▶ **splendide** adj. **1·** Plein d'éclat. → **clair, rayonnant.** *Il fait un temps splendide.* – Riche et beau. → **magnifique.** *Une fête splendide.* **2·** D'une beauté éclatante. → **superbe.** *C'est une fille splendide.* ▶ **splendidement** adv. Littér. Avec splendeur. ▷ **resplendir**

spolier [spɔlje] v. tr. < conjug. 7 > Dépouiller (qqn) d'un bien par violence, par fraude, par abus de pouvoir. ▶ **spoliation** n. f.

spongieux, euse [spɔ̃ʒjø, øz] adj. **1·** Qui rappelle l'éponge, par sa structure (alvéolaire, poreuse) et sa consistance. *Le tissu spongieux des poumons.* **2·** Qui est mou et s'imbibe, retient les liquides. *Un sol spongieux.*

sponsor [spɔ̃sɔʀ] n. m. Anglic. Personne, entreprise qui finance une initiative sportive ou culturelle. → **commanditaire, mécène.** ▶ **sponsoriser** v. tr. < conjug. 1 > Anglic. → **commanditer, parrainer.**

spontané, ée [spɔ̃tane] adj. **1·** Que l'on fait de soi-même, sans être incité ni contraint par autrui. *Une manifestation spontanée.* / contr. organisé / **2·** Qui se produit sans avoir été provoqué. → **naturel.** *Émission spontanée de rayonnement.* **3·** Qui se fait, s'exprime directement, sans réflexion ni calcul. → **instinctif.** *Sa réaction a été tout à fait spontanée.* / contr. réfléchi / – (Personnes) Qui obéit au premier mouvement, ne calcule pas. *Un artiste spontané.* ▶ **spontanéité** n. f. Caractère spontané (3). *Il a beaucoup de spontanéité et de naturel.* ▶ **spontanément** adv. Avec spontanéité. *Il a tout avoué spontanément.*

sporadique [spɔʀadik] adj. **1·** Qui apparaît, se produit çà et là et de temps à autre, d'une manière irrégulière et isolée. *Des protestations sporadiques.* **2·** *Maladie sporadique,* qui atteint des individus isolés (opposé à *épidémique* et à *endémique*). ▶ **sporadiquement** adv.

spore [spɔʀ] n. f. Corpuscule reproducteur de certaines espèces végétales et de certains protistes (organismes formés d'une seule cellule). → **pollen.** *Les spores des algues, des champignons.* ▶ **sporange** n. m. Organe qui renferme ou produit les spores. *Sporanges mâles.* → **étamine.** *Sporanges femelles.* → **pistil.**

sport [spɔʀ] n. m. **1·** *(Le sport)* Activité physique exercée dans le sens du jeu et de l'effort, et dont la pratique suppose un entraînement méthodique, le respect de règles. → éducation **physique ; athlétisme, gymnastique.** *Faire du sport. Terrain de sport.* – *Veste, chaussures de sport,* pour la promenade, la campagne (opposé à *habillé*). – Loc. fam. *C'est du sport !,* c'est un exercice, un travail très difficile ou dangereux. *Il va y avoir du sport !,* de l'agitation, de la bagarre. **2·** *(Un, des sports)* Chacune des formes particulières et réglementées de cette activité. *La natation est un sport* *complet. Sports de compétition. Sports de combat* (boxe, judo, karaté...), *individuels* (athlétisme, cyclisme...), *d'équipe* (football, rugby, hockey...). *Sports d'hiver* (ski, patin à glace...). *Sports de glisse.* ▶ **sportif, ive** [spɔʀtif, iv] adj. **1·** Propre ou relatif au sport, aux différents sports. *Épreuves sportives. L'esprit sportif, basé sur le franc-jeu (fair-play). Disciplines sportives.* **2·** Qui pratique, qui aime le sport. – N. *C'est un grand sportif. Sportif amateur* (opposé à *professionnel*). – Qui atteste la pratique du sport. *Une allure sportive.* **3·** Qui respecte l'esprit du sport. *Le public n'a pas été très sportif.* ▶ **sportivement** adv. Avec un esprit sportif, loyal. *Accepter sportivement sa défaite.* ▶ **sportivité** n. f. Esprit d'une personne sportive (3), qui joue franc jeu. ▷ **handisport, omnisport**

sportswear [spɔʀtswɛʀ] n. m. Anglic. Ensemble des tenues de sport, de détente.

spot [spɔt] n. m. Anglic. **1·** Point lumineux, tache lumineuse (sur un instrument de mesure, un écran...). **2·** Petit projecteur. **3·** *Spot publicitaire,* bref message publicitaire. → **flash.**

sprat [spʀat] n. m. Petit poisson de l'Atlantique, voisin du hareng, qui se mange surtout fumé. *Des sprats.*

spray [spʀɛ] n. m. Anglic. Pulvérisateur, aérosol. → ① **bombe** (6). *Un spray nasal. Des sprays. Un parfum en spray.*

sprint [spʀint] n. m. Allure la plus rapide possible qu'un coureur prend à un moment déterminé (surtout à la fin) d'une course ; fin de la course. *Il a gagné au sprint.* – (Athlétisme, cyclisme) Course de vitesse sur petite distance. ▶ **sprinteur, euse** [spʀintœʀ, øz] n. ou ① **sprinter** n. m. Spécialiste des courses de vitesse, des sprints. ▶ ② **sprinter** [spʀinte] v. intr. < conjug. 1 > Accélérer et soutenir l'allure la plus rapide possible, notamment en fin de course. – Fam. *Il va falloir sprinter,* se dépêcher.

squale [skwal] n. m. Poisson de grande taille, au corps allongé et cylindrique, avec des fentes branchiales de chaque côté du cou. → **requin.**

squame [skwam] n. f. **1·** En biologie. Écaille (de poisson, de serpent...). **2·** Lamelle qui se détache de l'épiderme (par *desquamation*). ▶ **squameux, euse** adj. Didact. Écailleux. ▷ **desquamer**

square [skwaʀ] n. m. Petit jardin public, souvent aménagé au milieu d'une place.

squash [skwaʃ] n. m. invar. Anglic. Sport pratiqué en salle, où deux joueurs se renvoient une balle en la frappant à la raquette contre un fronton.

squatteur, euse [skwatœʀ, øz] n. Anglic. Personne qui réside illégalement dans un local vacant. *Les squatteurs ont été expulsés par la police.* ▶ **squatter** [skwate] v. tr. < conjug. 1 > Occuper (un lieu) en squatteurs. ▶ **squat** [skwat] n. m. **1·** Occupation (d'un local) par des squatteurs. **2·** Habitation occupée par des squatteurs.

squaw [skwo] n. f. Anglic. Nom donné aux femmes indiennes par les Blancs lors de la conquête de l'Ouest des États-Unis. *Des squaws.*

squelette [skəlɛt] n. m. **1·** Charpente osseuse des vertébrés. – Restes osseux d'un humain ou d'un animal. *Les fouilles ont fait découvrir de nombreux squelettes.* – Fig. Fam. Personne très maigre. **2·** Les grandes lignes (d'une œuvre). → **architecture, plan.** **3·** Structures (d'un immeuble). ▶ **squelettique** adj. Qui évoque un squelette (par sa maigreur). – Fig. Très réduit, peu nombreux.

SRAS [sʀas] n. m. « Syndrome respiratoire aigu sévère », grave pneumopathie épidémique d'origine virale.

① **S. S.** Sigle de *Sécurité sociale.*

② **S. S.** n. m. invar. Sigle de *Schutz Staffel.* Membre des formations policières et militaires spéciales de l'Allemagne nazie.

stable [stabl] adj. **1·** Qui n'est pas sujet à changer ou à disparaître ; qui demeure dans le même état. → **durable, solide.** *Un régime stable.* **2·** *Équilibre stable.* → **équilibre.** **3·** Doué de stabilité (du point de vue chimique ou physique). → **inerte.** ▶ **stabiliser** v. tr. < conjug. 1 > **1·** Rendre stable (la monnaie, les prix, les institutions, une situation). / contr. déstabiliser / **2·** Amener (un système, une substance) à la stabilité. – Au p. p. adj. *Accotements non stabilisés,* mouvants, susceptibles de glisser, de s'effondrer. **3·** Assurer la stabilité de (un navire, un avion, un véhicule). → **équilibrer.** ▶ **stabilisateur, trice** adj. et n. m. **1·** Adj. Propre à stabiliser. **2·** N. m. Dispositif de correction automatique des écarts et des erreurs, destiné à stabiliser, équilibrer un véhicule. *Les stabilisateurs d'une bicyclette d'enfant,* roulettes montées de chaque côté de la roue arrière. ▶ **stabilisation** n. f. Action de rendre stable. *Plan de stabilisation de la monnaie.* ▶ **stabilité** n. f. **1·** Caractère de ce qui tend à demeurer dans le même état. → **continuité, fermeté.** / contr. instabilité / *La stabilité des institutions anglaises.* – *Assurer la stabilité de la monnaie.* **2·** État d'une construction capable de demeurer dans un équilibre permanent. – Propriété d'un véhicule de revenir à sa position d'équilibre. *La stabilité d'un avion.*

3· Tendance (d'un composé chimique, d'un phénomène physique) à rester dans un état défini. ▷ **déstabiliser, instable, instabilité**

stabulation [stabylɑsjɔ̃] n. f. Technique d'élevage en étable.

staccato [stakato] adv. Terme de musique. En jouant les notes détachées (opposé à *legato*).

1 **stade** [stad] n. m. **1·** Dans la Grèce antique. Distance (180 m environ) et piste pour les courses ; terrain de sport et enceinte comprenant cette piste. **2·** Terrain aménagé pour la pratique des sports, et le plus souvent entouré de gradins, de tribunes. *Un stade olympique.* ▶ **stadier, ière** [stadje, jɛʀ] n. Personne employée dans un stade (2) pour assurer l'accueil et la sécurité du public.

2 **stade** n. m. Chacune des étapes distinctes (d'une évolution) ; chaque forme que prend une réalité en devenir. → **phase, période.** *À tous les stades de la vie.*

1 **staff** [staf] n. m. Composition plastique de plâtre et de fibres végétales, employée dans la décoration, l'industrie. → **stuc.**

2 **staff** n. m. Anglic. **1·** Groupe de travail ; équipe dirigeante d'une entreprise. *Le P.-D. G. et son staff.* **2·** Réunion de service, dans un hôpital.

stage [staʒ] n. m. **1·** Période d'études pratiques imposée aux candidats à certaines professions. *Faire, suivre un stage d'avocat.* **2·** Période de formation ou de perfectionnement. *Stage de reconversion, de réinsertion. Il est en stage chez un artisan.* ▶ **stagiaire** adj. et n. Qui fait son stage. *Elle est stagiaire dans une banque.*

stagnant, ante [stagnɑ̃, ɑ̃t] adj. **1·** (Fluides) Qui ne s'écoule pas, reste immobile. → **dormant.** *Des eaux stagnantes.* **2·** Fig. Inerte, inactif. *Le commerce est stagnant.* ▶ **stagnation** [stagnɑsjɔ̃] n. f. **1·** État d'un fluide stagnant. **2·** Fig. État fâcheux d'immobilité, d'inactivité. → **inertie, marasme.** *La stagnation de la production.* ▶ **stagner** [stagne] v. intr. < conjug. 1 > **1·** (Fluides) Rester immobile sans couler, sans se renouveler. **2·** Fig. Être inerte. → **piétiner.** *Les affaires stagnent.*

stakhanoviste [stakanɔvist] n. Fam. Travailleur qui fait du zèle.

stalactite [stalaktit] n. f. Concrétion calcaire qui tombe de la voûte d'une grotte. / contr. **stalagmite** /

stalag [stalag] n. m. Camp de prisonniers de guerre non officiers en Allemagne (1940-1945). ≠ **oflag.**

stalagmite [stalagmit] n. f. Concrétion calcaire qui monte du sol vers la voûte d'une grotte. / contr. **stalactite** /

stalinien, ienne [stalinjɛ̃, jɛn] adj. Relatif à Staline, au stalinisme. – Partisan du stalinisme. N. *Un vieux stalinien.* ▶ **stalinisme** n. m. Doctrine et politique de Staline, de ses continuateurs et de ses partisans (caractérisées par le totalitarisme et la centralisation des partis communistes).

stalle [stal] n. f. **1·** Chacun des sièges de bois à dossier élevé réservés au clergé, des deux côtés du chœur d'une église. **2·** Dans une étable, une écurie. Compartiment cloisonné réservé à un animal. → **box.**

stance [stɑ̃s] n. f. **1·** Vx. Strophe. **2·** Au plur. Poème composé d'une suite de strophes lyriques d'inspiration grave. *Les stances de Rodrigue, dans « le Cid ».*

stand [stɑ̃d] n. m. **1·** Emplacement réservé, dans une exposition, une foire ; ensemble des installations et des produits exposés. **2·** *Stand de ravitaillement,* emplacement aménagé en bordure de piste pour les coureurs cyclistes ou automobiles. **3·** *Stand de tir :* emplacement aménagé pour le tir à la cible. ▶ **standiste** n. Personne qui conçoit et réalise des stands d'exposition.

1 **standard** [stɑ̃daʀ] n. m. et adj. invar. Anglic. **I·** N. m. **1·** Type, norme de fabrication. → **norme.** *Des standards.* **2·** *Standard de vie,* niveau de vie. **II·** Adj. invar. **1·** Conforme à un type ou à une norme de fabrication en série. *Modèle standard et options.* **2·** Conforme au modèle habituel, sans originalité. *Les sourires standard des hôtesses.* ▶ **standardiser** v. tr. < conjug. 1 > Anglic. Rendre conforme à un standard ; rendre standard. → **normaliser.** – Au p. p. adj. *Produits standardisés.* ▶ **standardisation** n. f. Anglic. Normalisation.

2 **standard** n. m. Dispositif permettant, dans un réseau téléphonique, de mettre en relation les interlocuteurs. *« Allô, le standard ? – Oui Monsieur, quel poste demandez-vous ? »* ▶ **standardiste** n. Téléphoniste chargé(e) du service d'un standard.

standing [stɑ̃diŋ] n. m. Anglic. **1·** Position économique et sociale qu'occupe qqn aux yeux de l'opinion. *Mon standing a un peu baissé. Son standing va en prendre un coup.* → **image.** **2·** *Immeuble de **grand standing** :* de grand confort, de luxe.

staphylocoque [stafilɔkɔk] n. m. Bactérie, agent de diverses infections qui se présente en grappes. *La pénicilline combat les staphylocoques.*

star [staʀ] n. f. Anglic. Célèbre acteur (actrice) de cinéma. → **étoile,** 2 **vedette.** *La médiatisation des stars.* – Personne très en vue. *Les stars de la* *politique, du sport.* ▶ **stariser** v. tr. < conjug. 1 > Fam. Transformer (qqn) en star, en vedette. ▶ **starlette** n. f. Jeune actrice de cinéma qui rêve d'une carrière de star. *Jouer les starlettes sur la Croisette, à Cannes.*

starking [staʀkiŋ] n. f. Pomme d'une variété à peau rouge et luisante.

1 **starter** [staʀtɛʀ] n. m. Anglic. Personne qui est chargée de donner le départ d'une course par un coup de pistolet. *Des starters.*

2 **starter** n. m. Anglic. Dispositif destiné à faciliter le démarrage à froid du moteur d'une automobile. *Des starters.*

starting-block [staʀtiŋblɔk] n. m. Anglic. Dispositif formé de deux cales réglables sur lesquelles les athlètes appuient leurs pieds au départ d'une course. – Au plur. (Même sens) *Des starting-blocks.* – Loc. *Être dans les starting-blocks,* être prêt à agir.

start-up [staʀtœp] n. f. invar. Anglic. écon. Jeune entreprise novatrice (sur Internet...).

statère [statɛʀ] n. m. Monnaie antique (12 à 17 grammes d'or).

station [stɑ(a)sjɔ̃] n. f. **I**· **1**· Fait de s'arrêter au cours d'un déplacement. → **arrêt, halte.** *Elle faisait de longues stations devant chaque tableau de l'exposition.* – *Les stations du chemin de la Croix,* commémorant les arrêts de Jésus portant sa croix. **2**· Le fait de se tenir (d'une certaine façon). *La station verticale,* debout. **II**· (Lieu) **1**· Endroit où l'on se place pour effectuer des observations scientifiques, des recherches ; installations qui y sont aménagées. *Station orbitale, maritime, sous-marine.* – Lieu où se fait un certain travail. *Station de pompage. Station d'essence.* → **station-service.** – *Station radiophonique. Station de radiodiffusion.* **2**· Endroit aménagé pour l'arrêt momentané de véhicules. *Une station de métro, d'autobus.* → **arrêt.** *Nous descendrons à la prochaine station. Station de taxis,* emplacement réservé aux taxis, où ils attendent les clients. **3**· (Villes) *Station (thermale),* lieu de cure thermale. – *Station balnéaire,* avec sa plage. *Station de ski, de sports d'hiver,* avec ses pistes. ▶ **stationnaire** [stasjɔnɛʀ] adj. **1**· Qui reste un certain temps à la même place. *Ondes stationnaires.* **2**· Qui demeure un certain temps dans le même état ; qui n'évolue pas. *L'état du malade est stationnaire.* ▶ **stationner** v. intr. < conjug. 1 > Faire une station (I). – (Véhicule vide de ses occupants) Rester à la même place sur la voie publique. *Il n'y a plus de place pour stationner.* → se **garer.** / contr. circuler / ▶ **stationnement** n. m. **1**· Fait de stationner. *Panneaux de stationnement interdit. Stationnement payant* (→ **parcmètre, parking**). **2**· Au Canada. Parc de stationnement. ▶ **station-service** n. f. Poste de distribution d'essence accompagné d'installations pour l'entretien (et non la réparation) des automobiles. *Des stations-service.* ≠ garage. ▷ **géostationnaire**

statique [statik] n. f. et adj. **I**· N. f. Didact. Étude des corps en équilibre (opposé à *la dynamique*). **II**· Adj. **1**· Didact. Relatif aux états d'équilibre. **2**· Qui est fixé, qui n'évolue pas. / contr. dynamique / *Un art statique.*

statistique [statistik] n. f. et adj. **I**· N. f. Science et techniques d'interprétation de données trop complexes et trop nombreuses pour être appréciées sans calcul. *Selon les statistiques, ce pays se dépeuple.* **II**· Adj. **1**· Relatif à la statistique. *Méthodes, données, résultats statistiques. Étude statistique de l'opinion publique* (→ **échantillon, sondage**). **2**· Qui concerne les grands nombres, les phénomènes quantitatifs complexes. *Prévisions d'ordre statistique.* ▶ **statisticien, ienne** n. Spécialiste de la statistique. ▶ **statistiquement** adv. Par la statistique, selon les statistiques.

statue [staty] n. f. Ouvrage de sculpture représentant en entier un être vivant. → **buste, sculpture.** *Une statue équestre de Jeanne d'Arc.* – Fig. *Le malheureux était la statue du désespoir,* il personnifiait le désespoir. – *Être figé comme une statue.* ≠ statut. ▶ **statuette** [statɥɛt] n. f. Statue de petite taille. ▶ **statuaire** n. f. Art de représenter en relief ou dans l'espace la figure humaine ou animale. *La statuaire et la sculpture.* ▶ **statufier** v. tr. < conjug. 7 > Plaisant. Élever une statue à (qqn).

statuer [statɥe] v. intr. < conjug. 1 > Prendre une décision (sur un cas, une affaire). *La Cour de cassation ne statue pas sur le fond.*

statu quo [statykwo] n. m. invar. État actuel des choses. *Maintenir le statu quo pour éviter un conflit.*

stature [statyʀ] n. f. **1**· Le corps humain considéré dans sa taille et sa position debout. *Une stature d'athlète.* **2**· Abstrait. Importance (de qqn). *Il a la stature d'un homme d'État.* → **carrure.**

statut [staty] n. m. ≠ statue. **1**· Ensemble des lois et règlements qui définissent la situation (d'une personne, d'un groupe) ; cette situation. *Les droits et les devoirs fixés par le statut des fonctionnaires.* **2**· Situation de fait dans la société, position. *Le statut de la femme dans l'Antiquité classique.* **3**· *Statuts* : suite d'articles définissant une association, une société, et réglant son fonctionnement. *Rédiger, déposer les statuts d'une société.* ▶ **statutaire** adj. Conforme aux statuts. ▶ **statutairement** adv. Selon les statuts.

steak [stɛk] n. m. Morceau de bœuf grillé. → **bifteck.** *Des steaks saignants.*

steamer [stimœʀ] n. m. Vx. Bateau à vapeur. *Des steamers.*

stéarine [steaʀin] n. f. Graisse animale ou végétale traitée à la soude, solide et blanche, autrefois employée pour faire des bougies. ≠ cire.

steeple-chase [stipœltʃɛz] ou **steeple** [stipl] n. m. Anglic. **1·** Course d'obstacles pour les chevaux, comportant haies, murs, fossés, etc. *Des steeple-chases.* **2·** ***Steeple*** *:* course à pied dans laquelle les coureurs ont à franchir divers obstacles.

stèle [stɛl] n. f. Monument monolithe qui porte une inscription, des ornements sculptés. *Une stèle funéraire.*

stellaire [ste(ɛl)lɛʀ] adj. Des étoiles ; relatif aux étoiles. *La lumière stellaire.* ▷ **interstellaire**

stem ou **stemm** [stɛm] n. m. Virage accompli en ouvrant le ski aval.

stencil [stɛnsil] n. m. Anglic. Papier paraffiné perforé à la main ou à la machine, servant à la polycopie. *Des stencils.*

sténo- Élément qui signifie « resserré » (en parlant de l'écriture). ▶ **sténo** [steno] n. **1·** *Un, une sténo.* → **sténographe. 2·** N. f. → **sténographie.** ▶ **sténodactylo** [stenɔdaktilo] n. Dactylo qui connaît la sténographie. ▶ **sténographie** ou **sténo** n. f. **1·** Écriture abrégée et simplifiée, formée de signes qui permettent de noter la parole à la vitesse de prononciation normale. *Prendre le texte d'une conférence en sténo.* **2·** Le métier de sténographe. ▶ **sténographique** adj. ▶ **sténographe** n. ou **sténo** n. Personne qui pratique à titre professionnel la sténographie. *Ils, elles sont sténos.* ▶ **sténographier** v. tr. < conjug. 7 > Noter par la sténographie. ▶ **sténotypie** n. f. Transcription phonétique simplifiée de la parole (au moyen d'une machine appelée *sténotype,* n. f., utilisée par le ou la *sténotypiste*).

stentor [stɑ̃tɔʀ] n. m. ***Voix de stentor*** *:* voix forte, retentissante (semblable à celle d'un héros de l'Iliade, appelé *Stentor*).

steppe [stɛp] n. f. Grande plaine inculte, couverte d'herbe rase en plaques. ≠ prairie, savane. *Les steppes d'Asie centrale. Art, civilisation des steppes,* des plaines de la Russie méridionale, à l'âge du bronze. ▶ **steppique** adj. Propre à la steppe. *Une végétation steppique.*

stère [stɛʀ] n. m. Volume (de bois) mesurant 1 m × 1 m × 1 m. *Deux stères de bois de chauffage.*

stéréo- Élément de mots savants, signifiant « solide » et « en trois dimensions ». ▶ **stéréophonie** [steʀeɔfɔni] ou **stéréo** [steʀeo] n. f. Enregistrement et reproduction du son (par deux sources) permettant de donner l'impression du relief acoustique. *Émission en stéréophonie.* ▶ **stéréophonique** ou **stéréo** adj. *Disque stéréophonique,* en stéréo. – *Des chaînes hi-fi stéréos,* utilisant le principe de la stéréophonie. ▶ **stéréoscope** n. m. Instrument d'optique où deux images donnent la sensation du relief. ▶ **stéréoscopie** n. f. Technique permettant d'obtenir l'impression d'un relief. ▷ **stéréochimie**

stéréochimie [steʀeɔʃimi] n. f. Didact. Branche de la chimie qui étudie la disposition des atomes dans l'espace pour former les molécules. ▶ **stéréochimique** adj.

stéréotype [steʀeɔtip] n. m. Opinion toute faite réduisant les particularités. → **cliché.** *Allocution pleine de stéréotypes.* ▶ **stéréotypé, ée** adj. Tout fait, figé. *Des formules stéréotypées.*

stérile [steʀil] adj. **I· 1·** Inapte à la génération, à la reproduction. → **infécond.** *Les hybrides sont stériles. Couple stérile,* qui ne peut pas avoir d'enfants. **2·** (Terre, sol) Qui ne produit pas de végétaux utiles. **3·** Exempt de tout germe microbien. *En milieu stérile.* **II·** Fig. Qui ne produit rien, ne donne naissance à aucun résultat positif. *Un écrivain stérile. Des efforts stériles.* → **inutile, vain.** ▶ **stérilement** adv. ▶ **stérilet** n. m. Dispositif anticonceptionnel placé dans l'utérus. *Le stérilet est mis en place par le gynécologue.* ▶ **stériliser** v. tr. < conjug. 1 > **1·** Littér. Rendre stérile, inefficace. **2·** (Personnes) Rendre stérile. *Il s'est fait stériliser par vasectomie.* **3·** Rendre stérile (3) (qqch.). → **aseptiser, désinfecter, pasteuriser.** *Stériliser soigneusement les instruments.* – Au p. p. adj. *Lait stérilisé.* ▶ **stérilisant, ante** adj. Qui stérilise. ▶ **stérilisation** n. f. Opération qui consiste à stériliser. *La stérilisation de la femme par ligature des trompes.* – *La stérilisation des biberons. La stérilisation des conserves.* ▶ **stérilisateur** n. m. Appareil à stériliser (3). ▶ **stérilité** n. f. **1·** Incapacité pour un être vivant de procréer ou de se reproduire. **2·** Caractère de ce qui est stérile.

sterling [stɛʀliŋ] n. m. et adj. invar. **1·** N. m. Ancienne monnaie anglaise d'argent, servant d'étalon. **2·** Adj. invar. ***Livre sterling.*** → ③ **livre.**

sterne [stɛʀn] n. f. Petit oiseau marin, appelé aussi *hirondelle de mer.*

sternum [stɛʀnɔm] n. m. Os placé au milieu de la face antérieure du thorax et recevant les sept paires de côtes supérieures. *Des sternums.*

sternutatoire [stɛʀnytatwaʀ] adj. Didact. Qui provoque des éternuements.

stérol [steʀɔl] n. m. Alcool qui contient plusieurs noyaux cycliques dans sa molécule, de masse élevée. ▶ **stéroïde** [steʀɔid] n. m. **1·** Hormone ayant la structure d'un stérol. *Des stéroïdes anabolisants.* **2·** Stéroïde anabolisant. *Cet athlète s'est dopé ; il a été testé positif aux stéroïdes.* ▶ **stéroïdien, ienne** adj. *Hormone stéroïdienne.*

stéthoscope [stetɔskɔp] n. m. Instrument qui transmet à l'oreille du médecin les bruits internes du corps, notamment de la poitrine.

steward [stjuwaʀd ; stiwaʀd] n. m. Anglic. Maître d'hôtel ou garçon de service à bord d'un paquebot, d'un avion. – REM. Au fém. on dit *hôtesse.*

stick [stik] n. m. Anglic. **I·** Courte baguette souple ; cravache. **II· 1·** Bâtonnet de cosmétique, de produit de beauté. *Des sticks.* **2·** Bâtonnet de colle.

1 **stigmate** [stigmat] n. m. **1·** Au plur. Relig. Blessures, marques miraculeuses, disposées sur le corps comme les cinq blessures du Christ. **2·** Autrefois. Marque imprimée sur le corps comme signe d'infamie (fleur de lys appliquée au fer rouge). **3·** Marque laissée sur la peau (par une plaie, une maladie). → **cicatrice.** *Les stigmates de la petite vérole.* ▶ **stigmatisé, ée** adj. et n. Qui a reçu des stigmates (1). ▷ **stigmatiser**

2 **stigmate** n. m. **1·** En sciences naturelles. Chacun des orifices par où l'air pénètre dans les trachées des insectes. **2·** En botanique. Orifice du pistil.

stigmatiser [stigmatize] v. tr. <conjug. 1> **1·** Autrefois. Marquer (qqn) d'un stigmate (2). **2·** Littér. Dénoncer comme infâme, condamner avec force. *Nous stigmatisons ces attentats, cette répression, cette prise d'otage.*

stimuler [stimyle] v. tr. <conjug. 1> **1·** Augmenter l'énergie, l'activité de (qqn) : pousser (qqn) à faire qqch. → **encourager, exciter.** *Ces bons débuts ont stimulé l'équipe.* **2·** Augmenter l'activité de (une fonction organique) ; redonner des forces à. *La dévaluation stimulera les exportations.* ▶ **stimulant, ante** adj. et n. m. **1·** Qui augmente l'activité, les fonctions organiques. → **fortifiant, tonique.** – N. m. *Un stimulant,* un médicament stimulant. **2·** Qui stimule, augmente l'ardeur de qqn. *Un film stimulant,* qui donne à penser, pousse à agir. – N. m. Ce qui stimule, pousse à agir. *La compétition est un excellent stimulant.* ▶ **stimulateur** n. m. Appareil électronique implanté dans l'organisme pour pallier les déficiences du rythme cardiaque. *Stimulateur cardiaque, artificiel* (anglic. *pacemaker*). ▶ **stimulation** n. f. Action de stimuler ; ce qui stimule. ▶ **stimulus** [stimylys] n. m. En neurologie. Cause externe ou interne capable de provoquer la réaction d'un organisme vivant. *Les stimuli* (ou *les stimulus*) *sensoriels.*

stipe [stip] n. m. Botanique. Tige ligneuse (de plantes arborescentes et des fougères).

stipendier [stipɑ̃dje] v. tr. <conjug. 7> Littér. Corrompre, payer pour une action méprisable ou criminelle. → **soudoyer.**

stipuler [stipyle] v. tr. <conjug. 1> **1·** Énoncer comme condition (dans un contrat, un acte). **2·** Faire savoir expressément. → **préciser.** Impers. *Il est stipulé dans l'annonce qu'il faut écrire au journal.* ▶ **stipulation** n. f. Clause, condition (énoncée dans un contrat). – Précision donnée expressément.

stock [stɔk] n. m. **1·** Quantité (de marchandises en réserve). *Un stock de blé. Constituer, renouveler les stocks.* → **lot, provision, réserve.** *Être en rupture* de stock.* **2·** Fam. Choses en réserve, provisions. – Choses possédées en grande quantité. *Gardez-le, j'en ai tout un stock.* ▶ **stocker** v. tr. <conjug. 1> Garder (qqch.) en stock, en réserve. ▶ **stockage** n. m. Le fait de mettre, de garder en stock.

stock-car [stɔkkaʀ] n. m. Anglic. Course où de vieilles automobiles se heurtent à des obstacles, font des carambolages. *Des stock-cars.*

stoïcisme [stɔisism] n. m. **1·** Doctrine antique des philosophes (appelés *stoïciens*), selon laquelle le bonheur est dans la vertu. *Zénon, Épictète, Marc Aurèle ont marqué l'histoire du stoïcisme.* **2·** Courage pour supporter la douleur, le malheur, les privations, avec les apparences de l'indifférence. → **héroïsme.**

stoïque [stɔik] adj. et n. Qui fait preuve de stoïcisme (2). → **courageux, héroïque, impassible.** *Il est resté stoïque devant le danger, sous les attaques.* ▶ **stoïquement** adv. *Résister stoïquement.* ▷ **stoïcisme**

stomacal, ale, aux [stɔmakal, o] adj. De l'estomac. → **gastrique.**

stomat(o)- Élément de mots savants, signifiant « bouche ». ▶ **stomatologie** [stɔmatɔlɔʒi] n. f. Discipline médicale qui traite des maladies de la bouche et des dents. ▶ **stomatologiste** ou **stomatologue** n.

stop [stɔp] interj. et n. m. **1·** *Stop !*, commandement ou cri d'arrêt. *Stop ! Arrêtez !* – Mot employé dans les télégrammes pour séparer les phrases. *Mère malade. Stop. Arrivez d'urgence. Stop.* **2·** N. m. Feu arrière des véhicules automobiles, qui s'allume quand on freine. *Des stops.* – En appos. Invar. *Des feux stop.* **3·** Panneau de signalisation routière imposant l'arrêt complet du véhicule à une intersection de voies. *Il a brûlé un stop.* – Au Québec, on dit *arrêt.* **4·** Fam. Auto-stop. *Il veut aller à Nice en stop.* ▶ ① **stopper** v. < conjug. 1 > **I·** V. tr. **1·** Faire s'arrêter (une masse en mouvement). *Le capitaine a stoppé le navire.* **2·** Arrêter, empêcher de se continuer. *Ces mesures ont stoppé les progrès de l'épidémie.* **II·** V. intr. (Véhicules) S'arrêter. ▷ **auto-stop**

② **stopper** v. tr. < conjug. 1 > Réparer (une déchirure, un vêtement déchiré) en refaisant la trame et la chaîne. *J'ai donné ma veste à stopper.* ▶ **stoppage** n. m. Action de stopper.

store [stɔʀ] n. m. Rideau ou assemblage souple d'éléments, qui s'enroule ou se replie à l'extérieur ou à l'intérieur d'une fenêtre. *Store vénitien,* à lamelles orientables (intérieur ou extérieur).

stout [stut, stawt] n. f. Mot anglais. Sorte de bière très brune, amère.

S. T. P. [ɛstepe] interj. Fam. Abréviation de *s'il te plaît.*

strabisme [stʀabism] n. m. Didact. Défaut des yeux qui ne regardent pas dans la même direction. *Strabisme convergent. Strabisme divergent. Avoir un léger strabisme.* → **loucher.**

strangulation [stʀɑ̃gylɑsjɔ̃] n. f. Didact. ou littér. Le fait d'étrangler (qqn). *Asphyxie par strangulation.*

strapontin [stʀapɔ̃tɛ̃] n. m. **1·** Siège à abattant (dans le métro, une salle de spectacle...). *Deux fauteuils et un strapontin d'orchestre.* **2·** Fig. Place secondaire.

strass [stʀas] n. m. invar. Imitation de pierre précieuse, cristal coloré. *Un collier en strass.*

stratagème [stʀataʒɛm] n. m. Ruse habile, bien combinée. → **subterfuge.** *Les stratagèmes de Scapin, de Figaro.*

strate [stʀat] n. f. Couche superposée à d'autres, parallèle à d'autres. – Spécialt. Couche de terrain. ▶ **stratifié, ée** adj. et n. m. **1·** Disposé en strates. **2·** Formé de matériaux disposés en couches minces liées par des résines. *Polyester stratifié.* – N. m. *Coque de voilier en stratifié.* ▶ **stratification** n. f. Disposition (de matériaux, de terrains...) par strates. ▶ **stratigraphie** n. f. Partie de la géologie qui étudie la stratification des roches sédimentaires, l'âge relatif des terrains. ▷ **strato-, substrat**

stratégie [stʀateʒi] n. f. **1·** (Opposé à *tactique*) Art de faire évoluer une armée en campagne jusqu'au moment où elle entre en contact avec l'ennemi. – Partie de la science militaire qui concerne la conduite générale de la guerre. *Stratégie navale, aérienne.* ≠ tactique. **2·** Plan d'actions coordonnées. *La stratégie d'un parti.* ▶ **stratège** [stʀatɛʒ] n. m. **1·** Chef militaire qui conduit des opérations de grande envergure. – (Opposé à *tacticien*) Personne spécialisée en stratégie. **2·** Personne habile à élaborer des plans d'action, à manœuvrer les autres. *Un fin stratège. Les stratèges d'un parti politique.* ▶ **stratégique** adj. **1·** (Opposé à *tactique*) Qui concerne la stratégie. *Armes nucléaires stratégiques à très longue portée.* **2·** Relatif à l'art de la guerre ; qui présente un intérêt militaire (opposé à *politique, économique*). *Une position stratégique.* **3·** Qui donne un avantage décisif (contre un concurrent économique). *Le pétrole a une importance stratégique.*

strato- Élément savant signifiant « étendu ». ▶ **stratosphère** [stʀatɔsfɛʀ] n. f. Une des couches supérieures de l'atmosphère (entre 12 et 50 km d'altitude). ▶ **stratosphérique** adj. *Les courants stratosphériques.* ▶ **stratus** [stʀatys] n. m. invar. Nuage de brouillard. ▶ **strato-cumulus** n. m. invar. Couche régulière ou en bancs de nuages minces.

streptocoque [stʀɛptɔkɔk] n. m. Se dit de bactéries, de forme arrondie, groupées en chaînettes, provoquant généralement du pus.

streptomycine [stʀɛptɔmisin] n. f. Antibiotique utilisé pour combattre diverses maladies, notamment la tuberculose.

stress [stʀɛs] n. m. invar. Anglic. Blocage des réactions naturelles de défense d'un animal, de l'être humain, sous l'effet d'un choc physique ou nerveux ; ce choc. – Tension nerveuse. *Les stress de la vie moderne. Il sait très bien gérer le stress.* ▶ **stresser** v. tr. < conjug. 1 > Fam. Angoisser en bloquant les réactions normales. *La vie dans les très grandes villes stresse les habitants.* ▶ **stressé, ée** adj. Qui éprouve un stress.

strict, stricte [stʀikt] adj. **1·** Qui laisse très peu de liberté d'action ou d'interprétation. → **étroit.** *Des principes très stricts.* – Rigoureusement conforme aux règles, à un modèle. → **exact.** *La stricte observation du règlement.* **2·** Qui ne tolère aucun relâchement, aucune négligence. → **sévère.** *Il est strict en affaires.* → **dur. 3·** (Choses) Qui constitue un minimum. *C'est son droit strict, le plus strict. Dans la plus stricte intimité. Le sens strict d'un mot,* le sens le moins étendu, le plus précisément défini. *Au sens strict du terme.* → **étroit, précis, stricto sensu. 4·** Très correct et sans ornements ; conforme à un type classique. *Une tenue très stricte.* ▶ **strictement** adv. **1·** D'une manière stricte, exclusive de tout autre point de vue. → **rigoureusement.** *Une affaire strictement* *personnelle.* **2·** D'une manière simple et sévère. *Elle était vêtue très strictement.* ▶ **stricto sensu** [stʀiktɔsɛ̃sy] loc. adv. Au sens strict. ▷ **restriction**

strident, ente [stʀidɑ̃, ɑ̃t] adj. (Bruit, son) Qui est à la fois aigu et intense. *Pousser des cris stridents.* ▶ **stridence** n. f. Littér. Caractère strident (d'un son).

strie [stʀi] n. f. Petit sillon, ou rayure (quand il y en a plusieurs à peu près parallèles). *Les stries d'une lime.* ▶ **strié, ée** [stʀije] adj. Couvert, marqué de stries. *La coquille striée de la palourde.* – *Muscles striés* : qui se contractent volontairement (opposé à *muscles lisses*). ▶ **strier** v. tr. < conjug. 7 > Marquer de stries. ▶ **striure** [stʀijyʀ] n. f. Disposition par stries, manière dont une chose est striée. → **rayure.**

string [stʀiŋ] n. m. Anglic. Slip, culotte de bain assemblé par des liens, laissant les fesses nues.

strip-tease [stʀiptiz] n. m. Anglic. Spectacle de cabaret au cours duquel une ou plusieurs personnes (surtout des femmes) se déshabillent suggestivement en musique. *Des strip-teases.* ▶ **strip-teaseur, euse** n. Artiste qui exécute un numéro de strip-tease. *Des strip-teaseuses.*

strobo- Élément de mots savants, signifiant « rotation ». ▶ **stroboscope** [stʀɔbɔskɔp] n. m. Instrument qui fait paraître immobile ou animé d'un mouvement lent ce qui est animé d'un mouvement périodique rapide. ▶ **stroboscopique** adj.

strontium [stʀɔ̃tjɔm] n. m. Métal d'un blanc argenté, mou (comme le plomb) dont certains isotopes sont radioactifs. *Le strontium 90 peut provoquer cancers et leucémies.*

strophe [stʀɔf] n. f. Ensemble cohérent formé par plusieurs vers, avec une disposition déterminée de mètres et de rimes. *Un poème composé de trois strophes.*

structure [stʀyktyʀ] n. f. **1·** Disposition, agencement visible des parties (d'une œuvre, d'un bâtiment). *La structure d'un poème.* **2·** Agencement des parties (d'un ensemble) tel qu'il apparaît lorsqu'on l'étudie. → **constitution.** *La structure cellulaire. La structure de l'atome. La structure d'un État.* – Ensemble d'éléments essentiels, profonds. *Des réformes de structure.* **3·** En sciences. Système complexe décrit et analysé en fonction de relations réciproques entre ses parties. ▶ **structural, ale, aux** adj. Didact. **1·** Qui appartient à la structure. *État structural d'un organe* (opposé à *fonctionnel*). **2·** Qui étudie les structures, en analyse les éléments. *Linguistique, grammaire structurale.* ≠ fonctionnel. ▶ **structuralisme** n. m. Théorie selon laquelle les sciences humaines doivent envisager principalement les structures. ▶ **structuraliste** adj. et n. Partisan du structuralisme. ▶ **structurel, elle** adj. Des structures (2). ▶ **structurer** v. tr. < conjug. 1 > Donner une structure à (qqch.). – Pronominalement. Acquérir une structure. ▷ **destructurer, infrastructure, restructurer, superstructure**

strychnine [stʀiknin] n. f. Poison violent, qui contracte convulsivement les muscles, et qui est tiré de certains arbres tropicaux.

stuc [styk] n. m. Mélange plastique de plâtre ou de poussière de marbre et de colle, qui imite le marbre. → ① **staff.** *Les stucs d'un décor.*

studieux, euse [stydjø, øz] adj. **1·** Qui aime l'étude, le travail intellectuel. / contr. paresseux / *Un élève studieux.* → **appliqué.** **2·** Favorable ou consacré à l'étude. *Une retraite studieuse.*

studio [stydjo] n. m. **1·** Atelier d'artiste (peintre, sculpteur, photographe...), de styliste (2). **2·** Ensemble des locaux aménagés pour les prises de vues de cinéma, les enregistrements. *Tourner en studio ou en extérieur.* **3·** Pièce servant de salon, de salle à manger et de chambre à coucher. → **living.** – Appartement formé d'une seule pièce principale.

stûpa [stupa] n. m. Monument bouddhique de l'Inde, de l'Asie du Sud-Est. *Les stûpas d'un temple.*

stupéfait, aite [stypefɛ, ɛt] adj. Frappé de stupeur ; rendu sans réactions par l'étonnement. → **interdit, stupide** (3). *J'en suis encore stupéfait.* ▶ **stupéfaction** [stypefaksjɔ̃] n. f. État d'une personne stupéfaite. ▶ **stupéfier** v. tr. < conjug. 7 > Étonner de manière à laisser sans réaction. *Cela nous stupéfie. Il en est resté stupéfié.* ▶ ① **stupéfiant, ante** adj. Qui frappe de stupéfaction. *Des nouvelles incroyables, stupéfiantes.*

② **stupéfiant** n. m. Substance euphorisante (opium, morphine, cocaïne...) entraînant généralement une accoutumance et un état de stupeur. → **drogue.** *Trafic de stupéfiants.*

stupeur [stypœʀ] n. f. **1·** Incapacité totale d'agir et de penser (due à un trouble, à un choc moral, psychologique, à des substances chimiques). **2·** Étonnement profond. → **stupéfaction.** *Je suis resté muet de stupeur.*

stupide [stypid] adj. **1·** Dénué d'intelligence. *Il est tout à fait stupide.* → **abruti, bête, idiot.** / contr. intelligent / – (Choses) *Il mène une vie stupide. Une remarque stupide.* **2·** Privé de sens. *La guerre est stupide. Une mort stupide.* **3·** Littér. Stupéfait, paralysé par l'étonnement. → **hébété.** *J'en suis resté stupide.* ▶ **stupidement** adv. D'une manière stupide. ▶ **stupidité** n. f. Caractère d'une personne, d'une chose stupide. → **absurdité, bêtise, idiotie.** – Action ou parole stupide. → **ânerie.** *Ce sont des stupidités.*

stupre [stypʀ] n. m. Littér. Débauche honteuse. → **luxure.**

1 **style** [stil] n. m. **I· 1·** Part de l'expression qui est laissée à la liberté de chacun, n'est pas directement imposée par les normes, les règles de l'usage, de la langue. *La grammaire et le style. Étudier le style d'un grand écrivain.* → **écriture, façon ; procédé, tournure.** – Façon de s'exprimer propre à une personne, à un groupe, à un type de discours. *Style oratoire. Il a un style original, inimitable. Le style administratif, didactique.* – Manière d'écrire présentant des qualités artistiques. *C'est un auteur qui manque de style.* – Aspect particulier de l'énoncé. *Style parlé, écrit ; familier. Style soutenu.* → **registre. 2·** En grammaire. Forme de discours. *Style direct* (ex. : *«Où vas-tu ?», «où est-ce que tu vas ?», «où tu vas ?»*), *style indirect* (ex. : *«Je te demande où tu vas»*). **3·** Manière de traiter une œuvre d'art ; ensemble des caractères d'une œuvre (d'un ensemble d'œuvres) qui permettent de la (le) rapprocher d'autres œuvres. *Le style d'une école, d'une époque.* → **facture.** *Le style Louis XIII.* **4·** *De style* : fabriqué sur le modèle d'une époque (à une époque plus récente). *Meuble de style Louis XIII.* → **copie, genre, imitation, manière ;** (opposé à *meuble Louis XIII,* authentique). **II·** Manière personnelle d'agir, de se comporter. *C'est bien là son style. Style de vie.* – Loc. *De grand style,* mettant en œuvre de puissants moyens d'action. *Une opération de grand style.* ≠ classe. – Manière personnelle de pratiquer un sport, tendant à l'efficacité et la beauté. *Ce sauteur a un très beau style, a du style.* ▶ **stylé, ée** adj. *Personnel stylé* (dans un hôtel, un restaurant...), qui accomplit son service dans les formes. ▶ **styliser** v. tr. < conjug. 1 > Représenter (un objet naturel) en simplifiant les formes en vue d'un effet décoratif. – Au p. p. adj. *Un motif de fleurs de lis stylisées.* ▶ **stylisation** n. f. ▶ **styliste** n. **1·** Écrivain remarquable par son culte du style. **2·** Spécialiste de la création de modèles dans la couture, la chaussure, l'ameublement. → **modéliste ;** anglic. **designer.** ▶ **stylistique** n. f. et adj. **1·** N. f. Étude du style (1), de ses procédés, de ses effets. → **rhétorique. 2·** Adj. Relatif aux façons de s'exprimer, d'écrire.

2 **style** n. m. Terme savant. **1·** Poinçon avec lequel les anciens Grecs écrivaient sur des tablettes de cire. **2·** Tige verticale (d'un cadran solaire). **3·** En botanique. Partie allongée du pistil entre l'ovaire et les stigmates. ▶ **stylet** n. m. **1·** Autrefois. Poignard effilé. **2·** En zoologie. Pointe qui arme la bouche de certains insectes piqueurs et suceurs (moustique, etc.). ▷ **photostyle,** 1 **style**

stylo [stilo] n. m. Porte-plume à réservoir d'encre (abrév. de *stylographe*). – *Stylo à bille* (ou *stylo-bille*) : stylo à encre grasse où la plume est remplacée par une bille de métal. ≠ feutre, marqueur. ▶ **stylomine** n. m. Marque déposée. Porte-mine.

su Participe passé du verbe *savoir.* → 1 **savoir.** ▶ **au su de** [osyd(ə)] loc. prép. Littér. La chose étant connue de... → **au vu** et au su de. / contr. à l'insu de / *Elle vit avec lui au su de tout le monde.*

suaire [sɥɛʀ] n. m. Littér. Linceul. *Un fantôme revêtu de son suaire. Le saint suaire (de Turin),* le linceul dans lequel le Christ aurait été enseveli.

suant, ante [sɥɑ̃,ɑ̃t] adj. Fam. Qui fait suer (I, 3). → **ennuyeux.**

suave [sɥav] adj. Littér. Qui a une douceur délicieuse. *Un parfum, une musique suave.* ▶ **suavité** n. f. Littér. Caractère suave. *La suavité de son regard.*

sub- Préfixe qui exprime la position en dessous (ex. : *submerger, supporter*), le faible degré (ex. : *subdivision, subsonique*) et la proximité (ex. : *suburbain, succéder, suffixe*).

subalterne [sybaltɛʀn] adj. et n. **1·** Adj. Qui occupe un rang inférieur, est dans une position subordonnée. *Un employé, un emploi subalterne.* – *Un rôle subalterne,* secondaire. **2·** N. Personne subalterne. → **subordonné.** / contr. supérieur /

subconscient, ente [sybkɔ̃sjɑ̃, ɑ̃t] adj. et n. m. **1·** Adj. Se dit d'un phénomène ou d'un état psychique qui n'est pas clairement conscient. ≠ inconscient. **2·** N. m. Conscience vague. *Son subconscient était en alerte.*

subdiviser [subdivize] v. tr. < conjug. 1 > Diviser (un tout déjà divisé ; une partie d'un tout divisé). *Le roman est divisé en plusieurs livres, eux-mêmes subdivisés en chapitres.* ▶ **subdivision** n. f. Fait d'être subdivisé ; partie obtenue en subdivisant (ex. : *sous-chapitre, sous-classe*).

subir [sybiʀ] v. tr. < conjug. 2 > **I·** (Suj. personne) **1·** Être l'objet sur lequel s'exerce (une action, un pouvoir sentis comme négatifs) ; recevoir l'effet pénible de. → **supporter.** *Il a subi un long interrogatoire. Nous avons subi une grave défaite.* – Avoir une attitude passive envers. *Nous ne devons pas subir les événements.* **2·** Se soumettre volontairement à (un traitement, un examen). *Elle a subi l'épreuve avec succès.* **3·** (Compl. personne) Supporter effectivement (qqn qui déplaît, ennuie, agace). *Il a fallu subir l'orateur* *pendant deux heures.* **II·** (Suj. chose) Être l'objet de (une action, une opération, une modification). *La tige, la poutre a subi une déformation.*

subit, ite [sybi, it] adj. Qui arrive, se produit en très peu de temps, de façon soudaine. → **brusque, brutal, inopiné, soudain.** *Une mort subite. Un changement subit et imprévisible.* ▶ **subitement** adv. Brusquement, soudainement. *Il est mort subitement.* ▶ **subito** [sybito] adv. Fam. Subitement. – *Subito presto,* subitement et rapidement.

subjectif, ive [sybʒɛktif, iv] adj. **1·** En philosophie. Qui concerne le sujet en tant que personne consciente. → ③ **sujet** (IV, 3). *La pensée, phénomène subjectif.* / contr. objectif / **2·** Propre à une personne en particulier, à son affectivité. → **personnel.** *Une vision subjective du monde. C'est une opinion toute subjective.* **3·** Exagérément personnel, partial. *Tu es trop subjectif(ive). Une critique subjective,* qui manque d'objectivité. ▶ **subjectivement** adv. D'une façon subjective, toute personnelle. / contr. objectivement / ▶ **subjectivisme** n. m. **1·** Théorie philosophique selon laquelle la pensée du sujet, de l'individu est la seule réalité connaissable. **2·** Attitude d'une personne qui tient compte de ses sentiments personnels plus que de la réalité. ▶ **subjectivité** n. f. **1·** Caractère de ce qui appartient au sujet, à l'individu seul. / contr. objectivité / **2·** Attitude de qui juge la réalité à partir de ses opinions, de ses passions personnelles.

subjonctif [sybʒɔ̃ktif] n. m. Mode personnel du verbe, exprimant le doute, l'incertitude, la volonté, le sentiment, ou caractérisant certaines subordonnées. *Subjonctif présent* (ex. : je veux *que tu viennes*) ; *imparfait* (ex. : je voulais *qu'il vînt*) ; *passé, plus-que-parfait du subjonctif* (je veux *que tu aies fini* à temps ; je voulais *que tu eusses fini*).

subjuguer [sybʒyge] v. tr. < conjug. 1 > **1·** Séduire vivement par son talent, son charme. → **conquérir, envoûter.** *L'orateur a subjugué son auditoire.* **2·** Littér. Soumettre (par les armes, par sa force morale), mettre « sous *(sub)* le joug *(jug-)* ».

sublime [syblim] adj. et n. m. **I·** Adj. **1·** Qui est très haut, dans la hiérarchie des valeurs (morales, esthétiques). → **admirable, divin.** *Une musique, une scène sublime. Un dévouement sublime.* → **absolu, illimité, infini. 2·** (Personnes) Qui fait preuve de génie ou d'une vertu exceptionnelle. *Un homme sublime de dévouement. Dans ce rôle, elle est sublime de beauté.* **II·** N. m. Littér. **1·** Ce qu'il y a de plus élevé dans l'ordre moral, esthétique. → **grandeur. 2·** Dans l'esthétique classique. Le style, le ton qui est propre aux sujets élevés. ▶ **sublimement** adv. Littér. D'une manière sublime, admirable. ▶ **sublimité** n. f. Littér. Caractère sublime.

① **sublimer** [syblime] v. tr. < conjug. 1 > En chimie. Opérer le passage de (une substance) de l'état solide à l'état gazeux, sans passer par l'état liquide. ▶ ① **sublimation** n. f. ▶ **sublimé** n. m. Composé du mercure obtenu par sublimation.

② **sublimer** v. tr. < conjug. 1 > Transposer (les pulsions) sur un plan supérieur (selon la théorie de Freud). ▶ ② **sublimation** n. f. Détournement de l'énergie sexuelle vers la création artistique, l'action, les sentiments élevés (selon la théorie de Freud).

subliminal, ale, aux [sybliminal, o] adj. Qui est inférieur au seuil de la conscience. *Messages subliminaux employés par les publicitaires.*

submerger [sybmɛʀʒe] v. tr. < conjug. 3 > **1·** (Liquide, flot...) Recouvrir complètement. → **inonder, noyer.** *Le fleuve en crue a submergé la plaine.* – Fig. *Il a été entraîné, submergé par la foule.* **2·** Abstrait. Envahir complètement. *La douleur le submergeait.* – Passif. *Je suis submergé de travail.* → **débordé.**

submersible [sybmɛʀsibl] adj. et n. m. **1·** Adj. Qui peut être recouvert d'eau. *Pompe submersible.* **2·** N. m. Sous-marin. – Spécialt. Sous-marin d'exploration scientifique, plus léger que le bathyscaphe. ▶ **submersion** n. f. Didact. Le fait de submerger. ▷ **insubmersible**

subodorer [sybɔdɔʀe] v. tr. < conjug. 1 > Deviner, pressentir. → **flairer.**

subordonner [sybɔʀdɔne] v. tr. < conjug. 1 > **1·** Placer (une personne, un groupe) sous l'autorité de qqn, dans un ensemble hiérarchisé (surtout au passif et au p. p. adj.). *Il est subordonné au chef de service.* **2·** Soumettre à une condition préalable. *Nous devons subordonner toutes ces actions à notre stratégie.* ▶ **subordonné, ée** adj. et n. **1·** Qui est dans une relation de dépendance syntaxique, grammaticale. *Les propositions subordonnées sont compléments du verbe principal ou d'un antécédent.* – N. f. *Une subordonnée complétive, relative.* **2·** N. Personne placée sous l'autorité d'une autre dans une hiérarchie. → **subalterne.** / contr. supérieur / *Il est apprécié par ses subordonnés.* ▶ **subordination** n. f. **1·** Fait d'être soumis (à une autorité). → **dépendance. 2·** Le fait, pour une chose, d'avoir une importance secondaire par rapport à une autre. **3·** (Opposé à *coordination*) Construction grammaticale où une unité est subordonnée à une unité de niveau supérieur. *Conjonction de subordination suivie de l'indicatif ou du subjonctif* (ex. : *Il m'a dit qu'il venait ; je veux qu'il vienne*).

suborner [sybɔʀne] v. tr. < conjug. 1 > **1·** Littér. Séduire (une femme). **2·** Inciter (un témoin) à mentir. → **corrompre.** – Au p. p. adj. *Témoins subornés.* ▶ **subornation** n. f. *Subornation de témoins.* ▶ **suborneur** n. m. Littér, péj. ou plaisant. Homme qui a séduit une jeune fille, une femme. → **séducteur.** *Un vil suborneur.*

subreptice [sybʀɛptis] adj. Qui est obtenu, qui se fait par surprise, à l'insu de qqn et contre sa volonté. → **clandestin, furtif.** *Par une manœuvre subreptice.* → **déloyal, souterrain.** ▶ **subrepticement** adv. De manière subreptice. / contr. ostensiblement /

subrogé, ée [sybʀɔʒe] adj. En droit. ***Subrogé tuteur, subrogée tutrice*** : personne chargée de défendre les intérêts du pupille en cas de conflit avec le tuteur.

subsaharien, ienne [sybsaaʀjɛ̃, jɛn] adj. *L'Afrique subsaharienne,* l'Afrique noire, située au sud du Sahara. *Les régions subsahariennes.*

subséquent, ente [sypsekɑ̃, ɑ̃t] adj. Littér. Qui vient immédiatement après dans le temps, dans une série. ▶ **subséquemment** [sypsekamɑ̃] adv. Vx. En conséquence de quoi.

subside [sypsid] n. m. Somme versée à un particulier ou à un groupement à titre d'aide, de subvention, ou en rémunération de services. *Demander des subsides.* ▶ **subsidier** [sypsidje ; sybzidje] v. tr. < conjug. 7 > En Belgique. Subventionner. ▶ **subsidiation** n. f.

subsidiaire [sypsidjɛʀ] ou [sybzidjɛʀ] adj. Secondaire, accessoire. / contr. principal / *Question subsidiaire,* destinée à départager les gagnants d'un concours. ▶ **subsidiairement** adv. De manière subsidiaire, accessoire.

subsister [sybziste] v. intr. < conjug. 1 > **1·** (Choses) Continuer d'exister, après élimination des autres éléments, ou malgré le temps. – Impers. *De l'ancienne basilique, il ne subsiste que la crypte.* → **rester. 2·** (Personnes) Entretenir son existence, pourvoir à ses besoins essentiels. → **survivre.** *La famille arrivait à subsister tant bien que mal.* ▶ **subsistance** n. f. **1·** Le fait de subsister, ce qui sert à assurer l'existence matérielle. *Contribuer, pourvoir à la subsistance du ménage. Pour votre subsistance.* **2·** Au plur. Ensemble des vivres et des objets qui permettent de subsister.

subsonique [sypsɔnik] adj. *Vitesse subsonique,* inférieure à la vitesse du son, calculée dans l'air (à 340 m/s). / contr. supersonique /

substance [sypstɑ̃s] n. f. **1·** Ce qu'il y a d'essentiel (dans une pensée, un discours). – ***En substance*** : dans un résumé qui respecte l'essentiel ; pour le fond. *C'est, en substance, ce qu'a déclaré le ministre.* **2·** En philosophie. Ce qui est permanent (opposé à ce qui change). **3·** Matière. *C'était un objet d'une consistance étrange, fait d'une substance inconnue. La substance et la forme.* – *Une substance chimique.* → **corps.** *La substance* (ou *matière*) *grise* (du cerveau). ▶ **substantiel, elle** [sypstɑ̃sjɛl] adj. **1·** Qui nourrit bien, abondant. → **nourrissant.** *Nous avons pris un petit déjeuner substantiel.* **2·** Abstrait. Important. *Des avantages, des bénéfices substantiels.* ▷ **consubstantiel, substantif, substantifique**

substantif, ive [sypstɑ̃tif, iv] adj. et n. m. **1·** Didact. En grammaire. Du nom (opposé à *adjectif,* à *verbal*). → **nominal. 2·** N. m. Mot qui peut constituer le noyau du syntagme nominal, être le sujet d'un verbe et dont la désignation est précise (à la différence du *pronom*). → **nom.** ▶ **substantivement** adv. Avec valeur de nom. *Un adjectif pris substantivement.* ▶ **substantiver** v. tr. < conjug. 1 > Transformer en nom. – Au p. p. adj. *Le nom « sourire » est un infinitif substantivé.*

substantifique [sypstɑ̃tifik] adj. Loc. *La **substantifique moelle*** : ce qui, selon Rabelais, nourrit l'esprit, si on l'extrait (d'un écrit, d'une œuvre) ; l'essentiel.

substituer [sypstitɥe] v. tr. < conjug. 1 > Mettre (qqch., qqn) à la place (de qqch., qqn d'autre), pour faire jouer le même rôle. *Vous substituez vos rêves à la réalité.* – Pronominalement (réfl.). *Se substituer à qqn,* le remplacer. ▶ **substitution** n. f. **1·** Action de substituer ; son résultat. *La substitution d'un mot à un autre.* → **remplacement. 2·** En chimie. Remplacement d'atomes ou de radicaux sans changement de constitution du composé. ▷ **substitut**

substitut [sypstity] n. Magistrat du ministère public, chargé de suppléer (de se *substituer* à) un autre magistrat. *La substitut du procureur.*

substrat [sypstʀa] n. m. **1·** Ce qui sert de support stable (à une existence, une action). **2·** Langue anciennement parlée dans un pays où son influence reste perceptible. *Le substrat gaulois en français est surtout sensible dans les noms de lieux.*

subterfuge [syptɛʀfyʒ] n. m. Moyen habile et détourné pour se tirer d'embarras. → **échappatoire, ruse, stratagème.** *Recourir à un habile subterfuge.*

subtil, ile [syptil] adj. **I· 1·** Qui a de la finesse, qui est habile à percevoir des nuances ou à trouver des moyens ingénieux. *Un observateur subtil.* → **adroit, fin, perspicace. 2·** Qui est dit ou fait avec finesse, habileté. → **ingénieux.** *Une remarque, une argumentation subtile.* / contr. grossier, maladroit / **II·** Qui est difficile à percevoir, à définir. *Une différence bien subtile.* → **ténu.** *C'est trop subtil pour moi, je ne vois pas de différence.* ▶ **subtilement** adv. D'une manière subtile (1, 2). ▶ ① **subtiliser** v. intr. < conjug. 1 > Littér. Faire des raisonnements trop subtils. ▶ **subtilité** n. f. **1·** Caractère d'une personne subtile, de ce qui est subtil. → **finesse.** *La subtilité d'un psychologue, d'une analyse.* **2·** Pensée, parole, nuance subtile. *Les subtilités de la langue française. Les subtilités de la politesse.*

② **subtiliser** v. tr. < conjug. 1 > Fam. Dérober avec adresse ; s'emparer avec habileté de (qqch.). *On lui a subtilisé son portefeuille dans le métro.* ▶ **subtilisation** n. f.

suburbain, aine [sybyʀbɛ̃, ɛn] adj. Littér. Qui est près d'une grande ville, qui l'entoure. → **banlieue, faubourg, périphérie.** *Réseau de transport suburbain.* ≠ urbain.

subvenir [sybvəniʀ] v. tr. ind. < conjug. 22 > *Subvenir à... :* fournir en nature, en argent, de quoi satisfaire à (un besoin, une dépense). → **pourvoir.** *Il subvient aux besoins de toute la famille.* ▶ **subvention** [sybvɑ̃sjɔ̃] n. f. Aide que l'État, qu'une association accorde à un groupement, à une personne. → **secours, subside.** *Le gouvernement a décidé d'accorder une subvention à la commune sinistrée.* ▶ **subventionner** v. tr. < conjug. 1 > Aider financièrement, soutenir par une subvention. – Au p. p. adj. *Les théâtres subventionnés* (par l'État).

subvertir [sybvɛʀtiʀ] v. tr. < conjug. 2 > Bouleverser, renverser (un ordre, les valeurs communément admises). ▶ **subversif, ive** adj. Qui renverse ou menace de renverser l'ordre établi, les valeurs reçues. *Des opinions subversives, révolutionnaires.* ▶ **subversion** n. f. Action subversive.

suc [syk] n. m. **1·** En sciences naturelles. Liquide susceptible d'être extrait des tissus animaux ou végétaux. – Liquide cellulaire ou de sécrétion. *Le suc gastrique.* **2·** Littér. Abstrait. Ce qu'il y a de plus substantiel (dans un écrit). → **quintessence.** ▷ **succulent**

succédané [syksedane] n. m. **1·** Médicament, produit ayant les mêmes propriétés qu'un autre qu'il peut remplacer. → **synthétique. 2·** Ce qui remplace plus ou moins bien autre chose. *Un succédané de café à base d'orge torréfiée.* → **ersatz.** *Les édulcorants sont un succédané de sucre.*

succéder [syksede] v. < conjug. 6 > **I·** *Succéder à* v. tr. ind. **1·** Venir après (qqn) de manière à prendre sa charge, sa place. *Le fils aîné a succédé à son père à la tête de l'affaire* (→ **successeur**). **2·** (Suj. et compl. choses) Se produire, venir après, dans l'ordre chronologique. → **remplacer, suivre.** *Le découragement succédait à l'enthousiasme.* / contr. précéder / – (Dans l'espace) *Des champs succédaient aux vignes.* **II·** *Se succéder* v. pron. – **REM.** Le p. p. **succédé** reste invariable. Venir l'un après l'autre. *Les gouvernements qui se sont succédé.* – (Époques, événements) *Les attractions se succédaient sans interruption.* → se **suivre.** – (Dans l'espace) *Les tableaux se succèdent tout le long du mur.* ▷ **successeur, successif,** ① **succession,** ② **succession**

succès [syksɛ] n. m. invar. **1·** Heureux résultat, caractère favorable de ce qui arrive. *Assurer le succès d'une entreprise. Avec succès.* – *Couronné de succès,* réussi. – *Sans succès,* sans résultat, en vain. – Le fait, pour qqn, de parvenir à un résultat souhaité. → **réussite.** / contr. échec / *Il est sur le chemin du succès.* **2·** *Un succès,* événement qui constitue un résultat très heureux pour qqn. *Obtenir, remporter des succès, de beaux, de grands succès.* → **victoire. 3·** Le fait d'obtenir une audience nombreuse et favorable, d'être connu du public. → **triomphe.** *L'auteur, la pièce a beaucoup de succès, un succès fou. Un auteur à succès,* qui a du succès. – *Un succès de librairie,* un livre qui a un grand succès. *Cette chanson est un gros succès.* → fam. **tube. 4·** Le fait de plaire. *Elle a beaucoup de succès. Les succès féminins d'un séducteur.* ▷ **insuccès**

successeur [syksesœʀ] n. m. **1·** Personne qui succède ou doit succéder (à qqn). / contr. prédécesseur / *Il a désigné lui-même son successeur. Sa fille sera son successeur pour diriger l'affaire. Son successeur a annulé ce projet.* – Personne qui continue l'œuvre de. → **continuateur.** *Les successeurs de Molière.* **2·** Personne appelée à recueillir une succession. → **héritier.** *Sa nièce est son unique successeur.*

successif, ive [syksesif, iv] adj. Au plur. Qui se succèdent. *Il était découragé par ces échecs successifs,* répétés. ≠ consécutif. ▶ **successivement** adv. Selon un ordre de succession, par éléments successifs. *On entendit successivement un choc et un cri. On l'a vu successivement joyeux et furieux,* tour à tour...

① **succession** [syksesjɔ̃] n. f. **1·** Ensemble de faits qui occupent dans le temps des moments voisins, mais distincts, de manière à présenter un ordre ; cet ordre. → **enchaînement, série, suite.** *Une succession ininterrompue de difficultés.* **2·** Suite de choses rapprochées dans l'espace, entre lesquelles un ordre peut être perçu.

② **succession** n. f. **1·** Transmission du patrimoine laissé par une personne décédée à une ou plusieurs personnes vivantes ; manière dont se fait cette transmission. → **héritage.** *Léguer qqch. par voie de succession. Partager la succes-*

sion, le patrimoine. *Droits de succession.* **2·** Le fait de succéder à qqn, d'obtenir le pouvoir (d'un prédécesseur). *Son petit-fils a pris sa succession. Guerre de succession.* ▶ **successoral, ale, aux** adj. Relatif aux successions (1). *Payer des droits successoraux.*

succinct, incte [syksɛ̃, ɛ̃t] adj. **1·** Qui est dit, écrit en peu de mots. → **bref, concis, laconique, schématique, sommaire.** *Faites-moi un exposé succinct de la situation.* – Qui s'exprime brièvement. → **concis.** *Soyez succinct.* **2·** Peu abondant, réduit. *Un repas succinct.* ▶ **succinctement** [syksɛ̃tmɑ̃] adv. *Racontez-moi succinctement les faits.*

succion [syksjɔ̃] ou, cour., [sysjɔ̃] n. f. Didact. Action de sucer, d'aspirer (en faisant le vide). *Bruit de succion.*

succomber [sykɔ̃be] v. intr. <conjug. 1> **1·** Être vaincu dans une lutte. **2·** Mourir. *Le blessé a succombé pendant son transfert à l'hôpital.* **3·** S'affaisser (sous un poids trop lourd). **4·** ***Succomber à...*** : se laisser aller à..., ne pas résister. → **céder.** *Il a succombé à la tentation.*

succulent, ente [sykylɑ̃, ɑ̃t] adj. **1·** En botanique. *Plante succulente,* dont les tissus charnus sont riches en eau. – N. f. *Une succulente.* Syn. : **plante grasse. 2·** Qui a une saveur délicieuse. → **excellent, exquis, savoureux.** *Un plat succulent.* – Fig. Plein de saveur. *Un récit succulent.*

succursale [sykyʀsal] n. f. Établissement, commerce qui dépend d'un autre (la maison-mère), mais qui jouit d'une certaine autonomie. → **annexe, filiale.** *Les succursales d'une banque. Magasin à succursales multiples.* → 2 **chaîne** (de magasins). ▶ **succursalisme** n. m. Type d'organisation commerciale des magasins à succursales multiples.

sucer [syse] v. tr. <conjug. 3> **1·** Exercer une pression et une aspiration sur (qqch.), avec les lèvres, la langue, pour extraire un liquide, faire fondre. *Les joueurs suçaient des citrons à la mi-temps. Sucez plusieurs pastilles par jour.* **2·** Porter à la bouche et aspirer. *Le bébé suçait son pouce.* **3·** (Animaux) Aspirer (un suc, le sang) au moyen d'un organe spécial (pompe, suçoir). ▶ **suce** n. f. Région. Fam. Tétine. *Ce bébé a toujours une suce à la bouche.* ▶ **sucette** n. f. Bonbon à sucer fixé à l'extrémité d'un bâtonnet. ▶ **suceur, euse** n. et adj. **1·** N. Littér. Personne qui suce (qqch.). – Loc. fig. ***Suceur, suceuse de sang*** : personne qui vit des autres en les exploitant. **2·** Adj. (Insectes) Qui aspire sa nourriture avec une trompe. ▶ **suçoir** n. m. Trompe d'un insecte suceur. ▶ **suçon** n. m. **1·** Légère ecchymose qu'on fait à la peau en la tirant par succion. *Faire un suçon à qqn.* **2·** Au Canada. Sucette. ▶ **suçoter** v. tr. <conjug. 1> Sucer longuement et délicatement. ▶ **suçotement** n. m. ▷ **resucée, succion**

sucre [sykʀ] n. m. **1·** Substance alimentaire, généralement blanche, cristallisée (saccharose), de saveur douce (édulcorante), soluble dans l'eau. → **gluc(o)-, sacchar-.** *Sucre de canne, de betterave. Sucre en morceaux, cristallisé, en poudre. Sucre glace,* finement broyé. *Sucre brun, roux.* → **cassonade.** *Régime sans sucre des diabétiques. Un sucre,* un morceau de sucre. *Pince à sucre.* – Loc. *Être **tout sucre tout miel*** : se faire très doux, doucereux. ***Casser du sucre** sur le dos de qqn* : en dire du mal en son absence. **2·** Cette substance, préparée en confiserie. ***Sucre d'orge*** : sucre cuit et parfumé, présenté en petits bâtons (confiserie). **3·** En chimie. Corps ayant une constitution voisine du saccharose (ex. : *glucose, dextrose, maltose...*). ▶ **sucré, ée** adj. **1·** Qui a le goût du sucre. → **doux.** *Des oranges très sucrées.* **2·** Fig. Doucereux. *Un petit air sucré.* – N. *Faire le sucré, la sucrée* (ou *sa sucrée*), se montrer aimable avec affectation. ▶ **sucrer** v. tr. <conjug. 1> **I· 1·** Additionner de sucre. *Il ne sucre jamais son thé.* – Loc. fam. ***Sucrer les fraises*** : avoir les mains qui tremblent. – Au p. p. adj. *Eau sucrée.* **2·** Donner une saveur sucrée à (qqch.). – Absolt. *La saccharine sucre plus que le sucre.* **II·** ***Se sucrer*** v. pron. **1·** Fam. Se servir en sucre (pour le café, le thé...). **2·** Fam. Faire de gros bénéfices (au détriment des autres). *Il a dû se sucrer au passage dans cette opération.* ▶ **sucrage** n. m. Dans la fabrication des vins. Addition de sucre au moût avant la fermentation. → **chaptalisation.** ▶ **sucrerie** n. f. **1·** Usine où l'on fabrique le sucre. → **raffinerie. 2·** Friandise à base de sucre. → **bonbon, confiserie, douceur.** ▶ **sucrette** n. f. Petite pastille d'édulcorant qui remplace le sucre. ▶ **sucrier, ière** adj. et n. m. **1·** Adj. Qui a rapport au sucre et à sa production. *L'industrie sucrière.* **2·** N. m. Récipient où l'on met le sucre. ▶ **sucrin, ine** adj. *Melon sucrin,* sucré. – *Salade sucrine* ou *sucrine* n. f., variété de laitue à saveur légèrement sucrée. *Des cœurs de sucrine.*

sud [syd] n. m. invar. **1·** Celui des quatre points cardinaux qui est diamétralement opposé au nord. *Une façade exposée au sud, plein sud* (exactement au sud). → **midi.** – Adj. invar. Qui se trouve au sud. → **méridional.** *Le pôle Sud.* **2·** (*Sud,* avec majuscule) Ensemble des régions situées dans l'hémisphère sud. *L'Afrique, l'Amérique du Sud.* – Région sud d'un pays. *Dans le Sud de la France.* → **midi.** – Dans des adjectifs et noms composés : *Sud-Africain, Sud-Américain, Sud-Coréen, Sud-Vietnamien* (mieux : *Américain, Coréen... du Sud*). ▶ **sudiste** n. et adj. Histoire. Partisan de l'indépendance des États du Sud (et de l'esclavage des Noirs), pendant la guerre de Sécession* aux

États-Unis. ▶ **sud-est** [sydɛst] n. m. invar. Point de l'horizon situé à égale distance entre le sud et l'est. – Partie d'un pays située dans cette direction. *Le Sud-Est asiatique.* – Adj. invar. *La région sud-est.* ▶ **sud-ouest** [sydwɛst] n. m. invar. Point de l'horizon situé à égale distance entre le sud et l'ouest. – Partie d'un pays située dans cette direction. *Le Sud-Ouest (de la France).* – Adj. invar. *La région sud-ouest.*

sudation [sydɑsjɔ̃] n. f. Production volontaire de sueur (par hygiène, pour se soigner, maigrir, etc.). ▶ **sudoripare** adj. *Glandes sudoripares,* qui sécrètent la sueur.

sudoku [sydoky ; sudoku] n. m. Jeu de chiffres d'origine japonaise consistant à compléter, avec des chiffres allant de 1 à 9, une grille de neuf fois neuf cases.

suède [sɥɛd] n. m. Peau travaillée avec le côté chair à l'extérieur. *Des gants de suède.* ▶ **suédine** n. f. Tissu imitant le suède.

suédois, oise [sɥedwa, waz] adj. et n. Adj. De Suède. *L'économie suédoise.* – N. *Une Suédoise. Les Suédois.* – N. m. *Le suédois,* langue du groupe germanique nordique.

suer [sɥe] v. < conjug. 1 > **I**· V. intr. **1**· Produire beaucoup de sueur. → **transpirer.** *Il suait à grosses gouttes.* → être en **nage,** en **sueur. 2**· Fig. Se fatiguer, se donner beaucoup de mal. → **peiner.** *Il a fallu trimer et suer pour y arriver.* – Loc. fam. *Faire suer le burnous,* exploiter (les autres). **3**· ***Faire suer*** : fam. fatiguer, embêter (qqn). *Tu commences à me faire suer ! Se faire suer,* s'ennuyer. **4**· Dégager de l'humidité. *La pierre, les plâtres suent.* **II**· V. tr. **1**· Rendre par les pores de la peau. – Loc. ***Suer sang et eau*** : faire de grands efforts, se donner beaucoup de peine. **2**· Exhaler. *Ce lieu sue l'ennui. Ce type sue la bêtise.* → **respirer.** ▶ **suée** n. f. Fam. Transpiration abondante sous l'effet d'un travail, d'une inquiétude. *Prendre une suée.* ▶ **sueur** n. f. **1**· Liquide odorant, salé, composé d'eau et d'acides organiques, qui, dans certaines conditions (chaleur, travail, émotion, etc.), suinte des pores de la peau, sous forme de gouttes. → **transpiration.** *Couvert, trempé, ruisselant de sueur.* – ***En sueur.*** → en **eau,** en **nage.** *Elle était tout en sueur.* – Loc. *Gagner sa vie à la sueur de son front,* très durement. **2**· *(Une, des sueurs)* Le fait de suer. → **suée.** *Des sueurs abondantes.* – Loc. ***Sueur froide,*** accompagnée d'une sensation de froid, de frissons. Fig. *Cela me donne des sueurs froides,* me fait peur, m'inquiète vivement. **3**· *La sueur,* symbole du travail et de l'effort. *Le sang, la sueur et les larmes d'un peuple.* ▷ **exsuder, suant, sudation, transsuder**

suffire [syfiʀ] v. tr. ind. < conjug. 37 > **I**· (Choses) **1**· ***Suffire à..., pour...*** : avoir juste la quantité, la qualité, la force nécessaire à, pour (qqch.). *Cela suffit à mon bonheur. Un jour suffit, suffira pour préparer, pour que nous préparions la rencontre.* **2**· Être de nature à contenter (qqn) sans qu'il ait besoin de plus ou d'autre chose. *Votre parole me suffit.* – Sans compl. *Cela ne suffit pas.* – Fam. ***Ça suffit*** *(comme ça) !* : j'en ai, on en a assez ! **II**· Impers. ***Il suffit à*** *qqn* ***de*** (+ infinitif) : il n'a pas besoin d'autre chose que de... *Il lui suffit, il lui a suffi de se montrer pour que le calme se rétablisse.* – ***Il suffit à*** *qqn* ***que*** (+ subjonctif). *Il ne lui a pas suffi que tu aies ton diplôme, il voulait que tu aies une mention.* – Sans compl. *Il suffit d'une fois ! Il suffisait d'y penser. Il suffit que vous nous teniez au courant.* **III**· (Personnes) ***Suffire à.*** **1**· Être capable de fournir ce qui est nécessaire à, de satisfaire à (qqch.). *Une personne suffisait à l'entretien de la maison. Je n'y suffis plus,* je suis débordé. **2**· Être pour qqn tel qu'il n'ait pas besoin d'une autre personne. *Sa famille lui suffit, il ne voit personne.* **IV**· ***Se suffire*** v. pron. **1**· N'avoir besoin de rien d'autre, d'aucun complément. *Cette définition se suffit à elle-même.* **2**· (Personnes) Trouver par ses propres moyens de quoi satisfaire ses besoins. *Le pays se suffit (à lui-même) quant à, pour l'énergie.* ▶ **suffisant, ante** [syfizɑ̃, ɑ̃t] adj. **I**· (Choses) Qui suffit. *Je n'ai pas la somme suffisante. C'est amplement suffisant, plus que suffisant. Conditions nécessaires et suffisantes* (en sciences). *Aurez-vous le temps suffisant pour terminer le travail ?* / contr. insuffisant / **II**· (Personnes) Littér. Qui a une trop haute idée de soi et décide de tout sans douter de rien. → **fat, prétentieux, vaniteux.** ▶ **suffisamment** adv. En quantité suffisante, d'une manière suffisante (I). → **assez.** *Vous n'avez pas suffisamment affranchi votre lettre. Suffisamment de...,* assez de. ▶ **suffisance** n. f. **I**· Région. Quantité suffisante (à qqn). *En avoir sa suffisance, à sa suffisance, en suffisance.* → **satiété. II**· Littér. Caractère, esprit d'une personne suffisante (II). *Il est plein de suffisance.* ▷ **insuffisant, insuffisance**

suffixe [syfiks] n. m. Élément de formation des dérivés placé après le radical. *« -ation » est un suffixe. Les suffixes et les préfixes sont des affixes.* ▶ **suffixer** v. tr. < conjug. 1 > Pourvoir d'un suffixe. ▶ **suffixation** n. f. Processus par lequel des dérivés se forment avec des suffixes.

suffoquer [syfɔke] v. < conjug. 1 > **I**· V. tr. **1**· (Choses) Empêcher (qqn) de respirer, rendre la respiration difficile. → **étouffer, oppresser.** *Une épaisse fumée nous suffoquait.* **2**· Remplir d'une émotion vive qui « coupe le souffle ». *L'émotion, la colère le suffoquait.* – Remplir d'étonnement et d'indignation. **II**· V. intr. Respirer avec difficulté, perdre le souffle. → **étouffer.** – Être étouffé, oppressé par une émotion vive. *Il répondit en suffoquant de colère.* ≠ suffocant. ▶ **suffocant, ante** adj. 1· Qui suffoque (I), qui gêne ou empêche la respiration. → **étouffant.** *Une chaleur suffocante.* 2· Qui étonne et indigne vivement. *Il a eu une réponse suffocante.* ▶ **suffocation** n. f. Le fait de suffoquer ; impossibilité ou difficulté de respirer. → **asphyxie, étouffement, oppression.** *Une crise de suffocation. Elle souffre de suffocations.*

suffrage [syfʀaʒ] n. m. 1· Acte par lequel on déclare sa volonté, dans un choix, une délibération, notamment politique. → **vote.** *Suffrage censitaire**. *Suffrage universel,* qui n'est pas restreint par des conditions de fortune, de sexe ou autres. – Voix. *Suffrages exprimés,* excluant les bulletins blancs et nuls. 2· Littér. Opinion, avis favorable. → **approbation.** ▶ **suffragette** n. f. Nom donné aux femmes qui, en Grande-Bretagne, réclamaient le droit de vote (accordé en 1928). – Péj. Militante féministe.

suggérer [sygʒeʀe] v. tr. <conjug. 6> 1· (Personnes) Faire penser (qqch.) sans exprimer ni formuler. → **insinuer, sous-entendre.** *Il posait la question de manière à suggérer la réponse.* – Présenter (une idée, un projet) en tant que suggestion, conseil. → **conseiller, proposer.** *Je vous suggère d'agir sans plus tarder.* 2· (Choses) Faire naître (une idée, un sentiment...) dans l'esprit. → **évoquer.** *Ce passage du texte suggère de nombreux symboles.* ▶ **suggestif, ive** adj. 1· Qui a le pouvoir de suggérer des idées, des images, des sentiments. → **évocateur.** 2· Qui suggère des idées érotiques. ▶ **suggestion** [sygʒɛstjɔ̃] n. f. 1· Idée, projet que l'on propose, en laissant la liberté d'accepter, de faire sien ou de rejeter. → **conseil, proposition.** *C'est une simple suggestion que je fais.* 2· Idée, désir, inspiré(e) par autrui. *Suggestion sous hypnose.* ▶ **suggestionner** v. tr. <conjug. 1> Influencer par la suggestion (2). ▷ **autosuggestion**

suicide [sɥisid] n. m. 1· Action de causer volontairement sa propre mort (ou de le tenter). *Un suicide par balle. Tentative de suicide.* 2· Le fait de prendre des risques mortels, d'engager une action qui ne peut que nuire gravement. *C'est un suicide ! C'est du suicide !* – En appos. *Un avion suicide,* dont le pilote va volontairement à la mort. → **kamikaze.** ▶ **suicidé, ée** adj. et n. Qui s'est tué volontairement. ▶ **se suicider** v. pron. <conjug. 1> Se tuer volontairement. → **se supprimer.** – Transitivement, au passif. Fam. *Il a été suicidé,* on l'a assassiné avant de prétendre à un suicide. ▶ **suicidaire** adj. 1· Du suicide ; qui mène au suicide. *Une conduite suicidaire.* – N. *Un, une suicidaire,* personne qui fait des tentatives de suicide. 2· Qui mène à l'échec, à la faillite. *Un projet suicidaire.*

suie [sɥi] n. f. Noir de fumée mêlé d'impuretés, dû à une combustion incomplète et qui se dépose dans les cheminées, les tuyaux. *Enlever la suie en ramonant.*

suif [sɥif] n. m. Graisse animale fondue, servant jadis à fabriquer des onguents, des chandelles, du savon. ▶ **suiffer** v. tr. <conjug. 1> Enduire de suif.

sui generis [sɥiʒeneʀis] loc. adj. invar. Propre à une espèce, à une chose. → **spécial.** *Odeur sui generis,* spéciale (et désagréable).

suint [sɥɛ̃] n. m. Graisse que sécrète la peau du mouton, et qui se mêle à la laine.

suinter [sɥɛ̃te] v. intr. <conjug. 1> 1· (Liquide) S'écouler très lentement, sortir goutte à goutte. → **perler, sourdre.** 2· Produire un liquide qui s'écoule goutte à goutte. *Un sous-sol où les murs suintent.* ▶ **suintement** n. m. Fait de suinter. – Liquide, humidité qui suinte. ▷ **suint**

suisse [sɥis] adj. et n. I· De la Suisse. → **helvétique.** *Les Alpes suisses. Dix francs suisses.* – N. *Les Suisses. Une Suisse* ou *une Suissesse.* – Loc. *Manger, boire **en Suisse*** : tout seul, sans inviter les amis. II· N. m. 1· (Avec une minuscule) Employé chargé de la garde de l'église, de l'ordonnance des processions, etc. → **bedeau.** 2· Fam. → **petit-suisse.** ▶ **Suissesse** n. f. Femme, fille suisse.

suite [sɥit] n. f. I· (Dans des loc.) 1· Situation de ce qui suit. *Prendre la suite de qqn,* lui succéder. ***Faire suite à...*** : venir après, suivre. ***À la suite de*** : en suivant. *À la suite de ces incidents,* après ces incidents et à cause d'eux. *À la suite,* successivement, coup sur coup. → d'**affilée.** *Il a bu trois verres à la suite.* 2· Ordre de ce qui se suit en formant un sens. *La suite des phrases d'un texte.* – *Des mots **sans suite*** : incohérents, incompréhensibles. *Avoir de la suite dans les idées,* se dit d'une personne persévérante. 3· ***De suite*** : à la suite les uns des autres, sans interruption. *J'ai écrit quatre pages de suite.* ***Et ainsi de suite*** : en continuant de la même façon. 4· ***Tout de suite*** : sans délai, sans plus attendre. → **immédiatement,** sur-le-**champ.** *Venez tout de suite !* – (Dans l'espace) *C'est tout de suite après le bureau de tabac.* – Fam. (même sens ; emploi critiqué) *J'arrive de suite.* II· 1· Personnes qui se déplacent avec une autre dont elles sont les subordonnées. → **équipage, escorte, train.** *L'émir est descendu au Grand-Hôtel avec sa suite.* 2· Ce qui suit qqch. ; ce qui vient après ce qui n'était pas terminé. *La suite du discours s'est perdue dans le vacarme. La suite au prochain numéro* (du journal). ***Suite et fin*** : dernière page, dernier épisode. *Apportez-nous la suite* (du repas). **3·** Temps qui vient après le fait ou l'action dont il est question. *Attendons la suite.* – ***Dans, par la suite*** : dans la période suivante, après cela. → **ensuite. 4·** Ce qui résulte (de qqch.). → **conséquence, effet, résultat.** *Ce sont les suites normales de leur erreur. Des suites fâcheuses.* → **développement, prolongement.** *Les suites d'une maladie.* → **séquelle.** – ***Donner suite à*** : poursuivre ou reprendre l'action en vue de faire aboutir (un projet, une demande). *Suite à votre lettre du...*, en réponse à votre lettre (premiers mots de lettres commerciales). → **poursuite.** – ***Par suite de...*** : à cause de, en conséquence de. **5·** Ensemble de choses, de personnes qui se suivent (dans l'espace, et surtout dans le temps). → **séquence, série, succession.** *La conversation n'a été qu'une suite de banalités. La suite des nombres premiers.* **6·** Composition musicale faite de plusieurs pièces de même tonalité. *Suite en ré.* **7·** Appartement de plusieurs pièces en enfilade, loué à un seul client, dans un hôtel de luxe. *Le roi a retenu plusieurs suites pour ses gens.* ▷ **ensuite**

① **suivant, ante** [sɥivɑ̃, ɑ̃t] adj. **1·** Qui suit, qui vient immédiatement après. / contr. **précédent** / *Les jours suivants. La page suivante* et, n. f., *la suivante.* – N. m. *Au suivant !*, au tour de la personne qui suit. **2·** Qui va suivre (dans un énoncé, une énumération). *L'exemple suivant*, ci-dessous, ci-après.

② **suivant** prép. **1·** Conformément à. → **selon.** *Suivant l'usage. Suivant son habitude.* **2·** En fonction de. *Suivant une proportion géométrique.* **3·** Conformément à (des circonstances). *Suivant le jour, il est gai ou triste.* – Dans la mesure où. *Le point de vue change suivant qu'on est d'un parti ou de l'autre.*

suivante [sɥivɑ̃t] n. f. Autrefois. Dame de compagnie. *Les suivantes de la reine.*

suiveur, euse [sɥivœʀ, øz] n. **1·** Personne qui suit une course, à titre officiel (observateur, journaliste). *La caravane des suiveurs du Tour de France.* **2·** Personne qui, sans esprit critique, ne fait que suivre (un mouvement intellectuel, etc.). → **imitateur.** ▶ **suivisme** n. m. Attitude du suiveur (2).

suivi, ie [sɥivi] adj. (→ **suivre**). **1·** Qui se fait d'une manière continue. → **régulier.** *Un travail suivi.* **2·** Dont les éléments s'enchaînent pour former un tout. / contr. **décousu** / *Ce n'est pas une histoire suivie.* **3·** N. m. Action de suivre (IV, 2), de surveiller pendant une période prolongée, pour contrôler. *Le suivi thérapeutique d'un patient. Le suivi d'un dossier.*

suivre [sɥivʀ] v. tr. < conjug. 40 > **I·** (Venir après) **1·** Aller derrière (qqn qui marche, qqch. qui avance). / contr. **précéder** / *Ne suivez pas la voiture de trop près. Suivez le guide !* – Pronominalement (récipr.). *Ils se suivaient à la queue leu leu.* – (Choses) Être transporté après (qqn). *Le colis nous a suivis à notre adresse de vacances.* ***Faire suivre*** : mention portée sur l'enveloppe d'une lettre afin que celle-ci puisse suivre le destinataire à sa nouvelle adresse. **2·** Aller derrière pour rejoindre ou repérer. → **poursuivre.** *Le chien suivait la bête à la trace. Faire suivre un suspect.* → **filer. 3·** Aller avec (qqn qui a l'initiative d'un déplacement). → **accompagner.** *Si vous voulez bien me suivre dans mon bureau. Suivre qqn comme son ombre.* Loc. prov. *Qui m'aime me suive !* – Loc. *Suivre le mouvement*, aller avec les autres, faire comme eux. **4·** *Suivre qqn, qqch. des yeux, du regard*, accompagner par le regard (ce qui se déplace). **5·** Être placé ou considéré après, dans un ordre donné. *La démonstration qui suit le théorème. On verra dans l'exemple qui suit que...* – Impers. ***Comme suit*** : comme il est dit dans ce qui suit. – V. pron. récipr. Se présenter dans un ordre, sans qu'il manque un élément. *Cartes qui se suivent*, séquence*. **6·** Venir, se produire après, dans le temps. → **succéder** à. *Plusieurs jours d'orage ont suivi les grosses chaleurs.* – Pronominalement (récipr.). PROV. *Les jours se suivent et ne se ressemblent pas*, la situation change d'un jour à l'autre. **7·** Venir après, comme effet (surtout impers.). *Il suit de là que ; d'où il suit que...* → **s'ensuivre ; conséquence, conséquent, subséquent. II·** (Garder une direction) **1·** Aller dans (une direction, une voie). *Suivez ce chemin.* → **prendre.** *Les chiens suivaient sa piste.* – *Ces deux anciens camarades ont suivi des voies bien différentes.* – Aller le long de... → **longer.** *Nous suivions le quai.* **2·** Fig. Garder (une idée, etc.) avec constance. *Vous auriez dû suivre votre idée. Le malade devra suivre un long traitement. Suivre un cours*, y assister régulièrement. – (Choses) *La maladie, l'enquête suit son cours*, évolue normalement, sans changer de caractère. – ***À suivre*** : mention indiquant que le texte se poursuivra dans d'autres numéros (d'une publication...). **III·** (Se conformer à) **1·** Aller dans le sens de, obéir à (une force, une impulsion). *J'aurais dû suivre mon premier mouvement.* **2·** Penser ou agir selon (les idées, la conduite de qqn). → **imiter.** *Un exemple à suivre. Une élégante qui suit la mode.* **3·** Se conformer à (un ordre, une recommandation). → **obéir.** *Il faut suivre la consigne.* – *On ne m'a pas suivi*, on n'a pas fait ce que je recommandais, ce que je faisais. **4·** Se conformer à (un modèle abstrait). *La méthode, la marche à suivre.* **IV·** (Porter son attention sur) **1·** Rester attentif à (un énoncé). *Je suivais* *leur conversation. Suivre un cours, la leçon.* – Sans compl. *Cet élève ne suit pas.* **2·** Observer attentivement et continûment dans son cours. *Les spectateurs suivaient le match avec passion. C'est une affaire à suivre.* – *Suivre qqn,* être attentif à son comportement, pour le surveiller, le diriger. *Le médecin qui suit un malade.* **3·** Comprendre dans son déroulement (un énoncé). *Je ne suis pas votre raisonnement. Vous me suivez ?* ▷ **s'ensuivre, poursuivre, suite, ① suivant, ② suivant, suivante, suiveur, suivi**

① **sujet, ette** [syʒɛ, ɛt] adj. Exposé à. *Je suis sujet au mal de mer. Elle est sujette aux évanouissements.*

② **sujet, ette** n. **1·** N. m. Personne soumise à une autorité souveraine. *Les sujets et le souverain.* **2·** (Rare au fém.) Ressortissant d'un État. *Elle est sujet britannique.* ▷ **assujettir, sujétion**

③ **sujet** n. m. **I· 1·** Ce sur quoi s'exerce (la réflexion). *Des sujets de méditation.* – Ce dont il s'agit, dans la conversation, dans un écrit. → **matière, objet, point, question, thème.** *Nous avons abordé une multitude de sujets. Revenons à notre sujet* (→ Revenons à nos moutons). *Hors du sujet,* qui ne concerne pas ce dont il faut parler. *Assez sur ce sujet.* ***Au sujet de*** *:* à propos de. *C'est à quel sujet ?* **2·** Ce qui, dans une œuvre littéraire, sert de base au talent créateur de l'auteur. → **idée, thème.** *Un bon sujet de roman.* – Ce à quoi s'applique la réflexion, dans un ouvrage didactique. *Une bibliographie par sujets.* – Ce qui est représenté dans une œuvre plastique. *On reconnaît mal le sujet de ce tableau.* → **motif. II·** ***Sujet de*** *:* ce qui fournit matière, occasion à (un sentiment, une action). → **motif, raison.** *Des sujets de mécontentement, de dispute.* – Littér. *Je n'ai pas sujet de me plaindre.* **III·** En grammaire. Terme considéré comme le point de départ de l'énoncé, à propos duquel on affirme qqch. ou avec lequel s'accorde le verbe. – En appos. *Nom, pronom, infinitif, proposition sujet.* – *Sujet réel* (opposé à *sujet grammatical*). *Sujet inversé* (placé après le verbe). **IV·** (Personnes) **1·** Loc. ***Bon, mauvais sujet*** *:* garçon, homme qui se conduit bien, mal. – *Un brillant sujet,* un très bon élève. **2·** Être vivant soumis à l'observation ; individu présentant tel ou tel caractère. *Les souris qui servent de sujets d'expérience.* **3·** En philosophie. L'être pensant, considéré comme le siège de la connaissance (opposé à *objet*). *Du sujet.* → **subjectif.**

sujétion [syʒesjɔ̃] n. f. **1·** Littér. Situation de qqn ou d'un pays qui est soumis (→ ② **sujet**) à une domination souveraine. → **dépendance, soumission ; assujettir. 2·** Littér. Situation d'une personne astreinte à une nécessité ; obligation pénible, contrainte. ≠ suggestion.

sulf(o)- Élément savant signifiant « soufre ». ▶ **sulfamide** [sylfamid] n. m. Nom générique de médicaments bactéricides. ▶ **sulfate** n. m. Sel de l'acide sulfurique. *Sulfate de cuivre,* utilisé pour sulfater les vignes. ▶ **sulfater** v. tr. < conjug. 1 > Traiter (la vigne) en pulvérisant sur ses tiges et ses feuilles une bouillie à base de sulfate de cuivre, afin de la protéger contre les maladies. ▶ **sulfatage** n. m. Action de sulfater. ▶ **sulfateuse** n. f. **1·** Pulvérisateur utilisé pour sulfater. **2·** Fam. Mitraillette. ▶ **sulfite** n. m. Sel ou ester de l'acide sulfureux. ▶ **sulfure** n. m. Composé du soufre (avec un métal, etc.), constituant de nombreux minerais. ▶ **sulfuré, ée** adj. Combiné avec le soufre. *L'hydrogène sulfuré sent l'œuf pourri.* ▶ **sulfurer** v. tr. < conjug. 1 > Traiter (une vigne) au sulfure de carbone pour la débarrasser du phylloxéra. ≠ sulfater. ▶ **sulfureux, euse** adj. **1·** Qui contient du soufre ; relatif au soufre. *Vapeurs sulfureuses. Bains sulfureux,* bains d'eau sulfureuse. ***Gaz sulfureux*** *:* utilisé dans la fabrication de l'acide sulfurique, les industries de blanchiment, etc. **2·** Littér. Qui sent le soufre de l'enfer, évoque le diable. *Un discours sulfureux,* inquiétant, subversif. ▶ **sulfurique** adj. ***Acide sulfurique*** *:* acide corrosif, attaquant les métaux. → **vitriol.** ▶ **sulfurisé, ée** adj. Traité à l'acide sulfurique. *Papier sulfurisé,* papier de cuisson rendu imperméable par trempage dans l'acide sulfurique dilué.

sulky [sylki] n. m. Anglic. Voiture légère à deux roues, sans caisse, utilisée pour les courses au trot attelé. *Des sulkies.*

sultan [syltɑ̃] n. m. Souverain de l'Empire ottoman ou de certains pays musulmans. ▶ **sultanat** n. m. **1·** Dignité de sultan. **2·** État gouverné par un sultan. ≠ émirat. ▶ **sultane** n. f. Épouse ou favorite du sultan.

sumac [symak] n. m. Arbuste riche en tanin, dont il existe de nombreuses variétés.

summum [sɔmɔm] n. m. Le plus haut point, le plus haut degré. → **comble, sommet.** *Des summums de qualité.*

sumo [symo] n. m. **1·** Lutte japonaise pratiquée par des professionnels exceptionnellement corpulents. **2·** Lutteur qui pratique ce sport. *Les sumos.*

sunlight [sœnlajt] n. m. Anglic. Projecteur puissant utilisé dans les studios de cinéma. *Des sunlights.*

sunnite [synit] adj. et n. Musulman orthodoxe, respectueux de la *Sunna* (recueil des actes de Mahomet qui complète le Coran). ≠ chiite. *L'islam sunnite.* ▶ **sunnisme** n. m. Doctrine, religion des sunnites.

① **super** [sypɛʀ] n. m. Abrév. fam. de **supercarburant.** *Faire le plein de super sans plomb.* → **essence.**

② **super** adj. invar. Fam. Supérieur, formidable. *Son nouvel album est vraiment super. Elles sont super, tes copines.*

① **super-** Élément qui signifie « au-dessus de », « sur » (ex. : *superposer, supersonique*), « de qualité supérieure » (ex. : *supercarburant, superphosphate*).

② **super-** Préfixe de renforcement placé devant des mots auxquels il donne une valeur de superlatif familier (ex. : un *super-champion*, un très grand champion ; les *super-grands, les superpuissances*, les plus grandes puissances). – REM. On trouve aussi *super*, sans trait d'union : *superchampion.*

① **superbe** [sypɛʀb] n. f. Littér. Assurance orgueilleuse, qui se manifeste par l'air, le maintien. *Il n'a rien perdu de sa superbe.*

② **superbe** adj. 1· Très beau, d'une beauté éclatante. → **magnifique, splendide.** *La vue d'ici est superbe.* / contr. affreux / 2· Remarquable. *Il a une superbe situation.* ▶ **superbement** adv.

supercarburant [sypɛʀkaʀbyʀɑ̃] n. m. Carburant de qualité supérieure (opposé à *essence ordinaire*). → ① **super.**

supercherie [sypɛʀʃəʀi] n. f. Tromperie qui consiste généralement à faire passer le faux pour le vrai. → **fraude, mystification.** *Découvrir la supercherie.*

supérette ou **superette** [sype(ɛ)ʀɛt] n. f. Magasin d'alimentation imitant, en plus petit, les supermarchés.

superfétatoire [sypɛʀfetatwaʀ] adj. Littér. Qui s'ajoute inutilement (à une autre chose utile). → **superflu.**

superficie [sypɛʀfisi] n. f. 1· Surface. *La superficie de la Terre, d'un appartement.* – Nombre caractérisant l'étendue d'une surface. *Calculer la superficie d'un terrain.* 2· (Opposé à *fond*) Aspect superficiel (2). *Rester à la superficie des choses.* ▷ **superficiel**

superficiel, elle [sypɛʀfisjɛl] adj. 1· Qui est propre à la surface ou n'appartient qu'à la surface d'un corps. / contr. profond / *Les couches superficielles de l'écorce terrestre. Des brûlures superficielles sur la peau.* 2· Abstrait. Qui n'est ni profond ni essentiel. → **apparent.** *Une amabilité superficielle.* – Qui, dans l'ordre de la connaissance, ne fait qu'effleurer sans approfondir. *Un esprit, un travail superficiel.* ▶ **superficiellement** adv. De manière superficielle (1 ou 2).

superflu, ue [sypɛʀfly] adj. 1· Qui n'est pas absolument nécessaire. *Ce sont des biens superflus.* – N. m. *Le nécessaire et le superflu.* 2· Qui est en trop. → **inutile, oiseux.** *Ces explications sont superflues.* – Impers. *Il est superflu d'insister.* 3· Qui est de trop et que l'on cherche à éliminer. *Les poils superflus.*

① **supérieur, eure** [sypeʀjœʀ] adj. (Comparatif, opposé à *inférieur*) I· Qui est plus haut, en haut. *Les étages supérieurs d'un immeuble. La lèvre supérieure et la lèvre inférieure.* II· *Supérieur (à).* 1· Qui a une valeur plus grande, occupe un degré au-dessus dans une hiérarchie. *Son nouvel ouvrage est nettement supérieur aux précédents.* – (Compl. chose) *Un homme supérieur à la situation, à sa tâche,* qui la domine. – Absolt. Qui est au-dessus des autres. → **suprême.** *Les intérêts supérieurs du pays. Produit de qualité supérieure.* → **excellent.** *C'est un esprit supérieur.* → **éminent.** 2· Plus grand que. *Un nombre supérieur à 10* (noté >10). 3· Plus avancé dans une évolution. *Les animaux supérieurs,* les vertébrés. 4· Plus élevé dans une hiérarchie politique, administrative, sociale. *Les classes dites supérieures de la société.* → **dominant.** *L'enseignement supérieur,* après le baccalauréat (opposé à *primaire* et *secondaire*). *Son frère a fait des études supérieures ; il a un B. T. S. Cadres supérieurs* (opposé à *moyen*). *Officiers supérieurs* (opposé à *subalterne*). – N. m. Personne hiérarchiquement placée au-dessus d'autres qui sont sous ses ordres. *Il a consulté son supérieur.* III· Qui témoigne d'un sentiment de supériorité (2). → **condescendant, dédaigneux.** *Un air, un sourire supérieur.* ▶ **supérieurement** adv. À un degré supérieur, éminent. → **très.** *Un garçon supérieurement intelligent.* ▶ **supériorité** n. f. 1· Fait d'être supérieur, plus fort. / contr. infériorité / *Les ennemis s'étaient assuré la supériorité numérique. La supériorité de leur équipe a été écrasante.* 2· Qualité d'une personne supérieure. *Un sentiment, un complexe de supériorité.*

② **supérieur, eure** n. Religieux, religieuse qui dirige une communauté, un couvent. *Madame la supérieure.* – En appos. *Le père supérieur, la mère supérieure.*

superlatif, ive [sypɛʀlatif, iv] n. m. et adj. 1· Terme qui exprime le degré supérieur d'une qualité. « *Rarissime, infime, excellent, parfait, sublime* » *sont des superlatifs.* Adj. *Préfixes superlatifs : archi-, extra-, super-, hyper-...* – Terme exagéré, hyperbolique. 2· *Le superlatif,* l'ensemble des procédés grammaticaux qui expriment la qualité au degré le plus élevé. *Le superlatif absolu* (très, tout à fait grand), *relatif* (le plus grand).

supermarché [sypɛʀmaʀʃe] n. m. Centre commercial à grande surface. → **hypermarché.** *Petit supermarché.* → **supérette.**

superphosphate [sypɛʀfɔsfat] n. m. Engrais artificiel phosphaté.

superposer [sypɛʀpoze] v. tr. < conjug. 1 > Poser au-dessus de, par-dessus ; disposer l'un au-dessus de l'autre. *Superposer une chose à une autre, une chose et une autre, plusieurs choses.* → **empiler.** – Au p. p. adj. *Des couches superposées.* – Pronominalement. *Divers souvenirs s'étaient superposés dans sa mémoire.* – En géométrie. Placer (une figure) au-dessus d'une autre, pour en constater ou en vérifier l'égalité. ▶ **superposable** adj. Que l'on peut superposer. ▶ **superposition** n. f. **1·** Action de superposer ; état de ce qui est superposé. – Abstrait. *La superposition de plusieurs influences.* **2·** Ensemble de choses superposées. *Une superposition de couches.*

superproduction [sypɛʀpʀɔdyksjɔ̃] n. f. Film, spectacle réalisé à grands frais.

superpuissance n. f. → 2 **super-**.

supersonique [sypɛʀsɔnik] adj. Dont la vitesse est supérieure à celle du son. / contr. subsonique / *Avion supersonique,* qui peut dépasser cette vitesse.

superstar [sypɛʀstaʀ] n. f. Anglic. Fam. Très grande vedette. *Des superstars.*

superstitieux, euse [sypɛʀstisjø, øz] adj. Qui fait preuve ou témoigne de superstition. *Nous serons treize à table, j'espère que vous n'êtes pas superstitieux.* ▶ **superstition** n. f. **1·** Le fait de croire que certains actes, certains signes entraînent mystérieusement des conséquences bonnes ou mauvaises ; croyance ou pratique qui en résulte. *Les superstitions populaires.* **2·** Respect maniaque, instinctif (de qqch.). *Il a la superstition de l'ordre, de l'exactitude.*

superstructure [sypɛʀstʀyktyʀ] n. f. Partie (d'une construction, d'une installation) située au-dessus du sol, d'un niveau. / contr. infrastructure / *Les superstructures d'une voie de chemin de fer.*

superviser [sypɛʀvize] v. tr. < conjug. 1 > Contrôler (un travail), sans entrer dans les détails. ▶ **supervision** n. f. Action de superviser.

supin [sypɛ̃] n. m. Forme du verbe latin, substantive, sur laquelle se forment le participe passé en *-us* et certains dérivés.

supion [sypjɔ̃] n. m. Région. Petite seiche (en cuisine).

supplanter [syplɑ̃te] v. tr. < conjug. 1 > **1·** Prendre la place de (qqn) en lui faisant perdre son crédit auprès de qqn. → **évincer.** *Il cherche à supplanter son rival.* **2·** (Choses) Éliminer (une chose) en la remplaçant dans la faveur du public. *La télévision n'a pas supplanté le cinéma.*

suppléer [syplee] v. tr. < conjug. 1 > **I·** V. tr. dir. Littér. Ajouter (pour remplacer ce qui manque) ; combler (un vide), remédier à (un manque). *Suppléer le pétrole par l'énergie atomique.* – *Suppléer qqn.* → **suppléant. II·** V. tr. ind. *Suppléer à.* **1·** Apporter ce qu'il faut pour remplacer ou pour fournir (ce qui manque). *Suppléer à l'énergie nucléaire par l'énergie solaire.* **2·** Remédier à (un défaut, une insuffisance) en remplaçant, en compensant. *La rapidité de ce joueur supplée à son manque de puissance.* ▶ **suppléant, ante** [sypleɑ̃, ɑ̃t] adj. et n. Qui supplée qqn ou est chargé de le suppléer dans ses fonctions. → **adjoint, remplaçant.** *Elle n'est pas titulaire, mais suppléante. Un poste de suppléant.* ▶ **suppléance** n. f. Action de suppléer à qqn. ▷ **supplément, supplétif**

supplément [syplemɑ̃] n. m. **1·** Ce qui est ajouté à une chose déjà complète ; addition extérieure (à la différence du *complément*). → **surplus.** *Un supplément de salaire versé sous forme de prime.* – Ce qui est ajouté (à un livre, à une publication). *Le supplément d'un dictionnaire.* **2·** Dans un tarif (transports, théâtre, etc.). Somme payée en plus (*supplémentée*) pour obtenir un bien ou un service supplémentaire, pour passer dans la classe supérieure. *Pour voyager en première classe, vous devez payer un supplément. Train à supplément.* – ***En supplément*** : en sus (d'un nombre fixé, d'une quantité indiquée). – Au restaurant. *Vin en supplément.* ▶ **supplémentaire** adj. **1·** Qui est en supplément. *Demander des crédits supplémentaires. Heures supplémentaires,* heures de travail faites en plus d'un horaire normal (abrév. fam. invar. ***des heures sup***). *En période de vacances, il y a des trains supplémentaires.* **2·** Qui est de trop, en plus. *C'est une charge supplémentaire.* ▶ **supplémentairement** adv. En supplément.

supplétif, ive [sypletif, iv] adj. et n. (Troupes, soldats) Destiné à suppléer d'autres forces. – N. *Des supplétifs.*

suppliant, ante [sypliјɑ̃, ɑ̃t] adj. et n. **1·** Adj. Qui exprime la supplication. *Un regard suppliant.* **2·** N. Personne qui supplie.

supplication [syplikasjɔ̃] n. f. Prière faite avec soumission ; action de supplier. *Il refuse d'entendre mes supplications.*

supplice [syplis] n. m. **1·** Peine corporelle grave, très douloureuse ou terrible, infligée par la justice à un condamné. *Le supplice de la croix, de la roue, de la guillotine. Instruments de supplice.* – *Supplice chinois,* particulièrement cruel et raffiné. – Loc. *Le supplice de Tantale,* vive souffrance de qqn qui, comme Tantale dans la mythologie, est proche de l'objet de ses désirs, sans pouvoir l'atteindre. **2·** Cruelle souffrance morale, très vif désagrément. → **calvaire, martyre.** *Ces visites sont pour moi un supplice.* – ***Être au supplice*** : être dans une situation très pénible. ▶ **supplicier** v. tr. < conjug. 7 > **1·** Livrer au supplice (un condamné). **2·** Littér. Torturer moralement. ▶ **supplicié, ée** n. Personne qui a subi la peine de mort ou a été torturée.

supplier [syplije] v. tr. < conjug. 7 > Prier (qqn) avec insistance et humilité, en demandant qqch. comme une grâce. → **adjurer, implorer.** *L'enfant suppliait son père de l'emmener au cinéma.* – Prier instamment. *Je vous supplie de vous taire.* ▷ **suppliant, supplication, supplique**

supplique [syplik] n. f. Humble demande (souvent écrite) par laquelle on sollicitait une grâce ou une faveur d'un maître, d'un souverain.

support [sypɔʀ] n. m. **1·** Ce sur quoi repose ou s'appuie une chose. *Supports de charpente.* → **base, socle.** – Assemblage destiné à recevoir un instrument (chevalet, trépied...). **2·** Élément matériel qui sert de base à une œuvre graphique. *Le support d'un dessin.* – *Support publicitaire,* moyen matériel (affiches, journaux, télévision, etc.) par lequel se fait une publicité. → **espace, surface.** ▷ **multisupport**

1 **supporter** [sypɔʀte] v. tr. < conjug. 1 > **I· 1·** Recevoir le poids, la poussée de (qqch.) sur soi. → **soutenir ; porter.** *Les piliers supportent la voûte.* **2·** Avoir (qqch.) comme charge, être assujetti à. *Vous en supporterez les conséquences.* **II· 1·** Subir les effets pénibles de (qqch.) sans faiblir. → **endurer.** *Les nombreuses épreuves qu'il a supportées dans sa vie. Il supporte mal la critique.* **2·** Subir de la part d'autrui, sans réagir. *Ne vous imaginez pas que je vais supporter ses injures. Tout supporter de qqn,* tout lui passer. – (+ subjonctif) *Je ne supporte pas qu'on me mente.* **3·** *Supporter qqn,* admettre, tolérer sa présence, son comportement. *Je ne peux pas supporter ce type-là,* je le déteste. – Pronominalement (récipr.). *Ils se sont supportés pendant quinze ans.* **4·** Subir sans dommage (une action physique). → **résister.** *Tu supportes bien le froid ?* – Résister à (une épreuve). *Cette idée ne supporte pas l'examen.* ▶ **supportable** adj. **1·** Qu'on peut supporter. *C'est une douleur très supportable.* / contr. insupportable, intenable / **2·** Qu'on peut tolérer, admettre. – Acceptable. → **passable.** *Il est tout juste supportable dans ce rôle.* ▷ **insupportable, insupporter, support**

2 **supporter** [sypɔʀtɛʀ] ou **supporteur, trice** [sypɔʀtœʀ, tʀis] n. Anglic. Partisan (d'un sportif, d'une équipe), qui manifeste son appui. *Les supporters de l'équipe de football.*

supposer [sypoze] v. tr. < conjug. 1 > **I· 1·** Poser à titre d'hypothèse. *Supposons le problème résolu.* → **admettre.** *La température étant supposée constante.* – (+ subjonctif) *Supposez que vous ayez un accident.* → **imaginer.** *En supposant, à supposer que ce soit possible.* **2·** Croire, considérer comme chose probable ou comme explication plausible. → **présumer.** *Je le suppose, mais je n'en suis pas sûr. On vous supposait averti. On supposait que vous étiez au courant.* **II·** (Suj. chose) Comporter comme condition nécessaire, impliquer comme cause. *Un message suppose un expéditeur et un destinataire. Cela suppose du courage.* **III·** En droit. Donner pour authentique, en trompant. – Au p. p. adj. *Un testament supposé.* ▶ **supposément** adv. Au Canada. Prétendument. ▶ **supposition** n. f. Hypothèse. *Dans cette supposition,* si nous supposons cela. Fam. *Une supposition que...,* supposons que... – Ce qu'on avance, ce qu'on imagine, faute de certitude. *Ce n'est qu'une supposition, mais cela me paraît probable.* ▷ **présupposé, présupposition**

suppositoire [sypozitwaʀ] n. m. Préparation pharmaceutique, de forme conique, que l'on introduit dans le rectum.

suppôt [sypo] n. m. Littér. ou plaisant. Partisan (d'une personne, d'une chose nuisible). *Les suppôts de la réaction.* – ***Suppôt de Satan*** loc. littér. : démon, personne méchante.

supprimer [sypʀime] v. tr. < conjug. 1 > **1·** Faire disparaître, faire cesser d'être (qqch. qui gêne). → **détruire.** *En supprimant cette cloison, on agrandirait la pièce.* → **abattre.** *Supprimer la douleur.* → **arrêter, vaincre.** *Vous supprimez l'effet, vous ne supprimez pas la cause.* – Réduire considérablement. → **effacer.** *L'avion supprime les distances.* **2·** Faire cesser d'être dans (un ensemble), ou avec (qqch.). → **ôter, retrancher.** *Un mot, un passage à supprimer.* **3·** Rendre sans effet légal ; mettre fin à (une loi, un usage). → **abolir, abroger.** **4·** *Supprimer qqn,* faire disparaître en tuant. → **éliminer** ; fam. **liquider.** *Supprimer un témoin gênant.* ▶ **suppression** n. f. Action de supprimer ; son résultat. *La suppression des inégalités. Un tel régime aboutit à la suppression des libertés. Suppression d'emploi,* licenciement. – *Opérer des suppressions dans un texte.* → **coupure, retranchement.**

suppurer [sypyʀe] v. intr. < conjug. 1 > Laisser écouler du pus. *La plaie suppure. Qui suppure.* → **purulent.** ▶ **suppuration** n. f. Production et écoulement de pus.

supputer [sypyte] v. tr. < conjug. 1 > **1**· Évaluer indirectement, par un calcul, mais sans données précises. ≠ calculer. *Supputer un bénéfice. Essayons de supputer les revenus que suppose un tel train de vie.* **2**· Évaluer empiriquement (les chances, la probabilité). *Il supputait ses chances.* ▶ **supputation** n. f. *Les supputations du turfiste.*

supra [sypʀa] adv. Sert à renvoyer à un passage qui se trouve avant, dans un texte. (→ Ci-dessus, plus haut.) / contr. infra /

supra- Élément signifiant « au-dessus, au-delà », entrant librement dans la formation de mots savants (ex. : *supraconducteur,* → ② **conducteur**), d'adjectifs (ex. : *une réalité suprahumaine*). ▶ **supranational, ale, aux** [sypʀanasjɔnal, o] adj. Placé au-dessus des institutions nationales. *Les pouvoirs supranationaux de l'Union européenne.* ▶ **supraterrestre** adj. De l'au-delà.

suprématie [sypʀemasi] n. f. **1**· Situation dominante (en matière politique). → **hégémonie, prééminence.** **2**· Domination (intellectuelle, morale).

① **suprême** [sypʀɛm] adj. **1**· Qui est au-dessus de tous et de tout, dans son genre, dans son espèce. → **supérieur.** *L'autorité suprême.* → **souverain.** *L'Être suprême,* Dieu. – *Le Soviet* suprême.* – Le plus élevé en valeur. *Le bien, le bonheur suprême. Au suprême degré.* – Très grand. *Il a déployé une suprême habileté.* **2**· Le dernier (avec une idée de solennité ou de tragique). *L'instant suprême,* de la mort. *Il fit un suprême effort.* ▶ **suprêmement** adv. Au suprême degré (souvent iron.). *Il restait suprêmement indifférent.* ▷ ② **suprême**

② **suprême** n. m. Filets (de gibier, de poisson) servis avec un velouté à la crème. – En appos. *Poularde sauce suprême.*

① **sur** [syʀ] prép. **I**· Marque la position « en haut » ou « en dehors ». / contr. sous / **1**· (Surface, chose qui en porte une autre) *Poser un objet sur une table. La clé est sur la porte. Le terrain sur lequel on a construit cette maison. Sur terre et sur mer. Monter sur une bicyclette. Il portait sur lui un carnet,* avec soi, dans la poche. – (Accumulation) *Les uns sur les autres. Recevoir visite sur visite,* des visites ininterrompues. – *S'étendre sur...,* couvrir (telle distance). *La plage s'étend sur huit kilomètres.* – (Surface ou chose atteinte) *Appuyer sur un bouton. Recevoir un coup sur la tête. Tirer sur qqn. Écrire sur un registre. Chercher sur une carte,* (mais : *dans* un atlas). **2**· (Sans contact) → **au-dessus** de. *Les ponts sur la Seine.* **3**· (Sélectionnant un ou quelques éléments d'un ensemble) *Prélever sur ses économies.* – (Permettant d'établir un rapport) *Deux mètres sur trois* (noté 2 m × 3 m). *Un jour sur deux. Deux ou trois cas sur cent.* **4**· (Direction) *Sur votre droite. Foncer sur qqn.* **II**· Abstrait. **1**· (Introduisant le nom de ce qui sert de base, de fondement) *Juger les gens sur la mine,* d'après. *Jurer sur son honneur. Sur mesure.* – (Sujet) *Discuter sur un problème,* d'un problème. *Sur cette matière, sur ce point.* → à **propos** de, **quant** à. *Essai, considérations sur...* **2**· (Valeur temporelle) Immédiatement après, à la suite de... *Sur le coup. Coup sur coup.* ***Sur ce*** *:* après ces paroles. *Il nous a dit au revoir ; sur ce, il est parti.* – (Approximation) → **vers.** *Sur le soir. Être sur le départ,* près de partir. **3**· (Rapport de supériorité) *Prendre l'avantage sur qqn.* ▷ **sur-, surcot, surcroît,** ② **surtout**

② **sur, sure** adj. Qui a un goût acide. *Pommes sures.* ≠ sûr. ▶ **suret, ette** adj. Un peu acide.

sur- Élément qui signifie « plus haut, au-dessus, par-dessus » (ex. : *surélever, survêtement*), « au-delà, par-delà » (ex. : *surnaturel, survie*), ou indique un degré élevé dans un classement (ex. : *surdoué, surenchère, surlendemain, surnombre, surproduction*). / contr. sous-, sub- /

sûr, sûre [syʀ] adj. **I**· (Personnes) ***Sûr de.*** **1**· Qui envisage avec confiance, qui tient pour assuré (un événement). → **certain, convaincu.** *Il est sûr de son coup* (fam.), *sûr de réussir.* – *Être sûr de qqn,* être assuré de sa fidélité. *Je suis sûr de lui.* – ***Sûr de soi*** *:* qui se comporte avec assurance. *Il est sûr de lui, elle est sûre d'elle.* **2**· Qui sait avec certitude, qui est assuré de ne pas se tromper. *J'en suis sûr. Elle est sûre que vous vous trompez.* – *Sûr de son fait,* de ce qu'on dit, pense, fait. **II**· **1**· (Choses) Où l'on ne risque rien, qui ne présente pas de danger. / contr. dangereux / *Le quartier n'est pas très sûr, la nuit. Ce sera plus sûr,* cela constituera une garantie. – Loc. *En lieu sûr,* à l'abri. → **sécurité, sûreté.** *Le plus sûr est de...,* le meilleur parti est de... **2**· En qui l'on peut avoir confiance. *Un ami sûr.* – Sur quoi l'on peut compter. → **solide.** *Des valeurs sûres. Des bases peu sûres. C'est le plus sûr moyen.* – Loc. ***À coup sûr*** *:* sans risque d'échec. **3**· Qui fonctionne avec efficacité et exactitude. *Un ballon lancé d'une main sûre. Un goût très sûr.* **4**· Dont on ne peut douter, qui est considéré comme vrai ou inéluctable. → **assuré, certain, évident, indubitable.** *La chose est sûre.* / contr. douteux / *Ce n'est pas si sûr. Ce qui est sûr, c'est que je n'irai pas.* – *Rien n'est moins sûr,* c'est peu probable. **5**· ***Bien sûr*** / loc. adv. : c'est évident, cela va de soi. → **sûrement.**

– Fam. *(Bien) sûr qu'on n'y peut rien.* – Fam. ***Pour sûr*** : certainement. ≠ ²sur. ▷ **assurer, rassurer, sûrement, sûreté**

surabonder [syʀabɔ̃de] v. intr. < conjug. 1 > Littér. Exister en quantité plus grande qu'il n'est nécessaire. → **abonder, regorger.** ▶ **surabondance** n. f. Abondance extrême ou excessive. → **pléthore, profusion.** *Une surabondance de détails.* ▶ **surabondant, ante** adj. Qui surabonde ; très ou trop abondant, nombreux. ▶ **surabondamment** adv. En surabondance.

suraigu, uë [syʀegy] adj. (Son, voix...) Très aigu. *Une voix suraiguë.*

surajouter [syʀaʒute] v. tr. < conjug. 1 > Ajouter (qqch.) à ce qui est déjà complet, ajouter après coup. – Pronominalement. *D'autres faits se sont surajoutés.*

suralimenter [syʀalimɑ̃te] v. tr. < conjug. 1 > **1·** Procurer à (qqn) une alimentation plus riche. – Au p. p. adj. *Les personnes suralimentées risquent des maladies cardiaques.* **2·** Fournir à (un moteur) une plus grande quantité de combustible que la normale. ▶ **suralimentation** n. f.

suranné, ée [syʀane] adj. Littér. Qui a cessé d'être en usage, qui évoque une époque révolue. → **démodé, désuet, obsolète, vieillot.** *Une galanterie surannée.*

surate → **sourate.**

surbrillance [syʀbʀijɑ̃s] n. f. Marque (contraste lumineux...) appliquée à une zone de l'écran d'un ordinateur. *Passer un mot en surbrillance.*

surcharger [syʀʃaʀʒe] v. tr. < conjug. 3 > **I· 1·** Charger d'un poids qui excède la charge ordinaire (ou légale). – Au p. p. adj. *Un véhicule surchargé.* – Abstrait. *Des connaissances qui ne font que surcharger la mémoire.* → **encombrer.** – Au p. p. adj. *Un emploi du temps surchargé.* **2·** Charger (qqn) à l'excès. *Il se plaint d'être surchargé d'impôts, de travail.* **II·** Marquer d'une surcharge (manuscrite ou imprimée). ▶ **surcharge** n. f. **I· 1·** Charge ajoutée à la charge ordinaire, ou qui excède la charge permise. *Une surcharge de deux cents kilos. Le bateau avait pris des passagers en surcharge.* – *Surcharge pondérale.* → **surpoids.** **2·** Fig. Excès, surabondance. *La chapelle est décorée avec une surcharge de dorures inimaginable.* **II·** Mot écrit au-dessus d'un autre raturé. – Inscription imprimée en recouvrant une autre, et ajoutée après coup. *Timbre-poste portant une surcharge.*

surchauffer [syʀʃofe] v. tr. < conjug. 1 > Chauffer à l'excès. *Inutile de surchauffer ta chambre !* ▶ **surchauffé, ée** adj. **1·** Chaud ou chauffé au-delà de ce qui convient. *Le wagon était surchauffé.* – *Vapeur surchauffée,* dont la pression a été augmentée par un supplément de chauffage. **2·** Abstrait. Surexcité, exalté. *Les esprits étaient surchauffés.* ▶ **surchauffe** n. f. **1·** État d'un appareil, d'un moteur qui chauffe au-delà de la normale. **2·** État de tension excessive dans l'activité économique.

surclasser [syʀklɑse] v. tr. < conjug. 1 > **1·** Dominer (ses adversaires) au point de paraître d'une classe tout à fait supérieure. *Cet athlète surclasse tous ses concurrents.* **2·** (Choses) Être nettement supérieur à (qqch.). *Ce produit surclasse tous les autres.*

surcomposé, ée [syʀkɔ̃poze] adj. En grammaire. Se dit du temps composé d'un verbe dont l'auxiliaire est lui-même à un temps composé (ex. : quand *j'ai eu terminé*).

surcot [syʀko] n. m. Au Moyen Âge. Vêtement porté par-dessus la cotte.

surcouper [syʀkupe] v. tr. < conjug. 1 > Aux cartes. Couper avec un atout supérieur à celui avec lequel un autre joueur (dit alors *« en surcoupe »*) vient de couper.

surcoût [syʀku] n. m. Coût supplémentaire.

surcroît [syʀkʀwa(ɑ)] n. m. Ce qui vient s'ajouter à ce qu'on a déjà. → **supplément.** *Un surcroît de précautions. C'est un surcroît de travail. Pour surcroît de malheur.* – Littér. ***De surcroît, par surcroît*** loc. adv. : en plus, en outre.

surdimensionné, ée [syʀdimɑ̃sjɔne] adj. Dont les dimensions sont excessives. → **démesuré.** *Un égo surdimensionné.*

surdité [syʀdite] n. f. Affaiblissement ou abolition complète du sens de l'ouïe (→ **sourd**). ▶ **surdi-mutité** n. f. État de sourd-muet.

surdose [syʀdoz] n. f. Dose excessive et dangereuse, voire mortelle (d'un stupéfiant, d'un médicament). → **overdose.**

surdoué, ée [syʀdwe] adj. et n. Personne, enfant beaucoup plus intelligent(e) que la moyenne. *Des écoliers surdoués.* → très **doué.**

sureau [syʀo] n. m. Arbrisseau à baies rouges ou noires. *Des sureaux. Faire un sifflet avec une branche de sureau.*

sureffectif [syʀefɛktif] n. m. Effectif trop important (par rapport aux besoins).

surélever [syʀelve] v. tr. < conjug. 5 > Donner plus de hauteur à. *On a surélevé d'un étage cette maison ancienne.* – Au p. p. adj. *Rez-de-chaussée surélevé,* qui n'est pas de plain-pied. ▶ **surélévation** n. f. Situation de ce qui est surélevé.

sûrement [syʀmɑ̃] adv. **I· 1·** Adv. de phrase, modifiant tout l'énoncé. D'une manière certaine, évidente. → **certainement.** *Le tribunal va sûrement le condamner.* – (En réponse) *Sûrement ! Sûrement pas !* **2·** De façon très probable. → sans **doute.** *Il est sûrement malade.* **II·** De façon sûre, sans risque d'échec ; en sûreté. PROV. *Qui va lentement va sûrement* (italien : *chi va piano va sano*).

surenchère [syʀɑ̃ʃɛʀ] n. f. **1·** Enchère supérieure à la précédente. **2·** Abstrait. Promesse, offre supérieure. *La surenchère électorale.* ▶ **surenchérir** v. intr. < conjug. 2 > **1·** Faire une surenchère. *Vous surenchérissez ?* **2·** Proposer, promettre plus qu'un autre. – Renchérir (sur qqch.).

surendettement [syʀɑ̃dɛtmɑ̃] n. m. Endettement excessif.

surestimer [syʀɛstime] v. tr. < conjug. 1 > Estimer au-delà de son prix. – Apprécier, estimer au-delà de son importance, de sa valeur. / contr. sous-estimer / *Ne surestimons pas nos possibilités.* → **exagérer.** – Pronominalement. *Il se surestime.* ▶ **surestimation** n. f. Le fait de surestimer.

sûreté [syʀte] n. f. **I· 1·** (Rare, sauf en loc.) Absence de risque, de danger. → **sécurité.** PROV. *Prudence est mère de sûreté.* – *Pour plus de sûreté,* pour augmenter la sécurité par une précaution supplémentaire. – ***En sûreté*** : à l'abri du danger. *Les évadés sont à présent en sûreté.* – ***De sûreté*** : qui est destiné à assurer une protection, à éviter un danger. *Un verrou de sûreté.* **2·** Garantie, assurance d'ordre et de sécurité collective. *La sûreté publique. Complot contre la sûreté de l'État.* **3·** *Sûreté nationale* et, absolt, *la Sûreté,* direction du ministère de l'Intérieur français, service d'information et de surveillance policière. **II·** Caractère de ce qui est sûr, sans danger ou sans risque d'erreur. *La sûreté de son coup d'œil.* **III·** En droit. Garantie. *Donner des sûretés à qqn.*

surévaluer [syʀevalɥe] v. tr. < conjug. 1 > Évaluer au-dessus de sa valeur réelle. / contr. sous-évaluer /

surexciter [syʀɛksite] v. tr. < conjug. 1 > Exciter à l'extrême. *Tous ces mystères surexcitaient la curiosité des gens.* → **exalter, exaspérer.** ▶ **surexcité, ée** adj. Qui est dans un état d'excitation, de nervosité extrême. *Élèves surexcités à l'approche des vacances.* ▶ **surexcitation** n. f.

surexploiter [syʀɛksplwate] v. tr. < conjug. 1 > Exploiter outre mesure. ▶ **surexploitation** n. f. *La surexploitation de la misère humaine.*

surexposer [syʀɛkspoze] v. tr. < conjug. 1 > Exposer à la lumière (la pellicule photographique, un film) plus longtemps ou plus intensément que la normale. – Au p. p. adj. *Des clichés surexposés.* / contr. sous-exposer / ▶ **surexposition** n. f.

surf [sœʀf] n. m. Anglic. Jeu sportif qui consiste à se laisser porter par une vague déferlante sur une planche. – Cette planche. – *Surf des neiges.* → **snowboard.** ▶ **surfer** v. intr. < conjug. 1 > **1·** Faire du surf. **2·** Passer de site en site (sur un réseau télématique). → **naviguer.** ▶ **surfeur, euse** [sœʀfœʀ, øz] n. Personne qui pratique le surf.

surface [syʀfas] n. f. **1·** Partie extérieure (d'un corps) qui limite en tous sens ; face apparente. *À la surface du globe. La surface de l'eau. Poissons qui nagent en surface,* près de la surface. – ***Faire surface.*** *Sous-marin qui fait surface,* qui émerge. Fig. (Personnes) Revenir à la conscience. *Refaire surface,* réapparaître après une période d'absence. – Abstrait. Ce qu'on observe, ce qu'on comprend d'abord, avec le moins d'effort ; les apparences. / contr. fond / *Rester à la surface des choses,* être superficiel. **2·** Superficie. → **aire.** *Trente-cinq mètres carrés de surface.* – *Magasins à* ***grande surface*** : les supermarchés. Absolt. *Une grande surface,* un supermarché. **3·** En géométrie. Zone de l'espace parcourue par une ligne qui se déplace. *Surface plane, courbe.* – Partie de plan limitée par des segments. *Calculez la surface du triangle.* → **superficie. 4·** Limite entre deux milieux physiques différents. *Surface de séparation.*

surfait, aite [syʀfɛ, ɛt] adj. Trop apprécié, inférieur à sa réputation. *C'est un livre bien surfait.* → **décevant.**

surfiler [syʀfile] v. tr. < conjug. 1 > En couture. Passer un fil qui chevauche le bord de (un tissu) pour l'empêcher de s'effilocher. – Au p. p. adj. *Un ourlet surfilé.*

surgeler [syʀʒəle] v. tr. < conjug. 5 > Congeler rapidement et à très basse température (un produit alimentaire). – Au p. p. adj. *Des filets de poisson surgelés.* – N. m. *Des surgelés,* des produits surgelés. *J'ai acheté des surgelés et les ai mis au congélateur.*

surgénérateur, trice [syʀʒeneʀatœʀ, tʀis] adj. Qui produit plus de matière fissile qu'il n'en consomme. *Réacteur surgénérateur* ou n. m., *un surgénérateur.* – **REM.** On emploie aussi *surrégénérateur.*

surgir [syʀʒiʀ] v. intr. < conjug. 2 > **1·** Apparaître brusquement en s'élevant, en sortant de. *L'avion surgit des nuages.* – Au p. p. adj. *Une forme surgie de l'ombre.* **2·** Abstrait. Se manifester brusquement. → **naître.** *Les objections surgissaient de toutes parts.* → **jaillir.** ▶ **surgissement** n. m. Littér. Le fait de surgir. ▷ **résurgence, resurgir**

surhomme [syʀɔm] n. m. Être humain doté de pouvoirs intellectuels ou physiques exceptionnels. ▶ **surhumain, aine** [syʀymɛ̃, ɛn] adj. Qui apparaît au-dessus des forces et des aptitudes normales. *Un travail surhumain. Une vertu surhumaine.*

surimi [syʀimi] n. m. Pâte de poisson colorée au goût de crabe, de langouste... *Des bâtonnets de surimi.*

surimpression [syʀɛ̃pʀe(ɛ)sjɔ̃] n. f. Impression de deux images photographiques ou plus sur une même surface sensible. *Truquage par surimpression.*

surin [syʀɛ̃] n. m. Fam. Couteau, poignard.

surintendant [syʀɛ̃tɑ̃dɑ̃] n. m. Titre de certains ministres, sous l'Ancien Régime. *Le surintendant (des Finances) Fouquet.*

surir [syʀiʀ] v. intr. < conjug. 2 > Devenir sur [2], un peu aigre. – Au p. p. adj. *Du lait suri.*

surjet [syʀʒɛ] n. m. Point de couture serré servant à assembler deux lisières, ou un tissu et une dentelle. *Coudre en surjet* (ou *surjeter,* v. tr. < conjug. 4 >).

surlendemain [syʀlɑ̃dmɛ̃] n. m. Jour qui suit le lendemain (→ **après-demain**). *Le surlendemain de son arrivée* (opposé à *avant-veille*).

surligner [syʀliɲe] v. tr. < conjug. 1 > Mettre en valeur (une partie d'un texte) à l'aide d'une encre spéciale. ▶ **surligneur** n. m. Marqueur à encre transparente et fluorescente.

surmener [syʀməne] v. tr. < conjug. 5 > Fatiguer à l'excès (jusqu'au surmenage). – Au p. p. adj. *Des gens surmenés.* N. *Un(e) surmené(e).* – Pronominalement (réfl.). *Il n'est pas raisonnable, il se surmène.* ▶ **surmenage** n. m. Ensemble des troubles résultant d'un excès d'activité.

surmoi [syʀmwa] n. m. En psychanalyse. Partie de la personnalité qui agit comme moyen de défense contre les pulsions et qui s'élabore à partir des interdits parentaux.

surmonter [syʀmɔ̃te] v. tr. < conjug. 1 > **1·** Être placé, situé au-dessus de. *La coupole qui surmonte le Panthéon, à Paris.* **2·** Fig. Aller au-delà de (un obstacle, une difficulté), par un effort victorieux. → **franchir.** *Surmonter tous les obstacles.* – Vaincre par un effort volontaire (une difficulté psychologique). *Surmonter sa répugnance, sa peur.* ▶ **surmontable** adj. Qui peut être surmonté (2). / contr. insurmontable / ▷ **insurmontable**

surmulet [syʀmylɛ] n. m. Variété de rouget (poisson). ≠ surmulot.

surmulot [syʀmylo] n. m. Gros rat. ≠ mulot, surmulet.

surnager [syʀnaʒe] v. intr. < conjug. 3 > **1·** Se soutenir, rester à la surface d'un liquide. → **flotter.** *Une mouche morte surnageait dans son verre.* **2·** Abstrait. Subsister, se maintenir (parmi ce qui disparaît).

surnaturel, elle [syʀnatyʀɛl] adj. **1·** D'origine divine. *L'action surnaturelle de la grâce.* **2·** Qui dépasse les lois de la nature, les explications scientifiques. → **magique.** *Un sorcier, un mage qui prétend avoir des pouvoirs surnaturels. Une apparition surnaturelle.* → **miraculeux.** – N. m. *Ils admettent le surnaturel.* **3·** Extraordinaire, prodigieux. *Une beauté surnaturelle.* → **fantastique.**

surnom [syʀnɔ̃] n. m. **1·** Nom ajouté (lorsqu'il ne s'agit pas du nom de famille). *Le Bel* (le « beau »), *surnom de Philippe IV.* **2·** Nom attribué à une personne par d'autres. ≠ pseudonyme. ▶ **surnommer** v. tr. < conjug. 1 > Désigner par un surnom. *On l'a surnommé Jacques junior, parce qu'il a le même prénom que son père.*

en surnombre [ɑ̃syʀnɔ̃bʀ] loc. adv. En trop, par rapport à un nombre normal. *On a reproché au conducteur d'avoir pris des voyageurs en surnombre.* → **surnuméraire.**

surnuméraire [syʀnymeʀɛʀ] adj. Qui est en surnombre, en trop. *Doigt surnuméraire.*

suroît [syʀwa] n. m. **I·** Vent du sud-ouest, dans le langage des marins. *Le suroît et le noroît.* **II·** Chapeau imperméable de marin. *Un pêcheur en ciré avec son suroît.*

surpasser [syʀpɑse] v. tr. < conjug. 1 > Être supérieur à (qqn) sous certains rapports. *Il surpasse son frère, tant en force qu'en souplesse.* – V. pron. réfl. ***Se surpasser*** : faire encore mieux qu'à l'ordinaire. *La conteuse s'est surpassée.*

surpêche [syʀpɛʃ] n. f. Pêche trop intensive compromettant les ressources de la mer.

surpeuplé, ée [syʀpœple] adj. Dont les habitants sont trop nombreux. *Région, maison surpeuplée.* / contr. dépeuplé / ▶ **surpeuplement** n. m. État d'un lieu surpeuplé. ▶ **surpopulation** n. f. Population excessive par rapport aux ressources disponibles.

surpiqûre [syʀpikyʀ] n. f. Piqûre apparente réalisée à des fins décoratives (sur un vêtement, un article en cuir).

surplis [syʀpli] n. m. invar. Vêtement liturgique, blanc, à manches larges, souvent plissé, porté par-dessus la soutane.

surplomb [syʀplɔ̃] n. m. Partie d'un bâtiment qui est en saillie par rapport à la base. – ***En surplomb*** : qui présente un surplomb. *Une falaise en surplomb,* dont la base est creusée par l'action des vagues. ▶ **surplomber** v. < conjug. 1 > **1·** V. intr. Dépasser par le sommet la ligne de l'aplomb. *Mur qui surplombe,* qui penche. **2**· V. tr. Dominer en se trouvant au-dessus de. *Le viaduc surplombe le port.* ▶ **surplombant, ante** adj. Qui surplombe, fait saillie.

surplus [syʀply] n. m. invar. **1**· Ce qui excède la quantité, la somme voulue. → **excédent.** – Stock vendu à très bas prix. *Les surplus américains* (stocks de matériel militaire). **2**· Littér. Loc. ***Au surplus*** : au reste, d'ailleurs.

surpoids [syʀpwa] n. m. Poids excessif. *Cet enfant est en surpoids.*

surprendre [syʀpʀɑ̃dʀ] v. tr. <conjug. 58> **1**· Prendre sur le fait. *On les a surpris en train de fouiller dans l'armoire.* – Découvrir (ce que qqn cache). *Tu as surpris mon secret.* **2**· Se présenter inopinément à (qqn). *Il m'a surprise en petite tenue.* – Attaquer par surprise. *La sentinelle, la patrouille s'est laissé surprendre.* – (Suj. chose) *L'orage nous a surpris.* **3**· Frapper l'esprit de (qqn qui ne s'y attend pas ou s'attend à autre chose). → **déconcerter, étonner, stupéfier.** *Vous me surprenez, cela semble incroyable. Cela me surprendrait,* je ne crois pas que ce soit possible. – Au passif et au p. p. adj. *J'en suis surpris, agréablement surpris. Il paraît surpris de nous trouver ici, que nous soyons ici.* **4**· V. pron. ***Se surprendre à*** (+ infinitif) : se découvrir soudain en train de (faire, penser qqch. sans l'avoir voulu). *Je me suis surpris à le tutoyer.* **5**· Loc. Littér. *Surprendre la bonne foi de qqn,* le tromper en lui faisant commettre de bonne foi une faute, une erreur. ▶ **surprenant, ante** adj. **1**· Qui surprend, étonne. → **étonnant.** *Une surprenante nouvelle.* **2**· Remarquable. *Ses progrès ont été surprenants.* ▶ **surprise** n. f. **1**· Action ou attaque inopinée (surtout dans la loc. ***par surprise***). *Vous avez obtenu mon accord par surprise.* – En appos. *Une grève surprise,* inattendue, soudaine. **2**· État de qqn qui est surpris, émotion provoquée par qqch. d'inattendu. → **étonnement.** *Sa surprise n'était pas feinte. Une exclamation de surprise. À ma grande surprise, il m'a remercié.* **3**· Ce qui surprend ; chose inattendue. *Une mauvaise surprise l'attend. Un voyage sans surprise,* qui se passe normalement. Loc. *Créer la surprise,* surprendre. **4**· Plaisir ou cadeau fait à qqn de manière à le surprendre agréablement. *Il veut vous faire une surprise, vous apporter une petite surprise.* – En appos. *Pochette-surprise.* → **pochette.** ▶ **surprise-partie** n. f. Vieilli. Soirée ou après-midi dansante de jeunes gens, qui a lieu chez l'un d'entre eux. → **fête.** *Des surprises-parties.*

surproduction [syʀpʀɔdyksjɔ̃] n. f. Production excessive. / contr. sous-production / *La surproduction entraîne des surplus.*

surréalisme [syʀʀealism] n. m. Ensemble de procédés de création et d'expression utilisant des forces psychiques (automatisme, rêve, inconscient) libérées du contrôle de la raison ; mouvement littéraire et artistique (fondé par André Breton) recommandant ces formes. ▶ **surréaliste** adj. et n. **1**· Du surréalisme. *La poésie surréaliste. Peintre surréaliste.* – N. *Les surréalistes belges.* **2**· Fam. étrange, bizarre.

surrénal, ale, aux [sy(ʀ)ʀenal, o] adj. et n. f. Placé au-dessus du rein. – N. f. *Les surrénales,* glandes endocrines qui produisent l'adrénaline.

sursaut [syʀso] n. m. **1**· Mouvement involontaire qui fait qu'on se dresse brusquement, sous l'action d'une sensation brutale. → **soubresaut.** *Il a eu un sursaut en entendant frapper à la fenêtre. Se réveiller **en sursaut*** : brusquement. **2**· Regain subit (d'un sentiment conduisant à une réaction vive). *Dans un dernier sursaut d'énergie.* ▶ **sursauter** v. intr. <conjug. 1> Avoir un sursaut. → **tressaillir, tressauter.** *Sursauter de peur.*

surseoir [syʀswaʀ] v. tr. ind. <conjug. 26 (forme en -oi)> ***Surseoir à*** : attendre l'expiration d'un délai pour procéder à (un acte juridique, l'application de certaines mesures...). → **différer, remettre.** *Le juge sursoit à l'exécution de la peine.* ▷ **sursis**

sursis [syʀsi] n. m. invar. **1**· Décision de surseoir à qqch. ; remise à une date postérieure. *Sursis (à l'exécution des peines),* grâce accordée sous condition par le tribunal au délinquant qui n'a pas subi de condamnation antérieure. *Trois ans de prison dont deux avec sursis* (un an de prison ferme). – Autrefois. *Sursis (d'appel, d'incorporation),* report du service militaire à une date postérieure à la date normale. **2**· Période de répit. → **délai.** *Les vacances laissent un sursis au gouvernement.* ▶ **sursitaire** adj. et n. Qui bénéficie d'un sursis, notamment d'un sursis d'incorporation.

surtaxe [syʀtaks] n. f. Majoration d'une taxe ; droit perçu en même temps qu'une autre taxe. *Ta lettre était insuffisamment affranchie et j'ai dû payer une surtaxe.*

1 **surtout** [syʀtu] adv. **1**· Avant tout, plus que tout autre chose. – (Renforçant un conseil, un ordre) *Surtout ne dites rien !* **2**· Plus particulièrement. → **principalement.** *Il aime le sport, surtout le football.* **3**· Fam. ***Surtout que...*** : d'autant plus que... (emploi critiqué).

2 **surtout** n. m. Pièce de vaisselle ou d'orfèvrerie décorative, qu'on place sur une table. *Des surtouts de vermeil.*

survaloriser [syʀvalɔʀize] v. tr. <conjug. 1> Accorder une valeur excessive à. *Elle a tendance à survaloriser le progrès.* ▶ **survalorisation** n. f.

surveiller [syʀveje] v. tr. < conjug. 1 > **1·** Observer (qqn) avec une attention soutenue, de manière à exercer un contrôle, à maintenir l'ordre, à éviter un danger. *Il nous surveille de près.* – Au p. p. adj. *Liberté surveillée* : situation de délinquants laissés libres mais obligés de rendre compte de leurs activités à la police. **2·** Suivre avec attention (un travail) de manière à constater si tout se déroule comme il faut. → **contrôler, inspecter.** **3·** Être attentif à (qqch. de personnel). *Elle surveille sa ligne,* elle craint de grossir. *Surveillez votre langage !* – Pronominalement (réfl.). *Il ne se surveille pas assez quand il parle.* ▶ **surveillance** [syʀvɛjɑ̃s] n. f. Le fait de surveiller ; ensemble des actes par lesquels on exerce un contrôle suivi. *La surveillance des gardiens s'était relâchée. Être sous la surveillance de qqn,* être surveillé par lui. *Sous haute surveillance,* très surveillé. *On lui a confié la surveillance des travaux.* – *Direction de la surveillance du territoire* (D. S. T.), chargée de la répression de l'espionnage, en France. – *Surveillance médicale,* situation d'un malade, d'un blessé dont l'état est suivi attentivement par les médecins. ▶ **surveillant, ante** n. **1·** Personne qui surveille ce dont elle a la responsabilité. → **garde, gardien.** – Agent chargé de surveiller des travaux. **2·** Personne chargée de la discipline dans un établissement d'enseignement, une communauté. *Surveillant d'internat.* → fam. ◻ **pion.** ▷ **vidéosurveillance**

survenir [syʀvəniʀ] v. intr. < conjug. 22 > (Personnes, choses) Arriver, venir à l'improviste, brusquement. *Une grave crise est survenue.* – Impers. *S'il survient un visiteur, dites que je ne suis pas là.* ▶ **survenant, ante** n. Au Canada. Personne qui arrive à l'improviste.

survêtement [syʀvɛtmɑ̃] n. m. Blouson, pantalon molletonné que les sportifs passent sur leur tenue de sport (abrév. fam. ***survêt*** [syʀvɛt] n. m.). → **jogging.**

survie [syʀvi] n. f. **1·** Vie de l'âme après la mort. **2·** Le fait de survivre, de se maintenir en vie. *Une survie de plusieurs années obtenue grâce à une intervention chirurgicale. Un équipement de survie.*

survivre [syʀvivʀ] v. < conjug. 46 > **I·** V. tr. ind. *Survivre à.* **1·** Demeurer en vie après la mort de (qqn). *Il a survécu à tous les siens.* – Vivre encore après (un temps révolu, une chose passée). *Il a survécu à son époque, dont il reste un des derniers témoins vivants.* **2·** (Choses) Exister encore après, durer plus longtemps que. *L'œuvre d'art survit à son auteur.* **3·** Continuer à vivre après (une chose insupportable). *Il n'a pu survivre à la honte.* **4·** Échapper à (une mort violente et collective). *Il a survécu à la déportation* (→ **survivant**). **5·** *Se survivre* v. pron. : continuer à exercer une influence, après sa mort. *Il se survit dans ses enfants.* – Vivre encore alors qu'on n'est plus soi-même, qu'on a perdu ses qualités. *Cet auteur se survit, il n'écrit plus rien de bon.* **II·** V. intr. **1·** Continuer à vivre, rester en vie. *L'espoir de survivre.* **2·** (Choses) Rester, subsister. *Rien ne survivra de cette mode.* ▶ **survivance** n. f. Ce qui survit, ce qui subsiste d'une chose disparue. *En France, la Légion d'honneur est une survivance de l'Empire.* ▶ **survivant, ante** n. **1·** Personne qui survit à qqn, à d'autres. *La totalité des biens appartiendra au dernier survivant,* à celui ou celle (mari ou femme) qui vivra le plus longtemps. **2·** Personne qui survit à l'époque, à la société à laquelle elle appartenait. *Les rares survivants d'une époque révolue.* **3·** Personne qui a échappé à la mort là où d'autres sont mortes. → **rescapé.** *Il n'y a aucun survivant parmi les passagers de l'avion,* tous sont morts.

survoler [syʀvɔle] v. tr. < conjug. 1 > **1·** (Oiseaux, avions...) Voler au-dessus de. *Nous avons survolé les Alpes.* **2·** Examiner de façon rapide et superficielle. *Il n'a fait que survoler la question.* ▶ **survol** n. m. Action de survoler (1 ou 2).

survolté, ée [syʀvɔlte] adj. **1·** (Courant, appareil électrique) Dont le potentiel est anormalement élevé. **2·** Dont la tension nerveuse est extrême. → **surexcité.** *Il était survolté.*

sus [sy(s)] adv. **1·** Littér. *Courir sus à qqn,* l'attaquer. *Sus* [sys] *à l'ennemi !* **2·** ***En sus de*** loc. prép. : en plus de (une somme fixée par la loi).

sus-, -sus Éléments qui signifient « en haut, plus haut, sur » (ex. : *susdit, dessus*). → **sur-.**

① **susceptible** [sysɛptibl] adj. *Susceptible de.* **1·** Qui peut présenter (un caractère), recevoir (une impression), subir (une modification). *Cette phrase est susceptible de deux interprétations, d'être interprétée de deux façons.* **2·** (+ infinitif) Capable de... (par capacité ou à l'occasion). *Des propositions susceptibles de vous intéresser. Il est susceptible d'accepter.*

② **susceptible** adj. (Personnes) Particulièrement sensible dans son amour-propre ; qui se vexe, s'offense facilement. → **chatouilleux, ombrageux.** *Il est très susceptible. Je ne suis pas particulièrement susceptible, mais il a été trop loin.* ▶ **susceptibilité** n. f. Caractère d'une personne susceptible. *Vous devrez ménager sa susceptibilité.*

susciter [sysite] v. tr. < conjug. 1 > **1·** Littér. Faire exister (qqch.) pour aider ou pour contrecarrer, faire agir (qqn) en tant qu'ami ou ennemi. → **créer.** *On lui a suscité des ennuis, des adversaires.* **2·** Faire naître (un sentiment, une idée).

→ **éveiller, exciter, provoquer, soulever.** *L'affaire suscitait un intérêt profond.* – REM. *Ressusciter* a la même origine latine.

suscription [syskʀipsjɔ̃] n. f. Terme administratif. Adresse d'une lettre. ≠ souscription.

sushi [suʃi] n. m. Mets japonais composé de riz assaisonné et de poisson cru.

suspect, ecte [syspɛ, ɛkt] adj. et n. 1· (Personnes) Qui est soupçonné ou éveille les soupçons. *Un individu suspect. Ils se sont rendus suspects à tous par leurs réponses contradictoires.* – N. *Trois suspects ont été arrêtés.* – *Suspect de...*, qu'on soupçonne ou peut soupçonner de... → **douteux, louche ; suspicion.** 2· (Choses) Qui éveille les soupçons ou le doute. *Un témoignage suspect. Son enthousiasme m'est suspect.* ▶ **suspecter** [syspɛkte] v. tr. < conjug. 1 > Tenir pour suspect (une personne ou une chose). → **soupçonner.** *Il s'indigne qu'on suspecte sa bonne foi. On le suspecte de mensonge, d'avoir menti.*

1 **suspendre** [syspɑ̃dʀ] v. tr. < conjug. 41 > 1· Interrompre (une action) pour quelque temps. → **arrêter.** / contr. continuer / *On a dû suspendre la séance. Les combats sont suspendus pour deux jours par une trêve* (→ 1 **suspension**). 2· Mettre un terme aux activités, aux effets de. *Les autorités ont suspendu certaines libertés, certains journaux.* – *Suspendre qqn*, le destituer provisoirement. 3· Remettre à plus tard, réserver. *Je suspends mon jugement.* ▷ en **suspens, suspense,** 1 **suspension**

2 **suspendre** v. tr. < conjug. 41 > 1· Tenir ou faire tenir (une chose, une personne), de manière à ce qu'elle pende. *Suspendre un jambon au plafond, un tableau au mur.* – Au p. p. adj. *Un lustre suspendu à un crochet.* – Pronominalement. *Il s'est suspendu au trapèze.* 2· (Passif) *Être suspendu aux lèvres de qqn*, l'écouter avec avidité (→ Boire ses paroles.) ▶ **suspendu, ue** adj. 1· *Pont suspendu* : dont le tablier est maintenu par des câbles. 2· *Véhicule bien, mal suspendu* : dont la suspension (2, I, 2) est plus ou moins souple. 3· Qui semble être accroché à une certaine hauteur. *Un village suspendu aux rochers. Jardins suspendus*, en terrasses. ▷ 2 **suspension**

en **suspens** [ɑ̃syspɑ̃] loc. adv. Dans l'indécision, sans solution, sans achèvement. *La question reste en suspens. On a laissé les travaux en suspens.*

suspense [syspɛns] n. m. Anglic. Dans un film, un récit, etc. Moment ou passage qui fait naître un sentiment d'attente angoissée. – Ce sentiment. *À la fin du match, il y a eu du suspense, un beau suspense.* – REM. On peut dire (mieux) *du suspens* [syspɑ̃].

1 **suspension** [syspɑ̃sjɔ̃] n. f. 1· Interruption ou remise à plus tard. – Loc. *Suspension d'armes.* → **trêve.** *Suspension d'audience*, décidée par le président du tribunal. 2· Fait de retirer ses fonctions (à un magistrat, à un fonctionnaire) à titre de sanction disciplinaire. 3· *Points de suspension* notés ... : marquent l'interruption d'un énoncé ; notés (...), entre parenthèses, marquent une coupure dans le texte cité.

2 **suspension** n. f. I· 1· Manière dont un objet suspendu est maintenu en équilibre stable. *La suspension du tablier d'un pont* (suspendu) *par des câbles tendus entre les pylônes.* 2· Appui élastique (d'un véhicule) sur ses roues. *Une bonne suspension.* – Ensemble des pièces (amortisseurs, ressorts) assurant la liaison élastique du véhicule et des roues. 3· *En suspension* : se dit de particules solides baignant dans un liquide ou dans un gaz. (opposé à *décantation, précipitation*). II· Appareil d'éclairage muni de lampes et d'un abat-jour. → 3 **lustre.** *Une suspension et des appliques.*

suspicion [syspisjɔ̃] n. f. Littér. Le fait de considérer comme suspect, de ne pas avoir confiance. → **défiance, méfiance.** *Il nous tient en suspicion. Un regard plein de suspicion.* → **soupçon.** ▶ **suspicieux, euse** [syspisjø, øz] adj. Littér. Plein de suspicion. → **soupçonneux.** *Une attitude suspicieuse.*

sustentation [systɑ̃tɑsjɔ̃] n. f. Fait de soutenir, de se soutenir en équilibre. – Loc. *Polygone de sustentation*, formé par des points d'appui au sol qui permettent de rester en équilibre stable.

se **sustenter** [systɑ̃te] v. pron. < conjug. 1 > Se nourrir. → se **restaurer.**

susurrer [sysyʀe] v. intr. < conjug. 1 > Iron. ou plaisant. Murmurer doucement. → **chuchoter.** – Transitivement. *Il lui susurrait des mots doux.*

suture [sytyʀ] n. f. Réunion, à l'aide de fils, de parties de chair coupées. *On a fait au blessé une suture, plusieurs points de suture.*

suzerain, aine [syzʀɛ̃, ɛn] n. Dans le système féodal. Seigneur qui avait concédé un fief à un vassal. *Le suzerain devait protection et justice à ses vassaux.* ▶ **suzeraineté** n. f. Qualité de suzerain. – Littér. Souveraineté.

svastika ou **swastika** [svastika] n. m. 1· Emblème religieux de l'Inde, croix à extrémités à angle droit. 2· Croix gammée*, ressemblant au svastika (1).

svelte [svɛlt] adj. Qui produit une impression de légèreté, de souplesse, par sa forme élancée. → **fin, mince.** *Une svelte jeune fille. Une taille svelte.* ▶ **sveltesse** n. f.

S. V. P. [ɛsvepe] interj. Abréviation de *s'il vous plaît.*

S. V. T. ou **SVT** [ɛsvete] n. f. pl. Abréviation de *sciences* de la vie et de la Terre.*

sweater [switœʀ ; swɛtœʀ] n. m. Gilet (de laine, de coton, etc.) à manches longues. ▶ **sweat-shirt** [switʃœʀt ; swɛtʃœʀt] n. m. Anglic. Vêtement de sport couvrant le torse (en coton, tissu éponge, etc.), serrant la taille et les poignets. *Des sweat-shirts.* ≠ tee-shirt.

sweepstake [swipstɛk] n. m. Anglic. Loterie où les prix dépendent à la fois d'un tirage et du résultat d'une course. *Des sweepstakes.*

① **swing** [swiŋ] n. m. Anglic. **1·** Coup de poing donné en ramenant horizontalement ou obliquement le bras, de l'extérieur à l'intérieur. **2·** Au golf. Mouvement de balancement du joueur qui frappe la balle.

② **swing** n. m. **1·** Vx. Danse sur une musique très rythmée, inspirée du jazz. *Orchestre de swing.* **2·** Fluidité rythmique propre à la musique de jazz. *Cet orchestre a du swing.*

sybarite [sibaʀit] n. Littér. Personne qui, comme les habitants de l'antique Sybaris, recherche les plaisirs de la vie dans une atmosphère raffinée. → **jouisseur, voluptueux.** ▶ **sybaritisme** n. m.

sycomore [sikɔmɔʀ] n. m. **1·** Figuier originaire d'Égypte, au bois très léger et imputrescible. **2·** Érable blanc, faux platane.

syllabe [si(l)lab] n. f. Voyelle ou groupe de consonnes et de voyelles se prononçant d'une seule émission de voix. *Parler en détachant les syllabes. Des vers de douze syllabes* (alexandrins). ≠ pied. *Il n'a pas prononcé une syllabe,* un seul mot. ▶ **syllabique** adj. ▷ **dissyllabique, monosyllabe, octosyllabe**

syllogisme [si(l)lɔʒism] n. m. Raisonnement déductif rigoureux qui, ne supposant aucune proposition étrangère sous-entendue, lie des prémisses à une conclusion (ex. : *Si tout B est A et si tout C est B, alors tout C est A*).

sylphe [silf] n. m. Génie aérien des mythologies gauloise et germanique. → **elfe.** ▶ **sylphide** [silfid] n. f. Génie aérien féminin plein de grâce. *Elle a une taille de sylphide,* très mince.

sylvestre [silvɛstʀ] adj. Littér. Propre aux forêts, aux bois. ▶ **sylviculture** n. f. Exploitation rationnelle des arbres forestiers (conservation, entretien, reboisement, etc.). → **foresterie.**

sym- → **syn-.**

symbiose [sɛ̃bjoz] n. f. **1·** En sciences. Association biologique, durable et réciproquement profitable, entre deux ou plusieurs êtres vivants. *Les lichens sont formés d'algues et de champignons vivant en symbiose.* **2·** Littér. Étroite union. *Symbiose entre deux théories.*

symbole [sɛ̃bɔl] n. m. **I· 1·** Être, objet ou fait qui, par sa forme ou sa nature, évoque spontanément (dans une société ou une civilisation donnée) qqch. d'abstrait ou d'absent. → **signe.** *La colombe est le symbole de la paix. Marianne est le symbole de la République française. Les mythes et les symboles populaires.* – Image ou énoncé qui vaut par ce qu'il (elle) évoque. → **allégorie, image, métaphore.** **2·** Signe ou abréviation conventionnelle employée dans les sciences. *Symbole algébrique.* O, *symbole chimique de l'oxygène.* **3·** Personne qui représente, évoque (qqch.) de façon exemplaire. → **personnification.** *Elle est le symbole de la générosité.* **II·** Formule dans laquelle l'Église chrétienne résume sa foi. *Le symbole des apôtres commence par « Je crois en Dieu... ».* ▶ **symbolique** adj. et n. f. **I·** Adj. **1·** Qui constitue un symbole, repose sur un ou des symboles. → **allégorique, emblématique.** **2·** Qui vaut surtout par ce qu'il représente ; qui est le signe d'autre chose. *Il a obtenu le franc symbolique de dommages et intérêts. Un geste hautement symbolique,* particulièrement significatif. *Un salaire symbolique,* minuscule. **II·** N. f. Système de symboles. *La symbolique des animaux, au Moyen Âge.* ▶ **symboliquement** adv. ▶ **symboliser** v. tr. < conjug. 1 > **1·** Représenter par un symbole. *La balance symbolise la justice.* **2·** (Personnes ou choses) Être le symbole de (une abstraction). ▶ **symbolisme** n. m. **1·** Figuration par des symboles, système de symboles. *Le symbolisme religieux. Le symbolisme des masques africains.* **2·** Mouvement littéraire et d'arts plastiques (1870-1900) qui s'efforça de fonder l'art sur une vision symbolique et spirituelle du monde. ▶ **symboliste** adj. et n. Du symbolisme. – N. Membre du mouvement du symbolisme.

symétrie [simetʀi] n. f. **1·** Distribution régulière de parties, d'objets semblables de part et d'autre d'un axe, autour d'un centre. *La parfaite symétrie des deux ailes d'un château. La symétrie de deux points par rapport à un troisième* (qui se trouve au milieu du segment qui joint les deux autres). *Axe de symétrie,* droite par rapport à laquelle il y a symétrie. **2·** Littér. Régularité et harmonie, dans les parties d'un objet ou dans la disposition d'objets semblables. *Un visage qui manque de symétrie.* ▶ **symétrique** adj. Qui présente une symétrie, est en rapport de symétrie (1). ▶ **symétriquement** adv. *Des ornements disposés symétriquement.* ▷ **asymétrie, dissymétrie**

sympa adj. Fam. → **sympathique.**

sympathie [sɛ̃pati] n. f. **1·** Relations entre personnes qui, ayant des affinités, se conviennent, se plaisent spontanément et réciproquement. *La sympathie qui existe entre eux.* → **entente.** **2·** Sentiment chaleureux et spontané qu'une personne éprouve (pour une autre). → **amitié, cordialité.** / contr. antipathie / *J'ai beaucoup de sympathie pour lui.* **3·** Bonne disposition (à l'égard d'une action, d'une production humaine). *Accueillir un projet avec sympathie.* **4·** Participation à la douleur d'autrui (*-pathie* veut dire « douleur »), fait de ressentir tout ce qui le touche. *Croyez à toute ma sympathie* (→ **condoléance).** ▶ 1 **sympathique** adj. **1·** Qui inspire la sympathie. → **agréable, aimable.** / contr. antipathique / *Je le trouve très sympathique. Il m'est très sympathique.* **2·** (Choses) Fam. Très agréable. *Une petite plage sympathique.* – Abrév. fam. invar. **sympa.** *Ils sont sympa. Une soirée assez sympa.* ▶ **sympathiquement** adv. Avec sympathie, d'une façon sympathique. ▶ **sympathiser** v. intr. < conjug. 1 > S'entendre très bien du fait d'une sympathie. *Nous avons tout de suite sympathisé.* ▶ **sympathisant, ante** n. Personne qui, sans appartenir à un parti, à un groupe, approuve l'essentiel de sa politique, de son action. *Les militants et les sympathisants.*

2 **sympathique** n. m. *Le sympathique* : système nerveux périphérique (*orthosympathique*) qui commande les mouvements inconscients, incontrôlés comme ceux de l'œil, du cœur, des poumons, la sueur, les frissons, etc. – REM. On disait aussi : *le grand sympathique.* ▷ **parasympathique**

symphonie [sɛ̃fɔni] n. f. **1·** Composition musicale à plusieurs mouvements, construite sur le plan de la sonate* et exécutée par un nombre important d'instrumentistes. *Les neuf symphonies de Beethoven.* **2·** Littér. Ensemble harmonieux. *Une symphonie de parfums.* ▶ **symphonique** adj. **1·** *Poème symphonique* : composition musicale assez ample, écrite pour tout l'orchestre et illustrant un thème précis. **2·** Qui appartient à la symphonie, à la musique classique pour grand orchestre. *Concert, musique symphonique.*

symphyse [sɛ̃fiz] n. f. Anatomie. Articulation peu mobile. *La symphyse pubienne.*

symposium [sɛ̃pozjɔm] n. m. Congrès de spécialistes, colloque sur un thème scientifique.

symptôme [sɛ̃ptom] n. m. **1·** Phénomène, caractère observable lié à une maladie qu'il permet de déceler, dont il est le signe*. *Plusieurs symptômes associés font un syndrome.* **2·** Ce qui manifeste, révèle ou permet de prévoir (un état, une évolution). → **signe.** *Les symptômes avant-coureurs d'une crise.* ▶ **symptomatique** [sɛ̃ptɔmatik] adj. **1·** Qui constitue un symptôme de maladie. *Une douleur symptomatique.* **2·** Qui révèle ou fait prévoir (un état ou un processus caché). → **caractéristique.** *Leur réaction a été symptomatique.*

syn- ou **sy-, syl-, sym-** Éléments de mots savants, qui marquent l'idée de réunion dans l'espace ou le temps.

synagogue [sinagɔg] n. f. Édifice, temple consacré au culte israélite.

synapse [sinaps] n. f. Zone située entre deux neurones. *L'influx nerveux est transmis par l'intermédiaire des synapses.*

synchrone [sɛ̃kʀon] adj. Qui se produit dans le même temps ou à des intervalles de temps égaux. *Mouvements synchrones.* ▶ **synchronique** adj. Qui concerne, étudie les phénomènes, les événements qui ont lieu en même temps. ▶ **synchroniser** [sɛ̃kʀɔnize] v. tr. < conjug. 1 > **1·** Rendre synchrones (des phénomènes, des mouvements, des mécanismes). – Au p. p. adj. *Gymnaste parfaitement synchronisé,* dont les gestes s'enchaînent harmonieusement. – *Feux de signalisation synchronisés,* assurant une circulation régulière. – Mettre en concordance la piste sonore et la bande des images d'un film. → **postsynchroniser. 2·** Faire s'accomplir simultanément (plusieurs actions appartenant à des séries différentes). ▶ **synchronisation** n. f. Opération par laquelle on synchronise (1). ▶ **synchronisme** n. m. **1·** Caractère de ce qui est synchrone (phénomènes physiques, mouvements) ou synchronisé (mécanismes, dispositifs). **2·** Coïncidence de dates, identité ou concordance d'époques. / contr. anachronisme / ▷ **postsynchroniser, synchrotron**

synchrotron [sɛ̃kʀɔtʀɔ̃] n. m. Cyclotron dans lequel le champ magnétique varie avec la vitesse des particules.

synclinal, ale, aux n. m. et adj. **1·** N. m. Pli concave vers le haut (opposé à *anticlinal*). **2·** Adj. D'un synclinal. *Vallée synclinale.*

1 **syncope** [sɛ̃kɔp] n. f. Arrêt ou ralentissement marqué des battements du cœur, accompagné de la suspension de la respiration et de la perte de la conscience. → **évanouissement.** *Avoir une syncope. Tomber en syncope.*

2 **syncope** n. f. En musique. Prolongation sur un temps fort d'un élément accentué d'un temps faible. ▶ **syncopé, ée** adj. Caractérisé par un emploi systématique de la syncope. *Le rythme syncopé du swing, du rock.*

syncrétisme [sɛ̃kʀetism] n. m. Didact. Combinaison de doctrines, de systèmes initialement incompatibles. *Le syncrétisme religieux du vaudou.*

syndic [sɛ̃dik] n. m. **1·** Au Moyen Âge. Représentant des habitants, dans les villes franches. **2·** *Syndic des gens de mer,* agent des Affaires maritimes chargé d'un bureau d'affaires maritimes. **3·** *Syndic de faillite,* auxiliaire de justice chargé par un tribunal d'administrer provisoirement une entreprise en faillite. **4·** Mandataire choisi par les copropriétaires d'un immeuble et chargé de l'administrer. ▶ **syndicat** n. m. **1·** Association qui a pour objet la défense d'intérêts communs. *Un syndicat de copropriétaires. Syndicat de communes,* qui gère des services communs à plusieurs communes. – *Syndicat d'initiative* : organisme destiné à développer le tourisme dans une localité ; service qui en dépend. **2·** Association qui a pour objet la défense d'intérêts professionnels. *Syndicat patronal. Syndicats ouvriers.* **3·** (Employé seul) *Syndicat,* syndicat ouvrier, de salariés. *L'action sociale, les revendications salariales des syndicats.* → **syndicalisme ; syndical** (2). ▶ **syndical, ale, aux** adj. **1·** Relatif à une association professionnelle. *Chambre syndicale,* syndicat patronal. **2·** Relatif à un syndicat de salariés, au syndicalisme. *Les grandes centrales syndicales françaises* (C. G. T., F. O., C. F. D. T.). *Délégué syndical.* → **syndicaliste.** *Luttes syndicales.* ▶ **syndicalisme** n. m. Le fait social et politique que représentent l'existence et l'action des syndicats de travailleurs salariés (→ **syndicat,** 2, 3) ; leur mouvement, leur doctrine. *Les lois sociales sont une conquête du syndicalisme.* – Activité exercée dans un syndicat. *Faire du syndicalisme.* ▶ **syndicaliste** n. Personne qui fait partie d'un syndicat et y joue un rôle actif. – Adj. *Le mouvement syndicaliste.* ▶ **se syndiquer** v. pron. < conjug. 1 > Se grouper en un syndicat ; adhérer à un syndicat (surtout 3). ▶ **syndiqué, ée** adj. Qui fait partie d'un syndicat. – N. *Les syndiqués et les non-syndiqués d'une entreprise.*

syndication [sɛ̃dikɑsjɔ̃] n. f. Anglic. En informatique. *Syndication de contenus, de données,* mise à disposition d'informations provenant d'un site web en direction d'autres sites.

syndrome [sɛ̃dʀom] n. m. En médecine. Ensemble de symptômes cliniques ou biologiques (analyses), caractérisant un état pathologique et permettant d'orienter le diagnostic.

synecdoque [synɛkdɔk] n. f. Didact. Figure de rhétorique, variété de métonymie qui consiste à évoquer le référent par plus petit (ex. : *une voile* pour *un navire*) ou par plus grand (ex. : *la France* pour *l'équipe de France*) que lui.

synergie [sinɛʀʒi] n. f. Action coordonnée de plusieurs éléments, de plusieurs facteurs qui concourent à une action, à un effet unique. *La synergie entre deux entreprises. Travailler en synergie.* ▶ **synergique** adj.

synode [sinɔd] n. m. Assemblée d'ecclésiastiques convoquée par un évêque. – Dans certaines Églises protestantes. Réunion de pasteurs. – *Le saint-synode,* le conseil suprême de l'Église russe.

synodique [sinɔdik] adj. En astronomie. Relatif à une conjonction d'astres.

synonyme [sinɔnim] adj. et n. m. **1·** Adj. Se dit de mots ou d'expressions qui ont un sens identique ou très voisin. *« Marjolaine » et « origan », « jaunisse » et « ictère » sont synonymes. – Pour eux, modernisme est synonyme de décadence,* équivaut à... **2·** N. m. Mot ou expression synonyme. *Les synonymes exacts sont rares.* ▶ **synonymie** n. f. Relation entre deux mots ou deux expressions synonymes. ▶ **synonymique** adj.

synopsis [sinɔpsis] n. m. invar. Cinéma. Récit très bref qui constitue un schéma de scénario*.

synoptique [sinɔptik] adj. **1·** Qui donne une vue générale. *Un tableau synoptique.* **2·** *Les Évangiles synoptiques* ou, n. m. pl., *les synoptiques,* les trois Évangiles (de saint Matthieu, de saint Marc, de saint Luc) dont les plans sont à peu près semblables.

synovie [sinɔvi] n. f. Liquide d'aspect filant qui lubrifie les articulations mobiles (notamment au genou). *Un épanchement de synovie.* ▶ **synovial, ale, aux** adj. *Le liquide synovial.*

syntagme [sɛ̃tagm] n. m. En linguistique. Groupe de mots formant une unité à l'intérieur de la phrase. *Syntagme nominal, syntagme verbal,* correspondant souvent au sujet et au prédicat d'une phrase.

syntaxe [sɛ̃taks] n. f. **1·** Étude des règles grammaticales d'une langue ; ces règles. → **grammaire.** ≠ morphologie. *Respecter la syntaxe.* **2·** Étude descriptive des relations existant entre les mots, les formes et les fonctions dans une langue. → **grammaire.** *La syntaxe fait partie de la linguistique.* – Ouvrage consacré à cette étude. ▶ **syntaxique** ou **syntactique** adj. Grammatical. ▷ **morphosyntaxe**

synthèse [sɛ̃tɛz] n. f. **1·** Suite d'opérations mentales qui permettent d'aller des notions simples aux notions composées (opposé à *analyse*).

2· Opération intellectuelle par laquelle on rassemble des éléments de connaissance en un ensemble cohérent. *Un effort de synthèse.* **3·** Formation d'un tout matériel au moyen d'éléments. → **composition, mélange.** – Préparation (d'un composé chimique) à partir des éléments constituants. *Un produit de synthèse.* → **synthétique** (2). **4·** Ensemble constitué par les éléments méthodiquement réunis. *L'auteur nous livre une vaste synthèse.* **5·** Notion philosophique qui réalise l'accord de la thèse et de l'antithèse en les faisant passer à un niveau supérieur (→ **dialectique**). ▶ **synthétique** adj. **1·** Qui constitue une synthèse ou provient d'une synthèse. **2·** Produit par synthèse chimique, artificiellement. *La vanilline est de la vanille synthétique* (→ **ersatz**). **3·** (Esprit) Apte à la synthèse, aux efforts de synthèse. / contr. analytique / ▶ **synthétiquement** adv. Par une synthèse. ▶ **synthétiser** v. tr. < conjug. 1 > Associer, combiner par une synthèse. ▶ **synthétiseur** n. m. Instrument de musique électronique à clavier dont chaque son est programmé par l'utilisateur et produit par une synthèse acoustique. ▷ **photosynthèse**

syntoniseur [sɛ̃tɔnizœʀ] n. m. (Terme recommandé à la place de *tuner*) Appareil de réception radio, élément d'une chaîne haute-fidélité.

syphilis [sifilis] n. f. invar. Grave maladie sexuellement transmissible. ▶ **syphilitique** adj. et n.

système [sistɛm] n. m. **I· 1·** Ensemble abstrait dont les éléments sont coordonnés par une loi, une théorie. *Le système astronomique de Ptolémée a été remplacé par celui de Copernic. Le système philosophique de Sartre.* **2·** Ensemble de pratiques organisées en fonction d'un but. → **méthode.** *Le système de défense d'un accusé.* – Fam. Moyen habile. *Je connais le système.* ***Le système D*** : qui permet de se débrouiller. **3·** Ensemble de pratiques et d'institutions. *Système politique, social.* → **régime.** *Un système démocratique. Le système scolaire d'un pays.* – Absolt. La société et ses valeurs, senties comme des contraintes. *Il refuse le système.* **4·** ***Esprit de système*** : tendance à organiser, à relier les connaissances particulières en ensembles cohérents ; (péj.) tendance à faire prévaloir la conformité à un système sur une juste appréciation du réel. **II· 1·** Ensemble complexe d'éléments naturels de même espèce ou de même fonction. → **structure.** *Le système solaire. Le système grammatical du français. Le système nerveux.* – Loc. fam. *Il commence à me **taper sur le système*** (nerveux) : à m'énerver. **2·** Dispositif, appareil complexe mis en œuvre pour aboutir à un résultat. *Système d'exploitation d'un ordinateur. Système d'alarme.* **3·** Ensemble structuré (de choses abstraites). *Système d'unités,* ensemble d'unités de mesure. *Le système décimal, métrique.* ▶ **systématique** adj. **1·** Qui appartient à un système intellectuel. **2·** Organisé méthodiquement. *Ce pays est victime d'une exploitation systématique.* **3·** Qui pense selon un système. – Péj. Qui préfère son système à toute autre raison. → **dogmatique.** ▶ **systématiquement** adv. D'une manière systématique (2). *Ils s'opposent systématiquement à toute réforme.* ▶ **systématiser** v. tr. < conjug. 1 > Réunir (plusieurs éléments) en un système. *Il faut systématiser toutes ces mesures plus ou moins improvisées.* ▶ **systématisation** n. f. ▶ **systémique** adj. Relatif à un système dans son ensemble. – Relatif au système sanguin, vasculaire. *Insecticide systémique,* qui se répand dans toute la plante. ▷ **écosystème**

systole [sistɔl] n. f. Contraction du cœur (alternant avec la diastole).

tT

t [te] n. m. invar. **1·** Vingtième lettre, seizième consonne de l'alphabet. – **REM.** Le groupe *th* se prononce [t]. Le *t* final ne se prononce pas dans les formes verbales et dans un grand nombre de mots : il *dit* [di], un *rat* [ʀa], un *fagot* [fago]. Il se prononce dans certains mots : *net* [nɛt], *dot* [dɔt], etc. Le *t* euphonique se place entre le verbe et le pronom sujet dans l'inversion lorsque le verbe n'a pas de finale en *t* ou en *d* : *puisse-t-il, arrive-t-on*, mais *prend-elle* [pʀɑ̃tɛl], *vient-il* [vjɛ̃til]. Le groupe *-tion* se prononce [sjɔ̃] : *nation*. *T* devant *i* se prononce tantôt [s] *(ambitieux, calvitie)*, tantôt [t] *(matière, potier)*. **2·** Forme du T majuscule. *Antenne en T.* → **té.** **3·** En France, *T1, T2*... [teœ̃, tedø], logement qui comporte une, deux grandes pièces pouvant être séparées.

ta → ① **ton.**

① **tabac** [taba] n. m. **1·** Plante originaire d'Amérique, haute et à larges feuilles, qui contient un alcaloïde, la nicotine. *Des cultures de tabac.* **2·** Produit manufacturé fait de feuilles de tabac séchées et préparées (pour priser, chiquer, fumer). *Fumer du tabac blond. Débit de tabac* (vieilli) ou *bureau de tabac.* – Loc. fam. *C'est toujours le même tabac,* c'est toujours la même chose. – Adj. invar. D'une couleur brun-roux qui rappelle celle du tabac. *Des imperméables tabac.* **3·** *Un tabac,* un bureau de tabac. *Des bars tabacs.* ▶ **tabacologie** n. f. Discipline médicale qui étudie les effets du tabagisme. ▶ **tabacologue** n. ▶ **tabagie** n. f. **I·** Endroit où l'on a beaucoup fumé. *Quelle tabagie, chez vous !* **II·** Au Québec. Bureau, débit de tabac et d'articles pour fumeurs. ▶ **tabagisme** n. m. Intoxication par le tabac. ▶ **tabatière** n. f. **1·** Petite boîte pour le tabac à priser. **2·** Lucarne à charnière. *Châssis à tabatière.*

② **tabac** n. m. **1·** Loc. *Passer qqn, passage à tabac :* (exercer des) violences sur une personne qui ne peut se défendre. **2·** Loc. fam. *Faire un tabac,* avoir un grand succès. *Ce film a fait un tabac.* / contr. ② bide / ▶ **tabasser** v. tr. < conjug. 1 > Fam. Battre, rouer de coups, passer à tabac. *Tabasse-le.* – *Ils se sont tabassés.*

tabernacle [tabɛʀnakl] n. m. Petite armoire qui occupe le milieu de l'autel d'une église et contient le ciboire.

tablar ou **tablard** [tablaʀ] n. m. En Suisse. Étagère.

tablature [tablatyʀ] n. f. Figuration graphique des sons musicaux propres à un instrument. *Tablature d'orgue.*

table [tabl] n. f. **I· 1·** Meuble sur pied comportant une surface plane. *Table de bois. Table ronde, rectangulaire ; à rallonges. Table basse. Table roulante.* **2·** Spécialt. Le meuble où l'on prend ses repas. – Loc. *Mettre la table,* disposer sur la table tout ce qu'il faut pour manger. – ***De table :*** qui sert au repas. *Linge de table,* nappe, serviette. *Service de table. Vin de table, huile de table.* – Loc. *Se mettre, être **à table** :* attablé pour manger. *À table !,* passons, passez à table. – *Se lever, sortir de table. Quitter la table,* interrompre son repas. *Recevoir qqn à sa table.* – Loc. fig. ***Se mettre à table :*** avouer, dire ce qu'on a sur la conscience. – Ceux qui prennent leur repas, qui sont à table. → **tablée.** *Présider la table.* – *La table,* la nourriture servie à table. *Aimer la (bonne) table,* aimer la bonne chère, la bonne cuisine. **3·** Table (1) servant à d'autres usages que les repas. *Table de travail.* → **bureau.** *Table à dessin. Table d'opérations,* pour les opérations chirurgicales. – *Table à repasser,* planche montée sur pieds pliants pour repasser le linge. – *Table de jeu.* Loc. *Jouer cartes sur table,* ne rien dissimuler. – *Tennis de table,* le ping-pong. **4·** *La table des négociations. S'asseoir autour de la table,* négocier. – Loc. ***Table ronde :*** autour de laquelle peuvent s'asseoir (sans hiérarchie) les représentants à un congrès, à une conférence. – Réunion pour discuter d'un problème. → **colloque.** *Organiser une table ronde sur un problème.* – ***Tour de table :***

prise de parole successive des participants à une discussion. *Faire un tour de table.* **5·** Meuble comprenant, outre un support plat, différentes parties (tiroirs, coffre, tablettes). – ***Table de nuit*** : petit meuble placé au chevet du lit. On dit aussi **table de chevet.** **6·** ***Table d'orientation*** : table circulaire de pierre, sur laquelle sont figurés les directions des points cardinaux et les principaux accidents topographiques visibles. **7·** Partie supérieure de l'autel. *La sainte table,* l'autel. **II·** Surface plane. **1·** Partie plane ou légèrement incurvée d'un instrument de musique sur laquelle les cordes sont tendues. *Table (d'harmonie),* sur laquelle repose le chevalet. **2·** ***Table d'écoute*** : poste d'écoute qui permet d'entendre les communications téléphoniques à l'insu des usagers. **3·** Surface plane naturelle. *Une table calcaire.* **III·** **1·** (Dans quelques emplois) Surface plane sur laquelle on peut écrire, graver, inscrire. → **tablette.** – Loc. ***Faire table rase*** *du passé* : le considérer comme inexistant, nul. – *Les **tables de la Loi*** (remises par Dieu à Moïse) : les commandements de Dieu. **2·** Présentation méthodique sous forme de liste ou de tableau*. → **index.** *Table alphabétique.* ***Table des matières*** : dans un livre, énumération des chapitres, des questions traitées. **3·** Recueil d'informations, de données (numériques, expérimentales), groupées de façon systématique. *Tables de multiplication. Table de vérité* (en logique). ▷ **entablement, retable,** s'**attabler, tablature, tableau, tablée, tabler, tablette,** 2 **tablier, tabulaire, tabulateur**

tableau [tablo] n. m. **I· 1·** Peinture exécutée sur un support rigide et autonome. → **toile.** *Un mauvais tableau* → **croûte.** *Un tableau abstrait. Genre de tableaux.* → **marine, nature morte, paysage, portrait.** *Exposer ses tableaux. Marchand de tableaux.* **2·** ***Tableau vivant*** : groupe de personnages immobiles évoquant un sujet de tableau. **3·** Image, scène réelle qui évoque une représentation picturale. *Un tableau touchant.* – Fam. *Vous voyez d'ici le tableau !,* la scène. **4·** ***Tableau de chasse*** : ensemble des animaux abattus, rangés par espèces ; fig. ensemble de succès. **5·** Description ou évocation imagée, par la parole ou par écrit. → **récit.** *Brosser un tableau de la situation,* une rapide description. **6·** Subdivision d'un acte qui correspond à un changement de décor, au théâtre. *Un drame en vingt tableaux.* **II·** Panneau plat. **1·** Panneau destiné à recevoir une inscription, une annonce. *Un tableau d'affichage. Tableau des départs, des arrivées,* dans une gare. – Liste de renseignements affichés. *Tableau de service.* **2·** (Emplacement où on mise de l'argent) Avec **sur.** – Loc. *Jouer, miser sur deux tableaux, sur tous les tableaux,* se réserver plusieurs chances. *C'est une réussite, nous avons gagné sur tous les tableaux.* **3·** ***Tableau (noir)*** : panneau sur lequel on écrit à la craie dans une salle de classe. *Aller au tableau,* se faire interroger. – *Tableau blanc interactif (T. B. I.),* écran relié à un ordinateur, permettant de travailler d'une manière interactive. **4·** Support plat réunissant plusieurs objets ou appareils. *Le tableau des clés dans un hôtel.* **5·** ***Tableau de bord*** : panneau où sont réunis les instruments de bord. *Le tableau de bord d'un avion, d'une voiture.* **III·** Ce qui est écrit sur un tableau. **1·** Liste par ordre (de personnes). *Tableau de l'Ordre des avocats.* – ***Tableau d'honneur*** : liste des élèves les plus méritants. *Être inscrit au tableau d'honneur.* **2·** Série de données, de renseignements, disposés d'une manière claire et ordonnée. *Tableau des conjugaisons. Tableau statistique. Tableau synoptique.* → **table** (III, 2). *Disposé en tableau.* → **tabulaire.** ▶ **tableautin** n. m. Tableau (I) de petite dimension. ▷ **tableur**

tablée [table] n. f. Ensemble des personnes assises à une table, qui prennent ensemble leur repas.

tabler [table] v. intr. < conjug. 1 > ***Tabler sur*** *qqch.* : baser une estimation, un calcul sur (ce qu'on croit sûr). → **compter.** *On avait tablé sur un gros succès, mais la pièce est tombée à plat.*

tablette [tablɛt] n. f. **I·** Autrefois. Planchette, petite surface plane destinée à recevoir une inscription. – Loc. *Je l'écris, je le marque sur mes tablettes,* j'en prends note, je m'en souviendrai. **II·** Petite planche horizontale. → **planchette.** *Les tablettes d'une armoire* (→ **rayon**). – Plaque d'une matière dure, servant de support, d'appui, d'ornement. *Tablette surmontant un radiateur* (de chauffage). **III·** Produit alimentaire présenté en petites plaques rectangulaires. *Tablette de chocolat* → **plaque,** *de chewing-gum.* **IV·** Ordinateur ou terminal d'ordinateur, portable, plat, dont l'écran tactile recouvre toute la surface. ▶ **tabletter** v. tr. < conjug. 1 > Au Canada. Fam. **1·** Mettre (qqn) à l'écart. **2·** Mettre (qqch.) de côté. ▶ **tablettage** n. m.

tableur [tablœʀ] n. m. Logiciel de création et d'édition de tableaux (III, 2).

1 **tablier** [tablije] n. m. **1·** Vêtement de protection, pièce de matière souple qui garantit le devant du corps. *Tablier à bavette. Tablier de cuir. Tablier de boucher.* – Loc. *Rendre son tablier,* refuser de servir comme domestique plus longtemps ; démissionner. **2·** Blouse de protection. *Tablier d'écolier.*

2 **tablier** n. m. **1·** Dispositif (plaque ou assemblage de plaques) servant à protéger. *Le tablier*

de la cheminée. → **rideau.** *Les tabliers de fer des magasins.* **2·** Plate-forme horizontale (d'un pont qui supporte une chaussée, une voie ferrée...).

tabou [tabu] n. m. et adj. **1·** N. m. Système d'interdictions religieuses appliquées à ce qui est considéré comme sacré (et interdit) ou impur. – Adj. *Tabou, e.* Qui est soumis au tabou, exclu de l'usage commun. *Des armes taboues.* **2·** Ce sur quoi on fait silence, par crainte, pudeur. *Les tabous sexuels.* – Loc. *Briser les tabous,* parler, agir en dépit des tabous. – Adj. Interdit. *Il vaut mieux ne pas aborder les sujets tabous.*

taboulé [tabule] n. m. Préparation culinaire à base de semoule de blé crue, de feuilles de menthe, de persil, de tomates hachées, assaisonnée d'huile d'olive et de jus de citron.

tabouret [tabuʀɛ] n. m. Siège sans bras ni dossier, à pied(s). *Tabouret de bar.*

tabulaire [tabylɛʀ] adj. **1·** Disposé en tables, en tableau (III). **2·** En forme de table. *Plateau, massif tabulaire,* relief plat qui domine les environs.

tabulateur [tabylatœʀ] n. m. Dispositif pour aligner des signes en colonnes, en tableaux. ▶ **tabulatrice** n. f. Autrefois. Machine à trier utilisant les cartes perforées. ▶ **tabulation** n. f. Positionnement en retrait (d'un texte...) laissant un blanc défini.

tac [tak] n. m. et interj. **1·** Bruit sec. **2·** Loc. *Répondre, riposter **du tac au tac** :* répondre à un mot désagréable en rendant aussitôt la pareille.

tache [taʃ] n. f. **I· 1·** Petite étendue de couleur, d'aspect différent du reste. *Taches de rousseur sur la peau. Les taches du léopard. Taches sombres, lumineuses, colorées.* **2·** *Taches solaires,* zones relativement sombres qui apparaissent à la surface du Soleil. **3·** Chacune des touches de couleur uniforme, juxtaposées dans un tableau (→ **tachisme**). *Des taches de lumière.* **II· 1·** Surface salie par une substance étrangère ; cette substance. → **éclaboussure, salissure, souillure ; tacher.** *Une tache d'encre. Tache de suie. Des taches de doigts gras.* → **marque.** *Faire des ratures et des taches en écrivant.* → **bavure, pâté.** *Enlever les taches d'un vêtement.* → **détacher. 2·** *Faire tache :* rompre une harmonie de couleurs ou toute autre harmonie. *Ce vase fait tache dans le salon.* **3·** Souillure morale. → **déshonneur, tare.** *Une réputation sans tache.* – Relig. *La tache originelle,* le péché originel. ≠ tâche. ▶ **tacher** v. tr. <conjug. 1> **I·** Salir en faisant une tache, des taches. → **maculer, salir, souiller.** *Tu as taché la nappe. La sauce a taché la nappe. Il a taché ses vêtements.* – (Suj. chose) Sans compl. *Le vin rouge tache.* **II·** *Se tacher* v. pron. **1·** Faire des taches sur soi, sur ses vêtements. **2·** (Choses) Recevoir des taches, se salir. *Une nappe blanche se tache vite.* **3·** Se couvrir de taches. *Les bananes se tachent de points noirs en mûrissant.* **III·** *(Être) taché, ée* passif et p. p. adj. *Table tachée d'encre. Robe tachée.* ≠ tâcher. ▶ **tacheté, ée** adj. Qui présente des petites taches. *Un tissu tacheté de brun.* → **moucheté.** ▶ **tacheter** v. tr. <conjug. 4> Couvrir de petites taches. ▷ **antitache,** ② **détacher, entacher, tachisme**

tâche [tɑʃ] n. f. **1·** Travail déterminé qu'on doit exécuter. → **besogne, ouvrage.** *Accomplir sa tâche quotidienne. Elle s'acquitte très bien de cette tâche.* **2·** Loc. ***À la tâche*** *:* se dit des ouvriers, des artisans qui sont payés selon l'ouvrage exécuté. **3·** Ce qu'il faut faire ; conduite commandée par une nécessité ou dont on se fait une obligation. → **devoir, mission, rôle.** *Former les jeunes est une tâche difficile.* ≠ tache. ▶ **tâcher** v. tr. <conjug. 1> **1·** V. tr. ind. *Tâcher (de) :* faire des efforts, faire ce qu'il faut pour... → **s'efforcer, essayer.** *Tâchez de nous rendre visite.* – (À l'impératif, par euphémisme, pour donner un ordre) *Et tâche de ne pas recommencer !* **2·** *Tâcher que* (à l'impératif + subjonctif) : faire en sorte que. *Tâchez que ça aille mieux.* ≠ tacher. ▶ **tâcheron** n. m. Personne qui travaille avec application, sur des travaux ingrats, peu importants. Le fém. *tâcheronne* est acceptable.

tachisme [taʃism] n. m. Façon de peindre par taches de couleur juxtaposées. ▶ **tachiste** n. et adj. *Un (peintre) tachiste.*

tachy- Élément savant signifiant «rapide». ▶ **tachycardie** [takikaʀdi] n. f. Accélération du rythme des battements du cœur.

tacite [tasit] adj. Non exprimé, sous-entendu entre des personnes. → **implicite, inexprimé.** *Un consentement tacite. Reconduction tacite d'un bail.* ▶ **tacitement** adv. Implicitement.

taciturne [tasityʀn] adj. Qui parle peu, reste habituellement silencieux. – Qui n'est pas d'humeur à faire la conversation. → **morose, sombre.** *Il est bien taciturne aujourd'hui.*

tacle [takl] n. m. Anglic. Au football. Action de prendre le ballon dans les pieds de l'adversaire. – Fig. Prise de contrôle subite, aux dépens de qqn. ▶ **tacler** v. tr. <conjug. 1> *Se faire tacler par un adversaire.*

tacot [tako] n. m. Fam. Vieille automobile qui n'avance pas. → **guimbarde.**

tact [takt] n. m. **I·** Sensibilité qui permet, au contact d'une surface, d'apprécier certains caractères (caractère lisse, soyeux ; rugueux ; sec, humide, gluant, etc.). → ② **toucher ; tangible.** *Choisir une étoffe au tact.* **II·** Caractère d'une personne qui manifeste des qualités de réserve, de discrétion et de prévenance envers autrui. → **délicatesse, doigté.** *Avoir du tact. Il lui a annoncé la nouvelle avec tact. Quel manque de tact !* ▶ **tactile** adj. Qui concerne les sensations du tact (I), du toucher. – *Poils tactiles,* qui chez certains animaux servent au tact (ex. : les vibrisses du chat). – *Écran tactile,* sur lequel on intervient par contact du doigt. ▷ **contact, intact, podotactile**

tactique [taktik] n. f. et adj. **I**· N. f. **1**· Art de combiner tous les moyens militaires (troupes, armements) au combat ; exécution des plans de la stratégie*. *Tactique d'infanterie. Tactique d'encerclement.* – *La tactique de la terre* brûlée.* **2**· Ensemble des moyens coordonnés que l'on emploie pour parvenir à un résultat. → **plan, stratégie.** *La tactique parlementaire. Il va falloir changer de tactique.* **II**· Adj. Relatif à la tactique. ≠ stratégique. *Arme atomique tactique.* – *Faire preuve d'habileté tactique.* ▶ **tactiquement** adv.

tænia → **ténia.**

taffetas [tafta] n. m. invar. **1**· Tissu de soie à armure unie. *Taffetas changeant,* dont la chaîne et la trame sont de nuances différentes. **2**· *Taffetas, taffetas gommé,* morceau de tissu gommé recouvert d'une gaze, qu'on applique sur les petites plaies, les coupures.

tag [tag] n. m. Anglic. Graffiti formant une signature d'intention décorative (en général tracé dans un lieu public). *Un mur couvert de tags.* ▶ **taguer** v. tr. < conjug. 1 > Tracer des tags sur (une surface). ▶ **tagueur, euse** n.

taïaut, tayaut [tajo] interj. Dans la chasse à courre. Cri du veneur pour signaler la bête.

taie [tɛ] n. f. **1**· Enveloppe de tissu (d'un oreiller). *Changer les draps et les taies d'oreillers.* **2**· Tache opaque ou à demi transparente de la cornée. *Avoir une taie sur l'œil.*

taïga [taiga] n. f. Zone de forêts de conifères et de tourbières qui borde la toundra (Asie, Amérique du Nord).

taillader [tɑ(a)jade] v. tr. < conjug. 1 > Faire des coupures (dans les chairs, sur la peau). *Il s'est tailladé le menton en se rasant.* → **entailler.** – *Taillader sa table avec un canif.*

taillandier, ière [tajɑ̃dje, jɛʀ] n. Artisan qui fabrique les outils et fers tranchants utilisés par les cultivateurs et certains artisans.

1 **taille** [tɑj] n. f. Redevance payée au seigneur féodal, au roi par les serfs et les roturiers. *La taille et la gabelle.* ▶ **taillable** adj. Qui est soumis à l'impôt de la taille. *Les serfs étaient taillables et corvéables à merci,* soumis aux impôts arbitraires du seigneur.

2 **taille** n. f. **1**· Opération qui consiste à tailler qqch. ; forme qu'on donne à une chose en la taillant. *La taille des pierres.* Loc. ***Pierre de taille*** : taillée (par un tailleur (II) de pierres, pour servir à la construction, etc.). *Un mur en pierre de taille.* – *La taille des arbres, de la vigne.* **2**· Tranchant de l'épée, du sabre, qui sert à tailler (opposé à estoc). *Recevoir un coup de taille.*

3 **taille** n. f. **1**· Hauteur du corps humain, debout et droit. → **stature.** *La mensuration de la taille avec une toise. Une taille de 1,75 m. La taille de qqn, sa taille. Un homme de petite taille, de taille moyenne, de grande taille.* **2**· Loc. ***À la taille de, de la taille de...*** : en rapport avec. *C'est un sujet à sa taille.* – ***Être de taille à*** (+ infinitif) : avoir la force suffisante, les qualités nécessaires pour. → **capable** de. *Il est de taille à se défendre.* – Négatif. (Sans compl.) *Il n'est pas de taille.* **3**· Grandeur, grosseur et conformation (du corps) par rapport aux vêtements. *Cette veste n'est pas à ma taille.* – Chacun des types standard dans une série de confection. *Taille 40. Il faudrait la taille au-dessus.* **4**· Grosseur ou grandeur. *Photo de la taille d'une carte de visite.* → **dimension, format.** – Fam. ***De taille*** : très grand, très important. *Il est de taille, votre parapluie.* → **immense.** Abstrait. *L'erreur est de taille.* → **énorme.**

4 **taille** n. f. **1**· Partie plus ou moins resserrée du tronc entre les côtes et les hanches. *Entrer dans l'eau jusqu'à la taille. Avoir la taille épaisse, fine.* Loc. *Taille de guêpe,* très fine. *Tour de taille,* mesuré à la ceinture. *Prendre qqn par la taille.* **2**· Partie plus ou moins resserrée (d'un vêtement) à cet endroit du corps. *Manteau à taille ajustée. Un pantalon à taille basse.*

1 **tailler** [tɑje] v. tr. < conjug. 1 > **1**· Couper, travailler (une matière, un objet) avec un instrument tranchant, de manière à lui donner une forme déterminée. *Tailler une pièce de bois. Tailler la pierre. Tailler un crayon,* le tailler en pointe pour dégager la mine. *Tailler un arbre,* ses branches. → **élaguer, émonder.** *Tailler un arbre en cône.* **2**· Confectionner, obtenir (une chose) en découpant. *Tailler des torchons dans un drap usagé.* – *Tailler un vêtement,* découper les morceaux que l'on coud ensuite pour faire le vêtement. → **couper.** **3**· ***Se tailler*** *un beau succès* : obtenir. ▶ **taillé, ée** [tɑje] adj. **1**· Fait (du corps humain). *Il est taillé en athlète.* → **bâti.** *Taillé à la serpe*.* **2**· Loc. *Être taillé pour,* être fait pour, apte à. *Il est taillé pour faire une belle carrière.* **3**· Coupé, rendu moins long. *Moustache taillée.* – Élagué. *Arbres taillés.* – ***Taillé en*** : qu'on a taillé en don-

nant la forme de. *Cheveux taillés en brosse. Bâton taillé en pointe.* ▶ **taille-crayon** n. m. Petit instrument avec lequel on taille les crayons. *Des taille-crayons.* ▶ **taille-douce** n. f. Gravure en creux. – Gravure sur cuivre au burin. *Des tailles-douces.* ▷ **détail, entaille, entailler, taillader, taillandier,** ② **taille, tailleur, taillis**

② se **tailler** v. pron. < conjug. 1 > Fam. Partir, s'enfuir. → se **sauver,** se **tirer.** *Taillons-nous !*

tailleur, euse [tajœʀ, øz] n. **I· 1·** Artisan, ouvrier(ière) qui fait des vêtements sur mesure pour hommes ; personne qui exploite et dirige l'atelier où on les confectionne. *Se faire faire un costume chez un tailleur. La tailleuse prend les mesures de son client.* **2·** Loc. *S'asseoir en tailleur,* par terre, les jambes à plat sur le sol et repliées, les genoux écartés. **3·** *N. m. Un tailleur,* costume de femme (veste et jupe ou pantalon de même tissu). *Un tailleur sport.* **II·** N. ***Tailleur, tailleuse de...*** : artisan qui taille, qui façonne (qqch.) par la taille. *Tailleur de pierre(s).*

taillis [taji] n. m. invar. Partie d'un bois ou d'une forêt où il n'y a que des arbres de faible dimension ; ces arbres. *Des taillis et des futaies.*

tain [tɛ̃] n. m. Amalgame métallique (étain ou mercure) qu'on applique derrière une glace pour qu'elle puisse réfléchir la lumière. *Le tain d'un miroir. Glace sans tain.* ≠ teint.

taire [tɛʀ] v. tr. < conjug. 54, sauf 3e pers. du sing. de l'indicatif *il tait* et part. passé fém. *tue.* > **I·** ***Se taire*** v. pron. réfl. **1·** Rester sans parler, s'abstenir de parler, de s'exprimer. *Il se tait.* / contr. parler / *Savoir se taire,* être discret. *Se taire sur qqch.,* à propos de qqch. *Je préfère me taire là-dessus. Dans certains cas, il vaut mieux se taire.* – Loc. fam. *Il a manqué, perdu une belle occasion de se taire,* il a parlé mal à propos. **2·** Cesser de parler (ou de crier, de pleurer). *Elles se sont tues. Il a fini par se taire. Tais-toi ! taisez-vous !* → **chut, silence.** – *Allez-vous vous taire ?* – (Avec ellipse de *se*) ***Faire taire*** *qqn* : empêcher de parler, de crier, de pleurer ; forcer à se taire. *Faites-les taire.* – *Faire taire l'opposition.* → **museler.** *Faire taire ses scrupules.* **3·** (Suj. chose) Ne plus se faire entendre. → **s'éteindre.** *Les bruits se sont tus. L'orchestre s'était tu.* **II·** V. tr. Moins cour. Ne pas dire ; s'abstenir ou refuser d'exprimer (qqch.). → **cacher, celer.** / contr. révéler / *Il y a des vérités qu'il vaut mieux taire. Taire ses raisons. Une personne dont je tairai le nom.* / contr. dire /

tajine ou **tagine** [taʒin] n. m. **1·** Ragoût de viande cuit à l'étouffée, spécialité marocaine. *Tajine d'agneau.* **2·** Plat avec couvercle, en terre vernissée, dans lequel ce ragoût est cuit.

talc [talk] n. m. Poudre (silicate naturel de magnésium). *Mettre du talc sur les fesses d'un bébé.* ▷ **talquer**

talé, ée [tale] adj. (Fruits) Meurtri. *Pêches talées.* → **tapé.**

① **talent** [talɑ̃] n. m. **1·** Aptitude particulière, dans une activité. → **capacité, don.** Fam. *Montrez-nous vos talents,* ce que vous savez faire. *Talent de société,* qui intéresse, divertit en société. *Talent littéraire. Avoir du talent pour,* être doué pour. *Il a du talent pour la cuisine.* – *Avoir le talent de* (+ infinitif). *Vous avez le talent de m'irriter.* → **chic, don. 2·** ***Le talent*** : aptitude remarquable dans le domaine intellectuel ou artistique. *Avoir du talent. Il n'a aucun talent. Un écrivain de talent.* – *Le talent d'un peintre.* **3·** Au plur. Personne qui a du talent. *Il faut aider les jeunes talents.* ▶ **talentueux, euse** [talɑ̃tɥø, øz] adj. Qui a du talent. *Un peintre talentueux.* ▶ **talentueusement** adv. Avec talent.

② **talent** n. m. Poids de 20 à 27 kg, dans la Grèce antique. – Monnaie de compte équivalant à un talent d'or ou d'argent.

taliban, ane [talibɑ̃, an] n. et adj. Membre d'un mouvement islamiste armé extrémiste, en Afghanistan, partisan de l'application stricte et intégrale de la loi coranique (→ **charia**). *Des talibans.* – *Des offensives talibanes.*

talion [taljɔ̃] n. m. **1·** Châtiment qui consistait à infliger au coupable le même traitement qu'il avait fait subir à autrui. *La loi du talion* (œil pour œil, dent pour dent). **2·** Le fait de rendre la pareille, de se venger.

talisman [talismɑ̃] n. m. Objet (pierre, anneau...) sur lequel sont gravés ou inscrits des signes, et auquel on attribue des vertus magiques de protection, de pouvoir. → **amulette.**

talkie-walkie [tɔkiwɔki ; talkiwalki] n. m. Anglic. Petit poste émetteur-récepteur de radio, portatif et de faible portée. *Des talkies-walkies.*

talk-show [tɔ(l)kʃo] n. m. Anglic. Émission de télévision consistant en une conversation entre un animateur et ses invités. *Des talk-shows.*

Talmud [talmyd] n. m. Recueil des enseignements des grands rabbins. *Étudier le Talmud.* ▶ **talmudique** adj. *Recueil talmudique.*

taloche [talɔʃ] n. f. Fam. Gifle (surtout à un enfant). *Tu vas recevoir une taloche !* → **calotte.** ▶ **talocher** v. tr. < conjug. 1 > Fam. → **gifler.**

① **talon** [talɔ̃] n. m. **1·** Reste, bout (d'un pain, d'un fromage) où il y a beaucoup de croûte. – Extrémité (d'un jambon). **2·** Ce qui reste d'un jeu de cartes après la première distribution. *Piocher* *dans le talon.* **3·** Partie d'une feuille de carnet, de registre, qui demeure fixée à la souche après qu'on en a ôté la partie détachable (volant). *Le talon du chèque fait foi.*

2 **talon** n. m. **1·** Partie postérieure du pied humain, dont la face inférieure touche le sol pendant la marche. *Talon et pointe du pied. Pivoter sur ses talons. Être accroupi sur ses talons. Le talon d'Achille* (le seul endroit où Achille pouvait être blessé), le point vulnérable. *C'est son talon d'Achille.* – Loc. *Marcher, être* ***sur les talons de qqn*** : le suivre de tout près. *La police était sur ses talons.* → **talonner.** – *Montrer, tourner les talons*, s'en aller, partir, s'enfuir. – *Avoir l'estomac dans les talons,* avoir faim. **2·** Partie (d'un bas, d'une chaussette, etc.) qui enveloppe le talon. *Bas à talons renforcés.* **3·** Pièce rigide et saillante à l'arrière d'une chaussure. *Talons plats. Talons hauts. Talons aiguilles,* hauts et fins. *Mocassins usés aux talons.* ▶ **talonnette** n. f. **1·** Lame de liège que l'on place sous le talon à l'intérieur de la chaussure. **2·** Ruban que l'on coud au bas des jambes d'un pantalon pour en éviter l'usure. ▶ **talonner** v. tr. < conjug. 1 > **1·** Suivre ou poursuivre de très près. *Ses poursuivants le talonnent.* → **serrer** de près. **2·** Presser vivement et sans relâche. → **harceler.** *Ses créanciers le talonnent.* – (Suj. chose) *La soif le talonnait.* – Au p. p. *Talonné par la faim.* – Presser (un cheval) du talon, de l'éperon pour le faire avancer. **3·** Frapper du talon. – *Talonner (le ballon),* au rugby, lors d'une mêlée, envoyer le ballon dans son camp d'un coup de talon. ▶ **talonnade** n. f. Action de frapper la balle en arrière, avec le talon, au football. ▶ **talonnage** n. m. Action de talonner, au rugby. ▶ **talonnement** n. m. Action de talonner (1, 2).

talquer [talke] v. tr. < conjug. 1 > Enduire, saupoudrer de talc. – Au p. p. adj. *Gants de caoutchouc talqués.*

talus [taly] n. m. invar. Terrain en pente très inclinée, aménagé par des travaux de terrassement. *Talus de déblai,* qui borde une excavation. *Talus de remblai,* fait de terre rapportée et qui s'élève au-dessus du sol. *Les talus qui bordent un chemin.* – Ouvrage de fortifications. → **glacis.**

talweg → **thalweg.**

tamanoir [tamanwaʀ] n. m. Mammifère d'Amérique du Sud communément appelé *grand fourmilier,* qui peut atteindre 2,50 m, à langue effilée et visqueuse, qui lui sert à capturer les fourmis dont il se nourrit.

tamarin [tamaʀɛ̃] n. m. **1·** Fruit du tamarinier dont la pulpe est laxative. **2·** Tamarinier. ▶ **tamarinier** n. m. Grand arbre exotique à fleurs en grappes, qui produit le tamarin.

tamaris [tamaʀis] n. m. invar. Arbrisseau originaire d'Orient, à petites feuilles en écailles, à petites fleurs roses en épi, très décoratif. *Une allée de tamaris.*

tamazight [tamazigt] n. m. Langue berbère.

tambouille [tɑ̃buj] n. f. **1·** Fam. Plat grossier, cuisine médiocre. *La tambouille de la cantine.* **2·** Fam. Cuisine. *Faire la tambouille.*

tambour [tɑ̃buʀ] n. m. **I· 1·** Instrument à percussion, formé de deux peaux tendues sur un cadre cylindrique → **caisse** et que l'on fait résonner à l'aide de baguettes. *Un roulement de tambour.* – Loc. *Sans tambour ni trompette,* sans attirer l'attention. – *Raisonner* (résonner) *comme un tambour,* très mal. **2·** Celui qui bat le tambour. *Les tambours du régiment.* **3·** Tout instrument à percussion à membrane tendue. → **timbale.** *Tambour de basque,* petit cerceau de bois muni d'une peau tendue et entouré de grelots. → **tambourin.** *Tambours africains.* → **djembé, tam-tam** (2). **II· 1·** Petite entrée à double porte, servant à mieux isoler l'intérieur d'un édifice. *Tambour d'église.* – Tourniquet formé de quatre portes vitrées, en croix. *Tambour vitré à l'entrée d'un hôtel. Porte à tambour.* **2·** Métier circulaire pour broder à l'aiguille. *Broderie au tambour.* **3·** Cylindre d'un treuil. *Tambour de moulinet* (pêche). – Cylindre (de machines). *Le tambour d'une machine à laver.* **4·** *Tambour de frein,* pièce cylindrique solidaire de la roue, à l'intérieur de laquelle frottent les segments. ▶ **tambourin** n. m. **1·** Tambour de basque. **2·** Tambour haut et étroit, que l'on bat d'une seule baguette. *Tambourin provençal.* ▶ **tambourinaire** n. m. Joueur de tambourin (2). ▶ **tambouriner** v. < conjug. 1 > **I·** V. intr. Faire un bruit de roulement, de batterie (avec un objet dur, avec ses poings, ses doigts). *Il tambourine à la porte.* – (Suj. chose) *La grêle tambourinait contre les vitres.* **II·** V. tr. Jouer (un air) sur un tambour, un tambourin. *Tambouriner une marche.* – Au p. p. adj. *Langages tambourinés d'Afrique,* signaux transmis par les tambours, les tam-tams (2). ▶ **tambourinage** ou **tambourinement** n. m. Action de tambouriner. ▶ **tambour-major** n. m. Sous-officier qui commande les tambours et les clairons d'un régiment. *Des tambours-majors.*

tamis [tami] n. m. invar. **1·** Instrument formé d'un réseau plus ou moins serré (toile, vannerie) ou d'une surface percée de petits trous, et d'un cadre, qui sert à passer et à séparer les éléments d'un mélange. → **crible, sas.** *Tamis de cuisinière.* → **chinois, passoire.** **2·** Loc. *Passer au tamis,* trier, ne conserver que certains éléments. *On a passé le personnel au tamis.* ▶ **tamiser** v. tr. < conjug. 1 >

1· Trier au tamis. → **cribler.** *Tamiser de la farine.* **2·** Laisser passer (la lumière) en partie. → **voiler.** *Les rideaux tamisaient la lumière.* – Au p. p. adj. *Lumière tamisée,* filtrée ; douce, voilée. ▶ **tamisage** n. m. *Le tamisage de la farine.*

tamoul, e [tamul] adj. et n. Des Tamouls, peuple du Sud de l'Inde et du Sri-Lanka. *La littérature tamoule.* – N. m. *Le tamoul* (langue non indo-européenne).

1 **tampon** [tɑ̃pɔ̃] n. m. **I· 1·** Petite masse dure ou d'une matière souple pressée, qui sert à boucher un trou, à empêcher l'écoulement d'un liquide. → **bouchon.** *Un tampon de liège.* **2·** Cheville qu'on plante pour y fixer un clou, une vis. **3·** Petite masse formée ou garnie de tissu, d'une matière souple, servant à étendre un liquide. *Tampon métallique à récurer,* formé d'une masse de fils métalliques. *Tampon encreur,* coussinet imprégné d'encre. **4·** Petite masse de gaze, d'ouate, de charpie, servant à étancher le sang, nettoyer la peau, etc. *Un tampon imbibé d'éther.* – *Tampons hygiéniques* ou *périodiques,* protection que les femmes portent pendant les règles. **5·** *En tampon :* froissé en boule (papier, tissu). *Son mouchoir était roulé en tampon.* **II·** Timbre (qu'on encre sur un tampon encreur) qui sert à marquer, à oblitérer. *Apposer le tampon sur une lettre.* – Cachet, oblitération. ▶ 1 **tamponner** v. tr. <conjug. 1> **I·** Enduire d'un liquide ; essuyer, nettoyer avec un tampon (I, 3 et 4). *Tamponner une plaie avec de la gaze. Elle s'est tamponné le nez avec un mouchoir.* – Loc. fam. *Il s'en tamponne le coquillard* (l'œil), *il s'en tamponne,* il s'en moque. **II·** Timbrer, apposer un tampon (II) sur. *Faire tamponner une autorisation.* ▶ 1 **tamponnement** n. m. *Désinfecter une plaie par tamponnement,* avec un tampon d'ouate. ▷ **cache-tampon**

2 **tampon** n. m. **1·** Plateau métallique vertical destiné à recevoir et à amortir les chocs. *Les tampons d'une locomotive. Coup de tampon,* choc des tampons. **2·** Ce qui amortit les chocs, empêche les heurts (dans un sens concret ou abstrait). *Servir de tampon entre deux personnes qui se disputent.* En appos. ***État tampon :*** dont la situation intermédiaire entre deux autres États empêche les conflits directs. ▶ 2 **tamponner** v. tr. <conjug. 1> **1·** Heurter avec les tampons (1). **2·** (Véhicules) Heurter violemment. – Pronominalement (récipr.). *Les deux voitures se sont tamponnées.* ▶ 2 **tamponnement** n. m. **1·** Le fait de heurter avec les tampons. **2·** Accident résultant du heurt de deux trains. ▶ **tamponneur, euse** adj. ***Autos tamponneuses :*** attraction foraine où de petites voitures électriques circulent et se heurtent sur une piste.

tam-tam [tamtam] n. m. **1·** Tambour de bronze ou gong d'Extrême-Orient. → **gong.** *Des tam-tams.* **2·** Plus cour. Tambour en usage en Afrique noire comme instrument de musique et pour la transmission de messages. **3·** Bruit, publicité tapageuse, scandale bruyant. *Faire du tam-tam autour d'un événement.*

tancer [tɑ̃se] v. tr. <conjug. 3> Littér. Réprimander. → **admonester, gronder, morigéner.** *Il le tança vertement.*

tanche [tɑ̃ʃ] n. f. Poisson d'eau douce, à peau sombre et gluante, à la chair parfois médiocre, du fait des eaux vaseuses où elle se plaît.

tandem [tɑ̃dɛm] n. m. **1·** Bicyclette à deux sièges et deux pédaliers placés l'un derrière l'autre. **2·** Fam. Se dit de deux personnes associées. – Loc. *En tandem,* en collaboration. *Faire une traduction en tandem.* **3·** Ensemble composé de deux éléments complémentaires.

tandis que [tɑ̃dikə] loc. conj. **1·** Pendant le temps que, dans le même moment que. → **alors** que, **comme, pendant** que. *Ils sont arrivés tandis que je m'apprêtais à sortir.* **2·** (Marquant l'opposition) → **alors** que. *Tandis que l'un travaille, l'autre se repose.*

tangage [tɑ̃gaʒ] n. m. Mouvement alternatif d'un navire dont l'avant et l'arrière plongent successivement (→ **tanguer**). *Le tangage et le roulis. Il y a du tangage.* – *Le tangage d'un avion.*

tangent, ente [tɑ̃ʒɑ̃, ɑ̃t] adj. **1·** Qui touche, sans la couper, une ligne, une surface en un seul point. *Droite tangente à un cercle. Courbe tangente à une autre, à un plan.* **2·** Qui se fait de justesse. *Il a été reçu au bac, mais c'était tangent.* ▶ **tangente** n. f. **1·** *La tangente à une courbe,* la droite qui touche une courbe en un seul point. *Tracer la tangente en un point de la courbe. Tangente à un cercle,* perpendiculaire au rayon du cercle en ce point. **2·** Loc. ***Prendre la tangente :*** se sauver sans être vu ; se tirer d'affaire adroitement en éludant la difficulté par un faux-fuyant. ▶ **tangence** n. f. Position de ce qui est tangent. ▶ **tangentiel, ielle** adj. Qui a rapport aux tangentes. *Force tangentielle,* exercée dans le sens de la tangente à une courbe. ▷ **cotangente**

tangible [tɑ̃ʒibl] adj. **1·** Qui tombe sous le sens du tact, que l'on peut connaître en touchant. ≠ tactile. *La réalité tangible.* → **matériel, palpable.** **2·** Dont la réalité est évidente. *Des preuves tangibles. Un fait tangible.* ▷ **intangible**

1 **tango** [tɑ̃go] n. m. Danse originaire de l'Argentine, sur un rythme assez lent à deux temps. *Un tango langoureux. Jouer des tangos.*

[2] **tango** n. m. et adj. invar. Orange vif (teinte). → **orangé.** *Des tangos.* – *Des robes tango.*

tanguer [tɑ̃ge] v. intr. < conjug. 1 > **1·** (Bateaux) Se balancer par un mouvement de tangage. *Un navire qui roule* et qui tangue. Ça tangue !* **2·** Remuer par un mouvement alternatif d'avant en arrière (pour le mouvement de côté, il faut dire *rouler*). *Tout tanguait autour de lui.*

tanière [tanjɛʀ] n. f. **1·** Retraite (d'une bête sauvage), caverne, lieu abrité ou souterrain. → **antre, gîte, repaire, terrier.** *Une bête tapie au fond de sa tanière.* **2·** Logis dans lequel on s'isole, on se cache. *Faire sortir un malfaiteur de sa tanière.*

tanin ou **tannin** [tanɛ̃] n. m. **1·** Substance d'origine végétale, rendant les peaux imputrescibles. **2·** Cette substance provenant des grappes de raisin, et qui entre dans la composition des vins rouges. *Ajouter du tanin à un moût. Le tanin d'un bordeaux.*

[1] **tank** [tɑ̃k] n. m. Citerne d'un navire pétrolier. *Des tanks.* – Petit réservoir métallique pour l'eau, utilisé par les campeurs. ▶ **tanker** [tɑ̃kɛʀ ; -kœʀ] n. m. Bateau-citerne transportant du pétrole. → **pétrolier.**

[2] **tank** n. m. **1·** Vx. Char d'assaut. → **char.** **2·** Fam. Grosse automobile. *Tu vas arriver à le garer, ton tank ?* ▶ **tankiste** n. m. Soldat d'une unité de tanks, de blindés.

tannage → [1] **tanner.** ▶ **tannant** → [2] **tanner.**

tannée [tane] n. f. Fam. Volée de coups, raclée. *Elle lui a donné une de ces tannées !*

[1] **tanner** [tane] v. tr. < conjug. 1 > Préparer (les peaux) avec du tanin ou d'autres produits pour les rendre imputrescibles et en faire du cuir. ▶ **tannage** n. m. Action de tanner (les peaux). ▶ **tanné, ée** adj. **I·** Qui a subi le tannage. *Peaux tannées.* **II·** (Personnes) Dont la peau a pris une couleur brune par l'effet du soleil, des intempéries. *Un marin au visage tanné.* → **basané, hâlé.** ▶ **tannerie** n. f. **1·** Établissement où l'on tanne les peaux. **2·** Opérations par lesquelles on tanne les peaux. *La tannerie et le corroyage.* ▶ **tanneur, euse** n. Personne qui tanne les peaux, qui possède une tannerie et vend des cuirs. ▷ **tanin**

[2] **tanner** v. tr. < conjug. 1 > Fam. Agacer, importuner. *Tu nous tannes !* → **assommer, embêter.** *Il tanne son père pour avoir de l'argent.* ▶ **tannant, ante** adj. Fam. Qui tanne, lasse. *Il est tannant avec ses questions.* → **assommant, fatigant.**

tansad [tɑ̃sad] n. m. Anglic. Selle pour passager, derrière la selle d'une motocyclette. *Des tansads.*

tant [tɑ̃] adv. et nominal. **I·** Adv. de quantité, marquant l'intensité. **1·** *Tant que :* exprime qu'une action ou qu'une qualité portée à un très haut degré devient la cause d'un effet. → **tellement.** *Il souffre tant qu'il ne peut plus se lever.* **2·** *Tant de... que... :* une si grande quantité, un si grand nombre de... que... *Elle éprouvait tant de jalousie qu'elle en était malade.* – Sans compl. Tant de choses. *Il a fait tant pour vous ! Puisque vous avez déjà tant fait, il faut continuer. Il fit **tant et si bien** que la corde cassa.* **3·** (Sans **que**) Tellement. *Il vous aimait tant. Celle que vous avez tant aimée.* **REM.** *Tant* se place entre l'auxiliaire et le verbe. – *Je voudrais tant avoir fini.* **4·** *Tant de :* une si grande, une telle quantité de. *Tant de gens se trompent. Tant de travail reste à faire. Celui-là et tant d'autres. Tant de fois. Ne faites pas tant de façons.* → **autant** de. *Des gens comme il y en a tant.* Loc. fam. *Vous m'en direz tant !*, je ne suis plus étonné après ce que vous m'avez dit. – ***Tant soit peu*** *:* si peu que se soit. *S'il est tant soit peu délicat, il comprendra.* – ***Tant s'en faut*** *:* il s'en faut de beaucoup. *Il n'est pas généreux, tant s'en faut,* il est tout le contraire de généreux. **5·** Littér. (Introduisant la cause) *Il n'ose plus rien entreprendre, tant il a été déçu.* → **tellement.** – Loc. *Tant il est vrai que...*, introduit une vérité qui découle de ce qui vient d'être dit. **II·** Une quantité qu'on ne précise pas. *Être payé à tant par mois, à tant la page. Tant pour cent.* – ***Tant et plus*** *:* la quantité dont on parle et plus encore. *J'ai des amis tant et plus.* **III·** (Exprimant une comparaison) **1·** *Tant... que :* exprime l'égalité dans des propositions négatives ou interrogatives. → **autant.** *Ce n'est pas tant l'isolement qui me fait peur que le silence.* – ***Tant que...*** en phrase affirmative. → **autant.** *Il frappe tant qu'il peut.* – *Tant que ça,* tellement. *Dis-moi pourquoi tu tiens à lui tant que ça ?* – ***Si tant est que...*** (+ subjonctif) : exprime une supposition très improbable. *Il a l'air d'un honnête homme si tant est qu'il en existe encore.* – ***Tous tant que*** (et verbe *être* au plur.) : tous, autant qu'il y en ait. *Tous tant que nous sommes, nous commettons des erreurs.* **2·** ***En tant que...*** *:* dans la mesure où... *La justice est bonne en tant qu'elle garantit la liberté.* – Considéré comme. *La photographie en tant qu'art, en tant que technique, en tant qu'industrie.* → **comme.** *Il ne s'intéresse à nous qu'en tant que nous pouvons l'aider.* **3·** ***Tant... que...*** *:* aussi bien que. *Ses activités tant sportives qu'artistiques.* – ***Tant bien que mal*** (+ verbe d'action) : ni bien ni mal et avec peine. *Il a réussi tant bien que mal à le réparer.* **4·** ***Tant qu'à*** (+ infinitif) : puisqu'il faut... *Tant qu'à changer, j'aimerais mieux choisir une voiture plus spacieuse.* – Loc. ***Tant qu'à faire.*** *Tant qu'à faire, faites-le bien.* **5·** ***Tant mieux, tant pis*** *:* locutions exprimant la joie ou le dépit. *Il est guéri, tant mieux ! Et c'est* *tant mieux ! Il n'est pas là, tant pis ! Tant pis pour vous,* c'est dommage, mais c'est votre faute. **IV·** *Tant que... :* aussi longtemps que. *Je ne lui parlerai pas tant qu'il ne m'aura pas fait des excuses. Je m'y opposerai tant que j'en aurai le pouvoir.* – *Tant que vous y êtes,* pendant que vous y êtes. *Tant que tu y es, tu peux aussi nous demander la lune !* (puisque tu demandes beaucoup). ▷ **autant,** 2 **partant, pourtant, tantième, tantinet, tantôt**

1 **tante** [tɑ̃t] n. f. Sœur du père ou de la mère ; femme de l'oncle (lang. enfant. tata, tantine). *Tante paternelle, maternelle.* – *Tante à la mode de Bretagne,* cousine germaine du père ou de la mère. ▶ **tantine** n. f. Lang. enfantin. Ma tante, en s'adressant à elle. *Bonjour, tantine.* ▷ **grand-tante**

2 **tante** n. f. Vulg. et insultant. Homosexuel.

tantième [tɑ̃tjɛm] n. m. Pourcentage d'un tout. *Le tantième du chiffre de vente.*

tantinet [tɑ̃tinɛ] n. m. et loc. adv. **1·** *Un tantinet de,* un tout petit peu de. *Donnez-moi un tantinet de pain.* **2·** Loc. adv. Un petit peu, passablement. *Elles sont un tantinet ridicules. Il est un tantinet menteur, farceur.*

tant mieux, tant pis → **tant** (III, 5).

tantôt [tɑ̃to] adv. **1·** Cet après-midi. *Venez tantôt prendre le thé. À tantôt.* **2·** *Tantôt..., tantôt... :* à un moment, puis à un autre moment (pour exprimer des états différents d'une même chose). → **parfois.** *Il se porte tantôt bien, tantôt mal. Tantôt elle pleure, tantôt elle rit.* **3·** Vieilli ou région. (Canada) Un instant avant.

tantrisme [tɑ̃tʀism] n. m. Forme de l'hindouisme inspirée des *tantras,* livres sacrés ésotériques. ▶ **tantrique** adj. *L'hindouisme tantrique.*

taon [tɑ̃] n. m. Insecte piqueur et suceur, grosse mouche dont la femelle suce le sang des animaux. *Bœuf tourmenté par les taons.*

tapage [tapaʒ] n. m. **1·** Bruit violent, désordonné produit par un groupe de personnes. → **boucan, chahut, potin, raffut, vacarme.** /contr. silence/ *Un tapage infernal. Arrêtez ce tapage !* – *Tapage nocturne :* consistant à troubler la tranquillité des habitants en faisant du bruit, la nuit, sans motif légitime. **2·** Fig. Esclandre, scandale. *On a fait beaucoup de tapage autour de ce divorce.* → **bruit, publicité.** ▶ **tapageur, euse** adj. **1·** Qui fait du tapage. *Un enfant tapageur.* **2·** Qui fait du scandale. *Publicité tapageuse.* **3·** Qui se fait remarquer par l'outrance, le contraste des couleurs. → **criard, voyant.** /contr. discret/ *Un luxe tapageur.*

tapas [tapas] n. f. pl. Assortiment de petites entrées variées, à l'espagnole, servi à l'apéritif. *Un bar à tapas.*

tapée [tape] n. f. Fam. Grande quantité. *Des ennuis, j'en ai des tapées.* → **flopée, masse.**

tapenade [tapənad] n. f. Condiment provençal, purée d'olives comportant d'autres ingrédients (câpres, anchois...).

taper [tape] v. < conjug. 1 > **I·** V. tr. **1·** Frapper du plat de la main. → **claquer, cogner.** *Taper un enfant. Maman, elle m'a tapé !* **2·** Donner des coups sur (qqch.). *Taper la table du poing. Il l'a tapé avec sa règle. Taper des tapis,* les battre. – (Le compl. désigne une partie du corps) Loc. fam. *Se taper les cuisses de contentement.* – Fam. *Il y a de quoi se taper le derrière par terre,* c'est une chose risible, grotesque. – Fam. *C'est à se taper la tête contre les murs,* c'est une situation révoltante et sans issue. **3·** Produire (un bruit) en tapant. *Taper trois coups à la porte.* **4·** Écrire (un texte) au moyen d'une machine à écrire, d'un ordinateur. → **dactylographier ; frappe.** *Faire taper une lettre.* – Au p. p. *Texte tapé à l'ordinateur.* → **tapuscrit.** – REM. Pour le clavier d'ordinateur, on dit plutôt *saisir.* **5·** Fam. Emprunter de l'argent à (qqn). *Je l'ai tapé de dix euros* (→ **tapeur**). **II·** V. intr. **1·** Donner des coups. *Le boxeur tapait comme un sourd.* → **cogner.** *Arrête de taper sur ton frère. Taper des mains, dans ses mains.* → **applaudir.** *Taper du poing sur la table.* **2·** Loc. fig. *Taper sur qqn,* dire du mal de lui en son absence. → **critiquer, médire.** – *Taper sur le ventre de qqn,* le traiter avec une familiarité excessive. – *Taper sur les nerfs de qqn,* l'agacer. – *Taper dans l'œil de qqn,* lui plaire vivement. – *Taper dans le mille,* réussir ; deviner juste. **3·** Écrire (un texte) au moyen d'une machine à écrire, → **dactylographier,** d'un ordinateur → **saisir.** *Il tapait un rapport à la machine.* Sans compl. direct. *Cette dactylo tape vite.* **4·** *Le soleil tape dur,* chauffe très fort. Fam. *Ça tape, aujourd'hui !* **5·** Fam. *Taper dans :* prendre dans, se servir de. *Ils ont déjà tapé dans les provisions.* → **puiser.** *Tapez dans le tas !* **III·** *Se taper* v. pron. **1·** (Récipr.). Se frapper l'un l'autre. *Ils se sont tapés comme des brutes.* **2·** Faux pron. Fam. Manger, boire (qqch.). *Elle se tape son camembert.* **3·** Faux pron. Fam. Faire (une corvée). *Se taper tout le travail. Elle s'est tapé le trajet à pied.* **4·** *S'en taper* fam. : s'en moquer. *Je m'en tape, de ses histoires.* ▶ **tapant, ante** adj. (Après le nom d'une heure) Qui est en train de sonner (une heure). → **juste, pétant, sonnant.** *À midi tapant. À neuf heures tapantes.* – REM. On dit aussi *neuf heures tapant* (part. prés. de *taper*). ▶ **tape** n. f. Coup donné avec le plat de la main. *Une tape dans le dos.* → **claque.** *Il m'a donné une tape amicale.* ▶ **tapé, ée** adj.

1· Trop mûr, pourri par endroits (aux endroits des heurts). → **talé.** *Pommes tapées.* – Fam. (D'une personne qui n'est plus jeune) *Elle est un peu tapée.* **2·** Fam. ***Bien tapé*** : réussi, bien fait. *Une réponse bien tapée,* bien envoyée. – Bien servi. *Un demi bien tapé.* **3·** Fam. Fou. *Il est complètement tapé.* → **cinglé, sonné.** ▶ **tape-à-l'œil** [tapalœj] adj. invar. et n. m. invar. **1·** Adj. Qui attire l'attention par des couleurs voyantes, un luxe tapageur. *Une décoration un peu tape-à-l'œil.* / contr. **discret** / **2·** N. m. invar. *C'est du tape-à-l'œil,* cela fait beaucoup d'effet mais cela a peu de valeur. ▶ **tapecul** ou **tape-cul** [tapky] n. m. **1·** Voiture à cheval, automobile mal suspendue. **2·** Exercice de manège, à cheval. ▶ **tapement** n. m. Action de taper (I, 1 et 2). *Des tapements de pieds.* – Le bruit ainsi produit. *Un tapement sourd.* ▶ 1 **tapette** n. f. Raquette d'osier pour battre les tapis ; pour tuer les mouches. ▷ **retaper, tapage, tapée, tapeur, tapoter, tapuscrit**

2 **tapette** [tapɛt] n. f. Fam. Vieilli. Langue (qui parle). *Il a une de ces tapettes !,* il est très bavard.

3 **tapette** n. f. Fam. (Injure). Homosexuel.

tapeur, euse [tapœʀ, øz] n. Personne qui emprunte souvent de l'argent (→ **taper,** I, 4).

en tapinois [ɑ̃tapinwa] loc. adv. En se cachant, à la dérobée. → en **catimini, sournoisement.** *Il avançait en tapinois.*

tapioca [tapjɔka] n. m. Fécule extraite de la racine de manioc. *Un potage au tapioca* ou, ellipt, *un tapioca.*

1 **se tapir** [tapiʀ] v. pron. réfl. < conjug. 2 > Se cacher, se dissimuler en se blottissant. *Le chat s'est tapi sous le buffet.* – Au p. p. adj. *Une bête tapie dans les buissons.* ▷ en **tapinois**

2 **tapir** n. m. Mammifère ongulé, herbivore, d'assez grande taille (jusqu'à 2 m), bas sur pattes, dont le nez se prolonge en une courte trompe.

tapis [tapi] n. m. invar. **1·** Ouvrage de fibres textiles, destiné à être étendu sur le sol. *Tapis de haute laine. Secouer les tapis.* – *Marchand de tapis,* marchand ambulant de tapis ; péj. vendeur, marchand trop insistant. *Des discussions de marchand de tapis.* – Loc. *Dérouler le tapis rouge,* recevoir qqn avec les honneurs. *Tapis volant* (des légendes orientales). **2·** Revêtement souple de sol. *Tapis de fibres.* → **natte.** *Tapis de sol,* dans une tente de camping, etc. – ***Tapis-brosse*** : paillasson. *Des tapis-brosses.* – *Envoyer son adversaire* ***au tapis*** : au sol. **3·** ***Tapis roulant*** : surface plane animée d'un mouvement de translation et servant à transporter des personnes, des marchandises. *Des tapis roulants.* **4·** Couche, surface qui évoque un tapis. *Un tapis de neige.* **5·** Pièce de tissu recouvrant un meuble, une table. *Tapis de table.* → **dessus** de table. – *Le tapis vert d'une table de jeu.* – *Discuter, négocier autour du tapis vert* (d'une table de réunion). – Loc. *Mettre une affaire, une question sur le tapis,* la faire venir en discussion. *Avec lui, ce sont toujours les mêmes histoires qui reviennent sur le tapis.* ▷ **tapisser**

tapisser [tapise] v. tr. < conjug. 1 > **1·** Couvrir de tapisseries, tentures, étoffes, papiers, etc., pour orner. *Tapisser un mur, une chambre. Papier à tapisser. Tapisser sa chambre d'affiches.* – Au p. p. *Une pièce tapissée de jute.* **2·** (Suj. chose) Recouvrir (un mur, une paroi) en manière d'ornement. *Le papier peint qui tapisse un appartement.* – Recouvrir parfaitement. *Le lierre tapissait tout le mur.* ▶ **tapisserie** n. f. **1·** Ouvrage d'art en tissu, effectué au métier, dans lequel le dessin résulte de l'armure même. *Tapisseries des Gobelins, d'Aubusson.* **2·** Loc. ***Faire tapisserie*** *(dans un bal)* : se dit d'une jeune fille, d'une femme qui n'est pas invitée à danser (et qui reste immobile le long du mur, comme une tapisserie). *Elle a fait tapisserie à la fête,* elle est restée seule. **3·** Ouvrage de dame à l'aiguille, dans lequel un canevas est entièrement recouvert par des fils de laine, de soie. *Faire une tapisserie, de la tapisserie.* ▶ **tapissier, ière** n. **1·** Personne qui fabrique et vend des tissus utilisés en ameublement et en décoration. **2·** Personne qui tapisse une pièce, une maison, pose les papiers peints. *Tapissier-décorateur.*

tapoter [tapɔte] v. tr. < conjug. 1 > Frapper légèrement à petits coups répétés. *Tapoter la joue d'un enfant. À sept ans, il tapotait du Mozart.* → **pianoter.** – Intransitivement. *Tapoter sur la table.* → **tambouriner.** *Tapoter* (ou pianoter) *sur un clavier d'ordinateur.* ▶ **tapotement** n. m. *Entendre un léger tapotement à la porte.*

tapuscrit [tapyskʀi] n. m. Texte original (comme le *manuscrit*) tapé à la machine, à l'ordinateur.

taquet [takɛ] n. m. **1·** Pièce de bois qui soutient l'extrémité d'un tasseau. – Coin de bois pour caler un meuble. **2·** Morceau de bois qui tourne autour d'un axe et sert à maintenir une porte fermée. → **loquet. 3·** Fam. *Être* ***au taquet,*** au maximum, à fond. *Elle a été au taquet pendant tout le match.*

taquin, ine [takɛ̃, in] adj. Qui prend plaisir à contrarier autrui dans les petites choses et sans désir de nuire. *Un enfant taquin. Un caractère taquin.* ▶ **taquiner** v. tr. < conjug. 1 > **1·** S'amuser à contrarier dans de petites choses. → **asticoter,** faire **enrager.** *Il la taquinait pour la mettre en* colère. *Tu ne devrais pas la taquiner là-dessus, à ce sujet.* **2·** (Suj. chose) Être la cause de petites contrariétés, d'une douleur légère. *Ce retard me taquine.* → **inquiéter.** *J'ai une dent qui me taquine.* → **agacer.** **3·** Loc. fam. *Taquiner le goujon,* pêcher à la ligne. ▶ **taquinerie** n. f. **1·** Caractère d'une personne taquine. **2·** *Une taquinerie,* action de taquiner ; parole taquine.

tarabiscoté, ée [taʀabiskɔte] adj. **1·** Qui comprend beaucoup d'ornements. *Des meubles tarabiscotés.* **2·** Abstrait. Affecté, contourné. *Style tarabiscoté. Une explication tarabiscotée.* → **embarrassée.**

tarabuster [taʀabyste] v. tr. < conjug. 1 > **1·** Importuner (qqn) par des paroles, des interventions renouvelées. → **houspiller, tourmenter, tracasser.** *Mes patrons vont encore me tarabuster.* → fam. **tanner.** **2·** (Suj. chose) Causer de la contrariété, de l'inquiétude, de l'agitation à (qqn). *C'est une idée qui me tarabuste.* → **turlupiner.**

tarama [taʀama] n. m. Hors-d'œuvre préparé avec des œufs de poisson (cabillaud), de la mie de pain, du jus de citron, formant une pâte émulsionnée à l'huile d'olive.

tarasque [taʀask] n. f. Animal fabuleux, sorte de dragon des légendes provençales.

taratata [taʀatata] interj. Onomatopée exprimant l'incrédulité, la défiance, le mépris. *Taratata ! tout ça, c'est des histoires !*

tarauder [taʀode] v. tr. < conjug. 1 > **1·** Creuser, percer (une matière dure) pour y pratiquer un pas de vis. *Tarauder une planche.* **2·** Percer avec une tarière. *Les insectes qui taraudent le bois.*

tard [taʀ] adv. **1·** Après le moment habituel ; après un temps considéré comme long. / contr. tôt / *Se lever tard.* – Prov. *Mieux vaut tard que jamais. Il est rentré de son travail plus tard que d'habitude.* – *Un peu tard, bien tard, trop tard,* après un temps trop long, après le moment convenable. *Votre lettre est arrivée trop tard, j'étais déjà parti.* – ***Tôt ou tard*** : inévitablement mais à un moment qu'on ne peut prévoir avec certitude. – (Avec *être*) *Il est, c'est trop tard.* Prov. *Il n'est jamais trop tard pour bien faire.* – *Au plus tard,* en prenant le délai le plus long qu'on puisse admettre ou estimer. *Je vous rembourserai dans un mois au plus tard.* – ***Plus tard*** : dans l'avenir. → **ultérieurement.** *Ce sera pour plus tard. Quelques minutes plus tard.* → **après.** *Pas plus tard qu'hier* (il y a si peu de temps). **2·** À la fin d'une période, à une heure avancée du jour ou de la nuit. *Tard dans la matinée, dans la nuit. Rentrer tard.* – Adj. *Il est, il se fait tard,* l'heure est avancée. *Il se fait tard, partons. Je ne croyais pas qu'il fût* (littér.), *qu'il était si tard.* **3·** N. m. ***Sur le tard*** : à un âge considéré comme avancé. *Il s'est mis à jouer du piano sur le tard.* ▶ **tarder** v. intr. < conjug. 1 > **1·** Se faire attendre ; être lent à venir. *Ça n'a pas tardé !* **2·** Mettre beaucoup de temps ; rester longtemps avant de commencer à agir. *Ne tardez pas, décidez-vous. Venez sans tarder,* tout de suite. – ***Tarder à*** (+ infinitif). *Il n'a pas tardé à lui répondre.* **3·** Impers. ***Il me (te, lui...) tarde*** (+ infinitif) : exprimant l'impatience de faire, de voir se produire qqch. *Il me tarde d'avoir les résultats.* – (Avec *que* + subjonctif) *Il lui tarde que ce soit terminé.* ▶ **tardif, ive** adj. **1·** Qui apparaît, qui a lieu tard, vers la fin d'une période, d'une évolution. *Maturité tardive. Enfant d'une intelligence tardive.* **2·** Qui a lieu tard dans la journée, la matinée ou la soirée. *Il est rentré à une heure tardive.* → **avancé.** – Qui vient, qui se fait trop tard. *Des remords tardifs.* **3·** (Opposé à *précoce*) Qui se forme, se développe plus lentement ou plus tard que la moyenne. *Un fruit tardif.* / contr. précoce / ▶ **tardivement** adv. Tard. *Elle s'en aperçut tardivement.* ▷ **s'attarder, retardataire, retarder**

1 **tare** [taʀ] n. f. **1·** Poids de l'emballage, du récipient pesé avec une marchandise. *Il faut déduire du poids brut la tare pour obtenir le poids net.* **2·** Poids qu'on place sur le plateau d'une balance, équivalent de celui d'un objet qu'on ne veut pas compter dans un poids total. ▶ **tarer** v. tr. < conjug. 1 > Peser (un emballage ou un récipient) avant de le remplir afin de pouvoir déduire son poids du poids brut.

2 **tare** n. f. **1·** Grave défaut (d'une personne, d'une société, d'une institution). *Les tares humaines.* **2·** Défectuosité physique ou psychologique, souvent considérée comme héréditaire et irrémédiable. ▶ **taré, ée** adj. **1·** Affecté de tares morales (1). *Un politicien taré.* → **corrompu.** *Régime taré.* **2·** Atteint d'une tare physique ou psychique (2). **3·** Fam. Inintelligent. → **bête, idiot.** *Mais tu es complètement taré ! Elle est tarée, cette nana !* – N. *Bande de tarés !*

tarentelle [taʀɑ̃tɛl] n. f. Danse du sud de l'Italie, sur un air au rythme très rapide.

tarentule [taʀɑ̃tyl] n. f. Grosse araignée venimeuse des pays chauds.

targette [taʀʒɛt] n. f. Petit verrou, généralement à tige plate, que l'on manœuvre en poussant ou en tournant un bouton. *Mettre la targette.*

se targuer [taʀge] v. pron. réfl. < conjug. 1 > Littér. Se prévaloir (de qqch.) avec ostentation, se vanter de... *Il se targue un peu trop de sa générosité.* – Plus cour. (+ infinitif). *Elle s'est targuée d'y parvenir. Il se targue de ce que tout lui réussit.*

targui, ie [taʀgi] n. et adj. Singulier de **Touareg.**

tarière [taʀjɛʀ] n. f. 1· Grande vrille pour percer le bois. 2· Prolongement de l'abdomen (d'insectes) capable de creuser des trous.

tarif [taʀif] n. m. 1· Tableau ou liste qui indique le montant des droits à acquitter, des prix fixés ; ces prix. *Les tarifs des chemins de fer. Tarif réduit.* → **demi-tarif.** *Payer plein tarif.* – En parlant de salaires. *Tarif syndical,* fixé par un syndicat. – *Tarif douanier,* taux du droit de douane des produits pouvant être importés. 2· Le prix tarifé ou usuel (d'une marchandise, d'un travail). *Le tarif, les tarifs d'un fabricant, d'un commerçant.* – Fam. *Il aura deux mois de prison, c'est le tarif,* la peine habituelle. ▶ **tarifaire** adj. *Dispositions tarifaires.* ▶ **tarifer** v. tr. < conjug. 1 > Fixer à un montant, à un prix déterminé ; déterminer le tarif de. *Faire tarifer une ordonnance.* – Au p. p. adj. *Des marchandises tarifées.* ▶ **tarification** n. f. Fixation des prix selon un tarif précis. ▷ **demi-tarif**

tarir [taʀiʀ] v. < conjug. 2 > I· V. intr. 1· Cesser de couler ; s'épuiser. *Source qui tarit. Ses larmes ne tarissent plus.* 2· *L'entretien, la conversation tarit,* s'arrête parce qu'on n'a plus rien à se dire. – (Personnes) ***Ne pas tarir*** : ne pas cesser de dire, de parler. *Il ne tarit pas sur ce sujet.* → **intarissable.** *Il ne tarit pas d'éloges sur vous.* II· V. tr. Faire cesser de couler ; mettre à sec. → **assécher.** *Tarir un fleuve. La sécheresse a tari tous les ruisseaux.* III· ***Se tarir*** v. pron. *La source s'est tarie.* – *Sa veine poétique s'est tarie.* → s'**épuiser.** ▶ **tari, ie** adj. Sans eau. *Une rivière tarie.* → à **sec.** ▶ **tarissement** n. m. *Le tarissement d'une source, d'un puits.* → **assèchement.** ▷ **intarissable**

tarmac [taʀmak] n. m. Partie d'un aérodrome réservée à la circulation et au stationnement des avions.

tarot [taʀo] n. m. *Les tarots,* cartes à jouer portant des figures spéciales et plus longues que les cartes ordinaires, utilisées surtout en cartomancie. *Tirer les tarots* (pour prédire l'avenir). – *Un jeu de tarots* (ou ellipt *un tarot*) *de soixante-dix-huit cartes. Jouer au tarot.*

tarse [taʀs] n. m. Partie du squelette du pied constituée par une double rangée d'os courts. ▶ **tarsien, ienne** adj. *Articulation tarsienne, os tarsiens.* ▷ **métatarse**

1 **tartan** [taʀtɑ̃] n. m. Tissu écossais propre à un clan*. – Tissu imité dit *écossais*. Doublure, cravate en tartan.*

2 **tartan** n. m. (Marque déposée) Revêtement des pistes d'athlétisme fait d'un aggloméré de caoutchouc, de matières plastiques et d'amiante.

tartare [taʀtaʀ] n. et adj. 1· Se disait des populations d'Asie centrale (Turcs et Mongols). 2· *Sauce tartare,* mayonnaise aux câpres et à la moutarde. – *Un* ***steak tartare*** ou, n. m., *un tartare,* viande de bœuf (ou de cheval) crue et hachée, assaisonnée d'une sauce tartare. *Des steaks tartares* ou *tartare.* (En Belgique et dans le nord de la France : **filet américain.**) – *Tartare de poisson* (bar, thon, etc.).

tarte [taʀt] n. f. et adj. I· N. f. 1· Pâtisserie formée d'un fond de pâte entouré d'un rebord et garni (de confiture, de fruits, de crème). *Tarte aux fruits. Tarte à la crème. Tarte Tatin,* renversée, caramélisée. – Loc. fig. ***Tarte à la crème*** : formule vide et prétentieuse par laquelle on prétend avoir réponse à tout. – Fam. *C'est pas de la tarte !,* c'est désagréable ou difficile. 2· Fam. Coup, gifle. *Il a reçu une sacrée tarte.* II· Adj. Fam. Laid ; sot et ridicule, peu dégourdi. → **cloche.** (Avec ou sans accord) *Ce qu'ils sont tarte !* – (D'une chose) *Il est un peu tarte, son chapeau !* → **mochard, tartignolle.** ▶ **tartelette** n. f. Petite tarte individuelle. → **barquette.** ▶ **tartignolle** adj. Fam. Sans intérêt et un peu ridicule.

Tartempion [taʀtɑ̃pjɔ̃] n. pr. Nom propre d'une personne fictive prise comme type de l'individu quelconque. *Monsieur Tartempion.*

tartiflette [taʀtiflɛt] n. f. Gratin de pommes de terre au reblochon, spécialité savoyarde.

tartine [taʀtin] n. f. 1· Tranche de pain recouverte de beurre, de confiture... ou destinée à l'être. *Faire des tartines. Tartines grillées.* → **rôtie,** 2 **toast.** 2· Fam. Développement interminable sur un sujet quelconque. → **laïus, tirade.** *Il a fait là-dessus toute une tartine.* ▶ **tartiner** v. tr. < conjug. 1 > Étaler (du beurre, etc.) sur une tranche de pain. ▶ **tartinade** n. f. Pâte à tartiner, salée ou sucrée. *Une tartinade au saumon.*

tartre [taʀtʀ] n. m. 1· Dépôt qui se forme dans les récipients contenant du vin. 2· Dépôt plus ou moins dur, de couleur jaune ou brune (phosphate de calcium), qui s'attache au collet des dents. 3· Croûte calcaire qui se forme sur les parois des chaudières, des bouilloires. ▷ **détartrer, entartrer**

tartufe ou **tartuffe** [taʀtyf] n. m. et adj. Personne hypocrite. – Adj. *Il est un peu tartuffe.* ▶ **tartuferie** ou **tartufferie** n. f. Conduite de tartufe. → **hypocrisie.**

tas [tɑ] n. m. invar. 1· Amas (de matériaux, de morceaux, d'objets) s'élevant sur une large base. *Un tas de pierres, de sable ; de détritus.* → **monceau.** *Faire des petits tas de... Mettre des bûches en tas.* → **entasser.** 2· Grande quantité, grand nombre (de choses). → **flopée.** *Un tas de détails inutiles. Des tas de…,* beaucoup. *Il s'intéresse à des tas de choses.* → **quantité.** – Péj. ou fam. Grand nombre (de gens). → **multitude.** *Un tas de gens.* – *Dans le tas :* dans le grand nombre de gens en question. *Tirer, taper dans le tas,* dans un groupe, sans viser précisément qqn. – (Dans une injure) *Tas de crétins, de salauds !* → **bande.** **3·** Loc. *Sur le tas :* sur le lieu du travail, au travail. *Grève sur le tas.* Fam. *Être formé sur le tas,* par le travail même. → sur le **terrain.** ▷ **entasser, tasser**

tasse [tɑs] n. f. **1·** Petit récipient à anse ou à oreilles, servant à boire. *Une tasse de porcelaine. Des tasses à café.* – Son contenu. *Prendre une tasse de thé.* **2·** Loc. fam. *Ce n'est pas ma tasse de thé,* cela ne me convient guère. → C'est pas mon truc. – Loc. fam. *Boire une tasse, la tasse,* avaler involontairement de l'eau en se baignant.

tasseau [tɑso] n. m. Petite pièce de bois ou de métal destinée à soutenir l'extrémité d'une tablette et qui est soutenue elle-même par un taquet. → **support.** *Une planche, supportée par deux tasseaux.*

tasser [tɑse] v. tr. < conjug. 1 > **I· 1·** Comprimer le plus possible, en tapant, poussant, serrant. *Tasser ses affaires dans un sac. Tasser le tabac dans la pipe.* → **bourrer.** *Tasser de la terre à coups de pelle.* **2·** (Compl. personne) *Tasser des prisonniers dans un wagon.* → **entasser. II·** *Se tasser* v. pron. **1·** S'affaisser sur soi-même. *Des terrains qui se tassent.* **2·** (Suj. chose) Fam. Revenir, après quelque incident, à un état normal. → s'**arranger.** *Il y a des difficultés ; ça se tassera ! Les choses vont se tasser.* **III·** *Être tassé (ée)* passif et p. p. adj. **1·** Qu'on a tassé. *Terre tassée. Voyageurs tassés dans le métro. On est tassés.* **2·** Affaissé. *Constructions tassées. Une petite vieille toute tassée.* → **recroquevillé.** **3·** Fam. *Bien tassé :* qui remplit bien le verre. *Un demi bien tassé.* → **tapé.** *Un café, un pastis bien tassé,* très fort. ▶ **tassement** n. m. → **affaissement.** *Le tassement du sol.*

taste-vin [tastəvɛ̃] ou **tâte-vin** [tɑtvɛ̃] n. m. invar. Petite tasse plate servant aux dégustateurs de vin.

tata [tata] n. f. (Fam. ou enfantin) Tante.

tatami [tatami] n. m. Tapis de sol d'origine japonaise sur lequel se pratiquent le judo, le karaté.

tâter [tɑte] v. tr. < conjug. 1 > **1·** Toucher attentivement avec la main, afin d'explorer, d'éprouver, de reconnaître. → **manier, palper.** *Il tâte les murs pour trouver son chemin. Tâter le pouls d'un malade.* – *Tâter le terrain :* le reconnaître ; s'assurer, avec précaution, des possibilités d'action. *Je ne sais s'il acceptera, il faut tâter le terrain,* s'assurer de ses intentions. **2·** Chercher à connaître les forces ou les dispositions de (qqn), en le questionnant avec prudence. → **sonder.** *Tâter qqn, l'opinion. Je l'ai tâté sur cette affaire, il ne veut pas s'engager.* **3·** Intransitivement. *Tâter de :* faire l'expérience de. → **essayer.** *Il a tâté un peu de tous les métiers. Tâter de la prison.* **4·** V. pron. Fig. *Se tâter :* s'étudier avec attention ; s'interroger longuement, hésiter. *Il n'a rien décidé, il se tâte.* ▷ **tatillon, tâtonner**

tatillon, onne [tatijɔ̃, ɔn] adj. (Personnes) Exagérément minutieux, exigeant, attaché aux détails des règlements. → **pointilleux.** *Un bureaucrate tatillon.*

tâtonner [tɑtɔne] v. intr. < conjug. 1 > **1·** Tâter plusieurs fois le sol, les objets autour de soi, pour se diriger ou trouver qqch. *Il tâtonnait dans l'obscurité.* **2·** Hésiter, faute de compréhension suffisante. – Faire divers essais pour découvrir une solution. → **essayer.** *La médecine tâtonne encore dans bien des domaines.* ▶ **tâtonnant, ante** adj. *Un geste tâtonnant. Des recherches tâtonnantes.* ▶ **tâtonnement** n. m. **1·** Action de tâtonner. *Les tâtonnements d'un aveugle.* **2·** Essai hésitant et renouvelé pour trouver qqch. *Nous trouverons certainement la solution après quelques tâtonnements.* → **essai, tentative.** ▶ **à tâtons** [atɑtɔ̃] loc. adv. **1·** En tâtonnant (1). → à l'**aveuglette.** *Avancer à tâtons dans l'obscurité.* **2·** Au hasard, sans méthode. *Procéder à tâtons dans ses recherches.*

tatou [tatu] n. m. Mammifère édenté d'Amérique du Sud, au corps recouvert d'une carapace. *Grand tatou. Des tatous.*

tatouer [tatwe] v. tr. < conjug. 1 > **1·** Marquer, orner (une partie du corps) d'inscriptions ou de dessins indélébiles en introduisant au moyen de piqûres des matières colorantes sous l'épiderme. *Un marin qui se fait tatouer la poitrine.* – Au p. p. adj. *Bras tatoué. Une femme tatouée.* N. *Un, une tatoué(e).* **2·** Exécuter (un dessin) par tatouage (et abusivt par un autre procédé). – Au p. p. adj. *Il a une sirène tatouée dans le dos.* ▶ **tatouage** n. m. **1·** Action de tatouer. *Le raffinement des tatouages polynésiens.* **2·** Signe, dessin exécuté en tatouant la peau. *Il a les bras couverts de tatouages.* ▶ **tatoueur, euse** n.

taudis [todi] n. m. invar. **1·** Logement misérable, sans confort ni hygiène. → **galetas.** *Les taudis insalubres des quartiers pauvres. Lutte contre les taudis et les bidonvilles.* **2·** Maison, pièce sale et en désordre. *Ta chambre est un vrai taudis !*

taule ou **tôle** [tol] n. f. **1·** Fam. et péj. Chambre. → **piaule. 2·** Arg. Prison. *Aller en taule.* ▶ **taulard, arde** n. Arg. Prisonnier. *Un ancien taulard.*

▶ **taulier, ière** ou **tôlier, ière** n. Fam. et péj. Propriétaire ou gérant d'un hôtel. *Le taulier lui a réclamé la note.*

1 **taupe** [top] n. f. **1·** Petit mammifère insectivore aux yeux très petits, qui vit sous terre en creusant de longues galeries (→ **taupinière**). *La taupe vit dans l'obscurité, mais n'est pas aveugle.* – Loc. *Myope comme une taupe,* très myope. – *Vivre comme une taupe,* sans sortir de chez soi. – Fam. *Vieille taupe,* vieille femme désagréable. **2·** Fourrure à poil court et soyeux de cet animal. **3·** Espion infiltré dans le milieu qu'il observe. *Une taupe des services secrets.* ▶ **taupier** n. m. Spécialiste chargé de détruire les taupes. ▶ **taupière** n. f. Piège à taupes. ▶ **taupinière** n. f. Monticule de terre formé par la taupe lorsqu'elle creuse des galeries. ▶ **taupé** n. m. Chapeau de feutre à poils dépassants (rappelant la fourrure de taupe).

2 **taupe** n. f. Dans les lycées. Classe de mathématiques spéciales préparant aux grandes écoles scientifiques (polytechnique, etc.). *Il est en taupe.* ≠ khâgne.

taureau [tɔʀo] n. m. **1·** Mammifère ruminant domestique, mâle de la vache, apte à la reproduction. ≠ bœuf. *Des taureaux qui mugissent, beuglent. Mener une vache au taureau.* – Loc. *Un cou de taureau,* épais et puissant. *Fort comme un taureau.* – ***Taureau de combat*** *:* taureau sélectionné pour les *courses de taureaux.* → **corrida ; tauromachie. 2·** (Avec une majuscule) Deuxième signe du zodiaque (21 avril-20 mai). *Être né sous le signe du Taureau, être du Taureau.* – Ellipt. Invar. *Elles sont Taureau.* ▶ **taurillon** n. m. Jeune taureau qui ne s'est pas encore accouplé. ▶ **taurin, ine** adj. Relatif au taureau, au taureau de combat. ▶ **taurine** n. f. Acide aminé qui joue un rôle dans la fonction musculaire, la digestion et l'absorption des graisses. *Boissons énergisantes à la taurine.* ▶ **tauromachie** [tɔʀɔmaʃi] n. f. Art de combattre les taureaux dans l'arène. *Les règles, le vocabulaire de la tauromachie.* → **corrida.** ▶ **tauromachique** adj. De la tauromachie. ▷ **torero, toréador, toréer, toril**

tauto- Élément savant signifiant « le même ». ▷ **tautologie**

tautologie [tɔtɔlɔʒi] n. f. **1·** Répétition inutile de la même idée sous une autre forme. → **pléonasme.** *« Je suis toujours à l'heure, je ne suis jamais en retard » est une tautologie.* **2·** En logique. Phrase qui donne dans le prédicat le sens du sujet. → **redondance.** ▶ **tautologique** adj. Qui n'apporte aucune information. → **redondant.** *Un raisonnement tautologique.*

taux [to] n. m. invar. **1·** Montant d'une imposition, d'un prix fixé par l'État. *Taux de change,* prix d'une monnaie étrangère. → **cours, pair.** – Montant de l'intérêt annuel. *Un taux de 4%. Taux actuariel* brut.* **2·** Proportion dans laquelle intervient un élément variable. *Le taux d'urée sanguin.* – Pourcentage. *Le taux de mortalité.*

tavelé, ée [tavle] adj. Marqué de petites taches. *Un visage tavelé. Un fruit tavelé.* ▶ **tavelure** n. f. *Les tavelures de la peau.*

taverne [tavɛʀn] n. f. **1·** Autrefois. Lieu public où l'on mangeait et l'on buvait en payant. → **auberge. 2·** Café-restaurant de genre ancien et rustique. → **hostellerie.** ▶ **tavernier, ière** n. Vx ou plaisant. Cafetier, restaurateur tenant une taverne.

taxe [taks] n. f. **1·** Somme prélevée par l'État à titre d'imposition sur un service. → **impôt** indirect. *Taxe sur le chiffre d'affaires,* impôt sur le chiffre d'affaires des entreprises. (En France) *Taxe à la valeur ajoutée.* → **T. V. A.** *Prix **hors taxes** :* sans les taxes. *Produits hors taxes,* non soumis au paiement des taxes, **2·** Somme que doit payer le bénéficiaire d'une prestation fournie par l'autorité publique. *Taxe professionnelle,* impôt direct que les entreprises devaient payer à la collectivité territoriale dont elles dépendaient. *Taxe sur les appareils de télévision.* → **redevance. 3·** Nom de certains impôts. *Taxe d'habitation* (impôts locaux). ▶ 1 **taxer** v. tr. < conjug. 1 > **1·** (État, tribunal) Fixer à une somme déterminée. *Taxer le prix d'une chose à tant.* – Au p. p. adj. *Prix taxés.* **2·** Soumettre à une imposition, à une taxe (un service, une transaction...) ; percevoir une taxe sur. → **imposer.** *Taxer les objets de luxe, les boissons.* ▶ **taxation** n. f. Le fait de taxer (1). *La taxation de la viande.* ▷ **détaxer, surtaxer**

2 **taxer** v. tr. < conjug. 1 > **1·** *Taxer qqn de :* accuser de. *Elle le taxe de méchanceté.* **2·** Qualifier (une personne, une chose) de. → **appeler, considérer** comme. *La fantaisie est parfois taxée de folie.*

taxi [taksi] n. m. Voiture automobile munie d'un compteur qui indique le prix de la course (→ **taximètre**). *J'ai pris un taxi. Hep taxi !* – *Chauffeur de taxi,* personne qui conduit un taxi. *Station de taxis.* – Fam. *Il, elle fait le taxi,* il, elle est chauffeur de taxi. ▶ **taximètre** n. m. Compteur de taxi qui enregistre le temps écoulé et la distance, et détermine la somme à payer. ▷ **radio-taxi**

taxi- Élément qui signifie « arrangement, ordre ». ▶ **taxidermie** [taksidɛʀmi] n. f. Didact. Art de préparer, d'empailler les animaux morts.

→ **empaillage.** ▶ **taxidermiste** n. Spécialiste de la taxidermie. → **empailleur.** ▶ **taxinomie** n. f. Didact. Science des classifications.

taxiphone [taksifɔn] n. m. Vieilli. Téléphone public qui fonctionnait en introduisant un jeton, une pièce dans l'appareil.

taylorisme [tɛlɔʀism] n. m. Méthode d'organisation scientifique du travail industriel, par l'utilisation maximale de l'outillage, la suppression des gestes inutiles.

T. B. I. [tebei] n. m. Abréviation de *tableau* blanc interactif.*

tchador [tʃadɔʀ] n. m. Voile noir porté par les musulmanes chiites (notamment en Iran).

tchao ou **ciao** [tʃao] interj. Fam. Au revoir. → **bye-bye, salut.** *Tchao, à demain !*

tchatcher v. intr. < conjug. 1 > Fam. Parler beaucoup ; bavarder. ▶ **tchatche** n. f. *Quelle tchatche il a !* → **bagout.** ▶ **tchatcheur, euse** n.

tchèque [tʃɛk] adj. De la République tchèque (Bohême et Moravie). – N. *Les Tchèques.* – N. m. *Le tchèque,* langue slave. ▶ **tchécoslovaque** [tʃekɔslɔvak] adj. et n. Autrefois. Relatif à la Tchécoslovaquie.

tchin-tchin [tʃintʃin] interj. Fam. Interjection pour trinquer. → **santé.**

te [t(ə)] pronom pers. Pronom personnel de la deuxième personne du singulier des deux genres, employé comme complément (→ **toi, tu**). REM. *Te* s'élide en *t'* devant une voyelle ou un *h* muet. **1·** (Compl. d'objet direct ou attribut) *Je t'accompagne. Je te quitte. Tu t'habilleras toi-même. Cela va te rendre malade.* **2·** (Compl. indir.) À toi. *Je te donnerai cinq euros. Je te l'ai promis. Il ne t'a pas répondu.* – (Marquant un rapport de possession) *Les enfants te cassent la tête. Si cela te vient à l'esprit.* – Fam. *Elle te court après,* après toi. – (Compl. de l'attribut) *Cela peut t'être utile.* **3·** (Avec un verbe de forme pronominale) *Tu t'en souviens ! Tu te perdras. Ne t'en fais pas.*

té [te] n. m. Règle plate, faite de deux branches en équerre. *Des tés.* → **t** (2).

technique [tɛknik] adj. et n. f. **I·** Adj. **1·** Qui appartient à un domaine particulier, spécialisé, de l'activité ou de la connaissance. → **spécial.** *Des revues techniques. Mots techniques,* qui ne sont employés que par les techniciens, les spécialistes. / contr. courant / – Spécialt. *C'est trop technique pour moi,* trop spécialisé et difficile. **2·** Qui, dans le domaine de l'art, concerne les procédés de travail plus que l'inspiration. *Les difficultés techniques d'un morceau de piano.* **3·** Qui concerne les applications de la science, de la connaissance théorique, dans le domaine de la production et de l'économie. ≠ scientifique. *Progrès techniques et scientifiques. L'enseignement technique* ou, n. m., *le technique. Lycée technique.* **4·** Qui concerne les objets, les mécanismes nécessaires à une action. Loc. *Un **incident technique** :* dû à une défaillance du matériel. **II·** *La, une technique* n. f. **1·** Ensemble de procédés employés pour produire une œuvre ou obtenir un résultat déterminé. → **art** (I), **métier.** *La technique du théâtre. Les techniques audiovisuelles. Un musicien qui manque de technique.* **2·** Fam. Manière de faire. *N'avoir pas la (bonne) technique,* ne pas savoir s'y prendre. **3·** Ensemble de procédés méthodiques, fondés sur des connaissances scientifiques, employés à la production. *Les industries et les techniques. Techniques agro-alimentaires. Les techniques modernes, de pointe, les plus avancées* → **technologie.** *Transfert de techniques aux pays en voie de développement.* ▶ **technicien, ienne** n. **1·** Personne qui possède, connaît une technique (1) particulière. → **professionnel, spécialiste.** *C'est une technicienne de la peinture.* – *Technicien(ne) de surface,* personne chargée de l'entretien et du ménage dans les lieux publics, les bureaux. **2·** (Opposé à *théoricien*) Personne qui connaît et contrôle professionnellement des applications pratiques, économiques d'une science. *Les pays en voie de développement ont besoin de techniciens.* **3·** Agent spécialisé qui travaille sous les ordres directs d'un ingénieur et transmet les consignes aux exécutants. *Ouvriers et techniciens.* ▶ **technicité** [tɛknisite] n. f. Caractère technique. *La technicité d'un mot, d'un exposé. D'une haute technicité.* ▶ **techniquement** adv. Selon, d'après la technique. *Un procédé techniquement au point.* ▷ **mnémotechnique, polytechnique, psychotechnique, techno, techno-**

techno [tɛkno] n. f. et adj. Musique électronique au rythme répétitif. – Adj. *Des soirées technos.*

techno- Élément signifiant « métier, procédé, technique ». ▶ **technocrate** [tɛknɔkʀat] n. m. Ministre, haut fonctionnaire, responsable possédant des compétences techniques (ou industrielles, financières, etc.) et qui voit principalement les aspects techniques des problèmes économiques, au détriment de l'élément humain. ▶ **technocratie** [tɛknɔkʀasi] n. f. Système politique dans lequel les techniciens et les technocrates ont un pouvoir prédominant. ▶ **technocratique** adj. *Des décisions technocratiques.* ▶ **technologie** [tɛknɔlɔʒi] n. f. **1·** Étude des techniques, des outils, des machines, etc. *Un enseignement de technologie.* **2·** Anglic. Technique (II), en général complexe et moderne. *Les technologies de pointe.* ▶ **technologique** adj. Qui appartient à la technologie (1, 2). *Vocabulaire* *technologique.* → **technique.** ▶ **technopole** n. f. Zone réunissant des instituts de recherche et d'enseignement techniques ainsi que des industries de pointe. ▷ **nanotechnologie**

teck [tɛk] n. m. Bois brunâtre, dur, très dense, imputrescible, provenant surtout des régions tropicales.

teckel [tekɛl] n. m. Basset allemand, à pattes très courtes.

tectonique [tɛktɔnik] adj. et n. f. Relatif à la structure de l'écorce terrestre. *Le relief dépend pour une large part des facteurs tectoniques.* – N. f. Étude géologique de cette structure. *La tectonique des plaques et la dérive des continents.*

Te Deum [tedeɔm] n. m. invar. Chant religieux (catholique) de louange et d'action de grâces. *Des Te Deum.*

tee-shirt [tiʃœʀt] n. m. Anglic. Maillot de coton à manches courtes ou longues, en forme de T. *Des tee-shirts bleu marine.*

tégument [tegymɑ̃] n. m. 1· Tissu vivant qui recouvre le corps (d'un animal), avec ses appendices (poils, plumes, écailles, piquants, etc.). → **peau.** 2· Enveloppe protectrice (des végétaux). *Le tégument de la graine.*

teigne [tɛɲ] n. f. 1· Petit papillon de couleur terne (ex. : *la mite*). *La teigne des jardins.* 2· Maladie parasitaire du cuir chevelu entraînant la chute des cheveux. → **pelade.** – Loc. *Il est mauvais comme une (la) teigne,* très méchant (→ c'est une teigne [3]). 3· *C'est une teigne,* une personne méchante, hargneuse. → **gale, peste.** ▶ **teigneux, euse** adj. 1· Qui a la teigne. – N. *Un teigneux.* 2· Fam. Hargneux, agressif.

teindre [tɛ̃dʀ] v. tr. <conjug. 52> 1· Imprégner (qqch.) d'une substance colorante par teinture. *Elle a teint ses cheveux. Qui sert à teindre.* → **tinctorial.** – ***Se teindre*** v. pron. réfl. : teindre ses cheveux. 2· Littér. Colorer. → **teinter.** – (Suj. chose) *Les champs se teignent de pourpre.* ▶ 1 **teint, teinte** adj. Qu'on a teint. *Cheveux teints.* ▶ 2 **teint** [tɛ̃] n. m. I· Loc. *Tissu bon teint, grand teint,* dont la teinture résiste au lavage et à la lumière. – (Personnes) ***Bon teint*** : qui ne change pas, solide. *Un catholique bon teint.* II· Nuance ou aspect particulier de la couleur du visage. → **carnation.** *Un teint de blonde. Un teint basané. Avoir le teint frais, le teint pâle.* – *Fond de teint.* → **fond.** ≠ tain. ▶ **teinte** n. f. 1· Couleur, le plus souvent complexe ; nuance d'une couleur. → **nuance, ton.** *Les teintes de sa palette.* – *Une toilette aux teintes vives. Une teinte rougeâtre.* 2· Abstrait. Apparence peu marquée ; petite dose. *Sa réponse avait une légère teinte d'ironie.* ▶ **teinter** v. tr. <conjug. 1> ≠ tinter. 1· Couvrir uniformément d'une teinte légère, colorer* légèrement. *Teinter un papier.* – Pronominalement. *Le ciel se teintait de rouge.* – Au p. p. adj. *Blanc teinté de rose.* 2· V. pron. Avoir une légère apparence. *Sa remarque se teinte d'un peu d'ironie.* ▶ **teinté, ée** adj. Légèrement coloré. *Lunettes à verres teintés.* ▶ **teinture** n. f. I· 1· Action de teindre (qqch.) en fixant une matière colorante. *La teinture du coton. Un produit pour la teinture des cheveux.* 2· ***Une teinture de...*** : connaissance superficielle. → **vernis.** *Ils ont une petite teinture de philosophie.* II· (Substance) 1· Substance colorante pour teindre. *Une teinture acajou pour les cheveux.* 2· Préparation pharmaceutique à base d'alcool, d'éther ou d'eau. *Teinture d'iode* (pour nettoyer les plaies, souvent remplacée par l'éosine). *Teinture d'arnica.* ▶ **teinturerie** n. f. 1· Industrie de la teinture (1), métier de teinturier (1). 2· Magasin de teinturier (2). *Donner un manteau à la teinturerie.* → **pressing.** ▶ **teinturier, ière** n. 1· Personne qui assure les diverses opérations de la teinture. *Teinturier en cuirs et peaux.* 2· Plus cour. Personne dont le métier est d'entretenir les vêtements (nettoyage, dégraissage, repassage, teinture). *Porter un costume chez le teinturier.* ▷ **demi-teinte, déteindre, tinctorial**

tel, telle [tɛl] adj., dét. et pronom I· (Marquant la ressemblance, la similitude) 1· Semblable, du même genre. → **même, pareil, semblable.** *Je suis étonné qu'il tienne de tels propos,* ces propos-là. *S'ils ne sont pas avares, ils passent pour tels,* pour avares. – (En tête de proposition, avec inversion de l'attribut) *Telle est ma décision. Telles furent ses dernières paroles.* – ***Comme tel*** : en cette qualité, à ce titre. *C'est votre aîné, respectez-le comme tel.* – ***En tant que tel*** : en soi, par sa seule nature. *Détester la violence en tant que telle.* – (Redoublé et représentant deux personnes ou deux choses différentes) Loc. prov. *Tel père, tel fils,* le père et le fils sont semblables. 2· ***Tel que...*** : comme. *Une femme telle que sa mère. Les arbres tels que les pins, les cèdres, etc. Acceptez-vous tel que vous êtes.* 3· Littér. Comme. *Elle avançait majestueusement, telle une reine. Il file telle une flèche. Tel je l'ai laissé, tel je le retrouve,* je le retrouve sans changement. 4· ***Tel quel*** : sans arrangement ; sans modification. *Laisser les choses telles quelles* (incorrect : *telles que*). II· (Exprimant l'intensité) Si grand, si fort, qui atteint un degré si élevé. → **pareil, semblable.** *Je n'ai jamais eu une telle peur.* – *À tel point.* → **tellement.** – ***Rien de tel*** : rien de si efficace. *Rien de tel que la marche pour se délasser l'esprit.* – (Introduisant une conséquence) *J'ai eu une peur telle que je me suis enfui.* – (+ subjonctif à la négative) *Je n'en ai pas un besoin tel que je ne puisse attendre.* III· Indéfini. Un... particulier. 1· Dét. indéf. *Que m'importe que tel ou tel candidat soit élu !,* un candidat ou un autre. – REM. Avec *tel ou* *tel, tel et tel,* le nom et le verbe se mettent au sing. *Telle et telle chose sera à faire.* – (Désignant une chose précise qu'on ne nomme pas) *Telle quantité de.* → **tant.** *Tel jour, à telle heure.* **2·** Pronom indéf. Littér. Certain, quelqu'un. *Tel veut être flatté, tel autre a cela en horreur.* **3·** ***Un tel*** ou ***untel*** : tenant lieu d'un nom propre. *Il est sorti avec une telle. Monsieur Un tel* ou *Untel, Madame Une telle* ou *Unetelle.* – *La famille Un tel* ou *Untel. Les Un tel* ou *Untel.* ▷ **tellement**

télé [tele] n. f. Fam. Télévision, téléviseur. *Regarder la télé. Des télés couleurs.* – En appos. *Des séries télé.*

télé- **1·** Élément savant signifiant « au loin, à distance » (ex. : *télécommunication*). **2·** Élément, abréviation de *télévision* (ex. : *téléreporter,* n. m.). **3·** Élément, abréviation de *téléphérique* (ex. : *télésiège, téléski*).

téléalarme [telealaʀm] n. f. Dispositif qui permet de déclencher une alarme à distance.

téléboutique [telebutik] n. f. Boutique équipée de cabines téléphoniques permettant de téléphoner à l'étranger à des tarifs compétitifs.

télécabine [telekabin], **télébenne** [telebɛn] n. f. Téléphérique à un seul câble et à plusieurs petites cabines. ≠ télésiège.

télécarte [telekaʀt] n. f. Carte de téléphone à mémoire.

téléchargement n. m. *Téléchargement payant, gratuit. Téléchargement illégal.* → **piratage.** *Ouvrage en téléchargement.*

télécharger [teleʃaʀʒe] v. tr. < conjug. 3 > Copier (des données stockées sur un ordinateur ou un serveur) sur son propre ordinateur par l'intermédiaire d'un réseau téléinformatique. ▶ **téléchargeable** adj. *Version téléchargeable d'un ouvrage.*

télécommander [telekɔmɑ̃de] v. tr. < conjug. 1 > **1·** Commander à distance (une opération). → **téléguider.** *Télécommander la mise à feu d'une fusée.* – Au p. p. adj. *Avions télécommandés.* **2·** Fig. *La manœuvre a été télécommandée de l'étranger,* inspirée par des influences étrangères. ▶ **télécommande** n. f. *La télécommande des avions.* – *Télécommande d'un téléviseur* (boîtier permettant de régler éclairage et couleurs, de changer de chaîne → **zapette,** d'une chaîne hi-fi).

télécommunication [telekɔmynikasjɔ̃] n. f. Ensemble des procédés de transmission d'informations à distance (téléphone, télévision, Internet...). *Informatique et télécommunications.* → **télématique.** *Satellite de télécommunications.*

téléconférence [telekɔ̃feʀɑ̃s] n. f. Discussion entre des interlocuteurs qui se trouvent dans des lieux différents et sont reliés entre eux par des moyens de télécommunication.

télécopie [telekɔpi] n. f. Procédé de télécommunication permettant la reproduction à distance d'un document géométriquement semblable à l'original. → anglic. **fax.** – Document ainsi transmis. ▶ **télécopier** v. tr. < conjug. 7 > Transmettre (une information écrite, un document) par télécopie. → **faxer.** ▶ **télécopieur** n. m. Appareil de télécopie.

télédéclaration [teledeklaʀasjɔ̃] n. f. Déclaration de revenus sur Internet. ▶ **télédéclarer** v. tr. < conjug. 1 >

télédétection [teledetɛksjɔ̃] n. f. Science et techniques de la détection à distance.

télédiffuser [teledifyze] v. tr. < conjug. 1 surtout au p. p. adj. > Diffuser par la télévision. *Un match télédiffusé.* ▶ **télédiffusion** n. f.

télédistribution [teledistʀibysjɔ̃] n. f. Procédé de diffusion de programmes télévisés par câbles.

télé-enseignement [teleɑ̃sɛɲmɑ̃] n. m. Mode d'enseignement à distance (par correspondance, télévision, Internet...).

téléférique → **téléphérique.**

téléfilm [telefilm] n. m. Film tourné spécialement pour la télévision. *Des téléfilms.*

télégramme [telegʀam] n. m. Communication transmise par le télégraphe ou par radiotélégraphie ; feuille sur laquelle est inscrite cette communication. → **dépêche.** *Envoyer un télégramme.*

télégraphe [telegʀaf] n. m. Système qui permettait de transmettre des messages écrits par une ligne électrique. *Envoyer une dépêche par télégraphe,* télégraphier. ▶ **télégraphie** n. f. **1·** Technique, science de la transmission par télégraphe électrique. *Alphabet morse utilisé en télégraphie.* **2·** Vx ou admin. *Télégraphie sans fil.* → **T. S. F. ; radio.** ▶ **télégraphier** v. tr. < conjug. 7 > Transmettre par télégraphe. → **câbler.** *Télégraphier une nouvelle à un ami.* ▶ **télégraphique** adj. **1·** Du télégraphe. *Fils, poteaux télégraphiques.* **2·** Expédié par télégraphe ou télégramme. **3·** *Style télégraphique,* abrégé comme dans les télégrammes. ▶ **télégraphiquement** adv. Par télégraphie, par télégramme. ▶ **télégraphiste** n. **1·** Spécialiste de la transmission et de la réception des messages télégraphiques. **2·** (Autrefois). Personne qui délivre les télégrammes et les messages urgents. ▷ **télégramme**

téléguider [telegide] v. tr. < conjug. 1 > **1**· Diriger, guider à distance (un véhicule, un engin). *Téléguider une fusée, un char.* – Au p. p. adj. *Elle jouait avec une petite voiture téléguidée.* **2**· Fam. Inspirer, conduire par une influence lointaine, secrète. → **télécommander.** ▶ **téléguidage** n. m.

téléinformatique [teleɛ̃fɔʀmatik] n. f. Informatique faisant appel à des moyens de transmission à distance.

téléjournal, aux [teleʒuʀnal, o] n. m. En Suisse et au Canada. Journal télévisé.

télématique [telematik] n. f. Ensemble des techniques qui combinent les moyens de l'informatique avec ceux des télécommunications. – Adj. *Réseau télématique.*

télémètre [telemɛtʀ] n. m. Appareil de mesure des distances par un procédé optique.

téléo-, télo- Éléments savants signifiant « fin, but », et « complet, achevé » (ex. : *téléologie,* n. f., philosophie qui considère dans l'univers des moyens servant à des buts, des objectifs).

téléobjectif [teleɔbʒɛktif] n. m. Objectif photographique capable d'agrandir l'image et servant à photographier des objets éloignés. *Il est parti avec son téléobjectif et son grand-angle.*

télépathie [telepati] n. f. Sentiment de communication à distance par la pensée ; communication réelle extra-sensorielle. → **transmission** de pensée. ▶ **télépathique** adj. *Être en communication télépathique.*

téléphérique ou **téléférique** [telefeʀik] n. m. Dispositif de transport par cabine suspendue à un câble, en montagne surtout. ≠ télécabine.

téléphone [telefɔn] n. m. **1**· Instrument qui permet de transmettre à distance des sons, par l'intermédiaire d'un circuit électrique. – Procédés, dispositifs permettant la liaison d'un grand nombre de personnes au moyen de cet appareil. *Avoir le téléphone. Les abonnés au téléphone,* personnes disposant d'un appareil téléphonique. *Liste des abonnés au téléphone.* → **annuaire.** *Numéro de téléphone,* indicatif d'un abonné. *Appeler qqn au téléphone* (→ **appel ; allô**). *Ne le dérangez pas, il est au téléphone.* – Fam. *Coup de téléphone.* → coup de **fil.** *Donner, recevoir un coup de téléphone.* **2**· Appareil constitué d'un combiné microphone-récepteur. *Téléphone fixe* (opposé à *portable*). *Téléphone à cadran, à touches. Téléphone public.* → **taxiphone.** – *Téléphone sans fil. Téléphone portable, mobile. Téléphone intelligent.* → **smartphone.** ▶ **téléphoner** v. < conjug. 1 > **1**· V. tr. Communiquer, transmettre par téléphone. *Téléphone-lui la nouvelle. Il lui a téléphoné qu'il serait absent toute la journée.* – Au p. p. adj. *Message téléphoné.* **2**· V. tr. ind. (Avec *à*) Se mettre, être en communication par téléphone. *Téléphonez-moi demain. Il a téléphoné à ses parents.* → **appeler.** **3**· V. intr. Se servir du téléphone ; communiquer par téléphone. *Je téléphonerai pour vous donner de mes nouvelles. Il est en train de téléphoner.* ▶ **téléphonie** n. f. Ensemble des techniques et des opérations concernant la transmission des sons à distance. – *La téléphonie mobile. Opérateur de téléphonie mobile.* ▶ **téléphonique** adj. *Une communication, un appel téléphonique. Une cabine téléphonique.* ▶ **téléphoniste** n. Personne chargée d'assurer les liaisons, les transmissions téléphoniques. → **standardiste.** ▷ **télécarte**

téléréalité [teleʀealite] n. f. Genre télévisuel qui consiste à filmer la vie quotidienne de candidats placés dans des situations déterminées. → **reality show.**

télescope [telɛskɔp] n. m. Instrument d'optique destiné à l'observation des objets éloignés, des astres. ≠ lunette astronomique. ▶ **télescopique** adj. **1**· Qui se fait à l'aide du télescope. *Observations télescopiques.* **2**· Dont les éléments s'emboîtent les uns dans les autres, comme les éléments du tube d'une lunette d'approche, d'une longue-vue. *Une antenne télescopique.* ▷ **radiotélescope, télescoper**

télescoper [telɛskɔpe] v. tr. < conjug. 1 > **1**· Rentrer dans, enfoncer par un choc violent (un autre véhicule). → **heurter, tamponner.** *Le train a télescopé la voiture au passage à niveau.* **2**· *Se télescoper* v. pron. (récipr.) *Les deux voitures se sont télescopées.* – Fig. Se chevaucher, se mêler. *Des souvenirs qui se télescopent dans la mémoire.* ▶ **télescopage** n. m.

téléscripteur [teleskʀiptœʀ] n. m. Appareil télégraphique qui permet d'envoyer directement un texte dactylographié. → **télex.** – REM. On dit aussi *télétype,* n. m.

télésiège [telesjɛʒ] n. m. Téléphérique constitué par une série de sièges suspendus à un câble unique.

téléski [teleski] n. m. Remonte-pente pour les skieurs.

téléspectateur, trice [telespɛktatœʀ, tʀis] n. Spectateur et auditeur de la télévision.

télétexte [teletekst] n. m. Système permettant de transmettre des informations alphanumériques par l'intermédiaire de la télévision. *Sous-titrage par télétexte.*

tempo [tɛmpo] n. m. Notation d'un mouvement musical. – Vitesse d'exécution, dans la musique de jazz. *Un tempo trop lent. Des tempos.*

temporaire [tɑ̃pɔʀɛʀ] adj. **1·** Qui ne dure ou ne doit durer qu'un temps limité. → **momentané, passager, provisoire.** / contr. définitif / *Une nomination à titre temporaire. Mesures temporaires. Il s'agit d'une crise temporaire.* – Loc. *Travail temporaire,* organisé par des agences qui envoient leurs employés en mission auprès d'entreprises, pour une période déterminée assez bref (remplacements, etc.). → **intérimaire. 2·** Qui n'exerce ses activités que pour un temps. *Directeur temporaire.* ▶ **temporairement** adv. → **provisoirement.**

temporal, ale, aux [tɑ̃pɔʀal, o] adj. Qui appartient aux tempes. *Os temporal* ou, n. m., *le temporal.*

temporel, elle [tɑ̃pɔʀɛl] adj. **1·** En religion. Qui est du domaine du temps, des choses qui passent (opposé à *éternel*). *Le bonheur temporel et la béatitude éternelle.* – Qui est du domaine des choses matérielles (opposé à *spirituel*). → **séculier, terrestre.** *La puissance temporelle de l'Église.* **2·** En grammaire. Qui concerne, qui marque le temps, les temps. *Subordonnées temporelles,* propositions circonstancielles de temps. **3·** Relatif au temps ; situé dans le temps (surtout opposé à *spatial*). *Le déroulement temporel.* ▶ **temporalité** n. f. **1·** En grammaire. Caractère temporel, valeur temporelle. *La temporalité exprimée par les temps du verbe.* **2·** Didact. Caractère de ce qui est dans le temps, qui est vécu, conçu comme une succession. *La temporalité dans un roman.* ▷ **intemporel**

temporiser [tɑ̃pɔʀize] v. intr. < conjug. 1 > Attendre pour agir, par calcul, dans l'attente d'un moment plus favorable. → **attendre.** ▶ **temporisateur, trice** adj. et n. (Personne) qui attend, ne se décide pas. ▶ **temporisation** n. f. Le fait de temporiser. → **attentisme.**

1 **temps** [tɑ̃] n. m. invar. **I·** Continuité indéfinie, qui paraît être le milieu où se déroule la succession des existences, des vies, des événements et des phénomènes, les changements, mouvements, etc. → **durée.** *Le temps et l'espace. Temps réel et temps vécu.* → **temporalité. 1·** Durée. *Nous avons du temps libre,* des loisirs. *Perdre, gagner du temps. Rattraper le temps perdu. Donnez-moi du temps et je le ferai. Ça prend trop de temps. Le temps presse,* il faut agir rapidement. *Dans peu de temps,* bientôt. *En peu de temps,* rapidement. *Un laps de temps,* un moment. – (Considéré comme une grandeur mesurable) *Unités de temps,* jour, heure, minute, seconde. *La division du temps en années, mois, semaines, jours, heures, minutes, secondes.* **2·** Portion limitée de cette durée. → **moment, période.** *Trouver le temps long. Emploi du temps. Travailler à plein temps* (pendant toute la journée normale de travail), *à mi-temps, à temps partiel. Temps mort,* sans activité ni occupation. – *Durant, pendant ce temps. Depuis quelque temps. Quelque temps après. Pour un temps. N'avoir qu'un temps,* être éphémère, provisoire. *La beauté n'a qu'un temps,* elle disparaît vite. – Loc. conj. *Depuis le temps que... Voilà* ***beau temps*** *que...,* il y a longtemps que. – Employé comme adv. en locutions. *Il attendit quelque temps,* pendant quelque temps. – *La plupart du temps,* le plus souvent. *C'est comme cela tout le temps,* continuellement. – ***Le temps de*** (+ infinitif) : le temps nécessaire pour. *On n'a pas le temps de s'amuser.* – *Le* ***temps que*** (+ subjonctif). *Attendez-moi quelques minutes, le temps que j'aille téléphoner.* – *Vous avez tout le temps. Je n'ai pas le temps.* – ***Mon, ton, son temps****... Passer son temps à un travail, à ne rien faire. Il passe* ***le plus clair de son temps*** *à rêver* : la plus grande partie de son temps. *Perdre son temps. Prendre son temps,* ne pas se presser. – *Avoir fait son temps,* avoir terminé sa carrière ; être hors d'usage. *Ce vêtement a fait son temps.* **3·** Chacune des divisions égales de la mesure, en musique. *Une noire, une croche par temps.* – Loc. fam. *En deux temps, trois mouvements,* très rapidement. **4·** Chacune des phases (d'une manœuvre, d'une opération, d'un cycle de fonctionnement). *Moteur à quatre temps. Manœuvre en trois temps.* – Loc. ***Au temps pour****... Au temps pour moi,* je me suis trompé. ≠ autant. **5·** Durée chronométrée d'une course. *Réaliser le meilleur temps.* – ***Temps mort*** : sans activité. → **pause. II·** (Dans une succession, une chronologie) **1·** Point repérable dans une succession par référence à un « avant » et un « après ». → **date, époque, moment.** *En ce temps-là. Depuis ce temps-là,* depuis lors. – Loc. *Chaque chose* ***en son temps*** : on ne peut s'occuper de tout en même temps. – *Adverbes, compléments de temps,* marquant le moment. *Subordonnées de temps.* → **temporel. 2·** Époque. → **ère, siècle.** *Notre temps,* celui où nous vivons. *Être de son temps,* en avoir les mœurs, les idées. *Le temps passé ; l'ancien temps, le bon vieux temps.* – *Temps de...,* occupé, caractérisé par... *Le temps des vendanges, le temps des lilas, des cerises. Le temps des vacances. En temps de paix. En temps normal.* – ***Les temps*** (avec une nuance d'indétermination). *Les temps ont changé depuis. Les Temps modernes. Ceci se passait dans des temps très anciens.* – *Je l'ai vu ces derniers temps, ces temps derniers.* **3·** Époque de la vie. – (Avec un adj. poss.) *De mon temps,* quand j'étais jeune. **4·** ***Bon temps*** : moments agréables, de plaisir. *Se donner, se payer, prendre du bon temps,* s'amuser. **5·** ***Le temps de*** (+ infinitif) : le temps où

il convient de... *Le temps est venu de prendre des décisions.* – *Il est temps de* : le moment est venu. *Il est temps de se décider. Il n'en est plus temps. Il est temps que* (+ subjonctif avec une idée d'urgence). *Il était temps que tu arrives !* **6·** Loc. adv. *À temps* : juste assez tôt. *Nous sommes arrivés à temps.* – *En même temps* : simultanément. *Ils arrivèrent en même temps.* – À la fois, aussi bien. *Cet outil sert en même temps à plusieurs usages.* – *Entre temps.* → **entre-temps.** – *De temps en temps* [dətɑ̃zɑ̃tɑ̃], *de temps à autre* [detɑ̃zaɔtʀ] : à des intervalles de temps plus ou moins longs et irréguliers. → **parfois, quelquefois.** – *De tout temps* : depuis toujours. – *En tout temps* : toujours. – *Dans le temps* : autrefois, jadis. *Je l'ai connu dans le temps.* – Loc. conj. *Du temps que* (+ indicatif) : lorsque. *Du temps que j'étais jeune. Dans le temps, au temps, du temps où...* : quand. **7·** En grammaire. Forme verbale particulière à valeur temporelle. *Temps et modes. Temps simples,* présent, imparfait, passé simple, futur. *Temps composés,* formés avec un auxiliaire : futur antérieur, passé composé, passé antérieur, plus-que-parfait. **III·** *Le temps* : entité (souvent personnifiée) représentative du changement continuel de l'univers. *La fuite du temps. L'action du temps. Tromper le temps, tuer le temps,* échapper à l'ennui, en s'occupant ou en se distrayant avec peu de chose. ▷ **contretemps, deux-temps, entre-temps, longtemps, mi-temps, passe-temps, printemps, tempo, temporaire, temporel, temporiser, ② temps**

② temps n. m. invar. État de l'atmosphère à un moment donné, considéré surtout dans son influence sur la vie et l'activité humaines (→ **air, ciel, température, vent**). *Un temps chaud, pluvieux. Quel temps fait-il ? Il fait beau temps,* il y a du soleil. *Nous avons eu beau temps. Le mauvais temps.* → **pluie ; orage.** *Un temps froid. Temps gris. Temps lourd, orageux. Gros temps.* → **tempête.** *Temps de saison,* normal pour l'époque de l'année. *Étude et prévision scientifique du temps.* → **météorologie.** *Le temps se gâte. Sortir par tous les temps.*

tenable [t(ə)nabl] adj. Où l'on peut se tenir, demeurer (en emploi négatif). *Il fait trop chaud, ce n'est pas tenable.* → **supportable.** / contr. intenable / – Fig. *Sa position n'était plus tenable.*

tenace [tənas] adj. **1·** Dont on se débarrasse difficilement. *Une douleur tenace. Des préjugés tenaces.* → **durable.** *Odeur tenace.* → **persistant.** **2·** (Personnes) Qui respecte et fait respecter ses opinions, ses décisions avec fermeté. → **entêté, ferme, obstiné, opiniâtre, persévérant.** *Un travailleur, un chercheur tenace.* – (Actes) Qui implique la ténacité, l'obstination. *Résistance, rancune tenace.* → **acharné, durable.** ▶ **tenacement** adv. Avec ténacité, opiniâtreté. ▶ **ténacité** [tenasite] n. f. **1·** Caractère de ce qui est tenace. *La ténacité d'une odeur. La ténacité d'un préjugé.* **2·** Attachement opiniâtre à une décision, un projet. → **fermeté, obstination, persévérance.** *Il est d'une ténacité à toute épreuve. Un projet poursuivi avec ténacité.*

tenaille [t(ə)naj] n. f. Surtout au plur. Outil de métal, formé de deux pièces assemblées en croix, dont une extrémité sert de manche et l'autre forme mâchoire (permettant de *tenir* qqch.). *Arracher un clou avec des tenailles.* – Loc. adj. *Pris en tenailles,* coincé, sans marge de manœuvre. ▷ **tenailler**

tenailler [tənaje] v. tr. < conjug. 1 > Faire souffrir moralement ou physiquement. → **torturer, tourmenter.** *La faim le tenaille ; il est tenaillé par les remords.*

tenancier, ière [tənɑ̃sje, jɛʀ] n. Péj. Personne qui dirige, qui gère (*tient*) un établissement soumis à la surveillance des pouvoirs publics. *Le tenancier d'un hôtel, d'une maison de jeux.*

① tenant, ante [tənɑ̃, ɑ̃t] adj. Qui se tient ; qui tient (dans quelques emplois). *Séance tenante* : sur-le-champ. *Il accepta séance tenante.*

② tenant, ante n. **I· 1·** *Le tenant du titre (d'un titre sportif),* celui qui le détient. **2·** Personne qui soutient. → **adepte, partisan.** *Les tenants d'une opinion. Les tenants du libéralisme.* / contr. adversaire / **II·** N. m. (Choses) **1·** *D'un (seul) tenant* : d'une seule pièce. *Deux hectares d'un seul tenant.* **2·** *Connaître **les tenants et les aboutissants** d'une affaire.* → **aboutissant.**

tendance [tɑ̃dɑ̃s] n. f. **1·** Ce qui porte (« tend ») à être, à agir, à se comporter de telle ou telle façon. → **disposition, inclination, penchant.** *Ils ont des tendances opposées.* – *Avoir tendance à* (+ infinitif) : tendre à → **tendre** ; être enclin à. *J'ai plutôt tendance à grossir.* **2·** Orientation commune à une catégorie de personnes. *À quelle tendance politique appartient-il ?* **3·** Évolution (de qqch.) dans un même sens. → **direction, orientation.** *Les tendances du cinéma, de la mode.* – *Avoir tendance à* : s'orienter sensiblement vers. *Les prix ont tendance à monter.* → **② tendre** (2). – *Inverser la tendance,* renverser le sens d'un courant, d'un processus. **4·** *Faire à qqn un procès de tendance,* le juger sur les intentions qu'on lui prête, sans attendre les actes. → procès d'**intention.** ▶ **tendancieux, euse** adj. Qui manifeste ou trahit une tendance (2) intellectuelle inexprimée, des préjugés. → **partial.** *Récit tendancieux,* peu objectif. ▶ **tendancieusement** adv. *Un texte interprété tendancieusement.*

tender [tɑ̃dɛʀ] n. m. Wagon auxiliaire qui suivait une locomotive à vapeur et contenait le combustible et l'eau nécessaires à son approvisionnement.

tendeur [tɑ̃dœʀ] n. m. **1·** Appareil servant à tendre (une chaîne de bicyclette, des fils, etc.). **2·** Câble élastique servant à fixer (les bagages sur la galerie d'une voiture, etc.).

tendon [tɑ̃dɔ̃] n. m. Organe conjonctif, fibreux, d'un blanc nacré, par lequel un muscle s'insère sur un os (et qui semble *tendre* l'os et le muscle). *Tendon d'Achille,* tendon du talon. ▶ **tendineux, euse** adj. Qui contient beaucoup de tendons. *Viande tendineuse.* ▶ **tendinite** n. f. Inflammation d'un tendon. *Ce footballeur souffre d'une tendinite.*

1 **tendre** [tɑ̃dʀ] v. tr. < conjug. 41 > **1·** Tirer sur (une chose souple ou élastique) en la rendant droite. → **tension.** / contr. détendre / *Tendre une corde. Tendre un arc.* – *Tendre ses muscles,* les raidir. → **contracter. 2·** Déployer en allongeant en tous sens. *Tendre un filet. Tendre un piège**. Tendre une embuscade à l'ennemi.* **3·** Recouvrir d'une chose tendue (→ **tenture**). *Tendre un mur de papier peint, de soie.* → **tapisser. 4·** *Se tendre* v. pron. : menacer de rompre, devenir tendu (liens, rapports). *Leurs rapports se tendirent.* **5·** Allonger ou présenter en avançant (une partie du corps). / contr. fléchir / *Tendre les bras* (pour accueillir, embrasser). – *Tendre la main,* pour prendre (une autre main) ; pour saluer, pour demander l'aumône ; pour aider, secourir. *Tendre une main secourable.* – Loc. *Tendre l'oreille :* écouter avec attention. → **dresser. 6·** Présenter (qqch.) à qqn. → **donner.** *Elle lui tendit un paquet de cigarettes.* ▶ **tendu, ue** adj. **1·** Rendu droit par traction. *Corde tendue. Fil tendu.* → **droit. 2·** Tapissé. *Une chambre tendue d'un papier bleu.* **3·** *Esprit tendu, volonté tendue,* qui s'applique avec effort à un objet. – (Personnes) *Il était très tendu, soucieux.* → **contracté, préoccupé.** / contr. détendu, serein / **4·** Qui menace de se dégrader, de rompre. → **difficile.** *Atmosphère tendue. J'ai des rapports tendus avec eux.* **5·** Que l'on tend, que l'on avance. *Il s'approcha de moi la main tendue.* ▷ **détendre, détente, distendre, étendre, extenseur, extensible, extensif, extension, hypertendu, hypotendu, intense, ostensible, ostensoir, ostentation, sous-tendre, tendance, tendeur, tendon, tension, tenture**

2 **tendre** v. tr. ind. < conjug. 41 > **1·** *Tendre à, vers :* avoir un but, une fin et s'en rapprocher d'une manière délibérée. → **viser** à ; **tendance.** *Tendre à la perfection. Tous leurs efforts tendent au même résultat.* → **concourir, converger. 2·** (Choses) *Tendre à* (+ infinitif) : avoir tendance à, évoluer de façon à (+ infinitif). *La situation tend à s'améliorer.* **3·** *Tendre à* (+ infinitif) : conduire, mener à (un résultat) sans le réaliser pleinement. *Ceci tendrait à prouver que notre hypothèse était juste.* → **sembler.** ▷ **tendance**

3 **tendre** [tɑ̃dʀ] adj. et n. **1·** (Choses) Qui se laisse facilement entamer, qui oppose une résistance relativement faible. → **mou.** / contr. dur / *Une viande tendre. Pain tendre,* frais. – *Roche tendre,* moins dure que d'autres. **2·** Délicat, fragile. *L'âge tendre,* le jeune âge. *Dans sa tendre enfance :* sa petite enfance. **3·** (Personnes) Porté à la sensibilité, aux affections. → **sensible.** / contr. insensible / *Un cœur tendre. Une tendre épouse.* → **affectueux ; aimant, doux.** – N. *C'est un, une tendre.* → **sentimental.** – Fam. *N'être pas tendre pour qqn,* être sévère, impitoyable. **4·** (Sentiments) Qui présente un caractère de douceur et de délicatesse. *Une tendre amitié. Un sentiment tendre.* – Qui manifeste l'affection. *Un tendre aveu. Un regard tendre.* → **caressant, langoureux.** / contr. dur, froid / **5·** (Couleurs) Doux, atténué. *Un rose tendre.* → **pâle.** / contr. vif / ▶ **tendrement** adv. *Ils s'embrassèrent tendrement. Un ami profondément et tendrement dévoué.* ▶ **tendresse** n. f. **1·** Sentiment tendre pour qqn. → **affection, attachement.** *J'ai de la tendresse pour lui. La tendresse maternelle.* **2·** Au plur. Expressions, témoignages de tendresse. ▶ **tendreté** n. f. Caractère de ce qui est tendre (1). *La tendreté d'un steak.* ▷ **attendrir, tendron**

1 **tendron** [tɑ̃dʀɔ̃] n. m. *Tendron de veau,* morceau de viande constituant la paroi inférieure du thorax.

2 **tendron** n. m. Vx. Très jeune fille (d'âge *tendre*).

tendu, ue → 1 **tendre.**

ténèbres [tenɛbʀ] n. f. pl. Obscurité profonde. → **noir, obscurité.** / contr. lumière / *Dans les ténèbres d'un cachot. Une lueur dans les ténèbres.* – Fig. Littér. *Les ténèbres de l'inconscient. Les ténèbres de la préhistoire. Les ténèbres de l'ignorance.* ▶ **ténébreux, euse** adj. **1·** Littér. Où il y a des ténèbres, une obscurité menaçante. → **sombre.** / contr. lumineux / *Un bois ténébreux.* **2·** Secret et dangereux. → **mystérieux.** « *Une ténébreuse affaire* » (titre d'un roman de Balzac). → **sombre. 3·** (Personnes) Sombre et mélancolique. – *Un beau ténébreux,* un bel homme à l'air sombre et profond.

teneur [tənœʀ] n. f. **1·** Contenu exact, texte littéral (d'un écrit officiel ou important). *La teneur d'un article.* **2·** Ce que (un corps) contient (d'une substance déterminée). *La teneur en or d'un minerai.*

ténia ou **tænia** [tenja] n. m. Ver parasite de l'intestin des mammifères, au corps formé d'un grand nombre d'anneaux plats, muni de ventouses ou de crochets de fixation. *Le ténia de l'homme* ou *ver solitaire.*

tenir [t(ə)niʀ] v. < conjug. 22 > **I·** V. tr. **1·** Avoir (un objet) avec soi en le serrant afin qu'il ne tombe pas, ne s'échappe pas. / contr. lâcher / *Il tenait son chapeau à la main. Vous tenez la photo à l'envers. Elle tenait un enfant dans ses bras.* – *Tenir un enfant par la main,* tenir sa main. *Il tenait une feuille dans sa main. Tenir un verre entre ses mains.* **2·** (Choses) Faire rester (qqch., qqn) en place. → **retenir.** *La courroie qui tient mes livres.* **3·** Faire rester (en telle situation, tel état) pendant un certain temps. → **maintenir.** *Tenir une porte fermée.* Loc. *Tenir qqn en respect, en échec. Cette enfant ne tient pas en place.* – (Suj. chose) *Ces travaux me tiennent occupé. Son gros manteau lui tient chaud.* **4·** Saisir (un être qui s'échappe), s'emparer de. *Nous tenons les voleurs.* – *Tenir qqn,* être maître de lui, pouvoir le punir, etc. *Si je le tenais !* **5·** Résister à (dans quelques expressions). *Tenir le vin, l'alcool,* être capable de boire beaucoup sans être ivre. – *Tenir tête à.* → **tête.** **6·** Avoir en sa possession (surtout abstrait). → **détenir.** *Ils croient tenir la vérité.* – Fam. *Je tiens un de ces rhumes !* – Prov. *Mieux vaut tenir que courir,* il vaut mieux avoir effectivement qqch. qu'entretenir de grands espoirs. – (Substantivé) *Un tiens vaut mieux que deux tu l'auras,* mieux vaut avoir effectivement un bien, que la promesse de deux biens (ou d'un plus grand bien). **7·** ***Tiens, tenez !,*** prends, prenez. *Tenez, voilà votre argent.* – (Pour présenter qqch.) *Tenez, je l'ai vu hier.* – ***Tiens !*** (pour marquer l'étonnement). *Tiens, te voilà encore, je te croyais parti. Tiens ! Tiens ! C'est bien étrange.* **8·** ***Tenir en*** (et nom d'attitude psychologique) : avoir en. *Tenir qqn en estime.* **9·** ***Tenir*** *qqch.* ***de*** *qqn* : l'avoir par lui. *De qui tenez-vous ce renseignement ?* – Avoir par hérédité. *Il tient cela de son père.* **10·** Occuper (un certain espace). *Le buffet tient toute la pièce. Cela tient trop de place.* → **prendre.** **11·** Occuper (un lieu), sans s'en écarter. *Conducteur qui tient sa droite. Tenir la route.* → **tenue** de route. **12·** Remplir (une activité). *Tenir son rôle.* – S'occuper de. *Tenir un hôtel.* → **diriger, gérer.** *Elle tient une auberge à la campagne. Tenir la caisse, la comptabilité. Elle tient bien sa maison* (→ **tenu**). *Il songeait à tenir un journal.* **13·** Dire (suivi de *propos, discours*). *Tenir des propos scandaleux.* **14·** Présider (une réunion). – Prendre part à. *Tenir une assemblée. Tenir un conseil de guerre.* **15·** ***Tenir... pour...*** : considérer, croire. *Je le tiens pour un honnête homme. Tenir un fait pour certain.* Loc. *Tenez-vous-le pour dit,* tenez-en compte (on ne vous le redira pas). **16·** Observer fidèlement (ce qu'on a promis). *Tenir parole, sa parole. Tenir ses promesses.* / contr. manquer à / **II·** V. intr. **1·** Être attaché, fixé, se maintenir dans la même position. *Mes lunettes ne tiennent pas bien. Je ne tiens plus debout* (de fatigue). Loc. *Votre histoire ne tient pas debout,* est invraisemblable. **2·** (Choses) Être solide, ne pas céder, ne pas se défaire. *Faites un double nœud, cela tiendra mieux. Sa coiffure ne tient pas.* – ***Il n'y a pas*** *de raison, d'excuse...* ***qui tienne*** : qui puisse s'opposer à... – Résister à l'épreuve du temps. *Leur union tient toujours.* Fam. (En parlant d'un projet) *Ça tient toujours pour jeudi ?,* nous sommes toujours d'accord ? **3·** (Suj. personne) Résister. *Il faut* ***tenir (bon)*** : ne pas céder. *Ne plus pouvoir tenir, ne pouvoir y tenir,* être au comble de l'impatience, à bout, hors de soi. *Tenir pour une opinion,* la soutenir. **4·** Être compris, être contenu dans un certain espace. → **entrer.** *Nous ne tiendrons pas tous dans la voiture.* **III·** V. tr. ind. **1·** ***Tenir à*** *qqn, à qqch.* : y être attaché par un sentiment durable. *Je ne tiens plus à rien ni à personne.* – Vouloir absolument. *Si vous y tenez, on le fera.* (Avec une propos.) *J'ai tenu à les inviter.* – ***Tenir à ce que*** (+ subjonctif). *Il ne tient pas à ce que je vienne. Il ne tenait pas à ce qu'on mît le nez dans ses manigances.* **2·** (Suj. chose) ***Tenir à*** *qqch.* : avoir un rapport de dépendance, d'effet à cause. → **provenir, résulter.** *Leur dynamisme tient à leur jeunesse.* Impers. ***Ne tenir qu'à...*** *Il ne tient qu'à moi qu'il obtienne satisfaction,* il ne dépend que de moi. *Il ne tient qu'à vous que l'affaire se termine. Qu'à cela ne tienne !,* peu importe. **3·** ***Tenir de*** *qqn, de qqch. Il tenait de sa mère.* → **ressembler** à. *Il a de qui tenir,* ses parents ont bien ce trait qu'il possède. – Participer de la nature de (qqch.). *Cela tient du miracle.* **IV·** V. pron. **1·** ***Se tenir à*** *qqch.* : tenir qqch. afin de ne pas tomber, de ne pas changer de position. *Tenez-vous à la rampe.* **2·** Être, demeurer (dans une position). *Se tenir debout. Tiens-toi droit !* – (Choses) Être formé d'éléments cohérents qui entraînent la vraisemblance. *Une histoire qui se tient.* **3·** Être (quelque part). *Il se tenait au milieu de la chambre. Se tenir près, auprès de qqn.* – Avoir lieu. *La salle où se tient la réunion.* **4·** Être et rester (d'une certaine manière, dans un certain état). *Se tenir tranquille,* ne pas bouger ; rester sage. – *Se tenir bien, mal,* se conduire en personne bien, mal élevée. – Sans compl. *Il sait se tenir en société,* bien se tenir. **5·** Littér. ***Ne pouvoir se tenir de...*** : ne pouvoir s'empêcher de... ; se retenir de (faire telle chose). *Ils ne pouvaient se tenir de rire.* **6·** ***S'en tenir à*** *qqch.* : ne pas aller au-delà, ne vouloir rien de plus. → se **borner.** *Je m'en tiens aux consignes que j'ai reçues. Tenez-vous-en là.* – Loc. *Savoir à quoi s'en tenir,* être fixé, informé. **7·** (Récipr.) Se tenir l'un l'autre. *Se tenir par la main, le bras.* – (Choses) Être dans une dépendance réciproque. *Dans cette affaire, tout se tient.* ▷ **s'abstenir, contenir, détenir, entretenir, intenable, lieutenant, maintenir, obtenir, retenir, soutenir, tenable, tenaille, tenancier,** 1 **tenant,** 2 **tenant, teneur, tenon, tenu, tenue**

tennis [tenis] n. m. invar. et n. m. pl. **1**· Sport dans lequel deux ou quatre joueurs se renvoient alternativement une balle, à l'aide de raquettes, de part et d'autre d'un filet, selon des règles précises et sur un terrain de dimensions déterminées. *Un court de tennis. Jouer au tennis. Une partie de tennis.* – *Tennis de table.* → **ping-pong.** **2**· Terrain de tennis. *Les tennis d'un club sportif.* **3**· N. m. pl. Chaussures basses en toile, à semelles de caoutchouc. *Porter des tennis blancs.* ≠ **basket.**

tenon [tənɔ̃] n. m. Partie saillante d'un assemblage, qui s'ajuste à une mortaise (et qui *tient*).

ténor [tenɔʀ] n. m. et adj. **1**· N. m. Voix d'homme de registre aigu ; chanteur qui a ce type de voix. / contr. **basse** / *Un ténor de l'opéra.* **2**· Adj. Se dit des instruments dont l'étendue correspond à celle de la voix de ténor. *Saxophone ténor.* **3**· Personnage très en vue dans l'activité qu'il exerce. *Les ténors de la politique.*

tension [tɑ̃sjɔ̃] n. f. **I**· Concret. **1**· État d'une substance souple ou élastique tendue. / contr. **détente** / *La tension d'un élastique. Régler la tension d'une corde de violon.* **2**· Force qui agit de manière à écarter, à séparer les parties constitutives d'un corps. **3**· *Tension (artérielle, veineuse),* pression du sang. *Prendre la tension de qqn.* – Absolt. Hypertension. *Avoir de la tension, un peu de tension.* **4**· Différence de potentiel électrique entre deux points d'un circuit. *Haute tension,* tension élevée (plusieurs milliers de volts). *Basse tension.* **II**· Abstrait. **1**· Effort intellectuel ; application soutenue. → **concentration.** *Tension d'esprit.* → **attention.** / contr. **relâchement** / **2**· État de ce qui menace de rompre. *La tension des relations entre deux pays.* **3**· *Tension nerveuse,* énervement. ▶ **tensiomètre** n. m. Appareil servant à mesurer la tension (notamment la tension artérielle). ▷ **hypertension, hypotension**

tentacule [tɑ̃takyl] n. m. Bras de certains mollusques (poulpes, calmars), organe allongé muni de ventouses. *Les tentacules d'une pieuvre.* ▶ **tentaculaire** adj. Qui se développe dans toutes les directions. *Ville tentaculaire.*

tentateur, tentation → 1 **tenter.**

tentative → 2 **tenter.**

tente [tɑ̃t] n. f. Abri fait d'une matière souple tendue sur des supports (mâts, piquets). *Une tente de camping.* → fam. **guitoune.** *La tente d'un cirque.* → **chapiteau.**

1 **tenter** [tɑ̃te] v. tr. < conjug. 1 > **1**· Religion. Essayer d'entraîner au mal, au péché. *Le démon tenta Ève.* **2**· Éveiller le désir, l'envie de (qqn). → **attirer, séduire.** *Un bijou, un voyage qui me tente. Ça ne me tente guère.* → **plaire.** *Se laisser tenter par...,* céder à (une envie, un désir). – Au p. p. *Être tenté, très tenté,* avoir envie (d'une chose) ; avoir envie de, tendance à. *Je suis tenté de penser que...* ▶ **tentant, ante** adj. → **alléchant, séduisant.** *Un menu tentant. Une situation assez tentante.* → **enviable.** ▶ **tentateur, trice** n. et adj. **1**· N. m. → **démon.** **2**· N. Plaisant. ou littér. Personne qui cherche à tenter, à séduire. – Adj. *Une beauté tentatrice.* ▶ **tentation** n. f. **1**· Religion. Impulsion qui pousse au péché, au mal. *La tentation de saint Antoine* (par les démons). *Succomber à la tentation.* **2**· Ce qui incite à (une action) en éveillant le désir. → **envie.** *La tentation des voyages,* de partir en voyage. *Il n'a pas pu résister à la tentation d'ouvrir la lettre.*

2 **tenter** v. tr. < conjug. 1 > Éprouver (les chances de réussite) ; commencer, en vue de réussir. *Tenter une démarche. Tenter l'impossible. Il a tout tenté pour réussir. Tenter de* (+ infinitif). → **chercher, essayer** de. *Le prisonnier a tenté de s'enfuir. Il a tenté de se suicider. Inutile de tenter de vous disculper.* – Loc. *Tenter sa chance,* tenter de gagner, de réussir. *Tenter le tout pour le tout,* risquer de tout perdre pour gagner. ▶ **tentative** n. f. Action par laquelle on s'efforce d'obtenir un résultat (quand ce résultat est ou douteux ou nul). → **essai.** *Faire une tentative auprès de qqn,* essayer d'obtenir de lui qqch. → **démarche.** *Une tentative de suicide, d'assassinat. Tentative infructueuse.*

tenture [tɑ̃tyʀ] n. f. Pièce de tissu, de cuir, de papier (tendu) servant d'élément de décoration murale. → **tapisserie.** *Des tentures de cretonne.*

tenu, ue [t(ə)ny] part. passé. de *tenir* et adj. **1**· (Passif) ***Être tenu à*** : être obligé à (une action). *Le médecin est tenu au secret professionnel.* Loc. prov. *À l'impossible nul n'est tenu.* **2**· ***Être tenu de...*** (+ infinitif) : être obligé de. *Vous êtes tenu d'obéir.* **3**· Adj. ***Bien (mal) tenu*** : bien (ou mal) arrangé, entretenu. *Maison mal tenue. Ses enfants sont bien tenus.*

ténu, ue [teny] adj. Très mince, très fin, de très petites dimensions. *Des particules ténues.* → **subtil.** / contr. **épais** / – Abstrait. *Une différence ténue.* → **subtil.** ▶ **ténuité** n. f. *La ténuité d'un lien.* → **finesse.** ▷ **atténuer**

tenue [t(ə)ny] n. f. **1·** Le fait, la manière de *tenir,* de gérer (un établissement, etc.) ; la manière dont la discipline, l'économie y sont assurées. → **ordre.** *La tenue de la maison,* son entretien et l'organisation de la vie domestique. *La tenue des comptes. Une bonne tenue des comptes.* **2·** Fait de bien se tenir ; dignité de la conduite, correction des manières. *Manquer de tenue. Allons, un peu de tenue !* **3·** Façon de se tenir (bien ou mal). *Bonne tenue en classe.* **4·** Façon de se tenir (IV, 2). → **attitude, maintien. 5·** Manière dont une personne est habillée ; son aspect, sa présentation. → **mise.** *Une tenue correcte, impeccable. Une tenue négligée. Quelle tenue !* – Habillement particulier (à une profession, à une circonstance). *Une tenue de sport. Tenue de ville. Tenue de soirée. Tenue militaire.* → **uniforme.** *Militaire **en tenue*** (opposé à *en civil*). *Se mettre en tenue de travail.* – Fam. *Ils m'ont surpris en petite tenue,* peu vêtue. **6·** ***Tenue de route*** : aptitude d'un véhicule à rester dans la direction commandée par le conducteur (à *tenir la route*).

tequila [tekila] n. f. (masc. en espagnol) Alcool mexicain obtenu à partir du suc de l'agave.

①**ter** [tɛʀ] adv. et adj. Trois fois ; troisième. (Se place après un numéro pour indiquer que celui-ci est précédé d'un numéro bis*.) *Elle habite 12 ter de la rue Balzac.*

②**TER** ou **T. E. R.** [teøɛʀ] n. m. (sigle) En France. Train de voyageurs reliant des pôles régionaux. *La circulation des T. E. R.*

térato- Élément savant signifiant « monstre ». ▶ **tératogène** [teʀatɔʒɛn] adj. (Médicament) Qui, par son action sur l'embryon, peut produire des malformations au cours du développement. ▶ **tératologie** n. f. Étude des anomalies et des malformations des êtres vivants.

tercet [tɛʀsɛ] n. m. Couplet, strophe de trois vers. *Les deux quatrains et les deux tercets d'un sonnet.*

térébenthine [teʀebɑ̃tin] n. f. Résine qu'on recueille par l'incision de certains végétaux (conifères). *Essence de térébenthine.*

térébrant, ante [teʀebʀɑ̃, ɑ̃t] adj. Didact. **1·** *Insecte térébrant,* qui perce des trous. **2·** *Douleur térébrante,* qui donne l'impression qu'une pointe s'enfonce dans la partie douloureuse.

tergal [tɛʀgal] n. m. (Nom déposé) Étoffe synthétique. *Pantalon de tergal.*

tergiverser [tɛʀʒivɛʀse] v. intr. < conjug. 1 > Littér. User de détours, de faux-fuyants pour éviter de donner une réponse nette, pour retarder le moment de la décision. → **atermoyer, temporiser.** *Sans tergiverser,* sans hésiter. ▶ **tergiversation** n. f. (Presque toujours au pluriel) *Assez de tergiversations !* → **atermoiement, faux-fuyant.**

①**terme** [tɛʀm] n. m. ≠ thermes. **1·** Limite fixée dans le temps. *Passé ce terme, les billets seront périmés.* → **délai.** *Mettre un terme à qqch.,* faire cesser. – ***À terme*** : dont l'exécution correspond à un terme fixé. *Vente, achat à terme.* → **à crédit.** *Emprunt à court terme. À court terme, à long terme,* qui doit se réaliser dans peu de temps, dans longtemps. *C'est un projet à court terme.* **2·** Époque fixée pour le paiement des loyers. → **délai, échéance.** – Somme due au terme. *Payer son terme.* **3·** Littér. Dernier élément, dernier stade (de ce qui a une durée). → **conclusion, fin.** / contr. commencement / *Le terme de la vie,* la mort. *Mener qqch. à terme, à son terme.* → **terminer. 4·** *Accouchement **à terme*** : dans le temps normal de la naissance, neuf mois après la conception, chez la femme. – *Enfant né avant terme.* → **prématuré.**
▷ **atermoyer**

②**terme** n. m. **I· 1·** Mot ou expression qui dénomme une notion précise, une classe d'objets. *Le sens d'un terme. Chercher le terme exact. Terme usuel, rare, savant.* **2·** ***Termes*** n. m. pl. : ensemble de mots et d'expressions choisis pour faire savoir qqch. ; manière de s'exprimer. *Les termes d'un contrat.* → **formule.** *Parler en termes choisis.* Loc. ***En d'autres termes*** : pour donner une équivalence à l'aide d'autres mots. *Il ne dit pas la vérité, en d'autres termes, il ment.* → **c'est-à-dire. 3·** Mot appartenant à un vocabulaire spécial. *Les termes techniques.* → **terminologie.** *Terme scientifique, juridique.* **4·** Chacun des éléments simples entre lesquels on établit une relation. *Les termes d'une comparaison. Les termes d'une équation. Les deux termes d'une fraction.* – ***Moyen terme*** : solution, situation intermédiaire. *Il faut chercher des moyens termes.* **II·** Loc. *Être en bons **termes**, en mauvais termes avec qqn* : entretenir de bonnes ou de mauvaises relations avec qqn. ▷ **terminologie**

①**terminal, aux** n. m. Anglic. **1·** Installations pour le déchargement de navires de transport (pétroliers, etc.). **2·** Élément d'un système informatique situé à l'extrémité. *L'ordinateur central et les terminaux.* → **écran. 3·** Point de départ et d'arrivée des passagers d'un aéroport. *Une navette relie l'aéroport et le terminal. L'avion pour Paris partira du terminal B.*

terminer [tɛʀmine] v. tr. < conjug. 1 > **I· 1·** Faire cesser (qqch. dans le temps) par une décision. *Terminer un débat.* → **clore, lever.** / contr. ouvrir ; engager / **2·** Faire arriver à son terme, mener à terme (ce qui est fait en grande partie). → **achever.** *Terminer un travail.* / contr. commencer / – Sans compl. *À quelle heure est-ce que tu termines* (ta journée de travail) ? *En avoir terminé avec qqch.*, avoir enfin fini. *La hâte d'en avoir terminé.* – Passer la dernière partie (d'un temps). *Nous terminerons la soirée au cinéma.* **3·** Constituer, former le dernier élément de (qqch.). *Terminer une phrase par un point d'exclamation. Un revers termine la manche. La formule qui termine la lettre.* – *Une fête terminée par un feu d'artifice.* **II·** ***Se terminer*** v. pron. **1·** Prendre fin. – (Dans l'espace) *Une rue qui se termine au boulevard Saint-Germain.* – (Dans le temps) *La soirée s'est plutôt mal terminée.* **2·** ***Se terminer par...*** : avoir pour dernier élément. *Les mots qui se terminent par un x ne prennent pas l's au pluriel. La soirée se termine par un bal.* **3·** ***Se terminer en...*** (Dans l'espace) Avoir (telle forme) à son extrémité. *Clocher qui se termine en pointe. Les verbes qui se terminent en -ER.* – (Dans le temps) Prendre (tel aspect) à sa fin. *L'histoire se termine en drame.* ▶ **terminaison** n. f. **1·** Dernier élément d'un mot considéré sous un aspect quelconque (phonique, graphique, morphologique). → **finale.** *Les terminaisons des mots en fin de vers.* → **assonance, consonance, rime.** *Les terminaisons des formes conjuguées d'un verbe.* → **désinence.** *La terminaison « age » de breuvage.* → **suffixe.** **2·** Extrémité (d'une chose). *Les terminaisons nerveuses* (dans le muscle). ▶ 2 **terminal, ale, aux** adj. Qui forme le dernier élément, la fin. → **final.** *Les classes terminales des lycées.* N. f. *Être en terminale.* – *Phase, stade terminal d'une maladie,* avant la mort. ▷ **déterminer, exterminer, indéterminé, interminable, prédéterminer**

terminologie [tɛʀminɔlɔʒi] n. f. **1·** Ensemble des désignations et des notions appartenant à une science, à une technique. *La terminologie de la médecine.* – Vocabulaire didactique d'un groupe social. *La vieille terminologie humanitaire et libérale de 1848.* **2·** Étude des systèmes de termes et de notions. ▶ **terminologique** adj. ▶ **terminologue** n. Spécialiste de terminologie (2).

terminus [tɛʀminys] n. m. invar. Dernière station (d'une ligne de transports en commun).

termite [tɛʀmit] n. m. Insecte qui vit en société et ronge les pièces de bois par l'intérieur. – Loc. *Travail de termite,* travail de destruction lent et caché. ▶ **termitière** n. f. Nid de termites, butte de terre percée de galeries.

ternaire [tɛʀnɛʀ] adj. Composé de trois éléments, de trois unités. *Nombre ternaire. Mesure, rythme ternaire ou binaire.*

terne [tɛʀn] adj. **1·** Qui manque d'éclat, qui reflète peu ou mal la lumière. *Des couleurs ternes.* → **fade, neutre.** / contr. vif / *Œil, regard terne,* sans éclat ni expression. → **éteint.** / contr. brillant, expressif / **2·** Qui n'attire ni ne retient l'intérêt. → **fade, morne.** *Une conversation terne et languissante. Des journées ternes.* – (Personnes) Falot, insignifiant. *Des gens ternes.* / contr. brillant / ▶ **ternir** v. tr. <conjug. 2> **1·** Rendre (qqch.) terne. → **décolorer, faner, altérer.** / contr. polir / *La poussière ternissait les meubles.* – Pronominalement. *L'argenterie se ternit.* – Au p. p. adj. *Couleurs ternies.* → **passé.** **2·** Porter atteinte à la valeur morale, intellectuelle de. → **flétrir.** *Ternir la réputation, l'honneur de qqn.* → **salir.**

terrain [tɛʀɛ̃] n. m. **I· 1·** Étendue de terre (considérée dans son relief ou sa situation). → **sol.** *Un terrain plat, accidenté. Accident de terrain. Un terrain fertile. Glissement de terrain.* – Loc. *Un terrain glissant,* une situation dangereuse, hasardeuse. **2·** Portion plus ou moins étendue et épaisse de l'écorce terrestre, considérée quant à sa nature, son âge ou son origine (souvent au plur.). *Les terrains primaires, secondaires. Terrains glaciaires.* **3·** *Le terrain,* la zone où se déroulent des opérations militaires. *Reconnaître le terrain,* le champ de bataille. Loc. *Sur le terrain,* en se rendant sur les lieux mêmes du combat ; fig. sur place. – Loc. *Gagner, perdre du terrain,* avancer, reculer (sens propre et figuré). *Être sur son terrain,* dans un domaine familier, où l'on est à l'aise. *Le terrain social,* le domaine social. *Je ne vous suivrai pas sur ce terrain,* dans vos jugements. *Chercher, trouver un terrain d'entente,* une base, un sujet sur lequel on s'entende, lorsqu'on s'oppose. *Se conduire comme en terrain conquis,* tyranniquement, avec arrogance. *Reconnaître, préparer, sonder, tâter le terrain,* la situation, l'état des choses et des esprits, avant d'agir. **4·** *Le terrain,* le lieu de l'action, de l'observation. *Travail de terrain* (en ethnologie, etc.). *Un homme de terrain,* qui observe, agit sur les lieux mêmes de l'action. **5·** État (d'un organisme, d'un organe, d'un tissu), quant à sa résistance à la maladie. **II· 1·** *(Un, des terrains)* Espace, étendue de terres de forme et de dimensions déterminées. → **parcelle.** *Acheter, vendre un terrain. Des terrains marécageux. Un terrain cultivé.* → **terre.** *Terrains à bâtir. Spéculation sur les terrains.* – ***Terrain vague*** : sans cultures ni constructions, dans une ville. **2·** Emplacement aménagé ou disposé pour une activité particulière. *Terrain de camping, de sport. Terrain d'aviation.* ▷ **tout-terrain**

terrasse [tɛʀas] n. f. **1·** Levée de terre formant plate-forme. *Les terrasses d'un parc. Cultures en terrasses,* en étages, soutenues par de petits murs. **2·** Plate-forme en plein air d'un étage de maison, en retrait sur l'étage inférieur. *Appartement avec terrasse.* – Toiture plate (d'une maison). **3·** Partie d'un café qui déborde sur le trottoir (en plein air ou couverte). *Les Parisiens attablés aux terrasses des cafés. Voulez-vous vous mettre à la terrasse (en terrasse), ou à l'intérieur ?*

terrassement [tɛʀasmɑ̃] n. m. **1·** Opération par laquelle on creuse et on déplace la terre. *Travaux de terrassement.* **2·** Terres, matériaux déplacés ; déblais ou remblais. *Les terrassements d'une voie ferrée.* ▶ **terrassier** n. m. Ouvrier employé aux travaux de terrassement.

terrasser [tɛʀase] v. tr. < conjug. 1 > **1·** Abattre, renverser (qqn), jeter à terre dans une lutte. *Terrasser son adversaire.* **2·** (Suj. chose) Abattre, rendre incapable de réagir, de résister. → **foudroyer** (2). *Cette nouvelle l'a terrassé. Être terrassé par l'émotion.* → **accabler, atterrer.**

terre [tɛʀ] n. f. **I·** L'élément solide qui supporte les êtres vivants et où poussent les végétaux. **1·** Surface sur laquelle les humains, les animaux se tiennent et marchent. → **sol.** *Se coucher sur la terre. Jeter, lancer, mettre **à terre, par terre** :* renverser. *Tomber par terre. Mettre pied à terre,* descendre de voiture, du lit, etc. – Loc. *Courir ventre à terre,* très vite. *Vouloir rentrer **sous terre*** (de honte). *Avoir les pieds **sur terre** :* être réaliste. → **terre à terre. 2·** Matière qui forme la couche superficielle de la croûte terrestre. *La terre d'un chemin. Un chemin, une piste de terre,* non revêtu(e), non rocheux(euse). *Un sol de terre battue. Mottes de terre. Mettre un mort en terre.* → **enterrer, inhumer.** – Au plur. Quantité de terre. *Des terres rapportées.* **3·** L'élément où poussent les végétaux ; étendue de cet élément. *Une terre aride. Terre végétale.* → **humus, terreau.** *Cultiver, labourer la terre. Les produits de la terre.* – Loc. ***En pleine terre*** : se dit des plantes, des arbres qui poussent dans une terre qui n'est pas dans un contenant. – ***Les terres*** : étendue indéterminée de terrain où poussent les végétaux. *Terres à blé,* propres à cette culture. *Terres cultivées.* → **champ.** *Défricher les terres vierges.* **4·** ***La terre*** : la vie paysanne. → **glèbe.** *Le retour à la terre,* aux activités agricoles. **5·** Étendue limitée de surfaces cultivables, considérée comme objet de possession. → **bien, domaine, propriété, terrain.** *Acquérir une terre.* – *La terre. Acheter de la terre. Lopin de terre.* – Loc. *Politique de la terre brûlée,* de destruction des récoltes, des villages (à la guerre). – Au plur. *Vivre de ses terres. Se retirer sur ses terres.* **6·** Vaste étendue de la surface solide du globe. → **territoire, zone.** *Terres arctiques, australes.* **7·** ***La terre, les terres*** (opposé à *la mer, à l'air*). → **continent, île.** *La répartition des terres et des mers à la surface du globe. La terre ferme. L'armée de terre* (opposé à *la marine, l'aviation*). *Un village breton dans les terres,* éloigné du rivage. **8·** La croûte terrestre. *Tremblement de terre.* → **séisme,** secousse **tellurique. 9·** Le sol, considéré comme ayant un potentiel électrique égal à zéro. Loc. *Prise de terre.* **II·** Le milieu où vit l'humanité ; notre monde. → **terrestre. 1·** (Avec une majuscule) En astronomie. Planète appartenant au système solaire, animée d'un mouvement de rotation sur elle-même et de révolution autour du Soleil (et où vit l'humanité). *La Lune, satellite de la Terre. Le centre de la Terre. La place de la Terre dans l'Univers.* **2·** L'ensemble de tous les lieux de la surface de la planète. *Il avait parcouru la terre entière.* **3·** Cette planète, en tant que milieu où vit l'humanité. *Être seul sur la terre,* au monde. *Être sur terre.* → **exister, vivre.** – Loc. *Remuer ciel et terre* (pour obtenir qqch.), se démener, s'adresser à tous ceux qu'on connaît. **III· 1·** Se dit de diverses matières pulvérulentes dans la composition desquelles entre généralement l'argile, et qui servent à fabriquer des objets. *Pipe en terre. Terre glaise.* – ***Terre cuite*** : argile ordinaire ferrugineuse durcie par la chaleur. *Poteries de terre cuite.* – *Récipient de terre.* → **terrine. 2·** Nom de différents colorants (couleurs minérales). *Terre de Sienne,* colorant brun. → **ocre.** ▶ **terreau** [tɛʀo] n. m. Engrais naturel, formé d'un mélange de terre végétale et de produits de décomposition. → **humus.** ▶ **terre à terre** [tɛʀatɛʀ] loc. adj. invar. Matérialiste et peu poétique. *Un esprit terre à terre.* → **prosaïque.** *Les préoccupations terre à terre du ménage.* ▷ **atterrer, atterrir, déterrer, enterrer, parterre, pied-à-terre, pomme de terre, souterrain, terrain, terrasse, terrassement, terrasser, terre-neuvas, terre-neuve, terre-plein, se terrer, terrestre, terreux, terrien, ① terrier, ② terrier, terril, terrine, territoire, terroir**

terre-neuvas [tɛʀnœva] n. m. invar. ou **terre-neuvier** [tɛʀnœvje] n. m. Navire, marin qui pêche à Terre-Neuve. *Des terre-neuvas* ou *des terre-neuviers.*

terre-neuve [tɛʀnœv] n. m. invar. Gros chien à tête large, à longs poils, dont la race est originaire de Terre-Neuve. *Des terre-neuve.*

terre-plein [tɛʀplɛ̃] n. m. Plate-forme, levée de terre généralement soutenue par une maçonnerie. *Les terre-pleins d'une route.*

se terrer [tɛʀe] v. pron. < conjug. 1 > **1·** (Animaux) Se cacher dans un terrier ou se blottir contre terre. – Au p. p. adj. *Une bête terrée dans sa tanière.* **2·** Se mettre à l'abri, se cacher dans un lieu couvert ou souterrain. *Il se terre chez lui,* il ne se montre plus.

terrestre [tɛʀɛstʀ] adj. **1·** De la planète Terre. *Les océans et les mers recouvrent 70 % de la surface terrestre. Le globe terrestre,* la Terre. **2·** Des terres (opposé à *marin*). *Habitat terrestre.* – *Les animaux* *terrestres.* **3·** Qui est, qui se déplace sur le sol (opposé à *aérien, maritime*). *Locomotion, transport terrestre.* **4·** (Opposé à *céleste*) Du monde où vit l'homme ; d'ici bas. *Les choses terrestres,* temporelles, matérielles.

terreur [tɛʀœʀ] n. f. **1·** Peur extrême qui bouleverse, paralyse. → **effroi, épouvante, frayeur.** *Une terreur panique. Être muet, glacé de terreur. Inspirer de la terreur à qqn.* → **terrifier, terroriser.** *La terreur de...,* inspirée par... *La terreur du dentiste, des voyages en avion.* → **-phobie.** *Répandre, semer la terreur.* **2·** Peur collective qu'on fait régner dans une population, un groupe pour briser sa résistance ; régime, procédé politique fondé sur l'emploi de l'arbitraire imposé et de la violence. → **terrorisme.** *Gouverner par la terreur. Le régime de terreur.* **3·** (Avec un compl.) Être ou chose qui inspire une grande peur. *Ce chien est la terreur des voisins. Il saccage tout, c'est la terreur de l'école.* – Fam. *Il joue les terreurs.* → **dur.** ▷ **terrible, terrifier, terroriser, terrorisme**

terreux, euse [tɛʀø, øz] adj. **1·** Qui appartient à la terre (I, 2, 3), qui est de la nature de la terre. *Un goût terreux.* **2·** Mêlé, souillé de terre. *Des bottes terreuses.* → **boueux.** **3·** D'une couleur dépourvue d'éclat et de fraîcheur. *Un teint terreux.* → **blafard.** ▷ **cul-terreux**

terrible [tɛʀibl] adj. **1·** (Choses) Qui inspire de la terreur (1), qui amène ou peut amener de grands malheurs. → **effrayant, terrifiant.** *Une terrible catastrophe.* → **effroyable.** *Une terrible éruption.* **2·** Très pénible, très grave, très fort. *Il fait un froid terrible.* → **excessif.** *Il est d'une humeur terrible,* de très mauvaise humeur. *C'est terrible de ne pouvoir compter sur lui.* → **désolant.** – (Avec *que* + subjonctif) *C'est terrible qu'on ne puisse pas compter sur lui.* **3·** (Personnes) Agressif, turbulent, très désagréable. *Un enfant terrible.* → **intenable, insupportable.** **4·** Fam. Extraordinaire, grand. → **formidable.** *J'ai un appétit terrible. Ce film n'a rien de terrible. C'est un type terrible,* très fort. → **étonnant.** – *C'est pas terrible,* c'est médiocre, mauvais. Adv. *Ça marche terrible.* ▶ **terriblement** adv. D'une manière très intense ; à l'extrême. *C'est terriblement cher, ennuyeux.* → **affreusement, extrêmement, horriblement.**

terrien, ienne [tɛʀjɛ̃, jɛn] adj. et n. **I·** Adj. **1·** Qui possède des terres. *Propriétaire terrien.* → **foncier.** **2·** Littér. Qui concerne la terre, la campagne, qui est propre aux paysans (opposé à *citadin*). *Un atavisme terrien.* – N. *C'est un terrien.* **II·** N. Habitant de la planète Terre (opposé *aux habitants supposés des autres planètes*).

1 **terrier** [tɛʀje] n. m. Trou, galerie que certains animaux creusent dans la terre et qui leur sert d'abri. → **tanière.** *Faire sortir un lièvre de son terrier.*

2 **terrier** n. m. Chien qu'on peut utiliser pour la chasse des animaux à terrier. *Les terriers sont de bons chiens de garde.* ▷ **fox-terrier**

terrifier [tɛʀifje] v. tr. < conjug. 7 > Frapper (qqn) de terreur. → **effrayer, terroriser.** *Leurs cris terrifiaient l'enfant.* ▶ **terrifiant, ante** adj. → **terrible** (2, 4). *Des cris terrifiants. C'est terrifiant comme il a vieilli !* → **étonnant, effarant.**

terril ou **terri** [tɛʀi(l)] n. m. Grand tas de déblais au voisinage d'une mine. → **crassier.**

terrine [tɛʀin] n. f. Récipient de terre (III) assez profond, où l'on fait cuire et où l'on conserve certaines viandes. – Son contenu. → **pâté.** *Terrine de pâté de lièvre.*

territoire [tɛʀitwaʀ] n. m. **1·** Étendue de la surface terrestre sur laquelle vit un groupe humain. *Le territoire national français.* → **sol.** *En territoire ennemi.* – *Aménagement du territoire,* répartition des activités économiques selon un plan régional. **2·** Étendue de pays sur laquelle s'exerce une autorité, une juridiction. *Le territoire de la commune.* **3·** Pays qui jouit d'une personnalité, mais ne constitue pas un État souverain. *Les territoires d'outre-mer* français.* ▶ **territorial, ale, aux** adj. **1·** Qui consiste en un territoire, le concerne. *Puissance territoriale.* – *Les eaux territoriales,* zone de la mer sur laquelle s'exerce la souveraineté d'un État riverain. **2·** Qui concerne la défense du territoire national. *Armée territoriale.* ▶ **territorialement** adv.

terroir [tɛʀwaʀ] n. m. **1·** Région rurale, provinciale, considérée comme influant sur ses habitants. *Accent du terroir. Poètes du terroir.* **2·** Ensemble des terres d'une même région fournissant un produit agricole caractéristique. *Goût de terroir,* goût particulier (d'un vin), dû au terrain.

terroriser [tɛʀɔʀize] v. tr. < conjug. 1 > Frapper, paralyser de terreur, faire vivre dans la terreur. → **effrayer, terrifier.** *Son patron le terrorise. Vous terrorisez cet enfant avec vos menaces.*

terrorisme n. m. Emploi systématique de la violence pour atteindre un but politique ; actes de violence (attentats, destructions, prises d'otages) destinés à déclencher des changements politiques. *Terrorisme et contre-terrorisme.* ▶ **terroriste** n. et adj. **1·** N. Membre d'une organisation politique qui use du terrorisme. *Un, une terroriste.* **2·** Adj. Du terrorisme. *Une organisation, un attentat terroriste.*

tertiaire [tɛʀsjɛʀ] adj. (→ **troisième**) **1·** *Ère tertiaire* ou, n. m., *le tertiaire,* ère géologique (environ 70 millions d'années) qui a succédé à l'ère secondaire. *Les plissements alpins datent du tertiaire.* – *Terrains tertiaires.* **2·** (Opposé à *primaire, secondaire*) *Secteur tertiaire* ou, n. m., *le tertiaire,* secteur comprenant toutes les activités non directement productrices de biens de consommation (commerces, administration, services).

tertio [tɛʀsjo] adv. En troisième lieu (après *primo, secundo*). → **troisièmement.**

tertre [tɛʀtʀ] n. m. Petite éminence isolée à sommet aplati. → **butte, monticule.** *Une maison sur un tertre.*

tes → ① **ton.**

tessiture [tesityʀ] n. f. Musique. Échelle des sons qui peuvent être émis normalement par une voix. → **registre.**

tesson [tesɔ̃] n. m. Débris (d'une objet de verre, d'une poterie). *Des tessons de bouteille.*

test [tɛst] n. m. **1·** Épreuve qui permet de déceler les aptitudes d'une personne et fournit des renseignements sur ses connaissances, son caractère, etc. *Soumettre qqn à un test, faire passer des tests à qqn. Un test d'orientation professionnelle. Test pédagogique, scolaire.* **2·** Épreuve ou expérience décisive, opération témoin permettant de juger. ▶ ① **tester** v. tr. < conjug. 1 > **1·** Soumettre à des tests. *Tester des élèves.* – *Le coureur a été testé positif aux produits de dopage.* **2·** Contrôler, éprouver. *Tester un produit. Tester un procédé.* → **essayer, expérimenter.** ▷ **alcootest**

testament [tɛstamɑ̃] n. m. **I·** (Avec une majuscule) Nom des deux parties de l'Écriture sainte. *L'Ancien et le Nouveau Testament.* → **Bible.** **II· 1·** Acte par lequel une personne dispose des biens qu'elle laissera en mourant (→ **héritage**). *Léguer qqch. par testament. Mettre, coucher qqn sur son testament,* l'y inscrire comme légataire. – Loc. fam. *Il peut faire son testament,* il n'en a plus pour longtemps à vivre. **2·** Dernière œuvre, dernier écrit, considérés comme la suprême expression de la pensée et de l'art de qqn. ▶ **testamentaire** adj. Qui se fait par testament, se rapporte à un testament. *Dispositions testamentaires.* ▶ **testateur, trice** n. Terme de droit. Auteur d'un testament. ▶ ② **tester** v. intr. < conjug. 1 > En droit. Disposer de ses biens par testament, faire un testament.

testicule [tɛstikyl] n. m. Glande productrice des spermatozoïdes. – (Chez l'homme) Cet organe (les deux glandes) et ses enveloppes (→ **bourses, scrotum**), en arrière du pénis. *Les testicules.*

testostérone [tɛstɔsteʀɔn] n. f. Hormone mâle sécrétée par les testicules.

tétanos [tetanos] n. m. invar. **1·** Grave maladie infectieuse caractérisée par une contraction douloureuse des muscles du corps, avec des crises convulsives. **2·** *Tétanos musculaire,* contraction prolongée d'un muscle. ▶ **tétanique** adj. **1·** Atteint de tétanos. **2·** Propre au tétanos musculaire. ▶ **tétaniser** v. tr. < conjug. 1 > **1·** Méd. Produire un tétanos (2). **2·** Paralyser. *La peur le tétanise.* ▷ **antitétanique**

têtard [tɛtaʀ] n. m. Larve de batracien, à grosse tête prolongée par un corps effilé, à respiration par les branchies. *Un têtard qui devient grenouille.*

tête [tɛt] n. f. **I· 1·** Extrémité antérieure (à l'avant) et supérieure (en haut) chez les animaux à station verticale, qui porte la bouche et les principaux organes des sens (lorsque cette partie est distincte et reconnaissable). → **céphalo-.** *La tête d'un oiseau, d'un poisson. Une tête d'éléphant.* – Cette partie d'un animal préparée pour la consommation. *Tête de veau.* **2·** Partie supérieure du corps humain, contenant le cerveau, qui est de forme arrondie et tient au tronc par le cou. *Il a une grosse tête, une tête ronde, carrée.* Loc. *Des pieds à la tête, de la tête aux pieds.* → **pied.** *Se promener la tête haute,* avec fierté. *La tête basse,* en étant confus, honteux. *Baisser la tête. Détourner la tête. Hocher la tête. Signe de tête.* – Loc. *Être tombé sur la tête,* être un peu fou, déraisonner. – *Se taper la tête contre les murs,* désespérer. *Donner tête baissée dans...,* se jeter sur qqch. ; se jeter naïvement, imprudemment, dans un piège. – *Ne savoir où donner de la tête,* ne savoir que faire, avoir trop d'occupations. → **submergé.** *En avoir par-dessus la tête,* assez. – Partie de la tête où sont les cheveux. → **crâne.** *Avoir un chapeau sur la tête. Être tête nue,* sans chapeau. *Se laver la tête. Tête chauve.* → **caillou.** *Donner un coup sur la tête.* → fam. **caboche, cassis, citron, coloquinte, tirelire.** – *Tenir tête* : résister (à l'adversaire) ; s'opposer avec fermeté (à la volonté de qqn). *Tenir tête à son père.* **3·** (Sensations localisées à la tête) → **cerveau.** *Avoir mal à la tête,* la migraine. *La tête lui tourne,* il a un étourdissement. **4·** (La tête étant considérée comme la partie vitale) → **vie.** *Je le jure sur la tête de mes enfants. L'accusé a sauvé sa tête* (de la peine capitale). *Risquer sa tête,* sa vie. – Loc. *Donner sa tête à couper que...,* affirmer avec conviction. **5·** Le visage, quant aux traits et à l'expression. → **face, figure** ; fam. **gueule.** *Il a une tête sympathique, une bonne tête.* → fam. **bouille.** *Il a, il fait* *une drôle de tête.* → fam. **bille, binette, bobine, fiole, poire, trombine, tronche.** – Loc. *Faire une tête de six pieds de long,* être triste, maussade. – ***Faire la tête.*** → **bouder.** **6·** Représentation de cette partie du corps de l'homme, des animaux supérieurs. *Tête sculptée.* – ***Tête de pipe*** : tête formant le fourneau d'une pipe. – ***Tête de Turc.*** *Être la tête de Turc, servir de tête de Turc,* être sans cesse en butte aux plaisanteries de qqn. → **souffre-douleur.** – ***Tête de mort*** : représentation d'un crâne humain, emblème de la mort. *Le drapeau à tête de mort des pirates.* **7·** Hauteur d'une tête d'homme. *Il a une tête de plus qu'elle.* – Longueur d'une tête de cheval, dans une course. *Cheval qui gagne d'une tête.* **8·** Partie d'une chose où l'on pose la tête. → **chevet.** *La tête d'un lit.* **9·** Coup de tête dans la balle, au football. *Joueur qui fait une tête.* **II· 1·** Le siège de la pensée, chez l'être humain. → **cerveau, cervelle, esprit.** *N'avoir rien dans la tête. Avoir une petite tête.* – Loc. *Avoir une tête sans cervelle, une tête en l'air, une tête de linotte,* être étourdi. *Une grosse tête,* une personne savante, intelligente. – Sans compl. *Avoir de la tête,* du jugement et de la mémoire. *Il n'a pas de tête,* il oublie tout. *Une femme de tête,* énergique, efficace. – *De tête,* mentalement. *Calculer de tête.* – *Il a une idée derrière la tête,* une intention cachée. *Avoir la tête vide,* ne plus pouvoir réfléchir, se souvenir. *Mettre, fourrer qqch. dans la tête de qqn,* lui apprendre, lui expliquer. *Se mettre dans la tête, en tête de..., que...,* décider ou imaginer, se persuader. *Elle s'est mis dans la tête que vous viendriez la voir. Je n'ai plus son nom en tête,* je ne m'en souviens plus. Fam. *Prendre la tête,* tracasser, obséder ; fatiguer intellectuellement. **2·** Le siège des états psychologiques. – (Caractère) *Avoir la tête froide,* être calme. *Avoir une tête de cochon,* être têtu. – (États passagers) *Perdre la tête,* perdre son sang-froid. → **boule, boussole.** *Mettre (à qqn) la tête à l'envers.* → **griser.** *Avoir la tête à ce qu'on fait,* y appliquer son esprit, son attention. *Avoir la tête ailleurs,* être dans la lune. *N'en faire qu'à sa tête,* agir selon sa fantaisie. – *Un **coup de tête*** : une décision, une action inconsidérée, irréfléchie. **3·** Loc. *Perdre la tête,* devenir fou ou gâteux. *Avoir toute sa tête.* → **lucidité.** – Fam. *Ça va pas la tête,* se dit à qqn dont on juge le comportement déraisonnable. **III· 1·** (Représentant une personne) *Tête couronnée,* personne appartenant à une famille royale. *Tête de cochon, de mule,* personne entêtée. – *Une tête brûlée.* → **brûlé.** *Une forte tête,* une personne qui s'oppose aux autres et fait ce qu'elle veut. *Une mauvaise tête,* une personne obstinée, querelleuse. Fam. *Salut, petite tête !* – Physionomie, visage (qui rend qqn reconnaissable). *Cette tête-là ne m'est pas inconnue.* **2·** ***Par tête*** : par personne, par individu. *Trente euros par tête.* Fam. *Par tête de pipe.* **3·** Personne qui conçoit et dirige (comme le cerveau fait agir le corps). *Il est la tête de l'entreprise.* **4·** Animal d'un troupeau. *Cent têtes de bétail.* **IV· 1·** Partie supérieure (d'une chose), notamment lorsqu'elle est arrondie. *La tête des arbres.* → **cime.** **2·** Partie terminale, arrondie, large, etc. *La tête d'un clou. Tête d'ail,* bulbe de l'ail. – *Tête de lecture d'un électrophone,* extrémité du bras qui porte le saphir. **3·** Partie antérieure (d'une chose qui se déplace). *La tête d'un train, d'un cortège. Fusée à **tête chercheuse*** : à tête munie d'un dispositif pouvant modifier sa trajectoire vers l'objectif. **4·** Partie antérieure (d'une chose orientée). *Tête de ligne,* point de départ d'une ligne de transport. / contr. **terminus** / – *Tête de liste,* premier nom d'une liste. *Une tête d'affiche.* **5·** Place de ce qui est à l'avant ou au début (surtout : *de, en tête*). *Passer en tête.* → **devant,** le **premier.** *Wagon de tête. L'article de tête d'un journal. Mot en tête de phrase.* **6·** *Être **à la tête** de qqch., **prendre la tête*** : la première place (classement, compétition, direction). *Être à la tête de sa classe,* être le premier. *Le coureur a pris la tête du peloton. Il est à la tête d'une entreprise.* → **chef, directeur.** ▶ **tête-à-queue** n. m. invar. Volte-face d'un véhicule. *La voiture a fait plusieurs tête-à-queue.* ▶ **tête à tête** loc. adv., **tête-à-tête** n. m. invar. **I·** Adv. (Deux personnes) Ensemble et seuls ; seul (avec qqn). *On nous a laissés tête à tête.* → **seul** à seul. **II·** N. m. invar. **1·** *Un tête-à-tête,* situation de deux personnes qui se trouvent seules ensemble, qui s'isolent ensemble. *Elle essaya de nous ménager un tête-à-tête.* → **entrevue.** – Service à petit-déjeuner pour deux personnes. **2·** ***En tête à tête*** loc. adv. : dans la situation de deux personnes qui se trouvent seules ensemble ou qui s'isolent. *Laissons ces amoureux en tête à tête !* ▶ **tête-bêche** [tɛtbɛʃ] loc. adv. Dans la position de deux personnes dont l'une a la tête du côté où l'autre a les pieds ; parallèlement et en sens inverse, opposé. *Il fallait coucher tête-bêche pour y loger tous. Timbres tête-bêche.* ▶ **tête-de-loup** n. f. Brosse ronde munie d'un long manche, pour nettoyer les plafonds. *Des têtes-de-loup.* ▶ **tête-de-nègre** adj. invar. De couleur marron foncé. *Des jupes tête-de-nègre.* ▷ **appui-tête, casse-tête, en-tête,** ① **entêter,** ② **s'entêter, étêter, serre-tête, têtard, têtu, à tue-tête**

téter [tete] v. tr. <conjug. 6> Enfants, jeunes animaux. Boire (le lait) en suçant le mamelon ou une tétine. *Téter le lait. Téter sa mère.* – Sans compl. *Donner à téter à son enfant,* l'allaiter. ▶ **tétée** n. f. Action de téter. – Repas du nourrisson. ▶ **tétine** n. f. **1·** Mamelle (de la vache, de la truie...). → ① **pis.** **2·** Bouchon allongé de caoutchouc ajusté à un biberon, que tète le nourrisson.

3· Embout de caoutchouc qu'on donne à sucer à un bébé, à un jeune enfant pour le calmer, le rassurer (→ **suce**). ▶ **téton** [tetɔ̃] n. m. Sein* de femme.

tétra- Élément savant signifiant « quatre ». ▶ **tétraèdre** [tetʀaɛdʀ] n. m. Polyèdre à quatre faces triangulaires. ▶ **tétralogie** n. f. Littér. Ensemble de quatre œuvres présentant une unité d'inspiration. ▶ **tétraplégique** adj. et n. Atteint de paralysie touchant les quatre membres. ▶ **tétrapodes** n. m. pl. Ensemble des animaux vertébrés à quatre membres, apparents ou non (batraciens, reptiles, oiseaux, mammifères). ▶ **tétrarchie** n. f. Histoire. Organisation de l'Empire romain sous Dioclétien en un gouvernement collégial de quatre empereurs. ▶ **tétravalent, ente** adj. En chimie. Qui a pour valence 4. *Le méthane contient un atome de carbone tétravalent.*

tétras [tetʀɑ(s)] n. m. invar. Grand oiseau sauvage des montagnes. *Le grand tétras* : le coq de bruyère.

têtu, ue [tety] adj. Entêté, obstiné. → **buté.** *Il est têtu comme une mule. Elles sont volontaires et têtues.*

teuf [tœf] n. f. Fam. Fête. *Organiser une teuf.* ▶ **teufeur, euse** n. Fam. Habitué(e) des fêtes, et spécialt des raves*. *Une bande de teufeurs.*

teuf-teuf [tœftœf] n. m. invar. Bruit du moteur à explosion. – Fam. Ancienne automobile. → **tacot.** *Des vieux teuf-teuf.*

teuton, onne [tøtɔ̃, ɔn] adj. et n. Péj. Allemand, germanique. ▶ **teutonique** adj. *Ordre des chevaliers teutoniques,* ordre de chevalerie allemand, au Moyen Âge.

texte [tɛkst] n. m. **1·** *Le texte de, un texte* : les termes, les phrases qui constituent un écrit ou une œuvre. *Commenter, annoter, traduire un texte. Lire Platon dans le texte, en grec* (opposé à : *en traduction*). *Le texte d'une loi.* → **teneur.** *Le texte d'un opéra, d'une chanson* (opposé à *musique*). → **livret, parole.** *Il a créé cette chanson, musique et texte,* aussi bien la mélodie que les paroles. – En informatique. *Recherche plein texte, en texte intégral* : indexation de documents permettant de rechercher une chaîne de caractères dans un corpus informatisé. – La composition, la page imprimée. *Illustration dans le texte* (opposé à *hors-texte*). **2·** *Un texte, des textes* : écrit considéré dans sa rédaction originale et authentique. *L'édition des textes.* – Œuvre littéraire. *Un texte bien écrit.* **3·** Page, fragment d'une œuvre. *Textes choisis.* → **morceau.** *Une explication de textes.* ▶ **textuel, elle** adj. Conforme au texte. *Traduction textuelle.* → **littéral.** *Voilà ce qu'il a dit, c'est textuel,* ce sont ses propres mots. ▶ **textuellement** adv. *Il m'a dit textuellement ceci.* → **exactement.** ▷ **contexte, hors-texte, hypertexte, télétexte**

textile [tɛkstil] adj. et n. m. **1·** Susceptible d'être tissé, d'être divisé en fils que l'on peut tisser. *Matières textiles végétales* (ex. : *chanvre, coton, jute, lin*), *synthétiques* (ex. : *nylon*), *animales* (ex. : *laine, poil, soie naturelle*). – N. m. Fibre, matière textile. *Les textiles artificiels.* **2·** Qui concerne la fabrication, la vente des tissus. *Les industries textiles.* → **filature, tissage.** – N. m. *Il travaille dans le textile.*

① **texto** [teksto] adv. Fam. Textuellement. *C'est ce qu'il m'a dit texto,* mot pour mot.

② **texto** n. m. Nom déposé. Petit texte écrit ou reçu sur un téléphone portable. → **SMS.** *Il m'a envoyé deux textos.*

texture [tɛkstyʀ] n. f. Arrangement, disposition (des éléments d'une matière, d'un tout). → **constitution, structure.** *La texture du marbre.* – *La texture d'un roman.* ▷ **contexture**

T. G. V. [teʒeve] n. m. invar. Train à grande vitesse (en France). *Prendre un T. G. V.*

thalamus [talamys] n. m. Noyaux de substance grise situés à la base du cerveau et qui constituent un relais pour les voies sensitives.

thalasso- Élément savant signifiant « mer ». ▶ **thalassothérapie** [talasɔteʀapi] n. f. Usage thérapeutique des bains de mer, du climat marin.

thalle [tal] n. m. En botanique. Partie végétative des plantes inférieures sans tige ni feuilles (algues, bactéries, champignons) appelées ***thallophytes,*** n. f. pl.

thalweg [talvɛg] n. m. Terme géographique et militaire. Ligne de plus grande pente d'une vallée, suivant laquelle se dirigent les eaux.

thanatopraxie [tanatopʀaksi] n. f. Didact. Technique de l'embaumement des cadavres. ▶ **thanatopracteur, trice** n.

thaumaturge [tomatyʀʒ] n. m. Littér. Faiseur de miracles. → **magicien.**

thé [te] n. m. **1·** Arbre ou arbrisseau d'Extrême-Orient, cultivé pour ses feuilles qui contiennent un alcaloïde, la *théine* (*caféine du thé*). → **théier.** *La culture du thé.* **2·** Feuilles de thé servant à faire une boisson infusée. *Thés de Chine, de Ceylan. Thé vert,* peu oxydé. *Thé blanc,* pas oxydé. – En Suisse, *thé noir,* thé. – Cette boisson. *Faire, préparer du thé, le thé. Une tasse de thé.* Loc. fam. *Ce n'est pas ma tasse* de thé.* **3·** Collation où l'on boit du thé. *Prendre le thé. Salon de thé.* – Réunion où l'on sert du thé, des gâteaux. *Un thé dansant.* **4·** En appos. Invar. *Rose thé* ou *rose-thé* (de la couleur de la boisson). ▶ **théier** n. m. Arbre à thé. ▶ **théière** n. f. Récipient dans lequel on fait infuser le thé.

théâtre [teɑtʀ] n. m. **I· 1·** Construction ou salle destinée aux spectacles se rattachant à l'art dramatique. *La salle et la scène d'un théâtre. Aller au théâtre,* voir un spectacle dans un théâtre. – Dans l'Antiquité. Construction en amphithéâtre généralement adossée à une colline creusée en hémicycle, réservée aux spectacles. *Les théâtres grecs.* → **amphithéâtre.** **2·** Entreprise de spectacles dramatiques (→ **troupe**). *Les théâtres subventionnés. Le répertoire d'un théâtre. Un homme de théâtre.* **3·** *Théâtre de verdure,* aménagement artistique dans un parc. **4·** Le cadre, le lieu où se passe un événement. *Le théâtre des opérations* (militaires). **II· 1·** ***Le théâtre*** : art visant à représenter devant un public une suite d'événements où des êtres humains agissent et parlent ; genre littéraire, œuvres qui y correspondent. → **comédie, drame, tragédie.** *Un personnage de théâtre. Le théâtre de Corneille. Théâtre de boulevard,* comédies légères et faciles. *Critique de théâtre,* qui juge les spectacles. – ***Pièce de théâtre*** : texte littéraire qui expose une action dramatique, généralement sous forme de dialogue entre des personnages. **2·** Activités de l'acteur ; profession de comédien de théâtre. *Cours de théâtre,* d'art dramatique. *Faire du théâtre.* → **jouer.** **3·** ***Coup de théâtre*** : brusque changement imprévu dans une situation. → **rebondissement.** *La déposition du nouveau témoin fut un coup de théâtre.* ▶ **théâtral, ale, aux** adj. **1·** Qui appartient au théâtre ; de théâtre (II, 1). → **dramatique.** *Une œuvre, une représentation théâtrale. Une situation théâtrale.* → **scénique, spectaculaire.** **2·** Qui a le côté artificiel, emphatique, outré du théâtre. *Une attitude théâtrale.* – (Des personnes) *Il est un peu trop théâtral.* ▶ **théâtralement** adv. D'une manière théâtrale (2). *Il gesticulait théâtralement.* ▷ **amphithéâtre, café-théâtre**

théisme [teism] n. m. Croyance en dieu. → **déisme.** / contr. athéisme / ▶ **théiste** adj. *Un philosophe théiste.* → **croyant, déiste.** *Théorie théiste.* / contr. athée /

-théisme, -théiste Éléments savants signifiant « Dieu » (→ **théo-**) dans une doctrine (ex. : *monothéisme, polythéiste*).

thème [tɛm] n. m. **1·** Sujet, idée, proposition qu'on développe (dans un ouvrage) ; ce sur quoi s'exerce la réflexion ou l'activité. → **objet, sujet.** *Les thèmes favoris d'un écrivain. Proposer un thème de réflexion.* **2·** Traduction (d'un texte) de sa langue maternelle dans une langue étrangère. *Thème et version.* – ***Un fort en thème*** : un très bon élève, et péj., une personne appliquée, de culture livresque. **3·** Dessin mélodique qui constitue le sujet d'une composition musicale et qui est l'objet de variations. → **motif.** *Faire des variations sur un thème.* ▶ **thématique** adj. Relatif à un thème (1, 3).

théo- Élément savant signifiant « Dieu ». ▶ **théocratie** [teɔkʀasi] n. f. **1·** Gouvernement par un souverain considéré comme le représentant de Dieu. **2·** Régime où l'Église, les prêtres jouent un rôle politique important. ▶ **théocratique** adj. *Un régime théocratique.* ▶ **théogonie** n. f. Dans les religions polythéistes. Système, récit qui explique la naissance des dieux. → **mythologie.** ▶ **théologale, ales** adj. fém. Relig. chrétienne. *Vertus théologales,* qui ont Dieu lui-même pour objet (foi, espérance, charité). ▶ **théologie** n. f. **1·** Étude des questions religieuses fondée sur les textes sacrés, les dogmes et la tradition. *Faculté, professeur de théologie. La théologie de Bossuet.* **2·** Études de théologie. *Faire sa théologie.* ▶ **théologien, enne** n. ▶ **théologique** adj. *Études théologiques.* ▷ **athée, panthéisme, panthéon, théisme, -théisme, théosophe**

théodolite [teɔdɔlit] n. m. Instrument de visée, muni d'une lunette, utilisé en géodésie.

théorbe [teɔʀb] n. m. Luth à sonorité grave.

théorème [teɔʀɛm] n. m. Proposition démontrable qui résulte d'autres propositions déjà posées (opposé à *définition, axiome, postulat, principe*). *Démontrer un théorème. Théorème de géométrie, de mathématique. Le théorème de Pythagore.*

1 **théorie** [teɔʀi] n. f. **1·** Ensemble organisé d'idées, de concepts abstraits prenant pour objet un domaine particulier qu'il décrit et explicite. → **conception, doctrine, système, thèse.** *Bâtir une théorie. Les théories politiques, économiques.* – Sans compl. ***La théorie*** (opposé à *la pratique*). ***En théorie*** : en envisageant la question d'une manière abstraite. *C'est très beau en théorie, mais en fait, c'est impossible.* **2·** Système formé d'hypothèses, de connaissances vérifiées et de règles logiques qui correspond à un domaine de la science. *La théorie mathématique des ensembles.* – Éléments de connaissance organisée en système. *La théorie musicale.* ▶ **théoricien, ienne** n. **1·** Personne qui connaît la théorie (d'un art, d'une science). *Les théoriciens de l'électricité.* **2·** Personne qui élabore, défend une théorie sur un sujet. *Les théoriciens du socialisme.* **3·** Sans compl. Personne qui, dans un domaine déterminé, se préoccupe surtout de connaissance abstraite et non de la pratique, des applications.

Les théoriciens et les techniciens. C'est une théoricienne. ▶ **théorique** adj. 1· Qui consiste en connaissance abstraite ; qui élabore des théories. *La recherche théorique.* → **fondamental, spéculatif.** *Physique théorique.* / contr. appliqué, expérimental / 2· Souvent péj. Qui est considéré, défini, étudié d'une manière abstraite et souvent incorrecte (opposé à *expérimental, réel, vécu*). *Une égalité toute théorique.* ▶ **théoriquement** adv. *Justifier théoriquement une œuvre. Théoriquement, vous avez raison.* / contr. pratiquement /

2 **théorie** n. f. Littér. Groupe de personnes qui s'avancent les unes derrière les autres. → **cortège, défilé, procession.** *Des théories d'hommes et de femmes.*

théosophe [teɔzɔf] n. Didact. Adepte de diverses doctrines, fortement imprégnées de magie et de mysticisme, qui visent à la connaissance de Dieu. ▶ **théosophie** n. f. Didact. Doctrine des théosophes.

-thèque Élément signifiant « loge, réceptacle, armoire » (ex. : *bibliothèque, cinémathèque*, etc.).

thérapeutique [teʀapøtik] adj. et n. f. 1· Adj. Qui concerne les actions et pratiques destinées à guérir, à traiter les maladies ; apte à guérir. → **curatif, médical, médicinal.** *Substances thérapeutiques.* → **médicament, remède.** 2· N. f. *La thérapeutique* : partie de la médecine qui étudie et utilise les moyens propres à guérir et à soulager les malades. – *Une thérapeutique.* → **traitement.** *Une thérapeutique nouvelle.* ▶ **thérapeute** n. Didact. Personne qui soigne des malades → **médecin,** notamment sur le plan psychique (psychanalyste, psychothérapeute). ▶ **thérapie** n. f. 1· Méthode thérapeutique. *Thérapie génique**. 2· Psychothérapie.

-thérapie Élément signifiant « soin, cure » (ex. : *psychothérapie*). ▷ **chimiothérapie, cryothérapie, ergothérapie, héliothérapie, hydrothérapie, immunothérapie, kinésithérapie, phytothérapie, psychothérapie, radiothérapie, thalassothérapie, trithérapie**

thermes [tɛʀm] n. m. pl. ≠ terme. 1· Établissement de bains publics de l'Antiquité. 2· Établissement où l'on soigne par les eaux thermales. ▶ **thermal, ale, aux** adj. 1· *Eau thermale,* qui contient des matières dissoutes (sels, silice...) à une température élevée à la source et qui sert à traiter certaines maladies. *Sources thermales, situées dans les régions volcaniques.* → **minéral.** 2· Où l'on utilise les eaux médicinales. *Station thermale. Cure thermale.* ▶ **thermalisme** n. m. 1· Utilisation thérapeutique des eaux thermales. 2· Organisation et exploitation des stations thermales.

thermidor [tɛʀmidɔʀ] n. m. Onzième mois du calendrier révolutionnaire (du 19 juillet au 18 août).

thermique adj. 1· Relatif à la chaleur, qui se traduit par des sensations particulières dites *chaud* et *froid* → **chaud,** 2 **froid,** par des phénomènes physiques. *Effet thermique* (ou calorifique). *Énergie thermique,* chaleur. *Centrale thermique,* utilisant des moteurs thermiques pour produire l'énergie électrique. 2· Qui concerne l'étude des phénomènes thermiques. → **thermodynamique.**

thermo- Élément de mots savants signifiant « chaud, chaleur ». ▶ **thermocautère** [tɛʀmokotɛʀ] n. m. Instrument pour cautériser par la chaleur intense. ▶ **thermodynamique** n. f. Branche de la physique et de la chimie qui étudie les relations entre l'énergie thermique (chaleur) et mécanique (travail). – Adj. *Équilibre thermodynamique.* ▶ **thermo-électricité** n. f. 1· Étude des relations entre phénomènes thermiques et électriques. 2· Électricité produite à partir de l'énergie thermique. ▶ **thermoélectrique** adj. *Effet thermo-électrique,* production de courant électrique dans un circuit comprenant deux conducteurs différents dont les deux soudures sont à des températures différentes. (On forme ainsi un *couple thermoélectrique.*) ▶ **thermogène** adj. Didact. Qui engendre la chaleur. ▶ **thermomètre** n. m. Instrument destiné au repérage des températures, généralement grâce à la dilatation d'un liquide (mercure, alcool, etc.) ou d'un gaz. *Thermomètre à mercure. Thermomètre médical,* destiné à repérer la température interne du corps. – *Le thermomètre monte, descend,* la colonne de liquide du thermomètre. ▶ **thermonucléaire** adj. Se dit de l'énergie obtenue par la fusion de noyaux atomiques à des millions ou des dizaines de millions de degrés. *Bombe thermonucléaire,* bombe atomique à hydrogène (cour. *bombe H*). ▶ **thermorégulation** n. f. Mécanisme régulateur par lequel la température interne du corps des animaux « à sang chaud » (homéothermes) reste constante. ▶ **thermorégulateur, trice** adj. ▶ **thermos** [tɛʀmos] n. m. ou f. invar. Récipient isolant qui maintient durant quelques heures la température du liquide qu'il contient. *Mettre du café dans un thermos.* – En appos. *Une bouteille thermos.* ▶ **thermostat** n. m. Appareil qui permet d'obtenir une température constante dans une enceinte fermée. *Four à thermostat.* ▷ **géothermie, isotherme, thermie, thermique**

thésauriser [tezɔʀize] v. < conjug. 1 > Littér. 1· V. intr. Amasser de l'argent pour le garder, sans le faire circuler ni l'investir. → **capitaliser, écono-**

miser ; trésor. *Il n'achète rien, il thésaurise.* **2·** V. tr. Amasser (de l'argent) de manière à se constituer un trésor. → **accumuler, entasser, épargner.** / contr. dépenser / *Il a thésaurisé une petite fortune !* ▶ **thésaurisation** n. f. Action de mettre en réserve. ▶ **thésauriseur, euse** n. Qui thésaurise.

thésaurus ou **thesaurus** [tezɔʀys] n. m. invar. **1·** Répertoire de termes normalisés nécessaires à l'analyse et au classement des documents d'information. **2·** Trésor (II, 2) de la langue, grand dictionnaire illustré par des citations. *Le thesaurus de la langue latine.*

thèse [tɛz] n. f. **1·** Proposition ou théorie particulière qu'on tient pour vraie et qu'on s'engage à défendre par des arguments. *Avancer, soutenir une thèse.* → **doctrine, opinion.** – Littér. *Pièce, roman à thèse :* qui illustre une thèse (philosophique, morale, politique, etc.) que l'auteur propose au public. **2·** Ouvrage présenté pour l'obtention du doctorat. *Il a choisi son sujet de thèse. Il prépare une thèse de doctorat.* – Soutenance de la thèse devant un jury. *Assister à la thèse d'un ami.* **3·** En philosophie. Premier moment de la démarche dialectique auquel s'oppose l'*antithèse,* jusqu'à ce que ces contraires soient conciliés par la *synthèse.* ▷ **antithèse, hypothèse, synthèse**

thibaude [tibod] n. f. Molleton de tissu grossier ou de feutre qu'on met entre le sol et les tapis. *Une moquette sur thibaude.*

thon [tɔ̃] n. m. Poisson de grande taille qui vit dans l'Atlantique et la Méditerranée. *La pêche au thon. Thon en boîte.* ▶ **thonier** n. m. Bateau pour la pêche au thon.

Thora → **Torah.**

thoraco- Élément de mots de médecine signifiant « thorax ».

thorax [tɔʀaks] n. m. invar. **1·** Chez l'homme. Région comprise entre les douze vertèbres dorsales, les douze paires de côtes et le sternum, renfermant le cœur et les poumons. → **poitrine, torse. 2·** Partie du corps de l'insecte portant les organes locomoteurs. ▶ **thoracique** adj. *Cage thoracique.*

thorium [tɔʀjɔm] n. m. Métal gris radioactif.

thriller [sʀilœʀ] n. m. Anglic. Film, récit (souvent policier) qui produit des sensations fortes. *Un thriller haletant.*

thromb(o)- Élément savant signifiant « caillot ». ▶ **thrombose** [tʀɔ̃boz] n. f. Formation d'un caillot dans un vaisseau sanguin ou dans le cœur.

thune [tyn] n. f. **1·** Fam. et vx. Ancienne pièce de cinq francs. **2·** Fam. Lang. des jeunes. Loc. *Ne pas avoir une thune,* ne pas avoir d'argent. → **sou.** *Ils ont de la thune* → fam. **fric.**

thuriféraire [tyʀifeʀɛʀ] n. m. Littér. Encenseur, flatteur. → **laudateur.**

thuya [tyja] n. m. Arbre d'origine exotique, proche du cyprès.

thym [tɛ̃] n. m. Plante aromatique des régions tempérées, abondant dans les garrigues et les maquis, utilisée en cuisine.

thymus [timys] n. m. invar. Glande située à la partie inférieure du cou. *Thymus de veau.* → **ris.**

thyroïde [tiʀɔid] adj. et n. f. *Corps, glande thyroïde* et, n. f., *la thyroïde,* glande endocrine située à la partie antérieure et inférieure du cou, et qui produit des hormones. *Action de la thyroïde sur la croissance. Tumeur de la thyroïde.* → **goitre.** ▶ **thyroïdien, ienne** adj. De la thyroïde. *Insuffisance thyroïdienne.*

thyrse [tiʀs] n. m. Bâton entouré de feuilles, attribut du dieu Bacchus.

tiare [tjaʀ] n. f. Coiffure circulaire, entourée de trois couronnes, portée par le pape dans certaines circonstances solennelles. *La tiare pontificale.*

tibétain, aine [tibetɛ̃, ɛn] adj. et n. Du Tibet. – N. *Les Tibétains.*

tibia [tibja] n. m. **1·** Os du devant de la jambe, en forme de prisme triangulaire. *Tibia et péroné.* **2·** Partie antérieure de la jambe, où se trouve le tibia. *Tibias protégés par des jambières. Un coup de pied dans les tibias.*

tic [tik] n. m. **1·** Mouvement convulsif, geste bref automatique, répété involontairement. *Il a des tics.* **2·** Geste, attitude habituels, que la répétition rend plus ou moins ridicules ; manie. *Un tic de style. C'est devenu un tic.* ≠ tique. ▷ **tiquer**

ticket [tikɛ] n. m. **1·** Rectangle de carton, de papier, donnant droit à un service, à l'entrée dans un lieu, etc. → **billet. REM.** On dit *un ticket de métro* et *un billet de train.* **2·** *Ticket modérateur :* quote-part que la Sécurité sociale laisse à la charge de l'assuré (en France). **3·** Fam. *Avoir un ticket,* plaire (à qqn). → fam. **touche** (◫, 2).

tic tac interj., **tic-tac** [tiktak] n. m. invar. Bruit sec et uniformément répété (d'un mécanisme d'horlogerie). *La pendule fait tic tac. Le tic-tac du réveil l'empêche de dormir. Des tic-tac.*

tie-break [tajbʀɛk] n. m. Anglic. Formule de jeu écourté qui se pratique au tennis dans les cas d'égalité à six jeux partout dans un set. *Des tie-breaks.* – REM. Il est recommandé d'employer *jeu décisif.*

tiède [tjɛd] adj. **1·** Légèrement chaud, ni chaud ni froid. *De l'eau tiède. Café tiède,* refroidi ou légèrement réchauffé. *Un vent tiède.* → **doux.** – Adv. *Boire tiède.* **2·** Qui a peu d'ardeur, de zèle ; sans ferveur. → **indifférent.** / contr. fervent, fanatique / – N. *C'est un tiède.* ▶ **tiédasse** adj. D'une tiédeur désagréable. *Une bière tiédasse.* ▶ **tièdement** adv. (Surtout sens 2) *Il a réagi plutôt tièdement à ma proposition.* ▶ **tiédeur** n. f. **1·** État, température de ce qui est tiède. *La tiédeur du climat.* **2·** Défaut d'ardeur, de passion, de zèle. → **indifférence, nonchalance.** *La tiédeur de ses sentiments. La tiédeur d'un accueil.* ▶ **tiédir** v. < conjug. 2 > **1·** V. intr. Devenir tiède (1). *L'eau chaude tiédit. Faire tiédir l'eau.* → **attiédir.** **2·** V. tr. Rendre tiède (1). *Tiédir l'eau.* – Au p. p. *Air tiédi par le soleil.* ▶ **tiédissement** n. m. ▷ **attiédir**

tien, tienne [tjɛ̃, tjɛn] adj. et pronom poss. de la deuxième pers. du sing. (→ **mien, sien**). **I·** Adj. poss. Littér. De toi. → **ton.** *Un tien parent. Je suis tien, elle est tienne,* à toi. **II·** Pronom poss. *Le tien, la tienne, les tiens, les tiennes,* l'objet ou l'être lié par un rapport à la personne à qui l'on s'adresse. *Ce sont mes affaires, occupe-toi des tiennes. C'est le tien !* – Fam. *À la tienne !,* à ta santé ! **III·** N. **1·** *Du tien* (partitif). *Il faut y mettre du tien,* il faut que tu fasses un effort. **2·** *Les tiens :* tes parents, tes amis, tes partisans.

tiens (un tiens vaut mieux... ; tiens !) [tjɛ̃] Forme du verbe **tenir.**

tierce [tjɛʀs] n. f. **1·** Intervalle musical de trois degrés (ex. : *do-mi*). *Tierce majeure, mineure.* **2·** Trois cartes de même couleur qui se suivent. **3·** Troisième et dernière épreuve d'imprimerie avant le tirage.

1 **tiercé, ée** [tjɛʀse] adj. *Rimes tiercées,* ordonnées par groupe de trois vers.

2 **tiercé** n. m. Pari mutuel où l'on parie sur trois chevaux, dans une course. *Le tiercé et le quarté. Gagner au tiercé. Toucher le tiercé dans l'ordre.*

tiers, tierce [tjɛʀ, tjɛʀs] adj. et n. m. invar. **I·** Adj. Vx. Troisième. *Le « Tiers Livre » de Rabelais. Le tiers état.* – Loc. *Une tierce personne,* une troisième personne ; un étranger. **II·** N. m. invar. *Tiers.* **1·** Troisième personne. Loc. fam. *Se moquer, se ficher du tiers comme du quart* (du troisième comme du quatrième), des uns comme des autres. **2·** Personne étrangère (à une affaire, à un groupe). → **inconnu.** *Un tiers nous écoute.* **3·** Fraction d'un tout divisé en trois parties égales. *Il faut en supprimer les deux tiers.* **4·** *Tiers provisionnel :* acompte sur l'impôt, égal au tiers de l'imposition de l'année précédente (en France). ▷ **tiers-monde**

tiers-monde [tjɛʀmɔ̃d] n. m. Ensemble des pays pauvres ou en voie de développement. → **émergent.** ▶ **tiers-mondisme** n. m. Attitude de solidarité avec le tiers-monde. ▶ **tiers-mondiste** adj. et n. **1·** Relatif au tiers-monde, au tiers-mondisme. **2·** Partisan du tiers-mondisme. *Des militants tiers-mondistes.* – N. *Les tiers-mondistes.*

tif ou **tiffe** [tif] n. m. Fam. Génÿralt au plur. Cheveu. *Elle s'est fait couper les tifs.*

tige [tiʒ] n. f. **I· 1·** Partie allongée des plantes, qui naît au-dessus de la racine et porte les feuilles. *Un bouquet avec de longues tiges.* → **queue.** **2·** Jeune plant d'un arbre à une seule tige. *Ce pépiniériste peut fournir trois cents tiges.* **II· 1·** Partie (d'une chaussure, d'une botte) au-dessus du pied, et qui couvre la jambe. *Bottines à tige.* **2·** Pièce allongée droite et mince. → **barre, tringle.** *Des tiges de fer.*

tignasse [tiɲas] n. f. Chevelure touffue, rebelle, mal peignée.

tigre [tigʀ] n. m., **tigresse** [tigʀɛs] n. f. **1·** Mammifère de grande taille, félin d'Asie au pelage jaune roux rayé de bandes noires transversales, dangereux carnassier. *Tigre royal* ou *du Bengale.* **2·** *Une tigresse,* une femme très agressive, très jalouse. ▷ **chat-tigre, tigré**

tigré, ée [tigʀe] adj. **1·** Marqué de petites taches arrondies. → **moucheté, tacheté.** *Des bananes tigrées.* **2·** Marqué de bandes foncées. → **rayé, zébré.** *Un chat tigré.*

tilapia [tilapja] n. m. Poisson d'eau douce, comestible, présent en Afrique, en Amérique du Sud et en Asie. *Élevage de tilapias.*

tilbury [tilbyʀi] n. m. Anglic. Ancienne voiture à cheval, cabriolet léger à deux places. *Des tilburys.*

tilde [tild ; tilde] n. m. Signe en forme de S couché (˜) qui se met au-dessus de certaines lettres, notamment du *n* espagnol lorsqu'il se prononce [ɲ] (ex. : *España*). – REM. Ce signe est utilisé dans la transcription phonétique pour noter la nasalisation d'une voyelle (ex. : [ɛ̃] notant *ain, in*).

tillac [tijak] n. m. Pont supérieur des anciens navires.

tilleul [tijœl] n. m. **1·** Grand arbre à feuilles simples, à fleurs blanches ou jaunâtres très odorantes. *Une allée de tilleuls.* **2·** La fleur de cet arbre, séchée pour faire des infusions ; cette infusion. *Une tasse de tilleul.* **3·** Le bois de cet arbre, tendre et léger. *Une table de tilleul.*

tilt [tilt] n. m. et interj. Anglic. Dispositif qui interrompt la partie, au billard électrique. – Loc. fam. ***Faire tilt*** : attirer brusquement l'attention ; produire un effet. *Ça a tout de suite fait tilt* (*tilter* v. intr.), on a tout de suite compris.

1 **timbale** [tɛ̃bal] n. f. Instrument à percussion, grand tambour formé d'un bassin hémisphérique couvert d'une peau tendue. ▶ **timbalier, ière** n. Personne qui joue des timbales.

2 **timbale** n. f. **1·** Gobelet de métal de forme cylindrique, sans pied. *Offrir une timbale en argent à un enfant.* – Fam. ***Décrocher la timbale*** : obtenir une chose disputée, un résultat important. **2·** Moule de cuisine de forme circulaire. – Préparation culinaire cuite dans ce moule. *Une timbale de queues d'écrevisses.*

timbrage [tɛ̃bʀaʒ] n. m. Opération qui consiste à timbrer (1, 2). *Envoi dispensé de timbrage.*

1 **timbre** [tɛ̃bʀ] n. m. **I·** Calotte de métal qui, frappée par un petit marteau, joue le rôle d'une sonnette. *Timbre de bicyclette. Timbre électrique.* → **sonnerie.** **II·** Qualité spécifique des sons, indépendante de leur hauteur, de leur intensité et de leur durée. → **sonorité.** *Le timbre de la flûte.* – Sans compl. *Une voix qui a du timbre,* dont la sonorité est pleine. ▶ 1 **timbré, ée** adj. **I·** *Une voix bien timbrée,* qui a un beau timbre. **II·** Un peu fou. *Il est complètement timbré.* → fam. **sonné, toqué.**

2 **timbre** n. m. **1·** Petite vignette, au verso enduit de gomme, et qui, collée sur un objet confié à la poste, a une valeur d'affranchissement conventionnelle. *Timbre sans valeur faciale*.* – REM. On dit aussi **timbre-poste.** *Des timbres-poste. Acheter des timbres au bureau de tabac. Collection de timbres.* → **philatélie.** **2·** Vignettes qui étaient vendues au profit d'œuvres. *Timbres antituberculeux.* **3·** Marque, cachet que doivent porter certains documents officiels, et qui donne lieu à la perception d'un droit au profit de l'État ; ce droit. *Acte soumis à l'obligation du timbre fiscal. Droit de timbre sur les passeports.* **4·** Marque apposée sur un document, une lettre, un colis pour en indiquer l'origine. → **cachet.** **5·** Instrument qui sert à imprimer cette marque. → **cachet, tampon.** **6·** Pastille adhésive qui délivre une substance, un médicament par contact avec la peau. *Timbre tuberculinique.* ▶ **timbrer** v. tr. < conjug. 1 > **1·** *Timbrer une lettre,* y coller un ou plusieurs timbres. → **affranchir.** **2·** Marquer (un acte, un document) du timbre fiscal. **3·** Marquer (un document, un objet) d'un cachet, d'un timbre. → **estampiller.** ▶ 2 **timbré, ée** adj. **1·** *Enveloppe timbrée.* **2·** *Papier timbré,* papier émis par le gouvernement, marqué d'un timbre (3) et destiné à la rédaction de certains actes. ▷ **timbrage**

timide [timid] adj. **1·** Qui manque d'aisance et d'assurance dans ses rapports avec autrui. / contr. assuré, effronté / *Un jeune homme timide. Un amoureux timide.* → **transi.** – N. *C'est une grande timide.* – *Elle parlait d'une voix timide.* **2·** Qui manque d'audace, de vigueur, d'énergie. → **timoré.** / contr. audacieux, hardi / *Il a été bien timide dans ses revendications.* – *Une satire trop timide.* ▶ **timidement** adv. *Elle tendit timidement la main. Il exposa timidement sa requête.* / contr. hardiment / ▶ **timidité** n. f. **1·** Manque d'aisance et d'assurance en société ; comportement, caractère d'une personne timide. → **confusion, embarras, gaucherie, gêne, modestie.** / contr. aplomb, culot / *Surmonter sa timidité.* **2·** Manque d'audace et de vigueur dans l'action ou la pensée. / contr. audace /

timon [timɔ̃] n. m. Longue pièce de bois disposée à l'avant d'une voiture, d'une machine agricole et de chaque côté de laquelle on attelle une bête de trait.

timonier [timɔnje] n. m. Celui qui tient la barre du gouvernail, qui s'occupe de la direction du navire. – Par métaphore. Conducteur, guide. *Le Grand Timonier,* surnom de Mao Zedong. – REM. Le fém. *timonière* est rare. ▶ **timonerie** n. f. **1·** Service dont sont chargés les timoniers. **2·** Partie du navire qui abrite les divers appareils de navigation.

timoré, ée [timɔʀe] adj. Qui est trop méfiant, trop attaché à ses habitudes, qui craint le risque, les responsabilités, l'imprévu. → **craintif, indécis, pusillanime, timide.** / contr. courageux, entreprenant, téméraire / *Elle est trop timorée pour s'engager dans cette entreprise.*

tinctorial, ale, aux [tɛ̃ktɔʀjal, o] adj. Qui sert à teindre. – Relatif à la teinture.

tintamarre [tɛ̃tamaʀ] n. m. Grand bruit discordant. *Le tintamarre des klaxons. Faire du tintamarre.* → **tapage ;** fam. **boucan.**

tinter [tɛ̃te] v. intr. < conjug. 1 > ≠ teinter. **1·** Produire des sons aigus qui se succèdent lentement (se dit d'une cloche dont le battant ne frappe que d'un côté). → **résonner, sonner.** *La cloche tinte.* **2·** Produire des sons clairs et aigus. *Il fit tinter sa monnaie dans sa poche.* **3·** Loc. *Les oreilles* ont dû vous tinter.* ▶ **tintement** n. m. **1·** Bruit de ce qui tinte. *Un tintement de sonnette. Le tintement d'une clochette.* **2·** *Tintement d'oreilles,* bourdonnement interne analogue à celui d'une cloche. ▶ **tintin-**

nabuler [tɛ̃tinabyle] v. intr. < conjug. 1 > Littér. Se dit d'une clochette, d'un grelot qui sonne, et de ce qui tinte.

tintouin [tɛ̃twɛ̃] n. m. Fam. Souci, tracas. *Les gosses, quel tintouin ! Se donner du tintouin,* du mal.

tique [tik] n. f. Insecte parasite du chien, du bœuf, du mouton, dont il suce le sang. *Ce chien a des tiques.* ≠ tic.

tiquer [tike] v. intr. < conjug. 1 > Manifester par la physionomie, ou par un mouvement involontaire, son mécontentement, sa désapprobation, son dépit. *Elle a tiqué. Ma proposition l'a fait tiquer.*

tir [tiʀ] n. m. **I· 1·** Le fait de tirer ④, de lancer une flèche ou des projectiles (à l'aide d'une arme). *Pratiquer le tir à l'arc, au fusil. Arme à tir automatique. Exercices de tir, dans l'armée. Canon en position de tir.* → en **batterie.** *Ligne de tir.* – Lancement (d'une fusée, d'un engin). **2·** Direction selon laquelle une arme à feu lance ses projectiles ; leur trajectoire. *Un tir précis. Régler le tir.* **3·** Série de projectiles envoyés par une ou plusieurs armes. *Tir d'artillerie.* → **coup, salve, rafale.** *Tir de barrage,* pour arrêter l'ennemi. – Fig. *Concentrer, diriger le, son tir sur,* viser. **4·** Au football. *Tir au but,* coup pour envoyer le ballon au but. → **shoot. II·** Emplacement aménagé pour s'y exercer au tir à la cible. → **stand.** *Un tir forain.* – ***Tir au pigeon*** : dispositif pour s'exercer au tir des oiseaux au vol ; emplacement où l'on s'exerce à ce tir.

tirade [tiʀad] n. f. **1·** Longue suite de phrases, de vers, récitée sans interruption par un personnage de théâtre. *Les tirades de Phèdre.* **2·** Souv. péj. Long développement, longue phrase emphatique. *Il nous a fait toute une tirade sur le bonheur.* → **discours, laïus.**

① **tirage** [tiʀaʒ] n. m. Le fait de tirer ① ; son résultat. **1·** Allongement, étirage. **2·** *Un cordon de tirage,* qui sert à tirer. **3·** Mouvement de l'air qui est attiré vers une combustion, un foyer. → ① **tirer** (II, 2). *Régler le tirage d'un poêle.* **4·** Loc. fam. *Il y a du tirage,* des difficultés, des frottements entre personnes en désaccord.

② **tirage** n. m. **1·** Le fait d'imprimer, de reproduire par impression ; ce qui est imprimé. *Un beau tirage sur papier glacé.* → ③ **tirer** (3). **2·** Ensemble des exemplaires, quantité d'exemplaires tirés ③ en une fois. *Journal à grand tirage. Le second tirage d'un livre.* ≠ édition. **3·** Opération par laquelle on reproduit sous son aspect définitif (une œuvre gravée). *Le tirage des gravures, d'une estampe.* **4·** Opération par laquelle on obtient une image positive (épreuve) d'un cliché photographique. *Développement et tirage. Le tirage d'un film, des copies (d'un film).*

③ **tirage** n. m. **1·** Action de tirer ⑤. *Le tirage du vin.* **2·** ***Tirage au sort*** : désignation par le sort. – Fait de tirer au hasard un ou plusieurs numéros. *Tirage d'une loterie. Demain le tirage !*

① **tirailler** [tiʀaje] v. tr. < conjug. 1 > **1·** Tirer ① à plusieurs reprises, en diverses directions. *Il le tiraillait par le bras.* **2·** ***Être tiraillé par, entre*** : être sollicité par (des demandes ou des désirs contradictoires). *Être tiraillé par des raisons, des sentiments contraires.* → **écartelé.** ▶ **tiraillement** n. m. **1·** Le fait de tirailler (1). **2·** Le fait d'être tiraillé (2) entre divers sentiments, désirs, etc. ; difficultés résultant de volontés ou d'intérêts contradictoires. **3·** Sensation douloureuse, crampe. *Des tiraillements d'estomac.*

② **tirailler** v. intr. < conjug. 1 > Tirer ④ souvent, irrégulièrement, en divers sens ; tirer à volonté. *Ça tiraille dans tous les coins.* ▶ **tirailleur** n. m. **1·** Soldat détaché pour tirer à volonté sur l'ennemi. *Soldats déployés en tirailleurs,* en lignes espacées, sans profondeur. **2·** Soldats de certaines troupes d'infanterie, hors du territoire métropolitain (français), et qui étaient formés d'autochtones. *Tirailleurs algériens, sénégalais.*

tiramisu [tiʀamisu] n. m. Dessert d'origine italienne à base de pâte à biscuit imbibée de café et de liqueur, et de fromage (mascarpone) et œufs battus.

tirant [tiʀɑ̃] n. m. **1·** Cordon sur lequel on tire ①, servant à ouvrir, à fermer une bourse, un sac. **2·** Anse à la partie supérieure des tiges de bottes, pour aider à les mettre.

tirant d'eau [tiʀɑ̃do] n. m. Quantité, volume d'eau que déplace, « tire » un bateau ; distance verticale entre la ligne de flottaison et la quille. *Des tirants d'eau.*

① **à la tire** [alatiʀ] loc. adj. Fam. ***Vol à la tire*** : en tirant qqch. de la poche, du sac de qqn. *Voleur à la tire* (→ **pickpocket**).

② **tire** n. f. Fam. Voiture. *On est venus en tire.* → fam. **bagnole, caisse.**

tire- Premier élément de composés du v. *tirer.*

tire-au-cul [tiʀoky] ou **tire-au-flanc** [tiʀoflɑ̃] n. invar. Fam. Personne (d'abord soldat) qui tire ② au flanc, cherche à se défiler, à échapper aux travaux. → **feignant, paresseux.**

tire-bouchon [tiʀbuʃɔ̃] n. m. **1·** Instrument, formé d'une hélice de métal et d'un manche, qu'on enfonce en tournant dans le bouchon d'une bouteille pour le tirer ⑤, l'enlever. *Des* *tire-bouchons.* **2·** *En tire-bouchon,* en hélice (circulaire). *La queue en tire-bouchon* (des cochons). ▶ **tirebouchonner** ou **tire-bouchonner** v. tr. < conjug. 1 > Mettre en tire-bouchon, en spirale. – Au p. p. adj. *Des pantalons tirebouchonnés.*

à **tire-d'aile** [atiʀdɛl] loc. adv. **1·** Avec des coups d'ailes, des battements rapides et ininterrompus. *Les oiseaux s'envolent à tire-d'aile.* **2·** Littér. Très vite, comme un oiseau. *Filer à tire-d'aile.*

tirée [tiʀe] n. f. Fam. Longue distance pénible à parcourir (→ ② **tirer**).

tire-fesses [tiʀfɛs] n. m. invar. Fam. Téléski, remonte-pente.

à **tire-larigot** [atiʀlaʀigo] loc. adv. Fam. Beaucoup, en quantité. *Il boit à tire-larigot.* → à **gogo.**

tire-ligne [tiʀliɲ] n. m. Petit instrument de métal servant à tirer ③, à tracer des lignes de largeur constante. *Des tire-lignes.*

tirelire [tiʀliʀ] n. f. **1·** Petit récipient percé d'une fente par où on introduit les pièces de monnaie. → **cagnotte.** *Mettre ses économies dans une tirelire. Casser, vider sa tirelire* (pour avoir les pièces de monnaie), fig. dépenser toutes ses économies. **2·** Fam. Tête. *Avoir reçu un coup sur la tirelire.*

① **tirer** [tiʀe] v. < conjug. 1 > **I·** V. tr. dir. **1·** Amener vers soi une extrémité, ou éloigner les extrémités de (qqch.), de manière à étendre, à tendre. → **allonger, étirer.** *Tirer ses chaussettes. Tirer un élastique.* – Loc. *Tirer les cheveux, les oreilles de qqn. Se faire tirer l'oreille,* se faire prier. – *Tirer les cordes, les ficelles,* faire agir, manœuvrer. – *Tirer qqch. en longueur,* faire durer à l'excès. **2·** Faire aller dans une direction, en exerçant une action, une force sur (une partie qu'on amène vers soi, tout en restant immobile). *Tirer un tiroir,* pour l'ouvrir. *Tirer l'échelle,* le haut de l'échelle. Loc. *Il faut tirer l'échelle,* il n'y a plus rien à faire, à espérer. – *Tirer l'aiguille,* travailler à l'aiguille, coudre. – ***Tirer** qqch. **à soi** :* vers soi, le prendre. *Tirer un auteur, un texte à soi,* lui faire dire ce qu'on veut. **3·** Faire mouvoir sur le côté pour ouvrir ou fermer. *Tirer les rideaux. Tirer le verrou.* **4·** Faire avancer ; déplacer derrière soi. → **traîner ; entraîner.** *Tirer une charrette. Les bœufs tirent la charrue. Tirer qqn par le bras, par la manche.* / contr. pousser / **5·** Littér. *Tirer l'attention, le regard,* attirer. **II·** V. tr. ind. ou intr. **1·** ***Tirer sur...*** *:* exercer une traction, faire effort sur..., pour tendre ou pour amener vers soi. *Les chiens aboyaient en tirant sur leurs chaînes.* – Loc. *Tirer sur la ficelle,* exagérer, aller trop loin. – Sans compl. *Tirer de toutes ses forces.* **2·** ***Tirer sur*** *:* exercer une forte aspiration sur. → **aspirer.** *Tirer sur une pipe.* – Intransitivement. Avoir une bonne circulation d'air. *La cheminée, le poêle tire bien.* → ① **tirage** (4). **III·** V. intr. **1·** Subir une tension, éprouver une sensation de tension. *La peau lui tire.* **2·** Loc. *Cela tire en longueur,* dure trop. ▶ **tiré, ée** adj. Qui a été tiré, tendu. *Cheveux tirés en arrière.* – *Un verrou tiré.* – Allongé, amaigri par la fatigue. *Visage tiré, traits tirés.* ▷ **attirer, étirer,** ① **tirage,** ① **tirailler, tirant,** ① à la **tire, tire-fesses, tirette, tiroir**

② **tirer** v. < conjug. 1 > Aller (dans une direction ou le long de), s'approcher ; passer (le temps). **I·** V. intr. **1·** *Tirer à,* aller vers. *Cette voiture tire à gauche.* Loc. fam. ***Tirer au flanc, au cul,*** chercher à échapper à un travail, à une corvée. → **tire-au-flanc.** ***Tirer à sa fin*** *:* approcher de la mort, être à l'agonie. – (Choses) Approcher de sa fin. → **toucher.** *Le spectacle tire à sa fin.* – *Cela ne tire pas à conséquence,* n'est pas grave. **2·** ***Tirer sur*** *:* se rapprocher de (qqch.), avoir un rapport de ressemblance avec. *Un bleu tirant sur le vert,* un peu vert. *Le poil de ce chat tire sur le roux.* **II·** V. tr. **1·** (Bateau) Déplacer (une quantité d'eau). *Ce navire tire six mètres.* → **tirant d'eau. 2·** Fam. Passer péniblement (une durée). *Il a tiré six mois de prison.* → **faire.** *Plus qu'une heure à tirer !* **III·** ***Se tirer*** v. pron. **1·** Fam. (Temps) S'écouler lentement. *Cette soirée ennuyeuse finira bien par se tirer. Ouf, ça se tire !* **2·** Fam. S'en aller, fuir. → **filer.** *Je me suis tiré en douce.* ≠ se ⑤ tirer de. ▷ se **retirer, tirant d'eau, tire-au-flanc,** à **tire-d'aile, tirée**

③ **tirer** v. tr. < conjug. 1 > **1·** Allonger sur le papier (une figure). *Tirer un trait. Tirer un plan,* le tracer. **2·** Loc. *Se faire **tirer le portrait*** *:* se faire dessiner, peindre, photographier. **3·** Imprimer (→ ② **tirage**). *Tirer un tract.* – Sans compl. *Journal qui tire à trente mille (exemplaires).* – ***Bon à tirer*** *:* mention portée sur les épreuves corrigées, bonnes pour l'impression. *Les bons à tirer,* ces épreuves. – Au p. p. adj. *Des exemplaires mal tirés. Brochure tirée à part,* extraite d'un recueil. – N. m. *Un **tiré à part*** ▷ ① **tirage,** ② **tirage, tirade, tire-ligne, tiret**

④ **tirer** v. tr. < conjug. 1 > **1·** Envoyer au loin (une flèche, un projectile) au moyen d'une arme. → **tir,** ② **tirailler.** *Tirer une balle. Tirer un coup de feu, de revolver.* – Au p. p. adj. *Des coups tirés au hasard.* – Intransitivement. *Tirez !* → **feu.** *Tirer à vue. Tirer au but,* faire mouche. *Tirer sur qqn,* le viser. *On lui a tiré dessus.* – Loc. *Tirer dans le dos,* attaquer par derrière. *Tirer dans le tas.* – ***Tirer à*** *:* avec (une arme). *Tirer à l'arc, au fusil.* **2·** Faire partir (une arme à feu), faire exploser. → **décharger.** *Tirer le canon. Tirer des pétards. Tirer un feu d'artifice le 14 juillet.* **3·** Chercher à atteindre (un animal) par un coup de feu, une flèche, etc. *Tirer un oiseau au vol.* **4·** Envoyer le ballon. *Tirer au but.* ▶ 1 **tireur, euse** n. Personne qui se sert d'une arme à feu. *Un tireur d'élite. Tireur embusqué.* → **sniper.** ▷ **franc-tireur, tir,** 2 **tirailler**

5 **tirer** v. tr. < conjug. 1 > **I· 1·** Faire sortir (une chose) d'un contenant. → **extraire, retirer, sortir.** / contr. mettre / *Tirer un mouchoir de son sac. Tirer qqn du lit,* le forcer à se lever. – Loc. *Tirer la langue,* l'allonger hors de la bouche ; avoir très soif ; manquer cruellement de ce qu'on souhaite. *Tirer la langue à qqn,* pour se moquer. – *Tirer le vin* (du tonneau). Loc. prov. *Quand le vin est tiré, il faut le boire,* il faut supporter les conséquences de ses actes. **2·** Choisir parmi d'autres, dans un jeu de hasard. *Tirer le bon, le mauvais numéro à la loterie. Tirer qqch. au sort.* – ***Tirer les cartes*** : dire la bonne aventure, prédire l'avenir à l'aide des cartes, des tarots. ***Tirer les Rois*** : dire à quelle personne revient une part de la galette des Rois (mages), dans laquelle se trouve une fève. **3·** (Compl. personne) Faire cesser (qqn) d'être (dans un lieu une situation où l'on est retenu). → **délivrer, sortir.** *Tirer qqn de prison, d'une situation dangereuse.* – Loc. ***Tirer qqn d'affaire*** : le sauver. – Faire cesser d'être (dans un état). *Tirer qqn du sommeil,* réveiller. *Tirer qqn du doute, de l'erreur,* détromper. **4·** ***Se tirer de*** v. pron. réfl. : échapper, sortir de... (un lieu où l'on est retenu, une situation fâcheuse). *Se tirer d'affaire,* fam. *du pétrin.* → s'en **sortir.** ≠ se 2 tirer (III). – Venir à bout de... (une chose difficile). → se **dépêtrer,** se **sortir.** *Se tirer avec habileté d'un sujet épineux.* **5·** ***S'en tirer*** : en réchapper, en sortir indemne ; réussir une chose délicate, difficile. *Il est grièvement blessé, mais il s'en tirera. Pour un premier essai, il s'en est bien tiré.* → **réussir.** – *Il s'en tire avec un mois de prison,* il en est quitte pour... **II·** Obtenir (qqch.) en séparant, en sortant de. **1·** Obtenir (un produit) en utilisant une matière première, une source, une origine. → **extraire.** *Tirer le fer du minerai. L'opium est tiré d'un pavot.* → **provenir.** *Tirer des sons d'un instrument.* **2·** Obtenir (qqch.) d'une personne ou d'une chose (dans quelques loc.). *Tirer vanité de,* s'enorgueillir, se prévaloir de. – Loc. ***Tirer parti de*** : se servir de, en profitant. – Obtenir (des paroles, des renseignements, une action) de qqn. *Tirer de force des informations d'un témoin.* → **extorquer.** *On ne peut rien en tirer,* la personne reste muette. *Il n'y a pas grand-chose à en tirer.* **3·** Obtenir (de l'argent, un avantage matériel). → **retirer.** *Tirer de l'argent de qqn,* → **soutirer.** *Tirer un intérêt de ses capitaux.* – *Tirer un chèque sur un compte,* prélever une somme sur le crédit de ce compte (→ 2 **tireur,** 1). **4·** Faire venir (une chose) de. → **dégager ; déduire.** *Tirer argument de qqch. Il ne faudrait pas tirer de cette information des conclusions hâtives.* **5·** Emprunter (son origine, sa raison d'être de qqch.). *Tirer sa force, son pouvoir de... Tirer son origine de...,* descendre, venir de. → **provenir. 6·** Élaborer, faire, en utilisant des éléments que l'on a extraits. *Tirer des citations d'un texte.* – Au p. p. adj. *Un roman tiré d'un fait divers.* ▶ 2 **tireur, euse** n. **1·** N. m. Personne qui tire un chèque. **2·** N. f. ***Tireuse de cartes*** : cartomancienne. ▷ **retirer,** 1 **soutirer,** 2 **soutirer,** 3 **tirage,** à la **tire, tire-bouchon,** à **tire-larigot**

tiret [tiʀɛ] n. m. Petit trait que l'on trace (→ **tirer** 3) et que l'on place après un mot interrompu en fin de ligne pour renvoyer à la fin du mot, au début de la ligne suivante. – Trait un peu plus long qui fonctionne comme une parenthèse. – Trait d'union.

tirette [tiʀɛt] n. f. Planchette mobile (que l'on peut tirer 1), adaptée à certains meubles. *Une table à tirette.*

tireur, euse n. → 4 **tirer,** 5 **tirer.**

tiroir [tiʀwaʀ] n. m. **1·** Compartiment coulissant emboîté dans un emplacement réservé (d'un meuble, etc.), et que l'on peut tirer 1. *Les tiroirs d'une commode.* **2·** ***Fond de tiroir*** : ce qu'on oublie au fond des tiroirs ; chose vieille, sans valeur. *Racler les fonds de tiroir,* prendre tout l'argent disponible jusqu'au dernier sou. *Auteur qui publie ses fonds de tiroir.* **3·** Littér. *Pièce **à tiroirs*** : dont l'intrigue comprend des scènes étrangères à l'action principale, et emboîtées dedans. ▶ **tiroir-caisse** n. m. Caisse où l'argent est renfermé dans un tiroir qu'un mécanisme peut ouvrir lorsqu'un crédit est enregistré. *Les tiroirs-caisses d'un magasin.*

tisane [tizan] n. f. Boisson contenant une substance végétale (obtenue par macération, infusion, décoction de plantes) à effet médical ou hygiénique. *Tisane au tilleul, à la camomille.* ▶ **tisanière** n. f. Grande tasse à couvercle pour la tisane.

tison [tizɔ̃] n. m. Reste d'un morceau de bois, d'une bûche dont une partie a brûlé. *Des tisons rougeoyants. Souffler sur les tisons et sur les braises.* ▶ **tisonner** v. tr. < conjug. 1 > Remuer les tisons, la braise de (un foyer, un feu) pour faire tomber la cendre. ▶ **tisonnier** n. m. Longue barre de fer à extrémité un peu relevée pour attiser le feu.

tisser [tise] v. tr. < conjug. 1 > **1·** (Au p. p. **tissé**) Fabriquer (un tissu) par tissage. *Tisser une toile.* – Transformer (un textile) en tissu. *Tisser de la laine.* Sans compl. *Métier à tisser.* – *Araignée qui tisse sa toile,* qui la confectionne. **2·** (Au p. p. **tissu** [littér.] et **tissé**) Littér. Former, élaborer, disposer les éléments de (qqch.) comme par tissage. → **ourdir, tramer.** *Tisser des intrigues compliquées.* – Au p. p. adj. *Un livre tissu (ou tissé) d'aventures compliquées et invraisemblables.* ▶ **tissage** n. m. **1·** Action de tisser ; ensemble d'opérations consistant à entrelacer des fils textiles pour produire des étoffes ou tissus. **2·** Établissement, ateliers où s'exécutent ces opérations. *Le tissage est à côté de la filature.* ▶ **tisserand, ande** n. Ouvrier qui fabrique des tissus sur métier à bras. ▶ **tisseur, euse** n. Ouvrier sur métier à tisser. *Tisseur de tapis.* ▶ **tissu** n. m. **I· 1·** Surface souple et résistante constituée par un assemblage régulier de fils entrelacés, tissés ou à mailles. → **étoffe.** *Un tissu de coton. Robe en tissu imprimé. Du tissu-éponge. Des tissus d'ameublement.* **2·** Abstrait. Suite ininterrompue (de choses regrettables ou désagréables). → **enchaînement.** *C'est un tissu de mensonges, d'inepties.* **II· 1·** Ensemble de cellules de l'organisme possédant la même organisation et assurant la même fonction. *Les tissus osseux, musculaires, nerveux. Tissus végétaux. Étude des tissus vivants.* → **histologie. 2·** Ensemble d'éléments constituant un tout homogène. *Le tissu social, associatif, industriel, urbain.* ▶ **tissulaire** adj. Didact. Relatif aux tissus cellulaires.

titan [titɑ̃] n. m. Littér. Géant (du nom des géants de la mythologie grecque). *Un travail de titan. Un titan de la pensée.* ▶ **titanesque** adj. Littér. Grandiose et difficile. *C'est une entreprise titanesque.*

titane [titan] n. m. Métal blanc brillant. *Le titane est employé en peinture (blanc de titane).*

titi [titi] n. m. Gamin déluré et malicieux. → **gavroche.** *Des titis parisiens.*

titiller [titije] v. tr. < conjug. 1 > Littér. ou plaisant. **1·** Chatouiller agréablement. **2·** Exciter légèrement (à faire qqch.). *L'envie de nous parler le titille.*

① **titre** [titʀ] n. m. **I· 1·** Désignation honorifique exprimant une distinction de rang, une dignité. *Les titres de noblesse. Le titre de maréchal.* **2·** Désignation correspondant à une charge, une fonction, un grade. *Le titre de directeur. Les titres universitaires.* – ***En titre*** : qui a effectivement le titre de la fonction qu'il exerce (opposé à *auxiliaire, suppléant*). *Professeur en titre.* → **titulaire.** *Le fournisseur en titre d'une maison.* → **attitré. 3·** Qualité de gagnant, de champion (dans une compétition). *Remporter le titre dans un championnat.* **4·** ***À titre, à titre de*** loc. prép. : en tant que, comme. *Il travaille dans cette société à titre de comptable. Argent remis à titre d'indemnité. Je vous raconte cela à titre d'exemple.* – ***À ce titre*** : pour cette qualité, cette raison (le titre donnant un droit). – ***Au même titre*** : de la même manière. *Au même titre que* loc. conj., de la même manière que, de même que. *J'y ai droit au même titre que lui.* – ***À titre*** (+ adjectif). *À titre amical*, amicalement. *À titre indicatif, je cite quelques dates. Une faveur accordée à titre exceptionnel. À plus d'un titre, à plusieurs titres*, pour plusieurs raisons. **II·** (Cause qui établit un droit) **1·** Document qui constate et prouve un droit (de propriété, à un service, etc.). → **certificat, papier, pièce.** *Titres de propriété. Titres de transport*, billet, carte, ticket. – Certificat représentatif d'une valeur de bourse. → **valeur.** *Vendre, acheter des titres.* **2·** Loc. ***À juste titre*** : à bon droit, avec fondement, raison. ▶ ① **titrer** v. tr. < conjug. 1 > **1·** Donner un titre de noblesse à (qqn). – Au p. p. adj. *Être titré.* **2·** Au p. p. adj. *La nageuse la plus titrée*, qui a reçu le plus de titres (I, 3). ▷ **attitré, titulaire**

② **titre** n. m. (Désignation d'une proportion) **1·** Proportion d'or ou d'argent contenue dans un alliage. *Le titre d'une monnaie.* **2·** Rapport de la masse d'une substance dissoute à la masse ou au volume de solvant ou de solution. → **degré.** ▶ ② **titrer** v. tr. < conjug. 1 > **1·** Déterminer le titre de. *Titrer un alliage, un alcool.* **2·** Avoir (tant de degrés) pour titre. *Les liqueurs doivent titrer 15° minimum.* ▶ ① **titrage** n. m. *Le titrage d'un alcool.*

③ **titre** n. m. **1·** Désignation du sujet traité (dans un livre) ; nom donné (à une œuvre littéraire) par son auteur, et qui évoque plus ou moins clairement son contenu. *Les titres des livres. Page de titre*, portant le titre, le sous-titre, le nom de l'auteur, etc. ***Faux titre*** : titre simple sur la page précédant la page de titre. – Par ext. Un ouvrage en particulier. *Les meilleurs titres de l'année.* **2·** Nom (d'un poème, d'une chanson, d'un film, d'une émission). **3·** Expression, phrase, plus visible que le reste du texte, qui présente un article de journal. → **rubrique.** *Titre sur cinq colonnes à la une.* → **manchette.** *Gros titres*, titres en gros caractères, à la première page d'un journal. **4·** Subdivision du livre (dans un recueil juridique). *Titres, chapitres, sections du code civil français.* ▶ ③ **titrer** v. tr. < conjug. 1 > Donner un titre à. → **intituler.** *Titrer un film*, y joindre les textes de présentation des séquences (films muets...). ▶ ② **titrage** n. m. *Le titrage d'un film.* ▷ **sous-titre**

tituber [titybe] v. intr. < conjug. 1 > Vaciller sur ses jambes, aller de droite et de gauche en marchant. → **chanceler.** *Un malade qui titube.* ▶ **titubant, ante** adj. → **vacillant.** *Un ivrogne titubant. Une démarche titubante.*

titulaire [titylɛʀ] adj. et n. **1·** Qui a une fonction, une charge pour laquelle il a été personnellement nommé (→ ① **titre**). *Un professeur titulaire.* / contr. auxiliaire, suppléant / – N. *Le, la titulaire d'un* *poste.* **2·** Qui possède juridiquement (un droit). *Les personnes titulaires du permis de conduire, d'un diplôme.* – N. *Les titulaires.* ▶ **titulariser** v. tr. < conjug. 1 > Rendre (une personne) titulaire d'une fonction, d'une charge qu'elle remplit. *Titulariser un fonctionnaire.* ▶ **titularisation** n. f. *Une demande de titularisation.*

1 **T. N. T.** ou **TNT** [teɛnte] n. m. invar. Explosif solide, cristallisé, dérivé nitré d'un hydrocarbure, le toluène (nom scientifique *trinitrotoluène*)

2 **T. N. T.** ou **TNT** [teɛnte] n. f. invar. Abréviation de Télévision numérique terrestre, diffusée par voie hertzienne.

1 **toast** [tost] n. m. Action (fait de lever son verre) ou discours par quoi l'on propose de boire en l'honneur de qqn ou de qqch., à la santé de qqn, etc. *Porter un toast. Un toast de bienvenue. Prononcer plusieurs toasts.*

2 **toast** n. m. Tranche de pain de mie grillée en surface (→ **rôtie**). *Du thé et des toasts beurrés.* ▶ **toaster** v. tr. < conjug. 1 > Faire griller légèrement. – Au p. p. adj. *Brioche toastée.* ▶ **toasteur** n. m. Ustensile électrique pour griller les pains. → **grille-pain.**

toboggan [tɔbɔgɑ̃] n. m. **1·** Traîneau à longs patins métalliques. *Piste de toboggan.* **2·** Piste où l'on fait des descentes et qui est utilisée comme jeu (dans les foires, les parcs d'attractions). **3·** Appareil de manutention formé d'une glissière. **4·** Voie de circulation automobile qui enjambe un carrefour.

T. O. C ou **TOC** [tɔk] n. m. Abréviation de Trouble obsessionnel compulsif*.

1 **toc** [tɔk] interj. Onomatopée d'un bruit, d'un heurt (souvent répété). *Toc, toc !, qui est là ?* ▶ **toctoc** adj. invar. Fam. Un peu fou. *Elles sont un peu toctoc.* ▷ **tocante, toqué**

2 **toc** n. m. **1·** *Le toc, du toc,* imitation d'une matière précieuse, d'un objet ancien. *C'est du toc.* → **camelote.** *Bijou en toc.* → **de pacotille.** **2·** Adj. Fam. Sans valeur, faux et prétentieux. *Un meuble toc. Ça fait toc.* ▶ **tocard, arde** ou **toquard, arde** adj. et n. **1·** Adj. Fam. Ridicule, laid. *Un salon tocard.* → **moche.** **2·** N. Fam. Personne incapable, sans valeur. *C'est un tocard.* → **ringard.** – Mauvais cheval. *Elle a misé sur un tocard.*

tocade → **toquade.**

tocante ou **toquante** [tɔkɑ̃t] n. f. Fam. Montre.

toccata [tɔkata] n. f. Pièce de musique écrite pour le clavier, à rythme régulier et marqué. *Toccatas et fugues de J.-S. Bach.*

tocsin [tɔksɛ̃] n. m. Sonnerie de cloche répétée et prolongée, pour donner l'alarme. *Faire sonner le tocsin. On sonnait le tocsin en cas d'incendie.*

tofu [tɔfu] n. m. Pâte de haricots de soja, dans la cuisine japonaise.

toge [tɔʒ] n. f. **1·** Ample pièce d'étoffe sans coutures dans laquelle les Romains se drapaient. **2·** Robe de cérémonie, dans certaines professions. *Une toge d'avocat, de professeur.* ▷ **épitoge**

tohu-bohu [tɔybɔy] n. m. invar. Désordre, confusion de choses mêlées ; bruit confus. *Le tohu-bohu des voitures.* → **tintamarre.**

toi [twa] pronom pers. et nominal. Pronom personnel (forme tonique) de la 2e pers. du sing. et des deux genres, qui représente la personne à qui l'on s'adresse. → **tu.** **1·** Compl. d'un verbe pronominal à l'impératif. *Dépêche-toi. Mets-toi là. Sauve-toi vite.* – REM. Devant *en* et *y*, *toi* s'élide en *t'*. → **te.** *Garde t'en bien. Mets t'y.* **2·** (+ infinitif) *Toi, nous quitter ?* – Sujet d'un participe. *Toi parti, la maison sera bien triste.* – Sujet d'une propos. elliptique. *Moi d'abord, toi après.* **3·** Sujet ou complément, coordonné à un nom, un pronom. – (Suj.) *Paul et toi partirez. Toi ou moi (nous) irons.* – (Compl.) *Il invitera tes parents et toi.* – (Dans une phrase comparative) *Il est plus gentil que toi.* **4·** Renforçant le pronom. *Et toi, tu restes. Toi ma fille, tu vas aller te coucher. T'épouser, toi, jamais !* **5·** ***Toi qui***... *Toi qui me comprends.* – ***Toi que.*** *Toi que j'estime. Toi que j'ai vu grand comme ça.* – *Toi dont, à qui, pour qui...* **6·** (En fonction de vocatif) *Toi, viens avec moi.* **7·** ***Toi,*** attribut. *C'est toi. Si j'étais toi...*, à ta place. – *C'est toi qui l'as voulu.* **8·** (Précédé d'une préposition) *Prends garde à toi.* – *Chez toi. Je suis content de toi. Le mal vient de toi. Avant toi, après toi, vers toi, sans toi. Je crois en toi.* – (Renforçant le possessif **ton**) *Ton livre, tes livres à toi.* **9·** ***Toi-même.*** *Connais-toi toi-même.* – ***Toi seul...*** *Toi seule iras. Tu ne le feras pas à toi (tout) seul. Toi aussi. Toi non plus.* ▷ **tutoyer**

toile [twal] n. f. **I·** (Sens général) **1·** Tissu d'armure unie (→ 2 **armure**), fait de fils de lin, de coton, de chanvre, etc. *Tisser la toile, une toile. Toile de jute. Toile à matelas. Une robe de toile. Torchon de toile.* **2·** *(Une, des toiles)* Pièce de toile. *Une toile de 3 m². Toile de tente.* – *Une **toile cirée** :* pièce de toile vernie servant de nappe, de revêtement. **3·** Fam. Écran de cinéma ; film. – Loc. *Se faire une toile,* aller au cinéma. **II· 1·** Pièce de toile, montée sur un châssis, poncée et enduite d'un côté, et servant de support pour une œuvre peinte. *La toile et le châssis d'un tableau.* – Cette œuvre. → **peinture, tableau.** *Un musée où l'on expose des toiles de maître.* **2·** Loc. ***Toile de fond*** *:* toile verticale, au fond de la scène, représentant les derniers plans des décors. – Fig. Ce qui sert d'arrière-plan à une description (contexte historique, politique, social, etc.). *Le Paris de l'après-guerre est la toile de fond de l'intrigue.* **III· 1·** Réseau de fils (d'araignée). *Une toile d'araignée. L'araignée tisse sa toile.* – Loc. fig. *Tisser sa toile,* se développer, s'étendre. **2·** *La Toile :* partie d'Internet regroupant les sites du réseau mondial. → **web.** ▷ **entoiler**

toilette [twalɛt] n. f. **1·** Action de se préparer, de s'apprêter pour paraître en public (de se peigner, se farder, s'habiller). *Meuble, table de toilette. Produits de toilette. Être à sa toilette.* **2·** Le fait de s'habiller et de se parer. → **ajustement, habillement.** *Avoir le goût de la toilette,* être coquet. **3·** Manière dont une femme est vêtue et apprêtée. → **mise, parure, vêtement.** *Être en grande toilette. Elle porte bien la toilette.* – ***Une toilette*** *:* les vêtements que porte une femme. *Une toilette élégante.* **4·** Ensemble des soins de propreté du corps. *Faire sa toilette avant de s'habiller. Faire un brin de toilette,* une toilette rapide. *Savon, gant de toilette. Trousse de toilette.* **5·** ***Cabinet de toilette*** *:* petite pièce où est aménagé ce qu'il faut pour se laver (lavabo, douche, etc.), mais sans baignoire. ≠ salle de bains. ▶ **toiletter** v. tr. <conjug. 1> **1·** Faire la toilette de (un chien d'appartement). **2·** Fig. Retoucher légèrement. ▶ **toiletteur, euse** n. Personne dont la profession est de toiletter les animaux. ▶ **toilettage** n. m. **1·** *Le toilettage d'un caniche.* **2·** *Le toilettage de la Constitution.* ▷ **toilettes**

toilettes n. f. pl. Cabinet d'aisances. *Aller aux toilettes.* → fam. **cabinets.** *Où sont les toilettes ?* → **lavabos, W.-C.**

toise [twaz] n. f. **1·** Anciennt. Mesure de longueur valant 6 pieds (presque 2 mètres). **2·** Tige verticale graduée qui sert à mesurer la taille. ▶ **toiser** v. tr. <conjug. 1> **1·** Mesurer (qqn) à la toise. **2·** Fig. Regarder avec dédain, mépris. → **dévisager, examiner.** *Elle le toisa des pieds à la tête.*

toison [twazɔ̃] n. f. **1·** Pelage laineux des moutons, etc. *La toison blanche et bouclée d'un agneau. La Toison d'or,* trésor fabuleux (dans l'Antiquité). **2·** Chevelure très fournie. → **tignasse.** *Une toison blonde.* – Poils abondants de certains animaux (chat, chien) ou de l'homme. *Il a une toison sur la poitrine.*

toit [twa] n. m. **1·** Surface supérieure (d'un édifice) ; matériaux recouvrant une construction et la protégeant contre les intempéries. → **couverture** (I, 3), **toiture.** *Un toit de tuiles, d'ardoises. Les toits de Paris. Toit en pente. Toit plat, en terrasse.* – *Habiter sous les toits,* au dernier étage d'un immeuble, dans une mansarde. – Loc. *Crier, publier qqch. sur les toits,* divulguer, répandre. – Loc. fig. *Le Toit du monde,* l'Himalaya, au Tibet. **2·** Maison, abri où l'on peut vivre. → **domicile, logement.** *Posséder un toit. Être sans toit. Vivre avec qqn sous le même toit. Recevoir qqn* ***sous son toit*** *:* chez soi. **3·** Paroi supérieure (d'un véhicule). *Le toit d'une automobile. Voiture à toit ouvrant.* ▶ **toiture** n. f. Ensemble constitué par la couverture d'un édifice et son armature. *La toiture d'une maison, d'une gare. Les ardoises de la toiture.*

① **tôle** [tol] n. f. ≠ taule. **1·** Feuille de fer ou d'acier obtenue par laminage (*une tôle*) ; fer ou acier laminé (*la tôle*). *La tôle est utilisée en carrosserie automobile.* – Loc. *Froisser de la tôle,* endommager la carrosserie. **2·** ***Tôle ondulée*** *:* tôle de fer présentant des plis courbes, alternés, et servant à couvrir des hangars, des bâtiments industriels, etc. *Un toit en tôle ondulée.* – Sol, revêtement de route qui forme des plis transversaux. ▶ **tôlerie** n. f. **1·** Fabrication, commerce de la tôle. **2·** Atelier où l'on travaille la tôle. **3·** (Collectif) Ensemble des tôles. *La tôlerie d'une automobile.* ▶ ① **tôlier** n. m. Celui qui fabrique, travaille ou vend la tôle.

② **tôle** → **taule.** ▶ ② **tôlier** → **taulier.**

tolérer [tɔleʀe] v. tr. <conjug. 6> **I· 1·** Laisser se produire ou subsister (une chose qu'on aurait le droit ou la possibilité d'empêcher). → **permettre.** *On tolère le stationnement sur ce trottoir.* / contr. interdire / – Au p. p. adj. *Stationnement toléré.* – Considérer avec indulgence (une chose qu'on n'approuve pas et qu'on pourrait blâmer). → **excuser, pardonner.** *J'ai toléré tes bêtises trop longtemps. Tolérer qqch. de qqn. Il tolère de sa sœur ce qu'il n'accepterait de personne d'autre.* **2·** Supporter avec patience (ce qu'on trouve désagréable, injuste). → **endurer.** *Une douleur qu'on ne peut tolérer.* → **intolérable. 3·** *Tolérer qqn,* admettre sa présence, le supporter malgré ses défauts. – Pronominalement (récipr.). *Ils se tolèrent, mais ne s'aiment pas.* **II·** (Organisme vivant) Supporter sans réaction fâcheuse. *Tolérer un médicament.* ▶ **tolérable** adj. **1·** Qu'on peut tolérer, considérer avec indulgence. *Vos négligences ne sont plus tolérables.* → **admissible, excusable. 2·** Qu'on peut supporter. *Son existence n'est plus tolérable.* → **supportable.** / contr. intolérable / ▶ **tolérance** n. f. **I· 1·** Attitude qui consiste à admettre chez autrui une manière de penser ou d'agir différente de celle qu'on adopte soi-même ; le fait de respecter la liberté d'autrui en matière d'opinions. *La tolérance religieuse, politique.* **2·** *Une tolérance,* ce qui est toléré, permis. *Ce n'est pas un droit, c'est une tolérance. Tolérance (grammaticale),* liberté de ne pas appliquer la règle stricte (dans certains cas). **II· 1·** Aptitude de l'organisme à supporter sans symptômes de maladie l'action d'une substance, etc. **2·** Limite de l'écart admis entre les caractéristiques réelles d'un objet fabriqué ou d'un produit et les caractéristiques prévues. *Marge de tolérance. Tolérance de calibre, de poids.* ▶ **tolérant, ante** adj. Qui manifeste de la tolérance (I, 1). *Ses parents sont très tolérants.* → **compréhensif, indulgent.** / contr. **intolérant** / ▷ **intolérable, intolérance**

tollé [tɔle] n. m. Clameur collective de protestation indignée. → **huée.** *Sa déclaration déclencha un tollé général. Des tollés.* / contr. **ovation** /

toluène [tɔlyɛn] n. m. Hydrocarbure benzénique, liquide incolore, inflammable, à odeur forte.

tomahawk [tɔmaok] n. m. Hache de guerre dont se servaient les Indiens de l'Amérique du Nord. *Des tomahawks.*

tomaison [tɔmɛzɔ̃] n. f. Indication du numéro du tome (sur les pages de titre, au dos des reliures).

tomate [tɔmat] n. f. Fruit rouge d'une plante annuelle, qui se consomme comme un légume. *Tomates rondes ; allongées* (olivettes). *Tomates cerise(s),* très petites. Spécialt. Tomate ronde. *Une salade de tomates. Des tomates farcies. Sauce tomate,* à la tomate. – Loc. *Être rouge comme une tomate,* très rouge (de honte, de timidité).

tombe [tɔ̃b] n. f. **1·** Lieu où l'on ensevelit un mort, fosse recouverte d'une dalle (parfois d'un monument). → **sépulture, tombeau.** *Descendre un cercueil dans une tombe. Les tombes d'un cimetière. Il se recueille sur la tombe de sa mère.* – *S'il pouvait voir cela, il se retournerait dans sa tombe,* se dit d'un défunt qu'on imagine indigné par qqch. **2·** Loc. *Être au bord de la tombe, avoir déjà un pied dans la tombe,* être près de mourir. *Être muet comme une tombe,* observer un mutisme absolu, garder les secrets. **3·** Pierre tombale, monument funéraire. *Un nom gravé sur une tombe.* ▶ **tombal, ale** adj. REM. Le masc. plur. est inusité. *Inscriptions tombales. Pierre tombale,* dalle qui recouvre une tombe. ▶ **tombeau** n. m. **1·** Monument funéraire servant de sépulture. → **caveau, mausolée, sépulcre, stèle.** *Un tombeau en marbre.* **2·** Littér. Lieu clos, sombre, d'aspect funèbre. *Cette maison est un vrai tombeau.* **3·** Loc. ***À tombeau ouvert*** : avec une telle vitesse qu'on risque un accident mortel. *Il roulait à tombeau ouvert.* **4·** *Le tombeau de...,* composition poétique, œuvre musicale en l'honneur d'un grand homme, d'un artiste disparu. « *Le Tombeau d'Edgar Poe* », par Baudelaire.

① **tomber** [tɔ̃be] v. intr. < conjug. 1 (Avec auxil. *être*) > **I· 1·** Être entraîné à terre en perdant son équilibre ou son assise. → **choir ; chute.** *Il est tombé par terre, à terre. Tomber de tout son long. Il tomba à la renverse. Il l'a fait tomber. Tomber mort. Elles sont tombées raides mortes. Ils sont tombés au champ d'honneur.* – Loc. *Tomber de fatigue, de sommeil,* avoir du mal à se tenir debout. – (Sans aller à terre) Se laisser aller, choir. *Elle se laissa tomber dans un fauteuil. Tomber dans les bras de qqn.* – (Choses) S'écrouler. *Ce pan de mur menace de tomber.* Fig. *Faire tomber les barrières, les cloisons.* → **s'effondrer.** – ***Tomber en*** (ruine, poussière) : en se réduisant à l'état de ruine, etc. *Ce livre tombe en morceaux.* **2·** (Personnes) Cesser de régner, être déchu, renversé. *Le gouvernement est tombé.* **3·** (Choses) Être détruit ou disparaître. *La difficulté tombe.* **4·** Perdre de sa force, ne pas se soutenir. → **diminuer.** *Le jour tombe.* → **décliner.** *Sa colère était tombée.* **II· 1·** Être entraîné vers le sol, d'un lieu élevé à un lieu bas ou profond. → **dégringoler.** *Il est tombé dans le ravin, dans le vide. L'oiseau est tombé du nid. Tomber du cinquième étage. Il est tombé dans l'eau, à l'eau.* Loc. *Notre projet est tombé à l'eau,* a échoué. *L'avion tombe en chute libre. La pluie tombe. La foudre est tombée.* Impers. *Il tombait de la neige.* – Au p. p. adj. *Des fruits tombés.* – *Laisser tomber un paquet. Attention ! ça va tomber. Ce livre me tombe des mains* (tant il m'ennuie, me fatigue). – Loc. ***Laisser tomber*** : ne plus s'occuper de. *Elle laisse tomber la danse.* → **abandonner.** *Laisser tomber qqn,* ne plus s'intéresser à lui. *On ne laisse pas tomber ses amis.* Fam. *Laisse tomber,* abandonne (un projet, une attitude). **2·** (Lumière, obscurité, son, paroles, etc.) Arriver, parvenir du haut. → **frapper.** *La nuit tombe. Les paroles qui tombent de la bouche de qqn.* **3·** Baisser. → **descendre.** *Les prix tombent. Les cours de la Bourse sont tombés.* → **chuter. 4·** Être en décadence. *Il est tombé bien bas.* **5·** (Choses) S'abaisser en certaines parties, tout en restant suspendu ou soutenu. *Ses cheveux châtains tombaient en boucles sur ses épaules. Une robe qui tombe bien,* en s'adaptant aux lignes du corps. – S'affaisser. *Des épaules qui tombent.* → **tombant**(2). *Les bras lui tombent de fatigue.* Loc. *Les bras m'en tombent,* je suis stupéfait, accablé. **III· 1·** ***Tomber sur*** : s'élancer de toute sa force et par surprise. → **attaquer, charger, foncer.** *L'ennemi tomba sur nous.* – *Tomber sur qqn,* l'accuser ou le critiquer sans ménagement, l'accabler. – (Choses) *Les malheurs tombent sur moi.* **2·** ***Tomber en..., dans*** *un état* : se trouver entraîné dans (un état critique, une situation fâcheuse). *Tomber dans l'oubli. Tomber dans le désespoir. Il tombe d'un excès dans un autre.* → **passer.** *Tomber dans l'erreur, dans le ridicule. Tomber dans un piège, dans une embuscade.* – *Notre voiture est tombée en panne.* **3·** (Personnes ; + adjectif ou compl. avec *dans,* *en*) Être, devenir (après une évolution rapide). *Tomber en disgrâce, en décadence. Tomber malade. Tomber amoureux.* – *Tomber d'accord*, s'accorder. **IV· 1·** Arriver ou se présenter inopinément. → **survenir.** *On est tombé en pleine réunion.* – ***Tomber sur***... *qqn, qqch.* : rencontrer ou toucher par hasard. *Je tombe alors sur un ancien camarade. Je suis tombé par hasard sur une vieille photo de ma mère. La conversation est tombée sur la politique.* – ***Tomber sous***... : se présenter à portée de (la main). *Il attrape tout ce qui lui tombe sous la main.* – Loc. *Tomber sous le sens*, être évident. *Tomber sous le coup de la loi*, être passible d'une peine. – ***Tomber bien, mal***, etc. (choses, personnes) : arriver à propos ou non. *Tiens ! tu tombes bien. Ça tombe à propos, à pic, pile.* **2·** Arriver, par une coïncidence. *Cette fête tombe un dimanche.* ▶ **tombant, ante** adj. **1·** *À la nuit tombante*, au crépuscule. **2·** Qui s'incline vers le bas, s'affaisse. *Des joues un peu tombantes. Avoir des épaules tombantes.* ▶ **tombée** n. f. ***Tombée de la nuit, du jour*** : moment où la nuit tombe, où le jour décline. → **crépuscule.** *Il lui rendit visite à la tombée de la nuit.* ▷ **retombées, retomber**

② **tomber** v. tr. < conjug. 1 (Avec auxil. *avoir*) > **1·** Vaincre (l'adversaire) en le faisant tomber et en lui faisant toucher le sol des épaules. **2·** Fam. *Tomber une femme*, la séduire. **3·** Loc. fam. ***Tomber la veste*** : l'enlever. ▶ **tombeur** n. m. Fam. *Un tombeur de femmes.* – Sans compl. *C'est un vrai tombeur.* → **don Juan, séducteur.**

tombereau [tɔ̃bʀo] n. m. Grosse voiture à cheval faite d'une caisse montée sur deux roues, susceptible d'être déchargée en basculant à l'arrière ; son contenu. *Des tombereaux de sable, d'ordures.*

tombola [tɔ̃bɔla] n. f. Loterie de société où chaque gagnant reçoit un lot en nature. *La tombola d'une kermesse. Des tombolas.*

tome [tɔm] n. m. **1·** Division principale (d'un ouvrage). → **tomaison.** *Un livre divisé en quatre tomes et publié en deux volumes. Le second tome d'un livre.* **2·** Volume (d'un ouvrage en plusieurs volumes). ≠ tomme, n. f. ▷ **tomaison**

-tome, -tomie Éléments savants signifiant « couper, découper » (ex. : *anatomie, dichotomie ; atome*).

tomette [tɔmɛt] n. f. Petite brique de carrelage, de forme hexagonale, souvent rouge sombre. *Des tomettes provençales.*

tomme [tɔm] n. f. Fromage de Savoie, fermenté, à pâte pressée. ≠ tome, n. m.

tomodensitomètre [tɔmɔdɑ̃sitɔmɛtʀ] n. m. Scanner (①, 1) à rayons X.

tomographie [tɔmɔgʀafi] n. f. Examen radiologique permettant d'obtenir des images en coupe (de l'organe étudié). → **scanner.** ▶ **tomographique** adj.

tom-pouce [tɔmpus] n. m. invar. **1·** Fam. Homme de très petite taille, nain. **2·** Petit parapluie à manche court.

① **ton** [tɔ̃], **ta** [ta], **tes** [te] dét. poss. (→ **tien**) **I·** (Sens subjectif) **1·** Qui est à toi, t'appartient. → **toi, tu.** *C'est ta veste, ton veston. Occupe-toi de ton avenir.* – (Devant un mot fém. commençant par une voyelle, *ton* au lieu de *ta*) *Ton erreur.* **2·** (Devant un nom de personne) Exprime des rapports de parenté, d'amitié, de vie sociale. *Ton père, ta mère. Ton épouse.* **II·** (Sens objectif) *Ton juge*, celui qui te juge. *À ta vue*, en te voyant.

② **ton** [tɔ̃] n. m. **I· 1·** Hauteur de la voix. *Le ton aigu de sa voix. Changement de ton*, inflexion. **2·** Qualité de la voix humaine, en hauteur (*ton* proprement dit), en timbre et en intensité, qui dépend du contenu du discours, et des sentiments qu'elle exprime. → **accent, expression, intonation.** *Un ton suppliant, moqueur. Un ton de supériorité. Il annonça cela d'un ton détaché, d'un ton sec. Dire qqch. sur le ton de la conversation, de la plaisanterie, sur un ton calme. Hausser, baisser le ton*, parler avec plus, moins d'arrogance. – Loc. *Ne le prenez pas* ***sur ce ton*** : de si haut. *Dire, répéter* ***sur tous les tons*** : de toutes les manières. **3·** Manière de s'exprimer, dans un écrit. *Le ton amical d'une lettre.* **4·** Loc. ***De bon ton*** : de bon goût. *Une élégance, une réserve de bon ton* (→ **bon genre**). **II· 1·** En linguistique. Hauteur du son de la voix ; accent de hauteur. *Langues à ton*, où la signification dépend de la hauteur de certaines syllabes (ex. : *le chinois*). **2·** En musique. Intervalle qui sépare deux notes consécutives de la gamme. *Il y a un ton majeur entre do et ré, un ton mineur entre ré et mi, un demi-ton entre mi et fa.* **3·** Chacune des gammes caractérisées par la disposition particulière des intervalles qui séparent les notes d'une suite comprise dans les limites d'une octave (ex. : de *do* à *do*). → ① **tonalité** (2). *Le ton se dit de la gamme choisie pour écrire un morceau de musique* (il porte le nom de la note initiale appelée *tonique*). *Le ton de si bémol majeur, mineur. Morceau écrit dans tel ton.* **4·** Hauteur des sons émis par la voix dans le chant, par un instrument, définie par un repère. *Donner le ton*, le la. *Sortir du ton*, détonner. *Se mettre* ***dans le ton*** : s'accorder. ▶ **tonal, ale, als** adj. **1·** Qui concerne ou définit un ton, une hauteur caractéristique. *La hauteur tonale des sons musicaux.* **2·** Qui concerne la tonalité ①. *Musique tonale et musique modale.* ▶ ① **tonalité** n. f. **1·** Système musical fondé sur la disposition des tons et demi-tons dans la gamme. **2·** Ton (II, 3). *La clef donne la tonalité principale du morceau.* **3·** Ensemble des caractères, hauteur, timbre (d'un ensemble de sons, d'une voix). ▷ **atone, demi-ton, détonner, entonner, intonation, monotone, ② tonique**

③ ton n. m. Couleur, considérée dans sa force, son intensité. → **teinte, nuance.** *Une robe aux tons criards.* Loc. ***Ton sur ton :*** dans une même couleur nuancée, claire et foncée (→ en camaïeu). ▶ **② tonalité** n. f. Ensemble de tons, de nuances de couleur ; impression que ces nuances produisent. *Ce tableau est dans une tonalité verte.*

tondre [tɔ̃dʀ] v. tr. < conjug. 41 > **1·** Couper à ras (les poils, la laine). *Tondre la toison d'un mouton, tondre un caniche.* **2·** Dépouiller (un animal) de ses poils, (une personne) de ses cheveux en les coupant ras. → **tonte.** – *Se faire tondre la nuque, le crâne.* → **raser ; tonsure.** **3·** Couper à ras ; égaliser en coupant. *Tondre le gazon. Tondre une haie.* **4·** Dépouiller (qqn). *Il s'est laissé tondre sans protester.* → **plumer.** ▶ **tondeuse** n. f. **1·** Instrument destiné à tondre le poil des animaux, les cheveux de l'homme. **2·** *Tondeuse (à gazon),* petite faucheuse rotative. ▶ **tondu, ue** adj. Coupé à ras. *Des cheveux tondus.* → **ras.** – N. Loc. *Quatre pelés et un tondu.* → **pelé.** ▷ **tonsure, tonte**

tong [tɔ̃g] n. f. Sandale légère formée d'une semelle et d'une bride en V passée entre les deux premiers orteils. *Une paire de tongs.*

tonifier [tɔnifje] v. tr. < conjug. 7 > Avoir un effet tonique sur. → **fortifier.** *Ce bain m'a tonifié. Une bonne lecture tonifie l'esprit.* ▶ **tonifiant, ante** adj. → **tonique, vivifiant.** / contr. lénifiant / *Une promenade tonifiante. Une lotion tonifiante.*

① tonique [tɔnik] adj. et n. m. **1·** Qui fortifie, reconstitue les forces. *Un médicament tonique.* **2·** N. m. *Un tonique,* substance employée comme médicament tonique. → **fortifiant, remontant.** **3·** Qui stimule, augmente la force vitale, rend plus vif. *Un froid sec et tonique.* – *Une idée tonique, réconfortante.* / contr. débilitant / – Qui stimule la circulation du sang. *Une lotion tonique pour l'épiderme.* → **tonifiant.** ▶ **tonicité** n. f. Caractère de ce qui est tonique, stimulant. *La tonicité de l'air marin.* ▷ **tonifier**

② tonique adj. **1·** *Voyelle, syllabe tonique,* qui porte l'accent de hauteur. → **② ton** (II, 1). *Formes toniques des pronoms.* / contr. atone / *« Toi » est la forme tonique correspondant à « te ».* **2·** ***Accent tonique :*** à la fois d'intensité et de hauteur, portant sur une syllabe. *L'accent tonique porte sur la dernière syllabe non muette, en français.* ▷ **diatonique**

③ tonique n. f. Première note de la gamme (d'un ton donné), celle qui commence un morceau de musique et lui donne son nom. (ex. : *do majeur*) → **② ton** (II, 3) ; **① tonalité.**

tonitruant, ante [tɔnitʀyɑ̃, ɑ̃t] adj. Fam. Qui fait un bruit de tonnerre, énorme. *Une voix tonitruante.* → **tonnant.**

tonnage [tɔnaʒ] n. m. **1·** Capacité de transport (d'un navire de commerce). → **jauge.** *Un bâtiment d'un fort tonnage.* **2·** Capacité totale des navires marchands (d'un port, d'un pays).

tonnant, ante [tɔnɑ̃, ɑ̃t] adj. Qui fait un bruit de tonnerre. *Une voix tonnante.* → **tonitruant.**

① tonne [tɔn] n. f. **1·** Unité de masse, mesure valant 1 000 kilogrammes (symb. *t*). *Commander deux tonnes de charbon.* **2·** Énorme quantité (de choses). *Elle épluche des tonnes de légumes.* **3·** Unité de poids de 1 000 kilogrammes servant à évaluer le déplacement ou le port en lourd d'un navire. *Un paquebot de 16 000 tonnes.* → **① tonneau.** **4·** Mesure du poids (des véhicules, des poids lourds). *Un camion de 7 tonnes,* et ellipt, *un 7 tonnes.* ▶ **① tonneau** n. m. Unité internationale de volume employée pour déterminer la capacité des navires → **jauge, tonnage,** et valant 2,83 mètres cubes. *Un bateau de 200 tonneaux.* ≠ ② tonneau. ▷ **mégatonne, tonnage**

② tonne n. f. Technique. Grand récipient plus large que le tonneau. *Une énorme tonne de vin.* ▶ **② tonneau** n. m. Grand récipient cylindrique en bois, renflé au milieu. → **barrique.** ≠ ① tonneau. *Mettre le vin en tonneau.* – Tonneau de vin. *Fond de tonneau,* ce qui reste au fond du tonneau, où il y a de la lie ; mauvais vin ; résidu. ▶ **tonnelet** n. m. Petit tonneau, petit fût. → **baril.** *Un tonnelet d'eau-de-vie.* ▶ **tonnelier** n. m. Artisan, ouvrier qui fabrique et répare les tonneaux et récipients en bois. ▷ **entonner, entonnoir**

③ tonneau n. m. **1·** Tour complet (d'un avion) autour de son axe longitudinal. *Le pilote a exécuté une série de tonneaux.* **2·** Accident par lequel une automobile fait un tour complet sur le côté. *La voiture a fait plusieurs tonneaux sur la pente du ravin.*

tonnelle [tɔnɛl] n. f. Petit abri circulaire à sommet arrondi, fait de lattes en treillis sur lequel on fait grimper des plantes. → **charmille, pergola.** *Déjeuner sous une tonnelle.*

tonner [tɔne] v. intr. < conjug. 1 > **1·** Impers. (Tonnerre) Éclater. *Il fait des éclairs et il tonne.* **2·** Faire un bruit de tonnerre. *Les canons tonnaient.* **3·** Exprimer violemment sa colère en parlant très fort. → **crier, fulminer ; tonnant.** *Tonner contre l'injustice.* ▶ **tonnerre** n. m. **1·** Bruit de la foudre, accompagnant l'éclair (qui parvient plus tard à l'observateur, le son se propageant plus lentement que la lumière). *On entend le tonnerre dans le lointain. Un coup de tonnerre.* **2·** *Coup de tonnerre :* événement brutal et imprévu. *La mort de sa mère fut pour elle un coup de tonnerre.* **3·** Bruit très fort. *Un tonnerre d'applaudissements. Une voix de tonnerre.* → **tonitruant.** **4·** Fam. *Du tonnerre :* superlatif exprimant l'admiration. → **formidable, terrible.** *Une fille du tonnerre. Il y avait une ambiance du tonnerre (de Dieu).* **5·** Exclam. En interjection, pour exprimer la violence, la menace. *Tonnerre de Dieu ! Tonnerre !* ▷ **détoner, paratonnerre, tonitruant, tonnant**

tonsure [tɔ̃syʀ] n. f. **1·** Petit cercle rasé au sommet de la tête des ecclésiastiques, signe du premier degré dans la hiérarchie cléricale. *Porter la tonsure.* **2·** Fam. Calvitie circulaire au sommet de la tête. ▶ **tonsurer** v. tr. < conjug. 1 > Raser le sommet de la tête de (qqn). – Au p. p. adj. *Clerc tonsuré.* – N. *Un tonsuré.*

tonte [tɔ̃t] n. f. **1·** Action de tondre. *La tonte des moutons. L'époque de la tonte.* – *La tonte des gazons.* **2·** Laine obtenue en tondant les moutons.

tontine [tɔ̃tin] n. f. Association de personnes qui mettent de l'argent en commun (pour jouir d'une rente, aider un membre...) ▶ **tontinier, ière** n.

tonton [tɔ̃tɔ̃] n. m. Lang. enfantin. Oncle. *Tonton Pierre. Mon tonton et ma tata* (tante). ≠ toton.

tonus [tɔnys] n. m. invar. **1·** *Tonus musculaire,* légère contraction permanente du muscle vivant. **2·** Énergie, dynamisme. *Il manque de tonus.* → **vitalité.**

1 top [tɔp] n. m. Signal sonore qu'on donne pour déterminer un moment avec précision. *Au quatrième top, il sera exactement 8 heures 12 minutes. On a entendu deux tops (sonores).*

2 top [tɔp] n. m. **I·** Mot anglais qui entre dans la composition de mots français et donne au second élément un sens superlatif. *Top niveau, top secret.* → **top modèle.** **II·** Fam. **1·** Adj. inv. Supérieur, excellent. *Ils sont top.* → **2 super.** **2·** N. m. Le sommet, ce qu'il y a de mieux. *Cette montre, c'est le top !* – (Personnes) *Être au top,* au mieux de ses capacités. **III·** Anglic. N. m. Haut (d'une tenue vestimentaire féminine). *Un petit top en soie.*

topaze [tɔpɑz] n. f. Pierre fine (silicate), pâle ou jaune, transparente.

toper [tɔpe] v. intr. < conjug. 1 > Surtout à l'impératif. Accepter un défi, un enjeu ; taper dans la main, heurter le verre (du partenaire) pour signifier qu'on accepte, qu'on conclut le marché. *Topez là, affaire conclue !* ▶ **tope** interj. Exclamation signifiant « j'accepte (nous acceptons) le défi ».

topinambour [tɔpinɑ̃buʀ] n. m. Tubercule utilisé surtout pour la nourriture du bétail. *Pendant la guerre, on mangeait des topinambours et des rutabagas.*

topique [tɔpik] adj. Didact. Relatif à un lieu (→ topo-), à un endroit précis. *Médicament topique* et, n. m., *un topique,* médicament qui agit sur un point précis du corps.

top modèle ou **top-modèle** [tɔpmɔdɛl] n. f. Anglic. Femme mannequin de renommée internationale. *Des top modèles, des top-modèles.* – REM. On écrit aussi *top model.*

topo [tɔpo] n. m. Fam. Discours, exposé. → **laïus.** – REM. A d'abord signifié « croquis » ; de *topographie. Il nous a fait tout un topo sur la situation financière de l'entreprise. Des topos.* – Loc. *C'est toujours le même topo,* la même histoire. → **chanson, refrain, rengaine.**

topo- Élément savant signifiant « lieu ». ▶ **topographie** [tɔpɔgʀafi] n. f. **1·** Technique du levé des cartes et des plans de terrains faits en supposant la Terre plane. → **cartographie.** **2·** Configuration, relief (d'un lieu, terrain ou pays). *Avant de construire, il faut étudier la topographie des lieux.* ▶ **topographe** n. Spécialiste de la topographie. ▶ **topographique** adj. *Des cartes topographiques. Appareils topographiques qui enregistrent les gauchissements du sol.* ▶ **topologie** n. f. Géométrie qui étudie les positions indépendamment des formes et des grandeurs (géométrie de situation). ▶ **toponyme** n. m. Nom de lieu. *Les toponymes gaulois sont encore nombreux.* ▶ **toponymie** n. f. Étude des noms de lieux, de leur étymologie. ▶ **toponymique** adj. ▷ **isotope, topique, topo**

toquade [tɔkad] n. f. Fam. Goût très vif, généralement passager, souvent bizarre et déraisonnable, pour une chose ou pour une personne. → **caprice, lubie.** *Avoir une toquade pour une femme. C'est sa dernière toquade.* → **manie.**

toquante → **tocante.**

toquard → **tocard.**

toque [tɔk] n. f. Coiffure cylindrique sans bords. *Une toque de fourrure.* ≠ chapka. *La toque blanche d'un cuisinier.* ▶ **2 toqué** adj. masc. Fam. (Restaurant) Qui a une ou plusieurs toques, signe de qualité gastronomique, dans les guides.

1 toqué, ée [tɔke] adj. et n. Fam. Un peu fou, bizarre. → **cinglé, timbré.** *Elle est toquée.* – N. *Ce* *sont des toqués.* – *Toqué de…,* amoureux fou de… → **toquade.** ▶ 1 **se toquer** v. pron. < conjug. 1 > Fam. *Se toquer de…,* avoir une toquade pour (qqn). → **s'amouracher.** *Elle s'est toquée d'un chanteur de rock.* ▷ **toquade**

2 **toquer** v. intr. < conjug. 1 > Fam. Frapper légèrement, discrètement. → 1 **toc.** *On toque à la porte.*

Torah [tɔʀa] n. f. Les cinq premiers livres de la Bible (ou Pentateuque), dans la tradition juive.

torche [tɔʀʃ] n. f. **1·** Flambeau grossier (bâton de bois résineux). *Des torches flambantes éclairaient l'entrée du camp.* – *Être transformé en torche vivante,* brûler vif. **2·** *Torche (électrique),* lampe électrique de poche, de forme cylindrique. ▶ 2 **torcher** v. tr. < conjug. 1 > Français d'Afrique. Éclairer à la torche électrique. ▷ **torchère**

1 **torcher** [tɔʀʃe] v. tr. < conjug. 1 > **1·** Fam. Essuyer pour nettoyer. *Torcher un plat.* – Très fam. *Torcher le derrière d'un enfant. Torcher un enfant.* – *Se torcher* v. pron. – Loc. fam. *Je m'en torche,* je m'en fiche totalement. **2·** Bâcler, faire vite et mal. *Torcher son travail.* → **torchonner.** ▶ **torché, ée** adj. Fam. **1·** *Ça, c'est torché ! Bien torché,* réussi, bien enlevé. **2·** Bâclé, fait trop vite. *C'est du travail torché.* ▷ **torchon**

torchère [tɔʀʃɛʀ] n. f. **1·** Candélabre monumental ; applique qui porte plusieurs sources lumineuses. **2·** Tuyauterie élevée qui permet de dégager et de brûler les gaz excédentaires d'hydrocarbures, dans une raffinerie.

torchis [tɔʀʃi] n. m. invar. Terre argileuse malaxée avec de la paille hachée et utilisée pour construire. *Des murs de torchis* (→ **pisé**).

torchon [tɔʀʃɔ̃] n. m. **1·** Morceau de toile qui sert à essuyer (« torcher ») la vaisselle, les meubles. *Donner un coup de torchon sur la table.* **2·** Loc. fam. *Il ne faut pas mélanger les torchons et les serviettes,* il faut traiter différemment les gens selon leur condition sociale, les choses selon leur valeur. – *Le torchon brûle,* il y a une querelle entre les personnes dont on parle. **3·** Fam. et péj. Écrit sans valeur ; texte très mal présenté. *Votre devoir est un vrai torchon.* – Journal de mauvaise qualité et méprisable. ≠ canard. *Ne lisez plus ce torchon !* ▶ **torchonner** v. tr. < conjug. 1 > Fam. → **bâcler, torcher.** – Au p. p. adj. *Du travail torchonné.*

tord-boyaux [tɔʀbwajo] n. m. invar. Fam. Eau-de-vie très forte, de mauvaise qualité.

tordre [tɔʀdʀ] v. tr. < conjug. 41 > **I· 1·** Déformer en tournant sur le côté (torsion), enrouler en hélice. *Elle tordit ses cheveux et fit un chignon. Tordre un chiffon mouillé. On tord le linge mouillé avant de le faire sécher.* **2·** Soumettre (un membre, une partie du corps) à une torsion. *Il m'a tordu le bras. Tordre le cou,* étrangler. – *L'angoisse lui tord l'estomac.* → **serrer. 3·** Déformer par flexion ; plier. *Tordre une barre de fer. Le vent tordait les branches.* **4·** Plier brutalement (une articulation, en la forçant). *Elle s'est tordu le pied, la cheville.* **5·** Tourner de travers en déformant. *Tordre la bouche de douleur.* **II·** *Se tordre* v. pron. réfl. : se plier en deux (sous l'effet de la douleur, d'une émotion vive). *Se tordre de douleur.* – *Se tordre (de rire). Il y a de quoi se tordre* (→ **tordant**). ▶ **tordant, ante** adj. Fam. Très drôle, très amusant. → se **tordre ; marrant.** *C'est une histoire tordante.* ▶ **tordu, ue** adj. **1·** Dévié, tourné de travers ; qui n'est pas droit. *Une règle tordue. Des jambes tordues.* **2·** Fam. N. *Un tordu,* un homme mal bâti. **3·** Abstrait. *Avoir l'esprit tordu,* bizarre, mal tourné. – Fam. *Il est complètement tordu,* fou. – Terme d'injure. *Va donc, eh, tordu !* ▷ **contorsion, distorsion, entorse, retordre, tord-boyaux, tors, torsion, torticolis, tortiller, tortueux**

torero [tɔʀeʀo] n. m. Homme qui combat et doit tuer le taureau, dans une corrida. → **matador.** *Une femme torero* (ou, rare, *une torera*). *Des toreros.* ▶ **toréador** n. m. Vieilli. Torero. ▶ **toréer** [tɔʀee] v. intr. < conjug. 1 > Combattre le taureau selon les règles de la tauromachie. ▶ **toril** [tɔʀil] n. m. Enceinte où l'on tient enfermés les taureaux, avant la corrida.

torgnole [tɔʀɲɔl] n. f. Coup, série de coups. *Son père lui a flanqué une torgnole.* → **raclée.**

tornade [tɔʀnad] n. f. Mouvement tournant de l'atmosphère, effet violent de certaines perturbations tropicales. → **bourrasque, cyclone, ouragan.** *La tornade a tout arraché.* – *Il est entré comme une tornade,* brusquement (→ En coup de vent).

toron [tɔʀɔ̃] n. m. Terme technique. Fils tordus ensemble, pour fabriquer les câbles, etc.

torpeur [tɔʀpœʀ] n. f. Diminution de la sensibilité, de l'activité, sans perte de conscience. *Une sorte de torpeur l'envahit.* → **somnolence.** *Faire sortir, tirer qqn de sa torpeur.*

torpille [tɔʀpij] n. f. **1·** Engin de guerre chargé d'explosifs et se dirigeant de lui-même sous l'eau vers les objectifs à atteindre (navires, etc.). → **lance-torpilles. 2·** Poisson capable de produire une décharge électrique. ▶ **torpiller** v. tr. < conjug. 1 > **1·** Attaquer, faire sauter à l'aide de torpilles. *Sous-marin qui torpille un navire.* **2·** Attaquer sournoisement. *Torpiller les négociations.* ▶ **torpillage** n. m. *Le torpillage du « Lusitania ».* – *Le torpillage d'un plan de paix.*

▶ **torpilleur** n. m. Bateau de guerre plus léger et rapide que le croiseur et destiné à lancer des torpilles. ▷ **contre-torpilleur, lance-torpilles**

torréfier [tɔʀefje] v. tr. < conjug. 7 > Calciner superficiellement à feu nu (le tabac, le café). *Torréfier le tabac pour le dessécher.* – Au p. p. adj. *Café bien torréfié.* ▶ **torréfacteur, trice** n. 1· N. m. Appareil servant à torréfier. *Un torréfacteur à café.* 2· N. Personne qui tient un commerce où elle vend du café qu'elle torréfie elle-même. ▶ **torréfaction** n. f. Début de calcination à feu nu, que l'on fait subir à certaines matières organiques. *La torréfaction du café.*

torrent [tɔʀɑ̃] n. m. 1· Cours d'eau à forte pente, à rives encaissées, à débit rapide et irrégulier. ≠ ruisseau, rivière. *Torrent de montagne, alimenté par les glaciers. Torrent des Pyrénées.* → **gave.** *La crue du torrent.* 2· Écoulement très rapide de liquide, dans la nature. *Des torrents de boue. Un torrent de lave.* – Loc. *Il pleut **à torrents*** : très abondamment. → à **verse ; torrentiel.** 3· Grande abondance (de ce qui afflue violemment). – *Elle versait des torrents de larmes.* → **déluge, flot.** *Un torrent d'injures.* ▶ **torrentiel, elle** adj. Qui coule comme un torrent. *Une pluie torrentielle.* → **diluvien.**

torride [tɔʀid] adj. Où la chaleur est extrême. → **brûlant, chaud.** *Un climat torride. Une chaleur torride,* extrême. – REM. *Torréfier* vient du même radical.

tors, torse [tɔʀ, tɔʀs] adj. 1· *Colonne torse,* à fût contourné en spirale. 2· *Jambes torses,* tordues, arquées. ▶ **torsade** n. f. 1· Rouleau de fils, cordons tordus ensemble en hélice pour servir d'ornement. *Torsade d'épaulette* (d'un officier). – *Une torsade de cheveux,* cheveux longs réunis et tordus ensemble. 2· Motif ornemental en hélice. *Colonne à torsades.* ▶ **torsader** v. tr. < conjug. 1 > Mettre en torsade. *Torsader des cheveux.* – Au p. p. adj. *Colonnes torsadées.*

torse [tɔʀs] n. m. Buste, poitrine. *Se mettre torse nu. Un beau torse.* – Sculpture représentant un tronc sans tête ni membres. *Un torse d'Aphrodite.*

torsion [tɔʀsjɔ̃] n. f. 1· Action de tordre (I) ; déformation que l'on fait subir à un objet allongé en faisant tourner une de ses extrémités dans un sens, les autres parties restant fixes ou étant soumises à un mouvement contraire. *Un mouvement de torsion.* 2· État, position de ce qui est tordu. *La torsion des fils d'une torsade.*

tort [tɔʀ] n. m. I· (Employé sans article) 1· ***Avoir tort*** : ne pas avoir le droit, la raison de son côté (opposé à *avoir raison*). → se **tromper.** *Il n'avait pas tort.* – ***Avoir tort de...*** *Tu as tort de tant fumer.* – ***Donner tort à*** : accuser, désapprouver. *On lui a donné tort. Les faits vous ont donné tort,* ont montré que vous aviez tort. / contr. raison / 2· ***À tort*** : pour de mauvaises, de fausses raisons ; injustement. *Soupçonner qqn à tort. C'est à tort qu'on a prétendu cela* (opposé à *avec raison, à bon droit*). – ***À tort ou à raison*** : sans motifs ou avec de justes motifs, quelle que soit la réalité. *À tort ou à raison, il considère qu'il a été lésé dans le partage.* – ***À tort et à travers*** : sans raison ni justesse. → **inconsidérément.** *Il dépense à tort et à travers. Parler à tort et à travers,* dire n'importe quoi. 3· ***Dans son tort*** : dans la situation d'une personne qui a tort (relativement à la loi, à un autre) ; (opposé à *dans son droit, son bon droit*). *Il, elle se met dans son tort en agissant ainsi. Se sentir dans son tort.* → **coupable.** – ***En tort.*** *Vous êtes en tort et passible d'amende.* II· *(Un, des torts ; le tort de...)* 1· Action, attitude blâmable (envers qqn). *Il a des torts envers elle. Reconnaître ses torts.* 2· Action, attitude qui constitue une erreur, une faute. *Il avait le tort de parler trop.* → **défaut.** *Vous faites comme ceci ? C'est un tort.* → **erreur.** 3· Le fait d'agir injustement contre qqn, de léser qqn. *Les torts qu'on lui a causés.* → **préjudice.** *Demander réparation d'un tort.* – ***Faire du tort à...*** *Il nous a fait du tort. Ça ne fait de tort à personne.*

torticolis [tɔʀtikɔli] n. m. invar. Torsion du cou avec inclinaison de la tête accompagnée de sensations douloureuses dans les muscles.

tortilla [tɔʀtija] n. f. 1· Omelette épaisse aux pommes de terre, spécialité espagnole. 2· Galette de farine de maïs, spécialité mexicaine. *Des tortillas fourrées à la viande.*

tortiller [tɔʀtije] v. < conjug. 1 > I· V. tr. Tordre à plusieurs tours (une chose souple). *Tortiller ses cheveux.* II· V. intr. 1· Se remuer en ondulant, se tourner de côté et d'autre. *Elle dansait en tortillant des hanches.* → **balancer.** – REM. *Se tortiller* (III) est plus courant. 2· Loc. fam. ***(Il n')y a pas à tortiller*** : à hésiter. *Y a pas à tortiller, il faut y aller !* → **tergiverser.** III· ***Se tortiller*** v. pron. réfl. : se tourner de côté et d'autre sur soi-même. *Se tortiller comme un ver.* ▶ **tortillon** n. m. Chose tortillée. *Un tortillon de tissu, de papier.* ▶ **tortillard** n. m. Train d'intérêt local sur une voie de chemin de fer qui fait de nombreux détours, qui va très lentement (et dont la voie se *tortille*). ▷ **entortiller**

tortionnaire [tɔʀsjɔnɛʀ] n. Personne qui fait subir des tortures. → **bourreau.** – Adj. *Des policiers, des terroristes tortionnaires.*

tortue [tɔʀty] n. f. Reptile à quatre pattes courtes, à corps enfermé dans une carapace, à tête munie d'un bec corné, à marche lente. *Tortue marine. Le lièvre et la tortue.* – *Quelle tortue, c'est une vraie tortue !*, se dit d'une personne très lente.

tortueux, euse [tɔʀtɥø, øz] adj. **1·** Qui fait des détours, présente des courbes irrégulières. → **sinueux.** *Des rues tortueuses.* / contr. droit / **2·** Péj. Plein de détours, qui ne se manifeste pas franchement. *Les manœuvres tortueuses d'un politicien. Un esprit tortueux.* → **retors.** / contr. direct / ▶ **tortueusement** adv.

torture [tɔʀtyʀ] n. f. **1·** Souffrances physiques infligées à qqn pour lui faire avouer ce qu'il refuse de révéler. *Torture légale* (autrefois). → **question.** *Pays qui emploient la torture au mépris des droits de l'homme. Il est mort après avoir souffert d'atroces tortures. Bourreau qui inflige des tortures.* → **tortionnaire. 2·** Loc. *Instruments de torture*, se dit d'instruments, d'objets qui font souffrir. – *Mettre qqn **à la torture** :* l'embarrasser ou le laisser dans l'incertitude. *Se mettre l'esprit à la torture*, faire des efforts pénibles pour trouver ou se rappeler qqch. → se **creuser** la tête. **3·** Souffrance physique ou morale intolérable. → **martyre, tourment.** *La torture de la soif. Les tortures de la jalousie.* ▶ **torturer** v. tr. < conjug. 1 > **1·** Infliger la torture (1), faire subir des tortures à (qqn). *Torturer un prisonnier.* → **supplicier ; tortionnaire. 2·** Faire beaucoup souffrir. → **martyriser.** *Ne le torturez pas avec vos questions. Se torturer le cerveau, l'esprit*, le mettre à la torture. – (Suj. chose) *La faim, la jalousie le torturait.* → **tourmenter. 3·** Transformer par force. *Torturer un texte*, l'altérer en le transformant. – Au p. p. adj. *Un visage torturé*, déformé (par l'angoisse, un sentiment violent). ▶ **torturant, ante** adj. *Un remords torturant.* ▷ **tortionnaire**

torve [tɔʀv] adj. *Œil torve, regard torve*, oblique et menaçant.

tory [tɔʀi] n. m. En Angleterre. Membre du parti conservateur. *Les torys* (ou *les tories*) *s'opposent aux travaillistes.* – Adj. *Le parti tory.*

tôt [to] adv. et adj. **1·** Au bout de peu de temps et sensiblement avant le moment habituel ou normal. *Les arbres ont fleuri tôt cette année. Vous êtes arrivés trop tôt.* / contr. tard / – ***Plus tôt*** : avant le moment où l'on est ou dont on parle. → **auparavant.** *Un jour plus tôt. Il est arrivé plus tôt que moi.* – *Il ne viendra pas **de si tôt*** : pas dans un proche avenir et peut-être jamais. – Adj. (emploi impers.) *Il est trop tôt pour manger.* – ***Pas plus tôt que.*** *Nous n'étions pas plus tôt rentrés qu'il fallut repartir*, il fallut repartir immédiatement après. – ***Le (au) plus tôt...*** *Le plus tôt que vous pourrez*, dès que vous pourrez. – N. m. *Le plus tôt sera le mieux. Revenez au plus tôt*, le plus tôt possible. *Mon travail sera terminé dans quinze jours au plus tôt*, pas avant. **2·** Au commencement d'une portion déterminée de temps. *Se lever tôt*, de bonne heure. **3·** Loc. *Avoir tôt fait de.* → **vite.** ▷ **aussitôt, bientôt, couche-tôt, plutôt, sitôt, tantôt**

total, ale, aux [tɔtal, o] adj. et n. **1·** Adj. Qui affecte toutes les parties, tous les éléments (de la chose ou de la personne considérée). → **absolu, complet, général.** *Une destruction totale. Dans l'obscurité totale. Une confiance totale.* → **entier, parfait.** – Pris dans son entier, dans la somme de toutes ses parties. / contr. partiel / *La somme totale* → **global** *et les parties, les fractions.* **2·** N. m. Nombre total, quantité totale. → **montant, somme.** *Le total de la population. Faire le total*, additionner le tout. – ***Au total*** : en comptant tous les éléments. *Cela fait cent mille euros au total.* – *Au total*, tout compte fait, tout bien considéré. → en **somme.** *Au total, il vaut mieux attendre.* – Adv. Fam. En conclusion, finalement. *Total, on s'est encore fait voler.* ▶ **totalement** adv. Complètement, entièrement. / contr. partiellement / *Il est totalement guéri.* → **tout** à fait. *Je suis totalement de votre avis.* → **absolument.** ▶ **totaliser** v. tr. < conjug. 1 > **1·** Additionner. *Totaliser les points avec une calculette.* / contr. soustraire / **2·** Compter au total. *L'équipe qui totalise le plus grand nombre de points.* ▶ **totalisateur, trice** adj. et n. m. Appareil donnant le total d'une série d'opérations. *Machine totalisatrice.* – N. m. *Un totalisateur.* ▶ **totalisation** n. f. Opération consistant à totaliser. ▷ **totalitaire, totalité**

totalitaire [tɔtalitɛʀ] adj. **1·** *Régime totalitaire*, régime à parti unique, n'admettant aucune opposition organisée et dans lequel le pouvoir politique tend à confisquer la totalité des activités sociales. → **dictatorial.** *Les régimes totalitaires de l'Italie fasciste, de l'Espagne franquiste.* → **dictature.** *États totalitaires.* / contr. libéral / **2·** Didact. Qui englobe la totalité des éléments (d'un ensemble). *Une conception totalitaire du monde.* ▶ **totalitarisme** n. m. Système politique des régimes totalitaires. *Le totalitarisme stalinien.*

totalité [tɔtalite] n. f. Réunion totale des parties ou éléments constitutifs (d'un ensemble, d'un tout). → **intégralité, total.** / contr. fraction, partie / *La totalité de ses biens. La totalité du personnel.* → **ensemble.** *Lire un texte dans sa totalité.* → en **entier.** – ***En totalité.*** → en **bloc, intégralement, totalement.** *Nos propositions avaient été rejetées en totalité.*

totem [tɔtɛm] n. m. Animal (ou quelquefois végétal) considéré comme l'ancêtre et le protecteur d'un clan, objet de tabous et de devoirs particuliers. *Ces Indiens ont pour totem une tortue.*

– Mât représentant les totems d'un clan. ▶ **totémique** adj. Du totem. *Clan totémique. Mât totémique,* qui porte le totem. ▶ **totémisme** n. m. Organisation sociale, familiale fondée sur les totems et leur culte.

toton [tɔtɔ̃] n. m. Littér. Petite toupie. *Tourner comme un toton.* ≠ tonton.

touage [twaʒ ; tuaʒ] n. m. → **touer.**

touareg [twaʀɛg] n. et adj. Nomade du Sahara, parlant une langue berbère. *Des Touareg ou des Touaregs.* – Adj. La langue touareg. – REM. En arabe, **touareg** est le pluriel de **targui.** – N. m. *Le touareg,* ensemble des parlers berbères parlés par les Touareg.

toubib [tubib] n. m. Fam. Médecin. *C'est un bon toubib. Les toubibs de l'hôpital.* – Adj. *Elle est toubib.*

toucan [tukɑ̃] n. m. Oiseau d'Amérique du Sud, au bec énorme.

1 **touchant** [tuʃɑ̃] prép. Littér. Au sujet de... → **concernant, sur.** *Je ne sais rien touchant cette affaire.*

2 **touchant, ante** adj. **1**· Littér. Qui fait naître de la pitié, de la compassion. *Un récit touchant.* → **attendrissant, émouvant.** *C'est très touchant.* **2**· Qui émeut, attendrit d'une manière douce et agréable. *Ils se sont fait des adieux touchants.* – (Personnes) Attendrissant (iron.). *Il est touchant de maladresse.*

1 **touche** [tuʃ] n. f. **1**· Action du poisson qui mord à l'hameçon. *Pas la moindre touche aujourd'hui, je n'ai rien pris.* **2**· Fam. *Faire une touche,* rencontrer qqn à qui l'on plaît. *Avoir la touche, une touche avec qqn,* plaire manifestement à qqn. → **ticket** (3).

2 **touche** n. f. **I**· **1**· Action, manière de poser la couleur, les tons sur la toile. *Peindre à larges touches.* – Couleur posée d'un coup de pinceau. *Une touche de rouge.* **2**· Loc. *Mettre une touche de gaieté, une touche exotique* (dans un décor, une toilette, une description, etc.), apporter un détail gai, un élément exotique. *Mettre la dernière touche à qqch,* achever. **II**· Fam. Aspect d'ensemble. → **allure, dégaine, tournure.** *Tu as une drôle de touche.*

3 **touche** n. f. **1**· Au rugby, au football. *Ligne de touche,* ou *touche,* chacune des limites latérales du champ de jeu, perpendiculaire aux lignes de but. *En touche, sur la touche.* – Sortie du ballon en touche. *Il y a touche.* – Loc. Fig. *Tirer, botter en touche,* (s')esquiver. **2**· Loc. *Rester, être mis* ***sur la touche*** : dans une position de non-activité, de non-intervention.

4 **touche** n. f. Chacun des petits leviers que l'on frappe des doigts, qui constituent un clavier. *Les touches d'un piano.* – *Les touches d'une machine à écrire, d'un clavier d'ordinateur.*

1 **toucher** [tuʃe] v. tr. < conjug. 1 > **I**· (Avec mouvement) **1**· (Êtres vivants) Entrer en contact avec (qqn, qqch.) en éprouvant les sensations du tact. → **palper.** *Elle touche le radiateur pour savoir si le chauffage marche. Il lui touche l'épaule. Toucher légèrement le clavier.* → **effleurer ;** 4 **touche,** 2 **toucher** (3). *Je n'ai jamais touché une carte,* jamais joué. *Toucher la main de, à qqn,* pour dire bonjour. – *Lutteur qui touche le sol des deux épaules. Toucher le fond* (de l'eau), avoir pied. **2**· (Sans contact direct) → **atteindre.** *Il tira et toucha son adversaire à l'épaule.* → **blesser.** *Il le toucha au visage. Toucher le sol de sa canne, avec sa canne. Toucher la toile avec son pinceau.* → 2 **touche.** *Toucher le côté du jeu avec le ballon.* → 3 **touche.** **3**· Joindre, arriver à rencontrer (qqn), par un intermédiaire (lettre, téléphone). → **atteindre.** *Où peut-on vous toucher ?* **4**· (Choses) Entrer en contact avec (qqn, qqch.) au terme d'un mouvement. → **atteindre.** *Être touché par une balle,* blessé. *Le bateau a touché le port, a touché terre.* **5**· Entrer en possession de, prendre livraison de (une somme d'argent). → **recevoir.** *Toucher de l'argent. Toucher un traitement.* → **gagner.** – Percevoir. *Ils ont touché leur salaire.* **6**· Abstrait. Procurer une émotion à (qqn), faire réagir en suscitant l'intérêt affectif. → **intéresser.** *La musique le touche particulièrement,* il y est très sensible. *Ce reproche l'a touché.* → **blesser.** – Plus cour. Émouvoir en excitant la compassion, la sympathie et une certaine tendresse. → **attendrir ;** 2 **touchant.** *Ses larmes m'ont touché.* **7**· Loc. ***Toucher un mot*** *de qqch. à qqn* : dire un mot à qqn concernant qqch., dire un mot de... *Avant de décider, il faut lui en toucher un mot.* **II**· (Sans mouvement) **1**· Se trouver en contact avec ; être tout proche de. *Sa maison touche l'église.* **2**· Concerner, avoir un rapport avec. → **regarder.** *C'est un problème qui les touche de près. C'est une question qui ne me touche en rien. Il connaît tout ce qui touche à l'histoire romaine.* → 1 **touchant.** – Pronominalement (récipr.). Être en rapport étroit. *Les extrêmes se touchent.* **III**· V. tr. ind. ***Toucher à.*** **1**· Porter la main sur, pour prendre, utiliser. *Ne touche pas à ce vase, n'y touche pas !* Fam. *Pas touche ! Cet enfant touche à tout.* → **touche-à-tout.** – *Il n'avait pas faim, il n'a pas touché à son repas,* il n'a rien mangé. *Il n'a jamais touché à un volant,* il n'a jamais conduit. **2**· Abstrait. Se mêler, s'occuper de (qqch.). *Il vaut mieux ne pas toucher à ce sujet.* → **aborder.** – S'en prendre (à qqch.), pour modifier, corriger. *Ils n'osent pas toucher aux traditions. Touche pas à...,* il ne faut pas s'en

prendre à... *Elle a l'air de ne pas y toucher*, un air faussement innocent (→ **sainte nitouche**). **3·** Littér. Atteindre, arriver à (un point qu'on touche ou dont on approche). *Toucher au port. Nous touchons au but.* – (Dans le temps) ***Toucher à sa fin.*** *L'automne touchait à sa fin et faisait place à l'hiver.* **4·** Être en contact avec. *Un immeuble qui touche à la mairie.* **5·** Avoir presque le caractère de. → **confiner.** *Son goût pour le ménage touche à la névrose.* ▶ ② **toucher** n. m. **1·** Un des cinq sens correspondant aux sensibilités qui interviennent dans l'exploration des objets par contact avec la peau, la main. → **tact. 2·** Action ou manière de toucher. → **attouchement, contact.** *Le velours est doux au toucher.* **3·** Manière dont un(e) pianiste obtient la sonorité en frappant les touches. *Elle a un beau toucher.* **4·** En médecine. Exploration d'une cavité naturelle à la main. → **palpation.** ▶ **touche-à-tout** n. m. invar. **1·** Personne, enfant qui touche à tout. **2·** Personne qui se disperse en activités multiples. ▷ **attouchement, intouchable, retoucher, sainte nitouche,** ① **touchant,** ② **touchant,** ①, ②, ③ et ④ **touche**

touer [twe ; tue] v. tr. < conjug. 1 > Faire avancer en tirant, en remorquant ; spécialt (navire, barque) en tirant à bord sur une amarre. ▶ **touage** n. m. Remorquage.

touffe [tuf] n. f. Assemblage naturel de plantes, de poils, de brins..., rapprochés par la base. → **bouquet.** *Une touffe d'herbe. Une touffe de poils, de cheveux.* → **épi, mèche.** ▶ **touffu, ue** adj. **1·** Qui est en touffes, qui est épais et dense. *Un bois touffu. Une barbe touffue.* → **dru, fourni.** / contr. clairsemé / **2·** Qui présente en trop peu d'espace des éléments abondants et complexes. *Un livre touffu.* / contr. concis, simple /

touffeur [tufœʀ] n. f. Littér. Atmosphère chaude et étouffante. *La touffeur des tropiques.*

touiller [tuje] v. tr. < conjug. 1 > Fam. et région. Remuer, agiter, mêler. *Touiller son café. Touiller la salade,* la tourner. ▶ **touillette** n. f. Petite spatule qui sert à remuer les boissons chaudes délivrées par un distributeur automatique.

toujours [tuʒuʀ] adv. de temps. **1·** Dans la totalité du temps considéré (la vie, le souvenir, etc.) ou pendant tout un ensemble d'instants discontinus ; à chaque instant, sans exception. → **constamment, continuellement.** / contr. jamais ; parfois / *Je l'ai toujours pensé. Ça ne durera pas toujours.* → **éternellement.** *On ne peut pas toujours réussir. Il arrive toujours à l'heure. Les journées sont toujours trop courtes.* – *Toujours plus..., toujours moins* (+ adj.), de plus en plus, de moins en moins. *Les candidats sont toujours plus nombreux.* – ***Comme toujours*** : de même que dans tous les autres cas (→ comme d'habitude). *Je pensais à elle comme toujours.* – ***Presque toujours*** : très souvent. → **généralement, ordinairement.** – ***De toujours*** : qui est toujours le même (→ de tout temps). *Ce sont des amis de toujours.* – ***Depuis toujours.*** *Ça se fait depuis toujours.* – ***Pour toujours.*** *Il est parti pour toujours.* → **définitivement. 2·** Encore maintenant, encore au moment considéré. *Je l'aimais toujours. Il court toujours.* – *Il n'est toujours pas parti, toujours pas là.* **3·** Fam. *Il peut toujours courir, se fouiller...,* quoi qu'il fasse, il n'aura rien. *Cause toujours !* – Interj. (à la fin d'une phrase négative) « *Qui a dit ça ? – Ce n'est pas moi, toujours !* » (→ En tout cas, de toute façon). – ***Toujours est-il (que)...*** : sert à introduire un fait ou un jugement en opposition avec d'autres qui viennent d'être présentés. *Personne ne voulait y croire, toujours est-il que c'est arrivé.*

toundra [tundʀa] n. f. Steppe de la zone arctique, caractérisée par des associations végétales de mousses et de lichens, des bruyères. → **taïga.** *La toundra sibérienne. Des toundras immenses.*

① **toupet** [tupɛ] n. m. Touffe de cheveux bouffant au-dessus du front.

② **toupet** n. m. Fam. Hardiesse, assurance effrontée. → **aplomb, audace, culot.** *Il ne manque pas de toupet. Quel toupet !*

toupie [tupi] n. f. **1·** Petit objet conique ou sphérique, muni d'une pointe sur laquelle il peut se maintenir en équilibre en tournant. → **toton.** *Il tourne sur lui-même comme une toupie.* **2·** Injure. *(Vieille) toupie,* femme désagréable.

① **tour** [tuʀ] n. f. **1·** Bâtiment construit en hauteur, dominant un édifice ou un ensemble architectural. *La tour d'un château.* → **donjon, tourelle.** *Tour de guet.* → **beffroi.** *Les tours d'une cathédrale,* clocher à sommet plat. – Immeuble moderne à nombreux étages. *Les tours du front de Seine, à Paris.* – REM. Tend à remplacer *building, gratte-ciel.* **2·** Construction en hauteur. *Tour métallique. La tour Eiffel.* – ***Tour de contrôle*** : local surélevé d'où s'effectue le contrôle des activités d'un aérodrome. **3·** Aux échecs. Pièce en forme de tour crénelée, qui avance en droite ligne. **4·** Loc. ***Tour d'ivoire*** : retraite d'un penseur, d'un écrivain, etc., qui se tient à l'écart de la vie sociale et politique de son temps, et refuse de se compromettre. *Se retirer dans sa tour d'ivoire.* – ***Une tour de Babel*** : un lieu où l'on parle toutes les langues. ▷ **tourelle**

② **tour** [tuʀ] n. m. **I· 1·** Limite circulaire. → **circonférence.** *Le tour d'un arbre, d'un tronc. Le tour de la taille. Avoir soixante centimètres de tour de taille.* **2·** Chose qui en recouvre une autre en l'entourant (vêtements, garnitures). *Un tour de cou* (fourrure, foulard). **3·** ***Faire le tour** de qqch.* : aller autour (d'un lieu, d'un espace). *Faites le tour du pâté de maisons. Faire le tour du monde*, voyager dans le monde entier. – Passer en revue. *Faire le tour de la situation.* **4·** ***Faire un tour*** : une petite sortie. → **promenade.** *Elle était allée faire un tour au bois.* – Voyage (→ **tourisme**). **5·** ***Tour de...*** : parcours, voyage où l'on revient au point de départ. → **circuit, périple.** *Le Tour de France*, course cycliste disputée chaque année sur un long circuit de routes françaises. *Le Tour d'Italie.* **II· 1·** Mouvement giratoire. → **révolution, rotation.** *Un tour de manivelle.* – *Partir **au quart de tour*** : immédiatement et sans difficulté. *Fermer la porte **à double tour*** : en donnant deux tours de clé. **2·** ***À tour de bras*** : de toute la force du bras. *Il le frappe à tour de bras.* **3·** ***En un tour de main*** : très vite. → **tournemain.** – *Tour de main*, mouvement adroit qu'accomplit la main. *Le tour de main d'un artisan.* → **adresse, habileté. 4·** ***Tour de rein*** : torsion, faux mouvement douloureux dans la région des lombes. **III· 1·** Mouvement, exercice difficile à exécuter. *Les tours d'un prestidigitateur.* ***Tour de cartes*** : tour d'adresse effectué avec des cartes. – ***Tour de force*** : action qui exige de la force ou de l'habileté. *C'est un vrai tour de force.* → **exploit. 2·** Action ou moyen d'action qui suppose de l'adresse, de l'habileté, de la ruse. *Avoir plus d'un tour dans son sac.* – ***Faire, jouer** (un, des...) **tour(s)** au détriment de qqn. Il m'a joué un mauvais tour. Jouer un bon tour à qqn*, lui faire une plaisanterie. → **farce.** *Méfiez-vous, cela vous jouera des tours*, cela vous nuira. – *Le tour est joué*, c'est accompli, terminé (→ l'affaire est dans le sac). **IV· 1·** Aspect que présente une chose selon la façon dont elle est faite, la manière dont elle évolue. → **tournure.** *Cela dépend du tour que vont prendre les événements.* **2·** ***Tour (de phrase)*** : manière d'exprimer qqch. selon l'agencement des mots. → **tournure** (1). **3·** ***Tour d'esprit*** : manière d'être caractéristique d'un certain esprit. → **tournure. V· 1·** Locutions. Moment auquel (ou durant lequel) une personne se présente, accomplit qqch. dans un ordre, une succession d'actions du même genre. *À moi, c'est mon tour. Chacun parlera à son tour. Il s'invite plus souvent qu'à son tour*, plus souvent qu'il ne conviendrait. – ***Chacun son tour*** : à son tour. **2·** Loc. ***Tour à tour*** : l'un, puis l'autre (l'un après l'autre). *Nous lisions tour à tour.* – (États, action) → **alternativement, successivement.** *Je riais et pleurais tour à tour.* – ***À tour de rôle.*** → **rôle. 3·** *Tour de chant*, série de morceaux interprétés par un chanteur, une chanteuse. **4·** *Tour de scrutin*, vote (d'une élection qui en compte plusieurs). *Candidat élu au premier tour, au second tour.* ▷ **alentours, autour, compte-tours, contour, demi-tour, détour, pourtour, retour, tourisme**

③ **tour** n. m. **1·** Dispositif, machine-outil qui sert à façonner des pièces par rotation, à les tourner (②, 1). *Travailler au tour* (→ **tourner,** II, 1 ; **tourneur**). *Tour de potier.* **2·** Armoire cylindrique tournant sur pivot. *Tour pour passer les plats. Dans les couvents cloîtrés, un religieux ou une religieuse* (le *tourier*, la *tourière*) *fait passer les objets au tour.*

① **tourbe** [tuʀb] n. f. Matière combustible spongieuse et légère, qui résulte de la décomposition de végétaux à l'abri de l'air. *Un feu de tourbe.* ▶ **tourbière** n. f. Gisement de tourbe en quantité exploitable. *Les tourbières d'Irlande.*

② **tourbe** n. f. Péj. et vx. Foule ; ramassis de personnes méprisables. → **canaille.**

tourbillon [tuʀbijɔ̃] n. m. **1·** Masse d'air qui tournoie rapidement. → **cyclone.** *Un tourbillon de vent.* **2·** Mouvement tournant et rapide (en hélice) d'un fluide, ou de particules entraînées par l'air. *Un tourbillon de poussière. Les tourbillons d'une rivière. Un tourbillon de feu, de flammes.* **3·** Tournoiement rapide. *Le tourbillon d'une danse.* **4·** Littér. Ce qui emporte, entraîne dans un mouvement rapide, irrésistible. *Un tourbillon de plaisirs.* ▶ **tourbillonner** v. intr. <conjug. 1> **1·** Former un tourbillon ; être emporté en un tournoiement rapide. *La neige qui tourbillonnait.* **2·** Être agité par un mouvement rapide, irrésistible. *Les souvenirs tourbillonnaient dans sa tête.* ▶ **tourbillonnant, ante** adj. Tournoyant. *Les jupes tourbillonnantes d'une danseuse.* ▶ **tourbillonnement** n. m. Mouvement en tourbillon.

tourelle [tuʀɛl] n. f. **1·** Petite tour. *Les tourelles du château.* **2·** Abri blindé, fixe ou mobile, contenant des pièces d'artillerie. *La tourelle d'un char d'assaut.*

tourier, ière [tuʀje, jɛʀ] n. et adj. → ③ **tour** (2).

tourisme [tuʀism] n. m. **1·** Le fait de voyager, de parcourir pour son plaisir un lieu autre que celui où l'on vit habituellement. *Faire du tourisme. Hôtel, restaurant de tourisme. Avion, voiture **de tourisme*** : destinés aux déplacements privés et non utilitaires. **2·** Ensemble des activités liées au déplacements des touristes. *Le tourisme italien, français. Office du tourisme.* ▶ **touriste** n. **1·** Personne qui fait du tourisme. *Les touristes qui envahissent Venise.* **2·** (Bateau, avion) *Classe touriste*, classe économique (opposé à *classe affaires*). ▶ **touristique** adj. Relatif au tourisme. *Guide touristique. Ville touristique*, que les touristes visitent. *Activités touristiques* (hôtellerie, agences de voyages, etc.). *Menu touristique, prix touristiques,* destinés en principe aux touristes. ▷ **cyclotourisme**

tourista [tuʀista] n. f. Fam. Diarrhée d'origine infectieuse qui touche les voyageurs (surtout dans les pays tropicaux).

tourmaline [tuʀmalin] n. f. Pierre fine aux tons divers (noir, bleu, rose...).

tourment [tuʀmɑ̃] n. m. **1·** Littér. Très grande souffrance physique ou morale. → **peine, supplice, torture.** *Les tourments de l'incertitude.* – Grave souci. *Cette affaire m'a donné bien du tourment.* **2·** Ce qui cause de grands soucis, de graves ennuis. *Cet enfant est devenu un tourment pour moi.* ▶ **tourmenter** v. tr. < conjug. 1 > **I· 1·** Affliger de souffrances physiques ou morales ; faire vivre dans l'angoisse. *Il tourmente toute la famille.* **2·** (Suj. chose) Faire souffrir ; être un objet de grave souci. *La faim me tourmente. Les préoccupations qui le tourmentaient.* → **obséder.** *Les remords le tourmentent.* → **torturer.** *Qu'est-ce qui vous tourmente ?* → **préoccuper. 3·** Littér. (Besoin, désir) Exciter vivement. *L'envie d'écrire le tourmentait.* **II·** ***Se tourmenter*** v. pron. réfl. : se faire des soucis, éprouver de l'inquiétude, de l'angoisse. → s'**inquiéter,** se **tracasser.** *Ne vous tourmentez pas pour si peu.* ▶ **tourmenté, ée** adj. **1·** Qui est en proie aux tourments, aux soucis. → **anxieux, inquiet.** / contr. calme / *Un être tourmenté. Un visage tourmenté.* **2·** Littér. Qui s'accomplit dans l'agitation, le tumulte. *Une période très tourmentée. Mener une vie tourmentée.* → **agité. 3·** De forme très irrégulière. *Un relief tourmenté.* → **accidenté. 4·** Trop chargé d'ornements. → **tarabiscoté.** *Un style tourmenté.* / contr. simple / ▶ **tourmente** n. f. **1·** Littér. Tempête soudaine et violente. → **bourrasque, orage, ouragan.** *Une tourmente de neige. Être perdu dans la tourmente.* **2·** Troubles (politiques ou sociaux) violents et profonds. *La tourmente révolutionnaire.*

tournage [tuʀnaʒ] n. m. Action de tourner (I, 8), de faire un film. → **réalisation.** *Le tournage d'un long métrage demande plusieurs mois. Être en tournage en Italie.*

① **tournant, ante** [tuʀnɑ̃, ɑ̃t] adj. **1·** Qui tourne (III), pivote sur soi-même. *Plaque tournante. Des ponts tournants. Le feu tournant d'un phare* (→ **gyrophare**). **2·** Qui contourne, prend à revers. *Mouvement tournant,* pour cerner l'ennemi. **3·** Qui fait des détours, présente des courbes. → **sinueux.** *Un chemin tournant. Un escalier tournant,* en colimaçon. **4·** ***Grève tournante*** : qui affecte successivement différents secteurs.

② **tournant** n. m. **1·** Endroit où une voie tourne ; courbe (d'une rue, d'une route). → **coude.** *Un tournant dangereux, en épingle à cheveux.* → **virage. 2·** Loc. fam. *Avoir qqn **au tournant*** : se venger dès que l'occasion s'en présente. *Je l'attends au tournant.* **3·** Fig. Moment où ce qui évolue change de direction, devient autre. *Il est à un tournant de sa carrière. Il a su prendre le tournant,* s'adapter avec opportunisme.

tournebouler [tuʀnəbule] v. tr. < conjug. 1 > Fam. Mettre l'esprit à l'envers, bouleverser. *Cette nouvelle l'a tourneboulé. – Elle était toute tourneboulée.* → **retourner.**

tournebroche [tuʀnəbʀɔʃ] n. m. Mécanisme servant à faire tourner une broche. *Le tournebroche d'un four électrique.*

tourne-disque [tuʀnədisk] n. m. Vieilli. Appareil électrique composé d'un plateau tournant, d'une tête de lecture et qui sert à écouter des disques. → ① **platine.** *Le tourne-disque et l'amplificateur d'une chaîne haute-fidélité. Des tourne-disques.*

tournedos [tuʀnədo] n. m. invar. Tranche de filet de bœuf à griller. → **filet ; chateaubriand.** *Des tournedos bien tendres.*

tournée [tuʀne] n. f. **1·** Voyage à itinéraire fixé, comportant des arrêts, des visites déterminés. *Le facteur fait sa tournée. Le soir, le médecin de garde à l'hôpital fait une dernière tournée d'inspection. Un voyageur de commerce en tournée.* – *Artiste qui part en tournée,* qui donne des représentations, des concerts dans plusieurs endroits. *Tournée théâtrale,* d'une compagnie de théâtre. **2·** Tour dans lequel on visite des endroits de même sorte. → **virée.** *Faire la tournée des boîtes de nuit.* **3·** Fam. Ensemble des consommations offertes par qqn, au café. *C'est ma tournée.* **4·** Fam. Volée de coups, raclée. *Recevoir une tournée.*

en un tournemain [ɑ̃nœ̃tuʀnəmɛ̃] loc. adv. En un instant. *Il a sauvé la situation en un tournemain.* → **tour** de main.

tourner [tuʀne] v. < conjug. 1 > **I·** V. tr. **1·** Faire mouvoir autour d'un axe, d'un centre ; imprimer un mouvement de rotation à (qqch.). *Tourner une manivelle. Tournez lentement la poignée. Tourner et retourner qqch.,* manier en tous sens. – Abstrait. *Ce problème qu'il tournait et retournait dans sa tête.* **2·** Remuer circulairement. *Tourner une sauce.* **3·** Loc. ***Tourner la tête** à, de qqn. Ce vin lui tourne la tête,* l'étourdit, le grise. *Cette fille lui a tourné la tête,* l'a rendu fou tant il est amoureux d'elle. – Fam. *Tourner le sang, les sangs,* bouleverser. **4·** *Tourner les pages d'un livre,* les faire passer du recto au verso, en feuilletant. **5·** Mettre, présenter (qqch.) en sens inverse, sur une face opposée ou en accomplissant un mouvement approprié (demi-tour, mouvement latéral). – Loc. *Tourner le dos à qqn, à qqch.* **6**· Diriger par un mouvement courbe. *Tournez la tête de ce côté. Tourner les yeux, son regard vers, sur qqn,* se mettre à le regarder. – Abstrait. *Tourner toutes ses pensées vers...* → **appliquer.** *Il faut tourner nos efforts vers ce résultat.* → **orienter.** – Loc. Au p. p. adj. *Avoir l'esprit **mal tourné** :* disposé à prendre les choses en mauvaise part, à les interpréter de façon scabreuse. **7**· Suivre, longer en changeant de direction. *Tourner le coin de l'avenue.* **8**· (Par allusion à la manivelle des premières caméras) *Tourner un film,* faire un film (→ **tournage**). – Sans compl. *Silence, on tourne !* **II**· V. tr. **1**· Façonner (un objet) au tour ③. *Tourner une poterie.* **2**· Agencer, arranger (les mots) d'une certaine manière, selon un certain style. *Tourner un compliment.* – Au p. p. adj. *Une lettre bien tournée.* **3**· ***Tourner en..., à...*** *:* transformer (qqn ou qqch.) en donnant un aspect, un caractère différent. *Tourner un auteur en dérision. Il tourne tout à son avantage.* **III**· V. intr. **1**· Se mouvoir circulairement (exécuter un mouvement de rotation) ou décrire une ligne courbe (autour de qqch.). *La Terre est l'une des planètes qui tournent autour du Soleil.* – *Voir tout tourner,* avoir le vertige. – (Personnes) *Il tourne autour de la maison. Les enfants tournaient en rond sur un petit manège. Elle tournait dans la pièce comme une bête en cage. Il tourne en rond, ne sachant que faire.* **2**· ***Tourner autour*** *:* évoluer sans s'éloigner. *Arrêtez de tourner autour de nous !* – *Tourner autour de qqn,* lui faire la cour. – (Choses) Avoir pour centre d'intérêt. *La conversation tourne autour de l'éducation des enfants.* **3**· Avoir un mouvement circulaire (sans que l'ensemble de l'objet se déplace). *Tourner sur soi-même comme une toupie. Faire tourner un disque* (→ **tourne-disque**). – Se mouvoir autour d'un axe fixe. → **pivoter.** *La porte tourna aussitôt sur ses gonds.* – Fam. *L'heure tourne,* le temps passe. **4**· Fonctionner (en parlant de mécanismes dont une ou plusieurs pièces ont un mouvement de rotation). *Le moteur tourne, tourne rond. Tourner à vide.* – *Faire tourner une entreprise,* la faire marcher. **5**· Loc. *La tête lui tourne,* il est étourdi, perd le sens de l'équilibre. *Ça me fait tourner la tête,* ça m'étourdit (→ tourner [I, 3] la tête à qqn). **6**· Changer de direction. *Tournez à gauche !* – *La chance a tourné,* changé. **7**· ***Tourner à..., en...*** *:* changer d'aspect, d'état, pour aboutir à (un résultat). → se **transformer.** *Le temps tourne au froid.* – *La discussion tournait à l'aigre, au vinaigre,* tendait à s'envenimer. *Cette agitation risque de tourner au désordre. Dans son cerveau, tout tourne à l'obsession.* **8**· ***Tourner bien, mal*** *:* évoluer bien, mal. *Ça va mal tourner.* → se **gâter.** *Les choses pourraient tourner mieux, autrement.* – (Personnes) *Tourner mal,* se dit de qqn dont la conduite devient condamnable. *Elle a mal tourné.* **9**· Devenir aigre. *Le lait a tourné.* **IV**· ***Se tourner*** v. pron. réfl. **1**· Aller, se mettre en sens inverse ou dans une certaine direction. → se **retourner.** *Se tourner vers qqn. Tournez-vous un peu. Se tourner d'un autre côté.* → se **détourner.** *Il se tourne et se retourne dans son lit.* **2**· Se diriger. *Elle s'était tournée vers les études.* → s'**orienter.** *Se tourner contre qqn,* changer d'attitude en prenant parti contre lui. ▷ **chantourner, contourner, détourner, retourner, ② tour, ③ tour, tournage, ① tournant, ② tournant, tournebouler, tournebroche, tourne-disque, tournée,** en un **tournemain, ① tournesol, ② tournesol, tourneur, tournevis, tourniquer, tourniquet, tournis, tournoyer, tournure**

① tournesol [tuʀnəsɔl] n. m. Nom de plantes dont la fleur se tourne vers le soleil (héliotrope, grand soleil). *Des graines de tournesol. Huile de tournesol.*

② tournesol n. m. Substance d'un bleu-violet, qui tourne au rouge sous l'action d'un acide, au bleu sous l'action des bases (en chimie).

tourneur, euse [tuʀnœʀ, øz] n. Ouvrier, ouvrière qui travaille au tour (à main ou automatique). → **③ tour, tourner** (II, 1). *Un tourneur en (ou sur) métaux.*

tournevis [tuʀnəvis] n. m. invar. Outil pour tourner les vis, tige d'acier aplatie à son extrémité et munie d'un manche.

tourniquer [tuʀnike] v. intr. < conjug. 1 > Tourner, aller et venir sur place, sans but. ▶ **tournicoter** v. intr. < conjug. 1 > Fam. Tourniquer. *Il ne cesse de tournicoter dans toute la maison.*

tourniquet [tuʀnikɛ] n. m. **1**· Appareil formé d'une croix horizontale tournant autour d'un pivot vertical, placé à l'entrée d'un chemin ou d'un édifice afin de livrer passage aux personnes, chacune à son tour ; porte à tambour. **2**· Plate-forme horizontale, tournant sur un pivot, servant de jeu pour les enfants. **3**· Cylindre métallique, à volets, tournant sur un pivot, et servant à présenter des cartes postales, des cravates, etc. → **présentoir.** **4**· Dispositif d'arrosage qui tourne sous la force de l'eau. *La pelouse est arrosée par un tourniquet.*

tournis [tuʀni] n. m. invar. **1**· Maladie des bêtes à cornes qui se manifeste par le tournoiement de la bête atteinte. **2**· Fam. Vertige. *Vous me donnez le tournis.*

tournoi [tuʀnwa] n. m. **1**· Au Moyen Âge. Fête guerrière où les chevaliers combattant les uns contre les autres rivalisaient de force et d'adresse. **2**· Littér. Lutte d'émulation. → **assaut, concours.** *Un tournoi d'éloquence.* **3**· Compétition sportive à plusieurs séries d'épreuves ou de manches. *Un tournoi de tennis. Le Tournoi des Cinq Nations* (rugby).

tournoyer [tuʀnwaje] v. intr. < conjug. 8 > **1**· Décrire des courbes, des cercles inégaux sans s'éloigner. *Les oiseaux tournoient, tournoyaient dans le ciel.* **2**· Tourner sur soi → **pivoter** ou tourner en spirale, en hélice → **tourbillonner.** *Le vent fait tournoyer les feuilles. L'eau bourbeuse du fleuve tournoyait.* ▶ **tournoiement** n. m. Le fait de tournoyer. *Le tournoiement de la poussière sous l'effet du vent. Un tournoiement de feuilles mortes.* ▶ **tournoyant, ante** adj. Qui tournoie. *Danses tournoyantes.*

tournure [tuʀnyʀ] n. f. **1**· Forme particulière donnée à l'expression, à la phrase. *Une tournure impersonnelle, négative.* → ② **tour** (IV, 3). *Tournures affectées, régionales, dialectales.* **2**· Air, apparence (d'une chose). *Maintenant qu'elle est réparée, repeinte, la maison a (pris) une autre tournure !* – Aspect, allure générale (des événements). *Je n'aime pas la tournure que prend cette affaire.* → **cours.** – ***Prendre tournure*** : prendre forme. *Ça commence à prendre tournure,* à s'organiser. **3**· ***Tournure d'esprit*** : manière d'envisager, de juger les choses. *Je n'apprécie pas sa tournure d'esprit.*

tourte [tuʀt] n. f. **1**· Pâtisserie ronde (à la viande, au poisson...). **2**· Fam. Personne inintelligente. *Quelle tourte !* ▶ **tourtière** n. f. Ustensile de cuisine pour faire des tourtes. – Au Canada. Tourte à la viande.

① **tourteau** [tuʀto] n. m. Résidu de graines, de fruits oléagineux, servant d'aliment pour le bétail ou d'engrais. *Des tourteaux.*

② **tourteau** n. m. Gros crabe de l'Atlantique, à chair très estimée (appelé aussi, notamment en Bretagne, *dormeur*).

tourterelle [tuʀtəʀɛl] n. f. Oiseau voisin du pigeon, mais plus petit. *La tourterelle roucoule.* ▶ **tourtereau** n. m. **1**· Jeune tourterelle. **2**· *Des tourtereaux,* de jeunes amoureux.

Toussaint [tusɛ̃] n. f. Fête catholique en l'honneur de tous les saints, le 1er novembre. – Loc. *Un temps de Toussaint,* gris et froid.

tousser [tuse] v. intr. < conjug. 1 > **1**· Avoir un accès de toux. *Le malade tousse beaucoup.* **2**· Se racler la gorge, volontairement (pour éclaircir sa voix avant de parler ou faire signe à qqn, l'avertir). ▶ **toussoter** v. intr. < conjug. 1 > Tousser d'une petite toux peu bruyante.

① **tout** [tu] ; **toute** [tut] ; **tous** [tu] ; **toutes** [tut] adj., dét., pronom et adv. **REM.** *Tout* se prononce [tu] devant une consonne, [tut] devant une voyelle ou un *h* muet. **I**· ***Tout, toute*** (pas de pluriel), adjectif qualificatif. Complet, entier. **1**· (Devant un nom précédé d'un article, d'un possessif, d'un démonstratif) ***Tout le, toute la*** (+ nom). *Tout le jour, toute la nuit, tout le temps.* → **toujours.** – ***Tout le monde*** : l'ensemble des gens (selon le contexte) ; chacun d'eux. *Tout le reste,* l'ensemble des choses qui restent à mentionner. – ***Tout un, une.*** *Il a passé tout un hiver à voyager. C'est toute une affaire, toute une histoire,* une véritable, une grave affaire. – (Devant un titre) *J'ai lu toute « la Chartreuse de Parme », tout « les Misérables ».* – (Devant un possessif) *Toute sa petite famille. S'étendre de tout son long. Perdre toute sa fortune.* – (Devant un démonstratif) *Tout cet été. Tout ce que j'aime.* – ***Tout ce qu'il y a de*** (+ nom pluriel ; accord facultatif du verbe). *Tout ce qu'il y avait de professeurs était venu* ou *étaient venus.* – Fam. *Tout ce qu'il y a de plus* (avec un adj. ou un nom employé comme adj.), très. « *C'est vrai ? – Tout ce qu'il y a de plus vrai.* » *Des gens tout ce qu'il y a de plus cultivé* (ou *cultivés*). **REM.** L'accord de l'adjectif est facultatif. **2**· (Dans des loc.) Devant un nom sans article. *Avoir tout intérêt,* un intérêt évident et grand. *À toute vitesse,* à la vitesse la plus grande possible. – *De toute beauté,* très beau. *De toute éternité,* depuis toujours. *En toute simplicité. Selon toute apparence,* d'une manière très probable. – ***Pour tout*** (+ nom sans article) : en fait de..., sans qu'il y ait rien d'autre. *Il n'eut qu'un sourire pour toute récompense.* – *Lire tout Racine,* l'œuvre entière de Racine. – *De ma fenêtre, je vois tout Paris,* toute la ville. *Tout Marseille était en émoi,* tous ses habitants. – **REM.** Devant un nom propre, *tout* ne s'accorde pas. – ***Le Tout-Paris*** : les personnes les plus notables ou célèbres, tout ce qui compte à Paris. *Il fait partie du Tout-Paris.* **3**· ***Tout, toute à*** (employé en apposition). *Elle était toute à son travail,* entièrement absorbée par son travail. ***Tout, toute en, de*** : entièrement fait(e) de... *Une vie toute de soucis et de malheurs. Une robe toute en soie. Habillée toute en noir.* – **REM.** Dans *elle est tout en noir, tout* est adverbe (→ ci-dessous, IV). **II**· Dét. indéf. **1**· ***Tous*** [tu], ***toutes*** (toujours pluriel) : l'ensemble, la totalité de, sans excepter une unité. – Le plus grand nombre de. *Tous les hommes.* /contr. aucun, nul/ *Tous les moyens sont bons. Tous les élèves sont là. Nous partirons tous les quatre dès le matin. Toutes les fois que...,* chaque fois. *Je les aime tous les deux. Dans tous les sens.* – (Devant un nom sans article) *Toutes sortes de choses. Avoir tous pouvoirs sur qqn. Tous deux, tous trois ont tort.* **REM.** La série ne va pas au-delà de *tous quatre.* – ***C'est tout un*** : la même chose. – *Tous, toutes* + nom (sans article) et participe ou adjectif. *La voiture roulait tous feux éteints. Toutes proportions gardées. Il nous a tous trompés.* – (Précédé d'une préposition) *En* *tous lieux. À toutes jambes. En toutes lettres.* **2·** ***Tous*** [tu], ***toutes*** (pluriel de *chaque*) : marquant la périodicité, l'intervalle. *Un anniversaire fêté tous les ans,* une fois par an, chaque année. *Il travaille tous les jours.* Loc. fam. *Tous les trente-six du mois,* jamais. – *Tous les combien ? Toutes les dix minutes,* à chaque instant. **3·** ***Tout, toute*** (singulier, + nom sans article) : un quelconque, n'importe quel ; un individu pris au hasard. *Tout homme qui se présentera... Toute personne.* → **quiconque.** PROV. *Toute vérité n'est pas bonne à dire.* – (Avec préposition) *À tout moment. À tout hasard. En toute saison. À tout prix. De tout côté. En tout cas.* → **cas.** *Avant toute chose,* avant tout, plus que tout. – Loc. *Tout un chacun,* chaque homme, tout le monde. – ***Tout(e) autre...*** *Toute autre qu'elle aurait accepté.* **III·** Pronom. ***Tout*** , ***tous*** [tus], ***toutes.*** **1·** ***Tous, toutes*** (pluriel) : représentant un ou plusieurs noms, pronoms, exprimés avant. *Nous mourrons tous. Ce sont tous des voleurs. La première, la dernière de toutes. Tous ensemble. Regardez tous ! Nous tous. Tous autant que nous sommes.* **2·** ***Tous, toutes*** (en emploi nominal) : tous les hommes, tout le monde ou une collectivité entière. *Tous furent tués. Il s'insurge contre tous. Nous les méprisons tous. Tous ont approuvé cette décision. Nous avons tous nos défauts. Ils parlaient tous en même temps.* – *Eux tous, nous tous.* **3·** ***Tout*** (masc. sing.), pronom ou nominal : l'ensemble des choses dont il est question. *Le temps efface tout,* toutes choses. *Il sait tout.* /contr. rien/ *Tout va bien. Tout est fini.* Loc. prov. *Tout est bien qui finit bien,* ce qui finit bien peut être considéré comme entièrement bon, heureux (malgré les difficultés passagères). – *Tout est là,* là réside le problème. – *À tout prendre,* tout bien considéré. *Pour tout dire,* en somme. – ***Tout*** : résumant une série de termes. *Ses amis, ses enfants, son travail, tout l'exaspère.* – ***Tout,*** attribut. *Être tout pour qqn,* avoir une extrême importance. – ***C'est tout*** : marque la fin d'une énumération ou d'une déclaration catégorique. *Et c'est tout. Ce sera tout pour aujourd'hui. Un point, c'est tout. C'est comme ça, et c'est tout.* – *Ce n'est pas tout,* il reste encore qqch. – *Ce n'est pas tout de..., que de...,* ce n'est pas assez. Fam. *Ce n'est pas tout de s'amuser,* il y a autre chose à faire. – ***Voilà tout*** (pour marquer que ce qui est fini, borné, n'était pas très important). *Il est malade ? Il a trop mangé, voilà tout.* – *Avant tout. Par-dessus tout* (→ **surtout**). ***Comme tout*** : extrêmement. *Elle est gentille comme tout.* – ***En tout*** : complètement. *Une histoire conforme en tout à la réalité.* – Au total. *Cela fait cinq euros en tout.* – *Il y avait en tout et pour tout trois personnes.* **4·** ***Tout de...*** *Il ignore tout de cette affaire, de vous.* – Fam. *Avoir tout de...,* avoir toutes les qualités, les caractéristiques de... *Elle avait tout d'une mère.* **IV·** Adv. ***Tout*** (parfois *toute, toutes*) : entièrement, complètement ; d'une manière absolue, intégrale (→ **absolument, bien, exactement, extrêmement**). **1·** Devant quelques adjectifs, des participes présents et passés. – REM. Sur l'accord de *tout :* 1) *Tout,* est invariable au masculin, et devant les adj. fém. commençant par une voyelle ou un h « muet ». *Il est tout jeune. Tout émue. Ils sont tout étonnés. Tout enfant, elle apprit la danse. Une fille tout humble. Tout entière.* 2) *Tout* est variable en genre et en nombre devant les adj. fém. commençant par une consonne, ou par un *h* « aspiré ». *Toute belle. Elles sont toutes contentes. Elle est toute honteuse.* – ***Tout autre*** : complètement différent. *C'est une tout autre affaire. Le tout premier, la toute première,* celui, celle qui est exactement le premier. *Les toutes premières pages d'un livre.* – ***Tout... que...*** : exprime la concession. *Tout riches qu'ils sont, toutes riches qu'elles sont...,* bien que riches. – (+ subjonctif) *Tout intelligente qu'elle soit, elle s'est trompée.* **2·** ***Tout,*** invariable, devant une préposition, un adverbe. *Elle est habillée tout en noir.* – REM. Dans *toute en noir, tout* est adj. : → ci-dessus (I, 3). *Elle était tout en larmes. Elle était tout à son travail. Parlez tout bas. J'habite tout près. Tout autrement. Tout autant. Tout récemment.* – *Tout à coup.* → **coup.** – *Tout à l'heure.* → **heure.** *Tout au plus,* au plus, au maximum. – *Tout d'abord. C'est tout le contraire.* **3·** ***Tout en...*** (+ part. prés.) : marque la simultanéité. *Il chante tout en travaillant.* **4·** ***Tout,*** invariable pour renforcer un nom épithète ou attribut. *Je suis tout ouïe. Elle est tout yeux tout oreilles. Un tissu tout laine,* pure laine. ▶ **tout à fait** [tutafɛ] loc. adv. → **absolument, complètement, entièrement, totalement.** *Ce n'est pas tout à fait pareil.* → **exactement.** *Vous avez tout à fait raison.* – Fam. (en réponse) Oui. → **certainement.** « *Êtes-vous d'accord ? – Tout à fait.* » ▶ **tout-à-l'égout** [tutalegu] n. m. invar. Système de vidange qui consiste à envoyer directement à l'égout les eaux ménagères, résiduelles, les matières fécales. ▶ **tout-fou** [tufu] adj. m. et n. m. Fam. Très excité, un peu fou. *Ils sont tout-fous.* ▶ **tout-petit** [tup(ə)ti] n. m. Très jeune enfant ; bébé. *Les tout-petits.* ▶ **tout-puissant, toute-puissante** [tupɥisɑ̃, tutpɥisɑ̃t] adj. **1·** Qui peut tout, dont la puissance est absolue, illimitée. → **omnipotent.** *Dieu est tout-puissant.* – *Un lien tout-puissant les unit. Des dictateurs tout-puissants. Elles sont toutes-puissantes.* **2·** N. m. (Avec une majuscule) *Le Tout-Puissant,* Dieu. ▶ **toute-puissance** n. f. Puissance absolue. ▶ **tout-terrain** adj. (Véhicule) Capable de rouler hors des routes, sur toutes sortes de terrains. *Des voitures tout-terrains* (jeep, quatre-quatre). *Vélo tout-terrain.* → **V. T. T.** ▶ **tout-venant** [tuvɑ̃] n. m. invar. Tout ce qui se présente (sans triage, sans classement préalable). *Le tout-venant.* – En appos.

Foie gras tout-venant (opposé à *extra*). ▷ **brise-tout, fait-tout, fourre-tout,** tout de **go, mangetout, mêle-tout, partout, risque-tout, surtout, touche-à-tout, toujours, Toussaint,** ② **tout, toutefois, à tout-va, va-tout**

② **tout,** plur. **touts** [tu] n. m. **I· 1·** ***Le tout*** : l'ensemble dont les éléments viennent d'être désignés. → **totalité.** *Vendez le tout. Risquer le tout pour le tout,* risquer de tout perdre pour pouvoir tout gagner. *Les touts et leurs parties.* **2·** ***Un, le tout*** : l'ensemble des choses dont on parle ; l'unité qu'elles forment. *Le tout et la partie. Ces divers éléments forment un tout.* – *Le tout d'une charade,* le mot cherché. **3·** ***Le tout*** : ce qu'il y a de plus important. *Le tout est d'être attentif.* Fam. *Ce n'est pas le tout de rigoler,* ça ne suffit pas. **II·** Loc. adv. **1·** ***Du tout au tout*** : complètement, en parlant d'un changement (toutes les circonstances envisagées étant modifiées en leurs inverses). *Changer du tout au tout.* **2·** ***Pas du tout*** : absolument pas. *Il ne fait pas froid du tout. Plus du tout. Rien du tout,* absolument rien. – Ellipt. « *Vous y croyez, vous ? – Du tout.* »

toutefois [tutfwa] adv. En considérant toutes les raisons, toutes les circonstances (qui pourraient s'opposer), et malgré elles. → **cependant, néanmoins, pourtant.** *Ce n'est pas grave, toutefois soignez-vous. Si toutefois vous vous décidez...*

toutou [tutu] n. m. Lang. enfantin ou affectif. Chien, spécialt bon chien, chien fidèle. *Des gros toutous. Oh ! le joli toutou !*

à tout-va ou **à tout va** [atuva] loc. adv. Sans limite, sans retenue.

toux [tu] n. f. invar. Bruit produit par une expiration forcée (à travers la glotte rétrécie), souvent à cause d'une irritation des muqueuses de la gorge. *Accès, quinte de toux. Une toux sèche, grasse* (→ **tousser**). *Petite toux discrète.* → **toussotement.** ▷ **tousser**

toxémie [tɔksemi] n. f. Présence de toxines dans le sang.

toxico- Élément savant signifiant « poison ». ▶ **toxicodépendance** [tɔksikɔdepɑ̃dɑ̃s] n. f. Didact. État d'une personne qui ne peut se passer de la drogue qu'elle a l'habitude de consommer. → **addiction.** ▶ **toxicodépendant, ante** adj. et n. ▶ **toxicologie** n. f. Étude scientifique des poisons. ▶ **toxicologique** adj. ▶ **toxicomanie** n. f. Habitude de consommer régulièrement des substances ou des médicaments toxiques (opium, cocaïne, hypnotiques, amphétamines), créant un état de dépendance psychique et physique. → **intoxication.** ▶ **toxicomane** adj. et n. Qui souffre de toxicomanie. → **drogué, intoxiqué.** ▷ **désintoxiquer, intoxiquer, polytoxicomanie, toxine**

toxine [tɔksin] n. f. Poison soluble sécrété par les bactéries, qui pénètre dans le sang et se fixe sur un tissu ou un organe où il produit des lésions ou des troubles fonctionnels. *Élimination des toxines par le foie.* ▶ **toxique** [tɔksik] n. m. et adj. **1·** N. m. Poison. *Les toxiques contenus dans les venins de serpents.* **2·** Adj. Qui agit comme un poison. *Gaz toxiques.* → **délétère.** – Fig. Nuisible (de manière sournoise). *Des copains toxiques.* ▶ **toxicité** n. f. Caractère toxique. ▷ **antitoxine, écotoxique, toxémie**

toxoplasmose [tɔksoplasmoz] n. f. Maladie causée par un parasite unicellulaire (le *toxoplasme,* n. m.), affection fréquente et bénigne sauf chez la femme enceinte.

T. P. [tepe] n. m. pl. Abréviation de *travaux pratiques. Les T. P. de chimie.*

trac [tʀak] n. m. Peur ou angoisse que l'on ressent avant d'affronter le public, de subir une épreuve, d'exécuter une résolution. *Ce comédien a le trac avant chaque représentation.*

tracasser [tʀakase] v. tr. < conjug. 1 > (Suj. chose) Tourmenter avec insistance, physiquement ou moralement, de façon agaçante. → **obséder.** *Ses ennuis d'argent le tracassent.* – (Suj. personne) *Je ne me laisserai pas tracasser par mon patron.* → **agacer, énerver, ennuyer.** – ***Se tracasser*** v. pron. réfl. : s'inquiéter. *Ne vous tracassez pas.* ▶ **tracas** [tʀaka] n. m. invar. Souci ou dérangement causé par des préoccupations d'ordre matériel. → **difficulté, ennui.** *Les tracas du travail. Se donner bien du tracas,* se donner du souci, du mal. ▶ **tracasserie** n. f. Ce qui tracasse. – Difficulté ou ennui qu'on suscite à qqn dans un esprit de chicane et de vexation mesquine. *Les tracasseries de l'administration.* ▶ **tracassier, ière** adj. Qui se plaît à tracasser les gens. *Un patron tracassier.*

trace [tʀas] n. f. **1·** Empreinte ou suite d'empreintes, de marques, que laisse le passage d'un être ou d'un objet. *Des traces de pas sur la neige. Suivre, perdre la trace d'un fugitif.* → **piste.** – *Suivre qqn, un animal à la trace,* suivre ses traces. **2·** Loc. fig. *Suivre les traces, marcher sur les traces de qqn,* suivre son exemple. **3·** Marque. *Un visage qui porte les traces d'une longue fatigue. Des traces de sang, d'encre.* → **tache. 4·** Ce à quoi on reconnaît que qqch. a existé, ce qui subsiste d'une chose passée. → **reste, vestige.** *Retrouver des traces d'une civilisation disparue.* **5·** Très petite quantité perceptible. *L'autopsie a révélé des traces de poison.*

tracer [tʀase] v. tr. < conjug. 3 > **1·** Mener (une ligne) dans une direction ; former, dessiner (qqch.) en faisant plusieurs traits. *Tracer des cercles, une droite, un trait* (→ **tirer**). *Tracer le plan d'une ville.* – Former par les traits de l'écriture. *Tracer des lettres.* **2·** Indiquer et ouvrir plus ou moins (un chemin) en faisant une trace. → **frayer.** *Tracer une route.* – Loc. *Tracer le chemin, la voie,* indiquer la route à suivre, donner l'exemple. ▶ **traçabilité** n. f. Anglic. Capacité (d'un produit) à être suivi, de la production à la distribution. ▶ **traçant, ante** adj. **1·** Botanique. *Racine traçante,* horizontale. **2·** *Balle traçante,* qui laisse derrière elle une trace lumineuse. ▶ **tracé** n. m. **1·** Ensemble des lignes constituant le plan d'un ouvrage à exécuter. → **graphique, plan.** *Faire le tracé d'une route.* **2·** Contours d'un dessin au trait, d'une écriture. → **graphisme.** *Un tracé hésitant.* ▷ **retracer, trace**

trachée [tʀaʃe] n. f. Portion du conduit respiratoire comprise entre l'extrémité inférieure du larynx et l'origine des bronches. ▶ **trachée-artère** [tʀaʃeaʀtɛʀ] n. f. Trachée. *Des trachées-artères.* ▶ **trachéite** [tʀakeit] n. f. Inflammation de la trachée, généralement liée à la laryngite ou à la bronchite. ▶ **trachéotomie** [tʀakeɔtɔmi] n. f. Incision chirurgicale de la trachée, destinée à rétablir le passage de l'air en cas d'obstruction.

trachome [tʀakom] n. m. Conjonctivite d'origine bactérienne, pouvant évoluer vers la cécité.

tract [tʀakt] n. m. Petite feuille ou brochure de propagande. *Distribuer des tracts.* ▶ ① **tracter** v. intr. < conjug. 1 > Distribuer des tracts. ▶ ① **tractage** n. m.

tractation [tʀaktɑsjɔ̃] n. f. Péj. Surtout au plur. Négociation à caractère semi-clandestin, où interviennent des manœuvres et des marchandages. *L'affaire se préparait en coulisse par diverses tractations.* → fam. **combine, magouille.**

② **tracter** [tʀakte] v. tr. < conjug. 1 > Tirer par un tracteur, un véhicule à moteur. – Au p. p. adj. *Engins tractés.* ▶ ② **tractage** n. m. *Le tractage d'une remorque.* ▶ **tracteur** n. m. Véhicule automobile destiné à tirer des instruments et machines agricoles, etc. – REM. Le radical de ce verbe est présent dans plusieurs familles de mots *(traction ; abstraction, attraction, contracter, détracteur, extraction, rétracter, soustraction).*

traction [tʀaksjɔ̃] n. f. **1·** Terme technique. Action de tirer ① en tendant, en étendant ; la force qui en résulte. *Résistance des matériaux à la traction.* **2·** Mouvement de gymnastique consistant à tirer le corps (suspendu), en amenant les épaules à la hauteur des mains, ou à relever le corps (étendu à plat ventre) en tendant et raidissant les bras. *Faire des tractions pour développer ses biceps.* → fam. ② **pompe.** **3·** Action de traîner, d'entraîner. → **remorquage.** *La traction animale. La traction électrique.* → **locomotion.** **4·** *Traction avant, arrière* : qui commande les roues avant ou arrière d'une automobile. – Ces deux types d'automobile. *Acheter une traction avant. Des tractions avant, arrière.*

tradition [tʀadisjɔ̃] n. f. **1·** *La tradition* : transmission à travers les siècles des coutumes, des opinions, usages, etc., par la parole ou l'exemple. *La tradition juive, cartésienne. Une longue tradition artistique. Sociétés sans écritures, de tradition (ou à tradition) orale.* **2·** Ensemble des notions relatives au passé, ainsi transmises de génération en génération. *Des traditions millénaires. Les traditions populaires.* → **folklore.** **3·** Manière de penser, de faire ou d'agir, qui est un héritage du passé. → **coutume, habitude.** *Il reste attaché aux traditions de sa famille. Les traditions culinaires. Les traditions académiques en peinture. Fidèle à la tradition. Dans la tradition.* ▶ **traditionnel, elle** adj. **1·** Qui est fondé sur la tradition, correspond à une tradition (religieuse, politique, etc.). → **orthodoxe.** *Des conceptions traditionnelles.* → **classique.** *Fêtes, musique, costume traditionnels.* / contr. nouveau, révolutionnaire / **2·** (Objet concret ; avant le nom) D'un usage ancien et familier, consacré par la tradition. → **habituel.** *La traditionnelle robe de mariée.* ▶ **traditionalisme** n. m. Attachement aux idées, aux notions, aux coutumes et aux techniques traditionnelles. → **conformisme.** ▶ **traditionaliste** adj. et n. Propre au traditionalisme ; partisan du traditionalisme. → **conservateur.** *Un professeur traditionaliste.* ▶ **traditionnellement** adv. Selon une tradition. → **rituellement.** *Une cérémonie traditionnellement célébrée à telle date.*

traduction [tʀadyksjɔ̃] n. f. **1·** Action, manière de traduire. *Traduction fidèle, littérale. Faire une traduction* (→ **thème, version**). *Traduction libre.* → **adaptation.** *Traduction (écrite) et interprétation.* – *Traduction automatique,* opérée par des machines électroniques. *Traduction assistée par ordinateur. Aide à la traduction. Traduction en ligne.* **2·** Texte ou ouvrage traduit. *Se référer à une traduction de Shakespeare.* ▶ **traducteur, trice** n. **1·** Auteur d'une traduction. *C'est le traducteur en français de Kafka.* – Personne capable de traduire ; professionnel de la traduction. *Le métier de traducteur.* – *Traducteur-interprète,* professionnel chargé de traduire des textes oralement et par écrit. **2·** *Traducteur (d'un moteur de recherche),* logiciel qui permet la traduction en ligne. – *Traducteur de poche.*

1 **traduire** [tʀadɥiʀ] v. tr. < conjug. 38 > REM. Part. passé *traduit(e)*. **1·** (Suj. personne) Faire que ce qui était énoncé dans une langue le soit dans une autre, en tendant à l'équivalence de sens et de valeur des deux énoncés. *Traduire un texte russe en français.* – Au p. p. adj. *Un poème traduit de l'anglais. Un roman bien traduit.* **2·** Exprimer, de façon plus ou moins directe, en utilisant les moyens du langage ou d'un art. *Il ne sait pas traduire ses émotions en paroles. Les mots qui traduisent notre pensée.* **3·** (Suj. chose) Manifester aux yeux d'un observateur (un enchaînement, un rapport). *Les troubles politiques traduisent une crise économique.* – *La haine qui se traduisait sur son visage,* se manifestait. ▶ **traduisible** adj. *Ce jeu de mots n'est guère traduisible.* / contr. intraduisible / ▷ **intraduisible, traduction**

2 **traduire** v. tr. < conjug. 38 > REM. Part. passé *traduit(e)*. Citer, déférer. → faire **passer.** *Traduire qqn en justice.*

1 **trafic** [tʀafik] n. m. **1·** Mouvement général des trains, des véhicules. *Le trafic maritime, routier, aérien.* **2·** Anglic. Circulation routière. *Il y a un trafic intense sur l'autoroute.*

2 **trafic** n. m. Péj. Commerce plus ou moins clandestin, honteux et illicite. *Trafic d'armes, de stupéfiants. Faire du trafic.* – *Trafic d'influence,* d'une personne qui use de son influence en faveur de qui la paie. → **corruption, malversation.**

trafiquer [tʀafike] v. tr. < conjug. 1 > **1·** Faire du trafic 2, acheter et vendre (en réalisant des profits illicites). *Trafiquer les métaux précieux.* – Sans compl. *Il a trafiqué pendant la guerre.* **2·** Fam. Modifier (un objet, un produit), en vue de tromper sur la marchandise. → **falsifier.** *Trafiquer un vin.* → **frelater.** *Le moteur de cette voiture a été trafiqué.* **3·** Fam. Faire (qqch. de mystérieux), intriguer. *Qu'est-ce que tu es en train de trafiquer ?* → **fabriquer.** ▶ **trafiquant, ante** n. Péj. Personne qui trafique. *Des trafiquants d'armes, de drogue.* ▶ **traficoter** v. intr. < conjug. 1 > Fam. Faire un petit trafic. → **trafiquer.** ▷ 2 **trafic**

tragédie [tʀaʒedi] n. f. **1·** Œuvre dramatique en vers, représentant des personnages illustres aux prises avec un destin exceptionnel et malheureux ; genre de ce type de pièces. / contr. comédie / ≠ drame. *Les tragédies grecques. Les tragédies de Corneille, de Racine.* **2·** Événement ou ensemble d'événements tragiques. *Sa vie est une véritable tragédie.* → **drame ; tragique** (2). ▶ **tragédien, enne** n. Acteur, actrice qui joue spécialement les rôles tragiques (tragédies et drames).

tragi-comédie [tʀaʒikɔmedi] n. f. **1·** Tragédie dont l'action est romanesque et le dénouement heureux (ex. : *le Cid*). *Des tragi-comédies.* **2·** Événement, situation où le comique se mêle au tragique. ▶ **tragi-comique** adj. **1·** Qui appartient à la tragi-comédie. **2·** Où le tragique et le comique se mêlent. *Une aventure tragi-comique.*

tragique [tʀaʒik] adj. **1·** De la tragédie ; qui évoque une situation où l'homme prend douloureusement conscience d'un destin ou d'une fatalité. *Pièce tragique. Auteur tragique.* – *La fatalité tragique.* – N. m. *Le tragique et le comique.* – *Les tragiques grecs,* les auteurs de tragédies de la Grèce antique (Eschyle, Sophocle, Euripide). **2·** Qui inspire une émotion intense, par un caractère effrayant ou funeste. → **dramatique, émouvant, terrible.** *Actuellement, il est dans une situation tragique. Il a eu une fin tragique. Les événements tragiques qui ont ensanglanté le pays.* – Fam. *Ce n'est pas tragique,* ce n'est pas bien grave. – N. m. *Prendre une chose au tragique,* s'en alarmer à l'excès. – (Choses) *Tourner au tragique,* prendre une tournure tragique. ▶ **tragiquement** adv. *Il est mort tragiquement,* dans des circonstances tragiques. → **dramatiquement.** ▷ **tragi-comédie**

trahir [tʀaiʀ] v. tr. < conjug. 2 > **1·** Cesser d'être fidèle à (qqn, une cause...) ; abandonner qqn, ou le livrer. *Trahir un ami. Trahir ses complices.* → **dénoncer.** *Trahir sa patrie.* – Sans compl. *Un soldat qui trahit.* → **déserter.** – *Trahir la confiance de qqn.* – (Suj. chose) Desservir par son caractère révélateur. *Sa voix l'a trahi.* **2·** (Suj. chose) Lâcher, cesser de seconder. *Ses forces le trahissent.* – Exprimer infidèlement. *Les mots trahissent notre pensée.* **3·** Livrer (un secret). → **divulguer, révéler.** *Trahir un secret.* – Être le signe, l'indice... (d'une chose peu évidente ou dissimulée). → **révéler.** *L'expression de son visage trahissait sa jalousie, son émotion.* **4·** ***Se trahir*** v. pron. réfl. : laisser apparaître, laisser échapper ce qu'on voulait cacher. *Il s'est trahi par cette question.* → se **démasquer.** – Se manifester, se révéler. *Sa faiblesse s'est trahie en cette occasion.* ▶ **trahison** [tʀaizɔ̃] n. f. **1·** Crime d'une personne qui trahit, qui passe à l'ennemi. → **défection, désertion, traîtrise ; traître.** – ***Haute trahison*** : intelligence (entente) avec une puissance étrangère ou ennemie, en vue de nuire à sa patrie (crime). **2·** Action de manquer au devoir de fidélité.

1 **train** [tʀɛ̃] n. m. **I· 1·** La locomotive et l'ensemble des wagons et voitures qu'elle traîne. → **convoi, rame.** *Le train de Paris,* qui va à Paris, ou qui vient de Paris. *Train omnibus, rapide.* En France, *Train express régional.* → **T. E. R.** – *Train à grande vitesse.* → **T. G. V.** *Train de marchandises. Prendre le train. Avoir, manquer son train.* – Loc. Abstrait. *Prendre le train en marche,* s'associer à une action déjà en cours. *Avoir un train de retard* :

adopter une mode après les autres. *Un train peut en cacher un autre.* – *Train miniature* (jouet). *Un train électrique.* **2·** Moyen de transport par rail. → **chemin de fer.** *Voyager par le train. Préférer le train à la voiture.* **3·** File de choses traînées ou entraînées. *Un train de péniches.* **II· 1·** Suite ou ensemble de choses semblables qui fonctionnent en même temps. – *Train de pneus,* ensemble de pneus neufs d'une automobile. **2·** *Train des équipages,* matériel de transport des unités non autonomes de l'armée ; sans compl. (avec une majuscule) le Train. ▷ **aérotrain, T. G. V., turbotrain**

2 **train** n. m. **1·** *Train d'avant, de derrière :* partie de devant → **avant-train,** de derrière → **arrière-train** des animaux de trait, des quadrupèdes. – *Train avant, train arrière (d'une automobile),* ensemble des roues et de l'essieu avant, des roues et de l'essieu arrière. *Train d'atterrissage,* partie d'un avion qui comporte les roues destinées à entrer en contact avec le sol. **2·** Fam. Derrière. *Je vais te botter le train ! Se manier le train. Filer le train à qqn,* le suivre de près. ▷ **arrière-train, avant-train**

3 **train** n. m. **1·** Dans des loc. Manière d'aller, d'évoluer, marche (des choses). *Du train où vont les choses,* si les choses continuent comme cela. *Aller son train,* continuer de la même manière. → suivre son **cours. 2·** *Train de vie :* manière de vivre, relativement aux dépenses de la vie courante que permet la situation des gens. – *Train de maison,* domesticité, dépenses d'une maison. *Mener **grand train** :* vivre dans le luxe. **3·** Allure du cheval, d'une monture, d'un véhicule ou d'un coureur, d'un marcheur. *Accélérer le train,* aller plus vite. Loc. *Aller **à fond de train** :* très vite. **4·** ***En train*** loc. adv. : en mouvement, en action ou en humeur d'agir. ≠ entrain. *Je ne suis pas en train,* je ne me sens pas bien disposé, je ne suis pas en forme. – (Choses) *Mettre un travail en train,* commencer à l'exécuter. → en **chantier.** *Mise en train,* début d'exécution. *Surveiller la mise en train de la chaufferie.* **5·** ***En train de*** loc. prép. : marque l'action en cours. *Il est en train de travailler,* il travaille en ce moment. ▷ **boute-en-train, entrain, train-train**

traîner [tʀene] v. < conjug. 1 > **I·** V. tr. **1·** Tirer après soi ; déplacer en tirant derrière soi sans soulever. *Traîner une charge sur un traîneau.* → **tirer.** *Action de traîner.* → **traction** (3). *Il traîne une chaise près de moi. Traîner un corps, une personne évanouie par terre.* / contr. pousser / – *Traîner la jambe, la patte,* avoir de la difficulté à marcher. *Traîner les pieds,* marcher sans soulever les pieds du sol ; fig. ne pas se dépêcher pour accomplir une tâche. *Il traîne des pieds pour ranger sa chambre.* **2·** Forcer (qqn) à aller (quelque part). *Il la traîne à des réunions fastidieuses.* **3·** Amener, avoir partout avec soi par nécessité (les gens ou les choses dont on voudrait pouvoir se libérer). → **trimbaler.** *Elle est obligée de traîner partout ses enfants.* – Supporter (une chose pénible qui se prolonge). *Elle traîne cette maladie depuis des années.* **4·** Faire durer, faire se prolonger. *Traîner les choses en longueur.* **II·** V. intr. **1·** (Suj. chose) Pendre à terre en balayant le sol. *Vos lacets traînent par terre.* **2·** Être posé ou laissé sans être rangé. *Des vêtements qui traînent sur une chaise. Ne laisse pas traîner ton argent.* **3·** Abstrait. Se trouver, subsister. *Les vieilles notions qui traînent dans les livres scolaires. Ça traîne partout,* c'est usé, rebattu. **4·** Durer trop longtemps, ne pas finir. *Négociations, réunions qui traînent en longueur.* → **s'éterniser.** *Ça n'a pas traîné !,* ça a été vite fait. → **tarder.** *Faire traîner qqch.* / contr. expédier / **5·** Émettre des sons anormalement lents et bas. *Une voix qui traîne* (→ **traînant**). **6·** (Suj. personne) Aller trop lentement, s'attarder. *Ne traîne pas en rentrant de l'école.* – Agir trop lentement. *Le travail presse, il ne s'agit plus de traîner.* → **lambiner. 7·** Péj. Aller sans but ou rester longtemps (en un lieu peu recommandable ou peu intéressant). → **errer, vagabonder.** *Traîner dans les rues.* **III·** V. pron. réfl. **1·** Avancer, marcher avec peine (par infirmité, maladie, fatigue). *Elle se traîne de son lit au fauteuil. Il ne peut plus se traîner. Se traîner à une réunion,* y aller à contrecœur. **2·** Avancer à plat ventre ou à genoux. *Arrête de te traîner par terre !* **3·** S'étirer en longueur dans le temps. *Une conversation, une réunion qui se traîne.* → **s'éterniser.** ▶ **traînailler** ou **traînasser** v. intr. < conjug. 1 > Traîner, être trop long (à faire qqch.). → **lambiner.** – Errer inoccupé. *Traînasser dans les cafés.* ▶ **traînant, ante** adj. (Voix) Trop lent, qui traîne (II, 5). *Un accent traînant.* ▶ **traînard, arde** n. **1·** Personne qui traîne, reste en arrière d'un groupe en marche. **2·** Personne trop lente dans son travail. → **lambin.** ▶ 1 **à la traîne** loc. adv. **1·** En arrière d'un groupe de personnes qui avance. *Il est toujours à la traîne.* **2·** En désordre (comme ce qui traîne à l'abandon). *Des vêtements laissés à la traîne sur une chaise.* ▶ 2 **traîne** n. f. Bas d'un vêtement qui traîne à terre derrière une personne qui marche. → **queue.** *Robe de mariée à traîne.* ▶ **traîneau** n. m. Voiture à patins que l'on traîne (ou pousse) sur la neige. → **luge, troïka.** *Un traîneau tiré par des chevaux. Les traîneaux à chiens du Grand Nord.* ▶ **traînée** n. f. **1·** Longue trace laissée sur le sol ou sur une surface par une substance répandue. *Des traînées de sang.* **2·** Loc. ***Se répandre comme une traînée de poudre*** : (se dit d'une nouvelle, etc.) très rapidement, de proche en proche. **3·** Ce qui suit un corps en mouvement et semble émaner de lui. *La traînée lumineuse d'une comète.* – Bande allongée. *Des traînées rouges dans le ciel.* ▷ 1 **entraîner,** 1 **train**

train-train [tʀɛ̃tʀɛ̃] n. m. invar. Marche régulière (→ 3 **train**) sans imprévu. → **routine.** *Le train-train de la vie quotidienne.*

traire [tʀɛʀ] v. tr. < conjug. 50 > Tirer le lait de (la femelle de certains animaux domestiques) en pressant le pis ou mécaniquement. *Traire une vache* (→ 4 **traite**). – Par extension. *Traire le lait.* – REM. *Traire* voulait dire « tirer » ; d'où 1, 2, 3 *trait,* 1, 2, 3 *traite, trait d'union,* et aussi *abstraire, distraire, extraire, retrait, retraite, soustraire.* ▷ 4 **traite, trayeuse, trayon**

1 **trait** [tʀɛ] n. m. **I·** **1·** *Dessin* ***au trait*** : fait en dessinant, en tirant 1 une ligne ou un ensemble de lignes. – *Esquisser* ***à grands traits*** : en traçant rapidement les lignes principales. – *Décrire, raconter à grands traits,* sans entrer dans le détail. **2·** Ligne droite ou courbe surtout quand on la forme sans lever l'instrument. *Faire, tirer* 1*, tracer un trait. Petit trait pour relier les éléments d'un mot composé.* → **trait d'union.** *Copier, reproduire trait pour trait,* avec une parfaite exactitude. **3·** Au plur. Les lignes caractéristiques du visage. → **physionomie.** *Il a les traits réguliers. Les traits tirés par la fatigue.* **II·** **1·** ***Trait de...*** : acte, fait qui constitue une marque, un signe (d'une qualité, d'une capacité). *Un trait de bravoure. Un trait d'esprit,* une parole, une remarque vive et spirituelle. *Trait de génie.* **2·** Loc. verb. ***Avoir trait à*** (suj. chose) : se rapporter à, concerner. *Tout ce qui a trait à cette période de notre histoire.* **3·** Élément caractéristique qui permet d'identifier, de reconnaître. → **caractère, caractéristique.** *Les traits dominants d'une œuvre. Trait de caractère.* ▷ **trait d'union**

2 **trait** n. m. **I·** **1·** Projectile lancé, tiré 3 à la main (javelot, lance). – Loc. *Filer, partir comme un trait,* comme une flèche. **2·** Littér. Acte ou parole qui manifeste un esprit malveillant. → **flèche, sarcasme.** *Les traits de la satire. Décocher un trait à qqn.* **II·** (En loc.) *Boire d'un trait, d'un seul trait,* en une seule fois, d'un seul coup. *Boire à longs traits,* à grandes gorgées. – *Il dormit jusqu'à midi d'un seul trait,* d'une seule traite.

3 **trait** n. m. **1·** *Bête, animal* ***de trait*** : destiné à tirer 1 des voitures (1). *Cheval de trait* (opposé à *de selle*). **2·** Corde servant à tirer les voitures (1). *Les traits d'un attelage.*

traitable [tʀɛtabl] adj. Littér. Accommodant. *J'espère que mon créancier sera plus traitable que les vôtres.* / contr. intraitable / ▷ **intraitable**

traitant, ante [tʀɛtɑ̃, ɑ̃t] adj. **1·** (Médecin) Qui traite les malades d'une manière suivie. *Aller chez son médecin traitant.* **2·** (Choses) Qui traite. *Lotion traitante.*

trait d'union [tʀɛdynjɔ̃] n. m. **1·** Signe en forme de petit trait horizontal, servant de liaison entre les éléments de certains composés (ex. : *arc-en-ciel*), entre le verbe et le pronom placé après (ex. : *crois-tu ?, prends-le*). *Des traits d'union.* **2·** Personne, chose qui sert d'intermédiaire, entre deux êtres ou objets.

1 **traite** [tʀɛt] n. f. Anciennt. *La traite des esclaves, des Noirs,* le fait d'en faire commerce comme des marchandises, en les transportant de force hors d'Afrique. – *Traite des Blanches,* entraînement ou détournement de femmes blanches en vue de la prostitution.

2 **traite** n. f. Billet, écrit par lequel un créancier oblige son débiteur à payer ce qu'il doit à une certaine date. → **lettre** de change. *Tirer, payer une traite. Il a plusieurs traites à payer.*

3 **traite** n. f. **1·** Trajet effectué sans s'arrêter. → **chemin, parcours.** *Il nous reste à faire une longue traite.* **2·** Loc. ***D'une*** *(seule)* ***traite*** : sans interruption. *Il a fait ce long voyage d'une seule traite.* → 2 **trait** (II).

4 **traite** n. f. Action de traire (les vaches, les femelles d'animaux domestiques).

traité [tʀete] n. m. **I·** Ouvrage didactique, où un sujet est exposé d'une manière systématique. → **cours, manuel.** *Un traité d'algèbre. Un traité d'économie politique.* **II·** Acte juridique par lequel des gouvernements d'États établissent des règles et des décisions. → **pacte.** *Les clauses d'un traité. Conclure, ratifier un traité de paix.*

traiter [tʀete] v. < conjug. 1 > **I·** V. tr. (Compl. personne) **1·** Agir, se conduire envers (qqn) de telle ou telle manière. *Traiter qqn très mal.* → **maltraiter.** *Il nous traite comme des chiens. Traiter qqn d'égal à égal. Il la traite en gamine,* comme une gamine. *Traiter durement ses enfants.* **2·** Littér. Convier ou recevoir (qqn) à sa table. *Traiter qqn en lui offrant un bon repas* (→ **traiteur**). **3·** Soumettre (qqn) à un traitement médical. *Le médecin qui le traite.* → **soigner ; traitant.** **4·** ***Traiter*** *qqn* ***de...*** : qualifier (qqn) de tel ou tel mot péjoratif. *Il l'a traité d'imbécile. Elle l'a traité de tous les noms* (injurieux). **II·** V. tr. (Compl. chose) **1·** Régler (une affaire) en discutant, en négociant. *Traiter un marché.* **2·** Soumettre (une substance) à diverses opérations de manière à la modifier. *On traite le pétrole brut dans les raffineries pour obtenir de l'essence.* – Au p. p. adj. *Acier traité.* – Soumettre (des cultures) à l'action de produits. – Au p. p. adj.

Oranges non traitées. **3·** Soumettre (un objet) à la pensée en vue d'étudier, d'exposer. → **examiner.** *Traiter une question. L'élève n'a pas traité le sujet. Traiter un problème politique, social.* **III·** V. intr. **1·** ***Traiter de*** (surtout suj. chose) : avoir pour objet. *Un livre qui traite des questions sociales.* → **parler. 2·** (Suj. personne) Entrer en pourparlers, pour régler une affaire, conclure un marché. → **traité.** *Je ne peux pas traiter avec vous. Les nations qui traitent entre elles.* → **négocier, parlementer.** ▶ **traitement** n. m. **I· 1·** Comportement à l'égard de qqn ; actes traduisant ce comportement. *Un traitement de faveur. Mauvais traitements,* coups, sévices. **2·** Manière de soigner (un malade, une maladie), ensemble des moyens employés pour guérir. *Suivre un traitement. Prescrire un traitement.* → **médication. 3·** Manière de traiter (une substance). *Le traitement du minerai.* **4·** Manière de traiter un sujet, un problème. *Le traitement social du chômage.* **II·** Rémunération (d'un fonctionnaire) ; gain attaché à un emploi régulier d'une certaine importance sociale. → **émoluments, salaire.** ▷ **maltraiter, sous-traiter, traitable, traitant, traité, traiteur**

traiteur [tʀɛtœʀ] n. m. Personne qui prépare des repas, des plats à emporter et à consommer chez soi, et fournit éventuellement le personnel pour le service. *Commander un dîner à un traiteur.*

traître, traîtresse [tʀɛtʀ ; tʀɛtʀɛs] n. et adj. **I·** N. **1·** Personne qui trahit, se rend coupable d'une trahison. → **délateur, parjure, renégat.** *Les traîtres seront jugés.* **2·** N. m. Loc. *Prendre qqn* ***en traître*** : agir avec lui de façon perfide, sournoise. **3·** Perfide. *Tu m'as menti, traîtresse !* **II·** Adj. **1·** Qui trahit ou est capable de trahir. / contr. **fidèle** / *On l'accusa d'être traître à sa patrie.* – (Chose, action) *Un regard traître,* fourbe. **2·** Qui est dangereux sans le paraître, sans qu'on s'en doute. *Ce vin rosé est traître,* il enivre rapidement. *Cette route sinueuse est traîtresse* (ou *est traître*). **3·** Loc. fam. *Il n'a rien dit, pas* ***un traître mot*** : pas un seul mot. ▶ **traîtreusement** adv. Littér. Par traîtrise. *Être attaqué traîtreusement.* → **perfidement.** ▶ **traîtrise** n. f. **1·** Caractère, comportement de traître. → **déloyauté, fourberie. 2·** *Une traîtrise* : acte perfide, déloyal. *Cette traîtrise est digne de lui. Il l'a pris par traîtrise.*

trajectoire [tʀaʒɛktwaʀ] n. f. Ligne décrite par le centre de gravité (d'un mobile, d'un projectile). *La trajectoire d'une flèche, d'un obus.* – *La trajectoire d'une planète, d'un satellite,* son orbite.

trajet [tʀaʒɛ] n. m. Le fait de parcourir un certain espace, pour aller d'un lieu à un autre ; le chemin ainsi parcouru. → **parcours.** *Il a une heure de trajet pour se rendre à son bureau.* → **chemin, route.** *Les enfants font à pied le trajet de la maison à l'école.*

[1] **tralala** [tʀalala] n. m. Fam. Luxe recherché et voyant (dans quelques expressions). → **flafla.** *Recevoir à dîner en grand tralala.*

[2] **tralala** interj. Onomatopée exprimant la joie... *Tralala ! j'ai gagné.*

tram [tʀam] ou **tramway** [tʀamwɛ] (vieilli) n. m. Voiture publique qui circule sur des rails plats dans les rues des villes. – Système de transport urbain sur rails ; ligne de ces voitures. *Le tram de Bordeaux. Prendre le tram ou le bus.* ▷ **traminot**

trame [tʀam] n. f. **1·** Ensemble des fils qui se croisent avec les fils de chaîne, dans le sens de la largeur, pour constituer un tissu, l'armure [2] d'un tissu. *Une trame de coton. Une trame fine, grossière. Un tapis usé jusqu'à la trame.* → **corde. 2·** Ce qui constitue le fond et la liaison d'une chose organisée. → **texture.** *La trame d'un récit.* ▶ **tramer** v. tr. <conjug. 1> Élaborer par des manœuvres cachées. → **combiner, machiner, ourdir.** *Ils trament un complot. Tramer une conspiration, la perte de qqn.* – Pronominalement (impers.). *Il se trame quelque chose.* – (Passif) *Un complot se trame contre la République.*

traminot, ote [tʀamino, ɔt] n. Conducteur(trice) de tram ; conducteur(trice) de bus, dans certaines villes.

tramontane [tʀamɔ̃tan] n. f. Vent du nord (sur la côte méditerranéenne), ou vent qui vient d'au-delà des montagnes (Alpes, Pyrénées).

trampoline [tʀɑ̃pɔlin] n. m. Surface souple sur laquelle on peut sauter et rebondir (on dit aussi *trampolino,* mot italien).

tramway [tʀamwɛ] n. m. → **tram.**

tranchée [tʀɑ̃ʃe] n. f. **1·** Excavation pratiquée en longueur dans le sol (comme si on l'avait coupé, *tranché*). → **cavité, fossé.** *Creuser une tranchée, pour poser des canalisations, des fondations.* **2·** Dispositif allongé, creusé à proximité des lignes ennemies, et où les soldats demeurent à couvert. *Une guerre de tranchées* (opposé à *guerre de mouvement*).

tranchefile [tʀɑ̃ʃfil] n. f. Terme technique. Petit bourrelet entouré de fils placé en haut et en bas du dos (d'une reliure) pour maintenir l'assemblage des cahiers.

trancher [tʀɑ̃ʃe] v. <conjug. 1> **I·** V. tr. dir. **1·** Diviser, séparer (une chose en parties, deux choses unies) d'une manière nette, au moyen d'un instrument dur et fin (instrument *tranchant*). → **couper.** *Trancher une corde, un fil.* – *Trancher* *la tête de qqn,* le décapiter. *Trancher la gorge,* égorger. **2·** Terminer par une décision, un choix ; résoudre en terminant (une affaire, une question). *Trancher une difficulté.* **II·** V. intr. **1·** Loc. fig. *Trancher **dans le vif*** : employer les grands moyens, agir de façon énergique. **2·** Décider d'une manière franche, catégorique. *Il faut trancher sans plus hésiter.* **3·** (Choses) Se distinguer avec netteté ; former un contraste, une opposition. → **contraster,** se **détacher, ressortir.** *Un rouge qui tranche sur un fond noir. Trancher avec..., sur... Son silence tranchait avec (sur) l'agitation générale.* ▶ 1 **tranchant, ante** adj. **1·** Qui est dur et effilé, peut diviser, couper. → **coupant.** *Le couteau, les ciseaux sont des instruments tranchants.* **2·** Qui tranche, décide d'une manière péremptoire. → **cassant, coupant, sec.** *C'est ce qu'il affirma d'un ton tranchant.* ▶ 2 **tranchant** n. m. **1·** *Le tranchant,* le côté mince, destiné à couper, d'un instrument tranchant. *Un couteau à deux tranchants, à double tranchant.* **2·** Loc. ***À double tranchant*** : se dit d'un argument, d'un procédé dont l'emploi peut provoquer des effets opposés (et se retourner contre celui qui les emploie). ▶ **tranche** n. f. **I·** Concret. **1·** Morceau coupé assez mince, sur toute la largeur (d'une chose comestible). *Une tranche de gâteau.* → **part, portion.** *Tranche de pain,* tartine. *Une tranche de jambon. Couper des tranches fines.* **2·** Partie moyenne de la cuisse de bœuf. *Bifteck dans la tranche.* **3·** ***Tranche napolitaine*** : glace ayant la forme d'une tranche (de gâteau). **4·** Partie des feuillets d'un livre qui est rognée, « tranchée » pour présenter une surface unie. *Livre **doré sur tranche*** : à tranche dorée. **II·** Abstrait. **1·** Série de chiffres. **2·** Partie séparée arbitrairement (dans le temps) d'une opération de longue haleine. *Les tranches d'émission d'une loterie.* **3·** *Une tranche de vie,* scène réaliste de la vie quotidienne. **4·** Loc. fam. ***S'en payer une tranche*** (de bon temps) : s'amuser beaucoup. ▶ **tranché, ée** adj. Abstrait. Nettement séparé (de choses semblables ou comparables). *Des couleurs tranchées.* → **net, franc.** – *Opinion tranchée,* bien nette, qui est affirmée catégoriquement. ▶ **tranchet** n. m. Outil tranchant, formé d'une lame plate, sans manche. *Un tranchet de cordonnier.* ▷ **retrancher, tranchée, tranchefile**

tranquille [tʀɑ̃kil] adj. **1·** Où se manifestent un ordre et un équilibre qui ne sont affectés par aucun changement soudain ou radical (mouvement, bruit...). → **calme, immobile, silencieux.** / contr. agité, bruyant / *Un coin tranquille. Un quartier tranquille. C'est très tranquille, ici.* – Calme et régulier. *Un sommeil tranquille. Un pas tranquille.* **2·** (Êtres vivants) Qui est, par nature, peu remuant, n'éprouve pas le besoin de mouvement, de bruit. → **paisible.** *Des voisins tranquilles.* – Loc. *Un père tranquille,* un homme d'âge mûr aux habitudes régulières et calmes. **3·** Qui est momentanément en repos, qui ne bouge pas. *Les enfants, restez tranquilles !* (→ soyez sages !). **4·** Qui éprouve un sentiment de sécurité, de paix. / contr. anxieux, inquiet / *Soyez tranquille,* ne vous inquiétez pas. *Soyez tranquille, je m'en occupe.* – Loc. *Être tranquille comme Baptiste,* très tranquille. **5·** Loc. ***Laisser** qqn **tranquille*** : s'abstenir ou cesser de l'inquiéter, de le tourmenter. *Laisse-moi tranquille. Laisse ça tranquille,* n'y touche pas, ne t'en occupe plus. – *Avoir l'esprit, la conscience tranquille,* n'avoir rien à se reprocher. **6·** ***Être tranquille*** (à propos, au sujet de qqch.) : être certain de la réalité de la chose. *Il n'ira pas, je suis (bien) tranquille.* → **sûr.** *Tu peux être tranquille qu'il n'ira pas.* ▶ **tranquillement** adv. **1·** D'une manière tranquille. *Il était agité, mais maintenant il dort, il repose tranquillement.* **2·** Sans émotion ni inquiétude. → **calmement.** *Envisageons la situation tranquillement.* ▶ **tranquilliser** v. tr. < conjug. 1 > Rendre (qqn) tranquille ; délivrer de l'inquiétude. → **calmer, rassurer.** *Je vais essayer de vous tranquilliser à ce sujet. Cette idée me tranquillise.* – ***Se tranquilliser*** v. pron. réfl. *Tranquillisez-vous.* – Au passif et p. p. adj. *(Être) tranquillisé(e).* ▶ **tranquillisant, ante** adj. et n. m. **1·** Adj. Qui tranquillise. → **rassurant.** *Une nouvelle plutôt tranquillisante.* **2·** N. m. Médicament qui calme, tranquillise, en combattant l'angoisse, l'anxiété. → **calmant, sédatif.** *Il ne faut pas abuser des tranquillisants ni des antidépresseurs.* ▶ **tranquillité** n. f. **1·** État stable, constant, ou modifié régulièrement et lentement. *La tranquillité de son sommeil. La tranquillité de la nuit.* → **calme.** – ***En toute tranquillité*** : sans être dérangé. → **en toute quiétude.** *Vous pouvez partir en toute tranquillité.* **2·** Stabilité morale ; état tranquille (4). → **calme, paix, repos, sérénité.** *Il tient à sa tranquillité. La tranquillité d'esprit.*

trans- Élément signifiant « au-delà de » (ex. : *transalpin*), « à travers » (ex. : *transpercer*), et qui marque le passage ou le changement (ex. : *transformation*).

transaction [tʀɑ̃zaksjɔ̃] n. f. **1·** Contrat où chacun renonce à une partie de ses prétentions. – Arrangement, compromis (→ **transiger**). **2·** Opération effectuée dans les marchés commerciaux, dans les bourses de valeurs. *Des transactions financières.*

transalpin, ine [tʀɑ̃zalpɛ̃, in] adj. Qui est au-delà des Alpes.

transat [tʀɑ̃zat] n. m. Chaise longue pliante en toile, employée sur les plages, les terrasses, dans les jardins (d'abord sur les paquebots transatlantiques). *Des transats.*

transatlantique [tʀɑ̃zatlɑ̃tik] adj. et n. m. **1·** Adj. Qui traverse l'Atlantique. *Paquebot transatlantique.* – *Course transatlantique,* n. f. *la Transatlantique* (abrév. *la Transat* [tʀɑ̃zat]). **2·** N. m. *Un transatlantique,* paquebot faisant le service entre l'Europe et l'Amérique.

transbahuter [tʀɑ̃sbayte] v. tr. < conjug. 1 > Fam. Transporter, déménager. *Transbahuter une armoire.* → **trimbaler.** – Fam. *Se transbahuter,* se déplacer.

transborder [tʀɑ̃sbɔʀde] v. tr. < conjug. 1 > Faire passer d'un navire à un autre, d'un train, d'un wagon à un autre (des voyageurs, des marchandises). ▶ **transbordement** n. m. ▶ **transbordeur** n. m. et adj. m. *Transbordeur* ou *pont transbordeur,* pont à tablier très élevé, et qui comporte une plate-forme mobile.

transcender [tʀɑ̃sɑ̃de] v. tr. < conjug. 1 > **1·** Dépasser en étant supérieur ou d'un autre ordre, se situer au-delà de... *L'art transcende la réalité.* **2·** ***Se transcender*** v. pron. réfl. : se dépasser, aller au-delà des possibilités apparentes de sa propre nature. ▶ **transcendant, ante** adj. **1·** Qui s'élève au-dessus du niveau moyen, des autres. → **sublime, supérieur.** *C'est un esprit transcendant.* **2·** En philosophie. Qui est au-delà de l'expérience et fait appel à un ordre de réalités supérieur, à un principe extérieur et supérieur. / contr. immanent / *Dieu est transcendant,* Dieu ne se confond pas avec la nature, mais en est le principe créateur. *Les valeurs morales transcendantes. L'immortalité de l'âme est un principe transcendant.* – *Transcendant à... Le monde est transcendant à la conscience,* il est d'une tout autre nature ; la conscience ne peut en rendre compte. ▶ **transcendance** n. f. **1·** Caractère de ce qui est transcendant ; existence de réalités transcendantes. **2·** Action de transcender ou de se transcender.

transcontinental, ale, aux [tʀɑ̃skɔ̃tinɑ̃tal, o] adj. Qui traverse un continent d'un bout à l'autre. *Chemin de fer transcontinental ; route transcontinentale.* – N. f. *La transcontinentale canadienne.*

transcrire [tʀɑ̃skʀiʀ] v. tr. < conjug. 39 > **1·** Copier très exactement, en reportant. → **copier, enregistrer.** *Transcrire un texte. Transcrire des noms sur un registre.* **2·** Reproduire (un texte, des mots) dans un autre alphabet. *Transcrire un texte grec en caractères latins.* → **translittérer. 3·** Adapter (une œuvre musicale) pour d'autres instruments que ceux pour lesquels elle a été écrite. ▶ **transcription** [tʀɑ̃skʀipsjɔ̃] n. f. **1·** Action de transcrire (1) ; son résultat. → **copie, enregistrement. 2·** Action de transcrire (2). → **translittération.** *Transcription phonétique.* **3·** Action de transcrire (3) une œuvre musicale. → **arrangement.**

transe [tʀɑ̃s] n. f. **1·** Au plur. Inquiétude ou appréhension extrêmement vive. → **affres, anxiété, tourment.** *Être dans les transes.* **2·** ***En transe*** : dans un état d'hypnose. *Médium qui entre en transe.* – *Être, entrer en transe,* s'énerver, être hors de soi.

transept [tʀɑ̃sɛpt] n. m. Partie (nef) transversale qui coupe la nef principale (en long) d'une église et lui donne la forme symbolique de la croix.

transférer [tʀɑ̃sfeʀe] v. tr. < conjug. 6 > **1·** Transporter en observant les formalités prescrites. *Transférer un prisonnier. Le siège de l'organisation sera transféré à Strasbourg.* – *Transférer ses biens par don ou legs.* – Faire passer d'un compte à un autre. *Transférer des capitaux.* **2·** Étendre (un sentiment) à un autre objet, par un transfert (II). ▷ **transfert**

transfert [tʀɑ̃sfɛʀ] n. m. **I·** Déplacement d'un lieu à un autre. → **transport.** *Le transfert des cendres de Napoléon* (de Sainte-Hélène à Paris). *Transfert de capitaux à l'étranger. Transfert de technologie* (d'un pays développé vers un pays moins développé). *Le transfert d'un footballeur* (d'une équipe dans une autre). **II·** En psychologie. Phénomène par lequel un sentiment éprouvé pour un objet est étendu à un objet différent. → **identification, projection.** – En psychanalyse. Le fait, pour le patient en analyse, de revivre une situation affective de son enfance dans sa relation avec le ou la psychanalyste.

transfigurer [tʀɑ̃sfigyʀe] v. tr. < conjug. 1 > **1·** Transformer en revêtant d'un aspect éclatant et glorieux. *Jésus fut transfiguré sur le mont Thabor,* apparut (à ses disciples) sous une forme glorieuse. **2·** Transformer (qqch., qqn) en donnant une beauté et un éclat inhabituels. → **embellir.** *Le soleil qui transfigure tout. Le bonheur l'a transfiguré.* ▶ **transfiguration** n. f. Action de transfigurer ; son résultat. → **métamorphose.**

transformer [tʀɑ̃sfɔʀme] v. tr. < conjug. 1 > **I· 1·** Faire passer d'une forme à une autre, donner un autre aspect, une autre forme à. → **changer, modifier, renouveler.** *Transformer une maison. Transformer un atelier pour en faire un bureau* (→ ci-dessous, 2). *Transformer une matière première. L'art transforme le réel.* – Au rugby. *Transformer un essai,* envoyer le ballon, qu'on a posé au sol, entre les poteaux du but adverse. Fig. Réussir pleinement. – (Compl. personne) *Son séjour à la campagne l'a complètement transformé.*

2· ***Transformer en*** : faire prendre la forme, l'aspect, la nature de. → **convertir.** *Transformer un château en hôpital, un atelier en bureau.* **II·** ***Se transformer*** v. pron. **1·** Prendre une autre forme, un autre aspect. *Les animaux à métamorphoses se transforment au cours de leur vie. La chenille se transforme en papillon.* – Devenir différent. → **changer, évoluer.** *Leurs rapports se sont transformés.* **2·** ***Se transformer en*** : devenir différent ou autre en prenant la forme, l'aspect, la nature de. *Leur amitié s'est transformée en amour. La manifestation risque de se transformer en émeute.* ▶ **transformable** adj. Qui peut être transformé, qui peut prendre une autre forme, une autre position. *Un fauteuil transformable* (en lit). → **convertible.** ▶ **transformateur** n. m. Appareil servant à modifier la tension, l'intensité ou la forme d'un courant électrique. – Abrév. fam. **transfo** [tʀɑ̃sfo] n. m. *Des transfos.* ▶ **transformation** n. f. **1·** Action de transformer, opération par laquelle on transforme. → **conversion.** *La transformation des matières premières. Industrie de transformation,* qui transforme les matières brutes en produits finis ou semi-finis. *Faire des transformations dans une maison.* → **amélioration, rénovation.** *Travaux de transformation.* **2·** Le fait de se transformer, modification qui en résulte. → **changement.** *La lente transformation de ses goûts.* – Action de se transformer en... ; passage d'une forme à une autre. *La transformation du mouvement en chaleur.* ▶ **transformisme** n. m. **I·** Théorie de l'évolution des êtres vivants, selon laquelle les espèces dérivent les unes des autres par des transformations successives (→ **évolutionnisme**). *Le transformisme de Darwin.* **II·** Art du transformiste (II). ▶ **transformiste** adj. et n. **I·** *Les théories transformistes.* – N. Partisan du transformisme. **II·** Artiste de music-hall qui interprète de nombreux personnages en changeant de costume.

transfuge [tʀɑ̃sfyʒ] n. **1·** N. m. Militaire qui déserte en temps de guerre pour passer à l'ennemi. → **traître.** **2·** Personne qui abandonne son parti pour rallier le parti adverse ; personne qui trahit sa cause. → **dissident.** *Une transfuge. Les transfuges du Parti communiste.*

transfuser [tʀɑ̃sfyze] v. tr. < conjug. 1 > Faire passer (le sang d'un individu) dans la circulation sanguine d'un autre. – Au p. p. adj. *Sang transfusé.* – *Malade transfusé,* qui reçoit une transfusion. N. *Le donneur et le transfusé.* ▶ **transfusion** n. f. *Transfusion (sanguine),* injection de sang humain (ou de l'un de ses constituants) dans la circulation sanguine d'un malade, d'un blessé.

transgénique [tʀɑ̃sʒenik] adj. (Organisme vivant) Qui possède dans son génome une séquence d'A. D. N. introduite artificiellement. *Souris, maïs transgénique.*

transgresser [tʀɑ̃sgʀese] v. tr. < conjug. 1 > Passer par-dessus (un ordre, une obligation, une loi). → **contrevenir** à, **désobéir** à, **violer.** *Transgresser des ordres.* ▶ **transgression** n. f. Action de transgresser. → **désobéissance** à, **violation.** *La transgression d'une interdiction. La transgression du règlement par qqn.*

transhumer [tʀɑ̃zyme] v. intr. < conjug. 1 > (Troupeaux) Aller paître en montagne pendant l'été. ▶ **transhumance** n. f. Migration périodique du bétail de la plaine, qui s'établit en montagne pendant l'été. ▶ **transhumant, ante** adj. *Troupeaux transhumants.* – N. *Les transhumants.*

transiger [tʀɑ̃ziʒe] v. intr. < conjug. 3 > **1·** Faire des concessions réciproques, de manière à régler, à terminer un différend. → **s'arranger, composer ; transaction.** *Il nous faudra transiger.* **2·** ***Transiger sur, avec*** *qqch.* : ne pas se montrer ferme, céder ou faire des concessions, par faiblesse. *Transiger avec l'injustice.* → **pactiser.** *Transiger avec sa conscience, avec son devoir. Je ne transige pas là-dessus.* ▷ **intransigeant**

transir [tʀɑ̃ziʀ] v. tr. < conjug. 2 > REM. Seulement prés. indicatif, temps composés, et infinitif. Littér. (Froid, sentiment) Pénétrer en engourdissant, transpercer. → **glacer, saisir.** *Le froid nous transit. La peur l'avait brusquement transi.* ▶ **transi, ie** [tʀɑ̃zi] adj. Pénétré, engourdi de froid ou d'un sentiment qui paralyse. → **transir.** *Il fait froid, je suis transi. Être transi de froid. Il était transi de peur.* – Iron. *Un amoureux transi, timide.*

transistor [tʀɑ̃zistɔʀ] n. m. **1·** Dispositif électronique utilisé pour redresser ou amplifier les courants électriques. *Poste de radio à transistors.* **2·** Poste récepteur portatif de radio. *Emporter son transistor en promenade.* ▶ **transistoriser** v. tr. < conjug. 1 > Équiper de transistors. – Au p. p. adj. *Téléviseur portatif transistorisé.*

transit [tʀɑ̃zit] n. m. **1·** Situation d'une marchandise qui ne fait que traverser un lieu et ne paye pas de droits de douane ; passage en franchise (surtout dans *en, de transit*). *Marchandises en transit. Port de transit.* **2·** Situation de voyageurs à une escale (aérienne, maritime...), lorsqu'ils ne franchissent pas les contrôles de police, de douane. **3·** Passage des aliments à travers les voies digestives. ▶ **transitaire** adj. et n. **1·** Adj. De transit. *Pays transitaire,* traversé en transit. – *Commerce transitaire.* **2·** N. m. et f. Commerçant(e) qui s'occupe des transits. ▶ **transiter** v. < conjug. 1 > **1·** V. tr. Faire passer (des marchandises, etc.) en transit. *Transiter des marchandises.* **2·** V. intr. Passer, voyager en transit. *Marchandises qui transitent par la Belgique.*

transitif, ive [tʀɑ̃zitif, iv] adj. Se dit de tout verbe qui peut avoir un complément d'objet. *Verbes transitifs directs* (ex. : *il travaille la terre*). *Verbes transitifs indirects,* dont le complément est construit avec une préposition (*à, de*). Ex. : *il travaille à son devoir.* / contr. intransitif / *Emploi absolu (sans complément) des verbes transitifs* (ex. : *je mange*). ▶ **transitivement** adv. Avec la construction d'un verbe transitif direct. *Employer transitivement un verbe intransitif* (ex. : *vivre sa vie ; il pleut des cordes*). ▷ **intransitif**

transition [tʀɑ̃zisjɔ̃] n. f. **1·** Manière de passer de l'expression d'une idée à une autre en les reliant dans le discours. *Un orateur qui possède l'art des transitions. Une transition ingénieuse entre deux chapitres.* **2·** Passage d'un état à un autre, en général lent et graduel ; état intermédiaire. → **changement, évolution.** *La transition entre le froid et la chaleur. Il passe* ***sans transition*** *du désespoir à l'exaltation,* brusquement. – ***De transition*** : qui constitue un intermédiaire. → **transitoire.** *Régime de transition entre deux constitutions.* ▶ **transitoire** adj. Qui constitue une transition. *Un régime transitoire.* → **provisoire.**

translation [tʀɑ̃slasjɔ̃] n. f. Déplacement, mouvement (d'un corps, en physique, d'une figure, en géométrie) pendant lequel les positions d'une même droite (de la figure ou liée à elle) restent parallèles. *Translation et rotation.*

translittération [tʀɑ̃sliteʀasjɔ̃] n. f. Transcription dans laquelle on fait correspondre à chaque signe d'un système d'écriture un signe d'un autre système. *La translittération du grec, du russe en caractères latins.* ▶ **translittérer** v. tr. < conjug. 6 > Transcrire par une translittération.

translucide [tʀɑ̃slysid] adj. Qui laisse passer la lumière, mais ne permet pas de distinguer nettement les objets (à la différence de ce qui est *transparent*). → **diaphane.** *Une coupe en opaline à peine translucide.* / contr. opaque / ▶ **translucidité** n. f. *La translucidité d'une porcelaine.*

transmettre [tʀɑ̃smɛtʀ] v. tr. < conjug. 56 > Faire passer (qqch.) d'une personne à une autre, d'un lieu à un autre (le plus souvent lorsqu'il y a des intermédiaires). → **transmission. 1·** Faire passer d'une personne à une autre (un bien, matériel ou moral). *Transmettre un héritage.* → **léguer.** *Transmettre son autorité, son pouvoir à qqn.* → **déléguer. 2·** Faire passer, laisser à ses descendants, à la postérité (un bien matériel ou moral). *Transmettre des traditions (à ses descendants).* – Au p. p. adj. *Un secret de fabrication transmis de père en fils.* **3·** Faire passer d'une personne à une autre (un écrit, des paroles, etc.) ; faire changer de lieu, en vue d'une utilisation. *Transmettre un message à qqn.* → faire **parvenir.** *Transmettre une information, un ordre.* → **communiquer.** – (Dans une formule de politesse) *Transmettez mes amitiés à M. Dupuy.* **4·** Faire parvenir (un phénomène physique) d'un lieu à un autre. → **conduire.** *Des corps qui transmettent l'électricité. Une courroie, une chaîne, une roue dentée transmettent le mouvement.* **5·** Faire passer (un germe, une maladie) d'un organisme à un autre. *Il a transmis la rougeole à ses frères.* – Pronominalement (passif). *Une maladie qui se transmet héréditairement, sexuellement.* ▶ **transmetteur** n. m. et adj. Appareil qui sert à transmettre les signaux. ▶ **transmissible** [tʀɑ̃smisibl] adj. Littér. ou terme de droit. Qui peut être transmis. / contr. intransmissible / *Une maladie sexuellement transmissible.* → **M. S. T.** ▶ **transmission** n. f. **I· 1·** Action de transmettre (1). *La transmission d'un bien.* → **cession.** *La transmission des pouvoirs.* → **passation. 2·** Le fait de laisser à ses descendants, à la postérité. *La transmission héréditaire de la propriété. La transmission des caractères héréditaires.* **3·** Le fait de transmettre (une maladie). **4·** Action de faire connaître. *La transmission d'un message, d'un ordre.* → **communication. 5·** ***Transmission de pensée*** : coïncidence entre les pensées de deux personnes, communication directe entre deux esprits. → **télépathie. 6·** Déplacement (d'un phénomène physique ou de ses effets → **propagation**) lorsque ce déplacement implique un ou plusieurs facteurs intermédiaires. *La transmission de la lumière dans l'espace. Transmission des sons.* → **diffusion, émission.** *Les organes de transmission d'une machine.* **II·** ***Les transmissions.*** **1·** Ensemble des moyens destinés à transmettre les informations (renseignements, troupes). → **communication(s), radio.** *Service des transmissions.* **2·** Troupes spécialisées qui mettent en œuvre ces moyens. *Servir dans les transmissions.* ▷ **neurotransmetteur, retransmettre, retransmission**

transmuer [tʀɑ̃smɥe] ou **transmuter** [tʀɑ̃smyte] v. tr. < conjug. 1 > Littér. Transformer (qqch.) en altérant profondément sa nature ; changer en une autre chose. *Les alchimistes voulaient transmuer (transmuter) les métaux vils en or. Un malheur qui se transmue en joie.* ▶ **transmutation** n. f. **1·** Changement d'une substance en une autre. *La transmutation des métaux, rêvée par les alchimistes.* – En physique. Changement de nature d'un corps simple ayant pour résultat une modification de la composition du noyau (le nombre de protons de ce noyau, le nombre atomique, est modifié). *La transmutation des atomes* *s'accompagne souvent de phénomènes radioactifs.* **2·** Littér. Changement de nature, transformation totale. *Le poète opère une véritable transmutation du langage.*

transparaître [tʀɑ̃spaʀɛtʀ] v. intr. < conjug. 57 > Littér. Se montrer au travers de qqch. → **apparaître, paraître.** *La forme du corps transparaît au travers d'un voile.* – *L'angoisse transparaît sur son visage. Laisser transparaître sa jalousie.*

transparent, ente [tʀɑ̃spaʀɑ̃, ɑ̃t] adj. **1·** Qui laisse passer la lumière et paraître avec netteté les objets qui se trouvent derrière. *Le verre est transparent. Une eau transparente.* → **cristallin, limpide.** / contr. trouble / – *Tissus, papiers transparents.* ≠ translucide. **2·** Translucide, diaphane. *Avoir un teint transparent,* clair et délicat. **3·** Qui laisse voir le sens. *C'est une allusion transparente.* → **clair, évident.** *Un texte transparent.* → **limpide.** ▶ **transparence** n. f. **1·** Qualité d'un corps transparent ; phénomène par lequel les rayons lumineux visibles sont perçus à travers certaines substances. *La transparence de l'eau.* → **limpidité.** *Un écran éclairé **par transparence*** : par-derrière (l'écran étant transparent ou translucide). **2·** *La transparence du teint,* sa clarté, sa finesse. **3·** Littér. Qualité de ce qui est transparent (3). → **limpidité.** *La transparence de ses allusions.* – En politique, en économie. Clarté. *Réclamer la transparence du financement des partis.*

transpercer [tʀɑ̃spɛʀse] v. tr. < conjug. 3 > **1·** Percer de part en part. *La balle lui a transpercé l'intestin.* → **perforer.** **2·** Littér. Atteindre profondément, en faisant souffrir. → **percer.** *Cette rupture, ce deuil transperça son cœur.* → **fendre.** **3·** Pénétrer ; passer au travers. *La pluie a transpercé mes vêtements.* → **traverser.**

transpirer [tʀɑ̃spiʀe] v. intr. < conjug. 1 > **1·** Sécréter de la sueur par les pores de la peau. → **suer.** *Transpirer des pieds. Il transpirait à grosses gouttes* (→ être en nage, en eau). **2·** Littér. (D'une information tenue cachée) Finir par être connu. *La nouvelle a transpiré.* → **s'ébruiter, filtrer, fuiter.** ▶ **transpiration** n. f. **1·** Sécrétion de la sueur par les pores de la peau. → **sudation.** *La transpiration provoquée par la chaleur. Être **en transpiration*** : couvert de sueur. **2·** Sueur. *Une chemise humide de transpiration.*

transplanter [tʀɑ̃splɑ̃te] v. tr. < conjug. 1 > **1·** Sortir (un végétal) de la terre pour replanter ailleurs. *Transplanter un jeune arbre.* → **repiquer.** **2·** Opérer la transplantation de (un organe, un tissu vivant). *Transplanter un rein.* – Au p. p. adj. *Un organe transplanté.* **3·** Transporter d'un pays dans un autre, d'un milieu dans un autre. *Transplanter des populations.* – Pronominalement (réfl.). *Cette famille s'est transplantée en Argentine.* – Au p. p. adj. *Coutume transplantée.* ▶ **transplantation** n. f. **1·** Action de transplanter (une plante, un arbre). **2·** Greffe d'un organe entier dans un autre organisme. *Transplantation du rein, transplantation cardiaque.* **3·** Déplacement (de personnes, d'animaux) de leur lieu d'origine dans un autre lieu.

① **transporter** [tʀɑ̃spɔʀte] v. tr. < conjug. 1 > Faire changer de place. **1·** (Suj. chose [nom de véhicule], ou personne) Déplacer (qqn, qqch.) d'un lieu à un autre en portant. *Transporter un colis chez qqn. Transporter un blessé. Train qui transporte des marchandises, des voyageurs.* – Au p. p. adj. *Les marchandises transportées.* – Pronominalement. (Personnes) *Nous nous sommes transportés sur les lieux.* → se **rendre.** *Transportez-vous par la pensée à Pékin.* **2·** Faire passer d'un point à un autre. → **transmettre.** *Les ondes transportent l'énergie à distance.* **3·** Faire passer dans un autre contexte. *Transporter un thème dans une œuvre.* → **introduire.** ▶ ① **transport** n. m. **1·** Manière de déplacer ou de faire parvenir par un procédé particulier et sur une distance assez longue. *Le transport d'un blessé en ambulance. Transport de marchandises.* → **circulation.** *Transport des voyageurs par chemin de fer. Transport automobile.* → **routage.** – *Avions de transport. Moyen de transport,* utilisé pour transporter les marchandises ou les personnes (véhicules, avions, navires). **2·** Au plur. Moyens d'acheminement des personnes et des marchandises. *Transports aériens. Le ministère des Transports.* – *Transports en commun,* transport des voyageurs dans des véhicules publics. **3·** ***Transport** (de sang) **au cerveau*** : hémorragie cérébrale. ▶ **transportable** adj. Qui peut être transporté (dans certaines conditions). *Marchandise transportable par avion.* – *Malade transportable,* qui peut supporter sans danger un transport. / contr. intransportable / ▶ **transporteur, euse** n. **1·** Personne qui se charge de transporter (des marchandises ou des personnes) ; entrepreneur de transports. *Un transporteur aérien. Elle est transporteuse.* **2·** N. m. Appareil, dispositif (comportant des éléments mobiles) servant à transporter des marchandises. ▷ **intransportable**

② **transporter** v. tr. < conjug. 1 > (Suj. chose) Agiter (qqn) par un sentiment violent (→ ② **transport**) ; mettre hors de soi. → **enivrer, exalter.** *Ce spectacle l'a transporté.* → **enthousiasmer.** – Au passif. *Être transporté de joie, d'enthousiasme.* ▶ ② **transport** n. m. Littér. Vive émotion, sentiment passionné (qui émeut, entraîne) ; état de la personne qui l'éprouve. → **enthousiasme, exaltation, ivresse.** *Transports de colère, de joie.* → 1 **élan, emportement.**

transposer [tʀɑ̃spoze] v. tr. < conjug. 1 > **I·** **1·** (Avec un compl. plur. ou collectif) Placer en intervertissant l'ordre. → **intervertir.** *Transposer les mots d'une phrase.* **2·** Faire changer de forme ou de contenu en faisant passer dans un autre domaine. *Transposer une intrigue romanesque dans une pièce de théâtre.* → **adapter.** *Transposer au XXe siècle une tragédie antique.* **II·** Faire passer (une structure musicale) dans un autre ton sans l'altérer. *Transposer une chanson pour l'adapter aux possibilités vocales d'un enfant.* ▶ **transposable** adj. ▶ **transposition** n. f. **1·** Déplacement ou interversion dans l'ordre des éléments de la langue. *Transposition de lettres* (dans le mot), *de mots* (dans la phrase). **2·** Le fait de transposer, de faire passer dans un autre domaine. *La transposition de la réalité dans un livre.* **3·** Le fait de transposer un morceau de musique. – Morceau transposé. *La transposition pour baryton d'un lied pour ténor.*

transsexuel, elle [tʀɑ̃ssɛksɥɛl] adj. et n. En psychologie. Qui a le sentiment, le désir d'appartenir au sexe opposé à son sexe biologique et se conduit en conséquence. – N. Personne qui a changé de sexe. ▶ **transsexualité** n. f.

transsibérien, enne [tʀɑ̃ssibeʀjɛ̃, ɛn] adj. Qui traverse la Sibérie. *Chemin de fer transsibérien* et, n. m., *le transsibérien.*

transsubstantiation [tʀɑ̃ssypstɑ̃sjɑsjɔ̃] n. f. En terme de religion chrétienne. Changement du pain et du vin en la substance du corps de Jésus-Christ.

transsuder [tʀɑ̃ssyde] v. intr. < conjug. 1 > Passer au travers des pores, sortir des pores d'un corps en fines gouttelettes (comme fait la sueur). → **filtrer, suinter.** *Eau qui transsude d'une paroi rocheuse.*

transuranien, ienne [tʀɑ̃zyʀanjɛ̃, jɛn] adj. (Élément) Dont le nombre atomique est supérieur à celui de l'uranium. – N. m. *Le plutonium est un transuranien.*

transvaser [tʀɑ̃svaze] v. tr. < conjug. 1 > Verser, faire couler d'un récipient dans un autre. *Transvaser du vin.* → **transvider.** ▶ **transvasement** n. m.

transversal, ale, aux [tʀɑ̃svɛʀsal, o] adj. **1·** Qui traverse une chose en la coupant perpendiculairement à sa plus grande dimension (longueur ou hauteur). *Coupe transversale et coupe longitudinale.* **2·** Qui traverse, est en travers. *L'avenue et les rues transversales.* ▶ **transversalement** adv. *Les poutres posées transversalement.* ▶ **transverse** adj. Se dit, en anatomie, d'un organe qui est en travers. *Côlon transverse.*

transvider [tʀɑ̃svide] v. tr. < conjug. 1 > Faire passer (un contenu) dans un autre récipient. *Transvider le sucre d'un paquet dans le sucrier. Transvider un liquide dans une carafe.* → **transvaser.**

1 **trapèze** [tʀapɛz] n. m. Quadrilatère dont deux côtés sont parallèles (surtout lorsqu'ils sont inégaux). *Les bases d'un trapèze,* les côtés parallèles. ▶ **trapézoïdal, ale, aux** [tʀapezɔidal, o] adj. Didact. En forme de trapèze.

2 **trapèze** n. m. Appareil de gymnastique, d'acrobatie ; barre horizontale suspendue par les extrémités à deux cordes. *Faire du trapèze.* ***Trapèze volant*** : où l'on saute d'un trapèze à l'autre en se balançant. ▶ **trapéziste** n. Acrobate spécialisé dans les exercices au trapèze. *Une trapéziste de cirque.*

1 **trappe** [tʀap] n. f. **1·** Ouverture pratiquée dans un plancher ou dans un plafond et munie d'une fermeture qui se rabat, pour donner accès à une cave, un grenier, etc. – Loc. *Passer à la trappe,* être rejeté, tomber dans l'oubli. **2·** Piège formé d'un trou recouvert de branchages ou d'une bascule. → **chausse-trape.** ▷ **attraper, trappeur**

2 **trappe** n. f. *La Trappe,* ordre religieux institué en 1664. – Couvent de trappistes. *Se retirer dans une trappe.* ▶ **trappiste** n. m. Moine, religieux qui observe la règle réformée de la Trappe.

trappeur, euse [tʀapœʀ, øz] n. Chasseur(euse) professionnel(le) qui fait commerce de fourrures (en chassant les animaux avec des trappes, etc.), en Amérique du Nord.

trapu, ue [tʀapy] adj. **1·** (Personnes) Qui est court et large, ramassé sur soi-même (souvent avec l'idée de robustesse, de force). *Un homme petit et trapu.* / contr. élancé / – (Choses) Ramassé, massif. *Une construction trapue.* **2·** Fam. Fort. *Il est trapu en maths.* – Difficile. *Un problème trapu.*

traquer [tʀake] v. tr. < conjug. 1 > **1·** Poursuivre (le gibier) en resserrant toujours le cercle qu'on fait autour de lui. → **forcer.** – Au p. p. adj. *Un air de bête traquée.* **2·** Poursuivre (qqn), le forcer dans sa retraite. – Au p. p. *Un homme traqué par la police.* ▶ **traque** n. f. Action de traquer (un animal à la chasse, une personne). *Une longue traque.* ▶ **traquenard** [tʀaknaʀ] n. m. **1·** Piège. *Être pris dans un traquenard.* → **souricière.** **2·** Difficulté suscitée volontairement. *Des questions pleines de traquenards.* → **embûche.**

traumatique [tʀomatik] adj. Didact. Qui a rapport aux plaies, aux blessures. *Choc traumatique,* après une blessure grave, une opération. ▶ **traumatiser** v. tr. < conjug. 1 > Provoquer un traumatisme psychologique. *La mort de sa mère l'a complètement traumatisé.* ▶ **traumatisant, ante** adj. Qui traumatise. *Une expérience traumatisante.* ▶ **traumatisme** n. m. **1·** Ensemble des troubles provoqués dans l'organisme par une lésion, un coup, une blessure grave. *Traumatismes crâniens.* **2·** Choc émotionnel violent. ▶ **traumatologie** n. f. Didact. Partie de la médecine, de la chirurgie consacrée à soigner les traumatismes physiques. *Le service de traumatologie d'un hôpital.*

travail, aux [tʀavaj, o] n. m. **I· 1·** *(Le travail)* Ensemble des activités humaines organisées, coordonnées en vue de produire ce qui est utile ; état, activité d'une personne qui agit avec suite en vue d'obtenir un tel résultat. → **action, activité, labeur ; travailler.** / contr. inaction, oisiveté, repos / *Le travail manuel, intellectuel. L'organisation du travail. Il est surchargé de travail.* – Loc. ***Au travail.*** *Se mettre au travail,* commencer un travail. *Être au travail. Avoir du travail.* **2·** *(Le travail de qqch.)* L'action ou la façon de travailler (I) une matière ; de manier un instrument. *Le travail du bois.* **3·** *(Un travail ; le travail de qqn)* Ensemble des activités manuelles ou intellectuelles exercées pour parvenir à un résultat utile déterminé. → **besogne** (2), **tâche** ; fam. **boulot.** *Entreprendre un travail. Accomplir, faire un travail. Un travail de longue haleine.* – Loc. *Un travail de Romain,* long et dur, *de bénédictin,* long et patient (intellectuel). – Ouvrage de l'esprit (considéré comme le résultat d'une recherche, d'une étude). **4·** Manière dont un ouvrage, une chose ont été exécutés. *Travail soigné* (→ fam. de la belle ouvrage). *C'est du travail d'amateur,* mal fait, peu soigné. Iron. *C'est du beau travail !* **II·** ***Les travaux.*** **1·** Suite d'entreprises, d'opérations exigeant l'activité physique suivie d'une ou de plusieurs personnes et l'emploi de moyens techniques. *Les travaux des champs,* l'agriculture. *Les travaux ménagers. Gros travaux,* pénibles et n'exigeant pas une habileté particulière. *Pendant la durée des travaux, le magasin restera ouvert.* → **réparation.** *Travaux de réfection des routes. Ralentir, travaux ! – Surveiller des travaux.* Loc. plaisant. *Inspecteur des travaux finis,* paresseux, qui se contente de regarder les autres travailler. **2·** ***Travaux publics*** : travaux de construction, de réparation, ou d'entretien d'utilité générale faits pour le compte d'une administration (ex. : *routes, ponts,* etc.). *Un ingénieur des Travaux publics. Le ministère des Travaux publics.* **3·** ***Travaux forcés*** : peine de droit commun qui s'exécutait dans les bagnes. **4·** Suite de recherches dans un domaine intellectuel, scientifique. → **recherche.** *Les travaux scientifiques. Travaux pratiques, travaux dirigés,* cours où l'on fait des exercices en application d'un cours théorique. → **T. P.** **5·** Délibérations (d'une réunion) devant aboutir à une décision. *L'assemblée poursuit ses travaux.* **III· 1·** Activité laborieuse, rétribuée, dans une profession. → **emploi, fonction, gagne-pain, métier, profession, spécialité ;** fam. **boulot, job, turbin.** / contr. chômage, loisir, vacances / *Un travail à mi-temps, à plein temps. Arrêt de travail,* grève momentanée ; interruption de travail (spécialt, pour une maladie : *le médecin lui a donné un arrêt de travail d'une semaine*). *Être sans travail* (→ **chômeur**). *Aller au travail. Il est interdit de s'absenter pendant le travail.* → **service.** *Travail payé à l'heure. – Travail continu,* exécuté sans interruption par une équipe. *Travail à la chaîne*. Travail à domicile* (exécuté chez soi). *Travail temporaire. – Carte de travail* (pour les travailleurs étrangers, immigrés...). – *Contrat de travail. – Travail au noir,* exercé dans des conditions illégales. **2·** L'ensemble des travailleurs, surtout dans les secteurs agricole et industriel. → **ouvrier, paysan, prolétariat, travailleur(s) ; main-d'œuvre.** *Le monde du travail. Le ministère du Travail.* **IV·** En sciences. **1·** Action continue, progressive ; son effet. *Le travail d'érosion des eaux. – Le travail du temps. Le travail de l'inconscient.* **2·** Le fait de produire un effet utile, par son activité. → **fonctionnement, force.** *Travail musculaire,* quantité d'énergie fournie par l'ensemble des muscles d'un organisme. **3·** Produit d'une force par le déplacement de son point d'application (estimé suivant la direction de la force). *Quantité de travail que peut fournir une machine par unité de temps.* → **puissance.** **V·** Phase de l'accouchement caractérisée par de fortes contractions utérines. *Une femme en travail,* en train d'enfanter. *Salle de travail,* d'accouchement. ▷ **sans-travail, télétravail, T. P., travailliste**

travailler [tʀavaje] v. < conjug. 1 > **I·** V. tr. Modifier par le travail (I). **1·** Soumettre à une action suivie, pour donner forme (ou changer de forme), rendre plus utile ou utilisable. *Travailler une matière première.* → **élaborer, façonner.** *Travailler le bois, le cuir. Travailler la terre.* → **cultiver.** *Travailler la pâte.* **2·** Soumettre à un travail intellectuel, pour améliorer. *Travailler son style.* → **perfectionner.** – Au p. p. adj. *Un style travaillé,* élaboré avec soin. **3·** Chercher à acquérir ou perfectionner (une science, une technique, une activité, un art) par l'exercice, l'étude, la connaissance ou la pratique. *Travailler la philosophie.* → **bûcher, potasser.** *Travailler un morceau de piano. Travailler un rôle, une scène.* → **répéter.**

4· Soumettre à des influences volontaires de manière à faire agir de telle ou telle façon. *Il travaillait l'opinion. Travailler les esprits,* les pousser au mécontentement, à la révolte. → **exciter.** **5·** (Suj. chose) Faire souffrir. *Ses rhumatismes le travaillent. L'enfant est grognon, ses dents le travaillent.* – Inquiéter, préoccuper. *Cette histoire me travaille.* → **tracasser.** **6·** Transitivement (ind.). ***Travailler à...*** : faire tous ses efforts pour obtenir (un résultat), en vue de... *Travailler à la perte de qqn.* – Consacrer son activité, apporter ses soins à (un ouvrage). *Il travaille à un exposé.* → **préparer.** *Travailler ensemble à l'œuvre commune.* **II·** V. intr. **1·** Agir d'une manière suivie, avec plus ou moins d'effort, pour obtenir un résultat utile (intellectuellement, manuellement). → fam. **bosser, boulonner,** [2] **bûcher, trimer.** / contr. s'amuser, chômer, se reposer / *Travailler dur, d'arrache-pied. Travailler comme un forçat, un bœuf, une bête de somme,* travailler à des ouvrages pénibles, en se fatiguant beaucoup. – Fam. *Faire travailler sa matière grise, son esprit.* – Étudier. *Elle travaille bien en classe. Élève qui ne travaille pas,* paresseux. **2·** Exercer une activité professionnelle, un métier. *Il travaille dans l'édition.* **3·** S'exercer ; effectuer un exercice. *Les acrobates travaillent sans filet.* **4·** (Suj. chose : temps, force...) Agir. *Le temps travaille pour nous, contre nous.* **5·** Fonctionner pour la production. *Industrie qui travaille pour l'exportation. Travailler à perte.* **6·** Loc. fam. *Il **travaille du chapeau*** : il est fou. **III·** V. intr. (Choses) Subir une force, une action. **1·** Subir une ou plusieurs forces (pression, traction, poussée) et se déformer. *Le bois a travaillé.* → se **déformer,** se **gondoler.** **2·** Fermenter, subir une action interne. *Le vin travaille. La pâte travaille,* lève. **3·** Être agité. *Son esprit, son imagination travaille.* ▶ **travailleur, euse** n. et adj. **I·** N. **1·** Personne qui travaille, fait un travail physique ou intellectuel. *Les oisifs et les travailleurs. Cette élève est une grande travailleuse.* **2·** Personne qui exerce une profession, un métier. *Les travailleurs manuels.* → **artisan, ouvrier, paysan.** *Travailleurs intellectuels. Les travailleurs sociaux,* éducateurs, assistantes sociales. – *Les travailleurs,* les salariés, surtout les ouvriers de l'industrie. → **prolétaire.** *La condition des travailleurs.* **II·** Adj. **1·** Qui aime le travail. → **laborieux.** *Un élève travailleur.* / contr. paresseux / **2·** Des travailleurs. *Les masses travailleuses,* laborieuses. ▶ **travailloter** v. intr. <conjug. 1> Travailler peu, sans se fatiguer. ▷ **travail**

travailliste [tʀavajist] n. et adj. Membre du Labour Party (parti du *Travail*), en Grande-Bretagne. → **socialiste.** / contr. conservateur, tory / – *Député travailliste.*

travée [tʀave] n. f. **1·** Portion (de voûte, de comble, de pont...) comprise entre deux points d'appui (colonnes, piles, piliers, etc.). *Nef à cinq travées.* **2·** Rangée de tables, de bancs placés les uns derrière les autres. *Les travées d'un amphithéâtre.*

traveller's chèque ou **traveller's check** [tʀavlœʀ(s)ʃɛk] n. m. Anglic. Chèque de voyage. → **chèque.** *Changer des traveller's chèques.*

travelling [tʀavliŋ] n. m. Anglic. Mouvement de la caméra placée sur un chariot, qui glisse sur des rails. *Des travellings avant, arrière.*

travelo [tʀavlo] n. m. Fam. Travesti, homosexuel habillé, maquillé comme une femme. *Des travelos.*

[1] **travers** [tʀavɛʀ] n. m. invar. (Dans des loc. adv., adj. et prép.) **1·** ***En travers*** : dans une position transversale par rapport à un axe. → **transversalement.** *Il dort en travers du lit.* – Loc. Littér. *Se mettre, se jeter en travers de...,* s'opposer, faire obstacle à. *Il s'est mis en travers de ma route, de mon entreprise.* **2·** ***À travers*** : par un mouvement transversal d'un bout à l'autre d'une surface ou d'un milieu (avec l'idée d'un obstacle passé). *Passer à travers champs, à travers la foule.* → **au milieu, parmi ; traverser.** *Des objets distingués à travers une vitre. – À travers diverses péripéties.* **3·** ***Au travers*** : en passant d'un bout à l'autre ; de part en part. *La pluie passe au travers du toit.* – Loc. *Passer au travers,* échapper à un danger, à une punition. *Il n'a pas eu d'ennuis, il est passé au travers.* **4·** ***Par le travers*** : sur le côté. **5·** ***De travers*** : dans une direction, une position oblique par rapport à la normale ; qui n'est pas droit. → fam. **de traviole.** *Avoir le nez de travers.* → **dévié.** *Les crabes marchent de travers,* de côté. – Loc. *Regarder qqn de travers,* avec animosité, suspicion. – *Raisonner de travers, tout de travers.* → **mal.** *Il comprend tout de travers. – Tout va de travers,* tout va mal. **6·** ***À tort et à travers*** : n'importe comment. *Il parle à tort et à travers.* ▷ **traverse, traverser, traversin,** de **traviole**

[2] **travers** n. m. invar. ***Un, des travers*** : défaut qui fait qu'on ne réagit pas correctement, qu'on s'écarte du bon sens. *Chacun a ses qualités et ses travers.*

traverse [tʀavɛʀs] n. f. **1·** Barre de bois, de métal, etc., disposée en travers, servant à assembler, à consolider des montants, des barreaux. *Les traverses d'une fenêtre.* **2·** Pièce (de bois, de métal, de béton) placée en travers de la voie pour maintenir l'écartement des rails. **3·** ***De traverse*** loc. adj. *Chemin de traverse,* chemin qui coupe. → **raccourci.**

traverser [tʀavɛʀse] v. tr. < conjug. 1 > **I· 1·** Passer, pénétrer de part en part, à travers (un corps, un milieu interposé). → **percer, transpercer.** *Traverser un mur à coups de pioche. L'eau traverse la toile.* → **filtrer. 2·** Se frayer un passage à travers (des personnes rassemblées). *Traverser la foule.* **II· 1·** Parcourir (un espace) d'une extrémité, d'un bord à l'autre. → **franchir, parcourir.** *Traverser une ville. Le train traverse une jolie région. Les routes qui traversent le pays du nord au sud.* – (Suj. personne) Couper (une voie de communication), aller d'un bord à l'autre. *Traverser la rue, la rivière.* – Sans compl. *Les piétons qui traversent. Fais attention en traversant.* **2·** (Choses ; sans mouvement) Être, s'étendre, s'allonger au travers de... *La route traverse la voie ferrée.* → **croiser. 3·** Aller d'un bout à l'autre de (un espace de temps), dépasser (un état durable). *Traverser une période, une époque.* **4·** Passer par (l'esprit, l'imagination). *Une idée me traversa l'esprit.* → se **présenter.** – Au p. p. *Un sommeil agité, traversé de cauchemars.* ▶ **traversable** adj. *Rivière traversable à gué.* ▶ **traversée** n. f. **1·** Action de traverser la mer (ou une grande étendue d'eau). *La traversée de Calais à Douvres, du Conquet à Ouessant.* **2·** Action de traverser (un espace) d'un bout à l'autre. → **passage.** *La traversée d'une ville en voiture.* ▶ **traversier, ière** adj. et n. **I·** Adj. Vx ou loc. Qui est en travers. *Rue traversière. Flûte traversière,* grande flûte métallique dont on joue transversalement. **II·** Adj. et n. m. Qui traverse (l'eau). *Barque traversière.* – N. m. Au Québec. Bâteau servant à franchir un cours d'eau, un lac. → ⊡ **bac.**

traversin [tʀavɛʀsɛ̃] n. m. Long coussin de chevet, cylindrique, qui tient toute la largeur du lit (en travers du lit). → **polochon.**

travertin [tʀavɛʀtɛ̃] n. m. Roche calcaire présentant de petites cavités, utilisée comme pierre ornementale.

travestir [tʀavɛstiʀ] v. < conjug. 2 > **1·** V. pron. réfl. ***Se travestir*** *:* se déguiser pour un bal, un rôle de théâtre. *Ils se sont travestis pour le carnaval.* **2·** V. tr. Transformer en revêtant d'un aspect mensonger qui défigure, dénature. → **déformer, fausser.** *Travestir la pensée de qqn.* → **falsifier.** ▶ **travesti, ie** adj. et n. **I· 1·** Adj. Revêtu d'un déguisement. *Jeunes filles travesties pour un bal.* → **costumé, déguisé.** *Un acteur travesti* ou, n., *un travesti,* un acteur qui se travestit, qui joue un rôle féminin. **2·** N. Personne qui s'habille de façon à prendre l'apparence de l'autre sexe. → fam. **travelo. II·** N. m. Vieilli. Déguisement pour une mascarade, un bal masqué. ▶ **travestissement** n. m. **1·** Action ou manière de travestir, de se travestir. → **déguisement. 2·** Déformation, parodie. *Le travestissement de la vérité.*

de traviole [d(ə)tʀavjɔl] loc. adv. Fam. De travers. *Avec son béret tout de traviole.*

trayeuse [tʀɛjøz] n. f. Machine pour traire les vaches.

trayon [tʀɛjɔ̃] n. m. Chacune des tétines du pis (d'une vache).

trébucher [tʀebyʃe] v. intr. < conjug. 1 > **1·** Perdre soudain l'équilibre, faire un faux pas. → **chanceler.** *Un ivrogne qui trébuche et titube. Trébucher contre, sur une pierre.* → **buter. 2·** Être arrêté par une difficulté, faire une erreur. *Il trébuche sur les mots difficiles.* ▶ **trébuchant, ante** adj. **1·** Qui trébuche. *Une démarche trébuchante.* **2·** Qui hésite à chaque difficulté. *Une diction trébuchante.* **3·** Loc. Plaisant. *Espèces* ***sonnantes et trébuchantes*** (pièces qui résonnent et qui pèsent le poids au trébuchet) : argent liquide. ▷ **trébuchet**

trébuchet [tʀebyʃɛ] n. m. **1·** Piège à prendre les petits oiseaux, muni d'une bascule. **2·** Petite balance pour les pesées délicates.

tréfiler [tʀefile] v. tr. < conjug. 1 > Étirer (un métal) en le faisant passer au travers des trous d'une filière pour obtenir des fils de la grosseur requise. *Tréfiler du fer.* → **fileter.** ▶ **tréfilage** n. m. Opération par laquelle on tréfile (un métal). ▶ **tréfilerie** n. f. Atelier, usine où se fait le tréfilage des métaux.

trèfle [tʀɛfl] n. m. **1·** Plante, herbe aux feuilles composées de trois éléments (folioles), qui pousse dans les prairies des régions tempérées. *Un champ de trèfle.* – *Trèfle à quatre feuilles,* feuille de trèfle qui comporte anormalement quatre éléments, considérée comme porte-bonheur. **2·** Motif décoratif évoquant la feuille de trèfle. – Aux cartes. Ce motif, de couleur noire. *Roi de trèfle. Jouer trèfle.* **3·** *Croisement en trèfle* ou, n. m., *trèfle,* croisement de grandes routes à niveaux séparés, à raccords courbes. → **échangeur.**

tréfonds [tʀefɔ̃] n. m. invar. Littér. Ce qu'il y a de plus profond, de plus secret. → **fond.** *Le tréfonds du cœur.*

treille [tʀɛj] n. f. **1·** Vigne qui pousse en berceau, en voûte, les ceps étant soutenus par un treillage ; tonnelle où grimpe la vigne. **2·** Vigne que l'on fait pousser contre un support (treillage, mur, espalier...). – Loc. *Le jus de la treille,* le vin. ▶ **treillage** n. m. Assemblage de lattes, d'échalas posés parallèlement ou croisés dans un plan vertical. *Treillage en voûte.* → **berceau, tonnelle.** ▶ ⊡ **treillis** n. m. invar. Entrecroisement de lattes, de fils métalliques formant claire-voie. *Le treillis métallique d'un garde-manger.*

2 **treillis** [tReji] n. m. **1·** Toile de chanvre très résistante. *Pantalon de treillis.* **2·** Tenue militaire d'exercice ou de combat.

treize [tRɛz] dét. invar., adj. invar. et n. m. invar. **1·** Dét. num. cardinal invar. Dix plus trois (13). *Un garçon de treize ans. Treize cents ou mille trois cents* (1 300). – Loc. *Treize à la douzaine,* treize choses pour le prix de douze ; beaucoup trop, à ne savoir qu'en faire. **2·** Adj. num. ordinal invar. Treizième. *Louis XIII* (treize). *Treize heures. Page treize.* **3·** N. m. invar. Le nombre, le numéro treize. *Treize est un nombre entier.* ▶ **treizième** adj. et n. **1·** Adj. num. ordinal. Qui vient après le douzième. *Le treizième arrondissement.* – N. *Être le, la treizième.* **2·** Se dit d'une fraction d'un tout, également partagé en treize. *La treizième partie.* – N. m. *Un treizième de la somme.* ▶ **treizièmement** adv. En treizième lieu.

trek [tRek] n. m. Anglic. Randonnée pédestre dans des régions montagneuses difficilement accessibles ou hors des circuits touristiques. *Faire un trek dans l'Himalaya.* ▶ **trekking** n. m. Activité sportive qui consiste à faire des treks ; trek. *Elle a fait un trekking, du trekking en Mongolie.* ▶ **trekkeur, euse** n.

tréma [tRema] n. m. Signe formé de deux points juxtaposés que l'on met sur les voyelles *e, i, u,* pour indiquer que la voyelle qui précède doit être prononcée séparément. «*Astéroïde*» [asteRɔid] *s'écrit avec un i tréma,* «*aiguë*» (fém.) [egy] *avec un e tréma.*

tremble [tRɑ̃bl] n. m. Peuplier à écorce lisse, à tige droite, dont les feuilles tremblent au moindre vent.

trembler [tRɑ̃ble] v. intr. < conjug. 1 > **1·** Faire une suite de petites oscillations, être agité de petits mouvements répétés autour d'une position d'équilibre. *L'explosion a fait trembler les vitres.* → **remuer, trépider, vibrer.** *Le feuillage tremble sous la brise.* → **frémir.** – Être ébranlé. *La terre tremble.* → **tremblement** de terre. – (Lumière) Produire une image vacillante. – (Voix) Ne pas conserver la même intensité ; varier rapidement (en intensité, hauteur). *Son qui tremble.* → **tremblé ; trémolo. 2·** (Personnes) Être agité par une suite de petites contractions involontaires des muscles. → **frissonner.** *Il tremblait de froid, de fièvre.* → **grelotter.** Loc. *Trembler comme une feuille,* beaucoup. *Ils tremblent de peur.* **3·** Éprouver une violente émotion, sous l'effet de la peur. *Tout le monde tremble devant lui. Je tremble qu'on ne l'apprenne. Je tremble pour vous,* j'ai peur pour vous, je vous vois en danger. *Il tremble de la perdre,* il craint de la perdre. ▶ **tremblant, ante** adj. **1·** Qui tremble. *Il était tout tremblant de froid.* → **grelottant.** *Une lueur tremblante.* → **vacillant.** *Une voix tremblante.* → **chevrotant. 2·** Qui tremble, craint, qui a peur. → **craintif.** *Effrayée et tremblante, elle se taisait.* ▶ **tremblé, ée** adj. **1·** Tracé d'une main tremblante. *Écriture tremblée.* **2·** (Son, voix) Qui tremble. ▶ **tremblement** n. m. **1·** Secousses répétées qui agitent une chose. → **ébranlement.** – *Tremblement de terre :* secousses en relation avec la déformation de l'écorce terrestre en un lieu. → **séisme.** *Des tremblements de terre ont détruit une partie de la ville.* **2·** Léger mouvement de ce qui tremble. *Le tremblement des feuilles. Avec un tremblement dans la voix. Le tremblement des vitres lorsque passe un camion.* → **trépidation, vibration. 3·** Agitation du corps ou d'une partie du corps par petites oscillations involontaires. → **frémissement, frisson.** *Un tremblement de froid, de peur. Être pris, agité de tremblements convulsifs.* **4·** Loc. fam. *Et tout le tremblement :* et tout le reste. → 1 **tralala.** ▶ **trembloter** v. intr. < conjug. 1 > Trembler (1, 2) légèrement. ▶ **tremblote** n. f. Fam. Tremblement de froid, de fièvre, de peur. *Avoir la tremblote.* ▶ **tremblotement** n. m. Léger tremblement. ▷ **tremble**

trémie [tRemi] n. f. Grand entonnoir en forme de pyramide renversée qui permet de déverser une substance à traiter.

trémière [tRemjɛR] adj. f. *Rose trémière.* → 1 **rose.**

trémolo [tRemɔlo] n. m. **1·** Effet musical obtenu par la répétition très rapprochée d'un son, d'un accord. **2·** *Trémolo :* tremblement d'émotion (souvent affecté) dans la voix. *Déclamer avec des trémolos dans la voix.*

trémousser [tRemuse] v. pron. < conjug. 1 > S'agiter avec de petits mouvements vifs et irréguliers. → **frétiller,** se **tortiller.** ▶ **trémoussement** n. m. *Des trémoussements d'impatience.*

tremper [tRɑ̃pe] v. < conjug. 1 > **I·** V. tr. **1·** (Liquide) Mouiller fortement, imbiber. *La pluie a trempé sa chemise.* – Au passif et p. p. adj. *(Être) trempé. Une chemise trempée de sueur. Nous étions complètement trempés après cet orage.* **2·** Faire entrer (un solide) dans un liquide pour imbiber, enduire. *Il trempait sa tartine dans son café au lait.* – Immerger, baigner. *Il trempe son bras dans le lavabo.* – Pronominalement (réfl.). *Se tremper,* prendre un bain rapide. **3·** Plonger (l'acier) dans un bain froid. → **trempe.** – Au p. p. adj. *Acier trempé :* durci par la trempe. **4·** Littér. Aguerrir, fortifier. – Au p. p. adj. *Un caractère bien trempé,* énergique. **II·** V. intr. **1·** Rester plongé dans un liquide. *Les fleurs ne trempent pas bien dans ce vase. Faire tremper, mettre à tremper le linge,* le laisser un certain temps dans l'eau ou la lessive avant le lavage. – *Faire tremper des légumes secs* (dans l'eau). **2·** Loc. (Suj. personne)

Tremper dans... (une affaire malhonnête) : y participer, en être complice. *Il a trempé dans cette escroquerie.* ▶ **trempage** n. m. Action de tremper. *Le trempage du linge.* ▶ **trempe** n. f. 1· Immersion dans un bain froid (d'un métal, d'un alliage chauffé à haute température). *La trempe de l'acier.* – Qualité qu'un métal acquiert par cette opération. *Une lame de bonne trempe.* 2· *De... trempe* : qualité, caractère. *Un gars de sa trempe ne se laisse pas faire.* 3· Fam. Volée de coups. → **raclée.** ▶ **trempette** n. f. *Faire trempette* : prendre un bain (de mer, de rivière...) hâtif sans entrer complètement dans l'eau. ▷ **détremper, se retremper**

tremplin [trɑ̃plɛ̃] n. m. 1· Planche élastique sur laquelle on prend élan pour sauter. *Plonger du haut d'un tremplin.* 2· Abstrait. Moyen qui permet de parvenir à un but.

trench-coat [trɛnʃkot] ou **trench** [trɛnʃ] n. m. Anglic. Imperméable à ceinture. *Des trench-coats* ou *des trenchs.*

trente [trɑ̃t] dét. invar., adj. invar. et n. m. invar. 1· Dét. num. cardinal invar. Trois fois dix (30). *Mois de trente jours. Octobre a trente et un jours.* – *Trente-six* : nombre utilisé familièrement pour désigner un grand nombre indéterminé. → **cent.** *Il n'y a pas trente-six façons de procéder.* Loc. *Tous les trente-six du mois,* à peu près jamais. 2· Adj. num. ordinal invar. Qui suit le vingt-neuvième. → **trentième.** *Numéro trente, page trente. Les années trente,* de 1930 à 1939. 3· N. m. invar. Nombre, numéro trente. *Il habite au trente.* – Loc. *Se mettre, être* ***sur son trente et un*** : mettre ses plus beaux habits. ▶ **trentaine** n. f. Nombre de trente, d'environ trente. *Une trentaine d'années.* – Âge d'environ trente ans. *Il doit avoir dépassé la trentaine.* ▶ **trentième** adj. et n. 1· Adj. num. ordinal. Qui a le numéro trente pour rang. *Le trentième jour du mois.* – N. *Il est le trentième sur la liste.* 2· *La trentième partie* ou, n. m., *le trentième,* partie d'un tout également divisé en trente.

trépan [trepɑ̃] n. m. 1· Instrument de chirurgie destiné à percer les os du crâne. 2· Vilebrequin pour forer. → **foreuse.** *Trépan de sonde.* ▶ **trépaner** v. tr. < conjug. 1 > Pratiquer un trou dans la boîte crânienne à l'aide d'un trépan. *Trépaner un blessé.* – Au p. p. adj. et n. *Les trépanés.* ▶ **trépanation** n. f. Opération par laquelle on trépane.

trépas [trepɑ] n. m. invar. Vieilli. La mort. – Littér. En loc. → **mort.** *Passer de vie à trépas,* mourir. ▶ **trépasser** v. intr. < conjug. 1 > Littér. → **mourir.** – Au p. p. adj. et n. *Les trépassés,* les morts.

trépider [trepide] v. intr. < conjug. 1 > Être agité de petites secousses fréquentes, d'oscillations rapides. → **trembler, vibrer.** *Le plancher du wagon trépidait.* ▶ **trépidant, ante** adj. 1· Qui est agité de petites secousses. 2· Très rapide et agité. *Rythme trépidant. La vie trépidante des grandes villes,* la vie agitée des gens pressés. ▶ **trépidation** n. f. Agitation de ce qui trépide. *La trépidation du moteur.*

trépied [trepje] n. m. Meuble ou support à trois pieds. *Le trépied d'un appareil photographique.*

trépigner [trepiɲe] v. intr. < conjug. 1 > Piétiner ou frapper des pieds contre terre à plusieurs reprises, sous le coup d'une émotion. *La foule trépignait d'enthousiasme, d'impatience.* ▶ **trépignement** n. m. *Des trépignements d'impatience, de colère.*

très [trɛ] adv. REM. *Très* se prononce [trɛ] devant une consonne, [trɛz] devant une voyelle ou un *h* muet. S'emploie pour marquer le superlatif absolu. → **bien, fort.** 1· (Devant un adj.) *Il est très gentil. C'est très drôle.* → **extrêmement.** *Un hiver très froid. C'est très clair.* → **parfaitement.** *Je suis très content. Cette question est très embarrassante.* → **terriblement.** *C'est très beau,* fam. *très très beau.* → aussi **trop.** – (Devant un terme, une expression à valeur d'adjectif) *J'étais très en retard. Un monsieur très comme il faut. Elle est déjà très femme.* – (Devant un p. p.) *Un air très connu. J'étais très gêné.* 2· (Devant un adv.) *Il se porte très bien. Ça ne va pas très vite.* 3· (Dans des locutions verbales d'état) *Il faisait très chaud.* – (Devant un nom) *Elle s'était fait très mal.* – (Emplois critiqués) → **grand.** *J'ai très faim, très soif. Faites très attention. J'en ai très envie.*

trésor [trezɔr] n. m. I· 1· Ensemble de choses précieuses amassées et cachées. *On a découvert un trésor en démolissant le vieux quartier. L'île au trésor,* où il y a un trésor (de pirates, etc.). – *Amasser un trésor.* → **thésauriser.** 2· *Des trésors* : grandes richesses concrètes, objets de grand prix. *Les trésors artistiques des musées.* – *Le trésor* : ensemble des objets précieux d'une église, réunis dans une sorte de musée. 3· *Le Trésor (public)* : ensemble des moyens financiers dont dispose un État. – En France. Service financier chargé d'encaisser les recettes fiscales et de payer les dépenses du budget de l'État. *Direction du Trésor* (au ministère des Finances). *Des bons du Trésor.* II· Abstrait. 1· *Un, des trésor(s) de,* une accumulation de (choses utiles, belles ou précieuses). *Il faut des trésors de patience pour le supporter.* 2· *Le Trésor de la langue,* un grand dictionnaire. → **thésaurus.** 3· *Mon trésor,* terme d'affection. ▶ **trésorerie** [trezɔrri] n. f. 1· Administration du Trésor public. – Services financiers (de l'armée, d'une association...). 2· État et gestion des fonds, des ressources. → **finance.** *Difficultés de trésorerie,* insuffisance de ressources pour faire face aux dépenses. ▶ **trésorier, ière** n. Personne chargée de l'administration des finances (d'une organisation publique ou privée). *Le trésorier d'un parti.* – *Trésorier-payeur général,* chargé de la gestion du Trésor public dans un département.

tressaillir [tʀesajiʀ] v. intr. < conjug. 13 > Éprouver un tressaillement. → **sursauter, tressauter.** *Il tressaillait au moindre bruit. Tressaillir de peur, de joie* → **frémir, trembler.** ▶ **tressaillement** n. m. Ensemble de secousses musculaires qui agitent brusquement le corps, sous l'effet d'une émotion vive ou d'une sensation inattendue. *Un léger tressaillement parcourut sa nuque, la parcourut.* → **frémissement, tremblement.**

tressauter [tʀesote] v. intr. < conjug. 1 > 1· Tressaillir. *Un claquement de porte nous fit tressauter.* 2· (Choses) Être agité de façon désordonnée. *La charrette tressautait sur le chemin.* → **cahoter.** ▶ **tressautement** n. m. Mouvement de ce qui tressaute.

tresse [tʀɛs] n. f. 1· Assemblage de trois longues mèches de cheveux entrecroisées à plat et retenues par une attache. → **natte.** *Faire des tresses à une petite fille.* 2· Cordon plat fait de fils entrelacés ; galon fait de plusieurs cordons. ▶ **tresser** v. tr. < conjug. 1 > 1· Arranger en tresses. *Tresser ses cheveux.* → **natter.** 2· Entrelacer (des brins de paille, de jonc), de manière à former un réseau. *Tresser de la paille.* 3· Faire (un objet) en entrelaçant des fils, des brins. *Les vanniers tressent des paniers.* – Loc. *Tresser des couronnes à qqn,* le louer, le glorifier. ▶ **tressage** n. m.

tréteau [tʀeto] n. m. 1· Longue pièce de bois sur quatre pieds, servant de support (à une estrade, un étalage, etc.). *Table à tréteaux.* 2· Littér. *Les tréteaux :* théâtre de foire, scène sommairement installée. *Monter sur les tréteaux.* → **planche(s).**

treuil [tʀœj] n. m. Appareil de levage composé d'un cylindre qu'on fait tourner sur son axe *(le tambour)* à l'aide d'une manivelle et autour duquel s'enroule une corde, un câble. → **cabestan.** ▶ **treuiller** v. tr. < conjug. 1 > Soulever, tirer à l'aide d'un treuil. ▷ **hélitreuiller**

trêve [tʀɛv] n. f. 1· Cessation provisoire des combats, pendant une guerre, par convention des belligérants. → **cessez-le-feu.** 2· Interruption dans une lutte. *Une trêve politique. La trêve des confiseurs,* l'arrêt de l'activité politique pendant et entre les fêtes de fin d'année. *Faisons trêve à nos querelles.* – (Choses) *Ne pas avoir de trêve,* de fin. *Ne pas laisser de trêve,* de repos. 3· *Sans trêve :* sans arrêt, sans interruption. *Travailler sans trêve. Il a plu sans trêve pendant une semaine,* sans cesse, sans répit. – Exclam. *Trêve de... :* assez de. *Trêve de plaisanterie !*

tri [tʀi] n. m. Action de trier. → **triage.** *Le tri des lettres. Le tri sélectif des déchets ménagers.*

tri- Élément signifiant « trois » (ex : *tricycle, trident, trilogie*).

triage [tʀijaʒ] n. m. Le fait de trier dans un ensemble ou de répartir ; son résultat. → **tri, choix.** *Le triage du linge à laver.* – Séparation et regroupement des wagons pour former des convois. *Gare de triage.*

trial [tʀijal] n. m. Anglic. Course motocycliste pratiquée sur un parcours imposé, qui comporte des passages d'obstacles. ≠ cross, enduro. *Moto de trial.*

triangle [tʀijɑ̃gl] n. m. 1· Figure géométrique, polygone à trois côtés. *Triangle isocèle, équilatéral, rectangle. Des billes disposées en triangle.* – Objet de cette forme. *Découper un petit triangle blanc.* 2· Instrument de musique à percussion, fait d'une tige d'acier repliée, sur laquelle on frappe avec une baguette. ▶ **triangulaire** adj. 1· En forme de triangle. *Une voile triangulaire.* 2· Qui met en jeu trois éléments. *Élection triangulaire,* opposant trois candidats. ▶ **triangulation** n. f. Division (d'un terrain) en triangles pour le mesurer.

triathlon [tʀiatlɔ̃] n. m. Épreuve sportive qui combine une course de vitesse, un saut et un lancer.

tribal, ale, aux [tʀibal, o] adj. Didact. De la tribu. *Guerres tribales.*

tribo-électricité [tʀibɔelɛktʀisite] n. f. Électricité statique produite par frottement. ▶ **tribo-électrique** adj.

tribord [tʀibɔʀ] n. m. Côté droit d'un navire (quand on regarde vers la proue, l'avant). *Terre à tribord !* (opposé à *bâbord*).

tribu [tʀiby] n. f. ≠ tribut. 1· Division du peuple romain, des peuples grecs. – Chez les Hébreux. Groupe qui s'estimait issu d'un des douze fils de Jacob. 2· Groupe social et politique fondé sur une parenté ethnique réelle ou supposée, dans les sociétés pré-industrielles. *Des tribus nomades.* 3· Groupe nombreux ; grande et nombreuse famille. *Il part en vacances avec toute sa tribu.* ▷ **tribal**

tribulation [tʀibylasjɔ̃] n. f. 1· Littér. Adversité, épreuve physique ou morale. → **tourment.** 2· Au plur. Aventures plus ou moins désagréables. → **mésaventure.** *Il n'est pas au bout de ses tribulations.*

tribun [tribœ̃] n. m. **1·** Nom d'officiers (*tribuns militaires*) ou de magistrats (*tribuns de la plèbe*) dans l'ancienne Rome. **2·** Littér. Défenseur éloquent (d'une cause, d'une idée), orateur qui remue les foules. ▷ **tribunal, tribune**

tribunal, aux [tribynal, o] n. m. **1·** Lieu où l'on rend la justice. → **palais** de justice. *Se rendre au tribunal.* **2·** Magistrat ou corps de magistrats exerçant une juridiction. → **chambre, cour.** *Tribunaux administratifs, judiciaires. Tribunal de commerce. Tribunaux pour enfants. Porter une affaire devant les tribunaux.* **3·** Justice de Dieu, jugement de la postérité. *Comparaître devant le tribunal suprême. Le tribunal de l'histoire.*

tribune [tribyn] n. f. **1·** Emplacement élevé où sont réservées des places (dans une église, une salle publique). *La tribune de (la) presse, dans une assemblée politique, sportive.* – Emplacement en gradins (dans un champ de courses, un stade). **2·** Emplacement élevé, estrade d'où l'orateur s'adresse à une assemblée. *L'orateur monte à la tribune.* – L'éloquence parlementaire, politique (→ **tribun**). **3·** Article de journal par lequel on s'adresse au public. *La **tribune libre** d'un journal.*

tribut [triby] n. m. ≠ tribu. **1·** Contribution forcée, imposée par un État à un autre. – REM. *Tribut, contribution, distribution, rétribution* ont la même origine. **2·** Littér. Contribution payée à une autorité, un pouvoir. *Lever un tribut sur la population.* **3·** Abstrait. Ce qu'on est obligé de supporter ou d'accorder. *Payer un lourd tribut à la maladie.* ▶ **tributaire** adj. **1·** Qui paye tribut, est soumis à une autorité. **2·** Qui dépend (d'un autre pays). *L'Europe est tributaire des pays producteurs de pétrole.* – (Personnes) *Les cultivateurs sont tributaires du climat.*

tricératops [triseratɔps] n. m. invar. Grand reptile fossile du crétacé, à trois cornes.

tricher [triʃe] v. intr. < conjug. 1 > **1·** Enfreindre les règles d'un jeu en vue de gagner. *Il triche aux cartes. Elle a triché.* **2·** Enfreindre une règle, un usage en affectant de les respecter. *On le soupçonne d'avoir triché à l'examen. Tricher sur la qualité, les prix.* → **frauder.** **3·** Dissimuler un défaut dans la confection d'un ouvrage matériel. ▶ **triche** n. f. Fam. *C'est de la triche,* de la tricherie. ▶ **tricherie** n. f. **1·** Tromperie au jeu. → **triche.** **2·** Mauvaise foi de la personne qui triche. ▶ **tricheur, euse** n. **1·** Personne qui triche au jeu. **2·** Personne qui enfreint secrètement les règles, est de mauvaise foi. *Ce politicien est un tricheur, un hypocrite.*

trichloréthylène [trikloretilɛn] n. m. Dérivé chloré de l'éthylène, solvant des corps gras. Abrév. fam. **trichlo** [triklo] n. m. *Du trichlo.*

trichromie [trikromi] n. f. Procédé photographique basé sur la séparation des trois couleurs fondamentales : bleu, rouge, jaune.

tricolore [trikɔlɔr] adj. **1·** Qui est de trois couleurs. *Feux tricolores à un carrefour.* **2·** Des trois couleurs d'un drapeau (spécialt, en France, du drapeau français : bleu, blanc et rouge). *Cocarde tricolore.* – *L'équipe tricolore,* française. – N. *Les tricolores.*

tricorne [trikɔrn] n. m. Chapeau à trois cornes formées par ses bords.

tricot [triko] n. m. **1·** Tissu formé d'une matière textile disposée en mailles et confectionné avec des aiguilles. *Un gilet en tricot.* **2·** Action de tricoter ; ouvrage d'une personne qui tricote. *Faire du tricot.* **3·** Vêtement tricoté. → **chandail, pull-over.** *Un bon tricot bien chaud.* – *Un tricot de peau, de corps.* → **maillot.** ▶ **tricoter** v. < conjug. 1 > **I·** V. tr. Exécuter au tricot. *Elle tricotait de la layette.* – Sans compl. *Des aiguilles à tricoter. Machine à tricoter.* → **tricoteuse.** **II·** V. intr. Fam. *Tricoter (des jambes),* courir vite, s'enfuir. ▶ **tricotage** n. m. ▶ **tricoteur, euse** n. **1·** Personne qui tricote. *Les tricoteuses qui venaient assister aux séances de la Convention, pendant la Révolution française.* **2·** N. f. Machine, métier à tricoter.

trictrac [triktrak] n. m. Jeu de dés, où l'on fait avancer des pions sur une surface à deux compartiments comportant chacun six cases triangulaires. → **jacquet.**

tricycle [trisikl] n. m. Véhicule semblable à la bicyclette, mais à trois roues dont deux parallèles. *Tricycle d'enfant. Tricycle de livreur.* → **triporteur.**

trident [tridɑ̃] n. m. **1·** Fourche à trois pointes. **2·** Engin de pêche, harpon à trois pointes. *Attraper un thon au trident.*

tridimensionnel, elle [tridimɑ̃sjɔnɛl] adj. Didact. Qui a trois dimensions ; qui se développe dans un espace à trois dimensions.

trièdre [trijɛdr] n. m. Figure géométrique (dans l'espace) formée par trois plans qui se coupent deux à deux.

triennal, ale, aux [trijɛnal, o] adj. Qui a lieu tous les trois ans ou dure trois ans. *Plan triennal.* – *Assolement triennal,* alternance de trois cultures sur un même terrain.

trier [trije] v. tr. < conjug. 7 > **1·** Choisir parmi d'autres ; extraire d'un plus grand nombre, après examen (→ **tri, triage**). *Les semences qu'il a triées pour l'année suivante.* – Loc. ***Trier sur le volet*** : sélectionner avec le plus grand soin. **2·** Traiter de manière à ôter ce qui est mauvais. *Trier des* *lentilles,* éliminer les grains non comestibles, les cailloux. **3**· Répartir en plusieurs groupes sans rien éliminer. → **classer.** *Il était occupé à trier ses papiers. Trier des lettres* (→ **tri**). ▶ **trieur, trieuse** n. **1**· Ouvrier chargé de trier qqch. *Trieur de minerai.* **2**· N. m. Appareil servant au triage. – N. f. Machine à trier, à classer des fiches, etc. ▷ **tri, triage**

trière [tʀijɛʀ] n. f. Dans l'antiquité grecque. Bateau à trois rangs de rames. → **trirème.**

trifouiller [tʀifuje] v. < conjug. 1 > Fam. **1**· V. tr. Mettre en désordre, en remuant. *On a trifouillé mes papiers.* **2**· V. intr. Fouiller (dans). → **farfouiller.** *Ne viens pas trifouiller dans mes affaires.*

trigonométrie [tʀigɔnɔmetʀi] n. f. Application du calcul à la détermination des éléments des triangles. ▶ **trigonométrique** adj. Qui concerne la trigonométrie ; qui est utilisé en trigonométrie. *Calculs, tables trigonométriques. Lignes trigonométriques.* → **cosinus, sinus, tangente.**

trijumeau [tʀiʒymo] adj. et n. m. *(Nerf) trijumeau,* cinquième nerf crânien (qui se divise en trois : nerf ophtalmique ; deux nerfs maxillaires).

trilingue [tʀilɛ̃g] adj. **1**· Qui est en trois langues. *Inscription trilingue.* **2**· Qui connaît trois langues. *Secrétaire trilingue.*

trille [tʀij] n. m. En musique. Battement rapide et ininterrompu sur deux notes voisines. *Exécuter un trille sur la flûte.*

trillion [tʀiljɔ̃] n. m. Un milliard de milliards (soit 10^{18}).

trilogie [tʀilɔʒi] n. f. **1**· Ensemble de trois tragédies grecques sur un même thème. **2**· Groupe de trois pièces de théâtre, de trois œuvres dont les sujets se font suite. *La trilogie marseillaise de Pagnol* (*«Marius», «Fanny», «César»*).

trimaran [tʀimaʀɑ̃] n. m. Bateau multicoque formé d'une coque centrale flanquée de deux petites coques parallèles réunies transversalement par une armature rigide. ≠ catamaran. *Des trimarans.*

trimbaler [tʀɛ̃bale] v. tr. < conjug. 1 > Fam. Mener, porter partout avec soi (souvent avec l'idée de difficulté). → **traîner, transporter.** *Il a fallu trimbaler la cage toute la journée.* – Pronominalement (réfl.). *Il a fallu que je me trimbale chez eux avec les enfants.* – Fam. *Qu'est-ce qu'il trimbale !,* comme il est bête ! ▶ **trimbalage** ou **trimbalement** n. m.

trimer [tʀime] v. intr. < conjug. 1 > Fam. Travailler avec effort, à une besogne pénible. *Ce n'est pas une vie, de trimer du matin au soir !* → **peiner.**

trimestre [tʀimɛstʀ] n. m. **1**· Durée de trois mois. – Division de l'année scolaire (en France). **2**· Somme payée ou allouée tous les trois mois. *Toucher son trimestre.* ▶ **trimestriel, ielle** adj. **1**· Qui dure trois mois. **2**· Qui a lieu, qui paraît tous les trois mois. *Bulletin trimestriel. Revue trimestrielle.* ▶ **trimestriellement** adv. Tous les trois mois.

trimoteur [tʀimɔtœʀ] adj. et n. m. (Avion) Qui a trois moteurs. → **triréacteur.**

tringle [tʀɛ̃gl] n. f. Tige métallique servant de support. *Tringle à rideaux. Cintres suspendus à une tringle.*

trinité [tʀinite] n. f. **1**· Dans la doctrine chrétienne. (Avec une majuscule) Dieu unique en trois personnes. *La Sainte-Trinité.* **2**· Groupe de trois dieux (ou de trois principes, de trois objets considérés comme sacrés).

trinôme [tʀinom] n. m. Polynôme à trois termes.

trinquer [tʀɛ̃ke] v. intr. < conjug. 1 > **1**· Boire en même temps que qqn, après avoir choqué les verres, pour souhaiter la santé, le succès, etc. *Trinquer avec des amis.* **2**· Fam. Subir des désagréments, des pertes. → **écoper.** *Ce sont toujours les mêmes qui trinquent !*

trio [tʀijo] n. m. **1**· Morceau pour trois instruments ou trois voix. – Groupe de trois musiciens. *Des trios à cordes.* **2**· Groupe de trois personnes (souvent péj.). *Ils font un joli trio !*

triolet [tʀijɔlɛ] n. m. En musique. Groupe de trois notes de valeur égale qui se jouent dans le temps de deux. *Un triolet de croches vaut une noire (deux croches).*

triomphe [tʀijɔ̃f] n. m. **1**· Victoire éclatante à l'issue d'une lutte, d'une rivalité. – (Choses) Établissement, avènement éclatant (de ce qui était en lutte avec autre chose). *Le triomphe de notre cause.* **2**· En histoire. Honneur décerné à un général romain qui avait remporté une grande victoire. – Loc. ***Arc de triomphe*** : élevé pour un triomphe. **3**· Loc. ***Porter*** qqn ***en triomphe*** : le hisser au-dessus de la foule pour le faire acclamer. **4**· Joie rayonnante que donne la victoire ; grande satisfaction. *Un cri de triomphe.* **5**· Approbation enthousiaste du public. *Il a remporté un vrai triomphe.* – Représentation, interprétation, spectacle... qui déchaîne l'enthousiasme du public. *Ce film, ce disque est un vrai triomphe.* ▶ **triomphal, ale, aux** adj. **1**· Qui a les caractères d'un triomphe, qui est accompagné d'honneurs, d'acclamations. *Un accueil triomphal.* **2**· Qui constitue un triomphe, une grande réussite. *Une élection triomphale.* ▶ **triomphalement** adv. D'une manière triomphale ; en triomphe. *Il a été reçu triomphalement. Il nous a montré triomphalement sa découverte.* ▶ **triomphalisme** n. m. Croyance affichée au succès d'une cause. *Gardons-nous de tout triomphalisme.* ▶ **triomphaliste** adj. et n. *Un comportement triomphaliste.* ▷ **triompher**

triompher [tʀijɔ̃fe] v. < conjug. 1 > **I**· V. tr. ind. *Triompher de... :* vaincre (qqn) avec éclat à l'issue d'une lutte. *Triompher de tous ses adversaires.* – Venir à bout de (qqch.). *Nous avons triomphé de sa résistance, de toutes les difficultés.* **II**· V. intr. **1**· Remporter une éclatante victoire. – (Choses) S'imposer, s'établir de façon éclatante. *Leurs thèses ont triomphé.* **2**· Éprouver un sentiment de triomphe, crier victoire. *Vous avez tort de triompher !* **3**· Réussir brillamment. → **exceller.** – Être l'objet de l'enthousiasme du public. *La pièce a triomphé.* ▶ **triomphant, ante** adj. **1**· Qui triomphe, qui a remporté une éclatante victoire. → **victorieux.** *Un geste triomphant.* → **vainqueur.** **2**· Qui exprime le triomphe, est plein d'une joie éclatante. → **heureux, radieux.** *Un air triomphant.* ▶ **triomphateur, trice** n. **1**· Personne qui remporte une éclatante victoire. → **vainqueur.** *Les triomphateurs de la journée.* **2**· Général romain à qui l'on faisait les honneurs du triomphe (2).

triparti, ie [tʀipaʀti] ou **tripartite** [-tit] adj. En politique. Qui réunit trois partis ou trois parties qui négocient. *Pacte tripartite.*

tripatouiller [tʀipatuje] v. tr. < conjug. 1 > **1**· Remanier sans scrupule (un texte original) en ajoutant, retranchant. *Tripatouiller la comptabilité d'une entreprise.* – Altérer, truquer (des écritures, des comptes). **2**· Concret. Tripoter. ▶ **tripatouillage** n. m. Fam. Action de tripatouiller (un texte). – Modification malhonnête. *Des tripatouillages électoraux.* → **magouille, tripotage.** ▶ **tripatouilleur, euse** n. et adj.

tripe [tʀip] n. f. **1**· *Des tripes,* plat fait de boyaux de ruminants préparés. *Tripes à la mode de Caen.* **2**· Fam. Intestin de l'homme ; ventre. – Loc. *Rendre **tripes et boyaux** :* vomir. **3**· Entrailles. *Une musique qui prend aux tripes,* qui bouleverse. – Loc. *Avoir **la tripe** républicaine :* être républicain jusqu'aux entrailles. ▶ **triperie** n. f. Commerce du tripier. ≠ boucherie. ▶ **tripier, ière** n. Commerçant qui vend des abats (tripes, etc.). ▷ **étriper, tripous**

tripette [tʀipɛt] n. f. Loc. *Ça ne **vaut pas tripette** :* cela ne vaut rien.

triple [tʀipl] adj. **1**· Qui équivaut à trois, se présente comme trois. *Un triple rang de perles. Un triple menton,* qui fait trois plis. – Qui concerne trois éléments. *Triple entente,* entente de trois puissances. – Fam. (Sert de superlatif) Très vite. *Au triple galop.* – *Triple idiot !* **2**· Trois fois plus grand. *Prendre une triple dose.* – N. m. *Le triple,* quantité trois fois plus grande. *Neuf est le triple de trois.* ▶ 1 **triplement** adv. Trois fois, de trois façons. *Il est triplement responsable.* ▶ **tripler** v. < conjug. 1 > **1**· V. tr. Rendre triple, multiplier par trois. **2**· V. intr. Devenir triple. *Les terrains ont triplé de valeur depuis dix ans.* ▶ 2 **triplement** n. m. Augmentation du triple. *Le triplement des bénéfices.* ▶ **triplés, ées** n. pl. Groupe de trois enfants nés d'une même grossesse. → **jumeaux.**

triporteur [tʀipɔʀtœʀ] n. m. Tricycle muni d'une caisse pour le transport des marchandises légères.

tripot [tʀipo] n. m. Péj. Maison de jeu, café où l'on joue.

tripotée [tʀipɔte] n. f. Fam. **1**· Raclée, volée. **2**· Grand nombre. *Avoir une tripotée d'enfants.*

tripoter [tʀipɔte] v. < conjug. 1 > **1**· V. tr. Manier, tâter sans délicatesse. *Ne tripotez pas ces fruits.* – Toucher de manière répétée, machinalement. **2**· V. intr. Se livrer à des opérations et combinaisons peu avouables, malhonnêtes. → **magouiller ; trafiquer.** *Il a tripoté dans pas mal d'affaires.* ▶ **tripotage** n. m. Arrangement, combinaison louche. → **trafic, tripatouillage.** ▶ **tripoteur, euse** n. Personne qui se livre à des tripotages. → **magouilleur.** ▷ **tripotée**

tripous ou **tripoux** [tʀipu] n. m. pl. Tripes et abats (pieds de mouton, etc.) à la mode auvergnate.

triptyque [tʀiptik] n. m. **1**· Ouvrage de peinture ou de sculpture composé d'un panneau central et de deux volets mobiles se rabattant. – Œuvre littéraire en trois parties. **2**· Document douanier en trois feuillets.

trique [tʀik] n. f. Gros bâton utilisé pour frapper. *Mener les hommes à coups de trique,* par la brutalité. Loc. *Être sec comme un coup de trique,* très maigre.

triréacteur [tʀiʀeaktœʀ] n. m. Avion à trois réacteurs. → **trimoteur.**

trirème [tʀiʀɛm] n. f. Navire de guerre des Romains, des Carthaginois, etc., à trois rangées de rames superposées. → **trière.**

trisaïeul, eule [tʀizajœl] n. Père, mère du bisaïeul, ou de la bisaïeule. *Mes trisaïeuls.*

trisomie [tʀizɔmi] n. f. Présence anormale d'un chromosome surnuméraire sur une paire. *Trisomie 21 :* mongolisme. ▶ **trisomique** adj. et n. Mongolien. *Un enfant trisomique.* – N. *Les trisomiques.*

triste [tRist] adj. **I· 1·** Qui éprouve un malaise douloureux, de tristesse. → **affligé.** / contr. gai, heureux, joyeux / *Il est triste d'avoir échoué, parce qu'il a échoué.* → **abattu.** – Loc. *Triste comme un bonnet de nuit.* – *Des gens tristes,* habituellement sans gaieté. → **mélancolique, morose. 2·** Qui exprime la tristesse, est empreint de tristesse. → **malheureux, sombre.** *Un visage triste. Le chevalier à la triste figure,* don Quichotte. *Rouler de tristes pensées, des pensées bien tristes.* **3·** (Choses) Qui répand la tristesse. → **morne, sinistre.** *Le ciel est triste. Des couleurs tristes.* **II·** Valeur active. → **attristant.** (Choses) **1·** Qui fait souffrir, fait de la peine. → **affligeant, douloureux, pénible.** / contr. heureux / *C'est une triste nouvelle. Il a eu une vie bien triste.* – Qui raconte ou montre des choses pénibles. *Ce film est trop triste.* **2·** Qui suscite des jugements pénibles. → **déplorable.** *Ce malade est dans un triste état. C'est bien triste.* → **malheureux, regrettable.** – Fam. *Pas triste,* amusant, pittoresque. *C'est, c'était pas triste !* **3·** Péj. (Toujours devant le nom) Dont le caractère médiocre ou odieux afflige. → **lamentable.** *Quelle triste époque ! Un triste sire.* ▶ **tristement** adv. **1·** En étant triste, d'un air triste. *Baisser la tête tristement.* **2·** D'une manière pénible, affligeante. *Il est devenu tristement célèbre* (à cause de ses méfaits). ▶ **tristesse** n. f. **1·** État affectif pénible et durable ; envahissement de la conscience par une douleur morale ou par un malaise qui empêche de se réjouir du reste. → **ennui, mélancolie, peine.** / contr. gaieté, joie / *Des accès de tristesse. Il souriait avec tristesse.* **2·** *(Une, des tristesses)* Moment où l'on est dans cet état ; ce qui le fait naître. *Une des tristesses de ma vie.* → **chagrin. 3·** Caractère de ce qui exprime ou suscite cet état. *La tristesse des ruines.* ▷ **attrister, contrister**

trithérapie [tRiteRapi] n. f. Traitement associant trois médicaments (particulièrement dans les maladies virales comme le sida). *Personne séropositive qui suit une trithérapie.*

1 **triton** [tRitɔ̃] n. m. Divinité mythologique à figure humaine et à queue de poisson.

2 **triton** n. m. Batracien aquatique, proche de la salamandre, à queue aplatie.

triturer [trityRe] v. tr. < conjug. 1 > **1·** Réduire en poudre ou en pâte en écrasant par pression et frottement. → **broyer.** *Les molaires triturent les aliments.* **2·** Manier à fond. → **pétrir.** – Fam. *Se triturer les méninges, la cervelle,* se mettre l'esprit à la torture en cherchant qqch., en se faisant du souci. **3·** Manier avec insistance, machinalement. *Il triturait sa casquette.* ▶ **trituration** n. f. Action de triturer (1).

triumvir [tRijɔmviR] n. m. Magistrat romain chargé, avec deux collègues, d'une mission administrative ou du gouvernement. *Les trois triumvirs.* ▶ **triumvirat** n. m. **1·** Fonction de triumvir. **2·** Littér. Association de trois personnes qui exercent un pouvoir, une influence.

trivial, ale, aux [tRivjal, o] adj. **1·** Qui est caractéristique d'une mauvaise éducation, qui est contraire aux bons usages. → **vulgaire.** *Des plaisanteries triviales.* – (Mot) Qui désigne, ouvertement et d'une manière populaire, des réalités que le bon ton passe sous silence. → **grossier, obscène. 2·** En sciences. Ordinaire, non scientifique. ▶ **trivialement** adv. D'une manière grossière. *Parler trivialement.* ▶ **trivialité** n. f. Caractère de ce qui est grossier, vulgaire. *La trivialité de ses propos.*

troc [tRɔk] n. m. Échange direct d'un bien contre un autre. *Faire un troc avec qqn. Faire du troc.* → **troquer.** – Système économique primitif, excluant l'emploi de monnaie. *Économie de troc.*

troène [tRɔɛn] n. m. Arbuste à feuilles presque persistantes, à petites fleurs blanches très odorantes. *Une haie de troènes.*

troglodyte [tRɔglɔdit] n. m. Habitant d'une caverne, d'une grotte, ou d'une demeure aménagée dans le roc.

trogne [tRɔɲ] n. f. Fam. Visage grotesque ou plaisant. *Une trogne rougeaude.*

trognon [tRɔɲɔ̃] n. m. **1·** Ce qui reste quand on a enlevé la partie comestible (d'un fruit, d'un légume). *Un trognon de pomme, de chou.* – Loc. Fam. ***Jusqu'au trognon*** : jusqu'au bout, complètement. *On nous a eus jusqu'au trognon !* **2·** Fam. Terme d'affection désignant un enfant. *Qu'il est gentil, ce petit trognon !* – Adj. invar. *Elle est trognon.*

troïka [tRɔika] n. f. Grand traîneau russe, attelé à trois chevaux de front.

trois [tRwɑ] dét. invar., adj. invar. et n. m. invar. **1·** Dét. num. cardinal. Deux plus un (3 ou III). *Les trois dimensions. Animation en trois dimensions* (3D). *Frapper les trois coups,* qui, au théâtre, précèdent le lever du rideau. *J'ai trois rois.* → **brelan.** *Trois cartes qui se suivent.* → **tierce.** *Trois cents, trois mille.* Loc. *Règle de trois,* par laquelle on cherche le quatrième terme d'une proportion, quand les trois autres sont connus. – *Deux ou trois, trois ou quatre,* un très petit nombre. *Nous n'étions que deux ou trois.* **2·** Adj. num. ordinal. Troisième. *Page trois.* **3·** N. m. *Multiplier par trois. Un, deux, trois, partez !* – Le chiffre, le numéro trois. *Tracer des trois en chiffres romains* (III). – Numéro, carte, domino... marqué de trois signes. *Le trois a gagné. Le trois de carreau.* – Troisième jour du mois. *Il est arrivé le trois.* Maison qui porte le numéro trois. *Il habite au trois.* ▶ **troisième** [tʀwazjɛm] adj. et n. **1·** Adj. num. ordinal. Qui vient après le deuxième. *La troisième personne.* N. *Il est le troisième du classement.* – N. f. En France. *La troisième :* la classe du collège qui suit la quatrième. **2·** Qui s'obtient en divisant par trois. *La troisième partie d'un tout.* → **tiers.** ▶ **troisièmement** adv. En troisième lieu. → **tertio.** ▶ **trois-huit** [tʀwaɥit] n. m. pl. Système de travail continu qui nécessite la succession de trois équipes travaillant chacune huit heures. *Faire les trois-huit dans une usine.* ▶ **trois-mâts** n. m. invar. Navire à voiles à trois mâts. ▶ **trois-points** adj. invar. Fam. *Les frères trois-points,* les francs-maçons (à cause du symbole [∴] de la franc-maçonnerie). ▶ **trois-quarts** n. m. invar. Au rugby. Joueur de la ligne offensive placée entre les demis et l'arrière.

troll [tʀɔl] n. m. Esprit, lutin des légendes scandinaves. *Les trolls.*

trolley [tʀɔlɛ] n. m. Dispositif mobile servant à transmettre le courant d'un câble conducteur au moteur d'un véhicule. *Des trams à trolleys.* – Fam. Trolleybus. *Des trolleys.* ▶ **trolleybus** [tʀɔlɛbys] n. m. invar. Autobus à trolley.

trombe [tʀɔ̃b] n. f. **1·** Cyclone tropical déterminant la formation d'une sorte de colonne tourbillonnante qui soulève la surface des eaux ; cette colonne. → **tornade. 2·** *Trombe d'eau,* pluie torrentielle. **3·** Loc. ***En trombe,*** *comme une trombe :* avec un mouvement rapide et violent. *Il est arrivé en trombe.*

trombine [tʀɔ̃bin] n. f. Fam. Tête, visage. → fam. **bobine, bouille, trogne.**

tromblon [tʀɔ̃blɔ̃] n. m. Anciennt. Arme à feu individuelle au canon évasé en entonnoir. – Fam. Vieux fusil.

trombone [tʀɔ̃bɔn] n. m. **I·** Instrument à vent, cuivre de grande dimension, à embouchure. *Trombone à pistons.* – Spécialt. *Trombone à coulisse,* dont le tube replié forme une longue coulisse qu'on allonge ou raccourcit pour produire des sons différents. – Joueur de trombone. *Il est trombone dans l'orchestre de la Garde républicaine.* **II·** Petite agrafe de fil de fer repliée en deux boucles, servant à retenir plusieurs feuillets.

1 **trompe** [tʀɔ̃p] n. f. Instrument à vent à embouchure, formé d'un simple tube évasé en pavillon. *Trompe de chasse,* cor. – *Trompe de brume,* appareil sonore utilisé comme signal en cas de brume. → **corne.** ▷ **trompette**

2 **trompe** n. f. **I· 1·** Prolongement de l'appendice nasal (nez) de l'éléphant, organe tactile, qui lui sert à saisir, à aspirer, pomper les liquides. **2·** Organe buccal de certains insectes. **II· 1·** *Trompe de Fallope :* chacun des deux conduits reliant l'utérus à l'ovaire. **2·** *Trompe d'Eustache :* conduit qui relie le pharynx à la partie antérieure de la caisse du tympan.

3 **trompe** n. f. En architecture. Section de voûte qui fait saillie et supporte une construction qui dépasse (encorbellement). *Coupole sur trompes.*

tromper [tʀɔ̃pe] v. tr. <conjug. 1> **I·** V. tr. **1·** Induire (qqn) en erreur quant aux faits ou quant à ses intentions, en usant de mensonge, de dissimulation, de ruse. → **berner, duper, leurrer, mystifier, rouler.** *Le vendeur a essayé de nous tromper. Elle nous a bien trompés, avec ses airs de franchise.* **2·** (Dans la vie amoureuse et conjugale) Être infidèle à... *Il l'a souvent trompée.* – Au p. p. adj. *Mari trompé.* → fam. **cocu. 3·** Échapper à (des poursuivants, des surveillants). → **déjouer.** *Il a trompé tous ses poursuivants, ses gardiens.* **4·** (Suj. chose) Faire tomber (qqn) dans l'erreur, l'illusion. *La ressemblance vous trompe. C'est ce qui vous trompe,* c'est en quoi vous faites erreur. *Cela ne trompe personne.* – Sans compl. *Ça ne trompe pas,* c'est un indice sûr. **5·** Littér. Être inférieur à (ce qu'on attend, ce qu'on souhaite). → **décevoir.** *L'événement a trompé notre attente.* – Au p. p. adj. *Un espoir toujours trompé.* **6·** Donner une satisfaction illusoire ou momentanée à (un besoin, un désir). *Des pastilles qui trompent la soif.* **II·** ***Se tromper*** v. pron. réfl. : (suj. personne) commettre une erreur. → s'**illusionner,** se **méprendre,** avoir **tort.** *Tout le monde peut se tromper. Je me suis trompé sur ses intentions, sur lui, à son propos, quant à lui. Ne t'y trompe pas. Se tromper de dix euros dans un compte,* faire une erreur de dix euros. – *Se tromper de...* (+ nom sans article), faire une confusion de. *Je me suis trompé de route, de date.* Loc. *Se tromper d'adresse,* ne pas s'adresser à la personne qui convient. – *Si je ne me trompe,* sauf erreur. ▶ **tromperie** [tʀɔ̃pʀi] n. f. Le fait de tromper, d'induire volontairement en erreur. → **imposture, mensonge.** ▶ **trompe-l'œil** [tʀɔ̃plœj] n. m. invar. **1·** Peinture décorative visant à créer l'illusion d'objets réels en relief, par la perspective. *De beaux trompe-l'œil de la Renaissance. Fenêtre, colonne, décor, statue en trompe-l'œil.* **2·** Abstrait. Apparence trompeuse, chose qui fait illusion. *Son amabilité n'est que du trompe-l'œil.* ▷ **détromper, trompeur**

trompette [tʀɔ̃pɛt] n. **I·** N. f. **1·** Instrument à vent à embouchure, qui fait partie des cuivres. *Une sonnerie de trompettes. Trompette de jazz. Trompette bouchée,* dont l'embouchure a été munie d'une sourdine. **2·** Loc. ***En trompette.*** *Nez en trompette,* retroussé. **3·** Nom de coquillages ; de champignons. ***Trompette de la mort*** ou ***trompette des***

morts : champignon noir comestible voisin de la chanterelle. **II·** N. m. Musicien qui joue de la trompette dans une musique militaire. *Un trompette.* ≠ trompettiste. ▶ **trompettiste** n. Musicien(ienne) qui joue de la trompette dans un orchestre. *Une excellente trompettiste classique, de jazz.* ≠ trompette (II).

trompeur, euse [tʀɔ̃pœʀ, øz] adj. **1·** (Personnes) Qui trompe, est capable de tromper par mensonge, dissimulation. → **déloyal, fourbe, hypocrite, perfide.** / contr. sincère / N. *Un grand trompeur.* – PROV. *À trompeur, trompeur et demi,* un trompeur en trouve toujours un autre pour le tromper. **2·** (Choses) Qui induit en erreur. *Les apparences sont trompeuses.* / contr. vrai / *Un calme trompeur.* ▶ **trompeusement** adv. En trompant (volontairement ou non).

1 **tronc** [tʀɔ̃] n. m. **I· 1·** Partie inférieure et dénudée de la tige (d'un arbre). *Le tronc d'un arbre ; un, des tronc(s) d'arbre,* la partie située entre les racines et les branches maîtresses. **2·** Fig. *Tronc commun :* partie commune appelée à se diviser, à se différencier. – Cycle d'étude parcouru par tous les élèves avant leur répartition en sections. **3·** Partie principale (d'un nerf, d'une artère, d'une veine). **II·** Partie du corps humain où sont fixés la tête et les membres. → **torse. III·** Partie comprise entre la base et une section plane parallèle (d'une figure solide). *Tronc de cône.* → **tronconique.** ▷ **tronçon, tronconique, tronquer**

2 **tronc** n. m. Boîte percée d'une fente, où l'on dépose des offrandes, dans une église. *Le tronc des pauvres.*

troncation [tʀɔ̃kasjɔ̃] n. f. Procédé d'abrégement d'un mot par suppression de syllabe(s). *« Ciné », « cinéma » sont des troncations de « cinématographe ».*

tronche [tʀɔ̃ʃ] n. f. Fam. et péj. Tête. *Il a une sale tronche, une drôle de tronche.*

tronçon [tʀɔ̃sɔ̃] n. m. **1·** Partie d'un objet plus long que large, qui a été coupé ou cassé. *Du bois débité en tronçons.* – Morceau coupé (de certains animaux à corps cylindrique). *Ver de terre coupé en trois tronçons.* **2·** Partie (d'une route, d'une ligne de chemin de fer). *On vient d'achever un nouveau tronçon d'autoroute.* ▶ **tronçonner** [tʀɔ̃sɔne] v. tr. < conjug. 1 > Couper, diviser en tronçons. ▶ **tronçonnage** n. m. *Le tronçonnage du bois, des métaux.* ▶ **tronçonneuse** n. f. Machine-outil mue par un moteur à essence, servant à découper du bois, du métal, etc., en tronçons.

tronconique [tʀɔ̃kɔnik] adj. Qui constitue un tronc de cône.

trône [tʀon] n. m. **1·** Siège élevé sur lequel prend place un souverain dans des circonstances solennelles. **2·** Symbole de la puissance d'un souverain. *Perdre son trône. Les prétendants au trône.* → **souveraineté.** ▶ **trôner** v. intr. < conjug. 1 > **1·** Siéger sur un trône. – Être comme sur un trône, occuper la place d'honneur. **2·** Péj. Faire l'important ; s'étaler avec orgueil. *Il trônait au milieu de ses admirateurs.* ▷ **détrôner, introniser**

tronquer [tʀɔ̃ke] v. tr. < conjug. 1 > **1·** Couper en retranchant une partie importante. – Au p. p. adj. *Des colonnes tronquées.* **2·** Péj. Retrancher qqch. de (un discours). *Elle s'est permis de tronquer le texte.* – Au p. p. adj. *Citation tronquée. La version tronquée d'un texte.* ▷ **troncation**

trop [tʀo] adv. **I· 1·** D'une manière excessive, abusive ; plus qu'il ne faudrait. → **excessivement.** *C'est trop cher.* – (Modifiant un adv.) *On est partis trop tard. Trop peu,* pas assez, insuffisamment. – (Un adj.) *Il est trop bon.* – (Un verbe) *Il a trop bu.* – *Trop... pour :* s'emploie pour exclure une conséquence. *C'est trop beau pour être vrai,* on n'ose y croire. *Le temps est trop précieux pour qu'on le gaspille.* – (Modifié par un adv.) *C'est un peu, beaucoup, bien trop cher.* – (Avec la négation) *Pas trop :* en quantité raisonnable. *Il faut manger du sel, mais pas trop.* **2·** Beaucoup, très (sans idée d'excès). *Vous êtes trop aimable. Cet enfant est trop mignon.* – (Avec une négation) *Je ne sais pas trop,* pas bien. *Sans trop comprendre. Les choses ne vont pas trop bien,* elles vont médiocrement ; *pas trop mal,* plutôt bien. – Fam. *C'est trop bien :* très bien. *Il est trop bon, ton gâteau !* **3·** Fam. Adj. Excessif, incroyable. *Ils sont trop, ces rappeurs !* **II·** (Nominal) **1·** Une quantité excessive. *C'est trop !* (en remerciement pour un compliment, pour un cadeau). – *De trop :* s'emploie pour exprimer la mesure de l'excès. *Je l'ai payé dix francs de trop. Boire un coup de trop.* – *En trop. Je n'y comprends rien, j'ai de l'argent en trop.* – *De trop* (en attribut) : superflu. *Huit jours de travail ne seront pas de trop. Être de trop,* imposer une présence inutile ou inopportune. – *Trop de* (+ nom) : une quantité excessive de... *Vous faites trop de bruit. Je n'ai montré que trop de patience,* plus de patience que j'aurais dû. *C'en est trop,* c'est assez, ce n'est plus supportable. **2·** (Employé comme nom) Excès. *Le trop de lumière est gênant.* ▷ **trop-perçu, trop-plein**

trope [tʀɔp] n. m. Littér. Figure de rhétorique par laquelle un mot ou une expression sont détournés de leur sens propre. *La métaphore, la métonymie sont des tropes.*

-trope Élément d'adjectifs savants, signifiant « qui se tourne vers » (*-TROPIE, -TROPISME* servent à former des noms).

trophée [tʀɔfe] n. m. **1·** Dépouille d'un ennemi vaincu, dans l'Antiquité ; ensemble d'objets attestant la victoire, un succès. *Trophée de chasse*, tête empaillée de l'animal abattu. *Trophée sportif*, coupe, médaille. **2·** Motif décoratif formé d'armes, de drapeaux, etc., (groupés autour d'une armure, d'un casque, et en architecture).

tropique [tʀɔpik] n. m. **1·** Chacun des deux cercles de la sphère terrestre, parallèles à l'équateur, qui correspondent au passage du Soleil au zénith, à chacun des solstices. *Tropique du Cancer* (hémisphère Nord), *du Capricorne* (Sud). **2·** *Les tropiques*, la région située près des tropiques. *Le soleil des tropiques.* ▶ **tropical, ale, aux** adj. **1·** Qui concerne les tropiques, les régions situées autour de chaque tropique. → **équatorial.** *Région tropicale. Les pays tropicaux. Climat tropical*, type de climat chaud à faible variation annuelle de température, à forte variation du régime des pluies, qui règne de part et d'autre de chaque tropique. *La végétation tropicale. La forêt tropicale.* ≠ équatorial. **2·** Se dit d'une chaleur très forte, d'une température très élevée.

tropisme [tʀɔpism] n. m. **1·** Didact. Phénomène d'orientation, de croissance de la matière vivante (plantes, protistes, etc.) en réponse à des facteurs physiques ou chimiques. **2·** Littér. Force obscure qui pousse qqn à agir d'une certaine façon.

troposphère [tʀɔpɔsfɛʀ] n. f. Partie de l'atmosphère comprise entre le sol et la stratosphère.

trop-perçu [tʀopɛʀsy] n. m. Ce qui a été perçu en plus de ce qui était dû. *Rembourser les trop-perçus.*

trop-plein [tʀɔplɛ̃] n. m. **1·** Ce qui excède la capacité d'un récipient, ce qui déborde. – Réservoir destiné à recevoir un liquide en excès. → **déversoir.** *Des trop-pleins.* **2·** Abstrait. Ce qui est en trop, ce qui excède la capacité. *Épancher le trop-plein de son cœur*, exprimer les sentiments que l'on ne peut garder en soi. *Un trop-plein de vie, d'énergie*, une surabondance.

troquer [tʀɔke] v. tr. < conjug. 1 > **1·** Donner en troc. → **échanger.** **2·** Changer, faire succéder à. *Il a troqué sa liberté contre des honneurs.* ▷ **troc**

troquet [tʀɔkɛ] n. m. Fam. Petit bistrot.

trotter [tʀɔte] v. intr. < conjug. 1 > **1·** Aller au trot. *Le poulain trottait.* **2·** (Personnes) Marcher rapidement à petits pas. – Faire de nombreuses allées et venues. *Il devait trotter d'un bout de la ville à l'autre.* **3·** *Un air qui me trotte par la tête*, qui me poursuit. ▶ **trot** [tʀo] n. m. **1·** Une des allures naturelles du cheval (et de quelques quadrupèdes), intermédiaire entre le pas et le galop. *Le cheval a pris le trot, est parti* ***au trot****, au petit trot, au grand trot. Courses de trot*, réservées aux trotteurs (*trot monté ; trot attelé*). **2·** Fam. ***Au trot*** : en marchant rapidement, sans traîner. *Au lit, et au trot !* ▶ **trotte** n. f. Fam. Chemin assez long à parcourir à pied. *Ça fait une trotte !* ▶ **trotteur, euse** n. Cheval dressé à trotter ; cheval entraîné pour les courses de trot. ▶ **trotteuse** n. f. Aiguille des secondes d'une montre. ▶ **trottiner** v. intr. < conjug. 1 > **1·** Aller avec un trot très court. *Des ânes qui trottinent.* **2·** Marcher à petits pas courts et pressés. ▶ **trottinette** n. f. **1·** Jouet d'enfant composé d'une planchette montée sur deux roues et d'une tige de direction. → **patinette.** **2·** Fam. Petite automobile. ▶ **trottoir** [tʀɔtwaʀ] n. m. **1·** Chemin surélevé réservé à la circulation des piétons (sur les côtés d'une rue). *Se promener sur les trottoirs.* – *Faire le trottoir*, se prostituer. **2·** *Trottoir roulant*, plateforme qui roule sur des rails ou des galets, et sert à transporter des personnes ou des marchandises.

trou [tʀu] n. m. **I· 1·** Abaissement ou enfoncement (naturel ou artificiel) de la surface extérieure de qqch. → **cavité, creux, enfoncement, excavation.** *Faire un trou dans le bois, la pierre. Tomber dans un trou. Boucher un trou.* – *Trou d'air*, courant atmosphérique descendant qui fait que l'avion perd brusquement de l'altitude. **2·** Abri naturel ou creusé. *Trou de souris.* – Loc. *Se réfugier dans son trou.* → **tanière, terrier.** – Loc. *Faire son trou*, se faire une place, réussir. – *Le trou du souffleur*, loge sur le devant de la scène, où se tient le souffleur. **3·** Loc. Abstrait. (Idée de manque, d'espace vacant) *Boucher un trou*, remplir une place vide, combler un manque. *Il y a un trou dans sa comptabilité*, des sommes d'argent qui ont disparu sans trace comptable. *Avoir un* ***trou de mémoire***. → **oubli.** *Il y a un trou dans son emploi du temps*, un espace de temps inoccupé. **4·** Fam. Petit village perdu, retiré. → fam. **bled.** *N'être jamais sorti de son trou*, ne rien connaître du monde. **5·** Fam. *Être au trou*, en prison. → fam. **taule.** **II· 1·** Ouverture pratiquée de part en part dans une surface ou un corps solide. – *Trou d'aération. Le trou d'une aiguille.* → **chas.** *Le trou de la serrure*, orifice par lequel on introduit la clé. **2·** Solution de continuité produite involontairement (du fait de l'usure, d'une brûlure, etc.). *Il y a un trou à ta manche.* **3·** Fam. Orifice, cavité anatomique. *Trous de nez.* → **narine.** Loc. *Trou de balle* (fam.), *trou du cul* (vulg.), anus. ▷ **bouche-trou, trouer**

troubadour [tʀubaduʀ] n. m. Poète lyrique courtois de langue d'oc, aux XIIe et XIIIe siècles. – REM. Correspond au *trouvère** pour la langue d'oïl.

troublant, ante [tʀublɑ̃, ɑ̃t] adj. **1·** Qui rend perplexe en inquiétant. *Des coïncidences troublantes.* → **déconcertant.** *Une ressemblance troublante.* → **saisissant.** **2·** Qui excite le désir. *Un regard troublant.*

① **trouble** [tʀubl] adj. **1·** (Liquide) Qui n'est pas limpide, qui contient des particules en suspension. / contr. clair / *Du vin trouble. Cette rivière est trouble, mais pas polluée.* – Qui n'est pas net. *L'image est trouble. Avoir la vue trouble,* voir les images troubles. **2·** Qui contient des éléments obscurs, équivoques. *Il y a qqch. de trouble dans sa conduite.* → **ambigu.** *Une affaire trouble.* → ① **louche.** ▷ **troubler**

② **trouble** n. m. **1·** Littér. État de ce qui cesse d'être en ordre. → **confusion, désordre.** *Jeter, porter, semer le trouble dans une famille.* – Au plur. Ensemble d'événements caractérisés par l'agitation, par l'opposition violente d'un groupe à l'intérieur d'une société. → **désordre, émeute, manifestation.** *Des troubles sociaux, politiques. Des troubles sanglants. Réprimer les troubles.* **2·** État anormal et pénible d'agitation, d'angoisse, avec une diminution de la lucidité. → **agitation, émotion.** *Remettez-vous de votre trouble. Le trouble de son esprit.* → **désarroi.** / contr. sérénité / – État, attitude d'une personne qui manifeste son trouble. *Son trouble était visible.* **3·** Modification pathologique des activités de l'organisme ou du comportement de l'être vivant. → **dérèglement, perturbation.** *Les troubles de la vue. Des troubles visuels. Troubles névrotiques.*

troubler [tʀuble] v. tr. < conjug. 1 > **1·** Modifier en altérant la clarté, la transparence, la netteté. *Troubler l'eau.* **2·** Modifier en empêchant que se maintienne (un état d'équilibre ou de paix). → **bouleverser, déranger, perturber.** *On les accusait de troubler l'ordre public. Rien ne troublait notre repos. Rien ne venait troubler le calme de la nuit.* **3·** Interrompre ou gêner le cours normal de (qqch.). → **déranger, perturber.** *La représentation a été troublée par des manifestants.* – Au p. p. adj. *Une période troublée de notre histoire,* où des troubles se sont produits. **4·** Littér. Priver de lucidité (la raison, le jugement). → **égarer.** – Au p. p. *Avoir l'esprit troublé par qqch.* **5·** (Compl. personne) Affecter, déconcerter en faisant naître le trouble. → **impressionner, inquiéter.** *L'hostilité de ses voisins ne le troublait pas.* – Rendre perplexe. → **embarrasser, gêner.** *Il y a un détail qui me trouble.* – Émouvoir en faisant naître le désir. *La voix de cette femme le troublait.* – ***Se troubler*** v. pron. réfl. *Ne vous troublez pas, gardez votre sang-froid.* → **s'affoler** ; fam. **paniquer.** – Au p. p. adj. *Le candidat paraissait troublé.* / contr. assuré, maître de soi / *Tranquillité troublée.* ▶ **trouble-fête** n. m. invar. Personne qui trouble une situation agréable, des réjouissances. *Jouer les trouble-fête. Sa sœur est un vrai trouble-fête.* ▷ **troublant,** ② **trouble**

trouer [tʀue] v. tr. < conjug. 1 > **1·** Faire un trou, des trous dans. *Il a troué son pantalon.* – Au p. p. adj. *Des chaussettes trouées.* → **percer.** – Loc. *Se faire trouer la peau,* se faire tuer par des balles. **2·** Faire une trouée dans. *Le faisceau du projecteur trouait les ténèbres.* ▶ **trouée** [tʀue] n. f. **1·** Large ouverture qui permet le passage, ou qui laisse voir. **2·** Ouverture faite dans les rangs d'une armée. → **percée.** **3·** Large passage naturel dans une chaîne de montagnes, entre deux massifs. *La trouée de Belfort.*

troufion [tʀufjɔ̃] n. m. Fam. Simple soldat. → **troupier.**

trouille [tʀuj] n. f. Fam. Peur. *Avoir la trouille.* → fam. **frousse.** *C'est idiot, mais j'ai la trouille en avion.* ▶ **trouillard, arde** adj. et n. Fam. Peureux, poltron. ▶ **trouiller** v. intr. < conjug. 1 > En Belgique. Fam. Avoir peur. ▶ **trouillomètre** n. m. Fam. *Avoir le trouillomètre à zéro,* avoir très peur.

troupe [tʀup] n. f. **1·** Groupe régulier et organisé de soldats. *Rejoindre la troupe, le gros de la troupe.* – ***Les troupes, la troupe*** : la force armée, la force publique. *L'avance de nos troupes. La troupe dut intervenir.* – ***La troupe*** : l'ensemble des soldats (opposé à *officiers*). → **troupier.** *Le moral de la troupe.* – *Homme de troupe,* simple soldat. → **troufion, troupier.** **2·** Réunion de gens qui vont ensemble. → **bande, groupe.** *Une troupe d'amis. En troupe,* à plusieurs, tous ensemble. – Groupe d'animaux de même espèce vivant naturellement ensemble. *Une troupe de singes.* **3·** Groupe de comédiens, d'artistes qui jouent ensemble. *Une troupe en tournée. Troupe théâtrale.* → **compagnie.** ▶ **troupier** n. m. Vx (sauf en loc.). Simple soldat. → **troufion.** – Adj. *Comique troupier,* genre comique grossier, à base d'histoires de soldats, à la mode vers 1900. ▷ **attrouper, troufion, troupeau**

troupeau [tʀupo] n. m. **1·** Réunion (d'animaux domestiques qu'on élève ensemble). *Un troupeau de taureaux, de moutons, d'oies. Des bergers à cheval qui tournent autour de leur troupeau* (→ **cow-boy, gaucho, gardian, vacher**). – Troupe (de bêtes sauvages). *Un troupeau d'éléphants.* **2·** Péj. Troupe nombreuse et passive (de personnes). *De longs troupeaux de touristes.*

① **trousse** [tʀus] n. f. Autrefois. Haut-de-chausses relevé dans le bas. – Loc. *Avoir qqn* ***à ses trousses*** (→ ① **basque**) : qqn qui vous suit ou vous poursuit. *La police est à ses trousses.*

2 trousse n. f. Étui à compartiments pour ranger un ensemble d'objets. *Trousse de médecin, d'écolier. Trousse de toilette,* pour mettre des objets de toilette. *Trousse à pharmacie.* ▷ **trousseau**

trousseau [tʀuso] n. m. **1·** *Trousseau de clefs,* réunion de plusieurs clefs attachées à un anneau, un porte-clefs. **2·** Vêtements, linge qu'emporte une jeune fille qui se marie, un enfant qui entre en pension.

trousser [tʀuse] v. tr. <conjug. 1> **1·** En cuisine. *Trousser une volaille,* replier ses membres et les lier au corps avant de la faire cuire. **2·** Littér. Retrousser (un vêtement). *Trousser ses manches.* **3·** Littér. Faire rapidement et habilement (un petit ouvrage). – Au p. p. adj. *Un compliment assez bien troussé.* → **torché.** ▶ **trousseur** n. m. Fam. Vieilli. *Un trousseur de jupons,* un homme qui poursuit les femmes. → **coureur** (II). ▷ **détrousser, retrousser, 1 trousse, 2 trousse**

trouvaille [tʀuvaj] n. f. **1·** Fait de trouver de manière heureuse ; la chose ainsi trouvée. *J'ai fait une trouvaille au marché aux puces.* **2·** Le fait de découvrir (une idée, une image, etc.) d'une manière heureuse ; idée, expression originale. → **création, invention.** *Les trouvailles d'un écrivain. On relève dans ce texte d'admirables trouvailles d'écriture.*

trouver [tʀuve] v. tr. <conjug. 1> **I· 1·** Apercevoir, rencontrer (ce que l'on cherchait ou ce que l'on souhaitait avoir). → **découvrir** ; fam. **dégoter, dénicher.** *J'ai eu du mal à trouver sa maison. On a fini par trouver le responsable.* → **retrouver. 2·** Se procurer, parvenir à avoir. *Il a trouvé un appartement, une situation.* **3·** Parvenir à rencontrer, à être avec (qqn). *Où peut-on vous trouver ?* → **atteindre, joindre, toucher.** – *Aller trouver qqn,* aller le voir, lui parler. **II·** Découvrir, rencontrer (qqn, qqch.) sans avoir cherché. *J'ai trouvé un parapluie dans le taxi. On l'a trouvé évanoui. On trouve dans ce roman des mots régionaux.* – *Il a trouvé son maître,* il est tombé sur qqn de plus fort que lui. **III· 1·** Découvrir par un effort de l'esprit, de l'imagination. → **imaginer, inventer.** *Il faut trouver un moyen, un prétexte. As-tu trouvé la solution ?* → **deviner.** *Eurêka ! J'ai trouvé !* Fam. *Où avez-vous trouvé cela ?,* qu'est-ce qui vous fait croire cela ? → **prendre. 2·** Pouvoir disposer de (temps, occasion, etc.). *Si j'en trouve le temps, la force, je le ferai.* – Littér. ***Trouver à***... (+ infinitif) : trouver le moyen de... *Je trouverai bien à vous tirer de là.* **3·** ***Trouver*** *qqch.* ***à*** (+ infinitif) : avoir à... (pour faire, en faisant qqch.). *Je n'ai rien trouvé à dire.* – Loc. *Trouver à redire,* critiquer. *Elle trouve un malin plaisir à nous taquiner.* → **éprouver. IV· 1·** (Le compl. est accompagné d'un attribut) Voir (qqn, qqch.) se présenter d'une certaine manière. *J'ai trouvé la porte fermée. À cette heure, vous le trouverez à table.* **2·** ***Trouver*** (un caractère, une qualité) ***à*** (qqn, qqch.) : lui reconnaître un caractère, une qualité. *Je lui trouve mauvaise mine, bien du mérite.* **V·** ***Trouver*** *qqn, qqch.* (+ attribut) : estimer, juger que (qqn, qqch.) est... → **juger, regarder** comme, **tenir** pour. *Je le trouve sympathique. Trouver le temps long,* être fatigué d'attendre. Loc. fam. *La trouver mauvaise,* être mécontent. – ***Trouver bon, mauvais que***... (+ subjonctif) : approuver, ne pas approuver que. *Je trouve (je ne trouve pas) bon que vous ayez pris cette décision.* – ***Trouver que***... : juger, estimer que... – **REM.** Indicatif à l'affirmatif, indicatif ou subjonctif au négatif. *Je trouve qu'il est sympathique. Je ne trouve pas qu'il est, qu'il soit sympathique. Elle a dû croire que nous la trouvions ridicule. Vous trouvez ?,* vous croyez ? **VI·** ***Se trouver*** v. pron. **1·** Être (en un endroit, en une circonstance, en présence de). *Les personnes qui se trouvaient là. Il ne faisait pas bon se trouver sur son chemin.* – *Le dossier se trouvait dans un tiroir secret.* **2·** Être (dans un état, une situation). *Nous nous trouvons dans une situation difficile. Je me trouve dans l'impossibilité de vous aider. Il se trouvait pris dans les mensonges de ses amis. Se trouver dans une impasse.* – ***Se trouver*** (+ infinitif) : être, avoir, faire par hasard. *Il se trouvait habiter tout près de chez moi. Elle se trouvait être la sœur de mon ami.* – Impers. ***Il se trouve*** : il existe, il y a. *Il se trouve toujours des gens qui disent, pour dire...,* il y a toujours... ***Il se trouve que***... : il arrive que, il se fait que. *Il se trouve que c'est moi qui ai raison,* les choses font que c'est moi... Fam. ***Si ça se trouve*** : se dit pour présenter une chose qui peut très bien arriver. **3·** (Avec un attribut) Se sentir (dans un état). *Je me trouvais fatiguée.* – Loc. ***Se trouver mal*** : s'évanouir. – ***Se trouver bien, mal de*** *qqch.* : en tirer un avantage, en éprouver un désagrément. *Un remède dont il s'est bien trouvé,* qui lui a réussi. – Se croire. *Si tu te trouves malin !* ▷ **introuvable, retrouver, troubadour, trouvaille, trouvère**

trouvère [tʀuvɛʀ] n. m. Au Moyen Âge. Poète et jongleur de la France du Nord, s'exprimant en langue d'oïl (il « trouvait », inventait ses poésies). – **REM.** Correspond à *troubadour** pour la langue d'oc.

truand, ande [tʀyɑ̃, ɑ̃d] n. **1·** Vx. Mendiant professionnel. **2·** N. m. Homme du « milieu », souteneur ou voleur. ▶ **truander** v. tr. <conjug. 1> Fam. Voler, escroquer (qqn).

trublion [tʀyblijɔ̃] n. m. Péj. Fauteur de troubles, agitateur.

truc [tRyk] n. m. 1· Façon d'agir qui requiert de l'habileté, de l'adresse. → **combine,** ② **moyen.** *J'ai trouvé le truc. C'est un bon truc.* – Procédé habile pour obtenir un effet particulier. *Les trucs d'un prestidigitateur.* – Moyen concret, machine ou dispositif scénique destiné à créer une illusion. → **truquage.** 2· Fam. Chose quelconque. → **machin.** *Qu'est-ce que c'est que ce truc-là ?* 3· Fam. Domaine, spécialité. *La cuisine, ce n'est pas son truc.* → Ce n'est pas ma tasse* de thé. ▷ **truquer**

trucage ou **truquage** n. m. → **truquer.**

truchement [tRyʃmɑ̃] n. m. 1· Littér. Personne qui parle à la place d'une autre, exprime sa pensée. → **porte-parole.** 2· Loc. *Par le truchement de qqn,* par son intermédiaire.

trucider [tRyside] v. tr. < conjug. 1 > Plaisant. Tuer.

truculent, ente [tRykylɑ̃, ɑ̃t] adj. Haut en couleur, qui étonne et réjouit par ses excès. *Un personnage, un langage truculent.* → **pittoresque.** *Le style truculent de Rabelais.* ▶ **truculence** n. f. Caractère de ce qui est truculent. *La truculence de son style.*

truelle [tRyɛl] n. f. Outil de maçon servant à étendre le mortier.

truffe [tRyf] n. f. 1· Tubercule souterrain de la famille des champignons, très apprécié comme garniture de certains mets (dinde, foie gras, etc.). *Truffes noires, blanches.* – *Truffes en chocolat,* confiserie faite d'une pâte chocolatée. 2· Extrémité du museau (du chien). ▶ **truffer** v. tr. < conjug. 1 > 1· Garnir de truffes (1). – Au p. p. adj. *Pâté truffé.* 2· Remplir, enrichir (de choses disséminées en abondance). *Il aimait truffer ses discours de citations et de proverbes.* – Au p. p. *Une dictée truffée de fautes.* ▶ **truffier, ière** adj. et n. f. Où poussent les truffes. *Terrain truffier* ou *truffière* n. f. – Dressé à la recherche des truffes. *Chien, cochon truffier.* ▶ **trufficulteur, trice** n.

truie [tRɥi] n. f. Femelle du porc, du cochon. *Une truie et ses porcelets.*

truisme [tRɥism] n. m. Littér. Vérité évidente, banale. → **lapalissade, lieu** commun.

truite [tRɥit] n. f. Poisson à chair très estimée qui vit surtout dans les eaux pures et vives. *Pêcher la truite.*

trumeau [tRymo] n. m. Partie d'un mur, d'une cloison comprise entre deux ouvertures verticales ; panneau, revêtement (de menuiserie, de glace) qui l'occupe. – Spécialt. Panneau de glace au-dessus d'une cheminée.

truquer [tRyke] v. tr. < conjug. 1 > Changer pour tromper, donner une fausse apparence à (qqch.). → **falsifier, maquiller.** *Il a truqué les cartes. Les élections ont été truquées.* – Au p. p. adj. *Un combat de boxe truqué,* arrangé d'avance. ▶ **trucage** ou **truquage** n. m. 1· Le fait de truquer, de falsifier. 2· Procédé employé au cinéma pour produire à l'image une illusion (on dit plutôt *effets spéciaux*). *Les trucages d'un film fantastique.* ▶ **truqueur, euse** n. 1· Personne qui truque, triche. 2· Technicien du trucage cinématographique.

trust [tRœst] n. m. 1· En économie. Combinaison financière réunissant plusieurs entreprises sous une direction unique. *Un trust international.* → **multinationale.** 2· Entreprise assez puissante pour exercer une influence prépondérante dans un secteur économique. *Les trusts de l'acier.* ▶ **truster** [tRœste] v. tr. < conjug. 1 > Accaparer, monopoliser, comme le font les trusts.

tsar [dzaR] n. m. Nom donné aux anciens empereurs de la Russie (et aux anciens souverains serbes et bulgares). *Sous les tsars, avant la révolution d'octobre 1917.* – REM. On a écrit *tzar.* ▶ **tsarévitch** [dzaRevitʃ] n. m. Fils aîné du tsar (héritier du trône). ▶ **tsarine** [dzaRin] n. f. Femme du tsar, impératrice de Russie. ▶ **tsarisme** n. m. Régime autocratique des tsars ; période de l'histoire russe où ont régné les tsars. ▶ **tsariste** adj. Du tsarisme.

tsatsiki [tsatsiki] n. m. → **tzatziki.**

tsé-tsé [tsetse] n. f. invar. *Mouche tsé-tsé,* mouche d'Afrique qui peut transmettre diverses maladies (notamment la maladie du sommeil). *Des mouches tsé-tsé.*

T. S. F. [teɛsɛf] n. f. invar. Vx. 1· Émission, par procédés radioélectriques, de signaux en morse. 2· Radiodiffusion ; poste récepteur. → **radio.**

T-shirt [tiʃœRt] → **tee-shirt.**

tsigane [tsigan] ou **tzigane** [tzigan] n. et adj. 1· *Les Tsiganes,* nom d'un peuple venu de l'Inde, qui mène généralement une existence de nomades. → **rom ; bohémien, gitan.** 2· *Musique tsigane,* musique populaire de Bohême et de Hongrie, adaptée par les musiciens tsiganes.

tsunami [tsynami] n. m. Forte vague océanique causée par un séisme ou une éruption volcanique provoquant des inondations sur les côtes. → **raz de marée.**

① **tu** [ty] pronom pers. Pronom personnel sujet de la deuxième personne du singulier et des deux genres. 1· (Pronom) *Tu as tort.* – Fam. (élidé en *t'* devant voyelle ou *h* muet) *T'as* [ta] *tort.* (Après le verbe en inversion ; dans une interrogation) *As-tu dormi ? Viens-tu ?* Fam. *Tu viens ?* 2· (Nominal) *Je lui dis* *tu depuis l'enfance.* → **tutoyer.** *Être à tu et à toi avec qqn,* être très lié, intime avec lui. ▷ **m'as-tu-vu, tutoyer**

2 **tu** → **taire.**

tuant, ante [tɥɑ̃, ɑ̃t] adj. Épuisant, très fatigant. *Un travail tuant.* → **éreintant, exténuant.** – Énervant, assommant. *Ce conférencier est tuant !*

tub [tœb] n. m. Large cuvette où l'on peut se baigner ; ce bain. *Prendre un tub.*

1 **tuba** [tyba] n. m. Gros instrument à vent à trois pistons et embouchure. *Des tubas.*

2 **tuba** n. m. Tube respiratoire pour nager la tête sous l'eau. *Des tubas.*

tubage [tybaʒ] n. m. En médecine. Introduction d'un tube dans un organe. *Tubage gastrique.*

tubard, arde [tybaʀ, aʀd] adj. et n. Fam. Vieilli. Tuberculeux.

1 **tube** [tyb] n. m. **1·** Conduit à section circulaire, généralement rigide, ouvert à une extrémité ou aux deux. *Un tube de verre.* ***Tube à essai*** : tube de verre cylindrique et fermé à un bout. → **éprouvette.** – Tuyau de métal. *Les tubes d'une chaudière* (→ **tubulure, tuyauterie**). Loc. ***À pleins tubes*** : avec toute la puissance du moteur. – *Tube à décharges électriques,* muni d'électrodes, contenant un gaz ou une vapeur à une pression convenable. *Tube fluorescent* (pour l'éclairage). *Tube au néon.* **2·** En sciences naturelles, anatomie. Organe creux et allongé. *Le* ***tube digestif*** : ensemble des conduits de l'appareil digestif, par lesquels passent et sont assimilés les aliments. **3·** Petit étui cylindrique, fermé par un bouchon, servant d'emballage. *Un tube d'aspirine. Un tube de dentifrice.* ▷ **entuber, intuber, tubage,** 2 **tube, tubulaire, tubulure**

2 **tube** n. m. Fam. Chanson à succès.

1 **tubercule** [tybɛʀkyl] n. m. En anatomie, médecine. **1·** Petite protubérance* arrondie (à la surface d'un os ou d'un organe). – Petite masse solide arrondie (dans certaines maladies). *Tubercules syphilitiques.* **2·** Agglomérat de cellules détruites ou modifiées autour d'une colonie de bacilles de Koch (notamment dans les poumons). → **tuberculose.** ▶ **tuberculeux, euse** adj. et n. **1·** Qui s'accompagne de tubercules (1) pathologiques. **2·** Relatif à la tuberculose. *Bacille tuberculeux. La radiographie a décelé une lésion tuberculeuse.* **3·** Atteint de tuberculose. – N. *Tuberculeux en traitement dans un sanatorium.* ▶ **tuberculine** n. f. Extrait d'une culture de bacilles tuberculeux utilisé pour diagnostiquer la tuberculose. → **cuti-réaction.** ▶ **tuberculinique** adj. ▶ **tuberculose** n. f. Maladie infectieuse et contagieuse, causée par le bacille de Koch et caractérisée notamment par la formation de tubercules (2). *Tuberculose pulmonaire, osseuse, rénale.* ▷ **antituberculeux, tubard,** 2 **tubercule**

2 **tubercule** n. m. Excroissance arrondie de certaines racines, constituant une réserve nutritive (certaines sont comestibles, comme la pomme de terre).

tubéreuse [tybeʀøz] n. f. Herbe à hautes tiges portant des grappes de fleurs blanches très parfumées. – Ces fleurs.

tubulaire [tybylɛʀ] adj. **1·** Qui a la forme d'un tube. **2·** Qui est fait de tubes métalliques. *Chaudière tubulaire.*

tubulure [tybylyʀ] n. f. Tube métallique d'un ensemble tubulaire.

tue l'amour [tylamuʀ] n. m. invar. Fam. Ce qui fait disparaître l'amour, le désir.

tue-mouche [tymuʃ] n. m. et adj. **1·** N. m. Fausse oronge (champignon vénéneux). *Des tue-mouches.* – Appos. *Des amanites tue-mouches.* **2·** Adj. *Papier tue-mouche,* qui sert à engluer et tuer les mouches.

tuer [tɥe] v. tr. < conjug. 1 > **I· 1·** Faire mourir (qqn) de mort violente. → **assassiner, exécuter, supprimer** ; fam. **descendre, trucider, zigouiller.** *L'assassin l'a tué à coups de couteau.* Fam. *Il est à tuer !,* on a envie de le tuer tant il est exaspérant. – Surtout au passif. Faire mourir à la guerre. *Dix soldats et un officier ont été tués.* – N. (rare au fém.) *Les tués et les blessés.* – Donner involontairement la mort à (qqn). *Il a tué son ami au cours d'une partie de chasse.* **2·** Faire mourir volontairement (un animal). *Nous avons tué trois lièvres à la chasse. Tuer des bêtes à l'abattoir.* → **abattre.** **3·** (Sujet chose) Causer la mort de. *Une bombe, une maladie qui a tué des centaines de personnes.* **4·** Causer la disparition de (qqch.), faire cesser plus ou moins brutalement. → **ruiner.** *La bureaucratie tue l'initiative.* – Loc. *Tuer qqch. dans l'œuf,* l'étouffer avant tout développement. – *Tuer le temps,* le passer en évitant de s'ennuyer (quand on n'a aucune occupation). **5·** (Suj. chose) Épuiser (qqn) en brisant la résistance. *Ce bruit, ces escaliers me tuent.* → **fatiguer, user.** – Plonger dans un désarroi ou une détresse extrême. → **désespérer.** *Tous ses mensonges me tuent.* **II·** ***Se tuer*** v. pron. réfl. **1·** Se suicider. – Être cause de sa propre mort par accident. *Elle s'est tuée dans un accident de voiture.* **2·** User ses forces, compromettre sa santé. *Il se tue au travail, à la peine.* – ***Se tuer à*** (+ infinitif) : se donner beaucoup de mal pour. *Je me tue à vous le répéter.* → **s'épuiser.** ▶ **tuerie** [tyʀi] n. f. Action de tuer en masse, sauvagement.

→ **boucherie, carnage, massacre.** *Les affreuses tueries de la Grande Guerre.* ▶ à **tue-tête** [atytɛt] loc. adv. D'une voix si forte qu'on casse la tête, qu'on étourdit. *Chanter à tue-tête.* ▶ **tueur, euse** n. **1·** Personne qui assassine par profession ou comme par profession. *Un tueur à gages. Tueur en série,* criminel qui commet une série de meurtres présentant des similitudes. *Il a une tête de tueur,* d'assassin. – Fig. Personnage qui agit brutalement (notamment dans les affaires, en matière sociale...). **2·** Terme technique. Professionnel qui tue les bêtes dans un abattoir. ▷ s'**entretuer, tuant, tue l'amour, tue-mouche**

tuf [tyf] n. m. Pierre poreuse provenant d'un dépôt de calcaire ou de la consolidation des cendres volcaniques.

tuile [tɥil] n. f. **1·** Plaque (de terre cuite, etc.) servant à couvrir un édifice. *Un toit de tuiles.* **2·** Fam. Désagrément inattendu (comparé à une tuile qui tombe sur la tête de qqn). → **accident, malchance.** *Cette facture, quelle tuile !* ▶ **tuiler** v. tr. < conjug. 1 > Terme technique. **1·** Poser des tuiles sur (un toit). **2·** Disposer en faisant se chevaucher. ▶ **tuilage** n. m. ▶ **tuilerie** n. f. Fabrique de tuiles. *Une tuilerie.* – *La tuilerie,* l'industrie de la fabrication des tuiles.

tulipe [tylip] n. f. **1·** Plante à bulbe, aux feuilles allongées et dont la fleur renflée à la base est évasée à l'extrémité. **2·** Objet (verre, globe, lampe...) dont la forme rappelle celle de cette fleur. – En appos. *Des verres tulipe.* – REM. *Tulipe* a la même origine que *turban.*

tulle [tyl] n. m. Tissu léger transparent, formé d'un réseau de mailles rondes ou polygonales. *Des rideaux de tulle.*

tuméfier [tymefje] v. tr. < conjug. 7 > Causer une augmentation de volume anormale à (une partie du corps). → **enfler, gonfler.** *Le coup a tuméfié l'arcade sourcilière.* – Surtout au p. p. *Des doigts tuméfiés par les engelures.* ▶ **tuméfaction** [tymefaksjɔ̃] n. f. Fait de se tuméfier, d'être tuméfié. → **enflure.** – Partie tuméfiée.

tumeur [tymœʀ] n. f. **1·** Gonflement pathologique formant une saillie anormale (→ **excroissance**). **2·** En médecine. Amas de cellules qui se forme par multiplication anarchique. *Tumeurs bénignes,* à croissance lente et qui ne réapparaissent pas (après extirpation). *Tumeurs malignes,* qui ont tendance à se généraliser. → **cancer, sarcome.**

tumulte [tymylt] n. m. **1·** Désordre bruyant ; bruit confus que produisent des personnes assemblées. → **brouhaha, charivari, vacarme.** *L'orateur ne pouvait se faire entendre dans le tumulte.* – Agitation bruyante et incessante. *Le tumulte de la rue.* **2·** Littér. Agitation, désordre (dans la vie psychique). *Le tumulte des passions.* ▶ **tumultueux, euse** adj. Littér. **1·** Agité et bruyant. *La discussion a été tumultueuse.* → **orageux. 2·** Agité et violent. *Les flots tumultueux.* **3·** Abstrait. Plein d'agitation, de trouble. *Une jeunesse tumultueuse.* ▶ **tumultueusement** adv.

tumulus [tymylys] n. m. invar. En archéologie. Tertre artificiel élevé au-dessus d'une tombe.

tuner [tynɛʀ ; tynœʀ] n. m. Anglic. Système d'accord d'un récepteur de modulation de fréquence ; ce récepteur. *La sélectivité d'un tuner. Le tuner et l'ampli d'une chaîne.*

tungstène [tœ̃kstɛn] n. m. Métal gris, ne se déformant que très peu sous l'action des efforts mécaniques, même à température élevée. *Acier au tungstène, au carbure de tungstène.*

tunique [tynik] n. f. **I· 1·** Vêtement de dessous des Anciens, sorte de chemise longue avec ou sans manches. *Les Romains revêtaient, pour sortir, la toge par-dessus la tunique.* **2·** Corsage, chemise descendant jusqu'à mi-cuisses, de forme droite. *Ensemble composé d'une tunique et d'un pantalon.* **3·** *Tunique d'armes,* ancienne veste d'armure, en mailles d'acier. – Veste ou redingote d'uniforme. **II·** Membrane qui enveloppe ou protège (un organe). *La tunique de l'œil.*

tunnel [tynɛl] n. m. Galerie souterraine destinée au passage d'une voie de communication. *Le tunnel sous la Manche.* – Loc. *Arriver au bout du tunnel, sortir du tunnel,* sortir d'une période difficile, pénible.

tuque [tyk] n. f. Au Canada. Bonnet de laine en forme de cône terminé par un pompon.

turban [tyʀbɑ̃] n. m. **1·** En Orient. Coiffure d'homme faite d'une longue bande d'étoffe enroulée autour de la tête. **2·** Coiffure de femme évoquant cette coiffure.

turbine [tyʀbin] n. f. Dispositif rotatif, destiné à utiliser la force d'un liquide ou d'un gaz et à transmettre le mouvement au moyen d'un arbre (→ **turbo-**). *Les turbines d'une centrale hydroélectrique. Turbines hydrauliques. Turbines à gaz.* ▷ **turbo-**

turbiner [tyʀbine] v. intr. < conjug. 1 > Fam. Travailler dur. ▶ **turbin** n. m. Pop. Vieilli Travail, métier. *Après le turbin, on ira au cinéma.*

turbo- Élément de mots techniques signifiant « turbine ». ▶ **turbocompresseur** [tyʀbɔkɔ̃pʀesœʀ] n. m. Organe mécanique constitué par une turbine et un compresseur montés sur le même axe. – REM. Les moteurs équipés d'un *turbocompresseur* *à suralimentation* sont appelés *moteurs turbos* ou *turbos* (n. m.). ▶ **turbomoteur** n. m. Moteur dont l'élément principal est une turbine *à gaz*. ▶ **turbopropulseur** n. m. Moteur d'avion dans lequel une turbine à gaz entraîne une ou plusieurs hélices. ▶ **turboréacteur** n. m. Moteur à réaction dans lequel une turbine à gaz alimente les compresseurs. ▶ **turbotrain** n. m. Train dont l'énergie motrice est fournie par une ou plusieurs turbines à gaz.

turbot [tyʀbo] n. m. Poisson de mer, à corps plat et ovale, à chair très estimée.

turbulent, ente [tyʀbylɑ̃, ɑ̃t] adj. **I**· (Personnes) **1**· Qui est porté à s'agiter physiquement, qui est souvent dans un état d'excitation bruyante. → **agité, bruyant, remuant.** *Un enfant turbulent.* → **chahuteur.** / contr. calme, sage / **2**· Littér. Qui aime le trouble, le désordre. *Une population turbulente.* **II**· En physique. Qui forme des tourbillons. ▶ **turbulence** n. f. **1**· Caractère d'une personne turbulente. **2**· En physique. Formation de tourbillons, dans un fluide. *Les turbulences qui ralentissent l'avion. Zone de turbulences.*

turc, turque [tyʀk] adj. et n. **1**· Adj. De la Turquie (ottomane ou moderne). *Café turc* (ou *oriental*), noir et fort, servi avec le marc dans une très petite tasse. *Bain turc,* bain de vapeur suivi de massages (→ **hammam**). – *Être assis **à la turque** :* en tailleur. *Cabinets à la turque,* sans siège. **2**· N. *Les Turcs.* – *Les **jeunes Turcs** :* éléments jeunes qui souhaitent une évolution politique (comme les révolutionnaires turcs en 1908). – Loc. *Fort comme un Turc,* très fort. – *Tête de Turc.* → **tête.** – N. m. *Le turc,* langue parlée en Asie centrale et en Turquie. ▷ **turquerie, turquoise**

turf [tyʀf] n. m. Les courses de chevaux, leur préparation, et les activités qui en dépendent (paris, etc.). → **hippisme.** ▶ **turfiste** [tyʀfist] n. Personne qui aime les courses de chevaux et les paris.

turgescent, ente [tyʀʒesɑ̃, ɑ̃t] adj. En physiologie. (Organe) Gonflé par un liquide organique (notamment le sang). ▶ **turgescence** n. f. *La turgescence d'une veine.*

turlupiner [tyʀlypine] v. tr. <conjug. 1> Fam. Tourmenter, tracasser. *Ça me turlupine.* → **obséder, travailler.**

turne [tyʀn] n. f. Fam. Chambre ou maison sale et sans confort. → **piaule.** – Arg. scol. Chambre, petite salle de travail.

turpitude [tyʀpityd] n. f. Littér. Bassesse, indignité extrême. → **ignominie, infamie.** – *(Une, des turpitudes)* Action, parole, idée... d'une grande bassesse.

turquoise [tyʀkwaz] n. f. Pierre fine d'un bleu tirant sur le vert. *Les turquoises venaient de Turquie.* – Bijou fait avec cette pierre. – Adj. invar. De la couleur de cette pierre. *Des écharpes turquoise.*

tussilage [tysilaʒ] n. m. Plante vivace dont les fleurs jaunes ont des propriétés pectorales (contre la toux).

tutélaire [tyteleʀ] adj. Littér. Qui assure une protection. → **protecteur.** *Divinités tutélaires.*

tutelle [tytɛl] n. f. **1**· En droit. Institution destinée à assurer la protection des personnes (mineurs ou incapables majeurs). → ① **tuteur.** *Le juge des tutelles. Tutelle administrative,* moyens de contrôle dont dispose le gouvernement sur les collectivités publiques. **2**· État de dépendance d'une personne soumise à une surveillance gênante. *Se libérer de la tutelle de sa famille.* – Protection vigilante. *Être sous la tutelle des lois.* → **sauvegarde.** ▷ ① **tuteur**

① **tuteur, trice** [tytœʀ, tʀis] n. **1**· Personne chargée de veiller sur un mineur ou un incapable majeur, de gérer ses biens, et de le représenter dans les actes juridiques. **2**· Enseignant qui suit et conseille un élève. ▶ **tutorat** [tytɔʀa] n. m. Qualité, fonction de tuteur (dans l'éducation). ▷ **tutélaire**

② **tuteur** n. m. Armature de bois ou de métal, fixée dans le sol pour soutenir ou redresser des plantes.

tutoyer [tytwaje] v. tr. <conjug. 8> S'adresser à (qqn) en employant la deuxième personne du singulier ; dire tu à (qqn). / contr. vouvoyer / ▶ **tutoiement** n. m. Action de tutoyer.

et **tutti quanti** [etu(t)tikwɑ̃ti] loc. nominale Iron. (Après plusieurs noms de personnes) Et tous les gens de cette espèce.

tutu [tyty] n. m. Jupe de gaze courte et évasée, portée par les danseuses de ballet classique. *Des tutus.* – *Tutu romantique,* qui descend jusqu'au genou.

① **tuyau** [tɥijo] n. m. **I**· **1**· Conduit à section circulaire destiné à faire passer un liquide, un gaz. → **canalisation, conduite, tube.** *Tuyau d'arrosage. Le tuyau d'échappement d'une automobile. Tuyau de refoulement des gaz.* → **tuyère.** *Tuyau de cheminée,* partie extérieure du conduit de cheminée, qui évacue la fumée. *Tuyau de poêle,* qui relie un poêle à une cheminée. **2**· Cylindre creux. *Le tuyau d'une plume.* – Loc. fam. *Dire, raconter qqch. à qqn dans le tuyau de l'oreille,* confier tout bas, de bouche à oreille (→ ② **tuyau**). **II**· Pli ornemental (en forme de tube, de tuyau). ▶ **tuyauté, ée** adj. Orné de tuyaux (II). *Une* *coiffe tuyautée.* – N. m. *Un tuyauté,* un ensemble de tuyaux (II) juxtaposés. ▶ **tuyauterie** n. f. Ensemble des tuyaux (I) d'une installation (eau, chauffage...). ▷ 1 **tuyau, tuyère**

2 **tuyau** n. m. Indication confidentielle pour le succès d'une opération. → **renseignement.** *Avoir un bon tuyau aux courses.* Plaisant. *Un tuyau crevé,* un mauvais tuyau. ▶ **tuyauter** v. tr. < conjug. 1 > Fam. Renseigner en donnant des tuyaux

tuyère [ty(ɥi)jɛʀ] n. f. Large tuyau d'admission ou de refoulement des gaz (dans une machine, un réacteur). *Les tuyères d'une fusée.*

t. v. [teve] n. f. invar. Anglic. Télévision. → **télé.**

T. V. A. [tevea] n. f. En France. Taxe à la valeur ajoutée, impôt général de consommation supporté par le consommateur. *Le taux de T. V. A. varie selon la nature des produits.*

tweed [twid] n. m. Anglic. épais tissu de laine cardée, d'aspect rugueux et de couleurs mélangées. *Une veste de tweed. Des tweeds.*

twist [twist] n. m. Anglic. Danse d'origine américaine, sur un rythme rapide, caractérisée par un mouvement de rotation des jambes et du bassin.

1 **tympan** [tɛ̃pɑ̃] n. m. Espace délimité par des arcs ou des droites, dans un fronton ou un portail. *Le tympan sculpté d'une église romane.*

2 **tympan** n. m. Membrane fibreuse translucide qui sépare le conduit auditif externe de l'oreille moyenne. *Crever le tympan,* se dit d'un bruit assourdissant.

tympanon [tɛ̃panɔ̃] n. m. Ancien instrument de musique composé de cordes tendues sur une caisse et que l'on frappait avec deux petits maillets.

1 **type** [tip] n. m. **1·** Modèle réunissant les traits caractéristiques d'une catégorie de personnes ou de choses et auquel on se réfère pour apprécier les individus et les objets particuliers ; ensemble d'images qui correspondent à ce modèle. → **canon, idéal.** *Un type de beauté éternelle. L'auteur a créé un type.* → **caractère, personnage.** *Conforme à un type.* → **typique. 2·** Ensemble des caractères qui permettent de distinguer des catégories d'objets et de faits individuels. *Distinguer des types dans un ensemble. Les types humains,* considérés du point de vue ethnique, esthétique. *Elle a le type nordique.* – Fam. *Ce n'est pas mon type,* le type physique, esthétique qui m'attire. → **genre. 3·** Ensemble des caractères d'une série d'objets fabriqués tel qu'il a été défini avant leur production. → **modèle, norme, standard.** *Conforme au type réglementaire.* **4·** *Un, le type de...,* personne ou chose qui réunit les principaux éléments d'un modèle abstrait et qui peut être donné en exemple. → **personnification, représentant.** *C'est le type même de l'affaire louche !* – En appos. *C'est la Parisienne type.* ▶ **typé, ée** adj. Qui présente nettement les caractères d'un type. *Un personnage bien typé.* ▶ **typer** v. tr. < conjug. 1 > Donner à (une création) les caractères apparents d'un type. ▷ **archétype, caryotype, écotype, génotype, prototype, stéréotype,** 2 **type, typique, typologie**

2 **type** n. m. Fam. Homme en général, individu. → **bonhomme, gars.** *Une bande de types louches. Un brave, un chic type.* – Péj. *Va donc, eh, pauvre type !* – REM. Au féminin, on dit parfois *typesse,* n. f.

typhoïde [tifɔid] adj. et n. f. *Fièvre typhoïde,* maladie infectieuse, contagieuse, caractérisée par des troubles nerveux et intestinaux et un état général d'abattement. – N. f. *Attraper la typhoïde.*

typhon [tifɔ̃] n. m. Cyclone des mers de Chine et de l'océan Indien.

typhus [tifys] n. m. invar. Maladie épidémique caractérisée par une fièvre intense et brutale et des rougeurs généralisées. ▶ **typhique** [tifik] adj. Du typhus (ou de la typhoïde). ▷ **typhoïde**

typique [tipik] adj. **1·** Qui constitue un type 1, un exemple caractéristique. → **caractéristique, remarquable.** *Un cas typique.* **2·** Qui présente suffisamment les caractères d'un type 1 pour servir d'exemple, de repère (dans une classification). → **spécifique.** ▶ **typiquement** adv. D'une manière typique. → **spécifiquement.** *Un comportement typiquement anglais.*

typo-, -type Éléments de mots signifiant « empreinte ». ▷ **linotype, prototype, typographie**

typographie [tipɔgʀafi] n. f. **1·** Ensemble des techniques permettant de reproduire des textes par l'impression d'un assemblage de caractères en relief (en particulier, les opérations de composition). *La typographie est souvent remplacée par la photocomposition.* **2·** Manière dont un texte est imprimé (quant au type des caractères, à la mise en pages, etc.). ▶ **typographique** adj. *La composition et l'impression typographiques.* ▶ **typographe** n. Professionnel(le) qui exerce une des spécialités de la typographie ; en particulier, compositeur à la main. (Abrév. fam. **un, une typo.**)

typologie [tipɔlɔʒi] n. f. Didact. Science de l'élaboration des types, facilitant l'analyse d'une réalité complexe et la classification. – Système de types. *Une typologie des langues.* ▶ **typologique** adj.

tyran [tiʀɑ̃] n. m. **1·** Celui qui, ayant le pouvoir suprême, l'exerce de manière absolue, oppressive. → **autocrate, despote, dictateur.** – **REM.** En histoire antique, le mot, comme *dictateur*, n'est pas péjoratif. **2·** Personne autoritaire qui impose sa volonté. *Un tyran domestique,* qqn qui tyrannise sa famille. ▶ **tyranneau** n. m. Littér. Petit tyran, tyran subalterne. ▶ **tyrannie** n. f. **1·** Gouvernement absolu et arbitraire, cruel. → **despotisme, dictature.** *Autorité, pouvoir qui dégénère en tyrannie.* **2·** Abus de pouvoir. *Se libérer de la tyrannie d'un père, d'un mari.* – Contrainte impérieuse. *La tyrannie de la mode.* ▶ **tyrannique** adj. Qui exerce une tyrannie. ▶ **tyranniser** v. tr. < conjug. 1 > Traiter (qqn) avec tyrannie, en abusant de son pouvoir ou de son autorité. → **opprimer, persécuter.** – (Choses) Exercer une contrainte qui asservit. *Les préjugés, les habitudes qui nous tyrannisent.*

tyrannosaure [tiʀanɔzɔʀ] n. m. Reptile fossile d'Amérique du Nord, carnivore du crétacé.

tyrolienne [tiʀɔljɛn] n. f. Chant montagnard à trois temps originaire du Tyrol, caractérisé par le passage rapide d'un registre de voix à un autre.

tzatziki [tsatsiki ; tsadziki] n. m. Préparation grecque à base de concombre et de fromage blanc.

tzigane → **tsigane.**

uU

u [y] n. m. invar. Vingt et unième lettre de l'alphabet, cinquième voyelle. *U tréma* ou *ü*. – *En U*, en forme de U. *Tube en U.*

ubiquité [ybikɥite] n. f. Présence en plusieurs lieux à la fois. → **omniprésence.** *Je n'ai pas le don d'ubiquité,* je ne peux pas être à deux endroits à la fois.

ubuesque [ybyɛsk] adj. Qui est d'un caractère cynique, couard et comiquement cruel (comme le père Ubu, personnage d'Alfred Jarry). *Un personnage ubuesque.* – *Une situation ubuesque,* grotesque et dérisoire.

UFR [yɛfɛʀ] n. f. invar. En France. Structure universitaire associant des départements de formation, des laboratoires et des centres de recherche. *L'UFR de chimie de l'université de Bordeaux.*

U. H. T. [yaʃte] adj. invar. (Abrév. d'*ultra-haute température*) Stérilisé par passage à très haute température en vue d'une longue conservation. *Du lait U. H. T.* → **upérisé.**

ukase [ykaz] n. m. → **oukase.**

ukrainien, ienne [ykʀɛnjɛ̃, jɛn] adj. De l'Ukraine. *Folklore ukrainien.* – N. *Un Ukrainien.* – N. m. Langue des Ukrainiens. ≠ russe.

ulcère [ylsɛʀ] n. m. Perte de substance de la peau et des muqueuses formant des plaies qui ont tendance à ne pas se cicatriser. *Ulcère à l'estomac.* ▶ **ulcération** n. f. **1·** Formation d'un ulcère. *Début d'ulcération.* **2·** Altération de la peau et des muqueuses avec perte de substance. *Ulcérations cancéreuses.* ▶ ① **ulcérer** v. tr. <conjug. 6> Produire un ulcère sur (une partie du corps). ▶ **ulcéreux, euse** adj. **1·** Qui a la nature de l'ulcère ou de l'ulcération. *Plaie, lésion ulcéreuse.* **2·** Couvert d'ulcères. *Membre ulcéreux.*

② **ulcérer** v. tr. <conjug. 6> Blesser (qqn) profondément. → **vexer.** *Ce manque de confiance l'a ulcéré.* – Au p. p. *Je suis ulcérée !*

U. L. M. [yɛlɛm] n. m. invar. Petit avion très simple, monoplace ou biplace.

ultérieur, eure [ylteʀjœʀ] adj. Qui sera, arrivera plus tard. → **futur, postérieur.** *Réunion reportée à une date ultérieure.* / contr. antérieur / ▶ **ultérieurement** adv. Plus tard. → **après, ensuite.** *Nous reparlerons de cette question ultérieurement.*

ultimatum [yltimatɔm] n. m. Les dernières conditions présentées par un État à un autre et comportant une sommation. *Adresser, envoyer un ultimatum. Des ultimatums.* – Exigence impérative. *Les grévistes ont présenté un ultimatum à la direction.*

ultime [yltim] adj. Dernier, final (dans le temps). *Faire une ultime tentative.* / contr. premier /

ultra [yltʀa] adj. et n. Réactionnaire extrémiste. *Des ultras.*

ultra- Élément savant signifiant « au-delà » ou « très » (ex. : *ultraconfidentiel, ultrasecret,* adj.). ▶ **ultramoderne** [yltʀamɔdɛʀn] adj. Très moderne. *Du matériel ultramoderne.* ▶ **ultramontain, aine** adj. et n. Qui soutient la position traditionnelle de l'Église catholique italienne (opposé à *gallican*). – N. *Les ultramontains se prononcent pour le pouvoir absolu du pape.* ▶ **ultrarapide** adj. Très rapide. *Des ordinateurs ultrarapides.* ▶ **ultrasensible** adj. (Choses) Sensible à l'extrême. *Pellicule ultrasensible.* ▶ **ultrason** [yltʀasɔ̃] n. m. Onde acoustique de fréquence trop élevée pour correspondre à un son. ▶ **ultraviolet, ette** adj. et n. m. Adj. (Radiations électromagnétiques) Dont la longueur d'onde se situe entre celle de la lumière visible (extrémité violette du spectre) et celle des rayons X. *Rayons ultraviolets.* → ① **U. V.** – N. m. *Le visible et l'utraviolet.*

ululer v. → **hululer.**

un, une [œ̃, yn] dét., adj. et pronom indéf. **I·** Numéral, expression de l'unité. **1·** Dét. num. cardinal. *Une ou deux fois. En un instant* [ɑ̃nœ̃nɛ̃stɑ̃]. – *Les Mille et Une Nuits. Un seul homme. Pas un seul.* – ***Pas un*** : aucun, nul. *Pas un navire à l'horizon.* Pronom. *Pas un n'a téléphoné.* (Avec *de* + adjectif) *Il n'y en a pas une de libre.* (Avec *qui* + subjonctif) *Pas un qui ne* *vienne nous voir.* – *Un à un* [œnaœ̃], *une à une, un par un,* à tour de rôle et un seul à la fois. **2·** Nominal. Une unité ; le chiffre notant l'unité. *Un et un* [œ̃eœ̃] *(font) deux.* – Numéro correspondant à l'unité. *Le un est gagnant.* → **as.** – *Il habite au un de la rue du Bac.* **3·** Loc. ***Ne faire qu'un avec*** : se confondre avec. *Lui et son frère ne font qu'un.* **4·** Adj. num. ordinal. Premier. *Livre un. La page un. Il est une heure.* – (Pour marquer le premier temps d'un mouvement, d'une sommation) *Une !... deux !...* – Fam. *Ne faire ni une ni deux,* agir sans hésitation. **5·** Adj. qualificatif (après le nom ou attribut). Qui n'a pas de parties et ne peut être divisé. *La République une et indivisible.* **II·** Art. indéf. (plur. *des* → **des**) **1·** Désigne un individu distinct mais indéterminé. *Une voiture est entrée dans la cour. Il faut appeler un plombier. Je voudrais une plante, pas des fleurs coupées.* – *Un jour. Une fois. Un peu. Un autre..., un certain...* – (Avec le pronom *en*) *Je vais vous en raconter une* (histoire). *En voilà un qui ne s'en fait pas.* – Nominal. *Une qui serait contente de venir, c'est ta sœur.* **2·** (Devant un attribut) *Pierre est un journaliste réputé.* – **REM.** *Un, une* sont absents dans des locutions figées, des phrases négatives, devant un attribut énonçant une condition sociale, une caractérisation, ou devant une apposition. Ex. : *être médecin ; la Règle du jeu, film de Jean Renoir,* ne pas dire *un film de.* **3·** Désigne un individu comme le représentant de l'espèce. *Un triangle a trois côtés.* **4·** (Avec valeur intensive) *Sa robe était d'un beau vert.* – (En valeur exclamative) *Cette rue est d'un calme !* **5·** (Devant un nom propre) Une personne telle que ou comparable à... *Je ne fréquenterai jamais un Dupont. C'est un Machiavel.* – Une personne de telle famille. *C'est une Bonaparte.* **III·** Pronom indéf. ***Un, une, uns, unes.*** *Un de ces jours. Un, une (des choses, personnes) qui (que)...,* avec un verbe au pluriel accordé avec le complément de *un (je n'ai pas aimé un des livres que vous m'avez prêtés* [vous m'avez prêté des livres]), ou un verbe au singulier accordé avec *un* (*il répondit à un des examinateurs qui l'interrogeait* [un examinateur l'interrogeait]). – ***L'un, l'une...*** *L'un des artistes les plus connus de son époque. L'un(e) et l'autre. Aimez-vous les uns les autres. Ni l'un ni l'autre.* → **autre.** ▶ ***une** ['yn] n. f. La première page d'un journal. *Son procès a fait la une pendant trois jours.* – Loc. *Cinq colonnes* à la une.* ▷ **chacun, quatre-cent-vingt-et-un, quelqu'un, unanime, uni, uni-, unième, unifier, union, unique, unir, unitaire, unité**

unanime [ynanim] adj. **1·** Au plur. Qui ont tous la même opinion, le même avis. *Ils sont unanimes à penser, pour penser que...* **2·** Qui exprime un avis commun à plusieurs. → **général.** *Consentement unanime.* – Qui est fait par tous, en même temps. ▶ **unanimement** adv. Par tous ; d'un commun accord. *Déclarer unanimement...* ▶ **unanimité** n. f. **1·** Conformité d'opinion ou d'intention entre tous les membres d'un groupe. → **accord, consensus ; consentement.** / contr. contradiction, division, discorde / *Il y a unanimité dans cette assemblée. Faire l'unanimité contre soi.* **2·** Expression de la totalité des opinions dans le même sens. *Être élu à l'unanimité, à l'unanimité moins deux voix, moins deux abstentions.*

underground [œndœʀgʀaund ; œ̃dɛʀgʀ(a)und] adj. Anglic. Qualifie un mouvement artistique d'avant-garde indépendant des circuits commerciaux traditionnels (l'anglais *underground* signifie « souterrain »). *Des films undergrounds* ou *underground.* – N. m. *L'underground berlinois.*

ungui- Élément de mots savants signifiant « ongle ».

uni, unie [yni] adj. **I· 1·** Qui est avec *(uni à, avec)* ou qui sont ensemble *(unis)* de manière à former un tout ou à être en union. → **confondu.** *Cœurs unis* (par le sentiment, l'amour). *Ils sont unis par les liens du mariage.* / contr. séparé / – *Les États-Unis d'Amérique. Les Nations Unies.* **2·** Vieilli. Joint, réuni. **3·** Qui est formé d'éléments liés ; qui constitue une unité. *Le Royaume-Uni.* **4·** En bonne entente ; qui est dans la concorde. *Une famille unie.* / contr. désuni / **II·** Dont les éléments sont semblables ; qui ne présente pas d'inégalité, de variation apparente. → **cohérent, homogène. 1·** (Surface) Sans aspérités. → **égal, lisse.** / contr. accidenté, inégal / – De couleur, d'aspect uniforme. *Couleur unie. Étoffe unie, tissu uni,* d'une seule couleur et sans motifs. – N. m. *De l'imprimé et de l'uni.* – Sans ornement. *Une robe unie.* / contr. orné / **2·** Littér. Qui s'écoule sans changement notable. → **calme, monotone, tranquille, uniforme.** ▷ **désuni, réuni, uniment**

uni- Élément savant signifiant « un ». / contr. multi-, poly- / ▶ **unicellulaire** [ynise(ɛl)lylɛʀ] adj. Sciences. Formé d'une seule cellule. *Organismes unicellulaires.* – N. m. *Les unicellulaires.* ▷ **unidose, uniforme, unijambiste, unilatéral, uninominal, unipersonnel, unisexe, unisexué, univalve, univoque**

unicité [ynisite] n. f. Littér. Caractère de ce qui est unique. *L'unicité d'un cas.* / contr. multiplicité, pluralité /

unidose [ynidoz] n. f. Conditionnement contenant la quantité de produit nécessaire à un usage unique. *Du collyre en unidoses.*

unième [ynjɛm] adj. num. ordinal (Après un numéral) Qui vient en premier, immédiatement après une dizaine (sauf *soixante-dix, quatre-vingt-dix*), une centaine, un millier. *Vingt, trente... et unième. Cent unième.*

unifier [ynifje] v. tr. <conjug. 7> **1·** Faire de (plusieurs éléments) une seule et même chose ; rendre unique, faire l'unité de. → **unir.** *Unifier des régions* (en un seul pays). → **fusionner, mêler.** / contr. désunir, séparer / **2·** Rendre semblables (divers éléments que l'on rassemble). → **uniformiser.** *Unifier l'orthographe d'un texte ancien.* → **normaliser.** / contr. diversifier / **3·** Rendre homogène ; faire l'unité morale de. *Unifier un parti.* **4·** *S'unifier* v. pron. réfl. : se fondre en un tout (de plusieurs éléments). *Les diverses tendances du parti se sont unifiées avant les élections.* ▶ **unificateur, trice** adj. Qui unifie, qui contribue à unifier. ▶ **unification** n. f. Le fait d'unifier (plusieurs éléments, un ensemble d'éléments), de rendre unique ou uniforme ; le fait de s'unifier. → **intégration.** *L'unification d'un pays.* / contr. division / ▷ **réunifier, réunification**

1 **uniforme** [ynifɔʀm] adj. **1·** Qui présente des éléments tous semblables ; dont toutes les parties sont ou paraissent identiques. → **régulier.** / contr. inégal, irrégulier / *Accélération uniforme.* **2·** Qui ne varie pas ou peu ; dont l'aspect reste le même. / contr. changeant, divers / *Un ciel uniforme et gris.* – *Mener une vie uniforme.* **3·** Qui ressemble beaucoup aux autres. → **même, pareil.** *Caractères uniformes.* ▶ **uniformément** adv. **1·** Par un mouvement régulier. *Orbites décrites uniformément.* – Proportionnellement au temps. *Mouvement uniformément accéléré.* **2·** De la même façon dans toute sa durée ou son étendue. *Sa vie s'écoule uniformément.* **3·** Comme tous les autres. *Les enfants étaient uniformément vêtus de bleu.* / contr. différemment / ▶ 2 **uniforme** n. m. **1·** Costume dont la forme, le tissu, la couleur sont définis par un règlement pour tous les hommes d'une même unité militaire. *Uniforme d'officier. En uniforme ou en civil. En grand uniforme,* en uniforme de cérémonie. – *L'uniforme,* la tenue militaire (symbole de l'armée). **2·** Vêtement déterminé, obligatoire pour un groupe. *Uniforme d'huissier, d'hôtesse de l'air.* ▶ **uniformiser** v. tr. < conjug. 1 > **1·** Rendre uniforme. *Uniformiser une teinte.* **2·** Compl. au plur. Rendre semblables ou moins différents. *Uniformiser les programmes.* → **standardiser, unifier.** / contr. diversifier / ▶ **uniformisation** n. f. Le fait de rendre uniforme ; son résultat. ▶ **uniformité** n. f. **1·** Caractère de ce qui est uniforme. *L'uniformité d'un mouvement.* / contr. inégalité / **2·** Absence de changement, de variété ; monotonie de ce qui ne varie pas. *L'uniformité et l'ennui de la vie quotidienne.*

unijambiste [yniʒɑ̃bist] n. et adj. Personne qui a été amputée d'une jambe.

unilatéral, ale, aux [ynilateʀal, o] adj. **1·** Qui ne se fait que d'un côté. *Appui unilatéral, dans la marche.* – *Stationnement unilatéral,* autorisé d'un seul côté d'une voie. – *Cuisson unilatérale* (par ex. saumon). **2·** En droit. Qui n'engage qu'une seule partie. *Contrat unilatéral.* **3·** Qui provient d'un seul, n'intéresse qu'un seul (lorsque deux personnes, deux éléments sont concernés). / contr. bilatéral / *Décision unilatérale,* prise sans consulter les partenaires. ▶ **unilatéralisme** n. m. En politique. Attitude qui consiste, pour une puissance, à décider d'une action sans tenir compte du point de vue des autres, ni des instances internationales. ▶ **unilatéralement** adv. D'une manière unilatérale (surtout 3).

unilingue [ynilɛ̃g] adj. Qui est en une seule langue. → **monolingue.** *Dictionnaire unilingue et dictionnaire bilingue.* – Qui parle, écrit une seule langue. → **monolingue.**

uniment [ynimɑ̃] adv. D'une manière unie. **1·** Littér. Semblablement ; avec régularité. → **également, régulièrement.** *Avancer uniment.* **2·** *Tout uniment* : avec simplicité. → **franchement, simplement.** *Il a répondu tout uniment.*

uninominal, ale, aux [yninɔminal, o] adj. Qui porte sur un seul nom. *Scrutin, vote uninominal* (opposé à *de liste*).

union [ynjɔ̃] n. f. **I· 1·** Relation qui existe entre deux ou plusieurs personnes ou choses considérées comme formant un ensemble. – REM. *Union* désigne le résultat d'un processus alors que *unité* désigne plutôt un caractère ou un état. → **assemblage, association, réunion.** / contr. désunion / *Union étroite, solide. Union des couleurs, des sons musicaux.* – *Union mystique,* de l'âme à une divinité. **2·** Relation réciproque qui existe entre deux ou plusieurs personnes ; sentiments réciproques, vie en commun. → **amitié, attachement, fraternité.** *Union des cœurs, des âmes.* – *Union conjugale,* mariage. ***Union libre*** : vie commune d'un couple non marié. → **concubinage. 3·** État dans lequel se trouvent des personnes, des groupes liés par un accord ou par des intérêts communs. *Union douanière,* entre États qui suppriment leurs frontières douanières. **4·** Entente entre plusieurs personnes, plusieurs groupes. *Resserrer l'union entre des partis.* / contr. discorde, opposition / – PROV. *L'union fait la force,* l'entente, la communauté de vues et d'action engendrent la force. **II·** Ensemble de ceux qui sont unis. → **association, groupement, entente, ligue.** *Union ouvrière. Union de syndicats,* groupement de plusieurs syndicats similaires ou de syndicats d'une ville, d'une région. → **confédération, fédération.** ▷ **réunion, trait d'union**

unipersonnel, elle [ynipɛʀsɔnɛl] adj. *Entreprise unipersonnelle à responsabilité limitée (E. U. R. L.),* ne comportant qu'un associé. → **autoentreprise.**

unique [ynik] adj. **I·** (Quantitatif) **1·** (Avant ou après le nom) Qui est un seul, n'est pas accompagné par d'autres du même genre. / contr. multiple, plusieurs / *C'est son unique fils. Il est fils unique,* il n'a ni frères ni sœurs. *C'est mon unique, mon seul et unique amour.* – (Toujours après le nom) *Rue à sens* *unique. Un cas unique.* → **isolé.** *Ce couple vit sur un salaire unique,* quand une seule personne a un salaire. **2·** (Généralement après le nom) Qui est un seul, qui répond seul à sa désignation et forme une unité. *La Trinité des catholiques est un Dieu unique en trois personnes.* – Qui est le même pour plusieurs choses, plusieurs cas. / contr. divers / *Un principe unique. Prix unique.* **II·** (Qualitatif) **REM.** Dans ce sens, le comparatif et le superlatif sont possibles. *« mon amant, mon plus unique bien »* (Corneille). **1·** (Généralement après le nom) Qui est le seul de son espèce ou qui dans son espèce présente des caractères qu'aucun autre ne possède. *Cette situation est un cas unique.* **2·** (Après le nom) Qui est ou qui paraît foncièrement différent des autres. → **irremplaçable ; exceptionnel, remarquable.** / contr. commun, courant / *Une œuvre unique. Une occasion unique. Unique en son genre,* extraordinaire. – Fam. Qui étonne beaucoup (en bien ou en mal). → **curieux, extravagant, inouï.** *Il est vraiment unique !* ▶ **uniquement** adv. **1·** À l'exclusion des autres. → **exclusivement, seul.** *Pour lui, le résultat compte uniquement.* **2·** Seulement. *Il désire uniquement réussir. Il veut uniquement les faire enrager.* → **rien** que, **simplement.** *Pas uniquement,* pas seulement. ▷ **unicité**

unir [yniʀ] v. tr. < conjug. 2 > **I· 1·** Mettre ensemble (les éléments d'un tout) ou rapprocher (des éléments). → **assembler, réunir.** *Unir une province à un pays. Il faut unir des mots pour former une phrase.* **2·** Faire exister, vivre ensemble (des personnes). *C'est le prêtre qui les a unis.* → **marier.** – (Suj. chose) Constituer l'élément commun, la cause de l'union entre (des personnes). *Sentiment, affection qui unit deux êtres.* / contr. diviser, opposer, séparer / **3·** Associer par un lien politique, économique. *Unir deux États.* → **allier. 4·** Relier par un moyen de communication. *Ligne aérienne qui unit deux continents.* **5·** ***Unir*** *qqch.* ***à*** : avoir, posséder à la fois (des caractères différents et souvent en opposition). → **allier, associer, joindre.** *Il unit la force à la douceur.* **II·** ***S'unir*** v. pron. **1·** Réfl. Contracter une union (avec qqn), s'associer avec. *S'unir à, avec des amis pour former une association.* **2·** Récipr. (Choses) Ne plus former qu'un tout. → se **fondre,** se **joindre,** se **mêler.** *Rivières qui s'unissent en mêlant leurs eaux.* – (Personnes) Faire cause commune. → s'**associer,** se **liguer,** se **solidariser.** *S'unir contre l'envahisseur.* → se **coaliser.** *États, nations qui s'unissent politiquement.* – S'attacher par des liens affectifs, par le mariage. *Les époux s'unissent pour le meilleur et pour le pire.* **3·** Passif. Se trouver ensemble, de manière à former un tout. → se **joindre.** *Couleurs qui s'unissent harmonieusement.* → s'**associer.** *Leurs idées s'unissent sans peine.* ▷ **désunir, réunir, uni, unisson**

unisexe [ynisɛks] adj. (Habillement, coiffure) Destiné indifféremment aux hommes et aux femmes. *La mode unisexe. Des chemises unisexes.*

unisexué, ée [ynisɛksɥe] adj. Sciences naturelles. (Fleurs, animaux) Qui n'a qu'un seul sexe (opposé à *bisexué, hermaphrodite*).

unisson [ynisɔ̃] n. m. Son unique produit par plusieurs voix ou instruments. → **consonance.** *Un bel unisson.* – Loc. ***À l'unisson.*** *Chanter, jouer à l'unisson.* Fig. En accord, en harmonie. *Nos cœurs sont à l'unisson, battent à l'unisson.*

unitaire [ynitɛʀ] adj. **1·** Qui forme, qui concerne une unité politique. *Manifestation unitaire.* **2·** Relatif à l'unité, à un seul objet. *Le prix unitaire est de cent francs.* / contr. global, total /

unité [ynite] n. f. **I· 1·** Caractère de ce qui est unique. *Unité et pluralité.* – ***Unité de...*** : caractère unique. *Unité de vues dans le gouvernement.* → **conformité, identité.** / contr. diversité, multiplicité / *Unité d'action,* principes d'action communs à plusieurs groupes. **2·** Caractère de ce qui n'a pas de parties, ne peut être divisé. *L'unité d'une espèce.* – État de ce qui forme un tout organique, dont les parties sont unies par des caractères communs, par leur contribution au fonctionnement de l'ensemble. *Faire, maintenir ; briser, rompre l'unité. L'unité d'une nation. Formation de l'unité italienne.* **3·** Cohérence interne. → **cohésion, homogénéité.** *L'unité d'une œuvre. Ce texte manque d'unité.* **II·** Élément. **1·** Élément simple (d'un ensemble homogène). *Le département est une unité administrative française.* – Objet fabriqué (en série). *Une commande de tant d'unités. Prix à l'unité.* → **unitaire. 2·** Formation militaire ayant une composition, un armement, des fonctions déterminées et spécifiques. *Grande unité d'infanterie. Rejoindre son unité.* **3·** Élément arithmétique qui forme les nombres. *Mesure des unités.* → **quantité.** – Dans les nombres de deux chiffres et plus, le chiffre placé à droite de celui des dizaines. *Dans 325, 5 est le chiffre des unités.* **4·** Grandeur finie servant de base à la mesure des autres grandeurs de même espèce. *Dans le système des unités C. G. S., le centimètre est l'unité de longueur, le gramme l'unité de poids, la seconde l'unité de temps. La livre est l'unité monétaire du Royaume-Uni.* **5·** Autrefois. ***Unité de valeur*** : (en France) module d'enseignement universitaire correspondant à une discipline et sanctionné par un contrôle des connaissances (remplacé par l'*unité d'enseignement*). → ② **U. V. 6·** *Unité centrale,* partie principale (d'un ordinateur) dans laquelle se trouve la mémoire.

univalve [ynivalv] adj. Dont la coquille n'est formée que d'une pièce. *L'escargot est un mollusque univalve.*

univers [ynivɛʀ] n. m. invar. **I·** **1·** L'ensemble des sociétés, des hommes sur la Terre. *L'univers entier craint la guerre nucléaire. Citoyen de l'univers.* **2·** L'ensemble de tout ce qui existe. → **monde** (I), **nature.** *Les lois de l'univers.* **3·** En sciences. Ensemble de la matière distribuée dans l'espace et dans le temps. *La structure de l'univers connu est étudiée par l'astronomie.* **4·** *Un univers,* système planétaire ou galactique. **II·** Fig. Milieu réel, matériel ou moral *(univers mental). L'univers poétique et l'univers du rêve.* ▶ **universel, elle** adj. et n. m. **I·** Adj. **1·** Qui s'étend, s'applique à la totalité des objets (personnes ou choses) qui existent. → **général.** / contr. individuel, particulier / *Jugement universel,* qui s'applique à tous les cas, est vrai partout et toujours. *Un remède universel.* → **panacée.** – Loc. *Clé universelle,* qui s'adapte à différents types de boulons, d'écrous. **2·** (Personnes) Dont les connaissances, les aptitudes s'appliquent à tous les sujets. → **complet, omniscient.** *Un esprit universel.* **3·** Qui concerne la totalité des hommes, le monde entier ou la totalité d'un groupe. *Histoire universelle,* qui concerne tous les peuples. *Exposition universelle. Guerre, paix universelle.* → **mondial.** – *Suffrage universel,* étendu à tous les individus (sauf les exceptions prévues par la loi). – Commun à tous les hommes ou à un groupe donné ; qui peut s'appliquer à tous. *La science est universelle.* **4·** Qui concerne l'univers tout entier. *Gravitation universelle.* → **cosmique.** **II·** N. m. Ce qui comprend tous les objets dont il est question. *L'universel et le particulier.* ▶ **universellement** adv. Par tous les hommes, sur toute la terre. → **mondialement.** *Une chose universellement connue.* ▶ **universaliser** v. tr. < conjug. 1 > Rendre commun à tous les hommes ; répandre largement. → **diffuser, généraliser.** – Pronominalement (réfl.). *Cette coutume tend à s'universaliser.* ▶ **universalisation** n. f. Le fait de répandre largement, d'étendre à tous les hommes. → **généralisation.** ▶ **universalité** n. f. **1·** Caractère de ce qui est universel (I, 1) ou considéré sous son aspect de généralité universelle. *L'universalité d'un jugement. Le principe d'universalité des droits de l'Homme.* **2·** Caractère d'un esprit universel (I, 2). *L'universalité d'un écrivain.* **3·** Caractère de ce qui concerne la totalité des hommes, de ce qui s'étend à tout le globe.

université [ynivɛʀsite] n. f. **1·** *L'Université,* les maîtres, professeurs, etc., de l'enseignement public des divers degrés. *Entrer dans l'Université.* **2·** *Une université,* établissement public d'enseignement supérieur, constitué par l'ensemble des facultés établies dans une même Académie et administré par un *conseil d'université. Elle fait ses études à l'université de Lille.* ▶ **universitaire** adj. et n. **1·** Qui appartient, est relatif à l'Université (1). *Le corps universitaire.* – N. *Un universitaire,* un membre de l'Université. → **professeur.** **2·** Relatif aux universités, à l'enseignement supérieur. *Diplômes universitaires. Cités, restaurants universitaires,* destinés aux étudiants.

univoque [ynivɔk] adj. Sciences. Se dit d'une correspondance, d'une relation dans laquelle un terme entraîne toujours le même corrélatif (la relation est dite *bi-univoque,* s'il y a réciprocité). ▶ **univocité** n. f. Didact. Caractère univoque.

Untel, Unetelle [œ̃tɛl, yntɛl] n. → **tel** (III, 3).

upériser [ypeʀize] v. tr. < conjug. 1 > Stériliser (un liquide) en injectant de la vapeur à la température de 140 °C et en le refroidissant brusquement. – Au p. p. adj. *Lait upérisé.* → **U. H. T.**

uppercut [ypɛʀkyt] n. m. Boxe. Coup porté de bas en haut. → ④ **crochet.** *Des uppercuts.*

uranium [yʀanjɔm] n. m. Élément radioactif naturel, métal gris, dur, présent dans plusieurs minerais où il est toujours accompagné de radium. ▷ **transuranien**

① **urbain, aine** [yʀbɛ̃, ɛn] adj. Qui est de la ville, des villes (opposé à *rural*). *Transports urbains. Populations urbaines.* – *Communauté urbaine,* ville formée de plusieurs agglomérations. ▶ **urbaniser** v. tr. < conjug. 1 > Donner le caractère urbain, citadin à (un lieu). – Au p. p. adj. *Région urbanisée.* ▶ **urbanisation** n. f. **1·** Action d'urbaniser. *L'urbanisation des zones rurales autour des grandes villes.* **2·** Concentration croissante de la population (d'une région, d'un pays) dans les agglomérations urbaines. *L'urbanisation a entraîné le dépeuplement des campagnes.* ▶ **urbanisme** n. m. Étude systématique des méthodes permettant d'adapter l'habitat urbain aux besoins des hommes. *Architecture et urbanisme.* ▶ **urbaniste** n. Architecte, technicien spécialisé dans l'urbanisme.

② **urbain, aine** adj. Littér. (Personnes) Affable, agréable en société. ▶ **urbanité** n. f. Politesse où entrent beaucoup d'affabilité naturelle et d'usage du monde.

③ **urbain, aine** adj. Anglic. Lié à la culture hip-hop. *Mode urbaine. Le slam, poésie urbaine.*

urbi et orbi [yʀbiɛtɔʀbi] loc. adv. Se dit de la bénédiction que le pape donne à toute la chrétienté. – Loc. *Proclamer urbi et orbi,* partout.

urée [yʀe] n. f. Substance cristalline que l'on rencontre dans le sang et l'urine des carnivores. *L'urée qui se forme dans le foie est éliminée par le rein.* – Excès d'urée (maladie). *Il a de l'urée.* ▶ **urémie** n. f. Intoxication due à l'accumulation de l'urée dans le sang. *Une crise d'urémie.*

uretère [yʀtɛʀ] n. m. Canal qui conduit l'urine du rein à la vessie. ≠ urètre.

urètre [yʀɛtʀ] n. m. Canal excréteur de l'urine qui s'ouvre dans la vessie et aboutit à l'extérieur (→ **méat** urinaire). ≠ uretère.

urgent, ente [yʀʒɑ̃, ɑ̃t] adj. Dont on doit s'occuper sans retard. *Des affaires urgentes.* → **pressé.** *Un besoin urgent.* → **pressant.** *C'est urgent. Il devient urgent de te faire opérer.* ▶ **urgemment** [yʀʒamɑ̃] adv. De manière urgente. – En Afrique noire. D'urgence, immédiatement. *Viens urgemment, ta mère te réclame.* ▶ **urgence** n. f. **1·** Caractère de ce qui est urgent. *L'urgence d'un travail.* **2·** Nécessité d'agir vite. *Il y a urgence,* c'est urgent. *En cas d'urgence.* – *Une urgence,* un malade à opérer, à soigner sans délai. *Service des urgences dans un hôpital.* **3·** ***D'urgence*** loc. adv. : sans délai, en toute hâte. *Venez d'urgence, de toute urgence. Intervention d'urgence.* ▶ **urgentiste** n. Médecin spécialiste des urgences. ▶ **urger** v. intr. < conjug. 3 (Seulement 3e pers. sing.) > Fam. Être urgent. *Ça urge !* → **presser.**

urine [yʀin] n. f. Liquide organique clair et jaune, odorant, qui se forme dans le rein, passe dans les uretères, séjourne dans la vessie et est évacué par l'urètre. → fam. **pipi, pisse.** *Les urines,* l'urine évacuée. *Analyse d'urines.* ▶ **urinaire** adj. Qui a rapport à l'urine. *Appareil urinaire,* qui forme et évacue l'urine (rein, uretère, urètre, vessie). *Voies urinaires. Appareil génital et urinaire.* ▶ **urinal, aux** n. m. (Pour les hommes). Récipient à col incliné où les malades peuvent uriner couchés. *Des urinaux.* ▶ **uriner** v. intr. < conjug. 1 > Évacuer l'urine. → fam. faire **pipi, pisser.** *Le fait d'uriner s'appelle « miction ».* ▶ **urinoir** n. m. Petit édifice public où les hommes peuvent uriner. → **pissotière, sanisette, vespasienne.** ▷ **uro-**

urique [yʀik] adj. ***Acide urique*** : acide organique azoté dont on trouve de petites quantités dans l'urine humaine.

URL ou **U. R. L.** [yɛʀɛl] n. m. Anglic. Inform. Système standardisé d'attribution des adresses, sur le web. – Adresse d'un site ou d'une page hypertexte, sur le web.

urne [yʀn] n. f. **1·** Vase qui sert à renfermer les cendres d'un mort. *Urne funéraire, cinéraire.* **2·** Vase antique à flancs arrondis. *Les urnes et les amphores.* **3·** Boîte dont le couvercle est muni d'une fente, dans laquelle les électeurs déposent leur bulletin de vote. *Aller aux urnes,* aller voter.

uro- Élément de mots de médecine signifiant « urine ». ▶ **urographie** [yʀɔgʀafi] n. f. Radiographie de l'appareil urinaire. ▶ **urologie** n. f. Partie de la médecine qui s'occupe de l'appareil urinaire. *Service d'urologie dans un hôpital.* ▶ **urologique** adj. ▶ **urologue** n. Médecin spécialiste de l'appareil urinaire. ▷ **diurétique, hématurie, urée, uretère, urètre, urique**

urticaire [yʀtikɛʀ] n. f. Éruption passagère rosée ou rouge sur la peau (semblable à des piqûres d'ortie) accompagnée d'une sensation de brûlure.

us [ys] n. m. pl. Loc. *Les* ***us et coutumes*** : les habitudes, les usages traditionnels.

usage n. m. **I· 1·** Action d'user de qqch., de s'en servir pour satisfaire un besoin. *L'usage d'un outil, d'un instrument.* → **emploi, utilisation.** *Le bon, le mauvais usage de l'argent. Je n'en ai pas l'usage,* cela ne m'est pas utile. – (Compl. abstrait) *L'usage de la force.* **2·** Mise en activité effective (d'une faculté, d'une fonction physique ou mentale). → **exercice, fonctionnement.** *L'usage du raisonnement. L'usage des sens,* le fait de sentir, de percevoir. *Il a perdu l'usage de la parole.* **3·** Loc. ***Faire usage de*** : se servir de. → **utiliser ; employer.** *Il a fait usage de la force pour parvenir à ses fins.* – ***À l'usage*** : lorsqu'on s'en sert, lorsqu'on l'utilise. *À l'usage, sa découverte s'est révélée utile.* – ***En usage*** : qui est habituellement employé. *Cette coutume est encore en usage.* – Fam. *Faire de l'usage,* pouvoir être utilisé longtemps sans se détériorer. → **durer.** *Ce manteau m'a fait beaucoup d'usage.* **4·** Fonction, utilité, destination (d'un objet). *Un couteau à usages multiples. Une salle à plusieurs usages.* → **polyvalent.** – ***Hors d'usage*** : qui ne peut plus fonctionner. *Une vieille voiture hors d'usage.* – ***À usage (de)*** : destiné à être utilisé (de telle ou telle façon). *Médicament à usage externe, interne.* **5·** ***À l'usage de*** : destiné à être utilisé (par). → **pour.** *Des manuels à l'usage des écoles.* **6·** Le fait d'employer les éléments du langage dans le discours, la parole ; manière dont ils sont employés. → **emploi.** *L'usage oral, écrit, courant, populaire. Mot en usage* (usité), *hors d'usage, sorti de l'usage. Le bon usage* (considéré comme seul correct). *Expression consacrée par l'usage.* **II· 1·** Pratique que l'ancienneté ou la fréquence rend normale, courante, dans une société. → **coutume, habitude, mœurs, us.** *Un usage qui se perd.* – *Les usages,* les comportements considérés comme les meilleurs, ou les seuls normaux dans une société. *Conforme aux usages,* correct, courant, normal. *Contraire aux usages,* bizarre ou incorrect. – Habitude particulière (dans un groupe). → **rite.** *C'est un usage, dans ce collège, de donner une fête le dernier jour avant les vacances.* → **tradition. 2·** ***L'usage*** : ensemble des pratiques sociales. → **coutume, habitude.** *C'est l'usage,* c'est ce qu'il convient de faire, de dire. *Consacré par l'usage.* – ***D'usage*** : habituel, normal. *La formule d'usage. Il est d'usage d'accueillir les nouveaux venus.* **3·** Littér. Les bonnes manières. → **civilité, politesse. III·** Droit réel qui permet à son titulaire (*l'usager*) de se servir d'une chose appartenant à autrui. → **usufruit.** *Avoir l'usage d'un lieu.* ▶ **usagé, ée** adj. Qui a beaucoup servi (sans être forcément détérioré, à la différence de *usé*). *Vêtements usagés.* → **défraîchi, vieux.** ▶ **usager, ère** n. **1**· Qui a un droit réel d'usage (III). *Les usagers du chemin et son propriétaire.* **2**· Personne qui utilise (un service public, le domaine public). → **utilisateur.** *Les usagers de la route, des transports en commun.* – Utilisateur (de la langue). *Les usagers du français.* – Personne qui utilise un ouvrage de consultation. *Les usagers de l'annuaire, d'un dictionnaire.*

usant, ante [yzɑ̃, ɑ̃t] adj. Fam. Qui use la santé, les forces. *Cet enfant est usant.* → **fatigant, tuant.**

USB ou **U. S. B.** [yɛsbe] n. m. Anglic. Inform. Prise permettant de connecter des périphériques à un ordinateur. – En appos. *Clé USB* : petit appareil autonome, à très grande capacité de mémoire, qui se connecte sur cette sorte de prise.

usé, ée [yze] adj. **1**· Altéré par un usage prolongé, par des actions physiques (frottements, etc.). → **détérioré, vieux.** *Vêtements usés.* → **avachi, défraîchi, râpé.** *Usé jusqu'à la corde,* élimé. *Chaussure, semelle usée,* éculée. – Hors d'usage. *Vos pneus sont usés.* → fam. **foutu, mort.** – *Eaux usées,* salies par l'usage. **2**· Littér. Diminué, affaibli par une action progressive. → **émoussé, éteint.** *Passion usée,* refroidie. **3**· (Personnes) Dont les forces, la santé sont diminuées. *Elle est épuisée, usée.* **4**· Qui a perdu son pouvoir d'expression, d'évocation par l'usage courant, la répétition. → **banal, commun, rebattu.** *Une comparaison usée.*

user [yze] v. tr. < conjug. 1 > **I**· V. tr. ind. *User de.* **1**· (Avec un compl. désignant une chose abstraite) Avoir recours à, mettre en œuvre. → se **servir, utiliser ; usage.** *User d'un droit, d'un privilège. Vous usez et même abusez de votre pouvoir.* – Employer, se servir de (tel élément du langage). *User de termes ambigus.* **2**· Littér. ***En user avec qqn*** : agir, se conduire (d'une certaine manière). → se **comporter.** *Il en use avec elle d'une façon désinvolte.* **II**· V. tr. dir. **1**· Détruire par la consommation ; utiliser (qqch.) jusqu'à l'épuiser. *Ce poêle use beaucoup de charbon.* → **consommer, dépenser.** *N'use pas ta salive*, personne ne t'écoute !* **2**· Modifier (qqch.) progressivement en enlevant certaines de ses parties, en altérant son aspect, par un usage prolongé. → **abîmer, élimer ; usure.** *User ses vêtements jusqu'à la corde.* – Loc. *User ses fonds de culottes sur les bancs de l'école,* aller à l'école. – (En parlant du temps, d'effets naturels ou d'une action volontaire) Altérer ou entamer (qqch.). Au passif et p. p. adj. *Terrains usés par l'érosion.* **3**· Diminuer, affaiblir (une sensation, la force de qqn) par une action lente, progressive. *User ses forces, sa santé.* → **miner.** *La lecture a usé ses yeux.* → **abîmer.** *Tu vas t'user la vue à lire dans le noir.* **4**· Diminuer ou supprimer les forces de (qqn). → **épuiser.** *Le travail l'a usé.* **III**· *S'user* v. pron. réfl. **1**· Se détériorer à l'usage ; perdre de son effet, de son utilité. *Tissu, instrument, machine qui s'use vite.* **2**· Fig. S'affaiblir, être diminué avec le temps. *Les sentiments finissent par s'user.* **3**· (Personnes) Perdre sa force, sa santé. *Elle s'est usée au travail.* → se **fatiguer,** s'**épuiser,** se **tuer.** ▷ **abus, abuser, désabusé, inusable, inusité, mésuser, usage, usant, usé, usité, usuel,** ① **usure**

usine [yzin] n. f. **1**· Établissement de la grande industrie destiné à la fabrication d'objets ou de produits, à la transformation de matières premières, à la production d'énergie. → **fabrique, industrie, manufacture.** *Travailler dans une usine, en usine. Usines de jouets. Usines textiles, automobiles. Usine à gaz ;* fig. système inutilement compliqué. – *Magasin d'usine,* où les produits sont vendus sans intermédiaire. *Acheter à prix d'usine.* **2**· *L'usine,* la grande industrie. *Des ouvriers d'usine.* **3**· Fam. Local qui, par ses dimensions, son nombreux personnel et l'importance de son rendement, évoque une usine. *Ce restaurant est une véritable usine.* ▶ **usiner** v. tr. < conjug. 1 > **1**· Façonner une pièce avec une machine-outil. **2**· Fabriquer dans une usine. *Usiner des produits finis.* ▶ **usinage** n. m. Action d'usiner. *Usinage de pièces mécaniques.*

usité, ée [yzite] adj. Qui est employé, en usage. *Un mot usité. Un prénom usité.* → **courant, usuel.** / contr. inusité / – *Peu usité,* rare.

ustensile [ystɑ̃sil] n. m. Objet ou accessoire, dont l'utilisation n'exige pas la mise en mouvement d'un mécanisme. – **REM.** Se dit parfois pour des appareils ou instruments simples et d'usage très courant. *Ustensiles de cuisine. Ustensiles de toilette.* – Fam. *Qu'est-ce que c'est que cet ustensile ?* → fam. **engin, machin, truc.**

usuel, elle [yzɥɛl] adj. Qui est utilisé habituellement, qui est dans l'usage courant. *Un objet usuel.* → **commun, familier, ordinaire.** *La langue usuelle. Expressions usuelles,* en usage et courantes. → **usité.** ▶ **usuellement** adv. Communément. → d'**ordinaire.**

usufruit [yzyfʀɥi] n. m. Jouissance légale d'un bien dont on n'a pas la propriété. *Avoir l'usufruit d'une maison, une maison en usufruit.* ▶ **usufruitier, ière** n. Personne qui détient un usufruit.

① **usure** [yzyʀ] n. f. **1**· Détérioration par un usage prolongé, par le frottement, etc. → **dégradation.** *Résister à l'usure.* – Action de ce qui use, dégrade. *L'usure du temps. Guerre* ***d'usure*** : où l'on use les forces de l'adversaire sans l'attaquer massivement. **2**· Diminution ou altération (d'une qualité, de la santé). *Usure des forces, de l'énergie.* → **fatigue.** – Fam. ***Avoir qqn à l'usure*** : prendre l'avantage sur lui en le fatiguant peu à peu. **3·** État de ce qui est détérioré par l'usage. (→ **usagé**). *L'usure des marches les rendait glissantes.*

②**usure** n. f. Intérêt de taux excessif ; le fait de prendre un tel intérêt. *Prêter à usure.* – ***Avec usure*** loc. littér. : au-delà de ce qu'on a reçu (comme dans le prêt à usure). *Je lui rendrai sa méchanceté avec usure.* ▶ **usuraire** adj. Qui a le caractère de l'usure, est propre à l'usure. *Intérêt, taux usuraire.* ▶ **usurier, ière** n. Personne qui prête à usure, qui exige un taux excessif (et souvent illégal).

usurper [yzyʀpe] v. tr. < conjug. 1 > S'approprier sans droit, par la violence ou la fraude (un pouvoir, une dignité, un bien). → **s'arroger, s'emparer.** *Usurper un pouvoir, un titre, un nom, des honneurs.* – Obtenir de façon illégitime. – Au p. p. adj. *Une réputation usurpée.* ▶ **usurpateur, trice** n. Personne qui usurpe (un pouvoir, un droit ; la souveraineté). *Un usurpateur d'identité.* → **imposteur.** ▶ **usurpation** n. f. Action d'usurper ; son résultat. → **appropriation.** – *Usurpation de pouvoir,* commise par un agent administratif qui empiète sur le domaine réservé aux autorités judiciaires.

ut [yt] n. m. invar. Ton de do. *La Cinquième Symphonie de Beethoven, en ut mineur. Clef d'ut.* – Do (note). *Les ut de poitrine d'un ténor.*

utérus [yteʀys] n. m. invar. Chez la femme. Organe situé entre la vessie et le rectum, destiné à contenir l'œuf fécondé puis l'embryon jusqu'à son complet développement. → **matrice.** *Col de l'utérus.* – Chez les animaux supérieurs vivipares. Organe de la gestation chez la femelle. ▶ **utérin, ine** adj. **1·** De l'utérus, relatif à l'utérus. *Hémorragie utérine.* **2·** En droit. *Frères utérins, sœurs utérines,* qui ont la même mère, mais un père différent. ▷ **extra-utérin, intra-utérin**

utile [ytil] adj. et n. m. **1·** Dont l'usage, l'emploi est ou peut être avantageux (à qqn, à la société), satisfait un besoin (surtout matériel). → **bon, profitable, salutaire ; indispensable, nécessaire.** / contr. inutile / ***Utile à****... Consultez ce site, il vous sera utile.* – *Dépenses utiles ou inutiles.* – Profitable, fructueux. *Efforts utiles.* – ***Il est utile de*** (+ infinitif). *Il serait plus utile de prévenir que de guérir.* – ***Il est utile que*** (+ subjonctif). *Il est utile que vous appreniez le chinois.* – ***Utile à*** (+ infinitif) : qu'il est utile de... *Ouvrages utiles à consulter.* – N. m. *L'utile.* → **bien, utilité.** *Joindre l'utile à l'agréable.* – Adv. *Voter utile. Acheter utile.* **2·** (Personnes) Dont l'activité est ou peut être avantageusement mise au service d'autrui. *Un collaborateur très utile.* → **précieux.** *Chercher à se rendre utile. Puis-je vous être utile ?* – *Animaux utiles* (opposé à *nuisibles*). **3·** *En temps utile,* au moment opportun. ▶ **utilement** adv. D'une manière utile. ▶ **utiliser** v. tr. < conjug. 1 > **1·** Rendre utile, faire servir à une fin précise (ce qui n'y était pas nécessairement ou spécialement destiné). → **employer, exploiter, se servir de.** *Utiliser une ficelle pour lacer sa chaussure. La manière d'utiliser les restes.* → **accommoder.** **2·** Employer. → **pratiquer, se servir de, user de.** *Utiliser un procédé, un moyen, un instrument.* ▶ **utilisable** adj. Qui peut être utilisé. *Les moyens utilisables.* / contr. inutilisable / ▶ **utilisateur, trice** n. Personne qui utilise (une machine, un appareil, etc.). → **usager.** ▶ **utilisation** n. f. Action, manière d'utiliser. → **emploi, usage.** *Les utilisations du pétrole par les industries chimiques.* ▶ **utilité** n. f. **1·** Caractère de ce qui est utile, satisfait des besoins matériels. *Utilité d'un instrument, d'une méthode. Ce procédé n'est d'aucune utilité dans nos recherches.* – (Personnes) *Elle m'est d'une grande utilité.* → **secours.** **2·** Le bien ou l'intérêt (de qqn). *Pour mon utilité personnelle.* → **convenance.** – *Association reconnue d'utilité publique.* **3·** Emploi subalterne d'acteur (simplement utile). *Jouer les utilités.* ▶ **utilitaire** adj. et n. **1·** Qui vise essentiellement à l'utile. *La céramique est l'un des premiers arts utilitaires inventés par l'homme.* → **pratique.** – *Véhicules utilitaires,* camions, autocars... (opposé à *véhicules de tourisme*). N. m. *Louer un utilitaire.* **2·** *Logiciel utilitaire* ou *un utilitaire* n. m., petit programme, petit logiciel qui assure des opérations de gestion ou d'exploitation. **3·** Péj. Préoccupé des intérêts matériels. *Préoccupations utilitaires.* → **intéressé.** ▷ **inutile, réutiliser**

utopie [ytɔpi] n. f. **1·** Idéal, vue politique ou sociale qui ne tient pas compte de la réalité. **2·** Conception ou projet qui paraît irréalisable. → **illusion, mirage.** ▶ **utopique** adj. Qui constitue une utopie, tient de l'utopie. → **imaginaire, irréalisable.** *Il a des idées utopiques.* ▶ **utopiste** n. Auteur de systèmes utopiques ; esprit attaché à des vues utopiques. → **rêveur.**

①**U. V.** [yve] n. m. pl. Rayons ultraviolets. *L'exposition aux U. V.*

②**U. V.** [yve] n. f. invar. Abréviation de *unité* de valeur.*

uvée [yve] n. f. Membrane intermédiaire de l'œil. *Inflammation de l'uvée.*

vV

v [ve] n. m. invar. **1·** Vingt-deuxième lettre de l'alphabet, dix-septième consonne. – *En V,* en forme de V majuscule. *Décolleté en V,* en pointe. – Loc. fam. *À la vitesse grand V,* très vite. **2·** *V,* cinq (en chiffres romains).

va [va] → **aller. 1·** Fam. *Va pour,* je suis d'accord pour. *Va pour 10 euros,* les voici. **2·** Interj. *Va !,* s'emploie pour encourager ou menacer. *Tu peux rester, va ! Va donc !,* s'emploie devant une injure. *Va donc, eh crétin !* **3·** Loc. *À la va-vite,* rapidement et sans soin. *À la va comme je te pousse,* n'importe comment (d'un travail).

vacant, ante [vakɑ̃, ɑ̃t] adj. **1·** Qui n'a pas de titulaire. *Poste vacant.* **2·** Qui n'est pas rempli, qui est libre. → **libre ; inoccupé.** *Siège vacant. Logement vacant.* / contr. occupé / ▶ **vacance** n. f. État d'une charge, d'un poste vacant. *La vacance d'une chaire de faculté.* – Poste sans titulaire. ▶ **vacances** n. f. pl. **1·** Période pendant laquelle les écoles, les universités rendent leur liberté aux élèves, aux étudiants. *Vacances scolaires.* / contr. rentrée / *Les grandes vacances,* les deux ou trois mois d'été. *Les vacances de Pâques, de Noël. Colonie de vacances.* **2·** Repos, cessation des occupations, du travail ordinaires. *Vous êtes fatigué, vous avez besoin de vacances.* – Temps de repos accordé aux employés. *Vacances payées.* → **congé.** *Nous prendrons nos vacances en juillet. Passer ses vacances à la mer, à la montagne.* – *Maison de vacances. Partir en vacances.* ▶ **vacancier, ière** n. Personne en vacances. → **estivant.**

vacarme [vakaʀm] n. m. **1·** Grand bruit de gens qui crient, se querellent, s'amusent. → **clameur.** *Faire du vacarme.* → **chahut, tapage, tumulte. 2·** Bruit assourdissant. *Le vacarme d'un chantier, des marteaux-piqueurs.*

vacation [vakɑsjɔ̃] n. f. Temps consacré à l'accomplissement d'une fonction précise par la personne qui en a été spécialement chargée. *Enseignant payé à la vacation.* → **vacataire.** – Travail fait pendant ce temps déterminé. *Faire une vacation, des vacations.* ▶ **vacataire** adj. et n. Personne affectée à une fonction précise pendant un temps déterminé. *Vacataire qui cherche à être titulaire.*

vaccin [vaksɛ̃] n. m. Substance (microbe ou produit soluble) qui, inoculée à un individu, lui confère l'immunité contre une maladie. *Sérum et vaccin. L'injection, l'inoculation d'un vaccin. Vaccin antivariolique. Le vaccin contre la grippe.* – *Faire un vaccin à qqn,* inoculer un vaccin à qqn. ▶ **vacciner** v. tr. < conjug. 1 > **1·** Immuniser par un vaccin. *Vacciner qqn contre la fièvre typhoïde.* – Au p. p. adj. *Les enfants vaccinés.* – N. *Les vaccinés.* **2·** Fam. *Être vacciné contre qqch.,* être préservé d'une chose désagréable, dangereuse pour en avoir fait la pénible expérience. → **guéri.** *Plus d'affaires sentimentales, je suis vacciné pour un moment.* ▶ **vaccination** n. f. Inoculation d'un vaccin pour combattre une maladie ou créer une immunité (*vaccination préventive*).

1 **vache** [vaʃ] n. f. **1·** Femelle du taureau. *Jeune vache.* → **génisse.** REM. En boucherie, on dit *bœuf. La vache meugle, beugle. Les vaches paissent, ruminent. Bouse de vache. Vache laitière. Vache allaitante. La vache et son veau. La vache vient de vêler*.* – *Maladie de la vache folle,* encéphalopathie bovine. **2·** Loc. *Vache à lait,* personne qu'on exploite, qui est une source de profit pour une autre. *Vaches grasses, maigres,* période d'abondance, de disette. – *Vache sacrée,* personnage important. *Être gros comme une vache,* très gros. Fam. *Il pleut comme vache qui pisse,* très fort. – *Manger de la vache enragée,* en être réduit à de dures privations. – *Parler français comme une vache espagnole,* parler mal le français. **3·** Peau de la vache apprêtée en fourrure, en cuir. *Sac en vache.* ▶ **vacher, ère** n. Personne qui mène paître les vaches et les soigne. ▶ **vachette** n. f. **1·** Jeune vache. **2·** Cuir de génisse.

2 **vache** n. f. et adj. Fam. **1·** N. f. Personne méchante, qui se venge ou punit sans pitié. *C'est une vieille vache, une belle vache.* – *C'est une (vraie)*

peau de vache. – *Un coup en vache*, nuisible et hypocrite. – (En parlant d'une personne dont on a à se plaindre) *Ah ! les vaches, ils m'ont oublié !* **2·** N. f. *La vache !*, exclamation exprimant l'étonnement, l'admiration (→ **vachement**), l'indignation. *La vache ! c'est superbe !* **3·** Adj. Méchant ou sévère, injuste. *Il a été vache avec moi. Une réponse assez vache. C'est vache !* ▶ **vachement** adv. Fam. (Intensif, admiratif) Beaucoup ; très. → **drôlement, rudement.** *C'est vachement bien. Il nous aide vachement.* ▶ **vacherie** n. f. Fam. Parole, action méchante. → **méchanceté.** *Dire, faire des vacheries.* – Caractère vache (3), méchant. *Elle est d'une vacherie inouïe !* / contr. **gentillesse** /

vacherin [vaʃʀɛ̃] n. m. **1·** Dessert composé d'une meringue garnie de glace et de chantilly. **2·** Fromage de vache de Franche-Comté, du canton de Fribourg, en Suisse.

vaciller [vasije ; vasile] v. intr. < conjug. 1 > **1·** Être animé de mouvements répétés, alternatifs, être en équilibre instable et risquer de tomber. → **chanceler.** *Vaciller sur ses jambes.* **2·** Trembler, être sur le point de s'éteindre ; scintiller faiblement. → **trembloter.** *Bougie, flamme, lumière qui vacille.* **3·** Devenir faible, incertain ; manquer de solidité. *Mémoire, intelligence qui vacille.* → **s'affaiblir.** ▶ **vacillant, ante** adj. Qui vacille. *Démarche vacillante.* → **chancelant, tremblant.** *Flamme, lumière vacillante.* ▶ **vacillation** n. f. ou **vacillement** n. m. Mouvement, état de ce qui vacille. *Vacillation d'une flamme.*

vacuité [vakɥite] n. f. **1·** Didact. État de ce qui est vide. **2·** Vide moral, intellectuel. *La vacuité de ses propos.* / contr. **plénitude** /

vacuole [vakɥɔl] n. f. Didact. Petite cavité. *Les vacuoles pulmonaires.*

vade-mecum [vademekɔm] n. m. invar. Littér. Livre (manuel, guide, aide-mémoire) que l'on garde sur soi pour le consulter. *Des vade-mecum.*

vadrouiller [vadʀuje] v. intr. < conjug. 1 > Fam. Se promener sans but précis, sans raison. → **traîner.** ▶ **vadrouille** n. f. Fam. Action de vadrouiller. → **balade.** *Être en vadrouille.*

va-et-vient [vaevjɛ̃] n. m. invar. **1·** Dispositif servant à établir une communication en un sens et dans le sens inverse. – Dispositif électrique comportant deux interrupteurs (ou plus) montés en circuit, et permettant d'allumer, d'éteindre de plusieurs endroits. *Installer un va-et-vient dans une grande salle.* **2·** Mouvement alternatif. *Les va-et-vient d'une balançoire.* → **balancement.** **3·** Allées et venues de personnes. *Le va-et-vient perpétuel d'un café.*

vagabond, onde [vagabɔ̃, ɔ̃d] adj. et n. **I·** Adj. **1·** Littér. Qui mène une vie errante. → **nomade.** **2·** Qui change sans cesse, n'est retenu par rien. *Humeur, imagination vagabonde.* **II·** N. Personne sans domicile fixe et sans ressources, qui se déplace à l'aventure. → **clochard.** ▶ **vagabondage** n. m. **1·** Le fait ou l'habitude d'errer, d'être vagabond. **2·** État de l'imagination vagabonde. ▶ **vagabonder** v. intr. < conjug. 1 > **1·** Circuler, marcher sans but, se déplacer sans cesse. → **errer.** *Vagabonder sur les chemins.* **2·** Fig. Passer sans s'arrêter d'un sujet à l'autre. *Son imagination vagabondait.*

vagin [vaʒɛ̃] n. m. Organe sexuel féminin, conduit qui s'étend de l'utérus à la vulve. ▶ **vaginal, ale, aux** adj. Du vagin. *Muqueuse vaginale.*

vagir [vaʒiʀ] v. intr. < conjug. 2 > Pousser de faibles cris. ▶ **vagissant, ante** adj. Qui vagit. ▶ **vagissement** n. m. Cri de l'enfant nouveau-né. – Cri plaintif et faible (de quelques animaux).

1 **vague** [vag] n. f. **1·** Inégalité de la surface d'une étendue liquide (mer, lac...) due aux courants, au vent, etc. ; masse d'eau qui se soulève et s'abaisse. → **flot, houle, lame.** *Le bruit des vagues. Une grosse vague.* **2·** Phénomène comparable (par l'ampleur, la puissance, la progression...). *La vague d'enthousiasme pour cet auteur est passée.* → **courant, mouvement.** *Vague de protestation.* – Fam. *Ça a fait des vagues*, des remous, de l'agitation. – *La **nouvelle vague** :* la dernière génération ou tendance. – *Vague de chaleur, de froid*, afflux de masses d'air chaud, froid. – Masse (d'hommes, de choses) qui se répand brusquement. *Des vagues d'immigration.* **3·** Surface ondulée. *Les vagues de sa chevelure.* ▶ **vaguelette** n. f. Petite vague ; ride à la surface de l'eau.

2 **vague** adj. *Terrain vague*, vide de cultures et de constructions, dans une ville.

3 **vague** adj. et n. m. **I·** Adj. **1·** Que l'esprit a du mal à saisir, à cause de son caractère mouvant ou de son sens mal défini, mal établi. → **confus, imprécis, incertain.** *Il m'a donné des indications vagues.* / contr. **précis** / *Il est resté vague*, il s'est contenté de propos vagues. → **évasif.** *Une angoisse vague*, sans objet précis. → **indéfinissable.** – (Avant le nom) Insuffisant, faible. *Elle n'a qu'une vague idée de ce qui se passe. Elle a de vagues souvenirs de cette époque. De vagues connaissances d'anglais.* **2·** *Regard vague*, qui exprime des pensées ou des sentiments indécis. → **distrait.** **3·** Qui est perçu d'une manière imparfaite. → **indéfinissable, obscur.** *On apercevait dans l'obscurité une silhouette vague.* / contr. **distinct, net** / **4·** Qui n'est pas ajusté, serré. *Manteau vague.* / contr. **moulant** / **5·** (Avant le nom) Dont l'identité précise importe peu ; quelconque, insignifiant. *Il tra-*

vaille dans un vague bureau. Un vague cousin. **II·** N. m. **1·** Ce qui n'est pas défini, fixé (espace, domaine intellectuel, affectif). *Regarder dans le vague,* sans rien fixer. *Rester dans le vague,* ne pas préciser sa pensée. **2·** Loc. *Avoir du vague à l'âme,* être dans un état mélancolique. ▶ **vaguement** adv. **1·** D'une manière vague, en termes imprécis. *Il m'a vaguement dit de quoi il s'agit.* / contr. précisément / **2·** D'une manière incertaine ou douteuse. *Un geste vaguement désapprobateur.* / contr. nettement /

vaguemestre [vagmɛstʀ] n. m. Sous-officier (quartier-maître) chargé du service de la poste dans l'armée (sur un navire).

vahiné [vaine] n. f. Femme de Tahiti. *Des vahinés.*

vaillant, ante [vajɑ̃, ɑ̃t] adj. **1·** Littér. Plein de bravoure, de courage, de valeur pour se battre, pour le travail, etc. → **brave, courageux.** / contr. lâche, poltron / – Prov. *À cœur vaillant, rien d'impossible,* devise de Jacques Cœur. **2·** Vigoureux. *Elle est guérie, mais pas encore bien vaillante.* / contr. faible / **3·** Loc. *N'avoir pas un sou vaillant,* être pauvre, démuni. ▶ **vaillamment** adv. Avec vaillance. → **bravement, courageusement.** ▶ **vaillance** n. f. **1·** Littér. Valeur guerrière, bravoure. *Un combattant dont la vaillance est connue.* / contr. lâcheté / **2·** Courage d'une personne que la souffrance, les difficultés, le travail n'effraient pas. / contr. faiblesse /

vaille [vaj] Forme du subjonctif du verbe *valoir* (*rien qui vaille ; vaille que vaille*). → **valoir.**

vain, vaine [vɛ̃, vɛn] adj. **I·** (Choses) **1·** Littér. Dépourvu de valeur, de sens. → **dérisoire, insignifiant.** *Ce ne sont que de vains mots.* → **creux.** – Qui n'a pas de base sérieuse. → **chimérique, illusoire.** *Un vain espoir* [œ̃vɛnɛspwaʀ] / contr. fondé / **2·** Qui est dépourvu d'efficacité. → **inefficace, inutile.** *Faire de vains efforts.* – Impers. *Il est vain de songer à cela.* **II·** (Personnes) Littér. Fier de soi sans avoir de bonnes raisons de l'être. → **glorieux, vaniteux.** *Il est superficiel et vain.* **III·** ***En vain*** loc. adv. : sans obtenir de résultat, sans que la chose en vaille la peine. → **inutilement, vainement.** *J'ai protesté en vain,* en pure perte. *C'est en vain qu'elle l'a supplié.* ▷ **vainement, vanité**

vaincre [vɛ̃kʀ] v. tr. < conjug. 42 > **1·** L'emporter par les armes sur (un ennemi). → **battre.** *Nous vaincrons l'ennemi.* – Sans compl. *Vaincre ou mourir.* → **gagner.** « *À vaincre sans péril, on triomphe sans gloire* » (vers de Corneille). / contr. perdre / – Dominer et réduire à sa merci, au terme d'une lutte. *Elle l'a vaincu par son acharnement.* **2·** L'emporter sur (un adversaire, un concurrent) dans une compétition. → **battre.** *Le champion a vaincu tous ses challengers.* **3·** Être plus fort que (une force naturelle), faire reculer ou disparaître. → **dominer, surmonter.** *Il a vaincu la maladie. Vaincre ses mauvais penchants.* ▶ **vaincu, ue** [vɛ̃ky] adj. Qui a subi une défaite (de la part d'un ennemi, d'un rival, d'une force). / contr. gagnant, vainqueur, victorieux / *S'avouer vaincu,* reconnaître sa défaite. *Il était vaincu d'avance,* sa défaite était inévitable. – N. *Il n'y a ni vainqueurs ni vaincus.* / contr. invaincu / ▶ **vainqueur** n. m. REM. Ce mot n'a pas de féminin et s'emploie pour les deux genres. **1·** Personne qui a gagné une bataille, une guerre. – Adj. Victorieux. *Avoir un air vainqueur,* orgueilleux et satisfait. → **triomphant.** **2·** Gagnant. → **champion, lauréat.** *Le vainqueur d'une épreuve sportive.* **3·** Celui qui a triomphé (d'une force, d'une difficulté naturelle). *Le vainqueur de l'Everest.* ▷ **invaincu**

vainement [vɛnmɑ̃] adv. En vain, inutilement.

vair [vɛʀ] n. m. Fourrure de petit-gris. *La pantoufle de vair de Cendrillon.* ≠ verre.

1 **vairon** [vɛʀɔ̃] n. m. Petit poisson des eaux courantes, au corps cylindrique.

2 **vairon** adj. m. *Yeux vairons,* à l'iris cerclé d'une teinte blanchâtre, ou qui ont des couleurs différentes.

1 **vaisseau** [vɛso] n. m. Organe tubulaire permettant la circulation des liquides organiques, spécialement du sang. *Vaisseaux sanguins.* → **artère, veine ; vasculaire.** *Vaisseaux lymphatiques.*

2 **vaisseau** n. m. **I·** **1·** Vieilli, sauf dans certaines locutions. Bateau d'une certaine importance. → **navire ; bâtiment.** *Capitaine, enseigne de vaisseau.* **2·** *Vaisseau spatial, cosmique,* véhicule des astronautes. → **astronef.** *Des vaisseaux spatiaux.* **II·** Espace allongé que forme l'intérieur d'un grand bâtiment, d'un bâtiment voûté. → **nef.** *Le vaisseau d'une église.*

vaisselle [vɛsɛl] n. f. **1·** Ensemble des récipients qui servent à manger, à présenter la nourriture. *De la vaisselle de faïence, de porcelaine, de plastique. Une pile de vaisselle.* **2·** Ensemble des plats, assiettes, ustensiles de table à laver. *Faire la vaisselle,* la laver. – *Elle n'a pas fini sa vaisselle,* le lavage de sa vaisselle. ▶ **vaisselier** n. m. Meuble rustique, où la vaisselle est exposée à la vue. → **buffet.** ▷ **lave-vaisselle**

val, plur. **vaux** ou **vals** [val, vo] n. m. **1·** Vx sauf dans des noms de lieux. Vallée. « *Le dormeur du val* », *poème d'A. Rimbaud,* sur un jeune soldat tué. *Le Val de Loire. Les Vaux-de-Cernay.* **2·** Loc. *À val :* en suivant la pente de la vallée. → **en aval.** – *Par monts et par vaux.* → **mont.** ▷ **aval, dévaler, vallée, vallon, à vau-l'eau**

valable [valabl] adj. **1·** Qui remplit les conditions requises (pour être reçu en justice, accepté par une autorité, etc.). → **valide.** / contr. nul, caduc, périmé / *Acte, contrat valable. Ma carte d'identité n'est plus valable.* → en **règle. 2·** Qui a une valeur, un fondement reconnu. → **acceptable, sérieux.** *Il n'a donné aucun motif valable.* **3·** Qui a des qualités estimables. *Une solution valable.* → **bon.** *Interlocuteur valable,* qualifié, autorisé. ▶ **valablement** adv. **1·** De manière à être reçu, à produire ses effets juridiques. *Valablement autorisé.* **2·** À bon droit. *Alléguer valablement que...* **3·** D'une manière efficace, appréciable. *Ils savent utiliser valablement ses talents.*

valdinguer [valdɛ̃ge] v. intr. < conjug. 1 > Fam. Tomber, dégringoler. *Il l'a envoyé valdinguer dans l'escalier.* → fam. **dinguer.**

valence [valɑ̃s] n. f. Nombre de liaisons chimiques qu'un atome peut avoir avec les atomes d'autres substances, dans une combinaison. ▷ **bivalent, monovalent, tétravalent**

valériane [valeʀjan] n. f. Plante à fleurs roses ou blanches, à la racine très ramifiée. *Valériane officinale* (appelée aussi *herbe-aux-chats*).

valet [valɛ] n. m. **I· 1·** Autrefois. Domestique. → **laquais, serviteur.** – *Valet de pied :* domestique de grande maison, en livrée. – *Valet de chambre :* domestique masculin servant dans une maison ou un hôtel. **2·** Salarié chargé de certains travaux. *Valet de ferme,* ouvrier agricole. *Valet d'écurie,* chargé des soins des chevaux. → **palefrenier. II·** Carte sur laquelle est représenté un jeune écuyer, et qui vient en général après le roi et la dame. *Valet de pique. Avoir une tierce au valet,* 9, 10 et valet de la même couleur.

valétudinaire [valetydinɛʀ] adj. et n. Littér. Maladif. *Vieillard valétudinaire.*

valeur [valœʀ] n. f. **I· 1·** Caractère mesurable (d'un objet) en tant que susceptible d'être échangé, d'être désiré. → **prix.** *Avoir la valeur de...* → **valoir.** *La valeur d'un bien. Objet de valeur, sans valeur. Estimer la valeur de qqch.* → **évaluer.** – Loc. *Mettre en valeur :* faire valoir, faire produire (un bien matériel, un capital). *Mettre en valeur des terres incultes.* Faire valoir (une personne, une chose) en la montrant à son avantage. *Mot mis en valeur dans la phrase. Cette tenue la met en valeur.* – *Être en valeur :* être à son avantage. *Ce tableau est mieux en valeur de ce côté.* **2·** *Valeurs (mobilières),* titres cotés ou non en Bourse. → **action, billet, effet, obligation, titre.** – *Taxe à la valeur ajoutée.* → **T. V. A. II· 1·** Caractère de ce qui répond aux normes idéales de son type, qui a de la qualité. *La valeur de cet ouvrage vient de la sincérité de l'auteur.* **2·** Ce en quoi une personne est digne d'estime. → **mérite.** *C'est un homme de grande valeur. Estimer qqn à sa juste valeur.* **3·** *Jugement de valeur :* par lequel on affirme qu'un objet est plus ou moins digne d'estime. *Je ne porterai aucun jugement de valeur sur ce roman.* **4·** Qualité de ce qui produit l'effet souhaité. → **efficacité, portée, utilité.** *La valeur d'une méthode.* **5·** *Une valeur :* ce qui est vrai, beau, bien (selon un jugement en accord avec celui de la société, de l'époque). *Les valeurs morales, sociales, esthétiques. Échelle des valeurs,* les valeurs classées de la plus haute à la plus faible, dans la conscience, servant de référence dans les jugements, la conduite. **III· 1·** Mesure (d'une grandeur ou d'une quantité variable). *Valeur de x.* – Quantité approximative. *Ajoutez la valeur d'un litre d'eau.* **2·** Mesure conventionnelle attachée à un signe. *La valeur des différentes cartes à jouer.* – Durée relative (d'une note, d'un silence), indiquée par sa figure, éventuellement modifiée par certains signes. *La valeur d'une blanche est deux noires.* **3·** Sens d'un mot limité ou précisé par son contexte. *Un mot a sa valeur par son opposition aux autres mots.* ▶ **valeureux, euse** adj. Littér. Brave, courageux. → **vaillant.** *De valeureux soldats.* ▷ **contre-valeur, valoriser**

valide [valid] adj. **1·** Qui est en bonne santé, capable de travail, d'exercice. / contr. impotent, invalide, malade, valétudinaire / **2·** Qui présente les conditions requises pour produire son effet. → **valable.** *Passeport valide.* / contr. nul, périmé / ▶ **valider** v. tr. < conjug. 1 > Rendre ou déclarer valide (2). → **entériner, homologuer, ratifier.** *Faire valider un certificat. Valider un titre de transport.* → ② **composter.** *Veuillez valider votre commande,* la confirmer. *Valider une réponse.* ▶ **validation** n. f. Action de valider ; son résultat. / contr. annulation, invalidation / *Validation des élections. La validation d'un diplôme obtenu à l'étranger.* – *Touche de validation.* ▶ **validité** n. f. Caractère de ce qui est valide (2). / contr. péremption / *Durée de validité d'un chèque.* ▷ **invalide, invalider**

valise [valiz] n. f. **1·** Bagage de forme rectangulaire, relativement plat et pouvant être porté à la main. → fam. **valoche.** *Petite valise.* → **mallette.** *Faire sa valise, ses valises,* y disposer ce qu'on emporte ; s'apprêter à partir. **2·** *Valise diplomatique :* transport de correspondance ou d'objets sous le couvert de l'immunité diplomatique. ▶ **valisette** n. f. Petite valise d'enfant. ▷ **dévaliser, mot-valise, valoche**

vallée [vale] n. f. **1·** Espace allongé entre deux zones plus élevées (pli concave) ou espace situé de part et d'autre du lit d'un cours d'eau. → **val, vallon ; gorge, ravin.** *Ce village est au fond de la vallée.* **2·** Région qu'arrose un cours d'eau.

→ **bassin.** *La vallée de la Loire, du Nil.* **3·** En montagne. Se dit des régions moins hautes (vallées proprement dites et pentes).

vallon [valɔ̃] n. m. Petite dépression allongée entre deux collines, deux coteaux. → **vallée.** ▶ **vallonné, ée** adj. Parcouru de vallons. *Région vallonnée.* ▶ **vallonnement** n. m. Relief d'un terrain où il y a des vallons et des collines.

valoche [valɔʃ] n. f. Fam. Valise. *C'est toujours moi qui porte les valoches !*

valoir [valwaʀ] v. < conjug. 29 > **I·** V. intr. **1·** Correspondre à (une certaine valeur) ; avoir un rapport d'égalité avec (autre chose) selon l'estimation qui en est faite. → **coûter, faire.** *Valoir peu, beaucoup. Votre maison vaut cinq cent mille euros. Cela ne vaut pas grand-chose.* – *Cela vaut de l'argent,* c'est une chose de prix. – Loc. *Cela vaut son pesant d'or !* (d'une chose étonnante, ridicule). *Il ne vaut plus les mille euros qu'il a valu* (p. p. invar.). **2·** Correspondre, dans le jugement des hommes, à (une qualité, une utilité). *Il a conscience de ce qu'il vaut. Prendre une chose pour ce qu'elle vaut,* ne pas se faire d'illusion à son sujet. – (En tour négatif) *Ne rien valoir,* être sans valeur, médiocre. *Ce pâté ne vaut rien.* – *L'oisiveté ne lui vaut rien,* ne lui réussit pas. **3·** Sans compl. Avoir de la valeur, de l'intérêt, de l'utilité. *Cette loi vaut pour tout le monde,* est valable pour tout le monde. – Loc. *Rien qui vaille,* rien de bon, rien d'important. *Cela ne me dit rien qui vaille,* cela m'inquiète. – *Vaille que vaille,* tant bien que mal. – *À valoir,* en constituant une somme dont la valeur est à déduire d'un tout. *Verser un acompte à valoir sur telle somme.* – ***Faire valoir*** : faire apprécier plus ; rendre plus actif, plus efficace. *Faire valoir ses droits,* les exercer, les défendre. – *Se faire valoir,* se montrer à son avantage. – Rendre productif (un bien). → **exploiter.** *Faire valoir son domaine, ses capitaux.* **4·** Être égal en valeur, en utilité, équivalent à (autre chose). *Cette carte vaut deux points. Cette façon de faire, qui en vaut bien une autre,* qui n'est pas inférieure à une autre. – (Personnes) Avoir les mêmes qualités, le même mérite que (qqn). *Tu le vaux bien.* ***Se valoir*** v. pron. : avoir même valeur, être équivalent. Fam. *Ça se vaut,* ce n'est ni meilleur ni pire. **5·** ***Valoir mieux que*** (+ nom) : avoir plus de valeur, être plus estimable, plus utile. *Le travail vaut mieux que l'ennui.* – Impers. *Il vaut mieux, mieux vaut,* il est préférable, meilleur de (avec *que* + subjonctif). *Il vaut mieux qu'il se taise plutôt que de dire des bêtises.* (+ infinitif) *Il vaut mieux perdre de l'argent que la santé.* Fam. *Ça vaut mieux,* c'est préférable. *Ça vaut mieux que de se casser une jambe !* **6·** Être comparable en intérêt à (autre chose), mériter (un effort, un sacrifice). *Cela vaut le dérangement.* Fam. *Ça vaut le coup,* la peine. – ***Valoir la peine*** : mériter qu'on prenne la peine de... *Ça ne vaut pas la peine d'en parler, que nous en parlions,* c'est insignifiant. **II·** V. tr. Faire obtenir, avoir pour conséquence. → **procurer.** *Qu'est-ce qui nous vaut cet honneur ? Les ennuis que lui a valus cette aventure* (p. p. accordé). ▷ **ambivalence,** ◫ **équivalent, équivaloir, évaluer, plus-value, polyvalent, prévaloir, revaloir, vaillant, valable, valence, valeur, valide, vaurien**

valoriser [valɔʀize] v. tr. < conjug. 1 > **1·** Faire prendre de la valeur à (qqch., un bien), augmenter la valeur que l'on attribue à qqch. → **revaloriser.** / contr. dévaloriser, dévaluer / *Valoriser une monnaie.* **2·** Donner de la valeur à (qqn). *Sa réussite le valorise.* Pronominalement (réfl.). *Il cherche à se valoriser.* ▶ **valorisant, ante** adj. Qui valorise (2). *Un métier valorisant.* ▶ **valorisation** n. f. *La valorisation de capitaux. La valorisation de ses efforts.* ▷ **dévaloriser, revaloriser**

valse [vals] n. f. **1·** Danse à trois temps, où chaque couple tourne sur lui-même tout en se déplaçant. *Valse viennoise, valse lente. Valse musette.* – Morceau de musique composé sur le rythme de cette danse. *Les valses de Chopin, de Johann Strauss.* **2·** Fam. Mouvement de personnel à des postes politiques ou administratifs que les titulaires ont l'air d'échanger entre eux. *La valse des ministres.* – Changements répétés. *La valse des étiquettes.* – *Valse-hésitation,* suite de décisions, d'actes contradictoires. ▶ **valser** v. intr. < conjug. 1 > **1·** Danser la valse, une valse. **2·** Fam. Être projeté. *Il est allé valser sur le trottoir.* → fam. **valdinguer.** – *Faire valser l'argent,* le dépenser sans compter. – *Faire valser des employés,* les déplacer. *Envoyer valser,* congédier → fam. **balancer,** ou rembarrer. ▶ **valseur, euse** n. Personne qui valse, qui sait valser. *Bon, mauvais valseur.*

valve [valv] n. f. **1·** Chacune des deux parties de la coquille (dite *bivalve*) de certains mollusques et crustacés. *Les valves d'une moule.* **2·** Système de régulation d'un courant de liquide ou de gaz (assurant souvent le passage du courant dans un seul sens). – Soupape à clapet. *Valve de chambre à air.* En médecine. *Valves cardiaques,* chacune des lames membraneuses qui forment les valvules cardiaques. *La valve aortique. Valve biologique, mécanique* (de prothèse). **3·** Appareil laissant passer le courant électrique dans un sens. ▶ **valvule** n. f. Repli muqueux ou membraneux qui règle le cours de matières circulant dans les vaisseaux. *Les valvules du cœur.* ▷ **bivalve, univalve**

vamp [vɑ̃p] n. f. Femme fatale et irrésistible. *Des vamps.* ▶ **vamper** v. tr. < conjug. 1 > Fam. Séduire par des allures de vamp. *Elle va essayer de le vamper.*

vampire [vɑ̃piʀ] n. m. **1·** Fantôme sortant la nuit de son tombeau pour aller sucer le sang des vivants. *Un film de vampires.* **2·** Homme avide d'argent. – Meurtrier cruel. **3·** Grande chauve-souris insectivore de l'Amérique du Sud (elle suce aussi le sang des animaux pendant leur sommeil).

1 **van** [vɑ̃] n. m. Panier à fond plat, large, muni de deux anses, qui sert à vanner les grains. ▷ 1 **vanner**

2 **van** n. m. Anglic. Voiture, fourgon servant au transport des chevaux de course. *Des vans.*

vandale [vɑ̃dal] n. Destructeur brutal, ignorant. *Le musée a été saccagé par des vandales.* ▶ **vandalisme** n. m. Destruction ou détérioration des œuvres d'art, des équipements publics. *Des actes de vandalisme.*

vandoise [vɑ̃dwaz] n. f. Poisson d'eau douce au ventre blanc brillant.

vanille [vanij] n. f. **1·** Gousse allongée d'une orchidée tropicale → **vanillier**, qui, séchée, devient noire et aromatique. **2·** Substance aromatique (contenue dans cette gousse ou artificielle) utilisée en confiserie et en pâtisserie. *Crème, glace à la vanille* (souvent faite avec un extrait chimique, la *vanilline*). ▶ **vanillé, ée** adj. Aromatisé avec de la vanille. *Sucre, chocolat vanillé.* ▶ **vanillier** [vanije] n. m. Orchidée des régions tropicales à tige grimpante, dont le fruit est la vanille.

vanité [vanite] n. f. **1·** Défaut d'une personne vaine*, satisfaite d'elle-même et étalant cette satisfaction. → **fatuité, orgueil, prétention, suffisance.** / contr. humilité, modestie, simplicité / *Flatter, ménager la vanité de qqn.* **2·** Caractère de ce qui est frivole, insignifiant ; chose futile, illusoire. *Les vanités de la vie mondaine.* **3·** Caractère de ce qui est vain (I, 2), inefficace. *La vanité de nos efforts.* ▶ **vaniteux, euse** adj. Plein de vanité (1). → **orgueilleux, prétentieux, suffisant.** *Il est vaniteux comme un paon. Un air vaniteux.* – N. *C'est un vaniteux.* → **fat.** / contr. modeste /

vannage [vanaʒ] n. m. Action de vanner (les grains).

1 **vanne** [van] n. f. Panneau vertical mobile disposé dans une canalisation pour en régler le débit. *Les vannes d'une écluse, d'un moulin. Ouvrir, fermer les vannes.*

2 **vanne** n. f. Fam. **1·** Vieilli. Remarque ou allusion désobligeante à l'adresse de qqn. *Arrête de lui lancer des vannes.* **2·** Plaisanterie, remarque comique.

vanné, ée [vane] adj. Fam. Très fatigué. → fam. **crevé, fourbu.**

vanneau [vano] n. m. Oiseau échassier de la taille du pigeon, à huppe noire. *Des vanneaux.*

1 **vanner** [vane] v. tr. < conjug. 1 > Secouer dans un van (les grains), de façon à les nettoyer en les séparant de la paille, des poussières et des déchets. *Vanner du blé.* ▶ **vanneur, euse** n. Personne qui vanne les grains. ▷ **vannage**

2 **vanner** v. tr. < conjug. 1 > Fam. Accabler de fatigue. *Cette course à pied m'a vanné.* → fam. **crever, tuer.** ▷ **vanné**

3 **vanner** v. < conjug. 1 > Fam. V. intr. Dire des vannes (2), plaisanter. – Trans. Se moquer de (qqn). *Il l'a vanné sur sa coiffure.*

vannier, ière [vanje, jɛʀ] n. Personne qui travaille, tresse l'osier, le rotin, pour en faire des objets de vannerie. ▶ **vannerie** [vanʀi] n. f. **1·** Fabrication des objets tressés avec des fibres végétales, des tiges. **2·** Objets ainsi fabriqués.

vantail, aux [vɑ̃taj, o] n. m. Panneau mobile. → **battant.** *Les vantaux d'une fenêtre, d'une armoire. Petit vantail.* → **vasistas.**

vantard, arde [vɑ̃taʀ, aʀd] adj. Qui a l'habitude de se vanter. → **bluffeur, fanfaron, hâbleur.** – N. *Quel vantard !* ▶ **vantardise** n. f. Caractère ou propos de vantard. → **bluff, fanfaronnade.**

vanter [vɑ̃te] v. < conjug. 1 > **I·** V. tr. Littér. Parler très favorablement de (qqn ou qqch.), en louant publiquement et avec excès. → **célébrer, exalter.** / contr. dénigrer / *Il vante ses enfants, les mérites de ses enfants.* **II·** ***Se vanter*** v. pron. réfl. **1·** Exagérer ses mérites ou déformer la vérité par vanité. *C'est faux, elle se vante.* – *Sans me vanter*, soit dit sans vanité. **2·** ***Se vanter de*** : tirer vanité de, prétendre avoir fait. *Se vanter d'un succès, d'avoir réussi.* Fam. *Elle ne s'en est pas vantée*, elle l'a caché. *Il n'y a pas de quoi se vanter*, il n'y a pas de quoi être fier. *Et je m'en vante !*, et j'en tire un sujet de satisfaction (bien loin d'en avoir honte). – Se déclarer, par vanité, capable de faire qqch. → se **flatter,** se **targuer.** *Il se vante de réussir sans travailler.* ▷ **vantard**

va-nu-pieds [vanypje] n. invar. Misérable qui vit en vagabond. → **gueux.** – REM. *Va* (du verbe aller) et *nu*, adv., ne sont pas accordés. *Des va-nu-pieds.*

vapes [vap] n. f. pl. Loc. fam. *Dans les vapes*, dans un état (vapeurs) proche de la somnolence dû à un choc, un malaise, une drogue, etc. *Il est complètement dans les vapes.*

1 **vapeur** [vapœʀ] n. f. **1·** Amas visible, en masses ou traînées blanchâtres, de très fines et légères gouttelettes d'eau suspendues dans l'air. → **brouillard, brume, nuage.** **2·** *Vapeur d'eau*, ou *vapeur*, eau à l'état gazeux, état normal de l'eau au-dessus de son point d'ébullition. *Machine à vapeur. Locomotive, bateau à vapeur.* – Loc. *Ren-*

verser la vapeur, la faire agir sur l'autre face du piston ; fig. arrêter net une action qui se développait dans un sens dangereux et la mener dans un sens opposé. – *À toute vapeur,* en utilisant toute la vapeur possible, à toute vitesse. – *Bain de vapeur.* → **étuve.** – *Pommes de terre cuites à la vapeur (pommes vapeur). Repassage à la vapeur.* **3·** En sciences. Substance à l'état gazeux au-dessous de sa température critique. *Vapeur d'essence. Condensation de la vapeur.* ▷ **vaporeux, vaporiser**

2 **vapeur** n. m. Vx. Bateau à vapeur. → **steamer.**

vapeurs [vapœʀ] n. f. pl. Troubles, malaises attribués à des exhalaisons montant au cerveau. *Les vapeurs de l'ivresse.* – Iron. *Avoir ses vapeurs.* ▷ **vapes**

vaporeux, euse adj. **1·** Littér. Où la présence de la vapeur est sensible ; que des vapeurs couvrent, voilent. → **nébuleux.** – *Des lointains vaporeux,* aux contours incertains. → **flou, fondu.** **2·** Léger, fin et transparent. *Une robe de tulle vaporeux.*

vaporiser [vapɔʀize] v. tr. < conjug. 1 > **1·** Disperser et projeter en fines gouttelettes. → **pulvériser.** *Vaporiser un insecticide.* **2·** Didact. Transformer en vapeur. ▶ **vaporisateur** n. m. Petit pulvérisateur. *Vaporisateur à parfum.* → **atomiseur, spray.** ▶ **vaporisation** n. f. Action de vaporiser. → **pulvérisation.**

vaquer [vake] v. tr. ind. < conjug. 1 > *Vaquer à.* S'occuper de, s'appliquer à. *Vaquer à ses occupations.*

varan [vaʀɑ̃] n. m. Reptile saurien, grand lézard.

varangue [vaʀɑ̃g] n. f. Véranda* des maisons de l'océan Indien.

varappe [vaʀap] n. f. Ascension d'un couloir rocheux, d'une paroi abrupte, en montagne. – *Faire de la varappe,* pratiquer l'escalade de rocher. ▶ **varapper** v. intr. < conjug. 1 > ▶ **varappeur, euse** n.

varech [vaʀɛk] n. m. Ensemble des algues, goémons, etc., rejetés par la mer et qu'on récolte sur le rivage.

vareuse [vaʀøz] n. f. **1·** Blouse courte en grosse toile. *Vareuse de marin, de pêcheur.* **2·** Veste de certains uniformes. – Veste assez ample. *Des vareuses bleu marine.*

variable [vaʀjabl] adj. **1·** Qui est susceptible de se modifier, de changer souvent au cours d'une durée. → **changeant, incertain, instable.** / contr. constant, invariable / *Temps variable.* – *Vent variable,* qui change souvent de direction ou d'intensité. – En sciences. Qui prend, peut prendre plusieurs valeurs distinctes. *Grandeur, quantité variable.* – N. f. *Une variable :* symbole ou terme auquel on peut attribuer plusieurs valeurs numériques différentes. – En grammaire. *Mot variable,* dont la forme est susceptible de se modifier suivant la phrase qui le contient. *Mots variables en genre et en nombre.* / contr. invariable / **2·** Qui prend plusieurs valeurs, plusieurs aspects (selon les cas individuels, les circonstances). *Loi variable selon les pays.* **3·** Qui présente ou peut présenter des transformations, se réaliser diversement. *Les formes variables de l'art.* **4·** Qui est conçu, fabriqué pour subir des variations. *Lentilles à foyer variable.* ▶ **variabilité** n. f. Caractère de ce qui est variable. / contr. constance, invariabilité / *La variabilité du temps. Variabilité des goûts.* ▷ **invariable**

variante [vaʀjɑ̃t] n. f. **1·** Énoncé partiel d'un texte qui est un peu différent de celui qui est imprimé ; différence selon les versions. *Édition critique d'un texte accompagné des variantes.* **2·** Forme ou solution légèrement différente. *Cette formule publicitaire est une variante des précédentes.* **3·** Moyen d'expression (ton, prononciation) qui s'écarte d'une référence, d'un type. *Le mot « fjord » présente comme variante orthographique « fiord ».*

variation [vaʀjasjɔ̃] n. f. **1·** Passage d'un état à un autre ; différence entre deux états successifs. → **modification.** *Les variations de son humeur sont imprévisibles.* → **saute.** **2·** Écart entre deux valeurs numériques (d'une quantité variable) ; modification de la valeur (d'une quantité, d'une grandeur). *Variations de la température. Variations d'intensité* (d'un courant, etc.). **3·** Modification d'un thème musical. – Composition formée d'un thème et de ses modifications. *Variations pour piano.*

varice [vaʀis] n. f. Dilatation permanente d'un vaisseau, d'une veine (surtout aux jambes). *Avoir des varices.* ▶ **varicosité** n. f. Didact. Dilatation permanente des petites veines superficielles du derme. ▶ **variqueux, euse** adj. Accompagné de varices. *Ulcère variqueux.*

varicelle [vaʀisɛl] n. f. Maladie infectieuse, contagieuse, généralement bénigne, caractérisée par des éruptions. *Il y a une épidémie de varicelle à l'école.*

varier [vaʀje] v. < conjug. 7 > **I·** V. tr. **1·** Donner à (une seule chose) plusieurs aspects distincts, en changeant à plusieurs reprises certains de ses caractères ; rendre divers. *Elle cherche à varier les menus.* **2·** Rendre (plusieurs choses) nettement distinctes, diverses. *Varions un peu nos distractions.* → **changer.** Iron. *Pour varier les plaisirs,* en passant d'un ennui à l'autre. **II·** V. intr. **1·** Présenter au cours d'une durée plusieurs modifications ; changer souvent. → se **modifier ; variation.** *Le temps varie.* – (Personnes) Ne pas conserver la même attitude, les mêmes opinions. *Il n'a jamais varié sur ce point. « Souvent femme varie »,* maxime attribuée au roi François Ier. **2·** Se réaliser sous des formes différentes, diverses. *Les coutumes varient selon les lieux.* → **différer.** ▶ **varié, ée** adj. **1·** Qui présente des aspects ou des éléments distincts. → **divers.** *Un répertoire varié.* – *Un programme de musique varié. Terrain varié,* accidenté. **2·** Au plur. Qui sont nettement distincts, donnent une impression de diversité. *Des arguments variés. Hors-d'œuvre variés.* ▷ **variable, variante, variation, variété**

variété [vaʀjete] n. f. **1·** Caractère d'un ensemble formé d'éléments variés, qui donne une impression de changement ; différences qui existent entre ces éléments. → **diversité.** *Une grande variété de papillons. Il y a dans cette œuvre une grande variété de thèmes, de tons. Cela manque de variété.* / contr. monotonie, uniformité / **2·** Subdivision de l'espèce, délimitée par la variation de caractères individuels. → **type.** *Toutes les variétés de poires et de pommes.* **3·** Au plur. Titre de recueils contenant des morceaux sur des sujets variés. → **mélange(s).** – *Spectacle, émission de variétés,* comprenant des attractions variées (→ **music-hall**).

variole [vaʀjɔl] n. f. Maladie infectieuse, épidémique et contagieuse, grave, caractérisée par une éruption de boutons (taches rouges, vésicules, pustules). → petite **vérole.** *Tu t'es fait vacciner contre la variole ?* ▶ **varioleux, euse** adj. et n. (Personne) Qui a la variole. ▶ **variolique** adj. De la variole. *Une éruption variolique.*

varlope [vaʀlɔp] n. f. Grand rabot à poignée, qui se manie à deux mains.

vasculaire [vaskylɛʀ] adj. Qui appartient aux vaisseaux [1], contient des vaisseaux. *Le système vasculaire sanguin. Accident vasculaire cérébral (A. V. C.).* – *Plantes vasculaires,* végétaux supérieurs à tige, racine et feuilles. ▶ **vasculariser** v. tr. < conjug. 1 > Pourvoir de vaisseaux (surtout pronominalement et au p. p. adj.). *Tissus vascularisés.* ▶ **vascularisation** n. f. *La riche vascularisation du cerveau.* ▷ **cardiovasculaire**

[1] **vase** [vɑz] n. m. **1·** Récipient servant à des usages nobles ou ayant une valeur historique, artistique. *Vases funéraires.* → **urne.** *Vases grecs.* **2·** Récipient destiné à recevoir des fleurs coupées. *Un grand vase en cristal.* **3·** *Vases sacrés,* destinés à la célébration de la messe. → **burette, calice, ciboire, patène. 4·** Récipient utilisé en chimie. – Loc. *Le principe des* **vases communicants.** **5·** Loc. *En vase clos :* sans communication avec l'extérieur. *Sa théorie s'est développée en vase clos.* ▷ **évaser, s'extravaser, transvaser**

[2] **vase** [vɑz] n. f. Dépôt de terre et de particules organiques en décomposition, qui se forme au fond des eaux stagnantes ou à cours lent. → **boue, limon.** *Un chalutier échoué dans la vase.* ▶ [1] **vaseux, euse** adj. Qui contient de la vase, est formé de vase. *Fonds vaseux.* ▷ **envaser**

vasectomie [vazɛktɔmi] n. f. Section des canaux excréteurs des testicules. *La vasectomie prive le sperme de spermatozoïdes.*

vaseline [vazlin] n. f. Substance molle, grasse obtenue à partir des pétroles de la série des paraffines, utilisée en pharmacie.

[2] **vaseux, euse** adj. Fam. **1·** (Personnes) Qui se trouve dans un état de malaise, de faiblesse. → **fatigué.** *Je me sens vaseux ce matin.* **2·** Trouble, embarrassé, obscur. *Un raisonnement vaseux.* → fam. **vasouillard.** ▷ **vasouiller**

vasistas [vazistas] n. m. invar. Petit vantail pouvant s'ouvrir dans une porte ou une fenêtre.

vaso- Élément savant signifiant « vaisseau, canal ». ▶ **vasoconstricteur** [vazokɔ̃stʀiktœʀ] adj. m. (Nerfs) Qui commande la diminution du calibre d'un vaisseau par contraction de ses fibres musculaires (*vasoconstriction,* n. f.). ▶ **vasodilatateur** adj. m. (Nerfs) Qui commande la dilatation des vaisseaux (*vasodilatation,* n. f.). ▶ **vasomoteur, trice** adj. Relatif à la vasoconstriction et à la vasodilatation.

vasouiller [vazuje] v. intr. < conjug. 1 > Fam. Être hésitant, peu sûr de soi, maladroit (dans une réponse, etc.). → fam. **cafouiller, s'embrouiller, nager, patauger.** *Il vasouille à tous ses oraux.* ▶ **vasouillard, arde** adj. Fam. Qui vasouille, est plutot vaseux [2]. *Une explication vasouillarde.*

vasque [vask] n. f. **1·** Bassin ornemental peu profond qui peut être aménagé en fontaine. *Vasque de marbre.* **2·** Cuvette de lavabo, de forme évasée, posée sur un plan. *Lavabo de salle de bains à double vasque.*

vassal, ale, aux [vasal, o] n. **1·** Au Moyen Âge. Homme lié personnellement à un seigneur, un suzerain qui lui concédait la possession effective d'un fief. **2·** Homme, groupe dépendant d'un autre et considéré comme un inférieur. – En appos. *Pays vassaux.* → **satellite.**

vaste [vast] adj. **1·** (Surface) Très grand, immense. *Une vaste forêt de pins.* **2·** (Construction) Très grand. / contr. exigu, petit / *C'est une église très vaste.* – Littér. Spacieux, ample. *Il portait un vaste manteau.* **3·** Important en quantité, en nombre. *Un vaste groupe d'étudiants.* **4·** Étendu dans sa portée ou son action. *Il possède une vaste culture.* / contr. limité / Fam. *C'est une vaste plaisanterie, une vaste fumisterie.*

vaticiner [vatisine] v. intr. < conjug. 1 > Littér. Prédire l'avenir (en parlant comme un oracle), prophétiser. ▶ **vaticination** n. f. Littér. Prédiction de l'avenir. → **oracle, prophétie.**

va-tout [vatu] n. m. invar. Aux cartes. Coup où l'on risque tout son argent. – Loc. fig. *Jouer son va-tout* : risquer le tout pour le tout.

vaudeville [vodvil] n. m. Comédie légère, divertissante, fertile en intrigues et rebondissements. *Cette histoire est un vrai vaudeville,* elle est burlesque. ▶ **vaudevillesque** adj. Qui a le caractère léger ou burlesque du vaudeville. ▶ **vaudevilliste** n. Auteur de vaudevilles.

vaudou, e [vodu] n. m. et adj. Culte religieux des Antilles, d'Haïti, mélange de pratiques magiques, de sorcellerie et d'éléments chrétiens. – Adj. *Des cérémonies vaudoues.*

à vau-l'eau → **à vau-l'eau.**

vaurien, enne [voʀjɛ̃, ɛn] n. Mauvais sujet, petit voyou. → **chenapan, galopin, garnement.**

vaut → **valoir.**

vautour [votuʀ] n. m. **1·** Oiseau rapace de grande taille, au bec crochu, à la tête et au cou dénudés, qui se nourrit de charognes et de détritus. *Vautour des Andes.* → **condor. 2·** Personne dure et rapace. *Son associé est un vautour.* → **requin.**

se vautrer [votʀe] v. pron. réfl. < conjug. 1 > **1·** Se coucher, s'étendre en prenant une position abandonnée. *Enfant qui se vautre par terre.* – Au p. p. adj. *Il reste des heures vautré sur son lit.* **2·** Se complaire. *Ils se vautraient dans la paresse.*

vaux Plur. de *val*.*

veau [vo] n. m. **I· 1·** Petit de la vache, pendant sa première année, mâle ou femelle. *La vache a eu son veau.* → **vêler.** – Loc. *Tuer le veau gras* : faire un festin à l'occasion de réjouissances familiales. – *Adorer le Veau d'or,* avoir le culte de l'argent. – *Pleurer comme un veau,* en sanglotant bruyamment. **2·** Viande de cet animal (viande blanche). *Escalope de veau. Blanquette de veau. Tête de veau* (plat). **3·** Peau de cet animal (ou de génisse), tannée et apprêtée. → **vélin.** *Chaussures, sacs en veau retourné.* **II·** Fam. **1·** (Personnes) Paresseux. *Vous n'êtes tous que des veaux !,* vous êtes tous veules. **2·** Mauvais cheval de course. – Automobile peu nerveuse. *Cette voiture est un vrai veau.* ▷ **vêler, vélin**

vecteur [vɛktœʀ] n. m. **1·** Segment de droite orienté, formant un être mathématique sur lequel on peut effectuer des opérations. *Grandeur, direction, sens d'un vecteur.* **2·** Organisme transmettant un agent infectieux d'un sujet à un autre. *Le renard, principal vecteur de la rage.* **3·** Chose ou personne qui sert d'intermédiaire. *La télévision est un grand vecteur de l'information.* ▶ **vectoriel, ielle** adj. Des vecteurs. *Calcul vectoriel,* étude des opérations que l'on peut effectuer sur les vecteurs.

vécu, ue [veky] adj. et n. m. Adj. Qui appartient à l'expérience de la vie. → **réel.** *Histoire vécue.* → **vrai.** *Expérience vécue.* – N. m. *Le vécu,* l'expérience vécue.

véda [veda] n. m. Texte religieux et poétique de l'Inde ancienne. *Les védas.* ▶ **védique** adj. Relatif aux védas.

1 **vedette** [vədɛt] n. f. Petit navire de guerre chargé d'observations. – Canot rapide. *Les vedettes de la douane.*

2 **vedette** n. f. **1·** *Mettre **en vedette*** : mettre en évidence, en valeur. *Son intelligence le mettait toujours en vedette.* **2·** Au théâtre. Le fait d'avoir son nom imprimé en gros caractères. *Avoir, partager la vedette.* – *Avoir la vedette,* être au premier plan. *Tenir la vedette.* **3·** Artiste qui a la vedette, personne qui jouit d'une grande renommée. *Les vedettes de la scène, du cinéma.* → **étoile, star.** *C'est une des vedettes de l'actualité. Se prendre pour une vedette.* ▶ **vedettariat** n. m. Condition sociale des vedettes ; attitude de vedette. *Les contraintes du vedettariat.*

végétal, ale, aux [veʒetal, o] n. m. et adj. **I·** N. m. Être vivant caractérisé par rapport aux autres (les animaux) par des mouvements et une sensibilité plus faibles, une composition chimique particulière, une nutrition à partir d'éléments simples. → **plante, végétation.** *Étude des végétaux.* → **botanique. II·** Adj. **1·** Relatif aux plantes, aux êtres vivants appelés végétaux. *Règne végétal* (opposé à *animal, minéral*). **2·** Qui provient d'organismes de végétaux. *Huiles végétales. Crin végétal.* ▶ **végétalien, ienne** adj. et n. (Personnes) Qui ne consomme que des produits d'origine végétale. ≠ végétarien. ▶ **végétalisation** n. f. Mise en place d'une couverture végétale sur. *La végétalisation d'un talus, d'un mur.* ▶ **végétaliser** v. tr. < conjug. 1 > ▶ **végétalisé, ée** adj. *Mur végétalisé.*

végétation [veʒetasjɔ̃] n. f. Ensemble des végétaux, des plantes qui poussent en un lieu. → **flore.** *Zones de végétation* (glaciale, tempérée, tropicale...). *Une végétation luxuriante.*

végétations n. f. pl. Hypertrophie des replis de la peau ou des muqueuses. *Opérer un enfant des végétations,* d'une hypertrophie des tissus des amygdales.

végéter [veʒete] v. intr. < conjug. 6 > **1·** Péj. (Plantes) Mal pousser, croître avec difficulté. *Tes tomates, cette année, végètent.* **2·** (Personnes) Avoir une activité réduite ; vivre dans une morne inaction ou rester dans une situation médiocre. → **vivoter.** *Il végète derrière son bureau.* – (Choses) Avoir une activité réduite. *Son entreprise végète.* ▶ **végétarien, enne** adj. et n. *Régime végétarien,* d'où sont exclus la viande, le poisson. – N. *Un(e) végétarien(ne),* personne qui suit ce régime. ≠ végétalien. ▶ **végétatif, ive** adj. **1·** Qui concerne la vie des plantes. *Multiplication végétative,* reproduction à partir d'un *organe végétatif* (tige, feuille, racine). **2·** Qui concerne les activités physiologiques involontaires. *Vie végétative* ou *organique* (opposé à *vie animale* ou *de relation*). – Relatif à la partie du système nerveux qui innerve les viscères. → **sympathique.** *Système végétatif centrifuge.* **3·** Qui évoque la vie des végétaux, par son inaction. → **inactif.** *Mener une vie végétative,* végéter. ▷ **neurovégétatif, végétal, végétation, végétations**

véhémence [veemɑ̃s] n. f. Littér. Force impétueuse (des sentiments ou de leur expression). → **ardeur, emportement, fougue, impétuosité.** *Il protesta avec véhémence.* → **virulence.** / contr. calme, froideur / ▶ **véhément, ente** adj. Littér. Qui a une grande force expressive, qui entraîne ou émeut. → **entraînant, fougueux.** *Un discours véhément. Un orateur véhément.*

véhicule [veikyl] n. m. **I·** Moyen de transport terrestre, le plus souvent autonome et muni de roues. → **voiture.** *Véhicule automobile. Véhicule prioritaire.* **II·** Ce qui sert à transmettre, à faire passer d'un lieu à un autre, à communiquer. *Le langage, véhicule de la pensée.* ▶ **véhiculaire** adj. Qui sert aux communications entre des peuples de langue maternelle différente (opposé à *vernaculaire*). *La lingua franca était une langue véhiculaire. Les grandes langues véhiculaires de l'Afrique.* ▶ **véhiculer** v. tr. < conjug. 1 > **1·** Transporter (qqn) avec un véhicule (I). *Il les a véhiculées jusqu'à l'école.* → **conduire.** **2·** Constituer un véhicule (II) pour (qqch.). *Le sérum sanguin véhicule divers pigments.*

1 **veille** [vɛj] n. f. Jour qui en précède un autre, qui précède celui dont il est question. / contr. lendemain / *La veille et l'avant-veille. La veille au soir.* – Loc. fam. *Ce n'est pas demain la veille,* ce n'est pas pour bientôt. – ***À la veille de*** (un événement) : dans la période qui le précède immédiatement. *À la veille de la Révolution française.* – (+ infinitif) *Être à la veille de faire qqch.,* sur le point de. ▷ **avant-veille**

2 **veille** n. f. **I· 1·** Action de veiller (I, 1) ; moment sans sommeil pendant le temps normalement destiné à dormir. *Les longues veilles passées à travailler.* **2·** Garde de nuit. *Elle a pris la veille cette nuit-là.* **3·** Surveillance. *Veille technologique,* pour se tenir informé des innovations dans un secteur déterminé. **II· 1·** État d'une personne qui ne dort pas (opposé à *sommeil*). *État entre la veille et le sommeil.* → **somnoler.** **2·** *Appareil en veille,* arrêté mais toujours sous tension et prêt à l'emploi. – *Téléviseur en mode veille.* ▶ **veillée** n. f. **1·** Temps qui s'écoule entre le moment du repas du soir et celui du coucher, qui était consacré à des réunions familiales ou de voisinage (surtout dans les campagnes). → **soirée.** *À la veillée. Les contes de la veillée.* – *La veillée de Noël,* en attendant la messe de minuit qui célèbre la naissance de Jésus. **2·** Loc. ***Veillée d'armes*** : préparation morale à une épreuve, une action difficile. **3·** Action de veiller un malade, un mort ; nuit passée à le veiller. *Veillée funèbre.* ▶ **veiller** v. < conjug. 1 > **I·** V. intr. **1·** Rester volontairement éveillé pendant le temps habituellement consacré au sommeil. → 2 **veille.** *Tu ne devrais pas veiller si tard.* **2·** Être de garde. *Veiller auprès d'un malade.* – Être en éveil, vigilant. *Je suis là qui veille.* **II·** V. tr. **1·** V. tr. dir. Rester la nuit auprès de (un malade pour s'occuper de lui ; un mort). *Veiller un enfant malade.* **2·** V. tr. ind. ***Veiller à qqch.*** : y faire grande attention et s'en occuper activement. *Il veille au bon déroulement des opérations.* (+ infinitif) *Il faudra veiller à ranger tes affaires.* (Avec *ce que* + subjonctif) *Veillez à ce que tout soit en ordre à mon retour.* – ***Veiller sur qqn*** : prêter grande attention à ce qu'il fait, à ce qui lui arrive (pour intervenir au besoin). → **surveiller.** *Veillez bien sur cet enfant.* ▶ **veilleur, euse** n. **1·** Soldat de garde. **2·** N. m. ***Veilleur de nuit*** : gardien (d'un magasin, d'une banque, etc.), qui est de service de nuit ; employé d'hôtel chargé d'assurer le service et la réception pendant la nuit. **3·** Infirmier(ière) de nuit dans un hôpital. ▶ **veilleuse** n. f. **1·** Petite lampe qu'on laisse allumée pendant la nuit ou en permanence dans un lieu sombre. – Lanterne d'automobile. *Éteignez vos veilleuses.* – *Mettre une lampe* ***en veilleuse*** : réduire la flamme, diminuer l'éclairage. *Ils se sont mis en veilleuse,* ils ont réduit leur activité. – Fam. *Mets-la en veilleuse,* du calme, tais-toi. **2·** Petite flamme d'un chauffe-eau à gaz, d'un réchaud. ▷ **éveiller, réveiller, surveiller**

1 **veine** [vɛn] n. f. **1·** Vaisseau à ramifications convergentes, qui ramène le sang des capillaires au cœur. *Les veines et les artères.* – *S'ouvrir les veines,* se trancher les veines du poignet pour se donner la mort. **2·** Les vaisseaux sanguins, symboles de la vie (dans des loc.). *Ne pas avoir de sang dans les veines,* être lâche. ▶ 1 **veiné, ée** adj. Qui présente des veines bleues apparentes sous la peau. ▶ **veineux, euse** adj. Qui a rapport aux

veines. *Système veineux.* ▶ **veinule** n. f. **1·** Petit vaisseau qui, convergeant avec d'autres, forme les veines. **2·** Ramification extrême des nervures des feuilles. ▷ **intraveineux**

2 **veine** n. f. **1·** Filon mince (d'un minéral). *Veine de quartz, de houille. Exploiter une veine dans une mine.* **2·** Dessin coloré, mince et sinueux (dans le bois, les pierres dures). ▶ 2 **veiné, ée** adj. Qui présente des veines, des filons. *Bois, marbre veiné.*

3 **veine** n. f. **I· 1·** Inspiration de l'artiste. *La veine poétique, dramatique.* – *Être en veine,* inspiré. **2·** *En veine de... :* disposé à. *Il est en veine de travail.* **II·** Fam. Vieilli. Chance. → fam. **bol, pot.** *Il a eu de la veine. C'est un coup de veine.* ▶ **veinard, arde** adj. et n. Fam. Qui a de la veine (II). → **chanceux, verni.** – N. *Quel veinard !* ▷ **déveine**

vélaire [velɛʀ] adj. Qui est articulé près du voile du palais. *[k] est une consonne vélaire.* – N. f. *Une vélaire.*

velcro [vɛlkʀo] n. m. (Marque déposée) Ensemble de deux rubans, tissés différemment, qui s'agrippent par contact ; chacun de ces deux rubans. → **scratch.** *Des velcros.* – En appos. *Des bandes velcro.*

vêler [vele] v. intr. < conjug. 1 > (Vache) Mettre bas, avoir son veau. ▶ **vêlage** ou **vêlement** n. m. Action de vêler.

vélin [velɛ̃] n. m. **1·** Peau de veau mort-né, plus fine que le parchemin ordinaire. *Manuscrit, ornements sur vélin.* – Cuir de veau. *Reliure de vélin.* **2·** Papier très blanc et de pâte très fine. *Exemplaire sur vélin.*

véliplanchiste [veliplɑ̃ʃist] n. Personne qui pratique la planche à voile.

velléité [ve(ɛl)leite] n. f. Intention (*vouloir*) qui n'aboutit pas à une décision. *Il a eu des velléités de résister.* ▶ **velléitaire** adj. et n. Qui n'a que des intentions faibles, ne se décide pas à agir.

vélo [velo] n. m. Bicyclette (autrefois, *vélocipède*). *Elle est à vélo, en vélo, sur son vélo. Des vélos.* – Le fait de monter, de rouler à bicyclette. *Faire du vélo, aimer le vélo.* → **cyclisme.** ▷ **vélodrome, vélomoteur**

véloce [velɔs] adj. Littér. Agile, rapide. ▶ **vélocité** n. f. **1·** Rare. Mouvement rapide, aptitude à aller vite. → **vitesse. 2·** Agilité, vitesse dans le jeu d'un instrument de musique. *Exercice de vélocité au piano.* → **virtuosité.**

vélocipède [velɔsipɛd] n. m. Ancien appareil de locomotion, ancêtre de la bicyclette. ▷ **vélo**

vélodrome [velodʀom] n. m. Piste entourée de gradins, aménagée pour les courses de bicyclettes.

vélomoteur [velomɔtœʀ] n. m. Vélo à moteur de petite cylindrée, entre 50 et 125 cm^3. → **cyclomoteur.** ≠ moto.

velours [v(ə)luʀ] n. m. invar. **1·** Tissu à deux chaînes superposées dont l'une produit le fond du tissu et l'autre le velouté ; tissu analogue dont le velouté est produit par une trame. *Velours de coton, de soie, de rayonne. Velours uni, côtelé. Pantalon de velours.* – *Velours de laine,* tissu de laine pelucheux sur l'endroit, utilisé dans l'ameublement. *Panne de velours.* → 3 **panne.** – Loc. *Jouer sur le velours, sur du velours,* agir sans risques. – *Chat qui fait patte de velours,* qui présente sa patte après avoir rentré ses griffes. *Faire patte de velours,* dissimuler un dessein de nuire sous une douceur affectée. **2·** Ce qui donne une impression de douceur au toucher, à la vue, au goût. → **velouté.** *Le velours d'une pêche.* – *C'est du velours,* une boisson, une nourriture délectable. – Plaisant. *Faire des yeux de velours,* des yeux doux. ▶ **velouté, ée** adj. et n. m. **1·** Doux au toucher, comme du velours. / contr. rêche / → **duveté.** *Pêche veloutée.* **2·** Doux et onctueux (au goût). *Potage velouté.* – N. m. *Un velouté d'asperges.* **3·** N. m. *Le velouté :* douceur de ce qui est velouté au toucher ou à l'aspect. *Le velouté de la peau.*

velu, ue [vəly] adj. Qui a les poils très abondants. → **poilu.** *Torse velu, mains velues.*

velum ou **vélum** [velɔm] n. m. Grande pièce d'étoffe servant à tamiser la lumière ou à couvrir un espace sans toiture. *Des vélums.*

venaison [vənɛzɔ̃] n. f. Chair de grand gibier (cerf, chevreuil, daim, sanglier) préparée en cuisine.

vénal, ale, aux [venal, o] adj. Qui se laisse acheter au mépris de la morale. → **cupide.** *Un homme vénal,* qui n'agit que par intérêt. → **corrompu.** / contr. intègre, probe / – (Choses) *Amour vénal.* ▶ **vénalité** n. f. **1·** Le fait d'être cédé pour de l'argent au mépris des valeurs morales. **2·** Caractère ou comportement d'une personne vénale. → **bassesse, corruption.**

à tout venant [atuv(ə)nɑ̃] loc. À chacun, à tout le monde. *Il parle à tout venant.*

vendable [vɑ̃dabl] adj. Qui peut être vendu. / contr. invendable / *Ces vieux livres sont encore vendables.* ▷ **invendable**

vendange [vɑ̃dɑ̃ʒ] n. f. **1·** Le fait de recueillir les raisins mûrs pour la fabrication du vin. *Faire la vendange, les vendanges.* → **vendanger.** – *Les vendanges,* l'époque des vendanges, en automne. **2·** Raisin récolté pour faire le vin. *La vendange est abondante.* ▶ **vendanger** v. < conjug. 3 > **1·** V. tr. Récolter (les raisins) pour faire le vin. *Vendanger le vignoble.* **2·** V. intr. Faire la vendange, cueillir les raisins et les transporter. ▶ **vendangeur, euse** n. Personne qui fait les vendanges.

vendémiaire [vɑ̃demjɛʀ] n. m. Premier mois du calendrier révolutionnaire (du 22-23 septembre au 21 octobre).

vendetta [vɑ̃de(ɛt)ta] n. f. Coutume (d'abord italienne, corse), par laquelle les membres de deux familles ennemies poursuivent une vengeance réciproque jusqu'au crime. *Des vendettas.*

vendeur, euse [vɑ̃dœʀ, øz] n. 1· Personne qui vend ou a vendu qqch. / contr. acheteur, acquéreur, client / 2· Personne dont la profession est de vendre (surtout lorsqu'elle ne dispose pas de local fixe comme le *commerçant*). → **marchand.** *Vendeur ambulant. Vendeur à la sauvette.* 3· Employé chargé d'assurer la vente dans un établissement commercial. *Vendeuse de grand magasin.* 4· Personne qui connaît et applique les procédés de vente. *Ce directeur commercial est un excellent vendeur.* ▷ **revendeur**

vendre [vɑ̃dʀ] v. < conjug. 41 > I· V. tr. 1· Céder (qqch.) à qqn en échange d'une somme d'argent. → **vente.** / contr. acheter, acquérir / *Il a vendu ses livres. Vendre qqch. (à) tel prix, tant. Vendre cher. Vendre à perte.* – *À vendre,* offert pour la vente. *La maison est à vendre.* – Faire commerce de (ce qu'on a fabriqué ou acheté). *Vendre qqch. au détail ; en solde.* → **brader, liquider, solder.** – Organiser, faire la vente de. *Pays qui vend des produits finis.* → **exporter.** 2· Souvent péj. Accorder ou céder (un avantage, un service) en faisant payer, ou contre un avantage matériel. *Vendre ses charmes.* 3· Exiger qqch. en échange de. *Vendre chèrement sa vie,* se défendre avec vaillance jusqu'à la mort. 4· Trahir, dénoncer (qqn). *Il a vendu ses complices.* → **donner, livrer.** II· V. pron. *Se vendre.* (Passif) Être vendu. *Cet article se vend bien.* – Se mettre au service de qqn par intérêt matériel (→ **vénal**). *Se vendre à un parti.* – Se mettre en valeur, se faire valoir. *Il sait très bien se vendre en entretien d'embauche.* ▶ **vendu, ue** adj. 1· (Choses) Cédé pour de l'argent. *Adjugé, vendu !* (aux enchères). 2· (Personnes) Qui a aliéné sa liberté, promis ses services pour de l'argent. *Juge vendu.* → **corrompu, ripou, vénal.** / contr. intègre / – N. Personne qui a trahi pour de l'argent. → **traître.** – Crapule, homme sans honneur (injure). *Tas de vendus !* ▷ **invendu, revendre, vendable, vendeur, vente**

vendredi [vɑ̃dʀədi] n. m. Le sixième jour de la semaine. *Vendredi saint,* précédant le dimanche de Pâques. *Tous les vendredis.*

venelle [vənɛl] n. f. Petite rue étroite. → **ruelle.**

vénéneux, euse [venenø, øz] adj. (Végétaux) Qui contient un poison, qui peut empoisonner. → **toxique.** / contr. comestible / *Champignons vénéneux.* ≠ venimeux.

vénérer [veneʀe] v. tr. < conjug. 6 > 1· Considérer avec le respect dû aux choses sacrées. → **adorer, révérer.** *Vénérer un saint.* 2· Littér. Avoir un grand respect, empreint d'affection pour (qqn, qqch.). → **adorer.** ▶ **vénérable** adj. Littér. ou plaisant. Digne de vénération. *Une vénérable dame.* – *D'un âge vénérable,* très vieux. → **respectable.** *Cette vénérable institution.* ▶ **vénération** n. f. 1· Respect religieux. 2· Grand respect fait d'admiration et d'affection. → **adoration, culte, dévotion.** *Il a pour son père une véritable vénération.*

vénerie [vɛnʀi] n. f. 1· Art de la chasse à courre. *Petite vénerie,* chasse au petit gibier (lièvre, lapin). *Grande vénerie* (cerf...). 2· Administration des officiers des chasses (→ **veneur**).

vénérien, enne [veneʀjɛ̃, ɛn] adj. et n. *Maladies vénériennes* (de *Vénus,* déesse de l'amour), maladies contagieuses qui se communiquent par les rapports sexuels (blennorragie, syphilis...). → **M. S. T.**

veneur [vənœʀ] n. m. Celui qui organise les chasses à courre. – *Grand veneur,* chef d'une vénerie. *Sauce grand veneur,* à base d'une réduction de vin rouge pour accompagner les venaisons.

venger [vɑ̃ʒe] v. tr. < conjug. 3 > 1· Dédommager moralement (qqn), en punissant son offenseur. *Venger qqn d'un affront. Venger la mémoire d'un ami.* – (Suj. chose) Constituer une vengeance ou une compensation pour (qqn). *Son échec me venge.* 2· Littér. Réparer (une offense) en punissant l'offenseur. *Venger un affront dans le sang.* 3· *Se venger* v. pron. réfl. : rendre une offense (à qqn) pour se dédommager moralement. *Elle s'est vengée de lui. Je me vengerai. Il veut toujours se venger.* → **vindicatif.** – Se dédommager (d'une offense) en punissant son auteur. *Se venger d'une insulte, d'une injure.* ▶ **vengeance** n. f. Action de se venger ; dédommagement moral de l'offensé par punition de l'offenseur. → **vendetta.** *Tirer vengeance d'un affront. Une terrible vengeance a puni l'agresseur.* → **châtiment.** *Soif, désir de vengeance,* rancune, ressentiment. – Loc. prov. *La vengeance est un plat qui se mange froid,* il faut savoir attendre pour se venger. ▶ **vengeur, vengeresse** adj. et n. 1· Adj. Qui venge (une personne, sa mémoire, ses intérêts). – Littér. *Un bras vengeur,* animé par la vengeance. 2· N. Personne qui venge, punit (rare au fém.).

véniel, elle [venjɛl] adj. *Péché véniel,* petite faute digne de pardon (opposé à *péché mortel*).

venimeux, euse [vənimø, øz] adj. **1·** (Animaux) Qui a du venin. *Serpents venimeux.* **2·** Fig. Haineux, perfide. *Des remarques, des allusions venimeuses.* ≠ vénéneux.

venin [vənɛ̃] n. m. **1·** Substance toxique sécrétée chez certains animaux par une glande spéciale, qu'ils injectent par piqûre ou morsure. *Crochets à venin d'un serpent. Venin de scorpion, d'araignée.* – Substance toxique des piquants (de certaines plantes). **2·** Fig. Haine, méchanceté perfide. *Cracher son venin,* dire des méchancetés dans un accès de colère. ▷ **envenimer, vénéneux, venimeux**

venir [v(ə)niʀ] v. intr. < conjug. 22 > **I·** (Sens spatial) Se déplacer de manière à aboutir dans un lieu. → **aller,** se **déplacer,** se **rendre.** **1·** (Sans compl. de lieu) *Il vient, elle est venue, nous viendrons demain. Venez avec moi,* accompagnez-moi. *Aller et venir.* Fam. *Je ne fais qu'aller et venir,* je reviens tout de suite. – *Faire venir qqn,* le convoquer. *Faire venir qqch.,* le commander, se le faire livrer. – ***Voir venir.*** *Je te vois venir,* je devine tes intentions. *Voir venir* (les événements), attendre prudemment en observant l'évolution des événements. **2·** (Avec un compl. marquant le terme du mouvement) ***Venir à, chez, dans...*** *Demain vous viendrez chez moi. Venez ici. Il vient vers nous, jusqu'à nous.* – ***Venir à*** *qqn* : aller vers lui, aller le trouver. – (Choses) *Mot qui vient aux lèvres, sous la plume. Cette idée ne m'était pas venue à l'esprit.* – Impers. *Jamais il ne m'est venu à l'esprit de* (+ infinitif). **3·** Parvenir à (un but, une étape d'un développement). *Venir à bout de qqch.* – *Il faudra bien qu'il y vienne,* il finira bien par s'y résoudre, par l'accepter. – ***Venir à*** (un sujet, une question). → **aborder.** ***En venir à*** : finir par faire, par employer, après une évolution. *En venir aux mains, aux coups. Où veut-il en venir ?,* que veut-il, que cherche-t-il en fin de compte ? *J'en viens à croire qu'il est idiot,* je finis par croire... **4·** ***Venir de...*** (avec un compl. marquant le point de départ, l'origine). *Je viens de Paris. D'où venaient-ils ? Les nuages viennent de l'ouest.* – Provenir. *Son bracelet vient des Indes. Des biens qui lui venaient de son grand-père* (par héritage). **5·** Provenir, sortir de. *La plupart des mots français viennent du latin.* → **dériver.** **6·** (Avec un complément de cause) Être l'effet de. → **découler.** *Son malheur vient de son imprévoyance. Cela vient de ce que* (+ indicatif). – Impers. *De là vient que..., d'où vient que...,* c'est pourquoi. **II·** (Semi-auxiliaire, + infinitif) **1·** Se déplacer (pour faire). *J'irai la voir et ensuite je viendrai vous chercher. Viens m'aider ! Venez voir par ici !* **2·** ***Venir à*** (surtout à la 3e pers.) : se trouver en train de faire, de subir qqn. *S'il venait à me perdre,* au cas où il me perdrait. – Impers. *S'il venait à passer qqn.* **3·** ***Venir de...*** (+ infinitif) : avoir (fait) très récemment, avoir juste fini de... *Elle vient de sortir. Elle venait d'être malade.* **III·** Arriver, se produire, survenir. **1·** (Personnes) Arriver (dans la vie). *Venir au monde.* → **naître.** *Ceux qui viendront après nous.* → **succéder.** – (Événements) Se produire. → **survenir.** *Prendre les choses comme elles viennent, avec philosophie.* – (Temps) *L'heure est venue de réfléchir. Le jour viendra où nous pourrons réussir.* – Au p. p. adj. *La nuit venue,* tombée. – Loc. adv. ***À venir.*** → **avenir, futur.** *Les générations à venir.* **2·** (Végétaux, tissus vivants) Naître et se développer. → **pousser.** *Un sol où le blé vient bien.* **3·** (Idées, créations) *Les idées ne viennent pas. Alors, ça vient ?,* allez-vous répondre ? *L'idée lui est venue subitement.* ▷ **advenir, avenir, avenu, avenue, bienvenu, circonvenir, contrevenir, événement, intervenir, malvenu, parvenir, prévenir, provenir,** [1] **revenir,** [2] **revenir, subvenir, survenir, tout-venant, va-et-vient,** à tout **venant, venu, venue**

vénitien, ienne [venisjɛ̃, jɛn] adj. et n. De la ville de Venise. – *Blond vénitien,* blond tirant sur le roux. – N. *Les Vénitiens, les Vénitiennes.*

vent [vɑ̃] n. m. **I·** Déplacement naturel de l'atmosphère. **1·** Mouvement de l'atmosphère ressenti au voisinage du sol ; déplacement d'air. *Vent modéré* → **brise,** *violent, glacial* → **bise.** *Le vent du nord,* qui vient du nord. *Le vent souffle, se lève, tombe. Il y a du vent, il fait du vent. Coup, rafale de vent.* – Loc. *Passer en* ***coup de vent*** : rapidement. – *Marcher contre le vent.* – Loc. *Au vent* (dans la direction du vent) ; *sous le vent* (dans la direction opposée). *Les îles Sous-le-Vent, en Polynésie, aux Antilles.* – ***À vent*** : mû par l'air. *Moulin à vent.* – *Énergie du vent.* → **éolien.** – *Les quatre vents,* les quatre points cardinaux (directions des vents). *Aux quatre vents ; à tous les vents,* partout, en tous sens. **2·** L'atmosphère, l'air (généralement agité par des courants). *Flotter au vent. Voler au vent. Exposer au vent. En plein vent,* en plein air. *Le nez au vent,* le nez en l'air, d'un air étourdi. **3·** Loc. (*Le vent,* symbole des impulsions, des influences) *Aller contre vents et marées,* envers et contre tout. *Avoir le vent en poupe, le vent dans le dos,* être bien parti, avoir une suite de succès. *Être dans le vent,* avoir la direction générale (de la mode, etc.). – *Quel bon vent vous amène ?,* quelle est la cause de votre venue ? (formule d'accueil). Iron. *Bon vent !,* bon débarras. – *Le vent tourne,* les événements vont changer. *Le vent était à l'optimisme.* – (Symbole de vitesse) *Aller comme le vent, plus vite que le vent.* **4·** *Du vent,* des choses vaines, vides. *C'est du vent, ce n'est que du vent,* se dit de promesses faites à la légère. **5·** ***Avoir vent de*** : avoir connaissance de. *J'ai eu vent de ses projets.* **II·** Déplacement d'air, de gaz. **1·** *Le ventilateur fait du vent.* Loc. fam. *Personne qui fait du vent,* fait l'importante. **2·** *Instrument* (de musique) *à vent,* dans lequel on souffle. **3·** Au plur. Gaz intestinaux. → **pet.** ▷ **contrevent, coupe-vent, engoulevent, éventail, éventaire, éventer, paravent, venter, 1 ventiler, ventôse, ventouse, vol-au-vent**

vente [vɑ̃t] n. f. **1·** Le fait d'échanger une marchandise contre de l'argent, de la transmettre en toute propriété à un acquéreur en la faisant payer (→ **vendre**). *En vente,* pour être vendu, ou disponible dans le commerce. *Mettre qqch. en vente. Marchandises en vente (libre). Magasin, point de vente. Vente au comptant, à crédit, à tempérament. Prix de vente. Vente en gros, au détail. Vente par correspondance, en ligne. Vente promotionnelle. Force de vente (d'une entreprise),* l'ensemble des vendeurs. **2·** Réunion des vendeurs et des acquéreurs éventuels, au cours de laquelle on vend publiquement. *Vente aux enchères.* → **adjudication.** *Salle des ventes,* où ont lieu les ventes publiques. – *Vente de charité,* au cours de laquelle on vend au bénéfice d'une œuvre des objets généralement donnés. ▷ **après-vente, mévente**

venter [vɑ̃te] v. impers. < conjug. 1 > (Vent) Souffler. *Il vente,* il fait du vent. – Loc. *Qu'il pleuve ou qu'il vente,* par tous les temps. ▶ **venteux, euse** adj. Où il y a beaucoup de vent. → **éventé.** *Plaine venteuse.* – REM. On dit aussi *venté, ée.*

1 **ventiler** [vɑ̃tile] v. tr. < conjug. 1 > Produire un courant d'air dans, sur. → **aérer.** – Au p. p. adj. *Un local mal ventilé.* ▶ **ventilateur** n. m. **1·** Appareil servant à rafraîchir l'atmosphère en soufflant de l'air. *Ventilateur électrique à hélice.* **2·** Mécanisme utilisé dans le refroidissement du moteur d'une automobile. *Courroie de ventilateur.* ▶ 1 **ventilation** n. f. Opération par laquelle l'air est brassé, renouvelé ou soufflé. → **aération.** *La ventilation de cette salle de cinéma est insuffisante.*

2 **ventiler** v. tr. < conjug. 1 > Répartir (une somme totale) entre plusieurs comptes. *Ventiler les dépenses.* – Répartir en plusieurs groupes (des choses, des personnes). ▶ 2 **ventilation** n. f. Répartition entre divers comptes. *Ventilation des frais généraux.*

ventôse [vɑ̃toz] n. m. Sixième mois du calendrier révolutionnaire (19-21 février au 20 mars).

ventouse [vɑ̃tuz] n. f. **1·** Petite cloche de verre appliquée sur la peau après qu'on y a raréfié l'air, que l'on utilisait pour provoquer une révulsion. *Poser des ventouses à un malade.* **2·** Organe où un vide partiel se fait, et qui sert à sucer, aspirer. *Les ventouses des sangsues.* – *Faire ventouse,* adhérer. **3·** Dispositif (rondelle de caoutchouc, etc.) qui se fixe par vide partiel sur une surface plane. *Fléchettes à ventouse.*

ventre [vɑ̃tʀ] n. m. **I·** (Chez l'homme) **1·** Partie antérieure de la cavité qui contient l'intestin → **abdomen ;** paroi antérieure du bassin, au-dessous de la taille. *À plat ventre,* allongé sur le ventre. – Loc. *Se mettre à plat ventre devant qqn,* s'humilier par intérêt. *Marcher, passer sur le ventre,* écraser, éliminer (qqn) pour arriver à ses fins. *Avoir quelque chose dans le ventre,* être courageux. – ***Bas-ventre*** : le bas du ventre. → **bas-ventre.** – *Danse du ventre,* danse orientale où la danseuse remue les hanches et le bassin. **2·** (Animaux) Partie analogue au ventre humain chez les mammifères. Paroi inférieure du corps (opposé à dos). *Le ventre argenté d'un poisson.* – Loc. *Courir **ventre à terre*** : très vite. **3·** Proéminence que forme la paroi antérieure de l'abdomen, de la taille au bas-ventre. → fam. **bedaine,** 1 **bide, brioche, panse.** *Rentrer le ventre. Avoir, prendre du ventre,* un gros ventre (→ **ventripotent, ventru**). **4·** L'abdomen en tant que siège de la digestion (estomac et intestins). *Se remplir le ventre.* – Loc. *Avoir le ventre creux,* l'estomac vide. *Avoir les yeux plus grands que le ventre,* vouloir manger plus que son appétit ne réclame. – *Avoir mal au ventre,* aux intestins. – Loc. *Faire mal au ventre à qqn,* lui être très désagréable. *Arrête ! Tu me fais mal au ventre.* **5·** (Chez la femme, les femelles de mammifères) L'abdomen en tant que siège de la gestation et des organes génitaux internes. → **sein** (3), **utérus.** *Enfant dans le ventre de sa mère.* **6·** Loc. *Avoir du cœur au ventre,* de l'énergie, du courage. *Il n'a rien dans le ventre,* il est lâche. *Chercher à savoir ce que qqn a dans le ventre,* quels sont ses projets, ses intentions secrètes, ce qu'il est capable de faire. **II·** Partie creuse, lorsqu'elle présente à l'extérieur un renflement. *Le ventre d'une cruche.* – Partie bombée de la coque d'un bateau. ▶ **ventral, ale, aux** adj. **1·** Du ventre, de l'abdomen. → **abdominal.** *Nageoires ventrales.* **2·** Qui se porte sur le ventre. *Parachute ventral.* / contr. dorsal / ▶ **ventrée** n. f. Fam. Quantité de nourriture qui remplit bien le ventre. *Une ventrée de frites.* ▷ **bas-ventre, éventrer, ventricule, ventriloque, ventru**

ventricule [vɑ̃tʀikyl] n. m. **1·** Chacun des deux compartiments inférieurs (du cœur), séparés par une cloison. *Les ventricules et les oreillettes.* **2·** Se dit de quatre cavités d'un cerveau. *Ventricules latéraux, ventricule moyen.* ▶ **ventriculaire** adj. D'un ventricule, des ventricules.

ventriloque [vɑ̃tʀilɔk] n. et adj. N. Personne qui peut articuler sans remuer les lèvres, d'une voix étouffée qui semble venir du ventre. – Adj. *Il est ventriloque.*

ventripotent, ente [vɑ̃tʀipɔtɑ̃, ɑ̃t] adj. Qui a un gros ventre. → **gros, ventru.** / contr. maigre /

ventru, ue [vɑ̃tʀy] adj. **1·** Qui a un gros ventre. → **gros, pansu, ventripotent. 2·** (Choses) Renflé, bombé. *Commode ventrue.* → **pansu.**

① **venu, ue** Participe passé du verbe *venir*. → **venir.**

② **venu, ue** [v(ə)ny] adj. et n. **1·** Littér. *Être **bien, mal venu*** : arriver à propos (ou non) ; être bien (ou mal) accueilli. – *Être mal venu de* (+ infinitif), n'être pas fondé à. *Vous seriez mal venu d'insister. Il serait mal venu de...*, mal à propos de... **2·** ***Bien, mal venu*** : qui s'est développé (bien, mal). *Un enfant mal venu.* → **chétif.** *Une plante bien venue.* → **vigoureux. 3·** N. *Le **premier venu*** : n'importe qui. *Ce n'est pas la première venue.* – *Les nouveaux, les derniers venus.*

venue [v(ə)ny] n. f. **1·** Action, fait de venir (I). → **arrivée.** *Depuis sa venue et avant son départ.* **2·** Littér. Action, fait de venir (III), de se produire, d'arriver. *La venue du beau temps.* **3·** Loc. *D'une seule venue, tout d'une venue*, d'un seul jet (en parlant des plantes, des arbres). ▷ **allée et venue**

vêpres [vɛpʀ] n. f. pl. Cérémonie religieuse (catholique) qui se fait l'après-midi.

ver [vɛʀ] n. m. **1·** Petit animal au corps mou (insecte, larve) sans pattes. – ***Ver de terre*** : lombric terrestre, petit animal annelé et rougeâtre très commun. – *Ver solitaire*, le ténia. *Cet enfant a des vers* (intestinaux). – *Ver blanc*, larve de hanneton ; asticot. – *Ver luisant*, femelle d'un coléoptère (le lampyre) qui brille la nuit (se dit aussi de la *luciole*). – *Ver à soie*, chenille du bombyx du mûrier, qui s'enferme dans un cocon fait d'un enroulement de fils de soie. – *Fruit plein de vers.* → **véreux. 2·** Loc. *Se tortiller comme un ver* (de terre). *Être nu comme un ver*, tout nu. – *Tirer les vers du nez à qqn*, le faire parler, avouer. **3·** Littér. Vermine qui, selon la croyance populaire, ronge la chair des morts. ≠ vair, verre, vers, vert. ▷ **véreux, vermicelle, vermiculaire, vermifuge, vermine, vermoulu**

véracité [veʀasite] n. f. **1·** Littér. Qualité de celui qui dit la vérité. *Décrire, raconter avec véracité.* → **exactitude, fidélité. 2·** Qualité de ce qui est rapporté avec véracité (1). *La véracité de son témoignage, d'un récit.* → **authenticité, sincérité.** / contr. fausseté /

véranda [veʀɑ̃da] n. f. Galerie vitrée contre une maison, servant généralement de petit salon. → **varangue.** *Des vérandas.*

verbal, ale, aux [vɛʀbal, o] adj. **I·** Du verbe (I) ; relatif au verbe. *Désinences verbales. Adjectif verbal*, participe présent du verbe, adjectivé (ex. : *partant*). *Locution verbale*, groupe de mots formé d'un verbe et d'un nom et qui se comporte comme un verbe (ex. : *prendre froid*). **II· 1·** Qui se fait de vive voix (opposé à *écrit*). → **oral.** *Promesse verbale.* **2·** Qui se fait, s'exprime par des mots et non par d'autres signes. *Violence verbale.* – Qui concerne les mots plutôt que la chose ou l'idée. *Une explication purement verbale.* → **formel.** ▶ **verbalement** adv. **1·** De vive voix et non par écrit. → **oralement. 2·** Par des mots. *S'exprimer verbalement.* ▷ **procès-verbal, verbaliser, verbalisme**

verbaliser [vɛʀbalize] v. intr. < conjug. 1 > Dresser un procès-verbal (1). *Agent de police qui verbalise.* ▶ **verbalisation** n. f.

verbalisme [vɛʀbalism] n. m. Péj. Utilisation des mots pour eux-mêmes au détriment de l'idée (et sans intention esthétique). → **verbiage.**

verbe [vɛʀb] n. m. **I·** Mot qui exprime une action, un état, un devenir, et qui présente un système complexe de formes (→ **conjugaison**). *Formes, temps, modes, personnes du verbe. Verbe transitif, intransitif, pronominal. Conjuguer un verbe. Verbe en -er, du premier groupe. Les verbes irréguliers anglais, espagnols.* **II· 1·** (Avec une majuscule) Dans la théologie chrétienne. Parole (de Dieu) adressée aux hommes. *Le Verbe de Dieu.* **2·** Littér. Expression de la pensée (oralement ou par écrit) au moyen du langage. → **langage, langue.** *La magie du verbe.* **3·** Ton de voix. *Avoir le verbe haut*, parler très fort ; parler, décider avec hauteur. ▷ **adverbe, cruciverbiste, procès-verbal, proverbe, verbal, verbaliser, verbalisme, verbeux, verbiage**

verbeux, euse [vɛʀbø, øz] adj. Qui dit les choses en trop de paroles, trop de mots. *Un orateur verbeux.* → **bavard, prolixe.** *Commentaire verbeux.* / contr. bref, concis / ▶ **verbeusement** adv. ▶ **verbosité** n. f. Défaut de celui, de ce qui est verbeux.

verbiage [vɛʀbjaʒ] n. m. Abondance de paroles, de mots vides de sens ou qui disent peu de chose. → **bavardage, délayage.** *Ce n'est que du verbiage.* → **pipeau.** *Tendance au verbiage.* → **verbalisme.**

verdâtre [vɛʀdɑtʀ] adj. Qui tire sur le vert, est d'un vert un peu sale et trouble. *Teinte verdâtre.*

verdeur [vɛʀdœʀ] n. f. **1·** Vigueur de la jeunesse (chez qqn qui n'est plus jeune). **2·** Acidité d'un fruit vert, d'un vin trop vert. **3·** Liberté, spontanéité savoureuse dans le langage. *La verdeur du langage de Rabelais.*

verdict [vɛʀdikt] n. m. **1·** Déclaration par laquelle le jury répond, après délibération, aux questions posées par le tribunal. *Verdict de culpabilité, d'acquittement*, prononcé par la cour d'assises. *Prononcer, rendre un verdict.* **2·** Jugement rendu par une autorité. → **décision, sentence.** *Un verdict sévère.* – Loc. *Rendre son verdict*, donner son opinion ; annoncer une décision.

verdier [vɛʀdje] n. m. Oiseau passereau, de la taille du moineau, à plumage verdâtre.

verdir [vɛʀdiʀ] v. intr. < conjug. 2 > Devenir vert. – (Végétaux) Pousser, se couvrir de feuilles. – Devenir vert de peur. → **blêmir.** *Il a verdi en le voyant.* ▶ **verdissant, ante** adj. Qui verdit, est en train de verdir.

verdoyer [vɛʀdwaje] v. intr. < conjug. 8 > Se dit des végétaux, des prés, de la campagne... qui donnent une sensation dominante de vert. ▶ **verdoiement** n. m. Littér. Fait de verdoyer. *Le verdoiement des prés.* ▶ **verdoyant, ante** adj. Qui verdoie ; où la végétation est vivace. *Une vallée verdoyante.*

verdure [vɛʀdyʀ] n. f. **1·** Couleur verte de la végétation. **2·** Arbres, plantes, herbes, feuilles. → **végétation.** *Un rideau de verdure. Se reposer dans la verdure.* **3·** Fam. Plante potagère que l'on mange crue, en salade.

véreux, euse [veʀø, øz] adj. **1·** Qui contient un ver, est gâté par des vers. *Fruits véreux.* **2·** Foncièrement malhonnête. /contr. intègre/ *Agent, financier véreux.* – Qui n'est pas sain. *Affaire véreuse.* → **louche, suspect.**

1 **verge** [vɛʀʒ] n. f. Organe de la copulation (chez l'homme et les mammifères). → **pénis, phallus.**

2 **verge** n. f. Littér. Baguette (pour frapper, battre). ▷ **vergeté**

verger [vɛʀʒe] n. m. Terrain planté d'arbres fruitiers.

vergeté, ée [vɛʀʒəte] adj. Marqué de petites raies. → **rayé.** *Peau marbrée et vergetée.* ▶ **vergeture** n. f. Surtout au plur. Petites marques qui sillonnent la peau aux endroits qui ont été distendus.

verglas [vɛʀglɑ] n. m. invar. Couche de glace naturelle très mince qui se forme sur le sol. *Faites attention au verglas sur la route ! Une plaque de verglas.* ▶ **verglacé, ée** adj. Couvert de verglas. *Route verglacée, dangereuse.*

sans vergogne [sɑ̃vɛʀgɔɲ] loc. adv. Sans honte, sans scrupule. *Il nous a menti sans vergogne.* → **impudemment.**

vergue [vɛʀg] n. f. Longue pièce de bois disposée sur l'avant des mâts, et servant à porter la voile qui y est fixée. ▷ **envergure**

véridique [veʀidik] adj. **1·** Littér. Qui dit la vérité, qui rapporte qqch. avec exactitude (→ **véracité**). *Témoin véridique.* **2·** Cour. Conforme à la vérité, à ce qui a été éprouvé, constaté. → **authentique, exact.** /contr. faux, trompeur/ *Témoignage, récit véridique.* ▶ **véridiquement** adv. D'une manière véridique, exacte.

vérifier [veʀifje] v. tr. < conjug. 7 > **1·** Examiner la valeur de (qqch.), par une confrontation avec les faits ou par un contrôle de la cohérence interne. → **examiner ; contrôler.** *Vérifier une nouvelle. Vérifier un compte. Vérifier l'exactitude, l'authenticité d'une assertion.* → **reconnaître.** – *Vérifier si* (+ indicatif), examiner de manière à constater que. *Il vérifie si le train part toujours à la même heure.* → **s'assurer.** *Vérifier que* (+ indicatif). *Vérifier qu'un devoir a bien été fait.* **2·** Examiner (une chose) de manière à pouvoir établir si elle est conforme à ce qu'elle doit être, si elle fonctionne correctement. *Vérifier ses freins. As-tu fait vérifier le niveau d'huile ?* **3·** Reconnaître ou faire reconnaître (une chose) pour vraie. → **prouver.** *Vérifier une hypothèse.* – (Suj. chose) Constituer le signe non récusable de la vérité de (qqch.). *Les faits ont vérifié nos soupçons.* → **confirmer, justifier.** – Pronominalement (passif). *Se vérifier :* se révéler exact, juste. *Les présomptions se sont vérifiées.* ▶ **vérifiable** adj. ▶ **vérificateur, trice** n. Professionnel chargé de vérifier (1). – Personne qui vérifie des comptes, des déclarations. → **contrôleur.** ▶ **vérification** n. f. **1·** Le fait de vérifier. → **contrôle, épreuve.** *Faire des vérifications.* Abrév. fam. **vérif. 2·** Constatation qu'une chose est vraie. – Le fait d'être vérifié (3), d'être reconnu exact. → **confirmation.** *Son attitude n'est que la vérification de ses affirmations.* ▷ **invérifiable**

vérin [veʀɛ̃] n. m. Appareil de levage à vis. → **cric.**

vérisme [veʀism] n. m. Mouvement littéraire italien de la fin du XIXe siècle, inspiré par le naturalisme et dirigé contre les romantiques.

vérité [veʀite] n. f. **1·** Ce à quoi l'esprit peut et doit donner son assentiment (par suite d'un rapport de conformité avec l'objet de pensée, d'une cohérence interne de la pensée) ; connaissance à laquelle on attribue la plus grande valeur (opposé à *erreur, illusion*). *Chercher, prétendre posséder la vérité. La recherche de la vérité.* **2·** Connaissance conforme au réel ; son expression (opposé à *erreur, ignorance* ou à *invention, mensonge*). *Connaître, dire la vérité sur qqch. C'est l'entière, la pure vérité ;* fam. *la vérité vraie.* – *Dire la vérité, toute la vérité* (opposé à *mentir*). – Loc. prov. *La vérité sort de la bouche des enfants,* ce que disent spontanément les enfants apprend beaucoup sur ce que leurs proches cachent. – ***En vérité*** loc. adv. : sert à renforcer une affirmation, une assertion. → **assurément, certainement, vraiment.** *C'est peu de chose, en vérité.* – ***À la vérité*** loc. adv. : s'emploie pour introduire une restriction, une précision. *Il est intelligent, mais à la vérité plutôt paresseux.* – Loc. ***De vérité*** (après un nom désignant une mesure de durée) : moment décisif où il faut affronter la réalité, dire la vérité, montrer sa vraie valeur. *Minute de vérité.* **3·** Caractère de ce qui s'accorde avec notre sentiment de la réalité. *La vérité d'un portrait* → **ressemblance,** *d'un personnage de roman* → **vraisemblance.** **4·** *(Une, des vérités)* Idée ou proposition vraie, qui mérite un assentiment entier ou qui l'emporte. → **conviction, évidence.** *Vérités éternelles. Vérités premières,* évidentes mais indémontrables. *Dire, énoncer des vérités.* – *Dire ses quatre vérités à qqn,* lui dire sur son compte des choses désobligeantes avec une franchise brutale. **5·** Le réel. → **réalité.** *Tout ce que l'on peut dire des camps d'extermination est au-dessous de la vérité.* **6·** *Un accent, un air de vérité,* de sincérité. ▶ **véritable** adj. **1·** Qui a lieu, qui existe réellement, en dépit de l'apparence. → **réel, vrai** (opposé à *inventé, imaginé, faux, apparent...*). *Toute cette histoire est véritable.* **2·** (Choses concrètes) Qui est conforme à l'apparence, qui n'est pas imité. *De l'or véritable.* **3·** (Choses abstraites ; personnes) Généralement avant le nom. Qui est conforme à l'idée qu'on s'en fait, qui mérite son nom et sa réputation. *Un véritable ami,* digne de ce nom. *Le véritable amour.* **4·** (Devant le nom) Qui est exactement nommé ; qui mérite son nom. *Une véritable canaille.* – (Pour introduire une désignation figurée qui n'est justement pas « véritable » mais dont on veut souligner l'exactitude) *Cette classe est un véritable capharnaüm.* ▶ **véritablement** adv. **1·** D'une manière réelle, effective. → **réellement.** *Ils se sont battus véritablement.* **2·** Conformément à l'apparence, au mot qui désigne. → **absolument, proprement, vraiment.** *C'est véritablement génial.*

verjus [vɛʀʒy] n. m. invar. Suc acide extrait de certaines espèces de raisin, ou de raisin cueilli vert.

verlan [vɛʀlɑ̃] n. m. Procédé argotique consistant à inverser les syllabes de certains mots (ex. : *laisse béton* pour « laisse tomber »).

1 **vermeil, eille** [vɛʀmɛj] adj. (Teint, peau) D'un rouge vif et léger. *Teint vermeil.* / contr. blafard, pâle / ▶ 2 **vermeil** n. m. **1·** Argent recouvert d'une dorure d'un ton chaud tirant sur le rouge. *Plats en vermeil.* **2·** En France. *Carte vermeil* (autrefois), *carte senior,* réservée aux personnes de plus de 60 ans, donnant droit à un tarif réduit sur le réseau des chemins de fer.

vermicelle [vɛʀmisɛl] n. m. Pâtes à potage en forme de fils très minces. *Soupe au vermicelle.*

vermiculaire [vɛʀmikylɛʀ] adj. Qui a la forme, l'aspect d'un petit ver. *Appendice vermiculaire,* ou cour. *appendice,* prolongement du cæcum.

vermifuge [vɛʀmifyʒ] adj. Propre à provoquer l'expulsion des vers intestinaux. – N. m. *Prendre un vermifuge.*

vermillon [vɛʀmijɔ̃] n. m. Substance colorante ou couleur d'un rouge vif tirant sur le jaune. – Adj. invar. *Des robes vermillon.*

vermine [vɛʀmin] n. f. **1·** Nom collectif désignant tous les insectes (puces, poux, etc.) parasites de l'homme et des animaux. **2·** Littér. Ensemble nombreux d'individus méprisables, nuisibles à la société. → **canaille, racaille.** **3·** Personne méprisable, vaurien. → **peste.**

vermisseau [vɛʀmiso] n. m. Petit ver, petite larve. *Des vermisseaux.*

vermoulu, ue [vɛʀmuly] adj. Se dit du bois, d'un objet de bois rongé, mangé par les vers. → **piqué.** ▶ **vermoulure** n. f. Fait de devenir vermoulu ; trace de vers (dans le bois).

vermouth ou **vermout** [vɛʀmut] n. m. Apéritif à base de vin aromatisé de plantes amères et toniques. *Du vermouth blanc, rouge.*

vernaculaire [vɛʀnakylɛʀ] adj. Didact. Du pays, propre au pays. *Langue vernaculaire,* dialecte courant, langue courante dans un lieu (opposé à *véhiculaire*).

verni, ie [vɛʀni] adk. Fam. (Personnes) Qui a de la chance. → **veinard.** *Elle n'est pas vernie.*

vernis [vɛʀni] n. m. invar. **1·** Solution résineuse qui laisse sur le corps où on l'applique une pellicule brillante et qui sert à le décorer ou à le protéger. → **enduit, laque.** *Vernis d'un tableau. Vernis à ongles.* **2·** Fig. Connaissances superficielles, apparence de bonnes manières. *Il a un vernis de culture.* ▶ **vernir** v. tr. < conjug. 2 > Enduire de vernis. *Vernir un tableau.* – Au p. p. adj. *Souliers vernis.* ▶ **vernissage** n. m. **1·** Action de vernir (un tableau, une planche de gravure, etc.), de vernisser (une poterie). **2·** Jour d'ouverture d'une exposition de peinture. ▶ **vernisser** v. tr. < conjug. 1 > Enduire de vernis (une poterie, une faïence). – Au p. p. adj. *Tuiles vernissées.*

vérole [veʀɔl] n. f. **1·** *Petite vérole* : variole. **2·** Fam. Vx. Syphilis. ▶ **vérolé, ée** adj. **1·** *Être vérolé, avoir la peau vérolée,* avoir la peau marquée de petits trous comme ceux laissés par la variole. **2·** Fam. Qui a la syphilis. **3·** Fam. Endommagé. *Son disque dur est vérolé.*

véronal, als [veʀɔnal] n. m. Barbiturique employé comme somnifère.

véronique [veʀɔnik] n. f. Plante herbacée à fleurs bleues.

verrat [vɛʀa] n. m. Porc mâle employé comme reproducteur.

verre [vɛʀ] n. m. **1·** *(Le verre, du verre)* Substance fabriquée, dure, cassante et transparente, de structure « vitreuse » (formée de silicates alcalins). *Bouteille en verre. Panneau de verre d'une fenêtre.* → **carreau, glace, vitre.** *Verre dépoli.* – Loc. *Se briser, se casser comme (du) verre,* très facilement. – *Laine de verre,* matière composée de fils de verre, utilisée comme filtrant ou isolant. – *Papier de verre*, où des débris de verre sont fixés au papier, à la toile (abrasif). – *Verre blanc* ou *verre*, verre ordinaire (opposé à *cristal*). **2**· *(Un, des verres)* Plaque, lame, morceau ou objet de verre. *Verre de montre*, qui en protège le cadran. – *Verres optiques. Verres de lunettes. Verres déformants, grossissants.* – Vx. *Des verres*, des verres optiques que l'on porte pour mieux voir. → **lorgnon, lunettes.** – *Verres de contact.* → **lentille.** **3**· Récipient à boire (en verre, cristal, matière plastique). *Verre à pied. Verre à vin, à liqueur. Emplir son verre. Lever son verre* (pour trinquer). *Verre à dents*, servant à se rincer la bouche quand on se lave les dents. **4**· Contenu d'un verre. *Boire un verre d'eau.* – Loc. *Se noyer dans un verre d'eau*, être incapable de surmonter les moindres difficultés. – Boisson alcoolisée (hors des repas, au café). *Je te paie un verre.* → fam. **canon, pot.** *Boire, prendre un verre. Un petit verre*, un verre d'alcool, de liqueur. – Loc. fam. *Avoir un verre dans le nez*, être ivre. ≠ vair, ver, vers, vert. ▶ **verrée** n. f. En Suisse. Réunion où l'on offre à boire. ▶ **verrerie** n. f. **1**· Fabrique, usine où l'on fait et où l'on travaille le verre ; fabrication du verre. → **cristallerie, miroiterie, optique, vitrerie.** **2**· Commerce du verre, des objets en verre ; ces objets. *Le rayon de verrerie d'un grand magasin.* ▶ **verrier, ière** n. **1**· Personne qui fabrique le verre, des objets en verre. **2**· Artiste qui fait des vitraux ; peintre sur verre. ▶ **verrière** n. f. **1**· Grande ouverture ornée de vitraux. *Les verrières de la cathédrale de Chartres.* **2**· Grand vitrage ; toit vitré (d'une véranda, etc.). *La verrière d'une gare.* ▶ **verroterie** n. f. Verre coloré et travaillé, dont on fait des bijoux et des ornements de faible valeur. *De la verroterie. Bijoux en verroterie.* ▷ **sous-verre**

verrou [vɛʀu] n. m. Système de fermeture constitué par une pièce de métal allongée qui coulisse horizontalement de manière à s'engager dans un crampon ou une gâchette (comme le pêne d'une serrure). → **targette.** *Pousser, tirer le verrou* (pour fermer et ouvrir). – Loc. *Mettre qqn sous les verrous* : l'enfermer, l'emprisonner. *Être sous les verrous*, en prison. – *Faire sauter les verrous*, faire disparaître les obstacles. ▶ **verrouiller** v. tr. < conjug. 1 > **1**· Fermer à l'aide d'un verrou. / contr. déverrouiller / *Verrouiller une porte, une fenêtre.* **2**· Déclencher le verrouillage (2) de. ▶ **verrouillage** n. m. **1**· Le fait de verrouiller ; manière dont une ouverture est verrouillée. *Portes (d'une automobile) à verrouillage automatique.* **2**· En informatique. Dispositif de sécurité d'un ordinateur, empêchant l'accès à certaines informations. ▷ **déverrouiller**

verrue [vɛʀy] n. f. **1**· Petite excroissance cornée de la peau (aux mains, aux pieds, à la face). **2**· Littér. Ce qui défigure, enlaidit. *Ce quartier misérable est une verrue au milieu de la ville.* ▶ **verruqueux, euse** adj. En forme de verrue ; qui a des verrues (1).

① **vers** [vɛʀ] prép. **1**· En direction de. *Courir vers la sortie. Il venait vers moi. S'avancer, marcher vers l'ennemi.* → **à, sur.** – *Tourner la tête vers qqn.* **2**· Fig. (Pour marquer le terme d'une évolution ou d'une tendance) *C'est un pas vers la découverte de la vérité.* – (Avec ellipse du verbe dans les titres de journaux) *Vers la résolution du conflit.* **3**· Du côté de (sans mouvement). *Vers le nord, il y a un village.* – Aux environs de. *Nous nous sommes arrêtés vers Fontainebleau.* **4**· À peu près (à telle époque). → **environ, sur.** *Vers (les) cinq heures. Vers le milieu de sa vie.*

② **vers** [vɛʀ] n. m. invar. **1**· *Un vers*, fragment d'énoncé formant une unité rythmique définie par des règles concernant la longueur, l'accentuation, ou le nombre des syllabes. *Un vers de douze syllabes est un alexandrin.* → ① **mètre,** ③ **pied.** *Vers réguliers*, conformes aux règles de la versification traditionnelle. *Vers libres*, non rimés et irréguliers. *Suite de vers.* → **quatrain, strophe, tercet ; poème.** **2**· *Les vers*, l'écriture en vers. *Composer, écrire, faire des vers*, de la poésie versifiée. *Réciter des vers.* ≠ vair, ver, verre, vert. ▷ **verset, versifier**

versant [vɛʀsɑ̃] n. m. Chacune des deux pentes d'une montagne ou d'une vallée.

versatile [vɛʀsatil] adj. Qui change facilement de parti, d'opinion. → **changeant, inconstant.** *Une opinion publique versatile.* / contr. entêté, persévérant / ▶ **versatilité** n. f. Caractère versatile.

à verse [avɛʀs] loc. adv. En abondance (se dit de la pluie qui tombe). *Il pleuvait à verse* (→ **averse**).

versé, ée [vɛʀse] adj. Littér. *Versé dans*, expérimenté et savant (en une matière), qui en a une longue expérience. *Il est très versé dans la littérature chinoise.*

Verseau [vɛʀso] n. m. invar. Onzième signe du zodiaque (20 janvier-18 février). *Être du signe du Verseau, être du Verseau.* – Ellipt. Invar. *Elles sont Verseau.*

verser [vɛʀse] v. < conjug. 1 > **I**· V. tr. **1**· Faire tomber, faire couler (un liquide) d'un récipient qu'on incline. *Verser du vin dans un verre.* – Servir une boisson. *Verser le café. Verse-nous à boire. Elle s'est versé du champagne.* **2**· Répandre. *Verser des larmes, des pleurs*, pleurer. *Verser le sang*, le faire couler en blessant, en tuant. *Verser son sang*, être blessé, ou mourir pour une cause. **3**· Déverser, répandre. *On a versé du sable dans* *la cour.* – Donner en répandant. → **prodiguer.** *Verser l'or à pleines mains.* **4·** Apporter (de l'argent) à titre de paiement, de dépôt, de mise de fonds. → **payer.** *Les sommes à verser. Verser des intérêts.* – Déposer, annexer des documents. *Verser une pièce au dossier.* **5·** Affecter (qqn) à une arme, à un corps. → **incorporer.** *On l'a versé dans l'infanterie.* **II·** V. intr. **1·** Basculer et tomber sur le côté. → **culbuter, se renverser.** *Sa voiture a versé dans le fossé. Les blés ont versé,* ont été couchés par le vent, la pluie... **2·** Fig. ***Verser dans...*** : tomber. *Dans ce roman, l'auteur a versé dans la facilité.* ▶ **versement** n. m. Action de verser de l'argent. → **paiement.** *S'acquitter en plusieurs versements. Versements mensuels.* → **mensualité.** ▷ **versant, à verse, Verseau, verseur, versoir**

verset [vɛʀsɛ] n. m. **1·** Paragraphe (d'un texte sacré). *Versets de la Bible, d'un psaume.* **2·** Dans la liturgie. Brève formule ou maxime, récitée ou chantée à l'office. **3·** Phrase ou suite de phrases rythmées d'une seule respiration, découpées dans un texte poétique.

verseur [vɛʀsœʀ] n. et adj. m. **1·** N. Appareil servant à verser (1). **2·** Adj. m. Qui sert à verser. *Bec verseur, bouchon verseur.* ▶ **verseuse** n. f. Cafetière en métal à poignée droite.

versifier [vɛʀsifje] v. tr. <conjug. 7> Mettre en vers (surtout au p. p. adj.). *Une œuvre versifiée.* ▶ **versificateur, trice** n. Faiseur(euse) de vers. ▶ **versification** n. f. **1·** Technique du vers régulier (→ **poésie**). *Les règles de la versification.* → **métrique, prosodie. 2·** Technique du vers propre à un poète. *La versification de Verlaine.*

version [vɛʀsjɔ̃] n. f. **1·** Exercice scolaire de traduction (d'un texte en langue étrangère) dans sa propre langue (opposé au *thème*). *Cette élève est meilleure en version qu'en thème. Version latine.* **2·** Chacun des états d'un texte qui a subi des modifications. *Les différentes versions de la Chanson de Roland.* – *Film en version originale* (abrév. *V. O.*), avec la bande sonore originale. *Film américain en version française,* doublé. *La version bêta* d'un logiciel.* **3·** Manière de rapporter, de présenter, d'interpréter un fait, une série de faits. → **interprétation.** *Selon la version du témoin.*

verso [vɛʀso] n. m. Envers d'un feuillet (opposé à *recto*). *Au verso.* → **dos.** *Des versos.*

versoir [vɛʀswaʀ] n. m. Pièce de la charrue qui rabat sur le côté la terre détachée par le soc.

verste [vɛʀst] n. f. Ancienne mesure de longueur (un peu plus de 1 km), en Russie.

vert, verte [vɛʀ, vɛʀt] adj. et n. m. **I·** Adj. **1·** Intermédiaire entre le bleu et le jaune ; qui a la couleur dominante de la végétation. *Couleur verte des plantes à chlorophylle* (→ **verdure**). *Une robe verte. Des jupes vert pomme. Chêne vert,* à feuilles persistantes. *Lézard vert.* – *Feu, signaux verts,* indiquant que la voie est libre. Loc. *Donner le **feu vert** à...* : permettre d'entrer en action, d'agir. *Numéro vert,* numéro de téléphone à appel gratuit (en France). – Par exagér. *Le teint vert d'un malade. Être vert de peur, de rage.* → **blême, bleu.** – *Bleu-vert, gris-vert,* tirant sur le vert. *Des robes gris-vert.* **2·** (Céréales, fruits) Qui n'est pas mûr ; qui a encore de la sève. / contr. **blet, passé, sec** / *Blé vert. Bois vert. Légumes verts,* frais ou surgelés (opposé à sec). – Loc. *En voir, en dire des vertes et des pas mûres,* voir, dire des choses scandaleuses, choquantes. – *Vin vert,* qui n'est pas fait. → **jeune. 3·** (Personnes) Qui a de la vigueur, de la verdeur. *Un vieillard encore vert.* → **gaillard, vaillant. 4·** *Langue verte.* → **argot. 5·** Relatif à la nature, à la campagne, à l'environnement ; qui défend, préserve l'environnement. → **écologique.** *Tourisme vert.* – *Un candidat vert,* écologiste. N. m. *Voter pour les Verts.* – Qui contribue à la protection de la nature, au respect de l'environnement. → **éco-.** *Lessive verte. Carburant vert.* → **bio. II·** N. m. **1·** Couleur verte. *Le vert est complémentaire du rouge. Un vert foncé, vert tendre. Un vert amande, vert pomme. Un vert d'eau.* **2·** Se dit de feuilles vertes, de la verdure (dans des expressions). – Fourrage frais. *Mettre un cheval au vert,* le nourrir au fourrage frais. – Fam. *Se mettre au vert,* prendre du repos à la campagne. ▷ **pivert, verdâtre, verdeur, verdier, verdir, verdoyer, verdure, verjus, vert-de-gris, vertement**

vert-de-gris [vɛʀdəgʀi] n. m. invar. et adj. invar. **1·** N. m. invar. Dépôt verdâtre qui se forme à l'air humide sur le cuivre, le bronze, etc. **2·** Adj. invar. D'un vert grisâtre. *Des uniformes vert-de-gris.* ▶ **vert-de-grisé, ée** adj. Couvert de vert-de-gris. *Une statue vert-de-grisée.*

vertèbre [vɛʀtɛbʀ] n. f. Chacun des os qui forment la colonne vertébrale (support du tronc chez les vertébrés, chez l'homme). *Elle s'est déplacé une vertèbre.* ▶ **vertébral, ale, aux** adj. Des vertèbres. *Colonne vertébrale.* ▶ **vertébré, ée** adj. et n. **1·** Adj. Qui a des vertèbres, un squelette. *Animaux vertébrés et invertébrés.* **2·** N. m. pl. ***Les vertébrés*** : embranchement du règne animal formé des animaux qui possèdent une colonne vertébrale constituée de vertèbres osseuses ou cartilagineuses (poissons, batraciens, reptiles, oiseaux, mammifères). / contr. **invertébré** /

vertement [vɛʀtəmɑ̃] adv. Avec vivacité, rudesse. *Répondre vertement à qqn.*

vertical, ale, aux [vɛʀtikal, o] adj. et n. **1·** Adj. Qui suit la direction de la pesanteur, du fil à plomb en un lieu ; perpendiculaire à l'horizontale. *Ligne verticale. Station verticale de l'homme.*

→ **debout.** / contr. horizontal, oblique / **2·** N. f. Ligne, position verticale. *Une verticale.* – Loc. adv. ***À la verticale :*** dans la direction de la verticale. *Hélicoptère qui se pose à la verticale.* → **verticalement.** *Falaise à la verticale.* ▶ **verticalement** adv. En suivant une ligne verticale. → à **plomb.** / contr. horizontalement, obliquement / *La pluie tombe verticalement.* ▶ **verticalité** n. f. Caractère, position de ce qui est vertical. *Vérifier la verticalité d'un mur.* → **aplomb.**

vertige [vɛʀtiʒ] n. m. **1·** Impression par laquelle une personne croit que les objets environnants et elle-même sont animés d'un mouvement circulaire ou d'oscillations. → **éblouissement, étourdissement.** *Avoir un vertige, des vertiges.* **2·** Peur pathologique de tomber dans le vide. *Je ne peux monter par cette échelle, j'ai le vertige. Ça me donne le vertige. À donner le vertige,* très haut, très impressionnant. **3·** État d'une personne qui ne sait plus ce qu'elle fait, où elle en est. → **égarement, trouble.** *Le vertige du succès,* la tentation. ▶ **vertigineux, euse** adj. Très haut, très grand, en parlant de ce qui pourrait donner le vertige (2). *Des hauteurs, des vitesses vertigineuses.* – Fig. Très grand. *Augmentation, hausse vertigineuse des prix.* → **fantastique, terrible.** ▶ **vertigineusement** adv.

vertu [vɛʀty] n. f. **I· 1·** Vieilli ou littér. Force avec laquelle l'être humain tend au bien ; force morale appliquée à suivre la règle, la loi morale ; cette règle, cette loi morale (opposé à *vice*). – Loc. fam. *Il a de la vertu,* il a du mérite (à faire cela). **2·** Littér. Conduite, vie vertueuse. **3·** Vieilli ou plaisant. Chasteté ou fidélité sentimentale, conjugale (d'une femme). *Femme de petite vertu,* de mœurs légères. **4·** ***Une, les vertus :*** disposition à accomplir des actes moraux par un effort de volonté ; qualité portée à un haut degré. *Parer qqn de toutes les vertus,* lui attribuer toutes les qualités. Relig. catholique. *Les quatre vertus cardinales,* courage, justice, prudence, tempérance. *Les trois vertus théologales,* charité, espérance, foi. **II· 1·** Littér. Principe qui, dans une chose, est considéré comme la cause des effets qu'elle produit. → **pouvoir, propriété.** *Vertu médicale, curative des plantes.* – *La vertu réparatrice du temps.* **2·** ***En vertu de*** loc. prép. : par le pouvoir de, au nom de. *Ce qu'on nous impose en vertu des principes moraux. En vertu de quoi accepterait-il ?* ▶ **vertueux, euse** adj. **1·** Vieilli. (Personnes) Qui a des vertus, des qualités morales. → **honnête, moral, sage.** / contr. corrompu, malhonnête / **2·** Vieilli (Femme) Qui est chaste ou fidèle. → **honnête, pur. 3·** Littér. (Choses) Qui a le caractère de la vertu. *Action, conduite vertueuse.* ▶ **vertueusement** adv. ▷ **s'évertuer**

vertugadin [vɛʀtygadɛ̃] n. m. Bourrelet, armature autrefois portée par les femmes pour faire bouffer la jupe autour des hanches. → **panier.**

verve [vɛʀv] n. f. Qualité brillante, imagination et fantaisie dans la parole. → **brio.** *La verve d'un orateur.* – *Être* ***en verve*** *:* être plus brillant en paroles qu'à l'ordinaire.

verveine [vɛʀvɛn] n. f. **1·** Plante dont une espèce a des vertus calmantes. *Verveine odorante,* cultivée pour son parfum (citronnelle). **2·** Infusion de verveine officinale. *Boire une tasse de verveine.*

vésical, ale, aux [vezikal, o] adj. De la vessie. *Artères vésicales. Calculs vésicaux.*

vésicatoire [vezikatwaʀ] n. m. Remède pour provoquer une révulsion locale et le soulèvement de l'épiderme.

vésicule [vezikyl] n. f. Cavité, réservoir ou petit sac membraneux (comparés à de petites vessies). – *Vésicule (biliaire),* réservoir membraneux situé à la face inférieure du foie et qui emmagasine la bile.

vespasienne [vɛspazjɛn] n. f. Vieilli. Urinoir public pour hommes. → fam. **pissotière.**

vespéral, ale, aux [vɛspeʀal, o] adj. Littér. Du soir, du couchant. *Des lueurs vespérales.*

vessie [vesi] n. f. **1·** Organe creux dans lequel s'accumule l'urine. *Inflammation de la vessie,* cystite. *Calculs, pierres dans la vessie.* **2·** Vessie desséchée d'un animal, formant sac. *Vessie d'un ballon.* Loc. *Prendre des vessies pour des lanternes,* se tromper. **3·** (Chez certains poissons) *Vessie natatoire,* sac membraneux relié à l'œsophage, qui, en se remplissant plus ou moins de gaz, règle l'équilibre de l'animal dans l'eau. ▷ **vésicule**

vestale [vɛstal] n. f. Dans l'antiquité romaine. Prêtresse de Vesta, vouée à la chasteté et chargée d'entretenir le feu sacré.

veste [vɛst] n. f. **1·** Vêtement court (à la taille ou aux hanches), avec manches, ouvert devant, et qui se porte sur la chemise, le gilet. *Veste droite, croisée.* → **veston.** *Veste de tailleur* (femmes). *Veste de sport.* → **blazer.** *Porter une veste. Enlever, ôter sa veste.* Fam. *Tomber la veste.* – *Veste de pyjama,* partie du pyjama couvrant le torse. **2·** Loc. *Ramasser, prendre une veste,* subir un échec. – Fam. *Retourner sa veste,* changer brusquement d'opinion, de parti. ▷ **veston**

vestiaire [vɛstjɛʀ] n. m. **1·** Lieu où l'on dépose momentanément les vêtements d'extérieur (manteaux), les parapluies, cannes, etc., dans certains établissements publics. *Vestiaire d'un théâtre, d'un restaurant. La dame du vestiaire.* **2·** Partie d'un stade, d'un gymnase, etc., où les sportifs se changent. – Fam. *Au vestiaire !, Ves-*

tiaire !, cri hostile à l'égard de joueurs, d'acteurs. → aller se **rhabiller.** **3·** Meuble ou endroit d'un logement aménagé pour déposer les vêtements. *Les vestiaires des employés.* **4·** Ensemble de vêtements d'une garde-robe. *Renouveler son vestiaire.*

vestibule [vɛstibyl] n. m. Pièce d'entrée (d'un édifice, d'une maison, d'un appartement). → **antichambre, entrée.** *Attendre dans un vestibule.*

vestige [vɛstiʒ] n. m. **REM.** S'emploie surtout au plur. **1·** Ce qui demeure (d'une chose détruite, disparue, d'un groupe d'hommes, d'une société). *Les vestiges d'un temple, d'une armée.* **2·** Ce qui reste (d'une chose abstraite : idée, sentiment ; d'un caractère). *Vestiges de grandeur.* → **marque, reste, trace.**

vestimentaire [vɛstimɑ̃tɛʀ] adj. Qui a rapport aux vêtements. *Dépense vestimentaire.*

veston [vɛstɔ̃] n. m. Veste d'un complet d'homme. *Être en veston. Des complets-veston.*

vêtement [vɛtmɑ̃] n. m. **1·** *Les vêtements* : habillement (comprenant le linge mais non les chaussures) ; en particulier les vêtements de dessus (opposé à *sous-vêtements*). → **habillement, habits** ; fam. **fringues, frusques, nippes.** *Vêtements neufs, usés, en loques.* → **guenille, haillon.** *Vêtements de travail, de tous les jours, du dimanche. Vêtements habillés, de ville, de sport. Mettre ses vêtements.* → s'**habiller,** se **vêtir.** *Des vêtements.* → **vestimentaire.** **2·** *Le vêtement* (sing. collectif) : les vêtements. *Industrie, commerce du vêtement.* **3·** *Un vêtement* : une pièce de l'habillement de dessus (manteau, veste). *Je vais chercher un vêtement et je sors avec vous.* ▷ **sous-vêtement**

vétéran, ane [veteʀɑ̃, an] n. **1·** N. m. Ancien combattant. *Les vétérans de la guerre de 14.* **2·** N. Personne pleine d'expérience (dans un domaine). *Une vétérane de l'enseignement.* → **ancien.** **3·** Sportif de la catégorie des plus âgés. *Jouer en vétérans,* dans cette catégorie. / contr. bleu, nouveau /

vétérinaire [veteʀinɛʀ] adj. et n. **1·** Adj. Qui a rapport au soin des bêtes (animaux domestiques, bétail). *Art vétérinaire.* **2·** N. *Un, une vétérinaire,* médecin vétérinaire, qui soigne les animaux. – Abrév. fam. **véto.**

vétille [vetij] n. f. Chose insignifiante. → **bagatelle, détail, rien.** *Ergoter sur des vétilles.* ▶ **vétilleux, euse** adj. Littér. Qui s'attache à des détails, à des vétilles.

vêtir [vetiʀ] v. tr. < conjug. 20 > **1·** Littér. Couvrir (qqn) de vêtements ; mettre un vêtement à (qqn). *Vêtir un enfant.* → **habiller.** **2·** Littér. *Se vêtir* v. pron. réfl. : s'habiller. / contr. se dévêtir / ▶ **vêtu, ue** adj. Qui porte un vêtement. → **habillé.** *Être bien vêtu, mal vêtu, à demi-vêtu.* / contr. nu / *Chaudement vêtu.* ▷ **dévêtir, revêtir, vêtement**

vétiver [vetivɛʀ] n. m. **1·** Plante tropicale dont l'odeur éloigne les insectes et dont la racine est utilisée en parfumerie. **2·** Parfum de la racine de cette plante.

veto [veto] n. m. invar. Opposition à une décision. *Droit de veto. Mettre son veto à une décision. Des veto.*

vétuste [vetyst] adj. Qui est vieux, n'est plus en bon état (choses, bâtiments et installations). *Maison vétuste.* → **délabré.** ▶ **vétusté** n. f. Littér. État de ce qui est vétuste, abîmé par le temps. → **délabrement.**

veuf, veuve [vœf, vœv] adj. et n. **1·** Adj. Dont le conjoint est mort. *Il est veuf de deux femmes.* **2·** N. Personne veuve. *Épouser un veuf.* – Loc. iron. *Défenseur de la veuve et de l'orphelin,* des personnes sans appui (se dit des avocats). ▶ **veuvage** n. m. Situation, état d'une personne veuve et non remariée. *Elle s'est remariée après une année de veuvage.*

veule [vøl] adj. Qui n'a aucune énergie, aucune volonté. → **avachi, faible, lâche, mou.** *Il est veule et hypocrite.* – *Un air veule.* / contr. énergique, ferme / ▶ **veulerie** n. f. Caractère, état d'une personne veule. → **apathie, faiblesse, lâcheté.**

vexer [vɛkse] v. tr. < conjug. 1 > **1·** Blesser (qqn) dans son amour-propre. → **désobliger, froisser, humilier, offenser.** *Je ne voulais pas vous vexer.* – (Avec *de* + infinitif) *Il est vexé d'avoir raté son examen.* (Avec *que* + subjonctif) *Elle est vexée que tu ne viennes pas.* – Au p. p. adj. *Facilement vexé.* → **susceptible.** **2·** *Se vexer* v. pron. passif. : être vexé, se piquer. *Il se vexe d'un rien.* → **se fâcher,** se **formaliser,** se **froisser.** ▶ **vexant, ante** adj. **1·** Qui contrarie, peine. → **contrariant, irritant.** *Nous avons raté le train, c'est vexant !* → **rageant.** **2·** Qui blesse l'amour-propre. *Une remarque, un refus vexant.* → **blessant.** – (Personnes) *Il est vexant.* ▶ **vexation** n. f. **1·** Littér. Action de maltraiter ; son résultat. → **brimade, persécution.** **2·** Blessure, froissement d'amour-propre. → **humiliation, mortification.** *Essuyer des vexations.* ▶ **vexatoire** adj. Qui a le caractère d'une vexation (1). *Mesure vexatoire.*

via [vja] prép. Par la voie de, en passant par. → **par.** *Aller de Paris à Alger via Marseille.*

① **viabilité** [vjabilite] n. f. État d'un chemin, d'une route où l'on peut circuler. – Ensemble des travaux d'aménagement (voirie, égouts, adductions) à exécuter avant de construire sur un terrain. ▶ **viabiliser** v. tr. < conjug. 1 > Effectuer des travaux de viabilité sur (un terrain). – Au p. p. adj. *Lotissement viabilisé.*

viable [vjabl] adj. **1·** Apte à vivre ; qui peut avoir une certaine durée de vie. *Cet enfant n'est pas viable.* **2·** Qui présente les conditions nécessaires pour durer, se développer. → **durable.** *Entreprise viable.* ▶ 2 **viabilité** n. f. **1·** État d'un organisme (et notamment d'un embryon) viable. **2·** État de ce qui peut se développer. *La viabilité d'un projet.*

viaduc [vjadyk] n. m. Pont de grande longueur servant au passage d'une voie ferrée, d'une route. *La voie emprunte plusieurs viaducs et un tunnel.*

viager, ère [vjaʒe, ɛʀ] adj. et n. m. Qui doit durer pendant la vie d'une personne et pas au-delà. *Rente viagère.* – N. m. *Le viager,* la rente viagère. *Vendre une maison* ***en viager*** : moyennant une rente viagère.

viande [vjɑ̃d] n. f. **1·** Chair des mammifères et des oiseaux que l'homme emploie pour sa nourriture (surtout des animaux de boucherie). *Viande rouge,* le bœuf, le cheval, le mouton. *Viande blanche,* la volaille, le veau, le porc. *Viande en sauce. Jus de viande. Viande bien cuite, à point ; viande saignante, bleue. Viande froide.* – Chair d'animal dont un autre animal se nourrit. *Animal qui se nourrit de viande.* → **carnassier, carnivore. 2·** Fam. Chair de l'homme, corps. *Amène ta viande !,* viens ! *Étaler sa viande,* se dénuder. – Loc. fam. *Il va y avoir de la viande froide,* un mort, des morts, une tuerie.

viatique [vjatik] n. m. **1·** Communion portée à un mourant. *Recevoir le viatique.* **2·** Littér. Soutien, secours indispensable.

vibrer [vibʀe] v. intr. < conjug. 1 > **1·** Se mouvoir périodiquement autour de sa position d'équilibre avec une très faible amplitude et une très grande rapidité ; être en vibration (ondes*). *Faire vibrer un diapason, une cloche.* **2·** (Voix) Avoir une sonorité tremblée qui dénote une émotion intense. *Sa voix vibrait d'émotion.* **3·** Être vivement ému, exalté. *Faire vibrer son auditoire.* ▶ **vibrant, ante** adj. **1·** Qui vibre (1), est en vibration. – *Consonne vibrante* et, n. f., *une vibrante,* produite par la vibration de la langue [l] ou du gosier [ʀ]. *Une voix forte et vibrante,* très sonore. **2·** Qui vibre (2), exprime ou trahit une forte émotion. *Discours vibrant,* pathétique. ▶ **vibraphone** [vibʀafɔn] n. m. Instrument de musique formé de plaques métalliques vibrantes, que l'on frappe à l'aide de marteaux. ▶ **vibraphoniste** n. Musicien(ienne) qui joue du vibraphone. ▶ **vibration** n. f. **1·** Mouvement, état de ce qui vibre ; effet qui en résulte (son et ébranlement). *Vibration de moteur.* **2·** En physique. Mouvement de va-et-vient d'un point matériel déplacé de sa position d'équilibre et qui y est ramené par l'effet de forces complexes, analysées au moyen d'une fonction harmonique. *Vibrations lumineuses, sonores, électromagnétiques.* **3·** Tremblement. *La vibration d'une voix.* – *Vibration de l'air, de la lumière,* impression de tremblotement que donne l'air chaud. ▶ **vibratoire** adj. **1·** Formé par une série de vibrations. *Phénomène vibratoire.* **2·** Qui s'effectue en vibrant, en faisant vibrer. *Massage vibratoire* (→ **vibromasseur**). ▶ **vibrato** n. m. Tremblement rapide d'un son → **trémolo,** utilisé dans la musique vocale ou par les instruments, en jazz. *Des vibratos.* ▶ **vibreur** n. m. Élément qui produit, transmet une vibration. – Sonnerie sans timbre. *Mettre son portable sur vibreur.* ▶ **vibromasseur** n. m. Appareil électrique qui produit des massages par vibration. ▷ 1 **vibrion,** 2 **vibrion, vibrisse**

1 **vibrion** [vibʀijɔ̃] n. m. En sciences. Bactérie de forme incurvée. *Le vibrion cholérique.*

2 **vibrion** n. m. Fam. Personne agitée. ▶ **vibrionner** v. intr. < conjug. 1 > Fam. S'agiter sans cesse. *Arrête de vibrionner autour de nous !*

vibrisse [vibʀis] n. f. Poil tactile (de certains animaux). *Les vibrisses du chat.*

vicaire [vikɛʀ] n. m. **1·** Celui qui exerce en second les fonctions attachées à un office ecclésiastique. – Prêtre qui aide et remplace éventuellement le curé. **2·** *Le vicaire de Dieu,* le pape. ▶ **vicariat** n. m. Fonction, dignité de vicaire, durée de cette fonction.

vice [vis] n. m. ≠ vis. **I· 1·** Vieilli. ***Le vice*** : disposition habituelle au mal ; conduite qui en résulte. → **immoralité, mal, péché.** / contr. vertu / *Vivre dans le vice et la débauche.* – Fam. Dépravation du goût. *Revoir ce mauvais film, c'est du vice !* **2·** Vieilli. ***Un vice*** : mauvais penchant, défaut grave que réprouve la morale sociale, la religion. *Il a tous les vices !* – Prov. *L'oisiveté (la paresse) est mère de tous les vices. Pauvreté n'est pas vice.* – Vieilli. Perversion sexuelle. → **perversion. 3·** Littér. Mauvaise habitude qu'on ne peut réprimer. *Le bavardage est notre vice familial.* → **faible, faiblesse, travers.** « *Ce vice impuni, la lecture* » (V. Larbaud). **II·** Imperfection grave qui rend une chose plus ou moins impropre à sa destination. → **défaut, défectuosité.** *Vice de construction d'un bâtiment.* – *Vice de forme,* absence d'une formalité obligatoire qui rend nul un acte juridique. ▷ **vicelard, vicier, vicieux**

vice- Particule invariable signifiant « à la place de », formant des noms de grades, de fonctions immédiatement inférieures (ex. : *vice-amiral, vice-consul, vice-légat,* etc.). ▶ **vice-président, ente** n.

Personne qui seconde ou supplée le président, la présidente. *La vice-présidente d'une société. Les deux vice-présidents.* ▶ **vice-présidence** n. f. Fonction de vice-président. ▶ **vice-roi** n. m. Celui à qui un roi, un empereur a délégué son autorité pour gouverner un royaume, ou une province ayant eu titre de royaume. *Des vice-rois.* ▷ **vicomte**

vicelard, arde [vislaʀ, aʀd] adj. et n. Fam. **1·** Un peu vicieux. *Un air vicelard.* – N. *Un, une vicelarde.* **2·** Malin, rusé et pas très honnête.

vice versa [viseveʀsa ; visvɛʀsa] loc. adv. Réciproquement, inversement.

vichy [viʃi] n. **I·** N. m. Toile de coton à carreaux ou rayée. *Tablier de vichy bleu et blanc.* **II· 1·** N. f. Eau minérale de Vichy. *Elle préfère la vichy aux autres eaux minérales.* **2·** N. m. *Un vichy,* un verre de vichy. *Deux vichys fraise* (au sirop de fraise).

vicier [visje] v. tr. < conjug. 7 > Littér. **1·** En droit. Rendre défectueux. *Cette incompatibilité ne vicie pas l'élection.* **2·** Littér. Corrompre. → **polluer.** *Des fumées d'usine vicient l'air.* / contr. purifier / – Pronominalement (passif). *L'air s'est vicié.* ▶ **vicié, ée** adj. ≠ vicieux. Impur, pollué. *Air vicié.* / contr. pur, sain /

vicieux, euse [visjø, øz] adj. ≠ vicié. **I· 1·** Littér. Qui a des vices, de mauvais penchants. → **corrompu, dépravé.** / contr. vertueux / – Se dit d'une bête ombrageuse et rétive. *Cheval vicieux.* – En sport. Qui n'est pas envoyé, exécuté franchement. *Une balle vicieuse.* **2·** Qui a des mœurs sexuelles que la société réprouve. → **pervers ;** fam. **vicelard.** *Il est un peu vicieux.* – N. *C'est un vicieux.* → **satyre. 3·** Fam. Qui a des goûts dépravés, bizarres. *Il faut être vicieux pour aimer ça.* **4·** Fam. Malhonnête, malin pour tromper. **II·** Vx. (Choses) Défectueux, mauvais, entaché de vices (II). *Expression vicieuse.* → **fautif.** / contr. correct / – *Cercle* vicieux.*

vicinal, ale, aux [visinal, o] adj. *Chemin vicinal,* route étroite qui relie des villages.

vicissitudes [visisityd] n. f. pl. Littér. Choses bonnes et mauvaises, événements heureux et surtout malheureux qui se succèdent dans la vie. *Les vicissitudes de l'existence.* → **tribulation.**

vicomte, esse [vikɔ̃t, ɛs] n. **1·** N. m. Titre de noblesse au-dessous du comte. **2·** N. f. Titre de noblesse au-dessous de la comtesse. – Femme du vicomte.

victime [viktim] n. f. **1·** Créature vivante offerte en sacrifice aux dieux. *Immoler, égorger une victime.* **2·** Personne qui subit la haine, les injustices de qqn, ou qui souffre (d'un état de choses). *Les victimes d'un tyran.* – *Être victime de qqch.,* en pâtir. *Victime de la calomnie. Il est victime de son dévouement.* – *Enfants victimes de la faim, de maltraitance. Prisonniers victimes de sévices.* **3·** Personne tuée ou blessée, violentée. *La catastrophe a fait plus de cent victimes.* → **mort.** / contr. rescapé / *La famille de la victime s'est portée partie civile. La petite victime a témoigné au procès. Le corps de la victime* (d'un meurtre). – Personne arbitrairement persécutée, tuée. *Les victimes du nazisme.* ▶ **victimiser** v. tr. < conjug. 1 > Considérer (qqn) comme une victime. *Victimiser un accusé.* ▶ **victimisation** n. f.

victoire [viktwaʀ] n. f. **1·** Succès obtenu dans un combat, une bataille, une guerre. / contr. défaite, déroute / *Ils ont remporté la victoire. Victoire éclatante. La fête nationale* (française) *de la Victoire* (de 1918), le 11 novembre. **2·** Heureuse issue d'une lutte, d'une opposition, d'une compétition, pour la personne qui a eu l'avantage. → **triomphe.** *Une victoire facile.* / contr. échec / *Crier, chanter victoire,* se glorifier d'une réussite. – (Sports, jeux) Situation de la personne, du groupe qui gagne contre qqn. *Victoire d'une équipe sportive.* ▶ **victorieux, euse** adj. **1·** Qui a remporté une victoire (1). → **vainqueur.** / contr. vaincu / *Armée, troupes victorieuses.* **2·** Qui l'a emporté sur qqn. *Sortir victorieux d'une dispute.* – *L'équipe sportive victorieuse.* ▶ **victorieusement** adv.

victoria [viktɔʀja] n. f. Ancienne voiture à cheval découverte, à quatre roues.

victuailles [viktɥaj] n. f. pl. Provisions de bouche. → **vivres.** *Partageons les victuailles.*

vidange [vidɑ̃ʒ] n. f. **1·** Action de vider (surtout en parlant d'opérations techniques ou sales). *Faire la vidange d'un fossé, du réservoir d'huile d'une voiture. Vidange et graissage.* – Opération par laquelle on vide une fosse d'aisances. **2·** Ce qui est enlevé, vidé. *Évacuation des vidanges.* **3·** Mécanisme qui sert à vider, à évacuer l'eau. *La vidange d'un lavabo* (bonde à soupape). ▶ **vidanger** v. tr. < conjug. 3 > **1·** Faire la vidange de (un réservoir...). *Vidanger une cuve.* → **purger. 2·** Évacuer par une vidange. *Vidanger l'huile d'un moteur.* ▶ **vidangeur, euse** n. Personne qui fait la vidange des fosses d'aisances.

vide [vid] adj. et n. m. **I·** Adj. **1·** Qui ne contient rien de perceptible ; dans lequel il n'y a ni solide ni liquide. *Espace vide entre deux choses. Ensemble vide,* qui n'a aucun élément. **2·** Dépourvu de son contenu normal. / contr. plein, rempli / *Bouteille vide. Louer un appartement vide,* sans meubles (opposé à *meublé*). – Loc. *Avoir l'estomac, le ventre vide.* → **creux.** *Rentrer les mains vides,* sans rapporter ce que l'on allait chercher. **3·** (Local, lieu) Inoccupé. *La maison est vide,* il n'y a personne dedans. *Paris est à moitié vide au mois d'août.*

→ **désert.** *Place vide.* → **libre, vacant. 4·** (Durée) Qui n'est pas employé, occupé comme il pourrait l'être ; sans occupation. *Des journées vides, ennuyeuses.* **5·** *Avoir la tête vide,* ne plus avoir momentanément sa présence d'esprit, ses connaissances et ses souvenirs. **6·** Qui manque d'intérêt, de substance. → **creux, vain.** *Des propos vides.* → **insignifiant ; vacuité. 7·** (Surface) Qui n'est pas couvert, recouvert. → **nu.** *Murs vides.* **8·** *Vide de :* qui ne contient, ne renferme, ne possède pas (ce qu'il devrait normalement contenir). → **sans.** *Rues vides de voitures.* – *Mots vides de sens.* **II·** N. m. **1·** Espace qui n'est pas occupé par de la matière ; abaissement très important de la pression d'un gaz. *Faire le vide en aspirant l'air. Nettoyage par le vide.* **2·** Espace non occupé par des choses ou des personnes. *Faire le vide autour de qqn,* écarter tout le monde de lui. *Il a fait le vide autour de lui,* il s'est isolé ; il n'a plus d'amis. – Espace où il n'y a aucun corps solide susceptible de servir d'appui. *Nous étions au-dessus du vide.* – *Il regardait dans le vide,* dans le vague. – *Parler dans le vide,* sans objet ou sans auditeur. **3·** *Un vide :* espace vide ou solution de continuité. → **espace, fente, ouverture.** *Boucher un vide.* – Ce qui est ressenti comme un manque. *Son départ fait un grand vide.* **4·** Caractère de ce qui manque de réalité, d'intérêt. *Le vide de l'existence.* → **néant, vacuité.** / contr. plénitude / **5·** *À vide* loc. adv. : sans rien contenir. *L'autobus est parti à vide.* – Sans avoir l'effet (matériel) normalement attendu. *Rouage qui tourne à vide. Il raisonne à vide.* – Loc. *Passage à vide :* moment où un mécanisme tourne à vide ; où une activité s'exerce sans effet ; baisse de l'efficacité d'une personne due à la maladie, à la fatigue... *Elle a eu un passage à vide après ses examens.*

vidé, ée [vide] adj. **1·** (Choses) → **vider** (I). **2·** (Personnes) Épuisé de fatigue. → **éreinté, fatigué, fourbu ;** fam. **crevé, lessivé.** – Qui n'a plus de ressources morales, intellectuelles. *Écrivain fini, vidé.*

vide-grenier [vidgʀənje] n. m. Vente d'objets d'occasion par des particuliers qui souhaitent s'en défaire. *Des vide-greniers.*

vidéo [video] n. f. et adj. **1·** N. f. (Abrév. de *vidéophonie*) Technique permettant d'enregistrer sur un support magnétique l'image et le son, puis de reproduire cet enregistrement sur un écran. **2·** Adj. Qui utilise cette technique. *Caméra vidéo.* → **vidéodisque.** *Jeux vidéos* ou *vidéo,* jeux électroniques qui utilisent un écran de visualisation. – N. f. Enregistrement vidéo (d'un film). *Regarder des vidéos.* ▶ **vidéaste** n. Personne qui réalise des films vidéo. ▶ **vidéocassette** n. f. Cassette contenant une bande vidéo où sont enregistrés l'image et le son d'un programme télévisé. *Des vidéocassettes.* ▶ **vidéoclip** n. m. → 2 **clip.** ▶ **vidéoclub** n. m. Boutique qui vend, loue des vidéocassettes. ▶ **vidéodisque** n. m. Disque optique qui restituait images et sons sur certains téléviseurs. *Le DVD a supplanté le vidéodisque.* ▶ **vidéoprojecteur** n. m. Appareil de projection vidéo que l'on peut relier à un ordinateur, à un magnétoscope, à un lecteur de DVD. ▶ **vidéosurveillance** n. f. Surveillance (notamment des lieux publics) par caméras vidéos. ▶ **vidéothèque** n. f. Collection de documents vidéos.

vide-ordures [vidɔʀdyʀ] n. m. invar. Conduit vertical dans lequel on peut jeter les ordures par une trappe ménagée à chaque étage.

vide-poches [vidpɔʃ] n. m. invar. **1·** Petit meuble, corbeille où l'on peut déposer de petits objets (qui étaient dans les poches). **2·** Compartiment de rangement aménagé dans les portières d'une automobile.

vider [vide] v. tr. < conjug. 1 > **I· 1·** Rendre vide (un contenant) en ôtant ce qui était dedans. / contr. emplir, garnir, remplir / *Vider un seau, un sac, ses poches, un meuble.* – Fig. *Vider son cœur,* s'épancher. – (En buvant) *Vider une bouteille.* – (En emportant, volant, dépensant) *Ils ont vidé les tiroirs.* – *Vider... dans, sur :* répandre tout le contenu de... quelque part. → **verser.** *Vide-moi cette bouteille dans l'évier !* **2·** Ôter les entrailles de (un poisson, une volaille) pour le faire cuire. *Vider et flamber un poulet.* – Au p. p. adj. *Un faisan vidé.* **3·** *Vider... de :* débarrasser de. *Vider une maison de ses meubles.* – Pronominalement (réfl.). *En août, Paris se vide de ses habitants.* **4·** Rendre vide en s'en allant. Loc. *Vider les lieux,* partir. – Pronominalement (réfl.). *Salle qui se vide.* / contr. s'emplir, se remplir / **5·** Fam. Épuiser les forces de (qqn). → **crever, éreinter ; vidé** (2). *Ce travail l'a vidé.* **6·** Faire en sorte qu'une question soit épuisée, réglée. → **résoudre, terminer.** *Vider une affaire, un débat.* **II·** Enlever d'un lieu. **1·** Ôter (le contenu d'un contenant). → **évacuer, retirer.** *Aller vider les ordures. Vider l'eau d'un vase.* – Pronominalement (réfl.). S'écouler. *Les eaux sales se vident dans l'égout.* **2·** Fam. Faire sortir brutalement (qqn) d'un lieu, d'un emploi, d'une situation. → **chasser, renvoyer ;** fam. **virer.** *Elle s'est fait vider.* ▶ **vidage** n. m. Action de vider (II, 2). ▶ **videur, euse** n. Personne qui vide, est chargée de vider. – Personne qui est chargée de vider (II, 2) les indésirables (d'un bal, d'une discothèque). ▷ **dévider, évider, transvider, vidange, vide, vidé, vide-ordures, vide-poches**

vie [vi] n. f. **I· 1·** Fait de vivre*, propriété essentielle des êtres organisés qui évoluent de la naissance à la mort (surtout en parlant des êtres humains). → **existence.** *Être en vie,* vivant. *Sans vie,* mort ou évanoui. *Revenir à la vie. Être entre la vie et la mort. Donner la vie à un enfant,* enfanter. *Sauver la vie de qqn. Donner, risquer sa vie pour son idéal. Lutte pour la vie. C'est une question de vie ou de mort. Assurance sur la vie.* – Vigueur, vivacité. *Enfant plein de vie.* – Animation que l'artiste donne à son œuvre. *Une œuvre pleine de vie.* **2·** ***La vie :*** ensemble des phénomènes (croissance, métabolisme, reproduction) que présentent tous les organismes, animaux ou végétaux, de la naissance à la mort. *Science de la vie.* → **biologie.** *Vie animale, végétale.* **3·** Espace de temps compris entre la naissance et la mort d'un individu. *Espérance de vie. Durée moyenne de la vie d'une espèce. Au commencement, à la fin de la vie.* – Loc. *Jamais de la vie.* → **jamais.** *De ma vie, je n'ai vu chose pareille !,* jamais. – (Dans la religion) *Cette vie, la vie terrestre* (opposé à *l'autre vie, la vie future, éternelle*). – Temps qui reste à vivre à un individu. *Amis pour la vie.* Loc. *Nous sommes amis à la vie à la mort* (même sens). ***À vie :*** pour tout le temps qui reste à vivre. *Il a été élu membre à vie. Prison à vie.* → **perpétuité.** **4·** Ensemble des activités et des événements qui remplissent pour chaque être cet espace de temps. → **destin, destinée.** *Il raconte sa vie à tout le monde. Écrire la vie de qqn.* → **biographie.** – Manière de vivre (d'un individu, d'un groupe). *La vie rude des pêcheurs. Mode, train, style de vie.* → **mœurs.** *Une vie simple, rangée. Elle mène une vie agitée.* Loc. *Il nous fait, nous mène la vie dure,* il nous tourmente, nous fait souffrir. Fam. *Il nous fait la vie,* il nous querelle sans cesse. *Ce n'est pas une vie !,* c'est insupportable. *C'est la belle, la bonne vie, la vie de château. Mener joyeuse vie. Vivre sa vie,* la vie pour laquelle on s'estime fait, en la menant à sa guise. – Vieilli. *Femme de mauvaise vie,* prostituée. – *Faire la vie,* mener une vie de plaisirs. – *La vie* (dans des expressions qui célèbrent le fait d'être vivant). *La vie est belle. Vive la vie ! Plus belle la vie.* **5·** (Suivi d'une épithète, d'un compl.) Part de l'activité humaine, type d'activité. *Vie privée. Vie civile, militaire. Vie conjugale. Vie professionnelle. La vie politique.* – Le monde, l'univers où s'exerce une activité psychique. *La vie intérieure, spirituelle. La vie affective. Vie mentale. Vie intellectuelle.* **6·** Moyens matériels (nourriture, argent) d'assurer la subsistance d'un être vivant. *Gagner (bien, mal) sa vie. La vie est chère. Niveau de vie.* **7·** Sans compl. Le monde humain, le cours des choses humaines. *Expérience de la vie. Regarder la vie en face. Que voulez-vous, c'est la vie !,* c'est comme ça ! (d'une chose déplaisante). **II·** Existence dont le caractère temporel et dynamique évoque la vie. **1·** (Dans le monde humain) *La vie des sociétés. La vie du pays.* **2·** (Dans le monde matériel, inorganique) *La vie des étoiles.* **III·** ***Avoir la vie dure :*** résister contre toute cause de mort ou de disparition. *Il a encore réchappé de cette maladie, il a la vie dure ! Une idée, une erreur qui a la vie dure.* ▷ **eau-de-vie, survie, viable**

vieil, vieille → **vieux.** ▶ **vieillard, arde** [vjɛjaʀ, aʀd] n. **1·** Personne d'un grand âge. → **vieux, vieille** (III). *Vieillard respectable. Vieillard impotent, grabataire.* **2·** (Au plur. ou sing. indéterminé) Personne (homme ou femme) d'un grand âge. *Les adultes, les seniors et les vieillards. Hospice de vieillards.* ▶ **vieillerie** [vjɛjʀi] n. f. **1·** Objet vieux, démodé, usé. *Un tas de vieilleries.* **2·** Idée, conception rebattue, usée ; œuvre démodée. / contr. nouveauté / ▶ **vieillesse** n. f. **1·** Dernière période de la vie humaine, temps de la vie qui succède à la maturité et qui est caractérisé par le ralentissement des activités biologiques (sénescence). → **âge.** *Avoir une vieillesse triste, heureuse, une longue vieillesse. Allocations de vieillesse,* sommes allouées aux personnes âgées. **2·** Le fait, pour un être humain, d'être vieux. / contr. jeunesse / *Mourir de vieillesse,* par le seul effet du grand âge. **3·** (Considérée comme une puissance active parfois personnifiée) *La vieillesse arrive à grands pas.* **4·** Les personnes âgées, les vieillards. *Aide à la vieillesse* (→ **gériatrie, gérontologie**). ▶ **vieillir** [vjejiʀ] v. < conjug. 2 > **I·** V. intr. **1·** S'approcher de la vieillesse ou continuer à vivre alors qu'on est vieux. *Vieillir dans sa famille,* y passer sa vieillesse. *Vieillir bien, mal,* être peu, beaucoup éprouvé par les effets de l'âge. – Demeurer longuement (dans tel état, telle situation). *Vieillir dans un métier.* **2·** Acquérir les caractères de la vieillesse ; changer par l'effet du vieillissement. → **décliner.** *Il a beaucoup vieilli depuis sa maladie.* – Au p. p. adj. *Je l'ai trouvé vieilli.* **3·** (Choses) Perdre de sa force, de son intérêt, avec le temps. *Livre, film qui a vieilli, ne vieillit pas.* – Être en voie de disparition. *Mot, expression qui vieillit.* – Au p. p. adj. *Mot vieilli.* **4·** (Produits) Acquérir certaines qualités par le temps. → **vieux** (II, 1). *Faire vieillir du vin, des alcools.* **II·** V. tr. **1·** Faire paraître plus vieux ; donner les caractères (physiques, moraux) de la vieillesse. *La fatigue le vieillit. Ce vêtement la vieillit.* – Pronominalement (réfl.). *Elle se vieillit à plaisir.* **2·** Attribuer à (qqn) un âge supérieur à son âge réel. *Vous me vieillissez d'un an !* / contr. rajeunir / ▶ **vieillissant, ante** adj. Qui vieillit, est en train de vieillir. *Des hommes vieillissants.* ▶ **vieillissement** n. m. **1·** Le fait de devenir vieux, ou de s'affaiblir par l'effet de l'âge. *Lutter contre le vieillissement. Vieillissement d'une population,* augmentation de la proportion de personnes âgées. **2·** Fait de se démoder. *Le vieillissement d'une doctrine, d'un mot.* **3·** Processus par lequel les vins se modifient, acquièrent leur bouquet. *Vieillissement forcé.* ▶ **vieillot, otte** adj.

Qui a un caractère vieilli et un peu ridicule. → **désuet, suranné.** *Une installation démodée, vieillotte.*

vielle [vjɛl] n. f. Instrument de musique dont les cordes sont frottées par une roue à manivelle.

viennois, oise [vjɛnwa, waz] adj. et n. De Vienne, en Autriche. – *Pain viennois. Pâtisserie viennoise. Café, chocolat viennois,* avec de la crème chantilly. – N. *Un Viennois, une Viennoise.* – N. m. *Un viennois,* un pain viennois. ▶ **viennoiserie** n. f. Produit fin de boulangerie (croissant, brioche...).

viens, vient Formes du verbe *venir.* → **venir.**

vierge [vjɛʀʒ] n. f. et adj. **I·** N. f. **1·** Fille qui n'a jamais eu de relations sexuelles. → **pucelle.** *Une pureté de vierge.* → **virginal. 2·** *La Vierge, la Sainte Vierge,* Marie, mère de Jésus. – Représentation de la Sainte Vierge (tableau, statue). → **madone.** *Une vierge romane, gothique.* **3·** (Avec une majuscule) Sixième signe du zodiaque (23 août-22 septembre). *Être du signe de la Vierge, être de la Vierge.* – Ellipt. Invar. *Ils sont Vierge.* **II·** Adj. **1·** Qui n'a jamais eu de relations sexuelles. *Garçon vierge.* → **puceau. 2·** Qui n'a jamais été touché, sali ou utilisé. → **blanc, net, pur.** *Cahier, feuille vierge,* sur quoi on n'a pas écrit. *Film, pellicule vierge,* non impressionnés. *Casier judiciaire vierge.* – ***Vierge de*** : qui n'est pas sali de, qui n'a pas de. *Vierge de toute accusation.* **3·** Qui n'est mélangé à rien d'autre. *Pure laine vierge.* **4·** Inculte, inexploité. *Sol, terre vierge.* – ***Forêt vierge*** : forêt tropicale, impénétrable. **5·** *Vigne** (3) *vierge.*

vieux [vjø] ou **vieil** [vjɛj] (plur. **vieux** [vjø]), **vieille** (plur. **vieilles**) [vjɛj] adj. et n. REM. Au masc. sing. on emploie *vieil* devant un nom commençant par une voyelle ou un h « muet » : *un vieil homme, un vieil arbre* (mais *un homme vieux et malade*). **I·** Adj. (Êtres vivants) / contr. jeune / **1·** Qui a vécu longtemps ; qui est dans la vieillesse. → **âgé.** *Un vieil homme, un homme vieux. Les vieilles gens. Être, devenir vieux, vieille. Vivre vieux. Se faire vieux,* vieillir. *Un vieux chien.* – (En loc. avec des termes péj. ou des injures) *C'est un vieux schnock, une vieille bique. Vieille noix, vieux crétin.* **2·** Qui a les caractères physiques ou moraux d'une personne âgée, d'un vieillard. → **décrépit, sénile.** *Être vieux avant l'âge.* **3·** Loc. *Sur ses vieux jours,* dans sa vieillesse. **4·** Qui est depuis longtemps dans l'état indiqué. *C'est un vieil ami, un vieux copain. Vieux garçon, vieille fille,* célibataire d'un certain âge. **5·** (Avec *assez, trop, plus, moins*) Âgé. *Tu es plus vieille que moi.* **II·** (Choses) / contr. neuf, nouveau, récent / **1·** Qui existe depuis longtemps, remonte à une date éloignée. *Un vieux mur croulant. Une vieille voiture.* – (En insistant sur l'ancienneté, la valeur, le charme) *Une vieille demeure.* → **ancien.** *De vieux meubles.* – Se dit de certaines couleurs adoucies, rendues moins vives. *Vieil or. Vieux rose.* – (De boissons) Amélioré par le temps. *Vin vieux* (→ **vieillir,** I, 4). **2·** Dont l'origine, le début est ancien. *C'est vieux comme le monde,* très ancien, très connu. *Vieille habitude.* → **invétéré.** Loc. *Le Vieux Monde,* l'Europe. – ***Vieux de*** (+ numéral) : qui date de. *Une histoire vieille de vingt ans.* – Péj. Qui a perdu son intérêt, ses qualités, avec la nouveauté. → **démodé, vieillot.** *Vieilles sornettes.* – ***Vieux jeu*** adj. invar. : démodé. / contr. moderne / *Des idées vieux jeu. Il est gentil, mais un peu vieux jeu.* **3·** Qui a existé autrefois, il y a longtemps. → **éloigné, lointain, révolu.** *Le bon vieux temps. La vieille France.* En appos. *Une politesse très vieille France,* raffinée et désuète. **III·** N. **1·** ***Un vieux, une vieille*** : un vieil homme, une vieille femme. → **vieillard ; senior ;** fam. **croulant, vioc.** Fam. *Un petit vieux.* – Loc. *Un vieux de la vieille* (garde), un vieux soldat (sous le Premier Empire) ; un vieux travailleur. **2·** Les gens plus âgés ou trop âgés. *Les vieux disent toujours la même chose. Les vieux du village.* → **anciens. 3·** Fam. (Le plus souvent avec le possessif) Père, mère ; parents. *Ses vieux sont sévères.* **4·** Fam. Terme d'amitié (même entre personnes jeunes). *Mon (petit) vieux, ma vieille.* **5·** Fam. ***Coup de vieux*** : vieillissement subit. *Prendre, avoir, recevoir un coup de vieux.* ▷ **vieil, vioc**

1 **vif, vive** [vif, viv] adj. **I· 1·** Dont la vitalité se manifeste par la rapidité, la vivacité* des mouvements et des réactions. → **agile, alerte, éveillé.** *Un enfant vif et intelligent.* / contr. apathique, mou / *Œil, regard vif,* brillant, prompt à suivre, à saisir. *Mouvements, gestes vifs.* → **rapide. 2·** Qui est d'une ardeur excessive, qui s'emporte facilement. → **brusque, emporté, violent.** *Il a été un peu vif dans la discussion.* – *Échanger des propos très vifs,* qui ont quelque chose de blessant. **3·** Prompt dans ses opérations. *Esprit vif.* → **ouvert.** *Intelligence vive. Vive imagination.* **II·** Loc. (où *vif* veut dire « vivant »). *Être plus mort que vif,* paralysé de peur, d'émotion. *Jeanne d'Arc a été brûlée vive.* **III·** (Choses) **1·** Mis à nu. *Pierre coupée à vive arête,* en formant une arête bien nette, aiguë. *Angles vifs,* nettement découpés. *Chair vive,* sans peau. **2·** *Eau vive,* eau pure qui coule. *Source vive.* – *Air vif,* frais et pur. **3·** Très intense. *Lumière vive.* / contr. faible, pâle / *Couleurs vives. Jaune vif. Il faisait un froid très vif.* – (Sensations, émotions) → **fort.** *Une vive douleur.* → **aigu.** *À mon vif regret. Éprouver une vive satisfaction.* ▷ **aviver, 2 vif, vivace, vivement**

2 **vif** n. m. **1·** ***Le vif*** : en droit, personne vivante. *Donation entre vifs.* **2·** Loc. ***Sur le vif*** : d'après nature. *Peindre, raconter qqch. sur le vif.* **3·** *Tailler, couper* ***dans le vif*** : dans la chair vivante. – *Entrer*

dans le vif du sujet, du débat, toucher à l'essentiel. → **cœur.** **4·** *Être atteint, touché, blessé, piqué* ***au vif*** : au point le plus sensible. – ***À vif*** : avec la chair vive à nu. *Plaie, moignon à vif.* – *Avoir les nerfs, la sensibilité à vif*, être irrité, sensible à tout. ▶ **vif-argent** n. m. Ancien nom du mercure. – *C'est du vif-argent*, se dit d'une personne très vive.

vigie [viʒi] n. f. **1·** Matelot placé en observation dans la mâture ou à la proue d'un navire. – Son poste d'observation. **2·** Poste d'observation des conducteurs de trains.

vigilant, ante [viʒilɑ̃, ɑ̃t] adj. Qui surveille avec une attention soutenue. → **attentif.** *Un observateur vigilant.* – *Attention vigilante. Soins vigilants.* ▶ **vigilance** n. f. Surveillance attentive, sans défaillance. *Tromper la vigilance de qqn. Redoubler de vigilance.*

1 **vigile** [viʒil] n. f. Dans la religion catholique. Veille d'une fête importante. *La vigile de Noël.*

2 **vigile** [viʒil] n. m. Personne exerçant une fonction de surveillance dans une police privée, un organisme de défense. *Les vigiles d'un centre commercial.*

vigne [viɲ] n. f. **1·** Arbrisseau sarmenteux, grimpant, à fruits en grappes → **raisin,** cultivé pour ce fruit et pour la production du vin. *Pied de vigne.* → **cep.** *Plant de vigne. Feuille de vigne. Culture de la vigne.* → **viticulture.** – Loc. *Être dans les vignes du Seigneur*, être ivre. **2·** Plantation de vignes. → **vignoble.** *Les vignes de Bourgogne. Cette vigne produit un bon cru.* **3·** ***Vigne vierge*** : plante décorative qui s'accroche par des vrilles ou des crampons. *Façade couverte de vigne vierge.* ▶ **vigneron, onne** n. Personne qui cultive la vigne, fait le vin. *Les vignerons du Bordelais.* → **viticulteur.** ▶ **vignoble** n. m. Plantation de vignes. – Ensemble de vignes (d'une région, d'un pays). *Le vignoble français, italien.*

vignette [viɲɛt] n. f. **1·** Motif ornemental d'un livre à la première page ou à la fin des chapitres. **2·** Petit carré de papier portant un dessin, une inscription, collé ou joint à un produit, un objet, et ayant valeur légale. (En France) Autrefois. *Vignette de l'impôt sur les automobiles* (ou *vignette auto* ou, sans compl., *vignette*). *As-tu acheté ta vignette ?* – *Vignettes de la Sécurité sociale*, portant le prix du médicament.

vigogne [vigɔɲ] n. f. **1·** Animal ruminant du genre lama, à pelage fin, d'un jaune rougeâtre. **2·** Laine de vigogne. *Un manteau de vigogne.*

vigoureux, euse [viguʀø, øz] adj. **1·** Qui a de la vigueur. *Un homme, un cheval vigoureux.* → **énergique, fort, robuste, solide.** / contr. apathique, faible / *Des bras vigoureux.* – *Plante, végétation vigoureuse.* **2·** Qui s'exprime, agit sans contrainte, avec efficacité. *Style vigoureux.* / contr. mièvre / – *Sentiments vigoureux.* – *Dessin vigoureux*, tracé avec vigueur. ▶ **vigoureusement** adv. **1·** Avec vigueur, force. *Frotter, taper vigoureusement.* – *Elle nie vigoureusement.* → **énergiquement.** **2·** Avec de la vigueur dans l'expression. *Écrire vigoureusement.*

vigueur [vigœʀ] n. f. **1·** Force, énergie d'un être en pleine santé et dans la plénitude de son développement. → **énergie, puissance, robustesse.** / contr. faiblesse / *Appuyer, serrer avec vigueur.* **2·** Activité intellectuelle libre et efficace. *La vigueur de l'esprit, de la pensée. Vigueur du style, de l'expression. Elle lui répondit avec vigueur.* → **fermeté, véhémence.** **3·** Qualité de ce qui est dessiné, peint avec une netteté pleine de force. → **fermeté.** / contr. mollesse / *Vigueur du coloris, de la touche.* **4·** ***En vigueur*** : en application actuellement. *Loi en vigueur.* / contr. caduc, périmé / *Entrer en vigueur*, en usage. / contr. tomber en désuétude / ▷ **vigoureux**

V. I. H. [veiaʃ] n. m. invar. Virus de l'immunodéficience humaine, responsable du sida. → **H. I. V.**

viking [vikiŋ] n. m. et adj. Nom donné aux guerriers, pirates et commerçants scandinaves qui prirent part à l'expansion maritime du VIIIe au XIe s. *Les drakkars des Vikings. Les Vikings s'établirent en Normandie.* → **normand.** – Adj. *L'art viking.*

vil, vile [vil] adj. **1·** Littér. Qui inspire le mépris, qui est sans dignité, sans courage ou sans loyauté. → **indigne, lâche, méprisable.** / contr. estimable / *Vil courtisan, vil flatteur.* – *Action vile.* → **vilenie.** **2·** ***À vil prix*** : à très bas prix. ▷ **avilir, vilenie, vilipender**

1 **vilain, aine** [vilɛ̃, ɛn] adj. et n. **1·** (Dans le vocabulaire affectif, surtout en parlant aux enfants) Qui ne se conduit pas bien, qui n'est pas « gentil ». → **méchant.** *Qu'il est vilain !* – N. *Le vilain, la petite vilaine !* – *Un vilain mot*, un mot grossier. **2·** Désagréable à voir. → **laid.** *Elle n'est pas vilaine*, elle est assez jolie. – *Il a une vilaine peau.* **3·** Temps. Mauvais, laid. *Il fait un vilain temps.* → **sale.** – *Il fait vilain*, mauvais. **4·** Dont l'apparence est inquiétante. *Une vilaine blessure.* – (Au moral) *Une vilaine affaire. Il lui a joué un vilain tour.* → **sale.** – N. m. *Il va y avoir du vilain*, un éclat, une dispute. → **grabuge.** ▶ **vilainement** adv. D'une manière laide, vilaine.

2 **vilain** n. m. Au Moyen Âge. Paysan libre (qui n'était pas serf). → **manant.** – Prov. *Jeux de main, jeux de vilain*, se dit pour arrêter un jeu qui risque de dégénérer.

vilebrequin [vilbʀəkɛ̃] n. m. **1·** Outil formé d'une mèche que l'on fait tourner à l'aide d'une manivelle coudée, et qui sert à percer des trous. **2·** Dans un moteur à explosion. Arbre articulé avec des bielles, permettant de transformer le mouvement rectiligne des pistons en mouvement de rotation.

vilenie [vil(ə)ni] n. f. Littér. **1·** Action vile et basse. *C'est une vilenie.* → **infamie, saleté. 2·** Littér. Caractère vil. / contr. noblesse /

vilipender [vilipɑ̃de] v. tr. < conjug. 1 > Littér. Dénoncer comme vil, méprisable. → **bafouer, honnir.**

villa [villa] n. f. **1·** Maison de plaisance ou d'habitation avec un jardin. *Petite villa de banlieue.* → **pavillon.** *De belles villas.* **2·** Voie calme, impasse bordée de belles maisons. *J'habite* 2, *villa Boileau, à Paris.*

village [vilaʒ] n. m. **1·** Agglomération rurale ; groupe d'habitations assez important pour avoir une vie propre (à la différence des *hameaux*). *Un petit village isolé.* → **trou.** *Gros village.* → **bourg, bourgade.** *L'école, l'église du village.* – *Village de huttes* (en Afrique). – *Village de toile,* agglomération de tentes, munie de services communs organisés (pour des campeurs, etc.). *Village de vacances.* **2·** Les habitants d'un village. *Tout le village était rassemblé sur la place.* ▶ **villageois, oise** adj. et n. **1·** Adj. D'un village, de ses habitants. → **campagnard, rural.** / contr. citadin / *Coutumes, danses, fêtes villageoises.* **2·** N. Habitant d'un village déterminé. *Une jeune villageoise.* → **paysan.**

ville [vil] n. f. **1·** Milieu géographique et social formé par une réunion importante de constructions et dont les habitants travaillent, pour la plupart, à l'intérieur de l'agglomération. → **capitale, cité, métropole.** *Les grandes villes et leurs banlieues.* → **mégalopole, mégapole.** *Ville qui s'étend. Les villes et les bourgs, les villages d'un pays.* → **commune, localité.** – *La ville de Paris, de New York.* – Loc. *La Ville lumière,* Paris. *La Ville éternelle,* Rome. *Villes saintes* (Jérusalem, Rome, La Mecque, Bénarès). – *Ville d'eaux,* station thermale. – *Ville industrielle, universitaire.* – *Au centre de la ville, au centre-ville.* – Partie d'une ville. *La vieille ville et les nouveaux quartiers.* – ***En ville, à la ville*** : dans la ville. *Aller en ville. En ville,* hors de chez soi, en étant invité. *Elle dîne très souvent en ville.* **2·** L'administration, la personne morale de la ville. → **municipalité.** *Travaux financés par la ville.* **3·** La vie, les habitudes sociales dans une grande ville (opposé à *la campagne, la terre*). *Les amusements, les lumières, le bruit de la ville.* – *Les gens de la ville.* → **citadin.** *Population des villes.* → **urbain. 4·** Les habitants de la ville. *Toute la ville en parle.* ▷ **bidonville, gourbiville, village**

villégiature [vi(l)leʒjatyʀ] n. f. Séjour de repos, à la campagne ou dans un lieu de plaisance (ville d'eaux, plage...). *Il est allé en villégiature dans sa maison de campagne.*

villosité [vi(l)lɔzite] n. f. En anatomie. Saillie filiforme qui donne un aspect velu à une surface. *Les villosités intestinales.*

vin [vɛ̃] n. m. **1·** Boisson alcoolisée provenant de la fermentation du raisin. → fam. **pinard.** *Fabrication, production du vin* (→ **vinicole, vinification**). *Mettre le vin en tonneaux. Tirer le vin. Mise en bouteilles du vin. Vin nouveau,* consommé dès la fin de la fermentation. *Vin rouge, blanc, rosé. Vin de pays, vin du cru,* provenant d'un terroir non délimité. *Vins vieux, bons vins. Vins fins. Mauvais vin.* → fam. **picrate, vinasse.** – *Bouteille, litre, verre de vin. Sauce au vin, coq au vin.* – *Vins doux, vins de liqueur,* vins très chargés en sucre, auxquels on ajoute de l'alcool de raisin en cours de fermentation. → **banyuls, malaga, porto, sherry...** – *Le vin,* symbole de l'ivresse. *Sac à vin,* ivrogne. *Cuver son vin. Ce vin est traître, il monte à la tête,* tourne la tête. *Être entre deux vins,* un peu gris. – *Avoir le vin gai, triste,* l'ivresse gaie, triste. **2·** Loc. *Vin d'honneur,* offert en l'honneur de qqn. **3·** Dans la religion catholique. L'une des deux espèces sous lesquelles se fait la consécration. → **eucharistie.** *Consacrer le pain et le vin. Vin de messe.* **4·** Liqueur alcoolisée obtenue par fermentation d'un produit végétal. *Vin de palme, de canne.* ▷ **aviné, épine-vinette, pot-de-vin, vinaigre, vinasse, vineux, vinicole, vinification**

vinaigre [vinɛgʀ] n. m. Liquide provenant du vin («vin aigre») ou d'une solution alcoolisée modifié(e) par la fermentation, et utilisé comme assaisonnement, comme condiment. *Vinaigre de vin, d'alcool.* – Loc. *Tourner au vinaigre,* se dit d'une situation qui tourne mal, empire (comme le vin qui s'aigrit). *On ne prend pas (n'attrape pas) les mouches avec du vinaigre,* on ne réussit pas par la dureté. – Loc. fam. *Faire vinaigre,* se dépêcher. *Ils ont fait vinaigre pour venir.* ▶ **vinaigrer** v. tr. < conjug. 1 > Assaisonner avec du vinaigre. – Au p. p. adj. *Salade trop vinaigrée.* ▶ **vinaigrette** n. f. Sauce faite d'huile et de vinaigre, salée et poivrée, qui sert à assaisonner la salade, les crudités. *Bœuf froid à la vinaigrette, en vinaigrette. Poireaux vinaigrette.* ▶ **vinaigrier, ière** n. **1·** Personne qui fait, qui vend du vinaigre. *Un vinaigrier en gros.* **2·** N. m. Flacon pour mettre le vinaigre. *L'huilier et le vinaigrier.*

vinasse [vinas] n. f. Mauvais vin (surtout son odeur). → fam. **picrate,** gros **rouge.**

vindicatif, ive [vɛ̃dikatif, iv] adj. Porté à la vengeance. → **rancunier.** *Un rival vindicatif.*

vindicte [vɛ̃dikt] n. f. Littér. *Désigner qqn à la vindicte publique,* le signaler au public comme coupable et méritant un châtiment.

vineux, euse [vinø, øz] adj. Qui a la couleur du vin rouge. *Teint vineux.* – Qui a l'odeur du vin.

vingt [vɛ̃] dét. invar., adj. invar. et n. m. invar. REM. *Vingt* se prononce [vɛ̃] isolé ou devant consonne (ex. : *vingt jours* [vɛ̃ʒuʀ]), sauf dans les nombres de *vingt-deux* à *vingt-neuf* [vɛ̃tdø...], [vɛ̃t] en liaison (ex. : *vingt ans* [vɛ̃tɑ̃], *vingt et un* [vɛ̃teœ̃]). **1·** Dét. num. cardinal invar. Deux fois dix (20). *Un billet de vingt euros. Cinq heures moins vingt* (minutes) : quatre heures quarante. *Vingt-quatre heures,* un jour. Fam. *Vingt-quatre heures sur vingt-quatre,* sans discontinuer. *Vingt ans,* âge représentatif de la jeunesse. – *Je vous l'ai répété vingt fois,* de nombreuses fois. **2·** Adj. num. ordinal invar. Vingtième. *Page, chapitre vingt. Les années vingt,* entre 1920 et 1930. **3·** N. m. invar. Le nombre, le numéro vingt. *Vingt pour cent. Miser sur le vingt.* – *Le vingt de chaque mois. Nous sommes le 20 août. Habiter au vingt, au 20.* – *Vingt-deux !,* attention ! *Vingt-deux (voilà) les flics !* – (Dans la notation d'exercices, d'examens) *Vous nous notez sur dix ou sur vingt ? J'ai eu vingt sur vingt en dictée.* ▶ **vingtaine** [vɛ̃tɛn] n. f. Nombre approximatif de vingt. *Une vingtaine d'euros.* ▶ **vingtième** [vɛ̃tjɛm] adj. et n. **1·** Adj. num. ordinal. Dont le numéro, le rang est vingt. *Le vingtième siècle. Il habite dans le vingtième arrondissement de Paris.* – N. *Elle est la vingtième de la liste.* **2·** Se dit d'une partie d'un tout également divisé en vingt. *La vingtième partie.* – N. m. *Le vingtième de la somme.* ▶ **vingtièmement** adv. En vingtième lieu. ▷ **quatre-vingt**

vinicole [vinikɔl] adj. Relatif à la production du vin (culture de la vigne et fabrication du vin). *Industrie vinicole.*

vinification [vinifikɑsjɔ̃] n. f. **1·** Procédé par lequel le jus de raisin (moût) est transformé en vin *(vinifié).* **2·** Fermentation alcoolique, transformation des glucides (sucres) en alcool par des levures.

vinyle [vinil] n. m. **1·** Radical chimique qui entre dans la composition des matières plastiques. **2·** Matière plastique imitant le cuir (ameublement, vêtements...). **3·** Disque microsillon (fabriqué à partir du vinyle). *Les vinyles ont été remplacés par les C. D. Une collection de vinyles.*

vioc ou **vioque** [vjɔk] adj. Fam. **1·** Vieux. *Elles sont un peu vioques.* **2·** N. m. pl. (Grossier) Les parents. *Dis-le à tes viocs.*

viol [vjɔl] n. m. **1·** Acte de violence par lequel une personne a des relations sexuelles avec autrui contre sa volonté. *Il a été condamné pour viol* (→ **violenter, violer**). **2·** Le fait de violer (2). *Le viol d'un sanctuaire.*

violacé, ée [vjɔlase] adj. et n. f. **1·** Adj. Qui tire sur le violet. *Rouge violacé. Nez, teint violacé* (froid, boisson...). **2·** N. f. Plante dicotylédone à cinq pétales. *Les pensées sont des violacées.*

violation [vjɔlɑsjɔ̃] n. f. Action de violer (un engagement, un droit), de profaner une chose sacrée (ou protégée par la loi). → **outrage.** *Violation de la loi.* → **infraction.** *Violation du secret professionnel.* – *Violation de sépulture.* ▶ **violateur, trice** n. Littér. Personne qui profane ce qui doit être respecté. *Violateur de tombeau.* → **profanateur.**

viole [vjɔl] n. f. Instrument de musique à cordes et à archet, en usage en Europe jusqu'au XVIIIe siècle. *Viole d'amour.* – ***Viole de gambe*** (de « jambe »), viole que l'on pose entre les genoux, et d'où dérive le violoncelle. ▷ ① **violon**

violent, ente [vjɔlɑ̃, ɑ̃t] adj. **1·** Impétueux ; qui agit ou s'exprime sans aucune retenue. *Un homme sans méchanceté, mais assez violent.* → **brutal, coléreux.** / contr. doux / – N. *C'est un violent.* – *Une violente colère. Des propos violents.* → **virulent.** *Révolution violente* (opposé à *pacifique*). **2·** Qui a un intense pouvoir d'action ou d'expression. *Un violent orage a éclaté. Le choc a été violent.* → **fort, terrible.** *Remèdes violents,* très actifs et dangereux par leurs effets secondaires. / contr. anodin, bénin / – Qui a un effet intense sur les sens. *Impression violente.* **3·** Qui exige de la force, de l'énergie. *Faire de violents efforts.* – *Mort violente,* par accident, meurtre. **4·** Fam. Excessif. *C'est un peu violent !* ▶ **violemment** [vjɔlamɑ̃] adv. Avec une force brutale. → **brutalement.** *Heurter violemment un obstacle.* – Âprement, vivement. *Réagir, s'insurger violemment contre une injustice.* ▶ **violence** [vjɔlɑ̃s] n. f. **1·** ***Faire violence** à qqn* : agir sur qqn ou le faire agir contre sa volonté, en employant la force ou l'intimidation. → **forcer.** *Se faire violence,* s'imposer une attitude contraire à celle qu'on aurait spontanément. → **se contenir, se contraindre.** – ***La violence*** : force brutale pour soumettre qqn. → **brutalité.** *Acte, mouvement de violence.* / contr. non-violence / – Manifestations sociales de cette force brutale. *Escalade de la violence.* **2·** ***Une violence*** : acte violent. *Il a subi des violences.* → **sévice.** – Loc. *Se faire une **douce violence*** : accepter avec plaisir après une résistance affectée. **3·** Disposition naturelle à l'expression brutale des sentiments. → **brutalité.** / contr. calme, douceur / *Parler avec violence.* – *Il a fait une déclaration d'une grande violence.* **4·** Force brutale (d'une chose, d'un phénomène). *La violence de la tempête, du vent.* → **fureur.** – Caractère de ce qui produit des effets brutaux. *La violence de ses migraines. La violence d'un sentiment, d'une passion.* → **intensité, vivacité.** *La violence des désirs.* → **ardeur.** ▶ **vio-**

lenter v. tr. < conjug. 1 > **1·** *Violenter une personne,* la violer. **2·** Dénaturer, altérer. *Violenter un texte.* ▷ **non-violence**

violer [vjɔle] v. tr. < conjug. 1 > **I·** (Compl. chose) **1·** Agir contre, porter atteinte à (ce qu'on doit respecter), faire violence à... *Violer les lois, la Constitution.* → **enfreindre, transgresser.** *Violer un traité,* ne pas en respecter les clauses. **2·** Ouvrir, pénétrer dans (un lieu sacré ou protégé par la loi). *Violer une sépulture.* → **profaner.** *Violer le domicile de qqn.* – *Violer les consciences,* pénétrer dans le secret des gens ou leur imposer certaines idées, contre leur volonté. **II·** *Violer qqn,* posséder sexuellement (une personne) contre sa volonté. → **violenter** (1) ; **viol.** *Elle s'est fait violer par deux hommes.* ▶ **violeur, euse** n. Personne qui commet un viol (1). ▷ **inviolable, viol, violation**

violette [vjɔlɛt] n. f. Petite plante à fleurs violettes solitaires, à cinq pétales, de la famille des violacées ; sa fleur. *Violette odorante, violette de Parme* (inodore). *Un bouquet de violettes.* Loc. *L'humble violette* (symbole de modestie). – Essence de cette fleur. *Elle se parfume à la violette.* ▶ **violet, ette** [vjɔlɛ, ɛt] adj. et n. m. **1·** Adj. D'une couleur qui s'obtient par le mélange du bleu et du rouge. *Iris violet.* – *Mains violettes de froid.* → **violacé. 2·** N. m. Couleur violette. *Violet pâle.* → **lilas, mauve, parme.** ▶ **violine** adj. Violet pourpre, foncé. → **lie-de-vin.**

① **violon** [vjɔlɔ̃] n. m. **1·** Instrument de musique à quatre cordes que l'on frotte avec un archet, et qui se tient entre l'épaule et le menton. *Jouer du violon. Sonate pour piano et violon.* – Loc. *Accordez vos violons !,* mettez-vous d'accord dans ce que vous dites. – *Violon d'Ingres :* activité artistique exercée en dehors d'une profession (Ingres, le grand peintre, jouait du violon). → **hobby.** *L'aquarelle est son violon d'Ingres.* **2·** Musicien(ienne) qui joue du violon. → **violoniste.** *Le premier violon d'un orchestre,* celui qui dirige les violons. ▶ **violoneux** n. m. Violoniste de village. ▶ **violoniste** n. Musicien(ienne) qui joue du violon. *Une grande violoniste.* ▶ **violoncelle** [vjɔlɔ̃sɛl] n. m. **1·** Instrument de musique à quatre cordes et à archet, semblable au violon mais plus gros, dont on joue assis en le tenant entre les jambes. → **viole** de gambe. **2·** Musicien (ienne) qui joue du violoncelle. → **violoncelliste.** *Il est violoncelle dans un petit orchestre.* ▶ **violoncelliste** n. Musicien(ienne) qui joue du violoncelle.

② **violon** n. m. Fam. Prison d'un poste de police. *Passer la nuit au violon.*

viorne [vjɔʀn] n. f. Nom d'un arbrisseau à fleurs blanches. – Clématite.

V. I. P. [veipe ; viaipi] n. m. invar. Anglic. Fam. Personnalité de marque. *Tribune d'honneur réservée aux V. I. P.*

vipère [vipɛʀ] n. f. Serpent à tête triangulaire aplatie, à deux dents ou crochets à venin, qui vit dans les terrains broussailleux et ensoleillés. → **aspic.** *La morsure de vipère est très dangereuse. Sifflement de vipère.* – Loc. *C'est une vipère, une langue de vipère,* une personne méchante et médisante.

① **virage** [viʀaʒ] n. m. **1·** Mouvement d'un véhicule qui tourne, change de direction. *Amorcer, prendre un virage. Virages d'un avion, virage sur l'aile.* **2·** Courbure du tracé d'une route, d'une piste. → **coude, tournant.** *Virage dangereux. Véhicule qui aborde, prend un virage. Négocier un virage.* **3·** Fig. Changement radical d'orientation, d'attitude. *Il prend un virage à gauche.* – *Il a su prendre le virage,* s'adapter aux circonstances.

② **virage** n. m. Action de virer ②. **1·** Transformation chimique que subit l'image photographique. – En chimie. Changement de couleur (d'un indicateur), marquant la fin d'une réaction. *Virage au bleu du papier de tournesol.* **2·** Se dit de la cuti-réaction qui vire.

virago [viʀago] n. f. Femme d'allure masculine, aux manières rudes et autoritaires. *Des viragos.*

viral, ale, aux [viʀal, o] adj. Qui se rapporte à un virus. – Provoqué par un virus. *Infections virales. Hépatite virale.*

virée [viʀe] n. f. Fam. Promenade, voyage rapide. *On est allé faire une virée en bagnole.* → **balade, tour.**

virelai [viʀlɛ] n. m. Poème du Moyen Âge, petite pièce sur deux rimes avec refrain.

virement [viʀmɑ̃] n. m. Transfert de fonds du compte d'une personne au compte d'une autre personne. *Virement bancaire.*

① **virer** [viʀe] v. intr. < conjug. 1 > **1·** Tourner sur soi, tourner en rond. *Il la faisait tourner et virer.* **2·** Changer de direction. *Virer de bord.* – Aller en tournant. *Braquer pour virer.* ▷ **revirement,** ① **virage, virée, virelai, virevolter**

② **virer** v. < conjug. 1 > **I·** V. tr. **1·** Transporter (une somme) d'un compte à un autre : effectuer le virement de. *Virez la somme à mon compte.* – (Au passif) *Être viré,* être payé sur un compte. *Je suis viré tous les mois.* **2·** Fam. *Virer qqn,* le renvoyer. → **vider.** *Il s'est fait virer.* **II·** V. intr. **1·** Changer de couleur. *Épreuves qui virent bien. Les bleus de cette reproduction ont viré.* **2·** *Cuti-réaction qui vire,* qui devient positive. – Transitivement. *Virer sa cuti*.* **3·** *Virer à :* devenir. *Virer à l'aigre, au rouge.* ▷ **virement**

virevolter [viʀvɔlte] v. intr. < conjug. 1 > Tourner rapidement sur soi. – Aller en tous sens sans nécessité. → **papillonner.** ▶ **virevoltant, ante** adj. Qui virevolte, tourne sur soi. ▶ **virevolte** n. f. **1·** Mouvement de ce qui fait un demi-tour. *Les virevoltes d'une danseuse.* **2·** Changement complet. → **volte-face.** – Changement d'avis, d'opinion. → **revirement.**

virginal, ale, aux [viʀʒinal, o] adj. D'une vierge ; propre à une vierge. *Pudeur, fraîcheur virginale.* ▶ **virginité** n. f. État d'une personne vierge. *Perdre sa virginité.* → **pucelage.** – Loc. fig. *Se refaire une virginité,* retrouver une bonne réputation.

virgule [viʀgyl] n. f. Signe de ponctuation (,) marquant une pause de peu de durée, qui s'emploie à l'intérieur de la phrase pour isoler des propositions ou des éléments de propositions. – Loc. *Sans y changer une virgule,* sans faire le moindre changement. – ***Point-virgule*** (;) : séparant des phrases sans les isoler. – Signe qui précède la décimale dans un nombre décimal (ex. : *2,04*). *Virgule flottante**.*

viril, ile [viʀil] adj. **1·** Propre à l'homme adulte. → **mâle, masculin.** *Force virile.* **2·** Qui a l'appétit sexuel d'un homme normal, qui a l'air mâle. *Il n'est pas très viril.* **3·** Qui a les caractères moraux qu'on attribue plus spécialement à l'homme (actif, énergique, courageux). *Une femme virile.* ▶ **virilement** adv. ▶ **virilité** n. f. **1·** Ensemble des attributs et caractères physiques et sexuels de l'homme. **2·** Puissance sexuelle chez l'homme. / contr. impuissance / **3·** Caractère viril (3).

viro- Élément tiré de *virus.* ▶ **virologie** [viʀɔlɔʒi] n. f. Didact. Branche de la microbiologie qui traite des virus. ▶ **virologiste** ou **virologue** n. ▶ **virophage** adj. et n. Didact. Virus qui est capable d'infecter un autre virus dont il transfère les gènes à son profit. – N. m. *Un virophage.*

virole [viʀɔl] n. f. Petite bague de métal dont on garnit l'extrémité d'un manche pour assujettir ce qui y est fixé. *La virole d'un couteau.*

virtuel, elle [viʀtɥɛl] adj. **1·** Littér. Qui est à l'état de simple possibilité ; qui a en soi toutes les conditions essentielles à sa réalisation. → **possible, potentiel.** *Réussite virtuelle. Le marché virtuel d'un produit.* **2·** Simulé. *Réalité* virtuelle. Images virtuelles,* qui n'ont pas été enregistrées, mais produites. / contr. effectif, réel / ▶ **virtualité** n. f. Littér. Caractère de ce qui est virtuel ; pouvoir, qualité à l'état virtuel. → **potentialité.** ▶ **virtuellement** adv. D'une manière virtuelle, en puissance. – Selon toute probabilité. *Vous êtes virtuellement admis.* → **pratiquement, en principe.**

virtuose [viʀtɥoz] n. **1·** Musicien, exécutant doué d'une technique brillante. *Une virtuose du piano.* – Adj. *Il est plus virtuose qu'inspiré.* **2·** Personne, artiste extrêmement habile, dont le métier et la technique sont supérieurs. *Un virtuose du pinceau.* ▶ **virtuosité** n. f. Talent, technique de virtuose. → **brio, maestria.** – Technique brillante (d'un artiste, d'un écrivain, d'un artisan, etc.). → **maîtrise.** – Péj. *C'est de la virtuosité pure,* cela manque de profondeur.

virulent, ente [viʀylɑ̃, ɑ̃t] adj. **1·** Plein d'âpreté, de violence. → **venimeux.** *Satire, critique virulente.* – (Personnes) *Il est très virulent contre le gouvernement.* **2·** (Microbe, poison) Dangereux, actif. ▶ **virulence** n. f. **1·** Âpreté, violence. *La virulence d'une critique.* **2·** Aptitude des microbes à se développer et à sécréter des toxines dans un organisme. *Degré de virulence.* – Caractère nocif, dangereux. *Virulence d'un poison.*

virus [viʀys] n. m. invar. **1·** Très petit agent infectieux qui tire son énergie des cellules qu'il infecte. *Bactéries, microbes et virus. Le virus du sida, de la rage, de la grippe.* **2·** Principe moral de contagion ; goût très vif pour (qqch.). *Il a le virus du cinéma.* **3·** Instruction pouvant entraîner des troubles dans le fonctionnement d'un programme, d'un système informatique. *Détecteur de virus.* ▷ **rétrovirus, viral, viro-**

vis [vis] n. f. invar. ≠ vice. **1·** Tige de métal, de bois, présentant une partie saillante en hélice → ① **filet** (4), et que l'on fait pénétrer dans une pièce en la faisant tourner sur elle-même. *Tête d'une vis. Vis à bois, à métaux. Serrer, desserrer une vis avec un tournevis. Donner un tour de vis.* → **visser.** – Loc. *Serrer la vis à qqn,* le traiter avec une grande sévérité. **2·** *Escalier à vis,* en forme d'hélice. ▷ **dévisser, tournevis, visser**

visa [viza] n. m. Formule ou sceau accompagné d'une signature, qu'on appose sur un acte pour le rendre régulier ou valable. *Visa de censure* (d'un film). *Donner* (→ ② **viser**), *refuser un visa. Des visas.* – Formule exigée, en plus du passeport, pour entrer dans certains pays. *Il faut un visa pour entrer aux États-Unis.*

visage [vizaʒ] n. m. **1·** Partie antérieure de la tête de l'homme. → **face, figure, tête** ; fam. **bouille, gueule, tronche.** *Visage allongé, en lame de couteau. Visage rond, plein, joufflu. Visage pâle, blafard. Visage ridé. Un beau visage aux traits réguliers. Visage expressif, ouvert ; triste, maussade. La peur, la colère se lisait sur son visage. Soins du visage,* soins de beauté. – Loc. *À visage découvert,* sans se cacher. – *Système politique* ***à visage humain*** *:* qui tient compte de l'individu, qui respecte les droits de l'homme. **2·** Expression du visage. **3·** La personne (considérée dans son visage). *Un visage inconnu, connu. Mettre un nom sur un visage. Je reconnais un visage ami.* – *Les*

Visages pâles, les Blancs (pour les Indiens d'Amérique). **4·** Aspect particulier et reconnaissable (de qqch.). → **forme, image.** *Le vrai visage des États-Unis.* ▶ **visagiste** n. Personne spécialisée dans la mise en valeur du visage. – En appos. *Coiffeur visagiste. Opticien visagiste.*

1 **vis-à-vis** [vizavi] loc. prép. Avec **de. 1·** En face de (*vis* voulait dire « visage »). *Se placer vis-à-vis d'un ami. Vis-à-vis l'un de l'autre.* **2·** Fig. En face de, en présence de, devant (de manière à confronter). *J'ai honte vis-à-vis de lui.* – En regard, en comparaison de. *Ma fortune est modeste vis-à-vis de la sienne.* **3·** Envers (qqn). → **avec.** *Il s'est engagé vis-à-vis d'elle.* – À l'égard de (qqch.). *Il est lâche vis-à-vis de ses responsabilités.* ▶ 2 **vis-à-vis** n. m. invar. **1·** Position de deux personnes, deux choses qui se font face. *Un long et pénible vis-à-vis.* → **tête-à-tête. 2·** Personne placée en face d'une autre (à table, en voiture ; à la danse). *Mon vis-à-vis était charmant.* – Se dit des choses situées en face d'une personne, d'une propriété. *Nous avons le bois pour vis-à-vis.*

viscère [visɛʀ] n. m. Organe contenu dans une cavité du corps (cavités crânienne, thoracique et abdominale : cerveau, cœur, estomac, foie, intestin, poumon, rate, rein, utérus). – Cour. *Les viscères,* ceux de l'abdomen. → **boyau(x), entrailles.** ▶ **viscéral, ale, aux** adj. **1·** Relatif aux viscères. *Cavités viscérales.* **2·** (Sentiment) Profond et irraisonné. *Une haine viscérale. Une peur viscérale.* ▶ **viscéralement** adv. Profondément, du fond de son être. *Elle est viscéralement jalouse.*

viscose [viskoz] n. f. Solution colloïdale de cellulose et de soude dont on fait des fibres textiles artificielles.

viscosité [viskozite] n. f. **1·** État de ce qui est visqueux (1). *Viscosité d'une huile.* **2·** État d'un corps dont la surface est visqueuse, gluante. *La viscosité d'un poisson.*

1 **viser** [vize] v. < conjug. 1 > **I·** V. intr. **1·** Diriger attentivement son regard, un objet, une arme vers le but, la cible à atteindre. *Visez bien, avant de tirer.* **2·** *Visez moins haut, plus haut,* ayez des ambitions plus modestes, plus grandes. **II·** V. tr. ind. *Viser à.* **1·** Diriger un objet, une arme sur (qqch.). *Il a visé à la tête, au cœur.* **2·** Avoir en vue (une certaine fin), tendre à. *C'est le but auquel cet examen vise.* – (+ infinitif) *Ses manœuvres visent à nous tromper.* **III·** V. tr. dir. **1·** Regarder attentivement (un but, une cible) afin de l'atteindre d'un coup, d'un projectile. *Viser l'objectif en clignant de l'œil.* **2·** Avoir en vue, s'efforcer d'atteindre (un résultat). *Il visait ce poste depuis longtemps.* → **briguer. 3·** (Suj. chose) S'appliquer à. *Cette remarque vise tout le monde.* → **concerner.** – Au passif et p. p. adj. *Être, se sentir visé,* être l'objet d'une allusion, d'une critique. **4·** Fam. Regarder. *Vise un peu la tête qu'il fait !* ▶ **visée** n. f. **1·** Action de diriger la vue, le regard (ou une arme, un instrument d'optique) vers un but, un objectif. *Ligne de visée.* **2·** Surtout au plur. Direction de l'esprit, vers un but, un objectif qu'il se propose. → **ambition, intention.** *Avoir des visées ambitieuses, des visées sur qqn.* → **vue.** ▶ **viseur** n. m. Instrument, dispositif optique servant à effectuer une visée. *Le viseur d'une arme à feu.* – Dispositif permettant de délimiter le champ (en photo, cinéma). *Le viseur de la caméra.* ▷ **aviser, rétroviseur, réviser, superviser, visible, visière, vision**

2 **viser** v. tr. < conjug. 1 > Voir, examiner (un acte) et le revêtir d'un visa* ou d'une mention qui le rend valable. *Faire viser son passeport.*

visible [vizibl] adj. **1·** Qui peut être vu. *La face visible de la Lune. Visible à l'œil nu, à la loupe, au microscope.* **2·** (Réalité abstraite, mentale ou globale) Sensible à la vue (opposé à *caché, invisible*). → **apparent, manifeste.** *Le monde, la nature visible.* – N. m. *Le visible et l'invisible.* **3·** Qui se manifeste, peut être constaté par les sens. → **évident, flagrant, manifeste.** *Il répondit avec un embarras, un plaisir visible.* – Impers. *Il est visible que* (+ indicatif), clair, évident. **4·** (Personnes) En état de recevoir une visite. *Il n'est pas visible à cette heure-ci.* – Fam. En état d'être vu (habillé, apprêté). → **présentable.** ▶ **visiblement** adv. **1·** De manière à être vu ; en se manifestant à la vue. → **ostensiblement. 2·** D'une manière évidente, claire. → **manifestement.** *Il était visiblement préoccupé. Visiblement, il ne voulait pas venir.* ▶ **visibilité** n. f. **1·** Caractère de ce qui est perceptible par la vue, sensible à l'œil humain. – Fig. Notoriété. **2·** Qualité de l'atmosphère, permettant de voir à une plus ou moins grande distance. *Bonne, mauvaise visibilité.* **3·** Possibilité, en un point donné, de voir plus ou moins bien les abords. *Virage sans visibilité.* ▷ **invisible, invisibilité**

visière [vizjɛʀ] n. f. **1·** Partie d'une casquette, d'un képi qui abrite les yeux. **2·** Pièce rigide qui protège les yeux et qui s'attache autour de la tête. *Visière en celluloïd.* – *Mettre sa main en visière devant ses yeux,* pour se protéger des reflets.

visioconférence [vizjokɔ̃feʀɑ̃s] n. f. Téléconférence dans laquelle les participants sont en liaison par des circuits permettant la transmission des sons, d'images animées et de documents graphiques.

vision [vizjɔ̃] n. f. **I· 1·** Perception du monde extérieur par les organes de la vue ; mécanisme physiologique par lequel les radiations lumineuses donnent naissance à des sensations. *Vision nette, indistincte. Champ de vision. De la vision.* → **visuel.** 2· Fig. Action de voir, de se représenter en esprit. → **représentation.** *Avoir une vision confuse de l'avenir. Une vision réaliste, épique, poétique de la réalité.* → **conception.** **II·** *(Une, des visions)* 1· Chose surnaturelle qui apparaît aux yeux ou à l'esprit. → **apparition, révélation.** *Les visions des grands mystiques.* 2· Représentation imaginaire. → **hallucination, rêve.** *Visions hallucinatoires.* – Fam. *Avoir des visions,* voir ce qui n'existe pas. *Tu as des visions !* 3· Image mentale. → **idée.** *La vision de la mort m'a traversé l'esprit.* ▶ **visionnaire** n. et adj. 1· N. Personne qui a ou croit avoir des visions, des révélations surnaturelles, ou qui a des idées folles, extravagantes. → **halluciné, illuminé.** *Traiter qqn de visionnaire.* 2· Adj. Capable d'anticiper, qui a une vision juste de l'avenir. *Poète visionnaire. Art visionnaire.* ▶ **visionner** v. tr. < conjug. 1 > Examiner (un film) d'un point de vue technique. *Visionner une séquence.* ▶ **visionneuse** n. f. Appareil formé d'un dispositif optique grossissant, pour examiner un film, des diapositives. ▷ **prévision, révision, supervision, télévision**

visiter [vizite] v. tr. < conjug. 1 > **I·** Aller voir (qqn). 1· Rare. Faire une visite à (qqn). *Il est allé visiter des amis,* leur *rendre visite* (plus courant). 2· Se rendre auprès de (qqn) pour l'assister, le soigner. *Visiter un détenu, un malade.* 3· (En parlant de Dieu) Agir sur, se manifester auprès de (l'homme). *Dieu l'a visité.* **II·** Aller voir (qqch.), parcourir (un lieu) en examinant. → **voir.** *J'ai visité la Hollande l'été dernier. Visiter un musée.* – Examiner, inspecter. → **fouiller.** ▶ **Visitation** n. f. Dans la religion catholique. Visite que fit la Sainte Vierge à sainte Élisabeth, alors enceinte de saint Jean-Baptiste ; fête commémorant cet événement. *La Visitation.* ▶ **visite** n. f. **I·** 1· Le fait d'aller voir (qqn) et de rester avec lui un certain temps ; le fait de recevoir un visiteur. → **entrevue, rencontre.** *Quel est l'objet, le but de cette visite ? Une petite, une longue visite. On a sonné, c'est une visite. L'heure des visites* (dans une pension, un hôpital, une prison, etc.). *Faire, rendre une visite à qqn.* ***Rendre visite.*** → **visiter** (I, 1). *Je suis allé lui rendre visite. Nous avons reçu sa visite.* – Rencontre mondaine de personnes qui se reçoivent. *Être **en visite** chez qqn.* 2· La personne qui se rend chez une autre. → **visiteur.** *Tu as une visite.* Fam. *Voilà de la visite !,* des visiteurs. – (Médecin) Le fait de se rendre auprès d'un malade. *Visites à domicile. Les visites et les consultations.* – Action de visiter (un client). *Les visites d'un représentant.* **II·** 1· Le fait de se rendre (dans un lieu) pour voir, pour parcourir, visiter. *Visite touristique d'une ville. Faire la visite d'un musée.* – *Visite officielle d'un chef d'État.* – *Le nombre de visites d'un site Internet.* 2· Le fait de se rendre dans un lieu, pour procéder à un examen, une inspection. *Visite d'expert.* – *Visite de douane,* formalité d'examen des marchandises, des bagages. → **fouille.** 3· Examen de patients, de malades par un médecin à l'hôpital, en clinique, etc. *L'heure de la visite. Aller à la visite médicale. As-tu passé la visite (médicale) ?* ▶ **visiteur, euse** n. **I·** 1· Personne qui va voir qqn chez lui, lui fait une visite. *Accompagner, reconduire un visiteur.* 2· Personne qui visite (un pensionnaire, un malade, un prisonnier). *Les visiteurs sont admis au parloir.* 3· Personne qui se rend à domicile dans un but professionnel ou social. *Visiteur médical,* représentant d'un laboratoire pharmaceutique qui présente aux médecins les spécialités de ce laboratoire. *Visiteuse sociale.* → **assistante** sociale. **II·** 1· Personne qui visite, inspecte, examine. *Visiteur, visiteuse des douanes.* 2· Personne qui visite un lieu. *Les visiteurs sont priés de s'adresser au guide.* → **touriste, voyageur.** 3· En sport. Membre d'une équipe qui se déplace et joue sur le terrain de l'adversaire. *Les visiteurs ont gagné par trois buts à deux.* ▷ **revisiter**

vison [vizɔ̃] n. m. 1· Mammifère voisin du putois, dont la variété d'Amérique du Nord est chassée et élevée pour sa fourrure très estimée. 2· Fourrure de cet animal. *Manteau, étole de vison.* – Fam. Manteau de vison. *Elle s'est acheté un vison.*

visqueux, euse [viskø, øz] adj. 1· (Liquide) Qui est épais et s'écoule avec difficulté. *L'écoulement des liquides visqueux.* → **viscosité.** *Goudrons plus ou moins visqueux.* → **collant, poisseux.** / contr. fluide / 2· Péj. Dont la surface est couverte d'un liquide visqueux, d'une couche gluante. *La peau visqueuse d'un crapaud.* 3· Fig. Répugnant par un caractère de bassesse, de traîtrise. *Des manières visqueuses.* ▷ **viscose, viscosité**

visser [vise] v. tr. < conjug. 1 > 1· Fixer, faire tenir avec une vis, des vis. *Visser un interrupteur.* – Loc. Au p. p. *Il reste des heures vissé sur sa chaise,* sans se lever. 2· Serrer en tournant sur un pas de vis. / contr. dévisser / *Visser un couvercle.* – Pronominalement (passif). *Ce bouchon se visse.* ▶ **vissage** n. m. Action de visser.

visualiser [vizɥalize] v. tr. < conjug. 1 > 1· Rendre visible (un phénomène qui ne l'est pas). *Visualiser l'écoulement de l'air dans une soufflerie.* 2· En informatique. Faire apparaître sur un écran les résultats d'un traitement d'informations (sous forme graphique). *Visualiser les résultats à l'écran.* ▶ **visualisation** n. f. 1· Action de rendre visible (qqch.). 2· En informatique. Présentation d'informations sur un écran. → **affichage.** *Écran de visualisation.*

visuel, elle [vizɥɛl] adj. et n. **1·** Relatif à la vue. *Champ visuel. Images, impressions, sensations visuelles. Mémoire visuelle,* des choses vues. **2·** N. Personne chez qui les sensations visuelles prédominent. *Les visuels et les auditifs.* **3·** Qui fait appel au sens de la vue. *Méthodes visuelles,* dans l'enseignement (→ **audiovisuel**). ▶ **visuellement** adv. Par le sens de la vue. *Constater visuellement.* → **de visu.** ▷ **audiovisuel, télévisuel, visualiser**

vital, ale, aux [vital, o] adj. **1·** Qui concerne, constitue la vie. *Propriétés, fonctions vitales.* – *Principe vital, force vitale,* énergie propre à la vie. **2·** Essentiel à la vie d'un individu, d'une collectivité. → **indispensable.** – Qui touche à l'essentiel de la vie. *C'est un problème vital, une question vitale pour nous,* d'une importance extrême. *Il est vital d'y aller, que nous y allions. C'est vital.* ▶ **vitalité** n. f. Caractère de ce qui manifeste une santé, une activité remarquables. → **dynamisme, énergie, vigueur.** *La vitalité d'une personne, d'une plante. Un octogénaire d'une étonnante vitalité.* ▷ **dévitaliser, revitaliser**

vitamine [vitamin] n. f. Substance organique, sans valeur énergétique, mais indispensable à l'organisme, apportée en petite quantité par l'alimentation. *Vitamine A* (de croissance), *C* (antiscorbutique), *D* (antirachitique). *Carence en vitamines.* → **avitaminose.** ▶ **vitaminé, ée** adj. Où l'on incorpore une ou plusieurs vitamines. *Biscuits vitaminés.*

vite [vit] adv. **1·** En parcourant un grand espace en peu de temps. /contr. lentement/ *Aller vite.* → **filer, foncer.** *Marcher, courir vite, passer très vite* (→ Comme un éclair, une flèche). *On roule plus vite qu'eux.* – À un rythme rapide. *Je sentis mon cœur battre plus vite.* **2·** En peu de temps. → **promptement, rapidement.** *Faire vite,* se dépêcher. *Vous parlez trop vite.* → **précipitamment.** *Tu te fatigues vite.* – *Il y va un peu vite,* il agit à la légère. – Loc. *Plus vite que le vent,* extrêmement vite. – (Avec un impératif) Sans plus attendre, immédiatement. *Partez vite. Allons vite, dépêchez-vous !* **3·** Au bout d'une courte durée. → **bientôt.** *On sera plus vite arrivé.* – *Au plus vite,* dans le plus court délai. – *Il a eu vite fait de, il aura vite fait de* (+ infinitif), il n'a pas tardé, il ne tardera pas à. – Loc. adv. Fam. ***Vite fait*** : rapidement. *Elle s'est tirée vite fait.* ▶ **vitesse** n. f. **I·** (Sens absolu) **1·** Le fait ou le pouvoir de parcourir un grand espace en peu de temps. → **célérité, rapidité, vélocité.** *Course de vitesse. L'avion prend de la vitesse. Excès de vitesse.* **2·** Le fait d'accomplir une action en peu de temps. → **hâte, promptitude.** *La vitesse avec, à laquelle il se gare.* – Loc. *Prendre qqn de vitesse,* faire (qqch.) plus vite que lui. → **devancer.** – Loc. fam. ***En vitesse*** : au plus vite. *Tirez-vous en vitesse !* **II·** (Sens relatif) **1·** Le fait d'aller plus ou moins vite, de parcourir une distance plus ou moins grande par unité de temps. → **allure.** *Vitesse modérée de la marche. Vitesse d'une automobile,* appréciée en kilomètres à l'heure. *À quelle vitesse roulez-vous ? Compteur, indicateur de vitesse.* – Loc. ***À toute vitesse*** : le plus vite possible, très vite. *Vitesse de croisière*.* – Loc. ***Perte de vitesse*** : (avion) dont la vitesse devient inférieure à la vitesse minimale nécessaire au vol. – *En perte de vitesse,* qui ne se développe plus, perd son dynamisme, son succès. *Mouvement politique en perte de vitesse.* – Loc. *À deux, à plusieurs vitesses,* dont l'application, le fonctionnement est variable, inégalitaire. *Un système social, scolaire, une médecine à deux vitesses.* **2·** Rapport entre la vitesse de rotation de l'arbre moteur et celle des roues, assuré par le système de transmission. *Changement de vitesse,* dispositif permettant de changer ce rapport. *Première, seconde, troisième, quatrième, cinquième vitesse. Passe la troisième (vitesse) !* – Loc. fam. *En quatrième vitesse,* très vite. – *Boîte de vitesses,* carter du changement de vitesse. **3·** En sciences. Quantité exprimée par le rapport d'une distance au temps mis à la parcourir. *Vitesse de propagation des ondes.* – Le fait de s'accomplir en un temps donné pour un phénomène quelconque. *Vitesse de sédimentation.*

vitellus [vitɛllys] n. m. invar. Biologie. Substance qui constitue les réserves de l'œuf, de l'embryon. ▶ **vitellin, ine** adj. Du vitellus.

viti- Élément signifiant « vigne ». ▶ **viticole** [vitikɔl] adj. **1·** Relatif à la culture de la vigne et à la production du vin. → **vinicole.** *Industrie, culture viticole.* **2·** Qui produit de la vigne. *Région viticole.* ▶ **viticulteur, trice** n. Personne qui cultive de la vigne, pour la production du vin. → **vigneron.** ▶ **viticulture** n. f. Culture de la vigne.

vitre [vitʀ] n. f. **1·** Panneau de verre garnissant une ouverture (fenêtre, porte, etc.). → **carreau.** *Vitres d'une fenêtre. Nettoyer, laver, faire les vitres. Casser une vitre.* **2·** Panneau de verre permettant de voir à l'extérieur lorsqu'on est dans un véhicule. → **glace.** *Les vitres des portières, d'un train, d'une voiture. Baisser, remonter la vitre.* ▶ **vitrage** n. m. **1·** Ensemble de vitres (d'une baie, d'une fenêtre, d'une marquise, d'une serre). **2·** Châssis garni de vitres, servant de cloison, de toit, de paroi. *Le vitrage d'une véranda.* → **verrière. 3·** Le fait de poser des vitres, de garnir de vitres. ▶ **vitrail, aux** [vitʀaj, o] n. m. Panneau constitué de morceaux de verre, généralement colorés, assemblés pour former une décoration. *Les vitraux d'une cathédrale.* → **rosace, verrière.** – *Le vitrail,* la technique de la fabrication des vitraux ; l'art de faire des vitraux, analogue à la peinture (formes, couleurs). ▶ **vitrer** v. tr. < conjug. 1 > Garnir de vitres. *Vitrer une porte, un panneau.* – Au p. p. adj. *Porte vitrée. Baie vitrée.* ▶ **vitré, ée** adj. En anatomie. *Corps vitré,* masse transparente entre la rétine et la face postérieure du cristallin. *Humeur vitrée de l'œil,* substance gélatineuse qui remplit le corps vitré. → **vitreux.** ▶ **vitrerie** n. f. Industrie des vitres (fabrication, pose, façonnage, etc.). ▶ **vitreux, euse** adj. **1**· Qui ressemble au verre fondu, à la pâte de verre. *Humeur vitreuse* (de l'œil). → **vitré.** **2**· Dont l'éclat est terni. *Œil, regard vitreux.* ▶ **vitrier, ière** n. Personne qui vend, coupe et pose les vitres, les pièces de verre. ▶ **vitrifier** v. tr. < conjug. 7 > **1**· Transformer en verre par fusion ou donner la consistance du verre à (une matière). **2**· Recouvrir (un parquet) d'une matière plastique transparente pour le protéger. – Au p. p. adj. *Parquet vitrifié.* ▶ **vitrification** n. f. Transformation en verre ; acquisition de la structure vitreuse. *Vitrification de l'émail par fusion.* – Action de vitrifier (un parquet). ▶ **vitrine** n. f. **1**· Devanture vitrée d'un local commercial ; espace ménagé derrière cette vitre, où l'on expose des objets à vendre. → **étalage.** *Article exposé en vitrine. Regarder, lécher les vitrines.* → **lèche-vitrines.** – L'aménagement, le contenu d'une vitrine. *Les étalagistes préparent, décorent les vitrines pour Noël.* **2**· Petite armoire vitrée où l'on expose des objets de collection. ▷ **lèche-vitrines**

vitriol [vitʀijɔl] n. m. **1**· Acide sulfurique concentré, très corrosif. **2**· Fig. *Portrait au vitriol,* description très corrosive, mordante. ▶ **vitrioler** v. tr. < conjug. 1 > Lancer du vitriol sur (qqn) pour le défigurer.

vitupérer [vitypeʀe] v. < conjug. 6 > **1**· V. tr. Littér. Blâmer vivement. / contr. ① louer / **2**· V. intr. *Vitupérer contre qqn, qqch.,* élever de violentes protestations contre (qqn, qqch.). → **pester, protester.** *Elle vitupère toujours contre son mari.* ▶ **vitupération** n. f. Littér. Action de vitupérer. – *(Une, des vitupérations)* Blâme ou reproche violent.

vivable [vivabl] adj. **1**· Où l'on peut vivre. → **supportable.** *Cette pièce n'est pas vivable.* **2**· Que l'on peut supporter. *Son mari n'est pas vivable. Cette situation n'est pas vivable.* / contr. insupportable, invivable / ▷ **invivable**

① **vivace** [vivas] adj. **1**· (Plantes, petits animaux) Constitué de façon à résister longtemps à ce qui peut compromettre la santé ou la vie. → **résistant, robuste.** **2**· *Plante vivace,* qui vit plus de deux années (opposé à *plante annuelle*). **3**· Qui se maintient sans défaillance, qu'il est difficile de détruire. → **durable, persistant, tenace.** *Souvenir vivace. Il garde une haine vivace contre ses anciens ennemis.* ▶ **vivacité** n. f. **1**· Caractère de ce qui a de la vie, est vif. → **activité, entrain.** / contr. apathie, lenteur, mollesse / *La vivacité d'un enfant. Vivacité d'esprit,* rapidité à comprendre, à concevoir. **2**· Caractère de ce qui est vif, a de l'intensité. *Vivacité du coloris, du teint.* → **éclat.** **3**· Caractère de l'air frais, vif. **4**· Caractère vif (I, 2), emporté ou agressif. *Vivacité des propos. Il m'a répondu avec vivacité.*

② **vivace** [vivatʃe] adj. invar., adv. et n. m. invar. Musique. D'un mouvement rapide (plus que l'allégro). *Des vivace.*

vivandière [vivɑ̃djɛʀ] n. f. Autrefois. Femme qui suivait les troupes pour vendre aux soldats des vivres, des boissons. → **cantinière.**

① **vivant, ante** [vivɑ̃, ɑ̃t] adj. **1**· Qui vit (→ **vivre**), est en vie. / contr. mort / *Il est encore vivant. Attrapez-le vivant !* – Loc. *C'est un cadavre vivant,* une personne très malade. – N. *Les vivants et les morts. Rayer qqn du nombre des vivants,* le faire mourir. **2**· Plein de vie. → **vif.** *Un enfant très vivant.* – (Œuvres) Qui a l'expression, les qualités de ce qui vit. *Les personnages de Molière sont vivants.* / contr. figé / **3**· Doué de vie. → **animé, organisé.** *Cellule vivante,* possédant les caractères de la vie. *L'être vivant, les êtres vivants.* **4**· Constitué par un ou plusieurs êtres vivants. *Tableaux vivants.* – *C'est le vivant portrait de sa mère.* → **ressemblant, craché.** **5**· (Lieu) Plein de vie, d'animation. *Des rues vivantes.* → **animé.** / contr. désert, morne / **6**· (Choses) Animé d'une sorte de vie (II) ; actif, actuel. *Langues vivantes* (opposé à *langues mortes*). *Un mot très vivant,* en usage. *Son souvenir est toujours vivant.* → **durable.**

② **vivant** n. m. ***Du vivant de..., de son vivant*** : pendant la vie de (qqn), sa vie. *Cela ne serait pas arrivé du vivant du directeur.*

vivat [viva] interj. et n. m. Acclamation (→ ② vive). *Les champions sont arrivés sous les vivats de la foule.*

① **vive** [viv] n. f. Poisson aux nageoires épineuses, vivant surtout dans le sable des côtes.

② **vive** exclam. Acclamation envers qqn, qqch. à qui l'on souhaite de vivre, de durer longtemps. → **vivat.** *Vive la France, la République !* / contr. à bas, à mort / – (Avec un nom au plur., au lieu de : *vivent*) *Vive les vacances !*

vivement [vivmɑ̃] adv. **1**· D'une manière vive → **vif** ; avec vivacité, ardeur. → **promptement, rapidement.** *Mener vivement une affaire.* **2**· Exclamatif, pour exprimer l'accomplissement rapide d'un souhait. *Vivement les vacances !* – (Avec *que* + subjonctif) *Vivement qu'on s'en aille !* **3**· D'un ton vif, avec un peu de colère. *Il répliqua vivement.* **4**· Avec force, intensité. *J'ai été vivement affecté* *par sa mort. Nous regrettons vivement que* (+ subjonctif). → **beaucoup, intensément, profondément.**

vivi- Élément savant signifiant «vivant» (ex. : *vivipare*).

vivier [vivje] n. m. Étang, bassin d'eau aménagé pour la conservation et l'élevage du poisson, des crustacés. *Truites en vivier.*

vivifier [vivifje] v. tr. < conjug. 7 > Donner de la vitalité à (qqn). *Ce climat me vivifie.* → **stimuler, tonifier.** ▶ **vivifiant, ante** adj. Air vivifiant. → **stimulant.** ▷ **revivifier**

vivipare [vivipaʀ] adj. Se dit d'un animal dont l'œuf se développe complètement à l'intérieur de l'utérus maternel, de sorte qu'à la naissance le petit apparaît formé. *Les mammifères sont vivipares.* – N. *Les vivipares.*

vivisection [vivisɛksjɔ̃] n. f. Opération pratiquée à titre d'expérience sur les animaux vivants. → **dissection.**

vivoter [vivɔte] v. intr. < conjug. 1 > Vivre au ralenti, avec de petits moyens. → **végéter.** – (Choses) Subsister ; avoir une activité faible, médiocre. *Son affaire vivote tant bien que mal.*

vivre [vivʀ] v. < conjug. 46 > **I**· V. intr. (Suj. personne ; être vivant) **1**· Être en vie ; exister. *La joie, le plaisir de vivre. Ne vivre que pour...*, se consacrer entièrement à... *Se laisser vivre*, vivre sans faire d'effort. **2**· (Avec un compl. de durée) Avoir une vie d'une certaine durée. *Vivre longtemps, vivre vieux*, jusqu'à un âge avancé. *Les années qu'il a vécu*, pendant lesquelles il a vécu (le participe ne s'accorde pas). **3**· Passer sa vie, une partie de sa vie en résidant habituellement (dans un lieu). → **habiter.** *Vivre à Paris, à la campagne. Il vit à l'hôtel.* **4**· Mener une certaine vie. *Vivre seul, libre. Vivre avec qqn* (dans le mariage, ou maritalement). → **cohabiter.** *Est-ce qu'ils vivent ensemble ? Vivre en paix.* – *Art de vivre*, de se conduire d'une certaine façon. *Vivre dangereusement. Vivre dans l'anxiété.* – Loc. *Être facile, difficile à vivre*, d'un caractère accommodant ou non. **5**· Disposer des moyens matériels qui permettent de subsister. *Travailler pour vivre. Il la fait vivre*, il subvient à ses besoins. – *Vivre pauvrement, petitement* → **végéter, vivoter** ; *largement.* – (Avec un compl. de moyen) *Vivre de lait, de fruits...* → **se nourrir.** *Vivre de son travail, de ses rentes. Avoir de quoi vivre*, assez de ressources pour subsister. **6**· *Savoir vivre :* savoir se comporter comme le veut l'usage social. *Voilà des gens qui savent vivre*, qui vivent bien, agréablement. → **savoir-vivre.** – *Je vais lui apprendre à vivre* (menace). **7**· Réaliser toutes les possibilités de la vie ; jouir de la vie. *Un homme qui a vécu, beaucoup vécu*, qui a eu une vie riche d'expériences. **8**· (Choses) Exister parmi les hommes. *Cette croyance vit encore dans les campagnes.* **II**· V. tr. (Suj. personne) **1**· Avoir, mener (telle ou telle vie). *Ils ont vécu une existence difficile.* – Passer, traverser (un espace de temps). *Vivre des jours heureux.* → **couler.** *Les jours difficiles qu'il a vécus* (le participe s'accorde). **2**· Éprouver intimement, réellement par l'expérience même de la vie. *Vivre un sentiment, un grand amour.* – Traduire en actes réels. *Vivre sa foi, son art.* ▷ **invivable, modus vivendi, qui-vive, revivre, savoir-vivre, survivre, vivable, ① vivace, ① vivant, ② vivant, vivat, ② vive, vivi-, vivier, vivoter, vivres**

vivres [vivʀ] n. m. pl. Ce qui sert à l'alimentation des humains. → **aliment, nourriture.** *Les vivres et les munitions d'une armée.* – Loc. *Je vais lui couper les vivres*, le priver de ses moyens de subsistance (d'argent). ▶ **vivrier, ière** adj. Dont les produits servent à l'alimentation. *Plantes, cultures vivrières.*

vizir [viziʀ] n. m. Ministre, sous l'empire ottoman. *Grand vizir*, Premier ministre.

vlan ou **v'lan** [vlɑ̃] interj. Onomatopée imitant un bruit fort et sec produit par une large surface. *Et vlan, encore une porte qui claque.*

V. O. [veo] n. f. invar. Version* originale. *Les sous-titres des films en V. O.*

vocable [vɔkabl] n. m. Mot d'une langue, considéré dans sa signification, sa valeur expressive. ▶ **vocabulaire** n. m. **1**· Dictionnaire succinct ou spécialisé. *Vocabulaire français-anglais.* **2**· Ensemble de mots dont dispose une personne. *Vocabulaire pauvre, réduit ; riche, étendu. Il faut enrichir ton vocabulaire. Quel vocabulaire !*, quelle manière étrange, grossière, de s'exprimer. **3**· Termes spécialisés (d'une science, d'un art, ou qui caractérisent une forme d'esprit). → **terminologie.** *Le vocabulaire juridique, sociologique, technique.*

vocal, ale, aux [vɔkal, o] adj. **1**· Qui produit la voix. *Organes vocaux. Cordes vocales.* **2**· De la voix. *Technique vocale*, du chant. – Écrit pour le chant, chanté. *Musique vocale* (opposé à *instrumentale*). – En informatique. *Logiciel de reconnaissance vocale*, qui permet de transcrire la parole en texte que la machine peut exploiter. **3**· Qui utilise la voix. *Serveur vocal*, qui délivre par téléphone des messages sonores pré-enregistrés. *Boîte vocale*, qui permet la réception et l'enregistrement de messages sonores. *Je suis tombé sur sa boîte vocale, et j'ai laissé un message.* ▶ **vocalique** adj. Qui a rapport aux voyelles. *Le système vocalique d'une langue.* ▶ **vocaliser** v. intr. < conjug. 1 > Chanter, en parcourant une échelle de sons et sur une seule syllabe. ▶ **vocalise** n. f. Suite de sons produite par une personne qui vocalise. *Faire des vocalises.*

vocatif [vɔkatif] n. m. Dans les langues à déclinaisons. Cas employé pour s'adresser directement à qqn, à qqch. *Vocatif latin, grec.* – Construction, phrase exclamative par laquelle on s'adresse directement à qqn, qqch. *Le « ô » vocatif.*

vocation [vɔkɑsjɔ̃] n. f. **1**· Mouvement intérieur par lequel on se sent appelé par Dieu. *Vocation contrariée. Avoir, ne pas avoir la vocation.* **2**· Inclination, penchant (pour une profession, un état). → **attirance, disposition, goût.** *Suivre sa vocation. Vocation artistique.* **3**· Destination (d'une personne, d'un peuple, d'un pays). → **mission.** *La vocation industrielle, artistique de la France.*

vociférer [vɔsifeʀe] v. intr. < conjug. 6 > Parler en criant et avec colère. → **hurler.** *Vociférer contre qqn.* – Transitivement. *Vociférer des injures.* ▶ **vocifération** n. f. Parole bruyante, prononcée dans la colère. *Pousser des vociférations.* → **cri, hurlement.**

vodka [vɔdka] n. f. Eau-de-vie de grain (seigle, orge) en général blanche. *Vodka russe, polonaise. Des vodkas.*

vœu [vø] n. m. **1**· Promesse faite à Dieu ; engagement religieux. *Les trois vœux* (pauvreté, chasteté, obéissance), prononcés par qqn qui entre en religion. *Faire vœu de pauvreté. Qui est gage d'un vœu.* → **votif.** *Consacrer par un vœu.* → **vouer.** **2**· Engagement pris envers soi-même. → **résolution.** *Faire le vœu de ne plus revoir qqn.* **3**· Souhait que s'accomplisse qqch. *Faire, former des vœux pour la santé de qqn. J'ai fait un vœu en jetant une pièce dans l'eau de la fontaine. Mon vœu a été exaucé.* – *Appeler qqch. de ses vœux,* souhaiter. – *Vœu pieux,* sans espoir de réalisation. – Au plur. Souhaits adressés à qqn. *Tous mes vœux ! Vœux de bonne année. Envoyer ses vœux.* **4**· Demande, requête faite par qui n'a pas autorité ou pouvoir pour la satisfaire. *Les assemblées consultatives n'émettent que des vœux.* → **résolution.**

vogue [vɔg] n. f. État de ce qui est apprécié momentanément du public ; de ce qui est à la mode. *Ce chanteur connaît une vogue extraordinaire.* → **succès.** – ***En vogue*** : actuellement très apprécié, à la mode. *Il n'est plus en vogue.* → **démodé.**

voguer [vɔge] v. intr. < conjug. 1 > Littér. Avancer avec des rames (→ **ramer**). – Avancer sur l'eau. → **naviguer.**

voici [vwasi] prép. REM. En principe opposé à *voilà, voici* est, dans l'usage, employé moins couramment. **1**· Désigne une chose ou une personne relativement proche. *Voici mon père, le voici qui arrive. Voici ta chambre et voilà la mienne.* – Littér. *Voici venir,* voici... qui vient. *Voici venir toute la famille.* **2**· Désigne ce qui arrive, approche, commence à se produire. *Voici la pluie.* **3**· Désignant les choses dont il va être question dans le discours. *Voici ce dont je veux te parler.* **4**· (Présentant un nom, un pronom caractérisé par un adj.) → **voilà.** *Te voici tranquille. Voici nos amis enfin arrivés.* – Littér. (Suivi d'une complétive) *Voici que la nuit tombe. Voici comment il faut faire.* → **voilà.**
▷ **revoici**

voie [vwa] n. f. **I**· Concret. **1**· Espace à parcourir pour aller quelque part. → **chemin, passage.** *Trouver, suivre, perdre, quitter une voie, la bonne voie.* – Loc. *Mettre sur la voie,* donner des indications, aider à trouver. **2**· Cet espace, lorsqu'il est tracé et aménagé. → **artère, chemin, route, rue.** *Les grandes voies de communication d'un pays,* routes et voies ferrées. *La voie publique* (faisant partie du domaine public), destinée à la circulation (y compris les places, les squares...). *Attroupement sur la voie publique.* – Route ou rue. *Voie étroite, prioritaire, à sens unique. Voie express,* route à circulation rapide. → **autoroute.** – Partie d'une route de la largeur d'un véhicule. *Route à trois, quatre voies.* **3**· Grande route pavée de l'Antiquité. *Les voies romaines.* – *Voie sacrée,* commémorant un itinéraire (religieux, militaire). **4**· ***Voie ferrée*** : l'ensemble des rails mis bout à bout et à écartement fixe qui forment une voie, un chemin pour les convois de chemin de fer. *Ligne à voie unique,* où les trains ne peuvent se croiser. *Porte qui donne sur la voie.* – *Voie de garage,* où sont garés les wagons et les voitures de chemin de fer ; fig. fonction sans responsabilités. **5**· *Voies navigables,* les fleuves et canaux. **6**· *La voie maritime, aérienne,* les déplacements, transports par mer, air. **7**· ***Voie d'eau*** : ouverture accidentelle par laquelle l'eau entre dans un navire. *Boucher, calfater une voie d'eau.* **8**· Se dit de passages, conduits anatomiques. → **canal.** *Les voies digestives, respiratoires, urinaires. Par voie buccale, orale,* par la bouche. **II**· Fig. **1**· Conduite, suite d'actes orientés vers une fin et considérée comme un chemin que l'on peut suivre. → **chemin, ligne, route.** *Aller, avancer, entrer, marcher dans telle ou telle voie. Préparer la voie,* faciliter les choses à faire en réduisant les obstacles. *Ouvrir la voie.* → **passage.** *Être dans la bonne voie,* commencer à réussir. *Trouver sa voie,* la situation qui convient. – Les desseins, les commandements (de Dieu). *Les voies de Dieu, de la Providence.* **2**· Conduite suivie ou à suivre ; façon de procéder. → **moyen.**

Opérer par la voie la plus simple, par une voie détournée. – Loc. ***Voie de fait*** : violence ou acte matériel insultant. **3·** Intermédiaire qui permet d'obtenir ou de faire qqch. *Réclamer par la voie hiérarchique.* – Loc. *Par voie de conséquence*, en conséquence. **4·** ***En voie de...*** : se dit de ce qui se modifie dans un sens déterminé. *Plaie en voie de cicatrisation. Pays en voie de développement.* ≠ voix. ▷ **claire-voie,** à **contre-voie, convoi, convoyer, dévoyé, envoi, envoyer, fourvoyer, renvoi, renvoyer, voyage**

voilà [vwala] prép. **1·** Désigne une personne ou une chose, plus particulièrement quand elle est relativement éloignée (mais *voilà*, plus courant que *voici*, s'emploie dans tous les cas). *Voilà un homme courageux. Voilà de l'argent. Le voilà, c'est lui. Voilà notre ami qui vient, qui arrive.* – ***En voilà*** : voilà de ceci. *Vous en voulez ? En voilà.* – Loc. adv. *En veux-tu en voilà*, beaucoup, tant qu'on en veut. *De l'argent en veux-tu en voilà.* – Exclamatif pour mettre en relief. *En voilà un imbécile ! En voilà des manières !* – *Voilà !*, interjection qui répond à un appel, à une demande. *Voilà, j'arrive !*, attendez, j'arrive. **2·** Désignant les choses dont il vient d'être question dans le discours (opposé à *voici*). *Voilà ce que c'est que de ne pas obéir*, telles en sont les conséquences. *Voilà tout.* – *En voilà assez*, cela suffit, je n'en supporterai pas davantage. – Construit avec ***Qui,*** en valeur neutre. *Voilà qui est bien*, c'est bien. – (Avec une valeur exclamative) C'est (ce sont) bien..., c'est vraiment. *Voilà bien les hommes. Ah ! voilà !*, c'était donc ça. **3·** S'emploie pour présenter un substantif, un pronom caractérisé (par un adjectif, un participe). *Vous voilà content. Nous voilà arrivées. La voilà partie*, enfin, elle est partie. *Nous voilà bien ! Nous voilà frais... ! Le voilà qui radote !* – (Avec un compl. de lieu) *Nous voilà à la maison, nous y voilà.* – Loc. *Nous y voilà*, nous abordons enfin le problème, la question. **4·** Pour présenter une circonstance nouvelle (suivie d'une complétive). *Soudain, voilà que l'orage éclate. Voilà comme, comment, pourquoi...* **5·** Employé pour présenter ou souligner un argument, une objection. *C'était simple, seulement voilà, personne n'y avait pensé.* **6·** Il y a (telle durée). *Voilà quinze jours que je suis partie.* ▷ **revoilà**

voilage → ②**voile.**

①**voile** [vwal] n. f. **1·** Morceau de forte toile ou de textile synthétique, destiné à recevoir l'action du vent pour faire avancer un bateau. *Bateau à voiles.* → **voilier.** *Naviguer à la voile. Hisser, larguer, mettre les voiles*, pour faire avancer le bateau. – Loc. *Avoir le vent dans les voiles*, se dit d'une personne dont les affaires vont bien, qui est en train de réussir. – Loc. fam. *Avoir du vent dans les voiles*, se dit d'une personne ivre qui ne marche pas droit. – Fam. *Mettre les voiles*, s'en aller, partir. → fam. se **débiner,** se **tirer. 2·** *La voile*, navigation à voile. – Sport nautique sur voilier. → **plaisance.** *Faire de la voile.* **3·** ***Vol à voile*** : pilotage des planeurs. **4·** *Planche* à voile.* ▶ **voilier** n. m. Bateau à voiles. *Les grands voiliers d'autrefois.* – Bateau de sport ou de plaisance, qui avance à la voile. *Faire du voilier. Course de voiliers.* → **régate.** ▶ **voilure** n. f. **1·** Ensemble des voiles d'un bâtiment. **2·** Ensemble des surfaces portantes d'un avion. – Toile d'un parachute.

②**voile** [vwal] n. m. **I·** Morceau d'étoffe destiné à cacher. **1·** Étoffe qui cache une ouverture ou dont on couvre un monument, une plaque, etc. **2·** Morceau d'étoffe destiné à cacher le visage. *Voile des musulmanes, voile islamique.* → **burqa, foulard, haïk, hidjab, niqab, tchador.** *Porter le voile.* **3·** Coiffure féminine de tissu fin, flottante, qui recouvre la tête. *Voile de religieuse.* – Loc. *Prendre le voile*, se faire religieuse. – *Voile blanc de mariée, de communiante.* **4·** Tissu léger et fin. *Voile de coton, de soie, de laine. Voile pour faire des rideaux.* → **voilage. II·** Fig. **1·** Ce qui cache qqch. *Étendre, jeter un voile sur qqch.*, cacher ou condamner à l'oubli. *Lever le voile*, révéler qqch. → **dévoiler. 2·** Ce qui rend moins net, ou obscurcit. *Un léger voile de brume.* – Partie anormalement obscure d'une épreuve photographique, due à un excès de lumière. – *Voile au poumon*, diminution de la transparence d'une partie du poumon, visible à la radiographie. **III·** ***Voile du palais*** : cloison musculaire et membraneuse, à bord inférieur libre et flottant, qui sépare la bouche du pharynx. *Son articulé près du voile du palais.* → **vélaire.** ▶ **voilage** n. m. Grand rideau de voile. *Des voilages en tergal.* ▶ ①**voiler** v. tr. <conjug. 1> **I· 1·** Couvrir, cacher d'un voile ; étendre un voile sur. *Voiler une statue. Se voiler le visage*, porter le voile. – Loc. ***Se voiler la face*** : refuser de voir ce qui indigne. *Elle s'est voilé la face.* **2·** Littér. Dissimuler. → **estomper, masquer.** *Il tente de voiler la vérité.* / contr. dévoiler / **3·** Rendre moins visible, moins net. → **obscurcir.** – Au p. p. adj. *Ses beaux yeux voilés de larmes.* **II·** ***Se voiler*** v. pron. réfl. **1·** Porter le voile. *Certaines musulmanes se voilent.* **2·** Perdre son éclat, se ternir. *Ses yeux, son regard se voile. Le ciel se voile*, se couvre. **3·** (Voix) Perdre sa netteté, sa sonorité. ▶ **voilé, ée I·** Participe passé de *voiler. Être voilé(e).* **II·** Adj. **1·** Recouvert d'un voile. *Femme voilée.* **2·** Rendu obscur, incompréhensible. *Sens voilé. S'exprimer en termes voilés*, par allusions. **3·** Qui a peu d'éclat, de netteté. *Ciel voilé. Regard voilé*, terne, trouble. / contr. clair, limpide / – *Photo voilée*, qui présente un voile. **4·** (Voix) Qui n'émet pas des sons clairs. → **enroué.** / contr. sonore / ▶ **voi-**

lette n. f. Petit voile transparent que les femmes portent à leur chapeau, et qui peut couvrir le visage. ▷ **dévoiler,** ① **voile,** ② **se voiler**

② **se voiler** v. pron. < conjug. 1 > Se dit d'une roue qui s'est légèrement tordue. – Au p. p. adj. *Sa bicyclette a une roue voilée.*

voir [vwaʀ] v. < conjug. 30 > **I·** V. intr. Recevoir les images des objets par le sens de la vue*. *Les aveugles ne voient pas. Il ne voit que d'un œil.* → **borgne.** *Voir trouble, confusément. Je ne vois pas clair. Les rapaces voient loin.* – Fig. *Voir loin,* prévoir. **II·** V. tr. dir. **1·** Percevoir (qqch.) par les yeux. *Voir qqch. de ses yeux, de ses propres yeux. Il a tout vu, tout observé sans être vu. Je ne le verrai pas. Je l'ai à peine vu.* → **apercevoir, entrevoir.** *Une femme agréable à voir,* jolie. *C'est à voir,* cela mérite d'être vu. *J'ai vu cela dans le journal.* → **lire.** – ***Faire voir*** : montrer. *Faites voir ce livre.* – (Personnes) *Se faire voir,* se montrer. Fam. *S'il n'est pas content, qu'il aille se faire voir !,* qu'il aille au diable. – ***Laisser voir*** : permettre qu'on voie ; ne pas cacher. *Ne pas laisser voir son trouble. Décolleté qui laisse voir la naissance des seins.* – ***Voir que, comme, si...*** *J'ai vu qu'il allait tomber. Vous voyez comme c'est beau. Allons voir si elle est prête.* **2·** Avoir l'image de (qqn, qqch.) dans l'esprit. → se **représenter.** *Ma future maison, je la vois en Bretagne.* – Fam. *Tu vois ça d'ici !,* tu imagines. **3·** (Avec un compl. suivi d'un infinitif) *Je vois tout tourner. Les voitures que j'ai vues rouler* (ce sont les voitures qui roulent : accord du participe). *Les voitures que j'ai vu conduire* (le compl. de *voir* n'est pas le sujet du verbe à l'infinitif : pas d'accord). Loc. *On vous voit venir,* vos intentions sont connues. *Il faut voir venir,* attendre. – *Le pays qui l'a vue naître,* où elle est née. *Ce journal a vu son tirage augmenter.* – (Avec un compl. suivi d'un attribut) *Quand je l'ai vue si malade, j'ai appelé le médecin. Je voudrais la voir heureuse. Vous m'en voyez désolée.* Fam. *Je voudrais vous y voir !* (dans cet état, cette situation), ce n'est guère facile. – (Avec un compl. suivi d'une propos. relative) *Je les vois qui arrivent.* – (Avec un compl. suivi d'une propos. au participe) *Je la vois montant l'escalier.* **4·** Être spectateur, témoin de (qqch.). *Voir une pièce de théâtre.* → **assister.** – *Voir une ville, un pays,* y aller, visiter. Loc. *Voir Naples et mourir* (parce qu'il n'y a rien de plus beau à voir). *Voir du pays,* voyager. – Loc. *On aura tout vu,* c'est le comble. *J'en ai vu d'autres !,* j'ai vu pire. *Il en a vu, dans sa vie,* il a eu des malheurs. – *En* ***faire voir*** *à qqn,* lui causer des tourments. *Il m'en fait voir de toutes les couleurs,* il me tourmente. **5·** Être, se trouver en présence de (qqn). *Je l'ai déjà vu.* → **rencontrer.** *Il ne veut voir personne.* → **recevoir ; fréquenter.** – Fam. *Je l'ai assez vu,* j'en suis las. *Aller voir qqn,* lui rendre visite. *Je ne peux pas le voir,* je le déteste. → fam. **encaisser, sentir. 6·** Regarder attentivement, avec intérêt. → **examiner.** *J'ai vu des fautes dans ta dictée. Il faut voir cela de plus près. Voyez ci-dessous. Voir un malade,* l'examiner. (Sans compl.) *Il ne sait pas voir,* il est mauvais observateur. **7·** Fig. Se faire une opinion sur (qqch.). *Voyons un peu cette affaire.* → **considérer, étudier.** (Sans compl.) *Nous allons voir,* réfléchir (avant un choix). *C'est tout vu,* c'est tout décidé. – Prov. *Qui vivra verra,* l'avenir seul permettra d'en juger. – *On verra bien !,* attendons la suite des événements. – ***Pour voir*** : pour se faire une opinion. En menace. *Essaie un peu, pour voir !* – ***Voir que, comme, combien...*** → **constater.** *Voyez comme le hasard fait bien les choses !* – ***Voir si...*** *Voyez si elle accepte,* informez-vous-en. – *Tu vois, vois-tu, voyez-vous,* appuie une opinion en invitant à la réflexion. *Ce qu'il faut, vois-tu, c'est...* – *Regardez voir, dites voir,* pour voir. Fam. *Voyons voir !* – ***Voyons !*** : s'emploie pour rappeler à la raison, à l'ordre. *Un peu de bon sens, voyons !* **8·** Se représenter par la pensée. → **concevoir, imaginer.** *Voir la réalité telle qu'elle est. Vous voyez ce que je veux dire ? Ah ! je vois !,* je comprends fort bien (souvent iron.). *Si vous n'y voyez pas d'inconvénient,* si vous êtes d'accord. – *Voir grand,* avoir de grands projets. – *Voir mal,* avoir du mal à comprendre. *On voit mal comment il va s'en sortir, où il veut en venir.* – *Elle voyait en lui un ami,* elle le considérait comme... – *Voir qqch. à,* d'après, par. « *à quoi voyez-vous cela ? — à ses vêtements.* » **9·** ***Avoir*** *qqch.* ***à voir*** *(avec, dans)* : avoir une relation, un rapport avec (seulement avec *pas, rien, peu*). *Je n'ai rien à voir dans cette affaire, là-dedans,* je n'y suis pour rien. *Cela n'a rien à voir !,* c'est tout différent. **III·** V. tr. ind. ***Voir à*** (+ infinitif) : songer, veiller à. – Littér. *Nous verrons à vous récompenser plus tard.* – Fam. *Il faudrait voir à ne pas nous raconter d'histoires !* **IV·** ***Se voir*** v. pron. **1·** (Réfl.) Voir sa propre image. *Elle s'est vue dans la glace.* – (Avec un attribut d'objet, un compl.) *Elle ne s'est pas vue mourir.* → **sentir.** *Elle s'est vue contrainte de renoncer,* elle fut, elle se trouva contrainte. *Elle s'est vu refuser son passage en cinquième,* on lui a refusé... *Ils se voyaient déjà morts,* ils se croyaient morts. **2·** (Récipr.) Se rencontrer, se trouver ensemble. *Des amoureux qui se voient en cachette. Ils ne se voient pas.* → se **fréquenter.** – *Ils ne peuvent pas se voir,* ils se détestent. → se **sentir. 3·** (Passif) Être, pouvoir être vu. – Être remarqué, visible. *La retouche ne se voit pas.* – Se rencontrer, se trouver. *Cela se voit tous les jours,* c'est fréquent. *Cela ne s'est jamais vu,* c'est impossible. ▷ **entrevoir, m'as-tu-vu, prévoir, revoir, voici, voilà,** ①, ②, ③ **voyant, voyeur, vu, vue**

voire [vwaʀ] adv. (Employé pour renforcer une assertion, une idée) Et même. *Ce remède est inutile, voire dangereux.* ≠ voir. – REM. Éviter d'employer *voire même.*

voirie [vwaʀi] n. f. **1·** Aménagement et entretien des voies, des chemins ; administration publique qui s'occupe de l'ensemble des voies de communication. **2·** Plus cour. Enlèvement quotidien des ordures dans les villes. *Service de voirie.*

voisin, ine [vwazɛ̃, in] adj. et n. **I·** Adj. **1·** Qui est à une distance relativement petite. → **proche, rapproché.** *La ville voisine.* / contr. distant, éloigné / – Qui touche, est à côté. *La pièce voisine.* → **attenant, contigu.** *Les pays voisins.* → **limitrophe.** – Proche dans le temps. *Les années voisines de 1789.* **2·** Qui présente un trait de ressemblance, une analogie. *Des idées voisines.* – *Voisin de...,* qui se rapproche de. *Un véhicule voisin de la bicyclette.* → **semblable** à. / contr. différent / **II·** N. **1·** Personne qui vit, habite le plus près. *Mes voisins de palier. Entre voisins, on peut se rendre quelques services.* – Personne qui occupe la place la plus proche. *Voisin de table. Ma voisine de droite.* – Habitants d'un pays contigu ou peu éloigné. *Nos voisins belges, allemands* (disent les Français). **2·** Autrui. *Jalouser le sort du voisin.* ▶ **voisinage** n. m. **1·** Ensemble des voisins. → **entourage.** *Tout le voisinage a été averti.* **2·** Relations entre voisins. *Être, vivre en bon voisinage avec qqn. Relations de bon voisinage.* **3·** Proximité. *Le voisinage de la mer.* **4·** Espace qui se trouve à proximité, à faible distance. *Les maisons du voisinage, qui sont dans le voisinage.* → **environ(s), parages.** ▶ **voisiner** v. intr. < conjug. 1 > **1·** Littér. Visiter, fréquenter ses voisins. **2·** *Voisiner avec,* être placé près de (qqn, qqch.). ▷ **avoisiner**

voiture [vwatyʀ] n. f. **1·** Véhicule monté sur roues tiré ou poussé par un animal, un homme. *Voiture à deux, quatre roues. Voiture à cheval, à âne.* – *Voiture à bras,* poussée ou tirée par des personnes. – *Voiture d'enfant,* dans laquelle on promène les bébés. → **landau, poussette.** Vx. *Voiture d'infirme.* → fauteuil **roulant.** *Quand je serai dans une petite voiture,* vieux et infirme. **2·** Véhicule automobile. → **automobile ;** fam. **bagnole, caisse, tire.** *Voiture décapotable, à toit ouvrant.* → **cabriolet.** *Voiture de course, de sport, de tourisme. Voiture neuve, d'occasion.* Loc. *Voiture de place,* louée avec chauffeur. *Encombrement de voitures.* → **embouteillage.** *Accident de voiture.* – *Conduire, garer sa voiture. Voitures en stationnement.* **3·** Dans le langage des chemins de fer. Grand véhicule, roulant sur des rails, destiné aux voyageurs (appelé couramment, à tort, *wagon*). *Voiture de tête, de queue ; de première, de seconde.* – Loc. *En voiture !,* montez dans le train, le train va partir. ▶ **voiturer** v. tr. < conjug. 1 > Transporter (qqch.) dans une voiture. → **véhiculer.** – Fam. Transporter, mener (qqn) en voiture, en automobile. ▶ **voiturette** n. f. Petite voiture. ▶ **voiturier** n. m. Employé d'un hôtel ou d'un casino chargé de garer les voitures des clients. *Voituriers et bagagistes.* ▷ **covoiturage**

voix [vwa(ɑ)] n. f. invar. **I· 1·** Dans l'espèce humaine. Sons produits par le larynx, quand les cordes vocales entrent en vibration (sous l'effet d'une excitation nerveuse rythmique). *De la voix.* → **vocal.** *Extinction de voix* (→ **aphone**). *Voix forte, puissante, bien timbrée. Une grosse voix,* grave et forte. *Voix faible, cassée, chevrotante. Voix aiguë, perçante. Voix de crécelle, de fausset. Voix grave, basse. Tremblement de la voix. Éclats de voix.* – (Contexte du chant) *Voix de poitrine, voix de tête. Travailler sa voix. Avoir de la voix,* une voix appropriée au chant. *Forcer sa voix. Une belle voix.* – Loc. *Être sans voix,* être aphone ; rester interdit sous l'effet de l'émotion. → **muet.** *De vive voix,* en parlant ; oralement. *Parler à voix basse, à mi-voix, à voix haute ; à haute et intelligible voix. Élever la voix. Couvrir la voix de qqn,* parler plus fort que lui. *Baisser la voix.* – *Il l'exhorte de la voix et du geste,* de la parole et du geste. – *Parler d'une seule voix,* exprimer collectivement la même opinion, défendre le même point de vue. **2·** La personne qui parle, et qu'on ne voit pas (avec *dire, crier, faire...*). *Une voix lui cria d'entrer.* – *Entendre des voix,* croire entendre des gens qui parlent. **3·** Littér. Cri (d'animal) ; bruit, son (d'instruments de musique, de phénomènes de la nature, de certains objets). *Les chiens donnent de la voix,* aboient. *On entend la voix du vent.* **II·** Fig. **1·** Ce que l'être humain ressent en lui-même, qui l'avertit, l'inspire. *La voix de la conscience, de la raison.* → **avis, conseil.** **2·** Expression de l'opinion. → **avis, jugement.** *La voix du peuple,* de l'opinion. – Droit de donner son opinion dans une assemblée. → **vote.** *Avoir voix consultative* (dans une assemblée). – Avis favorable d'une personne qui a ce droit. → **suffrage.** *Donner sa voix à un candidat,* voter pour lui. *Majorité, unanimité des voix. Gagner des voix.* **III·** En grammaire. Aspect de l'action verbale dans ses rapports avec le sujet, suivant que l'action est considérée comme accomplie par lui (*voix active*), ou subie par lui (*voix passive*). ≠ voie. ▷ **à mi-voix, porte-voix, voyelle**

①**vol** [vɔl] n. m. **1·** Action de voler ① ; ensemble des mouvements coordonnés faits par les animaux capables de se maintenir et de se déplacer en l'air. *Vol des oiseaux, des insectes.* ***Prendre son vol*** : s'envoler. – Loc. *Prendre son vol (son essor),* améliorer sa position, sa situation. ***Au vol*** : rapidement au passage. *Attraper une balle au vol.*

Cueillir une impression au vol. – *Dix kilomètres à vol d'oiseau,* en ligne droite. – ***De haut vol*** : de grande envergure. → de haute **volée.** *Un filou, un escroc de haut vol.* **2·** Le fait, pour un engin, de se soutenir et de se déplacer dans l'air. *Altitude, vitesse de vol d'un avion, d'un planeur. Vol au-dessus d'un lieu.* → **survol.** *Début du vol.* → **décollage ;** s'**envoler.** *Fin du vol.* → **atterrissage.** *Vol plané* (moteurs arrêtés). *En vol, en plein vol,* pendant le vol (se dit de l'engin, de son pilote, des passagers). – ***Vol à voile*** : manœuvre des planeurs. – *Un vol,* déplacement en vol. *Faire plusieurs vols en une journée. Le vol AF 720 pour Moscou est retardé.* **3·** Distance parcourue en volant (par un oiseau, un insecte) ; le fait de voler d'un lieu à un autre. *Les grands vols migrateurs des oies sauvages.* **4·** La quantité (d'oiseaux, d'insectes) qui se déplacent ensemble dans l'air. → **volée.** *Vol de perdreaux, de sauterelles.* → **nuage, nuée.**

2 **vol** n. m. **1·** Le fait de s'emparer du bien d'autrui, par la force ou à son insu ; action qui consiste à prendre frauduleusement le bien d'autrui. → 2 **voler.** *Commettre un vol. Vol avec effraction, à main armée.* → **attaque, hold-up. 2·** Le fait de faire payer à autrui plus qu'il ne doit, ou de ne pas donner ce que l'on doit. *Cent euros ce repas, c'est du vol.*

volage [vɔlaʒ] adj. Littér. Qui change souvent et facilement de sentiments (surtout dans les relations amoureuses) ; qui se détache facilement. → **frivole, inconstant, léger.** /contr. fidèle/ *Des jeunes gens volages.* – *Être d'humeur volage.*

volaille [vɔlaj] n. f. **1·** Ensemble des oiseaux qu'on élève pour leurs œufs ou leur chair (poules, canards, oies, dindons, etc.). – Viande de volaille. *Manger de la volaille.* **2·** *Une volaille,* oiseau de basse-cour. → **volatile.** *Volaille rôtie, bouillie.* ▶ **volailler, ère** n. Marchand(e) de volailles.

1 **volant, ante** [vɔlɑ̃, ɑ̃t] adj. **1·** Capable de s'élever, de se déplacer dans les airs (pour un être ou un objet qui n'en est pas capable, en règle générale). *Poisson volant.* – *Le tapis volant des légendes orientales. Une soucoupe volante.* – Dans l'aviation. *Personnel volant* (opposé à *rampant*). → **navigant. 2·** Très mobile. *Les brigades volantes de la police des douanes.* – N. f. *La volante,* brigade volante de police. **3·** Qui peut être déplacé facilement. *Pont volant.* → **mobile. 4·** Qui n'est pas attaché. *Feuille volante.* ▷ **cerf-volant**

2 **volant** n. m. **1·** Petit morceau de liège, de bois léger, muni de plumes en couronne, destiné à être lancé et renvoyé à l'aide d'une raquette. – Jeu qui se joue avec des raquettes et un volant. → **badminton.** *Au début du siècle, les jeunes filles jouaient au volant.* **2·** Bande de tissu libre à un bord et formant une garniture rapportée. *Une robe à volants.*

3 **volant** n. m. Dispositif circulaire avec lequel le conducteur oriente les roues directrices d'un véhicule automobile. *Tenir le volant, être, se mettre au volant,* conduire. *Avec ma femme, nous nous sommes relayés au volant.* – Conduite, manœuvre des automobiles. *Les as du volant.*

volatil, ile [vɔlatil] adj. Qui passe facilement à l'état de vapeur. *Matières volatiles inflammables.* ▶ **se volatiliser** v. pron. réfl. <conjug. 1> **1·** Passer à l'état de vapeur. **2·** Se dissiper, disparaître. → s'**évaporer.** *Tout à coup, Jean s'est volatilisé.* → **éclipser.** *Où est mon stylo, il ne s'est pourtant pas volatilisé !* → s'**envoler.**

volatile [vɔlatil] n. m. Oiseau domestique, de basse-cour. → **volaille.**

vol-au-vent [vɔlovɑ̃] n. m. invar. Plat formé d'un moule de pâte feuilletée garni d'une préparation de viande ou de poisson en sauce, avec des champignons, des quenelles, etc. → **timbale.** *Les bouchées à la reine sont de petits vol-au-vent. Des vol-au-vent.*

volcan [vɔlkɑ̃] n. m. **1·** Montagne qui émet ou a émis des matières en fusion. *L'éruption d'un volcan. La lave d'un volcan. Cheminée, cratères d'un volcan. Volcan en activité ; volcan éteint. Volcan sous-marin.* **2·** *Nous sommes sur un volcan,* dans une situation très dangereuse. **3·** Personne au caractère violent, emporté, impétueux. *Cet homme est un vrai volcan.* ▶ **volcanique** adj. **1·** Relatif aux volcans et à leur activité. *Activité, éruption volcanique. Matières volcaniques,* provenant d'un volcan (cendres, lave...). – *Régions volcaniques.* **2·** Ardent, impétueux. *Tempérament volcanique.* → **explosif.** ▶ **volcanisme** n. m. Ensemble des manifestations géologiques et géographiques par lesquelles les couches profondes de la Terre (magma) entrent en contact avec la surface. *Le volcanisme et les séismes.* ▶ **volcanologie** n. f. Science qui étudie les phénomènes volcaniques. – REM. On trouve aussi *vulcanologie,* n. f. ▶ **volcanologue** n. Spécialiste de la volcanologie. – REM. On trouve aussi *vulcanologue,* n.

volée [vɔle] n. f. **I· 1·** Groupe d'oiseaux qui volent ou s'envolent ensemble. → **vol.** *Une volée de moineaux.* **2·** En Suisse. élèves d'une même promotion. *La dernière volée d'infirmières.* **3·** ***De haute volée*** : de haut rang ; de grande envergure. *Un escroc de haute volée.* → 1 **vol. II· 1·** Mouvement rapide ou violent (de ce qui est lancé, jeté ou balancé : projectiles, cloches). *Volée de flèches, de plombs.* – ***À la volée, à toute volée*** : en faisant un mouvement ample, avec force. *Lancer une* *pierre à toute volée. Refermer une porte à la volée.* **2·** Mouvement de ce qui a été lancé et n'a pas encore touché le sol. *Attraper une balle à la volée, reprendre une balle de volée,* au football, au tennis, au volley-ball, en l'air, au vol. – *Une volée,* coup par lequel on renvoie une balle avant qu'elle n'ait touché le sol. *Volée de revers* (au tennis). **3·** Suite de coups rapprochés. *Volée de coups de bâton.* – Fam. *Il a reçu, on lui a flanqué une bonne volée.* → fam. **raclée,** ① **trempe.**

① **voler** [vɔle] v. intr. < conjug. 1 > **1·** Se soutenir et se déplacer dans l'air au moyen d'ailes. *Un jeune oiseau qui commence à voler.* → **voleter.** – Loc. *On entendrait voler une mouche,* il n'y a aucun bruit. – Loc. fam. *Se voler dans les plumes, voler dans les plumes à, de qqn* (comme des oiseaux qui se battent), se battre, se jeter l'un sur l'autre. – Se soutenir et se déplacer au-dessus du sol. *Voler à haute altitude.* – Se trouver dans un appareil en vol ; effectuer des vols. *Ce pilote a cessé de voler à cause de sa vue.* **2·** Littér. Être projeté dans l'air. *Pierre, flèche qui vole vers son but.* – Flotter. *Son voile volait au vent.* – Loc. ***Voler en éclats*** : éclater, se briser de manière que les éclats volent au loin. **3·** (Personnes) Aller très vite, s'élancer. *Voler vers qqn, dans ses bras. Elle a volé à mon secours.* ▷ **convoler, envol, survol,** ① **vol, volage, volaille,** ① **volant,** ② **volant, volatil, volatile, vol-au-vent, volée, voleter, volière, voltiger**

② **voler** v. tr. < conjug. 1 > **I·** *Voler qqch.* **1·** Prendre ce qui appartient à qqn, contre son gré ou à son insu. → **dérober, s'emparer** (de) ; fam. ② **barboter, chaparder, chiper, faucher, piquer, rafler, tirer ;** ② **vol, voleur.** *Voler de l'argent, des bijoux, cent euros. Elle s'est fait voler sa voiture.* – Au p. p. adj. *Une voiture volée.* – Prov. *Qui vole un œuf vole un bœuf,* celui qui commet un petit larcin finira par en commettre de grands. – Sans compl. Commettre un vol. → **cambrioler.** *Voler à main armée. Il vole dans les grandes surfaces. L'impulsion à voler des kleptomanes.* **2·** S'approprier (ce à quoi on n'a pas droit). *Voler un titre, une réputation.* → **usurper.** – Loc. fam. *Il ne l'a pas volé,* il l'a bien mérité (cette punition, cet ennui). **3·** Donner comme sien (ce qu'on a emprunté). → **s'attribuer.** *Voler une idée.* → **plagier. II·** *Voler qqn.* **1·** Dépouiller (qqn) de son bien, de sa propriété, par force ou par ruse. → **cambrioler, détrousser, dévaliser, escroquer.** *Il s'est fait voler par des cambrioleurs.* – Au p. p. adj. *Une personne volée.* **2·** Ne pas donner ce que l'on doit ou prendre plus qu'il n'est dû à (qqn). *Voler le client.* → **rouler.** – Loc. *Il nous a volés comme dans un bois,* sans que nous puissions nous défendre. – Loc. fam. *On n'est pas volé,* on en a pour son argent, on n'est pas déçu. ▷ **antivol,** ② **vol, voleur**

volet [vɔlɛ] n. m. **1·** Panneau (de menuiserie ou de métal) ou battant qui protège une baie (à l'extérieur ou à l'intérieur). → **contrevent, jalousie, persienne.** *Ouvrir, fermer les volets.* **2·** Vantail, aile, partie (d'un objet qui se replie). *Le panneau central et les deux volets d'un triptyque. Les trois volets d'un permis de conduire* (en France). – Fig. Partie d'un programme. *Le deuxième volet d'une émission télévisée.* **3·** Loc. ***Trier sur le volet*** : choisir avec le plus grand soin. → **sélectionner.** *Des personnes triées sur le volet.*

voleter [vɔlte] v. intr. < conjug. 4 > Voler ① à petits coups d'aile, en se posant souvent, en changeant fréquemment de direction. → **voltiger.** *Des papillons volettent autour de la lampe.*

voleur, euse [vɔlœʀ, øz] n. et adj. **1·** Personne qui vole ② ou a volé le bien d'autrui ; personne qui tire ses ressources de délits de vol. → **cambrioleur, pickpocket.** *On a arrêté le voleur. Voleurs organisés en bande.* → **bandit, gangster.** *Le milieu des voleurs.* → **milieu, pègre.** *C'est une voleuse, un rat d'hôtel.* – Loc. *Voleurs de grand chemin,* qui opéraient sur les grandes routes. → **brigand.** – *Un voleur d'enfants.* → **kidnappeur, ravisseur.** – *Jouer au gendarme et au voleur* (jeu de poursuite). – *Crier, appeler au voleur* (pour le faire arrêter). *Au voleur !,* au secours ! **2·** Personne qui détourne à son profit l'argent d'autrui (sans prendre d'objet matériel), ou ne donne pas ce qu'elle doit. → **escroc.** *Ce commerçant est un voleur.* **3·** Adj. Qui dérobe ou soustrait de l'argent, ne donne pas ce qu'il doit. *Il est voleur.*

volière [vɔljɛʀ] n. f. Enclos grillagé assez vaste pour que les oiseaux enfermés puissent y voler. → **cage.**

volige [vɔliʒ] n. f. Latte sur laquelle sont fixées les ardoises, les tuiles d'un toit.

volition [vɔlisjɔ̃] n. f. Psychologie. Acte de volonté. ▶ **volitif, ive** adj. Relatif à la volonté.

volley-ball [vɔlɛbol] ou **volley** [vɔlɛ] n. m. Sport opposant deux équipes de six joueurs, séparées par un filet, au-dessus duquel chaque camp doit renvoyer le ballon à la main et de volée. *Jouer au volley. Terrain, match de volley.* ▶ **volleyeur, euse** n. Joueur, joueuse de volley-ball.

volonté [vɔlɔ̃te] n. f. **I· 1·** Ce que veut qqn et qui tend à se manifester par une décision effective conforme à une intention. → **dessein, détermination, intention, résolution,** ② **vouloir.** *Imposer sa volonté à qqn. Accomplir, faire la volonté de qqn.* – Fam. *Faire les* ***quatre volontés*** *de qqn* : tout ce qu'il veut. – Loc. ***À volonté*** : de la manière qu'on veut et autant qu'on veut. → **à discrétion.** *Avoir qqch. à volonté. Vin à volonté.* – *Les dernières volontés de qqn,* celles qu'il manifeste avant de mourir pour qu'on les exécute après sa mort.

– (Suivi d'un compl. désignant ce qui est voulu) *Il nous a dit sa volonté de se marier. Volonté de puissance.* **2·** *Bonne volonté :* disposition à bien faire, à faire volontiers. *Avec la meilleure volonté du monde, je ne pourrais pas. Les bonnes volontés,* les gens de bonne volonté. – *Mauvaise volonté :* disposition à se dérober (aux ordres, aux devoirs) ou faire ce qu'on doit de mauvaise grâce. *Vous y mettez de la mauvaise volonté.* **II·** *La volonté,* faculté de vouloir, de se déterminer librement à agir ou à s'abstenir. *Effort de volonté.* – Cette faculté, considérée comme une qualité individuelle. *Il a de la volonté, une volonté de fer.* → **caractère, énergie, fermeté, résolution.** *Il n'a pas de volonté.* → **faible.** ▶ **volontaire** adj. et n. **1·** Qui résulte d'un acte de volonté (et non de l'automatisme, des réflexes ou des impulsions). → **délibéré, intentionnel, voulu.** / contr. involontaire / *Acte, mouvement volontaire.* – Qui n'est pas forcé, obligatoire. *Contribution volontaire.* **2·** Qui a, ou marque de la volonté (II), une volonté ferme. → **décidé, opiniâtre.** *Un enfant têtu et volontaire. Un visage, un menton volontaire.* **3·** Qui agit librement, sans contrainte extérieure. *Engagé volontaire :* soldat qui s'engage dans une armée sans y être obligé par la loi. – N. m. *Les volontaires et les appelés.* **4·** N. Personne bénévole qui offre ses services par simple dévouement. *On demande un, une volontaire.* ▶ **volontairement** adv. Par un acte volontaire, délibéré. → **délibérément, exprès, sciemment.** / contr. involontairement / ▶ **volontariat** n. m. Situation d'une personne qui s'engage volontairement pour une mission, un service. ▶ **volontariste** adj. et n. Qui croit pouvoir soumettre le réel à ses volontés. *Une politique volontariste.* – N. *Les volontaristes et les pragmatiques.* ▶ **volontiers** [vɔlɔ̃tje] adv. **1·** Par inclination et avec plaisir, ou du moins sans répugnance. → de bonne **grâce,** de bon **gré.** / contr. à contrecœur / *J'irai volontiers vous voir.* – (En réponse) → **oui.** « *Voulez-vous aller au cinéma ? – Très volontiers.* » **2·** Par une tendance naturelle ou ordinaire. *On condamne volontiers ce qu'on ne comprend pas. Il reste volontiers des heures sans parler.* → **habituellement, ordinairement.**

volt [vɔlt] n. m. Unité pratique de force électromotrice et de différence de potentiel (symb. *V*). *Courant de 110, de 220 volts. Cet appareil ne marche qu'en 220 volts* ou, ellipt, *en 220.* ▶ **voltage** n. m. Force électromotrice ou différence de potentiel mesurée en volts. → **tension ; voltmètre.** – Nombre de volts pour lequel un appareil électrique fonctionne normalement. ▷ **électronvolt, survolté, voltmètre**

voltaire [vɔltɛʀ] n. m. Fauteuil à siège bas, à dossier élevé et légèrement renversé en arrière. *Des voltaires.* – En appos. *Des fauteuils voltaires.*

voltairien, ienne [vɔltɛʀjɛ̃, jɛn] adj. et n. Qui adopte ou exprime l'incrédulité, l'anticléricalisme et le scepticisme railleur de Voltaire. *Esprit voltairien.*

volte [vɔlt] n. f. (Cheval) Tour sur soi-même. ▶ **volte-face** [vɔltəfas] n. f. invar. **1·** Action de se retourner (pour faire face). *Une volte-face sur les talons. Faire volte-face.* → **demi-tour. 2·** Changement brusque et total d'opinion, d'attitude (notamment en politique). → **revirement.** *Les volte-face de l'opposition ont déconcerté le gouvernement.*

voltiger [vɔltiʒe] v. intr. <conjug. 3> **1·** Faire de la voltige. **2·** (Insectes, petits oiseaux) Voleter. *Une nuée d'oiseaux voltigeait dans le jardin.* **3·** (Choses légères) Voler [1], flotter çà et là. ▶ **voltige** n. f. **1·** Exercice d'acrobatie sur la corde, au trapèze volant. → **saut.** *Haute voltige.* – Fam. Acrobatie intellectuelle. **2·** Ensemble des exercices acrobatiques exécutés à cheval (en particulier dans les cirques). ▶ **voltigeur, euse** n. Acrobate qui fait de la voltige.

voltmètre [vɔltmɛtʀ] n. m. Appareil à résistance élevée, servant à mesurer des différences de potentiel (en volts*).

volubilis [vɔlybilis] n. m. invar. Plante ornementale grimpante, à grosses fleurs pourpres ou bleues en entonnoir. → **liseron.**

volubilité [vɔlybilite] n. f. Abondance, rapidité et facilité de parole. → **loquacité.** ▶ **volubile** adj. Qui parle avec abondance, rapidité. → **bavard, loquace.** / contr. silencieux / – *Une explication volubile.*

volucompteur [vɔlykɔ̃tœʀ] n. m. Compteur (d'un distributeur d'essence) qui indique la quantité débitée.

[1] **volume** [vɔlym] n. m. **I· 1·** Partie de l'espace à trois dimensions (qu'occupe un corps) ; quantité qui la mesure. *Le volume d'un corps, d'un solide. Volume d'un récipient,* mesure de ce qu'il peut contenir. → **capacité, contenance.** – Mesure, proportion. *Verser trois volumes d'eau pour un d'alcool.* – En art. Caractère de ce qui a ou représente trois dimensions. **2·** Encombrement d'un corps. *Cela fera beaucoup de volume,* ce sera encombrant. – Quantité globale, masse. *Le volume de la production.* **3·** Figure géométrique à trois dimensions, limitée par des surfaces. → **solide.** *Les lignes, les surfaces et les volumes.* **II·** Intensité (de la voix). → **ampleur.** *Sa voix manque de volume.* – *Volume sonore,* intensité des sons. *Baisse le volume de ta radio !* ▶ **volumétrique** adj. Qui a rapport à la détermination des volumes (I, 1), appelée *volumétrie,* n. f. *Analyse volumétrique.* ▶ **volumateur, trice** adj. Qui donne du volume (à la chevelure, aux cils).

Shampoing volumateur. ▶ **volumineux, euse** adj. Qui a un grand volume, occupe une grande place. → **gros.** *Des paquets volumineux.* → **embarrassant, encombrant.** *Un volumineux dossier.* ▶ **volumique** adj. Relatif à l'unité de volume. *Masse volumique de l'eau* (1 g/cm³ à la température ordinaire). ▷ **volucompteur**

[2] **volume** n. m. **1·** Réunion de cahiers (notamment imprimés) brochés ou reliés ensemble. → **livre.** *Les volumes reliés de la bibliothèque.* **2·** Chacune des parties, brochées ou reliées à part, d'un ouvrage. → **tome.** *Dictionnaire en deux volumes.*

volupté [vɔlypte] n. f. Littér. **1·** Vif plaisir des sens (surtout plaisir sexuel) ; jouissance pleinement goûtée. **2·** Plaisir moral ou esthétique très vif. → **délectation.** *Entendre avec volupté des flatteries.* ▶ **voluptueux, euse** adj. **1·** Qui aime, recherche la jouissance, les plaisirs raffinés. → **sensuel.** – N. *C'est un voluptueux.* – Qui est porté aux plaisirs de l'amour et à leurs raffinements. → **lascif, sensuel.** **2·** Qui exprime ou inspire la volupté, les plaisirs amoureux. *Attitude, danse voluptueuse.* ▶ **voluptueusement** adv. Avec volupté (1), en prenant du plaisir.

volute [vɔlyt] n. f. **1·** Enroulement sculpté en spirale ou en hélice. *Les deux volutes caractéristiques de la colonne ionique.* – *En volute,* en forme de volute. **2·** Forme enroulée en spirale, en hélice. → **enroulement.** *Des volutes de fumée.*

volve [vɔlv] n. f. Membrane qui enveloppe certains jeunes champignons.

vomer [vɔmɛʀ] n. m. Anatomie. Os du nez, partie supérieure de la cloison des fosses nasales.

vomir [vɔmiʀ] v. tr. <conjug. 2> **1·** Rejeter spasmodiquement par la bouche (ce qui est contenu dans l'estomac). → **régurgiter, rendre ;** fam. **dégobiller, dégueuler.** *Il a vomi tout son repas.* – Sans compl. *Avoir envie de vomir,* avoir des nausées. – Loc. *C'est à vomir,* cela soulève le cœur, c'est ignoble. **2·** Rejeter avec violence et répugnance. *Il vomit les bourgeois.* → **exécrer. 3·** Littér. Laisser sortir, projeter au dehors. – Au p. p. adj. *Vapeurs, laves vomies par un volcan.* – Proférer avec violence (des injures, des blasphèmes). ▶ **vomi** n. m. sing. Fam. Vomissure. *Ça sent le vomi.* ▶ **vomissement** n. m. **1·** Fait de vomir. *Vomissements de sang.* **2·** Matière vomie. → **vomi, vomissure.** ▶ **vomissure** n. f. Matière vomie. ▶ **vomitif, ive** adj. **1·** Qui provoque le vomissement. → **émétique.** – N. m. *Un vomitif puissant.* **2·** Fam. Qui est à faire vomir ; répugnant. *Ce tableau est vomitif.*

vorace [vɔʀas] adj. **1·** Qui dévore, mange avec avidité. *Ce chien est vorace.* – (Personnes) Glouton, goulu. – *Un appétit vorace.* **2·** Avide, insatiable. *Curiosité vorace.* ▶ **voracement** adv. Avec voracité. ▶ **voracité** n. f. **1·** Avidité à manger, à dévorer. → **gloutonnerie, goinfrerie.** *Manger avec voracité.* **2·** Avidité à satisfaire un désir ; âpreté au gain.

-vore Élément de mots savants signifiant « qui mange... » (ex. : *carnivore*).

vos → **votre.**

vote [vɔt] n. m. **1·** Opinion exprimée, dans une assemblée délibérante, un corps politique. → **suffrage, voix.** *Compter les votes favorables.* – Le fait d'exprimer ou de pouvoir exprimer une telle opinion ; mode de scrutin. *Droit de vote. Vote par correspondance.* **2·** Opération par laquelle les membres d'un corps politique donnent leur avis. → **consultation, élection.** *Nous allons procéder au vote. Bulletin, bureau, urne de vote.* – Décision positive ainsi obtenue. *Vote d'une loi.* → **adoption.** /contr. rejet/ ▶ **voter** v. <conjug. 1> **1·** V. intr. Exprimer son opinion par son vote, son suffrage. *Voter à droite, à gauche. Voter pour un parti.* – Ellipt. *Voter socialiste.* **2·** V. tr. Contribuer à faire adopter par son vote ; décider par un vote majoritaire. *Ceux qui ont voté la loi. La motion a été votée. Voter des crédits.* → **allouer, débloquer.** ▶ **votant, ante** n. Personne qui a le droit de voter et qui participe à un vote. *Les inscrits et les votants.* ▶ **votation** n. f. En Suisse. Vote. *Votation populaire* : référendum.

votif, ive [vɔtif, iv] adj. Littér. Qui commémore l'accomplissement d'un vœu (1), est offert comme gage d'un vœu. *Inscription, offrande votive.*

votre [vɔtʀ], plur. **vos** [vo] dét. poss. Déterminant possessif de la deuxième personne du pluriel et des deux genres, correspondant au pronom personnel *vous.* **I·** Qui vous appartient, a rapport à vous. **1·** (Représentant un groupe dont le locuteur est exclu) *Vos histoires, mesdemoiselles, ne m'intéressent pas.* **2·** (Représentant une seule personne à laquelle on s'adresse au pluriel de politesse) *Donnez-moi votre adresse, Monsieur. À votre place, j'irais.* – *Votre Excellence.* **3·** (Emploi stylistique) *Votre Monsieur X est un escroc,* celui dont vous parlez, qui vous intéresse, etc. **II·** (Sens objectif) De vous, de votre personne. *C'est pour votre bien. Pour votre gouverne.*

vôtre, vôtres [votʀ] adj., pronom poss. et n. **I·** Adj. (attribut). Littér. À vous. *Cette maison est vôtre. Mes idées que vous avez faites vôtres.* **II·** Pronom (avec l'article). ***Le vôtre, la vôtre, les vôtres*** : désigne ce qui appartient, a rapport à un groupe de personnes auquel le locuteur n'appartient pas ; ou à une personne à laquelle on s'adresse au pluriel de politesse. *C'est le vôtre. Rendez-moi le mien et gardez les vôtres.* – Fam. *À la (bonne) vôtre,* à votre santé. **III·** N. m. Loc. *Il faut que vous y mettiez du* *vôtre.* → **mettre.** – *Les vôtres :* vos parents, vos amis, vos partisans. *Je ne pourrai être des vôtres,* être parmi vous.

vouer [vwe] v. tr. < conjug. 1 > **1**· Consacrer (qqn à Dieu, à un saint) par un vœu. – Loc. Pronominalement (réfl.). *Ne plus savoir à quel saint se vouer,* à qui recourir. **2**· Promettre, engager d'une manière solennelle. *Elle lui a voué une amitié éternelle.* **3**· Employer avec un zèle soutenu. → **consacrer.** *Elle a voué son temps à soigner les malades.* – Pronominalement (réfl.). *Elle s'est vouée à cette cause.* **4**· Destiner irrévocablement (à un état, une activité). → **condamner.** – Au p. p. adj. *Voué à périr. Un vieux quartier voué à la démolition.* ▷ se **dévouer, vœu**

1 **vouloir** [vulwaʀ] v. tr. < conjug. 31 > **I**· **1**· Avoir la volonté*, le désir de. – (+ infinitif) *Il voulait le voir.* → **désirer, souhaiter, tenir** à. *J'aurais voulu tout lui dire. Je voudrais bien la connaître. Je voudrais vous voir seul* (atténuation de *je veux,* par politesse). – (Impératif de politesse) *Veuillez m'excuser.* – Fam. (Choses) *Ce stylo ne veut plus écrire.* **2**· *Vouloir dire* (suj. chose et personne). → 1 **dire** (III, 4). **3**· *Vouloir que...* (suivi d'une proposition complétive au subjonctif, dont le sujet ne peut être celui de *vouloir*). *Il veut que je lui fasse la lecture.* – Fam. *Qu'est-ce que vous voulez que j'y fasse ? Que voulez-vous que je vous dise ?,* je n'y peux rien, c'est comme ça. Ellipt. *Que veux-tu ? Que voulez-vous ?* (marque l'embarras ou la résignation). **4**· Loc. (Avec un pronom complément neutre représentant un infinitif, une complétive) *Vous l'avez voulu, bien voulu,* c'est votre faute. *Que tu le veuilles ou non. Sans le vouloir,* involontairement. – (Avec ellipse du compl.) *Tant que vous voudrez. Si tu veux, si vous voulez, si on veut,* sert à introduire une expression qu'on suppose préférée par l'interlocuteur. **5**· (Avec un nom, un pronom compl.) Prétendre obtenir, ou souhaiter que se produise... → **demander, désirer.** *Elle veut absolument sa tranquillité. Voulez-vous des légumes ? Elle les a voulus. Il m'a donné tous les renseignements que j'ai voulu (avoir). J'en veux, je n'en veux plus. En vouloir pour son argent.* – *Vouloir qqch. à qqn,* souhaiter que qqch. arrive à qqn. *Je ne lui veux aucun mal.* – *Vouloir qqch. de qqn,* vouloir obtenir de lui. → **attendre.** *Que voulez-vous de moi ?* **6**· *En vouloir à :* s'en prendre à. *En vouloir à la vie de qqn.* – Garder du ressentiment, de la rancune contre (qqn). *Il m'en veut. Je lui en veux d'avoir menti. Ne m'en veuillez plus.* – *S'en vouloir de,* se reprocher de. → se **repentir.** *Je m'en veux d'avoir accepté.* **7**· (Avec un attribut du complément) Souhaiter avoir (une chose qui présente certain caractère). *Je veux une robe bon marché. Comment voulez-vous votre viande ? Je la veux saignante. Je les ai voulus aussi complets que possible.* **8**· *Vouloir de qqch., qqn :* être disposé à s'intéresser ou à se satisfaire de, à accepter. *Personne ne voulait d'elle.* **9**· Sans compl. Faire preuve de volonté. *Pour réussir, il faut vouloir. Le fait de vouloir.* → **volition.** **II**· **1**· (Avec un sujet de chose, auquel on prête une sorte de volonté) *Le hasard voulut qu'ils se rencontrent.* **2**· Donner pour vrai, affirmer. → **prétendre.** *Cette thèse veut nous dire ceci.* – *La légende veut que* (+ subjonctif). **3**· Fam. *Je veux !,* formule d'approbation ou d'affirmation énergique. « *Ça te branche d'aller à la mer ? – Je veux !* » **III**· Consentir, accepter. *Si vous voulez me suivre.* – (Pour exprimer une prière polie) *Voulez-vous avoir l'obligeance de signer ici.* – (Pour marquer un ordre) *Veux-tu te taire !* – ***Vouloir bien.*** *Nous passerons ici, si vous voulez bien.* → être d'**accord.** Iron. *Ils trouvent ça beau ; moi je veux bien.* ▶ **voulu, ue** adj. **1**· Exigé, requis par les circonstances. *C'est la quantité voulue.* **2**· Délibéré, volontaire. – Fam. *C'est voulu,* ce n'est pas le fait du hasard. ▶ 2 **vouloir** n. m. **1**· Littér. Faculté de vouloir. → **volonté.** **2**· ***Bon, mauvais vouloir*** : bonne, mauvaise volonté.

vous [vu] pronom pers. **I**· Pronom personnel de la deuxième personne du pluriel (réel ou de politesse). **1**· Plur. *Pourquoi n'êtes-vous pas tous partis ?* **2**· Sing. (Remplaçant *tu, toi,* dans le vouvoiement) *Que voulez-vous, Monsieur ? Madame, on vous a appelée.* **3**· (Renforcé) *Vous devriez lui en parler vous-même.* – *À vous deux, vous y arriverez bien.* **II**· Indéfini. (Remplace le compl. ou en fait fonction) *La pluie vous transperçait jusqu'aux os.* **III**· Nominal. *Il me dit vous depuis toujours.* → **vouvoyer.** ▷ **garde-à-vous, rendez-vous, vouvoyer**

voussure [vusyʀ] n. f. Partie courbe (d'une voûte, d'un arc).

voûte [vut] n. f. **1**· Ouvrage de maçonnerie cintré, fait de pierres spécialement taillées, servant en général à couvrir un espace en s'appuyant sur des murs, des piliers, des colonnes. *Voûte en plein cintre. Voûte en ogive. Voûtes en berceau. Voûte d'arête,* intersection de quatre voûtes cylindriques. – *En voûte,* en forme de voûte. **2**· Paroi, région supérieure présentant une courbure analogue. *Une voûte d'arbres.* → **berceau, dais.** – *La voûte céleste.* – En anatomie. *La voûte du palais.* ▶ **voûté, ée** adj. **1**· Couvert d'une voûte, en forme de voûte. *Cave voûtée.* **2**· (Personnes) Dont le dos est courbé (notamment du fait de l'âge), ne peut plus se redresser. → **cassé.** *Un vieux monsieur très voûté.* ▶ **voûter** v. tr. < conjug. 1 > **1**· Fermer (le haut d'une construction) par une voûte. **2**· Rendre voûté (qqn). *L'âge l'a voûté.* – Pronominalement (réfl.). *Il commence à se voûter.*

vouvoyer [vuvwaje] v. tr. < conjug. 8 > S'adresser à (qqn) en employant la deuxième personne du pluriel. → **vous** (III). ▶ **vouvoiement** n. m. Le fait de vouvoyer qqn. *Passer du vouvoiement au tutoiement.*

vox populi [vɔkspɔpyli] n. f. invar. Littér. L'opinion du plus grand nombre. *La vox populi s'est exprimée.*

voyage [vwajaʒ] n. m. **1·** Déplacement d'une personne qui se rend en un lieu assez éloigné. *J'ai fait deux voyages en Italie. Voyage d'agrément. Voyage d'affaires. Voyage de noces. Voyage organisé,* par une agence (souvent en groupe, pour réduire les frais). – *Partir en voyage. Souhaiter (un) bon voyage à qqn. Elle est en voyage. Pendant le voyage.* → **route, trajet.** *Sac de voyage,* fait pour les voyages. *Chèques de voyage.* → **traveller's chèque.** – Loc. *Le grand voyage,* la mort. *Les gens du voyage,* les comédiens ambulants, les forains, les gens du cirque. **2·** Course que fait un chauffeur, un porteur pour transporter qqn ou qqch. *Je ferai deux ou trois voyages pour transporter vos bagages.* ▶ **voyager** v. intr. < conjug. 3 > **1·** Faire un voyage. *Nous voyageons en voiture.* – Faire des voyages, aller en différents lieux pour voir du pays. *Elle a beaucoup voyagé.* **2·** (Représentants, voyageurs de commerce) Faire des tournées. *Voyager pour une maison d'édition.* **3·** Être transporté. *Une marchandise qui s'abîme en voyageant.* ▶ **voyageur, euse** n. **1·** Personne qui est en voyage. – Personne qui use d'un véhicule de transport public. → **passager.** *Salle d'attente pour les voyageurs.* **2·** Personne qui voyage pour voir de nouveaux pays (dans un but de découverte, d'étude). → **explorateur.** *Les récits des grands voyageurs.* **3·** *Voyageur (de commerce),* représentant de commerce qui voyage pour visiter la clientèle. → **V. R. P.** ▶ **voyagiste** n. Personne, entreprise ou organisme (agence) qui organise et commercialise des voyages.

1 **voyant, ante** [vwajɑ̃, ɑ̃t] n. **1·** Personne douée de seconde vue. → **illuminé, spirite.** – Personne qui fait métier de lire le passé et prédire l'avenir par divers moyens. *Consulter une voyante.* → **cartomancienne. 2·** Personne qui voit. *Les voyants et les aveugles.* ▶ **voyance** n. f. Don du voyant (1). ▷ **clairvoyant, malvoyant, non-voyant**

2 **voyant** n. m. Signal lumineux destiné à attirer l'attention de l'utilisateur. → **témoin** lumineux. *Voyant d'essence, d'huile,* avertissant l'automobiliste que l'essence, l'huile sont presque épuisées.

3 **voyant, ante** adj. Qui attire la vue, qui se voit de loin. *Des couleurs voyantes.* → **criard, éclatant.** / contr. discret / *Une montre voyante.* → **bling-bling, clinquant, tape-à-l'œil.** *Une toilette voyante.* → **tapageur.**

voyelle [vwajɛl] n. f. **1·** Son de la voix caractérisé par une résonance de la cavité buccale, parfois en communication avec la cavité nasale. *Voyelles orales, nasales. Des voyelles.* → **vocalique.** *Le sonnet des voyelles,* de Rimbaud. **2·** Lettre qui sert à noter ce son (*a* ; *e* ; *i* ; *o* ; *u* ; *y*).

voyeur, euse [vwajœʀ, øz] n. Personne qui assiste pour sa satisfaction et sans être vue à une scène érotique. ▶ **voyeurisme** n. m. **1·** Perversion sexuelle du voyeur. **2·** Attitude de celui qui observe (qqch., qqn) avec complaisance et sans être vu.

voyou [vwaju] n. m. et adj. **1·** Garçon mal élevé qui traîne dans les rues. → **chenapan, garnement, vaurien.** *Une bande de voyous.* **2·** Mauvais sujet, aux moyens d'existence peu recommandables. → **crapule. 3·** Adj. Propre aux voyous. *Un air voyou.*

en vrac [ɑ̃vʀak] loc. adv. **1·** Pêle-mêle, sans être attaché et sans emballage. *Marchandises expédiées en vrac.* **2·** En désordre. *Poser ses affaires en vrac sur une chaise.* **3·** Au poids (opposé à *en paquet*). *Acheter des lentilles en vrac.*

vrai, vraie [vʀɛ] adj., n. m. et adv. **I·** Adj. **1·** Qui présente un caractère de vérité ; à quoi on peut et on doit donner son assentiment (opposé à *faux, illusoire,* ou *mensonger*). → **certain, exact, incontestable, sûr, véritable.** *Une histoire vraie.* – Fam. *C'est la vérité vraie,* exacte. – *Il est vrai que..., cela est si vrai que...* (+ indicatif), sert à introduire une preuve à l'appui. *Il n'en est pas moins vrai que...,* cela reste vrai, malgré tout. *C'est pourtant vrai. C'est vrai, est-ce vrai ? (N'est-il) pas vrai ?,* n'est-ce pas ? – *Il est vrai que...,* s'emploie pour introduire une concession, une restriction. → sans **doute.** *Il est vrai que c'est cher, mais tout est cher ! Il est vrai, c'est vrai,* s'emploie en incise pour marquer qu'on reconnaît la chose. *Je ne l'aime pas, c'est vrai, mais je ne lui veux pas de mal.* **2·** Qui existe indépendamment de l'esprit qui le pense (opposé à *imaginaire*). → **réel.** / contr. artificiel, faux / *Pour jouer à la dînette, on lui a donné de vrais fruits.* **3·** (Avant le nom) Qui correspond bien au nom employé ; ainsi nommé à juste titre. *De vraies perles.* / contr. artificiel / *Un vrai Renoir.* → **authentique.** – *Un vrai salaud.* – (Pour renforcer une désignation figurée dont on veut souligner la véracité) *Il mange comme un vrai cochon. Un vrai martyre.* → **véritable.** – Loc. fam. ***Vrai de vrai*** : absolument vrai, authentique, véritable. *C'est du champagne, du vrai de vrai.* **4·** Qui, dans l'art, s'accorde avec notre sentiment de la réalité (en général par la sincérité et le naturel). → **naturel, senti, vécu.** *Ce livre est vrai.* **5·** Qui vaut ou agit dans un cas précis. *C'est le vrai moyen,* le bon moyen. – Qui compte, qui est plus important. *La vraie raison de son départ.* **II·** N. m. ***Le vrai.*** **1·** La vérité. *Il sait reconnaître le vrai du faux.* – Ce qui, dans l'art, correspond à notre sentiment du réel. **2·** La réalité. *Vous êtes dans le vrai,* vous avez raison. / contr. erreur / **3·** Loc. *À dire vrai ; à vrai dire,* s'emploient pour introduire une restriction. *À vrai dire, je ne le connais pas personnellement.* – Fam. (Lang. des enfants) *Pour de vrai,* vraiment. **III·** Adv. Conformément à la vérité, à notre sentiment de la réalité. *Faire vrai.* – Fam. (Détaché en tête ou en incise) Vraiment. *Eh bien vrai, je n'y pensais pas !* ▶ **vraiment** adv. **1·** D'une façon indiscutable et que la réalité ne dément pas. → **effectivement, véritablement.** *Il a vraiment réussi.* **2·** S'emploie pour souligner une affirmation. → **franchement.** *Vraiment, il exagère ! – Vraiment ? Vous êtes sûr ?* **3·** ***Pas vraiment*** : pas complètement, pas du tout. « *Tu as aimé ce film ? – Pas vraiment.* » ▶ **vraisemblable** [vʀɛsɑ̃blabl] adj. Qui peut être considéré comme vrai ; qui semble vrai. *Je n'ai pas vérifié, mais c'est très vraisemblable.* → **croyable, plausible.** / contr. invraisemblable / *Il est vraisemblable que* (+ indicatif). ▶ **vraisemblablement** adv. Selon la vraisemblance, les probabilités. → **apparemment, probablement.** *Vraisemblablement, il ignore tout.* ▶ **vraisemblance** [vʀɛsɑ̃blɑ̃s] n. f. Caractère vraisemblable ; apparence de vérité. → **crédibilité.** / contr. invraisemblance / *La vraisemblance de son excuse. – Respecter la vraisemblance au théâtre.* ▷ **invraisemblable**

vrille [vʀij] n. f. **1·** Organe de fixation de certaines plantes grimpantes, analogue aux feuilles, de forme allongée et qui s'enroule en hélice. *Les vrilles de la vigne.* **2·** Outil formé d'une tige que termine une vis. → **tarière ; foret.** *Percer avec une vrille.* **3·** Hélice, spirale. *Escalier en vrille. – Avion qui descend en vrille,* en tournant sur lui-même. ▶ **vriller** v. tr. < conjug. 1 > Percer avec une vrille. → **tarauder.**

vrombir [vʀɔ̃biʀ] v. intr. < conjug. 2 > Produire un son vibré par un mouvement périodique rapide. → **bourdonner.** *Le frelon vrombit. Moteur qui vrombit.* → **ronfler.** ▶ **vrombissant, ante** adj. Qui vrombit. *Des motos vrombissantes.* ▶ **vrombissement** n. m. Bruit de ce qui vrombit. → **ronflement.**

vroum [vʀum] interj. Onomatopée imitant un bruit de moteur. *Le moteur fait vroum ! vroum !*

V. R. P. [veɛʀpe] n. invar. *Voyageur(se) représentant(e) placier(ière)* qui voyage pour représenter et vendre les produits d'une ou plusieurs entreprises. → **représentant, voyageur** (3).

V. T. T. [vetete] n. m. invar. Vélo tout-terrain. *Une course de V. T. T.*

① **vu, vue** [vy] **I·** Participe passé du verbe *voir.* → **voir. II·** Adj. **1·** Perçu par le regard. *Des choses vues ou entendues.* – Loc. *Ni vu ni connu,* sans que personne en sache rien. – N. m. *Au vu et au su de tout le monde,* au grand jour. → **ouvertement.** – *C'est du déjà vu,* ce n'est pas une nouveauté. **2·** Compris. *C'est bien vu ?* Ellipt. *Vu ?* – Fam. *C'est tout vu !,* j'ai mon opinion. **3·** (Personnes) *Bien, mal vu,* bien ou mal considéré. *Il est bien vu par le patron.* ▶ ② **vu** prép. En considérant, eu égard à. *Vu les circonstances, il vaut mieux attendre.* ▶ **vue** n. f. **I·** Action de voir*. **1·** Sens par lequel les stimulations lumineuses donnent naissance à des sensations de lumière, couleur, forme organisées en une représentation de l'espace. *Perdre la vue,* devenir aveugle. *L'œil, organe de la vue.* **2·** Manière de percevoir les sensations visuelles. → **vision.** *Troubles de la vue.* – Fonctionnement de ce sens chez un individu. *Vue basse, courte d'un myope. Sa vue baisse. Avoir une bonne vue. Vue perçante.* **3·** Fait ou manière de regarder. → **regard.** *Les choses qui se présentent à la vue. Jeter, porter la vue sur,* diriger ses regards vers. *À la vue de tous,* en public. – ***À première vue*** : au premier regard, quand on n'a pas encore examiné. – Loc. *Connaître qqn* ***de vue*** : le reconnaître pour l'avoir déjà vu, sans avoir d'autres relations avec lui. – ***À vue*** : en regardant, sans quitter des yeux. *Tirer à vue,* sur un objectif visible. *Changement à vue,* au théâtre, changement de décor qui se fait devant le spectateur, sans baisser le rideau. – ***À vue d'œil*** : se dit de ce qui change d'aspect d'une manière visible et rapide. *La société se transforme à vue d'œil.* – Fam. *À vue de nez,* approximativement. *Je lui donne, à vue de nez, dix-huit ans.* **4·** Les yeux, les organes qui permettent de voir. *Une lumière qui fatigue la vue.* – Loc. fam. *En mettre plein la vue à qqn,* l'éblouir. → **épater. II·** Ce qui est vu. **1·** Étendue de ce qu'on peut voir d'un lieu. → **panorama.** *D'ici, on a une très belle vue.* **2·** Aspect sous lequel se présente (un objet). *Vue de face, de côté.* – ***En vue*** : aisément visible. *Un objet d'art bien en vue dans une vitrine.* → en **évidence,** en **valeur.** *Un personnage en vue,* marquant. **3·** *La vue de...,* la perception visuelle de... → **image, spectacle.** *La vue du sang le rend malade.* **4·** Ce qui représente (un lieu, une étendue de pays) ; image, photo. *J'ai reçu une vue de Madrid.* **5·** Orientation permettant de voir. *Les fenêtres de sa chambre ont vue sur le jardin.* **III·** Fig. **1·** Faculté de former des images mentales, de se représenter ; exercice de cette faculté. – *Seconde vue, double vue,* faculté de voir par l'esprit des objets réels, des faits qui sont hors de portée des yeux. → **voyance. 2·** Image, idée ; façon de se représenter (qqch.). *La profondeur de ses vues m'a étonné.* – Loc. *Échange de vues,* entretien où l'on expose ses conceptions respectives. – *C'est une vue de l'esprit,* une vue théorique, qui a peu de rapport avec la réalité. **3·** *En vue :* en considérant (un but, une fin). → **intention.** *Avoir un résultat en vue,* l'envisager. *Je n'ai personne en vue pour ce poste.* – ***En vue de*** loc. prép. : de manière à permettre, à préparer (une fin, un but). → **pour.** *Il a travaillé en vue de réussir, de sa réussite.* **4·** Au plur. Dessein, projet. *Si cela est toujours dans vos vues, je vous expliquerai. J'ai des vues sur lui,* je pense à lui pour tel ou tel projet. – *Je crois qu'il a des vues sur elle,* qu'il aimerait bien la séduire. ▷ **longue-vue, point de vue**

vulcaniser [vylkanize] v. tr. < conjug. 1 > Traiter (le caoutchouc) en y incorporant du soufre, pour améliorer sa résistance. – Au p. p. adj. *Caoutchouc vulcanisé.* ▶ **vulcanisation** n. f. Opération par laquelle on vulcanise (le caoutchouc).

vulcanologie, vulcanologue → **volcanologie, volcanologue.**

vulgaire [vylgɛʀ] adj. et n. m. **I·** Adj. **1·** Qui manque d'élévation ou de distinction. → **bas, commun, grossier, trivial.** *Il est riche et vulgaire.* / contr. distingué, fin / *Des goûts vulgaires.* **2·** Péj. (Avant le nom) Quelconque, qui n'est que cela. *C'est un vulgaire menteur, escroc.* → **simple. 3·** Didact. (Opposé à *littéraire*) *Latin vulgaire,* le latin parlé dans les pays romans. → **populaire.** *Langues vulgaires,* se dit des principales langues romanes (opposé à *latin,* langue savante). – (Opposé à *scientifique, technique*) *Le nom vulgaire d'une plante, d'un animal.* → **courant. II·** N. m. Ce qui est vulgaire. *C'est d'un vulgaire !* ▶ **vulgairement** adv. **1·** Avec vulgarité. *Il s'exprime vulgairement.* **2·** *Appelé vulgairement,* dans le langage courant, non technique. / contr. scientifiquement / ▶ **vulgariser** v. tr. < conjug. 1 > **1·** Répandre (des connaissances) en mettant à la portée du grand public. → **propager. 2·** Rendre ou faire paraître vulgaire. *Ce maquillage la vulgarise.* ▶ **vulgarisateur, trice** n. Spécialiste de la vulgarisation scientifique. ▶ **vulgarisation** n. f. Le fait d'adapter un ensemble de connaissances techniques, scientifiques, de manière à les rendre accessibles à un lecteur non spécialiste. *Un ouvrage de vulgarisation. La vulgarisation scientifique. Un chercheur capable de vulgarisation.* ▶ **vulgarité** n. f. **1·** Caractère vulgaire (I, 1), absence totale de distinction et de délicatesse. → **bassesse, trivialité.** *La vulgarité de ses manières.* **2·** Manière vulgaire d'agir, de parler. *Je ne te permets pas ces vulgarités.*

vulgate [vylgat] n. f. Traduction latine de la Bible.

vulgum pecus [vylgɔmpekys] n. m. sing. Fam. Le commun des mortels, les ignorants.

vulnérable [vylneʀabl] adj. Littér. **1·** Qui peut être blessé, frappé par un mal physique. *Organisme vulnérable.* **2·** Fig. Qui peut être facilement atteint, se défend mal. *Son inexpérience le rend vulnérable.* / contr. invulnérable / ▶ **vulnérabilité** n. f. Caractère vulnérable. → **fragilité.** / contr. invulnérabilité / ▷ **invulnérable**

vulnéraire [vylneʀɛʀ] n. m. Autrefois. Médicament qu'on appliquait sur les plaies. – Cordial (1).

vulve [vylv] n. f. Ensemble des organes génitaux externes de la femme (et des femelles de mammifères). – Orifice extérieur du vagin. ▶ **vulvaire** adj. Didact. De la vulve.

wW

w [dubləve] n. m. invar. Vingt-troisième lettre, dix-huitième consonne de l'alphabet, servant à noter le son [v] (ex. : *wagon*) ou le son [w] (ex. : *watt*). – *W*, symbole de watt.

wagon [vagɔ̃] n. m. **1·** Véhicule sur rails, tiré par une locomotive ; voiture d'un train. *Wagon de marchandises ; wagons à bestiaux.* → **fourgon.** – *Wagon de voyageurs.* → **voiture. 2·** Contenu d'un wagon. *Cent wagons de blé.* ▶ **wagon-citerne** n. m. Wagon réservoir, aménagé pour le transport des liquides. *Des wagons-citernes.* ▶ **wagon-lit** n. m. Voiture d'un train formée de compartiments équipés de lits et de cabinets de toilette. *Des wagons-lits.* ▶ **wagonnet** n. m. Petit chariot sur rails, destiné au transport de matériaux en vrac dans les mines. ▶ **wagon-restaurant** n. m. Voiture d'un train aménagée en restaurant. *Des wagons-restaurants.*

walkman [wɔkman] → **baladeur.**

walkyrie [valkiʀi] n. f. Déesse guerrière des mythologies germaniques, décidant du sort des combats et de la mort des guerriers.

wallon, onne [walɔ̃, ɔn] adj. et n. **1·** Habitant de la Wallonie ; relatif à cette région. – N. *Les Wallons.* **2·** N. m. Langue française parlée en Belgique. *Les Belges parlent le wallon ou le flamand.*

waouh [wau] interj. Fam. Onomatopée exprimant l'admiration, la jubilation.

WAP [wap] n. m. Anglic. Technique permettant l'accès des téléphones mobiles à Internet.

wapiti [wapiti] n. m. Grand cerf d'Amérique du Nord et d'Asie. *Des wapitis.*

wasabi [wazabi] n. m. Condiment japonais en pâte, voisin du raifort, servi avec les poissons crus.

wassingue [vasɛ̃g] n. f. En Belgique, dans le nord de la France. Serpillière.

water-ballast [watɛʀbalast] n. m. Réservoir d'eau ou d'un autre liquide, sur un navire. – Réservoir de plongée d'un sous-marin. *Des water-ballasts.*

water-closet(s) → **waters, W.-C.**

water-polo [watɛʀpɔlo] n. m. Sorte de handball qui se joue dans l'eau, et où s'opposent deux équipes de sept nageurs.

waterproof [watɛʀpʀuf] adj. invar. Garanti étanche, à l'épreuve de l'eau. *Montre waterproof.*

waters [watɛʀ] n. m. pl. **1·** Lieux d'aisances. → **cabinet(s), toilette(s).** *Aller aux waters.* – Syn. vieilli : **water-closet(s).** → **W.-C. 2·** Cuvette des lieux d'aisances. *Les waters sont fêlés.*

waterzoï [watɛʀzɔj] n. m. (En Belgique) Ragoût de viande blanche ou de poisson cuit dans un court-bouillon lié à la crème. – Var. **waterzooi.**

watt [wat] n. m. Unité de puissance électrique (symb. *W*) correspondant à un travail de un joule par seconde. *Mille watts.* → **kilowatt.** ▷ **hectowatt, kilowatt, mégawatt**

W.-C. [dubləvese] ; cour. [vese] n. m. pl. Water-closets. *Où sont les W.-C. ? W.-C. chimiques.*

web [wɛb] n. m. Anglic. Ensemble des données reliées par des liens hypertextes, sur Internet. *Surfer sur le web* (ou *le Web*). – Appos. *Page web* : document multimédia du web. *Version web d'un journal.*

webcam [wɛbkam] n. f. Anglic. Caméra numérique miniaturisée permettant de diffuser des images vidéo sur Internet.

webzine [wɛbzin] n. m. Anglic. Magazine électronique publié sur Internet. *Des webzines.*

week-end [wikɛnd] n. m. Anglic. Congé de fin de semaine, comprenant le samedi et le dimanche. *Nous partons à la campagne tous les week-ends.*

western [wɛstɛʀn] n. m. Film sur la conquête de l'Ouest des États-Unis ; genre cinématographique que constituent ces films. *Les chevauchées des westerns.*

wharf [waʀf] n. m. Anglic. Appontement qui s'avance dans l'eau. *Les wharfs.*

whisky [wiski] n. m. Eau-de-vie de grain (seigle, orge, avoine). *Whisky écossais* (→ ◻ **scotch**), *irlandais* (**whiskey**), *canadien. Whisky pur malt.* → **malt.** – Verre de cette eau-de-vie. *Un whisky soda,* un whisky avec de l'eau gazeuse. *Des whiskys* ou *des whiskies.*

whist [wist] n. m. Jeu de cartes répandu en France au XIXe siècle, ancêtre du bridge.

white spirit [wajtspiʀit] n. m. Anglic. Produit de la distillation du pétrole, utilisé comme solvant des peintures non solubles dans l'eau. *Des white spirits.*

widget [widʒɛt] n. m. Anglic. Application interactive qui permet l'affichage d'informations variées (calendrier, météo...) ou l'accès à des services (actualités, liens...). *Télécharger des widgets.*

wi-fi ou **wifi** [wifi] n. m. invar. Anglic. Technique qui permet la transmission sans fil de données numériques entre divers appareils (ordinateur, téléviseur...).

wigwam [wigwam] n. m. Habitation traditionnelle (tente, hutte) des Amérindiens (aux États-Unis, au Canada).

wiki [wiki] n. m. Anglic. Site web collaboratif dont la permanence repose sur l'identification des auteurs, l'archivage des versions et le suivi des modifications. *Des wikis.* – En appos. *Site wiki, encyclopédie wiki.*

wilaya [wilaja] n. f. Admin. Division territoriale de l'Algérie.

winch [win(t)ʃ] n. m. Anglic. Petit treuil à main (navires de plaisance). → **cabestan.**

winstub [vinʃtub] n. f. En Alsace. Bar à vins où l'on sert des plats régionaux. *Des winstubs.*

wok [wɔk] n. m. Sauteuse à hauts bords et à fond arrondi, utilisée dans la cuisine asiatique.

wolof ou **ouolof** [wɔlɔf] n. m. Langue nigéro-congolaise, la plus parlée au Sénégal. – Adj. *La grammaire wolof, ouolof.*

xX

x [iks] n. m. invar. et adj. **1·** Vingt-quatrième lettre, dix-neuvième consonne de l'alphabet, servant à noter les groupes de consonnes [ks](*extrême, lynx*...), ou [gz] (*exemple*...), ou les consonnes [z] (*deuxième*...) ou [s] (*soixante*...). **2·** Forme de cette lettre. *Tréteaux en X.* – *Chromosome X*, l'un des deux chromosomes qui déterminent le sexe d'un individu et de certains animaux. *Le sexe féminin est déterminé par une paire de chromosomes X.* **3·** En algèbre. Symbole désignant une inconnue. *Les x et les y. L'abscisse est l'axe des x.* – Chose, personne inconnue. *X années*, un temps non spécifié. *Monsieur X. Accoucher sous X*, en gardant l'anonymat lorsqu'on abandonne l'enfant. – Adj. *Rayons X.* → ⓘ **rayon** (3). – *Un film classé X, un film X*, pornographique. **4·** *L'X*, l'école polytechnique. *Un X, une X*, un(e) polytechnicien(ne).

xén(o)- Élément savant signifiant «étranger». ▶ **xénophobe** [gzenɔfɔb] adj. et n. Hostile aux étrangers, à tout ce qui vient de l'étranger. → **chauvin.** ▶ **xénophobie** n. f.

xérès [xeʀɛs ; kseʀɛs ; gzeʀɛs] n. m. invar. Vin blanc, apéritif de la région de Jerez (Espagne). → **sherry.**

XML [iksɛmɛl] n. m. Anglic. En informatique. Langage de structuration de données, utilisé notamment pour la gestion et l'échange d'informations sur Internet. – En appos. *Le langage XML. Des fichiers XML.*

xylène [ksilɛn ; gzilɛn] n. m. Hydrocarbure liquide extrait du benzol.

xylo- [gzilɔ] ou [ksilɔ] Élément savant signifiant «bois». ▶ **xylographie** n. f. Gravure sur bois ; estampe réalisée par cette technique. *Les xylographies de Dürer.* ▶ **xylophone** [gzilɔfɔn ; ksilɔfɔn] n. m. Instrument de musique à percussion, formé de lames de bois ou de métal de longueur inégale, sur lesquelles on frappe avec deux petits maillets. *Le balafon* est un xylophone.* ▶ **xylophoniste** n.

Xx

yY

1 **y** [igʀɛk] n. m. invar. **1·** Vingt-cinquième lettre, sixième voyelle de l'alphabet, servant à noter le son [i] *(type)* et le son [j] *(yeux)*. – **REM.** Le *y* entre voyelles a la double valeur de voyelle et de consonne dans la prononciation moderne : *tuyau* [tɥiyo], *payer* [peje], *noyer* [nwaje]. **2·** Lettre désignant une seconde inconnue (après x), ou une fonction de la variable x. *Les ordonnées sont l'axe des y.*

2 **y** [i] pron. et adv. Représente une chose ou un énoncé. **1·** (Pour rappeler le lieu où l'on est, où l'on va) Dans ce lieu, dans cela. *J'y vais* (dans un endroit, chez quelqu'un, etc.). *Allons-y. Nous y avons passé plusieurs années.* – *Ah ! j'y suis*, je comprends. *Je n'y suis pour rien*, je n'ai aucune responsabilité dans cette affaire. **2·** (Représentant un compl. précédé de *à*). À ce..., à cette..., à ces... ; à cela. *J'y renonce.* – (Représentant un compl. précédé d'une autre prép.) *N'y comptez pas.* **3·** (Dans divers gallicismes) *Il y a* (→ **avoir**). – *Vas-y !*, décide-toi (→ **aller**). *Ça y est !*, s'emploie pour annoncer qqch. qui est arrivé, qu'on attendait. (→ C'est arrivé !) ▷ **revenez-y, sainte nitouche**

3 **y** S'emploie pour transcrire *il* ou *lui* dans la prononciation négligée : *Y en a pas* (pour *il n'y en a pas*). *J'y ai dit* (pour *je lui ai dit*).

yacht ['jɔt] n. m. Grand navire de plaisance à voiles ou à moteur. *Yachts de croisière, de course.* ▶ ***yachting*** ['jɔtiŋ] n. m. Pratique de la navigation de plaisance de luxe (→ 1 **voile**).

yack ou ***yak*** ['jak] n. m. Ruminant semblable au bœuf, à longue toison soyeuse, qui vit au Tibet où il est domestiqué. *Des yacks.*

yakitori ['jakitɔʀi] n. m. Brochette de volaille marinée (plat japonais).

yakuza ['jakuza] n. m. Malfaiteur japonais, membre d'une organisation mafieuse.

yang ['jɑ̃g ; 'jɑ̃ŋ] n. m. Principe de la philosophie chinoise qui correspond à l'activité (le chaud, le feu, le principe mâle). *Le yin et le yang.*

yankee ['jɑ̃ki] n. Habitant du nord-est des États-Unis. *Les Yankees ont gagné la guerre de Sécession.* / contr. sudiste / – Par ext. Habitant des États-Unis. → **Américain.** – Adj. *Les soldats yankees.*

yaourt ['jauʀt] n. m. Lait caillé à l'aide d'un ferment spécial. *Des yaourts nature, à la fraise.* → **yogourt.**

yard ['jaʀd] n. m. Mesure de longueur anglo-saxonne valant 0,914 mètre.

yatagan ['jatagɑ̃] n. m. Sabre turc, à lame recourbée vers la pointe. → **cimeterre.**

yearling ['jœʀliŋ] n. m. Anglic. Pur-sang d'un an. *Vente de yearlings.*

yen ['jɛn] n. m. Unité monétaire du Japon. *Le yen.*

yéti ['jeti] n. m. Humanoïde légendaire qui vivrait dans l'Himalaya. *Le yéti est aussi appelé « l'abominable homme des neiges ».*

yeuse [jøz] n. f. Autre nom du chêne vert. *L'yeuse.*

yeux → **œil.**

yé-yé ['jeje] n. invar. et adj. invar. Qui concerne les jeunes ayant des goûts (musicaux, etc.) à la mode dans les années 1960-1970. *Chansons yé-yé.*

yiddish ['jidiʃ] n. m. Ensemble des parlers allemands des communautés juives d'Europe orientale (et autrefois d'Allemagne). – Adj. *La littérature yiddish.*

yin ['jin] n. m. Principe de la philosophie chinoise qui correspond à la passivité, la neutralité (le froid, la terre, le principe femelle). *Le yin et le yang.*

ylang-ylang [ilɑ̃ilɑ̃] n. m. → **ilang-ilang.**

***yod** ['jɔd] n. m. Didact. En phonétique. Nom de la semi-consonne [j], transcrite en français par *-i- (pied), -y- (ayant), -il (soleil), -ille (maille).*

***yoga** ['jɔga] n. m. Doctrine et exercices traditionnels hindous, voisins de notre mysticisme, cherchant à réunir l'individu, non à Dieu, mais avec le principe de toute existence. – Ces exercices, pratiqués comme une gymnastique. → **yogi.** *Faire du yoga.* ▶ **yogi** [jɔgi] n. Ascète hindou qui pratique le yoga.

***yogourt** ou ***yoghourt** ['jɔguʀ(t)] n. m. En Belgique, en Suisse, au Canada. → **yaourt.**

***yole** ['jɔl] n. f. Bateau non ponté, étroit et allongé, propulsé à l'aviron.

***youpi** ['jupi] interj. Cri d'enthousiasme. → **hourra.** *Youpi ! Ça marche !*

***yourte** ['juʀt] n. f. Tente circulaire de peau ou de feutre (des nomades d'Asie centrale). *Les yourtes mongoles.*

***youyou** ['juju] n. m. Petit canot utilisé pour aller à terre, venant d'un navire, ou, de la terre, pour regagner son bord. *Des youyous.*

***yo-yo** ['jojo] n. m. invar. Jouet formé de deux disques de bois ou de plastique reliés par un axe, qu'on fait descendre et monter le long d'un fil. *Jouer au yo-yo. Des yo-yo.* – Loc. fig. *Jouer au yo-yo,* monter et descendre. *La Bourse joue au yo-yo.*

ypérite [ipeʀit] n. f. Gaz asphyxiant utilisé pendant la Première Guerre mondiale (d'abord par les Allemands à Ypres).

ysopet ou **isopet** [izɔpɛ] n. m. Histoire littéraire. Recueil de fables du Moyen Âge. *Les ysopets de Marie de France.*

***yuan** ['jyan] n. m. Unité monétaire de la Chine.

***yucca** ['juka] n. m. Plante arborescente portant des grappes de fleurs en clochettes rosées ou blanches, à feuillage abondant et vernissé. *Des beaux yuccas.*

***yuppie** ['jupi] n. Anglic. (Par oppos. à *hippie*). Jeune cadre ambitieux et sans scrupules.

zZ

z [zɛd] n. m. invar. Vingt-sixième et dernière lettre, vingtième consonne de l'alphabet. – Fam. *De A à Z*, d'un bout à l'autre, entièrement.

Z. A. C. [zak] n. f. Abréviation de *zone d'aménagement concerté*.

zakouski [zakuski] n. m. pl. Hors-d'œuvre variés russes (légumes, poissons, etc.).

zapper [zape] v. intr. <conjug. 1> Anglic. Interrompre un programme de télévision en passant à une autre émission au moyen de la télécommande. – Passer fréquemment d'un programme, d'une chaîne à l'autre au moyen de la télécommande. – Fig. *Zapper d'un sujet, d'une idée à l'autre.* ▶ **zappeur, euse** n. ▶ **zappette** [zapɛt] n. f. Fam. Télécommande (d'un téléviseur). ▶ **zapping** [zapiŋ] n. m. Anglic. Action de zapper.

zazou, e [zazu] n. et adj. S'est dit, pendant l'occupation allemande et après la Libération (en France), des jeunes gens qui se signalaient par leur passion pour le jazz et leur élégance tapageuse. *Des zazous.* – Adj. *Des tenues zazoues.*

zèbre [zɛbʀ] n. m. **1·** Animal d'Afrique, voisin de l'âne, à la robe rayée de bandes noires ou brunes, au galop très rapide. – Loc. *Courir, filer comme un zèbre,* très vite. **2·** Fam. Individu bizarre. *Un drôle de zèbre.* ▶ **zébrer** v. tr. <conjug. 6> Marquer de raies qui rappellent celles de la robe du zèbre. → **rayer.** ▶ **zébrure** n. f. **1·** Rayure sur le pelage d'un animal. **2·** Marque de coup de forme allongée.

zébu [zeby] n. m. Grand bœuf domestique, caractérisé par une bosse graisseuse sur le garrot. *Zébus d'Asie, d'Afrique.*

zélateur, trice [zelatœʀ, tʀis] n. Littér. Partisan ou défenseur zélé (d'une cause, d'une personne). → **adepte, prosélyte.**

zèle [zɛl] n. m. Disposition enthousiaste à servir une personne ou une cause en laquelle on a confiance. → **dévouement, empressement.** / contr. négligence / *Travailler avec zèle.* – ***Faire du zèle*** : montrer un zèle inhabituel ou hypocrite, exagéré. ▶ **zélé, ée** adj. Vieilli. Plein de zèle. *Un secrétaire zélé.* → **dévoué.** ▷ **zélateur**

zen [zɛn] n. m. et adj. invar. **I·** N. m. École bouddhique du Japon où la méditation prend la première place ; courant esthétique qui en est issu, caractérisé par le dépouillement. **II·** Adj. invar. **1·** Du zen japonais. *Le bouddhisme zen. Des jardins zen.* **2·** Fig. Empreint de calme, de détachement. → **cool.** *Restons zen !* ▶ **zénitude** n. f. Par plaisant. État de sérénité.

zénith [zenit] n. m. **1·** Point du ciel situé à la verticale de l'observateur. *Regarder au zénith. De l'horizon au zénith.* **2·** Littér. Point culminant. → **apogée, sommet.** *Être à son zénith. Le zénith de la réussite.*

Z. E. P. [zɛp] n. f. Abréviation de *zone d'éducation prioritaire*.

zéphyr [zefiʀ] n. m. **I·** Poét. Vent doux et agréable, brise légère. *Les zéphyrs.* / contr. aquilon / **II·** *Du zéphyr,* toile de coton fine et souple.

zeppelin [zɛplɛ̃] n. m. Grand dirigeable à carcasse métallique.

zéro [zeʀo] n. m. **1·** Chiffre arabe notant les ordres d'unités absentes. **2·** Nombre qui représente un ensemble vide. *Deux plus deux, moins quatre, égale zéro.* **3·** Fam. Néant, rien. *Réduire qqch. à zéro.* – Loc. *Avoir le moral à zéro,* être déprimé. *Pour moi, c'est zéro,* ça ne compte pas. *Un zéro*, un homme sans valeur. → **nullité. 4·** Fam. Aucun. *Il a fait zéro faute à sa dictée. Ça m'a coûté zéro euro, zéro centime,* ça ne m'a rien coûté. *Gagner par trois buts à zéro.* **5·** Point de départ d'une mesure ou d'une évaluation. *Zéro degré. Dix degrés au-dessus, au-dessous de zéro. Le degré* *zéro du développement économique.* – *Avoir zéro en orthographe, zéro sur vingt. Zéro de conduite.* – *Zéro pointé,* note éliminatoire à un examen.

zeste [zɛst] n. m. Petit morceau d'écorce fraîche (de citron, d'orange) qui sert à parfumer des boissons, des pâtisseries, etc. *Un zeste de citron.* – Fig. *Un zeste d'humour, un zeste d'humanité,* une infime quantité d'humour, d'humanité.

zézayer [zezeje] v. intr. < conjug. 8 > Prononcer des [z] à la place des [ʒ] (*ze veux* pour *je veux*), ou des [s]. → fam. **zozoter.** ▶ **zézaiement** [zezɛmɑ̃] n. m. Défaut de prononciation de qqn qui zézaie.

zibeline [ziblin] n. f. Petit mammifère de la Sibérie et du Japon, du genre martre, dont la fourrure est très précieuse. – Fourrure de cet animal. *Manteau de zibeline.*

zieuter ou **zyeuter** [zjøte] v. tr. < conjug. 1 > Fam. Jeter un coup d'œil (de : *les yeux* [zjø]) pour observer (qqch., qqn). → **regarder.**

zig ou **zigue** [zig] n. m. Fam. Individu, type. *Un drôle de zigue.* ▶ **zigoteau** ou **zigoto** [zigɔto] n. Zigue. *Il fait le zigoto,* le malin, l'intéressant.

ziggourat [ziguʀat] n. f. Temple babylonien, en forme de pyramide à étages.

zigouigoui [zigwigwi] n. m. Fam. **1·** Sexe (d'un enfant, d'une femme). **2·** Objet, dessin, forme que l'on ne nomme pas.

zigouiller [ziguje] v. tr. < conjug. 1 > Fam. Tuer.

zigounette [zigunɛt] n. f. Fam., plais. Sexe masculin (notamment, d'un jeune garçon).

zigzag [zigzag] n. m. Ligne brisée. *Route en zigzag. Courir en zigzag.* → **lacet.** ▶ **zigzaguer** v. intr. < conjug. 1 > Faire des zigzags, aller de travers.

zinc [zɛ̃g] n. m. **1·** *Le zinc,* métal dur utilisé pour sa bonne résistance à la corrosion par l'eau. *Toits en zinc. Comptoir de zinc.* **2·** Fam. Comptoir d'un débit de boissons. *Boire un verre sur le zinc.* **3·** Fam. Avion. *Un vieux zinc.* ▶ **zingueur, euse** n. Ouvrier(ère) spécialisé(e) dans les revêtements en zinc. – En appos. *Plombier zingueur.*

zinnia [zinja] n. m. Plante d'origine exotique, ornementale, aux nombreuses variétés.

zinzin [zɛ̃zɛ̃] adj. et n. Fam. Fou. → **cinglé, dingue.** *Elles sont un peu zinzins.* – N. *Une bande de zinzins.*

zircon [ziʀkɔ̃] n. m. Pierre semi-précieuse utilisée en bijouterie.

zizanie [zizani] n. f. Littér. Discorde. *Semer la zizanie (entre* des personnes, *dans* un groupe), faire naître la discorde, les disputes.

zizi [zizi] n. m. Fam. **1·** Pénis (surtout d'un enfant). **2·** Objet quelconque ; truc, machin.

zloty [zlɔti] n. m. Unité monétaire de la Pologne, avant l'euro.

-zoaire Élément savant signifiant « animal » (ex. : *protozoaire*). → **zoo-.**

zob [zɔb] n. m. Fam. et vulg. **1·** Membre viril. → **pénis. 2·** Interj. Pas question !

zodiaque [zɔdjak] n. m. **1·** Zone circulaire du ciel à l'horizon, dans laquelle le Soleil et les constellations se lèvent au cours de l'année. **2·** *Signes du zodiaque,* les douze figures (Bélier, Taureau, Gémeaux, Cancer, Lion, Vierge, Balance, Scorpion, Sagittaire, Capricorne, Verseau, Poissons) qu'évoque la configuration des étoiles dans cette zone, et qui président, en astrologie, à la destinée de chacun. *« De quel signe du zodiaque es-tu ? – Je suis Lion. »* ▶ **zodiacal, ale, aux** adj.

zombi ou **zombie** [zɔ̃bi] n. m. **1·** Revenant (dans les croyances vaudou). **2·** Personne dépourvue de volonté, d'énergie. *Un vrai zombi, au réveil !* ▶ **zombiesque** adj.

zona [zona] n. m. Maladie caractérisée par une éruption de vésicules disposées sur le trajet des nerfs sensitifs. *Attraper un zona, avoir le zona.*

zone [zon] n. f. **1·** Partie d'une surface sphérique comprise entre deux plans parallèles. *La zone équatoriale.* **2·** Partie importante d'une surface quelconque. → **région, secteur.** *La zone médiane du cerveau.* – *Zone urbaine,* espace autour d'une ville, lui-même construit. *Zone franche,* soumise à la franchise douanière. *Zone libre, zone occupée* (en France, 1940-1942). **3·** Loc. Abstrait. *De seconde zone,* de second ordre, en valeur. *C'est un romancier de seconde zone.* → **choix. 4·** Les faubourgs pauvres, autour d'une grande ville. *Habiter la zone.* ▶ **zonard, arde** n. Fam. Personne (en particulier jeune des banlieues) qui vit dans une zone (4), un quartier défavorisé. ▶ **zoner** v. intr. < conjug. 1 > Fam. Mener une existence précaire, vivre en zonard. – Flâner, traîner sans but. *Ils zonent dans la cité.*

zoo [zo(o)] n. m. Collection d'animaux vivant en captivité ou en semi-liberté. → **aquarium.** *Le zoo de Vincennes. Des zoos.*

zoo- Élément savant signifiant « animal ». → **-zoaire.** ▷ **zoologie, zoomorphe, zootechnie**

zoologie [zɔɔlɔʒi] n. f. Partie des sciences naturelles qui étudie les animaux. ▶ **zoologique** adj. Qui concerne la zoologie, les animaux. *Classification zoologique.* – *Jardin zoologique,* parc animalier où des animaux sont présentés dans des conditions rappelant leur vie en liberté. → **zoo.** ≠ réserve. ▶ **zoologiste** n. Spécialiste de la zoologie. → **naturaliste.**

zoom [zum] n. m. Anglic. **1·** Objectif d'appareil photo ou de caméra, à focale variable. **2·** Cadrage réalisé grâce à cet objectif, qui permet d'éloigner ou de rapprocher le sujet. **3·** Fig. *Zoom sur...*, gros plan* sur... *Zoom sur les dernières parutions.* ▶ **zoomer** v. intr. <conjug. 1> Réaliser des zooms, rapprocher le sujet grâce au zoom.

zoomorphe [zɔɔmɔʀf] adj. Art. Qui représente des animaux. *Décoration zoomorphe.* / contr. anthropomorphe /

zootechnie [zɔɔtekni] n. f. Étude scientifique de l'élevage des animaux, de leur reproduction et de leur adaptation à des besoins spécifiques. ▶ **zootechnique** adj. ▶ **zootechnicien, ienne** n.

zoroastrisme [zɔʀɔastʀism] n. m. Religion dualiste fondée par Zarathoustra. → **manichéisme.**

zou [zu] interj. Vite, vivement. *Allez, zou, tout le monde dehors !*

zouave [zwav] n. m. **1·** À l'origine, soldat algérien d'un corps d'infanterie coloniale créé en 1830. – En histoire. Fantassin français d'un corps militaire d'Algérie distinct des tirailleurs algériens. **2·** *Faire le zouave,* faire le malin, faire le pitre. *Ne fais pas le zouave !*, sois sérieux.

zouk [zuk] n. m. Musique de danse très rythmée, originaire de la Guadeloupe et de la Martinique.

zoulou, e [zulu] adj. et n. Relatif à un peuple noir d'Afrique du Sud.

zozoter [zɔzɔte] v. intr. <conjug. 1> Fam. Zézayer.

Z. U. P. [zyp] n. f. invar. Zone à urbaniser en priorité.

zut [zyt] interj. Fam. Exclamation de dépit. → 2 **flûte.**

zyeuter → **zieuter.**

zygomatique [zigɔmatik] adj. Anatomie. De la joue. *Les muscles zygomatiques* (en action dans le rire, le sourire).

zythum [zitɔm] n. m. (Dans l'Égypte antique) Boisson fermentée analogue à la bière.

zzz... [zzz] interj. Onomatopée, bruit de sifflement léger et continu.

ANNEXES

GRAMMAIRE

LES CLASSES DE MOTS

Chaque mot de la langue française appartient à une **catégorie grammaticale.** C'est sa **nature** ou sa **classe.** Dans ce dictionnaire, elle est indiquée pour chaque mot sous forme abrégée, après la transcription phonétique : *voiture* n. f. = nom féminin ; *confier* v. tr. = verbe transitif.

⇨ Voir la liste des abréviations p. XVIII.

➡ Quelle que soit la place du mot dans la phrase, sa classe ne change pas.

Il y a **neuf classes** de mots. Il existe cinq classes de **mots variables** (ils varient en genre, en nombre et en personne) : les noms, les déterminants, les adjectifs, les verbes et les pronoms. Il existe quatre classes de **mots invariables** (leur forme ne change jamais) : les adverbes, les prépositions, les conjonctions et les interjections.

➡ Certains mots peuvent appartenir à plusieurs classes : *botanique* est un adjectif *(un jardin botanique)* et un nom féminin *(étudier la botanique)* ; *fort* est un adjectif *(un homme fort)* et un adverbe *(parler fort)*.

Les noms

◗ Les noms communs

Ils servent à désigner les êtres et les choses qui appartiennent à une même catégorie : les **êtres vivants** *(un élève, un chat)*, les **choses** *(une table)*, les **idées** *(le bonheur, la justice)* et les **faits** *(un accident, une révolution)*. Ils s'écrivent **sans majuscule** et sont généralement précédés d'un déterminant. Ils ont un **genre** masculin ou féminin : *un tas* (masculin), *une ombrelle* (féminin). Ils ont un **nombre** singulier ou pluriel : *un vase* (singulier), *des enfants* (pluriel).

On appelle **groupe nominal** l'ensemble des mots qui sont rattachés directement au nom. Le groupe nominal minimal est constitué d'un déterminant et d'un nom : *la maison ; ces chiens*. Le groupe nominal étendu est complété par une ou plusieurs expansions : un adjectif qualificatif *(la maison <u>fleurie</u>)*, un autre groupe nominal *(quelques feuilles <u>de laurier</u>)* ou une proposition subordonnée relative *(le bouquet <u>qui est sur la table</u>)*.

➡ Un nom commun peut être formé de plusieurs mots séparés ou non par un trait d'union. C'est alors un **nom composé :** *un chou-fleur, un porte-monnaie, une pomme de terre, un compte rendu*.

◗ Les noms propres

Ils servent à nommer des **entités individuelles :** personnes, lieux, monuments, périodes historiques, événements, etc. Ils commencent toujours par une **majuscule** et, quand ils sont précédés d'un déterminant, il s'agit le plus souvent de l'article défini : *Victor Hugo, Paris, les Français, les Alpes, l'Arc de triomphe, la Seconde Guerre mondiale.*

Les déterminants

Ils sont toujours placés **devant** le nom avec lequel ils forment le groupe nominal. Ils **s'accordent** en **genre** et en **nombre** avec lui.

Il existe **six sortes** de déterminants : les articles, les déterminants numéraux cardinaux, les déterminants possessifs, les déterminants démonstratifs, les déterminants interrogatifs et exclamatifs et les déterminants indéfinis.

➡ Hormis les articles, ces déterminants étaient autrefois classés parmi les adjectifs. C'est encore le cas dans certaines grammaires et dans certains dictionnaires.

Les articles

Comme tous les déterminants, les articles se placent **devant** le nom. Ils en indiquent le **genre** et le **nombre.**

Il existe **trois sortes** d'articles : les articles définis, les articles indéfinis et les articles partitifs.

Les **articles définis** *le, la* et *les* déterminent soit des êtres ou des choses **déjà connus** *(le gâteau qu'il mange)*, soit des êtres ou des choses pris dans un **sens général** *(le chien est le meilleur ami de l'homme)*. Ils s'utilisent aussi devant certains noms propres : *la France.*

➡ ***Le*** et ***la*** deviennent ***l'*** devant une **voyelle** ou un ***h*** **muet :** *l'abricot, l'humeur.*

➡ Précédés de la préposition ***à*** ou ***de,*** les articles ***le*** et ***les*** se contractent pour former ***au*** *(à + le)*, ***aux*** *(à + les)*, ***du*** *(de + le)* et ***des*** *(de + les) : Je vais au cinéma. Je parle des enfants de Sophie.*

Les **articles indéfinis** *un, une* et *des* déterminent soit des êtres ou des choses qu'on évoque pour la **première fois** *(un homme est arrivé)*, soit des êtres ou des choses pris dans un **sens général** *(un enfant a besoin d'attention)*.

➡ ***Des*** est remplacé par ***de*** devant un adjectif qualificatif *(il lit des romans → il lit de longs romans)* et devant un nom COD dans une phrase négative *(il a pris des livres → il n'a pas pris de livres)*.

Les **articles partitifs** *du, de la* et *des* déterminent une **partie d'un ensemble** ou des **objets non comptables :** *Il mange du gâteau. Elle boit du café.* Ils signifient : « une certaine quantité de ».

Les déterminants numéraux cardinaux

Ils servent à indiquer une **quantité précise :** *trois filles ; vingt pommes ; deux cents ans ; mille points.* Ils s'emploient également pour désigner les **années,** les **heures,** les **dates** et les **personnes d'une dynastie :** *1789 ; 8 h 25 ; le 14 octobre ; Louis XIV.*

⇨ Voir le tableau des noms de nombres, p. 1596.

Ils sont **invariables sauf *vingt* et *cent,*** qui prennent un ***s*** quand ils sont multipliés et qu'ils ne sont pas suivis d'un autre nombre : *quatre-vingts ans* mais *quatre-vingt-un an ; cinq cents chaises* mais *cinq cent quatre chaises.*

➡ Quand ***cent*** et ***quatre-vingt*** sont suivis de ***millier, million, milliard,*** qui ne sont pas des déterminants numéraux mais des noms communs, ils prennent un ***s*** s'ils sont multipliés : *quatre-vingts millions ; deux cents milliards.*

➡ Quand ***cent*** et ***quatre-vingt*** ont une valeur ordinale, c'est-à-dire qu'ils n'indiquent plus une quantité mais un **rang** (un numéro de page, une année, etc.), ils restent **invariables :** *ce livre a deux cents pages* mais *ouvrez le livre à la page deux cent ; quatre-vingts ans* mais *l'année mille neuf cent quatre-vingt.*

⇨ Pour les ordinaux, voir p. 1557.

Les déterminants possessifs

Ils désignent le **possesseur** du nom qu'ils accompagnent : *la chambre de Manon → sa chambre ; la chambre des parents → leur chambre.*

Ils font partie du **groupe nominal** et se placent toujours **devant** le nom qu'ils déterminent.

Ils **s'accordent** en **personne** avec le nom désignant le possesseur *(tu manges ta glace ; Alexis mange sa glace)* ainsi qu'en **genre** et en **nombre** avec le nom désignant l'être ou la chose possédée *(il te rend ta chemise ; il te rend tes livres)*.

	un seul possesseur			plusieurs possesseurs		
	1re pers. sing.	2e pers. sing.	3e pers. sing.	1re pers. pl.	2e pers. pl.	3e pers. pl.
masculin singulier	mon	ton	son	notre	votre	leur
féminin singulier	ma	ta	sa	notre	votre	leur
pluriel	mes	tes	ses	nos	vos	leurs

➡ Il ne faut pas confondre ***leur*** **déterminant possessif** et ***leur*** **pronom personnel.** Le premier s'accorde en nombre avec le nom et peut être remplacé par un autre déterminant possessif : *Ils ont dit au revoir à leur ami.* → *Ils ont dit au revoir à leurs amis.* Le second est invariable et n'est pas remplaçable par un déterminant possessif : *Ils leur ont dit au revoir.*

Devant un **nom féminin** commençant par une **voyelle** ou un ***h*** **muet,** on emploie ***mon, ton, son*** à la place de ***ma, ta, sa :*** *mon idée, ton habileté.*

Lorsque la possession est évidente, comme pour les **parties du corps,** on emploie l'**article défini** au lieu du déterminant possessif : *Il a mal à la jambe. Je lui ai fait un signe de la tête.*

Les déterminants démonstratifs

Ils désignent un être ou un objet que l'on peut **montrer** d'un regard ou d'un geste *(peux-tu me montrer Paris sur cette carte ?)* ou que l'on a **déjà évoqué** *(un homme est rentré ; la fatigue de cet homme se lisait sur son visage).*

Ils servent également à indiquer un **temps rapproché** (passé ou futur) : *Il est venu ce matin. Je ne serai pas là cette semaine.*

Ils font partie du groupe nominal et **s'accordent** en **genre** et en **nombre** avec le nom qu'ils déterminent : *ce mur, cette fleur, ces plantes.*

	masculin	féminin
singulier	ce, cet	cette
pluriel	ces	ces

➡ Il ne faut pas confondre le **déterminant démonstratif** ***ces*** et le **déterminant possessif** ***ses :*** *Ces chiens aboient* (= les chiens dont on parle). *Ses chiens aboient* (= les chiens dont il est le maître).

Devant un **nom masculin** commençant par une **voyelle** ou un ***h*** **muet,** on emploie ***cet*** au lieu de ***ce :*** *cet animal, cet homme.*

Les déterminants interrogatifs et exclamatifs

Les déterminants **interrogatifs** servent à **poser une question** sur la qualité ou l'identité de l'être ou de la chose désigné par le nom qu'ils déterminent.

Les déterminants **exclamatifs** servent à **exprimer le sentiment** (l'admiration, l'étonnement, la joie, le mépris, la peur, etc.) que l'on éprouve devant l'être ou l'objet désigné par le nom qu'ils déterminent.

Ils s'accordent en **genre** et en **nombre** avec le nom qu'ils précèdent : *Quelle robe mets-tu ? Quels jolis cahiers tu as achetés !*

	singulier	pluriel
masculin	quel	quels
féminin	quelle	quelles

Les déterminants indéfinis

Ils servent à exprimer une **nuance de quantité** du nom. Celle-ci peut être nulle *(aucun, nul, pas un)*, partielle ou indéfinie *(certains, maints, quelques, divers, différents, plusieurs)*, distributive *(chaque)* ou totale *(tout, tous)*. Ils servent également à exprimer une **nuance d'identité** afin d'indiquer une différence *(autre)*, une ressemblance ou une identité *(même, tel)*. Ils servent enfin à exprimer l'**indétermination** d'un être ou d'une chose *(n'importe quel, quelconque)*.

Ils **s'accordent** en **genre** et en **nombre** avec le nom qu'ils déterminent : *tous les matins ; certaines fois ; n'importe quelle table.*

On relève deux formes de déterminants indéfinis :

- les **mots simples** (*aucun, autre, certain, chaque, différents, divers, maint, même, plusieurs, quelconque, quelque, nul, tel, tout,* etc.) ;
- les **locutions** (*je ne sais quel, n'importe quel, pas un,* etc.).

➡ ***Aucun, nul, pas un*** et ***personne*** sont toujours accompagnés de la négation ***ne :*** *Aucun juré ne comprend pourquoi il a fait ça. Nul passant ne l'avait croisé. Pas une étoile n'était visible. Personne ne m'a prévenu.*

Aucun prend un *s* seulement devant les noms qui n'ont pas de singulier : *aucuns frais, aucunes mœurs.*

Chaque est toujours au singulier : *Ils ont parlé à chaque personne présente.*

Maint est toujours au pluriel dans l'expression *maintes et maintes fois.*

Il ne faut pas confondre ***même*** **déterminant indéfini** avec l'**adverbe** ***même*** qui signifie « y compris » et qui est invariable : *Même leurs amis sont venus.*

Au singulier, ***quelque*** remplace l'article indéfini *un* pour renforcer l'**indétermination :** *Il a sûrement eu quelque imprévu.* Il sert aussi à exprimer une **quantité indéterminée :** *Elle lui voue quelque sympathie depuis longtemps.* Au pluriel, il remplace l'article indéfini *des* et exprime une **petite quantité :** *Reprendrez-vous quelques biscuits ?*

Il ne faut pas confondre ***quelque*** **déterminant indéfini** avec **l'adverbe** ***quelque*** qui signifie « environ » et qui est invariable : *Ils habitent à quelque trente kilomètres.*

Il ne faut pas non plus confondre ***quelque*** avec la locution ***quelque… que*** qui introduit une proposition subordonnée conjonctive d'opposition au subjonctif : *Quelque timide qu'il soit, il fait du théâtre.*

Il ne faut pas confondre ***tout*** **déterminant indéfini avec l'adverbe** ***tout***.

- S'il se rapporte à un nom ou un pronom, *tout* est un **déterminant** et s'accorde en genre et en nombre avec le nom ou le pronom qu'il précède : *Toutes les filles portaient des jupes et tous les garçons des pantalons. Tous ceux qui le souhaitent peuvent venir.*
- S'il précède un adjectif, un adverbe ou une locution adverbiale, *tout* est un **adverbe** qui ne s'accorde que dans certains cas.

⇨ Voir l'accord de l'adverbe *tout* p. 1562.

Il ne faut donc pas confondre *elles sont tout heureuses* (= elles sont très heureuses) avec *elles sont toutes heureuses* (= chacune d'entre elles est heureuse).

➡ Certains déterminants indéfinis s'emploient aussi comme **adjectifs** : *Il est parti un certain matin de novembre. Il répète toujours les mêmes choses.*

Les adjectifs

Les adjectifs qualificatifs

Ils permettent de **caractériser** le nom qu'ils complètent en donnant une information supplémentaire (qualité, défaut, taille, couleur…) : *Cette maison est blanche, ancienne, belle et spacieuse.*

Ils **s'accordent** en **genre** et en **nombre** avec le nom : *un plat chaud ; une boisson fraîche ; des chiens obéissants.*

➡ Le **participe passé** est souvent employé comme adjectif : *une feuille déchirée ; un domaine entouré de fossés.*

L'adjectif qualificatif peut se placer de différentes façons par rapport au nom auquel il se rapporte :

- **à côté** du nom, devant ou derrière *(des oiseaux superbes ; de superbes oiseaux) ;*
- **séparé** du nom par une **virgule** *(les oiseaux, gracieux et majestueux, se sont posés au bord de l'étang) ;*
- **séparé** du nom par un **verbe,** souvent le verbe *être* ou un autre verbe d'état *(les feuilles sont très hautes ; elle reste impassible).*

➡ La **place** de l'adjectif devant ou derrière le nom peut entraîner un **sens différent :** *un grand homme* (= un homme important) ; *un homme grand* (= un homme de grande taille).

Les adjectifs numéraux ordinaux

Ils indiquent l'**ordre,** le **rang** dans une suite : *premier, deuxième, troisième, vingtième, centième, millième,* etc. Comme les adjectifs qualificatifs, ils précisent et complètent le nom : *C'est son quatrième enfant.*

➡ ***Second*** tend à s'employer quand il n'y a pas de suite *(le Second Empire)*, ***deuxième*** quand il y a une suite *(il est deuxième de sa classe).*

Il ne faut pas confondre les adjectifs numéraux ordinaux avec les **adverbes numéraux** qui sont leurs dérivés : *premièrement, deuxièmement,* etc.

⇨ Les numéraux cardinaux sont désormais classés parmi les déterminants : voir p. 1554.

Les verbes

Il existe deux grandes catégories de verbes.

- Les **verbes d'état :** le verbe *être* et ceux qui peuvent le remplacer *(avoir l'air, demeurer, devenir, paraître, rester, sembler)*. Ils expriment ce que l'on est ou ce que l'on devient : *Je suis heureux. Elle paraît contente.*
- Les **verbes d'action :** tous les autres verbes (*travailler, jouer, dormir,* etc.). Ils expriment ce que l'on fait : *Je joue aux cartes. Ils dorment.*

Conjugaison

La conjugaison d'un verbe est l'ensemble des formes qu'il peut prendre. Ces formes varient pour donner des indications de **temps** (passé, présent, futur), de **personnes** et de

modes. Les modes se répartissent entre les **modes personnels** (l'indicatif, le subjonctif, le conditionnel et l'impératif) et les **modes impersonnels** (l'infinitif et le participe).

⇨ Voir les tableaux de conjugaison p. 1630.

La conjugaison des verbes se répartit en **trois groupes.**

- 1er groupe : les verbes en ***-er*** (sauf *aller*).
- 2e groupe : les verbes en ***-ir*** dont le participe présent se termine en ***-issant*** *(finir → finissant)*.
- 3e groupe : tous les autres verbes en ***-ir*** *(courir, partir)*, les verbes en ***-oir*** *(pouvoir, vouloir)*, en ***-re*** *(descendre, faire, moudre)* et le verbe ***aller.***

➡ ***Être*** et ***avoir*** peuvent être des **verbes** *(je suis une fille ; j'ai un frère)* ou des **auxiliaires,** c'est-à-dire qu'ils aident à conjuguer d'autres verbes aux temps composés *(elle est allée à Lille ; nous avons chanté)*.

Pour conjuguer un verbe, il faut l'analyser en **radical** et en **terminaison** (ou désinence). Le radical porte le sens du verbe. On le trouve souvent en retirant la terminaison de l'infinitif : courir, chanter. La terminaison donne des précisions de temps, de personne, de nombre et de mode.

➡ Le **radical** de certains verbes peut prendre **différentes formes :** *venir, je viens, nous venons, il viendra*.

Construction

Les verbes se distinguent aussi selon leur construction. On en relève **quatre types** différents.

- Les verbes **transitifs,** qui acceptent un complément d'objet direct (COD) : *Elle mange une glace.*
- Les verbes **intransitifs,** qui n'admettent pas de COD : *Il marche.*
- Les verbes exclusivement **pronominaux :** *Ils s'agenouillent.*
- Les verbes **impersonnels,** employés uniquement à la 3e personne du singulier : *Il pleut. Il neige. Il faut du temps.*

Les pronoms

Ils **remplacent** un nom ou un groupe nominal.

On distingue **cinq sortes** de pronoms : les pronoms personnels, les pronoms possessifs, les pronoms démonstratifs, les pronoms indéfinis et les pronoms relatifs.

Les pronoms personnels

Ils servent, d'une part, à **désigner une personne.** Les pronoms personnels de la **1re personne** *(je, me, moi, nous)* désignent celui (ou ceux) qui s'exprime. Ceux de la **2e personne** *(tu, te, toi, vous)* désignent celui (ou ceux) à qui l'on s'adresse. Ceux de la **3e personne** (*il, elle,* etc.) désignent les êtres ou les choses dont on parle.

Les pronoms personnels servent, d'autre part, à **reprendre un nom déjà utilisé** afin d'éviter une répétition. Les pronoms personnels de la 3e personne remplacent ainsi un nom ou un groupe nominal : *Le chien aboie. → Il aboie. Les fleurs sont coupées → Elles sont coupées.*

Selon les mots qu'ils remplacent, ils **varient** en **personne,** en **genre** et en **nombre :** *Je parle à Alexis. → Je lui parle* (3e personne du singulier). *Je parle à Alexis et Sarah. → Je leur parle* (3e personne du pluriel).

Ils varient aussi selon leur **fonction** par rapport au verbe : *Alexis raconte une histoire à Charlotte. → Il* (sujet) *la* (COD) *lui* (COS) *raconte.*

	sujet	COD	COI
1re pers. sing.	je	me	me, moi
2e pers. sing.	tu	te	te, toi
3e pers. sing.	il/elle	le, la, se	lui, se, soi, en, y
1re pers. plur.	nous	nous	nous
2e pers. plur.	vous	vous	vous
3e pers. plur.	ils, elles	les	leur, eux, elles, se

➡ ***Me, te, se, la*** et ***le*** **s'élident** devant une **voyelle** ou un ***h*** **muet** : *Tu m'écoutes ? Ils t'ont applaudi. Il s'habille. Elle l'appelle souvent.*

En et ***y*** sont des adverbes de lieu *(j'en viens ; j'y suis)* mais peuvent s'employer comme des pronoms personnels.

- ***En*** remplace un nom ou un groupe nominal précédé du partitif ou de la préposition ***de.*** Il a alors le sens de « de lui, d'elle ou d'elles, d'eux, de cela » : *Je veux de l'eau. → J'en veux. Combien avez-vous de frères ? J'en ai deux.*
- ***Y*** remplace un nom ou un groupe nominal précédé de la préposition ***à*** et a le sens de « à lui, à elle ou à elles, à eux, à cela » : *Je pense aux vacances. → J'y pense. Je me fie à son jugement. → Je m'y fie.*

Les **pronoms réfléchis** *(me, te, se, nous, vous)* ont la fonction de complément et renvoient au sujet du verbe : *Je me promène. Nous nous souvenons des vacances.*

➡ Les **pronoms *le, la, les*** et ***leur*** ne doivent pas être confondus avec des **déterminants.** Quand ils sont pronoms, ils **remplacent** un groupe nominal : *Je parle à mes amis. → Je leur parle.* Quand ils sont déterminants, ils **précèdent** un nom pour former un groupe nominal et s'accordent avec lui : *Ils prennent leurs affaires.*

Les pronoms possessifs

Ils servent à **remplacer** un nom précédé d'un déterminant possessif : *J'ai acheté mon billet de train, as-tu le tien ?*

➡ Dans certaines expressions, ils ne remplacent aucun nom : *moi et les miens* (= moi et mes proches) ; *faire des siennes* (= faire des bêtises) ; *y mettre du sien* (= y mettre de la bonne volonté).

Ils **s'accordent** en **genre** et en **nombre** avec le groupe nominal qu'ils remplacent et selon la **personne** du possesseur.

possesseur	possédé			
	masc. sing.	**fém. sing.**	**masc. plur.**	**fém. plur.**
moi	le mien	la mienne	les miens	les miennes
toi	le tien	la tienne	les tiens	les tiennes
lui/elle	le sien	la sienne	les siens	les siennes
nous	le nôtre	la nôtre	les nôtres	les nôtres
vous	le vôtre	la vôtre	les vôtres	les vôtres
eux/elles	le leur	la leur	les leurs	les leurs

➡ Les pronoms possessifs ***les nôtres*** et ***les vôtres*** prennent un **accent circonflexe,** contrairement aux déterminants possessifs *notre* et *votre.*

Les pronoms démonstratifs

Ils remplacent un nom précédé d'un déterminant démonstratif : *Ces hommes sont grands.* → *Ceux-ci sont grands.*

Ils désignent un être ou un objet que l'on peut **montrer** d'un regard ou d'un geste *(regarde cela)* ou que l'on a **déjà évoqué** *(sa chambre est aussi grande que celle de son frère).*

Ils **s'accordent** en **genre** et en **nombre** avec le groupe nominal qu'ils remplacent.

➡ Les pronoms ***ce, ci, cela*** et ***ça*** sont **invariables** et reprennent un objet ou une phrase : *On m'a dit qu'il ne viendrait pas, cela ne me surprend pas.*

	masc. sing.	fém. sing.	masc. plur.	fém. plur.	invariable
formes simples	celui	celle	ceux	celles	ce
formes composées	celui-ci	celle-ci	ceux-ci	celles-ci	ceci
	celui-là	celle-là	ceux-là	celles-là	cela, ça

Les **formes simples** sont toujours suivies d'un **complément** introduit par ***de*** ou d'une **proposition relative** : *J'ai raté le train de 10 h 50 donc je prendrai celui de midi/celui qui passe par Nancy.*

➡ Les pronoms démonstratifs renforcés par ***-ci*** renvoient à un être ou un objet **proche** dans l'espace ou dans le temps. Ceux renforcés par ***-là*** renvoient à un être ou une chose **éloigné** dans l'espace ou dans le temps.

Les pronoms indéfinis

Ils **remplacent** un nom précédé d'un déterminant indéfini : *Aucun ne parlait* (= aucune personne ne parlait).

Ils se rapportent à un être ou à un objet indéfini et servent à exprimer une nuance de **quantité :**

- nulle *(personne n'a rien fait ; pas un n'a bougé)* ;
- partielle ou indéfinie *(quelqu'un a téléphoné ; plusieurs se sont plaints ; certains vous diront que oui, d'autres que non)* ;
- distributive *(chacun a pris sa part de responsabilité)* ;
- totale *(tous sont venus).*

Ils servent également à exprimer une nuance d'identité afin d'exprimer une **différence** *(autre, autre chose, autrui)* ou une **similitude** *(le même) : Il demande conseil aux autres. Elle est restée la même.*

Ils servent enfin à exprimer l'**indétermination** d'un être ou d'une chose : *Ils sont allés chercher je ne sais quoi. Cela concerne n'importe qui.*

➡ Certains **adverbes de quantité** *(beaucoup, combien, assez, peu)* jouent parfois le rôle de pronoms indéfinis : *Beaucoup sont revenus.*

Les pronoms relatifs

Ils servent à établir une **relation** entre le nom ou le pronom qu'ils représentent (l'antécédent) et une proposition subordonnée relative.

Ils se divisent en deux groupes : les pronoms relatifs **simples** et les pronoms relatifs **composés.**

Les premiers réunissent les pronoms ***qui, que, quoi, dont*** et ***où.*** Ils ne marquent ni le genre ni le nombre mais varient selon la **fonction** qu'ils occupent dans la proposition :

- *Paris est une ville qu'elle apprécie.* → COD.
- *Paris est la ville dont elle parle.* → COI.
- *Paris est la ville où elle vit.* → CC de lieu.

➡ ***Qui*** et ***que,*** s'ils ne marquent pas les catégories du genre et du nombre, servent cependant de relais en imposant au verbe et à l'adjectif de la proposition relative l'accord qu'aurait entraîné l'antécédent lui-même : *les femmes que j'ai vues.*

Les seconds comprennent le pronom ***lequel*** et ses formes contractées ***auquel*** *(à + lequel)* et ***duquel*** *(de + lequel)*. Ils **s'accordent** en **genre** et en **nombre** avec leur antécédent : *Les films auxquels il fait référence sont introuvables.*

Les pronoms interrogatifs

Ils se répartissent selon trois séries de formes : composées, simples et renforcées.

Les **formes composées** s'emploient avec un antécédent. Elles servent à poser une **question** sur des êtres ou des choses déjà **mentionnés** *(la bleue ou la rouge, laquelle préfères-tu ?)* ou qui vont l'être *(laquelle préfères-tu, la bleue ou la rouge ?).*

	singulier	pluriel
masculin	lequel	lesquels
féminin	laquelle	lesquelles

Les **formes simples** s'emploient sans antécédent : *Qui est venu ? Que fait-elle ? De quoi parles-tu ?*

	sujet	COD et attribut	complément prépositionnel
personne	qui	qui	qui
chose	—	que, quoi	quoi

Les **formes renforcées** s'emploient également sans antécédent : *qui est-ce qui ? qui est-ce que ? qu'est-ce qui ? qu'est-ce que ? qu'est-ce que c'est que ? à qui est-ce que ? de quoi est-ce que ?*, etc.

➡ Les formes composées **varient** en **genre** et en **nombre : ***Plusieurs candidats ont été entendus, lesquels retenez-vous ?* Les formes simples et renforcées sont **invariables :** *Qui va là ?*

Les adverbes

Ils servent à **modifier** ou **préciser le sens** d'un verbe, d'un adjectif, d'un autre adverbe ou d'une phrase : *Ils courent vite. Elle est très amusante. Il voyage assez souvent. Aujourd'hui, elle se repose.*

Ils se répartissent en deux groupes :

- les **mots simples** *(ici, là, hier, assez, heureusement…)* ;
- les **locutions adverbiales** *(à peu près, tout à coup…).*

➡ La plupart des adverbes sont formés à partir du **féminin** de l'adjectif auquel on ajoute le suffixe ***–ment*** *: lente → lentement ; claire → clairement.*

De nombreux adverbes sont également créés par **dérivation** à partir d'adjectifs : *s'arrêter net ; sentir bon.*

Tous les adverbes sont **invariables, sauf *tout*** qui s'accorde dans certains cas en genre et en nombre.

➡ ***Tout*** adverbe est **invariable** au **masculin** et devant les **adjectifs féminins** commençant par une **voyelle** ou un ***h*** **muet** : *ils sont tout contents ; tout entière.* Il **s'accorde** avec les **adjectifs féminins** commençant par une **consonne** ou un ***h*** **aspiré** : *de toutes jeunes filles ; elle est toute honteuse.*

Les prépositions

Ce sont des mots ou des locutions **invariables** qui servent à **introduire** un mot ou un groupe de mots ayant la fonction de complément. Elles permettent donc de marquer la **fonction** de ce mot ou groupe de mots :

- *Ils ont parlé de toi.* → COI.
- *Il a appelé pour prévenir de son retard.* → CC de but.

Elles peuvent se présenter sous la forme :

- d'un **mot** *(à, après, avant, avec, chez, contre, dans, de, depuis, derrière, dès, devant, en, entre, hors, malgré, par, parmi, pendant, pour, sans, sauf, sous, sur, vers,* etc.) ;
- d'une **locution invariable** *(à cause de, à moins de, à travers, afin de, au lieu de, avant de, d'après, en dépit de, en vue de, grâce à, jusqu'à, par-delà, près de, quant à,* etc.).

Le mot ou le groupe de mots introduit par une préposition peut être :

- un nom ou un groupe nominal *(vous avez résisté avec un grand courage)* ;
- un pronom *(pensez à lui)* ;
- un adverbe *(il est arrivé par là)* ;
- un verbe à l'infinitif *(ils pensent à adopter un enfant).*

➡ La préposition ***en*** suivie du **participe présent** forme le **gérondif** du verbe : *Il est entré en chantant.*

Les conjonctions

Ce sont des mots de liaison qui servent à **joindre** deux mots, deux groupes de mots ou deux propositions. Elles sont **invariables.**

Il existe deux sortes de conjonctions : les conjonctions de coordination et les conjonctions de subordination.

Les conjonctions de coordination

Elles se présentent sous la forme de sept mots simples : ***mais, ou, et, donc, or, ni, car.***

Elles servent à **coordonner** deux mots, groupes de mots ou propositions de même fonction :

- *Mon frère et moi ressemblons à notre père.* → Sujets.
- *Ils sont ambitieux mais peu travailleurs.* → Attributs.
- *Il est parti car je suis restée.* → Propositions indépendantes.
- *Elle a dit qu'elle reviendrait et qu'elle resterait plus longtemps.* → Propositions subordonnées complétives.

➡ Il est incorrect de coordonner des compléments de fonctions différentes : **Il aime et obéit à ses parents.* Dans la phrase *il aime ses parents,* le groupe nominal est COD. Dans la phrase *il obéit à ses parents,* le groupe nominal est COI. Il faut donc dire : *Il aime ses parents et leur obéit.*

Les conjonctions de coordination peuvent se trouver dans des constructions symétriques ou parallèles sous la forme ***et… et, ni… ni, ou… ou*** : *Je ne suis disponible ni le mercredi ni le jeudi. Ou tu rentres ou tu sors, mais décide-toi !*

Les conjonctions de subordination

Elles servent à **relier** une **proposition subordonnée complétive** ou **circonstancielle** à une proposition principale ou à une autre proposition subordonnée complétive ou circonstancielle et permettent de marquer le rapport de subordination qui existe entre les deux propositions : *Je pars parce que je suis très pressé.*

Elles se présentent sous la forme :

- d'un **mot** *(comme, lorsque, puisque, quand, que, quoique, si)* ;
- d'une **locution conjonctive** presque toujours formée avec ***que*** *(à condition que, au cas où, afin que, ainsi que, après que, avant que, bien que, de même que, de peur que, dès que, parce que, pour que, sans que, si bien que, sitôt que, tandis que…)*.

Il ne faut pas confondre ***que*** conjonction de subordination introduisant une proposition subordonnée complétive *(j'espère qu'il va réussir)* ou circonstancielle *(il est tellement surpris qu'il ne peut plus parler)* avec :

- le pronom relatif qui introduit une subordonnée relative *(la table que tu as achetée est jolie)* ;
- le pronom interrogatif dans une interrogation directe et indirecte *(que voulez-vous ? je ne sais que faire)* ;
- l'adverbe interrogatif *(que ne l'avez-vous pas dit avant ?)* ;
- l'adverbe exclamatif *(que vous êtes bavardes !)* ;
- l'adverbe dans la locution adverbiale restrictive *ne… que (je n'ai que dix euros)*.

Il ne faut pas confondre ***quand*** conjonction de subordination introduisant une subordonnée circonstancielle *(quand tu la verras, tu le lui diras)* avec :

- l'adverbe interrogatif dans une interrogation directe et indirecte *(quand arrive-t-elle ? dites-moi quand elle doit arriver)* ;
- la locution prépositive *quant à (quant à moi, je suis d'accord)*.

Il ne faut pas confondre ***si*** conjonction de subordination introduisant une subordonnée circonstancielle *(si nous avions su, nous serions arrivés plus tôt)* avec :

- l'adverbe interrogatif dans une interrogation indirecte *(il veut savoir si tu es arrivé)* ;
- l'adverbe exclamatif *(regardez s'ils sont beaux !)* ;
- l'adverbe d'intensité *(ils ont l'air si heureux !)* ;
- l'adverbe d'affirmation *(ne sont-ils pas heureux ? si !)*.

Les interjections

Ce sont des mots ou groupes de mots **invariables** qui servent à exprimer un **sentiment** vif et soudain : *Zut, j'ai perdu mes lunettes. Chut, tais-toi !*

➾ Contrairement aux adverbes, aux prépositions et aux conjonctions, elles ne jouent aucun rôle grammatical dans la phrase.

Elles se présentent sous la forme d'une **onomatopée** *(eh, aïe, bof, beurk, brrr, zut)*, d'un **mot simple** *(attention ! bravo ! hourra ! silence ! vite ! voyons !)* ou d'une **locution interjective** *(à la bonne heure ! bon sang ! par exemple !)*.

LA FONCTION DES MOTS

La fonction d'un mot correspond au **rôle** qu'il joue dans la phrase par rapport à un autre mot ou un groupe de mots. Elle **varie** constamment selon le **sens,** la **place** et le **rôle** du mot dans la phrase : *un homme* peut être sujet dans une phrase *(un homme est entré)* et complément dans une autre *(je vois un homme)*.

➡ Connaître la fonction d'un mot permet de lui appliquer les **règles d'accord** qui le concernent : identifier un sujet permet, par exemple, de savoir avec quel mot s'accorde le verbe et comment le conjuguer : *Les enfants* (sujet) *pensent à leur chien.*

Il existe **huit fonctions :** le sujet, le complément d'objet (direct, indirect ou second), le complément circonstanciel, le complément d'agent, le complément du nom, l'attribut (du sujet ou du verbe), l'épithète et l'apposition.

Les fonctions des mots se définissent par rapport :

- au **verbe** (le sujet, les compléments d'objet et le complément d'agent) ;
- au **nom** (l'épithète, le complément du nom et l'apposition ainsi que l'attribut du sujet et du COD par l'intermédiaire du verbe) ;
- à la **phrase** (le complément circonstanciel).

Le sujet

C'est un élément indispensable de la phrase verbale : il ne peut **pas** être **supprimé.**

Il répond à la question *qui est-ce qui… ?* ou *qu'est-ce qui… ?* et peut être mis en relief par les expressions *c'est… qui* ou *ce sont… qui : Alexis arrive.* → *Qui est-ce qui arrive ? C'est Alexis qui arrive.* Il commande l'**accord du verbe** en **personne,** en **genre** (aux temps composés) et en **nombre** (singulier ou pluriel).

Le sujet est le plus souvent un **nom** ou un **groupe nominal** *(son nouveau roman est passionnant)*, un **pronom** *(nous partons en vacances ; celui-ci est superbe)* ou un verbe à l'**infinitif** *(fuir était impossible)*. Il peut être aussi une **proposition subordonnée relative :** *Qui veut voyager loin ménage sa monture.*

➡ Le sujet peut toujours être remplacé par un pronom personnel, le plus souvent *il(s)* ou *elle(s)*, ou par le pronom démonstratif *cela*.

En général, le sujet est placé **avant** le verbe. Quand il est placé **après** le verbe, on dit qu'il est **inversé.** Cela se produit dans plusieurs cas.

- Dans les **phrases interrogatives,** il est relié au verbe par un trait d'union : *Mangez-vous au restaurant ce soir ?*
- Dans une proposition qui suit le **discours direct,** il indique qui est le locuteur : *« Attendez-moi, j'arrive ! », cria-t-elle.*
- Dans le **registre soutenu,** après certains compléments en tête de phrase (compléments circonstanciels ou adverbes), l'inversion produit un effet de mise en relief : *Au bord du lac vivait un pauvre pêcheur.* Dans ce cas, l'inversion du sujet n'est pas obligatoire.

➡ Lorsque le verbe se termine par une voyelle et qu'il est suivi d'un pronom, un ***t* euphonique** est placé entre deux traits d'union pour permettre de faire la liaison : *A-t-il eu peur ?*

➡ Dans une phrase interrogative, le nom sujet peut être **repris** après le verbe par un **pronom :** *Les voyages forment-ils la jeunesse ?*

Les compléments d'objet

Ce sont des compléments du verbe. Ils dépendent d'un **verbe transitif** et ne peuvent être supprimés sans que le sens de la phrase en soit modifié, contrairement aux compléments circonstanciels.

Il existe **trois types** de compléments d'objet qui dépendent de la construction du verbe.

▪ Certains se construisent **directement** : leur complément d'objet est direct (COD).

▪ D'autres exigent une **préposition** *(à/de...)* : leur complément d'objet est indirect (COI).

▪ Certains verbes qui se construisent avec un COD ou un COI admettent **un autre complément** d'objet qui est appelé complément d'objet second (COS).

Le complément d'objet direct (COD)

Il complète un **verbe transitif direct** et se construit **sans préposition** : *Il a rencontré sa femme à l'université.*

Le COD ne peut **pas** être **supprimé** ni **déplacé,** au risque d'altérer fortement le sens de la phrase : *J'ai mangé des escargots pour la première fois.* → **J'ai mangé pour la première fois.* La phrase peut même devenir agrammaticale : *Elle a acheté les œuvres complètes de Voltaire.* →**Elle a acheté.*

Pour reconnaître un COD, on peut poser la question ***qui est-ce que ?*** ou ***qu'est-ce que ?*** : *Qu'est-ce que la clientèle apprécie ? La clientèle apprécie la qualité du service.* On peut aussi le remplacer par un **pronom personnel** : *Ils ont ouvert leur restaurant.* → *Ils l'ont ouvert.*

➡ On remplace le COD par le **pronom *en*** lorsqu'il comprend un **article partitif** ou **défini** : *J'ai déjà mangé du requin.* → *J'en ai déjà mangé. Je prendrai une glace.* → *J'en prendrai une.*

On peut enfin reconnaître un COD au fait qu'il devient **sujet** quand le verbe est conjugué à la **voix passive** (⇨ voir p. 1572) : *Tout le monde connaît Mozart.* → *Mozart est connu de tout le monde.*

Dans une phrase simple, le complément d'objet direct peut être un **nom** ou un **groupe nominal** *(il prépare un potage)*, un **pronom** *(elle préfère celui-ci ; je te crois)* ou un verbe à l'**infinitif** *(il ne sait pas répondre)*.

Il est généralement placé **après** le verbe : *Il mange une pomme.* Il **précède** le verbe uniquement :

▪ quand il est **pronom personnel** *(il nous voit)* ;

▪ dans certaines phrases **interrogatives** ou **exclamatives** *(quel livre as-tu acheté ? quelle mine tu as !)*.

➡ Il ne faut pas confondre le **COD** et le **sujet inversé** :

▪ *J'ai rencontré un vieux fermier.* → COD.

▪ *Derrière la colline, habitait un vieux fermier.* → Sujet inversé.

Le complément d'objet indirect (COI)

Il complète un **verbe transitif indirect** et il est introduit par une **préposition,** le plus souvent ***à*** ou ***de*** : *Il parle de son travail. Elle s'intéresse à l'anthropologie.* Comme le COD, il ne peut **pas** être **supprimé** ni **déplacé.**

Pour reconnaître un COI, on peut poser la question ***à quoi est-ce que ?*** ou ***de quoi est-ce que ?*** : *De quoi est-ce qu'il parle ? Il parle de son nouveau travail.* On peut aussi le remplacer par un **pronom personnel** : *Il a parlé à sa mère.* → *Il lui a parlé.*

Le COI peut être un **nom** ou un **groupe nominal** *(il ressemble beaucoup à son frère)*, un **pronom personnel** *(il a confiance en toi)*, un **pronom démonstratif** *(il croit à cela)* ou un **pronom possessif** *(elle a parlé de ses projets, j'ai parlé des miens)*.

Lorsque le COI est un nom ou un groupe nominal, il se place **après** le verbe. Lorsqu'il est un pronom personnel, la préposition s'efface souvent et le pronom **précède** le verbe : *Il demande à sa sœur s'il peut rester.* → *Il lui demande s'il peut rester.*

Le complément d'objet second (COS)

Il complète un verbe qui a **déjà** un **COD** ou un **COI** et il est introduit par les **prépositions *à, de*** ou ***pour* :** *Il offre des fleurs* (COD) *à sa mère* (COS).

Le COS se trouve principalement après des verbes signifiant « **donner** », « **retirer** » ou « **dire** » : *Elle parlera de toi* (COI) *à ses amis* (COS).

Il se place **avant ou après** le premier complément d'objet : *Il demande à ses collaborateurs le silence./Il demande le silence à ses collaborateurs.*

Les compléments circonstanciels (CC)

Ce sont des compléments de la phrase. Ils permettent de préciser dans quelles **circonstances** se déroule l'action exprimée par le verbe. Ils expriment non seulement des relations de **temps,** de **lieu,** de **manière,** de **cause,** mais encore le **but,** la **quantité,** la **conséquence,** la **condition,** la **comparaison,** etc.

➥ Une même phrase peut comporter **plusieurs** compléments circonstanciels : *Il est arrivé à Paris* (CC de lieu) *ce matin* (CC de temps) *par le train* (CC de moyen) *pour affaires* (CC de cause).

Contrairement aux compléments d'objet, la plupart des compléments circonstanciels peuvent être **supprimés** ou **déplacés** à l'aide d'une virgule : *J'ai rencontré mon cousin à la médiathèque.* → *(À la médiathèque,) j'ai rencontré mon cousin.*

Les groupes nominaux compléments circonstanciels sont souvent introduits par une **préposition** ou une locution prépositive : *Elle s'est levée à huit heures.*

➥ Une même préposition peut, selon le contexte, prendre un sens différent :

- *Il séjourne à Paris.* → CC de lieu.
- *Il est parti à cinq heures.* → CC de temps.
- *Il est venu à bicyclette.* → CC de moyen.

Les compléments circonstanciels peuvent aussi se construire directement **sans préposition.** Ce sont généralement des noms accompagnés d'un déterminant exprimant une nuance de **lieu,** de **temps** et de **quantité** (prix, poids et mesure) : *Elle dort le jour et travaille la nuit. Il habite rue Jean-Jaurès. Ce livre coûte 15 euros. Elle pesait 3,6 kilos à la naissance. Ils ont parcouru cent kilomètres.*

Le complément d'agent

Il désigne l'être ou la chose par lequel est accomplie l'action exprimée par le **verbe** employé à la **voix passive** (⇨ voir p. 1572). Il est introduit par les prépositions ***par*** et ***de*** : *La souris est mangée par le chat. Elle est appréciée de ses voisins.*

Par s'emploie souvent avec des verbes pris au **sens propre** et exprimant une action **concrète** tandis que ***de*** s'emploie de préférence avec des verbes pris au **sens figuré** et exprimant un **sentiment** : *Le pont est submergé par les vagues./Je suis submergée de travail. Ma candidature a été retenue par la commission./Il est estimé de tous.*

➥ ***Par*** s'emploie encore souvent devant un nom **précédé d'un déterminant** tandis que ***de*** s'emploie de préférence devant un nom **sans déterminant :** *Le jardin est envahi par les mauvaises herbes/de mauvaises herbes.*

Seuls les verbes admettant une construction à la **voix passive** peuvent avoir un complément d'agent :

- les **verbes transitifs directs** *(la maison a été construite par son père)* ;

- les verbes transitifs indirects ***désobéir, obéir*** et ***pardonner*** *(il a été pardonné par tout le monde)* ;
- certains **verbes intransitifs** lorsqu'ils sont employés avec un sens transitif *(leur séparation a été mal vécue par la famille)*.

La fonction de complément d'agent peut être occupée par un **nom** ou un **groupe nominal** *(il a été réveillé par ses voisins)*, un **pronom** *(elle est respectée par tous)*, une **proposition subordonnée relative** *(je suis indignée par ce qu'il a dit)*.

➡ Il ne faut pas confondre les **compléments d'agent** avec les **compléments circonstanciels** introduits par la préposition ***par*** :
- *Elle a été contactée par l'agence.* → Complément d'agent.
- *Elle a été contactée par erreur.* → CC de cause.

Le complément du nom

Il sert à compléter le nom afin d'en préciser le sens : *Elle porte une robe longue en soie.* Il peut être **supprimé** sans altérer le sens de la phrase.

La fonction de complément du nom peut être occupée par :
- un nom ou un groupe nominal *(il a reçu la visite de ses parents)* ;
- un pronom *(ce projet requiert la participation de tous)* ;
- un adverbe *(la journée d'hier a été très agréable)* ;
- un infinitif *(une machine à coudre)* ;
- une proposition subordonnée complétive *(l'idée qu'il revienne me fait peur)* ;
- une proposition subordonnée relative *(il a lu le passage dont je lui avais parlé)*.

Il est souvent joint au nom par une **préposition,** le plus souvent ***de,*** mais aussi ***à, contre, en, par, pour, sur :*** *une cuillère à soupe ; un abri contre le vent ; une assiette en porcelaine ; la preuve par neuf ; une gamme pour enfants ; une vue sur la mer.*

➡ Le complément du nom peut être **directement** relié au nom : *l'affaire Dreyfus ; un café crème.*

Il se place généralement **après** le nom qu'il complète : *les fêtes de Noël.* Mais on le trouve aussi **avant** le nom dans les phrases interrogatives *(de quel guitariste ton frère est-il fan ?)* et dans la langue soutenue *(de sa grand-mère, il a hérité la force de caractère)*.

Les attributs

Ils font apparaître une **qualité** attribuée au sujet (il s'agit alors d'un **attribut du sujet**) ou à l'objet (il s'agit alors d'un **attribut de l'objet**) par l'intermédiaire d'un verbe :
- *Pierre est sympathique.* → Attribut du sujet *Pierre.*
- *Je trouve Marie intelligente.* → Attribut de l'objet *Marie.*

Ce sont des éléments indispensables du groupe verbal et ils ne peuvent **pas** être **supprimés.**

◗ L'attribut du sujet

Il sert à identifier le sujet *(Pierre est mon frère)* ou à préciser une de ses caractéristiques *(Pierre est prudent)*.

L'attribut du sujet entretient un rapport avec le sujet par l'intermédiaire du verbe ***être*** ou d'un **verbe attributif,** c'est-à-dire les **verbes d'état** et tout verbe équivalent : *tomber, naître, sortir, être nommé, être reconnu, se montrer, avoir l'air, passer pour,* etc.

Il **s'accorde** en **genre** et en **nombre** avec le sujet : *Elles nous ont paru émues.*

La fonction attribut du sujet peut être occupée par :

- un **adjectif** qualificatif ou un participe passé *(mon frère passe pour courageux ; cette pelouse est mal tondue)* ;
- un **nom** commun ou un groupe nominal *(il est médecin ; il passe pour un homme courageux)* ;
- un **pronom** *(elle est courageuse, je le suis aussi)* ;
- un **infinitif** introduit par *de (son plaisir dans la vie est de voyager)* ;
- une **proposition** *(le fait est que je connaissais déjà l'histoire)*.

L'attribut du COD

Il sert à préciser une des caractéristiques de l'objet : *Je trouve Luc intelligent. Il l'appelle son petit oiseau.*

➥ Le COD n'est pas toujours exprimé : *On dit que les carottes rendent aimable.*

L'attribut du COD se construit avec des **verbes transitifs** comme *appeler, croire, déclarer, dire, élire, estimer, faire, juger, laisser, nommer, trouver,* etc.

Il **s'accorde** en **genre** et en **nombre** avec le COD : *Je trouve ces fleurs belles.*

➥ Dans la phrase *je vois la lumière blanche,* si *blanche* est employé comme **attribut du COD,** la phrase signifie « je vois la lumière blanche alors qu'en réalité elle est d'une autre couleur ». Si *blanche* est employé comme **épithète** du nom *lumière,* la phrase signifie « je vois effectivement la lumière qui est de couleur blanche ».

En règle générale, l'attribut du COD se place **derrière** le COD qui l'introduit : *Je déclare la cérémonie ouverte.* Mais il arrive qu'il **précède** le COD : *Je juge inadmissible votre conduite.*

L'épithète

Il s'agit d'un **adjectif qualificatif** (ou un participe passé employé comme adjectif) qui fait partie du groupe nominal et qui est placé **directement** devant ou derrière le nom qu'il qualifie : *Il a vécu une aventure périlleuse/une périlleuse aventure.*

➥ L'épithète se distingue de l'attribut qui est relié au nom ou au groupe nominal par un verbe attributif : *Cette aventure est périlleuse.*

L'épithète est toujours placée **derrière** le nom quand elle est suivie d'un **complément** *(un fruit bon à manger)* ou qu'il s'agit d'un **participe passé** *(un travail terminé)*. Elle peut être placée **devant** le nom, en particulier pour des **adjectifs courts** comme *bon, beau, gros, haut, joli* ou *long* : *un bon repas ; un gros paquet ; une longue route.*

L'épithète **s'accorde** en **genre** et en **nombre** avec le ou les noms qu'elle qualifie : *la pleine lune.* Lorsqu'elle qualifie plusieurs noms, elle s'accorde au pluriel. Si le genre des noms est différent, l'accord se fait au masculin : *une chèvre et un agneau effrayés.*

➥ **Plusieurs** épithètes peuvent se rapporter à un même nom : *de jolies petites maisons fleuries.*

L'épithète peut être **séparée** du nom auquel elle se rapporte **par une virgule.** On parle alors d'**épithète détachée :** *L'autre voix, plus jolie, montait du vallon.* Une épithète détachée peut se rapporter à un **pronom :** *Assis sur le petit mur, je regardais la rivière.*

L'apposition

Il s'agit d'un nom placé **à côté** d'un autre nom pour en **compléter** le sens : *Camille, la mère de Pierre.* Le nom en apposition désigne obligatoirement **le même être ou le**

même objet que le nom ou le pronom auquel il est apposé : *Arnaud, la nouvelle recrue de l'équipe, est très compétent.*

➡ Il ne faut pas confondre l'**apposition** et le **complément du nom.** La première établit un rapport d'équivalence entre le nom apposé et le nom complété : *la ville de Lyon* (= la ville qui est Lyon). Le second n'établit pas ce rapport : *la cathédrale de Lyon* (= la cathédrale située à Lyon).

En général, l'apposition **s'accorde** en **genre** et en **nombre** avec le nom ou le pronom auquel elle se rapporte : *Jean et Pierre, les amis de Lucie.*

Trois constructions sont possibles.

- Le nom en apposition suit **directement** le nom auquel il se rapporte. On parle alors d'**apposition liée :** *le roi Louis XVI ; la note do ; un remède miracle ; un médecin anesthésiste.*
- Le nom en apposition est **relié** au nom auquel il se rapporte par la préposition ***de,*** explétive (vide de sens) mais non supprimable : *le mois de septembre.*
- Le nom apposé est **séparé** du nom auquel il est apposé par une **virgule.** On parle alors d'**apposition détachée :** *Adolescent, il sortait presque tous les soirs. Victor Hugo, à la fois romancier, poète et dramaturge, est mon écrivain préféré.*

➡ Le nom apposé peut être **séparé** du nom auquel il se rapporte par **deux-points :** *J'ai rencontré d'anciennes connaissances : Alexis, Romane et Victor.*

Le nom est la classe de mot la plus fréquemment construite en apposition. Mais cette fonction peut aussi être occupée par :

- un **pronom** *(les nouveaux modèles, ceux-ci, sont arrivés hier)* ;
- un **infinitif** *(elle n'a peur que d'une chose, se tromper)* ;
- une subordonnée **complétive** *(je ne regrette qu'une chose, qu'ils soient partis)* ;
- une subordonnée **relative** *(si vous en êtes d'accord, ce dont je ne doute pas, vous pourriez venir lundi).*

Dans le cas de l'adjectif, on parle plutôt d'épithète.

⇨ Voir p. 1568.

LA PHRASE

Une phrase est une suite de mots qui :

- commence par une **majuscule** et s'achève sur une **ponctuation forte** *(. ? ! …)* ;
- est grammaticalement **organisée** ;
- présente un **sens** dans un contexte donné.

Phrase verbale et phrase non verbale

Une **phrase verbale** est organisée autour d'un verbe conjugué : *Je cours tous les matins.*

Une **phrase non verbale** est organisée autour d'un autre mot :

- un nom ou un groupe nominal *(quelle horreur !)* ;
- un adjectif *(impossible de continuer !)* ;
- un infinitif *(ne pas manger à l'intérieur)* ;
- une interjection *(chut !).*

➡ Une phrase non verbale peut comporter un **verbe conjugué**. Celui-ci n'est alors pas le noyau de la phrase mais seulement une **expansion** du nom : *Et boum la lampe qui vacillait !*

Phrase simple et phrase complexe

Dans une **phrase verbale simple,** les groupes de mots sont organisés autour d'**un seul verbe** conjugué : *L'enfant lit un livre.*

La **phrase complexe** comporte plusieurs verbes conjugués, donc **plusieurs propositions :** *Il ouvre la porte et il pose un livre sur son bureau.*

Dans une phrase complexe, certaines propositions sont autonomes : on peut les transformer en phrases simples. Ce sont des **propositions indépendantes :** *Il a entendu cette chanson une seule fois mais il la reconnaît.* → *Il a entendu cette chanson une seule fois. Mais il la reconnaît.*

Les propositions indépendantes peuvent se combiner de deux façons :

- **juxtaposées,** c'est-à-dire séparées par un signe de **ponctuation faible** comme une virgule *(il a beaucoup travaillé, il en est fier)* ;
- **coordonnées** par un **mot de liaison** comme une conjonction de coordination, un adverbe ou une locution adverbiale *(il a beaucoup travaillé donc il a réussi).*

➡ Certaines propositions fonctionnent comme une parenthèse dans la principale. Ce sont des **incises :** *Il vous attendra sous le petit pont, dit-elle, je vous le promets.*

Les autres propositions ne sont pas autonomes. Ce sont des **propositions subordonnées.** Elles dépendent d'une autre proposition appelée principale et sont introduites par un mot subordonnant (conjonction de subordination, pronom relatif, etc.) : *Il a beaucoup travaillé si bien qu'il a réussi.*

Ces propositions peuvent être de différentes natures selon la fonction qu'elles occupent par rapport à la principale.

- Si la proposition subordonnée complète un **groupe nominal,** c'est une **subordonnée relative :** *Il reconnaît cette chanson* (principale) *qu'il a entendue une seule fois* (relative).
- Si la proposition complète le **verbe** de la principale, c'est une **subordonnée conjonctive** (complément d'objet ou complément circonstanciel) : *Il reconnaît* (principale) *qu'il a déjà entendu cette chanson* (conjonctive COD). *Il reconnaît cette chanson* (principale) *alors qu'il ne l'a entendue qu'une seule fois* (conjonctive CC).

Phrase affirmative et phrase négative

Une phrase peut prendre une forme affirmative ou négative.

Une phrase est **affirmative** quand elle ne contient **pas de négation.** Elle indique qu'un fait a eu lieu ou qu'on est d'accord : *J'habite en ville. Je suis contente.*

Une phrase est **négative** quand elle contient une **négation.** Elle permet de nier quelque chose et de dire qu'on n'est pas d'accord : *Je n'habite pas en ville. Je ne suis pas contente.*

La **négation** est généralement composée de **deux éléments** qui encadrent le verbe.

- Le premier élément ***ne*** est placé **devant** le verbe : *Il ne me regarde pas.* Il se place devant le verbe quand celui-ci est à l'**infinitif :** *Je préfère ne pas le voir.*
- Le deuxième élément est **variable** et se place le plus souvent **derrière** le verbe : *Elle ne lit jamais. Il ne regarde personne. Ils ne mangent rien.* Il peut se placer devant le verbe quand celui-ci est à l'infinitif : *Elle avoue ne jamais lire.*

Ne peut être **absent** dans les phrases **non verbales** *(pas de fromage ?)* et dans la langue **orale** et **familière** *(tu devrais pas dire ça).*

Ne peut être employé **seul** dans des **expressions figées** *(qu'à cela ne tienne)* et dans certaines **subordonnées de condition** *(si je ne me trompe ; si je ne m'abuse).*

➡ Attention à ne pas oublier l'adverbe ***ne*** après le pronom ***on*** dans une phrase négative à l'écrit : *On n'a pas vu ta cousine.*

Il arrive que ***ne*** soit employé dans certaines propositions **subordonnées affirmatives.** Il n'a alors ni valeur négative ni grammaticale. Cet élément, appelé ***ne* explétif,** est souvent **facultatif** et non exprimé dans la langue parlée. Il s'emploie généralement :

- après les verbes de **crainte** employés à la forme négative *(je crains qu'il ne soit trop tard)* et après ***de crainte que*** et ***de peur que*** ;
- après les verbes d'**empêchement,** de **précaution,** de **défense** *(évitez qu'il ne parte)* ;
- après les verbes de **doute** employés à la forme négative *(je ne doute pas qu'ils ne soient heureux ensemble)* ;
- dans les **propositions comparatives** après *plus, moins, mieux, autre, autrement, meilleur, moindre, pire, plutôt (il est plus jeune qu'il n'y paraît)* ;
- après ***avant que, à moins que, sans que*** *(à moins qu'elle ne te l'ait demandé, ne touche plus à rien !)*.

Les types de phrase

Lorsqu'on parle à quelqu'un, on peut le faire dans l'intention de l'**informer,** de l'**interroger,** de lui **ordonner** ou de lui **conseiller** quelque chose. On peut aussi exprimer l'**émotion** que l'on ressent au moment où l'on parle (colère, étonnement, joie, déception, etc.). La phrase appartient donc à un type différent en fonction de l'intention de celui qui parle et de l'effet qu'il cherche à produire sur son interlocuteur.

Il existe **quatre types** de phrase : déclarative, interrogative, injonctive et exclamative.

Le type déclaratif

On l'utilise pour donner un **renseignement,** une **information.** La phrase déclarative présente le plus souvent la construction **sujet/verbe/compléments** et se termine par un point. Le verbe est généralement au mode **indicatif :** *Mon frère travaille à Toulouse.*

Le type interrogatif

Il sert à poser une **question.** On l'utilise donc généralement en vue d'obtenir une confirmation ou une information et il appelle une réponse.

La phrase interrogative est marquée par un **point d'interrogation :** *Viendrez-vous ? À quelle heure viendra-t-il ?*

Il existe **deux sortes** d'interrogation : totale ou partielle.

L'**interrogation totale** appelle une réponse par **oui** ou par **non.** Elle équivaut à la reprise de la question à la forme affirmative ou négative : *Êtes-vous bien arrivés ?* → *Oui, nous sommes bien arrivés./Non, nous ne sommes pas bien arrivés.*

Elle se construit de trois manières :

- en ajoutant un **point d'interrogation** à la phrase déclarative *(vous voulez quelque chose ?)* ;
- dans la langue parlée, avec l'expression ***est-ce que*** *(est-ce que vous voulez quelque chose ?)* ;
- dans la langue parlée soutenue et à l'écrit, **en inversant le sujet** qui se trouve derrière le verbe *(voulez-vous quelque chose ?)*.

L'**interrogation partielle** porte sur un constituant de la phrase, soit :

- le sujet *(qui veut venir avec moi ?)* ;
- un complément essentiel *(qu'attends-tu pour rentrer ?)* ;
- un complément circonstanciel *(comment as-tu appris la nouvelle ?)*.

Elle se construit à l'aide de **mots interrogatifs** placés en tête de phrase :

- les pronoms *qui, lequel, à/de quoi (qui est là ?)* ;
- le déterminant *quel (quelle saison préfères-tu ?)* ;
- un adverbe *(comment vas-tu ?)*.

Le type injonctif

On l'utilise pour donner un **ordre, un conseil,** exprimer une **défense** à son interlocuteur : *Ne regarde pas en bas !*

La phrase injonctive se termine par un **point** ou un **point d'exclamation.** Il peut s'agir d'une phrase **verbale** *(taisez-vous !)* ou **non verbale** *(silence !)*.

Son verbe se conjugue aux **modes :**

- indicatif *(tu fermeras la porte en partant)* ;
- impératif *(claque la porte en partant)* ;
- subjonctif *(qu'il s'en aille !)* ;
- infinitif *(ne pas claquer les portes)*.

Le type exclamatif

On l'emploie pour transmettre un **sentiment** ou une **émotion** à son interlocuteur : *Ils ont gagné !*

La phrase exclamative se termine par un **point d'exclamation.**

Elle peut se construire comme :

- la phrase déclarative *(votre maison est magnifique !)* ;
- la phrase interrogative *(veux-tu me répondre !)* ;
- la phrase injonctive *(arrêtez de gémir !)*.

Elle est marquée au moyen de certains mots comme :

- les adverbes ***comme*** et ***que*** *(qu'elle est intelligente ! comme tu as de la chance !)* ;
- des **interjections,** des **présentatifs,** des **déterminants** *(aïe, tu m'as fait mal ! voilà le travail ! quelle atrocité ! la menteuse !)*.

➡ La phrase exclamative se présente souvent sous la forme d'une phrase **incomplète** ou **nominale** : *Si j'avais su ! Quel spectacle !*

Voix active et voix passive

Dans une phrase à la **voix active,** le sujet **effectue l'action** exprimée par **le verbe :** *Le chat mange la souris.* Dans une phrase à la **voix passive,** le sujet **subit l'action** exprimée par le verbe : *La souris est mangée par le chat.*

Le COD de la phrase à la voix active *(la souris)* devient donc le sujet de la phrase à la voix passive tandis que le sujet *(le chat)* devient le complément d'agent. De plus, le verbe prend une **forme composée** avec l'auxiliaire *être (mange → est mangée)*.

ORTHOGRAPHE

LE PLURIEL

Le pluriel du nom

Le nom simple

En règle générale, on forme le pluriel en ajoutant un ***s***.

Il existe un certain nombre de cas particuliers :

terminaison du singulier	terminaison du pluriel	exceptions
-au, -eau, -eu	**-aux, -eaux, -eux :** *tuyaux, châteaux, jeux*, etc.	**-aus, -eus :** *landaus, bleus, pneus*
-al	**-aux :** *canaux, chevaux, journaux*, etc.	**-als :** *bals, carnavals, chacals, festivals, récitals, régals*
-ail	**-ails :** *chandails, cocktails, portails, rails*, etc.	**-aux :** *baux, coraux, émaux, soupiraux, travaux, vantaux, vitraux*
-ou	**-ous :** *cous, fous, gnous, nounous, sous*, etc.	**-oux :** *bijoux, cailloux, choux, genoux, hiboux, joujoux, poux*

Le nom composé

La marque du pluriel s'ajoute aux éléments des noms composés en fonction de leur **classe** d'origine.

Les **adjectifs** et les **noms** prennent la marque du pluriel : *mes petits-enfants, des coffres-forts, des gardes-malades* (*garde* est ici un nom).

➡ Lorsque les deux éléments sont des noms et que le second est un **complément**, celui-ci reste invariable, qu'il soit introduit ou non par une préposition : *des pommes de terre, des pots de chambre, des arcs-en-ciel, des timbres-poste* (= des timbres de la Poste).

Les **prépositions**, les **adverbes** et les **verbes** restent invariables : *des contre-allées, des haut-parleurs, des garde-meubles* (*garde* est ici une forme du verbe *garder*).

Les **éléments savants** ne varient pas : *des micro-ordinateurs.*

Le pluriel de l'adjectif

En règle générale, on forme le pluriel en ajoutant un ***s*** : *un grand arbre → de grands arbres.*

Si l'adjectif est déjà terminé par un ***s*** ou un ***x***, il ne change pas au pluriel : *des immeubles bas ; des enfants heureux*.

Les adjectifs en ***-al*** font leur pluriel en *-aux (original → originaux)*, hormis quelques exceptions : *bancals, fatals, natals, navals, tonals*.

➡ Certains adjectifs en *-al* acceptent le pluriel en *-al* ou en *-aux* : *austral → australs* ou *austraux*.

Parmi les trois adjectifs en ***-eu***, *bleu* et *feu* prennent un *s (des yeux bleus ; mes feus parents)* tandis que *hébreu* prend un *x (des textes hébreux)*.

⇨ Pour l'adjectif composé, voir ci-après les cas d'invariabilité dans *L'accord de l'adjectif qualificatif.*

LES RÈGLES D'ACCORD

L'accord de l'adjectif qualificatif

Généralités

L'adjectif qualificatif s'accorde en **genre** et en **nombre** avec le nom ou le pronom qu'il qualifie, quelle que soit sa fonction : *C'est une artiste prodigieuse. Ils sont charmants. Je trouve les mariés très beaux. Gênée, elle s'est esquivée rapidement.*

Cas particuliers de l'adjectif attribut

Lorsqu'il est attribut du pronom personnel ***on,*** l'adjectif **s'accorde :**

- au **masculin singulier,** lorsqu'il désigne une ou plusieurs personnes *(on est grand dans la famille)* ;
- au **masculin** ou au **féminin pluriel** selon le cas lorsqu'il équivaut à *nous (on est courageuses, on ne va pas se laisser abattre)*.

Lorsqu'il est attribut du pronom ***ce,*** l'adjectif **s'accorde** au **masculin singulier :** *Attention aux légumes, c'est très chaud.*

Lorsqu'il est attribut de ***vous,*** pluriel de politesse, l'adjectif reste au **singulier :** *Léa, vous seriez gentille de m'accompagner.*

Lorsqu'il est construit avec ***avoir l'air,*** l'adjectif attribut s'accorde obligatoirement avec le sujet lorsque c'est un nom de **chose :** *La route a l'air mauvaise.* Lorsque le sujet désigne une **personne,** l'adjectif peut s'accorder avec le sujet *(elle a l'air douce)* ou avec *air* si l'on veut insister sur l'expression du visage *(elle a l'air soucieux).* Si l'adjectif est suivi d'un complément, il reste au masculin singulier : *Elles ont l'air sérieux des adultes.*

L'adjectif composé

Dans la plupart des cas, les deux éléments **s'accordent** en **genre** et en **nombre :** *deux jeunes sourds-muets ; du poulet à la sauce aigre-douce.*

Le **premier** des deux adjectifs reste parfois **invariable,** notamment quand il est employé comme adverbe, comme dans *grand-ducal, extrême-oriental, bas breton, haut allemand, franc-maçonnique, nouveau-né, mort-né,* etc. : *la langue haut allemande ; des symboles franc-maçonniques.*

➡ Quelques adjectifs employés comme adverbes devant un autre adjectif **s'accordent** en **genre** et en **nombre :**

- *nouveau* employé devant les participes passés autres que *né (nouveaux arrivés, nouvelles venues)* ;
- *premier* et *dernier* composés avec le participe passé *né (première-née, derniers-nés)* ;
- *grand* dans *des yeux grands ouverts* et *des fenêtres grandes ouvertes* ;
- *tout* dans *tout-puissant,* au féminin seulement *(des volontés toutes-puissantes).*

Dans les adjectifs composés d'un **préfixe** (terminé par *-o* ou *-i*) et d'un **adjectif,** c'est l'adjectif qui s'accorde en genre et en nombre, le préfixe restant invariable : *des traditions sacro-saintes ; des œuvres tragi-comiques.*

Les adjectifs invariables

Un certain nombre d'adjectifs ne s'accordent pas.

- Les **adjectifs de couleur** dérivés d'un nom (*chocolat, mandarine, marron, orange, saumon,* etc.) : *Il ne met que des chaussures marron.*

➡ ***Mauve, rose, pourpre, fauve, incarnat*** et ***écarlate,*** bien que dérivés d'un nom, s'accordent en nombre : *des rideaux pourpres ; elles sont devenues écarlates.*

▪ Les **adjectifs de couleur** déterminés par un autre adjectif ou un nom : *des rideaux vert foncé ; des nappes bleu lavande ; des jupes bleu-gris.*

▪ Les adjectifs ***plein*** et ***sauf*** lorsqu'ils sont employés comme **prépositions** : *Elle a de l'argent plein les poches. Sa mère, sauf erreur, s'appelle Catherine.*

➡ Lorsque *plein* et *sauf* sont placés **derrière** le nom auquel ils se rapportent, ils sont adjectifs et **s'accordent** avec le nom qu'ils qualifient : *Elle est arrivée les mains pleines de cadeaux. Elles sont rentrées saines et sauves.*

▪ Des adjectifs comme *bas, bon, cher, clair, court, droit, dur, ferme, fort, franc, haut, juste, net,* etc. **employés comme adverbes** après certains verbes : *Elle parle trop bas. La vie coûte cher. Il a gagné haut la main.*

▪ Les adjectifs ***demi, semi, mi*** et ***nu*** employés dans des mots composés : *Ils ont déclaré une demi-part. Il était dans une semi-conscience. Je l'ai reconnu à mi-distance. Elle est nu-tête.*

➡ Lorsque ***nu*** est placé **derrière** le nom auquel il se rapporte, il **s'accorde** en **genre** et en **nombre** : *Elle était pieds nus.*

➡ Lorsque ***demi*** est placé **derrière** le nom auquel il se rapporte, il **s'accorde** en **genre** uniquement : *Il a attendu deux heures et demie.*

▪ L'adjectif ***feu*** signifiant « défunt », lorsqu'il est placé **devant** le groupe nominal : *feu mes grands-parents.*

➡ Lorsque ***feu*** s'intercale entre le nom et son déterminant, il **s'accorde** en **genre** et en **nombre** : *mes feus grands-parents.*

▪ L'adjectif ***possible,*** lorsqu'il renforce les adverbes ***le moins*** et ***le plus*** : *Il faut convaincre le plus de personnes possible.*

L'accord du participe passé employé seul

Le participe passé employé seul obéit aux règles de l'accord de l'adjectif qualificatif. Il **s'accorde** en **genre** et en **nombre** avec le nom ou le pronom auquel il se rapporte : *une grande porte <u>fermée</u>.*

Il existe quelques cas particuliers.

Attendu, (non/y) compris, entendu, excepté, ôté, passé, supposé, vu placés devant le nom s'emploient comme des prépositions et restent invariables : *Tout est compris, <u>excepté</u> la boisson. <u>Passé</u> six heures, le magasin sera fermé.*

➡ Ces participes **s'accordent** quand ils sont placés **derrière** le nom : *Tout est compris, la boisson exceptée. Il est six heures passées.*

Étant donné et ***mis à part*** peuvent être accordés ou non, qu'ils soient placés devant ou derrière le nom : *<u>Mis(es) à part</u> de petites rentes annuelles, il n'a aucun revenu.*

Ci-annexé, ci-inclus et ***ci-joint*** restent invariables lorsqu'ils sont employés comme adverbes. Dans ce cas, ils sont généralement placés en tête de phrase *(<u>ci-joint</u> les pièces à verser au dossier)* ou devant un nom sans déterminant *(vous trouverez <u>ci-inclus</u> copie de l'arrêté municipal).*

➡ Ces participes **s'accordent** quand ils sont employés avec la valeur d'un adjectif qualificatif. *Veuillez trouver mon CV et ma lettre de motivation <u>ci-joints</u>.*

Approuvé, lu et ***vu*** sont toujours invariables lorsqu'ils sont employés dans des locutions comme *lu et approuvé*.

⇨ Pour l'accord du participe passé aux temps composés, voir p. 1628.

L'accord du verbe

Généralités

Le verbe **s'accorde** en **nombre** et en **personne** avec son sujet, qu'il soit exprimé ou sous-entendu : *Ils couraient, trébuchaient, tombaient puis se relevaient vaillamment.*

Lorsqu'il y a **plusieurs sujets,** le verbe se met au **pluriel** : *Camille et Pierre arriveront demain.*

Le verbe ne marque pas le **genre** du sujet, sauf au **participe passé** : *Il est parti. Elle est partie.*

Si **plusieurs personnes** grammaticales sont en présence pour un même verbe, l'usage impose un **ordre de priorité.**

▪ La première personne l'emporte sur la deuxième et la troisième personne. Elle impose l'accord du verbe à la **première personne du pluriel** : *Toi et moi sommes satisfaits. Pierre et moi passerons te prendre.*

▪ La deuxième personne l'emporte sur la troisième et impose l'accord du verbe à la **deuxième personne du pluriel** : *Pierre et toi passerez me prendre.*

Avec un nom collectif ou une fraction

Lorsque le sujet est constitué d'un nom déterminé par un autre **nom** de sens **collectif** *(armée, foule, bande, horde, nuée, multitude, troupe, dizaine, centaine,* etc.) ou par une **fraction** *(moitié, tiers, centième,* etc.), les **deux accords** sont possibles, suivant que l'accent est mis sur l'idée de **globalité** ou de **pluralité** : *Une foule d'étudiants s'est amassée/se sont amassés sur la place. Une dizaine de projets a été financée/ont été financés. Un tiers des spectateurs est parti/sont partis.*

➡ Lorsque le nom collectif est précédé d'un **article défini,** d'un **déterminant possessif** ou **démonstratif,** le verbe se met obligatoirement au **singulier** : *Le (son, ce) troupeau de brebis est descendu de la montagne.*

➡ Si la **fraction** est **au pluriel,** le verbe se met au **pluriel** : *Les trois quarts de la population sont favorables.*

Avec un nom exprimant une quantité

Lorsque le sujet au pluriel est déterminé par un **adverbe de quantité** *(beaucoup, combien, force, nombre de, peu, quantité de, la plupart, trop)*, le verbe se met au **pluriel** : *Beaucoup de gens sont venus. La plupart des gens ont été recontactés.*

➡ **Employés seuls,** ces adverbes continuent d'entraîner un **accord au pluriel** : *Beaucoup y croient. La plupart sont encore là.*

Lorsque l'adverbe ***peu*** est précédé d'un article défini, d'un déterminant possessif ou démonstratif, le verbe se met généralement au **singulier** : *peu de gens m'ont convaincu* mais *ce peu de gens m'a convaincu.*

Lorsque le sujet est un **pronom personnel** déterminé par un **adverbe de quantité** ou un nom à sens **collectif** *(beaucoup d'entre nous, la majorité d'entre nous)*, les **deux accords** sont possibles : le verbe s'accorde soit avec *beaucoup de (beaucoup d'entre nous ont exprimé leur désaccord)*, soit avec *nous (beaucoup d'entre nous avons exprimé notre désaccord)*.

Avec ***plus d'un,*** l'accord se fait au **singulier** tandis qu'avec ***moins de deux,*** il se fait au **pluriel** : *Plus d'un jour m'a suffi. Moins de deux jours m'ont suffi.*

Avec plusieurs sujets coordonnés ou juxtaposés

Lorsque les sujets sont coordonnés ou juxtaposés par ***et,*** le verbe **s'accorde** au **pluriel** : *La mer et la montagne sont des destinations touristiques.*

Lorsque les sujets sont coordonnés par ***ni, ou*** ou avec les comparatifs ***comme*** et ***ainsi que,*** le verbe se met au singulier ou au pluriel selon le sens.

- Si la coordination est **disjonctive** (un seul choix est possible, les termes étant exclusifs l'un de l'autre) ou qu'elle a le sens d'une **comparaison,** le verbe s'accorde au **singulier :** *Le maire ou son adjoint animera le conseil. Le brochet, comme la perche, est un poisson d'eau douce.*
- Si la coordination exprime l'idée d'un **ajout,** d'une **addition,** le verbe s'accorde au **pluriel :** *Ni l'appartement ni le chalet ne sont réservés. Le vin blanc comme le vin rouge me montent vite à la tête.*

Avec *l'un et l'autre, ni l'un ni l'autre, l'un ou l'autre*

Lorsque le sujet est ***l'un et l'autre*** ou ***ni l'un ni l'autre,*** les **deux accords** sont possibles, le pluriel étant cependant plus fréquent : *L'un et l'autre ont/a fait beaucoup pour lui. Ni l'un ni l'autre ne l'ont/a aidé.*

Lorsque le sujet est ***l'un ou l'autre,*** le verbe s'accorde au **singulier :** *L'un ou l'autre me convient.*

Avec un pronom

Lorsque le sujet est le pronom ***ce*** et qu'il introduit les pronoms personnels ***nous*** et ***vous,*** le verbe s'accorde au **singulier :** *Qui commence, c'est nous ou c'est vous ?* Avec les pronoms ***eux*** et ***elles,*** un **nom** ou un **groupe nominal pluriel,** le verbe s'accorde au **pluriel :** *Ce sont eux que je connais. Ce sont des professionnels.*

Lorsque le sujet est le pronom relatif ***qui,*** le verbe s'accorde à la même personne que l'**antécédent :** *C'est moi qui m'en occuperai. C'est vous qui êtes venus hier ?*

➥ Lorsque l'antécédent est ***le seul, le premier,*** etc., et qu'il est **attribut du sujet,** le verbe s'accorde soit à la même personne que le **sujet,** soit à la même personne que l'**antécédent** attribut : *Tu es la première qui m'aies/ait jamais dit ça.*

Lorsque les sujets sont **résumés** ou **annoncés** par *aucun, chacun, nul, personne, rien, tout*, le verbe s'accorde au **singulier :** *Tout, meubles, vaisselle, literie, doit être déménagé avant ce soir.*

LES HOMONYMES

Ce sont des mots de **prononciation identique** (homophones) et de **sens différent,** qu'ils soient de même orthographe (homographes) ou non : *vert, verre, ver* et *vair* sont des homonymes homophones ; *frais* (adjectif) et *frais* (nom) sont des homonymes homographes.

Les homonymes peuvent se distinguer par :

- leur **étymologie** (*poids* vient du latin *pensum* et *pois* vient du latin *pisum* ; *sceau* vient du latin *sigillum* et *seau* vient du latin populaire *sitellus*) ;
- leur **genre** (*le mousse* et *la mousse*) ;
- leur **classe** grammaticale (*verre* est un nom et *vert* un adjectif).

Certains sont des **homophones grammaticaux.** On trouvera ci-dessous les plus fréquents.

a et *à*

A est une forme du verbe ***avoir*** à la 3e personne du présent de l'indicatif ; ***à,*** avec accent grave, est une **préposition** qui est toujours suivie d'un groupe nominal, d'un verbe à l'infinitif ou d'un pronom : *Il a pris le train. Elle habite à Paris.*

➥ Pour savoir s'il s'agit du verbe *avoir*, remplacer par le verbe à l'imparfait : *il avait pris le train* est possible mais pas **elle habite avait Paris.*

est, es et *et*

Est est la forme conjuguée du verbe ***être*** à la 3e personne du singulier du présent de l'indicatif ; ***es*** est la forme conjuguée du verbe ***être*** à la 2e personne du singulier du présent de l'indicatif ; ***et*** est une **conjonction de coordination** : *Tu es content ? Il est poli. Elle mange du riz et des épinards.*

➡ Pour savoir s'il s'agit du verbe *être*, remplacer par le verbe à l'imparfait : *tu étais content ?* et *il était poli* sont possibles mais pas **elle mange du riz était des épinards.*

ou et *où*

Ou est une **conjonction de coordination** ; ***où*** sert à indiquer un **lieu** : *Sais-tu où tu vas dormir ? À la maison ou chez des amis ?*

➡ Pour savoir s'il s'agit de la conjonction *ou*, remplacer par **ou bien** : *à la maison ou bien chez des amis* est possible mais pas **sais-tu ou bien tu vas dormir ?*

quand à et *quant à*

Quand est une **conjonction de subordination** qui indique le temps ; ***quant,*** toujours suivi de *à/au/aux,* est une **locution prépositionnelle** signifiant « en ce qui concerne » : *Quand à huit heures il n'est pas rentré, sa mère s'inquiète. Quant à lui, il arrivera demain.*

➡ Pour savoir s'il s'agit de la conjonction *quand*, remplacer par ***lorsque*** : *lorsqu'à huit heures il n'est pas rentré* est possible mais pas **lorsqu'à lui.*

sa et *ça*

Sa est un **déterminant possessif** qui ne se rencontre que devant un nom ; ***ça*** est un **pronom** : *Sa mère lui a dit : « ça ne se fait pas ! »*

➡ Pour savoir s'il s'agit du possessif *sa*, remplacer par le possessif de la première personne : *ma mère* est possible mais pas **ma ne se fait pas.*

se et *ce*

Se est un **pronom réfléchi** employé avec un verbe ; ***ce*** est un **pronom** ou un **déterminant démonstratif** toujours suivi d'un nom : *Il se demande où il a mis ce pull qu'il aime tant.*

➡ Pour savoir s'il s'agit du démonstratif *ce*, remplacer par le démonstratif pluriel : *il a mis ces pulls* est possible mais pas **il ces demande.*

sont et *son*

Sont est la forme conjuguée du verbe ***être*** à la troisième personne du pluriel du présent de l'indicatif ; ***son*** est un **déterminant possessif,** toujours placé devant un nom : *Son frère et son oncle sont à Lyon.*

➡ Pour savoir s'il s'agit du possessif *son*, remplacer par le possessif de la première personne : *mon frère et mon oncle* est possible mais pas **mon à Lyon.*

LA PONCTUATION

Elle sert à marquer le **rapport** entre les propositions, à **organiser** et **structurer** la pensée, à donner un **sens** précis à la phrase.

➡ Une phrase comme *la boulangère dit la vendeuse est absente* change de sens selon la ponctuation :

- *La boulangère dit : « La vendeuse est absente. »* → C'est la vendeuse qui est absente.
- *La boulangère, dit la vendeuse, est absente.* → C'est la boulangère qui est absente.

En outre, la ponctuation sert à marquer les **pauses** et les **inflexions** de la voix lors de la lecture.

Le **point** indique la fin d'une phrase. La voix marque une forte pause : *Il faisait nuit. Les enfants jouaient sous les lampadaires.*

La **virgule** sert à séparer les éléments de la phrase qui ont une même fonction. La voix marque une brève pause : *Luc, mon ami d'enfance, vit en Autriche.*

Le **point-virgule** sépare des phrases plus fortement que la virgule, sans les isoler. Elles sont liées plus ou moins étroitement par le sens : *Il part tous les week-ends en randonnée ; sa femme l'accompagne.*

Les **deux-points** annoncent :
- une énumération *(la Picardie compte trois départements : l'Aisne, l'Oise et la Somme)* ;
- des paroles rapportées ou une citation *(Rousseau a écrit : « toutes nos langues sont des ouvrages de l'art »)* ;
- une explication *(mon père est allé chez le médecin : il était malade)*.

Les **points de suspension** sont utilisés pour :
- ménager un effet de surprise *(il l'attrapa par le cou… et l'embrassa)* ;
- marquer une hésitation *(il lui avoua que… qu'il était amoureux d'elle)* ;
- écourter une énumération *(elle aime les fruits rouges : les fraises, les framboises, les cerises…)*.

➡ *Etc.* n'est jamais suivi de points de suspension.

Le **point d'interrogation** se place à la fin d'une phrase interrogative : *Quand te décideras-tu à venir ?*

➡ Dans une **interrogation indirecte,** on utilise le point : *Je me demande quand tu te décideras à venir.*

Les **guillemets** servent à :
- encadrer une citation : *(« la raison du plus fort est toujours la meilleure » est une citation de Jean de La Fontaine)* ;
- rapporter un discours direct *(la boulangère dit : « la vendeuse est absente »)* ;
- marquer un mot impropre ou familier *(c'est un peureux, un « pétochard »)*.

Le **point d'exclamation** se place :
- à la fin d'une phrase exclamative *(qu'il est mignon, ce bébé !)* ;
- après une interjection *(taisez-vous !)*.

Les **parenthèses** servent à isoler un mot ou un groupe de mots dans une phrase :
L'hypocrisie est un défaut (et pas le moindre) qui la caractérise.

Le **tiret** sert à :
- indiquer un changement d'interlocuteur dans un dialogue *(qu'en penses-tu ? – je suis d'accord)* ;
- remplacer les parenthèses *(les Anglais – ou, plus exactement, les Britanniques – et les Allemands)* ;
- à introduire chaque élément d'une énumération.

LES MAJUSCULES

Les majuscules s'emploient dans différents cas.

▪ Au début d'une **phrase,** d'un **vers,** d'une **citation** : *Il était huit heures. Tous passèrent à table.*

▪ Après un **point,** un point d'exclamation, un point d'interrogation et des points de suspension lorsqu'ils terminent une phrase : *Quel bel ensemble ! Quelles belles chaussures ! Que dites-vous ? Vous allez nous quitter ?*

▪ Aux **noms propres :** *l'Asie, l'Aquitaine, Bordeaux, la Seine, Voltaire, Marcel Proust.*

▪ Aux **noms communs** employés comme noms propres : *rendez-vous devant l'Opéra ; la Renaissance.*

▪ Aux noms de **peuples** ou d'**habitants** *(un Français, des Catalans, les Parisiennes),* contrairement aux adjectifs géographiques *(un plat catalan, des touristes allemands).*

▪ Aux noms de **rues :** *boulevard Voltaire ; rue des Cascades.*

▪ Aux noms de **fêtes civiles** ou **religieuses :** *le 14 Juillet ; le premier de l'An ; le Vendredi saint ; Yom Kippour ; l'Aïd.*

▪ Aux titres d'**œuvres,** de **journaux,** de **revues :** *Le Rouge et le Noir* de Stendhal ; *Le Monde ; la Nouvelle Revue française.*

▪ Aux **points cardinaux :**

– lorsqu'ils sont employés substantivement pour désigner une **région,** un **territoire,** une **entité géographique** *(ils ont passé leurs vacances dans le Sud ; l'Ouest américain ; les pays de l'Est) ;*

– lorsqu'ils sont employés comme **noms propres** *(la gare du Nord) ;*

– lorsqu'ils sont **abrégés** *(le vent souffle S.-S.-O.).*

➥ Les points cardinaux s'écrivent avec une **minuscule :**

▪ lorsqu'ils indiquent une **direction,** une **orientation,** une **exposition** *(se diriger vers le nord ; Orléans est au sud-ouest de Paris ; la façade de la maison est plein sud) ;*

▪ lorsqu'ils sont employés **adjectivement** *(la côte ouest des États-Unis ; le Pacifique sud)* sauf dans *le pôle Nord, le pôle Sud, l'hémisphère Nord* et *l'hémisphère Sud.*

VOCABULAIRE

PETITE HISTOIRE DE LA LANGUE FRANÇAISE

Le français est une **langue romane,** comme l'espagnol, l'italien, le portugais, le roumain, l'occitan et le catalan, et plus particulièrement une langue **gallo-romane.** *Romane,* parce qu'elle est héritée de la langue parlée par les **Romains** (elle s'opposait au IXe siècle à *francique,* langue parlée par les Francs, appelée aussi *tudesque*). *Gallo-romane,* parce qu'elle est issue du latin populaire parlé en **Gaule.**

Le lexique du français s'est enrichi au cours des siècles notamment par des **emprunts** à d'autres langues avec lesquelles la France et le français ont eu des contacts au cours de leur histoire.

Quelques dates clés

813 Lors du **concile de Tours,** est fait mention pour la première fois de la ***langue romane*** *(« rusticam Romanam linguam »)* : les sermons doivent être prononcés en « langue romane rustique » ou en « tudesque » (la langue des Francs) pour qu'ils soient compris de tous, ce qui sous-entend que le latin classique n'était plus compris.

842 Deux des petits-fils de Charlemagne, Louis le Germanique et Charles le Chauve, font alliance contre leur frère aîné, Lothaire, qui avait hérité de son père le titre impérial. Ils prêtent serment, Louis en « tudesque » pour être compris par les soldats de Charles, Charles en « roman » pour être compris par ceux de Louis. Les ***Serments de Strasbourg*** sont le premier témoignage d'une langue différente du latin : le **roman.**

1066 Conquête de l'Angleterre par Guillaume le Conquérant, duc de Normandie. Naissance de l'**anglo-normand.**

1539 L'édit de Villers-Cotterêts, de François Ier, réorganise la justice et **prescrit l'usage du français** pour les ordonnances et les jugements des tribunaux, en lieu et place du latin.

1539 Premier dictionnaire du français : le *Dictionnaire françois-latin* de Robert Estienne.

1550 Premier *Tretté de la Grammere françoeze* de Louis Meigret.

1635 Fondation de l'**Académie française** par Richelieu.

1694 Première édition du *Dictionnaire de l'Académie française.*

1972 Création des **commissions de terminologie et de néologie,** mises en place pour proposer des équivalents français de termes étrangers, en particulier anglais.

L'évolution du français

On distingue trois principaux stades dans l'histoire de la langue française :

- l'**ancien français,** entre le Xe siècle (avènement de Hugues Capet, premier roi à ne pas parler le germanique et résidant à Paris) et le milieu du XIVe siècle ;
- le **moyen français,** entre le milieu du XIVe siècle et 1600 ;
- le **français moderne,** à partir de 1600.

L'ancien français

Cette période est marquée par la **perte de la déclinaison à deux cas.** C'est le cas régime, correspondant à l'accusatif latin, qui est à la base du lexique hérité du latin. Cependant, certains mots gardent la trace de cette déclinaison à deux cas comme *pâtre,* issu du cas sujet, et *pasteur,* issu du cas régime.

Le lexique présente de **nombreux régionalismes** picards et normands. Au cours du XIIe siècle, le prestige de la cour allant grandissant, l'ancien français évolue vers la variante parlée et écrite en Île-de-France.

À cette période, le duc de Normandie, Guillaume le Conquérant, s'empare de l'Angleterre (1066), entraînant à sa suite ses chevaliers originaires des régions de l'ouest de la France. Ce sont leurs dialectes, avec le normand comme point fort (parlé encore dans les îles anglo-normandes), qui servent de base à l'**anglo-normand.**

Plus tard (1154), Aliénor d'Aquitaine apporte à l'Angleterre ses possessions françaises du Sud-Ouest, où l'on parle gascon. Le comté de Ponthieu, de langue picarde, devient anglais (1279). L'anglo-normand s'enrichit ainsi d'apports **picards** et **gascons,** ce qui explique qu'à cette époque près de 60 % du lexique anglais, langue germanique, était d'origine française (aujourd'hui, il n'est plus que d'environ 33 %).

➥ Ce fait permet de comprendre les nombreux emprunts entre le français et l'anglais : par exemple, l'ancien français *bougette* « petite bourse, petit sac » est passé en anglais et est devenu *budget*, dont le sens a évolué et que le français a emprunté à son tour.

Dès le XIe siècle, le lexique s'enrichit de nombreux **emprunts au latin.** C'est pour cette raison que certains mots ont une même origine latine mais des formes différentes. L'un est un mot *hérité* du latin, l'autre est *emprunté* au latin : c'est ce que l'on appelle des **doublets.**

➥ *Séparer* et *sevrer* remontent tous deux au latin *separare*, l'un par voie savante, *séparer*, l'autre par voie populaire, *sevrer.*

L'ancien français est également marqué par des **emprunts à l'arabe.** En effet, les intellectuels occidentaux vont alors chercher, dans les zones d'échange entre Orient et Occident (la Sicile et l'Espagne), ce que les Latins ne leur avaient pas transmis : la **philosophie** mais surtout les **sciences** et les **techniques** des Grecs et des Arabes (algèbre, alchimie, botanique, astronomie et agronomie).

➥ C'est surtout aux XIIe et XIIIe siècles que les emprunts à cette langue pénètrent le français, soit directement, soit par l'intermédiaire du latin médiéval, de l'espagnol ou de l'italien : *abricot, alchimie, algèbre, almanach, ambre, azur, chiffre, coton, épinard, girafe, hasard, jupe, magasin, matelas, orange, satin, sucre, zénith*... sont d'origine arabe.

Le moyen français

Cette période voit la consécration du **parler normalisé** de Paris.

La découverte de l'**imprimerie,** à la fin du XVe siècle, pousse les imprimeurs, au siècle suivant, à essayer de mettre au point un système graphique **normalisé**, ce qui engendrera des querelles autour de l'orthographe et des « réformes » bien plus audacieuses que celles que l'on connaît aujourd'hui.

Les premiers **dictionnaires,** fruit du travail des imprimeurs, voient le jour. Parallèlement, s'engage une véritable réflexion sur la langue, qui se traduit par les premières grammaires comme le *Tretté de la Grammere françoeze* de Meigret en 1550, écrit en orthographe « non conventionnelle ».

La **traduction** de textes juridiques, médicaux, philosophiques latins en « **langue vulgaire** », c'est-à-dire en français, demande un vocabulaire approprié de même que, plus tard, la rédaction de textes directement en français. C'est pourquoi les lettrés et les écrivains comme Rabelais innovent tout en continuant à faire des **emprunts au latin.**
C'est cependant la **créativité lexicale** qui marque cette période : sur *accoster* a été créé *accostage*, sur *bâtir*, *bâtisseur*, sur *embarquer*, *embarquement*, etc.

Les guerres d'Italie, au XIVe siècle, puis l'arrivée sur le trône de France de Catherine de Médicis avec sa cour italienne, au XVIe siècle, entraînent une véritable déferlante d'**emprunts à l'italien** dans les domaines :

- militaire *(alerte, escadron, infanterie)* ;
- de l'architecture *(appartement, balcon, esplanade)* ;
- de la banque et du commerce *(banque, escroquer, faillite, négociant)* ;

- des arts *(académie, mosaïque, saltimbanque)* ;
- de la musique *(duo, sourdine, trio, violon)* ;
- de la mode *(escarpin, moustache, perruque, plastron, veste)* ;
- des mœurs, du comportement, des attitudes *(batifoler, caresse, capricieux, courtisan, délicatesse, fougue)* ;
- de la gastronomie *(macaron, saucisson, sorbet, vermicelle)*.

Les XVe et XVIe siècles sont aussi les siècles des grandes découvertes et de la conquête du Nouveau Monde. Les **emprunts aux langues amérindiennes,** soit directs, soit par l'intermédiaire de l'espagnol ou du portugais, concernent essentiellement des mots désignant :

- des végétaux ou des produits dérivés connus ou même cultivés aujourd'hui en Europe *(avocat, cacahouète, cacao, papaye, patate, tomate)* ;
- des animaux *(caïman, cobaye, lama, piranha)* ;
- des objets ou des techniques *(barbecue, boucaner, canot, pirogue)*.

Le français moderne

Les quatre siècles qui suivent sont marqués par la **codification** de la langue et par la **norme,** celle du français de Paris, imposée par l'**Académie française** à partir du XVIIe siècle.

Dès la fin du XVIIIe siècle et jusqu'au milieu du XIXe siècle, le lexique français s'enrichit d'**emprunts à l'allemand,** surtout dans le domaine des **sciences,** des **techniques** (physique et chimie) et des **sciences humaines** (philosophie, philologie, linguistique, psychanalyse) : *anthropologie, aspirine, autisme, barbiturique, chromosome, classique, littérature, morphologie, pessimisme, pulsion, stylistique,* etc.

L'apport le plus important est constitué cependant par les **emprunts à l'anglais.** Après que l'anglais a emprunté massivement au français jusqu'au XVe siècle par l'intermédiaire de l'anglo-normand, l'équilibre s'instaure à partir du XVIIe siècle avec des mots comme *paquebot, verdict* ou *romantique.*

Au XVIIIe siècle, le français emprunte des mots du domaine de la **politique,** de l'**économie** ou des **mœurs :** *colonisation, exportation, humour, sentimental.*

Le mouvement s'amplifie à partir du XIXe siècle si bien que, dans les années 1960, on fait la chasse aux **anglicismes,** au « franglais ». Des commissions se mettent en place, en France et au Canada, pour proposer des équivalents français aux mots anglais qui tentent de s'implanter.

À la fin du XXe siècle et au début du XXIe siècle, les **technologies de l'information** apportent leur lot d'anglicismes tandis que les agences de **publicité** et de **marketing** recourent à l'anglais pour séduire le client.

➡ L'anglais, langue de l'Angleterre, du Commonwealth et des États-Unis a également servi de **diffuseur** à des mots venant de différentes langues : de l'hindi *(bungalow, punch, pyjama, shampoing)*, du malais *(mangrove)*, du chinois *(ketchup, kumquat)*, de langues polynésiennes *(tabou, tatouer)*, de langues d'Australie *(boomerang, kangourou)*, de langues amérindiennes d'Amérique du Nord *(mocassin, totem)* ou de l'espagnol d'Amérique *(lasso, marijuana)*.

Dans un même temps, la **mondialisation** et le **multiculturalisme** ont favorisé les **emprunts** à de **nombreuses langues,** essentiellement dans les domaines de la gastronomie, de la culture, de la civilisation et de la religion. On peut ainsi relever des emprunts :

- à l'arabe *(burqa, chorba, niqab)* ;
- à l'espagnol *(bodega, ola)* ;
- au yiddish *(bagel)* ;
- à l'espagnol d'Amérique *(mérengué, tortilla)* ;

- à l'italien *(mercato, tiramisu)* ;
- au grec *(tzatziki)* ;
- à l'hindi *(bandana, naan, samoussa)* ;
- au japonais *(karaoké, manga, sushi)* ;
- au chinois *(qi gong, wok)* ;
- à une langue africaine *(djembé)* ;
- au créole antillais *(zouk)* ;
- au russe *(perestroïka)* ;
- au farsi *(pashmina)* ;
- au vietnamien *(nem)* ;
- au turc *(chiche-kebab, houmous)* ;
- à une langue amérindienne du Brésil *(ipé)*.

LA FORMATION DES MOTS

Outre l'**emprunt,** différents procédés permettent d'enrichir le lexique du français.

La dérivation

On parle de dérivation lorsque l'unité lexicale nouvellement formée comporte au moins un élément ne pouvant pas être employé seul.

➡ Dans *redire, dire* est un mot qui peut être employé isolément mais *re-* ne le peut pas. Dans *impensable, pensable* peut être employé isolément mais *in-* ne le peut pas.

Elle s'opère en ajoutant un **affixe,** c'est-à-dire un préfixe ou un suffixe, à une **base** (un mot simple ou un radical). Pour savoir quelle est la base d'un mot, il suffit d'enlever les affixes.

➡ Dans *redire, re-* est le préfixe et *dire* est la base. Dans *impensable, in-* est le préfixe et *-able* est le suffixe ; *-pens-* est donc le radical.

Les préfixes

Ce sont des éléments qui se placent **avant** la base.

➡ L'ajout d'un préfixe à une base **ne change pas** la nature du dérivé : *redire* est un verbe comme *dire* ; *préhistoire* est un nom comme *histoire* ; *dissemblable* est un adjectif comme *semblable.*

➡ Le préfixe n'a pas de fonction grammaticale mais seulement sémantique : il change le sens de la base.

Liste des principaux préfixes avec leurs valeurs et leurs sens		
	sens	**exemples**
a-, an-, (origine grecque)	marquent la privation, la négation, « sans, pas »	***a**patride* « qui n'a pas de nationalité légale » ; ***an**aérobie* « qui peut vivre dans un milieu privé d'air »
a-, ac-, ad-, af-, ag-, al-, an-, ap-, ar-, as- (origine latine)	marquent la direction, le but à atteindre, le passage d'un état à un autre, « vers »	***a**bêtir* « rendre bête » ; ***ac**courir* « courir vers » ; ***ad**joindre* « associer une personne à une autre pour aider » ; ***af**fronter* « aller au-devant d'un adversaire » ; ***al**longer* « rendre plus long » ; ***ap**pareiller* « réunir des choses semblables » ; ***as**souplir* « rendre souple »

anté-, anti- (origine latine)	marquent l'antériorité, « avant »	***anté****diluvien* « antérieur au déluge » ; ***anti****chambre* « pièce d'attente placée à l'entrée d'un grand appartement »
anti- (origine grecque)	marque l'opposition, « contre »	***anti****mondialiste* « qui s'oppose à la mondialisation économique »
auto- (origine grecque)	marque la référence à soi-même	***auto****satisfaction* « contentement de soi » ; ***auto****portrait* « portrait d'un peintre exécuté par lui-même »
bi-, bis- (origine latine)	marquent le redoublement, « deux, deux fois »	***bi****centenaire* « qui a deux cents ans » ; ***bis****annuel* « qui revient tous les deux ans »
co-, col-, com-, con-, cor- (origine latine)	marquent la réunion, l'adjonction, la simultanéité, « avec »	***co****locataire* « personne qui est locataire avec d'autres dans le même appartement » ; ***col****laborer* « travailler avec » ; ***con****citoyen* « citoyen du même État » ; ***cor****respondre* « avoir des relations épistolaires (avec qqn) »
dé-, des-, dés-, dis- (origine latine)	marquent l'éloignement, la négation, la privation, la séparation, « séparé de, différent »	***dé****faire* « changer (une chose) de manière qu'elle cesse d'être faite » ; ***des****saler* « rendre moins salé » ; ***dés****unir* « faire cesser l'union de » ; ***dis****semblable* « se dit de deux ou plusieurs personnes ou choses qui ne sont pas semblables »
é-, es-, ex- (origine latine)	marquent l'éloignement ou la privation, souvent aussi le changement d'état et l'achèvement	***é****queuter* « enlever la queue (d'un fruit) » ; ***es****souffler* « mettre hors d'haleine » ; *s'****ex****patrier* « quitter sa patrie »
en-, em-, il-, in-, im- (origine latine)	marquent l'entrée dans un état, l'acquisition d'une qualité, « dans, à l'intérieur »	***en****terrer* « enfermer dans la terre, mettre en terre » ; ***em****boîter* « faire entrer (une chose) dans une autre » ; ***il****lustrer* « rendre plus clair » ; ***in****humer* « mettre en terre » ; ***im****porter* « introduire sur le territoire national »

entre-, inter- (origine latine)	marquent : – l'intervalle, l'espace compris, la partie située entre deux choses – une action mutuelle ➡ ***entre-*** est la forme populaire, ***inter-*** est la forme empruntée	– ***entre****filet* « court article inséré dans un journal » ; ***inter****ligne* « espace qui est entre deux lignes » – *s'****entr****aider* « s'aider mutuellement » ; ***inter****action* « action réciproque »
hémi- (origine grecque)	signifie « à moitié » ➡ ***hémi-*** sert à former des mots savants	***hémi****cycle* « espace, construction qui a la forme d'un demi-cercle »
hyper- (origine grecque)	marque l'exagération, l'excès, le plus haut degré, « au-dessus » ➡ ***hyper-*** sert à former des mots scientifiques	***hyper****tension* « tension artérielle supérieure à la normale ; augmentation de la tension »
hypo- (origine grecque)	marque la diminution, l'insuffisance, la situation inférieure ➡ ***hypo-*** sert à former des mots scientifiques	***hypo****tension* « tension artérielle inférieure à la normale ; diminution de la tension »
in-, il-, im-, ir- (origine latine)	marquent la négation	***in****abouti* « qui n'est pas achevé », ***in****amovible* « qui ne peut pas être déplacé » ; ***il****logique* « qui n'est pas logique » ; ***im****putrescible* « qui ne peut pas pourrir » ; ***ir****responsable* « qui n'est pas responsable »
intra-, intro- (origine latine)	signifient « à l'intérieur de » ➡ ***intra-*** et ***intro-*** servent à former des mots du domaine de l'anatomie ou de la physique	***intra****musculaire* « qui se fait à l'intérieur du muscle » ; ***intro****verti* « qui est tourné vers son monde intérieur »
mal-, mau- (origine latine) **mé-, més-** (origine germanique)	marquent une idée de mal, « mauvais »	***mal****chance* « mauvaise chance » ; ***mau****dire* « vouer (qqn) au malheur » ; ***mé****dire* « dire du mal de (qqn) » ; ***més****entente* « mauvaise entente »
méga- (origine grecque)	marque l'intensité (langage familier) ; en physique, « un million de »	***méga****-intéressant* « extrêmement intéressant » ; ***méga****hertz* « unité de fréquence valant un million de hertz »

para- (origine grecque)	signifie « qui est proche de, semblable à, à peu près comme… »	***para**militaire* « qui est organisé selon la discipline et la structure d'une armée »
para- (tiré de mots empruntés comme *parasol*, *paravent*)	marque l'idée de « protection contre »	***para**pluie* « objet qui sert à abriter de la pluie »
péri- (origine grecque)	signifie « autour (de) »	***péri**natal* « qui concerne la période qui précède et suit la naissance »
post- (origine latine)	signifie « qui vient après », dans le temps ou dans l'espace	***post**natal* « relatif à la période qui suit la naissance » ; ***post**cure* « période qui suit une cure » ; ***post**poser* « placer après un autre mot »
pré- (origine latine)	marque l'antériorité dans le temps ou dans l'espace	***pré**conçu* « formé avant toute expérience », ***pré**histoire* « période de l'histoire de l'humanité avant l'apparition de l'écriture », ***pré**figurer* « présenter par avance tous les caractères de (une chose à venir) »
pro- (origine latine ou grecque)	signifie « en avant ; à la place de ; en faveur de ; partisan de »	***pro**pulsion* « action de pousser en avant » ; ***pro**nom* « mot qui a la fonction d'un nom » ; ***pro**français* « partisan des Français, de la France »
re-, ré-, r- (origine latine)	marquent un mouvement en arrière, exprimant le retour à un état antérieur, la répétition, le renforcement, l'achèvement	***re**courber* « courber à son extrémité » ; ***re**dire* « dire à nouveau » ; ***ré**unir* « mettre ensemble des choses séparées » ; ***r**habiller* « habiller de nouveau »
sous-, sub- (origine latine)	marquent une position inférieure dans l'espace, une subordination, l'infériorité, la subdivision, la proximité ou l'approximation (pour *sub-*), « sous ; au-dessous de » ➡ ***sous-*** est la forme populaire, ***sub-*** est la forme empruntée	***sous**-sol* « couches de l'écorce terrestre qui se trouvent au-dessous du sol », ***sous**-comité* « comité constitué à l'intérieur d'un comité » ; ***sub**saharien* « situé au-dessous du Sahara », ***sub**division* « division inférieure »

sur-, super-, supra-	marquent une position supérieure dans l'espace ou plus avancée dans le temps ; marquent l'excès (pour *sur* et *super-*) ; « au-dessus de ; au-delà de » ➡ ***sur-*** est la forme populaire, ***super-*** et ***supra-*** sont les formes empruntées	***sur****monter* « être placé au-dessus », ***sur****lendemain* « jour qui suit le lendemain », ***sur****abonder* « exister en quantité plus importante que nécessaire » ; ***super****marché* « centre commercial à grande surface », ***super****intéressant* « extrêmement intéressant » ; ***supra****national* « placé au-dessus des institutions nationales »
trans-, tra- (origine latine)	marquent le passage ou le changement ; « au-delà de ; à travers »	***trans****percer* « percer de part en part », ***trans****poser* « faire changer de forme ou de contenu en faisant passer dans un autre domaine », ***trans****alpin* « qui est au-delà des Alpes » ; ***tra****verser* « parcourir d'un bout à l'autre »

On trouvera d'autres préfixes à la nomenclature du dictionnaire.

Les suffixes

Ce sont des éléments qui se placent **après** la base.

L'ajout d'un suffixe **modifie** la nature du mot. Par exemple, *président* est un nom masculin. L'ajout du suffixe *-iel* donne *présidentiel* qui est un adjectif.

⇨ Voir le *Petit dictionnaire des suffixes du français,* p. 1599.

La composition

On parle de composition lorsque l'unité lexicale nouvellement formée comporte **plusieurs éléments** pouvant être employés **seuls.**

➡ *Porte-bonheur* se compose de *porte* « qui porte » et du mot *bonheur ; chemin de fer* se compose de deux mots reliés par la préposition *de : chemin* et *fer.*

Un **mot composé** est créé en soudant **deux mots différents,** séparés par un **trait d'union** *(porte-manteau, pare-chocs)* ou liés par les prépositions ***à*** ou ***de*** *(pomme de terre, fer à cheval).*

Les autres procédés de formation

Les mots composés d'éléments

Certains éléments ou radicaux d'origine grecque ou latine, entrant dans la composition de **mots savants,** ne peuvent pas être employés isolément mais sont cependant porteurs de sens. Ils peuvent apparaître en début comme en fin de mot.

➡ ***odonto-, -odonte,*** du grec signifiant « dent », entre dans la composition de *odontologie* « étude et traitement des dents » ou de *mastodonte* « mammifère fossile voisin de l'éléphant », se distinguant donc par ses grandes défenses. Ni *mast-*, ni *-odonte-*, ni *-logie* ne fonctionnent seuls dans la langue.

➡ ***grapho-, -graphe,*** du grec signifiant « écrire, tracer », entre dans la composition de *graphologie* « étude des écritures individuelles » et de *biographe* « auteur de biographies ».

Ce procédé de formation, très productif, est particulièrement utilisé par la communauté scientifique internationale.

➾ Il ne faut pas confondre ces composés formés de deux éléments non autonomes avec des composés comportant un élément autonome : *écologie*, emprunté à l'allemand, est formé de *éco-* et de *-logie*, deux éléments non autonomes ; *écosystème* est formé de l'élément à valeur de préfixe *éco-* et du mot *système*.

Ces éléments sont répertoriés à la nomenclature du dictionnaire.

Les sigles et les acronymes

Extrêmement productifs depuis les années 1950, les **sigles** sont constitués par la suite des **initiales** de plusieurs mots qui forme un **mot unique** prononcé avec les noms des lettres : *I. V. G.* est le sigle de ***i**nterruption **v**olontaire de **g**rossesse* ; *O. G. M.* est celui de ***o**rganisme **g**énétiquement **m**odifié*.

➾ Certains sigles ont produit des **dérivés :** un *cégétiste* est une personne qui adhère au syndicat de la *C. G. T.*, la Confédération générale du travail.

L'**acronyme** est un sigle qui se prononce comme un mot ordinaire : *ovni* est l'acronyme de ***o**bjet **v**olant **n**on **i**dentifié* ; *Z. U. P.* est celui de ***z**one à **u**rbaniser en **p**riorité*.

L'abréviation

Ce procédé consiste à **supprimer** une partie du mot.

La suppression ou troncation peut intervenir en **début de mot,** c'est une troncation par **aphérèse :** *omnibus* a donné *bus* ; *oignon* a donné *gnon*.

Elle peut avoir lieu en **fin de mot,** c'est une troncation par **apocope :** *professeur* a donné *prof* ; *baccalauréat* a donné *bac*.

➾ Certains mots abrégés par apocope sont ensuite **suffixés** en ***-o*** (⇨ voir le *Petit dictionnaire des suffixes du français*, p. 1599) : *apéro* (de *apéritif*), *mécano* (de *mécanicien*), etc.

Dans ce dictionnaire, les abréviations sont répertoriées sous la forme complète du mot.

Les mots valises

Ils sont composés de **deux mots** dont une partie a été **tronquée :** *webzine* « magazine électronique publié sur Internet », emprunté à l'anglais, est formé de *web* et de *(maga)zine* ; *caméscope* est formé de *camé(ra)* et de *(magnéto)scope* ; *bureautique* est formé de *bureau* et d'*(informa)tique*.

LES SYNONYMES, ANTONYMES ET PARONYMES

Les synonymes

Ce sont des mots ou des expressions qui ont une **signification très proche,** voire le **même sens.** L'utilisation de synonymes dans un texte permet d'éviter les **répétitions** et d'apporter des **nuances.**

➾ On ne peut pas systématiquement remplacer un mot par un autre : deux mots ne recouvrent pas exactement les mêmes sens et l'emploi d'un mot varie selon le contexte.

Certains synonymes se distinguent par une différence :

- d'**intensité** (*fatigué* et *exténué* ; *aimer* et *adorer*) ;
- d'**emploi** ou d'**affectation** (*salaire* pour les ouvriers et les employés, *honoraires* pour

les professions libérales, *traitement* pour les fonctionnaires, *appointements* pour le personnel administratif et les cadres supérieurs) ;

- de **niveau social** ou de **registre de langue** (*ennuyer* et *embêter* ; *voiture* et *bagnole*).

Les antonymes ou contraires

Ce sont des mots ou des syntagmes qui, par le sens, **s'opposent** directement : *chaud* et *froid, dur* et *tendre, affamé* et *repu, lever* et *coucher,* etc.

Deux antonymes ont la même catégorie grammaticale :

- *donner* et *prendre* sont des verbes ;
- *avant* et *après* sont des prépositions ;
- *ville* et *campagne* sont des noms ;
- *tôt* et *tard* sont des adverbes ;
- *riche* et *pauvre* sont des adjectifs et des noms.

Certains antonymes se forment par **dérivation :** *probable* et *improbable, respectueux* et *irrespectueux, décent* et *indécent.* D'autres se forment par ajout d'**éléments contraires :** *germanophile* et *germanophobe, profrançais* et *antifrançais, monothéisme* et *polythéisme.*

Les paronymes

Ce sont des mots presque homonymes qui peuvent être **confondus** : *conjecture* et *conjoncture, allusion* et *illusion, enduire* et *induire, entuber* et *intuber.*

Certains paronymes sont de **sens** et d'**emploi proches** : *accident* et *incident, infecter* et *infester, vénéneux* et *venimeux.*

➡ Dans les articles de ce dictionnaire, les paronymes des mots en entrée sont indiqués par le signe ≠.

LES MOTS DE LIAISON OU CONNECTEURS

Utilisés pour **argumenter** dans le discours, les mots de liaison, également appelés connecteurs, permettent d'**organiser** un texte et de **relier** entre elles deux propositions. Ce sont des conjonctions, des adverbes ou des prépositions.

On distingue plusieurs types de mots de liaison.

Les connecteurs **spatiaux,** utilisés surtout dans les textes **descriptifs,** permettent de situer les événements dans l'espace : *ici, là...*

Les connecteurs **temporels,** utilisés surtout dans les textes **narratifs** ou **explicatifs,** permettent de situer les événements dans le temps et les uns par rapport aux autres : *depuis, avant, pendant que...*

Les connecteurs **logiques,** utilisés dans les textes **argumentatifs,** servent soit à exprimer une progression et une suite logique dans le raisonnement, soit, au contraire, à marquer une rupture.

Parmi ceux qui expriment la **suite logique** d'un raisonnement, on peut distinguer les connecteurs qui connotent :

- l'**addition** ou la **gradation,** en ajoutant un argument ou un exemple *(de plus, de surcroît, encore, en outre, et, puis, tout au moins/tout au plus, voire...)* ;
- l'**illustration,** en éclairant l'argumentation par un cas concret *(à ce propos, ainsi, c'est ainsi que, c'est le cas de, comme, d'ailleurs, en particulier, notamment, par exemple...)* ;
- la **correction,** en précisant les idées présentées *(à vrai dire, c'est-à-dire, en fait, en réalité, ou, ou bien, plus exactement, plutôt...)* ;

- la **comparaison,** en établissant un rapprochement entre deux faits *(autant que, comme, de la même façon, de même que, parallèlement, pareillement, semblablement...)* ;
- la **condition,** en permettant d'émettre des hypothèses pour ou contre une idée *(à la condition que, à supposer que, au cas où, en admettant que, pourvu que, si...)* ;
- la **justification,** apportant des informations permettant de préciser ses arguments *(car, du fait de, en effet, en sorte que, parce que, puisque...)* ;
- la **cause,** en exposant l'origine, la raison d'un fait *(car, dans la mesure où, du fait que, en effet, en raison de, grâce à, par, parce que, puisque, sous prétexte que...)* ;
- la **classification,** en hiérarchisant les informations présentées *(avant tout, d'abord, d'une part, d'autre part, en premier lieu, ensuite, non seulement... mais encore, premièrement, puis...)* ;
- la **finalité,** en présentant le but d'une argumentation *(afin que, de peur que, en vue de, pour, pour que...)* ;
- la **transition,** en permettant le passage d'une idée à une autre *(après avoir souligné, passons maintenant à...)*

Parmi les connecteurs qui expriment la **rupture** d'un raisonnement, on peut distinguer ceux qui connotent :

- la **concession,** en admettant des faits opposés à son opinion tout en la conservant *(bien que, bien sûr, certes, en dépit de, il est vrai que, malgré, même si, quoique, quel que soit, toutefois...)* ;
- l'**alternative,** en proposant différents choix *(d'un côté... de l'autre, non seulement... mais encore, ou... ou, soit... soit, tant... que...)* ;
- l'**opposition,** en comparant deux arguments, deux faits *(alors que, au contraire, au lieu de, cependant, en revanche, mais, néanmoins, or, pourtant, tandis que...)* ;
- l'**approximation,** en apportant des nuances dans une même idée *(d'une certaine manière, presque, probablement, sans doute, si l'on peut dire, vraisemblablement...)* ;
- la **restriction,** en limitant la portée d'un propos *(à défaut de, en dehors de, en fait, excepté, hormis, mis à part, sinon, tout au moins...)* ;
- la **conséquence,** en annonçant le résultat, l'aboutissement d'une idée *(ainsi, alors, c'est pourquoi, de sorte que, en conséquence, par conséquent, si bien que...)* ;
- la **conclusion,** en achevant la démonstration *(ainsi, bref, donc, en définitive, enfin, en conclusion, en somme, finalement...)*.

TABLEAU DES NOMS DE NOMBRES

REM. Les composés des adj. numéraux cardinaux s'écrivent avec des traits d'union (ex. : *dix-sept, quatre-vingt-un*), sauf si entrent dans leur composition les mots *et, cent* ou *mille*, lesquels ne sont jamais précédés ou suivis de trait d'union (ex. : *cent sept, vingt et un, trois mille vingt-deux*).

CARDINAUX	chiffres arabes	chiffres romains	ORDINAUX
un (m.), une (f.)	1	I	premier (1er), première (1re)
deux	2	II	second(e), deuxième (2e)
trois	3	III	troisième (3e)
quatre	4	IV	quatrième (4e)
cinq	5	V	cinquième (5e)
six	6	VI	sixième
sept	7	VII	septième
huit	8	VIII	huitième
neuf	9	IX	neuvième
dix	10	X	dixième
onze	11	XI	onzième
douze	12	XII	douzième
treize	13	XIII	treizième
quatorze	14	XIV	quatorzième
quinze	15	XV	quinzième
seize	16	XVI	seizième
dix-sept	17	XVII	dix-septième
dix-huit	18	XVIII	dix-huitième
dix-neuf	19	XIX	dix-neuvième
vingt	20	XX	vingtième (20e)
vingt et un (m.), vingt et une (f.)	21	XXI	vingt et unième (21e)
vingt-deux	22	XXII	vingt-deuxième (22e)
vingt-trois	23	XXIII	vingt-troisième (23e)
trente	30	XXX	trentième (30e)
trente et un (m.), trente et une (f.)	31	XXXI	trente et unième
trente-deux	32	XXXII	trente-deuxième
quarante	40	XL	quarantième
quarante et un(e)	41	XLI	quarante et unième
quarante-deux	42	XLII	quarante-deuxième
cinquante	50	L	cinquantième
cinquante et un(e)	51	LI	cinquante et unième
cinquante-deux	52	LII	cinquante-deuxième
soixante	60	LX	soixantième
soixante et un(e)	61	LXI	soixante et unième
soixante-deux	62	LXII	soixante-deuxième
soixante-dix (ou, région., septante)	70	LXX	soixante-dixième (ou, région., septantième)
soixante et onze (ou, région., septante et un[e])	71	LXXI	soixante et onzième (ou, région., septante et unième)
soixante-douze (ou, région., septante-deux)	72	LXXII	soixante-douzième (ou, région., septante-deuxième)
quatre-vingts (ou, région., octante)	80	LXXX	quatre-vingtième (ou, région., octantième)
quatre-vingt-un(e) (ou, région., octante et un[e])	81	LXXXI	quatre-vingt-unième (ou, région., octante et unième)

CARDINAUX	chiffres arabes	chiffres romains	ORDINAUX
quatre-vingt-deux (ou, région., octante-deux)	82	LXXXII	quatre-vingt-deuxième (ou, région., octante-deuxième)
quatre-vingt-dix (ou, région., nonante)	90	XC	quatre-vingt-dixième (ou, région., nonantième)
quatre-vingt-onze (ou, région., nonante et un[e])	91	XCI	quatre-vingt-onzième (ou, région., nonante et unième)
quatre-vingt-douze (ou, région., nonante-deux)	92	XCII	quatre-vingt-douzième (ou, région., nonante-deuxième)
cent	100	C	centième
cent un(e)	101	CI	cent unième
cent deux	102	CII	cent deuxième
deux cents	200	CC	deux centième
deux cent un(e)	201	CCI	deux cent unième
trois cents	300	CCC	trois centième
trois cent un(e)	301	CCCI	trois cent unième
quatre cents	400	CD	quatre centième
cinq cents	500	D	cinq centième
neuf cent quatre-vingt-dix-neuf	999	IM	neuf cent quatre-vingt-dix-neuvième
mille	1 000	M	millième
mille un(e)	1 001	MI	mille unième
mille deux	1 002	MII	mille deuxième
mille cent (ou onze cents)	1 100	MC	mille centième
mille deux cents (ou douze cents)	1 200	MCC	mille deux centième
deux mille	2 000	MM	deux millième

Au-delà de *deux mille,* on n'emploie guère les chiffres romains

neuf mille neuf cent quatre-vingt-dix-neuf	9 999	neuf mille neuf cent quatre-vingt-dix-neuvième
dix mille	10 000	dix millième
quatre-vingt-dix-neuf mille neuf cent quatre-vingt-dix-neuf	99 999	quatre-vingt-dix-neuf mille neuf cent quatre-vingt-dix-neuf millième
cent mille	100 000	cent millième
cent mille un(e)	100 001	cent mille unième
cent mille deux	100 002	cent mille deuxième
cent un mille	101 000	cent un millième
un million	1 000 000	millionième
un milliard	1 000 000 000	milliardième

PETIT DICTIONNAIRE DES SUFFIXES DU FRANÇAIS

par Danièle MORVAN

Cette liste alphabétique est destinée à guider le lecteur dans la compréhension de la morphologie suffixale du français. Elle a été conçue comme un complément pédagogique et pratique à la présentation des familles lexicales, telle qu'elle est faite dans le corps du dictionnaire (regroupement des mots alphabétiquement proches d'une part, renvois morphologiques en fin d'article d'autre part). Les séries d'exemples ont été établies pour manifester les processus de formation lexicale ; on ne s'étonnera donc pas d'y trouver des mots qui ne figurent pas à la nomenclature du dictionnaire : ils ont été choisis en tant qu'exemples pour illustrer les processus mis en évidence.

Guide de lecture

Ce petit dictionnaire complète le corps du dictionnaire de la langue en traitant un aspect de la formation des mots (ou *morphologie*) qui ne peut être montré clairement dans un dictionnaire ordinaire ; il manifeste comment, en français, on a formé et on peut former des mots (des *dérivés*) en ajoutant à une base (un mot ou un radical) un élément de formation placé après cette base (un *suffixe*). On ne confondra pas ces suffixes avec les radicaux comme *-graphe* ou *-phobe*, qui sont d'une autre nature (voir ci-dessous).

L'utilisateur du dictionnaire peut y trouver les familles de mots (ou *familles lexicales*), c'est-à-dire les mots de même base et de même origine dans lesquels on reconnaît une communauté de forme et de sens ; en effet, notre ouvrage regroupe les mots de la même famille qui sont proches dans l'ordre alphabétique et donne à la fin de l'article les autres mots, éloignés alphabétiquement ou trop importants pour être regroupés. Le lecteur dispose ainsi, d'un seul coup d'œil, de la famille intégrale. Mais, si les mots formés à l'aide d'un élément placé devant la base (un *préfixe*), par exemple les mots en *re-*, en *in-*, se trouvent rapprochés par l'ordre alphabétique, ceux qui sont formés à l'aide d'un élément placé après la base, tels les mots en *-age*, se trouvent dispersés dans le dictionnaire de manière imprévisible. Pour présenter de façon plus complète non seulement le résultat, mais les processus essentiels de la formation des mots en français, il était nécessaire de regrouper les suffixes dans une liste alphabétique unique. On ne trouvera dans cette liste ni les morphèmes qui expriment les rapports grammaticaux (le *-e* du féminin, le *-s* du pluriel, les désinences des conjugaisons des verbes, etc.), ni les éléments représentés seulement dans des mots empruntés à des langues étrangères. On n'y trouvera pas non plus les radicaux comme *-graphe, -phobe,* etc. : les plus usuels d'entre eux sont traités à la nomenclature du dictionnaire, au même titre que les préfixes ; ces radicaux, qu'ils soient préfixés ou suffixés, véhiculent un contenu de sens plus précis et se combinent entre eux pour former des mots (ex. : *xénophobe*), notamment dans les terminologies scientifiques et techniques. Au contraire, les suffixes énumérés ici s'appliquent à l'usage général ; en outre, ils déterminent la catégorie grammaticale du mot produit : on peut former des noms avec des verbes, des adverbes avec des adjectifs, etc. Par ailleurs, la production des dérivés (« transformation » morphologique) intervient dans les transformations syntaxiques (le morphème suffixal *-eur, -euse* permet de passer de : celui, celle qui *chante* l'opéra à : un *chanteur,* une *chanteuse* d'opéra). On s'est d'autre part appliqué à choisir des exemples de mots formés en français, et non pas empruntés, pour montrer la productivité des suffixes décrits.

Description des articles. Ce dictionnaire se consulte comme le dictionnaire lui-même. Chaque suffixe retenu fait l'objet d'un **article** avec une entrée, une analyse en numéros (**I.**, **1.**, etc.) et des exemples (qui sont ici des mots complexes, et non plus des phrases) ; on a fait figurer aussi, à la fin des articles, l'**étymologie** des suffixes, entre crochets : ‹ ... ›. Quand deux suffixes différents (par l'origine ou le sens) ont la même forme, ils sont numérotés, comme les homonymes dans le dictionnaire ; dans ce cas, des indications sur la valeur sémantique de ces suffixes sont données, pour aider à les différencier.

Les suffixes et leurs **variantes,** qui sont mentionnées après l'entrée ou à l'intérieur des articles, selon les cas, sont soigneusement distingués des **finales,** qui sont des terminaisons quelconques. Les finales ou modifications de finales les plus courantes ont été signalées, notamment celles qui peuvent donner lieu à des confusions avec de véritables suffixes : précisons ici que, parmi ces terminaisons, seuls les suffixes ont une forme stable et un sens constant (ce sont des morphèmes) ; il arrive cependant parfois que des finales deviennent par mauvaise coupe des suffixes « stabilisés » et productifs (ex. : *-tique* dans *bureautique*).

Les articles du dictionnaire sont rédigés de manière uniforme : on présente d'abord la catégorie grammaticale des mots produits (par exemple : « pour former des noms »), puis la nature de la base qui sert à les produire (par exemple : « la base est un verbe »). À l'intérieur de chacune de ces distinctions, on a toujours suivi le même ordre : nom, adjectif, verbe, etc. Quand la base est un verbe, et que la formation des mots suffixés met en œuvre plusieurs radicaux différents (voir les tableaux de conjugaisons), on a indiqué ceux qui fournissent la base. La forme de la base s'obtient le plus souvent à partir de celle de la 1re personne du pluriel du présent de l'indicatif ; le radical étant (sauf pour *être*) le même que celui de l'imparfait, on a, pour simplifier, mentionné « forme de l'imparfait ». Lorsqu'il s'agissait de la forme de la première personne du singulier du présent de l'indicatif, on a mentionné « forme de la 1re personne du présent » (par opposition à « forme de l'imparfait »).

Viennent ensuite les **exemples** qui sont regroupés selon la valeur du suffixe, selon le sens (classes sémantiques : personnes, choses, etc.), ou selon le niveau de langue (familier, etc.). Les exemples contenant une variante suffixale sont précédés par un tiret. On trouvera dans ces séries d'exemples des mots courants, mais aussi des mots rares ou archaïques et des mots argotiques ; tous ont été choisis pour illustrer le plus clairement possible le processus de formation base + suffixe. Parmi ces exemples figurent de nombreux noms de personnes, cités au masculin ou au féminin : ils sont précédés de l'article indéfini *un, une,* pour souligner qu'ils peuvent généralement être employés aux deux genres ; les noms de choses, en revanche, sont en général présentés sans article.

Dans le texte des articles, les **renvois** à d'autres suffixes sont présentés par une flèche double (comme les renvois à des mots dans le dictionnaire). Dans les étymologies, les renvois, qui sont précédés par une flèche simple, se rapportent à l'étymologie des autres suffixes.

D'une manière générale, on a utilisé des formules simples, et explicité le plus clairement possible les processus de formation. Cependant, pour préciser la nature de certains suffixes, quant au sens, on a dû recourir à quelques notions techniques, correspondant à des termes spécialisés qui ne sont pas définis dans le corps du dictionnaire. Il s'agit essentiellement de :

augmentatif, qui se dit des éléments (suffixes ou préfixes) servant à renforcer le sens de la base, par un effet inverse de celui des *diminutifs ;*

fréquentatif, qui indique, pour un verbe, la répétition de l'action exprimée par la base ; ex. : *mordiller* par rapport à *mordre* (de nombreux suffixes verbaux sont à la fois diminutifs et fréquentatifs, ou fréquentatifs et péjoratifs) ;

partitif, qui se dit d'un élément (ou d'un cas, dans les langues à déclinaisons) exprimant la partie, par opposition à *collectif* (ex. : *chaînon* par rapport à *chaîne*).

D'autres termes, comme *diminutif, péjoratif* (les suffixes péjoratifs sont souvent aussi *familiers*), sont plus connus et sont définis dans le dictionnaire.

-able Pour former des adjectifs. **1.** La base est un nom. *Charitable, corvéable, effroyable, rentable, viable.* □ ⇒ **-ible** (1). **2.** La base est un verbe (la base est celle de la forme de la 1re personne du présent, ou de la forme de l'imparfait). *Abordable, buvable, critiquable, faisable, habitable, périssable.* (Avec le préfixe **in-**) *imbattable, imprenable, insoutenable, intarissable, irréprochable.* □ ⇒ **-ible** (2). □ La terminaison de noms correspondante est *-abilité* ⇒ **-ité.** ‹ latin *-abilem,* accusatif de *-abilis.* ›

-acé, -acée Pour former des adjectifs. ■ La base est un nom. *Micacé, rosacé, scoriacé.* ‹ latin *-aceum, -aceam.* ›

-ade Pour former des noms féminins. **1.** La base est un nom. *Citronnade, colonnade, cotonnade, œillade.* **2.** La base est un verbe. *Baignade, glissade, rigolade.* ‹ latin *-atam* par le provençal *-ada,* l'italien *-ata,* l'espagnol *-ada,* et devenu suffixe de noms en français. → aussi ① -ée, ② -ée. ›

-age Pour former des noms masculins. **1.** La base est un nom. *Branchage, outillage. Esclavage. Laitage. Métrage. Ermitage.* **2.** La base est un verbe (la base est celle de la forme de la 1re personne du présent, ou de la forme de l'imparfait). *Blanchissage, caviardage, dressage, noyautage, pilotage, remplissage, vernissage.* ‹ latin *-aticum* (accusatif de *-aticus,* de *-ticus,* du grec *-tikos*), suffixe d'adjectifs, devenu suffixe de noms en français. ›

-aie, variante ***-eraie*** Pour former des noms féminins. ■ La base est un nom. *Cerisaie, chênaie, olivaie, ormaie, saulaie.* (Base en **-ier** ; finale en ***-eraie***) *châtaigneraie, fraiseraie, oliveraie, palmeraie, peupleraie, roseraie. — Pineraie, ronceraie.* ‹ latin *-eta,* pluriel (neutre) de *-etum,* dans des mots désignant une collection de végétaux, une plantation. ›

① ***-ail*** ou ***-aille*** Pour former des noms (valeur : dans des noms d'instruments). ■ La base est un verbe (la base est celle de la forme de la 1re personne du présent, ou de la forme de l'imparfait). *Épouvantail, éventail, tenaille.* ‹ latin *-aculum, -aculam.* ›

② ***-ail*** ou ***-aille*** Pour former des noms (valeur : collectif ; « action de »). **1.** La base est un nom. *Bétail, muraille, vitrail.* (Péjoratif) *cochonnaille, ferraille, pierraille, valetaille.* **2.** La base est un verbe. *Fiançailles, semailles, sonnaille, trouvaille.* (Péjoratif) *mangeaille.* ‹ ancien français *-al,* du latin *-ale,* refait, par analogie, en *-ail ;* latin *-alia,* pluriel neutre de *-alis,* parfois par l'italien *-aglia,* puis *-aille* est devenu suffixe de noms en français. ›

-ailler Pour former des verbes. ■ La base est un verbe (la base est celle de la forme de la 1re personne du présent, ou de la forme de l'imparfait). (Diminutif ou péjoratif) *criailler, écrivailler, tirailler, traînailler.* (Fréquentatif) *discutailler.* □ ⇒ **-asser, -iller, -ouiller.** ‹ latin *-aculare ;* français *-aille* (→ ② -ail ou -aille) + ① *-er,* puis *-ailler* est devenu suffixe de verbes en français. ›

① ***-ain, -aine*** (valeur : indique l'appartenance) **I.** Pour former des noms. **1.** La base est un nom commun. *Un mondain, une républicaine.* **2.** La base est un nom propre. *Une Africaine, un Marocain.* **II.** Pour former des adjectifs. **1.** La base est un nom commun. *Mondain, républicain.* **2.** La base est un nom propre. *Cubain, jamaïquain, marocain, tibétain.* **3.** La base est un adjectif. *Hautain.* ‹ latin *-anum, -anam.* ›

② ***-ain*** ou ***-aine*** Pour former des noms (valeur : « groupe de »). ■ La base est un nom de nombre. *Centaine, dizain, dizaine, quatrain, quinzaine.* ‹ latin *-enum,* puis *-ain* (ou *-aine*) est devenu un suffixe en français. ›

③ ***-ain*** Pour former des noms masculins. ■ La base est un verbe (la base est celle de la forme de la 1re personne du présent, ou de la forme de l'imparfait). *Couvain, naissain.* ‹ latin *-amen,* ou latin *-imen,* donnant une finale *-in,* remplacée par *-ain.* ›

① ***-aire,*** variante ***-iaire*** Pour former des noms (valeur : « qui a, dispose de ; qui renferme »). ■ La base est un nom. *Un actionnaire, une disquaire, un fonctionnaire, une milliardaire. Abécédaire, questionnaire. — Une stagiaire.* □ ⇒ **-ataire** (I). ‹ latin *-arium.* → aussi ① -ier, -ière. ›

② ***-aire*** (valeur : « relatif à ») **I.** Pour former des noms. La base est un nom. *Moustiquaire.* **II.** Pour former des adjectifs. Variante ***-iaire.*** La base est un nom. *Bancaire, élitaire, grabataire, herniaire, planétaire, résiduaire, universitaire. — Biliaire, conciliaire, domiciliaire, pénitentiaire.* □ ⇒ **-ataire** (II). ‹ latin *-arius* et latin *-aris* (issu de *-alis* (→ -al, -ale) après un radical en *l*). → aussi ① -ier, -ière. ›

-ais, -aise **I.** Pour former des noms. La base est un nom propre. *Un Japonais, une Lyonnaise.* □ ⇒ **-ois, -oise** (I). **II.** Pour former des adjectifs. La base est un nom propre. *Français, japonais, montréalais, new-yorkais.* □ ⇒ **-ois, -oise** (II). ‹ latin *-ensem* et latin médiéval *-iscum,* du germanique *-isk.* → aussi -ois, -oise. ›

-aison Pour former des noms féminins. **1.** La base est un nom. *Lunaison, olivaison, siglaison, tomaison.* **2.** La base est un verbe. *Comparaison, cueillaison, déclinaison, démangeaison, livraison, salaison.* □ ⇒ ① **-son.** ‹ latin *-ationem,* accusatif de *-atio.* ›

-al, -ale, -aux, -ales, variante ***-ial, -iale, -iaux, -iales*** Pour former des adjectifs. ■ La base est un nom. *Génial, matinal, musical, régional, théâtral. — Collégial, mondial, racial.* (Pluriel en ***-als, -ales :*** *causals, finals,* etc.) ‹ latin *-alis* (pluriel *-ales*), par emprunt, puis *-al, -ale* est devenu un suffixe en français. → aussi -el, -elle. ›

-amment Pour former des adverbes. ■ La base est un adjectif en **-ant, -ante.** *Couramment, galamment, indépendamment, puissamment, savamment.* □ ⇒ **-emment.** □ Exceptions. **1.** La base est un participe présent (base verbale) : *notamment, précipitamment.* **2.** La base est un nom (par analogie) : *nuitamment.* ‹ origine : français *-ant* (→ -ant, -ante), avec chute du *t* final et passage de *n* à *m* + français *-ment* (→ ② -ment). ›

-an, -ane **I.** Pour former des noms. **1.** La base est un nom commun. *Paysan.* **2.** La base est un nom propre. *Un Castillan, une Persane.* **II.** Pour former des adjectifs. La base est un nom propre. *Bressan, mahométan, mosellan, persan.* ‹ latin *-anum, -anam.* ›

-ance Pour former des noms féminins. **1.** La base est un adjectif en **-ant, -ante.** *Arrogance, constance, reconnaissance, vaillance.* **2.** La base est un verbe (la base est celle de la forme de la 1re personne du présent, ou de la forme de l'imparfait). *Alliance, appartenance, croissance, croyance, descendance, espérance, jouissance, méfiance, mouvance, naissance, nuisance, partance, suppléance, vengeance.* □ ⇒ **-ence.** □ Exception. La base est un participe présent : *échéance.* ‹ latin *-antia : -ans* (→ -ant, -ante) + *-ia.* ›

-ant, -ante **I.** Pour former des noms. La base est un verbe (la base est celle de la forme de la 1re personne du présent, ou de la forme de l'imparfait). *Un assistant, une habitante, un militant, un poursuivant. Imprimante.* **II.** Pour former des adjectifs. La base est un verbe (la base est celle de la forme de la 1re personne du présent, ou de la forme de l'imparfait). *Apaisant, brillant, charmant, descendant, finissant, irritant, méprisant.* □ ⇒ **-ent, -ente.** □ Le suffixe de noms correspondant est **-ance,** et le suffixe d'adverbes est **-amment.** ‹ latin *-antem,* accusatif du suffixe de participe présent *-ans.* REM. La terminaison *-ant, -ante* est aussi celle du participe présent des verbes. ›

-ard, -arde **I.** Pour former des noms. **1.** La base est un nom. *Un Briard, une montagnarde. Cuissard, cuissardes. Un soiffard.* (Péjoratif) *un froussard, un politicard.* (Augmentatif) *une veinarde.* **2.** La base est un adjectif. (Augmentatif) *un richard.* (Péjoratif) *une soûlarde.* **3.** La base est un verbe (la base est celle de la forme de la 1re personne du présent, ou de la forme de l'imparfait). *Buvard, reniflard, tortillard. Un grognard.* (Péjoratif) *une braillarde, une geignarde, une traînarde, un vantard.* **II.** Pour former des adjectifs. **1.** La base est un nom. *Campagnard, savoyard.* (Péjoratif) *flemmard, pantouflard, soixante-huitard.* (Augmentatif) *chançard, veinard.* **2.** La base est un adjectif. *Bonard, faiblard, vachard.* (Avec **-ouill-**) *rondouillard.* **3.** La base est un verbe (la base est celle de la forme de la 1re personne du présent, ou de la forme de l'imparfait). *Débrouillard.* (Péjoratif) *geignard, nasillard, vantard.* ‹ germanique *-hart,* de l'adjectif *hart* « dur, fort », entré en composition dans des noms propres ; en français, *-ard* s'est étendu à la formation de noms communs, peut-être par l'intermédiaire de noms propres et de surnoms devenus noms communs. ›

-ariat ⇒ ① -at.

-asse **I.** Pour former des noms féminins. Variante **-iasse. 1.** La base est un nom. *Paillasse.* (Péjoratif) *caillasse, conasse, paperasse* (base en **-ier**), *vinasse. — Pouffiasse.* **2.** La base est un verbe. (Péjoratif) *chiasse, lavasse, traînasse.* **II.** Pour former des adjectifs. **1.** La base est un nom. (Péjoratif) *hommasse.* **2.** La base est un adjectif. (Péjoratif) *blondasse, bonasse, fadasse, mollasse.* ‹ latin *-aceam,* ou latin *-ax* (génitif *-acis*), puis *-asse* est devenu un suffixe en français. ›

-asser Pour former des verbes. ■ La base est un verbe (la base est celle de la forme de la 1re personne du présent, ou de la forme de l'imparfait). (Péjoratif et fréquentatif) *écrivasser, pleuvasser, rêvasser, traînasser.* □ ⇒ **-ailler, -iller, -ouiller.** ‹ origine : → -asse, et ① -er. ›

① **-at,** et **-ariat, -orat** Pour former des noms masculins (valeur : indique un état, une fonction, une dignité). **1.** La base est un nom. *Consulat, mandarinat.* — (Base en **-aire** ; finale en **-ariat**] *commissariat, notariat, secrétariat.* (Par analogie) *interprétariat, vedettariat.* — (Base en **-eur** ; finale en **-orat**). *Doctorat, professorat.* **2.** La base est un adjectif. *Anonymat, bénévolat.* ‹ latin *-atum,* neutre de participes passés substantivés. ›

② **-at** Pour former des noms masculins (valeur : « chose produite »). ■ La base est un verbe (la base est celle de la forme de la 1re personne du présent, ou de la forme de l'imparfait). *Aggloméré, résultat.* ‹ latin *-atum.* ›

③ **-at, -ate** (valeur : indique l'origine, la provenance) **I.** Pour former des noms. La base est un nom propre. *Un Auvergnat, une Rouergate.* **II.** Pour former des adjectifs. La base est un nom propre. *Auvergnat, rouergat, sauveterrat, vitryat.* ‹ latin tardif *-attum, -attam,* variante de *-ittum, -ittam* (→ -et, -ette). ›

-ataire **I.** Pour former des noms. La base est un verbe. *Une protestataire, un signataire, un retardataire.* □ ⇒ ① **-aire. II.** Pour former des adjectifs. La base est un verbe. *Contestataire, protestataire.* □ ⇒ ② **-aire** (II). ‹ latin *-atum* + *-arium* ; latin *-atio* + *-arium* ; français *-ation* + *-aire.* ›

-ateur, -atrice **I.** Pour former des noms. La base est un verbe. *Perforatrice, programmateur, ventilateur. Une animatrice, un vérificateur.* □ ⇒ ② **-eur, -euse** (I). **II.** Pour former des adjectifs. La base est un verbe. *Congratulateur, éliminateur, retardateur.* □ ⇒ ② **-eur, -euse** (II). ‹ latin *-atorem* ; pour le féminin, latin *-atrix.* ›

-ateux, -ateuse **I.** Pour former des noms (adjectifs substantivés). La base est un nom. *Un eczémateux, un exanthémateux, une œdémateuse.* □ ⇒ ① **-eux, -euse** (I). **II.** Pour former des adjectifs. La base est un nom. *Eczémateux, emphysémateux, érythémateux, exanthémateux, fibromateux, œdémateux, sarcomateux.* □ ⇒ ① **-eux, -euse** (II). ‹ grec *-(m)at-* + latin *-osum, -osam* (→ ① -eux, -euse). ›

-atif, -ative **I. -atif** ou **-ative** Pour former des noms. La base est un verbe. *Alternative, rectificatif, tentative.* □ ⇒ **-if, -ive** (I). **II. -atif, -ative** Pour former des adjectifs. **1.** La base est un nom. *Facultatif, qualitatif.* **2.** La base est un verbe. *Décoratif, éducatif, imitatif, portatif.* □ ⇒ **-if, -ive** (II). ‹ latin *-ativum : -atum* + *-ivum.* ›

-ation Pour former des noms féminins. ■ La base est un verbe (la base est celle de la forme de la 1re personne du présent, ou de la forme de l'imparfait). *Agitation, constatation, datation, miniaturisation, modernisation, résiliation, stabilisation.* □ ⇒ **-tion.** ‹ latin *-ationem.* ›

-atique Pour former des adjectifs. ■ La base est un nom. *Drolatique, enzymatique, fantasmatique, fantomatique, idiomatique, prismatique.* □ ⇒ ① **-ique, -tique.** ‹ latin *-aticum,* du grec *-(m)at-* + *-ikos* (→ -ique). ›

-atoire **I.** Pour former des noms. La base est un verbe. *Dépilatoire, échappatoire. Observatoire.* □ ⇒ **-oir, -oire** (I). **II.** Pour former des adjectifs. La base est un verbe. *Déclamatoire, dînatoire, masticatoire, ondulatoire, préparatoire.* □ ⇒ **-oir, -oire** (II). ‹ latin *-atorium.* ›

-âtre **I.** Pour former des noms. La base est un adjectif. (Péjoratif) *un bellâtre.* **II.** Pour former des adjectifs. La base est un adjectif. (Péjoratif) *douceâtre, folâtre, jaunâtre, rougeâtre.* ‹ latin tardif *-astrum* (donnant *-astre,* puis *-âtre*), puis *-âtre* est devenu un suffixe en français. ›

-ature ⇒ **-ure.**

-aud, -aude **I.** Pour former des noms (adjectifs substantivés). **1.** La base est un nom. (Péjoratif) *un pataud.* **2.** La base est un adjectif. (Péjoratif) *un lourdaud, un salaud.* **II.** Pour former des adjectifs. **1.** La base est un nom. *Pataud.* **2.** La base est un adjectif. *Finaud.* (Péjoratif) *courtaud, lourdaud, rougeaud.* ‹ germanique *-ald* (du francique *-wald,* de *walden* « gouverner »), finale de noms propres ; *-aud* a servi en français à former des noms propres, puis des noms communs, et est devenu péjoratif. ›

-auté Pour former des noms féminins. **1.** La base est un nom. *Papauté.* **2.** La base est un adjectif. *Communauté.* (D'après *royauté*) *privauté.* □ Ne pas confondre avec la terminaison *-auté* des noms formés sur une base en *-al, -ale* ⇒ **-té.** ‹ français *-al, -ale* + *-té,* par analogie avec les mots en *-auté* (comme *royauté*). → -té. ›

-ayer Pour former des verbes. **1.** La base est un nom. *Bégayer.* **2.** La base est une onomatopée. *Zézayer.* □ ⇒ **-eyer, -oyer.** □ Ne pas confondre avec la terminaison *-ayer* des verbes formés sur une base en *-ai* ou en *-aie* ⇒ ① **-er.** □ Les noms correspondants sont des noms masculins en *-aiement* (ou *-ayement*) ⇒ **-ement.** ‹ ancien français *-oyer* (→ -oyer), devenu *-ayer.* ›

* * *

-ceau ou ***-celle*** Pour former des noms. ■ La base est un nom. (Diminutif) *lionceau, souriceau. Rubicelle.* (Sur un radical latin, d'après des finales en **-cule**) *radicelle, lenticelle.* □ ⇒ **-eau** ou **-elle.** ‹ latin *-cellum, -cellam* pour *-culum, -culam* (→ -cule à -ule). ›

-cule ⇒ **-ule.**

* * *

① ***-é, -ée*** Pour former des adjectifs (valeur : « pourvu de ; qui a l'aspect, la nature de »). ■ La base est un nom. *Ailé, azuré, corseté, feuillé, membré, zélé.* (Avec une consonne de liaison) *chapeauté.* (Avec un préfixe) *déboussolé, dépoitraillé, éhonté, ensoleillé, ensommeillé.* (Base en **-eau** ou **-elle** ; finale en ***-elé, -elée***) *burelé, cannelé, fuselé, mantelé, tavelé ;* (avec un préfixe) *écervelé.* ‹ latin *-atum, -atam.* ›

② ***-é*** Pour former des noms (valeur : dans des noms de juridictions). ■ La base est un nom. *Doyenné, prieuré, vicomté.* ‹ latin *-atum.* ›

□ REM. La terminaison *-é, -ée* est aussi celle du participe passé des verbes en *-er* (ainsi que de *naître [né, née]* et *être [été]*).

-eau ou ***-elle,*** variante ***-ereau*** ou ***-erelle*** Pour former des noms. **1.** La base est un nom. *Éléphanteau, pigeonneau, ramereau* (base en **-ier**), *renardeau, vipéreau. Citronnelle, pruneau. Gouttereau* (base en **-ière**), *paumelle, plumeau, tombeau, tuileau. Un chemineau.* (Diminutif) *jambonneau, poutrelle, prunelle, ruelle, tombelle, tourelle ; un tyranneau. — Bordereau, coquerelle, hachereau. Un poétereau.* □ ⇒ **-ceau** ou **-celle.** **2.** La base est un verbe. *Balancelle, traîneau, videlle. — Chanterelle, passerelle, sauterelle, téterelle, tombereau.* ‹ latin *-ellus, -ella ;* souvent en ancien français sous la forme *-el, -elle,* refaite en *-eau, -elle.* ›

① ***-ée*** Pour former des noms féminins (valeur : « action, fait de »). ■ La base est un verbe. *Criée, dégelée, envolée, traversée, veillée.* ‹ latin *-ata.* → aussi -ade. ›

② ***-ée*** Pour former des noms féminins (valeur : « ensemble, quantité »). **1.** La base est un nom. *Batelée* (base en **-eau**), *bouchée, coudée, cuillerée, matinée, panerée* (base en **-ier**), *poêlée.* **2.** La base est un verbe (la base est celle de la forme de la 1re personne du présent, ou de la forme de l'imparfait). *Buvée, enjambée, pincée.* ‹ latin *-ata.* → aussi -ade. ›

③ ***-ée*** Pour former des noms féminins. ■ La base est un nom. *Onglée.* ‹ latin *-aea,* du grec *-aia.* ›

□ REM. La terminaison *-ée* est aussi celle du féminin du participe passé des verbes en *-er* (ainsi que de *naître*).

-éen, -éenne, variante ***-en, -enne*** **I.** Pour former des noms. **1.** La base est un nom commun. *Une lycéenne.* **2.** La base est un nom propre. *Un Européen. — Un Coréen, une Vendéenne.* □ ⇒ ② **-ien, -ienne** (I). **II.** Pour former des adjectifs. **1.** La base est un nom commun. *Paludéen. — Céruléen.* **2.** La base est un nom propre. *Européen, herculéen, panaméen. — Vendéen.* □ ⇒ ② **-ien, -ienne** (II). ‹ latin *-aeum* ou *-eum.* ›

-el, -elle, variante ***-iel, -ielle*** Pour former des adjectifs. **1.** La base est un nom. *Accidentel, constitutionnel, émotionnel, idéel, résiduel, sensationnel. — Lessiviel, présidentiel, torrentiel, trimestriel.* **2.** La base est un adjectif. *Continuel.* ‹ latin *-alis.* → aussi -al, -ale. ›

-elé, -elée Pour former des adjectifs. **1.** La base est un nom. *Côtelé, pommelé.* **2.** La base est un verbe. *Crêpelé.* □ Ne pas confondre avec la terminaison *-elé, -elée* des adjectifs formés sur une base en *-eau* ou *-elle* ⇒ ① **-é, -ée.** ‹ ancien français *-el* (→ -eau ou -elle) + français *-é, -ée.* → ① -é, -ée. ›

-eler Pour former des verbes. **1.** La base est un nom. *Bosseler, griveler, pommeler.* (Avec un préfixe) *épinceler.* **2.** La base est un verbe. *Craqueler.* □ Ne pas confondre avec la terminaison *-eler* des verbes formés sur une base en *-eau* ou *-elle* ⇒ ① **-er.** ‹ latin *-illare,* ou ancien français *-el* (→ -eau ou -elle) + français ① *-er.* ›

-elet, -elette **I.** ***-elet*** ou ***-elette*** Pour former des noms. La base est un nom. (Diminutif) *coquelet, côtelette, osselet, tartelette.* (Avec une consonne de liaison) *roitelet.* **II.** ***-elet, -elette*** Pour former des adjectifs. La base est un adjectif. (Diminutif) *aigrelet, maigrelet, rondelet.* □ Ne pas confondre avec la terminaison *-elet* ou *-elette* des noms formés sur une base en *-eau* ou *-elle* ⇒ **-et, -ette** (I). ‹ ancien français *-el* (→ -eau ou -elle) + français *-et, -ette.* ›

-elle ⇒ **-eau** ou **-elle.**

-ement Pour former des noms masculins. **1.** La base est un nom. *Piètement, vallonnement.* (Avec un préfixe) *empiècement, entablement, remembrement.* **2.** La base est un adjectif. *Aveuglement.* **3.** La base est un verbe (la base est celle de la forme de la 1re personne du présent, ou de la forme de l'imparfait). *Agrandissement, amoncellement, blanchissement, consentement, craquement, développement, engourdissement, éternuement, groupement, picotement, remerciement, renouvellement, vieillissement.* (Pour *agréement, châtiement*) *agrément, châtiment.* (Base en **-ayer** ; finale en ***-aiement*** (ou ***-ayement***)) *bégaiement* (ou *bégayement*), *paiement* (ou *payement*). (Base en **-oyer** ; finale en ***-oiement***) *aboiement, verdoiement.* □ ⇒ ① **-ment.** ‹ latin *-amentum,* pour *-mentum.* → ① -ment. ›

-ement, -ément (terminaisons d'adverbes) ⇒ ② **-ment.**

-emment Pour former des adverbes. ■ La base est un adjectif en **-ent, -ente.** *Ardemment, décemment, prudemment.* □ ⇒ **-amment.** □ REM. Trois adjectifs en *-ent, -ente* donnent des adverbes en *-ment* ⇒ ② **-ment.** ‹ origine : français *-ent* (→ -ent, -ente), avec chute du *t* final et passage de *n* à *m* + français *-ment* (→ ② -ment). ›

① ***-en, -enne*** ⇒ **-éen, -éenne.**

② ***-en, -enne*** ⇒ ① **-ien, -ienne.**

③ ***-en, -enne*** ⇒ ② **-ien, -ienne.**

-ence Pour former des noms féminins. **1.** La base est un nom. (Avec **-esc-**) *fluorescence, phosphorescence.* (La base est un nom en **-ent, -ente**) *présidence.* **2.** La base est un adjectif en **-ent, -ente** (ou en **-escent, -escente**). *Concurrence, immanence, opalescence.* **3.** La base est un verbe (la base est celle de la forme de la 1re personne du présent, ou de la forme de l'imparfait). *Exigence, ingérence, préférence.* (Avec **-esc-**) *dégénérescence.* □ ⇒ **-ance.** □ Le suffixe d'adjectifs correspondant est **-ent, -ente.** ‹ latin *-entia : -ens* (→ -ent, -ente) + *-ia.* REM. La plupart des noms français en *-ence* (comme *adolescence, affluence, exigence, résidence*) sont directement empruntés aux mots latins correspondants (en *-entia*). ›

-ent, -ente ■ Pour former des adjectifs. La base est un nom. (Avec **-esc-**) *fluorescent, opalescent.* (La base est un nom en **-ence** (ou en **-escence**)) *ambivalent, dégénérescent, grandiloquent, luminescent, omniscient, phosphorescent, réticent.* ⇒ **-ant, -ante** (II). □ Le suffixe de noms correspondant est **-ence,** et le suffixe d'adverbes est **-emment.** ‹ latin *-entem,* accusatif du suffixe de participe présent *-ens.* REM. La plupart des noms et adjectifs français en *-ent, -ente* (comme *un président, une adolescente ; différent, excellent, précédent*) sont directement empruntés aux mots latins correspondants (en *-ens,* génitif *-entis*). ›

① ***-er,*** variante ***-ier*** Pour former des verbes. **1.** La base est un nom. *Arbitrer, clouer, commérer, corseter, feuilleter, goudronner, papillonner, plumer, rayonner.* (Avec une consonne de liaison) *abriter, cauchemarder, caviarder, chapeauter, coincer, faisander, noyauter.* (Avec un préfixe) *dégoûter, dépoussiérer, désherber, dévaliser, égoutter, embarquer, embrasser, émerveiller, épincer.* — (La dernière consonne de la base est **c, d** ou **g**) *gracier, étudier, privilégier.* (Base en **-ai** ou en **-aie** ; finale en ***-ayer***) *balayer, pagayer.* (Base en **-eau** ou **-elle** ; finale en ***-eler***) *agneler, carreler, étinceler, javeler, jumeler, morceler, niveler, ruisseler ;* (avec un préfixe) *amonceler, dépuceler, engrumeler, épanneler, ressemeler.* (Base en **-ier** ou **-ière** ; finale en ***-erer*** (ou ***-érer***)) *acérer, liserer* (ou *lisérer*). **2.** La base est un adjectif. *Bavarder, calmer, griser, innocenter.* (Avec un préfixe) *affoler, apurer, déniaiser, ébouillanter, épurer.* □ ⇒ aussi **-ayer, -eler, -eyer, -oyer.** ‹ latin *-are ; -ier* ou *-yer* lorsque la consonne latine précédente était [k] ou [g]. ›

② ***-er, -ère*** **I.** Pour former des noms. La base est un nom. *Un horloger, un volailler, une usagère. Étagère, oreiller. Oranger, pêcher.* □ ⇒ ① **-ier, -ière** (I). **II.** Pour former des adjectifs. Variante de **-ier, -ière** ⇒ ① **-ier, -ière** (II). ‹ origine : suffixe *-ier, -ière,* souvent réduit à *-er, -ère* lorsque le radical se termine par *ch* [ʃ], *g* [ʒ], *l* et *n* mouillés. ›

-eraie ⇒ **-aie.**

-ereau ou ***-erelle*** ⇒ **-eau** ou **-elle.**

-eresse ⇒ ③ **-eur, -eresse.**

-eret ou ***-erette*** ⇒ **-et, -ette** (I).

-erie Pour former des noms féminins. **1.** La base est un nom. *Ânerie, clownerie, gaminerie, pitrerie. Hôtellerie, lunetterie, oisellerie* (base en **-eau**). *Crêperie, laiterie, parfumerie, rhumerie. Conciergerie. Argenterie, paysannerie.* □ Ne pas confondre avec la terminaison *-erie* des noms formés sur une base en *-er, -ère* ou en *-ier, -ière* ⇒ **-ie** (1). **2.** La base est un adjectif. *Brusquerie, étourderie, mièvrerie, niaiserie.* ⇒ **-ie** (2). **3.** La base est un verbe (la base est celle de la forme de la 1re personne du présent, ou de la forme de l'imparfait). *Boiterie, fâcherie, flânerie, grivèlerie, moquerie, pleurnicherie, rêvasserie, tracasserie, tricherie. Brasserie, rôtisserie.* ‹ français *-(i)er* + *-ie* (exemple : *chevalier* donne *chevalerie*), puis devenu un suffixe indépendant. ›

-erole et ***-erolle*** ⇒ **-ol, -ole** (I).

① ***-eron, -eronne*** (valeur : « qui s'occupe de ; originaire de ») **I.** Pour former des noms. **1.** La base est un nom. *Un bûcheron, un vigneron.* (Nom propre) *un Beauceron, une Percheronne.* **2.** La base est un verbe. *Un forgeron.* **II.** Pour former des adjectifs. La base est un nom propre. *Beauceron, percheron.* ‹ origine : → ② -eron. ›

② ***-eron*** Pour former des noms masculins (valeur : « sorte de ; qui fait »). **1.** La base est un nom. *Liseron.* (Diminutif) *moucheron, puceron.* **2.** La base est un adjectif. *Un laideron.* **3.** La base est un verbe. *Fumeron.* □ Ne pas confondre avec la terminaison *-eron* des noms formés sur une base en *-ier* ou *-ière* ⇒ **-on, -onne** (I). ‹ français *-(i)er* + *-on*, puis devenu un suffixe indépendant sous la forme *-eron*. ›

-escence ⇒ **-ence.**

-escent, -escente ⇒ **-ent, -ente.**

-escible ⇒ **-ible.**

-esque Pour former des adjectifs. ■ La base est un nom. *Charlatanesque, clownesque, éléphantesque, funambulesque, jargonnesque ;* (avec une consonne de liaison) *cauchemardesque.* (Nom propre) *chaplinesque, molièresque, rocambolesque, ubuesque.* (Péjoratif) *livresque.* ‹ italien *-esco*, ou, plus rarement, espagnol *-esco*, du latin *-iscum*. ›

① ***-esse*** Pour former des noms féminins (valeur : dans des noms de femmes, de femelles). ■ La base est un nom masculin. *Une hôtesse, une maîtresse, une princesse, une traîtresse. Ânesse, tigresse.* □ ⇒ **-eresse** à ③ **-eur, -eresse.** ‹ latin *-issa*, du grec. ›

② ***-esse*** Pour former des noms féminins (valeur : indique la qualité liée à la base). ■ La base est un adjectif. *Étroitesse, gentillesse, hardiesse, jeunesse, joliesse, mollesse, petitesse, robustesse, sagesse, tendresse.* □ ⇒ ① **-eur.** ‹ latin *-itia*. → aussi -is ou -isse, et -ise. ›

-et, -ette **I.** ***-et*** ou ***-ette,*** variante ***-eret*** ou ***-erette*** Pour former des noms. **1.** La base est un nom. (Diminutif) *amourette, coffret, jardinet, pincette. Une fillette, une suffragette. — Ableret, chardonneret, gorgerette, vergerette.* (Base en **-eau** ou **-elle** ; finale en ***-elet*** ou ***-elette***) *agnelet, carrelet, cervelet, cordelette, mantelet, nivelette ;* (diminutif) *oiselet, ruisselet, tonnelet.* (Base en **-ier** ou **-ière** ; finale en ***-eret*** ou ***-erette***) *banneret, collerette, dosseret.* **2.** La base est un adjectif. *Basset, belette* (base en **-eau, -elle**), *fauvette.* **3.** La base est un verbe (la base est celle de la forme de la 1re personne du présent, ou de la forme de l'imparfait). *Buvette, jouet, sifflet, sonnette, sucette. — Chaufferette, couperet, percerette, traceret.* □ ⇒ **-elet, -elette** (I) ; **-eton. II.** ***-et, -ette*** Pour former des adjectifs. La base est un adjectif. (Diminutif) *clairet, gentillet, jeunet, longuet.* (Avec **-ouill-**) *grassouillet.* □ ⇒ **-elet, -elette** (II). ‹ latin tardif *-ittum, -ittam* (attesté dans des noms propres et des inscriptions), peut-être d'origine celtique. → aussi -ot, -otte. ›

-eté, -etée Pour former des adjectifs. ■ La base est un nom. *Moucheté, tacheté.* ‹ origine : → -et, -ette, et ① -é, -ée. ›

-eter Pour former des verbes. **1.** La base est un nom. *Louveter.* (Diminutif et fréquentatif) *becqueter, moucheter, pelleter.* **2.** La base est un verbe. *Caleter.* (Diminutif et fréquentatif) *claqueter, craqueter, voleter.* ‹ origine : → -et, -ette, et ① -er. ›

-etier, -etière ⇒ ① **-ier, -ière** (I).

-eton Pour former des noms masculins. **1.** La base est un nom. *Caneton. Banneton, œilleton. Un cureton.* **2.** La base est un verbe. *Vireton.* □ ⇒ **-et, -ette** (I) ; **-on, -onne** (I). ‹ origine : → -et, -ette, et -on, -onne. ›

-etons ⇒ **-ons.**

① ***-eur*** Pour former des noms féminins (valeur : indique une qualité). ■ La base est un adjectif. *Blancheur, douceur, grandeur, moiteur, pâleur.* (D'après *noircir*) *noirceur.* □ ⇒ ② **-esse.** ‹ latin *-orem*, accusatif de *-or* (génitif *-oris*). ›

② ***-eur, -euse*** (valeur : « qui fait l'action de ; qui s'occupe de » ; dans des noms de machines ou d'appareils) **I.** Pour former des noms. **1.** La base est un nom. *Un camionneur, un farceur, une parfumeuse.* **2.** La base est un verbe (la base est celle de la forme de la 1re personne du présent, ou de la forme de l'imparfait). *Un bâtisseur, un buveur, un chanteur, une coiffeuse, un dormeur, une fumeuse, un menteur. Agrandisseur, couveuse, démarreur, friteuse, planeur, suceuse.* □ ⇒ **-ateur, -atrice** (I) ; ③ **-eur, -eresse** (I). **II.** Pour former des adjectifs. La base est un verbe (la base est celle de la forme de la 1re personne du présent, ou de la forme de l'imparfait). *Crâneur, encreur, refroidisseur, trompeur.* □ ⇒ **-ateur, -atrice** (II) ; ③ **-eur, -eresse** (II). ‹ latin *-orem ;* le féminin *-euse* a pour origine le féminin du suffixe *-eux* (→ ① -eux, -euse) – avec lequel *-eur* a été confondu (→ ② -eux, -euse) –, qui a éliminé *-eresse* (→ ③ -eur, -eresse). ›

③ ***-eur, -eresse*** (valeur : « qui fait l'action de ») **I.** Pour former des noms. La base est un verbe. *Le bailleur, la bailleresse ; un chasseur, une chasseresse ; le demandeur, la demanderesse ; un enchanteur, une enchanteresse.* (Exception : *doctoresse,* formé sur *docteur.*) □ ⇒ ① **-esse ;** ② **-eur, -euse** (I). **II.** Pour former des adjectifs. La base est un verbe. *Enchanteur, -eresse.* □ ⇒ ② **-eur, -euse** (II). ‹ origine : → ② -eur, -euse ; pour *-eresse : -eur* (→ ② -eur, -euse) + ① *-esse*. ›

① ***-eux, -euse*** (valeur : indique une qualité ou une propriété) **I.** Pour former des noms (adjectifs substantivés). Variante ***-ieux, -ieuse*** **1.** La base est un nom. *Un coléreux, une morveuse, un paresseux, une peureuse. —* (Base en **-ce**) *une audacieuse, un avaricieux.* **2.** La base est un verbe. *Une boiteuse.* □ ⇒ **-ateux, -ateuse** (I). **II.** Pour former des adjectifs.

Variantes ***-ieux, -ieuse*** et ***-ueux, -ueuse*** **1.** La base est un nom. *Aventureux, paresseux, poissonneux. Ferreux.* — (La dernière consonne de la base est **c**, **d** ou **g**) *audacieux, avaricieux, consciencieux, élogieux, miséricordieux, tendancieux.* — *Difficultueux, luxueux, majestueux, respectueux, talentueux, torrentueux.* **2.** La base est un verbe. *Boiteux, chatouilleux, oublieux.* □ ⇒ **-ateux, -ateuse** (II). ‹ latin *-osum, -osam* ; pour *-ieux, -ieuse,* latin *-iosum, -iosam* ; pour *-ueux, -ueuse,* latin *-uosum, -uosam.* ›

② ***-eux, -euse*** (valeur : « qui fait l'action de ; qui s'occupe de ») Pour former des noms. **1.** La base est un nom. *Un violoneux. Une matheuse.* **2.** La base est un verbe. *Une partageuse, un rebouteux.* □ ⇒ ② **-eur, -euse** (I). ‹ français ② *-eur, -euse,* dont le *r* n'était pas prononcé (à partir de la moitié du XIIe siècle), confondu avec ① *-eux, -euse.* ›

-eyer Pour former des verbes. ■ La base est un adjectif. *Grasseyer, langueyer.* □ ⇒ **-ayer, -oyer,** et aussi ① **-er.** ‹ latin tardif *-idiare,* de *-izare.* → -iser. ›

*
* *

-fier, variante ***-ifier*** Pour former des verbes. **1.** La base est un nom. *Cocufier, cokéfier, momifier.* — *Codifier, dragéifier, ossifier, personnifier.* (Finale ***-éifier***) *gazéifier.* **2.** La base est un adjectif. *Raréfier.* — *Acidifier, humidifier, rigidifier, simplifier, solidifier.* (Base en **-ique**) *électrifier, plastifier, tonifier.* (Finale ***-éifier***) *homogénéifier.* □ ⇒ **-iser.** □ Ne pas confondre avec les mots formés sur le verbe *fier* (comme *défier, méfier*). ‹ latin *-ificare,* pour *-ficare,* de *facere* « faire », en composition. ›

*
* *

① ***-iaire*** ⇒ ① **-aire.**

② ***-iaire*** ⇒ ② **-aire.**

-ial, -iale, -iaux, -iales ⇒ **-al, -ale, -aux, -ales.**

-iasse ⇒ **-asse** (I).

-ible Pour former des adjectifs. **1.** La base est un nom. *Paisible, pénible.* (Base en **-ion**) *extensible, fissible, prescriptible, prévisible.* □ ⇒ **-able** (1). **2.** La base est un verbe (la base est celle de la forme de la 1re personne du présent, ou de la forme de l'imparfait). *Convertible, lisible.* (Avec le préfixe **in-**) *incorrigible, illisible, irrésistible.* (Avec **-esc-**) *fermentescible.* □ ⇒ **-able** (2). □ La terminaison de noms correspondante est *-ibilité* ⇒ **-ité.** ‹ latin *-ibilis.* ›

① ***-iche*** Pour former des noms (valeur : « sorte de »). ■ La base est un nom. *Barbiche, potiche.* ‹ italien *-iccio* ou *-ice.* ›

② ***-iche*** **I.** Pour former des noms. La base est un nom. (Péjoratif) *une boniche.* **II.** Pour former des adjectifs. La base est un adjectif. (Augmentatif ; familier) *fortiche.* ‹ origine : ① *-iche.* ›

-ichon, -ichonne **I.** ***-ichon,*** variante ***-uchon*** Pour former des noms masculins. La base est un nom. *Cornichon. Un ratichon.* — *Balluchon.* □ ⇒ **-on, -onne** (I). **II.** ***-ichon, -ichonne*** Pour former des adjectifs. La base est un adjectif. *Folichon, maigrichon, pâlichon.* □ ⇒ **-on, -onne** (II). ‹ origine : → ② -iche, et -on, -onne ; pour *-uchon* : *-uche* (comme dans *nunuche, paluche, Pantruche*), d'origine argotique inconnue + *-on, -onne.* ›

-icule ⇒ **-ule.**

-ie Pour former des noms féminins. **1.** La base est un nom. *Acrobatie, pairie, seigneurie. Agronomie. Boulangerie, boucherie, horlogerie. Bergerie, mairie. Aciérie. Bourgeoisie, confrérie.* (Base en **-ier, -ière** ; finale en ***-erie***) *cordonnerie, épicerie, mercerie, pelleterie, tonnellerie ; chancellerie ; cavalerie, chevalerie.* □ ⇒ aussi **-erie** (1). **2.** La base est un adjectif. *Courtoisie, économie, folie, jalousie, maladie.* □ ⇒ aussi **-erie** (2). ‹ latin et grec *-ia.* REM. La terminaison *-ie* est aussi celle de participes passés féminins de verbes en *-ir,* notamment de participes substantivés (comme *éclaircie, embellie, saisie, sortie*). ›

-iel, -ielle ⇒ **-el, -elle.**

-ième **I.** Pour former des noms. La base est un nom de nombre. *La cinquième, le nième. Un dix-millième.* **II.** Pour former des adjectifs. La base est un nom de nombre. *Dixième, vingt-deuxième.* ‹ latin *-esimum, -esimam,* suffixe d'adjectifs numéraux ordinaux en *-esimus,* et de noms féminins en *-esima* désignant une fraction. ›

① ***-ien, -ienne,*** variante ***-en, -enne*** Pour former des noms (valeur : « spécialiste de, qui s'occupe de »). ■ La base est un nom. *Un grammairien, une historienne.* (Base en **-ique**) *une informaticienne, un mécanicien, un physicien.* — *Une chirurgienne, un comédien.* ‹ latin *-ianum, -ianam.* ›

② ***-ien, -ienne,*** variante ***-en, -enne*** (valeur : « membre de, qui fait partie de ; relatif à, propre à ; habitant de ») **I.** Pour former des noms. **1.** La base est un nom commun. *Une collégienne, un milicien, un paroissien.* **2.** La base est un nom propre. *Les Capétiens, un épicurien, un Parisien.* — *Une Australienne.* □ ⇒ **-éen, -éenne** (I). **II.** Pour former des adjectifs. **1.** La base est un nom commun. *Crânien, microbien.* (Base en **-ique**) *musicien.* **2.** La base est un nom propre. *Canadien, cornélien, freudien, ivoirien, rabelaisien, sartrien, wagnérien.* — *Italien, libyen.* □ ⇒ **-éen, -éenne** (II). ‹ latin *-anum, -anam* lorsque la consonne latine précédente était (k) ou (g), ou lorsque la voyelle précédente était *i.* ›

① ***-ier, -ière*** **I.** Pour former des noms. Variante ***-etier, -etière*** **1.** La base est un nom (la base est parfois suivie d'une consonne de liaison). *Une banquière, une bouquetière, un boyaudier, un cuisinier, une échotière. Abricotier, amadouvier, cacaotier* (ou *cacaoyer*), *fruitier, pommier. Gaufrier, yaourtière. Une rentière. Échassier. Bêtisier, dentier, merdier, verrière. Cendrier, salière, saucière, sucrier. Cacaotière* (ou *cacaoyère*), *escargotière, pigeonnier, rizière. Un écolier, une postière. Boîtier, litière, sentier. Collier, gouttière, jambière, plafonnier.* — *Un cafetier, un grainetier. Cafetière, coquetier.* (Base en

-eau ou **-elle** ; finale en ***-elier, -elière***) *une batelière, un chamelier, un chapelier, une coutelière, un oiselier, un tonnelier ; chandelier, muselière, râtelier, vaisselier.* **2.** La base est un adjectif. *Verdier. Clairière.* **3.** La base est un verbe. *Un héritier, un roulier. Balancier, glissière, levier.* □ ⇒ ② **-er, -ère** (I). **II.** Pour former des adjectifs. Variante ***-er, -ère*** **1.** La base est un nom (la base est parfois suivie d'une consonne de liaison). *Betteravier, dépensier, morutier, ordurier, peaucier, policier, princier, rancunier. — Houiller, mensonger.* **2.** La base est un adjectif. *Grossier. Droitier. — Étranger. Gaucher.* **3.** La base est un verbe. *Tracassier.* ‹ latin *-arium, -ariam ;* latin *-arem,* avec substitution de suffixe en ancien français (*-er, -ère* donnant *-ier, -ière,* réduit de nouveau à *-er, -ère* dans certains cas ; → ② -er, -ère). → aussi ① -aire et ② -aire. ›

② ***-ier*** ⇒ ① **-er.**

-ieux, -ieuse ⇒ ① **-eux, -euse.**

-if, -ive **I.** Pour former des noms (adjectifs substantivés). La base est un nom. *Un sportif, une instinctive.* (Base en **-ion**) *un explosif, l'exécutif ; une intuitive.* □ ⇒ **-atif, -ative** (I). **II.** Pour former des adjectifs. **1.** La base est un nom. *Arbustif, hâtif, fautif, plaintif, sportif.* (Base en **-ion**) *allusif, dépressif, émotif, évolutif, intuitif, volitif.* **2.** La base est un adjectif. *Distinctif, intensif, maladif.* **3.** La base est un verbe (la base est celle de la forme de la 1re personne du présent, ou de la forme de l'imparfait). *Combatif, inventif, jouissif, pensif, poussif.* **4.** La base est un adverbe. *Tardif.* □ ⇒ **-atif, -ative** (II). □ La terminaison de noms correspondante est *-ivité* ⇒ **-ité.** ‹ latin *-ivum, -ivam.* ›

-ifier ⇒ **-fier.**

-ille Pour former des noms féminins. ■ La base est un nom. (Diminutif) *brindille, charmille, faucille.* ‹ latin *-icula,* d'abord par emprunt aux langues romanes. ›

-iller Pour former des verbes. **1.** La base est un nom. *Gambiller, pétiller, pointiller.* (Diminutif et fréquentatif) *grappiller.* **2.** La base est un verbe (la base est celle de la forme de la 1re personne du présent, ou de la forme de l'imparfait). (Diminutif et fréquentatif) *fendiller, mordiller, pendiller, sautiller.* □ ⇒ **-ailler, -ouiller.** ‹ latin *-iculare,* ou français *-ille* + ① *-er.* ›

-illon Pour former des noms masculins. **1.** La base est un nom. (Diminutif) *bottillon, croisillon, oisillon, portillon. Un moinillon, un négrillon.* **2.** La base est un adjectif. *Durillon, raidillon.* □ ⇒ **-on, -onne** (I). ‹ origine : → -ille, et -on. ›

-in, -ine **I.** Pour former des noms. **1.** La base est un nom. (Diminutif) *bottine, langoustine ;* (avec une consonne de liaison) *tableautin. Chaumine, serpentin, vitrine. Un calotin.* (Allongement **-erin**) *vacherin.* (Nom propre) *un Andin, une Girondine, un Levantin.* **2.** La base est un adjectif. *Un blondin, un plaisantin, une rouquine. Rondin.* **3.** La base est un verbe. *Balancine, comptine, grondin, saisine, tapin, tracassin. Un galopin, un trottin.* (Allongement **-erin**) *tisserin.* **II.** Pour former des adjectifs. La base est un nom. *Enfantin, ivoirin, porcin, sanguin, vipérin.* (Nom propre) *alpin, andin, girondin, levantin.* ‹ latin *-inum, -inam ;* italien *-ino, -ina.* ›

-iner Pour former des verbes (ces verbes sont diminutifs et fréquentatifs). **1.** La base est un nom. *Tambouriner.* **2.** La base est une onomatopée. *Dodiner.* (Avec un préfixe) *enquiquiner.* **3.** La base est un verbe (la base est celle de la forme de la 1re personne du présent, ou de la forme de l'imparfait). *Pleuviner, trottiner.* ‹ latin *-inare.* ›

-ing Pour former des noms masculins (la base peut être un verbe ou, plus rarement, un nom). □ La plupart des mots en *-ing* sont empruntés à l'anglais, soit sous la forme et avec le sens de l'anglais (dans des mots comme *karting, jogging*), soit avec une altération de la forme ou du sens ; l'abondance de ces mots fait de **-ing** un pseudo-suffixe, sans productivité réelle en français. ‹ anglais *-ing,* servant à former le participe présent des verbes ; ces participes présents sont souvent substantivés. ›

-ingue Pour former des adjectifs. ■ La base est un adjectif. (Familier et péjoratif) *lourdingue, salingue, sourdingue* (et aussi, nom, *un lourdingue, une sourdingue*). ‹ suffixe français d'origine argotique inconnue. ›

-iole ⇒ **-ol, -ole** (I).

-ion ⇒ **-on, -onne** (I).

-iot, -iotte ⇒ **-ot, -otte.**

① ***-ique*** Pour former des adjectifs. **1.** La base est un nom commun. *Alcoolique, anesthésique, atomique, lamaïque, merdique, volcanique. Ferrique, tartrique.* **2.** La base est un nom propre. *Bouddhique, marotique, satanique.* **3.** La base est une interjection. *Zutique.* □ ⇒ **-atique,** et aussi **-tique.** □ Terminaisons de noms correspondantes : *-icité* (⇒ **-ité**), et le suffixe **-isme.** ‹ latin *-icus,* grec *-ikos ;* l'anglais *-ic* et l'allemand *-isch* ont la même origine. REM. Une grande partie des mots français en *-ique,* notamment les noms féminins de sciences (comme *mathématique, physique, technique*), sont directement empruntés aux mots latins correspondants, eux-mêmes généralement empruntés au grec. ›

② ***-ique*** ⇒ **-tique.**

-ir Pour former des verbes. **1.** La base est un nom. *Finir, fleurir.* (Avec un préfixe) *anéantir, atterrir.* **2.** La base est un adjectif. *Blanchir, bleuir, faiblir, grossir, mûrir, verdir.* (Avec un préfixe) *agrandir, amoindrir, élargir.* (Base adjectif en (R) ; parfois finale en ***-cir***) *durcir, forcir, obscurcir ;* (avec un préfixe) *accourcir, endurcir.* ‹ latin *-ire ;* latin *-ere,* refait en *-ire.* ›

-is ou ***-isse*** Pour former des noms. **1.** La base est un nom. *Châssis, treillis.* **2.** La base est un adjectif. *Jaunisse.* **3.** La base est un verbe (la base est celle de la forme de la 1re personne du présent, ou de la forme de l'imparfait). *Bâtisse, fouillis, hachis, logis, ramassis, roulis, semis.* ‹ latin *-icium ;* latin *-aticium.* → aussi ② -esse et -ise. REM. La terminaison *-is* est aussi celle de certains participes passés masculins (comme *assis, conquis,* *mis, pris*), notamment des participes substantivés (comme *acquis, sursis*). ›

-isant, -isante **I.** Pour former des noms (adjectifs substantivés). La base est un nom. *Une arabisante, un celtisant.* (Base en **-isme**) *un rhumatisant.* (Base en **-iste**) *un communisant.* **II.** Pour former des adjectifs. La base est un nom. *Arabisant, celtisant.* (Base en **-isme**) *archaïsant, rhumatisant.* (Base en **-iste**) *communisant, fascisant.* ‹ français *-iser* + *-ant, -ante.* ›

-ise Pour former des noms féminins. **1.** La base est un nom. *Expertise, maîtrise, traîtrise. Prêtrise.* **2.** La base est un adjectif. *Bêtise, débrouillardise, franchise, sottise, paillardise, vantardise.* **3.** La base est un verbe. *Convoitise, hantise.* ‹ latin *-itia,* puis *-ise* est devenu un suffixe en français. → aussi ② -esse, et -is ou -isse. REM. La terminaison *-ise* est aussi celle de certains participes passés féminins (comme *acquise, conquise*), notamment des participes substantivés (comme *mise, surprise*). ›

-iser Pour former des verbes. **1.** La base est un nom. *Alcooliser, alphabétiser, bémoliser, caraméliser, champagniser, étatiser, laïciser, scandaliser.* (Avec un préfixe) *démoraliser. Prolétariser, fonctionnariser. Terroriser.* (Base en **-ique**) *informatiser.* **2.** La base est un adjectif. *Fertiliser, immobiliser, moderniser, ridiculiser. Américaniser, humaniser, italianiser. Populariser, scolariser. Extérioriser. Centraliser, égaliser, régionaliser.* (Base en **-el, -elle** ; finale en ***-aliser***) *constitutionnaliser, industrialiser, intellectualiser, officialiser, personnaliser.* (Base en **-able** ; finale en ***-abiliser***) *comptabiliser, imperméabiliser, responsabiliser.* (Base en **-ible** ; finale en ***-ibiliser***) *sensibiliser.* (Par analogie) *solubiliser.* (Base en **-ique**) *électriser, érotiser, hébraïser, mécaniser, politiser, systématiser.* (Base en **-ique** ; finale en ***-iciser***) *techniciser.* (Base en **-if, -ive** ; finale en ***-iviser***) *collectiviser, relativiser.* (Finale ***-éiser***) *homogénéiser.* □ ⇒ **-fier.** ‹ latin tardif *-izare,* du grec *-izein.* → aussi -oyer. ›

-isme Pour former des noms masculins. **1.** La base est un nom. *Défaitisme, impressionnisme, progressisme, racisme, snobisme. Organisme. Alcoolisme. Capitalisme. Argotisme.* (Nom propre) *bouddhisme, hitlérisme, marxisme.* **2.** La base est un adjectif. *Parallélisme. Amoralisme, communisme, modernisme, socialisme. Américanisme, régionalisme.* (Base en **-ique**) *illogisme, romantisme.* **3.** La base est un verbe. *Arrivisme, dirigisme, transformisme.* **4.** La base est un groupe de mots, une phrase. *Aquoibonisme, je-m'en-fichisme, je-m'en-foutisme.* □ ⇒ aussi **-iste.** ‹ latin *-ismus,* du grec *-ismos* ; l'anglais *-ism* a la même origine. ›

-isse ⇒ -is ou -isse.

-issime **I.** Pour former des noms. La base est un nom. *Le généralissime.* **II.** Pour former des adjectifs. La base est un adjectif. *Illustrissime, rarissime, richissime.* ‹ italien *-issimo,* du latin *-issimus* (suffixes de superlatifs). ›

-iste **I.** Pour former des noms (noms de personnes). **1.** La base est un nom. *Un bouquiniste, une chimiste, un dentiste, un latiniste, un pianiste, une violoncelliste. Une congressiste. Un défaitiste, un féministe, une progressiste. Un capitaliste.* (Nom propre) *un gaulliste, une maoïste.* **2.** La base est un adjectif. *Un puriste, un spécialiste. Un communiste, un socialiste.* **3.** La base est un verbe. *Un arriviste, une transformiste.* **4.** La base est un groupe de mots, une phrase. *Un je-m'en-fichiste, une jusqu'au boutiste.* □ ⇒ aussi **-isme. II.** Pour former des adjectifs. **1.** La base est un nom. *Alarmiste, fétichiste.* (Nom propre) *bouddhiste, darwiniste, maoïste.* **2.** La base est un adjectif. *Fataliste, intimiste, royaliste.* **3.** La base est un verbe. *Arriviste, transformiste.* **4.** La base est un groupe de mots, une phrase. *Je m'-en-fichiste, jusqu'au-boutiste.* □ Le suffixe de noms correspondant est **-isme.** ‹ latin *-ista,* du grec *-istês ;* l'italien *-ista* et l'anglais *-ist* ont la même origine. ›

-ite **I.** Pour former des noms. La base est un nom. *Météorite. Appendicite, bronchite. Espionite.* (Nom propre) *un Annamite ; une Israélite, un jésuite.* **II.** Pour former des adjectifs. La base est un nom propre. *Adamite, israélite, jésuite.* ‹ grec *-itês ;* latin ecclésiastique d'origine grecque *-ita ;* grec *-itis.* REM. La terminaison *-ite* est aussi celle de certains participes passés féminins. ›

-ité Pour former des noms féminins. ■ La base est un adjectif. *Absoluité, continuité, exquisité, grécité, matité, spontanéité. Acidité, efficacité, fixité, frivolité, intimité, viviparité. Mondanité. Solidarité. Intériorité. Motricité. Préciosité. Fiscalité, internationalité, natalité.* (Base en **-el, -elle** ; finale en ***-alité***) *actualité, constitutionnalité, intellectualité, matérialité, virtualité.* (Base en **-able** ; finale en ***-abilité***) *comptabilité, impénétrabilité, maniabilité.* (Base en **-ible** ; finale en ***-ibilité***) *divisibilité, lisibilité, susceptibilité.* (Par analogie) *solubilité.* (Base en **-ique** ; finale en ***-icité***) *analyticité, atomicité, authenticité, périodicité.* (Base en **-if, -ive** ; finale en ***-ivité***) *captivité, émotivité, nocivité, productivité, sportivité.* (Finale ***-éité***) *diaphanéité, étanchéité, homogénéité, planéité.* □ ⇒ **-té.** ‹ latin *-itatem,* accusatif de *itas.* ›

-iteur, -itrice Pour former des noms. ■ La base est un verbe. *Un expéditeur, une compositrice.* ‹ latin *-it-* (dans des radicaux de supin) + *-or* (finale de noms d'agents). ›

-itude Pour former des noms féminins. **1.** La base est un nom. *Négritude, punkitude.* **2.** La base est un adjectif. *Exactitude, platitude.* □ ⇒ **-ude.** ‹ latin *-(i)tudo,* suffixe de noms abstraits. REM. La plupart des noms français en *-itude* (comme *lassitude, solitude*) sont directement empruntés aux mots latins correspondants (en *-itudo*). ›

*
* *

① ***-ment*** Pour former des noms masculins. ■ La base est un verbe (la base est celle de la forme du participe passé). *Assortiment, bâtiment, blanchi-*

ment, sentiment. □ ⇒ **-ement.** □ REM. Pour *agrément* et *châtiment*, voir à **-ement.** ‹ latin *-mentum.* ›

② ***-ment*** Pour former des adverbes. **1.** La base est un adjectif masculin. *Éperdument, goulûment, instantanément, joliment, vraiment.* **2.** La base est un participe passé masculin. *Dûment, foutument, modérément, posément.* **3.** La base est un nom ou une interjection. *Bigrement, diablement, foutrement.* **4.** La base est un adverbe. *Quasiment.* **5.** La base est un adjectif féminin. (Finale ***-ement***) *aucunement, doucement, follement, grandement, nettement, normalement, nouvellement* ; (base adjectif en **-ent, -ente** (exceptions : au lieu de *-emment*)) *lentement, présentement, véhémentement.* (Finale ***-ément***) *commodément, communément, énormément, exquisément, précisément.* □ ⇒ **-amment** (pour les adjectifs en **-ant, -ante**), **-emment** (pour les adjectifs en **-ent, -ente**). ‹ latin *mente,* ablatif de *mens,* n. f. « esprit, disposition d'esprit », dans des groupes adjectif + *mente* (comme *bona mente* « bonnement »), où le substantif prit peu à peu le sens de « manière d'être » et fut senti comme un suffixe d'adverbes. ›

*

* *

① ***-o*** **I.** Pour former des noms (ces noms sont tous familiers). **1.** La base est un nom (la base est abrégée). *Dico. Un mécano, un métallo, un prolo, une proprio.* **2.** La base est un adjectif. *Une dingo, un facho.* **II.** Pour former des adjectifs (ces adjectifs sont tous familiers). La base est un adjectif (la base est souvent abrégée). *Alcoolo, dingo, ramollo, réglo.* □ Ne pas confondre avec la terminaison *-o* des abréviations familières s'achevant par un *o* qui figure dans la base (comme *métro, vélo*). ‹ suffixe devenu autonome par confusion avec la finale *-o* de mots tronqués comme *aristo (aristocrate).* ›

② ***-o*** Pour former des adverbes. ■ La base est un adjectif. (D'après *primo, secundo...*) (Familier) *deuzio, directo, rapido, texto.* □ ⇒ aussi **-os** (II). ‹ latin *-o,* finale d'adverbes, issue de l'ablatif en *-o* d'adjectifs en *-us* ; italien *-o,* finale d'adverbes. ›

-oche Pour former des noms. **1.** La base est un nom. *Épinoche, filoche, mailloche, mioche, pioche.* (La base est abrégée) (Familier ou populaire) *bidoche, cinoche, valoche.* **2.** La base est un verbe. (Familier ou populaire) *pétoche, taloche.* ‹ latin tardif *-occa* (non attesté) et italien *-occia* ; suffixe argotique, probablement d'origine dialectale. ›

-ocher Pour former des verbes. **1.** La base est un nom. *Boulocher.* **2.** La base est un verbe. (Fréquentatif et péjoratif) *bavocher, filocher, flânocher.* ‹ origine : → -oche, et ① -er. ›

-oir, -oire **I.** ***-oir*** ou ***-oire*** Pour former des noms. La base est un verbe (la base est celle de la forme de la 1re personne du présent, ou de la forme de l'imparfait). *Arrosoir, baignoire, balançoire, bouilloire, écumoire, laminoir, rôtissoire. Mâchoire, nageoire. Boudoir, fumoir, patinoire.* □ ⇒ **-atoire** (I). **II.** ***-oire*** Pour former des adjectifs. La base est un nom. *Attentatoire, compromissoire, méritoire.* (Base en **-ion**) *classificatoire, collusoire, divinatoire, excrétoire, incantatoire, sécrétoire.* ⇒ **-atoire** (II). ‹ latin *-orium.* ›

-ois, -oise **I.** Pour former des noms. **1.** La base est un nom commun. *Un bourgeois. Minois.* **2.** La base est un nom propre. *Un Gaulois, une Suédoise.* □ ⇒ **-ais, -aise** (I). **II.** Pour former des adjectifs. **1.** La base est un nom commun. *Bourgeois, villageois.* **2.** La base est un nom propre. *Bruxellois, chinois, niçois, québécois, suédois.* □ ⇒ **-ais, -aise** (II). ‹ latin *-ensem,* accusatif de *-ensis.* → -ais, -aise. ›

-ol, -ole **I.** Pour former des noms. Variantes ***-iole, -erole, -erolle*** **1.** La base est un nom. *Campagnol.* (Nom propre) *un Cévenol, une Espagnole.* — (Diminutif) *artériole, bronchiole.* — *Casserole, flammerole, profiterole.* — *Moucherolle.* (Diminutif) *lignerolle.* **2.** La base est un adjectif. *Rougeole.* **3.** La base est un verbe. *Bouterolle.* **II.** Pour former des adjectifs. La base est un nom propre. *Cévenol, espagnol.* ‹ latin *-olus, -ola, -olum,* parfois par les langues romanes. ›

-on, -onne **I.** Pour former des noms. Variante ***-ion*** **1.** La base est un nom. *Ballon, ceinturon, croûton, jupon, manchon, médaillon, poêlon.* (Diminutif) *aiglon, autruchon, chaton, glaçon ; un marmiton.* (Partitif) *chaînon, échelon, maillon.* (Familier) *un couillon.* — *Croupion, pyramidion, virion.* (Base en **-eau** ou **-elle** ; finale en ***-elon***) *chamelon, échelon, mamelon.* (Base en **-ier** ou **-ière** ; finale en ***-eron***) *saleron, quarteron.* **2.** La base est un adjectif. *Molleton.* (Diminutif) *une sauvageonne.* **3.** La base est un verbe (la base est celle de la forme de la 1re personne du présent, ou de la forme de l'imparfait). *Jeton, guidon, lorgnon, nichon, pilon, torchon. Hérisson. Brouillon, pinçon, plongeon.* (Péjoratif) *un avorton, une souillon.* □ ⇒ ② **-eron** ; **-eton** ; **-ichon, -ichonne** (I) ; **-illon** ; **-ton.** **II.** Pour former des adjectifs. La base est un verbe. *Brouillon, grognon.* □ ⇒ **-ichon, -ichonne** (II). ‹ latin *-onem* (accusatif de noms féminins en *-o*), quelquefois par l'intermédiaire des langues romanes. ›

-onner Pour former des verbes. ■ La base est un verbe. (Fréquentatif et diminutif) *chantonner, griffonner, mâchonner, tâtonner.* ⇒ aussi ① **-er.** ‹ moyen français *-on-,* ajouté au suffixe verbal ① *-er.* ›

-ons, variante ***-etons*** Pour former des locutions adverbiales. Avec la préposition ***À.*** **1.** La base est un verbe. *À reculons, à tâtons.* **2.** La base est un nom. *À croupetons.* ‹ suffixe à valeur expressive, probablement issu de *-on, -onne.* ›

-orat ⇒ ① **-at.**

-os **I.** Pour former des noms. La base est un nom. (La base est abrégée) (Familier) *matos* (de *matériel*). **II.** Pour former des adjectifs. **1.** La base est un adjectif. (Familier) *chicos, chouettos, débilos.* **2.** La base est un verbe (la base est celle de la forme de l'imparfait). (Familier) *craignos.* **III.** Pour former des adverbes. La base est un adjectif. (Familier) *rapidos, tranquillos.* □ ⇒ aussi ② **-o.** ‹ suffixe français d'origine inconnue ; comparer les mots d'argot comme *campos* (argot scolaire ancien), *bitos, calendos, doulos,* parfois écrits également *-o* (ou *-au*), ou *-osse.* 〉

-ose Pour former des noms féminins. **1.** La base est un nom. *Bacillose, parasitose, phagocytose, tuberculose.* **2.** La base est un adjectif. *Sinistrose.* **3.** La base est un verbe. *Hallucinose.* 〈 grec *-ôsis.* 〉

-ot, -otte **I.** ***-ot, -otte*** (ou ***-ote***) Pour former des noms. Variante ***-iot, -iotte*** (ou ***-iote***) **1.** La base est un nom. *Ballot, billot, cageot, cheminot, culot, culotte.* (Familier ou diminutif) *bécot, Charlotte, cocotte, frérot, îlot, Pierrot. — Une loupiotte, un pégriot, un salopiot ; loupiote.* **2.** La base est un verbe (la base est celle de la forme de la 1re personne du présent, ou de la forme de l'imparfait). *Caillot. Bougeotte, jugeote, tremblote. Bouillotte, chiottes, roulotte.* **4.** La base est une onomatopée. *Fafiot.* **II.** ***-ot, -otte*** Pour former des adjectifs. Variante ***-iot, -iotte.*** La base est un adjectif. *Chérot, fiérot, pâlot, petiot, vieillot. — Maigriot.* 〈 latin tardif *-ottum, -ottam,* variante de *-ittum, -ittam.* ⟶ -et, -ette. 〉

-oter (ou ***-otter***) Pour former des verbes. **1.** La base est un verbe (la base est celle de la forme de la 1re personne du présent, ou de la forme de l'imparfait). (Fréquentatif et diminutif) *buvoter, clignoter, pleuvoter, tapoter, trembloter, vivoter. — Frisotter, siffloter.* **2.** La base est une onomatopée. *Chuchoter, papoter.* 〈 origine : ⟶ -ot, -otte, et ① -er. 〉

-ouiller Pour former des verbes. **1.** La base est un nom. (Fréquentatif) *patouiller.* **2.** La base est une onomatopée. *Gazouiller.* **3.** La base est un verbe (la base est celle de la forme de la 1re personne du présent, ou de la forme de l'imparfait). (Fréquentatif) *crachouiller, gratouiller, mâchouiller, pendouiller.* □ ⇒ **-ailler, -iller.** 〈 latin *-uculare* (non attesté). 〉

-ouse (ou ***-ouze***) Pour former des noms féminins. ■ La base est un nom. (Familier ou populaire) *bagouse* (ou *bagouze*), *partouse* (ou *partouze*), *perlouse* (ou *perlouze*), *tantouse* (ou *tantouze*). 〈 suffixe français d'origine argotique inconnue ; peut-être forme ancienne de *-euse* (⟶ ② -eur, -euse), conservée dans des patois. 〉

-oyer Pour former des verbes. **1.** La base est un nom. *Chatoyer, côtoyer, coudoyer, foudroyer, guerroyer, larmoyer, merdoyer, ondoyer.* **2.** La base est un adjectif. *Nettoyer, rougeoyer, rudoyer, verdoyer.* **3.** La base est un verbe. *Tournoyer.* □ ⇒ **-ayer, -eyer,** et aussi ① **-er.** □ Les noms correspondants sont des noms masculins en *-oiement* ⇒ **-ement.** 〈 latin tardif *-izare,* du grec *-izein.* ⟶ -iser, et aussi -ayer. 〉

*
* *

① ***-son*** Pour former des noms féminins. ■ La base est un verbe du 2e groupe (la base est celle de la forme du participe passé). *Garnison, guérison, trahison.* □ ⇒ **-aison.** 〈 latin *-tionem.* REM. La plupart des noms français en *-son* (comme *boisson ; un nourrisson*) sont directement empruntés aux mots latins correspondants (en *-tio,* génitif *-tionis*). 〉

② ***-son*** Pour former des noms masculins. ■ La base est un nom (base tronquée). (Familier ou populaire) *pacson, tickson.* 〈 suffixe français d'origine argotique inconnue. 〉

*
* *

-té Pour former des noms féminins. ■ La base est un adjectif. *Étrangeté, lâcheté, mocheté, propreté.* (Adjectif masculin) *beauté, chrétienté.* (Adjectif féminin) *ancienneté, grossièreté, joyeuseté, netteté, oisiveté.* (Base adjectif en **-al, -ale** ; finale en ***-auté***) *loyauté, royauté.* □ ⇒ aussi **-auté, -ité.** 〈 latin *-itatem.* 〉

-tion Pour former des noms féminins. ■ La base est un verbe (la base est celle de la forme du participe passé). *Comparution, parution.* □ ⇒ **-ation.** 〈 latin *-ionem,* précédé d'un radical de supin en *t.* REM. La plupart des noms français en *-tion* (comme *finition, résolution*) sont directement empruntés aux mots latins correspondants (en *-tio,* génitif *-tionis*), de même que les noms français à finale *-ion* (comme *action, torsion*). 〉

-tique (ou ***-ique*** devant *t*) **I.** Pour former des noms féminins. **1.** La base est un nom (parfois tronqué). *Bureautique, créatique, consommatique, monétique, productique, robotique.* **2.** La base est un adjectif. *Privatique* (de *privé*). **II.** Pour former des adjectifs. La base est un nom. *Médiatique.* 〈 origine : de la finale de *informatique,* lui-même de *information,* avec la finale des noms de sciences en *-ique.* REM. Il existe aussi des mots à finale *-matique* (comme *télématique, micromatique*), tirée également de *informatique.* 〉

-ton Pour former des noms masculins. ■ La base est un nom. (Diminutif ou familier) *un fiston, gueuleton, un mecton.* (Base abrégée) *fromton.* □ ⇒ **-on, -onne** (I). 〈 suffixe français d'origine argotique inconnue. 〉

-ture ⇒ **-ure.**

*
* *

-u, -ue **I.** Pour former des noms (adjectifs substantivés). La base est un nom. *Un barbu, une bossue.* **II.** Pour former des adjectifs. La base est un nom. *Bossu, feuillu, membru, moussu, poilu, têtu, ventru.* 〈 latin *-utum, -utam.* REM. La terminaison *-u, -ue* est aussi celle de certains participes passés (comme *prévu ; conclu, vaincu ; couru, tenu*), notamment des participes substantivés (comme *battue, revue, vue ; un mordu*). 〉

-uchon ⇒ **-ichon, -ichonne** (I).

-ude Pour former des noms féminins. ■ La base est un adjectif. *Décrépitude, incomplétude.* □ ⇒ **-itude.** 〈 latin *-udo.* REM. La plupart des noms français en *-ude* (comme *désuétude*) sont directement empruntés aux mots latins correspondants (en *-udo,* génitif *-udinis*). 〉

-ueux, -ueuse ⇒ ① **-eux, -euse** (II).

-ule, variantes ***-cule*** et ***-icule*** Pour former des noms (ces noms sont tous des diminutifs). ■ La base est un nom. *Barbule, lobule, lunule, plumule, ridule, veinule. — Animalcule.* (Par analogie) *groupuscule. — Canalicule.* 〈 latin *-ulum, -ulam,* à valeur diminutive. 〉

-ure Pour former des noms féminins. **1.** La base est un nom. Variante ***-ature.*** *Carrure, chevelure,* *toiture, voilure.* — *Ossature.* **2.** La base est un adjectif. *Droiture, froidure.* **3.** La base est un verbe (les bases sont celles des formes de la 1re personne du présent, de l'imparfait ou du participe passé). Variantes ***-ature*** et ***-ture.*** (Présent) *brûlure, dorure, gageure, gravure.* (Imparfait) *allure, flétrissure, moisissure, meurtrissure, rayure.* (Participe passé) *ouverture ;* (par analogie ; finale ***-eture***) *fermeture.* — (Présent) *filature.* — (Participe passé) *fourniture, garniture, pourriture.* ‹ latin *-ura ;* pour *-ature,* latin *-atura ;* pour *-ture,* latin *-ura,* précédé d'un radical de supin en *t.* ›

NOMS ET ADJECTIFS TIRÉS DES NOMS PROPRES DE LIEUX

Abbevillois, oise (*Abbeville*, Somme)
Abidjanais, aise (*Abidjan*, Côte d'Ivoire)
Ablonnais, aise (*Ablon-sur-Seine*, Val-de-Marne)
Abyssinien, ienne ou Abyssin, ine
Acadien, enne
Afghan, ane
Africain, aine
Agenais, aise ou Agenois, oise (*Agen*, Lot-et-Garonne)
Aigrefeuillais, aise (*Aigrefeuille-d'Aunis*, Charente-Maritime)
Aiguebellain, aine (*Aiguebelle*, Savoie)
Aigues-Mortais, aise (*Aigues-Mortes*, Gard)
Aiguepersois, oise (*Aigueperse*, Puy-de-Dôme)
Aiguillon, onne (*Aiguilles-en-Queyras*, Hautes-Alpes)
Aiguillonnais, aise (*Aiguillon*, Lot-et-Garonne)
Aigurandais, aise (*Aigurande*, Indre)
Airois, oise (*Aire-sur-la-Lys*, Pas-de-Calais)
Airvaudais, aise (*Airvault*, Deux-Sèvres)
1 Aixois, oise (*Aix-en-Othe*, Aube ; *Aixe-sur-Vienne*, Haute-Vienne ; *Aix-les-Bains*, Savoie)
2 Aixois, oise ou Aquisextain, aine (*Aix-en-Provence*, Bouches-du-Rhône)
Ajaccien, enne ou Ajaccéen, enne (*Ajaccio*, Corse)
Akkadien, ienne
Albanais, aise
Albertin, ine (*Albert*, Somme)
Albertivillarien, ienne (*Aubervilliers*, Seine-Saint-Denis)
Albertvillain, aine ou Albertvillois, oise (*Albertville*, Savoie)
Albigeois, oise (*Albi*, Tarn)
Albinien, ienne (*Aubigny-sur-Nère*, Cher)
Alençonnais, aise (*Alençon*, Orne)
Aleppin, ine (*Alep*, Syrie)
Alésien, ienne (*Alès*, Gard)
Alexandrin, ine (*Alexandrie*, Égypte)
Alfortvillais, aise (*Alfortville*, Val-de-Marne)
Algérien, enne
Algérois, oise (*Alger*, Algérie)
Allaudien, ienne (*Allauch*, Bouches-du-Rhône)
Allemand, ande
Allosard, arde (*Allos*, Alpes-de-Haute-Provence)
Alnélois, oise ou Aunélien, ienne (*Auneau*, Eure-et-Loir)
Alpin, ine
Alréen, enne (*Auray*, Morbihan)
Alsacien, ienne
Altaïque (*Altaï*)
Amandinois, oise (*Saint-Amand-en-Puisaye*, Nièvre ; *Saint-Amand-les-Eaux*, Nord)
Amazonien, enne (*Amazonie*)
Ambarrois, oise (*Ambérieu-en-Bugey*, Ain)
Ambertois, oise (*Ambert*, Puy-de-Dôme)
Amboisien, ienne (*Amboise*, Indre-et-Loire)
Amélien, enne ou Palaldéen, enne (*Amélie-les-Bains-Palalda*, Pyrénées-Orientales)
Américain, aine
Amiénois, oise (*Amiens*, Somme)
Amollais, aise (*Amou*, Landes)
Amstellodamien, ienne ou Amstellodamois, oise (*Amsterdam*, Pays-Bas)
Ancenien, enne (*Ancenis*, Loire-Atlantique)
Anconitain, aine (*Ancône*, Italie)
Andalou, ouse
Andelysien, ienne (*Les Andelys*, Eure)
Andernisien, ienne (*Andernos-les-Bains*, Gironde)
Andin, ine
Andorran, ane (principauté d'*Andorre*, Europe)
Angérien, ienne (*Saint-Jean-d'Angély*, Charente)
Angevin, ine (*Anjou*, France ; *Angers*, Maine-et-Loire)
Anglais, aise
Angloys, oise (*Anglet*, Pyrénées-Atlantiques)
Angolais, aise (*Angola*, Afrique)
Angoumois, oise ou Angoumoisin, ine (*Angoulême*, Charente)
Anianais, aise (*Aniane*, Hérault)
Anicien, ienne (*Le Puy* [Anicium], Haute-Loire) → Ponot
Annamite
Annécien, enne (*Annecy*, Haute-Savoie)
Annemassien, ienne (*Annemasse*, Haute-Savoie)
Annonéen, enne (*Annonay*, Ardèche)
Annotain, aine (*Annot*, Alpes-de-Haute-Provence)
Antibois, oise (*Antibes*, Alpes-Maritimes)
Antillais, aise

Antonien, enne (*Antony*, Hauts-de-Seine)
Antraiguin, ine (*Antraigues-sur-Volane*, Ardèche)
Antrainois, oise (*Antrain*, Ille-et-Vilaine)
Anversois, oise (*Anvers*, Belgique)
Anzinois, oise (*Anzin*, Nord)
Appaméen, enne ou Appamien, ienne (*Pamiers*, Ariège)
Aptésien, ienne ou Aptois, oise (*Apt*, Vaucluse)
Aquisextain, aine → 2 Aixois
Aquitain, aine (*Aquitaine*, France)
Arabe
Aragonais, aise (*Aragon*, Espagne)
Aramonais, aise (*Aramon*, Gard)
Arboisien, ienne (*Arbois*, Jura)
Arcachonnais, aise (*Arcachon*, Gironde)
Arcadien, enne (*Arcadie*, Grèce)
Arcisien, ienne (*Arcis-sur-Aube*, Aube)
Ardéchois, oise (*Ardèche*, France)
Ardennais, aise (*Ardenne*, Belgique ; *Ardennes*, France)
Arédien, ienne (*Saint-Yrieix-la-Perche*, Haute-Vienne)
Arétin, ine (*Arezzo*, Italie)
Argelésien, ienne (*Argelès-Gazost*, Hautes-Pyrénées ; *Argelès-sur-Mer*, Pyrénées-Orientales)
Argentacois, oise (*Argentat*, Corrèze)
Argentais, aise (*Argent-sur-Sauldre*, Cher)
Argentanais, aise (*Argentan*, Orne)
Argenteuillais, aise ou Argentolien, ienne (*Argenteuil*, Val-d'Oise)
Argentiérois, oise (*L'Argentière-la-Bessée*, Hautes-Alpes)
Argentin, ine
Argentolien, ienne → Argenteuillais
Argentonnais, aise (*Argenton-Château*, Deux-Sèvres ; *Argenton-sur-Creuse*, Indre)
Argentréen, enne (*Argentré-du-Plessis*, Ille-et-Vilaine)
Ariégeois, oise (*Ariège*, Pyrénées)
Arlésien, ienne (*Arles*, Bouches-du-Rhône)
Arleusien, ienne (*Arleux*, Nord)
Arménien, enne
Armentiérois, oise (*Armentières*, Nord)
Armoricain, aine (*Armorique*, France)
Arnétois, oise (*Arnay-le-Duc*, Côte-d'Or)
Arrageois, oise (*Arras*, Pas-de-Calais)
Arsais, aise (*Ars-en-Ré*, Charente-Maritime)
Artésien, ienne (*Artois*, France)
Ascquois, oise (*Ascq*, Nord)
Asiate ou Asiatique
Asniérois, oise (*Asnières*, Hauts-de-Seine)
Assyrien, enne
Asturien, enne (*Asturies*, Espagne)
Athémontien, ienne → Athésien
Athénien, ienne (*Athènes*, Grèce)
Athésien, ienne ou Athémontien, ienne (*Athis-Mons*, Essonne)
Athisien, ienne (*Athis-de-l'Orne*, Orne)
Aturin, ine (*Aire-sur-l'Adour*, Landes)
Aubeterrien, ienne (*Aubeterre-sur-Dronne*, Charente)
Aubussonnais, aise (*Aubusson*, Creuse)
Auchellois, oise (*Auchel*, Pas-de-Calais)
Auchois, oise → Auscitain
Audiernais, aise (*Audierne*, Finistère)
Audonien, ienne (*Saint-Ouen*, Seine-Saint-Denis)
Audincourtois, oise (*Audincourt*, Doubs)
Audomarois, oise (*Saint-Omer*, Pas-de-Calais)
Audruicquois, oise (*Audruicq*, Pas-de-Calais)
Audunois, oise (*Audun-le-Roman*, Meurthe-et-Moselle)
Augeron, onne (pays d'*Auge*, France)
Aulnaisien, ienne (*Aulnay-sous-Bois*, Seine-Saint-Denis)
Aulnésien, ienne → Aulnoyen
Aulnoyen, enne ou Aulnésien, ienne (*Aulnoye-Aymeries*, Nord)
Aultois, oise (*Ault*, Somme)
Aumalois, oise (*Aumale*, Seine-Maritime)
Aunais, aise (*Aunay-sur-Odon*, Calvados)
Aunélien, ienne → Alnélois
Aunisien, ienne (*Aunis*, France)
Aupsois, oise (*Aups*, Var)
Aurignacien, ienne (*Aurignac*, Haute-Garonne)
Aurillacois, oise (*Aurillac*, Cantal)
Auscitain, aine ou Auchois, oise (*Auch*, Gers)
Australien, ienne (*Australie*)
Autrichien, ienne (*Autriche*, Europe)
Autunois, oise (*Autun*, Saône-et-Loire)
Auvergnat, ate
Auxerrois, oise (*Auxerre*, Yonne)
Avallonnais, aise (*Avallon*, Yonne)
Avesnois, oise (*Avesnes-sur-Helpe*, Nord)
Aveyronnais, aise (*Aveyron*, France)
Avignonnais, aise (*Avignon*, Vaucluse)
Avranchais, aise (*Avranches*, Manche)
Azerbaïdjanais, aise (*Azerbaïdjan*)

Babylonien, ienne (*Babylone*, Mésopotamie)
Bachanenchs [invar.] (*Baixas*, Pyrénées-Orientales)
Bachânois, oise (*Baccarat*, Meurthe-et-Moselle)
Badois, oise (*Bade*, Allemagne)
Badonvillais, aise (*Badonviller*, Meurthe-et-Moselle)
Bagnérais, aise (*Bagnères-de-Bigorre*, Hautes-Pyrénées)
Bajocasse → Bayeusain
Baléare (*Baléares*, Espagne)
Balinais, aise (*Bali*)
Balkanique (*les Balkans*)
Bâlois, oise (*Bâle*, Suisse)
Balte (*Baltique*)
Bamakois, oise (*Bamako*, Mali)
Banyulenc, ence ou Banyulais, aise (*Banyuls-sur-Mer*, Pyrénées-Orientales)

Bapalmois, oise (*Bapaume*, Pas-de-Calais)
Barcelonais, aise (*Barcelone*, Espagne)
Barcelonnettain, aine (*Barcelonnette*, Alpes-de-Haute-Provence)
Barralbin, ine (*Bar-sur-Aube*, Aube)
Barrisien, ienne (*Bar-le-Duc*, Meuse)
Barrois, oise (*Bar-sur-Aube*, Aube)
Basque, Basquaise *(Pays basque)* → Euscarien
Bastiais, aise (*Bastia*, Corse)
Bavarois, oise (*Bavière*, Allemagne)
Bayeusain, aine (*Bayeux*, Calvados)
Bayonnais, aise (*Bayonne*, Pyrénées-Atlantiques)
Béarnais, aise
Beauceron, onne (*Beauce*, France)
Beaunois, oise (*Beaune*, Côte d'Or)
Beauvaisien, ienne ou Beauvaisin, ine (*Beauvais*, Oise)
Belfortin, ine ou Belfortain, aine (*Belfort*, Territoire-de-Belfort)
Belge
Bellacquais, aise ou Bellachon, onne (*Bellac*, Haute-Vienne)
Belleysan, ane (*Belley*, Ain)
Bellifontain, aine (*Fontainebleau*, Seine-et-Marne)
Bénédictin, ine (*Saint-Benoît-du-Sault*, Indre)
Bengali, ie ou Bengalais, aise (*Bengale*, Inde)
Béninois, oise (*Bénin*, Afrique)
Béotien, enne
Bergeracois, oise (*Bergerac*, Dordogne)
Berlinois, oise (*Berlin*, Allemagne)
Bernayen, enne (*Bernay*, Eure)
Bernois, oise (*Berne*, Suisse)
Berrichon, onne (*Berry*, France)
Berruyer, ère (*Bourges*, Cher)
Béthunois, oise (*Béthune*, Pas-de-Calais)
Biafrais, aise (*Biafra*, Afrique)
Biarrot, ote (*Biarritz*, Pyrénées-Atlantiques)
Bidartois, oise (*Bidart*, Pyrénées-Atlantiques)
Biélorusse *(Biélorussie)*
Binchois, oise (*Binche*, Belgique)
Birman, ane (*Birmanie*, Asie)
Biscaïen, enne (la *Biscaye*, Espagne)
Bisontin, ine (*Besançon*, Doubs)
Biterrois, oise (*Béziers*, Hérault)
Bizertin, ine (*Bizerte*, Tunisie)
Blaisois, oise ou Blésois, oise (*Blois*, Loir-et-Cher)
Blancois, oise (*Le Blanc*, Indre)
Blangeois, oise (*Blangy-sur-Bresle*, Seine-Maritime)
Blayais, aise (*Blaye*, Gironde)
Blésois, oise → Blaisois
Bohémien, ienne
Bolivien, enne (*Bolivie*, Amérique du Sud)
Bolonais, aise (*Bologne*, Italie)
Bonifacien, enne (*Bonifacio*, Corse)
Bonnevillois, oise (*Bonneville*, Haute-Savoie)
Bônois, oise (*Bône*, Algérie)
Borain, aine (*Borinage*, Belgique)
Bordelais, aise (*Bordeaux*, Gironde)
Bosniaque ou Bosnien, enne *(Bosnie)*
Bostonien, ienne (*Boston*, États-Unis)
Boucalais, aise (*Le Boucau*, Pyrénées-Atlantiques)
Bougivalais, aise (*Bougival*, Yvelines)
Boulageois, oise (*Boulay-Moselle*, Moselle)
Boulonnais, aise ou Boulenois, oise (*Boulogne-sur-Mer*, Pas-de-Calais)
Bourbonnais, aise (*Bourbonnais*, France)
Bourbourgeois, oise (*Bourbourg*, Nord)
Bourguignon, onne (*Bourgogne*, France)
Brabançon, onne
Brandebourgeois, oise (*Brandebourg*, Allemagne)
Brésilien, ienne
Bressan, ane (*Bresse*, France ; *Bourg-en-Bresse*, Ain)
Bressuirais, aise (*Bressuire*, Deux-Sèvres)
Brestois, oise (*Brest*, Finistère)
Breton, onne
Briançonnais, aise (*Briançon*, Hautes-Alpes)
Briard, arde
Briéron, onne (la *Brière*, France)
Briochin, ine (*Saint-Brieuc*, Côtes-du-Nord)
Briotin, ine (*Briey*, Meurthe-et-Moselle)
Brisacien, ienne (*Neuf-Brisach*, Haut-Rhin)
Britannique
Brivadois, oise (*Brioude*, Haute-Loire)
Brivois, oise (*Brive-la-Gaillarde*, Corrèze)
Broutain, aine (*Brou*, Eure-et-Loir)
Bruaysien, ienne (*Bruay-en-Artois*, Pas-de-Calais)
Brugeois, oise (*Bruges*, Belgique)
Bruxellois, oise (*Bruxelles*, Belgique)
Bulgare
Burgien, ienne (*Bourg-en-Bresse*, Ain)
Burkinabé, ée (*Burkina*, Afrique)
Byzantin, ine

Cadurcien, ienne, Cahorsin, ine ou Cahorsain, aine (*Cahors*, Lot)
Caennais, aise ou Caenais, aise (*Caen*, Calvados)
Cahorsain, aine ou Cahorsin, ine → Cadurcien
Cairote (*Le Caire*, Égypte)
Calabrais, aise
Caladois, oise (*Villefranche-sur-Saône*, Rhône)
Calaisien, ienne (*Calais*, Pas-de-Calais ; *Saint-Calais*, Sarthe)
Californien, enne (*Californie*, États-Unis)
Calvais, aise (*Calvi*, Corse)
Camarguais, aise, Camarguin, ine ou Camarguen, enne (*Camargue*, France)
Cambodgien, ienne (*Cambodge*, Asie)
Cambrésien, ienne (*Cambrai*, Nord)
Camerounais, aise (*Cameroun*, Afrique)
Canadien, ienne
Cananéen, enne
Canarien, enne (îles *Canaries*, Espagne)

Candiote → Crétois
Cannois, oise ou Cannais, aise (*Cannes*, Alpes-Maritimes)
Cantalien, ienne (*Cantal*, France)
Cantilien, ienne (*Chantilly*, Oise)
Capouan, ane (*Capoue*, Italie)
Caraïbe *(Caraïbes)*
Carcassonnais, aise ou Carcassonnois, oise (*Carcassonne*, Aude)
Carolorégien, ienne (*Charleroi*, Belgique)
Carpentrassien, ienne (*Carpentras*, Vaucluse)
Carquefolien, ienne (*Carquefou*, Loire-Atlantique)
Carriérois, oise (*Carrières-sur-Seine*, Yvelines)
Carthaginois, oise
Casablancais, aise (*Casablanca*, Maroc)
Cassiden, enne (*Cassis*, Bouches-du-Rhône)
Castelbriantais, aise (*Châteaubriant*, Loire-Atlantique)
Castellanais, aise (*Castellane*, Alpes-de-Haute-Provence)
Castellinois, oise ou Châteaulinois, oise (*Châteaulin*, Finistère)
Castelroussin, ine ou Châteauroussin, ine (*Châteauroux*, Indre)
Castelsalinois, oise (*Château-Salins*, Moselle)
Castelsarrasinois, oise (*Castelsarrasin*, Tarn-et-Garonne)
Castillan, ane
Castrais, aise (*Castres*, Tarn ; *La Châtre*, Indre)
Castro-Gontérien, ienne (*Château-Gontier*, Mayenne)
Castrothéodoricien, ienne (*Château-Thierry*, Aisne)
Catalan, ane
Caucasien, ienne
Cayennais, aise (*Cayenne*, Guyane)
Centrafricain, aine *(Centrafrique)*
Cerdan, ane ou Cerdagnol, ole (*Cerdagne*, Espagne)
Cérétan, ane (*Céret*, Pyrénées-Orientales)
Cévenol, ole (*Cévennes*, France)
Ceylanais, aise (île de *Ceylan*, Asie) → Cingalais
Chaldéen, enne
Chalonnais, aise (*Chalon-sur-Saône*, Saône-et-Loire)
Châlonnais, aise (*Châlons-en-Champagne*, Marne)
Chambérien, ienne (*Chambéry*, Savoie)
Chamoniard, iarde (*Chamonix*, Haute-Savoie)
Champenois, oise
Charentais, aise (*Charente*, France)
Charollais, aise (*Charolles*, Saône-et-Loire)
Chartrain, aine (*Chartres*, Eure-et-Loir)
Château-Chinonais, aise (*Château-Chinon*, Nièvre)
Châteaulinois, oise → Castellinois
Châteauroussin, ine → Castelroussin
Châtelleraudais, aise (*Châtellerault*, Vienne)
Chaumontois, oise ou Chaumontais, aise (*Chaumont*, Haute-Marne)
Chaurien, ienne (*Castelnaudary*, Aude)
Cherbourgeois, oise (*Cherbourg*, Manche)
Chicoutimien, enne (*Chicoutimi*, Canada)
Chilien, enne
Chinois, oise
Chinonais, aise (*Chinon*, Indre-et-Loire)
Choletais, aise (*Cholet*, Maine-et-Loire)
Chypriote *(Chypre)* → Cypriote
Cingalais, aise → Ceylanais
Ciotaden, enne (*La Ciotat*, Bouches-du-Rhône)
Ciréen, enne (*Cirey-sur-Vezouve*, Meurthe-et-Moselle)
Cisjordanien, enne *(Cisjordanie)*
Civraisien, ienne (*Civray*, Vienne)
Clamariot, iote ou Clamartois, oise (*Clamart*, Hauts-de-Seine)
Clamecyçois, oise (*Clamecy*, Nièvre)
Clermontois, oise (*Clermont-Ferrand*, Puy-de-Dôme ; *Clermont*, Oise)
Clodoaldien, ienne (*Saint-Cloud*, Hauts-de-Seine)
Clusien, ienne (*Cluses*, Haute-Savoie)
Cochinchinois, oise (*Cochinchine*, Asie)
Cognaçais, aise (*Cognac*, Charente)
Colmarien, ienne (*Colmar*, Haut-Rhin)
Colombien, enne (*Colombie*, Amérique du Sud)
Columérien, ienne (*Coulommiers*, Seine-et-Marne)
Commercien, ienne (*Commercy*, Meuse)
Comorien, ienne *(Comores)*
Compiégnois, oise (*Compiègne*, Oise)
Comtois, oise ou Franc-Comtois, oise (*Franche-Comté*, France)
Concarnois, oise (*Concarneau*, Finistère)
Condomois, oise (*Condom*, Gers)
Confolentais, aise ou Confolennais, aise (*Confolens*, Charente)
Congolais, aise
Constantinois, oise (*Constantine*, Algérie)
Corbeillais, aise ou Corbeillois, oise (*Corbeil-Essonnes*, Essonne)
Cordouan, ane (*Cordoue*, Espagne)
Coréen, enne
Corfiote (*Corfou*, Grèce)
Corse
Cortenais, aise (*Corte*, Corse)
Cosnois, oise (*Cosnes-sur-Loire*, Nièvre)
Costaricain, aine ou Costaricien, ienne (*Costa-Rica*, Amérique centrale)
Côtois, oise (*La Côte-Saint-André*, Isère)
Cotterézien, ienne (*Villers-Cotterêts*, Aisne)
Courtraisien, ienne (*Courtrai*, Belgique)
Coutançais, aise (*Coutances*, Manche)
Creillois, oise (*Creil*, Oise)
Crétois, oise ou Candiote (île de *Crète*, Grèce)
Creusois, oise (*Creuse*, France)

Croate *(Croatie)*
Croisicais, aise (*Le Croisic*, Loire-Atlantique)
Cubain, aine
Cypriote ou Chypriote

Dacquois, oise (*Dax*, Landes)
Dahoméen, enne
Dakarois, oise (*Dakar*, Sénégal)
Dalmate (*Dalmatie*, Croatie)
Damascène (*Damas*, Syrie)
Danois, oise
Danubien, ienne (*Danube*, Europe centrale)
Dauphinois, oise
Délien, ienne ou Déliaque (*Délos*, Grèce)
Denaisien, ienne (*Denain*, Nord)
Déodatien, ienne (*Saint-Dié*, Vosges)
Dieppois, oise (*Dieppe*, Seine-Maritime)
Dignois, oise ou Dinien, ienne (*Digne*, Alpes-de-Haute-Provence)
Dijonnais, aise (*Dijon*, Côte-d'Or)
Dinannais, aise (*Dinan*, Côtes-d'Armor)
Dinien, ienne → Dignois
Diois, oise (*Die*, Drôme)
Dionysien, ienne (*Saint-Denis*, Seine-Saint-Denis)
Dolois, oise (*Dôle*, Jura)
Dominicain, aine (république *Dominicaine*)
Dominiquais, aise (République de *Dominique*)
Douaisien, ienne (*Douai*, Nord)
Douarneniste ou Douarnenézien, ienne (*Douarnenez*, Finistère)
Draguignanais, aise ou Dracenois, oise (*Draguignan*, Var)
Drouais, aise ou Durocasse (*Dreux*, Eure-et-Loir)
Dunkerquois, oise (*Dunkerque*, Nord)
Dunois, oise (*Châteaudun*, Eure-et-Loir)
Durocasse → Drouais

Ébroïcien, ienne (*Évreux*, Eure)
Écossais, aise
Édimbourgeois, oise (*Édimbourg*, Écosse)
Égyptien, ienne
Elbeuvien, ienne → Elbovien
Elbois, oise (île d'*Elbe*, Italie)
Elbovien, ienne ou Elbeuvien, ienne (*Elbeuf*, Seine-Maritime)
Équatorien, ienne (*Équateur*, Amérique du Sud)
Espagnol, ole
Estonien, ienne ou Este
Étampois, oise (*Étampes*, Essonne)
États-Unien, enne
Éthiopien, enne
Étolien, enne (*Étolie*, Grèce)
Étrusque
Eurasien, enne *(Eurasie)*
Européen, enne
Euscarien, ienne ou Euskarien, ienne → Basque

Évahonnien, ienne (*Évaux-les-Bains*, Creuse)
Évianais, aise (*Évian-les-Bains*, Haute-Savoie)
Évryen, enne (*Évry*, Essonne)

Faouétais, aise (*Le Faouët*, Morbihan)
Fassi, ie (*Fez*, Maroc)
Fécampois, oise (*Fécamp*, Seine-Maritime)
Ferrarais, aise (*Ferrare*, Italie)
Ferton, onne (*Fère-Champenoise*, Marne)
Figeacois, oise (*Figeac*, Lot)
Finistérien, ienne (*Finistère*, France)
Finlandais, aise ou Finnois, oise
Flamand, ande
Flandrien, ienne *(Flandres)*
Fléchois, oise (*La Flèche*, Sarthe)
Flérien, ienne (*Flers-de-l'Orne*, Orne)
Fleurantin, ine (*Fleurance*, Gers)
Floracois, oise (*Florac*, Lozère)
Florentin, ine (*Florence*, Italie)
Florentinois, oise (*Saint-Florentin*, Yonne)
Fontenaisien, ienne (*Fontenay-le-Comte*, Vendée)
Forbachois, oise (*Forbach*, Moselle)
Forcalquiérais, aise (*Forcalquier*, Alpes-de-Haute-Provence)
Forgien, ienne (*Forges-les-Eaux*, Seine-Maritime)
Formosan, ane (*Formose*, Asie)
Fouesnantais, aise (*Fouesnant*, Finistère)
Fougerais, aise (*Fougères*, Ille-et-Vilaine)
Fourasin, ine (*Fouras*, Charente-Maritime)
Fourchambaltais, aise (*Fourchambault*, Nièvre)
Fourmésien, ienne ou Fourmisien, ienne (*Fourmies*, Nord)
Foyalais, aise (*Fort-de-France*, Martinique)
Foyen, enne (*Sainte-Foy-la-Grande*, Gironde)
Français, aise
Franc-Comtois, oise → Comtois
Francfortois, oise (*Francfort-sur-le-Main*, Allemagne)
Fréjussien, ienne (*Fréjus*, Var)
Fribourgeois, oise (*Fribourg*, Suisse)
Frison, onne
Fuégien, ienne (Terre de *Feu*, Amérique du Sud)
Fuxéen, enne (*Foix*, Ariège)

Gabalitain, aine (le *Gévaudan*, Lozère)
Gabonais, aise (*Gabon*, Afrique)
Gaditan, ane (*Cadix*, Espagne)
Galicien, ienne (*Galice*, Espagne)
Galiléen, enne
Gallois, oise
Gantois, oise (*Gand*, Belgique)
Gapençais, aise (*Gap*, Hautes-Alpes)
Gascon, onne
Gaspésien, ienne (péninsule de *Gaspé* ou *Gaspésie*, Canada)
Gaulois, oise
Genevois, oise (*Genève*, Suisse)

Génois, oise (*Gênes*, Italie)
Géorgien, enne
Gergolien, ienne (*Jargeau*, Loiret)
Germain, aine
Gessien, ienne (*Gex*, Ain)
Ghanéen, enne (*Ghana*, Afrique)
Giennois, oise (*Gien*, Loiret)
Girondin, ine
Gisorsien, ienne (*Gisors*, Eure)
Gourdonnais, aise (*Gourdon*, Lot)
Granbyen, enne (*Granby*, Canada)
Grassois, oise (*Grasse*, Alpes-Maritimes)
Grec, Grecque
Grenadin, ine (*Grenade*, Espagne)
Grenoblois, oise (*Grenoble*, Isère)
Grison, onne (canton des *Grisons*, Suisse)
Groenlandais, aise (*Groenland*, Amérique du Nord)
Guadeloupéen, enne (*Guadeloupe*, Antilles fr.)
Guatémalien, ienne ou Guatémaltèque (*Guatemala*, Amérique centrale)
Guebvillérois, oise (*Guebwiller*, Haut-Rhin)
Guérandais, aise (*Guérande*, Loire-Atlantique)
Guéretois, oise (*Guéret*, Creuse)
Guernesiais, aise (île de *Guernesey*, Grande-Bretagne)
Guinéen, enne (*Guinée*, Afrique)
Guingampois, oise (*Guingamp*, Côtes-d'Armor)
Guyanais, aise (*Guyane*, Amérique du Sud)

Hagetmautien, ienne (*Hagetmau*, Landes)
Haguenois, oise (*La Haye*, Hollande)
Haguenovien, ienne (*Haguenau*, Bas-Rhin)
Hainuyer, ère (*Hainaut*, Belgique) → Hannuyer
Haïtien, enne (*Haïti*, Amérique centrale)
Haligonien, ienne (*Halifax*, Canada)
Hallicourtois, oise (*Hallicourt*, Pas-de-Calais)
Hambourgeois, oise (*Hambourg*, Allemagne)
Hamois, oise (*Ham*, Somme)
Hannuyer, ère (*Hainaut*, Belgique) → Hainuyer, Hennuyer
Hanovrien, ienne (*Hanovre*, Allemagne)
Havanais, aise (*La Havane*, Cuba)
Havrais, aise (*Le Havre*, Seine-Maritime)
Hawaïen, enne (îles *Hawaï*, Polynésie)
Haytillon, onne (*La Haye-du-Puits*, Manche)
Hédéen, enne (*Hédée*, Ille-et-Vilaine)
Hellène
Hendayais, aise (*Hendaye*, Pyrénées-Atlantiques)
Hennebontais, aise (*Hennebont*, Morbihan)
Hennuyer, ère (*Hainaut*, Belgique) → Hainuyer, Hannuyer
Hiérosolymite ou Hiérosolymitain, aine (*Jérusalem*, Israël)
Himalayen, enne (*Himalaya*, Asie)
Hirsonnais, aise (*Hirson*, Aisne)
Hollandais, aise (*Hollande*, Pays-Bas) → Néerlandais
Hondurien, ienne (*Honduras*, Amérique centrale)
Honfleurais, aise ou Honfleurois, oise (*Honfleur*, Calvados)
Hongrois, oise (*Hongrie*) → Magyar
Hullois, oise (*Hull*, Canada)
Hyérois, oise (*Hyères*, Var)

Ibère
Indien, ienne
Indochinois, oise
Indonésien, enne
Ionien, ienne
Irakien, ienne (*Irak* ou *Iraq*, Proche-Orient)
Iranien, ienne
Irlandais, aise
Isérois, oise ou Iseran, ane (*Isère*, France)
Isignais, aise (*Isigny-sur-Mer*, Calvados)
Islandais, aise
Islois, oise (*L'Isle-Jourdain*, Gers)
Israélien, ienne (*Israël*, Proche-Orient)
Issisois, oise (*Issy-les-Moulineaux*, Hauts-de-Seine)
Issoirien, ienne → Issorien
Issoldunois, oise ou Issoudunois, oise (*Issoudun*, Indre)
Issorien, ienne ou Issoirien, ienne (*Issoire*, Puy-de-Dôme)
Istanbuliote (*Istanbul*, Turquie)
Italien, enne
Ivoirien, ienne (*Côte d'Ivoire*, Afrique)

Jamaïcain ou Jamaïquain, aine
Japonais, aise
Javanais, aise
Jersiais, aise (île de *Jersey*)
Joinvillois, oise (*Joinville*, Haute-Marne)
Jonzacais, aise (*Jonzac*, Charente-Maritime)
Jordanien, enne
Juliénois, oise (*Saint-Julien-en-Genevois*, Haute-Savoie)
Jurassien, ienne

Kabyle
Kalmouk ou Kalmuk (*Kalmoukie*, Russie)
Kazakh, e (*Kazakhstan*, Asie)
Kényan, ane (*Kenya*, Afrique)
Kinois, oise (*Kinshasa*, République démocratique du Congo)
Kirghiz, e (*Kirghizstan*, Asie)
Koweitien, ienne (*Koweit*, Arabie)

Labradorien, ienne (péninsule du *Labrador*, Canada)
Lacaunois, oise (*Lacaune*, Tarn)
Lachinois, oise (*Lachine*, Canada)
Lagneusin, ine (*Lagnieu*, Ain)

Landais, aise
Landernéen, enne (*Landerneau*, Finistère)
Landivisien, enne (*Landivisiau*, Finistère)
Landrecien, enne (*Landrecies*, Nord)
Langonais, aise (*Langogne*, Lozère)
Langonnais, aise (*Langon*, Gironde)
Langrois, oise (*Langres*, Haute-Marne)
Languedocien, ienne (*Languedoc*, France)
Lanmeurien, ienne (*Lanmeur*, Finistère)
Lannionais, aise (*Lannion*, Côtes-d'Armor)
Laonnois, oise (*Laon*, Aisne)
Laotien, ienne
Lapalissois, oise (*Lapalisse*, Allier)
Lapon, one
Lasallien, ienne (*Lasalle*, Canada)
Latino-Américain *(Amérique latine)*
Laurentien, ienne (*Saint-Laurent*, Canada)
Lausannois, oise (*Lausanne*, Suisse)
Lavallois, oise (*Laval*, Canada ; *Laval*, Mayenne)
Lédonien, ienne (*Lons-le-Saulnier*, Jura)
Leipzigois, oise (*Leipzig*, Allemagne)
Lensois, oise (*Lens*, Pas-de-Calais)
Léonais, aise ou Léonard, arde (pays de *Léon*, Bretagne)
Léonais, aise, Léonard, arde ou Saint-Politain, aine (*Saint-Pol-de-Léon*, Finistère)
Lesbien, ienne
Lescarien, ienne (*Lescar*, Pyrénées-Atlantiques)
Lesparrain, aine (*Lesparre-Médoc*, Gironde)
Letton, onne, Lette ou Latvien, enne *(Lettonie)*
Levantin, ine
Libanais, aise
Libérien, enne (*Liberia*, Afrique)
Libournais, aise (*Libourne*, Gironde)
Librevillois, oise (*Libreville*, Gabon)
Libyen, enne (*Libye*, Afrique)
Liégeois, oise
Ligurien, enne (*Ligurie*, Italie)
Lillois, oise (*Lille*, Nord)
Liménien, ienne (*Lima*, Pérou)
Limousin, ine ou Limougeaud, eaude
Limouxin, ine (*Limoux*, Aude)
Lisbonnin, ine ou Lisboète (*Lisbonne*, Portugal)
Lituanien, enne ou Lithuanien, enne
Livournais, aise (*Livourne*, Italie)
Lochois, oise (*Loches*, Indre-et-Loire)
Loctudyste (*Loctudy*, Finistère)
Lodévois, oise (*Lodève*, Hérault)
Lombard, arde
Loméen, enne (*Lomé*, Togo)
Lommois, oise (*Lomme*, Nord)
Londonien, ienne (*Londres*, Angleterre)
Longjumellois, oise (*Longjumeau*, Essonne)
Longnycien, ienne (*Longny-au-Perche*, Orne)
Longovicien, ienne (*Longwy*, Meurthe-et-Moselle)
Loossois, oise (*Loos*, Nord)
Lorrain, aine
Losnais, aise (*Saint-Jean-de-Losne*, Côte-d'Or)
Loudéacien, ienne (*Loudéac*, Côtes-d'Armor)
Loudunois, oise (*Loudun*, Vienne)
Louhannais, aise (*Louhans*, Saône-et-Loire)
Louisianais, aise (*Louisiane*, États-Unis)
Lourdois, oise ou Lourdais, aise (*Lourdes*, Hautes-Pyrénées)
Louvaniste (*Louvain*, Belgique)
Lovérien, ienne (*Louviers*, Eure)
Lucanien, enne (*Lucanie*, Italie)
Luciennois, oise (*Louveciennes*, Yvelines)
Lucquois, oise (*Lucques*, Italie)
Lunévillois, oise (*Lunéville*, Meurthe-et-Moselle)
Lurcyquais, aise (*Lurcy-Lévis*, Allier)
Luron, onne (*Lure*, Haute-Saône)
Lusitanien, enne ou Lusitain, aine → Portugais
Lussacois, oise (*Lussac*, Gironde)
Luxembourgeois, oise (*Luxembourg*, Europe)
Luzarchois, oise (*Luzarches*, Val-d'Oise)
Luzien, ienne (*Saint-Jean-de-Luz*, Pyrénées-Atlantiques)
Lydien, enne
Lyonnais, aise (*Lyon*, Rhône)
Lyonsais, aise (*Lyons-la-Forêt*, Eure)

Macédonien, ienne (*Macédoine*, Grèce)
Macérien, ienne (*Mézières*, Ardennes)
Machecoulois, oise (*Machecoul*, Loire-Atlantique)
Mâconnais, aise (*Mâcon*, Saône-et-Loire)
Madelinot, Madelinienne (îles de la *Madeleine*, Canada)
Madérien, ienne ou Madérois, oise (*Madère*, Portugal)
Madrilène (*Madrid*, Espagne)
Maghrébin, ine (*Maghreb*, Afrique)
Magyar, e → Hongrois
Maintenonnois, oise (*Maintenon*, Eure-et-Loir)
Majorquin, ine (*Majorque*, Espagne)
Malabare (*Malabar*, Inde)
Malais, aise et Malaysien, enne (*Malaisie* et *Malaysia*)
Malgache (*Madagascar*, océan Indien)
Malien, enne (*Mali*, Afrique)
Malinois, oise (*Malines*, Belgique)
Malouin, ine (*Saint-Malo*, Ille-et-Vilaine)
Maltais, aise (*Malte*, Europe)
Mamertin, ine (*Mamers*, Sarthe)
Manceau, elle (*Maine*, France ; *Le Mans*, Sarthe)
Mandchou, e *(Mandchourie)*
Manitobain, aine (*Manitoba*, Canada)
Mannois, oise (île de *Man*, Grande-Bretagne)
Manosquin, ine (*Manosque*, Alpes-de-Haute-Provence)
Mantais, aise (*Mantes-la-Jolie*, Yvelines)
Mantevillois, oise (*Mantes-la-Ville*, Yvelines)

Mantouan, ane (*Mantoue*, Italie)
Marandais, aise (*Marans*, Charente-Maritime)
Marcquois, oise (*Marcq-en-Barœul*, Nord)
Marennais, aise (*Marennes*, Charente-Maritime)
Marignanais, aise (*Marignane*, Bouches-du-Rhône)
Maringois, oise (*Maringues*, Puy-de-Dôme)
Marlois, oise (*Marle*, Aisne)
Marlychois, oise (*Marly-le-Roi*, Yvelines)
Marmandais, aise (*Marmande*, Lot-et-Garonne)
Marocain, aine
Marommais, aise (*Maromme*, Seine-Maritime)
Marseillais, aise (*Marseille*, Bouches-du-Rhône) → Massaliote, Phocéen
Martégaux ou Martigaux [plur.] (*Martigues*, Bouches-du-Rhône)
Martien, ienne
Martiniquais, aise (*Martinique*, Antilles fr.)
Marvejolais, aise (*Marvejols*, Lozère)
Maskoutain, aine (*Saint-Hyacinthe*, Canada)
Masopolitain, aine (*Masevaux*, Haut-Rhin)
Massaliote → Marseillais
Mathalien, ienne (*Matha*, Charente-Maritime)
Maubeugeois, oise (*Maubeuge*, Nord)
Maubourguetois, oise (*Maubourguet*, Hautes-Pyrénées)
Maure ou More
Mauriacois, oise (*Mauriac*, Cantal)
Mauricien, ienne (île *Maurice*, océan Indien)
Maxipontain, aine ou Pontois, oise (*Pont-Sainte-Maxence*, Oise)
Mayençais, aise (*Mayence*, Allemagne)
Mayennais, aise (*Mayenne*, dép. et ville de France)
Mazamétain, aine (*Mazamet*, Tarn)
Mélanésien, enne
Meldois, oise (*Meaux*, Seine-et-Marne)
Melunois, oise, Melunais, aise ou Melodunois, oise (*Melun*, Seine-et-Marne)
Mendois, oise (*Mende*, Lozère)
Menehildien, ienne ou Menehouldien, ienne (*Sainte-Menehould*, Marne)
Mennetousien, ienne (*Mennetou-sur-Cher*, Loir-et-Cher)
Mentonnais, aise (*Menton*, Alpes-Maritimes)
Merdrignacien, ienne (*Merdrignac*, Côtes-du-Nord)
Mersois, oise (*Mers-les-Bains*, Somme)
Mervillois, oise (*Merville*, Nord)
Mesnilois, oise (*Le Mesnil-le-Roi*, Yvelines)
Mésopotamien, enne
Messin, ine (*Metz*, Moselle)
Meudonnais, aise (*Meudon*, Hauts-de-Seine)
Meulanais, aise (*Meulan*, Yvelines)
Meurisaltien, ienne (*Meursault*, Côte-d'Or)
Mexicain, aine
Meyrueisien, ienne (*Meyrueis*, Lozère)
Milanais, aise (*Milan*, Italie)
Millavois, oise (*Millau*, Aveyron)
Milliacois, oise (*Milly-la-Forêt*, Essonne)
Mimizannais, aise (*Mimizan*, Landes)
Minhote (*Minho*, Portugal)
Minorquin, ine (*Minorque*, Espagne)
Miramassen, enne (*Miramas*, Bouches-du-Rhône)
Mirandais, aise (*Mirande*, Gers)
Mirapicien, ienne (*Mirepoix*, Ariège)
Mirebalais, aise (*Mirebeau*, Vienne)
Miribelan, ane (*Miribel*, Ain)
Modanais, aise (*Modane*, Savoie)
Modénais, aise (*Modène*, Italie)
Mohonnais, aise (*Mohon*, Ardennes)
Moirantin, ine (*Moirans-en-Montagne*, Jura)
Moissagais, aise (*Moissac*, Tarn-et-Garonne)
Moldave (*Moldavie*, Europe)
Moncoutantais, aise (*Moncoutant*, Deux-Sèvres)
Monégasque (principauté de *Monaco*, Europe)
Mongol, ole
Monistrolien, ienne (*Monistrol-sur-Loire*, Haute-Loire)
Monpaziérais, aise (*Monpazier*, Dordogne)
Monségurais, aise (*Monségur*, Gironde)
Montacutain, aine ou Montaigusien, ienne (*Montaigu*, Vendée)
Montalbanais, aise (*Montauban*, Tarn-et-Garonne)
Montargois, oise (*Montargis*, Loiret)
Montbardois, oise (*Montbard*, Côte-d'Or)
Montbéliardais, aise (*Montbéliard*, Doubs)
Montbrisonnais, aise (*Montbrison*, Loire)
Montbronnais, aise (*Montbron*, Charente)
Montcellien, ienne (*Montceau-les-Mines*, Saône-et-Loire)
Montchaninois, oise (*Montchanin*, Saône-et-Loire)
Montcinois, oise (*Montcenis*, Saône-et-Loire)
Montcuquois, oise (*Montcuq*, Lot)
Montdidérien, ienne (*Montdidier*, Somme)
Montdorien, ienne (*Mont-Dore*, Puy-de-Dôme)
Monténégrin, ine (*Monténégro*, Europe)
Montilien, ienne (*Montélimar*, Drôme)
Montluçonnais, aise (*Montluçon*, Allier)
Montmartrois, oise (*Montmartre*, Paris)
Montmorencien, ienne (*Montmorency*, Val-d'Oise)
Montmorillonnais, aise (*Montmorillon*, Vienne)
Montois, oise (*Mont-de-Marsan*, Landes)
Montois, oise (*Mons*, Nord)
Montpelliérain, aine (*Montpellier*, Hérault)
Montponnais, aise (*Montpon-Ménestérol*, Dordogne)
Montréalais, aise (*Montréal*, Canada)
Montréjeaulais, aise (*Montréjeau*, Haute-Garonne)
Montreuillois, oise (*Montreuil-sous-Bois*, Seine-Saint-Denis)

Montrichardois, oise (*Montrichard*, Loir-et-Cher)
Montrougien, ienne (*Montrouge*, Hauts-de-Seine)
Morave (*Moravie*, République tchèque)
Morcenais, aise (*Morcenx*, Landes)
Morétain, aine (*Moret-sur-Loing*, Seine-et-Marne)
Morlaisien, ienne (*Morlaix*, Finistère)
Morlan, ane (*Morlaas*, Pyrénées-Atlantiques)
Mortagnais, aise (*Mortagne-au-Perche*, Orne)
Mortinais, aise (*Mortain*, Manche)
Mortuassien, ienne ou Mortuacien, ienne (*Morteau*, Doubs)
Morzinois, oise (*Morzine*, Haute-Savoie)
Moscovite (*Moscou*, Russie)
Moulinois, oise (*Moulins*, Allier)
Mouysard, arde (*Mouy*, Oise)
Mouzonnais, aise (*Mouzon*, Ardennes)
Mulhousien, ienne (*Mulhouse*, Haut-Rhin)
Munichois, oise (*Munich*, Allemagne)
Muratais, aise (*Murat*, Cantal)
Muretin, ine (*Muret*, Haute-Garonne)
Murois, oise (*La Mure*, Isère)
Murviellois, oise (*Murviel-lès-Béziers*, Hérault)
Mussipontain, aine (*Pont-à-Mousson*, Meurthe-et-Moselle)
Mycénien, ienne

Namurois, oise (*Namur*, Belgique)
Nancéien, ienne (*Nancy*, Meurthe-et-Moselle)
Nantais, aise (*Nantes*, Loire-Atlantique)
Nanterrois, oise (*Nanterre*, Hauts-de-Seine)
Nantuatien, ienne (*Nantua*, Ain)
Napolitain, aine
Narbonnais, aise (*Narbonne*, Aude)
Navarrais, aise (*Navarre*, Espagne)
Nazairien, ienne (*Saint-Nazaire*, Loire-Atlantique)
Nazaréen, enne
Néerlandais, aise → Hollandais
Nemourien, ienne (*Nemours*, Seine-et-Marne)
Néo-Calédonien, enne (*Nouvelle-Calédonie*, Océanie)
Néocastrien, ienne (*Neufchâteau*, Vosges)
Néodanien, ienne (*Neuves-Maisons*, Meurthe-et-Moselle)
Néo-Écossais, aise (*Nouvelle-Écosse*, Canada)
Néo-Zélandais, aise
Népalais, aise (*Népal*, Asie)
Néracais, aise (*Nérac*, Lot-et-Garonne)
Neuchâtelois, oise (*Neuchâtel*, Suisse)
Neufchâtelois, oise (*Neufchâtel-en-Bray*, Seine-Maritime)
Neuilléen, enne (*Neuilly*, Hauts-de-Seine)
Neustrien, ienne
Neuvicois, oise (*Neuvic*, Corrèze)
Neuvillois, oise (*Neuville-de-Poitou*, Vienne)
New-Yorkais, aise (*New York*, États-Unis)
Nicaraguayen, enne (*Nicaragua*, Amérique centrale)
Niçois, oise (*Nice*, Alpes-Maritimes)
Nigerian, ane (*Nigeria*, Afrique)
Nigérien, ienne (*Niger*, Afrique)
Nîmois, oise (*Nîmes*, Gard)
Niortais, aise (*Niort*, Deux-Sèvres)
Nivellois, oise (*Nivelles*, Belgique)
Nivernais, aise (*Nevers*, Nièvre)
Nocéen, enne (*Neuilly-Plaisance*, Seine-Saint-Denis)
Nogarolien, ienne (*Nogaro*, Gers)
Nogentais, aise (*Nogent-en-Bassigny*, Haute-Marne ; *Nogent-le-Roi*, Eure-et-Loir ; *Nogent-sur-Marne*, Val-de-Marne ; *Nogent-sur-Oise*, Oise)
Noirmoutrin, ine (*Noirmoutier-en-l'Île*, Vendée)
Nolaytois, oise (*Nolay*, Côte-d'Or)
Nonancourtois, oise (*Nonancourt*, Eure)
Nontronnais, aise (*Nontron*, Dordogne)
Nord-Africain, aine
Nord-Américain, aine
Nord-Coréen, enne
Normand, ande
Norvégien, ienne
Nubien, enne (*Nubie*, Afrique)
Nuiton, onne (*Nuits-Saint-Georges*, Côte-d'Or)
Numide
Nyonsais, aise (*Nyons*, Drôme)

Océanien, enne
Oléronais, aise (île d'*Oléron*, Charente-Maritime)
Ollierguois, oise (*Olliergues*, Puy-de-Dôme)
Oloronais, aise (*Oloron-Sainte-Marie*, Pyrénées-Atlantiques)
Ombrien, ienne
Ontarien, enne (*Ontario*, Canada)
Oranais, aise (*Oran*, auj. Ouahran, Algérie)
Orangeois, oise (*Orange*, Vaucluse)
Orléanais, aise (*Orléans*, Loiret)
Orlysien, ienne (*Orly*, Val-de-Marne)
Ormessonnais, aise (*Ormesson-sur-Marne*, Val-de-Marne)
Ornanais, aise (*Ornans*, Doubs)
Ostendais, aise (*Ostende*, Belgique)
Ottoman, ane
Ouagalais, aise (*Ouagadougou*, Burkina)
Ouessantin, ine ou Ouessantais, aise (île d'*Ouessant*, Finistère)
Ougandais, aise (*Ouganda*, Afrique)
Outremontais, aise (*Outremont*, Canada)
Oxonien, ienne ou Oxfordien, ienne (*Oxford*, Angleterre)
Oyonnaxien, ienne (*Oyonnax*, Ain)

Pacéen, enne (*Pacy-sur-Eure*, Eure)
Padouan, ane (*Padoue*, Italie)
Paimblotin, ine (*Paimbœuf*, Loire-Atlantique)

Paimpolais, aise (*Paimpol*, Côtes-d'Armor)
Pakistanais, aise
Palaisien, ienne (*Palaiseau*, Essonne)
Palaldéen, enne → Amélien
Palermitain, aine ou Panormitain, aine (*Palerme*, Italie)
Palestinien, ienne (*Palestine*, Proche-Orient)
Palois, oise (*Pau*, Pyrénées-Atlantiques)
Panaméen, enne ou Panamien, ienne (*Panama*, Amérique centrale)
Pantinois, oise (*Pantin*, Seine-Saint-Denis)
Paraguayen, enne (*Paraguay*, Amérique du Sud)
Parisien, ienne
Parmesan, ane (*Parme*, Italie)
Parodien, ienne (*Paray-le-Monial*, Saône-et-Loire)
Parthenaisien, ienne (*Parthenay*, Deux-Sèvres)
Pauillacais, aise (*Pauillac*, Gironde)
Paulopolitain, aine → Saint-Polais
Pavesan, ane (*Pavie*, Italie)
Péageois, oise (*Bourg-de-Péage*, Drôme)
Pékinois, oise (*Pékin*, Chine)
Péloponnésien, ienne (*Péloponnèse*, Grèce)
Pennsylvanien, enne (*Pennsylvanie*, États-Unis)
Percheron, onne
Percyais, aise (*Percy*, Manche)
1 Périgourdin, ine (*Périgord*, France)
2 Périgourdin, ine ou Prétocorien, ienne (*Périgueux*, Dordogne)
Pernois, oise (*Pernes-les-Fontaines*, Vaucluse)
Péronnais, aise (*Péronne*, Somme)
Pérougien, ienne (*Pérouges*, Ain)
Perpignanais, aise (*Perpignan*, Pyrénées-Orientales)
Persan, ane
Persanais, aise (*Persan*, Val-d'Oise)
Pérugin, ine (*Pérouse*, Italie)
Péruvien, ienne
Pétrifontin, ine (*Pierrefonds*, Oise)
Phalsbourgeois, oise (*Phalsbourg*, Moselle)
Phénicien, enne
Philadelphien, enne (*Philadelphie*, États-Unis)
Philippin, ine (*Philippines*, Océanie)
Phocéen, enne → Marseillais
Phocidien, ienne (*Phocide*, Grèce)
Picard, arde
Piémontais, aise
Pierrefittois, oise (*Pierrefitte-sur-Aire*, Meuse)
Pierrelattin, ine (*Pierrelatte*, Drôme)
Piscénois, oise (*Pézenas*, Hérault)
Pisciacais, aise (*Poissy*, Yvelines)
Pithivérien, ienne (*Pithiviers*, Loiret)
Placentin, ine (*Plaisance*, Italie)
Plouescatais, aise (*Plouescat*, Finistère)
Plouhatin, ine (*Plouha*, Côtes-d'Armor)
Podot, ote → Ponot
Pointois, oise (*Pointe-à-Pitre*, Guadeloupe)
Poitevin, ine (*Poitou*, France ; *Poitiers*, Vienne)
Polinois, oise (*Poligny*, Jura)
Polonais, aise
Polynésien, enne (*Polynésie*, Océanie)
Pompéien, ienne (*Pompéi*, Italie)
Poncinois, oise (*Poncin*, Ain)
Ponot, ote ou Podot, ote (*Le Puy*, Haute-Loire)
Pontaudemérien, ienne (*Pont-Audemer*, Eure)
Pontaveniste (*Pont-Aven*, Finistère)
Pontépiscopien, ienne (*Pont-l'Évêque*, Calvados)
Pontinois, oise (*Pont-de-Chéruy*, Isère)
Pontissalien, ienne (*Pontarlier*, Doubs)
Pontivien, ienne (*Pontivy*, Morbihan)
Pont-l'Abbiste (*Pont-l'Abbé*, Finistère)
Pontois, oise → Maxipontain
Pontois, oise (*Pons*, Charente-Maritime ; *Pont-en-Royans*, Isère ; *Pont-sur-Yonne*, Yonne)
Pontoisien, ienne (*Pontoise*, Val-d'Oise)
Pontorsonnais, aise (*Pontorson*, Manche)
Pontrivien, ienne (*Pontrieux*, Côtes-d'Armor)
Pornicais, aise (*Pornic*, Loire-Atlantique)
Pornichétin, ine (*Pornichet*, Loire-Atlantique)
Portais, aise (*Port-Sainte-Marie*, Lot-et-Garonne)
Portugais, aise (*Portugal*, Europe) → Lusitanien
Pouillonais, aise (*Pouillon*, Landes)
Poyais, aise (*Poix*, Somme)
Pradéen, enne (*Prades*, Pyrénées-Orientales)
Prémerycois, oise (*Prémery*, Nièvre)
Prétocorien, ienne → 2 Périgourdin
Privadois, oise (*Privas*, Ardèche)
Provençal, ale, aux
Provinois, oise (*Provins*, Seine-et-Marne)
Prussien, ienne
Pugétin, ine (*Puget-Théniers*, Alpes-Maritimes)
Puisatin, ine (*Puiseaux*, Loiret)
Pyrénéen, enne

Québécois, oise
Quercinois, oise (*Quercy*, France)
Quercitain, aine, (*le Quesnoy*, Nord)
Quiberonnais, aise (*Quiberon*, Morbihan)
Quillanais, aise (*Quillan*, Aude)
Quillebois, oise (*Quillebeuf-sur-Seine*, Eure)
Quimperlois, oise (*Quimperlé*, Finistère)
Quimpérois, oise (*Quimper*, Finistère)

Rabastinois, oise (*Rabastens*, Tarn)
Ragnabertois, oise (*Saint-Rambert-sur-Loire*, Loire)
Raismois, oise (*Raismes*, Nord)
Rambolitain, aine (*Rambouillet*, Yvelines)
Rambuvetais, aise (*Rambervilliers*, Vosges)
Ravennate (*Ravenne*, Italie)
Redonnais, aise (*Redon*, Ille-et-Vilaine)
Réginaborgien, ienne (*Bourg-la-Reine*, Hauts-de-Seine)
Réien, ienne (*Riez*, Alpes-de-Haute-Provence)
Rémois, oise (*Reims*, Marne)

Renazéen, enne (*Renazé*, Mayenne)
Rennais, aise (*Rennes*, Ille-et-Vilaine)
Réolais, aise (*La Réole*, Gironde)
Restérien, ienne (*Retiers*, Ille-et-Vilaine)
Rethélois, oise (*Rethel*, Ardennes)
Réunionnais, aise (île de la *Réunion*, océan Indien)
Rhénan, ane *(Rhénanie ; Rhin)*
Rhétais, aise (île de *Ré*, Charente-Maritime)
Rhodien, ienne (île de *Rhodes*, Grèce)
Ribeauvilléen, enne (*Ribeauvillé*, Haut-Rhin)
Riceton, one (*Les Riceys*, Aube)
Rifain, aine (*Rif*, Maroc)
Riomois, oise (*Riom*, Puy-de-Dôme)
Ripagérien, ienne (*Rive-de-Gier*, Loire)
Rivesaltais, aise (*Rivesaltes*, Pyrénées-Orientales)
Rivois, oise (*Rives*, Isère)
Roannais, aise (*Roanne*, Loire)
Romarimontain, aine (*Remiremont*, Vosges)
Roubaisien, ienne (*Roubaix*, Nord)
Rouennais, aise (*Rouen*, Seine-Maritime)
Rouergat, ate (*Rouergue*, France)
Rougéen, enne (*Rougé*, Loire-Atlantique)
Roumain, aine
Roussillonnais, aise (*Roussillon*, Isère)
Roybonnais, aise (*Roybon*, Isère)
Royen, enne (*Roye*, Somme)
Royéraud, aude (*Royère*, Creuse)
Rueillois, oise (*Rueil-Malmaison*, Hauts-de-Seine)
Ruffécois, oise (*Ruffec*, Charente)
Rumulien, enne (*Rumilly*, Haute-Savoie)
Russe
Ruthénois, oise (*Rodez*, Aveyron)
Rwandais, aise (*Rwanda*, Afrique)

Sabéen, enne
Sablais, aise (*Les Sables-d'Olonne*, Vendée)
Sabolien, ienne (*Sablé-sur-Sarthe*, Sarthe)
Sabrin, ine ou Sabringot, ote (*Sabres*, Landes)
Saint-Affricain, aine (*Saint-Affrique*, Aveyron)
Saint-Agrévois, oise (*Saint-Agrève*, Ardèche)
Saint-Aignanais, aise (*Saint-Aignan*, Loir-et-Cher)
Saintais, aise ou Santon, one (*Saintes*, Charente-Maritime)
Saint-Alvérois, oise (*Saint-Alvère*, Dordogne)
Saint-Amandinois, oise (*Saint-Amand-Montrond*, Cher)
Saint-Andréen, enne (*Saint-André-les-Alpes*, Alpes-de-Haute-Provence)
Saint-Aubinais, aise (*Saint-Aubin-sur-Mer*, Calvados)
Saint-Béatais, aise (*Saint-Béat*, Haute-Garonne)
Saint-Céréen, enne (*Saint-Céré*, Lot)
Saint-Chamonais, aise (*Saint-Chamond*, Loire)
Saint-Chinianais, aise (*Saint-Chinian*, Hérault)
Saint-Claudien, ienne (*Saint-Claude*, Jura)
Sainte-Crix (*Sainte-Croix*, Suisse)
Saint-Cyrien, ienne (*Saint-Cyr-l'École*, Yvelines)
Saint-Fidéen, enne (*Sainte-Foy*, Canada)
Saint-Foniard, arde (*Saint-Fons*, Rhône)
Saint-Fulgentais, aise (*Saint-Fulgent*, Vendée)
Saint-Gallois, oise (*Saint-Gall*, Suisse)
Saint-Gaudinois, oise (*Saint-Gaudens*, Haute-Garonne)
Saint-Germinois, oise (*Saint-Germain-en-Laye*, Yvelines)
Saint-Gillois, oise (*Saint-Gilles*, Gard)
Saint-Gironnais, aise (*Saint-Girons*, Ariège)
Saint-Julien, enne (*Saint-Julien-Chapteuil*, Haute-Loire)
Saint-Juniaud, aude (*Saint-Junien*, Haute-Vienne)
Saint-Justois, oise (*Saint-Just-en-Chaussée*, Oise)
Saint-Laurentin, ine (*Saint-Laurent-du-Pont*, Isère ; *Saint-Laurent-de-Neste*, Hautes-Pyrénées)
Saint-Lois, oise (*Saint-Lô*, Manche)
Saint-Maixentais, aise (*Saint-Maixent-l'École*, Deux-Sèvres)
Saint-Marcellinois, oise (*Saint-Marcellin*, Isère)
Saint-Martinois, oise (*Saint-Martin-Vésubie*, Alpes-Maritimes)
Saintois, oise (*Saintes-Maries-de-la-Mer*, Bouches-du-Rhône)
Saintongeais, aise (*Saintonge*, France)
Saint-Paulais, aise (*Saint-Paul-de-Fenouillet*, Pyrénées-Orientales)
Saint-Pérollais, aise (*Saint-Péray*, Ardèche)
Saint-Pierrais, aise (*Saint-Pierre-et-Miquelon*, océan Atlantique)
Saint-Pierrois, oise (*Saint-Pierre-le-Moûtier*, Nièvre)
Saint-Polais, aise ou Paulopolitain, aine (*Saint-Pol-sur-Ternoise*, Pas-de-Calais)
Saint-Politain, aine → Léonais
Saint-Ponais, aise (*Saint-Pons*, Hérault)
Saint-Pourcinois, oise ou Sanpourcinois, oise (*Saint-Pourçain-sur-Sioule*, Allier)
Saint-Quentinois, oise (*Saint-Quentin*, Aisne)
Saint-Rémois, oise (*Saint-Rémy-sur-Durolle*, Puy-de-Dôme)
Saint-Servantin, ine ou Servannais, aise (*Saint-Servan-sur-Mer*, Ille-et-Vilaine)
Salersois, oise (*Salers*, Cantal)
Salinois, oise (*Salins-les-Bains*, Jura)
Salisien, ienne (*Salies-de-Béarn*, Pyrénées-Atlantiques)
Sallanchois, oise ou Sallanchard, arde (*Sallanches*, Haute-Savoie)
Salonicien, ienne (*Salonique*, Grèce)
Samaritain, aine
Samien, ienne ou Samiote (*Samos*, Grèce)
Sammiellois, oise (*Saint-Mihiel*, Meuse)
Samoënsien, ienne ou Samoentin, ine (*Samoëns*, Haute-Savoie)

Sancerrois, oise (*Sancerre*, Cher)
Sanflorin, ine (*Saint-Flour*, Cantal)
Sanpourcinois, oise → Saint-Pourcinois
Santon, one → Saintais
Sarde
Sarladais, aise (*Sarlat*, Dordogne)
Sarrebruckois, oise (*Sarrebruck*, Allemagne)
Sarrois, oise (*Sarre*, Allemagne)
Sartenais, aise ou Sartinois, oise (*Sartène*, Corse)
Sarthois, oise (*Sarthe*, France)
Sartinois, oise → Sartenais
Saskatchewannais, aise (*Saskatchewan*, Canada)
Saulxuron, onne (*Saulxures-sur-Moselotte*, Vosges)
Saumurois, oise (*Saumur*, Maine-et-Loire)
Sauveterrat, ate (*Sauveterre-de-Rouergue*, Aveyron)
Savenaisien, ienne (*Savenay*, Loire-Atlantique)
Savernois, oise (*Saverne*, Bas-Rhin)
Savinien, ienne (*Savigny-sur-Orge*, Essonne)
Savoyard, arde ou Savoisien, ienne
Saxon, onne
Scandinave
Scéen, enne (*Sceaux*, Hauts-de-Seine)
Sédanais, aise (*Sedan*, Ardennes)
Sédélocien, ienne (*Saulieu*, Côte-d'Or)
Seclinois, oise (*Seclin*, Nord)
Ségovien, enne (*Ségovie*, Espagne)
Segréen, enne (*Segré*, Maine-et-Loire)
Sélestadien, ienne (*Sélestat*, Bas-Rhin)
Semurois, oise (*Semur-en-Auxois*, Côte-d'Or)
Sénégalais, aise
Sénégambien, enne (*Sénégambie*, Afrique)
Sénézien, ienne (*Senez*, Alpes-de-Haute-Provence)
Senlisien, ienne (*Senlis*, Oise)
Sénonais, aise (*Sens*, Yonne)
Serbe
Servannais, aise → Saint-Servantin
Sétois, oise (*Sète*, Hérault)
Seurrois, oise (*Seurre*, Côte-d'Or)
Séveraguais, aise (*Séverac-le-Château*, Aveyron)
Sévranais, aise (*Sevran*, Seine-Saint-Denis)
Sévrien, ienne (*Sèvres*, Hauts-de-Seine)
Sherbrookois, oise (*Sherbrooke*, Canada)
Siamois, oise
Sibérien, enne
Sicilien, ienne
Siennois, oise (*Sienne*, Italie)
Sissonnais, aise (*Sissonne*, Aisne)
Sisteronais, aise (*Sisteron*, Alpes-de-Haute-Provence)
Slovaque
Slovène
Smyrniote (*Smyrne*, auj. Izmir, Turquie)
Sochalien, ienne (*Sochaux*, Doubs)
Soiséen, enne (*Soisy-sous-Montmorency*, Val-d'Oise)
Soissonnais, aise (*Soissons*, Aisne)
Solesmois, oise (*Solesmes*, Sarthe)
Soleurois, oise (*Soleure*, Suisse)
Sollièspontois, oise (*Solliès-Pont*, Var)
Solognot, ote (*Sologne*, France)
Solrézien, ienne (*Solre-le-Château*, Nord)
Somalien, enne (*Somalie*, Afrique)
Sommiérois, oise (*Sommières*, Gard)
Sonégien, ienne (*Soignies*, Belgique)
Sorien, ienne (*Sore*, Landes)
Sospellitain, aine (*Sospel*, Alpes-Maritimes)
Soudanais, aise ou Soudanien, ienne
Soudanais, aise du Sud
Souillaguais, aise (*Souillac*, Lot)
Sourdevalais, aise (*Sourdeval*, Manche)
Soussien, ienne (*Sousse*, Tunisie)
Spadois, oise (*Spa*, Belgique)
Sparnacien, ienne (*Épernay*, Marne)
Spinalien, ienne (*Épinal*, Vosges)
Stanois, oise (*Stains*, Seine-Saint-Denis)
Stéphanois, oise (*Saint-Étienne*, Loire)
Strasbourgeois, oise (*Strasbourg*, Bas-Rhin)
Sud-Africain, aine
Sud-Américain, aine
Sud-Coréen, enne
Suédois, oise
Suisse
Sullylois, oise (*Sully-sur-Loire*, Loiret)
Suménois, oise (*Sumènes*, Gard)
Syracusain, aine (*Syracuse*, Italie)
Syrien, enne

Talmondais, aise (*Talmont-Saint-Hilaire*, Vendée)
Tararien, ienne (*Tarare*, Rhône)
Tarasconnais, aise (*Tarascon*, Bouches-du-Rhône)
Tarbais, aise ou Tarbéen, enne (*Tarbes*, Hautes-Pyrénées)
Tarentin, ine (*Tarente*, Italie)
Tarusate (*Tartas*, Landes)
Tasmanien, enne (*Tasmanie*, Australie)
Taulésien, ienne (*Taulé*, Finistère)
Tchadien, ienne (*Tchad*, Afrique)
Tchécoslovaque ou Tchèque
Tchétchène
Tchouvache (*Tchouvachie*, Russie)
Tençois, oise (*Tence*, Haute-Loire)
Tendasque (*Tende*, Alpes-Maritimes)
Ternois, oise (*Tergnier*, Aisne)
Terrassonnais, aise (*Terrasson-la-Villedieu*, Dordogne)
Terre-Neuvien, ienne (*Terre-Neuve*, Canada)
Testerin, ine (*La Teste*, Gironde)
Texan, ane (*Texas*, États-Unis)
Thaïlandais, aise (*Thaïlande*, Asie)
Thébain, aine (*Thèbes*, Grèce)

Théoulien, ienne (*Théoule-sur-Mer*, Alpes-Maritimes)
Thessalien, enne (*Thessalie*, Grèce)
Theutois, oise (*Theux*, Belgique)
Thiaisien, ienne (*Thiais*, Val-de-Marne)
Thiernois, oise (*Thiers*, Puy-de-Dôme)
Thillotin, ine (*Le Thillot*, Vosges)
Thionvillois, oise (*Thionville*, Moselle)
Thironais, aise (*Thiron*, Eure-et-Loir)
Thouarsais, aise (*Thouars*, Deux-Sèvres)
Thuirinois, oise (*Thuir*, Pyrénées-Orientales)
Tibétain, aine
Togolais, aise
Tonneinquais, aise (*Tonneins*, Lot-et-Garonne)
Tonnerrois, oise (*Tonnerre*, Yonne)
Torontois, oise (*Toronto*, Canada)
Toscan, ane
Toulois, oise (*Toul*, Meurthe-et-Moselle)
Toulonnais, aise (*Toulon*, Var)
Toulousain, aine (*Toulouse*, Haute-Garonne)
Touquettois, oise (*Le Touquet-Paris-Plage*, Pas-de-Calais)
Tourangeau, elle (*Touraine*, France ; *Tours*, Indre-et-Loire)
Tournaisien, ienne (*Tournai*, Belgique)
Tournonais, aise (*Tournon*, Ardèche)
Tournusien, ienne (*Tournus*, Saône-et-Loire)
Tourouvrain, aine (*Tourouvre*, Orne)
Tourquennois, oise (*Tourcoing*, Nord)
Traiton, onne (*Le Trait*, Seine-Maritime)
Transylvain, aine ou Transylvanien, ienne
Trappiste (*Trappes*, Yvelines)
Trégastellois, oise (*Trégastel*, Côtes-d'Armor)
Trégorrois, oise (*Tréguier*, Côtes-d'Armor)
Treignacois, oise (*Treignac*, Corrèze)
Trélonais, aise (*Trélon*, Nord)
Trembladais, aise (*La Tremblade*, Charente-Maritime)
Trévire ou Trévère (*Trèves*, Allemagne)
Trévisan, ane (*Trévise*, Italie)
Trévoltien, ienne (*Trévoux*, Ain)
Triestin, ine (*Trieste*, Italie)
Trifluvien, ienne (*Trois-Rivières*, Canada)
Tropézien, ienne (*Saint-Tropez*, Var)
Trouvillais, aise (*Trouville-sur-Mer*, Calvados)
Troyen, enne (*Troie*, Asie Mineure ; *Troyes*, Aube)
Tulliste ou Tullois, oise (*Tulle*, Corrèze)
Tunisien, enne
Tunisois, oise (*Tunis*, Tunisie)
Turc, Turque → Ottoman
Turinois, oise (*Turin*, Italie)
Tyrolien, ienne

Uginois, oise (*Ugine*, Savoie)
Ukrainien, ienne
Uruguayen, enne (*Uruguay*, Amérique du Sud)
Ussellois, oise (*Ussel*, Corrèze)
Utellien, ienne (*Utelle*, Alpes-Maritimes)
Uzellois, oise (*Uzel*, Côtes-d'Armor)
Uzerchois, oise (*Uzerche*, Corrèze)
Uzétien, ienne (*Uzès*, Gard)

Vaillicien, ienne (*Vailly-sur-Aisne*, Aisne)
Vaisonnais, aise (*Vaison-la-Romaine*, Vaucluse)
Valaisan, ane (*Valais*, Suisse)
Valencéen, enne (*Valençay*, Indre)
Valenciennois, oise (*Valenciennes*, Nord)
Valentinois, oise (*Valence*, Drôme)
Valéricain, aine (*Saint-Valéry-sur-Somme*, Somme)
Valériquais, aise (*Saint-Valéry-en-Caux*, Seine-Maritime)
Vallaurien, ienne (*Vallauris*, Alpes-Maritimes)
Valloirien, ienne (*Saint-Vallier*, Drôme)
Valmontais, aise (*Valmont*, Seine-Maritime)
Valognais, aise (*Valognes*, Manche)
Valréassien, ienne (*Valréas*, Vaucluse)
Vannetais, aise (*Vannes*, Morbihan)
Varennois, oise (*Varennes-sur-Allier*, Allier)
Varsovien, enne (*Varsovie*, Pologne)
Vaudois, oise
Vauverdois, oise (*Vauvert*, Gard)
Vençois, oise ou Vincien, ienne (*Vence*, Alpes-Maritimes)
Vendéen, enne
Vendômois, oise (*Vendôme*, Loir-et-Cher)
Vénézuélien, ienne ou Vénézolan, ane (*Venezuela*, Amérique du Sud)
Vénitien, ienne (*Venise*, Italie)
Verdunois, oise (*Verdun*, Meuse ; *Verdun-sur-le-Doubs*, Saône-et-Loire)
Vermandois, oise (*Vermand*, Aisne)
Vernois, oise (*Vergt*, Dordogne)
Vernolien, ienne (*Verneuil-sur-Avre*, Eure)
Vernonnais, aise (*Vernon*, Eure)
Vernoussain, aine (*Vernoux-en-Vivarais*, Ardèche)
Véronais, aise (*Vérone*, Italie)
Verriérois, oise (*Verrières-le-Buisson*, Essonne)
Versaillais, aise (*Versailles*, Yvelines)
Vertavien, ienne (*Vertou*, Loire-Atlantique)
Vervinois, oise (*Vervins*, Aisne)
Vésigondin, ine (*Le Vésinet*, Yvelines)
Vésulien, ienne (*Vesoul*, Haute-Saône)
Veveysan, ane (*Vevey*, Suisse)
Vézelien, ienne (*Vézelay*, Yonne)
Vibraysien, ienne (*Vibraye*, Sarthe)
Vicentin, ine (*Vicence*, Italie)
Vichyssois, oise (*Vichy*, Allier)
Vicois, oise (*Vic-Fezensac*, Gers ; *Vic-sur-Cère*, Cantal)
Vicolais, aise (*Vico*, Corse)

Vicomtois, oise (*Vic-le-Comte*, Puy-de-Dôme)
Viennois, oise (*Vienne*, Autriche ; *Vienne*, Isère)
Vierzonnais, aise (*Vierzon*, Cher)
Vietnamien, ienne
Viganais, aise (*Le Vigan*, Gard)
Vigneusien, ienne (*Vigneux-sur-Seine*, Essonne)
Villandrautais, aise (*Villandraut*, Gironde)
Villardien, ienne (*Villard-de-Lans*, Isère)
Villefortais, aise (*Villefort*, Lozère)
Villefranchois, oise (*Villefranche-de-Lauragais*, Haute-Garonne ; *Villefranche-de-Rouergue*, Aveyron)
Villejuifois, oise (*Villejuif*, Val-de-Marne)
Villemomblois, oise (*Villemomble*, Seine-Saint-Denis)
Villemurien, ienne (*Villemur-sur-Tarn*, Haute-Garonne)
Villeneuvois, oise (*Villeneuve-sur-Lot*, Lot-et-Garonne)
Villepintois, oise (*Villepinte*, Seine-Saint-Denis)
Villersois, oise (*Villers-Saint-Paul*, Oise)
Villeruptien, ienne (*Villerupt*, Meurthe-et-Moselle)
Vimonastérien, ienne (*Vimoutiers*, Orne)
Vimynois, oise (*Vimy*, Pas-de-Calais)
Vinçanench [invar.] (*Vinça*, Pyrénées-Orientales)
Vincennois, oise (*Vincennes*, Val-de-Marne)
Vincien, ienne → Vençois
Virais, aise ou Virois, oise (*Vire*, Calvados)
Viroflaysien, ienne (*Viroflay*, Yvelines)
Vitréen, enne (*Vitré*, Ille-et-Vilaine)
Vitryat, ate (*Vitry-le-François*, Marne)
Vivarois, oise (*Viviers*, Ardèche)
Vizillois, oise (*Vizille*, Isère)
Vogladien, ienne (*Vouillé*, Vienne)
Voironnais, aise (*Voiron*, Isère)
Voltaïque (*Haute-Volta*, Afrique) → Burkinabé
Volvicois, oise (*Volvic*, Puy-de-Dôme)
Vosgien, ienne (*Vosges*, France)
Vouvrillon, onne (*Vouvray*, Indre-et-Loire)
Vouzinois, oise (*Vouziers*, Ardennes)

Wallon, onne (*Wallonie*, Belgique)
Wasséen, enne (*Wassy-sur-Blaise*, Haute-Marne)
Wasselonnais, aise (*Wasselonne*, Bas-Rhin)
Wattignien, enne (*Wattignies*, Nord)
Wattrelosien, ienne (*Wattrelos*, Nord)
Winnipeguien, ienne (*Winnipeg*, Canada)

Yéménite (*Yémen*, Arabie)
Yennois, oise (*Yenne*, Savoie)
Yerrois, oise (*Yerres*, Essonne)
Yonnais, aise (*La Roche-sur-Yon*, Vendée)
Yougoslave
Yssingelais, aise (*Yssingeaux*, Haute-Loire)
Yvetotais, aise (*Yvetot*, Seine-Maritime)
Yzeurien, ienne (*Yzeure*, Allier)

Zaïrois, oise (*Zaïre*, Afrique)
Zambien, ienne (*Zambie*, Afrique)
Zélandais, aise (*Zélande*, Pays-Bas)
Zurichois, oise (*Zurich*, Suisse)

CONJUGAISON

ACCORD DU

Auxiliaire AVOIR

OBJET DIRECT	v. intr.	Nous avons ri (passé composé)
		Il m'a prêté des outils
		Les outils qu'il m'a prêtés
		Vos outils, je vous les ai rendus
		Cette décision, c'est lui qui l'a prise
		On vous a reçue, madame
		L'impression qu'il m'a faite est excellente
		Une des personnes que j'ai vues
		Après l'avoir vue, j'ai changé d'avis
		Dès qu'il nous a eu quittés, j'ai dormi
		Combien as-tu écrit de pages ? Combien de pages as-tu écrites ?
		Quelle joie nous avons eue !
	impers.	La patience qu'il a fallu ; la chaleur qu'il a fait
	double objet	La récompense que j'avais espéré qu'on lui donnerait
		La secrétaire que j'avais prévenue que nous viendrions
OBJET INDIRECT		Ces histoires nous ont plu [à nous]
		On vous a écrit, madame
ELLIPSE DE *AVOIR*		Bien reçu ta longue lettre
		Vu la loi de 1994
VERBES DE MESURE	mesure	Les cinquante kilos qu'elle a pesé
		Les trente ans qu'il a vécu
		Les millions que cela a coûté
	objet	Les voitures qu'on a pesées
		Les horreurs qu'il a vécues
		Les efforts qu'il nous a coûtés
ATTRIBUT		Ce médicament les a rendus malades
		Il l'a traitée d'arriviste
	v. d'opinion	On les a crus (ou cru) morts
		Il l'aurait souhaitée (souhaité) plus attentive
		Une maison qu'on aurait dite (dit) récente
INFINITIF IMMÉDIAT		On les a laissés partir
		On les a laissé emmener [par qqn]
		Les musiciens que j'ai entendus jouer
		La musique que j'ai entendu jouer [par qqn]
	faire	Les paquets qu'il a fait partir
	(invar.)	Les paquets qu'il a fait expédier [par qqn]
	v. d'opinion	La lettre qu'il a dit, affirmé, nié avoir écrite
		Des tableaux qu'on avait cru, estimé, être des faux
	ellipse du v.	J'ai fait tous les efforts que j'ai pu [faire]
		Il a eu tous les honneurs qu'il a souhaité [avoir]
PRÉPOSITION ET INFINITIF		Les chemises que j'ai mis (mises) à sécher
		La difficulté que nous avons eu (eue) à surmonter
		La difficulté que nous avons eue à le convaincre
AVEC LE PRONOM *L'*		Elle était partie, comme je l'avais imaginé
		Elle était encore plus belle que je ne l'avais imaginé [cela], que je ne l'avais imaginée [elle]
EMPLOYÉ AVEC *EN*	OBJET DIRECT	Des pays, j'en ai vu ; j'en ai vu des pays !
		Des fautes, s'il en a commis
	quantité	J'ai donné des conseils plus que je n'en ai reçu (ou reçus)
		Des pays, j'en ai tant vu (ou vus)
		Des pages, combien en as-tu écrit (ou écrites) ?
	OBJET INDIRECT	Il gardait les cadeaux qu'il en avait reçus [de sa femme]

PARTICIPE PASSÉ

Auxiliaire ÊTRE

VERBES NON PRONOMINAUX

	v. intr.	Nous sommes partis
	p. p. adj.	Nous sommes (on est) séparés et mécontents
		Nous lui sommes attachés et reconnaissants
	passif	Elles ont été félicitées ; ayant été félicitées
		Bientôt nous sera confiée une mission
	ellipse du v.	Inventée ou pas, son histoire est crédible
		Sa mission terminée, il revint
		Fini (ou finis), les soucis ! [c'est fini ou ils sont finis]
		Sept ôté de dix [le nombre sept]

VERBES PRONOMINAUX

ESSENTIELS		Elle s'est enfuie. Elles se sont tues. Elle s'y est mal prise.
		Ils se sont emparés de l'objet ; ils s'en sont emparés
ACCIDENTELS	OBJET DIRECT réfl.	Elle s'est brûlée [brûler qqn]
		Elle s'est crue malade, elle s'est crue arrivée
		Elle s'est mise à chanter, à nous taquiner
		Autrefois s'est produite une chose analogue
		Ils se sont aperçus de leur erreur, ils s'en sont aperçus
		Elle s'est persuadée qu'on la trompait
	récipr.	Ils se sont rencontrés au théâtre
		On s'est bien connus, lui et moi
	passif	Ces modèles se sont bien vendus
	(impers.)	Il s'est vendu mille exemplaires du livre
	OBJET INDIRECT réfl.	Elle s'est plu, déplu, complu dans cette situation [plaire à qqn]
		Elle s'est plu à les contredire
		Ils se sont cru (ou crus) obligés d'attendre
		Elle s'est brûlé la main
		Elle s'est permis certaines choses ; les choses qu'elle s'est permises
		Elles se sont donné des objectifs ; elles s'en sont donné
		Elle s'est imaginé qu'on la trompait
	récipr.	Ils se sont parlé et ils se sont plu
		Ils se sont succédé et ils se sont nui
		Ils se sont écrit des lettres ; les lettres qu'ils se sont écrites ; des lettres, ils s'en sont écrit
AVEC L'INFINITIF IMMÉDIAT	OBJET DIRECT	Ils se sont laissés mourir [ils meurent]
		Ils se sont vus vieillir
	OBJET INDIRECT	Ils se sont laissé convaincre, faire [on les convainc]
		Elles se sont vu infliger une amende
SE FAIRE	attribut	Elles se sont faites plus aimables
		Elles se sont fait belles (se faire beau : loc. verbale)
	récipr.	Ils se sont fait des farces
	réfl.	Elle s'est fait des idées ; les idées qu'elle s'est faites
	inf.	Nous nous sommes fait prendre, avoir
		Elle s'est fait raccompagner par Paul
		Ils se sont fait faire le même costume

Pour l'accord du participe passé employé seul, voir p. 1577.

INDICATIF

PRÉSENT	PASSÉ COMPOSÉ
j'aime	j'ai aimé
tu aimes	tu as aimé
il/elle aime	il/elle a aimé
nous aimons	nous avons aimé
vous aimez	vous avez aimé
ils/elles aiment	ils/elles ont aimé

IMPARFAIT	PLUS-QUE-PARFAIT
j'aimais	j'avais aimé
tu aimais	tu avais aimé
il/elle aimait	il/elle avait aimé
nous aimions	nous avions aimé
vous aimiez	vous aviez aimé
ils/elles aimaient	ils/elles avaient aimé

PASSÉ SIMPLE	PASSÉ ANTÉRIEUR
j'aimai	j'eus aimé
tu aimas	tu eus aimé
il/elle aima	il/elle eut aimé
nous aimâmes	nous eûmes aimé
vous aimâtes	vous eûtes aimé
ils/elles aimèrent	ils/elles eurent aimé

FUTUR SIMPLE	FUTUR ANTÉRIEUR
j'aimerai [ɛm(ə)ʀɛ]	j'aurai aimé
tu aimeras	tu auras aimé
il/elle aimera	il/elle aura aimé
nous aimerons [ɛm(ə)ʀɔ̃]	nous aurons aimé
vous aimerez	vous aurez aimé
ils/elles aimeront	ils/elles auront aimé

SUBJONCTIF

PRÉSENT	IMPARFAIT
que j'aime	que j'aimasse
que tu aimes	que tu aimasses
qu'il/elle aime	qu'il/elle aimât
que nous aimions	que nous aimassions
que vous aimiez	que vous aimassiez
qu'ils/elles aiment	qu'ils/elles aimassent

PASSÉ	PLUS-QUE-PARFAIT
que j'aie aimé	que j'eusse aimé
que tu aies aimé	que tu eusses aimé
qu'il/elle ait aimé	qu'il/elle eût aimé
que nous ayons aimé	que nous eussions aimé
que vous ayez aimé	que vous eussiez aimé
qu'ils/elles aient aimé	qu'ils/elles eussent aimé

CONDITIONNEL

PRÉSENT

j'aimerais
tu aimerais
il/elle aimerait
nous aimerions
vous aimeriez
ils/elles aimeraient

PASSÉ 1re FORME

j'aurais aimé
tu aurais aimé
il/elle aurait aimé
nous aurions aimé
vous auriez aimé
ils/elles auraient aimé

PASSÉ 2e FORME

j'eusse aimé
tu eusses aimé
il/elle eût aimé
nous eussions aimé
vous eussiez aimé
ils/elles eussent aimé

IMPÉRATIF

PRÉSENT	PASSÉ
aime	aie aimé
aimons	ayons aimé
aimez	ayez aimé

PARTICIPE

PRÉSENT	PASSÉ
aimant	aimé, ée ayant aimé

INFINITIF

PRÉSENT	PASSÉ
aimer	avoir aimé

conjugaison 1 **arriver** (avec l'auxiliaire **être**) — verbes réguliers en **-er**

INDICATIF

PRÉSENT	PASSÉ COMPOSÉ
j'arrive	je suis arrivé, ée
tu arrives	tu es arrivé, ée
il/elle arrive	il/elle est arrivé, ée
nous arrivons	nous sommes arrivés, ées
vous arrivez	vous êtes arrivés, ées
ils/elles arrivent	ils/elles sont arrivés, ées

IMPARFAIT	PLUS-QUE-PARFAIT
j'arrivais	j'étais arrivé, ée
tu arrivais	tu étais arrivé, ée
il/elle arrivait	il/elle était arrivé, ée
nous arrivions	nous étions arrivés, ées
vous arriviez	vous étiez arrivés, ées
ils/elles arrivaient	ils/elles étaient arrivés, ées

PASSÉ SIMPLE	PASSÉ ANTÉRIEUR
j'arrivai	je fus arrivé, ée
tu arrivas	tu fus arrivé, ée
il/elle arriva	il/elle fut arrivé, ée
nous arrivâmes	nous fûmes arrivés, ées
vous arrivâtes	vous fûtes arrivés, ées
ils/elles arrivèrent	ils/elles furent arrivés, ées

FUTUR SIMPLE	FUTUR ANTÉRIEUR
j'arriverai [aʀiv(ə)ʀɛ]	je serai arrivé, ée
tu arriveras	tu seras arrivé, ée
il/elle arrivera	il/elle sera arrivé, ée
nous arriverons [aʀiv(ə)ʀɔ̃]	nous serons arrivés, ées
vous arriverez	vous serez arrivés, ées
ils/elles arriveront	ils/elles seront arrivés, ées

SUBJONCTIF

PRÉSENT	IMPARFAIT
que j'arrive	que j'arrivasse
que tu arrives	que tu arrivasses
qu'il/elle arrive	qu'il/elle arrivât
que nous arrivions	que nous arrivassions
que vous arriviez	que vous arrivassiez
qu'ils/elles arrivent	qu'ils/elles arrivassent

PASSÉ	PLUS-QUE-PARFAIT
que je sois arrivé, ée	que je fusse arrivé, ée
que tu sois arrivé, ée	que tu fusses arrivé, ée
qu'il/elle soit arrivé, ée	qu'il/elle fût arrivé, ée
que nous soyons arrivés, ées	que nous fussions arrivés, ées
que vous soyez arrivés, ées	que vous fussiez arrivés, ées
qu'ils/elles soient arrivés, ées	qu'ils/elles fussent arrivés, ées

CONDITIONNEL

PRÉSENT	PASSÉ 1re FORME	PASSÉ 2e FORME
j'arriverais [aʀivʀɛ]	je serais arrivé, ée	je fusse arrivé, ée
tu arriverais	tu serais arrivé, ée	tu fusses arrivé, ée
il/elle arriverait	il/elle serait arrivé, ée	il/elle fût arrivé, ée
nous arriverions [aʀiv(ə)ʀjɔ̃]	nous serions arrivés, ées	nous fussions arrivés, ées
vous arriveriez	vous seriez arrivés, ées	vous fussiez arrivés, ées
ils/elles arriveraient	ils/elles seraient arrivés, ées	ils/elles fussent arrivés, ées

IMPÉRATIF

PRÉSENT	PASSÉ
arrive	sois arrivé, ée
arrivons	soyons arrivés, ées
arrivez	soyez arrivés, ées

PARTICIPE

PRÉSENT	PASSÉ
arrivant	arrivé, ée étant arrivé, ée

INFINITIF

PRÉSENT	PASSÉ
arriver	être arrivé, ée

INDICATIF

PRÉSENT	PASSÉ COMPOSÉ
je me repose	je me suis reposé, ée
tu te reposes	tu t'es reposé, ée
il/elle se repose	il/elle s'est reposé, ée
nous nous reposons	nous nous sommes reposés, ées
vous vous reposez	vous vous êtes reposés, ées
ils/elles se reposent	ils/elles se sont reposés, ées

IMPARFAIT	PLUS-QUE-PARFAIT
je me reposais	je m'étais reposé, ée
tu te reposais	tu t'étais reposé, ée
il/elle se reposait	il/elle s'était reposé, ée
nous nous reposions	nous nous étions reposés, ées
vous vous reposiez	vous vous étiez reposés, ées
ils/elles se reposaient	ils/elles s'étaient reposés, ées

PASSÉ SIMPLE	PASSÉ ANTÉRIEUR
je me reposai	je me fus reposé, ée
tu te reposas	tu te fus reposé, ée
il/elle se reposa	il/elle se fut reposé, ée
nous nous reposâmes	nous nous fûmes reposés, ées
vous vous reposâtes	vous vous fûtes reposés, ées
ils/elles se reposèrent	ils/elles se furent reposés, ées

FUTUR SIMPLE	FUTUR ANTÉRIEUR
je me reposerai	je me serai reposé, ée
tu te reposeras	tu te seras reposé, ée
il/elle se reposera	il/elle se sera reposé, ée
nous nous reposerons	nous nous serons reposés, ées
vous vous reposerez	vous vous serez reposés, ées
ils/elles se reposeront	ils/elles se seront reposés, ées

SUBJONCTIF

PRÉSENT

que je me repose
que tu te reposes
qu'il/elle se repose
que nous nous reposions
que vous vous reposiez
qu'ils/elles se reposent

IMPARFAIT

que je me reposasse
que tu te reposasses
qu'il/elle se reposât
que nous nous reposassions
que vous vous reposassiez
qu'ils/elles se reposassent

PASSÉ

que je me sois reposé, ée
que tu te sois reposé, ée
qu'il/elle se soit reposé, ée
que nous nous soyons reposés, ées
que vous vous soyez reposés, ées
qu'ils/elles se soient reposés, ées

PLUS-QUE-PARFAIT

que je me fusse reposé, ée
que tu te fusses reposé, ée
qu'il/elle se fût reposé, ée
que nous nous fussions reposés, ées
que vous vous fussiez reposés, ées
qu'ils/elles se fussent reposés, ées

CONDITIONNEL

PRÉSENT

je me reposerais
tu te reposerais
il/elle se reposerait
nous nous reposerions
vous vous reposeriez
ils/elles se reposeraient

PASSÉ 1re FORME

je me serais reposé, ée
tu te serais reposé, ée
il/elle se serait reposé, ée
nous nous serions reposés, ées
vous vous seriez reposés, ées
ils/elles se seraient reposés, ées

PASSÉ 2e FORME

je me fusse reposé, ée
tu te fusses reposé, ée
il/elle se fût reposé, ée
nous nous fussions reposés, ées
vous vous fussiez reposés, ées
ils/elles se fussent reposés, ées

IMPÉRATIF

PRÉSENT	PASSÉ
repose-toi reposons-nous reposez-vous	

PARTICIPE

PRÉSENT	PASSÉ
se reposant	s'étant reposé, ée

INFINITIF

PRÉSENT	PASSÉ
se reposer	s'être reposé, ée

INDICATIF

PRÉSENT	PASSÉ COMPOSÉ
je finis	j'ai fini
tu finis	tu as fini
il/elle finit	il/elle a fini
nous finissons	nous avons fini
vous finissez	vous avez fini
ils/elles finissent	ils/elles ont fini

IMPARFAIT	PLUS-QUE-PARFAIT
je finissais	j'avais fini
tu finissais	tu avais fini
il/elle finissait	il/elle avait fini
nous finissions	nous avions fini
vous finissiez	vous aviez fini
ils/elles finissaient	ils/elles avaient fini

PASSÉ SIMPLE	PASSÉ ANTÉRIEUR
je finis	j'eus fini
tu finis	tu eus fini
il/elle finit	il/elle eut fini
nous finîmes	nous eûmes fini
vous finîtes	vous eûtes fini
ils/elles finirent	ils/elles eurent fini

FUTUR SIMPLE	FUTUR ANTÉRIEUR
je finirai	j'aurai fini
tu finiras	tu auras fini
il/elle finira	il/elle aura fini
nous finirons	nous aurons fini
vous finirez	vous aurez fini
ils/elles finiront	ils/elles auront fini

SUBJONCTIF

PRÉSENT

que je finisse
que tu finisses
qu'il/elle finisse
que nous finissions
que vous finissiez
qu'ils/elles finissent

IMPARFAIT

que je finisse
que tu finisses
qu'il/elle finît
que nous finissions
que vous finissiez
qu'ils/elles finissent

PASSÉ

que j'aie fini
que tu aies fini
qu'il/elle ait fini
que nous ayons fini
que vous ayez fini
qu'ils/elles aient fini

PLUS-QUE-PARFAIT

que j'eusse fini
que tu eusses fini
qu'il/elle eût fini
que nous eussions fini
que vous eussiez fini
qu'ils/elles eussent fini

CONDITIONNEL

PRÉSENT

je finirais
tu finirais
il/elle finirait
nous finirions
vous finiriez
ils/elles finiraient

PASSÉ 1re FORME

j'aurais fini
tu aurais fini
il/elle aurait fini
nous aurions fini
vous auriez fini
ils/elles auraient fini

PASSÉ 2e FORME

j'eusse fini
tu eusses fini
il/elle eût fini
nous eussions fini
vous eussiez fini
ils/elles eussent fini

IMPÉRATIF

PRÉSENT	PASSÉ
finis	aie fini
finissons	ayons fini
finissez	ayez fini

PARTICIPE

PRÉSENT	PASSÉ
finissant	fini, ie ayant fini

INFINITIF

PRÉSENT	PASSÉ
finir	avoir fini

INDICATIF

		PRÉSENT 1res personnes	PRÉSENT 3es personnes	IMPARFAIT	PASSÉ SIMPLE
3	placer	je place [plas] nous plaçons [plasɔ̃]	il/elle place ils/elles placent	je plaçais	je plaçai

REM. Les verbes en *-ecer* (ex. *dépecer*) se conjuguent comme ***placer*** et ***geler***.
Les verbes en *-écer* (ex. *rapiécer*) se conjuguent comme ***céder*** et ***placer***.

	bouger	je bouge [buʒ] nous bougeons [buʒɔ̃]	il/elle bouge ils/elles bougent	je bougeais nous bougions	je bougeai

REM. Les verbes en *-éger* (ex. *protéger*) se conjuguent comme ***bouger*** et ***céder***.

4	appeler	j'appelle [apɛl] nous appelons [ap(ə)lɔ̃]	il/elle appelle ils/elles appellent	j'appelais	j'appelai
	jeter	je jette [ʒɛt] nous jetons [ʒ(ə)tɔ̃]	il/elle jette ils/elles jettent	je jetais	je jetai
5	geler	je gèle [ʒɛl] nous gelons [ʒ(ə)lɔ̃]	il/elle gèle ils/elles gèlent	je gelais nous gelions [ʒəljɔ̃]	je gelai
	acheter	j'achète [aʃɛt] nous achetons [aʃ(ə)tɔ̃]	il/elle achète ils/elles achètent	j'achetais [aʃtɛ] nous achetions	j'achetai

et les verbes en *-emer* (ex. *semer*), *-ener* (ex. *mener*), *-eser* (ex. *peser*), *-ever* (ex. *lever*), etc.
REM. Les verbes en *-ecer* (ex. *dépecer*) se conjuguent comme ***geler*** et ***placer***.

6	céder	je cède [sɛd] nous cédons [sedɔ̃]	il/elle cède ils/elles cèdent	je cédais nous cédions	je cédai

et les verbes en *-é + -er* (ex. *célébrer, lécher, déléguer, préférer*, etc.).
REM. 1. Les verbes en *-éger* (ex. *protéger*) se conjuguent comme ***céder*** et ***bouger***.
Les verbes en *-écer* (ex. *rapiécer*) se conjuguent comme ***céder*** et ***placer***.

7	épier	j'épie [epi] nous épions [epjɔ̃]	il/elle épie ils/elles épient	j'épiais nous épiions [epijjɔ̃]	j'épiai
	prier	je prie [pʀi] nous prions [pʀijɔ̃]	il/elle prie ils/elles prient	je priais nous priions [pʀijjɔ̃]	je priai
8	noyer	je noie [nwa] nous noyons [nwajɔ̃]	il/elle noie ils/elles noient	je noyais nous noyions [nwajjɔ̃]	je noyai

et les verbes en *-uyer* (ex. *appuyer*).
REM. *Envoyer* fait au futur : *j'enverrai*, et au conditionnel : *j'enverrais*.

	payer	je paie [pɛ] ou je paye [pɛj] nous payons [pɛjɔ̃]	il/elle paie ou il/elle paye ils/elles paient ou ils/elles payent	je payais nous payions [pɛjjɔ̃]	je payai

et tous les verbes en *-ayer*.

FUTUR	CONDITIONNEL PRÉSENT	SUBJONCTIF PRÉSENT	IMPÉRATIF PRÉSENT	PARTICIPES PRÉSENT PASSÉ
je placerai [plasʀɛ]	je placerais	que je place que nous placions	place plaçons	plaçant placé, ée
je bougerai [buʒʀɛ]	je bougerais	que je bouge que nous bougions	bouge bougeons	bougeant bougé, ée
j'appellerai [apɛlʀɛ]	j'appellerais	que j'appelle que nous appelions	appelle appelons	appelant appelé, ée
je jetterai [ʒɛtʀɛ]	je jetterais	que je jette que nous jetions	jette jetons	jetant jeté, ée
je gèlerai [ʒɛlʀɛ]	je gèlerais	que je gèle que nous gelions	gèle gelons	gelant gelé, ée
j'achèterai [aʃɛtʀɛ]	j'achèterais	que j'achète que nous achetions	achète achetons	achetant acheté, ée
je céderai [sɛdʀɛ ; sedʀɛ] (2)	je céderais (2)	que je cède que nous cédions	cède cédons	cédant cédé, ée

REM. 2. La prononciation actuelle appellerait plutôt l'accent grave au futur et au conditionnel (*je cèderai ; je cèderais*).

j'épierai [epiʀɛ]	j'épierais	que j'épie	épie épions	épiant épié, ée
je prierai [pʀiʀɛ]	je prierais	que je prie	prie prions	priant prié, priée
je noierai [nwaʀɛ]	je noierais	que je noie	noie noyons	noyant noyé, noyée
je paierai [pɛʀɛ] OU je payerai [pɛjʀɛ] nous paierons OU nous payerons	je paierais OU je payerais	que je paie OU que je paye	paie OU paye payons	payant payé, payée

INDICATIF

PRÉSENT	PASSÉ COMPOSÉ
je vais [vɛ]	je suis allé, ée
tu vas	tu es allé, ée
il/elle va	il/elle est allé, ée
nous allons [alɔ̃]	nous sommes allés, ées
vous allez	vous êtes allés, ées
ils/elles vont [vɔ̃]	ils/elles sont allés, ées

IMPARFAIT	PLUS-QUE-PARFAIT
j'allais [alɛ]	j'étais allé, ée
tu allais	tu étais allé, ée
il/elle allait	il/elle était allé, ée
nous allions [aljɔ̃]	nous étions allés, ées
vous alliez	vous étiez allés, ées
ils/elles allaient	ils/elles étaient allés, ées

PASSÉ SIMPLE	PASSÉ ANTÉRIEUR
j'allai	je fus allé, ée
tu allas	tu fus allé, ée
il/elle alla	il/elle fut allé, ée
nous allâmes	nous fûmes allés, ées
vous allâtes	vous fûtes allés, ées
ils/elles allèrent	ils/elles furent allés, ées

FUTUR SIMPLE	FUTUR ANTÉRIEUR
j'irai [iʀɛ]	je serai allé, ée
tu iras	tu seras allé, ée
il/elle ira	il/elle sera allé, ée
nous irons	nous serons allés, ées
vous irez	vous serez allés, ées
ils/elles iront	ils/elles seront allés, ées

SUBJONCTIF

PRÉSENT

que j'aille [aj]
que tu ailles
qu'il/elle aille
que nous allions
que vous alliez
qu'ils/elles aillent

IMPARFAIT

que j'allasse [alas]
que tu allasses
qu'il/elle allât
que nous allassions
que vous allassiez
qu'ils/elles allassent

PASSÉ

que je sois allé, ée
que tu sois allé, ée
qu'il/elle soit allé, ée
que nous soyons allés, ées
que vous soyez allés, ées
qu'ils/elles soient allés, ées

PLUS-QUE-PARFAIT

que je fusse allé, ée
que tu fusses allé, ée
qu'il/elle fût allé, ée
que nous fussions allés, ées
que vous fussiez allés, ées
qu'ils/elles fussent allés, ées

CONDITIONNEL

PRÉSENT

j'irais
tu irais
il/elle irait
nous irions
vous iriez
ils/elles iraient

PASSÉ 1re FORME

je serais allé, ée
tu serais allé, ée
il/elle serait allé, ée
nous serions allés, ées
vous seriez allés, ées
ils/elles seraient allés, ées

PASSÉ 2e FORME

je fusse allé, ée
tu fusses allé, ée
il/elle fût allé, ée
nous fussions allés, ées
vous fussiez allés, ées
ils/elles fussent allés, ées

	PRÉSENT	PASSÉ
IMPÉRATIF	va allons allez	sois allé, ée soyons allés, ées soyez allés, ées

	PRÉSENT	PASSÉ
PARTICIPE	allant	allé, ée étant allé, ée

	PRÉSENT	PASSÉ
INFINITIF	aller	être allé, ée

		INDICATIF			
		PRÉSENT		IMPARFAIT	PASSÉ SIMPLE
		1res personnes	3es personnes		
10	haïr	je hais ['ɛ] nous haïssons ['aisɔ̃]	il/elle hait [ɛ] ils/elles haïssent ['ais]	je haïssais nous haïssions	je haïs ['ai] nous haïmes
11	courir	je cours [kuʀ] nous courons [kuʀɔ̃]	il/elle court ils/elles courent	je courais [kuʀɛ] nous courions	je courus
12	cueillir	je cueille [kœj] nous cueillons [kœjɔ̃]	il/elle cueille ils/elles cueillent	je cueillais nous cueillions [kœjjɔ̃]	je cueillis
13	assaillir	j'assaille nous assaillons [asajɔ̃]	il/elle assaille ils/elles assaillent	j'assaillais nous assaillions [asajjɔ̃]	j'assaillis
14	servir	je sers [sɛʀ] nous servons [sɛʀvɔ̃]	il/elle sert ils/elles servent [sɛʀv]	je servais nous servions	je servis
15	bouillir	je bous [bu] nous bouillons [bujɔ̃]	il/elle bout ils/elles bouillent [buj]	je bouillais nous bouillions [bujjɔ̃]	je bouillis
16	partir	je pars [paʀ] nous partons [paʀtɔ̃]	il/elle part ils/elles partent [paʀt]	je partais nous partions	je partis
	sentir	je sens [sɑ̃] nous sentons [sɑ̃tɔ̃]	il/elle sent ils/elles sentent [sɑ̃t]	je sentais nous sentions	je sentis
17	fuir	je fuis [fɥi] nous fuyons [fɥijɔ̃]	il/elle fuit ils/elles fuient	je fuyais nous fuyions [fɥijjɔ̃]	je fuis nous fuîmes
18	couvrir	je couvre nous couvrons	il/elle couvre ils/elles couvrent	je couvrais nous couvrions	je couvris
19	mourir	je meurs [mœʀ] nous mourons [muʀɔ̃]	il/elle meurt ils/elles meurent	je mourais [muʀɛ] nous mourions	je mourus
20	vêtir	je vêts [vɛ] nous vêtons [vɛtɔ̃]	il/elle vêt ils/elles vêtent [vɛt]	je vêtais nous vêtions	je vêtis [veti] nous vêtîmes
21	acquérir	j'acquiers [akjɛʀ] nous acquérons [akeʀɔ̃]	il/elle acquiert ils/elles acquièrent	j'acquérais [akeʀɛ] nous acquérions	j'acquis
22	venir	je viens [vjɛ̃] nous venons [v(ə)nɔ̃]	il/elle vient ils/elles viennent [vjɛn]	je venais nous venions	je vins [vɛ̃] nous vînmes [vɛ̃m]

FUTUR	CONDITIONNEL PRÉSENT	SUBJONCTIF PRÉSENT	IMPÉRATIF PRÉSENT	PARTICIPES PRÉSENT PASSÉ
je haïrai ['aiʀɛ]	je haïrais	que je haïsse	hais haïssons	haïssant haï, haïe ['ai]
je courrai [kuʀʀɛ]	je courrais	que je coure	cours courons	courant couru, ue
je cueillerai	je cueillerais	que je cueille	cueille cueillons	cueillant cueilli, ie
j'assaillirai	j'assaillirais	que j'assaille	assaille assaillons	assaillant assailli, ie
je servirai	je servirais	que je serve	sers servons	servant servi, ie
je bouillirai	je bouillirais	que je bouille	bous bouillons	bouillant bouilli, ie
je partirai	je partirais	que je parte	pars partons	partant parti, ie
je sentirai	je sentirais	que je sente	sens sentons	sentant senti, ie
je fuirai	je fuirais	que je fuie	fuis fuyons	fuyant fui, fuie
je couvrirai	je couvrirais	que je couvre	couvre couvrons	couvrant couvert, erte [kuvɛʀ, ɛʀt]
je mourrai [muʀʀɛ]	je mourrais	que je meure	meurs mourons	mourant mort, morte [mɔʀ, mɔʀt]
je vêtirai	je vêtirais	que je vête	vêts vêtons	vêtant vêtu, ue [vety]
j'acquerrai	j'acquerrais	que j'acquière	acquiers acquérons	acquérant acquis, ise [aki, iz]
je viendrai [vjɛ̃dʀɛ]	je viendrais	que je vienne	viens venons	venant venu, ue

		INDICATIF			
		PRÉSENT		IMPARFAIT	PASSÉ SIMPLE
		1res personnes	3es personnes		
23	pleuvoir		il pleut [plø]	il pleuvait	il plut
24	prévoir	je prévois [pʀevwa] nous prévoyons [pʀevwajɔ̃]	il/elle prévoit ils/elles prévoient	je prévoyais nous prévoyions [pʀevwajjɔ̃]	je prévis
25	pourvoir	je pourvois nous pourvoyons	il/elle pourvoit ils/elles pourvoient	je pourvoyais nous pourvoyions	je pourvus
26	asseoir	j'assieds [asjɛ] nous asseyons [asɛjɔ̃] ou j'assois nous assoyons	il/elle assied ils/elles asseyent [asɛj] ou il/elle assoit ils/elles assoient	j'asseyais nous asseyions ou j'assoyais nous assoyions	j'assis
27	mouvoir	je meus [mø] nous mouvons [muvɔ̃]	il/elle meut ils/elles meuvent [mœv]	je mouvais nous mouvions	je mus [my] nous mûmes
28	recevoir	je reçois [ʀ(ə)swa] nous recevons [ʀ(ə)səvɔ̃]	il/elle reçoit ils/elles reçoivent [ʀəswav]	je recevais nous recevions	je reçus [ʀ(ə)sy]
		REM. ***Devoir*** fait au p. p. ***dû, due***.			
29	valoir	je vaux [vo] nous valons [valɔ̃]	il/elle vaut ils/elles valent [val]	je valais nous valions	je valus
		REM. ***Équivaloir*** fait au p. p. ***équivalu*** (inv.). ***Prévaloir*** fait au subj. prés. ***que je prévale***.			
	falloir		il faut [fo]	il fallait [falɛ]	il fallut
30	voir	je vois [vwa] nous voyons [vwajɔ̃]	il/elle voit ils/elles voient	je voyais nous voyions [vwajjɔ̃]	je vis
31	vouloir	je veux [vø] nous voulons [vulɔ̃]	il/elle veut ils/elles veulent [vœl]	je voulais nous voulions	je voulus
32	savoir	je sais [sɛ] nous savons [savɔ̃]	il/elle sait ils/elles savent [sav]	je savais nous savions	je sus
33	pouvoir	je peux [pø] ou je puis nous pouvons [puvɔ̃]	il/elle peut ils/elles peuvent [pœv]	je pouvais nous pouvions	je pus

FUTUR	CONDITIONNEL PRÉSENT	SUBJONCTIF PRÉSENT	IMPÉRATIF PRÉSENT	PARTICIPES PRÉSENT PASSÉ
il pleuvra	il pleuvrait	qu'il pleuve [plœv]	n'existe pas	pleuvant plu
je prévoirai	je prévoirais	que je prévoie [pʀevwa]	prévois prévoyons	prévoyant prévu, ue
je pourvoirai	je pourvoirais	que je pourvoie	pourvois pourvoyons	pourvoyant pourvu, ue
j'assiérai [asjeʀɛ] ou j'asseyerai [asɛjʀɛ]	j'assiérais	que j'asseye	assieds asseyons	asseyant assis, ise
ou	ou	ou	ou	ou
j'assoirai	j'assoirais	que j'assoie	assois assoyons	assoyant assis, ise

REM. La forme *j'asseyerai* (futur) est vieillie.

je mouvrai [muvʀɛ]	je mouvrais	que je meuve que nous mouvions	meus mouvons	mouvant mû, mue [my]
je recevrai	je recevrais	que je reçoive que nous recevions	reçois recevons	recevant reçu, ue
je vaudrai [vodʀɛ]	je vaudrais	que je vaille [vaj] que nous valions [valjɔ̃]	vaux valons	valant valu, ue
il faudra [fodʀa]	il faudrait	qu'il faille [faj]	n'existe pas	n'existe pas fallu
je verrai [vɛʀɛ]	je verrais	que je voie [vwa] que nous voyions [vwajjɔ̃]	vois voyons	voyant vu, vue
je voudrai [vudʀɛ]	je voudrais	que je veuille [vœj] que nous voulions [vuljɔ̃]	veux ou veuille voulons	voulant voulu, ue
je saurai [sɔʀɛ]	je saurais	que je sache [saʃ] que nous sachions	sache sachons	sachant su, sue
je pourrai [puʀɛ]	je pourrais	que je puisse [pɥis] que nous puissions	inusité	pouvant pu

INDICATIF

PRÉSENT	PASSÉ COMPOSÉ
j'ai [e ; ɛ]	j'ai eu
tu as [a]	tu as eu
il/elle a [a]	il/elle a eu
nous avons [avɔ̃]	nous avons eu
vous avez [ave]	vous avez eu
ils/elles ont [ɔ̃]	ils/elles ont eu

IMPARFAIT	PLUS-QUE-PARFAIT
j'avais	j'avais eu
tu avais	tu avais eu
il/elle avait	il/elle avait eu
nous avions	nous avions eu
vous aviez	vous aviez eu
ils/elles avaient	ils/elles avaient eu

PASSÉ SIMPLE	PASSÉ ANTÉRIEUR
j'eus [y]	j'eus eu
tu eus	tu eus eu
il/elle eut	il/elle eut eu
nous eûmes [ym]	nous eûmes eu
vous eûtes [yt]	vous eûtes eu
ils/elles eurent [yʀ]	ils/elles eurent eu

FUTUR SIMPLE	FUTUR ANTÉRIEUR
j'aurai [ɔʀɛ]	j'aurai eu
tu auras	tu auras eu
il/elle aura	il/elle aura eu
nous aurons	nous aurons eu
vous aurez	vous aurez eu
ils/elles auront	ils/elles auront eu

SUBJONCTIF

PRÉSENT

que j'aie [ɛ]
que tu aies
qu'il/elle ait
que nous ayons [ɛjɔ̃]
que vous ayez
qu'ils/elles aient

IMPARFAIT

que j'eusse [ys]
que tu eusses
qu'il/elle eût [y]
que nous eussions [ysjɔ̃]
que vous eussiez
qu'ils/elles eussent

PASSÉ

que j'aie eu
que tu aies eu
qu'il/elle ait eu
que nous ayons eu
que vous ayez eu
qu'ils/elles aient eu

PLUS-QUE-PARFAIT

que j'eusse eu
que tu eusses eu
qu'il/elle eût eu
que nous eussions eu
que vous eussiez eu
qu'ils/elles eussent eu

verbes irréguliers

		INDICATIF			
		PRÉSENT 1res personnes	PRÉSENT 3es personnes	IMPARFAIT	PASSÉ SIMPLE
35	conclure	je conclus [kɔ̃kly] nous concluons [kɔ̃klyɔ̃]	il/elle conclut ils/elles concluent	je concluais nous concluions	je conclus

REM. *Exclure* se conjugue comme *conclure* : p. p. *exclu, ue* ; *inclure* se conjugue comme *conclure* sauf au p. p. : *inclus, use*.

36	rire	je ris [ʀi] nous rions [ʀijɔ̃]	il/elle rit ils/elles rient	je riais nous riions [ʀijjɔ̃]	je ris
37	dire	je dis [di] nous disons [dizɔ̃]	il/elle dit vous dites [dit] ils/elles disent [diz]	je disais nous disions	je dis

REM. *Médire, contredire, dédire, interdire, prédire,* se conjuguent comme *dire* sauf au présent à la deuxième personne du pluriel : *médisez, contredisez, dédisez, interdisez, prédisez.*

	suffire	je suffis [syfi] nous suffisons [syfizɔ̃]	il/elle suffit ils/elles suffisent [syfiz]	je suffisais nous suffisions	je suffis

REM. *Confire* se conjugue comme *suffire* sauf au p. p. : *confit, ite*.

CONDITIONNEL	
PRÉSENT	j'aurais tu aurais il/elle aurait nous aurions vous auriez ils/elles auraient
PASSÉ 1re FORME	j'aurais eu tu aurais eu il/elle aurait eu nous aurions eu vous auriez eu ils/elles auraient eu
PASSÉ 2e FORME	j'eusse eu tu eusses eu il/elle eût eu nous eussions eu vous eussiez eu ils/elles eussent eu

	PRÉSENT	PASSÉ
IMPÉRATIF	aie [ɛ] ayons [ɛjɔ̃] ayez [eje]	aie eu ayons eu ayez eu
PARTICIPE	ayant	eu, eue [y] ayant eu
INFINITIF	avoir	avoir eu

en -**re** (conjugaisons 35 à 61)

FUTUR	CONDITIONNEL PRÉSENT	SUBJONCTIF PRÉSENT	IMPÉRATIF PRÉSENT	PARTICIPES PRÉSENT PASSÉ
je conclurai	je conclurais	que je conclue	conclus concluons	concluant conclu, ue
je rirai	je rirais	que je rie	ris rions	riant ri
je dirai	je dirais	que je dise	dis disons dites	disant dit, dite
je suffirai	je suffirais	que je suffise	suffis suffisons	suffisant suffi

		INDICATIF			
		PRÉSENT		IMPARFAIT	PASSÉ SIMPLE
		1res personnes	3es personnes		
38	nuire	je nuis [nɥi] nous nuisons [nɥizɔ̃]	il/elle nuit ils/elles nuisent [nɥiz]	je nuisais nous nuisions	je nuisis
	conduire	je conduis nous conduisons	il/elle conduit ils/elles conduisent	je conduisais nous conduisions	je conduisis

et les verbes : *construire, cuire, déduire, détruire, enduire, instruire, introduire, produire, réduire, séduire, traduire.*

39	écrire	j'écris [ekʀi] nous écrivons [ekʀivɔ̃]	il/elle écrit ils/elles écrivent [ekʀiv]	j'écrivais nous écrivions	j'écrivis
40	suivre	je suis [sɥi] nous suivons [sɥivɔ̃]	il/elle suit ils/elles suivent [sɥiv]	je suivais nous suivions	je suivis
41	rendre	je rends [ʀɑ̃] nous rendons [ʀɑ̃dɔ̃]	il/elle rend ils/elles rendent [ʀɑ̃d]	je rendais nous rendions	je rendis

et les verbes en *-andre* (ex. *répandre*), *-erdre* (ex. *perdre*), *-ondre* (ex. *répondre*), *-ordre* (ex. *mordre*).

	rompre	je romps [ʀɔ̃] nous rompons [ʀɔ̃pɔ̃]	il/elle rompt ils/elles rompent [ʀɔ̃p]	je rompais nous rompions	je rompis

et les verbes : *corrompre* et *interrompre.*

	battre	je bats [ba] nous battons [batɔ̃]	il/elle bat ils/elles battent [bat]	je battais nous battions	je battis
42	vaincre	je vaincs [vɛ̃] nous vainquons [vɛ̃kɔ̃]	il/elle vainc [vɛ̃] ils/elles vainquent [vɛ̃k]	je vainquais nous vainquions	je vainquis
43	lire	je lis [li] nous lisons [lizɔ̃]	il/elle lit ils/elles lisent [liz]	je lisais nous lisions	je lus
44	croire	je crois [kʀwa] nous croyons [kʀwajɔ̃]	il/elle croit ils/elles croient	je croyais nous croyions [kʀwajjɔ̃]	je crus nous crûmes
45	clore	je clos [klo]	il/elle clôt ils/elles closent [kloz] (rare)	je closais (rare)	n'existe pas
46	vivre	je vis [vi] nous vivons [vivɔ̃]	il/elle vit ils/elles vivent [viv]	je vivais nous vivions	je vécus [veky]
47	moudre	je mouds [mu] nous moulons [mulɔ̃]	il/elle moud ils/elles moulent [mul]	je moulais nous moulions	je moulus

REM. Formes rares sauf *moudre, moudrai(s), moulu, ue.*

FUTUR	CONDITIONNEL PRÉSENT	SUBJONCTIF PRÉSENT	IMPÉRATIF PRÉSENT	PARTICIPES PRÉSENT PASSÉ
je nuirai	je nuirais	que je nuise	nuis nuisons	nuisant nui
je conduirai	je conduirais	que je conduise	conduis conduisons	conduisant conduit, ite
j'écrirai	j'écrirais	que j'écrive	écris écrivons	écrivant écrit, ite
je suivrai	je suivrais	que je suive	suis suivons	suivant suivi, ie
je rendrai	je rendrais	que je rende	rends rendons	rendant rendu, ue
je romprai	je romprais	que je rompe	romps rompons	rompant rompu, ue
je battrai	je battrais	que je batte	bats battons	battant battu, ue
je vaincrai	je vaincrais	que je vainque	vaincs vainquons	vainquant vaincu, ue
je lirai	je lirais	que je lise	lis lisons	lisant lu, lue
je croirai	je croirais	que je croie	crois croyons	croyant cru, crue
je clorai (rare)	je clorais	que je close	clos	closant (rare) clos, close
je vivrai	je vivrais	que je vive	vis vivons	vivant vécu, ue
je moudrai	je moudrais	que je moule	mouds moulons	moulant moulu, ue

		INDICATIF			
		PRÉSENT		IMPARFAIT	PASSÉ SIMPLE
		1res personnes	3es personnes		
48	coudre	je couds [ku] nous cousons [kuzɔ̃]	il/elle coud ils/elles cousent [kuz]	je cousais nous cousions	je cousis [kuzi]
49	joindre	je joins [ʒwɛ̃] nous joignons [ʒwaɲɔ̃]	il/elle joint ils/elles joignent [ʒwaɲ]	je joignais nous joignions [ʒwaɲjɔ̃]	je joignis
50	traire	je trais [tʀɛ] nous trayons [tʀɛjɔ̃]	il/elle trait ils/elles traient	je trayais nous trayions [tʀɛjjɔ̃]	n'existe pas
51	absoudre	j'absous [apsu] nous absolvons [apsɔlvɔ̃]	il/elle absout ils/elles absolvent [apsɔlv]	j'absolvais nous absolvions	j'absolus [apsɔly] (rare)

REM. 1. *Dissoudre* se conjugue comme ***absoudre*** ; ***résoudre*** se conjugue comme ***absoudre***, mais le passé simple *je résolus* est courant. Il a deux participes passés : *résolu, ue (problème résolu)* et *résous, oute (brouillard résous en pluie)*.

52	craindre	je crains [kʀɛ̃] nous craignons [kʀɛɲɔ̃]	il/elle craint ils/elles craignent [kʀɛɲ]	je craignais nous craignions [kʀɛɲjɔ̃]	je craignis
	peindre	je peins [pɛ̃] nous peignons [pɛɲɔ̃]	il/elle peint ils/elles peignent [pɛɲ]	je peignais nous peignions [pɛɲjɔ̃]	je peignis
53	boire	je bois [bwa] nous buvons [byvɔ̃]	il/elle boit ils/elles boivent [bwav]	je buvais nous buvions	je bus
54	plaire	je plais [plɛ] nous plaisons [plɛzɔ̃]	il/elle plaît ils/elles plaisent [plɛz]	je plaisais nous plaisions	je plus
	taire	je tais nous taisons	il/elle tait ils/elles taisent	je taisais nous taisions	je tus
55	croître	je croîs [kʀwa] nous croissons [kʀwasɔ̃]	il/elle croît ils/elles croissent [kʀwas]	je croissais nous croissions	je crûs nous crûmes
	accroître	j'accrois nous accroissons	il/elle accroît ils/elles accroissent	j'accroissais nous accroissions	j'accrus nous accrûmes
56	mettre	je mets [mɛ] nous mettons [mɛtɔ̃]	il/elle met ils/elles mettent [mɛt]	je mettais nous mettions	je mis
57	connaître	je connais [kɔnɛ] nous connaissons [kɔnɛsɔ̃]	il/elle connaît ils/elles connaissent [kɔnɛs]	je connaissais nous connaissions	je connus
58	prendre	je prends [pʀɑ̃] nous prenons [pʀənɔ̃]	il/elle prend ils/elles prennent [pʀɛn]	je prenais nous prenions	je pris
59	naître	je nais [nɛ] nous naissons [nɛsɔ̃]	il/elle naît ils/elles naissent [nɛs]	je naissais nous naissions	je naquis [naki]

REM. *Renaître* a pour participe passé *rené, ée* (très rare).

FUTUR	CONDITIONNEL PRÉSENT	SUBJONCTIF PRÉSENT	IMPÉRATIF PRÉSENT	PARTICIPES PRÉSENT PASSÉ
je coudrai	je coudrais	que je couse	couds cousons	cousant cousu, ue
je joindrai	je joindrais	que je joigne	joins joignons	joignant joint, jointe
je trairai	je trairais	que je traie	trais trayons	trayant trait, traite
j'absoudrai	j'absoudrais	que j'absolve	absous absolvons	absolvant absous, oute [apsu, ut]

REM. 2. Au p. p., on écrirait mieux *absout*, *dissout* avec un *t* final, sur le modèle des féminins *absoute*, *dissoute*.

je craindrai	je craindrais	que je craigne	crains craignons	craignant craint, crainte
je peindrai	je peindrais	que je peigne	peins peignons	peignant peint, peinte
je boirai	je boirais	que je boive que nous buvions	bois buvons	buvant bu, bue
je plairai	je plairais	que je plaise	plais plaisons	plaisant plu
je tairai	je tairais	que je taise	tais taisons	taisant tu, tue
je croîtrai	je croîtrais	que je croisse	croîs croissons	croissant crû
j'accroîtrai	j'accroîtrais	que j'accroisse	accrois accroissons	accroissant accru, ue
je mettrai	je mettrais	que je mette	mets mettons	mettant mis, mise
je connaîtrai	je connaîtrais	que je connaisse	connais connaissons	connaissant connu, ue
je prendrai	je prendrais	que je prenne que nous prenions	prends prenons	prenant pris, prise
je naîtrai	je naîtrais	que je naisse	nais naissons	naissant né, née

INDICATIF

PRÉSENT	PASSÉ COMPOSÉ
je fais [fɛ]	j'ai fait
tu fais	tu as fait
il/elle fait	il/elle a fait
nous faisons [f(ə)zɔ̃]	nous avons fait
vous faites [fɛt]	vous avez fait
ils/elles font [fɔ̃]	ils/elles ont fait

IMPARFAIT	PLUS-QUE-PARFAIT
je faisais [f(ə)zɛ]	j'avais fait
tu faisais	tu avais fait
il/elle faisait	il/elle avait fait
nous faisions [f(ə)zjɔ̃]	nous avions fait
vous faisiez [f(ə)zje]	vous aviez fait
ils/elles faisaient	ils/elles avaient fait

PASSÉ SIMPLE	PASSÉ ANTÉRIEUR
je fis	j'eus fait
tu fis	tu eus fait
il/elle fit	il/elle eut fait
nous fîmes	nous eûmes fait
vous fîtes	vous eûtes fait
ils/elles firent	ils/elles eurent fait

FUTUR SIMPLE	FUTUR ANTÉRIEUR
je ferai [f(ə)ʀɛ]	j'aurai fait
tu feras	tu auras fait
il/elle fera	il/elle aura fait
nous ferons [f(ə)ʀɔ̃]	nous aurons fait
vous ferez	vous aurez fait
ils/elles feront	ils/elles auront fait

SUBJONCTIF

PRÉSENT

que je fasse [fas]
que tu fasses
qu'il/elle fasse
que nous fassions
que vous fassiez
qu'ils/elles fassent

IMPARFAIT

que je fisse [fis]
que tu fisses
qu'il/elle fît
que nous fissions
que vous fissiez
qu'ils/elles fissent

PASSÉ

que j'aie fait
que tu aies fait
qu'il/elle ait fait
que nous ayons fait
que vous ayez fait
qu'ils/elles aient fait

PLUS-QUE-PARFAIT

que j'eusse fait
que tu eusses fait
qu'il/elle eût fait
que nous eussions fait
que vous eussiez fait
qu'ils/elles eussent fait

CONDITIONNEL

PRÉSENT

je ferais [f(ə)ʀɛ]
tu ferais
il/elle ferait
nous ferions [fəʀjɔ̃]
vous feriez
ils/elles feraient

PASSÉ 1re FORME

j'aurais fait
tu aurais fait
il/elle aurait fait
nous aurions fait
vous auriez fait
ils/elles auraient fait

PASSÉ 2e FORME

j'eusse fait
tu eusses fait
il/elle eût fait
nous eussions fait
vous eussiez fait
ils/elles eussent fait

IMPÉRATIF	PRÉSENT	PASSÉ
	fais	aie fait
	faisons	ayons fait
	faites	ayez fait

PARTICIPE	PRÉSENT	PASSÉ
	faisant [f(ə)zɑ̃]	fait, faite
		ayant fait

INFINITIF	PRÉSENT	PASSÉ
	faire	avoir fait

INDICATIF

PRÉSENT

je suis [sɥi]
tu es [ɛ]
il/elle est [ɛ]
nous sommes [sɔm]
vous êtes [ɛt]
ils/elles sont [sɔ̃]

PASSÉ COMPOSÉ

j'ai été
tu as été
il/elle a été
nous avons été
vous avez été
ils/elles ont été

IMPARFAIT

j'étais [etɛ]
tu étais
il/elle était
nous étions [etjɔ̃]
vous étiez
ils/elles étaient

PLUS-QUE-PARFAIT

j'avais été
tu avais été
il/elle avait été
nous avions été
vous aviez été
ils/elles avaient été

PASSÉ SIMPLE

je fus [fy]
tu fus
il/elle fut
nous fûmes
vous fûtes
ils/elles furent

PASSÉ ANTÉRIEUR

j'eus été
tu eus été
il/elle eut été
nous eûmes été
vous eûtes été
ils/elles eurent été

FUTUR SIMPLE

je serai [s(ə)ʀɛ]
tu seras
il/elle sera
nous serons [s(ə)ʀɔ̃]
vous serez
ils/elles seront

FUTUR ANTÉRIEUR

j'aurai été
tu auras été
il/elle aura été
nous aurons été
vous aurez été
ils/elles auront été

SUBJONCTIF

PRÉSENT

que je sois [swa]
que tu sois
qu'il/elle soit
que nous soyons [swajɔ̃]
que vous soyez
qu'ils/elles soient

IMPARFAIT

que je fusse
que tu fusses
qu'il/elle fût
que nous fussions
que vous fussiez
qu'ils/elles fussent

PASSÉ

que j'aie été
que tu aies été
qu'il/elle ait été
que nous ayons été
que vous ayez été
qu'ils/elles aient été

PLUS-QUE-PARFAIT

que j'eusse été
que tu eusses été
qu'il/elle eût été
que nous eussions été
que vous eussiez été
qu'ils/elles eussent été

CONDITIONNEL

PRÉSENT

je serais [s(ə)ʀɛ]
tu serais
il/elle serait
nous serions [səʀjɔ̃]
vous seriez
ils/elles seraient

PASSÉ 1re FORME

j'aurais été
tu aurais été
il/elle aurait été
nous aurions été
vous auriez été
ils/elles auraient été

PASSÉ 2e FORME

j'eusse été
tu eusses été
il/elle eût été
nous eussions été
vous eussiez été
ils/elles eussent été

	PRÉSENT	PASSÉ
IMPÉRATIF	sois [swa] soyons [swajɔ̃] soyez [swaje]	aie été ayons été ayez été
PARTICIPE	étant	été [ete] ayant été
INFINITIF	être	avoir été

PRONONCIATION

PRINCIPES DE NOTATION DE LA PRONONCIATION

Dans ce dictionnaire comme dans les autres dictionnaires Le Robert, nous avons choisi de noter les sons grâce aux symboles de l'Association phonétique internationale (A.P.I.), notation adoptée dans tous les pays (voir tableau p. 1487). Même si certains symboles sont peu familiers (ex. : *ch* noté [ʃ]), nous avons voulu faire prendre conscience au lecteur de la différence entre la langue orale et la langue écrite. Il y a 6 voyelles à l'écrit *(a, e, i, o, u, y)* et 16 à l'oral (voir tableaux des voyelles).

Nous avons transcrit en alphabet phonétique tous les mots situés à la tête d'une série (imprimés dans un corps typographique plus grand) ainsi que les mots isolés. Les dérivés et composés réguliers ne posant aucun problème de prononciation ne comportent pas de transcription phonétique. Les mots qui ne suivent pas les règles générales de la correspondance entre l'écriture et la prononciation (voir tableaux) sont transcrits ; il peut s'agir de mots savants ou d'emprunts, mais également de mots fréquents.

CORRESPONDANCE ENTRE L'ÉCRITURE DES MOTS ET LEUR PRONONCIATION

Dans les tableaux, nous avons choisi la graphie la plus fréquente ou la plus connue de chaque son distinctif à l'oral, suivie du symbole phonétique correspondant et nous avons indiqué d'autres graphies régulières possibles.

Les consonnes

Remarques : La lettre *x* correspond aux sons [ks] *(fixer, extrait)* sauf :

— dans les mots commençant par *ex-* suivi d'une voyelle et leurs dérivés *(examen, inexistant)* où on prononce [gz].

— au début des mots, on a tendance à prononcer plus souvent [gz]. Ainsi, autrefois on disait *xylophone* [ksilɔfɔn], maintenant on dit plutôt [gzilɔfɔn].

La lettre *h* ne correspond à aucun son en français, sauf parfois dans des onomatopées (*hum* [hœm]).
Les mots commençant par *h* devant lesquels on ne fait ni la liaison ni l'élision sont précédés d'un astérisque. Des mots commençant par une autre lettre que *h* sont également précédés de l'astérisque (**ouistiti, *yaourt,* etc.).

Les doubles consonnes : Elles ont tendance à se prononcer comme une seule consonne *(allée, arrêt).* On entend parfois encore une consonne double dans certains mots *(collègue, grammaire),* surtout après un préfixe *(illégal).*

-cc- devant *i, e, y* se prononcent [ks] : *occident.*

-gg- devant *i, e, y* se prononcent [gʒ] : *suggérer.*

Les consonnes finales : À la fin des mots, les consonnes *b, c, ck, f, g, l, q, ss, th* sont généralement prononcées *(club, bac, rock, vif, grog, bal, coq, miss, bismuth).*

— *r* est généralement prononcé *(tour, finir)* sauf dans la plupart des finales en *-er (boucher, chanter).*

— les consonnes *d, p, s, t, x, z* sont généralement muettes *(pied, trop, bas, sot, deux, assez).*

— *m* et *n* à la finale nasalisent généralement la voyelle précédente *(fin, faim).*

Les consonnes du français

LABIALES		DENTALES		PALATALES ou VÉLAIRES	
p [p]	*papa, apporter*	**t** [t]	*tard, bateau, brouette*	**k** [k]	*képi, break*
-b-	devant consonne sourde : *absurde, obscur*	-th-	*théâtre, thym*	-kh-	*khan*
				-c-	devant *a, o, u : cap, corps, cure* devant une consonne : *cri, clou* à la finale : *bac, bec, soc*
				-cc-	devant *a, o, u* ou devant consonne : *accord, occasion*
				-qu-	(-q en finale) : *quatre, coq*
				-ck-	*nickel, stock*
b [b]	*bain, habit, abbé, lob*	**d** [d]	*dos, radeau, caddie*	**g** [g]	*gare*
				-g-	devant *a, o, u : gai, fagot, figure* devant une consonne : *gris, glisser* à la finale : *gag*
				-gg-	devant *a, o, u* ou devant consonne : *toboggan, aggraver*
				-gu-	devant *i, e, y : guitare, guenon* et parfois devant *a, o* dans les conjugaisons : *naviguons, naviguant*
				-gh-	*ghetto*
f [f]	*file, affaire, café*	**s** [s]	*si*	**ch** [ʃ]	*chapeau, hacher, vache*
-ph-	*photographie*	-s-	au début des mots : *sac* devant une consonne : *poster, scandale* après une consonne : *valser*	-sh-	*short, cash*
				-sch-	*schéma*
		-ss-	entre voyelles et en fin de mot : *brosse, poisson, cross*		
		-c-	devant *i, e, y : cirage, cerise, foncé, cymbale*		
		-ç-	devant *a, o, u : glaçon, ça, reçu*		
		-sc-	devant *e, i, y : scélérat, scier*		
		-ti-	+ voyelle : *nation, démocratie* sauf après *s : bastion* [-tjɔ̃]		
v [v]	*veau, avis, cave*	**z** [z]	*zoo, bazar, gaz*	**j** [ʒ]	*jeu, bijou*
-w-	*wagon*	-s-	entre voyelles : *poison, base*	-g-	devant *e, i, y : genou, girafe, gymnastique*
			en liaison : *les amis* [lezami] *deux amis* [døzami]	-ge-	devant *a, o : geai, nageons*
m [m]	*mou, ami, homme*	**n** [n]	*nid, année, bonne*	**gn** [ɲ]	*agneau, vigne*
				ng [ŋ]	dans des emprunts : *camping*
		l [l]	*lait, allée, bal*		
		r [ʀ]	*riz, arrêt, finir*		
		-rh-	*rhume*		

Les voyelles

En principe, le français oral, selon l'usage encore en vigueur dans la région parisienne, distingue 16 voyelles différentes. Certaines oppositions ont tendance à régresser, en particulier la différence entre [a] et [ɑ] (*mal* [mal] et *mâle* [mɑl]), encore vivante surtout en région parisienne, la différence entre [ɛ̃] et [œ̃] (*brin* [bʀɛ̃] et *brun* [bʀœ̃]) plutôt sensible dans le sud de la France. À Paris, l'opposition entre [e] et [ɛ] se maintient en syllable finale de mot (*vallée* [vale] et *valet* [valɛ]) mais tend à disparaître en syllabe non finale. D'autres sont sujettes à des variations selon les régions, y compris parfois chez une même personne en fonction de la situation de communication. Pour ces raisons, malgré une différence de transcription, nous avons considéré comme homonymes des mots comme *pâte* et *patte* ou encore *pécheur* et *pêcheur.*

Les voyelles orales

Elles sont produites avec le voile du palais relevé pour empêcher l'air de s'échapper par le nez. La différence de timbre résulte du déplacement de la langue de haut en bas (voyelles fermées ou ouvertes) et d'avant en arrière de la cavité buccale. Certaines voyelles sont prononcées avec les lèvres étirées (ex. : *i* [i] *lit*), d'autres avec les lèvres arrondies (ex. : *u* [y] *lu*).

L'opposition entre le *a* d'avant [a] et le *a* d'arrière [ɑ] tend à disparaître au profit d'un *a* ouvert situé vers le centre de la bouche. Certains mots prononcés autrefois avec [ɑ] sont peu utilisés dans la langue parlée (*las, tâche*).

Le e caduc [ə], dit parfois improprement *e muet,* autrefois prononcé comme une voyelle centrale, tend à se confondre avec *-eu-* [ø] ou [œ] et l'on entend peu de différence entre *je dis* [ʒədi] et *jeudi* [ʒødi], *je ne vaux rien* [ʒənvoʀjɛ̃] et *jeune vaurien* [ʒœnvoʀjɛ̃]. Le *e caduc,* qui autrefois tombait régulièrement précédé d'une seule consonne prononcée, semble de nos jours tomber moins souvent, soit sous l'influence du midi de la France, soit sous l'influence du style soutenu proposé par les médias.

Certaines régions de France conservent une différence dans la longueur des voyelles (ex. : *il tète/la tête*). Cette différence est actuellement peu sensible à Paris, alors qu'elle se faisait régulièrement sentir au XVIIIᵉ siècle.

Pour les voyelles dites à deux timbres (é fermé [e], è ouvert [ɛ] ; eu fermé [ø], eu ouvert [œ], o fermé [o], o ouvert [ɔ]), un grand nombre de Français ne font plus la différence et en particulier en syllabe non finale de mot. La tendance serait d'avoir une voyelle ouverte en syllabe fermée (syllabe terminée par une consonne prononcée), et une voyelle fermée en syllabe ouverte (terminée par la voyelle), selon le modèle : *boucher* [buʃe], *bouchère* [buʃɛʀ] ; *sot* [so], *sotte* [sɔt].

Les voyelles nasales

Elles sont produites en abaissant le voile du palais et en laissant l'air s'échapper par le nez pendant l'articulation de la voyelle. Sauf dans le midi de la France, elles ne sont pas suivies de la prononciation d'une consonne nasale.

On a une voyelle nasale soit en fin de mot (*bon* [bɔ̃], *faim* [fɛ̃]) soit devant une consonne prononcée ou non (*temps* [tɑ̃], *bonté* [bɔ̃te], *ampoule* [ɑ̃pul]).

Quand une ou deux consonnes nasales sont suivies d'une voyelle écrite, on prononce une voyelle orale suivie de la consonne *(ami, homme, année).*

La distinction entre *brin* et *brun* tend à disparaître et *brun* se prononce souvent comme *brin* avec [ɛ̃].

Les voyelles orales

AVANT				ARRIÈRE	
+ fermées					
étirées		**arrondies**			
i [i]	*lit, épi, amie*	**u** [y]	*lu, vue, utile*	**ou** [u]	*hibou, joue, outil*
-y-	*cycle, whisky*				
-ï-	*maïs*				
é [e]	*été*	**eu** [ø]	*bleu, deux*	**au** [o]	*haut*
-er	*chanter, pêcher*	-œu-	*nœud, bœufs*	-ô-	*côte*
-ez	*chantez, assez*	-eu-	devant [z] : *chanteuse*	-eau-	*beau*
monosyllabes : *et, les, des, mes, tes, ces, ses*				-o	(fin de mot) : *bravo, sot*
				-o	devant [z] : *rose*
-e-	devant 2 consonnes identiques suivies d'une voyelle : *essai*				
ê [ɛ]	*prêt, bête*	**eu** [œ]	devant consonne prononcée : *chanteur, seul*	**o** [ɔ]	devant une consonne prononcée : *sol, poster*
-è	*élève*	-œu-	*cœur, bœuf*		
-ei	*peine*				
-ai-	*épais, balai*				
-ès	*près*				
-et	*poulet*				
-ey	*poney*				
-ay	*tramway*				
-e-	devant consonne prononcée : *cher, chef, avec, cette, sel*				
+ ouvertes					
		a [a]	*patte, ami*	**â** [ɑ]	*pâte*
				-as	*bas, pas*

-e- [ə] prononcé ou non selon la place de ce son et selon le style

– monosyllabes : *le, me, ne, se*

– fin de mot : *battre*

– devant une seule consonne ou une consonne suivie de *r* ou *l* : *petit, repli, vendredi*

Les voyelles nasales

in, im [ɛ̃]	*fin, impossible, brin*	**un, um** [œ̃]	*un, brun, parfum*	**on, om** [ɔ̃]	*monter, tomber, plomb, son*
-ain, aim-	*pain, faim*	-eun-	*à jeun*		
-ein-	*plein, peinture*				
-yn, ym-	*syndicat, sympathie*				
-ien- [jɛ̃]	*chien, il vient*				
-yen [jɛ̃]	*moyen*				
-éen [eɛ̃]	*européen*				
-oin- [wɛ̃]	*loin, moins*				
		an, am [ɑ̃]	*banc, lampe*		
		-en, em-	*entrer, vent, temps, emporter*		
		-aon	*faon, paon, taon*		
		-aen	*Caen*		

Les semi-consonnes, ou semi-voyelles

Quand les voyelles les plus fermées du français *(i, u, ou)* sont suivies d'une voyelle prononcée, pour éviter l'hiatus (rencontre de deux voyelles successives, ex. : *chaos*) on les prononce généralement comme des consonnes. Ainsi, on dit je *scie* [si], nous *scions* [sjɔ̃], je *sue* [sy], nous *suons* [sɥɔ̃], je *joue* [ʒu], nous *jouons* [ʒwɔ̃]. Après consonne + *r* ou consonne + *l*, on prononce [ij] : je *crie* [kʀi], nous *crions* [kʀijɔ̃], je *plie* [pli], nous *plions* [plijɔ̃], mais *cruel* [kʀyɛl] et *brouette* [bʀuɛt].

oi note [wa] : *joie ; w* note parfois [w] : *watt.*

Les sons [ɥ] de *lui* et [w] de *jouet* ne se rencontrent qu'avant une autre voyelle mais le son [j] de *pied* peut se rencontrer dans d'autres cas :

-y- suivi d'une voyelle prononcée : *yaourt, yeux, myope*

-il- après voyelle à la fin des mots : *soleil, travail*
-ill- entre deux voyelles : *maillot, houille*
-ill- après consonne se prononce généralement [ij] : *famille*

-uy- suivi d'une voyelle se prononce [ɥij] : *essuyer, fuyant*

-oy- suivi d'une voyelle se prononce [waj] : *envoyer, voyant*

-ey- suivi d'une voyelle se prononce [ɛj] ou [ej] : *seyant, grasseyé*

-ay- suivi d'une voyelle se prononce [ɛj] ou [ej] : *balayer, payant*

ALPHABET PHONÉTIQUE

(Prononciations des mots, placées entre crochets)

VOYELLES		CONSONNES	
[i]	il, vie, lyre	[p]	père, soupe
[e]	blé, jouer, chez	[t]	terre, vite
[ɛ]	lait, jouet, merci, fête	[k]	cou, qui, sac, képi
[a]	plat, patte	[b]	bon, robe
[ɑ]	bas, pâte	[d]	dans, aide
[ɔ]	mort, donner	[g]	gare, bague
[o]	mot, dôme, eau, gauche, rose	[f]	feu, neuf, photo
[u]	genou, roue	[s]	sale, celui, ça, dessous, tasse, nation
[y]	rue, vêtu	[ʃ]	chat, tache, schéma, short
[ø]	peu, deux	[v]	vous, rêve
[œ]	peur, meuble	[z]	zéro, maison, rose
[ə]	le, premier	[ʒ]	je, gilet, geôle
[ɛ̃]	matin, plein, main	[l]	lent, sol, aller
[ɑ̃]	sans, vent	[ʀ]	rue, venir
[ɔ̃]	bon, ombre	[m]	main, flamme
[œ̃]	lundi, brun, parfum	[n]	nous, tonne, animal
		[ɲ]	agneau, vigne
		[h]	hop ! (exclamatif)
SEMI-CONSONNES		[']	haricot (pas de liaison, ni d'élision) (1)
[j]	yeux, paille, pied	[ŋ]	mots empruntés à l'anglais, camping
[w]	oui, nouer, joua, joie	[x]	mots empruntés à l'espagnol, jota ; à l'arabe, khamsin, etc.
[ɥ]	huile, lui		

De nombreux signes se lisent sans difficulté (ex. : [b, t, d, f], etc).

Mais, ATTENTION aux signes suivants :

Ne confondez pas :

[a]	:	patte	et	[ɑ]	:	pâte	[y]	:	tu	et	[ɥ]	:	tuer
[ə]	:	premier	et	[e]	:	méchant	[k]	:	cas	et	[s]	:	se, acier
[e]	:	méchant	et	[ɛ]	:	père	[g]	:	gai	et	[ʒ]	:	âge
[ø]	:	peu	et	[œ]	:	peur	[s]	:	poisson	et	[z]	:	poison
[o]	:	mot, rose	et	[ɔ]	:	mort	[s]	:	sa	et	[ʃ]	:	chat
[y]	:	lu	et	[u]	:	loup	[ʒ]	:	âge, âgé	et	[z]	:	aisé
[i]	:	si	et	[j]	:	ciel, yeux	[n]	:	mine	et	[ɲ]	:	ligne
[u]	:	joue	et	[w]	:	jouer	[ɲ]	:	ligne	et	[ŋ]	:	dancing

Le signe ~ au-dessus d'une voyelle marque un son nasal :

[ɑ̃] : banc
[ɔ̃] : bon
[œ̃] : brun
[ɛ̃] : brin

(1) REM. Les mots devant lesquels on ne fait ni la liaison ni l'élision sont précédés d'un astérisque (*héros, *ouistiti, *yoga).

TABLE DES MATIÈRES

Cet ouvrage a été composé
avec CALLIGRAM PAGINATION conçu par X-MEDIA
F92200 Neuilly-sur-Seine (www.x-media.fr)

Imprimé en Italie par «La Tipografica Varese Srl»
N° d'éditeur : 10209482 - dépôt légal : avril 2015